SCHÄFFER
POESCHEL

# Abgabenordnung und Finanzgerichtsordnung

## Kommentar

22. Auflage

Begründet von
**Dr. Rolf Kühn †**
Rechtsanwalt, Steuerberater, Wirtschaftsprüfer
Oberursel/Ts.

Herausgegeben von
**Alexander von Wedelstädt**
Abteilungsdirektor a. D., zuletzt Gruppen- bzw. Referatsleiter OFD Düsseldorf, jetzt OFD Nordrhein-Westfalen

Autoren
**Prof. Dr. Roberto Bartone**, Richter am FG des Saarlandes, Honorarprofessor an der Universität des Saarlandes, Saarbrücken
**Karl Blesinger**, Regierungsdirektor, Bundesfinanzakademie im Bundesministerium der Finanzen
**Prof. Dr. Frank Hardtke**, RA, Hardtke · Svensson & Partner, Greifswald, Professor an der Hochschule Wismar und an der Universität Greifswald
**Dr. Werner Kuhfus**, Richter am FG Düsseldorf
**Dr. Norbert Lemaire**, Richter am FG Düsseldorf
**Dr. Andreas Viertelhausen**, Regierungsoberrat, Finanzamt Wetzlar
**Katharina Wagner**, Richterin am FG Düsseldorf
**Dr. Klaus J. Wagner**, Vorsitzender Richter am FG Düsseldorf, Lehrbeauftragter an der Heinrich-Heine-Universität Düsseldorf
**Alexander von Wedelstädt**, Abteilungsdirektor a. D., zuletzt Gruppen- bzw. Referatsleiter OFD Düsseldorf, jetzt OFD Nordrhein-Westfalen
**Prof. Dr. Franceska Werth**, Richterin am BFH, München, Honorarprofessorin an der Albert-Ludwigs-Universität Freiburg

2018
Schäffer-Poeschel Verlag Stuttgart

Zitiervorschlag:
Autor in: Kühn/v. Wedelstädt, § ... Gesetz, Rz....

Gedruckt auf chlorfrei gebleichtem, säurefreiem und alterungsbeständigem Papier.

Bibliografische Information Der Deutschen Nationalbibliothek
Die Deutsche Nationalbibliothek verzeichnet diese Publikation in der Deutschen Nationalbibliografie; detaillierte bibliografische Daten sind im Internet über http://dnb.d-nb.de abrufbar.



ISBN 978-3-7910-4217-6 Best.-Nr. 20949-0003



www.schaeffer-poeschel.de
info@schaeffer-poeschel.de

Einbandgestaltung: Kiente, Stuttgart
Satz: preXtension, Grafrath
Oktober 2018

Schäffer-Poeschel Verlag Stuttgart
Ein Tochterunternehmen der Haufe Group

**Bearbeiterübersicht**

Prof. Dr. Roberto Bartone
AO §§ 1–5, 169–177, FGO Vorbemerkung, FGO §§ 1–94a, §§ 135–184

Karl Blesinger/Dr. Andreas Viertelhausen
AO §§ 29a–84, 191, 192, 219, 369–415

Prof. Dr. Frank Hardtke
AO §§ 347–368

Dr. Werner Kuhfus
AO §§ 134–154

Dr. Norbert Lemaire
AO §§ 218, 220–232, 240–346

Katharina Wagner / Dr. Klaus J. Wagner
FGO §§ 95–134

Dr. Klaus J. Wagner
AO §§ 85–117c, 233–239

Alexander von Wedelstädt
AO §§ 155–168, 178–190, 193–217

Prof. Dr. Franceska Werth
AO §§ 6–29, 118–133

# Vorwort zur 22. Auflage

Vor Ihnen liegt die 22. Auflage des von Rechtsanwalt Dr. Rolf Kühn begründeten Kommentars zu Abgabenordnung und Finanzgerichtsordnung.

Das sonst so ruhige Verfahrensrecht der Abgabenordnung hat seit der 21. Auflage dieses Kommentars in 2015 ungewohnt viele Änderungen erfahren. Diese sind vor allem erfolgt mit jeweils mehreren Änderungen der AO durch

- das Steueränderungsgesetz 2015 v. 02.11.2015, BGBl I 2015, 1834,
- das Gesetz zur Neuorganisation der Zollverwaltung v. 09.12.2015, BGBl I 2015, 2178,
- das Gesetz zur Modernisierung des Besteuerungsverfahrens v. 18.07.2016, BGBl I 2016, 1679,
- das Gesetz zur Umsetzung der Änderungen der EU-Amtshilferichtlinie und von weiteren Maßnahmen gegen Gewinnkürzungen und -verlagerungen v. 20.12.2016, BGBl I 2016, 3000,
- das Gesetz zum Schutz vor Manipulationen an digitalen Grundaufzeichnungen (Kassengesetz) v. 22.12.2016, BGBl I 2016, 3152,
- das Gesetz zur Bekämpfung der Steuerumgehung und zur Änderung weiterer steuerlicher Vorschriften v. 24.06.2017, BGBl I 2017, 1682 und
- das Gesetz zur Änderung des Bundesversorgungsgesetzes und anderer Vorschriften v. 17.07.2017, BGBl I 2017, 2541.

Die Änderungen der AO durch das Gesetz zur Modernisierung des Besteuerungsverfahrens sind die umfangreichsten und einschneidendsten. Betroffen sind 55 Vorschriften, davon 13 neu eingefügte Paragrafen. Mit dem Gesetz sollen laut Referentenentwurf »die Gleichmäßigkeit der Besteuerung und die rechtsstaatlichen Erfordernisse des Steuervollzugs bei verstärkter Nutzung der Informationstechnik im Besteuerungsverfahren gesichert werden«.

Die Maßnahmen betreffen laut Begründung im Gesetzesentwurf der Bundesregierung drei Handlungsfelder:

1. Steigerung von Wirtschaftlichkeit und Effizienz durch einen verstärkten Einsatz der Informationstechnologie und einen zielgenaueren Ressourceneinsatz.
2. Vereinfachte und erleichterte Handhabbarkeit des Besteuerungsverfahrens durch mehr Serviceorientierung und nutzerfreundlichere Prozesse.
3. Neugestaltung der rechtlichen Grundlagen, insbesondere der Abgabenordnung (AO) im Hinblick auf die sich stellenden Herausforderungen und die dafür vorgesehenen Lösungsansätze.

Einzelne Vorschriften werden erst in den kommenden Jahren wirksam. Der Kommentar behandelt alle Änderungen, die auf Gesetzen beruhen, die bis zum 1. April 2018 verkündet wurden, auch soweit sie zum Erscheinungszeitpunkt des Kommentars noch nicht wirksam sind.

Geringfügig wurden Vorschriften der AO außerdem in einer Reihe von weiteren Gesetzen geändert.

Wesentliche Änderungen der Finanzgerichtsordnung enthielt das Gesetz zur Einführung der elektronischen Akte in der Justiz und zur weiteren Förderung des elektronischen Rechtsverkehrs v. 05.07.2017, BGBl I 2017, 2208.

Um angesichts der zahlreichen neuen Vorschriften den Seitenumfang des Werks nicht ausufern zu lassen, wurde auf die Kommentierung des Finanzverwaltungsgesetzes verzichtet. Denn die Vorschriften des FVG wirken weitgehend nur verwaltungsintern. Soweit einzelne Vorschriften des FVG Außenwirkungen entfalten und damit auch für Steuerpflichtige von Bedeutung sind, werden sie in der Kommentierung der betroffenen AO-Vorschrift behandelt wie z.B. § 21 FVG, der ein Teilnahmerecht der Gemeinde bei Außenprüfungen regelt und nunmehr in der Kommentierung des § 195 AO (Rz. 3) besprochen wird.

Personell haben sich zwei Änderungen ergeben: Frau Katharina Wagner, Richterin am FG Düsseldorf, hat den FGO-Teil der Kommentierung ihres Mannes, Herrn Dr. Klaus Wagner, übernommen. Herr Blesinger hat auf eigenen Wunsch seine Mitarbeit an dem Kommentar beendet. Ich danke ihm ausdrücklich für seine sehr gute und zuverlässige Tätigkeit. Seinen Part hat Herr Dr. Andreas Viertelhausen übernommen. Herr Viertelhausen leitet die Bußgeld- und Strafsachenstelle des Finanzamts Wetzlar und hat zahlreiche Aufsätze auf dem Gebiet des Insolvenzrechts, des Steuerstrafrechts, des Steuerrechts und des Zivilrechts veröffentlicht.

Dank sagen möchte ich meinen Co-Autoren für ihre zuverlässige Bearbeitung, die sich bei dieser Auflage wegen der vielen Änderungen vor allem der AO als besonders arbeitsintensiv erwies. Dank sagen möchte ich auch Frau Dipl.-Bw. Ruth Kuonath, Leiterin Programmbereich Steuern & Bilanzierung sowie unseren Lektorinnen Frau Sabine Trunsch M.A. und Heike Rach M.A. vom Verlag sowie Frau Isolde Bacher M.A.

Wie immer nehmen meine Co-Autoren und ich Anregungen, Verbesserungsvorschläge, Kritik und Anerkennung gern entgegen.

Mülheim an der Ruhr, im September 2018

Alexander v. Wedelstädt

# Inhaltsverzeichnis

## Vierter Teil: Durchführung der Besteuerung

## Fünfter Teil: Erhebungsverfahren



## Sechster Teil: Vollstreckung

## Abkürzungs- und Schrifttumsverzeichnis

| | |
|---|---|
| 5. VermBG | Fünftes Vermögensbildungsgesetz |
| a. A. | anderer Ansicht |
| aaO | am angegebenen Ort( = Bezugnahme auf unmittelbar vorhergehendes Zitat) |
| abl. | ablehnend |
| ABl.EG/EU | Amtsblatt der EG/EU |
| Abs. | Absatz |
| Abschn. | Abschnitt |
| AdV | Aussetzung der Vollziehung |
| a. E. | am Ende |
| AEAO | Anwendungserlass zur AO in der Neufassung v. 31.01.2014, BStBl I 2014, 290 mit Änderungen |
| AEUV | Vertrag über die Arbeitsweise der Europäischen Union |
| a. F. | alter Fassung |
| AG | Amtsgericht |
| AG | Aktiengesellschaft |
| AktG | Aktiengesetz |
| Alt. | Alternative |
| AltEinkG | Gesetz zur Neuordnung der einkommensteuerrechtlichen Behandlung von Altersvorsorgeaufwendungen und Altersbezügen (Alterseinkünftegesetz – AltEinkG) v. 05.07.2004, BGBl I 2004, 1427 |
| a. M. | anderer Meinung |
| AmtlSlg | Amtliche Sammlung |
| AmtsBl | Amtsblatt |
| AmtshilfeR-LUmsG | Gesetz zur Umsetzung der Amtshilferichtlinie sowie zur Änderung steuerlicher Vorschriften v. 26.06.2013, BGBl I 2013, 1809 |
| ÄndG | Änderungsgesetz |
| Anm. | Anmerkung |
| AO | Abgabenordnung |
| AöR | Archiv für öffentliches Recht |
| AO-StB | Der AO-Steuerberater (Zeitschrift) |
| arg. e. | argumentum ex, Schlussfolgerung (aus) |
| Art. | Artikel |
| AStBV | Anweisungen für das Straf- und Bußgeldverfahren (Steuer) |
| AStG | Außensteuergesetz |
| ausf. | ausführlich |
| AWG | Außenwirtschaftsgesetz |
| Az. | Aktenzeichen |
| AZO | Allgemeine Zollordnung |
| BAnz | Bundesanzeiger |
| Bartone | Gesellschafterfremdfinanzierung – Die Frage der Vereinbarkeit des § 8 a KStG mit Verfassungs-, Europa- und Völkerrecht, Bielefeld 2001 (Diss. Saarbrücken 2000) |
| Bartone/von Wedelstädt | Bartone/von Wedelstädt, Korrektur von Steuerverwaltungsakten, 2. Aufl., 2017 |
| BayOLG | Bayerisches Oberlandesgericht |
| BB | Der Betriebs-Berater (Zeitschrift) |
| Bd. | Band |
| BdF | Bundesminister der Finanzen |
| BDSG | Bundesdatenschutzgesetz |
| BeckOK | Beck'scher Online-Kommentar |
| BeckRS | Beck Rechtsprechung |
| BeitrO | Beitreibungsordnung |
| Bem. | Bemerkung |
| BergPG | Bergmannsprämiengesetz |
| Beschl. | Beschluss |
| bestr. | bestritten |
| betr. | betreffend |
| BewG | Bewertungsgesetz |
| BFD | Bundesfinanzdirektion |
| BfF | Bundesamt für Finanzen (jetzt BZSt) |
| BFH | Bundesfinanzhof |
| BFHE | Entscheidungen des Bundesfinanzhofs (Sammlung) |
| BFHEntlG | Gesetz zur Entlastung des Bundesfinanzhofs |
| BFH/NV | Sammlung nichtveröffentlichter Entscheidungen des Bundesfinanzhofs (Zeitschrift) |
| BFH/PR | BFH-Richter kommentieren für die Praxis (Zeitschrift) |
| BGB | Bürgerliches Gesetzbuch |
| BGBl | Bundesgesetzblatt |
| BGH | Bundesgerichtshof, auch Entscheidungssammlung in Zivilsachen |
| BGHSt | Entscheidungen des BGH in Strafsachen (Sammlung) |
| BGHZ | Entscheidungen des BGH in Zivilsachen (Sammlung) |
| BHO | Bundeshaushaltsordnung |
| BierStG | Biersteuergesetz |
| BierStV | Biersteuerverordnung |
| B/L/A/H | Baumbach/Lauterbach/Albers/Hartmann, ZPO, 75. Aufl., 2017 |
| BMF | Bundesminister der Finanzen |
| BpO | Betriebsprüfungsordnung |
| BR | Bundesrat |
| BR-Drs. | Bundesratsdrucksache |
| BranntwMonG | Branntwein-Monopol-Gesetz |
| BranntwStV | Branntweinsteuerverordnung |
| BSG | Bundessozialgericht |
| Bsp. | Beispiel |
| bspw. | beispielsweise |
| BStBl | Bundessteuerblatt |
| BT | Bundestag |
| BT-Drs. | Bundestagsdrucksache |

| | |
|---|---|
| Buchst. | Buchstabe |
| BuW | Betrieb und Wirtschaft (Zeitschrift) |
| BVerfG | Bundesverfassungsgericht |
| BVerfGE | Entscheidungen des Bundesverfassungsgerichtes (Sammlung) |
| BVerfGG | Gesetz über das Bundesverfassungsgericht |
| BVerwG | Bundesverwaltungsgericht |
| BVerwGE | Entscheidungen des Bundesverwaltungsgerichtes (Sammlung) |
| BZBl | Bundeszollblatt |
| BZRG | Bundeszentralregistergesetz |
| BZSt | Bundeszentralamt für Steuern |
| bzw. | beziehungsweise |
| DB | Durchführungsbestimmungen |
| DB | Der Betrieb (Zeitschrift) |
| DBA | Doppelbesteuerungsabkommen |
| dergl. | dergleichen |
| DGVZ | Deutsche Gerichtsvollzieherzeitung |
| d.h. | das heißt |
| DRiG | Deutsches Richtergesetz |
| DSGVO | Verordnung (EU) 2016/679 (Datenschutz-Grundverordnung), ABl. L 119 v. 04.05.2016, S. 1 |
| Drucks | Drucksache |
| DStB | Der Steuerberater (Zeitschrift) |
| DStR | Deutsches Steuerrecht (Zeitschrift) |
| DStRE | DStR-Entscheidungsdienst (Zeitschrift) |
| DStZ | Deutsche Steuerzeitung, Ausgabe A, B (Eildienst) |
| DV | Durchführungsverordnung |
| DVR | Deutsche Verkehrsteuerrundschau (Zeitschrift) |
| EFG | Entscheidungen der Finanzgerichte (Zeitschrift) |
| EG | Europäische Gemeinschaft |
| EGAHiG | EG-Amtshilfegesetz |
| EGAO | Einführungsgesetz zur Abgabenordnung |
| EGMR | Europäischer Gerichtshof für Menschenrechte |
| EGV | EG-Vertrag |
| EigVO | Eigenbetriebsverordnung |
| EigZulG | Eigenheimzulagengesetz |
| einschr. | einschränkend |
| EMRK | Europäische Menschenrechtskonvention |
| EnergieStG | Energiesteuergesetz |
| EnergieStV | Energiesteuerverordnung |
| ErbSt | Erbschaft- und Schenkungsteuer |
| ErbStDV | Erbschaftsteuer-Durchführungsverordnung |
| ErbStG | Erbschaftsteuergesetz |
| ESt | Einkommensteuer |
| EStDV | Einkommensteuer-Durchführungsverordnung |
| EStG | Einkommensteuergesetz |
| EStR | Einkommensteuer-Richtlinien |
| etc. | et cetera |
| EU | Europäische Union |
| EUAHiG | Gesetz über die Durchführung der gegenseitigen Amtshilfe in Steuersachen zwischen den Mitgliedstaaten der Europäischen Union v. 26.06.2013, BGBl I 2013, 1809 mit Änderungen |
| EUBeitrG | EU-Beitreibungsgesetz v. 07.12.2011, BGBl I 2011, 2592 mit Änderungen |
| EUGrCH | Charta der Grundrechte der Europäischen Union |
| EuGH | Europäischer Gerichtshof |
| EuGHE | Entscheidungssammlung Europäischer Gerichtshof |
| EUSt | Einfuhr-Umsatzsteuer |
| EuZW | Europäische Zeitschrift für Wirtschaftsrecht |
| evtl. | eventuell |
| EW | Einheitswert |
| EWG | Europäische Wirtschaftsgemeinschaft |
| EWGV | EWG-Vertrag |
| EZB | Europäische Zentralbank |
| f. | folgende |
| ff. | fortfolgende |
| FA | Finanzamt |
| FAGO | Geschäftsordnung der Finanzämter |
| FeuerschSt | Feuerschutzsteuer |
| FG | Finanzgericht |
| FG Bln | Finanzgericht Berlin |
| FG BB | Finanzgericht Berlin-Brandenburg |
| FG Bbg | Finanzgericht Brandenburg |
| FG Bre | Finanzgericht Bremen |
| FG BW | Finanzgericht Baden-Württemberg |
| FG Ddorf | Finanzgericht Düsseldorf |
| FG Ha | Finanzgericht Hamburg |
| FG He | Hessisches Finanzgericht |
| FG Köln | Finanzgericht Köln |
| FG Mchn | Finanzgericht München |
| FG Münster | Finanzgericht Münster |
| FG MV | Finanzgericht Mecklenburg-Vorpommern |
| FG Nbg | Finanzgericht Nürnberg |
| FG Nds | Niedersächsisches Finanzgericht |
| FG RP | Finanzgericht Rheinland-Pfalz |
| FG Sa | Finanzgericht des Saarlandes |
| FG Sachsen | Finanzgericht Sachsen |
| FG SAnh | Finanzgericht Sachsen-Anhalt |
| FG SchlH | Schleswig-Holsteinisches Finanzgericht |

| | |
|---|---|
| FG Thür | Thüringer Finanzgericht |
| FGG | Gesetz über die Freiwillige Gerichtsbarkeit |
| FGO | Finanzgerichtsordnung |
| FinAusglG | Finanzausgleichsgesetz |
| FinBeh | Finanzbehörde |
| FKAustG | Finanzkonteninformationsaustauschgesetz |
| FinMin | Finanzminister (Finanzministerium) |
| FinVerw. | Finanzverwaltung |
| FR | Finanz-Rundschau (Zeitschrift) |
| FS | Festschrift |
| Fundst. | Fundstelle |
| FVG | Gesetz über die Finanzverwaltung |
| GAufzV | Gewinnabgrenzungsaufzeichnungs-Verordnung v. 12.07.2017, BGBl I 2017, 2367 |
| GBl | Gesetzblatt |
| GbR | Gesellschaft bürgerlichen Rechts |
| gem. | gemäß |
| GemS-OBG | Gemeinsamer Senat der oberersten Bundesgerichte |
| GemVO | Gemeinnützigkeitsverordnung |
| GenG | Genossenschaftsgesetz |
| GewSt | Gewerbesteuer |
| GewStG | Gewerbesteuergesetz |
| GG | Grundgesetz |
| ggf. | gegebenenfalls |
| GKG | Gerichtskostengesetz |
| GKG a.F. | Gerichtskostengesetz in der bis zum 30.06.2004 geltenden Fassung |
| GKG n.F. | Gerichtskostengesetz in der ab 01.07.2004 geltenden Fassung (Art. 1 des KostRMoG) |
| gl.A. | gleicher Ansicht |
| GmbH | Gesellschaft mit beschränkter Haftung |
| GmbHR | GmbH-Rundschau (Zeitschrift) |
| Gosch | Gosch, Abgabenordnung Finanzgerichtsordnung (Loseblatt), vormals Beermann/Gosch |
| Gräber | Gräber, Finanzgerichtsordnung, 8. Aufl., 2015 |
| GrESt | Grunderwerbsteuer |
| grds. | grundsätzlich |
| GrS | Großer Senat |
| GrSt | Grundsteuer |
| GVBl | Gesetz- und Verordnungsblatt |
| GVG | Gerichtsverfassungsgesetz |
| GewO | Gewerbeordnung |
| GwG | Gesetz über das Aufspüren von Gewinnen und schweren Straftaten – Geldwäschegesetz |
| HFR | Höchstrichterliche Finanzrechtsprechung (Zeitschrift) |
| HGB | Handelsgesetzbuch |
| HGrG | Haushaltsgrundsätzegesetz |
| HHSp | Hübschmann/Hepp/Spitaler, Kommentar zur AO und FGO (Loseblatt) |
| h.M. | herrschende Meinung |
| HS | Halbsatz |
| HZA | Hauptzollamt |
| i.d.F. | in der Fassung |
| i.d.R. | in der Regel |
| i.E. | im Ergebnis |
| i.e.S. | im engeren Sinne |
| INF | Die Information über Steuer und Wirtschaft (Zeitschrift) |
| insbes. | insbesondere |
| InsO | Insolvenzordnung |
| InvZulG | Investitionszulagengesetz |
| IRG | Gesetz über die internationale Rechtshilfe in Strafsachen v. 27.06.1994 (BStBl I 1994, 1537) |
| i.S. | im Sinne |
| i.V.m. | in Verbindung mit |
| i.w.S. | im weiteren Sinne |
| JbfStR | Jahrbuch der Fachanwälte für Steuerrecht |
| JGG | Jugendgerichtsgesetz |
| JJR | Joecks/Jäger/Randt, Steuerstrafrecht, Kommentar, 8. Aufl., 2015, vormals Franzen/Gast/Joecks |
| JStG | Jahressteuergesetz |
| JuS | Juristische Schulung (Zeitschrift) |
| JVEG | Gesetz über die Vergütung von Sachverständigen, Dolmetscherinnen, Dolmetschern, Übersetzerinnen und Übersetzern sowie die Entschädigung von ehrenamtlichen Richtern, Zeuginnen, Zeugen und Dritten (Justizvergütungs- und -entschädigungsgesetz; Art. 2 des KostRMoG) |
| JW | Juristische Wochenschrift (Zeitschrift) |
| JZ | Juristenzeitung (Zeitschrift) |
| KaffeeStG | Kaffeesteuergesetz |
| KaffeeStV | Verordnung zur Durchführung des KaffeeStG |
| KapErtrSt | Kapitalertragsteuer |
| KassenSichV | Kassensicherungsverordnung v. 26.09.2017, BGBl I 2017, 3515 |
| KBV | Kleinbetragsverordnung v. 19.12.2000 mit Änderungen |
| KG | Kammergericht Berlin (i.V.m. Datum, Aktenzeichen und Fundstelle) |
| KG | Kommanditgesellschaft |
| KGaA | Kommanditgesellschaft auf Aktien |
| KiSt | Kirchensteuer |
| KiStG | Kirchensteuergesetz |
| Klein | Klein, Abgabenordnung, 13. Aufl., 2016 |

| | |
|---|---|
| Koenig | Abgabenordnung, Kommentar, 3. Aufl., 2014, vormals Pahlke/Koenig |
| Kohlmann | Kohlmann, Steuerstrafrecht (Loseblatt) |
| Korn | Korn, Einkommensteuergesetz, Kommentar (Loseblatt) |
| KostO | Kostenordnung |
| KostRMoG | Gesetz zur Modernisierung des Kostenrechts (Kostenrechtsmodernisierungsgesetz) v. 05.05.2004, BGBl I 2004, 718 |
| KraftSt | Kraftfahrzeugsteuer |
| KraftStG | Kraftfahrzeugsteuergesetz |
| krit. | kritisch |
| K/S | Koch/Scholtz, Kommentar zur Abgabenordnung, 5. Aufl., 1996 |
| K/S/M | Kirchhof/Söhn/Mellinghoff, Einkommensteuergesetz, Kommentar (Loseblatt) |
| KSt | Körperschaftsteuer |
| KStG | Körperschaftsteuergesetz |
| KStR | Körperschaftsteuer-Richtlinie |
| KVSt | Kapitalverkehrsteuer |
| LAG | Lastenausgleichsgesetz |
| LfSt | Bayerisches Landesamt für Steuern |
| LG | Landgericht |
| Lit. | Literatur |
| LSt | Lohnsteuer |
| LStR | Lohnsteuer-Richtlinien |
| LuftFzgG | Gesetz über Rechte an Luftfahrzeugen |
| M-G/S | Meyer-Goßner/Schmitt, Strafprozessordnung, Kommentar, 61. Aufl., 2018, vormals Kleinbrecht/Meyer-Goßner |
| m. a. W. | mit anderen Worten |
| m.E. | meines Erachtens |
| MinÖStG | Mineralölsteuergesetz |
| MinÖStV | Mineralölsteuer-Verordnung |
| MRRG | Melderechtsrahmengesetz |
| MV | Mitteilungsverordnung v. 07.09.1993 mit Änderungen |
| m.w.N. | mit weiteren Nachweisen |
| NBw | Neue Betriebswirtschaft (Beilage des BB) |
| NJW | Neue Juristische Wochenschrift (Zeitschrift) |
| NJW-RR | NJW-Rechtsprechungs-Report (Zeitschrift) |
| nrkr. | nicht rechtskräftig |
| NStZ | Neue Zeitschrift für Strafrecht (Zeitschrift) |
| NRW | Nordrhein-Westfalen |
| n. v. | nicht veröffentlicht |
| NWB | Neue Wirtschaftsbriefe (Zeitschrift) |
| NZB | Nichtzulassungsbeschwerde |
| NZWiSt | Neue Zeitschrift für Wirtschafts-, Steuer- und Steuerstrafrecht (Zeitschrift) |
| OFD | Oberfinanzdirektion |
| Offerhaus/ Söhn/Lange | Offerhaus/Söhn/Lange, Kommentar zur Umsatzsteuer (Loseblatt) |
| OFPräs | Oberfinanzpräsident |
| OHG | Offene Handelsgesellschaft |
| OLG | Oberlandesgericht |
| OWiG | Gesetz über Ordnungswidrigkeiten |
| Palandt | Palandt, BGB, 76. Aufl., 2017 |
| PKH | Prozesskostenhilfe |
| PStR | Praxis des Steuerstrafrechts (Zeitschrift) |
| RA | Rechtsanwalt |
| RAO | Reichsabgabenordnung |
| RbDatA | Entwurf eines Gesetzes über die Vereinfachung des Austauschs von Informationen und Erkenntnissen zwischen den Strafverfolgungsbehörden der Mitgliedstaaten der Europäischen Union v. 18.12.2006 |
| RdErl | Runderlass |
| RennwLottAB | Ausführungsbestimmungen zum Rennwett- und Lotteriegesetz |
| Rev. | Revision |
| RFBl | Reichsfinanzblatt |
| RFH | Reichsfinanzhof |
| RFHE | Entscheidungen des Reichsfinanzhofs (Sammlung) |
| RG | Reichsgericht |
| RIW | Recht der internationalen Wirtschaft (Zeitschrift) |
| rkr. | rechtskräftig |
| RMS | Risikomanagementsystem |
| Rspr. | Rechtsprechung |
| RsprEinhG | Gesetz zur Wahrung der Einheitlichkeit der Rechtsprechung der obersten Gerichtshöfe des Bundes |
| RStBl | Reichssteuerblatt |
| RVG | Rechtsanwaltsvergütungsgesetz (Art. 4 des KostRMoG) |
| Rz. | Randziffer |
| RZBl | Reichszollblatt |
| s. | siehe |
| SchaumwZwStG | Gesetz zur Besteuerung von Schaumwein und Zwischenerzeugnissen |
| SchaumwZwStV | Verordnung zur Durchführung des Gesetzes zur Besteuerung von Schaumwein und Zwischenerzeugnissen |
| SchiffsRG | Schiffsregistergesetz |
| Schmidt | Kommentar zum Einkommensteuergesetz, 36. Aufl., 2017 |

| | |
|---|---|
| Schwarz/ Pahlke | Schwarz/Pahlke, Kommentar zur AO und FGO (Loseblatt), vormals Schwarz |
| SchwerbehG | Schwerbehindertengesetz |
| Seer | Verständigungen in Steuerverfahren, Köln, Habilitationsschrift 1996 |
| SG | Sozialgericht |
| SGB | Sozialgesetzbuch |
| SGB X | Sozialgesetzbuch-Verwaltungsverfahren |
| SGG | Sozialgerichtsgesetz |
| sog. | sogenannte/r |
| SolZ | Solidaritätszuschlag |
| Sp. | Spalte |
| StA | Staatsanwaltschaft |
| StÄndG | Steueränderungsgesetz |
| StAnpG | Steueranpassungsgesetz |
| StAuskV | Steuerauskunftsverordnung v 30.11.2007, BGBl I 2007, 2783 mit Änderungen |
| StB | Steuerberater (Zeitschrift) |
| StBerG | Steuerberatungsgesetz |
| Stbg | Die Steuerberatung (Zeitschrift) |
| StBp | Die steuerliche Betriebsprüfung (Zeitschrift) |
| StDAV | Steuerdaten-Abrufverordnung v. 13.10.2005 |
| StEd | Steuer-Eildienst (Zeitschrift) |
| Steufa | Steuerfahndung |
| SteuK | Steuerrecht kurz gefasst (Zeitschrift) |
| StGB | Strafgesetzbuch |
| StGebV | Gebührenverordnung für Steuerberater |
| StHBekG | Steuerhinterziehungsbekämpfungsgesetz v. 29.07.2009, BGBl. I 2009, 2302 |
| StHBekV | Steuerhinterziehungsbekämpfungsverordnung v. 05.08.2009, BGBl. I 2009, 3046 |
| StMBG | Missbrauchsbekämpfungs- und Steuerbereinigungsgesetz |
| stpfl. | steuerpflichtig |
| Stpfl. | Steuerpflichtiger |
| StPO | Strafprozessordnung |
| str. | streitig |
| StR | Tipke/Lang, Steuerrecht, 22. Aufl., 2015 |
| StraBEG | Gesetz über die strafbefreiende Erklärung v. 23.12.2003, BGBl I 2003, 2928 |
| StrGüVSt | Straßengüterverkehrsteuer |
| StRK | Steuerrechtskartei, Entscheidungssammlung, herausgegeben vom Otto-Schmidt-Verlag, Köln |
| StRO | Tipke, Klaus, Die Steuerrechtsordnung, Bd. I–III |
| st. Rspr. | ständige Rechtsprechung |
| StrVert | Der Strafverteidiger (Zeitschrift) |
| StUmgBG | Gesetz zur Bekämpfung der Steuerumgehung und zur Änderung weiterer steuerlicher Vorschriften v. 24.06.2017, BGBl I 2017, 1682 |
| StundO | Stundungsordnung |
| StuW | Steuer und Wirtschaft (Zeitschrift) |
| StVergAbG | Steuervergünstigungsabbaugesetz |
| StVollzG | Strafvollzugsgesetz |
| StW | Steuerwarte (Zeitschrift) |
| TabSt | Tabaksteuer |
| TabStG | Tabaksteuergesetz |
| TabStV | Verordnung zur Durchführung des Tabaksteuergesetzes |
| Tipke/Kruse | Tipke/Kruse, Kommentar zur AO und FGO (Loseblatt) |
| Tipke/Lang | Tipke/Lang, Steuerrecht, 22. Aufl., 2015 |
| Tz. | Textziffer |
| u. a. (m.) | und anderes (mehr) |
| u. E. | unseres Erachtens |
| UR | Umsatzsteuer-Rundschau (Zeitschrift) |
| Urt. | Urteil |
| USt | Umsatzsteuer |
| UStAE | Umsatzsteuer-Anwendungserlass v. 01.10.2010, BStBl I 2010, 846 mit Änderungen |
| UStB | Umsatz-Steuer-Berater (Zeitschrift) |
| UStBMG | Umsatzsteuer-Binnenmarktgesetz |
| UStDV | Umsatzsteuer-Durchführungsverordnung |
| UStG | Umsatzsteuergesetz |
| UStR | Umsatzsteuer-Richtlinien |
| UStZustV | Umsatzsteuerzuständigkeitsverordnung v. 20.12.2001, BGBl I 2001, 3794 mit Änderungen |
| u. U. | unter Umständen |
| usw. | und so weiter |
| UZK | Zollkodex der Union, VO (EWG) Nr. 2913/92 des Rates zur Festlegung des Zollkodex der Gemeinschaften v. 12.10.1992, ABl.EG 1992 Nr. L 302, 1 |
| V | Verordnung |
| V zu § 180 Abs. 2 AO | Verordnung über die gesonderte Feststellung von Besteuerungsgrundlagen nach § 180 Abs. 2 der Abgabenordnung v. 19.12.1986 mit Änderungen |
| VA | Vermögensabgabe (LAG) |
| VAO | Verwaltungsanordnung |
| vBp | vereidigter Buchprüfer |
| VerglO | Vergleichsordnung |
| VersR | Versicherungsrecht (Zeitschrift) |
| VersSt | Versicherungsteuer |
| VerwG | Verwaltungsgericht |
| Vfg. | Verfügung |

| | |
|---|---|
| vGA | verdeckte Gewinnausschüttung |
| VGFGEntlG | Gesetz zur Entlastung der Gerichte in der Verwaltungs- und Finanzgerichtsbarkeit |
| vgl. | vergleiche |
| VO | Verordnung |
| VollstrA | Allgemeine Verwaltungsvorschrift über die Durchführung der Vollstreckung nach der Abgabenordnung |
| VollzA | Allgemeine Verwaltungsvorschrift für Vollziehungsbeamte der Finanzverwaltung |
| Vorbem. | Vorbemerkung |
| VSt | Vermögensteuer |
| VStG | Vermögensteuergesetz |
| v. T. | von Tausend |
| VwGO | Verwaltungsgerichtsordnung |
| VwVfG | Verwaltungsverfahrensgesetz |
| VwVG | Verwaltungsvollstreckungsgesetz |
| VwZG | Verwaltungszustellungsgesetz |
| Wannemacher | Wannemacher, Steuerstrafrecht, 6. Aufl., 2013 |
| WEG | Wohnungseigentumsgesetz |
| wistra | Zeitschrift für Wirtschaft, Steuer, Strafrecht |
| Witte | Witte, Peter, Zollkodex, Kommentar, 6. Aufl., 2013 |
| WoPG | Wohnungsbau-Prämiengesetz |
| WP | Wirtschaftsprüfer |
| ZAP | Zeitschrift für die Anwaltspraxis |
| z. B. | zum Beispiel |
| ZerlG | Zerlegungsgesetz |
| ZfA | Zeitschrift für Arbeitsrecht |
| ZFdG | Zollfahndungsdienstgesetz |
| ZfZ | Zeitschrift für Zölle und Verbrauchsteuern |
| ZG | Zollgesetz |
| Ziff. | Ziffer |
| ZInsO | Zeitschrift für das gesamte Insolvenzrecht |
| ZIP | Zeitschrift für Wirtschaftsrecht |
| ZIV | Verordnung zur Umsetzung der Richtlinie 2003/48/EG des Rates vom 3. Juni 2003 im Bereich der Besteuerung von Zinserträgen (Zinsertragsverordnung) |
| ZK | Zollkodex |
| ZKF | Zeitschrift für Kommunalfinanzen |
| ZKostO | Zollkostenordnung |
| ZollV | Zollverordnung |
| ZollVG | Zollverwaltungsgesetz |
| ZPO | Zivilprozessordnung |
| ZRP | Zeitschrift für Rechtspolitik |
| ZSteu | Zeitschrift für Steuern und Recht |
| ZStW | Zeitschrift für die gesamte Strafrechtswissenschaft |
| z. T. | zum Teil |
| ZuSEG/ZSEG | Gesetz über die Entschädigung von Zeugen und Sachverständigen |
| zutr. | zutreffend |
| ZVG | Zwangsversteigerungsgesetz |

# Erster Teil.
# Einleitende Vorschriften

## Erster Abschnitt:
## Anwendungsbereich

### § 1 AO
### Anwendungsbereich

**(Abgabenordnung in der Fassung der Bekanntmachung vom 1. Oktober 2002 (BGBl. I S. 3866; 2003 I S. 61), zuletzt geändert durch Gesetz zur Anpassung der Abgabenordnung an den Zollkodex der Union und zur Änderung weiterer steuerlicher Vorschriften vom 22. Dezember 2014, BGBl. I 2014 S. 2417.)**

**(1) Dieses Gesetz gilt für alle Steuern einschließlich der Steuervergütungen, die durch Bundesrecht oder Recht der Europäischen Union geregelt sind, soweit sie durch Bundesfinanzbehörden oder durch Landesfinanzbehörden verwaltet werden. Es ist nur vorbehaltlich des Rechts der Europäischen Union anwendbar.**

**(2) Für die Realsteuern gelten, soweit ihre Verwaltung den Gemeinden übertragen worden ist, die folgenden Vorschriften dieses Gesetzes entsprechend:**

1. **die Vorschriften des Ersten, Zweiten, Vierten, Sechsten und Siebten Abschnitts des Ersten Teils (Anwendungsbereich, Steuerliche Begriffsbestimmungen, Datenverarbeitung und Steuergeheimnis; Betroffenenrechte; Datenschutzaufsicht; Gerichtlicher Rechtsschutz in datenschutzrechtlichen Angelegenheiten),**
2. **die Vorschriften des Zweiten Teils (Steuerschuldrecht),**
3. **die Vorschriften des Dritten Teils mit Ausnahme der §§ 82 bis 84 (Allgemeine Verfahrensvorschriften),**
4. **die Vorschriften des Vierten Teils (Durchführung der Besteuerung),**
5. **die Vorschriften des Fünften Teils (Erhebungsverfahren),**
6. **die §§ 351 und 361 Abs. 1 Satz 2 und Abs. 3,**
7. **die Vorschriften des Achten Teils (Straf- und Bußgeldvorschriften, Straf- und Bußgeldverfahren).**

**(3) Auf steuerliche Nebenleistungen sind die Vorschriften dieses Gesetzes vorbehaltlich des Rechts der Europäischen Union sinngemäß anwendbar. Der Dritte bis Sechste Abschnitt des Vierten Teils gilt jedoch nur, soweit dies besonders bestimmt wird.**

#### Inhaltsübersicht



#### Schrifttum


Henke/Huchatz, Das neue Abgabenverwaltungsrecht für Einfuhr- und Ausfuhrabgaben, ZfZ 1996, 226; Gellert, Anwendbarkeit der nationalen Abgabenordnung auch nach Inkrafttreten des Zollkodexes, ZfZ 2004, 182; Bongartz/Schröer-Schallenberg, Verbrauchsteuerrecht, 2. Aufl. 2011; Geiger/Khan/Kotzur, EUV/AEUV, 6. Aufl. 2017; Kopp/Ramsauer, VwVfG, 18. Aufl. 2017; Oppermann/Classen/Nettesheim, Europarecht, 7. Aufl. 2016.


### A. Bedeutung der Vorschrift

Die Vorschrift regelt den sachlichen Anwendungsbereich der AO. 1

Nach § 1 Abs. 1 AO gilt die AO für alle Steuern i.S. des § 3 Abs. 1 AO einschließlich der Steuervergütungen, die durch Bundesrecht oder Recht der Europäischen Union geregelt sind, soweit sie durch Bundes- oder Landesfinanzbehörden (Art. 108 Abs. 1 und Abs. 2 GG, §§ 1 f. FVG) verwaltet werden. § 1 Abs. 2 AO erweitert den Anwendungsbereich von abschließend aufgeführten Teilen der AO auf die Realsteuern (§ 3 Abs. 2 AO), soweit deren Verwaltung von den Ländern auf die Gemeinden übertragen worden sind (vgl. Art. 108 Abs. 4 Satz 2 GG).

§ 1 Abs. 1 Satz 2 AO stellt klar, dass dieses Gesetz nur vorbehaltlich des Rechts der EU anwendbar ist. Dies regelt § 1 Abs. 3 Satz 1 AO ebenfalls für steuerliche Nebenleistungen (Verspätungs-, Säumniszuschläge, Zinsen, Zwangsgeld und Kosten, s. § 3 Abs. 4 AO). Beide Regelungen sind wegen des Anwendungsvorrangs des Unionsrechts lediglich deklaratorisch (dazu grundlegend EuGH v. 04.04.1968, Rs. C-34/67, EuGHE 14, 363; 2

EuGH v. 09.03.1978, Rs. C-106/77, EuGHE 1978, 629 Simmenthal).

## B. Anwendungsbereich (§ 1 Abs. 1 AO)

### I. Geltung für Steuern einschließlich Steuervergütungen

3 Der Anwendungsbereich der AO erstreckt sich nach § 1 Abs. 1 Satz 1 AO auf Steuern, einschließlich Steuervergütungen sowie Steuererstattungen (§ 37 Abs. 1 AO).

4 Während § 3 Abs. 1 AO den Begriff der **Steuer** gesetzlich definiert, enthält das Gesetz keine Definition für **Steuervergütungen**. Es handelt sich dabei um Ansprüche aus dem Steuerschuldverhältnis (§ 37 Abs. 1 AO), die auf die Rückgewähr zu Recht entrichteter Steuern gerichtet sind, um entweder eine Steuerbelastung bei Überwälzung auf den Stpfl. zu beseitigen (z. B. Vorsteuerabzug gem. § 15 UStG, Steuerentlastung gem. §§ 45 ff. EnergieStG, Erlass oder Erstattung gem. § 32 TabStG) oder eine Steuerbelastung bei Mehrfachbelastung zu beseitigen (vgl. hierzu *Seer* in Tipke/Lang, § 6 Rz. 86 f.). Steuervergütungen fallen allerdings nur dann in den Anwendungsbereich der AO, wenn sie sich auf Steuern beziehen, die ihrerseits nach § 1 Abs. 1 AO vom Anwendungsbereich der AO erfasst werden.

5 Das einkommensteuerliche **Kindergeld** (§§ 62 ff. EStG) wird als Steuervergütung gezahlt (§ 31 Satz 3 EStG). Zwar passt der vom Gesetz verwendete Begriff »Steuervergütung« (s. Rz. 4) nicht (vgl. *Musil* in HHSp, § 1 AO Rz. 21). Da es vom Gesetzgeber aber ausdrücklich so bezeichnet sowie durch Bundes- und Landesfinanzbehörden (Familienkasse und FA) verwaltet wird, findet die AO gleichwohl Anwendung (z. B. BFH v. 16.10.2008, III B 126/08, juris; BFH v. 06.03.2013, III B 113/12, BFH/NV 2013, 976; BFH v. 08.08.2013, VI R 76/12, BStBl II 2014, 36; BFH v. 11.12.2013, XI R 42/11, BFH/NV 2014, 954). Als Familienkassen fungieren die bisherigen Kindergeldkassen der Bundesagentur für Arbeit, die nach § 6 Abs. 2 Nr. 6 AO, § 5 Abs. 1 Nr. 11 Satz 10 FVG als Bundesfinanzbehörde gelten und der Fachaufsicht des BZSt unterstehen. Das Zusammenwirken des BZSt und der Landesfinanzämter bei der Durchführung des Familienleistungsausgleichs ist durch die Art. 108 Abs. 4 Satz 1 GG gedeckt (FG RP v. 31.07.1996, 1 K 1686/96, EFG 1997, 367).

6 **Steuererstattungen** sind Ansprüche aus dem Steuerschuldverhältnis (§ 37 Abs. 1 AO), die durch die rechtsgrundlose Zahlung bzw. Rückzahlung einer Steuer, Steuervergütung (s. Rz. 4) eines Haftungsbetrags oder einer steuerlichen Nebenleistung (s. Rz. 24) entstehen (§ 37 Abs. 2 Satz 1 AO; s. § 37 AO Rz. 6). Sie fallen in den Anwendungsbereich der AO, soweit sie sich auf Steuern usw. beziehen, die ihrerseits von § 1 AO erfasst sind.

7 Die AO gilt **grundsätzlich nicht für sonstige öffentlich-rechtliche Abgaben, Subventionen, Prämien und Zulagen**, da es sich dabei nicht um Steuern oder Steuervergütungen (s. Rz. 4) handelt. Die AO ist in diesen Fällen aber anwendbar, soweit die einschlägigen Gesetze eine entsprechende ausdrückliche Anordnung enthalten (z. B. in den InvZulG, etwa § 14 Satz 1 InvZulG 2010, § 8 Abs. 1 und Abs. 2 WoPG, § 14 Abs. 2 5. VermBG, § 96 Abs. 1 EStG für die Altersvorsorgezulage; s. Rz. 33). Einen partiellen Verweis auf die AO enthält § 159 StBerG hinsichtlich der Zwangsmittel (§§ 328 ff. AO). Darüber hinaus gilt die AO auch für Angelegenheiten, die nicht unmittelbar der Besteuerung dienen, aber aufgrund der Verwaltungskompetenz für diese Steuern in den Zuständigkeitsbereich der Finanzbehörde fallen (vgl. Art. 108 Abs. 1 und Abs. 2 GG, §§ 5, 8 f., 12 Abs. 2, 17 Abs. 2 FVG), z. B. bei Erteilung von Bescheinigungen in Steuersachen und die Ausstellung von Einkommensbescheinigungen für nicht steuerliche Zwecke (AEAO zu § 1 Nr. 4).

Soweit **Finanzbehörden** nicht im Rahmen ihrer Zuständigkeit (s. Rz. 7) als solche, sondern **wie allgemeine Verwaltungsbehörden** tätig werden, gilt die AO **nicht**. Dies ist z. B. der Fall bei der Ausübung des öffentlich-rechtlichen Hausrechts durch den Behördenleiter (FG Münster v. 30.08.2010, 14 K 3004/10, EFG 2011, 351; vgl. auch OVG Münster v. 11.02.1998, 25 E 960/97, NVwZ-RR 1998, 595; dazu auch s. § 33 FGO Rz. 3). 8

### II. Regelung durch Bundesrecht oder durch Recht der Europäischen Union

§ 1 Abs. 1 Satz 1 AO beschränkt die unmittelbare Geltung der AO auf diejenigen Steuern, die durch Bundesrecht (s. Rz. 10) oder Recht der Europäischen Union (s. Rz. 11) geregelt sind. 9

#### 1. Regelung durch Bundesrecht

Der Bund hat die Gesetzgebungskompetenz für Steuern aus Art. 105 Abs. 1 und Abs. 2 GG. Die AO gilt nach § 1 Abs. 1 Satz 1 AO, die aufgrund dieser Zuständigkeit erlassen wurden. Für die Anwendbarkeit der AO kommt es indessen nicht darauf an, dass die Kompetenzregelung eingehalten wurde, sondern auf den **tatsächlichen Erlass durch den Bund** (*Musil* in HHSp, § 1 AO Rz. 24; *Seer* in Tipke/Kruse, § 1 AO Rz. 16). Demzufolge werden landesrechtlich geregelte Steuern (örtliche Verbrauch- und Aufwandsteuer, Art. 105 Abs. 2a GG) von § 1 Abs. 1 AO nicht erfasst; auf diese Steuern findet die AO Anwendung, soweit ein entsprechender ausdrücklicher Verweis in den KAG der Länder enthalten ist (s. Rz. 26). Die KiSt-Gesetze, für die gem. Art. 140 GG i. V. m. Art. 137 Abs. 6 WRV die Länder die Gesetzgebungskompetenz haben, ordnen z. T. die Anwendung der AO ausdrücklich an (s. Rz. 32). 10

### 2. Regelung durch das Recht der Europäischen Union

11 § 1 Abs. 1 Satz 1 AO ordnet an, dass die Steuern durch das Recht der EU »geregelt« sein müssen. Es kommt – wie bei dem Merkmal »Regelung durch Bundesrecht« – lediglich darauf an, ob eine Regelung **tatsächlich** vorliegt, nicht dass die EU über eine entsprechende Regelungskompetenz verfügt (vgl. *Musil* in HHSp, § 1 AO Rz. 33; *Seer* in Tipke/Kruse, § 1 AO Rz. 24). Zum Recht der EU gehören das **primäre** (insbes. EU und AEUV; s. Rz. 12) und das **sekundäre**, aus dem primären Unionsrecht abgeleitete **Europarecht** (s. Rz. 13; vgl. z. B. *Seer* in Tipke/Kruse, § 1 AO Rz. 21 ff.).

12 Das primäre Europarecht enthält zwar in Art. 110 ff. AEUV steuerrechtliche Regelungen, jedoch existiert derzeit **keine EU-Steuer**, da die Harmonisierung der direkten Steuern gem. Art. 114 Abs. 2 AEUV abweichend von Art. 114 Abs. 1 AEUV einer einstimmigen Entscheidung aller Mitgliedstaaten bedarf (*Khan* in Geiger/Kotzur/Khan, Art. 110 AEUV Rz. 1). Gleichwohl müssen die Mitgliedstaaten im Hinblick auf den Vorrang des Unionsrechts ihre Steuerhoheit auch bzgl. der direkten Steuern unter Wahrung des Unionsrechts ausüben (EuGH v. 04.02.1995, C-279/93, EuGHE 1995, I-225 Schumacker; *Khan* in Geiger/Kotzur/Khan, Art. 110 AEUV Rz. 2; *Oppermann/Classen/Nettesheim*, § 12 Rz. 26 ff.). Eine **Regelung** i. S. v. § 1 Abs. 1 Satz 1 AO ist hierin aber **nicht** zu sehen. Dies gilt auch, soweit sich z. B. im Hinblick auf den Grundsatz des effet utile (Art. 4 Abs. 3 EUV, Art. 197 Abs. 1 AEUV) Folgerungen für die europarechtskonforme Anwendung des nationalen Verfahrensrechts ergeben.

13 Das sekundäre Europarecht bilden die in Art. 288 AEUV genannten Rechtsakte, also Verordnungen, Richtlinien, Beschlüsse, Empfehlungen und Stellungnahmen. Regelungen i. S. v. § 1 Abs. 1 Satz 1 AO enthalten davon nur die **Verordnungen**, da nur diese eine allgemeine Geltung haben (Art. 288 Abs. 2 Satz 1 AEUV) und demnach in den Mitgliedstaaten verbindlich sind und unmittelbar gelten (Art. 288 Abs. 2 Satz 2 AEUV). Richtlinien (z. B. die auf Art. 113 AEUV beruhende Verbrauchsteuer-SystemRL) gehören demgegenüber nicht dazu, da sie sich an die Mitgliedstaaten richten und diesen die Umsetzung der Richtlinien in nationales Recht überlassen (Art. 288 Abs. 3 AEUV; BFH v. 18.10.2012, V B 45/12, juris; *Schwarz*, § 1 AO Rz. 5d).

14 Die für das Abgabenrecht bedeutsamste Verordnung ist der **UZK**, der den ZK abgelöst hat und seit dem 01.05.2016 die wesentliche Grundlage des Zollrechts (Einfuhrabgabenrechts) der Europäischen Union bildet. Neben diese VO treten die auf Unionsebene (und einzelstaatlicher Ebene) erlassenen Durchführungsvorschriften. In der Bundesrepublik sind dies – neben zahlreichen anderen Bestimmungen – das ZollVG vom 21.12.1992, BGBl I 1992, 2125 sowie die ZollV.

Der UZK enthält unter anderem auch 15

- einige grundlegende Begriffsbestimmungen (Art. 1 bis 5 UZK),
- allgemeine verwaltungsverfahrensrechtliche Vorschriften (Art. 18 ff. UZK),
- Vorschriften über Sicherheitsleistungen für den Zollschuldbetrag (Art. 89 bis 100 UZK),
- über das Entstehen der Zollschuld sowie die Person des Zollschuldners (Art. 77 bis 88 UZK),
- über die Erhebung sowie buchmäßige Erfassung des Zollschuldbetrages und die Mitteilung an den Zollschuldner (Art. 101 bis 107 UZK),
- über die Fristen und Modalitäten für die Errichtung des Abgabebetrages (Art. 108 bis 123 UZK), das Erlöschen der Zollschuld (Art. 124 bis 126 UZK),
- über die Erstattung und den Erlass (Art. 116 ff. ZK),
- einen Mindeststandard für Rechtsbehelfe (Art. 43 ff. UZK), wobei die Einzelheiten des Rechtsbehelfsverfahrens der Regelung durch die Mitgliedstaaten vorbehalten bleiben (Art. 44 UZK),
- eine eigene Vorschrift die Aussetzung der Vollziehung betreffend (Art. 45 UZK).

Keine Regelung trifft der UZK bzgl. der Vollstreckung (Art. 113 UZK) und des Rechts der Zuwiderhandlungen (Art. 83 Abs. 3 UZK, auch Art. 42 UZK).

Die Vorschriften der AO sind neben dem UZK anzuwenden (BT-Drs. 14/7341, 16 f.), wenn

- darin keine Regelung getroffen wurde (so z. B. hinsichtlich der Haftung, Vollstreckung, Straf- und Bußgeldvorschriften sowie Organisation der Zollverwaltung; insoweit gelten uneingeschränkt die entsprechenden Vorschriften der AO),
- das Unionsrecht im Vergleich zur Regelungsdichte der AO lückenhaft ist,
- unbestimmte Rechtsbegriffe verwendet werden,
- das Unionsrecht auf nationales Recht verweist,
- den Mitgliedstaaten oder ihren Zollbehörden eine Regelungsbefugnis hinsichtlich bestimmter Einzelheiten eingeräumt ist oder
- den Zollbehörden ein Ermessen bei der Anwendung des Zollrechts eingeräumt ist.

Soweit unionsrechtliche Vorschriften von denen der AO abweichen und das nationale Recht verdrängen, hat das **Unionsrecht Vorrang** (§ 1 Abs. 1 Satz 2 AO). Dies gilt z. B. für Art. 116 ff. UZK, welche die §§ 163, 227 AO verdrängen. Ohne praktischen Anwendungsbereich ist auch § 169 Abs. 2 Satz 1 Nr. 1 AO, da insoweit Art. 103 Abs. 1 UZK vorrangig ist, der auch einen von § 170 Abs. 1 AO abweichenden Beginn der **Festsetzungsfrist** regelt (*Bartone* in Krenzler/Herrmann/Niestedt, Art. 103 UZK Rz. 1; *Deimel* in HHSp, Art. 103 UZK Rz. 10). Demgegenüber ist § 169 Abs. 2 Satz 1 AO auf Einfuhrabgabenschulden anzuwenden (Art. 103 Abs. 2 UZK; *Bartone* in Krenzler/Herrmann/Niestedt, Art. 103 UZK Rz. 10; *Deimel* in HHSp, Art. 103 UZK Rz. 22). Da das EU-Zollrecht keine 16

**Zahlungsverjährung** kennt und Art. 221 Abs. 3 ZK hinsichtlich der Verjährung eine abschließende Regelung trifft, sind auf Zollschulden die §§ 228ff. AO nicht anwendbar (*Deimel* in HHSp, Art. 103 UZK Rz. 11).

**17** Zu den den Mitgliedstaaten vorbehaltenen Rechten der Zuwiderhandlungen zählt auch der im UZK nicht vorgesehene **Verspätungszuschlag** (§ 152 AO; vgl. EuGH v. 25.10.1995, C 36/94, EuGHE 1995, 3573). Soweit Art. 112 UZK die Erhebung von **Zinsen** sowie den Verzicht auf Zinsen regelt, werden die entsprechenden Regelungen der §§ 233ff. AO verdrängt (vgl. EuGH v. 27.09.2012 C-113/10, C-147/10, C-234/10, HFR 2012, 1210; BFH v. 22.09.2015, VII R 32/14, BStBl II 2016, 323; FG Ddorf v. 03.05.2017, 4 K 3268/14 Z, ZfZ Beilage 2018, Nr. 3, 1; ferner z.B. *Deimel* in HHSp, Art. 112 UZK Rz. 15 f.).

**18–20** vorläufig frei

### III. Verwaltung durch Bundes- oder Landesfinanzbehörden

**21** Nach § 1 Abs. 1 Satz 1 AO müssen die betreffenden Steuern etc. durch Bundes- oder Landesfinanzbehörden verwaltet werden, wie es sich aus Art. 108 GG i.V.m. dem FVG ergibt. Nach Art. 108 Abs. 1 Satz 1 GG werden Zölle, Finanzmonopole (heute nur noch das zum 31.12.2017 auslaufende Branntweinmonopol; *Schröer-Schallenberg* in Bongartz/Schröer-Schallenberg, Rz. G 54), die bundesgesetzlich geregelten Verbrauchsteuern (TabSt, SchaumwSt, BierSt, BranntwSt, EnergieSt, KaffeeSt) einschließlich der EUSt (§ 21 UStG) und die Abgaben im Rahmen der EU durch **Bundesfinanzbehörden** (§§ 1 FVG, 6 Abs. 2 AO) verwaltet. Die übrigen Steuern werden gem. Art. 108 Abs. 2 Satz 1 GG durch die **Landesfinanzbehörden** (§§ 2 FVG, 6 Abs. 2 AO) verwaltet. Soweit solche Steuern ganz oder zum Teil dem Bund zufließen (Art. 106 Abs. 1 und Abs. 3 GG), werden sie im Auftrag des Bundes verwaltet (Art. 108 Abs. 3, Art. 85 GG).

**22** Für die den **Gemeinden** (Gemeindeverbänden) ausschließlich zufließenden Steuern – die **Realsteuern** (Art. 106 Abs. 6 Satz 1 GG, § 3 Abs. 2 AO) – kann die den Landesfinanzbehörden grds. vorbehaltene Verwaltung durch die Länder ganz oder zum Teil auf die Gemeinden (Gemeindeverbände) übertragen werden (Art. 108 Abs. 4 Satz 2 GG). Die Flächenländer haben von dieser Ermächtigung Gebrauch gemacht und in den KAG geregelt, dass die hebeberechtigten Gemeinden für die Festsetzung und Erhebung der GewSt und GrSt zuständig sind (z.B. § 2 Abs. 7 SaarlKAG; Überblick bei *Seer* in Tipke/Kruse, § 1 AO Rz. 44). Demgegenüber verbleibt es in Bezug auf die Festsetzung der betreffenden Steuermessbeträge (§ 184 AO) und die Zerlegung (§ 185 AO) bei der auf Art. 108 Abs. 2 Satz 1 GG beruhenden Zuständigkeit der Landesfinanzbehörden. Inwieweit die AO bei der Verwaltung der Realsteuern anwendbar ist, richtet sich nach § 1 Abs. 2 AO (s. Rz. 24). Es versteht sich von selbst, dass in den Stadtstaaten sowohl die Feststellung des Steuermessbetrages als auch die Festsetzung und Erhebung der Steuer den Landesfinanzbehörden obliegt. Die Anwendung der AO resultiert dort aus § 1 Abs. 1 Satz 1 AO.

Zur **Verwaltung** der Steuer gehören das Steuerermittlungsverfahren, das Steueraufsichtsverfahren, das Steuerfestsetzungsverfahren, das Verfahren über außergerichtliche Rechtsbehelfe, das Erhebungs- und Vollstreckungsverfahren und schließlich das Verfahren zur Ermittlung von Steuerstraftaten und Steuerordnungswidrigkeiten (vgl. §§ 3ff. FVG). **23**

### IV. Anwendungsbereich für Realsteuern (§ 1 Abs. 2 AO)

Soweit in Übereinstimmung mit Art. 108 Abs. 4 Satz 2 GG die **Verwaltung der Realsteuern** den **Gemeinden** übertragen worden ist (s. Rz. 22), hat der Bund gem. Art. 108 Abs. 5 Satz 2 GG die Gesetzgebungskompetenz für das Verfahren (s. §§ 25ff. GrStG, §§ 16ff. GewStG). Hierfür regelt § 1 Abs. 2 AO im Einzelnen, inwieweit die AO anwendbar ist (s. § 3 AO Rz. 37). In dem in sieben Nummern zusammengefassten abschließenden Katalog fehlen im Wesentlichen nur die Vorschriften der AO über die Vollstreckung (§§ 249ff. AO) und das außergerichtliche Rechtsbehelfsverfahren (§§ 347ff. AO). **24**

Der Ausschluss der Vorschriften über die **Vollstreckung** (§§ 249–346 AO, BayVGH v. 05.08.1998, 4 C 97/2908, NVwZ – RR 1999, 619) folgt der Zweckmäßigkeitserwägung, den Gemeinden die Vollstreckung nach den Landesvorschriften (VwVG) zu gestatten, die sie auch sonst zur Vollstreckung anwenden. Ebenso wenig gelten die Vorschriften des 7. Teils über das **außergerichtliche Rechtsbehelfsverfahren** (§§ 347–368 AO) mit Ausnahme der §§ 351, 361 Abs. 1 Satz 2, Abs. 3 AO (§ 1 Abs. 2 Nr. 6 AO). Es gilt also grds. das Widerspruchsverfahren nach §§ 68ff. VwGO und die Klage vor dem VerwG (§ 40 Abs. 1 VwGO; s. § 33 FGO Rz. 4). Es wurde die Tradition berücksichtigt, dass der Rechtsweg in Realsteuersachen, soweit die Gemeinden zuständig sind, zu den allgemeinen VerwG führt (BFH v. 13.02.1990, VIII R 188/85, BStBl II 1990, 582), sodass das in der VwGO geregelte außergerichtliche Rechtsbehelfsverfahren des Widerspruchs vorzuschalten war. **25**

Das Problem der hierbei möglichen Überschneidung mit § 110 AO, der durch § 1 Abs. 2 Nr. 3 AO für **Widerspruchsverfahren gegen GewSt- oder GrSt-Messbescheide** nicht ausdrücklich ausgeschlossen ist, ist in Übereinstimmung mit der amtlichen Gesetzesbegründung (BT-Drs. VI/1982) in der Weise zu lösen, dass für das Widerspruchsverfahren § 70 Abs. 2 VwGO i.V.m. § 60 VwGO den Vorrang hat (so auch *Musil* in HHSp, § 1 AO Rz. 74; **26**

*Seer* in Tipke/Kruse, § 1 AO Rz. 45; a. A. *Koenig* in Koenig, § 1 AO Rz. 22).

27 § 1 Abs. 2 Nr. 6 AO ergänzt die Vorschriften der VwGO über das Widerspruchsverfahren durch die der VwGO fremden Bestimmungen über die **beschränkte Anfechtbarkeit von geänderten Verwaltungsakten,** von **Folgebescheiden** (§ 351 AO) und über die **Vollziehung bzw. deren Aussetzung bei den Folgebescheiden** (§ 361 Abs. 1 Satz 2, Abs. 3 AO). Folgerungen hinsichtlich der Anwendbarkeit der für das finanzgerichtliche Verfahren geltenden entsprechenden Bestimmungen der FGO (§ 42 FGO, § 69 Abs. 1 Satz 2, Abs. 2 Satz 4–6 FGO) können hieraus nicht gezogen werden; vielmehr gelten für den allgemeinen Verwaltungsprozess ausschließlich die Regelungen der VwGO.

## V. Sinngemäße Anwendung auf steuerliche Nebenleistungen (§ 1 Abs. 3 AO)

28 § 1 Abs. 3 Satz 1 AO ordnet die sinngemäße Anwendung der AO auf **steuerliche Nebenleistungen** (§ 3 Abs. 4 AO) an. Der Begriff umfasst nach § 3 Abs. 4 AO Verzögerungsgelder (§ 146 Abs. 2b AO), die Verspätungszuschläge (§ 152 AO), Zuschläge gem. § 162 Abs. 4 AO, die Zinsen (§§ 233 bis 239 AO), die Säumniszuschläge (§ 240 AO), die Zwangsgelder (§ 329 AO) und die Kosten (§§ 89, 178, 178a und §§ 337 bis 345 AO). Die AO enthält eine Reihe von spezielleren Normen, die ausdrückliche Regelungen hinsichtlich steuerlicher Nebenleistungen treffen (§§ 32 Nr. 1, 46 Abs. 1, 69 Satz 2, 233 Satz 2 AO). Diese gehen der Regelung des § 1 Abs. 3 Satz 1 AO vor.

29 Nach § 1 Abs. 3 Satz 2 AO gelten die Vorschriften des Dritten bis Sechsten Abschnitts des Vierten Teils (Festsetzungs- und Feststellungsverfahren, §§ 155 ff. AO; Außenprüfung, §§ 193 ff. AO; Steuerfahndung/Zollfahndung, § 208 AO; Steueraufsicht in besonderen Fällen, §§ 209 ff. AO) nur, soweit dies besonders bestimmt wird. Besondere Bestimmungen enthalten z. B. § 155 Abs. 3 AO, § 156 AO. § 178 Abs. 4; § 239 Abs. 1 Satz 1 AO.

30 vorläufig frei

## VI. Sinngemäße Anwendung auf Landesabgaben, Kirchensteuern, Förderungs-, Prämiengesetz usw. kraft Verweisung

31 Neben dem durch § 1 AO ausdrücklich eröffneten Anwendungsbereich der AO wird diese kraft Verweisung in vielen Fällen für anwendbar erklärt.

Durch Verweisung in den Landesgesetzen findet die AO über § 1 Abs. 1 AO auf landesrechtlich geregelte Steuern (**kommunale Verbrauch- und Aufwandsteuern,** Art. 105 Abs. 2a GG; s. Rz. 10) Anwendung. Entsprechende Verweise enthalten die KAG der Länder: §§ 3; 7 Abs. 1 Satz 1 Nr. 2, Abs. 3; 8 Abs. 1 Satz 2, Abs. 4 KAG BW.; Art. 13–15 Bay. KAG; AO-Anwendungsgesetz Bln; §§ 12, 14 Abs. 1 Satz 2, Abs. 3, 15 Abs. 4 KAG Bbg.; § 3 AbgabenG Bre; §§ 1 ff. AbgabenG Ha; §§ 4, 5a Abs. 1 Satz 2, Abs. 3, 4 He KAG; §§ 12, 16 Abs. 1 Satz 2, Abs. 3, 17 Abs. 1 Satz 2, Abs. 4 KAG MV; §§ 11, 16 Abs. 3, Abs. 4, 18 Abs. 1 Satz 2, Abs. 4 NdsKAG; §§ 12, 17 Abs. 1 Satz 2, Abs. 3, 20 Abs. 1 Satz 2, Abs. 4 KAG NRW v; §§ 3, 14 Abs. 3, 15 Abs. 1 Satz 2, 16 Abs. 1 Satz 2, Abs. 4 KAG RP v; §§ 12, 13 Abs. 1 Satz 2, Abs. 3, 14 Abs. 1 Satz 2, Abs. 4 KAG Sa; §§ 3, 5 Abs. 1 Satz 2, Abs. 3, 6 Abs. 1 Satz 2, Abs. 4 Sächs. KAG; §§ 13, 13a Abs. 1 Satz 5, 15 Abs. 3, Abs. 4, 16 Abs. 1 Satz 2, Abs. 4 KAG SAnh; §§ 11 Abs. 1 Satz 2, 15 Satz 1, 16 Abs. 1 Satz 2, Abs. 3, 18 Abs. 1 Satz 2, Abs. 5 SchlH KAG; §§ 15, 16 Abs. 1 Satz 2, 17 Satz 2 Thür. KAG. Da es sich nur um partielle Verweise handelt, sind im Übrigen die VwVfG der Länder anzuwenden (*Kopp/Ramsauer*, § 2 VwVfG Rz. 17a).

Auch die der Landesgesetzgebung unterliegenden Steuern der Religionsgemeinschaften (**KiSt**; Art. 140 GG i. V. m. Art. 137 Abs. 6 WRV; s. Rz. 10) werden von § 1 Abs. 1 Satz 1 AO nicht erfasst. Jedoch finden sich auch in den KiSt-Gesetzen der Länder Verweise auf die AO: §§ 1 Abs. 1 Satz 2, 15, 21 Abs. 3 KiStG BW; Art. 18 Abs. 1–3, 19 Abs. 3 Bay. KiStG; § 7 KiStG Bln; §§ 8 Abs. 6 Satz 2 Bbg KiStG; § 8 Abs. 6, Abs. 7 KiStG Bremen; §§ 8 Abs. 2 Satz 1, Satz 2, 12 Abs. 1 Satz 1, Hmb KiStG; § 15 Abs. 1 HKiStG; §§ 9 Abs. 1 Satz 3, 2 Satz 1, 22 Abs. 2 Satz 2, 23 Abs. 1 Satz 1 KiStG MV; § 6 Abs. 1 Nds. KiStRG; §§ 8 Abs. 1, 12, 14 Abs. 2 Satz 2 KiStG NRW; § 11 Abs. 2 Satz 1 KiStG RP v; §§ 11 Abs. 1, 16 Abs. 1 Satz 3, Abs. 2 Satz 1 KiStG-Saar; § 9 Abs. 1 SchlHolst. KiStG; § 12 Abs. 1 SächsKiStG; § 8 Satz 1 KiStG LSA; § 9 Abs. 1 Satz 2, 10 ThürKiStG. 32

Ausdrückliche Verweise auf die AO finden sich in **Prämien- und Zulagenregelungen** (s. Rz. 7), z. B. §§ 5–7 InvZulG 2005, §§ 11, 13, 14 InvZulG 2007, § 14 InvZuLG 2010 (s. Rz. 34), § 96 EStG für die Altersvorsorgezulage, § 15 Abs. 1 EigZulG, § 8 Abs. 1–2 WoPG, § 14 Abs. 2, 3 des 5. VermBG, und in § 159 StBerG. 33

Die **InvZul** ist **keine Steuervergütung.** Es fehlt – anders als z. B. für das Kindergeld (§ 31 Satz 3 EStG; s. Rz. 5) – eine entsprechende Norm. Durch die Verweisungsnormen in §§ 5–7 InvZulG 2005, §§ 11, 13, 14 InvZulG 2007, § 14 InvZuLG 2010 wird die InvZul abgabenrechtlich nicht in eine Steuervergütung umqualifiziert, sondern das Investitionszulageverfahren nur allgemein geregelt (BFH v. 19.12.2013, III R 25/10, BFH/NV 2014, 928). 34

In weiteren **nichtsteuerlichen Bereichen** kommt die AO v. a. im Monopol- und Marktordnungsrecht kraft ausdrücklicher Verweisung zur Anwendung: 35

- im **BranntwMonG** (z. B. §§ 48 Abs. 1 und Abs. 2, 51a Abs. 2, 51b, 109, 111 Abs. 1, 112 Abs. 3, 114 Abs. 2, 128 Abs. 1 und Abs. 2, 156 Abs. 1 und Abs. 2 158 BranntwMonG; vgl. *Musil* in HHSp, § 1 AO Rz. 55)

– im MOG (z.B. §§ 8 Abs. 2, 12 Abs. 1, 14 Abs. 2, 17 Abs. 3, 34 Abs. 1 und Abs. 2, 35 MOG; vgl. *Musil* in HHSp, § 1 AO Rz. 55; *Seer* in Tipke/Kruse, § 1 AO Rz. 55). Der Verweis in § 12 Abs. 1 MOG erfasst auch die aufgrund des MOG erlassenen Verordnungen (z.B. MilchQuotV; *Musil* in HHSp, § 1 AO Rz. 55; *Seer* in Tipke/Kruse, § 1 AO Rz. 55). Soweit die vorgenannten Normen nicht auf die AO verweisen, ist das VwVfG des Bundes anzuwenden (vgl. §§ 1 Abs. 1 Nr. 1, 2 Abs. 2 Nr. 1 VwVfG; hierzu *Kopp/Ramsauer*, § 2 VwVfG Rz. 16 ff.).

## § 2 AO Vorrang völkerrechtlicher Vereinbarungen

**(1) Verträge mit anderen Staaten im Sinne des Artikels 59 Abs. 2 Satz 1 des Grundgesetzes über die Besteuerung gehen, soweit sie unmittelbar anwendbares innerstaatliches Recht geworden sind, den Steuergesetzen vor.**

**(2) Das Bundesministerium der Finanzen wird ermächtigt, zur Sicherung der Gleichmäßigkeit der Besteuerung und zur Vermeidung einer Doppelbesteuerung oder doppelten Nichtbesteuerung mit Zustimmung des Bundesrates Rechtsverordnungen zur Umsetzung von Konsultationsvereinbarungen zu erlassen. Konsultationsvereinbarungen nach Satz 1 sind einvernehmliche Vereinbarungen der zuständigen Behörden der Vertragsstaaten eines Doppelbesteuerungsabkommens mit dem Ziel, Einzelheiten der Durchführung eines solchen Abkommens zu regeln, insbesondere Schwierigkeiten oder Zweifel, die bei der Auslegung oder Anwendung des jeweiligen Abkommens bestehen, zu beseitigen.**

**(3) Das Bundesministerium der Finanzen wird ermächtigt, durch Rechtsverordnung mit Zustimmung des Bundesrates Vorschriften zu erlassen, die**

**1. Einkünfte oder Vermögen oder Teile davon bestimmen, für die die Bundesrepublik Deutschland in Anwendung der Bestimmung eines Abkommens zur Vermeidung der Doppelbesteuerung auf Grund einer auf diplomatischem Weg erfolgten Notifizierung eine Steueranrechnung vornimmt, und**

**2. in den Anwendungsbereich der Bestimmungen über den öffentlichen Dienst eines Abkommens zur Vermeidung der Doppelbesteuerung diejenigen Körperschaften und Einrichtungen einbeziehen, die auf Grund einer in diesem Abkommen vorgesehenen Vereinbarung zwischen den zuständigen Behörden bestimmt worden sind.**

**Inhaltsübersicht**



**Schrifttum**

Bartone, Gesellschafterfremdfinanzierung – Die Frage der Vereinbarkeit des § 8a KStG mit Verfassungs-, Europa- und Völkerrecht; 2001 (zugl. Diss. Saarbrücken 2000); Grube, Der Einfluss des EU-Beihilfenrechts auf das deutsche Steuerrecht, DStZ 2007, 371; Hummel, Zur innerstaatlichen Bindungswirkung von auf Doppelbesteuerungsabkommen beruhenden Konsultationsvereinbarungen – Betrachtungen anlässlich der Ergänzung von § 2 AO durch das Jahressteuergesetz 2010, IStR 2011, 397; Zorn/Twardosz, Gemeinschaftsgrundrechte und Verfassungsgrundrechte im Steuerrecht, DStR 2007, 2185; Sauer, Staatsrecht III, 2. Aufl. 2013; Oppermann/Classen/Nettesheim, Europarecht, 7. Aufl. 2016.

### A. Bedeutung der Vorschrift

§ 2 Abs. 1 AO soll klarstellen, dass »völkerrechtliche Vereinbarungen, soweit sie innerstaatliches Recht geworden sind, Vorrang vor den innerstaatlichen Steuergesetzen haben und deshalb allein durch spätere innerstaatliche Gesetze nicht abgeändert werden können« (BT-Drs. 7/4292, 15). Dieses Ziel kann durch § 2 Abs. 1 AO indessen nicht erreicht werden, da durch diese Norm des einfachen Bundesrechts kein allgemeiner Vorrang völkerrechtlicher Verträge begründet werden kann (s. Rz. 14 f.). Allerdings ist die Norm kein bloß deklaratorischer Programmsatz, der lediglich die Völkerrechtsfreundlichkeit der deutschen Rechtsordnung zum Ausdruck bringen soll, sondern eine Norm zur Auflösung von Kollisionen zwischen transformiertem Völkervertragsrecht und nationalem Recht (s. Rz. 16 ff.). Von § 2 Abs. 1 AO nicht erfasst ist das **Europarecht**, da dessen Anwendungsvorrang für das inländische Recht auf Art. 23 GG beruht (s. Rz. 9). 1

§ 2 Abs. 2 Satz 1 AO, der durch das JStG 2010 eingefügt wurde, ermächtigt das BMF, zur Sicherung der Gleichmäßigkeit der Besteuerung und zur Vermeidung einer Doppelbesteuerung oder doppelten Nichtbesteuerung mit Zustimmung des Bundesrates Rechtsverordnungen (Art. 80 GG) zur Umsetzung von **Konsultationsvereinbarungen**, wie sie in § 2 Abs. 2 Satz 2 AO und in den DBA vorgesehen sind (vgl. Art. 25 Abs. 3 OECD-MA (s. Rz. 23), zu erlassen. Hierdurch soll eine umfassende 2

Bindungswirkung dieser Konsultationsvereinbarungen erreicht werden (*Oellerich* in Gosch, § 2 AO Rz. 3).

## B. Anwendungsbereich

### I. Verträge mit anderen Staaten i.S. des Art. 59 Abs. 2 GG

3 Verträge mit anderen Staaten i.S. des Art. 59 Abs. 2 Satz 1 GG sind **völkerrechtliche Verträge**, in denen die politischen Beziehungen des Bundes geregelt werden oder die sich auf Gegenstände der Bundesgesetzgebung (in Abgrenzung zur Bundesverwaltung) beziehen. Sie bedürfen der Zustimmung oder der Mitwirkung der jeweils für die Bundesgesetzgebung zuständigen Körperschaften in der Form eines Bundesgesetzes (Art. 59 Abs. 2 Satz 1 GG). Da ein Völkerrechtsvertrag nur die am Zustandekommen beteiligten Völkerrechtssubjekte bindet, bedarf es der »Überführung« in die innerstaatliche Rechtsordnung. Diese Transformation geschieht durch ein **Zustimmungsgesetz**, das zum einen den Bundespräsidenten im Innenverhältnis ermächtigt, für die Bundesrepublik einen Völkerrechtsvertrag abzuschließen. **Gleichzeitig** ist damit nach geltender Staatspraxis eine weitere Regelung verbunden, nämlich die **Transformation** der völkervertraglichen Regelungen in innerstaatliches Recht (BVerfG v. 22.03.1983, BvR 475/78, BVerfGE 63, 343, 355; BVerfG v. 14.05.1986, 2 BvL 2/83, BVerfGE 72, 200, 241; zu den Einzelheiten z.B. *Drüen* in Tipke/Kruse, § 2 AO Rz. 5; *Sauer*, Staatsrecht III, § 6 Rz. 3 ff.).

4 Völkerrechtliche **Verwaltungsabkommen** i.S. des Art. 59 Abs. 2 Satz 2 GG fallen nach dem klaren Wortlaut des § 2 Abs. 1 AO **nicht** in dessen Anwendungsbereich. Als völkerrechtliche Verwaltungsabkommen gelten alle Regelungen, die, falls sie durch einen innerstaatlichen Rechtsakt festgelegt würden, durch eine Verwaltungsvorschrift, einen Verwaltungsakt oder sonstige Verwaltungszwangsmaßnahmen geregelt würden (administrative Verwaltungsabkommen). Auch normative Verwaltungsabkommen, die Gegenstände innerhalb einer Verordnungsermächtigung zugunsten der Bundesregierung oder eines Fachministers nach Art. 80 Abs. 1 GG regeln, fallen nicht unter § 2 AO (*Drüen* in Tipke/Kruse, § 2 AO Rz. 6).

5 vorläufig frei

### II. Verträge über Steuern

6 § 2 Abs. 1 AO bezieht sich nur auf solche völkerrechtlichen Verträge, welche die **Zulässigkeit oder** das **Ausmaß der steuerlichen Eingriffe** zum Inhalt haben (*Koenig* in Koenig, § 2 AO Rz. 2; *Musil* in HHSp, § 2 AO Rz. 36), die also Fragen der Besteuerung zum Gegenstand haben oder zumindest wirtschaftliche Sachverhalte regeln, die unmittelbaren Einfluss auf die Besteuerung haben können (*Musil* in HHSp, § 2 AO Rz. 15; *Oellerich* in Gosch, § 2 AO Rz. 22). Verträge in diesem Sinne sind in erster Linie DBA (s. Rz. 7).

#### 1. Doppelbesteuerungsabkommen (DBA)

DBA bilden den wichtigsten Anwendungsfall des § 2 Abs. 1 AO. Sie werden zwischen Völkerrechtssubjekten geschlossen, um **Doppelbesteuerungen hinsichtlich desselben Stpfl. zu vermeiden.** Hierzu kann es kommen, wenn in mindestens zwei Staaten von demselben Stpfl. für denselben Steuergegenstand und denselben Zeitraum vergleichbare Steuern erhoben werden, weil die beteiligten Staaten die Besteuerung sowohl nach dem Welteinkommensprinzip als auch nach Quellenprinzip vornehmen (im Einzelnen *Drüen* in Tipke/Kruse, § 2 AO Rz. 26 ff.; *Vogel* in Vogel/Lehner, Einl. OECD-MA Rz. 2 ff.). Durch das DBA verpflichten sich die Vertragsstaaten, diejenigen Steuern nicht oder nur in begrenzter Höhe zu erheben, die das Abkommen dem jeweils anderen Staat zuweist (*Drüen* in Tipke/Kruse, § 2 AO Rz. 27). Im Grundsatz ist mithin davon auszugehen, dass DBA ein bilaterales System der Verteilung von Besteuerungsbefugnissen bilden, innerhalb dessen die Vertragsstaaten ihre nationalen Besteuerungsrechte begrenzen (*Bartone*, S. 129 m.w.N.), ohne jedoch das ihnen originär zustehende Besteuerungsrecht insoweit grds. aufzugeben (BFH v. 21.05.1997, I R 79/96, BStBl II 1998, 113; BFH v. 26.06.2013, I R 48/12, BStBl II 2014, 367). Die DBA, welche die Bundesrepublik Deutschland abschließt, beruhen regelmäßig auf dem OECD-MA (*Drüen* in Tipke/Kruse, § 2 AO Rz. 27). Eine Übersicht über den Stand der DBA und der beabsichtigten Abkommen wird vom BMF jährlich herausgegeben (aktuell: BMF v. 22.01.2014, IV B 2-S 1301/07/10017-05, 2014/0061052, BStBl I 2014, 171). 7

vorläufig frei 8

#### 2. Europarecht

Das Recht der EU (Unionsrecht/Europarecht, insbes. EUV und AEUV) leitet sich auch aus völkerrechtlichen Verträgen ab. Gleichwohl fallen sie **nicht** in den **Anwendungsbereich von Art. 59 Abs. 2 GG und § 2 Abs. 1 AO,** da Art. 23 Abs. 1 GG als insoweit speziellere Regelung eingreift. Das Europarecht stellt eine autonome, supranationale Rechtsordnung zwischen dem nationalen Recht der Mitgliedstaaten und dem Völkerrecht dar (*Oppermann/Classen/Nettesheim*, § 9 Rz. 5). Aus dieser Besonderheit folgt die europaweite einheitliche und unmittelbare Geltung des Europarechts, die unabhängig von § 2 Abs. 1 AO einen Anwendungsvorrang vor dem nationalen Recht begründet (*Koenig* in Koenig, § 2 AO Rz. 14; *Grube*, DStZ 2007, 371; *Zorn/Twardosz* DStR 2007, 2185). Dies hat die Bundesrepublik Deutschland mit der Rege- 9 lung in Art. 23 Abs. 1 GG umgesetzt. Dem Anwendungsvorrang trägt § 1 Abs. 1 Satz 2 AO Rechnung (s. § 1 AO Rz. 16).

10 vorläufig frei

### 3. Sonstige Verträge

11 Neben den DBA (s. Rz. 7) fallen in den Anwendungsbereich des § 2 Abs. 1 AO insbes. auch das **NATO-Truppenstatut** (BFH v. 08.08.2013, III R 22/12, BFH/NV 2013, 1997; *Drüen* in Tipke/Kruse, § 2 AO Rz. 24 f.; *Musil* in HHSp, § 2 AO Rz. 96 ff.; *Oellerich* in Gosch, § 2 AO Rz. 49 ff.) sowie das Wiener Übereinkommen v. 18.04.1961 über die diplomatischen Beziehungen (**WÜD**) und das Wiener Übereinkommen über konsularische Beziehungen (**WÜK**; *Drüen* in Tipke/Kruse, § 2 AO Rz. 11 ff.; *Musil* in HHSp, § 2 AO Rz. 101 ff.; *Oellerich* in Gosch, § 2 AO Rz. 54 ff.). Weitere Verträge in diesem Sinne sind z. B. auch das Übereinkommen über die Vorrechte und die Immunität der Vereinten Nationen (BGBl II 1989, 941) und der Sonderorganisationen der Vereinten Nationen (BGBl II 1954, 639), das Abkommen zur Errichtung einer Welthandelsorganisation (WTO, BGBl II 1994, 1438), das Abkommen über die OECD (BGBl II 1961, 1150) und das Allgemeine Abkommen über die Vorrechte und Befreiungen des Europarates (BGBl II 1954, 493; dazu BFH v. 06.08.1998, IV R 75/97, BStBl II 1998, 732; zu weiteren Verträgen *Drüen* in Tipke/Kruse, § 2 AO Rz. 21; *Musil* in HHSp, § 2 AO Rz. 120 ff., *Oellerich* in Gosch, § 2 AO Rz. 66 ff.).

12-13 vorläufig frei

## III. Anordnung des Vorrangs

14 § 2 Abs. 1 AO stellt ein einfaches Bundesgesetz dar und begründet **keine weitere Ebene in der Normenhierarchie** zwischen dem (Bundes-)Verfassungsrecht und dem einfachen Bundesrecht. Das bedeutet, dass die in Art. 59 Abs. 2 GG angeordnete Ranggleichheit zwischen völkerrechtlichen Verträgen und innerstaatlichem Recht nicht beseitigt wird (s. Rz. 2 f.). Andererseits stellt § 2 Abs. 1 AO mehr als nur eine völkerrechtsfreundliche Auslegungsregel dar.

15 Ein Vorrang von völkerrechtlichen Verträgen wird auch nicht durch Art. 25 Satz 2 GG begründet: Darin wird zwar der Vorrang allgemeiner Regeln des Völkerrechts angeordnet, aber die in Art. 59 Abs. 2 GG genannten völkerrechtlichen Verträge zählen mangels allgemeiner Geltung **nicht** zu den **allgemeinen Regeln des Völkerrechts** (BVerfG v. 25.03.1999, 2 BvE 5/99, BVerfGE 100, 266; BVerfG v. 06.12.2006, 2 BvM 9/03, BVerfGE 117, 141; BVerfG v. 08.05.2007, 2 BvM 1/03, 2 BvM 2/03, 2 BvM 3/03, 2 BvM 4/03, 2 BvM 5/03, 2 BvM 1/06, 2 BvM 2/06, BVerfGE 118, 124; *Jarass* in Jarass/Pieroth, Art. 25 GG Rz. 6; *Drüen* in Tipke/Kruse, § 2 AO Rz. 2; *Musil* in HHSp, § 2 AO Rz. 160 f.; *Oellerich* in Gosch, § 2 AO Rz. 78).

16 Die Auflösung von Kollisionen zwischen völkerrechtlichen Verträgen und nationalem Steuerrecht kann – da es sich um ranggleiches handelt – demnach nur nach den Kollisionsregelungen der juristischen Methodenlehre erfolgen. Denn es gilt – wie dargestellt (s. Rz. 14 f.) – **nicht** die **Lex-superior-Regel** (»lex superior derogat legi inferiori«), da das GG keine Rechtsquellen kennt, die einen Rang zwischen den (einfachen) Bundesgesetzen und der Verfassung beanspruchen (*Bartone*, S. 154 m. w. N.; *Musil* in HHSp, § 2 AO Rz. 163). Vielmehr ist im Verhältnis von völkerrechtlichem Vertrag und nationalem Steuergesetz die **Lex-specialis-Regel** anzuwenden (»lex specialis derogat legi generali«), denn insbes. in DBA werden in aller Regel bzgl. einzelner Fragen spezielle Regelungen abweichend vom innerstaatlichen Steuerrecht geregelt. Diese treten folglich als allgemeinere Gesetze hinter die Abkommensregeln zurück (*Bartone*, S. 154; einschränkend *Drüen* in Tipke/Kruse, § 2 AO Rz. 2 und 38; *Wassermeyer*, StuW, 1990, 411; auch BVerfG v. 15.12.2015, 2 BvL 1/12, BVerfGE 141, 1).

17 Wird aber die Kollision zwischen DBA und nationalem Steuerrecht mit Hilfe der allgemeinen Regeln aufgelöst, gilt auch die **Lex-posterior-Regel** (»lex posterior derogat legi priori«), wenn der nationale Gesetzgeber nach Abschluss des DBA denselben Gegenstand durch ein Steuergesetz (erneut) regelt und damit u. U. eine DBA-Regelung einschränkt oder obsolet macht (»treaty override«). Es konkurrieren in diesem Fall idealiter zwei Kollisionsregeln der juristischen Methodenlehre, nämlich die Lex-specialis-Regel mit der Lex-posterior-Regel. Um unerwünschte Konflikte und widersprüchliche Ergebnisse auf derselben Ebene der Normenhierarchie zu vermeiden, muss man indessen davon ausgehen, dass die Lex-specialis-Regel der Lex-posterior-Regel vorgeht, es sei denn, der Gesetzgeber ordnet ausdrücklich etwas anderes an (*Bartone*, S. 154; *Konzelmann*, S. 216 f.; i. E. ebenso *Musil* in HHSp, § 2 AO Rz. 174; vgl. dazu auch BFH v. 25.05.2016, I R 64/13, BStBl II 2017, 1185). Somit gilt im Verhältnis nationaler Steuergesetze zu den DBA-Regelungen der Grundsatz »**lex posterior generalis non derogat legi speciali priori**« (*Bartone*, S. 154; gl. A. *Oellerich* in Gosch, § 2 AO Rz. 75; a. A. BVerfG v. 15.12.2015, 2 BvL 1/12, BVerfGE 141, 1). Nach der Rspr. des BVerfG ergibt sich indessen weder aus Art. 59 Abs. 2 Satz 1 GG, dem Rechtsstaatsprinzip oder dem Grundsatz der Völkerrechtsfreundlichkeit des GG eine Einschränkung für die Geltung des Lex-posterior-Grundsatzes für völkerrechtliche Verträge. Daher können spätere Gesetzgeber – entsprechend dem durch die Wahl zum Ausdruck gebrachten Willen des Volkes – innerhalb der vom GG vorgegebenen Grenzen Rechtsetzungsakte früherer Gesetzgeber

revidieren (BVerfG v. 15.12.2015, 2 BvL 1/12, BVerfGE 141, 1).

18 Somit ist es dem nationalen Gesetzgeber trotz der Regelung in § 2 Abs. 1 AO nicht verwehrt, die innerstaatliche Verbindlichkeit einer völkervertraglichen Vereinbarung durch ein späteres innerstaatliches Gesetz zu ändern oder gar außer Kraft zu setzen (**»treaty overriding«**). Allerdings teilt das **BVerfG** nicht die verfassungsrechtlichen Zweifel des BFH (vgl. BFH v. 10.01.2012, I R 66/09, BFH/NV 2012, 1056; BFH v. 11.12.2013, I R 4/13, BFH/NV 2014, 614), sondern hält das **»treaty overriding«** für **verfassungsrechtlich zulässig** (BVerfG v. 15.12.2015, 2 BvL 1/12, BVerfGE 141, 1). Außerdem soll es dem Gesetzgeber nicht verwehrt sein, eine gegenüber Zustimmungsgesetzen zu DBA vorrangige (speziellere) Regelung derart zu treffen, dass nachfolgende DBA nach dem Lex-posterior-Grundsatz kein Vorrang gegenüber dieser Regelung erlangen soll (BFH v. 25.05.2016, I R 64/13, BStBl II 2017, 1185).

19–22 vorläufig frei

### IV. Konsultationsvereinbarungen (§ 2 Abs. 2 AO)

23 Durch § 2 Abs. 2 Satz 1 AO wird das BMF ermächtigt, zur Sicherung der Gleichmäßigkeit der Besteuerung und zur Vermeidung einer Doppelbesteuerung oder doppelten Nichtbesteuerung mit Zustimmung des Bundesrates Rechtsverordnungen zur Umsetzung von Konsultationsvereinbarungen i. S. v. Art. 25 Abs. 3 OECD-MA zu erlassen. Konsultationsvereinbarungen in diesem Sinne werden in § 2 Abs. 2 Satz 2 AO definiert als einvernehmliche Vereinbarungen der zuständigen Behörden der Vertragsstaaten eines DBA mit dem Ziel, Einzelheiten der Durchführung eines solchen Abkommens zu regeln, insbes. Schwierigkeiten oder Zweifel, die bei der Auslegung oder Anwendung des jeweiligen Abkommens bestehen, zu beseitigen.

24 Vor Einführung des § 2 Abs. 2 AO war **ungewiss, ob Konsultationsvereinbarungen** (s. Rz. 23), die lediglich auf der völkerrechtlichen Ebene getroffen werden, aber nicht wie Völkerrechtsverträge nach Art. 59 Abs. 2 GG in innerstaatliches Recht transformiert werden, überhaupt **innerstaatlich verbindlich** sind (*Musil* in HHSp, § 2 Rz. 308). Mit § 2 Abs. 2 AO verfolgt der Gesetzgeber das Ziel, diese Rechtsunsicherheit zu beseitigen und eine möglichst weitgehende Verbindlichkeit der Konsultationsvereinbarungen zu schaffen (eingehend *Hummel*, IStR 2011, 397).

25 Dieses Ziel wurde nicht erreicht. Der BFH hat entschieden, dass § 2 Abs. 2 AO nicht den Bestimmtheitsanforderungen, die nach Art. 80 Abs. 1 GG an eine Verordnungsermächtigung zu stellen sind, genügt (BFH v. 10.06.2015, I R 79/13, BStBl II 2016, 326; vgl. auch *Drüen* in Tipke/Kruse, § 2 AO Rz. 43e; *Hummel*, IStR 2011, 397; *Musil* in HHSp, § 2 AO Rz. 332; a. A. *Oellerich* in Gosch, § 2 AO Rz. 102). Für das richtige Abkommensverständnis kann immer nur der Abkommenswortlaut maßgeblich sein. Wird das in einer Konsultationsvereinbarung gefundene Abkommensverständnis durch den Wortlaut nicht gedeckt, ergibt sich aus der Vereinbarung keine Beeinflussung oder gar Bindung der Gerichte bzgl. der Auslegung des DBA (BFH v. 10.06.2015, I R 79/13, BStBl II 2016, 326). Folglich kann eine auf der Grundlage des § 2 Abs. 2 AO erlassene Konsultationsvereinbarungsverordnung den Inhalt eines gem. Art. 59 Abs. 2 Satz 1 GG in innerstaatliches Recht umgesetzten **DBA** erst recht **nicht abändern** (vgl. *Hummel*, IStR 2011, 397; *Musil* in HHSp, § 2 AO Rz. 316).

### V. Verordnungsermächtigung zu Abkommensänderungen (§ 2 Abs. 3 AO)

Durch § 2 Abs. 3 AO wird das BMF ermächtigt, Rechtsverordnungen i. S. v. Art. 80 GG zu erlassen, mit denen bestehende DBA geändert oder erweitert werden können. Damit soll eine innerstaatliche Rechtsgrundlage für nachträgliche Abkommensänderungen oder -erweiterungen geschaffen werden. Dies ist unter dem Aspekt des verfassungsrechtlich determinierten Grundsatzes der Gesetzmäßigkeit der Besteuerung (s. § 3 AO Rz. 14) nicht unbedenklich (vgl. *Drüen* in Tipke/Kruse, § 2 AO Rz. 43j). 26

§ 2 Abs. 3 Nr. 1 AO ermächtigt zum Erlass einer Rechtsverordnung, mit welcher nach einem vorausgegangenen Konsultationsverfahren und anschließender Notifikation des anderen Vertragsstaats von der abkommensrechtlichen Freistellungsmethode zur Anrechnungsmethode übergegangen werden kann (vgl. *Musil* in HHSp, § 2 AO Rz. 402). Ob dies im Verordnungsweg erreicht werden kann, ist höchst fraglich (krit. *Drüen* in Tipke/Kruse, § 2 AO Rz. 43k; *Musil* in HHSp, § 2 AO Rz. 409). 27

§ 2 Abs. 3 Nr. 2 AO betrifft die Ermächtigung zum Erlass von Rechtsverordnungen, mit denen das Kassenstaatsprinzip auf Konstellationen erweitert werden soll, in denen Private öffentliche Aufgaben erfüllen, wie etwa das Goethe-Institut oder der DAAD (vgl. *Musil* in HHSp, § 2 AO Rz. 410). Die darin liegende Abkommensänderung beruht auf einer Verständigungsvereinbarung, sodass sich demnach keine durchgreifenden Bedenken gegen die Verordnungsermächtigung ergeben (vgl. *Drüen* in Tipke/Kruse, § 2 AO Rz. 431). 28

## § 2a AO
## Anwendungsbereich der Vorschriften über die Verarbeitung personenbezogener Daten

(1) Die Vorschriften dieses Gesetzes und der Steuergesetze über die Verarbeitung personenbezoge-

ner Daten im Anwendungsbereich dieses Gesetzes gelten bei der Verarbeitung personenbezogener Daten durch Finanzbehörden (§ 6 Absatz 2), andere öffentliche Stellen (§ 6 Absatz 1a bis 1c) und nichtöffentliche Stellen (§ 6 Absatz 1d und 1e). Das Bundesdatenschutzgesetz oder andere Datenschutzvorschriften des Bundes sowie entsprechende Landesgesetze gelten für Finanzbehörden nur, soweit dies in diesem Gesetz oder den Steuergesetzen bestimmt ist.

(2) Die datenschutzrechtlichen Regelungen dieses Gesetzes gelten auch für Daten, die die Finanzbehörden im Rahmen ihrer Aufgaben bei der Überwachung des grenzüberschreitenden Warenverkehrs verarbeiten. Die Daten gelten als im Rahmen eines Verfahrens in Steuersachen verarbeitet.

(3) Die Vorschriften dieses Gesetzes und der Steuergesetze über die Verarbeitung personenbezogener Daten finden keine Anwendung, soweit das Recht der Europäischen Union, im Besonderen die Verordnung (EU) 2016/679 des Europäischen Parlaments und des Rates vom 27. April 2016 zum Schutz natürlicher Personen bei der Verarbeitung personenbezogener Daten, zum freien Datenverkehr und zur Aufhebung der Richtlinie 95/46/EG (Datenschutz-Grundverordnung) (ABl. L 119 vom 4.5.2016, S. 1; L 314 vom 22.11.2016, S. 72) in der jeweils geltenden Fassung unmittelbar oder nach Absatz 5 entsprechend gilt.

(4) Für die Verarbeitung personenbezogener Daten zum Zweck der Verhütung, Ermittlung, Aufdeckung, Verfolgung oder Ahndung von Steuerstraftaten oder Steuerordnungswidrigkeiten gelten die Vorschriften des Ersten und des Dritten Teils des Bundesdatenschutzgesetzes, soweit gesetzlich nichts anderes bestimmt ist.

(5) Soweit nichts anderes bestimmt ist, gelten die Vorschriften der Verordnung (EU) 2016/679, dieses Gesetzes und der Steuergesetze über die Verarbeitung personenbezogener Daten natürlicher Personen entsprechend für Informationen, die sich beziehen auf identifizierte oder identifizierbare

1. verstorbene natürliche Personen oder
2. Körperschaften, rechtsfähige oder nicht rechtsfähige Personenvereinigungen oder Vermögensmassen.

**Inhaltsübersicht**



**Schrifttum**

Jarass, EUGrCh, 2. Aufl. 2013; Baum, Datenschutz im Steuerverwaltungsverfahren ab dem 25.5.2018, NWB 2017, 3143, 3203, 3281, 3351, 3415; Krumm, Grundfragen des steuerlichen Datenverarbeitungsrechts, DB 2017, 2182; Myssen/Kraus, Steuerliches Datenschutzrecht: Verfahrensrechtsanpassung an die Datenschutz-Grundverordnung, DB 2017, 1860; Drüen, Aktuelle Entwicklungen im Steuerverfahrensrecht, DB 2018, 11.

## A. Bedeutung der Vorschrift

Die durch das »Gesetz zur Änderung des Bundesversorgungsgesetzes und anderer Vorschriften« v. 17.07.2017 (BGBl. I 2017, 2541) mit Wirkung v. 25.05.2018 (Art. 31 Abs. 4 dieses Gesetzes) in die AO eingefügte Norm legt den sachlichen Anwendungsbereich der Vorschriften der AO sowie der materiellen Steuergesetze über die Verarbeitung personenbezogener Daten im Anwendungsbereich der AO (§ 1 AO) fest (§ 2 a Abs. 1 Satz 1 AO) bzgl. der Verarbeitung personenbezogener Daten durch Finanzbehörden (§ 6 Abs. 2 AO), andere öffentliche Stellen (§ 6 Abs. 1a bis Abs. 1c AO) und nicht öffentliche Stellen (§ 6 Abs. 1d und Abs. 1e AO). Gleichzeitig wird die Anwendung des BDSG sowie der Datenschutzgesetze der Länder für Finanzbehörden grds. ausgeschlossen. Eine Ausnahme hiervon besteht nur dann, wenn und soweit eine Anwendung der Datenschutzgesetze des Bundes oder Länder in der AO oder den Steuergesetzen bestimmt ist (§ 2 a Abs. 1 Satz 2 AO). Damit soll für die Verwaltung von bundesgesetzlich geregelten Steuern für alle Stpfl. ein einheitliches Datenschutzrecht gelten, und zwar unabhängig davon, ob die zugrunde liegende Steuer von Bundes- oder Landesfinanzbehörden verwaltet wird (*Myßen/Kraus*, DB 2017, 1860, 1863). 1

2 Die Einführung des § 2a AO geht auf die Verordnung (EU) 2016/679 des Europäischen Parlaments und des Rates vom 27.04.2016 zum Schutz natürlicher Personen bei der Verarbeitung personenbezogener Daten, zum freien Datenverkehr und zur Aufhebung der RL 95/46/EG (ABl.EU Nr. L 119, 1, Nr. L 314, 72 – DSGVO) zurück, die ab dem 25.05.2018 in allen EU-Mitgliedstaaten unmittelbar geltendes Recht (vgl. Art. 288 Abs. 2 AEUV) darstellt (Art. 99 Abs. 2 Satz 1 DSGVO). Ziel der DSGVO ist ein gleichwertiges Schutzniveau für die Rechte und Freiheiten von natürlichen Personen bei der Verarbeitung von Daten in allen Mitgliedstaaten (BMF v. 12.01.2018, BStBl I 2018, 185). Das Inkrafttreten der DSGVO machte die Anpassung auch des steuerverfahrensrechtlichen Regelungswerks mit Wirkung v. 25.05.2018 erforderlich. Rechtsgrundlagen für den Datenschutz im Bereich des Steuerrechts sind damit im Wesentlichen die gem. Art. 288 Abs. 2 AEUV unmittelbar geltende DSGVO (aber s. Rz. 19) sowie die entsprechenden Vorschriften der AO sowie der Einzelsteuergesetze nach Maßgabe des § 2a AO.

3 Da die DSGVO den nationalen Gesetzgebern Raum für nationale Gesetzgebungsmaßnahmen zur Einpassung des Steuerdatenschutzes in das Steuerverfahrensrecht lässt (vgl. Erwägungsgrund 164 DSGVO), das im Verantwortungsbereich der EU-Mitgliedstaaten liegt (s. Vor §§ 172–177 AO Rz. 18), wird die darin liegende Rechtszersplitterung mit einhergehender Rechtsunklarheit kritisiert (*Drüen*, DB 2018, 11, 14). Dies gilt insbesondere in den Fällen, in denen die nationalen Gesetzgeber zu weitergehenden Regelungen, als sie die DSGVO enthält, ermächtigt werden (z.B. Art. 9 Abs. 2 Buchst. j DSGVO; vgl. *Myßen/Kraus*, DB 2017, 1860). Dem nationalen Gesetzgeber ist es indessen verwehrt, die Bestimmungen der DSGVO in den nationalen Rechtsvorschriften zu wiederholen. Insoweit besteht nach der Rspr. des EuGH ein Wiederholungsverbot, damit die europäische Natur der Vorschriften nicht verschleiert, die gleichzeitige und einheitliche Anwendung der Verordnung sichergestellt wird (EuGH v. 07.02.1973, 39/72, Kommission/Italien, EuGHE 1973, 101) und Verwechslungen bei der Anwendung der jeweiligen Regelungen ausgeschlossen werden (vgl. *Myßen/Kraus*, DB 2017, 1860, 1864).

4 vorläufig frei

## B. Verarbeitung personenbezogener Daten durch Finanzbehörden, andere öffentliche Stellen und nicht-öffentliche Stellen (§ 2a Abs. 1 AO)

### I. Verarbeitung personenbezogener Daten (§ 2a Abs. 1 Satz 1 AO)

5 Nach § 2a Abs. 1 Satz 1 AO gelten die steuerrechtlichen Datenschutzvorschriften der AO sowie der Einzelsteuergesetze bei der Verarbeitung personenbezogener Daten. Diese Begriffe sind europarechtlich durch Art. 4 DSGVO verbindlich vorgegeben und daher bei der Anwendung der AO etc. zwingend wegen des Vorrangs des Unionsrechts (s. Rz. 18) zugrunde zu legen. Damit wird durch den EU-Verordnungsgeber eine einheitliche Anwendung der datenschutzrechtlichen Vorschriften in der gesamten EU sichergestellt (vgl. *Myßen/Kraus*, DB 2017, 1860, 1861).

Nach Art. 4 Nr. 1 DSGVO sind »**personenbezogene Daten**« alle Informationen, die sich auf eine identifizierte oder identifizierbare natürliche Person (»betroffene Person«) beziehen. Als identifizierbar wird eine natürliche Person angesehen, die direkt oder indirekt, insbesondere mittels Zuordnung zu einer Kennung wie einem Namen, zu einer Kennnummer, zu Standortdaten, zu einer Online-Kennung oder zu einem oder mehreren besonderen Merkmalen, die Ausdruck der physischen, physiologischen, genetischen, psychischen, wirtschaftlichen, kulturellen oder sozialen Identität dieser natürlichen Person sind, identifiziert werden kann. Daten verstorbener Personen sind keine personenbezogenen Daten, sodass die DSGVO nicht unmittelbar für die personenbezogenen Daten Verstorbener gilt (Erwägungsgrund 27 Satz 1 DSGVO; *Myßen/Kraus*, DB 2017, 1860, 1861). Um den Datenschutz für die Verarbeitung der **personenbezogenen Daten Verstorbener** zu gewährleisten, hat Deutschland von der Ermächtigung in der DSGVO (Erwägungsgrund 27 Satz 2 DSGVO) in § 2a Abs. 5 AO Gebrauch gemacht (s. Rz. 23). 6

Der Begriff »**Verarbeitung**« umfasst nach Art. 4 Nr. 2 DSGVO jeden mit oder ohne Hilfe automatisierter Verfahren ausgeführten Vorgang oder jede solche Vorgangsreihe im Zusammenhang mit personenbezogenen Daten (s. Rz. 6) wie das Erheben, das Erfassen, die Organisation, das Ordnen, die Speicherung, die Anpassung oder Veränderung, das Auslesen, das Abfragen, die Verwendung, die Offenlegung durch Übermittlung, Verbreitung oder eine andere Form der Bereitstellung, den Abgleich oder die Verknüpfung, die Einschränkung, das Löschen oder die Vernichtung. 7

vorläufig frei 8

### II. Finanzbehörden, andere öffentliche Stellen und nicht-öffentliche Stellen

Für die Anwendung der datenschutzrechtlichen Vorschriften verweist § 2a Abs. 1 Satz 1 AO auf die Verarbeitung personenbezogener Daten (s. Rz. 5 f.) durch die **Finanzbehörden** i.S. des § 6 Abs. 2 AO. Wegen der Einzelheiten s. § 6 AO Rz. 2 ff. 9

**Andere öffentliche Stellen** sind die in § 6 Abs. 1a und Abs. 1b AO genannten Behörden, die Organe der Rechtspflege und andere öffentlich-rechtlich organisierte Ein- 10 richtungen des Bundes und der Länder und Einrichtung sowie die in § 6 Abs. 1c AO bezeichneten Vereinigungen des privaten Rechts von öffentlichen Stellen des Bundes und der Länder, die Aufgaben der öffentlichen Verwaltung wahrnehmen. Wegen der Einzelheiten wird auf die Kommentierung zu § 6 AO verwiesen.

11 In den Anwendungsbereich der datenschutzrechtlichen Vorschriften werden auch die in § 6 Abs. 1 d und Abs. 1e AO aufgeführten **nicht öffentlichen Stellen** einbezogen, also insbesondere natürliche und juristische Personen, Gesellschaften und andere Personenvereinigungen des privaten Rechts, die keine hoheitlichen Aufgaben wahrnehmen (also nicht als Beliehene handeln), sowie die am Markt im Wettbewerb mit privaten Unternehmen stehenden öffentlich-rechtlichen Unternehmen (§ 6 Abs. 1e AO). Wegen der Einzelheiten wird auf die Kommentierung zu § 6 AO verwiesen.

12 Mit der Erweiterung des personellen Anwendungsbereichs der steuerrechtlichen Datenschutzvorschriften über den bisherigen § 6 Abs. 1 und Abs. 2 AO hinaus trägt der Gesetzgeber dem Zweck eines möglichst umfassenden und effizienten Datenschutzes Rechnung. Hierdurch wird der Schutz personenbezogener Daten z.B. auch insoweit gewährleistet, als die mitteilungspflichtigen Stellen i.S. des § 93c Abs. 1 AO solche Daten zu erheben und an die Finanzbehörden zu übermitteln haben.

13 vorläufig frei

## III. Eingeschränkte Anwendung des BDSG (§ 2a Abs. 1 Satz 2 AO)

14 Nach § 2a Abs. 1 Satz 2 AO gelten das – ebenfalls im Zusammenhang mit dem Inkrafttreten der DSGVO geänderte – BDSG oder andere Datenschutzvorschriften des Bundes sowie entsprechende Landesgesetze für Finanzbehörden nur, soweit dies in der AO oder in den Einzelsteuergesetzen bestimmt ist. Hierdurch wird für das Verhältnis der allgemeinen Datenschutzregelungen zu den **spezielleren Normen des steuerrechtlichen Datenschutzes** klargestellt, dass Letztere die allgemeinen Regelungen verdrängen. Die Neuregelung des bereichsspezifischen Datenschutzes im Bereich des Steuerrechts macht die Anwendung des BDSG hierfür weitgehend überflüssig. Das BDSG kommt folglich im Bereich des Steuerrechts nur noch in Ausnahmefällen zur Anwendung, nämlich dann, wenn die steuerrechtlichen Regelungen dies ausdrücklich anordnen (vgl. *Myßen/Kraus*, DB 2017, 1860, 1863).

15 vorläufig frei

## C. Verarbeitung personenbezogener Daten bei der Überwachung des grenzüberschreitenden Warenverkehrs (§ 2a Abs. 2 AO)

Die datenschutzrechtlichen Regelungen der AO sowie der Einzelsteuergesetze gelten nach § 2a Abs. 2 Satz 1 AO auch für Daten, welche die Finanzbehörden im Rahmen ihrer Aufgaben bei der Überwachung des grenzüberschreitenden Warenverkehrs verarbeiten. Dies betrifft die Bundesfinanzverwaltung. Mit § 2a Abs. 2 Satz 1 AO wird ausdrücklich auch die Anwendung der Datenschutzvorschriften für die **Zollverwaltung** im Rahmen der Wahrnehmung ihrer Aufgaben im Zusammenhang mit dem grenzüberschreitenden Warenverkehr (vgl. § 1 ZollVG) angeordnet. Dies umfasst sowohl die unmittelbar abgabenrechtlichen Maßnahmen nach dem UZK als auch die Überwachung der Einfuhr- und Ausfuhrbeschränkungen, die sich z.B. aus dem Artenschutzrecht ergeben. Soweit in den zuletzt genannten Fällen Daten verarbeitet werden, bestimmt § 2a Abs. 2 Satz 2 AO, dass die entsprechenden Daten als im Rahmen eines Verfahrens in Steuersachen verarbeitet gelten. 16

vorläufig frei 17

## D. Einschränkung des Anwendungsbereichs der nationalen steuerrechtlichen Datenschutzvorschriften (§ 2a Abs. 3 AO)

Nach § 2a Abs. 3 AO finden die datenschutzrechtlichen Vorschriften der AO und der Einzelsteuergesetze über die Verarbeitung personenbezogener Daten keine Anwendung, soweit das Recht der EU, insbesondere die DSGVO in der jeweils geltenden Fassung unmittelbar oder kraft der ausdrücklichen Anordnung in § 2a Abs. 5 AO entsprechend gilt. Diese Regelung ist, soweit die DSGVO in ihrem Anwendungsbereich (Art. 2 DSGVO) gem. Art. 288 Abs. 2 AEUV unmittelbar gilt, rein deklaratorischer Natur. Denn der Vorrang der DSGVO vor den nationalen Vorschriften ergibt sich bereits aus der Rechtsnatur als Verordnung, für die Art. 288 Abs. 2 AEUV eine unmittelbare Geltung in den EU-Mitgliedstaaten anordnet, ohne dass es einer nationalen Umsetzungsnorm bedarf. Insoweit bedurfte es daher nicht des Erlasses von § 2a Abs. 3 AO (vgl. auch § 1 Abs. 1 Satz 2 AO). Im Übrigen s. § 1 AO Rz. 11 ff.; insbesondere zum Anwendungsvorrang des Unionsrechts s. § 1 AO Rz. 16. 18

Einen eigenständigen Regelungsgehalt hat § 2a Abs. 3 AO lediglich insoweit, als die Norm den Vorrang der DSGVO vor den nationalen steuerrechtlichen Daten- 19 schutzvorschriften auch insoweit anordnet, als die Geltung der DSGVO über ihren unmittelbaren Anwendungsbereich hinaus erweitert wird (s. Rz. 23). Insoweit gilt die DSGVO nicht nach Art. 288 Abs. 2 AEUV unmittelbar, sondern kraft ausdrücklicher Anordnung in § 2a Abs. 5 AO. § 2a Abs. 3 AO trifft eine verbindliche Regelung für das Verhältnis von DSGVO und den steuerrechtlichen Datenschutzregelungen, indem der Vorrang der Ersteren ausdrücklich angeordnet wird. Soweit die DSGVO also keinen zwingenden Charakter hat, folgt aus § 2a Abs. 3 AO, dass die nationalen steuerrechtlichen Datenschutzvorschriften diejenigen der DSGVO nur ergänzen und konkretisieren (*Krumm*, DB 2017, 2182, 2187).

20 vorläufig frei

### E. Verarbeitung personenbezogener Daten im Zusammenhang mit Steuerstraftaten und -ordnungswidrigkeiten (§ 2a Abs. 4 AO)

21 Gemäß § 2a Abs. 4 AO gelten für die Verarbeitung personenbezogener Daten zum Zweck der Verhütung, Ermittlung, Aufdeckung, Verfolgung oder Ahndung von Steuerstraftaten oder Steuerordnungswidrigkeiten die Vorschriften des Ersten und des Dritten Teils des BDSG, soweit gesetzlich nichts anderes bestimmt ist. Denn die DSGVO gilt ausdrücklich nicht für die Verarbeitung personenbezogener Daten im Zusammenhang mit Steuerstraftaten oder Steuerordnungswidrigkeiten (Art. 2 Abs. 2 Buchst. d DSGVO). Insoweit verweist § 2a Abs. 4 AO auf die Vorschriften des Ersten und des Dritten Abschnitts des BDSG (§§ 1 ff, 27 ff. BDSG), soweit gesetzlich nichts anderes bestimmt ist. Abweichende gesetzliche Regelungen können sich z. B. aus der AO, der StPO oder über § 1 Abs. 1 Nr. 2 BDSG aus den Landesdatenschutzgesetzen ergeben (BMF v. 12.01.2018, BStBl I 2018, 185, Rz. 7).

22 vorläufig frei

### F. Entsprechende Anwendung der DSGVO (§ 2a Abs. 5 AO)

23 Nach § 2a Abs. 5 AO gelten die Vorschriften der DSGVO entsprechend für Informationen, die sich auf identifizierte oder identifizierbare verstorbene natürliche Personen (§ 2a Abs. 5 Nr. 1 AO) oder Körperschaften, rechtsfähige oder nicht rechtsfähige Personenvereinigungen oder Vermögensmassen (§ 2a Abs. 5 Nr. 2 AO) beziehen. Damit erweitert § 2a Abs. 5 AO den Anwendungsbereich der DSGVO und somit der steuerrechtlichen Datenschutzvorschriften auf die genannten Personengruppen, die nicht in den unmittelbaren persönlichen Anwendungsbereich der DSGVO fallen (vgl. BMF v. 12.01.2018, BStBl I 2018, 185, Rz. 6). Denn die DSGVO gilt unmittelbar nur für personenbezogene Daten lebender natürlicher Personen (Art. 1 Abs. 1 DSGVO; Erwägungsgrund 1 und 27 Satz 1 DSGVO; s. Rz. 6). Die folgt aus ihrem Regelungszweck, nämlich dem Schutz der Grundrechte (Art. 8 Abs. 1 EUGrCh) und Grundfreiheiten (Art. 16 Abs. 1 AEUV) natürlicher Personen und insbesondere deren Recht auf Schutz personenbezogener Daten (Art. 1 Abs. 2 DSGVO). Mit dem Erlass von § 2a Abs. 5 AO hat der deutsche Gesetzgeber von der Ermächtigung Gebrauch gemacht, den Datenschutz auch auf Verstorbene auszudehnen (Erwägungsgrund 27 Satz 2 DSGVO; s. Rz. 6).

Da § 2a Abs. 5 AO die entsprechende Anwendung der DSGVO außerhalb ihres sachlichen Anwendungsbereichs anordnet, fehlt es an einer unmittelbaren Geltung i. S. des Art. 288 Abs. 2 AEUV. Somit handelt es sich insoweit um deutsches Recht, das am verfassungsrechtlichen Prüfungsmaßstab der Art. 1 ff. GG zu messen ist (Art. 1 Abs. 3 GG). Hier bilden die deutschen Grundrechte den Maßstab. Die Grundrechte der EUGrCh kommen insoweit grds. nicht nach Art. 51 Abs. 1 Satz 1 EUGrCh zur Anwendung, da es sich nicht um einen Fall der Durchführung von Unionsrecht handeln dürfte (*Krumm*, DB 2017, 2182, 2185; vgl. auch *Jarass*, Art. 51 EUGrCh Rz. 24). 24

## Zweiter Abschnitt: Steuerliche Begriffsbestimmungen

## § 3 AO Steuern, steuerliche Nebenleistungen

**(1) Steuern sind Geldleistungen, die nicht eine Gegenleistung für eine besondere Leistung darstellen und von einem öffentlich-rechtlichen Gemeinwesen zur Erzielung von Einnahmen allen auferlegt werden, bei denen der Tatbestand zutrifft, an den das Gesetz die Leistungspflicht knüpft; die Erzielung von Einnahmen kann Nebenzweck sein.**

**(2) Realsteuern sind die Grundsteuer und die Gewerbesteuer.**

**(3) Einfuhr- und Ausfuhrabgaben nach Artikel 5 Nr. 20 und 21 des Zollkodex der Union sind Steuern im Sinne dieses Gesetzes. Zollkodex der Union bezeichnet die Verordnung (EU) Nr. 952/2013 des Europäischen Parlaments und des Rates vom 9. Oktober 2013 zur Festlegung des Zollkodex der Union (ABl. L 269 vom 10.10.2013, S. 1, L 287, S. 90) in der jeweils geltenden Fassung.**

**(4) Steuerliche Nebenleistungen sind**

**1. Verzögerungsgelder nach § 146 Absatz 2b,**

**2. Verspätungszuschläge nach § 152,**

**3. Zuschläge nach § 162 Absatz 4,**

**4. Zinsen nach den §§ 233 bis 237 sowie Zinsen nach den Steuergesetzen, auf die die §§ 238 und 239 anzuwenden sind,**

**5. Säumniszuschläge nach § 240,**

**6. Zwangsgelder nach § 329,**

**7. Kosten nach den §§ 89, 178, 178a und 337 bis 345,**

**8. Zinsen auf Einfuhr- und Ausfuhrabgaben nach Artikel 5 Nummer 20 und 21 des Zollkodex der Union und**

**9. Verspätungsgelder nach § 22a Absatz 5 des Einkommensteuergesetzes.**

**(5) Das Aufkommen der Zinsen auf Einfuhr- und Ausfuhrabgaben Artikel 5 Nummer 20 und 21 des Zollkodex der Union steht dem Bund zu. Das Aufkommen der übrigen Zinsen steht den jeweils steuerberechtigten Körperschaften zu. Das Aufkommen der Kosten im Sinne des § 89 steht jeweils der Körperschaft zu, deren Behörde für die Erteilung der verbindlichen Auskunft zuständig ist. Das Aufkommen der Kosten im Sinne des § 178a steht dem Bund und den jeweils verwaltenden Körperschaften je zur Hälfte zu. Die übrigen steuerlichen Nebenleistungen fließen den verwaltenden Körperschaften zu.**

**Inhaltsübersicht**



## A. Bedeutung der Vorschrift

§ 3 AO ist zum einen Definitionsnorm, in der die Begriffe »Steuer« (s. Rz. 5 ff.), »Realsteuer« (s. Rz. 46), »steuerliche Nebenleistung« (s. Rz. 47) definiert werden. Außerdem wird klargestellt, dass die europarechtlich geregelten Ein- und Ausfuhrabgaben Steuern i.S.v. § 3 Abs. 1 AO sind (s. Rz. 41). Diese Definitionen gelten für das gesamte formelle und materielle bundesrechtlich bzw. europarechtlich geregelte **Steuerrecht** (§ 1 Abs. 1 AO; s. Rz. 3). Schließlich regelt § 3 Abs. 5 AO klarstellend (vgl. Art. 106 Abs. 1 und Abs. 3 GG) die Ertragskompetenz hinsichtlich der steuerlichen Nebenleistungen i.S.v. § 3 Abs. 4 AO (s. Rz. 48 ff.). 1

§ 3 Abs. 1 AO gilt indessen nicht für die finanzverfassungsrechtlichen Bestimmungen in Art. 104a ff. GG. Dort wird zwar der Begriff »Steuer« verwendet, aber nicht definiert. Da die AO als einfaches Bundesrecht im Range unter dem Verfassungsrecht steht, verbietet es sich, § 3 Abs. 1 AO zur Auslegung der Verfassungsnormen heranzuziehen und den **verfassungsrechtlichen Steuerbegriff** mit dem einfachgesetzlichen zu definieren. Nach der Rspr. des BVerfG enthalten beide Steuerbegriffe die gleichen Elemente, d.h., auch die Steuer im verfassungsrechtlichen Sinne ist eine Geldleistung, die nicht eine Gegenleistung für eine besondere Leistung darstellt und von einem öffentlich-rechtlichen Gemeinwesen zur Erzielung von Einnahmen allen auferlegt wird, bei denen der Tatbestand zutrifft, an den das Gesetz die Leistungspflicht knüpft. Dies beruht darauf, dass der Parlamentarische Rat als verfassunggebendes Organ den bekannten Steuerbegriff des § 1 RAO, der im Wesentlichen dem § 3 Abs. 1 AO entsprach, vorausgesetzt und der in den Art. 104a ff. GG geregelten Finanzverfassung zugrunde gelegt hat (st. Rspr. des BVerfG; grundlegend BVerfG v. 04.02.1958, 2 BvL 31/56, 2 BvL 33/56, BVerfGE 7, 244; z.B. auch BVerfG v. 26.05.1976, 2 BvR 995/75, BVerfGE 42, 223; BVerfG v. 07.11.1995, 2 BvR 413/88, 2 BvR 1300/93, BVerfGE 93, 319; auch *Drüen* in Tipke/Kruse, § 3 AO Rz. 2a; *Jarass* in Jarass/Pieroth, Art. 105 GG Rz. 3; krit. zu diesem sog. Rezeptionsargument *Musil* in HHSp, § 3 AO Rz. 35). Der verfassungsrechtliche Steuerbegriff ist v.a. für die Bestimmung der Gesetzgebungskompetenz nach Art. 105 GG bedeutsam, da sich die Kompetenz zur Regelung außersteuerlicher Abgaben als Annexkompetenz zu den in Art. 70 ff. GG geregelten Kompetenzzuweisungen darstellt. 2

Ein **europarechtlicher Steuerbegriff** existiert derzeit nicht. 3

## B. Anwendungsbereich

§ 3 Abs. 1 bis 4 AO definiert die Begriffe »Steuer« (s. Rz. 5 ff.), »Realsteuer« (s. Rz. 46), »steuerliche Nebenleistung« 4

(s. Rz. 47) für den **unmittelbaren sachlichen Anwendungsbereich der** AO, wie er sich aus § 1 AO ergibt, mithin für alle bundesrechtlich und europarechtlich geregelten Steuern (s. § 1 AO Rz. 4 ff.). Darüber hinaus gelten die Begriffsbestimmungen, soweit die **AO durch Verweisung** in den entsprechenden landesgesetzlichen Regelungen Anwendung findet, also auf die landesgesetzlich geregelten kommunalen Verbrauch- und Aufwandsteuern (s. § 1 AO Rz. 31) sowie die KiSt (s. § 1 AO Rz. 32).

## C. Steuer (§ 3 Abs. 1 AO)

### I. Die Steuer als öffentlich-rechtliche Abgabe

5 Steuern (althochdeutsch »stiura« = Beihilfe) bilden mit den Gebühren und Beiträgen (sog. Vorzugslasten) sowie den Sonderabgaben die vier wesentlichen öffentlich-rechtlichen Abgaben. Die Steuern bilden dabei das wichtigste **Instrument der Staatsfinanzierung**, d. h., sie dienen dazu, den allgemeinen Finanzbedarf des Staatswesens zu decken, mag die Einnahmenerzielung auch nur Nebenzweck sein (§ 3 Abs. 1 2. HS AO; s. Rz. 33). Wegen der Abgrenzung der einzelnen Abgaben s. Rz. 28 ff.

6 vorläufig frei

### II. Die Einzelmerkmale des Steuerbegriffs

#### 1. Geldleistung

7 Geldleistungen sind auf Zahlung von Geldbeträgen gerichtete Leistungen. Die geschuldete Leistung aus dem Steuerschuldverhältnis wird durch einen Geldbetrag konkretisiert (§ 224 AO). Naturalleistungen, Dienste, Sachlieferungen stellen daher keine Steuern dar. Hand- und Spanndienstpflichten, eine allgemein auferlegte Feuerwehrdienstpflicht, die allgemeine Wehrpflicht oder aber auch die Zeugenpflicht, die Pflicht zur Übernahme ehrenamtlicher Richterämter ebenfalls nicht. Für die Qualifizierung einer Geldleistung als Steuer ist es ohne Bedeutung, ob sie einmalig oder fortlaufend erhoben wird. An der Geldleistungspflicht ändert auch die Verwendung von Steuerzeichen (z. B. § 17 Abs. 1 Satz 1 TabStG) und Steuerstemplern (z. B. §§ 13 Abs. 2, 22 RennwLottG) nichts (BFH v. 12.10.1951, II z D 4/51 S, BStBl III 1951, 207).

8 vorläufig frei

#### 2. Auferlegung durch Gesetz

9 Die Geldleistungspflicht wird durch einen einseitigen Hoheitsakt »auferlegt«, indem die **Steuerpflicht gesetzlich begründet** wird. Die Auferlegung von steuerlichen Geldleistungspflichten ist nur zulässig, wenn und soweit dies durch ein **förmliches Parlamentsgesetz** angeordnet ist; es gilt der Vorbehalt des Gesetzes als Prinzip der formalen Rechtsstaatlichkeit, da der Steuerzugriff immer auch einen Grundrechtseingriff darstellt (*Hey* in Tipke/Lang, § 3 Rz. 230). Insoweit gilt § 4 AO nicht (zutr. *Hey* in Tipke/Lang, § 3 Rz. 234). Dem trägt der Steuerbegriff des § 3 Abs. 1 AO dadurch Rechnung, dass bereits seinem Inhalt nach die Leistungspflicht durch ein Gesetz begründet werden muss.

Die kommunalen Verbrauch- und Aufwandsteuern werden zwar von den Gemeinden unmittelbar aufgrund von kommunalen Satzungen erhoben, weil ihnen keine andere Handlungsform zur Verfügung steht. Die Ermächtigung hierzu erfolgt durch die KAG der Länder (s. § 1 AO Rz. 31) – deren Gesetzgebungskompetenz folgt aus Art. 105 Abs. 2a Satz 1 GG –, sodass auch diese Steuern letztlich auf förmliche Parlamentsgesetze gründen.

Neben diesem formalen Aspekt der Rechtsstaatlichkeit (s. Rz. 10) muss ein Steuergesetz auch inhaltlich den verfassungsrechtlichen Vorgaben, insbes. den Grundrechten genügen. Auch eine auf einem verfassungswidrigen Gesetz beruhende Geldleistungspflicht erfüllt den Steuerbegriff. Daher muss ein **Steuergesetz** auch **materiell verfassungsgemäß** sein. Ausführungen dazu gehen indessen weit über den Rahmen dieser Kommentierung hinaus; daher muss insbes. auf die umfassende Darstellung von *Tipke*, StRO, Band I, S. 103 ff., verwiesen werden; auch *Hey* in Tipke/Lang, § 3 Rz. 40 ff. 10

#### 3. Auferlegung durch ein öffentlich-rechtliches Gemeinwesen

Die Steuer muss durch ein öffentlich-rechtliches Gemeinwesen auferlegt werden, also **juristische Personen des öffentlichen Rechts**, die mit der Befugnis ausgestattet sind, Steuern zu erheben (a. A. *Drüen* in Tipke/Kruse, § 3 AO Rz. 11; *Neumann* in Gosch, § 3 AO Rz. 11: jedwede juristische Person des öffentlichen Rechts). Dies sind zunächst die Gebietskörperschaften, nämlich Bund, Länder und Gemeinden sowie Gemeindeverbände. 11

Die **Religionsgesellschaften des öffentlichen Rechts** (vgl. Art. 140 GG i. V. m. Art. 137 Abs. 5 WRV) – insbes. die römisch-katholische Kirche (die katholischen Bistümer), die evangelisch-lutherische Kirche und die jüdischen Synagogengemeinden – besitzen ihr Besteuerungsrecht aufgrund einer ausdrücklichen gesetzlichen Verleihung durch den Staat (Art. 140 GG i. V. m. Art. 137 Abs. 6 WRV; BVerfG v. 14.12.1965, 1 BvR 413/60, BVerfGE 19, 206, 217 ff.). Die Auferlegung ist ein Hoheitsakt und erfolgt durch öffentlich-rechtliche Vorschriften mit Rechtsnormcharakter. Freiwillige Leistungen, wie z. B. Spenden, sind nicht hoheitlich auferlegt. Hiervon zu unterscheiden ist das Kirchenrecht, das im Innenverhältnis zu den Gläubigen Geldleistungspflichten begründen kann (z. B. für die Katholische Kirche can. 222 § 1, 1260 c.i.c.). Zudem ist die Erhebung von Steuern auch im (katho- 12 lischen) Kirchenrecht angelegt (can. 1263 c.i.c.: »ius tributum imponendi«). Dies betrifft allerdings nur das kirchliche Binnenverhältnis und stellt keine hinreichende Grundlage für die Erhebung der Kirchensteuer (Kultussteuer) dar.

13 vorläufig frei

### 4. Tatbestandsmäßigkeit (Gesetzmäßigkeit) der Besteuerung

14 Mit dem Erfordernis, dass die Erhebung von Steuern durch ein förmliches Gesetz legitimiert sein muss (s. Rz. 10 f.), steht der Grundsatz der Gesetzmäßigkeit (Tatbestandsmäßigkeit) der Besteuerung im Zusammenhang. Damit ist ausgesagt, dass die Festsetzung und Erhebung einer Steuer zwingend voraussetzt, dass ein **gesetzlicher Tatbestand erfüllt** ist, mit dem die Entstehung der Steuer als Rechtsfolge verknüpft ist (*Hey* in Tipke/Lang, § 3 Rz. 230). Der Grundsatz der Gesetzmäßigkeit der Besteuerung erhält in § 3 Abs. 1 AO demnach eine spezielle Ausprägung durch die konditionale Verknüpfung der Leistungspflicht mit der Verwirklichung eines gesetzlichen Tatbestandes. Zu den inhaltlichen Anforderungen an den Tatbestand eines Steuergesetzes insbes. *Tipke*, StRO, Band I, 103 ff.; auch *Hey* in Tipke/Lang, § 3 Rz. 40 ff.; *Drüen* in Tipke/Kruse, § 3 AO Rz. 42 ff.

15 Die Erfüllung eines Steuertatbestands zieht als **zwingende Rechtsfolge** die **Steuerfestsetzung** nach sich. Die Steuerfestsetzung beruht demnach auf einer gebundenen Entscheidung der Finanzbehörde. Ihr steht insoweit **kein Ermessen** zu. Dies bringt § 85 Satz 1 AO zum Ausdruck (s. § 85 AO Rz. 2).

16 Ebenso folgt aus dem Gebot der Tatbestandsmäßigkeit und Gesetzmäßigkeit nach hier vertretener Auffassung das **Verbot einer steuerverschärfenden oder steuerbegründenden Analogie** (s. § 4 AO Rz. 53).

### 5. Gleichmäßigkeit der Besteuerung

17 § 3 Abs. 1 AO, wonach Steuern allen aufzuerlegen sind, bei denen der Tatbestand zutrifft, an den das Gesetz die Leistungspflicht knüpft, verbindet den Steuerbegriff mit dem Grundsatz der **Gleichmäßigkeit der Besteuerung**. Das bedeutet, dass eine öffentlich-rechtliche Abgabe, die nicht von vornherein abstrakt darauf angelegt ist, gleichmäßig erhoben zu werden, keine Steuer darstellt. Die Gleichmäßigkeit der Besteuerung wird damit zum integralen Bestandteil des Steuerbegriffs. Sie findet ihren Ausdruck auch in § 85 Satz 1 AO (s. § 85 AO Rz. 2).

18 Der Grundsatz der Gleichmäßigkeit der Besteuerung ist eine **Ausprägung des allgemeinen Gleichheitssatzes** (Art. 3 Abs. 1 GG). Dementsprechend lautete bereits Art. 134 WRV: »Alle Staatsbürger ohne Unterschied tragen im Verhältnis ihrer Mittel zu allen öffentlichen Lasten nach Maßgabe der Gesetze bei«. Die Gleichmäßigkeit der Besteuerung bildet allerdings nur eine formale Seite des Art. 3 Abs. 1 GG ab. Denn auch ein Steuergesetz, das inhaltlich gegen Art. 3 Abs. 1 GG verstößt, kann i. S. v. § 3 Abs. 1 AO gleichmäßig angewandt werden. Eine Verletzung des Art. 3 Abs. 1 GG unter dem hier betrachteten formalen Aspekt des gleichmäßigen Vollzugs von Steuergesetzen nimmt das BVerfG bei einem sog. **strukturellen Vollzugsdefizit** an: Der Gleichheitssatz (Art. 3 Abs. 1 GG) verlangt für das Steuerrecht, dass die Stpfl. durch ein Steuergesetz auch tatsächlich gleich belastet werden. Die Besteuerungsgleichheit hat mithin als ihre Komponenten auch die Gleichheit bei deren Durchsetzung in der Steuererhebung. Daraus folgt, dass das materielle Steuergesetz in ein normatives Umfeld eingebettet sein muss, welches die Gleichheit der Belastung auch hinsichtlich des tatsächlichen Erfolges prinzipiell gewährleistet. Eine Besteuerung, die nahezu allein auf der Erklärungsbereitschaft des Stpfl. beruht, weil die Erhebungsregelungen Kontrollen der Steuererklärungen weitgehend ausschließen, wirkt im Ergebnis so, als hätte die Steuer ihren Belastungsgrund letztlich nur in der Bereitschaft, Steuern zu zahlen. Hierin liegt eine Verletzung von Art. 3 Abs. 1 GG, mag das Gesetz auch inhaltlich den Vorgaben des GG genügen (zum Vorstehenden insbes. BVerfG v. 27.06.1991, 2 BvR 1493/89, BVerfGE 84, 239; BVerfG v. 09.03.2004, 2 BvL 17/02, BVerfGE 110, 94).

**Durchbrechungen des Grundsatzes der Gleichmäßigkeit** der Besteuerung bedürfen im Hinblick auf Art. 3 Abs. 1 AO einer **verfassungsrechtlich tragfähigen Rechtfertigung**. Soweit z. B. §§ 163, 227 AO eine solche Durchbrechung begründen, sind sie durch Art. 2 Abs. 1 GG i. V. m. dem Sozialstaatsprinzip (Art. 20 Abs. 1 GG) bzw. Art. 2 Abs. 1 GG i. V. m. dem Rechtsstaatsprinzip (Art. 20 Abs. 3 GG) gerechtfertigt. Finanzverwaltung, Rechtswissenschaft und Rechtspraxis sind bislang die Antwort darauf schuldig geblieben, ob vor diesem Hintergrund der »Verzicht« auf Ansprüche aus dem Steuerschuldverhältnis in der Insolvenz des Stpfl. immer eine verfassungsrechtliche Rechtfertigung findet; der bloße Verweis auf die InsO taugt dazu jedenfalls nicht. 19

vorläufig frei 20

### 6. Erzielung von Einnahmen

Grundsätzliches Ziel der Steuererhebung ist die Erzielung von Einnahmen zur allgemeinen Finanzierung des Staatswesens, also die Verfolgung eines **Fiskalzwecks** zur Deckung des notwendigen staatlichen Finanzbedarfs bzw. des Finanzbedarfs des jeweiligen öffentlich-rechtlichen Gemeinwesens (s. Rz. 12 f.). Die Steuererhebung muss zu endgültigen Einnahmen führen. Daher sind **rückzahlbare Abgaben** (Zwangsanleihen) **keine Steuern**, da sie nur der Erzielung von vorübergehenden Einnahmen dienen (BVerfG v. 06.11.1984, 2 BvL 19/83, BStBl II 1984, 858). Keine Steuern waren daher der Konjunkturzuschlag 21

(BVerfG v. 15.12.1970, 1 BvR 559/70, BVerfGE 29, 402, 408) sowie die Investitionshilfeabgabe (BVerfG v. 06.11.1984, 2 BvL 19/83, BVerfGE 67, 256, 281).

22 Sog. **Erdrosselungs»steuern«** sind darauf angelegt, ein bestimmtes Verhalten durch Auferlegung einer Geldleistungspflicht zu unterbinden. Sie sind demnach keine Steuern, weil sie dem einem Steuergesetz begrifflich zugeordneten Zweck, Einnahmen zu erzielen, zuwiderlaufen (BVerfG v. 03.05.2001, 1 BvR 634/00, NVwZ 2001, 1264; BVerfG v. 18.01.2006, 2 BvR 2194/99, NJW 2006, 1191; *Drüen* in Tipke/Kruse, § 3 AO Rz. 17; *Wernsmann*, NJW 2006, 1169; *Neumann* in Gosch, § 3 AO Rz. 19). Sie sind unzulässig.

23 § 3 Abs. 1 Satz 1 2. HS AO lässt es ausdrücklich zu, dass die **Erzielung von Einnahmen** nur einen **Nebenzweck** bildet. Dies eröffnet die Möglichkeit, mit Steuern auch außerfiskalische **Lenkungszwecke wirtschafts-, sozial- oder umweltpolitischer Art** zu verfolgen (ausführlich *Wernsmann* in HHSp, § 3 AO Rz. 85 ff.). Diese Lenkungszwecke dürfen den Hauptzweck einer Steuer bilden, sofern der Fiskalzweck zumindest als Nebenzweck verfolgt wird (z. B. BVerfG v. 07.11.2006, 1 BvL 10/02, BStBl II 2007, 192; BVerfG, v. 07.05.1998, 2 BvR 1991/95 und 2 BvR 2004/95, BVerfGE 98, 106).

24 vorläufig frei

### 7. Fehlen einer Gegenleistung

25 Gem. § 3 Abs. 1 AO sind Steuern Abgaben, die **keine Gegenleistung** darstellen. Steuern sollen zur allgemeinen Deckung des Finanzbedarfs des Staates erhoben werden. Sie sind eine »Abgabe, die den Staat finanziell ausstattet, ohne im Abgabentatbestand bereits eine Ausgabenentscheidung festzusetzen« (*Kirchhof* in Isensee/Kirchhof, Bd. 4, § 88 Rz. 181). Wird eine besondere individuelle unmittelbare Gegenleistung erbracht, scheidet eine Steuer aus (BVerfG v. 07.11.1995, 2 BvR 413/88, BVerfGE 93, 319), es handelt sich dann um eine Vorzugslast, d. h. um eine Gebühr oder einen Beitrag (s. Rz. 38, 39). Im Falle der Zwecksteuer, bei der die Leistung dem Stpfl. mittelbar zu Gute kommt, handelt es sich demgegenüber um eine Steuer, da die Erhebung nicht von einer Gegenleistung abhängt (BVerfG v. 07.11.1995, 2 BvR 413/88, BVerfGE 93, 319 m. w. N. sowie zur Zulässigkeit der sog. Ökosteuer BVerfG v. 20.04.2004, 1 BvR 1748/99, 1 BvR 905/00, BVerfGE 110, 274; *Drüen* in Tipke/Kruse, § 3 AO Rz. 18a).

26 Während § 3 Abs. 1 AO eine individuelle Äquivalenz i. S. einer Gegenleistung ausschließt, kann im Einzelfall gleichwohl eine Steuer als Äquivalent für die Sonderleistung des Gemeinwesens zu betrachten sein, z. B. die GewSt, die KraftSt oder die EnergieSt (*Tipke*, StRO I, 476, 478), sodass das **Äquivalenzprinzip** nicht generell als Rechtfertigungsgrund für eine Steuer ausgeschlossen ist (für die GewSt: BVerfG v. 14.02.2001, 2 BvR 1488/93, NJW 2001, 1854; *Wernsmann* in HHSp, § 3 AO Rz. 151).

vorläufig frei 27

## D. Abgrenzung zu anderen öffentlich-rechtlichen Abgaben

### I. Vorzugslasten (Beiträge/Gebühren)

### 1. Gebühren

Nicht unter den Steuerbegriff fallen die **Gebühren**. Dabei handelt es sich um Geldleistungen, die als konkrete **Gegenleistung für die Inanspruchnahme einer besonderen Leistung** – Amtshandlung oder sonstige Tätigkeit – der Verwaltung (Verwaltungsgebühren) **oder für die Benutzung öffentlicher Einrichtungen** (Benutzungsgebühren) erhoben werden (z. B. die Legaldefinition in § 4 Abs. 2 SaarlKAG). Dazu zählen auch Verleihungsgebühren (Konzessionsabgaben). Wesentliches Unterscheidungsmerkmal im Verhältnis zur Steuer, die gerade keine Gegenleistung darstellt (s. Rz. 35), ist demnach die synallagmatische Verknüpfung einer Leistung der öffentlichen Hand und der hierfür erhobenen Geldleistung. Zu weiteren Einzelheiten z. B. *Drüen* in Tipke/Kruse, § 3 AO Rz. 19 ff. 28

### 2. Beiträge

Öffentlich-rechtliche Beiträge sind z. B. Geldleistungen, die zum Ersatz des Aufwands für die Herstellung, Anschaffung, Erweiterung, Verbesserung oder Erneuerung der öffentlichen Einrichtungen von denjenigen erhoben werden, denen die öffentliche Einrichtung wirtschaftliche Vorteile bietet (vgl. die Legaldefinition in § 8 Abs. 2 Satz 1 SaarlKAG). Mit den Beiträgen wird zwar keine konkrete, im Einzelfall gewährte Leistung abgegolten, sie stellt aber eine **Gegenleistung für die Möglichkeit der Inanspruchnahme einer öffentlichen Einrichtung oder eines sonstigen Vorteils** dar. Dazu zählen z. B. die Beiträge zu den IHK, HandwK, LandwK, zu öffentlich-rechtlichen Zweckverbänden u. a., die dem Grundstückseigentümer auferlegten Erschließungskostenbeiträge (§§ 127 ff. BauGB). Die Beitragspflicht besteht unabhängig davon, ob im konkreten Fall die Einrichtung oder der Vorteil tatsächlich in Anspruch genommen werden oder nicht. Da Beiträge ebenfalls eine Gegenleistung darstellen, unterscheiden sie sich hierdurch von der Steuer (s. Rz. 35). **Sozialversicherungsbeiträge** dienen von vornherein nicht der allgemeinen Mittelbeschaffung des Staates, sondern finden ihren Grund und ihre Grenze in der Finanzierung der Sozialversicherung und sind auch deshalb keine Steuern (BVerfG v. 08.04.1987, 2 BvR 909/82, 2 BvR 64/83, 2 BvR 142/84, BVerfGE 75, 108). 29

vorläufig frei 30

## II. Sonderabgaben

31 Sonderabgaben stellen ebenfalls **keine Steuern** dar, weil sie **nicht** der **Finanzierung des allgemeinen Haushalts** durch die Allgemeinheit der Steuerpflichtigen dienen. Vielmehr ist ihr Zweck die Finanzierung von besonderen Aufgaben durch einzelne Gruppen von Bürgern. Das Aufkommen fließt regelmäßig in einen Sonderfonds außerhalb des Haushaltsplans, daher spricht man von parafiskalischen Abgaben. Die Gesetzgebungskompetenz hierfür ergibt sich als Annexkompetenz zu den allgemeinen Kompetenzregelungen in Art. 70 ff. GG. Der Gesetzgeber nimmt mit der Erhebung von Sonderabgaben Kompetenzen außerhalb der Finanzverfassung für die Auferlegung von Geldleistungen in Anspruch, die ähnlich wie Steuern keine Gegenleistung bilden und in Konkurrenz zu den Steuern stehen, während für Letztere die Art. 105 ff. GG ein austariertes System enthalten. Wegen der daraus erwachsenden Gefährdung der bundesstaatlichen Kompetenzverteilung, der Belastungsgleichheit der Abgabepflichtigen und des parlamentarischen Budgetrechts sind Sonderausgaben nur unter **engen Voraussetzungen** zulässig und müssen deshalb gegenüber den Steuern seltene Ausnahmen bleiben (z. B. BVerfG v. 10.12.1980, 2 BvF 3/77, BVerfGE 55, 274; BVerfG v. 17.07.2003, 2 BvL 1, 4, 6, 16, 18/99, 1/01, BVerfGE 108, 186; s. Rz. 42).

32 Nach der Rspr. des BVerfG (z. B. BVerfG v. 28.01.2014, 2 BvR 1561/12, 2 BvR 1562/12, 2 BvR 1563/12, 2 BvR 1564/12, EuGRZ 2014, 98) sind Sonderausgaben nur unter den folgenden **Voraussetzungen** ausnahmsweise verfassungsrechtlich zulässig und müssen gegenüber den Steuern die **seltene Ausnahme** bleiben (st. Rspr., z. B. BVerfG v. 10.12.1980, 2 BvF 3/77, BVerfGE 55, 274; BVerfG v. 12.05.2009, 2 BvR 743/01, BVerfGE 123, 132):

Für Sonderabgaben mit Finanzierungszweck gilt: Der Gesetzgeber darf sich einer solchen Abgabe nur im Rahmen der **Verfolgung eines Sachzwecks** bedienen, der über die bloße Mittelbeschaffung hinausgeht (st. Rspr.; z. B. BVerfG v. 16.09.2009, 2 BvR 852/07, BVerfGE 124, 235; BVerfGE v. 24.11.2009, 2 BvR 1387/04, BVerfGE 124, 348). Mit einer Sonderabgabe darf nur eine **homogene Gruppe** belegt werden. Die Gruppe muss zu dem mit der Abgabenerhebung verfolgten Zweck in einer Beziehung spezifischer Sachnähe stehen, aufgrund deren ihr eine **besondere Finanzierungsverantwortung** zugerechnet werden kann (st. Rspr., z. B. BVerfG v. 16.09.2009, 2 BvR 852/07, BVerfGE 124, 235; BVerfGE v. 24.11.2009, 2 BvR 1387/04, BVerfGE 124, 348). Das **Abgabenaufkommen** muss außerdem **gruppennützig verwendet** werden (z. B. BVerfG v. 16.09.2009, 2 BvR 852/07, BVerfGE 124, 235; BVerfG v. 24.11.2009, 2 BvR 1387/04, BVerfGE 124, 348).

Zusätzlich muss der Gesetzgeber im Interesse wirksamer parlamentarisch-demokratischer Legitimation und Kontrolle die erhobenen Sonderabgaben **haushaltsrechtlich vollständig dokumentieren** (vgl. BVerfG v. 16.09.2009, 2 BvR 852/07, BVerfGE 124, 235; BVerfG v. 24.11.2009, 2 BvR 1387/04, BVerfGE 124, 348) und ihre **sachliche Rechtfertigung in angemessenen Zeitabständen überprüfen** (z. B. BVerfG v. 16.09.2009, 2 BvR 852/07, BVerfGE 124, 235; BVerfG v. 24.11.2009, 2 BvR 1387/04, BVerfGE 124, 348).

vorläufig frei 33

## III. Sonstige Abgaben

**Geldstrafen und Geldbußen**, z. B. die in den §§ 369 ff. bzw. 377 ff. AO angedrohten Ahndungen von Steuerstraftaten und Steuerordnungswidrigkeiten, sind keine Steuern. Diese Geldleistungen dienen – auch nicht als Nebenzweck – **nicht** der **Erzielung von Einnahmen**. 34

vorläufig frei 35

# E. Einteilung der Steuern

Die systematische Einteilung und Kategorisierung von Steuern kann unter den verschiedensten Gesichtspunkten erfolgen (ausführlich z. B. *Drüen* in Tipke/Kruse, § 3 AO Rz. 61 ff.; *Neumann* in Gosch, § 3 AO Rz. 36 ff.; *Wernsmann* in HHSp, § 3 AO Rz. 360 ff.). Im Rahmen der vorliegenden Kommentierung sollen nur diejenigen Kriterien genannt werden, die über die Systematisierung hinaus unmittelbar für die Rechtsanwendung von Bedeutung sind. 36

## I. Unterscheidung nach dem Besteuerungsgegenstand

Nach dem Besteuerungsgegenstand wird unterschieden zwischen **Besitz- und Verkehrsteuern** einerseits und **Zöllen bzw. Ein- und Ausfuhrabgaben und Verbrauchsteuern** andererseits. Diese Unterscheidung ist in erster Linie für die sachliche Zuständigkeit der Bundes- und Landesfinanzbehörden maßgeblich (vgl. §§ 12 Abs. 2 und 17 Abs. 2 FVG), aber auch für die Abgrenzung der Gesetzkompetenz der Länder für die örtlichen Verbrauch- und Aufwandsteuern (Art. 105 Abs. 2a Satz 1 GG; vgl. hierzu z. B. BFH v. 21.04.2016, II B 4/16, BStBl II 2016, 576). Daneben hat die Einteilung für weitere Regelungen Bedeutung (§§ 23, 169 Abs. 2, 172 Abs. 1 Satz 1 Nrn. 1 und 2, 223 AO, § 5 Abs. 2 FGO). 37

**Besitzsteuern** sind solche, die an den Besitz und Einkommen oder Ertrag anknüpfen, also insbes. ESt, SolZ, KiSt, KSt, Lastenausgleichsabgaben, ErbSt, GewSt und GrSt. 38

**Verkehrsteuern** beziehen sich auf Vorgänge des rechtlichen oder wirtschaftlichen Verkehrs. Verkehrsteuern 39 sind USt (BFH v. 16.10.1986, V B 64/86, BStBl II 1987, 95; nach h. M. lediglich i. S. der AO, aus der Perspektive der technischen Anknüpfung, materiell ist sie eine Verbrauchsteuer, EuGH v. 24.10.1996, C 317/94, UR 1997, 265), GrESt (*List*, DB 1999, 1623), Versicherungsteuer, Feuerschutzsteuer, RennwLottSt, GrESt und KraftSt (BFH v. 27.06.1973, II R 179/71, BStBl II 1973, 807); Letztere wird indessen als Bundessteuer (Art. 106 Abs. 1 Nr. 2 GG) durch die Bundesfinanzbehörden verwaltet (Art. 108 Abs. 1 Satz 1 GG, §§ 18f. FVG).

40 **Verbrauchsteuern** sind Steuern auf Verbrauch oder Aufwand, insbes. BierSt, BranntwSt, HundeSt, KaffeeSt, EnergieSt, SchaumwSt und TabSt.

41 Zölle und Ein- und Ausfuhrabgaben werden nach § 3 Abs. 3 AO ausdrücklich als Steuern bezeichnet. Bei **Zöllen** handelt es sich um Steuern (vgl. schon Art. 105 Abs. 1 und Abs. 2 GG), die wegen des Grenzübertritts einer Ware nach einem in einem Zolltarif festgelegten Satz erhoben und als Zoll bezeichnet werden (*Wernsmann* in HHSp, § 3 AO Rz. 455). Steuern sind auch alle Ein- und Ausfuhrabgaben i. S. des Art. 5 Nr. 20 und 21 UZK (§ 3 Abs. 3 Satz 2 AO). Der Begriff der **Einfuhrabgaben** umfasst neben einem Verzollen auch Abgaben für die Einfuhr mit zollgleicher Wirkung (Art. 5 Nr. 20 UZK) sowie Abgaben im Rahmen der gemeinsamen Agrarpolitik (frühere Abschöpfungen). Dementsprechend umfasst die **Ausfuhrabgabe** (Art. 5 Nr. 21 UZK) neben Ausfuhrzöllen und Abgaben gleicher Wirkung auch Agrarabgaben bei der Ausfuhr (vgl. auch *Wernsmann* in HHSp, § 3 AO Rz. 454).

42 vorläufig frei

## II. Direkte und indirekte Steuern

43 Die Unterscheidung von direkten und indirekten Steuern hat v. a. **europarechtliche Bedeutung**: Art. 113 AEUV bildet die Rechtsgrundlage für die unionsrechtliche Harmonisierung im Bereich der indirekten Steuern (*Khan* in Geiger/Kotzur/Khan, Art. 113 AEUV Rz. 1). Hierauf beruhen insbes. die MwStSystRL und die VerbrauchStRL. Die **Harmonisierung** der direkten Steuern kann demgegenüber lediglich nach den allgemeinen Vorschriften der Art. 114, 116 AEUV erfolgen. Insbes. ist hierfür eine einstimmige Entscheidung aller EU-Mitgliedstaaten erforderlich (arg. e Art. 114 Abs. 1 und Abs. 2 AEUV; s. § 1 AO Rz. 12).

44 **Direkte Steuern** werden unmittelbar, d. h. aufgrund besonderer Veranlagung, bei demjenigen erhoben, den die Steuer wirtschaftlich treffen soll. Steuerschuldner und wirtschaftlicher Steuerträger sind demnach identisch (*Hey* in Tipke/Lang, § 7 Rz. 20). **Indirekte Steuern** werden demgegenüber vom Steuerschuldner, bei dem sie im Wege der Veranlagung erhoben werden, auf den letztlich wirtschaftlich Belasteten, den Steuerträger überwälzt. Beispiele hierfür sind insbes. die USt und die besonderen Verbrauchsteuern (z. B. BierSt, SchaumwSt, KaffeeSt, EnergieSt, BranntwSt).

vorläufig frei 45

## III. Personal- und Realsteuern

Unter Personal- oder **Personensteuern** (Subjektsteuern) werden Steuern zusammengefasst, welche die subjektive Leistungsfähigkeit des Steuerschuldners erfassen, wie z. B. die ESt und KSt. Demgegenüber knüpfen die **Realsteuern** (Objektsteuern) ohne Berücksichtigung der subjektiven Leistungsfähigkeit an das Innehaben eines – Ertrag bringenden – Gegenstands an (vgl. *Wernsmann* in HHSp, § 3 AO Rz. 367; *Drüen* in Tipke/Kruse, § 3 AO Rz. 62). Realsteuern sind nach der gesetzlichen Definition in § 3 Abs. 2 AO nur die GrSt und die GewSt. Der Begriff der Realsteuer wurde auch in Art. 106 Abs. 6 GG verwendet, jedoch seit 1997 durch die Begriffe GrSt und GewSt ersetzt (vgl. *Pieroth* in Jarass/Pieroth, Art. 106 GG Rz. 15). 46

## F. Steuerliche Nebenleistungen (§ 3 Abs. 4)

§ 3 Abs. 4 AO erläutert den Begriff der steuerlichen Nebenleistungen. In der Reihenfolge ihrer gesetzlichen Regelung werden Verzögerungsgelder (§ 146 Abs. 2b AO), Verspätungszuschläge (§ 152 AO), Zuschläge gem. § 162 Abs. 4 AO (aufgenommen mit StVergAbG v. 16.05.2003, BGBl I 2003, 660), Zinsen (§§ 233 bis 237 AO), Zinsen nach den Einzelsteuergesetzen, auf welche die §§ 238, 239 AO anzuwenden sind, Säumniszuschläge (§ 240 AO), Zwangsgelder (§ 329 AO) und Kosten (§§ 89, 178, 178a und §§ 337 bis 345 AO) sowie Zinsen i. S. des UZK und Verspätungsgelder nach § 22 a Absatz 5 EStG genannt. Die **Aufzählung** in § 3 Abs. 4 AO ist **abschließend** (AEAO zu § 3). Die Bezeichnung dieser sonstigen Geldleistungen aufgrund von Steuergesetzen als steuerliche Nebenleistungen dient durch ihre Verwendung bei jeweiliger Einzelbestimmung (§§ 32 Nr. 1, 37 Abs. 1, 46 Abs. 1, 156, 218 Abs. 1, 240 Abs. 4 AO) der Gesetzesklarheit. 47

## G. Ertragskompetenz (§ 3 Abs. 5)

§ 3 Abs. 5 AO knüpft als einfachgesetzliche Regelung an die **verfassungsrechtlich determinierte Ertragshoheit** an (Art. 106 GG) und **ergänzt** diese hinsichtlich der Zinsen und steuerlichen Nebenleistungen. Art. 106 GG enthält insoweit keine ausdrückliche Regelung. 48

§ 3 Abs. 5 Satz 1 AO weist den Ertrag an **Zinsen auf Einfuhr- und Ausfuhrabgaben** (s. Rz. 41) dem Bund als steuerverwaltender Körperschaft zu, während der Ertrag 49 der Abgaben als solcher der EU zustehen. Das Aufkommen der Zinsen steht den jeweils steuerberechtigten Körperschaften zu (§ 3 Abs. 5 Satz 2 AO). Maßgeblich sind hierfür die einzelnen Regelungen des Art. 106 GG. Hinsichtlich der **Gemeinschaftsteuern** (Art. 106 Abs. 3 GG: ESt, KSt, USt) sind Bund und Ländern gemeinsam ertragsberechtigt, sodass sie entsprechend aufzuteilen sind. Hieraus folgt, dass die **Gemeinden** nicht am Aufkommen der Zinsen partizipieren, da sie **nicht Steuergläubiger** sind, sondern lediglich nach Art. 106 Abs. 3 Satz 1, Abs. 5 und Abs. 5a GG am Länderaufkommen beteiligt werden. Dieses Steuerbeteiligungsrecht begründet jedoch keine Gläubigerstellung der Gemeinden, sodass § 3 Abs. 5 Satz 2 AO die Gemeinden nicht mit einbezieht (vgl. *Wernsmann* in HHSp, § 3 AO Rz. 505).

**50** Das Aufkommen der **Kosten für verbindliche Auskünfte** nach § 89 Abs. 3 bis 5 AO (s. § 89 AO Rz. 24 ff.) richtet sich nach der Verwaltungszuständigkeit und fließt derjenigen Körperschaft zu, deren Behörde für die Erteilung der Auskunft (§ 89 Abs. 2 AO) zuständig ist (§ 3 Abs. 5 Satz 3 AO). Die Kosten für die **besondere Inanspruchnahme der Finanzbehörden nach § 178a AO** (s. § 178a AO Rz. 8 ff.) steht gem. § 3 Abs. 5 Satz 4 AO dem Bund und der jeweils verwaltenden Körperschaft zu. Die übrigen Nebenleistungen i. S. v. § 3 Abs. 4 AO (s. Rz. 47) fließen den je nach sachlicher Zuständigkeit verwaltenden Körperschaften zu (§ 3 Abs. 5 Satz 5 AO).

## § 4 AO
## Gesetz

Gesetz ist jede Rechtsnorm.

### Inhaltsübersicht



### Schrifttum


Kirchhof, Handbuch des Staatsrechtes, Bd. III, S. 268; List, Die Rechtsquelle des modernen Steuerrechts, StBKongrRep 1975, 139 ff.; Lang, Die Bemessungsgrundlage der Einkommensteuer, 1988; von Wedelstädt, 75 Jahre Abgabenordnung, DB 1995, 7; Grammer, Zur Rechtsanwendung im Steuerrecht, SteuerStud 1998, 201; Tipke, Steuerrechtsordnung, Bd. I, 2. Aufl., Köln 2000; Balmes, Rückwirkung im Visier der Finanzrechtsprechung, FR 2001, 392; von Danwitz, Rechtsverordnungen, Jura 2002, 93; Eibelshäuser, Wirtschaftliche Betrachtungsweise im Steuerrecht, DStR 2002, 1426; Lange, Die Nichtanwendung von Urteilen des BFH durch die Finanzverwaltung, NJW 2002, 3657; Leisner, Verwaltungsgesetzgebung durch Erlasse, JZ 2002, 219; Balmes, Die Bindung des Beraters an Treu und Glauben, AO-StB 2003, 234; Balmes/Rüdt von Collenberg, Die Amtshaftung im Steuerrecht, AO-StB 2003, 77; Pezzer, Vertrauensschutz im Steuerrecht, DStJG 27 (2004); Ribbrock, Vertrauensschutz und die Grenzen zulässiger Rückwirkung am Beispiel der Steuergesetzgebung, DStZ 2005, 634; Drüen, Rechtsschutz gegen rückwirkende Gesetze, StuW 2006, 358; Eich, Die Verwirkung im Steuerrechtsverhältnis, AO-StB 2006, 48; Eggesieker/Ellerbeck, Nichtanwendungsprophylaxe der Finanzverwaltung durchkreuzen, DStR 2007, 1427; Babusiaux, Die richtlinienkonforme Auslegung im deutschen und französischen Zivilrecht, Baden-Baden 2007 (Diss. Saarbrücken 2007); Hey, Vom Eintreten des Bundesfinanzhofes für mehr Steuerplanungssicherheit, DStR 2007, 1; Hey, Wird die Gesetzesverkündung wieder zum Maß des Vertrauensschutzes? – BFH wendet sich gegen Vorhersehbarkeitsrechtsprechung des BVerfG, NJW 2007, 408; Kanzler, Die »Gesetzesbegründung« im Steuerrecht, FR 2007, 525; Spindler, Der Nichtanwendungserlass in Steuerrecht, DStR 2007, 1061; Bartone, Grundrechte und grundrechtsgleiche Verfahrensrechte im Verfassungsbeschwerdeverfahren gegen letztinstanzliche Entscheidungen des BFH, AO-StB 2008, 224; Crezelius, Analogieanweisungen in Steuergesetzen, FR 2008, 889; von Eichborn/Bruckermann, Zur Bindung der Gerichte an Verwaltungsvorschriften – Anmerkung zum BFH-Urteil vom 02.04.2008, II R 59/06, DStR 2008, 2095; Fischer, Rückwirkende Rechtsprechungsänderung im Steuerrecht, DStR 2008, 697; Osterloh, Methodenprobleme im Steuerrecht, JbdÖR NF 56 (2008), S. 141 ff.; Schmidt, Steuervollzug im föderalen Staat, DStJG 31 (2008), 98; R. Wendt, Belastende Analogie im Steuerrecht? – Rechtsgeschichtliche Hintergründe einer ungelösten Streitfrage, in: Chiusi/Gergen/Jung (Hrsg.), Das Recht und seine historischen Grundlagen (FS Wadle), Berlin 2008, S. 1203 ff.; Bartone, Gedanken zu den Grundsätzen der Normenklarheit und der Normenbestimmtheit als Ausprägungen des Rechtsstaatsprinzips, in: Rensen/Brink (Hrsg.), Linien der Rechtsprechung des Bundesverfassungsgerichts erläutert von den wissenschaftlichen Mitarbeitern, Band I, Berlin 2009, S. 305 ff.; Breinersdorfer, Abzugsverbote und objektives Nettoprinzip – Neue Tendenzen in der verfassungsgerichtlichen Kontrolle des Gesetzgebers, DStR 2010, 2492; Haunhorst, Risikomanagement in der Finanzverwaltung – ein Fall für die Finanzgerichte?, DStR 2010, 2105; Piltz, Wird das Erbschaftsteuergesetz 2009 verfassungsmäßig Bestand haben?, DStR 2010, 1913; Bartone, Rechtsfolgenanordnungen in der jüngeren Rechtsprechung des Bundesverfassungsgerichts zum Steuerrecht, in: Emmenegger/Wiedmann (Hrsg.), Linien der Rechtsprechung des Bundesverfassungsgerichts erläutert von den wissenschaftlichen Mitarbeitern, Band 2, Berlin 2011, S. 73 ff.; Zippelius, Juristische Methodenlehre, 11. Aufl., München 2012; Schlaich/Korioth, Das Bundesverfassungsgericht, 10. Aufl., München 2015; Zuck, BVerfGG, 7. Aufl., München 2015; Maurer, Allgemeines Verwaltungsrecht, 19. Aufl., München 2017.


## A. Bedeutung der Vorschrift

§ 4 AO definiert den Begriff »Gesetz« als jede »Rechtsnorm«, wobei dieser Begriff selbst nicht konkretisiert wird, sondern seinerseits näher bestimmt werden muss. Der Begriff der Rechtsnorm ist der Oberbegriff, unter den 1 auch die förmlichen Gesetze fallen. § 4 AO erweitert demnach den Anwendungsbereich der AO insoweit, als **Gesetze im materiellen Sinn** gemeint sind (s. Rz. 2 f.).

2 Als **Rechtsnorm (Rechtssatz)** gilt nach allgemeinem Verständnis jede Anordnung, die in einem bestimmten örtlichen Bereich zu einer bestimmten Zeit für ihre Adressaten verbindlich ist und von der staatlichen Ordnung garantiert wird (vgl. *Tipke*, StRO III, S. 1138). Es muss sich um eine **abstrakt generelle Regelung** handeln, die für eine **unbestimmte Vielzahl von Fällen** gilt, also dass nicht nur ein einmaliger Eintritt der darin vorgesehenen Rechtsfolge möglich ist (z. B. BVerfG v. 29.11.1961, 1 BvR 148/57, BVerfGE 13, 225; BVerfG v. 07.05.1969, 2 BvL 15/67, BVerfGE 25, 371; *Tipke*, StRO III, S. 1138).

3 Demnach erfasst § 4 AO geschriebene Rechtsnormen, also Gesetze im formellen Sinn, d. h. die Normen des Europarechts und des nationalen Verfassungsrechts sowie die **Parlamentsgesetze**, die aufgrund des in Art. 76 ff. GG geregelten Gesetzgebungsverfahren bzw. aufgrund der entsprechenden Regelungen in den Landesverfassungen zustande gekommen sind (s. Rz. 9). Auch **Rechtsverordnungen** sind Gesetze i. S. v. § 4 AO (BFH v. 06.11.1985, II R 63/83, BStBl II 1986, 77; BFH v. 18.02.1992, VII R 22/90, HFR 1992, 556; s. Rz. 12). **Kommunale Steuersatzungen** zählen ebenfalls dazu (s. Rz. 15).

4 Neben dem geschriebenen Recht kann allgemein auch ungeschriebenes Recht Normcharakter erlangen. Dies gilt für das **Gewohnheitsrecht**, das von den Rechtsbetroffenen selbst geschaffen wird (*Maurer*, § 4 Rz. 19; s. Rz. 17).

5 **Verwaltungsvorschriften**, insbes. den (norminterpretierenden oder normkonkretisierenden) Steuerrichtlinien, kommt grds. **keine Rechtsnormqualität** zu (s. Rz. 22). **Ebenso wenig** sind **Judikate** – auch diejenigen von EGMR, EuGH und BVerfG – und das sog. **Richterrecht** Rechtsnormen (s. Rz. 30).

6 vorläufig frei

## B. Anwendungsbereich

7 Eine Definition des Begriffs »Gesetz« durch § 4 AO gilt für die AO sowie für alle bundesrechtlich geregelten Steuerarten. Sie gilt darüber hinaus über die KAG für örtliche Verbrauch- und Aufwandsteuern, ebenso für diejenigen KiStG, die auf die AO einschließlich der Definition in § 4 AO verweisen (s. § 1 AO Rz. 4 ff.).

8 vorläufig frei

## C. Die einzelnen Rechtsnormen

### I. Verfassungsrecht und einfaches Gesetz

9 Die Normen des Verfassungsrechts zählen ohne Zweifel zu den Rechtsnormen i. S. v. § 4 AO. Dazu gehören zum einen die Vorschriften des GG, aber auch die daraus abgeleiteten Rechtsgrundsätze und Verfassungsprinzipien. Für das Steuerrecht haben insbes. die Grundrechte aus Art. 1 und 2 Abs. 1, Art. 3 Abs. 1, Art. 6 Abs. 1, Art. 12 Abs. 1, Art. 14 Abs. 1 GG Bedeutung. Dabei kommt Art. 3 Abs. 1 GG eine besondere Bedeutung zu, da sich hieraus u. a. das Gebot der Ausrichtung der Steuerlast am **Prinzip der finanziellen Leistungsfähigkeit** und das **Gebot der Folgerichtigkeit** ableitet (z. B. BVerfG v. 09.12.2008, 2 BvL 1, 2/07, 1,2/08, BVerfGE 122, 210; BVerfG v. 06.07.2010, 2 BvL 13/09, BVerfGE 126, 268). Aus dem **Rechtsstaatsprinzip** (Art. 20 Abs. 3 GG) folgen u. a. die Prinzipien der Normenbestimmtheit, Normenklarheit und Normenwahrheit (z. B. *Bartone* in Rensen/Brink, S. 305 ff.), der **Vertrauensschutz** und im Zusammenhang damit das grundsätzliche **Rückwirkungsverbot** (dazu z. B. BVerfG v. 07.07.2010, 2 BvL 14/02, 2 BvL 2/04, 2 BvL 13/05, BVerfGE 127, 1; BVerfG v. 07.07.2010, 2 BvL 1/03, 2 BvL 57/06, 2 BvL 58/06, BVerfGE 127, 31; BVerfG v. 07.07.2010, 2 BvR 748/05, 2 BvR 753/05, 2 BvR 1738/05, BVerfGE 127, 61).

Wesentliche Rechtsquellen für das Steuerrecht und damit Rechtsnormen i. S. v. § 4 AO sind die aufgrund der Ermächtigung in Art. 105 Abs. 2 GG im förmlichen Gesetzgebungsverfahren (Art. 76 ff. GG) als Parlamentsgesetze erlassenen **Steuergesetze** (AO, EStG, KStG, UStG, GewStG etc.). Zu nennen sind an dieser Stelle auch die Landesgesetze mit steuerrechtlichem Regelungsgehalt, die aufgrund der Ermächtigung in Art. 105 Abs. 2a GG sowie in Art. 140 GG i. V. m. Art. 137 Abs. 6 WRV erlassen wurden, also die KAG und die KiStG (s. § 1 AO Rz. 31 f.). 10

vorläufig frei 11

### II. Rechtsverordnungen

**Rechtsverordnungen** sind Rechtsnormen, die nicht in förmlichen Gesetzgebungsverfahren zustande kommen, sondern von der Exekutive, also der Bundesregierung oder dem BMF, aufgrund ausdrücklicher gesetzlicher Ermächtigung nach Maßgabe des Art. 80 GG erlassen werden (Art. 80 GG). Inhaltlich unterscheiden sie sich nicht von förmlichen Gesetzen, daher zählen sie zu den Gesetzen im materiellen Sinn. Rechtsverordnungen sind im Steuerrecht von großer Bedeutung. Die wesentlichen Einzelsteuergesetze enthalten entsprechende Ermächtigungen, von denen in Form der Durchführungsverordnungen Gebrauch gemacht wurde: z. B. EStDV (§ 51 EStG), LStDV (§ 51 Abs. 3 EStG), KStDV (§ 33 KStG), GewStV (§ 35c GewStG), UStDV (§ 26 UStG), ErbStDV (§ 36 ErbStG). Nach Maßgabe des Art. 80 Abs. 2 GG bedürfen sie der Zustimmung des Bundesrates (vgl. Art. 105 Abs. 3, Art. 106 Abs. 2 und Abs. 3 GG). 12

13 Die Ermächtigung und die Voraussetzung zum Erlass von Rechtsverordnungen müssen sich gem. Art. 80 GG aus dem jeweiligen Einzelsteuergesetz ergeben. Da Rechtsverordnungen diese Gesetze nur (mit allgemeinverbindlicher Wirkung) konkretisieren sollen (und dürfen), sind die **wesentlichen Regelungen** dem **parlamentarischen Gesetzgeber** vorbehalten (z.B. BVerfG v. 01.04.2014, 2 BvF 1/12, 2 BvF 3/12, BGBl I 2014, 871). Im Bereich des Steuerrechts folgt daraus, dass jedenfalls die Festlegung der grundlegenden, grundrechtsrelevanten Merkmale wie Steuerschuldner, Steuergegenstand, Bemessungsgrundlage und Steuersatz dem Parlamentsvorbehalt unterliegen (BFH v. 16.11.2011, X R 18/09, BStBl II 2012, 129).

14 vorläufig frei

## III. Autonome Satzungen

15 Satzungen sind Gesetze im materiellen Sinn, die von öffentlich-rechtlichen Körperschaften zur Regelung ihrer Selbstverwaltungsangelegenheiten erlassen werden (vgl. z.B. BFH, v. 17.12.2015, V R 45/14, BStBl II 2017, 658). Im Steuerrecht sind v.a. die **kommunalen Satzungen** zur Erhebung der **örtlichen Verbrauch- und Aufwandsteuern** von Bedeutung (s. § 1 AO Rz. 10). Die Satzungsbefugnis der Gemeinden folgt aus der in Art. 28 Abs. 2 GG garantierten kommunalen Selbstverwaltungshoheit; die für die Erhebung von Steuern erforderliche gesetzliche Grundlage ergibt sich aus den KAG der Länder (s. § 1 AO Rz. 31; s. § 3 AO Rz. 9).

16 vorläufig frei

## IV. Gewohnheitsrecht

17 Gewohnheitsrecht ist auch eine Rechtsquelle und entsteht, wenn bestimmte ungeschriebene Regeln über einen längeren Zeitraum befolgt werden (consuetudo) und nach der allgemeinen Überzeugung der nach Sachkunde und Interesse zu bestimmenden beteiligten Kreise als verbindliches Recht betrachtet werden (communis opinio iuris; z.B. BVerfG v. 15.01.2009, 2 BvR 2044/07, BVerfGE 122, 248). Wegen des Vorbehalts des Gesetzes, der im Steuerrecht eine besondere Bedeutung hat, kommt jedenfalls eine **Begründung oder Verschärfung von Steuertatbeständen** durch Gewohnheitsrecht **nicht** in Betracht (*Drüen* in Tipke/Kruse, § 4 AO Rz. 104; *Wernsmann* in HHSp, § 4 AO Rz. 703; *Neumann* in Gosch, § 4 AO Rz. 11). Für Steuerbegünstigungen wird dies anders gesehen (z.B. BFH v. 25.06.1984, GrS 4/82, BStBl II 1984, 751; BFH v. 26.09.2007, V B 8/06, BStBl II 2008, 405). Wegen der an sich strengen Rückkoppelung aller steuerrechtlichen Regelungen an das Gesetz kann die Bildung von Gewohnheitsrecht im Bereich des Steuerrechts nur die absolute Ausnahme sein (vgl. z.B. BFH zur – fehlenden – gewohnheitsrechtlichen Befreiung der Kirche von Gerichtsgebühren BFH v. 11.11.1997, VII E 6/97, BStBl II 1998, 121).

vorläufig frei 18

## V. Völkerrecht und europäisches Unionsrecht

Zu den Rechtsnormen i.S. des § 4 AO zählen auch Rechtsquellen des Völkerrechts (vgl. Art. 38 IGH-Statut). 19
Dies sind neben den völkerrechtlichen Verträgen in engen Grenzen das Völkergewohnheitsrecht und die allgemeinen Rechtsgrundsätze der Kulturnationen (dazu *Wernsmann* in HHSp, § 4 AO Rz. 120 ff.). Von Bedeutung für das Steuerrecht sind insbes. die **DBA**, die als völkerrechtliche Verträge i.S.v. Art. 59 Abs. 2 Satz 1 GG in innerstaatliches Recht transformiert und damit zum einfachen Bundesrecht werden (s. § 2 AO Rz. 3 ff.).

Ohne Frage stellt auch das primäre und sekundäre 20
**europäische Unionsrecht** eine Rechtsquelle dar, dessen Regelungen Rechtsnormen i.S.v. § 4 AO sind (s. § 1 AO Rz. 11 ff., s. § 2 AO Rz. 9).

vorläufig frei 21

## VI. Keine Rechtsnormen i.S. des § 4 AO

### 1. Verwaltungsvorschriften, Richtlinien

**Verwaltungsvorschriften**, insbes. die (norminterpretie- 22
renden oder normkonkretisierenden) Steuerrichtlinien, sind grds. **keine Rechtsnormen**; sie bieten keine Rechtsgrundlage für Verwaltungsakte und binden Gerichte grds. nicht (st. Rspr., z.B. BFH v. 04.05.2006, VI R 28/05, BStBl II 2006, 781; BFH v. 11.05.2007, IV B 28/06, juris; BFH v. 12.11.2009, VI R 20/07, BStBl II 2010, 845). Dies gilt ebenso für BMF-Schreiben (BFH v. 04.12.2008, XI B 250/07, BFH/NV 2009, 394), Verwaltungserlasse der obersten Finanzbehörden der Länder (BFH v. 10.05.1993, I B 2/93, juris) und Verfügungen der OFD. Soweit gesetzesvertretenden Verwaltungsvorschriften (vgl. *Maurer*, § 24 Rz. 11) ganz ausnahmsweise die Qualität von materiellen Rechtsnormen zugesprochen wird (BVerfG v. 28.10.1975, 2 BvR 883/73, BVerfGE 40, 237; BFH v. 12.04.1983, VII R 4/80, juris), hat dies im Steuerrecht keine Bedeutung.

Die Befugnis zum Erlass von Verwaltungsvorschriften 23
ergibt sich bereits aus der **Organisationsgewalt der Finanzverwaltung**. Diese Verwaltungsvorschriften entfalten grds. nur im Binnenbereich der Verwaltung Bindungswirkung, soweit sich jeweils die Weisungsbefugnis der anordnenden Behörde aus dem Behördenaufbau (§§ 1 ff. FVG) ergibt. Von wesentlicher Bedeutung sind die **Steuerrichtlinien** (z.B. EStR, LStR, KStR, UStAE,

AEAO etc.). Dabei handelt es sich um **allgemeine Verwaltungsvorschriften**, zu deren Erlass gem. Art. 108 Abs. 7 GG nur die BReg gem. Art. 108 Abs. 7 GG (mit Zustimmung des BR) ermächtigt ist. Daneben gibt es zahlreiche **besondere Verwaltungsvorschriften**, die als BMF-Schreiben, Erlasse (oberste Finanzbehörden von Bund und Ländern) und Verfügungen (OFD) bezeichnet werden.

**24** Je nach Inhalt lassen sich verschiedene Arten von Verwaltungsvorschriften unterscheiden:

- **Organisationsvorschriften** regeln die innere Organisation und – aufgrund gesetzlicher Ermächtigung im FVG (z. B. § 4 FVG: Sitz und Aufgaben der in § 1 Nr. 2 FVG genannten Bundesoberbehörden) – Sitz, Aufgaben und Zuständigkeit von Behörden. Insoweit kommt den Verwaltungsvorschriften eine begrenzte Außenwirkung zu (z. B. BVerfG v. 31.05.1988, 1 BvR 520/83, BVerGE 78, 214, 227), z. B. für die Frage der örtlichen Zuständigkeit des FG im Finanzprozess (§ 38 FGO).

**25**

- **Norminterpretierende** oder **normkonkretisierende** Verwaltungsvorschriften geben die Verwaltungsauffassung vom Verständnis der betreffenden steuerrechtlichen Vorschriften wieder. Ihnen kommt im Außenverhältnis grds. keine Bindungswirkung zu, faktisch haben sie jedoch eine große Bedeutung für die steuerliche Beratungspraxis. Dazu gehören insbes. alle Steuerrichtlinien sowie BMF-Schreiben, ministerielle Erlasse und OFD-Verfügungen, die sich auf Fragen des steuerlichen Verfahrensrechts und des materiellen Steuerrechts beziehen. Eine »Selbstbindung der Verwaltung« im Hinblick auf Art. 3 Abs. 1 GG wird durch norminterpretierende Verwaltungsvorschriften nicht begründet (z. B. BFH v. 05.09.2013, XI R 4/10, BStBl II 2014, 95; anders aber bei ermessenslenkenden Verwaltungsvorschriften: s. Rz. 26).

**26**

- Verwaltungsvorschriften können als **ermessenslenkende Verwaltungsvorschriften** den nachgeordneten Finanzbehörden Vorgaben für die Ausübung des behördlichen Ermessens machen und so das Ermessen lenken und binden (BFH v. 12.03.1993, VI R 71/90, BStBl II 1993, 479). Z. B. kann die Finanzverwaltung Ermessensrichtlinien zur Gewährung von Fristverlängerungen erlassen (BFH v. 21.04.1983, IV R 217/82, BStBl II 1983, 532; BFH v. 11.04.2006, VI R 64/02, BStBl II 2006, 642). Dabei können die Finanzbehörden in ihren Ermessensrichtlinien auch eine bestimmte Entscheidung von Voraussetzungen abhängig machen, die im Gesetz selbst nicht genannt sind. Diese zusätzlichen Voraussetzungen müssen allerdings einer sachgerechten Ermessensausübung entsprechen. Denn auch die Richtlinien müssen sich in den Grenzen halten, die das GG und die einfachen Gesetze der Ausübung des Ermessens setzen (z. B. BFH v. 11.04.2006, VI R 64/02, BStBl II 2006, 642 m. w. N.; auch s. § 5 AO Rz. 20).

- Ermessensrichtlinien können ausnahmsweise eine auch von den Gerichten zu beachtende **Selbstbindung der Verwaltung** als Ausfluss von Art. 3 Abs. 1 GG begründen. Art. 3 Abs. 1 GG gebietet eine gleichmäßige Anwendung der Verwaltungsvorschriften, soweit der Finanzverwaltung ausnahmsweise Entscheidungsfreiheit eingeräumt ist, also im Bereich des Ermessens, der Billigkeit und der Typisierung oder Pauschalierung (z. B. dazu BFH v. 11.11.2010, VI R 16/09, BStBl II 2011, 966; BFH v. 05.09.2013, XI R 4/10, BStBl II 2014, 95; s. § 5 AO Rz. 20). Allerdings gewährt Art. 3 Abs. 1 GG keinen Anspruch auf Beibehaltung einer rechtswidrigen Verwaltungspraxis (BFH v. 30.07.2008, II R 40/06, BFH/NV 2008, 2060; BVerwG v. 10.12.1969, VIII C 104.69, BVerwGE 34, 278; s. § 5 AO Rz. 20). Zu diesen Richtlinien zählen z. B. die **AfA-Tabellen**, die als Hilfsmittel für die Schätzung der technischen und wirtschaftlichen Nutzungsdauer von Wirtschaftsgütern anzusehen sind und zunächst die Vermutung der Richtigkeit für sich haben, ohne dass sie jedoch für die FG bindend wären (BFH v. 09.12.1999, III R 74/97, BStBl II 2001, 311, 314). Will ein FG von der in der amtlichen AfA-Tabelle zugrunde gelegten Nutzungsdauer eines Wirtschaftsguts generell und nicht nur wegen der Besonderheiten des Einzelfalls abweichen, so darf es das, jedoch erfordert dies eine Auseinandersetzung mit den Erkenntnisgrundlagen der Finanzverwaltung, auf denen die AfA-Tabelle beruht (z. B. BFH v. 28.10.2008, IX R 16/08, BFH/NV 2009, 899; auch *Bartone* in Korn, § 7 EStG Rz. 112 ff.). **27**

- Mit **Typisierungs- und Pauschalierungsregelungen** (z. B. zur Höhe von beruflich veranlassten Verpflegungsmehraufwendungen) will die Finanzverwaltung einen möglichst gleichmäßigen Gesetzesvollzug gewährleisten. Ein Abweichen von diesen typisierenden Regeln ist dann nur aus sachlich einleuchtenden Gründen geboten, beispielsweise wenn sich die Regelungen als nicht folgerichtig, willkürlich oder gegen den Gleichheitssatz verstoßend erweisen, wenn sie gegen das Gesetz verstoßen, ihre Anwendung wegen der besonderen Umstände des zu beurteilenden Einzelfalles zu einem offensichtlich unzutreffenden Ergebnis führen würde oder sonstige schwerwiegende Gründe gegen die Anwendung der Regelungen sprechen (z. B. BFH v. 05.05.1994; VI R 6/92, BStBl II 1994, 534, 536; BFH v. 21.03.2002, II R 68/00, BFH/NV 2002, 1281). Dies zu überprüfen ist Aufgabe der FG. **28**

vorläufig frei **29**

### 2. Richterrecht

30 **Judikate** jedweder Art – auch diejenigen von EGMR, EuGH und BVerfG – und das sog. **Richterrecht** sind keine Rechtsnormen, denn die Aufgabe der Gerichte ist die Rechtsprechung, nicht die Rechtsetzung; die Gerichte dürfen sich mithin im Hinblick auf Art. 20 Abs. 2 Satz 2 GG nicht in die Rolle einer normsetzenden Instanz begeben (h. M., z. B. BVerfG v. 12.11.1997, 1 BvR 479/92, 1 BvR 307/94, BVerfGE 96, 375; *Jarass* in Jarass/Pieroth, Art. 20 GG Rz. 42 m. w. N.; a. A. *Drüen* in Tipke/Kruse, § 4 AO Rz. 110 ff.). Dem entspricht es, dass die **Rechtskraftwirkung** von Entscheidungen insbes. nur zwischen den Beteiligten des Verfahrens und deren Rechtsnachfolgern wirkt (**»inter partes«**, § 110 Abs. 1 Satz 1 Nr. 1 FGO; s. § 110 FGO Rz. 3 ff.). Lediglich im Sonderfall des § 176 Abs. 1 AO als spezielle Ausprägung des Vertrauensschutzes (s. Rz. 9) wird eine gewisse allgemeine, über den entschiedenen Einzelfall hinausgehende rechtliche Bindung erzeugt (s. § 176 AO Rz. 1 ff.).

31 Von der allgemeinen **Bindungswirkung** von Entscheidungen des BVerfG nach § 31 Abs. 1 BVerfGG und dem Sonderfall der Entscheidungen des BVerfG mit Gesetzeskraft (§ 31 Abs. 2 BVerfGG) abgesehen binden die Entscheidungen der Gerichte – auch der FG – nur die am Prozess Beteiligten (§ 57 FGO; s. Rz. 30) in einem konkreten Einzelfall. Dies gilt auch für das einem Revisionsverfahren gem. § 122 Abs. 2 FGO beigetretene BMF. Im Hinblick darauf und auf das Gewaltenteilungsprinzip (Art. 20 Abs. 2 Satz 2 GG) ist die Finanzverwaltung daher nicht gehindert, in sog. **Nichtanwendungserlassen** gegenüber den nachgeordneten Behörden anzuordnen, dass Entscheidungen des BFH über den entschiedenen Einzelfall hinaus nicht anzuwenden sind. Das mag dem einen oder anderen missfallen, entspricht aber den verfassungsrechtlichen Gegebenheiten. Ebenso darf der Gesetzgeber Normen erlassen (»Nichtanwendungsgesetze«), mit denen er die höchstrichterliche Finanzrechtsprechung aushebelt und bestimmte Sachverhalte für die Zukunft anders regelt, als dies nach der Rechtsprechung geschehen müsste. Eine gewisse mittelbare Bindungswirkung entfaltet die Rechtsprechung insoweit, als ihre Außerachtlassung durch den steuerlichen Berater einen **Schadenersatzanspruch** gegen ihn begründen kann (z. B. BGH v. 19.12.1989, XI ZR 29/89, BB 1990, 515; KG Berlin v. 08.09.2006, 4 U 119/05, OLG-Report 2006, 1054; *Drüen* in Tipke/Kruse, § 4 AO Rz. 121). Die nicht zeitnahe Beachtung einer (geänderten) höchstrichterlichen Rechtsprechung kann u. U. einen **Amtshaftungsanspruch** aus Art. 34 GG, § 839 BGB begründen (OLG Koblenz v. 17.07.2002, 1 U 1588/01NVwZ-RR 2003, 168; *Balmes/v. Collenberg*, AO-StB 2003, 77; *Lange*, DB 2003, 360; *Drüen* in Tipke/Kruse, § 32 AO Rz. 15).

32–33 vorläufig frei

## D. Auslegung und Anwendung von Rechtsnormen

### I. Auslegungsmethoden

**Auslegung von Rechtsnormen**, insbes. von Gesetzen, 34
bedeutet Klarstellung ihres Sinngehalts, der in der Wortfassung oft nur unvollkommen zum Ausdruck kommt (*Drüen* in Tipke/Kruse, § 4 AO Rz. 214), da der Gesetzgeber nicht umhinkommt, unbestimmte Rechtsbegriffe zu verwenden. Ziel ist es, den objektiven Sinn einer Norm – den objektivierten Willen des Gesetzgebers – zu ermitteln (grundlegend BVerfG v. 20.05.1952, 1 BvL 3/51, 1 BvL 4/51, BVerfGE 1, 299; auch BVerfG v. 17.05.1960, 2 BvL 11/59, 2 BvL 11/60, BVerfGE 11, 126; BFH v. 05.03.2014, XI R 29/12, BFH/NV 2014, 1170; *Drüen* in Tipke/Kruse, § 4 AO Rz. 232 m. zahlreichen Nachweisen der BVerfG- und BFH-Rspr.). Jedoch bildet der **mögliche Wortlaut** die **äußerste Grenze zulässiger richterlicher Interpretation** (z. B. BVerfG v. 23.06.2010, 2 BvR 2559/08, 2 BvR 105/09, 2 BvR 491/09, BVerfGE 126, 170; BVerfG v. 01.11.2012, 2 BvR 1235/11, NJW 2013, 365; BFH v. 29.11.2012, IV R 37/10, BFH/NV 2013, 910). Neben die vier klassischen Auslegungsmethoden (s. Rz. 35 ff.) treten die verfassungskonforme Auslegung (s. Rz. 38) sowie die europarechtskonforme (unionsrechtskonforme) Auslegung (s. Rz. 40).

- Die **grammatische Auslegung** fragt nach dem mög- 35
lichen Wortsinn des Gesetzeswortlauts, d. h. dem Bedeutungsumfang der Gesetzesworte (*Zippelius*, Kapitel III § 8, S. 35). Sie bildet den Ausgangspunkt einer jeden Auslegung. Sie hat zu ermitteln, welcher Sinn nach dem Sprachgebrauch der Sprachgemeinschaft und nach der Sprachregelung des Gesetzgebers den Worten des Gesetzes zukommen kann (*Zippelius*, Kapitel III § 8, S. 35). Der mögliche Wortlaut bildet die äußerste Grenze zulässiger richterlicher Interpretation (z. B. BVerfG v. 23.06.2010, 2 BvR 2559/08, 2 BvR 105/09, 2 BvR 491/09, BVerfGE 126, 170; BVerfG v. 01.11.2012, 2 BvR 1235/11, NJW 2013, 365; BFH v. 29.11.2012, IV R 37/10, BFH/NV 2013, 910). Die Grenze des möglichen Wortsinns bildet damit die Grenze der Auslegung (BVerfG v. 20.10.1992, 1 BvR 698/89, BVerfGE 87, 224; *Zippelius*, Kapitel III § 8, S. 39). Eine Auslegung gegen den Wortlaut einer Norm soll gleichwohl nicht von vornherein ausgeschlossen sein, wenn andere Indizien deutlich belegen, dass ihr Sinn im Text unzureichend Ausdruck gefunden hat (BVerfG v. 27.01.1998, 1 BvL 22/93, BVerfGE 97, 186); sie kommt aber nur in Betracht, wenn die wortgetreue Gesetzesanwendung zu einem sinnwidrigen Ergebnis führen würde, das durch die beabsichtigte Aus-

legung zu vermeiden oder doch entscheidend zu mindern wäre, ohne andere Wertungswidersprüche hervorzurufen (BFH v. 11.06.2013, II R 4/12, BStBl II 2013, 742). Insbes. im Steuerrecht, das »aus dem Diktum des Gesetzgebers« lebt (BVerfG v. 24.01.1962, 1 BvR 232/60, BVerfGE 13, 318), kann eine Auslegung gegen den Wortlaut nur die absolute Ausnahme bilden.

36 – Die **systematische Auslegung** erschließt den Sinn der Norm aus ihrem Zusammenhang mit anderen Normen. Dies betrifft Sätze und Absätze innerhalb eines Paragraphen, diejenigen Normen, welche die auszulegende Norm umgeben, den Titel und das Kapitel des Gesetzes, in dem die Norm geregelt ist, darüber hinaus das gesamte Gesetz und schließlich auch andere Gesetze, einschließlich des GG. Eine einzelne Norm bildet immer den Teil eines Gesamtkontextes. Ausgehend von der Annahme, dass die Rechtsordnung ein sinnvolles Ganzes darstellt und auf innere Widerspruchsfreiheit angelegt ist (*Drüen* in Tipke/Lang, § 4 AO Rz. 269), ist die Norm nach Möglichkeit so auszulegen, dass sie sich widerspruchsfrei in den Kontext der höher- und gleichrangigen Normen einfügt (*Zippelius*, Kapitel III § 10, S. 40). So verstanden, stellen die verfassungskonforme Auslegung (s. Rz. 39) und die unionsrechtskonforme Auslegung (s. Rz. 41) Sonderfälle der systematischen Auslegung dar.

37 – Die **teleologische Auslegung** ermittelt den Inhalt der Norm anhand des Gesetzeszwecks. Maßgeblich ist der mit der Norm verfolgte Sinn und Zweck, wie er in Wortlaut und Systematik des Gesetzes zum Ausdruck kommt (*Drüen* in Tipke/Lang, § 4 AO Rz. 274 m. w. N.). Steuergesetze werden erlassen, um Steuern zu erheben, sodass ihr grundsätzlicher Zweck die Einnahmenerzielung darstellt (s. § 3 AO Rz. 31). Allerdings erschöpft sich der Sinn und Zweck einer steuerrechtlichen Norm vielfach nicht in diesem Fiskalzweck, sondern dieser kann als Nebenzweck mit außerfiskalischen Lenkungszwecken verknüpft sein (s. § 3 AO Rz. 33). Bei reinen Fiskalzwecknormen dürfte der Erkenntnisgewinn aufgrund teleologischer Auslegung in aller Regel gering sein. Dies gilt insbes. dann, wenn die Auslegung im Zusammenhang mit einer verfassungsrechtlichen Überprüfung des Steuergesetzes einhergeht. Denn der reine Fiskalzweck wird bei der verfassungsrechtlichen Überprüfung von Steuergesetzen anhand von Art. 3 Abs. 1 GG nicht als besonderer sachlicher Grund für Ausnahmen von einer folgerichtigen Umsetzung und Konkretisierung steuergesetzlicher Belastungsentscheidungen anerkannt (BVerfG v. 09.12.2008, 2 BvL 1, 2/07, 1,2/08, BVerfGE 122, 210). Im Gegensatz dazu bieten die mit einem Steuergesetz verfolgten außerfiskalischen Lenkungszwecke Anhaltspunkte für die Auslegung.

– Die **historische Auslegung** zieht zum Verständnis der Norm deren Entstehungsgeschichte heran. Sie knüpft insbes. an die Gesetzesmaterialien an, soweit sie auf den objektiven Gesetzesinhalt schließen lassen (z. B. BVerfG v. 17.05.1960, 2 BvL 11/59, 2 BvL 11/60, BVerfGE 11, 126). Sie hätte nur dann eine wesentliche Bedeutung, wenn es für die Auslegung maßgeblich auf den subjektiven Willen des Gesetzgebers ankäme. Demgegenüber kommt es entscheidend auf den objektiven Sinn einer Norm – den objektivierten Willen des Gesetzgebers – an (s. Rz. 34). Die historische Auslegung ist zwar eine anerkannte Auslegungsmethode (z. B. BVerfG v. 09.11.1988, 1 BvR 243/86, BVerfGE 79, 106; BVerfG v. 31.08.2009, 1 BvR 3227/08, HFR 2010, 176). Nach zutreffender Auffassung hat sie gegenüber der objektiv-teleologischen Auslegung grds. kein entscheidendes Gewicht (z. B. BVerfG v. 16.08.2001, 1 BvL 6/01, NVwZ-RR 2002, 117), soweit sie nicht die aufgrund der anderen Auslegungsmethoden gefundenen Ergebnisse stützt (ausführlicher *Drüen* in Tipke/Kruse, § 4 AO m. w. N.). 38

– Die verfassungskonforme Auslegung ist dann zur Geltungserhaltung einer Norm geboten, wenn sich mehrere Verständnismöglichkeiten einer Norm ergeben, die aber nicht alle zu einem verfassungskonformen Ergebnis führen. Die verfassungskonforme Auslegung ist ein Sonderfall der systematischen Auslegung (s. Rz. 36) und trägt dem Umstand Rechnung, dass eine Norm nach Möglichkeit so auszulegen ist, dass sie nicht in einen Widerspruch zu höherrangigen Normen tritt (*Zippelius*, Kapitel III § 10, S. 44). Sind daher bei der gerichtlichen Auslegung und Anwendung einfachrechtlicher Normen mehrere Deutungen möglich, verdient diejenige den Vorzug, die den Wertentscheidungen der Verfassung entspricht (z. B. BVerfG, 30.03.1993, 1 BvL 11/90, BVerfGE 88, 145 < 166 >) und die die Grundrechte der Beteiligten möglichst weitgehend in praktischer Konkordanz zur Geltung bringt. Der Respekt vor der gesetzgebenden Gewalt (Art. 20 Abs. 2 GG) fordert dabei eine verfassungskonforme Auslegung, die durch den Wortlaut des Gesetzes gedeckt ist und die prinzipielle Zielsetzung des Gesetzgebers wahrt (vgl. BVerfG v. 03.06.1992, 2 BvR 1041/88, 2 BvR 78/89, BVerfGE 86, 288). Die Deutung darf nicht dazu führen, dass das gesetzgeberische Ziel in einem wesentlichen Punkt verfehlt oder verfälscht wird (z. B. BVerfG, 11.06.1980, 1 PBvU 1/79, BVerfGE 54, 277; BVerfG v. 21.12.2010, 1 BvR 2760/08, ZUM 2011, 311). 39

– Eine besondere verfassungsprozessuale Bedeutung hat die **verfassungskonforme Auslegung** im Zusam- 40 menhang mit der konkreten Normenkontrolle (Richtervorlage) nach Art. 100 Abs. 1 GG i. V. m. §§ 13 Nr. 11, 80 ff. BVerfGG: Eine Richtervorlage ist unter anderem nur dann zulässig, wenn das vorlegende Gericht von der Verfassungswidrigkeit der entscheidungserheblichen Norm überzeugt ist. Bloße Zweifel an der Verfassungsmäßigkeit einer Vorschrift vermögen das Gericht dagegen nicht von der Pflicht zur Anwendung des Gesetzes zu entbinden (BVerfG v. 20.03.1952, 1 BvL 12/51, 1 BvL 15/51, 1 BvL 16/51, 1 BvL 24/51, 1 BvL 28/51, BVerfGE 1, 184; BVerfG v. 06.04.1989, 2 BvL 8/87, BVerfGE 80, 59). Ein Vorlagebeschluss nach Art. 100 Abs. 1 GG muss daher mit hinreichender Deutlichkeit erkennen lassen, aus welchen Gründen das vorlegende Gericht von der Unvereinbarkeit der Norm überzeugt ist (z. B. BVerfG v. 20.02.2002, 2 BvL 5/99, BVerfGE 105, 61, st. Rspr.). Das Gericht muss dabei u. a. auf unterschiedliche Auslegungsmöglichkeiten der Norm eingehen, soweit diese für deren Verfassungsmäßigkeit von Bedeutung sein können (vgl. z. B. BVerfG v. 02.12.1997, 2 BvL 55, 56/92, BVerfGE 97, 49). Das bedeutet, dass eine Richtervorlage u. a. nur dann zulässig ist, wenn eine verfassungskonforme Auslegung der betreffenden Norm nicht möglich ist (z. B. BVerfG v. 16.12.2010, 2 BvL 16/09, FamRZ 2011, 453; *Schlaich/Korioth*, Rz. 441; *Zuck*, Einl. BVerfGG Rz. 104; *Bartone* in Emmenegger/Wiedmann, S. 78). Daneben handelt es sich bei der verfassungskonformen Auslegung auch um eine Entscheidungsvariante des BVerfG zur Geltungserhaltung einer Norm. Lässt eine Norm mehrere Auslegungen zu, die teils zu einem verfassungswidrigen, teils zu einem verfassungsgemäßen Ergebnis führen, so ist die Norm verfassungsgemäß und muss verfassungskonform ausgelegt werden (z. B. BVerfG v. 28.05.1993, BVerfGE 88, 203; *Bartone* in Emmenegger/Wiedmann, S. 77 f.; *Schlaich/Korioth*, Rz. 442).

41 – Ähnlich wie bei der verfassungskonformen Auslegung geht es bei der **europarechtskonformen (unionsrechtskonformen) Auslegung** nationaler Vorschriften der EU-Mitgliedstaaten darum, eine Norm des nationalen Rechts systemkonform auszulegen und dadurch dem Anwendungsvorrang des Europarechts (s. § 2 AO Rz. 9; vgl. z. B. BFH, v. 17.12.2015, V R 45/14, BStBl II 2017, 658) Rechnung zu tragen. Einen Unterfall bildet die **richtlinienkonforme Auslegung** einer Norm, mit der ein EU-Mitgliedstaat eine Richtlinie (Art. 288 Abs. 3 AEUV) umsetzen will. Allerdings soll der richtlinienkonformen Auslegung im Hinblick auf Art. 288 Abs. 3 AEUV kein Vorrang vor den nationalen Auslegungskriterien zukommen (eingehend *Drüen* in Tipke/Kruse, § 4 AO Rz. 240 ff.). Zumindest ist aber das Ergebnis der Auslegung nach den nationalen Auslegungsmethoden mithilfe der richtlinienkonformen Auslegung zu überprüfen (*Drüen* in Tipke/Kruse, § 4 AO Rz. 246).

**Verfassungsrechtliche Bedeutung** hat die unionsrechtskonforme Auslegung, wenn in einem Verfassungsbeschwerdeverfahren vor dem BVerfG (Art. 93 Abs. 1 Nr. 4a GG i. V. m. §§ 13 Nr. 8a, 90 ff. BVerfGG) vom Beschwerdeführer geltend gemacht wird, das grundrechtsgleiche Recht auf den gesetzlichen Richter sei dadurch verletzt worden, dass ein Gericht die Einholung einer Vorabentscheidung des EuGH gem. Art. 267 AEUV unterlassen habe (z. B. BVerfG v. 11.01.2008, 2 BvR 1812/06, HFR 2008, 629; *Bartone*, AO-StB 2008, 227). Ergibt die unionsrechtskonforme Auslegung ein so offenkundiges Ergebnis, dass keinerlei Raum für vernünftige Zweifel bleibt, bedarf es keines Vorabentscheidungsersuchens (BVerfG v. 19.07.2011, 1 BvR 1916/09, BVerfGE 129, 78).

vorläufig frei 42

## II. Wirtschaftliche Betrachtungsweise

§ 4 RAO 1919 lautete: »Bei der Auslegung der Steuergesetze sind ihr Zweck, ihre wirtschaftliche Bedeutung und die Entwicklung der Verhältnisse zu berücksichtigen.« Diese Norm, die 1977 nicht in die AO übernommen wurde, ist Ausdruck der wirtschaftlichen Betrachtungsweise im Steuerrecht und entspricht sinngemäß auch heute noch dem herrschenden Methodenverständnis (*Osterloh*, JbdÖR, S. 152). Bei der Auslegung von Steuerrechtsnormen ist daher neben den oben genannten Auslegungsmethoden (s. Rz. 35 ff.) auch die **wirtschaftliche Betrachtungsweise** zugrunde zu legen. Diese ist in der AO selbst angelegt: So kommt die wirtschaftliche Betrachtungsweise z. B. in § 39 Abs. 2 Nr. 1 AO (wirtschaftliches Eigentum), § 40 AO (steuerliche Unbeachtlichkeit des Verstoßes gegen gesetzliche Gebote oder Verbote oder die guten Sitten) oder § 41 Abs. 1 Satz 1 AO (steuerliche Unerheblichkeit der Unwirksamkeit von Rechtsgeschäften; s. § 41 AO Rz. 5) und § 41 Abs. 2 Satz 2 AO (Maßgeblichkeit des tatsächlich wirtschaftlich Gewollten) zum Tragen. 43

Die Auslegung nach der wirtschaftlichen Betrachtungsweise berücksichtigt die wirtschaftliche Bedeutung von Steuerrechtsnormen und geht davon aus, dass sie in weitem Umfang an Tatbestände des Wirtschaftslebens anknüpfen. Die wirtschaftliche Betrachtungsweise beruht auf der mittlerweile selbstverständlichen Erkenntnis, dass gleiche Begriffe verschiedener Teilrechtsordnungen nicht notwendig gleich ausgelegt werden müssen. Vielmehr ist von einer eigenen, von der zivilrechtlich losgelösten steuerrechtlichen Begriffsbildung auszugehen (*Drüen* in Tipke/Kruse, § 4 AO Rz. 322; *Osterloh*, JbdÖR, S. 152). Insbes. ist es auch verfassungsrechtlich unter dem Gesichtspunkt der **Einheit der Rechtsordnung** nicht geboten, stets und ausschließlich steuerrechtliche Begriffe entsprechend ihrem bürgerlich-rechtlichen Gehalt aus- 44 zulegen (BVerfG v. 24.01.1962, 1 BvR 845/58, BVerfGE 13, 331; BVerfG v. 26.03.1969, 1 BvR 512/66, BVerfGE 25, 309; BVerfG v. 27.12.1991, 2 BVR 72/90, BStBl II 1992, 212; BVerfG v. 03.06.1992, 1 BvR 583/86, NJW 1993, 1189). Denn die Einheit der Rechtsordnung meint die widerspruchsfreie Einordnung von Normen in das Wertesystem des GG, nicht die Verwendung identischer Begriffe in den Teilrechtsordnungen (vgl. *Zippelius*, Kapitel III § 10, S. 40; s. Rz. 39). Zivilrecht und Steuerrecht sind nebengeordnete, gleichrangige Rechtsgebiete, die denselben Sachverhalt aus einer anderen Perspektive und unter anderen Wertungsgesichtspunkten beurteilen. Privatrechtssubjekte können zwar einen Sachverhalt vertraglich gestalten, nicht aber die steuerrechtlichen Folgen bestimmen, die das Steuergesetz an die vorgegebene Gestaltung knüpft. Insoweit gilt zwar eine Vorherigkeit (Präzedenz), aber **kein Vorrang** (Prävalenz) **des Zivilrechts** (BFH v. 20.01.1999, I R 69/97, BStBl II 1999, 514; BFH v. 06.03.2008, VI R 6/05, BStBl II 2008, 530).

**45** Diese wirtschaftliche Betrachtungsweise ist insbes. bei **Steuern vom Einkommen, Ertrag und Vermögen** für das Steuerrecht maßgeblich. Verkehrsteuern hingegen knüpfen in erster Linie an Vorgänge des rechtlichen und geschäftlichen Verkehrs und deren äußeres Erscheinungsbild an; teilweise legen sie auch Rechtsbegriffe zugrunde, die im Zivilrecht geprägt sind. Auch auf dem Gebiet der ErbSt ist Raum für eine wirtschaftliche Betrachtungsweise, obwohl die Tatbestände dieser Steuer weithin auf Vorgänge abstellen, die in erbrechtlichen Begriffen Ausdruck finden. Soweit es darauf ankommt, Umgehungen zu verhindern, prägen sowohl die Verkehrsteuergesetze als auch das ErbStG Ersatztatbestände, die auf das wirtschaftliche Ergebnis abstellen, das mit den üblichen Gestaltungen typischerweise verbunden ist. Bei der Feststellung, zwischen welchen Vertragspartnern sich ein Leistungsaustausch i.S. des UStG abspielt, herrscht entsprechend dem Verkehrsteuercharakter, den die USt in ihrer gesetzestechnischen Gestaltung aufweist, die rechtsförmliche Betrachtung vor; hingegen ist eine wirtschaftliche Betrachtungsweise nötig, soweit es sich um den Gegenstand und den Umfang des steuerbaren Leistungsaustauschs handelt. Die Zoll- und Verbrauchsteuergesetze, die überwiegend eigene Wirtschaftsbegriffe verwenden, erfordern grds. eine ihrem Wesen gemäße wirtschaftliche Betrachtungsweise, soweit die einzelne Rechtsnorm sich nicht ausdrücklich auf die technische Anknüpfung bezieht.

**46** Die **Grenzen der wirtschaftlichen Betrachtungsweise** werden durch die Grundprinzipien der Tatbestandsmäßigkeit und Gesetzmäßigkeit der Besteuerung (s. § 3 AO Rz. 14) gesteckt: Sie kann weder das Fehlen eines gesetzlichen Steuertatbestands oder Tatbestandsmerkmals ersetzen, noch vermag sie, einen Sachverhalt rein wirtschaftlich und ohne Rücksicht auf den gesetzlichen Tatbestand zu qualifizieren (*Drüen* in Tipke/Kruse, § 4 AO Rz. 334 m.w.N.).

vorläufig frei **47**

## III. Rechtsfortbildung und Analogie

Während die Auslegung von Steuerrechtsnormen das Ziel verfolgt, Inhalt und Sinn eines Gesetzes zu erschließen (s. Rz. 34), geht es bei der **Rechtsfortbildung** darum, über den möglichen Wortsinn einer Norm hinaus vorhandene Lücken des Gesetzes auszufüllen (*Drüen* in Tipke/Kruse, § 4 AO Rz. 344). Die lückenausfüllende Rechtsfortbildung gehört zu den Kernkompetenzen der FG (§ 11 Abs. 4 FGO und § 115 Abs. 2 FGO; z.B. BFH v. 25.11.1993, V R 64/89, BStBl II 1994, 212). Die Rechtsprechung ist gleichwohl nicht berufen, durch Rechtsfortbildung eine unzweckmäßige Regelung gegen den Willen des Gesetzgebers zu verändern (BFH v. 24.04.2002, I R 25/01, BStBl II 2002, 586). Die **Grenze der richterlichen Rechtsfortbildung** ist daher überschritten, wenn die einschlägigen gesetzlichen Regelungen nach ihrem auslegungsfähigen und auslegungsbedürftigen Wortlaut, ihrer Systematik und ihrem erkennbaren Sinn so ausgestaltet sind, dass die von der Rechtsprechung ausgesprochene Rechtsfolge hierzu in Widerspruch gerät; in einem solchen Fall kommt in Betracht, dass sich die Rechtsprechung in rechtsstaatswidriger Weise an die Stelle des Gesetzgebers setzt (BVerfG v. 22.12.1992, 1 BvR 1333/89, NJW 1993, 2734; BFH v. 25.11.1993, V R 64/89, BStBl II 1994, 212). **48**

Die Ausfüllung einer Gesetzeslücke kommt insbes. durch **Analogie** (argumentum a simile) in Betracht. Voraussetzung ist eine planwidrige Regelungslücke (s. Rz. 50), die unter Heranziehung einer vergleichbaren, analogiefähigen Norm geschlossen wird (s. Rz. 52 f.). **49**

Eine **Regelungslücke** liegt vor, wenn »eine Regelung gemessen an ihrem Zweck unvollständig, d.h. ergänzungsbedürftig ist und wenn ihre Ergänzung nicht einer vom Gesetzgeber beabsichtigten Beschränkung auf bestimmte Tatbestände widerspricht« (BFH v. 26.06.2002, IV R 39/01, BStBl II 2002, 697; BFH v. 31.03.2014, III B 147/13, BFH/NV 2014, 1035). Von einer Lücke kann jedoch nicht schon bei jeder rechtspolitisch verbesserungswürdigen Regelung ausgegangen werden (BFH v. 28.05.1993, VIII B 11/92, BStBl II 1993, 665 m.w.N.). Zur Abgrenzung Regelungslücke von rechtspolitischem Fehler BFH v. 12.10.1999, VIII R 21/97, BStBl II 2000, 220. Auch muss sich die Lücke nach allgemeinen Auslegungsgrundsätzen schließen lassen, was nicht zutrifft, wenn die Lücke dadurch entstanden ist, dass das Verfassungsgericht eine Steuerrechtsnorm für grundgesetzwidrig erklärt hat (BFH v. 31.07.1964, VI 117/61 U, BStBl III 1964, 459). **50**

51 Die Lücke ist **planwidrig**, wenn die Nichtregelung eines bestimmten Sachverhaltes auf einem Versehen des Gesetzgebers beruht und angenommen werden kann, dass der Gesetzgeber den Fall, wäre er sich seiner bewusst gewesen, geregelt hätte (BFH v. 26.06.2002, IV R 39/01, BStBl II 2002, 697; BFH v. 26.01.2006, V R 70/03, BStBl II 2006, 387). Demgegenüber können rechtspolitische Unvollständigkeiten, d.h. Lücken, die nicht dem Gesetzesplan widersprechen, sondern lediglich vom Rechtsanwender als rechtspolitisch unerwünscht empfunden werden, entsprechend dem Prinzip der Gewaltenteilung (Art. 20 Abs. 2 Satz 2 GG) nicht von den Gerichten geschlossen werden. Sie zu schließen bleibt ausschließliche Aufgabe des Gesetzgebers (BFH v. 31.03.2014, III B 147/13, BFH/NV 2014, 1035).

52 Der geregelte Fall und der ungeregelte Fall müssen **vergleichbar** sein. Dies ist anzunehmen, wenn der Plan der gesetzlichen Regel auf den nicht geregelten Fall erstreckt werden kann (BFH v. 09.10.1996, XI R 35/96, BStBl II 1997, 124).

53 Die herangezogene Norm muss analogiefähig sein, d.h., die Schließung der Regelungslücke durch eine Analogie muss **prinzipiell zulässig** sein. Nach hier vertretener Auffassung kommt jedenfalls eine **Analogie zulasten des Stpfl.** (steuerverschärfende oder steuerbegründende Analogie) wegen der Grundrechtsrelevanz der Steuererhebung und der damit einhergehenden Determinierung des Steuerrechts durch das förmliche Gesetz (Gesetzmäßigkeit und Tatbestandsmäßigkeit der Besteuerung; s. § 3 AO Rz. 16) **ausgeschlossen**. Denn ein belastender Verwaltungsakt und der dadurch bewirkte hoheitliche Eingriff in die Grundrechte – wie ihn der Steuerzugriff darstellt – bedürfen einer ausdrücklichen gesetzlichen Grundlage (z.B. BVerfG v. 14.08.1996, 2 BvR 2088/93, NJW 1996, 3146; zutr. *R. Wendt* in FS Wadle, S. 1222; *Wernsmann* in HHSp, § 4 AO Rz. 694; *Drüen* in Tipke/Kruse, § 4 AO Rz. 361 f. mit anderem Begründungsansatz). Dies wird durch die analoge Anwendung einer Steuernorm gerade nicht gewährleistet. Die Gegenauffassung (insbes. *Tipke*, StRO, Bd. I, 202, 223 ff.; BFH v. 14.02.2007, II R 66/05, BStBl II 2007, 621 zur »zweischneidigen Analogie«) ist daher abzulehnen (*Drüen* in Tipke/Kruse, § 4 AO Rz. 360 mit zahlreichen Nachweisen auch der Gegenauffassung).

Demgegenüber ist eine Rechtsfortbildung durch Analogie **zugunsten der Stpfl.** uneingeschränkt **zulässig** (BFH v. 12.10.1999, VIII R 21/97, BStBl II 2000, 220 m.w.N.; *Drüen* in Tipke/Kruse, § 4 AO Rz. 363).

54–55 vorläufig frei

## E. Treu und Glauben

### Schrifttum

Wassermeyer, Vertrauensschutz im Steuerrecht, INF 1984, 69; Carl, Die Verwirkung im Abgabenrecht, DStZ 1988, 529; Thiel, Vertrauensschutz im Besteuerungsverfahren, DB 1988, 1343; von Groll, Treu und Glauben im Steuerrecht, FR 1995, 814; Tiedtke/Wälzhoff, Vertrauensschutz im Steuerrecht, DStZ 1998, 819; Spindler, Vertrauensschutz im Steuerrecht, DStR 2001, 725; Balmes/Kotyrba, Die Bindung des Beraters an Treu und Glauben, AO-StB 2003, 234; Klass, Vertrauensschutz im Steuerrecht außerhalb von verbindlicher Auskunft und verbindlicher Zusage, DB 2010, 2464; Müller, Treu und Glauben contra Änderungsrecht, AO-StB 2013, 114; von Wedelstädt, Abschnittsbesteuerung, AO-StB 2013, 219.

## I. Allgemeines

Im Steuerrecht ist der Grundsatz von Treu und Glauben nicht allgemein geregelt. Gleichwohl ist anerkannt, dass der in §§ 242, 157 BGB geregelte Grundsatz von Treu und Glauben, weil auf allgemeinen Rechtsgedanken beruhend, auch **im Steuerrecht gilt**, und zwar **sowohl für den Stpfl. wie für die Finanzbehörde** (u.a. BFH v. 05.11.2009, IV R 40/07, BStBl II 2010, 720; BFH v. 23.02.2010, VII R 19/09, BStBl II 2010, 729, jeweils m.w.N.). Er gebietet es innerhalb eines bestehenden Steuerrechtsverhältnisses, dass jeder auf die berechtigten Belange des anderen Teils angemessen Rücksicht nimmt und sich mit seinem eigenen früheren (nachhaltigen) Verhalten, auf das der andere vertraut und aufgrund dessen er unwiderrufbar disponiert oder Dispositionen unterlassen hat, nicht in Widerspruch setzt (Prinzip des »venire contra factum proprium«; u.a. BFH v. 15.05.2013, VIII R 18/10, BStBl II 2013, 669; BFH v. 19.12.2013, V R 5/12, BFH/NV 2014, 1122 m.w.N.). Er ist allgemeiner Rechtsgrundsatz, er ergänzt das betroffene gesetzte Recht und steht im Rang auf dessen Stufe (*Koenig* in Koenig, § 4 AO Rz. 25 m.w.N.). Er **richtet sich** nicht an den Staat als Ganzes, sondern **an seine einzelnen Repräsentanten**, nicht an die Stpfl. in ihrer Gesamtheit, sondern **an den einzelnen Stpfl.** (BFH v. 09.08.1989, I R 181/85, BStBl II 1989, 990; *Drüen* in Tipke/Kruse, § 4 AO Rz. 132) und seinen Bevollmächtigten (*Balmes/Kotyrba*, AO-StB 2003, 234). 56

Vom Grundsatz von Treu und Glauben ist der aus dem Rechtsstaatprinzip des Art. 20 Abs. 3 GG hergeleitete **Vertrauensschutzgedanke** zu unterscheiden, der Schutz allein für den Bürger gegenüber möglichen staatlichen Eingriffen gewährt und kein konkretes Steuerrechtsverhältnis voraussetzt (*Seer* in Tipke/Lang, § 21 Rz. 12 f.; auch *Spindler*, DStR 2001, 725). Übergangsregelungen bei Rechtsprechungsänderungen zuungunsten der Steuerbürger sind Auswirkungen des Vertrauensschutzes (s. Rz. 68). 57

58 Der Grundsatz von Treu und Glauben **bringt keine Steueransprüche und Steuerschulden zum Entstehen oder zum Erlöschen** (s. Rz. 70), er kann allenfalls verhindern, dass eine Forderung oder ein Recht geltend gemacht werden kann (s. Rz. 71). Nach dem Grundsatz der **Abschnittsbesteuerung** hat das FA in jedem Veranlagungszeitraum die einschlägigen Besteuerungsgrundlagen auch gleichgelagerter Sachverhalte ohne Bindung an frühere Besteuerungsperioden erneut zu prüfen und rechtlich zu würdigen und eine als falsch erkannte Rechtsauffassung zum frühestmöglichen Zeitpunkt aufzugeben (BFH v. 14.10.2009, X R 37/07, BFH/NV 2010, 406 m.w.N.; ausführlich AEAO zu § 85, Nr. 2). Der Grundsatz von Treu und Glauben steht dem nicht entgegen (*von Wedelstädt*, AO-StB 2013, 219 m.w.N.).

59 Ein wesentlicher Anwendungsbereich des Grundsatzes von Treu und Glauben ist die **Auslegung von finanzbehördlichen Verwaltungsakten.** Ob eine als Verwaltungsakt i.S. von § 118 Satz 1 AO zu qualifizierende Regelung vorliegt und welchen Regelungsinhalt ein Verwaltungsakt hat, ist über den bloßen Wortlaut hinaus im Wege der Auslegung zu ermitteln. Die §§ 133, 157 BGB enthalten auch für öffentlich-rechtliche Willensbekundungen geltende Auslegungsregeln. Entscheidend ist danach, wie der Betroffene nach den ihm bekannten Umständen – nach seinem »objektiven Verständnishorizont« – den materiellen Gehalt der Erklärung unter Berücksichtigung von Treu und Glauben verstehen konnte. Es kommt nicht darauf an, was die Finanzbehörde mit ihrer Erklärung gewollt hat (st. Rspr., z.B. BFH v. 11.07.2006, VIII R 10/05, BStBl II 2007, 96; BFH v. 12.02.2014, II R 46/12, BFH/NV 2014, 979). Der Grundsatz von Treu und Glauben findet außerdem bei tatsächlichen Verständigungen Anwendung: Der BFH leitet die **Bindungswirkung einer tatsächlichen Verständigung** aus dem Grundsatz von Treu und Glauben ab (BFH v. 12.06.2017, III B 144/16, BStBl II 2017, 1165 m.w.N.; im Einzelnen s. Vor §§ 204–207 AO Rz. 15 ff., Rz. 29).

## II. Vertrauenstatbestand

60 Der Grundsatz von Treu und Glauben kann gesetztes Recht nur dann verdrängen, wenn das **Vertrauen** des einen Beteiligten in ein bestimmtes Verhalten des anderen Beteiligten nach allgemeinem Rechtsgefühl in einem so hohen Maß **schutzwürdig** ist, dass demgegenüber die Grundsätze der Gesetzmäßigkeit der Verwaltung zurücktreten müssen (st. Rspr., z.B. BFH v. 09.11.2006, V R 43/04, BStBl II 2007, 344 m.w.N.; BFH v. 06.07.2016, X R 57/13, BStBl II 2017, 334). Dies kommt nur dann in Betracht, wenn dem Stpfl. eine bestimmte steuerrechtliche Behandlung zugesagt worden ist oder wenn die Finanzbehörde durch ihr früheres Verhalten außerhalb einer Zusage einen Vertrauenstatbestand geschaffen hat (BFH v. 30.03.2011, XI R 30/09, BStBl II 2011, 613 m.w.N.). Hat das FA dem Stpfl. z.B. eine Frist gesetzt, muss es diese beachten (BFH v. 15.05.2013, VIII R 18/10, BStBl II 2013, 669).

Nach dem Grundsatz von Treu und Glauben kann auch nicht verlangt werden, was nachher wieder herausgegeben werden muss – dolo agit qui petit quod statim redditurus est (BFH v. 19.10.1982, VII R 64/80, BStBl II 1983, 541; *Neumann* in Gosch, § 4 AO Rz. 56). 61

Der Grundsatz von Treu und Glauben setzt zunächst voraus, **dass zwischen der Finanzbehörde und dem Stpfl. ein konkretes Steuerrechtsverhältnis** besteht, das Grundlage für die Vertrauenssituation ist, die für die Anwendung des Grundsatzes von Treu und Glauben maßgebend ist (BFH v. 26.01.1994, X R 57/89, BStBl 1994, 597; *Neumann* in Gosch, § 4 AO Rz. 61). Nur die Beteiligten dieses Verhältnisses sind durch den Grundsatz von Treu und Glauben gebunden, **Dritte** können sich nicht darauf berufen (BFH v. 05.05.1993, X R 111/91, BStBl II 1993, 817). So entfaltet ein vertrauensbildendes Verhalten zwischen dem Vater und dem FA auch nach Übergabe des Betriebs keine Wirkung zwischen Sohn und FA (BFH v. 13.09.1988, V R 155/84, BFH/NV 1989, 430). Die erforderliche Identität zwischen den Beteiligten besteht nicht zwischen einer GmbH, für die eine auch als Einzelunternehmer tätige Person als Geschäftsführer gehandelt hat, und dieser Person als Stpfl. (BFH v. 08.02.1996, V R 54/94, BFH/NV 1996, 734). Nach Abschluss des Besteuerungsverfahrens besteht ein Steuerrechtsverhältnis zwischen FA und Stpfl. nicht mehr. Ein solches besteht auch nicht, wenn das FA noch überprüft, ob ein Besteuerungsverfahren einzuleiten ist (BFH v. 23.02.2010, VII R 19/09, BStBl II 2010, 729). 62

Der Vertrauenstatbestand setzt ferner ein **bestimmtes Verhalten** des einen Teils voraus, aufgrund dessen der andere bei objektiver Beurteilung annehmen kann, jener werde an seiner Position oder seinem Verhalten konsequent und auf Dauer festhalten (BFH v. 26.04.1995, XI R 81/93, BStBl II 1995, 754). Dies gilt sowohl zugunsten des Stpfl. als auch zugunsten der Finanzbehörde (*Neumann* in Gosch, § 4 AO Rz. 66; *von Groll*, FR 1995, 814). Dabei müssen sich beide Seiten grds. das Verhalten von in das Steuerrechtsverhältnis eingeschalteten Erfüllungsgehilfen zurechnen lassen (BFH v. 07.11.1990, X R 143/88, BStBl II 1991, 325). Das Verhalten muss so nachhaltig sein, dass der andere daraus Schlüsse ziehen konnte und durfte. **Nachhaltigkeit des Verhaltens** liegt vor, wenn es sich über einen längeren Zeitraum hin erstreckt. Es kann aber auch in jeder nachdrücklichen Willensäußerung der Verwaltung (z.B. einer Zusage oder früherem Verhalten) liegen, die beim Stpfl. ein berechtigtes Vertrauen auf ein gleichbleibendes Verhalten der Verwaltung begründet (BFH v. 09.11.2006, V R 43/04, BStBl II 2007, 344 m.w.N.; *Seer* in Tipke/Kruse, § 4 AO Rz. 144). 63

64 Zur Bindungswirkung einer **unverbindlichen Auskunft** der Finanzbehörde nach Treu und Glauben s. BFH v. 30.03.2011, XI R 30/09, BStBl II 2011, 613. Ein Stpfl. verstößt nicht gegen den Grundsatz von Treu und Glauben, wenn er, nachdem er in einem Rechtsstreit ein Urteil des Inhalts erstritten hatte, dass ein Vorgang nicht dem streitbefangenen, sondern einem anderen Besteuerungszeitraum zuzuordnen sei, sich in der Folge der Berücksichtigung in dem anderen Besteuerungszeitraum widersetzt mit der Begründung, nach Änderung der Rspr. sei der Vorgang richtigerweise doch in jenem Besteuerungszeitraum zu berücksichtigen, weil die Ursache für das Verhalten des Stpfl. nicht in einem widersprüchlichen und damit treuwidrigen Verhalten, sondern in der Klarstellung der Rechtslage durch ein BFH-Urteil begründet ist (BFH v. 16.04.1997, XI R 66/96, BFH/NV 1997, 738). Dagegen ist das der Fall, wenn ein Stpfl. nach einer Rechtsprechungsänderung die Änderung eines Steuerbescheides erreicht, der konsequenten Änderung eines anderen Steuerbescheids nach § 174 Abs. 4 AO unter Berufung auf § 176 Abs. 1 Nr. 3 AO aber widerspricht (BFH v. 08.02.1995, I R 127/93, BStBl II 1995, 764; AEAO zu § 176, Nr. 4).

65 Die äußere Form des Verhaltens ist gleichgültig, jedes positive Tun – schriftlich wie mündlich – kann geeignet sein, wie z. B. ein Verhalten der Finanzbehörde, das dazu führt, dass der Stpfl. davon absieht, einen Rechtsbehelf einzulegen (s. Rz. 60). Werden Erklärungen oder Handlungen erwartet, kann auch deren Unterlassen einen Vertrauenstatbestand begründen (s. *Drüen* in Tipke/Kruse, § 4 AO Rz. 142); hier kommt es aber in besonderer Weise darauf an, festzustellen, ob aus dem **Schweigen** auf ein nachhaltiges Verhalten geschlossen werden kann. Schweigen und Untätigkeit des FA (»Verwaltungsunterlassen«) für sich allein begründen keinen schutzwürdigen Vertrauenstatbestand (BFH v. 13.12.1978, I R 77/76, BStBl II 1979, 481; BFH v. 17.04.2013, X R 6/11, BFH/NV 2013, 1537 m. w. N.).

66 Grundsätzlich nicht geschützt ist das Vertrauen des Stpfl. auf eine für ihn günstige Rechtsprechung oder Verwaltungspraxis, weil es insoweit an einem konkreten Rechtsverhältnis zwischen dem Stpfl. und der Finanzbehörde fehlt (*Neumann* in Gosch, § 4 AO Rz. 61; *Drüen* in Tipke/Kruse, § 4 AO Rz. 136). In Fällen der Änderung von Steuerbescheiden kann hier im Einzelnen die Vorschrift des § 176 AO greifen. Bei **rückwirkenden Änderungen der Rechtsprechung** kann im Einzelfall durch die Finanzverwaltung dadurch Vertrauensschutz (s. Rz. 48) gewährt werden, dass gestützt auf § 163 AO Übergangsregelungen durch Verwaltungserlass erfolgen. Keinen Vertrauenstatbestand begründen eine durch die Rspr. noch nicht geklärte Rechtslage oder eine rechtswidrige Verwaltungspraxis (für beides BFH v. 17.04.2013, X R 6/11, BFH/NV 2013, 1537 jeweils m. w. N.; BFH v. 23.10.2013, X R 33/10, BStBl II 2014, 103).

Auf den Grundsatz von Treu und Glauben **kann sich nur berufen, wer seinerseits nicht treuwidrig handelt** (BFH v. 07.11.1990, X R 203/87, BStBl II 1991, 547; *Neumann* in Gosch, § 4 AO Rz. 66 m. w. N.; *Wassermeyer*, INF 1984, 69, 74). So kann sich der Stpfl. nicht einer Änderung nach § 173 Abs. 1 Nr. 1 AO unter Berufung auf Ermittlungspflichtverletzungen des FA widersetzen, wenn er seinerseits seinen Mitwirkungspflichten nicht oder unzureichend nachgekommen ist (st. Rspr., u. a. BFH v. 14.12.1994, XI R 80/92, BStBl II 1995, 293, 295; BFH v. 26.02.2003, IX B 221/02, BFH/NV 2003, 1029; *von Wedelstädt* in Gosch, § 173 AO Rz. 74 ff. m. w. N.). Andererseits ist der Stpfl. nicht verpflichtet, das FA auf etwaige Fehler hinzuweisen. Da es **nicht** Aufgabe und Zweck der allgemeinen Grundsätze von Treu und Glauben ist, eine **unvorteilhafte Verfahrensbehandlung der Finanzbehörde aufzufangen** (BFH v. 05.11.2009, IV R 40/07, BStBl II 2010, 720), ist es dem FA verwehrt, die verfahrensfehlerhafte Änderung eines Steuerbescheids auf Treu und Glauben zu stützen (BFH v. 19.12.2013, V R 5/12, BFH/NV 2014, 1122). Dementsprechend kann die bloße Untätigkeit des FA nach Ergehen eines Grundlagenbescheids keine Verpflichtung nach Treu und Glauben begründen, eine Steuerfestsetzung trotz Eintritts der Festsetzungsverjährung abzuändern (BFH v. 27.11.2013, II R 57/11, BFH/NV 2014, 474; BFH v. 27.11.2013, II R 58/11, BFH/NV 2014, 662). 67

## III. Vertrauensfolge

Das Verhalten des einen Teils muss für das Verhalten des anderen Teils dergestalt ursächlich sein, dass er im Vertrauen auf dieses Verhalten (Vertrauensbildung) **wirtschaftliche Dispositionen** vorgenommen hat (Vertrauensbetätigung), die sich nicht mehr rückgängig machen lassen oder deren Rückgängigmachung nicht zuzumuten ist (h. M., u. a. *Drüen* in Tipke/Kruse, § 4 AO Rz. 160 m. w. N.; *Neumann* in Gosch, § 4 AO Rz. 63 f.). Die wirtschaftlichen Dispositionen brauchen nicht »geschäftlicher« oder »vermögensrechtlicher« Art zu sein (BFH v. 29.10.1987, X R 1/80, BStBl II 1988, 121). Die Disposition muss **vor Verwirklichung des steuerlichen Tatbestands** getroffen worden sein (BFH v. 10.04.1991, XI R 25/89, BFH/NV 1991, 720 m. w. N.). 68

Keine Disposition in diesem Sinne liegt jedoch vor, wenn der Stpfl. infolge des Verhaltens der Finanzbehörde glaubt, keine Steuern zahlen zu müssen, und das Geld ausgibt (BFH v. 10.04.1991, XI R 25/89, BFH/NV 1991, 720). 69

## IV. Rechtsfolgen

70 Treu und Glauben, die ein bestehendes Steuerrechtsverhältnis voraussetzen, können ein solches nicht begründen. **Der Grundsatz von Treu und Glauben bewirkt nicht**, dass **Rechte und Pflichten** der durch ihn Gebundenen **begründet** werden, **Steueransprüche entstehen oder erlöschen** (h.M., u.a. BFH v. 30.07.1997, I R 7/97, BStBl II 1998, 33; BFH v. 06.07.2016, X R 57/13, BStBl II 2017, 334; *Drüen* in Tipke/Kruse, § 4 AO Rz. 164 m.w.N.).

71 Der Grundsatz von Treu und Glauben wirkt vielmehr **rechtsbegrenzend** (BFH v. 30.07.1997, I R 7/97, BStBl II 1998, 33). Er kann lediglich ein **konkretes** Steuerrechtsverhältnis modifizieren und verhindern, dass eine Forderung oder ein Recht geltend gemacht werden kann, das FA also auch hindern, einen nach dem Gesetz entstandenen Steueranspruch geltend zu machen (u.a. BFH v. 19.08.1999, III R 57/98, BStBl II 2000, 330; *Drüen* in Tipke/Kruse, § 4 AO Rz. 128 m.w.N.). Dies kann der Stpfl. (bereits) gegenüber einer Steuerfestsetzung geltend machen; eines gesonderten Billigkeitsverfahrens bedarf es dazu nicht (BFH v. 30.03.2011, XI R 30/09, BStBl II 2011, 613 m.w.N.).

72 Der Grundsatz von Treu und Glauben findet auch im **Verfahrens- und Prozessrecht** Anwendung (dazu u.a. *von Groll*, FR 1995, 814, 817). So verliert ein Stpfl. die Befugnis, aus der Nichtigkeit eines Steuerverwaltungsakts abgeleitete Rechte geltend zu machen, wenn der Mangel von ihm verursacht wurde und er ihn jahrelang hingenommen hat (BFH v. 17.06.1992, X R 47/88, BStBl II 1993, 174; BFH v. 23.02.1995, VII R 51/94, BFH/NV 1995, 862); dies gilt auch für die Finanzbehörde (FG Köln v. 22.09.1994, 4 K 5642/90, EFG 1995, 240). – Hat das FA den Stpfl. durch sein Verhalten im Folgebescheidsverfahren davon abgehalten, Sonderbetriebsausgaben im Grundlagenbescheidsverfahren geltend zu machen, kann dem FA verwehrt sein, den Folgebescheid an den Grundlagenbescheid anzupassen (BFH v. 19.01.1989, IV R 2/87, BStBl II 1989, 393). Das FA darf sich nicht auf den Ablauf der Rechtsbehelfs- oder der Festsetzungsfrist berufen, wenn es den Stpfl. durch sein Verhalten davon abgehalten hat, einen Rechtsbehelf einzulegen (BFH v. 23.11.2006, V R 67/05, BStBl II 2007, 436 zur sog. Emmott'schen Fristenhemmung; auch BFH v. 14.09.1999, III R 78/97, BStBl II 2000, 37 und die Entscheidungsfälle zu § 173 AO in Rz. 67). Da sich die Frage, ob und in welchem Umfang sich ein Stpfl. gegenüber der Finanzbehörde auf den Grundsatz von Treu und Glauben berufen kann, richtet sich nach den tatsächlichen Umständen des jeweiligen Einzelfalls, sodass die Beurteilung nicht über den konkreten Fall hinausreicht; eine NZB (§ 116 Abs. 1 FGO) kann insoweit mithin nicht auf § 115 Abs. 2 Nr. 1 FGO (grundsätzliche Bedeutung) gestützt werden (BFH v. 09.10.2013, X B 239/12, BFH/NV 2014, 65). Dem FA ist es auch verwehrt, nach übereinstimmender Hauptsachenerledigungserklärung infolge der Aufhebung des angefochtenen Verwaltungsakts einen neuen, inhaltsgleichen Verwaltungsakt zu erlassen (BFH v. 06.07.2016, X R 57/13, BStBl II 2017, 334).

Eine Rechtsanwendung, die Treu und Glauben zuwiderläuft, ist rechtswidrig (BFH v. 02.12.1959, VII 95/58 U, BStBl III 1960, 127). 73

Die Bindung nach dem Grundsatz von Treu und Glauben findet ihre **Beschränkung** im Prinzip der **Abschnittsbesteuerung**, d.h., auch gleichgelagerte Sachverhalte unterliegen in jedem Veranlagungszeitraum einer erneuten Prüfung und rechtlichen Beurteilung (u.a. BFH v. 15.03.2000, X R 56/97, BStBl II 2000, 419 m.w.N.; BFH v. 11.06.2002, IX R 79/97, BStBl II 2003, 578), sodass sich der Stpfl. nicht auf eine bestimmte steuerrechtliche Beurteilung des Sachverhalts in einem früheren Veranlagungszeitraum berufen kann. Eine als falsch erkannte Rechtsauffassung muss zum frühestmöglichen Zeitpunkt aufgegeben werden, auch wenn der Stpfl. auf diese Rechtsauffassung vertraut haben sollte und wenn er im Vertrauen darauf disponiert hat. Etwas anderes gilt nur, wenn der zuständige Amtsträger eine bestimmte Behandlung zugesagt oder die Finanzbehörde durch ihr früheres Verhalten außerhalb einer Zusage einen Vertrauenstatbestand geschaffen hat (st. Rspr., u.a. BFH v. 30.03.2011, XI R 30/09, BStBl II 2011, 613 m.w.N.). 74

Die Berufung auf den Grundsatz von Treu und Glauben ist **ausgeschlossen** bei Steuerbescheiden, die unter dem **Vorbehalt der Nachprüfung** (§ 164 Abs. 1 AO) stehen, denn gerade dadurch wird signalisiert, dass die Sach- und Rechtslage noch nicht abschließend geprüft wurde und eine Prüfung noch aussteht und damit das Entstehen eines für die Bindung an Treu und Glauben notwendigen Vertrauenstatbestands verhindert; eine Ausnahme gilt nur dann, wenn das FA eine bindende Zusage erteilt oder durch sein früheres Verhalten außerhalb einer Zusage einen Vertrauenstatbestand geschaffen hat (u.a. BFH v. 09.11.2006, V R 43/04, BStBl II 2007, 344 m.w.N.; s. § 164 AO Rz. 21). 75

## F. Verwirkung

**Schrifttum**

Eich, Die Verwirkung im Steuerrechtsverhältnis, AO-StB 2006, 48.

Die Verwirkung ist ein **Anwendungsfall des Grundsatzes von Treu und Glauben** und des Verbots widersprüchlichen Tuns und greift ein, wenn ein Anspruchsberechtigter durch sein Verhalten beim Verpflichteten einen Ver- 76 trauenstatbestand dergestalt geschaffen hat, dass nach Ablauf einer gewissen Zeit die Geltendmachung des Anspruchs wegen Hinzutretens besonderer Umstände als illoyale Rechtsausübung empfunden werden muss; es handelt sich dann um einen **Verstoß gegen Treu und Glauben**.

77 Gegenstand der Verwirkung können sowohl materielle Ansprüche aus dem Steuerschuldverhältnis wie der Steueranspruch, der Steuervergütungsanspruch oder der Haftungsanspruch, als auch Verfahrensrechte sein wie die Umsetzung eines Grundlagenbescheids oder die Befugnis, Einspruch einzulegen (*Eich*, AO-StB 2006, 48).

78 Ein **bloßes Untätigbleiben einer Finanzbehörde** reicht **i.d.R. nicht** aus, um einen Steueranspruch als verwirkt anzusehen (BFH v. 14.10.2003, VIII R 56/01, BStBl II 2004, 123 m.w.N.; BFH v. 18.03.2014, VII R 12/13, BFH/NV 2014, 1093); denn die zeitliche Grenze für die Festsetzung eines Steueranspruchs hat der Gesetzgeber in den Vorschriften über die Verjährung und die Ausschlussfrist festgelegt. Außerdem ist zu berücksichtigen, dass der Stpfl. sich mit Rechtsbehelfen gegen eine Untätigkeit der Finanzbehörde zur Wehr setzen kann (Untätigkeitseinspruch gem. § 347 Abs. 1 Satz 2 AO, s. § 347 AO Rz. 27 ff.; Untätigkeitsklage gem. § 46 FGO, s. § 46 FGO Rz. 1 ff.).

79 Deshalb hat die Rechtsprechung eine Verwirkung des Steueranspruchs z.B. in folgenden Fällen abgelehnt:

- Nichtbearbeitung eines Einspruchs über die Dauer von 9 Jahren (BFH v. 08.10.1986, II R 167/84, BStBl II 1987, 12; BFH v. 01.07.2003, II B 84/02, BFH/NV 2003, 1534; vgl. auch BFH v. 27.04.2016, X R 1/15, BStBl II 2016, 840);
- Nichtauswertung von Mitteilungen über gesondert festgestellte Besteuerungsgrundlagen im Folgebescheid über 7 Jahre (BFH v. 24.06.1988, III R 177/85, BFH/NV 1989, 351);
- Auswertung der Prüfungsfeststellungen einer Außenprüfung durch geänderte Steuerfestsetzungen nach 6 Jahren (BFH v. 19.12.1979, I R 23/79 BStBl II 1980, 368), nach 7 Jahren (BFH v. 29.07.1981, I R 62/77, BStBl II 1982, 107), nach 8 Jahren (BFH v. 03.05.1979, I R 49/78, BStBl II 1979, 738); § 171 Abs. 4 Satz 3 AO begrenzt heute die Auswertung von Prüfungsfeststellungen in zeitlicher Hinsicht.

In diesen Fällen muss zur Verwirkung ein Verhalten der Finanzbehörde hinzukommen, nach dem der Stpfl. darauf vertrauen durfte, dass er mit einer Steuerforderung nicht mehr zu rechnen braucht.

80 Die Verwirkung beruht also auf einem **Zeitmoment** – zeitweiliges Nichtstun des Anspruchsberechtigten – und auf einem **Umstandsmoment**, dem bestimmten Verhalten des Berechtigten, aus dem heraus der Verpflichtete bei objektiver Beurteilung darauf vertrauen durfte, nicht mehr in Anspruch genommen zu werden (BFH v. 14.10.2003, VIII R 56/01, BStBl II 2004, 123 m.w.N.; BFH v. 21.02.2017, VIII R 45/13, BStBl II 2018, 4). Das verlangt die **Kenntnis** des Berechtigten von seinem Recht und die **Möglichkeit**, sein Recht **auszuüben**. Das Zeitmoment ist i.d.R. von untergeordneter Bedeutung, entscheidend ist das Umstandsmoment, wobei neben dem Verhalten des Berechtigten auch das Verhalten des Verpflichteten von Bedeutung ist (BFH v. 14.09.1978, IV R 89/74, BStBl II 1979, 121).

Zu diesem Vertrauenstatbestand muss hinzukommen, dass der Verpflichtete tatsächlich auf die Nichtgeltendmachung des Anspruchs vertraut und sich z.B. durch Dispositionen darauf eingerichtet hat, dass ihm die Erfüllung des Anspruchs schlechthin nicht mehr zugemutet werden kann (**Vertrauensfolge**; u.a. BFH v. 14.10.2003, VIII R 56/01, BStBl II 2004, 123 m.w.N.). 81

Als **Rechtsfolge** hindert die Verwirkung die Ausübung eines Rechts oder einer Befugnis, führt aber nicht zum Erlöschen des Anspruchs oder Rechts. 82

# § 5 AO Ermessen

**Ist die Finanzbehörde ermächtigt, nach ihrem Ermessen zu handeln, hat sie ihr Ermessen entsprechend dem Zweck der Ermächtigung auszuüben und die gesetzlichen Grenzen des Ermessens einzuhalten.**

### Inhaltsübersicht

**Schrifttum**


Alexy, Ermessensfehler, JZ 1996, 701; Hain/Schette/Schmitz, Ermessen und Ermessensreduktion, AöR 122 (1997), 32; Bartone, Gesellschafterfremdfinanzierung – Die Frage der Vereinbarkeit des § 8a KStG mit Verfassungs-, Europa- und Völkerrecht, Bielefeld 2001 (Diss. Saarbrücken, 2000); Gersch, Überprüfung von Ermessensentscheidungen, AO-StB 2001, 76; Stoll, Ermessen im Steuerrecht, Wien 2001; Niemann, Ermessen, unbestimmter Rechtsbegriff und Beurteilungsspielraum bei der Abschlussprüfung, DStR 2004, 52; Müller, Anfechtung von Ermessensentscheidungen, AO-StB 2006, 184; Gersch, Ermessen im Steuerrecht, AO-StB 2007, 329; Bartone, Gedanken zu den Grundsätzen der Normenklarheit und der Normenbestimmtheit als Ausprägungen des Rechtsstaatsprinzips, in: Rensen/Brink (Hrsg.). Linien der Rechtsprechung des Bundesverfassungsgerichts – erörtert von den wissenschaftlichen Mitarbeitern, Band I, Berlin 2008, S. 305 ff.; Kohlhaas, Vollständiger Erlass von Säumniszuschlägen bei erfolgreichem Rechtsbehelfsverfahren, DStR 2010, 2387; Maurer, Allgemeines Verwaltungsrecht, 19. Aufl., München 2017.


## A. Bedeutung der Vorschrift und verfassungsmäßige Zulässigkeit von Ermessensvorschriften

1 § 5 AO definiert nicht das Ermessen, sondern regelt die Anwendung des Ermessens für sämtliche Ermessensvorschriften (BFH v. 26.06.2007, VII R 35/06, BStBl II 2007, 742). Die Vorschrift setzt eine Ermächtigungsgrundlage voraus und bietet nur den Rahmen und die Grenzen der Ermessensausübung (wie § 40 VwVfG). Der Anwendungsbereich der Vorschrift erfasst hauptsächlich Steuerverwaltungsakte i. S. des § 118 AO und hat gerade für die Abwehrberatung eine große praktische Relevanz.

2 Verfassungsmäßige Bedenken gegen die Zulässigkeit von Ermessensermächtigungen sind nicht begründet. Zum einen beschränken der Grundsatz der Gesetzmäßigkeit der Verwaltung (Art. 20 Abs. 3 GG) und das Prinzip der Gewaltenteilung (Art. 20 Abs. 2 Satz 2 GG) die Exekutive jedenfalls im Bereich der Eingriffsverwaltung auf die Ausführung der Gesetze. Diese Prinzipien gebieten eine inhaltliche Normierung der Tätigkeit der Verwaltung durch Gesetz (BVerfG v. 14.07.1998, 1 BvR 1640/97, BVerfGE 98, 218). Besonders bei belastenden Vorschriften verlangt das Rechtsstaatsprinzip (Art. 20 Abs. 3 GG) Bestimmtheit (s. Rz. 9, auch s. § 4 AO Rz. 9). Diesem Erfordernis ist aber auch bei Steuerrechtsnormen genügt, wenn der Gesetzgeber die wesentlichen Bestimmungen mit hinreichender Genauigkeit trifft. Er braucht nicht jede einzelne Frage zu entscheiden und ist hierzu angesichts der Kompliziertheit der zu erfassenden Vorgänge gar nicht in der Lage (BVerfG v. 08.08.1978, 2 BvL 8/77, BVerfGE 49, 89, 145; vgl. *Bartone* in Rensen/Brink, S. 305 ff.; s. Rz. 9). Zum anderen steht auch der **Gleichheitssatz** der gesetzlichen Einräumung von Ermessen nicht entgegen, soweit dies der **Einzelfallgerechtigkeit** dient (*Wernsmann* in HHSp, § 5 AO Rz. 36). Steuergesetze gewähren die Entscheidungsspielräume aus Gründen der Flexibilität, das Ermessen ist dabei auf den Einzelfall ausgerichtet, wie dies z. B. im Haftungsrecht (§ 191 Abs. 1 Satz 1 AO) oder im Vollstreckungsrecht (§§ 249 ff. AO) geboten ist. Im Gegensatz dazu besteht eine gesetzliche Bindung, wenn das Gesetz in Tatbestand und Rechtsfolge die Voraussetzungen und den Inhalt des Verwaltungshandelns festlegt, dann existiert keine Handlungsalternative. Dies gilt namentlich für die Steuerfestsetzung (§§ 85 Satz 1, 155 Abs. 1 Satz 1 AO; s. § 155 AO Rz. 7; s. § 3 AO Rz. 14). Ausnahmsweise kann sich aber auch bei der Anwendung von Rechtsnormen, die der Finanzbehörde grds. Ermessen einräumen, im Einzelfall erweisen, dass nur eine einzige Rechtsfolge rechtmäßig ist (sog. Ermessensreduzierung auf null; s. Rz. 19)

## B. Ermessensermächtigung der Finanzbehörde

### I. Begriff des Ermessens und Ermessensentscheidung

Normen sind üblicherweise konditional aufgebaut: Sind die Tatbestandsmerkmale erfüllt, tritt die in der Norm angeordnete Rechtsfolge ein. Bei einer Ermessensnorm führt die Erfüllung des Tatbestands grds. nicht zu lediglich einer einzigen Rechtsfolge. Vielmehr wird der Behörde in diesem Fall ein Handlungsspielraum auf **Rechtsfolgenseite** eingeräumt. Die Behörde kann mithin zwischen mehreren rechtmäßigen Entscheidungen die sachgerechtere bzw. zweckmäßigere wählen (BFH v. 26.07.1972, I R 158/71, BStBl II 1972, 919). Das Verhalten der Verwaltung ist durch das Gesetz nicht genau vorherbestimmt, sondern es besteht innerhalb gewisser Grenzen Gestaltungsfreiheit der Verwaltung. Diese Freiheit führt jedoch nicht zu einer Beliebigkeit oder Willkür der Verwaltung. Durch das Rechtsstaatsprinzip (Art. 20 Abs. 3 GG) kann das Ermessen nur die **gesetzesakzessorische und gesetzesgelenkte Wahlfreiheit der Verwaltung bei der Rechtsfolgenbestimmung** bezeichnen (BFH v. 18.09.1974, II B 11/74, BStBl II 1975, 41). Ein **Ermessen auf Tatbestandsseite** existiert dagegen **nicht**. Wann ein Tatbestand erfüllt ist, muss wegen des Bestimmtheits- 3 grundsatzes dem Gesetz zu entnehmen sein (s. § 3 AO Rz. 17) und unterliegt der uneingeschränkten gerichtlichen Kontrolle.

4 Der Verwaltung kann Entschließungs- und/oder Auswahlermessen eingeräumt sein. Kommt der Verwaltung **Entschließungsermessen** zu, so kann sie entscheiden, **ob** gehandelt wird. Dies ist nicht mit der unzulässigen Einräumung eines Tatbestandsermessens zu verwechseln. Auch wenn die Verwaltung im Rahmen des Entschließungsermessens tätig wird, muss der Tatbestand der Rechtsnorm erfüllt sein. Der Behörde ist lediglich die Entscheidung eingeräumt, ob sie daraufhin tätig wird oder nicht. Beispiele hierfür sind die Festsetzung eines Verspätungszuschlags (§ 152 Abs. 1 AO) oder die Inanspruchnahme des Haftungsschuldners. Grds. muss sie von dem eingeräumten Ermessen Gebrauch machen. Das bedeutet indessen nicht, dass die Finanzbehörde in jedem Fall tätig werden muss. Ist der Behörde durch eine Norm die Entscheidung übertragen, ob sie tätig wird oder nicht, so hat sie ihr Ermessen auch dann pflichtgemäß ausgeübt, wenn die Entscheidung getroffen wird, nicht zu handeln. Die Verwaltung ist jedoch immer **verpflichtet, in eine Ermessensprüfung einzutreten**. Mit dieser Pflicht korrespondiert ein subjektives öffentliches Rechts des Stpfl. auf Vornahme einer Ermessensprüfung.

5 Hat sich die Verwaltung zum Tätigwerden entschieden bzw. ist sie durch das Gesetz dazu verpflichtet, kann ihr ein **Auswahlermessen** zustehen. Hierunter wird die Entscheidung verstanden, **wie** die Behörde tätig wird, also gegen wen oder welches von mehreren ihr rechtmäßig zur Verfügung stehenden Mitteln sie verwendet, z. B. die Höhe des Verspätungszuschlags oder die Auswahl unter mehreren Gesamtschuldnern (§ 44 Abs. 1 Satz 1 AO), insbes. Haftungsschuldnern.

6 Ermessensakte stehen damit im Gegensatz zu den sog. **gebundenen Verwaltungsakten**, bei denen das Gesetz den Behörden keinen Gestaltungsspielraum lässt, sondern nur eine einzige rechtmäßige Rechtsfolge besteht. Der Regelungsinhalt des Verwaltungsakts ist daher eindeutig vorgezeichnet. Gebundene Verwaltungsakte können nur einen einzigen Regelungsinhalt aufweisen.

7 Die Einräumung eines Ermessensspielraums durch das Gesetz geschieht in unterschiedlicher Weise. Die ausdrückliche Aufforderung, nach pflichtgemäßem Ermessen zu handeln (z. B. § 86 Satz 1 AO), ist dabei die Ausnahme. Häufig werden sog. **Kann-**, **Soll-**, und **Darf-Vorschriften** verwendet. **Kann-Vorschriften** stellen i. d. R. das Tätigwerden in die pflichtgemäße Wahl der Finanzbehörde (z. B. §§ 27, 92, 93 Abs. 4 und 5 AO, §§ 94 Abs. 1, 95 Abs. 1 und 2 AO, §§ 97 Abs. 1 und 3, 109, 130 Abs. 1, 131, 148, 152 Abs. 1, 155 Abs. 2 und 3, 156 Abs. 1 und 2 AO, §§ 163, 165, 183 Abs. 1 und 3, 194 Abs. 1 und 2, 217, 222, 234 Abs. 2 AO, 258, 297, 360 Abs. 1 und 5 AO). Dies ist indessen nicht zwingend, wie die Vorschrift des § 227 AO nach der hier vertretenen Auffassung zeigt (s. Rz. 11 f.). Hierbei ist die Verwendung des Modalverbs »können« kein Ausdruck der Ermessenseinräumung, sondern begründet die Kompetenz der Finanzbehörde, ausnahmsweise unter Durchbrechung des Prinzips der Gleichmäßigkeit der Besteuerung von der Steuererhebung abzusehen (vgl. *Wernsmann* in HHSp, § 5 AO Rz. 94).

Im Gegensatz dazu geben **Soll-Vorschriften** eine Entscheidungsrichtung vor. Im Regelfall soll in einer bestimmten Art und Weise verfahren werden, Ausnahmen hiervon sind jedoch in atypischen Situationen möglich.

Vergleichbar mit Soll-Vorschriften ist auch die Einräumung des **intendierten Ermessens**. Im Fall des gelenkten bzw. intendierten Ermessens der Behörde ist eine ermesseneinräumende Vorschrift dahin auszulegen, dass sie für den Regelfall von einer Ermessensausübung in einem bestimmten Sinn bzw. in eine bestimmte Richtung ausgeht, das Ermessen also vorgeprägt ist (z. B. BFH v. 26.06.2007, VII R 35/06, BStBl II 2007, 742, 1948; – z. B. §§ 91 Abs. 1, 93 Abs. 1, 130 Abs. 2 Nr. 2 bis Nr. 4, 197 Abs. 2, 259 AO, aber auch §§ 200 Abs. 3, 210 Abs. 1 und 3, 287 Abs. 1, 2 und 3, nach denen die Behörden »berechtigt«, bzw. »befugt« sind; Haftungsinanspruchnahme des Steuerhinterziehers nach § 71 AO: BFH v. 13.08.2007, VII B 345/06, BFH/NV 2008, 23). In diesen Fällen ist die Ermessensausübung bereits durch das Gesetz vorgeprägt, da das Gesetz grds. ein bestimmtes Ergebnis fordert und die Behörde nur ausnahmsweise davon abweichen darf (*Maurer*, § 7 Rz. 12; z. B. BVerwG v. 16.06.1997, 3 C 22.96, BVerwGE 105, 55; BFH v. 17.12.2013, VII R 8/12, BFH/NV 2014, 748). Folgt die Behörde der gesetzlichen Intention, muss sie keine besonderen Ermessenserwägungen anstellen und ihre Entscheidung nicht besonders begründen (*Maurer*, a. a. O; z. B. BFH v. 26.06.2007, VII R 35/06, BStBl II 2007, 742; s. Rz. 15).

**Darf-Vorschriften** sind zumeist Dispensvorschriften: Sie gestatten der Behörde, den Steuerpflichtigen von einer ihm obliegenden Pflicht zu befreien (z. B. § 148 AO).

## II. Abgrenzung zu den unbestimmten Rechtsbegriffen

Zu dem Bereich der Rechtsanwendung dagegen gehören die **unbestimmten (normativen) Rechtsbegriffe**, die zwar 8
auch eine Bandbreite von Entscheidungsmöglichkeiten eröffnen, hierfür aber keine Auswahl zwischen mehreren gleichwertigen Möglichkeiten anbieten. Unbestimmte Rechtsbegriffe stellen sich als eine generalisierende Be- und Umschreibung (Generalklausel) dar. Wesentlicher Unterschied ist, dass sich Ermessensentscheidungen lediglich auf die Rechtsfolgen einer Vorschrift beziehen (BFH v. 11.06.1997, X R 14/95, BStBl II 1997, 642, 644). Ein Tatbestandsermessen existiert nicht (s. Rz. 3). Unbestimmte Rechtsbegriffe beziehen sich dagegen auf die

Tatbestandsseite. Anders als Ermessensentscheidungen der Finanzbehörde (vgl. § 102 FGO) unterliegen unbestimmte Rechtsbegriffe der **vollen gerichtlichen Überprüfung**.

9 Die Verwendung unbestimmter Rechtsbegriffe und ihre Auslegungsbedürftigkeit führen nur ausnahmsweise zur Feststellung mangelnder Bestimmtheit eines Steuergesetzes (BVerfG v. 10.11.1981, 1 BvL 18/77, 1 BvL 19/77, BVerfGE 59, 36; BVerfG v. 20.05.1988, 1 BvR 273/88, HFR 1989, 317). Denn der Gesetzgeber kann sich auch unbestimmter Rechtsbegriffe bedienen, ohne dass damit ein Verstoß gegen das aus dem Rechtsstaatsprinzip abzuleitende **Gebot der Normenbestimmtheit** einherginge; dies gilt auch für das Steuerrecht (st. BVerfG-Rspr., z.B. BVerfG v. 08.01.1981, 2 BvL 3/77, 2 BvL 9/77, BVerfGE 56, 1; *Bartone* in Rensen/Brink, S. 316 m.w.N.). Dem Bestimmtheitsgebot entspricht eine Steuerrechtsnorm allerdings dann nicht mehr, wenn der Gesetzgeber eine Vielzahl von unbestimmten Rechtsbegriffen verwendet, diese jeweils für sich genommen unter Anwendung des Auslegungskanons der juristischen Methodenlehre bestimmbar sind, jedoch jeweils mehrfache Auslegungsmöglichkeiten bestehen, sodass sich eine Gesamtunschärfe der Norm ergibt, weil – je nach Kombination der für die Einzelmerkmale gewonnenen Auslegungsmöglichkeiten – eine Vielzahl von Auslegungsergebnissen denkbar ist (*Bartone* in Rensen/Brink, S. 311; *Bartone*, S. 78 ff., insbes. S. 97 ff. zu § 8a KStG i.d.F. des StandOG [Standortsicherungsgesetz vom 13.09.1993, BGBl I, 1569]; vgl. in diesem Sinne auch BVerfG v. 07.07.1971, 1 BvR 775/66, BVerfGE 31, 255; BVerfG v. 03.03.2004, 1 BvF 3/92, BVerfGE 110, 33).

10 Beispiele für unbestimmte Rechtsbegriffe sind die Begriffe der erheblichen Härte (§ 222 AO), des Verschuldens (§§ 110, 152 Abs. 2 AO), des Missbrauchs von Gestaltungsmöglichkeiten des Rechts (§ 42 AO), der ernstlichen Zweifel (§ 361 Abs. 2 AO, § 69 Abs. 2 FGO), der wirtschaftlichen Leistungsfähigkeit (§ 152 Abs. 2 AO), der kurzfristigen Unterbrechung (§ 9 AO), des unlauteren Mittels (§ 130 Abs. 2 Nr. 1 AO, § 172 Abs. 1 Nr. 2 Buchst. c AO), der ähnlichen offenbaren Unrichtigkeit (§ 129 AO), der Erforderlichkeit (§ 251 Abs. 3 AO), der höheren Gewalt (§ 110 Abs. 3 AO, § 356 Abs. 2 AO). Sie sind durch die FG auszulegen und zu konkretisieren, damit sich ihr Regelungsgehalt hinreichend sicher erkennen lässt (vgl. z.B. BVerfG v. 15.01.2008, 2 BvF 4/05, BVerfGE 110, 394; *Bartone* in Rensen/Brink, S. 315).

### III. Koppelung von unbestimmten Rechtsbegriffen mit Ermessenstatbeständen

11 Häufig sind in einer Vorschrift unbestimmte Rechtsbegriffe mit Ermessenstatbeständen in dem Sinne »gekoppelt«, dass eine Norm auf der Tatbestandsseite unbestimmte Rechtsbegriffe enthält und zudem auf der Rechtsfolgenseite Ermessen einräumt, z.B. § 227 AO. »Koppelungsvorschriften« dieser Art weisen an sich keine Besonderheiten auf, da **Tatbestandsseite und Rechtsfolgenseite je nach ihren Regeln zu beurteilen** sind (zutr. BVerwG v. 14.11.1973, I WB 159.71, BVerwGE 46, 175; *Maurer*, § 7 Rz. 48). Hierzu hat der Gemeinsame Senat der obersten Gerichtshöfe des Bundes in seiner Entscheidung (GmS v. 19.10.1971, OGB 3/70, BStBl II 1971, 603) bei der Überprüfung der Rechtsnatur eines Billigkeitserlasses (§ 227 AO) indessen Folgendes vertreten: Es kann nicht für alle Vorschriften, in denen eine Verbindung zwischen einem unbestimmten Begriff, der der unmittelbaren Subsumtion nicht zugänglich ist, und einem Ermessensspielraum der Behörde besteht, von vornherein aufgrund dogmatischer Überlegungen bestimmt und festgelegt werden, um welche Art der Kopplung es sich handelt. In Betracht kommt eine Kopplung zwischen unbestimmtem Rechtsbegriff und (sich daran anschließender) Ermessensausübung oder eine Ermächtigung zu einer Ermessensausübung, die sich an dem unbestimmten Begriff zu orientieren hat. Im Fall des Billigkeitserlasses bestehe zwischen dem Begriff »unbillig« und der Folge »Ermessensspielraum« eine unlösbare Verbindung. Eine solche Vorschrift könne nicht zum Zwecke der Auslegung in ihre Bestandteile zerrissen werden. Da aber bei der Unterstellung, dass der Begriff »unbillig« ein unbestimmter Rechtsbegriff sei, auch das Ermessen voll justiziabel wäre und da dieses Ergebnis mit dem Sinn und Zweck der als Ermessensvorschrift konzipierten Bestimmung nicht zu vereinbaren sei, gelangt der Gemeinsame Senat zu dem Schluss, dass bei der Besonderheit der dort zu überprüfenden und in ihrem textlichen Zusammenhang zu würdigenden Norm der Begriff »unbillig« in den Ermessensbereich hineinrage und damit zugleich Inhalt und Grenzen der pflichtgemäßen Ermessensausübung bestimme.

Der BFH folgt dieser Rspr. des Gemeinsamen Senates 12
der Obersten Gerichtshöfe bis heute (BFH v. 30.03.2006, V R 2/04, BStBl II 2006, 612; BFH v. 23.06.1998, V B 60/96, BFH/NV 1999, 11, 12 m.w.N.). Auch in weiten Teilen der Literatur wird diese Auffassung unkritisch übernommen (z.B. *Fritsch* in Koenig, § 227 AO Rz. 51; *von Groll* in HHSp, § 227 AO Rz. 113 ff.;). Sie ist indessen abzulehnen, da sie nicht zu überzeugen vermag. Sie wird daher sowohl im allgemeinen Verwaltungsrecht (zutr. *Maurer*, § 7 Rz. 50: »dogmatisch schwerlich haltbare Entscheidung«) als auch im Steuerrecht (*Drüen* in Tipke/Kruse, § 5 AO Rz. 25 ff.; *Loose* in Tipke/Kruse, § 227 AO Rz. 22; *Rüsken* in Klein, § 227 AO Rz. 118) völlig zu Recht abgelehnt. Richtig ist hingegen, dogmatisch zutreffend **zwischen Tatbestand und Rechtsfolge zu trennen**. Sind die Tatbestandsmerkmale erfüllt (z.B. die »Unbilligkeit« in § 227 AO), so ergibt sich nur noch eine einzige rechtmäßige Rechtsfolge (bei § 227 AO also der Erlass des

betroffenen Anspruchs aus dem Steuerschuldverhältnis). Welche rechtmäßige Handlungsalternative sollte denn noch bestehen, wenn z. B. »die Einziehung im Einzelfall unbillig ist« (§ 227 AO)? Die h. M. verkennt, dass sich § 227 AO als sachliche Rechtfertigung zur Durchbrechung des aus Art. 3 Abs. 1 GG folgenden Grundsatzes der Gleichmäßigkeit der Besteuerung (vgl. auch § 85 AO) darstellt (hierzu s. § 3 AO Rz. 17 ff.). Daraus folgt, dass § 227 AO eine reine Kompetenznorm darstellt, die es der Behörde erlaubt, abweichend von diesem Grundsatz ausnahmsweise einen Anspruch aus dem Steuerschuldverhältnis zu erlassen, ihr dabei aber keinerlei Ermessen einräumt, sondern die Behörde zu einer gebundenen Entscheidung verpflichtet (vgl. *Wernsmann* in HHSp, § 5 AO Rz. 94).

## IV. Begründung von Ermessensentscheidungen

13 Steuerverwaltungsakte sind **grds. zu begründen** (§ 121 Abs. 1 AO). Dies gilt auch für Ermessensentscheidungen: Hier muss die Begründung erkennen lassen, dass die Finanzbehörde von dem ihr eingeräumten **Ermessen** überhaupt **Gebrauch** gemacht hat und welche **wesentlichen Erwägungen** sie dabei angestellt hat (s. § 121 AO Rz. 6). Anders ausgedrückt: Das »Ob« und das »Wie« der Ermessensbetätigung müssen aus der Begründung erkennbar sein. **Formelhafte Wendungen**, etwa dass »keine Besonderheiten gegeben« seien oder »hinsichtlich der Umstände nichts Besonderes ersichtlich« sei, reichen für die vorgeschriebene Begründung von Ermessensentscheidungen **nicht** aus, weil bei derartigen »Leerformeln« nicht nachgeprüft werden kann, ob die Verwaltung von ihrem Ermessen überhaupt und ggfs. in einer dem Zweck der ihr erteilten Ermächtigung entsprechenden Weise Gebrauch gemacht hat (BSG v. 18.04.2000, B 2 U 19/99 R, SozR 3-2700 § 76 Nr. 2; LSG Nds-Bre v. 29.04.2014, L 2/12 R 113/12, juris). Daher muss die Begründung grds. über die bloße Wiederholung des Gesetzeswortlauts der angewendeten Norm hinausgehen (aber s. Rz. 14). Auch bei automatisierten Bescheiden ist – abweichend von § 121 Abs. 2 Nr. 3 AO – eine auf den Einzelfall bezogene Begründung erforderlich (FG RP v. 08.02.1982, 5 K 235/81, DStR 1982, 260). Insbesondere bei der Inanspruchnahme eines Haftungsschuldners muss die Finanzbehörde darlegen, warum sie nicht den Steuerschuldner oder weitere für die Haftung in Betracht kommende Personen in Anspruch genommen hat (BFH v. 07.10.2004, VII B 46/04, BFH/NV 2005, 827; BFH v. 11.03.2004, VII R 52/02, BStBl II 2004, 579; im Einzelnen s. § 191 AO Rz. 9).

14 **Ausnahmen von dem Begründungszwang** (s. Rz. 13) ergeben sich zum einen aus § 121 AO Abs. 2 AO, wobei für Ermessensverwaltungsakte in aller Regel nur § 121 Abs. 2 Nr. 1 AO Betracht kommt. Demnach bedarf es keiner Begründung des Verwaltungsakts, soweit die Finanzbehörde einem Antrag des Stpfl. entspricht (s. § 121 AO Rz. 8). Die übrigen Ausnahmen scheiden demgegenüber für Ermessensentscheidungen regelmäßig aus: Auch wenn demjenigen, für den der Verwaltungsakt bestimmt ist, die Auffassung der Finanzbehörde bekannt oder ohne Weiteres erkennbar ist (§ 121 Abs. 2 Nr. 2 AO), ist eine Begründung der Ermessensentscheidung erforderlich, da ansonsten eine Überprüfung auf Ermessensfehler (s. Rz. 36 ff.) nicht möglich ist (s. Rz. 13). Gleiches gilt, wenn die Behörde gleichartige Verwaltungsakte in größerer Zahl oder Verwaltungsakte mit Hilfe automatischer Einrichtung erlässt (s. Rz. 13). Zum anderen werden an die Begründung von Ermessensverwaltungsakten geringere Anforderungen gestellt, wenn das **Ermessen** von der angewandten Norm **intendiert** ist: Diese Ermessensentscheidungen müssen **nur im Ausnahmefall begründet** werden (BFH v. 29.06.2006, VII B 19/06, BFH/NV 2006, 1795; BFH v. 26.06.2007, VII R 35/06, BStBl II 2007, 742; BFH v. 24.01.2012, VII B 47/11, BFH/NV 2012, 1409).

Die Begründung hat grds. in dem betreffenden Verwal- 15
tungsakt zu erfolgen. Sie kann aber noch im Verwaltungsverfahren erfolgen, sodass eine **Nachholung, d. h. die Ausübung des Ermessens** (das »Ob« der Ermessensbetätigung), **spätestens in der Einspruchsentscheidung** (§§ 366, 367 Abs. 2 Satz 3 AO) zu erfolgen hat (z. B. BFH v. 15.05.2009, IV B 24/09, BFH/NV 2009, 1402 m. w. N.; BFH v. 11.12.2013, XI R 22/11, BStBl II 2014, 332). Denn nach § 102 Satz 2 FGO kann die Behörde ihre Ermessenserwägungen im Finanzprozess nur ergänzen und nachbessern, nicht aber nachholen (s. Rz. 45; s. § 102 FGO Rz. 4). Eine Ergänzung der Ermessenserwägungen kann daher nach dem allgemeinen Grundsatz des § 126 Abs. 1 Nr. 2 und Abs. 2 AO bis zum Abschluss des finanzgerichtlichen Verfahrens **ergänzt** werden. Nach Maßgabe dieser Grundsätze kann ein Ermessensverwaltungsakt grds. in einen gebundenen Verwaltungsakt nach § 128 Abs. 1 AO **umgedeutet** werden; umgekehrt ist jedoch die Umdeutung eines gebundenen Verwaltungsakts in einen Ermessensverwaltungsakt durch § 128 Abs. 3 AO ausdrücklich ausgeschlossen (s. § 128 AO Rz. 6).

vorläufig frei 16–17

## C. Grenzen des Ermessens

Die Finanzbehörden sind in der Ausübung ihres Ermes- 18
sens nicht völlig frei. Vielmehr sind ihnen durch die Grundrechte und das Rechtsstaatsprinzip und seine Ausprägungen allgemeine (s. Rz. 14 ff.) sowie durch die jeweilige Ermessensnorm konkrete Grenzen (s. Rz. 24 ff.) gesetzt.

### I. Allgemeine Grenzen des Ermessens

19 Allgemeine Grenzen des Ermessens ergeben sich aus den **Grundrechten** (*Maurer*, § 7 Rz. 23), insbes. aus Art. 3 Abs. 1 GG (s. Rz. 15) und aus dem **Rechtsstaatsprinzip** (Art. 20 Abs. 3 GG), aus dem sich u.a. die Grundsätze der Rechtssicherheit und des Vertrauensschutzes sowie der Verhältnismäßigkeitsgrundsatz (Übermaßverbot) ableiten (z.B. BVerfG v. 17.06.2004, 2 BvR 383/03, BVerfGE 111, 54; *Jarass* in Jarass/Pieroth, Art. 20 GG Rz. 80 m.w.N.).

#### 1. Der allgemeine Gleichheitssatz (Art. 3 Abs. 1 GG)

20 Der allgemeine Gleichheitssatz des Art. 3 Abs. 1 GG gebietet es, dass die Finanzbehörde eine einheitlich geübte Ermessenspraxis beibehält und Abweichungen hiervon nur bei Vorliegen eines zureichenden sachlichen Grundes, also eines atypischen Sachverhalts vornimmt (vgl. *Drüen* in Tipke/Kruse, § 5 AO Rz. 50). Um eine einheitliche Verwaltungspraxis sicherzustellen, können **ermessenslenkende Verwaltungsvorschriften** erlassen werden. Diese müssen die Grenzen einhalten, die das GG und die Gesetze der Ausübung des Ermessens setzen (BFH v. 23.01.2013, X R 32/08, BFH/NV 2013, 997 m.w.N.). Unter diesen Voraussetzungen erhalten diese Ermessensrichtlinien unter dem Gesichtspunkt der **Selbstbindung der Verwaltung** und damit der Beachtung des Gleichbehandlungsgrundsatzes (Art. 3 Abs. 1 GG) eine Außenwirkung im Verhältnis zum Stpfl. (z.B. BFH v. 05.09.2013, XI R 4/10, BStBl II 2014, 95; BFH v. 25.02.2014, V B 75/13, BFH/NV 2014, 914: keine Selbstbindung bei norminterpretierenden Verwaltungsrichtlinien). Daher hat ein Stpfl., sofern er keinen atypischen Sachverhalt verwirklicht, grds. einen Anspruch auf eine den Ermessensrichtlinien entsprechende Entscheidung. Allerdings besteht **kein Anspruch auf Fortsetzung einer gesetzwidrigen Verwaltungspraxis** (z.B. BFH v. 03.02.2005, I B 152/04, BFH/NV 2005, 1214; BFH v. 19.03.2009, V R 48/07, BStBl II 2010, 92; *Drüen* in Tipke/Kruse, § 5 AO Rz. 51 m.w.N.; zum Vorstehenden s. § 4 AO Rz. 25 ff.)

#### 2. Rechtssicherheit und Vertrauensschutz

21 Die Grundsätze der **Rechtssicherheit** (z.B. BVerfG v. 26.03.2014, 1 BvR 3185/09, NJW 2014, 1874) und des **Vertrauensschutzes** (z.B. BVerfG v. 20.02.2002, 1 BvL 19/97, 1 BvL 20/97, 1 BvL 21/97, 1 BvL 11/98, BVerfGE 105, 48) leiten sich aus dem Rechtsstaatsprinzip (Art. 20 Abs. 3 GG) ab und haben daher Verfassungsrang. Sie sind auch bei der Ausübung behördlichen Ermessens zu beachten und verlangen eine gewisse Rechtsbeständigkeit einer Verwaltungspraxis (vgl. *Drüen* in Tipke/Kruse, § 5 AO Rz. 55).

#### 3. Der Verhältnismäßigkeitsgrundsatz (Übermaßverbot)

Das **Übermaßverbot (Verhältnismäßigkeitsprinzip)** ist eine Konkretisierung des Rechtsstaatsprinzips (Art. 20 Abs. 3 GG; z.B. BVerfG v. 05.12.2002, 2 BvL 5/98, 2 BvL 6/98, BVerfGE 107, 59). Es gebietet allgemein, dass die von der Behörde gewählte Maßnahme geeignet und erforderlich sein muss, um den erstrebten Zweck zu erreichen. Geeignet ist das Mittel, wenn mit seiner Hilfe der gewünschte Erfolg gefördert werden kann; erforderlich ist es, wenn die Behörde nicht eine andere, gleich wirksame, aber das Grundrecht nicht oder doch weniger fühlbar einschränkende Entscheidung hätte treffen können (vgl. BFH v. 27.06.1984, II R 194/81, BStBl II 1984, 854). Außerdem muss sich die Maßnahme als im konkreten Einzelfall angemessen, d.h. verhältnismäßig im engeren Sinn erweisen und darf nicht außer Verhältnis zum erstrebten Erfolg stehen. Dieser Grundsatz gilt generell für belastende Verwaltungsakte und stellt eine **objektive Grenze des behördlichen Ermessens** dar (zu alledem z.B. *Maurer*, § 7 Rz. 23). Daher genügt es nicht, dass eine Ermessensentscheidung zwar abstrakt durch die gesetzliche Ermächtigung gedeckt ist, sondern sie muss das Übermaßverbot beachten, sich also im konkreten Einzelfall auf das im öffentlichen Interesse notwendige Maß beschränken (s. BFH v. 11.06.1997, X R 14/95, BStBl II 1997, 642, 645, BFH v. 22.02.2000, VII R 73/98, BStBl II 2000, 366, 369, Verfassungsbeschwerde nicht zur Entscheidung angenommen durch BVerfG, 1 BvR 1213/00 v. 15.11.2000, im Einzelnen *Wernsmann* in HHSp, § 5 AO Rz. 163 ff). Eine einfachgesetzliche Konkretisierung erfährt das Übermaßverbot z.B. in §§ 281 Abs. 2 und Abs. 3, 328 Abs. 2 AO (s. § 328 AO Rz. 9). 22

vorläufig frei 23

### II. Zweck der Ermächtigung und gesetzliche Grenzen des Ermessens

Neben den allgemeinen Grenzen des Ermessens (s. Rz. 19 ff.) verpflichtet § 5 AO die Finanzbehörde, bei der Ermessensausübung den »Zweck der Ermächtigung« (innere Ermessensgrenze) und die »gesetzlichen Grenzen des Ermessens« (äußere Ermessensgrenzen) einzuhalten. 24

#### 1. Zweck der Ermächtigung

Bei den Ermessenserwägungen ist von der Behörde insbes. der Zweck der Ermächtigung zu berücksichtigen. Dieser ist nach den allgemeinen Regeln der Gesetzesauslegung zu ermitteln (z.B. BFH v. 23.05.1985, V R 124/79, BStBl II 1985, 489; s. § 4 AO Rz. 34 ff.). Die Entscheidungsbefugnis der Finanzbehörde ergibt sich aus dem Zweck der Ermächtigung (*Drüen* in Tipke/Kruse, § 5 25

AO Rz. 47 m. w. N.). Bei ihrer Entscheidung darf die Behörde nur solche **Erwägungen** anstellen, die **vom Zweck der Ermächtigung gedeckt** sind (*Drüen* in Tipke/Kruse, § 5 AO Rz. 47).

**26** vorläufig frei

### 2. Einhaltung der Tatbestandsvoraussetzungen der Ermächtigungsnorm

**27** Bevor die Finanzbehörde auf der Rechtsfolgenseite der Ermächtigungsnorm ihr Ermessen auszuüben darf (s. Rz. 3), müssen die Tatbestandsmerkmale der Norm erfüllt sein. Der **gesetzliche Tatbestand** bildet daher gleichsam die **äußere Grenze der Ermessensausübung** und beschreibt den **vom Gesetzgeber verfolgten Zweck der Ermächtigungsnorm** (s. Rz. 25). Dies macht eine zweistufige Prüfung durch die Finanzbehörde erforderlich: Zunächst muss das Vorliegen aller Merkmale auf Tatbestandsseite bejaht werden, bevor in einem zweiten Schritt die Ermessensausübung erfolgt (auch s. Rz. 3). Bsp.: Gem. § 93 Abs. 1 Satz 3 AO sollen andere Personen als die Beteiligten erst dann zur Auskunft angehalten werden, »wenn die Sachverhaltsaufklärung durch die Beteiligten nicht zum Ziele führt oder keinen Erfolg verspricht« (dazu *Balmes*, AO-StB 2003, 349 ff.); nach § 222 AO können Steuern nur gestundet werden, »wenn ihre Einziehung bei Fälligkeit eine erhebliche Härte für den Schuldner bedeuten würde und der Anspruch durch die Stundung nicht gefährdet erscheint«; nach § 297 AO kann die Vollstreckungsbehörde die Verwertung gepfändeter Sachen unter Anordnung von Zahlungsfristen zeitweilig aussetzen, »wenn die alsbaldige Verwertung unbillig wäre«.

**28** vorläufig frei

### 3. Ermessensreduzierung auf null

**29** Ausnahmsweise verbleibt der Finanzbehörde kein Ermessen, obwohl der Tatbestand einer Ermessensnorm erfüllt ist, und zwar dann, wenn aufgrund der konkreten Umstände des Einzelfalls nur eine einzige Rechtsfolge rechtmäßig ist. Man spricht in diesem Fall von einer sog. **Ermessensreduzierung auf null** (Ermessensschrumpfung). In einem solchen Fall ist der prinzipiell bestehende Ermessensspielraum durch bestimmte Umstände des Einzelfalls auf eine einzige ermessensgerechte und somit rechtmäßige Entscheidung der Finanzbehörde verengt (z. B. BFH v. 07.11.2013, X R 22/11, BFH/NV 2014, 817). Jede andere Entscheidung würde zu einem Ermessensfehler führen. Sind Ermessensentscheidungen der Behörde grds. von den Gerichten nur auf ein Vorliegen von Ermessensfehlern zu überprüfen, darf das Gericht seine Ermessensüberlegungen also nicht anstelle der der Verwaltung anbringen, so ist bei der Ermessensreduzierung auf null – wie der BFH in st. Rspr. etwas unglücklich formuliert – die Entscheidung des Gerichtes an die Stelle der Behördenentscheidung zu setzen, da nur diese eine Entscheidung rechtmäßig ist (BFH v. 11.12.2013, XI R 22/11, BStBl II 2014, 332 m. w. N.; s. Rz. 34). Richtigerweise handelt es sich im Ergebnis um eine gebundene Entscheidung der Behörde, die von den Gerichten wie sonst auch in vollem Umfang überprüft werden kann (s. Rz. 34).

vorläufig frei **30**

## D. Nachprüfung von Ermessensentscheidungen – Ermessensfehler

Der Stpfl. hat – sofern der Tatbestand einer Ermessensnorm erfüllt ist – in jedem Fall ein subjektives öffentliches **Recht auf eine fehlerfreie Ermessensausübung** durch die Behörde (BVerfG v. 26.02.1985, 2 BvL 17/83, BVerfGE 69, 150). Demzufolge ist es geboten, dem Bürger die Überprüfung von Ermessensentscheidungen zu ermöglichen. Dies geschieht durch die Einlegung von außergerichtlichen (s. Rz. 32) und gerichtlichen Rechtsbehelfen (s. Rz. 33 ff.), die allerdings für die Behörde und die Gerichte jeweils unterschiedliche Überprüfungsintensitäten beinhalten. **31**

### I. Einspruchsverfahren

Im Einspruchsverfahren nach § 347 AO überprüft die Einspruchsbehörde nicht nur die **Rechtmäßigkeit**, sondern auch die **Zweckmäßigkeit** der Ermessensentscheidung. Denn das außergerichtliche Rechtsbehelfsverfahren ist Teil des Verwaltungsverfahrens. Im Einspruchsverfahren kann daher eine völlig neue Ermessensausübung stattfinden oder, falls eine solche im bisherigen Verwaltungsverfahren unterlassen wurde, nachgeholt werden (auch s. Rz. 15). **32**

### II. Gerichtliches Verfahren

#### 1. Umfang der gerichtlichen Überprüfung von Ermessensentscheidungen

Gemäß § 102 Satz 1 FGO überprüft das FG Ermessensentscheidungen der Finanzbehörden, ob der Ermessensverwaltungsakt (bei Anfechtungsklagen, § 40 Abs. 1 1. Alt. FGO) oder die Ablehnung bzw. Unterlassung eines Verwaltungsakts (bei Verpflichtungsklagen, § 40 Abs. 1 2. Alt. FGO) rechtswidrig ist, weil die gesetzlichen Grenzen des Ermessens (s. Rz. 24 ff.) überschritten sind oder von dem Ermessen in einer dem Zweck der Ermächtigung (s. Rz. 25) nicht entsprechenden Weise Gebrauch ge- **33** macht ist (z. B. BFH v. 25.09.2013, VII R 7/12, BFH/NV 2014, 7). Die Vorschrift trägt dem Gewaltenteilungsprinzip (Art. 20 Abs. 2 Satz 2 GG) Rechnung, indem es die **gerichtliche Überprüfung** von Ermessensentscheidungen nur **auf** ihre **Rechtmäßigkeit beschränkt** und – anders als die Prüfung durch die Einspruchsbehörde (s. Rz. 32) – **nicht** auch auf die **Zweckmäßigkeit** erstreckt (s. § 102 FGO Rz. 1). Damit werden die Gerichte auf ihren verfassungsmäßigen Auftrag, die Gesetzmäßigkeit der Verwaltung auf Anrufung zu überprüfen, verwiesen, während die Ausübung des Ermessens selbst der Verwaltungsbehörde in eigener Zuständigkeit überlassen bleibt.

Da der Kläger bei Ermessensentscheidungen nur einen **Anspruch auf ein Tätigwerden der Behörde und eine ermessensfehlerfreie Entscheidung** hat, kann das Gericht Ermessensentscheidungen nur eingeschränkt daraufhin überprüfen, ob Ermessensfehler vorliegen, also nur, ob Ermessensüberschreitung (s. Rz. 36), Ermessenunterschreitung (s. Rz. 41 f.) oder Ermessensfehlgebrauch (s. Rz. 37 ff.) vorliegen (s. § 102 FGO Rz. 1 f.). Die Gerichte können die angefochtenen Verwaltungsakte lediglich aufheben und dürfen nicht ihr eigenes Ermessen an die Stelle des Ermessens der Verwaltungsbehörde setzen (auch s. Rz. 29). Demzufolge ist eine Klage, mit der die Ersetzung einer innerhalb des gesetzlichen Ermessensrahmens getroffenen Entscheidung durch eine andere, ebenso ermessensgerechte, aber für den Kläger günstigere Entscheidung, begehrt wird, mangels Klagebefugnis (§ 40 Abs. 2 FGO) unzulässig.

34 Eine **Ausnahme** von den vorstehenden Grundsätzen (s. Rz. 33) besteht im Fall der **Ermessensreduzierung auf null** (s. Rz. 29). In diesen Fällen ist – wie der BFH in st. Rspr. etwas unglücklich formuliert – die Entscheidung des Gerichtes an die Stelle der Behördenentscheidung zu setzen, da nur diese eine Entscheidung rechtmäßig ist (BFH v. 11.12.2013, XI R 22/11, BStBl II 2014, 332 m. w. N.; s. Rz. 29). Es handelt sich im Ergebnis um eine gebundene Entscheidung der Behörde, die von den Gerichten wie sonst auch uneingeschränkt überprüft werden kann (s. Rz. 29).

35 Für die Beurteilung, ob eine Ermessensentscheidung rechtmäßig war, ist die Sach- und Rechtslage im **Zeitpunkt der letzten Verwaltungsentscheidung** – i. d. R. der Einspruchsentscheidung – entscheidend, sofern das FA nicht seine Ermessenserwägungen danach im finanzgerichtlichen Verfahren gem. § 102 Satz 2 FGO in zulässiger Weise ergänzt hat (vgl. BFH v. 11.12.2013, XI R 22/11, BStBl II 2014, 332; BFH v. 27.04.2016, X R 1/15, BStBl II 2016, 840; *Lange* in HHSp, § 102 FGO Rz 62, 65 ff.). Bei Verpflichtungsklagen auf Erlass eines gebundenen Verwaltungsakts kommt es allerdings auf die im **Zeitpunkt der Entscheidung in der Tatsacheninstanz** bestehende Sach- und Rechtslage an, da es darauf ankommt, ob der Kläger einen Anspruch auf Erlass des begehrten Verwaltungsakts hat. Dies gilt auch bei Ermessensentscheidungen, wenn eine Ermessensreduzierung auf null vorliegt (BFH v. 11.10.2017, IX R 2/17, BFH/NV 2018, 322). § 102 Satz 2 FGO gestattet es aber der Finanzbehörde, bis zum Schluss der letzten mündlichen Verhandlung vor dem Finanzgericht als Tatsacheninstanz ihre bereits angestellten Ermessenserwägungen zu ergänzen (d. h. zu vertiefen, verbreitern und verdeutlichen) und dem FG mitzuteilen. Die Finanzbehörde darf aber nicht die Begründung vollständig nachholen oder austauschen. Sie darf ihr **Ermessen nicht erstmals ausüben** (s. § 102 FGO Rz. 4; BFH v. 11.03.2004, VII R 52/02, BStBl II 2004, 579; BFH v. 26.09.2006, X R 39/05, BStBl II 2007, 222 m. w. N.). Werden erstmals während des Revisionsverfahrens Ermessenserwägungen angestellt, können diese im Revisionsverfahren nicht mehr berücksichtigt werden (BFH v. 25.05.2004, VIII R 21/03, BFH/NV 2005, 171; BFH v. 15.05.2013, VI R 28/12, BFH/NV 2013, 1728). Zur Problematik der Ersetzung eines angefochtenen Ermessensverwaltungsakts nach Ergehen der Einspruchsentscheidung und der Anwendung des § 68 FGO s. § 68 FGO Rz. 4a.

## 2. Ermessensfehler

### a) Ermessenüberschreitung

Eine Ermessensüberschreitung liegt vor, wenn die Behörde eine nicht im **Rahmen der Ermessensermächtigung** liegende Rechtsfolge wählt, sondern **darüber hinausgeht**. 36

**Beispiel**

Nach § 329 AO darf das einzelne Zwangsgeld 25 000 EUR nicht übersteigen. Damit ist der Höchstrahmen gesetzlich bestimmt. Setzt die Finanzbehörde ein höheres Zwangsgeld fest, hat sie das ihr eingeräumte Ermessen überschritten, und es liegt ein Ermessensfehler in Form der Ermessensüberschreitung vor. Entsprechendes gilt für die Festsetzung eines Verspätungszuschlags nach § 152 Abs. 2 Satz 1 AO (s. § 152 AO Rz. 13 ff.).

### b) Ermessensfehlgebrauch (Ermessensmissbrauch)

Ein Ermessensfehlgebrauch (Ermessensmissbrauch) liegt vor, wenn die Finanzbehörde – wie sich aus § 5 AO ableiten lässt – gegen den Zweck der Ermächtigung verstößt und die oben dargestellten Grenzen des Ermessens verletzt (s. Rz. 19 ff.). 37

#### aa) Missachtung der allgemeinen Grenzen des Ermessens

Fehlerhaft und rechtswidrig handelt die Behörde demnach, wenn sie bei der Ermessensausübung gegen den **Gleichheitssatz** (Art. 3 Abs. 1 GG; s. Rz. 20) verstößt. Bei Ermessensentscheidungen wird der Finanzbehörde jedoch ein Entscheidungsspielraum gewährt, sodass es 38 nicht in jedem Fall ermessensfehlerhaft ist, wenn gleich gelagerte Sachverhalte von verschiedenen Behörden oder auch von derselben Behörde verschieden behandelt werden (BFH v. 07.10.1965, IV 139/65 U, BStBl III 1965, 700). Erst die sog. **Ermessensabweichung** verletzt den Gleichheitssatz im Hinblick auf die Selbstbindung der Verwaltung (s. Rz. 20), wenn die Behörde ohne zureichenden Grund von einer einheitlich geübten Ermessenspraxis abweicht. Ein Ermessensfehler liegt auch vor, wenn die Finanzbehörde das aus Art. 3 Abs. 1 GG folgende **Willkürverbot** verletzt (BFH v. 28.09.2011, VIII R 8/09, BStBl II 2012, 395).

Die Verletzung der **Grundsätze des Vertrauensschutzes und der Rechtssicherheit** (s. Rz. 21) begründen ebenfalls einen Ermessensfehlgebrauch (BFH v. 15.07.1960, VI 228/57 U, BStBl III 1960, 392; BFH v. 22.03.1988, VII R 8/84, BStBl II 1988, 517).

Ermessensfehlerhaft ist ein Verwaltungsakt, wenn die Finanzbehörde bei seinem Erlass das **Verhältnismäßigkeitsprinzip/Übermaßverbot** (s. Rz. 22) missachtet (*Drüen* in Tipke/Kruse, § 5 AO Rz. 60 ff.).

### bb) Verletzung des Zwecks der Ermächtigung und der gesetzlichen Grenzen des Ermessens

39 Ein Ermessensfehlgebrauch wegen **Nichtbeachtung des Zwecks der Ermächtigung** kann sich daraus ergeben, dass die Ermächtigung nicht durch den Zweck der Ermächtigung (s. Rz. 25) gedeckt ist, weil die Finanzbehörde **sachfremde Erwägungen** anstellt. Bsp.: Die Finanzbehörde darf die Verlängerung der Frist zur Abgabe der ESt-Erklärung nicht von der Entrichtung einer Abschlusszahlung bei Einreichung der ESt-Erklärung abhängig machen (BFH v. 31.05.1954, IV 130/54 U, BStBl III 1954, 244; zum sog. **Kopplungsverbot** BVerwG v. 17.05.1987, 1 C 163.80, BVerwGE 67, 177, 182). Ein Ermessensfehler durch eine derartige Nebenbestimmung liegt nur dann nicht vor, wenn diese, gemessen am Zweck der Ermächtigung, sachlich gerechtfertigt ist. Dies gilt z.B. für die einstweilige Einstellung oder Beschränkung der Vollstreckung gem. § 258 AO gegen Ratenzahlung (vgl. BFH v. 22.06.1990, III R 150/85, BStBl II 1991, 864; i. Ü. s. § 258 AO Rz. 12, 21).

Werden **nicht alle maßgeblichen Erwägungen**, die für die Ermessensentscheidung von Bedeutung sind, in der gebotenen Weise **einbezogen**, begründet dies ebenfalls einen Ermessensfehlgebrauch (BFH v. 05.03.1993, VI R 79/91, BStBl II 1993, 692; FG Münster v. 11.12.2001, 1 K 3470/98, EFG 2002, 728; *Maurer*, § 7 Rz. 22).

40 vorläufig frei

### c) Ermessensunterschreitung (Ermessensausfall, Ermessensnichtgebrauch)

Von einer Ermessensunterschreitung (Ermessensausfall Ermessensnichtgebrauch) spricht man dann, wenn die Finanzbehörde **von dem ihr eingeräumten Ermessen überhaupt keinen Gebrauch gemacht** hat. Dabei kommt es nicht darauf an, ob die Behörde aus Nachlässigkeit handelt oder irrtümlich davon ausgeht, dass bei Anwendung einer Norm generell oder im konkreten Einzelfall kein Ermessenspielraum besteht bzw. eine gebundene Entscheidung zu treffen ist. Dies gilt auch, wenn die Behörde trotz eingeräumten Ermessens untätig bleibt. 41

Demzufolge ist ein Ermessensausfall gegeben, wenn die Finanzbehörde eine **Ermessensnorm falsch auslegt** und sich **nicht darüber bewusst** ist, dass ihr ein **Entscheidungsspielraum** eingeräumt wurde (FG MV v. 12.08.1998, 2 V 44/98, EFG 1998, 1474; FG Ddorf v. 03.08.2000, 11 K 6126/97 BG, EFG 2000, 1174). Eine Ermessensunterschreitung ist auch anzunehmen, wenn die Behörde trotz Ermessensspielraum davon ausgeht, dass sie zu einem bestimmten Handeln verpflichtet sei. Denkbar ist auch, dass sich die Behörde fälschlicherweise an ein Gesetz oder eine Verwaltungsanweisung gebunden fühlt (BFH v. 05.05.1977, IV R 116/75, BStBl II 1977, 639; FG Ddorf v. 13.07.2000, 18 K 8833/99, DStRE 2001, 212). Die Festsetzung eines Verspätungszuschlags (§ 152 AO) ist wegen Ermessensnichtgebrauchs fehlerhaft, wenn sich der Sachbearbeiter an die Höhe des durch ein Computerprogramm errechneten Verspätungszuschlags gebunden fühlt und deshalb eigene Ermessenserwägungen unterlässt (FG Ddorf v. 13.07.2000, 18 K 8833/99, DStRE 2001). Ein Haftungsbescheid ist ermessensfehlerhaft, wenn das FA nur einen von mehreren Haftungsschuldnern in Anspruch nimmt, weil es wegen Verletzung der Amtsermittlungspflicht von der Existenz der übrigen Haftungsschuldner nichts weiß (FG Sa v. 04.03.2004, 2 K 116/01, EFG 2004, 1192). 42

Eine nicht oder nicht ausreichend begründete Ermessensentscheidung ist grds. rechtswidrig (s. Rz. 13 ff.). Fehlt überhaupt eine Begründung der Ermessensentscheidung, so legt das die Annahme einer **Ermessensunterschreitung** nahe (BFH v. 14.06.1983, VII R 4/83, BStBl II 1983, 695; FG Köln v. 14.01.1998, 6 V 6026/97, EFG 1998, 753, 755). Ein Ermessensnichtgebrauch ist bei fehlenden Ermessenserwägungen nur dann nicht anzunehmen, wenn ausnahmsweise kein Begründungszwang besteht (s. Rz. 14), insbes. in den Fällen des intendierten Ermessens (Rz. 7). Hier ist ein Ermessensfehler nur gegeben, wenn in einem vom Regelfall abweichenden Fall keine Abwägung vorgenommen wurde und keine Begründung für die Ermessensentscheidung vorliegt (vgl. BFH v. 26.06.2007, VII R 35/06, BStBl II 2007, 742). 43

Ebenso wie das Fehlen einer Begründung ist die **floskelhafte Verwendung von Textbausteinen ohne Bezugnahme auf den Einzelfall** als Ermessensunterschreitung zu werten; dies gilt nur dann nicht, wenn die die Begründung bildenden Textbausteine von dem Sachbearbeiter gerade unter Berücksichtigung des Einzelfalls ausgewählt wurden (BFH v. 18.08.1988, V R 19/83, BStBl II 1988, 929).

### 3. Entscheidung des Gerichts

#### a) Anfechtungsklagen (§ 40 Abs. 1 1. Alt. FGO)

44 Liegt ein Ermessensfehler vor (s. Rz. 36 ff.), so hebt das FG den angefochtenen Verwaltungsakt auf (§ 100 Abs. 1 Satz 1 FGO). Ansonsten weist es die Klage ab. Es darf sein Ermessen im Hinblick auf das Gewaltenteilungsprinzip (Art. 20 Abs. 2 Satz 2 GG) nicht an die Stelle des behördlichen Ermessens setzen (s. Rz. 33). Für die gerichtliche Prüfung einer Ermessensentscheidung gem. § 102 Satz 1 FGO kommt es mithin nicht darauf an, ob das Gericht bestimmte Ermessenserwägungen der Behörde für überzeugend hält, sie also in gleicher oder ähnlicher Weise angestellt hätte, sondern allein darauf, ob die nach dem Sinn und Zweck der Ermessensvorschrift in Betracht kommenden Erwägungen angestellt wurden und ob die für die Entscheidung maßgeblichen Erwägungen dem Zweck der Ermächtigung entsprechen und somit sachgerecht sind oder ob für die Entscheidung sachwidrige Erwägungen bestimmend waren (BFH v. 28.09.2010, VII R 45/09, BFH/NV 2011, 391).

45 Hat die beklagte Behörde ihre Ermessenserwägungen zulässigerweise nach § 102 Satz 2 FGO ergänzt (s. Rz. 15), so kann ein **Ermessensfehlgebrauch** (s. Rz. 37 ff.) beseitigt werden. Der angefochtene Verwaltungsakt ist dann rechtmäßig, und die Klage ist abzuweisen. In diesem Fall dürften die **Verfahrenskosten** dem Beklagten gem. § 137 Satz 1 FGO aufzuerlegen sein (s. § 102 FGO Rz. 4). Eine **Ermessensüberschreitung** (s. Rz. 36) und ein **Ermessensausfall** (s. Rz. 41 f.) sind demgegenüber nicht nach § 102 Satz 2 FGO heilbar (s. Rz. 15), sodass bei dieser Art von Ermessensfehlern der angefochtene Verwaltungsakt zwingend aufzuheben ist. Zur Problematik der Ersetzung eines angefochtenen Ermessensverwaltungsakts nach Ergehen der Einspruchsentscheidung und der Anwendung des § 68 FGO im Verhältnis zu § 102 FGO s. § 68 FGO Rz. 4a.

46 § 127 AO kommt bei der Anfechtung von Ermessensverwaltungsakten nur ausnahmsweise zur Anwendung. Hiernach können Verwaltungsakte, die nicht nach § 125 AO nichtig sind, nicht alleine wegen Verfahrens- oder Formfehlern aufgehoben werden, wenn keine andere Entscheidung in der Sache hätte ergehen können. Bei Ermessensentscheidungen ist aber regelmäßig davon auszugehen, dass eine andere Entscheidung hätte ergehen können, sodass formell rechtswidrige Ermessensentscheidungen i. d. R. aufzuheben sind (BFH v. 02.08.2012, V B 68/11, BFH/NV 2013, 243; § 127 AO Rz. 8). Etwas anderes gilt nur bei einer **Ermessensreduzierung auf null** (BFH v. 16.11.2005, X R 3/04, BFH/NV 2006, 387; BFH v. 19.01.2011, X B 14/10, BFH/NV 2011, 759; BFH v. 02.08.2012, V B 68/11, BFH/NV 2013, 243; s. Rz. 34; s. § 127 AO Rz. 8).

#### b) Verpflichtungsklage (§ 40 Abs. 1 2. Alt. FGO)

Ist die Ablehnung oder Unterlassung eines Verwaltungsakts ermessensfehlerhaft, so wird das FG in aller Regel nur die Verpflichtung des Beklagten aussprechen können, erneut über den Antrag des Klägers unter Beachtung der Rechtsauffassung des Gerichts nach Maßgabe der Entscheidungsgründe zu entscheiden (§ 101 Satz 2 FGO; s. § 101 FGO Rz. 7; zutr. *Wernsmann* in HHSp, § 5 AO Rz. 271). Denn der Kläger hat grds. keinen Anspruch auf eine bestimmte Ermessensentscheidung, sondern nur auf eine ermessensfehlerfreie Entscheidung (s. Rz. 33), und das FG darf nicht sein Ermessen an die Stelle des behördlichen Ermessens setzen, wie aus § 102 Satz 1 FGO folgt (s. Rz. 44). Abweichend hiervon darf das Gericht den Beklagten nur dann zum Erlass eines Verwaltungsakts verpflichten, wenn ein Fall der Ermessensreduzierung auf null (s. Rz. 29) vorliegt (z.B. BFH v. 26.08.2010, III R 80/07, BFH/NV 2011, 401; BFH v. 14.03.2012, XI R 33/09, BStBl II 2012, 477; s. § 101 FGO Rz. 7). Nur in diesem Fall hat der Kläger einen entsprechenden Anspruch. 47

§ 102 Satz 2 FGO gilt auch für Verpflichtungsklagen, sodass der Beklagte seine **Ermessenserwägungen** zur Ablehnung bzw. Unterlassung eines Verwaltungsakts entsprechend bis zum Abschluss der Tatsacheninstanz **ergänzen** kann. Hinsichtlich der einzelnen Ermessensfehler s. Rz. 45. 48

## § 6 AO
## Behörden, öffentliche und nicht-öffentliche Stellen, Finanzbehörden

**(1) Behörde ist jede öffentliche Stelle, die Aufgaben der öffentlichen Verwaltung wahrnimmt.**

**(1a) Öffentliche Stellen des Bundes sind die Behörden, die Organe der Rechtspflege und andere öffentlich-rechtlich organisierte Einrichtungen des Bundes, der bundesunmittelbaren Körperschaften, der Anstalten und Stiftungen des öffentlichen Rechts sowie deren Vereinigungen ungeachtet ihrer Rechtsform.**

**(1b) Öffentliche Stellen der Länder sind die Behörden, die Organe der Rechtspflege und andere öffentlich-rechtlich organisierte Einrichtungen eines Landes, einer Gemeinde, eines Gemeindeverbandes oder sonstiger der Aufsicht des Landes unterstehender juristischer Personen des öffentlichen Rechts sowie deren Vereinigungen ungeachtet ihrer Rechtsform.**

**(1c) Vereinigungen des privaten Rechts von öffentlichen Stellen des Bundes und der Länder, die Aufgaben der öffentlichen Verwaltung wahrnehmen, gelten ungeachtet der Beteiligung nicht-öffentlicher Stellen als öffentliche Stellen des Bundes, wenn**

**1. sie über den Bereich eines Landes hinaus tätig werden oder**

**2. dem Bund die absolute Mehrheit der Anteile gehört oder die absolute Mehrheit der Stimmen zusteht.**

**Anderenfalls gelten sie als öffentliche Stellen der Länder.**

**(1d) Nicht-öffentliche Stellen sind natürliche und juristische Personen, Gesellschaften und andere Personenvereinigungen des privaten Rechts, soweit sie nicht unter die Absätze 1a bis 1c fallen. Nimmt eine nicht-öffentliche Stelle hoheitliche Aufgaben der öffentlichen Verwaltung wahr, ist sie insoweit öffentliche Stelle im Sinne dieses Gesetzes.**

**(1e) Öffentliche Stellen des Bundes oder der Länder gelten als nicht-öffentliche Stellen im Sinne dieses Gesetzes, soweit sie als öffentlich-rechtliche Unternehmen am Wettbewerb teilnehmen.**

**(2) Finanzbehörden im Sinne dieses Gesetzes sind die folgenden im Gesetz über die Finanzverwaltung genannten Bundes- und Landesfinanzbehörden:**

**1. das Bundesministerium der Finanzen und die für die Finanzverwaltung zuständigen obersten Landesbehörden als oberste Behörden,**

**2. die Bundesmonopolverwaltung für Branntwein** [*bis 31.12.2018*]**, das Bundeszentralamt für Steuern und die Generalzolldirektion als Bundesoberbehörden,**

**3. Rechenzentren sowie Landesfinanzbehörden, denen durch eine Rechtsverordnung nach § 17 Absatz 2 Satz 3 Nummer 3 des Finanzverwaltungsgesetzes die landesweite Zuständigkeit für Kassengeschäfte und das Erhebungsverfahren einschließlich der Vollstreckung übertragen worden ist, als Landesoberbehörden,**

**4. die Oberfinanzdirektionen als Mittelbehörden,**

**4a. die nach dem Finanzverwaltungsgesetz oder nach Landesrecht an Stelle einer Oberfinanzdirektion eingerichteten Landesfinanzbehörden,**

**5. die Hauptzollämter einschließlich ihrer Dienststellen, die Zollfahndungsämter, die Finanzämter und die besonderen Landesfinanzbehörden als örtliche Behörden,**

**6. Familienkassen,**

**7. die zentrale Stelle im Sinne des § 81des Einkommensteuergesetzes und**

**8. die Deutsche Rentenversicherung Knappschaft-Bahn-See (§ 40a Abs. 6 des Einkommensteuergesetzes).**

**Inhaltsübersicht**



## A. Behörde (§ 6 Abs. 1 AO)

Der Begriff der **Behörde** i. S. des § 6 Abs. 1 AO entspricht nicht mehr ganz dem in § 1 Abs. 4 VwVfG und § 1 Abs. 2 SGB X enthaltenen allgemeinen Behördenbegriff. Es wird in der AO nun klargestellt, dass es sich um eine öffentliche Stelle handeln muss. Die detaillierte Differenzierung in »öffentlichen Stellen« und »nicht-öffentliche Stellen« in den Abs. 1a bis Abs. 1e wurde durch die Neuregelung des Anwendungsbereichs des Bundesdatenschutzgesetzes (BDSG) erforderlich (BT/Drs. 18/12611, 76). Er findet aber auch Anwendung im Bereich der Amtshilfevorschriften (§§ 111 ff. AO) und bei der Mitteilungsverordnung. Der Begriff ist weit gefasst (»Stelle«) und bezieht neben den mit Aufgaben der öffentlichen Verwaltung betrauten Stellen selbstständiger Körperschaften des öffentlichen Rechts auch Anstalten und Stiftungen sowie alle natürlichen und juristischen Personen und nichtrechtsfähigen Vereinigungen mit ein, die Aufgaben der öffentlichen Verwaltung wahrnehmen, wie z. B. Notare, Gerichtsvollzieher, Schiffskapitäne, Lotsen, Bezirksschornsteinfeger (sog. beliehene Unternehmer). 1

## B. Finanzbehörden (§ 6 Abs. 2 AO)

Der Begriff der **Finanzbehörden** i. S. der AO ergibt sich ausschließlich aus den in §§ 1 und 2 FVG aufgezählten Bundes- und Landesfinanzbehörden, gegliedert in oberste Behörden, Oberbehörden, Mittelbehörden und örtliche Behörden, soweit sie Steuern, Zölle und Abschöpfungen verwalten, da nur sie dem Geltungsbereich der Abgabenordnung unterliegen. Deshalb fehlen hier einige der in § 1 2

Nr. 2 FVG genannten Oberbehörden, diese sind keine Finanzbehörden i. S. der AO.

3 Finanzbehörden sind nach § 6 Abs. 2 Nr. 6 AO auch die **Familienkassen**, soweit sie nach § 67 EStG das Kindergeld festsetzen und auszahlen.

4 § 386 Abs. 1 Satz 2 AO enthält einen **besonderen Begriff** der Finanzbehörden hinsichtlich der Ermittlungen bei dem Verdacht einer Steuerstraftat, dem nur für die §§ 385 bis 408 AO Geltung zukommt.

5 Der Finanzbehördenbegriff führt dazu, dass die AO anwendbar ist (§ 1 AO), sodass der Rechtsbehelf des Einspruchs (§ 347 AO) gegeben und der Finanzrechtsweg eröffnet ist.

## § 7 AO
## Amtsträger

**Amtsträger ist, wer nach deutschem Recht**

1. **Beamter oder Richter (§ 11 Abs. 1 Nr. 3 des Strafgesetzbuches) ist,**
2. **in einem sonstigen öffentlich-rechtlichen Amtsverhältnis steht oder**
3. **sonst dazu bestellt ist, bei einer Behörde oder bei einer sonstigen öffentlichen Stelle oder in deren Auftrag Aufgaben der öffentlichen Verwaltung wahrzunehmen.**

**Inhaltsübersicht**



### A. Bedeutung der Vorschrift

1 Der Begriff Amtsträger findet sich in der AO u. a. bei der Regelung des Steuergeheimnisses (§ 30 AO), der Haftungsbeschränkung (§ 32 AO), der Ausschließung und Ablehnung von Personen in einem Verwaltungsverfahren (§§ 82 ff. AO), der Akteneinsicht im Zerlegungsverfahren (§ 187 AO) und bei der Selbstanzeige (§ 371 Abs. 2 AO). Er entspricht der Definition des § 11 Abs. 1 Nr. 2 StGB.

### B. Amtsträger

2 § 7 AO unterscheidet drei Gruppen von Amtsträgern.

#### I. Beamte oder Richter (§ 7 Nr. 1 AO)

Amtsträger ist jeder **Beamte oder Richter nach deutschem Recht**, ohne dass es auf die beamten- oder richterrechtliche Art der Anstellung (Probe, Widerruf, Lebenszeit) ankommt; bei unwirksamer Berufung kann § 7 Nr. 3 AO Anwendung finden (*Wünsch* in Koenig, § 7 AO Rz. 6). Dazu zählen auch ehrenamtliche Richter. Es ist dabei bedeutungslos, welche Art der Tätigkeit ausgeübt wird. Nicht unter § 7 Nr. 1 AO fallen Beamte anderer Staaten oder der Europäischen Union sowie Amtsträger von Kirchen und Religionsgemeinschaften. 3

#### II. Personen in einem sonstigen Amtsverhältnis (§ 7 Nr. 2 AO)

Zu diesem Personenkreis zählen Träger eines öffentlichen Amtes, die nicht Beamte oder Richter i. S. des § 7 Nr. 1 AO sind, soweit sie in einem öffentlich-rechtlichen Amtsverhältnis stehen. Dies betrifft z. B. nicht beamtete Regierungsmitglieder, Notare und Notarassessoren ohne Rücksicht auf Art und Inhalt ihrer Tätigkeit. Nicht darunter fallen Abgeordnete der verschiedenen Parlamente des Bundes, der Länder, Gemeinden o. Ä. Dies gilt jedoch nur, wenn sie normsetzend und nicht verwaltend tätig werden (*Drüen* in Tipke/Kruse, § 7 AO Rz. 10, 15, *Misera* in Gosch, § 7 AO Rz. 13). 4

#### III. Sonst zur Wahrnehmung bestellt (§ 7 Nr. 3 AO)

Amtsträger sind im Übrigen Personen, die nach deutschem Recht sonst **dazu bestellt** sind, bei einer Behörde oder bei einer sonstigen öffentlichen Stelle oder in deren Auftrag Aufgaben der öffentlichen Verwaltung wahrzunehmen. Hierunter fallen insbes. alle mit hoheitlichen Tätigkeiten betrauten Angestellten und Arbeiter der Behörden oder sonstiger Stellen. Zu Letzteren zählen behördenähnliche Verwaltungseinheiten, die keine Behörden (§ 6 AO) sind, wie Kirchen und andere Institutionen, die ungeachtet ihres Organisationsgrundes mit der Erledigung öffentlicher Aufgaben befasst sind (*Drüen* in Tipke/Kruse, § 7 AO Rz. 10). So können auch Unternehmen der öffentlichen Hand als »sonstige öffentliche Stellen« den Behörden gleichzustellen sein, wenn sie bei ihrer Tätigkeit öffentliche Aufgaben wahrnehmen (s. § 6 Abs. 1c und 1d). 5

Die **Wahrnehmung von Aufgaben der öffentlichen Verwaltung** bedeutet die Verrichtung von Tätigkeiten, die als Ausfluss der Staatsgewalt in Erfüllung der dieser durch gesetzliche Vorschriften übertragenen Pflichten und Befugnisse anzusehen sind. Dabei ist ausschlaggebend, dass die Person diese Aufgaben tatsächlich wahr- 6 nimmt. Bedienstete, die hierzu lediglich (mechanische) Hilfe leisten oder Verrichtungen vornehmen, die lediglich aus Anlass oder bei Gelegenheit öffentlich-rechtlicher Tätigkeiten anfallen, gehören nicht dazu. Putzfrauen, Hausmeister oder im reinen Schreibdienst tätige Personen sind daher keine Amtsträger (dazu s. AEAO zu § 7, Nr. 3). Kein Amtsträger i. S. des § 7 Nr. 3 AO ist, wer, ohne dazu bestellt zu sein, tatsächlich öffentliche Tätigkeiten im Einzelfall oder wiederholt ausübt. Der Ort der Wahrnehmung ist ohne Bedeutung.

7 Über die Amtsträger i. S. des § 7 AO hinaus können im Einzelfall weitere Personen Amtsträgern gleichgestellt werden (s. z. B. für das Steuergeheimnis § 30 Abs. 3 AO) oder umgekehrt der Kreis der Amtsträger eingeschränkt werden (s. § 371 Abs. 2 Nr. 1c AO: »Amtsträger der Finanzbehörde«).

## § 8 AO Wohnsitz

**Einen Wohnsitz hat jemand dort, wo er eine Wohnung unter Umständen innehat, die darauf schließen lassen, dass er die Wohnung beibehalten und benutzen wird.**

### Inhaltsübersicht



### A. Bedeutung der Vorschrift

1 An den **Wohnsitz** bzw. in Ermangelung eines Wohnsitzes den **gewöhnlichen Aufenthalt** (§ 9 AO) im Inland knüpft die unbeschränkte Steuerpflicht natürlicher Personen im Bereich der Steuern vom Einkommen und Vermögen (ausgesetzt) sowie der Erbschaft- und Schenkungsteuer an (AEAO Vor §§ 8–9, Nr. 1 Satz 1). Auch für familienbezogene Entlastungen sind der Wohnsitz bzw. Aufenthalt von Bedeutung (§ 62 EStG). Darüber hinaus richtet sich die örtliche Zuständigkeit der FA für die Einkommen- und Vermögensteuer (§ 19 AO), die Erbschaft- und Schenkungsteuer (§ 35 ErbStG) und die KiSt nach dem Wohnsitz bzw. nach dem gewöhnlichen Aufenthalt. Bei Anwendung der **Doppelbesteuerungsabkommen** ist der Wohnsitz insofern von grundlegender Bedeutung, als diese Abkommen das Besteuerungsrecht primär demjenigen Staat zuerkennen, in dem der Stpfl. seinen Wohnsitz oder (mangels eines Wohnsitzes in einem der Vertragsstaaten) seinen gewöhnlichen Aufenthalt hat. Die Wohnsitzregelung des deutschen Steuerrechts wird durch Wohnsitzbestimmungen in DBA, die i. d. R. nur Kollisionen verhindern sollen, nicht berührt; Letztere haben Bedeutung für die Verteilung einzelner Steuergüter auf die beiden Vertragsstaaten. Die deutsche unbeschränkte Steuerpflicht besteht daher auch dann, wenn der Steuerpflichtige nach DBA im ausländischen Vertragsstaat ansässig ist, aber im Inland einen Wohnsitz oder seinen gewöhnlichen Aufenthalt hat (BFH v. 04.06.1975, I R 250/73, BStBl II 1975, 708; AEAO Vor §§ 8–9, Nr. 1 Abs. 3). Sonderregelungen enthalten verschiedene zwischenstaatliche Vereinbarungen wie z. B. Art. 13 des Protokolls 7 über die Vorrechte und Befreiungen der europäischen Union vom 26.10.2012 (ABl. EU C 326 S. 266) oder das NATO-Truppenstatut (dazu s. Rz. 13 und AEAO Vor §§ 8–9, Nr. 1 Abs. 2), die als Fiktion den nationalen Regelungen vorgehen. Die **Beweislast** für die wohnsitzbegründenden Umstände trägt derjenige, der sich auf das Vorhandensein des Wohnsitzes beruft.

### B. Tatsächliche Gestaltung

Die Vorschrift definiert einen **eigenen steuerrechtlichen Begriff des Wohnsitzes**. Einen Wohnsitz kann nur eine 2
natürliche Person haben. Im Gegensatz zum bürgerlichen Recht, nach dem Begründung, Beibehaltung und Aufgabe des Wohnsitzes rechtsgeschäftliche Willenserklärungen darstellen, die Geschäftsfähigkeit voraussetzen (§§ 7, 8 BGB), knüpft der Wohnsitzbegriff des Steuerrechts an die tatsächliche Gestaltung der äußeren Verhältnisse an (st. Rspr., s. BFH v. 22.04.1994, III R 22/92, BStBl II 1994, 887). Melderechtliche Normen sowie bürgerlichrechtliche Vorschriften über Begründung, Beibehaltung und Aufgabe eines Wohnsitzes sind unmaßgeblich (BFH v. 23.11.2000, VI R 107/99, BStBl II 2001, 294 m. w. N.). Dies gilt auch für ausländerrechtliche Bestimmungen, die einem dauerhaften Verbleib im Inland entgegenstehen (FG BW v. 07.09.1990, IX K 96/88, EFG 1991, 102; Nds. FG v. 30.09.1997, XV 380/97 Ki, EFG 1998, 377). Die Willensrichtung (und damit auch die Geschäftsfähigkeit) des Stpfl. ist steuerlich unbeachtlich, solange und soweit sie zu der tatsächlichen Gestaltung in Widerspruch steht (BFH v. 23.11.1988 II R 139/87, BStBl II 1989, 182). Auch ein Minderjähriger kann also steuerlich einen Wohnsitz begründen und aufgeben, wobei es auf den Willen des gesetzlichen Vertreters nicht ankommt. Die Begründung und Aufhebung des Wohnsitzes setzt allerdings einen natürlichen Willen voraus (BFH v. 22.04.1994, III R 22/92, BStBl II 1994, 887 m. w. N.). Ein ins Ausland entführtes Kind behält i. d. R. seinen Wohnsitz im Inland, solange die Umstände nicht darauf schließen lassen, dass es nicht zurückkehrt (BFH v. 30.10.2002, VIII R 86/00,

BFH/NV 2003, 464; BFH v. 05.05.2014, III B 156/13, BFH/NV 2014, 1208 m. w. N.).

3 Wie im bürgerlichen Recht kann auch in steuerlicher Hinsicht ein **doppelter oder gar mehrfacher Wohnsitz**, sei es im Inland oder im Ausland vorhanden sein (s. § 19 Abs. 1 Satz 2 AO; s. BFH v. 18.12.2013, III R 44/12, BFHE 244, 344 = BFH/NV 2014, 773 m. w. N.). Ebenso kann jemand an dem einen Ort seinen Wohnsitz und an einem anderen Ort seinen gewöhnlichen Aufenthalt haben; um die Annahme eines gewöhnlichen Aufenthalts (§ 9 AO) zu begründen, braucht der Wohnsitz nicht aufgegeben zu sein. Wegen der Auswirkung auf die Zuständigkeit der FA s. § 19 AO.

## C. Merkmale des Wohnsitzbegriffs

4 Im Einzelnen knüpft die Annahme eines Wohnsitzes im steuerlichen Sinne an folgende Merkmale an:

### I. Vorhandensein einer Wohnung

5 Es muss eine **Wohnung** vorhanden sein. Das bedeutet, dass die vorhandenen Räume nach Ausmaß, baulicher Gestaltung und Einrichtung zum dauerhaften Wohnen geeignet sein müssen (BFH v. 22.04.1994, III R 22/92, BStBl II 1994, 887) und eine den persönlichen und wirtschaftlichen Verhältnissen der betreffenden Person entsprechende Bleibe darstellen (BFH v. 19.03.1997, I R 69/96, BStBl II 1997, 447). Nicht erforderlich ist, dass die Wohnung abgeschlossen ist oder Küche und separate Waschgelegenheit enthält (AEAO zu § 8, Nr. 3). Auch ein Ferien- und Wochenendhaus, eine sog. Stand-by-Wohnung, die Piloten zusammen mit Berufsangehörigen nutzen (BFH v. 10.04.2013, I R 50/12, BFH/NV 2013, 1909), oder ein Jagdhaus können Wohnung i. S. des § 8 AO sein (BFH v. 04.06.1964, IV 29/64 U, BStBl III 1964, 535), auch wenn die Einrichtung bescheidener ist als bei einer Hauptwohnung. Begnügt sich jemand auf die **Dauer** ausschließlich mit einer Unterkunft, die objektiv seinen Lebensverhältnissen nicht angemessen erscheint, liegt eine Wohnung vor (*Buciek* in Gosch, § 8 AO Rz. 16 f.; *Drüen* in Tipke/Kruse, § 8 AO Rz. 5 m. w. N.: Gemeinschaftslager, Baracke, Wohnwagen bei Dauermiete auf Campingplatz, Hotelzimmer bei Dauernutzung).

6 Ob die Wohnung mit eigenen oder fremden Möbeln ausgestattet ist, macht keinen Unterschied. Auch möblierte Zimmer können eine Wohnung im steuerlichen Sinne darstellen (ebenso *Drüen* in Tipke/Kruse, § 8 AO Rz. 5 m. w. N.). Bloße Übernachtungsmöglichkeiten bei Bekannten oder Verwandten, in Hotelzimmern ohne Dauermiete oder in Geschäftsräumen sind keine Wohnung (BFH v. 08.05.2014, III R 21/12, BFHE 246, 389; BStBl II 2015, 135).

### II. Innehaben der Wohnung

Die betreffende Person muss die Wohnung **innehaben**, d. h. tatsächlich über sie jederzeit und unbeschränkt verfügen können und diese subjektiv zu einer entsprechenden Nutzung bestimmen. Hierdurch unterscheidet sich die bloße Aufenthaltnahme von dem Wohnsitz (BFH v. 13.11.2013, I R 38/13, BFH/NV 2014, 1046), s. § 9 AO Rz. 2. Es ist eine Nutzung erforderlich, die über bloße Besuche, kurzfristige Ferienaufenthalte und das Aufsuchen der Wohnung zu Verwaltungszwecken hinausgeht, die aber weder regelmäßig noch über längere Zeit erfolgen muss (BFH v. 30.06.2004, VIII B 132/04, BFH/NV 2004, 1639). Es kommt nicht darauf an, dass am Ort der Wohnung der Mittelpunkt der Lebensinteressen liegt (BFH v. 24.01.2001, I R 100/99, BFH/NV 2001, 1402). 7

Eine Wohnung kann jemand auch durch **Familienangehörige** innehaben (s. FG Ha v. 07.03.1997, I 135/94, EFG 1997, 1153). Regelmäßig ist davon auszugehen, dass jemand an dem Ort, an dem die Familie eine Wohnung innehat und benutzt, selbst einen Wohnsitz hat (BFH v. 17.05.1995, I R 8/94, BStBl II 1996, 2 m. w. N.). Dies gilt uneingeschränkt jedoch nur für das »Beibehalten« eines bereits vorhandenen Wohnsitzes. Dagegen ist die »Begründung« eines inländischen Wohnsitzes ohne einen Aufenthalt im Inland grds. nicht möglich. Ein **im Ausland geborenes Kind** teilt bereits von Geburt an den inländischen (Familien-)Wohnsitz seiner Eltern. Dies gilt jedoch nur, wenn sich die Mutter nur zur Entbindung im Ausland aufgehalten hat und das Kind innerhalb angemessener Zeit nach Deutschland gebracht wird. Kann das Kind den Wohnsitz der Eltern im Inland aus tatsächlichen oder rechtlichen Gründen nicht aufsuchen, kann es dort (zunächst) auch keinen eigenen Wohnsitz begründen (BFH v. 27.02.2014, V R 15/13, BFH/NV 2014, 103; v. 07.04.2011, III R 77/09, BFH/NV 2011, 1351). 8

Wem ein Zimmer nur zu Besuchszwecken bereitgehalten wird, der hat dort **keine Wohnung** (s. BFH v. 17.03.1961, VI 185/60 U, BStBl III 1961, 298 betr. einen ausgewanderten Sohn, der immer wieder in die inländische Wohnung seiner Mutter zurückkehrte; BFH v. 25.01.1989, I R 205/82, BStBl II 1990, 687 und BFH v. 14.10.2011, III B 202/10, BFH/NV 2012, 226 betr. Zimmer mit Schlafgelegenheit bei im nahen Ausland vorhandenem Einfamilienhaus). Der bloße Besitz einer Wohnung, eines Ein- oder Zweifamilienhauses, die zur nicht nur kurzfristigen Vermietung oder zum Verkauf bestimmt sind, begründet keinen Wohnsitz (AEAO zu § 8, Nr. 6). Ein abgelegenes Haus, das während der Schulferien der Kinder benutzt wird, ist ebenso wenig Wohnung (BFH v. 24.04.1964, VI 236/62 U, BStBl III 1964, 462), wie sonstige in unregelmäßigen Abständen zu Erholungszwecken benutzte Zweit- oder Ferienwohnungen (BFH v. 06.03.1968, I 38/65, BStBl II 1968, 439). Der planmäßige und regelmäßige Aufenthalt in der am Arbeitsort 9 befindlichen Wohnung eines Verwandten führt nicht zum Innehaben einer Wohnung, wenn dem Stpfl. dort nicht ein Zimmer ständig zur eigenen Benutzung zur Verfügung steht (BFH v. 24.10.1969, IV 290/64, BStBl II 1970, 109).

### III. Beibehalten und Nutzen der Wohnung

10 Das Innehaben muss unter Begleitumständen geschehen, die darauf schließen lassen, dass die Wohnung beibehalten und benutzt werden wird. Dieses zeitliche Moment muss sich auf die in Betracht kommende Wohnsitzgründung beziehen und von dort aus in die Zukunft gerichtet sein. Ob das der Fall ist, muss aus äußeren objektiven Tatsachen geschlossen werden; es handelt sich um eine Prognoseentscheidung (BFH v. 23.11.2002, VI R 107/99, BStBl II 2001, 294). Alle Umstände des Einzelfalles wie Art und Einrichtung der Wohnung, Möglichkeit ihrer Nutzung u. Ä. sind dabei heranzuziehen (AEAO zu § 8, Nr. 4). Einen Anhaltspunkt für die Annahme dieses Dauerzustands gibt § 9 Satz 2 AO, denn die dort genannte Sechsmonatsfrist bringt zum Ausdruck, von welcher Zeitdauer ab ein Aufenthalt nicht nur ein vorübergehender ist (BFH v. 19.09.2013, III B 53/13, BFH/NV 2014, 38 m. w. N.). Durch eine vorübergehende Unterbrechung im Innehaben einer inländischen Wohnung wird der inländische Wohnsitz nicht beendet, falls die Umstände bestehen bleiben, die auf die Beibehaltung einer solchen Wohnung schließen lassen (BFH v. 23.11.2002, VI R 107/99, BStBl II 2001, 294). Dies ist z. B. auch der Fall, wenn jemand während eines Auslandsaufenthalts seine Wohnung vorübergehend vermietet oder untervermietet, um sie nach seiner Rückkehr wieder zu nutzen (AEAO zu § 8, Nr. 6; s. Rz. 14), oder wenn jemand beim Auszug aus einer Wohnung bereits die Absicht hat, demnächst eine andere Wohnung im Inland zu beziehen und diese beizubehalten und zu benutzen, und wenn er diese Absicht alsbald verwirklicht (BFH v. 26.07.1972, I R 138/70, BStBl II 1972, 949). Bei Auslandsaufenthalten von mehr als einem Jahr reichen kurzfristige Besuche nicht aus (BFH v. 26.01.2001, VI R 89/00, BFH/NV 2001, 1018 ff.).

## D. Begründung und Aufgabe des Wohnsitzes

11 Begründung und Aufgabe des Wohnsitzes im steuerlichen Sinne sind gleichbedeutend mit der Verwirklichung und Beseitigung der äußeren Umstände, an deren Vorhandensein der Wohnsitzbegriff anknüpft. Maßgebend ist die tatsächliche Gestaltung, nicht die Willensrichtung des Betreffenden, sodass die Geschäftsfähigkeit nicht erforderlich ist (BFH v. 28.01.2004, I R 56/02, BFH/NV 2004, 917f; hierzu auch s. Rz. 2). Voraussetzung ist aber, dass der Betreffende über die Wohnung tatsächlich und rechtlich verfügen kann. **Auf die polizeiliche An- oder Abmeldung kommt es nicht an** (BFH v. 19.09.2013, III B 53/13, BFH/NV 2014, 38).

### I. Begründung des Wohnsitzes

Ein Wohnsitz wird **durch die tatsächliche Beschaffung einer Wohnung** zur Beibehaltung und Nutzung begründet. Daher wird kein Wohnsitz begründet, wenn die Wohnung nur zur kurzzeitigen Nutzung bezogen wird oder sonst Indizien gegen die Beibehaltung und Nutzung bestehen, wie z. B. die nur gelegentliche Nutzung zur Erholung oder während der Schulferien (BFH v. 06.03.1968, I 38/65, BStBl II 1968, 439; BFH v. 24.04.1964, VI 236/62 U, BStBl III 1964, 462). Ein Wohnsitz wird begründet, wenn ein Ehepartner nach Eheschließung in die Wohnung des anderen zieht; die Eheschließung allein reicht nicht aus. Behält der einziehende Ehepartner seine bisherige Wohnung bei, kann es bei ihm zu zwei Wohnsitzen kommen. Es wird widerlegbar vermutet, dass es durch die Begründung eines Wohnsitzes durch einen Ehepartner regelmäßig auch für den anderen Ehepartner und ggf. für die gemeinsamen Kinder zur Wohnsitzbegründung kommt (AEAO zu § 8, Nr. 5). 12

**Deutsche Bedienstete der EU** gelten als im Inland ansässig (Art. 13 des Protokolls 7 über die Vorrechte und Befreiungen der europäischen Union vom 26.10.2012 (ABl. EU C 326 S. 266)). Die Anwendung der Vorschriften des Art. X Abs. 1 Satz 1 **NATO-Truppenstatut** und des Art. 73 Satz 1 NATO-TrStatZAbk wird nicht dadurch ausgeschlossen, dass die ausländischen Mitglieder der NATO-Truppe im Inland einen Wohnsitz i. S. des § 8 AO haben (BFH v. 09.11.2005, I R 47/04, BStBl II 2006, 374). Mitglieder einer Truppe, eines zivilen Gefolges oder technische Fachkräfte halten sich immer dann »nur in dieser Eigenschaft« i. S. von Art. X Abs. 1 Satz 1 NATO-TrStat im Inland auf, wenn nach den gesamten Lebensumständen erkennbar ist, dass die betreffende Person in dem maßgeblichen Zeitraum fest entschlossen ist, nach Beendigung ihres Dienstes in den Ausgangsstaat oder in ihren Heimatstaat zurückzukehren. Dies erfordert eine zeitliche Fixierung im Hinblick auf die Rückkehr nach Beendigung des Dienstes. Es genügt nicht, irgendwann zurückkehren zu wollen. Danach kann ein Rückkehrwille selbst dann verneint werden, wenn zu einem späteren Zeitpunkt eine Rückkehr in den Heimatstaat erfolgt (BFH v. 18.09.2012, I B 10/12, BFH/NV 2013, 27; BFH v. 09.11.2005, I R 47/04, BStBl II 2006, 374; BFH v. 26.05.2010, VIII B 272/09, BFH/NV 2010, 1819). Die Beweislast trifft in diesem Punkt den Steuerpflichtigen (BFH v. 22.02.2006, I R 18/05, HFR 2007, 437–438). 13

## II. Aufgabe des Wohnsitzes

14 Aufgegeben ist der Wohnsitz dann, wenn die Wohnung aufgegeben oder wenn sie durch den Betreffenden selbst oder durch Angehörige nicht nur vorübergehend nicht mehr benutzt wird. Das ist u. a. der Fall, wenn bei Mietwohnungen das Mietverhältnis gekündigt oder die eigene Wohnung oder das eigene Haus nicht nur vorübergehend vermietet wird (BFH v. 17.05.1995, I R 8/94, BStBl II 1996, 2 m. w. N.). Wird die Wohnung mit allen Einrichtungsgegenständen vorübergehend für die Dauer der Abwesenheit vermietet, wird sie dagegen nicht aufgegeben (FG SchlH v. 12.05.1981, III 388/78, EFG 82, 5). Eine Aufgabe liegt vor, wenn der Betreffende die Wohnung für nicht absehbare Zeit nicht mehr aufsucht (BFH v. 26.07.1972, I R 138/70, BStBl II 1972, 949) oder wenn eine Wohnung zur bloßen Vermögensverwaltung zurückgelassen wird (s. dazu AEAO zu § 8, Nr. 6). Die Entscheidung, ob jemand eine Wohnung unter Umständen innehat, die darauf schließen lassen, dass er die Wohnung beibehalten und benutzen wird, erfordert eine Prognose, d. h. eine Schlussfolgerung aus den festgestellten Umständen auf ein zukünftiges Verhalten (BFH v. 23.11.2000, VI R 107/99, BStBl II 2001, 294).

15 Bei einer **Auslandsreise** kann die Aufgabe des Wohnsitzes der Zeitpunkt der Ausreise oder, wenn sich der Stpfl. zunächst nur vorübergehend im Ausland aufgehalten hat, ein späterer Zeitpunkt sein (BFH v. 30.10.2002, VIII R 86/00, BFH/NV 2003, 464 m. w. N.). Bei einem ursprünglich vorübergehenden Auslandsaufenthalt ist entscheidend, in welchem Zeitpunkt Umstände eingetreten sind, die die Annahme rechtfertigen, dass der Stpfl. nicht mehr nach Deutschland zurückkehren wird (BFH v. 30.10.2002, VIII R 86/00, BFH/NV 2003, 464 m. w. N.). Ein bedingter Rückkehrwille, d. h. die Absicht, nur beim Eintritt eines bestimmten Ereignisses (z. B. des günstigen Ausgangs eines Strafverfahrens) zurückzukehren, genügt im Allgemeinen nicht.

16 **Keine Aufgabe** liegt vor, wenn jemand, der vom Inland ins Ausland versetzt ist, eine Wohnung im Inland beibehält, deren Benutzung ihm jederzeit möglich ist und die dergestalt ausgestattet ist, dass sie jederzeit als Bleibe dienen kann, es sei denn, dass trotz der Beibehaltung der Wohnung keine Absicht mehr besteht, diese ständig oder mit einer gewissen Regelmäßigkeit oder Gewohnheit zu nutzen; dies hat der Betreffende nachzuweisen (BFH v. 17.05.1995, I R 8/94, BStBl II 1996, 2 m. w. N.; AEAO zu § 8, Nr. 5). Allerdings wird bei einem auf mehr als ein Jahr angelegten Auslandsaufenthalt ein inländischer Wohnsitz durch kurzfristige Aufenthalte zu Urlaubs-, Berufszwecken oder familiären Zwecken, die nicht einem Aufenthalt mit Wohncharakter gleichkommen, nicht beibehalten (BFH v. 17.05.2013, III B 121/12, BFH/NV 2013, 1381).

Kinder, die zu Zwecken der Schul- oder Berufsausbildung für mehrere Jahre ins Ausland gehen, geben ihren inländischen Wohnsitz in der Wohnung der Eltern nicht auf, wenn sie die elterliche Wohnung in ausbildungsfreien Zeiten zumindest überwiegend zum zwischenzeitlichen Wohnen nutzen (BFH v. 23.06.2015, III R 38/14, BStBl II 2016, 102). Ein inländischer Wohnsitz eines im Ausland studierenden Kindes kann nicht allein deshalb verneint werden, weil das Kind nach Abschluss des Studiums möglicherweise eine Stelle im Ausland annimmt (BFH v. 26.06.2013, III B 5/13, BFH/NV 2013, 1386). Die Wohnverhältnisse müssen für ein längeres Wohnen des Kindes in der elterlichen Wohnung geeignet sein; kurzzeitige Besuche und sonstige kurzfristige Aufenthalte zu Urlaubs-, Berufs- oder familiären Zwecken, die nicht einem Aufenthalt mit Wohncharakter gleichkommen, reichen dazu nicht aus (BFH v. 23.11.2000, VI R 107/99, BStBl II 2001, 294; BFH v. 12.06.2017, III B 157/16, BFH/NV 2017, 1318). Eine Aufenthaltsdauer von jährlich fünf Monaten genügt, ist für die Beibehaltung des inländischen Wohnsitzes aber nicht stets erforderlich (BFH v. 28.04.2010, III R 52/09, BStBl II 2010, 1013). Wird ein Kind gegen den Willen der sorgeberechtigten Mutter vom Vater im Ausland festgehalten, hat das Kind seinen Wohnsitz in der Wohnung der Mutter nur dann aufgegeben, wenn die Umstände darauf schließen lassen, dass es nicht zurückkehrt (BFH v. 30.10.2002, VIII R 86/00, BFH/NV 2003, 464). 17

# § 9 AO
# Gewöhnlicher Aufenthalt

**Den gewöhnlichen Aufenthalt hat jemand dort, wo er sich unter Umständen aufhält, die erkennen lassen, dass er an diesem Ort oder in diesem Gebiet nicht nur vorübergehend verweilt. Als gewöhnlicher Aufenthalt im Geltungsbereich dieses Gesetzes ist stets und von Beginn an ein zeitlich zusammenhängender Aufenthalt von mehr als sechs Monaten Dauer anzusehen; kurzfristige Unterbrechungen bleiben unberücksichtigt. Satz 2 gilt nicht, wenn der Aufenthalt ausschließlich zu Besuchs-, Erholungs-, Kur- oder ähnlichen privaten Zwecken genommen wird und nicht länger als ein Jahr dauert.**

**Inhaltsübersicht**

## A. Bedeutung der Vorschrift

1 Wegen des **Anwendungsbereichs** des § 9 AO s. § 8 AO Rz. 1. DBA knüpfen für die Bestimmung der Ansässigkeit ebenfalls an den gewöhnlichen Aufenthalt an, um die Zurechnung der Steuergüter zu regeln, können jedoch den Begriff des gewöhnlichen Aufenthalts auch autonom definieren. Wegen der **ausländischen Mitglieder** von **NATO-Truppen** s. § 8 AO Rz. 1 und 13. Solange im Inland ein Wohnsitz (§ 8 AO) besteht, ist es ohne Bedeutung, wo sich eine Person für gewöhnlich aufhält.

2 Eine Person kann zwar mehrere Wohnsitze, aber **nur einen gewöhnlichen Aufenthalt** haben (s. § 8 AO Rz. 7). Denkbar ist, dass eine Person neben einem Wohnsitz einen gewöhnlichen Aufenthalt hat. Liegen beide im Inland, ist Letzterer ohne Bedeutung. Anders führt bei einem Wohnsitz im Ausland ein gewöhnlicher Aufenthalt im Inland zur unbeschränkten Steuerpflicht (BFH v. 04.06.1975, I R 250/73, BStBl II 1975, 708). Eine Abgrenzung nach dem Schwerpunktaufenthalt findet im Verhältnis von §§ 8 und 9 AO nicht statt (BFH v. 22.06.2011, I R 26/10, BFH/NV 2011, 2001).

## B. Begriff des gewöhnlichen Aufenthalts

### I. Regelung des gewöhnlichen Aufenthalts

3 Der gewöhnliche Aufenthalt befindet sich nach **§ 9 Satz 1** AO dort, wo sich jemand unter Umständen aufhält, die erkennen lassen, dass er an diesem Ort oder in diesem Gebiet nicht nur vorübergehend verweilt. Der gewöhnliche Aufenthalt setzt damit einen dauernden, nicht nur vorübergehenden Aufenthalt voraus und kann nicht an mehreren Orten gleichzeitig bestehen. Die Abgrenzung zwischen ständigem Aufenthalt und vorübergehendem Verweilen ist nach dem Gesamtbild der Umstände des Einzelfalls zu treffen.

4 **§ 9 Satz 2** AO enthält eine stets gültige gesetzliche Vermutung: dauert ein Aufenthalt im Inland zeitlich zusammenhängend länger als sechs Monate, so ist er von Beginn an als gewöhnlicher Aufenthalt anzusehen. Dabei bleiben kurzfristige Unterbrechungen unberücksichtigt. Der gewöhnliche Aufenthalt dauert während der Unterbrechung fort, sofern nur die Gesamtmindestdauer von sechs Monaten überschritten wird. Jedoch werden bei der Berechnung der Sechsmonatsfrist mehrere kurze Aufenthalte im Inland nicht zusammengezählt.

5 Nach § 9 Satz 3 AO gilt die Vermutung des Satzes 2 – stets gewöhnlicher Aufenthalt im Inland bei Überschreiten der Sechsmonatsfrist – nicht, wenn der Aufenthalt im Inland ausschließlich zu Besuchs-, Erholungs-, Kur- oder ähnlichen privaten Zwecken genommen wird und nicht länger als ein Jahr dauert.

## II. Merkmale des gewöhnlichen Aufenthalts

### 1. Tatsächliche Gestaltung

Der Begriff des gewöhnlichen Aufenthalts knüpft an die **äußeren Begleitumstände** an, unter denen sich jemand an einem Ort oder in einem Gebiet aufhält. Diese müssen darauf schließen lassen, dass der Aufenthalt nicht nur vorübergehend besteht, sondern auf eine gewisse Dauer angelegt ist. Wie beim Wohnsitz entscheidet mithin das äußere Bild; Absichten für sich allein oder Absichten, die im Widerspruch zur äußeren Gestaltung stehen, sind ohne Bedeutung (s. § 8 AO Rz. 2). 6

### 2. Nicht nur vorübergehender Aufenthalt

»Gewöhnlich« ist gleichbedeutend mit »dauernd« (AEAO 7
zu § 9, Nr. 1). **»Dauernd«** erfordert keine ununterbrochene Anwesenheit und bedeutet auch nicht »immer«. »Dauernd« ist i. S. von »nicht nur vorübergehend« zu verstehen. Eine Person muss sich an einem Ort oder in einem Gebiet unter Umständen aufhalten, die erkennen lassen, dass sie dort nicht nur vorübergehend verweilt. Bei Beginn des Aufenthaltes muss sich ihre Absicht oder Erwartung auf einen längeren Aufenthalt bezogen haben (BFH v. 30.08.1989, I R 215/85, BStBl II 1989, 956 m. w. N.). Jedoch reichen mehrfach aufeinander folgende Entsendungen eines Arbeitnehmers in das Inland bei einer Gesamtaufenthaltsdauer von sechs Monaten aus (BFH v. 19.06.2015, III B 143/14, BFH/NV 2015, 1386). Das Vorhandensein eines festen Mittelpunktes ist keine wesentliche Voraussetzung für die Annahme eines gewöhnlichen Aufenthalts im Inland (BFH v. 07.04.2011, III R 89/08, BFH/NV 2011, 1324). Als gewöhnlicher Aufenthalt i. S. des § 9 gilt auch der sechsmonatige Aufenthalt in Gemeinschaftsunterkünften während eines **Asylverfahrens** (BFH v. 15.07.2010, III R 77/08, BFH/NV 2010, 2255). Auch ein inländischer Aufenthalt von weniger als sechs Monaten jährlich kann als gewöhnlicher Aufenthalt i. S. des Satzes 1 zu qualifizieren sein, wenn der Aufenthalt auf einen längeren Aufenthalt angelegt war (BFH v. 30.08.1989, I R 215/85, BStBl II 1989, 956 m. w. N.), aber z. B. durch ein unvorhersehbares Ereignis abgebrochen werden musste (FG RP v. 10.05.1975, III 16/75, EFG 1975, 446). Durch eine Abwesenheit im Ausland, die ihrer Natur nach nur vorübergehenden Charakter hat, wird ein gewöhnlicher Aufenthalt im Inland nicht beendet (BFH v. 30.08.1989, I R 215/85, BStBl II 1989, 956 m. w. N.). Eine mehr als einjährige Abwesenheit im Ausland beendet regelmäßig den gewöhnlichen Aufenthalt im Inland; ein Fortbestehen des gewöhnlichen Aufenthalts im Inland kann nur ausnahmsweise angenom-

men werden (BFH v. 27.04.2005, I R 112/04, BFH/NV 2005, 1756 ff.). Bei Seeleuten spricht bei einem Auslandsaufenthalt von mehr als sechs Monaten eine Vermutung dafür, dass der bisherige inländische gewöhnliche Aufenthalt aufgegeben worden ist (BFH v. 27.07.1962, VI 156/59 U, BStBl III 1962, 429). Der steuerliche Aufenthalt der Ehefrau ist unabhängig von dem des Ehemannes und umgekehrt (BFH v. 14.11.1969, III R 95/68, BStBl II 1970, 153).

8 Sog. **Grenzgänger** haben im Inland nicht schon deswegen ihren gewöhnlichen Aufenthalt, weil sie sich während der Arbeitszeit im Inland aufhalten (BFH v. 25.01.1989, I R 205/82, BStBl II 1990, 687); dasselbe gilt für einen im Ausland wohnenden Unternehmer mit Betrieb in der Bundesrepublik, der nach Geschäftsschluss regelmäßig an seinen Wohnsitz im Ausland zurückkehrt (BFH v. 06.02.1985, I R 23/82, BStBl II 1985, 331; für beide Fälle: AEAO zu § 9, Nr. 2).

### 3. Begründung und Aufgabe des gewöhnlichen Aufenthalts

9 Da es sich nicht um rechtsgeschäftliche Willenserklärungen, sondern um **Realakte** handelt, bedarf es für die Begründung und Aufgabe des gewöhnlichen Aufenthalts keiner Geschäftsfähigkeit, sondern nur einer tatsächlichen Willensbetätigung. Auch ein Zwangsaufenthalt begründet einen gewöhnlichen Aufenthalt (BFH v. 14.11.1986, VI B 97/86, NV 1987, 262 betr. Strafgefangene; BFH v. 23.07.1971, III R 60/70, BStBl II 1971, 758 betr. Krankenhausaufenthalt). Entscheidend sind die Verhältnisse in dem jeweils zu beurteilenden Zeitraum (BFH v. 27.04.2005, I R 112/04, BFH/NV 2005, 1756 ff.). Verweilt jemand nicht nur vorübergehend im Inland, kommt es auf weitere enge persönliche und gesellschaftliche Bindungen zu einem anderen Aufenthaltsort nicht mehr an (FG Köln v. 02.03.2010, 15 K 4135/05, EFG 2010, 921).

10 Ein **gewöhnlicher Aufenthalt endet**, wenn an einem anderen Ort oder in einem anderen Gebiet ein gewöhnlicher Aufenthalt begründet wird (s. Rz. 2). Ein gewöhnlicher Inlandsaufenthalt erlischt, wenn jemand nicht mehr im Inland persönlich anwesend ist und den Willen zur Rückkehr in das Inland nicht mehr hat (BFH v. 28.08.1968, I 254/65, BStBl II 1968, 818; s. auch AEAO zu § 9, Nr. 4 Satz 2), gleichgültig, ob der Rückkehrwille bei Verlassen schon nicht mehr bestand oder ob er später aufgegeben worden ist. Dies gilt auch dann, wenn es später zur erneuten Einreise kommt (*Buciek* in Gosch, § 9 AO Rz. 48; *Drüen* in Tipke/Kruse, § 9 AO Rz. 11). Zur Frage der Unterbrechung des Aufenthalts s. Rz. 7.

### 4. Fiktion des gewöhnlichen Inlandsaufenthaltes

#### a) Regelfall (§ 9 Satz 2 AO)

Wer sich **mehr als sechs Monate** zeitlich zusammenhängend im Inland aufhält, hat unwiderlegbar im Inland seinen gewöhnlichen Aufenthalt. Unabhängig von den evtl. bei Beginn des Aufenthalts gehegten Absichten, gilt mit dem Überschreiten der Sechsmonatsfrist der Aufenthalt rückwirkend, d.h. also von Anfang an als gewöhnlicher Aufenthalt. Kurzfristige – auch mehrere – Unterbrechungen sind dabei unbeachtlich, sie werden dem Sechsmonatszeitraum zugerechnet. Die Frist muss nicht innerhalb eines Kalenderjahrs bzw. Veranlagungszeitraums überschritten werden (BFH v. 22.06.2001, I R 26/10, BFH/NV 2011, 2001). Der Begriff der kurzfristigen Unterbrechungen wird nicht näher erläutert, insbes. fehlt eine zeitliche Einschränkung. Eine **kurzfristige Unterbrechung** liegt vor, wenn sie nach der Verkehrsanschauung die Einheitlichkeit des Aufenthalts unberührt lässt (*Buciek* in Gosch, § 9 AO Rz. 49 m.w.N.; BFH v. 22.06.2011, I R 26/10, BFH/NV 2011, 2001). Kurzfristige Unterbrechungen sind nicht voll synonym mit vorübergehenden Unterbrechungen. Daher muss zur Absicht, alsbald zurückzukehren, die durch die äußeren Umstände dokumentiert wird, objektiv die tatsächliche Rückkehr innerhalb kurzer Zeit treten. Urlaubsreisen, deren Dauer die Üblichkeit nicht überschreiten, beenden den Aufenthalt nicht. Heimaturlaube eines Gastarbeiters können, auch bei einer mehrmonatigen Abwesenheit, als kurzfristige Unterbrechung angesehen werden (FG BW v. 23.09.1975, IV 253/73, EFG 1976, 13). 11

#### b) Ausnahme (§ 9 Satz 3 AO)

Bei Inlandsaufenthalten zu privaten Besuchs-, Erholungs- und Kurzwecken verlängert sich die Sechsmonatsfrist auf ein Jahr (*Drüen* in Tipke/Kruse, § 9 AO Rz. 13). Dies gilt nicht für sog. Goodwill-Touren, die geschäftlichen Zwecken dienen und aus diesem Grund nicht unter Satz 3 fallen. Für die Zweckbestimmung eines Aufenthalts ist nicht allein der bei der Einreise bestimmte Zweck maßgebend. Der Aufenthaltszweck kann sich während des Aufenthalts (freiwillig oder unfreiwillig) ändern. 12

## § 10 AO Geschäftsleitung

**Geschäftsleitung ist der Mittelpunkt der geschäftlichen Oberleitung.**

**Inhaltsübersicht**



## A. Bedeutung der Vorschrift

1 An die Geschäftsleitung (wie an den Sitz, § 11 AO) im Inland knüpft die unbeschränkte Steuerpflicht von Körperschaften, juristischen Personen anderer Art, nichtrechtsfähigen Vereinen, Vermögensmassen u. a. im Bereich der Körperschaft- (§ 1 Abs. 1 KStG), Erbschaft- und Schenkungsteuer (§ 2 Abs. 1 Nr. 1d) ErbStG) an. Darüber hinaus richtet sich nach dem Ort der Geschäftsleitung auch die örtliche Zuständigkeit des FA für die Besteuerung der Rechtsträger nach dem Einkommen und Vermögen (§ 20 Abs. 1 AO), sowie die Bestimmung des Betriebsfinanzamts (§ 18 Abs. 1 Nr. 2 AO). Die Stätte der Geschäftsleitung ist als Betriebstätte anzusehen (§ 12 Nr. 1 AO).

2 Hinsichtlich der **Doppelbesteuerungsabkommen** ist der Ort der Geschäftsleitung insofern von grundlegender Bedeutung, als diese das Besteuerungsrecht primär demjenigen Staat zuweisen, in dem die Körperschaft ihre Geschäftsleitung oder (mangels Geschäftsleitung in einem der Vertragsstaaten) ihren Sitz hat. Soweit Doppelbesteuerungsabkommen keine eigene Definition der Geschäftsleitung enthalten, lehnen sie sich an Art. 4 des Musterabkommens der Organisation für wirtschaftliche Zusammenarbeit und Entwicklung (OECD-Musterabkommen) an. Dort wird, wie bei den Begriffen Wohnsitz und ständiger Aufenthalt, auch bei Auslegungsproblemen hinsichtlich der Geschäftsleitung auf das jeweilige innerstaatliche Recht verwiesen.

## B. Begriff der Geschäftsleitung

3 **Geschäftsleitung** stimmt inhaltlich mit dem »tatsächlichen Verwaltungssitz« im Zivil- und Handelsrecht überein und ist gleichbedeutend mit geschäftlicher Oberleitung. Maßgeblich sind allein die tatsächlichen, nicht die rechtlichen Verhältnisse des Einzelfalles (BFH v. 03.07.1997, IV R 58/95, BStBl II 1998, 86 m. w. N.). Der Ort der Geschäftsleitung bestimmt sich für juristische Personen und Personengesellschaften nach denselben Grundsätzen (BFH v. 03.07.1997, IV R 58/95, BStBl II 1998, 86).

4 Der Mittelpunkt der **geschäftlichen Oberleitung** befindet sich dort, wo der für die Geschäftsführung des Unternehmens maßgebende Wille gebildet wird, d. h. die für die Geschäftsführung nötigen Maßnahmen von einiger Wichtigkeit angeordnet werden (st. Rspr.: BFH v. 03.07.1997, IV R 58/95, BStBl II 1998, 86; BFH v. 16.12.1998, I R 138/97, BStBl II 1999, 437, jeweils m. w. N.). Nicht abzustellen ist darauf, wo die Anordnungen der Geschäftsleitung vollzogen und die ausführenden Organe tätig werden. In der Regel befindet sich der Mittelpunkt der Geschäftsleitung an dem Ort, wo der Vorstand oder die sonst leitenden und zur Vertretung des Unternehmens befugten Personen die ihnen obliegende geschäftsführende Tätigkeit entfalten, d. h. an dem sie die tatsächlichen, organisatorischen und rechtsgeschäftlichen Handlungen von einiger Wichtigkeit vornehmen, die der gewöhnliche Betrieb des Unternehmens (»Tagesgeschäfte«) mit sich bringt (BFH v. 16.12.1998, I R 138/97, BStBl II 1999, 437 m. w. N.); maßgeblich ist nicht, ob diese Personen die Unternehmenspolitik bestimmen oder an ungewöhnlichen Maßnahmen oder an Entscheidungen von besonderer Bedeutung mitwirken (BFH v. 03.07.1997, IV R 58/95, BStBl II 1998, 86 m. w. N.).

Eine feste eigene Geschäftseinrichtung ist für den Ort der Geschäftsleitung nicht erforderlich, sodass ggf. mangels eines Büros auch die Wohnung des Geschäftsführers oder ein Baucontainer Mittelpunkt der Geschäftsleitung sein können (BFH v. 16.12.1998, I R 138/97, BStBl II 1999, 437). Befindet sich der Geschäftsführer auf einer mehrtägigen Dienstreise und trifft er dort die Geschäftsleitungsentscheidungen, wird der Ort der Entscheidungen nicht Mittelpunkt der geschäftlichen Oberleitung, weil nach § 12 Abs. 2 Nr. 1 AO die Stätte der Geschäftsleitung als Betriebstätte anzusehen ist und dies eine Ortsbezogenheit verlangt (BFH v. 30.01.2002, I R 12/01, BFH/NV 2002, 1128). Bei einer örtlichen Aufteilung der Geschäftsführung in einen technischen und einen kaufmännischen Bereich ist regelmäßig der Ort der kaufmännischen Geschäftsleitung maßgeblich (BFH v. 23.01.1991, I R 22/90, BStBl II 1991, 554). Werden die Geschäfte von mehreren Orten geleitet, ist maßgeblich, wo nach den organisatorischen und wirtschaftlichen Verhältnissen die bedeutungsvollste Leitungstätigkeit erfolgt. Nach der Rspr. und h. M. kann es mehrere Orte der geschäftlichen Oberleitung geben (*Buciek* in Gosch, § 10 AO Rz. 29; *Musil* in HHSp, § 10 AO Rz. 41 zu virtuellen Unternehmen; *Drüen* in Tipke/Kruse, § 10 AO Rz. 9 unter Hinweis auf das Weiterbestehen der bisherigen Vorstände an den bisherigen Orten bei Fusionen; BFH v. 03.07.1997, IV R 58, 95, BStBl II 1998, 96 und BFH v. 16.12.1998, I R 138/97, BStBl II 1999, 437). Lässt sich nicht feststellen, an welchem Ort der bedeutendere Beitrag der Geschäftsleitung geleistet wird, hat das Unternehmen keinen Mittelpunkt der geschäftlichen Oberleitung, sodass gem. § 11 AO auf den Sitz zurückgegriffen werden muss (*Drüen* in Tipke/Kruse, § 10 Rz. 9; *Buciek* in Gosch, § 10 AO Rz. 29 m. w. N.). Es kann bei tatsächlicher Unsicherheit über den Ort der Geschäftsleitung jedoch auch eine bindende tatsächliche Verständigung getroffen werden (BFH v. 22.08.2012, I B 86, 87/11, BFH/NV, 2013, 6). 5

6 Von der Geschäftsleitung zu unterscheiden ist die wirtschaftliche Beherrschung eines Unternehmens. Sie reicht nur dann aus, wenn ein nachhaltiges Eingreifen in die laufende Geschäftsführung des Unternehmens hinzutritt, das über die Beobachtung und Kontrolle des laufenden Geschäftsgangs sowie seiner fallweisen Beeinflussung hinausgeht (BFH v. 03.07.1997, IV R 58/95, BStBl II 1998, 96).

### C. Ort der Geschäftsleitung bei Organgesellschaften

7 Für Organgesellschaften gelten die vorgenannten Grundsätze. Regelmäßig liegt daher bei ihnen die Geschäftsleitung an dem Ort, an dem ihre gesetzlichen Vertreter oder deren Stellvertreter tätig werden (BFH v. 07.12.1994, I K 1/93, BStBl II 1995, 175). Wenn die Organträgerin nach den tatsächlichen Verhältnissen alle für die Geschäftsführung nötigen Maßnahmen von einiger Wichtigkeit bestimmt, kann sich allerdings der Mittelpunkt der geschäftlichen Oberleitung an den Ort der Geschäftsleitung der Organträgerin verschieben (BFH v. 26.05.1970, II 29/65, BStBl II 1970, 759).

## § 11 AO Sitz

**Den Sitz hat eine Körperschaft, Personenvereinigung oder Vermögensmasse an dem Ort, der durch Gesetz, Gesellschaftsvertrag, Satzung, Stiftungsgeschäft oder dergleichen bestimmt ist.**

**Inhaltsübersicht**



### A. Bedeutung der Vorschrift

1 Die Bedeutung des Sitzes entspricht der der Geschäftsleitung (s. § 10 AO Rz. 1). Er ist als Anknüpfungspunkt allerdings gegenüber der Geschäftsleitung regelmäßig subsidiär (s. hierzu *Drüen* in Tipke/Kruse, § 11 AO Rz. 2). Sitz und Ort der Geschäftsleitung (§ 10 AO) können zusammenfallen, sich aber auch an verschiedenen Orten befinden.

### B. Bestimmung des Sitzes

2 Ihren Sitz hat eine Körperschaft, Personenvereinigung oder Vermögensmasse an dem Ort, der durch Gesetz, Gesellschaftsvertrag, Satzung, Stiftungsgeschäft oder dergleichen bestimmt ist. Maßgeblich ist allein die gesetzliche oder gesellschaftsvertragliche Regelung, wie z. B. § 4a GmbHG (Sitzbestimmung durch Gesellschaftsvertrag), § 5 AktG (Sitzbestimmung durch Satzung), § 81 Abs. 1 BGB (Sitzbestimmung durch Stiftungsgeschäft), § 6 Nr. 1 GenG (Sitzbestimmung durch Statut). Die Definition des Sitzes verdeutlicht, dass es sich dabei um ein rechtlich bestimmtes Merkmal handelt.

### C. Scheinsitz

Ein Scheinsitz (sog. Briefkastendomizil) ist steuerlich unbeachtlich (s. § 41 Abs. 2 AO). 3

## § 12 AO Betriebstätte

**Betriebstätte ist jede feste Geschäftseinrichtung oder Anlage, die der Tätigkeit eines Unternehmens dient. Als Betriebstätten sind insbesondere anzusehen:**

**1. die Stätte der Geschäftsleitung,**
**2. Zweigniederlassungen,**
**3. Geschäftsstellen,**
**4. Fabrikations- oder Werkstätten,**
**5. Warenlager,**
**6. Ein- oder Verkaufsstellen,**
**7. Bergwerke, Steinbrüche oder andere stehende, örtlich fortschreitende oder schwimmende Stätten der Gewinnung von Bodenschätzen,**
**8. Bauausführungen oder Montagen, auch örtlich fortschreitende oder schwimmende, wenn**
   **a) die einzelne Bauausführung oder Montage oder**
   **b) eine von mehreren zeitlich nebeneinander bestehenden Bauausführungen oder Montagen oder**
   **c) mehrere ohne Unterbrechung aufeinander folgende Bauausführungen oder Montagen länger als sechs Monate dauern.**

**Inhaltsübersicht**

## A. Bedeutung der Vorschrift

1 Die Betriebstätte ist **Anknüpfungspunkt** u.a. für die Gewerbesteuer (§ 2 Abs. 1 Satz 3 GewStG), die beschränkte Steuerpflicht im Bereich der Steuern vom Einkommen (§ 49 Abs. 1 Nr. 2a) EStG), den Ausschluss des Progressionsvorbehaltes nach § 32b Abs. 1 Satz 2 Nr. 1 und 2 EStG, die örtliche Zuständigkeit der Finanzämter (§§ 17ff. AO), die Doppelbesteuerungsabkommen (soweit sie keine eigene Begriffsbestimmung enthalten, s. § 2 AO), sowie für bestimmte steuerliche Investitionsmaßnahmen z.B. nach dem Investitionszulagengesetz (BFH v. 30.06.2005, III R 76/03, BStBl II 2006, 84). § 12 AO ist bei in anderen Rechtsvorschriften verwendeten Betriebstättenbegriffen allerdings nur dann anzuwenden, wenn diese keine abweichenden Regelungen zum Begriff »Betriebstätte« enthalten (AEAO zu § 12, Nr. 4); maßgebend ist der gesetzliche Zusammenhang, der für eine unterschiedliche Bedeutung gleichlautender Begriffe sprechen kann (s. z.B. BFH v. 18.09.1991, XI R 34/90, BStBl II 1992, 90). Zur Abgrenzung zum ständigen Vertreter s. § 13 AO Rz. 1.

Im Einzelnen wird auch auf die Grundsätze der Verwaltung für die Prüfung der Aufteilung der Einkünfte bei Betriebstätten international tätiger Unternehmen (Betriebstätten-Verwaltungsgrundsätze, BMF v. 24.12.1999, BStBl I 1999, 1076, zuletzt geändert durch BMF v. 25.08.2009, BStBl I 2009, 888) verwiesen.

## B. Definition der Betriebstätte

2 Die Betriebstätte ist als unselbstständiger Teil des Gesamtunternehmens weder ein Rechtssubjekt noch ein selbstständiges Steuersubjekt. Sie ist nach der Legaldefinition des § 12 Satz 1 AO **jede feste Geschäftseinrichtung oder Anlage, die der Tätigkeit eines Unternehmens dient**. Ungeschriebene Tatbestandsmerkmale der Rechtsprechung für die Annahme einer Betriebstätte sind, dass die Geschäftseinrichtung oder Anlage eine feste Beziehung zur Erdoberfläche hat, die von einer gewissen Dauer ist, dass sie der Tätigkeit des Unternehmens dient und dass über sie der Stpfl. nicht nur vorübergehende Verfügungsmacht hat. Diese Merkmale dienen dazu, den Anknüpfungspunkt »Betriebstätte« einzuschränken und dadurch zu verhindern, dass nicht jeder Ort einer Betätigung eines Unternehmens zu einem Anknüpfungspunkt wird (BFH v. 17.09.2003, I R 12/02, BStBl II 2004, 396 m.w.N.).

## I. Geschäftseinrichtung oder Anlage

Die Annahme einer Betriebstätte setzt eine feste **Geschäftseinrichtung oder Anlage** voraus, die der unternehmerischen Tätigkeit dient. Eine Geschäftseinrichtung ist jeder körperliche Gegenstand bzw. jede Zusammenfassung körperlicher Gegenstände, die geeignet ist, Grundlage einer Unternehmenstätigkeit zu sein. Die Anlage stellt einen Unterfall der Geschäftseinrichtung dar. Die Geschäftseinrichtung setzt keine besondere bauliche Gestaltung, wie z.B. einen umschlossenen Raum, oder die Eignung zum Aufenthalt von Menschen oder Zugehörigkeit zum Betriebsvermögen voraus, sodass auch Lagerplätze, Spiel- und Verkaufsautomaten (*Buciek* in Gosch, § 12 AO Rz. 48 »Automaten«) oder die Wohnung als Büro z.B. bei einem Handelsvertreter (BFH v. 18.12.1986, I R 130/83, BFH/NV 1988, 119) Betriebstätten sein können. Nicht ausreichend sind unkörperliche Gegenstände (Rechte), s. d. Beteiligungen nicht zu einer Betriebstätte am Ort des Beteiligungsvermögens führen (BFH v. 29.08.1984, I R 154/81, BStBl II 1985, 160 f.). Das Gleiche gilt für eine Webseite. 3

## II. »Feste« Geschäftseinrichtung oder Anlage

Geschäftseinrichtung oder Anlage müssen fest sein, also einen **Bezug zu einem bestimmten Teil des Erdbodens** haben, der von einer gewissen Dauer und nicht nur vorübergehend ist (BFH v. 17.09.2003, I R 12/02, BStBl II 2004, 396 m.w.N.), bzw. sie müssen sich für eine gewisse Dauer an einem bestimmten Ort befinden, indem sie mechanisch mit der Erde verbunden oder bloß an derselben Stelle belegen sind (BFH v. 30.10.1996, II R 12/92, BStBl II 1997, 12). **Eine feste bauliche Verbindung ist nicht erforderlich**, sodass z.B. auch zugewiesene oder überlassene Standplätze von Taxi-Unternehmen, Straßenhändlern oder Schuhputzern, Marktstände oder das Lotsrevier einer Lotsenbrüderschaft Betriebstätten sein können (BFH v. 13.09.2000, X R 174/96, BStBl II 2001, 734 und BFH v. 29.04.2014, VIII R 33/10, BStBl II 2014, 777), ferner fahrbare Einrichtungen, wenn sie einen auch vorübergehenden Standort haben (AEAO zu § 12, Nr. 2 Satz 2, nicht jedoch fahrende Schiffe, FG Ha v. 27.05.2009, 6 K 102/08, EFG 2009, 1665 oder ein international tätiger Fußballschiedsrichter, BFH v. 20.12.2017, I R 98/15, BFHE 260, 169). Die Verbindung 4 muss sich nicht oberhalb des Erdbodens befinden, sodass auch unterirdisch verlegte Rohrleitungssysteme Geschäftseinrichtungen sind (BFH v. 30.10.1996, II R 12/92, BStBl II 1997, 12). Stätten der Erkundung von Bodenschätzen (z. B. Versuchsbohrungen) sind als Betriebstätten anzusehen, wenn die Voraussetzungen des § 12 Nr. 8 AO erfüllt sind (AEAO zu § 12, Nr. 3).

5 Daneben erfordert der Betriebstättenbegriff eine gewisse **zeitliche Dauerhaftigkeit** der Nutzung der Einrichtung. Eine Mindestdauer ist nicht vorgeschrieben, die Sechsmonatsdauer des § 12 Satz 2 Nr. 8 AO kann aber als Richtschnur gelten (BFH v. 19.05.1993, I R 80/92, BStBl II 1993, 462). Bei der Beurteilung ist die ursprüngliche Planung mit einzubeziehen, sodass eine Betriebstätte auch angenommen werden kann, wenn der Unternehmer eine längere Nutzung geplant, diese aber aus unvorhergesehenen Gründen wie Zerstörung der Einrichtung o. Ä. abgebrochen wurde (*Buciek* in Gosch, § 12 AO Rz. 10 m. w. N.).

## III. Verfügungsmacht

6 Der Unternehmer muss eine eigene, nicht nur vorübergehende **Verfügungsmacht** über die Räume oder Einrichtungen haben (BFH v. 23.05.2002, III R 8/00, BStBl II 2002, 512 m. w. N.; BFH v. 17.09.2003, I R 12/02, BStBl II 2004, 396 m. w. N.; *Buciek* in Gosch, § 12 AO Rz. 12 f.). Sie muss über eine schlichte Mitbenutzung hinausgehen und mit der Überlassung einer Rechtsposition verbunden sein, die dem Nutzenden nicht mehr ohne Weiteres entzogen oder ohne seine Mitwirkung nicht mehr ohne Weiteres verändert werden kann. Nicht ausschlaggebend ist, dass diese Rechtsposition sich auf eine bestimmte Nutzungsfläche bezieht (BFH v. 18.03.2009, III R 2/06, BFH/NV 2009, 1457) bzw. auf einer entgeltlichen oder unentgeltlichen Nutzungsüberlassung beruht (BFH v. 23.05.2002, III R 8/00, BStBl II 2002, 512 m. w. N.). Es genügt im Einzelfall, dass dem Stpfl. ein bestimmter Raum nicht von Fall zu Fall, sondern zur ständigen Nutzung zur Verfügung gestellt und seine Verfügungsmacht darüber nicht bestritten wird (BFH v. 23.05.2002, III R 8/00, BStBl II 2002, 512 m. w. N.); alleinige Verfügungsmacht wird nicht verlangt (BFH v. 22.07.2008, VIII R 47/07, HFR 2009, 481); personenbezogene Kontrollmaßnahmen sind unschädlich (BFH v. 14.07.2004, I R 106/03, BFH/NV 2005, 154 ff.). Die bloße tatsächliche Mitbenutzung eines Raums reicht nicht aus; neben der zeitlichen Komponente müssen zusätzlich Umstände auf eine auch örtliche Verfestigung der Tätigkeit schließen lassen (BFH v. 04.06.2008, I R 30/07, BStBl II 2008, 922; BFH v. 22.04.2009, I B 196/08, BFH/NV 2009, 1588). Daher sind z. B. keine Betriebstätten der Kehrbezirk des Bezirksschornsteinfegers oder nicht besonders zugewiesene Taxistände (BFH v. 13.09.2000, X R 174/96, BStBl II 2001, 734 m. w. N.), die Privatwohnung eines Arbeitnehmers (BFH v. 10.11.1998, I B 80/97, BFH/NV 1999, 665), Räume des GmbH-Gesellschafter-Geschäftsführers (BFH v. 29.04.1987, I R 118/83, BFH/NV 1988, 122), sog. Room-Sharing (FG BW v. 19.12.2008, 3 V 2830/07, juris). Unabhängig von der Verfügungsmacht gilt bei Personengesellschaften jede Betriebstätte der Gesellschaft zugleich als Betriebstätte der Gesellschafter (*Buciek* in Gosch, § 12 AO Rz. 14 m. w. N.).

## IV. Unternehmerische Nutzung der Geschäftseinrichtung oder Anlage

Eine feste Geschäftseinrichtung dient der Tätigkeit eines Unternehmens, wenn der Unternehmer sie für eine gewisse Dauer zu unternehmerischen Zwecken benutzt (BFH v. 30.10.1996, II R 12/92, BStBl II 1997, 12 m. w. N.). **Unternehmerische Tätigkeit** ist selbstständig ausgeübte Tätigkeit, d. h. ohne persönliche Abhängigkeit im Hinblick auf Ort, Zeit sowie Art und Weise der Ausübung. Es ist ohne Belang, ob die entsprechende Tätigkeit gewerblich oder anderweitig beruflich ausgeübt wird. Unternehmen ist daher nicht nur das gewerbliche Unternehmen, sondern auch der land- und forstwirtschaftliche Betrieb und die Tätigkeit des Freiberuflers (AEAO zu § 12, Nr. 1). Der Unternehmensbegriff entspricht dem des § 2 Abs. 1 UStG. 7

Maßgeblich ist die **Förderung des unternehmerischen Zwecks**, gleichgültig ob es sich dabei um Haupt- oder Nebentätigkeiten, um eine technische, kaufmännische oder handwerkliche Art der Tätigkeit, um die ausschließliche oder teilweise Förderung des unternehmerischen Zwecks handelt. Nicht erforderlich ist der Einsatz von Personal (Unternehmer, Arbeitnehmer, fremdes weisungsabhängiges Personal, Subunternehmer) in oder an der Geschäftseinrichtung. Das Tätigwerden des Unternehmens mit der Geschäftseinrichtung reicht aus (BFH v. 30.10.1996, II R 12/92, BStBl II 1997, 12). Es muss aber von einer **gewissen Dauer** sein. Daher können auch vollautomatisch arbeitende Betriebsvorrichtungen wie Pipelines, Pumpstationen, Internet-Server, Satellitenempfangs- und Hausverteilungsanlagen Betriebstätten sein, solange der Unternehmer diese jederzeit warten kann (*Buciek*, DStZ 2003, 139, 142; BFH v. 16.09.2005, III B 82/04, BFH/NV 2006, 130 f.). 8

Die Einrichtung oder Anlage muss der Ausübung der unternehmerischen Tätigkeit **unmittelbar** dienen. Diese Voraussetzung ist im Allgemeinen erfüllt, wenn der Unternehmer selbst, seine Arbeitnehmer, fremdes weisungsabhängiges Personal oder Subunternehmer tätig werden oder wenn ihm die gewerbliche Tätigkeit des Pächters einer Geschäftseinrichtung oder Anlage zuzurechnen ist. Dies gilt auch beim Einsatz eines Subunternehmers (BFH v. 26.07.2017, III R 4/16, BFH/NV 2018, 233). Die Überlassung zur Nutzung durch andere Unternehmer, z. B. 9

durch Vermietung oder Verpachtung, reicht nicht aus. Von Mineralölunternehmern verpachtete Tankstellen sind ausschließlich Betriebstätten des Pächters (BFH v. 30.06.2005, III R 76/03, BStBl II 2006, 84). Auch die im Ausland gelegenen landwirtschaftlich genutzten Grundstücke eines Hofs mit Geschäftsleitung im Inland begründen eine Betriebstätte, wenn sie der unternehmerischen Tätigkeit dienen (BFH v. 02.04.2014, I R 68/12, BFH/NV 2014, 1248). Bei der **Betriebsaufspaltung** ist die Betriebsgesellschaft grds. nicht als Betriebstätte des Besitzunternehmens anzusehen (BFH v. 17.07.1991, I R 98/88, BStBl II 1992, 246 f.; BFH v. 04.07.2012, I R 38/10, BStBl II 2012, 782). Die Unterhaltung von Erholungsheimen und anderen, ausschließlich den sozialen Belangen der Arbeitnehmer eines Unternehmens dienenden Einrichtungen dient ebenfalls nicht unmittelbar unternehmerischen Zwecken und ist daher keine Betriebstätte des Unternehmens (BFH v. 29.11.1960, I B 222/59 U, BStBl III 1961, 52; BFH v. 07.03.1979, I R 145/76, BStBl II 1979, 527; a. A. *Buciek* in Gosch, § 12 AO Rz. 23; *Drüen* in Tipke/Kruse, § 12 AO Rz. 22).

## C. Betriebstätten nach § 12 Satz 2 Nr. 1 bis 8 AO

### I. Allgemeines

10 § 12 Satz 2 AO zählt in einem nicht abschließenden Katalog Betriebstätten auf und **erweitert konstitutiv** die Definition der Betriebstätte um Einrichtungen, die nicht notwendigerweise eine feste Geschäftseinrichtung oder Anlage erfordern (BFH v. 28.07.1993, I R 15/93, BStBl II 1994, 148; BFH v. 17.09.2003, I R 12/02, BStBl II 2004, 396 m. w. N.; s. a. *Buciek* in Gosch, § 12 AO Rz. 6).

### II. Geschäftsleitung (§ 12 Satz 2 Nr. 1 AO)

11 Als Betriebstätte ist die Stätte der Geschäftsleitung anzusehen. Zum Begriff der Geschäftsleitung s. § 10 AO und die dortigen Erläuterungen.

### III. Zweigniederlassung (§ 12 Satz 2 Nr. 2 AO)

12 Zweigniederlassungen sind **stets als Betriebstätten** anzusehen. Der Begriff ist dem Handelsrecht entnommen (§§ 13 ff. HGB). Zweigniederlassung ist ein ausgegliederter rechtlich unselbstständiger Bereich des Unternehmens, von dem aus selbstständige unternehmerische Tätigkeit der gleichen Art entfaltet wird wie von der Hauptniederlassung.

### IV. Geschäftsstellen (§ 12 Satz 2 Nr. 3 AO)

Geschäftsstellen sind **Einrichtungen oder Anlagen**, die der Tätigkeit eines Unternehmens dienen, in denen aber nur Teilbereiche der Tätigkeit des Unternehmens, wie teilweise ausgelagerte Bürotätigkeit oder Publikumsverkehr, ausgeübt werden, sodass der Begriff der Zweigniederlassung nicht erfüllt wird. 13

### V. Fabrikations- oder Werkstätten (§ 12 Satz 2 Nr. 4 AO)

Fabrikations- oder Werkstätten dienen der Herstellung und Bearbeitung von beweglichen Gegenständen. 14

### VI. Warenlager (§ 12 Satz 2 Nr. 5 AO)

Warenlager sind Einrichtungen zur Aufbewahrung und Lagerung von beweglichen Sachen, insbes. von Erzeugnissen, Roh-, Hilfs- und Betriebsstoffen. Betriebstätten sind z. B. Lagerplätze und -häuser, Tanklager u. Ä. Voraussetzung ist, dass sie dem Unternehmen unmittelbar i. S. einer **eigengewerblichen** Tätigkeit dienen und der Unternehmer eine nicht nur vorübergehende, rechtlich abgesicherte Verfügungsmacht hat (BFH v. 30.06.2005, III R 76/03, BStBl II 2006, 84). Diese Definition gilt auch für Verkaufsstellen i. S. des § 12 Satz 2 Nr. 6 AO. 15

### VII. Ein- oder Verkaufsstellen (§ 12 Satz 2 Nr. 6 AO)

Ein- oder Verkaufsstellen sind Einrichtungen oder Anlagen, die dem Unternehmen für Ein- und Verkauf von Waren dienen. Erforderlich ist, dass der Unternehmer **Verfügungsmacht** hat. Dies ist zu verneinen, wenn der Ein- und Verkauf an den Verkaufsstellen durch selbstständige Handelsvertreter durchgeführt wird (BFH v. 13.06.2006, I R 85/05, BStBl II 2007, 94). Es muss zudem eine **feste** Geschäftseinrichtung oder Anlage vorliegen. Diese Voraussetzung erfüllt ein für die jeweilige Dauer des Marktes zugewiesener Marktstand auf einem Wochenmarkt, der regelmäßig ohne Vorliegen besonderer ordnungsbehördlich relevanter Umstände nicht entzogen werden kann (BFH v. 13.09.2000, X R 174/96, BStBl II 2001, 734 m. w. N.), nicht aber ein Verkaufsstand auf einem Weihnachtsmarkt, der einen geringeren zeitlichen Bezug zur Erdoberfläche hat als ein Marktstand auf einem Wochenmarkt (BFH v. 17.09.2003, I R 12/02, BStBl II 2004, 396). 16

Ihre Betriebstätteneigenschaft wird sich häufig schon aus § 12 Satz 2 Nr. 2 AO ergeben.

## VIII. Bergwerke, Steinbrüche oder andere stehende, örtlich fortschreitende oder schwimmende Stätten (§ 12 Satz 2 Nr. 7 AO)

17 Bergwerke, Steinbrüche oder andere stehende, örtlich fortschreitende oder schwimmende Stätten sind Betriebstätten, wenn sie der Gewinnung von Bodenschätzen dienen. Darunter fallen auch Stätten der Erkundung von Bodenschätzen (z. B. Versuchsbohrungen), die dann als Betriebstätten anzusehen sind, wenn die Voraussetzungen der Nummer 8 erfüllt sind (AEAO zu § 12, Nr. 3). Nicht darunter fallen Einrichtungen, die nicht der Gewinnung, sondern nur z. B. der wissenschaftlichen Erforschung von Bodenschätzen dienen.

## IX. Bauausführungen oder Montagen (§ 12 Satz 2 Nr. 8 AO)

18 Betriebstätten sind Bauausführungen oder Montagen, auch wenn sie örtlich fortschreiten oder schwimmen, wenn die einzelne Bauausführung oder Montage oder mehrere ohne Unterbrechung aufeinander folgende Bauausführungen oder Montagen länger als sechs Monate dauern. Grundsätzlich **beginnt** die Frist mit Eintreffen des für die Arbeit erforderlichen Personals und nicht bereits mit der bloßen Anlieferung des Materials und **endet** mit der letzten Leistung, frühestens mit der Abnahme (BFH v. 21.04.1999, I R 99/97, BStBl I 1999, 694).

### 1. Bauausführungen

19 Bauausführungen sind **Bauarbeiten zur Errichtung von Hoch- und Tiefbauten** im weitesten Sinne wie die Errichtung von Häusern, Bahn- und Brückenbauten, Straßenanlagen, Errichtung von Kanalisation usw., also auch Erd- und Abbrucharbeiten (BFH v. 30.10.1956, I B 71/56 U, BStBl III 1957, 8), der Einbau der Heizungsanlage in einen Neubau (BFH v. 27.04.1954, I B 136/53 U, BStBl III 1954, 179), das Einfügen von Fenstern und Türen in einen Neubau (BFH v. 21.10.1981, I R 21/78, BStBl II 1982, 241), oder Gerüstbauarbeiten (BFH v. 22.09.1977, IV R 51/72, BStBl II 1978, 140). Nicht erfasst sind ihre Reparatur und Instandsetzung (BFH v. 27.04.1954, I B 136/53 U, BStBl II 1954, 179) sowie bloße Planungs- und Überwachungstätigkeiten als alleinige vertraglich geschuldete Leistung oder die Gestellung von Arbeitnehmern (*Buciek* in Gosch, § 12 AO Rz. 41).

### 2. Montagearbeiten

20 Unter Montagearbeiten ist das Aufstellen und Aufbauen, Zusammenfügen oder der Umbau von vorgefertigten Einzelteilen zu verstehen; bloße Hilfstätigkeiten wie Schweißarbeiten (BFH v. 20.01.1993, I B 106/92, BFH/NV 1993, 404) sowie Reparatur- und Instandsetzungsarbeiten im eigentlichen Sinn fallen jedoch nicht darunter (s. BFH v. 16.05.1990, I R 113/87, BStBl II 1990, 983).

Ob die Bauausführung oder die Montagearbeiten für Dritte oder für eigene Zwecke des Unternehmens erfolgen, ist ohne Belang. 21

### 3. Überschreitung der Sechsmonatsfrist

Die Bauausführungen oder Montagearbeiten müssen länger als sechs Monate dauern. Dies ist erfüllt, wenn entweder einzelne Bauarbeiten (Buchst. a) oder aber eine von mehreren zeitlich nebeneinander bestehenden Bauarbeiten (Buchst. b) oder mehrere ununterbrochen aufeinander folgender Bauarbeiten insgesamt (Buchst. c) länger als sechs Monate dauern. Darüber hinaus wird zu Recht eine Betriebstätte auch angenommen, wenn mehrere nebeneinander bestehende Bauausführungen sich über einen Zeitraum von insgesamt mehr als sechs Monaten überschneiden (BFH v. 16.12.1998, I R 74/98, BStBl II 1999, 365 m. w. N.), da auch in diesen Fällen die Bau- oder Montagearbeiten die für eine Betriebstätte geforderte Dauerhaftigkeit erreichen. Dabei sind Bau- und Montagearbeiten nicht getrennt zu behandeln. 22

Hinsichtlich der Sechsmonatsfrist ist auch die Zeit zu berücksichtigen, in der keine eigenen Arbeitskräfte eingesetzt werden, sondern nur die Tätigkeit selbstständiger Subunternehmer überwacht wird, sofern die Überwachungstätigkeit sechs Monate überschreitet oder mit anderen Bau- oder Montagearbeiten zusammengefasst werden kann (*Buciek* in Gosch, § 12 AO Rz. 48 Stichwort »Subunternehmer«). 23

Nach den **OECD-Musterabkommen** liegt bei Bau- und Montagearbeiten eine Betriebstätte nur vor, wenn eine Dauer von zwölf Monaten überschritten wird.

**Unterbrechungen**, die im Betriebsablauf der Montage begründet sind, wie technisch bedingte (z. B. Trocknungsfristen), durch Materialmangel oder Störungen des Arbeitsfriedens verursachte sowie witterungsbedingte Unterbrechungszeiten sind regelmäßig in die Montagefrist einzubeziehen, und zwar grds. unabhängig von der Dauer der Arbeitsunterbrechung. Dagegen sind Arbeitsunterbrechungen, die nicht im Arbeitsablauf des Montageunternehmens oder seiner Subunternehmer, sondern in anderen Umständen begründet sind, wie in der Verweigerung der erforderlichen Mitwirkung des Bestellers an der Abnahme des fertiggestellten Werkes, nicht mit einzubeziehen, sofern sie nicht nur ganz kurzfristig sind. Hier ist die Frist gehemmt und beginnt erst nach Beendigung der Unterbrechung wieder zu laufen. Kurzfristig ist eine Unterbrechung, die unter zwei Wochen dauert (BFH v. 21.04.1999, I R 99/97, BStBl II 1999, 694). 24

## § 13 AO Ständiger Vertreter

**Ständiger Vertreter ist eine Person, die nachhaltig die Geschäfte eines Unternehmens besorgt und dabei dessen Sachweisungen unterliegt. Ständiger Vertreter ist insbesondere eine Person, die für ein Unternehmen nachhaltig**

**1. Verträge abschließt oder vermittelt oder Aufträge einholt oder**
**2. einen Bestand von Gütern oder Waren unterhält und davon Auslieferungen vornimmt.**

**Inhaltsübersicht**



### A. Bedeutung der Vorschrift

1 Der Begriff des ständigen Vertreters ist in § 13 AO gesondert geregelt und unabhängig von § 12 AO auszulegen. Insoweit kommt dem ständigen Vertreter eine vergleichbare Funktion zu wie einer Betriebstätte. Maßgeblich für das Vorliegen einer Betriebstätte ist jedoch ausschließlich § 12 AO. Im deutschen innerstaatlichen Recht begründet ein ständiger Vertreter keine inländische Betriebstätte mehr (BFH v. 30.06.2005, III R 76/03, BStBl II 2006, 84). Der ständige Vertreter ist aktuell nur noch von Bedeutung für inländische Einkünfte bei beschränkter Steuerpflicht (§ 49 Abs. 1 Nr. 2a EStG) und für ausländische Einkünfte bei unbeschränkter Steuerpflicht (§ 34d Nr. 2a EStG). Jedoch schließt die Einschaltung eines inländischen Vertreters die Verpflichtung zum Steuerabzug nicht aus (BFH v. 07.09.2011, I B 157/10, BFHE 235, 215, BFH/NV 2012, 95).

2 In den meisten **Doppelbesteuerungsabkommen** unterscheidet sich der Begriff des ständigen Vertreters vor allem darin, dass er einen Unterfall der Betriebstätte bildet (Art. 5 Abs. 5 OECD-Musterabkommen).

### B. Begriff des ständigen Vertreters

3 Ständiger Vertreter ist eine Person, die nachhaltig die Geschäfte eines Unternehmens besorgt und dabei dessen Sachweisungen unterliegt (§ 13 Satz 1 AO). Unter Person sind eine natürliche, eine juristische Person oder auch eine Personenvereinigung zu verstehen. Ohne Bedeutung sind Staatsangehörigkeit, Wohnsitz oder Sitz. Der ständige Vertreter benötigt anders als nach dem Betriebstättenbegriff keine besondere Geschäftseinrichtung (*Drüen* in Tipke/Kruse, § 13 AO Rz. 1).

Erforderlich ist, dass die Person die Geschäfte eines Unternehmens besorgt, d. h. für ein Unternehmen tätig wird. Erforderlich ist, dass der ständige Vertreter anstelle des Unternehmers Handlungen, die in dessen Betrieb fallen, vornimmt und daher von dem Unternehmer verschieden ist. Wird der Unternehmer selbst tätig, ist er nicht ständiger Vertreter (BFH v. 18.12.1990, X R 82/89, BStBl II 1991, 395). Der Begriff des ständigen Vertreters setzt nicht voraus, dass die Person im Namen des Unternehmers handelt, es reicht Handeln für Rechnung des Unternehmers. 4

Der ständige Vertreter muss **hinsichtlich der Geschäftsbesorgung den Sachweisungen des Unternehmers unterliegen**. Die Weisungsabhängigkeit beschränkt sich auf die Geschäftsbesorgung. Zwischen dem Unternehmer und dem ständigen Vertreter muss kein darüber hinausgehendes Abhängigkeitsverhältnis bestehen. Er kann daher sowohl als angestellter Mitarbeiter als auch als selbstständiger Gewerbetreibender wie z. B. als Handelsvertreter oder Prokurist o. Ä. tätig werden (BFH v. 24.01.1968, I B 125/64, BStBl II 1968, 313; FG Sachsen v. 26.02.2009, 8 K 428/06, juris), selbst wenn die Tätigkeit für den Unternehmer im Rahmen seines eigenen Gewerbebetriebs liegt (BFH v. 28.06.1972, I R 35/70, BStBl II 1972, 785). 5

Die Geschäftsbesorgung durch den Vertreter muss **nachhaltig** sein. Nachhaltig bedeutet, dass der ständige Vertreter auf eine nicht unwesentliche Dauer planmäßig damit betraut sein muss, anstelle des Unternehmers Handlungen vorzunehmen, die in dessen Betrieb fallen. Eine Dauer von **sechs Monaten** wird von der h. M. als ausreichend angesehen (*Musil* in HHSp, § 13 AO Rz. 10; *Buciek* in Gosch, § 13 AO Rz. 8). 6

### C. Beispiele der Vertretereigenschaft

§ 13 Satz 2 AO zählt Beispiele des ständigen Vertreters auf, die nicht abschließend sind. Sie verlangen, anders als die Anwendungsfälle der Betriebstätte nach § 12 Satz 2 AO, dass die Voraussetzungen nach § 13 Satz 1 AO wie Nachhaltigkeit und Weisungsgebundenheit erfüllt sind. Unter § 13 Satz 2 Nr. 2 AO fallen nur die Verwalter sog. Auslieferungslager, nicht aber die Verwalter reiner Ausstellungsräume, sofern sie nicht unter Einsatz der Ausstellung i. S. des § 13 Satz 2 Nr. 1 AO Verträge abschließen, vermitteln, oder Aufträge einholen. 7

## § 14 AO Wirtschaftlicher Geschäftsbetrieb

**Ein wirtschaftlicher Geschäftsbetrieb ist eine selbständige nachhaltige Tätigkeit, durch die Einnahmen oder andere wirtschaftliche Vorteile erzielt werden und die über den Rahmen einer Vermögensverwal-**

**tung hinausgeht. Die Absicht, Gewinn zu erzielen, ist nicht erforderlich. Eine Vermögensverwaltung liegt in der Regel vor, wenn Vermögen genutzt, zum Beispiel Kapitalvermögen verzinslich angelegt oder unbewegliches Vermögen vermietet oder verpachtet wird.**

**Inhaltsübersicht**



## A. Bedeutung der Vorschrift

1 Der wirtschaftliche Geschäftsbetrieb führt grds. zur Versagung von Steuerbefreiungen oder Steuervergünstigungen, die wegen der Erfüllung steuerbegünstigter Zwecke (§§ 51, 64 AO) oder Berufsverbänden ohne öffentlich-rechtlichen Charakter sowie politischen Parteien (§ 5 Abs. 1 Nr. 5 bzw. 7 KStG) eingeräumt werden. Darüber hinaus gelten nach § 2 Abs. 3 GewStG die wirtschaftlichen Geschäftsbetriebe, ausgenommen Land- und Forstwirtschaft, der juristischen Personen des Privatrechts und der nichtrechtsfähigen Vereine als Gewerbebetriebe. Der Grund für die Versagung der Steuervergünstigungen liegt in ihrer Beteiligung am Wettbewerb. Steuerunschädlich ist der wirtschaftliche Geschäftsbetrieb, wenn er Zweckbetrieb ist (dazu s. §§ 65 ff. AO).

## B. Die Definition des wirtschaftlichen Geschäftsbetriebs

### I. Allgemein

2 Ein wirtschaftlicher Geschäftsbetrieb ist eine selbstständige nachhaltige Tätigkeit, durch die Einnahmen oder andere wirtschaftliche Vorteile erzielt werden und die über den Rahmen einer Vermögensverwaltung hinausgeht; die Absicht, Gewinn zu erzielen, ist nicht erforderlich.

### II. Selbstständige nachhaltige Tätigkeit

3 Es muss sich um eine selbstständige nachhaltige Tätigkeit handeln. Unter **Tätigkeit** ist jede Art von Tun, Dulden oder Unterlassen zu verstehen. Eine Tätigkeit ist dann **selbstständig**, wenn sie mit anderen Tätigkeiten nicht dergestalt zusammenhängt, dass ihre Ausübung ohne die anderweitige Betätigung nicht möglich wäre. Sie darf also nicht ein notwendiger Teil einer anderen Tätigkeit sein. Die Tätigkeit muss demnach von den sonstigen Tätigkeiten **sachlich** abgrenzbar sein (s. BFH v. 15.10.1997, I R 2/97, BStBl II 1998, 175 m.w.N.; v. 07.05.2014, I R 65/12, BFH/NV 2014, 1670; ebenso mit überzeugender Begründung *Buciek* in Gosch, § 14 AO Rz. 25 f.; a.A. persönliche Selbstständigkeit verlangend *Seer* in Tipke/Kruse, § 14 AO Rz. 7 f. m.w.N.; *Fischer* in HHSp, § 14 AO Rz. 59 f. m.w.N.).

**Nachhaltig** ist eine Tätigkeit, die berufsmäßig oder planmäßig nicht nur einmalig entfaltet wird. Das setzt eine Tätigkeit oder eine Mehrzahl von Tätigkeiten voraus, die getragen sind von dem Entschluss, sie zu wiederholen und daraus eine ständige Erwerbsquelle zu machen, und die auch tatsächlich wiederholt werden (st. Rspr., s. BFH v. 26.02.1992, I R 149/90, BStBl II 1992, 693). Dabei ist nicht erforderlich, dass die einzelnen Handlungen auf einem einheitlichen Willensentschluss beruhen, der die schon nach Ort, Zeit, Gegenstand und Umfang bestimmten Handlungen umfasst, oder dass vor Beginn einer jeden Tätigkeit ein neuer Entschluss gefasst wird, tätig zu werden. Es genügt vielmehr, wenn bei der Tätigkeit der allgemeine Wille besteht, gleichartige oder ähnliche Handlungen bei sich bietender Gelegenheit zu wiederholen. Daher ist nachhaltig auch eine Tätigkeit, wenn nur eine einmalige Handlung mit der Absicht vorgenommen wird, sie bei sich bietender Gelegenheit zu wiederholen (BFH v. 21.08.1985, I R 60/80; BStBl II 1988, 86 m.w.N.; s. auch AEAO zu § 64 Abs. 1 Nr. 2). Sporadische Einzeltätigkeiten ohne inneren Zusammenhang erfüllen den Begriff der Nachhaltigkeit nicht. 4

### III. Erzielung von Einnahmen oder anderen wirtschaftlichen Vorteilen

Die selbstständige nachhaltige Tätigkeit muss zur Erzielung von Einnahmen oder anderen wirtschaftlichen Vorteilen führen. Darunter sind Geld und alle geldwerten Vorteile zu verstehen. Gewinnerzielungsabsicht ist ebenso wenig erforderlich wie die Feststellung, dass tatsächlich Gewinne erwirtschaftet werden oder erzielt werden können. Nicht erforderlich ist eine Beteiligung am allgemeinen wirtschaftlichen Verkehr, wie dies in § 15 Abs. 2 EStG gefordert wird (BFH v. 27.03.2001, I R 78/99, BStBl II 2001, 449); daher reicht eine Tätigkeit gegenüber Mitgliedern aus. Ein konkreter oder potenzieller Wettbewerb mit anderen Unternehmen muss nicht bestehen (BFH v. 24.06.2015, I R 13/13, BStBl II 2016, 971). Tätigkeiten zur Erzielung von Einnahmen sind z. B. die Beteiligung an einer gewerblichen Personengesellschaft (BFH v. 27.03.2001, I R 78/99, BStBl II 2001, 449), Altkleidersammlungen (BFH v. 26.02.1992, I R 149/90, BStBl II 1992, 693), Basare (BFH v. 11.02.2009, I R 73/08, BStBl II 2009, 516), Vereinslokale u. Ä. Nicht zu den Einnahmen 5 zählen Mitgliedsbeiträge, sofern sie nicht verstecktes Entgelt darstellen (BFH v. 15.10.1997, I R 2/97, BStBl II 1998, 175).

### IV. Abgrenzung zur Vermögensverwaltung

6 Der wirtschaftliche Geschäftsbetrieb muss **über den Rahmen der Vermögensverwaltung** hinausgehen. Nach § 14 Satz 3 AO liegt eine Vermögensverwaltung in der Regel vor, wenn Vermögen genutzt, z. B. Kapitalvermögen verzinslich angelegt oder unbewegliches Vermögen vermietet oder verpachtet wird. Entscheidendes Kriterium ist daher, dass die Erzielung der Einnahmen usw. in erster Linie Ausfluss des Vermögens und nicht der unter Einsatz des Vermögens entfalteten Betätigung ist. Der Bereich der Vermögensverwaltung wird überschritten, wenn nach dem Gesamtbild der Verhältnisse und unter Berücksichtigung der Verkehrsauffassung die Ausnutzung substantieller Vermögenswerte durch Umschichtung gegenüber der Nutzung von vorhandenem Vermögen i. S. einer Fruchtziehung aus den zu erhaltenden Substanzwerten in den Vordergrund tritt (BFH v. 28.09.1987, VIII R 46/84, BStBl II 1988, 86). Die Beteiligung einer gemeinnützigen Stiftung an einer gewerblich geprägten vermögensverwaltenden Personengesellschaft ist kein wirtschaftlicher Geschäftsbetrieb (BFH v. 25.05.2011, I R 60/10, BStBl II 2011, 858). Dies gilt auch dann, wenn die Personengesellschaft zuvor originär gewerblich tätig war (BFH v. 18.02.2016, V R 60/13, BStBl II 2017, 251). Die Beteiligung an einer Kapitalgesellschaft – auch bei wesentlicher Beteiligung – ist Vermögensverwaltung (BFH v. 25.08.2010, I R 97/09, BFH/NV 2011, 312), sofern mit ihr tatsächlich nicht ein entscheidender Einfluss auf die laufende Geschäftsführung der Kapitalgesellschaft ausgeübt wird oder ein Fall der Betriebsaufspaltung vorliegt (AEAO zu § 64, Nr. 3 Satz 3 ff.).

7 Die Vermögensnutzung kann auch dann einen wirtschaftlichen Geschäftsbetrieb darstellen, wenn ihre Art und Weise, d. h. die bei der Vermögensnutzung entfalteten Aktivitäten, das übliche Maß überschreiten. Bei dieser Abgrenzung kann auch die Rechtsprechung des BFH zur Abgrenzung der Einkünfte aus Gewerbebetrieb von den Einkünften aus Vermietung und Verpachtung mit herangezogen werden. So können spekulative An- und Verkäufe, häufiger Wechsel der Mieter und dadurch bedingter kaufmännischer Bürobetrieb, nicht unbedeutende Nebenleistungen des Vermieters u. Ä. die Beurteilung als Vermögensverwaltung ausschließen (BFH v. 17.12.1957, I 182/55 U, BStBl III 1958, 96). Selbstbewirtschaftung eines landwirtschaftlichen, forstwirtschaftlichen, weinbaulichen u. Ä. Betriebes geht über den Rahmen einer Vermögensverwaltung hinaus (BFH v. 16.03.1977, I R 157/74, BStBl II 1977, 493; s. aber § 5 Abs. 1 Nr. 9 Satz 3 KStG, der selbstbewirtschafteten Forstbetrieben trotz ihrer Eigenschaft als wirtschaftlicher Geschäftsbetrieb die Steuerbefreiung gewährt). Die Verpachtung von Betrieben aller Art ist grds. Vermögensverwaltung; erfordert sie jedoch einen größeren büromäßigen Aufwand, insbes. etwa den Einsatz von Personal, liegt ein wirtschaftlicher Geschäftsbetrieb vor.

# § 15 AO Angehörige

**(1) Angehörige sind:**

**1. der Verlobte auch im Sinne des Lebenspartnerschaftsgesetzes,**

**2. der Ehegatte oder Lebenspartner,**

**3. Verwandte und Verschwägerte gerader Linie,**

**4. Geschwister,**

**5. Kinder der Geschwister,**

**6. Ehegatten oder Lebenspartner der Geschwister und Geschwister der Ehegatten oder Lebenspartner,**

**7. Geschwister der Eltern,**

**8. Personen, die durch ein auf längere Dauer angelegtes Pflegeverhältnis mit häuslicher Gemeinschaft wie Eltern und Kind miteinander verbunden sind (Pflegeeltern und Pflegekinder).**

**(2) Angehörige sind die in Absatz 1 aufgeführten Personen auch dann, wenn**

**1. in den Fällen der Nummern 2, 3 und 6 die die Beziehung begründende Ehe oder Lebenspartnerschaft nicht mehr besteht;**

**2. in den Fällen der Nummern 3 bis 7 die Verwandtschaft oder Schwägerschaft durch Annahme als Kind erloschen ist;**

**3. im Falle der Nummer 8 die häusliche Gemeinschaft nicht mehr besteht, sofern die Personen weiterhin wie Eltern und Kind miteinander verbunden sind.**

**Inhaltsübersicht**

## A. Bedeutung der Vorschrift

1 § 15 AO enthält die Definition des Begriffs »Angehöriger« für den Anwendungsbereich der AO. Der Begriff wird in zahlreichen verfahrensrechtlichen und materiellrechtlichen Vorschriften verwendet, z. B. beim **Auskunftsverweigerungsrecht** nach § 101 AO, und ist dort allein verbindlich. Verwendet das einzelne Steuergesetz ähnliche Begriffe wie z. B. »Familienangehöriger« in § 12 Nr. 1 EStG, ist die Begriffsbestimmung nicht einschlägig.

2 Soweit sich der Angehörigenbegriff nach § 15 AO an den familienrechtlichen Vorschriften des BGB orientiert, sind die zivilrechtlichen Voraussetzungen daher maßgeblich. Die Aufzählung in § 15 ist abschließend, eine Erweiterung insbes. unter dem Aspekt wirtschaftlicher Betrachtungsweise ist unzulässig (*Hummel* in Gosch, § 15 AO Rz. 6; *Loose* in Tipke/Kruse, § 15 AO Rz. 4). Nicht in § 15 AO aufgeführte Lebensgemeinschaften, wie z. B. außereheliche Lebensgemeinschaften, können daher nicht unter den Angehörigenbegriff subsummiert werden. Mit dem Gesetz zur Anpassung steuerlicher Regelungen an die Rechtsprechung des Bundesverfassungsgerichts (BVerfG – RsprAnPG v. 18.07.2014, BGBl. I 2014, 1024) wurde die steuerliche Gleichbehandlung von Lebenspartnern auch hinsichtlich der Angehörigeneigenschaft gem. § 15 AO umgesetzt, wobei ein Lebenspartner bereits nach § 11 I LPartG als Familienangehöriger des anderen Lebenspartners gilt.

## B. Die einzelnen Regelungen des § 15 Abs. 1 AO

### I. Verlobte (§ 15 Abs. 1 Nr. 1 AO)

3 Verlöbnis ist gegenseitiges Eheversprechen zweier Personen, auch i. S. des LPartG, d. h. gleichen Geschlechts. Es muss wirksam sein (AEAO zu § 15, Nr. 2). Verlobte sind nur untereinander Angehörige (BFH v. 12.07.1991, III R 44/89, BFH/NV 1992, 27).

Mit der Auflösung des Verlöbnisses ist das Angehörigenverhältnis beendet (AEAO zu § 15, Nr. 8; Rückschluss aus § 15 Abs. 2 AO).

### II. Ehegatte oder Lebenspartner (§ 15 Abs. 1 Nr. 2 AO)

Die Ehe oder Lebenspartnerschaft muss rechtswirksam zustande gekommen sein (§§ 11 ff. EheG); auch gültige ausländische Eheschließungen sind anzuerkennen. Dass die Ehe oder Lebenspartnerschaft aufgelöst oder für nichtig erklärt ist, steht der Eigenschaft des (ehemaligen) Ehegatten oder Lebenspartners als Angehöriger i. S. der Steuergesetze nicht entgegen (§ 15 Abs. 2 Nr. 1 AO). 4

Sog. Onkelehen sind ebenso wenig Ehen i. S. des Gesetzes (BFH v. 12.07.1963, VI 282/62 U, BStBl III 1963, 437) wie andere nichteheliche Partnerschaften bzw. Lebensgemeinschaften.

### III. Verwandte und Verschwägerte gerader Linie (§ 15 Abs. 1 Nr. 3 AO)

Verwandte in gerader Linie sind Personen, deren eine von der anderen abstammt (§ 1589 Satz 1 BGB). Geradlinig verwandt sind daher Kinder mit ihren Eltern, Großeltern und Voreltern (Gegensatz: Verwandtschaft in der Seitenlinie: Personen, die von derselben dritten Person abstammen, z. B. Nummer 4; s. § 1589 Satz 2 BGB). Gleichgültig ist, ob die Verwandtschaft auf einer ehelichen oder nichtehelichen Geburt beruht. Auch die Adoption Minderjähriger hat die Konsequenz, dass zu dem Annehmenden und dessen Verwandten unter Beendigung des Verwandtschaftsverhältnisses zu den bisherigen Verwandten ein Verwandtschaftsverhältnis begründet wird (§§ 1754, 1755 BGB); s. auch § 15 Abs. 2 AO (s. Rz. 13 f.). 5

Schwägerschaft in gerader Linie besteht zu den Verwandten in gerader Linie des Ehegatten bzw. den Ehegatten der Verwandten (§ 1590 Abs. 1 Satz 1 BGB). Die Linie der Schwägerschaft bestimmt sich nach der Linie der sie vermittelnden Verwandtschaft (§ 1590 Abs. 1 Satz 2 BGB). Unter die Vorschrift fallen daher als Verschwägerte in gerader Linie Schwiegereltern und Schwiegerkinder usw., Stiefeltern und Stiefkinder usw. 6

### IV. Geschwister (§ 15 Abs. 1 Nr. 4 AO)

Geschwister (Brüder und Schwestern) haben mindestens einen Elternteil gemeinsam (voll- oder halbbürtige Geschwister) (AEAO zu § 15, Nr. 3). Durch Annahme als Kind (§§ 1741 ff. BGB) wird ebenfalls ein Geschwisterverhältnis zu den Kindern des Annehmenden begründet (§ 1754 BGB). Nicht unter die Vorschrift fallen die mit in eine Ehe gebrachten Kinder, die keinen Elternteil gemeinsam haben (AEAO zu § 15, Nr. 3). Beachte aber auch § 15 Abs. 2 AO (s. Rz. 14). 7

### V. Kinder der Geschwister (§ 15 Abs. 1 Nr. 5 AO)

8 Kinder der Geschwister sind Nichten und Neffen, nicht jedoch Kinder der Geschwister untereinander (z.B. Vettern), (AEAO zu § 15, Nr. 4).

### VI. Ehegatten oder Lebenspartner der Geschwister und Geschwister der Ehegatten oder Lebenspartner (§ 15 Abs. 1 Nr. 6 AO)

9 Ehegatten oder Lebenspartner der Geschwister und Geschwister der Ehegatten oder Lebenspartner sind die Schwäger und Schwägerinnen. Nicht unter die Vorschrift fallen die Ehegatten oder Lebenspartner der Geschwister des Ehegatten sowie die Geschwister der Ehegatten oder Lebenspartner zueinander (in der Umgangssprache oft als Schwippschwägerschaft bezeichnet). Beachte aber auch § 15 Abs. 2 AO (Rz. 13 f.).

### VII. Geschwister der Eltern (§ 15 Abs. 1 Nr. 7 AO)

10 Geschwister der Eltern sind Onkel und Tanten. Nicht dazu zählen die Geschwister der Eltern des Ehegatten oder Lebenspartners sowie Vettern und Cousinen. Beachte aber auch § 15 Abs. 2 AO (Rz. 14).

### VIII. Pflegeeltern und Pflegekinder (§ 15 Abs. 1 Nr. 8 AO)

11 Die Vorschrift bezieht auch Personen in den Angehörigenbegriff mit ein, die durch ein auf längere Dauer angelegtes Pflegeverhältnis mit häuslicher Gemeinschaft wie Eltern und Kind miteinander verbunden sind (Pflegeeltern und Pflegekinder) und entspricht nicht vollständig der Regelung des Pflegekindbegriffs in § 32 Abs. 1 Nr. 2 EStG. Für die Anerkennung eines Pflegekindschaftsverhältnisses kommt es ausschließlich auf die tatsächlichen Gegebenheiten an; durch rechtliche Erklärungen kann ein Pflegekindschaftsverhältnis weder begründet noch beendet werden (BFH v. 18.07.1985, VI R 53/82, BStBl II 1986, 14). Begründet wird das Verhältnis durch **Aufnahme des Kindes in die häusliche Gemeinschaft der Pflegeeltern**, ohne dass es zugleich aus der Obhut und Pflege der leiblichen oder rechtlichen Eltern ausgeschieden sein muss (AEAO zu § 15, Nr. 6 Satz 1). Daher kann ein Pflegeverhältnis zu den Großeltern oder dem Lebensgefährten eines Elternteils auch bestehen, wenn der Elternteil in derselben häuslichen Gemeinschaft lebt. Die mit dieser Aufnahme verbundenen Umstände müssen ein für ein Eltern-Kind-Verhältnis charakteristisches Erscheinungsbild zeigen, d.h. die Pflegeeltern müssen wie für ein leibliches Kind die Fürsorge, die elterliche Obhut und Erziehung des Pflegekindes übernehmen (BFH v. 28.06.1984, IV R 49/83, BStBl II 1984, 571; BFH v. 18.07.1985, VI R 53/82, BStBl II 1986, 14). Ob und inwieweit die Pflegeeltern für den Unterhalt des Kindes aufkommen, ist unmaßgeblich (BFH v. 18.07.1985, VI R 53/82, BStBl II 1986, 14). Das Pflegeverhältnis muss auf **längere Dauer angelegt** sein.

Da die Pflegekindschaft nach dem ausdrücklichen Wortlaut des Gesetzes voraussetzt, dass die betroffenen Personen wie Eltern und Kind miteinander verbunden sind, kann Pflegekindschaft im Allgemeinen nur zwischen Personen bestehen, deren Altersunterschied demjenigen zwischen Eltern und Kindern entspricht (BFH v. 05.08.1977, VI R 187/74, BStBl II 1977, 832), doch sind Ausnahmen z.B. bei Behinderung denkbar (*Hummel* in Gosch, § 15 AO Rz. 21 m.w.N.). Sind die vorgenannten Voraussetzungen erfüllt, kann ein Pflegekindschaftsverhältnis nicht nur in Bezug auf Kleinkinder und auch unter Geschwistern (BFH v. 05.08.1977, VI R 187/74, BStBl II 1977, 832) begründet werden. 12

## C. Fortbestehen der Angehörigeneigenschaft (§ 15 Abs. 2 AO)

In den Fällen der Nr. 2, 3 und 6 bleibt nach § 15 Abs. 2 Nr. 1 AO das Angehörigenverhältnis auch dann bestehen, wenn die die Beziehung begründende Ehe oder Lebenspartnerschaft nicht mehr besteht, d.h. durch Tod, Scheidung oder gerichtliche Aufhebung aufgelöst ist. 13

Anders als nach zivilrechtlicher Regelung (§ 1755 BGB) besteht nach § 15 Abs. 2 Nr. 2 AO das Angehörigenverhältnis in den Fällen der Nr. 3 bis 7 fort, wenn die Verwandtschaft oder Schwägerschaft durch Adoption erloschen ist. 14

Ein nach § 15 Abs. 1 Nr. 8 AO anzuerkennendes Pflegekindschaftsverhältnis behält nach § 15 Abs. 2 Nr. 3 AO seine steuerliche Wirkung auch dann, wenn die häusliche Gemeinschaft nicht mehr besteht, sofern Pflegeeltern und Pflegekinder trotz dieser äußerlichen Trennung weiterhin wie Eltern und Kind miteinander verbunden sind. 15

# Dritter Abschnitt: Zuständigkeit der Finanzbehörden

## § 16 AO Sachliche Zuständigkeit

**Die sachliche Zuständigkeit der Finanzbehörden richtet sich, soweit nichts anderes bestimmt ist, nach dem Gesetz über die Finanzverwaltung.**

**Inhaltsübersicht**



### A. Begriff der sachlichen Zuständigkeit

1 Unter sachlicher Zuständigkeit versteht man die Verteilung der den Behörden zugewiesenen Verwaltungsaufgaben auf verschiedene Verwaltungsträger nach sachlichen Gesichtspunkten, d.h. nach der Art des zugewiesenen Aufgabenbereichs. Bei der Zuständigkeitsregelung innerhalb einer Behörde (Geschäftsverteilung) handelt es sich nicht um die Regelung der sachlichen Zuständigkeit i.S. der Vorschrift.

2 **Unterarten** der sachlichen Zuständigkeit sind die **funktionelle** und die **verbandsmäßige Zuständigkeit.** Die funktionelle Zuständigkeit regelt, auf welcher Stufe innerhalb der Hierarchie sachlich zuständiger Behörden (Unter-, Mittel- und Oberbehörde) welche Aufgaben erledigt werden, z.B. Steuerfestsetzung durch die Finanzämter und nicht durch die Oberfinanzdirektion oder das Finanzministerium. Die verbandsmäßige Zuständigkeit dagegen regelt das Organ welchen Rechtsträgers für eine Aufgabe zuständig ist, z.B. eine Bundesbehörde in Abgrenzung zu einer Landesbehörde, eine Gemeinde in Abgrenzung zu einer anderen Gemeinde. Die verbandsmäßige Zuständigkeit hat im Steuerrecht nur dann eine Bedeutung, wenn es um die Steuerberechtigung einer Gebietskörperschaft geht, also z.B. in den Fällen, in denen die Belegenheit für die Steuerberechtigung ausschlaggebend ist. Dies gilt für die **Grundsteuer** (§ 1 Abs. 1 GrSt) und die **Gewerbesteuer** (§ 4 Abs. 1 Satz 1 GewStG). Sie geht der örtlichen Zuständigkeit vor. Dagegen ist bei nicht gebietsgebundenen Steuern wie z.B. der Einkommensteuer die verbandsmäßige Zuständigkeit unbeachtlich (AEAO zu § 16, Nr. 2 Satz 2).

### B. Regelung der sachlichen Zuständigkeit

3 § 16 AO verweist wegen der grundsätzlichen Regelung der sachlichen Zuständigkeit auf das FVG. Gemäß § 17 Abs. 2 Satz 1 FVG sind für die Verwaltung der Steuern – mit Ausnahme der Kfz-Steuer und der bundesgesetzlich geregelten Verbrauchssteuern – die Finanzämter zuständig, soweit die Verwaltung nicht gemäß Art. 108 Abs. 4 GG den Gemeinden (Gemeindeverbänden) übertragen wurde (s. § 22 AO Rz 1).

Darüber hinaus gelten besondere gesetzliche Vorschriften über die sachliche Zuständigkeit; das FVG hat insoweit **subsidiäre** Geltung: »soweit nicht anderes bestimmt ist«. Derartige besondere Regelungen der sachlichen Zuständigkeit finden sich z.B. in §§ 249 Abs. 1 Satz 3 und § 328 Abs. 1 Satz 3 AO, § 386 Abs. 1 Satz 2 AO.

Fehler in der sachlichen Zuständigkeit können **Nichtigkeit oder Rechtswidrigkeit** des Verwaltungsaktes zur Folge haben. Liegt ein besonders schwerer Fehler vor und ist dies offensichtlich, ist der Verwaltungsakt nichtig (§ 125 Abs. 1 AO). Das ist der Fall bei Verletzung der verbandsmäßigen Zuständigkeit sowie im Bereich der funktionellen Zuständigkeit dann, wenn die Zuständigkeitsregelung auf der Sachkunde der betroffenen Behörde beruht, z.B. der städtische Schlachthof anstelle des Steueramtes den Gewerbesteuerbescheid erlässt (s. § 125 AO Rz. 6). Soweit Fehler in der sachlichen Zuständigkeit nicht zur Nichtigkeit eines Verwaltungsakts führen, ist er rechtswidrig mit der Folge seiner Rücknahme bzw. Aufhebung im Rahmen der §§ 130, 172 AO oder im Einspruchsverfahren. 4

§ 126, § 127 AO sind auf Fehler in der sachlichen Zuständigkeit **nicht anwendbar** (BFH v. 13.12.2001, III R 13/00, BStBl II 2002, 406 m.w.N.). 5

## § 17 AO Örtliche Zuständigkeit

**Die örtliche Zuständigkeit richtet sich, soweit nichts anderes bestimmt ist, nach den folgenden Vorschriften.**

**Inhaltsübersicht**



### A. Bedeutung der Vorschrift

Neben der Frage, welche Finanzbehörde in welchem Fall tätig wird, sind die Regelungen über die örtliche Zuständigkeit für die Steuerberechtigung bedeutsam, weil nach Art. 107 Abs. 1 GG das Aufkommen der Landessteuern und der Länderanteil am Aufkommen der Einkommensteuer und der Körperschaftsteuer den einzelnen Ländern insoweit zustehen, als die Steuern von den Finanzbehörden in ihrem Gebiet vereinnahmt werden (örtliches 1

Aufkommen). Bei den genannten Steuern knüpft somit die Ertragshoheit an die örtliche Zuständigkeit an.

### B. Begriff und Regelung der örtlichen Zuständigkeit

2 Unter **örtlicher Zuständigkeit** versteht man die Verteilung der Verwaltungsaufgaben auf die für diese sachlich zuständigen Behörden (s. § 16 AO) nach örtlichen Gesichtspunkten. Die AO regelt die örtliche Zuständigkeit grds. in den §§ 18 bis 29 AO, die jedoch nur **subsidiär** gelten (»soweit nicht anderes bestimmt ist«). Die §§ 18ff. AO betreffen neben den Steuern vom Einkommen einschließlich der hierfür vorgesehenen gesonderten Feststellungen (§§ 18 bis 20a AO) nur die örtliche Zuständigkeit für die Umsatzsteuer (§ 21 AO), die Realsteuern (§ 22 AO) sowie die Zölle und Verbrauchsteuern (§ 23 AO). Weitere Regelungen finden sich in den §§ 195, 367, 388 AO sowie in Einzelsteuergesetzen. Ausschließlich außerhalb der AO ist die örtliche Zuständigkeit für die Verkehrsteuern (s. z.B. § 17 GrEStG) und für die Erbschaftsteuer (§ 35 ErbStG) geregelt. Zur Zuständigkeit für die Erteilung einer verbindlichen Auskunft s. § 89 Abs. 2 Satz 2 AO.

3 Die örtliche Zuständigkeit bestimmt sich regelmäßig nach den Verhältnissen im **Zeitpunkt des Verwaltungshandelns**, d.h. im Zeitpunkt der Durchführung der Steuerfestsetzung oder Feststellung, nicht nach den Verhältnissen im Veranlagungs- oder Feststellungszeitraum (BFH v. 22.09.1989, III R 227/84, BFH/NV 1990, 568), eine Ausnahme ergibt sich aus § 180 Abs. 1 Nr. 2 b) (s. § 18 AO Rz. 5).

### C. Verletzung der örtlichen Zuständigkeit

4 Fehler in der örtlichen Zuständigkeit führen **nicht zur Nichtigkeit** eines Verwaltungsaktes (§ 125 Abs. 3 Nr. 1 AO). Ein Verstoß gegen die örtliche Zuständigkeit bewirkt zwar eine Fehlerhaftigkeit des Verwaltungsakts, jedoch kann gem. § 127 AO **nicht allein** aus diesem Grund die Aufhebung des Verwaltungsakts beansprucht werden, wenn keine andere Entscheidung in der Sache hätte getroffen werden können (s. § 127 AO Rz. 7). Dies ist jedoch bei einer Ermessensentscheidung regelmäßig der Fall, sodass der Verwaltungsakt aufzuheben ist (BFH v. 25.01.1989, X R 158/87, BStBl II 1989, 483). Ein materiellrechtlich unrichtiger Steuerbescheid muss stets nach Anfechtung aufgehoben werden, unabhängig davon, ob er von einem örtlich zuständigen oder unzuständigen FA erlassen wurde. Der materiell unrichtige Steuerbescheid eines örtlich unzuständigen FA wahrt daher die Festsetzungsfrist gem. § 169 Abs. 1 Satz 3 Nr. 1 AO nicht, wenn der Bescheid dem Stpfl. erst nach Ablauf der Festsetzungsfrist zugegangen ist (BFH v. 13.12.2001, III R 13/00, BStBl II 2002, 406). Ob der Erlass des Einspruchsbescheids durch die zuständige Behörde den Fehler heilt, hat der BFH bisher offengelassen (BFH v. 25.11.1988 III R 264/83, BFH/NV 1989, 690; bejahend *Rätke* in Klein, § 17 AO Rz. 3).

## § 18 AO Gesonderte Feststellungen

**(1) Für die gesonderten Feststellungen nach § 180 ist örtlich zuständig:**

**1. bei Betrieben der Land- und Forstwirtschaft, bei Grundstücken, Betriebsgrundstücken und Mineralgewinnungsrechten das Finanzamt, in dessen Bezirk der Betrieb, das Grundstück, das Betriebsgrundstück, das Mineralgewinnungsrecht oder, wenn sich der Betrieb, das Grundstück, das Betriebsgrundstück oder das Mineralgewinnungsrecht auf die Bezirke mehrerer Finanzämter erstreckt, der wertvollste Teil liegt (Lagefinanzamt),**

**2. bei gewerblichen Betrieben mit Geschäftsleitung im Geltungsbereich dieses Gesetzes das Finanzamt, in dessen Bezirk sich die Geschäftsleitung befindet, bei gewerblichen Betrieben ohne Geschäftsleitung im Geltungsbereich dieses Gesetzes das Finanzamt, in dessen Bezirk eine Betriebstätte – bei mehreren Betriebstätten die wirtschaftlich bedeutendste – unterhalten wird (Betriebsfinanzamt),**

**3. bei Einkünften aus selbständiger Arbeit das Finanzamt, von dessen Bezirk aus die Tätigkeit vorwiegend ausgeübt wird,**

**4. bei einer Beteiligung mehrerer Personen an Einkünften, die keine Einkünfte aus Land- und Forstwirtschaft, aus Gewerbebetrieb oder aus selbständiger Arbeit sind und die nach § 180 Absatz 1 Satz 1 Nummer 2 Buchstabe a gesondert festgestellt werden,**

**a) das Finanzamt, von dessen Bezirk die Verwaltung dieser Einkünfte ausgeht, oder**

**b) das Finanzamt, in dessen Bezirk sich der wertvollste Teil des Vermögens, aus dem die gemeinsamen Einkünfte fließen, befindet, wenn die Verwaltung dieser Einkünfte im Geltungsbereich dieses Gesetzes nicht feststellbar ist.**

**Dies gilt entsprechend bei einer gesonderten Feststellung nach § 180 Absatz 1 Satz 1 Nummer 3 oder § 180 Absatz 2.**

**(2) Ist eine gesonderte Feststellung mehreren Steuerpflichtigen gegenüber vorzunehmen und lässt sich nach Absatz 1 die örtliche Zuständigkeit nicht bestimmen, so ist jedes Finanzamt örtlich zuständig, das nach den §§ 19 oder 20 für die Steuern vom Einkommen und Vermögen eines Steuerpflichtigen zuständig ist, dem ein Anteil an dem Gegenstand der Feststellung zuzurechnen ist. Soweit dieses Finanzamt auf Grund einer Verordnung nach § 17 Abs. 2 Satz 3 und 4 des Finanzverwaltungsgesetzes sachlich nicht für die gesonderte Feststellung zuständig ist, tritt an seine Stelle das sachlich zuständige Finanzamt.**

**Inhaltsübersicht**



## A. Inhalt und Bedeutung der Vorschrift

1 Die Vorschrift regelt die örtliche Zuständigkeit für die in § 180 AO vorgeschriebenen gesonderten Feststellungen von Besteuerungsgrundlagen.

2 Die Zuständigkeitsregelung hat für **Einheitswertfeststellungen** nur noch geringe Bedeutung, da zum einen seit 1993 Bodenschätze im Betriebsvermögen mit ertragsteuerlichen Werten angesetzt werden (s. Mineralgewinnungsrechte), zum anderen Vermögensteuer und Gewerbekapitalsteuer weggefallen sind.

3 Die Zuständigkeitsregelung gilt hinsichtlich der **Feststellungen von Einkünften** sowohl für Fälle, an denen mehrere Personen beteiligt sind, § 180 Abs. 1 Nr. 2a AO, als auch für Fälle, in denen der Betriebsort, Ort der Geschäftsleitung bzw. Ort der Tätigkeit und der Wohnsitz auseinanderfallen, § 180 Abs. 1 Nr. 2b AO (AEAO zu § 18, Nr. 1 Satz 2). Ebenfalls regelt § 18 AO die Zuständigkeit in den Fällen der besonderen gesonderten Feststellung nach § 179 Abs. 2 Satz 3 AO und der Feststellung nach der Verordnung zu § 180 Abs. 2 AO, soweit sich dort nicht besondere Regelungen finden, s. § 2 V zu § 180 Abs. 2 AO (s. § 180 AO Rz. 43).

4 § 18 AO regelt nicht nur die Zuständigkeit für die Durchführung der Feststellung selbst, sondern für alle Verwaltungshandlungen, die mit dem Verfahren über die gesonderte Feststellung zusammenhängen, wie z. B. die Durchführung der Außenprüfung (BFH v. 25.01.1989, X R 158/87, BStBl II 1989, 483) oder die Erteilung von Zusagen (BFH v. 12.07.1989, X R 32/86, BFH/NV 1990, 366).

Wegen des für die Zuständigkeitsbestimmung maßgeblichen **Zeitpunkts** wird auf § 17 AO Rz. 3 verwiesen, wonach es grds. auf die Zuständigkeit zum Zeitpunkt des Erlasses des Steuerbescheides ankommt. Eine abweichende Regelung enthält § 180 Abs. 1 Nr. 2b AO, wonach es für die Frage der Durchführung einer gesonderten Feststellung und damit die Zuständigkeit auf die Verhältnisse am Schluss des Gewinnermittlungszeitraums ankommt (s. § 180 AO Rz. 29 f.). Ist danach keine gesonderte Feststellung durchzuführen, kann über § 18 AO auch keine Zuständigkeit des Betriebsfinanzamts begründet werden (BFH v. 26.02.2014, III B 123/13, BFH/NV 2014, 823). 5

Ist im Zeitpunkt des Erlasses des Bescheides über die gesonderte Feststellung das Zuständigkeitsmerkmal weggefallen, bleibt für die Durchführung der Feststellungen für vergangene Zeiträume das beim Wegfall zuständige Finanzamt örtlich zuständig. 6

## B. Die einzelnen Regelungen

### I. Zuständigkeit des Lagefinanzamts (§ 18 Abs. 1 Nr. 1 AO)

Bei Betrieben der Land- und Forstwirtschaft, bei Grundstücken, Betriebsgrundstücken und Mineralgewinnungsrechten richtet sich die Zuständigkeit nach deren Lage bzw., wenn sich diese auf die Bezirke mehrerer FA erstreckt, nach der Lage des wertvollsten Teils. Anwendungsfälle sind die Feststellung der Einheitswerte nach Maßgabe des Bewertungsgesetzes (§ 180 Abs. 1 Nr. 1 AO) und die **gesonderte Feststellung der Einkünfte aus Land- und Forstwirtschaft** bei Beteiligung mehrerer Personen (§ 180 Abs. 1 Nr. 2a AO) oder bei Auseinanderfallen der Zuständigkeiten (§ 180 Abs. 1 Nr. 2b AO). 7

### II. Zuständigkeit des Betriebsfinanzamts (§ 18 Abs. 1 Nr. 2 AO)

Die örtliche Zuständigkeit für gesonderte Feststellungen in Bezug auf gewerbliche Betriebe (Einheitswert des Betriebsvermögens, **gesonderte Feststellung der Einkünfte aus Gewerbebetrieb** nach § 180 Abs. 1 Nr. 2a oder b AO, s. Rz. 1) ist vom **Ort der Geschäftsleitung** (§ 10 AO) bzw. dem **Ort der Betriebstätte** (§ 12 AO) abhängig (BFH v. 22.08.2013, X B 16–17/13, BFH/NV 2013, 1763). Der Ort der Betriebstätte ist maßgebend bei gewerblichen Betrieben ohne Geschäftsleitung im Geltungsbereich der 8

AO; bei mehreren Betriebstätten kommt es auf den Ort der wirtschaftlich bedeutendsten Betriebstätte an. Im Falle der Insolvenz s. § 26 AO Rz. 10.

### III. Zuständigkeit bei selbstständiger Arbeit (§ 18 Abs. 1 Nr. 3 AO)

9 Die örtliche Zuständigkeit für die gesonderten Feststellungen bei **selbstständiger Arbeit** (Einheitswert des Betriebsvermögens und gesonderte Feststellung der Einkünfte nach § 180 Abs. 1 Nr. 2a oder b AO, s. Rz. 1) liegt bei dem FA, von dessen Bezirk aus die Berufstätigkeit vorwiegend ausgeübt wird (BFH v. 16.11.2006, XI B 156/05, BFH/NV 2007, 401; v. 25.08.2015, VIII R 53/13, juris). Wird die Tätigkeit im Bereich mehrerer FA ausgeübt, ist maßgeblich, wo sich der Schwerpunkt der Tätigkeit befindet; dies soll gewährleisten, dass das FA, in dessen Bezirk der Schwerpunkt der Berufstätigkeit liegt, eine umfassende Zuständigkeit für diese Tätigkeit im Ganzen erhält (BFH v. 10.06.1999, IV R 69/98, BStBl II 1999, 691).

### IV. Zuständigkeit in anderen Fällen (§ 18 Abs. 1 Nr. 4 AO)

10 Bei einheitlichen und gesonderten Feststellungen i. S. des § 180 Abs. 1 Nr. 2a AO, die sich nicht auf Einkünfte aus Land- und Forstwirtschaft, aus Gewerbe oder aus selbstständiger Arbeit beziehen, also bei Einkünften aus Kapitalvermögen, aus Vermietung und Verpachtung sowie bei sonstigen Einkünften, richtet sich die örtliche Zuständigkeit nach dem Ort der Verwaltung dieser Einkünfte bzw. wenn ein solcher im Geltungsbereich der AO nicht feststellbar ist, nach dem Ort, an dem sich der wertvollste Teil des Vermögens, aus dem die gemeinsamen Einkünfte fließen, befindet. Dadurch wird vermieden, dass für jedes einzelne Grundstück durch das jeweilige Lage-FA eine gesonderte Feststellung getroffen werden muss. Sinngemäß gilt dies auch für die Fälle der Verordnung zu § 180 Abs. 2 AO. Im Übrigen wird auf die Weisungen in AEAO zu § 18, Nr. 2 und 3, verwiesen.

### V. Zuständigkeit bei Beteiligungen im Ausland (§ 18 Abs. 2 AO)

11 Die Vorschrift begründet eine besondere örtliche Zuständigkeit für die Fälle, in denen sich nach Absatz 1 die örtliche Zuständigkeit nicht bestimmen lässt. Betroffen sind vor allem die Fälle, in denen mehrere im Inland steuerpflichtige Personen an einer ausländischen Personengesellschaft beteiligt sind. Zur Bestimmung der örtlichen Zuständigkeit für die gesonderte und einheitliche Feststellung von Einkünften ausländischer Personengesellschaften, an denen inländische Gesellschafter beteiligt sind, ist zu prüfen, ob ein Anknüpfungsmerkmal i. S. des § 18 Abs. 1 AO gegeben ist. Ist dies der Fall, ist das dort genannte FA zuständig. Fehlt dagegen ein solches Anknüpfungsmerkmal, gilt § 25 AO i. V. m. § 18 Abs. 2 AO (s. AEAO zu § 18, Nr. 6).

### C. Rechtsfolgen bei Verletzung der Zuständigkeitsregelungen

Wegen der Rechtsfolgen bei Verletzung der Zuständigkeitsregelungen wird auf s. § 17 AO Rz. 4 und s. § 180 AO Rz. 29 verwiesen. Jedoch kann das Fehlen einer gesonderten Feststellung der Besteuerungsgrundlagen durch das zuständige FA als Grundlage der Einkommensteuerfestsetzung durch das Wohnsitz-FA nicht nach § 127 AO geheilt werden (BFH v. 25.08.2015, VIII R 53/13, juris). 12

## § 19 AO
## Steuern vom Einkommen und Vermögen natürlicher Personen

**(1) Für die Besteuerung natürlicher Personen nach dem Einkommen und Vermögen ist das Finanzamt örtlich zuständig, in dessen Bezirk der Steuerpflichtige seinen Wohnsitz oder in Ermangelung eines Wohnsitzes seinen gewöhnlichen Aufenthalt hat (Wohnsitzfinanzamt). Bei mehrfachem Wohnsitz im Geltungsbereich des Gesetzes ist der Wohnsitz maßgebend, an dem sich der Steuerpflichtige vorwiegend aufhält; bei mehrfachem Wohnsitz eines verheirateten oder in Lebenspartnerschaft lebenden Steuerpflichtigen, der von seinem Ehegatten oder Lebenspartner nicht dauernd getrennt lebt, ist der Wohnsitz maßgebend, an dem sich die Familie vorwiegend aufhält. Für die nach § 1 Abs. 2 des Einkommensteuergesetzes und nach § 1 Abs. 2 des Vermögensteuergesetzes unbeschränkt steuerpflichtigen Personen ist das Finanzamt örtlich zuständig, in dessen Bezirk sich die zahlende öffentliche Kasse befindet; das Gleiche gilt in den Fällen des § 1 Abs. 3 des Einkommensteuergesetzes bei Personen, die die Voraussetzungen des § 1 Abs. 2 Satz 1 Nr. 1 und 2 des Einkommensteuergesetzes erfüllen, und in den Fällen des § 1a Abs. 2 des Einkommensteuergesetzes.**

**(2) Liegen die Voraussetzungen des Absatzes 1 nicht vor, so ist das Finanzamt örtlich zuständig, in dessen Bezirk sich das Vermögen des Steuerpflichtigen und, wenn dies für mehrere Finanzämter zutrifft, in dessen Bezirk sich der wertvollste Teil des Vermögens befindet. Hat der Steuerpflichtige kein Vermögen im Geltungsbereich des Geset-**

zes, so ist das Finanzamt örtlich zuständig, in dessen Bezirk die Tätigkeit im Geltungsbereich des Gesetzes vorwiegend ausgeübt oder verwertet wird oder worden ist.

(3) Gehören zum Bereich der Wohnsitzgemeinde mehrere Finanzämter und übt ein Steuerpflichtiger mit Einkünften aus Land- und Forstwirtschaft, Gewerbebetrieb oder freiberuflicher Tätigkeit diese Tätigkeit innerhalb der Wohnsitzgemeinde, aber im Bezirk eines anderen Finanzamts als dem des Wohnsitzfinanzamts aus, so ist abweichend von Absatz 1 jenes Finanzamt zuständig, wenn es nach § 18 Abs. 1 Nr. 1, 2 oder 3 für eine gesonderte Feststellung dieser Einkünfte zuständig wäre. Einkünfte aus Gewinnanteilen sind bei Anwendung des Satzes 1 nur dann zu berücksichtigen, wenn sie die einzigen Einkünfte des Steuerpflichtigen im Sinne des Satzes 1 sind.

(4) Steuerpflichtige, die zusammen zu veranlagen sind oder zusammen veranlagt werden können, sind bei Anwendung des Absatzes 3 so zu behandeln, als seien ihre Einkünfte von einem Steuerpflichtigen bezogen worden.

(5) Durch Rechtsverordnung der Landesregierung kann bestimmt werden, dass als Wohnsitzgemeinde im Sinne des Absatzes 3 ein Gebiet gilt, das mehrere Gemeinden umfasst, soweit dies mit Rücksicht auf die Wirtschafts- oder Verkehrsverhältnisse, den Aufbau der Verwaltungsbehörden oder andere örtliche Bedürfnisse zweckmäßig erscheint. Die Landesregierung kann die Ermächtigung auf die für die Finanzverwaltung zuständige oberste Landesbehörde übertragen.

(6) Das Bundesministerium der Finanzen kann zur Sicherstellung der Besteuerung von Personen, die nach § 1 Abs. 4 des Einkommensteuergesetzes beschränkt steuerpflichtig sind und Einkünfte im Sinne von § 49 Abs. 1 Nr. 7 und Nr. 10 des Einkommensteuergesetzes beziehen, durch Rechtsverordnung mit Zustimmung des Bundesrates einer Finanzbehörde die örtliche Zuständigkeit für den Geltungsbereich des Gesetzes übertragen. Satz 1 gilt auch in den Fällen, in denen ein Antrag nach § 1 Abs. 3 des Einkommensteuergesetzes gestellt wird.

**Inhaltsübersicht**



## A. Bedeutung der Vorschrift

§ 19 AO regelt die örtliche Zuständigkeit für die Steuern vom Einkommen und Vermögen (insoweit nur noch für Altfälle) natürlicher Personen. Sie gilt auch für die örtliche Zuständigkeit der Familienkasse (DA-FamEStG 67.2.1 Abs. 2). Wegen des **maßgeblichen Zeitpunkts** der die Zuständigkeit bestimmenden Verhältnisse s. § 17 AO Rz. 3. Wegen der Rechtsfolgen bei **Verletzung der Zuständigkeitsregelungen** wird auf s. § 17 AO Rz. 4 AO verwiesen. 1

## B. Die Regelungen

### I. Zuständigkeit des Wohnsitzfinanzamts (§ 19 Abs. 1 AO)

Grundsätzlich ist für die Steuern vom Einkommen und Vermögen natürlicher Personen das Wohnsitz-FA örtlich zuständig. Darunter versteht man das FA, in dessen Bezirk der Stpfl. seinen Wohnsitz oder in Ermangelung eines Wohnsitzes seinen gewöhnlichen Aufenthalt hat. Zum Begriff des Wohnsitzes s. § 8 AO; zum Begriff des gewöhnlichen Aufenthalts s. § 9 AO. Bei mehrfachem Wohnsitz ist der vorwiegende Aufenthalt, bei verheirateten nicht dauernd getrennt lebenden Stpfl. der Familienwohnsitz maßgebend (AEAO zu § 19, Nr. 1), gleichgültig ob sie zusammen oder getrennt veranlagt werden (*Rätke* in Klein, § 19 AO Rz. 3 m. w. N.). Trennen sich die Eheleute und wählen für das Jahr der Trennung die Zusammenveranlagung, richtet sich die Zuständigkeit nach dem jeweiligen Wohnsitz der Ehegatten, sodass wegen mehrfacher örtlicher Zuständigkeit § 25 AO anzuwenden ist (*Schmieszek* in Gosch, § 19 AO Rz. 12 m. w. N.). Zuständig ist danach das FA, das zuerst mit der Sache befasst ist. 2

Bei den unbeschränkt einkommensteuerpflichtigen Auslandsbediensteten und deren Haushaltsangehörigen (§ 1 Abs. 2, 3 und § 1 a Abs. 2 EStG, früher § 1 Abs. 2 VStG) ist nach § 19 Abs. 1 Satz 3 AO das FA örtlich zuständig, in dessen Bezirk sich die zahlende öffentliche Kasse befindet. 3

### II. Fehlen eines Wohnsitzes oder gewöhnlichen Aufenthalts (§ 19 Abs. 2 AO)

4 Fehlt es an Wohnsitz bzw. gewöhnlichem Aufenthalt (beschränkte Steuerpflicht), richtet sich die örtliche Zuständigkeit nach der Lage des Vermögens bzw. bei Betroffenheit mehrerer FA nach der Lage seines wertvollsten Teils. Ist kein Vermögen im Inland vorhanden, kommt es auf den Ort an, an dem die Inlandstätigkeit vorwiegend ausgeübt oder verwertet wird (worden ist). Dies betrifft z. B. die Fälle, in denen ausländische Künstler in Deutschland Gastspiele geben oder Ausländer nach Deutschland Lizenzen von gewerblichen Schutzrechten oder künstlerischen bzw. literarischen Urheberrechten vergeben und daraus Einkünfte ziehen.

### III. Wohnsitzgemeinden mit mehreren Finanzämtern (§ 19 Abs. 3 und 4 AO)

5 In Fällen, in denen der Stpfl. in einer Großstadt mit mehreren FA mit gebietsmäßiger Zuständigkeitsverteilung seine gewerbliche, land- und forstwirtschaftliche oder freiberufliche Tätigkeit in einem anderen FA-Bezirk als dem des Wohnsitz-FA ausübt, hat zur Verwaltungsvereinfachung das FA, das für die an sich nach § 180 Abs. 1 Nr. 2b AO i. V. m. § 18 Abs. 1 Nr. 1 bis 3 AO erforderlichen gesonderten Feststellungen zuständig ist, die Veranlagung für die Steuern vom Einkommen und Vermögen zu übernehmen (AEAO zu § 19, Nr. 2 Satz 1). Mit der Übernahme der Besteuerung für diese Einkünfte durch das Lage-, Betriebs- oder Tätigkeits-FA entfällt die Voraussetzung der Feststellung nach § 180 Abs. 1 Nr. 2b AO (AEAO zu § 19, Nr. 2 Satz 2). Beteiligungseinkünfte sind nur dann von der Regelung des § 19 Abs. 3 Satz 1 AO erfasst, wenn es sich um die einzigen Einkünfte des Stpfl. handelt (§ 19 Abs. 3 Satz 2 AO); die bloße Möglichkeit weiterer Einkünfte reicht nicht aus (BFH v. 23.02.2005, XI R 21/04, BFH/NV 2005, 1218 ff.). Wird die freiberufliche Tätigkeit in den Bezirken mehrerer FA innerhalb der Wohnsitzgemeinde ausgeübt, ist das FA zuständig, in dessen Bezirk die Tätigkeit vorwiegend ausgeübt wird (§ 18 Abs. 1 Nr. 3 AO, s. § 18 AO Rz. 9). Das gilt auch, wenn die Tätigkeit auch außerhalb der Wohnsitzgemeinde, aber vorwiegend in der Wohnsitzgemeinde ausgeübt wird; eine gesonderte Feststellung für den außerhalb der Wohnsitzgemeinde ausgeübten Teil der Tätigkeit ist nicht zulässig (BFH v. 10.06.1999, IV R 69/98, BStBl II 1999, 691).

6 Für die Anwendung der Regelung nach § 19 Abs. 3 AO werden bei Stpfl., die zusammen zu veranlagen sind oder zusammen veranlagt werden können, die Einkünfte der Veranlagungsgemeinschaft so behandelt, als seien sie von einem Stpfl. bezogen (§ 19 Abs. 4 AO).

Die besondere örtliche Zuständigkeit i. S. des § 19 Abs. 3 und 4 AO zieht (ausgelaufen) auch die Zuständigkeit für die Steuern vom Vermögen der betroffenen natürlichen Personen nach sich. 7

Die Regelung lässt offen, welches FA in den Fällen des § 19 Abs. 3 und 4 AO die Besteuerung zu übernehmen hat, wenn ein Stpfl. in den Bezirken mehrerer anderer FA als des Wohnsitz-FA Einkünfte aus Gewerbe, Land- und Forstwirtschaft oder freiberuflicher Tätigkeit bezieht und dies nicht Einkünfte aus Gewinnanteilen sind. Das Wohnsitz-FA ist nach dem eindeutigen Wortlaut des § 19 Abs. 3 Satz 1 AO nicht zuständig. Vielmehr ergibt sich hieraus eine mehrfache örtliche Zuständigkeit derjenigen FA, die nach § 18 Abs. 1 Nr. 1 bis 3 AO für eine gesonderte Feststellung zuständig sind bzw. wären, sodass nach § 25 AO zu verfahren ist (BFH v. 07.09.2000, II R 39/98, BStBl II 2001, 116): die örtliche Zuständigkeit richtet sich danach, welches von den mehreren örtlich zuständigen FA mit der Besteuerung zuerst befasst ist, es sei denn, dass die Zuständigkeit durch eine Einigung zwischen den zuständigen FA oder durch Anordnung der gemeinsamen fachlich zuständigen Aufsichtsbehörde geregelt wird. Die übrigen betroffenen FA haben dann nach § 180 Abs. 1 Nr. 2b AO Feststellungsverfahren durchzuführen (*Drüen* in Tipke/Kruse, § 19 AO Rz. 11; AEAO zu § 19, Nr. 3). 8

Gibt der Stpfl. seinen Betrieb oder seine freiberufliche Tätigkeit auf, entfällt mit Kenntnis eines der betroffenen FA (§ 26 Satz 1 AO) davon die Zuständigkeit des ehemaligen Betriebs-FA, sowohl für die Einkommensteuerveranlagung gem. § 19 Abs. 3 AO als auch für eine gesonderte Gewinnfeststellung nach § 180 Abs. 1 Nr. 2b AO, und das Wohnsitz-FA wird zuständig (BFH v. 11.12.1987, III R 228/84, BStBl II 1988, 230 m. w. N.). Verlegt der Steuerpflichtige gleichzeitig seinen Wohnsitz in den Bezirk eines anderen FA, sind von dem bisher für die Personensteuern zuständigen FA nur die Personensteuerakten abzugeben. Das bisher zuständige FA ermittelt im Wege der Amtshilfe den Gewinn bis zur Zeit der Betriebsaufgabe und teilt diesen dem neuen Wohnsitz-FA mit (AEAO zu § 26, Nr. 3 Abs. 1 Satz 1). Dasselbe gilt, wenn die Betriebsaufgabe erst nach Schluss des Gewinnermittlungszeitraums aber vor der Veranlagung erfolgt ist. Insofern ist der für die Zuständigkeitsveränderung maßgebliche Zeitpunkt des § 180 Abs. 1 Nr. 2b AO (Schluss des Gewinnermittlungszeitraums) nicht heranzuziehen, weil die Voraussetzungen des § 180 Abs. 1 Nr. 2b AO (Auseinanderfallen von Wohnsitz- und Betriebstätten-FA) aufgrund der Regelung des § 19 Abs. 3 AO zu diesem Zeitpunkt nicht gegeben sind (*Rätke* in Klein, § 19 AO Rz. 10). Im Übrigen steht einer Zuständigkeitsvereinbarung nach § 27 AO § 180 Abs. 1 Nr. 2b AO ebenfalls nichts entgegen. 9

### IV. Regelungsermächtigung für Ballungszentren (§ 19 Abs. 5 AO)

10 § 19 Abs. 5 AO schafft die Voraussetzungen für eine den Zwecken der Verwaltungsvereinfachung dienende besondere Regelung der örtlichen Zuständigkeit in städtischen Ballungszentren.

### V. Regelungsermächtigung für Leibrenten beschränkt Steuerpflichtiger (§ 19 Abs. 6 AO)

11 Zur Sicherstellung der Besteuerung von Leibrenten und Renten, die von beschränkt Steuerpflichtigen i. S. d. § 1 Abs. 4 EStG nach § 49 Abs. 1 Nr. 7 oder Nr. 10 EStG bezogen werden (sog. Auslandsrentner), kann das BMF durch Rechtsverordnung mit Zustimmung des Bundesrates einer Finanzbehörde die ausschließliche örtliche Zuständigkeit übertragen. Es hat dies gem. § 1 EStZvstV dem FA Neubrandenburg übertragen.

## C. Verletzung

12 Eine Verletzung der Regelung des § 19 AO ist als Verstoß gegen die örtliche Zuständigkeit nach § 127 AO heilbar (s. § 127 AO Rz. 3). Dies gilt jedoch nicht, wenn der Verstoß zur Folge hat, dass die gesonderte Feststellung nach § 180 AO entfällt; dann ist der Fehler **nicht heilbar** und führt zur Rechtswidrigkeit des Verwaltungsakts (BFH v. 10.06.1999, IV R 69/98, BStBl II 1999, 691, s. § 127 AO Rz. 3a, § 180 AO Rz. 29). Der Verstoß kann nur durch Anfechtung des Bescheids geltend gemacht werden.

# § 20 AO
# Steuern vom Einkommen und Vermögen der Körperschaften, Personenvereinigungen, Vermögensmassen

(1) Für die Besteuerung von Körperschaften, Personenvereinigungen und Vermögensmassen nach dem Einkommen und Vermögen ist das Finanzamt örtlich zuständig, in dessen Bezirk sich die Geschäftsleitung befindet.

(2) Befindet sich die Geschäftsleitung nicht im Geltungsbereich des Gesetzes oder lässt sich der Ort der Geschäftsleitung nicht feststellen, so ist das Finanzamt örtlich zuständig, in dessen Bezirk die Steuerpflichtige ihren Sitz hat.

(3) Ist weder die Geschäftsleitung noch der Sitz im Geltungsbereich des Gesetzes, so ist das Finanzamt örtlich zuständig, in dessen Bezirk sich Vermögen der Steuerpflichtigen und, wenn dies für mehrere Finanzämter zutrifft, das Finanzamt, in dessen Bezirk sich der wertvollste Teil des Vermögens befindet.

**(4) Befindet sich weder die Geschäftsleitung noch der Sitz noch Vermögen der Steuerpflichtigen im Geltungsbereich des Gesetzes, so ist das Finanzamt örtlich zuständig, in dessen Bezirk die Tätigkeit im Geltungsbereich des Gesetzes vorwiegend ausgeübt oder verwertet wird oder worden ist.**

Die Vorschrift regelt die örtliche Zuständigkeit für die Besteuerung vom Einkommen und vom Vermögen (ausgelaufen) der Körperschaften, Vermögensvereinigungen und Vermögensmassen, soweit sie unbeschränkt (Abs. 1 und 2) oder beschränkt (Abs. 3 und 4) steuerpflichtig sind. Wegen des **maßgeblichen Zeitpunkts** der die Zuständigkeit bestimmenden Verhältnisse s. § 17 AO Rz. 3. Wegen der Rechtsfolgen bei **Verletzung der Zuständigkeitsregelungen** s. § 17 AO Rz. 4. 1

Die örtliche Zuständigkeit richtet sich primär nach der Geschäftsleitung bzw. dem Sitz. Zu dem Begriff Geschäftsleitung s. § 10 AO; zum Begriff Sitz s. § 11 AO. Bei der Organschaft wird i. d. R. auf die Geschäftsleitung des Organträgers abgestellt (BFH v. 26.05.1976, II 29/65, BStBl II 1970, 759). 2

Sind im Inland weder Geschäftsleitung noch Sitz vorhanden, so knüpft die örtliche Zuständigkeit an die Lage des Vermögens bzw. dessen wertvollsten Teils an. Fehlt es auch am inländischen Vermögen, richtet sich die örtliche Zuständigkeit nach dem Ort der Ausübung bzw. Verwertung der inländischen Tätigkeit. Unter »Tätigkeit« ist dabei nur diejenige zu verstehen, die im Inland steuerpflichtige Einkünfte auslöst (BFH v. 03.02.1993, I R 80–81/91, BStBl II 1993, 462).

# § 20a AO
# Steuern vom Einkommen bei Bauleistungen

**(1) Abweichend von den §§ 19 und 20 ist für die Besteuerung von Unternehmen, die Bauleistungen im Sinne von § 48 Abs. 1 Satz 3 des Einkommensteuergesetzes erbringen, das Finanzamt zuständig, das für die Besteuerung der entsprechenden Umsätze nach § 21 Abs. 1 zuständig ist, wenn der Unternehmer seinen Wohnsitz oder das Unternehmen seine Geschäftsleitung oder seinen Sitz außerhalb des Geltungsbereiches des Gesetzes hat. Das gilt auch abweichend von den §§ 38 bis 42f des Einkommensteuergesetzes beim Steuerabzug vom Arbeitslohn.**

**(2) Für die Verwaltung der Lohnsteuer in den Fällen der Arbeitnehmerüberlassung durch ausländische Verleiher nach § 38 Abs. 1 Satz 1 Nr. 2 des Einkommensteuergesetzes ist das Finanzamt zuständig, das für die Besteuerung der entsprechenden Umsätze nach § 21 Abs. 1 zuständig ist. Satz 1 gilt nur, wenn die überlassene Person im Baugewerbe eingesetzt ist.**

**(3) Für die Besteuerung von Personen, die von Unternehmen im Sinne des Absatzes 1 oder 2 im Inland beschäftigt werden, kann abweichend von § 19 das Bundesministerium der Finanzen durch Rechtsverordnung mit Zustimmung des Bundesrates die örtliche Zuständigkeit einem Finanzamt für den Geltungsbereich des Gesetzes übertragen.**

**Inhaltsübersicht**



## A. Bedeutung der Vorschrift

1 Die Vorschrift wurde durch das Gesetz zur Eindämmung illegaler Beschäftigung im Baugewerbe v. 30.08.2001 (BGBl I 2001, 2267 = BStBl I 2001, 602) mit Wirkung vom 07.09.2001 eingeführt. Gleichzeitig wurde aufgrund der Ermächtigung in Abs. 3 die Arbeitnehmer-Zuständigkeitsverordnung-Bau erlassen. Sie bezweckt, die **Vollzugsdefizite bei der Besteuerung des Baugewerbes** zu beseitigen. Dies betrifft insbesondere die Besteuerung des im Inland steuerbaren Einkommens ausländischer Bauunternehmer, die im Inland Bauleistungen i. S. des § 48 Abs. 1 Satz 3 EStG erbringen, einschließlich des Lohnsteuerabzugs der im Inland eingesetzten Arbeitnehmer (Abs. 1), die Verwaltung der Lohnsteuer bei grenzüberschreitender Personalüberlassung, wenn die überlassenen Arbeitnehmer im Baugewerbe eingesetzt werden (Abs. 2), und die Besteuerung im Inland eingesetzter Arbeitnehmer, die bei einem ausländischen Bauunternehmer oder von einem ausländischen Verleihunternehmer beschäftigt werden (Abs. 3).

2 **Bauleistungen** sind nach § 48 Abs. 1 Satz 3 EStG alle Leistungen, die der Herstellung, Instandsetzung, Instandhaltung, Änderung oder Beseitigung von Bauwerken dienen. Wegen des Verfahrens und weiterer Regelungen wie u. a. der Freistellung und der Haftung wird auf §§ 48 bis 48d EStG verwiesen.

3 Wegen des **maßgeblichen Zeitpunkts** der die Zuständigkeit bestimmenden Verhältnisse s. § 17 AO Rz. 3. Wegen der Rechtsfolgen bei Verletzung der Zuständigkeitsregelungen s. § 17 AO Rz. 4.

Zur Vermeidung eines erschwerten Verwaltungsvollzugs ist im Regelfall eine von der zentralen Zuständigkeit nach § 20a abweichende Zuständigkeitsvereinbarung nach § 27 AO mit dem ortsnahen Finanzamt herbeizuführen, wenn das Unternehmen nur gelegentlich Bauleistungen i. S. von § 48 Abs. 1 Satz 3 EStG erbringt oder diese im Verhältnis zum Gesamtumsatz nur von untergeordneter Bedeutung sind oder eine zentrale Zuständigkeit weder für den Steuerpflichtigen noch für die Finanzbehörden zweckmäßig ist (AEAO zu § 20a, Nr. 2; s. § 27 AO). 4

## B. Die Regelungen

### I. Zuständigkeit nach § 20a Abs. 1 AO

§ 20a Abs. 1 AO regelt die örtliche Zuständigkeit für die Besteuerung des Leistenden, wenn er im Inland keinen Wohnsitz, Geschäftsleitung oder Sitz hat. Abweichend von dem nach den §§ 19 und 20 AO zuständigen FA ist in diesen Fällen das FA nach § 21 Abs. 1 AO insbesondere unter Beachtung der UStZustV zuständig. Auf die Ausführungen zu § 21 AO wird verwiesen. Liegen die Voraussetzungen des § 20a Abs. 1 Satz 1 AO vor, beschränkt sich die Zuständigkeit nicht auf den Steuerabzug nach §§ 48ff. EStG und auf Umsätze der Bauleistungen; sie erfasst die gesamte Besteuerung des Einkommens des Unternehmers (Einkommensteuer, Körperschaftsteuer) sowie die Umsatzsteuer und die Realsteuern (AEAO zu § 20a, Nr. 1). Die Zuständigkeit gilt zudem für den Erlass des Haftungsbescheides (§ 48a Abs. 3 EStG) sowie für die Erteilung des Freistellungsbescheids (§ 48b EStG). 5

Darüber hinaus gilt § 20a Abs. 1 AO für den Lohnsteuerabzug der von dem ausländischen Unternehmer im Inland eingesetzten Arbeitnehmer. Das für die Besteuerung des Unternehmers zuständige FA ist danach auch Betriebsstättenfinanzamt i. S. des § 41a Abs. 1 Nr. 1 EStG (*Schmiezek* in Gosch, § 20a Rz. 22). 6

### II. Zuständigkeit nach § 20a Abs. 2 AO

Die Zuständigkeit nach § 20a Abs. 1 AO ist auf die Verwaltung der Lohnsteuer in den Fällen der **Arbeitnehmerüberlassung** i. S. des § 38 Abs. 1 Nr. 2 EStG ausgedehnt worden, sofern die überlassene Person im Baugewerbe eingesetzt ist. 7

### III. Zuständigkeit nach § 20a Abs. 3 AO

Aufgrund der nach Abs. 3 erlassenen Arbeitnehmer-Zuständigkeitsverordnung-Bau ist für die Einkommensteuer 8 des Arbeitnehmers, der von einem Unternehmer i. S. des § 20a Abs. 1 oder Abs. 2 AO im Inland beschäftigt ist und seinen Wohnsitz im Ausland hat, das in § 1 Abs. 1 oder 2 der UStZustV für seinen Wohnsitzstaat genannte FA zuständig (auch s. § 21 AO Rz. 5).

## § 21 AO Umsatzsteuer

**(1) Für die Umsatzsteuer mit Ausnahme der Einfuhrumsatzsteuer ist das Finanzamt zuständig, von dessen Bezirk aus der Unternehmer sein Unternehmen im Geltungsbereich des Gesetzes ganz oder vorwiegend betreibt. Das Bundesministerium der Finanzen kann zur Sicherstellung der Besteuerung durch Rechtsverordnung mit Zustimmung des Bundesrates für Unternehmer, die Wohnsitz, Sitz oder Geschäftsleitung außerhalb des Geltungsbereiches dieses Gesetzes haben, die örtliche Zuständigkeit einer Finanzbehörde für den Geltungsbereich des Gesetzes übertragen.**

**(2) Für die Umsatzsteuer von Personen, die keine Unternehmer sind, ist das Finanzamt zuständig, das nach § 19 oder § 20 auch für die Besteuerung nach dem Einkommen zuständig ist; in den Fällen des § 180 Absatz 1 Satz 1 Nummer 2 Buchstabe a ist das Finanzamt für die Umsatzsteuer zuständig, das nach § 18 auch für die gesonderte Feststellung zuständig ist.**

**Inhaltsübersicht**



### A. Bedeutung der Vorschrift

1 Die Vorschrift regelt die örtliche Zuständigkeit für die Umsatzsteuer mit Ausnahme der in § 23 AO geregelten Einfuhrumsatzsteuer.

2 Wegen des **maßgeblichen Zeitpunkts** der die Zuständigkeit bestimmenden Verhältnisse s. § 17 AO Rz. 3. Wegen der Rechtsfolgen bei **Verletzung der Zuständigkeitsregelungen** s. § 17 AO Rz. 4.

3 Unberührt von § 21 AO bleibt die besondere Zuständigkeitsbestimmung für die Umsatzsteuer, die bei der Beförderung von Personen im Gelegenheitsverkehr mit nicht im Inland zugelassenen Kraftomnibussen im Zuge der Beförderungseinzelbesteuerung anfällt, in § 16 Abs. 5 i. V. m. § 18 Abs. 5 UStG sowie bei **Fiskalvertretung** in § 22a UStG.

### B. Die Regelungen

Für die Umsatzsteuer mit Ausnahme der Einfuhrumsatzsteuer ist das FA zuständig, zu dem der Ort gehört, von dem aus der Unternehmer (auch freiberuflich Tätige) sein Unternehmen im Inland ganz oder vorwiegend betreibt. Das ist der Ort, an dem der Schwerpunkt der unternehmerischen Tätigkeit liegt. Bei Vorliegen einer Organschaft (§ 2 Abs. 2 Nr. 2 UStG) ist Unternehmer der Organträger. 4

Für Unternehmer, die Wohnsitz, Sitz oder Geschäftsleitung außerhalb des Geltungsbereichs der AO haben, hat das BMF gem. seiner Ermächtigung nach § 21 Abs. 1 Satz 2 AO eine **zentrale Zuständigkeit** bestimmt. Die zentrale Zuständigkeit nach § 21 Abs. 1 Satz 2 AO greift bereits dann, wenn auch **nur ein Anknüpfungspunkt** der gesetzlichen Kriterien Wohnsitz, Sitz oder Geschäftsleitung im Ausland gegeben ist. § 21 Abs. 1 Satz 2 AO hat Vorrang vor § 21 Abs. 1 Satz 1 AO (AEAO zu § 21, Abs. 1). 5

Die zentrale Zuständigkeit ist danach nicht nur dann von Bedeutung, wenn der Unternehmer sein Unternehmen vom Ausland aus betreibt und im Inland nicht einkommensteuer- oder körperschaftsteuerpflichtig ist, sondern auch dann, wenn der Unternehmer im Inland auch zur **Einkommen- oder Körperschafsteuer** zu veranlagen ist und einen die zentrale Zuständigkeit für die Umsatzbesteuerung begründenden Anknüpfungspunkt im Ausland hat (AEAO zu § 21, Abs. 2). Die örtliche Zuständigkeit für die Ertrags- und Umsatzbesteuerung können in diesem Fall auseinanderfallen (s. Rz. 9), es sei denn, es handelt sich um die Besteuerung von Bauleistungen (s. § 20a AO Rz. 5). 6

Auf die **Umsatzsteuerzuständigkeitsverordnung** (UStZustV) wird verwiesen (abgedruckt in AEAO zu § 21); diese sowie die Anschriften der FA sind unter **www.bzst.bund.de** abrufbar. 7

§ 21 Abs. 2 AO bestimmt die Zuständigkeit für die **Umsatzsteuer von Nichtunternehmern** dahingehend, dass dasjenige FA örtlich zuständig ist, das auch für die Steuern vom Einkommen und Vermögen (§§ 18, 19 AO) zuständig ist, bzw. dasjenige FA, dem die gesonderte und einheitliche Feststellung (§ 180 Abs. 1 Nr. 2a AO) obliegt (§ 18 AO). Die durch das Gesetz zur Modernisierung des Besteuerungsverfahrens mit Wirkung ab 01.01.2017 getroffene Neuregelung hat nur klarstellende Funktion. Der Anwendungsbereich der Vorschrift ist in § 13a UStG geregelt. Danach schuldet der Nichtunternehmer die Umsatzsteuer insbes. bei dem innergemeinschaftlichen Erwerb neuer Fahrzeuge (§ 1b UStG). 8

### C. Zuständigkeitsvereinbarung

Eine Zuständigkeitsvereinbarung ist nach AEAO zu § 27, Nr. 3 von den Finanzämtern herbeizuführen, wenn die 9 zentrale Zuständigkeit nach § 21 Abs. 1 Satz 2 AO weder für den Steuerpflichtigen noch für die Finanzbehörden zweckmäßig ist. Dies ist vor allem dann der Fall, wenn die örtlichen Zuständigkeiten für die **Ertrags- und Umsatzbesteuerung auseinanderfallen.** Dies gilt z. B. bei Kapitalgesellschaften mit statutarischem Sitz im Ausland und Geschäftsleitung im Inland. Betroffen sind z. B. Fälle, in denen ein bisher im Inland ansässiges Unternehmen in eine britische Limited umgewandelt wird oder eine neu gegründete Limited im Inland unternehmerisch tätig und unbeschränkt körperschaftsteuerpflichtig ist. Die Zuständigkeitsvereinbarung soll dahingehend getroffen werden, dass das für die **Ertragsbesteuerung** zuständige ortsnahe Finanzamt auch für die Umsatzsteuer zuständig wird (AEAO zu § 21, Abs. 3–4 und AEAO zu § 27, Nr. 3).

## § 22 AO
## Realsteuern

**(1) Für die Festsetzung und Zerlegung der Steuermessbeträge ist bei der Grundsteuer das Lagefinanzamt (§ 18 Abs. 1 Nr. 1) und bei der Gewerbesteuer das Betriebsfinanzamt (§ 18 Abs. 1 Nr. 2) örtlich zuständig. Abweichend von Satz 1 ist für die Festsetzung und Zerlegung der Gewerbesteuermessbeträge bei Unternehmen, die Bauleistungen im Sinne von § 48 Abs. 1 Satz 3 des Einkommensteuergesetzes erbringen, das Finanzamt zuständig, das für die Besteuerung der entsprechenden Umsätze nach § 21 Abs. 1 zuständig ist, wenn der Unternehmer seinen Wohnsitz oder das Unternehmen seine Geschäftsleitung oder seinen Sitz außerhalb des Geltungsbereiches des Gesetzes hat.**

**(2) Soweit die Festsetzung, Erhebung und Beitreibung von Realsteuern den Finanzämtern obliegt, ist dafür das Finanzamt örtlich zuständig, zu dessen Bezirk die hebeberechtigte Gemeinde gehört. Gehört eine hebeberechtigte Gemeinde zu den Bezirken mehrerer Finanzämter, so ist von diesen Finanzämtern das Finanzamt örtlich zuständig, das nach Absatz 1 zuständig ist oder zuständig wäre, wenn im Geltungsbereich dieses Gesetzes nur die in der hebeberechtigten Gemeinde liegenden Teile des Betriebes, des Grundstückes oder des Betriebsgrundstückes vorhanden wären.**

**(3) Absatz 2 gilt sinngemäß, soweit einem Land nach Artikel 106 Abs. 6 Satz 3 des Grundgesetzes das Aufkommen der Realsteuern zusteht.**

1 Regelmäßig beschränkt sich bei den Realsteuern (Grundsteuer und Gewerbesteuer, s. § 3 Abs. 2 AO) die Tätigkeit der FA weitgehend auf die Festsetzung und Zerlegung der Steuermessbeträge, während die Festsetzung, Erhebung und Beitreibung dieser Steuern den steuerberechtigten Gemeinden übertragen worden ist (s. Art. 108 Abs. 4 Satz 2 GG). In diesen Fällen ist nach Abs. 1 für die Festsetzung und Zerlegung der Steuermessbeträge bei der **Grundsteuer das Lage-FA** (§ 18 Abs. 1 Nr. 1 AO) und bei der **Gewerbesteuer das Betriebs-FA** (§ 18 Abs. 1 Nr. 2 AO) örtlich zuständig. § 22 Abs. 1 AO ist für Zuteilungsbescheide entsprechend anwendbar. Erlässt ein örtlich unzuständiges FA den Gewerbesteuermessbescheid, kann allein deswegen seine Aufhebung nicht verlangt werden (s. § 127 AO; BFH v. 19.11.2003, I R 88/02, BStBl II 2004, 751).

Erbringen ausländische Unternehmen Bauleistungen i. S. des § 48 Abs. 1 Satz 3 EStG, ist für die Festsetzung und Zerlegung der Gewerbesteuermessbeträge das FA örtlich zuständig, das für die Besteuerung der entsprechenden Umsätze nach § 21 Abs. 1 AO zuständig ist. 2

Ist auch die Festsetzung, Erhebung und Beitreibung der Realsteuern den Finanzbehörden übertragen (nur Bremen), so sind hierfür nach § 22 Abs. 2 AO die FA örtlich zuständig, zu deren Bezirk die hebeberechtigte Gemeinde gehört. § 22 Abs. 2 Satz 2 AO löst den Fall, dass hiernach mehrere zuständige FA in Frage kommen. 3

Ist nach Art. 106 Abs. 6 Satz 3 GG ein Land realsteuerhebeberechtigt, weil in dem Land keine Gemeinden bestehen (Berlin und Hamburg), so gilt nach § 22 Abs. 3 AO die Regelung des § 22 Abs. 2 AO sinngemäß. 4

## § 22a AO
## Zuständigkeit auf dem Festlandsockel oder der ausschließlichen Wirtschaftszone

**Die Zuständigkeit der Finanzbehörden der Länder nach §§ 18 bis 22 AO oder nach den Steuergesetzen im Bereich des der Bundesrepublik Deutschland zustehenden Anteils am Festlandsockel und der ausschließlichen Wirtschaftszone richtet sich nach dem Äquidistanzprinzip.**

Bei der Regelung des § 22 a AO handelt es sich um eine die §§ 18 ff. AO ergänzende Regelung. Sie lehnt sich an § 137 Bundesberggesetz an. 1

Sie soll verfahrensrechtlich klarstellen, welche Finanzbehörde für die Besteuerung des der Bundesrepublik Deutschland zustehenden Anteils an dem Festlandssockel und der ausschließlichen Wirtschaftszone jeweils örtlich zuständig ist. Obgleich es sich nicht um Staatsgebiet der Bundesrepublik Deutschland handelt, steht dieser für diese Gebiete, soweit dies gesetzlich geregelt ist, die Ausübung von Hoheitsrechten zu (s. hierzu *Schoenfeld* in Gosch, § 22 a AO Rz. 2). Praktische Bedeutung hat die Vorschrift insbes. für Offshore-Wind-Parks und Bohrinseln. Die Zuständigkeit richtet sich dabei grds. 2

nach dem Örtlichkeitsprinzip (Wohnsitz, gewöhnlicher Aufenthalt, Ort der Geschäftsleitung, Ort der Betriebstätte) auch für das Gebiet des der Bundesrepublik Deutschland zustehenden Anteils am Festlandsockel bzw. der ausschließlichen Wirtschaftszone.

3 Was unter dem **Äquidistanzprinzip** zu verstehen ist, wird in § 22 a nicht geregelt. Dabei handelt es sich um eine mathematische Bestimmung der Zuständigkeit nach dem Grundsatz der gleichen Entfernung (*Schoenfeld* in Gosch, § 22 a AO Rz. 9 f.). Art. 6 Abs. 2 des Internationalen Übereinkommens über den Festlandssockel vom 29.04.1958 definiert das Prinzip wie folgt: »Grenzt ein Festlandsockel an die Hoheitsgebiete zweier benachbarter Staaten, so grenzen diese den Sockel in gegenseitigem Einvernehmen ab. Kommt eine Einigung nicht zustande, so wird die Grenzlinie nach dem Grundsatz der gleichen Entfernung von den nächstgelegenen Punkten der Basislinien festgelegt, von denen aus die Breite des Küstenmeeres jedes dieser Staaten gemessen wird, es sei denn, dass besondere Umstände die Festlegung einer anderen Grenzlinie rechtfertigen.«

## § 23 AO
## Einfuhr- und Ausfuhrabgaben und Verbrauchsteuern

**(1) Für die Einfuhr- und Ausfuhrabgaben im Sinne des Artikels 4 Nr. 10 und 11 des Zollkodexes (ab 01.05.2016: »nach Artikel 5 Nummer 20 und 21 des Zollkodex der Union«) und Verbrauchsteuern ist das Hauptzollamt örtlich zuständig, in dessen Bezirk der Tatbestand verwirklicht wird, an den das Gesetz die Steuer knüpft.**

**(2) Örtlich zuständig ist ferner das Hauptzollamt, von dessen Bezirk aus der Steuerpflichtige sein Unternehmen betreibt. Wird das Unternehmen von einem nicht zum Geltungsbereich des Gesetzes gehörenden Ort aus betrieben, so ist das Hauptzollamt zuständig, in dessen Bezirk der Unternehmer seine Umsätze im Geltungsbereich des Gesetzes ganz oder vorwiegend bewirkt.**

**(3) Werden Einfuhr- und Ausfuhrabgaben im Sinne des Artikels 4 Nr. 10 und 11 des Zollkodexes und Verbrauchsteuern im Zusammenhang mit einer Steuerstraftat oder einer Steuerordnungswidrigkeit geschuldet, so ist auch das Hauptzollamt örtlich zuständig, das für die Strafsache oder die Bußgeldsache zuständig ist.**

1 Die Zuständigkeitsregelung betrifft die in Art. 5 Nr. 20 und 21 UZK definierten Einfuhr- und Ausfuhrabgaben sowie die Verbrauchsteuern einschließlich der Einfuhrumsatzsteuer (s. § 21 Abs. 1 UStG).

Nach § 23 Abs. 1 AO ist das Hauptzollamt örtlich zuständig, in dessen Bezirk der Tatbestand verwirklicht wird, an den das Gesetz die Steuer knüpft. Dagegen knüpft § 23 Abs. 2 S. 1 AO die örtliche Zuständigkeit des Hauptzollamts an den Bezirk, von dem aus der Steuerpflichtige sein Unternehmen betreibt. Dieses neben dem HZA nach § 23 Abs. 1 AO zuständige HZA wird insbes. dann tätig werden, wenn bei Unternehmen Außenprüfungen durchgeführt werden, die Waren über verschiedene Zollstellen einführen, weil damit eine einheitliche Zuständigkeit erreicht wird. § 23 Abs. 2 Satz 2 AO behandelt die Zuständigkeit bei einem ausländischen Unternehmen. 2

§ 23 Abs. 3 AO berücksichtigt die Zentralisierung von Straf- und Bußgeldsachen und ermöglicht die Weiterbearbeitung auch in steuerlicher Hinsicht durch das HZA, bei dem sich die Zentrale befindet. 3

§ 23 Abs. 1 bis 3 AO begründen gleichwertig die örtliche Zuständigkeit mehrerer HZÄ, sodass i. S. des § 25 AO die zuerst mit der Sache befasste Finanzbehörde entscheidet, wenn sich nicht die zuständigen Behörden gem. § 27 AO auf eine besondere Zuständigkeit einigen oder von der Aufsichtsbehörde eine zuständige Behörde bestimmt wird. 4

## § 24 AO
## Ersatzzuständigkeit

**Ergibt sich die örtliche Zuständigkeit nicht aus anderen Vorschriften, so ist die Finanzbehörde zuständig, in deren Bezirk der Anlass für die Amtshandlung hervortritt.**

Die Vorschrift regelt den Fall, dass die örtliche Zuständigkeit nach anderen Vorschriften **nicht bestimmt** werden kann. Sie betrifft nicht die Fälle der Zuständigkeit mehrerer Finanzbehörden; insofern wird auf § 25 AO verwiesen. Örtlich zuständig ist in diesem Fall diejenige Finanzbehörde, in deren Bezirk der **Anlass für die Amtshandlung** hervortritt. In welcher Art und Weise dies geschieht, ist ohne Bedeutung, solange sich hieraus nicht die Voraussetzungen für die Bestimmung einer örtlichen Zuständigkeit nach den allgemeinen Vorschriften ergeben. Im Übrigen wird bei **unaufschiebbaren Maßnahmen** auch auf § 29 AO verwiesen (AEAO zu § 24, Nr. 2). 1

Als **Anwendungsfälle** kommen Fahndungsmaßnahmen (Vorfeldermittlungen nach § 208 Abs. 1 Nr. 3 AO), bei denen weder ein bestimmtes Steuerschuldverhältnis noch ein bestimmter Beteiligter feststeht (BFH v. 16.05.2013, II R 15/12, BStBl II 2014, 225), und der Erlass von Haftungsbescheiden (§ 191 AO) in Betracht

(BFH v. 08.09.2010, XI R 15/08, BFH/NV 2011, 574; AEAO zu § 24, Nr. 1).

## § 25 AO
## Mehrfache örtliche Zuständigkeit

**Sind mehrere Finanzbehörden zuständig, so entscheidet die Finanzbehörde, die zuerst mit der Sache befasst worden ist, es sei denn, die zuständigen Finanzbehörden einigen sich auf eine andere zuständige Finanzbehörde oder die gemeinsame fachlich zuständige Aufsichtsbehörde bestimmt, dass eine andere örtlich zuständige Finanzbehörde zu entscheiden hat. Fehlt eine gemeinsame Aufsichtsbehörde, so treffen die fachlich zuständigen Aufsichtsbehörden die Entscheidung gemeinsam.**

1 Bei mehrfacher örtlicher Zuständigkeit (z. B. nach § 18 Abs. 2 AO oder § 23 AO) ist die Finanzbehörde zuständig, die zuerst mit der Sache befasst worden ist. Von § 24 AO unterscheidet sich diese Regelung dadurch, dass dort eine Ersatzzuständigkeit beim Fehlen jeder zuständigen Finanzbehörde geschaffen wird, während hier ein positiver Kompetenzkonflikt vermieden wird.

2 Von der örtlichen Zuständigkeit der zuerst mit der Sache befassten Finanzbehörde kann in zwei Fällen abgewichen werden, nämlich

a) wenn sich die zuständigen Finanzbehörden auf eine andere unter ihnen einigen (kein Fall einer Zuständigkeitsvereinbarung i. S. von § 27 AO) oder
b) wenn von der gemeinsamen Aufsichtsbehörde eine andere örtlich zuständige Behörde bestimmt wird. Nach Satz 2 entscheiden mehrere zuständige Aufsichtsbehörden gemeinsam.

## § 26 AO
## Zuständigkeitswechsel

**Geht die örtliche Zuständigkeit durch eine Veränderung der sie begründenden Umstände von einer Finanzbehörde auf eine andere Finanzbehörde über, so tritt der Wechsel der Zuständigkeit in dem Zeitpunkt ein, in dem eine der beiden Finanzbehörden hiervon erfährt. Die bisher zuständige Finanzbehörde kann ein Verwaltungsverfahren fortführen, wenn dies unter Wahrung der Interessen der Beteiligten der einfachen und zweckmäßigen Durchführung des Verfahrens dient und die nunmehr zuständige Finanzbehörde zustimmt. Ein Zuständigkeitswechsel nach Satz 1 tritt solange nicht ein, wie**

**1. über einen Insolvenzantrag noch nicht entschieden wurde,**
**2. ein eröffnetes Insolvenzverfahren noch nicht aufgehoben wurde oder**
**3. sich eine Personengesellschaft oder eine juristische Person in Liquidation befindet.**

**Inhaltsübersicht**



### A. Bedeutung der Vorschrift

Eine Veränderung der die örtliche Zuständigkeit begründenden Umstände (s. § 17 AO Rz. 3) bewirkt nicht unmittelbar den Wegfall der bisherigen örtlichen Zuständigkeit. Der Wechsel der Zuständigkeit tritt erst dann ein, wenn eine der beiden Finanzbehörden von der Änderung der tatsächlichen Verhältnisse erfährt. Zur Sonderregelung bei der Abnahme der eidesstattlichen Versicherung, s. § 284 Abs. 5 AO. 1

### B. Zuständigkeitswechsel (§ 26 Satz 1 AO)

Die Vorschrift gilt regelmäßig nur bei solchen Steuern, die fortlaufend entstehen und nach Steuerabschnitten erhoben werden (Veranlagungssteuern); bei einmaligen Steuern, die an Einzelvorgänge anknüpfen, insbes. den Verkehrsteuern, wird sie nur selten Bedeutung erlangen. 2

Die örtliche Zuständigkeit des bis zur Veränderung der sie begründenden Umstände zuständigen FA besteht aus Gründen der Rechtssicherheit und Praktikabilität bis zu dem Zeitpunkt fort, an dem entweder dieses oder das neu zuständig gewordene FA von der Veränderung erfährt (z. B. durch den Stpfl. selbst, durch Mitteilung der Meldebehörden u. Ä.). Zu diesem Zeitpunkt wird die bisher zuständige Finanzbehörde unzuständig, die neu zuständige Finanzbehörde hat auch die offenen Angelegenheiten zu bearbeiten. Jedoch sind bei Verlegung des Wohnsitzes in den Bezirk eines anderen Finanzamtes unter gleichzeitiger Betriebsaufgabe von dem bisher für die Personensteuern und Betriebssteuern zuständigen Finanzamt nur die Personensteuerakten abzugeben (AEAO zu § 26, Nr. 3; s. § 19 AO Rz. 9). Die Umstände, die die örtliche Zuständigkeit ändern, müssen einer der Finanzbehörden zweifelsfrei bekannt geworden sein; Kennenkönnen oder Kennenmüssen allein genügt nicht (BFH v. 25.01.1989, X R 158/87, BStBl II 1989, 483; s. a. BFH v. 08.08.2007, V B 164/05, BFH/NV 2007, 2232). Wegen der Bedeutung der Zuständigkeit für die Steuerberechtigung ist die Kenntnis über die Umstände, die die Zuständigkeit ändern, mit Angabe des Datums aktenkundig zu 3 machen und unverzüglich der anderen Finanzbehörde mitzuteilen (AEAO zu § 26, Nr. 1).

### C. Fortführung des Verwaltungsverfahrens (§ 26 Satz 2 AO)

4 Die unzuständig gewordene Finanzbehörde kann das Verwaltungsverfahren fortführen, sofern dies einfacher und zweckmäßiger ist, die zuständig gewordene Finanzbehörde zustimmt und Interessen der Beteiligten nicht verletzt werden.

5 Voraussetzung für die Fortführung ist zunächst, dass das **Verwaltungsverfahren begonnen** hat. Unter Verwaltungsverfahren ist nicht allgemein das Veranlagungsverfahren aller beim FA geführten Stpfl., sondern das konkrete Verfahren gemeint wie z. B. das Festsetzungs- oder Feststellungsverfahren, Außenprüfung, Vollstreckungsverfahren mit Ausnahme des Straf- und Bußgeldverfahrens (dazu s. § 388 AO). Begonnen hat das Verfahren, wenn die Tätigkeit der Finanzbehörde nach außen in Erscheinung getreten ist.

6 Die Fortführung setzt ferner voraus, dass sie **einfacher und zweckmäßiger** ist, d.h. der Verwaltungsvereinfachung dient.

7 Das neu zuständige FA muss der Fortführung des Verfahrens **zustimmen**. Die Zustimmung ist kein Verwaltungsakt und damit nicht rechtsbehelfsfähig (BFH v. 11.08.2010, VI B 143/09, BFH/NV 2010, 2230). Die fehlende Zustimmung kann bis zum Abschluss der Tatsacheninstanz beim Finanzgericht nachgeholt werden (§ 126 Abs. 1 Nr. 5 und Abs. 2 AO).

8 Die Zustimmung des Stpfl. ist zwar nicht erforderlich, er soll aber **gehört** werden; dies hat durch die bisherige Finanzbehörde zu geschehen, die grds. über die Fortführung des Verfahrens entscheidet (*Drüen* in Tipke/Kruse, § 26 AO Rz. 7 m. w. N.). Im Übrigen ist er über die Fortführung des Verfahrens zu benachrichtigen (AEAO zu § 26, Nr. 2).

9 Wird nach der Einlegung des Einspruchs eine andere Finanzbehörde zuständig, so entscheidet diese Finanzbehörde über den **außergerichtlichen Rechtsbehelf** (s. § 367 Abs. 1 Satz 2 AO). Zum Wechsel der örtlichen Zuständigkeit im finanzgerichtlichen Verfahren s. § 63 Abs. 2 FGO.

### D. Fortführung bei Insolvenz

10 Die Eröffnung des Insolvenzverfahrens kann dann zu einem Wechsel der örtlichen Zuständigkeit des Finanzamts führen, wenn der Insolvenzverwalter oder Liquidator die für das Unternehmen maßgeblichen Entscheidungen von einem Ort aus trifft, der nicht im Bezirk der bisher zuständigen Finanzbehörde liegt. Um zu verhindern, dass insbes. sog. **Firmenbestatter** sich den Zuständigkeitswechsel durch die Verlegung des Firmensitzes insolvenzreifer Unternehmen in den Zuständigkeitsbereich einer anderen Finanzbehörde zu nutzen machen, sieht § 26 Satz 3 AO vor, dass die bisher zuständige Finanzbehörde zwingend zuständig bleibt und das Verfahren fortzuführen hat, bis über den Insolvenzantrag entschieden und das Insolvenzverfahren abgeschlossen wurde. Da es nicht zweckmäßig erscheint, kurz vor dem Erlöschen des Stpfl. noch ein anderes FA mit der Bearbeitung des Steuerfalles zu befassen, tritt ein Zuständigkeitswechsel nach Satz 1 auch solange nicht ein, wie eine Personengesellschaft oder eine juristische Person liquidiert wird (s. *von Wedelstädt*, DB 2007, 2558).

### E. Verletzung der Zuständigkeitsregelung

Wegen der Folgen der Verletzung der Zuständigkeitsregelung wird auf § 17 AO Rz. 4 verwiesen (s. § 17 AO Rz. 4). 11

## § 27 AO Zuständigkeitsvereinbarung

**Im Einvernehmen mit der Finanzbehörde, die nach den Vorschriften der Steuergesetze örtlich zuständig ist, kann eine andere Finanzbehörde die Besteuerung übernehmen, wenn der Betroffene zustimmt. Eine der Finanzbehörden nach Satz 1 kann den Betroffenen auffordern, innerhalb angemessener Frist die Zustimmung zu erklären. Die Zustimmung gilt als erteilt, wenn der Betroffene nicht innerhalb dieser Frist widerspricht. Der Betroffene ist auf die Wirkung ausdrücklich hinzuweisen.**

**Inhaltsübersicht**



### A. Bedeutung der Vorschrift

Während in § 25 AO Zuständigkeitsvereinbarungen unter mehreren gesetzlich zuständigen Finanzbehörden vorgesehen sind und § 26 Satz 2 AO die Fortführung eines Verwaltungsverfahrens bei Zuständigkeitswechsel durch die bisher zuständig gewesene Finanzbehörde ermöglicht, gestattet § 27 AO die Übernahme der Besteuerung durch eine Finanzbehörde, die ohne Zustandekommen dieser Vereinbarung örtlich unzuständig ist. Für die Fälle des § 26 AO wird damit der Weg für eine die bloße »Fortführung« des Verwaltungsverfahrens überschreitende Tä- 1 tigkeit eröffnet. Da das Auseinanderfallen der örtlichen Zuständigkeit für die gesonderte Gewinnfeststellung (§ 18 AO) und derjenigen für die Steuern vom Einkommen (§ 19 AO) tatbestandsmäßige Voraussetzung für den Erlass eines gesonderten Gewinnfeststellungsbescheids nach § 180 Abs. 1 Nr. 2b AO ist, können gesetzliche Zuständigkeiten nicht mit Wirkung für § 180 Abs. 1 Nr. 2b AO durch Zuständigkeitsvereinbarung abgeändert werden (BFH v. 15.04.1986, VIII R 325/84, BStBl II 1987, 195).

### B. Voraussetzungen für die Zuständigkeitsvereinbarung

2 Eine Vereinbarung ist zulässig, wenn die Finanzbehörde, die an sich örtlich zuständig ist, dazu ihr **Einvernehmen** erklärt und der **Betroffene zustimmt**. Für die Zustimmung ist keine Form vorgeschrieben; sie muss jedoch ausdrücklich erklärt werden. Schweigen oder fehlender Widerspruch können grds. nicht als **Zustimmung** gewertet werden, wenn nicht nach Satz 2 ff. zur Erteilung der Zustimmung aufgefordert worden ist (s. Rz. 3). Auch die Abgabe der Steuererklärung beim unzuständigen FA reicht nicht aus. Regt der Betroffene selbst eine solche Vereinbarung an und wird ihr gefolgt, ist eine besondere Zustimmung nicht mehr erforderlich. Der Stpfl. hat **keinen Anspruch** auf Abschluss einer Zuständigkeitsvereinbarung. Die Zustimmung ist bedingungsfeindlich und nur mit Wirkung für die Zukunft widerrufbar (AEAO zu § 27, Nr. 2). Die Entscheidung über eine Vereinbarung ist nicht als selbstständiger Verwaltungsakt zu qualifizieren (*Drüen* in Tipke/Kruse, § 27 AO Rz. 15).

3 Um eine schnelle Klärung zu erreichen, kann eine der beiden Finanzbehörden den Betroffenen nach Satz 2 – 4 unter **Hinweis** auf die Folgen seines Schweigens **auffordern**, innerhalb angemessener Frist zuzustimmen. Es handelt sich um eine Ermessensvorschrift. Widerspricht der Betroffene nicht innerhalb dieser Frist, gilt die Zustimmung nach Satz 3 als erteilt.

### C. Verletzung der Zuständigkeitsregelung

4 Wegen der Folgen der Verletzung der Zuständigkeitsregelung s. § 17 AO Rz. 4.

## § 28 AO Zuständigkeitsstreit

**(1) Die gemeinsame fachlich zuständige Aufsichtsbehörde entscheidet über die örtliche Zuständigkeit, wenn sich mehrere Finanzbehörden für zuständig oder für unzuständig halten oder wenn die Zuständigkeit aus anderen Gründen zweifelhaft ist. § 25 Satz 2 gilt entsprechend.**

**(2) § 5 Abs. 1 Nr. 7 des Gesetzes über die Finanzverwaltung bleibt unberührt.**

Die Vorschrift regelt die Fälle des **positiven oder negativen Kompetenzkonfliktes** sowie die Zuständigkeitsbestimmung bei sonstigen Zweifeln, in denen nur eine Behörde objektiv zuständig ist. Bei eindeutiger Mehrfachzuständigkeit greift § 25 AO. 1

Zur Vermeidung des Stillstands der Behördentätigkeit wird in solchen **Zweifelsfällen** die örtlich zuständige Finanzbehörde durch diejenige fachlich zuständige **Aufsichtsbehörde** bestimmt (Kompetenz-Kompetenz), die für die in Frage kommenden Finanzbehörden gemeinsam weisungsbefugt ist. Fehlt eine solche gemeinsame Aufsichtsbehörde, so wird die Entscheidung von den fachlich zuständigen Aufsichtsbehörden gemeinsam getroffen (§ 28 Abs. 1 Satz 2 AO). Bei Zuständigkeitsstreit zwischen FA desselben OFD-Bezirks entscheidet die OFD. Bei Zuständigkeitsstreit zwischen FA verschiedener OFD-Bezirke desselben Landes entscheidet die zuständige oberste Landesfinanzbehörde; erstreckt sich der Streit über die Landesgrenze, so müssen sich die obersten Landesfinanzbehörden einigen, wenn sie die Steuer nicht im Auftrag des Bundes verwalten. Wird die Steuer von einer Bundesbehörde oder im Auftrag des Bundes von einer Landesfinanzbehörde verwaltet (Art. 108 GG), ist Aufsichtsbehörde das BMF (*Drüen* in Tipke/Kruse, § 28 AO Rz. 3). 2

Halten sich bei im **Ausland** ansässigen Personen mehrere FA für örtlich zuständig oder unzuständig oder bestehen sonst Zweifel über die örtliche Zuständigkeit, entscheidet das BZSt (§ 28 Abs. 2 AO i. V. m. § 5 Abs. 1 Nr. 7 FVG). 3

Bei der Entscheidung der Aufsichtsbehörde oder des BZSt handelt es sich nicht um einen VA, sondern um einen **verwaltungsinternen Organisationsakt**. Die Weisung kann jedoch in einem Verfahren gegen den Steuerbescheid inzident gerichtlich überprüft werden (*Drüen* in Tipke/Kruse, § 28 AO Rz. 2, 6 m. w. N.). Zudem kann der Einwand der örtlichen Unzuständigkeit gegen den Steuerbescheid geltend gemacht werden. S. hierzu aber auch § 17 Rz. 4 AO. 4

## § 29 AO Gefahr im Verzug

**Bei Gefahr im Verzug ist für unaufschiebbare Maßnahmen jede Finanzbehörde örtlich zuständig, in deren Bezirk der Anlass für die Amtshandlung hervortritt. Die sonst örtlich zuständige Behörde ist unverzüglich zu unterrichten.**

1 Die Vorschrift entspricht § 3 Abs. 4 VwVfG.

2 Es sind Fälle denkbar, in denen ein **rasches Handeln** der Finanzbehörden **erforderlich** ist, jedoch die nach den allgemeinen Zuständigkeitsvorschriften an sich örtlich zuständige Finanzbehörde nicht ohne Schwierigkeiten und in der gebotenen Eile ermittelt werden kann oder in anderer Weise am Eingreifen gehindert ist (BFH v. 23.02.2010, VII R 48/07, BStBl II 2010, 562). Für derartige Fälle (insbes. Fahndungs- und Vollstreckungsmaßnahmen) begründet die Vorschrift die **örtliche** Zuständigkeit derjenigen Finanzbehörde, in deren Bezirk der Anlass für die Amtshandlung hervortritt. Die Notzuständigkeit gilt nur für **unaufschiebbare Maßnahmen**. Nach § 29 Satz 2 AO ist die sonst örtlich zuständige Behörde unverzüglich zu **benachrichtigen**. In diesem Zeitpunkt wird die Notzuständigkeit beendet. Die Zuständigkeit der an sich örtlich zuständige Finanzbehörde für andere, nicht unaufschiebbare Maßnahmen, bleibt unberührt. Soll das begonnene Verfahren von der an sich unzuständigen Behörde nach der Beendigung der Gefahr im Verzug fortgeführt werden, ist eine Zuständigkeitsvereinbarung nach § 27 AO erforderlich (*Drüen* in Tipke/Kruse, § 29 Rz. 3).

## § 29a AO
## Unterstützung des örtlich zuständigen Finanzamts auf Anweisung der vorgesetzten Finanzbehörde

**Die oberste Landesfinanzbehörde oder die von ihr beauftragte Landesfinanzbehörde kann zur Gewährleistung eines zeitnahen und gleichmäßigen Vollzugs der Steuergesetze anordnen, dass das örtlich zuständige Finanzamt ganz oder teilweise bei der Erfüllung seiner Aufgaben in Besteuerungsverfahren durch ein anderes Finanzamt unterstützt wird. Das unterstützende Finanzamt handelt im Namen des örtlich zuständigen Finanzamts; das Verwaltungshandeln des unterstützenden Finanzamts ist dem örtlich zuständigen Finanzamt zuzurechnen.**

1 § 29 a AO ist mit Wirkung vom 23.07.2016 eingefügt worden durch Gesetz vom 18.07.2016 (BGBl. I 2016, 1679). Ziel der Regelung ist die **Flexibilisierung der Arbeitsorganisation** der Finanzverwaltung der Länder. Eine kontinuierliche, zügige und dem Grundsatz der Gleichmäßigkeit der Besteuerung entsprechende Behandlung der Steuerfälle soll dadurch gewährleistet werden, dass Beschäftigte eines FA bei Bedarf für andere FA Veranlagungsarbeiten oder sonstige Tätigkeiten im Besteuerungsverfahren durchführen können, ohne dass sie räumlich umgesetzt werden müssen oder sich an der Zuweisung ihres Dienstpostens im FA etwas ändert (*Krömker* in Lippross/Seibel, § 29 a AO Rz. 2). Die örtliche und sachliche Zuständigkeit bleibt von der Anordnung gem. § 29 a AO unberührt (*Drüen* in Tipke/Kruse, § 29 a AO Rz. 1). Im Vergleich zu einer Zuständigkeitsübertragung erwartet der Gesetzgeber hier einen geringeren Verwaltungsaufwand, vgl. BT-Drs. 18/7457, 60.

Der betroffene **Stpfl.** ist bei Bedarf über eine Anordnung nach § 29 a AO zu **informieren**. Ein Bedarf besteht insbes. dann, wenn die Sachbearbeitung im Einzelfall Rückfragen beim Stpfl. erforderlich macht. Das Gleiche gilt, wenn der Stpfl. seinerseits Fragen zu seinem Steuerfall stellt. Im Fall einer Anordnung nach § 29 a AO ist eine Dokumentation über den Anlass/Grund sowie den sachlichen und zeitlichen Umfang der Zuweisung durch die zuweisende Stelle notwendig. Die Auswahl der übertragenen Aufgaben muss sich nach objektiven Kriterien richten (BT-Drs. 18/7457, 60). Die Anordnung steht im Ermessen der obersten Landesfinanzbehörde (*Drüen* in Tipke/Kruse, § 33 AO Rz. 11). 2

Die **Arbeitsverteilung** auf die FA kann unter den Voraussetzungen des § 29 a AO auch **automationsgestützt** festgelegt werden (*Drüen* in Tipke/Kruse, § 33 AO Rz. 16). Der entsprechenden Programmierung muss eine vorweggenommene allgemeingültige Anordnung nach § 29 a AO anhand objektiv nachprüfbarer Kriterien zugrunde liegen, wie z. B. nach Zeitpunkt des Erklärungseingangs, Anfangsbuchstabe, Vorliegen bestimmter Einkunftsarten. Die **Fachaufsicht** obliegt **weiterhin** der Amtsleitung des **zuständigen FA**. Für verschiedene Besteuerungsverfahren eines zuständigen FA können nach § 29 a AO nebeneinander verschiedene andere FA mit der Unterstützung beauftragt werden (BT-Drs. 18/7457, 60). 3

## Vierter Abschnitt: Verarbeitung geschützter Daten und Steuergeheimnis

## § 29b AO
## Verarbeitung personenbezogener Daten durch Finanzbehörden

**(1) Die Verarbeitung personenbezogener Daten durch eine Finanzbehörde ist zulässig, wenn sie zur Erfüllung der ihr obliegenden Aufgabe oder in Ausübung öffentlicher Gewalt, die ihr übertragen wurde, erforderlich ist.**

**(2) Abweichend von Artikel 9 Absatz 1 der Verordnung (EU) 2016/679 ist die Verarbeitung besonderer Kategorien personenbezogener Daten im Sinne des Artikels 9 Absatz 1 der Verordnung (EU) 2016/679 durch eine Finanzbehörde zulässig, so-**

**weit die Verarbeitung aus Gründen eines erheblichen öffentlichen Interesses erforderlich ist und soweit die Interessen des Verantwortlichen an der Datenverarbeitung die Interessen der betroffenen Person überwiegen. Die Finanzbehörde hat in diesem Fall angemessene und spezifische Maßnahmen zur Wahrung der Interessen der betroffenen Person vorzusehen; § 22 Absatz 2 Satz 2 des Bundesdatenschutzgesetzes ist entsprechend anzuwenden.**

1 § 29b AO ist mit Wirkung vom 25.05.2018 eingefügt worden durch Gesetz vom 17.07.2017 (BGBl. I 2017, 2541) und nimmt den bisher in §§ 13 Abs. 1 und 14 Abs. 1 BDSG a.F. enthaltenen Regelungsgehalt auf, unterscheidet aber nicht mehr zwischen den Phasen der Erhebung, Speicherung, Veränderung und Nutzung, sondern verwendet, der Regelung in Art. 4 Nr. 2 DSGVO folgend, allgemein den umfassenden Begriff der **Verarbeitung**, vgl. BT-Drs. 18/12611, 76.

2 Soweit § 29b Abs. 1 AO bei der Verarbeitung personenbezogener Daten zu Zwecken gem. Art. 2 DSGVO zur Anwendung kommt, wird damit eine **Rechtsgrundlage** auf der Grundlage von Art. 6 Abs. 1 Buchst. e i.V.m. Abs. 2 und 3 DSGVO geschaffen (BMF v. 12.01.2018, BStBl I 2018, 185, Tz. 18). Die Verarbeitung personenbezogener Daten durch Finanzbehörden ist hiernach zulässig, wenn sie für die Wahrnehmung einer im öffentlichen Interesse liegenden Aufgabe erforderlich ist oder wenn sie in Ausübung öffentlicher Gewalt erfolgt, die der Finanzbehörde übertragen wurde. Beides kann sich sowohl aus nationalen Rechtvorschriften, also insbes. aus der AO oder den Steuergesetzen, als auch aus unionsrechtlichen Vorgaben ergeben (BT-Drs. 18/12611, 77).

3 Nach Art. 9 Abs. 1 DSGVO ist die **Verarbeitung besonderer Kategorien** personenbezogener Daten grds. untersagt. Art. 9 Abs. 2 dieser Verordnung sieht jedoch Ausnahmen von diesem Verbot vor. In den Fällen des Artikels 9 Abs. 2 Buchst. b, g, h und i dieser Verordnung sind die Ausnahmen durch nationale Regelungen auszugestalten. Dies geschieht durch § 29b Abs. 2 AO. Die Verarbeitung besonderer Kategorien personenbezogener Daten durch eine Finanzbehörde erfordert danach ein erhebliches öffentliches Interesse, welches in angemessenem Verhältnis zu dem verfolgten Ziel steht, den Wesensgehalt des Rechts auf Datenschutz wahrt und angemessene und spezifische Maßnahmen zur Wahrung der Grundrechte und Interessen der betroffenen Person vorsieht. Wenn der Stpfl. z.B. Aufwendungen für eine medizinische Behandlung als außergewöhnliche Belastung nach § 33 EStG geltend macht bzw. Gewerkschaftsbeiträge oder Kirchensteuerzahlungen von Gesetzes wegen als Werbungskosten nach § 9 EStG oder als Sonderausgaben gem. § 10 EStG zu berücksichtigen sind, ist die Verarbeitung besonderer Kategorien personenbezogener Daten durch eine Finanzbehörde zulässig. Die Regelung, dass das Interesse des Verantwortlichen an der Datenverarbeitung die Interessen der betroffenen Person überwiegen muss, entspricht § 22 Absatz 1 Nr. 2a BDSG n.F. (*Baum*, NWB 2017, 3203).

## § 29c AO
## Verarbeitung personenbezogener Daten durch Finanzbehörden zu anderen Zwecken

**(1) Die Verarbeitung personenbezogener Daten zu einem anderen Zweck als zu demjenigen, zu dem die Daten von einer Finanzbehörde erhoben oder erfasst wurden (Weiterverarbeitung), durch Finanzbehörden im Rahmen ihrer Aufgabenerfüllung ist zulässig, wenn**

**1. sie einem Verwaltungsverfahren, einem Rechnungsprüfungsverfahren oder einem gerichtlichen Verfahren in Steuersachen, einem Strafverfahren wegen einer Steuerstraftat oder einem Bußgeldverfahren wegen einer Steuerordnungswidrigkeit dient,**

**2. die gesetzlichen Voraussetzungen vorliegen, die nach § 30 Absatz 4 oder 5 eine Offenbarung der Daten zulassen würden, oder zu prüfen ist, ob diese Voraussetzungen vorliegen,**

**3. offensichtlich ist, dass die Weiterverarbeitung im Interesse der betroffenen Person liegt und kein Grund zu der Annahme besteht, dass sie in Kenntnis des anderen Zwecks ihre Einwilligung verweigern würde,**

**4. sie für die Entwicklung, Überprüfung oder Änderung automatisierter Verfahren der Finanzbehörden erforderlich ist, weil**
   **a) unveränderte Daten benötigt werden oder**
   **b) eine Anonymisierung oder Pseudonymisierung der Daten nicht oder nur mit unverhältnismäßigem Aufwand möglich ist.**

   **Die Nutzung personenbezogener Daten ist dabei insbesondere erforderlich, wenn personenbezogene Daten aus mehreren verschiedenen Dateisystemen eindeutig miteinander verknüpft werden sollen und die Schaffung geeigneter Testfälle nicht oder nur mit unverhältnismäßigem Aufwand möglich ist,**

**5. sie für die Gesetzesfolgenabschätzung erforderlich ist, weil**
   **a) unveränderte Daten benötigt werden oder**
   **b) eine Anonymisierung oder Pseudonymisierung der Daten nicht oder nur mit unverhältnismäßigem Aufwand möglich ist,**

   **oder**

**6. sie für die Wahrnehmung von Aufsichts-, Steuerungs- und Disziplinarbefugnissen der Finanzbehörde erforderlich ist. Das gilt auch für die Veränderung oder Nutzung personenbezogener Daten zu Ausbildungs- und Prüfungszwecken durch die Finanzbehörde, soweit nicht überwiegende schutzwürdige Interessen der betroffenen Person entgegenstehen.**

**In den Fällen von Satz 1 Nummer 4 dürfen die Daten ausschließlich für Zwecke der Entwicklung, Überprüfung oder Änderung automatisierter Verfahren verarbeitet werden und müssen innerhalb eines Jahres nach Beendigung dieser Maßnahmen gelöscht werden. In den Fällen von Satz 1 Nummer 6 dürfen die Daten nur durch Personen verarbeitet werden, die nach § 30 zur Wahrung des Steuergeheimnisses verpflichtet sind.**

**(2) Die Weiterverarbeitung besonderer Kategorien personenbezogener Daten im Sinne des Artikels 9 Absatz 1 der Verordnung (EU) 2016/679 ist zulässig, wenn die Voraussetzungen des Absatzes 1 und ein Ausnahmetatbestand nach Artikel 9 Absatz 2 der Verordnung (EU) 2016/679 oder nach § 29b Absatz 2 vorliegen.**

1 Die Vorschrift ist mit Wirkung vom 25.05.2018 eingefügt worden durch Gesetz vom 17.07.2017 (BGBl. I 2017, 2541) und schafft für Finanzbehörden im Rahmen ihrer Aufgabenerfüllung eine nationale Rechtsgrundlage für die Verarbeitung personenbezogener Daten zu einem anderen Zweck als zu demjenigen, zu dem sie ursprünglich erhoben wurden (**Weiterverarbeitung**), vgl. BT-Drs. 18/12611, 78; BMF v. 12.01.2018, BStBl I 2018, 185, Tz. 23.

2 Soweit eine der tatbestandlichen Voraussetzungen nach § 29c Abs. 1 AO erfüllt ist, kann die Weiterverarbeitung personenbezogener Daten durch Finanzbehörden auf diese Vorschrift gestützt werden. Dies gilt unabhängig davon, ob die Zwecke der Weiterverarbeitung mit den Zwecken, für die die Daten ursprünglich erhoben wurden, nach Art. 6 Abs. 4 DSGVO vereinbar sind. Die bereichsspezifische Regelung über die Weiterverarbeitung personenbezogener Daten durch Finanzbehörden entspricht weitgehend der Regelung in § 23 BDSG n.F. Die Zulässigkeit der Offenbarung personenbezogener Daten richtet sich wie bisher nach § 30 AO. Nach § 29c Abs. 1 AO ist eine Weiterverarbeitung personenbezogener Daten in den abschließend aufgezählten Fällen durch die Finanzbehörde, die die personenbezogenen Daten zu einem anderen Zweck erhoben hat, im Rahmen ihrer Aufgabenerfüllung zulässig.

3 § 29c Abs. 1 Nr. 1 AO enthält die in der Besteuerungspraxis bedeutsamste Regelung. Hiernach ist eine Weiterverarbeitung personenbezogener Daten für die hier genannten Verfahren zulässig. Die Regelung entspricht der Offenbarungsbefugnis in § 30 Abs. 4 Nr 1 AO und gewährleistet, dass die Finanzbehörden ihren Auftrag aus Art. 3 Abs. 1 und Art. 20 Abs. 3 des Grundgesetzes sowie § 85 AO weiterhin erfüllen können. Die Weiterverarbeitung personenbezogener Daten »dient« der Durchführung eines Besteuerungsverfahrens im Sinne der Nr. 1, wenn die Daten eine Prüfung der in jenem Verfahren relevanten Tatbestandsmerkmale ermöglichen, erleichtern oder auf eine festere Grundlage stellen können (BFH v. 29.08.2012, X S 5/12, BFH/NV 2013, 2).

§ 29c Abs. 1 Nr. 2 AO gestattet eine Weiterverarbeitung personenbezogener Daten, wenn die gesetzlichen Voraussetzungen für deren Offenbarung (vgl. § 30 Abs. 4 und 5 AO) vorliegen oder das Vorliegen dieser Voraussetzungen geprüft werden muss (BMF v. 12.01.2018, BStBl I 2018, 185, Tz. 25). Diese Regelung trägt der besonderen Bedeutung des Steuergeheimnisses Rechnung und ist daher enger als § 23 Abs. 1 Nr. 4 bis 6 BDSG n.F. 4

§ 29c Abs. 1 Nr. 3 AO entspricht den Regelungen in § 23 Abs. 1 Nr. 1 BDSG n.F. 5

§ 29c Abs. 1 Nr. 4 AO: Für die Entwicklung, **Überprüfung oder Änderung automatisierter Verfahren** der Finanzbehörden sollen zwar grds. **anonymisierte oder pseudonymisierte Daten** verwendet werden. In bestimmten Fällen kann es aber unerlässlich sein, »echte« personenbezogene Daten zu verwenden, wenn das Erreichen der Programmergebnisse nur auf diesem Weg zuverlässig gewährleistet werden kann. Darüber hinaus ist es aufgrund der zu einem Steuerfall gespeicherten Daten nicht gänzlich auszuschließen, dass trotz umfangreicher »Neutralisierung« der Daten aus dem Gesamtzusammenhang eine Zuordnung dieser neutralisierten Daten zu einem konkreten Steuerfall möglich wäre. Dem trägt die Nr. 4 Rechnung. 6

§ 29c Abs. 1 Nr. 5 AO: Für die **Gesetzesfolgenabschätzung** sollen zwar grds. anonymisierte oder pseudonymisierte Daten verwendet werden. In bestimmten Fällen kann es aber unerlässlich sein, »echte« personenbezogene Daten zu verwenden, wenn die Gesetzesfolgenabschätzung nur auf diesem Weg belastbar erreicht werden kann. Darüber hinaus ist es aufgrund der zu einem Steuerfall gespeicherten Daten nicht gänzlich auszuschließen, dass trotz umfangreicher »Neutralisierung« der Daten aus dem Gesamtzusammenhang eine Zuordnung dieser neutralisierten Daten zu einem konkreten Steuerfallmöglich wäre. 7

§ 29c Abs. 1 Nr. 6 AO: Nach bisheriger Rechtslage umfasst die Durchführung von Verwaltungsverfahren, Rechnungsprüfungsverfahren oder gerichtlichen Verfahren in Steuersachen sowie die Durchführung von Strafverfahren wegen einer Steuerstraftat oder Bußgeldverwahren wegen einer Steuerordnungswidrigkeit auch die **Dienst- und Fachaufsicht** und die **Steuerung durch die Finanzbe-** 8 hörden. Insoweit wurde – wie in § 14 Abs. 3 des BDSG a.F. – keine Zweckänderung angenommen. Gleiches gilt unter weiteren Voraussetzungen, wenn personenbezogene Daten zu Ausbildungs- oder Prüfungszwecken verändert oder genutzt werden. Mit Inkrafttreten der Verordnung (EU) 2916/679 liegt insoweit allerdings eine Zweckänderung vor. Die Verarbeitung personenbezogener Daten durch öffentliche Stellen zu einem anderen Zweck als dem, für den sie erhoben wurden, bedarf damit künftig einer eigenständigen gesetzlichen Ermächtigung, welche Nr. 6 geschaffen wird. Zur Offenbarungsbefugnis der Finanzbehörden s. BMF (v. 12.01.2018, BStBl I 2018, 201).

9 § 29c Abs. 2 AO erweitert die **Weiterverarbeitungsbefugnisse** des Abs. 1 unter den im Gesetz genannten Voraussetzungen auf **besondere Kategorien** personenbezogener Daten. Sie entspricht im Ergebnis der Regelung in § 23 Abs. 2 BDSG n.F.

## § 30 AO Steuergeheimnis

**(1) Amtsträger haben das Steuergeheimnis zu wahren.**

**(2) Ein Amtsträger verletzt das Steuergeheimnis, wenn er**

**1. personenbezogene Daten eines anderen, die ihm**
   **a) in einem Verwaltungsverfahren, einem Rechnungsprüfungsverfahren oder einem gerichtlichen Verfahren in Steuersachen,**
   **b) in einem Strafverfahren wegen einer Steuerstraftat oder einem Bußgeldverfahren wegen einer Steuerordnungswidrigkeit,**
   **c) aus anderem Anlass durch Mitteilung einer Finanzbehörde oder durch die gesetzlich vorgeschriebene Vorlage eines Steuerbescheids oder einer Bescheinigung über die bei der Besteuerung getroffenen Feststellungen**

**bekannt geworden sind, oder**

**2. ein fremdes Betriebs- oder Geschäftsgeheimnis, das ihm in einem der in Nummer 1 genannten Verfahren bekannt geworden ist,**

**(geschützte Daten) unbefugt offenbart oder verwertet oder**

**3. geschützte Daten im automatisierten Verfahren unbefugt abruft, wenn sie für eines der in Nummer 1 genannten Verfahren in einem automationsgestützten Dateisystem gespeichert sind.**

**(3) Den Amtsträgern stehen gleich**

**1. die für den öffentlichen Dienst besonders Verpflichteten (§ 11 Abs. 1 Nr. 4 des Strafgesetzbuches),**

**1a. die in § 193 Abs. 2 des Gerichtsverfassungsgesetzes genannten Personen,**

**2. amtlich zugezogene Sachverständige,**

**3. die Träger von Ämtern der Kirchen und anderen Religionsgemeinschaften, die Körperschaften des öffentlichen Rechts sind.**

**(4) Die Offenbarung oder Verwertung geschützter Daten ist zulässig, soweit**

**1. sie der Durchführung eines Verfahrens im Sinne des Absatzes 2 Nr. 1 Buchstaben a und b dient,**

**1a. sie einer Verarbeitung durch Finanzbehörden nach Maßgabe des § 29c Absatz 1 Satz 1 Nummer 4 oder 6 dient,**

**1b. sie der Durchführung eines Bußgeldverfahrens nach Artikel 83 der Verordnung (EU) 2016/679 im Anwendungsbereich dieses Gesetzes dient,**

**2. sie durch Bundesgesetz ausdrücklich zugelassen ist,**

**2a. sie durch Recht der Europäischen Union vorgeschrieben oder zugelassen ist,**

**2b. sie der Erfüllung der gesetzlichen Aufgaben des Statistischen Bundesamtes dient,**

**2c. sie der Gesetzesfolgenabschätzung dient und die Voraussetzungen für eine Weiterverarbeitung nach § 29c Absatz 1 Satz 1 Nummer 5 vorliegen,**

**3. der Betroffene zustimmt,**

**4. sie der Durchführung eines Strafverfahrens wegen einer Tat dient, die keine Steuerstraftat ist, und die Kenntnisse**
   **a) in einem Verfahren wegen einer Steuerstraftat oder Steuerordnungswidrigkeit erlangt worden sind; dies gilt jedoch nicht für solche Tatsachen, die der Steuerpflichtige in Unkenntnis der Einleitung des Strafverfahrens oder des Bußgeldverfahrens offenbart hat oder die bereits vor Einleitung des Strafverfahrens oder des Bußgeldverfahrens im Besteuerungsverfahren bekannt geworden sind, oder**
   **b) ohne Bestehen einer steuerlichen Verpflichtung oder unter Verzicht auf ein Auskunftsverweigerungsrecht erlangt worden sind,**

**5. für sie ein zwingendes öffentliches Interesse besteht; ein zwingendes öffentliches Interesse ist namentlich gegeben, wenn**
   **a) die Offenbarung erforderlich ist zur Abwehr erheblicher Nachteile für das Gemeinwohl oder einer Gefahr für die öffentliche Sicherheit, die Verteidigung oder die nationale Si-**

cherheit oder zur Verhütung oder Verfolgung von Verbrechen und vorsätzlichen schweren Vergehen gegen Leib und Leben oder gegen den Staat und seine Einrichtungen,

b) Wirtschaftsstraftaten verfolgt werden oder verfolgt werden sollen, die nach ihrer Begehungsweise oder wegen des Umfangs des durch sie verursachten Schadens geeignet sind, die wirtschaftliche Ordnung erheblich zu stören oder das Vertrauen der Allgemeinheit auf die Redlichkeit des geschäftlichen Verkehrs oder auf die ordnungsgemäße Arbeit der Behörden und der öffentlichen Einrichtungen erheblich zu erschüttern, oder

c) die Offenbarung erforderlich ist zur Richtigstellung in der Öffentlichkeit verbreiteter unwahrer Tatsachen, die geeignet sind, das Vertrauen in die Verwaltung erheblich zu erschüttern; die Entscheidung trifft die zuständige oberste Finanzbehörde im Einvernehmen mit dem Bundesministerium der Finanzen; vor der Richtigstellung soll der Steuerpflichtige gehört werden.

(5) Vorsätzlich falsche Angaben des Betroffenen dürfen den Strafverfolgungsbehörden gegenüber offenbart werden.

(6) Der Abruf geschützter Daten, die für eines der in Absatz 2 Nummer 1 genannten Verfahren in einem automationsgestützten Dateisystem gespeichert sind, ist nur zulässig, soweit er der Durchführung eines Verfahrens im Sinne des Absatzes 2 Nummer 1 Buchstabe a und b oder der zulässigen Übermittlung geschützter Daten durch eine Finanzbehörde an die betroffene Person oder Dritte dient. Zur Wahrung des Steuergeheimnisses kann das Bundesministerium der Finanzen durch Rechtsverordnung mit Zustimmung des Bundesrates bestimmen, welche technischen und organisatorischen Maßnahmen gegen den unbefugten Abruf von Daten zu treffen sind. Insbesondere kann es nähere Regelungen treffen über die Art der Daten, deren Abruf zulässig ist, sowie über den Kreis der Amtsträger, die zum Abruf solcher Daten berechtigt sind. Die Rechtsverordnung bedarf nicht der Zustimmung des Bundesrates, soweit sie die Kraftfahrzeugsteuer, die Luftverkehrsteuer, die Versicherungsteuer sowie Einfuhr- und Ausfuhrabgaben und Verbrauchsteuern, mit Ausnahme der Biersteuer, betrifft.

(7) Werden dem Steuergeheimnis unterliegende Daten durch einen Amtsträger oder diesem nach Absatz 3 gleichgestellte Personen nach Maßgabe des § 87a Abs. 4 oder 7 über De-Mail-Dienste im Sinne des § 1 des De-Mail-Gesetzes versendet, liegt keine unbefugte Offenbarung, Verwertung und kein unbefugter Abruf von dem Steuergeheimnis unterliegenden Daten vor, wenn beim versenden eine kurzzeitige automatisierte Entschlüsselung durch den akkreditierten Diensteanbieter zum Zweck der Überprüfung auf Schadsoftware und zum Zweck der Weiterleitung an den Adressaten der De-Mail-Nachricht stattfindet.

(8) Die Einrichtung eines automatisierten Verfahrens, das den Abgleich geschützter Daten innerhalb einer Finanzbehörde oder zwischen verschiedenen Finanzbehörden ermöglicht, ist zulässig, soweit die Weiterverarbeitung oder Offenbarung dieser Daten zulässig und dieses Verfahren unter Berücksichtigung der schutzwürdigen Interessen der betroffenen Person und der Aufgaben der beteiligten Finanzbehörden angemessen ist.

(9) Die Finanzbehörden dürfen sich bei der Verarbeitung geschützter Daten nur dann eines Auftragsverarbeiters im Sinne von Artikel 4 Nummer 8 der Verordnung (EU) 2016/679 bedienen, wenn diese Daten ausschließlich durch Personen verarbeitet werden, die zur Wahrung des Steuergeheimnisses verpflichtet sind.

(10) Die Offenbarung besonderer Kategorien personenbezogener Daten im Sinne des Artikels 9 Absatz 1 der Verordnung (EU) 2016/679 durch Finanzbehörden an öffentliche oder nicht-öffentliche Stellen ist zulässig, wenn die Voraussetzungen der Absätze 4 oder 5 oder ein Ausnahmetatbestand nach Artikel 9 Absatz 2 der Verordnung (EU) 2016/679 oder nach § 31c vorliegen.

(11) Wurden geschützte Daten

1. einer Person, die nicht zur Wahrung des Steuergeheimnisses verpflichtet ist,
2. einer öffentlichen Stelle, die keine Finanzbehörde ist, oder
3. einer nicht-öffentlichen Stelle

nach den Absätzen 4 oder 5 offenbart, darf der Empfänger diese Daten nur zu dem Zweck speichern, verändern, nutzen oder übermitteln, zu dem sie ihm offenbart worden sind. Die Pflicht eines Amtsträgers oder einer ihm nach Absatz 3 gleichgestellten Person, dem oder der die geschützten Daten durch die Offenbarung bekannt gewor-

**den sind, zur Wahrung des Steuergeheimnisses bleibt unberührt.**

### Inhaltsübersicht



### Schrifttum


Benda, Steuergeheimnis: Kann der Bürger noch darauf vertrauen?, DStR 1984, 351; ders., Die Wahrung verfassungsrechtlicher Grundsätze im Steuerrecht, DStZ 1984, 159; Blesinger, Das Steuergeheimnis im Strafverfahren, wistra 1991, 239, 294; Felix, Durchbrechung des Steuergeheimnisses zur Richtigstellung in der Öffentlichkeit verbreiteter unwahrer Tatsachen, BB 1995, 2030; Schuhmann, Geheimhaltung der Namen von Informanten durch das Finanzamt, wistra 1996, 16; Wolffgang, Informantenschutz im Steuerrecht, DStZ 1998, 102; Kruse, Über das Steuergeheimnis, BB 1998, 2133; Dörn, Unterrichtung der Dienstvorgesetzten über Steuerhinterziehungen von Beamten und Richtern, DStZ 2001, 77; ders., Mitteilung von Steuerhinterziehungen von Beamten und Richtern an den Dienstvorgesetzten, wistra 2002, 170; Pump, ABC der Einzelfragen zum Steuergeheimnis, StBp 2003, 20 mit Fortsetzungen; Schneider, zur Anzeigepflicht nichtsteuerlicher Straftaten durch Finanzbeamte als Hilfsbeamte der Staatsanwaltschaft, wistra 2004, 1; Kemper, Die Offenbarung außersteuerlicher Gesetzesverstöße im Strafverfahren, wistra 2005, 290; Jörissen, Umfang und Grenzen des Steuergeheimnisses im Insolvenzverfahren, AO-StB 2008, 46; Stahl/Demuth, Strafrechtliches Verwertungsverbot bei der Verletzung des Steuergeheimnisses, DStR 2008, 600; Schnorr, Steuergeheimnis, presserechtlicher Informationsanspruch und Öffentlichkeitsprinzip im Finanzgerichtsverfahren, StuW 2008, 303; Blesinger, Das Steuergeheimnis und Erkenntnisse der Finanzbehörden über Insolvenzdelikte und Straftaten gegen die Gesetzmäßigkeit der Steuererhebung, wistra 2008, 416; Hagen, Steuergeheimnis in Verfahren nach der Insolvenzordnung, StW 2009, 16; Schmidt-Kesseler, Unterrichtung des Dienstvorgesetzten bei Steuerhinterziehung von Beamten und Richtern, DStZ 2009, 52; Polenz, Der Auskunftsanspruch des Steuerpflichtigen gegenüber den Finanzbehörden, NJW 2009, 1921; Micker, Die Anwendung des Steuergeheimnisses auf freiwillige und verpflichtete Anzeigeerstatter, AO-StB 2010, 92; Hentschel, Die Durchbrechung des Steuergeheimnisses im innerstaatlichen Informationsaustausch am Beispiel der externen Prüfung in Steuersachen, Hamburg, 2010; Lindwurm, Das Steuergeheimnis nach der mündlichen Verhandlung vor dem FG und dem Strafgericht; AO-StB 2010, 378; Pflaum, Voraussetzungen der Durchbrechung des Steuergeheimnisses zur Durchführung von Disziplinarverfahren, wistra 2011, 55; Sauerland/Roth, Strafverfolgung von Propagandadelikten und Steuergeheimnis, AO-StB 2011, 176; Tormöhlen, Die Durchbrechung des Steuergeheimnisses im zwingenden öffentlichen Interesse, AO-StB 2011, 309; Eisolt, Nutzung der Informationsfreiheitsgesetze für Auskunftsansprüche des Insolvenzverwalters gegen das Finanzamt – Aktueller Stand der Rechtsprechung, DStR 2013, 439; v. Dorrien, »Preisgabe« des Informanten: Elemente der Inquisition im Steuerstrafverfahren?, wistra 2013, 374; Müller, Der Bruch des Steuergeheimnisses, § 355 StGB, AO-StB 2014, 21; Jehke/Haselmann, Der Schutz des Steuergeheimnisses nach einer Selbstanzeige, DStR 2015, 1036; Sauerland, Informationsrechte der Presse in Steuerstrafverfahren, DStR 2015, 1569; Frey/Schwenk, Schutz des Steuergeheimnisses bei gleichzeitigen Betriebsprüfungen im Rahmen des EU-Amtshilfegesetzes (EUAHiG), BB 2017, 1310.


## A. Bedeutung der Vorschrift

Eine wesentliche Ergänzung des Amtsermittlungsgrundsatzes im Besteuerungsverfahren ist die **Mitwirkungspflicht der Betroffenen**, die nicht berechtigt sind, der Finanzbehörde die Offenlegung der für die Besteuerung maßgeblichen Umstände zu verweigern (s. §§ 40f., §§ 90ff. und auch § 370 AO). Die Bereitschaft der Betroffenen zur Erfüllung dieser Pflichten wäre erheblich eingeschränkt, müssten sie befürchten, dass die in ihren Erklärungen enthaltenen Verhältnisse auch außerhalb des Besteuerungsverfahrens genutzt und Stellen zur Kenntnis gelangen könnten, die an der Durchführung der Besteuerung nicht beteiligt sind. So gesehen dient das Steuergeheimnis zwar dem Schutz der privaten Interessen der Beteiligten und ihrem persönlichen **Geheimhaltungsbedürfnis**, die Wahrung des Steuergeheimnisses ist aber auch eine wichtige Voraussetzung für das Funktionieren des Besteuerungsverfahrens. Man sollte allerdings durchaus beachten, dass das in anderen Staaten auch anders gesehen wird (*Kruse*, BB 1998, 2133; *Alber* in HHSp, § 30 AO Rz. 640 ff.). 1

§ 22 RAO versuchte die grundrechtsähnliche Bedeutung des Steuergeheimnisses durch die Formulierung: »Das Steuergeheimnis ist unverletzlich« zu dokumentieren. Die Änderung dieses Wortlauts durch den aktuellen Gesetzesbefehl, dass Amtsträger das Steuergeheimnis zu wahren haben, sollte keine Herabstufung des dem Steuergeheimnis zuzuordnenden Stellenwerts bedeuten, sondern den Widerspruch zwischen der verkündeten »Unverletzlichkeit« und den gesetzlich normierten Durchbrechungstatbeständen ausräumen (*Benda*, DStZ 1984, 159). Das Steuergeheimnis dient der konkreten **Ausgestaltung des Grundrechts auf informationelle Selbstbestimmung**, das aus dem allgemeinen Persönlichkeitsrecht folgt. Dazu hat das BVerfG (BVerfG v. 15.12.1983, 1 BvR 209, 269, 2

362, 420, 440, 484/83, BVerfGE 65, 1, 46) grundlegend ausgeführt, dass eine Datenerhebung nur zu einem gesetzlich zulässigen Zweck erfolgen darf und dass die gesetzliche Ermächtigungsgrundlage die Art und den Umfang der Erhebung, die Art der Verwertung sowie die Zulässigkeit der Weitergabe der Daten regeln muss. Ferner müssen verfahrensrechtliche und organisatorische Vorkehrungen zum Schutz vor Verletzungen getroffen sein (BVerfG v. 27.06.1991, 2 BvR 1493/89, BStBl II 1991, 654, 668; BVerfG v. 09.03.2004, 2 BvL 17/02, BStBl II 2005, 56). Durch Gesetz vom 17.07.2017 (BGBl. I 2017, 2541) ist die Norm mit Wirkung vom 25.05.2018 umfassend geändert worden, vgl. BT-Drs. 18/12611, 80. Ebenfalls mit Wirkung zum 25.05.2018 ist durch das BMF der Anwendungserlass zu § 30 AO angepasst worden (Schr. v. 12.01.2018, BStBl I 2018, 175).

3 Gegenüber den Bestimmungen der Beamtengesetze zur Amtsverschwiegenheit ist § 30 AO eine vorrangige Sondervorschrift. Eine nach § 37 Abs. 3 BeamtStG zu erteilende Aussagegenehmigung muss daher ggfs. mit Rücksicht auf § 30 AO versagt werden (BFH v. 25.05.1967, VII 151/60 BStBl III 1967, 572).

## B. Die an das Steuergeheimnis gebundenen Personen (§ 30 Abs. 1 und 3 AO)

4 Der an das Steuergeheimnis gebundene Personenkreis wird in § 30 Abs. 1 und 3 AO bezeichnet. Nach § 30 Abs. 1 AO sind alle **Amtsträger** zur Wahrung des Steuergeheimnisses verpflichtet. Der Begriff des Amtsträgers ist in § 7 AO definiert. § 30 Abs. 3 AO stellt den Amtsträgern weitere Personen gleich. Das sind nach Nr. 1 Personen, die für den öffentlichen Dienst besonders verpflichtet wurden (s. § 11 Abs. 1 Nr. 4 StGB). Das sind Personen, die nicht i. S. von § 7 Nr. 3 AO zur Wahrnehmung von Aufgaben der öffentlichen Verwaltung bestellt sind, die aber bei eine Behörde oder ähnlichen Stelle beschäftigt oder für sie tätig sind und auf die gewissenhafte Erfüllung ihrer Obliegenheiten aufgrund eines Gesetzes förmlich verpflichtet sind. Hierzu ist das Gesetz über die **förmliche Verpflichtung nichtbeamteter Personen** (VerpflichtungsG) ergangen. Durch die Regelung des § 30 Abs. 3 Nr. 1 AO hat der Gesetzgeber den zur Wahrung des Steuergeheimnisses verpflichteten Personenkreis an die praktischen Bedürfnisse angepasst. Erfasst werden nunmehr auch alle Bürobediensteten, Kraftfahrer, Hausmeister und das Reinigungspersonal.

5 § 30 Abs. 3 Nr. 1a AO stellt den Amtsträgern ausländische Berufsrichter, Staatsanwälte und Anwälte, die einem Gericht zur Ableistung eines Studienaufenthalts zugewiesen sind, sowie ausländische Juristen, die im Entsendestaat in einem Ausbildungsverhältnis stehen (s. § 193 Abs. 2 GVG), gleich. Diese Personen sind nach § 193 Abs. 3 GVG auf ihren Antrag besonders zu verpflichten, wobei § 1 Abs. 2 und 3 VerpflichtungsG entsprechend gilt. Sind sie besonders verpflichtet, stehen sie u. a. für § 355 StGB (Strafbarkeit der Verletzung des Steuergeheimnisses) den für den öffentlichen Dienst besonders Verpflichteten gleich.

Ferner stehen die amtlich zugezogenen **Sachverständigen** den Amtsträgern gleich (§ 30 Abs. 3 Nr. 2 AO). Diese sind gem. § 96 Abs. 6 AO auf die Vorschriften über die Wahrung des Steuergeheimnisses hinzuweisen. 6

Schließlich stehen den Amtsträgern die **Träger von Ämtern der Kirchen** und anderen Religionsgemeinschaften, die Körperschaften des öffentlichen Rechts sind, gleich (§ 30 Abs. 3 Nr. 3 AO). Diese Gleichstellung ist durch die diesem Personenkreis im Rahmen der Kirchensteuerveranlagung zugänglichen Kenntnisse über Besteuerungsgrundlagen notwendig (s. § 31 Abs. 1 AO). 7

## C. Der Schutzbereich des Steuergeheimnisses

§ 30 Abs. 2 AO sagt im Einzelnen, was das Gesetz dem Steuergeheimnis unterstellt, wie weit dessen Umfang reicht und wodurch es verletzt wird. Die Norm wird im Wesentlichen lediglich redaktionell angepasst, vgl. BT-Drs. 18/12611, 80. 8

### I. Die geschützten Verhältnisse und Geheimnisse

Geschützt sind die **Verhältnisse eines anderen** sowie **fremde Betriebs- oder Geschäftsgeheimnisse**. Unter Verhältnissen in diesem Sinne sind nicht nur steuerlich relevante Tatsachen usw. zu verstehen, sondern jeder irgendwie geartete Wissensstoff in Bezug auf die Person und die Lebensumstände des anderen, auch wenn sie den rein privaten Bereich betreffen. Der damit angeordnete Schutz umfasst nicht nur die dem Verpflichteten bekannt gewordenen tatsächlichen Verhältnisse, sondern auch die aus ihnen gezogenen beurteilenden Schlussfolgerungen, insbes. Wertungen jeder Art. Der Begriff der **»geschützten Daten«** wird nunmehr **legaldefiniert**. 9

**Betriebs- und Geschäftsgeheimnisse** sind in den Verhältnissen des Betriebs oder Geschäfts begründete Umstände, an deren Geheimhaltung der Betriebs- bzw. Geschäftsinhaber aus wettbewerblichen oder anderen Gründen interessiert ist (s. § 17 UWG). Im Zweifel ist dieses Interesse anzunehmen. Betroffen sind z. B. Produktionsmethoden, die innere Organisation eines Betriebes, Bezugsquellen für Waren und Produktionsmittel usw., Kundenlisten, Testprotokolle, Kalkulationsunterlagen, Investitionsplanungen, Geschäftsbeziehungen aller Art und dergleichen mehr. Nicht nur die Geheimnisse gewerb- 10 licher Betriebe sind betroffen, sondern auch die von Freiberuflern oder sonstigen Personen (z.B. Erfindern).

11 Geschützt sind die Verhältnisse »**eines anderen**« sowie »**fremde**« Betriebs- oder Geschäftsgeheimnisse. Damit wird klargestellt, dass der Schutz des Steuergeheimnisses **nicht nur zugunsten des Steuerpflichtigen** (s. § 33 Abs. 1 AO) wirkt, sondern auch **zugunsten jedes beliebigen Dritten** besteht, sofern die ihn betreffenden Kenntnisse in dem in § 30 Abs. 2 Nr. 1 AO umrissenen Zusammenhang zutage getreten sind (AEAO zu § 30, Nr. 1.3). Das können sowohl Personen sein, die i.S. des § 33 Abs. 2 AO eigene Pflichten gegenüber der Finanzbehörde in einer fremden Steuersache erfüllen, als auch solche, die an den in § 30 Abs. 2 Nr. 1 AO genannten Verfahren nicht beteiligt sind. Erfasst sind damit auch Anzeigeerstatter (s. Rz. 40 ff.).

12 Der Schutz des Steuergeheimnisses hat zur Voraussetzung, dass die genannten Verhältnisse oder Geheimnisse entweder in einem Verwaltungsverfahren, Rechnungsprüfungsverfahren, gerichtlichen Verfahren in Steuersachen, Strafverfahren wegen einer Steuerstraftat bzw. Bußgeldverfahren wegen einer Steuerordnungswidrigkeit oder aus anderem Anlass durch Mitteilung einer Finanzbehörde oder durch die gesetzlich vorgeschriebene Vorlage eines Steuerbescheides oder einer Bescheinigung über die bei der Besteuerung getroffenen Feststellungen bekannt geworden sind (§ 30 Abs. 2 Nr. 1a bis c AO). Die AO definiert den **Begriff des Verfahrens** nicht, sondern setzt ihn offenbar voraus. § 9 VwVfG führt hierzu aus: »Das Verwaltungsverfahren i.S. dieses Gesetzes ist die nach außen wirkende Tätigkeit der Behörden, die auf die Prüfung der Voraussetzungen, die Vorbereitung eines Verwaltungsakts oder auf den Abschluss eines öffentlich-rechtlichen Vertrages gerichtet ist; es schließt den Erlass eines Verwaltungsakts oder den Abschluss des öffentlich-rechtlichen Vertrags ein.«

13 Ob der Amtsträger seine Kenntnisse **in einem** der genannten **Verfahren** erlangt hat, darf nicht in zu enger Auslegung dieses Wortlauts beurteilt werden. Es genügt, dass ein Zusammenhang mit dem amtlichen Verfahren besteht. Dies trifft auch dann zu, wenn Kenntnisse nur »bei Gelegenheit« einer Amtshandlung erlangt wurden, die Amtshandlung also lediglich die Ausgangsposition für die Kenntnisnahme lieferte. Andererseits würde es zu weit reichen, würde man jedes Geschehnis, das nur gelegentlich einer Amtshandlung zutage tritt, in den Schutzbereich des § 30 AO einbeziehen (z.B. wenn ein Vollziehungsbeamter durch Tätlichkeiten des Vollstreckungsschuldners Verletzungen erleidet). Die Grenzen des Verfahrens müssen u.E. im rechtlichen Kontext gesehen werden. Zum Verfahren gehören daher die Maßnahmen eines Amtsträgers, die geeignet sind, das Verfahren im Rahmen seiner rechtlichen Grenzen zu fördern (z.B. Wahrnehmungen im Betrieb des Stpfl. anlässlich einer Betriebsbesichtigung i.S. des § 200 Abs. 3 AO). Zum Verfahren gehören aber auch alle Handlungen des Steuerpflichtigen oder sonst Betroffenen, die geeignet sind, ein Verfahren im Rahmen seiner rechtlichen Grenzen zu fördern oder die er zur Erfüllung verfahrensrechtlich vorgesehener Pflichten oder zur Wahrung von Rechten vornimmt (z.B. Vortrag zur Sache oder Antragstellung, nicht aber Tätlichkeiten; a.A. offenbar OFD Frankfurt/M. v. 16.09.1997, DB 1997, 2514). Bei der Verletzung von strafrechtlich geschützten Individualrechtsgütern eines Amtsträgers wie auch bei Straftaten gegen Vollstreckungsorgane nimmt die Verwaltung jedenfalls ein zwingendes öffentliches Offenbarungsinteresse nach § 30 Abs. 4 Nr. 5 AO an (AEAO zu § 30, Nr. 11.10 und Nr. 11.11), während es nach der hier vertretenen Auffassung bereits regelmäßig an der Eignung zur Verfahrensförderung fehlen wird, sodass diese Handlung schon dem Grunde nach nicht dem Steuergeheimnis unterliegt (*Blesinger*, wistra 2008, 416). Allerdings ist es im Einzelfall problematisch, den geschützten von dem nicht geschützten Bereich zu trennen. Im Beispiel der Tätlichkeit gegen den Vollziehungsbeamten ist z.B. die Tatsache der Tätlichkeit nicht vom Schutzbereich des § 30 AO betroffen, wohl aber die Tatsache, dass der Vollziehungsbeamte mit der Beitreibung rückständiger Steuern beauftragt war. Wenn sich diese beiden Tatsachenbereiche nicht trennen lassen, spielt die Frage nach der Offenbarungsbefugnis insgesamt eine Rolle.

## II. Unbefugtes Offenbaren oder Verwerten

Verboten ist das unbefugte Offenbaren oder Verwerten. 14
**Offenbaren** heißt, die erlangten Kenntnisse einem anderen zugänglich zu machen, die Kenntnisse an den anderen weiterzugeben. Dies kann mündlich und schriftlich geschehen, aber auch durch schlüssiges Verhalten (Gesten, Mimik) oder Unterlassen notwendiger Geheimhaltungsmaßnahmen (offenes Liegenlassen von Aktenstücken usw.; AEAO zu § 30, Nr. 3.2). Das Offenbaren setzt voraus, dass dem Adressaten Informationen verschafft werden, die er bisher nicht kannte. In diesem Sinn ist eine Tatsache bekannt – und kann daher nicht mehr offenbart werden –, wenn sie einem unbeschränkten größeren Kreis Dritter tatsächlich bekannt geworden ist (z.B. Veröffentlichung in allgemein zugänglichen Medien). Die Tatsache ist hingegen nicht allgemein bekannt, wenn sich von ihr nur jedermann hätte Kenntnis verschaffen können. Der Schutz durch das Steuergeheimnis geht daher nicht schon dadurch verloren, dass eine Tatsache Gegenstand einer öffentlichen Erörterung z.B. in einer Gerichtsverhandlung gewesen ist (BFH v. 14.04.2008, VII B 226/07, BFH/NV 2008, 1295, a.A. *Lindwurm*, AO-StB 2010, 378). Gleichgültig ist, ob die Person, der die Kenntnisse mitgeteilt werden, selbst Amtsträger und mit dem Steuerfall befasst bzw. für die-

sen zuständig ist. Solche Umstände betreffen allein die Frage der Befugnis zur Offenbarung.

15 **Verwerten** bedeutet Auswertung gewonnener Erkenntnisse durch deren Nutzung zu eigenen oder fremden Zwecken. Eingeschlossen ist das Bewusstsein, aus einer Benutzung des Geheimnisses zum eigenen oder fremden Nutzen Vorteile zu ziehen.

16 Nur **unbefugtes** Offenbaren oder Verwerten stellt eine Verletzung des Steuergeheimnisses dar. Die zahlreichen Fälle der erlaubten Durchbrechung des Steuergeheimnisses sind in den § 30 Abs. 4 und 5 AO umschrieben (s. Rz. 18 ff.). Zu beachten ist, dass § 30 Abs. 4 Nr. 2 AO eine Öffnungsklausel für gesetzliche Regelungen außerhalb des § 30 AO enthält (s. dazu Rz. 26). Eine Erweiterung über die gesetzlich definierten Fälle hinaus ist wegen der Bedeutung des Steuergeheimnisses nicht zulässig.

### III. Unbefugter Abruf von Daten

17 Einen verstärkten Schutz für in einem Datenspeicher enthaltene Daten i. S. des § 30 Abs. 2 Nr. 1 und 2 AO ordnet § 30 Abs. 2 Nr. 3 AO an. Hiernach ist bereits der **unbefugte Abruf** solcher **Daten** als Verletzung des Steuergeheimnisses anzusehen, ohne dass es auf das Offenbaren oder Verwerten der abgerufenen Daten ankommt. Die Gesetzesformulierung beschränkt die Befugnis zum Datenabruf auf solche Behörden, die im Besteuerungsverfahren tätig werden und erlaubt ihnen eine Weiterleitung an andere nur, soweit § 30 Abs. 4 AO zutrifft. Im Übrigen s. § 30 Abs. 6 Satz 1 AO und Rz. 39.

## D. Die Offenbarungs- und Verwertungsbefugnisse

18 Das **Grundrecht auf informationelle Selbstbestimmung ist nicht schrankenlos.** Es kann durch eine gesetzliche Grundlage beschränkt werden und diese kann auch die Art und den Umfang der Weitergabe von Daten regeln (s. Rz. 2). § 30 Absätze 4 bis 6 AO grenzen die besonderen Fallgruppen nach Art und Umfang ab, hinsichtlich derer das Offenbaren oder Verwerten entsprechender Kenntnisse bzw. der Abruf oder die Weitergabe von gespeicherten Daten zulässig sind. § 30 Abs. 4 AO regelt nunmehr ausdrücklich die Befugnis zur **Verwertung** von Geheimnissen i. S. des § 30 Abs. 1 Nr. 2 AO. (AEAO zu § 30, Nr. 3.1)

### I. Mitteilung im Interesse der Besteuerung und der Verfolgung von Steuerstraftaten bzw. -ordnungswidrigkeiten (§ 30 Abs. 4 Nr. 1 AO)

Die **Durchführung** eines **Verwaltungsverfahrens** oder eines **gerichtlichen Verfahrens in Steuersachen** bedingt ebenso wie die Durchführung eines **Strafverfahrens** wegen einer **Steuerstraftat** oder eines **Bußgeldverfahrens wegen einer Steuerordnungswidrigkeit** die Offenlegung aller verfahrensrelevanten Tatsachen und sonstigen Umstände an die für die Durchführung des Verfahrens zuständigen Stellen und die Verfahrensbeteiligten (§ 30 Abs. 4 Nr. 1 AO; zur Problematik der Presserklärung einer Staatsanwaltschaft zu einem Steuerstrafverfahren s. VG Saarlouis v. 23.06.2003, 1 K 129/02, NJW 2003, 3431; *Stahl/Demuth,* DStR 2008, 600; zur Öffentlichkeit in einem FG-Verfahren s. *Schnorr,* StuW 2008, 303). Das Gleiche gilt auch für ein **Rechnungsprüfungsverfahren,** das die Tätigkeit der Finanzverwaltung zum Gegenstand hat. So ist für das Funktionieren des Besteuerungsverfahrens die Übermittlung der hierfür maßgeblichen Daten an die mit der Durchführung der Besteuerung befassten Behörden und Bediensteten unerlässlich. Dies schließt z. B. die Mitteilung der Besteuerungsgrundlagen durch den Außenprüfer an die Veranlagungsbeamten ebenso ein wie die Unterrichtung des für die Steuerfestsetzung zuständigen FA durch die für die gesonderte Feststellung von Besteuerungsgrundlagen zuständige Finanzbehörde. Erfasst ist auch die Mitteilung an einen Spender, der im Besteuerungsverfahren eine Spende geltend macht, ob eine Körperschaft zur Entgegennahme steuerlich abzugsfähiger Spenden berechtigt ist. Nicht gedeckt durch § 30 Abs. 4 Nr. 1 AO ist der Austausch von Kenntnissen zwischen Bediensteten, wenn er lediglich der Befriedigung privater Neugierde dient. Dagegen ist dienstlicher Erfahrungsaustausch und Schulung an praktischen Fällen zulässig. Die Erlaubnis erfasst ferner die Weitergabe von Kenntnissen, soweit sie für die Besteuerung usw. anderer Personen Bedeutung haben (insbes. sog. Kontrollmitteilungen, s. § 194 Abs. 3 AO oder Anzeigen nach § 33 ErbStG, BFH v. 02.04.1992, VIII B 129/91, BStBl II 1992, 616; Datensammlung nach § 88a AO, BVerfG v. 10.03.2008, 1 BvR 2388, NJW 2008, 2099). 19

Im Verfahrensinteresse liegt auch die **notwendige Aufklärung von Auskunftspersonen** und **Sachverständigen** (s. § 96 Abs. 6 AO: Sachverständige sind auf das Steuergeheimnis hinzuweisen), die zugezogen werden, und zwar insoweit, als das zur Erfüllung der Auskunfts- oder Gutachtenpflicht erforderlich ist. Ganz allgemein kann im Einzelfall die ordnungsgemäße Durchführung eines der genannten Verfahren zwangsläufig das Offenbaren oder Verwerten geschützter Verhältnisse an Dritte zur Folge haben. So kann etwa die nach § 183 Abs. 2 AO notwendige Bekanntgabe eines einheitlichen Feststel- 20 lungsbescheids an Mitgesellschafter (z.B. Kommanditisten) diesen Kenntnisse verschaffen, zu denen sie nach den innergesellschaftlichen Beziehungen sonst keinen Zugang hätten.

21 Durch die Verwendung des Wortes **»soweit«**im Eingangssatz des § 30 Abs. 4 AO wird verdeutlicht, dass die durch das Steuergeheimnis verpflichteten Personen sich äußerste Zurückhaltung auferlegen müssen. Es ist sorgfältig zu prüfen, ob die offenbarten Verhältnisse wirklich im Interesse des Besteuerungs- oder sonstigen Verfahrens kundgemacht werden müssen. Die Offenbarungs- und Verwertungsbefugnis wird durch die Erforderlichkeit begrenzt. **Überflüssige Mitteilungen müssen daher unterbleiben.** In diese Richtung geht auch die Aussage, dass die Offenbarung oder Verwertung einem Verfahren nach § 30 Abs. 2 Nr. 1 a bzw. b AO dienen muss. Diese **Dienlichkeit** ist i.S. des Verhältnismäßigkeitsgrundsatzes gegeben, wenn eine Informationsweitergabe gemessen am Zweck des anderen Verfahrens für dieses **erforderlich** und **geeignet** sein kann. Maßgeblich für die Beurteilung ist der Kenntnisstand des Offenbarenden oder Verwertenden zur Zeit der Offenbarung oder Verwertung. Aus seiner Sicht müssen Anhaltspunkte dafür bestehen, dass die Weitergabe der Informationen für das andere Verfahren von Bedeutung sein kann (BFH v. 15.01.2008, VII B 149/07, BStBl II 2008, 337). Eine Sicherheit kann man nicht verlangen, weil dies umgekehrt bedeuten würde, dass über das andere Verfahren ein Kenntnisstand erlangt sein müsste, der seinerseits u.U. die Offenbarung geschützter Verhältnisse voraussetzen würde. In diesem Sinne kann z.B. eine Akteneinsicht der Vorbereitung einer **Konkurrentenklage** dienen, mit der ein Stpfl. gegen Steuerbefreiungen eines Konkurrenten vorgehen möchte. Die Akteneinsicht könnte unter dem Aspekt des Steuergeheimnisses nur dann versagt werden, wenn die Konkurrentenklage offensichtlich unzulässig wäre (BFH v. 05.10.2006, VII R 24/03, BStBl II 2007, 243; BFH v. 26.01.2012, VII R 4/11, BStBl II 2012, 541; AEAO zu § 30, Nr. 4.6). Allerdings hat das BVerfG festgestellt, dass das Steuergeheimnis oder der Datenschutz durchaus Gründe sein können, eine Akteneinsicht zu verweigern (BVerfG v. 13.04.2010, 1 BvR 3515/08, NJW 2010, 2118; zur Ablehnung des Antrags auf Akteneinsicht eines Beteiligten in einem Verfahren zur gesonderten und einheitlichen Feststellung nach § 180 Abs. 1 Nr. 2 Buchst. a AO vgl. FG Bln-Bbg v. 16.02.2011, 3 K 3086/08, EFG 2011, 1582). Zu den Anforderungen an den Antrag auf Akteneinsicht s. AEAO zu § 30, Nr. 4.6.

22 Im **Rechtsbehelfsverfahren** steht das Steuergeheimnis der Hinzuziehung oder Beiladung Dritter nicht entgegen (BFH v. 20.04.1989, V B 153/88, BStBl II 1989, 539, 540). Das kann dazu führen, dass diesen Personen grds. durch das Steuergeheimnis geschützte Verhältnisse bekannt werden. Ist dies z.B. im finanzgerichtlichen Verfahren nicht zu vermeiden, so kann das FG nach Auffassung des FG Ha (FG Ha v. 16.04.1998, II 22/97, EFG 1998, 1113) einen Beigeladenen zur Geheimhaltung verpflichten. Grundsätzlich sind auch die Verhandlungen vor den Finanzgerichten öffentlich. Zum Schutz des Steuergeheimnisses kann das Gericht nach § 172 Nr. 3 GVG die Öffentlichkeit ausschließen. Als problematisch erweist sich aber, dass nach gängiger Praxis auf den Terminrollen der Gerichte neben Ort, Termin und Aktenzeichen der Verhandlungen auch die Namen der Beteiligten genannt werden. Zu Recht wird darauf hingewiesen, dass es dadurch möglich ist, durch Abgleich der Aktenzeichen auf den Terminrollen und ggf. anonymisierten Entscheidungsveröffentlichungen die Zuordnung zu den Namen der Verfahrensbeteiligten herzustellen, ohne dass irgendjemand in der öffentlichen Verhandlung zugegen war. Daher ist es nicht zulässig, weil nicht durch die §§ 169ff. GVG geboten, die Namen der Verfahrensbeteiligten auf den Terminrollen aufzunehmen. Die Nennung der Namen ist für die Herstellung der Gerichtsöffentlichkeit nicht erforderlich (*Schnorr*, StuW 2008, 303).

Auch im **Vollstreckungsverfahren** ist es häufig unaus- 23
weichlich, dass Dritte von steuerlichen Dingen Kenntnis erlangen. Dies ist zulässig, soweit es für die Durchführung des Vollstreckungsverfahrens erforderlich ist (BFH v. 22.02.2000, VII R 73/98, BStBl II 2000, 367: Auskunftsersuchen zum Zweck der Ermittlung von Vollstreckungsmöglichkeiten; BFH v. 18.07.2000, VII R 101/98, BStBl II 2001, 5: Mitteilung der beizutreibenden Forderung an den Drittschuldner; AEAO zu § 30, Nr. 4.7.1: Drittwiderspruchsklage, § 262 AO). Fällt der Steuerschuldner in **Insolvenz**, muss die Behörde ihre Gläubigerrechte im Insolvenzverfahren verfolgen (s. § 251 Abs. 2 und 3 AO). Es handelt sich notwendig um die Überleitung der Einzelvollstreckung des Verwaltungsvollstreckungsverfahrens in das Insolvenzverfahren als Gesamtvollstreckung zugunsten aller Insolvenzgläubiger. Die erforderlichen Anträge können daher nach § 30 Abs. 4 Nr. 1 AO gestellt und Informationen – soweit erforderlich – ausgetauscht werden. Ebenso ist es dem Fiskus erlaubt, als Gläubiger einen Insolvenzantrag zu stellen (*Jörißen*, AO-StB 2008, 46).

Probleme ergeben sich auf dem Gebiet der **Einheits-** 24
**bewertung** bebauter Grundstücke insbes. bei der Bezeichnung der Vergleichsobjekte, aus denen die Finanzbehörde die »übliche Miete« für die Zwecke des Ertragswertverfahrens hergeleitet hat (BFH v. 24.09.1976, III B 12/76, BStBl II 1977, 196). Nach dem Grundsatz, dass eine Entscheidung nur auf Tatsachen gestützt werden darf, zu denen sich die Beteiligten äußern konnten (s. Art. 103 Abs. 1 GG, s. § 96 Abs. 2 FGO und § 91 Abs. 1 Satz 1 AO), ist die Finanzbehörde befugt, im Rechtsbehelfsverfahren Art, Lage und Ausstattung der Vergleichsobjekte zu offenbaren. Dabei dürfen an die Beschreibung der Ausstattung nur die Anforderungen ge-

stellt werden, die dem Charakter einer Massenbewertung und der dieser dienenden Typisierung Rechnung tragen. Den schutzwürdigen Interessen der Eigentümer der Vergleichsobjekte versucht der BFH dadurch entgegenzukommen, dass er die konkrete Zuordnung der in den Vergleichsobjekten erzielten Mieten von der Offenbarung ausschließt. Insbes. dürfen die Einheitswertakten betreffend die Vergleichsobjekte nicht zum Verfahren beigezogen werden. Eine ähnliche Frage taucht in **Schätzungsfällen** auf, wenn sich das FA zur Begründung der Schätzung auf **Vergleichsbetriebe** berufen hat. Auch in derartigen Fällen lässt es das Steuergeheimnis nicht zu, dem Steuerpflichtigen die Vergleichsbetriebe namentlich zu benennen. Es ist aber erforderlich, dass ihm durch allgemeine Mitteilungen über die Heranziehung von Vergleichsbetrieben und der Vergleichszahlen Gelegenheit zur Stellungnahme gegeben wird (BFH v. 18.12.1984, VIII R 195/82, BStBl II 1986, 226). Wenn der BFH weiter meint, das Steuergeheimnis schließe es nicht aus, dass das FG anhand der für die Vergleichsbetriebe geführten Steuerakten prüfe, ob gegen die Zahlen der Vergleichsbetriebe Bedenken bestehen, so übersieht die Entscheidung § 96 Abs. 2 FGO. Zutreffend weist das BMF (Schr. v. 07.04.1986, BStBl I 1986, 128) auch darauf hin, dass der Beteiligte nach § 78 FGO berechtigt ist, die dem Gericht vorgelegten Akten einzusehen (BFH v. 17.10.2001, I R 103/00, BStBl II 2004, 171, 174). Es vertritt deshalb die Auffassung, dem Gericht dürften die Angaben über Vergleichsbetriebe und Vergleichszahlen nur in anonymisierter Form vorgelegt werden (BFH v. 17.10.2001, I R 103/00, BStBl II 2004, 171, 175, zur Verwertbarkeit anonymisierter Daten). Unproblematisch ist die Verwertung der Vergleichsdaten dann, wenn die Unternehmensführung der zu vergleichenden Betriebe personalidentisch ist (BFH v. 04.07.2006, X B 135/05, BFH/NV 2006, 1797). Dies lässt die besonderen Schwierigkeiten erkennen, die im Einzelfall entstehen können, wenn die Nachprüfbarkeit eines Verwaltungsakts die Offenlegung von Tatsachen erfordert, die in den durch das Steuergeheimnis geschützten Bereich Dritter hineinragen, denn auch im finanzgerichtlichen Verfahren widerstreiten das Recht auf Information einerseits und das Steuergeheimnis andererseits (BVerfG v. 13.04.2010, 1 BvR 3515/08, NJW 2010, 2118).

**24a** § 30 Abs. 4 Nr. 1 AO ist nunmehr mit Wirkung vom 25.05.2018 durch die Nr. 1a und 1b erweitert worden. Nr. 1a ergänzt die Regelung in § 29c Abs. 1 Satz 1 Nr. 4 und 6 sowie Satz 2 AO (BMF v. 12.01.2018, BStBl I 2018, 201; AEAO zu § 30, Nr. 4.8, 5 und 6). Da Verstöße gegen datenschutzrechtliche Bestimmungen nun nach Art. 83 DSGVO von den zuständigen Aufsichtsbehörden geahndet werden, lässt Nr. 1b eine Offenbarung zu und führt im Ergebnis die bisherige Rechtslage fort.

## II. Ausdrückliche gesetzliche Erlaubnis

Nach § 30 Abs. 4 Nr. 2 AO ist die Offenbarung oder Verwertung einschlägiger Kenntnisse insoweit zulässig, als sie **durch Gesetz ausdrücklich zugelassen** ist. Der bloße Rückschluss aus einer gesetzlichen Regelung, dass sie stillschweigend die Durchbrechung des Steuergeheimnisses gestatte, scheint durch diesen Wortlaut generell versperrt. Es gibt allerdings Vorschriften, die offenkundig eine Offenbarungsbefugnis voraussetzen, weil sie andernfalls leerliefen. So setzt z.B. die Verfolgung einer Person, die das Steuergeheimnis gebrochen hat, nach § 355 Abs. 3 StGB einen Strafantrag des Dienstvorgesetzten oder Verletzten voraus. Die Vorschrift enthält für den Dienstvorgesetzten keine ausdrückliche Offenbarungsbefugnis, sie setzt sie aber logisch zwingend voraus, weil der Dienstvorgesetzte sonst seinerseits gezwungen wäre, das Steuergeheimnis unbefugt zu verletzen. Das zeigt, dass eine gesetzliche Offenbarungsbefugnis dann gegeben ist, wenn das Gesetz ohne jeden Zweifel die Zulässigkeit der Offenbarung voraussetzt. § 30 Abs. 4 Nr. 2 AO enthält kein Zitiergebot für die Erlaubnisnorm (BFH v. 27.02.2014, III R 40/13, DB 2014, 1062). **25**

Anwendungsfälle finden sich in der AO selbst (s. neben den übrigen Nummern des § 30 Abs. 4 sowie Abs. 5 AO z.B. auch §§ 31, 31a, 31b, 51 Abs. 3 Satz 2, § 117 Abs. 2, § 260 AO), in § 4 Abs. 5 Nr. 10 EStG (s. § 31b AO Rz. 5) und neben Doppelbesteuerungsabkommen (s. Art. 26 Abs. 1 DBA-USA, BFH v. 29.04.1992, I B 12/92, BStBl II 1992, 645) sowie dem EUAHiG (zur Zulässigkeit einer Spontanauskunft BFH v. 15.02.2006, I B 87/05, BStBl II 2006, 616) in zahlreichen Einzelgesetzen, in denen der Finanzbehörde eine Auskunftspflicht oder dergleichen auferlegt wird. Beispielhaft sind zu erwähnen: **26**

- § 88 Abs. 3 AufenthaltsG,
- § 49 Abs. 6 BeamtStG und § 115 Abs. 6 BBG (BMF v. 12.01.2018, BStBl I 2018, 201; BVerfG v. 06.05.2008, 2 BvR 336/07, NJW 2008, 3489; BFH v. 15.01.2008, VII B 149/07, BStBl II 2008, 337 zur Zulässigkeit der Weitergabe von Erkenntnissen nach einer Selbstanzeige; BVerwG v. 05.03.2010, 2 B 22/09, NJW 2010, 2229; vgl. auch AEAO zu § 30, Nr. 11.8 wegen arbeitsrechtlicher Maßnahmen gegen Angestellte),
- § 6 Abs. 2 Bundesmeldegesetz
- § 17 Gesetz über das gerichtliche Verfahren in Landwirtschaftssachen,
- § 19 Abs. 2, § 26 Abs. 6 Kostenordnung,
- § 8 Abs. 2 KreditwesenG,
- § 128 LastenausgleichsG,
- § 25 Abs. 3 PersonenbeförderungsG,
- § 21 Abs. 4 Sozialgesetzbuch X,
- § 21 Abs. 5 UnterhaltssicherungsG,
- § 94a Zweites WohnungsbauG und
- das Gesetz über Steuerstatistiken,

s. auch § 5 Abs. 2 und 3, §§ 10, 10a StBerG (gleichlautende Erlasse der obersten Finanzbehörden der Länder v. 22.07.2014, BStBl I 2014, 1195).

Weitere gesetzliche Regelungen sind im AEAO zu § 30, Nr. 7 aufgeführt. Wegen der Vielzahl der gesetzlichen Offenbarungsbefugnisse bestehen verfassungsrechtliche Bedenken, weil das Steuergeheimnis im Grundsatz zu viele Ausnahmen erfährt und damit das Grundrecht auf informationelle Selbstbestimmung im Besteuerungsverfahren in seinem Kern nicht mehr garantiert ist (s. § 31 b AO Rz. 5).

**27** Einen gesetzlich zugelassenen Fall befugten Verwertens (Verwendens) enthält § 249 Abs. 2 Satz 2 AO.

**27a** Keine Offenbarungsbefugnis enthält das Gesetz zur Regelung des Zugangs zu Informationen des Bundes (**Informationsfreiheitsgesetz – IFG**). Dieses Gesetz, das nach seinem § 1 Abs. 1 nur gegenüber Bundesbehörden gilt, respektiert nach § 3 Nr. 4 IFG Geheimhaltungs- und Vertraulichkeitspflichten in anderen Vorschriften, wie z. B. § 30 AO (BFH v. 07.12.2006, V B 163/05, BStBl II 2007, 275; zum Auskunftsanspruch auch nach landesrechtlichen Regelungen *Polenz,* NJW 2009, 1921; *Eisolt,* DStR 2013, 439).

**27b** Neu hinzugekommen sind § 30 Abs. 4 Nr. 2a-c AO. **§ 30 Abs. 4 Nr. 2a AO** stellt klar, dass eine Durchbrechung des bundesgesetzlich geregelten Steuergeheimnisses auch durch das Recht der Europäischen Union angeordnet werden kann. Anders als in Nr. 2 wird hier aber nicht verlangt, dass die Durchbrechung des Steuergeheimnisses im Unionsrecht ausdrücklich zugelassen sein muss (AEAO zu § 30, Nr. 8). **§ 30 Abs. 4 Nr. 2b AO** regelt, dass eine Durchbrechung des Steuergeheimnisses zulässig ist, soweit dies der Erfüllung der gesetzlichen Aufgaben des Statistischen Bundesamtes, z. B. nach dem Gesetz über Steuerstatistiken, dient. Von den Daten der Steuer- und Zollverwaltung hängen nicht nur die entsprechenden Bereichsstatistiken ab, die größtenteils im Steuerstatistikgesetz geregelt sind. Weite Teile der Bundesstatistik, besonders die Unternehmensstatistiken und hier vor allem die Statistiken des Dienstleistungssektors und des Handwerks, sind ohne diese Daten nicht mehr durchführbar. **§ 30 Abs. 4 Nr. 2c AO** regelt, dass eine Durchbrechung des Steuergeheimnisses zulässig ist, soweit dies der Entwicklung, Überprüfung oder Änderung automatisierter Verfahren oder der Gesetzesfolgenabschätzung dient und die Voraussetzungen für eine Weiterverarbeitung nach § 29c Abs. 1 Satz 1 Nr. 4 oder 5 AO vorliegen.

### III. Zustimmung des Betroffenen

**28** Da das Steuergeheimnis vorrangig auch dem Schutz dessen dient, dem die Verhältnisse und Geheimnisse zuzurechnen sind, ist nach § 30 Abs. 4 Nr. 3 AO die Offenbarung oder Verwertung zulässig, wenn der Betroffene zustimmt. Gibt es mehrere Betroffene (z. B. zusammenveranlagte Ehegatten), ist die Zustimmung aller Betroffenen erforderlich.

Liegt eine derartige **Zustimmung des Betroffenen** vor, stellt die erteilte Auskunft keine Verletzung des Steuergeheimnisses dar, derentwegen der Betroffene Konsequenzen (s. Rz. 43) fordern könnte. Unberührt hiervon bleibt die Frage, ob die Finanzbehörde trotzdem die von ihr verlangte Auskunft erteilen muss. Sie ist nicht aus § 30 AO zu beantworten. Hier ist lediglich bestimmt, ob und wie weit einer Auskunft das Steuergeheimnis entgegensteht. Ist die Auskunftserteilung nicht zwingend vorgeschrieben, ist im Einzelfall unter Abwägung aller maßgeblichen Umstände, insbes. des öffentlichen Interesses an einer ggfs. erforderlichen vertraulichen Behandlung, über die Erteilung der Auskunft zu befinden. So kann z. B. selbst gegenüber dem Steuerpflichtigen die Erteilung gewisser Auskünfte, insbes. die Akteneinsicht (s. § 91 AO Rz. 6), verweigert werden, wenn Anlass zu der Annahme besteht, dass der Steuerpflichtige sich über den Inhalt früherer, möglicherweise unrichtiger Erklärungen vergewissern will, um sich zu diesen in neuen Erklärungen nicht in Widerspruch zu setzen. **29**

### IV. Offenbarung im Interesse außersteuerlicher Strafverfolgung (§ 30 Abs. 4 Nr. 4 AO)

§ 30 Abs. 4 Nr. 4 AO betrifft ausschließlich solche Offenbarung bzw. Verwertung, die der Durchführung eines **außersteuerlichen Strafverfahrens** (nicht eines Bußgeldverfahrens!) dient. Zum Begriff des Dienens s. Rz. 21. Die Befreiung vom Steuergeheimnis im Fall des **§ 30 Abs. 4 Nr. 4a AO** ist dadurch motiviert, dass dieses als Korrelat zur Offenbarungs- und Mitwirkungspflicht des Steuerpflichtigen und auskunftspflichtiger Dritter im Besteuerungsverfahren anzusehen ist und daher für einen Schutz des Steuergeheimnisses dann kein Anlass besteht, wenn die Finanzbehörde Kenntnisse der hier betroffenen Art im Steuerstraf- und Bußgeldverfahren bzw. ohne Bestehen einer steuerlichen Verpflichtung des Erklärenden oder unter Verzicht auf ein Auskunftsverweigerungsrecht erlangt hat. In diesem Zusammenhang steht, dass der Steuerpflichtige sich zwar nicht auf ein Aussageverweigerungsrecht berufen kann, wenn er sich selbst belasten müsste; dies sieht § 102 AO nur für die nicht Beteiligten vor. Er ist dennoch vor dem Zwang strafrechtlicher Selbstbelastung durch §§ 393 und 397 Abs. 3 AO sowie § 136 StPO i. V. m. § 393 Abs. 1 Satz 1 AO geschützt (s. auch die Erläuterungen zu § 393 AO). Dementsprechend greift das Steuergeheimnis ein, wenn der Steuerpflichtige die relevanten Angaben entweder vor Einleitung eines Straf- oder Bußgeldverfahrens oder in Unkenntnis einer **30** solchen Einleitung in Erfüllung seiner steuerlichen Pflichten gemacht hat. Erst nach der Bekanntgabe der Verfahrenseinleitung ist die Schutzwirkung des § 30 AO eingeschränkt. Besteht die Befugnis zur Offenbarung der erlangten Kenntnisse, ergibt sich aus dem Legalitätsgrundsatz, dass die dienstlich erlangten Kenntnisse der Staatsanwaltschaft mitgeteilt werden müssen (s. § 108 StPO wegen Zufallsfunden; gl. A. *Weyand*, DStR 1990, 411; a. A. *Schneider*, wistra 2004, 1).

31 **Ohne Bestehen einer steuerlichen Verpflichtung** sind die betreffenden Angaben i. S. des **§ 30 Abs. 4 Nr. 4b AO** nur dann gemacht, wenn der Erklärende das Fehlen einer solchen Verpflichtung kannte und daher bewusst freiwillig handelte. Auch ein stillschweigender Verzicht auf ein Auskunftsverweigerungsrecht kann die Weiterleitung der gewonnenen Kenntnisse nur dann rechtfertigen, wenn die Finanzbehörde der gesetzlichen Belehrungspflicht (s. § 101 Abs. 1 Satz 3, § 103 Satz 2 AO) nachgekommen ist oder wenn die Person spontan gehandelt hat und nach Lage des Falles von einem bewussten Verzicht ausgegangen werden kann.Falsche Angaben sind nicht zur Erfüllung steuerlicher Pflichten geeignet (BGH v. 05.05.2004, 5 StR 548/03, wistra 2004, 309, 312).

## V. Zwingendes öffentliches Interesse (§ 30 Abs. 4 Nr. 5 AO)

32 Liegt die Offenbarung bzw. Verwertung im **zwingenden öffentlichen Interesse**, so ist sie nach § 30 Abs. 4 Nr. 5 AO zugelassen. Das Gesetz führt neben der **Generalklausel** drei Fallgruppen auf, die **Anwendungsbeispiele** darstellen. Damit wird ein gewisser Anhaltspunkt dafür geliefert, von welchen Vorstellungen der Gesetzgeber hinsichtlich des Begriffs des zwingenden öffentlichen Interesses ausgegangen ist (BVerfG v. 06.05.2008, 2 BvR 336/07, NJW 2008, 3489). Das zwingende öffentliche Interesse nimmt der AEAO zu § 30, Nr. 11.10 z. B. an, wenn Straftaten verfolgt werden sollen, durch die geschützte Individualrechtsgüter eines Amtsträgers verletzt wurden, wenn sich die Straftaten gegen die Gesetzmäßigkeit des Steuerverfahrens als Ganzes richtet (AEAO zu § 30 Nr. 11.11: Straftaten im Vollstreckungsverfahren) oder wenn Insolvenzverschleppungsstraftaten zur Kenntnis gegeben werden sollen (AEAO zu § 30 Nr. 11.12). Dem ist im Ergebnis nur zum Teil zuzustimmen. Soweit sich die Straftaten gegen Amtsträger selbst richten, handelt es sich nach der in Rz. 13 vertretenen Auffassung schon dem Grunde nach nicht um geschützte Erkenntnisse, weil die Taten nicht im Verfahren bekannt werden, sondern nur gelegentlich des Verfahrens geschehen. Ob Erkenntnisse über Insolvenzstraftaten regelmäßig weitergegeben werden dürfen, erscheint deshalb zweifelhaft, weil das die Wirtschaftsstraftaten betreffende Regelbeispiel in § 30 Abs. 4 Nr. 5 b) AO weitere Anforderungen enthält. Ob diese vorliegen, ist eine Frage des Einzelfalls. Sind diese Anforderungen aber nicht erfüllt, liegt das Gewicht der Tat unter dem Regelbeispiel und diese kann somit keine schwere Wirtschaftsstraftat darstellen (*Blesinger*, wistra 2008, 416). Mag man auch im Ergebnis der Aussage im AEAO zu § 30, Nr. 11.12 zustimmen wollen, so handelt es sich inhaltlich um eine Entscheidung, die nur der Gesetzgeber treffen kann (s. § 30 Abs. 4 Nr. 2 AO). Auch nicht der Verdacht jeder Straftat eines Amtsträgers rechtfertigt die Durchbrechung des Steuergeheimnisses. Selbst wenn man bei Antragsdelikten im Einzelfall ein öffentliches Interesse für die Verfolgung der Tat annimmt, ist das von § 30 Abs. 4 Nr. 5 AO geforderte zwingende öffentliche Interesse nicht zwangsläufig gegeben (OLG Hamm v. 22.10.2007, 3 Ws 461/06, wistra 2008, 277). Zum zwingenden öffentlichen Interesse bei der Verletzung von Dienstpflichten s. BMF v. 12.01.2018, BStBl I 2018, 201.

Zunächst (§ 30 Abs. 4 Nr. 5a AO) ist ein zwingendes 33
öffentliches Interesse hinsichtlich solcher Kenntnisse gegeben, die der Verfolgung von **Verbrechen** (s. § 12 Abs. 1 StGB) und **vorsätzlichen schweren Vergehen gegen Leib und Leben oder gegen den Staat und seine Einrichtungen** dienlich sind. Hierunter fallen in erster Linie Mord, Totschlag, Völkermord und die meisten der übrigen in § 138 StGB aufgezählten Straftaten. Gemeint sind insbes. solche Vergehen oder Verbrechen, die »an die Grundlagen der Rechts- und Staatsordnung rühren«. Zu denken ist aber auch an Fälle der Misshandlung von Kindern oder Schutzbefohlenen (AEAO zu § 30, Nr. 11.13). In Anlehnung an § 23 Abs. 1 Nr. 4 BDSG n. F. werden nun auch die Fälle als Regelbeispiel in § 30 Abs. 4 Nr. 5a AO genannt, in denen die Offenbarung zur Abwehr **erheblicher Nachteile für das Gemeinwohl** oder einer Gefahr für die **öffentliche Sicherheit**, **die Verteidigung** oder die **nationale Sicherheit** erforderlich ist. Werden nichtsteuerliche Straftaten im Zusammenhang mit einem Steuerstraf- oder Bußgeldverfahren wegen einer Steuerordnungswidrigkeit bekannt, greift bereits § 30 Abs. 4 Nr. 4 AO ein, sodass es auf das Vorliegen eines zwingenden öffentlichen Interesses nicht mehr ankommt.

Ferner (§ 30 Abs. 4 Nr. 5b AO) ist das zwingende öf- 34
fentliche Interesse hinsichtlich der Offenbarung solcher Kenntnisse zu bejahen, die für die Verfolgung solcher **Wirtschaftsstraftaten** erforderlich sind, die nach ihrer Begehungsweise oder wegen des Umfangs des durch sie verursachten Schadens eine erhebliche Störung der wirtschaftlichen Ordnung herbeiführen oder eine erhebliche Erschütterung des Vertrauens der Allgemeinheit auf die Redlichkeit des geschäftlichen Verkehrs oder die ordnungsmäßige Arbeit der Behörden oder öffentlichen Einrichtungen verursachen können. Zum Begriff der Wirtschaftsstraftaten s. § 74c GVG (LG Göttingen v. 11.12.2007, 8 Kls 1/07, wistra 2008, 231). Die dort aufgeführten Straftaten fallen jedoch nur dann unter die

Offenbarungsbefugnis, wenn die genannten erschwerten Voraussetzungen im konkreten Fall erfüllt sind (OLG Stuttgart v. 16.04.1986, 2 Ss 772/86, wistra 1986, 191). Damit ist es der Finanzbehörde versagt, gewöhnliche Betrugs-, Diebstahls-, Unterschlagungs- und Untreuefälle zur Anzeige zu bringen. Wegen der Insolvenzdelikte s. Rz. 32. Der maßgebliche Beurteilungszeitpunkt ist der der Entscheidung über die Weitergabe der Informationen (FG BW v. 04.12.2013, 1 K 3881/11, EFG 2014, 798).

35 § 30 Abs. 4 Nr. 5c AO gewährt der öffentlichen Verwaltung den **Schutz vor ungerechtfertigten Angriffen in der Öffentlichkeit.** Die Verwaltungsbehörden sollen nicht durch ein aus Gründen des Steuergeheimnisses erzwungenes Schweigen dem Verdacht ausgesetzt bleiben, dass die verbreiteten Tatsachen unwiderlegbar sind. Daher dürfen unwahre Tatsachenbehauptungen richtiggestellt werden. Da auch unvollständige Behauptungen die Wahrheit verzerren können, erlaubt die Vorschrift auch deren Ergänzung (FG Bln-Bbg v. 24.10.2007, 7 V 7357/07, EFG 2008, 182). Die Vorschrift gewährt dem öffentlichen Interesse an der Aufrechterhaltung des Vertrauens in die Verwaltung, insbes. deren Redlichkeit und Gerechtigkeit, den Vorrang vor dem öffentlichen Interesse an der Wahrung des Steuergeheimnisses. Im Einzelfall sind diese widerstreitenden Interessen miteinander abzuwägen. Um eine einheitliche Handhabung der Ausnahmevorschrift sicherzustellen, muss in jedem Fall vorweg die Entscheidung der zuständigen obersten Finanzbehörde eingeholt werden, die diese im Einvernehmen mit dem BMF zu treffen hat. Einvernehmen bedeutet gemeinsame Meinungsbildung. Darüber hinaus soll vor der Richtigstellung der Steuerpflichtige gehört werden, um ihm Gelegenheit zu geben, sein Interesse an der weiteren Wahrung des Steuergeheimnisses geltend zu machen. Die Anhörung des Steuerpflichtigen kann unterbleiben, wenn sie im Einzelfall nicht möglich oder nach den gegebenen Umständen nicht angebracht erscheint. Die Zustimmung des Steuerpflichtigen ist keine unabdingbare Voraussetzung für die Zulässigkeit der Richtigstellung. Wird sie erteilt, ist ohnehin § 30 Abs. 4 Nr. 3 AO gegeben. Wie verschiedene Fälle gezeigt haben, die in der Öffentlichkeit Aufsehen erregten (FG BW v. 26.09.1995, 13 V 15/95, EFG 1995, 1094; BFH v. 14.04.2008, VII B 226/07, BFH/NV 2008, 1295), ist dieses Verfahren bei der Kurzlebigkeit des Medieninteresses wenig geeignet, um für eine rasche Klarstellung zu sorgen (*Felix*,BB 1995, 2030, 2032).

36 Der vorliegende Ausnahmetatbestand ist verfassungskonform so auszulegen, dass er auch den Fall des Aktenvorlageverlangens des **Parlamentarischen Untersuchungsausschusses** erfasst, mit dem der Bundestag in der Öffentlichkeit verbreiteten Zweifeln an der Vertrauenswürdigkeit der Exekutive nachgeht, die auch die Steuermoral der Bürger nachhaltig erschüttern könnten (BVerfG v. 17.07.1984, 2 BvE 11/83, 2 BvE 15/83, BStBl II 1986, 634). In dieser das steuerliche Subventionsrecht betreffenden Entscheidung wird nicht allgemein die Unwirksamkeit des Steuergeheimnisses gegenüber parlamentarischen Untersuchungsausschüssen angenommen, sondern für bestimmte Ausnahmefälle, die die Ausübung von parlamentarischer Regierungskontrolle beinhalten, der Vorrang der Tätigkeit des Untersuchungsausschusses zugunsten der Wahrung des Rechtsstaatsprinzips und des Gleichbehandlungsgebots betont. Die uneingeschränkte Geltung des Steuergeheimnisses auch gegenüber dem Untersuchungsausschuss würde einen gegen Angriffe auf die Lauterkeit und Unbestechlichkeit der Exekutive besonders empfindlichen Bereich von der parlamentarischen Kontrolle ausschließen. Allerdings steht die Herausgabe von Steuerakten an einen parlamentarischen Untersuchungsausschuss nur infrage, wenn zwischen dem vom Parlament bestimmten Untersuchungsauftrag des Ausschusses und den angeforderten Steuerakten ein sachlicher Zusammenhang besteht (BFH v. 01.12.1992, VII B 126/92, BFH/NV 1993, 579). Zum Schutz des allgemeinen Persönlichkeitsrechts und des Eigentums müssen Parlament und Regierung Vorkehrungen für den Geheimschutz getroffen haben, die das ungestörte Zusammenwirken beider Verfassungsorgane auf diesem Gebiete gewährleisten (FG Ha v. 11.07.1985, III 127/85 rkr., EFG 1985, 539). Im Übrigen muss der Grundsatz der Verhältnismäßigkeit gewahrt werden. Unzulässig ist auch die Weitergabe von Informationen streng persönlichen Charakters, die für die Betroffenen unzumutbar ist. Das FG Sa überträgt diese Grundsätze auch auf die Tätigkeit ständiger Parlamentsausschüsse (FG Sa v. 27.04.2016, 2 V 1089/16, EFG 2016, 969).

Die Befugnis der Finanzbehörde im **gewerberechtlichen Untersagungsverfahren** Auskünfte über Steuerrückstände zu erteilen, wird ebenfalls aus dem zwingenden öffentlichen Interesse abgeleitet (BFH v. 10.02.1987, VII R 77/84, BStBl II 1987, 546; BVerwG 02.02.1982, 1 C 146/80, HFR 1984, 19; s. auch BMF v. 19.12.2013, BStBl I 2014, 19), selbst wenn die Steuerrückstände nicht bestandskräftig festgesetzt sind (BFH v. 29.07.2003, VII R 39, 43/02, BStBl II 2003, 828). U. E. ist im Zusammenhang mit § 35 GewO der Rückgriff auf die Generalklausel des § 30 Abs. 4 Nr. 5 AO unschlüssig. Die Problematik der steuerlichen Unzuverlässigkeit Gewerbetreibender und der damit möglicherweise in Verbindung stehenden Wettbewerbsvorteile ist – wie die zitierten Entscheidungen verdeutlichen – seit Jahren bekannt. Wäre der Gesetzgeber tatsächlich der Auffassung, die Offenbarung an die Gewerbeaufsichtsämter läge im zwingenden öffentlichen Interesse, hätte er diese längst regeln können. Die Mitteilung auf der Basis der Generalklausel in einem ständig wiederkehrenden Problembereich ist unter dem Gesichtspunkt, dass § 30 AO eine konkrete gesetzliche Ausgestaltung des Grundrechts auf informationelle Selbstbestimmung (s. Rz. 2) darstellt, verfassungsrecht- 37 lich bedenklich (*Benda,* DStR 1984, 351). Der Gesetzgeber sollte für eine Klarstellung sorgen.

### VI. Vorsätzlich falsche Angaben des Betroffenen

38 Vorsätzlich falsche Angaben des Betroffenen genießen nach § 30 Abs. 5 AO nicht den Schutz des Steuergeheimnisses, soweit es sich um die Offenbarung gegenüber den Strafverfolgungsbehörden handelt. Wie bereits in Rz. 1 erläutert, soll das Steuergeheimnis die Erfüllung der steuerlichen Auskunfts- und Mitwirkungspflicht erleichtern. Dieses Motiv entfällt, wenn bewusst und gewollt falsche Angaben gemacht werden. Strafbares Verhalten soll nicht deshalb faktisch straffrei werden, weil Anzeigen oder Strafanträge wegen des Steuergeheimnisses nicht erstattet werden können. § 30 Abs. 5 AO greift nur in den Fällen ein, in denen die vorsätzlichen falschen Angaben in strafbarer Weise gegenüber der dem Steuergeheimnis verpflichteten Behörde bzw. Person gemacht werden. Ist das nicht der Fall, richtet sich die Offenbarungsbefugnis allein nach § 30 Abs. 4 AO.

### VII. Offenbarung in Bezug auf gespeicherte Daten

39 § 30 Abs. 6 AO befasst sich mit dem zunehmend Bedeutung gewinnenden Problem des Geheimnisschutzes bezüglich von in Datenspeichern festgehaltenen und abrufbereiten Verhältnissen. § 30 Abs. 6 Satz 1 AO stellt in Übereinstimmung mit § 30 Abs. 2 Nr. 3 AO klar, dass der Abruf von geschützten gespeicherten Daten nur dann keine Verletzung des Steuergeheimnisses darstellt, wenn und soweit er der Durchführung eines Verfahrens i. S. des § 30 Abs. 2 Nr. 1 Buchst. a) und b) AO oder der nach § 30 Abs. 4 AO zulässigen Weitergabe von Daten dient (AEAO zu § 30, Nr. 14). § 30 Abs. 6 Satz 2 AO ermächtigt das BMF, durch Rechtsverordnung zu bestimmen, durch welche technischen und organisatorischen Maßnahmen der Abruf von Daten verhindert werden soll und die Art der zulässig abrufbaren Daten sowie den Kreis der abrufberechtigten Amtsträger einzugrenzen. Die Rechtsverordnungen bedürfen der Zustimmung des Bundesrates, soweit sie nicht Zölle und Verbrauchsteuern (Ausnahme: Biersteuer) betreffen. Die Verordnungsermächtigung ist durch die Steuerdaten-Abrufverordnung v. 13.10.2005 (BStBl I 2005, 950) ausgefüllt worden.

### VIII. Automatisierte Entschlüsselung beim Versenden von De-Mail-Nachrichten (§ 30 Abs. 7 AO)

§ 30 Abs. 7 AO steht im Zusammenhang mit § 87 a AO. 39a
Bei der Versendung von De-Mail-Nachrichten werden diese kurzzeitig vom akkreditierten Diensteanbieter entschlüsselt, um sie auf Schadsoftware überprüfen und weiterleiten zu können. Bei diesem automatisierten Vorgang kann es zur Verletzung des Steuergeheimnisses kommen. Dies erlaubt § 30 Abs. 7 AO.

### IX. Automatisierte Verfahren, Auftragsverarbeiter, Offenbarung besonderer Kategorien (§ 30 Abs. 8 bis 11 AO)

§ 30 Abs. 8-11 AO wurden mit Wirkung vom 25.05.2018 39b
durch Gesetz vom 17.07.2017 (BGBl. I 2017, 2541) eingefügt, vgl. BT-Drs. 18/12611, 83.

§ 30 Abs. 8 AO regelt in Anlehnung an § 10 BDSG a. F., 39c
unter welchen Voraussetzungen die Finanzbehörden ein automatisiertes Verfahren zum Abgleich geschützter Daten einsetzen dürfen. Weitere datenschutzrechtliche Regelungen zum Abruf geschützter Daten enthält die auf der Grundlage des § 30 Abs. 6 AO erlassene StDAV.

Finanzbehörden dürfen bei der Verarbeitung geschütz- 39d
ter Daten auf der Grundlage von Kapitel IV DSGVO nach § 30 Abs. 9 AO nur dann einen Auftragsverarbeiter beauftragen, wenn im Rahmen der Auftragsverarbeitung ausschließlich solche Personen die geschützten Daten verarbeiten, die zur Wahrung des Steuergeheimnisses verpflichtet sind.

§ 30 Abs. 10 AO entspricht der Regelung in § 25 Abs. 3 39e
BDSG n. F. und stellt für die Übermittlung besonderer Kategorien personenbezogener Daten klar, dass neben dem Vorliegen einer der tatbestandlichen Voraussetzungen der Abs. 4 oder 5 auch ein Ausnahmetatbestand nach Art. 9 Abs. 2 DSGVO oder nach § 31 c AO vorliegen muss.

Die Zweckbindung übermittelter Daten in § 30 Abs. 11 39f
Satz 1 AO entspricht im Grundsatz der Regelung in § 25 Abs. 1 Satz 2 und Abs. 2 BDSG n. F. Wurden geschützte Daten einer Person, die nicht nach § 30 AO zur Wahrung des Steuergeheimnisses verpflichtet ist, einer öffentlichen Stelle, die keine Finanzbehörde ist, oder einer nicht öffentlichen Stelle offenbart, darf der Empfänger diese Daten nur zu dem Zweck speichern, verändern, nutzen oder übermitteln, zu dem sie ihm nach § 30 Abs. 4 oder 5 AO offenbart worden sind. Satz 2 stellt klar, dass Amtsträger und ihnen gleichgestellte Personen zur Wahrung des nach § 355 des Strafgesetzbuchs strafbewehrten Steuergeheimnisses verpflichtet bleiben. Für andere Personen und Stellen richten sich die Sanktionen bei Datenschutz-

verstößen nach DSGVO oder entsprechenden nationalen Strafvorschriften.

## E. Problem der Steuerinformanten

40 Das Steuergeheimnis betrifft auch die kontrovers diskutierte Frage der Zusammenarbeit zwischen Finanzbehörden und Informanten, die auch Steuerdenunzianten genannt werden (s. auch AEAO zu § 30, Nr. 13). Es trifft einerseits zu, dass Nachrichten aus solchen Quellen im Interesse der Gleichmäßigkeit der Besteuerung nicht ganz entbehrt werden können (z. B. Bekämpfung des Schmuggels oder Hinweise auf Schwarzgeschäfte). Andererseits besteht die Gefahr, dass Personen leichtfertig oder sogar wider besseres Wissen falsche Anzeigen erstatten. Den öffentlichen Belangen wird kein guter Dienst geleistet, wenn Ermittlungen aufgrund fehlerhafter Anzeigen oder Informationen durchgeführt werden und die Strafverfolgung von Denunzianten wegen Verleumdung oder falscher Anschuldigung dadurch vereitelt wird, dass die Aussagegenehmigung für die als Zeugen genannten Finanzbeamten verweigert oder gerichtliche Auskunftsersuchen unter Hinweis auf das öffentliche Interesse abgelehnt werden.

41 Die Identität eines Anzeigeerstatters wird grds. durch § 30 AO geschützt; denn er ist »ein anderer« i. S. des § 30 Abs. 2 AO (BFH v. 08.02.1994, VII R 88/92, BStBl II 1994, 552; BFH v. 07.12.2006, V B 163/05, BStBl II 2007, 275; a. A. *Schuhmann*, wistra 1996, 16; *v. Dorrien*, wistra 2013, 374). Seine Angaben werden nach der in Rz. 13 vertretenen Auffassung auch in einem Verwaltungsverfahren bekannt, denn der Informant will nach seiner Vorstellung Anlass für weitere Ermittlungen geben. Soweit ihm aber vorsätzlich falsche Angaben zur Last zu legen sind, trifft § 30 Abs. 5 AO zu, unabhängig davon, dass es auch keine steuerliche Pflicht zur Denunziation gibt (§ 30 Abs. 4 Nr. 4b AO). Aus der demnach bestehenden Offenbarungsbefugnis folgt allerdings noch keine entsprechende Offenbarungspflicht. Es bedarf – wie dargelegt – einer entsprechenden Abwägung aller einschlägigen Interessen (BFH v. 07.12.2006, V B 163/05, BStBl II 2007, 275). Im Einzelfall kann die Interessenabwägung zu einer Ermessensreduzierung auf Null führen, sodass der Name des Denunzianten mitgeteilt werden muss, wenn der Steuerpflichtige hierauf angewiesen ist, um Schadensersatzansprüche zu verfolgen (BFH v. 07.05.1985, VII R 25/82, BStBl II 1985, 571; BFH v. 08.02.1994, VII R 88/92, BStBl II 1994, 552).

42 Aus der Rechtsprechung: KG 06.06.1985, 4 Ws 50/85, NJW 1985, 1971: Mehrung der Steuereinnahmen durch Schutz des Denunziantentums gehört nicht zu den Zwecken des Steuergeheimnisses; LG Hamburg 19.02.2002, 631 Qs 9/02, NJW 2002, 1216: Die Identität eines Informanten des FA wird durch das Steuergeheimnis nicht geschützt; LG Saarbrücken v. 02.11.2006, 8 Qs 110/06, wistra 2007, 78: Durchsuchung beim FA zum Zweck der Identifizierung eines Anzeigeerstatters; LG Mühlhausen v. 26.01.2005, 9 (8) Gs 20/04, wistra 2005, 357: Auch ein Dritter, der eine Steuerstraftat anzeigt, ist durch das Steuergeheimnis geschützt. Insofern ist auch das Akteneinsichtsrecht nach § 147 StPO beschränkt. Der Auffassung des LG Mühlhausen ist u. E. nur eingeschränkt zuzustimmen. Zwar fällt die Anzeigeerstattung grds. unter den Schutzbereich des Steuergeheimnisses, doch dient die Offenbarung an den Strafverteidiger des Beschuldigten u. U. der Durchführung eines Steuerstrafverfahrens und ist damit nach § 30 Abs. 4 Nr. 1 AO erlaubt, wenn der Verteidiger die ihm nach § 147 StPO grds. zur Verfügung stehende Akteneinsicht zur effizienten Verteidigung benötigt (s. Rz. 21).

## F. Folgen der Verletzung des Steuergeheimnisses

Die Verletzung des Steuergeheimnisses wird gem. § 355 StGB **mit Freiheitsstrafe bis zu zwei Jahren oder mit Geldstrafe bestraft**. Ferner kann das Gericht nach § 358 StGB als Nebenfolge die Fähigkeit, öffentliche Ämter zu bekleiden, aberkennen. Voraussetzung ist ein Strafantrag des Dienstvorgesetzten oder des Verletzten. Bei Taten amtlich zugezogener Sachverständiger kann auch der Leiter der Behörde, deren Verfahren betroffen ist, den Antrag stellen (s. Rz. 25). Daneben kann der Verstoß **disziplinarrechtlich geahndet** werden. Bei ehrenamtlichen Richtern der Finanzgerichte hat gem. § 21 Abs. 1 Nr. 3 FGO i. V. m. § 45 Abs. 6 DRiG Amtsentbindung zu erfolgen. 43

Unberührt bleibt die zivilrechtliche Möglichkeit des Geschädigten, **Schadensersatz** gem. Art. 34 GG bzw. §§ 823 ff. BGB zu fordern. Führt eine Amtspflichtverletzung zu einer schwerwiegenden Beeinträchtigung des Persönlichkeitsrechts des Betroffenen, kommt ein Anspruch auf Schmerzensgeld in Betracht (KG Berlin v. 21.01.2011, 9 W 76/10, NJW 2011, 2446). 44

Für den Betroffenen u. U. von größerer Bedeutung ist die Vorschrift des § 393 Abs. 2 AO, die in engem Zusammenhang zu § 30 Abs. 4 Nr. 4 AO steht. Soweit der Schutz des Steuergeheimnisses reicht, können im Besteuerungsverfahren gewonnene **Erkenntnisse über nichtsteuerliche Straftaten des Betroffenen nicht für Zwecke eines Strafverfahrens gegen ihn verwendet werden.** 45

## G. Rechtsbehelfe

Fürchtet jemand, sein subjektiv-öffentliches Recht auf Wahrung des Steuergeheimnisses sei gefährdet, kann er die vorbeugende Unterlassungsklage vor dem FG erheben 46

(BFH v. 04.09.2000, I B 17/00, BStBl II 2000, 649; s. § 40 FGO Rz. 8). Vorläufiger Rechtsschutz wird ggf. im Wege der einstweiligen Anordnung nach § 114 FGO gewährt, die allerdings einerseits die Hauptsache nicht vorwegnehmen darf (s. § 114 FGO Rz. 3 ff. und 11; BFH v. 16.10.1986, V B 3/86, BStBl II 1987, 30; BFH v. 15.02.2006, I B 87/05, BStBl II 2006, 616; FG BW v. 26.09.1995, 13 V 15/95, EFG 1995, 1094), andererseits aber auch durch die Wirklichkeit überholt werden kann, wenn nämlich die geheim zu haltenden Tatsachen inzwischen allgemein bekannt geworden sind (BFH v. 14.04.2008, VII B 226/07, BFH/NV 2008, 1295). Macht der Betroffene geltend, das Steuergeheimnis sei durchbrochen worden und er habe ein Genugtuungsinteresse – etwa um Schadensersatz zu fordern –, ist die Feststellungsklage statthaft (BFH v. 29.07.2003, VII R 39, 43/02, BStBl II 2003, 829).

## § 30a AO (aufgehoben)

### Schrifttum

SCHMIDT/RUCKES, Das Steuerumgehungsbekämpfungsgesetz – Hintergrund, Inhalte und Praxisaspekte, IStR 2017, 473.

1 Mit der Aufhebung des § 30a AO wird nicht nur den Veränderungen in der rechtspolitischen Ausgangslage sondern auch der Rspr. des BVerfG (v. 09.03.2004, 2 BvL 17/02, BStBl. II 2005, 56) Rechnung getragen. Die Aufhebung des § 30a AO ermöglicht es, dass die Finanzbehörden künftig ohne die bislang geltenden Einschränkungen in § 30a AO bei hinreichendem Anlass nach Maßgabe des § 93 AO Auskunftsersuchen – auch Sammelauskunftsersuchen nach dem neuen § 93 Abs. 1a AO – an inländische Kreditinstitute richten dürfen, um Informationen über deren Kunden und deren Geschäftsbeziehungen zu Dritten erlangen zu können, vgl. BT-Drs. 18/11132, 23.

## § 31 AO Mitteilung von Besteuerungsgrundlagen

**(1) Die Finanzbehörden sind verpflichtet, Besteuerungsgrundlagen, Steuermessbeträge und Steuerbeträge an Körperschaften des öffentlichen Rechts einschließlich der Religionsgemeinschaften, die Körperschaften des öffentlichen Rechts sind, zur Festsetzung von solchen Abgaben mitzuteilen, die an diese Besteuerungsgrundlagen, Steuermessbeträge oder Steuerbeträge anknüpfen. Die Mitteilungspflicht besteht nicht, soweit deren Erfüllung mit einem unverhältnismäßigen Aufwand verbunden wäre.Die Finanzbehörden dürfen Körperschaften des öffentlichen Rechts auf Ersuchen Namen und Anschriften ihrer Mitglieder, die dem Grunde nach zur Entrichtung von Abgaben im Sinne des Satzes 1 verpflichtet sind, sowie die von der Finanzbehörde für die Körperschaft festgesetzten Abgaben übermitteln, soweit die Kenntnis dieser Daten zur Erfüllung von in der Zuständigkeit der Körperschaft liegenden öffentlichen Aufgaben erforderlich ist und überwiegende schutzwürdige Interessen des Betroffenen nicht entgegenstehen.**

**(2) Die Finanzbehörden sind verpflichtet, die nach § 30 geschützten Daten des Betroffenen den Trägern der gesetzlichen Sozialversicherung, der Bundesagentur für Arbeit und der Künstlersozialkasse mitzuteilen, soweit die Kenntnisse dieser Daten für die Feststellung der Versicherungspflicht oder die Festsetzung von Beiträgen einschließlich der Künstlersozialabgabe erforderlich ist oder der Betroffene einen Antrag auf Mitteilung stellt. Die Mitteilungspflicht besteht nicht, soweit deren Erfüllung mit einem unverhältnismäßigen Aufwand verbunden wäre.**

**(3) Die für die Verwaltung der Grundsteuer zuständigen Behörden sind berechtigt, die nach § 30 geschützten Namen und Anschriften von Grundstückseigentümern, die bei der Verwaltung der Grundsteuer bekannt geworden sind, zur Verwaltung anderer Abgaben sowie zur Erfüllung sonstiger öffentlicher Aufgaben zu verwenden oder den hierfür zuständigen Gerichten, Behörden oder juristischen Personen des öffentlichen Rechts auf Ersuchen mitzuteilen, soweit nicht überwiegende schutzwürdige Interessen des Betroffenen entgegenstehen.**

Die von Körperschaften des öffentlichen Rechts erhobenen Beiträge orientieren sich häufig an den von den Finanzbehörden zu ermittelnden bzw. festzusetzenden Besteuerungsgrundlagen, Steuermessbeträgen und Steuerbeträgen. Auch die Kirchensteuern werden in Höhe eines bestimmten Vomhundertsatzes der Steuer festgesetzt und erhoben. § 31 Abs. 1 AO verpflichtet die Finanzbehörden zur Mitteilung der entsprechenden Daten, nicht aber zur Gewährung von Akteneinsicht usw. (s. dagegen § 21 FVG). Von der Offenbarungspflicht ist die Behörde nur entbunden, wenn die Erfüllung einen unverhältnismäßigen Aufwand erfordern würde. Ergibt sich bei der Veranlagung des Stpfl. kein positiver Betrag, der als Bemessungsgrundlage für die Beitragserhebung der Körperschaft dienen könnte oder ist nach Landesrecht die Festsetzung der nichtsteuerlichen Abgaben den Finanzbehörden übertragen, erlaubt Satz 3 auf Ersuchen der Körperschaft die Übermittlung des Namens und der 1

Anschrift des Mitglieds der Körperschaft an diese. Die Mitteilung setzt ein Ersuchen der Körperschaft voraus. Außerdem ist eine Interessenabwägung zwischen dem zugunsten des Betroffenen bestehenden Steuergeheimnisses und dem Interesse der Körperschaft des öffentlichen Rechts an der ordnungsgemäßen Erfüllung ihrer Aufgaben vorzunehmen.

2 Eine entsprechende Berechtigung gilt nach **§ 31 Abs. 2** AO für Mitteilungen von unter das Steuergeheimnis fallenden Daten des Betroffenen an die Träger der gesetzlichen **Sozialversicherung** (s. §§ 18 bis 29 i. V. m. § 12 SGB I), die **Bundesagentur für Arbeit** bzw. die örtlichen Agenturen für Arbeit und die **Künstlersozialkasse** zum Zwecke der Festsetzung von Beiträgen. Die rechtsfähige bundesunmittelbare Anstalt des öffentlichen Rechts »Künstlersozialkasse« (KünstlersozialversicherungsG) dient der Sozialversicherung der selbständigen Künstler und Publizisten (s. AEAO zu § 31, Nr. 2).

3 Die Weitergabe der geschützten Daten ist nur insoweit zulässig, wie die Angaben für die Festsetzung der Beiträge benötigt werden. Dies ist bei **Anfragen** zu versichern (s. AEAO zu § 31, Nr. 1). Die Vorschrift enthält über § 30 Abs. 4 Nr. 2 AO hinaus nicht nur eine ausdrückliche gesetzliche Zulassung der Offenbarung, sondern eine Pflicht hierzu. Die Vorschrift dient einer vernünftigen Verwaltungsvereinfachung und damit der Ersparung öffentlicher Mittel, weil verhindert wird, dass die Sozialversicherungsträger und die Finanzbehörden die gleichen Grundlagen getrennt nebeneinander ermitteln müssten. Damit steht auch im Zusammenhang, dass die Pflicht dann nicht besteht, wenn sie einen unverhältnismäßigen Aufwand erfordern würde. § 31 Abs. 2 AO enthält keine Begrenzung des Personenkreises. Betroffener ist auch eine dritte Person, deren Verhältnisse für die Beitragsfestsetzung relevant sind (FG BW v. 22.04.2016, 13 K 1934/15, EFG 2016, 1133). Unter den gleichen Voraussetzungen erfolgt die Mitteilung auf **Antrag des Betroffenen.**

4 **§ 31 Abs. 3 AO** berechtigt die für die Verwaltung der **Grundsteuer** zuständigen Behörden, das sind im Regelfall die Gemeinden (Stadtsteuerämter usw.), die ihnen in diesem Zusammenhang bekannt gewordenen Namen und Anschriften von Grundstückseigentümern nicht nur zur Verwaltung anderer Abgaben (Kommunalabgaben) sondern auch zur Erfüllung sonstiger öffentlicher Aufgaben zu verwenden. Weiter sind diese Behörden berechtigt, auf Ersuchen den sonst für die Verwaltung anderer Abgaben und zur Erfüllung sonstiger öffentlicher Aufgaben zuständigen Behörden usw. sowie den Gerichten die mit der Verwaltung der Grundsteuer bekannt gewordenen Namen und Anschriften von Grundstückseigentümern mitzuteilen. Diese Berechtigungen haben hinter überwiegenden schutzwürdigen Interessen des Betroffenen zurückzustehen.

Durch die Mitteilungen nach § 31 AO werden die mitgeteilten geschützten Verhältnisse nicht dem Schutzbereich des § 30 AO entzogen. § 30 Abs. 2 Nr. 1c AO bewirkt, dass sich der Schutzbereich nunmehr auf die in § 31 AO genannten Verfahren erstreckt. Die mitgeteilten Verhältnisse dürfen nur unter den Voraussetzungen des § 30 Absätze 4 und 5 AO weitergegeben werden. Darüber hinaus enthält Abs. 3 eine gesetzliche Befugnis zur Weitergabe von Daten i. S. von § 30 Abs. 4 Nr. 2 AO. 5

## § 31a AO Mitteilungen zur Bekämpfung der illegalen Beschäftigung und des Leistungsmissbrauchs

**(1) Die Offenbarung der nach § 30 geschützten Daten des Betroffenen ist zulässig, soweit sie**

**1. für die Durchführung eines Strafverfahrens, eines Bußgeldverfahrens oder eines anderen gerichtlichen oder Verwaltungsverfahrens mit dem Ziel**
   **a) der Bekämpfung von illegaler Beschäftigung oder Schwarzarbeit oder**
   **b) der Entscheidung**
      **aa) über Erteilung, Rücknahme oder Widerruf einer Erlaubnis nach dem Arbeitnehmerüberlassungsgesetz oder**
      **bb) über Bewilligung, Gewährung, Rückforderung, Erstattung, Weitergewährung oder Belassung einer Leistung aus öffentlichen Mitteln**

**oder**

**2. für die Geltendmachung eines Anspruchs auf Rückgewähr einer Leistung aus öffentlichen Mitteln erforderlich ist.**

**(2) Die Finanzbehörden sind in den Fällen des Absatz 1 verpflichtet, der zuständigen Stelle die jeweils benötigten Tatsachen mitzuteilen. In den Fällen des Absatzes 1 Nr. 1 Buchstabe b und Nr. 2 erfolgt die Mitteilung auch auf Antrag des Betroffenen. Die Mitteilungspflicht nach den Sätzen 1 und 2 besteht nicht, soweit deren Erfüllung mit einem unverhältnismäßigen Aufwand verbunden wre.**

**Schrifttum**

Dürr, Mitteilungen der Finanzbehörden nach § 31a Abs. 1 AO 1977 zur Bekämpfung der Schwarzarbeit, DB 2000, 794; Busse, Die Weitergabe von Informationen zur Bekämpfung der Schwarzarbeit (§ 31a AO n. F.), StBp 2004, 16; Wegner, Bekämpfung der Schwarzarbeit und damit zusammenhängender Steuerhinterziehungen, DB 2004, 758; Jansen/Meuwsen, Bekämpfung illegaler Beschäftigung und Schwarzarbeit – Zusammenarbeit der Finanzverwaltung mit der Finanzkontrolle Schwarzarbeit, StW 2005, 67; Meyerhoff, Die Bekämpfung von

Schwarzarbeit, NWN F. 15, 827; Möller, Bekämpfung der Schwarzarbeit und der illegalen Beschäftigung, StW 2006, 215; Rütters, Behördliche Mitteilungen nach § 31 a AO und Freiheit vom Zwang zur Selbstbelastung, wistra 2014, 378.

1 Im Sinne des § 30 Abs. 4 Nr. 2 AO erlaubt die Vorschrift die Offenbarung von grds. durch das Steuergeheimnis geschützten Daten (zur Verfassungsmäßigkeit s. BFH v. 04.10.2007, VII B 110/07, BStBl II 2008, 42). Diese Offenbarungsbefugnis ist durch § 31 a Abs. 2 AO nunmehr als eine **Offenbarungspflicht** ausgestaltet, die nur dann nicht besteht, wenn sie mit einem **unverhältnismäßigen Aufwand** verbunden wäre. Der Gesetzgeber hat diese früher strittige Auffassung nunmehr positiv geregelt. Ob ein unverhältnismäßiger Aufwand vorliegt, wird sich nur nach den Umständen des Einzelfalls beurteilen lassen. Er liegt regelmäßig vor, wenn der zur Erfüllung der Mitteilungspflicht erforderliche sachliche, personelle oder zeitliche Aufwand erkennbar außer Verhältnis zum angestrebten Erfolg der Mitteilung steht (s. AEAO zu § 31 a, Nr. 1). Das BMF hat den AEAO zu § 31 a teilweise neu gefasst (Schr. v. 24.01.2018, BStBl I 2018, 258, Tz. 1).

2 Zulässiger **Adressat** der entsprechenden Mitteilung ist nach § 31 a Abs. 1 Nr. 1a) AO jede Behörde, die nach den einschlägigen Gesetzen für die Bekämpfung der Schwarzarbeit zuständig ist. Das sind die Behörden der Zollverwaltung, Arbeitsbereich Finanzkontrolle Schwarzarbeit (FKS, s. AEAO zu § 31 a, Nr. 2.3 und 2.5 zu den Partnerstellen FKS). In den Fällen des § 31 a Abs. 1 Nr. 1b) aa) AO die Behörden, die für die Entscheidung der Erlaubnis nach dem Arbeitnehmerüberlassungsgesetz zuständig sind. In den Fällen nach § 31 a Abs. 1 Nr. 1a) bb) AO sind das die Sozialleistungsträger und nach § 31 a Abs. 1 Nr. 2 AO die Subventionsgeber. Die Mitteilung kann von Amts wegen erfolgen oder auf eine Anfrage der zuständigen Behörde. Im Falle der Anfrage ist in dieser zu versichern, dass die Offenbarung für ein Verfahren i. S. des Abs. 1 erforderlich ist (s. AEAO zu § 31 a, Nr. 1).

3 Der **Zweck der Mitteilung** muss in den Fällen des § 31 a Abs. 1 Nr. 1 AO die Durchführung eines gerichtlichen oder Verwaltungsverfahrens in diesen Angelegenheiten oder eines Strafverfahrens oder Bußgeldverfahrens sein. Es müssen Anhaltspunkte dafür vorliegen, die die Annahme rechtfertigen, dass ein solches Verfahren durchzuführen ist (AEAO zu § 31 a, Nr. 2.4). Es ist ausreichend, wenn die mitzuteilenden Tatsachen für die Durchführung eines solchen Verwaltungsverfahrens überhaupt geeignet sind (BFH v. 04.10.2007, VII B 110/07, BStBl II 2008, 42).

4 Zum Begriff der **Schwarzarbeit** (Nr. 1a) s. § 1 des Gesetzes zur Bekämpfung der Schwarzarbeit (s. AEAO zu § 31 a, Nr. 2.2; *Wegner*, DB 2004, 758 zum Entwurf des SchwarzArbG). Schwarzarbeit liegt vor, wenn jemand in erheblichem Umfang Dienst- oder Werkleistungen erbringt, ohne seinen Pflichten nach § 60 Abs. 1 Nr. 2 SGB I bzw. nach § 14 oder § 55 GewO oder nach § 1 HandwerksO nachgekommen zu sein. Ausgenommen sind Gefälligkeiten, Nachbarschaftshilfe oder Selbsthilfe i. S. des § 36 Abs. 2 und 4 des 2. WoBauG.

Der Schwarzarbeit steht die Beschäftigung oder **Tätigkeit nicht deutscher Arbeitnehmer** (illegale Beschäftigung, Nr. 1a; s. § 16 Abs. 2 SchwarzArbG) ohne die erforderliche Erlaubnis nach § 284 Abs. 1 Satz 1 des Dritten Buches Sozialgesetzbuch gleich. Arbeitnehmer aus Mitgliedstaaten der EU benötigen nach § 31 a Abs. 1 Nr. 1 AO keine Genehmigung. 5

Mit der **illegalen Arbeitnehmerüberlassung** steht § 31 a Abs. 1 Nr. 1b) aa) AO in Zusammenhang. Zur Arbeitnehmerüberlassung s. § 13 Arbeitsförderungsgesetz (AFG). Die Voraussetzungen für die Versagung, die Rücknahme oder den Widerruf einer Erlaubnis zur Arbeitnehmerüberlassung sind in §§ 3 bis 5 AFG geregelt. Zur Zusammenarbeit zwischen den Finanzämtern und den Dienststellen der Bundesagentur für Arbeit s. AEAO zu § 31 a, Nr. 3. 6

§ 31 a Abs. 1 Nr. b bb) AO berechtigt die Finanzbehörden zu Mitteilungen an **Sozialleistungsträger**. Die Offenbarungspflicht beschränkt sich gegenüber den Sozialleistungsträgern auf Tatsachen, die leistungsrechtlich in der Weise erheblich sein können, dass sie zur Bewilligung, Gewährung, Rückforderung, Erstattung, Weitergewährung oder Belassung einer Sozialleistung führen können. Der Begriff des Sozialleistungsträgers ergibt sich aus § 12 und §§ 18 bis 29 SGB I (s. AEAO zu § 31 a, Nr. 4; BFH v. 04.10.2007, VII B 110/07, BStBl II 2008, 42: Mitteilungen an die Agentur für Arbeit). 7

§ 31 a Abs. 1 Nr. 2 AO berechtigt die Finanzbehörden zu Mitteilungen an **Subventionsgeber**. Den Subventionsgebern gegenüber beschränkt sich die Offenbarungspflicht auf **subventionserhebliche Tatsachen** i. S. des § 264 Abs. 8 StGB. Das sind solche Tatsachen, die durch Gesetz oder aufgrund eines Gesetzes durch den Subventionsgeber als subventionsrechtlich erheblich bezeichnet sind, und weiter solche Tatsachen, von denen die Bewilligung, Gewährung, Rückforderung, Weitergewährung oder das Belassen einer Subvention oder eines Subventionsvorteils gesetzlich abhängig ist. Das Erfordernis der Subventionserheblichkeit ergibt sich aus § 31 a Abs. 1 AO, wonach die Mitteilungen erforderlich sein müssen (s. AEAO zu § 31 a, Nr. 4). 8

In den Fällen des § 31 a Abs. 1 Nr. 1 Buchstabe b AO und § 31 a Abs. 1 Nr. 2 AO erfolgt die Mitteilung auch auf **Antrag des Betroffenen**. Einen solchen Antrag wird er insbes. dann stellen, wenn sich im Besteuerungsverfahren Umstände ergeben haben, die zu seinen Gunsten sprechen. Die Zulässigkeit der Offenbarung ergibt sich hier bereits aus § 30 Abs. 4 Nr. 3 AO, doch wandelt sich auch hier die Offenbarungsbefugnis zu einer Offenbarungspflicht, wenn kein Ausnahmefall des § 31 a Abs. 2 Satz 3 AO vorliegt. 9

## § 31b AO Mitteilungen zur Bekämpfung der Geldwäsche und der Terrorismusfinanzierung

**(1) Die Offenbarung der nach § 30 geschützten Daten des Betroffenen ist zulässig, soweit sie einem der folgenden Zwecke dient:**

**1. der Durchführung eines Strafverfahrens wegen Geldwäsche oder Terrorismusfinanzierung nach § 1 Absatz 1 und 2 des Geldwäschegesetzes,**

**2. der Verhinderung, Aufdeckung und Bekämpfung von Geldwäsche oder Terrorismusfinanzierung nach § 1 Absatz 1 und 2 des Geldwäschegesetzes,**

**3. der Durchführung eines Bußgeldverfahrens nach § 56 des Geldwäschegesetzes gegen Verpflichtete nach § 2 Absatz 1 Nummer 13 bis 16 des Geldwäschegesetzes,**

**4. dem Treffen von Maßnahmen und Anordnungen nach § 51 Absatz 2 des Geldwäschegesetzes gegenüber Verpflichteten nach § 2 Absatz 1 Nummer 13 bis 16 des Geldwäschegesetzes oder**

**5. der Wahrnehmung von Aufgaben nach § 28 Absatz 1 des Geldwäschegesetzes durch die Zentralstelle für Finanztransaktionsuntersuchungen.**

**(2) Die Finanzbehörden haben der Zentralstelle für Finanztransaktionsuntersuchungen unverzüglich Sachverhalte unabhängig von deren Höhe mitzuteilen, wenn Tatsachen vorliegen, die darauf hindeuten, dass**

**1. es sich bei Vermögensgegenständen, die mit dem mitzuteilenden Sachverhalt im Zusammenhang stehen, um den Gegenstand einer Straftat nach § 261 des Strafgesetzbuchs handelt oder**

**2. die Vermögenswerte im Zusammenhang mit Terrorismusfinanzierung stehen.**

**Mitteilungen an die Zentralstelle für Finanztransaktionsuntersuchungen sind durch elektronische Datenübermittlung zu erstatten; hierbei ist ein sicheres Verfahren zu verwenden, das die Vertraulichkeit und Integrität des Datensatzes gewährleistet. Im Fall einer Störung der Datenübertragung ist ausnahmsweise eine Mitteilung auf dem Postweg möglich. § 45 Absatz 3 und 4 des Geldwäschegesetzes gilt entsprechend.**

**(3) Die Finanzbehörden haben der zuständigen Verwaltungsbehörde unverzüglich solche Tatsachen mitzuteilen, die darauf schließen lassen, dass**

**1. ein Verpflichteter nach § 2 Absatz 1 Nummer 13 bis 16 des Geldwäschegesetzes eine Ordnungswidrigkeit nach § 56 des Geldwäschegesetzes begangen hat oder begeht oder**

**2. die Voraussetzungen für das Treffen von Maßnahmen und Anordnungen nach § 51 Absatz 2 des Geldwäschegesetzes gegenüber Verpflichteten nach § 2 Absatz 1 Nummer 13 bis 16 des Geldwäschegesetzes gegeben sind.**

**(4) § 47 Absatz 3 des Geldwäschegesetzes gilt entsprechend.**

### Schrifttum

Joecks, Abzugsverbot für Bestechungs- und Schmiergelder, DStR 1997, 1025; Heerspink, Zum Konflikt zwischen der steuerlichen Mitteilungspflicht des § 4 Abs. 5 Nr. 10 EStG und dem Nemo-tenetur-Prinzip, wistra 2001, 441; Marx, Paradigmenwechsel beim Steuergeheimnis?, DStR 2002, 1467; Preising/Kiesel, Korruptionsbekämpfung durch das Steuerrecht? Zu den Problemen des Abzugsverbotes gemäß § 4 Abs. 5 Nr. 10 EStG, DStR 2006, 118; Spatschek, Die Rolle des Steuer(straf)rechts bei der Korruptionsbekämpfung, NJW 2006, 641; Wulf, Steuererklärungspflichten und »nemo tenetur«, wistra 2006, 89; Schwedhelm, Strafrechtliche Risiken und steuerliche Beratung, DStR 2006, 1017; Frank, § 31b AO n.F. – Beitrag der Finanzämter zur Bekämpfung der Terrorismusfinanzierung, StW 2009, 194; Frank, Geldwäscheprävention durch die Finanzbehörden, StBp 2012, 61; Frank, Der – beschränkte – Beitrag der Steuerfahndung bei der Aufdeckung organisiert-krimineller Geldwäscheaktivitäten, StW 2012, 33, 50; Frank, Normative Neuerungen im Bereich der Geldwäscheprävention, StW 2013, 52; Frank, Normative Neuerungen im Bereich der Geldwäscheprävention, StW 2015, 109; Tormöhlen, Mitteilungen der Finanzverwaltung bei Geldwäscheverdacht, AO-StB 2015, 235; Weigell/Görlich, (Selbst-)Geldwäsche: Strafbarkeitsrisiko für steuerliche Berater, DStR 2016, 2178.

Die Vorschrift ist durch Art. 18 des vierten FinanzmarktförderungsG vom 21.06.2002 eingefügt worden. Sie trat nach Art. 23 des Gesetzes am 01.07.2002 in Kraft. Bereits zuvor ging die Verwaltung in den angesprochenen Fällen von einer Offenbarungsbefugnis, gestützt auf § 30 Abs. 4 Nr. 5 AO, aus (s. AEAO zu § 30, Nr. 11.8). Inzwischen ist die Norm mehrmals geändert worden; zuletzt durch das Gesetz zur Umsetzung der Vierten EU-Geldwäscherichtlinie, zur Ausführung der EU-Geldtransferverordnung und zur Neuorganisation der Zentralstelle für Finanztransaktionsuntersuchungen v. 23.06.2017 (BGBl. I, 1822). 1

Die Vorschrift stellt i.S. des § 30 Abs. 4 Nr. 2 AO eine **gesetzliche Offenbarungsbefugnis** dar, die sich durch Absatz 2 zu einer **Mitteilungspflicht** verdichtet. Die Offenbarung soll auch dann zulässig sein, wenn die Voraussetzungen nach § 30 Abs. 4 Nr. 4 AO nicht vorliegen (s. Rz. 5), was sich u.a. seit 2011 auch darin zeigt, dass nun auch Mitteilungen zur Verfolgung der in Absatz 1 Nummer 3 und Absatz 3 Nummer 1 genannten Ordnungswidrigkeiten vorgesehen sind. Hinsichtlich der Frage, ob die Mitteilungspflicht besteht, hat die Behörde einen Beur- 2 teilungsspielraum (s. AEAO zu § 31 b, Nr. 2; AEAO zu § 30, Nr. 7 Mitteilungspflicht bei Anfragen der für die Geldwäsche- oder Terrorismusbekämpfung zuständigen Stellen).

3 § 31 b AO knüpft an den Tatbestand der **Geldwäsche** nach § 261 StGB und an den der Terrorismusfinanzierung nach § 1 Abs. 2 GwG an. Danach macht sich strafbar, wer einen Gegenstand, der aus einer bestimmten Vortat herrührt, verbirgt, dessen Herkunft verschleiert usw. **Vortaten** sind Verbrechen (s. § 12 Abs. 1 StGB) und die in der Vorschrift aufgelisteten Vergehen. Darüber hinaus wird nach § 261 Abs. 2 StGB bestraft, wer sich einen Gegenstand, der aus einer Vortat herrührt, verschafft, ihn verwahrt oder verwendet, wenn er die Herkunft kannte. Im Übrigen ist nach § 261 Abs. 5 StGB auch die leichtfertige Begehungsweise strafbar. **Terrorismusfinanzierung** ist die Bereitstellung oder Sammlung finanzieller Mittel für die in § 1 Abs. 2 GwG genannten Straftaten.

4 Die Regelung ist notwendig, um **Unternehmen** zu identifizieren, **die gezielt zur Geldwäsche eingesetzt werden** (*Marx*, DStR 2002, 1467). Es gibt Anhaltspunkte dafür, dass bestimmte Betriebe, wie z. B. Restaurants, zum Zweck der Geldwäsche eingesetzt werden, indem sie höhere Umsätze und Gewinne versteuern, als sie tatsächlich erwirtschaftet haben. So sollen illegal erworbene Gelder (z. B. aus Drogenhandel, Prostitution, Menschenhandel etc.) als vermeintlich legal erwirtschaftete und versteuerte Gewinne in den ersten Geldkreislauf eingeschleust werden. Solche Vorgänge konnten auch bisher ohne § 31 b AO den Strafverfolgungsbehörden mitgeteilt werden. Die Verwaltung stützte sich auf § 30 Abs. 4 Nr. 5 AO, daneben war ggf. auch § 30 Abs. 4 Nr. 4b AO einschlägig, denn es gibt keine steuerliche Pflicht, dem FA von nicht getätigten Umsätzen oder nicht erzielten Gewinnen Mitteilung zu machen.

5 § 31 b AO wirft da **verfassungsrechtliche Probleme** auf, wo in Erfüllung steuerlicher Pflichten (s. § 30 Abs. 4 Nr. 4 AO) gegenüber dem FA Vorgänge erklärt werden müssen, die steuerlich relevant sind und Bezüge zu Geldwäschehandlungen aufweisen. In diesem Zusammenhang ist die Rechtsprechung des BGH (BGH v. 04.07.2001, 2 StR 513/00, wistra 2001, 379) bedeutsam, in der ausgeführt wird, dass ein Strafverteidiger, der ein Honorar entgegennimmt, von dem er weiß, dass es aus einer Katalogtat im Sinne von § 261 Abs. 1 Satz 2 StGB herrührt, sich wegen Geldwäsche strafbar machen kann, wenn er im Zeitpunkt der Annahme des Honorars sichere Kenntnis von dessen Herkunft hat (BVerfG v. 30.03.2004, 2 BvR 1520/01 und 2 BvR 1521/01, NJW 2004, 1305; BVerfG v. 14.01.2005, 2 BvR 1975/03, NJW 2005, 1707; BVerfG v. 28.07.2015, 2 BvR 2558/14, 2 BvR 2571/14, 2 BvR 2573/14, NJW 2015, 2949). Dennoch muss er die Gelder versteuern (s. § 40 AO). Es entsteht ein Dilemma, das mit dem Grundsatz kollidiert, dass **niemand verpflichtet ist, sich selbst wegen einer Straftat zu bezichtigen** (*Marx*, DStR 2002, 1467). Mag die Gefahr, dass geldwäscherelevante Vorgänge erkannt werden, bei Abgabe der Steuererklärungen noch gering sein, so wird sie doch im Fall einer Außenprüfung u. U. sehr konkret werden. Im Gemeinschuldnerbeschluss hat das BVerfG (BVerfG v. 13.01.1981, 1 BvR 116/77, BVerfGE 56, 37, 51) ausgeführt, dass das strafrechtliche Schweigerecht eines Beschuldigten illusorisch würde, wenn er außerhalb des Strafverfahrens zur Selbstbelastung gezwungen werden könnte und diese Selbstbelastung zur strafrechtlichen Überführung des Beschuldigten genutzt werden dürfte. In diesem Kontext steht § 393 Abs. 2 AO, der es untersagt, Verhältnisse, die nicht nach § 30 Abs. 4 Nr. 4 AO den Strafverfolgungsbehörden mitgeteilt werden dürfen, für Zwecke eines nichtsteuerlichen Strafverfahrens zu verwenden. Vor diesem Hintergrund bestehen Zweifel, ob den Strafverfolgungsbehörden Erkenntnisse mitgeteilt werden dürfen, die außerhalb des Anwendungsbereichs des § 30 Abs. 4 Nr. 4 AO festgestellt wurden. Eine vergleichbare Problematik enthält § 4 Abs. 5 Nr. 10 EStG, wonach den Strafverfolgungsbehörden Sachverhalte mitgeteilt werden, die in Bezug auf Bestechungsdelikte von Bedeutung sind. Obwohl diese Vorschrift vordergründig ein Abzugsverbot von Bestechungsgeldern u. Ä. enthält, lässt sie nach ihrem Wortlaut auch die Mitteilung von Sachverhalten zu, in denen dem Steuerpflichtigen Bestechungsgelder zugeflossen sind. Auch dort stellt sich die Frage, ob die Mitteilung zulässig ist, wenn der Steuerpflichtige seine Angaben in Erfüllung steuerlicher Pflichten macht (*Joecks*, DStR 1997, 1025; *Heerspink*, wistra 2001, 441; *Preising/Kiesel*, DStR 2006, 118; *Spatschek*, NJW 2006, 641; *Wulf*, wistra 2006, 89, 92). Die **verfassungskonforme Auslegung** führt m. E. dazu, dass solche Erkenntnisse nicht weitergeleitet werden dürfen (a. A. BFH v. 14.07.2008, VII B 92/08, BStBl II 2008, 850; *Alber* in HHSp, § 31 b AO Rz. 36 ff.). Der BGH versucht diesen Konflikt zu lösen, indem er die Erklärungspflicht auf die betragsmäßige Angabe der Einnahmen beschränkt und sie nicht die deliktische Herkunft umfasst (BGH v. 02.12.2005, 5 StR 119/05, NJW 2006, 925).

Die Offenbarung der geschützten Verhältnisse ist zulässig, soweit sie der Durchführung eines Strafverfahrens wegen Geldwäsche oder Terrorismusfinanzierung nach § 1 Abs. 1 und 2 des GwG (Abs. 1 Nr. 1), der Verhinderung, Aufdeckung und Bekämpfung von Geldwäsche oder Terrorismusfinanzierung nach § 1 Abs. 1 und 2 des GwG (Abs. 1 Nr. 2), der Durchführung eines Bußgeldverfahrens nach § 56 GwG (Abs. 1 Nr. 3), dem Treffen von Maßnahmen und Anordnungen nach § 51 Abs. 2 GWG (Abs. 1 Nr. 4) sowie der Wahrnehmung von Aufgaben nach § 28 Abs. 1 GwG durch die Zentralstelle für Finanztransaktionsuntersuchungen (FIU) (Abs. 1 Nr. 5) dient. Die Mitteilung kann der Durchführung eines solchen Verfahrens dienen, wenn sie für ein bereits anhängiges Verfahren von Bedeutung ist. Sie kann aber auch dann 6 dienlich sein, wenn zureichende tatsächliche Anhaltspunkte i.S. des § 152 Abs. 2 StPO vorliegen, weil diese Anlass für weitere Ermittlungen der Staatsanwaltschaft geben. Bloße Vermutungen reichen nicht aus, eine gesicherte Erkenntnis ist aber auch nicht erforderlich (s. AEAO zu § 31b, Nr. 2). Der Gesetzgeber hat im Lauf der Jahre den Wortlaut der Norm jedoch in einer Weise geändert, die zeigt, dass die Informationsschwelle niedrig sein soll. Zunächst sollten die Tatsachen auf eine Tat »schließen lassen«, nun genügt es, dass sie darauf »hindeuten« (Abs. 2). Um den Zweck der Anzeige nicht zu gefährden, ist der Betroffene nicht zu informieren (AEAO zu § 31 b, Nr. 3). Entsprechendes gilt für Mitteilungen an die nach § 16 Abs. 2 GwG für die Durchführung des Bußgeldverfahrens zuständige Verwaltungsbehörde.

7 Es dürfen nur die Umstände mitgeteilt werden, die auf den Geldwäsche- bzw. Terrorismusfinanzierungsverdacht oder für das Bußgeldverfahren nach § 17 GwG relevante Umstände hindeuten. Eine weitergehende Offenbarungsbefugnis enthält § 31b AO nicht. Erhärtet sich der Verdacht nicht oder ergeben sich aus den mitgeteilten Umständen Hinweise auf andere Straftaten, können diese Hinweise für das andere Strafverfahren nur verwendet werden, wenn die Voraussetzungen des § 30 Abs. 4 Nr. 4 AO i. V. m § 393 Abs. 2 AO oder § 30 Abs. 5 AO vorliegen. Aus dem Wortlaut des § 31b AO folgt, dass die Mitteilung nur für die ausdrücklich genannten Zwecke zulässig ist. Daraus folgt, dass eine Verwendung im Strafverfahren wegen einer Vortat nicht auf § 31b AO gestützt werden kann. Andernfalls würde § 30 Abs. 4 Nr. 4 AO und damit auch § 393 Abs. 2 AO für die Katalogtaten des § 261 Abs. 1 StGB jede Bedeutung verlieren (s. § 393 AO Rz. 5). Das Steuergeheimnis würde im Strafverfahren in dem Ausmaß obsolet, in dem die Katalogtaten des § 261 StGB ausgedehnt werden.

## § 31c AO
## Verarbeitung besonderer Kategorien personenbezogener Daten durch Finanzbehörden zu statistischen Zwecken

**(1) Abweichend von Artikel 9 Absatz 1 der Verordnung (EU) 2016/679 ist die Verarbeitung besonderer Kategorien personenbezogener Daten im Sinne des Artikels 9 Absatz 1 der Verordnung (EU) 2016/679 durch Finanzbehörden auch ohne Einwilligung der betroffenen Person für statistische Zwecke zulässig, wenn die Verarbeitung zu diesen Zwecken erforderlich ist und die Interessen des Verantwortlichen an der Verarbeitung die Interessen der betroffenen Person an einem Ausschluss der Verarbeitung erheblich überwiegen. Der Verantwortliche sieht angemessene und spezifische Maßnahmen zur Wahrung der Interessen der betroffenen Person vor; §22 Absatz 2 Satz 2 des Bundesdatenschutzgesetzes gilt entsprechend.**

**(2) Die in den Artikeln 15, 16, 18 und 21 der Verordnung (EU) 2016/679 vorgesehenen Rechte der betroffenen Person sind insoweit beschränkt, als diese Rechte voraussichtlich die Verwirklichung der Statistikzwecke unmöglich machen oder ernsthaft beinträchtigen und die Beschränkung für die Erfüllung der Statistikzwecke notwendig ist.**

**(3) Ergänzend zu den in § 22 Absatz 2 Satz 2 des Bundesdatenschutzgesetzes genannten Maßnahmen sind zu statistischen Zwecken verarbeitete besondere Kategorien personenbezogener Daten im Sinne des Artikels 9 Absatz 1 der Verordnung (EU) 2016/679 zu pseudonymisieren oder anonymisieren, sobald dies nach dem Statistikzweck möglich ist, es sei denn, berechtigte Interessen der betroffenen Person stehen dem entgegen. Bis dahin sind die Merkmale gesondert zu speichern, mit denen Einzelangaben über persönliche oder sachliche Verhältnisse einer bestimmten oder bestimmbaren Person zugeordnet werden können. Sie dürfen mit den Einzelangaben nur zusammengeführt werden, soweit der Statistikzweck dies erfordert.**

Die Vorschrift ist mit Wirkung vom 25.05.2018 eingefügt worden durch Gesetz vom 17.07.2017 (BGBl. I 2017, 2541). Mit § 31c Abs. 1 AO wird auf Basis von Art. 9 Abs. 2 Buchst. j DSGVO eine zusätzliche Regelung im nationalen Recht für die Verarbeitung besonderer Kategorien personenbezogener steuerlicher Daten zu statistischen Zwecken geschaffen. Hintergrund ist, dass personenbezogene Daten, die ihrem Wesen nach hinsichtlich der Grundrechte und Grundfreiheiten besonders sensibel sind, einen besonderen Schutz verdienen, da im Zusammenhang mit ihrer Verarbeitung erhebliche Risiken für die Grundrechte und Grundfreiheiten auftreten können. Die Verarbeitung personenbezogener Daten, aus denen die rassische und ethnische Herkunft, politische Meinungen, religiöse oder weltanschauliche Überzeugungen oder die Gewerkschaftszugehörigkeit hervorgehen, sowie die Verarbeitung von genetischen Daten, biometrischen Daten zur eindeutigen Identifizierung einer natürlichen Person, Gesundheitsdaten oder Daten zum Sexualleben oder der sexuellen Orientierung einer natürlichen Person ist daher grds. untersagt, wenn die Verarbeitung dieser besonderen Kategoriern nicht ausdrücklich durch nationales Recht gestattet wird (*Baum*, NWB 2017, 3205). Die Verarbeitung nach § 31c Abs. 1 setzt dabei das Vorliegen einer Rechtsgrundlage nach Art. 6 Abs. 1 DSGVO voraus. Der Verantwortliche muss angemessene und spezifische Maßnahmen zur Wahrung der Interessen der betroffenen Person gemäß § 29c Abs. 2 1

Satz 2 AO vorsehen. Für andere Statistiken oder wissenschaftliche oder historische Forschungszwecke ist eine Offenbarung geschützter Daten nach § 30 AO nicht zulässig, vgl. BT-Drs. 18/12611, 83.

2 § 31c Abs. 2 AO schränkt unter Ausnutzung der Öffnungsklausel des Art. 89 Abs. 2 DSGVO die Rechte nach den Art. 15, 16, 18 und 21 DSGVO ein. Die Einschränkung der Betroffenenrechte gilt für alle Kategorien personenbezogener Daten. Die Regelung entspricht § 27 Abs. 2 Satz 1 BDSG n. F.

3 Nach § 31c Abs. 3 AO sollen zu statistischen Zwecken verarbeitete besondere Kategorien personenbezogener Daten im Sinne des Art. 9 Abs. 1 DSGVO **pseudonymisiert** oder sogar **anonymisiert** werden, sobald dies nach dem Statistikzweck möglich ist. Diese Pflicht besteht allerdings nicht, wenn berechtigte Interessen der betroffenen Person dem entgegenstehen. Bis zur Pseudonymisierung oder Anonymisierung sind die Merkmale gesondert zu speichern, mit denen Einzelangaben über persönliche oder sachliche Verhältnisse einer bestimmten oder bestimmbaren Person zugeordnet werden können.

## Fünfter Abschnitt: Haftungsbeschränkung für Amtsträger

### § 32 AO Haftungsbeschränkung für Amtsträger

**Wird infolge der Amts- oder Dienstpflichtverletzung eines Amtsträgers**

**1. eine Steuer oder eine steuerliche Nebenleistung nicht, zu niedrig oder zu spät festgesetzt, erhoben oder beigetrieben oder**

**2. eine Steuererstattung oder Steuervergütung zu Unrecht gewährt oder**

**3. eine Besteuerungsgrundlage oder eine Steuerbeteiligung nicht, zu niedrig oder zu spät festgesetzt,**

**so kann er nur in Anspruch genommen werden, wenn die Amts- oder Dienstpflicht mit einer Strafe bedroht ist.**

1 Die angeordnete Beschränkung der Haftung von Amtsträgern (Begriff s. § 7 AO) für infolge von Amts- oder Dienstpflichtverletzungen eingetretene Vermögensschäden der öffentlichen Hand findet ihre Rechtfertigung in dem Ziel, die Entscheidungsfreudigkeit der Amtsträger nicht durch drohende Regressansprüche zu beeinträchtigen. Sie dient auch den Interessen der Steuerpflichtigen, weil sie einer engherzigen profiskalischen Einstellung der Amtsträger vorbeugt. Es liegt in der Natur des Steuerrechts, dass das Verhältnis zwischen den Amtsträgern und den am Besteuerungsverfahren als Berechtigte oder Verpflichtete Beteiligten erheblichen Belastungen ausgesetzt ist, weil es eine Unzahl schwerwiegender Entscheidungen verlangt, die in die Rechte der Beteiligten eingreifen. Die grundsätzliche Freistellung der Amtsträger von dem Damoklesschwert drohender Haftungsansprüche des Steuergläubigers dient der Verbesserung des Steuerklimas.

Das Gesetz macht zwischen Amts- und Dienstpflichtverletzung keinen Unterschied, sodass es nicht darauf ankommt, ob nur eine interne Dienstpflicht oder eine mit dem Amt verbundene nach außen wirkende Amtspflicht verletzt worden ist. Die Haftung für Amts- oder Dienstpflichtverletzungen, die sich zulasten des Steuerpflichtigen auswirken, wird von § 32 AO nicht berührt. Sie ergibt sich aus den allgemeinen Vorschriften über die Beamtenhaftung (s. § 839 BGB), insbes. aus dem in Art. 34 GG ausgesprochenen Rechtsgrundsatz, nach dem für Amtspflichtverletzungen Dritten gegenüber die Körperschaft haftet, in deren Dienst der Amtsträger steht. 2

Da die Vorschrift selbst keine Haftungsgrundlage bildet, sondern lediglich die nach anderen Vorschriften bestehende Haftung einschränkt, kann aus ihr kein Rückschluss auf die Existenz einer allgemeingültigen Regel gezogen werden, dass Amtsträger grds. für durch sie verursachte Vermögensschäden der öffentlichen Hand haften. § 32 AO hindert die nach anderen Vorschriften bestehende Haftung jedoch dann nicht, wenn die Amts- oder Dienstpflichtverletzung mit einer Strafe bedroht ist. In Betracht kommen vor allem die Täterschaft oder Beteiligung an einer Steuerhinterziehung, Bestechung, Rechtsbeugung usw. Eine gerichtliche Verurteilung ist nicht vorausgesetzt. Es genügt, wenn die Amts- oder Dienstpflichtverletzung mit einer Strafe bedroht ist. Ist die Tat lediglich mit Bußgeld bedroht, verbleibt es bei dem Haftungsausschluss. 3

## Sechster Abschnitt: Rechte der betroffenen Person

### § 32a AO Informationspflicht der Finanzbehörde bei Erhebung personenbezogener Daten bei betroffenen Personen

**(1) Die Pflicht der Finanzbehörde zur Information der betroffenen Person gemäß Artikel 13 Absatz 3 der Verordnung (EU) 2016/679 besteht ergänzend zu der in Artikel 13 Absatz 4 der Verordnung (EU) 2016/679 genannten Ausnahme dann nicht, wenn**

**die Erteilung der Information über die beabsichtigte Weiterverarbeitung oder Offenbarung**

**1. die ordnungsgemäße Erfüllung der in der Zuständigkeit der Finanzbehörden liegenden Aufgaben im Sinne des Artikels 23 Absatz 1 Buchstabe d bis h der Verordnung (EU) 2016/679 gefährden würde und die Interessen der Finanzbehörden an der Nichterteilung der Information die Interessen der betroffenen Person überwiegen,**

**2. die öffentliche Sicherheit oder Ordnung gefährden oder sonst dem Wohl des Bundes oder eines Landes Nachteile bereiten würde und die Interessen der Finanzbehörde an der Nichterteilung der Information die Interessen der betroffenen Person überwiegen,**

**3. den Rechtsträger der Finanzbehörde in der Geltendmachung, Ausübung oder Verteidigung zivilrechtlicher Ansprüche oder in der der Verteidigung gegen ihn geltend gemachter zivilrechtlicher Ansprüche im Sinne des Artikels 23 Absatz 1 Buchstabe j der Verordnung (EU) 2016/679 beeinträchtigen würde und die Finanzbehörde nach dem Zivilrecht nicht zur Information verpflichtet ist, oder**

**4. eine vertrauliche Offenbarung geschützter Daten gegenüber öffentlichen Stellen gefährden würde.**

**(2) Die ordnungsgemäße Erfüllung der in der Zuständigkeit der Finanzbehörden liegenden Aufgaben im Sinne des Artikels 23 Absatz 1 Buchstabe d bis h der Verordnung (EU) 2016/679 wird insbesondere gefährdet, wenn die Erteilung der Information**

**1. den Betroffenen oder Dritte in die Lage versetzen könnte,**

**a) steuerlich bedeutsame Sachverhalte zu verschleiern,**

**b) steuerlich bedeutsame Spuren zu verwischen oder**

**c) Art und Umfang der Erfüllung steuerlicher Mitwirkungspflichten auf den Kenntnisstand der Finanzbehörden einzustellen,**

**oder**

**2. Rückschlüsse auf die Ausgestaltung automationsgestützter Risikomanagementsysteme oder geplante Kontroll- oder Prüfungsmaßnahmen zulassen und damit die Aufdeckung steuerlich bedeutsamer Sachverhalte wesentlich erschwert würde.**

**(3) Unterbleibt eine Information der betroffenen Person nach Maßgabe von Absatz 1, ergreift die Finanzbehörde geeignete Maßnahmen zum Schutz der berechtigten Interessen der betroffenen Person.**

**(4) Unterbleibt die Benachrichtigung in den Fällen des Absatzes 1 wegen eines vorübergehenden Hinderungsgrundes, kommt die Finanzbehörde der Informationspflicht unter Berücksichtigung der spezifischen Umstände der Verarbeitung innerhalb einer angemessenen Frist nach Fortfall des Hinderungsgrundes, spätestens jedoch innerhalb von zwei Wochen, nach.**

**(5) Bezieht sich die Informationserteilung auf die Übermittlung personenbezogener Daten durch Finanzbehörden an Verfassungsschutzbehörden, den Bundesnachrichtendienst, den Militärischen Abschirmdienst und, soweit die Sicherheit des Bundes berührt wird, andere Behörden des Bundesministeriums der Verteidigung, ist sie nur mit Zustimmung dieser Stellen zulässig.**

Die Vorschrift ist mit Wirkung vom 25.05.2018 eingefügt worden durch Gesetz vom 17.07.2017 (BGBl. I 2017, 2541). Werden **personenbezogene Daten** bei der betroffenen Person erhoben, hat ihr der Verantwortliche nach Art. 13 DSGVO zum Zeitpunkt der Erhebung der Daten bestimmte Informationen zur Verfügung zu stellen, zum Umfang der Mitteilung s. BMF v. 12.01.2018, BStBl I 2018, 185, Tz. 41). Nach Art. 13 Abs. 4 DSGVO gilt diese **Informationspflicht** nicht, wenn und soweit die betroffene Person bereits über diese Informationen verfügt. § 32a AO ergänzt diesen Ausnahmetatbestand auf Grundlage des Art. 23 Abs. 1 DSGVO bereichsspezifisch, vgl. BT-Drs. 18/12611, 85, BMF v. 12.01.2018, BStBl I 2018, 185, Tz. 45. 1

**§ 32a Abs. 1 Nr. 1 AO** regelt auf Grundlage von Art. 23 Abs. 1 Buchst. e und h DSGVO **Ausnahmen** von der Informationspflicht, wenn die Erteilung der Information über die beabsichtigte Weiterverarbeitung die ordnungsgemäße Erfüllung der in der Zuständigkeit der Finanzbehörden liegenden Aufgaben gefährdet. 2

**§ 32a Abs. 1 Nr. 2 AO** normiert auf Grundlage von Art. 23 Abs. 1 Buchst. a, c und h DSGVO Ausnahmen von der Informationspflicht, wenn die Erteilung der Information über die beabsichtigte Weiterverarbeitung die öffentliche Sicherheit oder Ordnung gefährden oder sonst dem Wohle des Bundes oder eines Landes Nachteile bereiten würde. Einschränkende Voraussetzung ist auch hier, dass die Interessen des Verantwortlichen an der Nichterteilung der Information die Interessen der betroffenen Person überwiegen. 3

**§ 32a Abs. 1 Nr. 3 AO** sieht eine Einschränkung der Informationspflicht zur Sicherstellung der Geltendma- 4 chung, Ausübung oder Verteidigung zivilrechtlicher Ansprüche des Rechtsträgers der Finanzbehörde oder zur Verteidigung gegen ihn geltend gemachter zivilrechtlicher Ansprüche vor, damit er seinen Auftrag aus § 85 AO, die Steuern nach Maßgabe der Gesetze gleichmäßig zu erheben und unberechtigte Steuervergütungen zu verhindern, gerecht werden kann.

5 § 32a Abs. 1 Nr. 4 AO schützt die vertrauliche Übermittlung von Daten an öffentliche Stellen, z.B. wenn die zuständige Finanzbehörde über eine mögliche Steuerverkürzung, die zuständige Strafverfolgungsbehörde über den Verdacht einer – steuerlichen oder nichtsteuerlichen – Straftat, die zuständige Sozialbehörde über Anhaltspunkte für einen Sozialleistungsmissbrauch oder die Zentralstelle für Finanztransaktionsuntersuchungen über Anhaltspunkte für eine Geldwäsche oder eine Terrorismusfinanzierung (vgl. § 31b AO) informiert werden soll oder gesetzlich sogar informiert werden muss.

6 § 32a Abs. 2 AO: Eine Gefährdung der ordnungsgemäßen Aufgabenerfüllung der Finanzbehörden gem. Abs. 1 Nr. 1 ist nach Abs. 2 insbes. anzunehmen, soweit die Information den Betroffenen oder Dritte in die Lage versetzen könnte, Sachverhalte zu verschleiern oder Spuren zu verwischen oder die Erfüllung seiner Mitwirkungspflichten auf den Kenntnisstand der Finanzbehörden einzustellen, oder Rückschlüsse auf die Ausgestaltung automationsgestützter Risikomanagementsysteme oder geplante Kontroll- oder Prüfungsmaßnahmen zulassen würde. Beispiele können Mitteilungen an die Steuerfahndung oder die für Seuerstraf- bzw. Steuerordnungswidrigkeitenverfahren zuständigen Stellen, Kontrollmitteilungen und Verwendung von Informationen (Bankverbindung, Vermögen u.ä.) für die Vollstreckung anderer Steuern derselben betroffenen Person sein (BMF v. 12.01.2018, BStBl I 2018, 185, Tz. 50).

7 § 32a Abs. 3 AO entspricht § 32 Abs. 2 BDSG n.F. Die Finanzbehörde hat geeignete Maßnahmen zum Schutz der berechtigten Interessen der betroffenen Person zu treffen, soweit eine Information nach Maßgabe von Abs. 1 oder 2 unterbleibt. Eine derartige Schutzmaßnahme ist auch die nach § 355 StGB strafbewehrte Pflicht zur Wahrung des Steuergeheimnisses. Die Entscheidung, die betroffene Person nicht zu informieren, ist zu dokumentieren (BMF v. 12.01.2018, BStBl I 2018, 185, Tz. 52).

8 § 32a Abs. 4 AO entspricht § 32 Abs. 3 BDSG n.F. Die Finanzbehörde hat die Information der betroffenen Person zeitnah nachzuholen, wenn die Ausschlussgründe des Abs. 1 nur vorübergehend vorliegen. Spätestens hat dies innerhalb von zwei zu Wochen zu erfolgen (BMF v. 12.01.2018, BStBl I 2018, 185, Tz. 53).

9 § 32a Abs. 5 AO entspricht § 33 Abs. 3 BDSG n.F. und soll anders als jene Regelung auch im Fall der Übermittlung personenbezogener Daten, die beim Betroffenen selbst erhoben werden, an die dort aufgeführten Behörden zu Zwecken der nationalen Sicherheit gelten.

## § 32b AO
## Informationspflicht der Finanzbehörde, wenn personenbezogene Daten nicht bei der betroffenen Person erhoben wurden

**(1) Die Pflicht der Finanzbehörde zur Information der betroffenen Person gemäß Artikel 14 Absatz 1, 2 und 4 der Verordnung (EU) 2016/679 besteht ergänzend zu den in Artikel 14 Absatz 5 der Verordnung (EU) 2016/679 und § 31c Absatz 2 genannten Ausnahmen nicht,**

**1. soweit die Erteilung der Information**
   **a) die ordnungsgemäße Erfüllung der in der Zuständigkeit der Finanzbehörden oder anderer öffentlicher Stellen liegenden Aufgaben im Sinne des Artikel 23 Absatz 1 Buchstabe d bis h der Verordnung (EU) 2016/679 gefährden würde oder**
   **b) die öffentliche Sicherheit oder Ordnung gefährden oder sonst dem Wohl des Bundes oder eines Landes Nachteile bereiten würde**
**oder**

**2. wenn die Daten, ihre Herkunft, ihre Empfänger oder die Tatsache ihrer Verarbeitung nach § 30 oder einer anderen Rechtsvorschrift oder ihrem Wesen nach, insbesondere wegen überwiegender berechtigter Interessen eines Dritten im Sinne des Artikel 23 Absatz 1 Buchstabe i der Verordnung (EU) 2016/679, geheim gehalten werden müssen**

**und deswegen das Interesse der betroffenen Person an der Informationserteilung zurücktreten muss. § 32a Absatz 2 gilt entsprechend.**

**(2) Bezieht sich die Informationserteilung auf die Übermittlung personenbezogener Daten durch Finanzbehörden an Verfassungsschutzbehörden, den Bundesnachrichtendienst, den Militärischen Abschirmdienst und, soweit die Sicherheit des Bundes berührt wird, andere Behörden des Bundesministeriums der Verteidigung, ist sie nur mit Zustimmung dieser Stellen zulässig.**

**(3) Unterbleibt eine Information der betroffenen Person nach Maßgabe der Absätze 1 oder 2, ergreift die Finanzbehörde geeignete Maßnahmen zum Schutz der berechtigten Interessen der betroffenen Person.**

Die Vorschrift ist mit Wirkung vom 25.05.2018 eingefügt worden durch Gesetz vom 17.07.2017 (BGBl. I 2017, 2541). 1

§ 32b Abs. 1 Satz 1 AO enthält auf Grundlage des Art. 23 Abs. 1 DSGVO weitere bereichsspezifische Ausnahmen von der Informationspflicht und entspricht dabei weitgehend § 33 Abs. 1 BDSG n.F. (BT-Drs. 18/12611, 87; BMF v. 12.01.2018, BStBl I 2018, 185, Tz. 61).

2 § 32b Abs. 1 Satz 1 Nr. 1 Buchst. a AO enthält Einschränkungen der Informationspflicht, wenn die Erteilung der Information die ordnungsgemäße Erfüllung der in der Zuständigkeit der Finanzbehörden liegenden Aufgaben gefährden würde. In diesem Fall gilt § 32a Abs. 2 AO entsprechend.

3 § 32b Abs. 1 Satz 1 Nr. 1 Buchst. b AO enthält Einschränkungen der Informationspflicht, wenn die Erteilung der Information die öffentliche Sicherheit oder Ordnung gefährden oder sonst dem Wohle des Bundes oder eines Landes Nachteile bereiten würde.

4 § 32b Abs. 1 Satz 1 Nr. 2 AO schränkt die Informationspflicht ein, wenn die Daten, ihre Herkunft, ihre Empfänger oder die Tatsache ihrer Verarbeitung nach § 30 AO oder einer anderen Rechtsvorschrift oder ihrem Wesen nach, insbes. wegen der überwiegenden berechtigten Interessen eines Dritten, geheim gehalten werden müssen.

5 § 32b Abs. 2 AO entspricht der Regelung in § 33 Abs. 3 BDSG n.F. Diese Regelung geht der Regelung in Abs. 1 Satz 1 Nummer 1 Buchst. a vor.

6 Die Finanzbehörde muss nach § 32b Abs. 3 AO geeignete Maßnahmen zum Schutz der berechtigten Interessen der betroffenen Person ergreifen, soweit deren Information nach Abs. 1 oder 2 unterblieben ist.

## § 32c AO
## Auskunftsrecht der betroffenen Person

**(1) Das Recht auf Auskunft der betroffenen Person gegenüber einer Finanzbehörde gemäß Artikel 15 der Verordnung (EU) 2016/679 besteht nicht, soweit**

**1. die betroffene Person nach § 32b Absatz 1 oder 2 nicht zu informieren ist,**

**2. die Auskunftserteilung den Rechtsträger der Finanzbehörde in der Geltendmachung, Ausübung oder Verteidigung zivilrechtlicher Ansprüche oder in der der Verteidigung gegen ihn geltend gemachter zivilrechtlicher Ansprüche im Sinne des Artikels 23 Absatz 1 Buchstabe j der Verordnung (EU) 2016/679 beeinträchtigen würde; Auskunftspflichten der Finanzbehörde nach dem Zivilrecht bleiben unberührt,**

**3. die personenbezogenen Daten**

**a) nur deshalb gespeichert sind, weil sie auf Grund gesetzlicher Aufbewahrungsvorschriften nicht gelöscht werden dürfen, oder**

**b) ausschließlich Zwecken der Datensicherung oder der Datenschutzkontrolle dienen**

**und die Auskunftserteilung einen unverhältnismäßigen Aufwand erfordern würde sowie eine Verarbeitung zu anderen Zwecken durch geeignete technische und organisatorische Maßnahmen ausgeschlossen ist.**

**(2) Die betroffene Person soll in dem Antrag auf Auskunft gemäß Artikel 15 der Verordnung (EU) 2016/679 die Art der personenbezogenen Daten, über die Auskunft erteilt werden soll, näher bezeichnen.**

**(3) Sind die personenbezogenen Daten weder automatisiert noch in nicht automatisierten Dateisystemen gespeichert, wird die Auskunft nur erteilt, soweit die betroffene Person Angaben macht, die das Auffinden der Daten ermöglichen, und der für die Erteilung der Auskunft erforderliche Aufwand nicht außer Verhältnis zu dem von der betroffenen Person geltend gemachten Informationsinteresse steht.**

**(4) Die Ablehnung der Auskunftserteilung ist gegenüber der betroffenen Person zu begründen, soweit nicht durch die Mitteilung der tatsächlichen und rechtlichen Gründe, auf die die Entscheidung gestützt wird, der mit der Auskunftsverweigerung verfolgte Zweck gefährdet würde. Die zum Zweck der Auskunftserteilung an die betroffene Person und zu deren Vorbereitung gespeicherten Daten dürfen nur für diesen Zweck sowie für Zwecke der Datenschutzkontrolle verarbeitet werden; für andere Zwecke ist die Verarbeitung nach Maßgabe des Artikels 18 der Verordnung (EU) 2016/679 einzuschränken.**

**(5) Soweit der betroffenen Person durch eine Finanzbehörde keine Auskunft erteilt wird, ist sie auf Verlangen der betroffenen Person der oder dem Bundesbeauftragten für den Datenschutz und die Informationsfreiheit zu erteilen, soweit nicht die jeweils zuständige oberste Finanzbehörde im Einzelfall feststellt, dass dadurch die Sicherheit des Bundes oder eines Landes gefährdet würde. Die Mitteilung der oder des Bundesbeauftragten für den Datenschutz und die Informationsfreiheit an die betroffene Person über das Ergebnis der datenschutzrechtlichen Prüfung darf keine Rückschlüsse auf den Erkenntnisstand der Finanzbehörde zulassen, sofern diese nicht einer weitergehenden Auskunft zustimmt.**

1 Die Vorschrift ist mit Wirkung vom 25.05.2018 eingefügt worden durch Gesetz vom 17.07.2017 (BGBl. I 2017, 2541). Nach Art. 15 DSGVO hat die betroffene Person das Recht, von dem Verantwortlichen eine Bestätigung darüber zu verlangen, ob sie betreffende personenbezogene Daten verarbeitet werden. Wenn dies der Fall ist, hat die betroffene Person außerdem ein **Recht auf Auskunft** über diese personenbezogenen Daten sowie bestimmte andere Informationen. § 32c AO enthält auf Grundlage von Art. 23 Abs. 1 DSGVO bereichsspezifische Einschränkungen des Auskunftsrechts der betroffenen Person (BT-Drs. 18/12611, 87; BMF v. 12.01.2018, BStBl I 2018, 185, Tz. 64).

2 **§ 32c Abs. 1 AO** entspricht grds. der Regelung in § 34 Abs. 1 BDSG n.F. § 32c Abs. 1 Nr. 1 AO verweist hinsichtlich des Auskunftsrechts auf die **Beschränkungen der Informationspflicht** im Fall der Erhebung personenbezogener Daten bei Dritten nach § 32b Abs. 1 und 2 AO (BMF v. 12.01.2018, BStBl I 2018, 185, Tz. 68). Durch diesen Verweis gelten die dort geregelten Einschränkungen gleichermaßen bei der Auskunftserteilung. Nach § 32c Abs. 1 Nr. 2 AO besteht auf Grundlage von Art. 23 Abs. 1 Buchst. j DSGVO kein Auskunftsanspruch, wenn die Auskunftserteilung die Geltendmachung, Ausübung oder Verteidigung zivilrechtlicher Ansprüche des Rechtsträgers der Finanzbehörde oder die Verteidigung gegen ihn geltend gemachter zivilrechtlicher Ansprüche beeinträchtigen würde, soweit nach dem Zivilrecht keine Auskunftspflicht der Finanzbehörde hinsichtlich der fraglichen Informationen besteht. Dies hat zur Folge, dass sich die Auskunftspflicht in diesen Fällen allein nach dem Zivilrecht richtet. Damit sollen Finanzbehörden im Interesse der gleichmäßigen und gesetzmäßigen Besteuerung und der Sicherung des Steueraufkommens bei zivilrechtlichen Forderungen nicht besser, aber auch nicht schlechter als andere Schuldner oder Gläubiger gestellt werden. § 32c Abs. 1 Nr. 3 AO entspricht der Regelung in § 34 Abs. 1 Nr. 2 BDSG n.F.

3 Die betroffene Person soll nach **§ 32c Abs. 2 AO** in ihrem Antrag auf Auskunft die Art der personenbezogenen Daten, über die Auskunft erteilt werden soll, näher bezeichnen. Pauschal gestellte Auskunftsanträge müssen im Regelfall durch die betroffene Person präzisiert werden (BMF v. 12.01.2018, BStBl I 2018, 185, Tz. 69).

4 **§ 32c Abs. 3 AO** entspricht der Regelung in § 34 Abs. 4 BDSG n.F. Die Einschränkung des Auskunftsrechts für personenbezogene Daten betrifft Daten, die durch Finanzbehörden weder automatisiert verarbeitet noch – ohne automatisiert verarbeitet zu werden – in einem Dateisystem im Sinne des Art. 4 Nummer 6 DSGVO gespeichert sind oder werden sollen. Darunter fallen insbes. Akten oder Aktensammlungen sowie ihre Deckblätter, die nicht nach bestimmten Kriterien geordnet sind. Das Auskunftsrecht besteht in den hier relevanten Fällen nur unter der Voraussetzung, dass die betroffene Person Angaben macht, die der Finanzbehörde das Auffinden der Daten ermöglichen. Ferner darf der für die Erteilung der Auskunft erforderliche Aufwand nicht außer Verhältnis zu dem von der betroffenen Person geltend gemachten Informationsinteresse stehen.

**§ 32c Abs. 4 AO** entspricht der Regelung in § 34 Abs. 2 BDSG n.F. Die gesetzliche Begründungspflicht nach Satz 1 und 2 ist eine Maßnahme zum Schutz der Rechte und Freiheiten der betroffenen Personen im Sinne des Art. 23 Abs. 2 Buchst. c, d, g und h DSGVO. Hierdurch wird die betroffene Person in die Lage versetzt, die Ablehnung der Auskunftserteilung nachzuvollziehen und gegebenenfalls durch die oder den Bundesbeauftragten für den Datenschutz und die Informationsfreiheit prüfen zu lassen. Ergänzend hierzu hat der Verantwortliche, also die Finanzbehörde, nach Art. 12 Abs. 4 DSGVO die betroffene Person auf die Möglichkeit der Beschwerde bei der oder dem Bundesbeauftragten für den Datenschutz und die Informationsfreiheit und des gerichtlichen Rechtsschutzes hinzuweisen. 5

**§ 32c Abs. 5 AO** entspricht § 34 Abs. 3 BDSG n.F. Die Beschränkung dient dem Schutz der öffentlichen Sicherheit. 6

## § 32d AO
## Form der Information oder Auskunftserteilung

**(1) Soweit Artikel 12 bis 15 der Verordnung (EU) 2016/679 keine Regelungen enthalten, bestimmt die Finanzbehörde das Verfahren, insbesondere die Form der Information oder der Auskunftserteilung, nach pflichtgemäßem Ermessen.**

**(2) Die Finanzbehörde kann ihre Pflicht zur Information der betroffenen Person gemäß Artikel 13 oder 14 der Verordnung (EU) 2016/679 auch durch Bereitstellung der Informationen in der Öffentlichkeit erfüllen, soweit dadurch keine personenbezogenen Daten veröffentlicht werden.**

**(3) Übermittelt die Finanzbehörde der betroffenen Person die Informationen über die Erhebung oder Verarbeitung personenbezogener Daten nach Artikel 13 oder 14 der Verordnung (EU) 2016/679 elektronisch oder erteilt sie der betroffenen Person die Auskunft nach Artikel 15 der Verordnung (EU) 2016/679 elektronisch, ist § 87a Absatz 7 oder 8 entsprechend anzuwenden.**

Die Vorschrift ist mit Wirkung vom 25.05.2018 eingefügt worden durch Gesetz vom 17.07.2017 (BGBl. I 2017, 2541). Nach Art. 12 Abs. 1 Satz 2 DSGVO erfolgt die Übermittlung der Informationen an die betroffene Person schriftlich oder in anderer Form, gegebenenfalls auch 1 elektronisch. § 32d Abs. 1 AO bestimmt, dass vorbehaltlich der Regelungen DSGVO die Finanzbehörde das Verfahren nach **pflichtgemäßem Ermessen** bestimmt. Die Regelung soll es im Zuge des verstärkten Einsatzes der Informationstechnik ermöglichen, die Form der Information nach pflichtgemäßem Ermessen zu bestimmen. Bei der Ausübung des Ermessens sind die Grundsätze der Verhältnismäßigkeit der Mittel, der Erforderlichkeit, der Zumutbarkeit, der Billigkeit und von Treu und Glauben sowie das Willkürverbot und das Übermaßverbot zu beachten. Den individuellen Erwartungen der betroffenen Person ist hierbei angemessen Rechnung zu tragen. Gleichwohl muss insbes. bei umfangreichen Auskünften die Möglichkeit bestehen, dass die Finanzbehörde einen kostengünstigeren Weg wählt, vgl. BT-Drs. 18/12611, 89. Die Finanzbehörde muss alle Mitteilungen in präziser, transparanter, verständlicher und leicht zugänglicher Form in einer klaren und einfachen Sprache übermitteln (BMF v. 12.01.2018, BStBl I 2018, 185, Tz. 30).

2 Nach § 32d Abs. 2 AO soll die Finanzbehörde ihrer Pflicht zur Information nach Art. 13 oder 14 DSGVO grds. auch durch **Bereitstellung in der Öffentlichkeit** nachkommen können. Dies kann ein allgemeines Informationsschreiben mit Hinweis auf ein, z.B. im Internet, veröffentlichtes Merkblatt sein (BMF v. 12.01.2018, BStBl I 2018, 185, Tz. 44 und 60).

3 Bei Bereitstellung der Informationen durch elektronische Übersendung oder Bereitstellung zur elektronischen Einsicht und/oder Abruf ist nach § 32d Abs. 3 AO ein sicheres Verfahren zu verwenden, welches die Authentizität, die Vertraulichkeit und die Integrität des Datensatzes gewährleistet. Zudem hat sich die abrufberechtigte Person zu authentisieren (BMF v. 12.01.2018, BStBl I 2018, 185, Tz. 66).

## § 32e AO
## Verhältnis zu anderen Auskunfts- und Informationszugangsansprüchen

**Soweit die betroffene Person oder ein Dritter nach dem Informationsfreiheitsgesetz vom 5. September 2005 (BGBl. I S. 2722) in der jeweils geltenden Fassung oder nach entsprechenden Gesetzen der Länder gegenüber der Finanzbehörde ein Anspruch auf Informationszugang hat, gelten die Artikel 12 bis 15 der Verordnung (EU) 2016/679 in Verbindung mit den §§ 32a bis 32d entsprechend. Weitergehende Informationsansprüche über steuerliche Daten sind insoweit ausgeschlossen. § 30 Absatz 4 Nummer 2 ist insoweit nicht anzuwenden.**

1 Die Vorschrift ist mit Wirkung vom 25.05.2018 eingefügt worden durch Gesetz vom 17.07.2017 (BGBl. I 2017, 2541). § 32e AO stellt sicher, dass die Bestimmungen DSGVO und der §§ 32a bis 32d AO in Verbindung mit § 2a Abs. 5 AO zur **Reichweite von Informations- und Auskunftsansprüchen** der betroffenen Personen über geschützte Daten im Sinne des § 30 Abs. 2 AO nicht durch **Informationsfreiheitsgesetze des Bundes oder der Länder** verdrängt oder umgangen werden können. Auch bei anderweitigen Informationszugangsansprüchen sollen die von DSGVO und der AO aufgestellten datenschutzrechtlichen Rahmenbedingungen gelten und die Informationsfreiheitsgesetze des Bundes und der Länder bereichsspezifisch verdrängen (BT-Drs. 18/12611, 89; BMF v. 12.01.2018, BStBl I 2018, 185, Tz. 74).

## § 32f AO
## Recht auf Berichtigung und Löschung, Widerspruchsrecht

**(1) Wird die Richtigkeit personenbezogener Daten von der betroffenen Person bestritten und lässt sich weder die Richtigkeit noch die Unrichtigkeit der Daten feststellen, gilt ergänzend zu Artikel 18 Absatz 1 Buchstabe a der Verordnung (EU) 2016/679, dass dies keine Einschränkung der Verarbeitung bewirkt, soweit die Daten einem Verwaltungsakt zugrunde liegen, der nicht mehr aufgehoben, geändert oder berichtigt werden kann. Die ungeklärte Sachlage ist in geeigneter Weise festzuhalten. Die bestrittenen Daten dürfen nur mit einem Hinweis hierauf verarbeitet werden.**

**(2) Ist eine Löschung im Falle nicht automatisierter Datenverarbeitung wegen der besonderen Art der Speicherung nicht oder nur mit unverhältnismäßig hohem Aufwand möglich und ist das Interesse der betroffenen Person an der Löschung als gering anzusehen, besteht das Recht der betroffenen Person auf und die Pflicht der Finanzbehörde zur Löschung personenbezogener Daten gemäß Artikel 17 Absatz 1 der Verordnung (EU) 2016/679 ergänzend zu den in Artikel 17 Absatz 3 der Verordnung (EU) 2016/679 genannten Ausnahmen nicht. In diesem Fall tritt an die Stelle einer Löschung die Einschränkung der Verarbeitung gemäß Artikel 18 der Verordnung (EU) 2016/679. Die Sätze 1 und 2 finden keine Anwendung, wenn die personenbezogenen Daten unrechtmäßig verarbeitet wurden.**

**(3) Ergänzend zu Artikel 18 Absatz 1 Buchstabe b und c der Verordnung (EU) 2016/679 gilt Absatz 1 Satz 1 und 2 entsprechend im Fall des Artikels 17 Absatz 1 Buchstabe a und d der Verordnung (EU) 2016/679, solange und soweit die Finanzbehörde Grund zu der Annahme hat, dass durch eine Lö-**

**schung schutzwürdige Interessen der betroffenen Person beeinträchtigt würden. Die Finanzbehörde unterrichtet die betroffene Person über die Einschränkung der Verarbeitung, sofern sich die Unterrichtung nicht als unmöglich erweist oder einen unverhältnismäßigen Aufwand erfordern würde.**

**(4) Ergänzend zu Artikel 17 Absatz 3 Buchstabe b der Verordnung (EU) 2016/679 gilt Absatz 1 entsprechend im Fall des Artikels 17 Absatz 1 Buchstabe a der Verordnung (EU) 2016/679, wenn einer Löschung vertragliche Aufbewahrungsfristen entgegenstehen.**

**(5) Das Recht auf Widerspruch gemäß Artikel 21 Absatz 1 der Verordnung (EU) 2016/679 gegenüber einer Finanzbehörde besteht nicht, soweit an der Verarbeitung ein zwingendes öffentliches Interesse besteht, das die Interessen der betroffenen Person überwiegt, oder eine Rechtsvorschrift zur Verarbeitung verpflichtet.**

1 Die Vorschrift ist mit Wirkung vom 25.05.2018 eingefügt worden durch Gesetz vom 17.07.2017 (BGBl. I 2017, 2541).

**§ 32f Abs. 1 AO** bestimmt in Abweichung von Art. 16 DSGVO, dass das Recht der betroffenen Person auf **Berichtigung** oder Vervollständigung zu ihr gespeicherter Daten gegenüber einer Finanzbehörde dann nicht besteht, soweit die Daten einem Verwaltungsakt zugrunde liegen, der nicht mehr aufgehoben, geändert oder berichtigt werden kann. Insoweit wird der Bestandskraft des Verwaltungsakts Vorrang eingeräumt. Die Unrichtigkeit oder Unvollständigkeit ist in diesem Fall nach Satz 2 in geeigneter Weise zu dokumentieren (BMF v. 12.01.2018, BStBl I 2018, 185, Tz. 75-76). Die Regelung dient dazu, der **Bestandskraft von Verwaltungsakten** und damit der **Rechtssicherheit und Rechtsklarheit** Rechnung zu tragen. Das tatsächliche Verwaltungshandeln muss auch im Hinblick auf die Rechtsweggarantie so festgehalten werden, wie sich das Verwaltungsverfahren tatsächlich abgespielt hat. Unabhängig hiervon sind anderen, noch offenen oder künftigen Verfahren die richtigen personenbezogenen Daten zugrunde zu legen, vgl. BT-Drs. 18/12611, 89.

2 **§ 32f Abs. 2 und 3 AO** schränken das Recht der betroffenen Person auf **Löschung** und die damit korrespondierende Pflicht der Finanzbehörde aus Art. 17 Abs. 1 DSGVO ein. Die in Art. 17 Abs. 3 DSGVO genannten Ausnahmen bleiben von der Vorschrift unberührt. Für die Finanzverwaltung sind insbes. die Ausnahmeregelungen in Art. 17 Abs. 3 Buchst. b und e DSGVO von praktischer Bedeutung. Eine Löschung im Besteuerungsverfahren verarbeiteter personenbezogener Daten findet insbes. dann nicht statt, wenn objektiv unrichtige Daten nicht geändert werden können, weil sie Bindungswirkung für einen Verwaltungsakt haben (z. B. Daten in Grundlagenbescheiden), oder wenn steuerliche Daten bereits übermittelt oder auf sonstige Weise weiterverarbeitet wurden und bei einer Löschung die Grundlage oder Rückverfolgung der übermittelten oder weiterverarbeiteten steuerlichen Daten nicht mehr feststellbar wäre. Der vertretbare Aufwand für den Verantwortlichen bemisst sich nach dem jeweiligen Stand der Technik und erfasst insbes. nicht oder nur mit unverhältnismäßig hohem Aufwand veränderbare oder löschbare Datenspeicher.

**§ 32f Abs. 4 AO** sieht eine Beschränkung für den Fall vor, dass einer Löschung nicht mehr erforderlicher Daten vertragliche Aufbewahrungsfristen entgegenstehen. Die Ausnahme schützt den Verantwortlichen vor einer Pflichtenkollision. 3

**§ 32f Abs. 5 AO** schränkt das Recht auf **Widerspruch** nach Art. 21 Abs. 1 DSGVO gegenüber einer Finanzbehörde ein, soweit an der Verarbeitung ein zwingendes öffentliches Interesse besteht, das die Interessen der betroffenen Person überwiegt, oder eine Rechtsvorschrift zur Verarbeitung verpflichtet (BMF v. 12.01.2018, BStBl I 2018, 185, Tz. 89). 4

## Siebter Abschnitt: Datenschutzaufsicht, Gerichtlicher Rechtsschutz in datenschutzrechtlichen Angelegenheiten

## § 32g AO Datenschutzbeauftragte der Finanzbehörden

**Für die von Finanzbehörden gemäß Artikel 37 der Verordnung (EU) 2016/679 zu benennenden Datenschutzbeauftragten gelten § 5 Absatz 2 bis 5 sowie die §§ 6 und 7 des Bundesdatenschutzgesetzes entsprechend.**

Die Vorschrift ist mit Wirkung vom 25.05.2018 eingefügt worden durch Gesetz vom 17.07.2017 (BGBl. I 2017, 2541). Nach Art. 37 der Verordnung (EU) 2016/679 müssen **Finanzbehörden** einen behördlichen **Datenschutzbeauftragten** bestimmen. Für dessen Benennung, seine Stellung und seine Aufgaben sind im Anwendungsbereich der AO die in der Vorschrift genannten Regelungen des BDSG n. F. entsprechend anzuwenden (BT-Drs. 18/12611, 91; BMF v. 12.01.2018, BStBl I 2018, 185, Tz. 92-94). 1

## § 32h AO
## Datenschutzrechtliche Aufsicht, Datenschutz-Folgenabschätzung

**(1) Die oder der Bundesbeauftragte für den Datenschutz und die Informationsfreiheit nach § 8 des Bundesdatenschutzgesetzes ist zuständig für die Aufsicht über die Finanzbehörden hinsichtlich der Verarbeitung personenbezogener Daten im Anwendungsbereich dieses Gesetzes. Die §§ 13 bis 16 des Bundesdatenschutzgesetzes gelten entsprechend.**

**(2) Entwickelt eine Finanzbehörde automatisierte Verfahren zur Verarbeitung personenbezogener Daten im Anwendungsbereich dieses Gesetzes für Finanzbehörden anderer Länder oder des Bundes, obliegt ihr zugleich die Datenschutz-Folgenabschätzung nach Artikel 35 der Verordnung (EU) 2016/679. Soweit die Verfahren von den Finanzbehörden der Länder und des Bundes im Hinblick auf die datenschutzrelevanten Funktionen unverändert übernommen werden, gilt die Datenschutz-Folgenabschätzung auch für die übernehmenden Finanzbehörden.**

**(3) Durch Landesgesetz kann bestimmt werden, dass die oder der Bundesbeauftragte für den Datenschutz und die Informationsfreiheit für die Aufsicht über die Verarbeitung personenbezogener Daten im Rahmen landesrechtlicher oder kommunaler Steuergesetze zuständig ist, soweit die Datenverarbeitung auf bundesgesetzlich geregelten Besteuerungsgrundlagen oder auf bundeseinheitlichen Festlegungen beruht und die mit der Aufgabenübertragung verbundenen Verwaltungskosten der oder des Bundesbeauftragten für den Datenschutz und die Informationsfreiheit vom jeweiligen Land getragen werden.**

1 Die Vorschrift ist mit Wirkung vom 25.05.2018 eingefügt worden durch Gesetz vom 17.07.2017 (BGBl. I 2017, 2541). Die **datenschutzrechtliche Aufsicht** über die Verarbeitung personenbezogener Daten durch Finanzbehörden im Anwendungsbereich der AO, d.h. bei der Verwaltung durch Bundesrecht oder Unionsrecht geregelter Steuern, soll nach **§ 32h Abs. 1 AO** allein der oder dem Bundesbeauftragten für den Datenschutz und die Informationsfreiheit obliegen (BMF v. 12.01.2018, BStBl I 2018, 185, Tz. 95). Diese Regelung ist erforderlich, weil die Bundes- und Landesfinanzbehörden im Anwendungsbereich der AO nicht nur gleiches materielles Steuerrecht, sondern auch gleiches Steuerverfahrensrecht ausführen müssen und hierbei zunehmend bundeseinheitliche Datenverarbeitungsprogramme einsetzen. Auch die Zusammenarbeit der Finanzbehörden untereinander setzt bundeseinheitliche Verfahren voraus. Durch die Konzentration der datenschutzrechtlichen Aufsicht bei der oder dem Bundesbeauftragten wird sichergestellt, dass die Aufsicht immer nach den gleichen Vorgaben erfolgt und der bundesweite Einsatz von Datenverarbeitungsprogrammen einer einheitlichen datenschutzrechtlichen Überprüfung unterliegt, vgl. BT-Drs. 18/12611, 91.

**§ 32h Abs. 2 AO**: Die Finanzbehörden des Bundes und der Länder arbeiten auf dem Gebiet der bundesrechtlich geregelten Steuern auch automationsseitig zunehmend enger zusammen. So entwickelt vielfach eine Finanzbehörde auf Grund gesetzlicher Vorschriften oder vertraglicher Vereinbarungen Methoden zur automatisierten Verarbeitung personenbezogener Daten in Steuerangelegenheiten für Finanzbehörden anderer Länder oder des Bundes. In diesem Fall soll ihr nach Abs. 2 zugleich mit Wirkung für die das automatisierte Verfahren einsetzenden Finanzbehörden anderer Länder oder des Bundes die Datenschutz-Folgenabschätzung nach Art. 35 DSGVO obliegen, soweit es von diesen im Hinblick auf die datenschutzrelevanten Funktionen unverändert übernommen wird. Die bundeseinheitlichen Programmbestandteile sind dann nur einer **zentralen Folgenabschätzung** zu unterwerfen und unterliegen auch nur bei der entwickelnden Finanzbehörde der Datenschutzaufsicht. Das Ergebnis der Folgenabschätzung ist nach Satz 2 den zuständigen Finanzbehörden der anderen Länder oder des Bundes mitzuteilen; s. auch BMF v. 12.01.2018, BStBl I 2018, 185, Tz. 98-104. 2

**§ 32h Abs. 3 AO** gestattet es den Ländern, die Aufsicht über die Verarbeitung personenbezogener Daten im Rahmen landesrechtlicher oder kommunaler Steuergesetze auf die oder den Bundesbeauftragten zu übertragen, soweit die Datenverarbeitung auf bundesgesetzliche geregelten Besteuerungsgrundlagen (z.B. Gewerbesteuermessbetrag) oder auf bundeseinheitlichen Festlegungen (z.B. einheitliche Datenverarbeitungsprogramme für bundes- und landesrechtliche Steuern) beruht. Die mit der **Aufgabenübertragung** verbundenen Verwaltungskosten sind vom übertragenden Land zu tragen. 3

## § 32i AO
## Gerichtlicher Rechtsschutz

**(1) Für Streitigkeiten über Rechte gemäß Artikel 78 Absatz 1 und 2 der Verordnung (EU) 2016/679 hinsichtlich der Verarbeitung nach § 30 geschützter Daten zwischen einer betroffenen öffentlichen Stelle gemäß § 6 Absatz 1 bis 1c und Absatz 2 oder ihres Rechtsträgers, einer betroffenen nicht-öffentlichen Stelle gemäß § 6 Absatz 1d und 1e oder einer betroffenen Person und der zuständigen Aufsichtsbehörde des Bundes oder eines Landes ist der Fi-**

nanzrechtsweg gegeben. Satz 1 gilt nicht in den Fällen des § 2a Absatz 4.

(2) Für Klagen der betroffenen Person hinsichtlich der Verarbeitung personenbezogener Daten gegen Finanzbehörden oder gegen deren Auftragsverarbeiter wegen eines Verstoßes gegen datenschutzrechtliche Bestimmungen im Anwendungsbereich der Verordnung (EU) 2016/679 oder der darin enthaltenen Rechte der betroffenen Person ist der Finanzrechtsweg gegeben.

(3) Hat die nach dem Bundesdatenschutzgesetz oder nach dem Landesrecht für die Aufsicht über andere öffentliche Stellen oder nicht-öffentliche Stellen zuständige Aufsichtsbehörde einen rechtsverbindlichen Beschluss erlassen, der eine Mitwirkungspflicht einer anderen öffentlichen Stelle oder einer nicht-öffentlichen Stelle gegenüber Finanzbehörden nach diesem Gesetz oder den Steuergesetzen ganz oder teilweise verneint, kann die zuständige Finanzbehörde auf Feststellung des Bestehens einer Mitwirkungspflicht klagen. Die Stelle, deren Pflicht zur Mitwirkung die Finanzbehörde geltend macht, ist beizuladen.

(4) Die Finanzgerichtsordnung ist in den Fällen der Absätze 1 bis 3 nach Maßgabe der Absätze 5 bis 10 anzuwenden.

(5) Für Verfahren nach Absatz 1 Satz 1 und Absatz 3 ist das Finanzgericht örtlich zuständig, in dessen Bezirk die jeweils zuständige Aufsichtsbehörde ihren Sitz hat. Für Verfahren nach Absatz 2 ist das Finanzgericht örtlich zuständig, in dessen Bezirk die beklagte Finanzbehörde ihren Sitz oder der beklagte Auftragsverarbeiter seinen Sitz hat.

(6) Beteiligte eines Verfahrens nach Absatz 1 Satz 1 sind

1. die öffentliche oder nicht-öffentliche Stelle oder die betroffene Person als Klägerin oder Antragstellerin,
2. die zuständige Aufsichtsbehörde des Bundes oder eines Landes als Beklagte oder Antragsgegnerin,
3. der nach § 60 der Finanzgerichtsordnung Beigeladene sowie
4. die oberste Bundes- oder Landesfinanzbehörde, die dem Verfahren nach § 122 Absatz 2 der Finanzgerichtsordnung beigetreten ist.

(7) Beteiligte eines Verfahrens nach Absatz 2 sind

1. die betroffene Person als Klägerin oder Antragstellerin,
2. die Finanzbehörde oder der Auftragsverarbeiter als Beklagte oder Antragsgegnerin,
3. der nach § 60 der Finanzgerichtsordnung Beigeladene sowie
4. die oberste Bundes- oder Landesfinanzbehörde, die dem Verfahren nach § 122 Absatz 2 der Finanzgerichtsordnung beigetreten ist.

(8) Beteiligte eines Verfahrens nach Absatz 3 sind

1. die zuständige Finanzbehörde als Klägerin oder Antragstellerin,
2. die Aufsichtsbehörde des Bundes oder eines Landes, die den rechtsverbindlichen Beschluss erlassen hat, als Beklagte oder Antragsgegnerin,
3. die Stelle, deren Pflicht zur Mitwirkung die Finanzbehörde geltend macht, als Beigeladene und
4. die oberste Bundes- oder Landesfinanzbehörde, die dem Verfahren nach § 122 Absatz 2 der Finanzgerichtsordnung beigetreten ist.

(9) Ein Vorverfahren findet nicht statt.

(10) In Verfahren nach Absatz 1 Satz 1 haben eine Klage oder ein Antrag aufschiebende Wirkung. Die zuständige Aufsichtsbehörde darf gegenüber einer Finanzbehörde, deren Rechtsträger oder deren Auftragsverarbeiter nicht die sofortige Vollziehung anordnen.

Die Vorschrift ist mit Wirkung vom 25.05.2018 eingefügt worden durch Gesetz vom 17.07.2017 (BGBl. I 2017, 2541). § 32i AO dient insbes. der Durchführung des Art. 78 Abs. 1 und 2 DSGVO. Nach Abs. 1 des Art. hat jede natürliche oder juristische Person das **Recht auf einen wirksamen gerichtlichen Rechtsbehelf** gegen einen sie betreffenden rechtsverbindlichen Beschluss einer Aufsichtsbehörde. Nach Abs. 2 hat jede betroffene Person unbeschadet eines anderweitigen verwaltungsrechtlichen oder außergerichtlichen Rechtbehelfs das Recht auf einen wirksamen gerichtlichen Rechtsbehelf, wenn die zuständige Aufsichtsbehörde sich nicht mit einer Beschwerde befasst oder die betroffene Person nicht innerhalb von drei Monaten über den Stand oder das Ergebnis der gemäß Art. 77 DSGVO erhobenen Beschwerde in Kenntnis gesetzt hat. Die Regelungen in § 32i Abs. 1, 4 bis 6, 9 und 10 AO entsprechen weitgehend den Regelungen in § 20 BDSG n.F., vgl. BT-Drs. 18/12611, 92; s. auch BMF v. 12.01.2018, BStBl I 2018, 185, Tz. 106-122. 1

Bei Streitigkeiten mit der Aufsichtsbehörde in steuerlichen Angelegenheiten ist nach **§ 32i Abs. 1 AO** nicht der Verwaltungsrechtsweg, sondern der **Rechtsweg zu den** 2

**Finanzgerichten** eröffnet. Klage- oder antragsbefugt sind neben der betroffenen Person selbst alle betroffenen öffentlichen und nicht-öffentlichen Stellen. Dazu gehören nicht nur natürliche Personen und juristische Personen des öffentlichen Rechts oder des Zivilrechts, sondern auch nicht rechtsfähige Personenvereinigungen und Vermögensmassen (vgl. § 2a Abs. 5 AO) sowie die Finanzbehörde, die Adressat einer Entscheidung der Aufsichtsbehörde sind.

3 Nach **§ 32i Abs. 2 AO** ist für Klagen nach Art. 79 Abs. 1 DSGVO gegen Finanzbehörden oder deren Auftragsverarbeiter der Finanzrechtsweg eröffnet, soweit es um die Verarbeitung personenbezogener Daten geht.

4 Die datenschutzrechtliche Aufsicht über öffentliche Stellen, die keine Finanzbehörden sind, sowie über nicht-öffentliche Stellen obliegt nach **§ 32i Abs. 3 AO** den nach dem BDSG n.F. oder den entsprechenden Landesgesetzen zuständigen Aufsichtsbehörden. Dies gilt auch für Datenschutzfragen hinsichtlich steuerlicher Mitwirkungspflichten. Vertritt die Datenschutzaufsichtsbehörde in einem solchen Fall eine andere Rechtsauffassung als die jeweils zuständige Finanzbehörde, ist ihre Entscheidung für die Finanzbehörde zwar kein Grundlagenbescheid und damit formal nicht bindend. Die Bundesobergerichte gehen aber überwiegend davon aus, dass Verwaltungsakte, derentwegen sie nicht angerufen werden, mit der für einen bestimmten Rechtsbereich getroffenen Regelung als gegeben hingenommen werden müssen (sog. **Tatbestandswirkung ressortfremder Verwaltungsakte**). Die Tatbestandswirkung eines Verwaltungsaktes ist danach Ausfluss von Art. 20 Abs. 3 GG und bezweckt, dass die Entscheidung über Rechtmäßigkeit und Bestand eines behördlichen Bescheids den dazu berufenen Spezialgerichten vorbehalten bleibt. Zur Auflösung der Pflichtenkollision der mitwirkungspflichtigen Stelle (einerseits Mitwirkungspflicht nach der AO oder den Steuergesetzen, andererseits Untersagung der Verarbeitung, insbes. der Übermittlung, personenbezogener Daten durch die Aufsichtsbehörde) kann die zuständige Finanzbehörde nach § 32i Abs. 3 Satz 1 AO vor dem FG eine Klage auf Feststellung des Bestehens der steuerlichen Mitwirkungspflicht erheben. Die mitwirkungspflichtige Stelle ist nach § 32i Abs. 3 Satz 2 AO beizuladen, da die Entscheidung des Gerichts über die Feststellungsklage der Finanzbehörde auch ihr gegenüber rechtsverbindlich ist.

5 Nach **§ 32i Abs. 4 AO** ist in gerichtlichen Verfahren nach den Absätzen 1 bis 3 die Finanzgerichtsordnung (FGO) nur nach Maßgabe der Regelungen in den Absätzen 5 bis 10 anzuwenden.

6 **§ 32i Abs. 5 AO** bestimmt, welches **Finanzgericht** in den Verfahren nach den Absätzen 1 bis 3 jeweils **örtlich zuständig** ist.

**§ 32i Abs. 6 AO** nennt die an einem Verfahren nach Abs. 1 Satz 1 **beteiligten Personen oder Stellen**; **§ 32i Abs. 7 AO** die an einem Verfahren nach Abs. 2 beteiligten Personen oder Stellen; **§ 32 Abs. 8 AO** die an einem Verfahren nach Abs. 3 beteiligten Personen oder Stellen. 7

Nach **§ 32i Abs. 9 AO** findet in gerichtlichen Verfahren nach Abs. 1 bis 3 **kein Vorverfahren** statt. 8

**§ 32i Abs. 10 Satz 1 AO** stellt klar, dass eine Klage oder ein Antrag nach Abs. 1 Satz 1 gegen eine Entscheidung der oder des Bundesbeauftragten für den Datenschutz und die Informationsfreiheit oder der entsprechenden Aufsichtsbehörde eines Landes **aufschiebende Wirkung** hat. Die Aufsichtsbehörde kann gegenüber einer Finanzbehörde oder ihrem Rechtsträger nach **§ 32i Abs. 10 Satz 2 AO** auch nicht die sofortige Vollziehung anordnen. 9

## § 32j AO
## Antrag auf gerichtliche Entscheidung bei angenommener Rechtswidrigkeit eines Angemessenheitsbeschlusses der Europäischen Kommission

**Hält der oder die Bundesbeauftragte für den Datenschutz und die Informationsfreiheit oder eine nach Landesrecht für die Kontrolle des Datenschutzes zuständige Stelle einen Angemessenheitsbeschluss der Europäischen Kommission, auf dessen Gültigkeit es bei der Entscheidung über die Beschwerde einer betroffenen Person hinsichtlich der Verarbeitung personenbezogener Daten ankommt, für rechtswidrig, so gilt § 21 des Bundesdatenschutzgesetzes.**

Die Vorschrift ist mit Wirkung vom 25.05.2018 eingefügt worden durch Gesetz vom 17.07.2017 (BGBl. I 2017, 2541). Ihre Notwendigkeit ergibt sich aus § 2a Abs. 1 AO. Nach Art. 58 Abs. 5 DSGVO sehen die Mitgliedstaaten durch Rechtsvorschriften vor, dass Aufsichtsbehörden befugt sind, gegebenenfalls die Einleitung eines gerichtlichen Verfahrens zu betreiben oder sich sonst daran zu beteiligen, um die Bestimmungen der Verordnung durchzusetzen. Daher ist es erforderlich, eine Regelung zu treffen, die bestimmt, vor welchen Gerichten Aufsichtsbehörden gegen **Angemessenheitsbeschlüsse der Europäischen Kommission** im Falle der grenzüberschreitenden Verarbeitung personenbezogener Daten klagen können. Es ist sachgerecht, die **Überprüfung** aller Datenverarbeitungen betreffende Angemessenheitsbeschlüsse der **Verwaltungsgerichtsbarkeit** zuzuweisen, weil die dort auftretenden Fragen nicht spezifisch steuerrechtlicher Natur sein dürften, vgl. BT-Drs. 18/12611, 93. 1

# Zweiter Teil. Steuerschuldrecht

## Erster Abschnitt: Steuerpflichtiger

### § 33 AO Steuerpflichtiger

**(1) Steuerpflichtiger ist, wer eine Steuer schuldet, für eine Steuer haftet, eine Steuer für Rechnung eines Dritten einzubehalten und abzuführen hat, wer eine Steuererklärung abzugeben, Sicherheit zu leisten, Bücher und Aufzeichnungen zu führen oder andere ihm durch die Steuergesetze auferlegte Verpflichtungen zu erfüllen hat.**

**(2) Steuerpflichtiger ist nicht, wer in einer fremden Steuersache Auskunft zu erteilen, Urkunden vorzulegen, ein Sachverständigengutachten zu erstatten oder das Betreten von Grundstücken, Geschäfts- und Betriebsräumen zu gestatten hat.**

#### Inhaltsübersicht



#### Schrifttum


Heuermann, Entrichtungspflicht – Steuerpflicht – Grundpflicht?, FR 2013, 354.


#### A. Bedeutung der Vorschrift

1 Die Vorschrift definiert den Begriff des Steuerpflichtigen und ergänzt in subjektiver Hinsicht diejenigen Vorschriften, die sich mit dem objektiven Inhalt des durch die Steuergesetze begründeten Rechtsverhältnisses befassen (z.B. §§ 37ff. AO).

#### B. Begriff des Steuerpflichtigen

§ 33 Abs. 1 AO definiert den Begriff des Steuerpflichtigen im Wege der Einzelaufzählung, ergänzt durch eine Generalklausel, die durch § 33 Abs. 2 AO eingeschränkt wird. Stpfl. ist hiernach der Steuerschuldner, der Haftungsschuldner, der Einbehaltungs- und Abführungsverpflichtete, wer eine Steuererklärung abzugeben, Sicherheit zu leisten, Bücher und Aufzeichnungen zu führen oder andere durch die Steuergesetze auferlegte Verpflichtungen zu erfüllen hat. 2

##### I. Steuerschuldner

Steuerschuldner ist, **wer eine Steuer schuldet**. Nach § 43 AO bestimmen die Steuergesetze, wer Steuerschuldner ist. Dies richtet sich danach, in wessen Person sich die subjektiven und objektiven Merkmale des Steuertatbestandes verwirklichen, an den die Leistungspflicht anknüpft (s. § 38 AO). Steuerschuldner können zugleich mehrere Personen sein, die dann als Gesamtschuldner anzusehen sind (s. § 44 AO). Das ist z.B. gemäß § 20 ErbStG, § 13 GrEStG, § 10 Abs. 3 GrStG und Art. 84 UZK der Fall. Auch bei der Zusammenveranlagung von Ehegatten gemäß § 26b EStG besteht die Gesamtschuld, die indes nichts daran ändert, dass es sich um mehrere Steuerpflichtige handelt, die erst nach der Einkünfteermittlung wie ein Stpfl. behandelt werden (BFH v. 23.08.1999, GrS 2/97, BStBl II 1999, 782, 785). 3

**Steuerschuldner und Entrichtungsschuldner** sind nicht stets identisch (s. Rz. 7 und § 43 Satz 2 AO). Vom Steuerschuldner zu unterscheiden ist auch der Steuerträger, d.h. derjenige, den die Steuer nach dem Willen des Gesetzgebers wirtschaftlich treffen soll und auf den sie normalerweise im Preis überwälzt wird. Der Steuerträger fällt nicht unter § 33 Abs. 1 AO, er ist nicht Stpfl. Im Bereich der direkten Steuern (vom Einkommen, Ertrag und Vermögen) ist der Steuerschuldner i.d.R. personengleich mit dem Steuerträger; nicht dagegen bei den indirekten Steuern, insbes. der Umsatzsteuer, einigen Verkehrsteuern, den Verbrauchsteuern und den Zöllen. 4

Die Kosten der **Steuerzeichen** (Wertmarken und Banderolen) sind keine Steuern. Die vom Erwerber erbrachte Gegenleistung tilgt daher keine Steuerschuld i.S. des § 33 Abs. 1 AO und begründet nicht die Steuerpflichtigeneigenschaft. Dagegen wird die Steuerschuld durch Verwendung des Steuerzeichens entrichtet (s. § 167 Satz 2 AO). Der hierzu Verpflichtete schuldet die Steuer und ist daher Stpfl. Entsprechendes gilt bei der Verwendung eines Steuerstemplers. Eine andere Konstruktion weist § 12 TabakStG auf: Der Hersteller oder Einführer von Tabakwaren, für die Steuer regelmäßig durch Verwendung von Steuerzeichen zu entrichten ist, hat diese auf amtlich vorgeschriebenem Vordruck zu bestellen und die 5

Steuerzeichenschuld in dieser Steueranmeldung selbst zu berechnen, wobei die Steuerzeichenschuld aber erst mit dem Bezug der Steuerzeichen in Höhe ihres Steuerwerts entsteht. Auf die Steuerzeichenschuld sind die für Verbrauchsteuern geltenden Vorschriften der AO sinngemäß anzuwenden.

### II. Haftungsschuldner

6 **Steuerpflichtiger ist, wer für eine Steuer haftet.** Wer neben dem Steuerschuldner oder an dessen Stelle haftet, d. h. für die Steuer mit seinem Vermögen einstehen muss, ergibt sich aus §§ 69ff. AO, den sonstigen Steuergesetzen (s. z.B. § 20 Abs. 4 bis 6 ErbStG, § 11 GrStG, § 8 Abs. 1 Sätze 2 und 3 VersStG) und außersteuerlichen Haftungstatbeständen (s. vor §§ 69 bis 77 AO). Haften mehrere Personen für dieselbe Steuerschuld, sind sie Gesamtschuldner (s. § 44 Abs. 1 AO). Wegen der Inanspruchnahme des Haftungsschuldners s. § 191 AO und die dortigen Erläuterungen.

### III. Entrichtungsschuldner

7 **Steuerpflichtiger ist, wer eine Steuer für Rechnung eines Dritten einzubehalten und abzuführen hat.** Nach § 43 Satz 2 AO bestimmen die Steuergesetze, ob ein Dritter die Steuer für Rechnung des Steuerschuldners zu entrichten hat. Hierzu zählen z.B. der Arbeitgeber bei der Lohnsteuer und die Kapitalgesellschaft bei der Kapitalertragsteuer. In diesen Fällen führt die Regelung des Quellenabzugs zur Existenz mehrerer Stpfl., nämlich des Steuerschuldners und des Entrichtungsschuldners.

### IV. Erklärungspflichtiger

8 **Steuerpflichtiger ist, wer eine Steuererklärung abzugeben hat.** Zur Abgabe einer Steuererklärung ist verpflichtet, wer hierzu von der Finanzbehörde aufgefordert wird (s. § 149 Satz 2 AO), soweit nicht die Steuergesetze selbst die Erklärungspflicht begründen (s. § 149 Satz 1 AO). Die besondere Erwähnung des Erklärungspflichtigen ist nicht überflüssig, weil nicht nur die Steuerschuldner zur Abgabe von Steuererklärungen verpflichtet sind (s. § 31 Abs. 5, 6 ErbStG; s. § 3 Abs. 1 Nr. 2 VO zu § 180 Abs. 2 AO).

### V. Zur Sicherheitsleistung Verpflichteter

9 **Steuerpflichtiger ist, wer Sicherheit zu leisten hat.** Wer Sicherheit zu leisten hat, bestimmen die Steuergesetze (s. § 241 Abs. 1 AO). Insbesondere wird in den Zoll- und Verbrauchsteuergesetzen Sicherheitsleistung im Zusammenhang mit dem Zahlungsaufschub verlangt (s. § 223 AO). Häufig wird der zur Sicherheitsleistung Verpflichtete gleichzeitig als Steuerschuldner Stpfl. sein (s. § 222 Satz 2; s. § 361 Abs. 2 Satz 5 AO). Wahrer Steuerschuldner und Sicherheitsleistungsverpflichteter können z.B. in einem Fall des § 165 Abs. 1 Satz 4 AO unterschiedliche Personen sein.

### VI. Buchführungs- und Aufzeichnungspflichtiger

**Steuerpflichtiger ist, wer Bücher und Aufzeichnungen zu führen hat.** Die entsprechenden Pflichten ergeben sich aus §§ 140ff. AO. Auch hier wird sich regelmäßig eine Überschneidung mit anderen die Steuerpflichtigeneigenschaft begründenden Pflichten (z.B. der Erklärungspflicht) ergeben. Personengesellschaften obliegt die Buchführungs- bzw. Aufzeichnungspflicht auch für Einkommensteuerzwecke, obwohl sie nicht Rechtssubjekt der Besteuerung nach dem EStG sind. Sie sind kraft dieser Verpflichtung auch in Bezug auf diese Steuer Steuerpflichtige i.S. der Vorschrift und unterliegen in dieser Eigenschaft auch der Außenprüfung (s. § 194 Abs. 1 Satz 3 AO). 10

### VII. Anderweitig nach den Steuergesetzen Verpflichteter

**Steuerpflichtiger ist, wer andere ihm durch die Steuergesetze auferlegte Verpflichtungen zu erfüllen hat.** Hier sind insbes. die in den §§ 137 und 138 AO geregelten Anzeigepflichten und die Mitwirkungspflichten bei der Personenstands- und Betriebsaufnahme gem. § 135 AO zu erwähnen. 11

Zu beachten ist jedoch, dass die in § 33 Abs. 2 AO aufgezählten besonderen Pflichten im Zusammenhang mit fremden Steuersachen die Steuerpflichtigeneigenschaft nicht begründen (s. Rz. 13 f.). Soweit solche Pflichten in eigenen Steuersachen zu erfüllen sind, zählen sie zu § 33 Abs. 1 AO letzte Alternative (s. §§ 93, 97, 99 und 100 AO). 12

## C. Abgrenzung der Pflichten in fremden Steuersachen

§ 33 Abs. 2 AO stellt klar, dass diejenigen, die in einer fremden Steuersache bestimmte, im Einzelnen aufgezählte Pflichten zu erfüllen haben, hierdurch nicht Steuerpflichtige i.S. des Gesetzes werden. 13

**Nicht Stpfl.** ist hiernach, wer in einer fremden Steuersache: 14

- **Auskunft zu erteilen hat.** S. hierzu insbes. § 93 AO. Wegen des Anspruchs auf Entschädigung s. § 107 Satz 1 AO.
- **Urkunden vorzulegen hat.** S. hierzu § 97 AO.
- **ein Sachverständigengutachten zu erstatten hat.** S. hierzu § 96 AO. Wegen des Anspruchs auf Entschädigung s. § 107 Satz 1 AO.
- **das Betreten von Grundstücken, Geschäfts- und Betriebsräumen zu gestatten hat.** S. hierzu § 99 und § 210 Abs. 1 bis 3 AO.

## D. Steuerrechtsfähigkeit

15 Während die formelle Beteiligteneigenschaft (s. §§ 78, 186, 359 AO) wie auch die Handlungsfähigkeit (s. § 79 AO) geregelt sind, fehlt es an einer gesetzlichen Definition der Beteiligtenfähigkeit, d.h. der Fähigkeit, Rechtssubjekt eines abgabenrechtlichen Verfahrens zu sein. Diese materielle Beteiligungsfähigkeit kommt jedem zu, der Träger formeller oder materieller abgabenrechtlicher Pflichten sein kann. Diese **Steuerrechtsfähigkeit ist nicht deckungsgleich mit der zivilrechtlichen Rechtsfähigkeit**, sondern geht darüber hinaus. Die Steuerrechtsfähigkeit als eine speziell öffentlich-rechtliche Fähigkeit braucht sich nicht auf alle Gebiete des Steuerrechts zu erstrecken. So ist beispielsweise eine Personengesellschaft zwar grunderwerbsteuerrechtsfähig (BFH v. 11.02.1987, II R 103/84, BStBl II 1987, 325) und Umsatzsteuerrechtssubjekt (BFH v. 27.06.1995, V R 36/94, BStBl II 1995, 915), sie ist aber weder einkommen- noch körperschaftsteuerrechtsfähig (zur Gewerbesteuer s. § 5 Abs. 1 Satz 3 GewStG). Steuerrechtsfähigkeit ist – soweit sie über die Rechtsfähigkeit nach bürgerlichem Recht hinausgeht – stets Teilrechtsfähigkeit (*Drüen* in Tipke/Kruse, § 33 AO Rz. 27).

### I. Natürliche Personen

16 Bei natürlichen Personen beginnt die Steuerrechtsfähigkeit – wie die zivilrechtliche Rechtsfähigkeit – mit der Vollendung der Geburt (s. § 1 BGB) und endet – wie diese – mit dem Tode (für Verschollene s. § 49 AO; zum Übergang der Steuerschuld s. § 45 AO).

### II. Juristischen Personen des Privatrechts

17 Die Steuerrechtsfähigkeit juristischer Personen des Privatrechts beginnt nicht stets erst mit deren Entstehung nach den einschlägigen Vorschriften (s. § 41 AktG, § 11 GmbHG), sondern erfasst schon die Gründungsgesellschaft (Stadium zwischen Abschluss des Gesellschaftsvertrages [Bestimmung der Satzung] bis zur Entstehung kraft Registereintragung), die mit der späteren Kapitalgesellschaft identisch ist (BFH v. 14.10.1992, I R 17/92, BStBl II 1993, 353). Die Steuerrechtsfähigkeit endet mit dem Untergang infolge Verschmelzung oder Umwandlung (zum Übergang der Steuerschuld s. § 45 AO), nicht aber mit der (ohnehin nur deklaratorischen) Löschung im Handelsregister. Im letzten Fall bleibt sie so lange steuerrechtsfähig, solange sie steuerrechtliche Pflichten zu erfüllen hat oder gegen sie ergangene Steuerbescheide angreift (BFH v. 26.03.1980, I R 111/79, BStBl II 1980, 587), und zwar unabhängig davon, ob sie vermögenslos ist (anders im Zivilrecht, BGH v. 21.10.1985, II ZR 82/85, WM 1986, 145).

### III. Öffentlich-rechtliche Gebilde

Wieweit juristische Personen des öffentlichen Rechts oder öffentlich-rechtliche Gebilde Träger steuerrechtlicher Rechte und Pflichten sind, richtet sich allein nach den Steuergesetzen (s. § 1 Abs. 1 Nr. 6 und § 4 KStG, § 2 Abs. 3 UStG). 18

### IV. Nichtrechtsfähige Vereine u. Ä.

Hinsichtlich der Steuerrechtsfähigkeit von nichtrechtsfähigen Vereinen s. § 54 BGB, wegen der Anstalten, Stiftungen und anderen Zweckvermögen des privaten Rechts s. § 1 Abs. 1 Nr. 5 KStG. 19

### V. Personengesellschaften

Auch die Steuerrechtsfähigkeit der Personengesellschaften (OHG, KG, Gesellschaft des bürgerlichen Rechts) richtet sich nach materiellem Steuerrecht. Sie sind beispielsweise umsatz- und grunderwerbsteuerpflichtig sowie Schuldner der Gewerbesteuer. Im Anschluss an die geänderte BGH-Rechtsprechung zur Teil-Rechtsfähigkeit der GbR nimmt der BFH nun auch im Verfahren zur einheitlichen und gesonderten Gewinnfeststellung die Beteiligtenfähigkeit der GbR (BFH v. 18.05.2004, IX R 83/00, BStBl II 2004, 898), wie auch der Bruchteilsgemeinschaft (BFH v. 18.05.2004, IX R 49/02, BStBl II 2004, 929) im finanzgerichtlichen Verfahren an. Ihre Steuerrechtsfähigkeit endet weder mit ihrer Auflösung noch mit dem Ende der Auseinandersetzung über das Aktivvermögen (anders im Fall des liquidationslosen Übergangs auf eine Person gem. oder entsprechend § 142 HGB oder in anderen Fällen liquidationslosen Fortfalls der Gesamthandsbindung, BFH v. 21.10.1985, GrS 4/84, BStBl II 1986, 230), sondern besteht so lange fort, solange das Rechtsverhältnis zwischen ihr und der Finanzbehörde nicht abgewickelt ist (BFH v. 24.03.1987, 20

X R 28/80, BStBl II 1988, 316; BFH v. 01.10.1992, IV R 60/91, BStBl II 1993, 82 m. w. N.).

## § 34 AO Pflichten der gesetzlichen Vertreter und der Vermögensverwalter

**(1) Die gesetzlichen Vertreter natürlicher und juristischer Personen und die Geschäftsführer von nichtrechtsfähigen Personenvereinigungen und Vermögensmassen haben deren steuerliche Pflichten zu erfüllen. Sie haben insbesondere dafür zu sorgen, dass die Steuern aus den Mitteln entrichtet werden, die sie verwalten.**

**(2) Soweit nichtrechtsfähige Personenvereinigungen ohne Geschäftsführer sind, haben die Mitglieder oder Gesellschafter die Pflichten im Sinne des Absatzes 1 zu erfüllen. Die Finanzbehörde kann sich an jedes Mitglied oder jeden Gesellschafter halten. Für nichtrechtsfähige Vermögensmassen gelten die Sätze 1 und 2 mit der Maßgabe, dass diejenigen, denen das Vermögen zusteht, die steuerlichen Pflichten zu erfüllen haben.**

**(3) Steht eine Vermögensverwaltung anderen Personen als den Eigentümern des Vermögens oder deren gesetzlichen Vertretern zu, so haben die Vermögensverwalter die in Absatz 1 bezeichneten Pflichten, soweit ihre Verwaltung reicht.**

**Inhaltsübersicht**



**Schrifttum**

Lorenz, Die steuerlichen Rechte und Pflichten des Insolvenzverwalters, StW 2003, 164; Fittkau, Haftungssituationen bei ausländischen Gesellschaften, insbesondere am Beispiel der Limited, StBp 2005, 255, 285; Ehlers, Die persönliche Haftung von ehrenamtlichen Vereinsvorständen, NJW 2011, 2689; Bruschke, Die verfahrensrechtliche Stellung des Insolvenzverwalters und die dadurch bedingten Haftungsfolgen, AO-StB 2016, 80; im Übrigen s. die Schrifttumshinweise zu § 69.

### A. Bedeutung der Vorschrift

Die Vorschrift steht im Zusammenhang mit § 79 AO, wo geregelt ist, wer im Steuerrecht handlungsfähig ist. Fehlt einem Rechtssubjekt selbst die Handlungsfähigkeit ganz oder zum Teil, ergibt sich aus § 79 AO wer im Steuerrecht wirksam für den Betreffenden handeln kann. Aus diesem rechtlichen Können wird durch § 34 AO eine Pflicht zum Handeln. Damit steht wiederum § 69 AO im Zusammenhang, wonach unter den dort geregelten Voraussetzungen Pflichtverstöße zu einem Schadensersatzanspruch führen. Schließlich können Pflichtverstöße nach § 370 AO strafrechtlich oder nach § 378 AO bußgeldrechtlich sanktioniert werden. Verfügungsberechtigte, die nicht eine in § 34 AO bezeichnete Stellung innehaben, treffen dieselben Pflichten und Folgen unter den Voraussetzungen des § 35 AO. 1

### B. Die von der Vorschrift betroffenen Personen

§ 34 AO begründet ein unmittelbares Pflichtenverhältnis zwischen der Finanzbehörde und den aufgezählten Personen. Mit eigenen Pflichten sind die gesetzlichen Vertreter natürlicher und juristischer Personen, Geschäftsführer von nicht rechtsfähigen Personenvereinigungen und Vermögensmassen ausgestattet. Unter den Voraussetzungen des § 34 Abs. 2 AO treffen bei Letzteren diese Pflichten deren Mitglieder oder Gesellschafter. Die gleichen Pflichten treffen nach § 34 Abs. 3 AO auch Vermögensverwalter, so weit deren Verwaltung reicht. 2

#### I. Gesetzliche Vertreter natürlicher Personen

Nach bürgerlichem Recht werden Personen, die nicht oder beschränkt geschäftsfähig sind, gesetzlich vertreten. Unter Geschäftsfähigkeit versteht man die Fähigkeit, Willenserklärungen rechtlich wirksam abzugeben. Nach § 79 AO orientiert sich die steuerliche Handlungsfähigkeit (Fähigkeit zur Vornahme von Verfahrenshandlungen) natürlicher Personen am bürgerlichen Recht (s. § 79 Abs. 1 Nr. 1 und 2 AO). 3

Geschäftsunfähig ist, wer nicht das siebte Lebensjahr vollendet hat oder wer sich in einem die freie Willensbestimmung ausschließenden Zustand krankhafter Störung der Geistestätigkeit befindet – sofern nicht der Zustand seiner Natur nach vorübergehend ist. Wer das siebte, aber noch nicht das achtzehnte Lebensjahr vollendet hat, ist beschränkt geschäftsfähig. Gesetzliche Vertreter dieser Personen sind die **Eltern** (s. § 1629 BGB) bzw. der **Vormund** (s. § 1793 i. V. m. §§ 1773, 1791b, 1791c BGB). Ist ein **Betreuer** bestellt (Voraussetzung: 4

§ 1896 BGB), so ist dieser – beschränkt auf seinen Aufgabenkreis – gesetzlicher Vertreter des Betreuten (s. § 1902 BGB). Zum Betreuer s. § 79 AO Rz. 8 und 13 ff.

5 Gesetzlicher Vertreter ist auch der **Pfleger** (s. § 1915 i.V.m. § 1793 BGB), sei es im Fall der Abwesenheitspflegschaft (s. § 1911 BGB), sei es im Fall der Pflegschaft für unbekannte Beteiligte (s. § 1913 BGB) oder der Nachlasspflegschaft (s. § 1960 Abs. 2 BGB). Der Nachlasspfleger ist innerhalb seines Aufgabenkreises als gesetzlicher Vertreter für den oder die unbekannten oder noch ungewissen Erben tätig (BFH v. 30.03.1982, VIII R 227/80, BStBl II 1982, 687).

## II. Gesetzliche Vertreter juristischer Personen

6 Juristische Personen sind Gebilde, die die Rechtsordnung mit der Fähigkeit, Träger von Rechten und Pflichten zu sein, ausgestattet hat (Rechtsfähigkeit). Hierzu gehören insbes. die AG, KGaA, GmbH, Genossenschaft, der rechtsfähige Verein, Versicherungsverein aG, die rechtsfähige Stiftung (Vermögensmasse) sowie Körperschaften, Anstalten und Stiftungen des öffentlichen Rechts. Juristische Personen werden gesetzlich vertreten. Gesetzliche Vertreter sind der **Vorstand** (AG, FG Mchn v. 23.07.2009, 15 K 3609/06, EFG 2009, 1949, Genossenschaft, eingetragener Verein, rechtsfähige Stiftung, Versicherungsverein aG), **abgestellte Mitglieder des Aufsichtsorgans** (s. § 15 SEEG) oder **geschäftsführende Direktoren** der SE (societas europaea – europäische Aktiengesellschaft; s. § 40 SEEG), der **Geschäftsführer** (GmbH – auch wenn er nur »Strohmann« ist; BFH v. 11.03.2004, VII R 52/02, BStBl II 2004, 579), der Direktor einer Limidet britischen Rechts (FG Mchn v. 25.03.2010, 14 V 244/10, GmbHR 2010, 951), der **Abwickler** (AG, GmbH, BFH v. 16.12.2003, VII R 77/00, BStBl II 2005, 249, Genossenschaft) im Liquidationsstadium (auch wenn er durch das Gericht bestellt ist) sowie die verfassungsmäßig berufenen Vertreter juristischer Personen des öffentlichen Rechts, z.B. Minister, Regierungspräsident, Landrat, Bürgermeister, Sparkassenvorstand, Intendant, Pfarrer usw. Auch ausländische juristische Personen verfügen nach dem für sie maßgeblichen ausländischen Recht über gesetzliche Vertreter. Werden solche Gesellschaften im Inland tätig, haben deren Vertreter für die Erfüllung der steuerlichen Pflichten zu sorgen (*Fittkau*, StBp 2005, 285).

## III. Die Geschäftsführer nicht rechtsfähiger Personenvereinigungen und Vermögensmassen

Nichtrechtsfähige Personenvereinigungen in diesem Sinne sind offene Handelsgesellschaften (OHG), Kommanditgesellschaften (KG), nicht rechtsfähige Vereine und Gesellschaften des bürgerlichen Rechts. Nichtrechtsfähige Vermögensmassen sind insbes. nichtrechtsfähige Stiftungen und sonstige Zweckvermögen. Geschäftsführer dieser Gebilde können auch Personen sein, die nicht Gesellschafter sind, wenn sie eine umfassende Vollmacht zur Erfüllung der Aufgaben haben (BFH v. 07.01.2003, VII B 141/02, BFH/NV 2003, 593). Haben diese Gebilde ausnahmsweise keinen zur Vertretung befugten Geschäftsführer, so gilt § 34 Abs. 2 AO. 7

## IV. Mitglieder oder Gesellschafter bei Fehlen eines Geschäftsführers

Durch § 34 Abs. 2 AO sind insbes. **Erbengemeinschaften und sonstige Gemeinschaften des bürgerlichen Rechts** angesprochen, die nach den einschlägigen Regelungen keine Organe haben. Zur Erfüllung der Pflichten i.S. des § 34 Abs. 1 AO sind in solchen Fällen alle Mitglieder oder Gesellschafter berufen. Die Finanzbehörde kann sich nach pflichtgemäßem Ermessen an jedes Mitglied oder jeden Gesellschafter halten (§ 34 Abs. 2 Sätze 1 und 2 AO). 8

## V. Inhaber des Vermögens nicht rechtsfähiger Vermögensmassen

Haben nichtrechtsfähige Vermögensmassen keinen Vertretungsbefugten, kann sich die Finanzbehörde nach § 34 Abs. 2 AO an diejenigen halten, denen das Vermögen zusteht. Wem das Vermögen zusteht (Inhaber), richtet sich nach dem bürgerlichen Recht. 9

## VI. Vermögensverwalter

Unter den Begriff des Vermögensverwalters fallen z.B. **Insolvenzverwalter** (BFH v. 28.11.2002, VII R 41/01, BStBl II 2003, 337; BGH v. 24.05.2007, IX ZR 8/06, NJW 2007, 2556: Ausübung des Wahlrechts nach § 26 EStG in der Insolvenz eines Ehegatten) und vorläufige Insolvenzverwalter, auf die die Verwaltungs- und Verfügungsbefugnis übergegangen ist (BFH v. 30.12.2004, VII B 145/04, BFH/NV 2005, 665), **Nachlassverwalter** (BFH v. 09.02.1977, I R 60–68/73, BStBl II 1977, 428), **Zwangsverwalter und Testamentsvollstrecker**. Sachwalter nach 10

§ 274 InsO und Treuhänder nach § 292 InsO sind keine Vermögensverwalter.

## C. Inhalt der auferlegten Pflichten

11 § 34 Abs. 1 AO legt den in Rz. 2 ff. genannten Personen die **umfassende Erfüllung aller steuerlichen Pflichten** der von ihnen Vertretenen auf. Eine Beschränkung gilt nach § 34 Abs. 3 AO für Vermögensverwalter insoweit, als ihre Pflichten nicht über die ihnen zustehenden Befugnisse hinausgehen.

12 Mit der umfassenden Pflichtenstellung zieht der Gesetzgeber die Konsequenzen aus der Tatsache, dass Beteiligter an einem Steuerpflichtverhältnis auch sein kann, wer rechtlich oder tatsächlich nicht zur selbstständigen Erfüllung der durch das Steuerrecht auferlegten Pflichten imstande ist. Hinzu kommt, dass bürgerlich-rechtliche Rechtsfähigkeit und Steuerrechtsfähigkeit nicht deckungsgleich sind (s. § 33 AO Rz. 15).

13 Als besondere Pflicht der von der Regelung betroffenen Personen nennt § 34 Abs. 1 Satz 2 AO die Pflicht, dafür zu sorgen, dass bei Fälligkeit (BFH v. 11.11.2008, VII19/08, BStBl II 2009, 342) **die Steuern aus den Mitteln entrichtet** werden, die sie verwalten. Selbstverständlich besteht diese Pflicht auch wegen solcher noch bestehender Verbindlichkeiten, die vor dem Amtsantritt fällig wurden (BFH v. 09.12.2005, VII B 124-125/05, BFH/NV 2006, 897). Naturgemäß kann diese Verpflichtung nur dann und insoweit zum Tragen kommen, als die Vertreter kraft ihrer Befugnisse tatsächlich in der Lage sind, über die Geldmittel oder sonstigen Vermögenswerte des Vertretenen zu verfügen (BFH v. 16.12.2003, VII R 77/00, BStBl II 2005, 249). Auch das Steuerrecht statuiert keine Nachschussverpflichtung z. B. der Gesellschafter einer GmbH. Im Grundsatz steht nach § 13 Abs. 2 GmbHG nur das Gesellschaftsvermögen zur Tilgung von Verbindlichkeiten zur Verfügung. Allerdings dürfen mit den zur Verfügung stehenden Mitteln nicht einzelne Gläubiger bevorzugt befriedigt werden (zum Grundsatz der anteilmäßigen Befriedigung s. § 69 AO Rz. 13).

14 Als weitere Verpflichtungen kommen die steuerlichen **Erklärungs-** (BFH v. 27.07.1989, VIII R 73/84, BStBl II 1989, 955: Verspätungszuschlag gegen Vertreter), **Auskunfts-, Nachweis-, Berichtigungs-, Buchführungs- und Aufzeichnungspflichten** in Betracht (s. § 33 Abs. 1 AO) sowie die in Einzelsteuergesetzen auferlegten Pflichten (BFH v. 04.03.1986, VII R 38/81 BStBl II 1986, 577) oder **Wahlrechte** (BGH v. 24.05.2007, IX ZR 8/06, NJW 2007, 2556). Auch bezüglich solcher Vorgänge, die vor dem Eintritt in den Personenkreis des § 34 AO liegen, kommen Verpflichtungen in Betracht (Beispiel: Anzeigepflicht gem. § 153 Abs. 1 AO). Zu erfüllen sind auch diejenigen steuerlichen Pflichten, die sich auf Steuern beziehen, die zuvor entstanden sind. So muss der Insolvenzverwalter auch die Steuerschulden des Gemeinschuldners deklarieren, die Zeiträume vor Eröffnung des Insolvenzverfahrens betreffen (BFH v. 23.08.1994, VII R 143/92, BStBl II 1995, 194).

Das **Erlöschen der Vertretungsmacht** oder der Ver- 15
fügungsmacht lässt die entstandenen Pflichten unberührt, soweit diese den Zeitraum betreffen, in dem die Vertretungsmacht oder Verfügungsmacht bestanden hat, und soweit der Verpflichtete sie erfüllen kann (s. § 36 AO). Die Pflichten sind öffentlich-rechtlicher Natur und können deshalb auch nicht durch **Abmachungen zwischen Vertreter und Vertretenem** eingeschränkt oder beseitigt werden (BFH v. 04.03.1986, VII S 33/85, BStBl II 1986, 384). Im Übrigen hat der gesetzliche Vertreter auch für den Fall seiner unvorhergesehenen Verhinderung Vorsorge zu treffen (FG Münster v. 07.07.2010, 11 K 800/08, EFG 2011, 2).

Verletzen die von der Vorschrift erfassten Personen die 16
ihnen auferlegten Pflichten vorsätzlich oder grob fahrlässig und entsteht dem Abgabeberichtigten dadurch ein Schaden, so haften sie persönlich unter den weiteren Voraussetzungen des § 69 AO.

## D. Insbesondere die beschränkten Pflichten der Vermögensverwalter

Die durch § 34 Abs. 3 AO ausdrücklich angeordnete **Be- 17
schränkung des Umfangs der Pflichten von Vermögensverwaltern** führt zu praktischen Abgrenzungsproblemen. Maßgebend ist, dass steuerliche Pflichten, die Vermögensteile betreffen, die nicht der Vermögensverwaltung unterliegen, nicht vom Vermögensverwalter erfüllt zu werden brauchen (BFH v. 28.06.2000, V R 87/99, BStBl II 2000, 639). Er wäre hierzu auch tatsächlich nicht in der Lage. So betrifft die Zwangsverwaltung das dieser unterstellte Grundvermögen und berührt nicht die aus anderen Quellen herrührenden Einkünfte des Eigentümers. Der Zwangsverwalter ist z. B. verpflichtet, der Finanzbehörde die erforderlichen Angaben über die steuerlichen Bewertungsgrundlagen für das Grundstück zu machen (RFH v. 14.03.1935, RStBl 1935, 580). Einheitswert- und Grundsteuerbescheide sind an den Zwangsverwalter in dieser seiner Eigenschaft zu richten, der insoweit auch rechtsbehelfsbefugt ist (RFH v. 01.09.1939, RStBl 1939, 1007). Die infolge der Verwaltungstätigkeit des Zwangsverwalters begründeten positiven und negativen Umsatzsteueransprüche sind entsprechend § 155 ZVG gegen den Zwangsverwalter in dieser Eigenschaft bzw. von ihm geltend zu machen, ungeachtet des Umstandes, dass materiell-rechtlich der Grundstückseigentümer Steuerschuldner bleibt (BFH v. 23.06.1988, V R 203/83, BStBl II 1988, 920; *Weiss*, UR 1989, 24). Unterliegen mehrere Grundstücke des Steuerpflichtigen der Zwangsverwaltung, ist jedes dieser Grundstücke auch

für umsatzsteuerliche Zwecke selbstständig zu betrachten. Die Regelung des ZVG geht insoweit der des § 2 Abs. 1 Satz 2 UStG vor (BFH v. 18.10.2001, V R 44/00, BStBl II 2002, 171).

**18** Nicht zum Pflichtenkreis des Zwangsverwalters gehörten nach der bisherigen Rspr. die steuerlichen Pflichten, die im Zusammenhang mit den persönlichen Steuerschulden des Grundstückseigentümers stehen, selbst soweit sie aus seinen Einkünften aus dem zwangsverwalteten Grundstück resultieren. Nun hat der BFH ausgeführt, dass der Zwangsverwalter auch die Einkommensteuer des Vollstreckungsschuldners zu entrichten hat, soweit sie aus der Vermietung der im Zwangsverwaltungsverfahren beschlagnahmten Grundstücke herrührt, und zwar auch dann, wenn während der Zwangsverwaltung das Insolvenzverfahren über das Vermögen des Schuldners eröffnet wird (BFH v. 10.02.2015, IX R 23/14, BStBl II 2017, 367; BMF v. 03.05.2017, BStBl I 2017, 718).

**19** Grundsätzliche Ausführungen über die Rechte und Pflichten eines **Testamentsvollstreckers** enthält das BFH-Urteil v. 07.10.1970 (I R 145/68, BStBl II 1971, 119). Auch hier weist der BFH darauf hin, dass die dem Testamentsvollstrecker obliegenden Pflichten und die sich aus der Erfüllung dieser Pflichten ergebenden Rechte sich nach Maßgabe seines bürgerlich-rechtlichen Verwaltungsrechts bestimmen. Entsprechend beantwortet sich die Frage, ob das Recht auf Erstattung überzahlter Steuerbeträge den Erben oder dem Testamentsvollstrecker zusteht, nach den gleichen Grundsätzen, die den Umfang der Rechte und Pflichten des Testamentsvollstreckers bestimmen (BFH v. 18.06.1986, II R 38/84, BStBl II 1986, 704; s. auch §§ 2212, 2213 BGB und BFH v. 08.06.1988 II R 14/85, BStBl II, 946).

**20** Bei **Insolvenzverwaltern** werden die steuerlichen Zahlungspflichten durch die insolvenzrechtlichen Regelungen der Befriedigung von Masse- und Insolvenzgläubigern überlagert (BFH v. 28.11.2002 VII R 41/01, BStBl II 2003, 337). Der Insolvenzverwalter hat nach § 34 Abs. 1 und 3 AO die steuerlichen Pflichten des Schuldners zu erfüllen, soweit seine Verwaltung reicht (BFH v. 15.03.2017, III R 12/16, ZInsO 2017, 2708). Nach § 21 Abs. 2 Nr. 2 InsO kann das Insolvenzgericht einen sog. **vorläufigen** »starken« **Insolvenzverwalter** bestellen, der Vermögensverwalter i. S. des § 34 Abs. 3 AO ist. Entscheidet sich das Gericht für die Bestellung eines sog. »schwachen« vorläufigen Verwalters ohne dem Gemeinschuldner ein allgemeines Verfügungsverbot aufzuerlegen, muss das Gericht die Befugnisse des vorläufigen Verwalters im Einzelnen festlegen (BGH v. 18.07.2002, IX ZR 195/01, NJW 2002, 3326). Nach Maßgabe dieses Beschlusses richtet es sich ob und in welchem Umfang der vorläufige Verwalter Vermögensverwalter i. S. des § 34 Abs. 3 AO ist (BFH v. 30.12.2004, VII B 145/04, BFH/NV 2005, 665). Besteht für einen vorläufigen Verwalter lediglich ein Zustimmungsvorbehalt (vgl. dazu BFH v. 27.05.2009, VII B 156/08, BFH/NV 2009, 1591; BFH v. 26.09.2017, VII R 40/16, BFHE 259, 423), darf er diesen u. E. nicht zu einer disquotalen Befriedigung von Gläubigern einsetzen. Er darf nicht der Auszahlung von Löhnen und Gehältern zustimmen, die Tilgung der hierdurch verursachten Lohnsteuer aber verweigern (a. A. *d'Avoine*, ZIP 2006, 1433).

## § 35 AO
## Pflichten des Verfügungsberechtigten

**Wer als Verfügungsberechtigter im eigenen oder fremden Namen auftritt, hat die Pflichten eines gesetzlichen Vertreters (§ 34 Abs. 1), soweit er sie rechtlich und tatsächlich erfüllen kann.**

**Inhaltsübersicht**



**Schrifttum**

GMACH, Pflichten des Verfügungsberechtigten, DStZ 2001, 341; MEIER, Zur Haftung für Steuerschulden einer GmbH bei faktischer Geschäftsführung durch den Gesellschafter, StW 2004, 107; KAISER/GRIMM, Ausweitung der steuerstrafrechtlichen Rechtsprechung zu § 35 AO, DStR 2014, 179; s. auch die Hinweise bei § 34 AO und bei § 69 AO.

### A. Bedeutung der Vorschrift

Die Vorschrift regelt die Voraussetzungen, unter denen Personen, die im eigenen oder fremden Namen als Verfügungsberechtigte auftreten, wie ein Vertreter i. S. des § 34 AO die Pflichten des Steuerpflichtigen zu erfüllen haben. Die Wirkungen treten nur dann und insoweit ein, als dem Auftreten als Verfügungsberechtigter die tatsächliche und rechtliche Möglichkeit der Erfüllung der steuerlichen Pflichten eines gesetzlichen Vertreters gegenübersteht. **1**

### B. Verfügungsberechtigte

Die grundsätzliche Gleichstellung mit den in § 34 Abs. 1 AO genannten gesetzlichen Vertretern betrifft jeden, der als Verfügungsberechtigter im eigenen oder fremden Namen auftritt. **2**

## I. Begriff

3 Der Begriff des Verfügungsberechtigten knüpft an den dem bürgerlichen Recht entnommenen Begriff der Verfügung an. Im Gegensatz zum sog. (schuldrechtlichen) Verpflichtungsgeschäft wirkt die (dingliche) Verfügung unmittelbar auf die rechtliche Zuordnung eines Gegenstandes ein. In diesem Sinn ist Verfügung insbes. die Übereignung beweglicher und unbeweglicher Sachen, die Abtretung von Rechten, die Belastung eines Gegenstandes mit dinglichen Rechten (z.B. Begründung eines Pfandrechts, des Nießbrauchs) und die Aufhebung von Rechten (z.B. Erlassvertrag). Nur wer das Recht hat, d.h. kraft Gesetzes oder infolge eines zugrunde liegenden Auftragsverhältnisses im weitesten Sinne bevollmächtigt ist, derartige Verfügungen vorzunehmen, ist verfügungsberechtigt (Kontenvollmacht: BFH v. 08.12.2010, VII B 102/01, BFH/NV 2011, 740).

## II. Auftreten als Verfügungsberechtigter

4 Die Vorschrift stellt nicht auf das wirkliche Innehaben einer derartigen Verfügungsberechtigung ab, sondern darauf, ob jemand als Verfügungsberechtigter im **eigenen oder fremden Namen auftritt**. Der erste Satzteil der Vorschrift lässt die Annahme zu, sie beträfe auch solche als Verfügungsberechtigte auftretende Personen, die in Wirklichkeit nicht verfügungsberechtigt sind, sei es, dass sie die Verfügungsberechtigung vortäuschen oder irrtümlich annehmen. Die Einschränkung im zweiten Satzteil, dass der als Verfügungsberechtigter Auftretende die Pflichten eines gesetzlichen Vertreters nur hat, »soweit er sie rechtlich und tatsächlich erfüllen kann«, widerspricht dieser Annahme jedoch. Im Ergebnis werden daher nur solchen Personen die Pflichten eines gesetzlichen Vertreters (s. § 34 Abs. 1 AO) auferlegt, die aufgrund rechtlich bestehender Verfügungsmacht als Verfügungsberechtigte auftreten (BFH v. 16.03.1995, VII R 38/94, BStBl II 1995, 859; BFH v. 27.05.2009, VII B 156/08, BFH/NV 2009, 1591 zum schwachen vorläufigen Insolvenzverwalter).

5 **Im eigenen Namen** tritt als Verfügungsberechtigter auf, wer ein originäres Verfügungsrecht zu haben angibt, ohne Rücksicht darauf, ob dies zutrifft oder nicht (BFH v. 24.04.1991, I R 56/89, BFH/NV 1992, 76).

6 **Im fremden Namen** tritt als Verfügungsberechtigter auf, wer sich nach außen hin als Inhaber eines abgeleiteten Verfügungsrechts geriert. Es ist nicht erforderlich, dass der Verfügungsberechtigte als solcher gegenüber der Finanzbehörde aufgetreten ist (BFH v. 29.10.1985, VII R 186/82, BFH/NV 1986, 192). Es genügt das Auftreten gegenüber einer begrenzten Öffentlichkeit (BFH v. 24.04.1991, I R 56/89, BFH/NV 1992, 76).

Als Verfügungsberechtigte kommen beispielsweise **Prokuristen** in Betracht (s. § 49 HGB), wenn sie als solche auftreten (BFH v. 29.10.1985, BFH/NV 1986, 192; BFH v. 23.04.2007, VII B 92/06, BStBl II 2009, 622), allerdings nur innerhalb des ihnen zugewiesenen Geschäftsbereichs, soweit sie dessen Rahmen nicht überschreiten (BFH v. 19.07.1984, V R 70/79, BStBl II 1985, 147). In Betracht kommen auch **Treuhänder** und zur Verwertung des Sicherungsgutes berechtigte **Sicherungsnehmer** zumindest dann, wenn ihnen Befugnisse zustehen, die über die schlichte Möglichkeit, aus der Sache oder dem Recht Befriedigung zu erlangen, hinausgehen. Dafür reicht es aber nicht aus, dass sich z.B. eine Bank zur Sicherung ihrer Kredite hat Forderungen abtreten lassen und dass sie tatsächlich in der Lage ist, auf die Geschäftsführung des Kreditnehmers Einfluss zu nehmen, wenn sie im Außenverhältnis nicht wirksam für ihn handeln kann (BFH v. 16.03.1995, VII R 38/94, BStBl II 1995, 859; denkbar ist in einem solchen Fall allerdings eine Haftung nach § 74 Abs. 2 Satz 2 AO). Ein **Sachwalter** kann nach Maßgabe des § 275 InsO die Eigenschaft eines Verfügungsberechtigten haben. Ein **Treuhänder** ist in der Phase der Restschuldbefreiung nach § 292 InsO insoweit Verfügungsberechtigter, als er vereinnahmte Beträge für Zahlungen an Insolvenzgläubiger einzusetzen hat. 7

Ist der Geschäftsführer einer Organmuttergesellschaft nach der Geschäftsverteilung der Unternehmensgruppe **faktischer Geschäftsführer** anderer Gesellschaften im Konzernverbund und übt er diese Befugnis tatsächlich aus, so ist er Verfügungsberechtigter i.S. der Vorschrift (BFH v. 21.02.1989, VII R 165/85, BStBl II 1989, 491). Verfügungsberechtigter ist auch der beherrschende Gesellschafter, wenn er der wirkliche Oberleiter des Unternehmens ist (BFH v. 16.01.1989, I R 7/77, BStBl II 1989, 526), bzw. der Alleingesellschafter einer GmbH nach dem Ausscheiden des Geschäftsführers (BFH v. 27.11.1990, VII R 20/89, BStBl II 1991, 284). Verfügungsberechtigter ist im Übrigen auch jeder faktische Geschäftsführer z.B. einer GmbH, der sich aus welchen Gründen auch immer eines Strohmannes bedient, der formal wirksam als Geschäftsführer i.S. des § 34 Abs. 1 AO bestellt ist (BFH v. 11.03.2004, VII R 52/02, BStBl II 2004, 579; BFH v. 05.08.2010, V R 13/09, BFH/NV 2011, 81: Umsatzsteuerkarussell). Die faktische Geschäftsführung ist auch bei einem Einzelunternehmen möglich, wenn eine andere Person anstelle des Inhabers handelt (BFH v. 11.12.2007, VII B 172/07, BFH/NV 2008, 748; BGH v. 09.04.2013, 1 StR 586712, NJW 2013, 2449). 8

## C. Eingeschränkte Gleichstellung mit den gesetzlichen Vertretern

Wer im vorstehenden Sinn als Verfügungsberechtigter im eigenen oder fremden Namen auftritt (s. Rz. 4), hat die 9

Pflichten eines gesetzlichen Vertreters, soweit er sie rechtlich und tatsächlich erfüllen kann.

10 Der **Umfang dieser Pflichten** ergibt sich aus § 34 Abs. 1 AO (s. § 34 AO Rz. 11 ff.). Hervorzuheben ist die Pflicht, dafür zu sorgen, dass die Steuern aus den Mitteln entrichtet werden, die vom Verfügungsrecht betroffen sind (s. § 34 Abs. 1 Satz 2). Hinzu treten die weiteren in § 33 Abs. 1 AO aufgeführten steuerlichen Pflichten, mit denen ein Stpfl. belastet ist, also insbes. die steuerlichen Erklärungs-, Auskunfts-, Nachweis-, Berichtigungs-, Buchführungs- und Aufzeichnungspflichten.

11 **Eingeschränkt** wird diese Konsequenz durch den letzten Halbsatz. Pflichten, die der Betreffende rechtlich und tatsächlich nicht erfüllen kann, fallen nicht unter die Vorschrift. Dabei ist aber auch das Innenverhältnis zu beachten. Da es sich um eine zivilrechtlich eingeräumte Befugnis handelt, kann der Umfang der Befugnis i.d.R. durch die konkrete Ausgestaltung der Befugniseinräumung beschränkt werden. Für die Erteilung einer Prokura regelt § 50 Abs. 1 HGB, dass ihr Umfang gegenüber Dritten nicht beschränkt werden kann. Intern sind Prokuristen aber an erteilte Weisungen oder festgelegte Aufgabenbereiche gebunden. Daher nimmt der BFH eine Verantwortlichkeit eines Prokuristen nur im Rahmen des zugewiesenen Geschäftsbereichs an, soweit er diesen Rahmen nicht überschreitet (BFH v. 19.07.1984, V R 70/79, BStBl II 1985, 147).

### D. Anwendung auf steuerberatende Berufe

12 Das normale **Auftrags- und Vollmachtsverhältnis**, das zwischen einem Angehörigen der steuerberatenden Berufe und seinem Mandanten besteht (s. § 80 AO), wird von der Vorschrift **nicht tangiert**. Nur wenn aufgrund besonderer darüber hinausgehender Vereinbarungen dem Steuerberater usw. Verfügungsbefugnisse eingeräumt sind und er diese nach außen hin ausdrücklich oder durch schlüssiges Verhalten erkennbar macht, treffen ihn die entsprechenden Pflichten.

### E. Folgen der Pflichtverletzung

13 Werden infolge vorsätzlicher oder grob fahrlässiger Pflichtverletzung Steuern und steuerliche Nebenleistungen nicht oder nicht rechtzeitig festgesetzt oder entrichtet bzw. Steuern zu Unrecht erstattet oder vergütet, **haftet** der Verpflichtete gem. § 69 AO.

## § 36 AO
## Erlöschen der Vertretungsmacht

**Das Erlöschen der Vertretungsmacht oder der Verfügungsmacht lässt die nach den §§ 34 und 35 entstandenen Pflichten unberührt, soweit diese den Zeitraum betreffen, in dem die Vertretungsmacht oder Verfügungsmacht bestanden hat und soweit der Verpflichtete sie erfüllen kann.**

Die Vorschrift begründet keine Pflichten; sie gibt nur einen allgemeinen Grundsatz wieder. 1

Die Verpflichtungen, die Vertretern oder Verfügungsberechtigten i.S. der §§ 34 und 35 AO obliegen, finden ihr **Ende** mit dem Erlöschen der Vertretungsmacht oder der Verfügungsmacht. Das bedeutet nicht, dass der Betreffende mit diesem Zeitpunkt seiner Verpflichtungen schlechthin ledig wird. Soweit es sich um Verpflichtungen handelt, die vor dem Erlöschen entstanden sind, in diesem Zeitpunkt aber noch nicht erfüllt waren, sind die betroffenen Personen zur Erfüllung weiter verpflichtet, auch wenn die Vertretungs- oder Verfügungsmacht inzwischen erloschen ist. So ist beispielsweise eine Steuererklärung, die vor dem fraglichen Zeitpunkt abzugeben war, aber noch nicht abgegeben ist, von dem Verpflichteten noch abzugeben. Zweck der Vorschrift ist es auch, der Finanzbehörde den Zugriff auf das – möglicherweise alleinige – Wissen des ausgeschiedenen Verpflichteten zu sichern. Ein vor Erlöschen der Vertretungsmacht verwirklichter Haftungstatbestand erlischt selbstverständlich nicht mit dem Erlöschen der Vertretungsmacht (BFH v. 25.04.2013, VII B 245/12, BFH/NV 2013, 1063). 2

Die **gesetzliche oder satzungsmäßige Vertretungsmacht** i.S. des § 34 AO endet mit dem **Wegfall ihres Grundes**, z.B. mit dem Tod oder der Volljährigkeit des Vertretenen, mit der Beendigung einer Vormundschaft oder Pflegschaft oder mit dem Entzug der Verfügungsbefugnis in der Insolvenz (§ 80 InsO; zur Bestellung eines vorläufigen Insolvenzverwalters s. §§ 21 f. InsO; BFH v. 30.12.2004, VII B 145/04, BFH/NV 2005, 665; FG SchlH v. 25.05.2004, 5 V 85/04, EFG 2004, 1345), bei Gesellschaften mit der Abberufung des Geschäftsführers (Vorstand) oder mit der Auflösung der Gesellschaft. Schließt sich an die Auflösung eine Liquidation an, so endet die Vertretungsmacht des Liquidators nicht vor dem Ablauf des Sperrjahres bzw. vor Beendigung der Auseinandersetzung. 3

Beruht in den Fällen des § 35 AO das Auftreten des **Verfügungsberechtigten** auf einer rechtsgeschäftlichen Vertretungsmacht (Vollmacht), so bestimmt sich die Dauer der Vertretungsmacht zwar nach dem zugrunde liegenden Rechtsverhältnis (z.B. Auftrag, Dienstvertrag, Geschäftsbesorgungsvertrag; § 168 BGB). Hiernach entscheidet sich auch, ob die Vollmacht widerruflich ist und welchen Einfluss der Tod des Vollmachtgebers auf das Bestehen der Vollmacht hat. Sie endet auf jeden Fall mit dem Tod des Bevollmächtigten. Da aber § 35 AO nicht auf das zugrunde liegende Rechtsverhältnis, sondern darauf abstellt, wer als Verfügungsberechtigter im eigenen oder fremden Namen auftritt, kommt es für das Erlöschen der 4 durch dieses Auftreten begründeten Pflichten vielmehr darauf an, von wann ab der Betreffende **nicht mehr** als solcher **auftritt** und sich nach außen hin von dieser Position lossagt (FG Nds v. 06.06.2008, 11 K 573/06, EFG 2009, 1610: faktischer Geschäftsführer). Nur die vor diesem Zeitpunkt entstandenen, aber noch nicht erfüllten Pflichten betrifft die Regelung des § 36 AO (s. Rz. 2); diese Pflichten sind also noch zu erfüllen.

5 Die Heranziehung des früher mit der Vertretungs- oder Verfügungsmacht Ausgestatteten findet jedoch dort ihre Grenzen, wo der Verpflichtete sie nicht mehr erfüllen kann. So kann z. B. ein Vermögensverwalter nach Beendigung der Verwaltung selbstverständlich nicht mehr dafür sorgen, dass die Steuern aus den Mitteln entrichtet werden, die er verwaltete (s. § 34 Abs. 1 Satz 2 AO). Gleichwohl wird er regelmäßig z. B. noch in der Lage sein, über steuerlich relevante Geschäftsvorfälle aus der Zeit seiner Verwaltungstätigkeit Auskunft zu erteilen

6 Soweit nach § 36 AO noch Pflichten fortdauern, handelt es sich um Pflichten eines Steuerpflichtigen i. S. des § 33 Abs. 1 AO, die keine fremde Steuersache i. S. des § 33 Abs. 2 AO betreffen. § 107 Satz 1 AO (Anspruch auf Entschädigung in entsprechender Anwendung des Gesetzes über die Entschädigung von Zeugen und Sachverständigen) greift daher nicht ein (s. § 107 Satz 2 AO).

## Zweiter Abschnitt: Steuerschuldverhältnis

## § 37 AO Ansprüche aus dem Steuerschuldverhältnis

**(1) Ansprüche aus dem Steuerschuldverhältnis sind der Steueranspruch, der Steuervergütungsanspruch, der Haftungsanspruch, der Anspruch auf eine steuerliche Nebenleistung, der Erstattungsanspruch nach Absatz 2 sowie die in Einzelsteuergesetzen geregelten Steuererstattungsansprüche.**

**(2) Ist eine Steuer, eine Steuervergütung, ein Haftungsbetrag oder eine steuerliche Nebenleistung ohne rechtlichen Grund gezahlt oder zurückgezahlt worden, so hat derjenige, auf dessen Rechnung die Zahlung bewirkt worden ist, an den Leistungsempfänger einen Anspruch auf Erstattung des gezahlten oder zurückgezahlten Betrages. Dies gilt auch dann, wenn der rechtliche Grund für die Zahlung oder Rückzahlung später wegfällt. Im Fall der Abtretung Verpfändung oder Pfändung richtet sich der Anspruch auch gegen den Abtretenden, Verpfänder oder Pfändungsschuldner.**

**Inhaltsübersicht**



**Schrifttum**

Seer/Drüen, Zur Rückforderung von Steuererstattungen oder -vergütungen vom Sicherungszessionar nach § 37 II AO, NJW 1999, 265.

### A. Bedeutung der Vorschrift

Das **Steuerschuldverhältnis** umfasst die Gesamtheit der Rechtsbeziehungen, die sich für die Beteiligten aus der Verwirklichung eines Steuertatbestandes ergeben. Näheres hierzu enthalten die Erläuterungen zu § 38 AO. Das Steuerschuldverhältnis gehört dem **öffentlichen Recht** an, woraus in erster Linie folgt, dass die aus ihm erwachsenden Ansprüche der **freien Verfügung der Beteiligten entzogen** sind (zwingender Charakter des öffentlichen Rechts). Diese Ansprüche gehen durchweg auf Leistung von Geld. Ihre Aufzählung in § 37 Abs. 1 AO ist erschöpfend und zielt auf eine einheitliche und unmissverständliche Gesetzessprache. Strafen und Geldbußen werden nicht erfasst (s. AEAO zu § 37 Nr. 1). Auch die Entrichtungsschuld findet in § 37 Abs. 1 AO keine Erwähnung, weswegen sie nach Auffassung des BFH kein Anspruch aus dem Steuerschuldverhältnis ist (BFH v. 24.03.1998, I R 120/97, BStBl II 1999, 3). Wer im Einzelfall anspruchsberechtigt bzw. leistungsverpflichtet ist, ergibt sich aus den in der AO oder in den Einzelsteuergesetzen enthaltenen Vorschriften (s. § 37 Abs. 2 und § 43 AO). Wegen des Begriffs des Steuerpflichtigen s. § 33 AO. 1

### B. Der Steueranspruch

Der Steueranspruch ist ein Anspruch auf eine **Geldleistung** i. S. des § 3 Abs. 1 AO. Nach § 3 Abs. 3 AO zählen zu den Steuern auch Einfuhr- und Ausfuhrabgaben nach Art. 5 Nr. 20 und 21 UZK. Das Steuerschuldverhältnis, aus dem der Steueranspruch resultiert, ist in den Einzelsteuergesetzen geregelt. Dort ist insbes. bestimmt, wer Steuerschuldner ist (s. § 43 Satz 1 AO) und welcher Tatbestand den Anspruch zum Entstehen bringt (s. § 38 AO). 2

### C. Der Steuervergütungsanspruch

Der Steuervergütungsanspruch ist der Anspruch auf Auszahlung von **Steuerbeträgen**, die nicht an den Steuerschuldner erfolgt, der sie entrichtet hat, sondern an dritte 3

Personen, auf welche die Steuer erfahrungsgemäß überwälzt worden ist (insbes. im Preis gelieferter Waren). Vergütungsansprüche sind besonders auf dem Gebiet, der Verbrauchsteuern zu finden, ein weiterer wichtiger Anwendungsfall ist die Vorsteuer nach § 15 UStG, sofern sie die Umsatzsteuer übersteigt (BFH v. 24.03.1983, V R 8/81, BStBl II 1983, 612; BFH v. 16.01.2007, VII R 4/06, BStBl II 2007, 747). Die Regelung der entsprechenden Steuerschuldverhältnisse ist den Einzelsteuergesetzen zu entnehmen. Aus diesen ergibt sich, wer Anspruchsberechtigter ist (s. § 43 Satz 1 AO) und welcher Tatbestand den Vergütungsanspruch i. S. des § 38 AO zur Entstehung bringt.

## D. Der Haftungsanspruch

4 Der Haftungsanspruch ist der unter besonderen tatbestandsmäßigen Voraussetzungen (s. § 38 AO) entstehende auf Zahlung gerichtete **Anspruch gegen andere** als diejenigen, die an dem entsprechenden Steuerschuldverhältnis **als Steuerschuldner** beteiligt sind. Die Einzelregelungen sind den Vorschriften der AO (z. B. §§ 69 ff. AO), den übrigen Steuergesetzen (z. B. Arbeitgeberhaftung für die LSt: § 42 d EStG), dem außersteuerlichen Recht (z. B. § 25 HGB) oder vertraglichen Vereinbarungen zu entnehmen (z. B. Bürgschaft).

## E. Der Anspruch auf eine steuerliche Nebenleistung

5 Der Anspruch auf eine steuerliche Nebenleistung zählt ebenfalls zu den Ansprüchen aus dem Steuerschuldverhältnis. Steuerliche Nebenleistungen sind gem. § 3 Abs. 4 AO Verzögerungsgelder (s. § 146 Abs. 2b AO), Verspätungszuschläge (s. § 152 AO), Zuschläge gem. § 162 Abs. 4 AO, Zinsen (s. §§ 233–237 AO und die Regeln des UZK), Säumniszuschläge (s. § 240 AO), Zwangsgelder (s. § 329 AO) und Kosten (s. §§ 89, 178, 178a AO und §§ 337 bis 345 AO) sowie Verspätungsgelder nach § 22 a Abs. 5 EStG).

## F. Der Erstattungsanspruch

6 Der Erstattungsanspruch unterscheidet sich von den übrigen Ansprüchen aus dem Steuerschuldverhältnis dadurch, dass er die **vorherige Erfüllung eines Anspruchs** aus dem Steuerschuldverhältnis durch Zahlung voraussetzt (BFH v. 16.12.1008, VII R 7/08, BStBl II 2009, 514), die **ohne rechtlichen Grund** erfolgt ist oder für die der **rechtliche Grund später weggefallen ist** (s. § 37 Abs. 2 AO). Ob eine Steuer i. S. des **§ 37 Abs. 2 Satz 1 AO** ohne rechtlichen Grund gezahlt worden oder dieser später weggefallen ist, richtet sich regelmäßig nach den zugrunde liegenden Steuerbescheiden (BFH v. 28.04.2016, VI R 18/15, BFHE 254, 26). Der Erstattungsanspruch stellt sich daher im Regelfall als **Umkehrung der sonstigen Ansprüche aus dem Steuerschuldverhältnis** dar. Er kann auch auf Erstattung einer zu Unrecht erfolgten Erstattung gerichtet sein, sodass dann die Finanzbehörde Gläubigerin des Erstattungsanspruchs ist. Ein Erstattungsanspruch i. S. der Vorschrift kann der Finanzbehörde aber auch aus einer fehlgeleiteten Zahlung (Leistung an einen unbeteiligten Dritten) erwachsen. In diesem Fall handelt es sich um ein ausschließlich auf Beseitigung der unrechtmäßigen Vermögensverschiebung gerichtetes Steuerschuldverhältnis, das seine Entstehung der fehlgeleiteten Zahlung verdankt (BFH v. 18.06.1986, II R 28/84, BStBl II 1986, 704). Schuldner dieses abgabenrechtlichen Rückforderungsanspruchs ist derjenige, zu dessen Gunsten die Zahlung erbracht wurde (BFH v. 08.04.1987, X R 64/81, BFH/NV 1988, 2). Dies ist auch dann der Fall, wenn das FA auf Anweisung des Schuldners an einen Dritten gezahlt hat (BFH v. 10.03.2016, III R 29/15, BFH/NV 2016, 1278; BFH v. 18.052017, III R 11/15, BFHE 259, 78). Stimmen in einem Mehr-Personen-Verhältnis die Vorstellungen des leistenden FA über den Zahlungszweck mit denen des Leistungsempfängers nicht überein, hat die Bestimmung des Leistungsempfängers aufgrund einer objektiven Betrachtungsweise aus der Sicht des Zahlungsempfängers zu erfolgen. Empfänger ist in der Regel derjenige, gegenüber dem der Leistende seine abgabenrechtliche Verpflichtung erfüllen will (BFH v. 30.08.2005, VII R 64/04, BStBl II 2006, 353; BFH v. 05.06.2007, VII R 17/06, BStBl II 2007, 738). Der BFH (BFH v. 12.04.1994, VII B 278/93, BStBl II 1995, 817) bezeichnet **§ 37 Abs. 2 AO** als generelle Anspruchsnorm für alle Fälle ungerechtfertigter Steuer- und Vergütungszahlungen. Keine Zahlung i. S. dieser Vorschrift liegt vor, wenn ein FA einen Geldbetrag auf das Steuerkonto eines Stpfl. bei einem FA, das derselben Gebietskörperschaft angehört, überweist (BFH v. 16.12.2008, VII R 7/08, BStBl II 2009, 514: Umsatzsteuer-Überweisung vom Steuerkonto einer Organgesellschaft auf das Steuerkonto des Organträgers). In der Sache handelt es sich um eine Umbuchung. § 37 Abs. 2 AO setzt kein Verschulden auf Seiten des Leistungsempfängers voraus (BFH v. 10.03.2016, III R 29/15, BFH/NV 2016, 1278).

Nicht zu den Ansprüchen aus dem Steuerschuldverhältnis – und damit auch nicht zu den Erstattungsansprüchen i. S. des § 37 Abs. 2 AO – gehört ein gegen das FA gerichteter Anspruch eines Insolvenzverwalters auf **Rückgewähr** insolvenzrechtlich angefochtener Leistungen, auch wenn es sich bei den angefochtenen Leistungen des Gemeinschuldners um solche aus dem Steuerschuldverhältnis handelte (BFH v. 05.09.2012, VII B 95/12, BStBl II 2012, 854; BFH v. 27.09.2012, VII B 6a

190/11, BStBl II 2013, 109; BFH v. 12.11.2013, VII R 15/13, BStBl II 2014, 359).

7 Neben dem in § 37 Abs. 2 AO definierten Erstattungsanspruch erwähnt das Gesetz lediglich noch die in Einzelsteuergesetzen geregelten Steuererstattungsansprüche. Für sie ist charakteristisch, dass der Erstattungsanspruch aus einem zu dem die Steuerfestsetzung begründenden Tatbestand hinzutretenden nachträglichen besonderen Sachverhalt erwächst, der weder die Rechtmäßigkeit der bisherigen Steuerfestsetzung noch den auf dieser Grundlage verwirklichten Steuerzahlungsanspruch (s. § 218 Abs. 1 AO) infrage stellt. Erst mit Wirkung von dem Zeitpunkt ab, in dem der die Erstattung rechtfertigende Tatbestand erfüllt ist, wird die bisherige Steuerfestsetzung durch die entsprechende Freistellung von der Steuer (s. § 155 Abs. 1 Satz 3 AO) abgelöst, die ihrerseits Grundlage für die Verwirklichung im Wege der Erstattung ist. Beispiele für derartige Steuererstattungsansprüche finden sich in § 4 KraftStG und § 9 VersStG.

8 **Gläubiger des Erstattungsanspruchs** ist derjenige, auf dessen Rechnung eine Zahlung ohne rechtlichen Grund bewirkt worden ist. Das ist nach der Rechtsprechung des BFH derjenige, dessen Steuerschuld nach dem Willen des Zahlenden, wie er im Zeitpunkt der Zahlung dem FA gegenüber erkennbar hervorgetreten ist, getilgt werden sollte Dsbei kommt es nicht darauf, von wem und mit wessen Mitteln gezahlt worden ist (BFH v. 20.01.2017, VII R 22/15, BFH/NV 2017, 906). Erstattungsberechtigt kann nicht nur der **Steuerpflichtige**, sondern auch die **abgabenberechtigte Körperschaft** sein. Ihrem Wesen nach ist Erstattung mithin **Ausgleich ungerechtfertigter Vermögensverschiebungen** zwischen den Partnern **desselben Steuerschuldverhältnisses** bzw. deren Rechtsnachfolgern. Da der Rückforderungsanspruch ein eigenständig geregelter Anspruch aus dem Steuerschuldverhältnis ist, ist er nicht mit dem ursprünglichen Steueranspruch identisch. Aus diesem Grund war er nach Auffassung des BFH (BFH v. 06.12.1988, VII R 206/83, BStBl II 1989, 223) nur gegenüber dem Zessionar geltend zu machen, wenn die Finanzbehörde aufgrund einer ihr angezeigten (wirksamen oder unwirksamen) Abtretung an diesen geleistet hat. Diese Auffassung ist insoweit durch die Neuregelung § 37 Abs. 2 Satz 3 AO überholt, als sich der Erstattungsanspruch im Fall der **Abtretung, Pfändung oder Verpfändung** sowohl gegen den Neuberechtigten, wie auch gegen den Altgläubiger richtet (zum Fall einer unwirksamen Abtretung: BFH v. 27.04.1998, VII B 296/97, BStBl II 1998, 499; zur Sicherungsabtretung: BFH v. 05.06.2007, VII R 17/06, BStBl II 2007, 738; zum Sonderfall der Zahlung von Kindergeld an Abzweigungsempfänger nach § 74 EStG: BFH 24.08.2001, VI R 83/99, BStBl II 2002, 47; zur Bindungswirkung der Feststellung eines Rückzahlungsanspruchs zur Insolvenztabelle gegenüber dem Zessionar: BFH v. 16.04.2013, VII R 44/12, BStBl II 2013, 778). Der Erstattungsanspruch der Finanzbehörde entsteht nach öffentlichem Recht und ist Ausdruck des Prinzips, dass derjenige, der vom Staat auf Kosten der Allgemeinheit etwas erhalten hat, grundsätzlich zur Rückzahlung des Erhaltenen verpflichtet ist (BFH v. 06.02.1990, VII R 97/88, BStBl II 1990, 671). Es handelt sich um einen eigenständigen Rückgewähranspruch, der nicht vom Bestehen eines Steuerschuldverhältnisses zwischen der Behörde und dem Rückgewährschuldner abhängig ist (BFH v. 24.10.1992, VII R 44/91, BFH/NV 1993, 344). Banken, die im Rahmen eines Kontokorrent- oder Girovertrags in den Zahlungsverkehr eingeschaltet sind, sind in der Regel bloße Zahlstellen und nicht Leistungsempfänger (BFH v. 10.11.2009, VII R 6/09, BStBl II 2010, 255; BFH v. 18.09.2012, VII R 53/11, BStBl II 2013, 270), selbst wenn das Konto gekündigt und abgewickelt ist (BFH v. 22.11.2011, VII R 27/11, BStBl II 2012, 167 unter Aufgabe von BFH v. 28.01.2004, VII B 139/03, BFH/NV 2004, 762). Die Regelungen der §§ 812 ff. BGB sind auf Erstattungsansprüche in Abgabenangelegenheiten nicht anwendbar (BFH v. 27.04.1998, VII B 296/97, BStBl II 1998, 499 zu § 818 Abs. 3 BGB; BFH v. 29.10.2002, VII R 2/02, BStBl II 2003, 43). Das zivilrechtliche Bereicherungsrecht ist indes anwendbar, wenn es um Leistungen von Personen geht, die selbst nicht Beteiligte des Steuerrechtsverhältnisses sind, die mit ihrer Zahlung keine eigene Steuerschuld begleichen wollen (BGH v. 12.11.2002, XI ZB 5/02, NJW 2003, 433: Leistung einer Bank ohne wirksamen Auftrag). Soweit § 37 Abs. 2 Satz 3 AO Alt- und Neugläubiger wegen der Rückzahlungsverpflichtung nebeneinander stellt, besteht Gesamtschuldnerschaft. Damit hat das FA eine Auswahlentscheidung zu treffen und diese auch zu begründen (FG Bbg v. 06.05.2010, 7 K 42/05, EFG 2010, 1946).

Da Zahlung und Rückforderung allein dem Erhebungsverfahren zuzurechnen sind, ist der Rückforderungs- 9
anspruch nicht abhängig davon, dass die (geänderte) Festsetzung gegen den Steuerschuldner bestandskräftig ist (BFH v. 31.08.1993, VII R 69/91, BStBl II 1995, 846). § 37 Abs. 2 AO enthält insoweit eine allgemeine Umschreibung des **öffentlich-rechtlichen Erstattungsanspruchs.** Dieser **entsteht**, wenn eine Steuer, eine Steuervergütung, ein Haftungsbetrag oder eine steuerliche Nebenleistung **ohne rechtlichen Grund** gezahlt oder zurückgezahlt worden ist oder wenn der rechtliche Grund für die Zahlung oder Rückzahlung später wegfällt (zur Erstattung im voraus entrichteter KraftSt s. BFH v. 16.11.2004, VII R 62/03, BFH/NV 2005, 409). Der **Zeitpunkt der Entstehung** bestimmt sich entsprechend § 38 AO im Falle der Zahlung ohne rechtlichen Grund mit dieser Zahlung (BFH v. 29.07.1998, II R 64/95, BFH/NV 1998, 1455: Zahlung aufgrund nichtigen oder unwirksamen Bescheids), im Falle des späteren Wegfalls des rechtlichen Grundes mit dem Eintritt dieses Ereignisses. Da gemäß § 218 Abs. 1 AO Grundlage für die Verwirk-

lichung von Ansprüchen aus dem Steuerschuldverhältnis die entsprechenden Bescheide sind, ist eine **Zahlung so lange nicht ohne rechtlichen Grund erfolgt**, als die entsprechenden **Verwaltungsakte Bestand haben** (BFH v. 17.03.2009, VII R 38/08, BStBl II 2009, 953). Für das Vorauszahlungsverfahren vertritt das FG Nds die Auffassung aus dem Charakter der »Vorläufigkeit« von Vorauszahlungen folge, dass Vorauszahlungsbescheide ihre Wirkung als Rechtsgrund verlören, wenn nicht innerhalb der Festsetzungsfrist der Jahressteuerbescheid ergeht (FG Nds v. 20.10.2009, 15 K 160/09, EFG 2010, 538). Entgegen dieser Auffassung scheint jedoch fraglich, ob es wegen § 171 Abs. 14 AO insoweit überhaupt zur Festsetzungsverjährung kommen kann (vgl. § 171 AO, Rz. 116).

10 § 37 Abs. 2 AO selbst kann in keinem Fall die Änderung oder Aufhebung eines im Übrigen bestandskräftigen Verwaltungsakts begründen. Die Vorschrift umschreibt lediglich allgemein den öffentlich-rechtlichen Erstattungsanspruch, ohne selbst die Grundlage für seine Entstehung zu schaffen. **Mag eine Zahlung auch nach materiellem Steuerrecht »ohne rechtlichen Grund« erfolgt sein; der Mangel der materiellrechtlichen »Begründetheit« kann nur nach Maßgabe der verfahrensrechtlichen Bestimmungen geltend gemacht werden.** Mit der Unanfechtbarkeit des der Leistung zugrunde liegenden Verwaltungsakts kann sich der Steuerpflichtige nicht mehr darauf berufen, dass der von ihm erfüllte (oder zu erfüllende) Anspruch keinen »rechtlichen Grund« habe (BFH v. 29.10.2002, VII R 2/02, BStBl II 2003, 43). Der Mangel der materiell-rechtlichen Begründetheit wird insoweit »geheilt« durch die Unanfechtbarkeit (BFH v. 20.05.1983, VI R 111/81, BStBl II 1983, 584). Die verfahrensrechtliche Durchsetzung der nur abstrakt bestehen bleibenden Rechte des Leistenden kann erst und nur dann stattfinden, wenn die Bestandskraft des Verwaltungsakts, in dessen Verwirklichung (s. § 218 Abs. 1 AO) die Leistung erfolgt ist, durchbrochen wird (z. B. gemäß §§ 172 ff. AO; BFH v. 24.01.1995, VII R 144/92, BStBl II 1995, 862). Bei mehrfacher Änderung ist die letzte Festsetzung maßgeblich (BFH v. 06.02.1996, VII R 50/95, BStBl II 1997, 112). Grundlegend anderer Auffassung zur Entstehung des Erstattungsanspruchs ist *Drüen*, der die Existenz eines »abstrakten« Erstattungsanspruchs in dem Augenblick bejaht, in dem eine materiell-rechtlich unrichtige (überhöhte) Steuerfestsetzung erfolgt und der festgesetzte Betrag gezahlt ist (materielle Rechtsgrundtheorie, *Drüen* in Tipke/Kruse, § 37 AO Rz. 27 ff.; wie hier formelle Rechtsgrundtheorie: BFH v. 14.03.2012, XI R 6/10, BStBl II 2014, 607; *Boeker* in HHSp, § 37 AO Rz. 35 ff.; offen gelassen: BFH v. 15.12.1997, II R 56/94, BStBl II 1997, 796; BFH v. 29.10.2002, VII R 2/02, BStBl II 2003, 43). Nach dem AEAO (s. AEAO § 37, Nr. 2 unter Bezugnahme auf BFH v. 06.02.1996, VII R 50/95, BStBl II 1997, 112 und BFH v. 15.12.1997, II R 56/94, BStBl II, 796) entsteht der Erstattungsanspruch, wenn eine Zahlung den materiell-rechtlichen Anspruch übersteigt, er kann aber nur durchgesetzt werden, wenn ein der Zahlung zugrunde liegender VA aufgehoben oder geändert worden ist (s. AEAO § 37, Nr. 2; BFH v. 30.11.1999, VII R 87/89, BFH/NV 2000, 412: Eine Leistungsklage ohne vorherige Festsetzung eines Erstattungsanspruchs ist unbegründet).

Die einer **Vollstreckungsmaßnahmen** zugrunde liegende Steuerfestsetzung stellt dann keinen Behaltensgrund für das Erlangte i. S. des § 37 Abs. 2 AO dar, wenn die Vollstreckung unter Verstoß gegen ein Vollstreckungsverbot erfolgte (BFH v. 11.04.2001, VII B 304/00, BStBl II 2001, 525). 11

Hat das FA **abgetretene Vorsteuerüberschüsse** eines Voranmeldezeitraums an einen Zessionar ausgezahlt, entsteht nach Auffassung des BFH (BFH v. 09.04.2002, VII R 108/00, BStBl II 2002, 562; BFH v. 27.10.2009, VII R 4/08, BStBl II 2010, 257) gegen diesen ein Rückforderungsanspruch, wenn der Rechtsgrund für die Auszahlung durch Berichtigung der Bemessungsgrundlage nach § 17 Abs. 2 Nr. 3 i. V. m. Abs. 1 Nr. 3 UStG in einem späteren Voranmeldezeitraum entfällt. Die zur Auszahlung führende Festsetzung verliere mit der Berichtigung der Bemessungsgrundlage ihre Wirksamkeit als formellen Rechtsgrund. Gleiches gelte, wenn der Rückforderungsanspruch zur Insolvenztabelle festgestellt ist (BFH v. 19.08.2008, VII R 36/07, BStBl II 2009, 90). Mag diese Sichtweise auch das Risiko von Steuerausfällen vermindern, so ist ihr dennoch m. E. in dieser Allgemeinheit nicht zu folgen. Nach § 17 Abs. 1 Satz 3 UStG ist die Berichtigung für den Besteuerungszeitraum vorzunehmen, in dem die Änderung der Bemessungsgrundlage eingetreten ist. Damit wird die Festsetzung für den Besteuerungszeitraum, aus dem der Vergütungsanspruch herrührt, weder formell noch materiell berührt; sie bleibt bestehen und ist damit weiterhin Rechtsgrund für die Auszahlung des Vergütungsanspruchs (so aber BFH v. 13.07.2006, V B 70/06, BStBl II 2007, 415- AdV-Verfahren beim V. Senat zur Hauptsache VII R 36/07 a. a. O.). Daran ändert m. E. auch die Tatsache nichts, dass § 17 UStG eine Sonderregelung gegenüber den Korrekturnormen der AO darstellt. Zuzustimmen ist der Auffassung des VII. Senats nur dann, wenn die Voranmeldung, aus der sich der Vergütungsanspruch ergibt, und der Voranmeldezeitraum der Berichtigung in demselben Kalenderjahr (s. § 16 Abs. 1 Satz 2 UStG) liegen und die Berichtigung im Jahressteuerbescheid ihren Niederschlag gefunden hat, weil der Jahressteuerbescheid dann formell an die Stelle der Voranmeldungen tritt und den zuvor festgestellten Erstattungsanspruch verneint (s. § 124 Abs. 2 AO; BFH v. 17.03.1994, V R 39/92, BStBl II 1994, 538; BFH v. 12.10.1999 VII R 98/98, BStBl II 2002, 486, 488; BFH v. 17.03.2009, VII R 38/08, BStBl II 2009, 953). 12

**Der Erstattungsanspruch steht demjenigen zu, auf dessen Rechnung die Zahlung bewirkt worden ist** (§ 37 Abs. 2 Satz 1 AO), d. h. demjenigen, gegen den sich der 13 angebliche »Primär«-Anspruch aus dem Steuerschuldverhältnis gerichtet hat, der durch Zahlung erfüllt wurde (BFH v. 18.09.1990, VII R 99/89, BStBl II 1991, 47: Verlustrücktrag in einen VZ vor Scheidung einer Ehe; zu den Besonderheiten bei der Kapitalertragsteuer s. BFH v. 14.07.2004, I R 100/03, BStBl II 2005, 31). Zahlung auf Rechnung einer Person bedeutet nicht zugleich Zahlung aus dem Vermögen dieser Person. Vielmehr betrifft die Zahlung stets »die Rechnung« desjenigen, der als Schuldner des Anspruchs aus dem Steuerschuldverhältnis beteiligt ist (BFH v. 15.11.2005, VII R 16/05, BStBl II 2006, 453; BFH v. 30.09.2008, VII R 18/08, BStBl II 2009, 39: Ehegatten bei Zusammenveranlagung). Dabei ist der **Steuerschuldner im formellen Sinn** beteiligt, also derjenige, gegen den der die Forderung festsetzende Verwaltungsakt ergangen ist. Auch der **Vergütungsgläubiger bestimmt sich in diesem formellen Sinn**. Nicht beteiligt ist dagegen derjenige, der vielleicht materiell der richtige Steuerschuldner bzw. Vergütungsgläubiger ist, aber nicht Adressat des die Leistungspflicht begründenden Verwaltungsakts war (BFH v. 23.08.2001, VII R 94/99, BStBl II 2002, 330: Organschaft). Fallen – wie bei erteilter Zahlungsanweisung – Zahlungsempfänger und Leistungsempfänger auseinander, so richtet sich der Rückforderungsanspruch der Finanzbehörde gegen den Leistungsempfänger (BFH v. 08.04.1986, VII B 128/85, BStBl II 1986, 511; zum Auseinanderfallen von Inhaberschaft bezüglich des Erstattungsanspruchs und Verfügungsberechtigung über diesen Anspruch BFH 18.06.1986, II R 38/84, BStBl II 1986, 704 Testamentsvollstreckung). Es entscheidet der beim Zahlungsakt erkennbar hervorgetretene Wille (BFH v. 25.09.1963, I 363/60 U, BStBl III 1963, 545). Eine Nachprüfung unklarer privatrechtlicher Rechtsbeziehungen kann den Finanzbehörden nicht zugemutet werden (BFH v. 09.12.1959, II 189/56 U, BStBl III 1960, 180). Bei Gesamtschuldnerschaft (s. § 44 AO) muss ermittelt werden, auf wessen Rechnung (zu wessen Gunsten) die Zahlung erfolgte, d. h. die Tilgungsabsicht des Zahlenden (BFH v. 25.07.1989, VII R 118/87, BStBl II 1990, 41). Ist für Rechnung aller gezahlt, erfolgt Erstattung nach Köpfen. Eine Prüfung der internen Ausgleichsbeziehungen ist der Finanzbehörde nicht zuzumuten (BFH v. 23.09.1964, BStBl I 362, 62). Bei der **Zusammenveranlagung von Ehegatten** steht der Anspruch auf Auszahlung von überzahlter Lohnsteuer im Regelfall dem Ehegatten zu, von dessen Bezügen die Lohnsteuer einbehalten wurde (BFH v. 19.10.1982, VII R 55/80, BStBl II 1983, 162). Sind Vorauszahlungen zu erstatten, sind beide Ehegatten erstattungsberechtigt. Der Betrag ist hälftig aufzuteilen (BFH v. 15.11.2005, VII R 16/05, BStBl II 2006, 453), es sei denn, bei der Zahlung des jetzt zur erstattenden Betrages ist eine Tilgungsbestimmung nur zugunsten eines der Gesamtschuldner abgegeben worden (BFH v. 30.09.2008, VII R 18/08, BStBl II 2009, 39). Sind Vorauszahlungen gegen Ehegatten zusammen festgesetzt, sind diese im Fall der getrennten Jahresveranlagung zunächst auf die festgesetzten Steuern beider Ehegatten anzurechnen. Eine verbleibende Überzahlung ist nach Kopfteilen an die Ehegatten auszukehren (BFH v. 22.03.2011, VII R 42/10, BStBl II 2011, 607). Gegenüber dem materiell erstattungsberechtigten Ehegatten wird die Behörde nur von der Erstattungsverpflichtung frei, wenn sie den Erstattungsbetrag auf das ihr in der Einkommensteuererklärung ausdrücklich benannte Konto überweist (BFH v. 05.04.1990, VII R 2/89, BStBl II 1990, 719), nicht aber, wenn die Bank den Betrag auf ein anderes Konto des nicht erstattungsberechtigten – aber im Überweisungsauftrag benannten – Ehegatten gutschreibt (BFH v. 08.01.1991, VII R 18/90, BStBl II 1991, 442). Zur Erstattungsberechtigung und Reihenfolge der Anrechnung in Nachzahlungsfällen vgl. BMF v. 14.01.2015, BStBl I 2015, 83. Zur Rückforderung einer Erstattung nach **Wechsel der Veranlagungsart** vgl. BFH v. 14.06.2016, VII B 47/15, BFH/NV 2016, 1428.

14 Der Anspruch auf Erstattung schon vor Insolvenzeröffnung zu viel entrichteter Steuern steht nicht dem Gemeinschuldner zu, sondern gehört zur Insolvenzmasse (BFH v. 09.02.1993, VII R 12/92, BStBl II 1994, 207; BFH v. 18.07.2002, V R 56/01, BStBl II 2002, 705). Wird eine selbstständige Tätigkeit gem. § 35 Abs. 2 InsO aus dem Insolvenzbeschlag freigegeben, ist ein Einkommensteuererstattungsanspruch, der auf Vorauszahlungen beruht, die erst nach der Freigabe festgesetzt und allein nach den zu erwartenden Einkünften aus der freigegebenen Tätigkeit berechnet worden sind, nicht der Insolvenzmasse geschuldet (BFH v. 26.11.2014, VII R 32/13, BStBl II 2015, 544).

14a Die Finanzbehörde muss stets vor Auszahlung die Empfangsberechtigung prüfen. Wer die Rückzahlung einer Steuer begehrt, die er **aufgrund privatrechtlicher Vereinbarung** für einen anderen, also den Steuerschuldner, entrichtet hat, kann das steuerrechtliche Erstattungsverfahren nur aufgrund einer ordnungsmäßigen Abtretung (s. § 46 AO) des dem Steuerschuldner zustehenden Erstattungsanspruches betreiben (BFH v. 14.12.1956, II 54/55 U, BStBl III 1956, 46). Anderenfalls ist er darauf angewiesen, seinen Ausgleichsanspruch gegenüber dem Steuerschuldner auf dem ordentlichen Rechtsweg zu verfolgen. In diesem Sinne verweist der BFH (BFH v. 12.05.1961, VI 124/60 U, BStBl III 1961, 377) den Sohn, der für die Mutter gezahlt hat, hinsichtlich seines Ersatzanspruches (als Folge der Erstattung an die Mutter) auf den ordentlichen Rechtsweg.

15 Hat der sog. **Entrichtungsschuldner** geleistet, ist der Steuerschuldner ggf. erstattungsberechtigt. Der Entrichtungsschuldner leistet **für Rechnung des Steuerschuldners** (s. § 43 Satz 2 AO; BFH v. 12.5.2016, VII R 50/14, BStBl II 2016, 730 zum so genannten Düsseldorfer Verfahren, bei dem ein Bordellbetreiber freiwillig Vorauszahlungen auf die Einkommen- und Umsatzsteuerschuld der

bei ihm tätigen Prostituierten leistet). Eine Steueranmeldung ist zunächst Rechtsgrund für die Zahlung einer Entrichtungsschuld. Ein später ergehender Steuerbescheid gegenüber dem Steuerschuldner ist Rechtsgrund hinsichtlich der Frage, ob ihm ein Erstattungsanspruch zusteht (BFH v. 12.10.1995, I R 39/95, BStBl II 1996, 87; BFH v. 29.01.2015, I R 11/13, BFH/NV 2015, 950).

16 Wegen der Verwirklichung der Erstattungsansprüche und des weiteren **Verfahrens** s. § 218 Abs. 2 Satz 2 AO (Abrechnungsbescheid) und die Erläuterungen hierzu. Der Zivilrechtsweg ist jedoch gegeben, wenn ein Kreditinstitut den Steuerfiskus auf Rückzahlung eines zur Einlösung eines Schecks aufgewendeten Betrags in Anspruch nimmt, wenn der Zahlung kein wirksamer Girovertrag zugrunde liegt, bzw. der Scheck von einem vollmachtlosen Vertreter des Kontoinhabers ausgestellt wurde (BGH v. 12.11.2002, XI ZB 5/02, NJW 2003, 433). Auch der Anspruch des Insolvenzverwalters auf Rückgewähr insolvenzrechtlich angefochtener Leistungen ist kein Anspruch aus dem Steuerschuldverhältnis über den durch Abrechnungsbescheid entschieden werden könnte (BFH v. 05.09.2012, VII B 95/12; BStBl II 2012, 854; BFH v. 27.09,2012, VII B 190/11, BStBl II 2013, 109).

17 Ein Erstattungsanspruch kann – wie andere Ansprüche aus dem Steuerschuldverhältnis auch – verwirkt werden (BFH v. 17.06.1992, X R 47/88, BStBl II 1993, 174).

## § 38 AO
## Entstehung der Ansprüche aus dem Steuerschuldverhältnis

**Die Ansprüche aus dem Steuerschuldverhältnis entstehen, sobald der Tatbestand verwirklicht ist, an den das Gesetz die Leistungspflicht knüpft.**

### Inhaltsübersicht



### Schrifttum


Helsper, Wege für Beweger im Steuerwesen, Köln 2001; Luttermann, Normenklarheit im Steuerrecht und »unbestimmte« Rechtsbegriffe?, FR 2007, 18.


### A. Die Steuerschuld: Wesen und Gegenstand

Die Vorschrift befasst sich mit der **Entstehung** der in § 37 Abs. 1 AO aufgeführten **Ansprüche** aus dem **Steuerschuldverhältnis**. Diese gehen durchweg auf eine Geldleistung, in erster Linie des Fiskus. Aber auch der Steuerpflichtige und andere Personen, denen aus Zahlungen ohne rechtlichen Grund oder aus systematischen oder wirtschaftspolitisch motivierten Gründen Ansprüche auf Erstattung oder Vergütung von Steuern zustehen, haben einen Anspruch aus dem Steuerschuldverhältnis. Dieser besteht regelmäßig gegenüber der mit der Verwaltung der betreffenden Steuer betrauten Gebietskörperschaft. Die Entstehung der steuerlichen Ansprüche dem Rechtsgrund nach ist auf den Zeitpunkt fixiert, in dem sämtliche Merkmale des maßgebenden im Gesetz formulierten Tatbestandes erfüllt sind. Hiervon zu unterscheiden sind sowohl ihre Festsetzung (s. §§ 155ff. AO) oder Selbsterrechnung (s. § 150 Abs. 1 Satz 2, § 168 AO) wie auch ihre Fälligkeit (s. §§ 220, 221 AO). 1

Da das Steuerschuldverhältnis ein gesetzliches Schuldverhältnis des **öffentlichen Rechts** ist, folgt hieraus, dass die auf ihm beruhenden Ansprüche kraft Gesetzes unmittelbar aus der Verwirklichung des einschlägigen Tatbestandes erwachsen, sodass es auf die Willensrichtung des Steuerpflichtigen, von der Gestaltung des zugrunde liegenden Sachverhaltes abgesehen, nicht ankommt (BFH v. 06.12.1991, III R 81/89, BStBl II 1992, 303: keine Steuerverweigerung aus Gewissensgründen). Hieraus folgt weiter, dass die Steuerschuld, nachdem sie entstanden ist, unbeschadet ihrer Tilgung und der etwaigen Gewährung eines Billigkeitserlasses, weder durch den Steuergläubiger noch durch den Steuerpflichtigen, weder durch einseitige Handlung noch durch vertragliches Übereinkommen aus der Welt geschafft werden kann. Der **zwingende Charakter** des öffentlichen Rechts entzieht seine Schuldverhältnisse der Verfügungsmacht der Beteiligten. Der Steuertatbestand kann mit Rechtswirkung durch »vergleichsweise« Regelungen weder im Ganzen noch in einzelnen Teilen abgedungen werden. »Steuervereinbarungen«, sei es dahingehend, dass der Steuergläubiger sich vertraglich verpflichtet, auf die Geltendmachung entstandener Steueransprüche zu verzichten, sei es, dass sich eine Person zur Zahlung von Steuern verpflichtet, die nach dem Gesetz nicht geschuldet wird, sind unwirksam (BFH v. 11.12.1984, VIII R 131/76, BStBl II 1985, 354). Zur tatsächlichen Verständigung s. im Übrigen die Erläuterungen vor §§ 204–207 AO Rz. 15 ff. 2

Die vorstehenden Ausführungen gelten unabhängig davon, ob ein Tatbestand oder Tatbestandsmerkmal steuerbegründende, – erhöhende, – mindernde oder – verhindernde Wirkung hat. So müssen auch **Steuerbefreiungstatbestände** gesetzlich geregelt sein (BFH v. 06.11.1985, II R 63/83, BStBl II 1986, 77). Auch **Billigkeitsmaßnahmen** zugunsten der Steuerpflichtigen bedür- 3 fen einer gesetzlichen Ermächtigungsgrundlage (s. §§ 163, 222, 227, 258 AO), ebenso wie **verwaltungsökonomisch motivierte Opportunitätsregelungen** (s. §§ 88 Abs. 1 Satz 3, 156, 261 AO).

4 Ihrem **Gegenstand** nach geht die Steuerschuld auf die Entrichtung einer nach Maßgabe des Steuertatbestandes zu bestimmenden Geldsumme als Steuer (s. § 3 Abs. 1 AO) an die zur Verwaltung (Erhebung) berufene Finanzbehörde. In Geld bestehen auch die steuerlichen Nebenleistungen, insbes. die Säumniszuschläge (s. § 240 AO), Verspätungszuschläge (s. § 152 AO), die Zinsen (s. §§ 233 ff. AO) und die Kosten der Vollstreckung (s. §§ 337 ff. AO). Wie die Steuer selbst knüpfen auch die Nebenleistungen an die Erfüllung ihrer gesetzlich bestimmten tatbestandlichen Voraussetzungen an, die teilweise durch Ermessensentscheidungen ergänzt werden (s. § 152 AO oder § 234 Abs. 2 AO).

5 Was für die Steuerschuld gilt, findet entsprechende Anwendung für die **Ansprüche** der **Steuerpflichtigen** oder anderer Personen (s. § 43 AO) auf Erstattung oder Vergütung von Steuern, bzw. für die Rückforderung von Erstattungs- bzw. Vergütungsbeträgen. Auch die Entstehung dieser Verpflichtungen ist die gesetzliche Folge der Erfüllung ihrer tatbestandlichen Voraussetzungen.

## B. Der Steuertatbestand und seine Verwirklichung

### I. Begriff und steuergesetzliche Ausprägung

6 Die tatbestandlichen Voraussetzungen der Steuerschuld nach Grund und Höhe regeln die **Einzelsteuergesetze** und der Zollkodex (s. Art. 77 bis 88 UZK) in Verbindung mit den Tarifen. Sie normieren die Steuertatbestände als Gesamtheit der Merkmale, die in objektiver und subjektiver Beziehung zutreffen müssen, um die Steuerschuld entstehen zu lassen. In diesem Sinn wird die Verwirklichung eines Steuertatbestandes einschließlich der aus ihr erwachsenden Steuerschuld häufig als Steuerfall bezeichnet.

7 Die **Gestaltung** der **Steuertatbestände** ist – je nach der Natur der einzelnen Steuer und der vom Gesetzgeber mit ihr verfolgten finanz- und wirtschaftspolitischen Zielsetzung – sehr unterschiedlich. Teils knüpft die Besteuerung an die Herrschaft über Wirtschaftsgüter (Steuern vom Vermögen) oder an bestimmte Arten von Vermögenszuwachs an (Steuern vom Einkommen und Ertrag). Bei diesen sog. Besitzsteuern werden entweder Personen nach bestimmten gegenständlichen Merkmalen unter weitgehender Berücksichtigung ihrer Leistungsfähigkeit besteuert (Personensteuern), oder das Gesetz stellt auf das Vorhandensein bestimmter Wirtschaftsgüter (Grundstücke) oder das Betreiben wirtschaftlicher Tätigkeiten (Gewerbebetriebe) ab, die sich bestimmten natürlichen oder juristischen Personen oder nichtrechtsfähigen Personenvereinigungen als Steuerschuldnern zurechnen lassen (Realsteuern). Die Verkehrsteuern und Verbrauchsteuern sowie die Einfuhr- und Ausfuhrabgaben knüpfen an Vorgänge des rechtlichen, tatsächlichen oder wirtschaftlichen Verkehrs an, also an bestimmte Geschehensakte ohne Rücksicht auf ihren wirtschaftlichen Nutzeffekt oder die wirtschaftliche Leistungsfähigkeit der beteiligten Personen, bei denen der Vorgang zum Gegenstand einer Steuerpflicht gemacht wird. Soweit Rechtsgeschäfte, insbes. Verträge als Besteuerungsgrundlagen in Betracht kommen, ist entscheidend, wie sie sich nach den abgegebenen Willenserklärungen darstellen. Auf die Vorstellungen der Beteiligten über die steuerlichen Auswirkungen kommt es nicht an (BFH v. 30.08.1978, II R 28/3, BStBl II 1979, 81).

Je nach der Vielgestaltigkeit des Steuergegenstandes formulieren die Steuergesetze regelmäßig mehrere Tatbestände, teilweise auch Ersatztatbestände zur Erfassung typischer **Umgehungshandlungen**. Hierin liegt eines der großen Probleme der aktuellen Steuergesetzgebung, die sich als ein Wechselspiel aus Aktion und Reaktion zwischen Gesetzgeber und Steuerpflichtigen, bisweilen auch der Gerichte darstellt. Der Gesetzgeber schafft Steuertatbestände, worauf die ihnen unterworfenen Adressaten mit Vermeidungsstrategien reagieren. Die Folge ist die fortlaufende Vermehrung von Tatbestandsmerkmalen zur Vermeidung der Vermeidung. Die weitere Folge sind Regelungskonstrukte, die für die Praxis nicht mehr taugen. Mit der Zunahme der Tatbestandsmerkmale einer Norm steigt der Aufwand exponential an. *Helsper* (S. 50) verdeutlicht dies am Beispiel der Entwicklung des § 152 AO. Als weiteres Problem für die Rechtsanwendung erweist sich die Technik der Verweisungen, die dazu führen kann, dass es selbst für den Fachmann kaum noch möglich ist, den Norminhalt sicher zu erfassen und zu bestimmen (Vorlagebeschluss nach Art. 100 Abs. 1 GG des BFH v. 06.09.2006, XI R 26/04, NJW 2006, 3808; *Luttermann*, FR 2007, 18). 8

### II. Tatbestandsmäßigkeit der Steuerschuld; keine rechtsgeschäftliche Rückbeziehung

Die Steuerschuld entsteht nach Maßgabe des konkret verwirklichten Steuertatbestandes, der Erstattungs- oder Vergütungsanspruch nach Maßgabe des Tatbestandes, an dessen Erfüllung das Gesetz die Erstattung oder Vergütung knüpft. Aus dieser **Tatbestandsmäßigkeit** der Besteuerung folgt, dass die Beteiligten den Sachverhalt, der dem Leitbild des gesetzlichen Steuertatbestandes entspricht, zur Erfüllung ihrer wirtschaftlichen Ziele zwar nach Belieben gestalten können, dass es ihnen aber grundsätzlich verwehrt ist, diesen Sachverhalt nachträglich mit steuerlicher Wirkung für die Vergangenheit ganz 9 oder teilweise wieder aufzuheben (rückgängig zu machen; wegen des Sonderfalles auflösend bedingter Gestaltungen s. Rz. 12 ff). Eine **Rückbeziehung** (Rückdatierung) von Verträgen und einseitigen Rechtsgeschäften mag privatrechtlich vereinbart werden können, steuerlich hat sie grundsätzlich keine Bedeutung. Was bisher tatsächlich nicht geschehen ist, kann nicht mit steuerlicher Wirkung als geschehen unterstellt werden. Eine solche Einflussnahme wäre ein unzulässiger Eingriff in das öffentlich-rechtliche Steuerrechtsverhältnis (BFH v. 18.09.1984, VIII R 119/81, BStBl II 1985, 55). Der rückwirkend gewollte Vertrag hat steuerliche Auswirkung regelmäßig ab dem Zeitpunkt seines Abschlusses bzw. seiner tatsächlichen Durchführung (BFH v. 08.03.1955, I 73/54 U, BStBl III 1955, 187, 190). Soweit jedoch Rechtshandlungen von Gesetzes wegen mit Rückwirkung ausgestattet sind (s. § 175 Abs. 1 Satz 1 Nr. 2 AO), z. B. die Genehmigung schwebend unwirksamer Verträge und vollmachtsloser Erklärungen (s. § 184 BGB) oder die Anfechtung von Rechtsgeschäften wegen Irrtums, Täuschung oder Drohung (s. §§ 119, 123 BGB), so gilt das auch steuerlich (BFH v. 30.09.1960, VI 240/58 U, BStBl III 1960, 465; BFH v. 08.11.1972, I R 227/70, BStBl II 1973, 287), vorausgesetzt, dass das Erforderliche unverzüglich geschieht (BFH v. 01.02.1973, IV R 49/68, BStBl II 1973, 307) und dass auch die weitere tatsächliche Handhabung durch die Beteiligten nicht entgegensteht (s. § 41 AO). Von diesen Besonderheiten abgesehen, die zu einer gesetzlich normierten Rückwirkung führen, haben willkürlich vorgenommene **Rückbeziehungen** keine steuerliche Wirkung. Unberührt bleiben die Fälle des **auflösend bedingten** Sachverhaltes, sei es kraft ausdrücklicher Gestaltung (vereinbarten Vorbehaltes), sei es kraft immanenter Möglichkeit nachträglicher Veränderung (s. § 29 Abs. 1 ErbStG), in denen auch die Steuerschuld von vornherein nur bedingt entsteht (s. Rz. 12 ff.). Daneben gibt es auch Sonderregelungen, welche die rückwirkende Aufhebung von Rechtsgeschäften unter bestimmten Voraussetzungen steuerlich anerkennen (Beispiele: s. § 41 Abs. 1 AO; s. § 16 GrEStG; s. § 9 VersStG).

## C. Konkretisierung der Steuerschuld; Festsetzung und Selbsterrechnung

10 Die Steuerschuld als Rechtsfolge, die kraft Gesetzes an die Verwirklichung des Steuertatbestandes anknüpft, ist als Begründung einer gewissermaßen abstrakten Verpflichtung zu verstehen, die zu ihrer Geltendmachung noch einer **Konkretisierung** bedarf (s. § 218 Abs. 1 AO). Dies geschieht entweder im Wege der Steuerfestsetzung (s. § 155 AO) durch das FA oder im Wege der Selbsterrechnung durch den Pflichtigen (Steueranmeldung, s. §§ 150 Abs. 1 Satz 2, 168 AO; z. B. USt, LSt, KapErtrSt u. a.). Näheres regeln die Einzelsteuergesetze. Im ersten Fall spricht man von Veranlagungssteuern, im letzten Fall von Anmeldungs- oder auch Fälligkeitssteuern. Für die Entstehung der Steuerschuld als gesetzlicher Rechtsfolge der Verwirklichung des Steuertatbestandes ist die bescheidmäßige Festsetzung der Steuer durch das FA ebenso bedeutungslos wie die Anmeldung einer selbsterrechneten Steuer beim FA (BFH v. 08.03.2017, II R 31/15, BFHE 257, 353). Jedoch führen diese Vorgänge zu einer Konkretisierung der Steuerschuld im Hinblick auf die verwirklichten Besteuerungsgrundlagen und deren betragsmäßigen Umfang. Darüber hinaus regeln sie – ebenfalls nach näherer Bestimmung im einzelnen Steuergesetz – die Fälligkeit der Steuerschuld, also den Termin, bis zu dem spätestens gezahlt sein muss.

Die **Entstehung** der Steuerschuld ist in verschiedener Hinsicht von **Bedeutung**. Eine Steuerschuld kann vor dem Zeitpunkt, in dem sie entsteht, weder Gegenstand eines Leistungsgebotes (s. § 254 AO) sein, noch erfüllt (= getilgt) werden, sei es im Wege der Zahlung, sei es durch Aufrechnung (s. § 226 AO). Auch die Fälligkeit der Steuer (s. § 220 AO) tritt regelmäßig erst nach ihrer Entstehung ein (mit dieser nur mangels besonderer Regelung; Ausnahme: § 11 KraftStG, BFH v. 16.11.2004, VII R 62/03, BFH/NV 2005, 409). Die Frist für die Festsetzungsverjährung läuft gem. § 170 Abs. 1 AO grundsätzlich ab dem Ende des Kalenderjahres, in das die Entstehung (bzw. unbedingte Entstehung) der Steuer fällt. Die Gesamtrechtsnachfolge (s. § 45 AO) betrifft nur Steuern, deren Entstehung in die Besitzzeit des Rechtsvorgängers fällt. Soweit sie nicht vor dem Erbfall fällig geworden sind, können sie für den Steuerschuldenabzug bei der ErbSt nicht berücksichtigt werden (s. § 10 Abs. 5 Ziff. 1 ErbStG). Als rückstellungsfähige Passiva im Bereich der Steuern vom Einkommen und Ertrag kommen auch solche betriebliche Steuern in Betracht, die zwar noch nicht fällig, jedoch vor dem Bilanzstichtag entstanden sind. 11

## D. Bedingte Steuerschuld; nachträglicher Wegfall von Tatbestandsmerkmalen

### I. Begriffliches; auflösend bedingte Rechtsgestaltungen, insbes. Steuerklauseln

Von bedingter Steuerschuld (oder -befreiung) ist hier nicht im Sinne eines rechtstechnischen Mittels die Rede, dessen sich der Gesetzgeber zur Sicherung steuerbegünstigter Zwecke bedient, etwa in Bezug auf Verwendungsarten verbrauchsteuerpflichtiger Waren (s. § 50 AO). Gemeint sind auch nicht die Fälle des § 41 Abs. 1 AO. Im Zusammenhang mit der Entstehung der Steuerschuld als gesetzlicher Folge der Verwirklichung des Steuertatbestandes ist aber zu erörtern, welche Auswirkungen der **Bedingungseintritt** im Falle von **auflösend bedingten Steuertatbeständen** für die **Steuerschuld** nach sich zieht. 12

13 Als Beispiele seien Schenkungen oder Zuwendungen von Todes wegen unter Vorbehalt des Entfalls bei Eintritt oder Nichteintritt bestimmter Umstände erwähnt oder Liefer- oder Leistungsverträge, Auseinandersetzungsvereinbarungen u. a. m. unter einer Bedingung, bei deren Eintritt das Geschäft in seinen Rechtswirkungen oder wirtschaftlichen Auswirkungen rückwirkend (s. § 159 BGB) wegfallen oder bestimmte Änderungen erfahren soll. Als Folge des Bedingungseintritts und der mit ihm verbundenen Aufhebung oder Änderung des verwirklichten Steuertatbestandes ist davon auszugehen, dass auch die Steuerschuld eine entsprechende Änderung erfährt (s. § 5 Abs. 2 BewG, s. § 7 Abs. 2 BewG). Das betrifft in den genannten Fällen die von dem zunächst verwirklichten Tatbestand ausgelöste Schenkung- oder Erbschaftsteuer, aber auch Steuerschulden jeder anderen Art. Voraussetzung ist, dass es sich um eine schon im **Zeitpunkt** des **Geschäftsvollzuges begründete Bedingung** handelt und nicht etwa um eine von den Beteiligten nachträglich vereinbarte Rückbeziehung (BFH v. 30.04.1971, III R 89/70, BStBl II 1971, 670). Für die Aufhebung oder Änderung bereits erfolgter Steuerfestsetzungen gibt § 175 Abs. 1 Satz 1 Nr. 2 AO eine Handhabe (s. Rz. 18). Unberührt bleiben Sonderbestimmungen einzelner Steuergesetze, wie z. B. § 29 Abs. 1 ErbStG, § 9 VersStG oder § 17 UStG. Für die laufend veranlagten Steuern von Einkommen und Ertrag aufgrund von Bilanzen kommt auch eine Korrektur im Folgezeitraum in Betracht.

14 Von erheblicher Bedeutung ist die Frage, ob die steuerlichen Folgen einer Geschäftsgestaltung von den Beteiligten durch Vereinbarung von **Vorbehaltsklauseln** als auflösend bedingte Steuerschulden in der Schwebe gehalten werden können, etwa mit Rücksicht auf nicht ausreichend übersehbare Auswirkungen auf steuerlichem Gebiet. Zu unterscheiden ist hier insbes. zwischen im Voraus getroffenen, eindeutigen Vereinbarungen über eine Rückgewähr nicht anerkannter Leistungen und deren alsbaldigem Vollzug nach Bedingungseintritt einerseits (**wirksame Steuerklausel**) und der erst nachträglich vereinbarten Rückgängigmachung unerwünschter Steuerfolgen, die steuerrechtlich unbeachtlich ist (BFH v. 04.12.1991, I R 63/90, BStBl II 1992, 362: Ex-nunc-Wirkung der Beseitigung von Unklarheiten), andererseits. Die Vereinbarung, dass ein Geschäft hinfällig sein solle, wenn dem erwarteten Gewinn keine Anerkennung als steuerbegünstigter Veräußerungsgewinn zuteilwerde, hat der BFH (BFH v. 24.08.1961, IV 352/59 U, BStBl III 1962, 112) bejaht. Voraussetzung ist allerdings, dass die Beteiligten im Falle des Bedingungseintritts die einschlägigen **Folgerungen** unverzüglich ziehen, insbes. einander die empfangenen Leistungen zurückgewähren und sich gegenseitig so stellen, wie sie ohne das entfallene Geschäft gestanden haben würden (zur Problematik der Steuerklauseln, s. *Balmes*, DStZ 1993, 620).

## II. Wegfall oder Hinzutreten von Tatbestandsmerkmalen mit gesetzlicher Rückwirkung

Auswirkung auf die Steuerschuld haben auch die Fälle, in denen ein **Merkmal** des die Steuerschuld auslösenden Tatbestandes aus anderen Gründen **nachträglich mit Wirkung für die Vergangenheit kraft Gesetzes wegfällt.** Hauptsächliche Anwendungsfälle sind die Änderung von Ansätzen in Schlussbilanzen, aus deren Zweischneidigkeit sich für das Ergebnis des Folgejahres die umgekehrte Auswirkung ergibt (BFH v. 29.11.1965, GrS 1/65 S, BStBl III 1966, 142), sowie das nachträgliche Auffinden von Testamenten oder deren Ungültigkeitserklärung mit Wirkung für den der Besteuerung zugrunde gelegten erbrechtlichen Tatbestand (RFH v. 24.10.1940, RStBl 1940, 931; RFH v. 16.12.1943, RStBl 1944, 27). Zu denken ist weiter an die auch an anderer Stelle behandelten (s. Rz. 9; ferner § 41 AO Rz. 1 f.), ebenfalls mit gesetzlicher Rückwirkung ausgestatteten Fälle der Anfechtung von Rechtsgeschäften wegen Irrtums, Täuschung oder Drohung (s. §§ 119, 123 BGB; BFH v. 30.09.1960, VI 240/58 U, BStBl III 1960, 465). 15

Von Bedeutung ist auch der **Verlustrücktrag** nach § 10d EStG. Der aus ihm resultierende Erstattungsanspruch entsteht nicht mit Ablauf des Jahres des Verlustabzugs, sondern erst mit Ablauf des Jahres der Verlustentstehung (BFH v. 06.06.2000, VII R 104/98, BStBl II 2000, 491) und hat damit rückwirkenden Einfluss auf bereits entstandene Steueransprüche der Vorjahre, indem nachträglich der Tatbestand des § 10d EStG zum tragen kommt. 16

Die Nichtigerklärung einer Steuerrechtsnorm durch das Verfassungsgericht gehört nicht hierher (BFH v. 04.03.1964, II 162/62, BStBl III 1964, 308; BFH v. 07.10.1964, I 294/62 U, BStBl III 1964, 656; BVerfG v. 29.01.1965, 1 BvR 768/64, BB 1965, 274). Zwar entfällt damit der gesetzliche Steuertatbestand als Anspruchsgrundlage, doch richtet sich die Rechtsfolge nach § 79 Abs. 2 BVerfGG. 17

Für Fälle des nachträglichen Wegfalls von Tatbestandsmerkmalen (genauer: von konkreten Sachverhaltsmerkmalen) mit Wirkung für die Vergangenheit gibt § 175 Abs. 1 Satz 1 Nr. 2 AO ein **verfahrensrechtliches Instrumentarium**. Diese Vorschrift ist auch auf die oben in Rz. 14 behandelten Fälle auflösend bedingter Steuerschulden, insbes. aufgrund von wirksamen Steuerklauseln, anzuwenden. Im Falle des Verlustrücktrags ergibt sich die Änderungsmöglichkeit aus § 10d Abs. 1 Satz 2 EStG. 18

### III. Wegfall der Voraussetzungen für eine Steuervergünstigung

19 Als rückwirkendes Ereignis im Sinne der Ausführungen in Rz. 15 gilt nach § 175 Abs. 2 Satz 1 AO auch der Wegfall einer Voraussetzung für eine **Steuervergünstigung**, sofern gesetzlich bestimmt ist, dass diese Voraussetzung für eine bestimmte Zeit gegeben sein muss, oder wenn durch Verwaltungsakt festgestellt worden ist, dass die Voraussetzung die Grundlage für die Gewährung der Steuervergünstigung bildet. Durch die entsprechende Anwendung der AO-Vorschriften auf die Investitionszulage hat das Bedeutung für die Verbleibensfristen.

# § 39 AO
# Zurechnung

**(1) Wirtschaftsgüter sind dem Eigentümer zuzurechnen.**

**(2) Abweichend von Absatz 1 gelten die folgenden Vorschriften:**

**1. Übt ein anderer als der Eigentümer die tatsächliche Herrschaft über ein Wirtschaftsgut in der Weise aus, dass er den Eigentümer im Regelfall für die gewöhnliche Nutzungsdauer von der Einwirkung auf das Wirtschaftsgut wirtschaftlich ausschließen kann, so ist ihm das Wirtschaftsgut zuzurechnen. Bei Treuhandverhältnissen sind die Wirtschaftsgüter dem Treugeber, beim Sicherungseigentum dem Sicherungsgeber und beim Eigenbesitz dem Eigenbesitzer zuzurechnen.**

**2. Wirtschaftsgüter, die mehreren zur gesamten Hand zustehen, werden den Beteiligten anteilig zugerechnet, soweit eine getrennte Zurechnung für die Besteuerung erforderlich ist.**

#### Inhaltsübersicht



#### Schrifttum


SCHUSTER Wirtschaftliches Eigentum bei Bauten auf fremden Grund und Boden, DStZ 2003, 369; HENSGEN, Wirtschaftliches Eigentum bei Bauten auf fremdem Grund und Boden, NJW 2004, 264; SÖFFING/JORDAN, Nießbrauch an einen Mitunternehmeranteil, BB 2004, 353; ENGLISCH, Wirtschaftliches Eigentum beim Kauf girosammelverwahrter Aktien, FR 2010, 1023; BRUNS, Gibt es eine Vervielfachung des wirtschaftlichen Eigentums bei Leerverkäufen? DStZ 2011, 676.


## A. Bedeutung und Tragweite der Vorschrift

### I. Zivilrechtlich formelle und wirtschaftliche Betrachtungsweise

Die **Zurechnung** eines Wirtschaftsgutes im steuerlichen Bereich zielt auf die Feststellung ab, bei welcher Person oder Personenvereinigung das Wirtschaftsgut zu erfassen ist mit der Folge, dass es für diese als Besteuerungsgrundlage einen Steuertatbestand auslöst (s. § 38 AO). 1

Entscheidendes Kriterium der Zurechnung von Wirtschaftsgütern soll nach § 39 Abs. 1 AO die **rechtliche Gestaltung** sein, mit der sich der tatsächliche Herrschaftszustand jedoch nicht zu decken braucht. Denn nichts anderes als die Maßgeblichkeit der »Ordnungsfunktion des Zivilrechtes« ist gemeint, wenn bündig festgestellt wird, dass »Wirtschaftsgüter dem Eigentümer zuzurechnen« sind. Das zielt auf die Rechtsstellung, wie sie das zivile Eigentum als Berechtigung zur vollen Herrschaft über eine Sache versteht. Nicht gesagt, aber wohl gleichermaßen mit gemeint, ist für immaterielle Wirtschaftsgüter die »Inhaberschaft« als die dem Sacheigentum entsprechende Rechtsstellung. Von der rechtlichen Gestaltung soll ausgegangen werden, nur wenn diese nicht passen will, soll es auf den wirtschaftlichen Gehalt ankommen, wie ihn die Fallgruppen des § 39 Abs. 2 AO ausweisen. 2

So kommt es bei Gestaltungen zwischen **nahen Angehörigen** nicht nur auf die zivilrechtlich wirksam getroffene Vereinbarung (BFH v. 31.10.1989, IX R 216/84, BStBl II 1992, 506: Mitwirkung eines Ergänzungspflegers bei Beteiligung Minderjähriger), sondern auch darauf an, ob das Vereinbarte in seiner Durchführung dem zwischen Fremden Üblichen entspricht (BFH v. 13.12.1995, X R 261/93, BStBl II 1996, 180; s. Rz. 16). 3

In der steuerrechtlichen Praxis kann über die Zurechnung von Wirtschaftsgütern nur anhand des konkreten Falles befunden werden, nämlich bei Anwendung des maßgebenden Steuergesetzes auf den vorliegenden Sachverhalt. Es gibt viele **Steuerrechtsbereiche**, für deren Tatbestände nicht die rechtsförmliche Gestaltung, sondern der **wirtschaftliche Gehalt** der Sachverhalte maßgebend ist, ebenso wie für andere Steuerrechtsbereiche grundsätzlich die rechtliche Einkleidung entscheidet. Freilich kommt es auch vor, dass sich in einem Steuergesetz (Beispiel: Umsatzsteuer, s. Rz. 7) die rechtliche und die wirtschaftliche Betrachtungsweise begegnen, und zwar je nach dem speziellen Zweck der einzelnen Gesetzesnorm. 4

## II. Unterschiedliche Ansätze der Steuergesetze

5 Als hilfreich für die richtige Zurechnung der Wirtschaftsgüter erweist sich der aus der Erfahrung gewonnene Satz, dass es für das Steuerrecht **grundsätzlich** und in erster Linie auf den **inneren Gehalt** und die **wirtschaftliche Bedeutung** der Sachverhalte ankommt. Die Maßgeblichkeit der **rechtsförmlichen** Gestaltung bildet insbes. dort die **Ausnahme**, wo der wirtschaftliche Gehalt von ihr abweicht. Sie kann – soweit eine Steuerrechtsnorm nicht ausdrücklich auf sie abstellt – nur aus dem besonderen Zweck des betreffenden Steuergesetzes gerechtfertigt werden.

6 Die rechtsförmliche Betrachtung gilt insbes. für die Verkehrsteuergesetze, soweit sie an Vorgänge des Rechtsverkehrs anknüpfen. So geht die **Grunderwerbsteuer** vom Wechsel des zivilen (grundbuchmäßigen) Eigentums aus, erfasst mithin auch den Erwerb von Treuhand- und Sicherungseigentum (BFH v. 23.10.1974, II R 87/73, BStBl II 1975, 152). Ob auch die tatsächliche Herrschaftsmacht wechselt, ist ohne Bedeutung (BFH v. 31.05.1972, II R 9/66, BStBl II 1972, 833). Nur soweit das Gesetz selbst zur Erfassung sonst möglicher Umgehungen auf wirtschaftlich ausgerichtete Ersatztatbestände abstellt (Beispiele: § 1 Abs. 2, 2a und 3 GrEStG), entscheidet der wirtschaftliche Gehalt des Sachverhalts.

7 Unterschiedlich ist die Zurechnung von Umsätzen im Sinne des **Umsatzsteuergesetzes**. Zwischen welchen Personen sich ein Leistungsaustausch abspielt, ist grundsätzlich nach rechtsförmlichen Kriterien zu entscheiden. Wer im eigenen Namen auftritt, dem ist die ausgeführte Leistung zuzurechnen, mag dies auch für Rechnung eines anderen geschehen, etwa eines Treugebers (BFH v. 16.03.2000, V R 44/99, BStBl II 2000, 361: verdecktes Eigengeschäft). Jedoch entfällt die Unternehmereigenschaft durch Eingliederung in das Unternehmen eines anderen (s. § 2 Abs. 2 Nr. 2 UStG).

8 Auch die Steuern vom **Einkommen** enthalten – allerdings nur ausnahmsweise – Tatbestände, für die über die Zurechnung von Wirtschaftsgütern primär nach rechtsförmlichen Kriterien zu entscheiden ist. So knüpft die Körperschaftsteuerpflicht subjektiv an das Gegebensein einer der in § 1 KStG aufgeführten Rechtsformen an. Schiebt ein Stpfl. eine Kapitalgesellschaft zwischen sich und den Rechtsverkehr, so kann das dieser gewidmete Vermögen nicht in »wirtschaftlicher Betrachtungsweise« ihm zugerechnet werden, mag seine wirtschaftliche Sachherrschaft auch noch so unbestreitbar sein.

9 Als **Ergebnis** bleibt festzuhalten, dass den Zurechnungsbestimmungen des § 39 AO keine absolute, sondern nur eine **subsidiäre Geltung** zukommt, sodass ihre Anwendung die sich aus der Zielsetzung und der tatbestandlichen Ausgestaltung des einzelnen Steuergesetzes ergebenden Besonderheiten unberührt lässt.

## B. Eigentümergleiche Herrschaft (wirtschaftliches Eigentum)

### I. Allgemeines

§ 39 AO geht in Abs. 2 Nr. 1 Satz 1 davon aus, dass das **zivilrechtliche Eigentum** als Berechtigung zur vollen Sachherrschaft und die tatsächliche Ausübung dieser Sachherrschaft auseinander fallen können. Der Eigentümer im Rechtssinn muss also nicht notwendig auch der Inhaber der tatsächlichen Herrschaftsgewalt sein. Die Rede ist von einer tatsächlichen Herrschaft, die sich – in ihrer Ausschließungsfunktion bezüglich der Einwirkung Dritter – im Regelfall auf die gesamte gewöhnliche Nutzungsdauer der Sache erstreckt. Doch soll mit diesem aus der Welt des Leasings entlehnten Leitbild (BFH v. 26.01.1970, IV R 144/66, BStBl II 1970, 264) wohl nur ein besonders markantes Anwendungsbeispiel gegeben werden. Eine **eigentümergleiche Sachherrschaft**, also die Ausübung voller tatsächlicher Verfügungsmacht trotz fehlenden Eigentums im Rechtssinne, ist besonders in den Fällen des Eigenbesitzes gegeben, die § 39 Abs. 2 Nr. 1 AO etwas stiefmütterlich am Ende des zweiten Satzes erwähnt. Eigenbesitzer ist, wer die ihm zustehende tatsächliche Gewalt über eine Sache, also deren Besitz (s. § 854 BGB), so ausübt, als sei er auch Eigentümer, als stehe ihm die ausschließliche volle Herrschaftsgewalt zu (Besitz mit animus domini). Bei der Bestimmung des wirtschaftlichen Eigentums ist nicht das formal Erklärte oder formalrechtlich Vereinbarte, sondern das wirtschaftlich gewollte und tatsächlich Bewirkte ausschlaggebend (BFH v. 11.07.2006, VIII R 32/04, BStBl II 2007, 296: zur betrieblichen Nutzung eines Raumes durch einen Ehegatten in einem beiden Ehegatten gehörenden Haus s. BFH v. 29.04.2008, VIII R 98/04, BStBl II 2008, 749, 751). Im Gegensatz dazu steht der **Fremdbesitzer**, der die tatsächliche Gewalt über eine Sache in ausdrücklicher oder stillschweigender Anerkennung fremden Eigentums ausübt, wie das im Typus für Mieter, Pächter, Entleiher, Verwahrer, Verwalter u.a. zutrifft. Ein Besitzer indessen, der über ein Wirtschaftsgut nicht nur kraft umfassender Herrschaft im tatsächlichen Sinne, sondern auch mit »eigenverantwortlichem Herrschaftswillen« verfügt, wird – soweit nicht ausnahmsweise eine rechtsförmliche Betrachtungsweise erforderlich ist (s. Rz. 5 ff.) – steuerlich wie ein Eigentümer behandelt. Entsprechend dem Vorrang des Tatsächlichen als demjenigen, »was wirklich ist«, nämlich des Eigentums im wirtschaftlichen Sinne, tritt in diesem Fall das rechtliche Eigentum als wesenloser Schein zurück. Das Wirtschaftsgut, um das es sich handelt, wird nicht dem rechtlichen Eigentümer (Inhaber) zugerechnet, sondern demjenigen, der die tatsächliche Herrschaft gleich einem Eigentümer ausübt. 10

Ob **wirtschaftliches** (ohne zugleich rechtliches) **Eigentum** im vorbezeichneten Sinne gegeben ist, lässt sich nur 11 anhand der Umstände des Einzelfalles beurteilen. Neben der Art und Weise der Besitzausübung, insbes. der willensmäßigen Einstellung des Besitzers, kommt es auf die Rechtsbeziehungen an, die zwischen dem Besitzer und dem rechtlichen Eigentümer bestehen. Die Rechtsstellung des Letzteren muss als eine lediglich formale erscheinen, deren eigentlicher Inhalt dem Besitzer zusteht. Auszugehen ist davon, dass ein solches **Auseinanderfallen** von zivilrechtlichem und wirtschaftlichem Eigentum die **Ausnahme** bildet. Sachherrschaft, die eine Person ausschließlich oder ganz überwiegend im Interesse (für Rechnung) eines Dritten ausüben darf und auch tatsächlich derart ausübt, begründet kein wirtschaftliches Eigentum dieser Person (BFH v. 27.09.1988, VIII R 193/83, BStBl II 1989, 414). Wirtschaftliches Eigentum bedeutet, dass der andere über Gegenstände wie über eigenes Vermögen verfügt (BFH 03.11.1976, VIII R 170/74, BStBl II 1977, 206). So gesehen ist wirtschaftlicher Eigentümer, wer die tatsächliche Herrschaft über ein Wirtschaftsgut in der Weise ausübt, dass der Herausgabeanspruch des (zivilrechtlichen) Eigentümers keine wirtschaftliche Bedeutung hat, weil dieser (für die gewöhnliche Nutzungsdauer) von der Einwirkung auf das Wirtschaftsgut wirtschaftlich ausgeschlossen ist (BFH v. 23.01.1987, III R 240/83, BFH/NV 1987, 502). Daher begründen Veräußerungsgeschäfte unter einer Bedingung regelmäßig kein wirtschaftliches Eigentum des Erwerbers, solange der Eintritt der Bedingung nicht allein vom seinem Willen und Verhalten abhängig ist (BFH v. 25.07.2009, IV R 3/07, BStBl II 2010, 182).

## II. Anwendungsfälle

12 Der **Pächter**, auch der langjährige, ist regelmäßig kein wirtschaftlicher Eigentümer (RFH v. 02.09.1939, RStBl 1940, 322; RFH v. 12.05.1938, RStBl 1938, 524: Wassernutzungsrecht). Deshalb war beispielsweise auch ein Mineralgewinnungsrecht i. S. des § 100 Abs. 2 BewG – soweit das Verfügungsrecht des Grundeigentümers nicht durch bergrechtliche Vorschriften ausgeschlossen ist – grundsätzlich dem Eigentümer zuzurechnen (BFH v. 08.03.1974, III R 150/72, BStBl II 1974, 504), weil es Ausfluss des Eigentums am Grund und Boden ist (s. § 903 BGB). Bei der Verpachtung des Mineralgewinnungsrechts ist wirtschaftliches Eigentum des Pächters nur dann anzunehmen, wenn diesem das Abbaurecht unter solchen Bedingungen überlassen worden ist, dass er tatsächlich als Inhaber mit eigener freier Verfügungsmacht über das Recht und das Vorkommen angesehen werden kann (BFH v. 13.09.1989, II R 121/86, BStBl II 1989, 963 m. w. N.; zu einem Ausbeuterecht: BFH v. 08.11.1989, I R 46/86, BStBl II 1990, 288).

13 Ein **Nießbrauch** begründet in der Regel kein wirtschaftliches Eigentum (BFH v. 28.06.1981, VII R 141/77, BStBl II 1982, 454; BFH v. 26.11.1998, IV R 39/98, BStBl II 1999, 263: Vorbehaltsnießbrauch; BFH v. 24.06.2004, III R 50/01, BStBl II 2005, 80; dennoch AfA-Berechtigung dessen, der den Aufwand getragen hat, vgl. BFH v. 30.01.1995, GrS 4/92, BStBl II 1995, 281, 284; s. auch BMF v. 30.09.2013, BStBl I 2013, 1184). Für die Zurechnung des Einheitswerts eines Grundstücks ist auch der Vorbehaltsnießbraucher nicht wirtschaftlicher Eigentümer, auch wenn der Eigentümer die Verpflichtung eingegangen ist, das Grundstück während der Dauer des Nießbrauchs nicht zu belasten (BFH v. 24.07.1991, II R 81/88, BStBl II 1991, 909). Die **Gestattung, auf einem fremden Grundstück ein Gebäude zu errichten**, begründet wirtschaftliches Eigentum des Nutzungsberechtigten am Gebäude, wenn dem Berechtigten für den Fall der Nutzungsbeendigung ein Anspruch auf Ersatz des Verkehrswerts des Gebäudes zusteht (BFH v. 18.07.2001, X R 23/99, BStBl II 2002, 281; BFH v. 14.05.2002, VIII R 30/98, BStBl II 2002, 741) oder wenn Partner eine nichtehelichen Lebensgemeinschaft gemeinsam ein Einfamilienhaus auf dem nur einem Partner gehörenden Grundstück errichten und sie für den Fall des Scheiterns der Gemeinschaft eine Auseinandersetzungsvereinbarung treffen (BFH v. 18.07.2001, X R 15/01, BStBl II 2002, 279; s. dazu *Schuster*, DStZ 2003, 369). Wer als **Eigenbesitzer** wie ein Eigentümer über ein Wirtschaftsgut verfügen kann, dessen Nutzungen zieht und Lasten trägt, ohne dass seine beliebige Nutzung durch Rechte Dritter beschränkt ist oder beschränkt werden kann, **ist wirtschaftlicher Eigentümer** (FG BW v. 15.01.1957, IV 359 – 362/56, EFG 1957, 290). Ohne den Übergang der Nutzungen und Lasten ist wirtschaftliches Eigentum an einem Grundstück nicht möglich (FG BW v. 09.10.1957, II 206/57, EFG 1958, 86). Ein Kaufanwärter kann wirtschaftlicher Eigentümer des Neubaues sein, wenn er neben der uneingeschränkten Nutzung auch alle Lasten des Hauses wie ein Eigentümer zu tragen hat, einschließlich der Gefahr des Untergangs; ihm steht dann die Abschreibung zu (FG Nds v. 22.02.1963, IV 126 –127/62, EFG 1963, 404). Wirtschaftliches Eigentum am Gebäude und am Grund und Boden können auseinander fallen, insbes. bei Wiederaufbau auf fremden Grundstücken (BFH v. 30.04.1954, 169/53 U, BStBl III 1954, 194; BFH v. 22.09.2016, IV R 1/14, BStBl II 2017, 171: Windkraftanlage). Es kann aber auch ein auf fremdem Grund und Boden errichtetes Gebäude unter besonderen Umständen dem Grundstückseigentümer zuzurechnen sein (BFH v. 22.06.1962, III R 163/58, HFR 1963, 161). Wirtschaftliches Eigentum kann auch in Bezug auf reale **Teile eines Wirtschaftsgutes** bestehen, z. B. bei Grundstücken (BFH v. 02.04.1965, VI 223/63, HFR 1965, 412) oder in Bezug auf ideelle Miteigentumsanteile (BFH v. 20.02.1953, III 9/52 U, BStBl III 1953, 74) sowie Gesamthandsanteile (BFH v. 26.06.1990, VIII R 81/85, BStBl II 1994, 645 einerseits und BFH v. 04.04.1998, XI R 35/97, BStBl II 1998,

542 andrerseits zur Scheidungsklausel bei Gesellschaftsverhältnissen). Regelmäßig ist ein **Miteigentümer** eines Gebäudes nicht wirtschaftlicher Alleineigentümer einer bestimmten Wohnung, solange kein Wohnungseigentum begründet ist (BFH v. 19.05.2004, III R 29/03, BStBl II 2005, 77).

**14** Eine differenzierte Beurteilung erfordert die Einräumung des **Nießbrauchs an Gesellschaftsanteilen**, insbes. von Personengesellschaften. Ob der Nießbraucher die eigentümergleiche Stellung eines Mitunternehmers (also die Gesellschafterstellung) erlangen oder nur gewinn- bzw. verlustbeteiligt werden soll (BFH v. 09.04.1991, IX R 78/88, BStBl II 1991, 809, 813), so dass es in Bezug auf den Anteil u.U. zwei Mitunternehmer gibt, entscheidet sich nach den getroffenen Vereinbarungen (einschließlich der Stimmrechtsregelung) sowie etwaigen Zustimmungsvorbehalten des Gesellschaftsvertrages (BFH v. 11.04.1973, IV R 67/69, BStBl II 1973, 528; BFH v. 07.12.2010, IX R 46/09, BStBl II 2012, 310; *Söffing/Jordan*, BB 2004, 353). Eine wirtschaftliche Inhaberschaft wird dem an einer Kapitalgesellschaft **Unterbeteiligten** nur dann vermittelt, wenn er nach dem Inhalt der getroffenen Abrede alle mit der Beteiligung verbundenen Rechte ausüben und im Konfliktfall effektiv durchsetzen kann (BFH v. 08.11.2005, VIII R 11/02, BStBl II 2006, 253; zur Veräußerungsoption von Kapitalgesellschaftsanteilen s. BFH v. 11.06.2006, VIII R 32/04, BStBl II 2007, 296 einerseits und BFH v. 19.12.2007, VIII R 14/06, BStBl II 2008, 475 andererseits). Auch kurze Haltezeiten können die wirtschaftliche Zurechnung begründen, wenn dem Berechtigten der in der Zeit seiner Inhaberschaft erwirtschaftet Erfolg gebührt (BFH v. 18.05.2005, VIII R 34/01, BStBl II 2005, 857; zum wirtschaftlichen Eigentum bei Aktien, BFH v. 18.08.2015, I R 88/13, BStBl II 2016, 961 – Anwendungsschreiben BMF v. 11.11.2016, BStBl I 2016, 1324 und bei cum/ex-Geschäften mit Aktien vgl. BFH v. 16.04.2014, I R 2/12, ZIP 2014, 33). Besteht die Position eines Gesellschafters allein in der gebundenen Mitwirkung an einer inkongruenten Kapitalerhöhung, vermittelt sie kein wirtschaftliches Eigentum an einem Gesellschaftsanteil (BFH v. 25.05.2011, IX R 23/10, BStBl II 2012, 3).

**15** Der **Erbe** ist Eigentümer des Nachlasses auch bei Bestehen einer Testamentsvollstreckung. Entsprechendes gilt für den Vorerben, wenn eine Nacherbfolge angeordnet ist (BFH v. 25.10.1951, III 225/51 U, BStBl III 1951, 229). Die den Vorerben betreffenden Verfügungsbeschränkungen stehen nicht entgegen. Gleiches gilt bei Anordnungen von Testamentsvollstreckung und Nießbrauch eines Dritten (BFH v. 09.07.1954, III 84/54 U, BStBl III 1954, 250). Ebenso ist dem Erbbegünstigten bei Erbeinsetzung unter Zwischenschaltung eines **executors** nach US-amerikanischem Recht das Vermögen zuzurechnen, hinsichtlich dessen er mit dem Erbfall equitable rights erlangt hat (BFH v. 08.06.1988, II R 243/82, BStBl II 1988, 808). Ähnliches gilt bei Erbfolge nach österreichischem Recht, die nicht unmittelbar mit dem Tod des Erblassers, sondern erst mit der gerichtlichen »Einantwortung« des Nachlasses eintritt. Gleichwohl sind hier die in der Zwischenzeit zufließenden Einkünfte dem Erben zuzurechnen, wenn er zufolge seiner Anwartschaft als wirtschaftlicher Eigentümer des Nachlasses anzusehen ist (FG M v. 18.07.1960, II 21/59, EFG 1961, 51). Das Eigentum an **Vermächtnisgegenständen** geht regelmäßig erst mit der Erfüllung des Vermächtnisses über (BFH v. 24.09.1991, VIII R 349/83, BStBl II 1992, 333).

Die **formale Übertragung** (»Überschreibung«) von Vermögenswerten auf einen anderen ohne die Absicht, sie damit aus dem eigenen Vermögen auszuscheiden, begründet kein wirtschaftliches Eigentum. So bleibt regelmäßig der Vater wirtschaftlicher Eigentümer von **Wertpapieren und Sparguthaben**, die er auf den Namen der Kinder schreiben lässt (s. Rz. 3). Den Kindern können die Werte nur zugerechnet werden, wenn die Absicht der Vermögensübertragung außer Zweifel steht und die sich hieraus ergebenden Folgen für ihre Personen auch in steuerlicher Hinsicht gezogen werden (BFH v. 19.01.1962, VI 126/61 U, BStBl III 1962, 174). Wirtschaftlicher Eigentümer eines Sparguthabens ist derjenige, der nach dem erkennbaren Willen des Einlegers Eigentümer werden sollte. Bleibt der Einleger verfügungsberechtigt, wie bspw. der Vater kraft gesetzlicher Vertretungsmacht, muss der Wille, die eingezahlte Summe dem Kontoinhaber zuzuwenden, eindeutig zum Ausdruck kommen. Entscheidend ist, wer als Inhaber der vollen Herrschaftsgewalt den Nutzen zieht (RFH v. 04.12.1941, RStBl 1942, 406). Andererseits ist die formale Beibehaltung der Gesellschafterstellung nach formgültigem Kaufvertrag über GmbH-Anteile unbeachtlich, wenn der Käufer bereits eine rechtlich geschützte, auf den Erwerb des Rechts gerichtete Position erworben hat, die ihm gegen seinen Willen nicht mehr entzogen werden kann, und auch die mit den Anteilen verbundenen wesentlichen Rechte sowie das Risiko einer Wertminderung und die Chance einer Wertsteigerung auf ihn übergegangen sind. In diesem Fall ist der Käufer wirtschaftlicher Eigentümer (BFH v. 10.03.1988, IV R 226/85, BStBl II 1988, 832). Umgekehrt bleibt auch bei einer später eintretenden Unwirksamkeit der schuldrechtlichen Vereinbarungen über die Verpflichtung zur Übertragung der GmbH-Anteile der Erwerber wirtschaftlicher Eigentümer, so lange die wirtschaftlichen Folgen der Anteilsübertragung nicht rückabgewickelt sind (BFH v. 17.02.2004, VII R 28/02, BStBl II 2005, 46). Eine Option auf den Erwerb von Gesellschaftsanteilen begründet dann das wirtschaftliche Eigentum, wenn eine rechtlich geschützte Position geschaffen wurde, die dem Begünstigten gegen seinen Willen nicht mehr entzogen werden kann und die mit dem Anteil verbundenen wesentlichen Rechte und das Risiko bzw. die **16**

Chance einer Wertänderung übergegangen sind (BFH v. 04.07.2007, VIII R 68/05, BStBl II 2007, 937).

17 Besondere Schwierigkeiten bereitete die Zurechnung von Anlagegütern, die im Rahmen von **Mietkauf-** oder **Leasingverträgen** überlassen sind. Wesentlich ist hier, ob der Leasingnehmer nach der getroffenen Vertragsgestaltung den Leasinggeber bei erwartungsgemäßem Verlauf von der Einwirkung auf den überlassenen Gegenstand in wirtschaftlicher Sicht dauernd – jedenfalls für die gewöhnliche Nutzungszeit – auszuschließen vermag und hiervon vermutlich auch Gebrauch machen wird. Das wird insbes. dann der Fall sein, wenn dem Leasingnehmer nach Ablauf der sog. Grundmietzeit eine Kaufoption unter Anrechnung entrichteter Leasingraten oder eine Verlängerungsoption für die restliche Nutzungsdauer gegen ein wesentlich niedrigeres Mietentgelt zusteht (BFH v. 28.05.2015, IV R 3/13, BFH/NV 2015, 1577; BFH v. 13.10.2016, IV R 33/13, BFHE 255, 386). Bei Immobilien und industriellen Anlagen kommt es maßgebend darauf an, ob der Leasinggegenstand auf die individuellen Verhältnisse des Leasingnehmers zugeschnitten ist (sog. Spezial-Leasing), sodass eine wirtschaftlich sinnvolle Verwertung an anderer Stelle nicht in Betracht kommt. In Fällen der geschilderten Art sind die überlassenen Anlagegüter dem Leasingnehmer zuzurechnen, also auch bilanziell unter Ansatz der Kaufpreisschuld nach den Grundsätzen für Kaufpreisrenten bei ihm auszuweisen (BFH v. 08.08.1990, X R 149/88, BStBl II 1991, 70; BFH v. 12.09.1991, III R 233/90, BStBl II 1992, 182; BMF v. 23.12.1991, BStBl I 1992, 13).

18 **Entwendete** Vermögenswerte sind in der Regel demjenigen zuzurechnen, der sie als ihm gehörig besitzt, also nicht (mehr) dem Bestohlenen (RFH v. 24.02.1938, RStBl 1938, 354).

## C. Treuhandeigentum

19 Ein **Treuhandverhältnis** im Sinne des § 39 Abs. 2 Nr. 1 Satz 2 AO liegt vor, wenn ein Vertragsteil (Treugeber) dem anderen Vertragsteil (Treunehmer oder Treuhänder) aus wirtschaftlichen oder sonstigen Zweckmäßigkeitsgründen in Bezug auf ein Wirtschaftsgut nach außen hin eine **Rechtsstellung** – insbes. das Eigentum an einer Sache oder die Inhaberschaft eines Rechts – einräumt, die der von den Beteiligten verfolgte **wirtschaftliche Zweck** des Geschäftes **nicht erfordert** und deren Ausübung demzufolge im Innenverhältnis durch ausdrückliche oder stillschweigende Regelung schuldrechtlich gebunden wird. Ein Treuhandverhältnis kann auch dadurch begründet werden, dass der Treuhänder ein Wirtschaftsgut, das er von einem Dritten erwirbt, aufgrund diesbezüglicher Abmachung mit dem Treugeber für diesen und dessen Rechnung, also lediglich zu treuen Händen, erwirbt. Begründen lässt sich ein Treuhandverhältnis nicht nur auf rechtsgeschäftlichem Wege unter Lebenden, sondern auch durch Verfügung von Todes wegen.

Der bei Treuhandverhältnissen am häufigsten anzutreffende Zweck besteht in der Übertragung der Verwaltung von Vermögenswerten des Treugebers auf den Treuhänder. Da der Treugeber aus Gründen der verschiedensten Art nach außen nicht als Eigentümer in Erscheinung treten will, überträgt er einer Person seines Vertrauens das Eigentum mit der Weisung, von der dem Eigentümer im Rechtsverkehr zukommenden umfassenden Rechtsstellung nur insoweit Gebrauch zu machen, als dies der Zweck der Treuhandverwaltung erfordert. Entsprechendes gilt für die treuhänderische Übertragung von Rechten und von Rechtspositionen jeglicher Art, z. B. von Gesellschaftsrechten einschließlich der mit diesen verbundenen Stimmrechte. 20

Da der Gegenstand des Treuhandverhältnisses nach der Interessenlage und dem wirtschaftlichen Zweck der Vereinbarungen nicht aus dem Vermögen des Treugebers ausscheidet bzw. von vornherein in das Vermögen des Treugebers übergehen soll, ist er – soweit nicht ausnahmsweise eine rechtsförmliche Betrachtung am Platz ist (s. Rz. 5 ff.) – nicht dem Treuhänder als dem rechtlichen Eigentümer, sondern dem Treugeber als dem wirtschaftlichen Eigentümer zuzurechnen. 21

Für die Frage, ob ein Treuhandverhältnis gegeben ist, kommt es im Einzelfall – neben der nach außen in Erscheinung tretenden Rechtslage – wesentlich auf die von den Beteiligten im **Innenverhältnis** getroffenen Vereinbarungen an (BFH v. 24.11.2009, I R 12/09, BStBl II 2010, 590; BFH v. 06.08.2013, VIII R 10/10, BStBl II 2013, 862). Es müssen unzweideutige Abmachungen vorliegen, kraft deren die mit dem rechtlichen Eigentum des Treuhänders verbundene Verfügungsmacht im Innenverhältnis so weit eingeschränkt wird, dass es wirtschaftlich nur eine leere Form bleibt und die entscheidenden Merkmale der mit dem Eigentum verbundenen Sachherrschaft dem nach außen nicht auftretenden Treugeber zustehen (BFH v. 10.05.2016, IX R 13/15, BFH/NV 2016, 1556; BFH v. 14.03.2017, VIII R 32/14, BFH/NV 2017, 1174). Hauptsächliche Kriterien für die Annahme bloßen Treuhandeigentums sind die **Weisungsbefugnis** des Treugebers hinsichtlich der Ausübung der mit dem Eigentum verbundenen Rechte und die **Verpflichtung** des Treuhänders, den Gegenstand seines Eigentums und die ihm zufließenden Früchte und sonstige Vorteile auf dessen Verlangen jederzeit auf den Treugeber zu übertragen. Der Treugeber muss das Treuhandverhältnis beherrschen (BFH v. 27.01.1993, IX R 269/87, BStBl II 1994, 615; BFH v. 21.05.2014, I R 42/12, BStBl II 2015, 4: auch mehrere Treugeber gemeinschaftlich). Der BFH betont das Erfordernis eindeutiger und klar nachweisbarer Rechtsbeziehungen, insbes. bei entgegenstehenden Handelsregistereintragungen (BFH v. 18.01.1962, V 105/59, HFR 1962, 248). Bei formunwirksamen Vereinbarungen kommt ins- 22 bes. dem tatsächlichen Vollzug starke indizielle Bedeutung zu (BFH v. 11.05.2010, IX R 19/09, BStBl II 2010, 823; BFH v. 14.03.2012, IX R 37/11, BStBl II 2012, 487; BGH v. 06.09.2012, 1 StR 140/12, NJW 2012, 3455). Der Umstand, dass ein Treuhandverhältnis in den Büchern und Bilanzen nicht zum Ausdruck gekommen ist, braucht seine Anerkennung nicht unbedingt auszuschließen (BFH v. 28.02.2001, I R 12/00, BStBl II 2001, 468). Stillschweigende Abmachungen können aber nur dann anerkannt werden, wenn die in Rede stehenden Beziehungen den Umständen nach nicht anders denn als Treuhandverhältnis gedeutet werden können (zum Nachweis der Treuhandschaft s. § 159 AO und zum Nachweis einer Vereinbarungstreuhand s. BFH v. 25.07.1997, VIII R 56/93, BStBl II 1998, 152).

22a Aus der **Rechtsprechung**: BFH v. 21.05.1971, III R 125–127/70, BStBl II 1971, 721: zum Erwerb und zur Verwaltung ausländischer Wertpapiere einer ins Leben gerufenen Auslandsgesellschaft als Treuhänder der Gesellschafter; BFH v. 14.07.1961, VI R 77/61 U, BStBl III 1961, 435: Treuhandverhältnis bei Bausparverträgen, Erfordernis eindeutiger Gestaltung, s. zu Letzterem auch BFH v. 28.02.2001, I R 12/00, BStBl II 2001, 468; BFH v. 06.10.2009, IX R 14/08, BStBl II 2010, 460: Quotentreuhand an GmbH-Anteilen; BGH v. 16.12.1970, VIII ZR 36/69, BB 1971, 197: kein Treugut, wenn ein Rechtsanwalt den Einziehungsbetrag der Forderung auf ein als Geschäftskonto benutztes Postscheckkonto oder ein Privatkonto nimmt; Treugut hingegen bei Einzahlung auf Rechtsanwalt-Anderkonto; BFH v. 01.12.2010, IV R 17/09, BStBl II 2011, 419: zu den Voraussetzungen einer Mittelverwendungstreuhand bei einem Lotteriedienstleistungsunternehmen.

## D. Sicherungseigentum

23 Gemäß § 39 Abs. 2 Nr. 1 Satz 2 AO sind Wirtschaftsgüter, die zum Zweck der **Sicherung** übereignet sind, grundsätzlich dem Veräußerer, also dem **Sicherungsgeber**, zuzurechnen. Der Grund liegt darin, dass sicherungsweise übereignete Gegenstände nach wie vor im Besitz des Sicherungsgebers verbleiben und diesem damit auch zur Nutzung und betrieblichen Verwertung belassen werden können. Ihrem Zweck nach dient die Sicherungsübereignung nur einer vorzugsweisen Befriedigung des Sicherungsnehmers im Verhältnis zu den übrigen Gläubigern des Sicherungsgebers und zielt auf die Wirkung eines Pfandrechtes. Da die Rechtsordnung jedoch ein Pfandrecht ohne Besitz am Pfandgegenstand nicht kennt, wohl aber ein besitzloses Eigentum, hilft sich die Rechtspraxis mit der Begründung einer besonderen Art von Eigentum, das zwar im Rechtsverkehr, insbes. gegenüber Dritten, echtes Eigentum darstellt, sich aber im Verhältnis zwischen Sicherungsgeber und Sicherungsnehmer auf die Wirkungen eines **Pfandrechts** beschränkt (BFH v. 16.04.1997, XI R 87/96, BStBl II 1997, 585). Was der Pfandgläubiger ohne Rechtsverlust nicht vermag, ist dem Sicherungseigentümer gestattet, nämlich die Belassung der übereigneten Sache im Besitz des Sicherungsgebers, verbunden mit der Gestattung der weiteren Benutzung und sogar der Verwertung im Rahmen des schuldnerischen Geschäftsbetriebes, wobei das erlangte Surrogat an die Stelle der verwerteten Sache tritt.

Der Sicherungsübereignung von Sachen entspricht die sicherungsweise Abtretung von Rechten (**Sicherungszession**), insbes. Forderungen, die jedoch – im Unterschied zur Verpfändung – keiner Anzeige an den Schuldner bedarf. Eine »stille« Forderungsabtretung trägt wesentlich zur Schonung geschäftlicher Beziehungen bei. 24

Der dargestellten besonderen Zweckbestimmung von Sicherungsübereignung und Sicherungszession entspricht es, die ihr gewidmeten Gegenstände jedenfalls so lange dem Vermögen des Sicherungsgebers zuzurechnen, als nicht ihre Verwertung zum Zwecke der Befriedigung des Sicherungsnehmers erfolgt ist. Wegen der Ausnahmefälle, in denen eine rechtsförmliche Betrachtungsweise dazu nötigt, den Sicherungseigentümer auch steuerlich als Eigentümer zu behandeln, s. Rz. 5 ff. verwiesen. 25

## E. Gesamthandseigentum

Im Gegensatz zum Miteigentum, das ein Eigentum nach Bruchteilen ist (s. §§ 1008 ff., 741 ff. BGB), steht beim Gesamthandseigentum das Eigentumsrecht den Beteiligten dergestalt zu, dass über die zum Gesamthandsvermögen gehörigen Wirtschaftsgüter nur gemeinsam verfügt werden kann. Über seinen Anteil kann der Beteiligte ohne antizipierte Zustimmung im Gesellschaftsvertrag bzw. dessen Ergänzung oder sonst ohne Zustimmung der übrigen Gesamthänder nicht verfügen. Eine Ausnahme bildet die **Erbengemeinschaft**, bei welcher der einzelne Miterbe zwar nicht über seinen Anteil an den einzelnen Nachlassgegenständen, wohl aber über seinen Anteil am Nachlass, also über seinen Erbteil verfügen kann. Bei den übrigen Gesamthandsgemeinschaften, also der **Gesellschaft bürgerlichen Rechts**, der **Kommanditgesellschaft**, der **Offenen Handelsgesellschaft** und der **ehelichen Gütergemeinschaft** sowie der **Eigentums- und Vermögensgemeinschaft**, gilt der Grundsatz, dass über das gesamthänderisch gebundene Vermögen nur gemeinschaftlich verfügt und eine Teilung erst nach Auflösung der Gemeinschaft verlangt werden kann. 26

Ist die Gesamthandsgemeinschaft **als solche steuerpflichtig**, wie im Bereich der Gewerbesteuer, der Grunderwerbsteuer (Ausnahme: gesamthänderische Güterstände) und der Umsatzsteuer, besteht keine Notwendigkeit, die zum Gesamthandsvermögen gehörigen Wirtschafts- 27 güter bzw. die von der Gesamthandsgemeinschaft entfaltete Tätigkeit **den Beteiligten zuzurechnen**. Im **Gegensatz hierzu** stehen die **Steuern vom Einkommen**, in deren Bereich nicht die Gesamthandsgemeinschaft, sondern die Beteiligten steuerpflichtig sind. Ungeachtet der gesonderten Feststellung der Besteuerungsgrundlagen (s. § 180 AO) muss zur Erhebung der Steuer aus dem bei der Gemeinschaft verwirklichten Steuertatbestand bei den Mitgliedern eine Zurechnung an diese erfolgen. Dabei ist gem. § 39 Abs. 2 Nr. 2 AO in wirtschaftlicher Betrachtungsweise zu unterstellen, dass die Beteiligten nicht zur gesamten Hand, sondern nach **Bruchteilen** berechtigt sind. Das gilt nicht nur für den durch eine gesellschaftliche Beteiligung verwirklichten Steuertatbestand (Anteile am Gewinn der Gesellschaft), sondern – soweit steuerlich relevant – auch hinsichtlich des Anteils an den einzelnen zum Gesellschaftsvermögen gehörigen Wirtschaftsgütern (BFH v. 10.12.1998, III R 61/79, BStBl II 1999, 390; BFH v. 28.11.2002, III R 1/01, BStBl II 2003, 251: gewerblicher Grundstückshandel durch Veräußerung eines Anteils an einer Grundbesitz haltenden Personengesellschaft). Daher hat der BFH auch einen Anschaffungsvorgang verneint, wenn Bruchteilseigentümer Grundstücke zu unveränderten Anteilen in eine personenidentische GbR einbringen (BFH v. 06.10.2004, IX R 68/01, BStBl II 2005, 324; BFH v. 02.04.2008, IX R 18/06, BStBl II 2008, 679). Die Höhe der den Beteiligten zuzurechnenden Bruchteile bestimmt sich nach dem Verhältnis der rechnerischen Anteile am Gesamthandsvermögen (Beteiligungsschlüssel; Kapitalanteile). Schwierigkeiten ergeben sich, wenn einzelne Beteiligte der Gemeinschaft gegenüber verschuldet sind (negative Kapitalkonten; BFH v. 24.06.1981, II R 49/78, BStBl II 1982, 2; BFH v. 11.03.1992, II R 157/87, BStBl II 1992, 543).

**28** Die Bedeutung der Zurechnungsnorm des § 39 Abs. 2 Nr. 2 AO erschöpft sich in dem geschilderten Umsetzungszweck: sie schließt nicht aus, aufgrund von § 39 Abs. 2 Nr. 1 AO zu einer vom Zivilrecht abweichenden Zurechnung zu gelangen (BFH v. 28.09.1962, III 185/81, HFR 1963, 269).

## § 40 AO
## Gesetz- oder sittenwidriges Handeln

**Für die Besteuerung ist es unerheblich, ob ein Verhalten, das den Tatbestand eines Steuergesetzes ganz oder zum Teil erfüllt, gegen ein gesetzliches Gebot oder Verbot oder gegen die guten Sitten verstößt.**

### Inhaltsübersicht



### Schrifttum


Wulf, Steuererklärungspflichten und »nemo tenetur«, wistra 2006, 89.


### A. Wertneutralität der Besteuerung

Die Vorschrift geht vom Grundsatz der Wertneutralität der Besteuerung aus. Wenn der Tatbestand erfüllt ist, an den das Gesetz die Leistungspflicht knüpft, steht der Besteuerung nicht der Umstand entgegen, dass der Sachverhalt etwa ganz oder teilweise gegen außersteuerliche Rechtsnormen oder gegen die guten Sitten verstößt (s. § 138 BGB). Insbes. **Straftäter**, die aus ihrem Handeln wirtschaftlichen Nutzen ziehen und dabei in Konkurrenz zu legalem Wirtschaften stehen, dürfen keine Steuerfreiheit genießen, weil sich sonst weitere **Wettbewerbsverzerrungen** ergäben. Die Erwägung, dass der Fiskus damit gewissermaßen am wirtschaftlichen Erfolg strafbarer oder sittenwidriger Handlungen teilnimmt, muss demgegenüber zurücktreten. Die Vorschrift begegnet keinen verfassungsrechtlichen Bedenken (BVerfG v. 12.04.1996, 2 BvL 18/93, NJW 1996, 2086). Es besteht auch keine Kollision mit dem Grundsatz, dass niemand verpflichtet ist, sich selbst wegen einer Straftat zu belasten, weil § 30 AO die durch eine entsprechende Erklärung offenbarten Verhältnisse schütz (s. § 30 Abs. 4 Nr. 4 AO; s. zu dieser Problematik aber auch § 31b AO Rz. 5). Die Erklärungspflicht ist auf die betragsmäßige Angabe der Einnahmen beschränkt und umfasst nicht deren deliktische Herkunft (BGH v. 02.12.2005, 5 StR 119/05, NJW 2006, 925). Wer glaubt, er sei berechtigt in solchen Fällen Besteuerungsgrundlagen zu verschweigen, befindet sich allenfalls in einem i. d. R. vermeidbaren Verbotsirrtum (§ 17 StGB; FG Münster v. 10.04.2013, 13 K 3654/10 E, EFG 2013, 1345). **1**

Die Vorschrift hat nicht nur steuerbegründende Bedeutung für die Fälle, in denen sich ein Stpfl. verbotswidrig verhalten hat. Ihre allgemeine Fassung und der mit ihr verfolgte Zweck wertungsindifferenter Besteuerung (BFH v. 28.11.1977, GrS 2–3/77, BStBl II 1978, 105) lassen die Anwendung auch auf **steuerbegünstigende Normen** zu (gl. A. *Drüen* in Tipke/Kruse, § 40 AO Rz. 6). Soweit der Grundsatz der Einheit der Rechtsordnung durch die Vorschrift überhaupt eine Durchbrechung erfährt (BFH v. 18.07.1978, VIII R 94/77, BStBl II 1978, 593), tritt er zurück, wenn es um die Entstehung der Steuer durch tatbestandsmäßiges, aber verbotenes, Verhalten geht, wie auch dann, wenn rechtlich untersagtes Verhalten den Tatbestand einer Steuerbefreiung oder -minderung erfüllt (BFH v. 07.11.1989, VII R 115/87, BStBl II 1990, 251). Voraussetzung ist allerdings, dass die begünstigende Steuerrechtsnorm nach ihrem Sinn und Zweck die Tatbestandsverwirklichung durch ein rechtswidriges Verhalten nicht ausschließt. So schließt z. B. § 4 Abs. 5 Nr. 10 **2**

EStG den Abzug geleisteter Schmiergelder u. ä. endgültig vom Betriebsausgabenabzug aus.

### B. Anwendungsfälle

3 Die Vorschrift gilt für **alle Steuerarten und für alle Ansprüche aus dem Steuerschuldverhältnis**. Sie wird für **Einfuhr- und Ausfuhrabgaben** (s. Art. 5 Nr. 20 und 21 UZK) in Art. 83 Abs. 1 UZK **modifiziert**: Nach Art. 83 Abs. 1 UZK entsteht die Einfuhr- oder Ausfuhrzollschuld auch für Waren, die Einfuhr- oder Ausfuhrverboten oder -beschränkungen gleich welcher Art unterliegen. Nach Art. 83 Abs. 2 UZK entsteht jedoch keine Zollschuld, wenn Falschgeld, Suchtstoffe oder psychotrope Stoffe vorschriftswidrig in das Zollgebiet der Gemeinschaft verbracht werden. Ein Rückausnahme gilt wiederum, wenn für Suchtstoffe und psychotrope Substanzen, die unter strenger Überwachung durch die zuständigen Behörden im Hinblick auf ihre Verwendung für medizinische und wissenschaftliche Zwecke stehen. Für Zwecke der Ahndung von Zuwiderhandlungen gegen die zollrechtlichen Vorschriften gilt nach 83 Abs. 3 UZK die Zollschuld dennoch als entstanden, wenn die Einfuhr- oder Ausfuhrabgaben oder das Bestehen einer Zollschuld nach dem Recht eines Mitgliedstaats die Grundlage für die Festlegung der Sanktionen sind.. Soweit auf **Verbrauchsteuern** die für Zölle geltenden Vorschriften sinngemäß gelten (s. § 21 Abs. 2 UStG), ist Art. 83 UZK ebenfalls anwendbar.

4 Besonderheiten gelten aus umsatzsteuerlicher Sicht für die Einfuhr und Lieferung illegaler Drogen (EuGH v. 05.07.1988, Rs. 268/86 – Mol – UR 1989, 312) und Falschgeld (EuGH v. 06.12.1990, Rs. C-343/89, UR 1991, 148), weil deren Einführung in den Wirtschafts- und Handelskreislauf der Gemeinschaft definitionsgemäß ausgeschlossen ist (s. Rz. 3). Das Mehrwertsteuersystem verlangt daher keine Besteuerung, denn es kann keine Konkurrenzsituation zu legalen Vorgängen vorliegen.

5 Die verbotswidrige Ein-, Aus- oder Durchfuhr von Waren steht der Entstehung der Abgabenschuld nicht entgegen (s. § 370 Abs. 5 AO). Die Sachhaftung verbrauchsteuer- oder zollpflichtiger Waren (s. § 76 AO) gilt auch für strafbar erworbene Waren (VerwG Berlin v. 12.02.1958, VII A 246/57, EFG 1958, 392). Der Hehler nimmt am Geschäftsverkehr – mit allen Folgen in steuerlicher Hinsicht – ebenso teil wie der ehrliche Kaufmann. Die Prostitution löst wie jede andere berufliche oder gewerbliche Tätigkeit Einkommensteuer aus (BFH v. 20.02.2013, GrS 1/12, BStBl II 2013, 441: Gewerbe). Auch »Telefonsex« führt unter den Voraussetzungen des § 15 Abs. 2 EStG zu Einkünften aus Gewerbebetrieb (BFH v. 23.02.2000, X R 142/95, BStBl II 2000, 610).

6 Eine mangels Genehmigung nach dem Arbeitnehmerüberlassungsgesetz illegale, jedoch gleichwohl durchgeführte Arbeitnehmer-Überlassung ist steuerlich wirksam und hat die Haftung des Entleihers für die vom illegalen Verleiher nicht einbehaltene LSt nach § 42d Abs. 6 EStG zur Folge (BFH v. 02.04.1982, VI R 34/79, BStBl II 1982, 502 ist insoweit überholt). Die Kraftfahrzeugsteuerbefreiung für Krankenfahrzeuge kann an unzulässiger Kennzeichnung nicht scheitern (BFH v. 07.11.1989, VII R 115/87, BStBl II 1990, 251).

## § 41 AO
## Unwirksame Rechtsgeschäfte

**(1) Ist ein Rechtsgeschäft unwirksam oder wird es unwirksam, so ist dies für die Besteuerung unerheblich, soweit und solange die Beteiligten das wirtschaftliche Ergebnis dieses Rechtsgeschäfts gleichwohl eintreten und bestehen lassen. Dies gilt nicht, soweit sich aus den Steuergesetzen etwas anderes ergibt.**

**(2) Scheingeschäfte und Scheinhandlungen sind für die Besteuerung unerheblich. Wird durch ein Scheingeschäft ein anderes Rechtsgeschäft verdeckt, so ist das verdeckte Rechtsgeschäft für die Besteuerung maßgebend.**

**Inhaltsübersicht**



**Schrifttum**


Seeger, Verträge zwischen nahe stehenden Personen, DStR 1998, 1339; Heuermann, Simulation im Steuer- und Zivilrecht, DB 2007, 416.


### A. Unwirksame Rechtsgeschäfte

### I. Begriff und Anwendungsfälle

§ 41 Abs. 1 AO befasst sich mit der steuerlichen Behandlung **rechtlich unwirksamer** (= nichtiger) oder **anfechtbarer** (= mit rückwirkender Kraft vernichtbarer; *Ellenberger* in Palandt § 119 BGB Rz. 2) Geschäfte. Nachdem § 40 AO für verbotene oder gegen die guten Sitten verstoßende und aus diesem Grunde regelmäßig auch unwirksame Geschäfte den Grundsatz der Wertneutralität konstituiert, betrifft § 41 Abs. 1 AO Geschäfte, die aus 1 anderen Gründen rechtlich unwirksam sind oder werden können. Das verbindende Element der steuerlichen Behandlung beider Kategorien von Geschäften ist der für das Steuerrecht bedeutsame **Vorrang des Faktischen.** Beide Vorschriften gelten grundsätzlich für alle Steuern. § 41 Abs. 1 AO ist auch eine Folge des im Zivilrecht geltenden **Abstraktionsprinzips**, wonach Verpflichtungs- und Erfüllungsgeschäfte rechtlich selbstständig sind. Regelmäßig werden steuerliche Tatbestände durch Ausführung der Erfüllungsgeschäfte verwirklicht (z.B. § 3 Abs. 1 UStG: nicht der Kaufvertrag, sondern die Verschaffung der Verfügungsmacht ist Lieferung). Da die Unwirksamkeit eines Verpflichtungsgeschäfts nicht auch zur Unwirksamkeit des Erfüllungsgeschäfts führt, stellt das Steuerrecht auf den Bestand des Erfüllungsgeschäfts ab (s. Rz. 5). Hierin erschöpft sich die Regelung des § 41 Abs. 1 AO aber nicht, denn es sind auch Fälle denkbar, in denen (auch) das Erfüllungsgeschäft unwirksam ist, die Beteiligten sein wirtschaftliches Ergebnis aber dennoch bestehen lassen. Erst die Rückabwicklung führt zum Wegfall der steuerlichen Folgen. Ist zweifelhaft, ob ein formunwirksames Geschäft vollzogen ist, so ist der Formfehler insbes. bei Verträgen zwischen nahen Angehörigen ein gewichtiges Indiz, das gegen den Vollzug spricht (BFH v. 22.02.2007, IX R 45/06, BStBl II 2011, 20; BFH v. 12.05.2009, IX R 46/08, BStBl II 2011, 24).

2 Für die Unwirksamkeit eines Rechtsgeschäftes kommen in erster Linie Mängel der rechtlichen Form, der Geschäftsfähigkeit oder der Vertretungsmacht, aber auch das Fehlen von Genehmigungen, insbes. behördlicher Stellen in Betracht. Zum Unwirksamwerden eines Rechtsgeschäfts führen vor allem die erfolgreiche Anfechtung wegen Irrtums, Täuschung, Drohung oder aus sonstigen Gründen, die das zunächst gültige Geschäft rückwirkend nichtig macht (s. § 142 BGB). Als Beispiele seien die Fälle der §§ 105, 174, 518, 2247, 2276, 2348 BGB, der §§ 2, 53 GmbHG und der §§ 23, 241, 256 AktG erwähnt, ferner der §§ 119, 1231 BGB sowie der §§ 197, 246 AktG (dieser auch für GmbH; zur Unwirksamkeit eines Ergebnisabführungsvertrags nach § 17 KStG s. BFH v. 30.07.1997, I R 7/97, BStBl II 1998, 33).

3 Der BGH (BGH v. 28.03.1979, V ZR 81/77, HFR 1980, 27) versagt einer nach ausländischem Recht wirksam gegründeten Gesellschaft nicht allein deshalb die rechtliche Anerkennung, weil die Absicht zugrunde lag, unter Ausnutzung der Gesellschaftsform Steuern zu hinterziehen. Steuerrechtlich gewollte Vertragsgestaltungen können nicht zivilrechtlich als nicht gewollt angesehen werden (BGH v. 18.11.1976, VIII ZR 150/75, DB 1977, 396); sind sie zivilrechtlich nicht gewollt, kann allerdings die Annahme eines durch Scheinhandlung verdeckten Geschäftes (s. § 41 Abs. 2 AO) in Betracht kommen.

4 Soweit § 41 Abs. 1 AO den Begriff der Beteiligten verwendet, ist damit nicht der Beteiligtenbegriff des § 78 AO gemeint, angesprochen sind vielmehr die an dem Rechtsgeschäft Beteiligten (s. AEAO zu § 41, Nr. 3).

## II. Besteuerung des tatsächlichen Sachverhalts

Die **Unwirksamkeit** eines Rechtsgeschäftes ist steuerlich solange und so weit **ohne Bedeutung**, als die Beteiligten das **wirtschaftliche Ergebnis** des Geschäftes gleichwohl eintreten und **bestehen lassen** (s. § 41 Abs. 1 Satz 1 AO). 5
Der Vorrang des Faktischen überwiegt die Mängel der rechtlichen Gültigkeit. Allerdings müssen die wirtschaftlichen Wirkungen eines nichtigen oder anfechtbaren Geschäfts eindeutig eingetreten sein, um sie für die Besteuerung maßgeblich zu machen (BFH v. 07.10.1981, II R 16/80, BStBl II 1982, 28; BFH v. 28.03.2007, II R 25/05, BStBl II 2007, 461 und BFH v. 14.02.2007, XI R 18/06, BStBl II 2009, 957 betr. eine unwirksame Verfügung von Todes wegen; BFH v. 02.04.1982, VI R 34/79, BStBl II 1982, 502 betr. eine illegale, jedoch gleichwohl durchgeführte Arbeitnehmer-Verleihung; BFH 06.04.1993, VIII R 68/90, BStBl II 1993, 825: Zinszahlung ohne Anspruch; BFH v. 17.02.2004, VII R 26/01, BStBl II 2004, 651 betr. formwirksame Abtretung von Gesellschaftsanteilen und Übertragung des Stimmrechts in Vollzug eines formunwirksamen Kaufvertrags; BGH v. 06.09.2012, 1 StR 140/12, NJW 2012, 3455 betr. Vollzug einer formunwirksamen Treuhandvereinbarung,). Trifft das zu, ist eine begründete Anfechtung des zugrunde liegenden Rechtsgeschäfts unbeachtlich, solange das Geschäft nicht rückabgewickelt ist (BFH v. 14.05.1976, III R 113/74, BStBl II 1976, 656). Der Eintritt der wirtschaftlichen Wirkung eines mangels jeder Beurkundung (s. § 313 BGB) unwirksamen Grundstückskaufvertrages ist schlicht ausgeschlossen (BFH v. 21.12.1981, II R 124/79, BStBl II 1982, 330), nicht jedoch der eines infolge unvollständiger Beurkundung nichtigen Grundstücksgeschäfts, das aber voll erfüllt wird (BFH v. 19.07.1989, II R 83/85, BStBl II 1989, 989). Ist die tatsächliche Durchführung ungewiss oder in der Schwebe, wie z.B. die Erfüllung einer sittenwidrigen Verbindlichkeit, kommt eine steuerliche Berücksichtigung (noch) nicht in Betracht (BFH v. 19.12.1961, I 66/61 U, BStBl III 1962, 64). Ebenso eindeutig bedarf es der Beseitigung eingetretener wirtschaftlicher Wirkungen, wenn die Unwirksamkeit eines Geschäftes auch steuerlich Geltung erlangen soll (BFH v. 03.08.1960, II 263/57, HFR 1961, 184: Rücktritt von einer Schenkung wegen Wegfalls der Geschäftsgrundlage; BFH v. 14.08.1966, IV 61/64, BStBl III 1967, 175: vergleichsweiser Abschluss eines Prozesses über ein angefochtenes Testament; BFH v. 16.01.1966, II 29/64, BStBl III 1966, 279: keine Schenkungs- bzw. Erbschaftsteuer bei Herausgabe von Gegenständen wegen Formungültigkeit des Testaments).

6 Erklären die Vertragsbeteiligten versehentlich das Falsche, kommt ein **Vertrag nicht mit dem erklärten, sondern** dem **gewollten Inhalt** zustande. Werden die fehlerhaften Erklärungen später berichtigt, so kommt dem keine weitere steuerliche Wirkung zu (BFH v. 12.11.1975, II R 116/75 BStBl II 1976, 168).

### III. Verfahrensfragen

7 § 41 Abs. 1 Satz 1 AO regelt die steuerschuldrechtlichen Folgen eines unwirksamen Rechtsgeschäfts. Die verfahrensrechtlichen Folgen der Rückabwicklung richten sich nach den einschlägigen Korrekturvorschriften. Verfahrensrechtlich ist die Korrektur einer erfolgten Besteuerung nach § 175 Abs. 1 Satz 1 Nr. 2 AO durchzuführen. Das Unwirksamwerden eines Rechtsgeschäfts und die daraus gezogenen Folgerungen stellen ein rückwirkendes Ereignis i. S. dieser Verfahrensvorschrift dar, soweit nicht Normen der Einzelsteuergesetze Vorrang haben (s. Rz. 9 ff.).

8 Sofern gesetzliche Formvorschriften und behördliche Genehmigungserfordernisse von Anfang an steuerlich von Bedeutung sind, stellt das nachträgliche Erkennen des Fehlens kein rückwirkendes Ereignis dar. So entsteht bspw. aus einem insgesamt formnichtigen (s. § 313 Satz 1, § 125 Satz 1 BGB) »Grundstückskaufvertrag« keine Grunderwerbsteuer nach § 1 Abs. 1 Nr. 1 GrEStG (BFH v. 17.12.1975, II R 35/69, BStBl II 1976, 465). Die Anwendung der Verheiratete betreffenden Bestimmungen des EStG setzt eine rechtswirksame Eheschließung voraus (BFH v. 21.06.1957, VI 115/55 U, BStBl III 1957, 300). In solchen Fällen erfolgt die Korrektur eines ergangenen Steuerbescheids unter den Voraussetzungen des § 173 AO.

### IV. Sonderregelungen

9 Nach § 41 Abs. 1 Satz 2 AO gilt die Regel des Satzes 1 insoweit nicht, wenn sich aus den **Steuergesetzen** etwas anderes ergibt. Dies setzt voraus, dass eine entsprechende **Ausnahme** entweder in den Steuertatbestand eines Steuergesetzes ausdrücklich aufgenommen wurde oder im Wege der Auslegung bei der Anwendung dieses Steuergesetzes zu beachten ist. Grundsätzlich gilt Satz 1 auch für laufend veranlagte Steuern. Doch ergibt sich z. B. aus § 11 Abs. 1 EStG (tatsächlicher Zufluss) ebenso etwas anderes i. S. des Satzes 2 wie aus den Gewinnermittlungsvorschriften der § 4 Abs. 1 und § 5 Abs. 1 EStG. Aus § 17 Abs. 1 Satz 3 UStG folgt, dass die Rückabwicklung eines Umsatzes umsatzsteuerlich keine Rückwirkung hat, sondern sich erst im Besteuerungszeitraum der Rückabwicklung auswirkt.

Der Verzicht auf die Einhaltung von Formen, wie sie zwischen fremden Partnern üblich sind (z. B. Schriftform für Anstellungs- und Gesellschaftsverträge), kann die Ernstlichkeit von Vereinbarungen unter **Ehegatten** und **nahen Angehörigen** infrage stellen, was zur Folge hat, dass sie wie rechtsunwirksame Vereinbarungen zu behandeln sind (BFH v. 19.01.1962, VI 126/61 U, BStBl III 1962,174). Die fehlende Genehmigung des Vormundschaftsgerichts hat der BFH (BFH v. 04.07.1968, IV 136/63, BStBl II 1968, 671) zum Anlass genommen, die steuerliche Anerkennung einer stillen Gesellschaft zwischen einem Vater und seinem minderjährigen Kind zu versagen, obwohl das Gesellschaftsverhältnis tatsächlich durchgeführt worden war. Das ist richtig, weil das Kind zivilrechtlich nicht in ein Pflichtverhältnis einrücken kann. Allerdings hat der BFH in einer neueren Entscheidung ausgeführt, dass der zivilrechtlichen Unwirksamkeit nur indizielle Bedeutung beizumessen sei (BFH v. 07.06.2006, IX R 4/04, BStBl II 2007, 295; Nichtanwendungserlass des BMF v. 02.04.2007, BStBl I 2007, 441). Im Übrigen sind zwischen nahen Angehörigen (wirksam) geschlossene Verträge steuerlich nur dann anzuerkennen, wenn feststeht, dass sie tatsächlich vollzogen sind (BFH v. 28.01.1997, IX R 23/94, BStBl II 1997, 655).Bei der gewerblichen Tätigkeit nach § 15 EStG nimmt der X. Senat des BFH darüber hinaus eine **mittelbare Tatbestandsverwirklichung** an, wenn der Unternehmer aus privaten Gründen einem anderen eine in seinem Betrieb erwirtschaftete Erwerbschance überlässt. In diesem Fall verfügt der Unternehmer über bezogenes Einkommen (BFH v. 15.03.2005, X R 39/03, BStBl II 2005, 817). Dies steht aber im Widerspruch zur Auffassung des III. Senats, wonach auch solche Fälle nach § 42 AO zu beurteilen sind (BFH v. 18.03.2004, III R 25/02, BFH/NV 2004, 1132). 10

Sonderregelungen, kraft deren die Unwirksamkeit eines Erwerbsvorganges zur Nichterhebung bzw. Erstattung der **Grunderwerbsteuer** führt, enthält § 16 Abs. 2 Nr. 2 und 3 GrEStG. 11

## B. Scheingeschäfte

### I. Begriffe und Beispiele

Scheingeschäften und anderen **Scheinhandlungen** im Sinne des § 41 Abs. 2 AO ist eigentümlich, dass sie nicht ernstlich gemeint sind und einen **Tatbestand vortäuschen** sollen, der in Wirklichkeit **weder gewollt** ist **noch** tatsächlich **besteht** (BFH v. 07.11.2006, IX R 4/06, BStBl II 2007, 372: Scheindarlehen; BFH v. 10.09.2015, V R 17/14, BFH/NV 2016, 80; BFH v. 20.10.2016, V R 36/14, BFH/NV 2017, 327: Strohmann). In Übereinstimmung mit § 117 BGB ist die Scheinhandlung auch steuerlich ohne Bedeutung (BVerfG v. 26.06.2008, 2 BvR 2067/07, NJW 2008, 3346). Maßgeblich ist – soweit vorhanden – der Tat- 12 bestand, den die Scheinhandlung verdecken soll. Die Grenzen zur Steuerumgehung (s. § 42 AO) fließen; Letztere setzt einen Missbrauch rechtlicher Gestaltungsmöglichkeiten voraus, der für die Annahme eines Scheingeschäftes nicht gefordert wird. Das Umgehungsgeschäft muss im Unterschied zum Scheingeschäft ernstlich gewollt sein, weswegen es im Gegensatz zum Scheingeschäft zivilrechtlich grundsätzlich wirksam ist (BFH v. 21.10.1988, III R 194/84, BStBl II 1989, 216).

13 Keine Scheinhandlungen sind die fiduziarischen oder Treuhandgeschäfte. Durch sie wird einem Beteiligten aus wirtschaftlichen oder sonstigen Gründen eine Rechtsstellung eingeräumt, mit der Befugnisse verbunden sind, die über den verfolgten Zweck hinausgehen. Die Ausübung der Befugnisse ist daher im Innenverhältnis vertraglich gebunden. Das fiduziarische Geschäft, z. B. eine Sicherungsübereignung (s. § 39 AO Rz. 23 ff.) oder ein zu Verwaltungszwecken begründetes Treuhandeigentum (s. § 39 AO Rz. 19 ff.), ist im Unterschied zur Scheinhandlung wirklich gewollt und daher nach Maßgabe des § 39 Abs. 2 Nr. 1 Satz 2 AO auch steuerlich zu beachten.

### II. Besteuerung des verdeckten Geschäfts

14 Der Besteuerung wird nicht die Scheinhandlung, sondern – soweit ein solcher vorhanden ist – der wirklich gewollte und in seinen wirtschaftlichen Wirkungen eingetretene, jedoch verdeckte Tatbestand zugrunde gelegt. So wertete das FG Nds (FG Nds v. 23.10.1964, IV 32/64, EFG 1965, 181) einen aus preisrechtlichen Gründen vereinbarten Erbbauzins als verdeckte Kaufpreiszahlung, nahm demzufolge keine steuerpflichtigen Nutzungseinkünfte, sondern eine – im entschiedenen Fall – steuerfreie Einnahme an. Das Scheingeschäft selbst hat keine steuerlichen Folgen (zur Strafbarkeit der Nichterklärung des verdeckten Geschäfts als Steuerhinterziehung s. BGH v. 07.11.2006, 5 StR 164/06, wistra 2007, 112; zu den vergleichbaren Folgen eines Umgehungsgeschäfts s. § 42 AO Rz. 25 ff. und 32).

### III. Realakte

15 Für die Anwendung des § 41 Abs. 2 AO ist kein Raum, soweit die Besteuerung an Realakte nicht rechtsgeschäftlichen Charakters anknüpft. Das ist z. B. beim Verbringen von Waren über die Grenze oder bei tatsächlichen Geschehensabläufen (betriebstechnische Vorgänge) im Bereich der Verbrauchsteuern der Fall.

# § 42 AO Missbrauch von rechtlichen Gestaltungsmöglichkeiten

**(1) Durch Missbrauch von Gestaltungsmöglichkeiten des Rechts kann das Steuergesetz nicht umgangen werden. Ist der Tatbestand einer Regelung in einem Einzelsteuergesetz erfüllt, die der Verhinderung von Steuerumgehungen dient, so bestimmen sich die Rechtsfolgen nach jener Vorschrift. Andernfalls entsteht der Steueranspruch beim Vorliegen eines Missbrauchs im Sinne des Absatzes 2 so, wie er bei einer den wirtschaftlichen Vorgängen angemessenen rechtlichen Gestaltung entsteht.**

**(2) Ein Missbrauch liegt vor, wenn eine unangemessene rechtliche Gestaltung gewählt wird, die beim Steuerpflichtigen oder einem Dritten im Vergleich zu einer angemessenen Gestaltung zu einem gesetzlich nicht vorgesehenen Steuervorteil führt. Die gilt nicht, wenn der Steuerpflichtige für die gewählte Gestaltung außersteuerliche Gründe nachweist, die nach dem Gesamtbild der Verhältnisse beachtlich sind.**

#### Inhaltsübersicht



#### Schrifttum


Rose/Glorius-Rose, Zur jüngsten Rechtsprechung des BFH hinsichtlich § 42 AO, DB 2004, 2174; Söffing, Die Steuerumgehung und die Figur des Gesamtplans, BB 2004, 2777; Hahn, § 42 AO und Steuerkultur – zu einem unbekannten Steuerfaktor, DStZ 2005, 183; Lange, Rechtsmissbrauch im Mehrwertsteuerrecht, DB 2006, 519; Hahn »Gestaltungsmissbrauch« im Sinne des § 42 AO, DStZ 2006, 431; Ritzer/Stangel, Zwischenschaltung ausländischer Kapitalgesellschaften – Aktuelle Entwicklungen im Hinblick auf § 50d Abs. 3 EStG und § 42 AO, FR 2006, 757; List, Der Missbrauch von Gestaltungsmöglichkeiten des Rechts aus der Sicht des § 42 AO und des Gemeinschaftsrechts, DB 2007, 131; Crezelius, Vom Missbrauch zum Misstrauen: Zur geplanten Änderung des § 42 AO, DB 2007, 1428; Brockmeyer, Bedenkliche Neufassung des § 42 Abs. 1 AO im Referentenentwurf des JStG 2008, DStR 2007, 1325; Damas/Ungemach, Schreckgespenst Gesamtplanrechtsprechung? DStZ 2007, 552; Fischer, § 42 Abs. 1 AO i. d. F. des Entwurfs eines JStG 2008 – ein rechtskultureller Standortnachteil, FR 2007, 857; Lichtinghagen/Verpoorten, Steuergestaltung zwischen Missbrauchsverdacht und Anzeigepflicht? StuB 2007,

734; VON WEDELSTÄDT, Die Änderungen der Abgabenordnung durch das Jahressteuergesetz 2008, DB 2007, 2558; BORGGREVE, Neue Dimensionen des Missbrauchs im Steuerrecht? AO-StB 2007, 333; LENZ/GERHARD, Das »Grundrecht auf steueroptimierende Gestaltung«, BB 2007, 2429; KUGELMÜLLER-PUGH, Der Gesamtplan im deutschen Steuerrecht – mehr als nur ein plastischer Name? FR 2007, 1139; MACK/WOLLWEBER, § 42 AO – Viel Lärm um nichts? DStR 2008, 182; WIENBRACKE, Die Genese fiskalischen Misstrauens, DB 2008, 664; FISCHER, Überlegungen zu § 42 AO i. d. F. des JStG 2008, FR 2008, 306; LEISNER-EGENSPERGER, Das Verbot der Steuerumgehung nach der Reform des § 42 AO, DStR 2008, 358; DRÜEN, Unternehmerfreiheit und Steuerumgehung, StuW 2008, 154; HEY, Spezialgesetzliche Missbrauchsregelung, StuW 2008, 167; HAHN, Wie effizient ist § 42 AO neuer Fassung? DStZ 2008, 483; SCHUMANN, Der »neue« § 42 AO 1977, StBp 2008, 232; CARLÉ, Die Anwendung des neugefassten § 42 AO aus Verwaltungssicht, DStZ 2008, 653; ENGLISCH, Verbot des Rechtsmissbrauchs – ein allgemeiner Grundsatz des Gemeinschaftsrechts? StuW 2009, 3; ALBERT, Zur Abwehr von Steuerumgehungen aus deutscher und europäischer Sicht, IFSt-Schrift Nr. 455, Bonn 2009; HEY, Gestaltungsmissbrauch im Steuerrecht nach der Neufassung des § 42 AO und dem dazu ergangenen BMF-Erlass, BB 2009, 1044; HEINTZEN, Die Neufassung des § 42 AO und ihre Bedeutung für grenzüberschreitende Gestaltungen, FR 2009, 599; STREIT/KORF, Missbrauch von rechtlichen Gestaltungsmöglichkeiten in der Rechtsprechung des EuGH und des BFH zum Mehrwertsteuerrecht, UR 2009, 509; DRÜEN, Der Missbrauch von rechtlichen Gestaltungsmöglichkeiten aus der Sicht der Finanzverwaltung, AO-StB 2009, 209 , 240; HEINE, Gestaltungsrisiken? Schwindende Bedeutung des § 42 AO für die grunderwerbsteuerliche Planung, UVR 2009, 212; EBENS, Einwendungsmöglichkeiten gegen Gesamtplan-Besteuerung, BB 2009, 2172; DEMLEITNER, Das Verhältnis von § 42 AO zu spezialgesetzlichen Missbrauchsvorschriften, AO-StB 2010, 174; JEBENS, Müssen die Gesamtplan-Tatbestandsmerkmale wegen divergierender Auffassungen im BFH gesetzlich fixiert werden?, BB 2010, 2025; GABEL, Spezielle Missbrauchsnormen und der allgemeine Gleichheitssatz, StuW 2011, 3; OFFERHAUS, § 42 AO und der »Gesamtplan«, FR 2011, 878; WÄGER, Rechtsmissbrauch und Qualifikationskonflikt im Umsatzsteuerrecht, DStR 2011, 49; WILKE, Fraus legis europaea – § 42 AO im Unionsrecht, UR 2011, 925; FÜLLBIER, Wertpapierleihgeschäfte als Missbrauch von rechtlichen Gestaltungsmöglichkeiten i. S. d. § 42 AO? BB 2012, 1769; JEHKE, Umstrukturierungen und steuerlicher Gestaltungsmissbrauch, DStR 2012, 677; BIRNBAUM, Die Auswirkung der aktuellen BFH-Entscheidungen auf die Frage des Gestaltungsmissbrauchs in Erbschaft- und Schenkungsteuerfällen, DStZ 2103, 18; BRANDENBERG, Abschied vom Gesamtplan, DB 2013, 17; HÜTTEMANN, Steuerrechtsprechung und Steuerumgehung, DStR 2015, 1146; SCHMIDTMANN, Normative Verankerung der Gesamtplanrechtsprechung, FR 2015, 57; SCHÜLER-TÄSCH/SCHULZE, Die Entwicklung des Steuerverfassungsrechts und Missbrauchsregelungen im Steuerrecht, DStR 2015, 1137; KEMPELMANN, Gesamtplan: Vom Schlagwort zu einer Dogmatik, StuW 2016, 385; MÜLLER, § 42 AO – eine schwierige Verfahrensvorsachrift, AO-StB 2016, 50; SOBANSKI, Gesamtpläne im Rahmen von Betriebsveräußerungen und -aufgaben – nur eine Frage der Tarifermäßigung nach § 34 EStG, FR 2017, 384.

## A. Bedeutung der Vorschrift – Grenzen der steuerlichen Gestaltungsfreiheit

1 § 42 AO stellt die **Maxime** auf, dass durch Missbrauch von Gestaltungsmöglichkeiten des Rechts das Steuergesetz nicht umgangen werden kann. Die Vorschrift ist durch Art. 14 Nr. 2 des JStG 2008 neu gefasst worden. Die Neuregelung gilt nach § 7 EGAO ab dem 01.01.2008 für Kalenderjahre, die nach dem 31.12.2007 beginnen. Für Altfälle gilt § 42 AO a. F. weiter. Die in der Neufassung enthaltene Definition entspricht allerdings weitgehend der, die die Rspr. erarbeitet hat und hat somit auch für Altfälle Relevanz. Die verabschiedete Gesetzesfassung weicht vom Referentenentwurf nach **erheblicher Kritik** im Schrifttum ab (*Deutscher Steuerberaterverband e. V.*, P 15/07; *Crezelius,* DB 2007, 1428; *Brockmeyer,* DStR 2007, 1325), wird aber immer noch als zu unbestimmt und verfassungswidrig angesehen (*Borggreve,* AO-StB 2007, 333). Dem ist aber mit Hinblick auf die Konturen, die die Rspr. bereits geliefert hat, nicht zu folgen (*Lenz/Gerhard,* BB 2007, 2429). Die Beweislast für das Nichtvorliegen einer Steuergestaltung ist trotz der Kritik auf den Stpfl. verlagert worden. Diese Beweislastregel gilt für Besteuerungszeiträume ab 2008. Bei allem Verständnis für das Bedürfnis nach eindeutigen und einfachen Besteuerungsregelungen auf Seiten des einzelnen Stpfl. muss man auch das Interesse der Allgemeinheit an der Sicherung des Steueraufkommens unter gleichmäßiger Belastung aller Bürger sehen. Dies alles hat Verfassungsrang. Es ist daher auch nicht anrüchig, wenn der Gesetzgeber die Beweislast für die Frage der Angemessenheit einer Regelung nach dem Gesichtspunkt der Beweisnähe da ansiedelt, wo der Zweifel entsteht – m.a.W., bei dem der sich ihrer bedient und der daher als Erster berufen ist, über deren Zweck Aufschluss zu geben (*Lenz/Gerhard,* BB 2007, 2429).

Eine **Umgehung** der Steuerpflicht, genauer ihre Vermeidung oder Verminderung durch missbräuchlichen Gebrauch der individuellen Gestaltungsfreiheit, muss das Steuerrecht vermeiden, um den Steueranspruch nicht beliebig werden zu lassen. Die Vertragsfreiheit (*Ellenberger* in Palandt vor § 145 BGB Rz. 7) muss auch die **Grenzen** beachten, die sich aus der Notwendigkeit des **gesetzmäßigen Vollzugs der Steuergesetze** ergeben. Der Steuerpflicht darf nicht durch Gestaltungen ausgewichen werden, die etwas zivilrechtlich wirksam regeln, was letztlich wirtschaftlich nicht gewollt ist, während der wirklich gewollte wirtschaftliche Erfolg nicht in der ihm angemessenen, üblichen oder normalen Form in Erscheinung tritt. Die Anwendung des § 42 AO kommt in solchen Fällen in Betracht, in denen die Auslegung einer materiellen Steuernorm endet (BR-Drs. 544/07, 105), weswegen die Vorschrift auch nicht überflüssig ist (*Drüen* in Tipke/Kruse, § 42 AO Rz. 8, 8a). Vom Scheingeschäft (s. § 41 Abs. 2 AO) unterscheidet sich das Umgehungsgeschäft dadurch, dass es als solches ernstlich gewollt und vollzogen ist. Der Gestaltungswille und die Gestaltungsform decken einander (s. § 41 AO Rz. 10; BFH v. 23.11.2011, II R 64/09, BStBl II 2012, 355, Rz. 21). Die Figur des Gesamtplanes hat Berührungspunkte mit dem Gestaltungsmissbrauch, ist aber nicht mit ihm deckungsgleich. Vielen Umgehungen liegt ein Gesamtplan zugrunde. Das gleiche gilt aber auch für Scheingeschäfte, wenn die Vertragsparteien etwas zwar formal vereinbaren, es aber durch gegenläufige 2

Verträge planmäßig wieder neutralisieren (zur Abgrenzung vgl. *Offerhaus*, FR 2011, 878).

3 Entscheidendes Kriterium der Steuerumgehung ist der **Missbrauch** von **Gestaltungsformen**, welche die Rechtsordnung den Bürgern für die Verwirklichung ihrer Ziele und Bestrebungen bereitstellt. An den üblichen Gebrauch dieser Gestaltungsformen, zu den Zwecken, die ihnen »adäquat« sind, knüpft der Gesetzgeber bei der Ausprägung der Steuertatbestände an. Dabei finden auch **Ersatzgestaltungen** Berücksichtigung, die in der Praxis schon häufig in Erscheinung getreten, also nicht mehr »ungewöhnlich« sind (Beispiel: § 1 Abs. 2 GrEStG oder § 10 Abs. 5 UStG). Was aber darüber hinaus an steuervermeidenden Ersatzgestaltungen möglich ist, lässt sich nur durch eine **Generalklausel** abfangen, die einem Missbrauch rechtlicher Gestaltungsmöglichkeiten die steuerliche Maßgeblichkeit abspricht.

4 Eine Behinderung der Bürger in ihrer wirtschaftlichen Entfaltungs- und Gestaltungsfreiheit ist durch die Vorschrift nicht gewollt. Im Rahmen der Gesetze können sich die Steuerpflichtigen **beliebige wirtschaftliche Ziele** setzen, sie sollen sie jedoch **auf den Wegen** verfolgen, die ihnen die Rechtsordnung für diese Zwecke regelmäßig zur Verfügung stellt. Das Gesetz geht davon aus, dass sich die Bürger der **gebräuchlichen** Vertragstypen bedienen, in denen die verfolgten Ziele ihren normalen Ausdruck finden. Auf der Grundlage der Privatautonomie können jedoch Form und Inhalt zivilrechtlicher Verträge weitgehend getrennt werden. Ergibt die Prüfung rechtsgeschäftlicher Vereinbarungen, die formal nicht der im Gesetz vorgesehenen Typisierung entsprechen, dass der zum Ausdruck kommende Zweck der im Steuergesetz umschriebenen typischen Form dennoch entspricht, so versagt § 42 AO die Berufung auf die gewählte Form (den gewählten Vertragstypus), wenn es keinen vernünftigen außersteuerlichen Grund für die gewählte Gestaltung gibt. Die Vorschrift bewirkt die Besteuerung einer zivilrechtlich wirksamen, aber atypischen Gestaltung entsprechend dem Zweck des Steuergesetzes, wenn der steuerlich relevante wirtschaftliche Erfolg mit einem anderen Rechtstyp erreicht wird, der lediglich die steuerliche Folge zu vermeiden sucht (BFH v. 14.05.1986, II R 22/84, BStBl II 1986, 620; BFH v. 09.11.2006, V R 43/04, BStBl II 2007, 344). Vereinfacht ausgedrückt, geht es darum einen geraden Weg zu unterstellen, wenn es keinen vernünftigen Grund für einen Umweg gibt.

5 Aus § 42 AO ergibt sich eine **Prüfungsreihenfolge** zur Feststellung eines Missbrauchs. Zunächst ist zu prüfen, ob das im Einzelfall anzuwendende Einzelsteuergesetz eine Regelung enthält, die der Verhinderung der Steuerumgehung dient. Ist dies der Fall, ist zu prüfen, ob die Tatbestandsmerkmale dieser Norm erfüllt sind (s. Rz. 6 ff.). Bejahendenfalls bestimmen sich die Rechtsfolgen nach der einschlägigen Norm des Einzelsteuergesetzes. § 42 Abs. 2 AO ist in diesem Fall durch § 42 Abs. 1 AO verdrängt. Ist der Tatbestand einer derartigen Norm nicht erfüllt, ist § 42 Abs. 2 AO nach dessen Abs. 1 Satz 3 AO zu prüfen. In diesem Fall bestimmt sich das Vorliegen eines Missbrauchs allein nach den Voraussetzungen des § 42 Abs. 2 AO (s. Rz. 8 ff.; AEAO zu § 42, Nr. 1;Bericht des Finanzausschusses, BT-Drs 16/7036, 33). Etwas anderes mag allenfalls dann gelten, wenn die Anwendung des § 42 AO zu einer Sinnentleerung einer Spezialvorschrift führen würde (*Drüen* in Tipke/Kruse, § 42 AO Rz. 20a).

## B. Verhältnis des § 42 AO zu anderen Vorschriften; § 42 Abs. 1 Satz 2 AO

§ 42 Abs. 1 Satz 2 AO regelt das Verhältnis zu speziellen Normen zur Verhinderung von Steuerumgehung. Zahlreiche Regelungen enthalten **Sondervorschriften** (s. § 8 Abs. 4 KStG oder § 10 Abs. 5 UStG). Der BFH nahm in vielen Fällen eine verdrängende Wirkung der Spezialregelungen an (BFH v. 15.12.1999, I R 29/97, BStBl II 2000, 527 zum inzwischen aufgehobenen § 50c EStG). Soweit der Spezialtatbestand nicht erfüllt war, sollte nach der Rspr. auch § 42 AO a.F. unter dem Gesichtspunkt der Spezialität nicht zur Anwendung kommen (so zu § 50d Abs. 1a EStG BFH v. 31.05.2005, I R 74, 88/04, BStBl II 2006, 118 – Nichtanwendungserlass BMF v. 30.01.2006, BStBl I 2006, 166; BFH v. 29.01.2008, I R 26/06, BStBl II 2008, 978; s. auch BFH v. 19.12.2007, I R 21/07, BStBl II 2008, 619, wonach diese Vorschrift wiederum durch Art. 23 DBA-Schweiz a.F. verdrängt wurde). Umgekehrt sollte aus § 42 AO a.F. keine allgemeine Regel zu entnehmen sein, die zu einer einschränkenden Auslegung der Spezialtatbestände führte (BFH v. 11.09.2002, II B 113/02, BStBl II 2002, 777, 778 zu § 1 Abs. 2a GrEStG). Durch die Regelung des § 42 Abs. 1 Satz AO n.F. will der Gesetzgeber klarstellen, dass den spezielleren Vorschriften in den **Einzelsteuergesetzen** im Hinblick auf die allgemeine Regelung des § 42 Abs. 1 AO keine Abschirmwirkung zukommt. § 42 AO trete gleichrangig neben andere Vorschriften, die die Behandlung Steuerumgehungen regeln. Ein Wertungsvorrang dieser Regelungen bestehe nicht, sodass § 42 AO insbes. dann anwendbar sei, wenn die Voraussetzungen dieser anderen Vorschriften im Einzelfall nicht vorliegen (AEAO zu § 42, Nr. 1; zur Prüfungsreihenfolge s. Rz. 5). Dem ist zumindest in dieser Allgemeinheit nicht zu folgen. Ein spezialgesetzlicher typisierender Missbrauchstatbestand wirkt sich reflexartig auf § 42 AO aus, weil dessen Missbrauchskonkretisierung in die Auslegung des unbestimmten Rechtsbegriffs der Unangemessenheit einfließen muss (*Hey*, StuW 2008, 167, 173). 6

Die §§ 7ff. AStG schließen die Anwendung des § 42 AO nicht aus. Im Gegenteil war bereits § 42 AO a.F. logisch vorrangig, sodass die §§ 7ff. AStG nicht eingreifen, wenn 7 die Zwischenschaltung einer Basisgesellschaft wegen Gestaltungsmissbrauchs nicht anzuerkennen ist (BFH v. 19.01.2000, I R 94/97, BStBl II 2001, 222; BFH v. 25.02.2004, I R 42/02, BStBl II 2005, 14: Beteiligung an IFSC Gesellschaft in den irischen Dublin Docks; s. auch BMF v. 19.03.2001, BStBl I 2001, 243; s. Rz. 16). Umgekehrt sollten aber die Wertungen der §§ 7ff. AStG bei der Beurteilung der Frage, ob ein Gestaltungsmissbrauch vorliegt, zu berücksichtigen sein (BFH v. 20.03.2002, I R 63/99, BStBl II 2003, 50). In gleichem Maße verdrängen auch DBA-Regelungen § 42 AO nicht. Die Frage, ob eine Abkommensberechtigung durch § 42 AO entzogen werden kann, stellt sich aus systematischen Gründen erst, wenn der Einkommenserzieler und damit der von einer Doppelbesteuerung zu entlastende Steuerpflichtige nach den Maßstäben des innerstaatlichen Rechts feststeht (BFH v. 29.10.1997, I R 35/96, BStBl II 1998, 235; BFH v. 20.03.2002 I R 38/00, BStBl II 2002, 819, 823).

## C. Missbrauch rechtlicher Gestaltungsmöglichkeiten; § 42 Abs. 1 Satz 3 und Abs. 2 AO

8 Missbrauch heißt **Wahl einer unangemessenen rechtlichen Gestaltung**, die im Vergleich zu einer angemessenen Gestaltung zu einem gesetzlich nicht vorgesehenen Steuervorteil führt. Das ist z. B. die Wahl eines Vertrages oder eines einseitigen Rechtsgeschäfts, zu einem Zweck, der normalerweise auf einem anderen Wege verfolgt wird. Die gewählte unangemessene rechtliche Gestaltung soll so den Eintritt einer steuerlichen Folge bewirken, die bei einem gewöhnlichen Gebrauch des Rechts anders eingetreten wäre. Der **unbestimmte Rechtsbegriff** der unangemessenen rechtlichen Gestaltung wird an die Anlehnung der Rspr. des BFH in § 42 Abs. 2 AO konkretisiert (BR-Drs. 544/07, 106). Unangemessen ist danach eine Gestaltung, wenn sie von verständigen Dritten in Anbetracht des wirtschaftlichen Sachverhalts und der wirtschaftlichen Zielsetzung ohne den Steuervorteil nicht gewählt worden wäre. Bei einer grenzüberschreitenden Gestaltung ist Unangemessenheit anzunehmen, wenn die gewählte Gestaltung rein künstlich ist und nur dazu dient, die im Inland geschuldete Steuer zu umgehen (s. AEAO zu § 42, Nr. 2; Bericht des Finanzausschusses, BT-Drs. 16/7037, 34). Das BMF hat den AEAO zu § 42, Nr. 2 geändert (Schr. v. 24.01.2018, BStBl I 2018, 258, Tz. 2).

9 Ob ein Gestaltungsmissbrauch vorliegt, ist für jede Steuerart, gesondert nach den Wertungen des Gesetzgebers, die den jeweils maßgeblichen Regelungen zugrunde liegen, zu beurteilen (BFH v. 10.12.1992, V R 90/92, BStBl II 1993, 700). Bedient sich der Stpfl. steuerlicher Gestaltungsrechte (z. B. der Option nach § 9 UStG), so stellt sich nicht die Frage, ob die Ausübung dieses Gestaltungsrechts missbräuchlich ist, sondern vielmehr die, ob die zugrunde liegende rechtliche Gestaltung missbräuchlich ist, die die Option erst ermöglicht (BFH v. 09.11.2006, V R 43/04, BStBl II 2007, 344). Beachtliche außersteuerliche Gründe können wirtschaftliche oder persönliche Gründe sein. Sie liegen nach der Gesetzesbegründung nicht vor, wenn der Grund für die gewählte Gestaltung in erster Linie der Steuerersparnis dient (BR-Drs. 544/07, 106). Diese Gewichtung von Motiven findet aber im Gesetzeswortlaut keinen Niederschlag. Daher scheidet ein Missbrauch bereits dann aus, wenn auch andere vernünftige Gründe für die Gestaltung vorhanden sind (*Lenz/Gerhard*, BB 2007, 2429).

10 Ob ein Missbrauch im Sinne des Gesetzes vorliegt, kann nur anhand der Umstände des Falles entschieden werden. Bei der Berücksichtigung aller einschlägigen Gegebenheiten muss sich der von dem oder den Beteiligten gewählte Weg als **offenbar unangemessen** erweisen. Es muss sich um eine am Gesetzeszweck vorbeizielende Gestaltung handeln (BFH v. 10.02.1988, II R 145/85, BStBl II 1988, 547). Bei gekünstelten, umständlichen oder schwerfälligen Gestaltungen spricht eine Vermutung für ihre Unangemessenheit (BFH v. 01.02.2001, IV R 3/00, BStBl II 2001, 520, 524). Wirtschaftliche oder sonst beachtliche nicht steuerliche Gründe, die zur Wahl eines ungewöhnlichen Wegs geführt haben, stehen der Annahme eines Missbrauchs rechtlicher Gestaltungsformen in der Regel entgegen (BFH v. 15.10.1998, III R 75/97, BStBl II 1999, 119). **Gründe nichtsteuerlicher Art**, die für die gewählte Vertragsgestaltung von beachtlicher Bedeutung waren, können den Verdacht eines Missbrauchs entkräften. Was ungewöhnlich ist, begründet jedenfalls noch keinen Missbrauch. Je häufiger eine Gestaltungsform im Verkehr anzutreffen ist, um so weniger wird sie als missbräuchlich qualifiziert werden. Angesichts besonderer Umstände kann sich aber auch eine im Verkehr sonst vielfach beobachtete Gestaltungsform im konkreten Fall als missbräuchlich erweisen.

11 Gestaltungen, die nur den Zweck verfolgen, Steuern zu sparen oder Steuervergünstigungen zu erlangen, sind aus diesem Grunde allein nicht missbräuchlich (BFH v. 31.05.1972, II R 92/67, BStBl II 1972, 836; BFH v. 08.12.1965, II 148/62 U, BStBl III 1966, 148), zumal der Gesetzgeber selbst mit Hilfe der Steuerpolitik auf wirtschaftliche Vorgänge bewusst Einfluss nimmt und zu diesem Zweck zahlreiche steuerliche Anreize schafft. Den Vorschriften über die Steuerumgehung kommt nur die Aufgabe zu, Ergebnisse zu verhindern, die bei sinnvoller Auslegung der Steuerrechtsordnung zu missbilligen sind (BFH v. 20.10.1965, II 119/62 U, BStBl III 1965, 697). Es geht nicht darum, das verständliche Streben der Stpfl. einzuschränken, angesichts der Besteuerung nach den für sie günstigsten Gestaltungsmöglichkeiten zu suchen. Dabei können auch neue Wege und Gestaltungen,

die zunächst ungewöhnlich anmuten, eine sinnvolle Gestaltungsalternative darstellen, wenn sie nach allen Richtungen folgerichtig durchgeführt werden (zu sog. Abschreibungsgesellschaften BFH v. 04.08.1971, I R 209/69, BStBl II 1972, 10).

12 § 42 Abs. 2 Satz 2 AO enthält eine **Beweislastumkehr** (s. Rz. 37), soweit dem Stpfl. auferlegt wird, dass er **beachtliche außersteuerliche Gründe** für seine Gestaltung nachzuweisen hat. Die Gründe müssen nach dem Gesamtbild der Verhältnisse beachtlich sein, d.h. sie dürfen gemessen am Ausmaß des bewirkten steuerlichen Effekts nicht unwesentlich oder von untergeordneter Bedeutung sein (AEAO zu § 42, Nr. 2.6). Der Finanzverwaltung obliegt aber der Nachweis für das Vorliegen einer unangemessenen rechtlichen Gestaltung, die zu einem gesetzlich nicht vorgesehenen Steuervorteil führt. Erst wenn die Behörde diesen Nachweis erbracht hat, muss der Stpfl. seinerseits nachzuweisen, dass für die von ihm gewählte Gestaltung beachtliche außersteuerliche Gründe vorliegen. Sind die nachgewiesenen außersteuerlichen Gründe nach dem Gesamtbild der Verhältnisse nicht wesentlich oder sogar nur von untergeordneter Bedeutung, sind sie nicht beachtlich im Sinn von § 42 Abs. 2 Satz 2 AO (Bericht des Finanzausschusses, BT-Drs. 16/7037, 34).

13 Eine Korrektur über § 42 AO findet nicht statt, wenn eine Gestaltung zwar unangemessen ist, aber nicht zu einer Steuerminderung oder Vermeidung führt (BFH v. 03.03.1988, V R 183/83, BStBl II 1989, 205; BFH v. 12.06.1989, I R 46/85, BStBl II 1989, 113). Die Legaldefinition des § 42 Abs. 2 Satz 1 AO setzt eine zu einem **Steuervorteil** führende Gestaltung voraus.

14 **Zusammenfassend** ist festzustellen, dass eine wirksame bürgerlich-rechtliche Gestaltung dann rechtsmissbräuchlich ist, wenn sie, gemessen an dem erstrebten Ziel, unangemessen, also ungewöhnlich ist, der Steuerminderung dienen soll und durch wirtschaftliche oder sonst beachtliche nichtsteuerliche Gründe nicht zu rechtfertigen ist (BFH v. 09.11.2006, V R 43/04, BStBl II 2007, 344; BFH v. 13.12.1983, VIII R 64/83, BStBl II 1984, 426). Diese Rechtsgrundsätze gelten auch dann, wenn eine unangemessene Gestaltung für die Verwirklichung des Tatbestandes einer begünstigenden Gesetzesvorschrift gewählt wird (BFH v. 31.07.1984, IX R 3/79, BStBl II 1985, 33).

## D. Absicht der Steuerersparung

15 Der Wortlaut der **Vorschrift verlangt keine Umgehungsabsicht** (a.A. zu § 42 AO a.F. BFH v. 23.10.1991, I R 40/89, BStBl II 1992, 1026; BFH v. 05.02.1992, I R 127/80, BStBl II 1992, 532; BFH v. 27.11.2005, IX R 76/03, BStBl II 2006, 359: Gesamtplan). Wie bei jeder Gesetzesumgehung genügt der objektive Verstoß gemessen an den Steuerrechtsnormen.

Der im äußeren Erscheinungsbild ungewöhnliche Charakter eines Vertrages oder einer sonstigen Rechtsgestaltung muss allerdings seine Ergänzung in inneren Tatsachen finden, um zur Annahme einer Steuerumgehung zu führen. Der Missbrauch von Gestaltungsmöglichkeiten des Rechts muss zur Umgehung des Steuergesetzes eingesetzt werden (§ 42 Abs. 1 Satz 1 AO). Der bestimmende **Beweggrund** des oder der Urheber muss in der Absicht bestehen, eine bestimmte **Steuerpflicht zu vermeiden** oder zu vermindern. Die so gewählte Gestaltung muss sich, um in den Verdacht der Steuerumgehung zu geraten, in ihrem wirtschaftlichen Effekt zumindest in der Umgehung eines bestimmten Steuertatbestandes bewegen (BFH v. 05.05.1970, II R 98/69, BStBl II 1970, 757). Vielfach konkurriert die Absicht der Steuervermeidung mit anderen **nichtsteuerlichen** Beweggründen, die zu der gewählten Gestaltung geführt haben. Je beachtlicher diese sind, um so mehr gerät der vermeintliche Missbrauchscharakter des beschrittenen Weges in den Hintergrund (s. Rz. 14). 16

Je **eindeutiger** die Steuerersparungsabsicht der Beteiligten jedoch dem Sinn der Steuerrechtsordnung widerspricht, umso näher liegt die Vermutung, dass die bei förmlicher Betrachtung zur Steuervermeidung führende Gestaltung eine ungewöhnliche und damit missbräuchliche Maßnahme darstellt. Die Entkräftung dieser Vermutung obliegt dem Stpfl. (s. Rz. 37). 17

Was dem freien **Belieben** der Pflichtigen vom Gesetzgeber bewusst überlassen war, muss respektiert werden, auch wenn kein anderer Beweggrund ersichtlich ist als die Absicht der Steuerersparung. Das gilt etwa für die Wahl zwischen mehreren Gestaltungsmöglichkeiten eines Vorhabens (BFH v. 17.10.1958, V 5/58 U, BStBl III 1958, 475: Enthaltung von steuerschädlichen Bearbeitungsmaßnahmen). Die Annahme eines Missbrauchs liegt aber wieder nahe, wenn die gewählte Gestaltung gekünstelt anmutet (BFH v. 22.01.1960, V 52/82 S, BStBl III 1960, 111). 18

Die Überlegungen zeigen, dass die Qualifizierung einer geschäftlichen Gestaltung als Missbrauch ohne Berücksichtigung der Beweggründe, von denen sich die Beteiligten leiten lassen, häufig nicht möglich ist. 19

Für das **Umsatzsteuerrecht** deutet sich durch die Rechtsprechung des EuGH eine Veränderung des Missbrauchbegriffs an. Er nimmt zwei Voraussetzungen eines Rechtsmissbrauchs an. Die gewählte Gestaltung muss trotz formaler Anwendung der Bedingungen der einschlägigen Bestimmungen einen Steuervorteil zum Ergebnis haben, dessen Gewährung dem mit den Bestimmungen verfolgten Zweck zuwiderlaufen würde und aus einer Reihe von objektiven Anhaltspunkten muss ersichtlich sein, dass mit der fraglichen Gestaltung ein Steuervorteil bezweckt wird (EuGH v. 21.02.2006, Rs. C-255/02, Halifax, DB 2006, 541; EuGH v. 16.12.2010, Rs. C - 277/09, RBS Deutschland, DStR 2011, 66; BFH v. 09.11.2006, V R 20

43/04, BStBl II 2007, 344). Damit ergeben sich andere Voraussetzungen für die Annahme eines Gestaltungsmissbrauchs, als sie § 42 AO vorsieht (*List*, DB 2007, 131; *Wäger*, DStR 2011, 49).

## E. Beispiele aus der Rechtsprechung

21 Die oft nicht leicht zu treffende Entscheidung über die steuerliche Anerkennung oder Verwerfung gegebener Sachverhalte spiegelt sich in einer vielfältigen Rechtsprechung wieder, in der einige besondere Schwerpunkte erkennbar werden. Die zu § 42 AO a.F. entwickelte Rechtsprechung ist weiter von Bedeutung, da das Tatbestandsmerkmal der beachtlichen außersteuerlichen Gründe der Rspr. zu § 42 AO entlehnt ist (BR-Drs 544/07, 106).

### I. Fälle angenommener Umgehung

22 Ertragsteuern: Missbrauch mit **Gesellschaftsgründungen** ohne eigentlichen Geschäftsbetrieb bzw. ohne ernstlich durchgeführtes Gesellschaftsverhältnis (BFH v. 06.11.1964, VI 210/63 U, BStBl III 1965, 52; BFH v. 25.09.1969, IV R 179/68, BStBl II 1970, 114); tatsächliche Vermutung für rechtsmissbräuchliche Zwischenschaltung einer **Basisgesellschaft** im niedrig besteuerten Ausland, wenn wirtschaftliche oder sonst beachtliche Gründe fehlen (BFH v. 29.01.1975, I R 135/70, BStBl II 1975, 553; BFH v. 28.01.1992, VIII R 7/88, BStBl II 1993, 84 m.w.N.; BFH v. 28.01.1992, VIII R 7/88, BStBl II 1993, 84; BFH v. 01.04.2003, I R 39/02, BStBl II 2003, 869 zur Anwendung des § 34c EStG in solchen Fällen); Steuerumgehung bei der Gestaltung von Rechtsverhältnissen mit ausländischen Gesellschaften trotz Fehlens einer gesellschaftsrechtlichen Verflechtung (BFH v. 09.05.1979 I R 126/77, BStBl II 1979, 586); die Rechtsgrundsätze zur Einschaltung von Basisgesellschaften gelten auch bei beschränkter Steuerpflicht (BFH v. 29.10.1997, I R 35/96, BStBl II 1998, 235; BFH v. 20.03.2002, I R 38/00, BStBl II 2002, 819; einschränkend aber BFH v. 31.05.2005, I R 74, 88/04, BStBl II 2006, 118 – Nichtanwendungserlass s. BMF v. 30.01.2006, BStBl I 2006, 166); **Zwischenschaltung von Kapitalgesellschaften** zur Vermeidung des gewerblichen Grundstückshandels beim Anteileigner (BFH v. 28.03.2004, III R 25/02, BStBl II 2004, 787 – anders allerdings, wenn die GmbH eine eigene wertschöpfende Tätigkeit entfaltet, BFH v. 17.03.2010, IV R 25/08, BStBl II 2010, 622). **Zwischenschaltung von ausländischen Kapitalgesellschaften**, um Kapitaleinkünfte zu verschleiern und der Besteuerung zu entziehn (BFH v. 02.03.2016, I R 73/14, BFHE 253, 331). Arbeits- und Gesellschaftsverträge mit **Ehegatten oder nahen Angehörigen** ohne beweiskräftige Vertragsgestaltung und ernstliche Durchführung entsprechend den Gepflogenheiten mit Dritten, u.U. mit vereinbarter Rückbeziehung, ferner bei unangemessener Gewinnbeteiligung zum Zweck der Gewinnverlagerung (BVerfG v. 24.01.1962, 1 BvR 232/60, BStBl I 1962, 506; BFH v. 24.05.1962, IV 146/61 U, BStBl III 1962, 383; BFH v. 28.06.1962, IV R 26/59, HFR 1963, 244; BFH v. 18.08.1962, I 308/60, HFR 1963, 15; BFH v. 18.03.1964, IV R 86/63 U, BStBl III 1964, 429; BFH v. 29.05.1972, GrS 4/71, BStBl II 1973, 5; BFH v. 07.09.1972, IV R 197/68, BStBl II 1972, 944; s. aber auch BFH v. 18.05.1995, IV R 125/92, BStBl II 1996, 5); Nießbrauchsbestellung zugunsten minderjährigen Kindes und Rückvermietung (BFH v. 18.10.1990, IV R 36/90, BStBl II 1991, 205; BFH v. 09.10.2013, IX R 2/13, BStBl II 2014, 527); Kauf eines Grundstücks und gleichzeitige Gewährung eines Darlehens durch den Verkäufer an den Käufer, dessen Rückzahlung langfristig gestundet ist (BFH v. 03.12.1991, IX R 142/90, BStBl II 1992, 397); Vorschaltung minderjähriger Kinder bei der Anschaffung betrieblich genutzter Gegenstände bei gleichzeitigem Abschluss eines Mietvertrages über diese Gegenstände (BFH v. 21.11.1991, V R 20/87, BStBl II 1992, 446); Gewährung eines Darlehens durch ein Kind an einen Elternteil, dem eine Schenkung der Darlehensvaluta durch den anderen Elternteil vorgegangen ist (BFH v. 26.03.1996, IX R 51/92, BStBl II 1996, 443; s. aber auch BFH v. 19.02.2002, IX R 32/98, BStBl II 2002, 674). Verzicht auf ein unentgeltliches Wohnrecht unter Vereinbarung einer dauernden Last und eines Mietvertrages (BFH v. 17.12.2003, IX R 56/03, BStBl II 2004, 648). **Wechselseitige Vermietung** (BFH v. 19.06.1991, IX R 143/86, BStBl II 1991, 904; BFH v. 12.09.1995, IX R 54/93, BStBl II 1996, 159); **wechselseitige Übernahme von Darlehensverbindlichkeiten** (BFH v. 29.08.2007, IX R 17/07, BStBl II 2008, 502); Abschluss widersprüchlicher Verträge zwischen einem **Einzelunternehmer** und einer von ihm **beherrschten GmbH** (BFH v. 16.03.1988, X R 27/86, BStBl II 1988, 629). **Vorleistungen** ohne wirtschaftlichen Grund mit dem Zweck der Periodenverlagerung (BFH v. 11.08.1987, IX R 163/83, BStBl II 1989, 702). **Spekulationsgeschäft** bei zwischengeschalteter Schenkung (BFH v. 12.07.1988, IX R 149/83, BStBl II 1988, 942). Sofortiger Werbungskostenabzug für Gebühren in **Immobilienfonds**, wenn die Aufwendungen im Zusammenhang mit der Erlangung des Eigentums an der Immobilie stehen (BFH v. 08.05.2001, IX R 10/96, BStBl II 2001, 720; BMF v. 24.10.2001, BStBl I 2001, 780). **Rentengestaltung** (BFH v. 11.02.1972, III R 5/70, BStBl II 1972, 480). **Schenkung und Weiterveräußerung von GmbH-Anteilen** zwecks Umgehung des § 17 EStG (BFH v. 28.01.1972, VIII R 4/66, BStBl II 1972, 322). **Anteilsrotation** von Anteilen an Kapitalgesellschaften, deren Zweck nur in der Vermeidung der Besteuerung von Liquidationsgewinnen liegt (BFH v. 07.07.1998, VIII 10/96, BStBl II 1999, 729; BFH v. 08.05.2003, IV R 54/01, BStBl II 2003, 854; zur Abgren-

zung BFH v. 23.10.1996, I R 55/96, BStBl II 1998, 90: auf Dauer angelegte Übertragung). **Tagesgleicher An- und Verkauf vom Bezugsrechten** (BFH v. 08.03.2017, IX R 5/16, BStBl II 2017, 930). **Verlustverlagerung in das Betriebsvermögen** (BFH v. 05.12.1963, IV 121/63 U, BStBl III 1964, 132). Zahlung eines **Damnums**, wenn die Auszahlung des Darlehens später als einen Monat nach Abfluss des Damnums beim Steuerpflichtigen erfolgt (BFH v. 13.12.1983, VIII R 64/83, BStBl II 1984, 426). Kurzfristige Einlage und Entnahme von Geld zur **Vermeidung der Hinzurechnung von Schuldzinsen** nach § 4 Abs. 4a EStG (BFH v. 21.08.2012, VIII R 32/09, BStBl II 2013, 16). Entfällt der **Vorsteuerabzug** nach § 42 AO, so sind weder **§ 9b Abs. 1 Satz 1 EStG**, noch **§ 9b Abs. 1 Satz 2 Nr. 2 EStG** anwendbar (BFH v. 12.04.2016, VIII R 60/14, BFH/NV 2016, 1455).

**23** **Gewerbesteuer:** Missbrauch mit kurzfristigen Unterbrechungen von Dauerschuldverhältnissen (BFH v. 04.08.1977, IV R 57/74, BStBl II 1977, 843; BFH v. 05.11.1980, I R 132/77, BStBl II 1981, 219).

**24** **Grunderwerbsteuer:** Die Auswechselung sämtlicher Gesellschafter einer Personengesellschaft mit der wirtschaftlichen Folge eines Veräußerungsvorgangs kann missbräuchlich sein und GrESt auslösen (BFH v. 07.06.1989, II B 111/88, BStBl II 1989, 803 m. w. N.; BFH v. 13.11.1991, II R 7/88, BStBl II 1992, 202). Übertragung eines Anteils an einer Personengesellschaft unterliegt der Grunderwerbsteuer, wenn der Gesellschaftsanteil untrennbar mit einer bestimmten Sondereigentumseinheit verknüpft ist (BFH v. 27.03.1991, II R 82/87, BStBl II 1991, 731; BFH v. 25.03.1992, II R 46/89, BStBl II 1992, 680).

**25** **Schenkungsteuer:** BFH v. 11.11.1955, III 126/55 S, BStBl III 1955, 395.

**26** **Umsatzsteuer:** Ein Missbrauch von Gestaltungsmöglichkeiten kommt bei der Umsatzsteuer in Betracht, wenn zum einen die in Rede stehenden Umsätze trotz formaler Anwendung der Bedingungen der einschlägigen Bestimmungen des Unionsrechts und des zu ihrer Umsetzung erlassenen nationalen Rechts einen Steuervorteil zum Ergebnis haben, dessen Gewährung dem mit diesen Bestimmungen verfolgten Ziel zuwiderliefe, und zum anderen aus einer Reihe objektiver Anhaltspunkte ersichtlich ist, dass mit den fraglichen Umsätzen im Wesentlichen ein Steuervorteil bezweckt wird (BFH v. 16.06.2015, XI R 17/13, BStBl II 2015, 1024). Die Zwischenschaltung des Ehegatten als Vermieter durch den nicht zum Vorsteuerabzug berechtigten Unternehmer ist missbräuchlich, wenn dem Ehegatten die zur Anschaffung bzw. Schuldendienst benötigten Mittel vom Unternehmer gestellt werden (BFH v. 16.01.1992, V R 1/91, BStBl II 1992, 541) oder er auf zusätzliche Zuwendungen in nicht unwesentlichem Umfang angewiesen ist (BFH v. 10.09.1992, V R 104/91, BStBl II 1993, 253). Vorschaltung einer Personengesellschaft durch ein Kreditinstitut bei der Erstellung eines Betriebsgebäudes (BFH v. 09.11.2006, V R 43/04, BStBl II 2007, 344). Vorschaltung von minderjährigen Kindern beim Erwerb von Gegenständen unter gleichzeitigem Abschluss von Mietverträgen (BFH v. 21.11.1991, V R 20/87, BStBl II 1992, 446). Zwischenschaltung von gewerblichen Zwischenmietern (BFH v. 29.10.1987, V B 61/87, BStBl II 1988, 45; BFH v. 22.06.1989, V R 34/87, BStBl II 1989, 1007). Option bei Insolvenz des Leistenden (BFH v. 06.06.1991, V R 70/89, BStBl II 1991, 866; BFH v. 07.03.1996, V R 14/95, BStBl II 1996, 491; s. dagegen aber auch BFH v. 23.02.1995, V R 113/93, BFH/NV 1995, 1029; BFH v. 16.12.2003, VII R 77/00, BStBl II 2005, 249, 251). Wechselseitige Vermietung von Praxisräumen unter Option zur Steuerpflicht (BFH v. 25.01.1994, IX R 97, 98/90, BStBl II 1994, 738). Verkauf und Rückkauf von Tieren oder landwirtschaftlichen Produkten zwischen einem Landwirt und einem Händler, um den Händler in den Genuss eines erhöhten Vorsteuerabzugs zu bringen (BFH v. 09.07.1998, V R 68/96, BStBl II 1998, 637).

## II. Fälle verneinter Umgehung

**Gesellschaftsverträge mit Ehegatten oder Kindern,** auch wenn außerbetriebliche Gründe maßgebend waren, bei folgerichtiger Durchführung, angemessener Gewinnverteilung und Vermeidung einer Rückbeziehung (BFH v. 31.01.1961, I 259/60 U, BStBl III 1961,158; BFH v. 29.05.1972, GrS 4/71, BStBl II 1973, 5), gegebenenfalls unter Inkaufnahme der Schenkungsteuer (BFH v. 11.11.1955, III 126/55 S, BStBl III 1955, 395). Den Höchstsatz der Gewinnbeteiligung geschenkter Kommanditanteile hat BFH v. 29.05.1972, aaO mit 15 % des tatsächlichen Anteilswertes angenommen. **Arbeitsverträge mit Ehegatten** bei beweiskräftiger Vertragsgestaltung, angemessener Vergütung und effektiver Durchführung wie mit dritten Personen (BVerfG v. 24.01.1962, 1 BvR 232/60, BStBl I 1962, 506; BVerfG v. 08.07.1963, 1 BvR 319/60,1 BvR 41/61, BB 1963, 926, 965; BFH v. 30.03.1962, IV 211/61, HFR 1962, 264; BFH v. 05.12.1963, IV 98/63 S, BStBl III 1964, 131); entsprechend **mit Kindern** und **nahen Angehörigen** (BFH v. 07.09.1972, IV R 197/68, BStBl II 1972, 944); mit wesentlich beteiligten Gesellschaftern von Kapitalgesellschaften (BFH v. 23.11.1965, I 188/63, HFR 1966, 178). **Vermietung** einer Wohnung an **unterhaltsberechtigte** Kinder, die den Mietzins aus dem gewährten Barunterhalt bestreiten (BFH v. 19.10.1999, IX R 30/98 und IX R 39/99, BStBl II 2000, 223 und 224; anders noch BFH v. 23.02.1988, IX R 157/84, BStBl II 1988, 604). **Verzicht** auf unentgeltliches **Wohnungsrecht** durch Abschluss eines Mietvertrages (BFH v. 17.12.2003, IX R 60/98, BStBl II 2004, 646). Abschluss eines Mietvertrages mit dem **geschiedenen Ehegatten** und die Verrechnung der Miete mit dem geschuldeten 27

Barunterhalt (BFH v. 16.01.1996, IX R 13/92, BStBl II 1996, 214). Abschluss eines Mietvertrages mit dem vormaligen Grundstückseigentümer nach Erwerb des Grundstücks gegen wiederkehrende Leistungen – »Stuttgarter Modell« (BFH v. 10.12.2003, IX R 12/01, BStBl 2004 II, 643). Mietvertrag mit dem Ehegatten zu marktüblichen Konditionen bei einer **doppelten Haushaltsführung** (BFH v. 11.03.2003, IX R 55/01, BStBl II 2003, 627). **Wiederkauf von** kurz zuvor mit Verlust veräußerten **Aktien** zum Zweck der Generierung steuerbarer – nach § 23 Abs. 3 Satz 7 EStG mit Veräußerungsgewinnen ausgleichsfähigen – Veräußerungsverluste (BFH v. 25.08.2009, IX R 60/07, BStBl II 2009, 999). **Ringweise Anteilsveräußerungen und -erwerbe** zur Verlustnutzung im Gesellschafterkreis (BFH v. 07.12.2010, IX R 40/09, BStBl II 2011, 427; zur Abgrenzung s. BFH v. 08.03.2017, IX R 5/16, BStBl II 2017, 930). Vermeidung der **Verlustverrechnungsbeschränkung** gem. § 15b EStG (BFH v. 17.01.2017, VIII R 7/13, BStBl. II 2017, 700). Im Bereich gewerblicher Einkünfte nach § 15 EStG kommt es nach Auffassung des X. Senats des BFH auf das Vorliegen eines Gestaltungsmissbrauchs nicht an, wenn dem Unternehmer im Wege der **mittelbaren Tatbestandsverwirklichung** Einnahmen zuzurechnen sind. Das soll dann der Fall sein, wenn der Unternehmer aus privaten Gründen einem anderen eine in seinem Betrieb erwirtschaftete Erwerbschance überlässt. Dann verfügt der Unternehmer über bezogenes Einkommen (BFH v. 15.03.2005, X R 39/03, BStBl II 2005, 817). Dies steht aber im Widerspruch zur Auffassung des III. Senats, wonach auch solche Fälle nach den Grundsätzen des § 42 AO zu beurteilen sind (BFH v. 18.03.2004, III R 25/02, BFH/NV 2004, 1132). Eine **Schenkung** eines Grundstücks von den Eltern an ein Kind und anschließende Weiterschenkung durch dieses an den Ehegatten ist keine Schenkung der Eltern an das Schwiegerkind (BFH v. 18.07.2013, II R 37/11, BStBl II 2013, 934). Geltendmachung einer **Vorabverwaltungsgebühr** bei Abschluss eines Kapitalanlagevertrags als Werbungskosten kurz vor Einführung der Abgeltungssteuer und dem damit im Zusammenhang stehenden Abzugsverbot nach § 20 Abs. 9 Satz 1 2. Halbsatz EStG (BFH v. 24.02.2015, VIII R 44/12, BStBl II 2015, 649).

28 **Mietkaufverträge**, wenn sie auf wirtschaftlich beachtlichen Erwägungen beruhen, keine unangemessenen Mieten enthalten und auch sonst keine Bestimmungen aufweisen, die auf ein von Anfang an beabsichtigtes Teilzahlungsgeschäft hindeuten (BFH v. 02.08.1966, I R 119/66, BStBl III 1967, 63; BFH v. 18.11.1970, I 133/64, BStBl II 1971, 133); entsprechend für **Leasing-Verträge** (BFH v. 26.01.1970, IV R 144/66, BStBl II 1970, 264; BFH v. 18.11.1970, I 133/64, BStBl II 1971, 133; BdF v. 21.07.1970, BStBl I 1970, 913). Verpachtung eines Grundstücks mit befristetem Vorkaufsrecht und Auflassungsvormerkung innerhalb der Frist für **Spekulationsgeschäfte** (s. § 23 EStG; BFH v. 19.10.1971, VIII R 84/71, BStBl II 1972, 452). **Veräußerung einer Einkunftsquelle kurz vor einem bestimmten** steuerlich relevanten **Stichtag** (BFH v. 11.10.2000, I R 99/96, BStBl II 2001, 22) oder von GmbH-Anteilen an eine von den Gesellschaftern neu gegründete, beteiligungsidentische GmbH im Zusammenhang mit der Einführung des Halb- bzw. Teileinkünfteverfahrens nach § 4 Nr. 40 Satz 1 Buchst. c EStG (BFH v. 29.05.2008, IX R 77/06, BStBl II 2008, 789). **Übertragung** von Erwerb und Verwaltung **ausländischer Wertpapiere** an eine zu diesem Zweck gegründete **Auslandsgesellschaft**, die der BFH zwar anerkannte, jedoch nur mit der Funktion eines Treuhänders (BFH v. 21.05.1971, III R 125–127/70, BStBl II 1971, 721).

**Abfindung** für die Ausschlagung eines Vermächtnisses, wenn hierfür beachtliche Gründe vorliegen (RFH v. 26.11.1936, RStBl 1936, 1218). **Vergleich bei Erbauseinandersetzung** zur Bereinigung erbrechtlicher Zweifelsfragen bedeutet keine Umgehung der Schenkungsteuer zwischen den beteiligten Erben (BFH v. 11.10.1957, III 139/56 U, BStBl III 1957, 447). **Überträgt ein Elternteil Miteigentumsanteile** an einem Grundstück **schenkweise** auf **Kinder** und verpflichten sich diese dazu, anteilige Miteigentumsanteile auf später geborene Geschwister zu übertragen, kann der Erwerb dieser Geschwister aufgrund interpolierender Betrachtung nach § 3 Nr. 6 i. V. m. § 3 Nr. 2 Satz 1 GrEStG steuerbefreit sein. Die interpolierende Betrachtung ist nicht durch § 42 AO ausgeschlossen, wenn die Übertragung von Miteigentumsanteilen auf später geborene Geschwister auf der Intention des schenkenden Elternteils beruht, den Kindern und künftigen Kindern im Rahmen der vorweggenommenen Erbfolge ein Grundstück zu gleichen Teilen zu übertragen (BFH v. 16.12.2015, II R 49/14, BStBl II 2016, 292). 29

**Option** zur Steuerpflicht bei Zwangsversteigerung von Grundstücken bei Barzahlung (BFH v. 16.03.1993, V R 54/92, BStBl II 1993, 736; s. auch Rz. 23). 30

## F. Folgen der Feststellung einer Steuerumgehung

Ergibt die rechtliche Würdigung eines Sachverhalts, z. B. einer Vertragsgestaltung oder eines einseitigen Rechtsgeschäfts, dass er zur Umgehung einer Steuer angelegt ist, so hat das die folgenden **Konsequenzen:** 31

### I. Feststellung der angemessenen Gestaltung

Es muss diejenige **Gestaltung festgestelltwerden**, die nach Grund und/oder Höhe den wirtschaftlichen Vorgängen, Umständen und Verhältnissen **angemessen** ist. Diese Gestaltung ist der Besteuerung im Wege der Tatsachenfiktion zugrunde zu legen (BR-Drs 544/07, 106). Die hier 32 zu lösende Aufgabe bedeutet die Ermittlung und Feststellung tatsächlich nicht gegebener Besteuerungsgrundlagen. Diese Fiktion führt zu einer **Ausnahme** vom Grundsatz der **Tatbestandsmäßigkeit** der Besteuerung (s. § 38 AO), denn die gewählte zivilrechtliche Gestaltung bleibt als solche bestehen, der Steuerpflichtige kann sich nur nicht mit steuerlichen Folgen auf sie berufen (BFH v. 06.03.1996, II R 38/93, BStBl II 1996, 377). Die zu treffenden Annahmen müssen sich auf das notwendige **Mindestmaß** beschränken. An den gegebenen (vorgefundenen) Sachverhalt ist so weit wie möglich anzuknüpfen. Dies kann zur Folge haben, dass eine Vertragsgestaltung (z. B. eine Betriebsaufspaltung), nicht insgesamt zu verwerfen ist, sondern nur eine Korrektur der den Umständen nach unangemessenen Pachtzinsregelung stattzufinden hat (BFH v. 08.11.1960, I 131/59 S, BStBl III 1960, 513) oder dass sich Beanstandung auf Korrekturen des Gewinnverteilungsschlüssels beschränken, wenn die allgemeinen Voraussetzungen für die Anerkennung eines Gesellschaftsverhältnisses mit Ehegatten oder Kindern gegeben sind. Trifft aber der Umgehungscharakter das gesamte Geschäft, sodass es auch nicht in Teilen akzeptiert werden kann, muss die Unterstellung eines den wirtschaftlichen Vorgängen angemessenen Sachverhalts entsprechend weiter gehen. So kann sich im Fall eines Arbeitsvertrages mit der Ehefrau, der in entscheidender Hinsicht überhaupt nicht durchgeführt worden ist, die Beanstandung nicht auf die Höhe der Vergütung beschränken. Hier kommt nur die völlige Verwerfung mit der Folge in Betracht, dass die auf die Ehefrau verlagerten Einkommensteile dem Ehemann uneingeschränkt zuzurechnen sind.

## II. Beseitigung eines Widerstreits

33 Im Zusammenhang mit der Berücksichtigung der angemessenen Gestaltung bedarf es gegebenenfalls der Aufhebung derjenigen Steuerfestsetzungen, die der Umgehungstatbestand ausgelöst hat. Das Ziel der Vorschriften über die Steuerumgehung besteht darin, im Ergebnis **nicht** die **Umgehungsteuer**, sondern die **umgangene Steuer** zu erheben. Dem würde es widersprechen, es daneben bei einer etwa bereits festgesetzten Umgehungsteuer zu belassen.

34 Der **Besteuerung** wird die den wirtschaftlichen Vorgängen entsprechend **»angemessene« Gestaltung** zugrunde gelegt. Das hat zur Folge, dass eben die Steuer erhoben wird, welche die Beteiligten vermeiden oder vermindern wollten. Eine **doppelte Besteuerung**, nämlich die Erhebung sowohl der umgangenen Steuer wie der Umgehungsteuer, wäre eine Art von Strafsanktion, die **nicht im Sinne des Gesetzgebers** liegt. In Fällen, in denen Steuern doppelt festgesetzt werden, weil bei Anwendung des § 42 AO bereits Steuern ohne Berücksichtigung dieser Vorschrift festgesetzt worden sind, kann die **widerstreitende Steuerfestsetzung** nach § 174 AO beseitigt werden. Hiernach ist, falls ein bestimmter Sachverhalt in mehreren Steuerbescheiden zuungunsten eines oder mehrerer Pflichtiger berücksichtigt worden ist, obwohl er nur einmal hätte berücksichtigt werden dürfen, der fehlerhafte Steuerbescheid auf Antrag aufzuheben oder zu ändern. Verhältnismäßig einfach lassen sich auf diesem Wege die Fälle lösen, in denen der unter dem Gesichtspunkt der Steuerumgehung verworfene Sachverhalt und der den wirtschaftlichen Vorgängen angemessene Sachverhalt nur von einer Steuerart betroffen werden, sodass es nur um den Umfang der letzten Endes zu entrichtenden Steuer geht. Schwieriger liegt die Sache, wenn eine Rechtsgestaltung mehrere, strukturell verschiedene Steuern auslöst. Wird z. B. ein Grundstückskaufvertrag im Bereich der Ertragsbesteuerung nicht anerkannt, weil es sich in Wirklichkeit um ein Pachtverhältnis handelt, so führt dies nicht zur steuerlichen Unwirksamkeit des Vertrages auch für die Grunderwerbsteuer (BFH v. 30.11.1955, II 35/54 U, BStBl III 1956, 28). Der Fall betraf den Erwerb eines Grundstücks mit aufstehender Schlackenhalde, bezüglich deren Abbaues ein Pachtvertrag vorausgegangen war. Streitig war die von den Beteiligten vereinbarte Anrechnung eines zweijährigen Pachtzinses auf den Kaufpreis. Für die Körperschaftsteuer wurde die Einbeziehung in den Kaufpreis verneint, obwohl sie für die Grunderwerbsteuer erfolgt war. Der BFH hat die unterschiedlichen Strukturen der beiden Steuern hervorgehoben (Körperschaftsteuer: wirtschaftliche Tatbestände; Grunderwerbsteuer: bürgerlich-rechtliche Gestaltung) und die geforderte Anrechnung der entrichteten Grunderwerbsteuer auf die (infolge Erhöhung des Anfangsvermögens) nachgeforderte Körperschaftsteuer abgelehnt. Die Einbeziehung weiterer bzw. anderer Steuern in die Verhinderung einer »doppelten« Erfassung sei nur dort möglich, wo es sich um Steuerarten handele, die derart »miteinander im Zusammenhang stehen«, wie z. B. die Körperschaftsteuer und die Einkommensteuer.

Dem Rechtssatz des § 42 Satz 4 AO, wonach bei Missbrauch von Gestaltungsmöglichkeiten des Rechts der Steueranspruch »so entsteht, wie er bei einer den wirtschaftlichen Vorgängen angemessenen rechtlichen Gestaltung entsteht« (s. § 38 AO), entspricht die weitest mögliche Aufhebung der Umgehungssteuern. Eine Einschränkung dieser Maxime lässt sich nur aus besonderen Umständen herleiten, z. B. daraus, dass die Beteiligten den Umgehungstatbestand aufrechterhalten. 35

## G. Verfahrensfragen – Beweislast

Zu der **Ermittlung** und Feststellung **des gegebenen Sachverhalts** und der Anwendung der einschlägigen Steuerrechtsnormen auf diesen Sachverhalt tritt ein weiteres 36

Element hinzu. Aufgrund der Umstände des Einzelfalls muss geprüft werden, ob eine Vertragsgestaltung oder ein Rechtsgeschäft die den wirtschaftlichen Verhältnissen angemessene Gestaltung darstellt. Ist das nicht der Fall, muss festgestellt werden, welchen Sachverhalt das Umgehungsgeschäft verdeckte. Dieser Sachverhalt ist dann im Wege der **Tatsachenfiktion** der Anwendung des Steuergesetzes zugrunde zu legen ist.

37 Für die Sachverhaltsermittlung gelten zunächst die **allgemeinen Verfahrensvorschriften** der AO. Nach dem **Untersuchungsgrundsatz** (s. § 88 AO) hat das FA den Sachverhalt von Amts wegen zu ermitteln. Die Behörde trägt die objektive Beweislast für die Umstände, aus denen sich die Annahme einer unangemessenen rechtlichen Gestaltung rechtfertigt. Der Stpfl. muss allerdings in seinen (Steuer-) Erklärungen den relevanten Sachverhalt vollständig und richtig darstellen. Er ist nicht berechtigt Umstände zu verschweigen, aus denen sich möglicherweise die Rechtsfolge des Gestaltungsmissbrauchs ergibt (zur Frage, unter welchen Voraussetzungen ein Gestaltungsmissbrauch eine Steuerhinterziehung darstellt, s. § 370 AO Rz. 11). Steht fest, dass sich der Stpfl. einer ungewöhnlichen Gestaltung bedient hat, hat er seinerseits nachzuweisen, dass für die von ihm gewählte Gestaltung beachtliche außersteuerliche Gründe vorliegen (BR-Drs. 544/07, 106). Insoweit soll den Stpfl. auch eine erhöhte Mitwirkungspflicht – ähnlich § 90 Abs. 2 AO – treffen (BR-Drs. 544/07, 106). Aus der Regelung des § 42 Abs. 2 Satz 2 AO folgt insoweit eine **Beweislastumkehr** (kritisch dazu: *Crezelius,* DB 2007, 1428, 1430; *Brockmeyer,* DStR 2007, 1325; *Lichtinghagen/Verpoorten,* StuB 2007, 734, 736). Ein Vergleich des § 42 Abs. 2 Satz 2 AO mit der Regelung des § 90 Abs. 2 AO zeigt aber, dass von einer Beweisvorsorge- oder Beweismittelbeschaffungspflicht nicht die Rede sein kann. Es bleibt auch beim Amtsermittlungsgrundsatz des § 88 AO, d.h. das FA hat erreichbare und geeignete Beweismittel von Amts wegen zu nutzen. Nur im dem Fall, dass das Bestehen außersteuerlicher Gestaltungsgründe nicht mit an Sicherheit grenzender Wahrscheinlichkeit nachgewiesen werden kann, trägt der Stpfl. den Nachteil der Nichterweisbarkeit (objektive Beweislast; *Mack/Wollweber,* DStR 2008, 182, 185). Insoweit obliegt es insbes. den rechtsberatenden Berufen bei der Gestaltung der Verhältnisse des Mandanten eine Sensibilität für das zu entwickeln, was sich als unangemessen darstellen zu könnte, um für eine sachverhalts- und zeitnahe Dokumentation der außersteuerlichen Motivation zu sorgen.

## § 43 AO Steuerschuldner, Steuervergütungsgläubiger

**Die Steuergesetze bestimmen, wer Steuerschuldner oder Gläubiger einer Steuervergütung ist. Sie bestimmen auch, ob ein Dritter die Steuer für Rechnung des Steuerschuldners zu entrichten hat.**

**Schrifttum**

HEUERMANN, Entrichtungspflicht – Steuerpflicht – Grundpflicht?, FR 2013, 354.

Die Vorschrift bestimmt rahmengesetzlich die **Person des Steuerschuldners** bzw. des **Gläubigers einer Steuervergütung** und des **Entrichtungsschuldners**. Sie hat nur deklaratorische Bedeutung. Die Aufnahme des **Erstattungsberechtigten** war entbehrlich, weil dieser sich nur aus den besonderen Umständen des Einzelfalls bestimmen lässt. 1

**Steuergesetze** i.S. der Vorschrift (s. § 4 AO) sind die Einzelsteuergesetze einschließlich des Zollkodex. Gesetze in diesem Sinn sind auch die zu den Einzelsteuergesetzen ergangenen Durchführungsverordnungen (s. Art. 80 GG; so enthielt bis VZ 2001 § 51 UStDV bestimmte Entrichtungspflichten). Je nach der Struktur der einzelnen Steuern können Steuerschuldner oder Gläubiger einer Steuervergütung nicht nur natürliche Personen und juristische Personen sein. Erfasst sind nach Maßgabe der Einzelsteuergesetze auch Personenhandelsgesellschaften (OHG, KG), nicht rechtsfähige Vereine und Gesellschaften (Gemeinschaften) des bürgerlichen Rechtes und andere nicht oder teilrechtsfähige Gebilde, die als solche am wirtschaftlichen Verkehr teilnehmen. Steuerschuldner und Vergütungsgläubiger können auch öffentlich-rechtliche Körperschaften sein (insbes. mit den Betrieben gewerblicher Art; s. § 4 KStG und § 2 Abs. 3 UStG). 2

Grundsätzlich hat nach Maßgabe des einschlägigen Steuergesetzes die Steuer als **Steuerschuldner** derjenige zu entrichten, in dessen Person sich die subjektiven und objektiven Merkmale des Steuertatbestandes verwirklichen, an den die Leistungspflicht anknüpft (s. § 38 AO und im Übrigen s. § 33 AO Rz. 3 ff.). 3

Steuerschuldner und **Entrichtungsschuldner** sind nicht stets identisch. Ob ein Dritter die Steuer für Rechnung des Steuerschuldners zu entrichten hat, bestimmen nach § 43 Satz 2 AO ebenfalls die Steuergesetze. So hat z.B. die Lohnsteuer (Steuerschuldner: Arbeitnehmer) der Arbeitgeber, die Kapitalertragsteuer (Steuerschuldner: der Gläubiger der Kapitalerträge) die Kapitalgesellschaft zu entrichten (s. § 33 AO Rz. 7). 4

Während Steuerschuldner und Entrichtungsschuldner mit ihrem Vermögen für die Steuer einzustehen haben und sich die Finanzverwaltung an sie im Vollstreckungsverfahren halten kann, kann der **Vergütungsgläubiger** die Auszahlung einer Steuervergütung an sich beanspruchen. Als Vergütung wird die Auszahlung von Steuerbeträgen bezeichnet, die nicht an den Steuerschuldner erfolgt, der sie entrichtet hat (Erstattung), sondern an 5 dritte Personen, auf welche die Steuer z.B. im Preis für eine Leistung überwälzt worden ist (s. § 37 AO Rz. 3).

## § 44 AO Gesamtschuldner

**(1) Personen, die nebeneinander dieselbe Leistung aus dem Steuerschuldverhältnis schulden oder für sie haften oder die zusammen zu einer Steuer zu veranlagen sind, sind Gesamtschuldner. Soweit nichts anderes bestimmt ist, schuldet jeder Gesamtschuldner die gesamte Leistung.**

**(2) Die Erfüllung durch einen Gesamtschuldner wirkt auch für die übrigen Schuldner. Das gleiche gilt für die Aufrechnung und für eine geleistete Sicherheit. Andere Tatsachen wirken nur für und gegen den Gesamtschuldner, in dessen Person sie eintreten. Die Vorschriften der §§ 268 bis 280 über die Beschränkung der Vollstreckung in den Fällen der Zusammenveranlagung bleiben unberührt.**

**Inhaltsübersicht**



### A. Bedeutung der Vorschrift

1 Die Vorschrift regelt die Gesamtschuldnerschaft im Steuerrecht. Der Gesetzgeber hat sich auf die **rein schuldrechtliche Darstellung** der Fälle der **Gesamtschuld** beschränkt und davon abgesehen, ausdrücklich die Auswahl unter den Gesamtschuldnern durch die Finanzbehörde zu reglementieren. Wegen der Rechtsfolgen der Gesamtschuld setzt die Vorschrift die Regelungen der §§ 421 ff. BGB voraus und passt sie so weit erforderlich an die Bedürfnisse des Steuerrechts an.

### B. Mehrheit von Verpflichteten

2 An einem Steuerschuldverhältnis können aus verschiedenen Gründen mehrere Personen als Verpflichtete beteiligt sein:

Im Sinne des § 43 AO kann sich eine **Mehrheit von Steuerschuldnern** aus dem in Betracht kommenden Einzelsteuergesetz ergeben; s. z.B. § 20 ErbStG, § 13 GrEStG, § 10 Abs. 3 GrStG und Art. 84 UZK. 3

Das EStG sieht in §§ 26, 26b vor, dass Ehegatten die **Zusammenveranlagung** wählen können. In diesem Fall sind die zusammenveranlagten Personen nebeneinander Steuerschuldner. Das Gleiche gilt für **eingetragene Lebenspartnerschaften** vgl. § 2 Abs. 8 EStG. 4

In den Fällen der steuerlichen Haftung (s. §§ 69 bis 76 AO und die besonderen Haftungsvorschriften in anderen Gesetzen) können **mehrere Haftende** nebeneinander vorhanden sein. 5

Nicht angesprochen ist das **Verhältnis zwischen Steuerschuldnern und Haftenden.** Der BFH (BFH v. 27.03.1968, II 98/62, BStBl II 1968, 376) spricht von einer »unechten Gesamtschuld«. Da der Haftungsanspruch den Steueranspruch, auf den er sich bezieht, unberührt lässt, sind Steuerschuldner und Steuerhaftender nebeneinander gegenüber der Finanzbehörde verpflichtet. Daher sind auch sie Gesamtschuldner. Besonderheiten können sich nur hinsichtlich der Frage ergeben, ob die Finanzbehörde ermessensfehlerhaft handelt, wenn sie sich nicht zunächst an den Steuerschuldner hält. Im Grundsatz hat der Gesetzgeber diese Frage in § 219 AO ausdrücklich geregelt, denn dort kommt zum Ausdruck, dass der Steuerschuldner – von Ausnahmefällen abgesehen – vorrangig zur Zahlung aufgefordert werden soll. 6

### C. Bedeutung der gesamtschuldnerischen Verpflichtung

Gesamtschuldnerische Verpflichtung i.S. des § 44 AO bedeutet wie im Zivilrecht (s. § 421 BGB), dass **jeder Verpflichtete die ganze Leistung schuldet** (§ 44 Abs. 1 Satz 2 AO). Der Abdingbarkeit im bürgerlichen Recht entspricht die ausdrückliche Beschränkung »soweit nichts anderes bestimmt ist«. Wenn auch jeder Gesamtschuldner die gesamte Leistung schuldet, kann sie der Gläubiger dennoch nur einmal fordern (s. § 421 Satz 1 BGB). Fordern in diesem Sinn meint nicht die Geltendmachung durch Verwaltungsakt, sondern dass der gesamtschuldnerisch geschuldete Geldbetrag nur einmal vereinnahmt werden darf (s. § 44 Abs. 2 Satz 1 AO). 7

### D. Tatsachen, die für und gegen jeden Gesamtschuldner wirken

§ 44 Abs. 2 AO befasst sich mit der Frage, inwieweit sich Tatsachen, die nur in Bezug auf einen Gesamtschuldner in Erscheinung treten, auf den oder die anderen Gesamtschuldner auswirken. 8

### I. Erfüllung, Aufrechnung und Sicherheitsleistung

9 § 44 Abs. 2 Satz 1 AO übernimmt wörtlich § 422 Abs. 1 Satz 1 BGB, wonach die **Erfüllung** durch einen Gesamtschuldner auch für die übrigen Schuldner wirkt. Erfüllung bedeutet Begleichung der Schuld, hinsichtlich der das Gesamtschuldverhältnis besteht. Gleichgültig ist, ob die Erfüllung durch freiwillige Zahlung oder im Vollstreckungsweg erfolgt. Hat ein Gesamtschuldner die gegen ihn unanfechtbar festgesetzte Steuer getilgt, darf deshalb gegen einen anderen Gesamtschuldner kein Steuerbescheid mehr erlassen werden, selbst wenn er dies beantragt (BFH v. 04.06.1975, II R 7/73, BStBl II 1975, 895). Zur Tilgung s. §§ 224, 225. Wird zusammenveranlagte Einkommensteuer von einem Ehegatten getilgt, kann das FA mangels entgegenstehender ausdrücklicher Absichtsbekundungen aufgrund der zwischen den Ehegatten bestehenden Lebens- und Wirtschaftsgemeinschaft davon ausgehen, dass die Zahlung auf die gemeinsame Steuerschuld bewirkt ist. Das hat zur Folge, dass im Falle einer späteren Erstattung nach § 37 Abs. 2 AO beide Ehegatten gemeinsam berechtigt sind (BFH v. 15.11.2005, VII R 16/05, BStBl II 2006, 453).

10 Auch wenn im Wege der **Aufrechnung** durch einen der Gesamtschuldner bzw. gegenüber einem der Gesamtschuldner die Schuld zum Erlöschen gebracht wird, wirkt dies auch für die übrigen Gesamtschuldner (s. § 44 Abs. 2 Satz 2 AO erste Alternative).

11 Wird gesamtschuldnerisch die Leistung von **Sicherheiten** geschuldet, wirkt die Sicherheitsleistung durch einen der Gesamtschuldner auch für die übrigen Schuldner (§ 44 Abs. 2 Satz 2 AO zweite Alternative).

### II. Andere Tatsachen

12 Andere Tatsachen wirken nur für und gegen den Gesamtschuldner, in dessen Person sie eintreten (s. § 425 BGB). So berührt eine **Stundung** (s. § 222), die einem Gesamtschuldner gewährt wird, nur diesen und lässt die Fälligkeit der Forderung gegenüber den anderen Gesamtschuldnern unberührt. Dasselbe gilt für die **Aussetzung der Vollziehung** (s. § 361). Ein **Billigkeitserlass** (s. § 227) bringt nur die Schuld desjenigen Gesamtschuldners zum Erlöschen, demgegenüber er gewährt worden ist (s. auch § 191 Abs. 5 Nr. 2 AO für den Fall der Haftung). Dies gilt unabhängig davon, ob der Erlass aus persönlichen oder sachlichen Billigkeitsgründen (s. § 227 AO Rz. 43) ausgesprochen wurde. Diese Unterscheidung kann sich nur auf die Frage der ermessensgerechten Heranziehung der anderen Gesamtschuldner auswirken. Im Falle der sachlichen Unbilligkeit wird sich regelmäßig die Geltendmachung gegenüber allen Gesamtschuldnern verbieten bzw. die Ausdehnung des Erlasses auf diese gebieten. Die Wirkungen eines **Insolvenzplans** nach § 254 Abs. 1 InsO stehen einer Erfüllung nicht gleich (FG Sa v. 23.11.2011, 2 K 1683/09, ZIP 2012, 1191).

Auch die **Zahlungsverjährung** läuft grundsätzlich gegen jeden Gesamtschuldner gesondert (s. § 231 AO Rz. 18; § 191 Abs. 5 Satz 1 Nr. 2 AO für den Fall der Haftung). Im Fall der Konfusion infolge einer **Fiskalerbschaft** erlischt nur die Schuld des Erblassers (BFH v. 07.03.2006, VII R 12/05, BStBl II 2006, 584). 13

Der Umstand, dass gegen einen der Gesamtschuldner die Steuer bereits unanfechtbar festgesetzt ist, steht der Festsetzung einer höheren Steuer gegenüber den anderen Gesamtschuldnern selbst dann nicht entgegen, wenn die unanfechtbare Festsetzung fehlerhaft war und ihre Änderung nicht nach §§ 172 ff. AO möglich ist (BFH v. 13.05.1987, II R 189/83, BStBl II 1988, 188; BFH v. 08.03.2017, II R 31/15, BFHE 257, 353). Der bestandskräftige Bescheid entspricht einem Urteil i.S. des § 425 Abs. 2 BGB. Auch die Herabsetzung der Steuerschuld (z.B. durch geänderten Steuerbescheid oder aufgrund eines Rechtsbehelfsverfahrens) wirkt nur gegenüber denjenigen Gesamtschuldnern, denen gegenüber der geänderte Steuerbescheid ergangen ist (s. § 155 Abs. 3 Satz 1 AO und § 124 Abs. 1 AO) bzw. die an dem Rechtsbehelfsverfahren i.S. des § 359 AO, §§ 57, 122 FGO beteiligt waren. 14

### III. Innenverhältnis

Ausschließlich nach bürgerlichem Recht zu beantworten ist die Frage, ob und inwieweit die Gesamtschuldner einander im Innenverhältnis **zum Ausgleich verpflichtet** sind (s. § 426 Abs. 1 BGB; BFH v. 15.01.2003, II R 23/01, BStBl II 2003, 267). Das Steuerschuldverhältnis wird dadurch nicht berührt. 15

## E. Möglichkeit der Aufteilung der Gesamtschuld bei Zusammenveranlagung

Die gesetzlich gegebene Möglichkeit für Gesamtschuldner im Fall der Zusammenveranlagung die Vollstreckung im Wege der Aufteilung der Steuerschuld zu beschränken (s. §§ 268 bis 280 AO) bleibt unberührt (s. § 44 Abs. 2 Satz 4 AO). Ein erlassener Aufteilungsbescheid berührt den Bestand der Gesamtschuld im Grundsatz nicht (*Drüen* in Tipke/Kruse, § 278 AO Rz. 1; BFH v. 18.12.2001 VII R 56/99, BFH/NV 2002, 567), bewirkt aber nach § 278 Abs. 1 AO, dass die Vollstreckung nur nach Maßgabe der auf die einzelnen Schuldner entfallenden Beträge durchgeführt werden darf (BFH v. 18.12.2001, aaO: Aufspaltung in Teilschulden für Zwecke der Vollstreckung). 16

## F. Grundsätze für die Inanspruchnahme der Gesamtschuldner

17 Die Inanspruchnahme der Gesamtschuldner durch die Finanzbehörde wird in § 44 AO nicht angesprochen. Sie ist in das Ermessen der Finanzbehörde (s. § 5 AO) gestellt. § 44 AO bestimmt lediglich, gegen welche Personen die Forderung gerichtet werden kann. Soweit es sich um die Inanspruchnahme eines Haftenden auf Zahlung handelt, ist § 219 AO zu beachten, der zwingend vorschreibt, dass die Finanzbehörde regelmäßig vorher die Vollstreckung in das bewegliche Vermögen des Steuerschuldners versuchen muss, sofern nicht anzunehmen ist, dass die Vollstreckung aussichtslos sein würde (s. § 219 AO Rz. 2). Ausgangspunkt jeder Überlegung muss im Übrigen sein, dass die Gesamtschuldnerschaft der Finanzbehörde grundsätzlich eine möglichst rasche und sichere Erhebung der Steuerschuld ermöglichen soll (BFH v. 11.05.1966, II 171/63, BStBl III 1966, 400). Deshalb kann es für die Zulässigkeit der Inanspruchnahme eines Gesamtschuldners regelmäßig nicht darauf ankommen, dass dieser von den anderen Gesamtschuldnern im Innenverhältnis keinen Ausgleich mehr bekommen kann (BFH v. 28.02.1973, II R 57/71, BStBl II 1973, 573). Soll die Inanspruchnahme eines Gesamtschuldners demnach ermessensfehlerhaft sein, müssen besondere Umstände vorliegen.

18 Die Finanzbehörde kann die Leistung auch zum Teil von dem einen und zum Teil von den anderen Verpflichteten verlangen oder von der Inanspruchnahme eines Verpflichteten absehen. Ein **Ermessensfehler** kann darin liegen, dass ein Gesamtschuldner auf die Möglichkeit einer künftig eintretenden Steuerpflicht bzw. späteren Nacherhebung nicht aufmerksam gemacht worden ist, er vielmehr erst nach Jahren von der Finanzbehörde überraschend von dem Steueranspruch unterrichtet wird, sodass er sich finanziell – u. U. auch durch Regressnahme – nicht mehr einzurichten vermag (BFH v. 11.05.1966, II 171/63, BStBl III 1966, 400). Auch wenn es grundsätzlich möglich ist, eine Gesamtschuld nach Köpfen auf die Gesamtschuldner zu verteilen, wird dies regelmäßig nicht dem Zweck der Sicherung des Steueraufkommens entsprechen (s. § 85 AO), denn dies würde eine Verlagerung des Risikos der Realisierbarkeit des gesamtschuldnerischen Innenausgleichs auf die Allgemeinheit bedeuten.

19 Gemäß § 155 Abs. 3 AO können gegen Gesamtschuldner **zusammengefasste Steuerbescheide** ergehen, wobei auf das Innenverhältnis keine Rücksicht genommen zu werden braucht (s. im Übrigen die Erläuterungen zu § 155 AO Rz. 23 ff.). Wird die Gesamtschuld durch Einzelbescheide geltend gemacht, so sollen in jedem einzelnen Bescheid diejenigen Personen namentlich aufgeführt werden, mit denen der in Anspruch genommene als Gesamtschuldner herangezogen wird. Unterbleibt dies, so wird die Wirksamkeit des Bescheids hierdurch nicht beeinträchtigt (BFH v. 28.06.1984, IV R 204–205/82, BStBl II 1984, 784).

# § 45 AO Gesamtrechtsnachfolge

**(1) Bei Gesamtrechtsnachfolge gehen die Forderungen und Schulden aus dem Steuerschuldverhältnis auf den Rechtsnachfolger über. Dies gilt jedoch bei der Erbfolge nicht für Zwangsgelder.**

**(2) Erben haben für die aus dem Nachlass zu entrichtenden Schulden nach den Vorschriften des bürgerlichen Rechts über die Haftung des Erben für Nachlassverbindlichkeiten einzustehen. Vorschriften, durch die eine steuerrechtliche Haftung der Erben begründet wird, bleiben unberührt.**

**Inhaltsübersicht**



## A. Begriff der Gesamtrechtsnachfolge

Gesamtrechtsnachfolge ist Nachfolge in die **gesamte Rechtsstellung des Vorgängers**. Ihr ist eigentümlich, dass das Vermögen »als Ganzes« auf den Rechtsnachfolger übergeht. Im Gegensatz zur Einzelrechtsnachfolge bedarf es keiner Übertragung der einzelnen zum Vermögen gehörenden Rechte und Pflichten. Die Gesamtrechtsnachfolge kann nur **kraft ausdrücklicher gesetzlicher Anordnung** stattfinden. Dabei kann die Gesamtrechtsnachfolge das gesamte Vermögen einer Person betreffen oder sich auf ein Sondervermögen beziehen. 1

Als **Fälle der Gesamtrechtsnachfolge** kommen u. a. in Betracht: Erbfolge (s. § 1922 BGB) und Nacherbfolge (s. § 2139 BGB), Gütergemeinschaft (s. § 1416 BGB) und fortgesetzte Gütergemeinschaft (s. § 1483 BGB), Nachfolge des Fiskus in Vereinsvermögen (s. § 46 BGB), Vermögensübergang bei Erlöschen einer Stiftung (s. § 88 BGB), Verschmelzung nach §§ 2 ff. UmwG, Spaltung nach §§ 123 ff. UmwG (nicht aber Ausgliederung nach § 123 Abs. 2 Nr. 3 UmwG, BFH v. 07.08.2002, I R 99/00, BStBl II 2003, 835; BFH v. 23.03.2005, III R 20/03, NJW 2005, 2799), Vermögensübertragung nach §§ § 174 f. UmwG, Anwachsung des Anteils am Vermögen einer Personengesellschaft gem. § 738 Abs. 1 Satz 1 BGB, sowie bei Abwachsung (Eintritt eines weiteren Gesellschafters in eine Personengesellschaft). 2

Gesamtrechtsnachfolge i. S. der Vorschrift liegt aber auch dann vor, wenn ein nur steuerrechtsfähiges Sonder- 3 vermögen auf einen möglicherweise ebenfalls nur steuerrechtsfähigen Rechtsnachfolger übergeht.

4 **Keine Gesamtrechtsnachfolge** liegt in den Fällen der Umwandlung nach §§ 190 ff. UmwG vor, weil es sich nur um sog. formwechselnde Umwandlungen handelt, bei denen die Identität des umgewandelten Unternehmens gewahrt bleibt (s. § 202 UmwG). Auch beim Erbschaftskauf liegt (s. §§ 2371 ff. BGB) keine Gesamtrechtsnachfolge vor oder wenn es der Vornahme von Einzelübertragungsakten bedarf (so zum Verhältnis zwischen Vorgründungsgesellschaft und Gründungsgesellschaft im Körperschaftsteuerrecht, BFH v. 08.11.1989, I R 174/86, BStBl II 1990, 91). Auch der Vermächtnisnehmer, dem nur ein schuldrechtlicher Anspruch auf Übertragung gegenüber dem Beschwerten zusteht (s. § 2174 BGB), ist nicht Gesamtrechtsnachfolger.

## B. Wirkung der Gesamtrechtsnachfolge

5 Mit dem Eintritt der Gesamtrechtsnachfolge **wächst der Rechtsnachfolger in vollem Umfang in die Stellung des Vorgängers hinein** (für den Erben s. BFH v. 21.07.2016, X R 43/13, BFHE 255, 27). Das bedeutet, dass bei der Feststellung der Rechte und Pflichten, die den Rechtsnachfolger betreffen, so zu verfahren ist, als ob der Rechtsnachfolger mit dem Vorgänger identisch wäre, »eine Rechtsnachfolge also gar nicht eingetreten wäre«. Ein steuerlich relevantes Verhalten des Rechtsvorgängers ist grundsätzlich dem Rechtsnachfolger zuzurechnen (zur Veräußerung von geerbten Unternehmensgegenständen durch den Erben s. BFH v. 13.01.2010, V R 24/07, BStBl II 2011, 241). Die Forderungen und Schulden aus dem Steuerschuldverhältnis, an dem der Rechtsvorgänger beteiligt war, gehen unverändert auf den Rechtsnachfolger über (§ 45 Abs. 1 Satz 1 AO). Der Gesamtrechtsnachfolger wird anstelle des Vorgängers mit dem Eintritt der Gesamtrechtsnachfolge Beteiligter (s. § 78 AO). Wegen des für Vollstreckungsmaßnahmen erforderlichen Leistungsgebots s. § 254 Abs. 1 Satz 3 AO. Wird der Fiskus Erbe eines Steuerschuldners, vereinigen sich Anspruch und Forderung in einer Person. Diese Konfusion bewirkt das Erlöschen des Anspruchs (BFH v. 07.03.2006, VII R 12/05, BStBl II 2006, 584).

6 Die Rechtsprechung macht von dem Grundsatz, dass der Gesamtrechtsnachfolger materiell- und verfahrensrechtlich in die abgabenrechtliche Stellung des Rechtsvorgängers einrückt (BFH v. 15.08.1983, IV R 99/80, BStBl II 1984, 31), insofern eine **Ausnahme**, als **höchstpersönliche Verhältnisse oder Umstände**, die unlösbar mit der Person des Rechtsvorgängers verknüpft sind, von der Zurechnung ausgeschlossen sind (BFH v. 12.11.1997, X R 83/94, BStBl II 1998, 148: Realsplitting). Daher kann auch ein Erbe einen vom Erblasser nicht ausgenutzten Verlustabzug nach § 10d EStG nicht bei seiner eigenen Veranlagung zur Einkommensteuer geltend machen (BFH v. 17.12.2007, GrS 2/04, BStBl II 2008, 608, m. w. N. auf die durch die Entscheidung gegenstandslos gewordene frühere Rechtsprechung).

Die **Unanfechtbarkeit** eines gegen den Rechtsvorgänger ergangenen **Steuerbescheids** muss der Gesamtrechtsnachfolger gegen sich gelten lassen (s. § 166 AO). § 166 AO enthält insoweit hinsichtlich des Gesamtrechtsnachfolgers keine eigenständige Regelung, denn dessen Einrücken in die verfahrensrechtliche Stellung des Vorgängers folgt bereits aus § 45 AO. § 166 AO erweitert aber die Bekanntgabewirkungen (s. § 124 AO) eines gegenüber dem Vorgänger ergangenen VA auf den Gesamtsrechtsnachfolger. Keine Wirkungen gegenüber dem Gesamtrechtsnachfolger erlangen Verwaltungsakte, die nach Eintritt der Gesamtrechtsnachfolge an den Rechtsvorgänger gerichtet werden (BFH v. 17.06.1992, X R 47/88, BStBl II 1993, 174), selbst wenn sie in den Machtbereich des Gesamtrechtsnachfolgers gelangt sind. Ist durch die wirksame Bekanntgabe an den Rechtsvorgänger eine **Rechtsbehelfsfrist** in Gang gesetzt worden (s. § 355 Abs. 1 Satz 1 AO), so beginnt mit dem Eintritt der Rechtsnachfolge keine neue Rechtsbehelfsfrist. Auf das Verfahren nach der AO ist die sinngemäße Anwendung der ZPO nicht vorgeschrieben (anders für das finanzgerichtliche Verfahren, s. § 155 FGO), sodass eine Unterbrechung der Rechtsbehelfsfrist entsprechend § 239 ZPO nicht in Betracht kommt. Ggf. ist Wiedereinsetzung in den vorigen Stand zu gewähren. 7

Die auf den Gesamtrechtsnachfolger übergegangenen **Ansprüche** (»Schulden«) sind **in derselben Weise geltend zu machen**, wie sie gegenüber dem Rechtsvorgänger geltend zu machen gewesen wären, also durch Steuer- bzw. Haftungsbescheid ihm gegenüber. Zur Ablaufhemmung der Festsetzungsfrist s. § 171 Abs. 12 AO. Auch Feststellungsbescheide sind an den Gesamtrechtsnachfolger zu richten (BFH v. 25.11.1987, II R 227/84, BStBl II 1988, 410). Da die Erbengemeinschaft keine eigene Rechtspersönlichkeit hat, sind die den Rechtsvorgänger betreffenden Verwaltungsakte an die namentlich zu bezeichnenden Erben zu richten. Zur Möglichkeit des Erlasses zusammengefasster Verwaltungsakte bei einer Mehrheit von Erben s. § 155 Abs. 3 AO. 8

Nach § 45 Abs. 1 Satz 1 AO gehen die Forderungen und Schulden aus dem Steuerschuldverhältnis auf den Gesamtrechtsnachfolger über. Der **Rechtsnachfolger** wird damit **selbst Stpfl.** i. S. des § 33 Abs. 1 AO. Als solcher ist er auch zur Erfüllung der einen Steuerpflichtigen treffenden sog. steuerlichen **Hilfspflichten** verpflichtet. Sie erlöschen, so weit sie in der Person des Rechtsvorgängers entstanden waren und entstehen neu in der Person des Gesamtrechtsnachfolgers (*Drüen* in Tipke/Kruse, § 45 AO Rz. 15). Hinsichtlich der Pflicht zur Berichtigung von Erklärungen u. Ä. s. § 153 Abs. 1 Satz 2 AO. Wegen der sonstigen steuerlichen Pflichten im Einzelnen s. insbes. 9

§§ 90 ff., 134 ff. AO. Der ist Erbe auch verpflichtet, die Durchführung einer Außenprüfung, die die Zeit vor dem Erbfall betrifft, zu dulden (BFH v. 24.08.1989 IV R 65/88, BStBl II 1990, 2, 3).

10 Den Grundsatz des Übergangs aller Schulden aus dem Steuerschuldverhältnis durchbricht § 45 Abs. 1 Satz 2 AO. Die **gegen den Erblasser festgesetztenZwangsgelder** (s. § 328 Abs. 1, § 329 AO) gehen nicht auf den Erben über. Diese Ausnahmeregelung, die auf andere Fälle der Gesamtrechtsnachfolge nicht ausgedehnt werden kann, erklärt sich aus dem engen Zusammenhang zwischen der Person des Erblassers und der Festsetzung des Zwangsgeldes. Einziger Zweck des Zwangsgeldes ist die Durchsetzung eines gegen den Rechtsvorgänger ergangenen Verwaltungsakts, der auf Vornahme einer Handlung, auf eine Duldung oder Unterlassung gerichtet ist (nicht auf Geldleistung). Ihr Zweck ist es, auf den Willen der verpflichteten natürlichen Person einzuwirken. Er erschöpft sich, wenn der Verpflichtete stirbt.

## C. Besonderheiten der Erbenhaftung

11 § 45 Abs. 2 AO befasst sich mit der Erbenhaftung, § 265 AO mit der Vollstreckung gegen Erben. Nach § 45 Abs. 2 Satz 1 AO haben Erben für die aus dem Nachlass zu entrichtenden Schulden nach den Vorschriften des bürgerlichen Rechts über die Haftung des Erben für Nachlassverbindlichkeiten einzustehen. Da die **Erben** Gesamtrechtsnachfolger sind, gehen die Forderungen und Schulden aus dem Steuerschuldverhältnis nach § 45 Abs. 1 Satz 1 AO auf sie über, sie sind somit selbst **Schuldner**. § 45 Abs. 2 AO verknüpft das **Ausmaß**, in dem die Erben für die hiernach auf sie übergegangenen Schulden einstehen müssen, mit den die **Erbenhaftung betreffenden Vorschriften des bürgerlichen Rechts** (s. §§ 1967 ff. BGB). Unter Haftung in diesem Sinne ist daher das Einstehen für eine eigene Schuld gemeint. Der hier im zivilrechtlichen Sinn verwendete Begriff der Haftung entspricht nicht dem sonst verwendeten steuerlichen Haftungsbegriff (s. vor §§ 69 – 77 AO Rz. 1). § 45 Abs. 2 AO hat insbes. wegen der durch ihn eröffneten Möglichkeit der **Haftungsbeschränkung** durch Anordnung von **Nachlassverwaltung** oder **Nachlassinsolvenz** (s. § 1975 BGB) auch mit Wirkung auf die übergegangenen Schulden aus dem Steuerschuldverhältnis Bedeutung. Die Beschränkung der Erbenhaftung durch die **Einreden der Dürftigkeit oder Unzulänglichkeit des Nachlasses** ist weder im Steuerfestsetzungsverfahren noch gegen das Leistungsgebot geltend zu machen, sondern allein im Vollstreckungsverfahren (BFH v. 11.08.1998, VII R 118/95, BStBl II 1998, 705). Der Vorbehalt beschränkter Erbenhaftung braucht im Steuerbescheid nicht ausgesprochen zu werden. § 780 ZPO ist nicht entsprechend anwendbar (BFH v. 01.07.2003 VIII R 45/01, BStBl II 2004, 35). Die Beschränkung der Erbenhaftung gilt naturgemäß nur für ererbte Steuerschulden. Einkünfte, die nach dem Tode des Erblassers aus dem Nachlass erzielt werden, erzeugen Eigensteuerschulden des Erben, und zwar auch dann wenn Nachlassverwaltung angeordnet ist und die Erträge des Nachlassvermögens zur Schuldentilgung verwendet werden (BFH v. 28.04.1992, VII R 33/91, BStBl II 1992, 781). Das gilt auch dann, wenn die daraus entstehende Einkommensteuer als Nachlasserbenschuld (BFH v. 05.06.1991, XI R 26/89, BStBl II 1991, 820) angesehen wird, und zwar unabhängig davon, ob im Innenverhältnis ein Ersatzanspruch gegen den Nachlass (s. § 1978 Abs. 2, 3 § 1979 BGB) besteht. In Abgrenzung dazu hat der BFH nun ausgeführt, im Fall der Nachlassverwaltung kommt es für die Beschränkung der Erbenhaftung gem. § 45 Abs. 2 Satz 1 AO i. V. m. § 1975 BGB allein darauf an, ob zivilrechtlich eine Nachlassverbindlichkeit vorliegt. Dass der Nachlass weder Einkommensteuer- noch Körperschaftsteuersubjekt ist, führt nicht zur Ablehnung einer solchen Nachlassverbindlichkeit. Wird eine Steuerschuld der Erben durch die Tätigkeit des Nachlassverwalters verursacht, liegt zivilrechtlich vielmehr eine Nachlassverbindlichkeit als Erbfallschuld vor (BFH v. 10.11.2015, VII R 35/13, BStBl II 2016, 372).

**Wer Erbe ist**, richtet sich nach dem bürgerlichen Recht. 12
Dieses unterscheidet zwischen gesetzlichen und gewillkürten (Testaments-)Erben, Vertragserben und Vor- und Nacherben. Vor- und Nacherbe sind nach § 2100 BGB Erben des Erblassers. Der Nacherbe ist nicht Erbe des Vorerben. Die »Haftung« des **Nacherben** setzt den Eintritt der Nacherbfolge voraus, und zwar auch dann, wenn der Nacherbe einzelne Nachlassgegenstände bereits vom Vorerben unter Lebenden erworben hat (BFH v. 20.01.1961, III 76/59, HFR 1962, 20). Zwar ist der **Vorerbe** in der Verfügung über die zur Erbschaft gehörenden Gegenstände gewissen Beschränkungen unterworfen (s. §§ 2113 bis 2115 BGB), er ist jedoch ohne Zustimmung des Nacherben befugt, Prozesshandlungen in Bezug auf den Nachlass vorzunehmen (BFH v. 25.04.1969, III 127/85, BStBl II 1969, 622).

**Kein Erbe** ist der **Erbschaftskäufer** (s. §§ 2371 ff. BGB). 13
Die Inanspruchnahme eines Erbschaftskäufers aus § 45 AO scheidet deshalb aus. In Betracht kommt jedoch seine Haftung gem. §§ 2382 und 2383 BGB (s. § 191 AO).

Nach Anordnung von **Nachlassverwaltung** oder **Nachlassinsolvenz** ist die persönliche Inanspruchnahme des 14
Erben nur dann zulässig, wenn er unbeschränkt haftet, d.h. die Möglichkeit der Haftungsbeschränkung durch Verletzung der Inventarpflicht oder der Pflicht zur eidesstattlichen Versicherung der Vollständigkeit des Inventars (s. §§ 2005, 2006 BGB) verloren hat. Durch Verletzung dieser Pflichten verliert der Erbe auch die »Erschöpfungseinrede« (s. § 1990 BGB; BFH v. 15.11.1961, VII 165/58, HFR 1962, 143).

15 Nach § 45 Abs. 2 Satz 2 AO bleiben Vorschriften, durch die eine steuerrechtliche Haftung der Erben begründet wird, unberührt. Die ggf. bürgerlich-rechtlich bestehende Möglichkeit einer Haftungsbeschränkung scheidet dann für die steuerrechtlichen Verpflichtungen aus. Beachte hierzu insbes. § 69 i. V. m. §§ 34, 35 AO.

16 Mehrere Erben (Miterben) haben als Gesamtschuldner (s. § 44 AO) für die Schulden des Erblassers aus dem Steuerschuldverhältnis einzustehen (s. § 2058 BGB). Jeder Miterbe kann grundsätzlich die Berichtigung der Nachlassverbindlichkeiten aus dem Vermögen, das er außer seinem Anteil an dem Nachlass hat, verweigern (s. § 2059 Abs. 1 Satz 1 BGB). Der Nachlassgläubiger hat jedoch das Recht, die Befriedigung aus dem ungeteilten Nachlass von sämtlichen Miterben zu verlangen (s. § 2059 Abs. 2 BGB). Wegen der Vollstreckung gegen Erben s. § 265 AO.

## § 46 AO Abtretung, Verpfändung, Pfändung

**(1) Ansprüche auf Erstattung von Steuern, Haftungsbeträgen, steuerlichen Nebenleistungen und auf Steuervergütungen können abgetreten, verpfändet und gepfändet werden.**

**(2) Die Abtretung wird jedoch erst wirksam, wenn sie der Gläubiger in der nach Absatz 3 vorgeschriebenen Form der zuständigen Finanzbehörde nach Entstehung des Anspruchs anzeigt.**

**(3) Die Abtretung ist der zuständigen Finanzbehörde unter Angabe des Abtretenden, des Abtretungsempfängers sowie der Art und Höhe des abgetretenen Anspruchs und des Abtretungsgrundes auf einem amtlich vorgeschriebenen Vordruck anzuzeigen. Die Anzeige ist vom Abtretenden und vom Abtretungsempfänger zu unterschreiben.**

**(4) Der geschäftsmäßige Erwerb von Erstattungs- oder Vergütungsansprüchen zum Zwecke der Einziehung oder sonstigen Verwertung auf eigene Rechnung ist nicht zulässig. Dies gilt nicht für die Fälle der Sicherungsabtretung. Zum geschäftsmäßigen Erwerb und zur geschäftsmäßigen Einziehung der zur Sicherung abgetretenen Ansprüche sind nur Unternehmen befugt, denen das Betreiben von Bankgeschäften erlaubt ist.**

**(5) Wird der Finanzbehörde die Abtretung angezeigt, so müssen Abtretender und Abtretungsempfänger der Finanzbehörde gegenüber die angezeigte Abtretung gegen sich gelten lassen, auch wenn sie nicht erfolgt oder nicht wirksam oder wegen Verstoßes gegen Absatz 4 nichtig ist.**

**(6) Ein Pfändungs- und Überweisungsbeschluss oder eine Pfändungs- und Einziehungsverfügung dürfen nicht erlassen werden, bevor der Anspruch entstanden ist. Ein entgegen diesem Verbot erwirkter Pfändungs- und Überweisungsbeschluss oder erwirkte Pfändungs- und Einziehungsverfügung sind nichtig. Die Vorschriften der Absätze 2 bis 5 sind auf die Verpfändung sinngemäß anzuwenden.**

**(7) Bei Pfändung eines Erstattungs- oder Vergütungsanspruchs gilt die Finanzbehörde, die über den Anspruch entschieden oder zu entscheiden hat, als Drittschuldner im Sinne der §§ 829, 845 der Zivilprozessordnung.**

**Inhaltsübersicht**



**Schrifttum**


Wolf/Müller, Nebenpflichtenkanon bei der Forderungspfändung, NJW 2004, 1775; Busch/Kranenberg, Abtretung von Steuererstattungsansprüchen in der Insolvenz, NWB 2010, 824, 893.


### A. Zulässigkeit und Wirksamkeit der Abtretung usw.

Ausgangspunkt der Regelung ist, dass Ansprüche auf Erstattung oder Vergütung von Steuerbeträgen wie auch andere Ansprüche aus dem Steuerschuldverhältnis, die sich gegen den Staat richten abgetreten, verpfändet und gepfändet werden können (§ 46 Abs. 1 AO). Die Vorschrift sagt dagegen nichts über die Abtretung von Steueransprüchen durch die Finanzbehörde aus (zur Zulässigkeit BFH v. 15.06.1999, VII R 3/97, BStBl II 2000, 47). Die Abtretbarkeit von Ansprüchen im Einzelfall ist aus der Natur des Anspruchs unter Zugrundelegung des jeweiligen Steuergesetzes zu beantworten. Unselbständige Teile einer festgesetzten Steuer (z. B. bei der Umsatzsteuer der Vorsteuerabzugsanspruch) können nicht gesondert abgetreten werden (BFH v. 24.03.1983, V R 8/81, BStBl II 1983, 612). Gegenstand der Abtretung kann nur der Zahlungsanspruch sein, nicht hingegen die gesamte Rechtsstellung (BFH v. 23.08.2016, V R 19/15, BFHE 254, 439). Mangels abweichender Regelung gelten die bürgerlich-rechtlichen Vorschriften, insbes. die §§ 398 ff., 1273 ff. BGB und die §§ 828 ff. ZPO. Die Abtretung der 1

Forderungen auf Bezüge aus einem Dienstverhältnis an einen von einem Insolvenzgericht bestimmten Treuhänder im Restschuldbefreiungsverfahren (s. § 287 Abs. 2 InsO) erfasst nicht den Anspruch auf Erstattung von Lohnsteuer oder ESt-Vorauszahlungen (BFH v. 21.11.2006, VII R 1/06, BStBl II 2008, 272). Eine Besonderheit besteht insofern, als die Wirksamkeit der Abtretung oder Verpfändung davon abhängig ist, dass der ursprüngliche **Gläubiger den Vorgang** der Finanzbehörde **anzeigt**. Adressat der Anzeige ist die Behörde, die über den Anspruch entschieden oder zu entscheiden hat (§ 46 Abs. 2 AO). Diese Anzeige entspricht der nach § 1280 BGB für die Verpfändung einer Forderung vorgeschriebenen Anzeige des Gläubigers an den Schuldner. Bei der Anzeige kann sich der Gläubiger des Abtretungsempfängers oder eines Dritten als Vertreter oder Boten bedienen. Im Regelfall lässt sich aus einer formgerechten, vom abtretenden Gläubiger auf dem amtlich vorgeschriebenen Vordruck unterschriebenen Abtretungsanzeige, die dieser dem Abtretungsempfänger wissentlich und willentlich überlässt, auf die Bevollmächtigung des Abtretungsempfängers schließen, diese Anzeige in Vertretung des Gläubigers der Finanzbehörde zu übermitteln (BFH v. 22.03.1994, VII R 117/92, BStBl II 1994, 789).

2 **Form und Inhalt der Anzeige** sind in § 46 Abs. 3 AO geregelt. Vorgesehen ist die Verwendung eines **amtlich vorgeschriebenen Vordrucks** (AEAO, Anlage zu § 46, s. BStBl I 2015, 571), der sowohl vom Abtretenden als auch vom Abtretungsempfänger zu **unterschreiben** ist (bzw. von den Organen, BFH v. 29.01.2009, VII B 45/08, BFH/NV 2009, 1236). Der Vordruck muss nicht amtlich hergestellt sein, ihm aber inhaltlich entsprechen (FG Nds v.30.11.2009, 9 K 73/07, EFG 2010, 540: Ausdruck auf zwei einseitig bedruckten und zusammengehefteten Blättern). Hat in einer Abtretungsanzeige nur ein erstattungsberechtigter Ehegatte unterschrieben, so ist die Abtretung wirksam, soweit der Erstattungsanspruch auf diesen entfällt (BFH v. 23.03.1997, VII R 39/96, BStBl II 1997, 522). In der Insolvenz des Zedenten muss der Verwalter bei einem zur Masse gehörenden Anspruch mitwirken (BFH v. 06.02.1996, VII R 116/949, BStBl II 1996, 557). Die Verwendung eines privaten Nachdrucks ist möglich, wenn auch dieser die Schutzfunktion des amtlichen Vordrucks erfüllt (BFH v. 26.11.1982, VI R 205/81, BStBl II 1983, 123 auch zur Möglichkeit der Unterzeichnung der Abtretungsanzeige durch einen Vertreter). Die Übersendung einer dem amtlichen Vordruck entsprechenden Anzeige per Telefax ist zulässig (BFH v. 08.06.2010, VII R 39/09, BStBl II 2010, 839; anders noch: BFH v. 13.10.1987, VII R 166/84, BFH/NV 1988, 416). Die Vollmacht des Abtretenden zur Unterzeichnung der Abtretungsanzeige an die Finanzbehörde setzt stets die nachgewiesene Kenntnis des Vollmachtgebers vom dem amtlich vorgeschriebenen Vordruck und dessen Inhalt voraus (BFH v. 27.10.1987, VII R 170/84, BStBl II 1988, 178).

§ 46 Abs. 3 Satz 1 AO verlangt die **Angabe von Art und Höhe des abgetretenen Anspruchs** sowie des **Abtretungsgrundes**. Erforderlich ist zwar die präzise Angabe der Steuerart (BFH v. 01.06.1989, V R 1/84, BStBl II 1990, 35), nicht jedoch, dass der genaue Betrag in der Anzeige genannt werden muss. Es genügt, wenn aufgrund der Anzeige der abgetretene Anspruch der Höhe nach **bestimmbar** ist, ohne dass ziffernmäßig ein Betrag genannt wird. Die Umschreibung des abgetretenen Anspruchs muss eine zweifelsfreie Feststellung seiner Identität ermöglichen (BFH v. 01.04.1999, VII R 82/98, BStBl II 1999, 439; BFH v. 12.07.2001, VII R 19, 20/00, BStBl II 2002, 67). Die zumindest schlagwortartige Angabe des Abtretungsgrundes ist erforderlich, damit die Behörde prüfen kann, ob ein nach § 46 Abs. 4 AO verbotener geschäftsmäßiger Erwerb von Forderungen vorliegt (BFH v. 07.07.2010, VII R 52/10, BStBl II 2012, 92). Hierbei spielt es keine Rolle, ob die Behörde aus anderem Anlass Kenntnis vom Grund der Abtretung hat oder ob die Angaben nachgeholt werden (BFH v. 05.10.2004, VII R 37/03, BStBl II 2005, 238, auch zur Frage von Treu und Glauben). Die vom Gesetz verlangten Angaben zum Abtretungsgrund können nicht durch die Beifügung einer Anlage zur Abtretungsanzeige gemacht werden, wenn es auf dem amtlichen Vordruck an jeder Bezugnahme auf diese Unterlage fehlt (BFH v. 28.01.2014, VII R 10/12, BStBl II 2014, 507). 3

Beim **Fehlen der Anzeige** bzw. bei Vorliegen einer unvollständigen Anzeige liegt eine rechtswirksame Abtretung oder Verpfändung nicht vor. Der Mangel bewirkt nicht nur eine bloße relative Unwirksamkeit der Abtretung gegenüber dem Steuerfiskus (BFH v. 07.07.2010, VII R 52/10, BStBl II 2012, 92). Die Anzeige hat nur dann die **Wirksamkeit der Abtretung** oder Verpfändung zur Folge, wenn sie **nach Entstehung des Anspruchs** (s. § 38 AO) erfolgt. Ebenso ist eine vor der Entstehung des Anspruchs erlassene Pfändungs- und Einziehungsverfügung sowie ein vorzeitiger Pfändungs- und Überweisungsbeschluss nicht nur unzulässig, sondern nichtig (§ 46 Abs. 6 AO). Wenngleich eine Pfändung erst bewirkt ist, wenn der Pfändungsbeschluss bzw. eine Pfändungsverfügung zugestellt ist (s. § 829 Abs. 3 ZPO, § 309 Abs. 2 AO), sind diese i.S. des § 46 Abs. 1 Satz 1 AO schon (und erst) erlassen, wenn sie aus dem inneren Geschäftsgang des Gerichts bzw. der Behörde zum Zwecke der Beförderung (Zustellung) der Post oder dem Zustellungsdienst übergeben worden ist (BFH v. 24.07.1990, VII R 62/89, BStBl II 1990, 946). Trotz der weitgehenden Anwendbarkeit der privatrechtlichen Vorschriften handelt es sich um zum öffentlichen Recht gehörende Vorgänge. Mit der Abtretung oder Verpfändung bzw. Pfändung verlieren die **Ansprüche** nicht ihren **öffentlich-rechtlichen Charakter**. Die Ansprüche verwandeln sich nicht in privatrechtliche Forderungen, sodass sie der neue Gläubiger nicht vor den ordentlichen Gerichten durchsetzen kann. 4

## B. Öffentlicher Glaube der Anzeige gegenüber der Finanzbehörde

5 Die Wirkung der Anzeige verstärkt § 46 Abs. 5 AO. Selbst wenn die Abtretung tatsächlich nicht erfolgt, nicht wirksam oder wegen Verstoßes gegen § 46 Abs. 4 AO nichtig ist, müssen Abtretender und Abtretungsempfänger der Finanzbehörde gegenüber die angezeigte Abtretung gegen sich gelten lassen. Das gilt auch wenn die Anzeige unvollständig ausgefüllt ist (BFH v. 25.09.1990, VII R 114/89, BStBl II 1991, 201). Damit wird der Finanzbehörde erspart, Ermittlungen über die tatsächliche Richtigkeit der Anzeige durchführen zu müssen. Allerdings kann sich die Behörde nur dann auf den Gutglaubensschutz berufen, wenn sie geprüft hat, ob die Anzeige vom Abtretenden und vom Abtretungsempfänger (s. § 46 Abs. 3 AO) bzw. von deren Organen unterzeichnet wurde (BFH v. 19.03.2009, VII B 45/08, BFH/NV 2009, 1236). Darüber hinaus kann es im Einzelfall ermessensfehlerhaft sein, wenn sich die Finanzbehörde auf die fehlerhafte Anzeige beruft (gl. A. *Drüen* in Tipke/Kruse, § 46 AO Rz. 41). Das gilt insbes., wenn sie positiv weiß, dass die Abtretung unwirksam ist.

## C. Entstehung des Anspruchs, Rechte des Neuberechtigten

6 Eine **Abtretung wird** erst **wirksam**, wenn sie **nach Entstehung des Anspruchs angezeigt** wird (§ 46 Abs. 2 AO). Ein Pfändungs- und Überweisungsbeschluss bzw. eine Pfändungs- und Einziehungsverfügung dürfen erst nach Entstehung des Anspruchs erlassen werden (§ 46 Abs. 6 AO). Maßgeblich ist der Entstehungszeitpunkt nach § 38 AO i.V.m. § 37 Abs. 1 bzw. Abs. 2 AO (BFH v. 14.05.2002, VII R 6/01, BStBl II 2002, 677 zu den Erstattungszinsen nach § 233 a AO).

7 Der Abtretungsempfänger (Zessionar) bzw. der Pfandgläubiger, der zur Einziehung der Forderung berechtigt ist (s. § 1282 BGB), oder der Pfändungspfandgläubiger, dem die Forderung zur Einziehung überwiesen ist (s. § 835 ZPO), haben bezüglich des Zahlungsanspruchs dieselben Rechte wie derjenige, dem der Anspruch von Gesetzes wegen zusteht. Über die Frage, ob der Neuberechtigte damit auch Beteiligter (s. § 78 AO) an dem jeweiligen Besteuerungsverfahren wird, sagt die Vorschrift nichts aus.

8 Gemäß § 37 Abs. 2 AO setzt ein **Erstattungsanspruch** voraus, dass eine Steuer, ein Haftungsbetrag oder eine steuerliche Nebenleistung ohne rechtlichen Grund gezahlt worden oder dass der rechtliche Grund für die Zahlung später weggefallen ist. Damit steht fest, dass der Erstattungsanspruch i.S. des § 38 AO erst entsteht, wenn die in § 37 Abs. 2 AO genannten Voraussetzungen vorliegen (s. § 37 AO Rz. 6 ff.). Da andererseits eine wirksame Abtretung, Verpfändung oder Pfändung vor Entstehung des Erstattungsanspruchs nicht möglich ist, ist der Zessionar an dem Besteuerungsverfahren (Festsetzungsverfahren) selbst nicht beteiligt. Übertragbar ist nur der reine Zahlungsanspruch, d.h. die Rechtsstellung, die der Gläubiger eines Erstattungsanspruchs im Erhebungsverfahren hat (BFH v. 24.05.1978, VII R 2/75, BStBl II 1978, 464; BFH v. 27.01.1993, II S 10/92, BFH/NV 1993, 350). Der Zessionar oder Pfändungsgläubiger ist nicht berechtigt, durch Abgabe einer von ihm gefertigten Steuererklärung die Veranlagung zur Einkommensteuer nach § 46 Abs. 2 Nr. 8 EStG zu beantragen (BFH v. 18.08.1998, VII R 114/97, BStBl II 1999, 84; BFH v. 29.02.2000, VII R 109/98, BStBl II 2000, 573). Er hat keinen Hilfsanspruch auf Abgabe der Steuererklärung, den er aus seinem Titel gegen den Vollstreckungsschuldner durch Haftantrag vollstrecken kann (BGH v. 27.03.2008, VII ZB 70/06, NJW 2008, 1675 unter Aufgabe von BGH v. 12.12.2003, IXa ZB 115/03, NJW 2004, 954; *Wolf/Müller*, NJW 2004, 1775).

Ob eine Steuer usw. »ohne rechtlichen Grund gezahlt« 9
worden ist bzw. ob der rechtliche Grund für die Zahlung später weggefallen ist, erweist sich erst in dem Zeitpunkt, in dem die Steuer usw. mit einem niedrigeren Betrag als dem bisher tatsächlich entrichteten festgesetzt wird. Dies kann im Verhältnis zu geleisteten Vorauszahlungen durch den Jahressteuerbescheid geschehen oder durch die Änderung bzw. Aufhebung früherer Festsetzungen. Entsprechendes gilt bei Doppelzahlung sowie Zahlung nach Eintritt anderer Erlöschensgründe i.S. des § 47 AO (z.B. Aufrechnung, Erlass, Verjährung). Der BFH sieht allerdings (zumindest) aufgrund »allgemeiner Praxis« **Einkommen- und Lohnsteuererstattungsansprüche** unabhängig von der Festsetzung der Jahressteuer **mit Ablauf des Veranlagungszeitraums** als abtretbar und pfändungsfähig an (BFH v. 06.02.1990, VIII R 86/88, BStBl II 1990, 523). Auch die **negative Umsatzsteuerschuld** ist in diesem Sinn mit Ablauf des jeweiligen Voranmeldungszeitraums entstanden (BFH v. 30.03.1993, VII R 108/92, BFH/NV 1993, 583). Einer formellen Festsetzung bedarf es insoweit nicht.

Die Rechte des Zessionars eines Erstattungsanspruchs 10
beschränken sich auf dessen Verwirklichung. Kommt es insoweit zu Streitigkeiten mit der Finanzbehörde, so entscheidet diese durch **Abrechnungsbescheid** (s. § 218 Abs. 2 AO), der mit dem Einspruch angefochten werden kann. An diesem Verfahren ist der Zessionar bzw. der Pfand- oder Pfändungspfandgläubiger beteiligt.

Richtet sich der Anspruch eines Pfändungsgläubigers 11
im Fall der **Zusammenveranlagung von Ehegatten**, die nur Lohnbezüge hatten, nur gegen einen Ehegatten, so ist eine Aufteilung der Steuererstattung im Verhältnis der den beiden Ehegatten einbehaltenen Lohnsteuerabzugsbeträge erforderlich (BFH v. 01.03.1990, VII R 103/88, BStBl II 1990, 520).

12 Beruht die Entstehung des **Erstattungsanspruchs** i. S. des § 37 Abs. 2 AO darauf, dass die Zahlung aufgrund eines gem. § 125 AO **nichtigen Verwaltungsakts** erfolgt ist, kann dessen Nichtigkeit gem. § 125 Abs. 5 AO auch der Zessionar feststellen lassen. Auch die Klage auf Feststellung der Nichtigkeit des Verwaltungsakts gem. § 41 Abs. 1 FGO steht dem Zessionar offen.

## D. Mehrfache Abtretung usw.

13 Bei mehrfacher Abtretung oder Verpfändung gilt das Prioritätsprinzip. Es kommt darauf an, **welche Abtretung** durch Anzeige **zuerst wirksam geworden ist**, bzw. **wessen Pfandrecht zuerstangezeigt** worden ist. Durch die Abtretung scheidet der Zedent aus der Gläubigerstellung aus. Spätere Abtretungen, Pfändungen oder Verpfändungen gehen ins Leere und sind daher unwirksam. Das zuerst gem. § 1280 BGB angezeigte Pfandrecht geht nach § 1290 BGB späteren Anzeigen vor. Bei gleichzeitigem Eingang mehrerer Abtretungs- bzw. Verpfändungsanzeigen hat die Finanzbehörde den Betrag zu hinterlegen (s. § 372 Abs. 2 BGB). Im Übrigen hat die Finanzbehörde entsprechend der Reihenfolge des Eingangs der Anzeige über den Vorrang zu befinden.

14 Bei **mehrfacher Pfändung** geht gem. § 804 Abs. 3 ZPO die frühere der späteren vor. Auch hier entscheidet die Finanzbehörde über den Vorrang (RFH v. 27.01.1931, RStBl 1931, 129). Das Recht bzw. die Pflicht zur Hinterlegung ergeben sich aus § 853 ZPO. Auch im Verhältnis zu Abtretungen oder Verpfändungen gilt das Prioritätsprinzip (s. § 829 Abs. 1 Satz 2 ZPO).

## E. Finanzbehörde als Drittschuldner

15 Nach § 46 Abs. 7 AO gilt bei der Pfändung die zuständige Finanzbehörde als Drittschuldner i. S. der §§ 829 und 845 ZPO. Nach § 829 ZPO ist die Pfändung mit der Zustellung des Pfändungsbeschlusses (Inhalt: s. § 829 Abs. 1 ZPO) als bewirkt anzusehen. § 845 ZPO betrifft die sog. Vorpfändung, die bereits vor der eigentlichen Pfändung zugestellt werden kann und nach § 845 Abs. 2 ZPO die Wirkung eines Arrests hat.

16 Für die Klage des Vollstreckungsgläubigers gegen die Finanzbehörde als Drittschuldner ist der **Finanzrechtsweg** gegeben (BFH v. 14.07.1987, VII R 116/86, BStBl II 1987, 863).

## F. Verbot des geschäftsmäßigen Erwerbs auf eigene Rechnung

§ 46 Abs. 4 AO befasst sich mit dem Erwerb von Erstat- 17
tungs- und Vergütungsansprüchen. Dabei verbietet § 46 Abs. 4 Satz 1 AO deren **geschäftsmäßigen Erwerb** zur Einziehung oder sonstigen Verwertung auf eigene Rechnung. Geschäftsmäßig handelt, wer – ob entgeltlich oder unentgeltlich – in Wiederholungsabsicht und selbstständig tätig ist (BFH v. 17.09.1987, VII R 168/84, BFH/NV 1988, 9). Allein die Anzeige mehrerer Abtretungen begründet aber noch keine Geschäftsmäßigkeit (BFH v. 04.02.2005, VII R 54/04, BStBl II 2006, 248). Nach dem Wortlaut des § 46 Abs. 4 Satz 2 AO wird dieses grundsätzlich bestehende Verbot für Sicherungsabtretungen wieder aufgehoben. Da § 46 Abs. 4 Satz 3 AO jedoch zum geschäftsmäßigen Erwerb und zur geschäftsmäßigen Einziehung der zur Sicherung abgetretenen Ansprüche nur Unternehmen zulässt, denen das Betreiben von **Bankgeschäften** erlaubt ist, ist der geschäftsmäßige Erwerb von Erstattungs- und Vergütungsansprüchen auch in den Fällen der Sicherungsabtretung nur den Kreditinstituten erlaubt (BFH v. 23.10.1985, VII R 196/82, BStBl II 1986, 124). Dementsprechend ist es auch Steuerberatern bzw. Steuerberatungsgesellschaften nicht gestattet, sich zur Sicherung ihrer Honorarforderungen geschäftsmäßig von ihren Mandanten deren Steuererstattungsansprüche abtreten zu lassen (BFH v. 17.09.1987, VII R 168/84, BFH/NV 1988, 9). Möglich ist aber eine Zahlungsanweisung des Mandanten zur Erstattung eines Guthabens an den Bevollmächtigten, an die die Behörde aber nicht gebunden ist (s. AEAO zu § 80 Nr. 2)

Kennzeichnend für die **Sicherungsabtretung** ist, dass 18
der Abtretungsempfänger die Forderung nur vorübergehend zur Sicherung eines gegen den Abtretenden bestehenden Anspruchs innehaben soll. Bürgerlich-rechtlich wird regelmäßig Sicherungsabtretung angenommen, wenn der Sicherungsnehmer Befriedigung zunächst aus dem zu sichernden Anspruch suchen muss und sich erst nach Erfolglosigkeit der darauf gerichteten Bemühungen aus der Sicherheit befriedigen darf (BGH v. 10.05.1974, I ZR 46/73, NJW 1974, 1244). Notwendig ist, dass für beide Beteiligte der Sicherungszweck im Vordergrund steht. Dies ist in der Regel dann nicht der Fall, wenn sich der Abtretende seiner Einwirkungsmöglichkeiten auf die abgetretene Forderung weitgehend begibt. Hierbei ist ein strenger Maßstab anzulegen (BFH v. 03.02.1984, VIII R 72/82, BStBl II 1984, 411). Auch für die Verpfändung von Erstattungs- und Vergütungsansprüchen gilt § 46 Abs. 4 AO. Der Pfändungsvertrag darf dem Pfandgläubiger im wirtschaftlichen Ergebnis keine weitergehenden Rechte an der verpfändeten Forderung als bei einer Sicherungsabtretung verschaffen (BFH v. 03.02.1984, VII R 102/83, BStBl II 1984, 413).

19 Ein trotz des Verbots durchgeführterErwerb von Erstattungs- oder Vergütungsansprüchen ist nichtig (s. § 134 BGB, s. § 46 Abs. 5 AO). Gemäß § 383 Abs. 1 AO stellt der Verstoß außerdem eine Steuerordnungswidrigkeit dar, die mit einer Geldbuße bis zu 50 000 Euro geahndet werden kann (s. § 383 Abs. 2 AO).

20 Von dem Verbot des geschäftsmäßigen Erwerbs von Erstattungsansprüchen macht § 37 Abs. 5 Satz 7 KStG eine Ausnahme. Der nach § 37 Abs. 5 Satz 1 KStG in zehn Jahresraten von 2008 bis 2017 auszuzahlende Anspruch auf das Körperschaftsteuerguthaben ist ohne die Beschränkung des § 46 Abs. 4 AO abtretbar, um den betroffenen Körperschaften eine Finanzierungsmöglichkeit zu eröffnen.

## § 47 AO Erlöschen

**Ansprüche aus dem Steuerschuldverhältnis erlöschen insbesondere durch Zahlung (§§ 224, 224 a, 225), Aufrechnung (§ 226), Erlass (§§ 163, 227), Verjährung (§§ 169 bis 171, §§ 228 bis 232), ferner durch Eintritt der Bedingung bei auflösend bedingten Ansprüchen.**

**Inhaltsübersicht**



### A. Bedeutung der Vorschrift

1 Die Vorschrift zählt die wichtigsten Gründe für das Erlöschen der Ansprüche aus dem Steuerschuldverhältnis auf. Erlöschen ist unmittelbare Beendigung des Steuerschuldverhältnisses (*Kruse*,Lehrb. I, 185). Die durchweg auf Leistung von Geld gerichteten Ansprüche aus dem Steuerschuldverhältnis sind entweder Ansprüche des Fiskus oder des Steuerpflichtigen gegen die Finanzbehörde (s. § 37 AO).

2 Die Aufzählung ist nicht erschöpfend. Zu weiteren Erlöschensgründen s. Rz. 12 ff.

### B. In der Vorschrift aufgeführte Erlöschenstatbestände

#### I. Zahlung (§§ 224, 224a, 225 AO)

Zahlung i. S. der Vorschrift ist ein im Wesentlichen nach privat-rechtlichen Vorschriften zu beurteilender Vorgang aus öffentlich-rechtlichem Grund und mit öffentlichrechtlicher Wirkung (BFH v. 10.11.1987, VII R 171/84, BStBl II 1988, 41). Die §§ 224, 225 AO betreffen die Modalitäten der Zahlung. Die Erfüllungswirkung ergibt sich aus §§ 362 ff. BGB (*Boeker* in HHSp, § 47 AO Rz. 18; *Drüen* in Tipke/Kruse, § 47 AO Rz. 4). Die Zahlungszeitpunkte in § 224 Abs. 2 und 3 AO sind von Bedeutung für die Berechnung von Säumniszuschlägen und Zinsen, stimmen aber nicht stets und notwendig mit dem Zeitpunkt überein, in dem die Erlöschenswirkung eintritt. Keine Zahlung, sondern allenfalls eine Umbuchung liegt vor, wenn ein FA einen Erstattungsbetrag auf ein Steuerkonto des Stpfl. bei einem andern FA, das derselben Gebietskörperschaft angehört, überweist (BFH v. 16.12.2008, VII R 7/08, BStBl II 2009, 514). Auch eine Zahlung vor Fälligkeit hat Erlöschenswirkung. Zum Erlöschen des Steueranspruchs bei Hingabe von Kunstgegenständen an Zahlungs statt s. § 224 a AO. 3

Übersteigt der in einem Verwaltungsakt festgesetzte Betrag den entstandenen Anspruch, so bewirkt die Zahlung das Erlöschen des abstrakten, durch den Bescheid lediglich konkretisierten Anspruchs und auch des überschießend festgesetzten Betrags (s. § 218 Abs. 1 AO). Auch die festgesetzte Steuerschuld übersteigende Leistungen haben Tilgungswirkung, sodass sie auf eine später durch einen Änderungsbescheid höher festgesetzte Schuld angerechnet werden können (BFH v. 06.02.1996, VII R 50/95, BStBl II 1997, 112), sofern sie nicht bereits erstattet wurden. 4

#### II. Aufrechnung (§ 226 AO)

Bei der Aufrechnung (wechselseitige Tilgung zweier auf gleichartige Leistungen gerichtete Forderungen, s. § 226 AO i. V. m. § 387 BGB) richten sich die Erlöschenswirkung und der Erlöschenszeitpunkt nach § 389 BGB. Mit verjährten Ansprüchen kann entgegen § 390 Satz 2 BGB wegen der vom Zivilrecht abweichenden Wirkung der Verjährung nicht aufgerechnet werden (§ 226 Abs. 2 AO, s. § 226 AO Rz. 23). Beim Verrechnungsvertrag (s. § 226 AO Rz. 27) erlöschen die Ansprüche in dem Zeitpunkt, in dem die zur Verrechnung gestellten Forderungen zur Aufrechnung geeignet einander gegenübergetreten sind. 5

### III. Erlass (§§ 163, 227 AO)

6 Mit der Gewährung der Billigkeitsmaßnahmen nach § 163 bzw. § 227 AO erlischt der Steueranspruch, soweit die Billigkeitsmaßnahme reicht. Unter Erlass versteht das Gesetz sowohl die abweichende Steuerfestsetzung aus Billigkeitsgründen, wie auch den Erlass im Erhebungsverfahren.

### IV. Verjährung (§§ 169 bis 171; §§ 228 bis 232 AO)

7 Anders als im Zivilrecht, in dem der Schuldner durch die Verjährung lediglich ein Leistungsverweigerungsrecht enthält (s. § 214 BGB) bewirkt die Verjährung im Steuerrecht das Erlöschen des Anspruchs. § 47 AO unterscheidet dabei zwischen der Festsetzungsverjährung (s. §§ 169 ff. AO) und der Zahlungsverjährung (s. §§ 228 ff. AO).

8 Ist die **Festsetzungsfrist** abgelaufen, darf nach § 169 Abs. 1 AO der Anspruch aus dem Steuerschuldverhältnis nicht mehr festgesetzt, eine bereits erfolgte Festsetzung nicht mehr aufgehoben oder geändert werden. Der Anspruch aus dem Steuerschuldverhältnis erlischt, mit der Folge, dass die (zutreffende) Festsetzung nicht mehr zulässig ist. Wird trotz des Erlöschens ein Anspruch aus dem Steuerschuldverhältnis festgesetzt, so ist der Bescheid zwar rechtswidrig aber nicht nichtig. Er ist auf Anfechtung hin aufzuheben. Wird der Festsetzungsverwaltungsakt unanfechtbar, überlagert die formelle Bestandskraft die Rechtswidrigkeit. Die konstitutive Festsetzung begründet die Zahlungspflicht (s. § 218 Abs. 1 AO; zur Frage der Teilverjährung s. § 169 AO Rz. 14).

9 Der durch Festsetzung begründete Zahlungsanspruch unterliegt der Zahlungsverjährung. Die **Zahlungsverjährung** bewirkt das Erlöschen des festgesetzten und fälligen Anspruchs aus dem Steuerschuldverhältnis (s. § 229 Abs. 1 AO). Gemeinsam mit dem Hauptanspruch (z. B. der Steuer) erlöschen nach § 232 AO die von ihm abhängigen Zinsen.

### V. Bedingungseintritt bei auflösend bedingtem Steueranspruch

10 Der auflösend bedingte Steueranspruch erlischt mit Bedingungseintritt. Insoweit ist die Vorschrift in erster Linie auf § 50 AO zugeschnitten und damit wie diese Vorschrift weitgehend gegenstandslos.

11 Soweit nach Einzelsteuergesetzen die Steuer mit Wirkung für die Vergangenheit erlischt, bedarf es zusätzlicher Maßnahmen um die Wirkung (s. § 218 Abs. 1 AO) einer erfolgten Steuerfestsetzung zu beseitigen. So erlischt die Steuer nach § 29 Abs. 1 ErbStG in dem durch § 29 Abs. 2 ErbStG vorgegebenen Umfang mit Wirkung für die Vergangenheit. Erforderlich ist zunächst die entsprechende Korrektur eines bereits ergangenen Festsetzungsbescheids nach § 175 Abs. 1 Satz 1 Nr. 2 AO. In diesen Zusammenhang sind auch bestimmte Wahlrechte zu sehen, die den entstandenen Steueranspruch im Ergebnis in der Schwebe halten, bis von ihnen Gebrauch gemacht ist (s. § 26 i. V. m. §§ 26 a ff. EStG für die Zusammenveranlagung).

## C. Weitere Erlöschensgründe

Festgesetzte **Zwangsgelder** erlöschen (auch) mit dem Tod des Verpflichteten (s. § 45 Abs. 1 Satz 2 AO). 12

Soweit im **Vollstreckungsverfahren** nicht die Zahlung fingiert wird (s. § 296 Abs. 2, § 301 Abs. 2 AO), erlischt der Steueranspruch mit der **Verwertung**, weil der Steuergläubiger im Ergebnis die geschuldete Leistung erlangt hat (s. § 362 BGB). 13

Bei der **Anrechnung** von bereits entrichteten **Vorauszahlungen** (s. § 36 Abs. 2 Nr. 1 EStG, § 20 GewStG) bzw. von durch **Steuerabzug** erhobener Einkommensteuer (s. § 36 Abs. 2 Nr. 2 EStG) erlischt die Steuerschuld im entsprechenden Umfang. 14

Besondere Erlöschensgründe enthält Art. 124 UZK für **Einfuhr- und Ausfuhrabgaben.** 15

Für **Haftungsansprüche** enthält § 191 Abs. 3 bis 5 AO besondere Regelungen über den Zeitpunkt, bis zu dem noch ein Haftungsbescheid ergehen kann. Diese bestimmen damit teils durch entsprechende Anwendung der Vorschriften über die Festsetzungsfrist teils mittelbar den Zeitpunkt des Erlöschens des Haftungsanspruchs. 16

Beerbt der Fiskus einen Steuerpflichtigen, werden noch bestehende Steuerschulden und Steueransprüche in der Person der öffentlichen Hand vereinigt. Durch diese **Konfusion** in Folge der Fiskalerbschaft erlöschen die betreffenden Ansprüche aus dem Steuerschuldverhältnis (BFH v. 07.03.2006, VII R 12/05, BStBl II 2006, 584). 16a

## D. Abgrenzung zu anderen Regelungen

**Keinen Erlöschensgrund** stellen die Niederschlagung (s. § 261 AO), die Sicherheitsleistung (s. §§ 241 ff. AO) und die Hinterlegung bei Mehrfachpfändung (s. § 320 AO i. V. m. §§ 853 ff. ZPO) dar. Auch Verwirkung lässt den Anspruch aus dem Steuerschuldverhältnis nicht erlöschen; sie steht nur der Geltendmachung (Durchsetzung) des Anspruchs entgegen (BFH v. 13.09.1991, IV B 105/90, BStBl II 1992, 148). 17

### E. Entscheidung über die Frage des Erlöschens

18 Entsteht zwischen der Finanzbehörde und dem Verpflichteten **Streit** darüber, ob ein Anspruch aus dem Steuerschuldverhältnis erloschen ist, so ist diese Frage im Fall der Festsetzungsverjährung Gegenstand des **Festsetzungsverfahrens** bzw. des nachfolgenden Rechtsbehelfsverfahrens (s. Rz. 8). Lehnt die Behörde eine abweichende Steuerfestsetzung aus **Billigkeitsgründen** (s. § 163 AO) oder einen Erlass (s. § 227 AO) ab, ist der betreffende Anspruch nicht erloschen. Gegen die ablehnende Entscheidung ist der **Einspruch** gegeben.

19 Über die Erlöschenswirkung einer Zahlung, Aufrechnung oder der Zahlungsverjährung entscheidet die Finanzbehörde gem. § 218 Abs. 2 AO erforderlichenfalls durch den Verwaltungsakt des **Abrechnungsbescheids** (s. § 218 AO Rz. 14).

## § 48 AO Leistung durch Dritte, Haftung Dritter

**(1) Leistungen aus dem Steuerschuldverhältnis gegenüber der Finanzbehörde können auch durch Dritte bewirkt werden.**

**(2) Dritte können sich vertraglich verpflichten, für Leistungen im Sinne des Absatzes 1 einzustehen.**

1 Die Vorschrift stellt klar, dass Ansprüche aus dem öffentlich-rechtlichen Steuerschuldverhältnis auch durch Personen befriedigt werden können, die an ihm nicht beteiligt sind.

2 **Leistungen aus dem Steuerschuldverhältnis** sind Handlungen, die auf Erfüllung (Tilgung) von Ansprüchen aus dem Steuerschuldverhältnis (s. § 37 AO) gerichtet sind. Dabei ist die Regelung auf solche Leistungen begrenzt, die **gegenüber der Finanzbehörde bewirkt** werden. Grundsätzlich betrifft der Anspruch aus dem Steuerschuldverhältnis (s. § 37 AO) nur die wechselseitigen Beziehungen zwischen dem Fiskus und dem Steuerpflichtigen (s. § 33 AO). In die vermögensrechtliche Abwicklung der Ansprüche können Dritte entweder durch unmittelbare Erfüllung (§ 48 Abs. 1 AO) oder durch vertraglich vereinbarte Einstandspflicht (§ 48 Abs. 2 AO) einbezogen werden. Als Leistung kommt insbes. die Zahlung in Betracht, die gemäß § 47 AO den Anspruch aus dem Schuldverhältnis zum Erlöschen bringt (FG Köln v. 15.05.2015, 3 K 2923/11, EFG 2015, 622; BFH v. 12.05.2016, VII R 50/14, BStBl II 2016, 730: sog. Düsseldorfer Verfahren bei Bordellbetrieben als Vorauszahlung auf die Steuerschuld der Prostituierten). Ist die Finanzbehörde aus dem Steuerschuldverhältnis berechtigt, Sicherheitsleistung zu fordern, so kann auch die Sicherheitsleistung durch Dritte bewirkt werden. Zur Entrichtung des Abgabenbetrags durch Dritte im Zollrecht s. Art. 109 Abs. 2 UZK.

Die Tilgung der Forderung durch Dritte kann in deren eigenen wirtschaftlichen Interesse liegen (BFH v. 16.12.2015, XI R 28/13, BFHE 252, 500). So regelt § 13c UStG die Haftung für die Umsatzsteuer bei Abtretung, Verpfändung oder Pfändung von Forderungen. Die Abtretung von Forderungen ist ein wichtiges Sicherungsinstrument bei Darlehensverträgen. Durch die Möglichkeit der Haftung nach § 13c UStG ist zu erwarten, dass sich das Sicherungsbedürfnis der Kreditinstitute erhöhen wird. Hier bietet es sich im wirtschaftlichen Interesse sowohl des Sicherungsnehmers wie auch des Sicherungsgebers an, dass bei der Abtretung von Forderungen aus umsatzsteuerpflichtigen Leistungen zwischen diesen vereinbart wird, dass sich der Zessionar gegenüber dem Zedenten verpflichtet, die in dem vereinnahmten Entgelt rechnerische enthaltene Umsatzsteuer an das FA auf Rechnung des Zedenten zu leisten. Das hat für den Zedenten den Vorteil, dass er durch die höhere Sicherungsabtretung nicht weiter belastet wird. Im Ergebnis gibt er den Bruttobetrag der Forderung aus seinem Vermögen hin und muss nicht noch zusätzlich die Umsatzsteuer an des FA entrichten. Für den Zessionar hat das den Vorteil, dass er sein Haftungsrisiko sicher abschätzen kann, denn durch die Leistung auf die Umsatzsteuerschuld des Zedenten wird der Zessionar nach § 13c Abs. 2 Satz 4 UStG von der Haftung frei. Im Ergebnis dient nur der Nettobetrag der abgetretenen Forderung der Kreditsicherung. 3

Das Gesetz schweigt zu der Frage, ob der Dritte die Leistung gegenüber der Finanzbehörde auch durch Aufrechnung (s. § 226 AO) mit eigenen Ansprüchen gegen die Finanzbehörde bewirken kann. Da § 226 Abs. 1 AO für die Aufrechnung die sinngemäße Anwendung der Vorschriften des bürgerlichen Rechts vorschreibt, wird die Aufrechnung durch den Dritten am Fehlen der in § 387 BGB vorausgesetzten Gegenseitigkeit scheitern. Allerdings kann sich ein Dritter vertraglich zur Zahlung verpflichten (§ 48 Abs. 2 AO) und dann die Aufrechnung erklären. 4

Die Möglichkeit der Leistung durch den Dritten ist nicht von der Einwilligung des Schuldners abhängig. Entgegen § 267 Abs. 2 BGB kann die Finanzbehörde die Leistung auch dann nicht ablehnen, wenn der Schuldner widerspricht. 5

Nach § 48 Abs. 2 AO können sich **Dritte vertraglich verpflichten**, für Leistungen i.S. des § 48 Abs. 1 AO einzustehen. Die entsprechende vertragliche Verpflichtung ist dem Privatrecht zuzuordnen. Der Dritte wird nicht Beteiligter des öffentlich-rechtlichen Steuerschuldverhältnisses. Daher kann die Finanzbehörde den Dritten gem. § 192 AO nur nach den Vorschriften des bürgerlichen Rechts in Anspruch nehmen und ihren Anspruch auch nicht durch einen Haftungsbescheid verwirklichen. 6

7 Unter § 48 Abs. 2 AO fallen sowohl vertragliche Vereinbarungen zwischen der Finanzbehörde und dem Dritten als auch entsprechende Abmachungen zwischen dem Steuerschuldner und dem Dritten.

8 **Vertragsinhalt** ist die privatrechtliche Verpflichtung des Dritten, für Leistungen aus dem Steuerschuldverhältnis »einzustehen«, die gegenüber der Finanzbehörde zu erbringen sind. Einstehen für die vermögensrechtliche Verpflichtung des Steuerschuldners bedeutet nicht nur Haften für die fremde Schuld. So wie der Schuldner für seine eigene Schuld »einzustehen« hat, kann sich der Dritte auch vertraglich verpflichten, die Leistung zum Zwecke der Tilgung der damit übernommenen und zur eigenen Verpflichtung gewordenen Schuld zu bewirken.

9 Die von § 48 Abs. 2 AO erfasste vertragliche Verpflichtung des Dritten kann eine **Bürgschaft** (s. §§ 765 ff. BGB, s. auch § 244 AO) oder ein **Schuldbeitritt** (kumulative Schuldübernahme) sein. Im letzteren Fall ist es gleichgültig, ob der Vertrag zwischen dem Fiskus und dem Dritten oder zwischen dem Steuerpflichtigen und dem Dritten (als Vertrag zugunsten des Fiskus i. S. der §§ 328 ff. BGB mit unmittelbarem Rechtserwerb des Fiskus) geschlossen wird. Ein Vertrag zwischen dem Fiskus und dem Dritten des Inhalts, dass der Dritte anstelle des Steuerpflichtigen Schuldner wird (sog. **privative Schuldübernahme**, § 414 BGB) ist als solcher unwirksam, weil der Fiskus auf bestehende Steueransprüche nicht verzichten kann. Das folgt aus der Unabdingbarkeit aller aus dem öffentlichen Recht erwachsenden Ansprüche. Ggf. kommt **Umdeutung in Schuldbeitritt** in Betracht. Unter § 48 Abs. 2 AO fallen auch die Hingabe eines **Wechsels** und das **Schuldversprechen** (s. § 780 BGB).

10 Ob die **Erfüllung** durch den Dritten zur Folge hat, dass der **Anspruch** des Fiskus gegen den Steuerschuldner auf den Dritten (als privatrechtlicher Anspruch!) **übergeht**, ist nach bürgerlichem Recht zu beurteilen. Befriedigt der Bürge den Steuergläubiger, so geht der Anspruch des Fiskus gegen den Steuerpflichtigen auf den Bürgen über (s. § 774 BGB). Davon erfasst sind auch bestehende Nebenrechten (z. B. Pfandrechte). Dasselbe gilt bei Befriedigung des Steuergläubigers durch Ablösung von Pfandrechten seitens anderer Berechtigter in den Fällen der §§ 268, 1150, 1249, 1257 BGB.

11 Gegenansprüche des Pflichtigen, z. B. auf Erstattung der vom Bürgen entrichteten GrESt gem. § 16 GrEStG, gehen nicht von selbst auf den Bürgen über. Hierzu bedarf es der Abtretung und der Anzeige gem. § 46 AO (BFH v. 14.12.1955, II 54/55 U, BStBl III 1956, 46).

## § 49 AO Verschollenheit

**Bei Verschollenheit gilt für die Besteuerung der Tag als Todestag, mit dessen Ablauf der Beschluss über die Todeserklärung des Verschollenen rechtskräftig wird.**

**Verschollenheit** ist langdauernde Abwesenheit mit unbekanntem Aufenthalt und ohne Lebensgewissheit (s. § 1 Abs. 1 VerschollenheitsG). Verschollene können unter den Voraussetzungen des VerschollenheitsG im Aufgebotsverfahren für tot erklärt werden. Die Todeserklärung begründet die Vermutung, dass der Verschollene an dem Tag verstorben ist, den der diesbezügliche Gerichtsbeschluss feststellt (s. § 9 Abs. 1 Satz 1 VerschollenheitsG). 1

Im **Gegensatz zur bürgerlich-rechtlichen Regelung** behandelt das Steuerrecht den Verschollenen **bis zur Rechtskraft der Todeserklärung als lebend**. Das folgt aus dem praktischen Bedürfnis, für Zwecke der Besteuerung nicht an den im Gerichtsbeschluss festgestellten u. U. weit zurückliegenden Todestag anzuknüpfen. Das würde es erforderlich machen, die aus dem Vermögen des Verschollenen bis zur Gerichtsentscheidung bezahlten Steuern zu erstatten und eine nachträgliche Veranlagung der Erben vorzunehmen. 2

Für die Besteuerung gilt daher bei Verschollenheit der Tag als Todestag, mit dessen Ablauf der Beschluss über die Todeserklärung des Verschollenen rechtskräftig wird. Bis dahin wird das Weiterbestehen des Verschollenen als Steuersubjekt fingiert (BFH v. 09.09.1960, III 21/59, HFR 1961, 261). 3

Das Gesetz fingiert **für die Besteuerung** den Tag als Todestag, mit dessen Ablauf der Beschluss über die Todeserklärung des Verschollenen rechtskräftig wird. Dies bedeutet, dass **alle unmittelbaren steuerlichen Folgen**, die aus dem Tod der für tot erklärten Person resultieren, sich an diesem Zeitpunkt orientieren. So gilt der überlebende Ehegatte von da an steuerlich als verwitwet (BFH v. 17.12.1953, IV 305/83 U, BStBl III 1954, 78). Der für tot Erklärte bleibt bis zu diesem Zeitpunkt ggfs. Gesellschafter einer Personengesellschaft. Ihm und nicht seinen Erben werden die angefallenen Einkünfte zugerechnet (BFH v. 24.08.1956, I 9/55 U, BStBl III 1956, 310). 4

Die Regelung betrifft nur die steuerlichen Folgen des Ablebens der für tot erklärten Person. **Nicht** betroffen sind die mittelbaren Auswirkungen des Todes auf steuerliche Tatbestände **anderer** Personen. So ist zwar in Erbfällen für tot erklärter Personen § 49 AO maßgebend. Für die Festsetzung der ErbSt nach einem für tot Erklärten gilt als Zeitpunkt des Todes nicht der im Gerichtsbeschluss festgestellte Tag, sondern der Tag, mit dessen Ablauf der Beschluss rechtskräftig wird. Für die Frage, ob der für tot erklärte Erbe eines vor Rechtskraft des Gerichtsbeschlusses, jedoch nach dem in ihm genannten Zeitpunkt Verstorbenen ist, kommt es jedoch allein auf das bürgerliche Recht an. § 49 AO kann nicht dazu führen, den Verschollenen abweichend vom Zivilrecht steu- 5 erlich als Erben eines nach ihm Verstorbenen anzusehen (BFH v. 21.09.1956, III 30/56 U, BStBl III 1956, 373).

6 **Keine Anwendung** findet die Vorschrift, wenn lediglich gem. § 39 VerschollenheitsG der Zeitpunkt des Todes einer Person festgestellt ist, weil zwar dieser, nicht aber der eingetretene Tod selbst zweifelhaft ist (BFH v. 26.06.1953, III 127/52 S, BStBl III 1953, 237). Ebenso wenig kann der wirkliche Todeszeitpunkt steuerlich außer Betracht gelassen werden, wenn Tatsache und Zeitpunkt des Todes einer Person bekannt sind, jedoch über alle sonstigen Umstände Ungewissheit herrscht (FG Nbg v. 29.07.1955, I 86 – 89/55, EFG 1956, 22).

## § 50 AO Erlöschen und Unbedingtwerden der Verbrauchsteuer, Übergang der bedingten Verbrauchsteuerschuld

**(1) Werden nach den Verbrauchsteuergesetzen Steuervergünstigungen unter der Bedingung gewährt, dass verbrauchsteuerpflichtige Waren einer besonderen Zweckbestimmung zugeführt werden, so erlischt die Steuer nach Maßgabe der Vergünstigung ganz oder teilweise, wenn die Bedingung eintritt oder wenn die Waren untergehen, ohne dass vorher die Steuer unbedingt geworden ist.**

**(2) Die bedingte Steuerschuld geht jeweils auf den berechtigten Erwerber über, wenn die Waren vom Steuerschuldner vor Eintritt der Bedingung im Rahmen der vorgesehenen Zweckbestimmung an ihn weitergegeben werden.**

**(3) Die Steuer wird unbedingt,**

**1. wenn die Waren entgegen der vorgesehenen Zweckbestimmung verwendet werden oder ihr nicht mehr zugeführt werden können. Kann der Verbleib der Waren nicht festgestellt werden, so gelten sie als nicht der vorgesehenen Zweckbestimmung zugeführt, wenn der Begünstigte nicht nachweist, dass sie ihr zugeführt worden sind,**

**2. in sonstigen gesetzlich bestimmten Fällen.**

1 Die Vorschrift betrifft Verbrauchsteuern, soweit für diese in den einschlägigen Gesetzen bedingte Verbrauchsteuerschulden vorgesehen sind. Das ist seit dem Inkrafttreten des Verbrauchsteuer-BinnenmarktG zum 01.01.1993 und wegen der ersatzlosen Aufhebung verschiedener Verbrauchsteuern zum selben Datum durch das UmsatzsteuerBinnenmarktG nicht mehr der Fall. Die Vorschrift ist daher **gegenstandslos**. An die Stelle der bedingten Steuer ist das Steueraussetzungsverfahren getreten. Hier wird die Entstehung der Steuer durch die Einzelsteuergesetze geregelt. Lediglich in Bezug auf marginale Randbereiche wird kontrovers diskutiert, ob ein Rückgriff auf § 50 AO noch zulässig ist (vgl. *Boeker* in HHSp, § 50 AO Rz. 11 ff.). Das kann grundsätzlich nur dann in Betracht kommen, wenn harmonisierte Verbrauchsteuerregelungen noch Raum für nationale Vorschriften lassen, diese ihrerseits nicht abschließend sind und nach ihrem Sinn und Zweck einen Rückgriff auf § 50 AO zulassen.

# Dritter Abschnitt: Steuerbegünstigte Zwecke

## Vorbemerkungen zu §§ 51–68

**Schrifttum**

FISCHER, Grundfragen der Bewahrung und einer Reform des Gemeinnützigkeitsrechts, FR 2006, 1001; HÜTTEMANN, »Hilfen für Helfer« – Zum Entwurf eines Gesetzes zur weiteren Stärkung des bürgerschaftlichen Engagements, DB 2007, 127; FISCHER, Das Gesetz zur weiteren Förderung des bürgerschaftlichen Engagements, NWB F. 2, 9439; HEINTZEN, Steuerliche Anreize für gemeinwohlorientiertes Engagement Privater, FR 2008, 737; FISCHER, Überlegungen zur Fortentwicklung des steuerlichen Gemeinnützigkeitsrechts, FR 2008, 751; NOLTE, Das Spendenabzugsrecht, NWB 2009, 2236; MUSIL, Reformbedarf bei der wirtschaftlichen Betätigung gemeinnütziger Körperschaften, DStR 2009, 2453; BECKER, Der Wegfall des gemeinnützigkeitsrechtlichen Status – Eine Bestandsaufnahme und Hilfestellung für die Praxis, DStZ 2010, 953; HÜTTEMANN, Bessere Rahmenbedingungen für den Dritten Sektor, DB 2012, 2592; GERSCH, Änderungen im Gemeinnützigkeitsrecht durch das Gesetz zur Stärkung des Ehrenamtes, AO-StB 2013, 111; WEIDMANN/KOHLHEPP, Rechtsprechung zum Gemeinnützigkeitsrecht 2013, DStR 2014, 1197; BUCHNA/LEICHINGER/SEEGER/BROX, Gemeinnützigkeit im Steuerrecht, 11. Aufl. Achim 2015; HÜTTEMANN, Gemeinnützigkeits- und Spendenrecht, 3. Aufl. Köln 2015; WEITEMEYER/KLENE, Notwendige Weiterentwicklung des Gemeinnützigkeitsrechts, DStR 2016, 937; FRITZ, Aktuelle Finanzrechtsprechung zum Gemeinnützigkeits- und Spendenrecht, DStZ 2017, 190.

Der Dritte Abschnitte der AO ist überschrieben mit 1
**»Steuerbegünstigte Zwecke«**. Gemeint sind aber nur die Steuerbegünstigungen wegen der Verfolgung gemeinnütziger, mildtätiger oder kirchlicher Zwecke (s. § 51 Satz 1 AO).

In den §§ 52 bis 54 AO werden die steuerbegünstigten 2
Zwecke erläutert. Die §§ 55 bis 57 AO definieren die Begriffe Selbstlosigkeit, Ausschließlichkeit und Unmittelbarkeit. § 58 AO zählt die steuerlich unschädlichen Betätigungen auf. In den §§ 59 bis 63 AO werden die Voraussetzungen der Steuervergünstigung, insbes. die Anforderungen an die Satzung und die tatsächliche Geschäftsführung dargetan und in den §§ 64 bis 68 AO wird der Umfang der Steuervergünstigung und deren Ausdehnung auf sog. Zweckbetriebe geregelt.

3 Die konkreten steuerlichen Folgen der Anerkennung einer Körperschaft umschreiben die §§ 51 ff. AO nicht. Die materiellen steuerlichen Folgen sind in den Einzelsteuergesetzen umschrieben. Wegen der Rechtsfolgen für die Körperschaft wird auf § 51 AO Rz. 1 verwiesen. Eine weitreichende Bedeutung ergibt sich auch aus der steuerlichen Abzugsfähigkeit der Zuwendungen auf Seiten der Spender nach § 10 b EStG.

4 Ein gesetzlich geregeltes Verfahren zur Feststellung der Gemeinnützigkeit gab es bislang nicht, insbes. war kein besonderer Anerkennungsbescheid vorgesehen, dem Grundlagenbescheidfunktion zugekommen wäre (BFH v. 10.01.1992, III R 201/90, BStBl II 1992, 684). Über das Vorliegen der Voraussetzungen der Steuerbefreiung und ihren Umfang war nach der Rechtsprechung nur im Veranlagungsverfahren für die jeweilige Steuer und den jeweiligen Veranlagungszeitraum zu entscheiden (BFH v. 13.12.1978, I R 77/76, BStBl II 1979, 481 m.w.N.; s. AEAO zu § 51, Nr. 3). Diese als unangemessen angesehene Situation ist seit dem Jahr 2013 beseitigt, da nun § 60 a AO die Feststellung der satzungsmäßigen Voraussetzungen durch einen Grundlagenbescheid vorsieht.

## § 51 AO Allgemeines

**(1) Gewährt das Gesetz eine Steuervergünstigung, weil eine Körperschaft ausschließlich und unmittelbar gemeinnützige, mildtätige oder kirchliche Zwecke (steuerbegünstigte Zwecke) verfolgt, so gelten die folgenden Vorschriften. Unter Körperschaften sind die Körperschaften, Personenvereinigungen und Vermögensmassen im Sinne des Körperschaftsteuergesetzes zu verstehen. Funktionale Untergliederungen (Abteilungen) von Körperschaften gelten nicht als selbständige Steuersubjekte.**

**(2) Werden die steuerbegünstigten Zwecke im Ausland verwirklicht, setzt die Steuervergünstigung voraus, dass natürlichen Personen, die ihren Wohnsitz oder ihren gewöhnlichen Aufenthalt im Geltungsbereich dieses Gesetzes haben, gefördert werden oder die Tätigkeit der Körperschaft neben der Verwirklichung der steuerbegünstigten Zwecke auch zum Ansehens der Bundesrepublik Deutschland im Ausland beitragen kann.**

**(3) Eine Steuervergünstigung setzt zudem voraus, dass die Körperschaft nach ihrer Satzung und bei ihrer tatsächlichen Geschäftsführung keine Bestrebungen im Sinne des § 4 des Bundesverfassungsschutzgesetzes fördert und dem Gedanken der Völkerverständigung nicht zuwiderhandelt. Bei Körperschaften, die im Verfassungsschutzbericht des Bundes oder eines Landes als extremistische Organisation aufgeführt sind, ist widerlegbar davon auszugehen, dass die Voraussetzungen des Satzes 1 nicht erfüllt sind. Die Finanzbehörde teilt Tatsachen, die den Verdacht von Bestrebungen im Sinne des § 4 Bundesverfassungsschutzgesetzes oder der Zuwiderhandlung gegen den Gedanken der Völkerverständigung begründen, der Verfassungsschutzbehörde mit.**

### Schrifttum

Helios/Müller, Vereinbarkeit des steuerlichen Gemeinnützigkeitsrechts mit dem EG-Vertrag, BB 2004, 2332; Jachmann/Meier-Behringer, Gemeinnützigkeit in Europa: Steuer- und europarechtliche Rahmenbedingungen, BB 2006, 1823; Hüttemann/Helios, Gemeinnützige Zweckverfolgung im Ausland nach der »Stauffer«-Entscheidung des EuGH, DB 2006, 2481; Jachmann, Die Entscheidung des EuGH im Fall Stauffer – Nationale Gemeinnützigkeit in Europa, BB 2006, 2607; Tiedtke/Möllmann, Gemeinnützigkeit und Europäische Grundfreiheiten, DStZ 2008, 69; Heintzen, Steuerliche Anreize für gemeinwohlorientiertes Engagement Privater, FR 2008, 737; Hütemann/Helios, Zum grenzüberschreitenden Spendenabzug in Europa nach dem EuGH-Urteil vom 27.1.2009, Persche, DB 2009, 701; Jäschke, Verstöße gegen die Rechtsordnung und Extremismus im Gemeinnützigkeitsrecht, DStR 2009, 1669; Balmes, Wann führen Rechtsverstöße zum Verlust der Gemeinnützigkeit? AO-StB 2011, 47; Förster, Grenzüberschreitende Gemeinnützigkeit – Spenden schwer gemacht?, BB 2011, 663; Droege, Europäisierung des Gemeinnützigkeitsrechts – Der offene Steuerstaat im europäischen Gemeinwohlverbund, StuW 2012, 256; Von Lersner, Schwierigkeiten bei der Feststellung des Vorliegens einer extremistischen Organisation i.S. des § 51 Abs. 3 Satz 2 AO, DStR 2012, 1685; Weitemeyer/Bornemann, Problemstellung gemeinnütziger Tätigkeit mit Auslandsbezug, FR 2016, 437.

§ 51 Abs. 1 Satz 1 AO stellt einleitend fest, dass die §§ 52 bis 68 AO insoweit anzuwenden sind, als durch Gesetz einer Körperschaft wegen der durch sie verfolgten steuerbegünstigten Zwecke eine Steuervergünstigung gewährt wird. Nach § 51 Abs. 1 Satz 2 AO sind unter Körperschaften diejenigen Steuersubjekte zu verstehen, die im KStG aufgezählt sind. Betroffen sind daher die in § 1 Abs. 1 KStG aufgeführten Körperschaften, Personenvereinigungen und Vermögensmassen, für die Befreiung von der KSt (s. § 5 Abs. 1 Nr. 9 KStG) und der GewSt (§ 3 Nr. 6 GewStG) unter der Voraussetzung gewährt wird, dass sie satzungsgemäß und tatsächlich, ausschließlich und unmittelbar gemeinnützige, mildtätige oder kirchliche Zwecke verfolgen. 1

Ähnliche, jedoch objektgebundene Befreiungstatbestände enthält § 4 GrStG. Das Erbschaftsteuergesetz begünstigt Zuwendungen für ausschließlich kirchliche, gemeinnützige oder mildtätige Zwecke, sowie Zuwendungen an inländische Religionsgesellschaften des öffentlichen Rechts oder inländische jüdische Kultusgemeinden und an inländische Körperschaften, Personenvereinigungen und Vermögensmassen, die nach Satzung, Stiftung oder sonstiger Verfassung und nach tatsächlicher Geschäftsführung ausschließlich und unmittelbar kirchlichen, gemeinnützigen oder mildtätigen Zwecken dienen 1a

(§ 13 Abs. 1 Nr. 16 und Nr. 17 ErbStG). Auch das Umsatzsteuerrecht gewährt Steuerbefreiungen (s. § 4 Nr. 16, 18, 23 bis 25 und 27 UStG) oder sieht die Anwendung des ermäßigten Steuersatzes vor (s. § 12 Abs. 2 Nr. 8 UStG).

2 § 51 **Abs. 1 Satz 3** AO soll verhindern, dass gemeinnützige Körperschaften im Wege der Verselbständigung ihrer Abteilungen die Besteuerungsgrenze (s. § 64 AO) oder die Zweckbetriebsgrenze (s. § 67a AO) sowie die in Einzelsteuergesetzen vorgesehenen Freibeträge mehrfach in Anspruch nehmen. Zivilrechtlich ist nämlich anerkannt, dass rechtsfähige Vereine verselbständigte Abteilungen bzw. Untergliederungen unterhalten können, die die Voraussetzungen eines nichtrechtsfähigen Vereins erfüllen. Als solche würden sie selbst der Körperschaftssteuer unterliegen (s. § 1 Abs. 1 Nr. 5 KStG). Selbständige Steuersubjekte sind dagegen die (selbständigen) regionalen Untergliederungen von Großvereinen.

3 Nach § 51 AO a.F. konnten ganz allgemein Körperschaften i.S. des KStG in den Genuss der Folgen der Gemeinnützigkeit kommen, ohne dass zwischen **unbeschränkter** und **beschränkter Steuerpflicht** differenziert wurde. Demgegenüber sah § 5 Abs. 2 Nr. 2 KStG in der Fassung bis 2008 vor, dass die Befreiung nach dem KStG und nach anderen Gesetzen nicht für beschränkt Stpfl. nach § 2 Nr. 1 KStG galten. Der EuGH sieht hierin eine europarechtswidrige Diskriminierung (EuGH v. 14.09.2006, C-386/04, Centro di Musicologia, DStR 2006, 1736; BFH v. 20.12.2006, I R 94/02, BStBl II 2010, 331; *Jachmann/Meier-Behringer*, BB 2006, 1823; *Hüttemann/Helios*, DB 2006, 2481; *Jachmann*, BB 2006, 2607; *Tiedtke/Möllmann*, DStZ 2008, 69; *Heintzen*, FR 2008, 737). Gleiches gilt für die Versagung des Spendenabzugs bei Leistungen an ausländische Empfänger (EuGH v. 27.01.2009, C.318/07, Hein Persche/FA Lüdenscheid, BStBl II 2010, 440; Anm. Hüttemann/Helios, DB 2009, 701). Durch die Änderung des § 5 Abs. 2 Nr. 2 KStG durch das JStG 2009 mit Wirkung zum 01.01.2009 ist nun auch eine nach den Vorschriften eines EU- oder EWR-Staates gegründete, im Inland beschränkt steuerpflichtige Körperschaft steuerbefreit, wenn sie die Allgemeinheit fördert (zum Begriff s. § 52 AO Rz, 2 ff.), sofern sie die sonstigen nationalen (deutschen) Voraussetzungen für die Gewährung der Steuervergünstigung erfüllt (BFH v. 17.09.2013, I R 16/12, BStBl II 2014, 440) und wenn mit dem Gründungsstaat ein Amtshilfeabkommen besteht. Neu definiert ist der Inlandsbezug der Förderung der Allgemeinheit durch § 51 Abs. 2 AO. Entsprechend dem Standpunkt der Verwaltung wird unter Allgemeinheit die Bevölkerung Deutschlands, bzw. ein Ausschnitt daraus verstanden, weil das Gemeinnützigkeitsrecht den Zweck verfolge, dem deutschen Staat Aufgaben abzunehmen, die er sonst unter Aufwendung von Steuermitteln selbst verfolgen müsste (kritisch hierzu *Heintzen*, FR 2008, 737). Demgemäß ist auch die Entwicklungshilfe bzw. die Hilfe bei Katastrophen im Ausland nur deshalb als Förderung der (deutschen) Allgemeinheit anzusehen, weil diese Hilfe positive Rückwirkungen auf das Ansehen Deutschlands und seiner Bevölkerung hat und den deutschen Staat von der Aufwendung von Sach- und Geldmitteln in den betroffenen Auslandsregionen entlastet (BMF v. 20.09.2005, BStBl I 2005, 902; str. s. dazu auch *Jachmann/Meier-Behringer*, BB 2006, 1823). Aber § 52 Abs. 2 AO berücksichtigt, dass es auslandbezogene Zwecke gibt, während z.B. § 52 Abs. 2 Nr. 24 AO durch den Bezug auf den Geltungsbereich dieses Gesetzes inlandbezogen ist. Dies erfordert – je nach Ausgestaltung der jeweiligen Begünstigungsnorm – eine differenzierte Sicht (*Hüttemann/Helios*, DB 2006, 2481, 2486). Das FG Köln hält den Begriff des Ansehens der Bundesrepublik für zu vage und plädiert auch aus europarechtlicher Sicht für eine weite Auslegung (FG Köln v. 20.01.2016, 9 K 3177/14, EFG 2016, 653, Az. d. Rev. X R 5/16; Spende zur Fertigstellung eines Kirchenbauses im Ausland).

§ 51 Abs. 3 AO schließt solche Körperschaften von der Steuerbegünstigung aus, die nach ihrer Satzung oder tatsächlichen Geschäftsführung Bestrebungen nach § 4 BundesverfassungsschutzG verfolgen. Damit sollen diejenigen Vereine von der Gemeinnützigkeit ausgeschlossen werden, deren Zweck oder Tätigkeit namentlich gegen die **freiheitlich demokratische Grundordnung**, den Bestand oder die Sicherheit des Bundes oder eines Landes gerichtet oder deren Einrichtungen in ihrer Funktionsfähigkeit erheblich zu beeinträchtigen geeignet ist. Mit der zusätzlichen Aufnahme des Tatbestandes des Zuwiderhandelns gegen den Gedanken der **Völkerverständigung** sollen z.B. ausländerextremistischen Spendensammelvereine von der Anerkennung der Steuerbegünstigung ausgeschlossen werden. Ob die Ausschlusskriterien auf den konkreten Verein zutreffen, kann sich nicht nur aus der Satzung, sondern insbes. auch aus dem tatsächlichen Verhalten der Vereinsmitglieder ergeben (BR-Drs. 545/08). 4

Die Finanzbehörde kann kaum beurteilen, ob eine Körperschaft mit ihren Tätigkeiten tatsächlich verfassungsfeindliche Ziele verfolgt oder gegen den Gedanken der Völkerverständigung verstößt. Dennoch gilt der Amtsermittlungsgrundsatz; die Behörde hat das Vorliegen der Ausschlusskriterien zu prüfen. § 51 Abs. 3 Satz 2 AO enthält die widerlegbare Vermutung, dass sich aus der Erwähnung als extremistische Organisation im Verfassungsschutzbericht des Bundes oder eines Landes der Anscheinsbeweis ergibt, dass diese nicht die Voraussetzungen des § 51 Abs. 3 Satz 1 erfüllt. Es ist dann Sache der Organisation diesen Anscheinsbeweis zu erschüttern. Das FG Ddorf versteht diese Beweislastregel als eine materiell-rechtliche Verschärfung der Rechtslage, weswegen sie keine Rückwirkung über den 01.01.2009 hinaus hat (FG Ddorf v. 09.02.2010, 6 K 1908/07 K, EFG 2010, 1287). Nicht jede Erwähnung im Verfassungsschutzbericht des Bundes oder eines Bundeslandes führt zur 5

Beweislasterleichterung für die Behörde. Der Verein muss ausdrücklich als extremistisch eingestuft sein (BFH v. 11. 04. 2012, I R 11/11, BStBl II 2013, 146). Ergeben sich im Verfahren Hinweise auf extremistische Betätigungen, durchbricht § 51 Abs. 3 Satz 3 AO das Steuergeheimnis. Solche Informationen müssen der Verfassungsschutzbehörde zugeleitet werden.

## § 52 AO
## Gemeinnützige Zwecke

**(1) Eine Körperschaft verfolgt gemeinnützige Zwecke, wenn ihre Tätigkeit darauf gerichtet ist, die Allgemeinheit auf materiellem, geistigem oder sittlichem Gebiet selbstlos zu fördern. Eine Förderung der Allgemeinheit ist nicht gegeben, wenn der Kreis der Personen, dem die Förderung zugute kommt, fest abgeschlossen ist, zum Beispiel Zugehörigkeit zu einer Familie oder zur Belegschaft eines Unternehmens, oder infolge seiner Abgrenzung, insbesondere nach räumlichen oder beruflichen Merkmalen, dauernd nur klein sein kann. Eine Förderung der Allgemeinheit liegt nicht allein deswegen vor, weil eine Körperschaft ihre Mittel einer Körperschaft des öffentlichen Rechts zuführt.**

**(2) Unter den Voraussetzungen des Absatzes 1 sind als Förderung der Allgemeinheit anzuerkennen:**

**1. die Förderung von Wissenschaft und Forschung;**
**2. die Förderung der Religion;**
**3. die Förderung des öffentlichen Gesundheitswesens und der öffentlichen Gesundheitspflege, insbesondere die Verhütung und übertragbaren Krankheiten, auch durch Krankenhäuser im Sinne des § 67, und von Tierseuchen;**
**4. die Förderung der Jugend- und Altenhilfe;**
**5. die Förderung von Kunst und Kultur;**
**6. die Förderung des Denkmalschutzes und der Denkmalpflege;**
**7. die Förderung der Erziehung, Volks- und Berufsbildung einschließlich der Studentenhilfe;**
**8. die Förderung des Naturschutzes und der Landschaftspflege im Sinne des Bundesnaturschutzgesetzes und der Naturschutzgesetze der Länder, des Umweltschutzes, des Küstenschutzes und des Hochwasserschutzes;**
**9. die Förderung des Wohlfahrtswesens, insbesondere der Zwecke der amtlich anerkannten Verbände der freien Wohlfahrtspflege (§ 23 der Umsatzsteuer-Durchführungsverordnung), Unterverbände und ihrer angeschlossenen Einrichtungen und Anstalten;**
**10. die Förderung der Hilfe für politisch, rassisch oder religiös Verfolgte, für Flüchtlinge, Vertriebene, Aussiedler, Spätaussiedler, Kriegsopfer, Kriegshinterbliebene, Kriegsbeschädigte und Kriegsgefangene, Zivilbeschädigte und Behinderte sowie Hilfe für Opfer von Straftaten; Förderung des Andenkens an Verfolgte, Kriegs- und Katastrophenopfer; Förderung des Suchdienstes für Vermisste;**
**11. die Förderung der Rettung aus Lebensgefahr;**
**12. die Förderung des Feuer-, Arbeits-, Katastrophen- und Zivilschutzes sowie der Unfallverhütung;**
**13. die Förderung der internationalen Gesinnung, der Toleranz auf allen Gebieten der Kultur und des Völkerverständigungsgedankens;**
**14. die Förderung des Tierschutzes;**
**15. die Förderung der Entwicklungszusammenarbeit;**
**16. die Förderung von Verbraucherberatung und Verbraucherschutz;**
**17. die Förderung der Fürsorge für Strafgefangene und ehemalige Strafgefangene;**
**18. die Förderung der Gleichberechtigung von Frauen und Männern;**
**19. die Förderung des Schutzes von Ehe und Familie;**
**20. die Förderung der Kriminalprävention;**
**21. die Förderung des Sports (Schach gilt als Sport);**
**22. die Förderung der Heimatpflege und der Heimatkunde;**
**23. die Förderung der Tierzucht, der Pflanzenzucht, der Kleingärtnerei, des traditionellen Brauchtums einschließlich des Karnevals, der Fastnacht und des Faschings, der Soldaten- und Reservistenbetreuung, des Amateurfunkens, des Modellflugs und des Hundesports;**
**24. die allgemeine Förderung des demokratischen Staatswesens im Geltungsbereich dieses Gesetzes; hierzu gehören nicht Bestrebungen, die nur bestimmte Einzelinteressen staatsbürgerlicher Art verfolgen oder die auf den kommunalpolitischen Bereich beschränkt sind;**
**25. die Förderung des bürgerschaftlichen Engagements, zugunsten gemeinnütziger, mildtätiger und kirchliche Zwecke.**

**Sofern der von der Körperschaft verfolgte Zweck nicht unter Satz 1 fällt, aber die Allgemeinheit auf materiellem, geistigem oder sittlichem Gebiet ent-**

**sprechend selbstlos gefördert wird, kann dieser Zweck für gemeinnützig erklärt werden. Die obersten Finanzbehörden der Länder haben jeweils eine Finanzbehörde im Sinne des Finanzverwaltungsgesetzes zu bestimmen, die für die Entscheidung nach Satz 2 zuständig ist.**

**Inhaltsübersicht**



**Schrifttum**

Fischer, Gegenwärtige und selbstlose Förderung der Allgemeinheit am Beispiel der Investitionsrücklage eines Familiensegelsportclubs in Gründung, FR 2004, 147; Jachmann/Meier-Behringer, Gemeinnützigkeit in Europa: Steuer- und europarechtliche Rahmenbedingungen, BB 2006, 1823; Hüttemann/Helios, Gemeinnützige Zweckverfolgung im Ausland nach der »Stauffer«-Entscheidung des EuGH, DB 2006, 2481; Strahl, Gemeinnützigkeit im Forschungsbereich – Chance und Korsett, FR 2006, 1012; Jachmann, Die Entscheidung des EuGH im Fall Stauffer – Nationale Gemeinnützigkeit in Europa, BB 2006, 2607; Hüttemann, Gesetz zur weiteren Stärkung des bürgerschaftlichen Engagements und seine Auswirkungen auf das Gemeinnützigkeits- und Spendenrecht, DB 2007, 2053; Schauhoff/Kirchhain, Das Gesetz zur weiteren Stärkung des bürgerschaftlichen Engagements, DStR 2007, 1985; Tiedtke/Möllmann, Gemeinnützigkeit und Europäische Grundfreiheiten, DStZ 2008, 69; Hüttemann, Die steuerliche Förderung gemeinnütziger Tätigkeiten im Ausland – eine Frage des »Ansehens«?, DB 2008, 1061; Nacke, Das Gesetz zur weiteren Stärkung des bürgerschaftlichen Engagements, DStZ 2008, 445; Schienke-Ohletz, Besonderheiten des Gemeinnützigkeitsrechts bei Förderung der Entwicklungszusammenarbeit, FR 2012, 616; Suck, Alaaf und Helau – Zur Besteuerung von Karnevalsvereinen, NWB 2013, 428; Weitemeyer/Kamp, Zulässigkeit politischer Betätigung durch gemeinnützige Organisationen, DStR 2016, 2623; Schunk, Das organisationsgebundene Förderkonzept im steuerlichen Gemeinnützigkeitsrecht, DStR 2017, 1748.

## A. Allgemeines, Begriff der gemeinnützigen Zwecke

1 Die Vorschrift erläutert den **Begriff der gemeinnützigen Zwecke**. Gemeinnützige Zwecke werden nach § 52 Abs. 1 Satz 1 AO durch eine Körperschaft dann verfolgt, wenn ihre Tätigkeit darauf gerichtet ist, die Allgemeinheit auf materiellem, geistigem oder sittlichem Gebiet selbstlos zu fördern. Die begünstigte Tätigkeit setzt nicht die Vollendung der Förderung voraus; es genügen schon vorbereitende Handlungen, wenn diese ernsthaft auf die Erfüllung eines steuerbegünstigten satzungsmäßigen Zwecks gerichtet sind (BFH v. 23.07.2003, I R 29/02, BStBl II 2003, 930). Die Voraussetzung der Selbstlosigkeit ist in § 55 AO präzisiert.

## B. Förderung der Allgemeinheit

Der Begriff der Förderung der Allgemeinheit wird wesentlich geprägt durch die objektive Werteordnung, wie sie insbes. im Grundrechtskatalog der Art. 1 bis 19 GG zum Ausdruck kommt (BFH v. 29.08.1984, I R 215/81, BStBl II 1985, 106; BFH v. 31.05.2005, I R 105/04; BFH/NV 2005, 1741). Die Förderung der Allgemeinheit liegt grundsätzlich nur dann vor, wenn die **Tätigkeit jedermann zugutekommen** kann. Nach einer anderen Auffassung ist Förderung der Allgemeinheit eine Förderung im Interesse der Allgemeinheit (*Fischer*, FR 2004, 147). Jedenfalls ist es schädlich, wenn es die Satzung eines Vereins nicht ausschließt, dass er vornehmlich zur Wahrung der (gewerblichen) Interessen seiner unternehmerisch aktiven Mitglieder tätig wird (BFH v. 06.10.2009, I R 55/08, BStBl II 2010, 335). In der Praxis wird jedoch der geförderte Personenkreis in der Regel in einschränkender Weise näher bezeichnet, sodass von Fall zu Fall geprüft werden muss, ob der unbestimmte Rechtsbegriff der Allgemeinheit noch erfüllt ist. Schädlich ist es, wenn eine Vereinigung Frauen vom Erwerb der Mitgliedschaft ausschließt und die erstrebten Zwecke auch nicht so beschaffen sind, dass sie nur Männern zugutekommen können (Freimaurerloge: BFH v. 17.05.2017, V R 52/15, BStBl II 2018, 218). Unschädlich ist es grundsätzlich, wenn die satzungsmäßigen Bestrebungen gegen die Planungen staatlicher Stellen oder technische Großprojekte gerichtet sind (BFH v. 13.12.1978, I R 39/78, BStBl II 1979, 482: Schnellbahntrasse einer Eisenbahn). Zur Frage, ob der Förderungszweck sich auf die Bevölkerung Deutschlands oder Teile hiervon beziehen muss oder auch im Ausland verwirklicht werden kann s. § 51 AO Rz. 3. 2

§ 52 Abs. 1 Satz 2 AO liefert zwei **maßgebliche Abgrenzungskriterien**, bei deren Vorliegen keine Förderung der Allgemeinheit anzunehmen ist. Der Begriff der Allgemeinheit ist dann nicht erfüllt, wenn der Kreis der Personen dem die Förderung zugutekommt, fest abgeschlossen ist. Als Beispiel nennt das Gesetz die Zugehörigkeit zu einer Familie oder zur Belegschaft eines Unternehmens. **Fest abgeschlossen** ist ein Personenkreis dann, wenn dessen einschlägige Kennzeichnung nicht Umstände betrifft, die allgemein auf Bevölkerungsschichten, Stände, Berufsgruppen u. Ä. zutreffen. Es handelt sich also nicht um Personen, deren zahlenmäßige Zusammensetzung nur durch staatliche oder ähnliche Erhebungen mit allgemein statistischem Charakter festgestellt werden kann, wie z.B. alle Angehörigen einer bestimmten Religion, alle freiberuflich Tätigen, alle Personen mit einer bestimmten Mindestgröße oder Höchstgröße usw. Fest abgeschlossen sind dagegen außer in den bereits genannten gesetzlichen Beispielsfällen etwa die Angehörigen eines bestimmten Vereins, die Bediensteten eines bestimmten Zweiges der öffentlichen Verwaltung u. Ä. Nach Auffassung das BFH (BFH v. 13.12.1978, I R 64/77, 3

BStBl II 1979, 488) ist eine Beschränkung der Mitgliederzahl unschädlich, die wegen der begrenzten Nutzungsmöglichkeiten eines Golfplatzes und zur Sicherung eines ordnungsmäßigen Spielbetriebes notwendig ist. Ist jedoch der geförderte Personenkreis in diesem Sinne **zwar nicht fest abgeschlossen**, aber **in einer Weise abgegrenzt**, dass er **dauernd nur klein sein kann**, ist er ebenfalls nicht als Allgemeinheit anzusprechen. Somit ist alternativ, nicht kumulativ, festgelegt, wann keine Förderung der Allgemeinheit vorliegt (FG Mchn v. 09.11.1972, IV 136/69, EFG 1973, 176).

4 Als Beispiele für die selbstständige zweite Alternative nennt das Gesetz eine entsprechende Abgrenzung nach räumlichen oder beruflichen Merkmalen. Die Förderung aller Pächter einer bestimmten Kleingartenanlage ist daher ebenso wenig gemeinnützig wie die aller Wünschelrutengänger (BFH v. 13.12.1978, I R 36/76, BStBl II 1979, 492, betr. Ordensmitglieder). Zulässig ist eine **räumliche Abgrenzung** auf das Gebiet eines bestimmten Staates oder einer bestimmten Stadt, da auch deren Bevölkerung zahlenmäßig groß sein kann (BFH v. 20.12.2006, I R 94/02, BStBl II 2010, 331; im Streitfall die Jugend einer Stadt mit 125 000 Einwohnern; zur Auslandshilfe s. aber Rz. 2).

5 Eine schädliche Begrenzung kann auch darin liegen, dass durch **hohe Aufnahmegebühren oder Mitgliedsbeiträge** der Allgemeinheit der Zugang zu dem Verein praktisch verwehrt ist (s. AEAO zu § 52, Nr. 1.1: Höchstbeträge der durchschnittlichen Mitgliedsbeiträge und -umlagen von 1 023 Euro je Mitglied und Jahr, Aufnahmegebühren von durchschnittlich 1 534 Euro je aufgenommenem Mitglied; BFH v. 13.11.1996, I R 152/93, BStBl II 1998, 711). Erwartete Spenden sind einem Eintrittsgeld nicht gleichzustellen, wenn keinem Bewerber die Mitgliedschaft vorenthalten oder wieder entzogen wird, weil die Spende nicht oder nicht in der erwarteten Höhe geleistet wird (BFH v. 13.08.1997, I R 19/96, BStBl II 1997, 794). Auch Einlagen in eine mit dem Verein verbundene KG sind nicht gleichzustellen, weil die Einlagenzahlung nicht zu einer Vermögensminderung der Gesellschafter führt (BFH v. 23.07.2003, I R 41/03, BStBl II 2005, 443).

6 Die Förderung der Allgemeinheit muss auf **materiellem, geistigem oder sittlichem Gebiet** erfolgen. Dies kann daher durch vermögensrechtliche Zuwendungen ebenso geschehen, wie durch Schulungen oder durch eine Betreuung, die Schutz vor Verwahrlosung bietet. Ob die Tätigkeit die Allgemeinheit fördert und dem allgemeinen Besten auf materiellem, geistigem oder sittlichem Gebiet nützt, beurteilt sich nach objektiven Kriterien. Bei der Beurteilung ist in der Regel an einzelne oder eine Vielzahl von Faktoren (Werten) anzuknüpfen (z.B. herrschende Staatsverfassung, geistige und kulturelle Ordnung, Wissenschaft und Technik, Wirtschaftsstruktur, Wertvorstellungen der Bevölkerung; BFH v. 13.12.1978, I R 39/78, BStBl II 1979, 482 in Bezug auf einen Verein, der der Förderung des Natur- und Umweltschutzes dient).

Die Allgemeinheit wird nicht gefördert, wenn die satzungsmäßigen Zwecke einer Körperschaft nicht mit dem Grundgesetz in Einklang stehen (BFH v. 29.05.1984, I R 215/81, BStBl II 1985, 106) oder wenn die tatsächliche Tätigkeit bzw. Geschäftsführung gegen die Rechtsordnung verstößt (BFH v. 29.08.1984, I R 215/81, BStBl II 1985, 106: Ankündigung von gewaltfreiem Widerstand und der Nichtbefolgung von polizeilichen Anordnungen; BFH v. 13.07.1994, I R 5/93, BStBl II 1995, 134: Umgehung eines gesetzlichen Verbots, um Geldmittel zur Förderung kommunaler Einrichtungen zu erlangen; BFH v. 27.09.2001, V R 17/99, BStBl II 2002, 169; BFH v. 15.01.2015, I R 48/13, BStBl II 2015, 713: Lohnsteuerverkürzung). 7

Sind Förderungsmaßnahmen auf eine derartige Begünstigung der Allgemeinheit gerichtet, so ist für die Beantwortung der Frage nach der Gemeinnützigkeit der bestimmten Tätigkeit die Resonanz unmaßgeblich, die diese bei den durch sie angesprochenen, betroffenen oder an ihr interessierten Personen findet (BFH v. 20.01.1972, I R 81/70, BStBl II 1972, 440). Auch eine zeitliche oder gegenständliche Begrenzung der gemeinnützigen Tätigkeit schließt die Steuervergünstigung nicht aus (BFH 13.12.1978, I R 39/78, BStBl II 1979, 482). 8

Unabhängig von der etwa festzustellenden Zielrichtung auf die Allgemeinheit im dargelegten Sinn stellt § 52 **Abs. 1 Satz 3** AO klar, dass die Zuführung aller Mittel einer Körperschaft an eine Körperschaft des öffentlichen Rechts für sich allein noch keine Förderung der Allgemeinheit darstellt. Die Begünstigung etwa eines Landes, einer Gemeinde oder eines Gemeindeverbandes ist also nicht schlechthin gemeinnützig. 9

## C. Die einzelnen Förderungsbereiche

§ 52 Abs. 2 AO enthält eine Aufzählung gemeinnütziger Zwecke. Auf eine Darstellung aller Zwecke wird verzichtet, da viele für sich sprechen. Die Aufzählung ist grundsätzlich abschließend, erfährt aber durch § 52 Abs. 2 Satz 2 AO eine Öffnungsmöglichkeit (AEAO zu § 52, Nr. 2 und 2.6; *Nacke*, DStZ 2008, 445, 451 sieht hierin einen Verstoß gegen den Grundsatz des Gesetzesvorbehalts). Das BMF hat den AEAO zu § 52, Nr. 2.6 ergänzt (Schr. v. 24.01.2018, BStBl I 2018, 258, Tz. 3). Körperschaften, die die Allgemeinheit in einer den Katalogfällen ähnlichen Weise auf materiellem, geistigem oder sittlichem Gebiet selbstlos fördern, können in einem besonderen Verfahren für gemeinnützig erklärt werden (z.B. Turnierbidge: BFH v. 09.02.2017, V R 70/14, BStBl II 2017, 1106). Die Anerkennung ist zwingend auszusprechen, wenn die Voraussetzungen des Abs. 2 Satz 2 vorliegen; es besteht kein Ermessen (BFH v. 09.02.107, V R 10

70/14, BStBl II 2017, 1106). Zuständig ist die durch die oberste Landesfinanzbehörde bestimmte Finanzbehörde, deren Entscheidung eingeholt werden muss. Mangels Bestimmung einer nachgeordneten Behörde ist die oberste Finanzbehörde selbst zuständig (BFH v. 09.02.2017, V R 70/14, BStBl II 2017, 1106). M.E. handelt es sich bei der Entscheidung dieser Behörde um einen Grundlagenbescheid (BFH v. 09.02.2017, V R 70/14, BStBl II 2017, 1106; a.A. OFD Koblenz v. 11.01.2010, DB 2010, 756; *Schauhoff/Kirchain*, DStR 2007, 1985, 1990; *Nacke*, DStZ 2008, 445, 452: bloße Innenwirkung). Das Verfahren unterscheidet sich von dem in § 60a AO vorgesehenen Verfahren dadurch, dass die Entscheidung einer bestimmten anderen Behörde eingeholt werden muss. Wegen ihrer Verbindlichkeit hat diese Entscheidung Außenwirkung gegenüber dem Stpfl. (VA-Qualität: BFH v. 09.02.2017, V R 70/14, BStBl II 2017, 1106).

11 Die Förderung der **Religion(Nr. 2)** ist regelmäßig als Förderung der Allgemeinheit anzuerkennen und zwar auch dann, wenn es sich um religiöse Anschauungen handelt, die nicht von einer anerkannten Religionsgemeinschaft des öffentlichen Rechts vertreten werden, sodass die Annahme kirchlicher Zwecke ausscheidet (BFH v. 06.06.1951, III 69/51 U, BStBl III 1951, 148). Eine Religionsgemeinschaft ist dann nicht gemeinnützig, wenn ihre Ziele im Widerspruch zum Wertesystem der Grundrechte stehen (BFH v. 31.05.2005, I R 105/04, BFH/NV 2005, 1741). Die Vermittlung praktischer und theoretischer Lebensweisheiten durch einen esoterischen Verein ist nicht Förderung der Religion (FG BW v. 04.02.1988, X K 196/85, EFG 1988, 270).

12 Die Förderung der **Kunst(Nr. 5)** umfasst die Bereiche der Musik, der Literatur, der darstellenden und bildenden Kunst und schließt die Förderung von kulturellen Einrichtungen, wie Theater und Museen, sowie von kulturellen Veranstaltungen, wie Konzerte und Kunstausstellungen ein (Abschn. A Nr. 3 a) der Anlage 1 zu § 48 Abs. 2 EStDV a.F.). **Kulturwerte** sind Gegenstände von künstlerischer und sonstiger kultureller Bedeutung, Kunstsammlungen und künstlerische Nachlässe, Bibliotheken, Archive sowie andere vergleichbare Einrichtungen (Abschn. A Nr. 3 b) der Anlage 1 zu § 48 Abs. 2 EStDV a.F.). Eine Förderung von **Kunst und Kultur** liegt z.B. vor, wenn eine Körperschaft die Lehrfächer der klassischen Herstellung von Musikinstrumenten, der Musikgeschichte oder Musikwissenschaft unterstützt (BFH v. 20.12.2006, I R 94/02, BStBl II 2010, 331). Keine Förderung der Kunst liegt vor, wenn **Kunstwerke in privaten Räumlichkeiten** ausgestellt werden (BFH v. 23.02.2017, V R 51/15, BFH/NV 2017, 882).

13 Die Förderung der **Denkmalpflege (Nr. 6)** bezieht sich auf die Erhaltung und Widerherstellung von Bau- und Bodendenkmälern, die nach den jeweiligen landesrechtlichen Vorschriften anerkannt sind. Die Anerkennung ist durch eine Bescheinigung der zuständigen Stelle nachzuweisen (Abschn. A Nr. 3 c) der Anlage 1 zu § 48 Abs. 2 EStDV a.F.).

Der Begriff der **Bildung (Nr. 7)** umfasst auch die politische Bildung (BFH v. 23.09.1999, XI R 63/98, BStBl II 2000, 200). Zu den so genannten Freiwilligenagenturen, die sich mit der Qualifikation von Menschen für ein ehrenamtliches Engagement befassen s. BMF v. 04.08.2003, BStBl I 2003, 446. 14

**Umweltschutz (Nr. 8)** umfasst seinem weiten Bereich entsprechend eine Vielzahl verschiedener und vielgestaltiger Tätigkeiten. Es genügt, wenn Maßnahmen durchführt werden, die »darauf gerichtet sind«, u.a. die natürlichen Lebensgrundlagen der Menschen zu sichern. Es kommt weder auf den tatsächlichen Erfolg der Maßnahme, noch auf die Vollendung der Förderung an (BFH v. 20.03.2017, X R 13/15, BStBl II 2017, 1110). So lange sich die Tätigkeiten im Rahmen der Rechtsordnung halten (s. Rz. 7), zählen hierzu auch Aktionen gegen geplante Bauvorhaben, von denen Umwelteinflüsse ausgehen können (z.B. nukleare Entsorgungsanlage). Dem steht nicht entgegen, dass solche Veranstaltungen sich gegen Vorhaben richten, die sich im Rahmen der geltenden Bestimmungen halten und von den zuständigen Stellen genehmigt sind. Das Wirken einer Bürgerinitiative kann der objektiven Meinungsbildung als Grundlage zur Lösung der mit einem Entsorgungsvorhaben zusammenhängenden Umweltprobleme und der daraus entstehenden Ziel- und Interessenkonflikte dienen und damit die Allgemeinheit fördern (BFH v. 29.08.1984, I R 203/81, BStBl II 1984, 844). 15

Da der Begriff »Frieden« im Begriff **»Völkerverständigung«(Nr. 13)** enthalten und auch Gegenstand wissenschaftlicher Forschung ist, ist der Satzungszweck »Förderung des Friedens« grundsätzlich gemeinnützig (BFH v. 23.11.1988, I R 11/88, BStBl II 1989, 391). Die Völkerverständigung enthält auch die Friedenspolitik. Diese verlangt nicht zwingend Neutralität oder eine ausgewogene politische Meinungsäußerung, solange sich die Aussagen im Rahmen der verfassungsmäßigen Ordnung halten (FG Ddorf v. 09.02.2010, 6 K 1908/07 K, EFG 2010, 1287). 16

An die Stelle der früheren Formulierung »körperliche Ertüchtigung des Volks durch Leibesübung«, die durch die Klammerzusätze »Turnen, Spiel, Sport« ergänzt war, ist allgemein die Förderung des **Sports (Nr. 21)** getreten. Maßgebliches Kriterium ist die körperliche Ertüchtigung als wesentliches Element des Sportes (BFH v. 13.12.1978, I R 64/77, BStBl II 1979, 488: Gemeinnützigkeit eines Golfsportvereins; BFH v. 12.11.1986, I R 204/85, BFH/NV 1987, 705: Tischfußball ist kein Sport). Der Motorsport fällt unter diese Definition, da er zur körperlichen Ertüchtigung geeignet ist (BFH v. 29.10.1997, I R 13/97, BStBl II 1998, 9). Dagegen ist »Denksport« (z.B. auch Skatspiel, BFH v. 17.02.2000, I R 108, 109/98, BFH/NV 2000, 1071; Turnierbridge: BFH v. 09.02.2017, V R 69/14, BStBl II 17

2017, 1221; vgl. auch BFH v. 09.02.2017, V R 70/14, BStBl II 2017, 1106) kein Sport i.S. des § 52 Abs. 2 AO. Durch die ausdrückliche Aufnahme des **Schachspiels** im Wege der Fiktion (»gilt als Sport«) tritt diese Abgrenzung klar zutage. Ebenfalls nicht erfasst wird der bezahlte Sport (AEAO zu § 52, Nr. 7; BFH v. 24.06.2015, I R 13/13, BStBl II 2016, 971).

**17a** Die Förderung des **traditionellen Brauchtums** einschließlich des Karnevals, der Fastnacht und des Faschings (**Nr. 23**) setzt voraus, dass Veranstaltungen durch Elemente des Karnevals in seiner traditionellen Form geprägt sind. Dazu reicht die Darbietung von Stimmungsmusik und Stimmungsbeiträgen ohne Bezug zum traditionellen Karneval nicht aus, wenn sie der Veranstaltung das Gepräge einer geselligen Kostümparty geben (BFH v. 30.11.2016, V R 53/15, BStBl II 2017, 1224). Ebenfalls nicht zu den »privilegierten Freizeitveranstaltungen« gehört das Turnierbridge (BFH v. 09.02.2017, V R 69/14, BStBl II 2017, 1221).

**18** Die Begünstigung der »**allgemeinen Förderung des demokratischen Staatswesens**« in § 52 Abs. 2 **Nr. 24** AO dient insbes. der steuerlichen Klärung auf dem Gebiet der Parteienfinanzierung. Zu dieser Regelung war es aufgrund erheblicher öffentlicher Kritik an gewissen Verschleierungspraktiken von Seiten einschlägiger Spender und Empfänger gekommen. Einer Ausuferung der steuerlichen Bevorteilung soll der Ausschluss solcher Bestrebungen entgegenwirken, die nur bestimmte Einzelinteressen staatsbürgerlicher Art verfolgen oder die auf den kommunalpolitischen Bereich beschränkt sind.

### D. Rechtsprechung und Einzelfälle

**19** BFH v. 21.03.1952, III 271/51 S, BStBl III 1952, 112: der Betrieb eines Flughafens ist nicht gemeinnützig; BFH v. 31.10.1963, I 122/62 U, BStBl III 1964, 83: Förderung der »Freikörperkultur« ist nicht als Verfolgung eines gemeinnützigen Zwecks anzusehen; BFH v. 22.10.1971, III R 52/70, BStBl II 1972, 204: Fachverband für das gesamte Zelt- und Wohnwagenwesen nicht gemeinnützig; BFH v. 22.11.1972, I R 21/71, BStBl II 1973, 251: ein Verein, der mit seiner Tätigkeit die allgemeine Erholung arbeitender Personen bezweckt, ist nicht gemeinnützig; BFH v. 14.12.1978, I R 122/76, BStBl II 1979, 491: Gemeinnützigkeit eines Vereins, der die Feuerbestattung und die Friedhofskultur fördert und die Gemeinden bei der Errichtung und dem Betrieb von Krematorien berät; FG Nds 16.06.1983, VI 214–216/82, EFG 1984, 84: Ausführung von Bestattungen gegen Entgelt ist auch dann nicht gemeinnützig, wenn lediglich Selbstkostenerstattung verlangt wird; FG Nds v. 02.06.1983, VI 584/82, EFG 1984, 45: Gemeinnützigkeit einer Körperschaft, die durch Angebot von Arbeit und sozialer Betreuung an Arbeitslose deren Eingliederung in das Arbeitsleben fördert;LfSt Bayern v. 30.03.2017, DStR 2017, 1706: keine Gemeinnützigkeit für sog. Freifunkvereine; die geplante Normierung in § 52 Abs. 2 Satz 1 Nr. 26 AO (s. BT-Drs. 18/12105) hat sich durch den Ablauf der Wahlperiode erledigt.

## § 53 AO
## Mildtätige Zwecke

**Eine Körperschaft verfolgt mildtätige Zwecke, wenn ihre Tätigkeit darauf gerichtet ist, Personen selbstlos zu unterstützen,**

**1. die infolge ihres körperlichen, geistigen oder seelischen Zustandes auf die Hilfe anderer angewiesen sind oder**

**2. deren Bezüge nicht höher sind als das Vierfache des Regelsatzes der Sozialhilfe im Sinne des § 28 des zwölften Buches Sozialgesetzbuch; beim Alleinstehenden oder Alleinerziehenden tritt an die Stelle des Vierfachen das Fünffache des Regelsatzes. Dies gilt nicht für Personen, deren Vermögen zur nachhaltigen Verbesserung ihres Unterhalts ausreicht und denen zugemutet werden kann, es dafür zu verwenden. Bei Personen, deren wirtschaftliche Lage aus besonderen Gründen zu einer Notlage geworden ist, dürfen die Bezüge oder das Vermögen die genannten Grenzen übersteigen. Bezüge im Sinne dieser Vorschrift sind**

**a) Einkünfte im Sinne des § 2 Abs. 1 des Einkommensteuergesetzes und**

**b) andere zur Bestreitung des Unterhalts bestimmte oder geeignete Bezüge,**

**aller Haushaltsangehörigen. Zu berücksichtigen sind auch gezahlte und empfangene Unterhaltsleistungen. Die wirtschaftliche Hilfebedürftigkeit im vorstehenden Sinne ist bei Empfängern von Leistungen nach dem Zweiten oder Zwölften Buch Sozialgesetzbuch, des Wohngeldgesetzes, bei Empfängern von Leistungen nach § 27a des Bundesversorgungsgesetzes oder nach § 6a des Bundeskindergeldgesetzes als nachgewiesen anzusehen. Die Körperschaft kann den Nachweis mit Hilfe des jeweiligen Leistungsbescheids, der für den Unterstützungszeitraum maßgeblich ist, oder mit Hilfe der Bestätigung des Sozialleistungsträgers führen. Auf Antrag der Körperschaft kann auf einen Nachweis der wirtschaftlichen Hilfebedürftigkeit verzichtet werden, wenn auf Grund der besonderen Art der gewährten Unterstützung sichergestellt ist, dass nur wirtschaftlich hilfebedürftige Personen im vorstehenden Sinne unterstützt werden; für den Be-**

**scheid über den Nachweisverzicht gilt § 60a Abs. 3 bis 5 entsprechend.**

1 Die Vorschrift definiert die mildtätigen Zwecke. Diese liegen vor, wenn Personen selbstlos (s. § 55 AO) unterstützt werden, die sich in einer Notlage befinden, die entweder durch ihren Gesundheitszustand (§ 53 Nr. 1 AO) oder ihre wirtschaftliche Lage (§ 53 Nr. 2 AO) verursacht ist. Ein von einem gemeinnützigen Verein betriebenes Familienhotel ist keine steuerbegünstigte Einrichtung der Wohlfahrtspflege, wenn nicht nachgewiesen wird, dass die Leistungen zu mindestens zwei Dritteln den in § 53 AO genannten hilfsbedürftigen Personen zugutekommen (BFH v. 21.9.2016, V R 50/15, BStBl II 2017, 1173).

2 Nach § 53 **Nr.** 1 AO verfolgt eine Körperschaft dann **mildtätige Zwecke**, wenn ihre Tätigkeit darauf gerichtet ist, natürliche Personen selbstlos zu unterstützen, die infolge ihres körperlichen, geistigen oder seelischen Zustandes auf die Hilfe anderer angewiesen sind. Liegen diese Voraussetzungen vor, so kommt es nicht auch auf die wirtschaftliche Lage dieser Personen an (AEAO zu § 53, Nr. 4). Selbstverständlich können bei diesen Personen gleichzeitig die Voraussetzungen der § 53 Nr. 2 AO gegeben sein.

3 Unter § 53 Nr. 1 AO fallen demnach insbes. schwer körperlich behinderte Personen, die sich wegen ihrer Behinderung ohne fremde Hilfe nicht selbst versorgen können. Ferner ist an geistig Behinderte zu denken, die davor bewahrt werden müssen, wegen ihrer geistigen Beeinträchtigung sich oder anderen Schaden zuzufügen bzw. denen Hilfe im Kampf um das Dasein geleistet werden muss. Ohne Bedeutung ist, ob es sich um angeborene oder durch Unfall oder Krankheit bedingte Behinderungen handelt. Auch altersbedingte Gebrechlichkeit fällt unter die Vorschrift. Ferner wird die Unterstützung von Personen begünstigt, deren seelischer Zustand eine Hilfsbedürftigkeit im vorstehenden Sinn verursacht (AEAO zu § 53, Nr. 1). Hierunter fallen z.B. Personen, deren depressive Gemütsverfassung die Gefahr eines Selbstmordes oder der Selbstverstümmelung heraufbeschwört. Dem begünstigten Personenkreis müssen auch suchtgefährdete Personen zugerechnet werden.

4 Es nicht erforderlich, dass die Behinderung dauernd besteht. Es genügt, wenn die persönliche Hilfsbedürftigkeit tatsächlich besteht, ohne dass es darauf ankommt, ob bereits abzusehen ist, wann sie u.U. oder ob sie mit Sicherheit in Zukunft wieder entfallen wird. Es ist auch nicht erforderlich, dass sich die geförderten Personen im Inland befinden.

5 § 53 **Nr. 2** AO begünstigt die Unterstützung **wirtschaftlich Not leidender Personen.** Zur Feststellung dieser Not ist nicht nur auf die Bezüge des Unterstützten abzustellen, zusätzlich sind auch die der sonstigen Haushaltsangehörigen heranzuziehen (AEAO zu § 53, Nr. 6). Zu den Bezügen gehören alle Einnahmen, auch wenn sie nicht steuerbar oder steuerfrei sind (BFH v. 02.08.1974, IV R 148/71, BStBl II 1975, 139). Die eigenen Einkünfte oder anderen zur Bestreitung des Unterhalts bestimmten oder geeigneten Bezüge dürfen nicht höher sein, als das Vierfache des Regelsatzes der Sozialhilfe i.S. des § 28 SGB XII, bei Alleinstehenden oder Alleinerziehenden ist das Fünffache des Regelsatzes die Bezugsgröße (s. dazu die Aufstellung der OFD Frankfurt/Main v. 13.10.2004, DStZ 2005, 48).

§ 53 **Nr. 2 Satz 2** AO schließt von der Förderungswürdigkeit grundsätzlich solche Personen aus, die über Vermögen verfügen, dessen Verwendung zur nachhaltigen Verbesserung ihres Unterhalts möglich und zumutbar ist. In besonders begründeten Notlagen dürfen sowohl die Bezüge als auch das Vermögen die genannten Grenzen übersteigen (§ 53 **Nr. 2 Satz** 3 AO). Dabei wird es wesentlich auf die sonstigen Verpflichtungen ankommen, die der Person obliegen. Zu denken ist auch an eine Krankheit oder Gebrechlichkeit, die zu besonders hohen Aufwendungen zwingt, ohne dass die Hilfsbedürftigkeit ohnehin auf § 53 Nr. 1 AO gestützt werden kann. Auch plötzlich eintretende Katastrophenfälle können eine entsprechende wirtschaftliche Hilfsbedürftigkeit ohne Rücksicht auf die finanziellen Verhältnisse des Betroffenen verursachen. Es entspricht einem wohlverstandenen Gefühl der Solidarität, solchen unverschuldet durch höhere Gewalt in eine Notlage geratenen Personen ohne Rücksicht darauf zu helfen, ob sie normalerweise in der Lage sind, den Lebensunterhalt unschwer zu bestreiten. 6

Nach § 53 **Nr. 2** AO sind bei der Beurteilung der wirtschaftlichen Lage der zu unterstützenden Person auch Unterhaltsansprüche zu berücksichtigen (zu den Besonderheiten bei minderjährigen Schwangeren oder minderjährigen Müttern s. AEAO zu § 53, Nr. 6). Nach dem neugefassten Wortlaut werden nur gezahlte und empfangene Leistungen berücksichtigt. Auch Leistungen Dritter, die ohne entsprechende Verpflichtung tatsächlich erbracht werden und i.S. von § 53 Nr. 2 Satz 4 Buchstabe b AO sowohl zur Bestreitung des Unterhalts bestimmt als auch geeignet sind, müssen angerechnet werden, soweit sie betragsmäßig Sozialhilfeleistungen übersteigen. **Sozialhilfeleistungenwerden nicht angerechnet.** Das gilt auch für betragsmäßig entsprechende Unterhaltsleistungen an Personen, die ohne diese Leistung sozialhilfeberechtigt wären. 7

Ob eine Person dem unterstützungsbedürftigen Personenkreis i.S. des § 53 Nr. 1 oder 2 AO zuzuordnen ist, bestimmt sich ausschließlich nach den genannten **objektiven Merkmalen**, deren erleichterter Nachweis in den Fällen der Nr. 2 nun im Gesetz geregelt ist. Es wird auf die Prüfung durch die im Gesetz genannten amtlichen Stellen abgestellt. Ist die wirtschaftliche Lage der unterstützen Person auf diese Weise bereits festgestellt, bedarf es keiner zusätzlichen Kontrolle durch die mildtätige Organisa- 8 tion. Eine weitere Erleichterung enthält § 53 Nr. 2 Satz 8 AO, wonach die Körperschaft beantragen kann, dass auf den Nachweis ganz verzichtet wird. Das setzt voraus, dass aufgrund der Unterstützungsleistung sichergestellt ist, dass nur wirtschaftlich hilfsbedürftige Personen von diesen Leistungen profitieren (z. B. Ausgabe von Lebensmitteln an offensichtlich Bedürftige, *Gersch*, AO-StB 2013, 111, 112). Über den Antrag ist durch Verwaltungsakt zu entscheiden, der ggf. befristet werden kann (AEAO zu § 53 Nr. 12).

## § 54 AO
## Kirchliche Zwecke

**(1) Eine Körperschaft verfolgt kirchliche Zwecke, wenn ihre Tätigkeit darauf gerichtet ist, eine Religionsgemeinschaft, die Körperschaft des öffentlichen Rechts ist, selbstlos zu fördern.**

**(2) Zu diesen Zwecken gehören insbesondere die Errichtung, Ausschmückung und Unterhaltung von Gotteshäusern und kirchlichen Gemeindehäusern, die Abhaltung von Gottesdiensten, die Ausbildung von Geistlichen, die Erteilung von Religionsunterricht, die Beerdigung und die Pflege des Andenkens der Toten, ferner die Verwaltung des Kirchenvermögens, die Besoldung der Geistlichen, Kirchenbeamten und Kirchendiener, die Alters- und Behindertenversorgung für diese Personen und die Versorgung ihrer Witwen und Waisen.**

1 Die Vorschrift gibt eine **Definition der kirchlichen Zwecke**. Diese Zwecke müssen selbstlos gefördert werden. Die Selbstlosigkeit ist in § 55 AO geregelt.

2 Als kirchlicher Zweck wird nur die Förderung solcher **Religionsgemeinschaften** anerkannt, die **Körperschaften des öffentlichen Rechts** sind. Privatrechtliche Religionsgesellschaften (Sekten) verfolgen ihrem Zweck nach keine kirchlichen Zwecke im Sinne des Gesetzes (BFH v. 31.05.2005, I R 105/04, BFH/NV 2005, 1741). Diese können jedoch als gemeinnützige Körperschaft wegen Förderung der Religion anerkannt werden (s. § 52 Abs. 2 Nr. 1 AO; s. AEAO zu § 54).

3 Die Eigenschaft als Körperschaft des öffentlichen Rechts kann auf Bundes- oder Landesrecht beruhen (OFH v. 12.02.1946, I 1/46 S, StW 1947 Nr. 7). Wurde eine Körperschaft nicht durch Staatsakt begründet, sondern ist sie aus der geschichtlichen Entwicklung hervorgegangen, so kann ihre Eigenschaft als Körperschaft des öffentlichen Rechts auch auf dauernder Verwaltungsübung beruhen (BFH v. 01.03.1951, I 52/50 U, BStBl III 1951, 120).

4 § 54 **Abs. 2** AO enthält **Einzelbeispiele** für kirchliche Zwecke. Die Aufzählung ist nicht erschöpfend. Kirchlichen Zwecken dient in Anlehnung an die Regelbeispiele alles, was den erforderlichen Aufwand betrifft, den die in § 54 Abs. 1 AO genannten Religionsgemeinschaften für die Erfüllung ihrer Aufgaben und Bestreitung ihrer eigenen Existenz betreiben. Die Verwaltung von Kirchenvermögen ist als solche steuerbegünstigt. Es ist nicht erforderlich, dass das Vermögen zu gemeinnützigen oder mildtätigen Zwecken eingesetzt wird (BFH v. 24.07.1996, I R 35/94, BStBl II 1996, 583).

## § 55 AO
## Selbstlosigkeit

**(1) Eine Förderung oder Unterstützung geschieht selbstlos, wenn dadurch nicht in erster Linie eigenwirtschaftliche Zwecke – zum Beispiel gewerbliche Zwecke oder sonstige Erwerbszwecke – verfolgt werden und wenn die folgenden Voraussetzungen gegeben sind:**

1. **Mittel der Körperschaft dürfen nur für die satzungsmäßigen Zwecke verwendet werden. Die Mitglieder oder Gesellschafter (Mitglieder im Sinne dieser Vorschriften) dürfen keine Gewinnanteile und in ihrer Eigenschaft als Mitglieder auch keine sonstigen Zuwendungen aus Mitteln der Körperschaft erhalten. Die Körperschaft darf ihre Mittel weder für die unmittelbare noch für die mittelbare Unterstützung oder Förderung politischer Parteien verwenden.**
2. **Die Mitglieder dürfen bei ihrem Ausscheiden oder bei Auflösung oder Aufhebung der Körperschaft nicht mehr als ihre eingezahlten Kapitalanteile und den gemeinen Wert ihrer geleisteten Sacheinlagen zurückerhalten.**
3. **Die Körperschaft darf keine Person durch Ausgaben, die dem Zweck der Körperschaft fremd sind, oder durch unverhältnismäßig hohe Vergütungen begünstigen.**
4. **Bei Auflösung oder Aufhebung der Körperschaft oder bei Wegfall ihres bisherigen Zwecks darf das Vermögen der Körperschaft, soweit es die eingezahlten Kapitalanteile der Mitglieder und den gemeinen Wert der von den Mitgliedern geleisteten Sacheinlagen übersteigt, nur für steuerbegünstigte Zwecke verwendet werden (Grundsatz der Vermögensbindung). Diese Voraussetzung ist auch erfüllt, wenn das Vermögen einer anderen steuerbegünstigten Körperschaft oder einer juristischen Person des öffentlichen Rechts für steuerbegünstigte Zwecke übertragen werden soll.**

**5. Die Körperschaft muss ihre Mittel vorbehaltlich des § 62 grundsätzlich zeitnah für ihre steuerbegünstigten satzungsmäßigen Zwecke verwenden. Verwendung in diesem Sinne ist auch die Verwendung der Mittel für die Anschaffung oder Herstellung von Vermögensgegenständen, die satzungsmäßigen Zwecken dienen. Eine zeitnahe Mittelverwendung ist gegeben, wenn die Mittel spätestens in den auf den Zufluss folgenden zwei Kalender- oder Wirtschaftsjahren für die steuerbegünstigten Zwecke verwendet werden.**

**(2) Bei der Ermittlung des gemeinen Werts (Absatz 1 Nr. 2 und 4) kommt es auf die Verhältnisse zu dem Zeitpunkt an, in dem die Sacheinlagen geleistet worden sind.**

**(3) Die Vorschriften, die die Mitglieder der Körperschaft betreffen (Absatz 1 Nr. 1, 2 und 4), gelten bei Stiftungen für die Stifter und ihre Erben, bei Betrieben gewerblicher Art von juristischen Personen des öffentlichen Rechts für die Körperschaft sinngemäß, jedoch mit der Maßgabe, dass bei Wirtschaftsgütern, die nach § 6 Absatz 1 Nummer 4 Satz 4 des Einkommensteuergesetzes aus einem Betriebsvermögen zum Buchwert entnommen worden sind, an die Stelle des gemeinen Werts der Buchwert der Entnahme tritt.**

### Inhaltsübersicht



### Schrifttum


Fischer, Gegenwärtige und selbstlose Förderung der Allgemeinheit am Beispiel der Investitionsrücklage eines Familiensegelclubs in Gründung, FR 2004, 147; Schiessl, Die Ausgliederung von Abteilungen aus Idealvereinen auf Kapitalgesellschaften – Umwandlungssteuerrechtliche und gemeinnützigkeitsrechtliche Fragen, DStZ 2007, 494; Leisner-Egensperger, Die Selbstlosigkeit im Gemeinnützigkeitsrecht, DStZ 2008, 292; Schiffer/Sommer, Mittelbeschaffung bei gemeinnützigen Körperschaften: Ein Ruf gegen die Rechtsunsicherheit durch die »Geprägetheorie«, BB 2008, 2432; Sandberg/Mecking, Vergütung haupt- und ehrenamtlicher Führungskräfte in Stiftungen, Essen 2008; Wallenhorst, Gemeinnützigkeit: Ist die Geprägetheorie überholt?, DStR 2009, 717; Orth, Verluste gemeinnütziger Stiftungen aus Vermögensverwaltung, DStR 2009, 1397; Kahlert/Eversberg, Insolvenz und Gemeinnützigkeit, ZIP 2010, 260; Lehr, Wenn »Fördervereine« weniger fördern sollen..., DStR 2010, 795; Kirchhain, Zum maßgeblichen Zeitpunkt für die gemeinnützigkeitsrechtliche Beurteilung einer Mittel(fehl)verwendung, DStR 2012, 2313.


## A. Grundsatz der Selbstlosigkeit

Nach dem Eingangssatz des § 55 Abs. 1 AO geschieht eine Förderung oder Unterstützung selbstlos, wenn dadurch nicht in erster Linie eigenwirtschaftliche Zwecke verfolgt werden (BFH v. 13.12.1978, I R 39/78, BStBl II 1979, 482). Außerdem müssen die in § 55 Abs. 1 Nr. 1 bis 5 AO aufgezählten besonderen Voraussetzungen gegeben sein (s. Rz. 4 ff.). 1

Eigenwirtschaftliche Zwecke sind solche Zwecke, die der Mehrung der eigenen Einkünfte oder der eigenen Substanz dienen. Das Gesetz nennt als Beispiel gewerbliche Zwecke oder sonstige Erwerbszwecke, womit in erster Linie die Gewinnerzielungsabsicht angesprochen ist. So handelt eine Körperschaft nicht selbstlos, wenn ihre Tätigkeit in erster Linie auf Mehrung ihres eigenen Vermögens gerichtet ist, weil sie satzungsgemäß die ihr zu Finanzierungszwecken durch ihre Gründungsmitglieder überlassenen Darlehen tilgen und verzinsen muss (BFH v. 26.04.1989, I R 209/85, BStBl II 1989, 670), wie denn überhaupt Selbstlosigkeit ausscheidet, wenn die Körperschaft ausschließlich im Interesse ihrer Mitglieder tätig ist (BFH v. 28.06.1989, I R 86/85, BStBl II 1990, 550; BFH v. 24.05.2016, V B 123/15, BFH/NV 2016) oder wenn eine Körperschaft ihre Mittel nicht überwiegend für ihre satzungsmäßigen steuerbegünstigten Zwecke, sondern zur Deckung der Verwaltungskosten und für die Spendenwerbung verwendet (BFH v. 23.09.1998, I B 82/98, BStBl II 2000, 320; s. dazu auch AEAO zu § 55, Nr. 17 ff.). 1a

Die Unterhaltung von **wirtschaftlichen Geschäftsbetrieben** – zum Begriff s. § 14 AO – ist nicht schlechthin schädlich, kann aber zu einer Einschränkung der Steuervergünstigung führen (s. § 64 AO). Wirtschaftliche Geschäftsbetriebe, die als Zweckbetrieb i. S. der §§ 65 bis 68 AO anzusehen sind, sind jedoch zulässig. 2

Die Selbstlosigkeit wird durch die Verfolgung eigenwirtschaftlicher Zwecke nicht grundsätzlich beseitigt. Nach Auffassung des BFH dürfen die unternehmerischen Aktivitäten die gemeinnützigen übersteigen (BFH v. 15.07.1998, I R 156/94, BStBl II 2002, 162). Eine Körperschaft handelt noch nicht eigennützig, wenn sie aus der Verfolgung steuerbegünstigter Zwecke nebenbei auch gewisse, hinter dem uneigennützigen Zweck in der Bedeutung zurücktretende Vorteile zieht. Die damit als unschädlich gekennzeichnete Gewinnerzielung musste zur Gewährleistung der Praktikabilität zugelassen werden und findet ihren Ausgleich in den besonderen Vorschriften betreffend die Mittelverwendung und die Vermögensbindung. 3

### B. Besondere Voraussetzungen

4 Die Nr. 1 bis 5 des § 55 Abs. 1 AO zählen die für die notwendige Selbstlosigkeit der Zweckverfolgung unerlässlichen Voraussetzungen auf.

#### I. Mittelverwendung

5 Nach § 55 Abs. 1 Nr. 1 AO darf die Körperschaft die ihr zur Verfügung stehenden Mittel **nur für die satzungsmäßigen Zwecke verwenden** (zur Vergabe von Darlehen s. AEAO zu § 55, Nr. 16 ff.). Dies muss in dem durch § 55 Abs. 1 Nr. 5 AO gezogenen zeitlichen Rahmen geschehen – gegenwärtig oder so frühzeitig wie nach den Umständen möglich (*Fischer*, FR 2004, 147). Von diesem Gebot erfasst sind nicht nur Einkünfte, Vermögenserträge, Spenden und Beiträge, sondern sämtliche Vermögenswerte der Körperschaft (BFH v. 23.10.1991, I R 19/91, BStBl II 1992, 62). Erfasst sind auch die Gewinne aus einem wirtschaftlichen Geschäftsbetrieb (BFH v. 15.07.1998, I R 156/94, BStBl II 2002, 162). Die Bestimmung wird lediglich durch die in § 58 aufgeführten Ausnahmefälle gelockert. Die Vorschrift schließt damit grundsätzlich auch die Zuführung zugeflossener Mittel zum Kapital aus (s. aber § 58 Nr. 6); keine Bedenken bestehen jedoch gegen die Surrogation von Vermögenswerten (s. auch § 55 Abs. 1 Nr. 5 Satz 2 AO).

6 Die **Mitglieder** oder Gesellschafter – Mitglieder i. S. der Vorschrift – dürfen **keine Gewinnanteile**, auch nicht in verdeckter Form, erhalten (BFH v. 12.10.2010, I R 59/09, BStBl II 2012, 226). Darüber hinaus dürfen ihnen auch keine sonstigen Zuwendungen aus Mitteln der Körperschaft gewährt werden (z. B. Zinsen auf Kapitaleinlagen, Provisionen usw.). Zuwendungen, die nicht mit der Eigenschaft als Mitglieder zusammenhängen, sind jedoch erlaubt (z. B. Gehälter, sonstige Tätigkeitsvergütungen und angemessener Aufwendungsersatz, BFH v. 03.12.1996, I R 67/95, BStBl II 1997, 474, s. aber § 55 Abs. 1 Nr. 3 AO). Zuwendung i. S. des § 55 Abs. 1 Nr. 1 Satz 2 AO ist ein wirtschaftlicher Vorteil, den die Körperschaft bewusst unentgeltlich oder gegen ein zu geringes Entgelt unter Einsatz ihrer Vermögenswerte einem Dritten zukommen lässt (BFH v. 23.10.1991, I R 19/91, BStBl II 1992, 62; Fremdvergleich: BFH v. 27.11.2013, I R 17/12, BStBl II 2016, 68).

7 Die in § 55 Abs. 1 Nr. 1 **Satz 3** AO angeordnete Schädlichkeit der unmittelbaren oder mittelbaren Unterstützung bzw. Förderung politischer Parteien durch die Mittel der Körperschaft soll der Parteienfinanzierung durch sog. Durchlaufspenden begegnen.

8 Nach § 55 **Abs. 3** AO gelten die entsprechenden Beschränkungen bei Stiftungen für die Stifter und ihre Erben und bei Betrieben gewerblicher Art von Körperschaften des öffentlichen Rechts für die Körperschaft sinngemäß.

#### II. Abfindung bei Liquidation bzw. Ausscheiden von Mitgliedern

§ 55 Abs. 1 Nr. 2 AO bewirkt, dass bei der Auflösung oder Aufhebung der Körperschaft oder beim Ausscheiden von Mitgliedern eine eigentliche Auseinandersetzung nicht stattfindet. Unabhängig von der rechtlichen Gestalt der Körperschaft dürfen die Mitglieder (bei Stiftungen der Stifter und seine Erben, bei Betrieben gewerblicher Art von Körperschaften des öffentlichen Rechts die Körperschaften, § 55 Abs. 3 AO) an den ggf. vorhandenen stillen Reserven nicht teilhaben. Sie erhalten nur den **Nennwert ihrer Bareinlagen** und den **gemeinen Wert ihrer Sacheinlagen** zurück. Hinsichtlich der Ermittlung des gemeinen Werts ist nach § 55 Abs. 2 AO auf die Verhältnisse im Zeitpunkt der Leistung der Einlagen abzustellen. Um zu verhindern, dass stille Reserven, die sich bei der Entnahme aus einem Betriebsvermögen zum Buchwert (§ 6 Abs. 1 Nr. 4 Satz 5 und 6 EStG, bis VZ 2006 Satz 4 und 5) nicht realisiert haben, sich über den Ansatz mit dem gemeinen Wert gem. § 55 Abs. 1 Nr. 2 AO i. V. m. § 55 Abs. 2 AO zugunsten der Stifter usw. bzw. einer öffentlich-rechtlichen Körperschaft auswirken, ordnet § 55 Abs. 3 AO in solchen Fällen den Ansatz des Buchwerts der Entnahme an. 9

Werden Sacheinlagen in natura zurückgegeben, so wird der Empfänger etwaige inzwischen eingetretene Wertsteigerungen ohne Rücksicht darauf ausgleichen müssen, ob diese durch die Körperschaft konkret herbeigeführt worden sind. Anderenfalls würde gegen § 55 Abs. 1 Nr. 1 AO verstoßen. Aus dieser Überlegung zeigt sich im Übrigen, dass § 55 Abs. 1 Nr. 2 AO ohnehin nur einen speziellen Anwendungsfall des § 55 Abs. 1 Nr. 1 AO darstellt. 10

#### III. Verbotene Ausgaben und Vergütungen

§ 55 Abs. 1 Nr. 3 AO verdeutlicht lediglich spezielle Anwendungsfälle des § 55 Abs. 1 Nr. 1 AO. Die Körperschaft darf keine Person durch Ausgaben begünstigen, die dem Zweck der Körperschaft fremd sind. Hierzu gehören auch unverhältnismäßig hohe Vergütungen. Solche Ausgaben gehören nicht zum Aufgabengebiet der Körperschaft und erfüllen keine steuerbegünstigten Zwecke i. S. der §§ 52 bis 54 AO. Ohne Bedeutung ist, ob die begünstigte Person ein Mitglied oder ein Dritter ist. Hiernach wäre z. B. schädlich, wenn die Körperschaft einem Vorstandsmitglied sämtliche Kosten ersetzt, die diesem durch die Unterhaltung eines auch privat genutzten Telefonanschlusses entstehen. Grundsätzlich ist der Ersatz tatsächlich entstandener Aufwendungen zulässig. Pauschale Vergütung für Arbeits- oder Zeitaufwand sind nur dann zulässig, wenn dies durch oder aufgrund einer Satzungs- 11 regelung ausdrücklich vorgesehen ist (BMF v. 14.10.2009, BStBl I 2009, 1318).

12 Ob eine Vergütung angemessen ist, muss unter Berücksichtigung aller Umstände und Heranziehung von vergleichbaren Vereinbarungen nicht steuerbegünstigten Zwecken dienender Körperschaften festgestellt werden. Es kann nicht gefordert werden, dass Personen, die für derartige Körperschaften tätig sind, hierfür wirtschaftliche Nachteile in Kauf nehmen. Als Orientierung für die Angemessenheit von Vergütungen, die von Stiftungen gezahlt werden, kann eine Studie aus dem Jahr 2007 dienen (*Sandberg/Mecking*, Essen 2008).

### IV. Vermögensbindung

13 § 55 Abs. 1 Nr. 4 AO formuliert den Grundsatz der Vermögensbindung. Hiernach darf der nach einer »Abwicklung« i. S. des § 55 Abs. 1 Nr. 2 AO verbleibende Vermögensüberschuss nur für steuerbegünstigte Zwecke verwendet werden. Dabei ist für die Wertermittlung der in § 55 Abs. 2 AO genannte Zeitpunkt maßgebend und die sinngemäße Anwendung für Stiftungen und Betriebe gewerblicher Art von Körperschaften des öffentlichen Rechts durch § 55 Abs. 3 AO vorgeschrieben. Diese Vermögensbindung muss in der Satzung verankert sein (s. hierzu §§ 61 und 62 AO).

14 Die notwendige Vermögensbindung liegt auch dann vor, wenn das Restvermögen nicht dem steuerbegünstigten Zweck dient, dessen Verfolgung Zweck der aufgelösten oder aufgehobenen Körperschaft war. Nach § 55 Abs. 1 Nr. 4 Satz 2 AO darf es auch einer anderen steuerbegünstigten Körperschaft oder einer Körperschaft des öffentlichen Rechts für steuerbegünstigte Zwecke übertragen werden.

### V. Zeitnahe Mittelverwendung

15 § 55 Abs. 1 Nr. 5 AO fordert, dass die Mittelverwendung zeitnah zu erfolgen hat und begegnet so einer unverhältnismäßigen Mittelthesaurierung. Eine Rücklagenbildung ist aber in den Grenzen des § 62 AO zulässig. Eine zeitnahe Mittelverwendung liegt vor, wenn die Mittelzuflüsse noch in den folgenden beiden Kalender- oder Wirtschaftsjahren für die steuerbegünstigten satzungsmäßigen Zwecke verwendet werden. Entscheidend ist dabei eine Globalbetrachtung und nicht eine Betrachtung, die auf den einzelnen Geldschein bzw. die einzelne Gutschrift auf einem Bankkonto abstellt (BFH v. 20.03.2017, X R 13/15, BStBl II 2017, 1110).

16 Unterhält die Körperschaft auch einen wirtschaftlichen Geschäftsbetrieb, so müssen auch dessen Gewinne grundsätzlich zeitnah für den gemeinnützigen Zweck verwendet werden. Das schließt es nach Auffassung des BFH aber nicht aus, dass diese Gewinne im Rahmen einer notwendigen Planung thesauriert werden, um die Existenz des wirtschaftlichen Geschäftsbetriebs zu sichern (BFH v. 15.07.1998, I R 156/94, BStBl II 2002, 162). Dies schlägt sich nun in § 62 Abs. 1 Nr. 2 AO nieder. Ein Ausgleich eines Verlusts eines wirtschaftlichen Geschäftsbetriebs, der nicht Zweckbetrieb ist, ist nur dann kein Verstoß gegen das Mittelverwendungsgebot, wenn der Verlust auf einer Fehlkalkulation beruht und die Körperschaft bis zum Ende des dem Verlustentstehungsjahr folgenden Wirtschaftsjahr dem ideellen Tätigkeitsbereich wieder Mittel in entsprechender Höhe zuführt (BFH v. 13.11.1996, I R 152/93, BStBl II 1998, 711; s. AEAO zu § 55, Nr. 5).

## § 56 AO Ausschließlichkeit

**Ausschließlichkeit liegt vor, wenn eine Körperschaft nur ihre steuerbegünstigten satzungsmäßigen Zwecke verfolgt.**

**Schrifttum**

Leisner, Kann das bloße Nützen eines gesetzlich gewährten Steuervorteils gemeinnützigkeitsschädlich sein? DStR 2012, 1123.

§ 56 AO definiert die **Ausschließlichkeit der Zweckverfolgung** i. S. des § 51 Satz 1 AO. Diese ist gegeben, wenn die Körperschaft keine anderen als ihre steuerbegünstigten satzungsmäßigen Zwecke verfolgt. Hinsichtlich dieser Voraussetzung treten Überschneidungen mit dem Begriff der Selbstlosigkeit (s. § 55 AO) auf. Fehlt es an der Selbstlosigkeit, weil die Körperschaft auch eigenwirtschaftliche Zwecke verfolgt, so ist auch die Ausschließlichkeit nicht gewahrt. 1

Lediglich solche Körperschaften, die nur ihre steuerbegünstigten satzungsmäßigen Zwecke verfolgen, erfüllen das Merkmal der Ausschließlichkeit. Ausnahmen müssen ausdrücklich gesetzlich zugelassen sein (s. z. B. § 58 AO). Ein Verein, der satzungsgemäß einem gemeinnützigen Zweck dient, verfolgt diesen auch dann ausschließlich, wenn in der Satzung neben dem gemeinnützigen Zweck als weiterer Zweck »Förderung der Kameradschaft« genannt wird und sich aus der Satzung ergibt, dass damit lediglich eine Verbundenheit der Vereinsmitglieder angestrebt wird, die aus der gemeinnützigen Vereinstätigkeit folgt (BFH v. 11.03.1999, V R 57, 58/96, BStBl II 1999, 331). Schädlich ist es auch nicht, wenn eine Körperschaft gelegentlich zu einem Gegenstand der allgemeinen Politik Stellung bezieht, der den satzungsgemäß verfolgten gemeinnützigen Zweck betrifft (BFH v. 23.11.1988, I R 11/88, BStBl II 1989, 391). Eine Körperschaft dient nicht ausschließlich gemeinnützigen Zwecken, wenn ihre formal begünstigte Tätigkeit nach der Vertragsgestaltung erkennbar dazu dient, den ermäßigten Steuersatz nach 2

§ 12 Abs. 2 Nr. 8 Buchst. a UStG zugunsten einer nicht gemeinnützigen Körperschaft zu nutzen (BFH v. 23.02.2012, V R 59/09, BStBl II 2012, 544; a. A. *Leisner*, DStR 2012, 1123).

3 Nach § 63 Abs. 1 AO muss die **tatsächliche Geschäftsführung** der Körperschaft auf die ausschließliche und unmittelbare (s. § 57 AO) Erfüllung der steuerbegünstigten Zwecke gerichtet sein. Die gesamte Tätigkeit muss also grundsätzlich den steuerlich begünstigten Zwecken dienen. Mit der Inanspruchnahme der Steuerfreiheit wegen der Verfolgung steuerbegünstigter Zwecke ist es nicht vereinbar, wenn die Körperschaft neben dem begünstigten Zweck auch andere, steuerlich nicht begünstigte Zwecke verfolgt, insbes. schädliche Geschäftsbetriebe unterhält. Eine neben der unmittelbaren Verfolgung der steuerbegünstigten satzungsgemäßen Zwecke ausgeübte vermögensverwaltende Tätigkeit verstößt nicht gegen das Gebot der Ausschließlichkeit (s. § 58 Nr. 7a AO; BFH v. 23.10.1991, I R 19/91, BStBl II 1992, 62), wenn die Erträge hieraus den steuerbegünstigten satzungsgemäßen Zwecken dienen (BFH v. 24.07.1996, I R 35/94, BStBl II 1996, 583, 585). Selbstverständlich dürfen auch mehrere steuerbegünstigte Zwecke nebeneinander verfolgt werden, sofern diese in der Satzung niedergelegt sind (s. AEAO zu § 56 Nr. 2).

## § 57 AO Unmittelbarkeit

**(1) Eine Körperschaft verfolgt unmittelbar ihre steuerbegünstigten satzungsmäßigen Zwecke, wenn sie selbst diese Zwecke verwirklicht. Das kann auch durch Hilfspersonen geschehen, wenn nach den Umständen des Falles, insbesondere nach den rechtlichen und tatsächlichen Beziehungen, die zwischen der Körperschaft und der Hilfsperson bestehen, das Wirken der Hilfsperson wie eigenes Wirken der Körperschaft anzusehen ist.**

**(2) Eine Körperschaft, in der steuerbegünstigte Körperschaften zusammengefasst sind, wird einer Körperschaft, die unmittelbar steuerbegünstigte Zwecke verfolgt, gleichgestellt.**

### Schrifttum

SCHERFF, Gemeinnützigkeitsrechtliche Aspekte in Holding-Strukturen, DStR 2003, 727; HÜTTEMANN/SCHAUHOFF, Die »unmittelbare Gemeinnützigkeit« – eine unmittelbare Gefahr für gemeinnützige Körperschaften, FR 2007, 1133; SCHRÖDER, Die steuerpflichtige und steuerbegünstigte GmbH im Gemeinnützigkeitsrecht, DStR 2008, 1069; SCHIFFER/SOMMER, Mittelbeschaffung bei gemeinnützigen Körperschaften: Ein Ruf gegen die Rechtsunsicherheit durch die »Geprägetheorie«, BB 2008, 2432; HOLLAND, Kooperationen zwischen gemeinnützigen Organisationen – Neues zur Hilfsperson, DStR 2010, 2057; SCHUNK, Kooperationen zwischen gemeinnützigen Körperschaften und § 57 AO – Das BFH-Urteil zur Ausgliederung von Laborbetrieben vom 06.02.2013, DStR 2014, 934.

Wer eine Steuerbegünstigung für sich in Anspruch nimmt, muss den steuerbegünstigten Zweck grundsätzlich selbst verwirklichen. Hierauf muss nach § 63 Abs. 1 AO auch die tatsächliche Geschäftsführung der Körperschaft gerichtet sein. 1

Die Voraussetzung der **unmittelbaren Zweckverwirklichung** ist auch erfüllt, wenn die Körperschaft sich zu diesem Zweck Hilfspersonen (natürlicher oder juristischer Personen, BFH v. 15.07.1998, I R 156/94, BStBl II 2002, 162, 164) bedient, sofern das Wirken dieser Hilfspersonen wie eigenes Wirken anzusehen ist (§ 57 Abs. 1 Satz 2 AO). Soweit sich eine Körperschaft zur Durchführung ihrer steuerbegünstigten Aufgaben natürlicher Personen bedient, stellt sich das regelmäßig wie eigenes Wirken dar, denn eine Körperschaft kann stets nur durch ihre Organe oder Hilfskräfte handeln. Maßgebend ist daher, dass die Körperschaft mit den ausführenden Personen geeignete Vereinbarungen getroffen hat, die sicherstellen, dass die Körperschaft »die Zügel in der Hand behält« und dass die Hilfspersonen auch entsprechend auftreten (s. AEAO zu § 57, Nr. 2). Die Einschaltung von Körperschaften ist dagegen regelmäßig keine unmittelbare Verwirklichung gemeinnütziger Zwecke (BFH v. 07.03.2007, I R 90/04, BStBl II 2007, 628; a. A. *Hüttemann/Schauhoff*, FR 2007, 1133; *Schröder*, DStR 2008, 1069). Die eingeschaltete Körperschaft selbst erfüllt auch nicht unmittelbar gemeinnützige oder mildtätige Zwecke (BFH v. 06.02.2013, I R 59/11, BStBl II 2013, 603). 2

§ 58 AO enthält weitreichende **Ausnahmen** vom Grundsatz der Unmittelbarkeit. Unbeschadet der dort als »unschädlich« bezeichneten Betätigungen (und Unterlassungen eigener Aktivitäten) ist festzustellen, dass – von den besonders gelagerten Fällen des § 58 Nr. 1 abgesehen (Fördergesellschaften und Spendensammelvereine) – eine unmittelbare Erfüllung des steuerbegünstigten Zweckes nicht vorliegt, wenn die dazu benötigten Geldmittel auf dem Umweg über einen Geschäftsbetrieb beschafft werden, der sich nicht als unschädlicher »Zweckbetrieb« i. S. des § 65 AO, sondern nur als ein Mittel darstellt, Gelder hereinzubringen, die dann dem steuerbegünstigten Bereich zugeführt werden. So ist der landwirtschaftliche Betrieb einer Stiftung, durch den nur finanzielle Mittel aufgebracht werden und der sonst keinen Zusammenhang mit dem begünstigten Stiftungszweck (Waisenfürsorge und -erziehung) hat, kein steuerlich unschädlicher Geschäftsbetrieb (Zweckbetrieb, s. § 65 AO) und steht der Unmittelbarkeit entgegen (BFH 20.09.1963, III 328/59 U, BStBl III 1963, 532). Mag eine Körperschaft im Übrigen eindeutig gemeinnützigen Charakter haben: soweit sie sich ihre finanziellen Mittel durch Unterhaltungsveranstaltungen verschafft, mangelt es am Erfordernis der Unmittelbarkeit und sind die Veranstaltungen dieser Art nicht steuerbegünstigt, sondern stellen wirtschaftliche Geschäftsbetriebe mit der Folge 3 des § 64 AO dar (s. aber § 58 Nr. 8 AO und § 68 Nr. 7 AO). Nichts anderes gilt für die Herausgabe von Festschriften mit Inseratenteil (BFH v. 04.03.1976, IV R 189/71, BStBl II 1976, 472) oder die Auftragsforschung von Forschungseinrichtungen, die als eigenständiger Zweck verfolgt wird und nicht der eigenen Forschung dient (BFH v. 04.04.2007, I R 76/05, BStBl II 2007, 631).

4 Ein der Eigenverwaltung dienendes Verwaltungsgebäude fördert allenfalls mittelbar die von der Eigentümerin verfolgten gemeinnützigen Zwecke (BFH v. 04.02.1976, II R 128/70, BStBl II 1976, 472).

5 § 57 Abs. 2 AO enthält lediglich eine Klarstellung. Werden steuerbegünstigte Körperschaften in einer Dachorganisation oder dergl. zusammengefasst, so kann diese die von ihr verfochtenen steuerbegünstigten Ziele auch nur durch die unter ihr vereinigten Körperschaften erfüllen. Der Grundsatz der Unmittelbarkeit wird dadurch nicht verletzt. Angesprochen sind z.B. die Spitzenverbände der freien Wohlfahrtspflege, wie etwa der Hauptausschuss für Arbeiterwohlfahrt usw.

## § 58 AO
## Steuerlich unschädliche Betätigungen

**Die Steuervergünstigung wird nicht dadurch ausgeschlossen, dass**

1. **eine Körperschaft Mittel für die Verwirklichung der steuerbegünstigten Zwecke einer anderen Körperschaft oder für die Verwirklichung steuerbegünstigter Zwecke durch eine juristische Person des öffentlichen Rechts beschafft; die Beschaffung von Mitteln für eine unbeschränkt steuerpflichtige Körperschaft des privaten Rechts setzt voraus, dass diese selbst steuerbegünstigt ist,**
2. **eine Körperschaft ihre Mittel teilweise einer anderen, ebenfalls steuerbegünstigten Körperschaft oder einer juristischen Person des öffentlichen Rechts zur Verwendung zu steuerbegünstigten Zwecken zuwendet,**
3. **eine Körperschaft ihre Überschüsse der Einnahmen über die Ausgaben aus der Vermögensverwaltung, ihre Gewinne aus den wirtschaftlichen Geschäftsbetrieben ganz oder teilweise und darüber hinaus höchstens 15 Prozent ihrer sonstigen nach § 55 Abs. 1 Nummer 5 zeitnah zu verwendenden Mittel einer anderen steuerbegünstigten Körperschaft oder einer juristischen Person des öffentlichen Rechts zur Vermögensausstattung zuwendet. Die aus den Vermögenserträgen zu verwirklichenden steuerbegünstigten Zwecke müssen den steuerbegünstigten satzungsmäßigen Zwecken der zuwendenden Körperschaft entsprechen. Die nach dieser Nummer zugewandten Mittel und deren Erträge dürfen nicht für weitere Mittelweitergaben im Sinne des ersten Satzes verwendet werden,**
4. **eine Körperschaft ihre Arbeitskräfte anderen Personen, Unternehmen, Einrichtungen oder einer juristischen Person des öffentlichen Rechts für steuerbegünstigte Zwecke zur Verfügung stellt,**
5. **eine Körperschaft ihr gehörende Räume einer anderen, ebenfalls steuerbegünstigten Körperschaft oder einer juristischen Person des öffentlichen Rechts zur Nutzung zu deren steuerbegünstigten Zwecken überlässt,**
6. **eine Stiftung einen Teil, jedoch höchstens ein Drittel ihres Einkommens dazu verwendet, um in angemessener Weise den Stifter und seine nächsten Angehörigen zu unterhalten, ihre Gräber zu pflegen und ihr Andenken zu ehren,**
7. **eine Körperschaft gesellige Zusammenkünfte veranstaltet, die im Vergleich zu ihrer steuerbegünstigten Tätigkeit von untergeordneter Bedeutung sind,**
8. **ein Sportverein neben dem unbezahlten auch den bezahlten Sport fördert,**
9. **eine von einer Gebietskörperschaft errichtete Stiftung zur Erfüllung ihrer steuerbegünstigten Zwecke Zuschüsse an Wirtschaftsunternehmen gibt,**
10. **eine Körperschaft Mittel zum Erwerb von Gesellschaftsrechten zur Erhaltung der prozentualen Beteiligung an Kapitalgesellschaften im Jahr des Zuflusses verwendet. Dieser Erwerb mindert die Höhe der Rücklage nach § 62 Abs. 1 Nummer 3.**

**Inhaltsübersicht**

**Schrifttum**

FISCHER, Gegenwartsnahe und selbstlose Förderung der Allgemeinheit am Beispiel der Investitionsrücklage eines Familien-Segelsportclubs in Gründung, FR 2004, 147; LESNER, Die mildtätige Familienstiftung, DB 2005, 2434; SCHRÖDER, Zeitnahe Mittelverwendung und Rücklagenbildung nach §§ 55 und 58 AO, DStR 2005, 1238; KIRCHHAIN, Gemeinnützige Familienstiftungen, Frankfurt 2006; THEOBALD, Finanzierung öffentlicher Aufgaben durch gemeinnützige Körperschaften: Hilft das Gemeinnützigkeitsrecht bei der Abwehr von Begehrlichkeiten? DStR 2010, 1464; EVERSBERG/BALDAUF, Der gemeinnützige Betrieb wirtschaftlicher Art als steuerbegünstigter wirtschaftlicher Geschäftsbetrieb (Zweckbetrieb) einer juristischen Person des öffentlichen Rechts, DStZ 2011, 597; KÜNKEL, Leistungsbeziehungen zwischen verbundenen gemeinnützigen Körperschaften, FR 2014, 51; VON OERTZEN/FRIZ, Steuerliche Fragen der neuen (Familien-)Verbrauchsstiftung nach dem »Gesetz zur Stärkung des Ehrenamtes«, BB 2014, 87; HÜTTEMANN/SCHAUHOFF/KIRCHHAIN, Fördertätigkeiten gemeinnütziger Körperschaften und Konzerne – insbesondere zur Investition zeitnah zu verwendender Mittel in unentgeltlich oder verbilligt überlassenes Sachvermögen, DStR 2016, 633.

## A. Bedeutung der Vorschrift

1 Die Vorschrift in der Fassung des Gesetzes zur Stärkung des Ehrenamtes v. 21.03.2013 (BGBl I S. 556 v. 28.03.2013) ist nach dessen Art. 12 ab 01.01.2014 anzuwenden. Sie zählt steuerlich unschädliche Betätigungen auf, wobei die oft schwierige Unterscheidung, ob es sich um eine Ausnahme vom Grundsatz der Ausschließlichkeit, der Unmittelbarkeit oder der Selbstlosigkeit (s. §§ 55 bis 57 AO) handelt, als entbehrlich unterblieben ist.

## B. Körperschaft mit dem Zweck der Mittelbeschaffung, § 58 Nr. 1 AO

2 Hierunter fallen in erster Linie die sog. Fördergesellschaften und Spendensammelvereine. In der Satzung des Sammelvereins muss der steuerbegünstigte Zweck, für den die Mittel beschafft werden, angegeben sein. Die Körperschaft, der die zusammengebrachten Gelder zugeführt werden sollen, muss nicht in der Satzung bestimmt sein (s. AEAO zu § 58, Nr. 1). Zuwendungen, die unmittelbar an eine Körperschaft des öffentlichen Rechts geleistet werden, sind auch dann steuerlich anzuerkennen, wenn sie in einem nicht gemeinnützigen Betrieb gewerblicher Art zu steuerbegünstigten Zwecken verwendet werden.

## C. Teilweise Mittelzuwendung, § 58 Nr. 2 AO

3 Begnügt sich eine Körperschaft mit der teilweisen Zuwendung ihrer Mittel an andere steuerbegünstigte Körperschaften oder juristische Personen des öffentlichen Rechts, so brauchen deren Zwecke mit den ihrigen nicht übereinzustimmen. Die Zuwendung muss aber auf den Einsatz der Mittel für steuerbegünstigte Zwecke durch den Empfänger gerichtet sein. Ob eine nur teilweise Mittelzuwendung vorliegt, ist nicht isoliert auf den einzelnen Veranlagungszeitraum zu beurteilen. Es ist steuerlich unschädlich, wenn eine Körperschaft in einzelnen Veranlagungszeiträumen ihre Mittel ausschließlich anderen, ebenfalls steuerbegünstigten, Körperschaften zuwendet, sie aber in anderen Zeiträumen selbst ihre steuerbegünstigten satzungsgemäßen Zwecke verfolgt (BFH v. 15.07.1998, I R 156/94, BStBl II 2002, 162).

Steht die betreffende Körperschaft zu der finanziell geförderten Körperschaft in einem Verhältnis der in § 57 Abs. 1 Satz 2 AO bezeichneten Art, so kann sie auf Aktivitäten i. S. einer Verwirklichung eigener steuerbegünstigter Zwecke überhaupt verzichten. 4

## D. Ausnahme vom sog. Endowmentverbot, § 58 Nr. 3 AO

Steuerbegünstigten Körperschaften war es bisher verboten, zeitnah zu verwendende Mittel zur Ausstattung einer anderen Körperschaft mit Vermögen zu verwenden (sog. Endowmentverbot). Nunmehr dürfen Überschüsse aus der Vermögensverwaltung und Gewinne aus wirtschaftlichen Geschäftsbetrieben (einschließlich Zweckbetrieben, BT-Drs. 17/12123, 22) anderen steuerbegünstigten Körperschaften oder juristischen Personen des öffentlichen Rechts bis zu bestimmten Grenzen zugeführt werden, wenn sich die zu verwirklichenden steuerbegünstigten Zwecke entsprechen. Diese Mittel dürfen vom Empfänger nicht für eine weitere Mittelweitergabe genutzt werden (s. AEAO zu § 58, Nr. 3). 4a

## E. Zurverfügungstellung von Arbeitskräften, § 58 Nr. 4 AO

Eine steuerlich unschädliche Betätigung liegt auch dann vor, wenn nicht nur Arbeitskräfte, sondern zugleich Arbeitsmittel (z. B. Krankenwagen) zur Verfügung gestellt werden (s. AEAO zu § 58, Nr. 4). Die Überlassung der Arbeitskräfte darf nur unentgeltlich oder teilentgeltlich geschehen. Die bloße Überlassung von Arbeitskräften gegen Bezahlung an andere begünstigte Körperschaften ist auch kein Zweckbetrieb i. S. des § 65 AO (BFH v. 17.02.2010, I R 2/08, BStBl II 2010, 1006). 5

## F. Nutzungsüberlassung von Räumen, § 58 Nr. 5 AO

Obwohl die Vorschrift nur die Nutzungsüberlassung von Räumen anspricht, ist sie ihrem Zweck entsprechend 6 ausdehnend auch auf Freiflächen, insbes. Sport- und Spielplätze, anzuwenden (s. AEAO zu § 58, Nr. 5).

### G. Verwendung zum Unterhalt des Stifters, § 58 Nr. 6 AO

7 Die zulässige Verwendung des Stiftungseinkommens ist in zweifacher Weise eingeschränkt. Es darf höchstens ein Drittel des Stiftungseinkommens in der aufgeführten Weise verwendet werden. Der unter Einsatz dieses Einkommensteils gewährte Unterhalt, die Gräberpflege und die Ehrung des Andenkens muss in angemessener Weise erfolgen (s. § 55 AO (Abs. 1 Nr. 3)). Die erste – betragsmäßige – Beschränkung soll nach einer im Schrifttum vertretenen Auffassung dann nicht gelten, wenn eine Familienstiftung durch Zuwendungen an bedürftige Verwandte des Stifters mildtätig i.S. von § 53 AO handelt (*Leisner*, DB 2005, 2434).

8 Zuwendungen an Angehörige werden durch § 58 Nr. 5 AO nur erfasst, wenn die Stiftung ihr dem satzungsmäßigen Zweck zur Verfügung stehendes Vermögen und die Erträgnisse hieraus für diese Zuwendungen verwendet. Erfolgen die Zuwendungen dagegen in Erfüllung von Verbindlichkeiten, die durch das Stiftungsgeschäft begründet wurden, stehen die verwendeten Mittel für die satzungsmäßigen Zwecke der Stiftung von Anfang an nicht zur Verfügung, sodass für eine Anwendung des § 58 Nr. 5 AO kein Raum ist (s. BFH v. 21.01.1998, I R 16/95, BStBl II 1998, 758).

9 Unklar ist, wer als »**nächster Angehöriger**« des Stifters gemeint ist. Eine Übereinstimmung mit § 15 AO besteht nicht. Es handelt sich um einen unbestimmten Rechtsbegriff, dessen Ausfüllung auch durch die Gerichte voll nachprüfbar ist. Den Personenkreis muss man unter Berücksichtigung des § 15 AO und der Enge der tatsächlichen Beziehungen zum Stifter, abgrenzen. »Nächste Angehörige« sind damit nur Ehegatten, Kinder (auch Pflegekinder) und Geschwister, sowie Eltern (auch Pflegeltern), Großeltern und Enkelkinder (s. AEAO zu §58, Nr. 7).

10–13 vorläufig frei

### H. Gesellige Zusammenkünfte, § 58 Nr. 7 AO

14 Unschädlich sind Wohltätigkeitsbälle und sonstige Benefizveranstaltungen, mit denen für die steuerbegünstigten Zwecke geworben und das Spendenaufkommen gefördert werden soll, sofern sie im Vergleich zu der steuerbegünstigten Tätigkeit der Körperschaft von untergeordneter Bedeutung sind. Ob das der Fall ist, hängt vom Einzelfall ab. Für damit verbundene wirtschaftliche Geschäftsbetriebe (§ 14 AO) bleiben die einschlägigen Regelungen unberührt (s. § 64 AO, s. § 68 AO Nr. 6 und 7). Zusammenkünfte, die zu Einnahmen führen, sind wirtschaftliche Geschäftsbetriebe (AEAO zu § 58, Nr. 10).

### I. Teilweise Förderung des bezahlten Sports, § 58 Nr. 8 AO

Die Unschädlichkeit der Förderung des bezahlten Sports neben dem unbezahlten stellt eine Ausnahme von dem Gebot der Selbstlosigkeit dar. Die Regelung steht im Zusammenhang mit s. § 67 a AO. 15

### J. Zuschüsse an Wirtschaftsunternehmen, § 58 Nr. 9 AO

Die Vorschrift, die zur Vermeidung von Missbräuchen auf von Gebietskörperschaften errichtete Stiftungen beschränkt ist, soll erreichen, dass Zuschüsse, die zur Erfüllung der gemeinnützigen Satzungszwecke vergeben werden, auch dann unschädlich sind, wenn die geförderten Unternehmen nicht Hilfspersonen der Stiftung sind. 16

### K. Zuschüsse an Wirtschaftsunternehmen, § 58 Nr. 10 AO

Gestattet ist die Verwendung oder Ansammlung von Mitteln zum Erwerb von Gesellschaftsrechten zur Erhaltung der prozentualen Beteiligung an Kapitalgesellschaften. Für die Verwendung bzw. Ansammlung dieser Mittel gilt der Höhe nach die Einschränkung, dass sie auf die Rücklage nach § 62 Abs. 1 Nr. 3 AO anzurechnen sind. Der AEAO zu § 58 Nr. 12 enthält eine Beispielsrechnung, auf die verwiesen wird. 17

## § 59 AO
## Voraussetzung der Steuervergünstigung

**Die Steuervergünstigung wird gewährt, wenn sich aus der Satzung, dem Stiftungsgeschäft oder der sonstigen Verfassung (Satzung im Sinne dieser Vorschriften) ergibt, welchen Zweck die Körperschaft verfolgt, dass dieser Zweck den Anforderungen der §§ 52 bis 55 entspricht und dass er ausschließlich und unmittelbar verfolgt wird; die tatsächliche Geschäftsführung muss diesen Satzungsbestimmungen entsprechen.**

Die Vorschrift stellt klar, dass es für die Gewährung einer Steuervergünstigung wegen Verfolgung steuerbegünstigter Zwecke erforderlich ist, dass sich aus dem **Inhalt der Satzung** der Körperschaft ergibt, welche Art steuerbegünstigter Zwecke sie verfolgt, dass diese mit 1 den Anforderungen der §§ 52 bis 55 AO übereinstimmen und dass diese ausschließlich und unmittelbar verfolgt werden (s. § 60 AO). Nach Auffassung des BFH genügt es, wenn sich aus den Satzungsbestimmungen ergibt, dass die begünstigten Zwecke ausschließlich und unmittelbar verfolgt werden. Ausschlaggebend sei, dass hieran keine begründeten Zweifel bestehen, ohne dass die Begriffe »ausschließlich« und »unmittelbar« in der Satzung verwendet werden müssen (BFH v. 20.12.2006, I R 94/02, BStBl II 2010, 331; BFH v. 25.10.2016, I R 54/14, BStBl II 2017, 1216). Diese Auslegung widerspricht nach Auffassung der Verwaltung dem Wortlaut und dem Zweck des § 59 AO, weil dann die Steuervergünstigung schon dann zu gewähren wäre, wenn in der Satzung kein nicht gemeinnütziger Zweck enthalten ist (BMF v. 20.09.2005, IV C 4 – S 0171 – S 0181 – 9/05, BStBl I 2005, 902). Außerdem muss die **tatsächliche Geschäftsführung** diesen Satzungsbestimmungen entsprechen (s. § 63 Abs. 1 AO). Nicht erforderlich ist es, dass die Satzung auch ggf. vorliegende steuerlich unschädliche Betätigungen i. S. des § 58 AO regelt (BFH v. 24.07.1996, I R 35/94, BStBl II 1996, 583). Es ist nicht schädlich, wenn die Satzung Bestimmungen über die Unterhaltung eines Nichtzweckbetriebs zur Verwirklichung der steuerbegünstigten satzungsmäßigen Zwecke enthält (BFH v. 18.12.2002, I R 15/02, BStBl II 2003, 384). Zur Prüfung der Satzung und zur Feststellung der formellen Ordnungsmäßigkeit der Satzung s. § 60a AO.

2 Als Satzung i. S. dieser Vorschrift und auch der §§ 60 bis 62 AO ist bei einer Stiftung das Stiftungsgeschäft und im Übrigen die sonstige Verfassung des betroffenen steuerlichen Gebildes (s. § 51 AO) zu verstehen. Die Einzelheiten über die Anforderungen an die Satzung enthalten die §§ 60 bis 62 AO.

3 Der **Inhalt der Satzung** und der **tatsächlichen Geschäftsführung** müssen miteinander **in Einklang** stehen (s. § 63 Abs. 1 AO). Das soll vom FA spätestens alle drei Jahre überprüft werden (AEAO zu § 59, Nr. 3). Diese Übereinstimmung ist nicht gegeben, wenn die Körperschaft statt oder neben der satzungsmäßigen Tätigkeit auch Aufgaben erfüllt, die nicht in der Satzung vorgesehen sind (FG Ddorf v. 09.05.1988, 16 K 28/82 U, 16 K 30/82 K, EFG 1990, 2). Stimmen die Satzung und die tatsächliche Geschäftsführung nicht überein, so ist dies selbst dann steuerschädlich, wenn im Übrigen sowohl die Satzung als auch die tatsächliche Geschäftsführung auf die Verwirklichung steuerbegünstigter (jedoch unterschiedlicher) Zwecke abzielen. Allerdings kann die tatsächliche Geschäftsführung auch dann noch auf die Erfüllung eines gemeinnützigen Zweckes gerichtet sein, wenn die Erfüllung längere Zeit durch außergewöhnliche, von der Körperschaft nicht zu beeinflussende Umstände verhindert wird (BFH v. 11.12.1974, I R 104/73, BStBl II 1975, 458). Zum Vertrauensschutz in Altfällen s. AEAO zu § 59, Nr. 4.

# § 60 AO
# Anforderungen an die Satzung

**(1) Die Satzungszwecke und die Art ihrer Verwirklichung müssen so genau bestimmt sein, dass auf Grund der Satzung geprüft werden kann, ob die satzungsmäßigen Voraussetzungen für Steuervergünstigungen gegeben sind. Die Satzung muss die in der Anlage 1 bezeichneten Festlegungen enthalten.**

**(2) Die Satzung muss den vorgeschriebenen Erfordernissen bei der Körperschaftsteuer und bei der Gewerbesteuer während des ganzen Veranlagungs- oder Bemessungszeitraums, bei den anderen Steuern im Zeitpunkt der Entstehung der Steuer entsprechen.**

### Schrifttum

Fischer/Ihle, Satzungsbestimmungen bei gemeinnützigen Stiftungen, DStR 2008, 1692; Ullrich, Praxisfragen der gesetzlichen Mustersatzung für gemeinnützige Körperschaften, DStR 2009, 2471; Gersch, Steuerbegünstigte Zwecke: Satzung und Satzungszwecke, AO-StB 2010, 213.

Die Vorschrift präzisiert die **formellenAnforderungen an die Satzung**. Darüber hinaus legt sie den Zeitpunkt bzw. Zeitraum fest, in dem die erforderlichen Satzungsbestimmungen Gültigkeit haben müssen. 1

Der materielle Inhalt der Satzung wird durch § 59 AO festgelegt. § 60 Abs. 1 AO konkretisiert die formalen Anforderungen an die Satzung in der Weise, dass die Satzungszwecke und die Art ihrer Verwirklichung so genau bestimmt sein müssen, dass die Satzung die Prüfung erlaubt, ob die satzungsmäßigen Voraussetzungen für Steuervergünstigungen gegeben sind (formelle Satzungsmäßigkeit, BFH v. 13.08.1997, I R 19/96, BStBl II 1997, 794; s. AEAO zu § 60, Nr. 1). Der Festschreibung in der Satzung kommt die **Funktion eines Buchnachweises** zu (BFH v. 26.02.1992, I R 47/89, BFH/NV 1992, 695). Es muss also der von der Körperschaft konkret verfolgte gemeinnützige Zweck ebenso angegeben werden wie die Form der auf dessen Verwirklichung gerichteten Betätigung und die erforderlichen Voraussetzungen für die Selbstlosigkeit der Betätigung müssen ersichtlich sein (BFH v. 13.12.1978, I R 39/78, BStBl II 1979, 482), die Wahrung von Eigeninteressen der Mitglieder muss ausgeschlossen sein (BFH v. 06.10.2009, I R 55/08, BStBl II 2010, 335: Verein zur Bekämpfung des unlauteren Wettbewerbs, dessen Mitglieder unternehmerisch tätig sind). Die bloße Bezugnahme in einer Satzung auf andere Regelungen oder Satzungen Dritter genügt den Anforderungen an die formelle Satzungsmäßigkeit nicht (BFH v. 05.08.1992, X R 165/88, BStBl II 1992, 1048). Unklarheiten gehen zulasten desjenigen, der sich auf die aus der 2

Gemeinnützigkeit folgenden Steuervergünstigungen beruft (BFH v. 26.02.1992, I R 47/89, BFH/NV 1992, 695).

3 § 60 Abs. 2 AO stellt klar, dass in den Fällen, in denen Steuerbefreiung von der KSt oder GewSt erreicht werden soll, die Satzung den hierfür erforderlichen Inhalt während des ganzen infrage kommenden Veranlagungs- oder Bemessungszeitraums aufweisen muss, wenn sie auch nicht zwingend wortgleich mit der Mustersatzung sein muss (*Ullrich*, DStR 2009, 1471). Bei allen anderen Steuern (z. B. für die Umsatzsteuerbefreiung nach § 4 Nr. 22a und b UStG) ist der Zeitpunkt der Entstehung dieser Steuer (s. § 38 AO und § 13 Abs. 1 UStG) maßgebend. Aus § 61 Abs. 3 AO ergibt sich eine weitergehende Rückwirkung der Aufhebung der satzungsmäßigen Vermögensbindung.

4 Für **Änderungen der tatsächlichen Geschäftsführung** gilt Abs. 2 entsprechend (s. § 63 Abs. 2 AO).

5 Die in § 60 Abs. 1 Satz 2 AO angesprochene Mustersatzung gem. Anlage 1 ist nachfolgend abgedruckt.

6 **Mustersatzung**

**für Vereine, Stiftungen, Betriebe gewerblicher Art von juristischen Personen des öffentlichen Rechts, geistliche Genossenschaften und Kapitalgesellschaften**

(nur aus steuerlichen Gründen notwendige Regelungen)

§ 1

Der – Die – ... (Körperschaft) mit Sitz in ... verfolgt ausschließlich und unmittelbar – gemeinnützige – mildtätige – kirchliche – Zwecke (nicht verfolgte Zwecke streichen) im Sinne des Abschnitts »Steuerbegünstigte Zwecke« der Abgabenordnung.

Zweck der Körperschaft ist ... (z. B. die Förderung von Wissenschaft und Forschung, Jugend- und Altenhilfe, Erziehung, Volks- und Berufsbildung, Kunst und Kultur, Landschaftspflege, Umweltschutz, des öffentlichen Gesundheitswesens, des Sports, Unterstützung hilfsbedürftiger Personen).

Der Satzungszweck wird verwirklicht insbesondere durch ... (z. B. Durchführung wissenschaftlicher Veranstaltungen und Forschungsvorhaben, Vergabe von Forschungsaufträgen, Unterhaltung einer Schule, einer Erziehungsberatungsstelle, Pflege von Kunstsammlungen, Pflege des Liedgutes und des Chorgesanges, Errichtung von Naturschutzgebieten, Unterhaltung eines Kindergartens, Kinder-, Jugendheimes, Unterhaltung eines Altenheimes, eines Erholungsheimes, Bekämpfung des Drogenmissbrauchs, des Lärms, Förderung sportlicher Übungen und Leistungen).

§ 2

Die Körperschaft ist selbstlos tätig; sie verfolgt nicht in erster Linie eigenwirtschaftliche Zwecke.

§ 3

Mittel der Körperschaft dürfen nur für die satzungsmäßigen Zwecke verwendet werden. Die Mitglieder erhalten keine Zuwendungen aus Mitteln der Körperschaft.

§ 4

Es darf keine Person durch Ausgaben, die dem Zweck der Körperschaft fremd sind, oder durch unverhältnismäßig hohe Vergütungen begünstigt werden.

§ 5

Bei der Auflösung oder Aufhebung der Körperschaft oder bei Wegfall steuerbegünstigter Zwecke fällt das Vermögen der Körperschaft

1. an – den – die – das ... (Bezeichnung der juristischen Person des öffentlichen Rechts oder einer anderen steuerbegünstigten Körperschaft), – der – die – das – es unmittelbar und ausschließlich für gemeinnützige, mildtätige oder kirchliche Zwecke zu verwenden hat.

oder

2. an eine juristische Person des öffentlichen Rechts oder eine andere steuerbegünstigte Körperschaft zwecks Verwendung für ... (Angabe eines bestimmten gemeinnützigen, mildtätigen oder kirchlichen Zwecks, z. B. Förderung von Wissenschaft und Forschung, Erziehung, Volks- und Berufsbildung, der Unterstützung von Personen, die im Sinne von § 53 der Abgabenordnung wegen ... bedürftig sind, Unterhaltung des Gotteshauses in ...).

**Weitere Hinweise**

**Bei Betrieben gewerblicher Art von juristischen Personen des öffentlichen Rechts, bei den von einer juristischen Person des öffentlichen Rechts verwalteten unselbständigen Stiftungen und bei geistlichen Genossenschaften (Orden, Kongregationen) ist Folgendes aufzunehmen:**

§ 3 Abs. 2:

»Der – die – das ... erhält bei Auflösung oder Aufhebung der Körperschaft oder bei Wegfall steuerbegünstigter Zwecke nicht mehr als – seine – ihre – eingezahlten Kapitalanteile und den gemeinen Wert seiner – ihrer – geleisteten Sacheinlagen zurück.«

Bei **Stiftungen** ist diese Bestimmung nur erforderlich, wenn die Satzung dem Stifter einen Anspruch auf Rückgewähr von Vermögen einräumt. Fehlt die Regelung, wird das eingebrachte Vermögen wie das übrige Vermögen behandelt.

Bei **Kapitalgesellschaften** sind folgende ergänzende Bestimmungen in die Satzung aufzunehmen:

1. § 3 Abs. 1 Satz 2:

   »Die Gesellschafter dürfen keine Gewinnanteile und auch keine sonstigen Zuwendungen aus Mitteln der Körperschaft erhalten.«

2. § 3 Abs. 2:

   »Sie erhalten bei ihrem Ausscheiden oder bei Auflösung der Körperschaft oder bei Wegfall steuerbegünstigter Zwecke nicht mehr als ihre eingezahlten Kapitalanteile oder den gemeinen Wert ihrer geleisteten Sacheinlagen zurück.«

3. § 5:

   »Bei Auflösung der Körperschaft oder bei Wegfall steuerbegünstigter Zwecke fällt das Vermögen der

Körperschaft, soweit es die eingezahlten Kapitalanteile und den gemeinen Wert der von den Gesellschaftern geleisteten Sacheinlagen übersteigt, ...«

§ 3 Abs. 2 und der Satzteil »soweit es die eingezahlten Kapitalanteile und den gemeinen Wert der von den Gesellschaftern geleisteten Sacheinlagen übersteigt,« in § 5 sind nur erforderlich, wenn die Satzung einen Anspruch auf Rückgewähr von Vermögen einräumt.

## § 60a AO
## Feststellung der satzungsmäßigen Voraussetzungen

**(1) Die Einhaltung der satzungsmäßigen Voraussetzungen nach den §§ 51, 59, 60 und 61 wird gesondert festgestellt. Die Feststellung der Satzungsmäßigkeit ist für die Besteuerung der Körperschaft und der Steuerpflichtigen, die Zuwendungen in Form von Spenden und Mitgliedsbeiträgen an die Körperschaft erbringen, bindend.**

**(2) Die Feststellung der Satzungsmäßigkeit erfolgt**

**1. auf Antrag der Körperschaft oder**

**2. von Amts wegen bei der Veranlagung zur Körperschaftsteuer, wenn bisher noch keine Feststellung erfolgt ist.**

**(3) Die Bindungswirkung der Feststellung entfällt ab dem Zeitpunkt, in dem die Rechtsvorschriften, auf denen die Feststellung beruht, aufgehoben oder geändert werden.**

**(4) Tritt bei den für die Feststellung erheblichen Verhältnissen eine Änderung ein, ist die Feststellung mit Wirkung für den Zeitpunkt der Änderung der Verhältnisse aufzuheben.**

**(5) Materielle Fehler im Feststellungsbescheid über die Satzungsmäßigkeit können mit Wirkung ab dem Kalenderjahr beseitigt werden, das auf die Bekanntgabe der Aufhebung der Feststellung folgt. § 176 gilt entsprechend, außer es sind Kalenderjahre zu ändern, die nach der maßgeblichen Entscheidung eines obersten Gerichtshofes des Bundes beginnen.**

1 Bis zum Jahr 2012 sah das Gemeinnützigkeitsrecht kein besonderes Verfahren vor, in dem über das Vorliegen der Voraussetzung der Steuervergünstigung entschieden wurde. Das wurde den Interessen insbes. der gemeinnützigen Vereine nicht gerecht, weil sie regelmäßig darauf angewiesen sind, ihre satzungsmäßigen Zwecke durch freiwillige Zuwendungen zu finanzieren. Dabei ist die steuerliche Auswirkung solcher Spenden (Abzugsfähigkeit nach § 10b EStG i. V. m. § 50 EStDV) von erheblicher Bedeutung. Die Praxis hatte Überbrückungswege entwickelt: Bei **Neugründungen**»bescheinigte« die Finanzbehörde »**vorläufig** z. B. für den Empfang steuerbegünstigter Spenden«, dass die Körperschaft steuerlich bei ihr erfasst ist und sie nach der eingereichten Satzung die Voraussetzungen der Gemeinnützigkeit erfüllt. Diese befristet zu erteilende Bescheinigung wurde von der Verwaltung einem Freistellungsbescheid gleichgestellt, obwohl sie kein Verwaltungsakt sein sollte (BFH v. 20.05.1992, I R 138/90, BFH/NV 1993, 150). Die Neuregelung schafft ein Verfahren zur Überprüfung der Frage, ob die Satzung einer Körperschaft den Anforderungen der Abgabenordnung genügt. Die Bindungswirkung dieser Feststellung schafft Rechtssicherheit für die steuerbegünstigten Körperschaften und für spendenwillige Steuerpflichtige. Die **Feststellung durch Grundlagenbescheid** löst das bisherige Verfahren der vorläufigen Bescheinigung ab.

Ob die satzungsmäßigen Zwecke eingehalten werden, 2
wird gesondert festgestellt. Diese Feststellung hat Bindungswirkung sowohl für das **Besteuerungsverfahren der Körperschaft** als auch für das Besteuerungsverfahren des **Spenders**. Dies Feststellung erfolgt auf Antrag der Körperschaft außerhalb des Veranlagungsverfahrens oder von Amts wegen bei der Veranlagung zur Körperschaftsteuer, wenn die Feststellung nicht zuvor getroffen ist. Die Feststellung ist nur zu treffen, wenn eine Veranlagung zur Körperschaftsteuer in Betracht kommt (Annexverfahren, AEAO zu § 60a Nr. 3 und 4).

Der Feststellungsbescheid ist ein Verwaltungsakt mit 3
**Dauerwirkung**. Daher sieht das Gesetz eine Regelung vor, unter welchen Voraussetzungen die Bindungswirkung der Feststellung mit Wirkung für die Zukunft entfällt. Das ist dann der Fall, wenn sich die gesetzlichen Regelungen ändern, die der Entscheidung zugrunde liegen. Auch wenn das Gesetz vorsieht, dass der Bescheid dann nicht durch das FA aufgehoben werden muss, kann es doch empfehlen, dass das FA einen negativen Feststellungsbescheid erlässt, aus dem sich ergibt, dass und ab wann die Bindungswirkung des Feststellungsbescheids des § 60a Abs. 1 AO entfallen ist.

Neben dem Wegfall der Bindungswirkung kraft Geset- 4
zes nach § 60a Abs. 3 AO, sieht Abs. 4 eine Aufhebung des Feststellungsbescheids durch Verfügung des FA vor. Voraussetzung hierfür ist, dass bei den Verhältnissen, die für die Feststellung erheblich sind, eine Änderung eingetreten ist. Die Aufhebung erfolgt mit Wirkung ab dem Zeitpunkt, zu dem sich die Verhältnisse geändert haben. Dieser Zeitpunkt ist in der Verfügung zu benennen. Aufhebungsgründe können die Änderung der Zwecke, die Anpassung an die Mustersatzung und die Änderung der Vermögensbindung sein (AEAO zu § 60a Nr. 7).

5 Da der Feststellungsbescheid des § 60a Abs. 1 AO ein Verwaltungsakt mit Dauerwirkung ist, ist es nötig, materielle Fehler beseitigen zu können. Diese Aufhebungsverfügung das § 60a Abs. 5 AO hat Wirkung ab dem Jahr, das auf die Bekanntgabe der Aufhebungsentscheidung folgt.

## § 61 AO Satzungsmäßige Vermögensbindung

**(1) Eine steuerlich ausreichende Vermögensbindung (§ 55 Abs. 1 Nr. 4) liegt vor, wenn der Zweck, für den das Vermögen bei Auflösung oder Aufhebung der Körperschaft oder bei Wegfall ihres bisherigen Zweckes verwendet werden soll, in der Satzung so genau bestimmt ist, dass auf Grund der Satzung geprüft werden kann, ob der Verwendungszweck steuerbegünstigt ist.**

(2) (weggefallen)

**(3) Wird die Bestimmung über die Vermögensbindung nachträglich so geändert, dass sie den Anforderungen des § 55 Abs. 1 Nr. 4 nicht mehr entspricht, so gilt sie von Anfang an als steuerlich nicht ausreichend. § 175 Abs. 1 Satz 1 Nr. 2 ist mit der Maßgabe anzuwenden, dass Steuerbescheide erlassen, aufgehoben oder geändert werden können, soweit sie Steuern betreffen, die innerhalb der letzten zehn Kalenderjahre vor der Änderung der Bestimmung über die Vermögensbindung entstanden sind.**

### Schrifttum

BECKER, Der Wegfall des gemeinnützigkeitsrechtlichen Status – Eine Bestandsaufnahme und Hilfestellung für die Praxis, DStZ 2010, 953; WALLENHORST, Die Nachversteuerung in § 61 Abs. 3 AO bei Verstößen gegen die Vermögensbindung durch die tatsächliche Geschäftsführung, DStR 2011, 698.

1 Die **satzungsgemäße Festlegung der Vermögensbindung** (s. § 55 Abs. 1 Nr. 4 AO) ist eine der wichtigsten Voraussetzungen für die Erlangung der Steuervergünstigung (s. § 59 AO). Bis 2008 befreite § 62 AO bestimmte Steuerpflichtige von dem Erfordernis der satzungsmäßigen Vermögensbindung. Nunmehr gilt sie für alle Körperschaften. Eine Übergangsregelung enthält Art. 97 § 1f EGAO.

2 Nach § 61 **Abs. 1** AO muss in der Satzung der **Zweck**, für den das Vermögen bei Auflösung oder Aufhebung der Körperschaft oder bei Wegfall ihres bisherigen Zweckes verwendet werden soll, so genau bestimmt sein, dass die Steuerbegünstigung des in der Satzung vorgesehenen Verwendungszwecks anhand der Satzungsbestimmungen geprüft werden kann. Die Aufhebung kommt nach den zivilrechtlichen Regelungen bei Stiftungen infrage, nicht aber bei Vereinen. Daher ist das BMF entgegen dem BFH der Auffassung, dass bei Vereinen eine Regelung für den Fall der Aufhebung nicht notwendig ist (BMF v. 07.07.2010, BStBl I 2010, 630 entgegen BFH v. 23.07.2009, V R 20/08, BStBl II 2010, 719).

Die Satzung muss eindeutig dafür Vorsorge treffen, dass bei Beendigung der Tätigkeit der Körperschaft das ggfs. nach den Rückzahlungen an die Mitglieder gem. § 55 Abs. 1 Nr. 2 AO verbleibende Restvermögen steuerbegünstigten Zwecken zugeführt wird. Eine **anderweitige Verwendung muss ausgeschlossen sein**. Unschädlich ist es, wenn der Verwendungszweck nicht derselbe ist, der von der Körperschaft während ihres Bestehens gefördert wurde. Aus § 55 Abs. 1 Nr. 4 Satz 2 AO ergibt sich darüber hinaus, dass es ausreichend ist, wenn das Vermögen einer anderen steuerbegünstigten Körperschaft oder einer Körperschaft des öffentlichen Rechts zur Erfüllung der von dieser verfolgten steuerbegünstigten Zwecke übertragen werden soll. Eine nähere Festlegung dahingehend, für welchen der von der aufnehmenden Körperschaft verfolgten steuerbegünstigten Zwecke das Vermögen bestimmt ist, wird nicht gefordert. Unbedenklich ist auch die Übertragung auf eine sog. Dachorganisation (§ 57 Abs. 2 AO). 3

Machten zwingende Gründe die Angabe des künftigen Verwendungszwecks des Vermögens entsprechend den in § 61 Abs. 1 AO festgelegten Anforderungen unmöglich, so reichte nach § 61 **Abs. 2 Satz 1** AO a.F. bis zum Jahr 2006 eine Satzungsbestimmung aus, die lediglich bindend festlegte, dass das Vermögen zu steuerbegünstigten Zwecken zu verwenden ist und dass der künftige konkrete Beschluss der Körperschaft über die genaue Verwendung erst nach **Einwilligung des FA** ausgeführt werden darf (Übergangsregel s. AEAO zu § 61, Nr. 2). Ob solche **zwingenden Gründe** vorlagen, war nach den Umständen des Einzelfalles zu beurteilen. Soweit die Gründe nicht aus der Satzung ersichtlich waren, mussten sie dargetan werden; die Körperschaft trug die Feststellungslast (BFH v. 25.01.2005, I R 52/03, BStBl II 2005, 514). Als zwingender Grund wird nicht gelten können, wenn über die genaue Verwendung bei der Aufstellung der Satzung keine Einigung erzielt werden konnte. 4

Die **Einwilligung der Finanzbehörde** in die Verwendung des Vermögens war **keine Ermessensentscheidung**. Das FA musste die Einwilligung erteilen, wenn der beschlossene Verwendungszweck steuerbegünstigt war (§ 61 **Abs. 2 Satz 2** AO). Anderenfalls musste die Einwilligung verweigert werden. Solange die Einwilligung des FA nicht vorlag, durfte der Beschluss über die Vermögensverwendung nicht ausgeführt werden. Wurde der Beschluss ohne Einwilligung ausgeführt, entsprach die tatsächliche Geschäftsführung nicht mehr der Satzung, sodass rückwirkend die steuerliche Begünstigung der Körperschaft entfiel (s. § 63 Abs. 2 i. V. m. § 61 Abs. 3 5

AO). Die Einwilligung des FA war ein **Verwaltungsakt** (§ 118 AO), dessen Versagung angefochten werden konnte. Dies führte häufig zu streitigen Auseinandersetzungen über das Bestehen von zwingenden Gründen, was der Rechtsicherheit nicht diente. Daher wurde die Regelung aufgehoben. Bei **Altsatzungen** vor dem 01.01.2007 muss die Satzungsbestimmung über die Vermögensbindung erst angepasst werden, wenn die Satzung aus anderen Gründen ohnehin angepasst wird (BR-Drs. 117/07).

6 § 61 **Abs. 3** AO enthält wegen der besonderen Bedeutung der satzungsmäßigen Vermögensbindung eine Ausnahme von dem Grundsatz des § 60 Abs. 2 AO. **Nachträglichen Änderungen der Satzungsbestimmungen über die Vermögensbindung**, die bewirken, dass dem Erfordernis des § 55 Abs. 1 Nr. 4 AO nicht mehr Rechnung getragen ist, haben nach Satz 1 eine **steuerliche Rückwirkung**. Die entsprechende Satzungsbestimmung gilt von Anfang an als steuerlich nicht ausreichend. Dabei handelt es sich verfahrensrechtlich um einen Anwendungsfall des § 175 Abs. 1 Satz 1 Nr. 2 AO, sodass Steuerfestsetzungen entsprechend der rückwirkenden Änderung des steuerlich relevanten Sachverhalts zu erlassen, aufzuheben oder zu ändern sind.

7 § 61 Abs. 3 Satz 2 AO bewirkt, dass unerwünschte Steuerausfälle verhindert werden, die dadurch entstehen könnten, dass zwischen dem steuerfreien Zufließen der Mittel der Körperschaft und der steuerschädlichen Verwendung ein längerer Zeitraum liegt als der der einschlägigen Festsetzungsfrist (§ 169 AO). Um andererseits eine zeitlich völlig unbeschränkte Durchbrechung der Bestandskraft, die aus § 175 Abs. 1 Satz 2 AO resultieren würde, zu vermeiden, lässt § 61 Abs. 3 Satz 2 AO nur den Erlass, die Aufhebung oder Änderung solcher Steuerbescheide zu, die Steuern betreffen, die innerhalb der letzten zehn Kalenderjahre vor der Änderung der Vermögensbindung entstanden (§ 38 AO) sind. Mit dieser Maßgabe beginnt in Übereinstimmung mit § 175 Abs. 1 Satz 2 AO die **Festsetzungsfrist** mit dem Ablauf des Kalenderjahres, in dem die satzungsmäßige Vermögensbindung steuerschädlich geändert wurde (BFH v. 25.04.2001, I R 22/00, BStBl II 2001, 518). Geändert im Sinne der Vorschrift ist die Satzung in dem Zeitpunkt, in dem das Änderungsverfahren durch Eintragung der Satzungsänderung im Handels- oder Vereinsregister abgeschlossen ist (BFH v. 25.04.2001, I R 22/00, BStBl II 2001, 518).

8 Zu beachten ist, dass § 61 Abs. 3 AO für den Fall **tatsächlicher Verstöße** gegen die satzungsmäßig verankerte Vermögensbindung sinngemäß anwendbar ist (s. § 63 Abs. 2 AO). Das bedeutet, dass dann, wenn hinsichtlich der Vermögensbindung die tatsächliche Geschäftsführung eine Abweichung von der Satzungsbestimmung beinhaltet, die Steuerbegünstigung rückwirkend beseitigt wird, was entsprechend § 61 Abs. 3 Satz 2 AO eine Durchbrechung der Bestandskraft gem. § 175 Abs. 1 Satz 1 Nr. 2 AO zur Folge hat.Ist die tatsächliche Geschäftsführung einer gemeinnützigen GmbH nicht während des gesamten Besteuerungszeitraums auf die ausschließliche und unmittelbare Erfüllung der steuerbegünstigten Zwecke gerichtet, führt dies grundsätzlich nur zu einer Versagung der Steuerbefreiung für diesen Besteuerungszeitraum. Schüttet eine gemeinnützige GmbH jedoch die aus der gemeinnützigen Tätigkeit erzielten Gewinne überwiegend verdeckt an ihre steuerpflichtigen Gesellschafter aus, liegt ein schwer wiegender Verstoß gegen § 55 Abs. 1 Nr. 1 bis 3 AO vor, der die Anwendung des § 61 Abs. 3 AO ermöglicht (BFH v. 12.10.2010, I R 59/09, BStBl II 2012, 226).

## § 62 AO
## Rücklagen und Vermögensbindung

**(1) Körperschaften können ihre Mittel ganz oder teilweise**

1. **einer Rücklage zuführen, soweit dies erforderlich ist, um ihre steuerbegünstigten, satzungsmäßigen Zwecke nachhaltig zu erfüllen;**
2. **einer Rücklage für die beabsichtigte Wiederbeschaffung von Wirtschaftsgütern zuführen, die zur Verwirklichung der steuerbegünstigten, satzungsmäßigen Zwecke erforderlich sind (Rücklage für Wiederbeschaffung). Die Höhe der Zuführung bemisst sich nach der Höhe der regulären Absetzung für Abnutzung eines zu ersetzenden Wirtschaftsguts. Die Voraussetzungen für eine höhere Zuführung sind nachzuweisen;**
3. **der freien Rücklage zuführen, jedoch höchstens ein Drittel des Überschusses aus der Vermögenverwaltung und darüber hinaus höchstens 10 Prozent der sonstigen nach § 55 Abs. 1 Nummer 5 zeitnah zu verwendenden Mittel. Ist der Höchstbetrag für die Bildung der freien Rücklage in einem Jahr nicht ausgeschöpft, kann diese unterbliebene Zuführung in den folgenden zwei Jahren nachgeholt werden;**
4. **einer Rücklage zum Erwerb von Gesellschaftsrechten zur Erhaltung der prozentualen Beteiligung an Kapitalgesellschaften zuführen, wobei die Höhe dieser Rücklage die Höhe der Rücklage nach Nummer 3 mindert.**

**(2) Die Bildung von Rücklagen nach Absatz 1 hat innerhalb der Frist des § 55 Abs. 1 Nummer 5 Satz 3 zu erfolgen. Rücklagen nach Absatz 1 Nummer 1, 2 und 4 sind unverzüglich aufzulösen, sobald der Grund für die Rücklagenbildung entfallen ist. Die freigewordenen Mittel sind innerhalb der**

**Frist nach § 55 Abs. 1 Nummer 5 Satz 3 zu verwenden.**

**(3) Die folgenden Mittelzuführungen unterliegen nicht der zeitnahen Mittelverwendung nach § 55 Abs. 1 Nummer 5:**

1. **Zuwendungen von Todes wegen, wenn der Erblasser keine Verwendung für den laufenden Aufwand der Körperschaft vorgeschrieben hat;**
2. **Zuwendungen, bei denen der Zuwendende ausdrücklich erklärt, dass diese zur Ausstattung der Körperschaft mit Vermögen oder zur Erhöhung des Vermögens bestimmt sind;**
3. **Zuwendungen aufgrund eines Spendenaufrufs der Körperschaft, wenn aus dem Spendenaufruf ersichtlich ist, dass Beträge zur Aufstockung des Vermögens der Körperschaft erbeten werden;**
4. **Sachzuwendungen, die ihrer Natur nach zum Vermögen gehören.**

**(4) Eine Stiftung kann im Jahr ihrer Errichtung und in den drei folgenden Kalenderjahren Überschüsse aus der Vermögensverwaltung und die Gewinne aus wirtschaftlichen Geschäftsbetrieben nach § 14 ganz oder teilweise ihrem Vermögen zuführen.**

**Schrifttum**

Spitaler/Schröder, Neuerungen bei der zeitnahen Mittelverwendung und Rücklagenbildung (Teil 1 und 2), DStR 2014, 2144, 2194.

1 Die Rücklagenbildung und Zuführung von Mittel zum Vermögen dient der dauerhaften Sicherung der Zweckerfüllung der Körperschaft. Rechtlich sind die Rücklagen und Vermögenszuführungen allerdings Ausnahmen vom Grundsatz der zeitnahen Mittelverwendung. Die Verortung dieser Regelung in § 62 AO ist die gesetzessystematische Unterstreichung dieser Einordnung als Ausnahme. Gleichzeitig wird die Bedeutung dieser Instrumentarien als Möglichkeit zur Erhaltung und Steigerung der Leistungsfähigkeit der steuerbegünstigten Körperschaft gesetzlich dokumentiert (Gesetzesbegründung, BT-Drs. 17/11316, 14). § 62 AO ist am 01.01.2014 in Kraft getreten.

2 Zu 62 Abs. 1 Nr. 1 AO: Grundsätzlich hat die Körperschaft ihre Mittel zeitnah für die steuerbegünstigten Zwecke zu verwenden (BFH v. 26.04.1989, I R 209/85, BStBl II 1989, 670). Oft bedarf es jedoch der Bildung eines erforderlichen Arbeitskapitals, um die Erfüllung der steuerbegünstigten Zwecke über längere Zeiträume ungefährdet gewährleisten zu können. Die Rücklage ist in der Regel nur dann steuerunschädlich, wenn sie der Verwirklichung eines bestimmten Zwecks in absehbarer Zeit dienen soll (s. § 62 Abs. 2 AO; BFH v. 23.07.2003, I R 29/02, BStBl II 2003, 930, 932 m. Anm. *Fischer*, FR 2004, 147). Die Vorschrift setzt den Rahmen, in dem die Bildung eigenen Vermögens noch mit den Zielen der Gemeinnützigkeit vereinbar ist. Sie gilt auch für gemeinnützige Förder- und Spendensammelvereine i.S. des § 58 Nr. 1 AO (BFH v. 13.09.1989, I R 19/85, BStBl II 1990, 28). Erforderlich ist der Ausweis in einer besonderen Rücklage, durch die die zweckbestimmten Mittel jederzeit kontrollierbar und nachprüfbar gebunden sind (BFH v. 20.12.1978, I R 21/76, BStBl II 1979, 496). Zu den Folgen eines Verstoßes s. auch § 63 Abs. 4 AO.§ 62 Abs. 1 Nr. 1 AO entspricht § 58 Nr. 6 AO a.F.

Zu § 62 Abs. 1 Nr. 2 AO: Geregelt ist die Wiederbeschaffungsrücklage, die in der Praxis bereits zuvor anerkannt war. Für Ersatzinvestitionen kann ein Betrag in Höhe der Absetzungen für Abnutzungen der Rücklage zugeführt werden. Sollen höhere Beträge in diese Rücklage eingestellt werden, ist die Notwendigkeit darzulegen (AEAO zu § 63, Nr. 6). 3

Zu § 62 Abs. 1 Nr. 3 AO: Die Regelung gestattet gemeinnützigen Körperschaften in begrenztem Umfang die Verwendung von Erträgen für die Bildung freier Rücklagen. Dabei wird sichergestellt, dass die für die gemeinnützigen Zwecke verbleibenden Mittel nicht zu stark beschnitten werden. Dies wird dadurch erreicht, dass höchstens 33,3 % des Überschusses der Einnahmen über die Unkosten aus Vermögensverwaltung (s. § 14 AO Rz. 6) und darüber hinaus höchstens 10 v.H. der nach § 55 Abs. 1 Nr. 5 AO zeitnah zu verwendenden Mittel einer freien Rücklage zugeführt werden dürfen.Die Vorschrift entspricht § 58 Nr. 7a AO a.F. 4

Zu § 62 Abs. 1 Nr. 4 AO: Gestattet ist die Verwendung oder Ansammlung von Mitteln zum Erwerb von Gesellschaftsrechten zur Erhaltung der prozentualen Beteiligung an Kapitalgesellschaften. Für die Verwendung oder Ansammlung dieser Mittel gilt der Höhe nach die Beschränkung, dass Sie auf die Rücklage nach Nr. 3 anzurechnen sind (vgl. die Beispielsrechnung in AEAO zu § 62, Nr. 13). Die Regelung zur Mittelverwendung für einen solchen Erwerb im Jahr des Zuflusses findet sich in § 38 Nr. 9 AO. Die Vorschrift entspricht § 58 Nr. 7b AO a.F. 5

Zu § 62 Abs. 2 AO: Der Zeitraum in dem die Rücklage zu erfolgen hat wird durch den Verweis auf § 55 Abs. 1 Nr. 5 Satz 3 AO auf die dem Zufluss folgenden zwei Kalender- oder Wirtschaftsjahre festgelegt. Es wird klargestellt, dass alle zweckgebundenen Rücklagen bereits dann aufzulösen sind, wenn der Grund für die Rücklagenbildung entfallen ist. Die Verwendung der freiwerdenden Mittel unterliegt der allgemeinen Mittelverwendungsfrist. 6

Zu § 62 Abs. 3 AO: Die abschließende Aufzählung erlaubt es ausnahmsweise grundsätzlich zeitnah zu verwendende Mittel dem zulässigen Vermögen zuzuführen. Werden Mittel nach dieser Vorschrift dem Vermögen zugeführt, sind sie aus der Bemessungsgrundlage für 7

Zuführungen von sonstigen zeitnah zu verwendenden Mitteln nach § 62 Abs. 1 Nr. 3 AO herauszurechnen (s. AEAO zu § 62 Nr. 16). Die Vorschrift entspricht § 58 Nr. 11 AO a.F.

8 Zu § 62 Abs. 4 AO: Die Ausdehnung des Zeitraums für die Zuführung von Überschüssen aus der Vermögenverwaltung und Gewinnen aus wirtschaftlichen Geschäftsbetrieben zum Vermögen auf drei Jahre ermöglicht den Stiftungen einen soliden Aufbau des Kapitalstocks für steuerbegünstigte Zwecke. Dies verschafft ihnen auch eine gewisse Dispositionsfreiheit über die genannten Überschüsse bzw. Gewinne und dem Einsatz der Mittel für die steuerbegünstigten satzungsmäßigen Zwecke (BT-Drs. 17/11316).

## § 63 AO Anforderungen an die tatsächliche Geschäftsführung

**(1) Die tatsächliche Geschäftsführung der Körperschaft muss auf die ausschließliche und unmittelbare Erfüllung der steuerbegünstigten Zwecke gerichtet sein und den Bestimmungen entsprechen, die die Satzung über die Voraussetzungen für Steuervergünstigungen enthält.**

**(2) Für die tatsächliche Geschäftsführung gilt sinngemäß § 60 Abs. 2, für eine Verletzung der Vorschrift über die Vermögensbindung § 61 Abs. 3.**

**(3) Die Körperschaft hat den Nachweis, dass ihre tatsächliche Geschäftsführung den Erfordernissen des Absatzes 1 entspricht, durch ordnungsmäßige Aufzeichnungen über ihre Einnahmen und Ausgaben zu führen.**

**(4) Hat die Körperschaft ohne Vorliegen der Voraussetzungen Mittel angesammelt, kann das Finanzamt ihr eine angemessene Frist für die Verwendung der Mittel setzen. Die tatsächliche Geschäftsführung gilt als ordnungsgemäß im Sinne des Absatzes 1, wenn die Körperschaft die Mittel innerhalb der Frist für steuerbegünstigte Zwecke verwendet.**

**(5) Körperschaften im Sinne des § 10b Absatz 1 Satz 2 Nummer 2 des Einkommensteuergesetzes dürfen Zuwendungsbestätigungen im Sinne des § 50 Abs. 1 Einkommensteuer-Durchführungsverordnung nur ausstellen, wenn**

**1. das Datum der Anlage zum Körperschaftsteuerbescheid oder des Freistellungsbescheids nicht länger als fünf Jahre zurückliegt oder**

**2. die Feststellung der Satzungsmäßigkeit nach § 60a Abs. 1 nicht länger als drei Kalenderjahre zurückliegt und bisher kein Freistellungsbescheid oder keine Anlage zum Körperschaftsteuerbescheid erteilt wurde.**

**Die Frist ist taggenau zu berechnen.**

### Schrifttum

KARSTEN, Der Geschäftsbericht nach § 63 AO, BB 2006, 1830; KAHLERT/EVERSBERG, Insolvenz und Gemeinnützigkeit, ZIP 2010, 260.

Die Vorschrift **konkretisiert** die bereits in § 59 AO am Ende angeordnete **Übereinstimmung von Satzung und tatsächlicher Geschäftsführung.** Eine allen für die Steuervergünstigung erforderlichen Anforderungen genügende Satzung wäre nur Makulatur, wenn sich die tatsächliche Geschäftsführung nicht an dieser Satzung genau orientieren würde. 1

Nach § 63 **Abs. 1** AO muss die tatsächliche Geschäftsführung der Körperschaft, d. h. das Handeln ihrer Organe, sowohl auf die ausschließliche (s. § 56 AO) und unmittelbare (s. § 57 AO) Erfüllung der steuerbegünstigten Zwecke gerichtet sein, als auch den einschlägigen Satzungsbestimmungen genügen. Das gilt auch für Vorbereitungshandlungen (BFH v. 23.07.2003, I R 29/02, BStBl II 2003, 930). Es reicht daher auch nicht aus, wenn die tatsächliche Geschäftsführung auf die ausschließliche und unmittelbare Erfüllung anderer als der satzungsgemäßen Zwecke gerichtet ist, selbst wenn auch diese steuerbegünstigt sind (s. auch § 59 AO Rz. 3; FG Ha v. 29.08.2007, 5 K 145/05, EFG 2008, 100). Ein Fehlverhalten der Organe wirkt sich in entsprechender Anwendung des § 31 BGB unmittelbar auf die Körperschaft aus. 2

Angesprochen sind durch die Vorschrift insbes. auch die in § 55 AO enthaltenen Voraussetzungen der **Selbstlosigkeit.** Ein Verstoß gegen § 63 Abs. 1 AO liegt auch vor, wenn im Falle des § 61 Abs. 2 AO der Beschluss über die **Vermögensverwendung** ohne die Einwilligung des FA durchgeführt wird (s. § 61 AO Rz. 4 ff.). Soll der tatsächlich verfolgte steuerbegünstigte **Zweck geändert** werden oder zu dem bisher allein verfolgten Zweck ein weiterer steuerbegünstigter Zweck treten, erfordert dies zuvor eine entsprechende Satzungsänderung. Die Nachweispflicht trifft bei Zuwendungen an eine ausländische Körperschaft, anders als in Inlandsfällen, nicht den Zuwendungsempfänger, sondern den inländischen Spender (BFH v. 21.0.12015, X R 7/13, BStBl II 2015, 588). 3

§ 63 **Abs. 2** AO überträgt auf die tatsächliche Geschäftsführung sinngemäß die in Bezug auf die **zeitlichen Anforderungen** für die Satzung getroffenen Regelungen (s. §§ 60 Abs. 2 und 61 Abs. 3 AO). Das bedeutet, dass die Übereinstimmung zwischen Satzung und Geschäftsführung als Voraussetzung für Steuervergünstigungen bei der KSt oder GewSt während des ganzen Veranlagungs- bzw. Bemessungszeitraums, für den die Vergünstigungen begehrt werden, vorliegen muss. Bei den ande- 4 ren Steuern muss diesem Erfordernis bis zum Zeitpunkt der Entstehung der Steuer Rechnung getragen sein. Wird über das Vermögen einer Körperschaft das Insolvenzverfahren eröffnet, entfallen die Voraussetzungen einer zuvor bestehenden Steuerbefreiung, denn das Vermögen dient nun nur noch der Gläubigerbefriedigung (BFH v. 16.05.2007, I R 14/06, BStBl II 2007, 808; a. A. *Kahlert/Eversberg*, ZIP 2010, 260). Fehlt es an der Übereinstimmung zwischen Satzung und tatsächlicher Handhabung hinsichtlich des in § 55 Abs. 1 Nr. 4 AO aufgestellten Grundsatzes der **Vermögensbindung**, ist in sinngemäßer Anwendung des § 61 Abs. 3 AO bei der Besteuerung so zu verfahren, als habe diese Divergenz von Anfang an bestanden. Die der Körperschaft mit Rücksicht auf die Verfolgung begünstigter Zwecke gewährten Steuervergünstigungen fallen daher rückwirkend weg. Dem ist gem. § 175 Abs. 1 Satz 1 Nr. 2 AO durch Erlass, Aufhebung oder Änderung der entsprechenden Steuerbescheide Rechnung zu tragen. Davon betroffen sind entsprechend § 61 Abs. 3 Satz 2 AO nur die Steuern, die innerhalb der letzten zehn Kalenderjahre vor der tatsächlichen Verletzung der Vorschrift über die Vermögensbindung entstanden sind.

5 Die Übereinstimmung von Satzung und tatsächlicher Geschäftsführung muss nachprüfbar sein (s. AEAO zu § 63, Nr. 1). Daher ordnet § 63 **Abs. 3** AO an, dass die Körperschaft den **Nachweis**, dass die tatsächliche Geschäftsführung den Erfordernissen des § 63 Abs. 1 AO entspricht, durch ordnungsmäßige Aufzeichnungen über ihre Einnahmen und Ausgaben zu führen hat (s. § 145 Abs. 2 AO). Die notwendigen Aufzeichnungen müssen sowohl die Art der Einnahmen und Ausgaben als auch deren Höhe und die beteiligten Personen festhalten. Unberührt bleiben die ggfs. durch die Rechtsform der Körperschaft bedingten kaufmännischen Buchführungspflichten (s. §§ 140ff. AO). Fehlt es an den nach § 63 Abs. 3 AO erforderlichen Aufzeichnungen oder sind sie im genannten Sinne nicht ordnungsgemäß, entfällt die Steuerbegünstigung. Bei ausländischen Stiftungen ist die Anforderung eines bereits erstellten und bei der ausländischen Stiftungsbehörde eingereichten Tätigkeits- oder Rechenschaftsberichts eine zulässige Maßnahme der Steueraufsicht (BFH v. 21.0.12015, X R 7/13, BStBl II 2015, 588).

6 Hat eine Körperschaft unter Verstoß gegen § 62 AO Rücklagen oder Vermögen gebildet, führt dies nicht zwangsläufig zum Wegfall der Steuerbegünstigung. Das FA kann nach § 63 Abs. 4 AO eine angemessene Frist für die steuerbegünstigte Verwendung der **unzulässig thesaurierten Mittel** setzen. Werden innerhalb dieser Frist die Mittel für steuerbegünstigte Zwecke verwendet, hat der Verstoß keine nachteiligen Folgen, wie Satz 2 klarstellt. Die Ermessensentscheidung über die Fristsetzung ist kein VA, da sie keine unmittelbare Außenwirkung hat. Anfechtbar ist erst der VA, mit dem nach fruchtlosem Ablauf der Frist die Folgen gezogen werden.

Der Zeitraum, in dem steuerbegünstigte Körperschaf- 7
ten im Sinne des § 10b Abs. 1 Satz 2 EStG Zuwendungsbestätigungen nach § 50 EStDV ausstellen dürfen, wird durch § 63 Abs. 5 AO gesetzlich definiert. Durch die gesetzliche Regelung soll sichergestellt werden, dass nur die steuerbegünstigten Körperschaften Zuwendungsbestätigungen ausstellen können, die in regelmäßigem Zeitabstand die Voraussetzungen für die Steuervergünstigung durch das FA überprüfen lassen (Buchst. a). Die Regelung ermöglicht es auch den Körperschaften Zuwendungsbestätigungen auszustellen, die im Veranlagungsverfahren noch keinen Freistellungsbescheid oder eine Anlage zum Körperschaftsteuerbescheid erhalten haben. Wurde bei den betroffenen Körperschaften durch den Grundlagenbescheid nach § 60a Abs. 1 AO festgestellt, dass die satzungsmäßigen Voraussetzungen eingehalten wurden, dann ist aufgrund dieser Feststellung das Ausstellen der Zuwendungsbestätigungen in den folgenden zwei Jahren möglich (Buchst. b; BT-Drs. 17/11316, 13).

## § 64 AO
## Steuerpflichtige wirtschaftliche Geschäftsbetriebe

**(1) Schließt das Gesetz die Steuervergünstigung insoweit aus, als ein wirtschaftlicher Geschäftsbetrieb (§ 14) unterhalten wird, so verliert die Körperschaft die Steuervergünstigung für die dem Geschäftsbetrieb zuzuordnenden Besteuerungsgrundlagen (Einkünfte, Umsätze, Vermögen), soweit der wirtschaftliche Geschäftsbetrieb kein Zweckbetrieb (§§ 65 bis 68) ist.**

**(2) Unterhält die Körperschaft mehrere wirtschaftliche Geschäftsbetriebe, die keine Zweckbetriebe (§§ 65 bis 68) sind, werden diese als ein wirtschaftlicher Geschäftsbetrieb behandelt.**

**(3) Übersteigen die Einnahmen einschließlich Umsatzsteuer aus wirtschaftlichen Geschäftsbetrieben, die keine Zweckbetriebe sind, insgesamt nicht 35 000 Euro im Jahr, so unterliegen die diesen Geschäftsbetrieben zuzuordnenden Besteuerungsgrundlagen nicht der Körperschaftssteuer und der Gewerbesteuer.**

**(4) Die Aufteilung einer Körperschaft in mehrere selbständige Körperschaften zum Zweck der mehrfachen Inanspruchnahme der Steuervergünstigung nach Absatz 3 gilt als Missbrauch von rechtlichen Gestaltungsmöglichkeiten im Sinne des § 42.**

**(5) Überschüsse aus der Verwertung unentgeltlich erworbenen Altmaterials außerhalb einer ständig**

**dafür vorgehaltenen Verkaufsstelle, die der Körperschaftssteuer und der Gewerbesteuer unterliegen, können in Höhe des branchenüblichen Reingewinns geschätzt werden.**

**(6) Bei den folgenden steuerpflichtigen wirtschaftlichen Geschäftsbetrieben kann der Besteuerung ein Gewinn von 15 Prozent der Einnahmen zugrunde gelegt werden:**

**1. Werbung für Unternehmen, die im Zusammenhang mit der steuerbegünstigten Tätigkeit einschließlich Zweckbetrieben stattfindet,**
**2. Totalisatorbetriebe,**
**3. Zweite Fraktionierungsstufe der Blutspendedienste.**

**Inhaltsübersicht**



**Schrifttum**

ARNOLD, Gemeinnützigkeit von Vereinen und Beteiligung an Gesellschaften, DStR 2005, 581; SCHOLZ/GARTHOFF, Sponsoring von Sportvereinen jetzt steuerpflichtig?, BB 2008, 1148; EVERSBERG/BALDAUF, Der gemeinnützige Betrieb wirtschaftlicher Art als steuerbegünstigter wirtschaftlicher Geschäftsbetrieb (Zweckbetrieb) einer juristischen Person des öffentlichen Rechts, DStZ 2011, 597; KREBBERS, Abgrenzung zwischen wirtschaftlichem Geschäftsbetrieb und Vermögensverwaltung, AO-StB 2012, 242; SÖHL, Wirtschaftliche Geschäftsbetriebe in gemeinnützigen Einrichtungen, NJW 2013, 190.

## A. Steuerpflicht wirtschaftlicher Geschäftsbetriebe

1 § 64 Abs. 1 AO setzt voraus, dass sich eine Steuervergünstigung nicht auf einen wirtschaftlichen Geschäftsbetrieb i. S. von § 14 AO erstreckt (s. hierzu § 5 Abs. 1 Nr. 9 Satz 2 KStG und § 3 Nr. 6 Satz 2 GewStG; zur Vermögensverwaltung durch Vermietung von Immobilien s. BFH v. 24.07.1996, I R 35/96, BStBl II 1996, 583, 585). In diesen genannten Fällen verliert die Körperschaft für die Werte (Vermögen, Einkünfte, Umsätze), die zu dem wirtschaftlichen Geschäftsbetrieb gehören, die Steuervergünstigung, soweit nicht ein Ausnahmefall i. S. der §§ 65 bis 68 AO gegeben ist (Zweckbetrieb).Die Beteiligung einer gemeinnützigen Stiftung an einer gewerblich geprägten vermögensverwaltendenPersonengesellschaft ist kein wirtschaftlicher Geschäftsbetrieb (BFH v. 25.05.2011, I R 60/10, BStBl II 2011, 858).

Unterhält die Körperschaft einen wirtschaftlichen Geschäftsbetrieb, der nicht als Zweckbetrieb steuerunschädlich ist, den verfolgten begünstigten Zweck jedoch gleichwohl fördert – sei es unmittelbar, sei es mittelbar finanziell oder in Gestalt von Hilfs- oder Nebentätigkeiten – so steht das zwar der Anerkennung des steuerbegünstigten Zwecks der Körperschaft nicht entgegen, hat jedoch – aus Gründen der Wettbewerbsneutralität – eine partielle Steuerpflicht zur Folge (**steuerpflichtiger Geschäftsbetrieb**). Die Körperschaft wird mit den Einkünften, die aus dem Geschäftsbetrieb erzielt werden, zur KSt und GewSt herangezogen. Im Übrigen bleibt ihre Steuerbefreiung aufrechterhalten (BFH v. 18.12.2002, I R 15/02, BStBl II 2003, 384). Die Gewinnermittlung folgt den allgemeinen steuerlichen Regeln (zur Abziehbarkeit von Auflagen, die dem ideellen Bereich zugutekommen BFH v. 05.06.2003, I R 76/01, BStBl II 2005, 305; Nichtanwendungserlass BMF v. 24.03.2005, IV C 4 – S 0171 – 32/05, BStBl I 2005, 608). 2

Da die §§ 64 bis 68 AO der Wettbewerbsneutralität dienen, sind sie auch drittschützende Normen. Ein Verstoß der Finanzbehörde gegen diese Vorschriften kann zu einer Verletzung von Rechten der Mitbewerber führen (BFH v. 18.09.2007, I R 30/06, BStBl II 2008, 126). 2a

Unterhält eine Körperschaft ein Geschäft mit Werbeanzeigen, so liegt hierin grundsätzlich ein wirtschaftlicher Geschäftsbetrieb (BFH v. 07.11.2007, I R 42/06, BStBl II 2008, 949). Auch der Betrieb einer Kantine oder Druckerei, oder die Unterhaltung einer Unterstützungs- oder Pensionskasse, wird in der Regel als steuerpflichtiger wirtschaftlicher Geschäftsbetrieb anzusehen sein, ohne dass die Steuerbefreiung der betreffenden Körperschaft im Übrigen verloren geht. 3

Die Unterhaltung eines Geschäftsbetriebes, der den steuerbegünstigten Zweck weder unmittelbar noch mittelbar – in Gestalt von Hilfs- oder Nebentätigkeiten – fördert und auch nicht dazu dient, finanzielle Mittel zur Erfüllung des steuerbegünstigten Zwecks aufzubringen, steht der Anerkennung als steuerbegünstigte Körperschaft schlechthin entgegen (**steuerschädlicher Geschäftsbetrieb**). Diese Voraussetzung trifft insbes. für solche Geschäftsbetriebe zu, die in nicht nur unerheblichem Umfang eigenwirtschaftlichen Zwecken der Körperschaft oder ihrer Mitglieder dienen (s. § 55 AO und die dortigen Erläuterungen). 4

Beispiele aus der **Rechtsprechung**: BFH v. 28.11.1961 I 34/61 U, BStBl III 1962, 73, Anzeigengeschäft einer Vereinszeitung als wirtschaftlicher Geschäftsbetrieb; BFH v. 02.03.1990 III R 89/87, BStBl II, 1012, stundenweise Vermietung der Tennishalle eines Tennisvereins an Mitglieder und Nichtmitglieder; BFH v. 28.02.1992 I R 149/90, BStBl II 1992, 693, Altkleidersammlung, bei der das Sammelgut zur Mittelbeschaffung weiterveräußert wird; BFH v. 22.04.2009, I R 15/07, BStBl II 2011, 475 entgegen BFH v. 05.06.2003, I R 76/01, BStBl II 2005, 305, Totalisator- 5 betrieb eines Traberzuchtvereins – Übergangsregelung BMF v. 04.05.2011, BStBl I 2011, 539; BFH v. 04.04.2007, I R 55/06, BStBl II 2007, 725, Verpachtung eines zuvor selbst betriebenen wirtschaftlichen Geschäftsbetriebs; BFH v. 07.11.2007, I R 42/06, BStBl II 2008, 949, Schalten von Anzeigen und Einräumen der Möglichkeit auf Veranstaltungen der begünstigten Körperschaft Produkte vorzustellen und zu bewerben; FG Köln v. 18.04.2012, 13 K 1075/08, EFG 2012, 1693: Verkauf von Karnevalsorden durch einen als gemeinnützig anerkannten Karnevalsverein.

5a Vorrangig durch den ideellen (außersteuerlichen) Bereich eines Vereins (z. B. Spielbetrieb eines Sportvereins) veranlasste Aufwendungen, die durch einen Gewerbebetrieb (z. B. Werbung) mitveranlasst sind, können anteilig dem gewerblichen Bereich zuzuordnen sein. Die gewerbliche Mitveranlassung ist aber nur zu berücksichtigen, wenn objektivierbare zeitliche oder quantitative Kriterien für die Abgrenzung der Veranlassungszusammenhänge vorhanden sind. Sind die ideellen und gewerblichen Beweggründe untrennbar ineinander verwoben, ist nur der primäre Veranlassungszusammenhang zu berücksichtigen (BFH v. 15.01.2015, I R 48/13, BStBl II 2015, 713).

6 Ist an einer Personengesellschaft eine gemeinnützige Körperschaft beteiligt, so wird im einheitlichen und gesonderten Gewinnfeststellungsbescheid der Personengesellschaft bindend festgestellt, ob die Körperschaft gewerbliche Einkünfte bezieht und damit einen wirtschaftlichen Geschäftsbetrieb unterhält (BFH v. 27.07.1988, I R 113/84, BStBl II 1989, 134). Ob der wirtschaftliche Geschäftsbetrieb steuerpflichtig oder ein Zweckbetrieb ist, wird dagegen im Veranlagungsverfahren der Körperschaft entschieden (s. AEAO zu § 64, Nr. 3). Das BMF hat den AEAO zu § 64 teilweise geändert (Schr. v. 24.01.2018, BStBl I 2018, 258, Tz. 4). Allein die Beteiligung einer gemeinnützigen Stiftung an einer gewerblich geprägten Personengesellschaft führt nicht zu einem wirtschaftlichen Geschäftsbetrieb der Körperschaft (BFH v. 18.02.2016, V R 60/13, BStBl II 2017, 251).

## B. Zusammenfassung wirtschaftlicher Geschäftsbetriebe

7 Die in § 64 Abs. 2 AO angeordnete Zusammenfassung mehrerer wirtschaftlicher Geschäftsbetriebe, die keine Zweckbetriebe sind, zu einem wirtschaftlichen Geschäftsbetrieb ermöglicht die Verrechnung der Verluste bzw. Überschüsse der einzelnen wirtschaftlichen Geschäftsbetriebe untereinander. Die Vorschrift ist vor dem Hintergrund des § 55 AO zu sehen, wonach die Mittel – zu denen auch aus wirtschaftlichem Geschäftsbetrieb stammende Überschüsse gehören – grundsätzlich nur für den satzungsgemäßen Zweck verwendet werden dürfen. Insgesamt aber müssen die (zusammengefassten) wirtschaftlichen Geschäftsbetriebe kostendeckend arbeiten. Eine Saldierung mit den Verlusten aus einem Zweckbetrieb findet nicht statt (BFH v. 27.03.1991, I R 31/89, BStBl II 1992, 103 zur Zuordnung von Ausgaben; s. aber auch BFH v. 13.11.1996, I R 152/93, BStBl II 1998, 711).

## C. Besteuerungsgrenze

Die in § 64 Abs. 3 AO enthaltene Besteuerungsgrenze führt dazu, dass die gemeinnützige Körperschaft dann nicht der Körperschaftsteuer sowie der Gewerbesteuer unterliegt, wenn ihre Einnahmen einschließlich Umsatzsteuer aus den nach § 64 Abs. 2 AO als Einheit behandelten wirtschaftlichen Geschäftsbetrieben den Betrag von 35 000 Euro im Jahr nicht übersteigen (bis 2006 30 678 Euro). Es handelt sich nicht um einen Freibetrag. Übersteigen die Bruttoeinnahmen diesen Betrag, muss die Ertragsbesteuerung auf der Grundlage des gesamten Überschusses des wirtschaftlichen Geschäftsbetriebs durchgeführt werden. Die vorrangig als Vereinfachung gedachte Vorschrift bringt für viele (insbes. kleine) Vereine auch eine materielle Verbesserung mit sich. Für die Umsatzsteuer gilt die Kleinunternehmerregelung des § 19 UStG. 8

## D. Zellteilungsverbot

§ 64 Abs. 4 AO soll verhindern, dass sich größere Körperschaften zum Zwecke mehrfacher Ausnützung der Besteuerungsgrenze des § 64 Abs. 3 AO in mehrere Körperschaften aufteilen. Die Vorschrift steht in sachlichem Zusammenhang mit § 51 Satz 3 AO. Eine derartige Aufteilung (Zellteilung) könnte zu Wettbewerbsverzerrungen führen. Dem begegnet das Gesetz indem es die Aufteilung als Missbrauch von rechtlichen Gestaltungsmöglichkeiten ansieht. Das hat nach § 42 Satz 2 AO zur Folge, dass die Besteuerungsgrenze des § 64 Abs. 3 AO nicht mehrfach in Anspruch genommen werden kann. 9

Nicht jede Aufteilung ist für die Besteuerung unbeachtlich, sondern nur diejenige, die die mehrfache Inanspruchnahme der Steuervergünstigung bezweckt. Der Nachweis, dass das zumindest ein Hauptziel der Spaltung war, dürfte schwer zu führen sein. § 64 Abs. 4 AO gilt nicht für regionale Untergliederungen steuerbegünstigter Körperschaften (s. AEAO zu § 64 Nr. 24). 10

## E. Altmaterialverwertung

§ 64 Abs. 5 AO beschäftigt sich mit der Schätzung der Überschüsse aus der Verwertung unentgeltlich erworbenen Altmaterials. Unter Altmaterial sind Gegenstände zu 11 verstehen, die nur noch Materialwert, aber keinen Gebrauchswert mehr haben. Die Schätzung nach § 64 Abs. 5 AO ist daher nicht möglich, wenn gebrauchte Gegenstände einzeln auf einem Basar oder dergleichen verkauft werden (BFH v. 11.02.2009, I R 73/08, BStBl II 2009, 516). Die Schätzung nach Maßgabe dieser Vorschrift kommt (schon aus Wettbewerbsgründen) nur in Betracht, wenn das Altmaterial nicht im Rahmen einer ständig dafür vorgehaltenen Verkaufsstelle verwertet wird. Die Überschussschätzung ist nur erforderlich, wenn die Bruttoeinnahmen aus der Gesamtheit der wirtschaftlichen Geschäftsbetriebe i. S. des § 14 AO (s. § 64 Abs. 2 AO) die Besteuerungsgrenze des § 64 Abs. 3 AO übersteigt. Sie begünstigt die derartige wirtschaftliche Betätigung der gemeinnützigen Körperschaften dadurch, dass unter Außerachtlassung fiktiver (bzw. tatsächlich gezahlter niedrigerer) Löhne und sonstiger Kosten der Überschuss in Höhe des branchenüblichen Reingewinns geschätzt werden kann. Ist der Überschuss tatsächlich geringer, braucht sich die Körperschaft nicht auf die derartige Schätzung einzulassen (s. AEAO zu § 64, Nr. 26: Schätzung auf Antrag). Zur Altkleidersammlung als wirtschaftlichen Geschäftsbetrieb bei Veräußerung des Sammelguts zur Mittelbeschaffung BFH v. 26.02.1992, I R 149/90, BStBl II 1992, 693. § 64 Abs. 5 AO findet nur dann Anwendung, wenn die Verwertung durch die Körperschaft selbst durchgeführt wird (FG Thür. V. 26.02.2015, 1 K 375/11, EFG 2015, 874).

### F. Vereinfachung bei bestimmten wirtschaftlichen Geschäftsbetrieben

12 § 64 Abs. 6 AO ermöglicht es, dass bei bestimmten, namentlich aufgeführten wirtschaftlichen Geschäftsbetrieben auf Antrag (s. AEAO zu § 64, Nr. 32) pauschal ein Gewinn von 15 % der Einnahmen zugrunde gelegt werden kann. Ist der tatsächliche Gewinn niedriger, kann dieser angesetzt werden. Zu einer Besteuerung kommt es nur dann, wenn die Bruttoeinnahmen die Grenze des § 64 Abs. 3 AO übersteigen. Diese Möglichkeit besteht nur für steuerbegünstigte Körperschaften (BFH v. 15.02.2015, I R 48/13, BStBl II 2015, 713).

## § 65 AO Zweckbetrieb

**Ein Zweckbetrieb ist gegeben, wenn**

1. **der wirtschaftliche Geschäftsbetrieb in seiner Gesamtrichtung dazu dient, die steuerbegünstigten satzungsmäßigen Zwecke der Körperschaft zu verwirklichen,**
2. **die Zwecke nur durch einen solchen Geschäftsbetrieb erreicht werden können und**
3. **der wirtschaftliche Geschäftsbetrieb zu nicht begünstigten Betrieben derselben oder ähnlicher Art nicht in größerem Umfang in Wettbewerb tritt, als es bei Erfüllung der steuerbegünstigten Zwecke unvermeidbar ist.**

#### Schrifttum

WIEMHOFF, Zweckbetriebe als Konkurrenten steuerpflichtiger Anbieter, StW 1999, 18; DEHESSELLES, Legal definierter Zweckbetrieb oder steuerpflichtiger wirtschaftlicher Geschäftsbetrieb? – zum Verhältnis von § 68 zu § 65 AO, DStR 2003, 537; SCHAUHOFF/KIRCHHAIN, Gemeinnützigkeit im Umbruch durch Rechtsprechung, DStR 2008, 1713; EVERSBERG/BALDAUF, Der gemeinnützige Betrieb wirtschaftlicher Art als steuerbegünstigter wirtschaftlicher Geschäftsbetrieb (Zweckbetrieb) einer juristischen Person des öffentlichen Rechts, DStZ 2011, 597; HÜTTEMANN/SCHAUHOFF, Der BFH als Wettbewerbshüter, DB 2011, 319; DEHESSELLES, Das Ende des Zweckbetriebs? DStR 2012, 2309.

1 Die Vorschrift normiert die **Voraussetzungen**, unter denen ein **wirtschaftlicher Geschäftsbetrieb** (§ 14 AO) der Gewährung von Steuervergünstigungen wegen Verfolgung steuerbegünstigter Zwecke nicht entgegensteht. Liegt ein **Zweckbetrieb** vor, so wird die Steuervergünstigung auch für die Werte (Vermögen, Einkünfte, Umsätze), die zu diesem Betrieb gehören, gewährt. Die Voraussetzungen, unter denen ein wirtschaftlicher Geschäftsbetrieb als Zweckbetrieb anzusehen ist, sind in **§ 65 Nr. 1 bis 3 AO** aufgeführt, die **kumulativ** erfüllt werden müssen (BFH v. 02.03.1990, III R 89/87, BStBl II 1990, 1012).

2 Der wirtschaftliche Geschäftsbetrieb muss in seiner **Gesamtrichtung** dazu dienen, die **steuerbegünstigten satzungsmäßigen Zwecke** der Körperschaft **zu verwirklichen** (§ 65 Nr. 1 AO), die auf andere Weise nicht erreicht werden können (§ 65 Nr. 2 AO). Der satzungsmäßige begünstigte Zweck und der wirtschaftliche Geschäftsbetrieb müssen also **eine Einheit** bilden (BFH v. 12.06.2008, V R 33/05, BStBl II 2009, 221). Der Zweck muss sich mit der Unterhaltung des wirtschaftlichen Geschäftsbetriebs decken und in ihm unmittelbar seine Erfüllung finden (BFH v. 11.04.1990, I R 122/87, BStBl II 1990, 724); es muss sich um einen unentbehrlichen Hilfsbetrieb handeln (BFH v. 30.11.2016, V R 53/15, BStBl II 2017, 1224). Dies erfordert darüber hinaus, dass auch die Geschäftsführung des Betriebes ausschließlich auf den steuerbegünstigten Zweck ausgerichtet sein muss (BFH v. 02.03.1990, III R 89/87, BStBl II 1990, 1012 zur Vermietung von Tennisplätzen eines Tennisvereins zu gleichen Konditionen an Mitglieder und Nichtmitglieder des Vereins; BFH v. 18.01.1995, V R 139–142/92, BStBl II 1995, 446 zur Beherbergung allein reisender Erwachsener in Jugendherbergen; BFH v. 19.05.2005, V R 32/03, BStBl II 2005, 900: kurzfristige Überlassung von Wohnraum durch Studentenwerk an Nichtstudierende; BFH v. 30.03.2000, V R 30/99, BStBl II 2000, 705 zur entgeltli-

chen Überlassung von Schlittschuhen an Nutzer einer Eissporthalle; BFH v. 19.12.2007, I R 15/07, BStBl II 2009, 262: fördern Traberrennen die Traberzucht?). Für die Annahme eines Zweckbetriebs genügt es nicht, dass die erzielten Einnahmen eines wirtschaftlichen Geschäftsbetriebs zur Erfüllung eines begünstigten Zwecks eingesetzt werden (BFH v. 13.03.1991, I R 8/88, BStBl II 1992, 101 zur Bandenwerbung in einer Sportstätte; BFH v. 06.04.2005, I R 85/04, BStBl II 2005, 545 zur Überlassung von medizinischem Großgerät durch ein Krankenhaus; BFH v. 30.11.2016, V R 53/15, BStBl II 2017, 1224, Kostümfest eines Karnevalvereins; s. auch AEAO zu § 65, Nr. 2). Die Überlassung von Arbeitskräften gegen Bezahlung an andere begünstigte Körperschaften, dient unabhängig von § 58 Nr. 3 AO nicht der Verwirklichung satzungsgemäßer Zwecke und ist daher kein Zweckbetrieb (BFH v. 17.02.2010, I R 2/08, BStBl II 2010, 1006).

3 Neben der Erfüllung der Voraussetzungen der § 65 Nr. 1 und 2 AO ist zusätzlich erforderlich, dass der wirtschaftliche Geschäftsbetrieb zu nicht begünstigten Betrieben derselben oder ähnlicher Art **nicht in größerem Umfang in Wettbewerb tritt**, als es bei Verfolgung der steuerbegünstigten Zwecke unvermeidbar ist (§ 65 Nr. 3 AO). Ein Wettbewerb in diesem Sinn liegt vor, wenn im Einzugsbereich der begünstigten Körperschaft ein nichtsteuerbegünstigter Unternehmer die gleiche Leistung anbietet oder anbieten könnte (BFH v. 30.03.2000, V R 30/99, BStBl II 2000, 705; a.A. BFH v. 27.10.1993, I R 60/91, BStBl II 1994, 573; s. AEAO zu § 65 Nr. 4: es genügt ein potentieller Wettbewerb, ohne dass es auf die tatsächlichen Verhältnisse vor Ort ankommt). Es wäre nicht vertretbar, Betriebe steuerlich zu begünstigen, die mit anderen steuerpflichtigen Unternehmen ernsthaft konkurrieren oder konkurrieren können (BFH v. 27.10.1993, I R 60/91, BStBl II 1994, 573; BFH v. 15.12.1993, X R 115/91, BStBl II 1994, 314). Entscheidend ist, ob die steuerbegünstigten Zwecke ohne die wirtschaftliche Betätigung nicht erreichbar wären und deshalb potentielle Konkurrenten, die der Besteuerung unterliegen, die Befreiung dieser Aktivitäten der gemeinnützigen Körperschaft aus übergeordneten Gesichtspunkten hinzunehmen haben (BFH v. 13.08.1986, II R 246/81, BStBl II 1986, 831). Es kann daher nur ein bei der Erfüllung der steuerbegünstigten Zwecke vermeidbarer Wettbewerb steuerschädlich sein (BFH v. 19.07.1995, I R 56/94, BStBl II 1996, 28).Eine Ausnahme hiervon macht die Rechtsprechung bei wirtschaftlichen Geschäftsbetrieben, die in ihrer Gesamtrichtung der Eingliederung behinderter Menschen dienen (BFH v. 04.06.2003 I R 25/02, BStBl II 2004, 660 zu § 68 Nr. 3 2. Alt. AO a.F., s. § 68 Nr. 3c AO n.F.).

4 Bei der Prüfung, ob die für die Annahme eines Zweckbetriebs aufgestellten Voraussetzungen vorliegen, werden die in den §§ 66 bis 68 AO aufgeführten **gesetzlichen Anwendungsfälle** hilfreich sein. Sie lassen weitgehende Rückschlüsse auf die Bedeutung der in § 65 AO enthaltenen allgemeinen Formulierungen zu.

## § 66 AO Wohlfahrtspflege

**(1) Eine Einrichtung der Wohlfahrtspflege ist ein Zweckbetrieb, wenn sie in besonderem Maße den in § 53 genannten Personen dient.**

**(2) Wohlfahrtspflege ist die planmäßige, zum Wohle der Allgemeinheit und nicht des Erwerbes wegen ausgeübte Sorge für notleidende oder gefährdete Mitmenschen. Die Sorge kann sich auf das gesundheitliche, sittliche, erzieherische oder wirtschaftliche Wohl erstrecken und Vorbeugung oder Abhilfe bezwecken.**

**(3) Eine Einrichtung der Wohlfahrtspflege dient in besonderem Maße den in § 53 genannten Personen, wenn diesen mindestens zwei Drittel ihrer Leistungen zugute kommen. Für Krankenhäuser gilt § 67.**

### Schrifttum

BARTHMUSS, Wann sind Medizinische Versorgungszentren gemeinnützig?, DB 2007, 706.

Die Vorschrift klärt, unter welchen Voraussetzungen eine **Einrichtung der Wohlfahrtspflege** ein **Zweckbetrieb** (§ 66 Abs. 1 i.V.m. § 66 Abs. 3 AO) ist und definiert den Begriff der Wohlfahrtspflege (§ 66 Abs. 2 AO). 1

Unter **Wohlfahrtspflege** versteht das Gesetz die in § 66 Abs. 2 AO umschriebene Tätigkeit. Die Definition ist in ihrer allgemeinen Form nicht geeignet, alle Abgrenzungsschwierigkeiten zu beseitigen. § 68 AO zählt eine Reihe von Einrichtungen der Wohlfahrtspflege beispielhaft auf. § 23 UStDV führt amtlich anerkannten Verbände der freien Wohlfahrtspflege auf, die unter § 66 Abs. 2 AO zu subsumieren sind. Das gilt auch für deren Untergliederungen, Einrichtungen und Anstalten, sei es, dass sich diese als unselbstständige Zweige der Verbände oder als rechtlich selbstständige Körperschaften, Vereinigungen und Vermögensmassen darstellen, die einem Wohlfahrtsverband als Mitglied angeschlossen sind und der freien Wohlfahrtspflege dienen. Allerdings bewirkt die Mitgliedschaft einer Körperschaft bei einem dieser Verbände für sich allein noch nicht, dass sie steuerbegünstigte Zwecke verfolgt (BFH v. 28.08.1968, I 242/65, BStBl II 1969, 145). Die Betätigung dieser Körperschaft selbst muss der Wohlfahrtspflege i.S. des § 66 Abs. 2 AO dienen. 2

Wenn Satz 1 des § 66 Abs. 2 AO verlangt, dass die begünstigte Tätigkeit »nicht des Erwerbes wegen« ausgeübt werden darf, so bedeutet das nicht, dass jede Ge- 3

**winnerzielungsabsicht** fehlen muss. Der Erwerbszweck darf nur **nicht der Hauptzweck der Betätigung** sein und die erzielten Überschüsse müssen für die steuerbegünstigten Zwecke verwendet werden. Angesprochen sind damit die allgemeinen Grundsätze der Selbstlosigkeit (s. § 55 AO und die dortigen Erläuterungen; s. AEAO zu § 66, Nr. 2). Der BFH war entgegen AEAO zu § 66, Nr. 6 der Auffassung, dass gewerbliche Rettungsdienste und Krankentransporte gemeinnütziger Wohlfahrtsverbände und der juristischen Personen des öffentlichen Rechts körperschaft- und gewerbesteuerpflichtige Betriebe sind (BFH v. 18.09.2007, I R 30/60, BStBl II 2009, 126). Die Finanzverwaltung hält an ihrer entgegenstehenden Auffassung fest. Diese Tätigkeiten werden nicht des Erwerbs wegen und zur Beschaffung zusätzlicher Mittel ausgeübt, sondern die Körperschaften verfolgen damit ihren satzungsmäßigen steuerbegünstigten Zweck der Sorge für Not leidende oder gefährdete Menschen (BMF v. 20.01.2009, BStBl I 2009, 339). Nunmehr vertritt der BFH die Auffassung, dass ein wirtschaftlicher Geschäftsbetrieb nicht allein deshalb des Erwerbs wegen agiert, weil er seine Leistungen zu denselben Bedingungen anbietet, wie private gewerbliche Unternehmen. Maßgeblich ist, dass mit dem Betrieb keine Gewinne angestrebt werden, die über seinen konkreten Finanzierungsbedarf hinausgehen (BFH v. 27.11.2013, I R 17/12, BStBl II 2016, 68). Vor dem Hintergrund dieser Rechtsprechung hat das BMF den AEAO zu § 66, Nr. 2 neu gefasst und den Umfang des konkreten Finanzierungsbedarfs näher definiert (Schr. v. 06.12.2017, BStBl I 2017, 1603).

4 Die Eigenschaft als Zweckbetrieb setzt voraus, dass die **Einrichtung der Wohlfahrtspflege** in besonderem Maße den in § 53 AO genannten Personen, also **persönlich oder wirtschaftlich Hilfsbedürftigen, dient** (§ 66 Abs. 1 AO). Dies ist nach § 66 **Abs. 3 Satz 1** AO dann der Fall, wenn diesen Personen mindestens zwei Drittel der Leistungen der Einrichtung der Wohlfahrtspflege zugutekommen. Sofern die Einrichtung nicht eine Dauerpflege gewährt, wird der Nachweis über die Einkommensverhältnisse der betreuten Personen nicht ohne Weiteres exakt geführt werden können. Handelt es sich z.B. um sog. Suppenküchen und dergl. zur Verpflegung Bedürftiger, so wird schon die allgemeine Erfahrung genügen, dass solche Einrichtungen regelmäßig von Begüterten nicht in Anspruch genommen werden. Die Leistungen müssen nicht unmittelbar (vertraglich) gegenüber den bedürftigen Personen erbracht werden. Es genügt, wenn die Hilfeleistung in tatsächlicher Hinsicht selbst und unmittelbar gegenüber den Hilfsbedürftigen erbracht wird (BFH v. 27.11.2013, I R 17/12, BStBl II 2016, 68; anders noch: BFH v. 17.02.2010, I R 2/08, BStBl II 2010, 1006; BFH v. 16.12.2010, I R 49/08, BStBl II 2011, 398).

5 Hinsichtlich der Krankenhäuser gilt § 67 AO als Sondervorschrift (§ 66 Abs. 3 Satz 2 AO).

## § 67 AO Krankenhäuser

**(1) Ein Krankenhaus, das in den Anwendungsbereich des Krankenhausentgeltsgesetzes oder der Bundespflegesatzverordnung fällt, ist ein Zweckbetrieb, wenn mindestens 40 Prozent der jährlichen Belegungstage oder Berechnungstage auf Patienten entfallen, bei denen nur Entgelte für allgemeine Krankenhausleistungen § 7 des Krankenhausentgeltsgesetzes, § 10 der Bundespflegesatzverordnung) berechnet werden.**

**(2) Ein Krankenhaus, das nicht in den Anwendungsbereich Krankenhausentgeltsgesetzes oder der Bundespflegesatzverordnung fällt, ist ein Zweckbetrieb, wenn mindestens 40 Prozent der jährlichen Belegungstage oder Berechnungstage auf Patienten entfallen, bei denen für die Krankenhausleistungen kein höheres Entgelt als nach Absatz 1 berechnet wird.**

Die Vorschrift bestimmt, unter welchen Voraussetzungen **Krankenhäuser als Zweckbetriebe** (s. § 65 AO) anzusehen sind (s. auch AEAO zu § 67). Sie unterscheidet zwischen solchen Anstalten, die in den Anwendungsbereich des Krankenhausentgeltsgesetzes oder der BundespflegesatzVO (BPflV) fallen (s. **§ 67 Abs. 1 AO**) und solchen, bei denen diese Voraussetzung nicht gegeben ist (**§ 67 Abs. 2 AO**). Der Begriff des Krankenhauses knüft damit an das Sozialrecht an (BFH v 25.01.2017, I R 74/14, BStBl II 2017, 650). Krankenhäuser sind nach § 2 Nr. 1 KrankenhausfinanzierungsG (KHG) Einrichtungen, in denen durch ärztliche und pflegerische Hilfeleistung Krankheiten, Leiden oder Körperschäden festgestellt, geheilt oder gelindert werden sollen oder Geburtshilfe geleistet wird und in denen die zu versorgenden Personen untergebracht und verpflegt werden (BFH v. 06.04.2005, I R 85/04, BStBl II 2005, 545; AEAO zu § 67). Zu dem Zweckbetrieb gehören alle Einnahmen und Ausgaben, die mit diesen ärztlichen und pflegerischen Leistungen zusammenhängen (BFH v. 18.10.1990, V R 35/85, BStBl II 1991, 157), wie auch die Abgabe von Medikamenten durch die Krankenhausapotheke an ambulant behandelte Patienten zur unmittelbaren Verabreichung im Krankenhaus (BFH v. 31.07.2013, I R 82/12, BStBl II 2015, 123) ; ebenso die Abgabe von Präparaten zur Verabreichung im Rahmen der ärztlich begleiteten Heimselbstbehandlung des Patienten (BFH v. 18.10.2017, V R 46/16, BFHE 259, 488). Überlässt ein Krankenhaus hingegen medizinisches Großgerät gegen Entgelt an Ärzte außerhalb des Krankenhausbetriebes, handelt es sich um einen eigenständigen wirtschaftlichen Geschäftsbetrieb (BFH v. 06.04.2005, I R 85/04, BStBl II 2005, 545). Gründet ein gemeinnütziger Krankenhausträger eine GmbH, die Laborleistungen für 1 die Krankenhäuser erbringt, so verfolgt diese GmbH selbst nicht unmittelbar gemeinnützige oder mildtätige Zwecke (BFH v. 06.02.2013, I R 59/11, BStBl II 2013, 603).

2 Nach § 1 Abs. 2 BPflV gilt diese nicht für die Krankenhäuser, auf die das KHG nach seinem § 3 Satz 1 Nr. 1 bis 4 keine Anwendung findet, sowie für die Krankenhäuser, die nach § 5 Abs. 1 Nr. 2, 4 oder 7 des KHG nicht gefördert werden, es sei denn, dass diese Krankenhäuser aufgrund Landesrechts nach § 5 Abs. 2 dieses Gesetzes gefördert werden. Soweit hiernach die BPflV anwendbar ist, ist ein Krankenhaus ein Zweckbetrieb, wenn mindestens 40 % der jährlichen Pflegetage auf Patienten entfallen, bei denen nur Entgelte für allgemeine Krankenhausleistungen (§§ 11, 13 und 26 BPflV) berechnet werden.

3 Krankenhäuser, die nicht in den Anwendungsbereich des Krankenhausentgeltsgesetzes oderder BPflV und daher auch nicht unter § 67 Abs. 1 AO fallen, sind nach § 67 Abs. 2 AO dann Zweckbetriebe, wenn mindestens 40 % der jährlichen Pflegetage auf Patienten entfallen, von denen tatsächlich für die erbrachten Krankenhausleistungen kein höheres Entgelt gefordert wird, als es den in § 67 Abs. 1 AO angesprochenen Bestimmungen des Krankenhausentgeltsgesetzes oder der BPflV entspricht. Das bedeutet, dass Voraussetzung für die Eigenschaft als Zweckbetrieb ist, dass die geforderten Entgelte lediglich die Selbstkosten unter besonderer Berücksichtigung der Vorschriften des BPflV decken.

4 Da von nicht öffentlich geförderten Krankenhäusern für Sozialleistungsträger nach § 17 Abs. 5 und § 20 KHG keine höheren Pflegesätze berechnet werden dürfen als die Sozialleistungsträger für Leistungen vergleichbarer öffentlicher Krankenhäuser oder nach dem KHG geförderter Krankenhäuser zu erbringen haben, wird der Nachweis für die Erfüllung der in § 67 Abs. 2 AO normierten Voraussetzungen schon durch die Tatsache als erbracht gelten, dass ein Krankenhaus i. S. des § 67 Abs. 2 AO die Pflegesätze mit Sozialleistungsträgern vereinbart hat, sofern der in § 67 Abs. 2 AO geforderte Anteil an der einschlägigen Krankenhausbelegung eingehalten ist.

## § 67a AO Sportliche Veranstaltungen

**(1) Sportliche Veranstaltungen eines Sportvereins sind ein Zweckbetrieb, wenn die Einnahmen einschließlich Umsatzsteuer insgesamt 45 000 Euro im Jahr nicht übersteigen. Der Verkauf von Speisen und Getränken sowie die Werbung gehören nicht zu den sportlichen Veranstaltungen.**

**(2) Der Sportverein kann dem Finanzamt bis zur Unanfechtbarkeit des Körperschaftsteuerbescheids erklären, dass er auf die Anwendung des Absatzes 1 Satz 1 verzichtet. Die Erklärung bindet den Sportverein für mindestens fünf Veranlagungszeiträume.**

**(3) Wird auf die Anwendung des Absatzes 1 Satz 1 verzichtet, sind sportliche Veranstaltungen eines Sportvereins ein Zweckbetrieb, wenn**

1. **kein Sportler des Vereins teilnimmt, der für seine sportliche Betätigung oder für die Benutzung seiner Person, seines Namens, seines Bildes oder seiner sportlichen Betätigung zu Werbezwecken von dem Verein oder einem Dritten über eine Aufwandsentschädigung hinaus Vergütungen oder andere Vorteile erhält und**
2. **kein anderer Sportler teilnimmt, der für die Teilnahme an der Veranstaltung von dem Verein oder einem Dritten im Zusammenwirken mit dem Verein über eine Aufwandsentschädigung hinaus Vergütungen oder andere Vorteile erhält.**

**Andere sportliche Veranstaltungen sind ein steuerpflichtiger wirtschaftlicher Geschäftsbetrieb. Dieser schließt die Steuervergünstigung nicht aus, wenn die Vergütungen oder andere Vorteile ausschließlich aus wirtschaftlichen Geschäftsbetrieben, die nicht Zweckbetriebe sind, oder von Dritten geleistet werden.**

**Inhaltsübersicht**



### A. Bedeutung der Vorschrift

Die Vorschrift regelt sowohl die **Förderung des bezahlten Sports** als auch von **sportlichen Veranstaltungen** eines **Sportvereins.** Unter sportlichen Veranstaltungen i. S. von § 67a AO sind organisatorische Maßnahmen eines Sportvereins zu verstehen, die es aktiven Sportlern ermöglichen, Sport zu treiben. Die Tätigkeit eines Sport-Dachverbandes gehört nicht dazu. Das ergibt sich daraus, dass der bezahlte Sport nicht unter den gemeinnützigkeitsrechtlichen Sportbegriff des § 52 Abs. 2 Satz 1 Nr. 21 AO fällt, weil er in erster Linie den eigenwirtschaftlichen Zwecken der bezahlten Sportler dient (vgl. AEAO zu § 52, Nr. 7; BFH v. 24.06.2015, I R 13/13, BStBl II 2016, 971; BMF v. 02.12.2016, BStBl I 2016, 1450). Die Vorschrift enthält eine Sonderregelung gegenüber § 65 AO. Eine sportliche Veranstaltung i. S. des § 67a AO kann vorliegen, ohne dass die Voraussetzungen des § 65 AO gegeben sind. Allerdings können wirtschaftliche Betätigungen im 1 sportlichen Bereich, die keine sportliche Veranstaltung i. S. des § 67a AO sind, die Voraussetzungen eines Zweckbetriebs nach § 65 AO erfüllen (BFH v. 25.07.1996, V R 7/95, BStBl II 1997, 154).

## B. Zweckbetrieb infolge Einnahmegrenze

2 Kraft § 67 a **Abs. 1 Satz 1** AO werden sportliche Veranstaltungen eines Sportvereins grundsätzlich als **Zweckbetrieb** behandelt, wenn die Einnahmen einschließlich Umsatzsteuer (s. AEAO zu § 67a, Nr. 17 ff.) im Jahr insgesamt **45 000 Euro nicht übersteigen** (bis 2012 35 000 Euro).

3 Die Begünstigung bezieht sich ausschließlich auf **Sportvereine und deren sportliche Veranstaltungen.** Unter Sportverein sind alle gemeinnützigen Körperschaften zu verstehen, bei denen die Förderung des Sports Satzungszweck ist (s. AEAO zu § 67a, Nr. 2). Eine sportliche Veranstaltung ist die **organisatorische Maßnahme** eines Sportvereins, **die es** aktiven Sportlern, die nicht Vereinsmitglied sein müssen, **erlaubt, Sport zu treiben.** Hierzu gehören auch das Training, Lehrgänge, Kurse (s. AEAO zu § 67a, Nr. 5) und die Durchführung von Sportreisen (BFH v. 25.07.1996, V R 7/95, BStBl II 1997, 154; s. AEAO zu § 67a, Nr. 4). Eine sportliche Veranstaltung kann auch dann vorliegen, wenn ein Sportverein im Rahmen einer anderen Veranstaltung eine sportliche Darbietung präsentiert. Die Rahmenveranstaltung muss nicht notwendigerweise die sportliche Veranstaltung eines Sportvereins sein (BFH v. 04.05.1994, XI R 109/90, BStBl II 1994, 886; s. AEAO zu § 67a, Nr. 3). Keine Veranstaltung liegt vor, wenn sich eine organisatorische Maßnahme auf Sonderleistungen für einzelne Personen bezieht (BFH v. 25.07.1996, V R 7/95, BStBl II 1997, 154). Damit ist kein Zweckbetrieb die Überlassung von Sportanlagen oder -geräten an Nichtvereinsmitglieder (BFH v. 02.03.1990, III R 89/87, BStBl II 1990, 1012; BFH v. 30.03.2000, V R 30/99, BStBl II 2000, 705; zu den Indizien einer Mitgliedschaft, die lediglich darauf gerichtet ist, die Nutzung der Sportstätten und Betriebsvorrichtungen des Vereins zu nutzen vgl. AEAO zu § 67a, Nr. 12) oder zum Zweck der Veranstaltungen Dritter. Eine Vermietung auf längere Dauer ist allerdings steuerfreie Vermögensverwaltung i. S. des § 14 Satz 3 AO (s. AEAO zu § 67a, Nr. 11 ff.).

4 Der Begriff der sportlichen Veranstaltung wird in § 67a Abs. 1 Satz 2 AO dahin **negativ abgegrenzt,** dass zu ihr weder der Verkauf von Speisen und Getränken gehört (gleichgültig ob an Zuschauer oder Aktive, s. AEAO zu § 67a, Nr. 6) noch die Werbung, wozu auch die Bandenwerbung in Sportstätten zählt (BFH v. 13.03.1991, I R 8/88, BStBl II 1992, 101; BFH v. 07.11.2007 I R 42/06, BStBl II 2008, 949 zu anderen Werbemaßnahmen; s. aber AEAO zu § 67a, Nr. 9 zur steuerfreien Vermögensverwaltung nach § 14 Satz 3 AO).

Den **Einnahmen** sind die Eintrittsgelder, Teilnahmegebühren aktiver Sportler (BFH v. 25.07.1996, V R 7/95, BStBl II 1997, 154) sowie die für Fernsehaufnahmen von sportlichen Veranstaltungen erzielten Entgelte zuzurechnen. 5

Wie § 64 Abs. 3 AO enthält die Vorschrift eine **betragsmäßige Grenze.** Übersteigen die Bruttoeinnahmen aus sportlichen Veranstaltungen im Jahr den Betrag von 45 000 Euro, so liegt kein Zweckbetrieb vor mit der Folge, dass alle sportlichen Veranstaltungen des Vereins als ein wirtschaftlicher Geschäftsbetrieb zu behandeln sind (s. AEAO zu § 67a, Nr. 1). 6

## C. Verzicht auf § 67a Abs. 1 AO

Der Sportverein kann auf die Behandlung sportlicher Veranstaltungen als Zweckbetrieb nach Maßgabe des § 67a Abs. 1 AO verzichten (§ 67a Abs. 2 Satz 1 AO). An dem Verzicht auf die Anwendung des § 67a Abs. 1 AO kann der Sportverein im Hinblick auf § 67a Abs. 3 Satz 1 AO sowie auf § 64 Abs. 2 und 3 AO Interesse haben. Der Verzicht ist z. B. dann sinnvoll, wenn damit der Ausgleich von Gewinnen und Verlusten mehrerer wirtschaftlicher Geschäftsbetriebe ermöglicht werden kann (s. § 64 Abs. 2 AO). 7

Der Verzicht erfolgt durch eine **Erklärung gegenüber dem** zuständigen FA. In zeitlicher Hinsicht muss die Erklärung bis zur Unanfechtbarkeit des Körperschaftssteuerbescheids der Finanzbehörde gegenüber wirksam geworden sein, d. h. bis zum Ablauf der einmonatigen (§ 355 Satz 1 AO) Rechtsbehelfsfrist (s. AEAO zu § 67a, Nr. 22). Ob der Körperschaftssteuerbescheid materielle Bestandskraft entfaltet oder nicht (z. B. weil er unter dem Vorbehalt der Nachprüfung nach § 164 AO ergangen ist), ist für den Fristlauf ohne Bedeutung (s. – wenn auch in anderem Zusammenhang – BFH v. 19.12.1985, V R 167/82, BStBl II 1986, 420). 8

Die **Verzichtserklärung bindet** den Sportverein nach § 67a Abs. 2 Satz 2 AO für **mindestens fünf Veranlagungszeiträume.** Will der Sportverein für einen außerhalb dieser Bindungsfrist liegenden späteren Veranlagungszeitraum sich aus der Bindung lösen, so muss er dies spätestens bis zur Unanfechtbarkeit des diesen Zeitraum betreffenden Körperschaftsteuerbescheids der zuständigen Finanzbehörde gegenüber erklären. 9

## D. Zweckbetriebseigenschaft bei Verzicht

Bei Verzicht auf die Anwendung des § 67a Abs. 1 AO liegt ein Zweckbetrieb unabhängig von der Höhe der erzielten Einnahmen oder des Überschusses vor, wenn an der sportlichen Veranstaltung kein bezahlter Sportler, sei er 10

Vereinsmitglied (§ 67a Abs. 3 Nr. 1 AO) oder nicht (§ 67a Abs. 3 Nr. 2 AO), teilnimmt (s. AEAO zu § 67a, Nr. 23).

11 Unter Veranstaltung i.S. des § 67a Abs. 3 AO sind die einzelnen Wettbewerbe zu verstehen, die in engem zeitlichen und örtlichem Zusammenhang durchgeführt werden (s. AEAO zu § 67a, Nr. 24 ff.)

12 Als **bezahlter Sportler** ist ein teilnehmendes Vereinsmitglied dann anzusehen, wenn es für seine sportliche Betätigung oder für die Benutzung seiner Person, seines Namens, seines Bildes oder seiner sportlichen Betätigung zu Werbezwecken eine Vergütung oder andere Vorteile erhält, die es ohne seine Teilnahme nicht hätte (s. AEAO zu § 67a, Nr. 35). Unschädlich ist dagegen eine Erstattung der Aufwendungen des Sportlers (sog. Aufwandsentschädigung, s. dazu AEAO zu § 67a, Nr. 32 ff.). Unbeachtlich ist, ob die Zahlungen an den Sportler vom Verein selbst oder von einem Dritten erfolgen. Bei vereinsfremden Sportlern ist entscheidend, dass diese für die Teilnahme an der Veranstaltung weder von dem Verein noch von einem Dritten im Zusammenwirken mit dem Verein Vergütungen oder andere Vorteile erhalten, die über eine Aufwandsentschädigung hinausgehen.

### E. § 67a Abs. 3 Sätze 2 und 3 AO

13 Sportliche Veranstaltungen, die die Voraussetzungen des Satzes 1 nicht erfüllen, sind nach § 67a Abs. 3 Satz 2 AO ein **steuerpflichtiger wirtschaftlicher Geschäftsbetrieb** (§ 14 AO). Dieser hat dann für die Steuerbegünstigung des ideellen Bereichs des Vereins keine negativen Folgen, wenn die an die Sportler gezahlten Vergütungen oder andere Vorteile ausschließlich aus wirtschaftlichen Geschäftsbetrieben, die nicht Zweckbetrieb sind oder von Dritten geleistet werden (Satz 3). Damit ist auch eine nur teilweise Bezuschussung durch Dritte unschädlich. Entscheidend ist, dass die sonstigen Mittel des Vereins nicht belastet werden.

14 Die Steuerpflicht des wirtschaftlichen Geschäftsbetriebs bleibt auch dann unberührt, wenn durch ihn erzielte Überschüsse zur Förderung des Amateursports eingesetzt werden.

## § 68 AO
## Einzelne Zweckbetriebe

**Zweckbetriebe sind auch:**

**1. a) Alten-, Altenwohn- und Pflegeheime, Erholungsheime, Mahlzeitendienste, wenn sie in besonderem Maße den in § 53 genannten Personen dienen (§ 66 Abs. 3),**

**b) Kindergärten, Kinder-, Jugend- und Studentenheime, Schullandheime und Jugendherbergen,**

**2. a) landwirtschaftliche Betriebe und Gärtnereien, die der Selbstversorgung von Körperschaften dienen und dadurch die sachgemäße Ernährung und ausreichende Versorgung von Anstaltsangehörigen sichern,**

**b) andere Einrichtungen, die für die Selbstversorgung von Körperschaften erforderlich sind, wie Tischlereien, Schlossereien,**

**wenn die Lieferungen und sonstigen Leistungen dieser Einrichtungen an Außenstehende dem Wert nach 20 Prozent der gesamten Lieferungen und sonstigen Leistungen des Betriebes – einschließlich der an die Körperschaft selbst bewirkten – nicht übersteigen,**

**3. a) Werkstätten für behinderte Menschen, die nach den Vorschriften des Dritten Buches Sozialgesetzbuch förderungsfähig sind und Personen Arbeitsplätze bieten, die wegen ihrer Behinderung nicht auf dem allgemeinen Arbeitsmarkt tätig sein können,**

**b) Einrichtungen für Beschäftigungs- und Arbeitstherapie, in denen behinderte Menschen aufgrund ärztlicher Indikationen außerhalb eines Beschäftigungsverhältnisses zum Träger der Therapieeinrichtung mit dem Ziel behandelt werden, körperliche oder psychische Grundfunktionen zum Zwecke der Wiedereingliederung in das Alltagsleben wiederherzustellen oder die besonderen Fähigkeiten und Fertigkeiten auszubilden, die für eine Teilnahme am Arbeitsleben erforderlich sind, und**

**c) Inklusionsbetriebe im Sinne des § 215 Abs. 1 des Neunten Buches Sozialgesetzbuch, wenn mindestens 40 Prozent der Beschäftigten besonders betroffene schwerbehinderte Menschen im Sinne des § 215 Abs. 1 des Neunten Buches Sozialgesetzbuch sind; auf die Quote werden psychisch kranke Menschen im Sinne von § 215 Absatz 4 des Neunten Buches Sozialgesetzbuch zugerechnet,**

**4. Einrichtungen, die zur Durchführung der Fürsorge für blinde Menschen und zur Durchführung der Fürsorge für körperbehinderte Menschen unterhalten werden,**

**5. Einrichtungen über Tag und Nacht (Heimerziehung) oder sonstige betreute Wohnformen,**

**6. von den zuständigen Behörden genehmigte Lotterien und Ausspielungen, wenn der Reinertrag unmittelbar und ausschließlich zur Förderung mildtätiger, kirchlicher oder gemeinnütziger Zwecke verwendet wird,**

7. **kulturelle Einrichtungen, wie Museen, Theater und kulturelle Veranstaltungen, wie Konzerte, Kunstausstellungen; dazu gehört nicht der Verkauf von Speisen und Getränken.**
8. **Volkshochschulen und andere Einrichtungen, soweit sie selbst Vorträge, Kurse und andere Veranstaltungen wissenschaftlicher oder belehrender Art durchführen; dies gilt auch, soweit die Einrichtungen den Teilnehmern dieser Veranstaltung selbst Beherbergung und Beköstigung gewähren,**
9. **Wissenschafts- und Forschungseinrichtungen, deren Träger sich überwiegend aus Zuwendungen der öffentlichen Hand oder Dritter oder aus Vermögensverwaltung finanziert. Der Wissenschaft und Forschung dient auch die Auftragsforschung. Nicht zum Zweckbetrieb gehören Tätigkeiten, die sich auf die Anwendung gesicherter wissenschaftlicher Erkenntnisse beschränken, die Übernahme von Projektträgerschaften sowie wirtschaftliche Tätigkeiten ohne Forschungsbezug.**

### Schrifttum

Dehesselles, Legal definierter Zweckbetrieb oder steuerpflichtiger wirtschaftlicher Geschäftsbetrieb? – zum Verhältnis von § 68 zu § 65 AO, DStR 2003, 537; Baumann/Penné-Goebel, Die Tätigkeit steuerbegünstigter Körperschaften im Rahmen von Selbstversorgungseinrichtungen i. S. von § 68, Nr. 2 AO, DB 2005, 695; Strahl, Gemeinnützigkeit im Forschungsbereich – Chance und Korsett, FR 2006, 1012; Becker/Volkmann, Auftragsforschung als Zweckbetrieb nach § 68, Nr. 9 AO unter besonderer Berücksichtigung staatlicher Hochschulen, DStZ 2007, 539; Strahl,Steuerliche Begünstigung von Forschungseinrichtungen, DStR 2007, 1468; Kaufmann/Schmitz-Herscheidt, Steuerbefreiung von Forschungseinrichtungen, BB 2007, 2039; Strahl, Steuerrechtliche Implikationen im Hochschulbereich, FR 2008, 15; Dorau/Göttsching, Selbstversorgungseinrichtungen gemeinnütziger Körperschaften, NWB 2009, 2876; Seeger/Brox, Das Ende der Steuerbegünstigung für Selbstversorgungsbetriebe nach § 68, Nr. 2b AO?, DStR 2009, 2459; Leisner-Egensperger, Besteuerung der Forschungstätigkeit im Hochschulbetrieb, FR 2010, 493; Leisner, Kann das bloße Nutzen eines gesetzlich gewährten Steuervorteils gemeinnützigkeitsschädlich sein?, DStR 2013, 1123; Lutz/Kurz, Steuerliche Behandlung von Integrationsprojekten, DStR 2012, 1260.

1 Die Vorschrift zählt **konkrete Einzelbeispiele für Zweckbetriebe** auf. Der Einleitungssatz verdeutlicht, dass in den aufgeführten Beispielen jeweils Zweckbetriebseigenschaft gegeben ist, ohne dass noch zu prüfen wäre, ob auch die allgemeinen Voraussetzungen für die Annahme eines Zweckbetriebs (§ 65 AO) im Einzelfall erfüllt werden (BFH v. 18.01.1995, V R 139–142/92, BStBl II 1995, 226; s. AEAO zu § 68, Nr. 1; a. A. FG SchlH v. 27.02.2002, EFG 2002, 739; *Dehesselles*, DStR 2003, 537). Die Bedeutung der Aufzählung erschöpft sich nicht in ihrer konkreten Anwendung; vielmehr erlauben die gesetzlichen Beispiele auch wichtige Rückschlüsse für die Auslegung des § 65 AO (s. AEAO zu § 68, Nr. 1).

Durch die in **§ 68 Nr. 1a** AO enthaltene Verweisung auf § 66 Abs. 3 AO wird klargestellt, dass die genannten Anstalten als Zweckbetriebe anerkannt sind, wenn dem begünstigten Personenkreis mindestens zwei Drittel der Leistungen zugutekommen. Durch die Vorschrift werden dringende Sozialaufgaben gegenüber alten Menschen gefördert. 2

**§ 68 Nr. 1b** AO fördert Betreuungs-, Erziehungs- und Bildungseinrichtungen für Kinder, Jugendliche und junge Erwachsene. Jugendherbergen verlieren ihre Zweckbetriebseigenschaft nicht, wenn außerhalb ihres satzungsmäßigen Zwecks der Umfang der Beherbergung allein reisender Erwachsener 10 v. H. der Gesamtbeherbergungen nicht übersteigt (BFH v. 18.01.1995, V R 139–142/92, BStBl II 1995, 446; s. AEAO zu § 68, Nr. 3). Allerdings gilt die Steuersatzermäßigung für Jugendherbergen gem, § 12 Abs. 2 Nr. 8 Buchst. a Sätze 1 und 2 UStG i. V. m. §§ 64, 68, Nr. 1 Buchst. b AO nicht für Leistungen an allein reisende Erwachsene (BFH v. 10.8.2016, V R 11/15, BStBl II 2018, 113). 3

Für die in **§ 68 Nr. 2** AO aufgezählten Selbstversorgungsbetriebe von Körperschaften wird die Unschädlichkeit von Lieferungen (s. § 3 Abs. 1 UStG) und sonstigen Leistungen (s. § 3 Abs. 9 UStG) an Außenstehende unter der Voraussetzung angenommen, dass diese dem Wert nach 20 % der gesamten Lieferungen und sonstigen Leistungen des Betriebs – einschließlich der an die Körperschaft selbst bewirkten – nicht übersteigen. Die Selbstversorgungsbetriebe sind im Übrigen kein wirtschaftlicher Geschäftsbetrieb, weil sie nicht am allgemeinen wirtschaftlichen Verkehr teilnehmen. Die Vorschrift erlaubt in Grenzen den Absatz einer nicht planbaren Überproduktion, nicht aber langjährige Leistungsbeziehungen, für die eine entsprechende Personalausstattung vorhanden ist (BFH v. 29.01.2009, V R 46/06, BStBl II 2009, 560; Übergangsregelung bis 2012, BMF v. 12.04.2011, BStBl I 2011, 538; kritisch *Seeger/Brox*, DStR 2009, 2459). Von der Vorschrift nicht erfasst sind Leistungen eines rechtlich selbstständigen Betriebes (BFH v. 19.07.1995, I R 56/94, BStBl II 1996, 28, 30). 4

**§ 68 Nr. 3a** AO bezieht Werkstätten für behinderte Menschen mit ein, die nach den Vorschriften des SGB III förderungsfähig sind und Personen Arbeitsplätze bieten, die wegen ihrer Behinderung nicht auf dem allgemeinen Arbeitsmarkt tätig sein können. Wegen des Begriffs der »Werkstatt für behinderte Menschen« wird auf § 136 SGB IX verwiesen (s. AEAO zu § 68, Nr. 5). 5

**§ 68 Nr. 3b** AO sieht die Förderung von Einrichtungen für Beschäftigungs- und Arbeitstherapie vor, in denen Menschen aufgrund einer ärztlichen Indikation behandelt werden. In diesen Fällen besteht regelmäßig kein Beschäftigungsverhältnis zum Träger der Einrichtung. 6

7 § 68 Nr. 3c AO ist mit Wirkung vom 01.01.2018 geändert worden durch Gesetz vom 23.12.2016 (BGBl. I 2016, 3330). Danach werden Integrationsprojekte i. S. des § 215 Abs. 1 SGB IX gefördert, wenn mindestens 40 % der Beschäftigten besonders betroffene Schwerbehinderte i. S. der genannten Vorschrift sind. Auf diese Quote werden nunmehr psychisch kranke Menschen gem. § 215 Abs. 1 SGB IX zugerechnet. Ein wirtschaftlicher Geschäftsbetrieb, der in seiner Gesamtrichtung der Eingliederung von behinderten Menschen dient, ist ohne Rücksicht auf die Wettbewerbswirkung ein Zweckbetrieb (BFH v. 04.06.2003 I R 25/02, BStBl II 2004, 660 zu § 68, Nr. 3 2. Alt. AO a. F.). Geht es hingegen erkennbar nur darum, den ermäßigten Steuersatz nach § 12 Abs. 2 Nr. 8 Buchst. a UStG zugunsten einer nicht gemeinnützigen Körperschaft zu nutzen, liegt ein Verstoß gegen das Ausschließlichkeitsgebot des § 56 AO vor (BFH v. 23.02.2012, V R 59/09, BStBl II 2012, 544; a. A. *Leisner*, DStR 2012, 1123).

8 § 68 Nr. 4 AObegünstigt insbes. Werkstätten, die zur Fürsorge von blinden und körperbehinderten Menschen unterhalten werden.

9 § 68 Nr. 5 AOsetzt die Begriffe der Heimerziehung oder sonstigen betreuten Wohnformen nach §§ 13 f. und 68 ff. SGB VIII voraus.

10 § 68 Nr. 6 AO ermöglicht es, dass mildtätige, kirchliche oder gemeinnützige Zwecke auch aus Lotterien und Ausspielungen finanziert werden, wenn diese nur diesem Zweck dienen. Zur Genehmigung dieser Veranstaltungen s. AEAO zu § 68, Nr. 10.

11 § 68 Nr. 7 AO macht deutlich, dass der Verkauf von Speisen und Getränken im Zusammenhang mit kulturellen Einrichtungen bzw. Veranstaltungen nicht an der Zweckbetriebseigenschaft teilhat. Insoweit handelt es sich um wirtschaftliche Geschäftsbetriebe i. S. des § 14 AO (s. dazu auch § 58 AO und die dortigen Erläuterungen).

12 § 68 Nr. 8 AO dient der Förderung der Volksbildung durch Volkshochschulen und ähnlicher Veranstalter. Die Zweckbetriebseigenschaft erstreckt sich auch auf die Beherbergung und Beköstigung der Kursteilnehmer. Zu Kongressen als Veranstaltungen belehrender Art s. BFH v. 21.06.2017, V R 34/16, BStBl II 2018, 55.

13 § 68 Nr. 9 AO behandelt Wissenschafts- und Forschungseinrichtungen als Zweckbetrieb, wenn sich deren Träger überwiegend aus Zuwendungen der öffentlichen Hand oder Dritter oder aus Vermögensverwaltung finanziert (BMF Schreiben v. 22.09.1999, IV C 6 – S 0171 – 97/99, BStBl I 1999, 944). Das ist nicht der Fall, wenn die Einnahmen aus Auftrags- oder Ressortforschung mehr als 50 % der gesamten Einnahmen betragen (BFH v. 04.04.2007, I R 76/05, BStBl II 2007, 631). Bei der Feststellung des Überwiegens ist eine vereinnahmte Umsatzsteuer nicht zu berücksichtigen (BFH v. 10.05.2017, V R 43/14, V R 7/15, BFHE 257, 478). Durch die Einbeziehung der Auftragsforschung in § 68, Nr. 9 Satz 2 AO ist das Urt. v. 30.11.1995 (BFH v. 30.11.1995, V R 29/91, BStBl II 1997, 189) gegenstandslos geworden. Eine negative Abgrenzung enthält § 68, Nr. 9 Satz 3 AO. Demnach gehören bereits entgeltliche Leistungen wie etwa Vermietung und Verpachtung von unbeweglichen oder beweglichen Vermögen nicht zum Zweckbentrieb (BFH v. 10.05.2017, V R 43/14, V R 7/15, BFHE 257, 478).

## Vierter Abschnitt: Haftung

## Vorbemerkungen zu §§ 69–77

### Inhaltsübersicht



### Schrifttum


Ulmer, Die höchstrichterlich »enträtselte« Gesellschaft bürgerlichen Rechts, ZIP 2001, 585; Bruns, Die Haftung des neuen Sozius für alte Schulden, ZIP 2002, 1602; Lange, Haftung des eintretenden GbR-Gesellschafters für Altschulden, NJW 2002, 2002; Hasenkamp, Die akzessorische Haftung ausscheidender und eintretender Gesellschafter bürgerlichen Rechts, DB 2002, 2632; Kesseler, Die Durchsetzung persönlicher Gesellschafterhaftung nach § 93 InsO, ZIP 2002, 1974; K. Schmidt, Die Gesellschafterhaftung bei der Gesellschaft bürgerlichen Rechts als gesetzliches Schuldverhältnis, NJW 2003, 1879; Fittkau, Haftungssituationen bei ausländischen Gesellschaften, insbesondere am Beispiel der Limidet, StBp 2005, 255, 185; Goette, Zu den Folgen der Anerkennung ausländischer Gesellschaften mit tatsächlichem Sitz im Inland für die Haftung ihrer Gesellschafter und Organe, ZIP 2006, 541; Schall, Anspruchsgrundlagen gegen Direktoren und Gesellschafter einer Limited nach englischem Recht, DStR 2006, 1229; Heintzen, Steuerliche Haftung und Duldung auf zivilrechtlicher Grundlage, DStZ 2010, 199; Ehlers, Die persönliche Haftung von ehrenamtlichen Vereinsvorständen, NJW 2011, 2689.


### A. Begriff der Haftung

Der gem. § 37 Abs. 1 AO zu den Ansprüchen aus dem Steuerschuldverhältnis rechnende Haftungsanspruch richtet sich gegen andere als diejenigen, die an dem entsprechenden Steuerschuldverhältnis als Steuerschuldner beteiligt sind (s. § 37 AO Rz. 4). Hafen in diesem Sinne bedeutet das **Einstehen müssen für eine fremde Schuld**. Daraus folgt, dass ein Steuerschuldner für dieselbe Ab- 1 gabe nicht Haftender i.S. der steuergesetzlichen Haftungsvorschriften sein kann und umgekehrt (a.A. FG Ha v. 18.11.2016, 4 V 142/16, EFG 2017, 182 zur Haftung nach § 71 AO für TabakSt). Dieser Grundsatz erleidet dann eine scheinbare Durchbrechung, wenn Steuerschuldner und Zahlungsverpflichteter (Entrichtungsschuldner) nicht identisch sind, wie beispielsweise bei der Lohnsteuer, wenn der Geschäftsführer einer GmbH als Haftungsschuldner für die auf sein Gehalt entfallende Lohnsteuer herangezogen wird (BFH v. 15.04.1987, VII R 160/83, BStBl II 1988, 167). Tatsächlich ist in diesem Fall aber die GmbH Entrichtungspflichtiger oder Haftungsschuldner nach § 42d EStG und für diesen Anspruch und nicht wegen der eigenen ESt-Schuld, wird der Geschäftsführer nach § 69 AO in die Haftung genommen. Dem Gläubiger eröffnet der Haftungsanspruch die Möglichkeit, neben bzw. anstelle des Schuldners einen Dritten auf die geschuldete Leistung in Anspruch zu nehmen und dabei letztlich in das Vermögen des Haftenden zu vollstrecken. Im Einzelfall kann die Zugriffsmöglichkeit auf bestimmte Vermögensgegenstände beschränkt sein (s. z.B. § 74 AO). Die Haftung dient der **Sicherung** der **Ansprüche** aus dem Steuerschuldverhältnis. Von der Haftung ist die **Duldungspflicht** abzugrenzen. Der Duldungsverpflichtete hat die Vollstreckung in das seiner Verfügungsmacht unterliegende Vermögen hinzunehmen, ohne selbst Schuldner einer Verbindlichkeit zu sein. Die in § 77 AO angesprochenen Duldungspflichten stellen keine abschließende Aufzählung der infrage kommenden Duldungstatbestände dar (s. §§ 263 ff. AO und auch § 191 Abs. 1 Satz 2 AO wegen der Duldungspflichten nach dem AnfechtungsG).

2 Im Steuerrecht ist die Haftung **grundsätzlich akzessorisch**, d.h. der Haftungsanspruch hat die Existenz des Primäranspruchs, für den gehaftet wird, zur Voraussetzung. Dies schließt jedoch nicht aus, dass sich der Haftungsanspruch unter bestimmten Voraussetzungen als selbstständiger, von der Fortexistenz des ihm zugrunde liegenden Primäranspruchs unabhängiger Anspruch darstellt (s. § 191 Abs. 5 Satz 2 AO). Als Anspruch aus dem Steuerschuldverhältnis (s. § 37 Abs. 1 AO) ist der Haftungsanspruch dem öffentlichen Recht zuzurechnen, und zwar auch dann, wenn er sich auf Haftungstatbestände des Privatrechts gründet. Die früher in § 120 Abs. 1 AO a.F. ausdrücklich geregelte Umwandlung der auf Privatrecht beruhenden Haftung in eine öffentlich-rechtliche wird in der AO 1977 nicht mehr konkret vorgenommen. Sie ergibt sich lediglich stillschweigend aus § 191 Abs. 1 AO (*Loose* in Tipke/Kruse, vor § 69 AO Rz. 2). Letztendlich mag das jedoch dahinstehen: Auch wenn sich die Haftung nicht aus den Steuergesetzen ergibt, wird sie durch **Haftungsbescheid** geltend gemacht, wenn es sich um eine Haftung kraft Gesetzes handelt (s. § 191 Abs. 1 und 4 AO; *Heintzen*, DStZ 2010, 199). Ob der Anspruch nun öffentlich-rechtlicher oder zivilrechtlicher Natur ist, ist ohne praktische Bedeutung. Im Gegensatz hierzu kann derjenige, der sich aufgrund eines Vertrages verpflichtet hat, für die Steuer eines anderen einzustehen (s. § 48 Abs. 2 AO), nur nach den Vorschriften des bürgerlichen Rechts und nur auf dem Zivilrechtsweg in Anspruch genommen werden (s. § 192 AO).

## B. Rechtsgrundlagen

Der öffentlich-rechtliche Haftungsanspruch kann seine tatbestandlichen Wurzeln sowohl in Steuergesetzen als auch in außersteuerlichen Rechtsgrundlagen haben. Häufig stehen steuerrechtliche und außersteuerrechtliche Haftungstatbestände nebeneinander (**einfache Gesetzeskonkurrenz**), wobei sich die Tatbestände vollständig oder auch nur teilweise decken können. Abweichungen können sich sowohl bei dem die Haftung begründenden Tatbestand als auch bei dem zeitlichen oder sachlichen Haftungsumfang ergeben. Soweit die Tatbestände nicht kongruent sind, beeinflussen sie den Geltungs- und Wirkungsbereich des jeweils anderen Tatbestandes nicht. Die verschiedenen Haftungsvorschriften sind ergänzend nebeneinander anwendbar. Der Gläubiger kann die für ihn günstigste Haftungsfolge nach seiner Wahl in Ausübung pflichtgemäßen Ermessens (s. § 5 AO) aus dem jeweils weitest gehenden gesetzlichen Tatbestand herleiten. So kann ein Gesellschafter-Geschäftsführer einer OHG aus der relativ einfach zu begründenden und weit reichenden Anspruchsgrundlage des § 128 HGB in Anspruch genommen werden und ggfs. weniger umfassend wegen schuldhafter Pflichtwidrigkeit nach § 69 AO. 3

### I. Steuerrechtliche Haftungstatbestände

Steuerrechtliche Haftungstatbestände finden sich nicht nur in der AO (s. §§ 69 bis 76 AO), sondern auch in den **Einzelsteuergesetzen**. Letztere gehen in ihrer praktischen Bedeutung zum Teil über die §§ 69 ff. AO hinaus. Zu erwähnen sind in diesem Zusammenhang die Haftung des Arbeitgebers für die Lohnsteuer (s. § 42d EStG), die Haftung für die Kapitalertragsteuer (s. § 44 Abs. 5 EStG), für den Steuerabzug bei Einkünften beschränkt Stpfl. (s. § 50a EStG) und die Haftung desjenigen, der unrichtige Spendenbestätigungen ausstellt (s. § 10b Abs. 4 Satz 3 EStG, § 9 Satz 8 KStG), die Haftung für die Umsatzsteuer bei Abtretung, Verpfändung oder Pfändung von Forderungen (s. § 13c UStG), die Haftung für die schuldhaft nicht abgeführte Umsatzsteuer (s. § 25d UStG) sowie die Haftung nach § 20 Abs. 3 und 6 ErbStG, § 11 GrStG und § 7 VersStG. Der gemeinschaftsrechtliche Zollkodex kennt nur Zollschuldner (s. Art. 77 Abs. 3, Art. 78 Abs. 3, Art. 79 Abs. 3 und 4, Art. 81 Abs. 3, Art. 82 Abs. 3 und 4

4UZK), die jeweils gesamtschuldnerisch zur Erfüllung der Zollschuld verpflichtet sind (s. Art. 84 UZK). Die Haftungstatbestände der AO treten bei Überschneidung mit Zollschuldtatbeständen des UZK hinter diesen zurück. Obwohl die Ausgleichsabgabe nach § 37a Abs. 1 BImSchG den Charakter einer Sanktion hat, soll sie wie eine Steuer behandelt werden, so dass auch Haftung gem. § 69 AO anwendbar ist (BFH v. 02.11.2015, VII B 68/15, BFH/NV 2016, 173).

## II. Außersteuerrechtliche Haftungstatbestände

5 Das Zivilrecht enthält eine große Zahl von Haftungstatbeständen, die sich ganz oder teilweise mit steuerrechtlichen Tatbeständen decken können. Die Geltendmachung erfolgt in jedem Fall durch Haftungsbescheid nach § 191 AO (BFH v. 21.01.1986, VII R 179/83, BStBl II 1986, 383; *Blesinger*, Haftung und Duldung im Steuerrecht, 2005, S. 163 ff.; a. A. BFH v. 19.12.2013, III R 25/10, BStBl II 2015, 119). Nachstehend sei auf wichtige außersteuerliche Haftungsvorschriften hingewiesen, die erfahrungsgemäß in der steuerlichen Praxis eine Rolle spielen können. Die Aufzählung ist jedoch nicht erschöpfend.

### 1. BGB

6 §§ 2382, 2383 BGB: Haftung des **Erbschaftskäufers.**

7 Bei der **Gesellschaft bürgerlichen Rechts** (s. §§ 705 ff. BGB) stellt sich die Frage nach der Haftung der Gesellschafter da, wo die Gesellschaft bürgerlichen Rechts Steuerrechtssubjekt und damit selbst Steuerschuldner ist. Das ist z. B. bei der Umsatzsteuer, Gewerbesteuer oder Grunderwerbsteuer der Fall (BFH v. 11.02.1987, II R 103/84, BStBl II 1987, 325; BFH v. 09.05.2006, VII R 50/05, BStBl II 2007, 600). Die Haftung des Gesellschafters einer Gesellschaft bürgerlichen Rechts wird durch die entsprechende Anwendung des § 128 HGB (Akzessorietätslehre) begründet. Dem liegt zugrunde, dass der Gesellschaft bürgerlichen Rechts eine (Teil-) Rechtsfähigkeit zuerkannt wird (BGH v. 29.01.2002, II 331/00, BB 2002, 1015; BGH v. 24.02.2003, II ZR 385/99, DStR 2003, 747 zur Haftung für gesetzlich begründete Verbindlichkeiten; zur Grundrechtsfähigkeit s. BVerfG v. 02.09.2002, 1BvR 1103/02, NJW 2002, 3533). Der BFH hat sich dem angeschlossen (BFH v. 09.05.2006, VII R 50/05, BStBl II 2007, 600). Dies hat zur Folge, dass neu eintretende Gesellschafter auch für Altverbindlichkeiten haften (BGH v. 07.04.2003, II ZR 56/02, NJW 2003, 1803; anders noch BFH v. 02.02.1994, II R 7/91, BStBl II 1995, 300) und dass eine einseitige Erklärung nicht zur Beschränkung der Haftung auf das Gesellschaftsvermögen führen kann (BGH v. 27.09.1999, II ZR 371/98, BB 1999, 2152; BFH v. 27.03.1990, VII R 26/89, BStBl II 1990, 939). Konsequent erstreckt sich die Haftung nicht nur auf Steuerschulden, sondern auf alle Verbindlichkeiten aus dem Steuerschuldverhältnis (BFH v. 27.06.1989, VII R 100/86, BStBl II 1989, 952). Haftungsschuldner kann auch derjenige sein, der den Rechtsschein erweckt, Gesellschafter zu sein (BFH v. 09.05.2006, VII R 50/05, BStBl II 2007, 600).

Die **Mitglieder** eines **nichtrechtsfähigen Vereins** haften grundsätzlich wie Gesellschafter einer Gesellschaft bürgerlichen Rechts (s. § 54 BGB). 8

### 2. HGB

Haftung des **Erwerbers** bei **Firmenfortführung** (s. § 25 HGB). Der Erwerber eines Handelsgeschäfts haftet in diesem Fall für alle im Betriebe des Geschäfts begründeten Verbindlichkeiten des früheren Inhabers und damit für alle als Betriebsschulden zu qualifizierenden Steuerschulden. Die Haftung ist abdingbar (s. § 25 Abs. 2 HGB). Der Haftungstatbestand überlappt sich mit dem des § 75 AO, wobei zu beachten ist, dass die Haftung nach § 75 AO weder Firmenfortführung voraussetzt noch abdingbar ist und der Haftungsumfang sachlich und zeitlich abweicht. 9

§ 27 HGB: Haftung des **Erben** bei **Geschäftsfortführung.** § 28 HGB: Haftung bei **Eintritt** in das **Geschäft** eines **Einzelkaufmanns.** 10

Haftung bei OHG und KG: Die Unbeschränkte Haftung aller **Gesellschafter** einer **OHG** folgt aus § 128 HGB. Diese kann auch nicht im Handelsregister eingetragene Personen treffen, wenn eine Mitunternehmerschaft besteht (BFH v. 28.10.2008, VII R 32/07, BFH/NV 2009, 355). Die Haftung besteht auch nach dem Ausscheiden aus der OHG bzw. deren Auflösung für die Dauer von fünf Jahren fort (s. § 159 HGB). Die Haftung der **Komplementäre** einer **KG** ist ebenfalls unbeschränkt (s. §§ 161, 128, 159 HGB). Die Haftung der **Kommanditisten** ist unbeschränkt bis zur Eintragung der KG (s. § 176 HGB), wenn die Beteiligung als Kommanditist dem Gläubiger nicht bekannt war. Nach der Eintragung der KG ist die Kommanditistenhaftung bis zur Höhe der Einlage beschränkt, soweit die Einlage nicht geleistet oder zurückgezahlt ist (s. §§ 171, 172 HGB). Die Haftung neu eintretender Gesellschafter für Altverbindlichkeiten ist in §§ 130, 173 HGB geregelt. 11

Die persönliche Haftung der Gesellschafter kann in der **Insolvenz** der Gesellschaft nach § 93 InsO nur vom Verwalter geltend gemacht werden. Diese Sperrwirkung gilt aber nicht, wenn die Haftung auf steuerrechtliche Anspruchsgrundlagen gestützt wird (BFH v. 02.11.2001, VII B 155/01, BStBl II 2002, 73; BGH v. 04.07.2002, IX ZR 265/01, BStBl II 2002, 786; a. A. *Kesseler*, ZIP 2002, 1974). 12

### 3. Juristische Personen

13 Für die Verbindlichkeiten der **AG** haftet nur das Gesellschaftsvermögen (s. § 1 AktG). Wer vor der Eintragung der Gesellschaft in ihrem Namen handelt, haftet persönlich (s. § 41 Abs. 1 AktG). Bei der **KGaA** haften die persönlich haftenden Gesellschafter unbeschränkt, nicht jedoch die Kommanditaktionäre (s. § 278 AktG). Bei der **GmbH** haftet nur das Gesellschaftsvermögen (s. § 13 Abs. 2 GmbHG). Ist vor der Eintragung der GmbH im Namen der Gesellschaft gehandelt worden, haften die Handelnden persönlich und solidarisch (s. § 11 Abs. 2 GmbHG). Eine Durchbrechung der Haftungsbeschränkung des § 13 Abs. 2 GmbH wurde unter dem Gesichtspunkt des qualifizierten faktischen Konzerns angenommen. Diese Rechtsprechung hat der BGH (BGH v. 24.06.2002, II ZR 300/00, NJW 2002, 3024 m.w.N.) aufgegeben und eine weitergehende Haftung der GmbH-Gesellschafter nur noch bei existenzvernichtenden Eingriffen angenommen, die nunmehr als Innenhaftung verstanden wird (BGH v. 16.07.2007, II ZR 3/04, NJW 2007, 2689).

14 Beim **rechtsfähigen Verein** haftet nur das Vereinsvermögen.

15 Gegenüber den Gläubigern von **Genossenschaften** haften die Genossen nicht unmittelbar, es besteht eine beschränkte bzw. unbeschränkte Nachschusspflicht in das Genossenschaftsvermögen bzw. zur Insolvenzmasse.

16 Die sog. **Gründungs-** oder **Vorgesellschaften** sind regelmäßig als Gesellschaften bürgerlichen Rechts zu behandeln (s. Absch. 2 Abs. 3 und 4 KStR).

### 4. Ausländische Gesellschaften

17 Wegen der Frage der Haftung der Gesellschafter von **Gesellschaftenausländischen Rechts** kommt es darauf an, welches Recht anzuwenden ist. Dies richtet sich nach zwischenstaatlichen Vereinbarungen (zu einer Inc. US-amerikanischen Rechts s. BGHv. 05.07.2004, II ZR 389/02, BB 2004, 186). Sind solche nicht vorhanden, richtet sich die Haftung nach dem Recht des Orts des tatsächlichen Verwaltungssitzes. Innerhalb der **EU** (EuGH v. 05.11.2002, Rs. C-208/00, DB 2002, 2425 – Überseering; EuGHv. 30.09.2003, Rs. C-167/01, DB 2003, 2219 – Inspire Art) oder einem **Vertragsstaat des EWR-Abkommens** (BGH v. 19.09.2005, II ZR 372/03, NJW 2005, 3351 zu einer liechtensteinischen Aktiengesellschaft) ist die in einem Vertragsstaat wirksam gegründete Gesellschaft in einem anderen Vertragsstaat in der Rechtsform anzuerkennen, in der sie gegründet wurde. Dieses Recht ist dann auch für die persönliche Haftung der Gesellschafter oder Geschäftsführer maßgeblich (BGHv. 14.03.2005, II ZR 5/03, DB 2005, 1047). Hiervon unberührt bleibt die Haftung nach den steuerrechtlichen Vorschriften.

# § 69 AO
# Haftung der Vertreter

**Die in den §§ 34 und 35 bezeichneten Personen haften, soweit Ansprüche aus dem Steuerschuldverhältnis (§ 37) infolge vorsätzlicher oder grob fahrlässiger Verletzung der ihnen auferlegten Pflichten nicht oder nicht rechtzeitig festgesetzt oder erfüllt oder soweit infolgedessen Steuervergütungen oder Steuererstattungen ohne rechtlichen Grund gezahlt werden. Die Haftung umfasst auch die infolge der Pflichtverletzung zu zahlenden Säumniszuschläge.**

#### Inhaltsübersicht



#### Schrifttum


Buciek, Erlasssituation und Haftungsverfahren, DB 1986, 2254; Fett/Bank, Die Rückforderung von Investitionszulagen bei Subventionsnehmern und Haftungsschuldner, DStZ 1999, 591; Haunhorst, Haftung ohne Grenze? DStZ 2002, 368; Haunhorst, Die Optionsausübung gemäß § 9 UStG als haftungsbegründende Pflichtverletzung? DStR 2003, 1907; Meier, Zur Haftung für Steuerschulden einer GmbH bei faktischer Geschäftsführung durch den Gesellschafter, StW 2004, 107; Sontheimer, Beschränkung der Haftung des Geschäftsführers nach § 69 AO durch § 64 Abs. 2 GmbHG, DStR 2004, 1005; Mösbauer, Zum Umfang der steuerrechtlichen Haftung der gesetzlichen Vertreter, Vermögensverwalter und Verfügungsberechtigten nach § 69 AO, DB 2005, 1816; Müller, Die Haftung des GmbH-Geschäftsführers für Steuerschulden, StBp 2005, 298; Pump/Kapischke, Die Anfechtung von Steuerzahlungen durch den Insolvenzverwalter – Voraussetzungen und Auswirkungen auf die Haftung im Steuerecht, StBp 2005, 313; Mösbauer, Die Bedeutung der schuldhaften Pflichtverletzung für die Haftung nach § 69 AO, DStZ 2006, 148; Schiessl/Küpperfahrenberg, Steuerrechtliche Haftung der Vorstände von Vereinen und Verbänden, DStR 2006, 445; Nacke, Auswirkungen der insolvenzrechtlichen Anfechtungsmöglichkeit auf die steuerliche Haftung, DB 2006, 1182; Haunhorst, »Hätte, wäre und wenn« im Haftungsrecht, DStZ 2006, 369; Laws/Stahlschmidt, Hypothetische Kausalität bei der Geschäftsführerhaftung in der Insolvenz der GmbH im Rahmen des § 69 AO, BB 2006, 1031; Urban, Befreit die insolvenzrechtliche Anfechtbarkeit den GmbH-Geschäftsführer von seiner (lohn-)steuerlichen Haftung? DStR 2006, 1256; Mösbauer, Schuldhafte Pflichtverletzung des GmbH-Geschäftsführers, StBp 2006, 291; Tiedtke, Haftungsbescheid gegen einen Geschäftsführer, der die von der GmbH geschuldeten Löhne aus seinem Privatvermögen gezahlt hat, GmbHR 2007, 21; Beckmann, Neuere finanzgerichtliche Rechtsprechung zur Haftung nach § 69 AO, DB 2007, 994; Jochum, Grundsätze der steuerlichen Geschäftsführerhaftung, DStZ 2007, 335, 561; Jatzke, Die Haftung des (vorläufigen) Insolvenzverwalters nach §§ 69, 34 (35) AO, ZIP 2007, 1977; Tiedtke/Peterek, Zu den pflichten des organschaftlichen Vertreters einer Kapitalgesellschaft, trotz Insolvenzreife der Gesellschaft Sozialabgaben und Lohnsteuern abzuführen, GmbHR 2008, 617; BLESINGER, Zur Haftung von gesetzlichen Vertretern und Verfügungsberechtigten nach § 69 AO. Die Einbeziehung von Lohnsteuern in die Vergleichsberechnung zur Ermittlung der Haftungsquote, DStZ 2008, 747; RÜSKEN, Lohnsteuerabführungspflicht bei drohender Insolvenz, NWB 2009, 196; NACKE, Haftung des Geschäftsführers für Lohnsteuer im Fall der Insolvenz, AO-StB 2009, 78; Möllmann, Haftungsfalle Ehrenamt, DStR 2009, 2125; KAHLERT, Vertreterhaftung für Steuerschulden, insbesondere in der Unternehmenskrise, ZIP 2009, 2368; MÜLLER, die Vertreterhaftung nach § 69 AO und der hypothetische Kausalverlauf, AO-StB 2010, 145; BERNINGHAUS, Der Geschäftsführer-Haftungsbescheid nach § 69 AO im finanzgerichtlichen Verfahren, DStR 2012, 1001; BRUSCHKE, Die »Geschäftsführerhaftung« nach § 69 AO, DStZ 2012, 407; KRAUSE/MAIER, Fallgruppen zur Haftung von »faktischen« GmbH-Geschäftsführern im Steuerrecht, DStR 2014, 905; MEYER, Die Geschäftsführerhaftung für nicht entrichtete Steuern (§§ 69, 34 Abs. 1 AO) in Krise und Insolvenz der Kapitalgesellschaft, DStZ 2014, 228; SONNLEITNER/WINKELHOG, Unternehmen saniert, Geschäftsführer pleite? – Zur steuerlichen Haftung von Geschäftsführer und Vorstand in der Krise und im Rahmen der vorläufigen Eigenverwaltung, BB 2015, 88; ROSE, Haftung des Insolvenzverwalters nach § 69 AO bei Masseunzulänglichkeit, ZIP 2016, 1520; GEHM, Die Haftung der Vertreter gemäß § 69 AO, StBp 2017, 135.

## A. Allgemeines

1 Voraussetzung für die Haftung ist, dass infolge einer vorsätzlichen oder grob fahrlässigen Pflichtverletzung eines Vertreters oder Verfügungsberichtigten ein Schaden derart entstanden ist, dass Ansprüche aus dem Steuerschuldverhältnis nicht oder nicht rechtzeitig festgesetzt oder erfüllt worden sind. Der Schaden kann auch darin liegen, dass eine Steuervergütung oder Steuererstattung ohne rechtlichen Grund gezahlt wird. Der Umfang der Haftung bezieht sich der Höhe nach auf den kausal (s. Rz. 20) verursachten Schaden, denn die Vorschrift hat **Schadensersatzcharakter** (BFH v. 26.07.1988, VII R 83/87, BStBl II 1988, 859; BFH v. 05.03.1991 VIII R 93/88, BStBl II 1991, 678), auch wenn die Rechtsprechung Unterschiede zu den zivilrechtlichen Schadensersatznormen herausstellt (BFH v. 05.06.2007, VII R 65/06, BStBl II 2008, 273; kritisch hierzu *Tiedtke/Peterek*, GmbHR 2008, 617).

## B. Betroffener Personenkreis

2 Von der Haftung sind alle Personen betroffen, denen die **§§ 34 und 35AO** steuerliche Pflichten auferlegen, die an sich dem Steuerpflichtigen obliegen, die dieser aber **mangels eigener Handlungs- oder Geschäftsfähigkeit** nicht selbst erfüllen kann. Dazu zählen die gesetzlichen Vertreter, Vorstände und Geschäftsführer von Handelsgesellschaften und sonstigen Personenvereinigungen, die Vermögensverwalter, Nachlassverwalter, Testamentsvollstrecker, Liquidatoren (s. § 34 AO) und diejenigen, die i. S. des § 35 AO als Verfügungsberechtigte im eigenen oder fremden Namen auftreten (BFH v. 11.03.2004, VII R 52/02, BStBl II 2004, 579: »Strohmann« und »faktischer Geschäftsführer«). Alle diese Personen haben anstelle des Steuerpflichtigen dessen steuerliche Verpflichtungen zu erfüllen (s. § 34 AO Rz. 3 ff. und 17 ff. und § 35 AO Rz. 9 ff.). Die über das bürgerliche Recht hinausgehende Regelung der §§ 34 und 35 AO ergänzt die im Innenverhältnis zwischen Vertreter und Vertretenem bestehenden Pflichten durch eigene im Außenverhältnis geltende Verpflichtungen. Aus diesem Grund ist es gerechtfertigt, den betroffenen Personen eine **persönliche Haftpflicht** aufzuerlegen, wenn sie durch grob schuldhafte Pflichtverletzung Steuerausfälle herbeiführen. Zum Beginn und Ende ihrer Verpflichtungen s. § 36 AO.

Da die in den §§ 34 und 35 AO auferlegten Pflichten **voraussetzen**, dass die Vertreter bzw. Verfügungsberechtigten kraft ihrer Befugnis **tatsächlich in der Lage sind**, für die Steuerpflichtigen im geforderten Ausmaß tätig zu werden (s. § 34 AO Rz. 3 ff.), kann eine Vertretungsmacht, die dies nicht ermöglicht, keine persönliche Haftung i. S. der Vorschrift auszulösen. Damit werden **die in der Steuerberatung tätigen Berufsträger** insoweit, als sie sich auf die Vertretung ihrer Auftraggeber im Verwaltungsverfahren oder im finanzgerichtlichen Verfahren beschränken, weder nach Wortlaut noch Sinngehalt von der Haftungsvorschrift betroffen. Nur wenn sie infolge der vertraglichen Vereinbarung mit dem Mandanten darüber hinaus unter die §§ 34 und 35 AO subsumiert werden können, zählen sie zu den von der Haftungsvorschrift betroffenen Personen (s. AEAO zu § 69, Nr. 1; s. § 191 Abs. 2 AO). 3

Soweit die betroffenen Personen in der Lage waren, die Festsetzung der Schuld wegen der sie in Anspruch genommen werde, kraft eigenen Rechts oder als Vertreter oder Bevollmächtigter des Steuerpflichtigen anzufechten, sind ihnen nach § 166 AO im Haftungsverfahren **Einwendungen** gegen die Rechtmäßigkeit der Festsetzung **verwehrt**, es sei denn, die Festsetzung kann nach den Vorschriften der AO (§§ 164, 165, 172 ff.) geändert werden (BFH v. 28.03.2001, VII B 213/00, BFH/NV 2001, 1217; BFH v. 22.04.2015, XI R 43/11, BStBl II 2015, 755; BFH v. 16.05.2017, VII R 25/16, BStBl II 2017, 934; BFH v. 27.09.2017, XI R 9/16, BB 2017, 2838; a. A. FG Köln v. 13.11.2011, 13 K 4121/07, EFG 2012, 195; FG Bbg v. 03.09.2015, 9 K 9271/10, EFG 2015, 2017). Eine vom Insolvenzschuldner nicht bestrittene und zur Insolvenztabelle festgestellte Forderung steht insoweit einer unanfechtbaren Steuerfestsetzung nach § 166 AO gleich (FG Köln v. 18.01.2017, 10 K 3671/14, EFG 2017, 625, Rev. XI R 57/17). 4

## C. Haftungsvoraussetzungen

Die **persönliche Haftung** der in den §§ 34 und 35 AO bezeichneten Personen für vom Steuerpflichtigen ge- 5 schuldete Steuern und die übrigen Ansprüche aus dem Steuerschuldverhältnis i.S. des § 37 AO **setzt viererlei voraus:** 1. Der Anspruch aus dem Steuerschuldverhältnis ist nicht oder nicht rechtzeitig festgesetzt oder entrichtet worden. 2. Es liegt eine Verletzung der den betroffenen Personen in den §§ 34 und 35 AO auferlegten Pflichten vor. 3. Die Pflichtverletzung ist vorsätzlich oder grob fahrlässig geschehen. 4. Die Beeinträchtigung der Ansprüche des Fiskus muss ihre Ursache in der Pflichtverletzung haben.

### I. Unterlassene bzw. verspätete Steuerfestsetzung oder -entrichtung

6 Der Anspruch aus dem Steuerschuldverhältnis muss **nicht oder nicht rechtzeitig festgesetzt oder entrichtet** worden sein. Die Gesetzesfassung berücksichtigt, dass im Regelfall bei einer unterbliebenen Festsetzung keine Fälligkeit eintritt (s. § 220 Abs. 2 AO) und deshalb die Entrichtung insoweit zu Recht unterbleibt. In diesem Fall ist der Pflichtverstoß im Festsetzungsverfahren zu suchen. Hätte der Betroffene hier ordnungsgemäß mitgewirkt, wäre die Steuer festgesetzt worden. Dann wäre die Fälligkeit mit der Folge der Zahlungspflicht eingetreten. Die unterbliebene Festsetzung gegen den Steuerpflichtigen braucht nicht als Voraussetzung für das Entstehen des Haftungsanspruchs nachgeholt zu werden (Arg.: § 191 Abs. 5 Satz 1 Nr. 1 AO). Über das Bestehen des Anspruchs gegen den Pflichtigen kann auch im Verfahren gegen den Haftenden entschieden werden (Beispiel für eine gerechtfertigte Unterlassung der Festsetzung gegen den Steuerpflichtigen: es handelt sich um eine Gesellschaft, die vermögenslos und zivilrechtlich vollbeendet ist). Nicht rechtzeitig festgesetzt ist der Anspruch z.B., wenn in den Fällen, in denen eine Steueranmeldung vorgesehen ist, diese nicht innerhalb der gesetzlichen Frist abgegeben wurde. Nicht erfüllt wird der Anspruch, wenn die geschuldete Leistung nicht bewirkt wird. Der Anspruch ist nicht rechtzeitig erfüllt, wenn bei Fälligkeit nicht bezahlt wird bzw. die anzumeldenden Steuern bzw. Vorauszahlungen nicht in dem Zeitpunkt entrichtet werden, in dem sie bei ordnungsgemäßer Erfüllung der Pflichten zu entrichten gewesen wären.

7 Die Beeinträchtigung der Ansprüche des Fiskus muss sich nach dem Wortlaut der Vorschrift nicht als Steuerverkürzung i.S. der §§ 370 oder 378 AO darstellen (s. § 71 AO). Entsprechend § 37 AO fällt darunter auch die nicht oder nicht rechtzeitige Festsetzung oder Befriedigung von Ansprüchen auf **Erstattung zu Unrecht gewährter Steuervergütungen und Rückzahlung zu Unrecht erstatteter Beträge** (BFH v. 21.05.1985, VII R 191/82, BStBl II 1985, 488 für den Fall zu Unrecht ausgezahlter Vorsteuerüberschüsse).

### II. Pflichtverletzung

Es muss eine **Verletzung der** den betroffenen Personen in den §§ 34 und 35 AO **auferlegten Pflichten** vorliegen, die **ursächlichfür** den **Eintritt des Haftungsschadens** ist (s. Rz. 20). Unter diese Pflichten fallen neben der in § 34 Abs. 1 Satz 2 AO besonders erwähnten Zahlungspflicht, die weiteren, jeden Steuerpflichtigen treffenden Verpflichtungen, wie die Erklärungs-, Auskunfts-, Nachweis-, Berichtigungs-, Buchführungs- und Aufzeichnungspflichten (s. § 33 Abs. 1 AO und § 34 AO Rz. 11 ff.). Die Pflicht zur Abgabe einer Steuererklärung ist nicht immer bereits dann verletzt, wenn die gesetzliche Abgabefrist abgelaufen ist, vielmehr schiebt eine gewährte Fristverlängerung den Zeitpunkt des Eintritts der Pflichtwidrigkeit hinaus (BFH v. 29.11.2006, I R 103/05, BFH/NV 2007, 1067). Bedient sich die aus den §§ 34 oder 35 AO verpflichtete Person bei der Erfüllung der ihr obliegenden Pflichten anderer Personen (z.B. Angestellter, Boten) so kann eine Pflichtwidrigkeit u.U. bei der Auswahl oder Überwachung dieser Personen unterlaufen (s. § 831 BGB). 8

### III. Verschulden

Es muss eine **vorsätzliche** oder **grob fahrlässige Pflichtverletzung** vorliegen. Die vorsätzliche Pflichtverletzung kann auch eine Haftung nach § 71 AO begründen. Es steht dem FA frei, ob es einen Haftungsbescheid neben § 69 AO auch auf § 71 AO stützt. Im Zweifelsfalle darf das FA die Frage des Vorliegens eines Vorsatzes auf sich beruhen lassen und sich mit der Feststellung einer groben Fahrlässigkeit begnügen (BFH v. 11.08.2005, VII B 312/04, BFH/NV 2005, 2153). 9

**Vorsätzlich** handelt, wer den Erfolg seines Handelns erkennt, ihn in seinen Handlungswillen mit einbezieht oder wenigstens billigend in Kauf nimmt. 10

**Fahrlässig** handelt, wer die ihm nach den gegebenen Umständen und seinen persönlichen Verhältnissen (Kenntnissen, Erfahrungen, Einsichtsfähigkeit) zuzumutende Sorgfalt außer Acht lässt. § 69 Satz 1 AO setzt eine **grob fahrlässige Pflichtverletzung** voraus. Es muss sich also um eine schwerwiegende, bereits ohne erhöhte Anforderungen an die Gewissenhaftigkeit vermeidbare Außerachtlassung der Sorgfaltspflicht handeln. Nach der BFH-Rechtsprechung ist grobe Fahrlässigkeit anzunehmen, wenn der Geschäftsführer die ihm nach seinen persönlichen Fähigkeiten und Verhältnissen zumutbare Sorgfalt in ungewöhnlichem Maße und in nicht entschuldbarer Weise verletzt hat (BFH v. 18.01.2008, VII B 63/07, BFH/NV 2008, 754, BFH v. 23.09.2008, VII R 27/09, BStBl II 2009, 129). Ohne Bedeutung ist, ob der Verpflichtete die Folgen seines Handelns erkannt und nur darauf vertraut hat, dass sie nicht eintreten werden (be- 11 wusste Fahrlässigkeit), oder ob er den Erfolg seiner Pflichtwidrigkeit nicht vorausgesehen hat (unbewusste Fahrlässigkeit).

12 Da es beim Verschulden auf die Umstände des Einzelfalles ankommt, lassen sich allgemeine Richtlinien kaum aufstellen. Das Verschulden muss in jedem Falle nachgewiesen werden, denn es gibt keine Verschuldensvermutungen etwa aus der bloßen Tatsache, dass Steuern am Fälligkeitstage nicht entrichtet sind. Es besteht keine Verpflichtung, vorhandene Mittel in erster Linie für Steuerzahlungen zu verwenden. Andererseits dürfen private Verbindlichkeiten nicht vor Steuerschulden bevorzugt befriedigt werden. Pflichtwidrig handelt auch, wer ungeachtet bestehender oder zu erwartender Steueransprüche selbst vor Fälligkeit oder gar vor Entstehung der später verkürzten Steueransprüche über die Mittel des Steuerschuldners anderweitig verfügt (BFH v. 26.04.1984, V R 128/79, BStBl II 1984, 776; BFH v. 05.03.1991, VII R 93/88, BStBl II 1991, 678; BFH v. 16.12.2003, VII R 77/00, BStBl II 2005, 249). Das Gleiche gilt für einen Geschäftsführer, der wegen der Steuerschuld einen Antrag auf Aussetzung der Vollziehung gestellt hat, über den aber im Zeitpunkt der Fälligkeit noch nicht entschieden ist (BFH v. 11.03.2004, VII R 19/02, BStBl II 2004, 967). Allgemein darf die Sorgfalt bei der Erfüllung steuerlicher Verpflichtungen nicht geringer sein als diejenige, die bei der Wahrnehmung anderer Obliegenheiten aufgewendet wird.

13 Bei **Zahlungsschwierigkeiten** müssen die vorhandenen Mittel gleichmäßig zur Befriedigung der privaten Gläubiger und des Fiskus eingesetzt werden (**Grundsatz der anteiligen Tilgung**: BFH v. 26.03.1985, VII R 139/81, BStBl II 1985, 539; BFH v. 17.07.1985, I R 205/80, BStBl II 1985, 702; BFH v. 14.06.2016, VII R 20/14, BFH/NV 2016, 1672; für vorläufige Eigenverwaltung durch GmbH.Geschäftsführer: FG Münster v. 06.02.2017, 7 V 3973/16 V, EFG 2017, 452). Dazu stellt der BFH (BFH v. 14.07.1987, VII R 188/82, BStBl II 1988, 172) klar, dass die Berechnung der Haftungssumme im Fall der Geschäftsführerhaftung für Umsatzsteuerrückstände (auch im Voranmeldungsverfahren, BFH v. 12.07.1988, VII R 4/88, BStBl II 1988, 980) bei Nichtvorhandensein ausreichender Zahlungsmittel zur Tilgung sämtlicher Verbindlichkeiten (unter Einschluss der Personalaufwendungen, s. dazu Rz. 14; zur Berücksichtigung der Tätigkeitsvergütung eines geschäftsführenden Gesellschafters einer Personengesellschaft, BFH v. 16.03.1993, VII R 57/92, BFH/NV 1993, 707) **zeitraumbezogen** ist, d.h. hinsichtlich der Verbindlichkeiten und der erbrachten Zahlungen (unter Einschluss verrechneter Vorsteuerüberschüsse, BFH v. 07.11.1989, VII R 34/87, BStBl II 1990, 201) auf die **Verhältnisse des gesamten Haftungszeitraums** abzustellen ist. Die Haftungsquote ist für das Unternehmen einheitlich, d.h. ohne Aufteilung auf Geschäftsbereiche oder Tätigkeitsfelder, zu berechnen (BFH v. 14.06.2016, VII R 20/14, BFH/NV 2016, 1672; BFH v. 14.06.2016, VII R 21/14, BFH/NV 2016, 1674). Dabei bedarf es keiner »auf Heller und Pfennig« ausgerechneten Feststellung der Tilgungsquote. Ungleichmäßigkeiten in der Zahlungsfähigkeit des steuerpflichtigen Unternehmers während des Haftungszeitraums können durch pauschale Abschläge (das FG hatte 10 v.H. für angemessen gehalten) von der durchschnittlichen Tilgungsquote ausgeglichen werden. Die Entscheidung wird den Bedürfnissen der Praxis gerecht, zumal Unterlagen, die eine (auch immer nur annähernd) genaue Berechnung ermöglichen, selten vorliegen. Es ist Sache des Haftungsschuldners, bei der Ermittlung der Tilgungsquote im Rahmen des Zumutbaren mitzuwirken (BFH v. 11.07.1989, VII R 81/87, BStBl II 1990, 357; BFH v. 03.05.1999, VII S 1/99, BFH/NV 2000, 1; BFH v. 04.12.2007, VII R 18/06, BFH/NV 2008, 521). Zwar trägt die Behörde die **Beweislast** für die Voraussetzungen der Haftung, doch setzt deren Beschränkung nach dem Grundsatz der anteilmäßigen Befriedigung voraus, dass der Haftende durch Vorlage geeigneter Aufzeichnungen und Belege erkennbar macht, in welchem Umfang die Gesellschaft im Haftungszeitraum an ihre verschiedenen Gläubiger geleistet hat (BFH v. 11.07.2001, I B 2/01, BFH/NV 2002, 6). Ggf. sind die geleisteten Beträge nach Ausschöpfung der zur Verfügung stehenden Erkenntnismittel zu **schätzen** (BFH v. 27.02.2007, VII R 60/50, BB 2007, 1714; BFH v. 04.12.2007, VII R 18/06, BFH/NV 2008, 521). Die Folgen einer mangelnden Mitwirkung hat ggf. der Haftungsschuldner zu tragen (FG Köln v. 13.10.2011, 13 K 4121/07, EFG 2012, 195). Eine Tilgungsquote von 100 v.H. entspricht dabei nicht der Lebenserfahrung, wenn der Steuerschuldner erhebliche Steuerrückstände hat oder gar insolvent ist (FG Sachsen v. 20.10.1999, 2 V 75/99 – rkr., EFG 2000, 46). Etwas anderes mag dann gelten, wenn der Geschäftsführer gegenüber dem Insolvenzgericht die Zahlungsfähigkeit behauptet (BFH v. 15.09.2006, VII B 76/06, BFH/NV 2007, 185). Eine vom Schuldner angenommene Tilgungsvordringlichkeit bestimmter Zahlungsverpflichtungen ist nicht zu berücksichtigen. Die Rechtsprechung möchte unübersehbare Ausnahmen und Komplikationen bei der Berechnung der Quote vermeiden (BFH v. 04.05.2004 VII B 318/03, BFH/NV 2004, 1363). In der **Insolvenz** des Stpfl. wird der Grundsatz der anteiligen Tilgung, der grundsätzlich auch den Insolvenzverwalter trifft, durch die insolvenzrechtlichen Vorschriften über die Befriedigung der Masse- und Insolvenzgläubiger modifiziert (BFH v. 28.11.2002, VII R 41/01, BStBl II 2003, 337). Die Zahlungspflicht eines Geschäftsführers wird durch § 64 GmbHG nach Eintritt der Zahlungsunfähigkeit oder Überschuldung der Gesellschaft allenfalls dann beschränkt (BGH v. 30.07.2003, 5 StR 221/03, DStR 2004, 283 zu § 266a StGB), wenn keine Zahlungen an andere Gläubiger mehr geleistet werden (*Sontheimer*, DStR 2004, 1005) und wenn der nach § 15a InsO erforderliche Insol-

venzantrag tatsächlich gestellt wird. Diese Beschränkung gilt – wie sich aus § 15a Abs. 1 InsO ergibt – längstens für drei Wochen (BGH v. 09.08.2005, 5 StR 67/05, DB 2005, 2516; BFH v. 27.02.2007, VII R 67/05, BStBl II 2009, 348). Die privatrechtliche Masseerhaltungspflicht vermag die öffentlich-rechtliche Zahlungspflicht weder zu verdrängen, noch ein Unterlassen zu entschuldigen. Sind im Zeitpunkt der Lohnsteuer-Fälligkeit Mittel zur Zahlung derselben vorhanden, besteht die Verpflichtung des Geschäftsführers zur Abführung so lange, bis ihm die Verfügungsbefugnis entzogen wird. Die Haftung nach § 69 AO wird in diesem Fall durch die Massesicherungsregelung des § 64 GmbHG nicht ausgeschlossen (BFH v. 23.09.2008, VII R 27/07, BStBl II 2009, 129).

14 Ungeachtet dessen muss bei der Abführung einbehaltener **Lohnsteuerbeträge** deren besonderer Charakter (»Fremdgeld«) berücksichtigt werden. Daher sind bei der Lohnsteuer hinsichtlich der Abführung **strengere Anforderungen** an die Sorgfaltspflicht zu stellen als hinsichtlich der Einbehaltung dieser Steuer (BFH v. 20.04.1982, VII R 96/79, BStBl II 1982, 521). Verfügt allerdings der Abführungsverpflichtete nur über die Mittel zur Auszahlung der Nettolöhne, besteht die Pflichtverletzung der nach § 69 AO haftenden Personen bei Auszahlung der Nettolöhne lediglich darin, dass die Löhne nicht zum Zweck der anteiligen Befriedigung des Lohnsteueranspruchs entsprechend gekürzt ausgezahlt wurden (BFH v. 26.07.1988, VII R 83/87, BStBl II 1988, 859). Das gilt selbst dann, wenn der Geschäftsführer die Mittel für die Zahlung der Nettolöhne aus seinem Privatvermögen aufbringt (BFH v. 21.10.1986, VII R 144/83, BFH/NV 1987, 286; BFH v. 22.11.2005, VII R 21/05, BStBl II 2006, 397; einschränkend auf den Fall des Gesellschafter-Geschäftsführers *Tiedtke*, GmbHR 2007, 21). Die bloße Erwartung durch künftige Liquiditätszuflüsse die Lohnsteuerrückstände ausgleichen zu können, kann den Einbehaltungspflichtigen nicht von dieser Pflicht befreien (BFH v. 06.07.2005, VII B 296/04, BFH/NV 2005, 1753). Insoweit gilt auch hier der Grundsatz anteiliger Befriedigung, allerdings mit dem Unterschied, dass sich die Haftungsquote nicht nach dem möglichen Umfang einer gleichmäßigen Befriedigung aller Gläubiger, sondern nur nach der möglichen anteiligen Befriedigung des Lohnsteuerberechtigten und der Arbeitnehmer bemisst. Die derartige Haftungsbeschränkung gilt für die Lohnsteuer allerdings nur in Ausnahmefällen und im Rahmen eines längeren Haftungszeitraums allenfalls für die letzten Lohnsteueranmeldungszeiträume (BFH v. 26.07.1988, VII R 83/87, BStBl II 1988, 859). Wegen dieser Besonderheiten ist der BFH der Auffassung, dass bei der Ermittlung der Haftungsquote (s. Rz. 13) die gezahlte Lohnsteuer weder bei den Verbindlichkeiten, noch bei den geleisteten Zahlungen zu berücksichtigen sei, weil dem Haftungsschuldner sonst die Erfüllung steuerlicher Pflichten zum Nachteil gelangen würde (BFH v. 27.02.2007, VII R 60/05, BStBl II 2008, 508). Dem kann in dieser Allgemeinheit nicht zugestimmt werden. Es geht nicht darum, ob sich der Verpflichtete bei der Zahlung der Lohnsteuer pflichtgemäß verhält, sondern vielmehr darum, ob in der Zahlung der ungekürzten Bruttolöhne einschließlich der Lohnsteuer eine quotale Bevorzugung der Arbeitnehmer liegt. Dies folgt aus § 38 Abs. 2 und 3 sowie § 41a Abs. 1 Satz 1 Nr. 2 EStG, wonach der Arbeitnehmer Schuldner der Lohnsteuer ist. Der Arbeitgeber hat diese lediglich vom zivilrechtlich geschuldeten Bruttolohn einzubehalten und auf Rechnung des Arbeitnehmers an das FA abzuführen (BFH v. 27.02.2007, VII R 67/05, BStBl II 2009, 348; *Blesinger*, Haftung und Duldung im Steuerrecht, 2005, 41 f.; *Blesinger*, DStZ 2008, 747). Ist der Arbeitgeber selbst Schuldner der Lohnsteuer (bei **Pauschalierung**, s. § 40 Abs. 3 EStG), so bestimmen sich Pflichtverletzung und Verschulden des haftenden Geschäftsführers usw. nach dem Zeitpunkt der Fälligkeit der pauschalierten Lohnsteuer (BFH v. 03.05.1990, VII R 108/88, BStBl II 1990, 767) und nicht nach dem Zeitpunkt des Entstehens der durch Pauschalierung erloschenen individuellen Lohnsteuerschuld.

Wer rechtsunkundig ist, muss bei rechtlichen Zweifeln eine sachkundige Auskunft z.B. durch Befragung eines Steuerberaters oder einer anderen geeigneten Stelle einholen. Grundsätzlich darf er auf den Rat einer sachkundigen Person vertrauen (BFH v. 30.08.1994, VIII R 101/92, BStBl II 1995, 278), wenn ihn persönlich kein Auswahl- oder Überwachungsverschulden trifft und er keinen Anlass hat, an der inhaltlichen Richtigkeit der erteilten Auskunft oder erstellten Erklärung zu zweifeln (BFH v. 04.05.2004 VII B 318/03, BFH/NV 2004, 1363). Ggf. muss die Vollmacht für als unredlichen Berater widerrufen werden (BFH v. 20.02.2006, VII B 87/06, BFH/NV 2007, 197). Nicht erforderlich ist die Einholung einer verbindlichen Auskunft des FA. Andererseits schließt die Erfüllung dieser **Erkundigungspflicht** im Regelfall das Verschulden aus (BFH v. 11.05.1962, VI 195/60 U, BStBl III 1962, 342). Wer sich in einem entschuldbaren Rechtsirrtum befindet, ist nicht haftbar (objektiv unklare Rechtslage: BFH v. 22.11.2005, VII R 21/05, BStBl II 2006, 397). 15

Sind **mehrere Personen** i.S. der §§ 34, 35 AO als Verpflichtete vorhanden, so ist bei der Prüfung der Verschuldensfrage auch darauf abzustellen, wem die Wahrnehmung der steuerlichen Angelegenheiten tatsächlich obliegt. Der BFH lässt bei mehreren Geschäftsführern die **interne Geschäftsverteilung** für den Verschuldensgrad eines hiernach unzuständigen Geschäftsführers maßgebend sein, fordert jedoch, dass dieser jedenfalls dann tätig werden muss, wenn er von der Säumigkeit des zuständigen Kollegen Kenntnis erhält. Grundsätzlich trifft jeden Geschäftsführer die Verantwortung für die Erfüllung der steuerlichen Pflichten der Gesellschaft. Diese kann durch eine interne Vereinbarung zwar begrenzt, 16 aber nicht aufgehoben werden (BFH v. 26.04.1984, V R 128/79, BStBl II 1984, 776). Die Begrenzung der Verantwortlichkeit eines Geschäftsführers bedarf einer vorweg getroffenen, eindeutigen und damit schriftlichen Festlegung (BFH v. 17.05.1988, VII R 90/85, BFH/NV 1989, 4). Darüber hinaus hat jeder Geschäftsführer im konkreten Einzelfall zu prüfen, ob eine besondere Veranlassung vorliegt, sich im Rahmen seiner **Gesamtverantwortung** um die steuerlichen Angelegenheiten zu kümmern, für die er nach der internen Arbeitsteilung nicht primär zuständig ist (BFH v. 04.03.1986, VII S 33/85, BStBl II 1986, 384). Die den Geschäftsführer einer GmbH treffende Pflicht (s. § 43 Abs. 1 GmbHG) umfasst auch das Gebot der Kontrolle, ob der Mitgeschäftsführer die den ihm zugewiesenen Aufgabenkreis betreffenden Pflichten vollständig erfüllt. Diese Grundsätze gelten entsprechend auch für die Vorstandsmitglieder von Vereinen bzw. bei der Pflichtendelegation auf Abteilungen von juristischen Personen (BFH v. 13.03.2003, VII R 46/02, BStBl II 2003, 556). Der Alleingeschäftsführer einer GmbH kann seine Haftung für Steuerschulden der GmbH nicht mit der Behauptung abwenden, ein Prokurist der Firma habe die Geschäfte in eigener Verantwortung als der wirkliche Geschäftsführer geführt (BFH v. 07.11.1963, V 45/61, HFR 1964, 96; FG RP v. 21.11.1985, 3 K 63/82, EFG 1986, 322: alleiniger ausländischer GmbH-Geschäftsführer). Desgleichen kann wegen der Nichtabdingbarkeit der durch § 34 Abs. 1 AO auferlegten Pflichten durch privatrechtliche Vereinbarungen (BFH v. 12.07.1983, VII B 19/83, BStBl II 1983, 655) der Geschäftsführer sich nicht darauf berufen, der Hauptgesellschafter habe die Geschäfte tatsächlich geführt (BFH v. 17.03.1964, I 248/62, HFR 1964, 307) oder er sei nur als »Strohmann« für einen faktischen Geschäftsführer aufgetreten. Der Geschäftsführer einer in eine Holdingstruktur eingebundenen GmbH wird auch nicht dadurch von der Haftung freigestellt, dass die Erledigung der steuerlichen Aufgaben auf eine andere Holdinggesellschaft übertragen ist (BFH v. 31.10.2005, VII B 66/05, BFH/NV 2006, 480; BGH v. 12.05.2009, VII B 266/08, BFH/NV 2009, 1589; FG Mchn v. 23.07.2009, 15 K 3609/06, EFG 2009, 1949, Az. BFH VII B 194/09: Unbeachtlichkeit eines internen Zustimmungsvorbehalts des Aufsichtsrats einer AG gegenüber deren Vorstand).

17 Die Frage, ob Verschulden vorliegt, ist eine **Rechtsfrage**, keine Ermessensfrage. Verschulden ist ein wertausfüllungsbedürftiges (normatives) Tatbestandsmerkmal, dessen Beurteilung auch der Revision unterliegt.

18 Nach Auffassung des BFH (BFH v. 02.07.2001, VII B 345/00, BFH/NV 2002, 4; offengelassen: BFH v. 30.08.2005, VII R 61/04, BFH/NV 2006, 232) hat **mitwirkendes Verschulden** des FA auf die Haftung keinen Einfluss; es kann aber ggfs. bei der Ermessensausübung zu berücksichtigen sein. Dem ist u. E. nicht zu folgen. Da der Haftungstatbestand als Schadensersatzhaftung ausgestaltet ist (s. Rz. 1), muss § 254 BGB als allgemeiner Rechtsgedanke berücksichtigt werden. Das hat zur Folge, dass ein mitwirkendes Verschulden des FA bereits auf der Tatbestandsebene zu berücksichtigen ist und so die Haftung ganz oder zum Teil entfallen kann (*Loose* in Tipke/Kruse, § 69 AO Rz. 28, *Mösbauer*, StBp 2006, 291, 294). Da allerdings § 69 AO einen hohen Verschuldensgrad erfordert, kann ein mitwirkendes Verschulden nur dann die Haftung mindern oder entfallen lassen, wenn es seinerseits zumindest als grobe Fahrlässigkeit einzustufen ist (so auch zum Verschuldensgrad BFH v. 11.05.2000, VII B 217/99, BFH/NV 2000, 1442) und demgegenüber das Verschulden des Haftungsschuldner nicht entscheidend ins Gewicht fällt (BFH v. 30.08.2005, VII R 61/04, BFH/NV 2006, 232; a. A. *Mösbauer*,StBp 2006, 291, 294: leichte Fahrlässigkeit).

Aus der **Rechtsprechung** seien noch folgende Fälle 19
angeführt: BFH v. 11.07.1958, III 267/57 U, BStBl III 1958, 367: Haftung einer Bank, die bevollmächtigt ist, das gesamte Inlandsvermögen eines Ausländers zu veräußern und den Erlös ins Ausland zu transferieren; BFH v. 26.01.1961, IV 140/60, HFR 1961, 109: Haftung eines Nachlasspflegers; BFH v. 16.06.1971, I R 58/68, BStBl II 1971, 614: Haftung des Abwicklers einer GmbH; BFH v. 27.11.1990, VII R 20/89, BStBl II 1991, 284: Überwachungspflicht des GmbH-Geschäftsführers, der einen Teil seiner Tätigkeit an Hilfspersonen delegiert hat; BFH v. 11.12.1990, VII R 85/88, BStBl II 1991, 282: Das Ausnutzen der Schonfrist nach § 240 Abs. 3 AO lässt den Pflichtwidrigkeitsvorwurf nicht entfallen; FG Köln v. 04.09.2003, 3 K 7676/00, EFG 2004, 154: Ist ein Geschäftsführer durch eine lang andauernde Erkrankung an der Erfüllung seiner Aufgaben gehindert, muss er sein Amt niederlegen; BFH v. 11.03.2004, VII R 52/02, BStBl II 2004, 579: Die Haftung eines faktischen Geschäftsführers lässt die Haftung eines »Strohmannes« nicht entfallen.

## IV. Ursächlicher Zusammenhang

Die **Beeinträchtigung** der Ansprüche des Fiskus muss 20
ihre **Ursache** in der **Pflichtverletzung** haben (BFH v. 05.09.1989, VII R 61/87, BStBl II 1989, 979). Der ursächliche Zusammenhang besteht, wenn die Anspruchsbeeinträchtigung nicht eingetreten wäre, wenn sich der Vertreter usw. pflichtgemäß verhalten hätte. So fehlt es am ursächlichen Zusammenhang, wenn dem Vertreter für die Entrichtung der von der vertretenen Person geschuldeten Steuern keine hinreichenden Mittel zur Verfügung standen (BFH v. 05.03.1991 VII R 93/88, BStBl II 1991, 776; FG SchlH v. 25.05.2004, 5 V 85/04, EFG 2004, 1345: Verweigerung der Zustimmung zur Steuerzahlung durch vorläufigen Insolvenzverwalter), er besteht aber, wenn durch die Pflichtverletzung aussichtsreiche Vollstreckungsmöglichkeiten vereitelt werden (BFH

v. 05.03.1991, VII R 93/88, BStBl II 1991, 678) oder wenn der Vertreter die Möglichkeit gehabt hätte, Vorkehrungen zu treffen, um sich die erforderlichen Mittel zu beschaffen (BFH v. 28.11.2002, VII R 41/01, BStBl II 2003, 337; BFH v. 30.12.2004, VII B 145/04, BFH/NV 2005, 665: Globalzession und verlängerter Eigentumsvorbehalt als schädliche Vorabverfügung; a. A. FG Sa v. 21.05.2014, 2 V 1032/14, EFG 2014, 1738, kein Verschulden, wenn bei der Vereinbarung der Zession deren spätere Umsetzung nicht absehbar war; BFH v. 16.12.2003, VII R 77/00, BStBl II 2005, 249: Umsatzsteueroption nach § 9 UStG trotz fehlenden Mittelzuflusses zur Zahlung der USt aus dem sonst steuerfreien Geschäft). Grundsätzlich kommt es für die Beurteilung des Kausalzusammenhangs auf den Zeitpunkt der Fälligkeit der Steuerschulden an. Werden aber – und das ist der Regelfall – über einen längeren Zeitraum mit mehreren Fälligkeitszeitpunkten Steuern nicht oder nicht vollständig entrichtet, so ist eine Betrachtung über den Gesamtzeitraum erforderlich. Hierzu muss festgestellt werden, welche Mittel unter Berücksichtigung des Grundsatzes anteiliger Befriedigung (s. Rz. 13) zur Verfügung standen (BFH v. 12.06.1986, VII R 192/83, BStBl II 1986, 657). Die Prüfung dieses Kausalzusammenhangs betrifft nur den äußeren (objektiven) Sachverhalt. Es ist aber i. S. der Adäquanztheorie darauf abzustellen, ob Pflichtverletzungen der konkreten Art nach der allgemeinen Erfahrung zu der aufgetretenen Konsequenz führen können (BFH v. 11.11.2008, VII R 19/08, BStBl II 2009, 342). Die Möglichkeit des Eintritts der Konsequenz darf nicht zu fern liegen; insbes. darf die Beeinträchtigung der Ansprüche des Fiskus nicht wesentlich auf weitere Umstände zurückzuführen sein, die mit der Pflichtverletzung nicht im Zusammenhang stehen. Solche Umstände können z. B. im Hinzutreten eines pflichtwidrigen Verhaltens der Finanzbehörde liegen (s. aber Rz. 18) aber nicht darin, dass in einem später eröffneten Insolvenzverfahren eine Leistung des Vertreters an das FA nach den §§ 129 ff. InsO anfechtbar wäre und deshalb keinen Bestand hätte (BFH v. 26.01.2016, VII R 3/15, BFH/NV 2016, 893). Das FG Bln meinte sogar, die hypothetische Anfechtbarkeit von Zahlungen über den Zehn-Jahreszeitraum des § 133 InsO führe dazu, dass eine Haftung trotz objektiver und subjektiver Pflichtverletzung mangels Herbeiführung eines kausalen Schadens entfalle, selbst wenn der Insolvenzverwalter nur die Drei-Monats-Anfechtung verfolge (FG Bln v. 27.02.2006, 9 K 9114/05, EFG 2006, 1122). Nach anderer Auffassung ist die nur hypothetische Anfechtbarkeit einer nicht geleisteten Zahlung unbeachtlich (BFH v. 04.07.2007, VII B 268/06, BFH/NV 2007, 2059; *Pump/Kapischke*, StBp 2005, 313; *Haunhorst*, DStZ 2006, 369; zu § 266 a StGB BGH v. 09.08.2005, 5 StR 67/05, DB 2005, 2516). Sie lässt unter Berücksichtigung des Schutzzwecks des § 69 AO die Haftung auch nicht wegen mangelnder Schadenszurechnung entfallen (BFH v. 05.06.2007, VII R 65/05; BStBl II 2008, 273; BFH v. 19.09.2007, VII B 39/05, BFH/NV 2008, 18; BFH v. 04.12.2007, VII R 18/06, BFH/NV 2008, 521; BFH v. 26.01.2016, VII R 3/15, BFH/NV 2016, 893; a. A. *Tiedtke/Peterek*, GmbHR 2008, 617, 624). Die Haftung hat auch dann Bestand, wenn eine Zahlung auf die Steuerschuld bei Fälligkeit außerhalb einer Insolvenzanfechtungsfrist gelegen hätte, die verspätete Zahlung aber anfechtbar war (BFH v. 11.11.2008, VII R 19/08, BStBl II 2009, 342).

Häufig fallen einer Person **mehrere Pflichtverletzungen** in Bezug auf einen Steueranspruch zur Last. So trifft regelmäßig die Pflichtverletzung der Nichtanmeldung einer Steuer mit der Nichtentrichtung derselben zusammen. Dennoch ist auch in diesem Fällen der Grundsatz der anteilmäßigen Befriedigung (s. Rz. 13) zu beachten. Die Pflichtverletzung der Nichtanmeldung führt nur in der Höhe des Quotenausfalls zu einem kausal verursachten Schaden. Hätte der Vertreter die Steuer ordnungsgemäß angemeldet (pflichtgemäßes Alternativverhalten), hätte er die dann bei Fälligkeit zu entrichtende Steuer nur nach Maßgabe des Grundsatzes der anteilmäßigen Befriedigung tilgen müssen, um nicht haftbar zu sein (BFH v. 05.03.1991, VII R 93/88, BStBl II 1991, 678; BFH v. 26.08.1992, VII R 50/91, BStBl II 1993, 8 zur Haftung eines Steuerhinterziehers nach § 71 AO). 21

## D. Haftungsumfang

Die Haftung beschränkt sich dem **Umfang** nach auf den Betrag, der infolge der Pflichtverletzung, unter Berücksichtigung des Grundsatzes der anteilmäßigen Befriedigung, rückständig geblieben ist. Auch die Nichtfestsetzung einer Steuer begründet die Haftung nur in dem Umfang, in dem sie letztendlich pflichtwidrig nicht getilgt wurde (s. Rz. 21). Die Haftung erstreckt sich auf **alle Ansprüche aus dem Steuerschuldverhältnis**. So haftet z. B. der Geschäftsführer einer GmbH ggfs. nach § 69 AO für den in der GmbH verwirklichten Haftungsanspruch nach § 42 d EStG. Darüber hinaus umfasst die Haftung auch die infolge der Pflichtverletzung zu zahlende Säumniszuschläge (§ 69 Satz 2 AO), die nach § 240 AO entstanden sind. Diese in § 69 Satz 2 AO zusätzlich angeordnete Haftung ist von der Haftung für andere steuerliche Nebenleistungen zu unterscheiden. Nach § 69 Satz 1 AO haften die betroffenen Personen für alle steuerlichen Nebenleistungen (s. § 37 Abs. 1 i. V. m. § 3 Abs. 4 AO; BFH v. 01.08.2000, VII R 110/99, BStBl II 2001, 271: Verspätungszuschlag), soweit sie infolge vorsätzlicher oder grobfahrlässiger Verletzung der Pflichten nicht entrichtet wurden. Die unterbliebene Festsetzung bzw. Tilgung der steuerlichen Nebenleistung muss also eine Folge der Pflichtwidrigkeit sein. In Bezug auf die Säumniszuschläge i. S. des § 69 Satz 2 AO ist bereits deren Entstehung eine Folge der anspruchsschädigenden Auswirkung der Säumnis als Pflichtverletzung. Die Haf- 22 tung nach § 69 Satz 1 AO bezieht sich somit auf die unmittelbaren Folgen der Pflichtverletzung, die Haftung nach § 69 Satz 2 AO auf die mittelbaren Folgen der verschuldeten Säumnis (BFH v. 22.02.1980, VI R 185/79, BStBl II 1980, 375). *Buciek* (DB 1986, 2254) weist zu Recht darauf hin, dass der auch auf Säumniszuschläge in Anspruch genommene Haftungsschuldner sich darauf berufen kann, dass Säumniszuschläge dem Hauptschuldner vom Zeitpunkt der Überschuldung an zur Hälfte zu erlassen sind (s. § 227 AO Rz. 7 f.) und hält infolgedessen wegen der Akzessorietät des Haftungsanspruchs ihre Geltendmachung gegenüber dem Haftenden für nicht gerechtfertigt. Dieser Auffassung hat sich der BFH (BFH v. 26.07.1988, VII R 83/87, BStBl II 1988, 859) angeschlossen.

### E. Heranziehung zur Haftung

23 Die Frage, ob die von § 69 AO betroffenen Personen im Falle des Vorliegens der gesetzlichen Haftungsvoraussetzungen zur persönlichen **Haftung** mit eigenem Vermögen **heranzuziehen** sind, unterliegt nach § 191 Abs. 1 AO dem Ermessen der Behörde. Im Einzelnen wird auf die Erläuterungen zu § 191 AO verwiesen. Ist ein Haftungsbescheid ergangen, darf die Zahlung grundsätzlich nur unter den in § 219 Satz 1 AO aufgeführten Voraussetzungen verlangt werden.

## § 70 AO
## Haftung des Vertretenen

**(1) Wenn die in den §§ 34 und 35 bezeichneten Personen bei Ausübung ihrer Obliegenheiten eine Steuerhinterziehung oder eine leichtfertige Steuerverkürzung begehen oder an einer Steuerhinterziehung teilnehmen und hierdurch Steuerschuldner oder Haftende werden, so haften die Vertretenen, soweit sie nicht Steuerschuldner sind, für die durch die Tat verkürzten Steuern und die zu Unrecht gewährten Steuervorteile.**

**(2) Absatz 1 ist nicht anzuwenden bei Taten gesetzlicher Vertreter natürlicher Personen, wenn diese aus der Tat des Vertreters keinen Vermögensvorteil erlangt haben. Das gleiche gilt, wenn die Vertretenen denjenigen, der die Steuerhinterziehung oder die leichtfertige Steuerverkürzung begangen hat, sorgfältig ausgewählt und beaufsichtigt haben.**

**Inhaltsübersicht**



**Schrifttum**

Schwöbel, Die Vertretenenhaftung nach § 70 AO. Gibt es einen neuen Anwendungsbereich der Vertretenenhaftung im Großhandel? StW 2006, 77; Fehsenfeld, Die Reichweite der Haftung des Vertretenen nach § 70 AO, DStZ 2012, 852; Bruschke, Haftungsfragen beim Rechnungssplitting, DStZ 2013, 831; Gehm, Die Haftung des Vertretenen gemäß § 70 AO – Risikoprofil in der Praxis, StBp 2015, 337.

### A. Bedeutung der Vorschrift

Die Vorschrift bewirkt eine haftungsbegründende **Zurechnung fremden Verschuldens** und verpflichtet zum Ausgleich entstandener Schäden. Ähnlich § 831 BGB wird ein eigenes Verschulden des Haftenden angenommen, wen er die für ihn tätigen Personen nicht ordnungsgemäß ausgewählt und überwacht hat. Die Haftung ist gerechtfertigt, wenn bei pflichtgemäßer Auswahl und Überwachung der Schaden nicht eingetreten wäre. 1

Die Haftung kommt nur dann in Betracht, wenn der Vertretene selbst nicht Steuerschuldner ist, weil sonst die Inanspruchnahme des vertretenen Steuerschuldners stets unmittelbar im Wege der Änderung bisheriger Steuerfestsetzungen oder durch Nachholungsbescheide möglich ist. Diese Einschränkung verlagert das Anwendungsgebiet der Vorschrift insbes. auf das **Zoll- und Verbrauchsteuerrecht**. § 70 Abs. 1 AO eröffnet den Zugriff auf den Vertretenen, dessen Interessen der Vertreter wahrgenommen hat, weil bei Nichtbeachtung der steuerrechtlichen Bestimmungen die oft hohe Steuerschuld in der Person des Vertreters entstehen kann, der jedoch nicht immer in der Lage ist, die Schuld zu begleichen (Gesetzesbegründung). Mit dem Inkrafttreten des Zollkodex zum 01.01.1994 sind diese Konstellationen, wie sie von der Vorschrift vorausgesetzt werden, kaum denkbar, weil der Kreis der Zollschuldner weiter gezogen ist. 2

Die Voraussetzungen der Vorschrift können dem Wortlaut nach auch bei den **Abzugssteuern** erfüllt sein (s. AEAO zu § 70), denn bei Verletzung der Einbehaltungs- und Abführungspflichten durch den gesetzlichen Vertreter wird der Vertretene nicht Steuerschuldner, die Steuerschuldnerschaft des Arbeitnehmers usw. bleibt unberührt. Auch wenn die entsprechenden Gesetze (s. §§ 42d, 44 Abs. 5, § 50a Abs. 5 Satz 4 EStG) eigene Haftungstatbestände enthalten, gehen diese § 70 AO nicht zwingend vor, weil verschiedene Regelungszwecke vorliegen (s. Rz. 1; a. A. *Loose* in Tipke/Kruse, § 70 AO Rz. 3). Bedeutung hat dies allenfalls für die Frage der Verjährung, die im Fall des § 70 AO länger ist (s. § 191 Abs. 3 Satz 2 AO). Im Einzelfall kann sich eine Haftung auch für Ertragsteuern ergeben, wenn z. B. ein Mitarbeiter einer Bank deren 3

Kunden durch anonyme Kapitaltransfers hilft, Steuern zu hinterziehen. Dann kann sich die Haftung der Bank aus § 70 AO ergeben, sofern die konkrete Hinterziehungstat und der Hinterziehungsschaden nachgewiesen sind (FG Ddorf v. 18.02.2010, 8 K 4290/06 H, EFG 2010, 998; zum Problem des konkreten Verkürzungserfolgs s. § 71 AO Rz. 3; FG Münster v. 10.12.2013, 2 K 4490/12, EFG 2014, 801).

## B. Haftungsvoraussetzungen und -umfang

4 Haftungsvoraussetzung ist, dass eine Person i. S. der §§ 34 und 35 AO bei **Ausübung** ihrer **Obliegenheiten** eine **Steuerhinterziehung** (s. § 370 AO) oder eine **leichtfertige Steuerverkürzung** (s. § 378 AO) begeht oder an einer Steuerhinterziehung teilnimmt und hierdurch Steuerschuldner oder Haftender wird. Ist der Vertretene selbst Steuerschuldner, greift § 70 Abs. 1 AO nicht ein (BFH v. 19.10.1976, VII R 63/73, BStBl II 1977, 255). Ob eine Steuerhinterziehung oder eine leichtfertige Steuerverkürzung bzw. die einschlägige Beteiligungsform gegeben sind, entscheidet selbstständig und unabhängig von der Würdigung durch die für die Strafverfolgung zuständigen Behörden und Gerichte die für die Inanspruchnahme des Haftenden zuständige Finanzbehörde (s. § 71 AO Rz. 6).

5 Wegen des unter §§ 34 und 35 AO fallenden **Personenkreises** s. die dortigen Erläuterungen sowie § 69 AO Rz. 2. Eine Haftung für Handlungen einer Person, die i. S. des § 35 AO lediglich als Verfügungsberechtigter im eigenen oder fremden Namen auftritt, kann jedoch nur insoweit in Frage kommen, als diese in Beziehung zu Obliegenheiten gehandelt hat, die ihr tatsächlich übertragen waren und die sie sich nicht lediglich angemaßt hat (BFH v. 30.11.1951, II z 148/51 U, BStBl III 1952, 16).

6 Die Steuerhinterziehung oder leichtfertige Steuerverkürzung muss in jedem Fall in **unmittelbarerBeziehung** zu den **Obliegenheiten** des Vertreters usw. begangen sein (RFH v. 08.03.1929, RFHE 25, 46), und zwar dergestalt, dass sie ohne Übertragung der Obliegenheiten nicht hätte begangen werden können (RFH v. 03.11.1939, RStBl 1939, 1118). Begehung »gelegentlich« der Wahrnehmung der Obliegenheiten, wobei diese nur den äußeren Anlass boten, genügt nicht. Es muss ein ursächlicher Zusammenhang zwischen der Steuerstraftat bzw. -ordnungswidrigkeit und dem sich als Ausübung der Obliegenheit darstellenden Handeln nach Ort und Zeit bestehen. Dieser Zusammenhang ist u. E. auch dann gegeben, wenn eine Person, zu deren Aufgaben zwar nicht die Erfüllung steuerlicher Pflichten gehört, bei Ausübung ihrer Obliegenheiten gegen ein steuerliches Gebot oder Verbot verstößt (z. B. Steuergefährdung nach § 379 AO; a. A. *Fehsenfeld*, DStZ 2012, 852, 860).

7 Bei der Steuerhinterziehung reicht **Teilnahme** als Gehilfe oder Anstifter aus. Da jedoch eine Steuerverkürzung eingetreten sein muss bzw. Steuervorteile zu Unrecht gewährt worden sein müssen, scheidet der Versuch aus. Handeln zum eigenen Vorteil ist nicht erforderlich (RFH v. 09.12.1938, RStBl 1939, 62). Bei leichtfertiger Steuerverkürzung ist nur Eigentäterschaft denkbar; mehrere Beteiligte können als Nebentäter unabhängig voneinander zum selben Verkürzungserfolg beitragen.

Der Täter muss durch seine Tat Steuerschuldner oder Haftender werden. Gemäß § 71 AO wird jeder, der eine Steuerhinterziehung begeht oder an ihr teilnimmt, Haftender für die verkürzten Steuern, die zu Unrecht gewährten Steuervorteile sowie für die Zinsen nach § 235 AO. 8

Dem **Umfang** nach haftet der Vertretene grundsätzlich für die durch die Tat verkürzten Steuern und die zu Unrecht gewährten Steuervorteile (z. B. Steuervergütungen). Die Haftung erstreckt sich nicht auf Nebenleistungen zu der verkürzten Steuer (BFH v. 05.11.1993, VI R 16/93, BStBl II 1994, 557, 559). Anders als in § 71 AO erstreckt sich die Haftung auch nicht auf die Hinterziehungszinsen. 9

## C. Haftungsausschluss für natürliche Personen

Nach § 70 Abs. 2 Satz 1 AO haften natürliche Personen nicht für ihren gesetzlichen Vertreter, wenn sie aus der Tat des Vertreters keinen Vermögensvorteil erlangt haben. Dabei ist unter Vermögensvorteil nicht nur der steuerliche Vorteil aus der Steuerhinterziehung bzw. -verkürzung zu verstehen, sondern jede durch die Tat erlangte Verbesserung der Vermögenslage (BFH v. 31.01.1989, VIII R 77/86, BStBl II 1989, 442). Durch diese Einschränkung wird der Tatsache Rechnung getragen, dass natürliche Personen sich ihren gesetzlichen Vertreter nicht selbst auswählen können. Andererseits sollen den natürlichen Personen durch die Notwendigkeit ihrer gesetzlichen Vertretung auch keine ungerechtfertigten Vermögensvorteile belassen werden. 10

## D. Exkulpationsmöglichkeit

Nach § 70 Abs. 2 Satz 2 AO haben die Vertretenen eine Exkulpationsmöglichkeit. Sofern die Vertretenen aus der Tat des Vertreters keinen Vermögensvorteil erlangt haben, haften sie nicht, wenn sie diejenige Person, die die Steuerhinterziehung oder leichtfertige Verkürzung begangen hat, sorgfältig **ausgewählt** und **beaufsichtigt** haben. Bei diesem Entlastungsbeweis kommt es auf die in Angelegenheiten der fraglichen Art verkehrsübliche Sorgfalt an, somit auf einen objektiven Maßstab. Die Exkulpation scheidet aus, wenn die zu überwachende Person (Geschäftsführer einer GmbH) und die überwachende 11

Person (Gesellschafter der GmbH) identisch sind (FG Münster v. 10.12.2014, 2 K 4490/12, EFG 2014, 801).

### E. Heranziehung zur Haftung

12 Für die Inanspruchnahme der gem. § 70 AO haftenden Personen gelten im Übrigen keine Besonderheiten. S. dazu die Erläuterungen zu § 191 AO. Ist ein Haftungsbescheid ergangen, darf die Zahlung grundsätzlich nur unter den in § 219 Satz 1 AO aufgeführten Voraussetzungen verlangt werden.

## § 71 AO Haftung des Steuerhinterziehers und des Steuerhehlers

**Wer eine Steuerhinterziehung oder eine Steuerhehlerei begeht oder an einer solchen Tat teilnimmt, haftet für die verkürzten Steuern und die zu Unrecht gewährten Steuervorteile sowie für die Zinsen nach § 235und die Zinsen nach § 233a, soweit diese nach § 235 Absatz 4 auf die Hinterziehungszinsen angerechnet werden.**

**Inhaltsübersicht**



**Schrifttum**

Fett/Bank, Die Rückforderung von Investitionszulagen bei Subventionsnehmern und Haftungsschuldnern, DStZ 1999, 591; Kamps/Wulf, Neue Rechtsprechung zur Geltung des Grundsatzes »in dubio pro reo« im Verfahrensrecht der AO, DStR 2003, 2045; Pump Der Großhändler als Haftungsschuldner, StBp 2005, 356; Pflaum, Zu den Voraussetzungen der Haftung des Steuerhinterziehers, § 71 AO, wistra 2010, 368; Bruschke, Haftungsfragen bei Rechnungssplitting, DStZ 2013, 831; Moritz, Steuerhinterziehung und Voraussetzung der Haftung nach § 71 AO, BB 2013, 1562; Tormöhlen, Steuerliche Haftung bei Pflichtverletzung und Steuerhinterziehung, AO-StB 2015, 357.

### A. Bedeutung der Vorschrift

1 Die Vorschrift begründet eine Haftung der Steuerhinterzieher und der Steuerhehler sowie der Teilnehmer an solchen Steuerstraftaten für die durch diese verkürzten Steuern und die zu Unrecht gewährten Steuervorteile. Als Steuerstrafe ist die Haftung nicht anzusehen, ihrer Rechtsnatur nach hat sie **Schadensersatzcharakter** (BFH v. 26.02.1991, VII R 3/90, BFH/NV 1991, 504; BFH v. 26.08.1992, VII R 50/91, BStBl II 1993, 8). Soweit der Steuerschuldner selbst die Steuerstraftat begangen oder an ihr teilgenommen hat, ist § 71 AO nicht einschlägig, weil er die verkürzten Beträge selbst schuldet und nicht nur für sie haftet. Eine Ausnahme von der Unvereinbarkeit der Haftungs- mit der Steuerschuld wird dann gemacht, wenn auf einen Tatbeteiligten Ehegatten nach Aufteilung der Gesamtschuld kein vollstreckbarer Rückstand entfällt (BFH v. 07.03.2006, X R 8/05, BStBl II 2007, 594). Eine weitere Ausnahme lässt das FG Ha entgegen der h. M. bei der Haftung für TabakSt zu (a. A. FG Ha v. 18.11.2016, 4 V 142/16, EFG 2017, 182).

Der BFH hatte die Haftung über den Wortlaut des § 71 2
AO hinaus auch zunächst auf Fälle des § 264 StGB ausgedehnt, in denen mit Hinblick auf die **Investitionszulage** ein Subventionsbetrug vorliegt (BFH v. 27.04.1999, III R 21/96, BStBl II 1999, 670). Diese Rechtsprechung hat der BFH aufgegeben (BFH v. 19.12.2013, III R 25/10, BStBl II 2015, 119: deliktischer Anspruch nach § 823 Abs. 2 BGB i. V. m. § 264 Abs. 1 Nr. 1 StGB; s. auch BFH v. 12.01.2016, IX R 20/15, BStBl II 2017, 21 zur EigZul).

### B. Haftungsvoraussetzungen

Die Haftung setzt voraus, dass eine **Steuerhinterziehung** 3
(s. § 370 AO) oder eine **Steuerhehlerei** (s. § 374 AO) begangen wurde und Täter (Mittäter) oder **Anstifter** bzw. **Gehilfe** (Teilnehmer) eine Person war, die nicht selbst Steuerschuldner ist. Die leichtfertige Steuerverkürzung (s. § 378 AO) führt nicht zur Haftung nach § 71 AO, möglicherweise jedoch nach § 69 AO, in dessen Anwendungsbereich auch in leichtfertige Pflichtverletzung genügt. Andererseits erfasst § 69 AO einen anderen Personenkreis, denn nicht jeder an einer Steuerverkürzung beteiligte, hat eine Vertreterstellung i. S. der §§ 34, 35 AO inne. Ist zwar der Tatbeitrag des Beteiligten bekannt und ist gewiss, dass es zu Steuerhinterziehungen gekommen ist, können aber die konkreten Steuerschuldner und folglich auch die konkreten Steuerforderungen nicht ermittelt werden, kann die Haftung insoweit nicht auf den Tatbeitrag zur Steuerhinterziehung gestützt werden (BFH v. 15.01.2013, VIII R 22/10, BStBl II 2013, 526; AdV-Verfahren: BFH v. 16.07.2009, VIII B 64/09, BStBl II 2010, 8). U. E. spricht hier auch die Akzessorietät, also die Abhängigkeit der Haftung vom Bestand einer konkreten Hauptforderung, gegen die Haftung.

Die Steuerstraftat muss vollendet, die Verkürzung der 4
Steuer also eingetreten, bzw. der Tatbestand der Steuerhehlerei erfüllt sein. Die Beteiligung eines zuständigen Beamten an der Tat lässt weder deren Strafbarkeit noch die Haftung entfallen (BFH v. 25.10.2005, VII R 10/04, BStBl II 2006, 356; s. § 370 AO Rz. 9). Wegen der Begriffe Steuerhinterziehung, Steuerhehlerei, Erfolgseintritt und der Formen der Teilnahme an diesen Steuerstraftaten s. die Erläuterungen zu den §§ 370 und 374 AO. Darauf,

ob die hinterzogenen Beträge dem Steuergläubiger auch bei steuerehrlichem Verhalten zugeflossen wären, kam es nach einer älteren Entscheidung des BFH nicht an (BFH v. 02.04.1981, V R 39/79 BStBl II 1981, 627). Dies lässt jedoch den **Schadensersatzcharakter** der Vorschrift außer Acht, der **Kausalität zwischen Pflichtwidrigkeit und Schadenseintritt** bedingt (s. § 69 AO Rz. 20). Dies erkennt der BFH an (BFH v. 26.08.1992, VII R 50/91, BStBl II 1993, 8) und wendet den Grundsatz der anteiligen Gläubigerbefriedigung (s. § 69 AO Rz. 13) auch im Fall der Haftung wegen Steuerhinterziehung an, mit der Folge, dass die Haftung ggfs. ganz entfällt (BFH v. 16.03.1993, VII R 89/90, BFH/NV 1994, 359). Etwas anderes mag dann gelten, wenn nach dem Tatplan in fiktive Warenkreisläufe Personen eingeschaltet werden, die bewusst unterkapitalisiert sind und ein Vorteil dadurch erlangt werden soll, dass sich Zahlung von Umsatzsteuer und Vorsteuer nicht mehr ausgeglichen gegenüberstehen (BFH v. 11.02.2002, VIII B 323/00, BFH/NV 2002, 891; s. § 25d UStG – Umsatzsteuerkarussell). Die Grundsätze der anteiligen Haftung für die Umsatzsteuer sind auch nicht auf die Haftung eines Steuerhehlers für die durch Schwarzbrennen entstandene Branntweinsteuer zu übertragen (BFH v. 23.04.2014, VII R 41/12, BStBl II 2015, 117). Bei der Berechnung des Haftungsschadens kommt es auf den Nominalbetrag der ausgefallenen Steuerforderung an. Besteuerungsgrundlagen verschiedener Stpfl. dürfen nicht miteinander vermengt werden. So haftet der (faktische) Geschäftsführers des Lieferers für dessen Umsatzsteuer, ohne dass es darauf ankommt, wie beim Leistungsempfänger ggf. die Vorsteuer zu behandeln ist (Umsatzsteuerkarussell: BFH v. 05.08.2101, V R 13/09, BFH/NV 2011, 81).

5 Kommt nach dem festgestellten Sachverhalt entweder Steuerhinterziehung oder Steuerhehlerei in Betracht, so genügt die **wahlweise Feststellung** der einen oder anderen Straftat auch für Zwecke der Haftung nach § 71 AO (BFH v. 12.05.1955, V z 48/53 U, BStBl III 1955, 215).

6 Die Haftung **setzt nicht voraus**, dass der Haftende wegen der Tat oder Teilnahme an ihr **strafgerichtlich belangt** worden ist. Das kann z. B. daran scheitern, dass eine Selbstanzeige nach § 371 AO erstattet wurde (FG Ha v. 14.07.2004, I 127/04 und I 184/04, EFG 2005, 166). Die für die Inanspruchnahme des Haftenden zuständige Finanzbehörde entscheidet selbstständig und unabhängig von der Würdigung durch die für die Strafverfolgung zuständigen Behörden und Gerichte darüber, ob die genannte Steuerstraftat und die angenommene Beteiligungsform vorliegen (AEAO zu § 70: im Einvernehmen mit der Straf- und Bußgeldsachenstelle). Freilich wird das Ergebnis eines rechtskräftig abgeschlossenen Strafverfahrens nicht völlig unbeachtet bleiben. Werden im Verwaltungs- bzw. Rechtsbehelfsverfahren keine substantiierten Einwendungen gegen die **Feststellungen im Strafurteil** erhoben, kann sich die Behörde oder das Gericht die tatsächlichen Feststellungen, Beweiswürdigungen und rechtlichen Beurteilungen des Strafgerichts zu eigen machen, wenn und soweit sie zur Überzeugung gelangen, dass diese zutreffend sind (BFH v. 13.07.1994, I R 112/93, BStBl II 1995, 198; BGH-Entscheidung über die Revision: BFH v. 23.04.2014, VII R 41/12, BStBl II 2015, 117; Strafbefehl: BFH v. 07.03.2006, X R 8/05, BStBl II 2007, 594;keine Bindungswirkung eines Freispruchs: BFH v. 17.03.2010, X B 120/09, BFH/NV 2010, 1240) und zwar auch dann, wenn der Betroffene an dem Strafverfahren nicht beteiligt war (BFH v. 21.02.2006, VII B 77/05, BFH/NV 2006, 1307). Keine Indizwirkung hat eine Verfahrenseinstellung nach § 153 a StPO oder wenn die Tat nicht nachgewiesen werden konnte. Die Finanzbehörde, die die Feststellungslast für das Vorliegen aller objektiven und subjektiven Tatbestandsmerkmale der strafbaren Handlung trägt – sie müssen mit an Sicherheit grenzender Wahrscheinlichkeit festgestellt sein, hat nach den Vorschriften der AO – und nicht nach denen der StPO – zu prüfen (BFH v. 05.03.1979, GrS 5/77, BStBl II 1979, 570; BFH v. 07.11.2006, VIII R 81/04, BStBl II 2007, 364; a. A. *Kamps/Wulf,* DStR 2003, 2045). Die hinterzogenen Steuern können ggf. geschätzt werden. Es bestehen aber Einschränkungen hinsichtlich des Schätzungsrahmens (BFH v. 20.06.2007, II R 66/06, BFH/NV 2007, 2057).

## C. Umfang der Haftung

Ihrem **Umfang** nach reicht die Haftung nicht weiter als der strafbare Vorsatz des Haftenden. Ging dieser Vorsatz z. B. nur auf Beteiligung an einem Teilstück einer Steuerhinterziehung, so umfasst die Haftung nur den entsprechenden Teil der hinterzogenen Steuer. Desgleichen kommt bei einem Täter, der in seinen Vorsatz nur die Verkürzung von Umsatz- und Einkommensteuer eingeschlossen hat, sich aber der Konsequenz der damit zusammenhängenden Verkürzung der Gewerbesteuer nicht bewusst geworden ist, Haftung für die verkürzte Gewerbesteuer nicht in Betracht. 7

Auch in Bezug auf den objektiven Tatbestand kann sich die Haftung nur auf diejenigen Beträge erstrecken, deren Verkürzung bzw. unrechtmäßige Gewährung sich als Ergebnis der Steuerhinterziehung bzw. Steuerhehlerei darstellt. Die Haftung bezieht sich auf den durch die vorsätzliche Verkürzungshandlung eingetretenen Schaden (ähnlich BFH v. 08.11.1988, VII R 78/85, BStBl II 1989, 118, wenngleich die Entscheidung den Schadensumfang (fälschlich) in die für die Heranziehung des Haftenden maßgeblichen Kriterien der Ermessensausübung einbezieht, s. § 191 AO Rz. 11). Auch eine nur psychische Unterstützung des Täters kann als kausaler Gehilfenbeitrag zur Verursachung des Schadens beitragen (BFH v. 30.12.1998, VII B 160/98, BFH/NV 1999, 902). 8

9 Die Haftung erstreckt sich auch auf die als Folge der Verkürzung gem. § 235 AO entstandenen **Hinterziehungszinsen.** Dies bedurfte einer ausdrücklichen Regelung, denn die Zinsen sind nicht durch die Steuerstraftat verkürzt, sondern eine Folge derselben. Für Haftungstatbestände, die nach dem 31.12.2016 verwirklicht werden (Art. 97 § 11 Abs. 3 EGAO), wird die Haftung auf die Nachzahlungszinsen nach § 233a AO ausgedehnt, die nach § 235 Absatz 4 AO auf die Hinterziehungszinsen angerechnet werden. Damit werden unterschiedliche Ergebnisse zwischen Fällen, in denen Nachzahlungszinsen nach § 233a AO festgesetzt und auf die Hinterziehungszinsen angerechnet wurden, und Fällen, in denen es aus rechtlichen oder tatsächlichen Gründen nicht zur Festsetzung von Nachzahlungszinsen gekommen ist, künftig vermieden.

10 Das in § 370 Abs. 4 Satz 3 AO enthaltene **Vorteilsausgleichsverbot** findet auf § 71 AO keine Anwendung, weil es sonst zu einer Haftung für eine tatsächlich nicht geschuldete Steuer käme. Dies stünde im Widerspruch zum Grundsatz der Akzessorietät der Haftung (s. vor §§ 69 – 77 AO Rz. 2) und zum Schadensersatzcharakter des § 71 AO (s. Rz. 4). Aus dem gleichen Grund besteht keine Haftung, wenn trotz einer Steuerhinterziehung kein Steuerschaden entsteht, weil z. B. Verlustvorträge zu berücksichtigen waren (FG Nds v. 31.05.2012, 11 K 257/10, EFG 2012, 1716).

### D. Inanspruchnahme des Haftenden

11 Wegen der Inanspruchnahme des Haftenden durch Haftungsbescheid und Zahlungsaufforderung s. §§ 191 und 219 AO. Neben dem Haftungsschuldner kann selbstverständlich der Steuerschuldner weiter in Anspruch genommen werden, auch wenn diesem selbst nicht der Vorwurf der Steuerstraftat gemacht werden kann. Weder der Steuerschuldner, noch der Rückforderungsschuldner einer an ihn zedierten und zu Unrecht erstatteten Steuervergütung hat ein subjektives Recht auf ermessensfehlerfreie Auswahlentscheidung darüber, ob nicht statt seiner ein Haftungsschuldner in Anspruch zu nehmen ist (BFH v. 08.07.2004, VII B 257/03, BFH/NV 2004, 1523). Wird allerdings der Hinterzieher in Anspruch genommen, so bedarf die Ermessensausübung wegen der vorsätzlichen Tat regelmäßig keiner besonderen Begründung (Vorprägung und Rangverhältnis zwischen Täter und Gehilfen: BFH v. 08.06.2007, VII B 280/06, BFH/NV 2007, 1822; BFH v. 12.02.2009, VI R 40/07, BStBl II 2009, 478).

12 Nach der Gesetzesbegründung bleibt es dem Steuergläubiger auch unbenommen, vom Täter Schadensersatz nach den **zivilrechtlichen Vorschriften** wegen unerlaubter Handlung zu fordern. Dies hätte vor allem Bedeutung, wenn im Ausland vollstreckt werden müsste. Für eine entsprechende Anwendung der bürgerlich-rechtlichen Vorschriften ist jedoch nur dann Raum, wenn die Deliktshaftung nach § 71 AO nicht als eine spezielle und abschließende Regelung angesehen wird. Jedenfalls ist § 370 AO kein Schutzgesetz i. S. des § 823 Abs. 2 BGB (BFH v. 24.10.1996, VII R 113/94, BStBl II 1997, 308).

## § 72 AO Haftung bei Verletzung der Pflicht zur Kontenwahrheit

**Wer vorsätzlich oder grob fahrlässig der Vorschrift des § 154 Abs. 3 zuwiderhandelt, haftet, soweit dadurch die Verwirklichung von Ansprüchen aus dem Steuerschuldverhältnis beeinträchtigt wird.**

#### Schrifttum

Gehm, Die Haftung bei Verletzung der Pflicht zur Kontenwahrheit gemäß § 72 AO – Risikoprofil in der Praxis, StBp 2016, 7

Nach § 154 Abs. 1 AO darf niemand auf einen falschen oder erdichteten Namen für sich oder einen Dritten ein Konto errichten oder Buchungen vornehmen lassen, Wertsachen (Geld, Wertpapiere, Kostbarkeiten) in Verwahrung geben oder verpfänden oder sich ein Schließfach geben lassen. Wenn hiergegen verstoßen worden ist, dürfen nach § 154 Abs. 3 AO Guthaben, Wertsachen und der Inhalt eines Schließfachs nur mit Zustimmung des für die Einkommen- und Körperschaftsteuer des Verfügungsberechtigten zuständigen FA herausgegeben werden (öffentlich-rechtliche **Kontensperre**, BFH v. 13.12.2011, VII R 49/10, BStBl II 2012, 398). Der vorsätzliche oder grob fahrlässige Verstoß gegen das Herausgabeverbot des § 154 Abs. 3 AO führt zur (Ausfall-) Haftung. 1

**Haftender** ist zunächst derjenige, der gegen das Herausgabeverbot des § 154 Abs. 3 AO verstößt, der also – auf der Seite des Kontenführers stehend – Guthaben, Wertsachen oder Schließfachinhalt ohne Zustimmung der zuständigen Finanzbehörde herausgibt bzw. deren Herausgabe anordnet oder in sonstiger Weise veranlasst. Das Verschulden dieser Person wird der kontenführenden Stelle zugerechnet, denn an diese richtet sich das Verbot des § 154 Abs. 3 AO, sodass auch diese haftet (BFH v. 17.02.1989, III R 35/85, BStBl II 1990, 263; BFH v. 13.12.2011, VII R 49/10, BStBl II 2012, 398; gl. A. *Boeker in* HHSp, § 72 AO Rz. 4; *Loose* in Tipke/Kruse, § 72 AO Rz. 2). 2

**Voraussetzung der Haftung** ist ein **Verstoß gegen die Herausgabesperre.** Unter Herausgabe des Guthabens, von Wertsachen und von Schließfachinhalten ist nicht nur die körperliche Übergabe von Sachen zu verstehen, sondern vielmehr jede aktive Mitwirkung an einer Verfügung, also z. B. bei einer Abhebung, Scheckeinlösung und Überweisung. Allein die Entgegennahme von Auf- 3 rechnungserklärungen kann mangels Zutun des Kontenführers keinen Verstoß gegen die Kontensperre bewirken.

4 Die so verstandene Herausgabehandlung muss ursächlich dafür sein, dass die Verwirklichung von Ansprüchen aus dem Steuerschuldverhältnis beeinträchtigt wird (BFH v. 17.02.1989, III R 35/85, BStBl II 1990, 263). Die Beeinträchtigung dieser Verwirklichung bedeutet **die Erschwerung oder Vereitelung** des Zugriffs auf die für die **Erfüllung der Ansprüche aus dem Steuerschuldverhältnis** in Betracht kommenden Vermögenswerte (BFH v. 13.12.2011, VII R 49/10, BStBl II 2012, 3). Durch die Zuwiderhandlung brauchen deshalb nicht alle denkbaren Möglichkeiten der Verwirklichung der Ansprüche vereitelt worden zu sein. Für die Haftung reicht es aus, dass die Finanzbehörde durch die Zuwiderhandlung genötigt wird, die Befriedigung ihrer Ansprüche ausschließlich auf eine andere Weise zu suchen. Erfolgt die Herausgabe ohne Zustimmung der Finanzbehörde, wird die Verwirklichung von Ansprüchen aus dem Steuerschuldverhältnis nicht beeinträchtigt, wenn die Behörde mangels rückständiger Steuerschulden der Herausgabe hätte zustimmen müssen (BFH v. 17.02.1989, III R 35/85, BStBl II 1990, 263).

5 Der Verstoß gegen das Herausgabeverbot muss vorsätzlich oder grob fahrlässig erfolgen (zu diesen Begriffen s. § 69 AO Rz. 10 f.).

6 Der **Umfang** der Haftung wird durch den Wert der vorschriftswidrig herausgegebenen Vermögensteile beschränkt. Bei Herausgabe in Teilakten müssen in jedem Einzelfall die Haftungsvoraussetzungen (s. Rz. 3 f.) erfüllt sein. Wegen der Inanspruchnahme des Haftenden durch Haftungsbescheid und Leistungsgebot s. §§ 191, 219 AO.

## § 72a AO
## Haftung Dritter bei Datenübermittlungen an Finanzbehörden

**(1) Der Hersteller von Programmen im Sinne des § 87c haftet, soweit die Daten infolge einer Verletzung seiner Pflichten nach § 87c unrichtig oder unvollständig verarbeitet und dadurch Steuern verkürzt oder zu Unrecht steuerliche Vorteile erlangt werden. Die Haftung entfällt, soweit der Hersteller nachweist, dass die Pflichtverletzung nicht auf grober Fahrlässigkeit oder Vorsatz beruht.**

**(2) Wer als Auftragnehmer (§ 87d) Programme zur Verarbeitung von Daten im Auftrag im Sinne des § 87c einsetzt, haftet, soweit**

**1. auf Grund unrichtiger oder unvollständiger Übermittlung Steuern verkürzt oder zu Unrecht steuerliche Vorteile erlangt werden oder**

**2. er seine Pflichten nach § 87d Absatz 2 verletzt hat und auf Grund der von ihm übermittelten Daten Steuern verkürzt oder zu Unrecht steuerliche Vorteile erlangt werden.**

**Die Haftung entfällt, soweit der Auftragnehmer nachweist, dass die unrichtige oder unvollständige Übermittlung der Daten oder die Verletzung der Pflichten nach § 87d Absatz 2 nicht auf grober Fahrlässigkeit oder Vorsatz beruht.**

**(3) Die Absätze 1 und 2 gelten nicht für Zusammenfassende Meldungen im Sinne des § 18a Absatz 1 des Umsatzsteuergesetzes.**

**(4) Wer nach Maßgabe des § 93c Daten an die Finanzbehörden zu übermitteln hat und vorsätzlich oder grob fahrlässig**

**1. unrichtige oder unvollständige Daten übermittelt oder**

**2. Daten pflichtwidrig nicht übermittelt,**

**haftet für die entgangene Steuer.**

§ 72a AO übernimmt im Grundsatz die bislang in § 5 der Steuerdaten-Übermittlungs-VO (StDÜV) enthaltenen Haftungsvorschriften der Hersteller und Verwender von Programmen für die Verarbeitung von für das Besteuerungsverfahren erforderlichen Daten und begründet zugleich eine Haftung des Datenübermittlers im Auftrag (§ 87d AO) bei fehlerhafter Datenübermittlung. Die Übernahme dieser Haftungsregelungen in die AO trägt Bedenken gegen derartige Regelungen in einer Rechtsverordnung Rechnung, da bei der Haftung der Grundrechtsbereich der Betroffenen in wesentlicher Weise betroffen ist. Bei Überführung der bisher in der StDÜV enthaltenen Haftungsregelungen waren auch die zugrunde liegenden Rahmenbedingungen und Pflichten in der AO selbst zu regeln (§§ 87b bis 87e AO). 1

§ 72a Abs. 1 AO übernimmt ohne inhaltliche Änderung die bisher in § 5 Abs. 1 StDÜV enthaltene Haftungsregelung. Angesprochen sind Programme, die dazu bestimmt sind, für die Besteuerung erforderliche Daten zu erheben, zu verarbeiten oder zu nutzen (§ 87c Abs. 1 AO). Die den Herstellern auferlegten Pflichten ergeben sich aus § 87c Abs. 1 bis 5 AO. § 72a Abs. 1 Satz 2 AO unterstellt, dass eine Pflichtverletzung schuldhaft ist, und lässt eine Entlastung des Herstellers zu, wenn er nachweist, dass er nicht vorsätzlich oder grob fahrlässig gehandelt hat (Beweislastumkehr). 2

§ 72a Abs. 2 AO übernimmt in Satz 1 Nr. 1 ohne inhaltliche Änderung die bisher in § 5 Absatz 2 Satz 1 StDÜV enthaltene Haftungsregelung. Die Haftung trifft damit nicht nur die Hersteller nach Abs. 1, sondern auch Auftragnehmer nach § 87d AO, die Programme nach § 87c 3 einsetzen. Die Haftung greift ein, wenn aufgrund unrichtiger oder unvollständiger Datenübermittlung Steuern verkürzt oder zu Unrecht steuerliche Vorteile erlangt werden.

4 In § 72a Abs. 2 Satz 1 Nr. 2 AO wird für den Fall einer Datenübermittlung im Auftrag (§ 87c AO) eine Haftung des Auftragnehmers begründet, wenn er seine Pflichten nach § 87d Abs. 2 AO verletzt hat und aufgrund der von ihm übermittelten Daten Steuern verkürzt oder zu Unrecht steuerliche Vorteile erlangt werden.

5 § 72a Abs. 2 Satz 2 AO bestimmt, dass die Haftung entfällt, soweit der Auftragnehmer nachweist, dass die unrichtige oder unvollständige Übermittlung der Daten nicht auf grober Fahrlässigkeit oder Vorsatz beruht. Das Gleiche gilt, soweit der Auftragnehmer nachweist, dass die Verletzung der Pflichten nach § 87d Absatz 2 AO nicht auf grober Fahrlässigkeit oder Vorsatz beruht.

6 Nach § 72a Abs. 3 AO gelten die Haftungsregelungen der Absätze 1 und 2 nicht für zusammenfassende Meldungen i.S. des § 18a Abs. 1 UStG.

7 Die Regelung des § 72a Abs. 4 AO ergänzt § 93c AO und enthält einen allgemeinen Haftungstatbestand für die Fälle unrichtiger oder unvollständiger Datenübermittlung und die pflichtwidrige Unterlassung der Übermittlung von Daten. § 72a Abs. 4 AO gilt nicht, soweit einzelgesetzliche Regelungen dies anordnen (vgl. § 93a Abs. 1 AO, § 10 Abs. 2a Satz 7 und Abs. 4b Satz 6, § 10a Abs. 5 Satz 4, § 22a Abs. 1 Satz 2, § 43 Abs. 1 Satz 7 und Abs. 2 Satz 8, § 45d Abs. 1 Satz 3 und Abs. 3 Satz 5 EStG sowie § 50 Abs. 1a und § 65 Abs. 3a EStDV). Die Haftung greift nur bei Vorsatz oder grober Fahrlässigkeit. Anders als in den Absätzen 1 und 2 findet keine Beweislastumkehr statt, es gelten also die allgemeinen Grundsätze der Nachweispflicht durch die Behörde.

8 Den Haftungsbescheid nach § 72a Abs. 4 AO erlässt die nach den Steuergesetzen für die Entgegennahme der Daten zuständige Finanzbehörde (§ 93c Abs. 5 AO). In den Fällen der § 72a Abs. 1 und 2 AO erlässt den Haftungsbescheid die für die Besteuerung des Stpfl. zuständige Behörde. Im Übrigen gelten die Ausführungen zu den §§ 191, 219 AO.

## § 73 AO
## Haftung bei Organschaft

**Eine Organgesellschaft haftet für solche Steuern des Organträgers, für welche die Organschaft zwischen ihnen steuerlich von Bedeutung ist. Den Steuern stehen die Ansprüche auf Erstattung von Steuervergütungen gleich.**

### Schrifttum

LÜDICKE, Die Haftung in der körperschaftsteuerlichen und gewerbesteuerlichen Organschaft, in FS für Herzig, München 2010, 259; ELICKER/HARTROTT, Angriffspunkte gegen die Haftung im Organkreis – Teil 1: Erwägungen auf Tatbestandsebene unter Berücksichtigung des Verfassungsrechts, BB 2011, 2775, Teil 2; Erwägungen auf Ermessensebene, BB 2011, 3093; MAYER, Asset Deal wegen § 73 AO? – Reichweite der Haftung bei Unternehmensverkäufen, DStR 2011, 109; MEIER, Zweifelsfragen im Rahmen der Haftung nach § 73 AO unter besonderer Berücksichtigung der gewerbesteuerlichen Organschaft, StW 2013, 49; SCHIMMELE/WEBER, Haftung bei der Organschaft – Offene Fragen zu § 73 AO, BB 2013, 2263; GEHM, Die Haftung bei Organschaft gemäß § 73 AO – Risikoprofil in der Praxis, StBp 2016, 37.

Die Haftung der Organtochter für die Organmutter erstreckt sich auf alle Steuern des Organträgers, für welche die Organschaft steuerlich von Bedeutung ist. Die Vorschrift findet ihre **Rechtfertigung** darin, dass bei der steuerlichen Anerkennung einer Organschaft die vom Organträger zu zahlende Steuer auch die Beträge umfasst, die ohne diese Organschaft von der Organgesellschaft geschuldet worden wären (Gesetzesbegründung). Die Organschaft bewirkt, dass aus steuerlicher Sicht Steuerschuld und Steuerverursachung auseinander fallen und sich auf zwei zivilrechtlich selbständige Subjekte verteilen. Der Steuerbescheid eröffnet nur den Vollstreckungszugriff auf die Organmutter als Steuerschuldnerin. Erst der Haftungsbescheid ermöglicht auch die Vollstreckung in das Vermögen der Organtochter als Steuerverursacherin. Die Begrenzung in § 73 Satz 1 AO ist auch bei mehrstufigen Organschaften zu beachten (BFH v. 31.05.2017, I R 54/15, BStBl II 2018, 54). 1

Die **Haftung** setzt zunächst das **Bestehen eines Organverhältnisses** und dessen steuerliche Anerkennung voraus. Insoweit sind die in den Einzelsteuergesetzen enthaltenen Definitionen maßgeblich, die nicht deckungsgleich sind (s. §§ 14ff. KStG; § 2 Abs. 2 Sätze 2 und 3 GewStG; § 2 Abs. 2 Nr. 2 UStG). Hiernach liegt ein Organverhältnis grundsätzlich dann vor, wenn eine juristische Person unbeschadet ihrer zivilrechtlichen Selbstständigkeit wirtschaftlich, finanziell und organisatorisch in ein beherrschendes Unternehmen eingegliedert ist. Für die körperschaftsteuerliche Organschaft genügt die finanzielle Eingliederung. 2

Die **Organgesellschaft**, d.h. die in das beherrschende Unternehmen eingegliederte juristische Person **haftet für solche Steuern** des beherrschenden Unternehmens (Organträgers), **für welche die Organschaft** zwischen ihnen steuerlich **von Bedeutung ist**. Das sind diejenigen Steuern, bei denen sich die Anerkennung des Organschaftsverhältnisses auswirkt oder auswirken kann. Es ist nicht darauf abzustellen, ob ohne die steuerliche Anerkennung des Organschaftsverhältnisses der betreffende Betrag von der Organgesellschaft zu entrichten wäre. Die Regelung bewirkt, dass der Organkreis als einheitliches Ganzes betrachtet wird (gl.A. *Loose* in Tipke/Kruse, § 73 AO Rz. 5; a.A. *Elicker/Hartrott*, BB 2011, 2775, BB 2011, 3093; *Schimmele/Weber*, NN 2013, 2263). 3

Die Haftung erfasst nur die Steuern und die ihnen gleichstehenden Erstattungsansprüche (§ 73 Satz 2 AO; keine Zinsen: BFH v. 05.10.2004, VII R 76/03, BStBl II 4

2006, 3), die während des Bestehens des steuerlich anerkannten Organverhältnisses entstanden (s. § 38 AO) sind. Die Inanspruchnahme der haftenden juristischen Person setzt nicht voraus, dass das Unterordnungsverhältnis im Zeitpunkt der Geltendmachung des Haftungsanspruchs noch besteht (BFH v. 08.09.1983, V R 114/78, UR 1983, 222; FG Mchn v. 27.05.1987, XIII (III) 145/85 AO, EFG 1988, 48) oder die steuerliche Anerkennung noch fortdauert.

5 Zur Inanspruchnahme der Organgesellschaft als Haftende durch Haftungsbescheid und Leistungsgebot s. §§ 191, 219 AO. Die zu treffende Ermessensentscheidung wird wegen der schwerwiegenden Auswirkungen (Haftung für die einschlägigen Steuern des gesamten Konzerns) eine besonders sorgfältige Abwägung erfordern. Hierbei wird auch auf die Interessen von Minderheitsgesellschaftern Rücksicht zu nehmen sein.

## § 74 AO Haftung des Eigentümers von Gegenständen

**(1) Gehören Gegenstände, die einem Unternehmen dienen, nicht dem Unternehmer, sondern einer an dem Unternehmen wesentlich beteiligten Person, so haftet der Eigentümer der Gegenstände mit diesen für diejenigen Steuern des Unternehmens, bei denen sich die Steuerpflicht auf den Betrieb des Unternehmens gründet. Die Haftung erstreckt sich jedoch nur auf die Steuern, die während des Bestehens der wesentlichen Beteiligung entstanden sind. Den Steuern stehen die Ansprüche auf Erstattung von Steuervergütungen gleich.**

**(2) Eine Person ist an dem Unternehmen wesentlich beteiligt, wenn sie unmittelbar oder mittelbar zu mehr als einem Viertel am Grund- oder Stammkapital oder am Vermögen des Unternehmens beteiligt ist. Als wesentlich beteiligt gilt auch, wer auf das Unternehmen einen beherrschenden Einfluss ausübt und durch sein Verhalten dazu beiträgt, dass fällige Steuern im Sinne des Absatzes 1 Satz 1 nicht entrichtet werden.**

### Inhaltsübersicht



### Schrifttum

Haritz, Renaissance der Gesellschafterhaftung nach § 74 AO, DStR 2012, 883; Mehl/Tetzlaff, Ausweitung der Haftung nach § 74 AO, NWB 2012, 2391; Dissars, Haftung des Eigentümers von Gegenständen nach § 74 AO, NWB 2013, 3763.

### A. Bedeutung der Vorschrift

Die Haftungsvorschrift wird durch den objektiven Beitrag gerechtfertigt, den ein Gesellschafter durch die Bereitstellung von Gegenständen, die dem Unternehmen dienen, für die Weiterführung des Unternehmens leistet (BFH v. 13.11.2007, VII R 61/06, BStBl II 2008, 790). Der Zweck der Vorschrift ist es, den Eingang der sich auf den Betrieb des Unternehmens gründenden Steuern zu sichern. Verfassungsrechtliche Bedenken bestehen gegen die Vorschrift nicht. Es handelt sich um einen in der Person des Haftenden unmittelbar verwirklichten Tatbestand und nicht um einen Durchgriff i. S. einer haftungsbegründenden Identifizierung zwischen Gesellschaft und Gesellschafter (BVerfG v. 14.12.1966, 1 BvR 496/65, BStBl III 1967, 166). 1

### B. Haftungsvoraussetzungen

Für den Eintritt der Haftung müssen folgende Voraussetzungen erfüllt sein: Eine Person muss an dem Unternehmen i. S. des § 74 Abs. 2 AO wesentlich beteiligt sein und dem wesentlich Beteiligten müssen Gegenstände gehören, die dem Unternehmen dienen. 2

#### I. Wesentliche Beteiligung

Es haften nur Personen, die an dem Unternehmen i. S. des § 74 Abs. 2 AO wesentlich beteiligt sind. Hiernach ist eine Person wesentlich beteiligt, wenn sie unmittelbar oder mittelbar (BFH v. 10.11.1983, V R 18/79, BStBl II 1984, 127) zu mehr als einem Viertel am Grund- oder Stammkapital oder am Vermögen des Unternehmens beteiligt ist (§ 74 Abs. 2 Satz 1 AO). Eine mittelbare Beteiligung ist gegeben, wenn jemand durch Vermittlung eines Treuhänders oder einer anderen Gesellschaft beteiligt ist (s. § 115 Abs. 2 Satz 2 AO a. F.). Ist z. B. A an der B-GmbH zu 50 % beteiligt und ist die B-GmbH an der X-AG zu 60 % beteiligt, so ist A an der X-AG zu mehr als ein Viertel (50 % von 60 % = 30 %) mittelbar beteiligt. Bestehen sowohl unmittelbare und mittelbare Beteiligungen derselben Person, so sind diese zu addieren. Mit der für die Betriebsaufspaltung entwickelten Personengruppentheorie lässt sich eine wesentliche Beteiligung an einem Unternehmen i. S. des § 74 Abs. 2 Satz 1 AO durch Zusammenrechnung der von mehreren Familienmitgliedern ge- 3 haltenen Anteile nicht begründen (BFH v. 01.12.2015, VII R 34/14, BStBl II 2016, 375).

4 Im Übrigen errechnet sich die Beteiligungsquote bei Kapitalgesellschaften entsprechend dem zuzurechnenden Anteil am Nennkapital, wobei eigene Anteile der Kapitalgesellschaft ausscheiden. Bei den Gesamthandsgemeinschaften gilt § 39 Abs. 2 Nr. 2 AO. Die Haftung wird nicht dadurch ausgeschlossen, dass der überlassene Gegenstand nicht im Eigentum des Haftenden, sondern im Eigentum einer Personengesellschaft steht, wenn deren Gesellschafter nur der Haftende und weitere am Unternehmen wesentlich Beteiligte sind (BFH v. 23.05.2012, VII R 28/10, BStBl II 2012,763). Eine Beteiligung ohne Stimmrecht schließt die Haftung nicht aus (BFH v. 02.12.1950, I 33/50 U, BStBl III 1951, 16). Wegen der Maßgeblichkeit der steuerlichen Zurechnung kann auch ein atypischer stiller Gesellschafter wesentlich Beteiligter i. S. der Vorschrift sein.

5 Nach § 74 Abs. 2 Satz 2 AO **gilt als wesentlich beteiligt** auch, wer auf das Unternehmen einen **beherrschenden Einflussausübt** und durch sein Verhalten **dazu beiträgt**, dass fällige Steuern i. S. des § 74 Abs. 1 Satz 1 AO **nicht entrichtet** werden. Das ist Ausfluss der im Steuerrecht vorherrschenden wirtschaftlichen Betrachtungsweise. Nach der Gesetzesbegründung sollen durch die Regelung Herrschaftsverhältnisse erfasst werden, die ohne entsprechende Vermögensbeteiligung zustande kommen, aber gleichwohl geeignet sind, dem hierdurch Begünstigten anstelle des Unternehmers den entscheidenden Einfluss auf das Unternehmen einzuräumen (FG Münster v. 15.09.2009, 2 K 32/09 U, EFG 2010, 287: Nicht-Gesellschafter-Geschäftsführer). Allerdings stellt der Gesetzeswortlaut klar, dass die **bloße Möglichkeit**, beherrschenden Einfluss auszuüben, **nicht ausreicht**. Der Einfluss muss vielmehr in der Weise genutzt werden, dass zur Nichtentrichtung fälliger Betriebsteuern beigetragen wird. Mit dieser Einschränkung wird z. B. auch das Bestehen eines Nießbrauchrechtes, das mit einem Stimmrecht gekoppelt ist, als wesentliche Beteiligung anzusehen sein (FG BW v. 19.11.1957, I 881 – 882/57, EFG 1958, 250).

## II. Eigentum an dem Betrieb dienenden Gegenständen

6 Dem wesentlich Beteiligten müssen **Gegenstände** gehören, die dem Unternehmen dienen. Dabei muss es sich um solche Gegenstände handeln, die **für die Führung des Betriebs von wesentlicher Bedeutung sind**. Dies folgert der BFH (BFH v. 27.06.1957, V 298/56 U, BStBl III 1957, 279) daraus, dass die Vorschrift bezweckt, die Beitreibung betrieblicher Steuerschulden nicht daran scheitern zu lassen, dass alle pfändbaren, dem Betrieb dienlichen Gegenstände einem anderen als dem Unternehmer gehören und der Unternehmer selbst kein pfändbares Vermögen besitzt. Die Überlassung von Gegenständen, die im Vorbehaltseigentum eines Dritten stehen, reicht als haftungsbegründende Eigentümerstellung nicht aus (BFH v. 27.06.1957, V 298/56 U, BStBl III 1957, 279). Auch Sicherungseigentum genügt nicht (FG SchlH v. 18.12.1953, III 365/53, EFG 1954, 60). Zweifelhaft ist auch, ob solche Gegenstände ein die Haftung fallen, über die der Betroffene nicht allein verfügen kann (BFH v. 07.01.2011, VII S 60/10, BFH/NV 2011, 567). Wird ein Betrieb auf einer Teilfläche eines größeren Grundstückes, das einer am Unternehmen wesentlich beteiligten Person gehört, betrieben, so stellt nur diese Teilfläche den Gegenstand i. S. der Vorschrift dar (BFH v. 02.02.1961, IV 395/58 U, BStBl III 1961, 216). Im Übrigen muss aber der betreffende Gegenstand dem Unternehmen voll dienen; doch schließt eine geringfügige (etwa zu weniger als 1/5) anderweitige Nutzung die Haftung nicht aus (FG Bre v. 01.03.1956, I 363/55, EFG 1956, 224). Gegenstände i. S. der Vorschrift sind nicht nur körperliche Gegenstände, sondern alle Wirtschaftsgüter materieller und immaterieller Art (*Loose* in Tipke/Kruse, § 74 AO Rz. 5; a. A. s. AEAO zu § 74, Nr. 1; zweifelnd BFH v. 07.01.2011, VII S 60/10, BFH/NV 2011, 567), wie z. B. ein überlassenes Erbbaurecht (BFH v. 23.05. VII R 28/10, BStBl II 2012, 763). Die Haftung wird nicht dadurch ausgeschlossen, dass ein überlassenes Grundstück mit Grundpfandrechten belastet ist (BFH v. 13.11.2007, VII R 61/06, BStBl II 2008, 790).

## C. Beschränkung der Haftung auf Betriebsteuern

Gehaftet wird nur für diejenigen Steuern des Unternehmens, bei denen sich die Steuerpflicht auf den Betrieb des Unternehmens gründet (Betriebsteuern), soweit sie während des Bestehens der wesentlichen Beteiligung (und der Zeit der entsprechenden Zuordnung der Gegenstände zum Betrieb) entstanden sind. Als Betriebsteuern sind nur **Steuern anzusehen, die nach dem Willen des Gesetzgebers für ihre Entstehung die Existenz eines Unternehmens voraussetzen**, also bei einem Nichtunternehmer nicht anfallen können. Es genügt hierfür nicht schon, wenn der steuerpflichtige Vorgang an den Betrieb des Unternehmens anknüpft oder in innerer Beziehung zum Unternehmen steht oder der Verwirklichung des Zweckes des Unternehmens dient. Vielmehr muss die Steuerpflicht durch bestimmte, in den einzelnen Steuergesetzen selbst bezeichnete Tatbestände an den Betrieb eines Unternehmens geknüpft sein (BFH v. 22.03.1961, II 228/59 U, BStBl III 1961, 270). Damit sind **Betriebsteuern** insbes. die Umsatzsteuer, die Gewerbesteuer sowie einschlägige bei Herstellungsbetrieben anfallende Verbrauchsteuern (z. B. Tabaksteuer, Biersteuer). **Keine Betriebsteuern** 7 sind hingegen die Einkommen- oder Körperschaftsteuer die durch gewerbliche Einkünfte verursacht ist oder Eingangsabgaben, die auch unabhängig vom Betrieb eines Unternehmens entstehen können. Aus dem gleichen Grunde sind die Kfz-Steuer eines Taxiunternehmens oder die Grunderwerbsteuer eines Wohnungsbauunternehmens nicht erfasst. **Zinsen** auf Betriebsteuern werden von der Haftung nicht erfasst (BFH v. 05.10.2004, VII R 76/03, BStBl II 2006, 3).

8 Nach § 74 Abs. 1 Satz 3 AO stehen den Steuern die **Ansprüche auf Erstattung von Steuervergütungen** gleich.

## D. Umfang der Haftung

9 Neben der in Rz. 7 behandelten Beschränkung der Haftung auf sog. Betriebsteuern wird der **Umfang der Haftung** dadurch gekennzeichnet, dass nur für Steuern gehaftet wird, die während des Bestehens der wesentlichen Beteiligung entstanden sind (§ 74 Abs. 1 Satz 2 AO). Maßgeblich ist der Entstehungszeitpunkt i. S. des § 38 AO. Darüber hinaus muss auch das Eigentum an den dem Betrieb dienenden Gegenständen im Zeitpunkt der Entstehung der Steuer bestehen.

10 Die Haftung der wesentlich beteiligten Person ist eine **persönliche aber dinglich beschränkte Haftung**. Der Eigentümer der Gegenstände ist zwar zur Zahlung verpflichtet, die Finanzbehörde kann den Haftungsanspruch jedoch grundsätzlich nur durch Zugriff auf die betreffenden Gegenstände im Vollstreckungsweg erzwingen (s. § 75 AO Rz. 25), weswegen das FA die Haftungsschuld auch nicht mit Erstattungsansprüchen des Haftungsschuldners verrechnen darf (BFH v. 28.01.2014, VII R 34/12, BStBl II 2014, 551). Auf einem Grundstück lastende Grundpfandrechte verringern nicht den Umfang der Haftung, sie wirken sich erst im Vollstreckungsverfahren aus (BFH v. 13.11.2007, VII R 61/06, BStBl II 2008, 790). Der Erlass eines Haftungsbescheides setzt auch nicht voraus, dass der Haftende im Zeitpunkt seiner Inanspruchnahme noch Eigentümer des Gegenstandes ist. Deshalb können auch Surrogate (Ersatzwerte oder Ersatzansprüche in Geld) herangezogen werden, insoweit enthält § 285 BGB einen verallgemeinerungsfähigen Gedanken (BFH v. 22.11.2011, VII R 63/10, BStBlII 2012, 223). Die Gegenauffassung (z. B. FG Köln v. 09.12.1999, 15 K 1756/01, EFG 2000, 203; *Haritz*, DStR 2012, 883 sieht in § 74 AO eine Ausnahmevorschrift zum Haftungskonzept nach dem GmbHG, die daher restriktiv auszulegen sei) würde bewirken, dass zwischen der persönlichen Haftung nach § 74 AO und einer Duldungspflicht kein Unterschied wäre (zum Unterschied zwischen Haftung und Duldung s. vor §§ 69 bis 77 AO Rz. 1). Dabei ist auch zu berücksichtigen, dass selbst in den Fällen der Duldungspflicht Wertersatz als eine Form von Rückgewähr verlangt werden kann (BFH v. 31.07.1984, VII R 151/83, BStBl II 1985, 31; s. § 11 Abs. 1 Satz 2 AnfG).

## E. Geltendmachung der Haftung

Zur Geltendmachung der Haftung im Übrigen s. §§ 191, 219 AO. Im Haftungsbescheid müssen die Gegenstände, mit denen gehaftet wird, bezeichnet werden (s. § 75 AO Rz. 30). In Bezug auf § 219 AO bestehen keine Besonderheiten, da der Haftungsanspruch primär auf eine Zahlung gerichtet ist und sich die dingliche Beschränkung erst im Vollstreckungsverfahren auswirkt. 11

# § 75 AO
# Haftung des Betriebsübernehmers

**(1) Wird ein Unternehmen oder ein in der Gliederung eines Unternehmens gesondert geführter Betrieb im ganzen übereignet, so haftet der Erwerber für Steuern, bei denen sich die Steuerpflicht auf den Betrieb des Unternehmens gründet, und für Steuerabzugsbeträge, vorausgesetzt, dass die Steuern seit dem Beginn des letzten, vor der Übereignung liegenden Kalenderjahres entstanden sind und bis zum Ablauf von einem Jahr nach Anmeldung des Betriebes durch den Erwerber festgesetzt oder angemeldet werden. Die Haftung beschränkt sich auf den Bestand des übernommenen Vermögens. Den Steuern stehen die Ansprüche auf Erstattung von Steuervergütungen gleich.**

**(2) Absatz 1 gilt nicht für Erwerbe aus einer Insolvenzmasse und für Erwerbe im Vollstreckungsverfahren.**

**Inhaltsübersicht**

**Schrifttum**

LEIBNER/PUMP, Die Vorschriften des § 75 AO und § 25 HGB – Wege zur zivilrechtlichen und steuerlichen Haftungsvermeidung, DStR 2002, 1689; KLEIN, Steuerliche Haftung beim Immobilienerwerb, DStR 2005, 1753; GEHM, Die Haftung nach § 75 AO – Risikoprofil in der Praxis, StBp 2015, 317.

## A. Bedeutung der Vorschrift

1 § 75 Abs. 1 AO ordnet die **Haftung** des **Erwerberseines Unternehmens** oder gesondert geführten **Betriebs für betriebliche Steuern** und **Steuerabzugsbeträge** an, die vor der Übereignung des Unternehmens (Betriebes) an den Erwerber entstanden, aber noch nicht entrichtet sind. Ihre **Rechtfertigung** findet die Regelung darin, dass der Erwerber durch die Übernahme der Vermögenswerte des Schuldners auch die bisher dem Schuldner zur Seite stehenden Sicherheiten in die Hand bekommt (BFH v. 28.11.1973, I R 129/71, BStBl II 1974, 145). Durch Übernahme des lebensfähigen Betriebs erhält der Erwerber auch das Instrumentar übertragen, mit dem die betrieblichen Steuern erwirtschaftet werden können, ohne die bei Neugründungen erfahrungsgemäß meist auftretenden Anlaufverluste in Kauf nehmen zu müssen. Der Haftungstatbestand orientiert sich an dem Unternehmerbegriff in § 2 Abs. 1 UStG.

2 Die gesetzliche Haftung nach § 25 HGB bleibt unberührt. Diese Bestimmung unterscheidet sich von der vorliegenden weitgehend nach Haftungstatbestand und -umfang, denn § 25 HGB knüpft an die Fortführung einer Firma an und ordnet die Haftung für alle im Betrieb des Geschäfts begründeten Verbindlichkeiten des früheren Inhabers (zur Abgrenzung: BFH v. 06.04.2016, I R 19/14, BFH/NV 2016, 1491).

## B. Haftungstatbestand

3 Der die Haftung auslösende Tatbestand ist die Übereignung eines Unternehmens oder eines in der Gliederung eines Unternehmens gesondert geführten Betriebes im Ganzen (s. AEAO zu § 75, Nr. 3).

### I. Unternehmen oder Betrieb

4 Unternehmen ist eine **wirtschaftliche**, Betrieb eine **technische Einheit sachlicher und persönlicher Mittel**. Beim Unternehmen liegt das Schwergewicht auf dem Streben nach Umsatz bzw. Gewinn, beim Betrieb auf der Erstellung einer (technischen, merkantilen) Leistung. Jedes Unternehmen muss einen Betrieb haben, es kann aber auch aus mehreren Betrieben bestehen, gleichgültig ob diese eine wirtschaftliche Einheit bilden.

Ein **Betrieb** fällt nur dann unter die Haftungsvorschrift, wenn er **gesondert geführt** wird, obwohl er Glied eines Unternehmens ist. Es muss sich um einen organisatorisch selbstständigen Teil eines Unternehmens handeln, der für sich allein lebensfähig ist und der schon in der Hand des Veräußerers unabhängig von den anderen Geschäften des Veräußerers betrieben worden ist. Bei der Beurteilung ist allein auf die **wirtschaftliche Selbstständigkeit** abzustellen, die weder aus der Führung einer einheitlichen Firma noch aus einheitlicher Buchführung allein geleugnet werden kann. Vielmehr ist nach der **Verkehrsauffassung** zu entscheiden, ob sich die Unternehmensteile als wirtschaftlich selbstständig oder unselbstständig darstellen. Bei der Beurteilung dieser Frage können die für den Begriff des Teilbetriebs (s. §§ 14, 16 EStG) maßgeblichen Merkmale berücksichtigt werden (BFH v. 03.12.1985, VII R 186/83, BFH/NV 1986, 315). Ausschlaggebend ist, dass der Unternehmensteil nach seiner Loslösung aus seinem bisherigen Zweckzusammenhang als **selbstständiges Unternehmen fortgeführt** werden kann. Beispiele: Zuckerrübenfabrik eines Landgutes, Strumpffabrik einer Garnspinnerei, Zeche oder Verhüttungsbetrieb eines Unternehmens der eisenverarbeitenden Industrie, Lichtspieltheater einer Filmgesellschaft, Konservenfabrik einer Lebensmittelhandelsgesellschaft, Sägewerk eines forstwirtschaftlichen Betriebs, Kaffeegeschäft einer Kaffeerösterei (FG Bln v. 28.07.1966, I 139/65, EFG 1967, 49). 5

Als **Unternehmen** i. S. von § 75 Abs. 1 AO kommen neben gewerblichen Unternehmen auch die land- und forstwirtschaftlichen Betriebe in Betracht. Für die Frage, ob ein Unternehmen im Ganzen übereignet wird, ist die ertragsteuerliche Qualifikation der Einkünfte unerheblich. Maßgebend ist der Begriff des § 2 Abs. 1 UStG. Auch ein umsatzsteuerpflichtig vermietetes Grundstück ist nach Auffassung des BFH (BFH v. 11.05.1993, VII R 86/92, BStBl II 1993, 700; a. A. *Klein*, DStR 2005, 1753) ein Unternehmen i. S. der Vorschrift. Auch freiberuflich ausgeübte Tätigkeiten fallen grundsätzlich unter § 75 Abs. 1 AO. Soweit die selbstständige Tätigkeit im Wesentlichen auf persönliche Fähigkeiten und Arbeitsleistung ohne nennenswerten Einsatz sachlicher Mittel gestützt ist, kommt eine Übertragung nicht infrage. Es fehlt insoweit an übereignungsfähigen wesentlichen Betriebsgrundlagen. Eine eingespielte Organisation, ein fester Kunden- oder Mandantenstamm oder ähnliche Merkmale können jedoch auch bei selbstständig Tätigen die Anwendung des § 75 Abs. 1 AO rechtfertigen. 6

Das Unternehmen oder der Betrieb muss ein **lebender Organismus** sein. Dies bedeutet nicht unbedingt, dass das Unternehmen im Zeitpunkt der Übereignung »arbeiten« muss. Maßgebend ist, ob die lebendige Kraft des Unternehmens noch existiert, m. a. W. ob das Unternehmen, selbst wenn es augenblicklich stillliegt, ohne wesentlichen Aufwand wieder in Gang gesetzt werden und funktionieren kann (BFH v. 08.07.1982, V R 138/81, BStBl II 7

1983, 282). Im gleichen Sinn ist auch der mit dem Erwerb verfolgte Zweck zu beurteilen. Wird ein lebensfähiger Betrieb aus Konkurrenzgründen erworben und stillgelegt, tritt die Haftung ein (FG RP v. 06.10.1972, III 1885/67, EFG 1973, 123). Wird jedoch ein »sterbender« Betrieb, dessen Auflösung und Abwicklung von den Beteiligten von vornherein in Rechnung gestellt und dann auch tatsächlich durchgeführt worden ist, zum Zwecke der Schuldtilgung erworben, scheidet die Haftung aus (BFH v. 02.06.1960, V 71/58, BB 1960, 1232). Jeder konkrete Einzelfall muss an den dargelegten grundsätzlichen Kriterien gemessen werden.

8 Die fehlende Lebenskraft eines Unternehmens kann nicht zwingend aus der Tatsache gefolgert werden, dass der Erwerber mit Verlust arbeitet, weil das Betriebsergebnis wesentlich auch von der eigenen Tüchtigkeit des neuen Betriebsinhabers abhängig ist. Ein Erwerb zum Zweck der Verpachtung oder Weiterveräußerung steht der Haftung nicht entgegen; diese Zweckbestimmung beweist vielmehr grundsätzlich die Existenz eines lebensfähigen Organismus, sofern die Weiterveräußerung nicht der Liquidierung dienen soll (BFH v. 04.02.1974, IV R 172/70, BStBl II 1974, 434).

9 Die Haftung knüpft nicht an die Person des Unternehmers oder des Betriebsinhabers an, sondern ist sachbezogen auf das übereignete Unternehmen oder den übereigneten Betrieb (BFH v. 28.11.1973, I R 129/71, BStBl II 1974, 145). Durch eine **Verpachtung** verändert sich das bisher in Eigenregie geführte Unternehmen. Daher haftet, wer ein verpachtetes Unternehmen im Ganzen erwirbt, nicht für Steuern, die auf die Zeit vor der Verpachtung entfallen (BFH v. 14.05.1970, V R 117/66, BStBl II 1970, 676). Auch der Pächter haftet nicht, da er kein Eigentum erwirbt (BFH v. 27.11.1979, VII R 12/79, BStBl II 1980, 258).

## II. Übereignung im Ganzen

10 Das Unternehmen oder der Betrieb müssen im Ganzen übereignet werden. Gemeint ist damit aber nicht, dass ein Fall der Gesamtrechtsnachfolge vorliegen müsse; es geht vielmehr um die **zeitlich zusammenhängende Übertragungder wesentlichen Grundlagen von einer Hand auf die Andere**. Eine Übereignung im Ganzen liegt vor, wenn die bei Beginn der Übertragung der einzelnen Grundlagen des Unternehmens vorhandenen Betriebsgrundlagen im Wesentlichen vollständig auf den Erwerber übergehen (BFH v. 07.11.2002, VII R 11/01, BStBl II 2003, 226; BVerfG v. 05.12.2003, 1 BvR 379/03, DStR 2004, 234). Wird das Unternehmen von mehreren Personen zu **Miteigentum nach Bruchteilen** erworben, so haften sie aufgrund der gemeinsamen Tatbestandsverwirklichung als Gesamtschuldner (BFH v. 12.01.2011, XI R 11/08, BStBl II 2011, 477).

### 1. Übergang der wesentlichen Betriebsgrundlagen

Übereignung im Ganzen bedeutet, dass die **wesentlichen Grundlagen** des Unternehmens oder Betriebes übergehen müssen (BFH v. 07.11.2002, VII R 11/01, BStBl II 2003, 226). Behält der frühere Betriebsinhaber eine wesentliche Betriebsgrundlage zurück und übereignet er sie erst später an den Betriebsübernehmer, so liegt keine Übereignung im Ganzen vor (BFH v. 06.08.1985, VII R 189/82, BStBl II 1985, 651). Was die wesentlichen Grundlagen eines Unternehmens sind, ist nach **wirtschaftlichen Gesichtspunkten** zu beurteilen. Als Beurteilungsmaßstab ist wesentlich, ob der erworbene Betrieb ohne unverhältnismäßig hohe Neuinvestitionen fortsetzbar ist (FG Bre v. 09.09.1977, III 60/75, EFG 1978, 3). Dementsprechend wird die Beurteilung in erheblichem Maße auch von der Art und dem Wirtschaftszweig des Unternehmens abhängen. So gehört etwa der Warenbestand bei einem Textilhandelsunternehmen zu den wesentlichen Betriebsgrundlagen, nicht jedoch bei einem Obst- und Gemüsehandel. Für ein Güterfernverkehrsunternehmen ist der Kundenstamm wesentlich (BFH v. 23.11.1961, II R 244/60, HFR 1962, 121). Die Nichtmitübereignung anderer Gegenstände ist stets dann unschädlich, wenn die Fortführung des Unternehmens ohne sie ohne nennenswerten Aufwand möglich ist. 11

Aus der **Rechtsprechung**: Der Annahme der Übereignung des Unternehmens oder Betriebs im Ganzen steht nicht entgegen, dass der Erwerber auch Einrichtungsgegenstände übernimmt, an denen ihm bereits Sicherungseigentum zustand (FG SchlH v. 18.01.1972, III 82/68, EFG 1972, 258), desgleichen Waren, die er unter Eigentumsvorbehalt geliefert hatte (BFH v. 20.07.1967, V 240/64, BStBl III 1967, 684). Das Gleiche gilt, wenn Sicherungseigentum zugunsten einer Bank besteht (FG BW v. 31.08.1994, 12 K 96/91, EFG 1995, 146). Forderungen und Schulden brauchen nicht notwendig mit überzugehen (RFH v. 15.12.1921, RFHE 7, 341), auch nicht die Firmenbezeichnung (RFH v. 25.09.1935, RStBl 1935, 1354). Entgegen der Auffassung des BFH (BFH v. 15.12.1960, StRK AO § 116 R. 12) lässt das FG Nds (FG Nds v. 04.06.1959, V U 139 – 140/56, EFG 1960, 114) bei einer Gastwirtschaft den Übergang der ihrem Zweck dienenden, besonders hergerichteten Räume ohne bzw. ohne brauchbares Inventar genügen (ebenso FG Nds v. 01.10.1963, V (U) 22 – 23/63, EFG 1964, 201; BFH v. 25.11.1965, V 173/63 U, BStBl III 1966, 333). Für den Fall des ambulanten Gewerbes (BFH v. 16.05.1961, V 292/58, HFR 1962, 19). Transportfahrzeug und Tour eines Paketdienstunternehmers (FG Sa v. 23.06.1994, 2 K 146/92, EFG 1995, 148). Übertragung von Know-how durch Weiterbeschäftigung der Träger desselben durch den Erwerber (FG Bre v. 09.06.2004, 2 K 279/03 (1), EFG 2004, 1268). Auch ein Pacht- oder Mietrecht kann zu den 12 wesentlichen Grundlagen eines Unternehmens oder Betriebs gehören. Dabei genügt es, wenn der Veräußerer durch aktives Tun dem Erwerber die Möglichkeit verschafft, mit dem Eigentümer der Mietgegenstände einen neuen Mietvertrag abzuschließen (BFH v. 06.11.1990, VII R 81/88, BFH/NV 1990, 718 m.w.N.). Das FG Nbg (FG Nbg v. 26.01.1993, II 190/92, EFG 1993, 559) verneint die Haftung, wenn zwar der Veräußerer den Erwerber an den Verpächter vermittelt und der Abschluss eines Pachtvertrages zwischen diesen Personen zum Inhalt des Kaufvertrags gemacht wurde, der Pachtvertrag anschließend aber nicht vom Erwerber, sondern von einer aus ihm und seinem Bruder bestehenden Gesellschaft des bürgerlichen Rechts abgeschlossen wird. Zur Überleitung des Kundenstamms durch Mitwirkung beim Abschluss entsprechender Verträge (BFH v. 27.05.1986, VII R 183/83, BStBl II 1986, 654) und zur Überleitung eines Händlervertrages mit dem einzigen Lieferanten (BFH v. 21.06.2004, VII B 345/03, BFH/NV 2004, 1509). Bei einem Gebrauchtwagenhändler gehören neben dem Fahrzeugbestand sein Name, sein Internetauftritt und die E-Mail-Adresse zu den wesentlichen Geschäftsgrundlagen (FG Nbg v. 11.03.2014, 2 K 929/12, EFG 2014, 1642).

### 2. Begriff der Übereignung

13 Ob eine **Übereignung** vorliegt, muss in erster Linie bürgerlich-rechtlich geprüft werden (BFH v. 08.03.1986, VII R 146/81, BStBl II 1986, 589). Es genügt aber auch, dass dem Erwerber die volle Sachherrschaft zeitlich unbegrenzt übertragen wird, und zwar in einer Weise, die es dem (bürgerlich-rechtlichen) Eigentümer unmöglich macht, die Sache an sich zu ziehen. Auch die Übertragung der Rechte an bürgerlich-rechtlich nicht eigentumsfähigen Gütern ist Übereignung i.S. der Vorschrift (BFH v. 19.12.1968, V 225/65, BStBl II 1969, 303).

14 Langdauernde Pacht steht der Übereignung nicht gleich (RFH v. 13.04.1934, RStBl 1934, 548). Zu beachten ist auch, dass Übereignung eine **rechtsgeschäftliche Willenserklärung** voraussetzt, deshalb löst die Anwachsung kraft Gesetzes an den verbleibenden Gesellschafter (nunmehrigen Alleininhaber) keine Haftung aus (BFH v. 09.02.1961, V 107/59 U, BStBl III 1961, 174). Auch der Rückfall des Unternehmens nach Ablauf der Pachtzeit ist nicht Übereignung (RFH v. 18.05.1931, RStBl 1931, 445), desgleichen nicht der Erwerb der vom Pächter beschafften Betriebseinrichtungen beim Betriebsrückfall (RFH v. 03.07.1931, RStBl 1932, 364).

15 Der Erwerber muss die Absicht haben, das Unternehmen auch **wirtschaftlich** als **Eigentum** zu erwerben. Demnach besteht **keine Haftung des Sicherungs- oder Treuhandeigentümers** (BFH v. 30.08.1962, II 207/57 U, BStBl III 1962, 455). Erwirbt ein solcher Eigentümer nachträglich unbeschränktes Eigentum, so kann er gegenüber der Inanspruchnahme aus § 75 AO nicht einwenden, es fehle am Übereignungsakt; denn dieser war schon früher erfolgt, nur seine Wirkungen waren gem. § 39 Abs. 2 Nr. 1 AO noch nicht eingetreten. Die bloße Übernahme von Sicherungsgut zum Zweck der Verwertung ist kein Erwerb des Unternehmens oder Betriebs (BFH v. 11.07.1963, V 208/60, HFR 1963, 413). Eine Übereignung unter Eigentumsvorbehalt begründet jedoch die Haftung (BFH v. 25.07.1957, V z 196/56 U, BStBl III 1957, 309).

Unter § 75 Abs. 1 AO fallen auch **mehrere aufeinander folgende Erwerbsvorgänge**. Ein Erwerber haftet auch als Zweiterwerber in den zeitlichen Grenzen des § 75 AO (BFH v. 25.08.1960, V 190/58, HFR 1961, 256; BFH v. 14.05.1970, V R 117/66, BStBl II 1970, 676). 16

## C. Umfang der Haftung

Die Haftung ist ihrem Umfang nach in mehrfacher Hinsicht beschränkt, denn die Haftung erstreckt sich nur auf bestimmte Steuerarten und sie ist zeitlich begrenzt. 17

### I. Betriebsteuern

Der Erwerber haftet für solche Steuern, bei denen sich die Steuerpflicht auf den Betrieb des Unternehmens gründet (Betriebsteuern). Dabei handelt es sich um solche Steuern, für deren Entstehung zwingend die Existenz eines Unternehmens vorausgesetzt ist, die also bei einem Nichtunternehmer nicht anfallen können. Zum Begriff der Betriebsteuern s. im Übrigen § 74 AO Rz. 7. Nach § 75 Abs. 1 Satz 3 AO stehen den Steuern die Ansprüche auf Erstattung von Steuervergütungen gleich. 18

### II. Steuerabzugsbeträge

Neben den Betriebsteuern bezieht § 75 Abs. 1 AO auch die Steuerabzugsbeträge in die Haftung mit ein. Dazu zählen insbes. die Steuerabzüge vom Arbeitslohn, vom Kapitalertrag und von anderen Einkünften bestimmter Art (s. §§ 43 ff. EStG). Insoweit besteht auch eine Haftung für Haftungsansprüche. 19

### III. Keine Einbeziehung steuerlicher Nebenleistungen

Der Erwerber haftet nur für die genannten Steuern und Steuerabzugsbeträge, einschließlich der in § 75 Abs. 1 Satz 3 AO ausdrücklich aufgeführten Ansprüche auf Erstattung von Steuervergütungen. Daher sind die steuerlichen Nebenleistungen (s. § 3 Abs. 4 AO) nicht von der 20

Haftung betroffen (BFH v. 05.10.2004, VII R 76/03, BStBl II 2006, 3 zu § 73 AO).

## IV. Zeitliche Beschränkung

21 Als Steuern, für die gehaftet wird, kommen nur solche in Betracht, die **seit dem Beginn des letzten, vor der Übereignung liegenden Kalenderjahres entstanden** sind (s. § 38 AO). Dies gilt auch für Steuerabzugsbeträge. Das **Ende des Zeitraums**, auf den sich die Haftung erstreckt, wird von der Vorschrift nicht ausdrücklich erwähnt. Zuzustimmen ist dem BFH (BFH v. 06.10.1977, V R 50/74, BStBl II 1978, 241), wonach sich dieses Ende aus der Natur der Sache ergibt und der Wortlaut des § 75 Abs. 1 AO lediglich im Sinne einer Fixierung der zeitlichen Grenze in die Vergangenheit zu begreifen ist. Entsteht eine Betriebsteuer erst nach der Betriebsübereignung, betrifft sie jedoch einen vor der Übereignung verwirklichten Steuertatbestand, so haftet der Übernehmer gleichwohl für diese Steuer. Damit haftet der Erwerber z.B. auch für die Umsatzsteuer des Voranmeldezeitraums der Übereignung, die nach § 13 Abs. 1 Nr. 1a UStG erst mit Ablauf des Voranmeldezeitraums entsteht.

22 Über die Entstehung der Steueransprüche enthält die AO außer der Generalklausel des § 38 AO im Einzelnen keine Bestimmungen. Insoweit ist auf die Einzelsteuergesetze zu verweisen, mit der Einschränkung, dass es nicht auf das gesetzestechnische Entstehen nach Ablauf eines festgelegten Zeitraums ankommt, sondern auf die Tatbestandsverwirklichung hinsichtlich der einzelnen Besteuerungsgrundlagen.

23 Abzustellen ist im Übrigen auf den **Zeitpunkt der Übereignung** des Unternehmens oder Betriebs. Der Tag des Abschlusses des ihr zugrunde liegenden schuldrechtlichen Vertrags ist nicht maßgebend. Übereignung ist das **dingliche Rechtsgeschäft**, durch das bürgerlich-rechtlich das Eigentum an den die Sachgesamtheit Betrieb oder Unternehmen bildenden Gegenständen übergeht. Ist der Übergang des bürgerlich-rechtlichen Eigentums auch noch von Umständen abhängig, die dem Willen der Beteiligten entzogen sind (Eintragung der Rechtsänderung im Grundbuch), genügt die tatsächliche Übergabe und die Abgabe aller für die Übereignung erforderlichen rechtsgeschäftlichen Erklärungen (Auflassung). Erfolgt die Übereignung der zur Sachgesamtheit gehörenden Gegenstände sukzessive über mehrere Tage hinweg, so kommt es auf den Zeitpunkt an, an dem die für die Fortführung des Betriebs unerlässlichen Gegenstände übereignet sind.

24 Der Gesetzgeber hat versucht, das erhebliche und kaum kalkulierbare Risiko des Erwerbers dadurch zu beschränken, dass dieser nur für solche **Beträge haftet**, die **bis zum Ablauf eines Jahres** nach Anmeldung des Betriebes durch ihn (den Erwerber) **festgesetzt oder angemeldet** werden. Wegen der Pflicht zur Betriebsanmeldung s. §§ 138 und 139 AO. Für den Beginn der Jahresfrist ist somit nicht der tatsächliche Übergang des Betriebs auf den Erwerber, sondern der Eingang der Anmeldung i.S. der §§ 138, 139 AO bei der Finanzbehörde maßgebend. Die Festsetzung der Steuern erfolgt durch Steuerbescheid (s. § 155 Abs. 1 AO). Soweit eine Steueranmeldung vorgeschrieben ist (s. § 150 Abs. 1 Satz 2 AO), bedarf es einer Festsetzung nur ausnahmsweise (s. § 167 AO). Erfolgt die Steueranmeldung innerhalb eines Jahres nach der Betriebsanmeldung, eine eventuelle abweichende Steuerfestsetzung jedoch erst nach Ablauf dieses Jahres, haftet der Erwerber nur für den angemeldeten Betrag. Innerhalb der Jahresfrist ist es für die Haftungsbegründung ohne Belang, ob die Steuerfestsetzung dem Veräußerer gegenüber oder inzident durch Haftungsbescheid gegenüber dem Erwerber (s. § 191 AO) erfolgt. Siehe hierzu aber auch § 219 Satz 1 AO. Erfolgte die Festsetzung oder Anmeldung innerhalb der Jahresfrist, gelten für den Erlass des Haftungsbescheids die Verjährungsregelungen des § 191 Abs. 3 AO, sodass er auch noch nach Ablauf der Jahresfrist ergehen kann.

## V. Dingliche Beschränkung

Nach § 75 Abs. 1 Satz 2 AO beschränkt sich die Haftung 25
auf den Bestand des übernommenen Vermögens. Der **Erwerber haftet** zwar **persönlich**, die Finanzbehörde kann sich jedoch nur aus dem übernommenen Vermögen befriedigen. Dies bedeutet keine betragsmäßig, sondern eine gegenständlich beschränkte Haftung (AEAO zu § 75, Nr. 1). Der festgesetzte Haftungsbetrag darf den Wert des übernommenen Vermögens übersteigen. Die Haftungsbeschränkung wird nach Auffassung des BFH (BFH v. 18.03.1986, VII R 146/81, BStBl II 1986, 589) erst im Vollstreckungsverfahren auf Einwendung hin relevant. Die Berücksichtigung der Haftungsbeschränkung dürfte jedenfalls dann schon beim Erlass des Haftungsbescheids (s. § 191 AO) notwendig sein, wenn unzweifelhaft feststeht, dass kein verwertbares Vermögen übernommen wurde, weil dann ein Haftungsanspruch tatsächlich nicht entstanden sein kann (FG Nds v. 16.08.2010, 11 K 245/09, EFG 2010, 2064: Ermessensfehler). Der Haftungsbescheid muss die Beschränkung auf den Bestand des übernommenen Vermögens ausweisen. Die Möglichkeit der Surrogathaftung (s. § 74 AO Rz. 10) lässt es ermessenfehlerfrei zu, einen Haftungsbescheid auch dann zu erlassen, wenn dieser nur Gegenstände erfasst, die beim Betriebsübergeber oder beim Betriebsübernehmer unpfändbar waren bzw. sind (BFH v. 14.05.2013, VII R 36/12, BFH/NV 2013, 1905).

## D. Haftungsausschluss

26 Die Haftung ist öffentlich-rechtlicher Natur und kann daher durch private Vereinbarungen nicht ausgeschlossen werden. Ein Erwerber hat daher allenfalls die Möglichkeit, sich dadurch abzusichern, dass er einen Teil des Kaufpreises für eine entsprechende Zeit zurückbehält oder auf ein Sperrkonto einzahlt. Auskünfte über rückständige Steuerschulden des Veräußerers sind mit Rücksicht auf das Steuergeheimnis nur mit dessen Zustimmung erhältlich (s. § 30 Abs. 4 Nr. 3 AO; AEAO zu § 75, Nr. 6). Sie sind darüber hinaus wegen der Möglichkeit von Steuernachforderungen (Änderung bisheriger Steuerbescheide) auch nicht unbedingt verlässlich. Ein Rechtsanspruch auf Durchführung einer Außenprüfung zum Zwecke der verbindlichen Feststellung der für die Haftung in Betracht kommenden Beträge besteht nicht. Der Veräußerer macht sich u. U. dem Erwerber schadensersatzpflichtig, wenn dieser in die Haftung genommen wird (BGH v. 29.04.1994, V ZR 280/92, DB 1994, 1410).

27 § 75 Abs. 2 AO schließt jedoch die Haftung für bestimmte Erwerbsvorgänge aus.

### I. Erwerbe aus einer Insolvenzmasse

28 Erwerbe aus einer Insolvenzmasse sind von der Haftung nicht betroffen. Diese Einschränkung dient der Erleichterung der Verwertung der von der Insolvenz erfassten und zur Insolvenzmasse gehörenden Vermögenswerte. Da nur Erwerbe aus einer Insolvenzmasse ausscheiden, greift die Beschränkung nicht ein, wenn es zu einer Insolvenzeröffnung mangels Masse nicht kommt (BFH v. 23.07.1998, VII R 143/97, BStBl II 1998, 765). Allerdings wird in diesen Fällen die Anwendung des § 75 AO häufig daran scheitern, dass die Fortsetzung des Betriebs unverhältnismäßig hohe Neuinvestitionen erfordert und deshalb kein übereignungsfähiges (fortsetzbares) Unternehmen i. S. der Vorschrift vorliegt (BFH v. 08.07.1982, V R 138/81, BStBl II 1983, 282). Nicht begünstigt sind Veräußerungsakte vor Eröffnung eines Insolvenzverfahrens, selbst wenn der Verwalter später zustimmt (FG Mchn v. 25.11.2009, 3 K 2360/06, EFG 2010, 689).

### II. Erwerbe im Vollstreckungsverfahren

29 Erwerbe im Vollstreckungsverfahren führen ebenfalls nicht zur Haftung nach § 75 Abs. 1 AO. Das Vollstreckungsverfahren ist im 8. Buch der ZPO (s. §§ 704 ff. ZPO) geregelt und wird durch die Vorschriften des ZVG ergänzt (s. § 869 ZPO). Das hat vor allem Bedeutung bei der Zwangsversteigerung umsatzsteuerpflichtig vermieteter Grundstücke (s. Rz. 6). In diesem Zusammenhang ist von Bedeutung, dass bei einer kraft Option steuerpflichtigen Lieferung eines Grundstücks im Zwangsversteigerungsverfahren der Erwerber nach § 13b Abs. 1 Nr. 3 UStG bereits Steuerschuldner für die auf die Lieferung entfallende USt werden kann, sodass insoweit die Haftungsfreistellung leerläuft.

## E. Geltendmachung der Haftung

Zur Geltendmachung der Haftung s. §§ 191, 219 AO. Im Haftungsbescheid müssen die Gegenstände, mit denen gehaftet wird, bezeichnet werden (FG Ha v. 02.10.1980, I 61/79, EFG 1981, 162; s. AEAO zu § 75, Nr. 4.3). Wird nur der Wert des übernommenen Vermögens angegeben, ist der Bescheid zwar inhaltlich hinreichend bestimmt (BFH v. 22.09.1992, VII R 73–74/91, BFH/NV 1993, 215) aber rechtswidrig. 30

# § 76 AO
# Sachhaftung

**(1) Verbrauchsteuerpflichtige Waren und einfuhr- und ausfuhrabgabenpflichtige Waren dienen ohne Rücksicht auf die Rechte Dritter als Sicherheit für die darauf ruhenden Steuern (Sachhaftung).**

**(2) Die Sachhaftung entsteht bei einfuhr- und ausfuhrabgaben- oder verbrauchsteuerpflichtigen Waren, wenn nichts anderes vorgeschrieben ist, mit dem Verbringen in den Geltungsbereich des Gesetzes, bei verbrauchsteuerpflichtigen Waren auch mit dem Beginn ihrer Gewinnung oder Herstellung.**

**(3) Solange die Steuer nicht entrichtet ist, kann die Finanzbehörde die Waren mit Beschlag belegen. Als Beschlagnahme genügt das Verbot an den, der die Waren im Gewahrsam hat, über sie zu verfügen.**

**(4) Die Sachhaftung erlischt mit der Steuerschuld. Sie erlischt ferner mit der Aufhebung der Beschlagnahme oder dadurch, dass die Waren mit Zustimmung der Finanzbehörde in einen steuerlich nicht beschränkten Verkehr übergehen.**

**(5) Von der Geltendmachung der Sachhaftung wird abgesehen, wenn die Waren dem Verfügungsberechtigten abhanden gekommen sind und die verbrauchsteuerpflichtigen Waren in einen Herstellungsbetrieb aufgenommen oder die einfuhr- und ausfuhrabgabenpflichtigen Waren eine zollrechtliche Bestimmung erhalten.**

Die Vorschrift regelt die dingliche Haftung (Sachhaftung) verbrauchsteuerpflichtiger Erzeugnisse und zoll- 1 pflichtiger Waren. Das dingliche Recht entsteht und besteht ohne Rücksicht auf dingliche Rechte Dritter (Besitzrecht, Eigentum, Pfandrecht, Sicherungseigentum). Auch der gutgläubige Erwerber muss dem Befriedigungsrecht des Steuergläubigers weichen.

2 Nach § 17 Abs. 2 Satz 6 TabakStG gilt für noch nicht an Kleinverkaufspackungen angebrachte Steuerzeichen § 76 AO sinngemäß.

3 Nach § 76 Abs. 2 AO **entsteht die Sachhaftung**, wenn nichts anderes vorgeschrieben ist, bei einfuhr- und ausfuhrabgaben- oder verbrauchsteuerpflichtigen Waren mit dem Verbringen in den Geltungsbereich des Gesetzes. Bei verbrauchsteuerpflichtigen Waren entsteht sie auch mit dem Beginn ihrer Gewinnung oder Herstellung. Die Haftung entsteht somit u. U. bereits vor Entstehung der Steuerschuld (*Mösbauer*, DStZ 1987, 399 m. w. N.). Das bedeutet jedoch nur, dass die unfertigen Erzeugnisse als dingliche Sicherheitsträger gebunden sind, während das dingliche Verwertungsrecht mit der Festsetzung der entstandenen Steuer aktualisiert wird.

4 Die **Verwirklichung der Haftung** wird durch die Beschlagnahme (§ 76 Abs. 3 AO) eingeleitet – nicht durch Haftungsbescheid. Die **Verwertung** der beschlagnahmten Gegenstände erfolgt gem. § 327 i. V. m. § 296 Abs. 1 AO durch öffentliche Versteigerung. Unter Beschlagnahme ist die tatsächliche Sicherstellung zu verstehen. Sie erfolgt z. B. dadurch, dass die Finanzbehörde die Sachen in Gewahrsam nimmt. Nach § 76 Abs. 3 Satz 2 AO genügt jedoch auch das Verbot an den, der die Waren in Gewahrsam hat, über sie zu verfügen. Da Rechte Dritter nach § 76 Abs. 1 AO die Sachhaftung nicht berühren, betrifft dieses Verfügungsverbot nur tatsächliche Verfügungen, die geeignet sind, den späteren tatsächlichen Zugriff zum Zweck der Verwertung zu vereiteln, nicht jedoch rein rechtliche Verfügungen.

5 Die Beschlagnahme ist ein Verwaltungsakt, gegen den der Einspruch gegeben ist. Zuständige Finanzbehörde ist das Hauptzollamt, nicht das Zollfahndungsamt (BFH v. 26.07.1988, VII R 194/85, BStBl II 1989, 3). Schon mit Rücksicht auf § 76 Abs. 4 Satz 2 AO kommt vorläufiger Rechtsschutz i. S. der Aufhebung der Beschlagnahme nicht in Betracht (BFH v. 18.11.1986, VII B 59–60/86, BFH/NV 1987, 485).

6 Nach § 76 Abs. 4 AO **erlischt** die **Sachhaftung**, wenn die Steuerschuld erlischt (s. § 47 AO), mit der Aufhebung der Beschlagnahme i. S. von § 76 Abs. 3 AO oder dadurch, dass die Waren mit Zustimmung der Finanzbehörde in einen steuerlich nicht beschränkten Verkehr übergehen. Die Zustimmung der Finanzbehörde ist zu unterstellen, wenn sämtliche einschlägigen Vorschriften im Zusammenhang mit dem Übergang erfüllt werden. Im Übrigen lässt das In-den-Verkehr-Bringen die Sachhaftung unberührt. Der gutgläubige Erwerber ist nicht geschützt. Die entsprechenden bürgerlich-rechtlichen Vorschriften gelten nicht für die öffentlich-rechtliche Sachhaftung.

Beschlagnahme und Verwertung sind Ermessensentscheidungen (s. § 5 AO). Unter den Voraussetzungen des § 76 Abs. 5 AO ist die Geltendmachung der Sachhaftung unzulässig. 7

## § 77 AO Duldungspflicht

**(1) Wer kraft Gesetzes verpflichtet ist, eine Steuer aus Mitteln, die seiner Verwaltung unterliegen, zu entrichten, ist insoweit verpflichtet, die Vollstreckung in dieses Vermögen zu dulden.**

**(2) Wegen einer Steuer, die als öffentliche Last auf Grundbesitz ruht, hat der Eigentümer die Zwangsvollstreckung in den Grundbesitz zu dulden. Zugunsten der Finanzbehörde gilt als Eigentümer, wer als solcher im Grundbuch eingetragen ist. Das Recht des nicht eingetragenen Eigentümers, die ihm gegen die öffentliche Last zustehenden Einwendungen geltend zu machen, bleibt unberührt.**

Die Vorschrift befasst sich mit der Duldung der Zwangsvollstreckung in bewegliches bzw. unbewegliches Vermögen. Die hiernach bestehende Duldungspflicht wird durch die in § 191 Abs. 1 AO vorgesehenen **Duldungsbescheide** realisiert. Zwar betrifft § 77 AO nur zwei besondere Fälle der Duldungspflicht, doch bedeutet dies keine abschließende Regelung. Die Duldung der Zwangsvollstreckung kommt z. B. auch in den Fällen der §§ 263 bis 265 AO und § 323 AO in Frage. Auch aus dem AnfechtungsG kann sich eine solche Duldungspflicht ergeben (s. § 191 Abs. 1 Satz 2 AO). So kann durch Duldungsbescheid als eine besondere Form der Rückgewähr nach § 11 Abs. 1 AnfG sogar Wertersatz gefordert werden (BFH v. 31.07.1984, VII R 151/83, BStBl II 1985, 31 zu § 7 Abs. 1 AnfG a. F.). 1

Nach § 77 **Abs. 1** AO hat derjenige, der kraft Gesetzes verpflichtet ist, eine Steuer aus Mitteln zu entrichten, die seiner Verwaltung unterliegen, die Vollstreckung in dieses Vermögen zu dulden. Da diese Personen somit primär zur Zahlung der Steuer aus den verwalteten Mitteln verpflichtet sind, greift die Duldungspflicht nur subsidiär ein (sog. **unechte Duldungspflicht**). Bei der echten Duldungspflicht ist der Entrichtungspflichtige nicht zugleich Duldungsschuldner. 2

Von der Vorschrift betroffen sind vor allem die in den §§ 34 und 35 AO genannten Personen, wenn und soweit sie **eigenen Gewahrsam** über die von ihnen verwalteten Mittel innehaben (z. B. der dem Geschäftsführer auch zur 3

Privatnutzung überlassene Firmenwagen). Dagegen braucht § 77 Abs. 1 AO **nicht** herangezogen zu werden, wenn diese Personen den Gewahrsam für den Vertretenen, also als dessen **Besitzdiener** (s. § 855 BGB) oder als dessen **Organ**, ausüben. Im letzteren Fall ist die Vollstreckung in das Vermögen des Vertretenen (Steuerschuldners = Vollstreckungsschuldner) ohne Weiteres möglich.

4 Nach § 77 **Abs. 2** AO hat der **Eigentümer von Grundbesitz** wegen einer Steuer, die auf diesem kraft gesetzlicher Vorschrift als **öffentliche Last** ruht, die Zwangsvollstreckung in den Grundbesitz zu dulden. Als öffentliche Lasten kommen hier insbes. die Grundsteuer (s. § 12 GrStG), Anliegerbeiträge, Benutzungsgebühren u. Ä. in Betracht. Zur Vereinbarkeit der Vorschrift mit Art. 5 EuInsVO vgl. EuGH v. 26.10.2016, C-195/15, ZIP 2017, 2175.

5 Eine gesetzliche Fiktion schafft § 77 **Abs. 2 Satz 2** AO: Zugunsten der Finanzbehörde **gilt** unwiderlegbar derjenige **als Eigentümer**, der als solcher **im Grundbuch eingetragen** ist. Entsprechend § 1148 BGB bleibt jedoch das Recht des nicht eingetragenen Eigentümers, die ihm gegen die öffentliche Last zustehenden Einwendungen geltend zu machen, unberührt. Wird während des Zwangsvollstreckungsverfahrens gegen den Bucheigentümer im Wege der Berichtigung des Grundbuchs der wahre Eigentümer eingetragen, ist die Vollstreckung auf diesen umzustellen.

6 Die Duldungspflicht ist **akzessorisch**. Sie setzt das Bestehen einer Steuerschuld voraus, d.h. diese muss entstanden und darf nicht wieder untergegangen sein (BVerwG v. 13.02.1987, 8 C 25.85, BStBl II 1987, 475). Die Geltendmachung dieser Pflicht durch Duldungsbescheid (s. § 191 Abs. 1 AO) setzt voraus, dass der zugrunde liegende Steueranspruch festgesetzt, fällig und vollstreckbar ist (s. § 254 Abs. 1 AO). Der Erlass eines Duldungsbescheides ist nicht allein deswegen ermessenswidrig, weil die Behörde in einem Insolvenzverfahren über das Vermögen des vormaligen Eigentümers nicht versucht hat, ein Absonderungsrecht wegen des Grundstücks geltend zu machen (VGH Kassel v. 22.01.2010, 5 B 3254/09, NJW 2010, 1987). Duldungsansprüche unterliegen nicht der Festsetzungsfrist (gl. A. *Kruse* in Tipke/Kruse, § 191 AO Rz. 77; BVerwG v. 13.02.1987, 8 C 25.85, BStBl II 1987, 475). Die zeitliche Grenze ergibt sich aus der Akzessorietät des Duldungsanspruchs, also aus der Zahlungsverjährung der Erstschuld.

Der durch Duldungsbescheid in Anspruch genommene kann Einwendungen gegen den Anspruch aus dem Steuerschuldverhältnis, die der Steuerschuldner bereits verloren hat, nicht mehr vorbringen (BFH v. 01.03.1988, VII R 109/86, BStBl II 1988, 408). Da die Duldung eine Maßnahme des Vollstreckungsrechts ist, ist das eine Folge aus § 256 AO. Nach Auffassung des BFH kann ein Duldungsbescheid auch ergehen, wenn die zugrunde liegende Steuerforderung von der Vollziehung ausgesetzt ist (BFH v. 09.02.1988, VII R 62/86, BFH/NV 1988, 752). 7

Mindestens eine Woche vor Beginn der Vollstreckung muss der Duldungspflichtige aufgefordert werden, die Vollstreckung zu dulden (s. § 254 Abs. 1 Satz 1 AO; Leistungs- bzw. **Duldungsgebot**). Da der Duldungspflichtige ein Interesse haben kann, die Vollstreckung durch Zahlung (s. § 48 Abs. 1 AO) abzuwenden, ist ihm mitzuteilen, durch die Zahlung welchen Betrags dies geschehen kann. Wie beim Leistungsgebot handelt es sich auch beim Duldungsgebot um einen eigenständigen, vom Duldungsbescheid zu unterscheidenden Verwaltungsakt. 8

# Dritter Teil. Allgemeine Verfahrensvorschriften

## Erster Abschnitt: Verfahrensgrundsätze

### 1. Unterabschnitt Beteiligung am Verfahren

## § 78 AO Beteiligte

**Beteiligte sind**

**1. Antragsteller und Antragsgegner,**
**2. diejenigen, an die die Finanzbehörde den Verwaltungsakt richten will oder gerichtet hat,**
**3. diejenigen, mit denen die Finanzbehörde einen öffentlich-rechtlichen Vertrag schließen will oder geschlossen hat.**

**Inhaltsübersicht**



### A. Bedeutung der Vorschrift

1 Die Vorschrift befasst sich nur mit der Frage, wem **formell Beteiligteneigenschaft** zukommt, klärt aber nicht die Frage der Beteiligtenfähigkeit. Diese richtet sich nach der über die zivilrechtliche Rechtsfähigkeit hinausgehende Steuerrechtsfähigkeit (s. § 33 AO Rz. 15 ff.).

2 Zu beachten ist, dass sowohl für das **Zerlegungsverfahren** (s. § 186 AO) als auch für das **außergerichtliche Rechtsbehelfsverfahren** (s. § 359 AO) ein **eigenständiger Beteiligtenbegriff** gilt. Damit ist § 78 AO nur für das **übrige Steuerverwaltungsverfahren** maßgeblich (BFH v. 28.03.1979, I B 79/78, BStBl II 1979, 538).

### B. Bedeutung der Begriffsbestimmung

3 Die Begriffsbestimmung hat überall dort besondere Bedeutung, wo der Gesetzgeber unterschiedliche Regelungen für Beteiligte einerseits und dritte Personen andererseits getroffen hat. Dies trifft insbes. auf die §§ 80 ff. AO zu, wo vor allem bei den das Steuerermittlungsverfahren betreffenden Bestimmungen deutlich zwischen den Rechten und Pflichten der Beteiligten und Dritter differenziert wird (s. §§ 93 bis 107 AO).

### C. Antragsteller und Antragsgegner

§ 78 Nr. 1 AO bezeichnet als Beteiligte den Antragsteller und Antragsgegner. Da die Antragsstellung bei der Finanzbehörde ohnehin einen positiven oder negativen Bescheid in Form eines Verwaltungsakts gegenüber dem Antragsteller auslöst, trifft insoweit auch die § 78 Nr. 2 AO zu. Die Regelung hat somit nur dann eine eigenständige Bedeutung, wenn die Behörde – aus welchen Gründen auch immer – den Antrag nicht förmlich bescheidet. Die Einbeziehung des Antragsgegners hat im Steuerrecht keine Bedeutung. Die Finanzbehörde selbst ist nicht Antragsgegner, sie entscheidet über den Antrag. 4

### D. Adressat eines Verwaltungsakts

§ 78 Nr. 2 AO hat von den Regelungen des § 78 AO die größte Bedeutung. Hiernach sind diejenigen Beteiligte, an die die Finanzbehörde einen Verwaltungsakt richten will oder gerichtet hat. In dem Augenblick, in dem im internen Behördenbereich ein steuerliches Verwaltungsverfahren, das **Wirkungen nach außen** haben soll, in Gang gesetzt wird, tritt die Unterscheidung zwischen den Beteiligten und Dritten hervor. Jeder steuerlich relevante Sachverhalt, der von der Finanzbehörde zur Kenntnis genommen wird, hat personenbezogene Merkmale. Beteiligter ist in erster Linie der **Steuerpflichtige** i. S. des § 33 Abs. 1 AO. Werden von ihm Auskünfte nach § 93 Abs. 1 Satz 1 AO gefordert, so muss er sie als Beteiligter erteilen. Werden in derselben Steuersache andere Personen befragt, geschieht dies in deren Eigenschaft als Nichtbeteiligte (Dritte) in der den Steuerpflichtigen betreffenden Steuersache. Andererseits ist der befragte **Dritte** selbst **Beteiligter** in dem ihn betreffenden **Auskunftsverfahren**. An ihn wird im Sinne der § 78 Nr. 2 AO der Verwaltungsakt (das Auskunftsersuchen) gerichtet. Wird gegen ihn zur Durchsetzung seiner Auskunftspflicht gem. §§ 328 ff. AO vollstreckt, ist er wiederum Beteiligter dieses Vollstreckungsverfahrens. 5

### E. Vertragspartner eines öffentlich-rechtlichen Vertrags

§ 78 Nr. 3 AO nennt als Beteiligte diejenigen, mit denen die Finanzbehörde einen öffentlich-rechtlichen Vertrag schließen will oder geschlossen hat. Öffentlich-rechtliche Verträge sind dem Steuerrecht **grundsätzlich fremd** (zur Frage, ob es sich um ein Redaktionsversehen handelt s. BFH v. 11.12.1984, VII R 131/76, BStBl II 1985, 354, 6

357). Eine gesetzliche Ausnahme bildet § 224 a AO. Die Finanzverwaltung ist innerhalb ihres besonderen hoheitlichen Kompetenzbereichs durch Gesetz zur einseitig ordnenden Regelung der aus den Lebenssachverhalten resultierenden Steuerrechtsverhältnisse gezwungen. Im Steuerrecht muss die Behörde die öffentlich-rechtlichen Maßnahmen in Form von Verwaltungsakten treffen.

7 Ein öffentlich-rechtlicher Vertrag liegt nur vor, wenn durch ihn ein Rechtsverhältnis begründet wird, das seinerseits dem öffentlichen Recht zuzurechnen ist (s. § 54 Satz 1 VwVfG). Die aus ihm entspringenden Rechte und Pflichten dürfen daher nicht solche des Zivilrechts sein. Anders ausgedrückt: Das durch den Vertrag begründete Rechtsverhältnis müsste in gleicher Weise auch durch einen Verwaltungsakt gestaltet werden können (s. § 54 Satz 2 VwVfG).

8 Eine Regelung des öffentlich-rechtlichen Steuerschuldverhältnisses durch vertragliche Vereinbarungen (»Steuervereinbarung«) oder durch Vergleich (s. § 779 BGB) zwischen dem Steuerschuldner und der Finanzverwaltung bzw. der ertragsberechtigten Körperschaft des öffentlichen Rechts ist in der AO nur in § 224 a AO und im Übrigen auch nicht in den Einzelsteuergesetzen vorgesehen (zur Problematik der tatsächlichen Verständigung s. vor § 204 AO Rz. 15 ff.). Solche Regelungen widersprechen dem Charakter des Steuerschuldverhältnisses (s. § 38 AO Rz. 1 f.). Die Festsetzung und Verwirklichung der Ansprüche aus dem Steuerschuldverhältnis hat zwingend durch Verwaltungsakt zu erfolgen. Nur Verwaltungsakte dienen als Grundlage für die Verwirklichung der Ansprüche aus dem Steuerschuldverhältnis (s. § 218 Abs. 1 AO). Sind diese im Einzelfall von der Zustimmung des Betroffenen abhängig (s. § 172 Abs. 1 Nr. 2a AO), so ist dies nicht als öffentlich-rechtlicher Vertrag anzusehen. Auch hier trifft also ausschließlich die § 78 Nr. 2 AO zu. Auch Verwaltungsakte, deren Inhalt im Ermessen der Finanzbehörde steht (s. § 5 AO und §§ 163, 227 AO), können nicht durch öffentlich-rechtliche Vereinbarungen ersetzt werden. Selbst wenn der Steuerpflichtige mit der Finanzbehörde Verhandlungen über eine Billigkeitsregelung geführt hat, darf diese nur durch Verwaltungsakt getroffen werden, sodass auch hier wiederum § 78 Nr. 2 AO einschlägig ist.

9 Eine **Ausnahme** von der Vereinbarungsfeindlichkeit des Steuerrechts macht **§ 224 aAO**. Der in dieser Vorschrift vorgesehene öffentlich-rechtliche Vertrag betrifft nur das Erhebungsverfahren und auch dort nur die Zulässigkeit der Tilgung einer Steuerschuld durch Hingabe von Kunstgegenständen an Zahlungs Statt. Der Ausnahmecharakter dieser Vorschrift wird dadurch unterstrichen, dass sie nur anwendbar ist, wenn es sich bei der Steuerschuld um Erbschaft- oder Vermögensteuer handelt. Der Steuerpflichtige ist auch hier als Adressat des die Steuerschuld konkretisierenden Steuerbescheides Beteiligter i. S. der § 78 Nr. 2 AO. Nur hinsichtlich der Frage, ob die Steuerschuld durch die Übereignung von Kunstgegenständen getilgt werden darf, eröffnet sich die Möglichkeit einer vertraglichen Vereinbarung und nur in diesem eng umgrenzten Bereich ist der Steuerpflichtige Beteiligter i. S. der § 78 Nr. 3 AO.

## § 79 AO Handlungsfähigkeit

**(1) Fähig zur Vornahme von Verfahrenshandlungen sind:**

**1. natürliche Personen, die nach bürgerlichem Recht geschäftsfähig sind,**
**2. natürliche Personen, die nach bürgerlichem Recht in der Geschäftsfähigkeit beschränkt sind, soweit sie für den Gegenstand des Verfahrens durch Vorschriften des bürgerlichen Rechts als geschäftsfähig oder durch Vorschriften des öffentlichen Rechts als handlungsfähig anerkannt sind,**
**3. juristische Personen, Vereinigungen oder Vermögensmassen durch ihre gesetzlichen Vertreter oder durch besonders Beauftragte,**
**4. Behörden durch ihre Leiter, deren Vertreter oder Beauftragte.**

**(2) Betrifft ein Einwilligungsvorbehalt nach § 1903 des Bürgerlichen Gesetzbuches den Gegenstand des Verfahrens, so ist ein geschäftsfähiger Betreuter nur insoweit zur Vornahme von Verfahrenshandlungen fähig, als er nach den Vorschriften des bürgerlichen Rechts ohne Einwilligung des Betreuers handeln kann oder nach den Vorschriften des öffentlichen Rechts als handlungsfähig anerkannt ist.**

**(3) Die §§ 53 und 55 der Zivilprozessordnung gelten entsprechend.**

### Inhaltsübersicht



### Schrifttum

EBELING, Verfahrenshandlungen von und gegenüber handlungsunfähigen natürlichen Personen im Steuerverwaltungsverfahren, DStZ 1998, 322; DISSARS, Der beschränkt Geschäftsfähige im Steuerrecht; DStR 1997, 417; DEMME, Verfahrensrechtliche Fragen in Zusammenhang mit der Betreuung von Steuerpflichtigen, AO-StB 2010, 150.

## A. Bedeutung der Vorschrift

1 Der aus der Verwaltungsrechtslehre übernommene Begriff der **Handlungsfähigkeit** klärt die Frage, wer im steuerlichen Verwaltungsverfahren wirksam Verfahrenshandlungen **aktiv** (z.B. durch Abgabe von Erklärungen, Anträgen usw.) und **passiv** (z.B. durch Entgegennahme von Verwaltungsakten) vornehmen kann. Von der Vorschrift betroffen ist die Handlungsfähigkeit für das Steuerfestsetzungsverfahren, das Erhebungs- und Vollstreckungsverfahren und das außergerichtliche Rechtsbehelfsverfahren. Handlungen von Personen, die nicht handlungsfähig sind, sind ebenso unwirksam wie Verfahrenshandlungen, die ihnen gegenüber vorgenommen werden (BFH v. 16.04.1997, XI R 61/94, BStBl II 1997, 595). Die Finanzbehörde muss sich an den gesetzlichen Vertreter wenden, der ggf. von Amts wegen zu bestellen ist (s. § 81 AO).

## B. Geschäftsfähigkeit nach bürgerlichem Recht

2 Nach § 79 **Abs. 1 Nr. 1** AO sind natürliche Personen, die nach bürgerlichem Recht geschäftsfähig sind, zur Vornahme von Verfahrenshandlungen fähig. Der bürgerlichrechtliche Begriff der Geschäftsfähigkeit bedeutet die **Fähigkeit, Rechtsgeschäfte mit rechtlicher Wirkung vorzunehmen**.

3 Das bürgerliche Recht trifft hinsichtlich der Geschäftsfähigkeit eine Negativabgrenzung. Gemäß § 104 BGB ist **geschäftsunfähig**, wer nicht das siebte Lebensjahr vollendet hat und wer sich in einem die freie Willensbildung ausschließenden Zustand krankhafter Störung der Geistestätigkeit befindet, sofern nicht der Zustand seiner Natur nach vorübergehend ist.

## C. Besondere Regelungen für Personen mit beschränkter Geschäftsfähigkeit

4 **Minderjährige** (s. § 2 BGB), die das siebte Lebensjahr vollendet haben, sind nach § 106 BGB beschränkt geschäftsfähig.

5 Soweit **Minderjährige** nicht partiell geschäftsfähig sind (s. §§ 112, 113 BGB), sind sie **handlungsunfähig**.

6 § 79 **Abs. 1 Nr. 2** AO billigt beschränkt geschäftsfähigen natürlichen Personen ausnahmsweise die Fähigkeit zur Vornahme von Verfahrenshandlungen zu, soweit sie für den Gegenstand des Verfahrens durch Vorschriften des bürgerlichen Rechts als geschäftsfähig oder durch Vorschriften des öffentlichen Rechts als handlungsfähig anerkannt sind. Nach § 112 BGB sind beschränkt Geschäftsfähige, denen der gesetzliche Vertreter mit Genehmigung des Vormundschaftsgerichts die Ermächtigung zum selbstständigen Betrieb eines **Erwerbsgeschäfts** erteilt hat, für solche Rechtsgeschäfte unbeschränkt geschäftsfähig, welche der Geschäftsbetrieb mit sich bringt. Ausgenommen sind lediglich Rechtsgeschäfte, zu denen der Vertreter der Genehmigung des Vormundschaftsgerichts bedarf. Entsprechendes gilt gem. § 113 BGB für Rechtsgeschäfte beschränkt Geschäftsfähiger, die mit Ermächtigung des gesetzlichen Vertreters in **Dienst oder** in **Arbeit** treten. Hieran orientiert sich auch die steuerliche Handlungsfähigkeit. So kann der unter § 112 BGB fallende beschränkt Geschäftsfähige z.B. die USt- und GewSt-Erklärung im Zusammenhang mit einem von ihm geführten Unternehmen einreichen. Die entsprechenden Bescheide können unmittelbar an ihn gerichtet und ihm bekannt gegeben werden.

Verschiedene öffentlich-rechtliche Vorschriften billigen beschränkt Geschäftsfähigen die Fähigkeit zur Vornahme bestimmter gegenstandsbezogener Verfahrenshandlungen zu (s. z.B. § 5 des Gesetzes über die religiöse Kindererziehung). Die Ausdehnung dieser gegenstandsbezogenen Handlungsfähigkeit auf das steuerliche Verwaltungsverfahren in § 79 Abs. 1 Nr. 2 AO hat nur in Kirchensteuersachen Bedeutung. 7

Das **Betreuungsverhältnis** (s. § 1896 BGB) berührt die Geschäftsfähigkeit nicht. Der Betreuer hat nur innerhalb des Aufgabenkreises, für den er bestellt ist, die Stellung eines gesetzlichen Vertreters des Betreuten (s. § 1902 BGB). Soweit der Betreute ohnehin noch geschäftsfähig ist, besteht eine Doppelzuständigkeit. Faktisch wird durch den Einwilligungsvorbehalt (s. § 1903 BGB) und dessen durch § 79 Abs. 2 AO anerkannten Vorrang zur Vermeidung von einander widersprechenden Verfahrenshandlungen der Betreute zum nur partiell Handlungsfähigen. Eine ohne Einwilligung vorgenommene Verfahrenshandlung bleibt bis zur Genehmigung durch den Betreuer unwirksam (BFH v. 18.06.2007, II B 26/07, BFH/NV 2007, 1911). 8

## D. Juristische Personen, Vereinigungen und Vermögensmassen

Nach § 79 **Abs. 1 Nr. 3** AO nehmen juristische Personen, Vereinigungen oder Vermögensmassen Verfahrenshandlungen durch ihre **gesetzlichen Vertreter** oder durch besonders **Beauftragte** vor. Diese Regelung beruht ebenso wie § 79 Abs. 1 Nr. 4 AO auf dem Umstand, dass die genannten Gebilde, selbst wenn sie rechtsfähig sind, keine Geschäftsfähigkeit besitzen und daher nicht nach § 79 Abs. 1 Nr. 1 bzw. 2 AO handlungsfähig sind. 9

Unter juristischen Personen i.S. dieser Vorschrift sind nicht nur die des Privatrechts, sondern auch die des öffentlichen Rechts gemeint. Vereinigungen (= Personenvereinigungen) und Vermögensmassen i.S. der § 79 Abs. 1 Nr. 3 AO sind Rechtsgebilde, denen es an 10 der bürgerlich- bzw. öffentlich-rechtlichen Rechtsfähigkeit mangelt, die jedoch als solche von einem steuerlichen Verwaltungsverfahren betroffen sein können (s. § 34 AO Rz. 7 ff.). Wer im Einzelfall als gesetzlicher Vertreter anzusehen ist, ergibt sich aus dem Gesetz, ggf. i. V. m. der Satzung bzw. dem Vertrag. Die besondere Beauftragung kann allgemein in der Satzung bzw. in einem Vertrag begründet sein. Da die Verfahrenshandlungen dieser Beauftragten für bzw. gegen die juristische Person, Vereinigung oder Vermögensmasse wirken sollen (diese handeln »durch« den Beauftragten), ist die Beauftragung notwendig mit der Erteilung einer Vollmacht (s. § 80 AO) verknüpft. Als besonders Beauftragter einer GmbH & Co KG kann ein Kommanditist der KG auftreten, wenn ihm die Wahrnehmung der steuerlichen Vertretung der KG übertragen ist (BFH v. 30.10.2008, III R 107/07, BStBl II 20909, 352).

11 § 79 Abs. 1 Nr. 3 AO klärt ausschließlich, wer fähig ist, für die dort genannten Gebilde im steuerlichen Verwaltungsverfahren zu handeln. Damit ist allein die Fähigkeit zur Vornahme von Rechtshandlungen zwischen diesen Gebilden und der Finanzbehörde geregelt, während §§ 34, 35 AO aus dieser Fähigkeit eine Handlungspflicht machen.

## E. Behörden

12 Behörden handeln gem. § 79 **Abs. 1 Nr. 4** AO durch ihre **Leiter**, deren **Vertreter** oder **Beauftragte**. Behördenleiter und Vertreter bedürfen keiner besonderen Beauftragung, sie sind schon kraft ihrer dienstlichen Stellung zum Handeln für ihre Behörde berufen. Die besondere Beauftragung kann sich allgemein aus dem für die Behörde erstellten Geschäftsverteilungsplan oder der Geschäftsordnung ergeben. Sie kann aber auch für den Einzelfall durch den Behördenleiter oder seinen Vertreter erfolgt sein (wegen der Vollmacht s. § 80 AO).

## F. Unter Pflegschaft stehende Personen und Ausländer

13 Unter den Voraussetzungen des § 1896 BGB kann für einen Volljährigen, der aufgrund einer psychischen Krankheit oder einer anderen Behinderung seine Angelegenheiten nicht selbst besorgen kann, ein Betreuer bestellt werden. Diese Personen sind, soweit nicht § 104 Nr. 4 BGB zutrifft (s. Rz. 3), geschäftsfähig. Soweit dies zu Abwendung einer erheblichen Gefahr für die Person oder das Vermögen des Betreuten erforderlich ist, ordnet das Vormundschaftsgericht bei der **Bestellung des Betreuers** an, dass der Betreute zu einer den Aufgabenkreis des Betreuers betreffenden Willenserklärung dessen Einwilligung bedarf (s. § 1903 Abs. 1 Satz 1 BGB). Betrifft der Einwilligungsvorbehalt den Gegenstand des Besteuerungsverfahrens, ist der Betreute nach § 79 Abs. 2 AO in diesem nur handlungsfähig, soweit er nach den Vorschriften des bürgerlichen Rechts als handlungsfähig anerkannt ist.

Ob der Einwilligungsvorbehalt den Gegenstand des Verfahrens betrifft, ist der entsprechenden Anordnung des Vormundschaftsgerichts zu entnehmen. 14

Die entsprechende Geltung der §§ 53 und 55 ZPO betrifft die Handlungsfähigkeit einer durch einen **Betreuer** oder **Pfleger vertretenen Person** (s. § 53 ZPO) und eines **Ausländers**, der nach dem Recht seines Landes nicht prozessfähig ist (s. § 55 ZPO). Ein Ausländer ist hiernach fähig, Verfahrenshandlungen im steuerlichen Verwaltungsverfahren vorzunehmen, wenn er entweder nach seinem Heimatrecht handlungs(geschäfts)fähig ist oder es nach deutschem Recht (s. § 79 Abs. 1 Nr. 1 und 2 AO) wäre. 15

## G. Verfahrenshandlungen und ihre Wirksamkeit

Verfahrenshandlungen eines oder gegenüber einem Handlungsunfähigen sind i. d. R. unwirksam. Die **Frage der Wirksamkeit** hat nicht nur unmittelbar Bedeutung z. B. für das Schicksal eines VA, sondern auch mittelbar für die weiteren Folgen einer Handlung. So hat der BFH entschieden, dass eine Fahndungsprüfung gegenüber einem Geschäftsunfähigen nicht zur Ablaufhemmung der Verjährung nach § 171 Abs. 5 AO führen kann (BFH v. 16.04.1997, XI R 61/94, BStBl II 1997, 595). 16

**Verfahrenshandlungen** i. S. der Vorschrift sind sowohl **Willenserklärungen** als auch **Wissenserklärungen** und **tatsächliche Handlungen**, an die sich steuerliche Konsequenzen anknüpfen. 17

Die **bürgerlich-rechtlichen Bestimmungen** über die **Auswirkungvon** Willensmängeln (s. §§ 116 ff. BGB), über die Auslegung von Willenserklärungen (s. § 133 BGB), ihr Wirksamwerden und ihre Widerrufbarkeit haben keine unmittelbare Geltung für steuerliche Verfahrenshandlungen. Häufig ist aber ihre **sinngemäße Geltung** anerkannt, insbes. soweit es sich um allgemeine Rechtsgrundsätze handelt. Einen solchen allgemeinen Rechtsgrundsatz hat der BFH (BFH v. 18.08.1972, VI R 154/68, BStBl II 1973, 99) z. B. für die Auslegungsregel des § 133 BGB angenommen (BFH v. 10.10.2002, VI R 13/01, BStBl II 2003, 156). 18

Die im Steuerwesen sehr bedeutsamen **Wissenserklärungen** folgen weitgehend einer eigenen Gesetzlichkeit. Der Erklärende muss sie (z. B. in der Steuererklärung) bis zum Nachweis des Gegenteils gegen sich gelten lassen, kann sie aber sonst frei abändern, soweit das Verfahren neues Vorbringen zulässt. Im Übrigen ist es eine Frage der Beweiswürdigung, ob der Inhalt einer Wissenserklärung 19 wahr ist. Dabei spielt auch widersprüchliches Vorbringen eine große Rolle.

20 **Prozessuale Willenserklärungen** in Steuersachen, insbes. formelle Anträge und die Wirkung von damit zusammenhängenden Willens- oder Erklärungsmängeln, werden entsprechend der im Zivilprozess geltenden Grundsätze behandelt. Willensmängel sind grundsätzlich bedeutungslos (BFH v. 21.01.1965, V 128/62, HFR 1965, 376), soweit nicht die Rücknahme einer Handlung gestattet ist (s. § 362 AO), eine unerlaubte Willensbeeinflussung vorliegt (BFH v. 09.11.1961, IV 73/59 U, BStBl III 1962, 91) oder falsche Belehrungen ursächlich sind (BFH v. 15.08.1961, IV 176/59 S, BStBl III 1962, 107). Bei der **Auslegung** sind im Zweifelsfalle der Zweck der Erklärung und die Begleitumstände zu berücksichtigen. Eine formalisierende Auslegung ist nicht zweckdienlich (BFH v. 10.10.2002, VI R 13/01, BStBl II 2003, 156). Zwar bedeutet § 357 Abs. 1 Sätze 2 bis 4 AO für das steuerliche Rechtsbehelfsverfahren eine wesentliche Auflockerung der prozessualen Strenge. Hieraus kann jedoch kein allgemeiner Verzicht des Gesetzgebers auf Klarheit und Rechtssicherheit im steuerlichen Verwaltungsverfahren gefolgert werden. Wie bei Prozesserklärungen besteht die grundsätzliche **Bedingungsfeindlichkeit**, sofern der Gegenstand der Bedingung nicht ein Vorgang des Verwaltungsverfahrens selbst ist (sog. unechte Bedingung).

## § 80 AO
## Bevollmächtigte und Beistände

**(1) Ein Beteiligter kann sich durch einen Bevollmächtigten vertreten lassen. Die Vollmacht ermächtigt zu allen das Verwaltungsverfahren betreffenden Verfahrenshandlungen, sofern sich aus ihrem Inhalt nicht etwas anderes ergibt; sie ermächtigt nicht zum Empfang von Steuererstattungen und Steuervergütungen. Ein Widerruf der Vollmacht wird der Behörde gegenüber erst wirksam, wenn er ihr zugeht; Gleiches gilt für eine Veränderung der Vollmacht.**

**(2) Bei Personen und Vereinigungen im Sinne des § 3 und des § 4 Nummer 11 des Steuerberatungsgesetzes, die für den Steuerpflichtigen handeln, wird eine ordnungsgemäße Bevollmächtigung vermutet. Für den Abruf von bei den Landesfinanzbehörden zum Vollmachtgeber gespeicherten Daten wird eine ordnungsgemäße Bevollmächtigung nur nach Maßgabe des § 80a Absatz 2 und 3 vermutet.**

**(3) Die Finanzbehörde kann auch ohne Anlass den Nachweis der Vollmacht verlangen.**

**(4) Die Vollmacht wird weder durch den Tod des Vollmachtgebers noch durch eine Veränderung in seiner Handlungsfähigkeit oder seiner gesetzlichen Vertretung aufgehoben. Der Bevollmächtigte hat jedoch, wenn er für den Rechtsnachfolger im Verwaltungsverfahren auftritt, dessen Vollmacht auf Verlangen nachzuweisen.**

**(5) Ist für das Verfahren ein Bevollmächtigter bestellt, so soll sich die Behörde an ihn wenden. Sie kann sich an den Beteiligten selbst wenden, soweit er zur Mitwirkung verpflichtet ist. Wendet sich die Finanzbehörde an den Beteiligten, so soll der Bevollmächtigte verständigt werden. Für die Bekanntgabe von Verwaltungsakten an einen Bevollmächtigten gilt § 122 Absatz 1 Satz 3 und 4.**

**(6) Ein Beteiligter kann zu Verhandlungen und Besprechungen mit einem Beistand erscheinen. Das von dem Beistand Vorgetragene gilt als von dem Beteiligten vorgebracht, soweit dieser nicht unverzüglich widerspricht.**

**(7) Soweit ein Bevollmächtigter geschäftsmäßig Hilfe in Steuersachen leistet, ohne dazu befugt zu sein, ist er mit Wirkung für alle anhängigen und künftigen Verwaltungsverfahren des Vollmachtgebers im Zuständigkeitsbereich der Finanzbehörde zurückzuweisen. Die Zurückweisung ist dem Vollmachtgeber und dem Bevollmächtigten bekannt zu geben. Die Finanzbehörde ist befugt, andere Finanzbehörden über die Zurückweisung des Bevollmächtigten zu unterrichten.**

**(8) Ein Bevollmächtigter kann von einem schriftlichen, elektronischen oder mündlichen Vortrag zurückgewiesen werden, soweit er hierzu ungeeignet ist. Dies gilt nicht für die in § 3 Nummer 1 und in § 4 Nummer 1 und 2 und § 23 des Steuerberatungsgesetzes bezeichneten natürlichen Personen sowie natürlichen Personen, die für eine landwirtschaftliche Buchstelle tätig sind und nach § 44 des Steuerberatungsgesetzes bevollmächtigt sind, die Berufsbezeichnung »Landwirtschaftliche Buchstelle« zu führen. Die Zurückweisung ist dem Vollmachtgeber und dem Bevollmächtigten bekannt zu geben.**

**(9) Ein Beistand ist vom mündlichen Vortrag zurückzuweisen, falls er unbefugt geschäftsmäßig Hilfe in Steuersachen leistet. Ferner kann er vom mündlichen Vortrag zurückgewiesen werden, falls er zu einem sachgemäßen Vortrag nicht fähig oder willens ist; Absatz 8 Satz 2 und 3 gilt entsprechend.**

**(10) Verfahrenshandlungen, die ein Bevollmächtigter oder ein Beistand vornimmt, nachdem ihm die Zurückweisung bekannt gegeben worden ist, sind unwirksam.**

**Inhaltsübersicht**



## A. Bedeutung der Vorschrift

1 Die Vorschrift regelt die Vertretung durch Bevollmächtigte und die Zuziehung von Beiständen im steuerlichen Verwaltungsverfahren. Dabei ist eine weitgehende Übereinstimmung mit dem Verwaltungsverfahrensgesetz angestrebt worden. Wegen der Vertretungsmöglichkeit im Finanzprozess s. § 62 FGO. Zur Vertretung in Zollsachen s. Art. 18 und 19 UZK.

## B. Zulässigkeit der Bestellung eines Bevollmächtigten

2 Allgemein kann sich jeder Beteiligte (s. § 78 AO) ohne besondere Voraussetzungen durch einen Bevollmächtigten vertreten lassen. Gemeint ist die gewillkürte Vertretung. Erteilt wird die Vollmacht durch eine einseitige empfangsbedürftige Erklärung gegenüber demjenigen, der bevollmächtigt werden soll, oder gegenüber der Finanzbehörde. Wirksam wird die Vollmacht mit dem Zugang. Die **Vollmachtserteilung** ist eine **Verfahrenshandlung**, kein Rechtsgeschäft (*Drüen* in Tipke/Kruse, § 80 AO Rz. 6; *Söhn* in HHSp, § 80 AO Rz. 68), und als solche von Willensmängeln unabhängig; sie unterliegt z. B. nicht der Anfechtung nach §§ 119, 123 BGB.

3 Als Verfahrenshandlung **setzt** die **Vollmachtserteilung** sowohl die Beteiligungsfähigkeit (s. § 78 AO) als auch die **Handlungsfähigkeit** (s. § 79 AO) voraus. Daraus folgt, dass die Vollmacht für handlungsunfähige Beteiligte von deren gesetzlichen Vertreter o.Ä. erteilt werden muss. Im Hinblick auf die Wirkung der Vollmacht (Vornahme von Verfahrenshandlungen) **muss** der **Bevollmächtigte** ebenfalls voll **handlungsfähig** sein. Juristische Personen, Personenvereinigungen und Vermögensmassen sind ebenso wie Behörden handlungsunfähig und können deshalb nicht bevollmächtigt werden (h. M.; a. A. BFH GrS v. 10.03.1969, GrS 4/68, BStBl II 1969, 435; BFH v. 22.01.1991, X R 107/90, BStBl II 1991, 524 m. w. N. für Vertretung vor dem FG, s. dazu § 62 Abs. 3 Satz 6 FGO und § 62 a FGO). Die nichtnatürlichen (insbes. juristischen) Personen erteilte Vollmacht kann jedoch im Wege der Auslegung in eine deren gesetzlichen Vertreter erteilte Vollmacht umgedeutet werden (*Drüen* in Tipke/Kruse, § 80 AO Rz. 8).

Die **Vollmachtserteilung bedarf keiner Form**. Sie kann mündlich, fernmündlich, schriftlich (auch zur Niederschrift der Finanzbehörde), telegraphisch, per Telekopie (Telefax) oder durch schlüssige Handlung erteilt werden. Handelt eine Person als vollmachtloser Vertreter, kann der Vertretene dessen Verfahrenshandlungen genehmigen (BFH v. 01.12.2004, II R 17/04, BStBl II 2005, 855). Weder der Duldungs- noch der Anscheinsvollmacht liegt eine Vollmachtserteilung zugrunde, doch muss der Vertretene sich das Handeln des Vertretenden zurechnen lassen (BFH v. 25.09.1990, IX R 84/88, BStBl II 1991, 120, 123: Auftreten eines Initiators einer Bauherrengemeinschaft; BFH v. 10.10.2002, VI R 13/01, BStBl II 2003, 156: Auftreten für den Arbeitgeber während einer Lohnsteuer-Außenprüfung). 4

## C. Umfang der Vollmacht

Grundsätzlich **ermächtigt die Vollmachtzu allen** das Verwaltungsverfahren betreffenden **Verfahrenshandlungen** (Muster einer Vollmacht: BMF v. 01.08.2016, BStBl I 2015, 662). 5

Der Bevollmächtigte kann in diesem Rahmen nicht nur Willens-, sondern auch Wissenserklärungen abgeben und tatsächliche Handlungen vornehmen. Ihm gegenüber kann die Finanzbehörde Willenserklärungen abgeben und Verwaltungsakte mit Wirkung gegenüber dem Vertretenen bekannt geben. Vorbehaltlich einer Beschränkung im Außenverhältnis (s. Rz. 7), bezieht sich die Vollmacht nicht nur auf das Ermittlungs- und Festsetzungsverfahren, sondern umfasst auch das Erhebungs- sowie Vollstreckungsverfahren und das außergerichtliche Rechtsbehelfsverfahren. 6

Die Vollmacht ist nur dann in ihrem **Umfang** inhaltlich **beschränkt**, wenn sie vom Vollmachtgeber im Verhältnis zur Finanzbehörde erkennbar eingeschränkt ist (zu gesetzlichen Beschränkungen s. Rz. 8). Die Einschränkung kann ausdrücklich erfolgen, sich aber auch aus den Umständen des Falles ergeben. Als Willenserklärung ist die Vollmachtserteilung, wie auch die Genehmigung voll- 7 machtslosen Vertreterhandelns auslegungsfähig (BFH v. 01.12.2004, II R 17/04, BStBl II 2005, 855: Begrenzung auf Einspruchseinlegung ohne Entgegennahme von Verwaltungsakten). Auf im Innenverhältnis zwischen dem Bevollmächtigenden und dem Bevollmächtigten bestehende Beschränkungen kommt es insoweit nicht an, als sie nicht nach außen in Erscheinung getreten sind.

8 § 80 Abs. 1 Satz 2 AO a. E. stellt ausdrücklich fest, dass die Vollmacht **nicht zum Empfang von Steuererstattungen und Steuervergütungen** ermächtigt. Dies bedeutet jedoch nicht, dass die Bevollmächtigung zum Empfang von Steuererstattungen und Steuervergütungen gesetzlich schlechthin ausgeschlossen sein soll. Vielmehr bedarf eine solche Ermächtigung eines ausdrücklichen Hinweises durch den Vollmachtgeber (ausdrückliche Inkassovollmacht; BFH v. 16.10.1990, VII R 118/89, BStBl II 1991, 3). Eine Aufrechnungserklärung durch den Bevollmächtigten schließt diese gesetzliche Einschränkung nicht aus.

9 Eine weitere Einschränkung enthält § 150 Abs. 3 AO: Ordnen die Steuergesetze an, dass der Steuerpflichtige die **Steuererklärung** eigenhändig zu unterschreiben hat, ist die Unterzeichnung durch einen Bevollmächtigten nur unter besonderen Umständen zulässig (s. § 150 AO Rz. 8).

## D. Nachweis der Vollmacht

9a Bei Angehörigen der steuerberatenden Berufe, die für den Steuerpflichtigen handeln, wird nach Abs. 2 eine ordnungsgemäße Bevollmächtigung vermutet. Im Abs. 2 Satz 1 wird diese Vollmachtsvermutung für Personen und Vereinigungen, die nach den §§ 3 oder 4 Nr. 11 des Steuerberatungsgesetzes (StBerG) befugt sind, geschäftsmäßig Hilfe in Steuersachen zu leisten, gesetzlich verankert. Satz 2 stellt klar, dass sich die gesetzliche Vermutung der Bevollmächtigung zum Abruf von Daten des Vollmachtgebers nach dem neuen § 80a AO richtet. Wird von Möglichkeit der elektronischen Übermittlung von Vollmachtsdaten nach § 80a AO kein Gebrauch gemacht, ist eine Vollmacht für den Datenabruf vom Vollmachtnehmer im Einzelfall nachzuweisen.

10 Gemäß § 80 Abs. 3 AO hat der Bevollmächtigte **auf Verlangen** seine Vollmacht **nachzuweisen**. Die Finanzbehörde kann den Nachweis der Bevollmächtigung jederzeit und auch ohne besonderen Anlass (z. B. aufgrund einer Stichprobe) fordern. Dies gilt nicht nur für Personen und Vereinigungen, die nach den §§ 3 oder 4 Nr. 11 StBerG befugt sind, geschäftsmäßig Hilfe in Steuersachen zu leisten, sondern auch für sonstige Bevollmächtigte im Sinne des Abs. 1 (z. B. Angehörige). Die Anforderung des Nachweises bedarf keiner Begründung. Der Nachweis kann durch schriftliche oder elektronische Übermittlung der Vollmacht oder durch mündliche Bestätigung der Bevollmächtigung durch den Vollmachtgeber an Amtsstelle geführt werden.

Der Nachweis der Vollmacht ist **erst auf Verlangen** der Finanzbehörde zu führen. Dieses Verlangen richtet sich gegen den Bevollmächtigten und ist ein Verwaltungsakt, der im Ermessen der Behörde steht. Ob das Verlangen ermessensfehlerhaft ist, kann nur nach den konkreten Umständen beurteilt werden. Dabei wird zu berücksichtigen sein, ob der Bevollmächtigte zu den in den §§ 3 und 4 StBerG aufgeführten Personen gehört, die zur geschäftsmäßigen Hilfeleistung in Steuersachen befugt sind (Abs. 2). Auf der anderen Seite darf nicht außer Acht gelassen werden, dass das Verlangen der Behörde auf Nachweis der Vollmacht der Rechtssicherheit dient und keinen mit unzumutbarem Arbeitsaufwand verbundenen Eingriff darstellt. Grundsätzlich wird daher das Verlangen, die Vollmacht schriftlich nachzuweisen, nur dann ermessensfehlerhaft sein, wenn nach den Umständen vernünftige Zweifel am Bestehen der Vollmacht auszuschließen sind. Das Verlangen kann formlos – zweckmäßigerweise unter Fristsetzung – gestellt werden. 11

Wird der **Nachweis** trotz Aufforderung **nichtgeführt**, ist die Behörde berechtigt, die Bevollmächtigung als nicht existent zu betrachten und den als Bevollmächtigten Auftretenden als Vertreter ohne Vertretungsmacht zu behandeln. Sie braucht sich weder an den angeblichen Bevollmächtigten zu wenden, noch hat sie die Pflicht, seine Erklärungen im Verfahren des Steuerpflichtigen zu berücksichtigen. Allerdings ist das FG Köln (FG Köln v. 05.05.1988, 5 K 2178/87, EFG 1988, 609) der Auffassung, dass der Vollmachtsvorlage ausschließlich Beweisfunktion zukomme, sie könne daher noch im Klageverfahren nachgeholt werden, mit der Folge, dass das Gericht einen vom Bevollmächtigten eingelegten Einspruch als wirksam ansah. 12

## E. Widerruf und Ende der Vollmacht

Wird die Vollmacht widerrufen, wird dies der Behörde gegenüber erst wirksam, wenn ihr der **Widerruf zugeht** (§ 80 Abs. 1 Satz 3 AO). Dies bedeutet, dass Verfahrenshandlungen eines Bevollmächtigten auch dann noch für und gegen den Vollmachtgeber wirken, wenn das Vollmachtsverhältnis tatsächlich durch Widerruf erloschen ist, der Widerruf der Behörde jedoch noch nicht zugegangen ist. Andererseits genügt es für die Wirksamkeit des Widerrufs im Außenverhältnis, wenn dieser der Finanzbehörde entweder durch den Vollmachtgeber oder auch durch den Bevollmächtigten bekannt gegeben wird, mag das Vollmachtsverhältnis auch im Innenverhältnis noch fortbestehen. Zwar ist nur der Vollmachtgeber zum Widerruf der Vollmacht in der Lage, die Mitteilung des Bevollmächtigten bedeutet jedoch dessen kompetente 13

Erklärung, dass er nicht mehr namens und in Vollmacht des Steuerpflichtigen handle.

13a Das Vorstehende gilt entsprechend für den Zeitpunkt der Wirksamkeit der inhaltlichen Veränderung einer Vollmacht (§ 80 Abs. 1 Satz 4 AO).

14 Im Übrigen endet die Vollmacht durch den Tod des Vollmachtnehmers oder – bei befristeter Vollmachtserteilung – durch Zeitablauf. Durch den **Tod des Vollmachtgebers** oder eine Veränderung in seiner Handlungsfähigkeit oder in seiner gesetzlichen Vertretung wird die Vollmacht **nicht** aufgehoben (§ 80 Abs. 4 AO). Tritt jedoch der Bevollmächtigte im Verwaltungsverfahren für den **Rechtsnachfolger** auf, bedarf es der Bevollmächtigung durch diesen. Die Vollmacht des Rechtsnachfolgers ist auf Verlangen nachzuweisen (§ 80 Abs. 4 Satz 2 AO). Ein Unterschied zum Nachweisverlangen i. S. des § 80 Abs. 1 Satz 3 AO besteht im Übrigen nicht. S. Rz. 10 ff., auf die verwiesen wird.

## F. Wirkung der Bestellung eines Bevollmächtigten für das Verhalten der Finanzbehörde

15 Mit der Wirkung der Bestellung eines Bevollmächtigten für das Verhalten der Finanzbehörde befasst sich § 80 Abs. 5 AO. **Grundsätzlich** soll sich die **Behördean den Bevollmächtigten wenden**, nachdem sie sich ggf. die Vollmacht nach § 80 Abs. 1 Satz 3 AO nachweisen lassen hat. An den Beteiligten selbst kann sich die Behörde nur wenden, soweit er zur Mitwirkung verpflichtet ist, z. B. wenn er Auskünfte erteilen soll. Nach § 80 Abs. 5 Satz 3 AO soll die Finanzbehörde den Bevollmächtigten verständigen, wenn sie sich an den Beteiligten selbst wendet.

16 Die Regelung lässt somit der Finanzbehörde wenig Spielraum für die Entscheidung, ob sie sich trotz Vorhandenseins eines Bevollmächtigten mit den Beteiligten selbst in Verbindung setzen will. Regelmäßig kann ein Stpfl. die Erfüllung aller steuerlichen Pflichten auf einen Bevollmächtigten delegieren, soweit es sich nicht um Pflichten handelt, die ihrer Natur nach höchstpersönlich zu erfüllen sind. Auch passive Verfahrenshandlungen (z. B. die Entgegennahme von Verwaltungsakten) können daher dem Vertretenen grundsätzlich nicht persönlich aufgezwungen werden (zu einschränkend daher BFH v. 30.07.1980, I R 148/79, BStBl II 1981, 3), wenn die Vollmacht schriftlich nachgewiesen ist (BFH v. 03.02.2004, VII R 30/02, BStBl II 2004, 439 für den Fall der Zustellung nach § 8 Abs. 1 S. 1 und 2 VwZG a. F. = § 7 Abs. 1 VwZG n. F.). Dies schließt jedoch andererseits nicht aus, dass in besonders begründeten Ausnahmefällen der Verwaltungsakt dem Beteiligten selbst bekannt gegeben wird (Umkehrschluss zu § 122 Abs. 1 Satz 3 AO; s. § 122 AO Rz. 12). Auch hier besteht grundsätzlich die in § 80 Abs. 5 Satz 3 AO begründete Pflicht zur Verständigung des Bevollmächtigten. Wird die Verständigung des Bevollmächtigten zu Unrecht unterlassen, beeinflusst dies die Wirksamkeit der Verfahrenshandlung nicht; der Verwaltungsakt ist nicht i. S. des § 125 AO nichtig. Allerdings liegt ein Verfahrensfehler i. S. des § 127 AO vor, der für sich allein ein Aufhebungsbegehren nicht rechtfertigen kann (s. § 127 AO Rz. 5 ff.), wohl aber in entsprechender Anwendung des § 126 Abs. 3 AO eine Fristversäumnis des Bevollmächtigten entschuldig. Wegen der Notwendigkeit der Bekanntgabe an den Bevollmächtigten im förmlichen Zustellungsverfahren bei Vorliegen einer schriftlichen Vollmacht s. § 7 Abs. 1 Satz 2 VwZG.

## G. Zuziehung eines Beistands

Gemäß § 80 Abs. 6 AO kann ein Beteiligter zu Verhandlungen und Besprechungen mit einem Beistand erscheinen. Der Beistand unterscheidet sich vom Bevollmächtigten dadurch, dass er nicht wie dieser im eigenen Namen Verfahrenshandlungen vornimmt, die für und gegen den Beteiligten wirken, sondern den **Beteiligten** lediglich **unterstützt**. Das von dem Beistand Vorgetragene gilt als von dem Beteiligten vorgebracht, soweit dieser nicht unverzüglich widerspricht. Dies gilt sowohl für tatsächliches als auch für rechtliches Vorbringen einschließlich rechtsgestaltender Erklärungen. Die Vorschrift ist § 90 ZPO nachgebildet. 17

## H. Als Bevollmächtigte oder Beistände infrage kommende Personen

Als Bevollmächtigte und Beistände kommen Personen in Betracht, die nach §§ 3 und 4 StBerG **zur geschäftsmäßigen Hilfeleistung in Steuersachen** (zum Begriff s. FG He v. 18.01.2007, 13 K 1124/06, EFG 2007, 897) **befugt** sind. Das sind nach § 3 Nr. 1 StBerG Steuerberater und -bevollmächtigte, Rechtsanwälte, niedergelassene europäische Rechtsanwälte, Wirtschaftsprüfer und vereidigte Buchprüfer. Das Gleiche gilt für entsprechende Partnerschaftsgesellschaften (§ 3 Nr. 2 StBerG), Steuerberatungsgesellschaften usw. (§ 3 Nr. 3 StBerG; zu Rechtsanwaltsgesellschaften in Form einer britischen Ltd. s. FG Köln v. 27.05.2010, 15 K 4603/06, EFG 2011, 168) und vorübergehend und gelegentlich auch für Personen und Vereinigungen, die in anderen Mitgliedstaaten der EU oder einem anderen Vertragsstaat des Abkommen über den Europäischen Wirtschaftsraum oder in der Schweiz beruflich niedergelassen sind und dort zur geschäftsmäßigen Hilfeleistung in Steuersachen befugt sind (§ 3 a StBerG). Wesentlich ist, dass eine Berufshaftpflichtversicherung oder dergleichen besteht (vgl. § 3 a Abs. 2 18

Satz 3 Nr. 8 StBerG; BFH v. 21.07.2011, II R 6/10, BStBl II 2011, 906).

19 Eine **eingeschränkte Befugnis** zur Hilfeleistung in Steuersachen gewährt § 4 StBerG weiteren Personen, Unternehmern, Vereinigungen usw. Besonderer Erwähnung bedürfen hier Notare (§ 4 Nr. 1 StBerG), Patentanwälte (§ 4 Nr. 2 StBerG) und die **Lohnsteuerhilfevereine** nach § 4 Nr. 11 StBerG (zum Umfang von deren Befugnissen s. BFH v. 13.10.1994, VII R 37/94, BStBl II 1995, 10; gleichlautende Ländererlasse v. 15.01.2010, BStBl I 2010, 66). Zu den Landwirtschaftlichen Buchstellen s. § 44 StBerG.

## I. Zurückweisung von Bevollmächtigten oder Beiständen

20 Mit der Frage, unter welchen Voraussetzungen Bevollmächtigte und Beistände zurückzuweisen sind oder zurückgewiesen werden können, dem Zurückweisungsverfahren und der Wirkung der Zurückweisung befasst sich § 80 Abs. 7 bis 10 AO.

### I. Allgemeine Voraussetzungen der Zurückweisung

21 Bevollmächtigte und Beistände, die **geschäftsmäßig Hilfe** in Steuersachen leisten, **ohne dazu befugt** zu sein, sind **zurückzuweisen**; dies gilt jedoch nicht für Notare und Patentanwälte (s. § 80 Abs. 8 AO i. V. m. § 4 Nr. 1 und 2 StBerG), ebenso wie für Beratungsstellenleiter von Lohnsteuerhilfevereinen (§ 23 Abs. 3 StBerG) und natürliche Personen, die die Berufsbezeichnung »Landwirtschaftliche Buchstelle« führen dürfen (§ 44 StBerG). Die Zurückweisung wirkt für alle anhängigen und künftigen Verwaltungsverfahren des Vollmachtgebers im Zuständigkeitsbereich der Finanzbehörde, die die Zurückweisung angeordnet hat (§ 80 Abs. 5 Halbsatz 1 AO a. F.: BFH v. 18.01.2017, II R 33/16, BFHE 256, 206: alle Verwaltungsverfahren im Zuständigkeitsbereich eines FA, wenn die Verfahren von der erteilten Vollmacht umfasst werden). Erlangt der Bevollmächtigte später die Befugnis zur geschäftsmäßigen Hilfeleistung in Steuersachen, kann die Zurückweisung auf dessen Antrag mit Wirkung ab diesem Zeitpunkt widerrufen werden.

22 Der **Begriff** der **geschäftsmäßigen Hilfe in Steuersachen** setzt keine Hilfeleistung gegen Entgelt voraus. Dies ergibt sich aus § 2 StBerG. Ausreichend ist, wenn die Hilfeleistung in Steuersachen – wenn auch unentgeltlich – selbstständig und mit einer gewissen Häufigkeit, zumindest jedoch mit Widerholungsabsicht geleistet wird. Die unbefugte geschäftsmäßige Hilfeleistung in Steuersachen ist nicht nur verboten (s. § 5 StBerG) und mit einer Geldbuße bedroht (s. § 160 StBerG), sondern führt auch zwangsläufig zur Zurückweisung.

Die in § 4 StBerG eingeräumte **beschränkte Befugnis** zur Hilfeleistung in Steuersachen ist nur innerhalb der dort genannten Grenzen erlaubt (s. dazu die gleich lautenden Ländererlasse v. 15.01.2010, BStBl I 2010, 66). Fertigt z. B. ein Lohnsteuerhilfeverein (s. § 4 Nr. 11 StBerG) eine Einkommensteuererklärung an, in der gewerbliche Einkünfte als Mitunternehmer enthalten sind, überschreitet er seine Befugnisse und ist zurückzuweisen (BFH v. 13.10.1994, VII R 37/94, BStBl II 1995, 10); ebenso wenn ein Hausverwalter eine vollständige Einkommensteuererklärung erstellt (BFH v. 10.03.2015, VII R 12/44, BStBl II 2016, 246). 23

Neben dieser Verpflichtung zur Zurückweisung geschäftsmäßig Tätiger besteht gem. § 80 Abs. 8 AO eine Zurückweisungsbefugnis für Bevollmächtigte und Beistände, hinsichtlich des schriftlichen, elektronischen oder mündlichen Vortrags, wenn sie hierzu ungeeignet sind. Vom mündlichen Vortrag können sie zurückgewiesen werden, wenn sie zum sachgemäßen Vortrag nicht fähig sind (§ 80 Abs. 9 AO). Dabei handelt es sich um eine Ermessensvorschrift, von der nach Maßgabe des § 5 AO Gebrauch zu machen ist. Selbst wenn die genannten Voraussetzungen vorliegen, dürfen die zur unbeschränkten geschäftsmäßigen Hilfeleistung in Steuersachen befugten Personen sowie Notare und Patentanwälte, nicht zurückgewiesen werden. Alle anderen natürlichen Personen können aus diesen Gründen zurückgewiesen werden, auch wenn sie innerhalb ihrer Befugnis zur geschäftsmäßigen Hilfeleistung in Steuersachen (s. § 4 Nr. 3 bis 11 StBerG) handeln. 24

Zum schriftlichen Vortrag ungeeignet sind Personen, die der deutschen Sprache und/oder Schrift unkundig oder in einem solchen Maße unkundig sind, dass ihr schriftlicher Vortrag unverständlich ist oder nur mit unzumutbaren Mühen entschlüsselt werden kann. Zum sachgemäßen mündlichen Vortrag ist nicht fähig, wer die deutsche Sprache nicht hinreichend beherrscht (s. § 87 AO) oder aufgrund mangelnder geistiger Reife oder wegen geistiger oder körperlicher Behinderung zu einem sprachlich oder inhaltlich verständlichen Vortrag nicht in der Lage ist. Die Behinderung kann auch vorübergehender Natur sein (z. B. Trunkenheit); entsprechend kann die Zurückweisung befristet werden. 25

Die Finanzbehörde ist nach § 80 Abs. 7 Satz 3 AO ausdrücklich befugt, andere Finanzbehörden über die Zurückweisung des Bevollmächtigten zu unterrichten (vgl. § 30 Abs. 4 Nr. 2 AO). Die informierten Finanzbehörden werden dadurch ihrerseits in die Lage versetzt, einen Verstoß gegen die Vorschriften des StBerG frühzeitig zu erkennen und entsprechend zu reagieren. 25a

Ein **Beistand** im Sinne des § 80 Abs. 6 AO kann den Steuerpflichtigen anders als ein Bevollmächtigter nur in Besprechungen und Verhandlungen unterstützen, er ist damit auf mündlichen Vortrag beschränkt. Dem trägt die Regelung in § 80 Abs. 9 AO Rechnung. In Satz 1 wird 25b bestimmt, dass eine Person, die unbefugt geschäftsmäßig Hilfe in Steuersachen leistet und damit nach § 80 Abs. 5 AO als Bevollmächtigter zurückgewiesen werden muss, auch nicht als Beistand tätig werden darf. Er ist in diesem Fall zurückzuweisen. Die Finanzbehörde hat insoweit keinen Ermessensspielraum. Ein Beistand, der nicht unbefugt geschäftsmäßig Hilfe in Steuersachen leistet, kann nach Satz 2 zurückgewiesen werden, wenn er zu einem sachgemäßen Vortrag nicht fähig ist. Darüber hinaus soll ein Beistand, der nicht unbefugt geschäftsmäßig Hilfe in Steuersachen leistet, zurückgewiesen werden können, wenn er zu einem sachgemäßen Vortrag nicht willens ist. Dies ist insbes. anzunehmen, wenn seine mündlichen Äußerungen in Besprechungen und Verhandlungen sachfremder Natur oder erkennbar dazu bestimmt sind, das Verwaltungsverfahren zu behindern. Satz 2 gilt nicht für Personen i. S. des § 3 Nr. 1 und § 4 Nr. 1 und 2 StBerG, die besonderen Berufspflichten unterliegen.

## II. Insbesondere Personen oder Vereinigungen aus anderen Mitgliedstaaten der EU oder einem Vertragsstaat des Abkommens über den Europäischen Wirtschaftsraum oder der Schweiz (§ 3 a StBerG)

26 Die Zurückweisung ausländischer Bevollmächtigter war bis 2007 in § 80 Abs. 7 AO geregelt. Dies ist nun in § 3 a StBerG geschehen. **Bevollmächtigte und Beistände**, die in **anderen Mitgliedstaaten der EU** oder in einem Vertragsstaat des Abkommens über den Europäischen Wirtschaftsraum (EWR) oder der Schweiz (§ 3 a StBerG) **niedergelassen** sind und dort die Befugnis zur Geschäftsmäßigen Hilfeleistung in Steuersachen haben (BFH v. 11.10.2002, VII B 330/02, VII S 41/02, BStBl II 2003, 423), sind unter den in § 3 a StBerG genannten Voraussetzungen befugt, auch im Inland Hilfe in Steuersachen zu leisten. Diese Vorschrift lässt aber nur eine vorübergehende und gelegentliche geschäftsmäßige Hilfeleistung in Steuersachen im Inland zu (BFH v. 19.10.2016, II R 44/12, BStBl II 2017, 797; zu § 3 Nr. 4 StBerG a. F. FG RP v. 08.05.2006, 5 K 1095/06; 5 K 1097/06 und 5 K 1099/06, EFG 2006, 1286; FG RP v. 08.05.2006, 5 K 1831/05, EFG 2006, 1288; FG He v. 18.01.2007, 13 K 1124/06, EFG 2007, 897). Eine vorübergehende Tätigkeit liegt z. B. dann nicht vor, wenn eine ausländische Gesellschaft einen langjährig gewachsenen Mandantenstamm eines inländischen Steuerberaters übernimmt oder wenn sie ihrem Direktor die Möglichkeit verschafft im Inland steuerberatend tätig zu sein, obwohl ihm im Inland seine Bestellung zum Steuerberater rechtskräftig widerrufen wurde (FG Köln v. 10.10.2011, 11 K 4599/06, EFG 2012, 2260; für die Frage, wo die Hilfeleistung erbracht wird, kommt es nicht darauf an, wo z. B. die Büroräume liegen, in denen die Erklärungen o. Ä. gefertigt werden, sondern darauf, wo der Leistungserfolg genutzt werden soll (FG He v. 18.01.2007, 13 K 1124/06, EFG 2007, 897; FG Köln v. 10.04.2013, 5 K 913/10, EFG 2014, 735; FG Köln v. 10.04.2013, 5 K 718/10, EFG 2014, 737: kein Verstoß gegen die Niederlassungsfreiheit gem. Art. 49 AEUV und die Dienstleistungsfreiheit gem. Art. 56 und 57 AEUV). Der BFH hat die Frage, ob in dieser Auslegung ein Verstoß gegen die europarechtlich garantierte Dienstleistungsfreiheit liegt, dem EuGH zur Vorabentscheidung vorgelegt (BFH v. 20.05.2014, II R 44/12, BStBl II 2014, 907). Daraufhin hat der EuGH entschieden, dass § 23 a StBerG nicht gegen Art. 56 AEUV verstößt, wenn es darum geht, dass der ausländische Bevollmächtigte seine Tätigkeit vom Inland aus ausübt. Er hat aber dann einen Verstoß gegen die Dienstleistungsfreiheit gesehen, wenn die Tätigkeit vom Ausland aus ausgeübt wird (EuGH v. 17.12.2015, C-342/14, NJW 2016, 857; s. Folgeentscheidung BFH v. 19.10.2016, II R 44/12, BStBl II 2017, 797; BFH v. 18.01.2017, II R 5/14, BFH/NV 2017, 620; BFH v. 18.01.2017, II R 6/14, BFH/NV 2017, 621).

Überschreitet die Hilfeleistung die durch § 3 a StBerG eingeräumten Befugnisse, erfolgt die Zurückweisung nach § 80 Abs. 7 AO. Für die Voraussetzungen der Zurückweisung trägt die Behörde grundsätzlich die Feststellungslast. Jedoch unterliegen die im Ausland ansässigen Bevollmächtigten wegen ihrer Beweisnähe und wegen § 90 Abs. 2 AO einer erhöhten Mitwirkungspflicht (FG Köln v. 27.05.2010, 15 K 4603/06, EFG 2011, 113). Unabhängig hiervon bleibt eine Zurückweisung nach den in Rz. 24 und 25 dargestellten Grundsätzen zulässig (s. § 87 AO). 27

## III. Verständigung des Beteiligten

In jedem Fall der Zurückweisung eines Bevollmächtigten oder Beistandes ist nach § 80 Abs. 8 Satz 3 AO die **Verständigung des Beteiligten** vorgeschrieben. Dadurch soll erreicht werden, dass der betroffene Beteiligte geeignete Maßnahmen zur Wahrung seiner Interessen (z. B. Bestellung eines anderen Bevollmächtigten oder Beistandes) treffen kann. Diese Mitteilung ist kein anfechtbarer Verwaltungsakt, da sie lediglich auf die möglichen Konsequenzen des § 80 Abs. 8 Satz 2 AO hinweist (FG Köln v. 26.02.2013, 5 K 914/10, EFG 2013, 1296; Az. d. NZB: II B 38/13). Im Hinblick auf § 80 Abs. 10 AO wird die **Zurückweisung erst wirksam**, wenn sie dem Vollmachtgeber und dem **Bevollmächtigten bekannt** gegeben ist (*Drüen* in Tipke/Kruse, § 80 AO Rz. 94d). 28

### IV. Wirkung der Zurückweisung

29 Ist ein Bevollmächtigter oder Beistand zurückgewiesen worden, so sind Verfahrenshandlungen, die er nach der Zurückweisung vornimmt, unwirksam (§ 80 Abs. 10 AO). Die Finanzbehörde kann und muss den Zurückgewiesenen als nicht mehr existierend ansehen. Dies hat insbes. Bedeutung für fristwahrende Anträge und Rechtsbehelfe. Die Unwirksamkeit kann nicht nachträglich geheilt werden. Die Unwirksamkeit kann nicht nachträglich geheilt werden. Der Umfang der Zurückweisung bemisst sich nach dem objektiven Erklärungsinhalt, wie ihn der Empfänger nach den ihm bekannten Umständen unter Berücksichtigung von Treu und Glauben verstehen konnte (BFH v. 22.07.2015, V R 49/14, BFH/NV 2015, 1692). Nach der Neuregelung des § 80 Abs. 7 AO betrifft die Zurückweisung alle anhängigen und künftigen Verwaltungsverfahren des Vollmachtgebers (für die alte Rechtslage: BFH v. 18.01.2017, II R 33/16, BStBl II 2017, 663).

### V. Rechtsbehelf

30 Gegen die Zurückweisung steht sowohl dem Zurückgewiesenen als auch dem Beteiligten der Einspruch zu. Der Rechtsbehelf hat keine aufschiebende Wirkung, denn die Zurückweisung beinhaltet nicht die Untersagung der Berufsausübung i. S. von § 361 Abs. 4 Satz 1 AO.

## § 80a AO
## Elektronische Übermittlung von Vollmachtsdaten an Landesfinanzbehörden

**(1) Daten aus einer Vollmacht zur Vertretung in steuerlichen Verfahren, die nach amtlich bestimmtem Formular erteilt worden sind, können den Landesfinanzbehörden nach amtlich vorgeschriebenem Datensatz über die amtlich bestimmten Schnittstellen übermittelt werden. Im Datensatz ist auch anzugeben, ob der Vollmachtgeber den Bevollmächtigten zum Empfang von für ihn bestimmten Verwaltungsakten oder zum Abruf von bei den Finanzbehörden zu seiner Person gespeicherten Daten ermächtigt hat. Die übermittelten Daten müssen der erteilten Vollmacht entsprechen. Wird eine Vollmacht, die nach Satz 1 übermittelt worden ist, vom Vollmachtgeber gegenüber dem Bevollmächtigten widerrufen oder verändert, muss der Bevollmächtigte dies unverzüglich den Landesfinanzbehörden nach amtlich vorgeschriebenem Datensatz mitteilen.**

**(2) Werden die Vollmachtsdaten von einem Bevollmächtigten, der nach § 3 des Steuerberatungsgesetzes zur geschäftsmäßigen Hilfeleistung in Steuersachen befugt ist, nach Maßgabe des Absatzes 1 übermittelt, so wird eine Bevollmächtigung im mitgeteilten Umfang vermutet, wenn die zuständige Kammer sicherstellt, dass Vollmachtsdaten nur von den Bevollmächtigten übermittelt werden, die zur geschäftsmäßigen Hilfeleistung in Steuersachen befugt sind. Die für den Bevollmächtigten zuständige Kammer hat den Landesfinanzbehörden in diesem Fall auch den Wegfall einer Zulassung unverzüglich nach amtlich vorgeschriebenem Datensatz mitzuteilen.**

**(3) Absatz 2 gilt entsprechend für Vollmachtsdaten, die von einem anerkannten Lohnsteuerhilfeverein im Sinne des § 4 Nummer 11 des Steuerberatungsgesetzes übermittelt werden, sofern die für die Aufsicht zuständige Stelle in einem automatisierten Verfahren die Zulassung zur Hilfe in Steuersachen bestätigt.**

Die Finanzbehörden haben in Zusammenarbeit mit den Steuerberaterkammern und der Bundessteuerberaterkammer ein Verfahren entwickelt, mit dem Steuerberater, Steuerbevollmächtigte und Steuerberatungsgesellschaften den Landesfinanzbehörden auf der Grundlage eines amtlich bestimmten Vollmachtformulars die Daten der ihnen von ihren Mandanten erteilten Vollmachten nach amtlich vorgeschriebenem Datensatz übermitteln können. Die Wirtschaftsprüferkammer und die Rechtsanwaltskammern beabsichtigen, ein gleichartiges Verfahren einzurichten. 1

§ 80 a Abs. 1 AO enthält die rechtlichen Rahmenbedingungen für diese Verfahren. Er stellt klar, dass die – freiwillige – elektronische Übermittlung der Vollmachtsdaten an folgende Voraussetzungen geknüpft ist: 2

- Die zugrunde liegende Vollmacht muss nach amtlich bestimmtem Formular erteilt worden sein.
- Die Vollmachtsdaten werden nach amtlich vorgeschriebenem Datensatz über die amtlich bestimmten Schnittstellen elektronisch an die Finanzverwaltung übermittelt. Hierbei sind § 87 a Abs. 6 und die §§ 87 b bis 87 d AO zu beachten.
- Die übermittelten Daten müssen zutreffend sein. Bei Übermittlung unzutreffender Daten kann eine Ordnungswidrigkeit i. S. des § 383 b AO vorliegen.
- Im Datensatz ist auch anzugeben, ob und inwieweit dem Bevollmächtigten eine Bekanntgabevollmacht und eine Vollmacht zum Datenabruf bei der Finanzverwaltung erteilt wurde.
- Einen Widerruf oder eine Änderung einer bereits elektronisch übermittelten Vollmacht gegenüber dem Bevollmächtigten muss dieser der Finanzverwaltung unverzüglich nach amtlich vorgeschriebenem Datensatz mitteilen. Bei unterlassener Übermitt-

lung dieser Information kann eine Ordnungswidrigkeit i.S. des § 383b AO vorliegen.

3 Bei Bevollmächtigten i.S. des § 3 StBerG, das heißt insbes. bei Steuerberatern, Rechtsanwälten, Wirtschaftsprüfern und vereidigten Buchprüfern, aber auch bei Steuerberatungsgesellschaften, Rechtsanwaltsgesellschaften, Wirtschaftsprüfungsgesellschaften, Buchprüfungsgesellschaften und bestimmten Partnerschaftsgesellschaften, wird kraft Gesetzes eine Bevollmächtigung im Ausmaß des elektronisch übermittelten Datensatzes vermutet. Dazu muss die zuständige Kammer allerdings sicherstellen, dass Vollmachtsdaten nur von solchen Bevollmächtigten übermittelt werden, die zur geschäftsmäßigen Hilfeleistung in Steuersachen befugt sind. In der Praxis erfolgt dies gegenwärtig in der Weise, dass die Erfassung von Vollmachtsdaten in sog. Kammerdatenbanken eine Authentifizierung des Bevollmächtigten oder des Geschäftsführers als Kammermitglied voraussetzt.

4 Fällt die Befugnis zur geschäftsmäßigen Hilfeleistung in Steuersachen vor Übermittlung der Vollmachtsdaten an die Finanzverwaltung weg, muss eine Übermittlung der in der Kammerdatenbank gespeicherten Daten an die Finanzverwaltung unterbleiben. Nach Übermittlung von Vollmachtsdaten an die Finanzverwaltung hat die für den Bevollmächtigten zuständige Kammer den Landesfinanzbehörden den Wegfall einer Zulassung unverzüglich nach amtlich vorgeschriebenem Datensatz mitzuteilen.

5 Die Kammern haben im Übrigen auch sicherzustellen, dass bei Einschaltung von ihnen konzessionierter Auftragsdatenverarbeiter in die Übermittlung der Daten aus Vollmachten von Kammermitgliedern an die Finanzverwaltung das Verfahren wettbewerbsneutral ausgestaltet ist und die Auftragsdatenverarbeiter die Daten aus Vollmachten nur zu Zwecken der Erfassung, Verwaltung und Weiterleitung dieser Daten nach § 80a Abs. 1 und 2 AO verwenden dürfen. Eine Verwendung dieser Daten zu anderen Zwecken ist nur mit Zustimmung des Kammermitglieds zulässig.

6 § 80a Abs. 3 enthält eine entsprechende Vollmachtsvermutung für Lohnsteuerhilfevereine, die der Tatsache Rechnung trägt, dass die Aufsicht nach dem StBerG hier den Landesfinanzbehörden obliegt.

## § 81 AO
## Bestellung eines Vertreters von Amts wegen

**(1) Ist ein Vertreter nicht vorhanden, so hat das Betreuungsgericht, für einen minderjährigen Beteiligten das Familiengericht auf Ersuchen der Finanzbehörde einen geeigneten Vertreter zu bestellen**

**1. für einen Beteiligten, dessen Person unbekannt ist,**

**2. für einen abwesenden Beteiligten, dessen Aufenthalt unbekannt ist oder der an der Besorgung seiner Angelegenheiten verhindert ist,**

**3. für einen Beteiligten ohne Aufenthalt**
   **a) im Inland,**
   **b) in einem anderen Mitgliedstaat der Europäischen Union oder**
   **c) in einem anderen Staat, auf den das Abkommen über den Europäischen Wirtschaftsraum anzuwenden ist,**

   **wenn er der Aufforderung der Finanzbehörde, einen Vertreter zu bestellen, innerhalb der ihm gesetzten Frist nicht nachgekommen ist,**

**4. für einen Beteiligten, der infolge einer psychischen Krankheit oder körperlichen, geistigen oder seelischen Behinderung nicht in der Lage ist, in dem Verwaltungsverfahren selbst tätig zu werden,**

**5. bei herrenlosen Sachen, auf die sich das Verfahren bezieht, zur Wahrung der sich in Bezug auf die Sache ergebenden Rechte und Pflichten.**

**(2) Für die Bestellung des Vertreters ist in den Fällen des Absatz 1 Nr. 4 das Betreuungsgericht, für einen minderjährigen Beteiligten das Familiengericht zuständig, in dessen Bezirk der Beteiligte seinen gewöhnlichen Aufenthalt (§ 272 Abs. 1 Nr. 2 des Gesetzes über das Verfahren in Familiensachen und in den Angelegenheiten der freiwilligen Gerichtsbarkeit) hat; im Übrigen ist das Gericht zuständig, in dessen Bezirk die ersuchende Finanzbehörde ihren Sitz hat.**

**(3) Der Vertreter hat gegen den Rechtsträger der Finanzbehörde, die um seine Bestellung ersucht hat, Anspruch auf eine angemessene Vergütung und auf die Erstattung seiner baren Auslagen. Die Finanzbehörde kann von dem Vertretenen Ersatz ihrer Aufwendungen verlangen. Sie bestimmt die Vergütung und stellt die Auslagen und Aufwendungen fest.**

**(4) Im Übrigen gelten für die Bestellung und für das Amt des Vertreters in den Fällen des Absatzes 1 Nr. 4 die Vorschriften über die Betreuung, in den übrigen Fällen die Vorschriften über die Pflegschaft entsprechend.**

**Inhaltsübersicht**



**Schrifttum**

DEMME, Verfahrensrechtliche Fragen in Zusammenhang mit der Betreuung von Steuerpflichtigen, AO-StB 2010, 150.

## A. Allgemeines

1 Die der Finanzbehörde eröffnete Möglichkeit, von sich aus für die Vertretung eines Beteiligten zu sorgen, dient der **Durchführung des Verfahrens** und damit primär dem Allgemeininteresse (*Drüen* in Tipke/Kruse, § 81 AO Rz. 2; *Söhn* in HHSp, § 81 AO Rz. 18). Das verdeutlicht auch der sich aus § 81 Abs. 4 AO ergebende Vergütungs- und Regressanspruch. Die Finanzbehörde wird wegen der entstehenden Kosten und des möglicherweise unsicheren Regressanspruches regelmäßig vorab prüfen, ob die Voraussetzungen des § 156 Abs. 2 AO gegeben sind.

## B. Voraussetzung für das Ersuchen auf Bestellung eines Vertreters

2 Kann ein Verfahren aus den in § 81 Abs. 1 Nr. 1 bis 5 AO genannten Gründen nicht durchgeführt werden, kommt die Bestellung eines Vertreters **nur in Betracht**, wenn der Beteiligte nicht ohnehin im Sinne der §§ 34 oder 35 AO vertreten ist oder einen gewillkürten Vertreter i.S. des § 80 AO bestellt hat. Von der in der Vorschrift eröffneten Möglichkeit, für die Bestellung eines Vertreters durch die Finanzbehörde zu sorgen, kann nicht Gebrauch gemacht werden, wenn ein Beteiligter handlungsunfähig und nicht gesetzlich vertreten ist; diese Konstellation ist durch § 81 Abs. 1 AO nicht erfasst. In derartigen Fällen ist für Minderjährige von Amts wegen ein Vormund, für juristische Personen ein Notvorstand zu bestellen.

3 Eine entsprechende Anwendung der Vorschrift kommt in Betracht, wenn für einen handlungsunfähigen Beteiligten zwar ein gesetzlicher Vertreter bestellt ist, dieser aber aus den in § 81 Abs. 1 Nr. 2 bis 4 AO genannten Gründen selbst nicht imstande ist, seine Funktion im Verfahren wahrzunehmen (*Drüen* in Tipke/Kruse, § 81 AO Rz. 3).

4 Im Einzelnen ist das Verlangen der Finanzbehörde auf Vertreterbestellung nach § 81 Abs. 1 AO in folgenden Fällen denkbar:

Die **Person** eines am konkreten Besteuerungsverfahren Beteiligten (s. § 78 AO) **ist unbekannt** (§ 81 Abs. 1 Nr. 1 AO). Die Finanzbehörde wird jedoch zuvor von Amts wegen Ermittlungen hinsichtlich der Person anstellen müssen (s. § 88 Abs. 1 Satz 1 AO). 5

Der **Aufenthalt** eines abwesenden Beteiligten am Besteuerungsverfahren (s. § 78 AO) ist **unbekannt** oder der **Beteiligte** ist an der Besorgung seiner Angelegenheiten **verhindert** (§ 81 Abs. 1 Nr. 2 AO). Diese Voraussetzung ist z. B. erfüllt, wenn die von der Finanzbehörde an einen Beteiligten abgesandten Schriftstücke mit dem postalischen Vermerk »Empfänger unbekannt verzogen« zurückkommen und weitere Nachforschungen (z. B. beim Einwohnermeldeamt) erfolglos bleiben. 6

Ein **Beteiligter** (s. § 78 AO), der sich **im Ausland** und zwar auch außerhalb der Europäischen Union und außerhalb des Europäischen Wirtschaftsraums aufhält, ist der vorgesehenen Aufforderung der Finanzbehörde, einen Vertreter zu bestellen, nicht fristgerecht nachgekommen (§ 81 Abs. 1 Nr. 3 AO). Die Aufforderung ist nicht identisch mit derjenigen, einen Empfangsbevollmächtigten zu bestellen (s. § 123 AO), sie muss sich auf die Bestellung eines Vertreters für alle Verfahrenshandlungen beziehen. Die Aufforderung muss dem Beteiligten zugegangen sein bzw. als zugegangen gelten (regelmäßig Zustellung nach § 10 VwZG). Die gesetzte Frist muss angemessen sein und die voraussichtliche Dauer der Übermittlung berücksichtigen. 7

Ein Beteiligter ist infolge **psychischerKrankheit** oder körperlicher, geistiger oder seelischer **Behinderung** nicht in der Lage, im Verwaltungsverfahren selbst tätig zu werden (§ 81 Abs. 1 Nr. 4 AO). Ist der Beteiligte noch in der Lage einen Vertreter (Bevollmächtigten) zu bestellen und diesen zu kontrollieren, ist diese Voraussetzung nicht erfüllt. 8

Ein Besteuerungsverfahren bezieht sich auf **herrenlose Sachen**, zur Wahrung der sich in Bezug auf die Sache ergebenden Rechte und Pflichten (§ 81 Abs. 1 Nr. 5 AO). Diese Vorschrift, die im allgemeinen Verwaltungsrecht z. B. auf dem Gebiet des Polizeirechts zum Tragen kommen wird (s. § 16 Abs. 1 Nr. 5 VwVfG), hat im Steuerrecht kaum praktische Bedeutung. 9

## C. Zuständiges Betreuungsgericht bzw. Familiengericht

Für die **Zuständigkeit des Betreuungs- bzw. Familiengerichts** ist nach § 81 Abs. 2 AO außer in den Fällen des § 81 Abs. 1 Nr. 4 AO der Sitz der ersuchenden Finanzbehörde maßgeblich. Diese Regelung entspricht deshalb den praktischen Bedürfnissen, weil in diesen Fällen in erster Linie Verhandlungen zwischen dem Gericht und der ersuchenden Finanzbehörde stattfinden werden. 10

11 Ob die Finanzbehörde das Ersuchen stellt, steht in ihrem pflichtgemäßen Ermessen. Das Gericht hat dem Ersuchen nur dann zu entsprechen, wenn es nach den von ihm von Amts wegen vorgenommenen Ermittlungen (s. § 12 FGG = § 26 FGG ab 01.09.2009) zu dem Ergebnis gelangt ist, dass die tatbestandlichen Voraussetzungen des § 81 Abs. 1 AO erfüllt sind. Die Auswahl des Vertreters obliegt dem Betreuungs- bzw. Familiengericht.

### D. Vergütung

12 Die kostenmäßige Abwicklung ist in § 81 Abs. 3 AO geregelt. Im Gegensatz zum Betreuer bzw. Pfleger (s. § 1908i bzw. § 1915 i. V. m. § 1836 Abs. 1 Satz 1 BGB) hat der auf Ersuchen der Finanzbehörde bestellte Vertreter stets Anspruch auf eine angemessene Vergütung. Zu dieser und zur Erstattung der baren Auslagen des Vertreters ist der Rechtsträger der Finanzbehörde verpflichtet. Dem Vertreter selbst soll nicht zugemutet werden, sich zunächst mit dem Vertretenen auseinanderzusetzen. § 81 Abs. 3 Satz 2 AO räumt der Finanzbehörde ein Rückgriffsrecht gegenüber dem Vertretenen ein. § 81 Abs. 3 Satz 3 AO überträgt der Finanzbehörde die Bestimmung der Vergütung und die Feststellung der Auslagen und Aufwendungen.

### E. Entsprechende Anwendung der für die Pflegschaft geltenden Vorschriften

13 Der Hinweis auf die entsprechende Geltung der Vorschriften über die Pflegschaft bezieht sich auf die einschlägigen Bestimmungen des BGB, des FGG und der KostO. Von Bedeutung sind dabei insbes. die Vorschriften über die Aufsicht des Vormundschaftsgerichts (s. § 1837 ggf. i. V. m. § 1908i BGB) sowie diejenigen über die Beendigung und die Aufhebung der Pflegschaft (s. § 1918 Abs. 3, §§ 1919, 1921 BGB) bzw. die Verpflichtung des Betreuers aus § 1901 Abs. 4 BGB dem Vormundschaftsgericht ihm bekannt gewordene Umstände, die eine Aufhebung der Betreuung ermöglichen, mitzuteilen.

## 2. Unterabschnitt

## Ausschließung und Ablehnung von Amtsträgern und anderen Personen

## § 82 AO
## Ausgeschlossene Personen

**(1) In einem Verwaltungsverfahren darf für eine Finanzbehörde nicht tätig werden,**

1. **wer selbst Beteiligter ist,**
2. **wer Angehöriger (§ 15) eines Beteiligten ist,**
3. **wer einen Beteiligten kraft Gesetzes oder Vollmacht allgemein oder in diesem Verfahren vertritt,**
4. **wer Angehöriger (§ 15) einer Person ist, die für einen Beteiligten in diesem Verfahren Hilfe in Steuersachen leistet,**
5. **wer bei einem Beteiligten gegen Entgelt beschäftigt ist oder bei ihm als Mitglied des Vorstandes, des Aufsichtsrates oder eines gleichartigen Organs tätig ist; dies gilt nicht für den, dessen Anstellungskörperschaft Beteiligte ist,**
6. **wer außerhalb seiner amtlichen Eigenschaft in der Angelegenheit ein Gutachten abgegeben hat oder sonst tätig geworden ist.**

**Dem Beteiligten steht gleich, wer durch die Tätigkeit oder durch die Entscheidung einen unmittelbaren Vorteil oder Nachteil erlangen kann. Dies gilt nicht, wenn der Vor- oder Nachteil nur darauf beruht, dass jemand einer Berufs- oder Bevölkerungsgruppe angehört, deren gemeinsame Interessen durch die Angelegenheit berührt werden.**

**(2) Wer nach Absatz 1 ausgeschlossen ist, darf bei Gefahr im Verzuge unaufschiebbare Maßnahmen treffen.**

**(3) Hält sich ein Mitglied eines Ausschusses für ausgeschlossen oder bestehen Zweifel, ob die Voraussetzungen des Absatzes 1 gegeben sind, ist dies dem Vorsitzenden des Ausschusses mitzuteilen. Der Ausschuss entscheidet über den Ausschluss. Der Betroffene darf an dieser Entscheidung nicht mitwirken. Das ausgeschlossene Mitglied darf bei der weiteren Beratung und Beschlussfassung nicht zugegen sein.**

**Inhaltsübersicht**

## A. Allgemeines

1 Die Regelung lehnt sich an § 20 VwVfG an. Sie enthält ein absolutes Verbot des Tätigwerdens der von ihr betroffenen Personen. Ausgenommen sind die Fälle der Gefahr im Verzug (§ 82 Abs. 2 AO). Zweck der Vorschrift ist es, Interessenskollisionen zu vermeiden, die der Objektivität des Verwaltungshandelns schädlich sein können.

## B. Die Ausschließungsgründe

2 Die von dem Tätigkeitsverbot betroffenen Personen zählt § 82 Abs. 1 AO auf.

### I. Personen, die an dem Verwaltungsverfahren selbst beteiligt sind (§ 82 Abs. 1 Nr. 1 AO).

3 Der Beteiligtenbegriff ist an verschiedenen Stellen, je nach Verfahrensart oder -stadium geregelt. Der allgemeine Begriff ergibt sich aus § 78 AO. Für das außergerichtliche Rechtsbehelfsverfahren ist er in § 359 AO geregelt, für das Zerlegungsverfahren in § 186 AO. Eine nur mittelbare Beteiligung reicht nicht aus, sie wird aber von § 82 Abs. 1 Satz 2 AO erfasst.

### II. Angehörige eines Beteiligten (§ 82 Abs. 1 Nr. 2 AO)

4 Ausgeschlossen sind die Angehörigen eines Beteiligten, also der unter § 82 Abs. 1 Nr. 1 AO bezeichneten Personen (s. Rz. 3). Wer in diesem Sinne als Angehöriger gilt, ergibt sich kraft ausdrücklicher Verweisung aus § 15 AO.

### III. Vertreter oder Bevollmächtigte eines Beteiligten (§ 82 Abs. 1 Nr. 3 AO)

5 Ausgeschlossen sind die Vertreter oder Bevollmächtigten einer i. S. von § 82 Abs. 1 Satz 1 Nr. 1 und Satz 2 AO beteiligten Person. Hierunter fallen auch die Vertreter und Bevollmächtigten nicht rechtsfähiger Personenvereinigungen und Vermögensmassen. Im einzelnen sind somit nach § 82 Abs. 1 Nr. 3 AO neben den Organen juristischer Personen wie z. B. dem Geschäftsführer einer GmbH, dem Vorstand einer AG, die gesetzlichen Vertreter der nichtrechtsfähigen Personenvereinigungen, die Vereinsvorstände, der Vormund bzw. Betreuer, aber auch Einzel- und Generalbevollmächtigte, Prokuristen u. a. mehr ausgeschlossen. Es reicht aus, wenn sich die Vertretungsmacht allein auf das konkrete Verwaltungsverfahren bezieht.

### IV. Angehörige von Personen, die für einen Beteiligten im Verwaltungsverfahren Hilfe in Steuersachen leisten (§ 82 Abs. 1 Nr. 4 AO)

Ausgeschlossen sind die Angehörigen (s. § 15 AO) von 6
Personen, die für einen Beteiligten (s. § 78 AO) bzw. diesem nach § 82 Abs. 1 Satz 2 AO Gleichstehenden im konkreten Verwaltungsverfahren Hilfe in Steuersachen leisten (zum Begriff der Hilfeleistung in Steuersachen s. §§ 1 ff. StBerG; s. auch § 80 AO Rz. 22). Selbstverständlich kommt es nicht darauf an, ob die Hilfe in Steuersachen als befugt i. S. des StBerG zu betrachten ist (s. AEAO zu § 82, Nr. 2).

### V. Bei einem Beteiligten gegen Entgelt Beschäftigte oder bei ihm als Vorstands-, Aufsichtsratsmitglied oder in gleichartiger Weise Tätige (§ 82 Abs. 1 Nr. 5 AO)

Ausgeschlossen sind die bei einem Beteiligten (§ 82 7
Abs. 1 Nr. 1 AO bzw. § 82 Abs. 1 Satz 2 AO) gegen Entgelt Beschäftigten oder bei ihm als Vorstands-, Aufsichtsratsmitglied oder in gleichartiger Weise Tätigen. Diese Ausschlussgründe überschneiden sich zum Teil mit § 82 Abs. 1 Nr. 3 AO. Nicht ausgeschlossen sind jedoch diejenigen im Verwaltungsverfahren Tätigen, die Angelegenheiten ihrer eigenen Anstellungskörperschaft zu bearbeiten haben (§ 82 Abs. 1 Nr. 5 AO letzter Halbsatz). Diese Einschränkung des soll vermeiden, dass durch § 82 AO die Amtsangehörigen der Finanzbehörden schlechthin an der Bearbeitung von Steuerangelegenheiten des Dienstherrn gehindert sind.

### VI. Personen, die außerhalb ihrer amtlichen Eigenschaft in der Angelegenheit ein Gutachten abgegeben haben oder sonst tätig geworden sind (§ 82 Abs. 1 Nr. 6 AO)

Ausgeschlossen sind diejenigen Personen, die außerhalb 8
ihrer amtlichen Eigenschaft in der Angelegenheit ein Gutachten abgegeben haben oder sonst tätig geworden sind.

Dieser Ausschluss betrifft insbes. private Gutachter. Wer sich in einer solchen Weise bereits mit der amtlich zu bearbeitenden Angelegenheit befasst hat, wird nicht mehr unbefangen tätig sein können. Nicht hinderlich sind Tätigkeiten, die der Betreffende innerhalb seines amtlichen Aufgabenbereichs in der Angelegenheit entfaltet hat.

### VII. Den Beteiligten Gleichstehende

9 Ausgeschlossen sind die nach § 82 Abs. 1 Satz 2 AO den Beteiligten Gleichstehenden. Hierdurch wird sichergestellt, dass auch solche Personen sich der Tätigkeit in einem Verwaltungsverfahren enthalten müssen, die, ohne unter § 82 Abs. 1 Nr. 1 bis Nr. 6 AO zu fallen, ein eigenes Interesse an diesem Verfahren haben. Dies trifft dann zu, wenn die Möglichkeit besteht, dass das Verwaltungsverfahren zu einem unmittelbaren Vor- oder Nachteil des Betreffenden führt. Für den Ausschluss reicht jedoch nicht aus, dass gemeinsame Interessen einer Berufs- oder Bevölkerungsgruppe, der der Betreffende angehört, berührt werden und der Betreffende unter Umständen veranlasst sein könnte, seine diesbezügliche Solidarität unter Beweis zu stellen. Auch die Tatsache, dass die Ehefrau eines Betriebsprüfers am Prüfungsort als Steuerberaterin tätig ist und die geprüften Unternehmen ebenfalls steuerlich beraten werden, ist nicht geeignet, den Einsatz des Betriebsprüfers als rechtswidrig erscheinen zu lassen (BFH v. 13.12.1983, I R 301/81, BStBl II 1984, 409).

10 Der infrage kommende Vor- oder Nachteil muss durch die Tätigkeit oder Entscheidung unmittelbar eintreten, also zum Inhalt der von der Verwaltungstätigkeit erfassten Regelung gehören. Es genügt nicht, wenn die Wirkung erst mittelbar durch Folgeakte oder das Hinzutreten weiterer Umstände ausgelöst wird (BFH v. 03.02.2004, VII R 1/03, BStBl II 2004, 842, 844). Da im Regelfall solche Wirkungen nur in Bezug auf die am Verwaltungsverfahren Beteiligten eintreten, dürfte der Gesetzgeber vor allem sog. Reflexwirkungen von Einzelverwaltungsakten im Auge gehabt haben. Die Beschränkung des Ausschlusses auf die Fälle unmittelbarer Auswirkungen kann deshalb nicht dahingehend verstanden werden, dass sie nur solche Personen einbezieht, gegen die der Verwaltungsakt unmittelbar ergeht, denn sie wären i.S. von § 82 Abs. 1 Nr. 1 AO ohnehin Beteiligte. Damit schließt das Erfordernis der Unmittelbarkeit lediglich solche Fälle aus, in denen der Vor- bzw. Nachteil das Ergebnis einer neuen und selbstständigen Verwaltungstätigkeit wäre. Das können Fälle sein, in denen durch die Tätigkeit des Amtsträgers ein Widerstreit i.S. des § 174 AO ausgelöst oder vermieden wird und er in diesem Korrekturverfahren eine Stellung i.S. der Fälle des § 82 Abs. 1 Satz 1 AO inne hätte.

## C. Begriff des Tätigwerdens in einem Verwaltungsverfahren

Die unter § 82 Abs. 1 AO fallenden **Personen dürfen** in dem betreffenden Verwaltungsverfahren **nicht tätig werden**. Die Ausschließung hindert nur am Tätigwerden in dem Verwaltungsverfahren, d.h. an der Teilnahme an der **hoheitlichen Willensbildung**. Bloße mechanische Verrichtungen, wie z.B. das Abtragen von Akten oder deren körperliche Weiterleitung an die mit der Bearbeitung befassten Bediensteten, sind keine Tätigkeit im Verwaltungsverfahren. Andererseits kommt es nicht darauf an, ob der im Verwaltungsverfahren Tätige hierbei an Weisungen von Vorgesetzten gebunden ist. Ohne Bedeutung ist auch, ob der zu erlassende Verwaltungsakt im Ermessen der Finanzbehörde steht oder als gebundener Verwaltungsakt zu ergehen hat. Allerdings ergeben sich hier wegen § 127 AO unterschiedliche Rechtsfolgen bei einem Verstoß (s. Rz. 14). 11

Im Besteuerungsverfahren hat regelmäßig der Sachbearbeiter die abschließende Zeichnungsbefugnis, seltener ist sie dem Sachgebietsleiter oder gar dem Vorsteher vorbehalten. **Tätig ist der**, der den **Verwaltungsakt abschließend zeichnet** (BFH v. 05.07.1961, I 117/61 U, BStBl III 1961, 475); ebenso aber auch der Sachbearbeiter, der den Verwaltungsakt **vorbereitet** oder **mitgezeichnet** hat. Auch die nur vorbereitende Tätigkeit eines Sachbearbeiters hat unabhängig von der Zeichnungsbefugnis eine nicht unbedeutende Einflussnahme auf die behördliche Willensbildung und ist damit i.S. der Vorschrift ein Tätigwerden im Verwaltungsverfahren (s. auch § 82 Abs. 3 Satz 3 AO für die Ausschusstätigkeit: »Beratung und Beschlussfassung«). Nach Auffassung des RFH (RFH v. 01.06.1934, RStBl 1934, 834) ist einem Finanzamtsvorsteher die Tätigkeit der Bediensteten seiner Behörde in allen Steuersachen zuzurechnen, ohne dass es darauf ankommt, inwieweit er im Einzelfall tatsächlich persönlich tätig geworden ist. Dem kann heute nicht mehr zugestimmt werden, da die Zeichnungsbefugnis weitgehend auf die Sachbearbeiter delegiert ist (s. dazu die Geschäftsordnung für die Finanzämter v. 16.11.2010, BStBl I 2010, 1315, Tz. 4.3). Außenprüfer, Vollstreckungsbeamte und Angehörige anderer mit besonderen Aufgaben betrauter Abteilungen sind ebenso im Verwaltungsverfahren tätig wie die Veranlagungsbeamten selbst. 12

## D. Ausnahme bei Gefahr im Verzug

§ 82 Abs. 2 AO dient der **Effektivität der Verwaltung**. Ausgeschlossene Personen sind durch das Verbot des § 82 Abs. 1 AO nicht gehindert, unaufschiebbare Maßnahmen bei Gefahr im Verzug zu treffen. Anwendungsfälle können insbes. auf dem Gebiet der Vollstreckung 13 und von fristgebundenen Handlungen der Verwaltungsbehörden, aber auch im Zusammenhang mit dem Ablauf der Festsetzungs- und Verjährungsfrist auftreten.

### E. Folgen des Tätigwerdens einer ausgeschlossenen Person

14 Das Gesetz enthält **keine ausdrückliche Regelung** wegen der Folgen von Verstößen gegen § 82 AO. Diese orientieren sich grundsätzlich an § 127 AO, was zur Folge hat, dass allein mit Rücksicht auf eine Verletzung des § 82 AO die Aufhebung eines Verwaltungsakts dann nicht beansprucht werden kann, wenn keine andere Entscheidung in der Sache hätte getroffen werden können. Ob die Behörde von sich aus den Verwaltungsakt aufheben oder ändern kann, richtet sich nach den jeweils einschlägigen Vorschriften.

15 Nur im Fall des § 82 Abs. 1 Nr. 1 AO ist der Verstoß besonders schwerwiegend und i.d.R. auch offenkundig. Daher ist der Verwaltungsakt nach § 125 Abs. 1 AO **nichtig**. Hiervon geht auch der Gesetzgeber aus, wie der Umkehrschluss zu s. § 125 Abs. 3 Nr. 2 AO zeigt.

### F. Besonderheiten für Ausschussmitglieder

16 § 82 Abs. 3 AO regelt das besondere Verfahren beim Ausschluss eines Ausschussmitglieds. Da im Besteuerungsverfahren regelmäßig keine Ausschüsse tätig sind, hat die Vorschrift in der Praxis **keinenennenswerteBedeutung**. Eine gewisse Bedeutung verbleibt ihr für die Tätigkeit des Prüfungsausschusses zur **Steuerberaterprüfung** (s. § 37b StBerG), weil sich dessen Verfahren nach der AO richtet (s. § 164a StBerG; BFH v. 01.02.1983, VIII R 132/82, BStBl II 1983, 344).

### G. Ausschluss im Finanzprozess

17 Für die Ausschließung eines Richters oder Urkundsbeamten im Finanzprozess im Hinblick auf dessen Mitwirkung im vorausgegangenen Verwaltungsverfahren s. § 51 Abs. 2 FGO.

## § 83 AO
## Besorgnis der Befangenheit

**(1) Liegt ein Grund vor, der geeignet ist, Misstrauen gegen die Unparteilichkeit des Amtsträgers zu rechtfertigen oder wird von einem Beteiligten das Vorliegen eines solchen Grundes behauptet, so hat der Amtsträger den Leiter der Behörde oder den von ihm Beauftragten zu unterrichten und sich auf dessen Anordnung der Mitwirkung zu enthalten. Betrifft die Besorgnis der Befangenheit den Leiter der Behörde, so trifft diese Anordnung die Aufsichtsbehörde, sofern sich der Behördenleiter nicht selbst einer Mitwirkung enthält.**

**(2) Bei Mitgliedern eines Ausschusses ist sinngemäß nach § 82 Abs. 3 zu verfahren.**

Die Vorschrift, die sich mit der Befangenheit von Amtsträgern befasst, sieht **kein selbstständiges Recht** der Verfahrensbeteiligten auf Ablehnung eines Amtsträgers wegen Befangenheit vor, das ggf. im Rechtsbehelfsverfahren durchgesetzt werden könnte. Zweifel hat der BFH allerdings hinsichtlich der Bestimmung eines Außenprüfers (BFH v. 29.04.2002, IV B 2/02, BStBl II 2002, 507). Auch dem Leiter der Finanzbehörde kann nicht durch einstweilige Anordnung aufgegeben werden, einen Amtsträger von der Mitwirkung in einem Steuerverfahren wegen Besorgnis der Befangenheit auszuschließen (BFH v. 07.05.1981, IV B 60/80, BStBl II 1981, 634). 1

Zum Begriff des Amtsträgers s. § 7 AO. 2

Als **Gründe**, die Misstrauen gegen die Unparteilichkeit eines Amtsträgers rechtfertigen, kommen z.B. in Betracht: Freundschaft oder Feindschaft mit einem Beteiligten; unsachliche Bemerkungen eines Amtsträgers gegenüber einem Beteiligten oder Dritten in Bezug auf ein Verwaltungsverfahren; Annahme von Geschenken; die begründete Annahme, es könnten durch einen bestimmten Amtsträger Informationen an Strafverfolgungsbehörden weitergegeben werden, ohne dass eine Befugnis dazu besteht (BFH v. 29.04.2002, IV B 2/02, BStBl II 2002, 507; s. § 51 FGO Rz. 7). 3

Es gibt keinen Rechtssatz, der es verbietet, dass ein Amtsträger, der an einem Verwaltungsakt mitgewirkt hat, nicht auch an einem in derselben Sache später ergehenden weiteren Verwaltungsakt mitwirken dürfte (BFH v. 13.07.1967, VI R 15/67, BStBl III 1967, 590; s. § 51 Abs. 2 FGO). Insbes. darf der Amtsträger, der einen Verwaltungsakt erlassen hat, auch über den hiergegen eingelegten Einspruch entscheiden. 4

Liegt ein **Befangenheitsgrund** vor, der dem Amtsträger bekannt ist, oder behauptet ein Beteiligter das Vorliegen eines solchen Grundes, so muss der Amtsträger den Behördenleiter oder den von ihm Beauftragten hiervon unterrichten. Insoweit besteht kein Entscheidungsspielraum. Die **Unterrichtung** des Behördenleiters bzw. seines Beauftragten hat nach dem Gesetzesbefehl also auch dann zu erfolgen, wenn der Amtsträger die Behauptung des Beteiligten für unbegründet hält. Der Behördenleiter (bzw. sein Beauftragter) hat sodann nach pflichtgemäßem Ermessen (s. § 5 AO) unter Abwägung aller Umstände zu entscheiden, ob er den Amtsträger anweisen soll, sich i.S. von § 83 Absatz 1 Satz 1 AO der Mitwirkung im Verwaltungsverfahren zu enthalten. 5

6 Ein entsprechendes Verfahren gilt für den Fall, dass die Besorgnis der Befangenheit des **Behördenleiters** selbst infrage steht. Hier hat er die Entscheidung der Aufsichtsbehörde herbeizuführen, sofern er nicht selbst seine Unparteilichkeit für fragwürdig hält und die entsprechenden Folgerungen daraus zieht.

7 Im Unterschied zu den Ausschließungsgründen des § 82 AO, die kraft Gesetzes die Tätigkeit eines Amtsträgers im einschlägigen Verwaltungsverfahren verbieten, stellt § 83 AO die Ausschließung des Amtsträgers in das Ermessen des Behördenleiters bzw. der Aufsichtsbehörde. Dabei handelt es sich um eine **behördeninterne Entscheidung**, die **selbstständignicht anfechtbar** ist (BFH v. 29.05.2012, IV B 70/11, BFH/NV 2012, 1412). Glaubt ein Beteiligter, dass sich ein Amtsträger der Mitwirkung in einem Verwaltungsverfahren hätte enthalten müssen, muss er den Verwaltungsakt anfechten, an dem der Amtsträger mitgewirkt hat. Ob dieser Rechtsbehelf Erfolg hat, hängt – sofern in der Sache selbst kein materieller Fehler vorliegt – zunächst davon ab, ob die Ermessensentscheidung über die weitere Mitwirkung frei von Ermessensfehlern ist und sodann, ob in dem angefochtenen Verwaltungsakt auch eine andere Entscheidung in der Sache hätte getroffen werden können (s. § 127 AO). Selbst wenn dies der Fall ist, kann die Behörde im Einspruchsverfahren den Verfahrensfehler beseitigen und den Verwaltungsakt bestätigen. Unabhängig hiervon kann die Behörde den Verwaltungsakt nach Maßgabe der einschlägigen Korrekturnormen aufheben oder ändern.

8 Bezieht sich das Misstrauen gegen die Unparteilichkeit auf ein Mitglied eines Ausschusses, so ist gem. Absatz 2 entsprechend § 82 Abs. 3 AO zu verfahren. S. hierzu im Übrigen § 82 AO Rz. 16.

## § 84 AO Ablehnung von Mitgliedern eines Ausschusses

**Jeder Beteiligte kann ein Mitglied eines in einem Verwaltungsverfahren tätigen Ausschusses ablehnen, das in diesem Verwaltungsverfahren nicht tätig werden darf (§ 82) oder bei dem die Besorgnis der Befangenheit besteht (§ 83). Eine Ablehnung vor einer mündlichen Verhandlung ist schriftlich oder zur Niederschrift zu erklären. Die Erklärung ist unzulässig, wenn sich der Beteiligte ohne den ihm bekannten Ablehnungsgrund geltend zu machen, in eine mündliche Verhandlung eingelassen hat. Für die Entscheidung über die Ablehnung gilt § 82 Abs. 3 Sätze 2 bis 4. Die Entscheidung über das Ablehnungsgesuch kann nur zusammen mit der Entscheidung angefochten werden, die das Verfahren vor dem Ausschuss abschließt.**

Die Vorschrift eröffnet die Möglichkeit der förmlichen Ablehnung eines Ausschussmitglieds für den Fall, dass dieses entweder i.S. des § 82 AO ausgeschlossen oder i.S. des § 83 AO befangen ist. Das Verfahren für die Entscheidung über den Ablehnungsantrag entspricht im Wesentlichen den Grundsätzen, die für die Ablehnung einer Gerichtsperson wegen Befangenheit gelten (s. § 51 FGO i.V.m. §§ 42 ff. ZPO), jedoch kann die Entscheidung über das Ablehnungsgesuch nicht selbstständig angefochten werden. 1

Da die ehemaligen Steuerausschüsse weggefallen sind, ist die praktische Bedeutung der Vorschrift für das Besteuerungsverfahren gering. Nach § 164a StBerG ist die Vorschrift jedoch mit dem Ziel der Ablehnung eines Mitglieds des Prüfungsausschusses für die **Steuerberaterprüfung** anwendbar (BFH v. 01.02.1983, VII R 133/82, BStBl II 1983, 344). Allerdings ergibt sich die Besorgnis der Befangenheit eines Mitglieds eines solchen Ausschusses nicht bereits daraus, dass es den Vorsitz eines Instituts innehat, das Vorbereitungskurse für die Steuerberaterprüfung anbietet (BFH v. 03.02.2004, VII R 1/03, BStBl II 2004, 842, 842). 2

## 3. Unterabschnitt

## Besteuerungsgrundsätze, Beweismittel

## I. Allgemeines

## § 85 AO Besteuerungsgrundsätze

**Die Finanzbehörden haben die Steuern nach Maßgabe der Gesetze gleichmäßig festzusetzen und zu erheben. Insbesondere haben sie sicherzustellen, dass Steuern nicht verkürzt, zu Unrecht erhoben oder Steuererstattungen und Steuervergütungen nicht zu Unrecht gewährt oder versagt werden.**

**Inhaltsübersicht**



**Schrifttum**

Ondracek, Zum Gleichmaß der Besteuerung, FS W. Ritter 1997, 227; Seer, Möglichkeit und Grenzen eines »maßvollen« Gesetzesvollzugs, FR 1997, 1189; Tipke, Steuerliche Ungleichbehandlung durch einkunfts- und vermögensartdifferente Bemessungsgrundlagenermittlung und Sachverhaltsverifizierung, FS Kruse, 2001, 215; Huber/Seer, Steuerverwaltung im 21. Jahrhundert: Risikomanagement und Compliance, StuW 2007, 355; Pezzer, Gleichmäßiger Gesetzesvollzug in der Steuerrechtsordnung, StuW 2007, 101; Welling, 21. Berliner Steuergespräch: Reform des Steuervollzugs, FR 2007, 261; Nagel/Waza,

Risikomanagement beim Steuervollzug – ein Weg aus der Krise!, DStZ 2008, 321; HAUNHORST, Risikomanagement in der Finanzverwaltung – ein Fall für die Finanzgerichte?, DStR 2010, 2105; DRÜEN, Kooperation im Besteuerungsverfahren, FR 2011, 101; SCHMIDT/SCHMITT, Risikomanagement – Zaubermittel oder Bankrotterklärung der Verwaltung. FS Spindler 2011, 529; HARDECK, Kooperative Compliance Programme zwischen Finanzverwaltungen und Unternehmen, StuW 2013, 156; ECKHOFF, Gleichmäßigkeit der Besteuerung, FS Kirchhof 2013, 1601; MÜNCH, Finanzbehördliches Risikomanagement im Rahmen der Einkommensteuerveranlagung, DStR 2013, 212. SEER/SELL/SCHWAB/ANZINGER, Selbstveranlagung – Wegfall des Amtsermittlungsgrundsatzes, Berlin, 2014; KRÜGER, Die tatsächliche Verständigung: als »Ding an sich« ein »Unding in sich«?, DStZ 2015, 478; SEE, Modernisierung des Besteuerungsverfahrens, StuW 2015, 315; BALDAUF, Gesetz zur Modernisierung des Besteuerungsverfahrens – Kritische Betrachtung des Regierungsentwurfs, DStR 2016, 833; ZAUMSEIL, Die Modernisierung des Besteuerungsverfahrens, NJW 2016, 2769; WESTERMANN, Mediation im außergerichtlichen Besteuerungsverfahren, Stbg 2017, 27.

## A. Bedeutung der Vorschrift

1 Die Vorschrift knüpft an den in Art. 108 GG den Finanzbehörden erteilten Auftrag zur Verwaltung der Steuern an und stellt dabei besonders die Grundsätze der Gleichmäßigkeit und Gesetzmäßigkeit bei der Steuerfestsetzung und -erhebung in den Vordergrund. Sie ist als allgemeine Aufgabennorm und allgemeine Verfahrensvorschrift (*Seer* in Tipke/Kruse, § 85 AO Rz. 5) für das gesamte Besteuerungsverfahren maßgeblich.

## B. Grundsatz der Gesetzmäßigkeit der Steuererhebung

2 Nach Art. 20 Abs. 3 GG ist die vollziehende Gewalt an Gesetz und Recht gebunden. Entsprechend haben die Finanzbehörden die Steuern nach Maßgabe der Gesetze gleichmäßig festzusetzen und zu erheben. Ohne Ansehung der Person haben sie die hierzu notwendigen gebundenen Verwaltungsakte (s. § 118 AO Rz. 10) gesetzestreu zu erlassen und – soweit ihnen das Gesetz einen Ermessensspielraum einräumt – von ihrem Ermessen einen gesetzmäßigen Gebrauch zu machen (s. § 5 AO Rz. 3). So wie schon der Steuerbegriff an den Grundsätzen der Gleichmäßigkeit und Gesetzmäßigkeit ausgerichtet ist (s. § 3 AO Rz. 12), muss sich die Finanzbehörde beim Vollzug der Steuergesetze diese Grundsätze zu eigen machen. Als wichtigster Grundsatz beeinflussen sie die in den Einzelsteuergesetzen und vor allem in der AO geregelten allgemeinen Rechte und Pflichten der Finanzbehörden, Steuerpflichtigen und ggf. auch Dritter.

## C. Konkretisierung der Besteuerungsgrundsätze

§ 85 Satz 2 AO konkretisiert die Aufgaben der Finanzbehörden dahingehend, dass sie sicherzustellen haben, dass Steuern weder verkürzt noch zu Unrecht erhoben oder Steuererstattungen oder -vergütungen weder zu Unrecht gewährt noch versagt werden. Darin kommt zum Ausdruck, dass die Tätigkeit der Finanzverwaltung nicht primär das Ziel hat, ein möglichst hohes Steueraufkommen zu sichern, sondern der Erreichung einer gleichmäßigen und gesetzmäßigen Steuererhebung dienen soll (Rechtsanwendungsgleichheit). Die Finanzbehörden sind damit nicht nur berechtigt, sondern verpflichtet, die wegen der Verwirklichung des gesetzlichen Tatbestandes entstandenen Steueransprüche festzusetzen und zu erheben. Die Finanzbehörden haben die Besteuerungsgrundlagen in strikter Legalität umzusetzen, um die verfassungsrechtlich geschützte Besteuerungsgleichheit zu gewährleisten (BFH v. 28.11.2016, GrS 1/15, BStBl II 2017, 393). Die Besteuerungswirklichkeit wird diesem Postulat jedoch oft nicht gerecht. Dies hat seine Ursache zum einen darin, weil es sich um Massenfallrecht handelt, bei dem eine umfassende Sachverhaltsprüfung nicht zuletzt wegen der Kompliziertheit des Steuerrechts kaum möglich ist, zum anderen aber auch deshalb, weil die FinVerw. in einer Vielzahl von Fällen vollständig auf Nachprüfungen verzichtet. Diese sog. gewichtende oder als Risikomanagement bezeichnete Arbeitsweise gewährleistet eine gleichmäßige Besteuerung nicht mehr. Eine extreme Verletzung der Rechtsanwendungsgleichheit kann zur Verfassungswidrigkeit des Steuereingriffs führen (BVerfG v. 27.06.1991, 2 BvR 1493/89, BStBl II 1991, 654, sog. Zinsurteil; BVerfG v. 16.03.2005, 2 BvL 7/00, BVerfGE 112, 268). Daran ändert auch die gesetzliche Verankerung der Zulässigkeit von Risikomanagementsystemen in § 88 Abs. 5 AO nichts. Denn auch beim Einsatz der Risikomanagementsysteme müssen die verfassungsrechtlichen Anforderungen an die Steuererhebung und den Vollzug der gesetzlichen Regelungen gewahrt bleiben. Nimmt das Risikosystem – z.B. durch bestimmte Aufgriffs- oder Nichtbeanstandungsgrenzen Vollzugsdefizite in Kauf, kann dies einen Verstoß gegen Art. 3 GG darstellen (s. § 88 Rz. 1, 20). Wegen der Verpflichtung zur gleichmäßigen Steuerfestsetzung ist für Ermessenserwägungen im Festsetzungsverfahren kein Raum. Dies gilt auch für Entscheidungen zugunsten der Stpfl. Die Finanzbehörde darf weder im Einzelfall noch durch allgemeine Verwaltungsregelungen in bestimmten Fallgruppen auf die Steuererhebung verzichten. Der Steueranspruch steht nicht zur Disposition der Finanzverwaltung. Ebenso wenig dürfen Zweckmäßigkeitserwägungen in die Festsetzung und Erhebung der gesetzlich entstandenen Steuern angestellt werden. Ermessenserwägungen sind nur möglich, soweit das Gesetz den Finanz- 3 behörden einen Ermessensspielraum eröffnet (BFH v. 28.11.2016, GrS 1/15, BStBl II 2017, 393; BFH v. 23.08.2017, I R 52/14, BStBl I 2018, 232). Soweit § 88 Abs. 2 Satz 2 und Abs. 3 Satz 2 AO auch Wirtschaftlichkeits- und Zweckmäßigkeitserwägungen in den Festsetzungsprozess einfließen lassen, dürfte dies nicht für die Rechtsanwendung, sondern nur für die Sachverhaltsermittlung gelten, s. § 88 Rz. 7). Der Grundsatz der Gleichmäßigkeit der Besteuerung schließt Vereinbarungen über den gesetzlich entstandenen Steueranspruch aus; allerdings sind **tatsächliche Verständigungen** bezüglich des der Besteuerung zugrunde liegenden Sachverhalts zulässig (ausführlich *Seer* in Tipke/Kruse, Vor § 118 AO Rz. 10 ff.). Eine Vereinbarung über Rechtsfragen ist demnach ausgeschlossen. In der Praxis lassen sich indes Rechtsfragen nicht immer streng von dem zugrunde liegenden Sachverhalt trennen. Eine trennscharfe Abgrenzung zwischen Tatfrage, die Gegenstand einer tatsächlichen Verständigung sein kann, und der Rechtsfrage ist nicht immer möglich. Damit wirkt die Verständigung über ein Tatbestandsmerkmal regelmäßig auf die Rechtsfolge und damit auf die rechtliche Würdigung ein. Dies hindert die Zulässigkeit der tatsächlichen Verständigung nicht (FG Ha v. 29.06.2016, 1 K 3/16, EFG 2016, 439 m. w. N., rkr.).

Im **Vollstreckungsverfahren** folgt aus § 85 AO zugleich die Pflicht des FA, festgesetzte Beträge unter Einsatz von Vollstreckungsmaßnahmen beizutreiben; allerdings steht den FÄ bei der Wahl der Vollstreckungsmaßnahmen ein Ermessensspielraum zu.

Die Rechte und Pflichten der Finanzbehörde erstrecken sich nicht nur auf Ermittlungen in einem bekannten Steuerfall, sondern auch auf Maßnahmen zur Ermittlung steuerlich relevanter Sachverhalte außerhalb eines konkreten Besteuerungsverfahrens. Die entsprechenden Befugnisse sind in den § 86 ff. AO geregelt. Auch die Außenprüfung (§§ 193 bis 203 AO) gehört zu den Ermittlungsmaßnahmen. Zur Sicherstellung einer gleichmäßigen Besteuerung dienen auch die allgemeinen Mitwirkungspflichten von Behörden und Rundfunkanstalten, die z. B. in der MitteilungsVO (vom 07.09.1993, BGBl I 1993, 1554) geregelt sind.

## § 86 AO
## Beginn des Verfahrens

**Die Finanzbehörde entscheidet nach pflichtgemäßem Ermessen, ob und wann sie ein Verwaltungsverfahren durchführt. Dies gilt nicht, wenn die Finanzbehörde auf Grund von Rechtsvorschriften**

1. **von Amts wegen oder auf Antrag tätig werden muss,**
2. **nur auf Antrag tätig werden darf und ein Antrag nicht vorliegt.**

§ 86 Satz 1 AO bestimmt den Beginn des Verwaltungsverfahrens. Die Norm erweckt den Anschein, das Opportunitätsprinzip (»Ermessen«) sei Richtschnur für das Tätigwerden (»ob des Handelns«) der Finanzbehörden. Mit Rücksicht auf das in § 85 AO verankerte Legalitätsprinzip, das Gebot der gesetzmäßigen und gleichmäßigen Festsetzung und Erhebung von Steuern, hat das Opportunitätsprinzip im Steuerrecht nur in Teilbereichen Bedeutung. Soweit die Entstehung und die Festsetzung des Steueranspruchs betroffen sind, ist für die Anwendung des Opportunitätsprinzips grds. kein Raum; es gilt das Legalitätsprinzip. Gründen der Verfahrensökonomie, wie sie dem Opportunitätsprinzip notwendig innewohnen, können nur die Gesetze (z. B. s. § 156 AO) Rechnung tragen. Deshalb folgt auch aus § 86 Abs. 2 Nr. 1 AO der Vorrang des Legalitätsgrundsatzes; die Finanzbehörde muss von Amts wegen tätig werden. Diese Voraussetzung ist immer erfüllt, wenn es um die Prüfung und Feststellung geht, ob ein Steueranspruch entstanden ist. Das Tätigwerden der Finanzbehörden von Amts wegen ist die Regel, nicht die Ausnahme. 1

Nach der hier (s. § 191 AO Rz. 6, 11) vertretenen Ansicht gilt das Opportunitätsprinzip auch hinsichtlich der Durchführung von Haftungsverfahren nur bedingt; insbes. besteht hinsichtlich der Höhe des Haftungsanspruchs kein Ermessen der Finanzbehörde.

Dem Legalitätsprinzip entsprechend hat die Finanzbehörde hat – abgesehen von antragsgebundenen Verfahren – stets dann ein Verwaltungsverfahren durchzuführen, wenn die ihr in § 85 AO gestellte Aufgabe es erfordert. Denn zur Besteuerungsgleichheit gehört auch die Gleichheit bei der Durchsetzung der normativen Steuerpflicht in der Steuererhebung, die Verpflichtung der mit dem Vollzug der Steuergesetze beauftragten Finanzverwaltung diese »in strikter Legalität« umzusetzen (s. BVerfG v. 27.06.1991, 2 BvR 1493/89, BStBl II 1991, 654, 665). Die Finanzbehörde muss mithin ein Verfahren einleiten, wenn aufgrund konkreter Momente oder aufgrund allgemeiner Erfahrung Anhaltspunkte dafür vorliegen, dass der Tatbestand eines Steuergesetzes verwirklicht sein könnte, bzw. Aufklärungsmaßnahmen ergreifen, wenn Anhaltspunkte dafür vorliegen, dass Steuern verkürzt oder zu Unrecht erhoben oder Steuererstattungen und Steuervergütungen zu Unrecht gewährt oder versagt worden sind (s. BFH 17.11.1992, VIII R 25/89, BStBl 1993 II 146). Unerheblich ist dabei, ob in tatsächlicher oder rechtlicher Beziehung Zweifel bestehen; denn diese sollen durch das Verwaltungsverfahren gerade geklärt werden. 2

Macht das Gesetz die Einleitung des Verfahrens von einem Antrag abhängig, so muss die Finanzbehörde ein Verfahren durchführen, wenn der Antrag gestellt ist (§ 86 Satz 2 Nr. 1 AO); sie darf andererseits grundsätzlich kein Verfahren durchführen, wenn sie nur auf Antrag tätig werden darf und der Antrag nicht vorliegt (§ 86 Satz 2 3

Nr. 2 AO). Im letztgenannten Fall kann die Finanzbehörde verpflichtet sein, auf den Antrag hinzuweisen (§ 89 AO). Zur Heilung unterlassener Antragstellung s. § 126 Abs. 1 Nr. 4 AO.

So kann z.B. die Behörde nur auf Antrag tätig werden im Falle des § 46 Abs. 2 Nr. 8 EStG (Antragsveranlagung). Die Einschränkung des § 86 Satz 2 Nr. 2 AO ist u.E. auch bei Wahlrechten zu beachten (s.z.B. §§ 26 ff. EStG, § 23 ErbStG). Bleibt die Behörde nach einem Antrag untätig, kann sich der Stpfl. mit einem Untätigkeitseinspruch oder einer Untätigkeitsklage gegen die Untätigkeit wenden. Beides kann sowohl auf den Erlass einer Entscheidung gerichtet sein, als auch – was in der Regel empfehlenswert ist – auf die Durchführung der begehrten Handlung. Dies kann z.B. der Erlass eines Verwaltungsaktes (ggf. Verpflichtungsklage) oder ein anderes Verwaltungshandeln (ggf. allg. Leistungsklage) sein.

## § 87 AO
## Amtssprache

**(1) Die Amtssprache ist deutsch.**

**(2) Werden bei einer Finanzbehörde in einer fremden Sprache Anträge gestellt oder Eingaben, Belege, Urkunden oder sonstige Dokumente vorgelegt, kann die Finanzbehörde verlangen, dass unverzüglich eine Übersetzung vorgelegt wird. In begründeten Fällen kann die Vorlage einer beglaubigten oder von einem öffentlich bestellten oder beeidigten Dolmetscher oder Übersetzer angefertigten Übersetzung verlangt werden. Wird die verlangte Übersetzung nicht unverzüglich vorgelegt, so kann die Finanzbehörde auf Kosten des Beteiligten selbst eine Übersetzung beschaffen. Hat die Finanzbehörde Dolmetscher oder Übersetzer herangezogen, erhalten diese eine Vergütung in entsprechender Anwendung des Justizvergütungs- und -entschädigungsgesetzes.**

**(3) Soll durch eine Anzeige, einen Antrag oder die Abgabe einer Willenserklärung eine Frist in Lauf gesetzt werden, innerhalb deren die Finanzbehörde in einer bestimmten Weise tätig werden muss, und gehen diese in einer fremden Sprache ein, so beginnt der Lauf der Frist erst mit dem Zeitpunkt, in dem der Finanzbehörde eine Übersetzung vorliegt.**

**(4) Soll durch eine Anzeige, einen Antrag oder eine Willenserklärung, die in fremder Sprache eingehen, zugunsten eines Beteiligten eine Frist gegenüber der Finanzbehörde gewahrt, ein öffentlich-rechtlicher Anspruch geltend gemacht oder eine Leistung begehrt werden, so gelten die Anzeige, der Antrag oder die Willenserklärung als zum Zeitpunkt des Eingangs bei der Finanzbehörde abgegeben, wenn auf Verlangen der Finanzbehörde innerhalb einer von dieser zu setzenden angemessenen Frist eine Übersetzung vorgelegt wird. Andernfalls ist der Zeitpunkt des Eingangs der Übersetzung maßgebend, soweit sich nicht aus zwischenstaatlichen Vereinbarungen etwas anderes ergibt. Auf diese Rechtsfolge ist bei der Fristsetzung hinzuweisen.**

**Inhaltsübersicht**



### A. Bedeutung und Anwendungsbereich der Vorschrift

Die Vorschrift bestimmt für das gesamte Besteuerungsverfahren Deutsch als Amtssprache und regelt den Umgang mit fremdsprachlichen Eingaben. Angesichts der Vielzahl im Inland ansässiger ausländischer Staatsangehöriger kommt der Vorschrift erhebliche praktische Bedeutung zu. § 87 Abs. 1 AO entspricht wörtlich § 184 GVG. Die Beschränkung auf Deutsch als Amtssprache dient der Erhaltung der Funktionsfähigkeit der Verwaltung; sie stellt weder einen Verstoß gegen Grundrechte noch gegen Völkerrecht dar (BVerfG v. 25.09.1985, 2 BvR 881/85, NVwZ 1987, 785). Auch aus dem AEUV ergibt sich keine Verpflichtung der Behörden, mehrsprachig tätig zu werden, insbes. liegt kein Verstoß gegen das Diskriminierungsverbot des Art. 18 AEUV vor. 1

### B. Tatbestandliche Voraussetzungen

### I. Deutsch als Amtssprache

§ 87 Abs. 1 AO stellt klar, dass das Besteuerungsverfahren in deutscher Sprache abgewickelt wird. Damit wird zugleich zum Ausdruck gebracht, dass Äußerungen der Behörden (Verwaltungsakte einschließlich Rechtsbehelfsbelehrung; vgl. BFH v. 09.03.1976, VII R 102/75, BStBl II 1976, 440; BFH v. 21.05.1997, VII S 37/96, BFH/NV 1997, 634; FG Köln v. 08.03.2016, 2 K 794/13, EFG 2016, 1212) stets in deutscher Sprache erfolgen und unabhängig davon wirksam werden, ob der Betroffene der deutschen Sprache mächtig ist oder nicht. Deshalb beginnen auch Rechtsbehelfs- oder Rechtsmittelfristen ungeachtet dessen zu laufen, ob der Bekanntgabeadressat die Belehrung verstanden hat. Etwaige sprachbedingte Fristversäumnisse können bei der Prüfung, ob Wiedereinsetzung in den vorigen Stand zu gewähren ist, zu 2 berücksichtigen sein (BFH v. 21.05.1997 VII S 37/96, BFH/NV 1997, 634; FG Bre v. 28.11.2016, 3 K 52/16 (1), ECLI:DE:FGHB:2016:1128.3K52.16.1.0A). Die Vorschrift enthält jedoch kein Verbot, bei Gesprächen mit den Stpfl. eine Fremdsprache zu verwenden. Deshalb lässt auch die FinVerw. (AEAO zu § 87, Nr. 1) Verhandlungen in fremder Sprache zu. Ebenso dürfen Merkblätter und Informationen in Fremdsprachen veröffentlicht werden. »Deutsch« i.S. von § 87 Abs. 1 AO ist die hochdeutsche Sprache, nicht Dialekte oder Mundarten.

## II. Fremdsprachliche Eingaben

3 Fremdsprachliche Anträge, Eingaben, Belege, Urkunden oder sonstige Dokumente (einschließlich elektronischer Dokumente, s. § 87a AO), die bei einer Finanzbehörde vorgelegt werden, sind nicht allein deshalb unbeachtlich; sie müssen aber auf **Verlangen** der Finanzbehörde **unverzüglich**, d.h. ohne schuldhaftes Zögern, in **Übersetzung** vorgelegt werden (§ 87 Abs. 2 Satz 1 AO). Das Übersetzungsverlangen steht im Ermessen der Finanzbehörde. Das Verlangen ist Verwaltungsakt, das mit dem Einspruch angefochten werden kann. In einfachen Fällen kann also auf eine Übersetzung verzichtet werden. Ebenso kann eine Übersetzung auch durch eigene Bedienstete vorgenommen werden (AEAO zu § 87, Nr. 1). In anderen Fällen, insbes. also etwa, wenn der genaue Wortlaut für die rechtliche Beurteilung von ausschlaggebender Bedeutung ist und daher Ungenauigkeiten einer mehr oder weniger laienhaften Eindeutschung nicht hingenommen werden können, kann die Finanzbehörde nach § 87 Abs. 2 Satz 2 AO die Vorlage einer **beglaubigten** oder von einem **öffentlich bestellten oder beeidigten Dolmetscher** oder Übersetzer angefertigten Übersetzung verlangen. Hierfür sollte dem Einreichenden eine Frist gesetzt werden, in der zugleich darauf hingewiesen wird, dass die Finanzbehörde berechtigt ist, sich selbst eine Übersetzung zu beschaffen, wenn die verlangte Übersetzung (§ 87 Abs. 2 Sätze 1 bzw. 2 AO) nicht unverzüglich vorgelegt wird. In beiden Fällen hat der Beteiligte die anfallenden Kosten zu tragen. Die bei einer Beauftragung durch die Finanzbehörde in Rechnung zu stellende Vergütung regelt § 87 Abs. 2 Satz 4 AO. Hieraus ergibt sich, dass der Beteiligte nicht mit höheren Kosten belastet werden darf, als sich aus der Anwendung des Justizvergütungs- und -entschädigungsgesetz ergeben.

Ob die Finanzbehörde von der ihr in § 87 Abs. 2 Satz 3 AO eingeräumten Möglichkeit, sich auf Kosten des Beteiligten selbst eine Übersetzung zu beschaffen, Gebrauch machen will, steht in ihrem pflichtgemäßen Ermessen (§ 5 AO). Es ist ihr grundsätzlich nicht verwehrt, das auf § 87 Abs. 2 Satz 1 oder 2 AO gestützte Verlangen mit Zwangsmitteln gem. § 328 AO durchzusetzen. Es kann aber auch ermessensfehlerfrei sein, wenn die Finanzbehörde von der Beschaffung einer Übersetzung absieht und die Eingabe als unbeachtlich behandelt. Auch auf diese Möglichkeit sollte der Beteiligte mit der Fristsetzung für das Einreichen der Übersetzung hingewiesen werden.

## III. Auswirkungen auf Fristen

§ 87 Abs. 3 und 4 AO behandeln den Einfluss fremdsprachlicher Anträge, Anzeigen oder Willenserklärungen auf den Beginn bzw. Lauf von Fristen. Soll durch das fremdsprachliche Vorbringen ein fristgebundenes Tätigwerden der Finanzbehörde ausgelöst werden, beginnt der Lauf der Frist nach § 87 **Abs. 3** AO erst mit dem Zeitpunkt, in dem der Finanzbehörde eine Übersetzung vorliegt. Die Vorschrift ist in der Praxis nahezu ohne Bedeutung. 4

Soll die fremdsprachliche Erklärung zugunsten eines Beteiligten eine Frist gegenüber der Finanzbehörde wahren (z.B. Rechtsbehelfsfrist, Ausschlussfristen), einen öffentlich-rechtlichen Anspruch geltend machen oder eine Leistung begehren, so ist nach § 87 **Abs.** 4 Satz 1 AO grundsätzlich auf den Zeitpunkt des Eingangs der fremdsprachlichen Erklärung (Anzeige, Antrag, sonstige Willenserklärung) bei der Finanzbehörde abzustellen. Voraussetzung ist aber, dass der Beteiligte dem Verlangen der Finanzbehörde auf Vorlage einer Übersetzung innerhalb einer von der Behörde zu setzenden angemessenen Frist nachkommt. Denn nur dann greift die gesetzliche Fiktion. Fehlt es an einem Verlangen der Finanzbehörde, ist der Zeitpunkt des Eingangs der Übersetzung maßgebend, soweit sich nicht aus zwischenstaatlichen Vereinbarungen etwas anderes ergibt (§ 87 Abs. 4 Satz 2 AO). Während die von der Finanzbehörde gesetzte Frist gem. § 109 Abs. 1 AO verlängert werden kann, ist hinsichtlich der durch die Erklärung usw. zu wahrenden Frist nach deren Ablauf wegen nicht fristgerechter Vorlage der Übersetzung vor ihrem Ablauf allenfalls Wiedereinsetzung in den vorigen Stand unter den Voraussetzungen des § 110 Abs. 1 AO möglich. Dabei können Sprachschwierigkeiten ausnahmsweise als Wiedereinsetzungsgrund in Betracht kommen (BFH v. 21.05.1997, VII S 37/96, BFH/NV 1997, 634; BFH v. 17.03.2010, X B 114/09, BFH/NV 2010, 1239; FG Bre v. 28.11.2016, 3 K 52/16 (1), ECLI:DE:FGHB:2016:1128.3K52.16.1.0A; s. § 110 AO Rz. 25). 5

Auf die Rechtsfolge der verspäteten Vorlage der (angeforderten) Übersetzung muss der Betroffene nach § 87 Abs. 4 Satz 3 AO hingewiesen werden. Wurde dieser Hinweis unterlassen, kann die Fristversäumnis als unverschuldet anzusehen sein, sodass auch insoweit Wiedereinsetzung in den vorigen Stand gem. § 110 Abs. 1 AO zu gewähren sein kann. 6

Zur Buchführung in fremder Sprache s. § 146 Abs. 3 AO.

## § 87a AO Elektronische Kommunikation

(1) Die Übermittlung elektronischer Dokumente ist zulässig, soweit der Empfänger hierfür einen Zugang eröffnet. Ein elektronisches Dokument ist zugegangen, sobald die für den Empfang bestimmte Einrichtung es in für den Empfänger bearbeitbarer Weise aufgezeichnet hat; § 122 Absatz 2a sowie die §§ 122a und 123 Satz 2 und 3 bleiben unberührt. Übermittelt die Finanzbehörde Daten, die dem Steuergeheimnis unterliegen, sind diese Daten mit einem geeigneten Verfahren zu verschlüsseln. Die kurzzeitige automatisierte Entschlüsselung, die beim Versenden einer De-Mail-Nachricht durch den akkreditierten Diensteanbieter zum Zweck der Überprüfung auf Schadsoftware und zum Zweck der Weiterleitung an den Adressaten der De-Mail-Nachricht erfolgt, verstößt nicht gegen das Verschlüsselungsgebot des Satzes 3. Eine elektronische Benachrichtigung über die Bereitstellung von Daten zum Abruf oder über den Zugang elektronisch an die Finanzbehörden übermittelter Daten darf auch ohne Verschlüsselung übermittelt werden.

(2) Ist ein der Finanzbehörde übermitteltes elektronisches Dokument für sie zur Bearbeitung nicht geeignet, hat sie dies dem Absender unter Angabe der für sie geltenden technischen Rahmenbedingungen unverzüglich mitzuteilen. Macht ein Empfänger geltend, er könne das von der Finanzbehörde übermittelte elektronische Dokument nicht bearbeiten, hat sie es ihm erneut in einem geeigneten elektronischen Format oder als Schriftstück zu übermitteln.

(3) Eine durch Gesetz für Anträge, Erklärungen oder Mitteilungen an die Finanzbehörden angeordnete Schriftform kann, soweit nicht durch Gesetz etwas anderes bestimmt ist, durch die elektronische Form ersetzt werden. Der elektronischen Form genügt ein elektronisches Dokument, das mit einer qualifizierten elektronischen Signatur versehen ist. Bei der Signierung darf eine Person ein Pseudonym nur verwenden, wenn sie ihre Identität der Finanzbehörde nachweist. Die Schriftform kann auch ersetzt werden

1. durch unmittelbare Abgabe der Erklärung in einem elektronischen Formular, das von der Behörde in einem Eingabegerät oder über öffentlich zugängliche Netze zur Verfügung gestellt wird;
2. durch Versendung eines elektronischen Dokuments an die Behörde mit der Versandart nach § 5 Absatz 5 des De-Mail-Gesetzes.

In den Fällen des Satzes 4 Nummer 1 muss bei einer Eingabe über öffentlich zugängliche Netze ein sicherer Identitätsnachweis nach § 18 des Personalausweisgesetzes oder nach § 78 Absatz 5 des Aufenthaltsgesetzes erfolgen.

(4) Eine durch Gesetz für Verwaltungsakte oder sonstige Maßnahmen der Finanzbehörden angeordnete Schriftform kann, soweit nicht durch Gesetz etwas anderes bestimmt ist, durch die elektronische Form ersetzt werden. Der elektronischen Form genügt ein elektronisches Dokument, das mit einer qualifizierten elektronischen Signatur versehen ist. Die Schriftform kann auch ersetzt werden durch Versendung einer De-Mail-Nachricht nach § 5 Absatz 5 des De-Mail-Gesetzes, bei der die Bestätigung des akkreditierten Diensteanbieters die erlassende Finanzbehörde als Nutzer des De-Mail-Kontos erkennen lässt. Für von der Finanzbehörde aufzunehmende Niederschriften gelten die Sätze 1 und 3 nur, wenn dies durch Gesetz ausdrücklich zugelassen ist.

(5) Ist ein elektronisches Dokument Gegenstand eines Beweises, wird der Beweis durch Vorlegung oder Übermittlung der Datei angetreten; befindet diese sich nicht im Besitz des Steuerpflichtigen oder der Finanzbehörde, gilt § 97 entsprechend. Für die Beweiskraft elektronischer Dokumente gilt § 371a der Zivilprozessordnung entsprechend.

(6) Soweit nichts anderes bestimmt ist, ist bei der elektronischen Übermittlung von amtlich vorgeschriebenen Datensätzen an Finanzbehörden ein sicheres Verfahren zu verwenden, das den Datenübermittler authentifiziert und die Vertraulichkeit und Integrität des Datensatzes gewährleistet. Nutzt der Datenübermittler zur Authentisierung seinen elektronischen Identitätsnachweis nach § 18 des Personalausweisgesetzes oder nach § 78 Absatz 5 des Aufenthaltsgesetzes, so dürfen die dazu erforderlichen Daten zusammen mit den übrigen übermittelten Daten gespeichert und verwendet werden.

(7) Wird ein elektronisch erlassener Verwaltungsakt durch Übermittlung nach § 122 Absatz 2a bekannt gegeben, ist ein sicheres Verfahren zu verwenden, das die übermittelnde Stelle oder Einrich-

**tung der Finanzverwaltung authentifiziert und die Vertraulichkeit und Integrität des Datensatzes gewährleistet. Ein sicheres Verfahren liegt insbesondere vor, wenn der Verwaltungsakt**

**1. mit einer qualifizierten elektronischen Signatur versehen und mit einem geeigneten Verfahren verschlüsselt ist oder**

**2. mit einer De-Mail-Nachricht nach § 5 Absatz 5 des De-Mail-Gesetzes versandt wird, bei der die Bestätigung des akkreditierten Diensteanbieters die erlassende Finanzbehörde als Nutzer des De-Mail-Kontos erkennen lässt.**

**(8) Wird ein elektronisch erlassener Verwaltungsakt durch Bereitstellung zum Abruf nach § 122a bekannt gegeben, ist ein sicheres Verfahren zu verwenden, das die für die Datenbereitstellung verantwortliche Stelle oder Einrichtung der Finanzverwaltung authentifiziert und die Vertraulichkeit und Integrität des Datensatzes gewährleistet. Die abrufberechtigte Person hat sich zu authentisieren. Absatz 6 Satz 2 gilt entsprechend.**

**Inhaltsübersicht**



**Schrifttum**


Schmitz/Schlatmann, Digitale Verwaltung? – Das dritte Gesetz zur Änderung verwaltungsverfahrensrechtlicher Vorschriften, NVwZ 2002, 1281; Burchert, Möglichkeiten elektronischer Kommunikation mit Finanzbehörden, INF 2003, 179; Hütt, Steuerliches e-Government, AO-Steuerberater 2003, 22 und 80; Rossnagel, Das elektronische Verwaltungsverfahren, NJW 2003, 469; Drüen/Hechtner, Rechts- und Sicherheitsfragen der elektronischen Umsatzsteuervoranmeldung im Projekt »ELSTER«, DStR 2006, 821; Fett/Sascha, Formerfordernisse kontra elektronischer Datenaustausch, DStZ 2007, 176; Mai, Prozesshandlungen via E-Mail in der Finanzgerichtshoheit, FS Frotscher, 2013, 423; Braun-Binder, Elektronische Bekanntgabe von Verwaltungsakten über Behördenportale, NVwZ 2016, 342; von Wedelstädt, Die Änderungen des AEAO durch das BMF-Schreiben vom 26.01.2016, DB 2016, 736; Ortwald, Elektronischer Steuerbescheid per einfacher E-Mail?, DStR 2017, 477.


## A. Allgemeines

Die Vorschrift ist weitgehend »technischer« Natur. Sie ist im Zuge der Modernisierung des Besteuerungsverfahrens mit dem Ziel einer weitgehend elektronischen Bearbeitung der Steuerfälle wiederholt geändert worden. Sie soll den Anforderungen an die elektronische Kommunikation Rechnung tragen. Auch im steuerlichen Verwaltungsverfahren ist es möglich, elektronische Dokumente an die Finanzbehörden zu übermitteln (Abs. 3); umgekehrt können auch die Finanzbehörden den Weg elektronischer Kommunikation wählen. Insbesondere können sie auch Verwaltungsakte in elektronischer Form übermitteln, sofern dies nicht gesetzlich ausgeschlossen ist (Abs. 4). Mittelfristig kommt darin zum Ausdruck, dass die elektronische Kommunikation zum Regelfall werden soll. Dem mit dem elektronischen Rechtsverkehr verbundenen Bedürfnis nach einer sicheren Datenübermittlung und der Wahrung des Steuergeheimnisses sollen die vielfältigen Regelungen über die Verschlüsselung und die Durchführung der Datenübermittlung Rechnung tragen. Die Anforderungen sind indes hoch (Signatur nach dem Signaturgesetz, De-Mail) und werden von der Mehrzahl der nicht professionellen Einreicher nicht vorgehalten. Noch ist die Regelung vorwiegend ein **Angebot** an die Beteiligten, d. h., die bislang bestehenden Kommunikationsmöglichkeiten (Schriftwechsel, Vorsprache) bleiben in vollem Umfang erhalten. Dies gilt ungeachtet dessen, dass die Regelung zunehmend den Weg zur elektronischen Akte als Ziel hat (BT-Drs. 14/9000, 35). 1

## B. Bedeutung und Anwendungsbereich der Vorschrift

§ 87a AO ist die Grundnorm für die Abwicklung des **elektronischen Rechtsverkehrs** mit den Finanzbehörden. 2
Sie stellt die Rahmenbedingungen auf, unter welchen Voraussetzungen die Übermittlung elektronische Dokumente im Besteuerungsverfahren Berücksichtigung finden. Zu unterscheiden sind die »einfache« elektronische Kommunikation (z. B. E-Mail), der wegen der einfachen technischen Handhabung vor allem im »normalen«, außerbehördlichen Geschäftsverkehr große Bedeutung zukommt, und die Übermittlung von Dokumenten mit qualifizierter **elektronischer Signatur** nach dem **Signaturgesetz**, die – abgesehen von etwaigen gesetzlichen Ausnahmen – immer erforderlich ist, wenn eine im Gesetz angeordnete Schriftform durch die elektronische Form ersetzt werden soll. Dieses Erfordernis führt wegen der geringen Verbreitung von Signaturverfahren dazu, dass diese Art der elektronischen Kommunikation noch nicht deutlich an Bedeutung gewonnen hat. Weitere Verbreitung des elektronischen Rechtsverkehrs soll die Möglichkeit der Anwendung des Versands elektronischer Doku-

mente mittels **De-Mail** bewirken, die vom Gesetzgeber offensichtlich als sichere Form der Dokumentenübermittlung angesehen wird. Allerdings hat sich auch die De-Mail in der Praxis nicht umfänglich durchgesetzt. Daneben ermöglicht das Gesetz die Datenübermittlung durch den Stpfl. an die Behörde durch Nutzung **elektronischer Formulare**. Die elektronische Übermittlung von amtlich vorgeschriebenen Datensätzen an die Finanzbehörden und die Bekanntgabe elektronisch erlassener Verwaltungsakte ist mittels eines sog. »sicheren Verfahrens« vorzunehmen. § 87a Abs. 6 AO nennt insoweit ausdrücklich die verschlüsselte Übermittlung eines mit einer qualifizierten elektronischen Signatur versehenen Verwaltungsaktes oder die Übermittlung mittels De-Mail. Daneben ist aber auch die Verwendung anderer Verfahren nicht ausgeschlossen (»insbesondere«). § 87a AO findet keine Anwendung, soweit gesetzliche Regelungen die elektronische Kommunikation ausschließen, wie z.B. § 224a Abs. 2 Satz 1 AO, § 309 Abs. 1 Satz 2 AO oder wenn die gesetzlichen Regelungen vorsehen, dass Anträge, Anzeigen oder Erklärungen »auf amtlichem Vordruck« abzugeben sind (z.B. § 46 Abs. 3 AO, § 138 Abs. 1 AO, § 50d Abs. 2 EStG); bei Letzteren ist die elektronische Übermittlung möglich, wenn die FinVerw. entsprechende Formulare auch in elektronischer Form bereitstellt. Für Steuererklärungen, die »nach amtlichem Vordruck« abzugeben sind (vgl. z.B. § 56 EStG), sieht § 150 Abs. 1 Satz 2 AO eine Sonderregelung zur Anwendung von § 87a AO vor (s. § 150 AO Rz. 1). Wird in einer Rechtsbehelfsbelehrung nicht auf die Möglichkeit einer Rechtsbehelfseinlegung per E-Mail hingewiesen, ist die Belehrung im Hinblick auf die in § 357 Abs. 1 AO eröffnete Möglichkeit der elektronischen Einspruchseinlegung unrichtig, sodass die Monatsfrist nicht in Gang gesetzt wird. Die gegenteilige frühere Rspr. (BFH v. 02.02.2010, III B 20/09, BFH/NV 2010, 830; BFH v. 12.12.2012, I B 127/12, BStBl II 2013, 434) ist durch die eindeutige Gesetzesfassung des § 357 Abs. 1 AO überholt (FG SchlH v. 21.06.2017, 5 K 7/16, EFG 2017, 1405 mit Anm. Fischbach; a. A. FG Ha v. 19.05.2016, 2 K 138/15, DStRE 2017, 1126; offengelassen von BFH v. 05.03.2014, VIII R 51/12, BFH/NV 2014, 1010).

Die Versendung von Telefaxen fällt nicht in den Anwendungsbereich des § 87a AO. Nach Ansicht des BFH ist nicht nur die Versendung von Telefaxen auf herkömmlichem Weg (analoges Fax), sondern auch die Übermittlung von Funkfax, Computerfax und sog. Ferrari-Fax kein elektronisches Dokument i.S. von § 87a AO. Insbesondere bestehe bei der Übersendung von Behörden- und Gerichtsfaxen kein Bedürfnis für einen besonderen Nachweis der Urheberschaft oder einen Schutz vor nachträglicher Veränderung (BFH v. 28.01.2014, VIII R 28/13, BStBl II 2014, 552; BFH v. 18.03.2014, VIII R 9/10, BStBl II 2014, 748). Dies dürfte entsprechend auch für Telefaxe des Stpfl. an die FinVerw gelten. Per Telefax übersandte Verwaltungsakte sind erst mit dem Ausdruck beim Empfänger »schriftlich erlassen« (BFH v. 18.03.2014, VIII R 9/10, BStBl II 2014, 748).

## C. Tatbestandliche Voraussetzungen

### I. Zugangseröffnung für elektronische Dokumente, § 87a Abs. 1 AO

Nach § 87a **Abs. 1 Satz 1** AO ist die Übermittlung elek- 3
tronischer Dokumente zulässig, soweit der Empfänger hierfür einen Zugang eröffnet. **Elektronisches Dokument** ist ein Dokument, das in elektronischer Form erstellt, versandt und abgerufen wird. Das **Eröffnen des Zugangs** setzt neben der Bereitstellung der technischen Zugangsmöglichkeit (elektronisches Postfach) die Willensentscheidung voraus, den Zugang für die Nutzung zur elektronischen Kommunikation zur Verfügung zu stellen. Es bedarf also eines Einverständnisses durch den Betroffenen, das auch nur für Einzelfälle erteilt werden kann und widerruflich ist. Das Einverständnis kann sowohl ausdrücklich als auch konkludent erteilt werden. Die FinVerw. (AEAO zu § 87a AO, Nr. 1) differenziert zwischen Privatpersonen und Personen mit selbstständiger oder gewerblicher Tätigkeit. Bei Ersteren soll stets eine ausdrückliche Erklärung erforderlich sein, während bei selbstständig oder gewerblich Tätigen ausreichen soll, dass der im Verkehr mit der Finanzbehörde verwendete Briefkopf eine E-Mail-Anschrift enthält oder sie sich per E-Mail an die Finanzbehörde gewandt haben. Insoweit wird unterstellt, dass eine büromäßige Nutzung mit regelmäßiger Kontrolle der eingehenden Nachrichten vorliegt. U. E. sollten beide Fallgruppen gleich behandelt werden, da jeweils in gleicher Weise nach außen kundgetan wurde, sich an elektronischer Kommunikation zu beteiligen. Dies vermeidet Abgrenzungsschwierigkeiten. Für eine automatische Beschränkung auf bestimmte Verfahrenssituationen bei Privatpersonen (so *Brandis* in Tipke/Kruse, § 87a AO Rz. 5) gibt die gesetzliche Regelung keine Grundlage. Auch bei Annahme einer Zugangseröffnung kann der Absender der elektronischen Post nicht damit rechnen, dass das elektronische Postfach täglich oder in regelmäßig wiederkehrenden Abständen geöffnet und die Nachrichten abgerufen werden. Dem tragen die Zugangsregelungen in Satz 2 Rechnung. Darüber hinaus enthalten die §§ 122 Abs. 2a AO, 122a AO und 123 AO gesetzliche Sonderregelungen über die Bekanntgabe elektronischer Dokumente. Sie gehen der allgemeinen Regelung des Satzes 2 vor. Die Angabe einer E-Mail-Anschrift auf einer Homepage reicht zur Zugangseröffnung nicht aus, da damit nicht dokumentiert ist, dass die Bereitschaft besteht, auch mit den Finanzbehörden elektronisch zu kommunizieren. Die **Finanzbehörden** eröffnen den Zugang allein durch Angabe ihrer E-Mail-Anschrift. Wendet sich der Stpfl. per E-Mail an die Behörde, wird in aller

Regel davon auszugehen sein, dass auch der die Anfrage betreffende Schriftwechsel per E-Mail geführt werden kann. Die Grenze ist allerdings erreicht, wenn das Gesetz Schriftform erfordert, die nicht durch die elektronische Form ersetzt werden kann.

4 Bei Dokumenten, die mit einer **qualifizierten elektronischen Signatur** nach dem Signaturgesetz versehen sind, wird von einer allgemeinen Zugangseröffnung nur nach einer entsprechenden Mitteilung des Empfängers ausgegangen werden können; zweifelhaft ist, ob allein die Versendung eines mit einer elektronischen Signatur versehenen Dokuments durch den Empfänger für eine Zugangseröffnung ausreicht (so *Brandis* in Tipke/Kruse, § 87 a AO Rz. 6). Dies dürfte allenfalls für den konkreten Vorgang anzunehmen sein, für den sich der Stpfl. dieser Übersendungsform bedient hat, nicht aber für eine allgemeine Zugangseröffnung ausreichen. U. E. bedarf es wegen der besonderen Bedeutung der Versendung mittels einer elektronischen Signatur für die allgemeine Zugangseröffnung einer ausdrücklichen Zustimmung des Empfängers.

## II. Zugang des elektronischen Dokuments, § 87a Abs. 1 Satz 2 AO

5 § 87 a **Abs. 1 Satz 2 1. HS** AO bestimmt den **Zugangszeitpunkt** des elektronischen Dokuments. Erst der Zugang löst die mit einer Übermittlung des Dokuments verbundenen Rechtsfolgen, z. B. Fristläufe, aus. Für den Zugang ist erforderlich, aber auch ausreichend, wenn die für den Empfang bestimmte Einrichtung das Dokument in für den Empfänger bearbeitbarer Weise aufgezeichnet hat. Das Dokument muss also in den Machtbereich des Empfängers gelangt sein. Dazu reicht es aus, wenn es im E-Mail-Postfach abrufbar ist. Dies ist i. d. R. der Fall, wenn es beim Mail-Server des Providers zum Abruf bereitsteht. Die Möglichkeit der Kenntnisnahme reicht aus; nicht erforderlich für den Zugang ist, dass der Empfänger das Dokument tatsächlich zur Kenntnis nimmt. Nach § 87 a **Abs. 1 Satz 2 2. HS** AO bleiben § 122 Abs. 2a AO, § 122 a AO und § 123 Satz 2 und 3 AO unberührt. Das bedeutet, dass diese Regelungen, die die Bekanntgabe von Verwaltungsakten regeln, der Anwendung der in Abs. 1 Satz 2 1. HS normierten Grundsätze vorgehen. Sie finden erst dann wieder Anwendung, wenn z. B. die Zugangsfiktion des § 122 Abs. 2 AO nicht gilt. Nach § 122 Abs. 2a AO gilt für die Bekanntgabe eines elektronisch übermittelten Verwaltungsaktes eine Drei-Tages-Fiktion. Im Zweifel hat der Versender Zugang und Zugangszeitpunkte nachzuweisen. Für diesen Nachweis kommt es dann darauf an, ob die Zugangsvoraussetzungen des § 87 a Abs. 1 Satz 2 1. HS AO erfüllt sind. § 122 a AO betrifft die Bekanntgabe von Verwaltungsakten durch Bereitstellung zum Datenabruf. Das sind die Fälle, in denen der Adressat den Verwaltungsakt elektronisch »abholen« muss. Auch hier gilt eine Drei-Tages-Fiktion, die an die Bekanntgabe der Nachricht über die Bereitstellung anknüpft. Hier liegt das Risiko für die Bekanntgabe der Mitteilung bei der Finanzbehörde. § 123 Abs. 2 und 3 AO betrifft die Bekanntgabe im Ausland.

In einer für den Empfänger **bearbeitbaren Weise** muss das Dokument an den Empfänger gelangt sein. Damit ist nicht die Möglichkeit einer technischen Weiterbearbeitung gemeint. Es genügt, wenn dem Empfänger die inhaltliche Bearbeitung möglich ist. Dies ist der Fall, wenn das Dokument zwar schreibgeschützt, aber ausdruckbar ist. Geringe Mängel in der Übermittlung sind unschädlich, wenn sich der Inhalt eindeutig erkennen lässt. Insoweit gilt nichts anderes wie bei fehlerhaft verfassten Schriftstücken. Ist das Dokument nicht bearbeitbar, fehlt es am Zugang mit der Folge, dass die Übermittlung keine Rechtsfolgen auslöst. Diese Anforderung gilt für die Stpfl. und die Finanzbehörde in gleicher Weise. Praktische Bedeutung dürfte sie aber nur für die Übersendung von Dokumenten durch den Stpfl. haben. Er muss sich bei der Datenübermittlung üblicher, marktgängiger Standards bedienen. Umgekehrt kann ein Stpfl. nicht erwarten, dass die Finanzbehörde die Daten in nicht üblichen Formen (Formaten) entgegennimmt. Erforderlich ist die Lesbarkeit und Speicherbarkeit der Dokumente. 6

Sofern die Finanzbehörden Daten übermitteln, die dem **Steuergeheimnis** unterliegen, z. B. Steuerfestsetzungen, ist eine Verschlüsselung der Daten zwingend vorgeschrieben (§ 87 a **Abs. 1 Satz 3** AO). Für Übermittlungen der Stpfl. an die Finanzbehörden gilt die Verschlüsselungspflicht nicht, da sie selbst über den Umfang des Geheimhaltungsschutzes disponieren können. Die Verschlüsselung hat in einem **geeigneten** Verfahren zu erfolgen. Was darunter zu verstehen ist, ist im Gesetz nicht geregelt. Folglich sind die Finanzbehörden in der Wahl des Verfahrens frei. Voraussetzung ist aber, dass während der Übermittlung eine Einsichtnahme durch Dritte technisch ausgeschlossen ist. Ob die erforderliche Datensicherheit gewährleistet wird, lässt sich nur für jedes Verschlüsselungsverfahren gesondert beurteilen. Hierzu wird in der Regel ein technisches Gutachten erforderlich sein. Aus § 87 a **Abs. 1 Satz 4** AO lässt sich entnehmen, dass der Gesetzgeber das De-Mail-Verfahren als geeignetes Verfahren i. S. von § 87 a Abs. 1 Satz 3 AO ansieht. Die erforderliche Datensicherheit soll durch das Akkreditierungsverfahren nach dem De-Mail-Gesetz gewährleistet werden. Die Akkreditierung eines Diensteanbieters erfordert, dass er Nachweise des Bundesbeauftragten für den Datenschutz und die Informationsfreiheit (BfDI) zum ausreichenden Datenschutz und von seitens des BSI zertifizierten IT-Sicherheitsdienstleistern zur ausreichenden Datensicherheit vorlegen muss. Die Akkreditierung erfolgt nach § 17 De-Mail-Gesetz. Die Regelung soll zugleich klarstellen, dass die Versendung den Anfordernis- 7 sen an die Wahrung des Steuergeheimnisses entspricht. Die Anwendung des ELSTER-Verfahrens für die Datenübermittlung an das FA bleibt unberührt (BT-Drs. 17/11473, 34, 51). § 87a **Abs. 1 Satz 5** AO sieht im Interesse einer vereinfachten Kommunikation vor, dass elektronische Benachrichtigungen über die Bereitstellung von Daten zum Abruf oder über den Zugang elektronisch an die FinVerw. übermittelter Daten auch ohne Verschlüsselung übermittelt werden können. Dies ist sachgerecht, da diese Mitteilungen regelmäßig keine besonders schutzwürdigen Informationen enthalten.

### III. Zur Bearbeitung ungeeignete Dokumente, § 87a Abs. 2 AO

8 § 87a **Abs. 2 Satz 1** AO begründet die **Verpflichtung der Finanzbehörde**, dem Absender eines elektronischen Dokumentes unverzüglich, d.h. ohne schuldhaftes Zögern, mitzuteilen, wenn das Dokument für die Bearbeitung nicht geeignet ist. Dabei muss sie die für den Empfang erforderlichen Rahmenbedingungen angeben, um dem Absender einen erneuten Sendeversuch zu ermöglichen. Da das nicht bearbeitbare Dokument nach § 87a Abs. 1 AO nicht als zugegangen gilt, kann es zu Nachteilen für den Stpfl. kommen, wenn bei einem erneuten Sendeversuch eine vom Stpfl. einzuhaltende Frist bereits verstrichen ist. In diesem Fall dürfte in der Regel Wiedereinsetzung in den vorigen Stand zu gewähren sein. Die Frist für den Wiedereinsetzungsantrag beginnt mit dem Zugang der Mitteilung der Finanzbehörde über das Vorliegen eines Bearbeitungshindernisses.

9 § 87a **Abs. 2 Satz 2** AO regelt den Fall, dass der Stpfl. einwendet, er könne ein von der FinVerw übermitteltes Dokument nicht bearbeiten. In diesem Fall hat die Finanzbehörde das Dokument erneut übermitteln. Bei der erneuten Übersendung steht der Finanzbehörde ein Wahlrecht zu, ob sie – regelmäßig nach Abstimmung mit dem Steuerpflichtigen – eine Übersendung mit einem anderen elektronischen Format vornimmt oder die Übersendung in Schriftform erfolgt. Letztere ist die einzig mögliche Versendungsart, wenn kein für die Übermittlung geeignetes elektronisches Format gefunden werden kann.

### IV. Ersatz der Schriftform

#### 1. Erklärungen gegenüber den Finanzbehörden, § 87a Abs. 3 AO

10 Eine **gesetzlich angeordnete** Schriftform für Anträge, Erklärungen oder Mitteilungen an die Finanzbehörden kann durch die elektronische Form ersetzt werden. Dieser Grundsatz gilt jedoch nur, soweit in der entsprechenden Formvorschrift keine abweichende Regelung getroffen ist (§ 87a **Abs. 3 Satz 1** AO). Letzteres ist z.B. der Fall, wenn eine Erklärung »auf« einem amtlichen Vordruck abzugeben ist. Hingegen können Erklärungen, die »nach« amtlichem Vordruck abzugeben sind, in elektronischer Form übermittelt werden. Allerdings findet § 87a AO nach § 150 Abs. 1 Satz 2 AO auf Steuererklärungen (§ 150 Abs. 1 Satz 1 AO) – dem wohl wichtigsten Fall, in dem Erklärungen gegenüber der FinVerw »nach« amtlichem Vordruck abgegeben werden – nur eingeschränkt Anwendung, sodass sich jedenfalls theoretisch die Frage stellt, wie Steuererklärungen auf elektronischem Weg übermittelt werden können, wenn die Übermittlung der Erklärung in elektronischer Form nicht gesetzlich vorgeschrieben ist (vgl. § 150 Abs. 7 AO). Die FinVerw bevorzugt hierfür das von ihr zur Verfügung gestellte ELSTER-Verfahren für die elektronische Steuererklärung (www.elsteronline.de oder www.elster.de). Verbindlich ist dies jedoch nicht, sodass auch andere Programme genutzt werden können. In der Praxis hat sich die elektronische Übermittlung von Steuererklärungen mittlerweile bewährt. Darüber hinaus weitet der Gesetzgeber die Verpflichtungen zur Abgabe von Erklärungen in elektronischer Form aus. So sieht z.B. § 5b EStG die elektronische Übermittlung von Bilanzen und Gewinn- und Verlustrechnungen vor. Dabei verweist die einzelsteuergesetzliche Regelung auf § 150 Abs. 7 AO; dort sind die Einzelheiten zur Übermittlung der Daten geregelt (s. § 150 AO Rz. 12). Soweit § 87a AO im Übrigen zur Anwendung kommt, setzt die gesetzliche Regelung in § 87a **Abs. 3 Satz 2** AO voraus, dass das Dokument mit einer qualifizierten Signatur nach dem Signaturgesetz zu versehen ist. Ist das Dokument von mehreren Einsendern zu signieren, muss jeder von ihnen das gesamte Dokument getrennt signieren, soweit eine mehrfache elektronische Signatur nicht möglich ist. Im Fall der Einspruchseinlegung (§ 357 AO) ist eine qualifizierte Signatur nicht erforderlich; § 357 Abs. 1 AO lässt die formlose elektronische Einlegung eines Einspruchs zu (vgl. auch AEAO zu § 357 AO, Nr. 1). Im Übrigen stellt das Erfordernis der qualifizierten Signatur eine beachtliche Erschwernis des elektronischen Rechtsverkehrs dar, da die Vielzahl der Steuerpflichtigen (noch) nicht über eine solche Signatur verfügt. Um den Zugang zum elektronischen Rechtsverkehr in einem weiteren Umfang und einem größeren Personenkreis zu ermöglichen, kann nach **§ 87a Abs. 3 Satz 4 und 5 AO** die Schriftform durch weitere Versendungsmöglichkeiten ersetzt werden. Nach **§ 87a Abs. 3 Satz 4 Nr. 1 AO** kann der Stpfl. ein **elektronisches Formular** nutzen, das von der Behörde in einem Eingabegerät oder über öffentlich zugängliche Netze zur Verfügung gestellt wird. Damit sind vor allem Eingabeformulare erfasst, die über einen Internetzugang bereitgestellt werden. Bei dieser Nutzung über ein öffentlich zugängliches Netz muss aber zur Verifizierung des Datenabsenders ein sicherer Identitätsnachweis nach § 18 PAuswG,

sog. elektronischer Identitätsausweis, oder nach § 78 Abs. 5 AufenthaltG mittels eines Dokuments mit elektronischem Speicher- und Verarbeitungsmedium erbracht werden. Nach § 87a Abs. 3 Satz 4 Nr. 2 AO ersetzt auch die Versendung eines elektronischen Dokuments mittels **De-Mail** die Schriftform. Erforderlich ist aber, dass der Versand über eine gesicherte Anmeldung i. S. des § 5 Abs. 5 De-Mail-Gesetz erfolgt. Der akkreditierte Dienstleister muss also die sichere Anmeldung mit einer qualifizierten elektronischen Signatur bestätigt haben. Die Versendung mittels eines »einfachen«, lediglich durch ein Passwort geschützten De-Mail-Kontos reicht also nicht aus. Fehlt eine erforderliche Signatur, entfaltet das Dokument keine Rechtswirkungen, da es an einem Formmangel leidet. Für die elektronische Übermittlung von amtlich vorgesehenen Datensätzen enthält Abs. 6 eine Sonderregelung (s. Rz. 14).

Eine Signatur ist aber entbehrlich, wenn in der Formvorschrift selbst zum Ausdruck kommt, dass die strengen Anforderungen des § 87a Abs. 3 AO keine Anwendung finden. Dies ist stets dann der Fall, wenn die Vorschrift eine spezialgesetzliche Regelung zur Übermittlung elektronischer Dokumente oder Daten enthält (s. § 93 Abs. 4 Satz 1 AO; § 138 Abs. 1a AO; § 357 Abs. 1 AO: »elektronisch«).

11 Eine Signierung mit einem **Pseudonym** ist nach § 87a Abs. 3 Satz 3 AO zulässig, wenn die das Pseudonym verwendende Person ihre Identität der Finanzbehörde nachweist. Die FinVerw. (AEAO zu § 87a AO, Nr. 3.4) sieht zudem vor, dass Dokumente, die mit einem sog. Wahlnamen versehen sind, nicht zurückgewiesen werden, wenn dem Wahlnamen die Funktion eines bürgerlichen Namens zukommt, wie z. B. bei Künstler- oder Ordensnamen. In Fällen der **Bevollmächtigung nach** § 150 Abs. 3 AO ist mit der Signatur des Bevollmächtigten zu signieren.

### 2. Erklärungen der Finanzbehörden, § 87a Abs. 4 AO

12 § 87a Abs. 4 AO ermöglicht auch den Finanzbehörden Verwaltungsakte oder sonstige Maßnahmen, für die gesetzlich Schriftform vorgesehen ist, durch die elektronische Form zu ersetzen, soweit nicht die elektronische Übermittlung ausdrücklich gesetzlich ausgeschlossen ist, wie z. B. in § 224a Abs. 2 AO, § 244 Abs. 1 Satz 3 AO, § 309 Abs. 1 Satz 2 AO, § 324 Abs. 2 Satz 2 AO. Auch die Dokumente der Finanzbehörden sind mit einer qualifizierten Signatur nach dem Signaturgesetz zu versehen. Fehlt die Signatur, ist die Erklärung unwirksam. Es ist nicht erforderlich, dass der einzelne Mitarbeiter mit seiner individuellen Signatur zeichnet; eine Behördensignatur reicht aus. Nach § 87a Abs. 4 Satz 3 AO kann auch die Behörde die Schriftform durch Versendung eines elektronischen Dokuments mittels De-Mail ersetzen. Der Versand muss über eine gesicherte Anmeldung i. S. d. § 5 Abs. 5 De-Mail-Gesetz erfolgen. Zusätzlich muss die Bestätigung des akkreditierten Diensteanbieters die erlassende Behörde als Nutzer des De-Mail-Kontos erkennen lassen.

§ 87a Abs. 4 Satz 4 AO regelt den Sonderfall von durch die Finanzbehörde aufzunehmende Niederschriften; abweichend von der Grundregel des § 87a Abs. 4 Satz 1 AO ist eine elektronische Niederschrift nur zulässig, wenn dies gesetzlich zugelassen ist.

## V. Elektronisches Dokument als Beweisgegenstand, § 87a Abs. 5 AO

§ 87a Abs. 5 Satz 1 AO stellt klar, dass auch elektronische Dokumente Gegenstand eines Beweises sein können. Dabei ist das Dokument selbst und nicht ein etwaiger Ausdruck maßgeblich. Dies wird durch die Regelung bestätigt, dass der Beweis durch Vorlage oder Übermittlung der Datei angetreten wird. Für den Fall, dass die Datei nicht im Besitz des Stpfl. oder der FinVerw. ist, ordnet das Gesetz die entsprechende Geltung des § 97 AO an. Das bedeutet, dass die Finanzbehörde die Vorlage auch von Dritten verlangen kann. Für die Beweiskraft verweist § 87a Abs. 5 Satz 2 AO auf § 371 ZPO und ordnet dessen entsprechende Anwendung an. Danach finden grds. die Regelungen zur Beweiskraft über die Beweiskraft privater und öffentlicher Urkunden entsprechende Anwendung. Mittels De-Mail versandte oder mit einer qualifizierten Signatur nach dem Signaturgesetz versehene Dokumente tragen danach den Anschein ihrer Echtheit in sich, der nur durch Tatsachen erschüttert werden kann, die ernsthafte Zweifel daran begründen, dass das Dokument mit dem Willen des Signaturschlüsselinhabers übermittelt worden ist oder im Fall der Versendung durch De-Mail ernstliche Zweifel bestehen, dass die Nachricht von der absendenden Person mit diesem Inhalt abgesandt worden ist. 13

§ 371 a ZPO lautet wie folgt:

*§ 371 a Beweiskraft elektronischer Dokumente*

*(1) Auf private elektronische Dokumente, die mit einer qualifizierten elektronischen Signatur versehen sind, finden die Vorschriften über die Beweiskraft privater Urkunden entsprechende Anwendung. Der Anschein der Echtheit einer in elektronischer Form vorliegenden Erklärung, der sich auf Grund der Prüfung der qualifizierten elektronischen Signatur nach Artikel 32 der Verordnung (EU) Nr. 910/2014 des Europäischen Parlaments und des Rates vom 23. Juli 2014 über elektronische Identifizierung und Vertrauensdienste für elektronische Transaktionen im Binnenmarkt und zur Aufhebung der Richtlinie 1999/93/EG (ABl. L 257 vom 28.8.2014, S. 73) ergibt, kann nur durch Tatsachen erschüttert werden, die ernst-*

*liche Zweifel daran begründen, dass die Erklärung von der verantwortenden Person abgegeben worden ist.*

*(2) Hat sich eine natürliche Person bei einem ihr allein zugeordneten De-Mail-Konto sicher angemeldet (§ 4 Absatz 1 Satz 2 des De-Mail-Gesetzes), so kann für eine von diesem De-Mail-Konto versandte elektronische Nachricht der Anschein der Echtheit, der sich aus der Überprüfung der Absenderbestätigung gemäß § 5 Absatz 5 des De-Mail-Gesetzes ergibt, nur durch Tatsachen erschüttert werden, die ernstliche Zweifel daran begründen, dass die Nachricht von dieser Person mit diesem Inhalt versandt wurde.*

*(3) Auf elektronische Dokumente, die von einer öffentlichen Behörde innerhalb der Grenzen ihrer Amtsbefugnisse oder von einer mit öffentlichem Glauben versehenen Person innerhalb des ihr zugewiesenen Geschäftskreises in der vorgeschriebenen Form erstellt worden sind (öffentliche elektronische Dokumente), finden die Vorschriften über die Beweiskraft öffentlicher Urkunden entsprechende Anwendung. Ist das Dokument von der erstellenden öffentlichen Behörde oder von der mit öffentlichem Glauben versehenen Person mit einer qualifizierten elektronischen Signatur versehen, gilt § 437 entsprechend. Das Gleiche gilt, wenn das Dokument im Auftrag der erstellenden öffentlichen Behörde oder der mit öffentlichem Glauben versehenen Person durch einen akkreditierten Diensteanbieter mit seiner qualifizierten elektronischen Signatur gemäß § 5 Absatz 5 des De-Mail-Gesetzes versehen ist und die Absenderbestätigung die erstellende öffentliche Behörde oder die mit öffentlichem Glauben versehene Person als Nutzer des De-Mail-Kontos ausweist.*

Ernstliche Zweifel liegen vor, wenn die vorgetragenen Tatsachen ergeben, dass die Wahrscheinlichkeit, dass das Dokument nicht mit dem Willen des Signaturschlüsselinhabers bzw. De-Mail-Absenders übermittelt worden ist, größer ist als die Wahrscheinlichkeit, dass das übermittelte Dokument dem Willen des Absenders entspricht bzw. von ihm stammt.

## VI. Ausnahmeregelung, § 87a Abs. 6 bis 8 AO

14 § 87a **Abs. 6** AO enthielt in seiner bis zum 31.12.2016 geltenden Fassung eine VO-Ermächtigung, auf der u. a. die SteuerdatenübermittlungsVO beruhte. Mit Wirkung ab dem 01.01.2017 wurden die Ermächtigung sowie die SteuerdatenübermittlungsVO im Zuge der Neuregelungen durch das Gesetz zur Modernisierung des Besteuerungsverfahrens aufgehoben.

In die ab dem 01.01.2017 geltende Fassung wurden weitgehend die bisher in § 150 Abs. 6 Satz 3 bis 5 AO sowie § 1 Abs. 3 und § 6 Abs. 1 StDÜV enthaltenen Regelungen für Datenübermittlungen an die Finanzverwaltung übernommen. Diese gelten über elektronisch übermittelte Steuererklärungen und Steueranmeldungen hinaus in allen Fällen, in denen Daten mittels amtlich vorgeschriebenen Datensatzes an die Finanzverwaltung übermittelt werden. Insoweit wird die Regelung durch § 87b AO ergänzt. Ferner findet Abs. 6 auch Anwendung auf die Übermittlung von Vollmachtsdaten (§ 80a AO), von Daten i. S. des § 93c AO, von E-Bilanzen (§ 5b EStG) und der Anlage EÜR (§ 60 EStDV), von Freistellungsdaten i. S. des § 45d EStG und von übermittelten Daten der in § 91 EStG genannten Stellen. Unerheblich ist dabei, ob eine gesetzliche Verpflichtung zur Übermittlung nach amtlich vorgeschriebenem Datensatz besteht oder ob dies freiwillig erfolgt (BR-Drs. 631/15, 76). Die Norm betrifft ausschließlich die Datenübermittlung **an die Finanzbehörden**. Für interne Datenübermittlungen gilt sie nicht; insoweit werden die Regelungen zur Wahrung des Steuergeheimnisses als ausreichend angesehen. Für die Datenübermittlung **von den Finanzbehörden an den Stpfl.** gelten die Regelungen der § 30 und § 87a Abs. 1, 7 und 8 AO.

Für die Datenübermittlung der Datensätze an die Finanzbehörden ist ein sicheres Verfahren zu verwenden. 15
Welche Verfahren als sicher anzusehen sind, bestimmt das Gesetz nicht abschließend. Es nennt allerdings in Abs. 7 Satz 2 beispielhaft als sicher angesehene Verfahren. Das Verfahren muss den Datenübermittler authentifizieren und die Vertraulichkeit und Integrität des Datensatzes gewährleisten. Es geht also um die Feststellung des Absenders und die Unveränderbarkeit des Datensatzes. Dabei reicht nach § 87a **Abs. 6 Satz 2** AO zur Authentifizierung des Datenübermittlers der elektronische Identitätsnachweis des Personalausweises nach § 18 PersonalauswG und der Identitätsnachweis nach § 78 Abs. 5 AufenthaltG aus. Zugleich ist klargestellt, dass die Identifizierungsdaten zusammen mit den übermittelten Daten gespeichert und verwendet werden können. Die Daten müssen also auch nach dem Eingang bei der Finanzbehörde nicht getrennt werden.

§ 87a **Abs. 7** AO betrifft die Übermittlung und Bekannt- 16
gabe elektronisch erlassener Verwaltungsakte nach § 122a Abs. 2a AO. Die Norm bestimmt in § 87a **Abs. 7 Satz 1** AO die datenschutzrechtlichen Vorgaben und schreibt auch für die Verwaltung vor, dass die Übermittlung in einem sichereren Verfahren zu erfolgen hat. Insoweit korrespondiert die Regelung mit den Vorgaben des Abs. 6 für die Übermittlung von Daten an die Finanzbehörden. § 87a **Abs. 7 Satz 2** AO nennt beispielhaft (»insbesondere«) die Übermittlung mit einer qualifizierten Signatur und einer in einem geeigneten Verfahren versehenen Verschlüsselung (Nr. 1) oder eine Versendung per De-Mail als sichere Verfahren (Nr. 2).

**Abs. 8** enthält datenschutzrechtliche Vorgaben für die 17
Bekanntgabe elektronisch erlassener Steuerbescheide durch Bereitstellung zum Datenabruf nach § 122a AO. Wie bei Abs. 7 ist die Finanzbehörde auch bei der Bereitstellung zur Verwendung eines sicheren Verfahrens verpflichtet (§ 87a **Abs. 8 Satz 1** AO). Zusätzlich muss sich

auch die abrufberechtigte Person authentifizieren. Für die Authentifizierung gelten die Regelungen des Abs. 6 Satz 2 entsprechend (§ 87a Abs. 8 Satz 2 und 3 AO).

## § 87b AO Bedingungen für die elektronische Übermittlung von Daten an Finanzbehörden

**(1) Das Bundesministerium der Finanzen kann in Abstimmung mit den obersten Finanzbehörden der Länder die Datensätze und weitere technische Einzelheiten der elektronischen Übermittlung von Steuererklärungen, Unterlagen zur Steuererklärung, Daten über Vollmachten nach § 80a, Daten im Sinne des § 93c und anderer für das Besteuerungsverfahren erforderlicher Daten mittels amtlich vorgeschriebener Datensätze bestimmen. Einer Abstimmung mit den obersten Finanzbehörden der Länder bedarf es nicht, soweit die Daten ausschließlich an Bundesfinanzbehörden übermittelt werden.**

**(2) Bei der elektronischen Übermittlung von amtlich vorgeschriebenen Datensätzen an Finanzbehörden hat der Datenübermittler die hierfür nach Absatz 1 für den jeweiligen Besteuerungszeitraum oder -zeitpunkt amtlich bestimmten Schnittstellen ordnungsgemäß zu bedienen. Die amtlich bestimmten Schnittstellen werden über das Internet zur Verfügung gestellt.**

**(3) Für die Verfahren, die über die zentrale Stelle im Sinne des § 81 des Einkommensteuergesetzes durchgeführt werden, kann das Bundesministerium der Finanzen durch Rechtsverordnung mit Zustimmung des Bundesrates die Grundsätze der Datenübermittlung sowie die Zuständigkeit für die Vollstreckung von Bescheiden über Forderungen der zentralen Stelle bestimmen. Dabei können insbesondere geregelt werden:**

1. **das Verfahren zur Identifikation der am Verfahren Beteiligten,**
2. **das Nähere über Form, Inhalt, Verarbeitung und Sicherung der zu übermittelnden Daten,**
3. **die Art und Weise der Übermittlung der Daten,**
4. **die Mitwirkungspflichten Dritter und**
5. **die Erprobung der Verfahren.**

**Zur Regelung der Datenübermittlung kann in der Rechtsverordnung auf Veröffentlichungen sachverständiger Stellen verwiesen werden. Hierbei sind das Datum der Veröffentlichung, die Bezugsquelle und eine Stelle zu bezeichnen, bei der die Veröffentlichung archivmäßig gesichert niedergelegt ist.**

**Inhaltsübersicht**



### A. Allgemeines

Mit Wirkung ab 1.1.2017 übernimmt § 87b AO einen Teil der zum 31.12.2016 außer Kraft getretenen Regelungen der SteuerdatenübermittlungsVO, nämlich § 1 Abs. 2 und § 2 SteuerdatenübermittlungsVO, in das Gesetz. Die § 87b AO gilt in allen Fällen, in denen steuerlich erhebliche Daten nach amtlich vorgeschriebenem Datensatz an Finanzbehörden zu übermitteln sind, soweit nichts anderes bestimmt ist (BR-Drs. 631/15, 77). Sie betrifft damit ausschließlich den Datenaustausch von den Stpfl. an die Finanzbehörden. Materiellrechtliche Regelungen enthält § 87b AO zum Besteuerungsverfahren enthält die Norm nicht. Sie dient allein der technischen Umsetzung der Datenübermittlung. 1

### B. Grundlagen der Datenübermittlung, § 87b Abs. 1 und 2 AO

§ 87b Abs. 1 AO eröffnet dem BMF die Möglichkeit, die Datensätze und die technischen Einzelheiten der elektronischen Datenübermittlung zu regeln. Die Regelungskompetenz soll eine einheitliche und damit einfache Datenübermittlung sicherstellen. Da im Besteuerungsverfahren in der Regel die Landesfinanzbehörden tätig werden, sieht das Gesetz folgerichtig eine Abstimmung mit den obersten Finanzbehörden der Länder vor; diese ist nur entbehrlich, soweit die Daten ausschließlich an Bundesfinanzbehörden übermittelt werden. Das Bestimmungsrecht besteht nur für die Datenübermittlung mittels amtlich vorgeschriebener Datensätze. Die in § 87b Abs. 1 Satz 1 AO genannte Aufzählung möglicher Datensätze ist nur beispielhaft und nicht abschließend. Soweit eine Abstimmung zwischen BMF und den obersten Finanzbehörden der Länder erforderlich ist, handelt es sich um ein ausschließlich verwaltungsinternen Vorgang. 2

§ 87b Abs. 2 AO verpflichtet die Datenübermittler generell zur Nutzung der für die Datenübermittlung bestimmten Schnittstellen. Sie sind »ordnungsgemäß zu bedienen«. Das Gesetz statuiert damit einen Benutzungszwang. Eine andere Form der Datenübermittlung ist nicht zulässig. Zugleich lässt sich aus der gesetzlichen Formulierung eine Sorgfaltspflicht ableiten. Der Datenübermitt- 3 ler muss sichere Übertragungswege nutzen und sicherstellen, dass die übermittelten Daten für den Empfänger lesbar sind. Damit die Datenübermittlung entsprechend der Vorgaben erfolgen kann und der Datenübermittler sich nicht auf mangelnde Übermittlungsmöglichkeiten berufen kann, werden die amtlich bestimmten Schnittstellen über das Internet beim BMF oder BZSt zur Verfügung gestellt.

### C. Verordnungsermächtigung – Zentrale Stelle, § 87b Abs. 3 AO

4 § 87b Abs. 3 Satz 1 und 2 AO enthält eine Verordnungsermächtigung für die Verfahren, die über die zentrale Stelle i. S. des § 81 EStG im Hause der Deutschen Rentenversicherung Bund (ZfA) geführt werden. Für diese Verfahren können die Grundsätze der Datenübermittlung sowie die Zuständigkeit für die Vollstreckung von Bescheiden über Forderungen der zentralen Stelle durch RechtsVO geregelt werden. Mit der Erstreckung der VO-Ermächtigung auf die Vollstreckung geht Abs. 3 über den sonst in § 87b AO enthaltenen technischen Bezug hinaus. Die Vorschrift gilt – neben der Ermächtigungsgrundlage in § 99 Absatz 2 EStG für das Zulageverfahren – als neue Ermächtigungsgrundlage für die Altersvorsorge-Durchführungsverordnung (AltvDV). Im Einzelnen sieht die Ermächtigungsgrundlage u. a vor, dass die Grundsätze der Datenübermittlung bestimmt werden können, so beispielsweise die Art und Weise der Datenübermittlung, einschließlich der Mitwirkungspflichten, das Nähere über Form, Inhalt, Verarbeitung und Sicherung der zu übermittelnden Daten, aber auch die Erprobung der Verfahren (BT-Drs. 18/7457, 66).

5 Zur Vereinfachung ermöglicht § 87b Abs. 3 Satz 3 und 4 AO, dass zur Regelung der Datenübermittlung auf Veröffentlichungen sachverständiger Stellen verwiesen werden kann. Dies kann z. B. das Bundesamt für Sicherheit in der Informationstechnik sein (BSI), das regelmäßig technische Richtlinien zur Verbreitung sicherer IT-Standards veröffentlicht. Um die Auffindbarkeit zu erleichtern, muss in dem Verweis die Fundstelle sowie das Datum der Veröffentlichung und die Quelle bezeichnet werden.

## § 87c AO
## Nicht amtliche Datenverarbeitungsprogramme für das Besteuerungsverfahren

**(1) Sind nicht amtliche Programme dazu bestimmt, für das Besteuerungsverfahren erforderliche Daten zu verarbeiten, so müssen sie im Rahmen des in der Programmbeschreibung angegebenen Programmumfangs die richtige und vollständige Verarbeitung dieser Daten gewährleisten.**

**(2) Auf den Programmumfang sowie auf Fallgestaltungen, in denen eine richtige und vollständige Verarbeitung ausnahmsweise nicht möglich sind, ist in der Programmbeschreibung an hervorgehobener Stelle hinzuweisen.**

**(3) Die Programme sind vom Hersteller vor der Freigabe für den produktiven Einsatz und nach jeder für den produktiven Einsatz freigegebenen Änderung daraufhin zu prüfen, ob sie die Anforderungen nach Absatz 1 erfüllen. Hierbei sind ein Protokoll über den letzten durchgeführten Testlauf und eine Programmauflistung zu erstellen, die fünf Jahre aufzubewahren sind. Die Aufbewahrungsfrist nach Satz 2 beginnt mit Ablauf des Kalenderjahres der erstmaligen Freigabe für den produktiven Einsatz; im Fall einer Änderung eines bereits für den produktiven Einsatz freigegebenen Programms beginnt die Aufbewahrungsfrist nicht vor Ablauf des Kalenderjahres der erstmaligen Freigabe der Änderung für den produktiven Einsatz. Elektronische, magnetische und optische Speicherverfahren, die eine jederzeitige Wiederherstellung der eingesetzten Programmversion in Papierform ermöglichen, sind der Programmauflistung gleichgestellt.**

**(4) Die Finanzbehörden sind berechtigt, die Programme und Dokumentationen zu überprüfen. Die Mitwirkungspflichten des Steuerpflichtigen nach § 200 gelten entsprechend. Die Finanzbehörden haben die Hersteller oder Vertreiber eines fehlerhaften Programms unverzüglich zur Nachbesserung oder Ablösung aufzufordern. Soweit eine Nachbesserung oder Ablösung nicht unverzüglich erfolgt, sind die Finanzbehörden berechtigt, die Programme des Herstellers von der elektronischen Übermittlung an Finanzbehörden auszuschließen. Die Finanzbehörden sind nicht verpflichtet, die Programme zu prüfen. § 30 gilt entsprechend.**

**(5) Sind die Programme zum allgemeinen Vertrieb vorgesehen, hat der Hersteller den Finanzbehörden auf Verlangen Muster zum Zwecke der Prüfung nach Absatz 4 kostenfrei zur Verfügung zu stellen.**

**(6) Die Pflichten der Programmhersteller gemäß den vorstehenden Bestimmungen sind ausschließlich öffentlich-rechtlicher Art.**

§ 87c tritt an die Stelle von §§ 3 und 4 SteuerdatenübermittlungsVO, deren Regelungen er weitgehend übernommen hat. Die Vorschrift regelt die Pflichten von Herstellern und Vertreibern nicht amtlicher Datenverarbei- 1 tungsprogramme, die im Besteuerungsverfahren für die Erhebung, die Verarbeitung (einschließlich der Übermittlung an Finanzbehörden) und die Nutzung von für das Besteuerungsverfahren erforderlichen Daten bestimmt sind. Es handelt sich eine technische Vorschrift, die ausschließlich das Verhältnis zwischen den Erstellern und Vertreiber der nicht amtlichen Programme und den Finanzbehörden betrifft. Sie hat keinen Bezug zur Durchführung individueller Besteuerungsverfahrens, sondern ist entgegen der Annahme des Gesetzgebers (BT-Drs. 18/7457, 68) vielmehr eine systemwidrig in die AO eingefügte Ordnungsvorschrift für die Programmerstellung. Ein Bezug zum allgemeinen Abgabenrecht lässt sich allenfalls in der Schnittstellenfunktion zur Datenübermittlung sehen.

2 § 87c **Abs. 1** AO normiert die – im nach § 72a AO haftungsbewehrte – Verpflichtung, dass die Programme die richtige und vollständige Verarbeitung der Daten gewährleisten. Dabei hängt der Umfang des Gewährleistungsrahmens von dem in der Programmbeschreibung angegebenen Programmumfang ab. Der Hersteller ist also gehalten, die Funktionalitäten des Programms klar und eindeutig zu definieren und in der Programmbeschreibung zu dokumentieren. Zu einer Haftung gegenüber dem Fiskus kommt es allerdings erst dann, wenn durch die fehlerhafte Datenverarbeitung Steuern verkürzt oder zu Unrecht Steuervorteile gewährt werden.

3 § 87c **Abs. 2** AO regelt in Ergänzung zu Abs. 1 die Hinweispflicht des Herstellers auf den Programmumfang und mögliche Fallgestaltungen, in denen eine Verarbeitung nicht möglich ist. Da der Hinweis an hervorgehobener Stelle erfolgen muss, muss sich der Hinweis deutlich lesbar und sofort auffindbar in der Programmbeschreibung finden; das Hinweis muss dem Nutzer »ins Auge springen«.

4 Zur Qualitätssicherung sieht § 87c **Abs. 3** AO Prüfungs- und Dokumentationspflichten der Hersteller vor. Die Prüfpflicht nach Abs. 3 Satz 1 umfasst den Programmumfang und die Fehlerfreiheit unter Beachtung der Anforderungen des Abs. 1. Der Hersteller muss sich also vergewissern, dass es zu einer den rechtlichen Vorschriften entsprechenden Datenverarbeitung kommt, es also – soweit das Programm Steuerberechnungen vornimmt – zu einer exakten Berechnung des Steueranspruchs kommt. Die Verpflichtung zur Prüfung korrespondiert mit in Abs. 3 Satz 2 bis 4 normierten Protokollierungs- und Aufbewahrungspflichten. Sie ermöglicht den Finanzbehörden die in Abs. 4 geregelte Prüfung der Programme und dient auch der Verifizierung möglicher Haftungsinanspruchnahmen nach § 72a Abs. 1 AO. Die fünfjährige, an den produktiven Einsatz anknüpfende, Aufbewahrungsfrist ist ersichtlich dazu bestimmt, den Zeitraum der regelmäßigen vierjährigen Verjährungsfrist abzudecken.

5 Nach § 87c **Abs. 4** AO sind die Finanzbehörden berechtigt, aber nicht verpflichtet, die Programme und Dokumentationen zu überprüfen. Auch wenn die Mitwirkungspflichten des Herstellers die Mitwirkungspflichten nach § 200 AO entsprechend Anwendung finden, handelt es sich bei der Prüfung der Programme nicht um eine Außenprüfung i. S. der §§ 193 ff. AO. Denn es geht nicht um die Prüfung steuerlich erheblicher Tatsachen, sondern um die Einhaltung von technischen Ordnungsvorschriften. Kommen Hersteller oder Vertreiber bei fehlerhaften Programmen, d. h. bei Programmen, die Anforderungen des Abs. 1 nicht erfüllen, einer Aufforderung zur Nachbesserung oder Ablösung, d. h. also Einführung einer neuen Version, nicht nach, sind die Finanzbehörden berechtigt, die Programme von der elektronischen Übermittlung an die Finanzbehörden auszuschließen. Für die Nachbesserung bzw. Ablösung wird man dem Hersteller eine angemessene, aber kurze, Frist, einräumen müssen. Die Aufforderung zur Nachbesserung, Zur Ablösung und die Entscheidung zum Ausschluss sind Verwaltungsakte, die mit dem Einspruch und ggf. anschließender Anfechtungsklage angefochten werden können. Dass für im Rahmen der Prüfung erlangte Daten das Steuergeheimnis gilt, ist in Abs. 4 Satz 6 klargestellt, aber nur deklaratorischer Natur, da die Finanzbehörden ohnehin zur Beachtung des § 30 AO verpflichtet sind.

§ 87c **Abs. 5** AO regelt die Verpflichtung des Herstellers, aber nicht des Vertreibers, den Finanzbehörden auf Verlangen Muster zum Zwecke der Prüfung nach Abs. 4 kostenfrei zur Verfügung zu stellen. Das schließt aber nicht aus, dass die Finanzbehörden, ggf. zu Kontrollzwecken, weitere im Verkauf befindliche Versionen erwerben. 6

Nach § 87c **Abs. 6** AO sind die sich auf § 87c AO ergebenden Pflichten ausschließlich öffentlich-rechtlicher Art. Damit ist der Rechtsweg zu den Zivilgerichten verschlossen. 7

## § 87d AO Datenübermittlungen an Finanzbehörden im Auftrag

**(1) Mit der Übermittlung von Daten, die nach amtlich vorgeschriebenem Datensatz durch Datenfernübertragung über die amtlich bestimmten Schnittstellen für steuerliche Zwecke an die Finanzverwaltung zu übermitteln sind oder freiwillig übermittelt werden, können Dritte (Auftragnehmer) beauftragt werden.**

**(2) Der Auftragnehmer muss sich vor Übermittlung der Daten Gewissheit über die Person und die Anschrift seines Auftraggebers verschaffen (Identifizierung) und die entsprechenden Angaben in geeigneter Form festhalten. Von einer Identifizierung kann abgesehen werden, wenn der Auftragnehmer den Auftraggeber bereits bei früherer**

**Gelegenheit identifiziert und die dabei erhobenen Angaben aufgezeichnet hat, es sei denn, der Auftragnehmer muss auf Grund der äußeren Umstände bezweifeln, dass die bei der früheren Identifizierung erhobenen Angaben weiterhin zutreffend sind. Der Auftragnehmer hat sicherzustellen, dass er jederzeit Auskunft darüber geben kann, wer Auftraggeber der Datenübermittlung war. Die Aufzeichnungen nach Satz 1 sind fünf Jahre aufzubewahren; die Aufbewahrungsfrist beginnt nach Ablauf des Jahres der letzten Datenübermittlung. Die Pflicht zur Herstellung der Auskunftsbereitschaft nach Satz 3 endet mit Ablauf der Aufbewahrungsfrist nach Satz 4.**

**(3) Der Auftragnehmer hat dem Auftraggeber die Daten in leicht nachprüfbarer Form zur Zustimmung zur Verfügung zu stellen. Der Auftraggeber hat die ihm zur Verfügung gestellten Daten unverzüglich auf Vollständigkeit und Richtigkeit zu überprüfen.**

1 § 87d ersetzt seit dem 1.1.2017 § 1 Abs. 1 Satz 2 SteuerdatenübermittlungsVO. Sie ermöglicht dem Datenübermittler sich bei der Datenübermittlung Dritter zu bedienen, die das Gesetz als Auftragnehmer bezeichnet. Der Personenkreis, der als Auftragnehmer tätig werden kann, ist im Gesetz nicht genannt. Dementsprechend können nicht nur professionelle Einreicher, wie z.B. Steuerberater, Rechtsanwälte, Lohnsteuerhilfevereine u. Ä., sondern auch private mit der Datenübermittlung beauftragt werden. Kommt es durch den Auftragnehmer zu Steuerverkürzungen oder zur Erlangung ungerechtfertigter Steuervorteile, kommt eine Haftung des Auftragnehmers nach § 72a Abs. 2 AO in Betracht.

2 § 87d **Abs. 1** AO eröffnet den Stpfl. die Möglichkeit, Dritte mit der Übermittlung von Daten zu beauftragen, die nach amtlich vorgeschriebenen Datensatz an die Finanzbehörden zu übermitteln sind. Die Beauftragung ist unabhängig davon möglich, ob es sich um eine freiwillige oder verpflichtende Datenübermittlung handelt.

3 Um die Authentizität der Daten sicherzustellen, sieht § 87d **Abs. 2** AO die Verpflichtung des Auftragnehmers vor, sich vor der Übermittlung Gewissheit über die Person und die Anschrift seines Auftraggebers zu verschaffen. Diese Regelung orientiert sich an § 3 Abs 1 Nr. 1 in Verbindung mit § 4 Abs. 3 und 4 sowie § 8 GwG und § 154 Abs. 2 Satz 1 AO. Anders als nach § 4 Absatz 4 GwG ist nicht erforderlich, dass sich der Auftragnehmer amtlichen Ausweise vorlegen lassen muss, wenn er den Auftraggeber in anderer Weise sicher identifizieren kann (BT-Drs. 18/7457, 66). Eine (erneute) **Identifizierung** ist nur entbehrlich, wenn der Auftragnehmer den Auftraggeber bereits bei einer früheren Gelegenheit, d.h. bei einer früheren Beauftragung, identifiziert und es diese Daten aufgezeichnet hat. Der Verzicht auf die Identifizierung ist aber dann nicht möglich, wenn der Auftragnehmer aufgrund der äußeren Umstände Zweifel haben muss, dass die früheren Angaben unzutreffend geworden sind. Woraus sich solche Umstände ergeben können, sagt das Gesetz nicht. Anlass können aber z.B. geänderte Adressen in Briefköpfen o. a. sein. Um die Nachweisfunktion der Identifizierung zu sichern, muss der Auftragnehmer sicherstellen, dass er jederzeit Auskunft darüber geben kann, wer Auftraggeber der Datenübermittlung war. Die Angaben zur Identifizierung muss der Auftragnehmer nicht nur geeigneter Form (Satz 1), das können auch elektronische Aufzeichnungen sein, festhalten, sondern er muss die Aufzeichnungen aufbewahren (Satz 4). Die Aufbewahrungsfrist beträgt fünf Jahre. Sie orientiert sich damit an der regulären vierjährigen Festsetzungsfrist (§ 169 Abs. 2 S. 1 Nr. 2 AO) und der Anlaufhemmung nach § 170 Abs. 2 Nr. 1 AO. Mit dem Ablauf der Aufbewahrungspflicht endet – das ist folgerichtig – auch die Verpflichtung des Auftragnehmers zur jederzeitigen Auskunftspflicht nach Satz 3.

§ 87d **Abs. 3** AO übernimmt die frühere Regelung des 4
§ 6 Abs. 2 SteuerdatenübermittlungsVO. Danach ist der Auftragnehmer verpflichtet, die Daten in leicht nachprüfbarer Form zur Zustimmung zur Verfügung zu stellen. Korrespondierend damit hat der Auftraggeber die ihm zur Verfügung gestellten Daten unverzüglich, d.h. ohne schuldhaftes Zögern, auf Vollständigkeit und Richtigkeit zu prüfen. Daraus folgt: Stellt der Auftraggeber Fehler fest, ist er gehalten, eine Berichtung zu veranlassen. Unklar ist, welchen Zustimmungszeitpunkt das Gesetz im Blick hat. Nach dem Gesetzeswortlaut und dem Sinnzusammenhang von Zustimmungserfordernis und die Prüfpflicht könnte die Regelung dahingehend zu verstehen sein, dass die **Zustimmung** i.S. einer Einwilligung nach Prüfung und **vor der Datenübermittlung** erfolgen muss. Eventuelle Fehler muss der Auftraggeber dann schon vor der Übersendung dem Auftragnehmer mitteilen. Die Gesetzesbegründung (BT-Drs. 18/7457, 67) geht indes ersichtlich davon aus, dass die Daten erst **nach der Datenübermittlung** an den Auftraggeber zur Prüfung zu übersenden sind und Fehler dann zu einer Berichtung der bereits übermittelten Daten führen. U.E. kann dies nur für den Fall einer generellen Einwilligung des Auftraggebers gelten, z.B.im Rahmen eines laufenden Mandatsverhältnisses. Für die Praxis dürfte sich empfehlen, dass die Prüfung der Daten durch den Auftraggeber vor der Versendung erfolgt (vgl. auch *Brandis* in Tipke/Kruse, § 87d AO Rz. 4).

## § 87e AO Ausnahmeregelung für Einfuhr- und Ausfuhrabgaben, Verbrauchsteuern und die Luftverkehrsteuer

**Die §§ 72a und 87b bis 87d gelten nicht für Einfuhr- und Ausfuhrabgaben, Verbrauchsteuern und die Luftverkehrsteuer, soweit nichts anderes bestimmt ist.**

1 § 87e AO erklärt die Regelungen der §§ 87b bis 87d AO zur Datenübermittlung an die Finanzbehörden sowie die damit korrespondierende Haftungsnorm des § 72a AO für nicht anwendbar, wenn die zu übermittelnden Daten für die Festsetzung von Einfuhr- und Ausfuhrabgaben, Verbrauchsteuern und Luftverkehrsteuer bestimmt sind, soweit nicht in einem Gesetz oder einer Rechtsverordnung etwas anderes bestimmt ist.

## § 88 AO Untersuchungsgrundsatz

**(1) Die Finanzbehörde ermittelt den Sachverhalt von Amts wegen. Dabei hat sie alle für den Einzelfall bedeutsamen, auch die für die Beteiligten günstigen Umstände zu berücksichtigen.**

**(2) Die Finanzbehörde bestimmt Art und Umfang der Ermittlungen nach den Umständen des Einzelfalls sowie nach den Grundsätzen der Gleichmäßigkeit, Gesetzmäßigkeit und Verhältnismäßigkeit; an das Vorbringen und an die Beweisanträge der Beteiligten ist sie nicht gebunden. Bei der Entscheidung über Art und Umfang der Ermittlungen können allgemeine Erfahrungen der Finanzbehörden sowie Wirtschaftlichkeit und Zweckmäßigkeit berücksichtigt werden.**

**(3) Zur Gewährleistung eines zeitnahen und gleichmäßigen Vollzugs der Steuergesetze können die obersten Finanzbehörden für bestimmte oder bestimmbare Fallgruppen Weisungen über Art und Umfang der Ermittlungen und der Verarbeitung von erhobenen oder erfassten Daten erteilen, soweit gesetzlich nicht etwas anderes bestimmt ist. Bei diesen Weisungen können allgemeine Erfahrungen der Finanzbehörden sowie Wirtschaftlichkeit und Zweckmäßigkeit berücksichtigt werden. Die Weisungen dürfen nicht veröffentlicht werden, soweit dies die Gleichmäßigkeit und Gesetzmäßigkeit der Besteuerung gefährden könnte. Weisungen der obersten Finanzbehörden der Länder nach Satz 1 bedürfen des Einvernehmens mit dem Bundesministerium der Finanzen, soweit die Landesfinanzbehörden Steuern im Auftrag des Bundes verwalten.**

**(4) Das Bundeszentralamt für Steuern und die zentrale Stelle im Sinne des § 81 des Einkommensteuergesetzes können auf eine Weiterleitung ihnen zugegangener und zur Weiterleitung an die Landesfinanzbehörden bestimmter Daten an die Landesfinanzbehörden verzichten, soweit sie die Daten nicht oder nur mit unverhältnismäßigem Aufwand einem bestimmten Steuerpflichtigen oder einem bestimmten Finanzamt zuordnen können. Nach Satz 1 einem bestimmten Steuerpflichtigen oder einem bestimmten Finanzamt zugeordnete Daten sind unter Beachtung von Weisungen gemäß Absatz 3 des Bundesministeriums der Finanzen weiterzuleiten. Nicht an die Landesfinanzbehörden weitergeleitete Daten sind vom Bundeszentralamt für Steuern für Zwecke von Verfahren im Sinne des § 30 Absatz 2 Nummer 1 Buchstabe a und b bis zum Ablauf des 15. Jahres nach dem Jahr des Datenzugangs zu speichern. Nach Satz 3 gespeicherte Daten dürfen nur für Verfahren im Sinne des § 30 Absatz 2 Nummer 1 Buchstabe a und b sowie zur Datenschutzkontrolle verarbeitet werden.**

**(5) Die Finanzbehörden können zur Beurteilung der Notwendigkeit weiterer Ermittlungen und Prüfungen für eine gleichmäßige und gesetzmäßige Festsetzung von Steuern und Steuervergütungen sowie Anrechnung von Steuerabzugsbeträgen und Vorauszahlungen automationsgestützte Systeme einsetzen (Risikomanagementsysteme). Dabei soll auch der Grundsatz der Wirtschaftlichkeit der Verwaltung berücksichtigt werden. Das Risikomanagementsystem muss mindestens folgende Anforderungen erfüllen:**

1. **die Gewährleistung, dass durch Zufallsauswahl eine hinreichende Anzahl von Fällen zur umfassenden Prüfung durch Amtsträger ausgewählt wird,**
2. **die Prüfung der als prüfungsbedürftig ausgesteuerten Sachverhalte durch Amtsträger,**
3. **die Gewährleistung, dass Amtsträger Fälle für eine umfassende Prüfung auswählen können,**
4. **die regelmäßige Überprüfung der Risikomanagementsysteme auf ihre Zielerfüllung.**

**Einzelheiten der Risikomanagementsysteme dürfen nicht veröffentlicht werden, soweit dies die Gleichmäßigkeit und Gesetzmäßigkeit der Besteuerung gefährden könnte. Auf dem Gebiet der von den Landesfinanzbehörden im Auftrag des Bundes**

**verwalteten Steuern legen die obersten Finanzbehörden der Länder die Einzelheiten der Risikomanagementsysteme zur Gewährleistung eines bundeseinheitlichen Vollzugs der Steuergesetze im Einvernehmen mit dem Bundesministerium der Finanzen fest.**

**Inhaltsübersicht**



## A. Allgemeines

1 Die Norm, die durch das Gesetz zur Modernisierung des Besteuerungsverfahrens v. 18.07.2016, BGBl I 2016, 1679, weitgehend neu gestaltet worden ist, ist eine der grundlegenden Normen des Besteuerungsverfahrens. Sie betrifft den Aufgabenkreis der Finanzbehörden und macht Vorgaben für die Art und Weise der Durchführung des Besteuerungsverfahrens. Adressat der Regelungen sind damit ausschließlich die Finanzbehörden. Gegenüber den anderen Beteiligten des Besteuerungsverfahrens eröffnet § 88 AO keine Befugnisse. Die Finanzbehörden können also auf der Grundlage von § 88 AO keine Verwaltungsakte gegenüber den anderen Beteiligten erlassen, auch wenn sie zu Ermittlung des Sachverhalts beitragen sollen. Hierzu müssen sich die Finanzbehörden der einzelnen Befugnisnormen bedienen. Der schon in der Überschrift der Norm erwähnte Untersuchungsgrundsatz bringt zum Ausdruck, dass die Finanzbehörden entsprechend der aus Art. 20 Abs. 3 GG abzuleitenden verfassungsrechtlichen Verpflichtung an Gesetz und Recht gebunden sind. Dies erfordert, dass der den Steueranspruch auslösende Sachverhalt ermittelt wird. Daraus folgt, dass die Verwaltung sich weder auf der einen Seite allein auf die Erklärungen des Stpfl. verlassen darf, noch dass sie auf der anderen Seite allein dem fiskalischen Interesse Rechnung tragen darf. Sie ist vielmehr verpflichtet, ihre Tätigkeit an der Ermittlung, Festsetzung und Erhebung des gesetzlich verwirklichten Steuertatbestands und -anspruchs auszurichten. Sie ist im öffentlichen Interesse zur Ermittlung der wahren Besteuerungsgrundlagen, mithin zur Objektivität, verpflichtet. Damit trägt der Untersuchungsgrundsatz der Verwirklichung des weiteren – ebenfalls durch Verfassungsrecht gebotenen – Grundsatzes Rechnung, dass die Steuern in rechtlicher und tatsächlicher Hinsicht gleichmäßig zu erheben sind. Im Besteuerungsverfahren muss die **Belastungsgleichheit** nicht nur durch verfassungsgemäße steuerrechtliche Regelungen, sondern auch durch die Ausgestaltung des Besteuerungsverfahrens sichergestellt werden. Vollzugsdefizite, auch wenn sie auf Schwierigkeiten bei der Sachverhaltsermittlung beruhen, können zur Verfassungswidrigkeit des Steuereingriffs führen (BVerfG v. 09.03.2004, 2 BvL 17/02, BStBl II 2005, 56; BVerfG v. 17.12.2014, 1 BvL 21/12, BStBl II 2015, 50; BVerfG v. 24.03.2015, 1 BvR 2880/11, BStBl II 2015, 622). Diesen Anforderungen soll § 88 AO – auch nach der Neufassung – Rechnung tragen (BT-Drs. 18/7457, 67).

2 In der Neufassung der Norm ist – anders als in der Vergangenheit – ein weiterer Grundsatz genannt, der dem Grundsatz eines streng gesetzgebundenen, allein an der Entstehung und Verwirklichung des Steueranspruchs orientierten Gesetzesvollzugs auf den ersten Blick zuwiderläuft. Die Verwaltung hat auch dem Gebot der **Wirtschaftlichkeit und Zweckmäßigkeit** Rechnung zu tragen. Auch diesem Grundsatz – dem Grundsatz einer effektiven Verwaltung – kommt Verfassungsrang zu (BFH v. 22.10.2014, X R 18/14, BStBl II 2015, 371). Es streiten also in § 88 AO verschiedene – sich widersprechende – Grundsätze miteinander, die es miteinander im Einklang zu bringen gilt, nämlich der Grundsatz der **Gleichmäßigkeit der Besteuerung** und der **Amtsermittlungsgrundsatz** auf der einen Seite, die Zweckmäßigkeit und Wirtschaftlichkeit auf der anderen Seite. Beides wird ergänzt durch den stets zu beachtenden **Verhältnismäßigkeitsgrundsatz** und das mit zunehmender Automatisierung des Besteuerungsverfahrens immer wichtiger werdende **Verifikationsprinzip**.

3 Diese Widersprüche versucht das Gesetz zu lösen. **Abs. 1 und Abs. 2** übernehmen die genannten Grundsätze – ohne sie besonders zu gewichten oder zu konkretisieren – als Handlungsanweisung für die Finanzbehörden. **Abs. 3** ermöglicht den Erlass fallgruppenbezogener Verwaltungsanweisungen über Art und Umfang der Ermittlungen; die Regelung dient vor allem der Wirtschaftlichkeit und der Zweckmäßigkeit der Ermittlungen. **Abs. 4** betrifft den Verzicht einer Datenweiterleitung durch das BZSt und die zentrale Stelle nach § 81 EStG. Die Regelung dient der Vereinfachung. **Abs. 5** soll dem Umstand Rechnung tragen, dass die Quote der ausschließlich maschinell bearbeiteten Steuererklärungen in Zukunft deutlich steigen soll. Die »automatisierte Steuerveranlagung« führt dem Grunde nach nahezu zwangsläufig dazu, dass keine der in Abs. 1 und Abs. 2 genann-

ten Ermittlungshandlungen personell in die Besteuerung einfließen. Um gleichwohl das »bestmögliche Ergebnis« im Spannungsverhältnis zwischen gesetz- und gleichmäßiger Besteuerung einerseits und zeitnahen und wirtschaftlichen Verwaltungshandelns andererseits zu erreichen, soll mit der Einführung eines Risikomanagements den verfassungsrechtlichen Anforderungen an das Besteuerungsverfahren Rechnung getragen werden.

## B. Anwendungsbereich

4 Der Untersuchungsgrundsatz in seiner allgemeinen Ausprägung erstreckt sich über alle Arten und Phasen des Besteuerungsverfahrens, also nicht nur auf das Veranlagungsverfahren, sondern z. B. auch auf das Außenprüfungsverfahren, das Steuerfahndungsverfahren, das Steueraufsichtsverfahren, das Erstattungs- bzw. Vergütungsverfahren, insbes. aber auch auf das Erhebungs- und Rechtsbehelfsverfahren. Allerdings sind die Ermittlungshandlungen in räumlicher Hinsicht auf das Inland beschränkt. Im Ausland stehen den Finanzbehörden keine Ermittlungsbefugnisse zu, auch wenn es sich um im Inland unbeschränkt Steuerpflichtige und Besteuerungssachverhalte handelt, die sich auf die Besteuerung im Inland beziehen. Die in Abs. 5 geregelte Befugnis zum Einsatz von Risikomanagementsystemen erfasst de lege lata alle Arten von Steuern und Steuervergütungen, Anrechnung von Steuerabzugsbeträgen und Vorauszahlungen.

## C. Tatbestandliche Voraussetzungen

### I. Grundsatz des Amtsbetriebs, Abs. 1

5 § 88 **Abs. 1 Satz 1** AO begründet die Verpflichtung, den Sachverhalt von Amts wegen zu ermitteln. Die Norm ist damit die Grundnorm des Untersuchungsgrundsatzes. Die Verpflichtung zur Sachverhaltsaufklärung ist aber nicht grenzenlos. In diesem Sinne wird die Art und Weise der Ausfüllung dieser Verpflichtung durch § 88 Abs. 1 Satz 2 und Abs. 3 AO konkretisiert und auf die notwendigen Ermittlungshandlungen beschränkt. § 88 Abs. 3 und Abs. 5 AO enthalten weitere Einschränkungen der Untersuchungsmaxime.

Dass die Sachverhaltsermittlung der Finanzbehörden durch das Legalitätsprinzip geprägt ist, verdeutlicht § 88 **Abs. 1 Satz 2** AO. Danach muss die Behörde auch die für die Beteiligten günstigen Umstände berücksichtigen. Auch dies gilt in allen Verfahrensabschnitten und insbes. bei Außenprüfungen; auch der Prüfer darf sich nicht darauf beschränken, ausschließlich zu Mehrsteuern führende Ermittlungen anzustellen.

6 Nach § 88 **Abs. 2 Satz 1** AO bestimmt die Finanzbehörde ohne Bindung an das Vorbringen und die Beweisanträge der Beteiligten **Art und Umfang** der Ermittlungen, insbes. entscheidet sie auch darüber, durch welches Beweismittel die für die Besteuerung bedeutsamen Tatsachen erhärtet werden sollen (s. auch § 92 AO). Diese Entscheidung hat sie nach **freiem Ermessen** unter Berücksichtigung der für die Ermessensausübung allgemein (s. § 5 AO und die dortigen Erläuterungen) und für die Wahl von Beweismitteln speziell geltenden Grundsätze (s. § 93 Abs. 1 Satz 3 AO, § 95 Abs. 1 Satz 2 AO) zu treffen (BFH v. 11.01.1977, VII R 4/74, BStBl II 1977, 310). Ungeachtet dessen gehören Vorbringen und Beweisanträge der Beteiligten zu den wichtigsten Quellen der Sachverhaltsermittlung. Da die steuerlich bedeutsamen Sachverhalte in der Regel zur Lebenssphäre des Beteiligten gehören, ist die Mitteilung geeigneter Beweismittel deshalb wichtiger Bestandteil der Mitwirkungspflicht des Beteiligten (s. § 90 Satz 2 AO).

Grundsätzlich hat die Finanzbehörde bis zur erschöpfenden Aufklärung des Sachverhalts alle ihr offenstehenden Erkenntnisquellen zu nutzen. Die Vorschrift dient nämlich auch dem in § 85 AO verankerten Legalitätsprinzip, sodass der Umfang der Ermittlungspflicht grundsätzlich nicht durch ein Nutzen-Kosten-Denken eingeschränkt ist. Allerdings ist die FinVerw. schon vor der Neukodifizierung des § 88 AO zu Recht davon ausgegangen, dass die angestellten Ermittlungen zu dem angestrebten Erfolg nicht erkennbar außer Verhältnis stehen dürfen und Zweckmäßigkeitserwägungen berücksichtigt werden dürfen (AEAO zu § 88, Nr. 1; zu Einschränkungen der Ermittlungspflicht auch s. Rz. 11).

Mit der in § 88 **Abs. 2 Satz 2** AO ab dem 01.01.2017 7
geltenden Regelung ist nunmehr auch gesetzlich bestimmt, dass in die Entscheidungen über Art und Umfang der Ermittlungen auch Erwägungen zur Wirtschaftlichkeit und die Zweckmäßigkeit einfließen können. Nach Ansicht des Gesetzgebers (BT-Drs. 18/7457, 68) ist die Regelung nur deklaratorischer Natur, da die Zulässigkeit von Zweckmäßigkeitserwägungen und das Wirtschaftlichkeitsgebot in der Rspr. bereits seit Langem anerkannt seien (vgl. BVerfG v. 20.06.1973, 1 BvL 9-10/71, BStBl II 1973, 620; v. BVerfG v. 31.05.1988, 1 BvR 520/83, BVerfGE 78, 214; BFH v. 05.06.2007, IX B 29/06, BFH/NV 2007, 1174). Dem ist insoweit zu folgen, als diese Erwägungen in der Tat typische Anforderungen an das Verwaltungshandeln sind. Das Gebot zweckmäßigen Handels, das Wirtschaftlichkeitsprinzip und das Gebot des ressourcenschonenden Umgangs mit öffentlichen Mitteln sind der Verwaltungstätigkeit immanent (gl. A. *Seer* in Tipke/Kruse, § 88 AO Rz. 14). Gleichwohl geht die nunmehr geltende gesetzliche Regelung über eine reine Übernahme der Rechtsprechungsgrundsätze hinaus. Die Kriterien, die bislang Teil der Abwägung bei der Ausübung des Verfahrensermessen waren, sind zu eigenständigen – wenn auch denknotwendig unbestimmten – Tatbestandsmerkmalen erstarkt. Formal stehen sie damit scheinbar gleich-

wertig neben dem Legalitätsprinzip in § 85 AO und dem Amtsermittlungsgrundsatz. Diese vermeintliche Gleichwertigkeit bedarf indes eines Korrektivs. Unter dem Aspekt des Art. 3 GG und dem daraus folgenden Grundsatz der Gleichmäßigkeit und Gesetzmäßigkeit der Besteuerung können **Wirtschaftlichkeitserwägungen** allein nicht ausreichen, den Ermittlungsumfang zu bestimmen. Es geht nicht darum, das fiskalisch bestmögliche Ergebnis zu erzielen. Ziel muss weiterhin sein, mit angemessenem Aufwand zu dem möglichst zutreffenden, also gesetzmäßigen Besteuerungsergebnis zu kommen. Demzufolge können z.B. rein betriebswirtschaftliche Erwägungen, wie eine Kosten-Nutzen-Rechnung, nicht alleiniger Maßstab der Finanzbehörden sein. Nicht außer Acht gelassen werden darf zudem, dass Art und Umfang der Ermittlungen auch der Verwirklichung des Verifikationsprinzips dienen. Die mit der Sachverhaltsermittlung typischerweise verbundene Kontrollfunktion stellt über den Einzelfall hinaus – generalpräventiv – das steuerliche Erhebungsergebnis sicher. Deshalb ist es gerechtfertigt, die in § 88 Abs. 2 Satz 2 AO genannten Kriterien lediglich als verfahrensermessenleitende Tatbestandsmerkmale anzusehen, die allein die Grundprinzipien der Gesetzmäßigkeit und Gleichmäßigkeit der Besteuerung nicht verdrängen können (so zu Recht *Seer* in Tipke/Kruse, § 88 AO Rz. 14).

Die durch **Zweckmäßigkeitserwägungen** bestimmten Grenzen der amtlichen Ermittlungspflicht liegen dort, wo der Finanzbehörde eine (weitere) Nachforschung den Umständen nach nicht zugemutet werden kann. Das wird in der Regel zutreffen, wenn weitere Ermittlungen einen unverhältnismäßigen Aufwand an Zeit und Arbeit bedeuten würden. Die Unzumutbarkeit kann aber auch daraus resultieren, dass der Beteiligte das ihm zumutbare Maß an Mitwirkung nicht erfüllt (AEAO zu § 88, Nr. 2). Die Mitwirkungspflicht des Beteiligten ist umso größer, je verwickelter und schwerer zugänglich seine Verhältnisse gestaltet sind (z.B. Auslandsbeziehungen, s. § 90 Abs. 2 AO); sie ist andererseits geringer, wenn es ihm an Übersicht, Erfahrung und geschäftlicher Gewandtheit fehlt.

Als weiteres verfahrenslenkendes Kriterium ist die Einbeziehung sog. **allgemeiner Erfahrungen** der Finanzbehörden genannt. Was damit gemeint ist, ist unklar. Nach der Gesetzesbegründung (BT-Drs. 18/7457, 68) kann insoweit auf vergleichbare Lebenssachverhalte abgestellt werden. Damit dürften vor allem Erkenntnisse aus gleichgelagerten Verfahren und typisierte Erfahrungen aus Massenverfahren gemeint sein. Auch amtsbekannte Tatsachen dürften darunter zu subsumieren sein.

8 Nachrangige Ermittlungen und Nachprüfungen können zurückgestellt werden, solange offen ist, ob ihnen bei der Steuerfestsetzung überhaupt Bedeutung zukommt (BFH v. 17.03.2010, IV R 60/07, BFH/NV 2010, 1446). Ferner ist bei den Ermittlungen auch zu berücksichtigen, in wessen Interesse das konkrete Verfahren durchgeführt wird. Handelt es sich um von einem Beteiligten beantragte Steuervergünstigungen, wirkt sich die grundsätzlich auch hier geltende amtliche Ermittlungspflicht nicht dahingehend aus, dass die Finanzbehörde verpflichtet ist, die Tatbestandsvoraussetzungen für die beantragte Steuervergünstigung selbstständig, d.h. ohne entsprechende Mitwirkung des Begünstigten, zu ermitteln. Desgleichen werden die amtlichen Ermittlungen im Hinblick auf die Richtigkeit einer Steuererklärung entbehrlich, wenn unter den gegebenen Umständen keinerlei Anlass besteht, diese Richtigkeit anzuzweifeln; denn die Finanzbehörde kann den Angaben eines Steuerpflichtigen Glauben schenken, wenn nicht greifbare Umstände vorliegen, die darauf hindeuten, dass seine Angaben falsch oder unvollständig sind, sie braucht Steuererklärungen nicht mit Misstrauen zu begegnen (BFH v. 13.11.1985, II R 208/82, BStBl II 1986, 241; BFH v. 23.06.1993, I R 14/93, BStBl II 1993, 806; BFH v. 17.01.2005, VI B 4/04 BFH/NV 2005, 834; AEAO zu § 88 Nr. 2 Satz 3; zum Vorliegen einer Ermittlungspflichtverletzung vgl. AEAO zu § 88 Nr. 2 Satz 5 m.w.N.).

Wenngleich die Finanzbehörde an die **Beweisanträge** der Beteiligten nicht gebunden ist (§ 88 Abs. 2 Satz 1AO), 9
kann die Ablehnung von Ermittlungsanregungen und Beweisanträgen ermessenswidrig sein und einen Verstoß gegen die amtliche Ermittlungspflicht darstellen. Die Ablehnung eines angebotenen Beweismittels muss schlüssig begründet werden. Die Gründe, die eine solche Ablehnung rechtfertigen sollen, müssen erkennen lassen, dass die Behörde auch ohne Erhebung des angebotenen bzw. beantragten Beweises dem gesetzlichen Gebot der Sachaufklärung des § 88 Abs. 1AO nachgekommen ist. Als Anhaltspunkt können die nach § 244 Abs. 3 bis 5 StPO im Strafverfahren, für das ebenfalls die Offizialmaxime gilt, maßgebenden Kriterien dienen. Hiernach ist ein Beweisantrag abzulehnen, wenn die Erhebung des Beweises unzulässig ist. Im Übrigen dürfen Beweisanträge abgelehnt werden, wenn eine Beweiserhebung wegen Offenkundigkeit überflüssig ist; wenn die Tatsache, die bewiesen werden soll, für die Entscheidung ohne Bedeutung oder schon erwiesen ist; wenn das Beweismittel völlig ungeeignet oder unerreichbar ist; wenn der Antrag zum Zwecke der Verfahrensverschleppung gestellt ist oder wenn die zu beweisende Tatsache als wahr unterstellt werden kann. Ein Beweisantrag auf Vernehmung eines Sachverständigen kann abgelehnt werden, wenn die Finanzbehörde selbst die erforderliche Sachkunde besitzt oder wenn durch das frühere Gutachten eines anderen Sachverständigen das Gegenteil der behaupteten Tatsache bereits erwiesen ist (wegen der Einschränkungen s. § 244 Abs. 4 Satz 2 StPO).

Zum Inhalt der amtlichen Ermittlungspflicht gehört es 10
auch, die Beteiligten zur Erfüllung ihrer Mitwirkungspflichten anzuhalten, was wiederum die Gewährung ausreichenden rechtlichen Gehörs voraussetzt. Einwendun-

gen, die der Steuerpflichtige erhebt, müssen gewürdigt werden.

11 Eine die Sachverhaltsermittlung einschränkende Regelung enthält § 30 a AO. Die Vorschrift verpflichtet die Finanzbehörden, auf das Vertrauensverhältnis zwischen den Kreditinstituten und deren Kunden besonders Rücksicht zu nehmen (hierzu s. § 30 a AO Rz. 1).

## II. Beweisfragen

### 1. Beweislast

12 Eng mit der Frage der Sachverhaltsaufklärung verknüpft ist die weitere Frage, welche Folgen es hat, wenn sich ein Sachverhalt nicht eindeutig feststellen lässt. Dem Steuerrecht ist eine formelle (subjektive) Beweislast (Nachweispflicht) grundsätzlich fremd und besteht nur in gesondert geregelten Einzelfällen, zumeist wenn vom Stpfl. formelle Nachweise gefordert werden. Ungeachtet dessen stellt sich auch unter Geltung des Amtsermittlungsgrundsatzes die Frage, zu wessen Lasten die Nichterweislichkeit von Tatsachen für steuerlich bedeutsame Sachverhalte geht. Deshalb kommt es auf die Frage der sog. Feststellungslast an, wenn sich der entscheidungserhebliche Sachverhalt unter Anwendung möglichen Erkenntnismittel nicht klären lässt. Die Feststellungslast (objektive Beweislast) liegt trotz des amtlichen Untersuchungsgrundsatzes nicht stets auf der Seite der Finanzbehörde. Vielmehr ist in jedem konkreten Fall zu prüfen, wen unter den gegebenen Umständen diese Feststellungslast trifft. Die Beantwortung dieser Frage ist i. S. einer vernünftigen Abwägung zwischen den Aufklärungspflichten der Finanzbehörde und den Mitwirkungspflichten der Beteiligten zu beantworten. Ermittlungspflicht der Finanzbehörden und Mitwirkungspflichten der Beteiligten stehen in einem wechselseitigen Verhältnis derart, dass mangelhafte Pflichterfüllung auf der einen Seite eine entsprechende Minderung der zumutbaren Anforderungen an die andere Seite zur Folge hat. Auch für die Ermittlungspflichten der Finanzbehörde gilt, dass auf die objektive Beweislast (Feststellungslast) nur abgestellt werden darf, wenn aufgrund der aus dem Gesamtergebnis des Verfahrens gewonnenen Erkenntnisse keine Überzeugung über den Geschehensablauf gebildet werden kann.

13 Im Allgemeinen trägt der Steuergläubiger die Feststellungslast für diejenigen Tatsachen, die den Steueranspruch begründen, während der Stpfl. mit der Feststellungslast für diejenigen Tatsachen belastet ist, die eine Steuerbefreiung oder Steuerermäßigung begründen oder den Steueranspruch aufheben oder einschränken (BFH v. 23.05.1989, X R 17/85, BStBl II 1989, 879; BFH v. 13.04.2010, VIII R 27/08, BFH/NV 2010, 2038; BFH v. 29.06.2016, II R 41/14, BStBl II 2016, 865). Diese Regel gilt jedoch nicht ohne Ausnahme (s. BFH v. 07.07.1983, VII R 43/80, BStBl II 1983, 760), insbes. dann nicht, wenn die zu beweisenden Tatsachen in der Sphäre eines der Beteiligten liegen und dem Beweisbelasteten insoweit die Möglichkeit der Beweisführung fehlt. Zur sog. Sphärenverantwortlichkeit allgemein *Seer* in Tipke/Kruse, § 96 FGO Tz. 73.

### 2. Notwendigkeit der Beweiserhebung

Die Frage der Feststellungslast ist aber nur dann von Bedeutung, wenn die für die Besteuerung bedeutsamen Tatsachen beweisbedürftig sind. Rechtsfragen können nicht Gegenstand einer Beweisaufnahme sein. Tatsachen sind alle äußeren und inneren Vorgänge, die sinnlich wahrgenommen werden können, also vergangene oder gegenwärtige Ereignisse oder Zustände, die sich vorwiegend in der Außenwelt zutragen, aber auch innere Vorgänge (z. B. Gewinnerzielungsabsicht), die den Tatbestand der anzuwendenden Rechtsnorm ausfüllen. 14

Keines Beweises bedürfen Tatsachen, die entweder offenkundig oder amtsbekannt sind oder Tatsachen, die in für die Finanzbehörden verbindlicher Weise von anderer Seite festgestellt sind.

Lediglich eines Gegenbeweises bedürftig sind Tatsachen, auf deren Existenz nach der Lebenserfahrung oder aufgrund gesetzlicher Vermutung geschlossen werden muss (Beweis des ersten Anscheins = Prima-facie-Beweis).

Auch gesetzlich fingierte Tatsachen, wie z. B. Pauschbeträge, bedürfen keines Beweises, da durch Sachverhaltsfiktionen und Pauschalen gerade eine weitere Sachverhaltsaufklärung vermieden werden soll.

Ebenso wenig müssen Tatsachen durch Beweis erhärtet werden, die weder von der Finanzbehörde noch vom Beteiligten bestritten oder angezweifelt werden. Dem steht der Untersuchungsgrundsatz nicht entgegen. Gleichwohl bleibt es der Finanzbehörde in derartigen Fällen grundsätzlich überlassen, inwieweit sie Beweise erheben will. Unter Berücksichtigung insbes. des Grundsatzes der Verhältnismäßigkeit der Mittel wird sie zu entscheiden haben, ob sie die spätere Nachprüfbarkeit der zu treffenden Entscheidung durch einschlägige Beweise absichern will.

Im Übrigen bleibt die Beweisbedürftigkeit einer Tatsache der Beurteilung durch die Finanzbehörde überlassen. Hält das Finanzamt den Sachverhalt für ausreichend geklärt, so kann es von der Erhebung von (weiteren) Beweisen absehen, selbst wenn sie der Stpfl. beantragt. Die Entscheidung über die Beweisbedürftigkeit einer Tatsache wird häufig auch das Resultat der Würdigung bereits erhobener Beweise sein.

### 3. Freie Beweiswürdigung

Bei der Würdigung der erhobenen Beweise ist die Finanzbehörde frei. Sie entscheidet aus der Gesamtheit der ihr 15 verfügbaren oder von ihr eingesetzten Erkenntnismittel darüber, ob eine Tatsache erwiesen ist oder nicht und welche Folgerungen aus dem Erwiesensein oder Nichterwiesensein einer Tatsache zu ziehen sind. Feste Beweisregeln gibt es nicht; dies rechtfertigt jedoch keine Willkür bei der Würdigung der Beweise. Es sind die allgemeinen Denkgesetze, die anerkannten Regeln und Maßstäbe für die Beurteilung und Wertung tatsächlicher Verhältnisse und die Erkenntnismöglichkeiten zu beachten, die sich aus der Erfahrung des Lebens ergeben. Hiernach ist bei der Beweiswürdigung z. B. zu berücksichtigen, ob eine Auskunftsperson aufgrund ihrer natürlichen Fähigkeiten und ihres Charakters in der Lage ist, tatsächliche Wahrnehmungen unverfälscht zu behalten und wiederzugeben, Selbsterlebtes und Schilderungen aus zweiter Hand auseinander zu halten, Wunschvorstellungen zu unterdrücken und dgl. mehr. Die Beweiswürdigung wird ferner eine wohlüberlegte Unterscheidung zwischen Beweismitteln treffen müssen, die eine unmittelbare Wahrnehmung des Beurteilers erlauben, und solchen, die nur vermittelte Wahrnehmungen darstellen. Zur Beweiswürdigung auch s. § 96 FGO Rz. 9.

**16** Bei der Ermittlung des Sachverhalts und dementsprechend der Beweiswürdigung muss die Finanzbehörde alle für den Einzelfall bedeutsamen, auch die für die Beteiligten günstigen Umstände berücksichtigen. Dies stellt § 88 Abs. 2 Satz 2 AO klar. Die Notwendigkeit, auch die für die Beteiligten günstigen Umstände zu berücksichtigen, schließt eine Hinweis- und Informationspflicht mit ein, z. B. in Bezug auf die Ergänzungsbedürftigkeit des Vorbringens.

## III. Modifikationen der Amtsermittlungspflicht

### 1. Weisungen über Art und Umfang der Ermittlungen, Abs. 3

**17** Die herkömmliche Amtsermittlung ist der Sache nach einzelfallbezogen. § 88 Abs. 1 und 2 AO befassen sich dementsprechend mit der Sachverhaltsermittlung in einem konkreten Besteuerungsfall. Ergänzend dazu ermöglicht **§ 88 Abs. 3 AO** den obersten Finanzbehörden die Möglichkeit, Weisungen über Art und Umfang der Ermittlungen für bestimmte oder bestimmbare Fallgruppen zu erteilen. Nach **§ 88 Abs. 3 Satz 1 AO** muss die Weisung der Gewährleistung eines zeitnahen und gleichmäßigen Vollzugs der Steuergesetze dienen. Damit regelt das Gesetz an sich eine Selbstverständlichkeit. Es ist damit indes zugleich klargestellt, dass die Rechtsanwendungsgleichheit in gleichgelagerten Fällen gefördert werden soll, indem Ermittlungshandlungen gebündelt werden können. Die Fallgruppen müssen **bestimmt** oder **bestimmbar** sein, d. h., aus dem den Finanzbehörden bekannten Sachverhalt muss sich die Gruppenzugehörigkeit ergeben. Dies kann z. B. der Fall sein bei bestimmten (Massen-)Beteiligungen, Fondsbeteiligungen oder auch bei gleichgelagerten Sachverhalten und besonders bestimmten Prüffeldern. Auch Aufgriffsgrenzen für Ermittlungen dürften unter diese Regelung fallen. Wie bei den individuellen Ermittlungen umfasst die Befugnis zum Erlass der Weisungen sowohl die Art als auch den Umfang der Ermittlungen. Nach **§ 88 Abs. 3 Satz 2 AO** können ebenfalls Wirtschaftlichkeit, Zweckmäßigkeit und die allgemeinen Erfahrungen berücksichtigt werden (s. Rz. 7). **§ 88 Abs. 3 Satz 3 AO** sieht vor, dass die Weisungen nicht veröffentlicht werden dürfen, soweit dadurch die Gesetzmäßigkeit und die Gleichmäßigkeit der Besteuerung gefährdet würde. Diese Verpflichtung zur Geheimhaltung soll verhindern, dass der Ermittlungserfolg gefährdet wird, indem sich die Stpfl. auf die Ermittlungen einstellen. Die Stpfl. sollen weder ihre Erklärungspflichten noch ihre Mitwirkung an den Weisungsvorgaben und damit an dem Umfang der Ermittlungen ausrichten können. Für die Weitergabe der Weisungen an Gerichte, Rechnungsprüfungsbehörden und Parlamente gelten die gleichen Grundsätze wie für Daten, die nach § 30 AO dem Steuergeheimnis unterliegen; das Veröffentlichungsverbot gilt insoweit auch über die Finanzbehörden hinaus (BT-Drs. 18/7457, 68). Um zu vermeiden, dass die Weisungen durch Beteiligte in einem finanzgerichtlichen Verfahren an die Öffentlichkeit gelangen, findet gem. § 86 Abs. 2 Satz 2 FGO i. V. mit § 86 Abs. 3 FGO das sog. **»In-camera-Verfahren«** Anwendung (s. § 86 FGO Rz. 5). Danach entscheidet der Bundesfinanzhof über eine Weigerung der Aufsichtsbehörde, die Weisungen im finanzgerichtlichen Verfahren zur Verfügung zu stellen. Diese Regelung schränkt die Ermittlungsbefugnisse der Finanzgerichte in übermäßiger Weise ein, indem sie den Finanzbehörden ermöglicht, der einzigen gerichtlichen Tatsacheninstanz den Zugriff auf die Weisungen zu verweigern oder zumindest erheblich zu erschweren, die für die Rechtmäßigkeit des Besteuerungsverfahrens erheblich sein könnten. Für den Stpfl. kann dies eine Einschränkung des verfassungsrechtlich geschützten Anspruchs auf effektiven Rechtsschutz darstellen. Es stellt sich durchaus die Frage, ob Entscheidung des Gesetzgebers, die Verwaltungsanweisungen in den Schutzbereich des § 86 Abs. 1 FGO zu stellen, sich noch im gesetzgeberischen Ermessenspielraum über die Geheimhaltungsbedürftigkeit bewegt. **§ 88 Abs. 3 Satz 4 AO** stellt schließlich klar, dass die Weisungen der obersten Finanzbehörden der Länder des Einvernehmens mit dem BMF bedürfen, soweit die Landesfinanzbehörden Steuern im Auftrag des Bundes verwalten.

### 2. Sonstige Einschränkungen der Amtsermittlungspflicht

Auch eine **Schätzung** (§ 162 AO) stellt eine Grenze der Amtsermittlungspflicht dar. Dabei können bei Grund- **18** lagenbescheiden die Besteuerungsgrundlagen – nicht nur der Höhe, sondern auch dem Grunde nach geschätzt werden (BFH v. 20.07.2010, X B 70/10, BFH/NV 2010, 2007; BFH v. 19.01.2017, III R 28/14, BStBl II 2017, 743). Innerhalb des der Finanzbehörde zustehenden Schätzungsrahmens braucht nur dasjenige ermittelt zu werden, was die »größte Wahrscheinlichkeit« der Richtigkeit für sich hat, nicht das, was »mit einiger Sicherheit nachgewiesen« werden kann. Grenzen der Ermittlungspflicht können auch durch das Gesetz gezogen werden (z.B. s. §§ 159 bis 161 AO).

Grenzen der amtlichen Ermittlungspflicht können auch durch das **Steuergeheimnis** (§ 30 AO) bedingt sein. Infolge des Grundsatzes des rechtlichen Gehörs, der auch das Besteuerungsverfahren beherrscht (s. auch § 91 AO), verbieten sich Ermittlungen, deren Ergebnis mit Rücksicht auf das Steuergeheimnis vor den Beteiligten geheim gehalten werden müsste.

Wo die amtliche Ermittlungspflicht ihre Grenze hat, bestimmt sich nicht zuletzt auch nach der Art und dem Ziel des durchzuführenden Verwaltungsverfahrens. Belastende Verwaltungsakte werden weitgehender von tatsächlichen Grundlagen getragen, deren Ermittlung überwiegend Aufgabe der Finanzbehörde ist; begünstigende Verwaltungsakte, insbes. solche, auf deren Gewährung kein Rechtsanspruch besteht und die üblicherweise auf Antrag gewährt werden, bedingen primär eine ausreichende Darlegung des maßgebenden Sachverhalts durch den begünstigten Beteiligten. Letztlich lassen sich jedoch die Ermittlungsgrenzen nur anhand der Umstände der Einzelfälle bestimmen (BFH v. 15.05.2007, XI B 147/06, BFH/NV 2007, 1632; v. 28.10.2009, VIII R 78/05, BStBl II 2010, 455; FG Köln v. 23.10.2013, 4 K 1589/10, EFG 2014, 411). Dabei können auch Zweckmäßigkeitserwägungen einfließen (AEAO zu § 88, Nr. 1 Abs. 2). Dazu gehört auch, dass bei erschwerter Sachverhaltsermittlung eine tatsächliche Verständigung zulässig ist (s. Vor §§ 204–207 AO Rz. 15 ff.).

### 3. Datenweiterleitung, Abs. 4

19 Das BZSt und die zentrale Stelle i.S. des § 81 EStG (ZfA) sind zunehmend zu Datensammelstellen geworden. Sie sind in einer Vielzahl von Fällen gesetzlich verpflichtet, die ihnen für Besteuerungszwecke übermittelten Daten an die Landesfinanzbehörden weiterzuleiten. **§ 88 Abs. 4 AO** soll dem Umstand Rechnung tragen, dass die dem BZSt oder der ZfA übermittelten Daten oft nicht hinreichend individualisiert sind, sodass sie nicht ohne weiteren Aufwand einzelnen Stpfl. zugeordnet werden können. Bei einer Weiterleitung dieser Daten an die Landesfinanzbehörden verlagert sich das Individualisierungsproblem auf diese Behörden und führt damit in den Ländern zu vermehrtem Aufwand. **§ 88 Abs. 4 Satz 1 AO** ermöglicht zur Vermeidung dieses Aufwands einen Verzicht auf die Weiterleitung, über den das BZSt oder die ZfA entscheiden. Ist eine Individualisierung möglich, sind die zugeordneten Daten gem. **§ 88 Abs. 4 Satz 2 AO** unter Beachtung der Weisungen nach Abs. 3 weiterzuleiten. Um sicherzustellen, dass bei Bedarf ein Rückgriff auf die übermittelten, aber nicht weitergeleiteten Daten möglich ist, sind die nicht weitergeleitenden Daten nach **§ 88 Abs. 4 Satz 3 AO** durch das BZSt für Verfahren i.S. des § 30 Abs. 2 Nr. 1 Buchst. a) und b) AO bis zum Ablauf des 15. Jahres nach dem Jahr des Datenzugangs zu speichern. Die lange Frist soll die längstmöglichen Verjährungsfristen einschließlich An- und Ablaufhemmung abdecken und während dieses Zeitraums noch Auswertungen ermöglichen (BT-Drs. 18/7457, 69). Eine Verarbeitung der Daten ist nach **§ 88 Abs. 4 Satz 4 AO** nur für die in Satz 3 genannten Verfahren und zur Datenschutzkontrolle zulässig.

### 4. Risikomanagement, Abs. 5

Ein wesentliches Anliegen der Modernisierung des Besteuerungsverfahrens ist die weitere Automatisierung der Veranlagungsverfahren. Die Zahl der vollständig automatisch bearbeiteten Steuererklärungen (§ 115 Abs. 4 AO) soll weiter wachsen und in vielen Bereichen die Regel werden. Damit verbunden ist die Folge, dass eine manuelle Bearbeitung des Steuerfalls in der Zukunft in einer Vielzahl von Fällen entfällt. Eine Sachaufklärung findet regelmäßig nicht (mehr) statt. Ohne Bearbeitung durch einen Amtsträger erfolgt eine Prüfung der Richtigkeit der vom Stpfl. eingereichten Erklärungen durch einen Bearbeiter nicht mehr. Um gleichwohl dem **Verifikationsprinzip** Rechnung zu tragen und die Gleichmäßigkeit der Besteuerung zu sichern, sollen Risikomanagementsysteme eingesetzt werden, die automatisiert das Kontrollbedürfnis abdecken. Die gesetzliche Verankerung des Einsatzes von Risikomanagementsystemen ist der (vorläufige) Endpunkt einer Entwicklung, die schon in der Praxis zuletzt als sog. gewichtende Arbeitsweise zu einer unterschiedlichen Prüfdichte geführt hatte (zur Entwicklung *Seer* in Tipke/Kruse, § 88 AO Rz. 63). Nach dem Gesetzeswortlaut (**§ 88 Abs. 5 Satz 1 AO**) können die Finanzbehörden die Risikomanagementsysteme zur Beurteilung der Notwendigkeit weiterer Ermittlungen und Prüfungen einsetzen. Daraus folgt zweierlei: Zum einen steht der Einsatz grds. im **Ermessen** der Finanzbehörden. Damit sind Risikomanagementsysteme ein Teilbereich des Ermessens im Bereich der Sachaufklärung. Zum anderen sollten die Systeme de lege lata die Ermittlungen und weitere Aufklärungen (noch) nicht ersetzen, sondern (lediglich) weiteren Ermittlungsbedarf aufdecken. Daraus folgt, dass die Systeme gewährleisten müssen, dass nicht automatisch eine Vielzahl von Fällen in der Regel von einer Prüfung ausgeschlossen ist. Das System muss also Fälle auswählen, die zur Prüfung durch einen Amts- 20 träger bereitgestellt (»ausgesteuert«) werden. Risikomanagement ist also noch kein Teil eines gesetzlichen Selbstveranlagungsautomatismus.

Wie bei der individuellen Sachverhaltsermittlung und -prüfung soll nach **§ 88 Abs. 5 Satz 2 AO** auch bei den Risikomanagementsystemen die **Wirtschaftlichkeit** der Verwaltung berücksichtigt werden. Um den verfassungsrechtlichen Anforderungen an die **Gleichmäßigkeit** und die **Gesetzmäßigkeit** der Besteuerung Rechnung zu tragen, sieht **§ 88 Abs. 3 Satz 3 AO** Mindestanforderungen vor, die ein Risikomanagement erfüllen muss. Der dort bestimmte Standard darf also zwar überschritten, aber nicht unterschritten werden. Die in § 88 Abs. 3 Satz 3 Nr. 1 bis 3 AO aufgeführten Standards dienen der Aussteuerung von Fällen zur Bearbeitung nach den allgemeinen Grundsätzen der Amtsermittlung nach Abs. 1 und 2. Durch eine Zufallsauswahl muss eine hinreichende Zahl von Fällen zur umfassenden Prüfung durch einen Amtsträger (§ 7 AO) ausgewählt werden (Nr. 1), die Prüfung der vom System als prüfungsbedürftig ausgesteuerten Sachverhalte durch einen Amtsträger muss erfolgen können (Nr. 2) und es muss gewährleistet sein, dass Amtsträger Fälle für eine umfassende Prüfung auswählen können (Nr. 3). § 88 Abs. 3 Satz 3 Nr. 4 AO beinhaltet die Verpflichtung zur Qualitätssicherung der Risikosysteme; sie sind regelmäßig auf ihre Zielerfüllung zu überprüfen. Mit Zielerfüllung ist (vgl. BT-Drs. 18/7457, 69 f.) die Auflösung des Spannungsverhältnisses zwischen gesetz- und gleichmäßiger Besteuerung einerseits und zeitnahem und wirtschaftlichem Verwaltungshandeln andererseits gemeint, zugleich sollen möglichst viele Risiken ausgeschlossen werden. Risikomanagement muss damit über eine Plausibilitätsprüfung hinausgehen. Dies soll durch die Risikofilter geschehen, in die verschiedene Faktoren Eingang finden. So sollen z.B. sowohl die Verkennzifferung der Erklärungen als auch die Einteilung in Risikoklassen ermöglichen, prüfwürdige Fälle aufzudecken. Auch die wirtschaftliche Bedeutung wie auch die Steuervita können als Faktoren von Bedeutung sein. Klare Vorgaben enthält das Gesetz nicht. Es ist weder geregelt, wann ein Fall durch das System als prüfungswürdig anzusehen ist, noch, wann eine hinreichende Zahl von Fällen zur Zufallsprüfung anzunehmen ist. Diese Beurteilung liegt damit allein im Ermessen der Finanzbehörden bei der »Einstellung« der Parameter der Risikosysteme.

**21** Vor dem Hintergrund der weitgehenden – gewollten – Intransparenz stellt sich die Frage der Überprüfbarkeit der Wirksamkeit und Rechtmäßigkeit der Risikomanagementsysteme. Da die Einzelheiten der Systeme nach **§ 88 Abs. 5 Satz 4 AO** nicht veröffentlicht werden dürfen und in Verfahren vor den Finanzgerichten wie bei den Weisungen des Abs. 3 nach § 86 Abs. 2 Satz 2 FGO i.V.m. § 86 Abs. 3 FGO das sog. »In-camera-Verfahren« vorgesehen ist (s. auch Rz. 17), wird es in der Regel schwierig, zu prüfen, ob die von den Finanzbehörden in das Risikomanagement implementierten Filter und Risikofaktoren den Grundsätzen der Gleichmäßigkeit und Gesetzmäßigkeit der Besteuerung Rechnung tragen oder ob die jeweils angewandten Kriterien das Risiko von Vollzugsdefiziten in sich tragen. Die notwendige Evaluierung durch die Fachwelt wird damit ebenso ausgeblendet wie eine mögliche Diskussion in der Rechtsprechung. Denn es lassen sich durchaus unterschiedliche Auffassungen zur Auslegung der in Abs. 5 für die Anforderungen an die Risikomanagementsysteme enthaltenen Rechtsbegriffe vertreten. Das auf wenige Beteiligte beschränkte »In-camera-Verfahren« ist nur bedingt geeignet, effektiven Rechtsschutz zu gewährleisten. Es besteht damit die Gefahr eines gerichtlichen Kontrolldefizits (gl.A. *Roser* in Beermann, § 88 AO Rz. 62 m.w.N.).

Aus **§ 88 Abs. 5 Satz 4 AO** ergibt sich, dass die Einzelheiten der Risikomanagementsysteme auf dem Gebiet der von den Landesfinanzbehörden im Auftrag des Bundes verwalteten Steuern durch die obersten Finanzbehörden der Länder im Einvernehmen mit dem BMF festgelegt werden. Ziel ist – wie das Gesetz ausdrücklich sagt – die Gewährleistung eines bundeseinheitlichen Vollzugs der Steuergesetze. Es ist an sich eine Selbstverständlichkeit, dass die Steuergesetze bundeseinheitlich zu vollziehen sind; dies folgt unmittelbar aus verfassungsrechtlichen Anforderungen einer gesetzmäßigen und gleichmäßigen Besteuerung. Wenn dies nunmehr im Bereich der Festlegung der Risikomanagementsysteme ausdrücklich einer Betonung bedarf, offenbart dies, dass der Gesetzgeber – was durchaus realistisch und auch keine neue Erkenntnis ist – erkannt hat, dass ein einheitlicher Vollzug der Steuergesetze auch bei vergleichbaren Sachverhalten durch weitgehende fehlende Kontrollen und die steigende Zahl der De-facto-Selbstveranlagungen bei vollautomatischer Bearbeitung der Steuerfälle nicht mehr gewährleistet ist. Es erscheint dem Grunde nach vertretbar, diesem Mangel wegen der durch die Masse der Steuerfälle kaum zu vermeidenden Defizite mittels moderner Risikomanagementsysteme entgegenzuwirken. Es ist jedoch zweifelhaft, ob die damit verbundene Delegation der Festlegung der Risikoparameter an die Finanzverwaltung noch mit dem Grundsatz der Gewaltenteilung vereinbar ist (vgl. auch *Roser* in Beermann, § 88 AO Rz. 62 m.w.N.). Dies gilt insbes., wenn die Risikoparameter, z.B. in Gestalt sog. Nichtaufgriffsgrenzen, ihrer wirtschaftlichen Wirkung nach einer Steuerfreistellung gleichkommen, die zudem (s. Rz. 21) nur einer erschwerten Kontrolle durch die Judikative unterliegen. **22**

### IV. Bindung an Entscheidungen anderer Behörden und Gerichte

23 Von erheblicher Bedeutung ist die Frage, ob und wie weit die Finanzbehörden an Entscheidungen anderer Behörden (Gerichte) gebunden sind, die auf den Steuertatbestand einwirken, sei es im Ganzen, sei es hinsichtlich einzelner Merkmale. Als Grundsatz ist davon auszugehen, dass die Finanzbehörden, auch wenn das nicht ausdrücklich in einer gesetzlichen Vorschrift bestimmt ist, die Entscheidungen anderer Behörden, soweit sie für die Feststellung des maßgebenden Sachverhaltes und die Anwendung der Steuergesetze von Bedeutung sind, jedenfalls nicht ignorieren dürfen. Dies bedeutet nicht, dass die Entscheidungen stets anzuerkennen und für die Besteuerung zu übernehmen sind. Die Finanzbehörden müssen anderweitige Entscheidungen aber zumindest würdigen und eine etwa abweichende Beurteilung begründen. Das ist ein Erfordernis jeder geordneten Behördentätigkeit. Mit der behördlichen Autorität ist es auch nicht zu vereinbaren, wenn ein und derselbe Sachverhalt durch verschiedene Behörden unterschiedlich beurteilt wird, zumal dann, wenn die eine Behörde zu dieser Beurteilung oder zur Gestaltung des Sachverhalts funktionell berufen ist, während es sich für die andere Behörde nur um eine Vorfrage oder um einen Sachverhalt handelt, auf den sie die von ihr zu handhabenden gesetzlichen Bestimmungen anzuwenden hat. Insbesondere müssen an den Steuerpflichtigen gerichtete Verwaltungsakte fremder Behörden bei der Anwendung der Steuergesetze beachtet werden.

24 Auch Bescheinigungen oder Entscheidungen anderer Behörden, die kein Verwaltungsakt sind, können aber in tatsächlicher, nicht aber in rechtlicher Hinsicht zu beachten sein (sog. **Tatbestandswirkung**). Gerichtliche und außergerichtliche Vergleiche können Tatbestandswirkung entfalten, soweit sie tatsächlich durchgeführt werden. Die fehlende rechtliche Verbindlichkeit kann sich dahin auswirken, dass die Finanzbehörde zur selbstständigen Entscheidung ermächtigt oder sogar verpflichtet ist, wenn den Umständen nach Grund zu der Annahme besteht, dass die Rechtslage von der die Bescheinigung ausstellenden Behörde unzutreffend beurteilt worden ist. Die abweichende Würdigung einer von einer anderen Behörde getroffenen Entscheidung oder gar das Beiseiteschieben dieser Entscheidung bei Anwendung des Steuergesetzes sollte aber die Ausnahme sein und erfordert die Feststellung, dass diese Entscheidung – ihre Richtigkeit im Übrigen dahingestellt – am Gegenstand oder Zweck des Steuergesetzes entweder vorbeizielt oder die steuergesetzlichen Voraussetzungen außer Betracht lässt. In jedem Falle ist eine Würdigung, bei Abweichung eine Begründung erforderlich. Diese kann z.B. darin liegen, dass die Entscheidung der anderen Behörde eine formale Ordnungsfunktion bezweckt, während es im Rahmen des zur Anwendung stehenden Steuergesetzes auf wirtschaftliche Vorgänge oder Zustände ankommt.

Davon zu unterscheiden sind Entscheidungen, die aufgrund gesetzlicher Regelungen auch eine Bindungswirkung der Finanzbehörden entfalten. Dabei kann es sich sowohl um steuerrechtliche als auch um außersteuerrechtliche Vorschriften handeln (sog. **Feststellungswirkung**). Im steuerrechtlichen Bereich entfalten vor allem Feststellungsbescheide (s. § 179 ff. AO) bindende Wirkung, Beispiele im außersteuerlichen Bereich sind die Eheschließung, Erteilung einer Baugenehmigung. Bei gerichtlichen Entscheidungen erzeugen Gestaltungsurteile verbindliche Wirkungen (sog. **Gestaltungswirkung**) auch für die Finanzbehörde (z.B. Ehescheidung, Auflösung einer Gesellschaft, Entmündigung, Adoption, Todeserklärung). Bei anderen Zivilurteilen ist die Bindungswirkung wegen der im Zivilprozess obwaltenden Parteiherrschaft über den Streitgegenstand grundsätzlich zu verneinen. Auch bei Strafurteilen sind die Finanzbehörden an die tatsächlichen und rechtlichen Feststellungen des Strafgerichts nicht gebunden, können diese aber ihrer Würdigung zugrunde legen. 25

Die Abgrenzung, ob behördliche oder gerichtliche Entscheidungen Bindungswirkung entfalten, lässt sich nur im Einzelfall vornehmen. Es spricht Vieles dafür, dass von einer Bindungswirkung dann auszugehen ist, wenn die Entscheidung unmittelbar auf ein Rechtsverhältnis einwirkt, also für die Entstehung einer bestimmten Rechtsposition konstitutiv ist. Hingegen spricht bei nur deklaratorischen Feststellungen mehr gegen eine Bindungswirkung im Besteuerungsverfahren (s. Nachweise bei *Seer* in Tipke/Kruse, § 88 AO Rz. 48 ff.). 26

### V. Folgen der Verletzung der amtlichen Ermittlungspflicht

Die Verletzung der sich für die Finanzbehörde aus dem Untersuchungsgrundsatz ergebenden Pflichten stellt einen Verfahrensverstoß dar. Dies gilt z.B., wenn das FA bei seinen Ermittlungshandlungen die Grundsätze zu Abs. 2 und Abs. 3 nicht beachtet, aber auch, wenn die Anforderungen an die Risikomanagementsysteme nach Abs. 5 Satz 3 nicht eingehalten sind oder sich die Festlegung der Einzelheiten als rechtswidrig erweist, weil z.B. die Verwaltung bei der Ausgestaltung der Risikofaktoren die Grenzen des Verfahrensermessens überschritten hat. Allerdings führt ein Verfahrensverstoß regelmäßig nicht zur Nichtigkeit des in diesem Verfahren ergangenen Verwaltungsaktes. Der Verfahrensverstoß bewirkt jedoch die Rechtswidrigkeit des Verwaltungsaktes, sodass er bei belastenden Wirkungen auf entsprechenden Rechtsbehelf des Betroffenen aufzuheben ist. **Belastende Verwaltungsakte**, die keine Steuerbescheide sind, kann die Finanzbehörde auch nach deren Bestandskraft nach 27 ganz oder teilweise zurücknehmen (§ 130 Abs. 1 AO). Bestandskräftige Steuerbescheide können hingegen nur nach Maßgabe der § 172 ff. AO geändert oder aufgehoben werden. Einschränkungen der Korrekturmöglichkeiten ergeben sich aber aus § 127 AO. Hiernach kann die Aufhebung eines Verwaltungsaktes nicht allein deshalb beansprucht werden, weil er unter Verletzung von Verfahrensvorschriften zustande gekommen ist, sofern keine andere Entscheidung in der Sache hätte getroffen werden können. Ist diese Voraussetzung erfüllt, wird also festgestellt, dass auch die korrekte (evtl. nachgeholte) Erfüllung der durch den Untersuchungsgrundsatz bedingten Pflichten der Behörde keine Änderung des Regelungsinhalts des Verwaltungsakts zur Folge hat, kann die Anfechtung materiell keinen Erfolg haben. Deshalb kommt es auch in der Praxis nur selten zur Aufhebung behördlicher Entscheidungen wegen eines Verfahrensmangels. **Begünstigende Verwaltungsakte** können hingegen nur zurückgenommen werden, wenn die Voraussetzungen des § 130 Abs. 2 AO erfüllt sind (hierzu s. § 130 AO Rz. 10). Bei Steuerbescheiden oder diesen gleichstehenden Verwaltungsakten kann eine Änderung nur erfolgen, wenn die Voraussetzungen einer Korrekturvorschrift (§ 172 ff. AO) erfüllt sind, da eine Änderung wegen offensichtlicher Unrichtigkeit (§ 129 AO) bei Verletzung der Sachaufklärungspflicht kaum denkbar ist.

## § 88a AO
## Sammlung von geschützten Daten

**Soweit es zur Sicherstellung einer gleichmäßigen Festsetzung und Erhebung der Steuern erforderlich ist, dürfen die Finanzbehörden nach § 30 geschützte Daten auch für Zwecke künftiger Verfahren im Sinne des § 30 Abs. 2 Nr. 1 Buchstabe a und b, insbesondere zur Gewinnung von Vergleichswerten, in Dateisystemen verarbeiten. Eine Verarbeitung ist nur für Verfahren im Sinne des § 30 Abs. 2 Nr. 1 Buchstabe a und b zulässig.**

1 Gemäß Art. 2 Abs. 1 i.V.m. Art. 1 Abs. 1 GG ist der Einzelne vor unbegrenzter Erhebung, Speicherung, Verwendung und Weitergabe personenbezogener Daten geschützt (BVerfG v. 15.12.1983, 1 BvR 209/83 u.a., BVerfGE 65, 1). Nach der Rechtsprechung des BVerfG erfasst das sog. Recht auf informationelle Selbstbestimmung nicht nur die Verhältnisse der persönlichen Lebensführung, sondern auch die beruflichen, betrieblichen, unternehmerischen und sonstigen wirtschaftlichen Verhältnisse (BVerfG v. 17.07.1984, 2 BvE 11/83, BVerfGE 67, 100) und kann nur durch oder aufgrund eines Gesetzes eingeschränkt werden. Diesem Gebot soll **Satz 1** dienen.

Soweit der Bezug zwischen Personen und Daten gelöst, der Steuerfall also nicht erkennbar, ist, verlassen die dann anonymen Daten den Schutzbereich des Rechts auf informationelle Selbstbestimmung. In diesem Fall ist das Steuergeheimnis nicht betroffen. § 88a AO ist keine Rechtsgrundlage für die Erhebung von Daten. Die Vorschrift stellt jedoch klar, dass vorhandene Daten auch für künftige Besteuerungsverfahren in Dateisystemen verarbeitet werden dürfen (BFH v. 27.10.1993, I R 25/92, BStBl II 1994, 210). Dementsprechend ermöglicht § 88a Satz 1 AO die Datensammlung und -speicherung von personenbezogenen Daten, die dem Schutz des Steuergeheimnisses unterliegen, für künftige Verfahren, insbesondere zur Gewinnung von Vergleichszahlen. Der Begriff der Datenverarbeitung ermöglicht zudem eine strukturierte Speicherung und Auswertung der Daten. Die Daten können z.B. für die Richtsatzsammlungen und die beim BZSt geführten Datensammlung über steuerliche Auslandsbeziehungen verwendet werden. Dies ist verfassungsrechtlich unbedenklich (BVerfG v. 10.03.2008, 1 BvR 2388/03, BVerfGE 120, 351). Auch die Datensammlung für die Risikomanagementsysteme dürfte unter die Regelung des § 88a AO fallen. **Satz 2** beschränkt die konkrete Verarbeitung der Daten auf Verfahren i.S. von § 30 Abs. 2 Nr. 1 Buchst. a und b AO.

Der von der Datensammlung Betroffene muss über die Sammlung der Daten nicht informiert werden. Ihm steht aber grds. ein Auskunftsanspruch zu (*Seer* in Tipke/Kruse, § 88a AO Rz. 8; a.A. *Rätke* in Klein, § 88a AO Rz. 3). Dieser folgt unmittelbar aus dem Recht auf informationelle Selbstbestimmung (BVerfG v. 10.03.2008, 1 BvR 2388/03, BVerfGE 120, 351). Der Anspruch erstreckt sich allerdings nur darauf, welche Daten von ihm gesammelt werden, nicht auf die daraus von den Finanzbehörden gezogenen Folgerungen. Werden die Daten in einem konkreten Besteuerungsverfahren verwendet, ist die Richtigkeit der Daten in diesem Verfahren zu prüfen. Das Informationsinteresse des Einzelnen ist aber stets mit dem Geheimhaltungsinteresse abzuwägen, das im Einzelfall gegenüber einer Offenbarung auch gegenüber dem Betroffenen überwiegen kann. 2

## § 88b AO
## Länderübergreifender Abruf und Verwendung von Daten zur Verhütung, Ermittlung und Verfolgung von Steuerverkürzungen

**(1) Für Zwecke eines Verwaltungsverfahrens in Steuersachen, eines Strafverfahrens wegen einer Steuerstraftat oder eines Bußgeldverfahrens wegen einer Steuerordnungswidrigkeit von Finanzbehörden gespeicherte Daten dürfen zum gegenseitigen Datenabruf bereitgestellt und dann von den zuständigen Finanzbehörden zur Verhütung, Ermittlung oder Verfolgung von**

**1. länderübergreifenden Steuerverkürzungen,**
**2. Steuerverkürzungen von internationaler Bedeutung oder**
**3. Steuerverkürzungen von erheblicher Bedeutung**

**untereinander abgerufen, im Wege des automatisierten Datenabgleichs überprüft, verwendet und gespeichert werden, auch soweit sie durch § 30 geschützt sind.**

**(2) Auswertungsergebnisse nach Absatz 1 sind den jeweils betroffenen zuständigen Finanzbehörden elektronisch zur Verfügung zu stellen.**

**(3) Durch Rechtsverordnung der jeweils zuständigen Landesregierung wird bestimmt, welche Finanzbehörden auf Landesebene für die in den Absätzen 1 und 2 genannten Tätigkeiten zuständig sind. Die Landesregierung kann diese Verpflichtung durch Rechtsverordnung auf die für die Finanzverwaltung zuständige oberste Landesbehörde übertragen.**

1 Die im Zuge der Modernisierung des Besteuerungsverfahrens neu in das Gesetz eingefügte Regelung ermöglicht einen weitreichenden Datenaustausch von für Besteuerungszwecke gespeicherten Daten zwischen den Landesfinanzbehörden. Die Vorschrift soll der automationsgestützten Verhinderung und Bekämpfung von Steuerverkürzungen dienen (BT-Drs. 18/8434, 109). Der Datenaustausch erfasst ausdrücklich auch die Daten, die durch § 30 AO geschützt sind. Auch angesichts des weiten Anwendungsspielraums und der dem Gesetzeswortlaut nach anlasslosen Bereitstellung der Daten dürfte das Recht auf informationelle Selbstbestimmung nicht verletzt sein (*Seer* in Tipke/Kruse, § 88b Rz. 2; a. A. *Gläser/Schöllhorn*, DStR 2016, 1577; *Beckmann*, DStR 2017, 971). Insoweit überwiegt das Interesse der Allgemeinheit und die verfassungsrechtliche Verpflichtung des Staates, die Steuern gleichmäßig festzusetzen und zu erheben, das Interesse des Einzelnen an der Nichtweitergabe der Daten. Dies gilt umso mehr, als der föderale Staatsaufbau mit den damit verbundenen Zuständigkeiten der Landesfinanzverwaltungen in den Besteuerungsverfahren im zunehmend elektronisch geführten Verfahren ohne Datenaustausch einen effektiven Gesetzesvollzug zumindest erschweren würde. Gegen einen Verstoß gegen das Recht auf informationelle Selbstbestimmung spricht zudem, dass die Norm nur den Austausch zwischen den Finanzbehörden der Länder betrifft, die ihrerseits zur Einhaltung des Steuergeheimnisses verpflichtet sind.

2 Die Norm betrifft nur bereits gespeicherte Daten. Sie ist keine Rechtsgrundlage zu Erhebung neuer Daten.

3 Nach § 88b Abs. 1 AO müssen die Daten zum Zwecke eines Verwaltungsverfahrens in Steuersachen, eines Strafverfahrens wegen einer Steuerstraftat oder wegen eines Bußgeldverfahrens wegen einer Steuerordnungswidrigkeit gespeichert worden sein. Damit umfasst die Norm de facto sämtliche in einem Besteuerungsverfahren erhobene Daten. Es kommt weder auf die Steuerart noch auf die Bedeutung des Steuerfalles an. Die Daten dürfen zum gegenseitigen Datenabruf bereitgestellt werden, die Zuständigkeit dafür richtet sich nach Abs. 3. Der Datenabruf erfolgt ausschließlich im automatisierten Verfahren durch Datenabgleich. Der Zugriff durch die abrufende Finanzbehörde ist zweckgebunden. Er muss der Verhütung, Ermittlung oder Verfolgung der in Nr. 1 bis 3 genannten Steuerverkürzungen dienen. Der Begriff der Steuerverkürzung ist dabei nicht im steuerstrafrechtlichen Sinne zu verstehen. Es reicht jede Abweichung vom gesetzlich entstandenen Steueranspruch aus. Es sind also ausschließlich objektive Maßstäbe zu beachten. Subjektive Elemente wie Vorsatz, Fahrlässigkeit oder Leichtfertigkeit sind nicht zu beachten. Während es bei dem Abruf im länderübergreifenden und internationalen Bereich nicht auf den Umfang der Verkürzung ankommt, ist der Abruf im Übrigen auf Steuerverkürzungen erheblicher Bedeutung beschränkt. Damit können nur Verkürzungen gemeint sein, die sich nur innerhalb eines Landes auswirken. Damit soll in Bagatellfällen ein Abruf unterbleiben. Zulässig ist im Wege des Datenabgleichs sowohl die Überprüfung und Verwendung als auch die Speicherung der Daten durch die abrufende Finanzbehörde. Die Daten können also wie Kontrollmitteilungen zur »elektronischen Steuerakte« einzelner Besteuerungsverfahren genommen werden.

§ 88b Abs. 2 AO stellt klar, dass die Auswertungsergebnisse elektronisch zur Verfügung zu stellen sind. 4

Nach § 88b Abs. 3 AO bestimmen die Landesregierungen durch RechtsVO, welche Finanzbehörden auf Landesebene für die in Abs. 1 und 2 genannten Tätigkeiten zuständig sind. Eine Übertragung auf die obersten Landesbehörden ist möglich. Für den Bund bedurfte es einer RechtsVO nicht, da sich die Zuständigkeit des BZSt aus § 5 Abs. 1 Nr. 28 FVG ergibt (BT-Drs. 18/8434, 109). 5

## § 89 AO Beratung, Auskunft

**(1) Die Finanzbehörde soll die Abgabe von Erklärungen, die Stellung von Anträgen oder die Berichtigung von Erklärungen oder Anträgen anregen, wenn diese offensichtlich nur versehentlich oder aus Unkenntnis unterblieben oder unrichtig abgegeben oder gestellt worden sind. Sie erteilt, soweit erforderlich, Auskunft über die den Beteiligten im Verwaltungsverfahren zustehenden Rechte und die ihnen obliegenden Pflichten.**

(2) Die Finanzämter und das Bundeszentralamt für Steuern können auf Antrag verbindliche Auskünfte über die steuerliche Beurteilung von genau bestimmten, noch nicht verwirklichten Sachverhalten erteilen, wenn daran im Hinblick auf die erheblichen steuerlichen Auswirkungen ein besonderes Interesse besteht. Zuständig für die Erteilung einer verbindlichen Auskunft ist die Finanzbehörde, die bei Verwirklichung des dem Antrag zugrunde liegenden Sachverhalts örtlich zuständig sein würde. Bei Antragstellern, für die im Zeitpunkt der Antragstellung nach den §§ 18 bis 21 keine Finanzbehörde zuständig ist, ist auf dem Gebiet der Steuern, die von den Landesfinanzbehörden im Auftrag des Bundes verwaltet werden, abweichend von Satz 2 das Bundeszentralamt für Steuern zuständig; in diesem Fall bindet die verbindliche Auskunft auch die Finanzbehörde, die bei der Verwirklichung des der Auskunft zugrunde liegenden Sachverhalts zuständig ist. Über den Antrag auf Erteilung einer verbindlichen Auskunft soll innerhalb von sechs Monaten ab Eingang des Antrags bei der zuständigen Finanzbehörde entschieden werden; kann die Finanzbehörde nicht innerhalb dieser Frist über den Antrag entscheiden, ist dies dem Antragsteller unter Angabe der Gründe mitzuteilen. Das Bundesministerium der Finanzen wird ermächtigt, mit Zustimmung des Bundesrates durch Rechtsverordnung nähere Bestimmungen zu Form, Inhalt und Voraussetzungen des Antrages auf Erteilung einer verbindlichen Auskunft und zur Reichweite der Bindungswirkung zu treffen. In der Rechtsverordnung kann auch bestimmt werden, unter welchen Voraussetzungen eine verbindliche Auskunft gegenüber mehreren Beteiligten einheitlich zu erteilen ist und welche Finanzbehörde in diesem Fall für die Erteilung der verbindlichen Auskunft zuständig ist. Die Rechtsverordnung bedarf nicht der Zustimmung des Bundesrates, soweit sie die Versicherungsteuer betrifft.

(3) Für die Bearbeitung eines Antrags auf Erteilung einer verbindlichen Auskunft nach Absatz 2 wird eine Gebühr erhoben. Wird eine verbindliche Auskunft gegenüber mehreren Antragstellern einheitlich erteilt, ist nur eine Gebühr zu erheben; in diesem Fall sind alle Antragsteller Gesamtschuldner der Gebühr. Die Gebühr ist vom Antragsteller innerhalb eines Monats nach Bekanntgabe ihrer Festsetzung zu entrichten. Die Finanzbehörde kann die Entscheidung über den Antrag bis zur Entrichtung der Gebühr zurückstellen.

(4) Die Gebühr wird nach dem Wert berechnet, den die verbindliche Auskunft für den Antragsteller hat (Gegenstandswert). Der Antragsteller soll den Gegenstandswert und die für seine Bestimmung erheblichen Umstände in seinem Antrag auf Erteilung einer verbindlichen Auskunft darlegen. Die Finanzbehörde soll der Gebührenfestsetzung den vom Antragsteller erklärten Gegenstandswert zugrunde legen, soweit dies nicht zu einem offensichtlich unzutreffenden Ergebnis führt.

(5) Die Gebühr wird in entsprechender Anwendung des § 34 des Gerichtskostengesetzes mit einem Gebührensatz von 1,0 erhoben. § 39 Absatz 2 des Gerichtskostengesetzes ist entsprechend anzuwenden. 3Beträgt der Gegenstandswert weniger als 10.000 Euro, wird keine Gebühr erhoben.

(6) Ist ein Gegenstandswert nicht bestimmbar und kann er auch nicht durch Schätzung bestimmt werden, ist eine Zeitgebühr zu berechnen; sie beträgt 50 Euro je angefangene halbe Stunde Bearbeitungszeit. Beträgt die Bearbeitungszeit weniger als zwei - Stunden, wird keine Gebühr erhoben.

(7) Auf die Gebühr kann ganz oder teilweise verzichtet werden, wenn ihre Erhebung nach Lage des einzelnen Falls unbillig wäre. Die Gebühr kann insbesondere ermäßigt werden, wenn ein Antrag auf Erteilung einer verbindlichen Auskunft vor Bekanntgabe der Entscheidung der Finanzbehörde zurückgenommen wird.

**Inhaltsübersicht**

**Schrifttum**

von Wedelstädt, Endlich eine allgemeine gesetzliche Regelung zu verbindlichen Auskunft, DB 2006, 2368; Apitz, Verbindliche Auskunft auf gesetzlicher Grundlage (§ 89 Abs. 2 AO), StBp 2007, 101; Birk, Gebühren für Erteilung von verbindlichen Auskünften der Finanzverwaltung, NJW 2007, 1325; Simon, Die neue Gebührenpflicht für die Bearbeitung von verbindlichen Auskünften, DStR 2007, 557; von Wedelstädt, Neuerungen und Änderungen im Umkreis der Abgabenordnung, DB 2008, 16; von Wedelstädt, Verbindliche Zusage im Anschluss an eine Außenprüfung, AO-StB 2009, 15; Beyer, Antrag auf verbindliche Auskunft, AO-StB 2010, 217; Demleitner, Inzidente Bindungswirkung einer verbindlichen Auskunft, AO-StB 2010, 349; Klass, Vertrauensschutz im Steuerrecht außerhalb von verbindlicher Auskunft und verbindlicher Zusage, DB 2010, 2464; Dannecker/Werder, Mehrfache Gebühren für eine verbindliche Auskunft?, BB 2011, 2268; Krumm, Verbindliche Auskunft und gerichtliche Kontrolle, DStR 2011, 2429; Werder/Dannecker, Zweifelsfragen zur verbindlichen Auskunft, BB 2011, 2903; von Streit, Anspruch auf einen bestimmten rechtmäßigen Inhalt einer verbindlichen Auskunft bei umsatzsteuerlichen Sachverhalten, DStR 2012, 1897; Bergan/Martin, Rechtsschutz gegen eine Negativauskunft und § 89 Abs. 2 AO, DStR 2012, 2164; Werder/Dannecker, Entwicklungen bei der verbindlichen Auskunft, BB 2013, 284; Jochum, Die verbindliche Auskunft: Kupierter Verwaltungsakt oder Zusicherung der künftigen steuerlichen Behandlung?, DStZ 2013, 544; Breuninger, Verbindliche Auskunft, JbFfSt 2013/2014, 253; Spilker, Verfassungsrechtliche Anforderungen an eine gesetzliche Regelung der verbindlichen Auskunft, StuW 2013, 19; Strunk, Erweiterter Vertrauenstatbestand bei erlangter verbindlicher Auskunft trotz nachträglicher Gesetzesänderung?, Stbg 2014, 159; Werder/Dannecker, Entwicklungen bei der verbindlichen Auskunft, BB 2014, 926 und BB 2015, 1687; Bodden, Planungssicherheit im Steuerrecht – Brennpunkte der verbindlichen Auskunft iS von § 89 Abs. 2 AO, KÖSDI 2016, 19652; Brühl/Süss, Die neuen §§ 163 und 89 AO: Alte Problem beseitigt – neue geschaffen?, DStR 2016, 2617; Bruns, Die verbindliche Auskunft aus Perspektive der Finanzverwaltung – Zügige Bearbeitung und aktuelle Gebührenfragen, DStR 2017, 2360; Rapp, Zulässigkeit eines Antrags auf Erteilung einer verbindlichen Auskunft bei Auseinanderfallen von Handlungs- und Wirkungsebene, FR 2017, 520.

## A. Allgemeines

1 Die Vorschrift versucht **in Abs. 1** die in Rechtsprechung und Literatur erarbeiteten allgemeinen Grundsätze für die Fürsorgepflicht der Behörden gegenüber dem Staatsbürger zu kodifizieren. Ihre Rechtfertigung beziehen diese Grundsätze sowohl aus dem zur amtlichen Ermittlungspflicht gehörenden Auftrag, auch die für die Beteiligten günstigen Umstände zu berücksichtigen (§ 88 Abs. 2 AO), als auch aus dem auch Steuerrechtsverhältnisse prägenden Grundsatz von Treu und Glauben. Eine entsprechende Fürsorgepflicht besteht im finanzgerichtlichen Verfahren nach § 76 Abs. 2 FGO.

In **Abs. 2** hat das früher schon in der Praxis anerkannte Institut der verbindlichen Zusage zur Verbesserung der Rechtssicherheit mit dem JStG 2007 eine gesetzliche Grundlage erhalten. Korrespondierend mit der Kodifikation des Rechtsinstituts der verbindlichen Auskunft wurde auf Initiative des Bundesrates in **Abs. 3 bis 5** eine Gebührenregelung in das Gesetz eingefügt, da befürchtet wurde, dass die Zahl der Anträge auf Auskunftserteilung mit der gesetzlichen Regelung stark ansteigen und zu einer erheblichen Mehrbelastung der FinVerw. führen könnte. Nach Ansicht des Gesetzgebers stellt die Gebühr nur eine »moderate« Belastung dar, die kein Hindernis für die Beantragung einer verbindlichen Auskunft darstelle. Dies gelte vor allem im Hinblick auf die Aussicht des Stpfl., für eine von ihm gewählte steuerliche Gestaltung ein Mehr an Rechtssicherheit zu gewinnen (BT-Drs. 16/3368, 32). Auch der BFH sieht die Gebührenpflicht als verfassungsgemäß an (BFH v. 30.03.2011, I B 136/10, BFH/NV 2011, 1042 und I R 61/10, BStBl II 2011, 536). Einzelheiten hat die FinVerw in AEAO zu § 89, Nr. 3 ff. geregelt; hierzu ausführlich *von Wedelstädt*, DB 2008, 16. Mit dem SteuervereinfachungsG 2011 ist die Gebührenpflicht beschränkt worden (**Abs. 5 bis 7**); im Rahmen von gesetzlich vorgegebenen Bagatellgrenzen entfällt eine Gebührenpflicht.

Ergänzt wird die Regelung des § 89 AO durch die SteuerauskunftsVO – StAuskV – v. 30.11.2007, BGBl I 2007, 2783; BStBl I 2007, 820, zuletzt geändert durch VO v. 17.07.2017, BGBl I 2017, 2360, deren Regelungen sich weitgehend an den früheren Verwaltungsanweisungen orientieren.

## B. Bedeutung und Anwendungsbereich der Vorschrift

Die Beratungs- und Auskunftspflicht soll auch dem Dienstleistungsgedanken Rechnung tragen, auch wenn die Steuerverwaltung schon aus ihrer Natur heraus her Eingriffsverwaltung ist. Die Vorschrift beinhaltet zwei verschiedene Formen der Auskunft bzw. Beratung des Stpfl. durch die FinVerw. **Abs. 1** regelt nur eine allgemeine Auskunfts- und Beratungspflicht der Finanzbehörde, einschließlich Erteilung von Rechtsauskünften. Die auf der Grundlage des § 89 AO erbrachten Leistungen entfalten jedoch keine unmittelbare Bindungswirkung für das Besteuerungsverfahren, da es sich nicht um Verwaltungsakte handelt. Hierzu muss sich der Stpfl. um eine verbindliche Zusage bemühen, die in **Abs. 2** geregelt ist. Die Auskunftsregelungen erstrecken sich über alle Stadien des Besteuerungsverfahrens, sind also nicht auf die Veranlagung beschränkt. Folglich sind die Finanzbehörde z. B. auch verpflichtet, den Stpfl. auch im Vollstreckungsverfahren auf sachdienliche Anträge hinzuweisen, können Finanzämter und das Bundeszentralamt für Steuern auch insoweit verbindliche Auskünfte erteilen. 2

## C. Tatbestandliche Voraussetzungen der Beratungs- und Auskunftsverpflichtung nach § 89 Abs. 1 AO

### I. Gegenstand der Beratungs- und Auskunftsverpflichtung nach Abs. 1

#### 1. Umfang der Beratungsverpflichtung

3 Im Rahmen ihrer Fürsorgepflicht soll die Finanzbehörde die Abgabe von Erklärungen, die Stellung von Anträgen oder die Berichtigung von Erklärungen oder Anträgen anregen, die **offensichtlich** nur versehentlich oder aus Unkenntnis unterblieben oder unrichtig abgegeben oder gestellt worden sind (§ 89 **Abs. 1 Satz 1** AO). Ihre Grenze findet diese Fürsorgepflicht somit dort, wo die fehlende oder fehlerhafte Interessenwahrung nicht offensichtlich ist. Damit ist klargestellt, dass der Gesetzgeber die Finanzbehörde nicht allgemein mit der Rolle eines Beraters betrauen wollte. Allgemeine Steuerberatung unter der Maxime der möglichst steuerrechtlich günstigen Gestaltung ist auch im Rahmen der allgemeinen Beratungspflicht keine Aufgabe der Finanzbehörden. Ein unter die Fürsorgepflicht fallender Sachverhalt muss damit so beschaffen sein, dass das Verhalten des Beteiligten jedem als unverständlich erscheinen muss, der auch nur oberflächliche Kenntnisse über die konkrete Rechtslage hat. Drängt sich nach den gegebenen Umständen die Stellung eines Antrags bzw. die Richtigstellung abgegebener Erklärungen oder Anträge schon bei Berücksichtigung etwa der einem Steuererklärungsformular oder -programm beigefügten Erläuterungen auf, wird die Finanzbehörde schon aufgrund der amtlichen Ermittlungspflicht gehalten sein, zu erforschen, ob die zweckdienlichen Ergänzungen bewusst unterlassen wurden. All dies lässt sich dem Tatbestandsmerkmal »offensichtlich« entnehmen. Es ist auch nicht Aufgabe der Finanzbehörde, ordnungsgemäß erstellte Steuererklärungen auf alle nur denkbaren Fehlerquellen hin zu prüfen und auch entfernt liegende Möglichkeiten eines Versehens des Stpfl. ins Auge zu fassen. Vielmehr kann die Behörde grundsätzlich darauf vertrauen, dass der Stpfl. seine Erklärung nach sorgfältiger Prüfung der Sach- und Rechtslage abgegeben hat. Eine Verpflichtung der Finanzbehörden, den Stpfl. auf günstigere Gestaltungsmöglichkeiten hinzuweisen, besteht nicht (BFH v. 20.03.2016, III R 29/15, BFH/NV 2016, 1278; AEAO zu § 89, Nr. 1). Insbesondere bei Stpfl., die fachkundig beraten sind, kommen Anregungen i. S. des § 89 Abs. 1 Satz 1 AO nur in geringem Umfang in Frage. Es ist nicht Aufgabe der Behörde, darüber zu wachen, ob Angehörige der steuerberatenden Berufe ihre Mandanten mit größtmöglicher Effektivität betreuen. Gerade hier wird die durch die Verwendung des Wortes »offensichtlich« bedingte Einschränkung sorgfältig zu beachten sein. Im Allgemeinen wird die Finanzbehörde auf die Sachkunde des Vertreters und eine dadurch bedingte vernünftige Motivation seines Verhaltens vertrauen dürfen, sofern nicht ohne jede tiefschürfende rechtliche Überlegung feststeht, dass die abgegebenen Erklärungen bzw. das Fehlen oder die Fassung von Anträgen oder Erklärungen auf einem Versehen beruhen. Die bei steuerlichen Laien ggf. naheliegende Unterstellung von Unkenntnis liegt bei sachkundiger Vertretung grundsätzlich fern.

#### 2. Verfahrensfürsorgepflicht

Die Pflicht, unter den genannten Voraussetzungen konkrete Einzelanregungen zu geben, wird in § 89 **Abs. 1 Satz 2** AO zu einer Auskunftspflicht über die den Beteiligten im Verwaltungsverfahren zustehenden Rechte und die ihnen obliegenden Pflichten verallgemeinert. § 89 Abs. 1 Satz 2 AO beinhaltet aber ebenfalls keinen umfassenden Anspruch auf Erteilung von Auskünften über die materielle Rechtslage in Bezug auf steuerlich relevante Sachverhalte. Angesprochen sind ausschließlich die im Verwaltungsverfahren (= Besteuerungsverfahren) den an diesem Verfahren Beteiligten (§ 78 AO) zustehenden Rechte bzw. obliegenden Pflichten. Zu unterscheiden ist zwischen allgemeinen, d. h. an alle potentiellen Beteiligten gerichtete Auskünften, und konkreten Hinweisen in individuellen Besteuerungsverfahren. Bei den allgemeinen Auskünften wird in erster Linie an die Herausgabe von Merkblättern, auch in elektronischer Form oder im Internet abrufbar, an den Aushang allgemeiner Hinweise in Lohnsteuerstellen, an Presseverlautbarungen mit Hinweisen auf demnächst ablaufende (Ausschluss-)fristen und an Erläuterungsblätter zu Steuererklärungsformularen zu denken sein. Notwendigkeit und Inhalte solcher Verlautbarungen haben sich ausdrücklich an ihrer Erforderlichkeit zu orientieren, d. h. insbes., dass durch sie die Durchschaubarkeit der in den Steuergesetzen verankerten Rechte und Pflichten im erforderlichen Maße herbeigeführt bzw. verstärkt werden soll. Eine Verpflichtung zur umfassenden Kommentierung besteht hingegen nicht. Soweit sich aus § 89 Abs. 1 Satz 2 AO Rechte einzelner Beteiligter im konkreten, ihn betreffenden Besteuerungsverfahren herleiten lassen, wird häufig eine Überschneidung mit der sich aus § 89 Abs. 1 Satz 1 AO ergebenden Fürsorgepflicht eintreten. Bei hilflosen oder schutzbedürftigen Stpfl. verpflichtet § 89 Abs. 1 Satz 2 AO die Behörde, diese im Einzelfall über ihr nach der Rechtslage notwendiges und zweckmäßiges Verhalten gegenüber der Finanzbehörde aufzuklären. Dazu gehört insbes. die Aufklärung über konkrete Möglichkeiten, das Besteuerungsverfahren zu fördern, z. B. auch durch Hinweise auf ggf. vorhandene Wiedereinsetzungsgründe, Fristverlängerungsmöglichkeiten, Aussetzung der Vollziehung. 4

### II. Rechtsfolgen der Verletzung der Fürsorgepflicht

5 Verletzt die Finanzbehörde die ihr obliegenden Fürsorgepflichten, wird dies bei dadurch bedingten Fristversäumnissen Wiedereinsetzung in den vorigen Stand gem. § 110 Abs. 1 AO rechtfertigen. Je nach der besonderen Lage des Einzelfalles wird auch zu prüfen sein, ob eine Frist für die Stellung bestimmter Anträge oder die Abgabe konkreter Erklärungen nach Treu und Glauben nicht in ihrem Anlauf oder Ablauf gehemmt wurde. Bei schweren Verstößen wird es u. U. notwendig und möglich sein, den Stpfl. so zu stellen, als ob er die wegen der unterlassenen notwendigen Aufklärung nicht durchgeführte Rechtshandlung vorgenommen hätte. Dies dürfte jedoch die Ausnahme darstellen. Ist eine andere Heilung nicht möglich, kann auch Abhilfe im Wege des Billigkeitserlasses (§ 227 AO) zu erwägen sein, wobei sich bei zutreffender Steuerfestsetzung jedoch kaum die erforderliche sachliche Unbilligkeit der Steuererhebung feststellen lassen wird. Bei schuldhafter Verletzung der Fürsorgepflicht kann auch ein Schadensersatzanspruch wegen Amtspflichtverletzung (Art. 34 GG, § 839 BGB) in Betracht kommen, der bei den Zivilgerichten geltend zu machen ist.

Insgesamt gesehen dürfen an die die Finanzbehörden treffenden Pflichten keine überzogenen Anforderungen gestellt werden. Da den Stpfl. die Wahrung ihrer Interessen durch die Behörde nicht allgemein abgenommen werden kann, können sie deshalb auch Nachteile, die aus irrigen Erwartungen entstehen, die jedoch nicht durch eine falsche oder unzulängliche Auskunft verursacht worden sind und deshalb in ihre Risikosphäre fallen, nicht auf die Behörde abwälzen.

## D. Verbindliche Auskunft (§ 89 Abs. 2 bis 7 AO)

### I. Allgemeines

6 Bis zur Einführung der verbindlichen Auskunft nach Abs. 2 hatte es neben dem allgemein anerkannten Recht der Finanzbehörde, im Einzelfall Beratung und Auskünfte im Rahmen des § 89 Abs. 1 AO zu erteilen, nur einige gesetzliche Regelungen zur Auskunftserteilung durch die Finanzbehörden gegeben. Zu nennen sind die Zolltarifauskunft nach Art. 33 UZK, die Lohnsteuer-Anrufungsauskunft nach § 42e EStG und insbes. die verbindliche Zusage nach einer Außenprüfung nach § 204 AO. Daneben hatte der Bundesfinanzhof bereits in ständiger Rechtsprechung in Einzelfällen unter dem Hinweis auf Treu und Glauben eine Bindungswirkung für bestimmte Auskünfte angenommen (s. BFH v. 04.08.1961, VI 269/60 S, BStBl III 1961, 562; BFH v. 13.12.1989, X R 208/87, BStBl II 1990, 274; BFH v. 16.11.2005, X R 03/04, BStBl II 2006, 155 m. w. N.). Die Kodifizierung des Rechtsinstituts der verbindlichen Auskunft in Abs. 2 soll ein Mehr an Rechtssicherheit bieten. Dies wird durch die gesetzliche Regelung nur zum Teil erreicht, da sich auch in der Vergangenheit die Probleme weniger in der Rechtsanwendung ergeben haben, sondern oftmals im Vordergrund stand, ob der Sachverhalt, der der verbindlichen Auskunft zugrunde lag, auch tatsächlich durch den Steuerpflichtigen verwirklicht wurde. Ergänzt und ausgefüllt werden die gesetzlichen Bestimmungen durch die StAuskV. Anders als die nach § 89 Abs. 1 AO erteilten Auskünfte ist die Bearbeitung eines Antrags auf Erteilung einer verbindlichen Auskunft gebührenpflichtig; hierzu s. Rz. 24. Ausführliche Regelungen vgl. AEAO zu § 89, Nr. 3 ff.

### II. Voraussetzungen

#### 1. Antragsgebundenes Verfahren

Die Erteilung einer verbindlichen Auskunft setzt einen **Antrag** voraus. Der Antrag muss schriftlich gestellt werden (AEAO zu § 89, Nr. 3.4). Das Schriftformerfordernis ist zwar im Gesetz nicht ausdrücklich geregelt, ergibt sich aber aus § 1 Abs. 1 StAuskV. Dem Schriftformerfordernis ist auch bei einer Übermittlung in elektronischer Form Rechnung getragen. Der Antrag muss die in § 1 Abs. 1 Nr. 1 bis Nr. 7 StAuskV genannten Angaben enthalten. Gegenstand der Auskunft kann nur die Beurteilung eines bis zum Zeitpunkt der Antragstellung noch nicht verwirklichten Sachverhalts sein. Ist der (Lebens-)Sachverhalt bereits verwirklicht, kommt eine verbindliche Auskunft nicht mehr in Betracht. Die verbindliche Auskunft kann also nicht dazu dienen, für vollendete Tatsachen eine Genehmigung der FinVerw. zu erwirken. Erste Vorbereitungshandlungen im Hinblick auf den geplanten Sachverhalt sind jedoch unschädlich. Die Abgrenzung von Vorbereitungshandlung und Sachverhaltsverwirklichung kann im Einzelfall problematisch sein. 7

Auch **zukünftig geplante Umgestaltungen** können Gegenstand einer verbindlichen Auskunft sein. Auf der anderen Seite scheidet eine Auskunft »ins Blaue hinein« aus.

Es muss also stets eine konkrete Absicht einer Gestaltung bestehen. Von besonderer Bedeutung für den Antrag ist die richtige und vollständige Darstellung des **Sachverhalts**. Eine auf bloße Annahmen und Hypothesen gestützte Antragsstellung »was wäre, wenn …« reicht nicht aus. Ebenso wenig genügt es, auf dem Antrag beigefügte Unterlagen Bezug zu nehmen. Der Antrag muss sich auf eine bestimmte Sachverhaltsgestaltung beziehen, die Darstellung **alternativer Sachverhalte** ist nicht zulässig und führt in der Regel zur Ablehnung des Antrags. Allerdings können in einer Antragschrift i. S. einer »Antragshäufung« mehrere getrennt zu beurteilende Sachverhalte zu beurteilen sein, wenn sich die zur Entscheidung gestellten 8

Fragen klar abgrenzen lassen (FG Mchn v. 05.04.2017, 4 K 2058/17, EFG 2017, 967, Rev. II R 24/17). Schon im eigenen Interesse muss der Stpfl. den Sachverhalt so ausführlich darstellen, dass eine Entscheidung ohne weitere Sachverhaltsermittlungen des FA möglich ist. Zu weiteren Ermittlungen von Amts wegen ist das FA nicht verpflichtet (BFH v. 16.03.1994, I R 12/93, BFH/NV 1994, 838). Etwaige Zweifel an der Darstellung gehen zulasten des Antragstellers und können zur Ablehnung des Antrags führen. Allerdings ist das FA nicht gehindert, etwaige Unklarheiten durch Rückfragen beim Antragsteller zu klären oder ergänzende Angaben anzufordern.

Im Antrag sind die **Rechtsprobleme** darzulegen, die den zur Beurteilung stehenden Sachverhalt betreffen. Hierzu muss der Antragsteller nicht nur allgemeine Rechtsfragen ansprechen, sondern seinen Standpunkt zu der konkreten Rechtsfrage darlegen und begründen. Schließlich müssen daraus entwickelte konkrete Rechtsfragen gestellt werden. Folglich kann im Wege der verbindlichen Auskunft nicht erreicht werden, dass das FA einen Sachverhalt in seiner Gänze umfassend einer rechtlichen Beurteilung unterzieht. Dementsprechend ist das FA auch nicht verpflichtet, von sich aus in dem Antrag nicht erwähnte Rechtsfragen in die Beurteilung einzubeziehen, auch wenn sie ersichtlich Bedeutung für die steuerliche Beurteilung des geschilderten Sachverhalts haben. Allerdings könnte sich in diesem Fall auf der Grundlage der Fürsorgepflicht des § 89 Abs. 1 AO eine Hinweisverpflichtung ergeben.

### 2. Antragsbefugnis

9 Zur Antragstellung befugt ist grundsätzlich der Beteiligte eines konkreten Steuerrechtsverhältnisses. Dies ist Regelfall der Stpfl., der den geschilderten Sachverhalt verwirklichen will. Sofern sich die verbindliche Auskunft auf einen Sachverhalt bezieht, der mehreren Personen steuerlich zuzurechnen ist, kann der Antrag nur von allen Beteiligten gemeinsam gestellt werden. In diesem Fall sollen die Beteiligten einen gemeinsamen Empfangsbevollmächtigten benennen.

### 3. Zuständigkeit

10 Anders als § 89 Abs. 1 AO, der die Zuständigkeit für allgemeine Beratungen und Auskünfte auf die Finanzbehörde überträgt, sieht § 89 Abs. 2 AO die Zuständigkeit der **Finanzämter** und des **Bundeszentralamts für Steuern** (BZSt) vor. Einzelheiten s. AEAO zu § 89, Nr. 3.3. Grundsätzlich besteht damit die Zuständigkeit des FA, das bei der Verwirklichung des dem Antrag zugrunde liegenden Sachverhalts örtlich zuständig sein würde. Dies ist in der Regel das FA, das dann das Veranlagungs- oder das Feststellungsverfahren durchzuführen hätte. Diese Zuständigkeitsregelung gilt auch, wenn der Stpfl. bereits bei einem anderen FA steuerlich geführt wird; in diesem Fall müssen sich die betroffenen FA inhaltlich miteinander abstimmen. Die Entscheidung über die Erteilung der verbindlichen Auskunft liegt aber beim potenziell zuständigen FA. Für Antragsteller, bei denen nach den §§ 18 bis 21 AO keine Finanzbehörde zuständig ist, ist auf dem Gebiet der Steuern, die von den Landesfinanzbehörden im Auftrag des Bundes verwaltet werden, das BZSt zuständig. Bei verschiedenen Steuerarten kann die Zuständigkeit je nach Steuerart sowohl beim BZSt als auch bei den FA liegen (AEAO zu § 89, Nr. 3.3.1.3). Eine vom BZSt erteilte Zusage bindet auch die später zuständige Finanzbehörde.

Im Fall einer Betriebsaufspaltung kommt es darauf an, bei welchem der Unternehmen sich die steuerlichen Folgen ergeben; insoweit kann eine Abstimmung zwischen mehreren FA erforderlich sein.

Für übergeordnete Behörden (OFD, FinMin) besteht keine Zuständigkeit für die Erteilung einer verbindlichen Auskunft, da die Durchführung des Besteuerungsverfahrens den FA obliegt (§ 17 Abs. 2 FVG). Die übergeordneten Behörden können daher nur im Rahmen ihres Weisungsrechts Einfluss auf die Entscheidung des FA haben.

Für die Bindungswirkung der Zusage ist von Bedeutung, dass sie vom zuständigen »Finanzamt« bzw. dem »Bundeszentralamt für Finanzen« erteilt wird. Eine von einer unzuständigen Behörde erbrachte Zusage entfaltet keine Bindungswirkung (AEAO zu § 89, Nr. 3.6). Zeichnungsberechtigt für die Zusage ist also grundsätzlich der Behördenleiter, der diese Befugnis jedoch im Einzelnen oder allgemein (z. B. auf Sachgebietsleiter) delegieren kann.

**Betriebsprüfungsstellen oder Betriebsprüfungsfinanzämter** sind nicht zur Erteilung verbindlicher Auskünfte befugt. Dies folgt schon daraus, dass die Feststellungen der Betriebsprüfung weder in tatsächlicher noch in rechtlicher Hinsicht für das mit der Festsetzung/Feststellung zuständige FA verbindlich sind. Feststellungen im Prüfungsbericht enthalten regelmäßig keine Zusagen oder Verständigungen (BFH v. 21.06.2001, V R 57/99, BStBl II 2001, 662). 11

### 4. Zusageinteresse

Erforderlich ist weiterhin die Darlegung eines **besonderen steuerlichen Interesses** des Antragstellers an der erbetenen Auskunft. Damit sind die finanziellen, insbes. die steuerlichen Folgen, gemeint, die sich aus dem geschilderten Sachverhalt ergeben. Ein solches Interesse kann z. B. bei einzelnen Gestaltungen und auch bei Dauersachverhalten bestehen. Ein Zusageinteresse ist nicht gegeben, wenn der Antrag ersichtlich darauf abzielt, die Grenzen des steuerlich Möglichen auszuloten wie z. B. im Hinblick auf einen möglichen Gestaltungsmissbrauch 12

i. S. des § 42 AO. Deshalb kann es geboten sein, im Antrag auch die wirtschaftlichen Hintergründe für die geplante Gestaltung mitzuteilen. Unschädlich ist aber, wenn bei einer wirtschaftlich oder aus anderen Gründen sinnvollen Gestaltung steuerliche Überlegungen einfließen. Ein Zusageinteresse besteht nicht, wenn die erbetene Zusage letztlich eine Prognoseentscheidung des FA über die weitere Entwicklung des Sachverhalts beinhalten müsste, wie z. B. bezüglich der Gewinnerzielungsabsicht, wenn die Entwicklung des geplanten Vorhabens unsicher ist. Ein Zusageinteresse besteht schließlich auch dann nicht, wenn die Zusage ein Steuerstundungs- oder Steuersparmodell betrifft, das am Markt eingeführt oder etabliert werden soll.

## III. Entscheidung über die Erteilung der verbindlichen Auskunft

### 1. Frist

13 Nach § 89 Abs. 2 Satz 4 AO soll über den Antrag auf Erteilung einer verbindlichen Auskunft innerhalb von sechs Monaten nach Eingang des Antrags bei der zuständigen Finanzbehörde entschieden werden. Die gesetzlich vorgesehene Bearbeitungsfrist soll auf eine zügige Bearbeitung des Antrags hinwirken. Die Sechs-Monats-Frist gilt unabhängig von der Schwierigkeit und der wirtschaftlichen Bedeutung der begehrten Auskunft. Als »Soll«-Bestimmung bleibt es folgenlos, wenn die Behörde die Frist nicht einhält. Insbesondere kann der Antragsteller daraus nicht ableiten, dass die begehrte Auskunft als erteilt gilt. Die Behörde ist indes verpflichtet, dem Antragsteller unter Angabe von Gründen mitzuteilen, sofern sie innerhalb der Frist nicht entscheiden kann. Allerdings bleibt auch ein Verstoß gegen diese Verpflichtung ohne gesetzliche Konsequenzen. Ungeachtet dessen kann der Antragsteller jedenfalls nach Ablauf der Frist Untätigkeitseinspruch mit dem Ziel einer Bescheidung erheben.

### 2. Form

14 § 89 Abs. 2 Satz 5 AO enthält eine Ermächtigung zum Erlass einer RechtsVO, in der auch die Form der Auskunftserteilung geregelt werden kann. Das Gesetz selbst enthält dazu keine Vorschriften. Allerdings finden sich auch in der aufgrund der Ermächtigung erlassenen StAuskV keine Regelungen zur Form der Auskunftserteilung. Dennoch ist die verbindliche Auskunft schon wegen einer ggf. später erforderlichen Verifizierbarkeit **schriftlich** oder **elektronisch** zu erteilen. Die schriftliche oder elektronische Fixierung dient Stpfl. und FA somit gleichermaßen, insbes. wenn der von der Auskunft betroffenen Sachverhalt erst Jahre später im Rahmen eines Festsetzungs- oder Feststellungsverfahrens Gegenstand einer Prüfung wird. Zudem lässt sich nur der in Textform niedergelegten Auskunft der Umfang der Bindungswirkung für das Finanzamt entnehmen (s. BFH v. 13.12.1989, X R 208/87, BStBl II 1990, 724; BFH v. 06.08.1997, II R 33/95, BFH/NV 1998, 12; BFH v. 30.03.2011, XI R 30/09, BStBl II 2011, 613). Solche Feststellungen dürften bei nur mündlich erteilten Zusagen kaum möglich sein, die zudem von der »einfachen« Auskunft abzugrenzen sind (vgl. FG Mchn v. 18.05.2017, 14 K 979/14 – juris). Dementsprechend sieht auch die FinVerw. für die Erteilung der Auskunft grds. Schriftform oder elektronische Übermittlung vor. Zusätzlich sind sowohl die verbindliche Auskunft als auch deren Ablehnung mit einer Rechtsbehelfsbelehrung zu versehen (AEAO zu § 89, Nr. 3.5.5). Dies ist folgerichtig, wenn man die Auskunft wie die FinVerw. als VA ansieht (s. Rz. 18).

§ 89 Abs. 2 Satz 6 AO erweitert die Verordnungsermächtigung zusätzlich um den in der Praxis häufigen Fall, dass geregelt werden muss, unter welchen Voraussetzungen eine verbindliche Auskunft gegenüber mehreren einheitlich zu erteilen ist. Von dieser Möglichkeit hat der VO-Geber in § 1 Abs. 2 StAuskV Gebrauch gemacht. Die Möglichkeit, bei mehreren Betroffenen eine einheitliche Auskunft zu erteilen, dient der Rechtssicherheit, indem bei mehreren Auskunftsanfragen unterschiedliche Auskunftserteilungen vermieden werden. Korrespondierend damit ist in § 1 Abs. 3 StAuskV ebenfalls geregelt, welche Behörde in diesen Fällen für die Auskunftserteilung zuständig ist. Von Bedeutung ist eine einheitliche Auskunft vor allem in den Fällen einheitlicher und gesonderter Feststellungen und im Bereich der Organschaften. Wird eine einheitliche Auskunft erteilt, bindet sie alle Beteiligten. Auf der anderen Seite entfällt auch die Bindungswirkung nur für alle an der Auskunft erteilten Beteiligten gleichermaßen. Die Auskunft ist insoweit nicht teilbar. Eine Ausnahme gilt nur, soweit spezielle Fragen eines Beteiligten Gegenstand der Auskunftserteilung waren. 15

Die Finanzbehörde muss mit **Bindungswillen** gehandelt haben (BFH v. 16.07.2002, IX R 191/96, BFH/NV 2002, 714). Daran fehlt es, wenn das FA eine bestimmte Sachbehandlung auch über einen längeren Zeitraum unbeanstandet gelassen hat (BFH v. 27.10.1998, X R 191/96, BFH/NV 1999, 608 m. w. N.), selbst wenn der Stpfl. auf Besonderheiten des Sachverhalts hingewiesen haben sollte. 16

### 3. Ablehnung des Antrags

Bei der Entscheidung über den Antrag muss das Finanzamt zunächst prüfen, ob die **formellen Anforderungen** an den Antrag erfüllt sind, insbes. also die Voraussetzungen i. S. von § 1 StAuskV eingehalten sind. Ist dies nicht der Fall, wird der Antrag abgelehnt. Sind die formellen Anforderungen erfüllt, hat das Finanzamt im Übrigen eine 17

Ermessensentscheidung zu treffen. In der Regel ist die Auskunft zu erteilen. Nur ausnahmsweise ist bei Vorliegen der formellen Voraussetzungen eine Ablehnung ermessensgerecht, wenn z. B. in absehbarer Zeit mit einer Klarstellung oder Änderung der Rechtslage zu rechnen ist. Die Ablehnung des Antrags ist ein **Verwaltungsakt**. Es beinhaltet die Regelung, dass der Antragsteller keinen Anspruch auf die Erteilung einer Auskunft hat. Folglich ist gegen die ablehnende Entscheidung der Einspruch und nach ablehnender Entscheidung die Klage gegeben. Gegenstand von Einspruchs- und Klageverfahren ist dabei die Frage, ob das FA zur Erteilung einer Auskunft verpflichtet war, nicht der Inhalt der begehrten Auskunft (s. BFH v. 22.01.1992, I R 20/91, BFH/NV 1992, 562; BFH v. 16.12.1987, I R 66/84, BFH/NV 1988, 319; BFH v. 14.07.2015, VIII R 72/13, – juris).

### 4. Negative Auskunft

18 Keine Ablehnung der beantragten Auskunft liegt vor, wenn das FA die Auskunft zwar erteilt, aber darin den vom Antragsteller vertretenen Rechtsstandpunkt nicht teilt, sog. negative Auskunft. Die Auskunft wird dann mit von dem FA erteilten Inhalt wirksam und entfaltet auch nur insoweit Bindungswirkung. Mit der so erteilten Auskunft ist dem Anspruch des Antragstellers auf Erteilung der Auskunft genüge getan. Eine (teilweise) negative Auskunft ist Verwaltungsakt (BFH v. 29.02.2012, IX R 11/11, BStBl II 2012, 651; s. Rz. 18), sodass hiergegen wegen des für den Antragsteller negativen Ergebnisses der Rechtsbehelf des Einspruchs gegeben ist. Allerdings ist ein Verpflichtungseinspruch mit dem Ziel, die begehrte Auskunft zu erhalten i. d. Regel unzulässig, da der Stpfl. keine konkrete Regelung begehrt. Der BFH hält indes eine Klage für zulässig; er geht aber auch davon aus, dass die Auskunft den Besteuerungssachverhalt nicht endgültig regelt, sondern dass das FA die sachliche Rechtslage allein aufgrund des vom Stpfl. geschilderten Sachverhalts prüft und es insoweit eine Schlüssigkeitsprüfung vornimmt. Die Auskunft darf zudem nicht evident rechtsfehlerhaft sein (BFH v. 29.02.2012, IX R 11/11, BStBl II 2012, 651; BFH v. 05.02.2014, I R 34/12, BFH/NV 2014, 1014; BFH v. 14.07.2015, VIII R 72/13, – juris). Der Antragsteller ist bei negativer Auskunft nicht gehindert, den Sachverhalt entgegen der vom FA erteilten Auskunft unter Aufrechterhaltung seiner bisherigen Rechtsansicht zu verwirklichen. Folgt das FA dann in der Veranlagung der vom Stpfl. vertretenen Rechtsauffassung ebenfalls nicht, kann er eine Klärung in einem gegen die Festsetzung oder Feststellung gerichteten Rechtsbehelfsverfahren herbeiführen.

### 5. Positive Auskunft

Wird dem Antrag in vollem Umfang entsprochen, die begehrte Auskunft also mit dem vom Stpfl. begehrten Inhalt erteilt, liegt eine sog. positive Auskunft vor. Auch diese ist Verwaltungsakt. Wird dem Auskunftsbegehren nur zum Teil oder gegenüber dem Antrag mit modifiziertem Inhalt entsprochen, liegt eine Beschwer des Antragstellers vor, mithin also eine teilweise negative Auskunft (s. Rz. 16). Bei einer positiven Auskunft ist das FA gehalten, ausdrücklich darauf hinzuweisen, dass 19

- die Auskunft nur dann Bindungswirkung entfaltet, wenn der später verwirklichte Sachverhalt dem in der Auskunft zugrunde gelegten entspricht,
- das FA bis zu der von der Auskunft abhängigen Disposition einen anderen Standpunkt einnehmen kann und die Auskunft widerrufen kann,
- die Auskunft außer Kraft tritt, wenn die Regelungen auf denen sie beruht, geändert werden,
- das FA die Auskunft zulässigerweise widerruft oder sie rückwirkend aus den Gründen der §§ 129 AO bis 131 AO (Rücknahme, Widerruf) aufhebt oder ändert.

## IV. Bindungswirkung

### 1. Rechtsgrundlage

Der BFH hat klargestellt, dass die verbindliche Zusage Verwaltungsaktqualität besitzt (BFH v. 30.04.2009, VI R 54/07, BStBl II 2010, 996; BFH v. 29.02.2012, IX R 11/11, BStBl II 2012, 651; BFH v. 16.05.2013, V R 23/12, BStBl II 2014, 325; BFH v. 14.07.2015, VIII R 72/13, – juris; ebenso AEAO zu § 89, Nr. 3.5.5). Es steht dem Verwaltungsaktcharakter nicht entgegen, dass es an einer beiderseitig verbindlichen Regelung des zur Entscheidung gestellten Sachverhalts fehlt, sodass sich der Stpfl. z. B. auch abweichend von der Auskunft verhalten kann, ohne hierfür unmittelbare Sanktionen zu befürchten. Es handelt sich um den Sonderfall einer einseitigen Bindung der Finanzbehörde ohne Fremdbindung des Stpfl. (feststellender VA). Gleichwohl geht die Bindungswirkung über die reinen Wirkungen des Grundsatzes von Treu und Glauben hinaus. Eine Besonderheit besteht schon darin, dass die Auskunft in einem formalisierten Verfahren erteilt wird und somit durch das Handeln des FA schon nach der Art der Bearbeitung erhöhte Bedeutung zukommt, die auch gegenüber dem Antragsteller nach außen zum Ausdruck kommt. Zugleich wird damit der Selbstbindungswille der Verwaltung deutlich, der zudem auch seinen Niederschlag im Gesetz findet, indem z. B. die Bindungswirkung einer Auskunft des BZSt auch das für die Veranlagung/Feststellung zuständigen FA besteht. Schließlich ist die Bindungswirkung in § 2 StAuskV ausdrücklich geregelt. Insoweit kann man bei der verbindlichen Zusage zwar von einer verwaltungsaktähnlichen Regelung eigener Art, 20 einem einseitig bindenden VA sprechen (ähnlich auch *Seer* in Tipke/Kruse, § 89 AO, Rz. 25: eigenständige Handlungsform).

## 2. Umfang

21 Der Umfang der Bindungswirkung erstreckt sich auf den Sachverhalt, der Gegenstand der verbindlichen Auskunft war. Nur soweit dieser Sachverhalt verwirklicht wurde, kann sich der Stpfl. auf die Auskunft berufen; abweichende Gestaltungen sind nicht gedeckt. Zur Prüfung, ob Sachverhalt und Inhalt der Auskunft übereinstimmen, muss zunächst der Inhalt der Auskunft durch **Auslegung** ermittelt werden (BFH v. 17.08.2015, I R 45/14, BFH/NV 2016, 261). Erst dann kann festgestellt, ob und ggf. in welchem Umfang von der Auskunft abgewichen wurde. Diese Prüfung wird regelmäßig erst im Rahmen der Veranlagung/Feststellung erfolgen können.

In **persönlicher Hinsicht** erstreckt sich die Bindungswirkung der Auskunft nur auf den Antragsteller oder die die Auskünfte betreffende Person, Personenvereinigung oder Vermögensmasse (§ 2 Abs. 1 StAuskV). Eine einheitliche Auskunft nach Abs. 2 Satz 6 entfaltet Bindungswirkung für alle Adressaten der Auskunft (§ 2 Abs. 2 StAuskV). Für nicht am Auskunftsverfahren beteiligte Dritte entfaltet die Auskunft keine Bindungswirkung, auch wenn sie einen identischen Sachverhalt verwirklichen. Im Falle einer Gesamtrechtsnachfolge geht die Bindungswirkung allerdings auf den Rechtsnachfolger über. Seitens der Finanzbehörde tritt die Bindungswirkung nur ein, wenn die verbindliche Zusage von der zuständigen Finanzbehörde erteilt wurde. Dies stellt § 2 Abs. 1 StAuskV ausdrücklich klar.

Entspricht die Sachverhaltsverwirklichung der Auskunft, ist das FA gehalten, die Veranlagung/Feststellung auf deren Grundlage vorzunehmen. Dies gilt grundsätzlich auch, wenn die Auskunft inhaltlich unzutreffend war und sich eine daraus resultierende Steuerfestsetzung als rechtswidrig erweist (BFH v. 16.07.2002, IX R 28/98, BStBl II 2002, 714 m.w.N.). Eine andere Beurteilung ist nur dann möglich, wenn die Rechtswidrigkeit der Auskunft so offenkundig ist, dass sie ihr »auf die Stirn« geschrieben steht. Insoweit kommt es dem FA zu Gute, das die Bindungswirkung »nur« auf dem Grundsatz von Treu und Glauben fußt und guter Glaube bei offensichtlicher Rechtswidrigkeit nicht mehr gegeben sein kann. Eine nichtige Auskunft entfaltet keinerlei Bindungswirkung.

22 **Weicht** das FA **zuungunsten** des Stpfl. von der Auskunft ab, kann der Stpfl. im Rechtsbehelfsverfahren gegen die Veranlagung/Feststellung einwenden, dass das FA an die Beurteilung in der Auskunft gebunden ist. Auf der anderen Seite kann das FA aber auch **zugunsten** der Stpfl. abweichen, wenn sich die bisherige Auskunft als unzutreffend erweist. Die Bindungswirkung gilt nur zugunsten, nicht zulasten des Stpfl. (BFH v. 17.09.2015, III R 49/13, BStBl II 2017, 37). Dies gilt auch, wenn dem Stpfl. zuvor eine negative Auskunft erteilt wurde.

Hinsichtlich der **Dauer** der Wirkung der Auskunft ist zu unterscheiden: Betrifft die Auskunft einen einmaligen Sachverhalt, gilt sie für den Veranlagungs- oder/Feststellungszeitraum, für den die Auskunft erteilt wurde, einschließlich späterer Änderungen und Rechtsbehelfsverfahren. Bei Dauersachverhalten oder Sachverhalten mit Dauerwirkung gilt sie, solange der Sachverhalt unverändert ist. Die Bindungswirkung entfällt schließlich auch, wenn die Rechtsvorschriften, auf denen die Auskunft beruht, aufgehoben oder geändert werden. Dies ist in § 2 Abs. 3 StAuskV ausdrücklich klargestellt. Der Entfall der Bindungswirkung ist auch aus verfassungsrechtlicher Sicht nicht zu beanstanden. Eine verbindliche Auskunft kann keinen Vertrauensschutz in den Fortbestand der Gesetzeslage begründen (BVerfG v. 11.05.2015, 1 BvR 741/14, HFR 2015, 882). Ein Widerruf der Auskunft ist nicht erforderlich (BFH v. 21.03.1996, XI R 82/94, BStBl II 1996, 518). Schließlich kann das FA die Zusage mit einer **Befristung** versehen.

## 3. Korrektur der verbindlichen Auskunft

Anders als bei einer Änderung gesetzlicher Vorschriften 23
behält eine Auskunft auch Gültigkeit, wenn sich die der Auskunft zugrunde liegende Rechtsansicht der FinVerw. oder der Rechtsprechung ändert. Hier kommt ein **Widerruf** der **rechtmäßigen Auskunft** in entsprechender Anwendung des § 131 AO Betracht, der aber bei der Verwirklichung eines **einmaligen Sachverhalts** jedenfalls dann ausscheidet, wenn der Stpfl. im Vertrauen auf die Auskunft bereits entsprechende Dispositionen getätigt hat. Steht die Disposition noch bevor, ist zu prüfen, ob das Dispositionsinteresse des Stpfl. einen weiteren Vertrauensschutz, insbes. angesichts bereits getroffener Vorbereitungen, rechtfertigt (vgl. BFH v. 02.09.2009, I R 20/09, BFH/NV 2010, 391). Bei Dauersachverhalten kommt ein Widerruf nur für die **Zukunft** in Betracht. Insoweit enthält § 2 Abs. 4 StAuskV eine selbstständige Rechtsgrundlage für die Aufhebung einer verbindlichen Zusage (AEAO zu § 89, Nr. 3.6.6). Ein Vertrauensschutz des Stpfl. in den Fortbestand einer rechtswidrigen Auskunft besteht grds. nicht. Auch hier ist aber stets zu prüfen, ob und in welchem Umfang der Stpfl. bereits schützenwerte Dispositionen getroffen hat. So müssen z.B. langfristige vertragliche Bindungen des Stpfl. in die Ermessensentscheidung über einen Widerruf einbezogen werden. Ob eine Aufhebung oder Änderung der Zusage erfolgt, steht im Ermessen der Finanzbehörde, die ihre Ermessenserwägungen auch in der aufhebenden oder ändernden Entscheidung darlegen muss.

Eine Auskunft kann in entsprechender Anwendung des 24
§ 130 AO auch mit der Wirkung für die **Vergangenheit**

zurückgenommen werden, sofern die gesetzlichen Voraussetzungen von § 130 Abs. 2 Nr. 1 bis 4 AO erfüllt sind. Ob eine Zusage materiell rechtswidrig ist, richtet sich nach § 2 Abs. 4 StAuskV, wenn die Zusage ohne Rechtsgrundlage oder unter Verstoß gegen materielle Rechtsnormen erlassen wurde oder rechtsfehlerhaft ist. Die FinVerw. sieht eine Auskunft auch dann als rechtswidrig »unrichtig« an, wenn sie von einer nach ihrer Bekanntgabe ergangenen gerichtlichen Entscheidung oder einer später ergangenen Verwaltungsanweisung abweicht (AEAO zu § 89, Nr. 3.6.6). Es erscheint zumindest zweifelhaft, ob eine geänderte Verwaltungsansicht regelmäßig zur Rechtswidrigkeit einer vorherigen Zusage führt; den Vertrauensschutzinteressen des Stpfl. wird indes regelmäßig dadurch Rechnung getragen, dass die Aufhebung oder Änderung in diesen Fällen nur für die Zukunft erfolgt. Zudem hat die FinVerw. auch insoweit eine Ermessensentscheidung zu treffen (»kann«). Vor einer Änderung ist der Betroffene anzuhören.

25 Fraglich ist, ob gegen die Rücknahme oder Widerruf ein Rechtsbehelf gegeben ist. Sieht man die Rücknahme/den Widerruf als actus contrarius zu der zuvor erteilten Auskunft an, handelt es sich auch insoweit um einen Verwaltungsakt, sodass eine isolierte Anfechtung in Betracht kommt. Daher ist gegen eine Rücknahme, einen Widerruf oder eine Änderung der Einspruch gegeben. Hat die Finanzbehörde aufgrund der Rücknahme/des Widerrufs einen von der Auskunft abweichenden VA erlassen, ist das Rechtsbehelfs- oder Klageverfahren gegen den abweichenden VA bis zur Entscheidung über das Rechtsbehelfsverfahren gegen die Rücknahme/den Widerruf auszusetzen (BFH v. 16.05.2013, V R 23/12, BStBl II 2014, 325).

## V. Gebührenpflicht der verbindlichen Auskunft

### 1. Gegenstand der Gebührenpflicht

26 Für verbindliche Auskünfte i. S. des § 89 Abs. 2 AO sehen § 89 **Abs. 3 bis 7** AO eine Gebührenregelung vor. Die Einführung einer Gebührenpflicht beruht auf der Befürchtung der Bundesländer, dass die Finanzämter durch die gesetzliche Einführung der verbindlichen Auskunft in erheblichem Maße zusätzlich belastet werden. Die Gebührenpflicht belastet den Stpfl. nicht unverhältnismäßig, zumal die Auskunftserteilung nicht zum Kernbereich der Steuerverwaltung gehört, sondern ein eigenständiges Verwaltungsverfahren darstellt. Durchgreifende Bedenken gegen die Verfassungsmäßigkeit der Gebührenerhebung bestehen nicht (BFH v. 30.03.2011, I B 136/10, BFH/NV 2011, 1042 und I R 61/10, BStBl II 2011, 536).

In Fällen minderer Bedeutung fällt keine Gebühr an (Abs. 5 Satz 2, Abs. 6 Satz 2).

Von Bedeutung ist, dass die Gebührenpflicht nur die Auskünfte nach Abs. 2 erfasst. Auskünfte nach Abs. 1 sowie verbindliche Zusagen aufgrund einer Außenprüfung, die Erteilung einer Anrufungsauskunft oder einer Zolltarifauskunft bleiben weiterhin gebührenfrei. Abgrenzungsschwierigkeiten können sich vor allem im Regelungsbereich zwischen Abs. 1 und Abs. 2 ergeben. Zur Differenzierung wird man einerseits den Wortlaut des Antrags, andererseits den Inhalt der Anfrage heranziehen müssen. Je mehr die formellen Voraussetzungen des Abs. 2 erfüllt sind, insbes. Auskunft über die rechtliche Beurteilung eines bestimmten Sachverhalts begehrt wird, desto eher liegt die Annahme eines Antrags auf Erteilung einer verbindlichen Auskunft. In Zweifelsfällen sollte seitens der FinVerw. zur Vermeidung eines Streits über die Kosten nachgefragt werden, welche Art der Auskunft begehrt wird.

Der **Gebührentatbestand** knüpft nicht an die Erteilung 27 der Auskunft, sondern an ihre Bearbeitung an (§ 89 **Abs. 3** AO). Sie entsteht damit bereits mit der Bearbeitung des Antrages beim FA, faktisch also mit dem Eingang des Antrags. Wird bei mehreren Antragstellern eine einheitliche Auskunft nach Abs. 2 Satz 6 erteilt, ist nur eine Gebühr zu erheben. Damit ist auch bei vielen Beteiligten eine erhöhte Gebühr ausgeschlossen. Hinsichtlich der einheitlichen Gebühr sind alle Antragsteller Gesamtschuldner. Die Gebühr entsteht kraft Gesetzes; die Erhebung steht also nicht im Ermessen der Finanzbehörde. Grundsätzlich ist die Gebühr vom Antragsteller innerhalb eines Monats nach Bekanntgabe der Gebührenfestsetzung zu entrichten. Allerdings kann die Finanzbehörde die Entscheidung über den Antrag auf Erteilung der verbindlichen Auskunft bis zur Entrichtung der Gebühr zurückstellen. Dies soll vermeiden, dass die FinVerw. mit ihrer Auskunft faktisch »in Vorleistung« tritt. Zugleich sollen Gebührenausfälle vermieden werden. Ein Erlass (§ 227 AO) oder eine Stundung (§ 222 AO) der Gebühren ist dem Grunde nach möglich, da es sich um steuerliche Nebenleistungen handelt.

Wegen der Ausgestaltung als Bearbeitungsgebühr ent- 28 steht diese unabhängig von dem Ausgang des Verfahrens. Die Gebühr entsteht also unabhängig davon, ob dem Antragsteller die erbetene Auskunft positiv oder negativ beschieden wird oder ob der Antrag abgelehnt wird. Im Falle einer Rücknahme kann die Gebühr ermäßigt werden oder aus Billigkeitserwägungen auf die Gebühr verzichtet werden (Abs. 7).

### 2. Höhe der Gebühr

Für die Höhe der Gebühr knüpft das Gesetz (§ 89 **Abs. 4** 29 AO) an den als **Gegenstandswert** bezeichneten Wert an, den die verbindliche Auskunft für den Antragsteller hat. Bei einem Gegenstandswert von **unter 10 000 EUR** wird **keine Gebühr** erhoben (Bagatellgrenze, § 89 **Abs. 5**

Satz 2 AO). Nicht im Gesetz genannt ist, wie dieser Wert zu berechnen ist. Einzelheiten hierzu s. AEAO zu § 89, Nr. 4.2. Sie knüpft dem Grunde nach zu Recht an die steuerliche Auswirkung des vom Antragsteller dargelegten Sachverhalts an (BFH v. 22.04.2015, IV R 13/12, BStBl II 2015, 989). Zu vergleichen ist die entstehende Steuer bei Zugrundlegung der vom Stpfl. dargelegten Rechtsauffassung mit einer fiktiven konträren Ansicht der FinVerw. Es würde damit in der Regel der für den Steuerpflichtige ungünstigste Wert als Gegenstandswert angesehen. Diese Verwaltungsregelung hat den Vorteil einer vergleichsweise einfachen Bestimmung des Gegenstandswertes, da sie auf vertretbare Extrempositionen abstellt. Sie ist jedoch nicht zwingend und stößt insbes. im Fall einer positiven Auskunft auf Schwierigkeiten, wenn sich keine vertretbaren Gegenpositionen ausmachen lassen. U. E. kann dann auf einen Vergleich zwischen der Besteuerung ohne der zur Beurteilung gestellten Sachverhaltsgestaltung und der positiven Auskunft abgestellt werden. Im Einzelnen bleibt – so sieht es auch das Gesetz vor – eine Schätzung möglich, die möglichst einvernehmlich erfolgen sollte. Nur wenn eine Schätzung gänzlich ausgeschlossen erscheint, ist der Wert mit einer **Zeitgebühr** zu berechnen (§ 89 **Abs. 6** AO). Zu diesem Zweck haben die Finanzbehörden Aufzeichnungen über den zeitlichen Aufwand zu fertigen (s. AEAO zu § 89, Nr. 4.3). Bei einer Bearbeitungszeit von **weniger als zwei Stunden** wird **keine Gebühr** erhoben (Bagatellgrenze, § 89 **Abs. 6 Satz 2** AO).

30 Bei **Dauersachverhalten** soll auf die steuerliche Auswirkung im Jahresdurchschnitt abzustellen sein (AEAO zu § 89, Nr. 4.2.3.). Dies ist mit erheblichen Unsicherheiten behaftet, wenn die Dauer der Auswirkung im Zeitpunkt der Festsetzung der Gebühr ungewiss ist. Das Abstellen auf einen fiktiven Zeitraum dürfte kaum zu vertretbaren Ergebnissen führen. U. E. sollte bei mehrjährigen Auswirkungen – jedenfalls soweit keine anderen sicheren Anhaltspunkte vorhanden sind – maximal auf einen Drei-Jahres-Zeitraum abgestellt werden, der noch eine gewisse Richtigkeitsgewähr bietet. In der Praxis sollte der Antragsteller bei Antragstellung bereits eine entsprechende Berechnung vorlegen, aus der sich der Gegenstandswert errechnen lässt.

Der einmal festgesetzte Gegenstandswert bleibt für die Beteiligten verbindlich, auch wenn sich im Nachhinein eine andere (positive oder negative) Auswirkung für den Stpfl. ergibt. Die Rechtslage ist insoweit der mit einer Festsetzung von Gebühren nach dem GKG vergleichbar (zweifelnd *von Wedelstädt*, DB 2006, 1715).

31 Die Höhe des Gebührenbetrags, der nach dem Gegenstandswert zu berechnen ist, bestimmt sich in entsprechender Anwendung des § 34 GKG. Da bei einem Gegenstandswert von weniger als 10 000 EUR keine Gebühren erhoben werden, beträgt der gebührenauslösende **Mindestgegenstandswert** 10 000 EUR. Anzusetzen ist ein Gebührensatz von 1,0. Ab 10 001 EUR kommt bereits die nächste Gebührenstufe zur Anwendung. Der höchstmögliche Gegenstandswert beträgt 30 Mio. EUR (§ 39 Abs. 2 GKG). Die **Zeitgebühr** beträgt 50 EUR je angefangene halbe Stunde und mindestens 100 EUR. In die Berechnung der Zeitgebühr sind sämtliche Arbeiten einzubeziehen, die im Zusammenhang mit der Bearbeitung anfallen, also nicht nur die »reine« Fallbearbeitung. Die Gebühr entsteht je eingesetzter Person und ist nicht nach deren Qualifikation oder Dienststellung differenziert.

### 3. Festsetzung der Gebühr

Die Festsetzung der Gebühr erfolgt durch anfechtbaren Gebührenbescheid. Die Gebühr wird innerhalb eines Monats nach Bekanntgabe der Festsetzung fällig. Im Rechtsbehelfsverfahren kann der Stpfl. alle Einwendungen gegen die Höhe der Gebühren geltend machen, insbes. gegen die Höhe des Gegenstandswertes oder die Anzahl der anrechenbaren Stunden. Fraglich ist, ob die Gebühr auch zu entrichten ist, wenn der Stpfl. wegen überlanger Bearbeitungsdauer die Auskunft des FA nicht abwartet oder er auf die Durchführung des Verfahrens verzichtet. Bei einer Rücknahme des Antrages würde insoweit grundsätzlich eine Gebühr anfallen. Insoweit kann es jedoch im Rahmen einer Billigkeitsmaßnahme zu einer Ermäßigung der Gebühr kommen (»insbesondere«: § 89 **Abs. 7 Satz 2** AO; dabei ist die Gebühr ausschließlich auf Grundlage des entstandenen Bearbeitungsaufwands zu berechnen (FG RP v. 20.02.2018, S K 1287/16, EFG 2018, 701, Rev. IV R 8/18). Hat die Finanzbehörde noch nicht mit der Bearbeitung begonnen, soll die Gebühr grds. auf 0 Euro reduziert oder vom Erlass eines Gebührenbescheides abgesehen werden (AEAO zu § 89, Nr. 4.5.2.5). 32

## § 90 AO
## Mitwirkungspflichten der Beteiligten

**(1) Die Beteiligten sind zur Mitwirkung bei der Ermittlung des Sachverhalts verpflichtet. Sie kommen der Mitwirkungspflicht insbesondere dadurch nach, dass sie die für die Besteuerung erheblichen Tatsachen vollständig und wahrheitsgemäß offen legen und die ihnen bekannten Beweismittel angeben. Der Umfang dieser Pflichten richtet sich nach den Umständen des Einzelfalls.**

**(2) Ist ein Sachverhalt zu ermitteln und steuerrechtlich zu beurteilen, der sich auf Vorgänge außerhalb des Geltungsbereichs dieses Gesetzes bezieht, so haben die Beteiligten diesen Sachverhalt aufzuklären und die erforderlichen Beweismittel zu beschaffen. Sie haben dabei alle für sie bestehenden rechtlichen und tatsächlichen Möglichkeiten auszuschöpfen. Bestehen objektiv erkennbare An-**

haltspunkte für die Annahme, dass der Steuerpflichtige über Geschäftsbeziehungen zu Finanzinstituten in einem Staat oder Gebiet verfügt, mit dem kein Abkommen besteht, das die Erteilung von Auskünften entsprechend Artikel 26 des Musterabkommens der OECD zur Vermeidung der Doppelbesteuerung auf dem Gebiet der Steuern vom Einkommen und vom Vermögen in der Fassung von 2005 vorsieht, oder der Staat oder das Gebiet keine Auskünfte in einem vergleichbaren Umfang erteilt oder keine Bereitschaft zu einer entsprechenden Auskunftserteilung besteht, hat der Steuerpflichtige nach Aufforderung der Finanzbehörde die Richtigkeit und Vollständigkeit seiner Angaben an Eides statt zu versichern und die Finanzbehörde zu bevollmächtigen, in seinem Namen mögliche Auskunftsansprüche gegenüber den von der Finanzbehörde benannten Kreditinstituten außergerichtlich und gerichtlich geltend zu machen; die Versicherung an Eides statt kann nicht nach § 328 erzwungen werden. Ein Beteiligter kann sich nicht darauf berufen, dass er Sachverhalte nicht aufklären oder Beweismittel nicht beschaffen kann, wenn er sich nach Lage des Falls bei der Gestaltung seiner Verhältnisse die Möglichkeit dazu hätte beschaffen oder einräumen lassen können.

(3) Ein Steuerpflichtiger hat über die Art und den Inhalt seiner Geschäftsbeziehungen im Sinne des § 1 Absatz 4 des Außensteuergesetzes Aufzeichnungen zu erstellen. Die Aufzeichnungspflicht umfasst neben der Darstellung der Geschäftsvorfälle (Sachverhaltsdokumentation) auch die wirtschaftlichen und rechtlichen Grundlagen für eine den Fremdvergleichsgrundsatz beachtende Vereinbarung von Bedingungen, insbesondere Preisen (Verrechnungspreisen), sowie insbesondere Informationen zum Zeitpunkt der Verrechnungspreisbestimmung, zur verwendeten Verrechnungspreismethode und zu den verwendeten Fremdvergleichsdaten (Angemessenheitsdokumentation). Hat ein Steuerpflichtiger Aufzeichnungen im Sinne des Satzes 1 für ein Unternehmen zu erstellen, das Teil einer multinationalen Unternehmensgruppe ist, so gehört zu den Aufzeichnungen auch ein Überblick über die Art der weltweiten Geschäftstätigkeit der Unternehmensgruppe und über die von ihr angewandte Systematik der Verrechnungspreisbestimmung, es sei denn, der Umsatz des Unternehmens hat im vorangegangenen Wirtschaftsjahr weniger als 100 Millionen Euro betragen. Eine multinationale Unternehmensgruppe besteht aus mindestens zwei in verschiedenen Staaten ansässigen, im Sinne des § 1 Absatz 2 des Außensteuergesetzes einander nahestehenden Unternehmen oder aus mindestens einem Unternehmen mit mindestens einer Betriebsstätte in einem anderen Staat. Die Finanzbehörde soll die Vorlage von Aufzeichnungen im Regelfall nur für die Durchführung einer Außenprüfung verlangen. Die Vorlage richtet sich nach § 97. Sie hat jeweils auf Anforderung innerhalb einer Frist von 60 Tagen zu erfolgen. Aufzeichnungen über außergewöhnliche Geschäftsvorfälle sind zeitnah zu erstellen und innerhalb einer Frist von 30 Tagen nach Anforderung durch die Finanzbehörde vorzulegen. In begründeten Einzelfällen kann die Vorlagefrist nach den Sätzen 7 und 8 verlängert werden. Die Aufzeichnungen sind auf Anforderung der Finanzbehörde zu ergänzen. Um eine einheitliche Rechtsanwendung sicherzustellen, wird das Bundesministerium der Finanzen ermächtigt, mit Zustimmung des Bundesrates durch Rechtsverordnung Art, Inhalt und Umfang der zu erstellenden Aufzeichnungen zu bestimmen.

**Inhaltsübersicht**



## A. Allgemeines

Die Pflicht zur Mitwirkung bei der Sachaufklärung ist das Korrelat zur Ermittlungspflicht der Finanzbehörde. Da sich die steuerlich relevanten Sachverhalte primär in der Sphäre des Beteiligten gestalten, ist dieser vor allem tatsächlich in der Lage, die Behörde bei den notwendigen Ermittlungen zu unterstützen. Er darf sich nicht unter Berufung auf den Untersuchungsgrundsatz (§ 88 AO) passiv verhalten, sondern muss insbes. die für die Besteuerung erheblichen Tatsachen vollständig und wahrheitsgemäß offenlegen. Diese Verpflichtung ist rechtsstaatlich unbedenklich. Die Darlegungspflicht kommt insbes. bei Verhältnissen zum Tragen, die der Finanzbehörde weniger zugänglich sind als dem Stpfl. Grenze der Verpflichtung ist die Zumutbarkeit. Die Grenzen des Zumutbaren können wie bei der amtlichen Ermittlungspflicht nicht eindeutig festgelegt werden. Es ist unter Beachtung aller Umstände des einzelnen Falles nach den Grundsätzen von Treu und Glauben zu entscheiden, 1 wo diese Grenzen im Einzelfall liegen. In diesem Sinne besteht eine Wechselbeziehung zwischen dem notwendigen Umfang der amtlichen Ermittlungen und der gehörigen Erfüllung der Mitwirkungspflichten der Beteiligten.

## B. Bedeutung und Anwendungsbereich der Vorschrift

2 Die primäre Bedeutung von § 90 AO liegt in der Begründung einer **allgemeinen Mitwirkungspflicht** der Beteiligten. Dabei stellt § 90 **Abs. 1** AO den Grundsatz auf, dass die für die Besteuerung maßgebenden Tatsachen vollständig und wahrheitsgemäß offenzulegen sind. Allerdings enthält die Vorschrift keine Ermächtigungsgrundlage, mit der die Mitwirkungspflichten erzwungen werden könnten. Sie stellt vielmehr die allgemeine Grundlage für die in den folgenden Vorschriften konkretisierten Mitwirkungshandlungen dar. § 90 **Abs. 2** AO normiert eine erhöhte Mitwirkungspflicht bei Auslandssachverhalten, insbes. im Hinblick auf eine Beweismittelvorsorge; ferner enthält die Vorschrift eine Sonderregelung für die Verifizierung von Angaben des Stpfl. bei sog. nicht kooperierenden Staaten (s. Rz. 5a). § 90 **Abs. 3** AO sieht besondere Aufzeichnungspflichten für Geschäftsbeziehungen i. S. von § 1 Abs. 4 AStG vor. Die Norm betrifft Vorgänge mit Auslandsbezug, sofern es sich um Geschäftsbeziehungen mit nahestehenden Personen oder um Geschäftsvorfälle zwischen einem Unternehmen eines Stpfl. zu seiner in einem anderen Staat belegenen Betriebsstätte handelt. § 90 Abs. 3 AO bildet damit die Grundnorm für die Erstellung von Verrechnungspreisdokumentationen.

Die Verletzung von Mitwirkungspflichten führt nicht dazu, dass sich das Beweismaß für die **Feststellung einer Steuerhinterziehung** reduziert. Insbesondere bleibt es bei der objektiven Feststellungslast für die Finanzbehörde, ob die Voraussetzungen einer Steuerhinterziehung erfüllt sind (vgl. BFH v. 07.11.2006, VIII R 81/04, BStBl II 2007, 364; BFH v. 19.10.2011, X R 65/09, BStBl II 2012, 345).

## C. Tatbestandliche Voraussetzungen

### I. Allgemeine Mitwirkungspflicht, § 90 Abs. 1 AO

3 § 90 **Abs. 1 Satz 1** AO verpflichtet die Beteiligten zur Mitwirkung bei der Ermittlung des Sachverhalts. Beteiligte sind in aller Regel die Stpfl., die einen Besteuerungstatbestand verwirklicht haben. Die Mitwirkungspflicht beschränkt sich auf den Sachverhalt, die Stpfl. sind demnach nicht verpflichtet, ihren Sachvortrag um Rechtsausführungen zu ergänzen, auch wenn dies im Einzelfall zweifelsohne sinnvoll sein kann. Vollständig und wahrheitsgemäß müssen die steuerlich erheblichen Tatsachen dargelegt werden. Insoweit trifft den zur Mitwirkung verpflichteten Beteiligten eine Wahrheitspflicht. Allerdings muss er sich keiner Steuerstraftat oder -ordnungswidrigkeit bezichtigen. Zur Mitwirkungspflicht gehört nach § 90 **Abs. 1 Satz 2** AO auch die Verpflichtung zur Angabe der den Beteiligten bekannten Beweismittel (vgl. BFH v. 18.08.2010, X B 178/09, BFH/NV 2010, 2010). Ohne die Verpflichtung zur Angabe der dem Beteiligten und häufig allein nur ihm bekannten Beweismittel würde die Finanzbehörde nicht selten in Beweisnot geraten. Dem trägt **Abs. 1 Satz 3** Rechnung. Deshalb kann auch in Bezug auf Tatsachen, bezüglich derer die Feststellungslast grds. beim FA liegt (i.d.R. steuererhöhende Tatsachen), eine erhöhte Mitwirkungspflicht für diejenigen Tatsachen bestehen, die in der Sphäre des Stpfl. liegen. Die erhöhte Mitwirkungspflicht entbindet das FA jedoch nicht davon, eigene Aufklärungsversuche zu unternehmen (BFH v. 28.10.2009, I R 28/08, BFH/NV 2010, 432). Die Erfüllung dieser Pflicht ist mit der Stellung eines Beweisantrags nicht identisch; sie begründet weder eine subjektive noch eine objektive Beweislast. Welche konkreten Handlungen die Mitwirkungspflicht im Einzelfall gebietet, ist den jeweiligen Umständen zu entnehmen. Dabei dürfen die Anforderungen an die Mitwirkung des Stpfl. nicht überspannt werden. Erfordert werden können nur Mitwirkungshandlungen, die zur Aufklärung des Sachverhalts geeignet und erforderlich sind und vom Stpfl. auch in zumutbarer Weise erfüllt werden können. Eine andere Frage ist, wie sich aus der Sicht der FinVerw vermeidbare Mängel der Mitwirkung auswirken. Erscheinungsformen von Mitwirkungspflichten sind in zahlreichen gesonderten Vorschriften zu finden. So besteht nach § 93 AO eine Auskunftspflicht der Beteiligten, nach § 97 AO die Verpflichtung zur Vorlage von Urkunden, nach § 99 AO die Pflicht zur Duldung des Betretens von Grundstücken usw. und nach § 200 AO eine erhöhte Mitwirkungspflicht bei Außenprüfungen. Auch in den Einzelsteuergesetzen können Anzeige- und damit Mitwirkungspflichten geregelt sein, wie z.B. die Anzeige nach § 30 ErbStG (BFH v. 30.08.2017, II R 46/15, BFH/NV 2018, 125).

### II. Erhöhte Mitwirkungspflichten bei Auslandssachverhalten, § 90 Abs. 2 AO

§ 90 **Abs. 2** AO trägt der Tatsache Rechnung, dass die Ermittlungsmöglichkeiten der Finanzbehörde hinsichtlich von Auslandsbeziehungen erheblich eingeschränkt sind (Grundsatz der formellen Territorialität; vgl. *Seer* in Tipke/Kruse, § 90 AO Tz. 18), weil Ermittlungshandlungen im Ausland grundsätzlich nicht möglich sind. Um gleichwohl zu einer möglichst zutreffenden Steuerfestsetzung zu kommen, werden die Mitwirkungspflichten der Beteiligten erheblich verstärkt. Sie haben im Gegensatz zu dem ansonsten gem. § 88 AO herrschenden und 4 die Behörde primär belastenden Grundsatz der amtlichen Ermittlungspflicht die Verpflichtung, den betreffenden Sachverhalt aufzuklären und die erforderlichen Beweismittel zu **beschaffen** (§ 90 **Abs. 2 Satz 1** AO). Die bloße Benennung der Beweismittel reicht damit nicht aus; vielmehr müssen die Beteiligten die Behörde in die Lage versetzen, sich der Beweismittel zu bedienen. Deshalb sind z. B. ausländische Zeugen, die nicht im Inland wohnen, durch den Steuerpflichtigen zu stellen (BFH v. 26.07.1995, I R 78/93, I R 86/94, BFH/NV 1996, 383; BFH v. 07.07.2008, VIII B 106/07, BFH/NV 2008, 2028; v. 21.06.2010, VII B 247/09, BFH/NV 2010, 2113; v. 05.08.2011, III B 144/10, BFH/NV 2011, 1915; v. 13.02.2012, II B 12/12, BFH/NV 2012, 772; BFH v. 11.07.2013, IV R 27/09, BStBl II 2013, 989; BFH v. 18.04.2017, III B 76/16, BFH/NV 2017, 1050). In der Praxis wichtige Beispiele für erhöhte Mitwirkungspflichten sind z. B. die Einschaltung ausländischer Domizilgesellschaften (typischer Fall: Benennung eines Zahlungsempfängers), Nachweis von Unterhaltszahlungen an im Ausland ansässige Angehörige (BFH v. 27.07.2011, VI R 62/10, BFH/NV 2012, 710), Ermittlung von Betriebsausgaben, bei denen sich der Zahlungsempfänger im Ausland befindet, Bestehen einer ausl. Gütergemeinschaft (BFH v. 31.05.2010, X B 162/09, BFH/NV 2010, 2011). Negative Tatsachen unterliegen nicht der erhöhten Mitwirkungspflicht des Abs. 2 (BFH v. 10.05.2017, II R 53/14, BFH/NV 2017, 1389).

5 Bei der Erfüllung dieser Pflichten haben die Beteiligten alle für sie bestehenden tatsächlichen und rechtlichen Möglichkeiten auszuschöpfen (§ 90 **Abs. 2 Satz 2** AO). Dies gilt grds. aber auch für die FinVerw., die vorhandene Ermittlungsmöglichkeiten im Wege der Amtshilfe ausschöpfen muss (BFH v. 18.11.2008, VIII R 2/06, BFH/NV 2009, 731). Erst wenn diese Ermittlungen erfolglos bleiben, trifft den Stpfl. die erhöhte Mitwirkungspflicht. Auf die rechtliche oder tatsächliche Unmöglichkeit der Sachverhaltsaufklärung bzw. Beweismittelbeschaffung kann sich der Stpfl. dann nicht berufen, wenn er durch den Abschluss entsprechender vertraglicher Vereinbarungen früher hätte Vorsorge treffen können (Beweisvorsorgepflicht). Dies stellt § 90 **Abs. 2 Satz 4** AO klar. Wie weit diese absolute Darlegungs- und Nachweispflicht im konkreten Fall reicht, bestimmt sich nach den allgemeinen Grundsätzen der Verhältnismäßigkeit und Zumutbarkeit (BFH v. 07.05.2015, VI R 32/14, BFH/NV 2015, 1248). Der mit den geforderten Maßnahmen verbundene Aufwand muss in einem vernünftigen Verhältnis zu den aus dem betreffenden Sachverhalt herzuleitenden steuerlichen Konsequenzen stehen.

6 Mit dem SteuerHBekG v. 29.07.2009 (BGBl I 2009, 2302) wurde durch Einfügung von § 90 **Abs. 2 Satz 3** AO die ohnehin schon erhöhte Mitwirkungspflicht bei Auslandssachverhalten noch erweitert. Betroffen sind Geschäftsbeziehungen zu sog. kooperationsunwilligen Staaten. Darunter versteht das Gesetz die Staaten, mit denen kein Abkommen über die Erteilung von Auskünften entsprechend Art. 26 DBA-MA besteht oder der Staat oder ein Gebiet keine Auskünfte in einem vergleichbaren Umfang erteilt oder keine Bereitschaft zu einer entsprechenden Auskunftspflicht besteht. Damit soll den eingeschränkten Ermittlungsmöglichkeiten bei auskunftsunwilligen Staaten (»Steueroasen«) Rechnung getragen werden, wobei das politische Ziel, Druck auf diese Staaten auszuüben, im Vordergrund steht. Gegenüber dem Stpfl. ermächtigt die Regelung, eine eidesstattliche Erklärung des Stpfl. über die Richtigkeit und Vollständigkeit seiner Angaben anzufordern. Die Vorschrift ist lex specialis zu § 95 AO. Die Abgabe der Erklärung kann allerdings nicht nach § 328 AO erzwungen werden. Zudem kann der Stpfl. noch weitergehend dazu aufgefordert werden, die Finanzbehörde zu bevollmächtigen, in seinem Namen Auskunftsansprüche gegenüber den von der Finanzbehörde benannten Kreditinstituten geltend zu machen. Damit soll eine Informationserteilung an die Finanzbehörde sichergestellt werden. Auch die Bevollmächtigung kann nicht mit Zwangsmitteln erzwungen werden.

An der Verfassungsmäßigkeit der Regelungen werden wegen der Unbestimmtheit der Tatbestandsvoraussetzungen und dem Umstand, dass sie die wesentlichen Voraussetzungen der Anwendbarkeit einer Eingriffsnorm aus dem Gesetz ergeben müssen, durchaus beachtliche verfassungsrechtliche Zweifel geäußert (vgl. auch *Seer* in Tipke/Kruse, § 90 AO Rz. 29, 30). Es ist aber ungeachtet dessen ohnehin kaum zu erwarten, dass die Vorschrift über die politisch gewollte Druckwirkung hinaus praktische Bedeutung erlangen wird. Denn das BMF hat mit Schreiben vom 05.10.2010 (BStBl I 2010, 19) für die FinVerw. verbindlich zum Ausdruck gebracht, dass kein Staat als »nichtkooperativ« einzustufen ist und daher für die Stpfl. keine zusätzlichen Mitwirkungspflichten nach § 90 Abs. 2 Satz 3 AO gelten. Damit kommen auch die an die Nichterfüllung der erwirkten Mitwirkungspflichten geknüpften Rechtsfolgen, die vor allem in der SteuerhinterziehungsbekämpfungsVO geregelt sind, in der Praxis nicht zum Tragen (gl. A. *Seer* in Tipke/Kruse, § 90 AO Tz. 29; *Rätke* in Klein, § 90 AO Rz. 41).

Die erhöhte Mitwirkungspflicht ist im Hinblick auf eine sphärenorientierte Risikoverteilung bei der Sachverhaltsaufklärung gerechtfertigt. Sie ist auch gemeinschaftsrechtlich unbedenklich, da sie zur Sicherung der gesetzmäßigen Bestimmung im Allgemeininteresse notwendig ist (gl. A. *Seer* in Tipke/Kruse, § 90 AO Tz. 20). 7

Konkrete Ausprägungen hat die Aufklärungspflicht des § 90 Abs. 2 AO in der besonderen Anzeigepflicht des § 138 Abs. 2AO sowie in den konkretisierten Mitwirkungspflichten erhalten, die die §§ 16 und 17 AStG formulieren. 8

### III. Besondere Aufzeichnungspflichten bei Auslandsbezug, § 90 Abs. 3 AO

9 § 90 **Abs.** 3 AO begründet besondere Aufzeichnungspflichten für Stpfl., die Geschäftsbeziehungen zum Ausland haben. Die Vorschrift ist u. E. systemwidrig dem Bereich der Mitwirkungspflichten zugeordnet, da sie detaillierte Aufzeichnungspflichten enthält und somit klar den Bereich der zur Sachaufklärung gehörenden Mitwirkungsverpflichtungen überschreitet. Die Regelung steht in unmittelbarem Zusammenhang mit § 162 Abs. 3 und 4 AO, die die Folgen regeln, wenn der Stpfl. seinen sich aus Abs. 3 ergebenden Pflichten nicht nachkommt (s. § 162 AO Rz. 30 ff.). Einzelregelungen s. Rz. 8.

10 Nach § 90 **Abs. 3 Satz** 1 AO ist Voraussetzung für die Aufzeichnungspflicht, dass es sich um **Vorgänge** mit Auslandsbezug handelt. Es muss sich um Geschäftsbeziehungen i. S. des § 1 Abs. 4 AStG handeln, auf den Abs. 3 Satz 1 verweist. Es geht also um Geschäftsbeziehungen mit nahestehenden Personen oder um Geschäftsvorfälle zwischen einem Unternehmen eines Stpfl. zu seiner in einem anderen Staat belegenen Betriebsstätte. Damit hat Abs. 3 einen weiten Anwendungsbereich, so werden z. B. ausl. Mutter- und Tochtergesellschaften erfasst. Liegen derartige Geschäftsbeziehung vor, hat der Stpfl. über die Art und den Inhalt seiner Geschäftsbeziehungen Aufzeichnungen zu erstellen. Die Erstellungspflicht bedeutet, dass der Stpfl. aktiv von sich aus tätig werden muss. Einer Aufforderung durch die Finanzbehörden bedarf es nicht. Aus der wenig konkreten Bestimmung (»Art und Umfang«) lassen sich Einzelheiten zur Erfüllung der Pflicht nicht ableiten. Konkretisierungen finden sich in Abs. 2 Satz 3 ff.

11 Der Inhalt der Aufzeichnungspflicht ist in § 90 **Abs. 3 Satz** 2 AO näher bestimmt. Die Aufzeichnungspflicht umfasst zum einen die Verpflichtung zur **Sachverhaltsdokumentation**. Darunter versteht das Gesetz die Darstellung der Geschäftsvorfälle. Damit sind nicht nur einzelne (Rechts-)Geschäfte gemeint, sondern – wie der Bezug zu Abs. 1 Satz 1 zeigt – auch die wirtschaftlichen und rechtlichen Grundlagen der Geschäftsbeziehung, also auch die Beteiligungsverhältnisse, die Organisationsstruktur und Abwicklung der geschäftlichen Beziehungen (vgl. auch *Kobor* in BeckOK AO, § 90 AO Rz. 35). Da die besonderen Aufzeichnungspflichten ihren Grund in der Nähebeziehung der Geschäftspartner haben, ist es folgerichtig, dass die Aufzeichnungspflicht auch die wirtschaftlichen und rechtlichen Grundlagen für eine den **Fremdvergleichsgrundsatz** beachtende Vereinbarung von Bedingungen umfasst. Dies wird weiter dadurch konkretisiert, dass insbes. die Preise (**Verrechnungspreise**) und in diesem Zusammenhang insbes. Informationen zum Zeitpunkt der Verrechnungspreisbestimmung, zur verwendeten Verrechnungspreismethode und zu den verwendeten Fremdvergleichsdaten aufzuzeichnen sind. Diese Aufzeichnungen, die sog, **Angemessenheitsdokumentation**, sollten letztlich sicherstellen, dass es nicht durch unangemessene Verrechnungspreisgestaltungen zu Gewinnverlagerungen in Ausland kommt. Der Inhalt und Umfang der Aufzeichnungen ist in § 4 GAufzV näher bestimmt (Local File).

§ 90 **Abs. 3 Satz** 3 AO erweitert die Aufzeichnungspflicht für ein Unternehmen, das Teil einer **multinationalen Unternehmensgruppe** ist. Zu den vom Stpfl. zu erstellenden Aufzeichnungen gehört auch ein Überblick über die Art der weltweiten Tätigkeit der Unternehmensgruppe und die von der Unternehmensgruppe angewandte Systematik der Verrechnungspreisbestimmung, die sog. Stammdatendokumentation (Master File). Der Inhalt der Dokumentation ist in § 5 GAufzV nebst Anlage näher bestimmt. Der Stpfl. ist also verpflichtet, die weltweiten Informationen zu beschaffen, und zwar unabhängig vom Sitz der anderen Teile der Unternehmensgruppe. Von der Verpflichtung sind nur Unternehmen ausgenommen, deren Umsatz im vorangegangenen Wirtschaftsjahr weniger als 100 Mio. Euro betragen hat. Die Umsatzgrenze bezieht sich auf das im Inland stpfl. Unternehmen. Der Begriff der multinationalen Unternehmensgruppe ist in § 90 **Abs. 3 Satz** 4 AO legal definiert. Sie besteht aus mindestens zwei in verschiedenen Staaten ansässigen, i. S. des § 1 Abs. 2 AStG einander nahestehenden Unternehmen oder aus mindestens einem Unternehmen mit mindestens einer Betriebsstätte in einem anderen Staat. 12

Nach § 90 **Abs. 3 Satz 5** AO soll die Finanzbehörde die Vorlage der Aufzeichnungen in der Regel nur für die Durchführung einer Außenprüfung verlangen. Aus der Formulierung »soll« folgt, dass die Anforderung für die Finanzbehörde nicht zwingend ist, aber nicht im freien Ermessen der Finanzbehörde steht; deshalb werden die Finanzbehörden zukünftig wohl in der Vielzahl der Fälle eine Vorlage verlangen. Auch außerhalb von Außenprüfungen kann die Vorlage verlangt werden. Da es sich dabei aber um eine Ausnahme von der Regel – Vorlage bei Außenprüfung – handelt, ist das Verlangen nur berechtigt, wenn Anhaltspunkte bestehen, die eine Vorlage erforderlich machen; dies kann z. B. der Fall sein, wenn sich bei der Veranlagung Zweifel an den zugrunde gelegten Verrechnungspreisen ergeben. 13

§ 90 **Abs. 3 Sätze 7 bis 10** AO regeln das Verfahren über die Vorlage der Aufzeichnungen. Die Vorschrift verweist auf § 97 AO. Die Verweisung auf § 97 Abs. 1 AO hat nur Bedeutung, soweit es auf die Frage ankommt, auf welche Personen sich das Besteuerungsverfahren bezieht. Wegen der Verweisung auf § 97 Abs. 2 AO kann die Vorlage sowohl beim Stpfl. als auch Amtsstelle verlangt werden. Die mit 60 Tagen großzügig bemessene und zudem in Einzelfällen verlängerbare Frist zur Vorlage der Unterlagen trägt dem Umstand Rechnung, dass in der Regel eine zeitnahe Aufzeichnung nicht erforderlich ist. Für Aufzeichnungen aus außergewöhnlichen Geschäftsvorfällen 14 gilt eine – ebenfalls verlängerbare – verkürzte Frist von 30 Tagen. Reichen der Finanzbehörde die Aufzeichnungen nicht aus, sind sie auf deren Anforderung zu ergänzen.

15 Die Vereinbarkeit vom Abs. 3 mit **unionsrechtlichen Regelungen** wird in der Literatur in Zweifel gezogen (s. Nachweise bei *Seer* in Tipke/Kruse, § 90 AO Rz. 57). Anknüpfungspunkt ist der Umstand, dass die besonderen Aufzeichnungspflichten nur Auslandssachverhalte zwischen nahestehenden Personen betreffen und vergleichbare Inlandssachverhalte demgegenüber keiner besonderen Dokumentation bedürfen. In dieser Ungleichbehandlung lässt sich eine Diskriminierung grenzüberschreitend tätiger Steuerpflichtiger sehen, die damit in ihrer Niederlassungsfreiheit beeinträchtigt sein können. Es ist allerdings zweifelhaft, ob die besonderen Aufzeichnungspflichten für sich allein geeignet sind, die Niederlassung im Bundesgebiet weniger attraktiv zu machen. Verschärft wird die Regelung jedoch durch die § 162 Abs. 4 AO vorgesehenen und nicht im Ermessen des Finanzamts stehenden Zuschläge, von deren Festsetzung nur ausnahmsweise bei fehlendem oder nur geringfügigem Verschulden der Aufzeichnungspflichten abgesehen werden kann. In dieser Regelung liegt eine nicht unerhebliche Benachteiligung bei grenzüberschreitenden Sachverhalten gegenüber inländischen Gestaltungen, sodass die Annahme einer unionsrechtswidrigen Diskriminierung nicht gänzlich ausgeschlossen erscheint (auch s. § 162 AO Rz. 39). Allerdings ist die möglicherweise eintretende Diskriminierung durch zwingende Gründe des Allgemeinwohls gerechtfertigt. Sie dient einer wirksamen Steueraufsicht zur Sicherung eines gleichmäßigen Gesetzesvollzugs (BFH v. 10.04.2013, I R 45/11, BStBl II 2013, 771).

16 § 90 **Abs. 3 Satz 11** AO enthält die Verordnungsermächtigung für die Regelungen über Art, Inhalt und Umfang der Aufzeichnungen, die als GewinnabgrenzungsaufzeichnungsVO – GAufzV – als Neufassung am 12.07.2017 erlassen wurde (BGBl I 2017, 2367). Die GAufzV regelt umfassend die Einzelheiten der Aufzeichnungspflichten; dabei werden die Anforderungen an die Stammdokumentation nach § 5 GAufzV durch die Anlage zum Umfang der Stammdatendokumentation weiter konkretisiert. Zu beachten ist ferner die BetriebsstättengewinnaufteilungsVO – BsGaV v. 13.10.2014, BGBl I 2014, 1603, und die darauf aufbauenden Verwaltungsgrundsätze Betriebsstättengewinnaufteilung – VWG BsGa v. 22.12.2016, BStBl I 2017, 182).

## D. Rechtsfolgen der Verletzung der Mitwirkungspflicht

17 Die Verletzung der den Beteiligten treffenden Mitwirkungspflichten kann je nach den Umständen unterschiedliche Konsequenzen haben. Nach § 162 Abs. 2 AO ist die Finanzbehörde zur Schätzung der Besteuerungsgrundlagen berechtigt und verpflichtet, wenn der Steuerpflichtige über seine Angaben keine ausreichenden Aufklärungen zu geben vermag oder weitere Auskunft oder eine Versicherung an Eides Statt verweigert oder seine Mitwirkungspflicht nach § 90 Abs. 2 AO verletzt. Daneben ist die Erfüllung der Darlegungspflicht des Beteiligten vor allem für die Frage bedeutsam, ob Steuerbescheide gem. § 173 AO wegen nachträglich bekannt gewordener Tatsachen oder Beweismittel aufgehoben oder geändert werden können. Insbesondere setzt eine derartige Aufhebung oder Änderung eines Steuerbescheids wegen neuer Tatsachen oder Beweismittel, die zu einer niedrigeren Steuer führen, voraus, dass den Steuerpflichtigen kein grobes Verschulden daran trifft, dass die Tatsachen oder Beweismittel erst nachträglich bekannt werden (§ 173 Abs. 1 Nr. 2 AO). Verletzen sowohl das FA die Ermittlungspflicht als auch der Stpfl. seine Mitwirkungspflicht, bedarf es einer Abwägung der beiderseitigen Pflichtverstöße. Dabei kann das Überwiegen der Amtsermittlungsverpflichtung des FA einer Änderung der Steuerfestsetzung zuungunsten des Stpfl. entgegenstehen (BFH v. 18.08.2010, X B 178/09, BFH/NV 2010, 2010). Auch im **Haftungsverfahren** ist der (mögliche) Haftungsschuldner zur Mitwirkung verpflichtet. Verletzt der Haftungsschuldner seine Mitwirkungspflicht, kann das FA die Pflichtverletzung bei der Ermittlung der Haftungsquote im Schätzungswege berücksichtigen (BFH v. 26.10.2011, VII R 22/10, BFH/NV 2012, 779; v. 19.11.2012, VII B 126/12, BFH/NV 2013, 504).

Im Übrigen kann die Verletzung der Mitwirkungspflichten auch im Rahmen der **Beweiswürdigung** von Bedeutung sein. Je mehr der Stpfl. seine Mitwirkungspflichten vernachlässigt, desto eher kann die Finanzbehörde den ihr bekannten Sachverhalt ohne weitere Ermittlungen zulasten des Stpfl. würdigen. Dies gilt insbes. in den Fällen der erhöhten Mitwirkungspflicht nach Abs. 2. Es handelt sich aber weder um eine Beweislastumkehr, noch um die Begründung einer subjektiven Beweislast zulasten des Stpfl. Betroffen ist aber neben der Beweiswürdigung das Beweismaß in Bezug auf den entscheidungserheblichen Sachverhalt. Die Folgen der Verletzung der Aufzeichnungspflichten des § 90 Abs. 3 AO sind in § 162 Abs. 3 und 4 AO geregelt. Allerdings eröffnen Mängel bei der Stammdatendokumentation den Anwendungsbereich von § 162 Abs. 3 und 4 AO nicht. Die Stammdatendokumentation betrifft keine Geschäftsvorfälle und kann daher keine hinreichende Grundlage für konkrete Schätzungen darstellen; s. § 162 AO Rz. 29. 18

## § 91 AO Anhörung Beteiligter

**(1) Bevor ein Verwaltungsakt erlassen wird, der in Rechte eines Beteiligten eingreift, soll diesem Gelegenheit gegeben werden, sich zu den für die Entscheidung erheblichen Tatsachen zu äußern. Dies gilt insbesondere, wenn von dem in der Steuererklärung erklärten Sachverhalt zuungunsten des Steuerpflichtigen wesentlich abgewichen werden soll.**

**(2) Von der Anhörung kann abgesehen werden, wenn sie nach den Umständen des Einzelfalles nicht geboten ist, insbesondere wenn**

**1. eine sofortige Entscheidung wegen Gefahr im Verzug oder im öffentlichen Interesse notwendig erscheint,**
**2. durch die Anhörung die Einhaltung einer für die Entscheidung maßgeblichen Frist in Frage gestellt würde,**
**3. von den tatsächlichen Angaben eines Beteiligten, die dieser in einem Antrag oder einer Erklärung gemacht hat, nicht zu seinen Ungunsten abgewichen werden soll,**
**4. die Finanzbehörde eine Allgemeinverfügung oder gleichartige Verwaltungsakte in größerer Zahl oder Verwaltungsakte mit Hilfe automatischer Einrichtungen erlassen will,**
**5. Maßnahmen in der Vollstreckung getroffen werden sollen.**

**(3) Eine Anhörung unterbleibt, wenn ihr ein zwingendes öffentliches Interesse entgegensteht.**

**Inhaltsübersicht**



### A. Allgemeines

1 Einen allgemeinen und umfassenden Anspruch auf Gewährung des rechtlichen Gehörs begründet Art. 103 Abs. 1 GG nur für das Verfahren vor Gerichten. Es ist jedoch allgemein anerkannt, dass die grundsätzliche Gewährung des rechtlichen Gehörs auch im Verwaltungsverfahren als Ausfluss der Rechtsstaatlichkeit notwendig ist. Die Vorschrift fordert die Anhörung der Beteiligten am Verwaltungsverfahren im Regelfall und verdeutlicht die ausdrückliche Zulassung von Ausnahmen durch Beispielsfälle. Damit wird der Flexibilität der Verwaltung in ausreichendem Maße Rechnung getragen, ohne die berechtigten Interessen der Beteiligten mehr als unbedingt erforderlich zu beschneiden.

### B. Bedeutung und Anwendungsbereich der Vorschrift

Inhaltlich stellt sich der Anspruch auf rechtliches Gehör 2
in der Verpflichtung der Behörde dar, den Beteiligten jederzeit hinreichende Gelegenheit zur Stellungnahme zu geben. Das gilt vor allem für neu auftauchende – tatsächliche oder rechtliche – Gesichtspunkte. Dies gilt insbes., wenn die Behörde beabsichtigt, Ergebnisse ihrer Ermittlungen gegen den Beteiligten zu verwerten. Die Verpflichtung zur Anhörung besteht grundsätzlich vor dem Erlass eines Verwaltungsaktes, soweit nicht eine der in § 91 Abs. 2 oder 3 AO genannten Ausnahmen vorliegt. Die Regelung soll nicht nur die Beteiligungsrechte der Betroffenen wahren, sondern auch die Sachaufklärung erleichtern, sie beinhaltet für die Finanzbehörden aber keine Verpflichtung, mit den Beteiligten Rechtsgespräche zu führen. Gleichwohl kann es sich empfehlen, auch rechtliche Aspekte anzusprechen, um auf diese Weise Rechtsbehelfsverfahren zu vermeiden. Einen Anspruch auf eine rechtliche Diskussion hat der Beteiligte indes nicht.

### C. Tatbestandliche Voraussetzungen

#### I. Grundsatz: Recht auf Anhörung

§ 91 Abs. 1 Satz 1 AO stellt den Grundsatz auf, dass vor 3
Erlass eines Verwaltungsakts, der in Rechte eines Beteiligten eingreift, diesem Gelegenheit gegeben werden soll, sich zu den für die Entscheidung erheblichen Tatsachen zu äußern. Durch Verwendung des Wortes »soll« bringt der Gesetzgeber zum Ausdruck, dass die Gewährung des rechtlichen Gehörs nicht zwingend ist, aber der Behörde grundsätzlich anempfohlen wird, ohne dass von vornherein die Nichtgewährung des rechtlichen Gehörs stets einen Rechtsverstoß darstellt. Es handelt sich um eine Ermessensentscheidung (§ 5 AO), wobei die für die Ausübung des Ermessens maßgebenden Kriterien und die Grenzen des Ermessens eingehend dargestellt werden. Der Gesetzgeber macht deutlich, dass er die Gewährung des rechtlichen Gehörs für die Regel, das Absehen davon für die Ausnahme erachtet. Als Anwendungsfall einer diesbezüglich ermessenslenkenden Verwaltungsvorschrift ist § 12 Satz 2 BpO – s. Anh. 3 – anzusehen, wonach dem Stpfl. Gelegenheit zur Äußerung gegeben werden soll, wenn bei der Auswertung eines Prüfungs-

berichts beabsichtigt ist, von den Feststellungen des Prüfungsdienstes zuungunsten des Stpfl. wesentlich abzuweichen.

4 Eine Anhörung ist grundsätzlich nur erforderlich, wenn der beabsichtigte Verwaltungsakt in die **Rechte des Beteiligten** eingreift. Dies ist bei allen **belastenden Verwaltungsakten** der Fall. Dazu gehört auch die (Teil-)Ablehnung von begünstigenden Verwaltungsakten, der Widerruf oder die Rücknahme begünstigender Verwaltungsakte oder der Erlass des Verwaltungsaktes mit Nebenbestimmungen. Für Handlungsformen, die nicht Verwaltungsakt sind, z.B. schlichtes Verwaltungshandeln, gilt § 91 AO nicht.

5 § 91 **Abs. 1 Satz 2** AO verstärkt die Regel für diejenigen Fälle, in denen die Finanzbehörde beabsichtigt, von dem in der Steuererklärung erklärten Sachverhalt zuungunsten des Stpfl. wesentlich abzuweichen. Eine Abweichung ist wesentlich i.S. dieser Vorschrift, wenn sie sich auf den Regelungsinhalt des Verwaltungsaktes, d.h. die durch ihn ausgelösten verbindlichen Wirkungen in der Weise auswirkt, dass der Betroffene hiergegen in einem Rechtsbehelfsverfahren eine Beschwer geltend machen könnte. § 91 Abs. 1 Satz 2 AO bezweckt, die Durchführung eines solchen Rechtsbehelfsverfahrens nach Möglichkeit zu ersparen und die Klärung des steuerlich relevanten Sachverhalts bereits im Steuerfestsetzungsverfahren abzuschließen. Bedingt die Abweichung eine Erhöhung der festzusetzenden Steuer, so kommt es darauf an, ob es sich um eine **wesentliche** Abweichung handelt. Damit ist vorrangig die wirtschaftliche Auswirkung gemeint; eine rechtliche Abweichung ohne relevante Auswirkung auf die Steuerfestsetzung löst grds. keine Anhörungspflicht aus. Der Beschränkung auf wesentliche Abweichungen lässt sich entnehmen, dass nicht jede Erhöhung der Steuer die Anhörungspflicht auslöst, sondern bei nur geringfügigen Abweichungen eine Anhörung unterbleiben kann (so auch AEAO zu § 91, Nr. 1 Satz 4; a.A. *Seer* in Tipke/Kruse, § 91 AO Rz. 5). Wann eine Änderung nicht wesentlich ist, lässt sich nicht allgemein nach einem festen Anteil oder Betrag, sondern nur einzelfallbezogen bestimmen. Eine Abweichung von der sich nach der Erklärung ergebenden Steuer in Höhe von 10 % dürfte in aller Regel wesentlich sein. Bei jährlich wiederkehrenden Dauersachverhalten kann eine Anhörung auch bei geringeren Abweichungen geboten sein. Bei nicht wesentlicher Abweichung reicht es aus, wenn diese im Steuerbescheid erläutert wird. Auch im Fall einer wesentlichen rechtlichen Abweichung kann ungeachtet der betragsmäßigen Auswirkungen eine Anhörung sachgerecht sein, um ggf. entbehrliche Rechtsbehelfsverfahren zu vermeiden.

6 Eine bestimmte Form der Gewährung des rechtlichen Gehörs ist nicht vorgeschrieben. Sie bleibt grundsätzlich der Finanzbehörde überlassen. Insbesondere kann aus § 91 Abs. 1 AO kein allgemeines Recht auf Akteneinsicht hergeleitet werden. Auch aus den Informationsfreiheitsgesetzen der Länder ergibt sich kein eigenständiges Akteneinsichtsrecht im Besteuerungsverfahren; die gesetzliche Regelung der AO geht insoweit vor (BFH v. 23.02.2010, VII R 19/09, BStBl II 2010, 729; BFH v. 05.12.2016, VI B 37/16, BFH/NV 2017, 435). Die Finanzbehörde ist aber im Rahmen ihrer Ermessensentscheidung aber nicht gehindert, den Beteiligten Akteneinsicht zu gewähren. Dabei ist jedoch dafür Sorge zu tragen, dass Rechte Dritter nicht betroffen werden, also das Steuergeheimnis (§ 30 AO, § 30a AO) gewahrt bleibt. Auch in den Akten befindliches Kontrollmaterial dürfte in der Regel gegen eine Akteneinsicht sprechen. Lehnt die Finanzbehörde einen Antrag auf Akteneinsicht ab, kann diese Entscheidung durch das FG nur im Rahmen des § 102 FGO auf etwaige Ermessensfehler überprüft werden (BFH v. 05.12.2016, VI B 37/16, BFH/NV 2017, 435). Im finanzgerichtlichen Verfahren steht den Beteiligten hingegen ein Recht auf Akteneinsicht zu (§ 78 FGO). Im Übrigen hat sich die Art und Weise der Gewährung des rechtlichen Gehörs an den Umständen des einzelnen Falles auszurichten. Eine telefonische Rücksprache kann ebenso angemessen und ausreichend sein wie die Zusendung eines Berichts über eine Außenprüfung oder eines eingeholten schriftlichen Sachverständigengutachtens. Auf umfänglichen Schriftwechsel braucht sich die Finanzbehörde nicht einzulassen; insbes. muss sie nach einer etwaigen Stellungnahme der Beteiligten in der Regel nicht erneut ihren Standpunkt darlegen und wiederum Gelegenheit zur Stellungnahme geben. Bei einer schriftlichen Anhörung ist dem Betroffenen eine ausreichende Frist zur Äußerung einzuräumen.

## II. Ausnahmen von der Anhörungsverpflichtung

Nach § 91 **Abs. 2** AO kann von der Anhörung abgesehen werden, wenn sie nach den Umständen des Einzelfalles nicht geboten ist. Für die hiernach zu treffende Ermessensentscheidung der Behörde gibt die in § 91 Abs. 2 AO enthaltene Aufzählung von **Beispielen** Orientierungshilfe. Dabei handelt es sich insbes. um Verwaltungsakte, die – was im Besteuerungsverfahren selten praktisch sein dürfte – **eilbedürftig** (§ 91 Abs. 2 Nr. 1 AO) oder wegen drohenden Fristablaufs (z.B. Festsetzungsfrist; hierzu kritisch *Seer* in Tipke/Kruse, § 91 AO Rz. 16) **dringlich** (§ 91 Abs. 1 Nr. 2 AO) sind; desgleichen Verwaltungsakte, bei denen von den tatsächlichen Angaben eines Beteiligten lediglich zu dessen **Vorteil** (oder überhaupt nicht) abgewichen werden soll (§ 91 Abs. 2 Nr. 3 AO). § 91 Abs. 2 Nr. 4 AO zielt darauf ab, die vorherige Anhörung der Betroffenen in den Fällen zu ersparen, in denen entweder ein zweckmäßiges vereinfachtes Vorgehen der Behörde in Form des Erlasses von **Allgemeinverfügungen** 7 sinnlos erschwert würde (z. B. bei öffentlichen Aufforderungen zur Abgabe von Steuererklärungen oder Leistung von Vorauszahlung) oder Massenverfahren in unzumutbarer Weise behindert würden. § 91 Abs. 2 Nr. 4 AO darf jedoch nicht in der Weise missverstanden werden, dass dadurch eine Befreiung von der Anhörungspflicht bei all den Steuern bewirkt werden sollte, die, wie z. B. die Veranlagungssteuern, eine große Zahl von Steuerpflichtigen betreffen oder elektronisch veranlagt werden. Hierbei handelt es sich schon nicht um gleichartige Verwaltungsakte. Zudem wäre die Einbeziehung von Steuerbescheiden ein Widerspruch zu § 91 Abs. 1 Satz 2 AO. Vielmehr ist dabei an routinemäßige Verwaltungsakte gedacht, wie z. B. die Kontoauszüge der Finanzkassen mit den entsprechenden Leistungsgeboten. § 91 Abs. 2 Nr. 5 AO gestattet die Unterlassung der Anhörung in Bezug auf Maßnahmen in der **Vollstreckung**. Diese Ausnahmeregelung ist in erster Linie durch die besondere Zielsetzung des Vollstreckungsverfahrens bedingt. Durch die vorherige Anhörung würde der Vollstreckungsschuldner häufig in die Lage versetzt, die geplante Vollstreckungsmaßnahme zu vereiteln.

### III. Keine Anhörung bei entgegenstehenden öffentlichen Interessen

8 Nach § 91 Abs. 3 AO unterbleibt, d. h. der Finanzbehörde ist kein Ermessen eingeräumt, eine Anhörung, wenn ihr ein **zwingendes öffentliches Interesse** entgegensteht. Diese aus dem allgemeinen Verwaltungsrecht stammende Einschränkung dürfte im steuerlichen Verwaltungsverfahren kaum eine Rolle spielen. Die amtliche Gesetzesbegründung nennt als Beispielsfall die Gefährdung der Sicherheit der Bundesrepublik Deutschland.

## D. Rechtsfolgen bei unterlassener Anhörung

9 Das Unterlassen einer gebotenen Anhörung stellt einen Verfahrensverstoß dar, der den Verwaltungsakt jedoch nicht nichtig, sondern nur rechtswidrig macht. In der Praxis führt eine fehlende Anhörung aber nur selten zu einer Aufhebung des Verwaltungsaktes. Denn gem. § 126 Abs. 1 Nr. 3 AO ist eine unterlassene Anhörung unbeachtlich, wenn sie nachgeholt wird. Die Nachholung ist gem. § 126 Abs. 2 AO noch bis zum Abschluss der Tatsacheninstanz eines finanzgerichtlichen Verfahrens, d. h. also bis zum Abschluss eines Verfahrens vor dem Finanzgericht möglich; beim BFH scheidet eine Nachholung demnach aus. Dabei ist die Anhörung schon dann nachgeholt, wenn der Betroffene zu irgendeinem Zeitpunkt des Verfahrens zum Sachverhalt Stellung nimmt. Ausreichend ist also auch eine Anhörung im Rahmen des außergerichtlichen Rechtsbehelfsverfahrens. Deshalb wird ein Anhörungsmangel auch geheilt, wenn Abweichungen von der Steuererklärung im Bescheid hinreichend deutlich erläutert werden. Dies erfordert in der Regel, dass die Abweichung für den Betroffenen ohne Weiteres erkennbar ist (BFH v. 30.04.2014, X B 244/13, BFH/NV 2014, 1350). Dies gilt insbesondere, wenn die Abweichung wirtschaftlich erst in einem Folgebescheid relevant wird.

Ist infolge des Verstoßes die rechtzeitige Anfechtung des Verwaltungsaktes versäumt worden, so gilt nach § 126 Abs. 3 Satz 1 AO die Versäumung der Rechtsbehelfsfrist als nicht verschuldet. Es handelt sich um eine gesetzliche Fiktion fehlenden Verschuldens in Gestalt einer für die Finanzbehörde unwiderleglichen Vermutung. Allerdings muss die fehlende Anhörung für die Fristversäumnis ursächlich sein; die Ursächlichkeit muss der Betroffene zumindest schlüssig darlegen und glaubhaft machen. Zu beachten ist, dass das für die Wiedereinsetzungsfrist nach § 110 Abs. 2 AO maßgebende Ereignis im Zeitpunkt der Nachholung der unterlassenen Anhörung eintritt (§ 126 Abs. 3 Satz 2 AO). Bleibt der Verfahrensverstoß mangels einer wirksamen Heilung gem. § 126 AO beachtlich, kann gem. § 127 AO die Aufhebung des Verwaltungsakts wegen des Verfahrensfehlers allein nicht verlangt werden. Vielmehr muss dargetan werden, dass aufgrund der mit dem Rechtsbehelf gerügten Unterlassung der Anhörung auch der (materielle) Regelungsinhalt des Verwaltungsakts zuungunsten des Rechtsbehelfsführers beeinflusst worden ist (s. § 127 AO Rz. 6). Unabhängig vom materiellen Ausgang des Rechtsbehelfsverfahrens wird der Verfahrensverstoß sich im finanzgerichtlichen Verfahren in der Kostenfolge zulasten der FinVerw. niederschlagen müssen (s. § 137 Satz 2 FGO). 10

Wird ein Antrag auf Akteneinsicht abgelehnt, kann der Betroffene hiergegen Leistungsklage erheben, da es sich weder bei der Ablehnung noch bei der Gewährung von Akteneinsicht um einen Verwaltungsakt handelt (gl. A. *Seer* in Tipke/Kruse, § 91 AO Rz. 33), sodass es vor der Erhebung der Klage keines Einspruchsverfahrens bedarf (a. A. BFH v. 04.06.2003, VII B 138/01, BStBl II 2003, 790; BFH v. 23.02.2010, VII R 19/09, BStBl 2010, 729, allerdings ohne Begründung). In materieller Hinsicht ist zu beachten, dass die AO keinen gesetzlichen Anspruch auf Akteneinsicht gibt. Dem Stpfl. steht jedoch ein Anspruch darauf zu, dass das FA im Rahmen einer Ermessensentscheidung über den Antrag auf Akteneinsicht entscheidet (BFH v. 05.12.2016, VI B 37/16, BFH/NV 2017, 435). 11

# § 92 AO Beweismittel

**Die Finanzbehörde bedient sich der Beweismittel, die sie nach pflichtgemäßem Ermessen zur Ermittlung des Sachverhaltes für erforderlich hält. Sie kann insbesondere**

1. **Auskünfte jeder Art von den Beteiligten und anderen Personen einholen,**
2. **Sachverständige zuziehen,**
3. **Urkunden und Akten beiziehen,**
4. **den Augenschein einnehmen.**

1 Die Vorschrift befasst sich mit den den Finanzbehörden zur Erfüllung ihrer amtlichen Ermittlungspflicht (§ 88 AO) zur Verfügung stehenden Beweismitteln. Die Aufzählung ist nicht abschließend (»insbesondere«).

2 Nach § 92 **Satz 1** AO darf sich die Finanzbehörde derjenigen Beweismittel bedienen, die sie nach pflichtgemäßem Ermessen (§ 5 AO) zur Ermittlung des Sachverhaltes für erforderlich hält. Die behördliche Entscheidung wird somit mit der Prüfung der Frage eingeleitet, ob zur Ermittlung des Sachverhalts überhaupt Beweismittel herangezogen werden müssen, d. h. ob die für die Besteuerung bedeutsamen Tatsachen beweisbedürftig sind. Zur Beweisbedürftigkeit im Übrigen s. § 88 AO Rz. 9. Wird die Beweisbedürftigkeit bejaht, hat die Finanzbehörde wiederum nach pflichtgemäßem Ermessen zu entscheiden, welches Beweismittels sie sich bedienen will. Dabei ist sie in der Wahl des Beweismittels grundsätzlich frei; die beispielhaft genannten Beweismittel enthalten keine Rangfolge. Allerdings sind spezielle gesetzlichen Vorschrift über die Reihenfolge verschiedener Beweismittel (s. § 93 Abs. 1 Satz 3 AO, § 97 Abs. 2 AO) im Rahmen der Ermessensentscheidung zu beachten. Bei der durch die Gerichte nur gem. § 102 FGO eingeschränkt überprüfbaren Entscheidung ist zudem zu beachten, dass nur Beweismittel herangezogen werden dürfen, die für die Beweiserhebung **erforderlich, verhältnismäßig, erfüllbar** und **zumutbar** sind. Dabei sind auch verfassungsrechtliche Einschränkungen, wie z. B. durch die Pressefreiheit, zu beachten (BFH v. 12.05.2016, II R 17/14, BStBl II 2016, 822: Sammelauskunftsersuchen). Die Finanzbehörde ist nicht an die Beweisanträge der Beteiligten gebunden (§ 88 Abs. 1 Satz 1 AO), es ist jedoch sachgerecht, die von den Beteiligten in Erfüllung ihrer Mitwirkungspflichten angegebenen Beweismittel (§ 90 Abs. 1 AO) auf ihre vorrangige Eignung und Zulässigkeit überprüfen. Die Möglichkeit, von den Beteiligten gestellte Beweisanträge abzulehnen, bleibt unberührt (s. § 88 AO Rz. 9). Die Finanzbehörden sind auch nicht gehindert sog. **verfahrensfremde Beweismittel** heranzuziehen. Dazu gehören z. B. Beweise, die von anderen (Finanz-)Behörden oder Gerichten erhoben worden sind.

3 In § 92 Nr. 1 bis 4 AO sind als **Beispiele** für die zulässigen Beweismittel die klassischen Beweismittel gerichtlicher Verfahren aufgeführt. Die Einzelheiten hinsichtlich der Zulässigkeit und des Verfahrens enthalten die §§ 93 bis 100 AO. Es handelt sich dabei um den Beweis durch Auskünfte (§ 92 Nr. 1 AO, s. §§ 93 bis 95 AO), den Beweis durch Sachverständigengutachten (§ 92 Nr. 2 AO, s. § 96 AO), den Beweis durch Urkunden (§ 92 Nr. 3 AO, s. § 97 AO) und den Beweis durch Augenschein (§ 92 Nr. 4 AO, s. §§ 98 bis 100 AO). Auf die Erläuterung der entsprechenden Vorschriften wird Bezug genommen.

## II. Beweis durch Auskünfte und Sachverständigengutachten

## § 93 AO Auskunftspflicht der Beteiligten und anderer Personen

**(1) Die Beteiligten und andere Personen haben der Finanzbehörde die zur Feststellung eines für die Besteuerung erheblichen Sachverhalts erforderlichen Auskünfte zu erteilen. Dies gilt auch für nicht rechtsfähige Vereinigungen, Vermögensmassen, Behörden und Betriebe gewerblicher Art der Körperschaften des öffentlichen Rechts. Andere Personen als die Beteiligten sollen erst dann zur Auskunft angehalten werden, wenn die Sachverhaltsaufklärung durch die Beteiligten nicht zum Ziel führt oder keinen Erfolg verspricht.**

**(1a) Die Finanzbehörde darf an andere Personen als die Beteiligten Auskunftsersuchen über eine ihr noch unbekannte Anzahl von Sachverhalten mit dem Grunde nach bestimmbaren, ihr noch nicht bekannten Personen stellen (Sammelauskunftsersuchen). Voraussetzung für ein Sammelauskunftsersuchen ist, dass ein hinreichender Anlass für die Ermittlungen besteht und andere zumutbare Maßnahmen zur Sachverhaltsaufklärung keinen Erfolg versprechen. Absatz 1 Satz 3 ist nicht anzuwenden.**

**(2) In dem Auskunftsersuchen ist anzugeben, worüber Auskünfte erteilt werden sollen und ob die Auskunft für die Besteuerung des Auskunftspflichtigen oder für die Besteuerung anderer Personen angefordert wird. Auskunftsersuchen haben auf Verlangen des Auskunftspflichtigen schriftlich zu ergehen.**

**(3) Die Auskünfte sind wahrheitsgemäß nach bestem Wissen und Gewissen zu erteilen. Auskunftspflichtige, die nicht aus dem Gedächtnis Auskunft geben können, haben Bücher, Aufzeichnungen, Geschäftspapiere und andere Urkunden, die ihnen zur Verfügung stehen, einzusehen und, soweit nötig, Aufzeichnungen daraus zu entnehmen.**

**(4) Der Auskunftspflichtige kann die Auskunft schriftlich, elektronisch, mündlich oder fernmünd-**

lich erteilen. Die Finanzbehörde kann verlangen, dass der Auskunftspflichtige schriftlich Auskunft erteilt, wenn dies sachdienlich ist.

(5) Die Finanzbehörde kann anordnen, dass der Auskunftspflichtige eine mündliche Auskunft an Amtsstelle erteilt. Hierzu ist sie insbesondere dann befugt, wenn trotz Aufforderung eine schriftliche Auskunft nicht erteilt worden ist oder eine schriftliche Auskunft nicht zu einer Klärung des Sachverhalts geführt hat. Absatz 2 Satz 1 gilt entsprechend.

(6) Auf Antrag des Auskunftspflichtigen ist über die mündliche Auskunft an Amtsstelle eine Niederschrift aufzunehmen. Die Niederschrift soll den Namen der anwesenden Personen, den Ort, den Tag und den wesentlichen Inhalt der Auskunft enthalten. Sie soll von dem Amtsträger, dem die mündliche Auskunft erteilt wird, und dem Auskunftspflichtigen unterschrieben werden. Den Beteiligten ist eine Abschrift der Niederschrift zu überlassen.

(7) Ein automatisierter Abruf von Kontoinformationen nach § 93b ist nur zulässig, soweit

1. der Steuerpflichtige eine Steuerfestsetzung nach § 32d Abs. 6 des Einkommensteuergesetzes beantragt oder
2. (weggefallen)

und der Abruf in diesen Fällen zur Festsetzung der Einkommensteuer erforderlich ist oder er erforderlich ist

3. zur Feststellung von Einkünften nach den §§ 20 und 23 Abs. 1 des Einkommensteuergesetzes in Veranlagungszeiträumen bis einschließlich des Jahres 2008 oder
4. zur Erhebung von bundesgesetzlich geregelten Steuern oder Rückforderungsansprüchen bundesgesetzlich geregelter Steuererstattungen und Steuervergütungen oder

4a. zur Ermittlung, in welchen Fällen ein inländischer Steuerpflichtiger im Sinne des § 138 Absatz 2 Satz 1 Verfügungsberechtigter oder wirtschaftlich Berechtigter im Sinne des Geldwäschegesetzes eines Kontos oder Depots einer natürlichen Person, Personengesellschaft, Körperschaft, Personenvereinigung oder Vermögensmasse mit Wohnsitz, gewöhnlichem Aufenthalt, Sitz, Hauptniederlassung oder Geschäftsleitung außerhalb des Geltungsbereichs dieses Gesetzes ist, oder

4b. zur Ermittlung der Besteuerungsgrundlagen in den Fällen des § 208 Absatz 1 Satz 1 Nummer 3

oder

5. der Steuerpflichtige zustimmt.

In diesen Fällen darf die Finanzbehörde oder in den Fällen des § 1 Abs. 2 die Gemeinde das Bundeszentralamt für Steuern ersuchen, bei den Kreditinstituten einzelne Daten aus den nach § 93b Absatz 1 und 1a zu führenden Dateisystemen abzurufen; in den Fällen des Satzes 1 Nummer 1 bis 4b darf ein Abrufersuchen nur dann erfolgen, wenn ein Auskunftsersuchen an den Steuerpflichtigen nicht zum Ziel geführt hat oder keinen Erfolg verspricht.

(8) Das Bundeszentralamt für Steuern erteilt auf Ersuchen Auskunft über die in § 93b Absatz 1 bezeichneten Daten

1. den für die Verwaltung

a) der Grundsicherung für Arbeitsuchende nach dem Zweiten Buch Sozialgesetzbuch,

b) der Sozialhilfe nach dem Zwölften Buch Sozialgesetzbuch,

c) der Ausbildungsförderung nach dem Bundesausbildungsförderungsgesetz,

d) der Aufstiegsfortbildungsförderung nach dem Aufstiegsfortbildungsförderungsgesetz und

e) des Wohngeldes nach dem Wohngeldgesetz

zuständigen Behörden, soweit dies zur Überprüfung des Vorliegens der Anspruchsvoraussetzungen erforderlich ist und ein vorheriges Auskunftsersuchen an den Betroffenen nicht zum Ziel geführt hat oder keinen Erfolg verspricht;

2. den Polizeivollzugsbehörden des Bundes und der Länder, soweit dies zur Abwehr einer erheblichen Gefahr für die öffentliche Sicherheit erforderlich ist, und
3. den Verfassungsschutzbehörden der Länder, soweit dies für ihre Aufgabenerfüllung erforderlich ist und durch Landesgesetz ausdrücklich zugelassen ist.

Die für die Vollstreckung nach dem Verwaltungs-Vollstreckungsgesetz und nach den Verwaltungsvollstreckungsgesetzen der Länder zuständigen Behörden dürfen zur Durchführung der Vollstreckung das Bundeszentralamt für Steuern ersuchen, bei den Kreditinstituten die in § 93b Absatz 1 bezeichneten Daten abzurufen, wenn

**1. der Vollstreckungsschuldner seiner Pflicht, eine Vermögensauskunft zu erteilen, nicht nachkommt oder**

**2. bei einer Vollstreckung in die Vermögensgegenstände, die in der Vermögensauskunft angegeben sind, eine vollständige Befriedigung der Forderung, wegen der die Vermögensauskunft verlangt wird, voraussichtlich nicht zu erwarten ist.**

**Für andere Zwecke ist ein Abrufersuchen an das Bundeszentralamt für Steuern hinsichtlich der in § 93b Absatz 1 und 1a bezeichneten Daten, ausgenommen die Identifikationsnummer nach § 139b, nur zulässig, soweit dies durch ein Bundesgesetz ausdrücklich zugelassen ist.**

**(9) Vor einem Abrufersuchen nach Absatz 7 oder Absatz 8 ist der Betroffene auf die Möglichkeit eines Kontenabrufs hinzuweisen; dies kann auch durch ausdrücklichen Hinweis in amtlichen Vordrucken und Merkblättern geschehen. Nach Durchführung eines Kontenabrufs ist der Betroffene vom Ersuchenden über die Durchführung zu benachrichtigen. Ein Hinweis nach Satz 1 erster Halbsatz und eine Benachrichtigung nach Satz 2 unterbleiben, soweit die Voraussetzungen des § 32b Absatz 1 vorliegen oder die Information der betroffenen Person gesetzlich ausgeschlossen ist. § 32c Absatz 5 ist entsprechend anzuwenden. In den Fällen des Absatzes 8 gilt Satz 4 entsprechend, soweit gesetzlich nichts anderes bestimmt ist. Die Sätze 1 und 2 sind nicht anzuwenden in den Fällen des Absatzes 8 Satz 1 Nummer 2 oder 3 oder soweit dies bundesgesetzlich ausdrücklich bestimmt ist.**

**(10) Ein Abrufersuchen nach Absatz 7 oder Absatz 8 und dessen Ergebnis sind vom Ersuchenden zu dokumentieren.**

**Inhaltsübersicht**



## A. Allgemeines

1 Eines der wichtigsten in § 92 AO genannten Beweismittel ist der in § 93 AO normierte Beweis durch Auskünfte. Als Mittel zur Beweiserhebung setzen Auskunftsverlangen voraus, dass die begehrte Auskunft zur Aufklärung des für die Besteuerung relevanten Sachverhalts geeignet und notwendig ist, die Erfüllung des Auskunftsverlangens für den Betroffenen (voraussichtlich) möglich und die Inanspruchnahme des Betroffenen erforderlich, verhältnismäßig und zumutbar ist (BFH v. 21.03.2002, VII R 152/01, BStBl II 2002, 495; BFH v. 23.10.1990, VIII R 1/86, BStBl II 1991, 277). Die Vorschrift bietet keine Rechtsgrundlage für ein Ermitteln »ins Blaue hinein«, setzt also einen konkreten Anhaltspunkt für das Anfordern von Auskünften voraus (BFH v. 19.07.2015, X R 4/14, BStBl II 2016, 135). Diese Gesichtspunkte muss die Finanzbehörde bei der Ausübung des ihr in § 92 Satz 1 AO eingeräumten Ermessens beachten. Dies gilt auch für die in § 93 Abs. 7 und 8 AO eröffnete Möglichkeit eines Datenabrufs bei Kreditinstituten. Die Möglichkeiten der Erhärtung der Auskünfte durch Eid bzw. eidesstattliche Versicherung sind in den §§ 94 und 95 AO enthalten, während die Auskunftsverweigerungsrechte in den §§ 101 ff. AO behandelt werden. Wegen der Entschädigung der Auskunftspflichtigen s. § 107 AO.

## B. Bedeutung und Anwendungsbereich der Vorschrift

2 Ein Auskunftsersuchen ist ein vergleichsweise einfaches Mittel, im Rahmen der Sachaufklärung zu Erkenntnissen zu gelangen. Deshalb machen die Finanzbehörden in vielfältiger Hinsicht von diesem Aufklärungsmittel Gebrauch. Die Vorschrift hat ihre vorrangige Bedeutung zweifelsohne im Festsetzungsverfahren; sie gilt aber gleichermaßen im Rechtsbehelfsverfahren wie auch im Erhebungs- und Vollstreckungsverfahren (BFH v. 22.02.2000, VII R 73/98, BStBl II 2000, 366; BFH v. 19.12.2006, VII R 46/05, BStBl II 2007, 365; m.w.N.). Gegenüber einem Vorlageverlangen nach § 97 AO ist das Auskunftsersuchen nach § 93 AO vorrangig (BFH v. 24.02.2010, II R 57/08, BFH/NV 2010, 968; BFH v. 30.03.2011, I R 75/10, BFH/NV 2011, 1287). Im Steuerstrafverfahren findet § 93 AO wegen der spezielleren Vorschrift des § 385 AO keine Anwendung. Darüber hinaus schließen auch einige andere Vorschriften die Anwendung der Vorschrift ganz oder teilweise aus (z.B.

§ 200 Abs. 1 Satz 4 AO, § 208 Abs. 1 Satz 3 AO, § 211 AO, auch wenn Letztere nicht ausdrücklich auf § 93 AO Bezug nimmt). Auch außersteuerliche Gesetze können die Auskunftspflicht, insbes. für andere Behörden, begrenzen (Nachweise bei *Seer* in Tipke/Kruse, § 93 AO Rz. 12). Von besonderer Bedeutung sind die Regelungen des automatisierten Kontenabrufs, der nicht nur der FinVerw, sondern auch anderen Behörden zugutekommt, s. Rz. 15 ff.

§ 93 Abs. 7 bis Abs. 10 AO enthalten spezielle Regelungen für einen Abruf von Kontoinformationen. Seit dem VZ 2009 trägt die Regelung des § 93 Abs. 7 AO dem Umstand Rechnung, dass für Einkünfte aus Kapitalvermögen eine Abgeltungssteuer besteht (s. Rz. 15 ff.).

Zum zeitlichen Anwendungsbereich der verschiedenen Fassungen von § 93 Abs. 7 Satz 2 und Abs. 8 AO bis zum 31.12.2019 bzw. ab 01.01.2020 s. Art. 97 § 26 EGAO.

Art. 97 § 26 EGAO lautet:

(3) § 93 Absatz 7 Satz 2 erster Halbsatz und Absatz 8 sowie § 93b Absatz 1a und 2 der Abgabenordnung in der am 25. Juni 2017 geltenden Fassung sind ab dem 1. Januar 2020 anzuwenden. Bis zum 31. Dezember 2019 ist § 93 Absatz 7 Satz 2 Halbsatz 1 und Absatz 8 sowie § 93b Absatz 2 der Abgabenordnung in der am 24. Juni 2017 geltenden Fassung weiter anzuwenden.

## C. Tatbestandliche Voraussetzungen der Auskunftspflicht nach Abs. 1 bis 6

### I. Die Auskunftspflichtigen

3 Auskunftspflichtig sind die Beteiligten und andere Personen. Die Auskunftspflicht trifft also natürliche und juristische Personen sowie nicht rechtsfähige Vereinigungen, Vermögensmassen, Behörden und Betriebe gewerblicher Art der Körperschaften des öffentlichen Rechts. Nicht natürliche Personen kommen ihrer Auskunftspflicht durch ihre gesetzlichen Vertreter, besonderen Beauftragten, Leiter oder Mitglieder nach (s. §§ 34, 79 AO; s. auch § 103 Satz 1 AO). Natürliche Personen, die nicht handlungsfähig sind, sind auskunftsfähig und neben den für sie handelnden Personen auskunftspflichtig. Den Beteiligten stehen in Hinsicht auf die Auskunftspflicht gleich die gesetzlichen und gewillkürten Vertreter (ggf. auch der nach § 81 AO bestellte Vertreter); solche Personen sind im Verhältnis zum Beteiligten nicht Dritte.

Die Auskunftspflicht betrifft nicht nur den Beteiligten, sondern auch »andere Personen«. Zum Beteiligtenbegriff s. § 78 AO. Beteiligter in diesem Sinne ist auch derjenige, an den die Finanzbehörde einen Haftungsbescheid richten will, und zwar auch bezüglich des Haftungsumfangs (BFH v. 11.07.1989, VII R 81/87, BStBl II 1990, 357); insoweit muss sich das Auskunftsverlangen auf den haftungserheblichen Sachverhalt erstrecken (BFH v. 18.03.1987, II R 35/86, BStBl II 1987, 419). Die Auskunftspflicht Dritter rechtfertigt sich aus dem Interesse der Allgemeinheit an zutreffender, gleichmäßiger und unverkürzter Besteuerung. Demgegenüber muss das Interesse des unbeteiligten Dritten, unbehelligt von staatlichen Eingriffen zu bleiben, zurücktreten. Unter dieser Prämisse kann davon ausgegangen werden, dass **Sammelauskunftsersuchen** auch vor der ausdrücklichen gesetzlichen Regelung in § 93 Abs. 1a AO gegenüber Banken, Presse oder Internethandelsplattformen grundsätzlich zulässig waren (auch BFH v. 22.02.2000, VII R 73/98, BStBl II 2000, 366; BFH v. 24.10.1989, VII R 1/87, BStBl II 1990, 198; BFH v. 16.01.2009, VII R 25/08, BStBl II 2009, 582; BFH v. 16.05.2013, II R 15/12, BStBl II 2014, 225; BFH v. 12.05.2016, II R 17/14, BStBl II 2016, 822). Allerdings hält der BFH es zu Recht für ernstlich zweifelhaft, ob Sammelauskunftsersuchen zulässig sind, wenn Zweifel an der Verfassungsmäßigkeit des Steuereingriffs bestehen (BFH v. 21.10.2003, VII B 85/03, BStBl II 2004, 36 zur Zinsbesteuerung). Zudem ist ein Sammelauskunftsersuchen nur zulässig, wenn solch weitgehende Ermittlungsmaßnahmen »hinreichend veranlasst« sind (BFH v. 16.01.2009, VII R 25/08, BStBl II 2009, 582). Ermittlungen »ins Blaue« hinein sind also ebenso unzulässig wie ein Sammelauskunftsersuchen bei einem von der FinVerw. unterstellten »Generalverdacht«. Es bedarf also stets eines konkreten Anhaltspunktes für die Einholung einer Sammelauskunft. Darüber hinaus muss die Inanspruchnahme des Dritten für die Sammelauskunft erforderlich, verhältnismäßig und zumutbar sein. Dazu gehört auch die Prüfung, ob die Auskunftserteilung technisch mit verhältnismäßigem Aufwand erfolgen kann (BFH v. 16.05.2013, II R 15/12, BStBl II 2014, 225).

### II. Das Auskunftsersuchen

#### 1. Auswahl der Auskunftsperson

Hält die Finanzbehörde nach pflichtgemäßem Ermessen zur Ermittlung des Sachverhaltes die Einholung einer Auskunft für erforderlich (**Entschließungsermessen**), hat sie zunächst zu prüfen, ob sie die notwendige Auskunft von einem am Besteuerungsverfahren Beteiligten (§ 78 AO) erhalten kann. Nach **§ 93 Abs. 1 Satz 3 AO** soll sich die Finanzbehörde im Regelfall zunächst an die Beteiligten halten und kann sich erst dann an andere Personen wenden, wenn die Sachverhaltsaufklärung durch die Beteiligten nicht zum Ziele führt oder keinen Erfolg verspricht. Hierdurch wird gewährleistet, dass Außenstehende nach Möglichkeit unbehelligt bleiben und die steuerlichen Verhältnisse der Beteiligten nicht unnötigerweise anderen zur Kenntnis gelangen. Damit ist das **Auswahlermessen** der Behörde eingegrenzt. Allerdings führt die Verletzung von Abs. 1 Satz 3 nicht zu einem Verwertungsverbot der erlangten Auskünfte (BFH v. 25.01.2017, I R 70/15, BStBl II 2017, 780). Diese Krite- 4 rien führen auch nicht dazu, dass die Finanzbehörde unter allen Umständen so lange auf die Inanspruchnahme eines Dritten verzichten muss, solange sie nicht alle rechtlich zulässigen und möglichen Versuche unternommen hat, vom Beteiligten selbst die Auskunft zu erhalten. Während sich die Voraussetzung für das Auskunftsersuchen an Dritte, dass die Sachverhaltsaufklärung durch die Beteiligten nicht zum Ziele führt, ohnehin in den Akten der Behörde niederschlagen wird, müssen die Umstände, die zur Überzeugung der Behörde geführt haben, dass eine Befragung der Beteiligten keinen Erfolg verspricht (Prognoseentscheidung im Wege vorweggenommener Beweiswürdigung, s. auch BFH v. 30.03.1989, VII R 89/88, BStBl II 1989, 537), zweckmäßigerweise aktenkundig gemacht werden. Diese Umstände können in der Sache oder in der Person des Beteiligten begründet sein, insbes. kann die vorherige Befragung eines Beteiligten unmöglich oder unzweckmäßig sein, weil der Beteiligte abwesend oder unauffindbar oder amtsbekannt nicht fähig oder willens ist, entsprechende Auskunftsersuchen zu beantworten. Das stufenmäßige Vorgehen setzt allerdings voraus, dass die Person des Beteiligten bekannt ist. Nicht erforderlich ist, dass die Finanzbehörde vor der Inanspruchnahme Dritter vom Beteiligten die Abgabe einer eidesstattlichen Versicherung verlangt (BFH v. 22.02.2000, VII R 73/98, BStBl II 2000, 366).

Schließlich muss die Finanzbehörde die Grenzen des ihr eingeräumten Ermessens einhalten. Dies erfordert zunächst, dass das Auskunftsersuchen Tatsachen aufdecken kann, die für die Besteuerungszwecke erheblich sind. Bei dieser Beurteilung muss die Behörde eine Prognoseentscheidung treffen, innerhalb der ihr jedoch ein dem Einzelfall angemessener Spielraum zusteht. In der Regel besteht die Erforderlichkeit bereits dann, wenn die Auskünfte vom Stpfl. nicht zu erlangen sind und zunächst die Möglichkeit besteht, dass von dem auskunftspflichtigen Dritten die erforderlichen Informationen erlangt werden können. Darüber hinaus muss die Finanzbehörde das geeignete Mittel wählen. Bezogen auf ein Auskunftsverlangen bedeutet dies, dass der Inanspruchgenommene zumindest über die erforderliche Information verfügen kann und es ihm bei Zugrundelegung eines objektiven Maßstabs auch möglich ist, die Auskunft zu erteilen. Zudem muss das Auskunftsverlangen auch den Grundsätzen der Verhältnismäßigkeit Genüge tun. Insbesondere darf der Auskunftspflichtige nicht zu einer Auskunft herangezogen werden, die ihn – gemessen an dem mit der Auskunft verfolgten Zweck – unverhältnismäßig belastet. Daraus folgt, dass die dem Auskunftspflichtigen entstehenden Belastungen stets im Verhältnis zu dem zu sichernden Besteuerungszweck stehen müssen (BFH v. 16.05.2013, II R 15/12, BStBl II 2014, 225). Dabei kann der Auskunftspflichtige – allerdings begrenzt durch den Grundsatz der Verhältnismäßigkeit – auch finanzielle Nachteile in Kauf nehmen müssen. Insgesamt bedarf es also einer Interessenabwägung zwischen den besonderen Belastungen, denen der Auskunftspflichtige ausgesetzt ist und den Gründen, die die Belastungen rechtfertigen. Hierbei ist das Interesse der Allgemeinheit an der gesetzlichen Steuererhebung und -einziehung grundsätzlich höher zu bewerten, als das Interesse eines Dritten, von staatlichen Eingriffen unbehelligt zu bleiben (ausführlich s. BFH v. 20.02.2000, VII R 73/98, BStBl II 2000, 366; BFH v. 04.10.2006, VIII R 53/04, BStBl II 2007, 227; AEAO zu § 93, Nr. 1).

## 2. Sammelauskunftsersuchen

Mit der Einfügung des § 93 Abs. 1a AO durch das StUmgBG vom 28.06.2017 (BGBl I 2017, 1682) soll die bisherige Praxis der sog. Sammelauskunftsersuchen auf eine gesetzliche Grundlage gestellt werden (s. auch § 208 AO Rz. 12). Dabei orientiert sich die gesetzliche Regelung an der bisherigen Rspr., die diese Form der Sachverhaltsaufklärung grds. für zulässig hält (BFH v. 12.05.2016, II R 17/14, BStBl II 2016, 822). Eine Ausweitung der bisherigen Praxis soll mit der Kodifizierung nicht verbunden sein (BR-Drs. 816/16, 21). 5

**§ 93 Abs. 1a Satz 1 AO** enthält eine Legaldefinition des Begriffs der Sammelauskunft. Die Finanzbehörde darf an andere Personen als den Beteiligten Auskunftsersuchen über eine ihr noch unbekannte Anzahl von Sachverhalten mit dem Grunde nach bestimmbaren, ihr noch nicht bekannten Personen stellen. Von der Auskunft nach Abs. 1 unterscheidet sich die Sammelauskunft dadurch, dass sie nicht auf die Sachverhaltsermittlung in einem konkreten, individuellen Besteuerungsverfahren gerichtet ist. Es entspricht der Natur des Sammelauskunftsersuchens, dass der Steuerpflichtige der Finanzbehörde nicht bestimmt ist. Das Sammelauskunftsersuchen soll gerade der Aufdeckung von steuerlich relevanten Sachverhalten führen. Das Gesetz gibt keine möglichen Sachverhalte vor, die Gegenstand von Sammelauskunftsersuchen sein können. Es kann sich daher auf alle Steuer- und Einkunftsarten beziehen. Unerheblich ist auch, ob es um inländische Sachverhalte oder um Sachverhalte mit Auslandsbezug geht. Eingeschränkt wird die Ermittlungsbefugnis durch die Voraussetzung, dass der Personenkreis, auf den sich das Sammelauskunftsersuchen erstreckt, dem Grunde nach bestimmbar sein muss. Damit wird das für den Erlass von Verwaltungsakten ohnehin geltende Gebot der inhaltlichen Bestimmtheit nochmals ausdrücklich wiederaufgenommen und konkretisiert. Es wird sich also in der Regel um einen Personenkreis handeln, der im Kenntnisbereich des Auskunftspflichtigen gleichartige Besteuerungssachverhalte verwirklicht. Ob die Finanzbehörde ein Sammelauskunftsersuchen ausbringt, ist in deren **Ermessen** gestellt. Sie »darf«, muss aber kein Sammelersuchen stellen. 6

7 § 93 Abs. 1a Satz 2 AO sieht in Anwendung der zum Sammelauskunftsersuchen entwickelten Rechtsprechungsgrundsätze als weitere Tatbestandsvoraussetzung zum einen vor, dass ein hinreichender Anlass für die Ermittlungen bestehen muss. Damit sollen Ermittlungen »ins Blaue« hinein, also anlasslose Ermittlungshandlung, vermieden werden. Allerdings ist die Anlassschwelle nicht besonders hoch (BFH v. 19.07.2015, X R 4/14, BStBl II 2016, 135). Ein hinreichender Anlass ist schon dann gegeben, wenn aufgrund konkreter Anhaltspunkte oder aufgrund allgemeiner Erfahrungen die Möglichkeit einer Steuerverkürzung in Betracht kommt. Es reicht danach aus, wenn die Finanzbehörde im Rahmen einer Prognoseentscheidung zum dem Schluss kommt, dass die Aufdeckung steuerlich erheblicher Sachverhalte möglich ist. Diese Prognoseentscheidung ist auf der **Tatbestandsebene** der Ermessensentscheidung zu treffen und somit nicht durch einen Ermessensspielraum gedeckt. Sie ist als Ex-ante-Beurteilung einer gerichtlichen Prüfung zulässig. Als hinreichenden Anlass hat die Rspr. z. B. die Zugehörigkeit zum Rotlichtmilieu oder auch Immobilen-Chiffre-Anzeigen angesehen (BFH v. 12.05.2016, II R 17/14, BStBl II 2016, 822). Zum anderen setzt das Sammelauskunftsersuchen voraus, dass andere zumutbare Maßnahmen zur Sachverhaltsaufklärung keinen Erfolg versprechen. Die Finanzbehörde muss also andere Sachaufklärungsmaßnahmen zumindest erwägen. Allerdings muss das Sammelauskunftsersuchen nicht ultima ratio sein. Im Rahmen der Zumutbarkeit muss auch der Aufwand für den Inanspruchgenommenen in die Entscheidung einfließen. Dabei muss der Aufwand im Verhältnis zu dem prognostizierten Steuerertrag angemessen sein. Wie schon vor der Kodifizierung muss im Rahmen der Ermessensprüfung auch geprüft werden, ob das Auskunftsersuchen in grundrechtlich besonders geschützte Bereiche eingreift, wie z. B. die Pressefreiheit. Ist dies der Fall, bedarf es insoweit einer gesonderten Interessenabwägung. Allerdings fällt der Werbeteil eines Presseerzeugnisses – anders als der redaktionelle Bereich – oft schon nicht in den Schutzbereich des Art. 5 GG (BFH v. 12.05.2016, II R 17/14, BStBl II 2016, 822).

8 **§ 93 Abs. 1a Satz 3 AO** stellt klar, das Abs. 1 Satz 3 keine Anwendung findet. Das ist notwendige Folge aus der Natur des Sammelauskunftsersuchens, da es erst um die Ermittlung möglicher Beteiligter eines Besteuerungsverfahrens geht.

### 3. Inhalt und Form des Auskunftsersuchens

9 § 93 Abs. 2 AO behandelt den **Inhalt** des Auskunftsersuchens sowie dessen **Form**. Die Regelung betrifft sowohl Auskunftsersuchen nach Abs. 1 als auch die Sammelauskunftsersuchen nach Abs. 1a. Der Auskunftspflichtige muss darüber informiert werden, welche Auskünfte zu erteilen sind, ferner muss er darüber unterrichtet werden, ob die Auskunft für die Besteuerung des Auskunftspflichtigen oder für die Besteuerung anderer Personen angefordert wird. Die letztere Unterscheidung ist von besonderer Bedeutung, weil für Auskunftspflichtige, die nicht Beteiligte und nicht für einen Beteiligten auskunftspflichtig sind, besondere Auskunftsverweigerungsrechte gelten. Über diese Auskunftsverweigerungsrechte müssen die Auskunftspflichtigen ggf. ausdrücklich belehrt werden. Bei mündlichen Auskunftsersuchen ist diese Belehrung aktenkundig zu machen (§§ 101 Abs. 1, 103 AO). Für die Eigenschaft als Beteiligter ist auf dasjenige Besteuerungsverfahren abzustellen, für das durch Einholung der Auskunft der steuerlich erhebliche Sachverhalt aufgeklärt werden soll. Darauf, dass der Auskunftspflichtige durch das Auskunftsersuchen am Auskunftsverfahren beteiligt wird, kommt es insoweit nicht an.

Nach § 93 **Abs. 2 Satz 2** AO müssen Auskunftsersuchen auf Verlangen des Auskunftspflichtigen schriftlich ergehen (s. aber für die Außenprüfung § 200 Abs. 1 Satz 4 AO; s. § 200 AO Rz. 5). Dem ist zu entnehmen, dass Auskunftsersuchen grundsätzlich formfrei ergehen dürfen. Die Wirksamkeit eines nur mündlichen Auskunftsersuchens hängt jedoch davon ab, ob der Auskunftspflichtige **Schriftform verlangt**. Tut er dies, so ist das entsprechend ergehende schriftliche Auskunftsersuchen nicht etwa nur eine schriftliche Bestätigung des vorher schon mündlich erlassenen Verwaltungsakts i. S. des § 119 Abs. 2 Satz 2 AO. Vielmehr verliert das mündliche Ersuchen durch das Verlangen des Auskunftspflichtigen seine Eigenschaft als wirksamer Verwaltungsakt. Gemäß § 121 Abs. 1 AO bedarf das schriftliche Auskunftsersuchen einer schriftlichen **Begründung**, soweit dies zu seinem Verständnis erforderlich ist. Diese Begründung wird die Rechtsgrundlage angeben müssen, auf die sich das Auskunftsersuchen stützt; desgleichen wird sie das Bestehen einer Sachverhaltslücke bzw. -unklarheit und deren Auffüllungs- bzw. Klärungsbedürftigkeit dartun müssen, soweit sich dies nicht ohnehin aus dem Gegenstand des Auskunftsersuchens erkennen lässt. Zusammenfassend ist festzustellen, dass das Auskunftsersuchen seinen Sinn und Zweck für den Adressaten erkennbar machen und die wesentlichen Überlegungen im Rahmen der Ermessensausübung ausreichend dartun muss, damit der Auskunftspflichtige Grund und Ausmaß seiner Verpflichtung nachprüfen kann. Hierzu gehört auch, dass das Auskunftsersuchen bestimmt, d. h. auf konkrete Sachverhalte bezogen ist und nicht erst dazu dienen soll, durch »ins Blaue hinein« gestellte Fragen auszuforschen, ob überhaupt steuerlich relevante Sachverhalte existieren, ohne dass wenigstens in dieser Richtung eine konkrete Veranlassung gegeben ist (BFH v. 23.10.1990, VIII R 1/86, BStBl II 1991, 277 m. w. N.; Nds FG v. 27.08.2013, 8 K 55/12, EFG 2013, 1983). 10

Ohne dass es im Gesetzeswortlaut zum Ausdruck kommt, ist immanente Voraussetzung der Vorschrift, 11 dass dem Auskunftsverpflichteten eine **angemessene Frist** für die Beantwortung des Auskunftsersuchens einzuräumen ist. Wie lang die Frist sein muss, hängt von Art und Umfang der begehrten Auskunft ab. Eine unangemessen kurze Frist muss der Pflichtige nicht beachten.

12 Unzulässig ist ein Auskunftsersuchen, dem der Adressat nur dadurch nachkommen kann, dass er sich anderweitig erkundigt oder sich nicht in seinem Besitz befindliche Unterlagen verschafft. Dies lässt sich schon daraus ableiten, dass eine Auskunft die Mitteilung über das Wissen von Tatsachen ist und es insoweit wesentlich auf die Kenntnisse der Auskunftsperson ankommt. Auch § 93 Abs. 3 Satz 2AO lässt den Schluss zu, dass es sich um eigenes Wissen des Auskunftsverpflichteten handeln muss. Zu verschärften Anforderungen gegen Beteiligte in Bezug auf steuerlich relevante Vorgänge im Ausland s. § 90 Abs. 2 AO.

### 4. Inhalt und Grenzen der Auskunftspflicht

13 Hinsichtlich des Inhalts der zu erteilenden Auskunft bestimmt **§ 93 Abs. 3 Satz 1AO**, dass die Auskünfte nach **bestem Wissen und Gewissen** zu erteilen sind, was ohnehin selbstverständlich ist, weil die Pflicht zur Auskunftserteilung nur als Pflicht zur Erteilung von wahren und vollständigen Auskünften verstanden werden kann. Nach **§ 93 Abs. 3 Satz 2 AO** darf sich der Auskunftspflichtige nicht auf die Erteilung derjenigen Auskünfte beschränken, die er aus dem Gedächtnis erteilen kann. Vielmehr muss er alle ihm zur Verfügung stehenden **Unterlagen**, wie Bücher, Aufzeichnungen, Geschäftspapiere und andere Urkunden, heranziehen, um seine Auskunft zu vervollständigen. Die Auskunftspflicht beschränkt sich somit nicht nur auf die tatsächlich der Auskunftsperson ohne Weiteres erinnerlichen Vorgänge, sondern auch auf das Wissen, das sich in den zu seiner Verfügung stehenden Unterlagen niederschlägt. Die Einsichtnahme und, soweit nötig, Entnahme von Aufzeichnungen wird dem Befragten jedoch nur unter der Voraussetzung abverlangt, dass er nicht aus dem Gedächtnis Auskunft geben kann. Sie dienen daher der Ausfüllung von Gedächtnislücken, deren sich der Auskunftspflichtige bewusst wird. Es wird also keine Verpflichtung des Auskunftspflichtigen begründet, seine subjektiv aus dem Gedächtnis nach besten Wissen und Gewissen für richtig gehaltenen Auskünfte anhand seiner Unterlagen zu kontrollieren. Aufzeichnungen hat der Auskunftspflichtige aus den ihm zur Verfügung stehenden Unterlagen nur zu entnehmen, soweit es nötig ist. Das Gesetz geht also in erster Linie davon aus, dass die Auskunft ohne Beifügung der ihr zugrunde liegenden Unterlagen erteilt wird.

Unterlagen, die dem Auskunftspflichtigen nicht zur Verfügung stehen, die er sich also erst beschaffen müsste, müssen nicht eingesehen werden. Jedoch stehen dem Auskunftspflichtigen nicht nur solche Unterlagen i. S. der Vorschrift »zur Verfügung«, die er in unmittelbarem Besitz hat, sondern auch solche, die ein anderer für ihn aufbewahrt. So ist nötigenfalls auf Unterlagen zurückzugreifen, die z. B. in einem Bankfach, bei einem Notar, Rechtsanwalt oder einem Buchführungsunternehmen für den Auskunftspflichtigen aufbewahrt werden.

Bei Sammelauskunftsersuchen wird dem Auskunftspflichtigen die Auskunft regelmäßig nicht aus dem Gedächtnis, sondern nur anhand seiner Unterlagen möglich sein.

Auch bezüglich der Verpflichtung, seine Kenntnisse unter Benutzung der zur Verfügung stehenden Unterlagen zu vervollständigen, sind die Grundsätze zur Ausübung des Ermessens (s. Rz. 4) von besonderer Bedeutung. Abgesehen hiervon findet die Auskunftspflicht ihre Grenzen auch in den durch das Gesetz eingeräumten Auskunftsverweigerungsrechten (s. §§ 101 ff. AO). Ein allgemeines Auskunftsverweigerungsrecht zugunsten der Banken und sonstigen Kreditinstitute besteht nicht; das sog. **Bankgeheimnis** des § 30a AO ist durch das StUmgBG mit Wirkung vom 25.06.2017 aufgehoben worden und steht Ermittlungen gegenüber Kreditinstituten nicht entgegen (s. § 208 AO Rz. 12). Die Vorschrift ist ab dem 25.06.2017 auch auf Sachverhalte, die vor diesem Zeitpunkt verwirklicht worden sind, nicht mehr anzuwenden (Art. 97 § 1 Abs. 12 EGAO). 14

Bei der Ermessensausübung sind neben den Interessen des Auskunftsverpflichteten (s. Rz. 4) auch die Interessen des von der Auskunft betroffenen Stpfl. zu beachten. Insbesondere bei nicht anonymem Auskunftsersuchen kann die Auskunftseinholung zu Nachteilen für den Betroffenen führen. Daher muss bei der Auskunftseinholung die Zweck-Mittel-Relation gewahrt sein; die für den Betroffenen zu erwartenden Nachteile durch die Auskunftseinholung dürfen zu den möglichen Erkenntnissen nicht außer Verhältnis stehen (BFH v. 04.12.2012, VIII R 5/10, BStBl II 2014, 220). 15

### 5. Form und Inhalt der Auskunft

#### a) Grundsatz: Formfreie Auskunftserteilung

Der Gesetzgeber lässt dem Auskunftspflichtigen grundsätzlich freie Hand in Bezug auf die Form, in der er die Auskunft geben will (**§ 93 Abs. 4 Satz 1AO**), d. h. er kann die Auskunft schriftlich, elektronisch, mündlich oder fernmündlich erteilen. Bei elektronischer Auskunftserteilung reicht eine Übermittlung per E-Mail aus, eine elektronische Signatur ist nicht erforderlich. Allerdings sollte sich die Finanzbehörde – ebenso wie bei fernmündlicher Auskunftserteilung – vergewissern, dass die Auskunft durch den Auskunftspflichtigen erteilt wird. 15a

### b) Ausnahme: Schriftform

16 Nach § 93 Abs. 4 Satz 2 AO kann die Finanzbehörde verlangen, dass der Auskunftspflichtige schriftlich Auskunft erteilt, wenn dies sachdienlich ist. Eine solche Sachdienlichkeit dürfte regelmäßig zu bejahen sein, weil die Erteilung einer schriftlichen Auskunft diese aktenkundig macht, ohne eine besondere Überbeanspruchung der Auskunftsperson vorauszusetzen. Außerdem ist Schriftform eine gewisse Gewähr dafür, dass der Auskunftspflichtige hinsichtlich des Inhalts seiner Auskunft die nötige Sorgfalt hat walten lassen. Aus dem Verhältnis zu § 93 Abs. 4 Satz 1 AO könnte zu folgern sein, dass eine Auskunft per E-Mail nicht als schriftlich angesehen wird, da die elektronische Form anders als in § 93 Abs. 4 Satz 1 AO nicht ausdrücklich erwähnt wird. Offensichtlich ist im Rahmen der Modernisierung des Besteuerungsverfahrens eine Anpassung der Norm übersehen worden. Um der Bedeutung des elektronischen Rechtsverkehrs Rechnung zu tragen, dürfte eine Auskunftserteilung per E-Mail im Rahmen des Abs. 4 der schriftlichen Erteilung gleichzustellen sein.

### c) Auskunft an Amtsstelle

17 Nach § 93 Abs. 5 AO kann die Finanzbehörde anordnen, dass der Auskunftspflichtige eine mündliche Auskunft an **Amtsstelle** erteilt. Hierzu ist die Behörde insbes. dann berechtigt, wenn trotz Aufforderung eine schriftliche Auskunft nicht erteilt worden ist oder eine schriftliche Auskunft nicht zu einer Klärung des Sachverhaltes geführt hat. Auch in diesem Fall muss der Auskunftsperson sowohl das Beweisthema genannt als auch Klarheit verschafft werden, ob die Auskunft für die Besteuerung des Auskunftspflichtigen oder einer anderen Person angefordert wird. Im Falle dieser mündlichen Auskunft an Amtsstelle ist auf Antrag des Auskunftspflichtigen über die erteilte Auskunft eine **Niederschrift** anzufertigen (§ 93 Abs. 6 AO), deren Inhalt in § 93 Abs. 6 Satz 2 AO vorgeschrieben und die sowohl vom Auskunftspflichtigen als auch von dem Amtsträger, dem die mündliche Auskunft erteilt wird, zu unterzeichnen ist (§ 93 Abs. 6 Satz 3 AO). Eine Abschrift dieser Niederschrift ist den am Besteuerungsverfahren Beteiligten (§ 78 AO) zu überlassen. Die Überlassung ist zwingend vorgeschrieben und steht nicht im Ermessen der Finanzbehörde.

18 Unter den in den § 94 AO und § 95 AO festgelegten Voraussetzungen kann die Finanzbehörde das zuständige Finanzgericht um die eidliche Vernehmung solcher Auskunftspersonen ersuchen, die nicht Beteiligte sind, oder von den Beteiligten die Versicherung an Eides Statt verlangen, dass die Tatsachen, die sie behaupten, richtig sind. Im Übrigen hierzu s. § 94 AO und s. § 95 AO und die dortigen Erläuterungen.

## D. Abruf von Kontoinformationen

### I. Allgemeines

Als besondere Form der Sachverhaltsermittlung können Finanzbehörden über das BZSt Informationen über Kontendaten abrufen lassen (§ 93 Abs. 7 und 8 AO i. V. m. § 93b AO). Zur einheitlichen Rechtsanwendung hat die FinVerw umfangreiche Regelungen in den AEAO eingefügt (AEAO zu § 93, Nr. 2). Das Abrufverfahren soll den Finanzbehörden und verschiedenen anderen Behörden die Möglichkeit geben, die Existenz von Konten oder Depots festzustellen, die von den Stpfl. verschwiegen wurden. Auf diese Weise soll einem Defizit bei der Besteuerung von Zinseinkünften Rechnung getragen werden. Die Regelung soll den Finanzbehörden »maßvoll« verbesserte Möglichkeiten zur einzelfallbezogenen, bedarfsgerechten und gezielten Überprüfung der Richtigkeit und Vollständigkeit der Angaben der Stpfl. eröffnen und damit zum gleichmäßigen Vollzug der Steuergesetze beitragen. Durch das – vermeintlich – erhöhte Entdeckungsrisiko soll eine Steuerhinterziehung vor allem im Bereich der Zinseinkünfte erschwert werden (BT-Drs. 15/1309, 7). Zum Schutz der potenziell Betroffenen beschränkt die FinVerw. ihre Befugnis selbst dahingehend, dass ein Abruf der Kontenstammdaten nur anlassbezogen und zielgerichtet unter Bezugnahme auf eindeutig bestimmte Personen zulässig ist (AEAO zu § 93, Nr. 2.3). In dieser Ausprägung hält das BVerfG den Kontenabruf für verfassungsgemäß (BVerfG v. 22.03.2005, 1 BvR 2357/04, 1 BvQ 2/05, Beil. 3 zu BFH/NV 2005, 251; BVerfG v. 07.05.2008, 2 BvR 2392/07, DStRE 2009, 347; zur Kritik *Seer* in Tipke/Kruse, § 93 AO Rz. 36). 19

Gegenstand des Kontenabrufs sind die von den Kreditinstituten nach § 24c KWG zu führenden Dateien, die diese nach § 93b Abs. 1 AO und § 93 Abs. 1a AO auch für Abrufe nach § 93 Abs. 7 und 8 AO zu führen haben. 20

Die derzeit geltenden Regelungen des § 93 Abs. 7 und Abs. 8 AO sind seit ihrer Einführung durch das UnternehmenssteuerreformG vom 14.08.2007 wiederholt geändert worden. Sie tragen den Bedenken, die das BVerfG bzgl. der vorhergehenden Regelung des § 93a Abs. 8 AO geäußert hatte (BVerfG v. 13.06.2007, 1 BvR 1550/03 u. a., BStBl II 2007, 896), Rechnung und sind verfassungsgemäß. 21

§ 93 **Abs. 7AO** beruht auf der Annahme des Gesetzgebers, dass mit der Einführung einer den Steueranspruch abgeltenden Quellensteuer auf private Zinsen und Veräußerungsgewinne der für die Gleichmäßigkeit der Besteuerung notwendige erhöhte Kontrollbedarf hinsichtlich dieser Einkünfte entfallen ist. Der Abruf nur noch dann zulässig, wenn er für die Durchführung einer gleichmäßigen Besteuerung und in den in Abs. 7 Satz 1 genannten Fällen erforderlich ist. Damit kommt in der Regelung zum Ausdruck, dass der Gesetzgeber davon ausgeht, dass ein Vollzugsdefizit für die Besteuerung der dem Quellensteuerabzug unterliegenden Einkünfte nicht mehr besteht.

§ 93 Abs. 8 AO soll der Rspr. des BVerfG Rechnung tragen, indem gesetzlich klargestellt wird, welchen Verwaltungen neben den Finanzbehörden die Möglichkeit des Kontenabrufs eröffnet ist. U. E. ist mit der aktuellen Fassung das Bestimmtheitsgebot und das Gebot der Normklarheit hinreichend beachtet.

## II. Kontenabruf nach § 93 Abs. 7 AO

### 1. Voraussetzungen

22 § 93 Abs. 7 AO zählt die Möglichkeiten für den automatisierten Kontenabruf enumerativ und **abschließend** auf. Nach dem Gesetzeswortlaut ist der Abruf auf die genannten Fallgruppen beschränkt (»ist nur zulässig«), es handelt sich also nicht um Regelbeispiele.

23 **§ 93 Abs. 7 Satz 1 Nr. 1 AO** lässt den Abruf zu, soweit der Steuerpflichtige eine Steuerfestsetzung nach § 32 d Abs. 6 EStG beantragt. Erfasst sind damit die Fälle, in denen sich der Steuerpflichtige nicht damit abfinden will, dass die von ihm erzielten Einkünfte der Abgeltungssteuer unterliegen. Hierzu eröffnet § 32 d Abs. 6 EStG die Möglichkeit, die Einkünfte aus Kapitalvermögen nach allgemeinen Regelungen in die Einkommensteuerveranlagung einzubeziehen. Dies kann für den Steuerpflichtigen von Vorteil sein, wenn der individuelle Steuersatz den Abgeltungssteuersatz unterschreitet oder er mit seinen steuerpflichtigen Einkünften den Grundfreibetrag nicht erreicht, z. B. wenn ausschließlich geringfügige Einkünfte aus Kapitalvermögen erzielt werden. Der Antrag kann aber nur für alle Kapitaleinkünfte eines Veranlagungszeitraums gestellt werden. Er ist also ggf. jährlich zu wiederholen. Bei der Zusammenveranlagung von Ehegatten kann der Antrag nur einheitlich für alle Kapitaleinkünfte beider Ehegatten gestellt werden. Die Antragstellung rechtfertigt den Kontenabruf, weil sichergestellt werden soll, dass sämtliche Kapitaleinkünfte in die Besteuerung einbezogen werden. Der Steuerpflichtige wird durch diesen Abruf nicht übermäßig belastet, da er den damit verbundenen Eingriff durch die Inkaufnahme der Abgeltungssteuer vermeiden kann. Außer dem Antrag des Steuerpflichtigen setzt der Abruf voraus, dass er zur Festsetzung der Einkommensteuer erforderlich ist. Ein routinemäßiger Abruf in Antragsfällen ist also nicht zulässig. Erforderlich dürfte der Abruf nur sein, wenn Anhaltspunkte bestehen, dass die Kapitaleinkünfte nicht vollständig offengelegt worden sind.

24 **§ 93 Abs. 7 Satz 1 Nr. 3 AO** stellt faktisch eine Übergangsregelung dar und ermöglicht den Kontenabruf, wenn er zur Feststellung von Einkünften nach den §§ 20 und 23 Abs. 1 EStG in den Veranlagungszeiträumen bis zum VZ 2008 erforderlich ist. Die Vorschrift ist Folge des Umstandes, dass die Regelungen über die Abgeltungssteuer erst am dem 01.01.2009 Anwendung finden. Insbesondere im Zusammenhang mit Betriebsprüfungen kann die Regelung noch weit über das Jahr 2008 hinaus Bedeutung behalten.

**§ 93 Abs. 7 Satz 1 Nr. 4 AO** lässt den Abruf zur Erhebung von bundesgesetzlich geregelten Steuern zu. Die Regelung entspricht der bisherigen Rechtslage, die bereits einen Abruf für die Zwecke der Erhebung vorsah. Mit Erhebung ist das Erhebungsverfahren nach dem fünften Teil der Abgabenordnung gemeint. Der Abruf soll den Finanzbehörden insbes. ermöglichen, zum Zwecke der Vollstreckung Kenntnis von der Existenz von Konten des Vollstreckungsschuldners zu erhalten. Die Zulässigkeit des Kontenabrufs ist – wie auch in den anderen Tatbeständen des Satz 1 Nr. 1 bis 4b – nach **§ 93 Abs. 7 Satz 2 AO** an die Erfolglosigkeit eines vorherigen Auskunftsersuchens an den Steuerpflichtigen bzw. Vollstreckungsschuldner geknüpft. Damit ist der Gesetzgeber offensichtlich bewusst das Risiko eingegangen, dass das Auskunftsersuchen im Erhebungsverfahren eine Warnfunktion zugunsten des Steuerpflichtigen entfaltet, der allein durch den damit verbundenen Zeitgewinn noch Dispositionen treffen kann, um etwaiges Vermögen dem Zugriff der Finanzbehörde zu entziehen. Hier hätte es nahegelegen, zur Sicherstellung des Vollstreckungserfolges auf ein vorheriges Auskunftsverlangen kraft Gesetzes zu verzichten. Dies wäre auch im Hinblick darauf konsequent, dass in bestimmten Fällen im Interesse der Sicherstellung der Aufgabenerfüllung auf den in § 93 Abs. 9 AO vorgesehenen Hinweis auf die Möglichkeit des Kontenabrufs verzichtet werden kann. Daraus lässt sich im Umkehrschluss herleiten, dass der Gesetzgeber auf ein vorheriges Auskunftsverlangen auch im Fall der Erhebung nicht verzichten wollte. Mit dem StUmgBG vom 24.06.2017 (BGBl I 2017, 1682) ist die Möglichkeit des Kontenabrufs auch auf die Erhebung von Rückforderungsansprüchen auf dem Gebiet bundesgesetzlich geregelter Steuererstattungen oder Steuervergütungen ausgedehnt worden. In der Praxis kann dies vor allem für die Rückforderung von Kindergeldzahlungen von Bedeutung sein (BR-Drs. 816/16, 22). 25

Ebenfalls mit dem StUmgBG ist **§ 93 Abs. 7 Satz 1 Nr. 4a AO** in das Gesetz eingefügt worden. Die Norm sieht eine zusätzliche Kontenabrufbefugnis vor, wenn ein inländischer Stpfl. i. S. des § 138 Abs. 2 Satz 1 AO Verfügungsberechtigter oder wirtschaftlich Berechtigter i. S. des GWG eines Kontos oder eines Depots einer natürlichen Person, Personengesellschaft, Körperschaft, Personenvereinigung oder Vermögensmasse mit Wohnsitz, gewöhnlichem Aufenthalt, Sitz, Hauptniederlassung oder Geschäftsleitung außerhalb des Geltungsbereichs dieses Gesetzes ist. Die Abrufbefugnis knüpft also an eine Beziehung zum Ausland an. Für das Inland wird eine entsprechende Abrufmöglichkeit wegen des ein- 26 zuführenden Transparenzregisters als entbehrlich angesehen (BR-Drs. 816/16, 23). Auf diese Weise sollen Geldzuflüsse und Geldabflüsse ins Ausland ermittelt werden können.

27 Auch **§ 93 Abs. 7 Satz 1 Nr. 4b AO** wurde erst mit dem StUmgBG in das Gesetz eingefügt. Damit kann die Steuer- bzw. Zollfahndung den Kontenabruf auch zur **Ermittlung der Besteuerungsgrundlagen** im Zusammenhang mit der Ermittlung und Aufdeckung unbekannter Steuerfälle durchführen. Die Abrufbefugnis beschränkt sich auf die Fälle, in denen die Steuerfälle bereits entdeckt wurden. Sie soll die Feststellung der verkürzten Steuerbeträge vereinfachen. Der Kontenabruf darf nicht zur Suche nach Steuerfällen erfolgen; dies käme einer unzulässigen Suche »ins Blaue« gleich.

28 **§ 93 Abs. 7 Satz 1 Nr. 5 AO** stellt klar, dass ein Abruf auch dann immer möglich ist, wenn der Steuerpflichtige zustimmt. Dem Steuerpflichtigen steht es also frei, auf den ihm durch die gesetzlichen Regelungen eingeräumten Schutz zu verzichten. Die Zustimmung muss vor dem Abruf erteilt worden sein; eine nachträgliche Genehmigung reicht nicht aus. In der Regel wird die Anregung zur Erteilung der Zustimmung von der Finanzbehörde ausgehen. So geht auch die Gesetzesbegründung (BR-Drs. 220/07, 139) davon aus, dass die Finanzbehörde den Steuerpflichtigen zur Zustimmung auffordert, wenn Anhaltspunkte für die Unrichtigkeit oder Unvollständigkeit der Abgaben des Steuerpflichtigen zu seinen steuerpflichtigen Einnahmen oder Betriebsvermögensmehrungen bestehen und es deshalb erforderlich erscheint, die Angaben auf Vollständigkeit und Richtigkeit zu überprüfen. Insoweit geht es also nicht um das Interesse der Finanzbehörden, etwaige Einkünfte aus Kapitalvermögen festzustellen, die ohnehin dem Quellenabzug unterlägen, sondern generell um die Feststellung, ob der Steuerpflichtige noch über Konten verfügt, auf die steuerpflichtige Einnahmen fließen. Der Steuerpflichtige ist nicht verpflichtet, einem Abruf zuzustimmen. Die Zustimmung gehört auch nicht zu den Mitwirkungspflichten des Steuerpflichtigen, ihre Verweigerung kann aber gleichwohl im Schätzungswege nach § 162 Abs. 2 Satz 2 AO Folgen zulasten des Steuerpflichtigen nach sich ziehen (s. § 162 AO Rz. 28 f.).

29 In allen genannten Fallgruppen steht das Abrufrecht nicht unmittelbar den mit der Durchführung des Besteuerungsverfahrens befassten Finanzbehörden zu; vielmehr ist ein Abruf nur auf ein entsprechendes Ersuchen durch das Bundeszentralamt für Steuern möglich. Dabei muss das Bundeszentralamt für Steuern keine umfassende Prüfung des Auskunftsersuchens vornehmen; es hat das Gesuch lediglich auf seine Plausibilität zu prüfen (AEAO zu § 93, Nr. 2.4). Konsequent weist deshalb § 93b Abs. 3 AO (s. § 93b AO Rz. 4) die Verantwortung für den Abruf der ersuchenden Behörde zu.

### 2. Folgen

Aufgrund der Informationen, die durch ein Auskunftsersuchen erlangt werden, kann die Finanzbehörde weitere Ermittlungen anstellen, da der Abruf keine Informationen über Kontendetails (Guthaben, Umsätze o. Ä.) enthält, sondern nur die Stammdaten übermittelt werden. Es besteht aber dann die Möglichkeit, die gewonnenen Erkenntnisse durch direkte Auskunftsverlangen von den kontenführenden Instituten zu erlangen. Bei einem **rechtmäßigen Kontenabruf** können die so ermittelten Daten der Besteuerung des Steuerpflichtigen ohne Weiteres zugrunde gelegt werden. Bei einem **rechtswidrigen Abruf** unterliegen die Daten einem Verwertungsverbot, da sie durch einen nicht durch eine Ermächtigungsgrundlage gedeckten Verstoß gegen das Rechts auf informationelle Selbstbestimmung erlangt worden sind. Die Prüfung der Rechtmäßigkeit des Abrufs wird regelmäßig im Rahmen der Prüfung der Rechtmäßigkeit der Feststellung oder Festsetzung erfolgen. Problematisch kann die Berufung auf ein Verwertungsverbot sein, wenn die Finanzbehörde zugleich darlegt, dass sie die infolge des Abrufs erlangten Daten auch auf andere Weise hätte erhalten können. Hier stellt sich die Frage, ob und ggf. in welchem Umfang ein rechtswidriger Abruf für die Steuerfestsetzung kausal war. 30

## III. Kontenabruf nach § 93 Abs. 8 AO

Die Behörden, die neben den Finanzbehörden zu einem Kontenabruf berechtigt sind, sind in **§ 93 Abs. 8 AO** aufgezählt. Auch diese Behörden dürfen den Abruf nur über das Bundeszentralamt für Steuern vornehmen. Eine Einschaltung der Finanzbehörden ist ebenso wenig vorgesehen wie eine »Zweitverwertung« von Daten, die die Finanzbehörden durch einen eigenen Abruf erlangt haben. Gerichte zählen nicht zum Kreis der abrufberechtigten Behörden. Die gesetzliche Aufzählung ist abschließend. Damit soll den vom BVerfG aufgestellten Anforderungen an die Normklarheit Rechnung getragen werden. 31

Zum Abruf berechtigt sind die Verwaltung 32

- der Grundsicherung für Arbeitsuchende nach dem SGB II, § 93 Abs. 8 Satz 1 Nr. 1a AO
- der Sozialhilfe nach dem SGB XII, § 93 Abs. 8 Satz 1 Nr. 1b AO
- der Ausbildungsförderung nach dem BAföG, § 93 Abs. 8 Satz 1 Nr. 1c AO
- der Aufstiegsfortbildungsförderung nach dem AFBG, § 93 Abs. 8 Satz 1 Nr. 1d AO, und
- des Wohngeldes nach dem WohngeldG, § 93 Abs. 8 Satz 1 Nr. 1e AO.

Es handelt sich sämtlich um Behörden der Leistungsverwaltung, die bei der Prüfung der Anspruchsvoraussetzungen in der Regel zu prüfen haben, ob gewisse

Einkommens- oder Vermögensgrenzen überschritten sind. Deshalb setzt der Abruf auch voraus, dass er zur Überprüfung der Anspruchsvoraussetzungen erforderlich ist. Wie die Finanzbehörden müssen auch die nach Abs. 8 berechtigten Behörden sich zunächst mit einem Auskunftsersuchen an den Betroffenen wenden und können erst dann auf den Kontenabruf übergehen, wenn das Ersuchen an den Betroffenen nicht zum Erfolg geführt hat oder keinen Erfolg verspricht. Damit stellt § 93 Abs. 8 AO eine besondere Verpflichtung von Behörden auf, die ansonsten nicht im Anwendungsbereich der AO tätig werden.

33 Über den Bereich der Leistungsverwaltung hinaus ist nach **§ 93 Abs. 8 Satz 1 Nr. 2 AO** ein Kontenabruf für die Polizeivollzugsbehörden des Bundes und der Länder möglich, soweit dies zur Abwehr einer erheblichen Gefahr für die öffentliche Sicherheit erforderlich ist. Es handelt sich um eine generalklauselartige Regelung, die nicht erst im repressiven Bereich, sondern schon in der Prävention zur Anwendung kommen kann. Dabei reicht nicht jede vage Gefährdung des Rechtsguts der öffentlichen Sicherheit, also des Staates und seiner Rechtsordnung, aus, das Gesetz erfordert eine **erhebliche Gefahr**. Ob diese Grenze überschritten ist, wird sich nur im Einzelfall feststellen lassen. Darüber hinaus muss der Abruf zur Abwehr der Gefahr erforderlich sein.

34 **§ 93 Abs. 8 Satz 1 Nr. 3 AO** erweitert den Anwendungsbereich des Kontenabrufs auf die Verfassungsschutzbehörde der Länder. Allerdings muss der Abruf ausdrücklich in landesgesetzlichen Regelungen zugelassen und für die Aufgabenerfüllung erforderlich sein.

35 Durch **§ 93 Abs. 8 Satz 2 AO** wird schließlich die Möglichkeit des Kontenabrufs auf die Vollstreckungsbehörden der Länder erstreckt, soweit sie nach den Vollstreckungsgesetzen der Länder vollstrecken. Allerdings ist eine routinemäßige Abfrage nicht zulässig. Der Abruf ist erst in einem späten Stadium des Vollstreckungsverfahrens möglich, nämlich wenn der Vollstreckungsschuldner der Pflicht zur Erteilung einer Vermögensauskunft nicht nachkommt oder aufgrund der Vermögensauskunft eine Befriedigung der Forderung nicht zu erwarten ist.

Soweit mit dem Abruf andere als die im Gesetz genannten Zwecke verfolgt werden sollen, ist ein Abruf nur zulässig, soweit dies durch ein Bundesgesetz ausdrücklich zugelassen ist. Dies stellt **§ 93 Abs. 8 Satz 3 AO** ausdrücklich klar. Durch landesgesetzliche Regelungen allein kann eine Abrufmöglichkeit nicht geschaffen werden.

36 Auch beim Abruf nach § 93 Abs. 8 AO steht dem Bundeszentralamt nur eine Prüfung der Plausibilität des Abrufersuchens zu. Dazu gehört auch die Prüfung, ob eine vom Gesetz ermächtigte Behörde den Abruf begehrt. Ist dies nicht der Fall, ist das Ersuchen zurückzuweisen. Ein Rechtbehelf gegen die zurückweisende Entscheidung dürfte der ersuchenden Behörde in der Regel nicht zustehen, da sie durch die Verweigerung nicht in ihrem eigenen Rechtskreis betroffen ist.

## IV. Hinweispflicht

Sowohl in den Fällen des Kontenabrufs nach § 93 Abs. 7 37
AO als auch des § 93 Abs. 8 AO sieht das Gesetz in **§ 93 Abs. 9 AO** Hinweispflichten zugunsten des Betroffenen vor. Der Betroffene ist vor einem Abrufersuchen auf die Möglichkeit eines Kontenabrufs hinzuweisen (**§ 93 Abs. 9 Satz 1 AO**). Ein individueller Hinweis ist nicht erforderlich. Ein ausdrücklicher Hinweis in amtlichen Vordrucken oder Merkblättern ohne Bezug auf den konkreten Einzelfall reicht aus. Folglich kann der Hinweis z.B. schon bei der Antragstellung auf steuerliche Vergünstigungen oder – außerhalb steuerrechtlicher Regelungen – bei einem Antrag auf Leistungen erfolgen. Wird ein solcher allgemeiner Hinweis erteilt, ist es nicht mehr erforderlich, dass die Behörde vor einem konkreten Abruf nochmals auf den nunmehr bevorstehenden Hinweis aufmerksam macht. Der Hinweis macht ein Auskunftsverlangen vor dem Abruf nicht entbehrlich.

Nach erfolgtem Abruf ist der Betroffene über den 38
durchgeführten Kontenabruf zu benachrichtigen (**§ 93 Abs. 9 Satz 2 AO**). In welcher Form diese Benachrichtigung zu erfolgen hat, ist nicht geregelt. Eine gesonderte Information kann insbes. dann geboten sein, wenn die Behörde aufgrund des Ergebnisses des Abrufs weitere Ermittlungen anstellen will oder Erkenntnisse zulasten des Betroffenen verwerten will, z.B. im Rahmen einer Schätzung. Werden hingegen die bisher bekannten Angaben verifiziert, kann es ausreichen, wenn der Hinweis in einem Zusatz z.B. zum Steuerbescheid, angebracht wird (AEAO zu § 93, Nr. 2.8).

Sowohl der Hinweis über einen möglichen als auch 39
eine Benachrichtigung über einen durchgeführten Kontenabruf unterbleiben in den in **§ 93 Abs. 9 Satz 3 AO** genannten Fällen. Es handelt sich um folgende Fallgruppen, in denen das Interesse des Betroffenen von der Kenntnis des Kontenabrufs hinter kollidieren Interessen zurücktritt, nämlich soweit

- die Voraussetzungen des § 32b Abs. 1 AO (Zurücktreten der Informationspflicht der Finanzbehörde) vorliegen oder
- die Information der betroffenen Person gesetzlich ausgeschlossen ist.

Für den Fall, dass der betroffenen Person keine Auskunft erteilt wird, verweist **§ 93 Abs. 9 Satz 4 AO** auf die entsprechende Anwendung des § 32b Abs. 5 AO, der unter den dort genannten Voraussetzungen einen eigenständigen Auskunftsanspruch begründet. **§ 93 Abs. 9 Satz 5 und 6 AO** regeln die Anwendbarkeit der Mitteilungspflichten auf die Fälle der Abrufe nach Abs. 8, schränken ihn aber ein, soweit die Abrufe durch die

Polizeivollzugsbehörden oder die Verfassungsschutzbehörden der Länder veranlasst wurden oder soweit eine bundesgesetzliche Bestimmung die Mitteilung ausschließt.

### V. Dokumentationspflicht

40 Nach § 93 Abs. 10 AO ist ein Abrufersuchen nach Abs. 7 oder Abs. 8 und dessen Ergebnis zu dokumentieren. Die Dokumentationspflicht dient behördenintern zur Kontrolle der erhobenen Daten, eröffnet aber auch die Möglichkeit, auf bereits vorhandene Informationen zurückzugreifen. In diesem Fall kann aber – je nach Zeitablauf – die Verwertbarkeit der erhobenen Daten zweifelhaft sein. Vor allem aber dient die Dokumentation dem Schutz des Betroffenen, da die Rechtmäßigkeit des Abrufs in der Regel nur anhand der Dokumentation beurteilt werden kann.

## E. Rechtsbehelfe, Zwangsmittel

41 Das **Auskunftsersuchen** nach § 93 Abs. 1 und Abs. 1a AO ist ein **Verwaltungsakt**, gegen den als außergerichtlicher Rechtsbehelf gem. § 347 AO der **Einspruch** gegeben ist. Rechtsbehelfsbefugt ist zum einen der vom Auskunftsersuchen betroffene Steuerpflichtige (BFH v. 04.12.2012, VIII R 5/10, BStBl II 2014, 220; BFH v. 19.07.2015 X R 4/14, BStBl II 2016, 135 zur Zulässigkeit einer Festsetzungsfeststellungsklage nach erteilter Auskunft), zum anderen aber auch derjenige, der von der Finanzbehörde zur Auskunftserteilung herangezogen wird. Ihm gegenüber entfaltet das Auskunftsersuchen unmittelbar Außenwirkung. Ein Anfechtungsrecht kann ferner auch am Steuerrechtsverhältnis beteiligten Dritten zustehen, sofern das Auskunftsersuchen ihnen gegenüber Rechtswirkungen entfalten kann.

Das Auskunftsersuchen kann gem. §§ 328 ff. AO mit Zwangsmitteln durchgesetzt werden. Dies gilt nicht für die Versicherung an Eides statt (§ 95 Abs. 6 AO). Wegen der Verweigerung der Eidesleistung bzw. der Zeugnisverweigerung vor Gericht in den Fällen des § 94 AO s. § 94 Abs. 3 AO i. V. m. §§ 82 FGO, 390 ZPO.

Anders als das typischerweise an einen Dritten gerichtete Auskunftsersuchen fehlt es beim **Kontenabruf** an einem Verwaltungsakt, da der Abruf einen Regelungscharakter hat. Dies gilt unabhängig davon ob der Abruf durch Finanzbehörden (§ 93 Abs. 7 AO) oder andere Behörden (§ 93 Abs. 8 AO) veranlasst wird. Es handelt sich vielmehr um einen **Realakt**. Rechtsschutz kann der vom Abruf Betroffene daher regelmäßig nur im Rahmen eines Rechtsbehelfsverfahrens gegen die Festsetzung oder Feststellung oder die Entscheidung einer anderen Behörde über zu gewährende Leistungen erreichen. Denkbar wäre allenfalls eine Leistungsklage in Gestalt einer (vorbeugenden) Unterlassungsklage. Den Kreditinstituten steht gegen den einzelnen Kontenabruf kein Rechtsbehelf zu.

## § 93a AO Allgemeine Mitteilungspflichten

**(1) Zur Sicherung der Besteuerung nach § 85 kann die Bundesregierung durch Rechtsverordnung mit Zustimmung des Bundesrates Behörden, andere öffentliche Stellen und öffentlich-rechtliche Rundfunkanstalten verpflichten,**

**1. den Finanzbehörden Folgendes mitzuteilen:**
   **a) den Empfänger gewährter Leistungen sowie den Rechtsgrund, die Höhe und den Zeitpunkt dieser Leistungen,**
   **b) Verwaltungsakte, die für den Betroffenen die Versagung oder Einschränkung einer steuerlichen Vergünstigung zur Folge haben oder die dem Betroffenen steuerpflichtige Einnahmen ermöglichen,**
   **c) vergebene Subventionen und ähnliche Förderungsmaßnahmen sowie**
   **d) Anhaltspunkte für Schwarzarbeit, unerlaubte Arbeitnehmerüberlassung oder unerlaubte Ausländerbeschäftigung;**

**2. den Empfänger im Sinne der Nummer 1 Buchstabe a über die Summe der jährlichen Leistungen sowie über die Auffassung der Finanzbehörden zu den daraus entstehenden Steuerpflichten zu unterrichten.**

**In der Rechtsverordnung kann auch bestimmt werden, inwieweit die Mitteilungen nach Maßgabe des § 93c zu übermitteln sind oder übermittelt werden können; in diesem Fall ist § 72a Absatz 4 nicht anzuwenden. Die Verpflichtung der Behörden, anderer öffentlicher Stellen und der öffentlich-rechtlichen Rundfunkanstalten zu Mitteilungen, Auskünften, Anzeigen und zur Amtshilfe auf Grund anderer Vorschriften bleibt unberührt.**

**(2) Schuldenverwaltungen, Kreditinstitute, Betriebe gewerblicher Art von juristischen Personen des öffentlichen Rechts im Sinne des Körperschaftsteuergesetzes, öffentliche Beteiligungsunternehmen ohne Hoheitsbefugnisse, Berufskammern und Versicherungsunternehmen sind von der Mitteilungspflicht ausgenommen.**

**(3) In der Rechtsverordnung sind die mitteilenden Stellen, die Verpflichtung zur Unterrichtung der**

**Betroffenen, die mitzuteilenden Angaben und die für die Entgegennahme der Mitteilungen zuständigen Finanzbehörden näher zu bestimmen sowie der Umfang, der Zeitpunkt und das Verfahren der Mitteilung zu regeln. In der Rechtsverordnung können Ausnahmen von der Mitteilungspflicht, insbesondere für Fälle geringer steuerlicher Bedeutung, zugelassen werden.**

**Inhaltsübersicht**



## A. Allgemeines

1 Die Vorschrift ermächtigt die Bundesregierung, mit Zustimmung des Bundesrates für Behörden, andere öffentliche Stellen und öffentlich-rechtliche Rundfunkanstalten im Rahmen einer Rechtsverordnung Mitteilungspflichten zu schaffen. Ausgenommen von den Mitteilungspflichten sind nach § 93 a Abs. 2 AO Schuldenverwaltungen, Kreditinstitute, Betriebe gewerblicher Art von juristischen Personen des öffentlichen Rechts i. S. des Körperschaftsteuergesetzes, öffentliche Beteiligungsunternehmen ohne Hoheitsbefugnisse, Berufskammern und Versicherungsunternehmen (zur Amtshilfepflicht s. § 111 Abs. 3 AO). Zu beachten ist ferner, dass das Brief-, Post- und Fernmeldegeheimnis nicht durchbrochen werden darf (Art. 10 Abs. 1 GG).

## B. Bedeutung und Anwendungsbereich der Vorschrift

2 § 93 a AO ist die gesetzliche Rechtsgrundlage zum Erlass einer RechtsVO für die Verpflichtung zur Ausstellung und Übersendung von Kontrollmitteilungen und das damit zusammenhängende Verfahren. Mithilfe von Kontrollmitteilungen soll dem Bedürfnis nach einer (vermeintlichen) Verbesserung des Steuervollzugs durch Aufdeckung steuerlich relevanter Tatbestände Rechnung getragen werden. Die gesetzliche Grundlage wurde geschaffen, da aus Datenschutzgründen für die Übermittlung regelmäßiger Kontrollmitteilungen eine gesetzliche Grundlage erforderlich ist. Von der Verordnungsermächtigung wurde mit dem Erlass der MitteilungsVO Gebrauch gemacht (s. Rz. 4). Spezifische Mitteilungspflichten im Bewertungsbereich und für Grundsteuerzwecke regelt daneben § 29 BewG. Unberührt bleibt die Ausstellung und Auswertung von Kontrollmitteilungen, die anlässlich einer Außenprüfung nach § 194 Abs. 3 AO erfolgen (s. § 194 AO Rz. 15) sowie in speziellen Gesetzen oder Verwaltungsakten oder Verträgen geregelte Mitteilungspflichten (AEAO zu § 93 a).

## C. Tatbestandliche Voraussetzungen

§ 93 a **Abs. 1 Satz 1** AO ermöglicht es, die genannten Stellen zur Mitteilung folgender Sachverhalte zu verpflichten: 3

- § 93 a **Abs. 1 Nr. 1a** AO: Mitteilung der Empfänger gewährter Leistungen sowie den Rechtsgrund und die Höhe und den Zeitpunkt dieser Leistungen. Die Verpflichtung soll sicherstellen, dass sowohl der Empfänger als Steuersubjekt erfasst wird als auch die für die Besteuerung maßgeblichen Grundlagen. Auf die Art der Leistung kommt es nicht an; dementsprechend sind alle geldwerten Vorteile mit umfasst.
- § 93 a **Abs. 1 Nr. 1b** AO: Mitteilung von Verwaltungsakten, die für den Betroffenen entweder die Versagung oder Einschränkung einer steuerlichen Vergünstigung zur Folge haben (z. B. Änderungen in Bezug auf die Minderung der Erwerbsfähigkeit bei behinderten Menschen) oder dem Betroffenen steuerpflichtige Einnahmen ermöglichen (z. B. gewerbliche Konzessionen).
- § 93 a **Abs. 1 Nr. 1c** AO: Mitteilung vergebener Subventionen und ähnlicher Förderungsmaßnahmen.
- § 93 a **Abs. 1 Nr. 1d** AO: Anhaltspunkte für Schwarzarbeit, unerlaubte Arbeitnehmerüberlassung oder unerlaubter Ausländerbeschäftigung; anders als die Tatbestände der Nr. 1a bis 1c knüpft dieser Tatbestand nicht an vorheriges Verwaltungshandeln in Bezug auf den Betroffenen an. Er erfasst auch Kenntnisse, die im Rahmen der Verwaltungstätigkeit erlangt werden.
- § 93 a **Abs. 1 Nr. 2** AO ergänzt die Mitteilungspflicht von Nr. 1a. In der VO kann auch geregelt werden, dass die Leistungsempfänger über die Summe der jährlichen Leistungen sowie über die Auffassung der Finanzbehörden zu den sich aus den Leistungen ergebenden Steuerpflichten zu unterrichten sind. Neben dem Informationsbedürfnis des Betroffenen soll eine Unterrichtung die Steuerehrlichkeit fördern, indem dem Stpfl. vor Augen geführt, wird, dass die ihm gewährten Leistungen der Steuerpflicht unterliegen. Er soll so zur Erklärung der Einnahmen angehalten werden, da ihm aus der Unterrichtung bekannt ist, dass auch der Finanzbehörde die gewährten Leistungen bekannt sind.

Der mögliche Adressatenkreis, den eine Mitteilungspflicht treffen kann, ist weit gefasst. Neben den Behörden können auch andere öffentliche Stellen zur Mitteilung verpflichtet werden. Darunter fallen z. B. auch Gerichte und andere Organe der Rechtspflege. Private können nicht verpflichtet werden.

§ 93 a **Abs. 1 Satz 2** AO trägt den Anforderungen an den elektronischen Rechtsverkehr Rechnung, indem in der RechtsVO auch die Verpflichtung zur Datenübermittlung bzw. die Möglichkeit der freiwilligen Datenübermittlung nach Maßgabe des § 93c AO geregelt werden kann. Macht der Mitteilungspflichtige von der Möglichkeit der elektronischen Mitteilung Gebrauch, ist die Haftung für eine vorsätzlich oder grob fahrlässig fehlerhafte oder unvollständige Datenübermittlung (§ 72a Abs. 4 AO) ausdrücklich ausgeschlossen.

§ 93 a **Abs. 1 Satz 3** AO stellt ferner ausdrücklich klar, dass die Verpflichtung zur einschlägigen Amtshilfe aufgrund anderer Vorschriften unberührt bleibt.

§ 93 a **Abs. 2** AO nimmt Schuldenverwaltungen, Kreditinstitute, Betriebe gewerblicher Art von juristischen Personen des öffentlichen Rechts i. S. des Körperschaftsteuergesetzes, öffentliche Beteiligungsunternehmen ohne Hoheitsbefugnisse, Berufskammern und Versicherungsunternehmen von der Mitteilungspflicht aus.

§ 93 a **Abs. 3** AO umschreibt entsprechend Art. 80 GG im Einzelnen den Inhalt der zu erlassenden Rechtsverordnung. Sie muss insbes. die Verpflichtung zur Unterrichtung der Betroffenen von der jeweiligen Mitteilung statuieren, wobei sich diese Verpflichtung auf alle Mitteilungspflichten erstrecken muss.

## D. Text der Rechtsverordnung

4 Die aufgrund der Ermächtigung ergangene Verordnung über die Mitteilungen an die Finanzbehörden durch andere Behörden und öffentlich-rechtliche Rundfunkanstalten (Mitteilungsverordnung – MV – v. 07.09.1993, BStBl I 1993, 799), deren Anwendung für die Verwaltung durch BMF-Schreiben vom 25.03.2002, BStBl I 2002, 477, konkretisiert wurde, entspricht den Anforderungen der Ermächtigungsgrundlage. Allerdings hat der VO-Geber darauf verzichtet, von allen gesetzlich eingeräumten Möglichkeiten Gebrauch zu machen. Darüber hinaus sieht das BMF auf der Grundlage von § 2 Abs. 2 MV bundeseinheitlich Ausnahmen von der Mitteilungspflicht vor (BMF v. 29.09.2015, BStBl I 2015, 742). Die Landesfinanzverwaltungen haben zu der MV zudem Anwendungshinweise erlassen (z.B. FinMin NW v. 29.09.2015, S 022, FMNR47f400015). Die MV hat folgenden Wortlaut:

**1. Teil Allgemeine Vorschriften**

**§ 1 MV Grundsätze**

(1) Behörden (§ 6 Abs. 1 der Abgabenordnung) und öffentlich-rechtliche Rundfunkanstalten sind verpflichtet, Mitteilungen an die Finanzbehörden nach Maßgabe der folgenden Vorschriften ohne Ersuchen zu übersenden. Dies gilt nicht, wenn die Finanzbehörden bereits auf Grund anderer Vorschriften über diese Tatbestände Mitteilungen erhalten. Eine Verpflichtung zur Mitteilung besteht auch dann nicht, wenn die Gefahr besteht, dass das Bekanntwerden des Inhalts der Mitteilung dem Wohl des Bundes oder eines deutschen Landes Nachteile bereiten würde. Ist eine mitteilungspflichtige Behörde einer obersten Dienstbehörde nachgeordnet, muss die oberste Behörde dem Unterlassen der Mitteilung zustimmen; die Zustimmung kann für bestimmte Fallgruppen allgemein erteilt werden.

(2) Auf Grund dieser Verordnung sind personenbezogene Daten, die dem Sozialgeheimnis unterliegen (§ 35 des Ersten Buches Sozialgesetzbuch), und nach Landesrecht zu erbringende Sozialleistungen nicht mitzuteilen.

**§ 2 MV Allgemeine Zahlungsmitteilungen**

(1) Die Behörden haben Zahlungen mitzuteilen, wenn der Zahlungsempfänger nicht im Rahmen einer land- und forstwirtschaftlichen, gewerblichen oder freiberuflichen Haupttätigkeit gehandelt hat, oder soweit die Zahlung nicht auf das Geschäftskonto des Zahlungsempfängers erfolgt. Zahlungen sind auch mitzuteilen, wenn zweifelhaft ist, ob der Zahlungsempfänger im Rahmen der Haupttätigkeit gehandelt hat oder die Zahlung auf das Geschäftskonto erfolgt. Eine Mitteilungspflicht besteht nicht, wenn ein Steuerabzug durchgeführt wird.

(2) Die Finanzbehörden können Ausnahmen von der Mitteilungspflicht zulassen, wenn die Zahlungen geringe oder keine steuerliche Bedeutung haben.

**§ 3 MV Honorare der Rundfunkanstalten**

(1) Die öffentlich-rechtlichen Rundfunkanstalten haben Honorare für Leistungen freier Mitarbeiter mitzuteilen, die in unmittelbarem Zusammenhang mit der Vorbereitung, Herstellung oder Verbreitung von Hörfunk- und Fernsehsendungen erbracht werden. Das gilt nicht, wenn die Besteuerung den Regeln eines Abzugsverfahrens unterliegt oder wenn die Finanzbehörden auf Grund anderweitiger Regelungen Mitteilungen über die Honorare erhalten.

(2) Honorare im Sinne des Absatzes 1 sind alle Güter, die in Geld oder Geldeswert bestehen und dem Steuerpflichtigen für eine persönliche Leistung oder eine Verwertung im Sinne des Urheberrechtsgesetzes zufließen.

**§ 4 MV Wegfall oder Einschränkung einer steuerlichen Vergünstigung**

Die Behörden haben Verwaltungsakte mitzuteilen, die den Wegfall oder die Einschränkung einer steuerlichen Vergünstigung zur Folge haben können.

**§ 4 a MV Ausfuhrerstattungen**

Die Zollbehörden haben den Landesfinanzbehörden die im Rahmen der gemeinsamen Marktorganisationen gewährten Ausfuhrerstattungen mitzuteilen.

**§ 5 MV Ausgleichs- und Abfindungszahlungen nach dem Flurbereinigungsgesetz**

Die Flurbereinigungsbehörden haben Ausgleichs- und Abfindungszahlungen nach dem Flurbereinigungsgesetz mitzuteilen.

**§ 6 MV Gewerberechtliche Erlaubnisse und Gestattungen**

(1) Die Behörden haben mitzuteilen

1. die Erteilung von Reisegewerbekarten,
2. zeitlich befristete Erlaubnisse sowie Gestattungen nach dem Gaststättengesetz,
3. Bescheinigungen über die Geeignetheit der Aufstellungsorte für Spielgeräte (§ 33 c der Gewerbeordnung),
4. Erlaubnisse zur Veranstaltung anderer Spiele mit Gewinnmöglichkeit (§ 33 d der Gewerbeordnung),
5. Festsetzungen von Messen, Ausstellungen, Märkte und Volksfesten (§ 69 der Gewerbeordnung),
6. Genehmigungen nach dem Personenbeförderungsgesetz zur Beförderung von Personen mit Kraftfahrzeugen im Linienverkehr, die Unternehmen mit Wohnsitz oder Sitz außerhalb des Geltungsbereichs des Personenbeförderungsgesetzes erteilt werden,
7. Erlaubnisse zur gewerbsmäßigen Arbeitnehmerüberlassung und
8. die gemäß der Verordnung (EWG) Nr. 2408/92 des Rates vom 23. Juli 1992 über den Zugang von Luftfahrtunternehmen der Gemeinschaft zu Strecken des innergemeinschaftlichen Flugverkehrs (Abl. EG Nr. L 240 S. 8) erteilten Genehmigungen, Verkehrsrechte auszuüben.

(2) Abweichend von § 1 Abs. 2 teilt die Bundesagentur für Arbeit nach Erteilung der erforderlichen Zusicherung folgende Daten der ausländischen Unternehmen mit, die auf Grund bilateraler Regierungsvereinbarungen über die Beschäftigung von Arbeitnehmern zur Ausführung von Werkverträgen tätig werden:

1. die Namen und Anschriften der ausländischen Vertragspartner des Werkvertrages,
2. denn Beginn und die Durchführung des Werkvertrages und
3. den Ort der Durchführung des Werkvertrages.

**§ 7 MV Ausnahmen von der Mitteilungspflicht über Zahlungen**

(1) Zahlungen an Behörden, juristische Personen des öffentlichen Rechts, Betriebe gewerblicher Art von Körperschaften des öffentlichen Rechts oder Körperschaften, die steuerbegünstigte Zwecke im Sinne des Zweiten Teils Dritter Abschnitt der Abgabenordnung verfolgen, sind nicht mitzuteilen; maßgebend sind die Verhältnisse zum Zeitpunkt der Zahlung. Das gilt auch für Mitteilungen über Leistungen, die von Körperschaften des öffentlichen Rechts im Rahmen ihrer Beteiligungen an Unternehmen oder Einrichtungen des privaten Rechts erbracht werden.

(2) Mitteilungen nach dieser Verordnung über Zahlungen, mit Ausnahme von wiederkehrenden Bezügen, unterbleiben, wenn die an denselben Empfänger geleisteten Zahlungen im Kalenderjahr weniger als 1 500 Euro betragen; wurden Vorauszahlungen geleistet, sind diese bei der Errechnung des maßgebenden Betrages zu berücksichtigen. Vorauszahlungen sind nicht gesondert mitzuteilen. In der Mitteilung über die abschließende Zahlung ist anzugeben, ob eine oder mehrere Vorauszahlungen geleistet wurden.

(3) Bei wiederkehrenden Bezügen brauchen nur die erste Zahlung, die Zahlungsweise und die voraussichtliche Dauer der Zahlungen mitgeteilt zu werden, wenn mitgeteilt wird, dass es sich um wiederkehrende Bezüge handelt.

**2. Teil**
**Mitteilungen**

**§ 8 MV Form und Inhalt der Mitteilungen**

(1) Die Mitteilungen sollen schriftlich ergehen. Sie sind für jeden Betroffenen getrennt zu erstellen. Sie können auch auf maschinell verwertbaren Datenträgern oder durch Datenfernübertragung übermittelt werden; in diesen Fällen bedarf das Verfahren der Zustimmung der obersten Finanzbehörde des Landes, in dem die mitteilende Behörde oder Rundfunkanstalt ihren Sitz hat. Eine Übermittlung im automatisierten Abrufverfahren findet nicht statt.

(2) In Mitteilungen über Zahlungen sind die anordnende Stelle, ihr Aktenzeichen, die Bezeichnung (Name, Vorname, Firma), die Anschrift des Zahlungsempfängers und, wenn bekannt, seine Steuernummer sowie sein Geburtsdatum, der Grund der Zahlung (Art des Anspruchs), der Tag der Zahlung oder der Zahlungsanordnung anzugeben. Als Zahlungsempfänger ist stets der ursprüngliche Gläubiger der Forderung zu benennen, auch wenn die Forderung abgetreten, verpfändet oder gepfändet ist.

(3) In Mitteilungen über Verwaltungsakte sind die Behörde, die den Verwaltungsakt erlassen hat, das Aktenzeichen und das Datum des Verwaltungsakts sowie Gegenstand und Umfang der Genehmigung, Erlaubnis oder gewährten Leistung und die Bezeichnung (Name, Vorname, Firma), die Anschrift des Beteiligten und, wenn bekannt, seine Steuernummer sowie sein Geburtsdatum anzugeben. Die Mitteilungspflicht kann auch durch Übersendung einer Mehrausfertigung oder eines Abdrucks des Bescheids erfüllt werden. In diesem Fall dürfen jedoch nicht mehr personenbezogene Daten übermittelt werden, als dies nach Satz 1 zulässig ist.

**§ 9 MV Empfänger der Mitteilungen**

(1) Die Mitteilungen sind an das Finanzamt zu richten, in dessen Bezirk der Zahlungsempfänger oder derjenige, für den ein Verwaltungsakt bestimmt ist, seinen Wohnsitz hat. Bei Körperschaften, Personenvereinigungen und Vermögensmassen ist die Mitteilung dem Finanzamt zuzuleiten, in dessen Bezirk sich die Geschäftsleitung befindet. Mitteilungen nach § 6 Abs. 2 sind an das für die Umsatzbesteuerung zuständige Finanzamt zu richten. Bestehen Zweifel über die Zuständigkeit des Finanzamts, ist die Mitteilung an die Oberfinanzdirektionen zu senden, in deren Bezirk die Behörde oder Rundfunkanstalt

ihren Sitz hat. Die Oberfinanzdirektion, in deren Bezirk die mitteilungspflichtige Behörde oder Rundfunkanstalt ihren Sitz hat, kann ein Finanzamt bestimmen, an das die mitteilungspflichtige Behörde oder Rundfunkanstalt die Mitteilung zu übersenden hat.

(2) Werden Mitteilungen auf maschinell verwertbaren Datenträgern oder durch Datenfernübertragung übermittelt, kann die oberste Finanzbehörde des Landes, in dem die mitteilungspflichtige Behörde oder Rundfunkanstalt ihren Sitz hat, eine andere Landesfinanzbehörde oder mit Zustimmung des Bundesministeriums der Finanzen eine Finanzbehörde des Bundes als Empfänger der Mitteilungen bestimmen.

**§ 10 MV Zeitpunkt der Mitteilungen**

Die Mitteilungen nach § 6 Abs. 2 sind unverzüglich, die Mitteilungen nach den §§ 4 und 6 Abs. 1 sind mindestens vierteljährlich und die übrigen Mitteilungen mindestens einmal jährlich, spätestens bis zum 30. April des Folgejahres, zu übersenden.

**3. Teil**

**Unterrichtung des Betroffenen**

**§ 11 MV Pflicht zur Unterrichtung**

Die mitteilungspflichtige Behörde oder öffentlich-rechtliche Rundfunkanstalt hat den Betroffenen von ihrer Verpflichtung, Mitteilungen zu erstellen, spätestens bei Übersendung der ersten Mitteilung an die Finanzbehörde zu unterrichten.

**§ 12 MV Inhalt der Unterrichtung**

(1) Der Betroffene ist darüber zu unterrichten, dass den Finanzbehörden die nach § 8 geforderten Angaben mitgeteilt werden, soweit sich diese Unterrichtung nicht aus dem Verwaltungsakt, dem Vertrag, der Genehmigung oder der Erlaubnis ergibt. Der Betroffene ist hierbei in allgemeiner Form auf seine steuerlichen Aufzeichnungs- und Erklärungspflichten hinzuweisen.

(2) In den Fällen des § 2 Satz 2 und des § 3 ist dem Betroffenen eine Aufstellung der im Kalenderjahr geleisteten Zahlungen und ihrer Summe zu übersenden, soweit nicht über die einzelne Zahlung bereits eine Unterrichtung erfolgt ist.

**4. Teil**

**Schlussvorschriften**

**§ 13 MV Inkrafttreten**

Diese Verordnung tritt am 01. Januar 1994 in Kraft.

## § 93b AO Automatisierter Abruf von Kontoinformationen

**(1) Kreditinstitute haben das nach § 24c Absatz 1 des Kreditwesengesetzes zu führende Dateisystem auch für Abrufe nach § 93 Absatz 7 und 8 zu führen.**

**(1a) Kreditinstitute haben für Kontenabrufersuchen nach § 93 Absatz 7 oder 8 zusätzlich zu den in § 24c Absatz 1 des Kreditwesengesetzes bezeichneten Daten für jeden Verfügungsberechtigten und jeden wirtschaftlich Berechtigten im Sinne des Geldwäschegesetzes auch die Adressen sowie die in § 154 Absatz 2a bezeichneten Daten zu speichern. § 154 Absatz 2d und Artikel 97 § 26 Absatz 5 Nummer 3 und 4 des Einführungsgesetzes zur Abgabenordnung bleiben unberührt.**

**(2) Das Bundeszentralamt für Steuern darf in den Fällen des § 93 Absatz 7 und 8 auf Ersuchen bei den Kreditinstituten einzelne Daten aus den nach den Absätzen 1 und 1a zu führenden Dateisystemen im automatisierten Verfahren abrufen und sie an den Ersuchenden übermitteln. Die Identifikationsnummer nach § 139b eines Verfügungsberechtigten oder eines wirtschaftlich Berechtigten darf das Bundeszentralamt für Steuern nur Finanzbehörden mitteilen.**

**(3) Die Verantwortung für die Zulässigkeit des Datenabrufs und der Datenübermittlung trägt der Ersuchende.**

**(4) § 24c Abs. 1 Satz 2 bis 6, Abs. 4 bis 8 des Kreditwesengesetzes gilt entsprechend.**

**Inhaltsübersicht**



### A. Allgemeines

Die Vorschrift ergänzt die Regelungen über den automatisierten Abruf von Kontoinformationen nach § 93 Abs. 7 und 8 AO. Sie enthält keine materiell-rechtlichen Regelungen über die Zulässigkeit und Voraussetzungen des Abrufs. Die Norm betrifft vielmehr die (technische) Durchführung des Abrufs. Dabei stellt sie insbes. klar, welche Daten von den Kreditinstituten gespeichert und damit für den Abruf vorzuhalten sind. Zum Inhalt und zu den Detailregelungen über die Speicherung, den Abruf und den Datenschutz verweist die Norm in weiten Teilen auf § 24c KWG. Der Text – soweit für die Anwendung von § 93b AO relevant – lautet: 1

*(1) Ein Kreditinstitut hat eine Datei zu führen, in der unverzüglich folgende Daten zu speichern sind:*

*1. die Nummer eines Kontos, das der Verpflichtung zur Legitimationsprüfung nach § 154 Absatz 2 Satz 1 der Abgabenordnung unterliegt, eines Depots oder eines Schließfachs sowie der Tag der Eröffnung und der Tag der Beendigung oder Auflösung,*

*2. der Name, sowie bei natürlichen Personen der Tag der Geburt, des Inhabers und eines Verfügungsberechtigten sowie in den Fällen des § 10 Absatz 1 Nummer 2 des Geldwäschegesetzes der Name und, soweit erhoben, die Anschrift eines abweichend wirtschaftlich Berechtigten im Sinne des § 3 des Geldwäschegesetzes.*

*Bei jeder Änderung einer Angabe nach Satz 1 ist unverzüglich ein neuer Datensatz anzulegen. Die Daten sind nach Ablauf von zehn Jahren nach der Auflösung des Kontos oder Depots zu löschen. Im Falle des Satzes 2 ist der alte Datensatz nach Ablauf von drei Jahren nach Anlegung des neuen Datensatzes zu löschen. Das Kreditinstitut hat zu gewährleisten, dass die Bundesanstalt jederzeit Daten aus der Datei nach Satz 1 in einem von ihr bestimmten Verfahren automatisiert abrufen kann. Es hat durch technische und organisatorische Maßnahmen sicherzustellen, dass ihm Abrufe nicht zur Kenntnis gelangen.*

*[...]*

*(4) Die Bundesanstalt protokolliert für Zwecke der Datenschutzkontrolle durch die jeweils zuständige Stelle bei jedem Abruf den Zeitpunkt, die bei der Durchführung des Abrufs verwendeten Daten, die abgerufenen Daten, die Person, die den Abruf durchgeführt hat, das Aktenzeichen sowie bei Abrufen auf Ersuchen die ersuchende Stelle und deren Aktenzeichen. Eine Verwendung der Protokolldaten für andere Zwecke ist unzulässig. Die Protokolldaten sind mindestens 18 Monate aufzubewahren und spätestens nach zwei Jahren zu löschen.*

*(5) Das Kreditinstitut hat in seinem Verantwortungsbereich auf seine Kosten alle Vorkehrungen zu treffen, die für den automatisierten Abruf erforderlich sind. Dazu gehören auch, jeweils nach den Vorgaben der Bundesanstalt, die Anschaffung der zur Sicherstellung der Vertraulichkeit und des Schutzes vor unberechtigten Zugriffen erforderlichen Geräte, die Einrichtung eines geeigneten Telekommunikationsanschlusses und die Teilnahme an dem geschlossenen Benutzersystem sowie die laufende Bereitstellung dieser Vorkehrungen.*

*(6) Das Kreditinstitut und die Bundesanstalt haben dem jeweiligen Stand der Technik entsprechende Maßnahmen zur Sicherstellung von Datenschutz und Datensicherheit zu treffen, die insbesondere die Vertraulichkeit und Unversehrtheit der abgerufenen und weiter übermittelten Daten gewährleisten. Den Stand der Technik stellt die Bundesanstalt im Benehmen mit dem Bundesamt für Sicherheit in der Informationstechnik in einem von ihr bestimmten Verfahren fest.*

*(7) Das Bundesministerium der Finanzen kann durch Rechtsverordnung Ausnahmen von der Verpflichtung zur Übermittlung im automatisierten Verfahren zulassen. Es kann die Ermächtigung durch Rechtsverordnung auf die Bundesanstalt übertragen.*

*(8) Soweit die Deutsche Bundesbank Konten und Depots für Dritte führt, gilt sie als Kreditinstitut nach den Absätzen 1, 5 und 6.*

## B. Durchführung des Datenabrufs

### I. Abrufbare Kontoinformationen

Zum zeitlichen Anwendungsbereich der verschiedenen Fassungen von § 93b Abs. 1a und Abs. 2 AO bis zum 31.12.2019 bzw. ab 01.01.2020 s. Art. 97 § 26 Abs. 3 EGAO. 1a

§ 93b **Abs. 1** AO stellt eine Verknüpfung mit den Stammdaten der Kreditinstitute (§ 1 Abs. 1 KWG) her, die von diesen auf der Grundlage des § 24c Abs. 1 KWG zu führen sind. Damit ist klargestellt, dass die Finanzbehörden im Abruffall auf die gleichen Daten Zugriff erlangen kann wie die Bundesanstalt für Finanzdienstleistung – BaFin. Für die Kreditinstitute hat dies den Vorteil, dass keine eigenen Datenbestände zur Durchführung steuerlicher Abfragen anzulegen sind. In der nach § 24c Abs. 1 KWG zu führenden Datei sind die Stamm- bzw. Grunddaten der Bankkunden gespeichert. 2

§ 93b **Abs. 1a Satz 1** AO erweitert den Umfang der zu speichernden Daten um für Besteuerungszwecke wichtige Daten, namentlich die Daten für jeden Verfügungsberechtigten und jeden Berechtigten i. S. des Geldwäschegesetzes gespeichert werden. Ferner sind die Adressen sowie die in § 154 Abs. 2a AO genannten Daten zu speichern. Mit dem in § 93b **Abs. 1a Satz 2** AO angeordneten Verweis auf § 154 Abs. 2d AO wird dem Grundsatz der Verhältnismäßigkeit Rechnung getragen; allerdings sind Fälle oder Fallgruppen, in denen die Pflicht zur Dateispeicherung zu unbilligen Härten führt, kaum vorstellbar. Denn die Adressaten der Regelung, also die Kreditinstitute, sollten regelmäßig in der Lage sein, die Aufzeichnungs- und Speicherpflichten, die weitestgehend mit denen des KWG identisch sind, zu erfüllen. 3

### II. Umfang des Abrufs

§ 93b **Abs. 2** AO stellt zunächst klar, dass der automatisierte Abruf ausschließlich durch das BZSt erfolgen darf. Andere Behörden – auch die Finanzbehörden – sind nicht berechtigt, auf der Grundlage von § 93b AO Datenabrufe vorzunehmen. Erfasst sind nur die Abrufe auf der Grundlage von § 93 Abs. 7 und Abs. 8 AO. Die Abrufe beschränken sich – das ist ohnehin technisch anders kaum denkbar – auf die (auch) zum Zwecke des Datenabrufs gespeicherten Daten. Denn nur diese sind automatisiert abrufbar. Nur auf **Ersuchen** sind die Daten abzurufen. 4

Das bedeutet, dass das BZSt nicht von sich aus tätig werden darf. Der Kreis der Behörden, die ein Ersuchen an das BZSt stellen dürfen, ist in § 93 Abs. 7 und Abs. 8 AO genannt. Bei einem Ersuchen prüft das BZSt ausschließlich die **formelle Berechtigung** der ersuchenden Stelle. Dies folgt aus der Regelung des Abs. 3, danach trägt die Verantwortung für die Zulässigkeit der Datenabrufe und der Datenübermittlung der jeweils Ersuchende. Sind die formellen Voraussetzungen für den Abruf erfüllt, steht dem BZSt kein Ermessen bei der Entscheidung zu, ob es den Abruf durchführt. Die gesetzliche Formulierung, dass das BZSt den Abruf vornehmen darf, räumt dem BZSt keine Ermessen ein; sie bestimmt nur die Berechtigung zum Abruf.

5 **Gegenstand des Abrufs** und der Datenübermittlung an den Ersuchenden sind nach § 93b Abs. 2 Satz 1 AO »einzelne Daten«. Es werden also nicht automatisch alle bei den Kreditinstituten gespeicherten Daten übermittelt. Der Ersuchende muss die abzurufenden Daten konkretisieren. Der Abruf beschränkt sich auf die in § 24c KWG und Abs. 1a genannten Daten, also auf die Stammdaten des Betroffenen. Die Höhe von Kontenständen oder einzelnen Kontobewegungen sind nicht Gegenstand des Abrufs. Der Abruf erleichtert daher vor allem den Finanzbehörden mit den gewonnenen Erkenntnissen weitere Ermittlungen bei den Kreditinstituten anzustellen. Abs. 2 Satz 2 beschränkt die Zulässigkeit der Mitteilung der Identifikationsnummer nach § 139b AO eines Verfügungsberechtigten oder eines wirtschaftlich Berechtigten. Sie darf nur Finanzbehörden (§ 6 Abs. 2 AO) mitgeteilt werden. Dies dient dem Schutz des genannten Personenkreises.

## III. Datenschutz

6 Neben allgemeinen steuerrechtlichen Regelungen zum Steuergeheimnis (§§ 30, 30a AO) enthält § 93b Abs. 4 AO über die Anordnung der entsprechenden Geltung von § 24c Abs. 1 Satz 2 bis 6, Abs. 4 bis 8 KWG unter anderem zusätzliche datenschutzrechtlich bedingte Vorgaben. Von Bedeutung ist die Verpflichtung zur Löschung der Daten nach Ablauf von drei bzw. zehn Jahren sowie zur Protokollierung der Abrufe durch das BZSt. Die Protokolldaten sind mindestens 18 Monate aufzubewahren, spätestens aber nach zwei Jahren zu löschen. Damit stehen die Protokolldaten auch für etwaige gerichtliche Verfahren nach Ablauf des Zwei-Jahres-Zeitraums nicht mehr zur Verfügung. Eine verlängerte Aufbewahrungsfrist ist nicht vorgesehen. Darüber hinaus müssen die Kreditinstitute nicht nur den technischen Abruf sicherstellen, sondern darüber hinaus auch gewährleisten, dass die Datensicherheit gewährleistet ist und sie zudem von den Abrufen keine Kenntnis erlangen. Den Aufwand, der mit der technischen Umsetzung der Anforderungen verbunden ist, müssen die Kreditinstitute nach der gesetzlichen Konzeption selbst entschädigungslos tragen.

## C. Rechtsschutz

Da § 93b AO lediglich die Verpflichtung zur Datenspeicherung und die technischen Vorgaben für den automatisierten Abruf der Kontoinformationen im Verhältnis zwischen Kreditinstitut und dem BZSt regelt, ist der vom Abruf Betroffene von dem Verfahren nicht berührt. Dessen Rechtschutzinteressen werden bei der Prüfung gewahrt, ob der Kontenabruf zulässig war (s. § 93 Rz. 41). 7

§ 93c Datenübermittlung durch Dritte

(1) Sind steuerliche Daten eines Steuerpflichtigen auf Grund gesetzlicher Vorschriften von einem Dritten (mitteilungspflichtige Stelle) an Finanzbehörden elektronisch zu übermitteln, so gilt vorbehaltlich abweichender Bestimmungen in den Steuergesetzen Folgendes:

1. Die mitteilungspflichtige Stelle muss die Daten nach Ablauf des Besteuerungszeitraums bis zum letzten Tag des Monats Februar des folgenden Jahres nach amtlich vorgeschriebenem Datensatz durch Datenfernübertragung über die amtlich bestimmte Schnittstelle übermitteln; bezieht sich die Übermittlungspflicht auf einen Besteuerungszeitpunkt, sind die Daten bis zum Ablauf des zweiten Kalendermonats nach Ablauf des Monats zu übermitteln, in dem der Besteuerungszeitpunkt liegt.

2. Der Datensatz muss folgende Angaben enthalten:

a) den Namen, die Anschrift, das Ordnungsmerkmal und die Kontaktdaten der mitteilungspflichtigen Stelle sowie ihr Identifikationsmerkmal nach den §§ 139a bis 139c oder, soweit dieses nicht vergeben wurde, ihre Steuernummer;

b) hat die mitteilungspflichtige Stelle einen Auftragnehmer im Sinne des § 87d mit der Datenübermittlung beauftragt, so sind zusätzlich zu den Angaben nach Buchstabe a der Name, die Anschrift und die Kontaktdaten des Auftragnehmers sowie dessen Identifikationsmerkmal nach den §§ 139a bis 139c oder, wenn dieses nicht vergeben wurde, dessen Steuernummer anzugeben;

c) den Familiennamen, den Vornamen, den Tag der Geburt, die Anschrift des Steuerpflichtigen und dessen Identifikationsnummer nach § 139b;

d) handelt es sich bei dem Steuerpflichtigen nicht um eine natürliche Person, so sind dessen Firma oder Name, Anschrift und Wirtschafts-Identifikationsnummer nach § 139c oder, wenn diese noch nicht vergeben wurde, dessen Steuernummer anzugeben;

e) den Zeitpunkt der Erstellung des Datensatzes oder eines anderen Ereignisses, anhand dessen die Daten in der zeitlichen Reihenfolge geordnet werden können, die Art der Mitteilung, den betroffenen Besteuerungszeitraum oder Besteuerungszeitpunkt und die Angabe, ob es sich um eine erstmalige, korrigierte oder stornierende Mitteilung handelt.

3. Die mitteilungspflichtige Stelle hat den Steuerpflichtigen darüber zu informieren, welche für seine Besteuerung relevanten Daten sie an die Finanzbehörden übermittelt hat oder übermitteln wird. Diese Information hat in geeigneter Weise, mit Zustimmung des Steuerpflichtigen elektronisch, und binnen angemessener Frist zu erfolgen. Auskunftspflichten nach anderen Gesetzen bleiben unberührt.

4. Die mitteilungspflichtige Stelle hat die übermittelten Daten aufzuzeichnen und diese Aufzeichnungen sowie die der Mitteilung zugrunde liegenden Unterlagen bis zum Ablauf des siebten auf den Besteuerungszeitraum oder Besteuerungszeitpunkt folgenden Kalenderjahres aufzubewahren; die §§ 146 und 147 Absatz 2, 5 und 6 gelten entsprechend.

(2) Die mitteilungspflichtige Stelle soll Daten nicht übermitteln, wenn sie erst nach Ablauf des siebten auf den Besteuerungszeitraum oder Besteuerungszeitpunkt folgenden Kalenderjahres erkennt, dass sie zur Datenübermittlung verpflichtet war.

(3) Stellt die mitteilungspflichtige Stelle bis zum Ablauf des siebten auf den Besteuerungszeitraum oder Besteuerungszeitpunkt folgenden Kalenderjahres fest, dass

1. die nach Maßgabe des Absatzes 1 übermittelten Daten unzutreffend waren oder

2. ein Datensatz übermittelt wurde, obwohl die Voraussetzungen hierfür nicht vorlagen,

so hat die mitteilungspflichtige Stelle dies vorbehaltlich abweichender Bestimmungen in den Steuergesetzen unverzüglich durch Übermittlung eines weiteren Datensatzes zu korrigieren oder zu stornieren. Absatz 1 Nummer 2 bis 4 gilt entsprechend.

(4) Die nach den Steuergesetzen zuständige Finanzbehörde kann ermitteln, ob die mitteilungspflichtige Stelle

1. ihre Pflichten nach Absatz 1 Nummer 1, 2 und 4 und Absatz 3 erfüllt und

2. den Inhalt des Datensatzes nach den Vorgaben des jeweiligen Steuergesetzes bestimmt hat.

Die Rechte und Pflichten der für die Besteuerung des Steuerpflichtigen zuständigen Finanzbehörde hinsichtlich der Ermittlung des Sachverhalts bleiben unberührt.

(5) Soweit gesetzlich nichts anderes bestimmt ist, ist die nach den Steuergesetzen für die Entgegennahme der Daten zuständige Finanzbehörde auch für die Anwendung des Absatzes 4 und des § 72a Absatz 4 zuständig.

(6) Die Finanzbehörden dürfen von den mitteilungspflichtigen Stellen mitgeteilte Daten im Sinne der Absätze 1 und 3 verarbeiten, wenn dies zur Erfüllung der ihnen obliegenden Aufgaben oder in Ausübung öffentlicher Gewalt, die ihnen übertragen wurde, erforderlich ist.

(7) Soweit gesetzlich nichts anderes bestimmt ist, darf die mitteilungspflichtige Stelle die ausschließlich zum Zweck der Übermittlung erhobenen und gespeicherten Daten des Steuerpflichtigen nur für diesen Zweck verwenden.

(8) Die Absätze 1 bis 7 sind nicht anzuwenden auf

1. Datenübermittlungspflichten nach § 51a Absatz 2c oder Abschnitt XI des Einkommensteuergesetzes,

2. Datenübermittlungspflichten gegenüber den Zollbehörden,

3. Datenübermittlungen zwischen Finanzbehörden und

4. Datenübermittlungspflichten ausländischer öffentlicher Stellen.

## § 93c AO
## Datenübermittlung durch Dritte

**(1) Sind steuerliche Daten eines Steuerpflichtigen auf Grund gesetzlicher Vorschriften von einem Dritten (mitteilungspflichtige Stelle) an Finanzbehörden elektronisch zu übermitteln, so gilt vorbehaltlich abweichender Bestimmungen in den Steuergesetzen Folgendes:**

**1. Die mitteilungspflichtige Stelle muss die Daten nach Ablauf des Besteuerungszeitraums bis zum letzten Tag des Monats Februar des folgenden Jahres nach amtlich vorgeschriebenem Datensatz durch Datenfernübertragung über die amtlich bestimmte Schnittstelle übermitteln; bezieht sich die Übermittlungspflicht auf einen Besteuerungszeitpunkt, sind die Daten bis zum Ablauf des zweiten Kalendermonats nach Ablauf des Monats zu übermitteln, in dem der Besteuerungszeitpunkt liegt.**

**2. Der Datensatz muss folgende Angaben enthalten:**

**a) den Namen, die Anschrift, das Ordnungsmerkmal und die Kontaktdaten der mitteilungspflichtigen Stelle sowie ihr Identifikationsmerkmal nach den §§ 139a bis 139c oder, soweit dieses nicht vergeben wurde, ihre Steuernummer;**

**b) hat die mitteilungspflichtige Stelle einen Auftragnehmer im Sinne des § 87d mit der Datenübermittlung beauftragt, so sind zusätzlich zu den Angaben nach Buchstabe a der Name, die Anschrift und die Kontaktdaten des Auftragnehmers sowie dessen Identifikationsmerkmal nach den §§ 139a bis 139c oder, wenn dieses nicht vergeben wurde, dessen Steuernummer anzugeben;**

**c) den Familiennamen, den Vornamen, den Tag der Geburt, die Anschrift des Steuerpflichtigen**

und dessen Identifikationsnummer nach § 139b;

d) handelt es sich bei dem Steuerpflichtigen nicht um eine natürliche Person, so sind dessen Firma oder Name, Anschrift und Wirtschafts-Identifikationsnummer nach § 139c oder, wenn diese noch nicht vergeben wurde, dessen Steuernummer anzugeben;

e) den Zeitpunkt der Erstellung des Datensatzes oder eines anderen Ereignisses, anhand dessen die Daten in der zeitlichen Reihenfolge geordnet werden können, die Art der Mitteilung, den betroffenen Besteuerungszeitraum oder Besteuerungszeitpunkt und die Angabe, ob es sich um eine erstmalige, korrigierte oder stornierende Mitteilung handelt.

3. Die mitteilungspflichtige Stelle hat den Steuerpflichtigen darüber zu informieren, welche für seine Besteuerung relevanten Daten sie an die Finanzbehörden übermittelt hat oder übermitteln wird. Diese Information hat in geeigneter Weise, mit Zustimmung des Steuerpflichtigen elektronisch, und binnen angemessener Frist zu erfolgen. Auskunftspflichten nach anderen Gesetzen bleiben unberührt.

4. Die mitteilungspflichtige Stelle hat die übermittelten Daten aufzuzeichnen und diese Aufzeichnungen sowie die der Mitteilung zugrunde liegenden Unterlagen bis zum Ablauf des siebten auf den Besteuerungszeitraum oder Besteuerungszeitpunkt folgenden Kalenderjahres aufzubewahren; die §§ 146 und 147 Absatz 2, 5 und 6 gelten entsprechend.

(2) Die mitteilungspflichtige Stelle soll Daten nicht übermitteln, wenn sie erst nach Ablauf des siebten auf den Besteuerungszeitraum oder Besteuerungszeitpunkt folgenden Kalenderjahres erkennt, dass sie zur Datenübermittlung verpflichtet war.

(3) Stellt die mitteilungspflichtige Stelle bis zum Ablauf des siebten auf den Besteuerungszeitraum oder Besteuerungszeitpunkt folgenden Kalenderjahres fest, dass

1. die nach Maßgabe des Absatzes 1 übermittelten Daten unzutreffend waren oder
2. ein Datensatz übermittelt wurde, obwohl die Voraussetzungen hierfür nicht vorlagen,

so hat die mitteilungspflichtige Stelle dies vorbehaltlich abweichender Bestimmungen in den Steuergesetzen unverzüglich durch Übermittlung eines weiteren Datensatzes zu korrigieren oder zu stornieren. Absatz 1 Nummer 2 bis 4 gilt entsprechend.

(4) Die nach den Steuergesetzen zuständige Finanzbehörde kann ermitteln, ob die mitteilungspflichtige Stelle

1. ihre Pflichten nach Absatz 1 Nummer 1, 2 und 4 und Absatz 3 erfüllt und
2. den Inhalt des Datensatzes nach den Vorgaben des jeweiligen Steuergesetzes bestimmt hat.

Die Rechte und Pflichten der für die Besteuerung des Steuerpflichtigen zuständigen Finanzbehörde hinsichtlich der Ermittlung des Sachverhalts bleiben unberührt.

(5) Soweit gesetzlich nichts anderes bestimmt ist, ist die nach den Steuergesetzen für die Entgegennahme der Daten zuständige Finanzbehörde auch für die Anwendung des Absatzes 4 und des § 72a Absatz 4 zuständig.

(6) Die Finanzbehörden dürfen von den mitteilungspflichtigen Stellen mitgeteilte Daten im Sinne der Absätze 1 und 3 verarbeiten, wenn dies zur Erfüllung der ihnen obliegenden Aufgaben oder in Ausübung öffentlicher Gewalt, die ihnen übertragen wurde, erforderlich ist.

(7) Soweit gesetzlich nichts anderes bestimmt ist, darf die mitteilungspflichtige Stelle die ausschließlich zum Zweck der Übermittlung erhobenen und gespeicherten Daten des Steuerpflichtigen nur für diesen Zweck verwenden.

(8) Die Absätze 1 bis 7 sind nicht anzuwenden auf

1. Datenübermittlungspflichten nach § 51a Absatz 2c oder Abschnitt XI des Einkommensteuergesetzes,
2. Datenübermittlungspflichten gegenüber den Zollbehörden,
3. Datenübermittlungen zwischen Finanzbehörden und
4. Datenübermittlungspflichten ausländischer öffentlicher Stellen.

**Inhaltsübersicht**

## A. Allgemeines

Die Norm regelt umfänglich Einzelheiten der Durchführung der Datenübermittlung durch Dritte an die Finanzbehörden. Sie trägt damit dem Umstand Rechnung, dass mit der Ausweitung des elektronischen Rechtsverkehrs und der damit einhergehenden Notwendigkeit der Modernisierung des Besteuerungsverfahrens eine Vielzahl von Vorschriften Dritte verpflichten, Daten an die Finanzbehörden zu übermitteln. Die Norm knüpft an Übermittlungspflichten an, die aufgrund gesetzlicher Verpflichtungen, insb. in den Einzelsteuergesetzen, bestehen. Eigene Übermittlungspflichten werden durch die Regelung nicht begründet. Der wesentliche Zweck der Norm besteht darin, die Rahmenbedingungen für die elektronische Übermittlung zusammenzufassen und möglichst übergreifend für alle Übermittlungspflichten einheitlich zu regeln. Damit trägt die Norm zur Vereinfachung bei. Soweit die Besonderheiten der Einzelsteuergesetze abweichende Regelungen erfordern, finden diese weiterhin Anwendung. § 93 c **Abs. 1** AO räumt den spezialgesetzlichen Regelungen insoweit ausdrücklich Vorrang ein (BT-Drs. 18/7457 S. 71). Den zur Datenübermittlung verpflichteten Dritten bezeichnet in Form einer Legaldefinition das Gesetz als **mitteilungspflichtige Stelle**. Wer Mitteilungspflichtige Stelle ist, ist nicht in der AO, sondern in den Regelungen bestimmt, aus denen sich die Übermittlungspflichten ergeben.

2 Ausdrücklich aus dem **Anwendungsbereich ausgenommen** (Abs. 8) sind Datenübermittlungen nach § 51 a Abs. 2c EStG (Kirchensteuerabzug) oder dem XI. Abschnitt des EStG (Altersvorsorgezulage), Datenübermittlungspflichten gegenüber den Zollbehörden, Datenübermittlungen zwischen Finanzbehörden und Datenübermittlungspflichten ausl. öffentlicher Stellen.

## B. Durchführung der Datenübermittlung

### I. Frist und Form

3 § 93 c **Abs. 1 Nr. 1** AO bestimmt die **Fristen**, bis zu der die übermittlungspflichtigen Daten durch die mitteilungspflichtige Stelle zu übermitteln sind. Daten i.S. dieser Regelung sind alle Daten, die nach den Einzelsteuergesetzen zu übermitteln sind. Das Gesetz differenziert nach dem Besteuerungszeitraum und dem Besteuerungszeitpunkt. Als Besteuerungszeitraum sieht das Gesetz ersichtlich das Kalenderjahr an, da es anordnet, dass die Daten bis zum letzten Tag des Monats Februar zu übermitteln sind. Soweit sich die Übermittlungspflicht auf einen Besteuerungszeitpunkt bezieht, sind die Daten bis zum Ablauf des zweiten Kalendermonats nach Ablauf des Monats zu übermitteln, in dem der Besteuerungszeitpunkt liegt. Endet der die Übermittlungspflicht auslösende Tatbestand, z.B. ein Arbeitsverhältnis, unterjährig, ist die Datenübermittlung (LSt-Bescheinigung) auch bereits nach Beendigung des Arbeitsverhältnisses zulässig (so auch *Seer* in Tipke/Kruse, § 93 c Rz. 8). Abweichende Fristen können sich aus den Einzelsteuergesetzen ergeben. Auch in der **Form** der Übermittlung ist die mitteilungspflichtige Stelle an gesetzliche Vorgaben gebunden. Die Übermittlung hat nach amtlich vorgeschriebenem Datensatz durch Datenfernübertragung über eine **amtlich bestimmte Schnittstelle** zu erfolgen. Die amtlich bestimmten Schnittstellen werden im Internet veröffentlicht (BT-Drs. 18/7457 S. 72).

### II. Inhalt des Datensatzes

§ 93 c **Abs. 1 Nr. 2** AO gibt die Pflichtangaben (»muss enthalten«) für den Datensatz vor. Es lassen sich drei Anforderungsgruppen unterscheiden, die sich auch denklogisch aus dem Datenübermittlungsprozess ableiten lassen. Die erste Gruppe der Anforderungen betrifft die Identität der mitteilungspflichtigen Stelle bzw. des Datenübermittlers (Buchst. a) und b)). Zum anderen bedarf es der Angaben zum Stpfl. (Buchst. c) und d)). Und letztlich handelt es sich um technische Daten zur Datenübermittlung (Buchst. e)). Alle Angaben dienen der Zuordnung der übermittelten Daten. Hinzu kommen die inhaltlichen Anforderungen der zu übermittelnden Datensätze, die sich wiederum aus den Einzelsteuergesetzen ergeben und die den materiellen Steueranspruch betreffen. 4

### III. Nebenpflichten der mitteilungspflichtigen Stelle

Neben der Datenübermittlung hat die mitteilungspflichtige Stelle noch weitere Verpflichtungen zu erfüllen, die Ausfluss der Datenübermittlung sind. 5

§ 93 c **Abs. 1 Nr. 3 Satz 1** AO verpflichtet die mitteilungspflichtige Stelle zur Information der Stpfl. über die die erfolgte oder bevorstehende Datenübermittlung. Eine vorherige Information ist danach möglich, aber nicht vorgeschrieben. Insoweit hat die Stelle einen zeitlichen Spielraum. Die Information an sich steht nicht zur Disposition der mitteilungspflichtigen Stelle. Sie »hat« den Stpfl. zu informieren. Allerdings macht das Gesetz keine näheren Vorgaben zur Erfüllung der Informationspflicht. Sie hat nach § 93 c **Abs. 1 Nr. 3 Satz 2** AO in **geeigneter Weise** zu erfolgen. Dem lässt sich entnehmen, dass die Information alle übermittelten Daten umfasst und sich aus ihr der Bezug zur mitteilungspflichtigen Stelle und des zugrundeliegenden Tatbestands herstellen lässt. Mit Zustimmung oder auf Antrag des Stpfl. kann die Übermittlung auch in elektronischer Form erfolgen. Fehlt die Zustimmung, wird in der Regel eine schriftliche Information erfolgen müssen. Ein nur mündlicher Hinweis reicht 6

m. E. nicht aus. In angemessener Zeit erfolgt die Information, wenn sie es dem Stpfl. ermöglicht, die Information im Rahmen seiner Steuererklärung zu berücksichtigen. Denn die Information bezweckt auch, den Stpfl. ggf. auf seine Erklärungspflicht aufmerksam zu machen. Wegen des großen Spielraums bei der Erfüllung der Informationspflicht ist die mitteilungspflichtige Stelle nicht gehindert, mehrere Informationen zu verbinden. § 93c **Abs. 1 Nr. 3 Satz 3** AO stellt klar, dass Auskunftspflichten nach anderen Gesetzen durch § 93c AO nicht ausgeschlossen werden.

7 § 93c **Abs. 1 Nr. 4** AO sieht eine Aufzeichnungspflicht für die mitteilungspflichtige Stelle vor. Aufzuzeichnen sind die übermittelten Daten. Diese Aufzeichnungen und die der Mitteilung zugrundeliegenden Unterlagen sind bis zum Ablauf des siebten auf den Besteuerungszeitraum oder den Besteuerungszeitpunkt folgenden Kalenderjahres aufzubewahren. Für die Aufbewahrung gelten aufgrund der Verweisung die Ordnungsvorschriften der § 146 AO und § 147 Abs. 2, 5 und 6 AO entsprechend, sodass auch im Zeitpunkt der Übermittlung z. B. nur in Papierform vorhandene Unterlagen auch digitalisiert aufbewahrt werden können. Die Siebenjahresfrist folgt aus der regelmäßigen vierjährigen Verjährungsfrist und der Anlaufhemmung von drei Jahren. Insgesamt ergibt sich unter Einbeziehung des Kalenderjahres der Übermittlung eine Aufbewahrungsfrist von acht Jahren. Die Frist beruht auf der Überlegung, dass nach Ablauf dieser Frist eine Übermittlung nicht mehr steuerlich verwertbar wäre. Die Einhaltung der Aufzeichnungs- und Aufbewahrungsfristen kann auch im Rahmen einer Außenprüfung mit überprüft werden.

8 § 93c **Abs. 2** AO entbindet die mitteilungspflichtige Stelle von der Datenübermittlung, wenn sie ihre Verpflichtung zur Datenübermittlung erst nach des siebten auf den Besteuerungszeitraum oder den Besteuerungszeitpunkt folgenden Kalenderjahres erkennt. Wie Abs. 1 Nr. 4 orientiert sich die Frist an der (regelmäßigen) Verjährung des Steueranspruchs auf den sich die Mitteilungspflicht bezieht.

## IV. Korrekturen

9 Während des Aufbewahrungszeitraums ist die mitteilungspflichtige Stelle nach § 93c **Abs. 3** AO zu einer Korrektur fehlerhaft übermittelter Daten verpflichtet, wenn sie feststellt, dass die übermittelten Daten unzutreffend waren oder ein Datensatz zu Unrecht übermittelt wurde. Die Korrektur hat **unverzüglich**, d. h. ohne schuldhaftes Zögern zu erfolgen. Umgesetzt wird die Korrektur durch die Übermittlung neuer, richtiger Daten, oder durch die Stornierung des zu Unrecht übermittelten Datensatzes. Eine gesonderte Mitteilung an die Finanzbehörde ist nicht erforderlich. Mit der Korrektur kann die mitteilungspflichtige Stelle versuchen, eine Haftung nach § 72a Abs. 4 AO zu vermeiden, sofern die fehlerhafte Übermittlung grob fährlässig oder vorsätzlich erfolgt war. Zu einem gesetzlichen Haftungsausschluss führt die Korrektur indes nicht, sodass eine Haftungsinanspruchnahme z. B. möglich bleibt, wenn der Steueranspruch, der aufgrund einer rechtzeitigen, richtigen Übermittlung der Daten hätte festgesetzt und erhoben werden können, gegenüber dem Steuerschuldner nicht mehr realisiert werden kann.

## V. Überwachung

§ 93c **Abs. 4 Satz 1** AO räumt den für die Entgegennahme der Daten zuständigen Finanzbehörde (**Abs. 5**) gesonderte Ermittlungsbefugnisse zur Überwachung der Übermittlungspflichten ein. Die Überwachungsmöglichkeit umfasst sowohl die Prüfung der übermittelten Daten als auch der Aufzeichnungs- und Aufbewahrungspflicht. Die Anwendung von Abs. 4 Satz 1 kann durch speziellere Regelungen in den Einzelsteuergesetzen ausgeschlossen werden. Abs. 4 Satz 2 stellt klar, dass die für die Besteuerung zuständigen Finanzbehörden weiterhin in vollem Umfang zur Aufklärung des Sachverhalts verpflichtet sind. Insbesondere entfalten die übermittelten Daten keine Bindungswirkung in den Veranlagungsverfahren. Zweifeln über die Richtigkeit der Daten müssen auch die mit der Veranlagung befassten Finanzbehörden nachgehen. Zur Ermittlung, ob die mitteilungspflichtige Stelle ihren Verpflichtungen nachkommt, ist eine Außenprüfung nach § 203a zulässig (s. § 203a Rz. 2). 10

§ 93c **Abs. 5** AO weist die Zuständigkeit für die Überwachung und die Durchführung des Haftungsverfahrens den für die Entgegennahme der Daten zuständigen Finanzbehörde zu. Allerdings gehen auch insoweit gesetzliche Regelungen in den Einzelsteuergesetzen vor. 11

## VI. Datenschutz

§ 93c **Abs. 6 und 7** AO dienen dem Datenschutz. § 93c **Abs. 6** AO bestimmt, m. E. deklaratorisch, dass die **Finanzbehörden** die ihnen übermittelten Daten verarbeiten dürfen, d. h. sie dürfen sie im automatisierten Besteuerungsverfahren verwerten. Dass die Befugnis zur Datenverarbeitung sich im Rahmen des gesetzlichen Zwecks halten muss, ist selbstverständlich, wird aber – wohl zur Klarstellung – in § 93c Abs. 7 AO nochmals gesondert hervorgehoben. Auch die **mitteilungspflichtige Stelle** darf die im Besteuerungsverfahren erhobenen und gespeicherten Daten nur für vorgesehenen Zwecke verwenden. Eine Weitergabe an andere Stellen ist nicht zulässig, sofern sie nicht gesetzlich zugelassen ist. Der Umfang der außersteuerlichen Verwendung bestimmt sich in diesen Fällen nach den außersteuerlichen Regelungen; dabei ist 12 das Steuergeheimnis zu wahren. Sofern die Daten dem Sozialgeheimnis unterliegen, gehen die Regelungen des SGB X als spezieller gesetzliche Regelung vor (BT-Drs. 18/7457 S. 73).

### VII. Rechtsschutz

13 Kommt die mitteilungspflichtige Stelle ihrer **Informationspflicht** nicht nach, kann der Betroffene seinen Anspruch nur im Rahmen des der Übermittlungspflicht zugrunde liegenden Rechtsverhältnisses geltend machen; d.h. ist ein Privater mitteilungspflichtige Stelle (z.B. Versicherungsunternehmen), ist danach der Anspruch auf dem Zivilrechtsweg zu verfolgen. Der Rechtsweg zu den Finanzgerichten ist nicht eröffnet (*Kobor* in Beck-AOOK; § 93c Rz. 18a; *Seer* in Tipke/Kruse, § 93c Rz. 11).

14 Einwendungen gegen die Durchführung der Datenübermittlung und gegen eine zweckwidrige Verwendung kann der Betroffene im Rahmen des Rechtsmittelverfahrens gegen aufgrund der Datenübermittlung ergangene Verwaltungsakte geltend machen.

## § 93d AO
## Verordnungsermächtigung

**Das Bundesministerium der Finanzen kann durch Rechtsverordnung mit Zustimmung des Bundesrates bestimmen, dass Daten im Sinne des § 93c vor der erstmaligen Übermittlung für Zwecke der Erprobung erhoben werden, soweit dies zur Entwicklung, Überprüfung oder Änderung von automatisierten Verfahren erforderlich ist. Die Daten dürfen in diesem Fall ausschließlich für Zwecke der Erprobung verarbeitet und müssen innerhalb eines Jahres nach Beendigung der Erprobung gelöscht werden.**

1 Wegen der Komplexität der Datenübermittlung und im Hinblick auf die technischen Anforderungen bei der Übermittlung und Verarbeitung der Daten ist eine Erprobung des technischen Ablaufs sachgerecht. Zu diesem Zweck enthält § 93d AO eine **Verordnungsermächtigung**. Die gesetzliche Grundlage ist aus datenschutzrechtlichen Gründen erforderlich, um für die Erprobung Echtdaten verwenden zu können. Nach **Satz 1** darf das BMF durch RechtsVO, die der Zustimmung des Bundesrates bedarf, bestimmen, dass Daten vor der erstmaligen Übermittlung zur Zweck der Erprobung erhoben werden dürfen. Dies gilt allerdings nur, soweit dies für die Entwicklung, Überprüfung oder Änderung der automatisierten Verfahren erforderlich ist. Wann dies der Fall ist, ist nicht bestimmt. Dies dürfte einer nahezu kaum überprüfbaren Einschätzung der Finanzbehörden unterliegen. Im Interesse eines späteren reibungslosen Praxisablaufs dürfte den Finanzbehörden ein umfänglicher Testbetrieb möglich sein.

Aus Datenschutzgründen sieht **Satz 2** folgerichtig vor, dass die zum Zwecke der Erprobung erhobenen Daten binnen eines Jahres nach der Erprobung gelöscht werden müssen. Eine Weiterverwendung ist ausgeschlossen. 2

## § 94 AO
## Eidliche Vernehmung

**(1) Hält die Finanzbehörde mit Rücksicht auf die Bedeutung der Auskunft oder zur Herbeiführung einer wahrheitsgemäßen Auskunft die Beeidigung einer anderen Person als eines Beteiligten für geboten, so kann sie das für den Wohnsitz oder den Aufenthaltsort der zu beeidigenden Person zuständige Finanzgericht um die eidliche Vernehmung ersuchen. Befindet sich der Wohnsitz oder der Aufenthaltsort der zu beeidigenden Person nicht am Sitz eines Finanzgerichts oder eines besonders errichteten Senates, so kann auch das zuständige Amtsgericht um die eidliche Vernehmung ersucht werden.**

**(2) In dem Ersuchen hat die Finanzbehörde den Gegenstand der Vernehmung sowie die Namen und Anschriften der Beteiligten anzugeben. Das Gericht hat die Beteiligten und die ersuchende Finanzbehörde von den Terminen zu benachrichtigen. Die Beteiligten und die ersuchende Finanzbehörde sind berechtigt, während der Vernehmung Fragen zu stellen.**

**(3) Das Gericht entscheidet über die Rechtmäßigkeit der Verweigerung des Zeugnisses oder der Eidesleistung.**

**Inhaltsübersicht**



### A. Allgemeines

Die in der Praxis kaum relevante Vorschrift begründet für die eidliche Vernehmung von Auskunftspflichtigen, die nicht Beteiligte sind, die Zuständigkeit des Gerichts. Damit ergänzt § 94 AO die in § 93 AO geregelte Auskunftspflicht **Dritter**. Die zusätzliche Übertragung dieser Auf- 1 gabe auf die Gerichte lässt sich nur mit der geringen Zahl der potenziellen Fälle rechtfertigen.

## B. Bedeutung und Anwendungsbereich der Vorschrift

2 Die praktische Bedeutung der Vorschrift ist gering, weil die Finanzbehörden das Mittel der eidlichen Vernehmung nur selten anwenden. Gegenstand der eidlichen Vernehmung können alle Auskunftsersuchen an Dritte sein (zu den Voraussetzungen s. § 93 AO). Nur andere Personen i. S. von § 93 Abs. 1 AO können eidlich vernommen werden. Es muss sich um natürliche Personen handeln. Auf Beteiligte (zum Begriff s. § 78 AO) findet § 94 AO keine Anwendung; für diese stellt § 95 AO die Möglichkeit der Abnahme einer Versicherung an Eides statt zur Verfügung.

## C. Tatbestandliche Voraussetzungen

### I. Zulässigkeit des Verfahrens

3 Nach § 94 **Abs. 1 Satz 1** AO ist Voraussetzung für die Zulässigkeit des Verfahrens, dass die Finanzbehörde die Beeidigung entweder mit Rücksicht auf die Bedeutung der Auskunft oder zur Herbeiführung einer wahrheitsgemäßen Auskunft für geboten hält. Die besondere Bedeutung der Auskunft kann z. B. darin liegen, dass allein durch sie der Gegenbeweis zu nichteidlichen Aussagen eines Beteiligten geführt werden soll. Allgemein ausgedrückt ist eine Auskunft von Bedeutung, wenn sie maßgeblichen Einfluss auf die von der Finanzbehörde zu treffende Entscheidung hat. Bei geringfügigen steuerlichen Auswirkungen kann es trotz der Entscheidungserheblichkeit an einer Bedeutung fehlen. Zur Herbeiführung einer wahrheitsgemäßen Auskunft kann die eidliche Vernehmung dienlich sein, wenn z. B. zu befürchten ist, dass die Auskunftsperson sich durch Auswirkungen auf eigene Interessen zu Falschauskünften verleiten lassen könnte oder bei bisherigen uneidlichen Auskünften widersprechende Angaben gemacht hat. In der Regel dürfte sich aber auch bei eidlicher Vernehmung kein wesentlich höherer Beweiswert ergeben.

4 Bei der Entscheidung, ob eine eidliche Vernehmung hat die Finanzbehörde eine **Ermessensentscheidung** vorzunehmen (»kann«). Dabei ist zu berücksichtigen, dass eine solche Vernehmung wegen der möglichen strafrechtlichen Folgen (§ 154 StGB: Meineid, § 155 StGB: (eidesgleiche Bekräftigung, § 163 StGB: fahrlässiger Falscheid) eine besondere Maßnahme darstellt. Von der eidlichen Vernehmung sollte daher nur Gebrauch gemacht werden, wenn andere Erkenntnismittel nicht zur Verfügung stehen oder mit hoher Wahrscheinlichkeit damit zu rechnen ist, dass andere Ermittlungsmaßnahmen erfolglos bleiben werden.

### II. Verfahren bei Gericht

Das Tätigwerden des Gerichts setzt ein entsprechendes Ersuchen durch die Finanzbehörde voraus. An dieses Ersuchen ist das Gericht grundsätzlich gebunden. Es hat aber zu prüfen, ob das Ersuchen der Finanzbehörde den formellen Anforderungen genügt (BFH v. 26.09.1995, VII B 148/95, BFH/NV 1996, 200 m. w. N.). Das FG braucht dem Ersuchen z. B. dann nicht zu folgen, wenn die Finanzbehörde eine eidliche Vernehmung einer Person verlangt, die entweder nicht auskunftsfähig ist oder der die Eidesfähigkeit fehlt (§ 393 ZPO i. V. m. § 82 FGO). Nicht Gegenstand der formellen Prüfung ist, ob die begehrte eidliche Vernehmung sinnvoll erscheint und ermessensgerecht ist. Die Würdigung der Vernehmungsergebnisse obliegt der FinVerw im Rahmen des Besteuerungsverfahrens. Einwendungen dagegen kann der Stpfl. im dagegen gerichteten Rechtsbehelfsverfahren geltend machen. 5

Zuständig ist primär das für den Wohnsitz oder Aufenthaltsort der zu vernehmenden Person zuständige Finanzgericht, d. h. dasjenige Finanzgericht, in dessen Bezirk sich Wohnsitz oder Aufenthaltsort der zu beeidigenden Person befindet. Um dem Betroffenen weite Reisen zu ersparen, lässt § 94 **Abs. 1 Satz 2** AO zu, dass das zuständige Amtsgericht um die eidliche Vernehmung ersucht wird, wenn sich der Wohnsitz oder Aufenthaltsort der zu beeidigenden Person nicht am Sitz eines Finanzgerichts oder eines besonders errichteten Senats befindet. Ob die Finanzbehörde von dieser Möglichkeit nach ihrem pflichtgemäßen Ermessen Gebrauch macht, wird unter Abwägung aller Umstände zu entscheiden sein. Insbesondere wird dabei zu berücksichtigen sein, ob nach Art und Umfang des aufzuklärenden Sachverhalts die besondere Sachkunde des Finanzgerichts der Wahrheitsfindung dienlicher ist. 6

Innerhalb des ersuchten Finanzgerichts richtet sich die Zuständigkeit nach der Geschäftsverteilung. Der zuständige Richter – nicht der Senat – führt die Einvernahme durch und hat infolgedessen auch Terminbestimmung und Ladung vorzunehmen (s. § 158 FGO). Desgleichen hat er die Auskunftsperson zu beeidigen. Ob über die Rechtmäßigkeit einer Verweigerung des Zeugnisses oder der Eidesleistung der Einzelrichter oder der Senat entscheidet (§ 158 Satz 2 FGO), ist umstritten; hierzu s. Rz. 9.

Die eidliche Vernehmung vor dem Finanzgericht ist für die damit befassten Richter keine Mitwirkung beim Verwaltungsverfahren i. S. des § 51 Abs. 2 FGO.

Das an das Gericht zu richtende Ersuchen muss den Gegenstand der Vernehmung sowie die Namen und Anschriften der Beteiligten angeben (§ 94 Abs. 2 Satz 1 AO). 7

Nicht erwähnt, aber selbstverständlich ist auch die Angabe des Namens und der ladungsfähigen Anschrift der zu vernehmenden Person. Bei der Angabe des Gegenstandes der Vernehmung ist eine zu knappe Bezeichnung des Beweisthemas untunlich, weil dem Gericht eine eigenverantwortliche zweckdienliche Ausdehnung der Befragung schon mangels Aktenkenntnis nicht möglich wäre und kaum sinnvoll erscheint. Im Übrigen ist das Gericht auch hinsichtlich des Umfangs der Vernehmung an das Ersuchen der Behörde gebunden, eine eigenständige Sachverhaltsermittlung also nicht möglich. Eine Mitübersendung der Akten ist nicht vorgeschrieben. Sie dürfte jedoch zulässig sein, wenn die besonderen Umstände der Einvernahme es erfordern (z. B. wenn der Auskunftsperson Vorhaltungen hinsichtlich früherer Auskünfte vor der Behörde gemacht werden sollen). In der Aktenüberlassung an das Gericht kann keine Verletzung des Steuergeheimnisses liegen, da die Offenbarung nach § 30 Abs. 2 Nr. 1 AO gerechtfertigt ist.

8 Nach Eingang des Ersuchens hat der zuständige Richter einen Termin zu bestimmen und die zu beeidigende Person zu laden. Die Einhaltung einer Ladungsfrist ist nicht vorgesehen. Ferner sind die Beteiligten und die ersuchende Finanzbehörde vom Termin zu benachrichtigen. Die Ladung der zu beeidigenden Person muss die Namen der Beteiligten und der ersuchenden Finanzbehörde, den Gegenstand der Vernehmung und die Anweisung enthalten, zur Ablegung des Zeugnisses bei Vermeidung der durch das Gesetz angedrohten Strafen in dem nach Zeit und Ort bezeichneten Termin zu erscheinen (entsprechende Anwendung von § 377 Abs. 2 ZPO). Darüber hinaus erfordert die Gewährung des rechtlichen Gehörs den Hinweis, dass die Einvernahme auf einem Ersuchen der Finanzbehörde gem. § 94 AO beruht und die Auskunftsperson ihre Aussage zu beeidigen hat. Die eidliche Vernehmung durch den zuständigen Richter erfolgt unter entsprechender Anwendung der für gerichtliche Zeugenvernehmung geltenden Verfahrensvorschriften (insbes. s. § 82 FGO und die dort aufgeführten Vorschriften der ZPO). Nach § 94 Abs. 2 Satz 3 AO sind die Beteiligten und die ersuchende Finanzbehörde berechtigt, während der Vernehmung Fragen zu stellen. Wegen der Eidesnorm § 392 ZPO, wegen der Eidesformel §§ 481 bzw. 484 ZPO.

### III. Verfahren bei Zeugnisverweigerung

9 Über die Rechtmäßigkeit der Verweigerung des Zeugnisses oder der Eidesleistung entscheidet gem. § 94 Abs. 3 AO das Finanzgericht durch Beschluss, sofern die Einvernahme durch das Finanzgericht vorgenommen wird (§ 158 FGO). Umstritten ist, ob der mit der Vernehmung betraute Richter als Einzelrichter (so *Brandis* in Tipke/Kruse, zu § 158 FGO m. w. N.) oder Senat (*Schwarz* in HHSp, § 158 FGO Rz. 3; *Woring* in Gosch, § 158 FGO Rz. 8) entscheidet. U. E. bedarf es keiner Senatsentscheidung, da das Gesetz allgemein von »Finanzgericht« spricht und eine Einbindung des Senats in das Verfahren der eidlichen Vernehmung nicht vorgesehen ist. Die Gründe, die zur Verweigerung des Zeugnisses bzw. des Eidesberechtigen, ergeben sich nicht aus der ZPO (§§ 383 ff. ZPO), sondern aus den §§ 101 ff. AO. Schließlich hat das Gericht auch die Rechtmäßigkeit des Auskunftsersuchens selbst nachzuprüfen, wenn sie von der zu beeidigenden Person zur Begründung der Weigerung bestritten wird. Dabei wird mit Rücksicht auf die Anfechtbarkeit des an die Auskunftsperson gerichteten Auskunftsersuchens die Auskunftsverweigerung nur dann gerechtfertigt sein, wenn offensichtlich eine Auskunftspflicht nicht besteht. Diese Voraussetzung kann nur dann erfüllt sein, wenn schon das Gericht von sich aus zur Zurückweisung des finanzbehördlichen Ersuchens auf eidliche Vernehmung befugt gewesen wäre.

### IV. Rechtsbehelfe

Rechtsbehelf gegen das Ersuchen der Finanzbehörde ist der Einspruch (§ 347 AO). Gegen die Entscheidung des Gerichts ist der Rechtsbehelf der Beschwerde nach § 128 FGO gegeben, da § 128 Abs. 2 FGO keine Unanfechtbarkeit voraussetzt. Eine Beschwerdebefugnis setzt voraus, dass der Betroffene beschwert (§ 350 AO) bzw. in seinen Rechten verletzt (§ 40 Abs. 2 FGO) ist. Derjenige, in dessen Steuersache der Dritte, der hier Beteiligter im formellen Sinn ist, vernommen werden soll, wird regelmäßig nicht beschwert sein (BFH v. 03.10.1979, IV B 63/79, BStBl II 1980, 2). Die FinVerw. kommt m. E. als Beschwerter nicht in Betracht. 10

## § 95 AO
## Versicherung an Eides statt

**(1) Die Finanzbehörde kann den Beteiligten auffordern, dass er die Richtigkeit von Tatsachen, die er behauptet, an Eides statt versichert. Eine Versicherung an Eides statt soll nur gefordert werden, wenn andere Mittel zur Erforschung der Wahrheit nicht vorhanden sind, zu keinem Ergebnis geführt haben oder einen unverhältnismäßigen Aufwand erfordern. Von eidesunfähigen Personen im Sinne des § 393 der Zivilprozessordnung darf eine eidesstattliche Versicherung nicht verlangt werden.**

**(2) Die Versicherung an Eides statt wird von der Finanzbehörde zur Niederschrift aufgenommen. Zur Aufnahme sind der Behördenleiter, sein ständiger Vertreter sowie Angehörige des öffentlichen Dienstes befugt, welche die Befähigung zum Richteramt haben oder die Voraussetzungen des § 110**

**Satz 1 des Deutschen Richtergesetzes erfüllen. Andere Angehörige des öffentlichen Dienstes kann der Behördenleiter oder sein ständiger Vertreter hierzu allgemein oder im Einzelfall schriftlich ermächtigen.**

**(3) Die Angaben, deren Richtigkeit versichert werden soll, sind schriftlich festzustellen und dem Beteiligten mindestens eine Woche vor Aufnahme der Versicherung mitzuteilen. Die Versicherung besteht darin, dass der Beteiligte unter Wiederholung der behaupteten Tatsachen erklärt: »Ich versichere an Eides statt, dass ich nach bestem Wissen die reine Wahrheit gesagt und nichts verschwiegen habe.« Bevollmächtigte und Beistände des Beteiligten sind berechtigt, an der Aufnahme der Versicherung an Eides Statt teilzunehmen.**

**(4) Vor der Aufnahme der Versicherung an Eides Statt ist der Beteiligte über die Bedeutung der eidesstattlichen Versicherung und die strafrechtlichen Folgen einer unrichtigen oder unvollständigen eidesstattlichen Versicherung zu belehren. Die Belehrung ist in der Niederschrift zu vermerken.**

**(5) Die Niederschrift hat ferner die Namen der anwesenden Personen sowie den Ort und den Tag der Niederschrift zu enthalten. Die Niederschrift ist dem Beteiligten, der die eidesstattliche Versicherung abgibt, zur Genehmigung vorzulesen oder auf Verlangen zur Durchsicht vorzulegen. Die erteilte Genehmigung ist zu vermerken und von dem Beteiligten zu unterschreiben. Die Niederschrift ist sodann von dem Amtsträger, der die Versicherung an Eides Statt aufgenommen hat, sowie von dem Schriftführer zu unterschreiben.**

**(6) Die Versicherung an Eides statt kann nicht nach § 328 erzwungen werden.**

**Inhaltsübersicht**



## A. Allgemeines

1 Die Vorschrift stellt die Gründe, die die Abnahme einer eidesstattlichen Versicherung rechtfertigen können, dar. Außerdem enthält sie bis ins Einzelne gehende Regelungen des Verfahrens und der zu beachtenden rechtsstaatlichen Absicherungen. Die Vorschrift ergänzt § 93 AO.

## B. Bedeutung und Anwendungsbereich der Vorschrift

Die praktische Bedeutung dieser Vorschrift ist gering, die Finanzbehörden machen wegen des damit verbundenen Aufwands nur äußerst selten von ihr Gebrauch. 2

Eidesstattliche Versicherungen dürfen nur von Beteiligten (das sind bei nichtnatürlichen Personen die für das Steuersubjekt Handelnden (§§ 34, 35, 79 Abs. 1 Nr. 3 und 4 AO) und bei natürlichen Personen auch der gesetzliche Vertreter bzw. Betreuer), nicht von anderen Personen gefordert werden; für diese besteht die Möglichkeit der gerichtlichen eidlichen Vernehmung gem. § 94 AO. Eine rechtsgeschäftliche Vertretung ist naturgemäß ausgeschlossen, allerdings dürfen Bevollmächtigte und Beistände anwesend sein. Nach § 95 Abs. 1 Satz 3 AO darf von eidesunfähigen Personen i. S. des § 393 ZPO eine eidesstattliche Versicherung nicht verlangt werden. Hierunter fallen insbes. Personen unter 16 Jahren.

Einer Anregung eines Stpfl., eine eidesstattliche Versicherung abzugeben, muss das FA nicht entsprechen; ein solches Angebot hindert das FA auch nicht daran, Vollstreckungsmaßnahmen nach § 284 AO einzuleiten (BFH v. 20.11.2007, VII B 109/07, BFH/NV 2008, 336; BFH v. 07.10.2008, VII B 88/08, BeckRS 2008, 25014413).

Die Versicherung an Eides Statt nach § 95 AO ist von der eidesstattlichen Versicherung nach § 284 Abs. 3 AO im Vollstreckungsverfahren zu unterscheiden; sie ist eine speziellere Vorschrift.

## C. Tatbestandliche Voraussetzungen

Grundsätzlich kann die Finanzbehörde einen Beteiligten am Besteuerungsverfahren nur dann zur Abgabe einer Versicherung an Eides statt auffordern, wenn andere Mittel zur Erforschung der Wahrheit nicht vorhanden sind, zu keinem Ergebnis geführt haben oder einen unverhältnismäßigen Aufwand erfordern (§ 95 Abs. 1 Satz 2 AO). Damit sind die Grenzen für die zu treffende Ermessensentscheidung abgesteckt, insbes. ist klargestellt, dass es sich bei diesem Mittel der Sachverhaltserforschung um ein letztes Mittel zur Wahrheitsfindung handelt. Da jedoch die eidliche Vernehmung Dritter (§ 94 AO) gegenüber der eidesstattlichen Versicherung der gravierendere Eingriff ist (nur zur Wertung § 154 StGB einerseits und § 156 StGB andererseits), ist es nicht gerechtfertigt, davon auszugehen, eidesstattliche Versicherungen dürften erst abverlangt werden, wenn die eidliche Vernehmung Dritter durchgeführt ist (gl. A. *Seer* in Tipke/Kruse, § 95 AO Rz. 2a). Allerdings ist die Frage, ob noch andere Auskunftspersonen zur Verfügung stehen, bei der Ermessensausübung zu beachten. 3

Gegenstand der eidesstattlichen Versicherung kann nur die Richtigkeit von **Tatsachen** (auch innerer Tatsa- 4 chen, wie Absichten) sein. Wird in der Versicherung auf Rechtsbegriffe Bezug genommen, muss sichergestellt sein, dass der Versichernde sich über die Bedeutung des Begriffs im Klaren ist. Dann erstreckt sich die Versicherung auch auf die Tatsachen, die den Rechtsbegriff ausfüllen.

Von Beteiligten oft unaufgefordert abgegebene sog. »eidesstattliche« Erklärungen oder Versicherungen sind schon wegen des formellen Erfordernisses in § 95 Abs. 2 AO als normale Erklärungen oder Auskünfte der Beteiligten zu qualifizieren; sie ziehen im Falle ihrer Unrichtigkeit nicht die bei eidesstattlichen Versicherung nach § 95 AO eintretenden verschärften Konsequenzen nach sich. Der Stpfl. hat **keinen Anspruch** auf Aufnahme einer eidesstattlichen Versicherung, insbes. ist es kein Ermessensfehler, wenn die Finanzbehörden eine vom Beteiligten angebotene eidesstattliche Versicherung nicht entgegennehmen, solange einfachere und überzeugendere Beweismittel vorhanden sind. Hat sich ein Beteiligter anderer Beweismittel z. B. dadurch begeben, dass er sich auf eine Dritten gegenüber übernommene Schweigepflicht beruft, braucht sich die Finanzbehörde auf eine angebotene eidesstattliche Versicherung nicht einzulassen. Gleiches gilt, wenn der Stpfl. schuldhaft Mitwirkungspflichten oder seine Beweisvorsorgepflichten verletzt.

### D. Verfahren

5 Nach § 95 **Abs. 3 Satz 1** AO sind die Angaben, deren Richtigkeit versichert werden soll, schriftlich festzustellen und dem Beteiligten **mindestens eine Woche** vor Aufnahme der Versicherung mitzuteilen. Auf diese Weise soll der Beteiligte einerseits vor Überrumpelung geschützt, ihm aber auch andererseits die Möglichkeit gegeben werden, sich anhand von Unterlagen (s. § 93 Abs. 3 Satz 1 AO) nochmals zu vergewissern. Die Wochenfrist kann auch im Einverständnis mit dem Stpfl. nicht verkürzt werden, um den Schutzzweck nicht zu gefährden. Für die Bekanntgabe und den Fristbeginn gelten die gleichen Vorschriften wie für den Beginn der Rechtsbehelfsfrist bei Verwaltungsakten; maßgeblich ist also grundsätzlich der Zeitpunkt der Bekanntgabe (s. § 122 AO). Das weitere Verfahren bei der Aufnahme einer Versicherung an Eides statt ist in § 95 Abs. 2 bis 5 AO geregelt, insbes. hinsichtlich der notwendigen Niederschrift, der die Aufnahme vornehmenden Personen, der Form der Versicherung, der notwendigen Vormitteilung und Belehrung. Unterbleibt die Belehrung, kann eine falsche Abgabe der eidesstattlichen Versicherung nicht mehr strafrechtlich verfolgt werden. Im Übrigen ergeben sich die strafrechtlichen Folgen der Abgabe einer unrichtigen oder unvollständigen eidesstattlichen Versicherung aus § 156 StGB (Freiheitsstrafe bis zu 3 Jahren oder Geldstrafe) bzw. bei Fahrlässigkeit aus § 163 Abs. 1 StGB (Freiheitsstrafe bis zu einem Jahr oder Geldstrafe). Im letzteren Fall tritt bei rechtzeitiger Berichtigung Straflosigkeit ein (§ 163 Abs. 2 StGB), bei Vorsatztat kann die Strafe unter den nämlichen Voraussetzungen gemildert oder von Strafe abgesehen werden.

Nach § 95 Abs. 6 AO kann die Versicherung an Eides statt nicht mit Zwangsmitteln nach § 328 AO erzwungen werden. Weigert sich der Beteiligte, seine Tatsachenbehauptung durch eidesstattliche Versicherung zu bekräftigen, so wird die Finanzbehörde im Rahmen der Beweiswürdigung ihre Schlüsse daraus zu ziehen haben. Regelmäßig wird die Behörde davon ausgehen können, dass die behaupteten Tatsachen nicht der Wahrheit entsprechen. Nach § 162 Abs. 2 Satz 1 AO kann die Finanzbehörde bei einer Verweigerung der eidesstattlichen Versicherung die Besteuerungsgrundlagen schätzen. 6

### E. Rechtsbehelfe

Gegen das Verlangen auf Abgabe einer eidesstattlichen Versicherung steht dem Beteiligten der außergerichtliche Rechtsbehelf des Einspruchs (§ 347 AO) zu, im Fall einer ablehnenden Einspruchsentscheidung die Anfechtungsklage beim FG zu (§ 40 FGO). Mit dem Einspruch kann der Stpfl. nicht nur rügen, dass er kein Beteiligter ist, sondern auch, dass der Finanzbehörde einfachere, weniger belastende Mittel zur Sachaufklärung zur Verfügung stünden. Ein solches Vorgehen dürfte jedoch bezogen auf das steuerliche Ergebnis i. d. R. wenig zielführend sein; vielmehr sollte der Stpfl. etwaige Einwendungen erst im Rechtsbehelfsverfahren gegen die Steuerfestsetzung geltend machen, soweit für ihn nachhaltige Folgen aus der Verweigerung oder der Auswertung der Abgabe der Versicherung gezogen werden. 7

## § 96 AO
## Hinzuziehung von Sachverständigen

**(1) Die Finanzbehörde bestimmt, ob ein Sachverständiger zuzuziehen ist. Soweit nicht Gefahr im Verzug vorliegt, hat sie die Person, die sie zum Sachverständigen ernennen will, den Beteiligten vorher bekanntzugeben.**

**(2) Die Beteiligten können einen Sachverständigen wegen Besorgnis der Befangenheit ablehnen, wenn ein Grund vorliegt, der geeignet ist, Zweifel an seiner Unparteilichkeit zu rechtfertigen oder wenn von seiner Tätigkeit die Verletzung eines Geschäfts- oder Betriebsgeheimnisses oder Schaden für die geschäftliche Tätigkeit eines Beteiligten zu befürchten ist. Die Ablehnung ist der Finanzbehörde gegenüber unverzüglich nach Bekanntgabe der**

**Person des Sachverständigen, jedoch spätestens innerhalb von zwei Wochen unter Glaubhaftmachung der Ablehnungsgründe geltend zu machen. Nach diesem Zeitpunkt ist die Ablehnung nur zulässig, wenn glaubhaft gemacht wird, dass der Ablehnungsgrund vorher nicht geltend gemacht werden konnte. Über die Ablehnung entscheidet die Finanzbehörde, die den Sachverständigen ernannt hat oder ernennen will. Das Ablehnungsgesuch hat keine aufschiebende Wirkung.**

**(3) Der zum Sachverständigen Ernannte hat der Ernennung Folge zu leisten, wenn er zur Erstattung von Gutachten der erforderlichen Art öffentlich bestellt ist oder wenn er die Wissenschaft, die Kunst oder das Gewerbe, deren Kenntnis Voraussetzung der Begutachtung ist, öffentlich zum Erwerb ausübt oder wenn er zur Ausübung derselben öffentlich bestellt oder ermächtigt ist. Zur Erstattung des Gutachtens ist auch derjenige verpflichtet, der sich hierzu der Finanzbehörde gegenüber bereit erklärt hat.**

**(4) Der Sachverständige kann die Erstattung des Gutachtens unter Angabe der Gründe wegen Besorgnis der Befangenheit ablehnen.**

**(5) Angehörige des öffentlichen Dienstes sind als Sachverständige nur dann zuzuziehen, wenn sie die nach dem Dienstrecht erforderliche Genehmigung erhalten.**

**(6) Die Sachverständigen sind auf die Vorschriften über die Wahrung des Steuergeheimnisses hinzuweisen.**

**(7) Das Gutachten ist regelmäßig schriftlich zu erstatten. Die mündliche Erstattung des Gutachtens kann zugelassen werden. Die Beeidigung des Gutachtens darf nur gefordert werden, wenn die Finanzbehörde dies mit Rücksicht auf die Bedeutung des Gutachtens für geboten hält. Ist der Sachverständige für die Erstattung von Gutachten der betreffenden Art im allgemeinen beeidigt, so genügt die Berufung auf den geleisteten Eid; sie kann auch in einem schriftlichen Gutachten erklärt werden. Anderenfalls gilt für die Beeidigung §94 sinngemäß.**

**Inhaltsübersicht**



## A. Allgemeines

1 Die Möglichkeit, einen Sachverständigen hinzuzuziehen, eröffnet § 92 Nr. 2 AO. Die Zuziehung eines Sachverständigen ist eines unter gleichwertigen **Beweismitteln** und damit Mittel der **Sachaufklärung.** Die Klärung von Rechtsfragen kann nicht Gegenstand eines Sachverständigengutachtens sein. Die Entschädigung des Sachverständigen ist in § 107 AO geregelt.

## B. Bedeutung und Anwendungsbereich der Vorschrift

2 In der Praxis machen die Finanzbehörden von der Möglichkeit, einen Sachverständigen hinzu zu ziehen nur in seltenen Fällen Gebrauch. Dies hat seine Ursache einmal darin, dass Steuerrecht Massenfallrecht ist und die Inanspruchnahme eines Sachverständigen aufwändig und teuer ist. Abgesehen davon ist in der FinVerw. oft eigener Sachverstand vorhanden, wie z. B. bei der Bewertung von Grundstücken und Gebäuden, für die i. d. R. eigene Bausachverständige eingesetzt werden. Notwendig werden kann die Einschaltung eines Sachverständigen vor allem bei technischen oder medizinischen Fragen.

## C. Tatbestandliche Voraussetzungen

### I. Benennung des Sachverständigen

3 Die Entscheidung, ob ein Sachverständiger zuzuziehen ist, steht nach § 96 Abs. 1 Satz 1 AO ausschließlich der Finanzbehörde zu. Im Rahmen ihrer Ermittlungspflicht befindet die Finanzbehörde nach **pflichtgemäßem Ermessen,** ob ihre eigene Sachkenntnis ausreicht oder der sachkundigen Unterstützung bedarf. Fehleinschätzungen der eigenen Sachkenntnis, sei es unbewusst oder auch bewusst, stellen zwar einen Ermessens- und Verfahrensfehler dar, führen jedoch in der Regel nicht zu einer Aufhebung des angefochtenen Verwaltungsaktes, sondern oft dazu, dass das Finanzgericht während des gerichtlichen Verfahrens im Rahmen seiner Amtsermittlungspflicht einen Sachverständigen einschaltet. Die Behörde ist nicht verpflichtet, einer Sachverständigenanregung eines Beteiligten nachzukommen.

4 **Sachverständige** können nur natürliche Personen sein. Von der Auskunftsperson unterscheidet sich der Sachverständige dadurch, dass er über keine eigenen Erkennt-

nisse über bestimmte steuerlich relevante Sachverhalte verfügt, sondern seine Fachkunde auf dem ihm zur Begutachtung unterbreiteten Sachverhalt anwendet. Kein Sachverständiger i Sinne dieser Vorschrift ist der von einem Beteiligten gestellte Privatgutachter; dessen Angaben sind – ebenso wie ein schriftlich erstelltes Privatgutachten – Beteiligtenvorbringen. Der Finanzbehörde obliegt es, den für die gebotene Klärung geeigneten Sachverständigen auszuwählen. Dabei können sie sich z.B. der Hilfe der Industrie- und Handelskammern und der Handwerkskammern bedienen. Bei der Auswahl hat sie dem Gebot der Gewährung des rechtlichen Gehörs entsprechend den Beteiligten vorher die Person bekannt zu geben, die sie zum Sachverständigen ernennen will, sofern nicht Gefahr im Verzug vorliegt (§ 96 Abs. 1 Satz 2 AO). Abgesehen von solchen Fällen, in denen unter den gegebenen Umständen eine Verzögerung nicht hingenommen werden kann, ist also den Beteiligten schon so frühzeitig Gelegenheit zu geben, sich über eventuelle Gründe für die Ablehnung des in Aussicht genommenen Sachverständigen klar zu werden.

## II. Ablehnung von Sachverständigen

### 1. Ablehnungsgründe

5 Die Beteiligten können nach § 96 Abs. 2 Satz 1 AO einen Sachverständigen wegen Besorgnis der Befangenheit ablehnen, wenn entweder ein Grund vorliegt, der Zweifel an der Unparteilichkeit des Sachverständigen rechtfertigen kann oder wenn von der Tätigkeit des Sachverständigen die Verletzung eines Geschäfts- oder Betriebsgeheimnisses oder Schaden für die geschäftliche Tätigkeit eines Beteiligten zu befürchten ist. Hinsichtlich der Zweifel an der Unparteilichkeit des Sachverständigen gelten die gleichen Grundsätze wie bei der Ablehnung einer Gerichtsperson wegen Besorgnis der Befangenheit gem. § 51 FGO, s. § 51 FGO Rz. 6. Durch die zweite Alternative sollen die Beteiligten vor Schäden bewahrt werden, die ihnen aus der Offenlegung ihrer Verhältnisse entstehen können, ohne die der Sachverständige seine Aufgabe nicht erfüllen kann. Dabei ist insbes. an die Möglichkeit bewusster oder unbewusst fahrlässiger Benutzung von Betriebsgeheimnissen und geschäftlichen Beziehungen zu denken. Durch die Ablehnungsmöglichkeit soll das Vertrauen zur Person des Sachverständigen sichergestellt werden. Neben diesem Ablehnungsrecht haben die Beteiligten selbstverständlich auch das Recht, sich im Übrigen zur Person des in Aussicht genommenen Sachverständigen zu äußern, insbes. ihrer in § 90 Abs. 1 Satz 2 AO festgelegten Mitwirkungspflicht dadurch zu genügen, dass sie ihnen bekannte und nach ihrer Ansicht noch besser geeignete Sachverständige benennen. Allerdings werden in diesem Fall nicht selten Zweifel gegen die Unparteilichkeit bestehen, die die Finanzbehörde bei ihrer Auswahlentscheidung zu beachten hat (zur Auswahl s. Rz. 3).

Zu beachten ist ferner, dass auch die Ausschlussgründe des § 82 AO Anwendung finden.

### 2. Verfahren

Die Ablehnung ist der Finanzbehörde gegenüber unverzüglich nach Bekanntgabe der Person des Sachverständigen, jedoch spätestens innerhalb von zwei Wochen unter Glaubhaftmachung der Ablehnungsgründe geltend zu machen (§ 96 Abs. 2 Satz 2 AO). Nach Ablauf dieser zwei Wochen ist eine Ablehnung nur noch zulässig, wenn der Ablehnungsgrund vorher nicht geltend gemacht werden konnte (§ 96 Abs. 2 Satz 3 AO). Die Befristung soll verhindern, dass die Beteiligten eventuelle Ablehnungsgründe erst dann vorbringen, wenn das Gutachten für sie ungünstig ausgefallen ist. Zugleich soll einer Verfahrensverschleppung entgegengewirkt werden. 6

Auf die Befristung des Ablehnungsrechts sollte zweckmäßigerweise bei der Mitteilung der Person des in Aussicht genommenen Sachverständigen hingewiesen werden. Ein Grund, der den Ablehnungsberechtigten i.S. des § 96 Abs. 2 Satz 3 AO an der rechtzeitigen Geltendmachung des Ablehnungsgrundes gehindert hat, kann nur anerkannt werden, wenn der Beteiligte trotz sorgfältiger Erkundigungen den Ablehnungsgrund erst später erfahren hat. Die Finanzbehörde ist nicht verpflichtet, die Beteiligten auf mögliche Ablehnungsgründe aufmerksam zu machen.

Über das Ablehnungsgesuch entscheidet diejenige Finanzbehörde, die den Sachverständigen ernannt hat oder ernennen will (§ 96 Abs. 2 Satz 4 AO). Eine Anhörung des abgelehnten Sachverständigen ist nicht vorgeschrieben; sie kann aber zweckmäßig sein, damit sich die Finanzbehörde über die Begründetheit des Ablehnungsgesuchs ein besseres Bild machen kann. Gegen die ablehnende Entscheidung über das Ablehnungsgesuch ist der außergerichtliche Rechtsbehelf des Einspruchs (§ 347 AO) gegeben. Weder das Ablehnungsgesuch noch die Rechtsbehelfe gegen die hierüber getroffene Entscheidung haben aufschiebende Wirkung (§ 96 Abs. 2 Satz 5 AO). Auch dies dient der Verfahrensbeschleunigung. Nur in besonderen Fällen kann vorläufiger Rechtsschutz gem. § 114 FGO in Frage kommen. Im Übrigen ist die Finanzbehörde gut beraten, wenn sie die Ernennung des Sachverständigen bzw. die Erstattung des Gutachtens bis zur endgültigen Entscheidung über das Ablehnungsgesuch zurückstellt, sofern dieses nicht offensichtlich aussichtslos und die hierdurch bewirkte Verzögerung vertretbar ist. Bei einem erfolgreichen Ablehnungsgesuch muss die Finanzbehörde einen neuen Sachverständigen benennen; dem abgelehnten Sachverständigen steht kein Rechtsbehelf gegen die ablehnende Entscheidung zu. 7

### III. Pflicht zur Begutachtung

8 Unter den besonderen Voraussetzungen des § 96 Abs. 3 AO muss der von der Behörde ernannte Sachverständige der Ernennung Folge leisten. Die Vorschrift entspricht insoweit § 407 ZPO. Grundsätzlich besteht die Möglichkeit, die Erfüllung der Sachverständigenpflicht nach §§ 328 ff. AO zu erzwingen. Dies ist wenig sachgerecht, da bei einem erzwungenen Gutachten zweifelhaft ist, ob der Gutachter die gebotene Sorgfalt walten lässt. Deshalb erscheint es sachgerechter, im Falle der Weigerung einen anderen Gutachter auszuwählen. Nur in Ausnahmefällen kann der Gutachter die Erstattung des Gutachtens ablehnen (s. § 104 AO). Der von § 96 Abs. 3 AO erfasste Personenkreis ist umfassend, da er nicht nur die öffentlich bestellten Gutachter, sondern auch die Erwerbstätigkeit in dem zu begutachtenden Bereich zur Begründung der Sachverständigenpflicht ausreichen lässt.

### IV. Selbstablehnung des Gutachters

9 Sind dem Sachverständigen selbst Gründe bekannt, die wegen Besorgnis der Befangenheit gegen seine Einschaltung sprechen, so kann er trotz grundsätzlich einer nach § 96 Abs. 3 AO bestehenden Sachverständigenpflicht die Erstattung des Gutachtens unter Angabe der Gründe wegen der Besorgnis der Befangenheit ablehnen (§ 96 Abs. 4 AO). Wegen der in Frage kommenden Gründe s. Rz. 5. Eine Glaubhaftmachung der Gründe ist nicht vorgeschrieben, sodass deren schlüssige Darlegung genügt.

### V. Angehörige des öffentlichen Dienstes

10 Die Zuziehung von Angehörigen des öffentlichen Dienstes als Sachverständige ist nur unter der Voraussetzung zulässig, dass sie die nach dem Dienstrecht erforderliche Genehmigung erhalten (§ 96 Abs. 5 AO). Auch Sachverständige, die Angehörige des öffentlichen Dienstes sind, sind selbstverständlich zu unparteiischer Gutachtenerstattung verpflichtet und an Weisungen der Finanzbehörden nicht gebunden. Dies gilt auch dann, wenn sie im Dienste der Finanzverwaltung stehen.

### VI. Bindung des Sachverständigen an das Steuergeheimnis

11 Da die in einem Besteuerungsverfahren hinzugezogenen Sachverständigen dem Steuergeheimnis unterliegen (§ 30 Abs. 3 Nr. 2 AO), ordnet § 96 Abs. 6 AO an, dass die Sachverständigen auf die Vorschriften über die Wahrung des Steuergeheimnisses besonders hinzuweisen sind.

### VII. Erstattung des Gutachtens

Das Gutachten ist aufgrund des von der Finanzbehörde mitgeteilten Sachverhalts unter Berücksichtigung des Gutachtenauftrags zu erstatten. Der Sachverständige ist grundsätzlich nicht zu eigenen Sachverhaltsermittlung befugt. Oft kann es jedoch sachgerecht sein, wenn die Finanzbehörde dem Gutachter auch mit Sachermittlungsbefugnissen ausstattet. Dies gilt insbes. dann, wenn eine sachgerechte Gutachtenerstattung noch weitere Sachverhaltserkenntnisse erfordert. 12

Für die Form des Gutachtens ordnet § 96 Abs. 7 Satz 1 AO für den Regelfall **Schriftform** an. In dem Gutachten ist der Sachverhalt sowie darzulegen, wie der Gutachter zu seinen Erkenntnissen und Schlussfolgerungen gelangt ist. Es muss so verfasst sein, dass die Finanzbehörde – gleiches gilt für die anderen Beteiligten – in den Stand gesetzt werden, das Ergebnis des Gutachtens nachzuvollziehen. Die Finanzbehörde ist an die Feststellungen des Gutachtens nicht gebunden; es ist im Rahmen der **freien Beweiswürdigung** als eines von möglicherweise mehreren Beweismitteln zu würdigen. Neben der in der Praxis üblichen Schriftform kann ausnahmsweise kann nach § 96 Abs. 7 Satz 2 AO auch die **mündliche Erstattung** des Gutachtens zugelassen werden. Außerdem kann der Sachverständige ein schriftlich erstattetes Gutachten zusätzlich mündlich erläutern. Eine **eidliche Bekräftigung** des Gutachtens soll nur ausnahmsweise gefordert werden, wenn die Finanzbehörde dies mit Rücksicht auf die Bedeutung des Gutachtens für geboten hält (§ 96 Abs. 7 Satz 3 AO). Ist der Sachverständige als solcher allgemein beeidigt worden, genügt die Berufung auf den geleisteten Sachverständigeneid, auch als entsprechende Erklärung im schriftlichen Gutachten (§ 96 Abs. 7 Satz 4 AO). In allen anderen Fällen gilt für die Beeidigung das für die eidliche Einvernahme von Auskunftspersonen in § 94 AO geregelte Verfahren sinngemäß, d.h. die Beeidigung ist im Regelfall vor dem zuständigen Finanzgericht auf Ersuchen der Finanzbehörde vorzunehmen.

Mit Rücksicht auf das Recht auf Gehör (s. § 91 AO) ist u.E. das Gutachten des Sachverständigen dem Beteiligten zuzuleiten bzw. ist er über das Ergebnis mündlich erstatteter Gutachten zu unterrichten.

## III. Beweis durch Urkunden und Augenschein

## § 97 AO
## Vorlage von Urkunden

**(1) Die Beteiligten und andere Personen haben der Finanzbehörde auf Verlangen Bücher, Aufzeichnungen, Geschäftspapiere und andere Urkunden zur Einsicht und Prüfung vorzulegen. Im Vor-**

**lageverfahren ist anzugeben, ob die Urkunden für die Besteuerung des zur Vorlage Aufgeforderten oder für die Besteuerung anderer Personen benötigt werden. § 93 Absatz 1 Satz 2 und 3 gilt entsprechend.**

**(2) Die Finanzbehörde kann die Vorlage der in Abs. 1 genannten Urkunden an Amtsstelle verlangen oder sie bei dem Vorlagepflichtigen einsehen, wenn dieser einverstanden ist oder die Urkunden für eine Vorlage an Amtsstelle ungeeignet sind. § 147 Abs. 5 gilt entsprechend.**

**Inhaltsübersicht**



## A. Allgemeines

1 Zu den Beweismitteln, die auch § 92 Nr. 3 AO aufführt, gehört der Urkundenbeweis. § 97 AO ist eine allgemeine Beweismittelvorschrift.

## B. Bedeutung und Anwendungsbereich der Vorschrift

2 Der Vorschrift kommt in der Praxis hohe Bedeutung zu, oft ohne dass es den Beteiligten bewusst wird, dass eine »Beweisaufnahme« i. S. von § 97 AO vorliegt. So fällt z. B. jede Anforderung eines Kaufvertrags, Mietvertrags oder einer Einnahme-Überschussrechnung o. Ä. in den Anwendungsbereich der Vorschrift. Sie gilt in allen Verfahren, die der Sachaufklärung dienen, sofern ihre Anwendung nicht durch spezialgesetzliche Normen ausgeschlossen ist, wie z. B. durch § 200 Abs. 1 Satz 4 AO, § 208 Abs. 1 Satz 3 AO. Auch im Steuerstrafverfahren findet § 97 AO keine Anwendung.

## C. Tatbestandliche Voraussetzungen

### I. Verpflichtung zur Urkundsvorlage

3 Nach Abs. 1 haben die **Beteiligten** ebenso wie **dritte Personen** auf Verlangen der Finanzbehörde Bücher, Aufzeichnungen, Geschäftspapieren und anderen Urkunden zur Einsicht und Prüfung vorzulegen. Zu den hiernach Verpflichteten gehören auch nicht rechtsfähige Vereinigungen, Vermögensmassen, Behörden und Betriebe gewerblicher Art der Körperschaften des öffentlichen Rechts (§ 97 Abs. 1 Satz 3 AO i. V. m. § 93 Abs. 1 Satz 2 AO). Durch den Verweis auf § 93 Abs. 1 Satz 3 AO wird die Verweispflicht Dritter eingeschränkt. Sie sollen erst in Anspruch genommen werden, wenn eine Sachverhaltsaufklärung bei den Beteiligten vergeblich oder nicht erfolgversprechend ist (§ 97 Abs. 1 Satz 3 AO i. V. m. § 93 Abs. 1 Satz 3 AO). Wegen der in § 104 Abs. 1 AO enthaltenen grundsätzlichen Regelung von Auskunftsverweigerungsrechten auch für die Vorlage von Urkunden muss das Vorlageverlangen die Unterrichtung darüber mit einschließen, ob die Urkunden für die Besteuerung des zur Vorlage Aufgeforderten oder für die Besteuerung anderer Personen benötigt werden (§ 97 Abs. 1 Satz 2 AO).

**Urkunden** sind verkörperte Gedankenerklärungen, die allgemein oder für Eingeweihte verständlich sind und den Urheber erkennen lassen. Ferner müssen sie zu Beweis einer rechtlich beachtlichen Tatsache gelten. Es handelt sich also grundsätzlich um in Papierform vorhandene Schriftstücke, Auch von Bild- oder Datenträgern reproduzierte Schriftstücke fallen in den Anwendungsbereich; dies lässt sich aus dem in Abs. 3 enthaltenen Verweis auf § 147 Abs. 5 AO entnehmen (*Seer* in Tipke/Kruse, § 97 AO Rz. 2). Die im Gesetz genannten Bücher, Aufzeichnungen und Geschäftspapiere sind nur Beispiele, die jeweils den Urkundsbegriff erfüllen. Vorzulegen sind die (Original-)Urkunden, die sich in der Verfügungsmacht des Vorlagepflichtigen befinden. Es steht der FinVerw aber auch frei, die Vorlage von Kopien oder Mehrfertigungen ausreichen zu lassen, jedenfalls dann, wenn kein Zweifel an der inhaltlichen Richtigkeit bestehen. Verfügungsmacht bedeutet nicht unmittelbarer Besitz. Die Vorlagepflicht bezieht sich auch auf Urkunden, die ein anderer für den Vorlagepflichtigen aufbewahrt. Gespeicherte Daten und elektronische Akten sind keine Urkunden i. S. von § 97 AO. Davon zu unterscheiden ist die Archivierung von Unterlagen; sind sie elektronisch aufbewahrt, richtet sich die Vorlage nach § 97 Abs. 2 Satz 2 AO i. V. m. § 147 Abs. 5 AO. 4

Da § 97 AO allgemeine Beweismittelvorschrift ist, kann auch die Vorlage von Unterlagen verlangt werden, die nicht der Aufbewahrungspflicht nach § 147 AO unterliegen. Dies entspricht auch dem Zweck der Vorschrift, eine umfassende Sachaufklärung zu ermöglichen. Deshalb kann u. E. grundsätzlich auch die Vorlage **privater Kontounterlagen** verlangt werden. Der erforderliche Schutz des Stpfl. vor einem Vorlageverlangen »ins Blaue hinein« wird zum einen durch die Vorlagevoraussetzungen in § 97 Abs. 2 AO, zum anderen durch das Erfordernis einer fehlerfreien Ermessensentscheidung gewährleistet. So wäre die Vorlage privater Kontounterlagen unverhältnismäßig, wenn keine Anhaltspunkte bestehen, dass über 5 diese Konten z. B. betriebliche Einnahmen oder Zinserträge geflossen sind.

### II. Subsidiarität der Urkundsvorlage

6 Eine gesetzliche geregelte Subsidiarität der Urkundsvorlage gegenüber anderen Maßnahmen der Sachaufklärung gilt nur im Verhältnis zu anderen Personen, also Dritten (§ 97 Abs. 1 Satz 3 AO i. V. m. § 93 Abs. 1 Satz 3 AO; s. Anm. 3). Gegenüber den Beteiligten steht damit das Verlangen auf Urkundsvorlage gleichwertig gegenüber anderen Sachaufklärungsmaßnahmen. Insbesondere sind die Finanzbehörden nicht mehr verpflichtet, vor der Aufforderung zur Urkundsvorlage die Sachaufklärung auf dem Wege der Einholung von Auskünften (§ 93 AO) zu betreiben. Allerdings handelt es sich bei der Entscheidung der Finanzbehörde zur Urkundsvorlage um eine Ermessensentscheidung, in deren Rahmen auch zu prüfen sein wird, ob andere, weniger belastende Mittel zur Sachaufklärung vorrangig heranzuziehen sind. Dies folgt aus dem Verhältnismäßigkeitsgrundsatz. Die Urkundsvorlage kann auch im Rahmen der gesetzlichen Regelung nur verlangt werden, wenn sie erforderlich, verhältnismäßig, erfüllbar und zumutbar ist.

7 vorläufig frei

### III. Durchführung der Beweiserhebung

#### 1. Ort der Urkundsvorlage

8 Ist das Vorlageverlangen nach den § 97 Abs. 1 AO zulässig, sind die Urkunden grundsätzlich an Amtsstelle vorzulegen (§ 97 Abs. 2 Satz 1 AO). Die Vorlage kann durch Übergabe der Unterlagen oder durch deren Übersendung erfolgen. Der Stpfl. hat keinen Rechtsanspruch darauf, dass die Prüfung der vorgelegten Unterlagen in seinem Beisein erfolgt (FG Ha v. 12.02.1981, 134/80, II EFG 1981, 542; FG Ha v. 21.12.1998, VI 170/98 – juris). Vielmehr muss der Stpfl. die Unterlagen der Finanzbehörde ggf. zum vorübergehenden ausschließlichem Gewahrsam zum Zwecke der Prüfung überlassen. Eine Einsichtnahme bei dem Vorlagepflichtigen kommt nur in Frage, wenn dieser einverstanden ist oder die Urkunden für eine Vorlage an Amtsstelle ungeeignet sind. Die letztere Voraussetzung kann z. B. dadurch gegeben sein, dass die Urkunden nur unter Einsatz technischer Hilfsmittel gelesen werden können, die allein beim Vorlagepflichtigen vorhanden sind und mit zumutbarem Aufwand auch nicht an die Amtsstelle verbracht werden können. Hinsichtlich der Besonderheiten bei Datenträgern und Datenfernübertragung verweist § 97 Abs. 2 Satz 2 AO auf den entsprechend geltenden § 147 Abs. 5 AO. Wegen des Rechts, bei fremdsprachlichen Urkunden usw. die Vorlage einer Übersetzung zu verlangen, s. § 87 Abs. 2 AO. Soweit Urkunden durch Dritte vorgelegt sind, kann die Finanzbehörde von diesen nicht die Vorlage einer Übersetzung verlangen oder gar sich auf deren Kosten eine Übersetzung beschaffen (gl. A. *Seer* in Tipke/Kruse, § 97 AO Rz. 3).

#### 2. Vorlageverlangen

Die Vorlage von Urkunden muss verlangt werden. In dem Vorlageverlangen muss nicht nur deutlich gemacht werden, ob die Urkunden für die Besteuerung desjenigen benötigt werden, der zur Vorlage aufgefordert ist, oder für die Besteuerung eines Dritten, sondern es ist auch auf die Voraussetzungen und die Ermessenserwägungen einzugehen. Wird ein Dritter zur Vorlage aufgefordert, ist u. E. dem Beteiligten regelmäßig rechtliches Gehör zu gewähren, denn das Vorlageverlangen ist **Verwaltungsakt**. Gegen das Verlangen der Behörde nach Vorlage von Urkunden usw. ist der außergerichtliche Rechtsbehelf des Einspruchs (§ 347 AO) gegeben. Der Einspruch hat keine aufschiebende Wirkung. Vorläufiger Rechtsschutz ist durch Aussetzung der Vollziehung (§ 361 AO, § 69 FGO) zu gewähren. 9

Das Vorlageverlangen ist grundsätzlich nach §§ 328 ff. AO erzwingbar. Es steht im pflichtgemäßen Ermessen unter Abwägung aller Umstände, insbes. auch der Zumutbarkeit und Verhältnismäßigkeit, ob die Behörde das Verlangen in dieser Weise durchsetzt oder ob sie das Verhalten würdigt. Schätzung ist jedenfalls zulässig, wenn der Beteiligte dem Vorlageverlangen nicht nachkommt (§ 162 Abs. 2 AO).

### D. Kostenerstattung

Eine Kostenerstattung für Auslagen des zur Vorlage Verpflichteten kommt unter den Voraussetzungen des § 107 AO in Betracht. 10

## § 98 AO
## Einnahme des Augenscheins

**(1) Führt die Finanzbehörde einen Augenschein durch, so ist das Ergebnis aktenkundig zu machen.**

**(2) Bei der Einnahme des Augenscheins können Sachverständige zugezogen werden.**

Das Beweismittel der **Einnahme des Augenscheins** ist als eines der klassischen Beweismittel in § 92 Nr. 4 AO aufgeführt. Die Inaugenscheinnahme ist in allen Stadien des Besteuerungsverfahrens möglich; insbes. kann auch die Steuerfahndung von diesem Mittel Gebrauch machen, soweit sich ihre Ermittlungsbefugnis nach den Vorschriften der AO richtet (FG Köln v. 22.09.2016, 13 K 66/13, 1

EFG 2017, 101). Die Einnahme des Augenscheins dient vor allem dazu, den Zustand von Sachen, insbes. Grundstücken (Gebäuden), für steuerliche Zwecke festzustellen. So wird die Finanzbehörde z. B. die tatsächlichen Voraussetzungen für die Ansetzung eines Zu- oder Abschlags im Rahmen der Einheitsbewertung des Grundbesitzes am zuverlässigsten im Wege des Augenscheins feststellen können. Desgleichen wird die Eigenschaft eines Kraftfahrzeuges als Sonderfahrzeug i. S. des KraftStG am besten durch Augenschein zu überprüfen sein. Die Abgrenzung zwischen Betriebsvorrichtungen und Gebäudebestandteilen wird häufig die Einnahme eines Augenscheins unter evtl. Zuziehung eines Sachverständigen und gleichzeitiger Einsicht in vorhandene Planunterlagen erforderlich machen. Anders als der Wortlaut suggeriert, ist der Augenschein nicht nur auf Besichtigungen beschränkt; auch andere Wahrnehmungen durch (menschliche) Sinnesorgane (z. B. Riechen, Schmecken, Hören) können Gegenstand des Augenscheins sein (*Kobor* in BeckAOOK, § 98 Rz. 6). Der Augenschein kann sowohl an Amtsstelle als auch im Rahmen einer auswärtigen Beweisaufnahme genommen werden. Die Entscheidung, ob und ggf. wo eine Inaugenscheinnahme erfolgt, steht im Ermessen des FA.

2 Für die Einnahme des Augenscheins enthalten die §§ 99 und 100 AO zusätzliche ergänzende Regelungen, insbes. hinsichtlich der Zulässigkeit des Betretens von **Grundstücken und Räumen** und der **Vorlagepflicht** in Bezug auf Wertsachen.

3 Das Ergebnis der Einnahme des Augenscheins muss in den **Akten**, darunter fallen auch in elektronischer Form geführte Vorgänge, festgehalten werden (§ 98 Abs. 1 AO). Hierfür ist ausreichend, wenn in einem Aktenvermerk die steuerlich relevanten tatsächlichen Wahrnehmungen kurz niedergelegt werden. Nur diese Wahrnehmungen durch die Sinnesorgane der den Augenschein einnehmenden Amtsträger stellen das Ergebnis des Augenscheins dar; nicht dagegen die an dieses Ergebnis anknüpfende rechtliche Subsumtion. Anlässlich des Augenscheins dürfen auch Fotografien und andere technische Dokumentationen angefertigt werden, denn die Protokollierung soll möglichst umfassend den gewonnenen Eindruck abbilden.

Wenn auch über den Zeitpunkt der Anfertigung des diesbezüglichen Aktenvermerks ausdrückliche Vorschriften fehlen, erfordert das Gebot einer ordnungsgemäßen und zuverlässigen Beweisaufnahme doch eine **zeitnahe Aufzeichnung**.

4 Nach § 98 Abs. 2 AO können bei der Einnahme des Augenscheins **Sachverständige** hinzugezogen werden. Sofern die Finanzbehörde von dieser Möglichkeit Gebrauch macht, muss sie gem. § 96 AO zunächst einen Sachverständigen zuzuziehen. Unter Umständen wird der Gutachter durch mündliche Erläuterungen (§ 96 Abs. 7 Satz 2 AO) die bei der Augenscheinseinnahme getroffenen Feststellungen aufgrund seines Fachwissens ordnen, bereinigen und erläutern können.

Angeordnet wird die Augenscheinseinnahme durch rechtsbehelfsfähigen Verwaltungsakt, sodass der Einspruch gegeben ist. 5

## § 99 AO
## Betreten von Grundstücken und Räumen

**(1) Die von der Finanzbehörde mit der Einnahme des Augenscheins betrauten Amtsträger und die nach den §§ 96 und 98 zugezogenen Sachverständigen sind berechtigt, Grundstücke, Räume, Schiffe, umschlossene Betriebsvorrichtungen und ähnlicher Einrichtungen während der üblichen Geschäfts- und Arbeitszeit zu betreten, soweit dies erforderlich ist, um im Besteuerungsinteresse Feststellungen zu treffen. Die betroffenen Personen sollen angemessene Zeit vorher benachrichtigt werden. Wohnräume dürfen gegen den Willen des Inhabers nur zur Verhütung dringender Gefahren für die öffentliche Sicherheit und Ordnung betreten werden.**

**(2) Maßnahmen nach Abs. 1 dürfen nicht zu dem Zweck angeordnet werden, nach unbekannten Gegenständen zu forschen.**

**Inhaltsübersicht**



### A. Allgemeines

Die Vorschrift befasst sich mit der Zulässigkeit des Eindringens in das private abgegrenzte Besitztum im Zuge einer Augenscheinseinnahme. Sie ist damit eine Ergänzung zu § 92 Nr. 4 AO und § 99 AO, gibt aber keine Grundlage für eine Durchsuchung der Räumlichkeiten. 1

### B. Bedeutung und Anwendungsbereich der Vorschrift

Die Bedeutung der Vorschrift ist vergleichsweise gering, da die Finanzbehörden selten von ihr Gebrauch machen. Wegen der vorherigen Unterrichtung der Beteiligten birgt sie zudem das Risiko, dass sich der Steuerpflichtige auf 2 den Besuch einstellt und damit der Wert der Beweiserhebung gemindert ist.

## C. Tatbestandliche Voraussetzungen

### I. Betretungsrecht

3 Das Betretungsrecht steht den **Amtsträgern** (§ 7 AO), die mit der Einnahme eines Augenscheins betraut sind, den zu einem Augenschein zugezogenen **Sachverständigen** (§ 98 Abs. 2 AO) und allgemein dem mit der Erstattung eines Gutachtens gem. § 96 AO beauftragten Sachverständigen zu.

Nur die genannten Personen sind nach § 99 Abs. 1 Satz 1 AO berechtigt, Grundstücke, Räume, Schiffe, umschlossene Betriebsvorrichtungen und ähnliche Einrichtungen zu betreten, soweit dies erforderlich ist, um im Besteuerungsinteresse Feststellungen zu treffen. Damit betrifft das Betretungsrecht auch solche Vorrichtungen, die rein technische Aufgaben zu erfüllen haben und zum Betreten durch Menschen grundsätzlich nicht geeignet sind (z.B. Maschineneinfriedungen). Das Betretungsrecht ist jedoch auf die übliche Geschäfts- und Arbeitszeit beschränkt. Weicht die Geschäfts- oder Arbeitszeit im konkreten Fall von den allgemein üblichen Zeiten ab, wird die Finanzbehörde tunlichst sich auf die speziellen Gepflogenheiten einstellen, ohne hierzu verpflichtet zu sein. Art. 13 GG steht dem hier geregelten Recht zum Betreten von Geschäftsräumen nicht entgegen. Das BVerfG (vom 13.10.1971, 1 BvR 280/66, BVerfGE 32, 54) subsumiert unter den Begriff der Wohnung i.S. des Art. 13 GG zwar auch Geschäftsräume, mindert das Schutzbedürfnis des Inhabers von Geschäftsräumen jedoch im Verhältnis zu den Wohnräumen, indem es die üblichen Betretungs- und Besichtigungsrechte der Behörden nicht als Eingriffe und Beschränkungen i.S. des Art. 13 Abs. 3 GG qualifiziert (so auch BFH v. 22.12.2006, VII B 121/06, BFH/NV 2007, 802).

Die Einzelsteuergesetze können besondere Befugnisse zum Betreten enthalten. Von Bedeutung sind z.B. die USt-Nachschau (§ 27b UStG) und die LSt-Nachschau (§ 42g EStG). In der AO finden sich besondere Befugnisse in § 200 Abs. 3 Satz 2 AO bei der Außenprüfung, § 210 AO bei der Steueraufsicht und § 287 AO bei der Vollstreckung, Letztere auch bezüglich einer Durchsuchung.

### II. Benachrichtigungspflicht

4 Nach § 99 Abs. 1 Satz 2 AO sollen die betroffenen Personen **angemessene Zeit** vorher benachrichtigt werden. Damit wird sichergestellt, dass die betroffenen Personen anwesend sein können, wenn sie es wünschen. Die Zulässigkeit des Betretens ist jedoch nicht von der Anwesenheit der betroffenen Personen abhängig, auch wenn in der Praxis jedenfalls bei verschlossenen Räumen die Zugangsmöglichkeit wohl vor allem durch die betroffenen Personen ermöglicht wird. Angemessen ist ein Zeitraum, der es den Betroffenen normalerweise erlaubt, die notwendigen Dispositionen zu treffen bzw. bei nicht behebbaren Hindernissen unter Angabe der Gründe die Bestimmung eines anderen Termins anzuregen. Die vorherige Benachrichtigung kann entsprechend § 197 Abs. 1 Satz 1 AO unterbleiben, wenn der Zweck der Augenscheinseinnahme dadurch gefährdet wird. Dies kann z.B. der Fall sein, wenn hinsichtlich des **»häuslichen Arbeitszimmers«** Feststellungen getroffen werden sollen und die Gefahr besteht, dass der Stpfl. den Ankündigungszeitraum nutzt, um das Zimmer entsprechend den Anforderungen der FinVerw. und der Rspr. anzupassen. Dementsprechend ziehen die Finanzbehörden in der Regel negative Schlussfolgerungen, wenn ein Stpfl. eine Augenscheineinnahme des Arbeitszimmers verweigert. Dies ist zulässig, da den Stpfl. die Feststellungslast dafür trifft, dass die Abzugsvoraussetzungen erfüllt sind. Allerdings darf der Stpfl. das Betreten verweigern, wenn es zur »Unzeit« erfolgt. Dies ist nicht schon deshalb der Fall, wenn der Besuch in den frühen Abendstunden und damit zu einer Zeit erfolgt, zu der das Arbeitszimmer typischerweise genutzt wird.

### III. Besonderer Schutz der Wohnung

Die durch Art. 13 GG geschützte Unverletzlichkeit der Wohnung wird in § 99 Abs. 1 Satz 3 AO besonders berücksichtigt. Auch im Besteuerungsverfahren dürfen Wohnräume grundsätzlich nur betreten werden, wenn der Inhaber damit einverstanden ist (Sonderregelung in § 29 Abs. 2 BewG für die Einheitsbewertung des Grundbesitzes, »örtliche Erhebungen«). Andernfalls wird die Finanzbehörde auf andere Beweismittel, z.B. Auskünfte, Urkunden, zurückgreifen müssen. Oft wird die Zulassung des Betretens der Wohnräume aber im Interesse des Inhabers stehen, insbes. wenn steuermindernde Tatsachen unter Beweis gestellt werden sollen. Aus einer Weigerung des Betroffenen kann die FinVerw. dann ggf. nachteilige Schlüsse ziehen, wenn insoweit auch die Mitwirkungspflicht verletzt ist (BFH v. 09.06.2005, IX R 75/03, BFH/NV 2005, 1765). Der weitere Gesetzeswortlaut, wonach die Betretung von Wohnräumen gegen den Willen des Inhabers nur dann zulässig ist, wenn sie zur Verhütung dringender Gefahren für die öffentliche Sicherheit und Ordnung erforderlich ist, dürfte im Besteuerungsverfahren kaum praktische Bedeutung erlangen. Zu den besonders geschützten Räumen gehört das häusliche Arbeitszimmer nicht, da es nicht dem privaten Wohnen dient; auch das Durchschreiten privater Wohnräume zur Augenscheineinnahme anderer Räume ist ohne die zusätzlichen Anforderungen von § 99 Abs. 1 Satz 3 AO zulässig. 5

### IV. Verbot des Ausforschungsbeweises

6 Nach § 99 Abs. 2 AO dürfen die in § 99 Abs. 1 AO geregelten Betretungsrechte nicht zu dem Zweck missbraucht werden, nach unbekannten Gegenständen zu forschen. Anordnungen nach § 99 Abs. 1 AO müssen daher Ermittlungshandlungen in Bezug auf konkrete und der Behörde bereits bekannte Steuertatbestände darstellen. Durchsuchungen zum Zwecke der Aufdeckung unbekannter steuerlich relevanter Sachverhalte können nicht auf § 99 Abs. 1 AO gestützt werden. Solche Maßnahmen setzen einen strafrechtlichen Verdacht und einen Durchsuchungsbeschluss voraus und sind nur im Rahmen der steuerstrafrechtlichen Ermittlungen zulässig (s. § 208 ff. AO).

### D. Rechtsbehelfe und Erzwingbarkeit

7 Gegen die Anordnung, das Betreten zu dulden, ist der Einspruch (§ 347 AO) und nachfolgend Anfechtungsklage beim Finanzgericht gegeben. Der Einspruch hat keine aufschiebende Wirkung. Einstweiliger Rechtschutz kann insoweit nur durch einen Antrag auf Aussetzung der Vollziehung erwirkt werden.

Das Betreten der Grundstücke und Räume kann mit Zwangsmitteln durchgesetzt werden (§ 328 ff. AO).

## § 100 AO
## Vorlage von Wertsachen

**(1) Der Beteiligte und andere Personen haben der Finanzbehörde auf Verlangen Wertsachen (Geld, Wertpapiere, Kostbarkeiten) vorzulegen, soweit dies erforderlich ist, um im Besteuerungsinteresse Feststellungen über ihre Beschaffenheit und ihren Wert zu treffen. §98 Abs.2 ist anzuwenden.**

**(2) Die Vorlage von Wertsachen darf nicht angeordnet werden, um nach unbekannten Gegenständen zu forschen.**

1 Die in der Praxis unbedeutende Vorschrift regelt die Vorlagepflicht für bestimmte Fälle der Augenscheinseinnahme.

Nach § 100 **Abs. 1 Satz 1** AO besteht die Verpflichtung der Beteiligten und anderen Personen, der Finanzbehörde auf Verlangen Wertsachen, also Geld, Wertpapiere und Kostbarkeiten (s. auch § 372 BGB), vorzulegen, soweit dies erforderlich ist, um im Besteuerungsinteresse Feststellungen über ihre Beschaffenheit und ihren Wert zu treffen. Die Norm soll also ausschließlich der Wertermittlung dienen und nicht dem Aufspüren von Vermögenswerten. Die Voraussetzungen für die Vorlagepflicht müssen dem Adressaten des Verlangens vorher dargelegt werden (§ 91 Abs. 1 AO); desgleichen sind ihm die für die Entscheidung, ob ein Verweigerungsrecht wahrgenommen werden kann, erforderlichen Tatsachen mitzuteilen und die vorgeschriebenen Belehrungen über die zustehenden Verweigerungsrechte zu geben (s. § 104 AO i.V.m. §§ 101, 103 AO).

Der Begriff der **Wertsachen** ist gesetzlich dahin erläutert, dass es sich um Geld, Wertpapiere oder Kostbarkeiten handeln muss. Geld sind sowohl inländische als auch ausländische Zahlungsmittel, Wertpapiere sind alle verbrieften Rechte über Forderungen (z.B. Rekta-, Order- und Inhaberpapiere). Der Begriff der Kostbarkeit ist entsprechend der bürgerlich-rechtlichen Auslegung zu verstehen. Danach ist auf die allgemeine Verkehrsanschauung abzustellen. Er umfasst solche Sachen, deren Wert im Verhältnis zu Größe und Gewicht besonders hoch ist, insb. also Schmuck, Edelsteine; Münzen, Kunstgegenstände und ähnliche Gegenstände. Reicht die Sachkunde der Amtsträger für die Feststellung der Beschaffenheit und des Wertes der vorzulegenden Wertsache nicht aus, kann die Behörde im Rahmen einer Inaugenscheinnahme auch **Sachverständige** zuziehen (§ 100 Abs. 1 Satz 2 AO i.V.m. § 98 AO). 2

§ 100 **Abs. 2** AO stellt klar, dass die Vorschrift nicht zur Erkundung neuer, bisher unbekannter Vermögensgegenstände ermächtigt. Die allgemeine Aufforderung, alle vorhandenen Wertgegenstände vorzulegen, ohne diese im Einzelnen zu bezeichnen, ist daher unzulässig. 3

Als außergerichtlicher Rechtsbehelf ist der Einspruch (§ 347 AO) gegeben. Das Verlangen ist gem. § 328 AO erzwingbar, wobei in der Regel allenfalls ein Zwangsgeld gem. § 329 AO in Betracht kommen dürfte. 4

### IV. Auskunfts- und Vorlageverweigerungsrecht

## § 101 AO
## Auskunfts- und Eidesverweigerungsrecht der Angehörigen

**(1) Die Angehörigen (§15) eines Beteiligten können die Auskunft verweigern, soweit sie nicht selbst als Beteiligte über ihre eigenen steuerlichen Verhältnisse auskunftspflichtig sind oder die Auskunftspflicht für einen Beteiligten zu erfüllen haben. Die Angehörigen sind über das Auskunftsverweigerungsrecht zu belehren. Die Belehrung ist aktenkundig zu machen.**

**(2) Die in Abs. 1 genannten Personen haben ferner das Recht, die Beeidigung ihrer Auskunft zu verweigern. Abs. 1 Sätze 2 und 3 gelten entsprechend.**

**Inhaltsübersicht**



**Schrifttum**


LOHMEYER, Das Auskunftsverweigerungsrecht des Steuerberaters, StB 1989, 289; SCHUHMANN, Auskunftsverweigerungsrechte in der steuerlichen Außenprüfung, StBp 1996, 89; VON WEDELSTÄDT, Verwertungsverbote im Beweiserhebungsverfahren – Prüfung der materiellen Voraussetzungen: Wann führen Verstöße zum Verwertungsverbot?, AO-StB 2001, 19; HEUERMANN, Reichweite des Zeugnisverweigerungsrechts des Steuerberaters und die Auswirkung auf die Beweislastregeln, HFR 2002, 876; CHRIST, Zeugnisverweigerungsrechte und Schweigepflicht der steuerberatenden Berufe, INF. 2003, 36; VON WEDELSTÄDT, Auskunfts- und Vorlageverweigerungsrechte im Besteuerungsverfahren, AO-StB 2005, 13; GÖPFERT, Die steuerliche Außenprüfung beim Rechtsanwalt – Mitwirkungspflichten versus Verschwiegenheitspflicht, DB 2006, 581; VON WEDELSTÄDT, Sammelauskunftsersuchen – Zulässigkeit, Rechtsschutz, AO-StB 2011, 19; ROTH, Steueraufsicht durch Sammelauskunftersuchen: Voraussetzungen und Branchenbesonderheiten, StBp 2015, 217.


## A. Allgemeines

1 Die Vorschrift billigt in Abs. 1 den **Angehörigen** eines Beteiligten ein Auskunftsverweigerungsrecht zu. Dieses zieht das in Abs. 2 geregelte Eidesverweigerungsrecht nach sich. Die Vorschrift trägt dem Interessenkonflikt zwischen der Notwendigkeit der Sachaufklärung im Besteuerungsverfahren einerseits und dem familiären Treue- und Näheverhältnis andererseits Rechnung und löst den Konflikt zugunsten eines weitgehenden Auskunftsverweigerungsrechts der Angehörigen.

## B. Bedeutung und Anwendungsbereich der Vorschrift

2 Die Bedeutung der Vorschrift liegt vor allem in der ihr innewohnenden Signalwirkung, dass die Sachaufklärung im Kreis der Angehörigen nicht »um jeden Preis« erfolgen soll. In der Praxis wird von dem Auskunftsverweigerungsrecht nur selten Gebrauch gemacht. Dies hat seine Ursache oft in dem Umstand, dass die Angehörigen befürchten, den Stpfl. bei einer Auskunftsverweigerung Nachteile zuzufügen. Dies ist sicherlich zutreffend, soweit Auskünfte betroffen sind, die den Tatbestand einer Steuerbegünstigung betreffen. Im Übrigen können aus dem Gebrauch des Auskunftsverweigerungsrechts nicht unmittelbar negative Schlüsse gezogen werden (*Seer* in Tipke/Kruse, § 101 AO Rz. 13; s. Rz. 9). Allerdings geht mit der Auskunftsverweigerung eine Erkenntnisquelle der Sachaufklärung verloren, was sich u.U. auf das Ermittlungsergebnis auswirken kann, insbes. wenn keine weiteren Erkenntnismittel zur Verfügung stehen und es ggf. auf die Feststellungslast ankommt. Denn nicht selten gehen Unsicherheiten bei der Sachverhaltsaufklärung zulasten des Stpfl.

Der Anwendungsbereich der Vorschrift erstreckt sich auf alle steuerlichen Verfahren, also nicht nur auf das Veranlagungsverfahren, sondern auch insbes. auf die Außenprüfung, auf das Vollstreckungs- und Einspruchsverfahren; zur Anwendung im Rahmen des § 159 AO s. § 159 AO Rz. 14. 3

## C. Tatbestandliche Voraussetzungen

### I. Subjektiver Geltungsbereich

Die Verweigerungsrechte stehen den **Angehörigen** eines Beteiligten zu. Sie stellen daher eine Ausnahme von der in § 93 Abs. 1 AO verankerten allgemeinen Auskunftspflicht dar. Wer Angehöriger ist, bestimmt sich nach § 15 AO. Angehörige eines Beteiligten können jedoch die Auskunft und den Eid dann nicht verweigern, wenn die geforderte Auskunft zugleich ihre eigenen steuerlichen Verhältnisse betrifft, d.h. wenn und soweit sie in Bezug auf die von der Auskunft betroffenen steuerlich relevanten Sachverhalte an dem von diesen geprägten Besteuerungsverfahren selbst Beteiligte (§ 78 AO) sind. Zwar hätte dies bei einer streng am Wortlaut ausgerichteten Auslegung für die Fälle der Zusammenveranlagung, insbes. von Ehegatten/Lebenspartnern, zur Folge, dass den zusammenveranlagten Personen trotz der Angehörigeneigenschaft kein Auskunftsverweigerungsrecht zustünde. Man wird jedoch dem in der Vorschrift dokumentierten Schutz des familiären Vertrauensverhältnisses (auch *Seer* in Tipke/Kruse, § 101 AO Rz. 9 m.w.N.) den Vorrang vor einer mehr formalistischen Anwendung des Beteiligtenbegriffs geben müssen mit dem Ergebnis, dass in den Fällen der Zusammenveranlagung Auskünfte des einen Ehegatten/Lebenspartners über die Einkünfte des anderen nicht verlangt werden können. Schließlich bleiben Ehegatten/Lebenspartner auch bei Zusammenveranlagung je für sich Steuersubjekte. 4

Angehörigen eines Beteiligten stehen die Verweigerungsrechte nicht zu, wenn sie die Auskunftspflicht für einen Beteiligten z.B. als dessen gesetzlicher Vertreter, Vermögensverwalter, Verfügungsberechtigter usw. (s. §§ 34, 35 AO) zu erfüllen haben. Kein Auskunftsverweigerungsrecht steht ferner solchen Angehörigen eines Beteiligten zu, die zugleich dessen Rechtsnachfolger und infolgedessen an Stelle des bisherigen Beteiligten nunmehr selbst Beteiligte geworden sind. Auch Beschäftigten öffentlich-rechtlicher Sparkassen steht kein Aussagever- 5 weigerungsrecht zu (BFH v. 09.08.1999, VII B 332/98, BFH/NV 2000, 75).

## II. Objektiver Geltungsbereich

6 Die Angehörigen des Beteiligten können mit den sich aus Rz. 5 ergebenden Einschränkungen die von der Finanzbehörde geforderten Auskünfte über die steuerlichen Verhältnisse des Beteiligten bzw. die für seine Besteuerung maßgeblichen Sachverhalte ebenso verweigern wie die Beeidigung einer trotz des bestehenden Auskunftsverweigerungsrechts freiwillig erteilten Auskunft (§ 101 Abs. 2 AO). Wegen des Verfahrens der eidlichen Vernehmung und der ausschließlichen Zuständigkeit der Gerichte s. § 94 AO.

Gemäß § 104 Abs. 1 schließt das Auskunftsverweigerungsrecht ferner das Recht ein, die Erstattung eines Gutachtens und die Vorlage von Urkunden oder Wertsachen zu verweigern (zur Ausnahme bei Aufbewahrung für den Beteiligten s. § 104 Abs. 2 AO).

Wer von seinem Verweigerungsrecht i. S. des § 101 AO i. V. m. § 104 AO Gebrauch macht, braucht dies nicht weiter zu rechtfertigen; es genügt der Hinweis auf die Angehörigeneigenschaft, die im Zweifelsfalle unter Beweis zu stellen ist. Entsprechend der Regelung in der ZPO (s. § 386 ZPO) reicht die Glaubhaftmachung aus.

Die Vorschrift begründet nur ein Recht, aber keine Pflicht zur Auskunftsverweigerung.

## III. Belehrung

7 Gemäß § 101 Abs. 1 Sätze 2 und 3 AO sind die Angehörigen über das Auskunftsverweigerungsrecht zu **belehren**. Die Belehrung ist **aktenkundig** zu machen. Diese Belehrung verfolgt den Zweck, den Angehörigen über sein Auskunftsverweigerungsrecht zu informieren und ihm zu verdeutlichen, dass seiner besonderen möglichen Konfliktsituation Rechnung getragen wird. Deshalb muss die Belehrung so gefasst sein, dass sie für den Empfänger nicht nur verständlich ist, sondern er auch deren Bedeutung erkennen kann. Nicht erforderlich ist, dass der Vernehmungsgegenstand hinsichtlich Steuerart und VZ genau bezeichnet wird. Allein die Nachfrage, ob Bereitschaft zur Erteilung der Auskunft besteht, reicht für eine ordnungsgemäße Belehrung nicht aus. Die Belehrungspflicht gilt nach § 101 Abs. 2 Satz 2 AO auch hinsichtlich des Eidesverweigerungsrechts; trotz des Fehlens einer ausdrücklichen entsprechenden Bestimmung ist hinsichtlich der in § 104 AO verankerten Verweigerungsrechte ebenso zu verfahren. Zweckmäßigerweise ist die Belehrung nicht in jedem Fall »ins Blaue hinein« zu geben, sondern vorher, erforderlichenfalls durch Befragung, zu erkunden, ob die als Verpflichtete in Anspruch genommene Person Angehörige i. S. des § 15 AO ist. Eine bestimmte **Form** ist für die Belehrung nicht vorgeschrieben. Sie kann daher auch mündlich erteilt werden. Ihre Form ist auch nicht an die Form des konkreten Auskunftsersuchens gekoppelt (s. § 93 Abs. 2 Satz 2 AO); auch wer schriftlich um Auskunft ersucht wird, kann über seine Verweigerungsrechte mündlich belehrt werden. Da die Belehrung aktenkundig zu machen ist, bedarf es stets zumindest eines Aktenvermerks über die Belehrung, soweit nicht eine schriftliche Belehrung erfolgt ist, sowie über den Inhalt der Vernehmung um die Belehrung, bezogen auf die konkrete Befragung. Der Vermerk ist von Vernehmungsbeamten oder der mit der Vernehmung betrauten Person zu unterzeichnen (FG Köln v. 11.10.1998, EFG 1999, 451). Besser – weil beweissicherer – ist eine schriftliche Bestätigung über die Belehrung.

Hat die Finanzbehörde die vorgeschriebene Belehrung über die Verweigerungsrechte unterlassen, ist insoweit der steuerlich relevante Sachverhalt durch ein rechtswidriges Verhalten der Behörde zu deren Kenntnis gelangt. Die Finanzbehörde darf die so gewonnene Auskunft nicht verwerten, es besteht ein **Verwertungsverbot** (AEAO zu § 101, Nr. 2; vgl. auch BFH v. 09.02.2010, VIII B 32/09, BFH/NV 2010, 929; s. § 196 AO Rz. 16 m. w. N.). Allerdings kann der Verstoß durch einen **Verzicht des Betroffenen** geheilt werden, z. B. weil die Auskunft für ihn günstig ausgefallen ist. Auch der Angehörige kann erklären, er habe in Kenntnis seines Auskunftsverweigerungsrechts unbeschadet der fehlenden Belehrung die Auskunft erteilt. Damit wird der Belehrungsmangel geheilt (BFH v. 31.10.1990, II R 180/87, BStBl II 1991, 204). Bei fehlender Heilung führt die Verwertung zu einem Verwaltungsakt, der unter Verletzung von Verfahrensvorschriften zustande gekommen und deshalb rechtswidrig ist. Eine Aufhebung des Verwaltungsakts kommt aber dann nicht in Betracht, wenn die Voraussetzungen des § 127 AO erfüllt sind. Daran dürfte jedoch nur zu denken sein, wenn sich die unrechtmäßig erlangte Auskunft auf die Entscheidung nicht ausgewirkt hat, mithin die Auskunftserteilung überflüssig war. 8

## D. Folgen der Auskunftsverweigerung

Macht ein Angehöriger von seinem Auskunftsverweigerungsrecht Gebrauch, scheidet er als Auskunftsperson aus. Sofern die Finanzbehörde über keine andere Aufklärungsmöglichkeit verfügt, bedarf es der Beurteilung, wie sich die Verweigerung auswirkt. Grundsätzlich gilt, dass der Sachverhalt so zu beurteilen ist, als habe die Erkenntnisquelle nicht zur Verfügung gestanden. Dies bedeutet vor allem, dass allein aufgrund der Inanspruchnahme des Auskunftsverweigerungsrechts keine Schlüsse zulasten des Stpfl. gezogen werden können (BFH v. 14.05.2002, IX R 31/00, BStBl II 2002, 712; BFH 9

v. 14.08.2003, XI B 235/02, BFH/NV 2004, 64). Der Sachverhalt ist vielmehr so zu beurteilen, wie es sich nach der gesicherten Erkenntnislage aufgrund der Ermittlungen ergibt, insbes. ergeben sich keine Auswirkungen auf die Verteilung der Feststellungslast. Macht der Auskunftsverweigerungsberechtigte keine Angaben, die für einen anspruchsbegründenden Tatbestand zugunsten des Stpfl. erforderlich sind, kann sich dies demnach auch zulasten des Stpfl. auswirken. Macht der zur Auskunft Herangezogene nur Angaben, die sich günstig für den Stpfl. auswirken können, während er im Übrigen die Aussage verweigert, kann dies jedoch im Rahmen einer etwaigen Beweiswürdigung berücksichtigt werden. Ein daraus resultierendes »non liquet« kann also zulasten des Stpfl. gehen.

### E. Rechtsbehelfe

10 Wird eine Auskunft unter Berufung auf ein (vermeintliches) Aussageverweigerungsrecht nicht erteilt und beharrt die Finanzbehörde auf ihrem Verlangen, liegt darin ein mit dem Einspruch (§ 347 AO) anfechtbarer Verwaltungsakt. Gleiches gilt für die Androhung oder Festsetzung von Zwangsmitteln §§ 328 ff. AO.

## § 102 AO Auskunftsverweigerungsrecht zum Schutz bestimmter Berufsgeheimnisse

**(1) Die Auskunft können ferner verweigern:**

**1. Geistliche über das, was ihnen in ihrer Eigenschaft als Seelsorger anvertraut worden oder bekannt geworden ist,**

**2. Mitglieder des Bundestages, eines Landtages oder einer zweiten Kammer über Personen, die ihnen in ihrer Eigenschaft als Mitglieder dieser Organe oder denen sie in dieser Eigenschaft Tatsachen anvertraut haben, sowie über diese Tatsachen selbst,**

**3. a) Verteidiger,**

**b) Rechtsanwälte, Patentanwälte, Notare, Steuerberater, Wirtschaftsprüfer, Steuerbevollmächtigte, vereidigte Buchprüfer,**

**c) Ärzte, Zahnärzte, Psychologische Psychotherapeuten, Kinder- und Jugendpsychotherapeuten, Apotheker und Hebammen,**

**über das, was ihnen in dieser Eigenschaft anvertraut worden oder bekannt geworden ist,**

**4. Personen, die bei der Vorbereitung, Herstellung oder Verbreitung von periodischen Druckwerken oder Rundfunksendungen berufsmäßig mitwirken oder mitgewirkt haben, über die Person des Verfassers, Einsenders oder Gewährsmanns von Beiträgen und Unterlagen sowie über die ihnen im Hinblick auf ihre Tätigkeit gemachten Mitteilungen, soweit es sich um Beiträge, Unterlagen und Mitteilungen für den redaktionellen Teil handelt; § 160 bleibt unberührt.**

**(2) Den im Abs. 1 Nr. 1 bis 3 genannten Personen stehen ihre Gehilfen und die Personen gleich, die zur Vorbereitung auf den Beruf an der berufsmäßigen Tätigkeit teilnehmen. Über die Ausübung des Rechts dieser Hilfspersonen, die Auskunft zu verweigern, entscheiden die im Abs. 1 Nr. 1 bis 3 genannten Personen, es sei denn, dass diese Entscheidung in absehbarer Zeit nicht herbeigeführt werden kann.**

**(3) Die in Abs. 1 Nr. 3 genannten Personen dürfen die Auskunft nicht verweigern, wenn sie von der Verpflichtung zur Verschwiegenheit entbunden sind. Die Entbindung von der Verpflichtung zur Verschwiegenheit gilt auch für die Hilfspersonen.**

**(4) Die gesetzlichen Anzeigepflichten der Notare und die Mitteilungspflichten der in Abs. 1 Nr. 3 Buchstabe b bezeichneten Personen nach der Zinsinformationsverordnung vom 26. Januar 2004 (BGBl. I S. 128), die zuletzt durch Art. 4 Abs. 28 des Gesetzes vom 22. September 2005 (BGBl. I S. 2809) geändert worden ist, in der jeweils geltenden Fassung, bleiben unberührt. Soweit die Anzeigepflichten bestehen, sind die Notare auch zur Vorlage von Urkunden und zur Erteilung weiterer Auskünfte verpflichtet.**

**Inhaltsübersicht**



### A. Allgemeines

Die Vorschrift begründet Auskunftsverweigerungsrechte bestimmter Berufsträger, die weitgehend an die entsprechenden Regelungen in der StPO unter Ausklammerung allein für das Strafrecht bedeutsamer Verweigerungsrechte angelehnt sind. Ein Auskunftsverweigerungsrecht für 1

Kreditinstitute besteht nicht (BFH v. 22.02.2000, VII R 73/98, BStBl II 2000, 366; BFH v. 21.12.1992, XI B 55/92, BStBl II 1993, 451; FG SAnh v. 20.08.2014, 2 K 867/13, EFG 2015, 2098; s. auch die Erläuterungen zu § 30 a AO). Auch die Berechtigung zur Fertigung von Kontrollmitteilungen bleibt grundsätzlich unberührt (BFH v. 24.08.2006, I S 4/06, BFH/NV 2006, 2034). Ebenso können spezielle gesetzliche Regelungen das Auskunftsverweigerungsrecht einschränken. Dies können auch in Einzelsteuergesetzen normierte Regelungen sein (BFH v. 29.09.2017, XI R 15/15, BStBl II 2018, 155).

## B. Bedeutung und Anwendungsbereich der Vorschrift

2 § 102 AO trägt dem Umstand Rechnung, dass bestimmte Berufsgruppen eine besondere Vertrauensstellung genießen, die mit der Verpflichtung zur Wahrung des **Berufsgeheimnisses** verknüpft sind. Dem Schutz dieser Berufsgeheimnisse dienen die Aussageverweigerungsrechte. Die Finanzbehörden sollen sich keine Informationen verschaffen können, die in dem geschützten Vertrauensverhältnis bekannt sind. Allerdings beinhaltet die Vorschrift kein Auskunftsverbot, sondern nur ein Auskunftsverweigerungsrecht, sodass der betroffene Personenkreis selbst einzuschätzen hat, ob und in wie weit er zur Auskunftserteilung bereit ist (BFH v. 29.09.2017, XI R 15/15, BStBl II 2018, 155). Eine Verpflichtung, keine Angaben zu machen, kann sich jedoch aus außersteuerlichen Vorschriften ergeben. § 102 AO findet in allen Stadien der steuerlichen Verfahrens Anwendung, sodass ein umfassender Schutz des Stpfl. gegeben ist. Es besteht jedoch die Möglichkeit einer Entbindung von der Schweigepflicht (§ 102 Abs. 3 AO, s. Rz. 8).

2a § 102 AO findet in allen finanzbehördlichen Besteuerungsverfahren Anwendung; zur Anwendung im Rahmen des § 159 AO und § 160 AO s. § 159 AO Rz. 12 ff. und s. § 160 AO Rz. 27. Die Vorschrift soll im Übrigen für eigene und fremde Steuersachen gelten (BFH v. 28.10.2009, VIII R 78/05, BFH/NV 2010, 705); u. E. aber nur insoweit, wie es um Verhältnisse von Dritten geht, die für den begünstigten Personenkreis für die eigene Besteuerung von Bedeutung sein können. Zur Ausübung des Aussageverweigerungsrechts ist erforderlich, dass der sich auf das Verweigerungsrecht Berufende die Voraussetzungen des Aussageverweigerungsrechts hinreichend darlegt und erforderlichenfalls glaubhaft macht (BFH v. 18.08.2010, I B 110/10, BFH/NV 2011, 5; BFH v. 23.02.2011, VIII B 126/10, BFH/NV 2011, 1283).

## C. Tatbestandliche Voraussetzungen

### I. Betroffener Personenkreis

Der Personenkreis, dem das beruflich bedingte Verweigerungsrecht zusteht, ist in **Abs. 1** abschließend genannt. Es handelt sich also nicht um eine nur beispielhafte Aufzählung, sodass sich andere Berufsgruppen nicht auf ein berufsbedingtes Aussageverweigerungsrecht berufen können. Deshalb steht auch Mitarbeitern von Kreditinstituten kein Auskunftsverweigerungsrecht zu (BFH v. 09.08.1999, VII B 332/98, BFH/NV 2000, 75; FG SAnh v. 20.08.2014, 2 K 867/13, EFG 2015, 2098) auch zum sog. Bankgeheimnis s. § 30 a AO Rz. 1). Ob eine Person zum geschützten Personenkreis gehört, richtet sich in der Regel nach berufsrechtlichen Regelungen, wie z. B. für Rechtsanwälte nach der BRAO, für Notare nach der BNotO, für Steuerberater nach dem StBerG und für Wirtschaftsprüfer aus der WPO. Eine Sonderstellung nimmt insoweit § 102 Abs. 1 Nr. 4 AO ein, der ungeachtet ihrer beruflichen Stellung allen Personen ein Auskunftsverweigerungsrecht zubilligt, die an der Vorbereitung, Herstellung oder Verbreitung von periodischen Druckwerken oder Rundfunksendungen berufsmäßig beteiligt sind. Auf diese Weise wird die durch Art. 5 GG geschützte Pressefreiheit gewährleistet. Beschränkt ist das Auskunftsverweigerungsrecht auf den **redaktionellen** Teil von **periodischen** Werken. Nicht unter den Schutzbereich fällt also z. B. der Anzeigenteil einer Zeitung oder Bücher oder Flyer. Diese Einschränkung ist nach BFH v. 26.08.1980, VII R 42/80, BStBl II 1980, 699 verfassungsgemäß. Deshalb ist die Finanzbehörde befugt, eine Zeitung um Auskunft über die Identität des Auftraggebers einer Chiffreanzeige zu ersuchen (auch BFH v. 07.08.1990, VII R 106/89, BStBl II 1990, 1010); dies gilt auch für Sammelauskunftsersuchen (BFH v. 12.05.2016, II R 17/14, BStBl II 2016, 822) Auch die Angabe zu Anlass und Teilnehmern bei einer Bewirtung sind nicht vom Auskunftsverweigerungsrecht umfasst, mit der Folge, dass allerdings der Abzug der Aufwendungen versagt wird (BFH v. 15.11.1998, IV R 81/96, BStBl II 1998, 263). 3

Gemäß § 102 **Abs. 2** AO stehen den in § 102 Abs. 1 Nr. 1 bis 3 AO genannten Personen ihre Gehilfen und die Personen gleich, die zur Vorbereitung auf den Beruf an der berufsmäßigen Tätigkeit teilnehmen. Nur durch diese gesetzliche Regelung ist ein umfassender Schutz des Vertrauensverhältnisses zwischen den genannten Berufsträgern und den mit ihnen in beruflichen Kontakt kommenden Personen gewährleistet, da ansonsten über diesen Personenkreis mittelbar die Auskünfte erlangt werden könnten, für die den Berufsträgern ein Auskunftsverweigerungsrecht zusteht. Es ist nicht erforderlich, dass ein Dienstverhältnis besteht. Es wird jede Form der Mitarbeit geschützt. Unselbstständig beschäftigte Per- 4 sonen, die zugleich zu dem in § 102 Abs. 1 AO genannten Berufsträgern gehören, können zwar »Gehilfen« i. S. von § 102 Abs. 2 AO sein; gleichwohl steht ihnen nicht das abgeleitete Auskunftsverweigerungsrecht, sondern das eigenständige des § 102 Abs. 1 AO zu. Dies hat Bedeutung für die Entbindung vom Aussageverweigerungsrecht, da in diesen Fällen eine Entbindung des Arbeitgebers nicht ausreicht, sondern diese sich auch ausdrücklich auf den jeweiligen Berufsträger beziehen muss (s. Rz. 8). Ausdrücklich nicht aufgenommen wurden in § 102 Abs. 2 AO die Gehilfen usw. der in § 102 Abs. 1 Nr. 4 AO genannten Personen. Dies stellt jedoch keine tatsächliche Einschränkung dar, weil der Wortlaut von § 102 Abs. 1 Nr. 4 AO ohnehin alle Personen umfasst, die bei der Vorbereitung, Herstellung oder Verbreitung von periodischen Druckwerken oder Rundfunksendungen berufsmäßig mitwirken oder mitgewirkt haben; auf ihre konkrete Stellung bei dieser Tätigkeit kommt es demnach nicht an, sodass auch alle Hilfskräfte erfasst sind.

## II. Inhalt des Auskunftsverweigerungsrechts

5 Der Inhalt des Verweigerungsrechts orientiert sich grundsätzlich an dem spezifischen Charakter der entsprechenden beruflichen Tätigkeit. In jedem Fall können die Berufsträger bzw. Parlamentsangehörigen die Auskunft über das verweigern, was ihnen in ihrer beruflichen oder parlamentarischen Eigenschaft anvertraut oder zwangsläufig bekannt geworden bzw. mitgeteilt worden ist. Das gilt grds. auch für die Identität des Mandanten und die Tatsachen seiner Beratung (BFH v. 08.04.2008, VIII R 61/06, BStBl II 2009, 579). **Anvertraut** ist alles, an dessen Geheimhaltung der Klient (Patient usw.) offenbar interessiert ist, auch wenn er das nicht ausdrücklich geäußert hat. Darüber hinaus fällt unter das Verweigerungsrecht der Geistlichen, Verteidiger, Ärzte, Zahnärzte, Apotheker, Hebammen und der rechts-, steuer- und wirtschaftsberatenden Berufe (§ 102 Abs. 1 Nr. 1 und 3 AO) auch das, was diesen Personen in ihrer besonderen Eigenschaft **bekannt geworden** ist. Es wird also nicht gefordert, dass die in Rede stehenden Tatsachen und Verhältnisse besonders anvertraut sein müssen; es reicht aus, wenn die Kenntnis »bei Gelegenheit« erlangt wird. Ungeachtet dessen muss die Kenntnis im Zusammenhang mit der beruflichen Tätigkeit stehen, erforderlich ist also ein Bezug zu dem Mandatsverhältnis. Geschützt sind dabei auch die im Rahmen der Anbahnung eines Mandatsverhältnisses erlangten Erkenntnisse, also auch wenn es nicht zu einer Beauftragung kommt (BFH v. 29.09.2017, XI R 15/15, BStBl II 2018, 155). Den Zusammenhang mit dem Mandatsverhältnis muss der Berufsträger substantiiert vortragen und glaubhaft machen und erforderlichenfalls an Eides statt versichern (BFH v. 18.08.2010, I B 110/10, BFH/NV 2011, 5). Nicht vom Auskunftsverweigerungsrecht erfasst sind danach Vorgänge, die in **privater Eigenschaft** bekannt geworden sind oder wo in anderer Weise der Bezug zur beruflichen Tätigkeit fehlt (BFH v. 28.10.2009, VIII R 78/05, BStBl II 2010, 455). Dies wird im Einzelfall nicht immer einfach festzustellen sein.

Das Auskunftsverweigerungsrecht der Parlamentsmitglieder des Bundes, der Länder sowie einer zweiten Kammer schließt auch die Identität der Personen ein, die ihnen in ihrer Eigenschaft als Mitglieder der gesetzgebenden Körperschaften oder denen sie in dieser Eigenschaft Tatsachen anvertraut haben. Damit wird sichergestellt, dass die parlamentarische Arbeit mit der erforderlichen Vertrauensbasis ausgestattet ist.

Das in § 102 **Abs. 1 Nr.** 4 AO normierte Verweigerungsrecht im **Pressebereich** soll die notwendigen Recherchen erheblich erleichtern und Verfasser, Informanten und sonstige Gewährsleute von der Befürchtung befreien, wegen ihres Beitrags Nachteile erleiden zu müssen. Soweit selbstrecherchierte Tatsachen in einem untrennbaren Zusammenhang mit einer ihm erteilten Information stehen und bei ihrer Bekanntgabe eine Enttarnung des Informanten möglich ist, braucht ein Journalist sie nicht zu offenbaren, denn das Zeugnisverweigerungsrecht erstreckt sich auch auf diejenigen Umstände, die mittelbar zur Enttarnung des Informanten führen können. Durch die Regelung wird den betroffenen Institutionen von Presse und Rundfunk eine erhebliche Verantwortung auferlegt, sich der ihnen eingeräumten Möglichkeiten bewusst zu sein, entsprechende Zurückhaltung zu üben und Missbräuche einzudämmen. Dass das gewährte Verweigerungsrecht nicht zur Steuerumgehung verhelfen darf, wird dadurch klargestellt, dass nach dem letzten Halbsatz von § 102 Abs. 1 Nr. 4 AO die Verpflichtung, insbes. die Empfänger von Zuwendungen aller Art zu benennen, wenn sie steuerlich berücksichtigt werden sollen (§ 160 AO), unberührt bleibt (auch BFH v. 15.11.1998, IV R 81/96, BStBl II 1998, 263). Dies kann dazu führen, dass Aufwendungen im Zusammenhang mit den Recherchen nicht als WK/BA abgezogen werden können, wenn z. B. ein Informant nicht genannt wird. 6

Die Auskunftsverweigerungsrechte beinhalten nach § 104 Abs. 1 AO auch das Recht, die Erstattung eines Gutachtens und die Vorlage von Urkunden oder Wertsachen zu verweigern. So steht z. B. einem Arzt das Recht zu, Einsicht in die Patientenkartei zu verweigern, soweit sie Eintragungen enthält, hinsichtlich derer die Auskunft verweigert werden kann. 7

## III. Entbindung von der Verschwiegenheitspflicht

8 Das Auskunftsverweigerungsrecht nur der in § 102 Abs. 1 Nr. 3 AO genannten Personen endet, wenn sie von der Verpflichtung zur Verschwiegenheit entbunden sind (§ 102 Abs. 3 Satz 1 AO). Für die anderen Personengruppen besteht die Möglichkeit einer Entbindung nicht. Die Entbindung kann nicht nur uneingeschränkt, sondern auch für gesondert abgrenzbare Teilbereiche erfolgen. Sie ist widerruflich und sollte schon aus Beweiszwecken dokumentiert werden. Vorzuziehen ist eine schriftliche Entbindungserklärung; gesetzlich erforderlich ist sie jedoch nicht. Die Entbindung kann auch konkludent erfolgen. So kann z. B. die Bekanntgabe der USt-ID-Nr. als Einverständnis zur Offenbarung der steuerlich maßgeblichen Verhältnisse im Rahmen einer »Zusammenfassenden Meldung« nach § 18a UStG (BFH v. 29.09.2017, XI R 15/15, DStR 2017, 2611) verstanden werden. Eine Entbindung von der Verpflichtung zur Verschwiegenheit wirkt sich ohne Weiteres auch auf die Hilfspersonen aus (§ 102 Abs. 3 Satz 2 AO), soweit diese sich nicht auf ein eigenes Auskunftsverweigerungsrecht berufen können. Soweit den Hilfspersonen ein Verweigerungsrecht zusteht, können sie es grundsätzlich nicht selbst ausüben. Vielmehr entscheidet über die Ausübung des Verweigerungsrechts diejenige in § 102 Abs. 1 AO genannte Person, für die die Hilfsperson tätig ist (§ 102 Abs. 2 Satz 2 AO). Eine Ausnahme besteht nur dann, wenn diese Entscheidung in absehbarer Zeit nicht herbeigeführt werden kann. Dies kann seinen Grund z. B. in einer längeren Abwesenheit der primär zur Entscheidung befugten Person haben.

Eine wirksame Entbindung von der Pflicht zur Verschwiegenheit kann nur durch denjenigen vorgenommen werden, zu dessen Persönlichkeitssphäre der einschlägige Vorgang gehört.

## IV. Folgen der Auskunftsverweigerung

9 Macht der Berechtigte von dem Auskunftsverweigerungsrecht Gebrauch, dürfen daraus grundsätzlich keine negativen Folgerungen für den Stpfl. gezogen werden. Insoweit gilt nichts anderes als bei Aussageverweigerungsrechten von Angehörigen (s. § 101 AO Rz. 9). Ebenso wenig kann es zulasten des Stpfl. gehen, wenn er den Aussageverweigerungsberechtigten nicht von der Verschwiegenheitspflicht entbindet.

## V. Anzeigepflicht der Notare und Mitteilungspflichten nach der Zinsinformationsverordnung

Obwohl Notare zu den in § 102 Abs. 1 Nr. 3 Buchst. b AO 10
aufgezählten Personen gehören, schränkt ihr dadurch gegebenes Verweigerungsrecht die für Notare bestehenden gesetzlichen Anzeigepflichten nicht ein (§ 102 Abs. 4 AO). Wegen der die Notare betreffenden besonderen umfassenden Anzeigepflichten s. die einschlägigen Einzelsteuergesetze, z. B. § 34 ErbStG. Darüber hinaus sind die in § 102 Abs. 1 Nr. 3 Buchst. b AO genannten Personen vom Auskunftsverweigerungsrecht ausgenommen, sofern Mitteilungspflichten nach der Zinsinformationsverordnung bestehen. Betroffen sind Zinszahlungen an Mandanten, die im Ausland ansässig sind, z. B. Zinsen aus Notaranderkonten oder Vermögensverwaltungen. Gesetzestechnisch ist die Verweisung auf die jeweilige Fundstelle der aktuellen Fassung misslungen, da der Betroffene jedenfalls die im maßgeblichen Zeitpunkt geltende Fassung nicht erkennen kann. Soweit die Anzeigepflichten bestehen, sind die Notare auch zur Vorlage von Urkunden und zur Erteilung weiterer Auskünfte verpflichtet (§ 102 Abs. 4 Satz 2 AO). Jedoch kann nicht pauschal die Vorlage der Handakten verlangt werden.

## VI. Keine Belehrungspflicht

Eine Belehrung über die beruflich bedingten Verweige- 11
rungsrechte ist im Gegensatz zu den §§ 101, 103 AO nicht vorgeschrieben (BFH v. 01.02.2001, XI B 11/00, BFH/NV 2001, 811). Der Gesetzgeber geht davon aus, dass die berechtigten Personen kraft ihrer Tätigkeit ihre Verweigerungsrechte kennen. Zur Ausübung des Verweigerungsrechts ist eine nähere Begründung nicht erforderlich. Es reicht aus, wenn der Berufsträger das Vorliegen der Voraussetzungen für das Verweigerungsrecht unter Bezugnahme auf seine Berufspflichten versichert. Eine darüber hinausgehende Glaubhaftmachung kann im Allgemeinen nicht verlangt werden.

Hat eine unter § 102 Abs. 1 Nr. 3 AO fallende Person Auskunft erteilt, ohne von der Verpflichtung zur Verschwiegenheit entbunden zu sein, besteht kein Verwertungsverbot (s. § 196 AO Rz. 16 m. w. N.; zweifelnd *Seer* in Tipke/Kruse, § 102 AO Rz. 28). Unberührt bleiben etwaige Schadensersatzansprüche des Geschützten gegen den nicht entbundenen Auskunftserteiler.

# § 103 AO Auskunftsverweigerungsrecht bei Gefahr der Verfolgung wegen einer Straftat oder einer Ordnungswidrigkeit

**Personen, die nicht Beteiligte und nicht für einen Beteiligten auskunftspflichtig sind, können die Auskunft auf solche Fragen verweigern, deren Beantwortung sie selbst oder einen ihrer Angehörigen (§ 15) der Gefahr aussetzen würde, wegen einer Straftat oder einer Ordnungswidrigkeit verfolgt zu werden. Über das Recht, die Auskunft zu verweigern, sind sie zu belehren. Die Belehrung ist aktenkundig zu machen.**

1 Die Vorschrift räumt ein besonderes Auskunftsverweigerungsrecht bei Gefahr der Verfolgung wegen einer Straftat oder wegen einer Ordnungswidrigkeit ein. Das Verweigerungsrecht ist nicht nur auf Steuerstraftaten oder -ordnungswidrigkeiten beschränkt. Das Verweigerungsrecht, das gem. § 104 AO grundsätzlich auch die Verweigerung der Erstattung eines Gutachtens und der Vorlage von Urkunden oder Wertsachen mit einschließt, gilt nur für Dritte. Den am Besteuerungsverfahren Beteiligten (§ 78 AO) und den Personen, die gem. §§ 34 und 35 AO für einen Beteiligten auskunftspflichtig usw. sind, steht das Auskunftsverweigerung nach Satz 1 ausdrücklich nicht zu. Ehegatten/Lebenspartner sind Dritte, soweit es um die Einkünfte des anderen Ehegatten/Lebenspartner geht; dies gilt auch bei Zusammenveranlagung (*Seer* in Tipke/Kruse, § 103 AO Rz. 1).

2 Entscheidend ist nach dem Wortlaut und Zweck der Vorschrift, wieweit sich der Befragte selbst oder seine Angehörigen (§ 15 AO) durch seine Auskunft auf Fragen einer Verfolgungsgefahr aussetzt. Nach dem Gesetzeswortlaut kann nur die Auskunft auf konkrete (»solche«) Fragen, die die Verfolgungsgefahr begründen, verweigert werden. Die Vorschrift gewährt also grds. nur ein gegenständliches, nicht allumfassendes Auskunftsverweigerungsrecht. Dies greift vor allem bei umfangreichen Sachverhalten und Befragungen zu kurz. Die Verweigerungsrecht umfasst in diesen Fällen den gesamten Sachverhaltskomplex (FG Münster v.03.11.2014, 10 K 1512/10, EFG 2015, 697; vgl. auch *Seer* in Tipke/Kruse, § 103 AO Rz. 9). Das Auskunftsverweigerungsrecht setzt ferner voraus, dass die Auskunft für eine etwaige Verfolgung **kausal** wäre. Daran fehlt es, wenn die eine Verfolgung möglicherweise nach sich ziehenden Umstände ohnehin bekannt sind (s. auch BFH v. 21.12.1992, XI B 55/92, BStBl II 1993, 451; BFH v. 24.10.1989, VII R 1/87, BStBl II 1990, 198). Ausreichend ist, wenn eine **Gefahr** der Verfolgung besteht; es reicht also aus, dass nur die Möglichkeit einer Verfolgung besteht.

3 Dem **allgemeinen Grundsatz**, dass niemand gezwungen werden kann, sich selbst einer strafbaren Handlung zu bezichtigen oder der Gefahr einer Strafverfolgung auszusetzen, ist aber auch im Hinblick auf die nicht unter die Vorschrift fallenden Personen Rechnung getragen. Zwar bleiben nach § 393 Abs. 1 AO bzw. § 410 Abs. 1 Nr. 4 AO die Befugnisse der Finanzbehörden im Besteuerungsverfahren durch ein Strafverfahren unberührt; Zwangsmittel sind jedoch unzulässig, wenn der Beteiligte hierdurch gezwungen würde, sich selbst wegen einer von ihm begangenen Steuerstraftat zu belasten. Dies gilt insbes., soweit gegen ihn wegen einer solchen Tat das Strafverfahren eingeleitet worden ist, erstreckt sich jedoch auch auf andere Fälle, in denen der Stpfl. gezwungen würde, sich selbst wegen einer Steuerstraftat zu belasten. Damit ist klargestellt, dass die Mitwirkungspflichten (§ 90 AO) der Beteiligten und der für sie Handelnden zwar auch dann uneingeschränkt gelten, wenn ihre Erfüllung die Gefahr der Strafverfolgung bzw. der Verfolgung einer Ordnungswidrigkeit herbeiführt, die betroffenen Personen jedoch selbst wählen können, ob sie diese Gefahr in Kauf nehmen wollen oder stattdessen riskieren wollen, dass die Finanzbehörde ihre Nichtmitwirkung entsprechend würdigt. Eine Aufnahme der Beteiligten in das Auskunftsverweigerungsrecht nach Satz 1 ist daher entbehrlich.

Soweit es sich nicht um steuerliche Delikte handelt, sind die Aussagepflichtigen weitgehend durch das Steuergeheimnis vor den strafrechtlichen Folgen ihrer Mitwirkung geschützt. S. hierzu im Übrigen § 30 Abs. 4 Nr. 4 und 5a und b sowie Abs. 5 AO. 4

Gemäß § 103 Satz 2 und Satz 3 AO sind die Personen, denen das Weigerungsrecht zusteht, über ihr Recht zu **belehren**, wobei die Belehrung **aktenkundig** zu machen ist. Die Belehrung ist somit nicht nur in den Fällen vorgeschrieben, in denen nach der Kenntnis der Finanzbehörde die Voraussetzungen für die Verweigerung gegeben sind. Die Belehrung wird jedoch unterbleiben können, wenn den Umständen nach eine Strafverfolgung bzw. eine Verfolgung wegen einer Ordnungswidrigkeit offensichtlich nicht in Betracht kommt. Eine Belehrung ohne konkreten Anhaltspunkt könnte zu Missverständnissen führen. Im finanzgerichtlichen Verfahren stellt es keinen Verstoß gegen die Sachaufklärungspflicht dar, wenn das Gericht auf die Ladung eines Zeugen verzichtet, der sich auf sein Auskunftsverweigerungsrecht beruft (BFH v. 22.08.2012, X B 151/11, BFH/NV 2012, 2015). 5

Macht der in Anspruch Genommene von seinem Verweigerungsrecht mit der Behauptung Gebrauch, die in § 103 Satz 1 AO formulierten Voraussetzungen seien gegeben, besteht wohl anders als beim Zeugnisverweigerungsrecht (hierzu BFH v. 12.06.1996, X B 42/96, BFH/NV 1997, 9; BFH v. 07.05.2007, X B 167/06, BFH/NV 2007, 1524) keine Verpflichtung, diese Behauptungen nachzuweisen oder glaubhaft zu machen, da bereits dann die Gefahr bestünde, dass ausreichende Tatsachen für die Einleitung des Verfahrens offenbart werden. An- 6 dererseits ist es aber mit dem Sinn und Zweck der Vorschrift unvereinbar, wenn es dem rein persönlichen und damit willkürlichen Ermessen der in Anspruch Genommenen überlassen bliebe, das Vorliegen der Voraussetzungen für die Verweigerung festzustellen. Man wird daher fordern müssen, dass der Betroffene der Finanzbehörde eine gewisse Prüfungsmöglichkeit eröffnen muss, wenn ohne diese das Vorliegen der Voraussetzungen für die Verweigerung theoretisch außerhalb jeder Vorstellung ist. Insoweit bedarf es zwar keiner Glaubhaftmachung, es muss jedoch die entfernte Möglichkeit, dass es zu einem einschlägigen Verfahren kommen könnte, dargelegt werden.

Wegen der Folgen bei pflichtwidriger Unterlassung der vorgeschriebenen Belehrung s. § 196 AO Rz. 16 m.w.N. Zu den Folgen der Inanspruchnahme des Auskunftsverweigerungsrechts s. § 101 AO Rz. 9.

## § 104 AO Verweigerung der Erstattung eines Gutachtens und der Vorlage von Urkunden

**(1) Soweit die Auskunft verweigert werden darf, kann auch die Erstattung eines Gutachtens und die Vorlage von Urkunden oder Wertsachen verweigert werden. § 102 Abs. 4 Satz 2 bleibt unberührt.**

**(2) Nicht verweigert werden kann die Vorlage von Urkunden und Wertsachen, die für den Beteiligten aufbewahrt werden, soweit der Beteiligte bei eigenem Gewahrsam zur Vorlage verpflichtet wäre. Für den Beteiligten aufbewahrt werden auch die für ihn geführten Geschäftsbücher und sonstigen Aufzeichnungen.**

1 Die Vorschrift dehnt die für die Erteilung von Auskünften bestehenden Verweigerungsrechte der §§ 101 bis 103 AO auf die in den §§ 96 Abs. 3, 97 und 100 AO geregelten Pflichten aus. Wer ein Auskunftsverweigerungsrecht hat, kann demnach auch die Erstattung eines Gutachtens und die Vorlage von Urkunden oder Wertsachen ablehnen. Das Ablehnungsrecht lässt aber die Anzeige- und Vorlagepflichten der Notare unberührt (§ 104 Abs. 1 Satz 2 AO).

2 Hinsichtlich der Voraussetzungen für die genannten Verweigerungsrechte ist auf die §§ 101 bis 103 AO und die dortigen Erläuterungen zu verweisen. Durch § 104 Abs. 1 AO werden in die genannten Bestimmungen die zusätzlichen Verweigerungsrechte miteinbezogen. Dies bedeutet, dass die Betroffenen auch über ihr Recht, die Erstattung eines Gutachtens und die Vorlage von Urkunden oder Wertsachen zu verweigern, belehrt werden müssen, soweit dies für die Auskunftsverweigerungsrechte vorgeschrieben ist (s. § 101 Abs. 1 Satz 2 AO, § 103 Satz 2 AO). Das Gleiche gilt für die entsprechende Verpflichtung, die Belehrung aktenkundig zu machen.

Um zu verhindern, dass ein Beteiligter der Finanzbehörde den Zugriff auf Urkunden und Wertsachen dadurch unmöglich macht, dass er diese Gegenstände bei dritten Personen, die ein entsprechendes Verweigerungsrecht haben, verwahren lässt, bestimmt § 104 Abs. 2 AO, dass die Vorlage von Urkunden und Wertsachen, die für den Beteiligten aufbewahrt werden, nicht verweigert werden kann, soweit der Beteiligte bei eigenem Gewahrsam zur Vorlage verpflichtet wäre. Durch die in § 104 Abs. 2 Satz 2 AO enthaltene Klarstellung, dass auch die für den Beteiligten geführten Geschäftsbücher und sonstigen Aufzeichnungen i.S. der Vorschrift für den Beteiligten aufbewahrt werden, wird außerdem erreicht, dass insbes. Personen, die geschäftsmäßig Hilfe in Steuersachen leisten, nicht unter Berufung auf das ihnen gem. § 104 Abs. 1 AO i.V.m. § 102 AO zustehende Verweigerungsrecht die ordnungsgemäße Durchführung des Besteuerungsverfahrens praktisch blockieren können. So erstreckt sich das Vorlageverweigerungsrecht nicht auf Kopien, Durchschriften oder Ausdrucke der Steuererklärungen. Soweit die Vorlage von Urkunden betroffen ist, ist der Urkundsbegriff des § 97 AO maßgeblich, sodass auch auf Datenträgern oder in anderer Weise gespeicherte Unterlagen umfasst sind. Hingegen zählen die Handakten eines Steuerberaters oder Rechtsanwalts ebenso wenig zu den Unterlagen, die für den Beteiligten aufbewahrt werden. Deshalb erstreckt sich Vorlageverweigerungsrecht auch auf diese Unterlagen. Die Vorlageverweigerungsrechte bestehen auch anlässlich einer bei einem Berufsgeheimnisträger durchgeführten Außenprüfung; allerdings kann das FA die Vorlage von Unterlagen in neutralisierter Form verlangen, die zur Durchführung der Prüfung erforderlich sind (BFH v. 28.10.2009, VIII R 78/05, BStBl II 2010, 455). 3

## § 105 AO Verhältnis der Auskunfts- und Vorlagepflicht zur Schweigepflicht öffentlicher Stellen

**(1) Die Verpflichtung der Behörden oder sonstiger öffentlicher Stellen einschließlich der Deutschen Bundesbank, der Staatsbanken, der Schuldenverwaltungen sowie der Organe und Bediensteten dieser Stellen zur Verschwiegenheit gilt nicht für ihre Auskunfts- und Vorlagepflicht gegenüber den Finanzbehörden.**

**(2) Abs. 1 gilt nicht, soweit die Behörden und die mit postdienstlichen Verrichtungen betrauten Personen gesetzlich verpflichtet sind, das Brief-, Post- und Fernmeldegeheimnis zu wahren.**

1 Die Vorschrift statuiert den grundsätzlichen Vorrang der Auskunftsrechte der Finanzbehörden gegenüber den Geheimhaltungspflichten von Behörden, sonstigen öffentlichen Stellen, deren Organen und Bediensteten. Die Regelung bewirkt, dass der sonst geltende Grundsatz, wonach ohne Aussagegenehmigung (s. die Beamtengesetze des Bundes und der Länder, z. B. § 67 BBG) keine Auskunft erteilt werden darf, im Besteuerungsverfahren keine Geltung hat. An seine Stelle tritt die grundsätzliche Auskunfts- und Vorlagepflicht, die durch die Möglichkeit der Untersagung eines Verlangens im Einzelfall, wenn die Auskunft oder Vorlage nach der Erklärung der zuständigen obersten Bundes- oder Landesbehörde dem Wohle des Bundes oder eines Landes erhebliche Nachteile bereiten würde, eingeschränkt wird (§ 106 AO).

2 Durch § 105 Abs. 1 AO angesprochen sind allgemein **Behörden** oder **sonstige öffentliche Stellen** einschließlich ihrer Organe und Bediensteten, eine Formulierung, die erkennen lässt, dass der Gesetzgeber die Vorschrift soweit wie möglich erstrecken wollte. Unter § 105 Abs. 1 AO fallen auch solche Bedienstete (Beamte usw.), deren Beschäftigungsstelle keine Behörde ist (in einzelnen Ländern z. B. Gerichtsvollzieher), ebenso Notare, soweit sie öffentliche Funktionen ausüben, sowie Berufskammern (BFH v. 19.12.2006, VII R 46/05, BStBl II 2007, 365). Diese Personen sind Organe der Staatsgewalt, die berufen sind, unter öffentlicher Autorität nach eigenem Ermessen für staatliche oder staatlich geförderte Zwecke tätig zu sein. Ob sich die Tätigkeit als hoheitliche Tätigkeit kennzeichnet, kraft deren die Behörde dem einzelnen als Obrigkeit gegenübertritt oder nicht, z. B. weil es sich um die Wahrnehmung wirtschaftlicher Belange handelt, möglicherweise im Wettbewerb mit Privatleuten, ist ohne Bedeutung. Dies wird durch die in § 105 Abs. 1 AO enthaltene Aufzählung verdeutlicht.

3 Allerdings gibt es auch für die Auskunfts- und Vorlagepflicht Grenzen. Denn außerhalb der AO gewährt eine Reihe von Gesetzen einen besonderen Geheimhaltungsschutz auch gegenüber der Finanzbehörde unter ausdrücklicher Ausklammerung von § 105 AO. Dies gilt z. B. auch für das Sozialgeheimnis nach § 35 Abs. 1 Satz 1 SGB I, das nach § 71 Abs. 1 Nr. 3 und 4 SGB X für Besteuerungszwecke durchbrochen werden darf. Abgesehen davon müssen auch die Finanzbehörden datenschutzrechtliche Bestimmungen, hier insb. die Vorgaben des Bundesdatenschutzgesetzes beachten.

4 Gemäß § 105 Abs. 2 AO darf Auskunft über Tatsachen und Verhältnisse, die dem Brief-, Post- und Fernmeldegeheimnis unterliegen (Art. 10 GG), nicht gefordert werden. Damit ist den Finanzbehörden grundsätzlich verwehrt, sich im Auskunftswege Kenntnisse über die Inhalte von Postsendungen zu verschaffen; es ist jedoch zweifelhaft, ob die Vorschrift heute noch von Bedeutung ist. Denn es ist mehr als zweifelhaft, ob die Deutsche Post AG nach ihrer Privatisierung noch um eine in den Anwendungsbereich der Vorschrift fallende »öffentliche Stelle« i. S. des § 105 Abs. 1 AO ist. Auf andere Anbieter privater Art (private Postzusteller und Telefongesellschaften) findet § 105 AO zweifelsfrei keine Anwendung. Für eine erweiternde Auslegung des Begriffs »sonstige öffentliche Stelle« ist angesichts des klaren öffentlich-rechtlichen Bezugs kein Raum.

Wegen der Verpflichtung der Behörden zur Auskunft usw. im finanzgerichtlichen Verfahren s. § 86 FGO.

## § 106 AO Beschränkung der Auskunfts- und Vorlagepflicht bei Beeinträchtigung des staatlichen Wohls

**Eine Auskunft oder die Vorlage von Urkunden darf nicht gefordert werden, wenn die zuständige oberste Bundes- oder Landesbehörde erklärt, dass die Auskunft oder Vorlage dem Wohle des Bundes oder eines Landes erhebliche Nachteile bereiten würde.**

Die Vorschrift, die in der Praxis ohne Bedeutung ist, ist im Zusammenhang mit der in § 105 AO verankerten grundsätzlichen Auskunfts- und Vorlagepflicht von Behörden, öffentlichen Stellen, ihren Organen und Bediensteten zu sehen. Die Erklärung der obersten Bundes- oder Landesbehörde hat ohne Weiteres zur Folge, dass die Finanzbehörde eine Auskunft oder Vorlage nicht fordern darf. Die Finanzbehörde hat keine Rechtsschutzmöglichkeit. Soweit die Erklärung einen Beteiligten beschwert, kann dieser die Erklärung bei der Behörde anfechten, die sie abgegeben hat. 1

S. auch die im Finanzprozess geltende vergleichbare Vorschrift des § 86 Abs. 2, 3 FGO. Während dort jedoch eine gerichtliche Entscheidung darüber herbeigeführt werden kann, ob die gesetzlichen Voraussetzungen für die Verweigerung der Vorlage von Urkunden oder Akten und die Erteilung von Auskünften vorliegen, ist der FinVerw eine Nachprüfung der Erklärung der obersten Behörde verwehrt.

## V. Entschädigung der Auskunftspflichtigen und der Sachverständigen

## § 107 AO Entschädigung der Auskunftspflichtigen und der Sachverständigen

**Auskunftspflichtige, Vorlagepflichtige und Sachverständige, die die Finanzbehörde zu Beweiszwecken herangezogen hat, erhalten auf Antrag eine**

**Entschädigung oder Vergütung in entsprechender Anwendung des Justizvergütungs- und -entschädigungsgesetzes. Dies gilt nicht für die Beteiligten und für die Personen, die für die Beteiligten die Auskunfts- oder Vorlagepflicht zu erfüllen haben.**

1 Die Vorschrift gewährt einen Rechtsanspruch auf Entschädigung in entsprechender Anwendung des Justizvergütungs- und -entschädigungsgesetzes. Für die Vorlage von Urkunden besteht der Entschädigungsanspruch erstmals für Vorlageverlangen, die ab dem 30.06.2013 gestellt wurden. Die Heranziehung muss zu Beweiszwecken erfolgen und setzt ein aktives Tätigwerden des Herangezogenen voraus. Dafür reicht grds. jede Form der Erfüllung der Auskunfts- oder Vorlagepflicht aus.

2 Entschädigungsberechtigt sind Auskunftspflichtige, Vorlagepflichtige und Sachverständige, die die Finanzbehörde zu Beweiszwecken (§ 92 AO) **herangezogen** hat, z.B. auch die zur Erteilung einer schriftlichen Auskunft oder zur Urkundenvorlage herangezogene Bank (BFH v. 23.12.1980, VII R 91/79, BStBl II 1981, 392). Da es auf die Heranziehung ankommt, scheidet eine Entschädigung aus, wenn die Auskunft auf Veranlassung des Stpfl. erteilt wird. Gleiches gilt für Privatgutachten, und zwar selbst wenn die Finanzbehörde die gewonnenen Erkenntnisse verwertet (AEAO zu § 107, Nr. 1; a.A. *Seer* in Tipke/Kruse, § 107 AO Rz. 6). Eine Ausnahme kann allenfalls angenommen werden, wenn die Finanzbehörde auch von sich aus gehalten gewesen wäre, gerade diese Auskunftsperson oder diesen Sachverständigen heranzuziehen.

Keine Entschädigung erhalten die Beteiligten und diejenigen Personen, die für die Beteiligten die Auskunfts- oder Vorlagepflicht zu erfüllen haben (§§ 34, 35 AO).

3 Zu beachten ist, dass die Entschädigung nur auf **Antrag** gezahlt wird. Der Antrag ist binnen von drei Monaten nach der Hinzuziehung bei der heranziehenden Finanzbehörde zu stellen, sonst erlischt der Anspruch. Lehnt die Finanzbehörde den Antrag ab oder gewährt sie die Entschädigung nicht in der beantragten Höhe, ist dies ein Verwaltungsakt, gegen den der Einspruch (§ 347 AO) mit anschließender Verpflichtungsklage gegeben.

## 4. Unterabschnitt
## Fristen, Termine, Wiedereinsetzung

## § 108 AO
## Fristen und Termine

**(1) Für die Berechnung von Fristen und für die Bestimmung von Terminen gelten die §§ 187 bis 193 des Bürgerlichen Gesetzbuches entsprechend, soweit nicht durch die Absätze 2 bis 5 etwas anderes bestimmt ist.**

**(2) Der Lauf einer Frist, die von einer Behörde gesetzt wird, beginnt mit dem Tag, der auf die Bekanntgabe der Frist folgt, außer wenn dem Betroffenen etwas anderes mitgeteilt wird.**

**(3) Fällt das Ende einer Frist auf einen Sonntag, einen gesetzlichen Feiertag oder einen Sonnabend, so endet die Frist mit dem Ablauf des nächstfolgenden Werktages.**

**(4) Hat eine Behörde Leistungen nur für einen bestimmten Zeitraum zu erbringen, so endet dieser Zeitraum auch dann mit dem Ablauf seines letzten Tages, wenn dieser auf einen Sonntag, einen gesetzlichen Feiertag oder einen Sonnabend fällt.**

**(5) Der von einer Behörde gesetzte Termin ist auch dann einzuhalten, wenn er auf einen Sonntag, gesetzlichen Feiertag oder Sonnabend fällt.**

**(6) Ist eine Frist nach Stunden bestimmt, so werden Sonntage, gesetzliche Feiertage oder Sonnabende mitgerechnet.**

**Inhaltsübersicht**



### A. Allgemeines

Die Vorschrift behandelt die Berechnung von Fristen und die Bestimmung von Terminen. **Fristen** sind Zeiträume, in deren Grenzen ein bestimmtes Verhalten oder ein bestimmtes Handeln gefordert wird, an dessen Unterlassen bestimmte Rechtsfolgen geknüpft sind. Sog. **»eigentliche Fristen«** sind Fristen, innerhalb derer Handlungen vorzunehmen sind, wobei es unerheblich ist, ob es sich um gesetzliche oder behördlich gesetzte Fristen handelt. Fristen, die das Gesetz nicht mit einem Handeln oder Verhalten verbindet, werden z.T. als **uneigentliche Fristen** (*Brandis* in Tipke/Kruse, § 108 AO Rz. 8; BFH v. 28.03.2012, II R 43/11, BStBl II 2012, 599) bezeichnet. Als derartige uneigentliche Fristen wird man auch gesetzliche Fristen bezeichnen können, die, ohne wie die Handlungsfristen ein bestimmtes Tätigwerden zu fordern, einen Anspruch oder ein sonstiges Recht (auf Tätigwerden) zum Erlöschen bringen (z.B. Verjährungsfrist § 228 ff. AO, Festsetzungsfrist §§ 169 ff. AO, Frist des § 110 Abs. 3 AO: BFH v. 27.10.2014, X R 18/14, BStBl II 2015, 371). Die dogmatische Differenzierung der Fristarten ist in der Praxis ohne Bedeutung, da hieran keine unterschiedli- 1 chen Rechtsfolgen knüpfen. Maßgeblich ist stets der Fristablauf.

Wird durch eine gesetzliche Regelung aus Praktikabilitätsgründen für einen Vorgang eine pauschalierte Zeitdauer vermutet (s. § 122 Abs. 2 AO), so handelt es sich dabei nicht um eine Frist (auch s. § 122 AO Rz. 15).

2 Von Bedeutung ist die Unterscheidung zwischen **gewöhnlichen Fristen** und **Ausschlussfristen**. Gewöhnliche Fristen sind kann auch nach ihrem Ablauf verlängerungsfähig (s. § 109 AO). Die Versäumung einer Ausschlussfrist hingegen allenfalls über § 110 AO geheilt werden. Die hiernach mögliche Wiedereinsetzung in den vorigen Stand bedeutet jedoch keine Fristverlängerung, sondern beseitigt nur den durch den Fristablauf eingetretenen Rechtsnachteil. Eine gesetzliche Ausschlussfrist kann nicht verlängert werden, eine behördlich gesetzte Ausschlussfrist ist nur vor ihrem Ablauf verlängerbar.

3 Der zur Definition der Frist gehörende **Zeitraum** muss bestimmt oder wenigstens **bestimmbar** sein. Eine Frist, die durch einen bestimmbaren Zeitraum begrenzt ist, liegt z. B. dann vor, wenn ihr Ende eindeutig berechenbar ist. Soweit das Gesetz »unverzügliches« Handeln verlangt (s. § 119 Abs. 2 Satz 2 AO), fehlt es an Bestimmbarkeit.

4 Unter **Termin** ist ein im Voraus genau bestimmter Zeitpunkt, an dem etwas geschehen soll oder eine Wirkung eintritt, zu verstehen (z. B. Fälligkeitstermin; Vollendung des Lebensjahrs: BFH v. 18.04.2017, V B 147/16, BFH/NV 2017, 1052).

## B. Grundsatz: Anwendung der Vorschriften des BGB

5 § 108 Abs. 1 AO ordnet die entsprechende Anwendung der in den §§ 187 bis 193 BGB enthaltenen Vorschriften für die Berechnung von Fristen und die Bestimmung von Terminen (vgl. dazu BFH v. 04.09.2008, X B 113/08, BeckRS 2008, 25015923). Die maßgeblichen Vorschriften lauten:

**§ 187 BGB Fristbeginn**

(1) Ist für den Anfang einer Frist ein Ereignis oder ein in den Lauf eines Tages fallender Zeitpunkt maßgebend, so wird bei der Berechnung der Frist der Tag nicht mitgerechnet, in welchen das Ereignis oder der Zeitpunkt fällt.

(2) Ist der Beginn eines Tages der für den Anfang einer Frist maßgebende Zeitpunkt, so wird dieser Tag bei der Berechnung der Frist mitgerechnet. Das Gleiche gilt von dem Tage der Geburt bei der Berechnung des Lebensalters.

**§ 188 BGB Fristende**

(1) Eine nach Tagen bestimmte Frist endigt mit dem Ablaufe des letzten Tages der Frist.

(2) Eine Frist, die nach Wochen, nach Monaten oder nach einem mehrere Monate umfassenden Zeitraum – Jahr, halbes Jahr, Vierteljahr – bestimmt ist, endigt im Falle des § 187 Abs. 1 mit dem Ablaufe desjenigen Tages der letzten Woche oder des letzten Monats, welcher durch seine Benennung oder seine Zahl dem Tag entspricht, in den das Ereignis oder der Zeitpunkt fällt, im Falle des § 187 Abs. 2 mit dem Ablaufe desjenigen Tages der letzten Woche oder des letzten Monats, welcher dem Tage vorhergeht, der durch seine Benennung oder seine Zahl dem Anfangstag der Frist entspricht.

(3) Fehlt bei einer nach Monaten bestimmten Frist in dem letzten Monate der für ihren Ablauf maßgebende Tag, so endigt die Frist mit dem Ablaufe des letzten Tages dieses Monats.

**§ 189 BGB Berechnung einzelner Fristen**

(1) Unter einem halben Jahr wird eine Frist von sechs Monaten, unter einem Vierteljahre eine Frist von drei Monaten, unter einem halben Monat eine Frist von fünfzehn Tagen verstanden.

(2) Ist eine Frist auf einen oder mehrere ganze Monate und einen halben Monat gestellt, so sind die fünfzehn Tage zuletzt zu zählen.

**§ 190 BGB Fristverlängerung**

Im Falle der Verlängerung einer Frist wird die neue Frist von dem Ablauf der vorigen Frist an berechnet.

**§ 191 BGB Berechnung von Zeiträumen**

Ist ein Zeitraum nach Monaten oder nach Jahren in dem Sinne bestimmt, dass er nicht zusammenhängend zu verlaufen braucht, so wird der Monat zu 30, das Jahr zu 365 Tagen gerechnet.

**§ 192 BGB Anfang, Mitte, Ende des Monats**

Unter Anfang des Monats wird der erste, unter Mitte des Monats der 15., unter Ende des Monats der letzte Tag des Monats verstanden.

**§ 193 BGB Sonn- und Feiertag; Sonnabend**

Ist an einem bestimmten Tag oder innerhalb einer Frist eine Willenserklärung abzugeben oder eine Leistung zu bewirken und fällt der bestimmte Tag oder der letzte Tag der Frist auf einen Sonntag, einen am Erklärungs- oder Leistungsorte staatlich anerkannten allgemeinen Feiertag oder einen Sonnabend, so tritt an die Stelle eines solchen Tages der nächste Werktag.

**Rechtsbehelfsfristen** sind Fristen i. S. des § 187 Abs. 1 6
BGB. Bei ihrer Berechnung ist daher der Tag der Bekanntgabe des Verwaltungsakts nicht mitzurechnen (s. § 355 Abs. 1 AO). Rechtsbehelfsfristen enden somit grundsätzlich mit dem Ablauf des i. S. des § 188 Abs. 2 erste Alternative BGB »gleichnamigen« Tages. Zum maßgeblichen Bekanntgabezeitpunkt s. BFH v. 14.10.2003, IX R 68/98, BStBl II 2003, 898, wonach sich die Klagefrist bei vermutetem Zugang am Wochenende verlängert, da die Drei-Tages-Frist zwischen der Aufgabe eines Verwaltungsaktes zur Post und seiner vermuteten Bekanntgabe bis zum nächsten Werktag nicht abläuft (s. auch BFH v. 06.10.2004, IX R 60/03, BFH/NV 2005, 327; BFH v. 23.01.2008, VII B 169/07, BFH/NV 2008, 738; BFH

v. 05.08.2011, III B 76/11, BFH/NV 2011, 1845; BFH v. 05.05.2014, III B 85/13, BFH/NV 2014, 1186). Sog. Brückentage oder Schulferien haben auf den Fristlauf keinen Einfluss (BFH v. 23.01.2008, VII B 169/07, BFH/NV 2008, 738).

Die in der Umgangssprache oft übliche Gleichstellung des Zeitraums von einem Monat mit vier Wochen darf nicht übernommen werden. Das Gleiche gilt für andere sprachliche Ungenauigkeiten wie »acht Tage« statt einer Woche. Maßgeblich sind ausschließlich die gesetzlichen Fristbestimmungen.

### C. Sonderfälle

7 § 108 **Abs. 2 bis 6** AO enthalten besondere Bestimmungen über Fristbeginn, Fristende und Terminbestimmungen, die den Vorrang vor der entsprechenden Anwendung der §§ 187 bis 193 BGB haben. So bestimmt § 108 **Abs. 2** AO, dass Fristen, die von einer Behörde gesetzt werden, grundsätzlich mit dem Tage beginnen, der auf die Bekanntgabe der Frist, also dem Zugang der die Frist setzenden Mitteilung, folgt. Die Bekanntgabe ist damit einem Ereignis i.S. des § 187 Abs. 1 BGB gleichgestellt. § 108 **Abs. 3** AO dehnt den Grundsatz des für befristete Willenserklärungen und Leistungen geltenden § 193 BGB auf alle Fristen i.S. der AO aus. Dazu gehört auch die **Festsetzungsfrist** (BFH v. 20.01.2016, VI R 14/15, BStBl II 2016, 380). Auf **gesetzliche Fälligkeitszeitpunkte** findet Abs. 3 keine Anwendung, sodass sich z.B. die Fälligkeit einer USt-Vorauszahlung nach § 18 Abs. 1 Satz 4 UStG nicht auf den folgenden Tag verschiebt, wenn der gesetzliche Fälligkeitstag auf einen Sonn- oder Feiertag fällt (FG Thür v. 27.01.2016, 3 K 791/15, EFG 2016, 1425, Rev. X R 44/16). Zur Nichtanwendung im Sonderfall des § 14 ErbStG vgl. BFH v. 28.03.2012 II R 43/11, BStBl II 2012, 599. § 108 **Abs. 4** AO regelt die Beendigung zeitlich begrenzter behördlicher Leistungen. § 108 **Abs. 5** AO normiert die Maßgeblichkeit behördlich gesetzter Termine auch für den Fall, dass sie auf einen Sonntag, gesetzlichen Feiertag oder Samstag (Sonnabend) fallen. Bei Fristen, die nach Stunden bestimmt sind, werden nach § 108 **Abs. 6** AO Zeiträume, die auf Sonntage, gesetzliche Feiertage oder Samstage (Sonnabende) fallen, mitgerechnet.

## § 109 AO
## Verlängerung von Fristen

**(1) Fristen zur Einreichung von Steuererklärungen und Fristen, die von einer Finanzbehörde gesetzt sind, können vorbehaltlich des Absatzes 2 verlängert werden. Sind solche Fristen bereits abgelaufen, können sie vorbehaltlich des Absatzes 2 rückwirkend verlängert werden, insbesondere wenn es unbillig wäre, die durch den Fristablauf eingetretenen Rechtsfolgen bestehen zu lassen.**

**(2) Absatz 1 ist**

**1. in den Fällen des § 149 Absatz 3 auf Zeiträume nach dem letzten Tag des Monats Februar des zweiten auf den Besteuerungszeitraum folgenden Kalenderjahres und**

**2. in den Fällen des § 149 Absatz 4 auf Zeiträume nach dem in der Anordnung bestimmten Zeitpunkt**

**nur anzuwenden, falls der Steuerpflichtige ohne Verschulden verhindert ist oder war, die Steuererklärungsfrist einzuhalten. Bei Steuerpflichtigen, die ihren Gewinn aus Land- und Forstwirtschaft nach einem vom Kalenderjahr abweichenden Wirtschaftsjahr ermitteln, tritt an die Stelle des letzten Tages des Monats Februar der 31. Juli des zweiten auf den Besteuerungszeitraum folgenden Kalenderjahres. Das Verschulden eines Vertreters oder eines Erfüllungsgehilfen ist dem Steuerpflichtigen zuzurechnen.**

**(3) Die Finanzbehörde kann die Verlängerung der Frist mit einer Nebenbestimmung versehen, insbesondere von einer Sicherheitsleistung abhängig machen.**

**Inhaltsübersicht**



### A. Allgemeines

Nach § 109 **Abs. 1 Satz 1** AO können Fristen, die von einer Finanzbehörde gesetzt sind, und Fristen zur Einreichung von Steuererklärungen (auch wenn sie gesetzlich geregelt sind) vorbehaltlich der in Abs. 2 normierten Voraussetzungen verlängert werden (zur Erklärungsfrist die Erläuterungen zu s. § 149 AO). Andere **gesetzliche**, vor allem die **Ausschlussfristen**, sind daher nicht verlängerbar (BFH v. 21.10.1999, V R 76/98, BStBl II 2000, 214; BFH v. 22.10.2014 X R 18/14, BStBl II 2015, 371; BFH v. 27.02.2018, I B 37/17, – juris zur Antragsfrist auf Feststellung einer Einlagenrückgewähr). Gleiches gilt für die Dokumentation von Zuordnungsentscheidungen bei gemischt genutzten Gegenständen. Die Zuordnungsentscheidung ist spätestens bis zum Ablauf der gesetzlichen Abgabefrist für die Jahresablösung zu dokumentieren. Fristverlängerungen für die Abgabe der Steuererklärun- 1 gen verschieben den Dokumentationszeitpunkt nicht mit (BFH v. 07.07.2011, V R 21/10, BStBl II 2014, 81). Fristverlängerung bedeutet Verschiebung der an den Fristablauf geknüpften Wirkungen auf einen späteren Zeitpunkt. § 109 **Abs. 1 Satz 2** AO stellt klar, dass die Verlängerung einer Frist auch noch nach deren Ablauf (rückwirkend) zulässig ist. Eine Verlängerung von Anzeigefristen (z. B. nach dem GrEStG) hat keinen Einfluss auf die Ablaufhemmung der Verjährungsfrist nach § 170 Abs. 2 Satz 1 Nr. 1 AO (BFH v. 17.08.2009, II B 172/08, BFH/NV 2009, 1970).

Für die Berechnung gilt § 190 BGB entsprechend (§ 108 Abs. 1 AO). Hiernach wird die neue Frist von dem Ablaufe der vorigen Frist an berechnet und bildet deshalb mit der ursprünglichen Frist keine Einheit. Der Ablauf der ursprünglichen Frist ist zunächst unter Anwendung von § 108 AO zu errechnen. Insbesondere ist auch zu berücksichtigen, ob das Fristende auf einen Sonntag, einen gesetzlichen Feiertag oder einen Samstag (Sonnabend) fällt (§ 108 Abs. 3 AO). Der Verlängerungszeitraum schließt sich dann erst an den nächstfolgenden Werktag an.

## B. Tatbestandliche Voraussetzungen

### I. Verfahren

2 Die Fristverlängerung erfolgt in der Regel auf einen Antrag des Stpfl. Sie ist aber auch **von Amts wegen** möglich. Die Entscheidung über eine Verlängerung steht im Ermessen der Finanzbehörde. Für den Fall der rückwirkenden Fristverlängerung enthält § 109 **Abs. 1 Satz 2** AO eine besondere Hervorhebung eines für die Ermessensausübung maßgeblichen Gesichtspunktes. Danach ist die rückwirkende Fristverlängerung insbes. dann auszusprechen, wenn es unbillig (Verknüpfung mit unbestimmten Rechtsbegriff, s. § 5 AO Rz. 8) wäre, die durch den Fristablauf eingetretenen Rechtsfolgen bestehen zu lassen. Außerdem wird dadurch verdeutlicht, dass die Fristverlängerung den bereits eingetretenen Fristablauf und die damit verbundenen Rechtsfolgen mit rückwirkender Kraft beseitigt. Im Übrigen wird bei der Gewährung einer Fristverlängerung im Rahmen der pflichtgemäßen Ermessensausübung auch darauf abzustellen sein, ob der Betroffene in der Lage gewesen wäre, rechtzeitig, d. h. vor dem Fristablauf, um Fristverlängerung zu bitten. Im Allgemeinen wird man demjenigen, dem die Behörde eine Frist gesetzt hat, zumuten können, vor Fristablauf um Fristverlängerung nachzusuchen, wenn er die Frist nicht einhalten kann.

Eine stillschweigende Fristverlängerung ist möglich und vor allem dann denkbar, wenn die Finanzbehörde auf einen entsprechenden Antrag des Stpfl. keine gegenteilige Nachricht gibt.

### II. Besondere Voraussetzungen bei Steuererklärungsfristen

§ 109 **Abs. 2** AO ist im Rahmen des Gesetzes zur Modernisierung des Besteuerungsverfahrens vom 18.07.2016 (BGBl I 2016, 1679) in das Gesetz eingefügt werden. Die Regelung findet erstmals Anwendung auf Besteuerungszeiträume, die nach dem 31.12.2017 beginnen; faktisch gilt die Regelung also ab 2018. Die Norm beschränkt die Möglichkeiten einer Fristverlängerung bei Steuererklärungsfristen. Wie schon die Verweisungen auf § 149 Abs. 3 und 4 AO zeigen, steht die Einschränkung der Verlängerungsmöglichkeit in engem Zusammenhang mit der Neuregelung der Abgabefristen für Steuererklärungen. Da die Frist zur Abgabe der Steuererklärungen für die steuerberatenden Berufe nunmehr gesetzlich bis auf Ende Februar des Zweitfolgejahres nach der Entstehung der Steuer festgelegt wurde, soll nach Ablauf des Abgabestichtages nur ausnahmsweise eine Fristverlängerung in Betracht kommen. Die in der Vergangenheit bestehende jährliche Praxis, die Steuererklärungsfristen durch Verwaltungsanweisungen allgemein zu verlängern, ist durch die Neuregelung obsolet geworden, sodass Fristverlängerungen nur noch nach individueller Prüfung am Maßstab des Abs. 2 in Betracht kommen sollen (BR-Drs. 631/15, 88). Die Voraussetzungen, unter denen eine Verlängerung möglich ist, gelten gleichermaßen für Fristverlängerung über Ende Februar hinaus (§ 149 Abs. 3 AO) und in den Fällen vorzeitiger Anforderung (§ 149 Abs. 4 AO). 3

Aus der Gesetzesformulierung des § 109 **Abs. 2 Satz 1** AO, dass Abs. 1 nur anzuwenden ist, falls der Stpfl. **ohne Verschulden** gehindert ist oder gehindert war, die Steuererklärungsfrist einzuhalten, folgt zunächst, dass die Verschuldensprüfung bereits als Tatbestandsmerkmal vor der Ermessensentscheidung über die Verlängerung nach Abs. 1 vorzunehmen ist. Gelingt dem Stpfl. der Nachweis fehlenden Verschuldens nicht, scheidet eine Fristverlängerung aus. Für eine Ermessensausübung durch das FA ist kein Raum mehr; der Verlängerungsantrag ist wegen Fehlens der gesetzlichen Voraussetzungen abzulehnen. Für die Beurteilung, ob eine entschuldbare Fristversäumnis vorliegt, sind die Grundsätze anzuwenden, die für eine Wiedereinsetzung in den vorigen Stand (§ 110 AO, § 56 FGO) Stand gelten. Daraus folgt u. a., dass sich der Stpfl. bzw. dessen Berater künftig nicht mehr auf übermäßigen, hohen Arbeitsanfall berufen kann (BR-Drs. 631/15, 88). Denn mit der Verlängerung der gesetzlichen Abgabefrist soll sichergestellt werden, dass die steuerberatenden Berufe über ausreichend Zeit zur Erstellung der Erklärungen verfügen. Dem entspricht, dass eine Verlängerung der Abgabefrist nur noch in besonderen, individuell festzustellenden Fällen möglich sein soll. Abzustellen ist nach dem Gesetzeswortlaut zunächst auf das Verschulden des Stpfl. Damit dürften die 4

Fallgestaltungen erfasst sein, in denen es dem Stpfl. nicht gelingt, seinem Berater die für die Erstellung der Erklärung erforderlichen Unterlagen zur Verfügung zu stellen. Nach § 109 **Abs. 2 Satz 3** AO ist dem Stpfl. auch das Verschulden eines Vertreters oder Erfüllungsgehilfen zuzurechnen. Vertreter i. S. dieser Regelung kann auch der steuerliche Berater sein, da die Regelung insoweit auch die gewillkürte Vertretung in Steuersachen erfasst.

Da die Fristverlängerungsmöglichkeit eine individuelle Verschuldensprüfung erfordert, ist eine Fristverlängerung aufgrund von **Sammelanträgen** nicht möglich.

5 Für Steuerpflichtige, die ihren Gewinn aus Land- und Forstwirtschaft nach einem vom Kalenderjahr abweichenden Wirtschaftsjahr ermitteln, sieht § 109 Abs. 2 Satz 3 AO eine Sonderregelung vor, indem an die Stelle des letzten Tages des Monats Februar der 31. Juli tritt.

6 Nach § 109 **Abs. 3** AO kann die Finanzbehörde die Fristverlängerung mit einer **Nebenbestimmung** versehen, sie insbes. von einer Sicherheitsleistung abhängig machen. In Frage kommt hiernach z. B. die Verbindung mit einer Auflage (§ 120 Abs. 1 Nr. 4 AO) oder einem Vorbehalt der nachträglichen Aufnahme, Änderung oder Ergänzung einer Auflage (§ 120 Abs. 1 Nr. 5 AO). Als bevorzugt sieht der Gesetzgeber ersichtlich die Forderung nach einer Sicherheitsleistung an (»insbesondere«). Sie macht die Fristverlängerung von einer sog. unechten Bedingung abhängig (s. § 120 AO Rz. 3 ff.). Dies ergibt sich eindeutig aus dem Wortlaut des Abs. 3, wonach die Wirkung der Fristverlängerung **abhängig** von der Sicherheitsleistung sein soll. Eine Fristverlängerung unter Vorbehalt jederzeitigen Widerrufs wäre nach dem Wortlaut des § 109 Abs. 2 AO wohl zulässig, da die Fristverlängerung mit jeder Art der Nebenbestimmung versehen werden kann. Ein solcher Widerrufsvorbehalt würde jedoch unter § 120 Abs. 3 AO fallen: Die Nebenbestimmung würde dem Zweck des VA zuwiderlaufen. Die Fristverlängerung wäre für den Betroffenen wertlos; er muss seine Dispositionen nach der gewährten Verlängerung ausrichten können. § 130 Abs. 2 AO, § 131 Abs. 2 AO bleiben unberührt.

7 **Sicherheitsleistung** wird im Zweifel nur bei Gefährdung des Steueranspruches verlangt werden können. Das Verlangen nach Sicherheitsleistungen steht ebenfalls im Ermessen der Behörde und unterliegt den für dessen Ausübung allgemein geltenden Vorschriften (s. § 5 AO). Die gleichen Grundsätze gelten für die Verbindung der Fristverlängerung mit einer sonstigen zulässigen Nebenbestimmung.

8 Gegen eine die Fristverlängerung ablehnende Entscheidung ist der Einspruch (§ 347 AO) mit anschließender Verpflichtungsklage gegeben. Weder Einspruch noch Klage hindern jedoch den Fristablauf.

## § 110 AO
## Wiedereinsetzung in den vorigen Stand

**(1) War jemand ohne Verschulden verhindert, eine gesetzliche Frist einzuhalten, so ist ihm auf Antrag Wiedereinsetzung in den vorigen Stand zu gewähren. Das Verschulden eines Vertreters ist dem Vertretenen zuzurechnen.**

**(2) Der Antrag ist innerhalb eines Monats nach Wegfall des Hindernisses zu stellen. Die Tatsachen zur Begründung des Antrages sind bei der Antragstellung oder im Verfahren über den Antrag glaubhaft zu machen. Innerhalb der Antragsfrist ist die versäumte Handlung nachzuholen. Ist dies geschehen, so kann Wiedereinsetzung auch ohne Antrag gewährt werden.**

**(3) Nach einem Jahr seit dem Ende der versäumten Frist kann die Wiedereinsetzung nicht mehr beantragt oder die versäumte Handlung nicht mehr nachgeholt werden, außer wenn dies vor Ablauf der Jahresfrist infolge höherer Gewalt unmöglich war.**

**(4) Über den Antrag auf Wiedereinsetzung entscheidet die Finanzbehörde, die über die versäumte Handlung zu befinden hat.**

**Inhaltsübersicht**

## A. Allgemeines

1 Wie die übrigen öffentlich-rechtlichen Verfahrensordnungen verwendet § 110 AO den Begriff »**Wiedereinsetzung in den vorigen Stand**«. Abweichend von § 56 FGO beträgt die Antragsfrist bzw. die Frist zur Nachholung der versäumten Handlung einen Monat. Die Entscheidung über die Gewährung von Wiedereinsetzung betrifft allein die Frage der Fristwahrung. Sie ist grundsätzlich im Zusammenhang mit der Entscheidung über das (fristgebundene) Begehren zu treffen, bei Rechtsbehelfen also in der Rechtsbehelfsentscheidung (BFH v. 02.10.1986, IV R 39/83, BStBl II 1987, 7; BFH v. 26.10.1989, IV R 82/88, BStBl II 1990, 277). Die Gewährung von Wiedereinsetzung in den vorigen Stand lässt den Ablauf der gesetzlichen Frist unberührt; sie bewirkt jedoch die Beseitigung der aus der Fristversäumung resultierenden Folgen.

Während die Gewährung der Wiedereinsetzung in den vorigen Stand somit die Voraussetzung für die Möglichkeit einer sachlichen Hauptsacheregelung eröffnet, schließt die Ablehnung der Wiedereinsetzung in den vorigen Stand zwangsläufig die materiellen Folgen der Fristversäumnis in sich ein. Sie belässt keine Möglichkeit für eine Hauptsachenregelung durch einen weiteren Verwaltungsakt, sondern tritt im Ergebnis an deren Stelle. Das materiell-rechtliche Anliegen wird also keiner Prüfung mehr unterzogen.

Die Gewährung der Wiedereinsetzung steht **nicht im Ermessen** der zuständigen Finanzbehörde. Liegen die materiellen Voraussetzungen für die Gewährung (§ 110 Abs. 1 Satz 1 AO) vor, so ist die Behörde zur Wiedereinsetzung verpflichtet (gebundener Verwaltungsakt).

## B. Bedeutung der Vorschrift

2 Im Hinblick auf die grundgesetzlich geschützte Rechtschutzgarantie (Art. 19 Abs. 4 GG) und das Recht auf rechtliches Gehör (Art. 103 Abs. 1 GG) bedarf es einer Möglichkeit, Rechtsnachteile zu vermeiden, die in Folge einer **unverschuldeten Fristversäumnis** entstehen können. Diesem damit verfassungsrechtlich gebotenen Bedürfnis trägt die Möglichkeit der Wiedereinsetzung Rechnung, indem sie der Rechtsrichtigkeit gegenüber der Rechtssicherheit Vorrang einräumt. Dabei stellt das Gesetz zu Recht hohe Anforderungen an das Vorliegen der Wiedereinsetzungsvoraussetzungen. Den dabei in der Praxis oft festzustellenden Tendenzen der FinVerw., aber auch der Rechtsprechung, die Anforderungen zu überspannen, ist das BVerfG (v. 02.09.2002, 1 BvR 476/01, BStBl II 2002, 835) entgegengetreten. Danach ist es verwehrt, die Beschreitung des Rechtsweges und den damit verbundenen Anspruch auf die Durchsetzung materiellen Rechts durch übermäßig strenge Handhabung verfahrensrechtlicher Vorschriften zu verkürzen. Dies bedeutet für die Wiedereinsetzung, dass deren Voraussetzungen im Zweifel so auszulegen sind, dass dem Bürger der Zugang zu einer materiell-rechtlichen Prüfung des Gerichts ermöglicht wird.

In der täglichen Praxis sind Wiedereinsetzungsanträge häufig, aber trotz der Forderung des Bundesverfassungsgerichts nach großzügiger Auslegung oft erfolglos. Dabei beruht die Erfolglosigkeit oft auf dem unzureichenden Vorbringen der Wiedereinsetzungsgründe.

## C. Anwendungsbereich der Vorschrift

Der Anwendungsbereich des § 110 AO erstreckt sich nach 3
§ 110 **Abs. 1 Satz 1** AO auf alle **gesetzlichen Fristen**, die für Handlungen gesetzt sind, über die Finanzbehörden zu befinden haben. Dazu gehören vor allem die für außergerichtliche Rechtsbehelfe geltenden Rechtsbehelfsfristen (§ 355 Abs. 1 AO). Antragsfristen aller Art fallen unabhängig davon unter die Vorschrift, ob es sich um rechtsbehelfsähnliche Anträge handelt. Nicht maßgebend ist, ob die Frist in der AO oder in anderen Gesetzen enthalten ist. Gesetzliche Fristen, die keine Handlungsfristen sind, können nicht i. S. von § 110 Abs. 1 Satz 1 AO »eingehalten« und daher auch nicht »ohne Verschulden versäumt« werden. So fällt auch der in § 110 Abs. 2 AO befristete Antrag auf Wiedereinsetzung in den vorigen Stand und die befristete Nachholung der versäumten Handlung selbst in den Anwendungsbereich des § 110 AO (»Wiedereinsetzung in die Wiedereinsetzung«; s. auch BFH v. 19.08.1992, V B 27/92, BFH/NV 1993, 480). Für von einer Behörde einzuhaltende Fristen gilt § 110 AO nicht (BFH v. 19.08.1999, III R 57/98, BStBl II 2000, 330). Gleiches gilt auch für den Ablauf der für Ansprüche aus den Steuergesetzen geltenden Verjährungsfrist (§ 228 AO) oder der Festsetzungsfrist (§§ 169 ff. AO; vgl. BFH v. 12.05.2009, VII R 5/08, BFH/NV 2009, 1602; BFH v. 25.02.2010, IX B 156/09, BFH/NV 2012, 176; BFH v. 24.05.2012, III R 95/08, BFH/NV 2012, 1658).

**Zahlungsfristen** sind Tathandlungsfristen spezieller 4
Art, deren Versäumung ohne Rücksicht auf Verschuldensfragen die Konsequenz des § 240 AO (Entstehung der Säumniszuschläge) zur Folge hat; sie fallen nicht in den Anwendungsbereich von § 110 AO. Unbilligkeiten kann nach § 227 AO durch Billigkeitserlass Rechnung getragen werden. In Betracht kommt neben einer Wiedereinsetzung auch die Bewilligung von Stundung (§ 222 AO) oder Zahlungsaufschub (§ 223 AO; *Brandis* in Tipke/Kruse, § 110 AO Rz. 6). Allgemein kann die Versäumung von Fristen, die die Verwirklichung eines Tatbestands mit der Folge der Entstehung eines Anspruchs aus dem Steuerschuldverhältnis (§ 38 AO) betreffen (z. B. fristgerechte Errichtung eines Gebäudes i. S. der grunderwerbsteuerrechtlichen Vorschriften) nicht im Wege der Wiedereinsetzung geheilt werden.

5 Wenngleich auch die **Steuererklärungsfristen** gesetzliche Fristen sind (die Verlängerungsmöglichkeit ändert nichts im Grundsätzlichen), sind sie u.E. wegen der besonderen Regelung in § 109 Abs. 1 Satz 2 AO keine wiedereinsetzungsfähigen Fristen (wie hier *Mösbauer* in K/S, § 110 AO Rz. 6; a.A. *Brandis* in Tipke/Kruse, § 110 AO Rz. 6). Fristgebundene Anträge innerhalb des Festsetzungsverfahrens können allerdings wiedereinsetzungsfähig sein. So ist z.B. die Ausschlussfrist für die **Antragsveranlagung** nach § 46 Abs. 2 Nr. 8 EStG ist wiedereinsetzungsfähig (BFH v. 04.11.2004, VI B 104/04, BFH/NV 2005, 326; BFH v. 22.05.2006, VI R 51/04, BStBl II 2006, 833), Gleiches gilt für den Antrag auf Vorsteuervergütung nach § 62 UStDV (BFH v. 18.07.2016, V B 5/16, BFH/NV 2016, 1594) und den Antrag nach § 32d Abs. 2 Nr. 3 Satz 4 EStG (BFH v. 29.08.2017, VIII R 33/15, BStBl II 2018, 69).

6 Allgemein kann Wiedereinsetzung in den vorigen Stand dann nicht in Frage kommen, wenn das Gesetz nicht eine Frist für ein bestimmtes Handeln (z.B. die Stellung eines Antrags) setzt, sondern die Möglichkeit der materiellen Auswirkung des Handelns durch den Ablauf eines von der Handlungsfrist unabhängigen Zeitraums begrenzt. So ist z.B. nach § 110 Abs. 3 AO Wiedereinsetzung in den vorigen Stand nach Ablauf eines Jahres seit dem Ende der versäumten Frist ausgeschlossen. Der Ablauf dieser Jahresfrist fällt nicht unter § 110 Abs. 1 AO sodass eine Wiedereinsetzung in diese Frist ausgeschlossen ist. Gleiches gilt z.B. für die Jahresfrist des § 356 Abs. 2 Satz 1 AO, sofern kein Fall sog. höherer Gewalt vorliegt (§ 356 Abs. 2 Satz 2 AO).

7 Für Fristen, die nicht gegenüber der Finanzbehörde, sondern gegenüber den Finanzgerichten einzuhalten sind, kann Wiedereinsetzung nach § 110 Abs. 1 AO nicht in Frage kommen. Die Wiedereinsetzung im finanzgerichtlichen Verfahren regelt § 56 FGO.

## D. Tatbestandliche Voraussetzung: fehlendes Verschulden

8 Neben der Versäumung einer gesetzlichen Frist (s. Rz. 3) ist Voraussetzung für die Gewährung der Wiedereinsetzung in den vorigen Stand, dass der Betroffene ohne Verschulden verhindert war, die Frist einzuhalten, Dabei wird das **Verschulden eines Vertreters** dem Vertretenen zugerechnet (§ 110 **Abs. 1 Satz 2** AO). Das Gesetz spricht allgemein von »Vertreter«. Daraus ergibt sich, dass sowohl gesetzliche Vertreter, von Amts wegen bestellte Vertreter (§ 81 AO) als auch rechtsgeschäftlich bestellte Vertreter (§ 80 AO) in den Anwendungsbereich von § 110 Abs. 1 Satz 2 AO fallen. Eine Zurechnung kommt aber dann nicht mehr in Betracht, wenn einem StB im Zeitpunkt des Fristablaufs bereits wirksam die Steuerberaterzulassung entzogen war (BFH v. 17.03.2010, X R 57/08, BFH/NV 2010, 1780). Werden **mehrere Bevollmächtigte** tätig, muss sich der Vertretene das Verschulden jedes der Vertreter zurechnen lassen; dies gilt auch dann, wenn der für die Fristversäumung maßgebliche Bevollmächtigte die Sache nicht bearbeitet, sondern lediglich die Übermittlung eines Schriftsatzes übernimmt (BFH v. 15.02.1984, II R 57/83, BStBl II 1984, 320). Das Verschulden eines **Unterbevollmächtigten** wiederum wird dem Bevollmächtigten zugerechnet und dieses wiederum dem Vertretenen. Davon zu unterscheiden ist die Einschaltung einer Hilfsperson, z.B. zur Entgegennahme von Postsendungen, die nicht mit Vertretungsbefugnissen versehen ist. Dieser Personenkreis ist kein Vertreter i.S. von Abs. 1 Satz 2 (s. Rz. 12).

An der Einhaltung der Frist ist man **gehindert**, wenn man entweder durch tatsächliche äußerliche Umstände von der Ausführung einer gewollten Handlung abgehalten oder durch physische oder psychische Einflüsse an der Willensbildung selbst gehindert wird. Wiedereinsetzung in den vorigen Stand setzt zwingend voraus, dass die genannten Hemmnisse nicht vom Betroffenen verschuldet wurden. Als Verschuldensformen kommen **Vorsatz** und **Fahrlässigkeit** in Frage. Dabei schließt jedes Verschulden, auch einfache Fahrlässigkeit, die Wiedereinsetzung aus (BFH v. 07.10.2003, IX BFH/NV 2004, 11; BFH v. 29.08.2017, VIII R 33/15, BStBl II 2018, 69). 9

### I. Vorsätzliche Fristversäumnis

Wer eine Frist bewusst und gewollt verstreichen lässt (z.B. weil er den befristeten Rechtsbehelf für aussichtslos hält), handelt nicht unverschuldet. Ein eventueller Irrtum über den Beweggrund (das Motiv) für diese vorsätzliche Fristversäumnis ist unbeachtlich. Ein Rechtsirrtum kann für die Gewährung der Wiedereinsetzung in den vorigen Stand nur dann relevant sein, wenn er sich nicht auf die Zweckmäßigkeit, insbes. die Erfolgsaussicht der befristeten Handlung, sondern auf die Frist selbst (BFH v. 22.05.2006, VI R 46/04, BFH/NV 2007, 1), insbes. über die Unkenntnis einer Frist (BFH v. 29.08.2017, VIII R 33/15, BStBl II 2018, 69) oder auf die Form der Fristwahrung bezieht (st. Rspr., s. z.B. BFH 14.07.1989, III R 54/84, BStBl II 1989, 1024). Ein Irrtum über das Wesen einer bekannten Ausschlussfrist oder über das materielle Recht (die Erfolgsaussichten) rechtfertigen die Wiedereinsetzung nicht. Damit kann Wiedereinsetzung zumeist selbst dann nicht gewährt werden, wenn der Betroffene die Frist deshalb verstreichen lässt, weil die Finanzbehörde durch eine falsche Auskunft (Rechtsbelehrung) über die Erfolgsaussichten die Überlegungen des Betroffenen beeinflusst hat. Dafür spricht, dass anderenfalls jedem Rechtsunkundigen, der im Vertrauen auf die Richtigkeit und Rechtmäßigkeit des Handelns der rechtskundigen Hoheitsbehörde Fristen verstreichen lässt, Wiedereinset- 10 zung gewährt werden müsste (allgemein zur Frage der Möglichkeit der Wiedereinsetzung bei Irrtum über die materielle Rechtslage *Brandis* in Tipke/Kruse, § 110 AO Rz. 14). Angesichts der Forderung des BVerfG (s. Rz. 2), die Anforderungen an eine Wiedereinsetzung nicht zu überspannen, sind jedoch auch konkrete Einzelfälle denkbar, in denen der Rechtsirrtum durch ein Verhalten der FinVerw entstanden ist, das ein schützenswertes Vertrauen begründet und ein Verschulden ausschließt. (BFH v. 29.07.2003, III B 129/02, BFH/NV 2003, 1610). Zudem können nach dem Gesichtspunkt von Treu und Glauben z. B. Auswirkungen auf den Fristbeginn bzw. den Fristablauf denkbar sein. Im Zweifel stellt jedoch der Weg über eine Wiedereinsetzung die sachgerechtere Lösung dar.

## II. Fahrlässige Fristversäumnis

11 Fahrlässigkeit ist die Außerachtlassung der erforderlichen und zumutbaren Sorgfalt. Dabei ist auf die persönlichen Verhältnisse des Betroffenen abzustellen (subjektiver Fahrlässigkeitsbegriff). Der BFH geht in st. Rspr. davon aus, dass fahrlässig und damit schuldhaft i. S. des § 110 AO handelt, wer die für einen gewissenhaft und sachgemäß handelnden Verfahrensbeteiligten gebotene und ihm nach den Umständen zumutbare Sorgfalt nicht beachtet. Dabei reicht bereits leichte Fahrlässigkeit aus (statt aller BFH v. 29.08.2017, VIII R 33/15, BStBl II 2018, 69). Für das **Maß der zumutbaren Sorgfalt** sind die Vorbildung, die berufliche Tätigkeit, die allgemeine geistige Beweglichkeit, die praktische Erfahrung, die charakterlichen Eigenheiten und ähnliche konkrete Umstände in die Betrachtung einzubeziehen. So sind an einen steuerlich versierten Stpfl. höhere Anforderungen zu stellen als einen Unerfahrenen. Aber auch ein in steuerlichen Dingen Unerfahrener muss die z. B. Rechtsbehelfsbelehrung lesen; gerade ihn trifft auch die Verpflichtung, im Zweifel den Rat einer steuerlich erfahrenen Person einzuholen.

12 Wurde die Frist nicht von dem Betroffenen selbst, sondern von seinem **Vertreter** versäumt (§ 110 Abs. 1 Satz 2 AO), kommt es für die Wiedereinsetzung in den vorigen Stand darauf an, ob dieser ohne Verschulden an der Einhaltung der Frist gehindert war. Allerdings kann auch schon die Auswahl des Vertreters bzw. das Ausmaß der ihm erteilten Anweisungen den Vorwurf mangelnder Sorgfalt rechtfertigten. Für die Fristversäumnis durch Dritte sind daher folgende Unterscheidungen zu treffen:

- Bei **gesetzlichen Vertretern** ist ausschließlich auf deren Verhalten abzustellen; ein eigenes Verschulden des Vertretenen ist irrelevant.
- Versäumt ein **gewillkürter Vertreter** die Frist, ist zunächst zu prüfen, ob der Vollmachtgeber bei der Auswahl und Auftragserteilung die ihm zumutbare Sorgfalt walten ließ. Ist dies zu bejahen, ist zu prüfen, ob der Bevollmächtigte seinerseits schuldhaft säumig war. Sein Verschulden ist dem Vertretenen zuzurechnen (§ 110 Abs. 1 Satz 2 AO) und zwar auch dann, wenn sich der Bevollmächtigte weisungswidrig verhält (BFH v. 26.11.2004, II B 37/04, BFH/NV 2005, 1116). Eine Zurechnung entfällt, wenn dem Bevollmächtigten im Zeitpunkt des Fristablaufs bereits wirksam die Steuerberaterzulassung entzogen war (BFH v. 17.03.2010, X R 57/08, BFH/NV 2010, 1780).
- Bedient sich der Betroffene bei der Vornahme der befristeten Handlung einer dritten Person in der Weise, dass diese nicht im eigenen Namen, sondern lediglich als »verlängerter Arm« (**Bote, Hilfsperson**) des Betroffenen tätig wird, z. B. zur Entgegennahme von Postsendungen, ist Abs. 1 Satz 2 nicht anwendbar. Für die Entscheidung über die Wiedereinsetzung in den vorigen Stand ist ausschließlich das Verhalten des Betroffenen selbst maßgeblich. Dabei kann dessen Verschulden insbes. in der Auswahl und Einweisung der untergeordneten Hilfsperson (z. B. eines Familienangehörigen) bestehen (BFH v. 19.07.1994, II R 74/90, BStBl II 1994, 946; BFH v. 23.10.2001, VIII B 51/01, BFH/NV 2002, 162; FG Nbg v. 13.07.2016, 5 K 971/15, – juris).

Ob Verschulden vorliegt, ist **keine Ermessensfrage**, sondern eine Frage der tatsächlichen und rechtlichen Beurteilung. Deshalb ist die Entscheidung der Finanzbehörde auch in vollem Umfang einer gerichtlichen Überprüfung zugänglich. Zur gesetzlichen Fiktion einer unverschuldeten Fristversäumnis in § 126 Abs. 3 AO bei Begründungs- oder Anhörungsmängeln s. FG Nbg v. 13.07.2016, 5 K 971/15, -juris; s. § 126 AO Rz. 12.

## E. Einzelfälle

Wegen nur im Einzelfall zu treffenden Beurteilung, ob eine verschuldete Fristversäumnis hat sich eine umfängliche Kasuistik herausgebildet. Beispielhaft seien folgende typische Fallgruppen genannt: 13

### I. Allgemeine Verschuldensfragen

### 1. Arbeitsüberlastung

Arbeitsüberlastung ist in der Regel kein Grund für Wiedereinsetzung (BFH v. 20.06.1968, II R 8/68, BStBl II 1968, 659; BFH v. 15.07.1999, V R 52/98, BFH/NV 2000, 98; FG SchlH v. 21.06.2017, 5 K 7/16, EFG 2017, 1405). Dies gilt sowohl für den Stpfl. selbst als auch für dessen Bevollmächtigten. Letzterer kann insb. nicht geltend machen, dass er wegen einer Vielzahl fristgebundener Tätigkeiten nicht in der Lage war, alle Fristen einzuhalten. Auch die Kompliziertheit der Materie und der damit mit der Bearbeitung verbundene Zeitaufwand rechtfertigt 14 keine andere Annahme. Nur ausnahmsweise kann eine Arbeitsüberlastung dann Wiedereinsetzung in den vorigen Stand rechtfertigen, wenn sie völlig unvorhersehbar war und aufgrund absolut unbeeinflussbarer Umstände eintrat (z. B. Fristversäumnis durch einen Arzt, der durch plötzliche Epidemie überlastet ist).

### 2. Abwesenheit aus geschäftlichen oder privaten Gründen

15 Abwesenheit aus geschäftlichen oder privaten Gründen ist im Allgemeinen kein Entschuldigungsgrund. Es müssen grundsätzlich Vorkehrungen dafür getroffen werden, dass den Betroffenen Postsendungen oder Zustellungen, ggf. auch in elektronischer Form, verlässlich rechtzeitig erreichen bzw. erforderlichenfalls Termine ordnungsgemäß wahrgenommen werden können (BFH v. 08.10.1981, IV R 108/81, BStBl II 1982, 165). Dies kann entweder durch Beauftragung eines Vertreters oder Veranlassung der Postnachsendung erfolgen, wobei ein nur gegenüber einem Postunternehmen erteilter Nachsendeauftrag nicht ausreichend sein kann. Entsprechend der Rechtsprechung des BVerfG (BVerfG v. 11.02.1976, 2 BvR 849/75, BVerfGE 41, 332 zu Straf- und Bußgeldverfahren; v. 02.09.2002, 1 BvR 476/01, BStBl II 2002, 835 zum Besteuerungsverfahren) dürfen jedoch die Anforderungen nicht überspannt werden. Insbesondere bei kurzfristiger Urlaubsabwesenheit kann dem Stpfl. nicht zugemutet werden, besondere Vorkehrungen zu treffen, wenn keine konkreten Anhaltspunkte für eine unmittelbar bevorstehende Bekanntgabe eines anfechtbaren Verwaltungsakts bestehen. Das Gleiche gilt für kürzere Geschäftsreisen (BFH v. 11.04.2001, I B 123/00, BFH/NV 2001, 1221; BFH v. 02.01.2003, IX B 89/02, BFH/NV 2003, 503; auch *Brandis* in Tipke/Kruse, § 110 AO Rz. 14). Unklarheit besteht indes, wann noch von einer »kürzeren« Abwesenheit ausgegangen werden kann. U. E. wird man eine sechswöchige Urlaubsabwesenheit noch als kürzer ansehen können, während bei längeren Abwesenheitszeiten auch von normalen Stpfl. Vorkehrungen getroffen sein sollten. Dazu kann auch ausreichen, wenn der Stpfl. das FA über seine Urlaubsabwesenheit informiert (FG Nbg v. 13.07.2016, 5 K 971/15, – juris). Bei einer mehrmonatigen Abwesenheit werden in aller Regel Vorkehrungen verlangt werden können. Bei Geschäftsreisen kommt es u. E. auch auf die Größe des Unternehmens an, wobei sich das Problem in der Regel nur bei kleineren Unternehmen stellen dürfte, da nur dann die Abwesenheit des Unternehmers zu Fristversäumnissen führen wird.

Kehrt der Betroffene noch während der laufenden Frist (z. B. Einspruchsfrist) zurück, kommt es darauf an, ob es dem Betroffenen noch möglich ist, innerhalb des Fristlaufs tätig zu werden. Dabei kommt es nicht allein auf die verbleibende **Erklärungsfrist** an; vielmehr muss auch eine **Überlegungsfrist** verbleiben. Eine **einwöchige** Überlegungsfrist dürfte in aller Regel ausreichend sein (a. A. BFH v. 05.11.1987, IV R 354/84, BFH/NV 1988, 614: fünf Tage), zumal z. B. im Einspruchsverfahren eine Begründung nachgereicht werden kann. Auch dies bedarf jedoch einer Einzelfallprüfung.

Die Abwesenheitszeiten sind glaubhaft zu machen (auch s. Rz. 37).

### 3. Alter

Hohes Alter kann Wiedereinsetzung in den vorigen Stand in der Regel nicht rechtfertigen, weil der Betroffenen entsprechende Vorkehrungen treffen muss. Nur in selten Ausnahmefällen kann eine Wiedereinsetzung gewährt werden, wenn sich das Alter unerwartet auf den geistigen und körperlichen Zustand des Betroffenen ausgewirkt hat. 16

### 4. Krankheit

Krankheit wird in der Praxis sehr häufig als Entschuldigungsgrund geltend gemacht. Oft lehnen die Finanzbehörden Wiedereinsetzung in den vorigen Stand mit dem Hinweis ab, dass der Betroffene durch die Krankheit nicht gehindert gewesen sei, den Rechtsbehelf fristgerecht einzulegen und ihn erst nach der Gesundung zu begründen. Auch auf die Möglichkeit, einen derartigen (vorsorglichen) Rechtsbehelf durch einen Bevollmächtigten einlegen zu lassen, wird häufig verwiesen. Dem kann nicht generell gefolgt werden. Vielmehr kommt es darauf an, ob der Betroffene durch seine Erkrankung gehindert ist, die für die befristete Handlung erforderlichen Überlegungen anzustellen und die erforderliche Erklärung abzugeben. Dies ist, notfalls unter Berücksichtigung ärztlicher Begutachtung, im konkreten Krankheitsfall zu prüfen. Ein rein vorsorgliches (d. h. ausschließlich auf Fristwahrung gerichtetes) Handeln kann auch dann nicht gefordert werden, wenn damit kein Kostenrisiko verbunden ist. In der Regel können aber ausschließlich unvorhergesehene und schwere Erkrankungen das Verschulden des Fristversäumnisses ausschließen (BFH v. 20.11.2013, X R 2/12, BStBl II 2014, 236). 17

Da der Betroffene berechtigt ist, Fristen voll auszuschöpfen, ist Wiedereinsetzung in den vorigen Stand auch dann zu gewähren, wenn der Betroffene erst kurz vor Fristablauf so schwer erkrankt, dass er die Frist nicht mehr einhalten kann und er auch nicht mehr in der Lage ist, einen Dritten mit der Interessenwahrung zu beauftragen (BFH v. 23.02.1983, I R 128/82, BFH/NV 1987, 246). Bestand die Erkrankung schon zu Beginn des Fristlaufs und erstreckt sie sich über das Fristende hinaus, ist ebenso wie bei Langzeiterkrankungen danach zu unterscheiden, ob und in welchem Umfang der Betroffene noch in der Lage ist, seine steuerlichen Angelegenheiten fristgemäß zu regeln. Bestand die zur Handlungsunfähigkeit führende Erkrankung schon bei Beginn des Fristlaufs, wird man in der Regel fehlendes Verschulden annehme können. Bei Erkrankungen, die nur zu jeweils zeitlich begrenzten Ausfallerscheinungen führen, ist es dem Betroffenen jedoch zumutbar, einen Dritten mit der Wahrnehmung seiner Interessen zu beauftragen; Fehleinschätzungen über den eigenen Krankheitszustand gehen zulasten des Betroffenen. Bei Langzeiterkrankungen, die die Handlungsfähigkeit dauerhaft ausschließen, wird der Stpfl. Vorkehrungen dafür treffen müssen, dass seine Angelegenheiten auch in Fristsachen ordnungsgemäß erledigt werden. Ob die Art und Schwere der Erkrankung ausreicht, kann nur im Einzelfall geprüft werden. Die Glaubhaftmachung erfolgt in der Regel durch ein ärztliches Attest. Dabei reicht indes der allgemeine Hinweis auf eine Erkrankung nicht aus. Es muss sich dem Attest vielmehr entnehmen lassen, warum der Stpfl. gerade an der fristgemäßen Vornahme der erforderlichen Handlung gehindert war. Im Zweifel trägt der Stpfl. dafür die Feststellungslast.

Auch die Erkrankung naher Angehöriger kann ein hinreichender Entschuldigungsgrund sein.

Ein Unternehmen hat dafür Sorge zu tragen, dass Posteingänge auch während einer Erkrankung des (einzigen) gesetzlichen Vertreters (Geschäftsführers o. Ä.) bearbeitet und ggf. fristgebundene Weisungen an steuerliche Vertreter bzw. Prozessbevollmächtigte erteilt werden.

Auch Erkrankungen oder der Tod von **Angehörigen** kann eine Wiedereinsetzung rechtfertigen; hier kommt es auf die Umstände des Einzelfalles an.

### 5. Kürze der Fristüberschreitung

18 Die Kürze der Fristüberschreitung ist für sich allein kein Entschuldigungsgrund (BFH v. 17.11.1970, II R 121/70, BStBl II 1971, 143). Auch wenn der Stpfl. die im eingeräumten Fristen vollständig nutzen darf, muss er dafür Sorge tragen, dass auch kurzfristige Fristüberschreitungen vermieden werden. Dies gilt auch für eine Überschreitung um wenige Minuten.

### 6. Störungen im Postbetrieb

19 Bei Störungen im Postbetrieb ist darauf abzustellen, ob bei Wahrung der erforderlichen Sorgfalt von einer normalen Zustellungsdauer ausgegangen werden konnte. Verzögerungen von einigen Tagen müssen nicht allgemein im Postverkehr in Rechnung gestellt werden. Der Bürger, der sich für die Einlegung und Begründung seiner Fristsachen der Post bedient, muss darauf vertrauen können, dass die Post die nach ihren organisatorischen und betrieblichen Vorkehrungen für den Normalfall festgelegten Postlaufzeiten auch einhält. Allerdings kann mit dem Transport einer Fristsache innerhalb der regelmäßigen Postlaufzeiten nur dann gerechnet werden, wenn die Sendung mit der vollständigen und richtigen Anschrift, einschließlich der Postleitzahl, versehen wird (z. B. BFH v. 19.12.1985, VIII R 3/85, BFH/NV 1987, 648; BFH v. 28.11.1996, XI R 76/95, BFH/NV 1997, 497; v. 19.12.2000 VII R 7/99, BStBl II 2001, 158; BVerfG v. 02.09.2002, 1 BvR 476/01, BStBl II 2002, 835). Unter dieser Prämisse darf auf die z. T. noch heute bei Postannahmestellen ausgehängte »Übersicht wichtiger Brieflaufzeiten« auch dann vertraut werden, wenn diese Laufzeiten in der Vergangenheit in Einzelfällen überschritten wurden (BFH v. 21.12.1990, VI R 10/86, BStBl II 1991, 437; BFH v. 28.10.2008, VIII R 36/04, BStBl II 2009, 190) bzw. auf eine bei der Postaufgabe erteilte Laufzeitauskunft (BVerfG v. 05.04.1989, 1 BvR 941/89, HFR 1990, 702). Im Zweifel sollte auch heute noch von einem Zugang am nächsten Werktag ausgegangen werden, wenn die Absendung noch während der üblichen Öffnungszeiten der Postagentur erfolgte und der Versender mit einer Beförderung am gleichen Tag rechnen konnte. Bei Einwurf in den Briefkasten muss der Versender auch auf die Abholzeiten auf dem Briefkasten achten. Diese Grundsätze gelten nicht nur für die Postversendung durch die Deutsche Post AG, sondern auch bei Inanspruchnahme anderer Anbieter.

Von den vom Betroffenen nicht zu vertretenden Verzögerungen bei der Briefbeförderung oder -zustellung durch die Post bzw. die empfangende Behörde ist die in seinen Verantwortungsbereich fallende Pflicht zu unterscheiden, für die rechtzeitige Absendung eines fristgebundenen Schriftstückes zu sorgen. Insoweit ist es Sache des Betroffenen, schlüssig Einzelheiten der behaupteten Absendung vorzutragen. Absendung durch gewöhnlichen Brief begründet kein Verschulden. Allerdings entsteht in der Praxis das Problem, dass die rechtzeitige Absendung des Briefes zumindest glaubhaft gemacht werden muss; dies gelingt nur in den seltensten Fällen. Die Glaubhaftmachung erfordert detaillierte Angaben, wann, wie, wo und wer das Schriftstück zur Post gegeben hat. Die Ablage in einem internen Postkorb reicht nicht aus, es kommt darauf an, wann das Schriftstück in den Verantwortungsbereich des befördernden Unternehmens gelangt ist. Insoweit trägt der Betroffene das mit der gewählten Versendungsart verbundene Risiko, das er sorgfältig abwägen muss. Erforderlich ist stets eine einzelfallbezogene Betrachtung. 20

Der nach Aufgabe zur Post erfolgte Verlust eines Briefes fällt nicht dem Absender zur Last. Steht Aufgabe zur Post außer Zweifel, so ist Wiedereinsetzung in den vorigen Stand zu gewähren.

Bei einem **Streik** des Postunternehmens kann die Verzögerung der Postlaufzeit nicht zulasten des Absenders gehen. Insoweit ist bei Glaubhaftmachung rechtzeitiger Aufgabe Wiedereinsetzung zu gewähren. Etwas anderes kann aber gelten, wenn das Unternehmen schon erheb- 21 lich vor Fristablauf auf verlängerte Laufzeiten hingewiesen hat und dem Versender andere zumutbare Übermittlungsmethoden zur Verfügung stehen. Dies wird bei professionellen Einreichern in der Regel der Fall sein (Telefax, E-Mail). Ggf. muss der Betroffene auch einen Einwurf in den Briefkasten des Empfängers in Erwägung ziehen. Letztlich ist auch hier eine Einzelfallprüfung möglich, die sich auch auf die Zumutbarkeit anderer Übermittlungsmöglichkeiten erstreckt

### 7. Telefax-Übermittlung

22 Fristwahrende Schriftstücke können auch per Telefax übermittelt werden. Dabei muss ein fristgebundener Schriftsatz vor Fristablauf vollständig eingegangen sein; der Absender muss also dafür Sorge tragen, dass die Absendung so rechtzeitig erfolgt, dass mit dem vollständigen Abschluss der Übermittlung noch vor Fristablauf gerechnet werden kann. Eine zu kurz bemessene Übertragungszeit geht zulasten des Versenders; dabei muss er auch in Betracht ziehen, dass möglicherweise nicht schon der erste Übertragungsversuch gelingt. Er trägt insoweit das Übermittlungsrisiko (BFH v. 09.01.2012, I B 66/11, BFH/NV 2012, 957). Dabei obliegt es dem Absender, die für die Übermittlung per Telefax notwendigen Vorkehrungen zu treffen, insb. auch für eine zutreffende Bedienung des Gerätes Sorge zu tragen. Lässt der Betroffene insoweit die gebotene Sorgfalt vermissen, liegt Verschulden vor. Bei technischen Störungen am Absendegerät obliegt es dem Absender, die Störung glaubhaft zu machen; hierzu reicht die Übersendung eines Testprotokolls nach Reparatur nicht aus. Insoweit stellt sich die Frage, ob die Anforderungen nicht zulasten des Absenders überspannt sind. Bei technischen Störungen am Empfangsgerät ist in aller Regel Wiedereinsetzung zu gewähren (BFH v. 13.07.1999, VII B 64/99, BFH/NV 1999, 1633). Zur Glaubhaftmachung der Übermittlung sollte das Sendeprotokoll des Telefaxgerätes des Absenders dem Wiedereinsetzungsantrag beigefügt werden (vgl. BFH v. 18.03.2014, VIII R 33/12, BStBl II 2014, 922); dies reicht aber dann nicht aus, wenn mehrere Schriftstücke versandt wurden (BFH v. 23.12.2003, IV B 9/02, BFH/NV 2003, 786). Bei einer Übermittlung mittel PC-Fax ist eine eigenhändige Unterschrift entbehrlich (BFH v. 09.11.2000, I S 6/00, BFH/NV 2001, 479).

### 8. Unverschuldeter Rechtsirrtum

23 Ein unverschuldeter Rechtsirrtum kann nur dann Wiedereinsetzung in den vorigen Stand rechtfertigen, wenn er sich auf die rechtlichen Vorschriften über die einzuhaltende Frist oder die Form des fristgebundenen Handelns bezieht, nicht jedoch auf das materielle Recht (BFH v. 29.08.2017, VIII R 33/15, BStBl II 2018, 69). Bei Letzterem wird der Betroffene nicht gehindert, die Frist einzuhalten. Dies gilt auch, wenn sich eine günstigere Rechtslage für den Stpfl. erst nach einer Entscheidung des BFH, BVerfG oder EuGH ergibt; eine nach Eintritt der Bestandskraft ergehende Entscheidung rechtfertigt eine Wiedereinsetzung nicht (BFH v. 16.09.2010, V R 57/09, BStBl II 2011, 151; BFH v. 29.02.2012, IX R 3/11, BFH/NV 2012, 915). Eine Ausnahme kann aber dann gelten, wenn die Finanzbehörde den Irrtum über die materielle Rechtslage herbeigeführt hat und der Betroffene im Vertrauen darauf auf fristwahrende Maßnahmen verzichtet (s. Rz. 10). Dies gilt z. B. bei unklaren oder falschen Belehrungen. Dies gilt auch für Belehrungen, die die Finanzbehörde z. B. bei der Vorbereitung der Übersendung elektronischer Steuererklärungen in elektronischer Form bereitstellt. Ein Auslegungsirrtum über die Berechnung und den Ablauf einer Frist wird auch bei einem unkundigen Stpfl. in der Regel verschuldet sein, wenn sich die Frist eindeutig aus der Rechtsmittelbelehrung ergibt (BFH v. 20.02.2001, IX R 48/98, BFH/NV 2001, 1010). Auch ein Irrtum über das Wesen einer Ausschlussfrist betrifft das Verfahrensrecht und schließt Wiedereinsetzung nur aus, wenn er verschuldet ist. Dies wird in der Regel anzunehmen sein, da sich der Stpfl. bei Zweifeln hinsichtlich des Fristablaufs über das Fristende zu informieren hat (BFH v. 23.07.1992, VIII R 73/91, BFH/NV 1993, 40; s. aber auch Rz. 10). Gleiches dürfte auch bei einem Irrtum über die zutreffende Form der fristwahrenden Erklärung gelten.

Bei unklarer Rechtslage über das durchzuführende Verfahren kann hingegen ein Irrtum des Stpfl. in seltenen Fällen entschuldbar sein, wenn er trotz vertretbarer rechtlicher Überlegungen einen falschen Verfahrensweg wählt und deshalb die Frist für die zutreffende Erklärung verstreicht (*Brandis* in Tipke/Kruse, § 110 AO Rz. 14). I. d. R. ist dem Stpfl. aber auch zumutbar, bei unklarer Rechtslage zunächst vorsorglich fristwahrende Anträge oder Erklärungen abzugeben.

Ein unverschuldeter Rechtsirrtum wird i. d. Regel auch dann anzunehmen sein, wenn ein VA/Bescheid dem Stpfl. vor dem Bescheiddatum bekannt gegeben wird, der Stpfl. aber den Fristlauf nach dem Datum des Bescheides berechnet (BFH v. 20.11.2008, III R 66/07, BStBl II 2009, 185).

Wird in Bezug auf einen schriftlichen Verwaltungsakt, 24
der ohne Rechtsbehelfsbelehrung erteilt wurde, die Frist zur Anfechtung versäumt, erübrigt sich die Prüfung der Voraussetzungen für eine Wiedereinsetzung in den vorigen Stand gem. § 110 Abs. 1 AO, weil nach § 356 Abs. 1 AO die Rechtsbehelfsfrist nicht zu laufen beginnt. Dies gilt in gleicher Weise für eine unvollständige oder fehlerhafte Rechtsmittelbelehrung. Dabei ist eine Rechtsbehelfsbelehrung auch dann unvollständig, wenn der Hinweis auf die Möglichkeit einer elektronischen Übermittlung des Rechtsbehelfs fehlt (FG SchlH v. 21.06.2017, 5 K 7/16, EFG 2017, 1405; a. A. FG Ha v. 19.06.2016, 2 K

138/15, DStRE 2017, 1126). Eine fehlende Anschrift oder Telefaxnummer ist hingegen kein Fehler, der zur Anwendung der Jahresfrist führt; sie kann aber ein Grund für eine Wiedereinsetzung sein, wenn sie Ursache für eine Fristversäumnis ist (BFH v. 18.01.2017, VII B 158/16, BFH/NV 2017, 603; FG Köln v. 22.02.2017, 4 K 719/16, EFG 2017, 1319; s. aber die Gegenansicht in § 156 Rz. 6). Sofern Unsicherheit besteht, ob die Rechtsbehelfsbelehrung an Mängeln leidet, sollte in der Praxis vorsorglich auch die Frage eines Wiedereinsetzungsantrags erwogen werden.

### 9. Sprachschwierigkeiten

25 Sprachschwierigkeiten machen eine Fristversäumnis nicht generell unverschuldet. Vielmehr ist der Betroffene verpflichtet, sich ggf. eine Übersetzung zu beschaffen und die Hilfe Dritter in Anspruch zu nehmen (BFH v. 18.09.2001, VII B 133/01, BFH/NV 2002, 209; BFH v. 17.03.2010, X B 114/09, BFH/NV 2010, 1239; FG Ha v. 24.11.2016, 4 K 143/16, – juris; FG Bre v. 28.11.2016, 3 K 52/16 (1), – juris). Zur Fristwahrung genügt zunächst eine Eingabe in fremder Sprache (s. § 87 Abs. 4 AO). Versäumt der Stpfl. aber die ihm daraufhin von der Finanzbehörde gesetzte Frist zur Vorlage einer Übersetzung, kommt eine Wiedereinsetzung nur nach allgemeinen Grundsätzen in Betracht, insb. wenn die Finanzbehörde nicht auf die mit der Fristsetzung verbundenen Rechtsfolgen hingewiesen hat.

### 10. Mandatsniederlegung

26 Eine Mandatsniederlegung des Bevollmächtigten schließt ein Verschulden des Steuerpflichtigen an einer Fristversäumnis jedenfalls dann nicht aus, wenn dieser rechtzeitig von der Mandatsniederlegung unterrichtet wird (BFH v. 22.02.1968, V R 130/67, BStBl II 1968, 312).

## II. Besonderheiten bei steuerberatenden Berufen

### 1. Ordnungsgemäße Büroorganisation

27 Für die Angehörigen steuerberatender Berufe – insbes. Steuerberater, Steuerbevollmächtigte, Rechtsanwälte, Wirtschaftsprüfer, aber auch für die Verwaltung – hat die Rechtsprechung Grundsätze darüber entwickelt, unter welchen Voraussetzungen durch diese verursachte Fristversäumnisse entschuldbar sind (vgl. BFH v. 24.02.2000, VII B 132/99 n.v. – juris; BFH v. 06.11.2012, VIII R 40/10, BFH/NV 2013, 397). Diese Grundsätze gelten unabhängig von der Rechtsform des steuerlichen Beraters. Hiernach setzt die Wiedereinsetzung in den vorigen Stand voraus, dass der Berufsträger einen **ordnungsmäßigen Bürobetrieb** eingerichtet hat, der durch eine zuverlässige Fristenkontrolle sicherstellt, dass unter normalen Umständen die Wahrung aller einzuhaltenden Fristen gewährleistet ist. Zu diesen besonderen Vorkehrungen gehört z.B. die Führung eines **Fristenkalenders**, von **Fristenkontrollbüchern** oder die Schaffung ähnlicher Einrichtungen. Dazu gehört auch die Fristüberwachung mit elektronisch geführten Kalendern, wenn nachträgliche Manipulationen ausgeschlossen sind. In den Fristenkalendern muss die entsprechende Frist bei jedem Posteingang sofort notiert werden. Eine nachträgliche Berechnung, z.B. an Hand des Eingangsstempels, reicht nicht aus. Der Fristenkalender muss täglich nach Fristabläufen durchgesehen werden (BFH v. 14.10.1998, X R 73/97, BFH/NV 1999, 621). Des Weiteren bedarf es einer wirksamen **Ausgangskontrolle** (BFH v. 07.12.1988, X R 80/87, BStBl II 1989, 266; BFH v. 23.01.2001, VI B 62/99, BFH/NV 2001, 928), die in der Regel durch das Führen eines Postausgangsbuchs erfolgen wird. Auch das Führen einer **elektronischen Postausgangskontrolle** ist möglich; so reicht das ordnungsgemäße Führen des DATEV-Programms »Fristen und Bescheide« aus. Gleiches dürfte für vergleichbare Produkte anderer Hersteller gelten. Maßgeblich ist bei jeder Art der Fristenkontrolle, dass nachträgliche Manipulationen ausgeschlossen sind. Etwaige Änderungen oder Korrekturen müssen erkennbar und nachvollziehbar sein; dies gilt auch bei elektronisch geführten Aufzeichnungen. Die Eintragungen im Postausgangsbuch müssen ergeben, welcher nach Art und Rechtsbehelfsführer bestimmte Rechtsbehelf das Büro an welchem Tage verlassen hat (BFH v. 24.07.1989, III R 83/88, BFH/NV 1990, 248). Bei der Ausgangskontrolle bei Übermittlung durch Telefaxgerät kommt es darauf an, dass das zu versendende Schriftstück tatsächlich übermittelt wurde (BGH v. 19.11.1992 X ZB 20/92, HFR 1993, 730; BGH v. 24.03.1993 XI ZB 12/93, HFR 1994, 97). Es muss auch sichergestellt sein, dass eingetragene Fristen nicht nachträglich eigenmächtig vom Büropersonal geändert werden (BGH v. 28.09.1989, VII ZB 9/89, VersR 1989, 1316). Die Fristnotierung darf grundsätzlich erst aufgrund der Eintragung im Postausgangsbuch (BFH v. 07.12.1988, X R 80/87, BStBl II 1989, 266), frühestens dann gelöscht werden, wenn das fristgebundene Schriftstück unterzeichnet und postfertig gemacht worden ist (BFH v. 18.01.1984, I R 196/83, BStBl II 1984, 441). Bei Übermittlung per Telefax sollte die Löschung erst nach dem Ausdruck des Sendeprotokolls erfolgen, aus dem sich die erfolgreiche Übermittlung ergibt (BFH v. 18.03.2014, VIII R 33/12, BStBl II 2014, 922). Die Anlegung von Terminmappen oder -fächern genügt nicht, desgleichen nicht die Anweisung, den Briefumschlag an dem zugestellten Schriftstück zu befestigen. Ungenügend ist auch die bloße Eintragung einer Wiedervorlagefrist (sog. Vorfrist) für die Bearbeitung der Sache in einen dafür bestimmten Fristenkalender (BFH v. 12.09.1979, I

B 60/79, BStBl II 1979, 743; BGH v. 21.10.1987 IVb ZB 158/87, HFR 1989, 112), wenn der Eintrag des tatsächlichen Fristablaufs fehlt. Im Fristenkontrollbuch ist die gesetzliche Frist zu vermerken. Wird entsprechend einer ständigen Büropraxis eine kürzere Frist (»Wiedervorlagefrist«) eingetragen, liegt ein die Wiedereinsetzung ausschließender Organisationsmangel vor (BFH v. 07.02.1992, III R 57/91, BFH/NV 1992, 615). Bei Nutzung des elektronischen Rechtsverkehrs und einer elektronischen Fristenkontrolle ist auf eine sichere und nachvollziehbare Protokollierung zu achten. Auch hier müssen Manipulationen ausgeschlossen sein. Insgesamt betrachtet kommt es also stets auf eine einzelfallbezogene Betrachtung an.

28 Der Berufsträger kann die Berechnung der einfachen und seinem Büro geläufigen Fristen gut ausgebildeten und **sorgfältig überwachten Angestellten** übertragen. Lückenlose Überwachung wird nicht gefordert; andererseits muss der Bevollmächtigte aber auch darlegen, dass alle Vorkehrungen getroffen sind, um Fristversäumnisse zu vermeiden (BFH v. 05.11.2008, VII B 15/08, BFH/NV 2008, 589; BGH v. 19.09.2017, VI ZB 40/16, MDR 2017, 1380 m. w. N.). Ein Berufsträger mit ordnungsmäßigem Bürobetrieb darf sich, solange er nicht durch Fälle von Unzuverlässigkeit zur persönlichen Aufsicht genötigt wird, auf die Überwachung der Fristsachen durch sein Personal verlassen (BGH v. 27.02.1986 III ZB 21/85, VersR 1986, 764). Auf der anderen Seite verpflichten die Schwierigkeiten bei der Berechnung der Revisionsbegründungsfrist einen nicht ständig mit Revisionen an den BFH befassten Prozessbevollmächtigten zu besonderer Sorgfalt bei der Notierung der Frist und der Überwachung des damit betrauten Personals; er muss das Personal in diesem Zusammenhang auf die Besonderheiten der notierten Frist hinweisen (BFH v. 27.03.1984, IV R 47/81, BStBl II 1984, 446).

### 2. Büroversehen

29 Kommt es trotz einer ordnungsgemäßen Büroorganisation infolge eines »Büroversehens« zu einer Fristversäumnis, ist Wiedereinsetzung in den vorigen Stand zu gewähren, und zwar auch dann, wenn es sich um fristgebundene Handlungen des Berufsträgers selbst handelt, deren Durchführung er seinem eigenen Büro übertragen hat. Voraussetzung ist, dass eine ordnungsgemäße Büroorganisation glaubhaft gemacht worden ist (BFH v. 13.05.1992, III R 74/91, BFH/NV 1992, 831; BFH v. 29.05.2008, II B 68/07, BFH/NV 2008, 1522; BGH v. 19.09.2017, VI ZB 40/16, MDR 2017, 1380 m. w. N.). Bei Vorliegen besonderer Umstände, wie z. B. Verlegung der Kanzlei, müssen besondere Vorsichtsmaßnahmen getroffen werden, um Fehler im Arbeitsablauf zu vermeiden. Bei Zustellung von Rechtsbehelfsentscheidungen muss der Zustellungsvermerk geprüft, der Briefumschlag zu den Akten genommen und bei Fehlen eines solchen Vermerkes eine zuverlässige Auskunft über den Zustellungszeitpunkt eingeholt werden. Desgleichen muss bei Zustellung durch die Behörde gegen Empfangsbekenntnis dafür gesorgt werden, dass bei Unterzeichnung des Empfangsbekenntnisses der Zustellungstag auf dem Schriftstück oder sonst in den Akten vermerkt wird (BFH v. 16.08.1979, IV R 41/79, BStBl II 1980, 154). Dies muss u. E. nicht zwingend durch einen Berufsträger erfolgen, vielmehr kann auch diese Tätigkeit übertragen werden. Dies gilt auch für Überwachung von Revisions(begründungs)pflichten (a. A. BFH v. 25.02.1999, X R 102/98, BFH/NV 1999, 1221), da vor allem bei größeren Kanzleien eine Überwachung durch Berufsträger kaum zu sicherer Fristenkontrolle führen wird als bei versierten Angestellten.

Der Umstand, dass sich der Berufsträger nach dem plötzlichen Tod eines nahen Angehörigen zwei Wochen lang nicht um seine Kanzlei gekümmert und keinen Vertreter bestellt hat, ist kein entschuldbares Büroversehen. Ein Berufsträger muss allgemein für Fälle seines unerwarteten Fernbleibens vom Büro, z. B. wegen Erkrankung, Vorsorge treffen (s. BGH v. 24.10.1985, VII ZB 16/85, HFR 1987, 316; BFH v. 18.01.1993, X R 83/91, BFH/NV 1993, 427). Dies gilt erst recht bei geplanten (Urlaubs-)Abwesenheiten (BGH v.13.07.2017, IX ZB 110/16, MDR 2017, 1070). Bei unerwarteter plötzlicher Erkrankung des Berufsträgers muss deshalb auch vorgetragen werden, warum er nicht habe (generell) Vorsorge treffen können, dass die Frist gewahrt werde (BFH v. 09.08.1989, IX R 163/85, BFH/NV 1990, 303). U. E. dürfen aber keine überspannten Anforderungen an die Vorsorge gestellt werden.

Auf eine grundsätzlich ordnungsmäßige Büroorganisation und damit auf ein Büroversehen kann sich ein Berufsträger nicht berufen, wenn ein Fall büromäßig ordnungsmäßig festgehalten, überwacht und rechtzeitig dem Sacharbeiter – sei es dem Berufsträger selbst oder seinem Mitarbeiter (Assistenten) – zur sachlichen Bearbeitung vorgelegt wurde und erst diesen Personen ein Versäumnis unterlaufen ist (BFH v. 26.05.1977, V R 139/73, BStBl II 1977, 643; BFH v. 05.11.2008, VII B 15/08, BFH/NV 2009, 589). Denn der prozessbevollmächtigte Berufsträger bleibt verpflichtet, den Fristablauf eigenverantwortlich nachzuprüfen, wenn ihm die Sache zur Vorbereitung der fristgebundenen Handlung – und sei es auch ohne Akten – vorgelegt wird (BFH v. 08.04.1992, II R 73/91, BFH/NV 1992, 829; BFH v. 15.10.1999 III B 51/99, BFH/NV 2000, 575). So kommt z. B. eine Wiedereinsetzung in den vorigen Stand dann nicht in Betracht, wenn der Berufsträger, der die von einem juristischen Mitarbeiter gefertigte Rechtsbehelfsschrift unterzeichnet, übersieht, dass sie nicht an das richtige Gericht adressiert ist (BFH v. 27.03.1968, VII R 21–22/67, BStBl II 1968, 535). Ist jedoch der Rechtsbehelf an die richtige Behörde 30 am richtigen Ort gerichtet, so darf sich der Bevollmächtigte im Übrigen darauf verlassen, dass seine Angestellten die Anschrift richtig aus den Akten übernommen haben, es sei denn, dass die Anschrift offensichtlich unzureichend erscheint (BFH v. 10.02.1971, I R 97/70, BStBl II 1971, 332). Diese feinen und oftmals von älterer Rspr. geschaffenen Differenzierungen sind kaum nachvollziehbar. U. E. dürfen im Hinblick auf die Gewährung effektiven Rechtsschutzes keine überspannten Forderungen gestellt werden.

31 Kein Verschulden des Berufsträgers, sondern eine die Wiedereinsetzung ausschließende schuldhafte Unterlassung des Auftraggebers (Steuerpflichtigen) liegt vor, wenn der Pflichtige seinen Bevollmächtigten nicht unmissverständlich mit der Einlegung des Rechtsbehelfs beauftragt. Dies gilt insbes. dann, wenn der Bevollmächtigte dem Pflichtigen Zweifel an den Erfolgsaussichten des Rechtsbehelfs mitgeteilt hat und sich aus den Umständen ergibt, dass der Bevollmächtigte eine eindeutige Weisung des Pflichtigen abwarten will (BFH v. 29.09.1971, I R 64/71, BStBl II 1972, 91).

## F. Kausalität

32 Zwischen der Versäumung der Frist und der schuldlosen Verhinderung muss ein ursächlicher Zusammenhang bestehen; d.h. es muss davon ausgegangen werden können, dass für den Fall des Fehlens des nicht verschuldeten Hindernisses die Frist gewahrt worden wäre. Steht jedoch fest, dass der Betroffene die Frist auch ohne die geltend gemachten Hinderungsgründe nicht eingehalten hätte, diese für die Fristversäumnis nicht kausal gewesen sind, kann Wiedereinsetzung in den vorigen Stand nicht gewährt werden. Dieser notwendige kausale Zusammenhang wird besonders aus § 126 Abs. 3 Satz 1 AO deutlich.

## G. Verfahren

### I. Antragsbefristung und Antragsinhalt

33 Die Wiedereinsetzung in den vorigen Stand setzt grundsätzlich einen darauf gerichteten **Antrag** des Betroffenen voraus. § 110 **Abs. 2 Satz 1** AO setzt für den Antrag eine Frist von einem Monat nach Wegfall des Hindernisses. Dies bedeutet gegenüber der entsprechenden Regelung in der FGO (§ 56 Abs. 2 Satz 1 FGO: zwei Wochen) eine Ausdehnung zugunsten der Betroffenen. Die Antragsfrist beginnt mit dem Wegfall des die Wiedereinsetzung in den vorigen Stand begründeten Hindernisses. Entsprechend § 108 Abs. 1 AO i.V.m. § 187 Abs. 1 BGB wird dabei der Tag, an dem das Hindernis weggefallen ist, nicht mitgerechnet.

Der Tag, an dem das Hindernis wegfällt, ist nicht immer einfach zu bestimmen. Die Art und Weise der entschuldbaren Verhinderung bewirkt häufig, dass der Betroffene zunächst keine Kenntnis von der Fristversäumnis erhält (z.B. bei Poststörungen, Falschadressierung durch Angestellte). Die Antragsfrist beginnt in solchen Fällen nicht, bevor der Betroffene von der Versäumung der Frist Kenntnis erlangt oder ihm hinsichtlich des rechtzeitigen Einganges seines Schreibens begründete Zweifel hätten kommen müssen; auf den Zeitpunkt, in dem völlige Klarheit über die Versäumung der Frist besteht, kommt es nicht an. Hatte der Betroffene unverschuldet von dem ordnungsgemäß bekannt gegebenen Verwaltungsakt keine Kenntnis erlangt, beginnt die Wiedereinsetzungsfrist in dem Zeitpunkt, in dem sich der Betroffene oder sein Vertreter, nachdem ihnen Zweifel an der Wahrung der Rechtsbehelfsfrist kamen oder hätten kommen müssen, bei äußerster Beschleunigung den Verwaltungsakt beschaffen konnten oder hätten beschaffen können. Im Zweifel wird man auf eine schlüssige und glaubhafte Darstellung vertrauen müssen, um dem Rechtsschutzgedanken der Wiedereinsetzung Rechnung zu tragen.

Die Monatsfrist kann als gesetzliche Frist nicht verlängert werden; allerdings auch die Frist für die Stellung des Antrags auf Wiedereinsetzung in den vorigen Stand gem. § 110 Abs. 1 AO wiedereinsetzungsfähig (Wiedereinsetzung in die Wiedereinsetzung). 34

Aus der Tatsache, dass für den Antrag (und die Nachholung der versäumten Handlung) eine Frist von einem Monat gewährt wird, ist nicht zu schließen, dass Wiedereinsetzung in den vorigen Stand auch gewährt werden kann, wenn das »Hindernis« für die Fristwahrung in einem Zeitpunkt wegfällt, der weniger als einen Monat vor dem Fristablauf liegt. Denn der gesetzlichen Konzeption lässt sich nicht entnehmen, dass dem Betroffenen mindestens ein Zeitraum von einem Monat für seine Entscheidung, ob er die befristete Handlung vornehmen will, zur Verfügung stehen soll, wenn er vorübergehend ohne Verschulden an der Fristwahrung verhindert war. Vielmehr ist eine unvorhersehbare, aber nur zeitweilige Verhinderung kein Grund für eine Wiedereinsetzung in den vorigen Stand sei, wenn ihr Ende noch in den Lauf der Frist fällt, die Fristwahrung zu diesem Zeitpunkt noch möglich ist und der Beteiligte bei der verbleibenden Zeitspanne damit rechnen darf, dass die fristgebundene Handlung (z.B. Rechtsbehelfsschrift) den Empfänger noch rechtzeitig erreicht. Allerdings muss dem Betroffenen nach dem Wegfall des Hindernisses noch eine ausreichende Überlegungsfrist verbleiben; diese muss nicht insgesamt die Monatsfrist erreichen (BFH v. 11.12.1986, IV R 184/84, BStBl II 1987, 303; BFH v. 21.05.1999, IX B 60/99, BFH/NV 1999, 1313). 35

Der Wiedereinsetzungsantrag bedarf **keiner Form**. Dies gilt auch dann, wenn die versäumte Handlung selbst formgebunden ist, sofern es sich nicht um einen Antrag nach § 56 FGO handelt (s. § 155 FGO i.V.m. § 236 Abs. 1 36

ZPO). Unabhängig von der innerhalb der Antragsfrist erforderlichen formgerechten Nachholung der versäumten Handlung kann somit die Wiedereinsetzung in den vorigen Stand schriftlich, zur Niederschrift oder mündlich (auch telefonisch) beantragt werden. Dabei muss der Antrag nicht ausdrücklich als Wiedereinsetzungsantrag bezeichnet werden; es reicht aus, wenn der Finanzbehörde aus dem objektiven Inhalt der Erklärung deutlich wird, dass der Betroffene Wiedereinsetzung begehrt. Dabei sind unklare Anträge im Zweifel rechtsschutzerhaltend auszulegen (BFH v. 09.12.2009, II R 52/07, BFH/NV 2010, 824). Zum **Inhalt des Antrags** gehören nicht nur die Angabe der versäumten Frist und das Begehren, die Wirkungen der Fristversäumnis zu beseitigen, sondern auch die **Bezeichnung der die Wiedereinsetzung in den vorigen Stand rechtfertigenden Umstände** (st. Rspr. s. statt aller BFH v. 09.07.1992, IV R 102/91, BFH/NV 1993, 37; BFH v. 02.03.1994, I R 134/93, I S 18/93, BFH/NV 1995, 121; BFH v. 17.10.2003, II B 109/02, BFH/NV 2004, 156), sofern sie nicht amtsbekannt (BFH v. 26.11.1976, III R 125/74, BStBl II 1977, 246) oder offenkundig (BFH v. 15.12.1977, VI R 179/75, BStBl II 1978, 240) sind. Erforderlich ist, dass sich aus der Begründung die wesentlichen Umstände ergeben, aus den sich das fehlende Verschulden an der Fristversäumnis ergibt. Es ist ein konkreter, auf den maßgeblichen Sachverhalt bezogener Vortrag erforderlich; pauschale und unsubstantiierte Behauptungen reichen nicht aus. Ein Wiedereinsetzungsantrag, der innerhalb der Monatsfrist des § 110 Abs. 2 Satz 1 AO gestellt wird, die Wiedereinsetzungsgründe jedoch erst nach Ablauf der Monatsfrist benennt, kann demnach keinen Erfolg haben; ein Nachschieben von Wiedereinsetzungsgründen nach Ablauf der Monatsfrist ist nicht zulässig. Ausreichend ist, wenn innerhalb der Frist wenigstens der Wiedereinsetzungsgrund konkret oder konkretisierbar dargelegt wird, die spätere erläuternde Ergänzung ist möglich (so auch BFH v. 27.03.1985, II R 118/83, BStBl II 1985, 586; BFH v. 27.09.2001, X R 66/99, BFH/NV 2002, 358); jedoch können weitere Gründe nach Ablauf der Frist nicht mehr beachtet werden (BFH v. 19.01.1993, X R 82/92, BFH/NV 1993, 611; BFH v. 17.10.2003, II B 109/02, BFH/NV 2004, 156; BFH v. 06.12.2011, XI B 3/11, BFH/NV 2012, 707).

## II. Glaubhaftmachung der zur Begründung dienenden Tatsachen

37 Die fristgerecht mitgeteilten Wiedereinsetzungsgründe müssen spätestens im Verfahren über den Antrag **glaubhaft gemacht** werden. **Glaubhaftmachung bedeutet weniger als nachweisen.** Es muss dargetan werden, dass die Richtigkeit der vorgetragenen Tatsachen überwiegend wahrscheinlich ist. Der bloße Vortrag von Tatsachen reicht regelmäßig zu einer Glaubhaftmachung nicht aus (BFH v. 29.11.2007, VIII B 58/07, BFH/NV 2008, 399). Zur Glaubhaftmachung kann sich der Betroffene auch aller üblichen Beweismittel bedienen, die sofort erhoben werden können, sog. **präsente Beweismittel** (BFH v. 27.09.2001 X R 66/99, BFH/NV 2002, 358; für das Gerichtsverfahren auch BFH v. 12.11.1985, VII R 29/85, BFH/NV 1986, 290). Eine eidesstattliche Versicherung der Richtigkeit der vorgetragenen Tatsachen ist zulässig, jedoch jedenfalls dann nicht ausreichend, wenn der Vortrag in sich widersprüchlich ist (BFH v. 17.03.1997, I B 96/96, BFH/NV 1997, 545; BFH v. 04.11.1999, X B 81/99, BFH/NV 2000, 546). Der Grundsatz der amtlichen Ermittlungspflicht greift nicht ein; es gilt der **Beibringungsgrundsatz**. Zur Glaubhaftmachung kann z.B. verlangt werden, die Vorlage des Fristenkontrollbuches, des Ausgangsbuches (z.B. BFH v. 15.01.2002, X B 143/01, BFH/NV 2002, 669), im Fall der Abwesenheit auch die Reiseunterlagen und im Falle der Erkrankung ein ärztliches Attest, das den Zeitraum und das Ausmaß der Verhinderung enthalten muss (BFH v. 04.01.2000, IX R 83/95, BFH/NV 2000, 743; BFH v. 26.07.2001, VII B 349/00, BFH/NV 2001, 1600). Welche Angaben oder Unterlagen zur Glaubhaftmachung als ausreichend angesehen werden, ist von der entscheidenden Stelle zu beurteilen. Generelle Anforderungen gibt es insoweit nicht. Erforderlich ist also eine einzelfallbezogene Prüfung.

## III. Nachholung der versäumten Handlung

Nach § 110 **Abs. 2 Satz 3** AO ist innerhalb der Antragsfrist 38
die versäumte Handlung nachzuholen, z.B. der versäumte Rechtsbehelf einzulegen. Häufig wird sich in vernünftiger Auslegung des Wiedereinsetzungsantrags schon aus diesem die Nachholung der versäumten Handlung ergeben. Wird kein Wiedereinsetzungsantrag gestellt, die versäumte Handlung jedoch innerhalb der Antragsfrist nachgeholt, so kann nach § 110 **Abs. 2 Satz 4 Wiedereinsetzung von Amts wegen** auch ohne Antrag gewährt werden. Dies setzt allerdings voraus, dass die Behörde die hierfür nach § 110 Abs. 1 AO erforderlichen Voraussetzungen, die unverschuldete Fristversäumnis sowie Beginn und Ende der Wiedereinsetzungsfrist, von sich aus feststellen kann. Dies ist der Fall, wenn die Gründe für die Fristversäumnis aktenkundig sind. Dazu gehört auch, wenn ein bei einer unzuständigen Stelle (fristgerecht) eingegangenes Schreiben erst verzögert weitergeleitet wird (BFH v. 12.07.2017, X B 16/17, BFH/NV 2017, 1204). Grundsätzlich sind die aber auch eine Wiedereinsetzung von Amts wegen rechtfertigenden Gründe innerhalb der Monatsfrist vorzubringen, es sei denn, diese sind offenkundig oder amtsbekannt (BFH v. 06.10.1993, X B 85–86/93, BFH/NV 1994, 680; BFH v. 22.11.1994, VII B 164/93, BFH/NV 1995, 422).

### IV. Zuständigkeit, Entscheidungsart

39 Zuständig für die Entscheidung über den Antrag auf Wiedereinsetzung in den vorigen Stand ist diejenige Finanzbehörde, die über die versäumte Handlung zu befinden hat (§ 110 Abs. 4 AO). In der Regel wird über die Wiedereinsetzung in den vorigen Stand im Zusammenhang mit der Entscheidung über den Rechtsbehelf oder sonstigen befristeten Antrag befunden. Wird Wiedereinsetzung abgelehnt, so verbleibt keine Möglichkeit für eine Hauptsachenentscheidung durch einen weiteren Verwaltungsakt. Die **Ablehnung der Wiedereinsetzung** in den vorigen Stand schließt per se die materiellen Folgen der Fristversäumnis in sich ein; sie ersetzt sie im Ergebnis. Der Rechtsbehelf oder der sonstige Antrag kann wegen Unzulässigkeit (aufgrund der Fristüberschreitung) keinen Erfolg haben.

Die **Gewährung der Wiedereinsetzung** in den vorigen Stand ermöglicht eine materielle Entscheidung über das Hauptsachebegehren. Über sie wird erst in der Entscheidung über den Rechtsbehelf befunden. Eine Bindung an Äußerungen während des Rechtsbehelfsverfahrens besteht auch dann nicht, wenn sie die Voraussetzungen der Wiedereinsetzung bejahen (BFH v. 26.10.1989, IV R 82/88, BStBl II 1990, 277).

### V. Rechtsbehelfe

40 In der Regel erfolgt die **Versagung der Wiedereinsetzung** in den vorigen Stand mit der Zurückweisung des nachgeholten Rechtsbehelfs bzw. der Ablehnung des nachgeholten befristeten Antrags. Die Entscheidung ist damit unselbstständiger Teil der Hauptsacheentscheidung (BFH v. 26.10.1989, IV R 82/99, BStBl II 1990, 277). Eine selbstständige Entscheidung über den Wiedereinsetzungsantrag erfolgt nicht. In diesem Fall findet der in der Hauptsache zulässige Rechtsbehelf statt; also bei Versäumung von Rechtsbehelfsfristen regelmäßig die Klage zum Finanzgericht. Im gerichtlichen Verfahren sind die tatsächlichen und rechtlichen Voraussetzungen der Wiedereinsetzung voll nachprüfbar, weil es sich nicht um eine Ermessensentscheidung handelt. Liegen nach Ansicht des FG die Voraussetzungen für eine Wiedereinsetzung vor, hebt es i.d.R. die Einspruchsentscheidung auf und die FinVerw. muss über den Rechtsbehelf in der Sache entscheiden (FG Münster v. 09.01.2014, 3 K 3794/13, EFG 2014, 624). Nur wenn die Finanzbehörde gleichwohl durch einen gesonderten Verwaltungsakt über die Ablehnung entscheidet, ist sie gesondert anfechtbar; in einem finanzgerichtlichen Verfahren ist das Begehren dann dahingehend zu richten, dass die Finanzbehörde verpflichtet wird, in der Hauptsache zu entscheiden. Eine gesonderte Entscheidung über ein Wiedereinsetzungsgesuch sollte schon aus Gründen der Verfahrensökonomie vermieden werden; gleichwohl ist ein Einspruch/Klage gegen eine isolierte Ablehnung nicht unzulässig.

Die **Gewährung von Wiedereinsetzung** durch die Finanzbehörde ist und in einem anschließenden Klageverfahren vom FG uneingeschränkt überprüfbar (s. BFH v. 02.10.1986, IV R 39/83, BStBl II 1987, 7; BFH v. 26.10.1989, IV R 82/88, BStBl II 1990, 277).

### H. Keine Wiedereinsetzung nach Zeitablauf

Antrag auf Wiedereinsetzung in den vorigen Stand kann nicht mehr gestellt oder die versäumte Handlung nicht mehr nachgeholt werden, wenn seit dem Ende der versäumten Frist ein Jahr verstrichen ist, außer wenn dies vor Ablauf der Jahresfrist infolge höherer Gewalt unmöglich war (§ 110 Abs. 3 AO). Unter höherer Gewalt ist ein außergewöhnliches Ereignis zu verstehen, das unter den gegebenen Umständen auch durch äußerste, nach Lage der Sache vom Betroffenen zu erwartende Sorgfalt nicht verhindert werden kann (BFH v. 27.06.2011, III B 91/10, BFH/NV 2011, 1664; BFH v. 08.08.2013, V R 3/11, BStBl II 2014, 46), z.B. Krieg, Stillstand der Behördentätigkeit, Naturereignisse, nicht aber die Rspr. des EuGH (BFH v. 16.09.2010, V R 57/09, BStBl II 2011, 151) oder nach der Bestandskraft eines Steuerbescheids aufkommende Zweifel an einer entscheidungserheblichen Norm (BFH v. 17.11.2009, VI B 74/09, BFH/NV 2010, 817). Sofern höhere Gewalt zu bejahen ist, tritt eine Verlängerung der Jahresfrist ein, die bis zum Ende der Behinderung durch höhere Gewalt zuzüglich der Zeitspanne dauert, während welcher bis zum Ende der Jahresfrist innerhalb Letzterer durch höhere Gewalt Hemmung eingetreten war. Ausreichend ist es, wenn der Antrag innerhalb der Jahresfrist gestellt oder die versäumte Handlung innerhalb der Jahresfrist nachgeholt wird; die Entscheidung kann auch noch nach Ablauf der Jahresfrist getroffen werden. Dasselbe gilt auch für die Gewährung von Wiedereinsetzung ohne Antrag, sofern die versäumte Handlung rechtzeitig nachgeholt wurde und die Wiedereinsetzungsgründe aktenkundig bzw. amtsbekannt sind. Keine höhere Gewalt sind die Versäumnis von Fristen bei fehlenden Informationen des Testamentsvollstreckers bei der Erbauseinandersetzung, Inhaftierung, Feststellung der Unwirksamkeit einer Norm durch das Bundesverfassungsgericht oder die Unkenntnis von der Jahresfrist. 41

Die Jahresfrist des § 110 Abs. 3 AO dient dem Rechtsfrieden. Gegen ihre »Versäumung« ist Wiedereinsetzung in den vorigen Stand nicht möglich.

5. Unterabschnitt

Rechts- und Amtshilfe

## § 111 AO
## Amtshilfepflicht

**(1) Alle Gerichte und Behörden haben die zur Durchführung der Besteuerung erforderliche Amtshilfe zu leisten. § 102 bleibt unberührt.**

**(2) Amtshilfe liegt nicht vor, wenn**

**1. Behörden einander innerhalb eines bestehenden Weisungsverhältnisses Hilfe leisten,**

**2. die Hilfeleistung in Handlungen besteht, die der ersuchten Behörde als eigene Aufgabe obliegen.**

**(3) Schuldenverwaltungen, Kreditinstitute sowie Betriebe gewerblicher Art der Körperschaften des öffentlichen Rechts fallen nicht unter diese Vorschrift.**

**(4) Auf dem Gebiet der Zollverwaltung erstreckt sich die Amtshilfepflicht auch auf diejenigen dem öffentlichen Verkehr oder dem öffentlichen Warenumschlag dienenden Unternehmen, die das Bundesministerium der Finanzen als Zollhilfsorgane besonders bestellt hat, und auf die Bediensteten dieser Unternehmen.**

**(5) Die §§ 105 und 106 sind entsprechend anzuwenden.**

**Inhaltsübersicht**



### A. Allgemeines

1 Die Verpflichtung zur Amtshilfe ist den Behörden des Bundes und der Länder allgemein in Art. 35 GG auferlegt. Die AO übernimmt weitgehend die Vorschriften des VwVfG. Inhaltlich konkretisieren die Vorschriften die nach Art. 35 GG zu leistende Amtshilfe. Die Vorschriften der AO regeln nur die Amtshilfe, die zugunsten der Finanzbehörden zu leisten ist. Zur Vollstreckungshilfe s. § 250 AO; zur Rechts- und Amtshilfe im finanzgerichtlichen Verfahren s. § 13 FGO.

### B. Tatbestandliche Voraussetzungen

#### I. Begriff der Amtshilfe

Unter Amtshilfe i. S. von § 111 **Abs.** 1 AO versteht man die Hilfeleistung in der Weise, dass die ersuchende Behörde Herrin des Verfahrens bleibt, die ersuchte Behörde ihr aber bei der Erfüllung derjenigen Aufgaben, zu der nach den Bestimmungen über die sachliche und örtliche Zuständigkeit allein die ersuchende Behörde berufen ist, Beistand leistet. Die Tätigkeit der ersuchten Behörde wird dem Grunde, der Art und dem Umfange nach ausschließlich durch das Ersuchen der Finanzbehörde bestimmt. 2

Hiernach beinhaltet die Verpflichtung zur Leistung von Amtshilfe nicht die Übernahme eines Verfahrens im Ganzen; es handelt sich ausschließlich um ergänzende Hilfe (auch BFH v. 25.01.1988, VII B 85/87, BStBl II 1988, 566). Zum Begriff der Rechts- und Amtshilfe s. § 117 AO Rz. 2.

Von der bloßen Auskunfts- und Vorlagepflicht der Behörden unterscheidet sich die Amtshilfepflicht durch ihren Umfang. Die Amtshilfepflicht schließt die Auskunfts- und Vorlagepflicht mit ein, umfasst aber darüber hinaus auch die Verpflichtung zu Amtshandlungen jeder Art, die zu den Befugnissen der ersuchten Behörde gehören, ohne notwendige subjektive Beschränkung auf einen konkreten Steuerfall.

Während die Zulässigkeit eines Amtshilfeersuchens voraussetzt, dass die ersuchende Behörde für das Verfahren, in dem Hilfe geleistet werden soll, sachlich und örtlich zuständig ist, muss die Amtshandlung, die als Hilfeleistung erbeten wird, nicht auch in den Zuständigkeitsbereich der ersuchenden Behörde fallen. Das Amtshilfeersuchen kann gerade durch das rechtliche oder tatsächliche Unvermögen der ersuchenden Behörde begründet sein (s. § 112 Abs. 1 AO).

§ 111 **Abs.** 2 AO grenzt den Begriff der Amtshilfe negativ ab, ohne insoweit als abschließend angesehen werden zu können. Da Amtshilfe voraussetzt, dass gleich- oder nebengeordnete Behörden einander Hilfe leisten, scheiden Beistandshandlungen innerhalb eines einheitlichen Instanzenzuges aus (§ 111 **Abs. 2 Nr.** 1 AO). Das gilt sowohl für Tätigkeiten, die eine weisungsgebundene Behörde für die weisungsberechtigte durchführt, als auch für den umgekehrten Fall. Nicht als Amtshilfe anzusehen sind auch solche Hilfeleistungen, die zwar zugunsten der Finanzbehörde vorgenommen werden, der die Hilfe leistenden Behörde jedoch als eigene Aufgabe obliegen (§ 111 **Abs. 2 Nr.** 2 AO). Häufig wird sich die Zuweisung dieser Aufgabe aus einer gesetzlichen Bestimmung ergeben (s. §§ 94, 116 AO; auch § 18 GrEStG, § 34 ErbStG), begriffsnotwendig ist dies jedoch nicht. Maßgebend ist, dass die Tätigkeit, die der Finanzbehörde zugutekommt, zum spezifischen Aufgabenbereich der anderen Behörde gehört. Als Beispiele seien aufgezählt: Anzeigepflichten der Behörden, Gerichte und Notare. 3

### II. Zur Amtshilfe Verpflichtete

4 Zur Amtshilfe verpflichtet sind alle **Gerichte** und **Behörden** (§ 111 **Abs. 1 Satz 1** AO). Was unter Behörden in diesem Sinne zu verstehen ist, ist nicht definiert. Nach dem Sinn und Zweck der Vorschrift ist der Begriff nicht eng auszulegen; er umfasst alle öffentlichen Stellen, soweit sie in § 111 **Abs. 3** AO nicht ausdrücklich ausgenommen sind. Der Gesetzgeber wollte öffentliche Einrichtungen, die in Konkurrenz zu entsprechenden privaten Unternehmen stehen, nicht schlechter stellen als diese. Insoweit ist die Finanzbehörde auf die allgemeinen Auskunfts- und Vorlagepflichten nach §§ 93, 97 AO beschränkt. Der Behördenbegriff umfasst weiterhin solche natürlichen Personen, die öffentliche Funktionen als Organe der Staatsgewalt ausüben und insoweit berufen sind, unter öffentlicher Autorität nach eigenem Ermessen für staatliche oder staatlich geförderte Zwecke tätig zu sein, z. B. für die Notare § 1 BNotO; denen aber weiterhin das Auskunftsverweigerungsrecht des § 102 AO zusteht. Denn § 111 **Abs. 1 Satz 2** AO stellt klar, dass berufsbedingte Auskunfts- und Vorlageverweigerungsrechte nicht über den Weg der Amtshilfe unterlaufen werden dürfen.

5 § 111 **Abs. 4** AO dehnt die Amtshilfepflicht auch auf die Zollhilfsorgane, die vom BMF bestellt worden sind (§ 19 ZollVG), und deren Bedienstete aus. Wegen der erweiterten Beistandspflicht der Ortsbehörden zugunsten der Hauptzollämter vgl. auch § 13 FVG.

### III. Entsprechende Anwendung der §§ 105 und 106 AO

6 Gemäß § 111 **Abs. 5** AO sind die § 105 AO und § 106 AO entsprechend anzuwenden. Dies bedeutet, dass die gesetzlich verankerte Schweigepflicht von Behörden usw. die Verpflichtung zur Leistung von Amtshilfe grundsätzlich nicht beschränkt und eine Verweigerung der Amtshilfe im Hinblick auf solche Geheimhaltungsvorschriften nur in den besonders geregelten Ausnahmefällen in Betracht kommt (s. § 105 AO Rz. 4). Erklärt die zuständige oberste Bundes- oder Landesbehörde, das die in Frage kommende Hilfeleistung dem Wohle des Bundes oder eines Landes erhebliche Nachteile bereiten würde, ist ein Amtshilfeersuchen unzulässig.

Wegen der Voraussetzungen und Grenzen der Amtshilfe, insbes. dem Verfahren bei Verweigerung der Amtshilfe s. § 112 AO. Wegen der übrigen Einzelheiten s. §§ 113 bis 115 AO.

## § 112 AO
## Voraussetzungen und Grenzen der Amtshilfe

**(1) Eine Finanzbehörde kann um Amtshilfe insbesondere dann ersuchen, wenn sie**

**1. aus rechtlichen Gründen die Amtshandlung nicht selbst vornehmen kann,**
**2. aus tatsächlichen Gründen, besonders weil die zur Vornahme der Amtshandlung erforderlichen Dienstkräfte oder Einrichtungen fehlen, die Amtshandlung nicht selbst vornehmen kann,**
**3. zur Durchführung ihrer Aufgaben auf die Kenntnis von Tatsachen angewiesen ist, die ihr unbekannt sind und die sie selbst nicht ermitteln kann,**
**4. zur Durchführung ihrer Aufgaben Urkunden oder sonstige Beweismittel benötigt, die sich im Besitz der ersuchten Behörde befinden,**
**5. die Amtshandlung nur mit wesentlich größerem Aufwand vornehmen könnte als die ersuchte Behörde.**

**(2) Die ersuchte Behörde darf Hilfe nicht leisten, wenn sie hierzu aus rechtlichen Gründen nicht in der Lage ist.**

**(3) Die ersuchte Behörde braucht Hilfe nicht zu leisten, wenn**

**1. eine andere Behörde die Hilfe wesentlich einfacher oder mit wesentlich geringerem Aufwand leisten kann,**
**2. sie die Hilfe nur mit unverhältnismäßig großem Aufwand leisten könnte,**
**3. sie unter Berücksichtigung der Aufgaben der ersuchenden Finanzbehörde durch den Umfang der Hilfeleistung die Erfüllung ihrer eigenen Aufgaben ernstlich gefährden würde.**

**(4) Die ersuchte Behörde darf die Hilfe nicht deshalb verweigern, weil sie das Ersuchen aus anderen als den in Abs. 3 genannten Gründen oder weil sie die mit der Amtshilfe zu verwirklichende Maßnahme für unzweckmäßig hält.**

**(5) Hält die ersuchte Behörde sich zur Hilfe nicht für verpflichtet, so teilt sie der ersuchenden Finanzbehörde ihre Auffassung mit. Besteht diese auf der Amtshilfe, so entscheidet über die Verpflichtung zur Amtshilfe die gemeinsame fachlich zuständige Aufsichtsbehörde oder, sofern eine solche nicht besteht, die für die ersuchte Behörde fachlich zuständige Aufsichtsbehörde.**

**Inhaltsübersicht**



## A. Allgemeines

1 Die Vorschrift steckt die Grenzen der Amtshilfe in Übereinstimmung mit § 5 VwVfG ab. Sie stellt zunächst die typischen Anwendungsfälle heraus Abs. 1), ohne jedoch eine abschließende Regelung der Amtshilfegründe zu treffen und stellt dann klar, unter welchen Voraussetzungen Amtshilfe nicht geleistet werden darf (**Abs. 2**), nicht geleistet zu werden braucht (**Abs. 3**) und worauf eine Weigerung keinesfalls gestützt werden darf (**Abs. 4**). Schließlich wird die Zuständigkeit und das Verfahren im Konfliktfall geregelt (**Abs. 5**).

## B. Bedeutung der Vorschrift

2 Da grundsätzliches Ziel jedes Amtshilfeverfahrens die schnellstmögliche Verwirklichung des damit verfolgten Zwecks unter Einsatz der hierzu geeignetsten, den geringstmöglichen Aufwand verursachenden Mittel ist, muss die Entscheidung, ob Amtshilfe in Anspruch genommen werden soll oder muss, diesen Grundgedanken der Verwaltungseffizienz berücksichtigen. Die ersuchende Behörde muss demnach auf die Hilfe anderer Behörden angewiesen sein, und zwar entweder schlechthin oder zur Ermöglichung des zweckmäßigsten, am wenigsten aufwändigen und effektivsten Vorgehens. Damit bestimmt die Vorschrift zwar nicht mögliche Inhalte, aber den Rahmen der Amtshilfe.

## C. Tatbestandliche Voraussetzungen

3 Nach § 112 **Abs. 1** AO sind die Voraussetzungen zur Inanspruchnahme der Amtshilfe insbes. dann gegeben, wenn die ersuchende Behörde an der eigenen Tätigkeit rechtlich gehindert (§ 112 **Abs. 1 Nr. 1** AO, z.B. wegen Fehlens der sachlichen oder örtlichen Zuständigkeit) oder tatsächlich nicht in der Lage ist, die Amtshandlung selbst vorzunehmen. Das Gesetz erwähnt hierzu das Fehlen der erforderlichen Dienstkräfte oder Einrichtungen bei der ersuchenden Behörde (§ 112 **Abs. 1 Nr. 2** AO). Ähnlich gelagert sind die von § 112 **Abs. 1 Nr. 3 und 4** AO erfassten Umstände, während § 112 **Abs. 1 Nr. 5** AO ein Ausfluss des Grundsatzes der Verhältnismäßigkeit der von der Verwaltungsbehörde einzusetzenden Mittel ist. Der maßgebliche Aufwand, der bei der Entscheidung zu berücksichtigen ist, kann sachlich, personell und zeitlich sein.

§ 112 **Abs. 2** AO verbietet jede Hilfeleistung, zu der die ersuchte Behörde aus rechtlichen Gründen nicht in der Lage ist. Dieses rechtliche Unvermögen kann auf Zuständigkeitsregelungen (sachlich, örtlich, funktionell) beruhen oder auf spezielle Rechtsvorschriften zurückzuführen sein, die der ersuchten Behörde die von ihr geforderte Handlung allgemein verbieten. Soweit es sich um Verschwiegenheitspflichten handelt, ist zu prüfen, ob die grundsätzlich vorgehende Offenbarungspflicht (§ 111 Abs. 5 AO i. V. m. § 105 AO) wirksam abbedungen ist. 4

§ 112 **Abs. 3** AO regelt die Voraussetzungen, unter denen die ersuchte Behörde die Hilfe ablehnen darf. Die in § 112 **Abs. 3 Nr. 1 bis 3** AO aufgeführten Gründe sind sämtlich Ausformungen des Grundsatzes der Verhältnismäßigkeit und Zumutbarkeit. 5

Im Übrigen geht der Gesetzgeber von der Alleinverantwortung der ersuchenden Finanzbehörde aus und verweigert der ersuchten Behörde das Recht, die Amtshilfe mit der Begründung abzulehnen, dass das Ersuchen oder die mit der Amtshilfe zu verwirklichende Maßnahme nach ihrer Auffassung unzweckmäßig sei (§ 112 **Abs. 4** AO). Eine Ausnahme gilt nur in den ausdrücklich in Abs. 3aufgezählten Fällen. 6

Hält sich die ersuchte Behörde nicht für verpflichtet, die erbetene Amtshilfe zu gewähren, richtet sich das weitere Verfahren nach § 112 **Abs. 5** AO. Sie hat in diesem Fall zunächst der ersuchenden Finanzbehörde mitzuteilen, aufgrund welcher Umstände und Überlegungen sie diese Auffassung für begründet hält. Mit diesen Gründen muss sich die ersuchende Finanzbehörde auseinandersetzen. Kommt keine Einigung zustande, ist der Konflikt der gemeinsamen fachlich zuständigen Aufsichtsbehörde oder – sofern eine solche nicht besteht – der für die ersuchte Behörde fachlich zuständigen Aufsichtsbehörde zur Entscheidung zu unterbreiten. Eine Möglichkeit, das Ersuchen durch Zwangsmittel (§§ 328 ff. AO) durchzusetzen, besteht nicht. Desgleichen können Amtshilfeersuchen nicht mit Rechtsbehelfen angefochten werden. 7

§ 112 Abs. 1 bis 5 AO gelten für die Fälle entsprechend, in denen ein Gericht um Amtshilfe ersucht wird, soweit die Gerichtsverwaltung für die Amtshandlung zuständig ist. Handelt es sich um richterliche Handlungen, werden die §§ 156 ff. GVG entsprechend anzuwenden sein.

# § 113 AO
# Auswahl der Behörde

**Kommen für die Amtshilfe mehrere Behörden in Betracht, so soll nach Möglichkeit eine Behörde der untersten Verwaltungsstufe des Verwaltungszweiges ersucht werden, dem die ersuchende Finanzbehörde angehört.**

1 Grundsätzlich hat die ersuchende Behörde nach pflichtgemäßem Ermessen auszuwählen, wenn für die Amtshilfe mehrere Behörden in Betracht kommen. Für die hiernach zu treffende Ermessensentscheidung führt die Vorschrift das Prinzip ein, dass nach Möglichkeit eine Behörde der untersten Verwaltungsstufe des Verwaltungszweigs ersucht werden soll, dem die ersuchende Finanzbehörde angehört. Generell ist hieraus der Wille des Gesetzgebers zu erkennen, dass Mittel- und Oberbehörden grundsätzlich erst dann um Hilfe ersucht werden sollen, wenn unter den gegebenen Umständen die Amtshilfe durch eine unterste Behörde nicht möglich, nicht ausreichend oder unzweckmäßig ist. Wendet sich die ersuchende Behörde gleichwohl an eine höhere Behörde, kann diese aber das Gesuch nicht zurückweisen; eine § 112 Abs. 5 AO vergleichbare Regelung enthält § 113 AO nicht (gl.A. *Brandis* in Tipke/Kruse, § 113 AO Rz. 2).

## § 114 AO Durchführung der Amtshilfe

**(1) Die Zulässigkeit der Maßnahme, die durch die Amtshilfe verwirklicht werden soll, richtet sich nach dem für die ersuchende Finanzbehörde, die Durchführung der Amtshilfe nach dem für die ersuchte Behörde geltenden Recht.**

**(2) Die ersuchende Finanzbehörde trägt gegenüber der ersuchten Behörde die Verantwortung für die Rechtmäßigkeit der zu treffenden Maßnahme. Die ersuchte Behörde ist für die Durchführung der Amtshilfe verantwortlich.**

1 Die Vorschrift zieht in Abs. 1 die Konsequenz aus der Tatsache, dass das Verwaltungsverfahren, in dem die Hilfe einer anderen Behörde in Anspruch genommen wird, von der ersuchenden Behörde durchgeführt, beherrscht und verantwortet wird. Deshalb ist für die Zulässigkeit der Maßnahmen, zu deren Verwirklichung Amtshilfe in Anspruch genommen wird, das Recht der ersuchenden Behörde maßgebend. Das sind bei Amtshilfeersuchen der Finanzbehörden die Steuergesetze, insbes. die AO. Andererseits kann ein Amtshilfeersuchen die rechtlichen Befugnisse, die der ersuchten Behörde zustehen, nicht verändern. Die ersuchte Behörde muss daher bei der Durchführung der Amtshilfe ausschließlich das für sie geltende Recht beachten. Ist sie z.B. nicht Finanzbehörde, stehen ihr nicht wegen des Amtshilfeersuchens einer Finanzbehörde die dieser eingeräumten Möglichkeiten der Durchsetzung ihrer Verwaltungsakte durch Zwangsmittel (§§ 328 ff. AO) zu. Die ersuchte Behörde ist auf die Möglichkeiten ihres Verfahrensrechts beschränkt.

Während dem Staatsbürger gegenüber nur die ersuchte Behörde bzw. das ersuchte Gericht tätig wird, soweit Amtshilfe ausgeübt wird, und dieser sich daher nur an die ersuchte Behörde halten kann, bestimmt **Abs. 2** für das Innenverhältnis zwischen ersuchender und ersuchter Behörde, dass entsprechend Abs. 1 die ersuchende Behörde die Verantwortung für die Rechtmäßigkeit der zu treffenden Maßnahme und die ersuchte Behörde die Verantwortung für deren Ausführung trägt. Dies hat insbes. Bedeutung für das Kostenrisiko, wenn Amtshilfemaßnahmen Ersatzansprüche Dritter auslösen. 2

Unbeschadet des im Innenverhältnis etwa zwischen der ersuchten und der ersuchenden Behörde bestehenden Ausgleichsanspruchs (s. § 115 Abs. 1 Satz 2 AO), kann ein von der Amtshilfemaßnahme betroffener Dritter nur bei der ersuchten Behörde Ersatzansprüche geltend machen (s. auch BFH v. 10.11.1987, VII R 137/84, BFH/NV 1988, 417). Diese ist auch allein passiv legitimiert, soweit ein Rechtsbehelf im Zusammenhang mit der Durchführung der Amtshilfe (z.B. vorbeugende Unterlassungsklage) in Betracht kommt. Dies ist Folge des Umstands, dass die ersuchte Behörde die Amtshilfe rechtlich selbstständig durchführt.

## § 115 AO Kosten der Amtshilfe

**(1) Die ersuchende Finanzbehörde hat der ersuchten Behörde für die Amtshilfe keine Verwaltungsgebühr zu entrichten. Auslagen hat sie der ersuchten Behörde auf Anforderung zu erstatten, wenn sie im Einzelfall 25 Euro übersteigen. Leisten Behörden desselben Rechtsträgers einander Amtshilfe, so werden die Auslagen nicht erstattet.**

**(2) Nimmt die ersuchte Behörde zur Durchführung der Amtshilfe eine kostenpflichtige Amtshandlung vor, so stehen ihr die von einem Dritten hierfür geschuldeten Kosten (Verwaltungsgebühren, Benutzungsgebühren und Auslagen) zu.**

Die Regelung, die nicht gilt, wenn Hilfe i.S. des § 111 Abs. 2 AO oder § 116 AO geleistet wird, unterscheidet zwischen Verwaltungsgebühren und Auslagen. Ferner stellt sie klar, dass die von Dritten zu zahlenden Kosten für Amtshandlungen der ersuchten Behörde dieser zustehen. 1

Im Innenverhältnis zwischen der ersuchenden und der ersuchten Behörde können Verwaltungsgebühren für die Amtshilfe nicht verlangt werden (**Abs. 1 Satz 1**). Das Gesetz geht also grundsätzlich von einer **Unentgeltlichkeit** von Amtshilfeleistungen aus. Unberührt von dieser Regelung bleiben dagegen Ansprüche auf Benutzungsgebühren, wenn und soweit es sich bei der Amtshilfe um eine Inanspruchnahme von Einrichtungen handelt, deren Aufwand durch Benutzungsgebühren gedeckt werden soll. Dies folgt auch aus Abs. 2.

Hinsichtlich der Auslagen (Porto, Telefon, Reisekosten, Zeugen- und Sachverständigenentschädigungen) besteht gem. **Abs. 1 Satz 2** für die ersuchte Behörde ein Erstattungsanspruch, wenn sie im Einzelfall 25 Euro übersteigen. Voraussetzung ist allerdings, dass die Erstattung verlangt wird. Eine Kostenerstattung zwischen Behörden desselben Rechtsträgers ist gem. **Abs. 1 Satz 3** ausgeschlossen.

2 Ist eine Amtshilfemaßnahme für einen Dritten kostenpflichtig, stehen die von diesem zu entrichtenden Kosten (Verwaltungsgebühren, Benutzungsgebühren und Auslagen) nach **Abs. 2** der ersuchten Behörde zu. Ob eine solche Kostenpflicht für den Dritten besteht, ist nicht Abs. 2 zu entnehmen, sondern den für die ersuchte Behörde geltenden rechtlichen Bestimmungen.

## § 116 AO
## Anzeige von Steuerstraftaten

**(1) Gerichte und die Behörden von Bund, Ländern und kommunalen Trägern der öffentlichen Verwaltung, die nicht Finanzbehörden sind, haben Tatsachen, die sie dienstlich erfahren und die auf eine Steuerstraftat schließen lassen, dem Bundeszentralamt für Steuern oder, soweit bekannt, den für das Steuerstrafverfahren zuständigen Finanzbehörden mitzuteilen. Soweit die für das Steuerstrafverfahren zuständigen Finanzbehörden nicht bereits erkennbar unmittelbar informiert worden sind, teilt das Bundeszentralamt für Steuern ihnen diese Tatsachen mit. Die für das Steuerstrafverfahren zuständigen Finanzbehörden, ausgenommen die Behörden der Bundeszollverwaltung, übermitteln die Mitteilung an das Bundeszentralamt für Steuern, soweit dieses nicht bereits erkennbar unmittelbar in Kenntnis gesetzt worden ist.**

**(2) § 105 Abs. 2 gilt entsprechend.**

1 Die Vorschrift behandelt die besondere Pflicht, dem Bundeszentralamt für Steuern die Kenntnis über Steuerstraftaten anzuzeigen. Ist der Behörde das für die Durchführung des Strafverfahrens zuständige FA bekannt, hat die Mitteilung an dieses FA zu erfolgen. Im Ergebnis erhält das Bundeszentralamt für Steuern also eine Auffangzuständigkeit. Es handelt sich nicht um Amtshilfe i. S. der §§ 111 ff. AO, sondern um eigene den betroffenen Gerichten und Behörden gesetzlich auferlegte Pflichten im steuerlichen Interesse. Die Anzeigeverpflichteten müssen von **Amts wegen** tätig werden. Es handelt sich nicht um ein im Ermessen stehendes Handeln.

Spezielle Regelungen enthält das Geldwäschegesetz – GwG – v. 23.06.2017 (BGBl I 2017, 1822), das in § 43 GWG verschiedene Meldepflichten vorsieht. Von praktischer Bedeutung ist auch die Mitteilungspflicht der Zollbehörden im Zuge der Überwachung des grenzüberschreitenden Bargeldverkehrs nach § 12a Abs. 5 Satz 4 ZollVG v. 26.6.2017 in der Fassung v. 23.06.2017, BGBl I 2017, 1822). Eine weitere Anzeigepflicht ist in § 4 Abs. 5 Satz 1 Nr. 10 EStG normiert für Bestechungs- und Schmiergelder.

Mitteilungspflichtig sind die Gerichte und die Behörden der Gebietskörperschaften, § 116 **Abs. 1** AO. Die Verpflichtung dritter Behörden, Verdachtsfälle unmittelbar der zuständigen Finanzbehörde zu melden, dient der Verfahrensvereinfachung und nicht zuletzt auch der beschleunigten Einleitung etwa erforderlicher Ermittlungshandlungen. Die Mitteilungspflicht des Bundeszentralamts für Steuern und umgekehrt der Finanzbehörden dient – an sich selbstverständlich – der Sicherstellung eines einheitlichen Informationsstands. 2

Die Anzeigepflicht setzt das Vorhandensein **konkreter Verdachtsumstände** voraus; vage Vermutungen oder bloße Gerüchte begründen keine Mitteilungspflicht. Ferner brauchen Tatsachen, die den Amtsträgern der Behörden nicht dienstlich, sondern in ihrer privaten Sphäre bekannt geworden sind, nicht mitgeteilt zu werden. Nur Tatsachen, die den Verdacht einer Steuerstraftat begründen (§§ 369 ff. AO) müssen mitgeteilt werden. Kenntnisse über begangene Steuerordnungswidrigkeiten (§§ 377 AO) fallen nicht unter die Anzeigepflicht.

§ 116 **Abs. 2** AO trägt mit dem Verweis auf § 105 Abs. 2 AO der grundgesetzlich garantierten Unverletzbarkeit des Brief-, Post- und Fernmeldegeheimnisses Rechnung. Abgesehen davon findet § 116 AO aufgrund verschiedener (außer)steuerlichen Regelungen oftmals keine Anwendung. Von besonderer Bedeutung ist, dass strafprozessuale Telefonüberwachungsergebnisse nicht mitgeteilt werden dürfen (*Brandis* in Tipke/Kruse, § 116 AO Rz. 4). 3

Gegen die Anzeige stehen dem Betroffenen keine Rechtsbehelfe zu. Sind zu Unrecht Mitteilungen erfolgt oder liegt ein Verstoß gegen Abs. 2 vor, kann dies zu einem Verwertungsverbot führen; dies ist im Verfahren gegen einen aufgrund der Anzeige erlassenen Steuerbescheid zu prüfen. 4

## § 117 AO
## Zwischenstaatliche Rechts- und Amtshilfe in Steuersachen

**(1) Die Finanzbehörden können zwischenstaatliche Rechts- und Amtshilfe nach Maßgabe des deutschen Rechts in Anspruch nehmen.**

**(2) Die Finanzbehörden können zwischenstaatliche Rechts- und Amtshilfe auf Grund innerstaatlich**

anwendbarer völkerrechtlicher Vereinbarungen, innerstaatlich anwendbarer Rechtsakte der Europäischen Union sowie des EU-Amtshilfegesetzes leisten.

(3) Die Finanzbehörden können nach pflichtgemäßem Ermessen zwischenstaatliche Rechts- und Amtshilfe auf Ersuchen auch in anderen Fällen leisten, wenn

1. die Gegenseitigkeit verbürgt ist,
2. der ersuchende Staat gewährleistet, dass die übermittelten Auskünfte und Unterlagen nur für Zwecke seines Besteuerungs- oder Steuerstrafverfahrens (einschließlich Ordnungswidrigkeitenverfahren) verwendet werden, und dass die übermittelten Auskünfte und Unterlagen nur solchen Personen, Behörden oder Gerichten zugänglich gemacht werden, die mit der Bearbeitung der Steuersache oder Verfolgung der Steuerstraftat befasst sind,
3. der ersuchende Staat zusichert, dass er bereit ist, bei den Steuern vom Einkommen, Ertrag und Vermögen eine mögliche Doppelbesteuerung im Verständigungswege durch eine sachgerechte Abgrenzung der Besteuerungsgrundlagen zu vermeiden und
4. die Erledigung des Ersuchens die Souveränität, die Sicherheit, die öffentliche Ordnung oder andere wesentliche Interessen des Bundes oder seiner Gebietskörperschaften nicht beeinträchtigt und keine Gefahr besteht, dass dem inländischen Beteiligten ein mit dem Zweck der Rechts- und Amtshilfe nicht zu vereinbarender Schaden entsteht, falls ein Handels-, Industrie-, Gewerbe- oder Berufsgeheimnis oder ein Geschäftsverfahren, das auf Grund des Ersuchens offenbart werden soll, preisgegeben wird.

Soweit die zwischenstaatliche Rechts- und Amtshilfe Steuern betrifft, die von den Landesfinanzbehörden verwaltet werden, entscheidet das Bundesministerium der Finanzen im Einvernehmen mit der zuständigen obersten Landesbehörde.

(4) Bei der Durchführung der Rechts- und Amtshilfe richten sich die Befugnisse der Finanzbehörden sowie die Rechte und Pflichten der Beteiligten und anderer Personen nach den für Steuern im Sinne von § 1 Abs. 1 geltenden Vorschriften. § 114 findet entsprechende Anwendung. Bei der Übermittlung von Auskünften und Unterlagen gilt für inländische Beteiligte § 91 entsprechend; soweit die Rechts- und Amtshilfe Steuern betrifft, die von den Landesfinanzbehörden verwaltet werden, hat eine Anhörung des inländischen Beteiligten abweichend von § 91 Abs. 1 stets stattzufinden, es sei den, die Umsatzsteuer ist betroffen, es findet ein Informationsaustausch auf Grund des EU-Amtshilfegesetzes statt oder es liegt eine Ausnahme nach § 91 Abs. 2 oder 3 vor.

(5) Das Bundesministerium der Finanzen wird ermächtigt, zur Förderung der zwischenstaatlichen Zusammenarbeit durch Rechtsverordnung mit Zustimmung des Bundesrates völkerrechtliche Vereinbarungen über die gegenseitige Rechts- und Amtshilfe auf dem Gebiete des Zollwesens in Kraft zu setzen, wenn sich die darin übernommenen Verpflichtungen im Rahmen der nach diesem Gesetz zulässigen zwischenstaatlichen Rechts- und Amtshilfe halten.

**Inhaltsübersicht**



**Schrifttum**


KRABBE, Das EG-Amtshilfegesetz, RiW 1986, 126; WERRA, Die Grenzen der zwischenstaatlichen Rechtshilfe in Steuersachen, BB 1988, 1160; BRENNER, Internationale Steuerauskünfte und Rechtsschutz, FR 1989, 236; HEIDNER, Die Spontanauskunft als zwischenstaatliche Amts- und Rechtshilfe in Steuersachen, DStR 1989, 526; CARL/KLOS, Rechtschutzprobleme bei steuerlichen Spontanauskünften an ausländische Finanzbehörden, DStR 1992, 528; KERWAT, Das EG-Amtshilfegesetz und der Europäische Binnenmarkt, DStZ 1992, 729; STORCK, Spontanauskünfte durch die Finanzverwaltung, DB 1994, 1321; WEERTH, Zur Zulässigkeit von Spontanauskünften in der Europäischen Union – Zugleich eine Anmerkung zu EuGH, Urt. v. 13.04.2000 C-420/98 W. N./Staatssecretaris van Financien, IStR 2000, 334, IStR 2000, 462–463; SPATSCHECK/ALVERMANN, Steuerfahndung ohne Grenzen?, IStR 2001, 33–39; KLAWIKOWSKI/LEITMEIER/ZÜHLKE, Umsatzsteuerkarussellgeschäfte – Nationale Ohnmacht – internationaler Umsatzsteuerbetrug?, StBp 2002, 121–134; UHLÄNDER, Ermittlungsmöglichkeiten der Finanzbehörden bei Auslandssachverhalten, AO-StB 2002, 18–21; HAGEN, Mitwirkungs- und Aufzeichnungspflichten der Steuerpflichtigen bei Sachverhalten mit Auslandsbezug und Rechtsfolgen bei Pflichtverletzung, StBp 2005, 33; PELZ, »Grenzenlose« Spontanauskünfte – eine Gefahr für international tätige Unternehmen, RIW 2007,

457; SEER, Steuerverfahrensrechtliche Bewältigung gemeinschaftsrechtlicher Sachverhalte, FS Schaumburg, 2009, 151; WORGALLA/SÖFFING, Steuerhinterziehungsbekämpfungsgesetz, FR 2009, 545; SEER/GABERT, Der internationale Auskunftsverkehr in Steuersachen, StuW 2010, 3; WAGNER, Möglichkeiten und Schranken bei der Fertigung von Kontrollmitteilungen anlässlich von Außenprüfungen von Kreditinstituten, DStZ 2010, 69; OBENHAUS, Die Novelle der gegenseitigen Amtshilfe in Steuersachen zwischen den EU-Mitgliedstaaten durch das JStG 2013, Stbg 2012, 391; STAHL, Internationale Rechts- und Amtshilfe im Steuer- und Steuerstrafrecht, KÖSDI 2014, 18687; BECKMANN, Gemeinsame Betriebsprüfung durch deutsche und ausländische Finanzverwaltungen, StBp 2014, 66; KAHLENBERG/SCHADE, Automatischer Informationsaustausch für Tax Rulings und Verrechnungspreisvereinbarungen, StuB 2015, 708; RIEGEL/WALKE, Informationsaustausch nach § 117 AO zur bloßen Analyse von Unternehmensstrukturen?, BB 2015, 1814; RIEGEL/WALKE, Wann verletzt der zwischenstaatliche Informationsaustausch das Steuergeheimnis – Anmerkungen zum Beschluss des FG Köln vom 7.9.2015, BB 2015, 2719; GROTHERR, Argumente des Rechtsschutzes beim grenzüberschreitenden Auskunftsverkehr, ISR 2105, 193 u. 297; SEER/WILMS, Der automatische Informationsaustausch als neuer OECD-Standard zur steuerlichen Erfassung des Finanzkapitals im Spannungsverhältnis zu Maßnahmen der Geldwäschebekämpfung, StuW 2015, 118; EIMLER, Grenzüberschreitende Betriebsprüfungen, StBJB 2015/2016, 533; CZAKERT, Neue Entwicklungen bei der steuerlichen Amtshilfe, ifst-Schrift Nr. 514 (2017); FRANZ, Zum Rechtsschutz beim Informationsaustausch auf Ersuchen und zur Prüfung der steuerlichen Erheblichkeit verlangter Informationen, IStR 2017, 273; KRAFT/DITZ/HEIDER, Internationaler Informationsaustausch, DB 2017, 2243.

## A. Allgemeines

1 Die internationale Wirtschafts- und Kapitalverflechtung bringt die Notwendigkeit mit sich, die steuerlich relevanten Beziehungen der am Wirtschaftsleben Beteiligten auch über die Grenzen hinaus feststellen und überprüfen zu können. In zunehmendem Maße sind die Staaten gezwungen, gegenseitig zur Abwehr von Manipulationen, die unter Ausnutzung der den innerstaatlichen Behörden gezogenen Ermittlungs- und Handlungsgrenzen (Unzulässigkeit von unmittelbaren Ermittlungsmaßnahmen auf fremdem Hoheitsgebiet) unter erheblicher persönlicher Bereicherung auf Kosten der Allgemeinheit vorgenommen werden, Hilfe zu leisten. Zu diesem Zwecke sind mit zahlreichen Ländern in die mit ihnen abgeschlossenen Doppelbesteuerungsabkommen Vereinbarungen über Auskunftsaustausch aufgenommen worden. In der Regel umfasst der Auskunftsaustausch aufgrund von **DBA** die unter die DBA fallenden Steuern, also die Ertragsteuern (ESt, KSt und ggf. GewSt), nur ausnahmsweise auch andere Steuerarten. Innerhalb der **EU** ist der Auskunftsaustausch darüber hinaus in verschiedenster Weise geregelt. Von besonderer Bedeutung ist die Amtshilfe auf der Grundlage der EG-Amtshilferichtlinie, die wiederholt ergänzt und erweitert wurde, durch das **EU-Amtshilfegesetz – EUAHiG** – und das Finanzkonteninformationsaustauschg – FKAustG (s. Rz. 7 ff.). Auch für die Zukunft sind weitere Ergänzungen zu erwarten. Für die **Umsatzsteuer** gilt die VO 904/2010 vom 07.10.2010 über die Zusammenarbeit der Verwaltungsbehörden und die Betrugsbekämpfung auf dem Gebiet der Mehrwertsteuer (ABl. EU Nr. L 268, 1; s. auch www.bzst.de). Die grenzüberschreitende **Beitreibung** (Vollstreckung) von Forderungen des Fiskus ist im EU-Beitreibungsgesetz normiert. Im **Zollbereich** findet die VO über gegenseitige Amtshilfe und das sog. Neapel-II-Übereinkommen Anwendung. Die Datenübermittlung durch die Zollfahndungsämter ist in § 34 ZfdG geregelt. Ergänzende Regelungen finden sich in der **ZinsinformationsVO** für Kapitalerträge sowie im **GWG** zur Geldwäsche. Außerhalb der EU finden sich neben den DBA verschiedene bilaterale Abkommen zur gegenseitigen Amtshilfe. Darüber hinaus wurden mit verschiedenen **Drittstaaten**, die als Steueroasen gelten, Informationsabkommen (sog. Tax Information Exchange Agreements – **TIEA**) oder spezielle Abkommen für den Inhalt und Ablauf des automatischen Informationsaustauschs (z. B. FATCA – Foreign Account Tax Compliance Act) geschlossen, die z. T. auf dem OECD-MA Inf. beruhen. Von den multilateralen Aktivitäten zur Verbesserung des Informationsaustauschs ist auch die Entwicklung des **Common Reporting Standard – CRS** – hervorzuheben. Der dazu entwickelte OECD-Kommentar wurde vom Rat der OECA am 15.07.2015 gebilligt. Der CRS hat sich inzwischen weltweit als Standard etabliert. Die rechtliche Umsetzung erfolgte über zwei sog. »Mehrseitige Vereinbarungen über den automatischen Austausch von Finanzkonten« (sog. **Multilateral Competent Authority Agreement – MCAA 1 und MCAA 2**). Ins nationale Recht wurde das erste Abkommen mit Gesetz v. 21.12.2015, BGBl II 2015, 1630, übernommen, das zweite Abkommen wurde durch Gesetz v. 20.12.2016, BGBl I 2016, 3000, umgesetzt; zu diesem Zweck wurde § 138 a AO in das Gesetz eingefügt. Mit der Schaffung des Country-by-country Reporting soll ein automatischer Datenaustausch erfolgen. Die teilnehmenden Staaten sind in einer Länderliste der OECD veröffentlicht: http://www.oecd.org/tax/automatic-exchange. Mit der Fülle der Regelungen ist die Anwendung in der Praxis nicht einfacher geworden (s. ausführlich zur Rechtsentwicklung *Czakert*, ifst 514 (2017); instruktiv dazu hat die FinVerw. einige Erläuterungen herausgegeben: z. B. Merkblatt zur zwischenstaatlichen Amtshilfe durch Auskunftsaustausch in Steuersachen v. 23.11.2015 (BGBl I 2015, 928; Schreiben zur Anwendung der Abkommen über den steuerlichen Informationsaustausch v. 10.11.2015, BStBl I 2016, 138; Merkblatt über koordinierte steuerliche Außenprüfungen mit Steuerverwaltungen anderer Staaten und Gebiete, BStBl I 2017, 89).

§ 117 AO bildet die innerstaatliche Basis für die internationale Rechts- und Amtshilfe. Sie kodifiziert im Wesentlichen die von der Rechtsprechung erarbeiteten und in der Verwaltungspraxis weithin anerkannten Grundsätze. Dabei regelt § 117 Abs. 1 AO die Amtshilfe zugunsten der inländischen Behörden. § 117 Abs. 2 und Abs. 3 AO betreffen die Amtshilfeleistungen zugunsten ausländischer Behörden.

Zur zwischenstaatlichen Vollstreckungshilfe s. § 250 AO Rz. 4; zum EU-AmtshilfeG s. Rz. 9 ff.

## B. Begriff der Rechts- und Amtshilfe

2 Im Gegensatz zu § 111 AO spricht § 117 AO von Rechts- und Amtshilfe. Die beiden Bestimmungen lassen jedoch erkennen, dass trotz der fehlenden Übereinstimmung hinsichtlich der verwendeten Begriffe insoweit keine tatsächliche Unterscheidung beabsichtigt ist. Die Abgrenzung von Rechts- und Amtshilfe ist umstritten und keinesfalls einheitlich. Weithin wird die Auffassung vertreten, dass Rechtshilfe nur von Gerichten, Amtshilfe jedoch nur von Behörden geleistet wird (*Seer* in Tipke/Kruse, § 117 AO Rz. 5). Nach einer anderen Meinung liegt Rechtshilfe im eigentlichen Sinn nur vor, wenn die ersuchende Behörde die Amtshandlung ihrer sachlichen Zuständigkeit nach selbst vornehmen könnte und nur Zweckmäßigkeit für Vornahme durch die ersuchte spricht; Amtshilfe liegt dagegen vor, wenn die ersuchte Stelle darüber hinaus die Erreichung des Ziels der ersuchenden Stelle unterstützen soll. Für eine strenge Trennung der Begriffe Rechts- und Amtshilfe besteht in der AO besteht kein Bedürfnis. Im Einzelfall kann ohne Weiteres dahingestellt bleiben, ob die erbetene Hilfeleistung als Rechts- oder Amtshilfe zu qualifizieren ist (so auch *Seer*, in Tipke/Kruse, § 117 AO Rz. 5).

§ 117 AO wird durch die Regelungen in § 117a, § 117b und § 117c AO ergänzt.

## C. Tatbestandliche Voraussetzungen

### I. Inanspruchnahme von Rechts- und Amtshilfe durch inländische Finanzbehörden

3 § 117 **Abs. 1** AO regelt ausschließlich die **Inanspruchnahme** von zwischenstaatlicher Rechts- und Amtshilfe durch die inländischen Finanzbehörden. Die Regelung bedeutet eine Ausweitung der Befugnisse der Finanzbehörden, deren Tätigkeit ansonsten nur Auswirkungen innerhalb des Geltungsbereichs der AO haben kann. Für die Inanspruchnahme der zwischenstaatlichen Rechts- und Amtshilfe ist das deutsche Recht maßgebend, d.h., dass die Finanzbehörden insbes. nach den §§ 85 ff. AO zu entscheiden haben, ob und in welcher Weise die zwischenstaatliche Hilfe in Anspruch genommen werden soll (vgl. BFH v. 29.02.2012, I B 88/11, BFH/NV 2012, 1089). Ob die ersuchte ausländische Behörde die erbetene Hilfe leistet und welche Maßnahmen sie in Durchführung der Amtshilfe ergreift, richtet sich grundsätzlich nach dem für die ersuchte Behörde geltenden innerstaatlichen Recht. Besteht allerdings mit dem entsprechenden Staat eine diesbezügliche völkerrechtliche Vereinbarung i.S. des Art. 59 Abs. 2 Satz 1 GG, so gehen die darin enthaltenen Bestimmungen den Steuergesetzen vor, soweit sie unmittelbar anwendbares innerstaatliches Recht geworden sind (§ 2 AO). Die Inanspruchnahme zwischenstaatlicher Rechts- und Amtshilfe und die Leistung der Hilfe durch die ausländische Behörde haben sich in solchen Fällen ausschließlich an den genannten Vereinbarungen zu orientieren, soweit sie eine Regelung enthalten.

Obwohl das Gesetz das Recht zur Inanspruchnahme der Amtshilfe allgemein den Finanzbehörden einräumt, bedeutet das nicht, dass jedes FA »bei Bedarf« zwischenstaatliche Hilfe in Anspruch nehmen kann. Zuständig ist grds. das BMF, das aber die Zuständigkeit an das **BZSt** delegiert hat (§ 5 Abs. 1 Nr. 5 und Nr. 9 FVG). Das FA muss sich also auf dem Dienstweg mit seinem Ersuchen an das BZSt wenden. Dieses entscheidet im Rahmen einer eigenen Ermessensentscheidung, ob es die angeforderte Auskunft einholt. Lehnt das BZSt die Einholung ab, hat die ersuchende Finanzbehörde keine rechtliche Möglichkeit, das BZSt zu verpflichten. Die Entscheidung, ob eine Auskunft eingeholt wird, ist ein rein verwaltungsinterner Vorgang; die Ablehnung daher kein VA. Die Einzelheiten zum Verfahrensablauf hat das BMF im Schreiben vom 15.11.2015, BStBl I 2015, 928, dargelegt.

Der **Stpfl.** soll vor einem Amtshilfeersuchen grds. angehört werden, auch wenn das Gesetz keine ausdrückliche Anhörungspflicht bei Ersuchen deutscher Behörden statuiert. Ungeachtet dessen wird schon aus Gründen der Gewährung des rechtlichen Gehörs eine Überrumpelung des Steuerpflichtigen vermieden werden müssen. Dem Betroffenen wird zumindest bei der Anforderung steuerlich erheblicher Erklärungen Kenntnis von der Möglichkeit geben werden müssen, dass einschlägige Rückfragen bei der ausländischen Finanzverwaltung erfolgen könnten, um ihn in die Lage zu versetzen, Gegenargumente vorzutragen. Er kann sich indes nicht mit der Anfechtungsklage gegen das Ersuchen wenden. Rechtsschutz kann er mit einer vorbeugenden Unterlassungsklage oder (negativen) Feststellungsklage erlangen. Einstweiliger Rechtsschutz kann durch eine einstweilige Anordnung (§ 114 FGO) erlangt werden. Verfahrensgegner ist grds. das BZSt. Darüber hinaus kann sich der Stpfl. im Verfahren gegen die Steuerfestsetzung gegen die Verwertung der eingeholten Informationen wenden.

### II. Leistung von Rechts- und Amtshilfe durch inländische Finanzbehörden

§ 117 **Abs. 2 und 3** AO befassen sich mit der **Leistung** zwischenstaatlicher Rechts- und Amtshilfe zugunsten **ausländischer Behörden bzw. Gerichte**. 4

Soweit innerstaatlich anwendbare völkerrechtliche Vereinbarungen bestehen, wird die Hilfe nach Maßgabe dieser Vereinbarungen geleistet (§ 117 **Abs. 2** AO). Auch die Frage, ob und inwieweit die deutsche Finanzbehörde zur Hilfe verpflichtet ist oder nach ihrem pflichtgemäßen Ermessen über die Hilfeleistung nach Grund und Inhalt befinden kann, beantwortet sich nach den entsprechenden Vereinbarungen (als Beispiel hierzu BFH v. 20.02.1979, VII R 16/78, BStBl II 1979, 268).

Eine Zusammenstellung über die bestehenden Abkommen mit Regelungen über Rechts- und Amtshilfe sowie der Merkblätter des BMF zu den Voraussetzungen und der Durchführung der zwischenstaatlichen Amtshilfe enthält der AEAO zu § 117, Nr. 2 und 3.

5 Bestehen mit dem ausländischen Staat, dem die ersuchende Behörde angehört, keine einschlägigen völkerrechtlichen Vereinbarungen, gestattet § 117 **Abs. 3** AO den deutschen Finanzbehörden die Hilfeleistung im Kulanzwege unter den § 117 Abs. 3 Nr. 1 bis 4 AO aufgeführten Voraussetzungen. Dabei wird die Wahrung des Grundsatzes der Gegenseitigkeit verlangt und auf die Berücksichtigung schutzwürdiger Interessen der Betroffenen und der deutschen Öffentlichkeit geachtet. Es entscheidet das BMF im Einvernehmen mit der zuständigen obersten Landesbehörde, wenn die zwischenstaatliche Hilfe von Landesfinanzbehörden verwaltete Steuern betrifft.

## III. Durchführung von Rechts- und Amtshilfe durch inländische Finanzbehörden

6 § 117 **Abs. 4** AO betrifft die Durchführung der Rechts- und Amtshilfe durch die deutschen Finanzbehörden. Entsprechend § 114 AO richtet sich diese nach dem für die ersuchte Behörde geltenden Recht. Es wird klargestellt, dass dabei von dem Steuerbegriff i. S. des § 3 Abs. 1 AO ausgehend die Befugnisse der Finanzbehörden sowie die Rechte und Pflichten der Beteiligten und anderen Personen nach den für Steuern geltenden Vorschriften zu beurteilen sind. So ist das Recht zur Verweigerung von Auskünften oder Vorlage von Urkunden und Wertsachen ausschließlich nach den §§ 101 ff. AO gegeben. Auch die Verantwortung für die Durchführung der Amtshilfe liegt bei der deutschen Finanzbehörde (§ 117 Abs. 4 Satz 2 AO i. V. m. § 114 Abs. 2 Satz 2 AO).

7 Bevor die Finanzbehörde einem Amtshilfeersuchen nachkommt, ist sie grds. zur Anhörung des Betroffenen verpflichtet. Dies stellt der Verweis in § 117 **Abs. 4 Satz 3** AO auf eine entsprechende Anwendung des § 91 AO klar. Im Zuständigkeitsbereich der Landesfinanzbehörden wird die Sollvorschrift des § 91 AO durch eine Mussvorschrift ersetzt, die **Anhörung** des betroffenen Beteiligten »**hat**« zu **erfolgen.** Eine Anhörung ist aber entbehrlich, wenn die Umsatzsteuer betroffen ist, der Informationsaustausch auf der Grundlage des **EUAHiG** erfolgt oder einer der Ausnahmetatbestände des § 91 Abs. 2 und 3 AO erfüllt ist.

Ob und in welchem Umfang dem Auskunftsersuchen entsprochen wird, ist durch die deutsche Finanzbehörde im Rahmen ihrer Ermessensentscheidung zu prüfen. Soweit in DBA oder nach den Regelungen des **EUAHiG** (§ 4 Abs. 1) die Amtshilfe von der »voraussichtlichen Erheblichkeit« für die Steuerfestsetzung abhängig gemacht wird, ist dies bereits auf der Tatbestandsebene – mithin vor der Ermessensausübung – zu prüfen. Insoweit steht der Behörde ein Beurteilungsspielraum zu. Allerdings ist er stark eingeschränkt. Es reicht aus, wenn aus Sicht des ersuchenden Staates eine steuerliche Erheblichkeit bei vernünftiger Betrachtungsweise möglich erscheint. Ein Informationsaustausch soll also möglichst umfänglich möglich sein. Eine Einschränkung ist nur insoweit geboten, als es den Mitgliedsstaaten nicht gestattet ist, sich an Beweisausforschungen (»Fishing Expeditions«) zu beteiligen oder Informationen zu erlangen, bei denen es unwahrscheinlich ist, dass sie für die Steuerangelegenheiten eines bestimmten Steuerpflichtigen erheblich sein können (EUGH v. 15.05.2017, C-682/15, ECLI:EU:C:2017:373; FG Köln v. 30.06.2017, 2 V 687/17, EFG 2017, 1568 m. w. N.). Auf der Rechtsfolgenebene ist bei der Ermessensausübung vor allem die Verhältnismäßigkeit des Ersuchens zu prüfen.

## IV. Ermächtigung zum Erlass von Rechtsverordnungen

Die in § 117 **Abs. 5** AO enthaltene Ermächtigung des Bundesministeriums der Finanzen, zur Förderung der zwischenstaatlichen Zusammenarbeit durch Rechtsverordnung mit Zustimmung des Bundesrates völkerrechtliche Vereinbarungen über die gegenseitige Rechts- und Amtshilfe in Zollsachen in Kraft zu setzen, wenn sich die darin übernommenen Verpflichtungen im Rahmen der nach diesem Gesetz zulässigen zwischenstaatlichen Rechts- und Amtshilfe halten, ist mit Art. 59 GG vereinbar. Die Verordnungsermächtigung dient der Durchführung völkerrechtlicher Abkommen unter Berücksichtigung der in dem ermächtigenden Gesetz behandelten Materie und der heutigen Vorstellungen von der Möglichkeit einer zwischenstaatlichen vertraglichen Regelung nach dem mutmaßlichen Willen des Gesetzgebers. 8

## V. EU-Amtshilfe-Gesetz

Das EU-Amtshilfe-Gesetz (EUAHiG) ist mit Wirkung vom 01.01.2013 in Kraft getreten (Art. 3 und Art. 31 Nr. 9, AmtshilfeRLUmsG v. 26.06.2013, BGBl I 2013, 1809) und wurde mit Gesetz zur Umsetzung der Änderungen 9 der EU-Amtshilferichtlinie und von weiteren Maßnahmen gegen Gewinnkürzungen und -verlagerungen vom 20.12.2016, BGBl I 2016, 3000, an die aktualisierte EU-Amtshilferichtlinie angepasst.

### 1. Sachlicher Geltungsbereich

10 Mit dem **EUAHiG** ist die Bundesrepublik Deutschland der Verpflichtung aus den in § 1 Abs. 2 des Gesetzes genannten Richtlinien nachgekommen. Damit hat die Amtshilfe mit den EU-Mitgliedstaaten eine eigenständige nationale Rechtsgrundlage. Der sachliche Geltungsbereich umfasst jede Art von Steuern, also z. B. die Steuern vom Einkommen, Ertrag und Vermögen, nicht aber die Umsatzsteuer, einschließlich der Einfuhrumsatzsteuer, Zölle und harmonisierte Verbrauchsteuer (§ 1 Abs. 2 EUAHiG). Hinsichtlich des Umfangs des Auskunftsverkehrs durch deutsche Finanzbehörden ist nach § 1 Abs. 4 des Gesetzes auch § 117 Abs. 4 AO und damit vor allem § 91 AO zu beachten. Ferner wird die Erteilung von Auskünften davon abhängig gemacht, dass diese für die zutreffende Festsetzung der genannten Steuern in dem Staat, dem Auskunft gegeben wird, erheblich sein können. Dabei handelt es sich um eine Art Plausibilitätskontrolle unter Berücksichtigung des ausländischen Steuerrechts; eine abschließende Prüfung ist nicht erforderlich (s. Rz. 7).

§ 1 Abs. 3 **EUAHiG** stellt klar, dass das Gesetz die Amtshilfe in Steuersachen aufgrund bilateraler oder gemeinschaftsrechtlicher Regelungen nicht ausschließt, insbes. wenn sie eine weitergehende Amtshilfe zulassen.

Der Amtshilfeweg ist in § 3 **EUAHiG** geregelt. Zuständig für den Verkehr mit den Finanzbehörden der Mitgliedstaaten der EG ist das BMF bzw. in den Fällen des § 5 Abs. 1 Nr. 5 FVG das Bundeszentralamt für Steuern als zentrales Verbindungsbüro. Das BMF kann weitere Verbindungsstellen bestimmen.

§ 10 des Gesetzes enthält Bestimmungen zur Hinzuziehung von Bediensteten anderer Mitgliedstaaten.

### 2. Arten der Auskunftsleistung

11 Das Gesetz unterscheidet zwischen verschiedenen Arten der Amtshilfe

- Auskünfte auf Ersuchen,
- spontane Auskünfte und
- automatische Auskünfte,
- Zustellungsersuchen.

#### a) Auskünfte auf Ersuchen

12 Das Gesetz unterscheidet zwischen Ersuchen von anderen Mitgliedstaaten (§ 4) und Ersuchen an andere Mitgliedstaaten (§ 6).

#### aa) Ersuchen von anderen Mitgliedstaaten

§ 4 Abs. 1 **EUAHiG** bestimmt, dass die zuständige Finanzbehörde die in Ersuchen anderer Mitgliedstaaten gestellten Fragen beantwortet, die für die Besteuerung für die in § 1 genannten Steuern voraussichtlich erheblich sind. Sofern die Behörde nicht selbst über die erforderlichen Informationen verfügt, ist sie verpflichtet, nach pflichtgemäßen Ermessen alle nach der Abgabenordnung vorgesehenen behördlichen Ermittlungen durchzuführen. Das bedeutet: Soweit der Behörde die erforderlichen Informationen vorliegen, ist sie zur Antwort verpflichtet. Ein Entschließungsermessen, »ob« eine Antwort gegeben wird, steht der Finanzbehörde nicht zu; allerdings ist der Verhältnismäßigkeitsgrundsatz zu beachten. Ein Beurteilungsspielraum der antwortenden Behörde besteht insoweit, als nur die Antworten zu geben sind, die »voraussichtlich erheblich« sind (s. Rz. 7). Liegen die Informationen (noch) nicht vor, erstreckt sich die Ermessensausübung ebenfalls nicht auf das »Ob«, sondern nur auf die Wahl der Ermittlungsmethoden zur Beschaffung von Informationen. Die Behörde ist also grundsätzlich zur Aufnahme von Ermittlungen verpflichtet, bevor sie Fehlanzeige erstattet. Einschränkungen der Übermittlungspflicht ergeben sich aus der Anwendung des § 117 Abs. 4 AO. Verfahrensrechtlich ist zu beachten, dass die Auskunftserteilung durch die zuständige Finanzbehörde über das zentrale Verbindungsbüro erfolgt. Damit ist ein unmittelbarer Auskunftsverkehr zwischen den Finanzbehörden der Mitgliedstaaten ausgeschlossen. 13

§ 4 Abs. 2 **EUAHiG** stellt klar, dass sich Ermittlungsersuchen auch auf die Durchführung bestimmter behördlicher Ermittlungen beziehen können.

**Grenzen der Amtshilfeleistung bei Ersuchen anderer Mitgliedstaaten:** § 4 Abs. 3 **EUAHiG** nennt verschiedene Tatbestände, in denen das zentrale Verbindungsbüro keine Informationen an den ersuchenden Mitgliedstaat übermittelt. Über die Übermittlung entscheidet also nicht die Finanzbehörde, die über die Informationen verfügt, sondern erst das Verbindungsbüro nach Eingang der Informationen der für die Besteuerung zuständigen Finanzbehörde. Eine Übermittlung ist ausgeschlossen, wenn 14

- die Durchführung erforderlicher Ermittlungen oder die Beschaffung der betreffenden Informationen nach deutschem Recht nicht möglich ist (Nr. 1),
- der andere Mitgliedsstaat die üblichen Informationsquellen nicht ausgeschöpft hat, die ihm zur Erlangung der erbetenen Informationen zur Verfügung stehen, ohne dabei die Erreichung des Ziels zu gefährden (Nr. 2),
- ein Handels-, Gewerbe- oder Berufsgeheimnis oder ein Geschäftsverfahren preisgegeben werden würde (Nr. 3) oder
- die öffentliche Ordnung verletzt werden würde (Nr. 4).

Ob einer der Tatbestände verwirklicht ist, hat das Verbindungsbüro **von Amts wegen** zu prüfen. Die ins Ausland übermittelten Antworten stellen gegenüber dem Steuerpflichtigen als rein behördeninterner Vorgang **keinen VA** dar; Rechtsschutz hingegen kann der Steuerpflichtige indes im Wege einer **Leistungsklage** bzw. vorbeugenden Unterlassungsklage erlangen (BFH v. 21.07.2009, VII R 52/08, BStBl II 2010, 51). Einstweiliger Rechtsschutz kann mit der einstweiligen Anordnung nach § 114 FGO erreicht werden.

15 **§ 4 Abs. 4 EUAHiG** sieht als besonderen Versagungsgrund für die Auskunftsübermittlung vor, dass das zentrale Verbindungsbüro die Übermittlung ablehnen kann, wenn der andere Mitgliedstaat seinerseits aus rechtlichen Gründen nicht zur Übermittlung entsprechender Informationen in der Lage ist. Damit wird dem Grundgedanken der Gegenseitigkeit der Amtshilfe Rechnung getragen.

16 **§ 4 Abs. 5 EUAHiG** regelt Sachverhalte, aufgrund derer allein die Übermittlung von Informationen nicht abgelehnt werden kann. Insbesondere ist eine Auskunftserteilung nicht ausgeschlossen, wenn sich die betreffenden Informationen bei einer Bank, einem sonstigen Finanzinstitut, einem Bevollmächtigten, Vertreter oder Treuhänder befinden oder sich auf Eigentumsanteile an einer Person beziehen.

17 **§ 4 Abs. 6 EUAHiG** stellt klar, dass ein Ersuchen nicht schon deshalb abgelehnt werden darf, weil die angefragten Informationen nach deutschem Recht für steuerliche Zwecke nicht benötigt werden. Ferner ist bestimmt, dass dem anderen Mitgliedstaat Gründe für eine Nichtübermittlung mitzuteilen sind. Ein klagefähiger Anspruch der anderen Mitgliedstaaten auf Anforderung des Ersuchens ergibt sich daraus nicht.

18 **Fristen:** In § 5 EUAHiG sind die Fristen für die Beantwortung der Ersuchen der anderen Mitgliedstaaten genannt.

#### bb) Ersuchen an andere Mitgliedstaaten

19 **§ 6 EUAHiG** regelt die Voraussetzungen eines Auskunftsersuchens deutscher Finanzbehörden im Rahmen der Amtshilfe.

20 Nach **§ 6 Abs. 1 EUAHiG** liegt die Befugnis, ein Ersuchen zu stellen, grundsätzlich bei den Finanzbehörden. Das ist regelmäßig die Behörde, die für die inländische Besteuerung des Stpfl. zuständig ist und die die notwendigen Informationen für die Besteuerung aus Auslandssachverhalten erlangen möchte. Neben der Informationsbeschaffung kann die Finanzbehörde auch um sachdienliche behördliche Ermittlungen ersuchen. Zuständig für die Weiterleitung des Ersuchens ist das Verbindungsbüro, an das die Finanzbehörde das Ersuchen zu richten hat.

**§ 6 Abs. 2 EUAHiG** gibt der Finanzbehörde die Möglichkeit, ein Ersuchen um Übermittlung zusätzlicher Informationen zu stellen, einschließlich des vollständigen Wortlauts eines grenzüberschreitenden Vorbescheids oder einer Vorabverständigung über die Verrechnungspreisgestaltung. Damit wird den besonderen Schwierigkeiten bei der Überprüfung von Verrechnungspreisen Rechnung getragen. 21

**§ 6 Abs. 3 EUAHiG** verpflichtet die Behörde vor einem Ersuchen, vorrangig alle ihr selbst zu Verfügung stehenden Ermittlungsmöglichkeiten auszuschöpfen. Das Ersuchen soll »ultima ratio« sein. 22

#### cc) Automatische Auskünfte

§ 7 EUAHiG regelt die **automatische Übermittlung** von Informationen. Die Übermittlung erfolgt ohne Ersuchen eines anderen Mitgliedsstaates auf **elektronischem Wege**. Andere Übermittlungswege sind in § 7 nicht vorgesehen. Der automatischen Auskunftserteilung unterliegen gleichartige Sachverhalte, von denen der Gesetzgeber typisierend davon ausgeht, dass die Information zu Besteuerung für den jeweils anderen Mitgliedsstaat von Interesse ist. Die Fallgruppen sind in § 7 Abs. 1 Nr. 1 bis 5 EUAHiG abschließend geregelt. Darüber hinaus enthält die Norm in den Abs. 3 ff. eine Vielzahl von Regelungen zum Informationsaustausch über grenzüberschreitende Vorbescheide und Vorabverständigungen über die Verrechnungspreisgestaltung. 23

#### dd) Spontane Auskünfte

Unter den besonderen Voraussetzungen der §§ 8 und 9 EUAHiG können auch spontane Informationen übermittelt werden. Das Gesetz differenziert zwischen der spontanen Übermittlung an andere Mitgliedstaaten (§ 8) und der Übermittlung von Informationen durch andere Mitgliedstaaten (§ 9). 24

Nach **§ 8 Abs. 1 EUAHiG** steht die **spontane Übermittlung** von Informationen an andere Mitgliedstaaten im pflichtgemäßen Ermessen der Finanzbehörde, also der Finanzbehörde, die aufgrund des bei ihr durchgeführten Besteuerungsverfahrens über Informationen verfügt, die möglicherweise für eine ausländische Finanzbehörde von Bedeutung sein könnten. Die Informationen sind an das zentrale Verbindungsbüro zu übermitteln. Dieses wiederum entscheidet in einer weiteren Stufe, ob die Information weitergeleitet werden. Es hat hierzu eine erneute Ermessensentscheidung zu treffen. 25

Die **Übermittlungsgründe** sind in **§ 8 Abs. 2 EUAHiG** aufgeführt. Abs. 2 Nr. 1–4 nennt Regelbeispiele, in denen die Informationsübermittlung zu erfolgen hat, nämlich wenn 26

– Gründe für die Vermutung einer Steuerverkürzung in einem anderen Mitgliedstaat vorliegen (Nr. 1),

- ein Sachverhalt vorliegt, aufgrund dessen eine Steuerermäßigung oder Steuerbefreiung gewährt worden ist und die zu übermittelnden Informationen für den Steuerpflichtigen zu einer Besteuerung oder Steuererhöhung im anderen Mitgliedstaat führen können (Nr. 2),
- Geschäftsbeziehungen zwischen einem in Deutschland Steuerpflichtigen und einem in einem anderen Mitgliedstaat Steuerpflichtigen über ein oder mehrere weitere Staaten in einer Weise geleitet werden, die in einem oder beiden Mitgliedstaaten zur Steuerersparnis führen kann (Nr. 3),
- Gründe für die Vermutung vorliegen, dass durch künstliche Gewinnverlagerungen zwischen verbundenen Unternehmen eine Steuerersparnis eintritt (Nr. 4).

Neben diesen Regelbeispielen sieht Abs. 2 Nr. 5 generalklauselartig eine Informationserteilung auch dann vor, wenn ein Sachverhalt ermittelt wurde, auch für die zutreffende Steuerfestsetzung in einem weiteren Mitgliedstaat erheblich sein könnte. Es handelt sich um einen Auffangtatbestand, der eine umfassende Verwertung steuerlicher Informationen sicherstellen soll. Eines Verdachts, dass der Steuerpflichtige seinen Verpflichtungen im Ausland nicht nachkommt, bedarf es für die Auskunftserteilung nicht.

27 Gehen beim zentralen Verbindungsbüro Informationen ausländischer Finanzbehörden ein, ist das Verbindungsbüro gem. § 9 EUAHiG verpflichtet, die ihm zugeleiteten Informationen an die (zuständigen) Finanzbehörden zur Ausweitung weiterzuleiten.

#### ee) Zustellersuchen

28 Zustellungsersuchen: §§ 13 und 14 EUAHiG regeln die Behandlung von Zustellungsersuchen. Für Zustellungen deutscher Finanzbehörden ist vor allem § 13 Abs. 2 von Bedeutung. Dort sind die Voraussetzungen für ein Zustellungsersuchen geregelt. Es ist nur dann zulässig, wenn die Finanzbehörde nicht in der Lage ist, die Zustellung nach den Vorschriften des Verwaltungszustellungsgesetzes im anderen Mitgliedstaat vorzunehmen (§ 13 Abs. 2 Nr. 1 EUAHiG) oder die Zustellung mit unverhältnismäßig großen Schwierigkeiten verbunden wäre (§ 13 Abs. 2 Nr. 2 EUAHiG). Ob diese Voraussetzung erfüllt sind, ist in dem Ersuchen darzulegen. Insoweit ist das zentrale Verbindungsbüro zu einer Prüfung berechtigt.

### 3. Datenverwendung, Offenbarungsbefugnis

29 § 19 Abs. 2 EUAHiG regelt die Verwendung der von den Mitgliedstaaten übermittelten Informationen. Die in Abs. 2 Nr. 1 bis 4 genannten Tatbestände sind umfassend. Soweit das Besteuerungsverfahren betroffen ist, ist nicht nur die Anwendung und Durchsetzung der in § 1 genannten Steuern erfasst (Nr. 1), sondern auch die Festsetzung und Beitreibung anderer Steuern und Abgaben nach § 1 des EUBeitrG (Nr. 3). Ferner ist eine Verwendung zur Wahrnehmung gesetzlicher Kontroll- und Aufsichtsbefugnisse zulässig (Nr. 2) zu. Einen eingeschränkteren Rahmen sieht Nr. 4 für die Verwertung der Informationen im Zusammenhang mit Gerichts – im Verwaltungsverfahren vor. Hier ist eine Verwertung nur möglich, wenn die Verfahren Sanktionen wegen Nichtbeachtung des Steuerrechts zur Folge haben können. Wegen der Bezugnahme auf Sanktionen dürften unter diesen Tatbestand nur Strafverfahren oder Ordnungswidrigkeitenverfahren fallen. Für die Offenbarung und Informationsverwendung im finanzgerichtlichen Verfahren ergibt sich die Verwendungsmöglichkeit bereits aus Abs. 2 Nr. 1. Denn auch das finanzgerichtliche Verfahren dient der Anwendung des innerstaatlichen Steuerrechts. Die innerstaatlichen Verfahrensordnungen, damit auch die FGO und das GVG, bleiben unberührt.

Sollen die Informationen für andere als die in § 19 Abs. 2 Nr. 1 bis Nr. 4 EUAHiG genannten Zwecke verwendet werden, ist zuvor die Einwilligung des anderen Mitgliedstaats einzuholen.

## § 117a AO
## Übermittlung personenbezogener Daten an Mitgliedstaaten der Europäischen Union

**(1) Auf ein Ersuchen einer für die Verhütung und Verfolgung von Straftaten zuständigen öffentlichen Stelle eines Mitgliedstaates der Europäischen Union können die mit der Steuerfahndung betrauten Dienststellen der Finanzbehörden personenbezogene Daten, die in Zusammenhang mit dem in § 208 bestimmten Aufgabenbereich stehen, zum Zweck der Verhütung von Straftaten übermitteln. Für die Übermittlung dieser Daten gelten die Vorschriften über die Datenübermittlung im innerstaatlichen Bereich entsprechend.**

**(2) Die Übermittlung personenbezogener Daten nach Absatz 1 ist nur zulässig, wenn das Ersuchen mindestens folgende Angaben enthält:**

**1. die Bezeichnung und die Anschrift der ersuchenden Behörde,**
**2. die Bezeichnung der Straftat, zu deren Verhütung die Daten benötigt werden,**
**3. die Beschreibung des Sachverhalts, der dem Ersuchen zugrunde liegt,**
**4. die Benennung des Zwecks, zu dem die Daten erbeten werden,**

5. den Zusammenhang zwischen dem Zweck, zu dem die Informationen oder Erkenntnisse erbeten werden, und der Person, auf die sich diese Informationen beziehen,
6. Einzelheiten zur Identität der betroffenen Person, sofern sich das Ersuchen auf eine bekannte Person bezieht, und
7. Gründe für die Annahme, dass sachdienliche Informationen und Erkenntnisse im Inland vorliegen.

(3) Die mit der Steuerfahndung betrauten Dienststellen der Finanzbehörden können auch ohne Ersuchen personenbezogene Daten im Sinne von Absatz 1 an eine für die Verhütung und Verfolgung von Straftaten zuständige öffentliche Stelle eines Mitgliedstaates der Europäischen Union übermitteln, wenn im Einzelfall die Gefahr der Begehung einer Straftat im Sinne des Artikels 2 Absatz 2 des Rahmenbeschlusses 2002/584/JI des Rates vom 13. Juni 2002 über den Europäischen Haftbefehl und die Übergabeverfahren zwischen den Mitgliedstaaten (ABl. L 190 vom 18.07.2002, S. 1), der zuletzt durch den Rahmenbeschluss 2009/299/JI (ABl. L 81 vom 27.03.2009, S. 24) geändert worden ist, besteht und konkrete Anhaltspunkte dafür vorliegen, dass die Übermittlung dieser personenbezogenen Daten dazu beitragen könnte, eine solche Straftat zu verhindern.

(4) Für die Übermittlung der Daten nach Absatz 3 gelten die Vorschriften über die Datenübermittlung im innerstaatlichen Bereich entsprechend. Die Datenübermittlung unterbleibt, soweit, auch unter Berücksichtigung des besonderen öffentlichen Interesses an der Datenübermittlung, im Einzelfall schutzwürdige Interessen der betroffenen Person überwiegen. Zu den schutzwürdigen Interessen gehört auch das Vorhandensein eines angemessenen Datenschutzniveaus im Empfängerstaat. Die schutzwürdigen Interessen der betroffenen Personen können auch dadurch gewahrt werden, dass der Empfängerstaat oder die empfangende zwischen- oder überstaatliche Stelle im Einzelfall einen Schutz der übermittelten Daten garantiert.

(5) Die Datenübermittlung nach den Absätzen 1 und 3 unterbleibt, wenn

1. hierdurch wesentliche Sicherheitsinteressen des Bundes oder der Länder beeinträchtigt würden,
2. die Übermittlung der Daten zu den in Artikel 6 des Vertrages über die Europäische Union enthaltenen Grundsätzen in Widerspruch stünde,
3. die zu übermittelnden Daten bei der ersuchten Behörde nicht vorhanden sind und nur durch das Ergreifen von Zwangsmaßnahmen erlangt werden können oder
4. die Übermittlung der Daten unverhältnismäßig wäre oder die Daten für die Zwecke, für die sie übermittelt werden sollen, nicht erforderlich sind.

(6) Die Datenübermittlung nach den Absätzen 1 und 3 kann unterbleiben, wenn

1. die zu übermittelnden Daten bei den mit der Steuerfahndung betrauten Dienststellen der Finanzbehörden nicht vorhanden sind, jedoch ohne das Ergreifen von Zwangsmaßnahmen erlangt werden können,
2. hierdurch der Erfolg laufender Ermittlungen oder Leib, Leben oder Freiheit einer Person gefährdet würde oder
3. die Tat, zu deren Verhütung die Daten übermittelt werden sollen, nach deutschem Recht mit einer Freiheitsstrafe von im Höchstmaß einem Jahr oder weniger bedroht ist.

(7) Als für die Verhütung und Verfolgung von Straftaten zuständige öffentliche Stelle eines Mitgliedstaates der Europäischen Union im Sinne der Absätze 1 und 3 gilt jede Stelle, die von diesem Staat gemäß Artikel 2 Buchstabe a des Rahmenbeschlusses 2006/960/JI des Rates vom 18. Dezember 2006 über die Vereinfachung des Austauschs von Informationen und Erkenntnissen zwischen den Strafverfolgungsbehörden der Mitgliedstaaten der Europäischen Union (ABl. L 386 vom 29.12.2006, S. 89, L 75 vom 15.03.2007, S. 26) benannt wurde.

(8) Die Absätze 1 bis 7 sind auch anzuwenden auf die Übermittlung von personenbezogenen Daten an für die Verhütung und Verfolgung von Straftaten zuständige öffentliche Stellen eines Schengen-assoziierten Staates im Sinne von § 91 Absatz 3 des Gesetzes über die internationale Rechtshilfe in Strafsachen.

§§ 117 a und 117b AO setzen den Rahmenbeschluss 2006/960/JI über die Vereinfachung des Austauschs von Informationen und Erkenntnissen zwischen Strafverfolgungsbehörden der Mitgliedstaaten der Europäischen Union (ABl. L 386 vom 29.12.2006, 89, L 75 vom 15.03.2007, 26, im Folgenden RbDatA) vom 18.12.2006 in nationales Recht um. Dadurch soll der Informationsaustausch der Strafverfolgungsbehörden der EU bei der Verhütung von Straftaten verbessert werden, um grenz- 1 überschreitende Kriminalität einzudämmen (sog. »Schwedische Initiative«, BT-Drs. 17/5096). § 117a ergänzt damit die Regelung des § 117 AO. Der Informationsaustausch zwischen Mitgliedsstaaten soll grundsätzlich keinen strengeren Bedingungen unterliegen als zwischen Strafverfolgungsbehörden im innerstaatlichen Bereich (sog. Gleichbehandlungsgrundsatz vgl. BT-Drs. 17/5096, 35 und 17/8870, 10). Maßgeblich für die Übermittlung von Informationen an Strafverfolgungsbehörden von Mitgliedsstaaten der EU sind also die nationalen Vorschriften. Sie bilden den Rahmen für die Datenübermittlung aber zugleich den Umfang der Übermittlung, indem sie die Übermittlungsbefugnis auf das nationale Niveau beschränken. Das bedeutet: Lassen die nationalen Regelungen einen innerstaatlichen Datenaustausch nicht zu, ist er auch über die Grenze nicht zulässig. Das bedeutet auch, dass die Wahrung des Steuergeheimnisses nach § 30 AO gesichert sein muss.

2 Für die Übermittlung von Auskünften durch die Steuerfahndungsbehörden an ausländische für die **Bearbeitung von Steuersachen und Verfolgung von Steuerstraftaten** gilt § 117 AO. Für andere Behörden gilt § 117 AO nicht. § 117a AO bestimmt nunmehr für den Bereich der **Verhütung von Straftaten,** unter welchen Voraussetzungen personenbezogene Daten von inländischen Steuerfahndungsstellen an Strafverfolgungsbehörden der EU-Mitgliedsstaaten übermittelt werden dürfen. Erfasst sind danach Straftaten aller Art; die Bedeutung von § 117a AO geht damit über das Steuerrecht hinaus. Für Ordnungswidrigkeiten gilt die Regelung nicht.

3 Nach § 117a **Abs. 1** AO können die Steuerfahndungsstellen **personenbezogene Daten,** die in Zusammenhang mit ihrem in § 208 AO bestimmten Aufgabenbereich stehen, auf Ersuchen einer Strafverfolgungsbehörde eines Mitgliedsstaates an diese zum Zweck der Verhütung von Straftaten übermitteln. Dies geschieht in entsprechender Anwendung der für die Übermittlung von Daten im innerstaatlichen Bereich geltenden Vorschriften. Da nur personenbezogene Daten übermittelt werden dürfen, scheidet eine Datenübermittlung aus, wenn das Auskunftsersuchen keinen Bezug zu einer bestimmten Person (natürliche oder juristische Personen, wohl auch Gemeinschaften) enthält. Ein Ersuchen zur Sachverhalts- oder Personenermittlung ist durch § 117a AO nicht erfasst. Der **Zweck** des Ersuchens muss in der **Verhütung von Straftaten** bestehen. Es geht also um eine Auskunftserteilung im **präventiven** Bereich. Für die Verfolgung von Straftaten gilt § 117a AO nicht. Die Übermittlung von Auskünften im Bereich der Strafverfolgung richtet sich nach § 92 des Gesetzes über die internationale Hilfe in Strafsachen (*Rätke* in Klein; § 117a AO Rz. 8). Mit dem Ersuchen können nur bereits vorhandene Daten abgefragt werden. Die Norm begründet keine Pflicht zur Datenerhebung oder Datenbeschaffung.

4 § 117a **Abs. 2** AO regelt die formalen Voraussetzungen für das Ersuchen. Die Regelung soll sicherstellen, dass die um Auskunft ersuchte Behörde in die Lage versetzt wird, zu prüfen, ob die Voraussetzungen für die Übermittlung nach Abs. 1 erfüllt sind. Erfüllt ein Ersuchen die in Abs. 2 genannten Anforderungen nicht, kann die ersuchte Behörde das Ersuchen zurückweisen. Ihr bleibt es aber auch unbenommen, vor einer Zurückweisung auf eine Ergänzung des Ersuchens hinzuwirken. Ein abgelehntes Ersuchen kann auch erneut gestellt werden. Eine vorherige Ablehnung entfaltet keine Sperrwirkung.

5 § 117a **Abs. 3** AO bestimmt, dass und unter welchen Voraussetzungen auch **Spontanauskünfte** zulässig sind. Eine Spontanauskunft, also eine Auskunft ohne Ersuchen, ist nur unter engen Voraussetzungen zulässig. Es müssen konkrete Anhaltspunkte dafür vorliegen, dass im Einzelfall die Gefahr der Begehung einer Straftat nach Art. 2 Abs. 2 RbDatA besteht. Es handelt sich regelmäßig um Straftaten mit größerem Gewicht, bei denen es nicht selten um grenzüberschreitende Kriminalität geht, wie z. B. Beteiligung an einer kriminellen Vereinigung, Terrorismus, Menschenhandel, sexuelle Ausbeutung von Kindern und Kinderpornografie, illegaler Handel mit Drogen und Waffen, Geldwäsche, organisierte Kriminalität, Produktpiraterie, Korruption u.Ä. (*Rätke* in Klein, § 117a AO Rz. 15).

6 Nach § 117a **Abs. 4 Satz 1** AO gelten für Spontanauskünfte die Vorschriften über die Datenübermittlung im innerstaatlichen Bereich entsprechend. § 117a **Abs. 4 Satz 2–4** AO schränkt die Datenübermittlung im Wege der Spontanauskunft ein. Sie unterbleibt, wenn im Einzelfall auch unter Berücksichtigung des besonderen öffentlichen Interesses schutzwürdige Interessen der betroffenen Person überwiegen. Dies setzt also eine Interessenabwägung voraus. Die Datenübermittlung setzt im Übrigen voraus, dass im Empfängerstaat ein angemessenes Datenschutzniveau besteht. Um zu beantworten, ob dies der Fall ist, sind insbes. die Art der Daten, die Dauer der geplanten Verarbeitung, das Herkunfts- und das Endbestimmungsland, die für den Empfänger geltenden Rechtsnormen sowie neben den für ihn geltenden Standesregeln und Sicherheitsmaßnahmen auch die Zweckbestimmung zu berücksichtigen (BT-Drs. 17/8870, 12). Das erfordert eine konkrete Prüfung der Umstände des Einzelfalles, sodass die Rechtsanwendung problematisch ist, und eine eindeutige Auslegung des unbeschränkten Rechtsbegriffs eines »angemessenen Datenschutzniveaus« kaum möglich sein dürfte. Im Bereich der EU dürfte oftmals von einem ausreichenden Datenschutzniveau auszugehen sein. Nach § 117a **Abs. 4 Satz 4** AO kann das schutzwürdige Interesse auch durch eine Garantie des Endbestimmungslands über den Schutz der übermittelten Daten gewahrt sein. Die Entscheidung, ob eine Garantieerklärung ausreichend ist, liegt bei der ersuchten Stelle. Dabei wird die ersuchte Stelle die Wert-

haltigkeit der Garantieerklärung anhand des in der Garantie dargelegten Datenschutzniveaus zu bewerten haben.

7 Abs. 5 und 6 AO regeln Übermittlungsverbote in den Fällen sowohl der angeforderten wie der Spontanauskünfte. Dabei normiert Abs. 5 ein absolutes Übermittlungsverbot, während Abs. 6 die Entscheidung zur Übermittlung in das Ermessen der Behörde stellt. Die ersuchte Stelle muss sowohl das Vorliegen der absoluten Verweigerungsgründe nach Abs. 5 als auch der fakultativen Verweigerungsgründe nach Abs. 6 von Amts wegen prüfen. Liegen die Verweigerungsgründe vor, weist die ersuchte Stelle das Ersuchen zurück.

8 § 117a Abs. 7 AO bestimmt, welche Stelle im Mitgliedsstaat als Empfänger von Daten in Betracht kommt. Hierfür verweist das Gesetz auf Art. 2 Buchst. a des Rahmenbeschlusses 2006/960/JI des Rates vom 18.12.2006 über die Vereinfachung des Austauschs von Informationen und Erkenntnissen zwischen den Strafverfolgungsbehörden der Mitgliedstaaten der Europäischen Union (ABl. L 386 v. 29.12.2006, 89, L 75 v. 15.03.2007, 26). Das Ersuchen muss daher von einer nationalen Polizei-, Zoll- oder sonstigen Behörde stammen, die nach nationalem Recht befugt ist, Straftaten oder kriminelle Aktivitäten aufzudecken, zu verhüten und aufzuklären und in Verbindung mit diesen Tätigkeiten öffentliche Gewalt auszuüben und Zwangsmaßnahmen zu ergreifen. Behörden oder Stellen, die sich speziell mit Fragen der nationalen Sicherheit befassen, fallen nicht unter den Begriff der zuständigen Strafverfolgungsbehörde. Damit sind Geheimdienste gemeint. Dabei kann die Abgrenzung insb. im Bereich der Terrorismusbekämpfung schwierig sein.

9 § 117a Abs. 8 AO erweitert die Anwendung der Abs. 1 bis 7 auf die Datenübermittlung an Strafverfolgungsbehörden eines Schengen-assoziierten Staates, also Island, Norwegen und die Schweiz.

10 Die die Daten übermittelnde Stelle ist nicht verpflichtet, den von der Datenübermittlung Betroffenen über eine beabsichtigte oder eine bereits erfolgte Datenübermittlung zu informieren. Eine Unterrichtungspflicht besteht also nur in den schon bislang im Gesetz genannten Fällen (z.B. § 93 Abs. 9 Satz 2 AO). Da es sich bei der Datenübermittlung gegenüber dem Betroffenen nicht um einen Verwaltungsakt handelt, scheidet Rechtsschutz durch Widerspruch und Anfechtungsklage aus. Nur soweit sich im Inland nachteilige Folgen ergeben, kann der Betroffene möglicherweise ein Verwertungsverbot geltend machen. Erleidet der Betroffene im Ausland Nachteile, können sich bei rechtswidrig erfolgter Datenübermittlung Schadensersatzansprüche unter Amtshaftungsgesichtspunkten ergeben. Vorbeugender Rechtsschutz wird regelmäßig schon an der fehlenden Kenntnis des Betroffenen von der Datenübermittlung scheitern. Im Übrigen könnte in besonders schwerwiegenden Fällen ein Anspruch auf Erlass einer einstweiligen Anordnung (§ 114 FGO) in Betracht kommen.

## § 117b AO Verwendung von den nach dem Rahmenbeschluss 2006/960/JI des Rates übermittelten Daten

**(1) Daten, die nach dem Rahmenbeschluss 2006/960/JI an die mit der Steuerfahndung betrauten Dienststellen der Finanzbehörden übermittelt worden sind, dürfen nur für die Zwecke, für die sie übermittelt wurden, oder zur Abwehr einer gegenwärtigen und erheblichen Gefahr für die öffentliche Sicherheit verwendet werden. Für einen anderen Zweck oder als Beweismittel in einem gerichtlichen Verfahren dürfen sie nur verwendet werden, wenn der übermittelnde Staat zugestimmt hat. Von dem übermittelnden Staat für die Verwendung der Daten gestellte Bedingungen sind zu beachten.**

**(2) Die mit der Steuerfahndung betrauten Dienststellen der Finanzbehörden erteilen dem übermittelnden Staat auf dessen Ersuchen zu Zwecken der Datenschutzkontrolle Auskunft darüber, wie die übermittelten Daten verwendet wurden.**

§ 117b AO regelt die Verwendung von nach dem RbDatA an inländische Steuerfahndungsstellen übermittelten Daten. § 117b AO regelt damit ergänzend zu § 117a AO den »umgekehrten« Fall der Datenübermittlung vom Ausland ins Inland. Die Regelung setzt die besondere Zweckbindung nach Art. 8 Abs. 3 RbDatA um. Dabei wird dem Datenschutz besondere Bedeutung beigemessen. 1

Die übermittelten Daten dürfen nur für die Zwecke verwendet werden, für die sie übermittelt wurden, oder zur Abwehr einer gegenwärtigen und erheblichen Gefahr für die öffentliche Sicherheit (Abs. 1). Die Verwendung für andere Zwecke oder als Beweismittel in einem gerichtlichen Verfahren kann nur mit Zustimmung des übermittelnden Staates erfolgen. Die Zustimmung kann bereits mit der Übermittlung der Daten erteilt werden. 2

Auf Ersuchen des übermittelnden Staates müssen die Steuerfahndungsstellen zu Zwecken der Datenschutzkontrolle Auskunft darüber geben, wie die übermittelten Daten verwendet wurden (Abs. 2). 3

Rechtsschutz gegen zu Unrecht übermittelte Daten kann der Betroffene nur im Rahmen von Rechtsbehelfen/Rechtsmitteln gegen die Verwendung der übermittelten Daten erlangen. Die Art des Rechtsschutzes und der Rechtsweg richten sich dabei nach dem Verwaltungsakt, dem die Verwendung der Daten zugrunde liegt. 4

## § 117c AO Umsetzung innerstaatlich anwendbarer völkerrechtlicher Vereinbarungen zur Förderung der Steuerehrlichkeit bei internationalen Sachverhalten

**(1) Das Bundesministerium der Finanzen wird ermächtigt, zur Erfüllung der Verpflichtungen aus innerstaatlich anwendbaren völkerrechtlichen Vereinbarungen, die der Förderung der Steuerehrlichkeit durch systematische Erhebung und Übermittlung steuerlich relevanter Daten dienen, durch Rechtsverordnungen mit Zustimmung des Bundesrates Regelungen zu treffen über**

**1. die Erhebung der nach diesen Vereinbarungen erforderlichen Daten durch in diesen Vereinbarungen dem Grunde nach bestimmte Dritte,**
**2. die Übermittlung dieser Daten nach amtlich vorgeschriebenem Datensatz im Wege der Datenfernübertragung an das Bundeszentralamt für Steuern,**
**3. die Weiterleitung dieser Daten an die zuständige Behörde des anderen Vertragsstaates sowie**
**4. die Entgegennahme entsprechender Daten von dem anderen Vertragsstaat und deren Weiterleitung nach Maßgabe des § 88 Absatz 3 und 4 an die zuständige Landesfinanzbehörde.**

**In einer Rechtsverordnung nach Satz 1 kann dem Bundeszentralamt für Steuern das Recht eingeräumt werden, die Daten und Meldungen nach § 9 Absatz 1 und 2 der FATCA-USA-Umsetzungsverordnung zur Erfüllung der dem Bundeszentralamt für Steuern gesetzlich übertragenen Aufgaben auszuwerten. Auswertungen der Meldungen nach § 9 Absatz 2 der FATCA-USA-Umsetzungsverordnung durch die jeweils zuständige Landesfinanzbehörde bleiben hiervon unberührt.**

**(2) Bei der Übermittlung von Daten durch das Bundeszentralamt für Steuern an die zuständige Finanzbehörde des anderen Vertragsstaates nach einer auf Grund des Absatzes 1 Satz 1 erlassenen Rechtsverordnung findet eine Anhörung der Beteiligten nicht statt.**

**(3) Das Bundeszentralamt für Steuern ist berechtigt, Verhältnisse, die für die Erfüllung der Pflichten zur Erhebung und Übermittlung von Daten nach einer auf Grund des Absatzes 1 erlassenen Rechtsverordnung von Bedeutung sind oder der Aufklärung bedürfen, bei den zur Erhebung dieser Daten und deren Übermittlung an das Bundeszentralamt für Steuern Verpflichteten zu prüfen. Die §§ 193 bis 203 gelten sinngemäß.**

**(4) Die auf Grund einer Rechtsverordnung nach Absatz 1 oder im Rahmen einer Prüfung nach Absatz 3 vom Bundeszentralamt für Steuern erhobenen Daten dürfen nur für die in den zugrunde liegenden völkerrechtlichen Vereinbarungen festgelegten Zwecke verwendet werden. Bei der Übermittlung der länderbezogenen Berichte durch das Bundeszentralamt für Steuern gemäß § 138a Absatz 7 Satz 1 bis 3 findet keine Anhörung der Beteiligten statt.**

§ 117c AO wurde durch Art. 13 des Gesetzes zur Anpassung des Investmentsteuergesetzes und anderer Gesetze an das AIFM-Umsetzungsgesetz (AIFM-Steuer-Anpassungsgesetz – AIFM-StAnpG) vom 18.12.2013 (BGBl I 2013, 4318) mit Wirkung vom 24.12.2013 eingefügt. Die Vorschrift wird durch § 379 Abs. 2 Nr. 1b AO ergänzt, die eine Zuwiderhandlung gegen eine nach § 117c Abs. 1 AO erlassene Rechtsverordnung als Ordnungswidrigkeit sanktioniert. Die Norm wurde als begleitende Regelung zur Erfüllung von Verpflichtungen aus völkerrechtlichen Vereinbarungen zum automatisierten Datenaustausch geschaffen (BT-Drs. 18/68, 77). Die Regelung hat ihren Ursprung in der FATCA-Abkommensinitiative der USA (zur Rechtsentwicklung *Seer* in Tipke/Kruse, § 117c Rz. 1), ist aber in ihrem Anwendungsbereich offen, sodass auf der Grundlage von § 117c AO eine Vielzahl von Rechtsverordnungen erlassen werden kann. Materiellrechtlich ergänzt sie die Regelung in § 117 Abs. 2 AO, die die deutschen Finanzbehörden zur Amtshilfe aufgrund innerstaatlich anwendbarer völkerrechtlicher Vereinbarungen ermächtigt, sowie § 117a AO, der zwar die Übermittlung, aber nicht die Erhebung von Daten normiert. § 117c AO ist eine spezielle Ermächtigungsnorm für den Erlass von Rechtsverordnungen, die der Erhebung, also der Sammlung, von Daten dienen, die im Wege der Amtshilfe von Dritten – vor allem Kreditinstitute – übermittelt werden können. Die Dritten sollen Daten an das BZSt übermitteln, das diese Daten dann an den ausländischen Staat übermittelt. Zweck der Regelung ist also, die Datenerhebung und Übermittlung im Bereich der Kapitalerträge zu ermöglichen, um die Steuerhinterziehung in diesem Bereich wirksam bekämpfen zu können. Die Vorschrift bildet den rechtlichen Rahmen für die Beschaffung der für die Übermittlung zur Verfügung stehenden Daten; sie soll insbes. die Umsetzung eines automatischen Datenaustauschs ermöglichen (BT-Drs. 18/68, 68). **1**

Mit dem Fortschreiten des internationalen Datenaustauschs, insbes. durch den von der OECD entwickelten Standard für den automatischen Austausch von Informationen über Finanzkonten (CRS – Common Reporting **2**

Standard) ist mit dem Ziel der grenzüberschreitenden Steuerhinterziehung ein neuer Austauschstandard geschaffen worden, der sich weltweit etabliert. National ist der Standard durch das Finanzkonten-Informationsaustauschg (v. 21.12.2015, BGBl. I 2015, 2531, geändert durch das Gesetz zur Umsetzung der Änderungen der EU-Amtshilfe-Richtlinie und von weiteren Maßnahmen gegen Gewinnkürzungen und -verlagerungen v. 20.12.2016, BGBl I 2016, 3000) umgesetzt worden, das neben die Verpflichtungen aus der FATCA-USA-UmsetzungsVO tritt. Einzelheiten dazu hat das BMF in einem Schreiben v. 01.02.2017, BStBl I 2017, 305, geregelt.

3 § 117c **Abs. 1 Satz 1 AO** enthält die Ermächtigungsgrundlage für den Erlass von Rechtsverordnungen für die **systematische Erhebung und Übermittlung** steuerlich relevanter Daten. Die Verordnungen bedürfen der Zustimmung des Bundesrates. Die aufgrund von § 117c Abs. 1 AO erlassenen Rechtsverordnungen können sich auf alle Staaten beziehen, mit denen völkerrechtliche Vereinbarungen zum Informationsaustausch bestehen. Das bedeutet: Für jeden Staat und/oder jede einzelne völkerrechtliche Vereinbarung kann eine eigene RechtsVO erlassen werden. Eine RechtsVO im Verhältnis zu den USA (sog. FATCA-USA-UmsetzungsVO) hat das BMF vom 23.07.2014 (BGBl I 2014, 1222) erlassen. Der Erlass der Vorordnungen knüpft an das Bestehen von Verpflichtungen aus **innerstaatlich anwendbaren völkerrechtlichen Vereinbarungen** an, die der Förderung der Steuerehrlichkeit durch systematische Erhebung und Übermittlung steuerlich relevanter Daten dienen. Damit wird der Inhalt der jeweiligen Rechtsverordnung durch die Vorgaben in den völkerrechtlichen Vereinbarungen bestimmt. Dadurch kann Besonderheiten im bilateralen Verhältnis zum anderen Vertragsstaat Rechnung getragen werden. Zugleich begrenzt damit die Vereinbarung den Umfang der zu erhebenden Daten. Als Vereinbarung kommen z. B. Regelungen in DBA, aber auch gesonderte Vereinbarungen in Betracht. Unerlässliche Voraussetzung für den Erlass einer RechtsVO ist aber stets, dass die Regelung bereits innerstaatlich anwendbar ist.

4 Die in den RechtsVO zu schaffenden Regelungen sind in § 117c **Abs. 1 Satz 1 Nr. 1 bis 4** AO näher bestimmt. Nr. 1 betrifft die Begründung der Verpflichtung zur Datenerhebung und Ermittlung durch Dritte, die in den Vereinbarungen dem Grunde nach bestimmt sind. Damit ist auch der Kreis der Datenerhebungsverpflichteten durch den Inhalt der völkerrechtlichen Vereinbarungen vorbestimmt. Ausweislich der Gesetzesbegründung (BT-Drs. 18/68, 78) kommen als Dritte in erster Linie Finanzinstitute in Betracht. Nr. 2 und Nr. 3 betreffen die Datenübermittlung von den Dritten an das BZSt und die Weiterleitung an die Behörden des anderen Vertragsstaates. Das bedeutet, dass der gesamte Weg von der Datenerhebung bis zur Datenversendung an den Vertragsstaat im Einzelnen in der RechtsVO zu regeln ist. Nr. 4 betrifft den umgekehrten Fall, dass der Vertragsstaat Daten übermittelt. Auch für die Entgegennahme und die Weiterleitung dieser Daten bedarf es Regelungen in den RechtsVO.

5 Der Verweis in **§ 117c Abs. 1 Satz 2 AO** enthält eine weitere Ermächtigung zum Erlass einer RechtsVO. Sie ist speziell auf § 9 Abs. 1 und Abs. 2 der FATCA-USA-UmsetzungsVO zugeschnitten und findet dementsprechend auf andere eingehende Daten keine Anwendung. In der RechtsVO kann geregelt werden, dass die BZSt eine eigene Auswertungsbefugnis erhält. § 117c **Abs. 1 Satz 3** AO stellt klar, dass die Auswertung der Meldungen durch die zuständigen Landesfinanzbehörden unberührt bleibt.

6 Nach **§ 117c Abs. 2 Satz 1 AO** bedarf es für die Datenübermittlung keiner vorherigen Anhörung der Beteiligten. In der Regel werden die Beteiligten daher von der Datenübermittlung keine Kenntnis erhalten. **§ 117c Abs. 2 Satz 2 AO** schließt als **lex specialis** die Anwendung von § 30a Abs. 2 und Abs. 3 AO auf die systematische Datenerhebung nach § 117 Abs. 1 Satz 1 AO aus. Entgegen der Gesetzesbegründung (BT-Drs. 18/68, 79) dürfte die Regelung über eine bloße Klarstellung hinausgehen. Dem von § 30a Abs. 2 und 3 AO beabsichtigten Schutz der Bankkunden trägt die Verwendungsbeschränkung in § 117c Abs. 4 AO nicht in gleichem Maße Rechnung wie das Verbot der laufenden Kontoüberwachung. Tatbestandlich kommt die Datenerhebung schon nach dem Gesetzeswortlaut »systematische Datenerhebung« einer Mitteilung i. S. von § 30a Abs. 2 AO gleich.

7 Zur Sicherung der in den jeweiligen RechtsVO begründeten Verpflichtungen sieht **§ 117c Abs. 3 AO** ein **Prüfungsrecht** des BZSt vor. Es ist berechtigt, die Verhältnisse zu prüfen, die für die Erfüllung der Pflichten von Bedeutung sind. Eine Übertragung der Prüfung auf örtliche Finanzbehörden ist nach dem Gesetzeswortlaut nicht vorgesehen, aber im Rahmen des § 195 Satz 2 AO als Auftragsprüfung möglich. Die Vorschrift ist § 50b EStG nachgebildet. Welche Verhältnisse prüfwürdig sind, ist unklar. Geht man von einer umfassenden Prüfbefugnis aus, sind dies wohl alle Vorgänge oder Unterlagen, die im Zusammenhang mit den steuerlich relevanten Daten i. S. von § 117c Abs. 1 Satz 1 AO stehen. Die Prüfung ist nur beim Dritten, also dem zur Datenerhebung und -übermittlung Verpflichteten zulässig. Dabei hat der Gesetzgeber vor allem Finanzinstitute im Blick. Eine Prüfung beim Stpfl. ist nicht möglich. Im Rahmen der Prüfung kann das BZSt festgestellte steuerlich relevante Daten auch selbst erheben und für die Übermittlung verwenden. Dies folgt aus § 117c **Abs. 4** AO, der ausdrücklich auf vom BZSt erhobene Daten Bezug nimmt. Aus dem Verweis auf die entsprechende Geltung der Außenprüfungsvorschriften (§§ 193 bis 203 AO) in § 117c Abs. 3 Satz 2 AO folgt, dass die Prüfung eine besondere Form der **Außenprüfung** darstellt. Insb. bedarf es daher vor der Prüfung einer Prüfungsanordnung.

8 § 117c Abs. 4 Satz 1 AO enthält eine Verwendungsbeschränkung für die von Dritten oder vom BZSt erhobenen Daten. Zunächst ist klargestellt, dass nur die Daten verwendet werden dürfen, die auf der Grundlage der jeweiligen Rechtsverordnung erhoben worden sind. Bezieht sich die Rechtsverordnung nur auf eine auf einen Staat bezogene völkerrechtliche Vereinbarung, dürfen die in diesem Rahmen erhobenen Daten nicht an eine Stelle eines anderen Staates übermittelt werden. Die Verwendung darf nur zu den in der völkerrechtlichen Vereinbarung festgelegten Zwecken erfolgen. Die Verwendungsbeschränkung richtet sich gleichermaßen an den die Daten erhebenden Dritten als auch an das BZSt. Verstöße gegen die Verwendungsbeschränkung sanktioniert indes § 117c AO nicht (zu möglichen Rechtsbehelfen s. § 117 AO Rz. 10).

9 § 117c **Abs. 4 Satz 2 AO** bezieht sich auf die länderbezogenen Berichte nach § 138a AO. Sofern das BZSt die Daten nach § 138a Abs. 7 AO an den anderen Vertragsstaat übermittelt, ist eine Anhörung der Betroffenen ausgeschlossen.

# Zweiter Abschnitt: Verwaltungsakte

## Vorbemerkungen zu §§ 118–133

### Inhaltsübersicht



### Schrifttum

Bartone/von Wedelstädt, Korrektur von Steuerverwaltungsakten, 2017.

### A. Regelungsgegenstand

1 Der zweite Abschnitt des dritten Teils der Abgabenordnung enthält in §§ 118–124 AO die **allgemeinen Verfahrensvorschriften** bezüglich Begriff, Inhalt, Nebenbestimmungen, Form, Begründung, Bekanntgabe und Wirksamkeit von Steuerverwaltungsakten. Geregelt werden in §§ 125–129 AO Fehlerfolgen bei Steuerverwaltungsakten und in §§ 130–133 AO die Rücknahme und der Widerruf rechtswidriger bzw. rechtmäßiger sonstiger Steuerverwaltungsakte.

### B. Bedeutung

Der Steuerverwaltungsakt ist die **zentrale Handlungsform** der Behörden im Steuerverwaltungsrecht. Er konkretisiert die Ansprüche aus dem Steuerschuldverhältnis (s. § 37 AO). Er verschafft der Finanzbehörde einen **vollstreckbaren Rechtstitel** zur zwangsweisen Durchsetzung einer Handlung, Duldung oder Unterlassung (s. §§ 249 AO ff.). Die Finanzbehörde entscheidet durch Verwaltungsakt über Streitigkeiten bezüglich des Bestehens eines Anspruchs (§ 218 Abs. 2 AO), über Anträge auf Stundung (s. § 222 AO) oder Erlass (s. § 227 AO) und über steuerliche Nebenleistungen, z. B. Zinsen (s. § 239 AO). Die Finanzbehörde ist beim Erlass des Steuerverwaltungsaktes an Recht und Gesetz gebunden (s. § 85 AO). Von der gesetzlichen Regelung darf sie nicht abweichen. Eine Vereinbarung etwa in Form eines öffentlichen Vertrages über die Höhe der Steuerschuld ist unzulässig (zur tatsächlichen Verständigung über Besteuerungsgrundlagen s. Vor §§ 204–207 AO Rz. 15 ff.). Somit ist der Verwaltungsakt grundsätzlich das **einzige Mittel** zur Gestaltung des Steuerrechtsverhältnisses. 2

### C. Anwendungsbereich

Die Regelungen des zweiten Abschnitts gelten für alle **Steuern**, für die die AO Anwendung findet (s. § 1 AO), haben jedoch für **Zölle** und die der AO unterliegenden **EU-Abgaben** nur noch eingeschränkte Bedeutung. Zum Verhältnis AO und UZK s. die Ausführungen in den einzelnen Vorschriften. Zu beachten ist weiter, dass §§ 155–191 AO Spezialregelungen für Steuerbescheide und diesen gleichgestellte Bescheide enthalten, die den allgemeinen Verfahrensvorschriften der §§ 118–133 AO vorgehen (s. Vor §§ 172–177 AO). 3

### D. Rechtsschutz

Gegen einen Verwaltungsakt in Abgabeangelegenheiten ist gem. § 347 Abs. 1 Nr. 1 AO der **Einspruch** gegeben. Die Frage, ob die Behörde in der Form eines Steuerverwaltungsaktes handelt ist daher für den Rechtschutz von besonderer Bedeutung. Der Verwaltungsakt wird **unanfechtbar** (formell bestandskräftig), wenn der zulässige Rechtsbehelf nicht fristgemäß eingelegt wird oder erfolglos bleibt. Zwar bestehen auch nach der Unanfechtbarkeit Korrekturmöglichkeiten bis zum Eintritt der Festsetzungsverjährung (materielle Bestandskraft). Eine Änderung oder Aufhebung, bzw. ein Widerruf oder eine Rücknahme des Steuerverwaltungsaktes ist dann nur noch aufgrund gesetzlicher Vorschriften möglich (zum Korrektursystem s. Vor §§ 130–132 AO Rz. 2 f.). 4

# § 118 AO
# Begriff des Verwaltungsakts

**Verwaltungsakt ist jede Verfügung, Entscheidung oder andere hoheitliche Maßnahme, die eine Behörde zur Regelung eines Einzelfalles auf dem Gebiet des öffentlichen Rechts trifft und die auf unmittelbare Rechtswirkung nach außen gerichtet ist. Allgemeinverfügung ist ein Verwaltungsakt, der sich an einen nach allgemeinen Merkmalen bestimmten oder bestimmbaren Personenkreis richtet oder die öffentlich-rechtliche Eigenschaft einer Sache oder ihre Benutzung durch die Allgemeinheit betrifft.**

#### Inhaltsübersicht



#### Schrifttum


Bartone/von Wedelstädt, Korrektur von Steuerverwaltungsakten, 2017.


## A. Bedeutung der Vorschrift

1 Der Verwaltungsakt ist von **zentraler Bedeutung** für das Steuerverwaltungsverfahren. Die Finanzbehörde regelt durch Steuerverwaltungsakt hoheitlich und einseitig gegenüber dem Bürger, was im Einzelfall verbindlich ist. § 118 AO enthält die **Legaldefinition** des Steuerverwaltungsakts, die der im allgemeinen Verwaltungsrecht (§ 35 VwVfG) entspricht. Der UZK geht der AO vor. Er verwendet den Begriff der »Entscheidung«, für die Art. 23 Abs. 3 UZK und Art. 27 f. UZK Regelungen zur Rücknahme und zum Widerruf treffen, die den §§ 118 – 133 AO vorgehen.

## B. Tatbestandsvoraussetzungen

Nach § 118 AO ist Verwaltungsakt eine **hoheitliche Maßnahme**, die eine Behörde zur Regelung eines Einzelfalls, bzw. einer Vielzahl von Fällen (**Allgemeinverfügung**), auf dem Gebiet des öffentlichen Rechts trifft und die auf unmittelbare Rechtswirkung nach außen gerichtet ist., 2

### I. Hoheitliche Maßnahme einer Behörde

Eine behördliche Maßnahme ist jedes willentliche Verhalten eines Amtsträgers (s. § 7 AO), das einer Behörde (s. § 6 AO) zugerechnet werden kann. 3

#### 1. Behörde

**Behörde** ist nach § 6 AO jede Stelle, die Aufgaben der öffentlichen Verwaltung wahrnimmt. Nach h. M. sind Behörden durch Organisationsakt geschaffene, selbstständige, nicht rechtsfähige Organisationseinheiten, die eigenverantwortlich öffentlich-rechtliche Verwaltungstätigkeit ausüben. **Keine Behörden** sind die Abteilungen eines Ministeriums oder der OFD, die Zollämter, Grenzkontrollstellen und Zollkommissariate, da diese unselbstständige Dienststellen sind. An Selbstständigkeit fehlt es auch Dezernaten, Dienst- oder Geschäftsstellen und Ausschüssen. Werden Behörden als Hilfsstellen anderer Behörden tätig (s. § 195 Satz 2 AO, § 18 Satz 2 FVG), ist der Verwaltungsakt der Behörde zuzurechnen, für die die Behörde tätig geworden ist. 4

**Finanzbehörden** sind nur solche Behörden, die in § 6 Abs. 2 AO genannt sind und die Aufgaben i. S. des § 1 AO erfüllen. Hierzu zählen insbes. die Hauptzollämter und ihre Dienststellen, Zollfahndungsämter, Finanzämter und Familienkassen. Auch die selbstständigen Organisationseinheiten von Religionsgemeinschaften in der Form der Körperschaft des öffentlichen Rechts, z. B. Kirchensteuerämter (s. Art. 140 GG in Verbindung mit Art. 137 Abs. 5 WRV), sind Finanzbehörden. Andere Behörden können den Finanzbehörden gesetzlich gleichgestellt sein, z. B. das Bundesmonopolamt für Branntwein, nicht jedoch die Verwertungsstelle (s. § 6 Abs. 2 Nr. 2 AO, § 1 Nr. 2 FVG). Maßnahmen im **Straf- und Bußgeldverfahren** (§§ 385 AO ff., §§ 409 AO ff.) sind niemals Verwaltungsakt i. S. des 5

§ 118 AO, sondern sind nach den Bestimmungen der StPO und OWiG zu bestimmen.

6 **FG und BFH** sind keine Behörden, sodass bei gerichtlicher Steuerfestsetzung kein Verwaltungsakt vorliegt. Bei der formlosen Mitteilung der Neuberechnung der Steuer aufgrund des FG-Urteils handelt es sich nicht um einen Verwaltungsakt (BFH v. 29.05.2012, III S 19/11, BFH/NV 2012, 1467). **Privatpersonen**, die in das Steuererhebungsverfahren für Rechnung des Steuerschuldners eingeschaltet sind, sind keine Behörden, sondern selbst steuerpflichtig. Danach sind die Einbehaltung von Lohnsteuer (s. § 38 EStG), der Lohnsteuerjahresausgleich durch den Arbeitgeber (s. § 42b EStG) und das Anerkenntnis nach § 42d Abs. 4 Nr. 2 EStG kein Verwaltungsakt.

7 Die **Diktion** eines Steuerverwaltungsaktes muss nicht hoheitlich formuliert sein, sie kann auch eine »Bitte« enthalten (*Seer* in Tipke/Kruse § 118 AO Rz. 11). Der Bundesfinanzhof stellt dabei auf eine Gesamtbetrachtung ab (BFH v. 04.09.2001, VIII B 119/00, BFH/NV 2002, 157). Das Fehlen einer Rechtsbehelfsbelehrung kann ein Indiz gegen die Annahme eines Verwaltungsakts sein (BFH v. 03.07.2002, II R 20/01, BStBl II 2002, 842; v. 27.09.2017, XI R 15/15, BStBl II 2018, 155).

### 2. Maßnahme

8 **Maßnahme** ist jedes willentliche Verhalten. Aus einem **Unterlassen** kann im Allgemeinen kein Regelungszweck abgeleitet werde, sodass im **Schweigen** einer Behörde auf einen Antrag kein Verwaltungsakt gesehen werden kann. Maßnahme ist nur das **willentliche** Verhalten eines Amtsträgers (s. § 7 AO). Auf dessen interne Zuständigkeit kommt es nicht an, jedoch ist das Handeln **Unbefugter** der Behörde nicht zuzurechnen. Fehlt der Wille, einen Verwaltungsakt zu erlassen, handelt es sich um einen unwirksamen **Scheinverwaltungsakt**. Dies gilt auch dann, wenn die nur als verwaltungsinterne Äußerung beabsichtigte Erklärung gegen den Willen des Amtsträgers dem Steuerpflichtigen bekannt wird, soweit die Aufgabe des Bekanntgabewillens ausreichend in den Akten dokumentiert worden ist (BFH v. 24.11.1988, V R 123/83, BStBl II 1989, 344; BFH v. 23.08.2000, X R 27/98, BStBl II 2001, 662; a. A. *Seer* in Tipke/Kruse § 118 AO Rz. 10, der von der Wirksamkeit des Verwaltungsaktes ausgeht und den § 129 AO anwendet, was jedoch zum gleichen Ergebnis führt). Liegt lediglich eine **Abweichung** des tatsächlichen von dem beabsichtigten **Inhalt** des Verwaltungsakts vor, wird der Verwaltungsakt mit dem tatsächlichen Inhalt wirksam (s. § 124 Abs. 1 Satz 2 AO) und stellt sich die Frage der Rücknahme, Berichtigung, Änderung oder Aufhebung (s. §§ 129–133 AO bzw. §§ 172 AO ff.). Ein Verwaltungsakt ergeht i. d. R. unter der **Bezeichnung** Verfügung, Entscheidung, Bescheid, Festsetzung, Bewilligung, usw. Es kommt jedoch nicht auf die Bezeichnung an, sondern darauf, dass die Tatbestandsvoraussetzungen des § 118 AO erfüllt sind und für den Adressaten erkennbar ist, dass der Erlass eines Verwaltungsakts kraft hoheitlicher Gewalt gewollt ist (BFH v. 09.10.2013, X B 239/12, BFH/NV 2014, 65; BFH v. 10.05.2012, IV R 34/09, BStBl II 2013, 471).

### 3. Hoheitlich

Die Legaldefinition des § 118 Abs. 1 AO bestimmt, dass eine hoheitliche Maßnahme vorliegen muss. Danach sind Handlungen der Behörde in der Form des **Privatrechts**, wie z. B. der Abschluss eines Kaufvertrags, kein VA. 9

## II. Einzelfallregelung

### 1. Regelung

Das Vorliegen eines Verwaltungsakts setzt eine Regelung 10
voraus, durch die einseitig verbindlich Rechtverhältnisse festgestellt oder gestaltet (begründet, geändert, aufgehoben) werden. Eine rechtliche Regelung liegt auch bei der **Ablehnung** eines Antrags auf Begründung, Änderung oder Aufhebung, bzw. auf Feststellung eines Rechtsverhältnisses vor. Unerheblich ist, ob es sich um eine gebundene Entscheidung oder eine Ermessensentscheidung handelt. Rein **tatsächliche Handlungen, Vorbereitungshandlungen** und **Wissenserklärungen** haben grundsätzlich **keinen Regelungscharakter**. Als Beispiele sind zu nennen: **Aktenführung, Mahnung** (s. § 259 AO, Rz. 3), **Erinnerung** an die Abgabe der Steuererklärung (BFH v. 16.11.2011, X R 18/09, BStBl II 2012, 129; v. 27.09.2017, XI R 15/15, BStBl II 2018, 155), Erteilung von **Kontrollmitteilungen**, vorläufige Bescheinigung der Gemeinnützigkeit, **Benennungsverlangen der Empfänger (a. A. h. M. in der Literatur s. § 160 AO Rz. 13)**, einfache Prüfungshandlungen des Außenprüfers, Gewährung von **Akteneinsicht** oder des **rechtlichen Gehörs, Kontenabruf** nach § 93 Abs. 7 AO (FG Düsseldorf v. 25.04.2007, 7 K 4756/06, EFG 2007, 1536; s. § 93 Rz. 41), **tatsächliche Verständigung** (BFH v. 12.06.2017, III B 147/16, BStBl II 2017, 1165). Auch der **Kontoauszug** des Finanzamts hat lediglich informatorischen Charakter und stellt keinen Verwaltungsakt dar. Bei Unklarheiten ist ein Abrechnungsbescheid zu beantragen (BFH v. 15.01.2007, IX B 239/06, BFH/NV 2007, 1088).

**Bloße Wissenserklärung** und kein Verwaltungsakt ist 11
auch die Mitteilung der OFD an den Steuerpflichtigen über eine Anweisung an das Finanzamt. Keine Regelung enthalten **Anträge der Finanzbehörden an andere Behörden**, etwa an Gewerbeaufsichtsbehörden, das Handelsregister, an das Insolvenzgericht. Keine rechtliche Regelung enthalten **Schlussbesprechung** und **Außenprüfungsbericht**, sowie Entscheidungen im Verfahren der **Dienstaufsichtsbeschwerde**, soweit der Steuerpflichtige nicht

unmittelbar rechtlich berührt ist. Dagegen sind **Anträge an das Amtsgericht** auf Anordnung der **Haft** zur Erzwingung der eidesstattlichen Versicherung (s. § 284 Abs. 8 Satz 1 AO) sowie zur **Vollstreckung** in das unbewegliche Vermögen im Verhältnis zum Vollstreckungsschuldner Verwaltungsakt. Reine Vorbereitungsmaßnahme ohne rechtlichen Charakter ist nach der Rechtsprechung des BFH die vom Prüfer während der Außenprüfung gegenüber dem Steuerpflichtigen erlassene schriftliche **Aufforderung** bestimmte Fragen zu beantworten sowie genau bezeichnete Unterlagen vorzulegen, wenn sie lediglich der Ermittlung steuermindernder Umstände dient. Dies gilt nicht, wenn der Steuerpflichtige die Aufforderung nach ihrem objektiven Erklärungsinhalt als Maßnahme zur Schaffung einer Rechtsgrundlage für die Einleitung eines Erzwingungsverfahrens verstehen musste (BFH v. 28.09.2011, VIII R 8/09, BStBl II 2012, 395). Mangels zwangsweiser Durchsetzbarkeit ist auch die Aufforderung, ein **Fahrtenbuch** zu führen, kein Verwaltungsakt (BFH v. 19.07.2005, VI B 4/05, BFH/NV 2005, 1755 f.).

12 Probleme wirft in der Praxis die Frage der Abgrenzung des **Zweitbescheids**, gegen den als Rechtsmittel der Einspruch gegeben ist, von der wiederholenden Verfügung auf, die den Rechtsschutz nicht neu eröffnet. Bei der bloßen Wiederholung eines Verwaltungsakts liegt kein neuer Verwaltungsakt vor (z. B. bei der Teilrücknahme eines Haftungsbescheids hinsichtlich der Nennung des verbleibenden ursprünglichen Haftungsbescheids, BFH v. 04.11.2003, VII B 34/03, BFH/NV 2004, 460; neue Terminbestimmung zur Abgabe der eidesstattlichen Versicherung bei Bestandskraft der Anordnung (BFH v. 04.03.2008, VII B 13/07, BFH/NV 2008, 1140; BFH v. 20.07.2013, VI B 21/12, BFH/NV 2012, 1764). Nimmt die Behörde dagegen erneut die Sachaufklärung auf oder geht sie auf neues Vorbringen mit einer abweichenden Begründung ein, entscheidet sie erneut über die Sache und erlässt einen zweiten Verwaltungsakt, z. B. im Falle einer erneuten Prüfungsanordnung (BFH v. 12.01.1983, IV R 211/82, BStBl II 83, 360).

13 Bei der **verbindlichen Auskunft nach § 89 Abs. 2 AO** handelt es sich um einen Verwaltungsakt, (s. § 89 AO; BFH v. 12.08.2015, I R 45/15, BFHE 251, 119).

14 Auch die **Ablehnung, der Widerruf** oder **die Aufhebung** der verbindlichen Auskunft sind Verwaltungsakte (§ 2 Abs. 4 StAuskV).

15 Bei der in §§ 204 bis 207 AO geregelte **verbindliche Zusage im Anschluss an eine Außenprüfung** handelt es sich nach h. M. um einen Verwaltungsakt, da insoweit Voraussetzungen, Verfahren, Form, Bindungswirkung und Bestandskraft ausdrücklich gesetzlich geregelt sind (s. § 204 Rz. 10; *Güroff* in Gosch, § 118 AO Rz. 16; *Seer* in Tipke/Kruse, § 204 AO Rz. 2; BFH v. 05.06.2014, VI R 90/13, BStBl II 2015, 48). Auch eine dem Arbeitgeber erteilte Anrufungsauskunft nach § 42 EStG ist ein feststellender Verwaltungsakt (BFH v. 30.04.2009, VI R 54/07, BStBl II 2010, 996).

## 2. Einzelfall/Allgemeinverfügung

Ein Verwaltungsakt liegt nur vor, wenn ein **Einzelfall** geregelt wird. Es muss eine **individuelle** und **konkrete** Regelung vorliegen, die sich an eine oder mehrere bestimmte Personen richtet und einen bestimmten Sachverhalt betrifft. **Formelle Gesetze, Durchführungsverordnungen, Richtlinien** und **Erlasse** sind keine Verwaltungsakte. Sie treffen eine abstrakte und generelle Regelung für eine Vielzahl von Personen losgelöst von einem Einzelsachverhalt. Ein Verwaltungsakt, der nicht gegenüber namentlich bezeichneten Einzelpersonen ergeht, sondern sich an einen nach allgemeinen Merkmalen bestimmten oder bestimmbaren Personenkreis richtet, bezeichnet § 118 Satz 2 AO als **Allgemeinverfügung**, die im Besteuerungsverfahren jedoch so gut wie ohne praktische Bedeutung ist. 16

## 3. Sammelverfügungen

Grundsätzlich richtet sich der Verwaltungsakt lediglich an ein **Subjekt**. Sind mehrere Subjekte betroffen, muss gegen jedes Subjekt grundsätzlich ein Verwaltungsakt ergehen. Jedoch lässt § 155 Abs. 3 AO gegen Gesamtschuldner den Erlass eines zusammengefassten Steuerbescheids zu. Die **rechtliche Selbstständigkeit** der in einem Bescheid zusammengefassten mehreren Verwaltungsakte bleibt jedoch bestehen. Auch in sachlicher Hinsicht gilt, dass jeder Anspruch aus dem Steuerschuldverhältnis durch gesonderten Verwaltungsakt zu regeln ist (s. § 119 AO Rz. 4). Der Anspruch bezieht sich auf eine bestimmte Person, eine bestimmte Steuer, Erstattung oder Nebenleistung und auf einen bestimmten Veranlagungszeitraum. Jedoch können einzelne Verwaltungsakte in einem Steuer- oder Feststellungsbescheid **zusammengefasst** werden. So sind z. B. die Steuerfestsetzung und die Festsetzung des Verspätungszuschlags zwei Verwaltungsakte, auch wenn sie in einem Schreiben des Finanzamts aufgeführt sind. **Anordnung des Prüfungsbeginns** und des **Prüfungsortes** sowie die Erweiterung der Prüfungsanordnung (BFH v. 25.02.2009, X B 44/08, BFH/NV 2009, 771) sind separate Verwaltungsakte (s. § 196 AO). Dies gilt auch für zusammengefasste Haftungsbescheide (BFH v. 04.07.2013, X B 91/13, BFH/NV 2013, 1540) und Schenkungssteuerbescheide (BFH v. 22.11.2013, II R 64/11, BFH/NV 2014, 716). Jedoch muss der zusammengefasste Steuerbescheid eindeutig erkennen lassen, für wen er ergangen ist (BFH v. 20.03.2013, X R 38/11, BFH/NV 2013, 1125). Maßnahmen der Erhebung (z. B. Anrechnung von Steuern, Ausweis der verbleibenden Steuerschuld) sind, auch wenn sie äußerlich mit dem Steuerbescheid verbunden sind, 17 eigenständige Verwaltungsakte, die Gegenstand des Erhebungsverfahrens sind.

18 Die Unterscheidung der einzelnen in einem Steuerbescheid zusammengefassten Verwaltungsakte ist von großer praktischer Bedeutung für die Einlegung des Rechtsbehelfs (s. § 347 AO Rz. 24).

### III. Unmittelbare Außenwirkung

19 Voraussetzung für das Vorliegen eines Verwaltungsakts ist seine unmittelbare Wirkung nach außen. Erst mit seiner Bekanntgabe wird der Verwaltungsakt wirksam (s. § 124 Abs. 1 AO). An der unmittelbaren Außenwirkung fehlt es bei Verwaltungsvorschriften und Anweisungen, Aktenvermerken, Stellungnahmen und Weisungen, Prüfungsberichten, der Bestimmung des Betriebsprüfers (BFH v. 15.05.2009, IV B 3/09, BFH/NV 2009, 1401), Kontrollmitteilungen, innerdienstlichen Auskünften zwischen zwei Verwaltungsakten, Anträge des Finanzamts an andere Behörden.

### IV. ABC der Verwaltungsakte

20 Verwaltungsakte sind:

- Änderungsbescheid
- Ablehnung eines Antrags auf Vornahme tatsächlicher Handlungen (etwa der Erörterung des Sach- und Rechtsstands gem. § 364a AO, BFH v. 11.04.2012, I R 63/11, BStBl II 2012, 539), auf Erlass, Änderung oder Aufhebung Verwaltungsakt
- Abrechnungsbescheid
- Abweichende Steuerfestsetzung aus Billigkeitsgründen (§ 163 AO) (BFH v. 12.10.2010, I R 86/08, BFH/NV 2011, 579)
- Anordnung zum Zwecke der Sachverhaltsermittlung
- Anrechnungsverfügung (§ 36 Abs. II EStG)
- Anrufungsauskunft nach § 42e EStG und deren Aufhebung (BFH v. 02.09.2010, VI R 3/09, BStBl II 2011, 233) und nach § 15 Abs. 4 5. VermBG (BFH v. 05.06.2014, VI R 91/13, juris)
- Aufforderung zur Abgabe der Steuererklärung und Einrichtung von Unterlagen, nicht aber Erinnerung (BFH v. 16.11.2011, X R 18/09, BStBl II 2012, 129)
- Aufteilungsbescheid (s. § 279 AO)
- Auskunftsverlangen nach § 93 Abs. 1 AO (s. § 93 AO Rz. 41)
- Außenprüfung: Prüfungsanordnung und deren Erweiterung, Bestimmung Prüfungsort und Prüfungsbeginn, Vorlage- und Auskunftsverlangen (BFH v. 28.09.2011, VIII R 8/09, BStBl II 2012, 395) (s. § 196 AO)
- Aussetzung der Steuerfestsetzung und ihrer Ablehnung (s. § 165 AO)
- Hinweis auf den Beginn der Buchführungspflicht nach § 141 Abs. 2 AO
- Duldungsbescheid (s. § 191 AO)
- Einheitswertbescheid
- Erinnerung zur Abgabe der zusammenfassenden Meldung (BFH v. 27.09.2017, XI R 15/15, BStBl II 2018, 155)
- Erlaubnis
- Erstattungsbescheid
- Feststellungsbescheid
- Fristverlängerung (s. BFH v. 28.06.2000 X R 24/95, BStBl II 2000, 514)
- Haftungsbescheid
- Kindergeldfestsetzung
- Kostenentscheidung nach § 77 EStG (FG BW v. 09.08.2011, 2 K 1648/11, EFG 2012, 344)
- Leistungsgebot
- Lohnsteuerrechtliche Entscheidung
- Rechtsbehelfsentscheidung (sind aber nicht selbstständig anfechtbar)
- Säumniszuschlag
- Steuerbescheide
- Verbindliche Auskunft nach § 89 Abs. 2 AO (BFH v. 29.02.2012, IX R 11/11, BStBl II 2012, 651)
- Verfügung über die Abrechnung und Anrechnung von Vorauszahlungen
- Verspätungszuschlag
- Vollstreckungsverfahren: Pfändung, Anträge in Immobiliarvollstreckung, Aufforderung zur Abgabe der eidesstattlichen Versicherung
- Zahlungsaufforderung
- Zustimmung zur Gewinnermittlung für ein abweichendes Wirtschaftsjahr (BFH v. 07.11.2013, IV R 13/10, BFHE 243, 350 = BFH/NV 2014, 199)
- Zusage aufgrund einer Außenprüfung nach §§ 204 ff. AO
- Androhung und Festsetzung von Zwangsmitteln

Keine Verwaltungsakte sind: 21

- Amtshilfeersuchen
- Androhung von Verzögerungsgeld (FG RP v. 29.07.2011, 1 V 1151/11, EFG 2011, 1942)
- Ankündigung von Maßnahmen
- Anträge des Finanzamts an andere Behörden (z.B. Insolvenzantrag)
- Aufforderung, ein Fahrtenbuch zu führen
- Aufrechnungserklärung des FA gegen einen Erstattungsanspruch (BFH v. 29.11.2012, VII B 88/12, BFH/NV 2013, 508)
- Außenprüfungsbericht (BFH v. 29.04.1987, I R 118/83, BStBl II 1988, 168)
- Benennungsverlangen nach § 160 AO
- Bestimmung des Betriebsprüfers
- Entscheidung über Dienstaufsichtsbeschwerde
- Einbehaltung und Abführung der Lohnsteuer durch den Arbeitgeber

- formlose Mitteilung des Ergebnisses der Neuberechnung der Steuer nach § 100 Abs. 2 Satz 3, 1. HS FGO
- Kontenabruf nach § 93 Abs. 7 AO (s. § 93 AO Rz. 41)
- Kontoauszug
- Kontrollmitteilung
- Mahnung
- Schlussbesprechung
- Zustimmung nach § 26 Satz 2 AO (BFH v. 11.08.2010, VI B 143/09, BFH/NV 2010, 2230)
- Zuteilung der Steueridentifikationsnummer und Datenspeicherung (BFH v. 18.01.2012, II R 49/10, BStBl II 2012, 168)
- Vollstreckungsankündigung

## C. Kategorien von Steuerverwaltungsakten

22 Verwaltungsakte lassen sich nach unterschiedlichen Kriterien einteilen. Die wichtigsten, im Steuerrecht gebräuchlichsten Einteilungen sind folgende:

### I. Deklaratorische und konstitutive Steuerverwaltungsakte

23 **Deklaratorisch** (rechtsfeststellend = rechtsbeständig) ist ein Verwaltungsakt, der lediglich formell die zwingend aus dem Gesetz resultierenden Folgen für einen bestimmten Sachverhalt **konkretisierend feststellt.** So benennt der (objektiv richtige) Steuerbescheid lediglich den kraft Gesetzes bereits entstandenen Steueranspruch und schafft die Grundlage für seine Verwirklichung (s. § 155 AO Rz. 2). Rechtsfeststellende Verwaltungsakte sind neben den Steuerbescheiden insbes. Steuervergütungsbescheide, Feststellungsbescheide, Steuermessbescheide, Zerlegungsbescheide, Anrechnungsverfügungen, Aufteilungs- und Abrechnungsbescheide. **Konstitutive** (rechtsgestaltende) Verwaltungsakte begründen entweder ein besonderes Rechtsverhältnis (z.B. Festsetzung von Verspätungszuschlägen, s. § 152 AO), ändern es ab (z.B. Stundung, s. § 222 AO) oder lassen es untergehen (z.B. Erlass, s. § 227 AO).

### II. Gebundene Verwaltungsakte und Ermessensentscheidungen

24 Ergehen und Inhalt eines gebundenen Verwaltungsakts folgen einer **zwingenden gesetzlichen Regelung** (z.B. Steuerbescheid, Feststellung). Bei Ermessensentscheidungen räumt das Gesetz der Behörde einen **Ermessensspielraum** ein, innerhalb dessen mehrere, dem Gesetz entsprechende Maßnahmen in pflichtgemäßer Ermessensausübung getroffen werden können (s. § 5 AO).

### III. Antragsgebundene und antragsfreie Steuerverwaltungsakte

Antragsgebundene Verwaltungsakte zählen zu den **mitwirkungsbedürftigen** Verwaltungsakten; für ihre Rechtmäßigkeit ist die Stellung eines auf Erlass des Verwaltungsakts gerichteten Antrags Voraussetzung (z.B. Aufteilungsbescheid gem. §§ 268 AO ff.). Ein fehlender Antrag kann allerdings **nachgeholt** werden (s. § 126 Abs. 1 Nr. 1 AO). **Andere Mitwirkungsformen** sind z.B. die Zustimmung (s. § 172 Abs. 1 Nr. 2a AO) oder die Ausübung eines Wahlrechts. **Antragsfreie,** d.h. streng einseitige Verwaltungsakte unterstehen der uneingeschränkten Befugnis der Behörde. 25

### IV. Steuerverwaltungsakte ohne und mit Dauerwirkung

Ein Verwaltungsakt ohne Dauerwirkung erschöpft sich mit seiner **einmaligen Vollziehung** bzw. Befolgung (z.B. Haftungs- und Steuerbescheid, s. BFH v. 01.06.1965, VII 228/63 U, BStBl III 1965, 495). Demgegenüber lassen Verwaltungsakte mit Dauerwirkung zumindest ein eine gewisse Zeit andauerndes Rechtsverhältnis entstehen (z.B. Stundung s. § 222 AO, Aussetzung der Vollziehung, s. § 361 AO, Bestellung eines Steuerberaters, Buchführungsaufforderung, BFH v. 02.12.1982, IV R 8/82, BStBl II 1983, 254). Die Unterscheidung ist erheblich für die Zulässigkeit von Rücknahme (s. § 130 AO) und Widerruf (s. § 131 AO). 26

### V. Belastende und begünstigende Steuerverwaltungsakte

Die Unterscheidung ist erheblich für die Frage, ob und unter welchen Voraussetzungen ein Verwaltungsakt, der nicht Steuerbescheid oder diesen verfahrensrechtlich gleichgestellt ist (für solche gelten die Regelungen der §§ 172 ff. AO), zurückgenommen, bzw. widerrufen werden kann (§§ 130 und 131 AO). Zur Abgrenzung von belastenden und begünstigenden Verwaltungsakten s. Vor §§ 130–132 AO Rz. 10 ff. 27

### VI. Vollziehbare und nicht vollziehbare Steuerverwaltungsakte

Bei vollziehbaren Steuerverwaltungsakten kann **Aussetzung der Vollziehung** gewährt werden (§ 361 AO, § 69 FGO). **Vollziehbar** sind sämtliche Steuerverwaltungsakte, die dem Steuerpflichtigen eine **Leistungspflicht** auferlegen oder die – wie Grundlagenbescheide – Grundlage für eine Leistungspflicht sind; dazu gehören Geldleis- 28 tungsverwaltungsakte und sog. Finanzbefehle, die Zurücknahme oder der Widerruf begünstigender Steuerverwaltungsakte sowie Steuerverwaltungsakte im Vollstreckungsverfahren (s. §§ 249 ff. AO insbes. s. § 361 AO Rz. 11 f.).

### VII. Rechtmäßige und rechtswidrige Verwaltungsakte

29 **Bedeutung** hat die Rechtswidrigkeit für die Aufhebung oder Änderung von Steuerbescheiden und ihnen gleichgestellten Bescheiden, deren Voraussetzung sie ist. Dagegen können sonstige Verwaltungsakte auch dann korrigiert werden, wenn sie rechtmäßig sind (§ 131 AO). Zur Rechtswidrigkeit und Rechtmäßigkeit s. Vor §§ 130–132 AO Rz. 7 ff.

## D. Entstehung und Wirksamwerden des Steuerverwaltungsakts

30 Der Verwaltungsakt wird erst mit der **Bekanntgabe** an denjenigen, für den er seinem Inhalt nach bestimmt ist oder der von ihm betroffen ist, wirksam (s. § 124 Abs. 1 Satz 1 AO). Seine **Entstehung**, die hiervon zu unterscheiden ist, setzt einen rechtlich relevanten Willen und die Äußerung dieses Willens voraus. Beides obliegt dem zuständigen Organ der Exekutive.

## E. Form des Steuerverwaltungsakts

31 Soweit für den einzelnen Verwaltungsakt **keine bestimmte Form** vorgeschrieben ist, kann er schriftlich, elektronisch, mündlich oder in anderer Weise erlassen werden (s. § 119 Abs. 2 AO). Dagegen sind **Steuerbescheide** gem. § 157 Abs. 1 Satz 1 AO grundsätzlich **schriftlich** zu erteilen; für Feststellungsbescheide gilt dies nach § 181 Abs. 1 AO entsprechend (s. § 181 AO Rz. 3).

32 Ist für einen Steuerverwaltungsakt durch Gesetz die Schriftform angeordnet, so muss bei einem **elektronischen Verwaltungsakt** das der Signatur zugrunde liegende qualifizierte Zertifikat oder ein zugehöriges qualifiziertes Attributzertifikat die erlassende Behörde erkennen lassen (s. § 119 Abs. 3 Satz 3 AO sowie s. § 119 AO Rz. 9).

## F. Inhalt und Begründung

33 Inhaltlich muss der Verwaltungsakt **hinreichend bestimmt** sein (s. § 119 AO Rz. 4 (Abs. 1)). Soweit dies zum Verständnis des Verwaltungsakts erforderlich ist, sind schriftliche, elektronische oder schriftlich bzw. elektronisch bestätigte Verwaltungsakte auch **schriftlich zu begründen** (s. § 121 Abs. 1 AO). Ermessensentscheidungen sollen erkennen lassen, dass die Finanzbehörde ihr Ermessen ausgeübt hat (s. § 5 AO Rz. 13 ff.). Wegen der Zulässigkeit der **Nachholung** einer erforderlichen Begründung, deren zeitliche Begrenzung und der Rechtsfolgen einer dadurch bedingten Versäumung einer Rechtsbehelfsfrist s. § 126 AO. Bei der **Auslegung** eines Verwaltungsakts kommt es gem. dem entsprechend anzuwendenden § 133 BGB nicht darauf an, was die Behörde mit ihren Erklärungen gewollt hat, sondern darauf, wie der Betroffene nach den ihm bekannten Umständen den materiellen Gehalt der im Verwaltungsakt enthaltenen Erklärungen unter Berücksichtigung von Treu und Glauben verstehen konnte (s. BFH v. 25.09.1990, IX R 84/88, BStBl II 1991, 120; BFH v. 08.02.2001, VII B 82/00, BFH/NV 2001, 1003; s. § 119 AO Rz. 4).

## G. Nebenbestimmung

Nebenbestimmungen zu Verwaltungsakten ergänzen deren Hauptinhalt. Sie sind nur in den vom Gesetz ausdrücklich erwähnten Fällen zulässig (s. § 120 AO). Dabei kommen Bedingungen, Befristungen, Auflagen sowie Widerrufs-, Ergänzungs- oder Änderungsvorbehalte in Betracht. 34

## H. Bestandskraft

Der Verwaltungsakt wird mit seiner **Bekanntgabe** wirksam (s. § 124 Abs. 1 AO) soweit er nicht nichtig ist (s. § 125 AO). Er bleibt wirksam, solange und soweit er nicht zurückgenommen, widerrufen, anderweitig aufgehoben oder durch Zeitablauf oder auf andere Weise erledigt ist (s. § 124 Abs. 2 AO). Mit Eintritt seiner **Unanfechtbarkeit** wird der wirksame Verwaltungsakt bestandskräftig und zwar selbst dann, wenn er rechtswidrig ist (**formelle Bestandkraft**). Ein nichtiger oder unwirksamer Verwaltungsakt wird nicht bestandskräftig. In Bestandskraft erwächst der Verwaltungsakt lediglich bezüglich seines verfügenden Teils, d.h. in seinem Entscheidungs- oder Verfügungssatz, dem sog. **Tenor**. Seine Gründe sind nicht bindend und können jederzeit ausgetauscht werden, soweit dadurch der Ausspruch keine Änderung erfährt (zur jedoch eingeschränkten Nachholung von Ermessenserwägungen s. § 5 AO Rz. 33 ff. und s. § 102 FGO Rz. 1). Die maßgeblichen Besteuerungsgrundlagen bilden gem. § 157 Abs. 2 AO einen nicht selbstständig anfechtbaren Teil des Steuerbescheids, der nicht in Bestandskraft erwächst. Ist der wirksame Verwaltungsakt auch **inhaltlich verbindlich** mit der Folge, dass von ihm nicht abgewichen werden darf, ist er **materiell bestandskräftig**. Die materielle Bestandskraft kann 35 von Anfang an in vollem Umfang aufgehoben (s. § 164 AO) oder eingeschränkt (s. § 165 AO) werden, sodass der Verwaltungsakt in soweit im Falle der Rechtswidrigkeit korrigiert werden kann. Soweit die materielle Bestandskraft uneingeschränkt eingetreten ist, ist deren **Durchbrechung** bei rechtswidrigen Steuerbescheiden und diesen gleichstehenden Bescheiden über die Korrekturvorschriften der §§ 172 ff. AO, bei sonstigen Steuerverwaltungsakten nach §§ 130–131 AO möglich. Dies gilt auch dann, wenn der zu ändernde Verwaltungsakt noch nicht formell bestandskräftig ist. Mit **Ablauf der Festsetzungsfrist** ist eine Korrektur des Steuerverwaltungsakts nicht mehr möglich, da der Steueranspruch erloschen ist (s. § 232 AO).

### I. Rechtsbehelfe

36 Der Eintritt der formellen Bestandskraft hinsichtlich des bekannt gegebenen Verwaltungsakts wird gehindert durch die Einlegung des **Einspruchs** (s. § 347 AO). **Rechtsbehelfsbefugt** ist derjenige, der durch den Verwaltungsakt unmittelbar in seinen Rechten betroffen ist (s. § 350 AO). Bei der Begründung des Einspruchs ist darauf zu achten, dass **mehrere Verwaltungsakte** äußerlich verbunden sein können. Insoweit ist es Sache des Rechtsbehelfsführers dar zu tun, **gegen welche Einzelregelung** sich der Einspruch richtet (s. § 347 AO Rz. 24). Es steht dem Steuerpflichtigen frei, einzelne in einem Formular zusammengefasste Verwaltungsakte anzufechten und die übrigen Regelungen in Bestandkraft erwachsen zu lassen. Sind mit dem Steuerbescheid Verfügungen über Verrechnung von Vorauszahlungen verbunden, ist ein **Abrechnungsbescheid** (s. § 218 AO) zu beantragen und gegen diesen Einspruch einzulegen. Zur Anfechtungs- bzw. Verpflichtungsklage s. § 40 FGO.

## § 119 AO
## Bestimmtheit und Form des Verwaltungsakts

**(1) Ein Verwaltungsakt muss inhaltlich hinreichend bestimmt sein.**

**(2) Ein Verwaltungsakt kann schriftlich, elektronisch, mündlich oder in andere Weise erlassen werden. Ein mündlicher Verwaltungsakt ist schriftlich zu bestätigen, wenn hieran ein berechtigtes Interesse besteht und der Betroffene dies unverzüglich verlangt.**

**(3) Ein schriftlich oder elektronisch erlassener Verwaltungsakt muss die erlassende Behörde erkennen lassen. Ferner muss er die Unterschrift oder die Namenswiedergabe des Behördenleiters, seines Vertreters oder seines Beauftragten enthalten; dies gilt nicht für einen Verwaltungsakt, der formularmäßig oder mit Hilfeautomatischer Einrichtungen erlassen wird. Ist für einen Verwaltungsakt durch Gesetz eine Schriftform angeordnet, so muss bei einem elektronischen Verwaltungsakt auch das der Signatur zu Grunde liegende qualifizierte Zertifikat oder ein zugehöriges qualifiziertes Attributzertifikat die erlassende Behörde erkennen lassen. Im Falle des § 87a Abs. 4 S. 3 muss die Bestätigung nach § 5 Abs. 5 des De-Mail-Gesetzes die erlassende Finanzbehörde als Nutzer des De-Mail-Kontos erkennen lassen.**

**Inhaltsübersicht**



### A. Bedeutung der Vorschrift

Aus dem **Gebot der Rechtsicherheit** (s. Art. 20 Abs. 3 GG) folgt, dass die Umsetzung des Gesetzes im Verwaltungsakt, der die Rechte und Pflichten des Bürgers konkretisiert, hinreichend bestimmt sein muss. Nur bestimmte Verwaltungsakte können befolgt und vollzogen werden und lassen die Grenzen der materiellen Bestandskraft erkennen. Aus dem Inhalt des Verwaltungsakts muss sich klar, vollständig und widerspruchsfrei ergeben, welche Behörde wem gegenüber was feststellt und von wem was verlangt. Dies gilt auch für **Nebenbestimmungen** (s. § 120 Abs. 2 AO). 1

### B. Verhältnis zu anderen Regelungen

Für zahlreiche Verwaltungsaktstypen bestehen **Spezialregelungen**, die weiterreichende Bestimmtheitserfordernisse enthalten und den § 119 AO ergänzen, z. B. für den Abrechnungsbescheid (s. § 218 Abs. 2 AO), die Anordnung des dinglichen Arrests (s. § 324 Abs. 1 AO), den Aufteilungsbescheid (s. § 279 Abs. 2 AO), den Duldungsbescheid (s. § 191 Abs. 1 AO), den Feststellungsbescheid (s. § 179 Abs. 2 AO), den Haftungsbescheid (s. § 191 Abs. 1 AO). 2

## C. Inhaltliche Bestimmtheit

### I. Bestimmtheit des Inhaltsadressaten

3 Im Verwaltungsakt muss zutreffend und eindeutig angegeben sein, gegenüber wem die Regelung des Einzelfalls ergehen soll, d. h. für wen er bestimmt ist (Inhaltsadressat) und was Gegenstand der Regelung ist (BFH v. 23.08.2017, I R 52/15, BFH/NV 2018, 401). Die zweifelsfreie Angabe des Inhaltsadressaten muss sich aus dem Verwaltungsakt selbst ergeben (BFH v. 30.01.2018, VIII R 20/14, BFHE 260, 400). Steuerbescheide, die die Adressaten lediglich mit der jeweiligen Steuernummer benennen und weder eine (vollständige oder abgekürzte) Firmenbezeichnung noch eine Anschrift tragen (»leeres Adressfeld«), erfüllen nicht die Voraussetzungen an die hinreichende Bestimmtheit oder Bestimmbarkeit ihres Inhaltsadressaten (BFH v. 23.08.2017, I R 52/15, BFH/NV 2018, 401). Zweifel können durch **Auslegung** behoben werden (BFH v. 29.08.2012, XI R 40/10, BFH/NV 2013, 182), bei der die Regelung des § 133 BGB entsprechend anzuwenden ist und auf den jeweiligen Empfängerhorizont abzustellen ist (BFH v. 04.09.2017, XI B 107/16, BFH/NV 2017, 1412; zur zweifelsfreien Bestimmung des Inhaltsadressaten im Einzelnen s. § 122 AO Rz. 9). Lässt sich der Inhaltsadressat eines Verwaltungsakts auch durch Auslegung anhand der dem Betroffenen bekannten Umständen (BFH v. 19.03.2009, IV R 78/06, BStBl II 2009, 803) nicht hinreichend sicher bestimmen, ist der Steuerverwaltungsakt nach § 125 AO **nichtig** (s. § 125 AO Rz. 3; BFH v. 30.09.2015, II R 31/13, BStBl II 2016, 637). Dagegen berührt die bloße Firmenänderung die Identität einer Gesellschaft nicht und stellt die Bestimmtheit des Inhaltsadressaten nicht in Frage (BFH v. 26.06.2008, IV R 89/05, BFH/NV 2008, 1984). Eine Heilung durch Berichtigung oder Klarstellung kommt nicht in Betracht (BFH v. 25.01.2006, I R 52/05, BFH/NV 2006, 1243 ff.). Ist der Inhaltsadressat zwar eindeutig bezeichnet, jedoch **nicht der richtige Betroffene** (Steuerschuldner), ist der Verwaltungsakt dagegen »nur« rechtswidrig aber nicht nichtig (BFH v. 03.05.2017, X R 12/14, BFH/NV 2017, 1485).

### II. Bestimmtheit des Regelungsinhalts

4 Aus dem Verwaltungsakt muss sich **eindeutig** und **zweifelsfrei** der Inhalt der Regelung, also das, was gewollt ist, ergeben. Abzustellen ist zunächst auf den **Tenor** (Ausspruch) des Verwaltungsakts. Nicht zum »Inhalt« des Verwaltungsakts i. S. des § 119 Abs. 1 AO gehören Datum, Begründung und Rechtsbehelfsbelehrung, für die § 119 Abs. 1 AO keine Geltung hat. Die Begründung des Verwaltungsakts ist jedoch bei der **Auslegung** seines Inhalts ebenso zu berücksichtigen wie sonstige Schriftstücke, die dem Adressaten bekannt sind und auf die im Verwaltungsakt hingewiesen wurde (BFH v. 08.03.2017, II R 38/14, BStBl II 2017, 1005; zur Auslegung eines Haftungsbescheides BFH v. 27.08.2009, V B 75/08, BFH/NV 2009, 1964; zur Auslegung einer Billigkeitsentscheidung BFH v. 01.10.2015, X R 32/13, BStBl II 2016, 139). Für die Auslegung ist entscheidend, wie der Adressat nach den ihm bekannten Umständen den materiellen Gehalt der Erklärung unter Berücksichtigung von Treu und Glauben verstehen konnte (BFH v. 08.02.2007, IV R 65/01, BFH/NV 2007, 1004 ff.); **Unklarheiten** gehen zulasten der Behörde (BFH v. 12.02.2014, II R 46/12, BStBl II 2014, 536 hinsichtlich eines Grunderwerbssteuerbescheids, bei dem ein anderer als der in dem Steuerbescheid genannter Erwerbsvorgang besteuert wird), wobei im Zweifel das den Steuerpflichtigen weniger belastende Auslegungsergebnis vorzuziehen ist (BFH v. 28.06.2005, X R 54/04, BFH/NV 2005, 1749 und BFH v. 11.07.2006, VIII R 10/05, BStBl II 2007, 96 zur Auslegung von Feststellungsbescheiden). **Widersprechen** sich Ausspruch und Begründung oder schließen sie sich aus, ist der Verwaltungsakt nicht hinreichend bestimmt (BFH 15.03.1985, VI R 30/81, BStBl II 1985, 581). Die Auslegung muss eindeutig ergeben, zu wessen Gunsten/Lasten welche Rechtsfolge bestimmt wird. Auch der zugrunde liegende Sachverhalt muss eindeutig erkennbar sein. Welche Anforderungen in dieser Hinsicht an den jeweiligen **Steuerbescheid** zu stellen sind, hängt von den Umständen des Einzelfalles ab, insbes. auch von der Steuerart (BFH v. 03.04.2007, VIII B 110/06, BFH/NV 2007, 1273 f.; zur Schenkungssteuer s. BFH v. 15.03.2007, II R 5/04, BStBl II 2007, 472). Jeder Anspruch aus dem Steuerschuldverhältnis erfordert einen separaten Verwaltungsakt; mehrere Verwaltungsakte können jedoch in einem **Sammelbescheid** aufgenommen werden (s. § 118 AO Rz. 17). In diesem Fall muss erkennbar sein, auf welche Steuer und auf welchen Zeitabschnitt sich der Anspruch bezieht. Dies schließt es auch aus, dass mehrere Steueransprüche in einer Endsumme ohne Aufgliederung zusammengefasst werden (zur Erbschaftsteuer BFH v. 07.12.2016, II R 21/14, BFH/NV 2017, 696). Zur inhaltlichen Bestimmtheit des Steuerbescheids (s. § 157 AO Rz. 7 ff.); Verspätungszuschlag (s. § 152 AO), Feststellungsbescheids (s. § 180 AO), Steuermessbescheid (s. § 184 AO), Zerlegungsbescheids (s. § 188 AO), Haftungsbescheids (s. § 191 AO), Duldungsbescheids (§ 191 AO), Prüfungsanordnung (s. § 196 AO), Abrechnungsbescheid (s. § 218 AO), dinglicher Arrest (s. § 324 AO).

Bei einer **Änderung des Bescheids** muss erkennbar sein, welcher Bescheid geändert werden soll. Bei einer Aufhebung, welcher Bescheid aufgehoben werden soll. Ergehen für denselben Veranlagungszeitraum zwei verschiedene Bescheide und ist das Verhältnis zueinander unklar, ist der zweite Bescheid unwirksam (BFH v. 23.08.2000, X R 27/98, BStBl II 2001, 662). 5

## D. Form des Steuerverwaltungsakts

6 Grundsätzlich besteht nach § 119 Abs. 2 AO **Formfreiheit**. Ein Verwaltungsakt kann, soweit nicht eine bestimmte Form vorgesehen ist (z.B. in § 157 Abs. 1 AO; § 191 Abs. 1 Satz 2 AO; § 332 Abs. 1 AO) **schriftlich, elektronisch, mündlich oder in anderer Weise** erlassen werden.

### I. Mündlicher Steuerverwaltungsakt

7 Ein mündlicher Verwaltungsakt ist nach § 119 Abs. 2 Satz 2 AO bei unverzüglicher Antragsstellung und Vorliegen eines berechtigten Interesses **schriftlich zu bestätigen**. Für das **Wirksamwerden** und den Beginn der Rechtsbehelfsfrist ist die Bekanntgabe des mündlichen Verwaltungsakts, nicht die spätere Bestätigung entscheidend.

### II. Schriftlicher Steuerverwaltungsakt

8 Schriftform bedeutet, dass der **ganze Inhalt** des Verwaltungsakts (Adressat, verfügender Teil, Begründung) in einem Schriftstück dokumentiert ist. Die gesetzlich gebotene Schriftform wird auch durch die Übersendung per Telefax gewahrt (BFH v. 28.01.2014, VIII R 28/13, BFH/NV 2014, 1115). Dies gilt auch für eine Übersendung im sog. Ferrari-Fax-Verfahren, jedoch nur, wenn das empfangende Telefaxgerät den Bescheid ausdruckt. Die für elektronische Verwaltungsakte geltenden Regelungen des § 87a AO sind nicht anwendbar (BFH v. 18.03.2014, VIII R 9/10, BStBl II 2014, 748).

**Zwingend** ist die **Schriftform** vorgesehen für Steuerbescheide (s. § 157 AO), ebenso für die den Steuerbescheiden gleichgestellten Bescheide (s. § 157 AO Rz. 2). Die Schriftform ist weiter vorgesehen in § 93 Abs. 2 Satz 2 AO für bestimmte Auskunftsverlangen, in § 191 Abs. 1 Satz 3 AO für Haftungs- und Duldungsbescheide, in § 205 Abs. 1 AO für verbindliche Zusagen, in § 279 Abs. 1 Satz 1 AO für Aufteilungsbescheide, in § 324 Abs. 2 Satz 2 AO für Arrestanordnung, in § 332 Abs. 1 Satz 1 AO für Zahlungsmittelandrohungen sowie in § 366 AO für Rechtsbehelfsentscheidungen.

### III. Elektronischer Steuerverwaltungsakt

9 Ein Verwaltungsakt kann auch in elektronischer Form erlassen werden (§ 119 Abs. 2 Satz 1 AO). Die Voraussetzungen regelt § 87a AO. Die elektronische Form ist nur dann zulässig, wenn der Empfänger hierfür einen **Zugang** eröffnet hat (s. § 87a AO Rz. 3 und AEAO zu § 87a, Nr. 1). § 87a unterscheidet zwischen der **einfachen** und der **qualifizierten** elektronischen Form (s. § 87a AO Rz. 4). Die einfache Form entspricht im Wesentlichen der Bekanntgabe in mündlicher oder sonstiger Weise. Ist für den Verwaltungsakt gesetzlich die Schriftform vorgesehen, ist das elektronische Dokument mit einer qualifizierten elektronischen Signatur nach dem Signaturgesetz zu versehen (s. § 87a Abs. 4 Satz 1 und 2 AO). Die Schriftform kann auch ersetzt werden durch Versendung einer De-Mail-Nachricht nach § 5 Abs. 5 De-Mail-Gesetz (s. § 87a Abs. 4 Satz 3 AO). Bei einem elektronischen Verwaltungsakt muss das der Signatur zugrunde liegende qualifizierte Zertifikat oder ein zugehöriges qualifiziertes Attributzertifikat die erlassende Behörde erkennen lassen (s. § 119 Abs. 3 Satz 3 AO). Soll der Verwaltungsakt zugestellt werden, ist die elektronische Form nicht zulässig.

### IV. Formularmäßig oder mit Hilfe von EDV erlassener Steuerverwaltungsakt

Ein schriftlich oder elektronisch erlassener Verwaltungsakt muss die erlassende Behörde erkennen lassen. Ferner muss er die Unterschrift oder die Namenswiedergabe des Behördenleiters, seines Vertreters oder seines Beauftragten enthalten (§ 119 Abs. 3 Satz 1 und 2, 1. HS AO). Dies gilt nicht für schriftliche Verwaltungsakte, die formularmäßig oder mit Hilfe automatischer Einrichtungen erlassen wurden (§ 119 Abs. 3 Satz 2, 2. HS AO). Formularmäßig ergeht ein Steuerverwaltungsakt, wenn die wesentlichen Teile des Verwaltungsakts vorgedruckt sind und in dem verwendeten Vordruck lediglich die Daten des jeweiligen Falles eingetragen sind (s. FG Ha v. 29.07.1982, II 282/81, EFG 1983, 210). Die Formerleichterung dieser Regelung gilt nur für die Anforderung des § 119 Abs. 3 Satz 2 1. HS AO, also für die Unterschrift und die Namenswiedergabe, nicht bezüglich der Anforderung des Satz 1, wonach die erlassene Behörde erkennbar sein muss. Ob von den Formerleichterungen dieser Vorschrift Gebrauch gemacht werden soll, liegt im Ermessen der Behörde. Außerhalb dieser Formerleichterung gilt, dass ein schriftlicher Verwaltungsakt Unterschrift oder Namenswiedergabe enthalten muss. Dies dient der Zuständigkeitskontrolle, das Fehlen führt nicht zur Nichtigkeit, sondern zur Anfechtbarkeit (BFH v. 26.07.1989, X R 42/86, BFH/NV 1990, 345). 10

## E. Rechtsfolgen von Formverstößen

Formverstöße haben je nach dem Gewicht des Verstoßes **unterschiedliche Auswirkungen** (s. § 125 AO): Lässt ein schriftlicher Verwaltungsakt die erlassende Finanzbehörde nicht erkennen oder ist ein Verwaltungsakt, für den die Schriftform vorgesehen ist, nicht schriftlich ergangen, ist er nach § 125 Abs. 1 AO nichtig (BGH v. 07.05.1991, IX 11

ZR 30/90, NJW 1991, 2147). Die Regelungen der §§ 126 f. AO sind nicht anwendbar. Führt die Verletzung der Formvorschrift dagegen nicht zur Nichtigkeit nach § 129 AO, kann nach § 127 AO allein aufgrund der Verletzung von Formvorschriften die Aufhebung des Verwaltungsakts nicht beansprucht werden, wenn keine andere Entscheidung in der Sache hätte getroffen werden können (s. § 127 AO Rz. 7). So beeinflusst die fehlende Angabe des Datums weder die Wirksamkeit des Verwaltungsakts noch den Beginn der Rechtsbehelfsfrist (BFH v. 08.04.1987, X R 69/81 BFH/NV 1988, 72). Fehlen die Namenswiedergabe und die Unterschrift, liegt ein Formfehler vor, der nach Maßgabe des § 127 AO unbeachtlich ist (BFH v. 26.07.1989, X R 42/86, BFH/NV 1990, 345; BFH v. 29.01.1992, II B 139/91, BFH/NV 1993, 399).

## § 120 AO Nebenbestimmungen zum Verwaltungsakt

**(1) Ein Verwaltungsakt, auf den ein Anspruch besteht, darf mit einer Nebenbestimmung nur versehen werden, wenn sie durch Rechtsvorschrift zugelassen ist oder wenn sie sicherstellen soll, dass die gesetzlichen Voraussetzungen des Verwaltungsakts erfüllt werden.**

**(2) Unbeschadet des Absatzes 1 darf ein Verwaltungsakt nach pflichtgemäßem Ermessen erlassen werden mit**

**1. einer Bestimmung, nach der eine Vergünstigung oder Belastung zu einem bestimmten Zeitpunkt beginnt, endet oder für einen bestimmten Zeitraum gilt (Befristung),**

**2. einer Bestimmung, nach der der Eintritt oder der Wegfall einer Vergünstigung oder einer Belastung von dem ungewissen Eintritt eines zukünftigen Ereignisses abhängt (Bedingung),**

**3. einem Vorbehalt des Widerrufs**

**oder verbunden werden mit**

**4. einer Bestimmung, durch die dem Begünstigten ein Tun, Dulden oder Unterlassen vorgeschrieben wird (Auflage),**

**5. einem Vorbehalt der nachträglichen Aufnahme, Änderung oder Ergänzung einer Auflage.**

**(3) Eine Nebenbestimmung darf dem Zweck des Verwaltungsakts nicht zuwiderlaufen.**

**Inhaltsübersicht**



### A. Bedeutung und Inhalt der Vorschrift

Nebenbestimmungen ergänzen den Hauptausspruch des Verwaltungsakts. Durch ihre enge Beziehung zum Regelungsgehalt des Verwaltungsakts unterscheiden sich Nebenbestimmungen von selbstständigen Verwaltungsakten (z.B. Verspätungszuschlag, Solidaritätszuschlag, s. § 118 AO Rz. 17), die nur äußerlich in einem Formular mit einem anderen Verwaltungsakt verbunden sind. § 120 AO unterscheidet zwischen Verwaltungsakten, auf die ein Anspruch besteht (s. § 120 Abs. 1 AO), und Verwaltungsakten, die nach pflichtgemäßem Ermessen ergehen (s. § 120 Abs. 2 AO). 1

### B. Gebundener Verwaltungsakt (§ 120 Abs. 1 AO)

Ein Verwaltungsakt, auf den ein **Rechtsanspruch** besteht (sog. gebundener Verwaltungsakt, s. § 118 AO Rz. 24), darf mit einer Nebenbestimmung nur versehen werden, wenn die Nebenbestimmung durch Rechtsvorschrift, Gesetz, RechtsVO oder Satzung (s. § 4 AO Rz. 9 ff.) besonders zugelassen ist. Beispiel für eine gesetzliche Ermächtigungsgrundlage sind der Vorbehalt der Nachprüfung (s. § 164 AO) der Vorläufigkeitsvermerk (s. § 165 AO) und die Sicherheitsleistung (s. §165 Abs. 1 Satz 4). Eine Nebenbestimmung ist auch dann möglich, wenn diese **sicherstellen** soll, dass die gesetzlichen Voraussetzungen eines Verwaltungsakts erfüllt werden. Diese Vorschrift entfaltet im Steuerrecht so gut wie keine Bedeutung. Die Regelung des § 120 Abs. 1 AO gilt sowohl für belastende als auch für begünstigende, für einmalige Verwaltungsakte und für Verwaltungsakte mit Dauerwirkung (s. § 118 AO Rz. 26 f.). 2

### C. Ermessensverwaltungsakt (§ 120 Abs. 2 AO)

#### I. Allgemeine Grundsätze

Auch für Verwaltungsakte, die nach **pflichtgemäßem Ermessen** ergehen, gilt zunächst § 120 Abs. 1 AO und die dort aufgeführten Beschränkungen. Darüber hinaus sieht § 120 Abs. 2 AO folgende Nebenbestimmungen vor: Befristung, Bedingung, Widerrufsvorbehalt, Auflage, Vorbehalt nachträglicher Auflage. Der Erlass einer solchen Nebenbestimmung steht im pflichtgemäßen Ermessen 3 der Behörde, die nach § 5 AO dem Zweck der Ermächtigung entsprechend zu handeln und die gesetzlichen Grenzen des Ermessens einzuhalten hat. Die Nebenbestimmung darf dem **Zweck** des Verwaltungsaktes nicht zuwiderlaufen (s. § 120 Abs. 3 AO), d. h. sie muss auch mit dem Zweck des Hauptausspruchs zu vereinbaren sein. Die Behörde hat wegen der unterschiedlichen Folgen, die sich aus der Nichterfüllung einer Nebenbestimmung ergeben können, die Nebenbestimmung im Verwaltungsakt genau zu bezeichnen (s. AEAO zu § 120, Nr. 3). D. h. die Nebenbestimmungen müssen **inhaltlich hinreichend bestimmt** sein (s. § 119 AO Rz. 4 AO), andernfalls sind sie nichtig. Im Zweifel ist ihr Inhalt nach dem objektiven Empfängerhorizont (s. § 133 BGB) durch **Auslegung** zu ermitteln. Zweifel gehen zulasten der Behörde, d. h. es ist das weniger belastende Auslegungsergebnis vorzuziehen.

## II. Befristung (§ 120 Abs. 2 Nr. 1 AO)

4 Die Befristung lässt eine Vergünstigung oder Belastung zu einem bestimmten **Zeitpunkt** beginnen oder enden. Dabei muss der Zeitpunkt nicht kalendermäßig bestimmt sein, sondern kann durch ein zukünftiges, mit Sicherheit eintretendes Ereignis fixiert werden (z. B. Aussetzung der Vollziehung eines Steuerbescheids bis zum Ablauf eines Monats nach Bekanntgabe der Einspruchsentscheidung). Ist nichts anderes bestimmt, fällt der Geltungsbeginn mit dem Zeitpunkt der Bekanntgabe (s. § 124 Abs. 1 Satz 1 AO) zusammen. Der befristete Verwaltungsakt verliert seine Wirksamkeit durch Zeitablauf (s. § 124 Abs. 2 AO).

## III. Bedingung (§ 120 Abs. 2 Nr. 2 AO)

5 Die Bedingung macht den Eintritt (aufschiebende Bedingung) oder den Wegfall (auflösende Bedingung) einer Vergünstigung oder Belastung von dem **ungewissen Eintritt** eines zukünftigen Ereignisses abhängig, das auch vom Willen der Betroffenen abhängen kann. Ob eine aufschiebende oder eine auflösende Bedingung vorliegt, muss im Zweifelsfall durch Auslegung geklärt werden. Wird die Aussetzung der Vollziehung oder eine Stundung von einer **Sicherheitsleistung** abhängig gemacht, liegt eine aufschiebende Bedingung vor; erst mit der Erbringung der Sicherheitsleistung tritt die Hauptregelung in Kraft (s. § 223 AO, s. § 69 FGO Rz. 23).

## IV. Widerrufsvorbehalt (§ 120 Abs. 2 Nr. 3 AO)

6 Die Behörde darf sich nach pflichtgemäßem Ermessen für den Fall der **Änderung der Sach- und Rechtslage** dem Widerruf des Verwaltungsakts vorbehalten. So ist in der Stundung »bis auf weiteres« ein Widerrufsvorbehalt zu sehen. Aufgrund der auf die Zukunft gerichteten Wirkung des Widerrufs kommt ein Widerrufsvorbehalt nur bei **Dauerverwaltungsakten** (s. § 118 AO Rz. 26) in Betracht. Nicht nur der Widerrufsvorbehalt, sondern auch der Widerruf selbst steht im Ermessen der Behörde. Der Widerruf muss dem Gesetzeszweck dienen. Er ist nicht zulässig, wenn sich die Sach- und Rechtslage nicht geändert hat (*Seer* in Tipke/Kruse, § 120 AO Rz. 17).

## V. Auflage (§ 120 Abs. 2 Nr. 4 AO)

Die Auflage ist nur bei einem **begünstigenden** Verwaltungsakt zulässig. Sie ist eine Bestimmung, durch die dem Begünstigten ein Tun, Dulden oder Unterlassen vorgeschrieben wird (z. B. Stundung unter der Auflage periodischer Vorlage eines Finanzstatus). Die Auflage wird mit dem Verwaltungsakt »verbunden«. Dennoch hängt die **Wirksamkeit** und Rechtmäßigkeit des Hauptausspruchs des **Verwaltungsakts nicht** von der **Erfüllung der Auflage** ab (*Güroff* in Gosch, § 120 AO Rz. 9). Die Behörde kann jedoch die Erfüllung der Auflage mit **Zwangsmitteln** durchsetzen (s. § 328 AO). Es steht in ihrem Ermessen den Verwaltungsakt nach § 131 Abs. 2 Nr. 2 AO zu **widerrufen**, wenn die Auflage nicht oder nicht fristgerecht erfüllt wird (s. § 131 AO Rz. 11 ff.). Die Abgrenzung zwischen Auflage und Bedingung ist durch **Auslegung** nach dem objektiven Empfängerhorizont (s. § 133 BGB) zu ermitteln. Wird bei einer Aussetzung der Vollziehung, Stundung oder Fristverlängerung Sicherheitsleistung verlangt, handelt es sich in der Regel um eine aufschiebende Bedingung, von deren Eintritt die Wirksamkeit des Verwaltungsakts abhängt (BFH v. 20.06.1979, IV B 20/79, BStBl III 1979, 666; a. A. *Seer* in Tipke/Kruse, § 120 AO Rz. 20 nach dem im Zweifel die weniger belastende Auflage anzunehmen ist, die anders als die Bedingung nicht »automatisch« wirkt). Nach § 379 Abs. 3 AO handelt **ordnungswidrig**, wer einer Auflage nach § 120 Abs. 2 Nr. 4 AO zuwiderhandelt, die einem Verwaltungsakt für Zwecke der besonderen Steueraufsicht (§§ 209–217 AO) beigefügt worden ist. 7

## VI. Auflagenvorbehalt (§ 120 Abs. 2 Nr. 5 AO)

Der Auflagenvorbehalt ist nur bei einem **begünstigenden Verwaltungsakt** zulässig und ermöglicht der Behörde eine **nachträgliche** Aufnahme, Änderung oder Ergänzung einer Auflage. 8

### D. Beachtung des Zwecks des Verwaltungsakts (§ 120 Abs. 3 AO)

9 § 120 Abs. 3 AO stellt lediglich klar, dass eine Nebenbestimmung dem Zweck des Verwaltungsakts nicht zuwiderlaufen darf und diesen nicht aushöhlen darf.

### E. Rechtsschutz

10 Die Frage, ob die Nebenbestimmung isoliert oder nur gemeinsam mit dem Verwaltungsakt, dessen Hauptausspruch sie ergänzt, angefochten werden kann, beantwortet die Rechtsprechung danach, ob die Nebenbestimmung eine vom Hauptausspruch unabhängige selbstständige Regelung enthält. Dies bejaht der BFH nur hinsichtlich der Auflage, wenn der Hauptausspruch des Verwaltungsakts auch Wirksamkeit erlangt und fortbesteht, wenn die Auflage nicht erfüllt wird (BFH v. 25.08.1981, VII B 3/81, BStBl II 1982, 34 ff.). In diesem Fall ist die Nebenbestimmung selbstständig anfechtbar. Handelt es sich bei der Nebenbestimmung dagegen wie bei Bedingung, Befristung, Nachprüfungsvorbehalt und Vorläufigkeitsvermerk nicht um einen selbstständigen Verwaltungsakt, ist sie nicht selbstständig anfechtbar und muss der Verwaltungsakt angefochten werden, mit dem die Nebenbestimmung verbunden ist. Da diese Unterscheidung zu erheblichen Abgrenzungsproblemen führen kann, wird sie von der Literatur großteils abgelehnt; danach soll stets nur der Verwaltungsakt anfechtbar sein, von dem die Nebenbestimmung ein Nebenbestandteil ist (*Seer* in Tipke/Kruse, § 120 AO Rz. 27; *Güroff* in Gosch, § 120 AO Rz. 15 ff.). In Zweifelsfällen sollte bei der Einlegung des Einspruchs explizit zum Ausdruck gebracht werden, dass sich der Rechtsbehelf gegen den Verwaltungsakt und die Nebenbestimmung richtet.

11 Gegen Verwaltungsakte, die auf Nebenbestimmungen beruhen (z.B. Widerruf), kann nicht geltend gemacht werden, dass die Nebenbestimmung selbst nicht hätte ergehen dürfen, sondern lediglich, dass das den Widerruf auslösende Ereignis nicht eingetreten sei (BFH v. 03.07.2002, XI R 20/01, BStBl II 2002, 842; *Güroff* in Gosch, § 120 AO Rz. 17). Die Entscheidung im finanzgerichtlichen Verfahren hängt davon ab, ob ein gebundener Verwaltungsakt vorliegt (dann lediglich Änderung bzw. Aufhebung der Nebenbestimmung) oder eine Ermessensentscheidung (dann Aufhebung des gesamten Verwaltungsakts) (*Seer* in Tipke/Kruse, § 120 AO Rz. 27; *Güroff* in Gosch, § 120 AO Rz. 18).

## § 121 AO Begründung des Verwaltungsakts

**(1) Ein schriftlicher, elektronischer sowie ein schriftlich oder elektronisch bestätigter Verwaltungsakt ist mit einer Begründung zu versehen, soweit dies zu seinem Verständnis erforderlich ist.**

**(2) Einer Begründung bedarf es nicht,**

**1. soweit die Finanzbehörde einem Antrag entspricht oder einer Erklärung folgt und der Verwaltungsakt nicht in Rechte eines anderen eingreift,**

**2. soweit demjenigen, für den der Verwaltungsakt bestimmt ist oder der von ihm betroffen wird, die Auffassung der Finanzbehörde über die Sach- und Rechtslage bereits bekannt oder auch ohne Begründung für ihn ohne weiteres erkennbar ist,**

**3. wenn die Finanzbehörde gleichartige Verwaltungsakte in größerer Zahl oder Verwaltungsakte mit Hilfeautomatischer Einrichtungen erlässt und die Begründung nach den Umständen des Einzelfalls nicht geboten ist,**

**4. wenn sich dies aus einer Rechtsvorschrift ergibt,**

**5. wenn eine Allgemeinverfügung öffentlich bekannt gegeben wird.**

**Inhaltsübersicht**



### A. Inhalt und Bedeutung der Vorschrift

Ein Begründungszwang besteht nach § 121 AO für alle schriftlichen Steuerveraltungsakte, auf die die AO anwendbar ist (s. § 1 AO). Hierzu zählen auch Haftungsbescheide (s. § 191 AO Rz. 13) und Verspätungszuschläge (s. § 152 AO Rz. 17). Auch Nebenbestimmungen (s. § 120 AO Rz. 3) sind zu begründen. Nach der Verweisung des § 164a StBerG gilt § 121 AO auch für die Entscheidung über die Steuerberaterprüfung. Für das Zollrecht gilt Art. 6 Abs. 3 Satz 1 ZK als Spezialgesetz, das eine Begründung aller belastenden schriftlichen Entscheidungen vorsieht. 1

§ 164 Abs. 1 Satz 1 AO lässt Steuerfestsetzungen unter dem Vorbehalt der Nachprüfung zu, ohne dass dies der Begründung bedarf. Dies soll nach Auffassung des BFH 2 auch für die **Aufhebung** des Vorbehalts der Nachprüfung gelten (BFH v. 10.07.1996, I R 5/96, BStBl II 1997, 5).

3 § 366 AO schreibt für **Einspruchsentscheidungen** ausdrücklich den Begründungszwang vor, die Ausnahmen des § 121 Abs. 2 AO gelten hier nicht (s. § 366 AO Rz. 2 ff.).

## B. Grundsätzlicher Begründungszwang für schriftliche, elektronische sowie für schriftlich oder elektronisch bestätigte Verwaltungsakte

4 § 121 Abs. 1 AO schreibt die Begründung bei einem **schriftlichen oder elektronischen** sowie einem schriftlich oder elektronisch bestätigten **Verwaltungsakt** vor, soweit dies zu seinem Verständnis erforderlich ist (zu elektronischen oder elektronisch bestätigten Verwaltungsakten s. § 87a AO und s. § 119 AO Rz. 9). Der Begründungszwang ist Ausfluss des **Rechts auf rechtliches Gehör** (Art. 103 Abs. 1 GG), des **Rechtsstaatsprinzips** (Art. 20 Abs. 3 GG) und der **Rechtsschutzgarantie** (Art. 19 Abs. 4 GG). Dem Bürger, in dessen Recht durch den Verwaltungsakt eingegriffen wird, soll durch die Mitteilung der Überlegungen der den Verwaltungsakt erlassenden Behörde ermöglicht werden, seine Rechte wirksam zu verteidigen (BFH v. 03.02.1981, VII R 86/78, BStBl II 1981, 493). Lediglich **mündliche Verwaltungsakte** brauchen nicht begründet zu werden (*Seer* in Tipke/Kruse, § 121 AO Rz. 14), wenngleich sich in der Praxis auch hier eine mündliche Erläuterung an die Bekanntgabe des Verwaltungsakts anschließen dürfte. Eines Gesetzeszwangs hierzu bedurfte es nicht, weil ein mündlicher Verwaltungsakt gemäß § 119 Abs. 2 Satz 2 AO schriftlich bestätigt und damit auch schriftlich begründet werden muss, wenn an der schriftlichen Bestätigung ein **berechtigtes Interesse** besteht und der Betroffene dies unverzüglich verlangt. Dem Rechtsschutzbedürfnis des Stpfl. ist damit ausreichend Rechnung getragen.

5 Eine Begründungspflicht besteht nach § 121 Abs. 1 AO nur insoweit, als dies **zum Verständnis** des Verwaltungsakts **erforderlich** ist. Davon unberührt bleiben Spezialvorschriften, die besondere Begründungspflichten anordnen. So fordert § 157 AO für Steuerbescheide die Angabe der Besteuerungsgrundlagen. Inwieweit eine Begründung »zum Verständnis« erforderlich ist, lässt sich nur unter Berücksichtigung der **konkreten Umstände des Einzelfalls** bestimmen: Abzustellen ist u.a. auf den Empfängerhorizont (BFH v. 11.02.2004, II R 5/02, BFH/NV 2004, 1062 f.). Weicht die Steuerfestsetzung von der Steuererklärung zuungunsten des Stpfl. ab, ist eine Begründung stets erforderlich (s. § 91 Abs. 1 Satz 2 AO).

6 Besondere Grundsätze hat die Rechtsprechung für folgende **Fallgruppen** herausgearbeitet: Bei **Ermessensentscheidungen** muss die Begründung erkennen lassen, dass die Finanzbehörde von dem ihr eingeräumten Ermessen Gebrauch gemacht hat und welche wesentlichen Erwägungen sie bei der Ausübung ihres Ermessens angestellt hat (s. § 5 AO Rz. 13 ff.). Fehlt bei einer Ermessensentscheidung die Begründung, ist sie im Regelfall rechtsfehlerhaft (BFH v.30.08.2017, II R 48/15, BStBl II 2018, 24; v. 17.01.2017, VIII R 52/14, BFH/NV 2017, 777). Bei **Schätzungsbescheiden** genügen die Angaben der Besteuerungsgrundlagen und die Begründung, dass die Schätzung wegen der Nichtabgabe der Steuererklärung erfolgt (s. § 162 AO Rz. 57). Auch die **Prüfungsanordnung** nach § 196 AO ist schriftlich zu begründen (s. § 196 AO Rz. 3). Soweit eine Norm ermessenslenkende Vorgaben enthält, ist eine Begründung nur erforderlich, wenn ein vom Regelfall abweichender Sachverhalt vorliegt (BFH v. 26.06.2007, VII R 35/06, BStBl II 2007, 742).

## C. Ausnahmen vom Begründungszwang

Der allgemeine Begründungszwang bedeutet eine nicht unwesentliche Belastung der Finanzbehörde. § 121 Abs. 2 AO nimmt von dem Begründungszwang insbes. solche Fälle aus, in denen die Begründung einen **sinnlosen Formalismus** darstellen würde. Soweit das Gesetz ausdrücklich eine Begründungspflicht anordnet, greift § 121 Abs. 2 AO nicht ein. 7

### I. Stattgabe eines Antrags (§ 121 Abs. 2 Nr. 1 AO)

Der Betroffene, dessen Antrag stattgegeben wird oder dessen Erklärung unverändert im Steuerverwaltungsakt akzeptiert wird, kennt die Gründe für dessen Ergehen und Inhalt aus seinem eigenen Vorbringen, sodass eine Begründung nicht erforderlich ist. Dies gilt nicht, soweit der Verwaltungsakt mit **Drittwirkung** ausgestattet ist: In diesem Fall ist im Interesse des Dritten der Verwaltungsakt zu begründen. Nur mittelbare Auswirkungen reichen jedoch nicht aus. Wird einem Antrag nur zum Teil entsprochen, so ist die **Teilablehnung** zu begründen. 8

### II. Erkennbarkeit der Gründe (§ 121 Abs. 2 Nr. 2 AO)

Eine Begründung ist ebenfalls überflüssig, soweit demjenigen, für den der Verwaltungsakt bestimmt ist oder der von ihm betroffen wird, die **Auffassung der Finanzbehörde** über die **Sach- und Rechtslage** bereits **bekannt** oder auch ohne Begründung für ihn ohne Weiteres erkennbar ist (s. BFH v. 03.06.1982, VI R 48/79, BStBl II 1982, 710) oder sich **aufdrängen musste** (BFH v. 22.09.1992, VII R 74/91, BFH/NV 1993, 215). Diese 9

Voraussetzungen überschneiden sich weitgehend mit denen der Nummer 1. Die Auffassung der Finanzbehörde kann dem Betroffenen z. B. durch vorhergehende schriftliche, elektronische oder mündliche Erörterungen bekannt geworden sein (s. BFH v. 05.08.1986, VII R 117/85, BStBl II 1986, 870). Dies wird insbesondere auch bei einer Anhörung i. S. des § 91 Abs. 1 AO zutreffen. Die Beweislast für die Kenntnis des Stpfl. trägt die Finanzbehörde (s. FG Sa v. 15.07.1997, 1 K 125/97, EFG 1997, 1275).

### III. Automatisch erstellte Verwaltungsakte (§ 121 Abs. 2 Nr. 3 AO)

10 Die Behörde ist gleichfalls von einer Begründung befreit, wenn sie **gleichartige** Verwaltungsakte in größerer Zahl oder Verwaltungsakte mithilfe automatischer Einrichtungen erlässt und die Begründung nach den Umständen des Einzelfalls nicht geboten ist. Die Vorschrift ist **unanwendbar**, wenn es sich – wie bei einem Steuerbescheid – um die **Regelung eines Einzelfalles** handelt. Das heißt, liegen die Voraussetzungen des § 121 Abs. 2 Nr. 1 und Nr. 2 AO nicht vor, ist auch ein maschinell erstellter Steuerbescheid zu begründen.

### IV. Ausnahme durch Rechtsvorschrift (§ 121 Abs. 2 Nr. 4 AO)

11 Diese Vorschrift erwähnt die Befreiung vom Begründungszwang durch Rechtsvorschrift. Ein Beispiel für eine derartige **Rechtsvorschrift** ist § 164 Abs. 1 Satz 1 AO.

### V. Allgemeinverfügung (§ 121 Abs. 2 Nr. 5 AO)

12 Öffentlich bekannt gegebene **Allgemeinverfügungen** bedürfen keiner Begründung (zum Begriff s. § 118 AO Rz. 16).

## D. Folgen des Fehlens einer notwendigen Begründung

### I. Fehlende Begründung

13 Die fehlende Begründung führt nur zur **Anfechtbarkeit**, nicht zur Nichtigkeit des Verwaltungsakts (BFH v. 17.03.2009, VII R 40/08, BFH/NV 2009, 1287 zum Schätzungsbescheid). Wird die Begründung nach § 126 Abs. 2 AO bis zum Abschluss der Tatsacheninstanz des finanzgerichtlichen Verfahrens **nachgeholt**, ist die Verletzung der Begründungspflicht nach § 126 Abs. 1 Nr. 2 AO unbeachtlich (BFH v. 02.09.2008, X R 9/08, BFH/NV 2009, 3; s. § 126 AO Rz. 5). Wird infolge der fehlenden Begründung die Rechtsbehelfsfrist versäumt, gilt die Fristversäumung unter den Voraussetzungen des § 126 Abs. 3 AO als nicht verschuldet und ist auf Antrag Wiedereinsetzung in den vorigen Stand zu gewähren (s. § 126 AO Rz. 12; AEAO zu § 121, Nr. 3). Wird die fehlende Begründung nicht nach § 126 Abs. 1 Nr. 2 AO nachgeholt, ist aber **keine andere Entscheidung in der Sache** zu treffen, da der Bescheid materiell rechtmäßig ist, ist die Aufhebung des Verwaltungsakts nach § 127 AO ausgeschlossen. Dies gilt nicht für Ermessensentscheidungen (s. § 127 AO Rz. 8 AO). Wurde der Steuerpflichtige aufgrund der fehlenden Begründung veranlasst, Klage vor dem Finanzgericht zu erheben, ist hinsichtlich der **Kostenentscheidung** die Anwendung des § 137 Satz 2 FGO zu überprüfen (s. § 137 FGO Rz. 5).

### II. Falsche Begründung

Eine falsche Begründung führt grundsätzlich **nicht zur Rechtswidrigkeit** des Verwaltungsakts, denn die materiell-rechtliche Rechtmäßigkeit des Verwaltungsakts bestimmt sich allein nach der im Ausspruch (Tenor) des Verwaltungsakts getroffenen Regelung (s. § 119 AO Rz. 4). Die Rechtmäßigkeit der Begründung ist keine Voraussetzung für die Rechtmäßigkeit des Verwaltungsakts (*Fritsch* in Koenig § 121 AO Rz. 22; die differenzierende Auffassung von *Seer* in Tipke/Kruse, § 121 AO Rz. 26, nach der absurde Begründungen oder Scheinbegründungen einer fehlenden Begründung gleichkommen, kommt unter Anwendung des § 127 AO zum gleichen Ergebnis). 14

# § 122 AO Bekanntgabe des Verwaltungsakts

**(1) Ein Verwaltungsakt ist demjenigen Beteiligten bekannt zu geben, für den er bestimmt ist oder der von ihm betroffen wird. § 34 Abs. 2 ist entsprechend anzuwenden. Der Verwaltungsakt kann auch gegenüber einem Bevollmächtigten bekannt gegeben werden. Er soll dem Bevollmächtigten bekannt gegeben werden, wenn der Finanzbehörde eine schriftliche oder eine nach amtlich vorgeschriebenem Datensatz elektronisch übermittelte Empfangsvollmacht vorliegt, solange dem Bevollmächtigten nicht eine Zurückweisung nach § 80 Absatz 7 bekannt gegeben worden ist.**

**(2) Ein schriftlicher Verwaltungsakt, der durch die Post übermittelt wird, gilt als bekannt gegeben**

**1. bei einer Übermittlung im Inland am dritten Tage nach der Aufgabe zur Post,**
**2. bei einer Übermittlung im Ausland einen Monat nach der Aufgabe zur Post,**

außer wenn er nicht oder zu einem späteren Zeitpunkt zugegangen ist; im Zweifel hat die Behörde den Zugang des Verwaltungsakts und den Zeitpunkt des Zugangs nachzuweisen.

(2a) Ein elektronisch übermittelter Verwaltungsakt gilt am dritten Tage nach der Absendung als bekannt gegeben, außer wenn er nicht oder zu einem späteren Zeitpunkt zugegangen ist; im Zweifel hat die Behörde den Zugang des Verwaltungsakts und den Zeitpunkt des Zugangs nachzuweisen.

(3) Ein Verwaltungsakt darf öffentlich bekannt gegeben werden, wenn dies durch Rechtsvorschrift zugelassen ist. Eine Allgemeinverfügung darf auch dann öffentlich bekannt gegeben werden, wenn eine Bekanntgabe an die Beteiligten untunlich ist.

(4) Die öffentliche Bekanntgabe eines Verwaltungsakts wird dadurch bewirkt, dass sein verfügender Teil ortsüblich bekannt gemacht wird. In der ortsüblichen Bekanntmachung ist anzugeben, wo der Verwaltungsakt und seine Begründung eingesehen werden können. Der Verwaltungsakt gilt zwei Wochen nach dem Tag der ortsüblichen Bekanntmachung als bekannt gegeben. In einer Allgemeinverfügung kann ein hiervon abweichender Tag, jedoch frühestens der auf die Bekanntmachung folgende Tag bestimmt werden.

(5) Ein Verwaltungsakt wird zugestellt, wenn dies gesetzlich vorgeschrieben ist oder behördlich angeordnet wird. Die Zustellung richtet sich vorbehaltlich des Satzes 3 nach den Vorschriften des Verwaltungszustellungsgesetzes. Für die Zustellung an einen Bevollmächtigten gilt abweichend von § 7 Absatz 1 Satz 2 des Verwaltungszustellungsgesetzes Absatz 1 Satz 4 entsprechend.

(6) Die Bekanntgabe eines Verwaltungsakts an einen Beteiligten zugleich mit Wirkung für und gegen andere Beteiligte ist zulässig, soweit die Beteiligten einverstanden sind; diese Beteiligten können nachträglich eine Abschrift des Verwaltungsakts verlangen.

(7) Betreffen Verwaltungsakte

1. Ehegatten oder Lebenspartner oder
2. Ehegatten mit ihren Kindern, Lebenspartner mit ihren Kindern oder Alleinstehende mit ihren Kindern,

so reicht es für die Bekanntgabe an alle Beteiligten aus, wenn ihnen eine Ausfertigung unter ihrer gemeinsamen Anschrift übermittelt wird. Die Verwaltungsakte sind den Beteiligten einzeln bekannt zu geben, soweit sie dies beantragt haben oder soweit der Finanzbehörde bekannt ist, dass zwischen Ihnen ernstliche Meinungsverschiedenheiten bestehen.

**Inhaltsübersicht**



## A. Regelungsgegenstand

§ 122 AO bestimmt, wem und wie ein Verwaltungsakt bekannt zu geben ist. Die diesbezüglich von den Finanz- 1 behörden zu beachtenden Grundsätze sind ausführlich in **AEAO zu § 122** geregelt. Die Wirkungen der Bekanntgabe ergeben sich nicht aus § 122 AO, sondern aus § 124 Abs. 1, § 355 Abs. 1 Satz 1 AO; § 54 Abs. 1 FGO.

2 Der **Anwendungsbereich** des § 122 AO erstreckt sich auf alle Verwaltungsakte (s. § 118 AO), also nicht nur auf Steuer- und diesen gleichgestellte Bescheide, sondern z.B. auch auf Haftungsbescheide. Er erfasst auch die Einspruchsentscheidung (s. § 366 AO Rz. 7). **Sonderregelungen** hinsichtlich der Bekanntgabe enthalten § 123 AO (Bekanntgabe an inländischen Empfangsbevollmächtigten), § 180 Abs. 2 Nr. 5 AO i. V. mit § 6 VO (s. § 180 AO Rz. 54 ff.) und § 183 AO für die Bekanntgabe von Feststellungsbescheiden an Empfangsbevollmächtigte. **Zusätzliche Bestimmungen** enthält § 197 AO für die Bekanntgabe der Prüfungsanordnung. Die Bekanntgabe des Erbschaftsteuerbescheides an Testamentsvollstrecker, Nachlassverwalter, Nachlasspfleger regelt § 32 ErbStG (BFH v. 11.06.2013, II R 10/11, BStBl II 2013, 924). Im **Zollrecht** erfolgt gem. Art. 102 UZK keine Bekanntgabe, sondern eine »Mitteilung« des Verwaltungsaktes. Da Art. 101 ff. UZK die Bekanntgabe von Verwaltungsakten nicht eigens regeln, gilt § 122 AO auch für die Bekanntgabe von Entscheidungen der Zollbehörden (*Seer* in Tipke/Kruse, § 122 AO Rz. 2).

## B. Begriff und Voraussetzungen der Bekanntgabe

### I. Begriff

3 Voraussetzung für das **Wirksamwerden** eines Verwaltungsaktes ist neben seiner inhaltlichen Bestimmtheit (s. § 119 Abs. 1 AO), dass er demjenigen, für den er bestimmt ist oder der von ihm betroffen ist, **bekannt gegeben** wird (s. §§ 122 Abs. 1 Satz 1 AO, 124 Abs. 1 AO). Mit der Bekanntgabe beginnt die **Rechtsbehelfsfrist** (s. § 355 Abs. 1 AO), sodass dieser Zeitpunkt von entscheidender Bedeutung für die Frage der **Verfristung** ist.

### II. Voraussetzungen

4 Eine Bekanntgabe nach § 122 Abs. 1 AO liegt vor, wenn der Verwaltungsakt gesteuert von dem Willen der Behörde dem richtigen Adressaten zugeht.

#### 1. Bekanntgabewille

5 Erforderlich ist, dass ein Amtsträger der Behörde den **Willen zur Bekanntgabe** hat. Der Bekanntgabewille muss sich auf das »ob« und »wie« der Bekanntgabe erstrecken. Er wird dadurch dokumentiert, dass der Amtsträger den Verwaltungsakt abzeichnet und in den Geschäftsgang zwecks Absendung durch Poststelle gibt. Der zunächst vorhandene Wille kann später wieder **aufgegeben** werden, jedoch muss die Rechtzeitigkeit der Aufgabe des Bekanntgabewillens in den Akten hinreichend klar und eindeutig dokumentiert sein (BFH v. 23.08.2000, X R 27/98, BStBl II 2001, 662). Fehlt der Bekanntgabewille, wird der Verwaltungsakt nicht wirksam (BFH v. 24.11.1988, V R 123/83, BStBl II 1989, 344; BFH v. 28.05.2009, III R 84/06, BStBl II 2009, 949). Abzugrenzen hiervon ist die Bekanntgabe durch eine örtlich unzuständige Behörde; in diesem Falle gilt § 127 AO.

#### 2. Zugang

Die Wirksamkeit des Verwaltungsakts setzt, soweit gesetzlich nichts anderes bestimmt ist (§ 122 Abs. 3 AO), den Zugang des Verwaltungsakts beim Betroffenen voraus. Entscheidend ist nicht das in dem Bescheid ausgewiesene Datum, sondern der Zugang selbst (BFH v. 20.11.2008, III R 66/07, BStBl II 2009, 185). Für den Begriff des Zugangs gelten die allgemeinen Grundsätze des § 130 Abs. 1 BGB. Ein **mündlicher Verwaltungsakt** ist zugegangen, wenn das Geäußerte für den Empfänger verstehbar ist. Ein **schriftlicher Verwaltungsakt** ist zugegangen, wenn die Sendung derart in den Machtbereich des Empfängers (Inhaltsadressaten) gelangt ist, dass dieser unter Ausschluss unbefugter Dritter von dem Schriftstück Kenntnis nehmen und diese Kenntnisnahme nach den allgemeinen Gepflogenheiten auch von ihm erwartet werden kann (BFH v. 09.12.1999, III R 37/97, BStBl II 2000, 175). Bei einer Übermittlung durch **Telefax** erfordert dies, dass das empfangene Telefaxgerät den »schriftlich« erlassenen Verwaltungsakt ausdruckt (BFH v. 18.03.2014, VIII R 9/10, BStBl II 2014, 748). Die Übergabe an einen **Empfangsboten** (z.B. Familienangehörige oder Angestellte) ist ausreichend. Bei **postlagernder Zustellung, Postfach oder Postnachsendeauftrag** gelten keine Besonderheiten. Die **tatsächliche Kenntnisnahme** ist unerheblich, sodass ein Schriftstück auch dann zugeht, wenn sich der Empfänger im **Urlaub** befindet (zur Wiedereinsetzung s. § 110 AO Rz. 15). Wer die **Kenntnisnahme verweigert**, kann sich auf einen Nichtzugang nicht berufen (BFH v. 19.03.1998, VII B 175/97, BFH/NV 1998, 1447). Wird der Verwaltungsakt nach einem **Umzug** in die alte Wohnung zugestellt, ist mangels Zugangs die Bekanntgabe nicht erfolgt; denn es besteht nach der AO keine Verpflichtung von Privatpersonen, eine Adressenänderung dem Finanzamt mitzuteilen (s. FG München v. 16.02.1987, XIII 314/84 E, EFG 1987, 333; *Seer* in Tipke/Kruse, § 122 AO Rz. 13; *Güroff* in Gosch, § 122 AO Rz. 3). 6

Ein **elektronisch übermittelter** Verwaltungsakt ist zugegangen, sobald die für den Empfang bestimmte Einrichtung das Dokument in für den Empfänger bearbeitbarer Weise aufgezeichnet hat (§ 87a Abs. 1 Satz 2 AO, s. § 87a AO Rz. 5 ff.).

### III. Heilung von Bekanntgabemängeln

7 Mängel bei der Bekanntgabe eines inhaltlich richtigen Verwaltungsaktes führen dazu, dass der Verwaltungsakt **nicht wirksam** wird. Wird ein inhaltlich richtiger Verwaltungsakt einem auf der Postsendung unrichtig ausgewiesenen Empfänger/Bekanntgabeadressat übermittelt (z. B. weil die Briefumschläge vertauscht wurden), ist der Verwaltungsakt weder gegenüber dem richtigen noch gegenüber dem falschen Empfänger wirksam (AEAO zu § 122, Nr. 4.3; auch eine Umdeutung ist nicht möglich, s. § 128 AO Rz. 3). Bekanntgabemängel können jedoch unter den Voraussetzungen des entsprechend anwendbaren § 8 VwZG geheilt werden (BFH v. 29.10.1997, X R 37/95, BStBl II 1998, 266; AEAO zu § 122, Nr. 4.4.4). Die **Heilung** kann zum einen durch die **erneute Bekanntgabe** bewirkt werden. Ist der Bekanntgabeadressat am Einspruchsverfahren beteiligt und der **Einspruch** nicht als unzulässig verworfen worden, tritt die Heilung eines fehlerhaft bekannt gegebenen Verwaltungsaktes auch durch ordnungsgemäße Bekanntgabe der Einspruchsentscheidung ein (BFH v. 16.05.1990, X R 147/87, BStBl II 1990, 942; BFH v. 31.08.1999, VIII R 21/98, BFH/NV 2000, 555; AEAO zu § 122, Nr. 4.4.4). Die Heilung kann zum anderen durch **nachträgliche Kenntnisnahme** erfolgen. Danach tritt die Heilung eines Bekanntgabemangels durch Weiterleitung an den richtigen Bekanntgabeadressaten in dem Zeitpunkt ein, in dem der Empfangsberechtigte den Verwaltungsakt tatsächlich und nachweisbar erhalten hat. Dies setzt voraus, dass er das Schriftstück in die Hand bekommt (Rechtsgedanke des § 8 VwZG, BFH v. 27.07.2001, II B 9/01, BFH/NV 2002, 8; BFH v. 06.05.2014, GrS 2/13, BStBl II 2014, 645). Zu diesem Zeitpunkt beginnt der Lauf der **Einspruchsfrist**. Wird dagegen der Inhaltsadressat (Steuerschuldner) nicht, falsch oder so ungenau bezeichnet, dass Verwechslungen möglich sind (s. § 119 AO Rz. 3), ist der Verwaltungsakt wegen inhaltlicher Unbestimmtheit **nichtig** und damit unwirksam. Eine Heilung ist nicht möglich (BFH v. 25.01.2006, I R 52/05, BFH/NV 2006, 1243 ff.).

## C. Bekanntgabe an Betroffenen oder Bevollmächtigten (§ 122 Abs. 1 AO)

### I. Begriffsbestimmung

8 Bei der Bestimmung, welcher Person der Verwaltungsakt bekannt zu geben ist, müssen folgende Begriffe auseinandergehalten werden (*Seer* in Tipke/Kruse, § 122 AO Rz. 17; AEAO zu § 122, Nr. 1.1): **Inhaltsadressat** ist, für wen der Inhalt der Regelung bestimmt ist; z. B. bei einem Steuerbescheid der Steuerschuldner. **Bekanntgabeadressat** ist, an wen der Verwaltungsakt bekannt zu geben ist. Inhaltsadressat und Bekanntgabeadressat können auseinanderfallen, z. B. in den Fällen der gesetzlichen Vertretung oder der Bekanntgabe an Bevollmächtigte.

### II. Bekanntgabe an Inhaltsadressaten oder an Drittbetroffene (§ 122 Abs. 1 Satz 1 AO)

Der Verwaltungsakt ist nach § 122 Abs. 1 Satz 1 AO 9
**grundsätzlich** demjenigen Beteiligten (s. § 78 AO) bekannt zu geben, für den er bestimmt ist oder der von ihm betroffen wird. Der Inhaltsadressat muss im Bescheid so **eindeutig bezeichnet** sein, dass Zweifel über seine Identität nicht bestehen. Entscheidend ist, ob der Inhaltsadressat durch Auslegung anhand der den Betroffenen bekannten Umstände hinreichend sicher bestimmt werden kann (s. § 119 AO Rz. 4). Dabei muss der Inhaltsadressat nicht zwingend aus dem Bescheid selbst oder dem Bescheid beigefügten Unterlagen für einen Dritten erkennbar sein. Eine **Bezugnahme** auf einen den Betroffenen bekannten Betriebsprüfungsbericht kann daher ausreichen (BFH v. 07.11.2005, III R 8/03, BStBl II 2006, 287). Eine **fehlerhafte Schreibweise des Namens** ist etwa dann unerheblich, wenn kein Irrtum über die Person des Inhaltsadressaten entstehen kann. Es genügt, wenn sich der Inhaltsadressat aus dem Inhalt des Verwaltungsaktes einschließlich der Gründe zweifelsfrei erschließen lässt. Die Adresse auf dem **Briefumschlag** ist nicht maßgeblich (BFH v. 08.02.1974, III R 27/73, BStBl II 1974, 367). **Fehlt** die Angabe oder ist der Inhaltsadressat nicht hinreichend bestimmt (s. § 119 AO Rz. 3) ist der Verwaltungsakt nichtig (s. § 125 AO Rz. 3). Ist ein **falscher Inhaltsadressat** im Bescheid angegeben, ist der Verwaltungsakt rechtswidrig, aber nicht nichtig (BFH v. 14.02.2006, II B 2/05, BFH/NV 2006, 1245 f.) und sollte daher angefochten werden.

Ist nicht nur der Inhaltsadressat, sondern ein **Dritter** 10
durch den Verwaltungsakt beschwert und damit einspruchsbefugt, so ist der Verwaltungsakt auch dem Drittbetroffenen bekannt zu geben (s. § 122 Abs. 1 Satz 1, 2. HS AO). Die fehlende Bekanntgabe des Verwaltungsaktes an den Drittbetroffenen lässt die Wirksamkeit der Bekanntgabe an den Inhaltsadressaten unberührt (BFH v. 05.06.1991, XI R 26/89, BStBl II 1991, 820).

### III. Bekanntgabe an gesetzlichen Vertreter (§ 122 Abs. 1 Satz 2 AO, § 34 AO)

Die in § 122 Absatz 1 Satz 2 AO angeordnete entspre- 11
chende Anwendung des § 34 Abs. 2 AO betrifft die Bekanntgabe von Verwaltungsakten an **nichtrechtsfähige Personenvereinigungen ohne Geschäftsführer und nichtrechtsfähige Vermögensmassen**. In Betracht kommen u. a. nicht eingetragene Vereine, BGB-Gesellschaften, Partnerschaftsgesellschaften, Erbengemeinschaften,

nicht rechtsfähige Stiftungen und sonstige Zweckvermögen (s. AEAO zu § 122, Nr. 2.4). Sind nach den Steuergesetzen die Vereinigungen oder Vermögensmassen selbst und nicht (wie im Fall der Erbengemeinschaft, s. Rz. 18) nur ihre Mitglieder Beteiligte am Besteuerungsverfahren (§ 78 AO), so sind Verwaltungsakte in entsprechender Anwendung des § 34 Abs. 2 AO entweder allen bekannt zu geben, die zur Personenvereinigung gehören bzw. denen das Vermögen zusteht, oder nach Wahl der Finanzbehörde an einen von ihnen unter dem geschäftsüblichen Namen (AEAO zu § 122, Nr. 2.4.1.3).

## IV. Bekanntgabe an Bevollmächtigten (§ 122 Abs. 1 Satz 3 und 4 AO)

12 Hat ein Beteiligter einen **Bevollmächtigten** bestellt (s. § 80 Abs. 1 AO) und sind Bestellung, Name und Anschrift der Behörde mitgeteilt worden, so **kann** der Verwaltungsakt gem. § 122 Abs. 1 Satz 3 AO an den Bevollmächtigten bekannt gegeben werden. Ob die Behörde dies tut, steht in ihrem pflichtgemäßen **Ermessen** (s. § 5 AO). **Kein Wahlrecht** hat die Finanzbehörde nach § 122 Abs. 1 Satz 4, wenn eine schriftliche oder eine nach amtlich vorgeschriebenem Datensatz elektronisch übermittelte Empfangsvollmacht vorliegt. In diesem Fall ist der Verwaltungsakt dem Bevollmächtigten bekannt zu geben, solange dem Bevollmächtigten nicht eine Zurückweisung nach § 80 Abs. 7 AO wirksam bekannt gegeben worden ist (s. hierzu BFH v. 22.07.2015, V R 50/14, BFH/NV 2015, 1694). Aus der **widerspruchslosen** Hinnahme der Bekanntgabe von Verwaltungsakten – insbes. Steuerbescheiden – durch den Stpfl. selbst ist weder ein Widerruf der erteilten Vollmacht noch sein Einverständnis zu entnehmen, dass er auch künftig mit der Bekanntgabe von Steuerbescheiden unmittelbar ihm gegenüber einverstanden ist (BFH v. 12.03.1998, IX B 112/97, BFH/NV 1998, 941 m. w. N.). Liegt **keine** schriftliche **Vollmacht** vor, ist die Finanzbehörde gehalten, Steuerbescheide (und Einspruchsentscheidungen) dem Stpfl. persönlich bekannt zu geben, wenn nicht die besonderen Umstände des Einzelfalles das Interesse des Stpfl. an der Bekanntgabe gegenüber dem Bevollmächtigten eindeutig erkennen lassen (BFH v. 29.07.1987, I R 367/83, BStBl II 1988, 242; BFH v. 06.11.1991, II B 86/90, BFH/NV 1992, 769; BFH v. 03.02.2004, VII R 30/02, BStBl II 2004, 439, stellt klar, dass die Zustellung eines Steuerverwaltungsakts an den Stpfl. persönlich auch dann zur Bekanntgabe und dem Lauf der Rechtsbehelfsfrist führt, wenn ein Bevollmächtigter zwar bestellt, eine schriftliche Vollmacht jedoch nicht vorgelegt wurde). Im Übrigen darf die Behörde, auch wenn ihr nicht ausdrücklich ein Zustellungsbevollmächtigter benannt worden ist, sie aber **bisher** laufend Verwaltungsakte dem Vertreter bekannt gegeben hat, **nicht willkürlich** den Empfänger wechseln und sich dadurch in Widerspruch zur Handhabung im bisherigen Verlauf des Verfahrens setzen (BFH v. 13.04.1965, I 36/64 U, BStBl III 1965, 389; BFH v. 03.02.2004, VII R 30/02, BStBl II 2004, 439). Wird ein Steuerbescheid einem Stpfl. **trotz** Vorliegens einer Empfangsvollmacht für dessen Steuerberater bekannt gegeben, so wird der Bescheid erst wirksam, wenn der Bevollmächtigte den Bescheid durch Weiterleitung nachweislich erhalten hat (BFH v. 27.07.2001, II B 9/01, BFH/NV 2002, 8 und BFH v. 09.06.2005, IX R 25/04, BFH/NV 2006, 225). Mit diesem Zeitpunkt beginnt auch der Lauf der Rechtsbehelfsfrist (BFH v. 08.12.1988, IV R 24/87, BStBl II 1989, 346). In der Bestellung eines **neuen** Empfangsbevollmächtigten liegt gleichzeitig der Widerruf der Empfangsvollmacht des vorherigen Empfangsbevollmächtigten (BFH v. 18.01.2007, IV R 53/05, BStBl II 2007, 369).

Die im **Einkommensteuervordruck** erteilte Empfangsvollmacht gilt nur für Bescheide des betreffenden Veranlagungszeitraums. Anders verhält es sich bei der im Erklärungsvordruck zur **gesonderten und einheitlichen Feststellung** erteilten Empfangsvollmacht: die Bestellung eines gemeinsamen Empfangsbevollmächtigten i. S. des § 183 Abs. 1 Satz 1 AO durch die Feststellungsbeteiligten wirkt regelmäßig auch für künftige Bescheide in Feststellungsverfahren, und zwar auch soweit diese zurückliegende Feststellungszeiträume betreffen (BFH v. 18.01.2007, IV R 53/05, BStBl II 2007, 369; AEAO zu § 122, Nr. 1.7.2). Ein während eines Klageverfahrens eingehender Änderungsbescheid ist i. d. R. dem Prozessbevollmächtigten bekannt zu geben (BFH 29.10.1997, X R 37/95, BStBl II 1998, 266).

## V. Einzelfälle

### 1. Personengesellschaft

Steuerbescheide und Steuermessbescheide sind an die Gesellschaft zu richten, wenn die **Gesellschaft selbst Steuerschuldner** ist. Dies gilt z. B. für die Umsatzsteuer (§ 13 a UStG), die Gewerbesteuer (§ 5 Abs. 1 Satz 3 GewStG), die Kraftfahrzeugsteuer (§ 7 KraftStG), die pauschale Lohnsteuer (§ 40 Abs. 3 EStG), die Festsetzung des Grundsteuermessbetrags (§ 10 Abs. 1 GrStG), die Grunderwerbsteuer soweit Gesamthandsvermögen vorliegt, die Körperschaftsteuer sowie Haftungsbescheide für Steuerabzugsbeträge (s. im Einzelnen AEAO zu § 122, Nr. 2.4.1). Dagegen sind Steuerbescheide und Feststellungsbescheide an die Gesellschafter (Mitglieder, Gemeinschafter) zu richten, wenn die **einzelnen Beteiligten unmittelbar** aus dem **Steuerschuldverhältnis** in Anspruch genommen werden sollen oder ihnen der Gegenstand der Feststellung zugerechnet wird (s. im Einzelnen AEAO zu § 122, Nr. 2.4.2). Der BFH hält es für ausreichend, wenn ein solcher Gewinnfeststellungsbescheid im Anschriftenfeld die Personengesellschaft als solche 13 i.S. einer **Sammel- oder Kurzbezeichnung** benennt, sofern aus dem Gesamtinhalt des Bescheids erkennbar ist, für welche Personen Besteuerungsgrundlagen festgestellt werden und wie hoch diese sind (BFH v. 06.03.1990, VIII R 55/85, BFH/NV 1991, 8). Alle Feststellungsbeteiligten sollen einen **gemeinsamen Empfangsbevollmächtigten** bestellen, der ermächtigt ist, den an sämtliche Gesellschafter (Gemeinschafter) gerichteten Feststellungsbescheid, sonstige Verwaltungsakte und das Feststellungsverfahren betreffende Mitteilungen in Empfang zu nehmen (§ 183 Abs. 1 Satz 1 AO, AEAO zu § 122, Nr. 2.5.2).

### 2. Treuhandschaft

14 Entsprechendes gilt bei einer Treuhandschaft. Erlässt das FA eine zusammengefasste Gewinnfeststellung für eine Personengesellschaft unter Einbeziehung der Treuhandverhältnisse, so richtet sich der Feststellungsbescheid sowohl an die **Gesellschafter der Personengesellschaft** als auch an die **Treugeber** (BFH v. 28.11.2001, X R 23/97, BFH/NV 2002, 614).

### 3. Juristische Personen

15 Bei juristischen Personen des privaten und des öffentlichen Rechts ist der Steuerverwaltungsakt an die juristische Person zu richten und ihr bekannt zu geben. Die Angabe des **gesetzlichen Vertreters** ist nicht erforderlich (BFH v. 07.08.1970, VI R 24/67, BStBl II 1970, 814, AEAO zu § 122, Nr. 2.8.1.1).

In der Liquidationsphase ist der Steuerverwaltungsakt dem **Liquidator** bekannt zu geben, der im Handelsregister eingetragen ist. Eine etwaige Amtsniederlegung des Liquidators muss sich das FA erst entgegenhalten lassen, wenn sie im Handelsregister eingetragen und bekannt gemacht oder bekannt geworden ist (BFH v. 19.03.1998, VII B 175/97, BFH/NV 1998, 1447). Ist die Liquidation beendet und die juristische Person im Handelsregister gelöscht, ist ein Nachtragsliquidator zu bestellen (BFH v. 18.02.1993, X B 165/92, BFH/NV 1994, 21).

### 4. Minderjährige

16 Bei Minderjährigen, sonstigen nicht geschäftsfähigen oder beschränkt geschäftsfähigen Empfängern hat die Bekanntgabe an den **gesetzlichen Vertreter** unter Hinweis auf dessen Funktion zu erfolgen. Es genügt Bekanntgabe (Zustellung) nur an eine von mehreren zur gesetzlichen Vertretung befugten Personen (BFH v. 22.10.1976, VI R 137/74, BStBl II 1976, 762). Hat der gesetzliche Vertreter mit Genehmigung des **Vormundschaftsgerichts** den Minderjährigen zum selbstständigen Betrieb eines Erwerbsgeschäftes ermächtigt, so ist der Minderjährige für diejenigen Rechtsgeschäfte unbeschränkt geschäftsfähig, die der Geschäftsbetrieb mit sich bringt (§ 112 Abs. 1 BGB). Verwaltungsakte, die ausschließlich diesen Geschäftsbetrieb und nicht die Person betreffen, sind allein dem Minderjährigen bekannt zu geben (AEAO zu § 122 AO, Nr. 2.2.3).

### 5. Vermögensverwaltung

Ein Steuerverwaltungsakt ist dem **Vermögensverwalter** (Insolvenz-, Zwangs-, Nachlassverwalter, gerichtlich bestellten Liquidator, Testamentsvollstrecker) bekannt zu geben. Steuerverwaltungsakte und Steuerbescheide, die die **Insolvenzmasse** betreffen, können nicht mehr an den Stpfl. bekannt gegeben werden (BFH v. 15.03.1994, XI R 45/93, BStBl 1994, 600, 602, AEAO zu § 122, Nr. 2.9.). Der Insolvenzverwalter ist **nicht** Bekanntgabeadressat für Feststellungsbescheide nach §§ 179 AO ff. bei Personengesellschaften, wenn über das Vermögen der Gesellschaft, nicht aber ihrer Gesellschafter das Insolvenzverfahren eröffnet worden ist, und für Verwaltungsakte an den Schuldner, die sein insolvenzfreies Vermögen betreffen (AEAO zu § 122, Nr. 2.9; z.B. Kraftfahrzeugbescheid für freigegebenes Kfz). 17

### 6. Bekanntgabe bei Rechtsnachfolge

Erreicht im Fall der **Gesamtrechtsnachfolge** ein an den Rechtsvorgänger adressierter Bescheid den Rechtsnachfolger, so liegt keine wirksame Bekanntgabe vor (BFH v. 21.10.1985, GrS 4/84, BStBl II 1986, 230). Ein an ein nicht mehr existierendes Steuersubjekt gerichteter Verwaltungsakt ist unwirksam (BFH v. 25.01.2006, I R 52/05, BFH/NV 2006, 1243 ff.). Desgleichen ist eine Einspruchsentscheidung unwirksam, wenn sie an den während des außergerichtlichen Rechtsbehelfsverfahrens verstorbenen **Erblasser** gerichtet ist (BFH v. 21.07.1987, IX R 80/83, BFH/NV 1988, 213). Ist der Bescheid jedoch vor Eintritt der Gesamtrechtsnachfolge dem Rechtsvorgänger zugegangen, wirkt der Bescheid auch gegen den Rechtsnachfolger. Dieser kann nur innerhalb der für den Rechtsvorgänger maßgeblichen Rechtsbehelfsfrist Einspruch einlegen (AEAO zu § 122, Nr. 2.12.1). Bei einer **Erbengemeinschaft** ist der Bescheid nur wirksam bekannt gegeben, wenn die Gesamtrechtsnachfolger, an die sich der Bescheid richtet, namentlich als Inhaltsadressaten aufgeführt sind oder sich durch Auslegung des Bescheids ergibt, um wen es sich bei den Erben handelt. Dies ist der Fall, wenn in den Erläuterungen des Bescheids auf einen Betriebsprüfungsbericht verwiesen wird, in dem die Beteiligten der Erbengemeinschaft namentlich aufgeführt sind (BFH v. 07.11.2005, III R 8/03, BStBl II 2006, 287). Allerdings muss im Bescheid der Hinweis aufgenommen sein, dass die Erbengemeinschaft als Rechtsnachfolger des Erblassers in Anspruch genommen wird. Fehlt der **Hinweis auf die Gesamtrechtsnach-** 18 folge, ist für eine Auslegung des Inhaltsadressaten kein Raum (AEAO zu § 122, Nr. 2.12.3). Entsprechend müssen Steuerverwaltungsakte, die nichtrechtsfähige Vermögensmassen betreffen, diese und die Personen bezeichnen, denen das Vermögen zusteht. Zum Erlass von Verwaltungsakten in Fällen der **Umwandlung von Gesellschaften** s. AEAO zu § 122, Nr. 2.12.8.

## D. Form der Bekanntgabe (§ 122 Abs. 2–5 AO)

### I. Bekanntgabeformen

19 Eine bestimmte Form der Bekanntgabe ist allgemein **nicht vorgeschrieben**. Sie wird häufig mit der Form des Verwaltungsakts (§ 119 Abs. 2 AO) korrespondieren. So kommt für **mündliche Verwaltungsakte** nur mündliche Bekanntgabe – und allenfalls schriftliche Bestätigung (§ 119 Abs. 2 Satz 2 AO) – in Betracht. **Schriftliche Bekanntgabe** ist die im Besteuerungsverfahren häufigste Form der Bekanntgabe (für Steuerbescheide s. § 157 Abs. 1 AO). Schriftliche Bekanntgabe kann durch **Postübermittlung** (§ 122 Abs. 2 AO), gegenüber einem Anwesenden durch **Aushändigung** des Schriftstückes, durch Übersendung mittels Boten oder durch **förmliche Zustellung** (§ 122 Abs. 5 AO) erfolgen, aber auch durch **Telefax bzw. elektronisch** (BFH v. 08.07.1992, I R 17/96, BStBl II 1999, 48; AEAO zu § 122, Nr. 1.8). Außerdem kennt das Gesetz die **öffentliche Bekanntgabe** (§ 122 Abs. 3 AO), die gem. Absatz 4 die Schriftform des Verwaltungsakts voraussetzt. **Ausnahmsweise** kann auch in einem **konkludenten Verhalten** der Behörde die Bekanntgabe eines Verwaltungsakts erblickt werden (z. B. Schweigen auf einen Antrag auf stillschweigende Fristverlängerung).

### II. Bekanntgabe durch Postübermittlung (§ 122 Abs. 2 AO)

20 Bei Übermittlung eines **schriftlichen Steuerverwaltungsakts** durch die Post **im Geltungsbereich der AO** gilt dieser mit dem **dritten Tage nach der Aufgabe zur Post** als bekannt gegeben (sog. Bekanntgabefiktion), außer wenn er nicht oder zu einem späteren Zeitpunkt zugegangen ist. Dies gilt ohne Rücksicht darauf, ob der Adressat seinen Wohnsitz (Sitz) innerhalb oder außerhalb des Orts der Absendebehörde hat und ob das Schriftstück tatsächlich und nachweislich schon **vor** dem Ablauf des dritten Tages nach Aufgabe zur Post den Empfänger erreicht hat (BFH v. 19.11.2009, IV R 89/06, BFH/NV 2010, 818). Bei Postübermittlung eines Verwaltungsakts an einen Beteiligten **außerhalb des Geltungsbereichs der AO** gilt dieser einen **Monat** nach der Aufgabe zur Post als bekannt gegeben (§ 122 Abs. 2 Nr. 2 AO). Ob der Verwaltungsakt überhaupt durch die Post an einen Beteiligten außerhalb des Geltungsbereichs der AO übermittelt werden darf, richtet sich nach den konkreten zwischenstaatlichen Vereinbarungen. Mit Ausnahme der in AEAO zu § 122, Nr. 3.1.4.1 Satz 4 aufgezählten Staaten (s. Rz. 33) kann davon ausgegangen werden, dass an Empfänger einschließlich der Bevollmächtigten (BFH v. 01.02.2000, VII R 49/99, BStBl II 2000, 334) im Ausland Steuerverwaltungsakte durch einfachen Brief, durch Telefax oder – unter den Voraussetzungen des § 87 a AO – durch elektronische Übermittlung bekannt gegeben werden können. Ansonsten muss nach § 123 AO, § 9 VwZG oder § 10 VwZG verfahren werden, wenn ein Verwaltungsakt an einen Empfänger im Ausland bekannt zu geben ist. Welche der bestehenden Möglichkeiten der Auslandsbekanntgabe gewählt wird, steht im Ermessen der Finanzbehörde (AEAO zu § 122, Nr. 1.8.4). Die Bekanntgabefiktion des § 122 Abs. 2 AO ist bei einer Zustellung durch Empfangsbekenntnis nicht anwendbar (BFH v. 25.03.2011, II B 141/10, BFH/NV 2011, 1006).

Die **Aufgabe zur Post** erfolgt durch Einlieferung bei der Postanstalt oder durch Einwerfen in einen Postbriefkasten. Klar gestellt ist in AEAO zu § 122, Nr. 1.8.2, dass sich der in § 122 Abs. 2 Nr. 1 AO verwendete Begriff »Post« nicht nur auf die **Deutsche Post AG** als Nachfolgerin der Deutschen Bundespost beschränkt, sondern dass dieser Begriff alle Unternehmen umfasst, die **Postdienstleistungen** erbringen (BFH v. 25.03.2015, V B 163/14, BFH/NV 2015, 948). Dies gilt auch dann, wenn der private Postdienstleister die Zustellung nicht selbst vornimmt, sondern diese der DP-AG anvertraut (BFH v. 18.04.2013, X B 47/12, BFH/NV 2013, 1218). In § 33 Abs. 1 PostG ist zudem geregelt, dass ein Lizenznehmer zur **förmlichen Zustellung** berechtigt und verpflichtet ist und für diese Aufgabe mit Hoheitsrechten ausgestattet ist. Die Regelung unterstellt eine **Normalbeförderungsdauer** von drei Tagen (§ 122 Abs. 2 Nr. 1 AO) bzw. von einem Monat (§ 122 Abs. 2 Nr. 2 AO). Dabei wird der Tag der Aufgabe zur Post nicht mitgerechnet. Gemäß § 108 Abs. 3 AO endet, wenn das **Ende der Dreitagesfrist auf einen Sonntag, einen gesetzlichen Feiertag oder einen Samstag fällt**, die Frist mit dem Ablauf des nachfolgenden Werktags (BFH v. 23.09.2003, IX R/98, BStBl II 2003, 898; zur Berechnung der fiktiven Dreitagesfrist s. § 108 AO). Dies **gilt** jedoch **nicht**, wenn die in § 122 Abs. 2 Nr. 1 AO bestimmte Vermutung des Bekanntgabezeitpunkts (und somit die fiktive Dreitagesfrist) von vornherein nicht eingreift, weil die betreffende Postsendung **erst nach Ablauf** der **drei Tage** zugegangen ist. In diesem Fall kommt es für den Beginn der Einspruchsfrist allein auf den tatsächlichen Zugangszeitpunkt an und findet § 108 Abs. 3 AO keine Anwendung. Das gilt auch dann, wenn der Empfänger des Steuerbescheides ein Unternehmer ist, der Einwurf an einem Sonnabend erfolgt und in dem betreffenden Unternehmen sonnabends nicht gearbeitet wird (BFH v. 09.11.2005, I R 111/04, BStBl II 2006, 219). Die Ein- 21 spruchsfrist beginnt in diesem Fall am Sonnabend zu laufen.

Die Finanzbehörde hat den **Tag der Absendung** nachzuweisen (BFH v. 28.01.2010, X B 147/09, BFH/NV 2010, 1081). Im Regelfall gibt der Poststempel Auskunft über den Tag der Aufgabe zur Post (BFH v. 26.05.2010, VIII B 228/09, BFH/NV 2010, 2080). Dies gilt nicht, wenn ein **privater Postdienstleister** in seinem Stempelaufdruck nicht den Tag der Einlieferung, sondern im Regelfall den Tag der Zustellung ausweist (BFH v. 07.12.2010, X B 212/09, BFH/NV 2011, 564). Aus dem Bescheiddatum lässt sich nicht auf den Tag der Aufgabe zur Post schließen (BFH v. 09.12.2009, II R 52/07, BFH/NV 2010, 824). Die Grundsätze des **Anscheinsbeweises** sind nicht anzuwenden (BFH v. 03.03.2006, II B 70/05, BFH/NV 2006, 1249 f.). **Bestreitet** ein Stpfl., dass ein Steuerbescheid an dem in den Steuerakten vermerkten Datum zur Post gegeben worden ist, hat das Finanzgericht das Datum der tatsächlichen Aufgabe zur Post zu ermitteln (s. FG SchlH v. 13.09.2000, V 208/99, EFG 2001, 1470).

Dabei ist wie folgt zu differenzieren: **Bestreitet** der Bekanntgabeadressat den **Zugang überhaupt**, genügt das bloße Bestreiten und muss die Behörde den Zugang nachweisen. Die Grundsätze des Anscheinsbeweises gelten nicht. Es sind die allgemeinen Beweisregeln, insbes. der Indizienbeweise anzuwenden (BFH v. 31.07.2000, VII B 86/00, BFH/NV 2001, 145 f.). Bestreitet der Bekanntgabeadressat nicht den Zugang als solchen, sondern den **Zugang innerhalb der Dreitagesfrist**, muss er, um die gesetzliche Fiktion zu erschüttern, durch **substantiierte Erklärung** darlegen, wann der Zugang erfolgt ist. Zur Begründung von Zweifeln reicht allein ein abweichender Eingangsvermerk nicht aus (BFH v. 05.08.2011, III B 76/11, BFH/NV 2011, 1845). Dies gilt auch für einen Bevollmächtigten, der seine Akten nur noch elektronisch führt (BFH v. 23.11.2016, IX B 54/16, BFH/NV 2017, 264), und bei einer Übermittlung des Steuerbescheids in das Ausland (BFH v. 11.07.2017, IX R 41/15, BFH/NV 2018, 185). Der Poststempel auf dem Briefumschlag bietet eine höhere Gewähr für die Richtigkeit des gestempelten Datums als der Eingangsstempel des Empfängers (BFH v. 19.01.2012, IV B 9/11, BFH/NV 2012, 697). Danach reicht zur Begründung von Zweifeln am Zugang innerhalb der Dreitagesfrist ein abweichender Eingangsvermerk nicht aus (BFH v. 05.09.2017, IV B 82/16, BFH/NV 2017, 1620). Auch die Einschaltung einer privaten Zustellfirma reicht nicht, um die Vermutung zu widerlegen (BFH v. 11.08.2008, III B 141/07, BFH/NV 2008, 1646). Die Fristvermutung kann **erschüttert** werden z.B. durch Aufbewahrung des Briefumschlags mit späterem Poststempel (BFH v. 19.01.2012, IV B 9/11, BFH/NV 2012, 697), nicht jedoch durch den allgemeinen Hinweis auf Unregelmäßigkeiten bei der Postzustellung, insbes. zu Ostern und Weihnachten (s. Nds. FG v. 06.08.1996, VII 96/96, EFG 1997, 3). Bedient sich die Finanzverwaltung allerdings eines privaten Frankierservices und weist der Stpfl. nach, dass der Verwaltungsakt nicht an dem in den Akten des FA als Tag der »Aufgabe zur Post« vermerkten Zeitpunkt verschickt wurde, gilt die Zugangsvermutung des § 122 Abs. 2 Nr. 1 AO als widerlegt (BFH v. 15.07.2013, IX B 28/13, BFH/NV 2013, 1537). Zur Bekanntgabe unter der Anschrift einer Justizvollzugsanstalt s. BFH v. 20.10.2011, V B 17/11, BFH/NV 2012, 165. Hat der Bekanntgabeadressat die gesetzliche Vermutung des § 122 Abs. 2 AO erschüttert, muss die Finanzbehörde nachweisen, dass und wann der Verwaltungsakt zugegangen ist. Sie kann sich dabei aller Beweismittel bedienen.

### III. Elektronisch übermittelter Steuerverwaltungsakt, Telefax (§ 122 Abs. 2a AO)

§ 122 Abs. 2a AO regelt, wann ein im Rahmen des § 87a AO **elektronisch übermittelter** Steuerverwaltungsakt als bekannt gegeben gilt. Die **Bekanntgabefiktion** des § 122 Abs. 2 Nr. 1 AO gilt auch hier: Statt auf den Zeitpunkt der Aufgabe zur Post kommt es bei den elektronisch übermittelten Steuerverwaltungsakten auf den **Zeitpunkt der Absendung** an. Der Tag der Absendung zählt bei der Fristberechnung ebenso wenig wie bei den schriftlichen Verwaltungsakten der Tag der Aufgabe zur Post. Zur Zugangsvermutung elektronisch übermittelter Verwaltungsakte nimmt diese Vorschrift im Wesentlichen die Rechtsprechung zur Zugangsvermutung bei schriftlichen Verwaltungsakten auf, sodass hier zur Zugangsvermutung und seiner Widerlegung die Ausführungen in Rz. 20 f. entsprechend gelten. Bei elektronisch übermittelten Steuerverwaltungsakten ist es nicht nötig, für Vermittlungen ins **Ausland** eine längere Frist zu gewähren, deshalb gilt hier die **Monatsfrist** des § 122 Abs. 2 Nr. 2 AO **nicht** entsprechend. Die **Zugangsvermutung** gilt unabhängig davon, ob es sich um einen Verwaltungsakt mit qualifizierter elektronischer Signatur oder eine De-Mail-Nachricht i.S. des §§ 87a Abs. 4, 119 Abs. 3 Satz 2 AO oder um einen einfachen elektronischen Verwaltungsakt handelt. 22

Ein durch **Telefax** (einschließlich **Computerfax**) bekannt gegebener Verwaltungsakt ist ein i.S. des § 122 Abs. 2a AO elektronisch übermittelter Verwaltungsakt. Er gilt grundsätzlich am dritten Tag nach der Absendung als bekannt gegeben. Dies gilt jedoch nur dann, wenn das empfangende Telefaxgerät das Schriftstück ausdruckt. Die für elektronische Verwaltungsakte geltenden Regelungen des § 87a AO sind nicht anwendbar (BFH v. 18.03.2014, VIII R 9/10, BStBl II 2014, 748; AEAO zu § 122 AO, Nr. 1.8.2 Abs. 2). 23

## IV. Öffentliche Bekanntgabe (§ 122 Abs. 3 und 4 AO)

24 Grundsätzlich darf ein Verwaltungsakt nur dann öffentlich bekannt gegeben werden, wenn dies durch **Rechtsvorschrift zugelassen** ist. Diese Zulassung der öffentlichen Bekanntgabe spielt im Besteuerungsverfahren keine nennenswerte Rolle. Schon aus Rücksicht auf das **Steuergeheimnis** (§ 30 AO) dürfte regelmäßig die öffentliche Bekanntgabe von steuerlichen Einzelverwaltungsakten bedenklich sein. Auch die in § 118 Satz 2 AO und in § 122 Abs. 3 Satz 2 AO erwähnte Allgemeinverfügung entfaltet kaum Bedeutung. Die **öffentliche Zustellung** nach § 10 VwZG ist keine öffentliche Bekanntmachung i.S. des § 122 Abs. 3 Satz 2 AO, sondern eine besondere Form der Zustellung (*Seer* in Tipke/Kruse, § 122 AO Rz. 65).

25 Die öffentliche Bekanntgabe eines schriftlichen Verwaltungsakts wird dadurch **bewirkt**, dass sein verfügender Teil ortsüblich bekannt gemacht wird (§ 122 Abs. 4 Satz 1 AO). Die **ortsübliche Bekanntmachung** kann in der Veröffentlichung durch Abdruck in allgemein verbreiteten amtlichen Anzeigen, in der **Tagespresse** oder durch Aushang an dafür bestimmten Orten erfolgen. Dabei ist anzugeben, wo der Verwaltungsakt und seine Begründung eingesehen werden können. Die Bewirkung einer so durchgeführten öffentlichen Bekanntgabe kann nicht durch einen Betroffenen mit der Behauptung außer Kraft gesetzt werden, er habe keine Kenntnis von dem Verwaltungsakt erlangt.

Die **Bekanntgabewirkung** wird kraft gesetzlicher Fiktion zeitlich auf zwei Wochen nach dem Tag der ortsüblichen Bekanntmachung fixiert. Nach § 122 Abs. 4 Satz 4 AO kann lediglich in Allgemeinverfügungen ein hiervon abweichender Tag, jedoch frühestens der auf die Bekanntmachung folgende Tag bestimmt werden.

## V. Förmliche Zustellung (§ 122 Abs. 5 AO)

### 1. Anwendungsbereich

26 Zustellung ist die Bekanntgabe eines schriftlichen oder elektronischen Dokuments nach dem VwZG (§ 2 Abs. 1 VwZG) und ein **öffentlich-rechtlicher Hoheitsakt**. Bei **schriftlichen Verwaltungsakten** ist nach § 122 Abs. 5 AO die Bekanntgabe durch förmliche Zustellung vorzunehmen, wenn dies **gesetzlich vorgeschrieben** ist (s. z.B. § 309 Abs. 2 Satz 1 AO für Pfändungsverfügungen; § 284 Abs. 6 AO für Ladungen zur eidesstattlichen Versicherung sowie § 324 Abs. 2 AO, § 326 Abs. 4 AO für Arrestanordnungen) oder **behördlich angeordnet** wird. Die behördliche Anordnung steht im Ermessen der Finanzbehörde. Sie kommt insbes. in Betracht, wenn die förmliche Zustellung aus **Beweisgründen** sachgerecht erscheint, (z.B. in Schätzungsfällen). Hat die Behörde die förmliche Zustellung angeordnet, kommt eine **Umdeutung** in eine schlichte Bekanntgabe (§ 122 Abs. 2 AO) nicht in Betracht (BFH v. 08.06.1995, IV R 104/94, BStBl II 1995, 681).

### 2. Anordnung

Die Anordnung einer förmlichen Zustellung nach § 122 Abs. 5 AO stellt mangels eigenen Regelungsinhalts **keinen Verwaltungsakt** dar (BFH v. 16.03.2000, III R 19/99, BStBl II 2000, 520). 27

### 3. Regelung

Die Zustellung durch die Finanzbehörden richtet sich nach den Vorschriften des VwZG. Dieses sieht folgende Zustellungsarten vor: 28

- Zustellung durch die Post mit Zustellungsurkunde (§ 3 VwZG)
- Zustellung durch die Post mittels Einschreiben (§ 4 VwZG)
- Zustellung (auch eines elektronischen Dokuments) durch die Behörde gegen Empfangsbekenntnis (§ 5 VwZG)
- Elektronische Zustellung gegen Abholbestätigung über De-Mail-Dienste (§ 5 a VwZG)
- Zustellung an gesetzlichen Vertreter (§ 6 VwZG) und an Bevollmächtigten (§ 7 VwZG)
- Heilung von Zustellungsmängeln (§ 8 VwZG)
- Zustellung (auch eines elektronischen Dokuments) im Ausland (§ 9 VwZG)
- Öffentliche Zustellung (§ 10 VwZG)

#### a) Zustellung durch Post mittels Zustellungsurkunde (§ 3 VwZG)

Die **Postzustellung** erfolgt entweder mit **Zustellungsurkunde** (§ 3 VwZG) oder mittels **eingeschriebenen Briefs** (§ 4 VwZG). »Post« ist jeder Erbringer von Postdienstleistungen (§ 2 Abs. 2 Satz 1 VwZG und § 33 Postgesetz, Rz. 21). 29

Bei der **Zustellung mit Zustellungsurkunde** muss auf der Zustellurkunde der Empfänger und das Aktenzeichen des zuzustellenden Schriftstücks sowie die Anschrift der auftraggebenden Behörde und auf dem **Briefumschlag** die Geschäftsnummer angegeben werden. Die Bezeichnung des Sendeinhalts ist jedoch nicht Voraussetzung für die Wirksamkeit der Zustellung, sondern nur für deren Nachweis (BFH v. 20.12.2011, VIII B 199/10, BFH/NV 2012, 597). Anhand des Aktenzeichens, das auf der Zustellungsurkunde und auf dem Briefumschlag zu vermerken ist, muss der **Inhalt des zuzustellenden Dokuments** einwandfrei zu **identifizieren** sein. Eine Auslegung ist jedoch möglich (BFH v. 04.04.2011, VIII B 112/10, BFH/NV 2011, 1106). Die bloße Angabe der Steuernummer 30 reicht nicht aus (BFH v. 13.10.2005, IV R 44/03, BStBl II 2006, 214). Bei der Zustellung eines Bescheides über die gesonderte Feststellung muss sich aus dem Aktenzeichen auch der Gegenstand der Feststellung ergeben (BFH v. 13.10.2005, IV R 44/03, BStBl II 2006, 21; s. a. AEAO zu § 122, Nr. 3.1.1.1). Sollen **mehrere Verwaltungsakte** (z. B. Einspruchsentscheidungen) verschiedenen Inhalts **in einer Postsendung** zugestellt werden, müssen die gesetzlichen Form- und Beurkundungserfordernisse in Bezug auf **jedes einzelne Schriftstück** gewahrt werden. Das Aktenzeichen muss aus Angaben über die einzelnen Schriftstücke bestehen (BFH-Urteil vom 07.07.2004, X R 33/02, BFH/NV 2005, 66). Enthält die Sendung mehr Schriftstücke, als durch Aktenzeichen auf der Zustellungsurkunde und/oder dem Umschlag bezeichnet wird, ist nur die Zustellung des nicht bezeichneten Schriftstücks unwirksam (BFH v. 04.04.2011, VIII B 112/10, BFH/NV 2011, 1106). Der Zustellungsmangel kann jedoch nach § 8 VwZG geheilt werden (s. AEAO zu § 122, Nr. 4.5.2). Eine wirksame Zustellung an **mehrere Personen** gemeinsam ist nicht möglich, sondern nur die Zustellung an einen bestimmten Zustellungsempfänger. In der Anschrift auf dem Briefumschlag und dementsprechend in der Zustellungsurkunde darf daher als Empfänger **nur eine Person** angesprochen werden. Das gilt auch für die Zustellung an Ehegatten (BFH-Urteil vom 08.06.1995, IV R 104/94, BStBl II 1995, 681). Eine mit der Anschrift »Herrn Adam und Frau Eva Meier« versehene Sendung kann daher nicht wirksam zugestellt werden (s. AEAO zu § 122, Nr. 3.4). Die Zustellungsurkunde ist eine **öffentliche Urkunde** i. S. des § 418 Abs. 1 ZPO (s. § 182 Abs. 1 Satz 2 ZPO) und erbringt daher den vollen Beweis für die in ihr bezeugten Tatsachen. Dieser ist aber nach § 418 Abs. 2 ZPO durch Gegenbeweis widerlegbar. Dies erfordert den vollen Nachweis eines anderen Geschehensablaufs; durch bloße Zweifel an der Richtigkeit der urkundlichen Feststellungen ist der Gegenbeweis nicht erbracht (BFH v. 28.09.1993, II R 34/92, BFH/NV 1994, 291; BFH v. 14.08.2012, VII B 108/12, BFH/NV 2012, 1939).

### b) Zustellung durch Post mittels Einschreiben (§ 4 VwZG)

31 Die Zustellung mittels Einschreiben ist auf die Varianten »Einschreiben mittels Übergabe« und »Einschreiben mit Rückschein« beschränkt. Die Zustellung mittels eines »Einwurf Einschreibens« ist somit nicht möglich. Eine Zustellung durch **Einschreiben mit Rückschein** gilt an **dem Tag als bewirkt**, den der Rückschein angibt (BFH v. 14.04.2016, III B 108/15, BFH/NV 2016, 1250). Zum Nachweis der Zustellung genügt der Rückschein (§ 4 Abs. 2 Satz 1 VwZG). Der Rückschein ist **keine öffentliche Urkunde** i. S. des § 418 ZPO. Der von dem Rückschein ausgehende Nachweis der Zustellung ist somit auf das Maß eines normalen Beweismittels eingeschränkt. Geht der Rückschein nicht bei der die Zustellung veranlassenden Behörde ein oder enthält er kein Datum, gilt die Zustellung am dritten Tag nach der Aufgabe zur Post als bewirkt, es sei denn, dass der Verwaltungsakt nicht oder zu einem späteren Zeitpunkt zugegangen ist; im Zweifel hat die Behörde den Zugang und dessen Zeitpunkt nachzuweisen (§ 4 Abs. 2 Sätze 2 und 3 VwZG).

Eine Zustellung mittels **Einschreiben durch Übergabe** gilt am dritten Tag nach der Aufgabe zur Post als bewirkt, es sei denn, dass der Verwaltungsakt nicht oder zu einem späteren Zeitpunkt zugegangen ist. Auch insoweit hat im Zweifel die Behörde den Zugang und dessen Zeitpunkt nachzuweisen (§ 4 Abs. 2 Sätze 2 und 3 VwZG). Der Tag der Aufgabe zur Post ist in den Akten zu vermerken (§ 4 Abs. 2 Satz 4 VwZG). Für eine eventuelle **Ersatzzustellung** gelten nicht die §§ 178 bis 181 ZPO, sondern die einschlägigen allgemeinen Geschäftsbedingungen des in Anspruch genommenen Postdienstleisters. Verweigert der Empfänger oder der Ersatzempfänger die Annahme der eingeschriebenen Sendung, wird sie als unzustellbar an den Absender zurückgeschickt. Im Gegensatz zur Zustellung durch die Post mit Zustellungsurkunde kann daher **gegen den Willen** des Empfänger bzw. Ersatzempfängers eine Zustellung mittels Einschreiben nicht bewirkt werden.

### c) Zustellung gegen Empfangsbekenntnis, elektronische Zustellung (§ 5 VwZG)

Gegen Empfangsbekenntnis kann zugestellt werden, 32
- indem die Behörde den zuzustellenden Verwaltungsakt dem Empfänger aushändigt (§ 5 Abs. 1 bis 3 VwZG),
- durch Übermittlung auf andere Weise an Behörden, Körperschaften, Anstalten und Stiftungen des öffentlichen Rechts sowie an Angehörige bestimmter Berufe (§ 5 Abs. 4 VwZG),
- durch elektronische Übermittlung, wenn der Empfänger hierfür einen Zugang eröffnet hat; es ist zwingend elektronisch zuzustellen, wenn auf Verlangen des Empfängers aufgrund einer Rechtsvorschrift ein Verfahren in elektronischer Form abgewickelt wird. Für die Übermittlung ist das Dokument mit einer qualifizierten elektronischen Signatur zu versehen und gegen unbefugte Kenntnisnahme Dritter zu schützen (§ 5 Abs. 5 VwZG). In diesem Fall ist die Übermittlung mit dem Hinweis »Zustellung gegen Empfangsbekenntnis« einzuleiten (§ 5 Abs. 6 Satz 1 VwZG). Die Übermittlung muss die absendende Behörde, den Bediensteten, der das Dokument zur Übermittlung aufgegeben hat, und den Empfänger erkennen lassen (§ 5 Abs. 6 Satz 2 VwZG).

Zum **Nachweis** der Zustellung in den Fällen des § 5 Abs. 4 und 5 VwZG genügt das mit Datum und Unterschrift versehene Empfangsbekenntnis, das an die Behörde durch die Post oder elektronisch zurückzusenden ist (§ 5 Abs. 7 Satz 1 VwZG). Wird das Empfangsbekenntnis als **elektronisches Dokument** erteilt, bedarf es einer qualifizierten elektronischen Signatur nach dem Signaturgesetz, die die Unterschrift ersetzt (AEAO zu § 122, Nr. 3.1.3.5). Das datierte und unterschriebene Empfangsbekenntnis erbringt den **vollen Beweis** dafür, dass das darin bezeichnete Dokument an dem vom Empfänger bezeichneten Tag tatsächlich zugestellt worden ist; ein Gegenbeweis ist aber zulässig (BFH v. 31.10.2000, VIII R 14/00, BStBl II 2001, 156). § 122 Abs. 2 AO findet keine Anwendung (BFH v. 25.03.2011, II B 141/10, BFH/NV 2011, 1006). Das Fehlen des Datums auf dem vom Empfänger unterschriebenen Empfangsbekenntnis ist für die Rechtswirksamkeit der Zustellung unschädlich. Maßgebend für den durch die Zustellung ausgelösten Beginn einer Frist ist der Zeitpunkt, in dem der Aussteller des Empfangsbekenntnisses das Dokument als zugestellt entgegengenommen hat (BFH v. 20.08.1982, VIII R 58/82, BStBl II 1983, 63; BFH v. 04.03.2008, IV B 119/07, BFH/NV 1994, 291). Nach § 5 Abs. 7 Satz 2 VwZG gilt ein elektronisches Dokument in den Fällen des Absatzes 5 Satz 1 zweiter Halbsatz am dritten Tag nach der Absendung an den vom Empfänger hierfür eröffneten Zugang als zugestellt, wenn der Behörde nicht spätestens an diesem Tag ein Empfangsbekenntnis zugeht. Dies gilt nicht, wenn der Empfänger nachweist, dass das Dokument nicht oder zu einem späteren Zeitpunkt zugegangen ist. Der Empfänger ist vor der Übermittlung über diese Rechtsfolge zu belehren und über den Eintritt der Zustellungsfiktion zu benachrichtigen. Zum Nachweis der Zustellung ist von der absendenden Behörde in den Akten zu vermerken, zu welchem Zeitpunkt und an welchen Zugang das Dokument gesendet wurde.

### d) Elektronische Zustellung gegen Abholbestätigung über De-Mail-Dienste (§ 5a VwZG)

32a Die elektronische Zustellung kann unbeschadet des § 5 Abs. 4 und 5 S. 1 und 2 VwZG durch Übermittlung der nach § 17 De-Mail-Gesetz akkreditierten Diensteanbieter gegen Abholbestätigung nach § 5 Abs. 9 De-Mail-Gesetz an das De-Mail-Postfach des Empfängers erfolgen. An die Stelle des Empfangsbekenntnisses nach § 5 Abs. 4 und 6 VwZG tritt die Abholbestätigung. Zum Nachweis der elektronischen Zustellung genügt die Abholbestätigung. Ein elektronisches Dokument gilt am dritten Tat nach der Absendung an das De-Mail-Postfach des Empfängers als zugestellt, wenn er dieses Postfach als Zugang eröffnet hat und der Behörde nicht spätestens an diesem Tag eine elektronische Abholbestätigung zugeht. Dies gilt nicht, wenn der Empfänger nachweist, dass das Dokument nicht oder zu einem späteren Zeitpunkt zugegangen ist. Der Empfänger ist vor der Übermittlung über die Rechtsfolgen zu belehren. Als Nachweis der Zustellung dient die Versandbestätigung nach § 5 Abs. 7 De-Mail-Gesetz oder ein Vermerk der absendenden Behörde in den Akten, zu welchem Zeitpunkt und an welches De-Mail Postfach das Dokument gesendet wurde. Der Empfänger ist über den Eintritt der Zustellfiktion elektronisch zu benachrichtigen.

### e) Zustellung im Ausland (§ 9 VwZG)

Zum Nachweis der Zustellung nach § 9 Abs. 1 Nr. 1 VwZG genügt der Rückschein. Bei einer Zustellung durch Übermittlung elektronischer Dokumente sind neben der völkerrechtlichen Zulässigkeit die Regelungen des § 5 Abs. 5 bis 7 sowie § 5a VwZG zu beachten (AEAO zu § 122, Nr. 3.1.4.1). Eine Zustellung durch Einschreiben mit Rückschein ist **unzulässig** in folgenden Staaten (s. AEAO zu § 122 AO, Nr. 3.1.4.1): Ägypten, Argentinien, Brasilien, China, Republik Korea, Kuwait, Liechtenstein – soweit es sich um Steuern oder Besteuerungszeiträume handelt, die nicht vom DBA mit Liechtenstein (BStBl 2013 I, S. 488) erfasst sind –, Mexiko, San Marino, Schweiz, Sri Lanka und Venezuela. In diesem Fall kommt eine öffentliche Zustellung nach § 10 VwZG in Betracht (Rz. 34). 33

### f) Öffentliche Zustellung (§ 10 VwZG)

Die öffentliche Zustellung kommt nur als »**letztes Mittel**« der Bekanntgabe in Betracht, wenn alle Möglichkeiten erschöpft sind, das Dokument dem Empfänger in anderer Weise zu übermitteln. Eine öffentliche Zustellung wegen eines **unbekannten Aufenthaltsortes** des Empfängers (§ 10 Abs. 1 Satz 1 Nr. 1 VwZG) ist nicht bereits dann zulässig, wenn die Finanzbehörde die Anschrift nicht kennt oder Briefe als unzustellbar zurückkommen. Die Anschrift des Empfängers muss vielmehr **allgemein unbekannt** sein. Dies ist durch eine Erklärung der zuständigen Meldebehörde oder auf andere Weise zu belegen. Die bloße Feststellung, dass sich der Empfänger bei der Meldebehörde abgemeldet hat, ist nicht ausreichend. Die Finanzbehörde muss daher, bevor sie durch öffentliche Bekanntmachung zustellt, die nach Sachlage **gebotenen und zumutbaren Ermittlungen** anstellen. Welche Anforderungen an diese Ermittlungen zu stellen sind, hängt u.a. von dem Vorverhalten des Zustellungsempfängers ab (BFH v. 14.03.2017, X S 18/16, BFH/NV 2017, 909). Dazu gehören insbes. Nachforschungen bei der Meldebehörde, u.U. auch die Befragung von Angehörigen oder des bisherigen Vermieters des Empfängers. Auch Hinweisen auf den mutmaßlichen neuen Aufenthaltsort des Empfängers muss durch Rückfrage bei der dortigen Mel- 34 debehörde nachgegangen werden. Ist zu vermuten, dass sich der Steuerpflichtige in einem bestimmten anderen Land aufhält, sind die Ermittlungsmöglichkeiten des zwischenstaatlichen Auskunftsaustausches nach dem BMF v. 25.01.2006, BStBl I 2006, 26 auszuschöpfen (BFH v. 09.12.2009, X R 54/06, BStBl II 2010, 732, AEAO zu § 122, Nr. 3.1.5.1). **Nicht zulässig** ist daher beispielsweise, eine öffentliche Zustellung bereits dann anzuordnen, wenn eine versuchte Bekanntgabe unter einer Adresse, die der Empfänger angegeben hat, einmalig fehlgeschlagen ist oder wenn lediglich die Vermutung besteht, dass eine Adresse, an die sich der Empfänger bei der Meldebehörde abgemeldet hat, eine Scheinadresse ist (BFH v. 06.06.2000, VII R 55/99, BStBl II 2000, 560; BFH v. 13.03.2003, VII B 196/02, BStBl II 2003, 609). Eine öffentliche Zustellung ist aber wirksam, wenn die Finanzbehörde durch unrichtige Auskünfte Dritter zu der unrichtigen Annahme verleitet wurde, der Empfänger sei unbekannten Aufenthaltsortes, sofern die Finanzbehörde auf die Richtigkeit der ihr erteilten Auskunft vertrauen konnte (BFH v. 13.03.2003, VII B 196/02, BStBl II 2003, 609). Eine Zustellung durch öffentliche Bekanntmachung ist nach § 10 Abs. 1 Nr. 2 VwZG auch möglich, wenn bei juristischen Personen, die zur Anmeldung einer inländischen Geschäftsanschrift zum Handelsregister verpflichtet sind, eine Zustellung weder unter der eingetragenen Anschrift noch unter einer im Handelsregister eingetragenen Anschrift einer für Zustellungen empfangsberechtigten Person oder einer ohne Ermittlungen bekannten anderen inländischen Anschrift möglich ist. Nach § 10 Abs. 1 Satz 1 Nr. 3 VwZG kommt eine öffentliche Zustellung zudem auch dann in Betracht, wenn eine **Zustellung im Ausland nicht möglich** ist (s. Rz. 33) oder **keinen Erfolg verspricht.** Eine Zustellung im Ausland verspricht keinen Erfolg, wenn sie grundsätzlich möglich wäre, ihre Durchführung aber etwa wegen Kriegs, Abbruchs der diplomatischen Beziehungen, Verweigerung der Amtshilfe oder unzureichender Vornahme durch die örtlichen Behörden nicht zu erwarten ist. Der Umstand, dass die Ausführung eines Zustellungsersuchens längere Zeit in Anspruch nehmen wird, rechtfertigt aber nicht die Anordnung einer öffentlichen Zustellung (BFH v. 06.06.2000, VII R 55/99, BStBl II 2000, 560). Die Wirksamkeit der öffentlichen Zustellung setzt einen Hinweis nach § 10 Abs. 2 Satz 3 VwZG voraus. Fehlt dieser Hinweis, geht der Bescheid dem Adressaten zu, wenn sein Bevollmächtigter durch Akteneinsicht tatsächlich Kenntnis von diesem erlangt (BFH v. 13.09.2017, III R 6/17, BFH/NV 2018, 403). Der Verwaltungsakt gilt **zwei Wochen** nach dem Tag der Bekanntmachung der Benachrichtigung als zugestellt (§ 10 Abs. 2 Satz 6 VwZG). Dies gilt auch dann, wenn dem Empfänger vor Ablauf dieser zweiwöchigen Frist der Verwaltungsakt ausgehändigt wurde. Die Frist gem. § 10 Abs. 2 Satz 6 VwZG bestimmt sich nach § 108 Abs. 1 AO i. V. m. §§ 187 Abs. 1, 188 Abs. 2 BGB. Bei der **Berechnung** der Frist ist ggf. § 108 Abs. 3 AO zu beachten.

### g) Zustellung an mehrere Beteiligte/Ehegatten

Soll ein Verwaltungsakt mehreren Beteiligten zugestellt werden, so ist – soweit kein gemeinsamer Bevollmächtigter vorhanden ist – das Dokument jedem einzelnen **gesondert** zuzustellen. Dies gilt auch bei der Zustellung an **Ehegatten** oder **Lebenspartner.** Haben beide Ehegatten/Lebenspartner gegen einen zusammengefassten Steuerbescheid Einspruch eingelegt, so ist – falls die Finanzbehörde die förmliche Zustellung angeordnet hat – grundsätzlich jedem der Ehegatten/Lebenspartner je eine Ausfertigung der an beide zu richtenden einheitlichen Einspruchsentscheidung zuzustellen (BFH v. 08.06.1995, IV R 104/94, BStBl II 1995, 681). Dies gilt unabhängig davon, in welcher Weise der angefochtene Bescheid bekannt gegeben worden ist. Bei einer Zustellung mittels Einschreiben können aber beide Ausfertigungen in einer an beide Eheleute/Lebenspartner gemeinsam adressierte Sendung zur Post gegeben werden (s. FG Bremen v. 23.06.1992, II 87/91 K, EFG 1992, 758). Dem Ehegatten/Lebenspartner als **Zustellungsbevollmächtigten** darf mit Wirkung auch für den anderen Ehegatten/Lebenspartner zugestellt werden, wobei an ihn **je eine Ausführung** der Entscheidung für jeden Ehegatten/Lebenspartner zuzustellen ist. 35

### h) Zustellung an Bevollmächtigte (§ 7 VwZG)

Ist für das **Verfahren** ein **Bevollmächtigter** bestellt, **kann** an diesen zugestellt werden (§ 7 Abs. 1 Satz 1 VwZG). Hat der Bevollmächtigte eine **schriftliche Vollmacht** vorgelegt, **muss** an diesen zugestellt werden (§ 7 Abs. 1 Satz 2 VwZG); dies gilt auch, wenn die Vollmacht in elektronischer Form (§ 87a Abs. 3) vorgelegt wurde. Eine Zustellung direkt an den/die Beteiligten ist in diesem Falle unwirksam. Die unwirksame Zustellung und der Bekanntgabemangel werden geheilt, wenn der Bescheid an den Bevollmächtigten weitergeleitet wird und diesem zugeht (BFH v. 11.04.2017, IX R 50/15, BFH/NV 2017, 1300). Haben mehrere Beteiligte einen **gemeinsamen Verfahrensbevollmächtigten** bestellt, genügt es, dem Bevollmächtigten eine Ausfertigung des Dokuments mit Wirkung für alle Beteiligten zuzustellen (§ 7 Abs. 1 Satz 3 VwZG; BFH v. 13.08.1970, IV 48/65, BStBl II 1970, 839). Dies gilt auch, wenn der Verfahrensbevollmächtigte selbst Beteiligter ist und zugleich andere Beteiligte vertritt. Einem **Zustellungsbevollmächtigten mehrerer Beteiligter** sind so viele Ausfertigungen oder Abschriften zuzustellen, als Beteiligte vorhanden sind (§ 7 Abs. 2 VwZG). Haben mehrere Personen im **Feststellungsverfahren** einen gemeinsamen Empfangsbevollmächtigten 36

(§ 183 AO), so vertritt dieser die Feststellungsbeteiligten auch bei Zustellungen (§ 7 Abs. 3 VwZG). Dem Empfangsbevollmächtigten ist eine Ausfertigung des Dokuments zuzustellen und dabei darauf hinzuweisen, dass die Bekanntgabe mit Wirkung für und gegen alle von ihm vertretenen Feststellungsbeteiligten erfolgt (§ 183 Abs. 1 Satz 5 AO). Soll eine **Einspruchsentscheidung** zugestellt werden, hat die Finanzbehörde diese dem Verfahrensbevollmächtigten auch ohne Nachweis einer Vollmacht zuzustellen, wenn dieser den Einspruch eingelegt und die Finanzbehörde ihn als Bevollmächtigten in der Einspruchsentscheidung aufgeführt hat (BFH v. 25.10.1963, III 7/60 U, BStBl III 1963, 600). Hat der Steuerpflichtige den Einspruch selbst eingelegt, ist jedoch im weiteren Verlauf des Einspruchsverfahrens ein Bevollmächtigter für den Steuerpflichtigen aufgetreten, ist die Einspruchsentscheidung nur dann dem Bevollmächtigten zuzustellen, wenn eine Empfangsvollmacht vorliegt oder das Interesse des Steuerpflichtigen an einer Bekanntgabe gegenüber dem Bevollmächtigten nach den Umständen des Einzelfalls eindeutig erkennbar ist (BFH v. 29.07.1987, I R 367, 379/83, BStBl II 1988, 242).

#### i) Heilung von Zustellungsmängeln (§ 8 VwZG)

37 Lässt sich die formgerechte Zustellung eines Dokuments nicht nachweisen oder ist es unter Verletzung zwingender Zustellungsvorschriften zugegangen, gilt es als in dem Zeitpunkt zugestellt, in dem es dem Empfangsberechtigten **tatsächlich zugegangen** ist. Dies erfordert, dass er das Schriftstück in die Hand bekommt (BFH v. 06.05.2014, GrS 2/13, BStBl II 2014, 645; zur Heilung bei Nichtbeachtung einer Empfangsvollmacht s. Rz. 12); im Fall des § 5 Abs. 5 VwZG (Zustellung eines elektronischen Dokuments) in dem Zeitpunkt, in dem der Empfänger das Empfangsbekenntnis zurückgesendet hat (§ 8 VwZG). Dies gilt auch dann, wenn durch die Zustellung eine Klagefrist in Lauf gesetzt wird (z. B. in den Fällen der behördlich angeordneten förmlichen Zustellung einer Einspruchsentscheidung). Ein Zustellungsmangel ist nach § 8 VwZG auch dann geheilt, wenn der Empfänger nachweislich nur eine Fotokopie des Verwaltungsaktes erhalten hat (BFH v. 15.01.1991, VII R 86/89, BFH/NV 1992, 81). Eine wegen Formmangels unwirksame Zustellung eines Verwaltungsakts **kann nicht** in eine wirksame »schlichte« Bekanntgabe im Sinne des § 122 Abs. 1 AO umgedeutet werden (BFH v. 08.06.1995, IV R 104/94, BStBl II 1995, 681; s. § 128 AO Rz. 3).

## E. Bekanntgabeerleichterungen

### I. Mehrere Beteiligte (§ 122 Abs. 6 AO)

Nach § 122 Abs. 6 AO können **zusammengefasste Bescheide**, soweit die Beteiligten (§ 78 AO) **einverstanden** sind, an einen Beteiligten mit Wirkung für und gegen andere Beteiligte bekannt gegeben werden. Die Vorschrift erfasst **alle Steuerverwaltungsakte**. Sie findet insbes. Anwendung bei zusammenveranlagten Ehegatten oder Lebenspartnern, für die wegen Fehlens einer gemeinsamen Anschrift § 122 Abs. 7 AO nicht anwendbar ist (s. § 155 AO Rz. 23; AEAO zu § 122, Nr. 2.1.3). Die Vorschrift gilt nur für die Bekanntgabe i. S. des § 122 AO, nicht für die förmliche Zustellung i. S. des VwZG (Rz. 35, BFH v. 08.06.1995, IV R 104/94, BStBl II 1995, 681). Ein Verstoß gegen diese Vorschrift kann durch fehlerfreie Bekanntgabe der **Einspruchsentscheidung** geheilt werden (BFH v. 10.12.1992, IV R 136/91, BFH/NV 1993, 577). Nach § 122 Abs. 6, 2. HS AO können die Beteiligten nachträglich eine Abschrift des Bescheids verlangen. Das Verlangen ist an keine Form oder Frist gebunden. 38

### II. Zusammenveranlagte/Eltern mit Kindern (§ 122 Abs. 7 AO)

Betrifft ein zusammengefasster schriftlicher Verwaltungsakt **Ehegatten oder Lebenspartner** oder Ehegatten mit ihren Kindern, Lebenspartner mit ihren Kindern oder Alleinstehende mit ihren Kindern, so reicht es für die wirksame Bekanntgabe an alle Beteiligten aus, wenn ihnen **eine Ausfertigung** unter ihrer **gemeinsamen Anschrift** übermittelt wird. Dies gilt auch bei der Bekanntgabe an den gemeinsamen Bevollmächtigten (BFH v. 21.10.2009, IX R 36/08, juris). Die Vorschrift gilt nicht nur für Steuerbescheide, sondern für alle Arten von **Steuerverwaltungsakten**, die im Zusammenhang mit dem Besteuerungsverfahren ergehen. In erster Linie geht es in der Praxis um die **Zusammenveranlagung** von Eheleuten/Lebenspartnern zur Einkommensteuer (s. § 155 AO Rz. 23 ff.). Eine Zusammenveranlagung von Eltern und Kindern sah das außer Kraft getretene VStG vor. § 122 Abs. 7 AO **gilt nicht**, wenn nur ein Ehepartner/Lebenspartner den Einkommensteuerbescheid angefochten hat (BFH v. 17.09.1996, IX B 56/96, BFH/NV 1997, 283) und ist nicht anwendbar auf die förmliche Zustellung (Rz. 35). § 122 Abs. 7 Satz 1 AO setzt die **gemeinsame Anschrift** der Ehegatten/Lebenspartner voraus. Der Ehegatte/Lebenspartner kann beantragen, dass ihm eine besondere Ausfertigung des Steuerverwaltungsakts bekannt gegeben wird. Bestehen zwischen den Eheleuten/Lebenspartnern **ernstliche Meinungsverschiedenheiten** und sind diese der Finanzbehörde bekannt, so sind Verwaltungsakte beiden Eheleuten/Lebenspartnern einzeln 39 bekannt zu geben. Dies ist der Fall, wenn keine eheliche oder lebenspartnerschaftliche Lebensgemeinschaft mehr besteht.

## § 122a AO Bekanntgabe von Verwaltungsakten durch Bereitstellung zum Datenabruf

**(1) Verwaltungsakte können mit Einwilligung des Beteiligten oder der von ihm bevollmächtigten Person bekannt gegeben werden, indem sie zum Datenabruf durch Datenfernübertragung bereitgestellt werden.**

**(2) Die Einwilligung kann jederzeit mit Wirkung für die Zukunft widerrufen werden.**

**Der Widerruf wird der Finanzbehörde gegenüber erst wirksam, wenn er ihr zugeht.**

**(3) Für den Datenabruf hat sich die abrufberechtigte Person nach Maßgabe des § 87a Absatz 8 zu authentisieren.**

**(4) Ein zum Abruf bereitgestellter Verwaltungsakt gilt am dritten Tag nach Absendung der elektronischen Benachrichtigung über die Bereitstellung der Daten an die abrufberechtigte Person als bekannt gegeben.**

**Im Zweifel hat die Behörde den Zugang der Benachrichtigung nachzuweisen.**

**Kann die Finanzbehörde den von der abrufberechtigten Person bestrittenen Zugang der Benachrichtigung nicht nachweisen, gilt der Verwaltungsakt an dem Tag als bekannt gegeben, an dem die abrufberechtigte Person den Datenabruf durchgeführt hat. Das Gleiche gilt, wenn die abrufberechtigte Person unwiderlegbar vorträgt, die Benachrichtigung nicht innerhalb von drei Tagen nach der Absendung erhalten zu haben.**

### Inhaltsübersicht



### A. Regelungsgegenstand

1 Ab dem 01.01.2017 können Verwaltungsakte mit Einwilligung des Beteiligten oder der von ihm bevollmächtigten Person dadurch bekannt gegeben werden, dass sie zum Datenabruf durch Datenfernübertragung bereitgestellt **werden**. In diesem Fall wird der Verwaltungsakt nicht versendet. Stattdessen erhält die zum Abruf berechtigte Person eine **elektronische Benachrichtigung** (per E-Mail) mit der Information, dass der Verwaltungsakt zum Abruf bereitsteht. Der Steuerpflichtige hat sich dann nach §§ 87a ff. AO im entsprechenden Portal zu authentifizieren, um den Verwaltungsakt dort abzurufen (§ 122a Abs. 3 AO). Die Vorschrift ersetzt insoweit die schriftliche oder elektronische Bekanntgabe nach § 122 AO.

### B. Anwendungsbereich

Der **Anwendungsbereich** des § 122a AO erstreckt sich auf alle Verwaltungsakte (s. § 118 AO), also nicht nur auf Steuer- und diesen gleichgestellte Bescheide, sondern z.B. auch auf sonstige Steuerverwaltungsakte, wie z.B. Haftungsbescheide. Die Vorschrift gilt für alle Steuerverwaltungsakte, die nach dem 31.12.2016 erlassen wurden (Art. 97 § 28 Satz 1 EGAO). Das BMF wurde ermächtigt, mit Zustimmung des Bundesrats durch Rechtsverordnung einen abweichenden erstmaligen Anwendungszeitpunkt zu bestimmen, wenn bis zum 30.06.2018 erkennbar ist, dass die technischen oder organisatorischen Voraussetzungen für eine Anwendung des § 122a AO in der am 01.01.2017 geltenden Fassung noch nicht erfüllt sind (Art. 97 § 28 Satz 2 i.V.m. Art. 97 § 8 Abs. 4 Satz 4 EGAO). Dies wird voraussichtlich erst 2019 der Fall sein (*Seer* in Tipke/Kruse, § 122a Rz. 1). Die Regelung findet auch Anwendung für eine Bekanntgabe des Verwaltungsaktes im Ausland. Die Regelungen der Nr. 1.8 und 3.1.4 AEAO zu § 122 sind entsprechend anzuwenden, sodass eine Bekanntgabe gem. § 122a Abs. 2 Satz 1 AO hinsichtlich der Staaten ausgeschlossen sein dürfte, bei denen eine Zustellung nicht möglich ist (*Wargowske* in Gosch, § 122a Rz. 35). 2

### C. Voraussetzungen der Bekanntgabe durch Bereitstellung

Die Bekanntgabe durch Bereitstellung zum Datenabruf beruht auf **Freiwilligkeit**. Der Stpfl. muss in die Bekanntgabe durch Datenabruf einwilligen. Die Einwilligung bedarf keiner besonderen Form, kann jedoch von der Finanzbehörde nicht einfach angenommen oder unterstellt werden. Sie kann insbes. auch nicht darin gesehen werden, dass ein Zugang für die elektronische Kommunikation mit den FinBeh gem. § 87a Abs. 1 Satz 1 AO eröffnet worden ist (*Wargowske* in Gosch, § 122a Rz. 22). Die Einwilligung kann jederzeit mit Wirkung für die Zukunft widerrufen werden (§ 122a Abs. 2 AO). Der Widerruf wird der Finanzbehörde gegenüber erst wirksam, wenn er ihr zugeht. 3

4 Erforderlich ist, dass sich die zum Datenabruf berechtigte Person nach Maßgabe des § 87a Abs. 8 AO authentifiziert hat und für den Abruf ein sicheres Verfahren verwendet wird, das die für die Datenbereitstellung verantwortliche Stelle oder Einrichtung der FinVerw gleichfalls authentifiziert und die Vertraulichkeit und Integrität des Datensatzes gewährleistet (§ 87a Abs. 8 AO). Dies ist bei der Datenbereitstellung von Verwaltungsakten der FinBeh über die Kommunikationsplattform ELSTER im Format PDF/A47 der Fall (*Wargowske* in Gosch, § 122a Rz. 25).

### D. Wirkung der Bereitstellung

5 Ein zum Abruf bereitgestellter Verwaltungsakt gilt gem. § 122a Abs. 3 Satz 1 AO am **dritten Tag nach Absendung** der elektronischen Benachrichtigung über die Bereitstellung der Daten an die abrufberechtigte Person als bekannt gegeben. Es handelt sich um eine **gesetzliche Fiktion des Bekanntgabezeitpunkts** der zum Datenabruf bereitgestellten Steuerverwaltungsakte. Die Drei-Tages-Fiktion des § 122a Abs. 4 AO ist eine echte Frist, sodass die **Wochenend- und Feiertagsregel** des § 108 Abs. 3 AO greift (*Wargowske* in Gosch, § 122a Rz. 20).

6 In Bezug auf **technische Störungen** enthält § 122a Abs. 4 AO folgende Regelungen: Im Zweifel hat die Behörde den Zugang der Benachrichtigung nachzuweisen. Kann die Finanzbehörde den von der abrufberechtigten Person bestrittenen Zugang der Benachrichtigung nicht nachweisen, gilt der Verwaltungsakt an dem Tag als bekannt gegeben, an dem die abrufberechtigte Person den Datenabruf durchgeführt hat. Wird der Verwaltungsakt zwar in das Portal geladen, kann dieser jedoch vom Stpfl. wegen technischer Störungen nachweislich nicht heruntergeladen werden, ist bei Versäumung der Einspruchsfrist die Wiedereinsetzung nach § 110 AO geboten.

## § 123 AO Bestellung eines Empfangsbevollmächtigten

**Ein Beteiligter ohne Wohnsitz oder gewöhnlichen Aufenthalt, Sitz oder Geschäftsleitung im Inland, in einem anderen Mitgliedstaat der Europäischen Union oder in einem Staat, auf den das Abkommen über den Europäischen Wirtschaftsraum anwendbar ist, hat der Finanzbehörde auf Verlangen innerhalb einer angemessenen Frist einen Empfangsbevollmächtigten im Inland zu benennen. Unterlässt er dies, so gilt ein an ihn gerichtetes Schriftstück einen Monat nach der Aufgabe zur Post und ein elektronisch übermitteltes Dokument am dritten Tage nach der Absendung als zugegangen. Dies gilt nicht, wenn feststeht, dass das Schriftstück oder das elektronische Dokument den Empfänger nicht oder zu einem späteren Zeitpunkt erreicht hat. Auf die Rechtsfolgen der Unterlassung ist der Beteiligte hinzuweisen.**

**Inhaltsübersicht**



### A. Bedeutung und Inhalt der Vorschrift

Die Vorschrift dient der Erleichterung der Bekanntgabe von Verwaltungsakten an Beteiligte **ohne** Wohnsitz, gewöhnlichen **Aufenthalt** oder **Sitz im Inland**. Bei Bekanntgabe nach § 122 Abs. 2 Nr. 2 AO muss grundsätzlich die Behörde den Zeitpunkt des Zugangs nachweisen (§ 122 AO Rz. 20). § 123 AO führt zur Umkehr der Beweislast, wenn kein inländischer Empfangsbevollmächtigter benannt wird. Der **Gegenbeweis** bleibt aber nach § 123 Satz 3 AO möglich. 1

### B. Voraussetzungen für das Benennungsverlangen

§ 123 Satz 1 AO verpflichtet Beteiligte ohne Wohnsitz (s. § 8 AO), gewöhnlichen Aufenthalt (s. § 9 AO), Sitz (s. § 11 AO) oder Geschäftsleitung (s. § 10 AO) im Geltungsbereich der AO, der Finanzbehörde auf Verlangen innerhalb angemessener Frist einen **Empfangsbevollmächtigten** im Geltungsbereich der AO zu benennen. Der Beteiligtenbegriff entspricht § 78 AO. 2

Dies ist sachlich gerechtfertigt, da die gewöhnliche Postübermittlung nach § 122 Abs. 2 AO nur für Postsendungen innerhalb des Geltungsbereichs der AO bzw. aufgrund konkreter zwischenstaatlicher Vereinbarungen zulässig ist (s. § 122 AO Rz. 20, 33). Voraussetzung für die Anwendung der Vorschrift ist, dass feststeht, dass der Beteiligte **keine inländische Adresse** besitzt. Genaue Kenntnis seiner ausländischen Adresse wird insoweit nicht gefordert. Sie ist jedoch spätestens dann notwendig, wenn das Schriftstück nach fruchtlosem Ablauf der Frist des § 123 Satz 1 AO zur Herbeiführung der Vermutung des Zugangs i.S. des § 123 Satz 2 AO zur Post gegeben oder elektronisch übermittelt werden soll. Ist schlechthin keine Anschrift des Empfängers bzw. die E-Mail-Adresse bei elektronischer Versendung bekannt, verbleibt lediglich die öffentliche Zustellung gem. § 10 VwZG (s. § 122 AO Rz. 34). 3

Ob die Finanzbehörde die Benennung eines Empfangsbevollmächtigten verlangt, steht in ihrem **pflichtgemäßen Ermessen** (§ 5 AO). Dabei ist zu prüfen, ob das Verlangen unter den Umständen des Einzelfalls zumutbar und angemessen ist. Hat der Beteiligte bereits einen inländischen Dritten allgemein bevollmächtigt, so wäre angesichts der gem. § 122 Abs. 1 Satz 3 AO gegebenen Möglichkeit der Bekanntgabe an diesen das Verlangen, außerdem einen Empfangsbevollmächtigten zu benennen, ermessensfehlerhaft. Darüber hinaus wird das Verlangen i. S. des § 123 Satz 1 AO in der Regel nur dann gerechtfertigt sein, wenn mit einer gewissen Wahrscheinlichkeit wiederholt Steuerverwaltungsakte gegen den Beteiligten ergehen werden.

5 Das Verlangen der Finanzbehörde ist ein **Verwaltungsakt** (§ 118 Satz 1 AO). Diesen Verwaltungsakt bekannt zu geben, wird in der Praxis kaum auf geringere Schwierigkeiten stoßen, als die Bekanntgabe des Steuerbescheides selbst. Da es sich dabei aber um einen Verwaltungsakt handelt, für den weder eine bestimmte Form noch eine bestimmte Bekanntgabeart vorgeschrieben ist, genügt es, wenn der Empfänger des Verlangens auf irgendeine Art und Weise hiervon Kenntnis erlangt. Die Finanzbehörde ist hierfür jedoch nachweispflichtig. Das Verlangen kann den Beteiligten, etwa bei einer vorübergehenden Anwesenheit im Inland, mündlich oder schriftlich im Wege der Postübermittlung gem. § 122 Abs. 2 AO bzw. nach den Voraussetzungen des § 87a AO und § 5a VwZG durch **E-Mail** bekannt gegeben werden.

6 Für die Benennung des Empfangsbevollmächtigten muss dem Beteiligten eine **angemessene Frist** zugebilligt werden. Befindet sich der Beteiligte zur Zeit der Bekanntgabe des Verlangens im Inland und wird dieser vorübergehende Inlandsaufenthalt noch entsprechende Zeit fortdauern, so wird in der Regel eine Frist von zwei Wochen ausreichen. Ermöglichen die Umstände das entsprechende Tätigwerden des Beteiligten erst vom Ausland aus, muss die Frist dem angepasst werden (*Bock*, DStZ 1986, 329). Die von der Finanzbehörde gesetzte Frist kann gem. § 109 Abs. 1 Satz 1 AO verlängert werden. Da im Normalfall auch die besonderen Voraussetzungen des § 109 Abs. 1 Satz 2 AO für eine rückwirkende Verlängerung vorliegen dürften, wird sich häufig auch eine stillschweigende Verlängerung bei verspätetem Befolgen des Verlangens anbieten.

### C. Folge der Nichtbenennung: Bekanntgabevermutung

7 Wird dem Verlangen innerhalb der gestellten Frist nicht Folge geleistet, so kann die Behörde das für den Beteiligten bestimmte Schriftstück zur Post aufgeben bzw. elektronisch übermitteln (s. hierzu aber auch Rz. 3). In diesem Falle fingiert die Vorschrift den Zugang an den Beteiligten mit Ablauf eines Monats nach der Aufgabe zur Post bzw. bei einem **elektronischen Dokument** am dritten Tag nach der Absendung, vorausgesetzt, dass der Beteiligte auf diese Rechtsfolge vorher hingewiesen worden ist (§ 123 Satz 4 AO). Dieser Hinweis wird zweckmäßigerweise mit dem Verlangen nach Benennung eines Empfangsbevollmächtigten verbunden werden, zumal der Beteiligte u. U. sich erst aufgrund dieses Hinweises dazu entschließen wird, dem Verlangen der Finanzbehörde nachzukommen.

Der fingierte Zugangszeitpunkt ist auch dann etwaigen Fristenberechnungen zugrunde zu legen, wenn der **tatsächliche Zugang** nachweislich früher erfolgt ist.

Solange nicht feststeht, dass das Schriftstück oder elektronisch übermittelte Dokument nicht oder später angekommen ist, geht dies zulasten des Empfängers (*Güroff* in Gosch, § 123 AO Rz. 10.2). Die **gesetzliche Zugangsvermutung** ist nach § 123 Satz 3 AO aber **widerlegbar**.

### D. Wirkung der Benennung

Wird ein Empfangsbevollmächtigter benannt, ist der Verwaltungsakt mit Wirkung für den Beteiligten diesem gegenüber bekannt zu geben. Unerheblich ist, ob dem Beteiligten der Verwaltungsakt tatsächlich zugeht. Ein Empfangsbevollmächtigter ist **nicht gleichzeitig Bevollmächtigter** i. S. des § 80 Abs. 1 AO. Zu anderen Rechtshandlungen als zur Entgegennahme von Verwaltungsakten bzw. Mitteilungen u. Ä. ist er nicht berechtigt. Die Vollmacht nach § 80 Abs. 1 AO schließt die Empfangsbevollmächtigung aber mit ein. 8

### E. Rechtsbehelfe

Das Benennungsverlangen nach § 123 Satz 1 AO ist ein anfechtbarer Verwaltungsakt, sodass der Einspruch nach § 347 AO gegeben ist. Dieser kann auf einen Ermessensfehlgebrauch gestützt werden (s. § 5 AO Rz. 31 ff.). Eine Feststellungsklage mit dem Ziel festzustellen, dass die »Zugangsfiktion« in § 123 Satz 2 AO nicht gilt, ist unzulässig, da der Kläger seine Rechte insoweit auch durch eine Anfechtungsklage gegen das Benennungsverlangen verfolgen kann (BFH v. 09.11.2007, IV B 170/06, juris). 9

## § 124 AO
## Wirksamkeit des Verwaltungsakts

**(1) Ein Verwaltungsakt wird gegenüber demjenigen, für den er bestimmt ist oder der von ihm betroffen wird, in dem Zeitpunkt wirksam, in dem er ihm bekannt gegeben wird. Der Verwaltungsakt wird mit dem Inhalt wirksam, mit dem er bekannt gegeben wird.**

**(2) Ein Verwaltungsakt bleibt wirksam, solange und soweit er nicht zurückgenommen, widerrufen, anderweitig aufgehoben oder durch Zeitablauf oder auf andere Weise erledigt ist.**

**(3) Ein nichtiger Verwaltungsakt ist unwirksam.**

**Inhaltsübersicht**



## A. Inhalt und Bedeutung der Vorschrift

1 Der Verwaltungsakt wird mit seiner Bekanntgabe wirksam. Wirksamkeit bedeutet, dass die Regelung existent wird und in Kraft tritt, d. h. Rechte und Pflichten begründet, ändert oder aufhebt. Wirksamkeit bedeutet weiter, dass die Rechtswirkungen des Verwaltungsaktes für die Finanzverwaltung bindend sind und nicht ohne Weiteres geändert werden können (Ausnahmen: §§ 129 bis 132 AO, §§ 164 f. AO, §§ 172 bis 177 AO). Zu den Anforderungen an die Bekanntgabe und zu den Folgen von Bekanntgabemängel s. § 122 AO. Der Verwaltungsakt kann hinsichtlich der Wahrung der Festsetzungsfrist bereits mit Verlassen der Behörde, d. h. vor seiner Bekanntgabe, Wirkung entfalten (s. § 169 AO Rz. 15).

## B. Wirksamwerden des Steuerverwaltungsakts (§ 124 Abs. 1 AO)

2 Nach § 124 Absatz 1 Satz 1 AO wird ein Steuerverwaltungsakt gegenüber demjenigen, für den er bestimmt ist oder der von ihm betroffen wird, in dem **Zeitpunkt wirksam**, in dem er ihm bekannt gegeben wird. Dies gilt nicht, wenn dem Steuerpflichtigen zuvor oder gleichzeitig ein Widerruf zugeht (BFH v. 18.08.2009, X R 25/06, BStBl II 2009, 965; BFH v. 28.05.2009, III R 84/06, BStBl II 2009, 949). Abgesehen von dem Fall der Nichtigkeit des Verwaltungsakts (s. hierzu § 125 AO und § 124 Abs. 3 AO) tritt diese Folge der Bekanntgabe unabhängig davon ein, ob der Verwaltungsakt rechtmäßig oder rechtswidrig ist oder unter einem sonstigen Mangel leidet (s. *Seer* in Tipke/Kruse, § 124 AO Rz. 17).

3 Hiervon zu unterscheiden sind **Fehler**, die **bei der Bekanntgabe** eines Verwaltungsakts unterlaufen sind. Diese können die Bekanntgabe unheilbar unwirksam machen, einen heilbaren Formfehler darstellen oder unbeachtlich sein. Eine unwirksame Bekanntgabe kann niemals zur Wirksamkeit des von ihr betroffenen Verwaltungsakts führen; seine Bekanntgabe muss in wirksamer Weise nachgeholt werden. Ein heilbarer Fehler in der Bekanntgabe sistiert die Wirksamkeit des Verwaltungsakts bis zum Eintritt der Heilung des Fehlers. Über Fehler bei der Bekanntgabe im Einzelnen s. § 122 AO Rz. 7.

Die Wirkung des Verwaltungsakts tritt gegenüber demjenigen ein, für den er bestimmt ist oder der von ihm betroffen wird. Dabei ist zu beachten, dass besondere gesetzliche Bestimmungen der Finanzbehörde ermöglichen, die Bekanntgabe an bestimmte Empfänger mit einer Wirkung gegen andere vom Verwaltungsakt Betroffene vorzunehmen (s. § 183 Abs. 1 AO, § 122 Abs. 1 Satz 2 i. V. m. § 34 Abs. 2 AO, §§ 122 Abs. 1 Satz 3, und § 123 AO). So kann die Finanzbehörde einen **einheitlichen Feststellungsbescheid** einem Empfangsbevollmächtigten mit Wirkung für und gegen alle Beteiligten bekannt geben (s. § 183 AO). 4

Da ein Steuerverwaltungsakt erst mit seiner Bekanntgabe wirksam wird, bis dahin also noch ein **behördeninterner Akt** ist, ist er nur **bis zur Bekanntgabe frei »abänderbar«** bzw. **»aufhebbar«**. Der Verwaltungsakt verliert die Eigenschaft eines behördeninternen Aktes, wenn die Behörde die Bekanntgabe des Verwaltungsakts an den oder die Betroffenen in die Wege leitet. Er ist also auch dann nicht mehr frei abänderbar, wenn ein für mehrere Betroffene bestimmter Verwaltungsakt erst einem von ihnen bekannt gegeben wurde und daher die notwendige Bekanntgabe an alle Betroffenen noch nicht abgeschlossen ist. 5

Die Wirksamkeit eines Steuerverwaltungsakts löst bei vollziehbaren Verwaltungsakten regelmäßig auch die **Vollziehbarkeit** aus, es sei denn, diese ist ausdrücklich aufgehoben. Die Wirksamkeit des Verwaltungsaktes wird durch die Einlegung eines Rechtsbehelfs grundsätzlich nicht gehemmt. Die Vollziehung kann nach § 361 AO bzw. § 69 FGO ausgesetzt werden. **Vollstreckbarkeit** tritt hingegen erst mit Bekanntgabe eines Leistungsgebotes (§ 154 AO) ein. Auch für die im Steuerverwaltungsakt aufgeschobenen Rechtswirkungen ist die Bekanntgabe Wirksamkeitsvoraussetzung. 6

## C. Maßgeblicher Regelungsinhalt

Nach § 124 Abs. 1 Satz 2 AO wird der Verwaltungsakt mit dem Inhalt wirksam, mit dem er bekannt gegeben wird. Es ist also der bekannt gegebene Regelungsinhalt des Verwaltungsakts auch dann allein maßgebend, wenn er mit dem **Akteninhalt**, d. h. mit den Vorstufen, die sich im Laufe des Prozesses der Entstehung des Verwaltungsakts behördenintern abspielen, nicht im Einklang steht (s. BFH v. 26.07.1974, III R 94/73, BStBl II 1974, 725). 7

Die Abweichung kann durch eine **Berichtigung** gem. § 129 AO (BFH v. 21.10.1987, IX R 156/84, BFH/NV 1988, 277) bzw. durch Änderung/Aufhebung des Steuerbescheids nach §§ 172 ff. AO aufgehoben werden.

8 Der Inhalt des Verwaltungsakts ist ggf. durch **Auslegung** zu ermitteln (s. § 119 AO Rz. 3; s. BFH v. 16.03.2001, IV B 17/00, BFH/NV 2001, 1103 m. w. N.). Dabei kann jedoch nicht darauf abgestellt werden, was die Behörde mit ihrer Erklärung gewollt hat, sondern nur darauf, wie der **Empfänger** des Verwaltungsakts nach den ihm bekannten Umständen den materiellen Gehalt der Erklärung unter Berücksichtigung von Treu und Glauben verstehen konnte (s. BFH v. 28.11.1985, IV R 178/83, BStBl II 1986, 293). Unklarheiten gehen zulasten der Finanzbehörde (BFH v. 26.08.1982, IV R 31/82, BStBl II 1983, 23). Außerhalb dieses Regelungsinhaltes steht die rechtliche Begründung für die getroffene Regelung; insoweit können Gründe, die bisher dem Empfänger nicht bekannt gegeben worden sind, auch nachgeschoben werden. Der von dem Verwaltungsakt betroffene Sachverhalt (der geregelte konkrete Einzelfall) kann jedoch nicht nachträglich ausgewechselt werden. Beachte aber die ausdrückliche gesetzliche Regelung zulässiger Umdeutungen in § 128 AO.

## D. Zeitliche Grenzen der Wirksamkeit (§ 124 Abs. 2 AO)

9 Nach § 124 Abs. 2 AO verbleibt es bei der durch die Bekanntgabe eingetretenen Wirksamkeit des Verwaltungsakts, solange und soweit er nicht zurückgenommen, widerrufen, anderweitig aufgehoben oder durch Zeitablauf oder auf andere Weise erledigt ist. Dies gilt auch für **fehlerhafte** Verwaltungsakte, soweit diese nur rechtswidrig und nicht nichtig sind.

### I. Beendigung der Wirksamkeit durch behördliches oder gerichtliches Tätigwerden

10 Der Verwaltungsakt verliert seine Wirksamkeit, soweit er zurückgenommen, widerrufen, anderweitig aufgehoben, geändert oder ersetzt wird. Bei einer Teilrücknahme bleibt der im Übrigen nicht betroffene Teil des Verwaltungsakts wirksam (s. § 118 AO Rz. 12).

### II. Erledigung des Steuerverwaltungsakts durch Zeitablauf oder auf andere Weise

11 Die Wirkung des Verwaltungsakts kann auch ohne besonderes Zutun durch **Zeitablauf** oder auf andere Weise erledigt sein. So endet eine **Stundung** mit Ablauf des Stundungszeitraums, eine Aussetzung der Vollziehung mit dem Eintritt des im Verwaltungsakt bezeichneten Beendigungsgrundes oder ein Leistungsgebot durch Erlöschen des Zahlungsanspruches. Eine Erledigung eines Verwaltungsakts auf andere Weise liegt z. B. auch vor, wenn der Verwaltungsakt mit einer **(auflösenden) Bedingung** ergangen ist (§ 120 Abs. 1 Nr. 2 AO) und die Bedingung eintritt. Durch die unwidersprochene **Feststellung eines Steueranspruchs zur Insolvenztabelle** tritt die Erledigung des – mit dem Einspruch angefochtenen – Steuerbescheides ein. Dies gilt auch für Haftungsbescheide (BFH v. 27.09.2017, XI R 9/16, BFH/NV 2018, 75). Ebenso erledigt sich ein Bescheid über die Bewilligung einer Investitionszulage mit der Eröffnung des Insolvenzverfahrens (BFH v. 16.04.2013, VII R 44/12, BStBl II 2013, 778). Ein Steuervorauszahlungsbescheid erledigt sich durch die Bekanntgabe des Jahressteuerbescheids (BFH v. 23.06.1993, X B 134/91, BStBl II 1994, 38). Ebenso führt eine USt-Berichtigung nach § 17 UStG zu einer Erledigung des Vorauszahlungsbescheides auf sonstige Weise (BFH v. 19.08.2008, VII R 36/07, BStBl II 2009, 90). Davon unabhängig bleiben die Rechtswirkungen, welche der Vorauszahlungsbescheid als solcher in der Vergangenheit ausgelöst hat (BFH v. 29.11.1984, V R 146/83, BStBl II 1985, 370). Die Wirksamkeit des Verwaltungsakts wird durch die **Verjährung** nicht berührt. Sie führt auch nicht zu einer Erledigung des Verwaltungsakts. Im Erhebungsverfahren sind Streitigkeiten über das Erlöschen der Ansprüche aufgrund Verjährung mittels Abrechnungsbescheid zu klären (s. § 218 AO Rz. 14 ff.).

## E. Nichtiger Steuerverwaltungsakt (§ 124 Abs. 3 AO)

§ 124 Abs. 3 AO wiederholt einen allgemein anerkannten 12
**Rechtsgrundsatz** und dient daher nur der Klarstellung. Ist ein Verwaltungsakt nicht nur rechtswidrig, sondern nichtig, so kann auch seine Bekanntgabe keinerlei Wirkungen auslösen. Die Nichtigkeit des Verwaltungsakts, deren Abgrenzung von der Rechtswidrigkeit sich als schwierig erweisen kann, ist in § 125 AO geregelt. Ein nichtiger Verwaltungsakt ist gleichwohl zum Zwecke der Beseitigung des durch ihn erzeugten Rechtsscheins anfechtbar; seine Nichtigkeit kann daneben jederzeit geltend gemacht werden (BFH v. 17.06.1992, X R 47/88, BStBl II 1993, 174). Er kann auch nach Ablauf der Rechtsbehelfsfrist angefochten werden (BFH v. 17.07.1986, V R 96/85, BStBl II 1986, 834). Zur Zulässigkeit einer Klage auf Feststellung der Nichtigkeit eines Verwaltungsakts s. § 41 FGO Rz. 5.

Vom nichtigen Verwaltungsakt ist der **Nichtverwal-** 13
**tungsakt** zu unterscheiden, d. h. derjenige, der zwar nach Form und Inhalt Verwaltungsakt sein könnte, der aber mangels (ordnungsmäßiger) Bekanntgabe nicht

wirksam geworden ist. Aus ihm darf nicht vollstreckt werden. Eine auf ihn geleistete Zahlung ist – wie beim nichtigen Verwaltungsakt – gem. § 37 Abs. 2 AO zu erstatten (s. § 37 AO Rz. 6 ff.).

## § 125 AO
## Nichtigkeit des Verwaltungsakts

**(1) Ein Verwaltungsakt ist nichtig, soweit er an einem besonders schwerwiegenden Fehler leidet und dies bei verständiger Würdigung aller in Betracht kommenden Umstände offenkundig ist.**

**(2) Ohne Rücksicht auf das Vorliegen der Voraussetzungen des Absatzes 1 ist ein Verwaltungsakt nichtig,**

**1. der schriftlich oder elektronisch erlassen worden ist, die erlassende Finanzbehörde aber nicht erkennen lässt,**

**2. den aus tatsächlichen Gründen niemand befolgen kann,**

**3. der die Begehung einer rechtswidrigen Tat verlangt, die einen Straf- oder Bußgeldtatbestand verwirklicht,**

**4. der gegen die guten Sitten verstößt.**

**(3) Ein Verwaltungsakt ist nicht schon deshalb nichtig, weil**

**1. Vorschriften über die örtliche Zuständigkeit nicht eingehalten worden sind,**

**2. eine nach § 82 Abs. 1 Satz 1 Nr. 2 bis 6 und Satz 2 ausgeschlossene Person mitgewirkt hat,**

**3. ein durch Rechtsvorschrift zur Mitwirkung berufener Ausschuss den für den Erlass des Verwaltungsakts vorgeschriebenen Beschluss nicht gefasst hat oder nicht beschlussfähig war,**

**4. die nach einer Rechtsvorschrift erforderliche Mitwirkung einer anderen Behörde unterblieben ist.**

**(4) Betrifft die Nichtigkeit nur einen Teil des Verwaltungsakts, so ist er im Ganzen nichtig, wenn der nichtige Teil so wesentlich ist, dass die Finanzbehörde den Verwaltungsakt ohne den nichtigen Teil nicht erlassen hätte.**

**(5) Die Finanzbehörde kann die Nichtigkeit jederzeit von Amts wegen feststellen; auf Antrag ist sie festzustellen, wenn der Antragsteller hieran ein berechtigtes Interesse hat.**

**Inhaltsübersicht**



### A. Bedeutung und Inhalt der Vorschrift

§ 125 Abs. 1 AO bestimmt, dass ein Verwaltungsakt nichtig ist, sobald er an einem besonders schwerwiegenden Fehler leidet, der evident, offenkundig ist. In § 125 Abs. 1 AO ist eine abstrakte Generalklausel enthalten, in § 125 Abs. 2 AO ein Positivkatalog der Nichtigkeit, der auch ohne das Vorliegen der Voraussetzungen des Abs. 1 zur Nichtigkeit führt, in § 125 Abs. 3 AO ein Negativkatalog. Ein nichtiger Verwaltungsakt ist unwirksam (§ 124 Abs. 3 AO). Er kann nicht nach § 126 Abs. 1 AO geheilt werden. Auch § 127 AO findet keine Anwendung. Ein nichtiger Verwaltungsakt ist jedoch nach § 128 AO umdeutbar (s. § 128 AO Rz. 5). 1

### B. Generalklausel (§ 125 Abs. 1 AO)

Die Nichtigkeit des Verwaltungsakts wird dadurch ausgelöst, dass er mit einem besonders schwerwiegenden Fehler behaftet ist, der bei verständiger Würdigung aller in Betracht kommenden Umstände offenkundig ist. Damit unterscheidet sich die Nichtigkeit von der Rechtswidrigkeit, die nicht zur Unwirksamkeit des Steuerverwaltungsakts führt. 2

#### I. Besonders schwerwiegender Fehler

Voraussetzung für die Nichtigkeit ist, dass der Verwaltungsakt an einem besonders schwerwiegenden Fehler leidet. Dies ist nicht schon dann der Fall, wenn der Verwaltungsakt gegen das geltende nationale Recht oder Gemeinschaftsrecht verstößt (BFH v. 31.05.2017, I B 102/16, BFH/NV 2017, 1189 zur Anwendung einer veralteten Gesetzesfassung). Erforderlich ist vielmehr, dass der Verwaltungsakt nach keinem denkbaren rechtlichen Gesichtspunkt ergehen konnte. Ein Verwaltungsakt ist danach nur dann nichtig, wenn er die an eine ordnungsmäßige Verwaltung zu stellenden Anforderungen in einem so erheblichen Maß verletzt, dass von niemandem 3 erwartet werden kann, ihn als verbindlich anzuerkennen (BFH v. 16.09.2010, V R 57/09, BStBl II 2011, 51). Dies ist nicht schon dann der Fall, wenn einzelne Elemente des gesetzlichen Tatbestandes entgegen der Auffassung der Behörde vorliegen bzw. nicht vorliegen (BFH v. 26.06.2010, VII R 27/08, BStBl II 2011, 331). Ein Verwaltungsakt ist nichtig, wenn er eindeutig gegen § 119 Abs. 1 AO verstößt, d.h. inhaltlich **nicht hinreichend bestimmt** ist, da sich sein Inhalt auch nicht durch Auslegung hinreichend sicher bestimmen lässt (BFH v. 23.08.2017, I R 52/15, BFH/NV 2018, 401). So ist ein Steuerbescheid nichtig, der unter Nichtbeachtung des § 157 Abs. 1 Satz 2 AO die festgesetzte Steuer nicht nach Art und Betrag bezeichnet, mehrere Steuerfälle unaufgegliedert zusammenfasst (BFH v. 30.08.2017 II R 46/15, BFH/NV 2018, 125) oder die Angabe des Steuerschuldners unterlässt (s. § 119 AO Rz. 4). Nichtig ist ein mehrere Zuwendungen zusammenfassender Schenkungssteuerbescheid, es sei denn, dem Steuerbescheid ist zu entnehmen, dass das FA von einem einheitlichen Erwerbsvorgang ausgegangen ist (BFH v. 20.11.2013, II R 64/11, BFH/NV 2014, 716). Ergeht für einen Veranlagungszeitraum ein Steuerbescheid, für den bereits ein wirksamer Steuerbescheid gegenüber demselben Adressaten erlassen wurde, ohne dass sich aus dem Wortlaut oder durch Auslegung des Bescheids ergibt, in welchem Verhältnis die Bescheide zueinander stehen, ist der zuletzt ergangene Bescheid nichtig (BFH v. 12.05.2011, V R 25/10, BFH/NV 2011, 1541). Kein Fall der Nichtigkeit wegen Unbestimmtheit ist gegeben, wenn im Verwaltungsakt eine Person eindeutig aber **zu Unrecht als Steuerschuldner** bezeichnet wird. In diesem Fall ist der Steuerbescheid rechtswidrig, aber nicht nichtig (§ 119 AO Rz. 3). Dies gilt nicht für die Bekanntgabe gegenüber dem Insolvenzverwalter nach Aufhebung des Insolvenzverfahrens, da dieser als Bekanntgabe- oder Inhaltsadressat nicht mehr in Betracht kommt (BFH v. 06.07.2011, II R 34/10, BFH/NV 2012, 10). Enthält ein **Feststellungsbescheid** nicht alle Feststellungsbeteiligten als Inhaltsadressat, ist er nicht nichtig, sondern teilnichtig, wenn er im Übrigen inhaltlich hinreichend bestimmt ist und die Finanzbehörde den Feststellungsbescheid ohne den nichtigen Teil erlassen hätte (§ 125 Abs. 4 AO; BFH v. 19.11.2009, IV R 89/06, BFH/NV 2010, 818). Fehlen jedoch jegliche Angaben zu den Beteiligten bzw. sind alle Beteiligte unrichtig bezeichnet, ist der Feststellungsbescheid nichtig (BFH v. 27.08.2003, II R 35/01, BFH/NV 2004, 467). Nichtig ist auch ein Steuerverwaltungsakt, der inhaltlich schlechthin unmöglich ist, z.B. ein Einheitswert betr. ein nicht existierendes Grundstück oder die Zurechnung eines Grundstücks an eine nicht existierende oder nicht mehr existierende Person (s. BFH v. 17.06.1992, X R 47/88, BStB1 II 1993, 174). Ein Verstoß gegen § 119 Abs. 3 AO in der Weise, dass lediglich Unterschrift oder Namenswiedergabe des maßgebenden Beamten fehlt, verursacht keine Nichtigkeit.

Keine Nichtigkeit begründen grobe **Schätzungsfehler** (§ 162 AO), die auf einer Verkennung der tatsächlichen Gegebenheiten oder der wirtschaftlichen Zusammenhänge beruhen. Jedoch können Willkürmaßnahmen, die mit den Anforderungen an eine ordnungsgemäße Verwaltung nicht zu vereinbaren sind, einen besonders schwerwiegenden Fehler darstellen (BFH v. 20.10.2005, IV B 65/04, BFH/NV 2006, 2407; *von Wedelstädt* in Gosch, § 125 AO Rz. 17; s. § 162 AO Rz. 62 f.). 4

Die Nichtigkeit eines Verwaltungsakts kann auch auf der **Form** oder der **Bekanntgabe** beruhen. Ergeht ein Verwaltungsakt, für den schriftliche Erteilung vorgeschrieben ist, nur mündlich (z.B. für Einspruchsentscheidungen § 366 AO), so ist er ebenso nichtig wie ein Verwaltungsakt, der unter unheilbaren Mängeln leidet (s. § 122 AO Rz. 7). 5

Lässt der Verwaltungsakt nicht erkennen, ob das Finanzamt den Adressaten als Haftenden oder als Steuerschuldner in Anspruch nehmen will, ist er nichtig (BFH v. 05.10.1994, I R 31/93, BFH/NV 1995, 576; s. aber auch BFH v. 30.01.2018, VIII R 75/13, BFH/NV 2018, 773: keine Nichtigkeit, wenn Steuer- und Haftungsschuldner identisch sind). Ein **Kirchensteuerbescheid** gegen einen aus der Kirche Ausgetretenen ist nicht nichtig (s. FG München v. 18.08.1997, 13 K 1541/97, EFG 1998, 332). Dies gilt auch für die **Doppelerfassung** von Einkünften (BFH v. 18.10.2011, X B 14/11, BFH/NV 2012, 172). Schuldbegründende Steuerfestsetzungen und Feststellungsbescheide, die Besteuerungsgrundlagen feststellen, sind nichtig, soweit sie Forderungen betreffen, die als **Insolvenzforderungen** zur Tabelle anzumelden sind (BFH v. 18.12.2002, I R 33/01, BStBl II 2003, 630). Die Nichtigkeit eines **Folgebescheides** ergibt sich nicht bereits aus der Nichtigkeit des Grundlagenbescheids. Verstöße gegen die **Bindungswirkung** (§ 183 Abs. 1 AO) begründen nicht die Nichtigkeit, sondern nur die Anfechtbarkeit des Folgebescheids (BFH v. 26.09.2006, X R 21/04, BFH/NV 2007, 186 ff.). Ein trotz Festsetzungsverjährung ergangener Steuerbescheid ist nicht nichtig (s. BFH v. 06.05.1994, V B 28/94, BFH/NV 1995, 275 und v. 03.03.2011, III R 45/08, BStBl II 2011, 673). Ein mit einem **Vorläufigkeitsvermerk** versehener Bescheid, bei dem der Grund der Vorläufigkeit entgegen § 165 Abs. 1 Satz 2 AO nicht angegeben ist, ist nicht nichtig, wenn sich der Umfang der Vorläufigkeit aus dem Wortlaut der Erläuterung oder den sonstigen Umständen ergibt und die Nebenbestimmung des Bescheids somit hinreichend bestimmt ist (s. BFH v. 29.08.2001, VIII R 1/01, BFH/NV 2002, 465; s. aber auch BFH v. 12.07.2007, X R 22/05, BStBl II 2008, 2). Ist die **Steuererklärung** nicht unterschrieben, führt dies nicht zur Nichtigkeit des Steuerbescheides (BFH v. 28.02.2002, V R 42/01, BStBl II 2002, 642). Die **fehlen-**

de **Begründung** des Steuerbescheides ist ein heilbarer Fehler und führt nur zur Rechtswidrigkeit und nicht zur Nichtigkeit des Bescheides (s. § 121 AO Rz. 13, s. § 126 AO Rz. 5).

6 Der Erlass eines Verwaltungsakts durch eine **sachlich unzuständige Behörde** ist nicht stets als besonders schwere, also unerträgliche Rechtsverletzung anzusehen (s. dazu BFH v. 23.04.1986, I R 178/82, BStBl II 1986, 880; BFH v. 15.12.1992, VIII R 42/90, BStBl II 1994, 702). Eine offensichtliche und einen besonders schwerwiegenden Fehler darstellende sachliche Unzuständigkeit liegt jedoch dann vor, wenn gegen eine eindeutige, die Aufgabenverteilung an verschiedenartige Ressorts regelnde Rechtsvorschrift verstoßen wird: z. B. Bestattungsamt erlässt Grunderwerbsteuerbescheid; FA erlässt Getränkesteuerschuld. Allgemein wird Nichtigkeit auch angenommen, wenn die **niedere** anstelle der **höheren** Behörde bzw. die höhere Behörde anstelle der niederen Behörde entscheidet, sofern die sachliche Unzuständigkeit der Entscheidungsbehörde in solchen Fällen nicht lediglich auf Verwaltungsanweisungen beruht (s. BFH v. 07.07.1978, VI R 211/75, BStBl II 1978, 575). Von **funktioneller** sachlicher **Unzuständigkeit**, die stets Nichtigkeit zur Folge hat, spricht man, wenn über einen Rechtsbehelf die falsche Instanz entscheidet.

7 Wird im **Gewerbesteuermessbescheid** eine falsche Gemeinde als hebeberechtigt benannt, die tatsächlich nicht hebeberechtigt ist, ist der Bescheid rechtwidrig und nicht nichtig (BFH v. 19.11.2003, I R 88/02, BStBl II 2004, 751; *von Wedelstädt* in Gosch, § 125 AO Rz. 38; s. § 127 AO Rz. 3a).

Wegen der Unschädlichkeit des Verstoßes gegen die **örtliche Zuständigkeit** s. § 125 Abs. 3 Nr. 1 AO; wegen der Auswirkungen mangelnder oder fehlerhafter Mitwirkung von Ausschüssen oder anderen Behörden s. § 125 Abs. 3 Nr. 3 und 4 AO.

## II. Offenkundigkeit des Fehlers

8 Die **Nichtigkeit** tritt nur ein, wenn der besonders schwerwiegende Fehler bei verständiger Würdigung aller in Betracht kommenden Umstände offenkundig bzw. evident ist. Eine solche **Offenkundigkeit** soll nach h. M. vorliegen, wenn die Entdeckung des Fehlers keine besondere Fachkunde voraussetzt (kritisch *Seer* in Tipke/Kruse, § 125 AO Rz. 6). Daher liegt nach h. M. kein offenkundiger Fehler vor, wenn einem Steuerverwaltungsakt eine unrichtige Rechtsauffassung zugrunde gelegt wird, die über längere Zeit und im Zeitpunkt der Bekanntgabe des Verwaltungsakts praktiziert wurde, ohne dass dies die h. M. für rechtsfehlerhaft hielt (*von Wedelstädt* in Gosch, § 125 AO Rz. 48). Die verständige Würdigung aller in Betracht kommenden Umstände muss von dem allgemeinen, jedem unbefangenen Bürger bewussten natürlichen **Rechtsgefühl** ausgehen (s. BFH v. 23.08.2000, X R 27/98, BFH/NV 2001, 355). Nach Auffassung des BFH ist bei Fehlerhaftigkeit die Rechtswidrigkeit die Regel und die Nichtigkeit die Ausnahme (s. *Ratschow* in Klein, § 125 AO Rz. 2; s. BFH v. 31.08.1994, X R 2/93, BFH/NV 1995, 467). Zur Frage der Auswirkung der Teilnichtigkeit s. Rz. 21 f.

## C. Absolute Nichtigkeitsgründe (§ 125 Abs. 2 AO)

Wichtige **konkrete Einzelfälle**, in denen Nichtigkeit kraft Gesetzes eintritt, ohne dass das Vorliegen der Voraussetzungen des § 124 Abs. 1 AO geprüft werden muss (absolute Nichtigkeitsgründe), enthält § 125 Abs. 2 AO. 9

## I. Fehlende Behördenbezeichnung

Ein schriftlicher oder elektronischer Steuerverwaltungsakt, der die erlassende Finanzbehörde nicht erkennen lässt, ist nichtig (§ 125 Abs. 2 Nr. 1 AO). Zum diesbezüglichen Erfordernis s. § 119 Abs. 3 AO. 10

## II. Unausführbarer Steuerverwaltungsakt

Nichtig ist auch ein Verwaltungsakt, den aus **tatsächlichen Gründen** niemand befolgen kann (§ 125 Abs. 2 Nr. 2 AO). Hierunter können nur solche Verwaltungsakte fallen, die von dem Adressaten ein Tun oder Unterlassen verlangen. Entscheidend ist, ob die behördliche Anordnung tatsächlich von irgendjemand befolgt werden könnte, nicht, ob der Adressat konkret dazu in der Lage ist. Die Vorschrift betrifft daher die Fälle der **objektiven Unmöglichkeit** und ist auf subjektive Unmöglichkeit nicht anwendbar. Objektiv unmöglich ist z. B. die Anforderung einer nicht errichteten notariellen Urkunde oder das Verlangen auf Vorlage einer tatsächlich untergegangenen Sache (verbrannte Geschäftspapiere, Wechsel usw.). Objektiv unmöglich ist ferner die Duldung einer bzw. die Mitwirkung an einer Außenprüfung, für die eine **Prüfungsanordnung** erst nach Abschluss der Prüfungshandlungen erlassen wurde (s. FG RP v. 18.10.1983, 2 K 29/83, EFG 1984, 380; s. FG Bln v. 11.09.1984, VII 150/83, EFG 1985, 380; a. A. s. FG Mchn v. 27.11.1981, VIII 182/81, EFG 1982, 336) sowie eine Anordnung i. S. des § 141 Abs. 2 Satz 1 AO, die einen Landwirt verpflichtet, ab einem zurückliegenden Zeitpunkt Bücher zu führen (s. BFH v. 17.10.1985, IV R 187/83, BStBl II 1986, 39). Die nur **rechtliche Unmöglichkeit** reicht nicht aus (z. B. Verlangen nach Sicherungsübereignung eines einem Dritten gehörenden Gegenstands). 11

### III. Verlangen einer rechtswidrigen Tat

12 Verlangt ein Verwaltungsakt vom Adressaten die Begehung einer rechtswidrigen Tat, die einen **Straf- oder Bußgeldtatbestand** verwirklicht, so ist er ebenso ohne Weiteres nichtig (§ 125 Abs. 2 Nr. 3 AO). Voraussetzung für Nichtigkeit ist jedoch, dass eine Strafbarkeit nach inländischem Strafrecht vorliegt. Eine mögliche Strafbarkeit der von einem inländischen Steuerpflichtigen verlangten Handlung (z. B. eine Auskunft) nach ausländischem Recht führt dagegen nicht zur Nichtigkeit des Verwaltungsaktes (BFH v. 16.11.2016, II R 29/13, BFHE 256, 364, BStBl II 2017, 413).

### IV. Sittenwidriger Steuerverwaltungsakt

13 Steuerverwaltungsakte, die gegen die guten Sitten verstoßen, sind nichtig (§ 125 Abs. 2 Nr. 4 AO). Das Gesetz übernimmt hier den Grundgedanken des § 138 BGB. Gegen die guten Sitten verstößt, was dem Rechts- und Anstandsgefühl aller billig und gerecht Denkenden widerspricht. Dies kann jedoch keine Nichtigkeit von Verwaltungsakten bewirken, die sich auf eine Rechtsvorschrift stützen, deren Folgen der Betroffene als sittenwidrig erachtet. Dass z. B. ein Steuersatz »konfiskatorisch« ist, kann nicht durch Geltendmachung der Nichtigkeit des einzelnen Steuerbescheids behauptet, sondern nur durch verfassungsgerichtliche Klärung der Gültigkeit des Gesetzes festgestellt werden.

## D. Ausschluss der Nichtigkeit (§ 125 Abs. 3 AO)

14 § 125 Abs. 3 AO stellt klar, dass in den dort erwähnten Fällen keine die Annahme der Nichtigkeit rechtfertigenden Fehler vorliegen.

### I. Verstoß gegen örtliche Zuständigkeitsvorschriften

15 Die Nichteinhaltung der Vorschriften über die örtliche Zuständigkeit (§§ 17 ff. AO) führt nicht zur Nichtigkeit des Verwaltungsaktes (§ 125 Abs. 3 Nr. 1 AO). Nach § 127 AO kann die Aufhebung eines Verwaltungsakts nämlich nicht allein deshalb beansprucht werden, weil er unter Verletzung von Vorschriften über die örtliche Zuständigkeit zustande gekommen ist, wenn keine andere Entscheidung in der Sache hätte getroffen werden können (s. § 127 AO Rz. 3). Zum Verstoß gegen die sachliche und funktionelle Zuständigkeit, s. Rz. 6.

### II. Mitwirkung einer ausgeschlossenen Person

Hat beim Erlass eines Verwaltungsakts eine nach § 82 Abs. 1 Satz 1 Nr. 2 bis 5 und Satz 2 AO ausgeschlossene Person mitgewirkt, so ist der Verwaltungsakt trotzdem nicht nichtig (§ 125 Abs. 3 Nr. 2 AO). Wegen der Ausschließungsgründe s. § 82 AO. Ausgenommen ist lediglich der besonders schwerwiegende Fall der Mitwirkung im eigenen Besteuerungsverfahren; hier ist gem. § 125 Abs. 1 AO stets **Nichtigkeit** die Folge. 16

### III. Fehlende oder unwirksame Mitwirkung eines Ausschusses

Wenn durch **Rechtsvorschrift** für den Erlass eines Verwaltungsakts die Mitwirkung eines Ausschusses im Wege der Beschlussfassung vorgeschrieben ist, ist der Verwaltungsakt nicht nichtig, wenn der zuständige Ausschuss den Beschluss nicht gefasst hat oder nicht beschlussfähig war (§ 125 Abs. 3 Nr. 3 AO). Nicht unter § 125 Abs. 3 Nr. 3 AO gehören diejenigen Fälle, in denen ein Ausschuss nicht nur zur Mitwirkung befugt, sondern selbst und allein für den Erlass des Verwaltungsakts zuständig ist (z. B. sachliche Zuständigkeit des Zulassungsausschusses für die Zulassung zur Steuerbevollmächtigten- bzw. **Steuerberaterprüfung**). Wenn hier nicht der für die Entscheidung zuständige Ausschuss, sondern die Behörde, der er angehört, den Verwaltungsakt erlässt, bestimmen sich die Konsequenzen nach § 125 Abs. 1 AO. Es wird in der Regel **Nichtigkeit** anzunehmen sein, es sei denn, die in § 125 Abs. 1 AO geforderte Offenkundigkeit des Fehlers wäre zu verneinen. 17

Die Nichtmitwirkung durch gültigen Beschluss ist nach § 126 Absatz 1 Nr. 4 AO unbeachtlich, wenn der Beschluss nachträglich, jedoch innerhalb der zeitlichen Grenzen des § 126 Abs. 2 AO gefasst wird. 18

### IV. Fehlen der Mitwirkung einer anderen Behörde

Ist die nach einer Rechtsvorschrift **erforderliche Mitwirkung** einer anderen Behörde unterblieben, so ist allein deshalb der Verwaltungsakt nicht nichtig (§ 125 Abs. 3 Nr. 4 AO). Die Mitwirkung kann innerhalb der zeitlichen Grenzen des § 126 Abs. 2 AO nachgeholt und der Fehler damit geheilt werden. Ansonsten bleibt der Fehler beachtlich und führt unter der Einschränkung des § 127 AO zur **Aufhebung** des Verwaltungsakts durch **Rechtsbehelfsentscheidung**, sofern die Behörde den Verwaltungsakt nicht gem. § 130 Abs. 1 AO (beachte aber die 19 beschränkte Rücknahmemöglichkeit bei begünstigenden Verwaltungsakten gem. § 130 Abs. 2 AO) zurücknimmt.

20 vorläufig frei

### E. Teilnichtigkeit (§ 125 Abs. 4 AO)

21 § 125 Abs. 4 AO behandelt die Teilnichtigkeit eines Verwaltungsakts. Nur in dem Ausnahmefall, dass wegen des wesentlichen Gehalts des nichtigen Teils anzunehmen ist, dass die Finanzbehörde den Verwaltungsakt ohne den nichtigen Teil nicht erlassen hätte, ergreift die Nichtigkeit den ganzen Verwaltungsakt.

22 Von besonderer Bedeutung wird dies z. B. in den Fällen des § 120 AO sein, wenn **Nebenbestimmungen** zu einem Verwaltungsakt nichtig sind. Insbesondere bei Steuerbescheiden dürfte hingegen § 125 Abs. 4 AO keine Bedeutung erlangen, weil solche Verwaltungsakte in der Regel keine selbstständigen Teilregelungen enthalten, die für sich allein aufrechterhalten werden könnten (s. § 157 Abs. 2 AO).

### F. Feststellung der Nichtigkeit (§ 125 Abs. 5 AO)

23 Obwohl die Nichtigkeit eines Verwaltungsakts per se dessen Unwirksamkeit zur Folge hat (§ 124 Abs. 3 AO) besteht im Interesse der **Rechtssicherheit** (Beseitigung der Vermutung der Richtigkeit und Gültigkeit von Hoheitsakten) ein grundsätzliches Bedürfnis für die amtliche Feststellung der Nichtigkeit. Deshalb ist nach Absatz 5 die Finanzbehörde jederzeit zu einer solchen Feststellung berechtigt. Sie muss auf Antrag erfolgen, wenn der Antragsteller hieran ein berechtigtes Interesse hat. Das berechtigte Interesse muss ein **schutzwürdiges Interesse** rechtlicher, wirtschaftlicher oder ideeller Art sein. Dabei ist nicht von der subjektiven Auffassung des Antragstellers, sondern der vernünftigen Beurteilung aller billig und gerecht Denkenden auszugehen. Der Antrag ist an keine Frist gebunden.

24 Mit der **Feststellung der Nichtigkeit** wird verbindlich entschieden, dass der nichtige Verwaltungsakt keine Rechtsfolgen hat; sie ist selbst ein Verwaltungsakt (*von Wedelstädt* in Gosch, § 125 AO Rz. 73). Dies gilt auch für die **Ablehnung** eines Antrags auf Feststellung der Nichtigkeit, da damit verbindlich entschieden wird, dass ein Anspruch auf Feststellung der Nichtigkeit nicht besteht, bzw. dass der Verwaltungsakt, dessen Nichtigkeit festgestellt werden soll, rechtswirksam ist. **Zuständig** für die Feststellung der Nichtigkeit ist die Behörde, die den Verwaltungsakt erlassen hat. Anstelle der Nichtigkeitsfeststellung kann die Finanzbehörde den Steuerverwaltungsakt auch nach § 130 AO **zurücknehmen** bzw. im Falle eines Steuerbescheides nach § 172 Abs. 1 Satz 1 Nr. 2a AO **aufheben**.

Neben der Feststellung der Nichtigkeit kann der Betroffene den Steuerverwaltungsakt ohne Einhaltung einer Frist (BFH v. 17.09.1987, III R 1259/84, BFH/NV 1988, 681) anfechten und nach Erfolglosigkeit des Einspruchsverfahrens **Anfechtungsklage** erheben. Die **Anfechtungsklage** ist zulässig, obwohl der Betroffene nach § 41 Abs. 1 FGO auch die Möglichkeit hat, Klage auf Feststellung der Nichtigkeit zu erheben (BFH v. 16.09.2004, VII B 20/04, BFH/NV 2005, 231). Für die Anfechtungsklage gilt jedoch die **Klageerhebungsfrist** nach § 47 Abs. 1 FGO, wenn die Entscheidung über den außergerichtlichen Rechtsbehelf wirksam bekannt gegeben worden ist (BFH v. 09.05.1985, IV R 172/83, BStBl II 1985, 579).

## § 126 AO
## Heilung von Verfahrens- und Formfehlern

**(1) Eine Verletzung von Verfahrens- oder Formvorschriften, die nicht den Verwaltungsakt nach § 125 nichtig macht, ist unbeachtlich, wenn**

**1. der für den Verwaltungsakt erforderliche Antrag nachträglich gestellt wird,**
**2. die erforderliche Begründung nachträglich gegeben wird,**
**3. die erforderliche Anhörung eines Beteiligten nachgeholt wird,**
**4. der Beschluss eines Ausschusses, dessen Mitwirkung für den Erlass des Verwaltungsakts erforderlich ist, nachträglich gefasst wird,**
**5. die erforderliche Mitwirkung einer anderen Behörde nachgeholt wird.**

**(2) Handlungen nach Absatz 1 Nr. 2 bis 5 können bis zum Abschluss der Tatsacheninstanz eines finanzgerichtlichen Verfahrens nachgeholt werden.**

**(3) Fehlt einem Verwaltungsakt die erforderliche Begründung oder ist die erforderliche Anhörung eines Beteiligten vor Erlass des Verwaltungsakts unterblieben und ist dadurch die rechtzeitige Anfechtung des Verwaltungsakts versäumt worden, so gilt die Versäumung der Einspruchsfrist als nicht verschuldet. Das für die Wiedereinsetzungsfrist nach § 110 Abs. 2 maßgebende Ereignis tritt im Zeitpunkt der Nachholung der unterlassenen Verfahrenshandlung ein.**

**Inhaltsübersicht**

## A. Bedeutung der Vorschrift und Anwendungsbereich

1 Leidet ein wirksam bekannt gegebener Verwaltungsakt unter einem **Form- oder Verfahrensfehler** und ist er **rechtswidrig** und **nicht nichtig** (zur Nichtigkeit s. § 125 AO Rz. 3 ff.), kann er nach § 126 Abs. 1 Nr. 1 bis 5 AO dadurch **geheilt** werden, dass die Rechtswidrigkeit durch die **Nachholung** der unterlassenen Verfahrenshandlung beseitigt wird, soweit keine Festsetzungsverjährung eingetreten ist (BFH v. 14.05.2014, X R 27/14, BFH/NV 2014, 1494). Der Heilungskatalog des § 126 Abs. 1 AO ist **abschließend** und dient der Verfahrensökonomie: ein materiell rechtmäßiger Verwaltungsakt soll nicht nur wegen eines Verfahrensfehlers aufgehoben werden müssen, sodass die Finanzbehörde anschließend erneut einen Verwaltungsakt gleichen Inhalts erlassen muss. Hat sich der Verwaltungsakt jedoch durch Zeitablauf oder in sonstiger Weise gem. § 124 Abs. 2 AO **erledigt**, ist eine Heilung nach § 126 nicht mehr möglich (BFH v. 17.01.2017, VIII R 52/14, BFH/NV 2017, 777).

Neben § 126 AO ist **§ 127 AO** anwendbar, sodass der formell fehlerhafte Verwaltungsakt auch ohne eine Heilung nach § 126 AO Bestand hat, wenn keine andere Entscheidung in der Sache hätte getroffen werden können. Dies gilt nur für gebundene Verwaltungsakte, nicht für Ermessensentscheidungen (s. § 127 AO). Wird der Verfahrens- oder Formfehler nach § 126 AO geheilt, findet § 127 AO keine Anwendung. Auch eine Korrektur des Verwaltungsaktes nach §§ 130 f., 172 ff. AO (s. Vor §§ 130–132 AO Rz. 2) kommt dann nicht in Betracht.

2 § 126 AO findet auf **alle Verwaltungsakte** i.S. des § 118 AO **Anwendung**, d.h. auf sonstige Verwaltungsakte sowie auf Steuerbescheide und ihnen gleichgestellte Bescheide, auf gebundene Verwaltungsakte wie auf Ermessensentscheidungen, jedoch nicht auf von vornherein unwirksame, Nicht- oder Scheinverwaltungsakte (*von Wedelstädt* in Gosch, § 126 AO Rz. 3) oder nichtige Verwaltungsakte (s. § 125 AO).

## B. Heilung durch Nachholung (§ 126 Abs. 1 AO)

3 Einer Heilung nach Erlass des Verwaltungsakts sind nur die in § 126 Abs. 1 Nr. 1 bis 5 AO aufgezählten Mängel zugänglich. Die nachträgliche Beachtung der entsprechenden Verfahrens- oder Formvorschrift bewirkt, dass deren ursprüngliche Verletzung unbeachtlich, d.h. ohne jede Auswirkung (beachte aber § 126 Abs. 3 AO) ist.

4 **§ 126 Abs. 1 Nr. 1 AO:** Verwaltungsakte, die nur auf **Antrag** ergehen, sind rechtswidrig, wenn der erforderliche Antrag fehlt. Der Antragsberechtigte hat es aber in der Hand, seinen Antrag jederzeit – ggf. jedoch innerhalb der entsprechenden **Ausschlussfrist** (s. AEAO zu § 126 AO, Nr. 1) – nachträglich zu stellen und damit diese Rechtswidrigkeit des Verwaltungsakts zu beseitigen (§ 126 Abs. 1 Nr. 1 AO). § 126 Abs. 2 AO ist nicht anwendbar. Wegen der Pflicht der Finanzbehörde, die Stellung von Anträgen anzuregen, die offensichtlich nur versehentlich oder aus Unkenntnis nicht gestellt worden sind, s. § 89 Satz 1 AO.

**§ 126 Abs. 1 Nr. 2 AO:** Für schriftliche, elektronische sowie schriftlich oder elektronisch bestätigte Verwaltungsakte ist gem. § 121 AO grundsätzlich eine **Begründung** vorgeschrieben. Fehlt eine danach erforderliche Begründung, so ist der Verwaltungsakt fehlerhaft (s. § 121 AO Rz. 13). § 126 Abs. 1 Nr. 2 AO erklärt den Fehler für unbeachtlich, falls die erforderliche Begründung innerhalb der zeitlichen Grenzen des § 126 Abs. 2 AO nachgeholt wird. Darüber hinaus gilt nach § 126 Abs. 3 AO eine aufgrund des Fehlens der Begründung eingetretene Versäumung einer Rechtsbehelfsfrist als nicht verschuldet i.S. der Vorschriften über die **Wiedereinsetzung in den vorigen Stand** (§ 110 AO). § 126 Abs. 1 Nr. 2 AO bezieht sich **nur** auf die nachträgliche Begründung. Der Verwaltungsakt darf nicht in seinem sachlichen, persönlichen oder zeitlichen Regelungsgehalt geändert werden (BFH v. 31.05.1995, II R 31/92, BFH/NV 1996, 17; *von Wedelstädt* in Gosch, § 126 AO Rz. 7.1). Die Änderung eines zu unbestimmten **Ausspruchs** fällt nicht unter § 126 Abs. 1 Nr. 2 AO; hier kommt allenfalls eine Umdeutung nach § 128 AO in Betracht. 5

Ist die Begründung **inhaltlich falsch**, liegt kein Fall des § 126 Abs. 1 Nr. 2 vor, es sei denn, sie ist unvollständig und/oder unverständlich (*von Wedelstädt* in Gosch, § 126 AO Rz. 7.1; *Seer* in Tipke/Kruse, § 126 AO Rz. 5, der § 126 Abs. 1 Nr. 2 auch dann für anwendbar hält, wenn die Begründung floskelhaft, inhaltsleer und unverständlich ist). Denn für die Rechtmäßigkeit eines **gebundenen** Verwaltungsakts ist nicht die Richtigkeit der Gründe, sondern des Ausspruchs entscheidend (s. § 119 AO Rz. 4). Dagegen ist eine nicht oder nicht ausreichend begründete **Ermessensentscheidung** rechtswidrig (s. § 5 AO Rz. 30).

Die Nachholung der Begründung hat in der **Form** zu erfolgen, die für die Begründung selbst vorgeschrieben war (s. § 121 AO). Danach kann der Begründungsmangel einer schriftlich zu erteilenden Prüfungsanordnung nicht durch mündliche Mitteilung geheilt werden (*von Wedelstädt* in Gosch, § 126 AO Rz. 7.2; a.A. BFH v. 16.12.1986, VIII R 123/86, BStBl II 1987, 248).

**§ 126 Abs. 1 Nr. 3 AO:** Dem Grundsatz der Gewährung des **rechtlichen Gehörs** (Art. 103 Abs. 1 GG) dient die Verpflichtung der Finanzbehörde gem. § 91 AO, dem Beteiligten vor Erlass eines Verwaltungsakts, der in seine Rechte eingreift, Gelegenheit zu geben, sich zu den für die Entscheidung erheblichen Tatsachen zu äußern. Ausnahmen sind nur in den besonderen, in § 91 Abs. 2 und 3 AO aufgeführten Fällen zulässig. 6

Ist die hiernach erforderliche Anhörung eines Beteiligten unterblieben, so ist dies nach § 126 Abs. 1 Nr. 3 AO unbeachtlich, wenn das rechtliche Gehör nachträglich, jedoch innerhalb der zeitlichen Grenzen des § 126 Abs. 2 AO gewährt wird. Die auf der fehlenden Anhörung beruhende Versäumung einer Rechtsbehelfsfrist gilt i.S. der Vorschriften über die Wiedereinsetzung in den vorigen Stand (§ 110 AO) als nicht verschuldet (§ 126 Abs. 3). Auch eine unterlassene Schlussbesprechung nach einer Außenprüfung (§ 201 AO) kann durch die Gewährung rechtlichen Gehörs geheilt werden (s. BFH v. 15.12.1997, X B 182/96, BFH/NV 1998, 811).

7 § 126 Abs. 1 Nr. 4 AO: § 125 Abs. 3 Nr. 3 AO stellt fest, dass ein Verwaltungsakt nicht schon deshalb nichtig ist, weil ein durch Rechtsvorschrift zur Mitwirkung berufener **Ausschuss** den für den Erlass des Verwaltungsakts vorgeschriebenen Beschluss nicht gefasst hat oder nicht beschlussfähig war. § 126 Abs. 1 Nr. 4 AO ergänzt diese Vorschrift dahingehend, dass ein solcher Verstoß unbeachtlich ist, wenn der Ausschussbeschluss nachträglich gefasst wird. Für die **Nachholung** gelten auch hier die zeitlichen Grenzen des § 126 Abs. 2 AO. Im Übrigen s. § 125 AO Rz. 17.

8 § 126 Abs. 1 Nr. 5 AO: Unterbleibt die nach einer Rechtsvorschrift erforderliche Mitwirkung einer anderen Behörde, so ist ein Verwaltungsakt nicht allein deshalb nichtig (§ 125 Abs. 3 Nr. 4 AO). Sein fehlerhaftes Zustandekommen ist nach § 126 Abs. 1 Nr. 5 AO unbeachtlich, wenn die erforderliche **Mitwirkung** der anderen **Behörde** innerhalb der zeitlichen Grenzen des § 126 Abs. 2 AO nachgeholt wird. Zur Mitwirkung einer anderen Behörde s. § 125 AO Rz. 19.

## C. Nachholungsfrist (§ 126 Abs. 2 AO)

9 Die im § 126 Abs. 1 AO zugelassene nachträgliche Befolgung besonderer Verfahrens- und Formvorschriften ist **nicht zeitlich unbeschränkt** möglich (s. zur Erledigung des Verwaltungsaktes vor der Heilung Rz. 1). Lediglich der Antrag i.S. des § 126 Abs. 1 Nr. 1 AO kann noch in der Revisionsinstanz vor dem BFH nachgeholt werden. Verfahrensfehler i.S. von § 126 Abs. 1 Nr. 2 bis 5 AO können nach § 126 Abs. 2 AO nur bis zum **Abschluss der Tatsacheninstanz vor dem Finanzgericht** geheilt werden. Eine **Einschränkung** gilt jedoch für **Ermessenserwägungen**. Diese dürfen bis zum Abschluss der Tatsacheninstanz **lediglich ergänzt** werden (s. § 102 FGO Rz. 4). § 102 Satz 2 FGO geht insoweit dem § 126 Abs. 2 Nr. 2 FGO vor. Kommt es nicht zu einer Heilung der Verfahrens- und Formfehler, ist für gebundene Verwaltungsakte § 127 AO zu beachten.

10 § 77 Abs. 1 Satz 2 EStG sieht für Einspruchsverfahren in **Kindergeldsachen** die Erstattung der zur zweckentsprechenden Rechtsverfolgung oder Rechtsverteidigung notwendigen **Kosten** nach § 77 Abs. 1 Satz 1 EStG auch dann vor, wenn der Einspruch nur deshalb nicht erfolgreich war, weil § 126 AO angewandt wurde. Im **finanzgerichtlichen Verfahren** können der Finanzbehörde die Kosten des Verfahrens bei Heilung von Form- und Verfahrensfehlern nach § 126 Abs. 1 AO nach **§ 137 Satz 2 FGO** auferlegt werden. Wird der Rechtsstreit für **erledigt** erklärt, ergibt sich die Kostentragungspflicht aus § 138 Abs. 1 FGO.

Beantragt der Steuerpflichtige – anstelle der Einlegung 11
des Einspruchs oder der Einlegung der Klage – die Rücknahme oder Änderung des Verwaltungsakts nach § 130 AO oder die Korrektur des Steuerbescheides nach §§ 172 AO ff., kann die Finanzbehörde die **Zurücknahme oder Änderung** des Verwaltungsakts dadurch **vermeiden**, dass sie die Verfahrens- oder Formfehler nach § 126 Abs. 2 AO heilt. Für die Beratungspraxis ist es daher äußerst schwierig, eine Aufhebung des Steuerverwaltungsakts wegen Verfahrens- oder Formfehlern zu erreichen.

## D. Wiedereinsetzung (§ 126 Abs. 3 AO)

Versäumt ein Beteiligter (§ 78 AO) die rechtzeitige Anfechtung eines Steuerverwaltungsakts deshalb, weil dem 12
Verwaltungsakt die nach § 121 AO erforderliche **Begründung** fehlt oder die nach § 91 AO erforderliche Anhörung unterblieben ist, so gilt nach § 126 Abs. 3 AO die Versäumung der Rechtsbehelfsfrist als nicht verschuldet. Diese **gesetzliche Fiktion** hat damit zwingend gem. § 110 Abs. 1 Satz 1 AO die Gewährung der Wiedereinsetzung in den vorigen Stand zur Folge, sofern der darauf gerichtete Antrag sowie die Einlegung des Einspruchs innerhalb der Monatsfrist des § 110 Abs. 2 Satz 1 AO erfolgt. Die Monatsfrist beginnt nach der ausdrücklichen Regelung des § 126 Abs. 3 Satz 2 AO mit dem Zeitpunkt der Nachholung der unterlassenen Verfahrenshandlung. Da in diesen Fällen die Begründung für die unverschuldete Fristversäumnis der Behörde bereits bekannt ist und ihr daher nicht mehr mitgeteilt sowie glaubhaft gemacht zu werden braucht, ist Wiedereinsetzung auch ohne Antrag zu gewähren, wenn der Beteiligte die Anfechtung des Verwaltungsakts innerhalb der Antragsfrist nachholt (s. § 110 Abs. 2 Sätze 3 und 4 AO). Allerdings ist in jedem Fall unabdingbare Voraussetzung für die Gewährung der Wiedereinsetzung in den vorigen Stand, dass die behördliche Unterlassung für die Versäumung der Rechtsbehelfsfrist ursächlich war (so auch BFH v. 06.12.1988, IX R 158/85, BFH/NV 1989, 561 m.w.N.). Die erforderliche **Kausalität** ist nicht gegeben, wenn zwar die Anhörung unterlassen wurde, die Abweichung von der Steuererklärung aber im Steuerbescheid erläutert wurde, oder wenn im Steuerbescheid auf Abweichungen hingewiesen worden ist, ohne dass diese im Einzelnen erläutert wurden, oder wenn der Steuerpflichtige die Abweichung von

seiner Steuererklärung erkannt hat (BFH v. 29.02.2012, IX R 3/11, BFH/NV 2012, 915; BFH v. 30.04.2014, X B 244/13, BFH/NV 2014, 1350; BFH v. 10.07.2001, III B 75/00, BFH/NV 2002, 5). Zweifel an der **Kausalität** gehen zulasten der Finanzbehörde (s. BFH v. 13.12.1984, VII R 19/81, BStBl II, 1985, 601 f.). Der Ausschluss der Wiedereinsetzung in den vorigen Stand nach Ablauf eines Jahres nach § 110 Abs. 3 AO gilt auch hier.

## § 127 AO
## Folgen von Verfahrens- und Formfehlern

**Die Aufhebung eines Verwaltungsakts, der nicht nach § 125 nichtig ist, kann nicht allein deshalb beansprucht werden, weil er unter Verletzung von Vorschriften über das Verfahren, die Form oder die örtliche Zuständigkeit zustande gekommen ist, wenn keine andere Entscheidung in der Sache hätte getroffen werden können.**

**Inhaltsübersicht**



### A. Bedeutung der Vorschrift

1 Die Vorschrift dient, wie § 126 AO, der **Verfahrensökonomie** (s. BFH v. 30.11.2016, V R 48/15, BFH/NV 2017, 265). Steht von vornherein fest, dass ein aufgrund des Verstoßes gegen Verfahrens- und Formvorschriften oder Vorschriften über die örtliche Zuständigkeit rechtswidriger Verwaltungsakt nach der Aufhebung wieder inhaltsgleich ergehen müsste, ist die Aufhebung des fehlerhaften Verwaltungsakts nach § 127 AO ausgeschlossen (BFH v. 29.03.2017, VI R 82/14, BFH/NV 2017, 1313). Im Gegensatz zu § 126 AO kommt es dabei auf eine heilende Nachholung nicht an. Jedoch kann die örtlich unzuständige Behörde den Verwaltungsakt auch aufheben und die Entscheidung dem örtlich zuständigen Finanzamt überlassen (BFH v. 19.01.2017, III R 31/15, BStBl II 2017, 642).

### B. Anwendungsbereich der Vorschrift

2 Unter den Anwendungsbereich des § 127 AO fallen **alle Verwaltungsakte** im Sinne des § 118 AO, d.h. sonstige Verwaltungsakte, Steuerbescheide und Bescheide über Einfuhr- und Ausfuhrabgaben. § 127 AO findet auch in berufsrechtlichen Streitigkeiten nach dem **StBerG** Anwendung (BFH v. 17.08.2004, VII B 14/04, n.v.). Der Anwendungsbereich des § 127 AO erstreckt sich auch auf das Einspruchs- und gerichtliche Rechtsbehelfsverfahren (FG München v. 04.04.2007, 5 K 4455/06, EFG 2007, 1397). § 127 AO gilt **nicht für Ermessensentscheidungen** (Rz. 8).

Voraussetzung ist, dass der Verwaltungsakt wirksam bekannt gegeben wurde (s. § 124 Abs. 1 AO) und nicht nach § 125 AO nichtig ist. § 127 AO findet nur solange Anwendung, wie eine **Heilung** gem. § 126 AO **noch nicht eingetreten** ist. Die Vorschrift betrifft nur solche Verwaltungsakte, die unter Verletzung von Vorschriften über das **Verfahren**, die **Form** oder die **örtliche** (nicht die sachliche, s. BFH v. 23.04.1986, I R 178/82, BStBl II 1986, 880; BFH v. 21.04.1993, X R 112/91, BStBl II 1993, 649, 653) **Zuständigkeit** zustande gekommen sind. § 127 AO kann nicht dadurch umgangen werden, dass wegen Verfahrensfehlern, die nicht zur Aufhebung des Bescheides führen, eine Feststellungsklage erhoben wird (BFH v. 24.08.2017, V R 11/17, BFH/NV 2018, 14). Ist ein Verwaltungsakt **inhaltlich fehlerhaft**, d.h. ist er materiell rechtswidrig oder liegt eine Verletzung des rechtlichen Gehörs vor (BFH v. 15.05.2013, VIII R 18/10, BStBl II 2013, 669), kann § 127 AO seine Aufhebung nicht verhindern. 3

Im Übrigen kommen als Anwendungsfälle des § 127 AO insbes. die in §§ 125 Abs. 3 AO und 126 Abs. 1 AO Nr. 2 bis 5 aufgeführten Verstöße in Betracht. § 127 AO findet **keine Anwendung** in dem Fall des **unterlassenen Antrags** nach § 126 Abs. 1 Nr. 1 AO, da ohne einen Antrag eine andere Entscheidung in der Sache ergehen muss. Die Aufhebung eines **Gewerbesteuermessbescheides** kann nach § 127 AO regelmäßig nicht allein deswegen beansprucht werden, weil er von einem örtlich unzuständigen FA erlassen worden ist (BFH v. 19.11.2003, I R 88/02, BStBl II 2004, 751; AEAO zu § 127, Nr. 3). Dagegen findet **§ 127 AO keine Anwendung** im Fall des § 169 Abs. 1 Satz 3 Nr. 1 AO, wenn ein örtlich unzuständiges Finanzamt den Steuerbescheid vor Ablauf der Festsetzungsfrist zur Post gegeben hat (*von Wedelstädt* in Gosch, § 127 AO Rz. 12.2). Wird ein **Grundbesitzwert** auf einen Zeitpunkt festgestellt, zu dem er für die Besteuerung nicht erforderlich ist, ist der Feststellungsbescheid materiellrechtlich fehlerhaft und steht dem Aufhebungsanspruch des Steuerpflichtigen die Vorschrift des § 127 AO nicht entgegen (BFH v. 27.01.2006, II B 6/05, BFH/NV 2006, 908). Da das Auseinanderfallen der örtlichen Zuständigkeit (§ 18 AO) und für die Steuern vom Einkommen (§ 19 AO) gem. § 180 Abs. 1 Nr. 2 Buchst. b AO tatbestandsmäßige Voraussetzung für den Erlass eines **gesonderten Gewinnfeststellungsbescheids** ist, greift § 127 AO nicht, da auch die sachliche Zuständigkeit betroffen ist (BFH v. 15.04.1986, VIII R 325/84, BStBl II 1987, 195; BFH v. 25.08.2015, VIII R 53/13, juris; AEAO zu § 127, Nr. 3). § 127 AO ist dagegen anwendbar bei einer Gewinnfeststellung nach § 180 Abs. 1 Nr. 2a AO 3a

(BFH v. 21.06.2007, IX B 5/07, BFH/NV 2007, 1628). Auch gilt § 127 AO nicht für Steuerverwaltungsakte, die von einer sachlich oder verbandsmäßig unzuständigen Behörde erlassen wurden, da dann regelmäßig **Nichtigkeit** vorliegt (BFH v. 21.04.1993, X R 112/91, BStBl II 1993, 649; s. § 125 AO Rz. 6).

4 Sofern der Verwaltungsakt unter Verstoß gegen ein **Verwertungsverbot** ergangen ist, liegt zwar (auch) eine Verletzung von **Verfahrensvorschriften** vor. Da aber dem Verwertungsverbot stets Rechnung zu tragen ist, hätte in derartigen Fällen eine andere Entscheidung in der Sache getroffen werden können, mit der Folge, dass § 127 AO nicht eingreift (BFH v. 24.08.1998, III S 3/98, BFH/NV 1999, 436 ff.; im Ergebnis ebenso *Seer* in Tipke/Kruse, § 127 AO Rz. 7). Zur Verletzung formeller Vorschriften in diesem Sinne gehören auch Vorschriften über die Form (s. § 119 AO). Dazu gehören auch Vorschriften zur Begründung der Steuerverwaltungsakte (§ 121 AO). Ein Verstoß gegen Formvorschriften führt zur **Nichtigkeit** des Steuerverwaltungsakts, wenn die Formvorschrift konstitutiv ist (s. § 125 AO Rz. 5). Werden Steuerverwaltungsakte unter Verstoß gegen § 119 Abs. 3 AO nicht unterschrieben oder enthalten sie keine Namenswiedergabe, so ist § 127 AO anwendbar (s. § 119 AO Rz. 8; s. FG Ddorf v. 02.09.1998, 13 K 6793/93, EFG 1998, 1670).

4a Um einen Verfahrensfehler i. S. des § 127 AO handelt es sich auch bei der **Unterlassung der Hinzuziehung zum Verfahren** sowie der Mitwirkung von ausgeschlossenen oder **befangenen Amtsträgern** (§§ 82–84 AO) am Zustandekommen des Verwaltungsakts. Dagegen ist § 127 AO **nicht anwendbar** auf die Verfahrensvorschriften zur **Festsetzung** und zur **Korrektur** von Verwaltungsakten (§ 130 f. AO und §§ 172 ff. AO), da diese keine Regelungen hinsichtlich des Weges zur Entscheidung sind, sondern erst den Weg für die Korrektur des Verwaltungsakts eröffnen (*von Wedelstädt* in Gosch, § 127 AO Rz. 10; a. A. wohl *Seer* in Tipke/Kruse, § 127 AO Rz. 18).

## C. Aufhebungsmöglichkeiten bei entsprechenden Fehlern

5 Die Behörde selbst ist nicht gehindert, Steuerverwaltungsakte, die unter von § 127 AO angesprochenen Mängeln leiden, aufzuheben, sofern ihre **Aufhebung nicht in besonderen gesetzlichen Vorschriften ausgeschlossen** bzw. eingeschränkt ist (s. für begünstigende Verwaltungsakte: § 130 Abs. 2 AO; für Steuerbescheide: §§ 172 ff. AO). Ob die Finanzbehörde von dieser Möglichkeit Gebrauch machen will, unterliegt ihrer verwaltungsinternen Entscheidung (s. BFH v. 10.06.1999, IV R 69/98, BStBl II 1999, 691, 693).

6 Ficht der Betroffene den fehlerhaften Verwaltungsakt an, so ist allgemein Voraussetzung für die Zulässigkeit seines Rechtsbehelfs die **Geltendmachung einer Beschwer** (§ 350 AO) bzw. einer Rechtsverletzung (§ 40 Abs. 2 FGO) durch den Verwaltungsakt. In den Fällen des § 127 AO ist demnach Voraussetzung für die Zulässigkeit des eingelegten Rechtsbehelfs, dass die Rüge der Verletzung einer Verfahrens- oder Formvorschrift oder der Vorschriften über die örtliche Zuständigkeit mit der schlüssigen Behauptung verbunden wird, dass der gerügte Mangel auch den (materiellen) Regelungsinhalt des Verwaltungsakts zuungunsten des Rechtsbehelfsführers beeinflusst habe. Nur wenn diese Behauptung zutrifft, kann der Rechtsbehelf zur Aufhebung des Verwaltungsakts führen. Andernfalls kann trotz des gerügten Fehlers und der darin liegenden Rechtswidrigkeit des Verwaltungsakts hinsichtlich seiner Form, des Verfahrens und der örtlichen Zuständigkeit der Finanzbehörde die Aufhebung nicht erreicht werden.

## D. Keine andere Entscheidung in der Sache

Bei der Prüfung der Frage, ob bei Vermeidung des unter § 127 AO fallenden Verstoßes eine andere Entscheidung in der Sache hätte getroffen werden können, sind sämtliche Überlegungen, die hinsichtlich der durch den Verwaltungsakt getroffenen Regelung anzustellen waren, fehlerfrei nachzuvollziehen. Dabei sind sämtliche durch den angefochtenen Verwaltungsakt ausgelösten materiellen **Rechtsfolgen** zu berücksichtigen (s. BFH v. 14.11.1984, I R 151/80, BStBl II 1985, 607). Bei der Überprüfung der materiellen Richtigkeit des angefochtenen Verwaltungsakts muss das FG erforderlichenfalls auch eigene Ermittlungen anstellen. Die Anwendung des § 127 AO ist ausgeschlossen, wenn der Verfahrensfehler auch die Sachaufklärung betrifft (*Seer* in Tipke/Kruse, § 127 AO Rz. 13). Nur wenn die Überprüfung zu dem **zweifelsfreien Ergebnis** führt, dass im Falle einer Aufhebung die sachlich identische Entscheidung erneut getroffen werden müsste, darf das Aufhebungsbegehren zurückgewiesen werden. Die bloße Möglichkeit, dass bei einer erneuten Entscheidung anders entschieden werden könnte, reicht dagegen nicht aus. Hat der formelle Verstoß sich nicht auf die tragenden Gründe der Verwaltungsentscheidung ausgewirkt, kommt eine Aufhebung der Entscheidung **mangels Kausalität** des Fehlers für die Sachentscheidung ebenfalls nicht in Betracht (*Seer* in Tipke/Kruse, § 127 AO Rz. 13). Im finanzgerichtlichen Verfahren können der Finanzbehörde jedoch die Kosten des Verfahrens nach **§ 137 Satz 2 FGO** aufgelegt werden (s. § 137 FGO Rz. 5). 7

§ 127 AO ist danach in der Regel nur auf **gesetzesgebundene** Verwaltungsakte anwendbar. Auf **Ermessensentscheidungen** findet die Regelung grundsätzlich keine Anwendung (BFH v. 14.01.2010, VIII B 104/09, BFH/NV 2010, 605). Dies gilt jedoch nicht, wenn der mit dem Rechtsbehelf gerügte Fehler die Entscheidung 8 durch die zuständige Finanzbehörde unter keinen Umständen beeinflusst haben kann (BFH v. 02.08.2012, V B 68/11, BFH/NV 2013, 243). Dies ist z. B. bei einer Ermessensreduzierung auf Null der Fall (s. AEAO zu § 127, Nr. 2). In den Anwendungsbereich des § 127 AO fällt als von den Gerichten voll inhaltlich überprüfbare Entscheidungen die Anwendung von **unbestimmten Rechtsbegriffen** (*von Wedelstädt* in Gosch, § 127 AO Rz. 18) und **Schätzungsfälle** (BFH v. 11.02.1999, V R 40/98, BStBl II 1999, 382; *von Wedelstädt* in Gosch, § 127 AO Rz. 19; *Ratschow* in Klein, § 127 AO Rz. 12; AEAO zu § 127, Nr. 1; a. A. *Seer* in Tipke/Kruse, § 127 AO Rz. 15), da es sich bei diesen, soweit kein Beurteilungsspielraum besteht, nicht um Ermessensentscheidungen handelt (zum unbestimmten Rechtsbegriff s. § 5 AO Rz. 8, zur Schätzung s. § 162 AO Rz. 59). Dasselbe gilt für Entscheidungen, die eine **Vertragsauslegung** zum Gegenstand haben (*Ratschow* in Klein, § 127 AO Rz. 12; a. A. s. FG Rheinland-Pfalz v. 08.10.1990, 5 K 332/88, EFG 1991, 162).

## § 128 AO Umdeutung eines fehlerhaften Verwaltungsakts

**(1) Ein fehlerhafter Verwaltungsakt kann in einen anderen Verwaltungsakt umgedeutet werden, wenn er auf das gleiche Ziel gerichtet ist, von der erlassenden Finanzbehörde in der geschehenen Verfahrensweise und Form rechtmäßig hätte erlassen werden können und wenn die Voraussetzungen für dessen Erlass erfüllt sind.**

**(2) Absatz 1 gilt nicht, wenn der Verwaltungsakt, in den der fehlerhafte Verwaltungsakt umzudeuten wäre, der erkennbaren Absicht der erlassenden Finanzbehörde widerspräche oder seine Rechtsfolgen für den Betroffenen ungünstiger wären als die des fehlerhaften Verwaltungsakts. Eine Umdeutung ist ferner unzulässig, wenn der fehlerhafte Verwaltungsakt nicht zurückgenommen werden dürfte.**

**(3) Eine Entscheidung, die nur als gesetzlich gebundene Entscheidung ergehen kann, kann nicht in eine Ermessensentscheidung umgedeutet werden.**

**(4) § 91 ist entsprechend anzuwenden.**

**Inhaltsübersicht**



### A. Bedeutung der Vorschrift

Die Umdeutung von Verwaltungsakten hat im Steuerrecht nur **geringe praktische Bedeutung**. Steuerverwaltungsakte sind in der Regel nach Art, Inhalt, Form und Verfahren in eindeutiger Weise gesetzlich vorgeschrieben, sodass allenfalls auf dem Gebiet der Ermessensentscheidungen eine Umdeutung i. S. des § 128 Abs. 1 AO infrage kommt (s. Rz. 3). § 128 AO übernimmt die durch Rechtsprechung und Lehre entwickelten Grundsätze des § 47 VwVfG. Er ist neben § 126 AO und § 127 AO die **dritte Vorschrift**, wonach fehlerhafte Bescheide nicht zurückgenommen oder in einem Rechtsbehelfsverfahren aufgehoben (oder geändert) zu werden brauchen, wenn dies aus Gründen der **Verfahrensökonomie** zweckmäßig ist. 1

### B. Begriff der Umdeutung

Unter Umdeutung eines Verwaltungsakts versteht man den Austausch des **Regelungsinhalts eines** Verwaltungsakts unter Beibehaltung seiner Zielsetzung gegen einen anderen Regelungsinhalt. Von der reinen **Auslegung** eines Verwaltungsakts (s. § 119 AO Rz. 4) unterscheidet sich die Umdeutung dadurch, dass diese nicht nur die wirkliche Bedeutung seines Erklärungsgehalts zu ermitteln sucht, sondern in unterstellter Übereinstimmung mit seiner Willensrichtung die Erklärung ergänzt bzw. abändert. Jedoch ist wie bei der Auslegung von Willenserklärungen eine Umdeutung, die den Willen der Finanzbehörde verfälscht bzw. ihm zuwiderläuft, unzulässig (s. BFH v. 19.10.1976, VII R 63/73, BStBl II 1977, 255). Diesen Grundsätzen trägt § 128 AO sowohl in Abs. 1 als auch in § 128 Abs. 2 Satz 1 AO erste Alternative Rechnung. Die Ersetzung einer falschen **Begründung** durch eine richtige ist keine Umdeutung und kann danach unabhängig von § 128 AO jederzeit erfolgen, bei Ermessensentscheidungen jedoch nur bis zum Erlass der Rechtsbehelfsentscheidung (s. § 5 AO Rz. 15 und s. § 102 FGO Rz. 4; *Ratschow* in Klein, § 128 AO Rz. 1). 2

### C. Voraussetzung der Umdeutung (§ 128 Abs. 1 AO)

Voraussetzung für eine Umdeutung nach § 128 AO ist, dass der andere Verwaltungsakt auf das **gleiche Regelungsziel** wie der ursprüngliche Verwaltungsakt gerichtet ist. Danach darf **kein anderer Sachverhalt** dem anderen Verwaltungsakt zugrunde gelegt werden, also keine andere Person oder kein anderer Veranlagungszeitraum als 3 im umzudeutenden Verwaltungsakt (*von Wedelstädt* in Gosch, § 128 AO Rz. 6 f.; *Seer* in Tipke/Kruse, § 128 AO Rz. 3 f.). Ein Haftungsbescheid kann nicht in einen Steuerbescheid umgedeutet werden (BFH v. 06.09.1989, II R 61/86, BFH/NV 1990, 594 und für den umgekehrten Fall BFH v. 18.07.1991, V R 72/87, BStBl II 1991, 781). Eine Umdeutung der Zustellung in eine schlichte Bekanntgabe nach § 122 Abs. 2 AO lässt § 128 AO ebenso nicht zu, da die förmliche Zustellung nach dem VwZG und die Bekanntgabe nach § 122 AO artverschieden sind (BFH v. 25.01.1994, VIII R 45/92, BStBl II 1994, 603, 605). **Zulässige Beispiele** für eine Umdeutung sind: Umdeutung einer Aussetzung der Vollziehung in eine Stundungsverfügung (BFH v. 24.04.1985, II B 53/84, BFH/NV 1986, 11), Umdeutung eines Wertfortschreibungs- in einen Nachfeststellungsbescheid (BFH v. 19.07.2012, II R 5/10, BFH/NV 2012, 1942) oder Umdeutung eines Erstbescheids, der in der unzutreffenden Annahme der Nichtigkeit eines vorangegangenen Bescheids ergeht, in einen Änderungsbescheid (BFH v. 22.08.2007, II R 44/05, BStBl II 2009, 754). Zum umgekehrten Fall der Umdeutung eines Änderungs- in einen Erstbescheid s. BFH v. 18.07.1985, VI R 100/83, BFH/NV 1987, 431. Ein weiteres Beispiel ist die Umdeutung der Zurückweisung eines Bevollmächtigten in die Zurückweisung eines Beistands (BFH v. 19.10.2016, II R 44/12, BStBl II 2017, 797).

Der umgedeutete Verwaltungsakt muss sowohl in den sachlichen und örtlichen **Zuständigkeitsbereich** der erlassenden Finanzbehörde fallen als auch in der **Verfahrensweise** und **Form**, in der der fehlerhafte Verwaltungsakt ergangen ist, erlassen werden können. Damit verbietet sich z. B. die Umdeutung eines mündlichen Verwaltungsakts in einen Verwaltungsakt, für den schriftliche Erteilung zwingend vorgeschrieben ist. Dagegen ist die Umdeutung eines wegen Form- oder Verfahrensverstoßes fehlerhaften Verwaltungsakts in einen anderen Verwaltungsakt, für den wegen weniger strenger Form- und Verfahrensvorschriften die gewählte Form bzw. das bisherige Verfahren keinen Verstoß darstellt, nicht ausgeschlossen.

Schließlich müssen alle Voraussetzungen für den Erlass des anderen Verwaltungsakts erfüllt sein. Diese an und für sich selbstverständliche Voraussetzung verhindert die Umdeutung eines fehlerhaften Verwaltungsakts in einen anderen Verwaltungsakt, der mit einem anderen Fehler behaftet ist. Außerdem kann die Umdeutung nur bis zum Ablauf der Festsetzungsfrist erfolgen (*Seer* in Tipke/Kruse, § 128 AO Rz. 9).

4 Nur **fehlerhafte Verwaltungsakte** sind einer Umdeutung zugänglich. Insoweit ist die Zielsetzung der Verfahrensökonomie von Bedeutung. Entsprechend dem im bürgerlichen Recht geltenden Grundsatz, dass eine Umdeutung nur dann in Frage kommt, wenn eine Willenserklärung ohne diese keinerlei Wirkungen haben kann (nichtig ist), ist eine Umdeutung nur dann zulässig, wenn ohne sie der Verwaltungsakt entweder nichtig wäre oder ihm auf Anfechtung hin Aufhebung droht. Die Umdeutung dient der Rettung eines missglückten Verwaltungsakts. Da sie das letzte Mittel ist, kommt eine Umdeutung nicht in Frage, wenn der Fehler durch Heilung unbeachtlich gemacht werden kann (s. § 126 AO) oder die Aufhebung des Verwaltungsakts gem. § 127 AO nicht beansprucht werden kann.

Fehlerhaft i. S. dieser Vorschrift sind – anders bei §§ 126, 127 AO – auch **nichtige Steuerverwaltungsakte**, weil durch die Umdeutung, die selbst Steuerverwaltungsakt ist, ein wirksamer Verwaltungsakt entsteht (*Seer* in Tipke/Kruse, § 128 AO Rz. 2; *Ratschow* in Klein, § 128 AO Rz. 2). **Unanwendbar** ist § 128 AO auf nicht ordnungsgemäß bekannt gegebene Verwaltungsakte (s. § 122 AO Rz. 7) und auf sog. Nichtverwaltungsakte (*von Wedelstädt* in Gosch, § 128 AO Rz. 1.2 m. w. N.). 5

## D. Ausschluss der Umdeutung (§ 128 Abs. 2–3 AO)

Über die Fälle hinaus, in denen sich die Unzulässigkeit der Umdeutung bereits aus § 128 Abs. 1 AO ergibt, verbieten die Abs. 2 und 3 die Umdeutung aus weiteren Gründen. 6

Sie ist unzulässig, wenn der Verwaltungsakt, in den der fehlerhafte Verwaltungsakt umzudeuten wäre, der erkennbaren Absicht der erlassenden Finanzbehörde widerspräche (s. § 128 AO Rz. 2). Außerdem darf eine Umdeutung nicht vorgenommen werden, wenn deren Ergebnis zu **ungünstigeren Rechtsfolgen** für den Betroffenen führen würde. Dabei sind die durch die Umdeutung eintretenden Rechtsfolgen mit den Wirkungen zu vergleichen, die der ursprüngliche Verwaltungsakt erzeugen würde, wenn man seine Fehlerhaftigkeit außer Betracht lässt. Ungünstiger sind Rechtsfolgen, wenn entweder die Belastung des Betroffenen erhöht oder eine Begünstigung geschmälert wird.

Eine Umdeutung ist ferner unzulässig, wenn der fehlerhafte Verwaltungsakt nicht zurückgenommen werden dürfte (§ 128 Abs. 2 Satz 2 AO). Wegen der Zulässigkeit der Zurücknahme von Verwaltungsakten s. § 130 und §§ 172 AO ff.

Schließlich ist die Umdeutung eines gesetzlich gebundenen Verwaltungsakts in eine **Ermessensentscheidung** unzulässig (§ 128 Abs. 3 AO). Was dem Umstand Rechnung trägt, dass der Behörde, die den gebundenen Verwaltungsakt erlassen hat, keine für die Ausübung des Ermessens unerlässlichen abwägenden Überlegungen nachträglich untergeschoben werden können. Umgekehrt ist es grundsätzlich zulässig, Ermessensentscheidungen in gebundene Entscheidungen umzudeuten.

### E. Anhörungspflicht vor Umdeutung (§ 128 Abs. 4 AO)

§ 128 Abs. 4 AO dient der Wahrung des rechtlichen Gehörs im Verfahren der Umdeutung. In entsprechender Anwendung des § 91 AO muss vor der Umdeutung grundsätzlich den Beteiligten Gelegenheit gegeben werden, sich zu der beabsichtigten Umdeutung zu äußern. Diese Anhörung kann unter Umständen erst das Vorliegen von Umständen zutage fördern, die nach § 128 Abs. 1 bis 3 AO die Umdeutung verbieten.

### F. Rechtsnatur und Anfechtbarkeit der Umdeutung

8 Streitig ist, ob die Umdeutung selbst, wenn sie nicht durch das Gericht vorgenommen wird (BFH v. 27.09.2006, VIII B 138/04, BFH/NV 2007, 272), als Verwaltungsakt zu qualifizieren ist (so *Ratschow* in Klein, § 128 AO Rz. 8; *Fritsch* in Koenig, § 128 AO Rz. 10), oder ob nur das Umgedeutete, d.h. die Regelung, in die der fehlerhafte Verwaltungsakt umgedeutet wird, ein Verwaltungsakt ist (so *von Wedelstädt* in Gosch, § 128 AO Rz. 15; wohl auch *Seer* in Tipke/Kruse, § 128 AO Rz. 10; *Frotscher* in Schwarz/Pahlke, § 128 AO Rz. 8; *Rozek* in HHSp, § 128 AO Rz. 15). Für die letztere Auffassung spricht, dass die Umdeutung in dem Umdeutungsbescheid konkretisiert wird und der Steuerpflichtige den Bescheid, in den der fehlerhafte Bescheid umgedeutet wird, mit Einspruch und Klage anfechten kann (*von Wedelstädt* in Gosch, § 128 AO Rz. 18; *Seer* in Tipke/Kruse, § 128 AO Rz. 10). Damit die Umdeutung Wirksamkeit erlangt, muss der Verwaltungsakt, der die Umdeutung erklärt, bekannt gegeben werden (§ 124 Abs. 1 AO). Die Umdeutung wirkt ex tunc, d.h. auf den Zeitpunkt des Erlasses des ursprünglichen Verwaltungsaktes zurück (*Frotscher* in Schwarz/Pahlke, § 128 AO Rz. 7; s.a. BFH Urteil v. 22.08.2007, II R 44/05, BStBl II 2009, 754); dies gilt jedoch nur, wenn der ursprüngliche Verwaltungsakt durch die Umdeutung aufrechterhalten wird. Wird ein nichtiger Verwaltungsakt in einen wirksamen Verwaltungsakt umgedeutet, wirkt die Umdeutung zum Zeitpunkt des Erlasses des Umdeutungsbescheides ex nunc, da der Verwaltungsakt vor der Umdeutung keine Wirkung entfaltete (*von Wedelstädt* in Gosch, § 128 AO Rz. 16). Der Umdeutungsbescheid ist als Verwaltungsakt mit Einspruch und Klage anfechtbar. Jedoch können nur Einwendungen gegen die Zulässigkeit der Umdeutung sowie gegen die Rechtmäßigkeit des neuen Verwaltungsakts erhoben werden (*Seer* in Tipke/Kruse, § 128 AO Rz. 10), nicht jedoch Einwendungen gegen den umgedeuteten ursprünglichen Verwaltungsakt (*von Wedelstädt* in Gosch, § 128 AO Rz. 18; a.A. *Frotscher* in Schwarz/Pahlke, § 128 AO Rz. 8, der davon ausgeht, dass die Umdeutung regelmäßig im Rahmen des Rechtsschutzverfahrens gegen den ursprünglichen Bescheid erfolgt). Die Ablehnung der Umdeutung kann gleichfalls angefochten werden.

Bei einer Umdeutung nach § 128 AO können der Finanzbehörde nach § 137 Satz 2 FGO trotz Obsiegens die Kosten des finanzgerichtlichen Verfahrens aufzuerlegen sein (s. § 137 FGO Rz. 5), wenn der Steuerpflichtige durch den fehlerhaften Verwaltungsakt in den Rechtsstreit gedrängt wurde. Wird der Rechtsstreit für erledig erklärt, ergibt sich dieselbe Kostenfolge aus § 138 Abs. 1 FGO i.V.m. § 137 FGO.

## § 129 AO
## Offenbare Unrichtigkeiten beim Erlass eines Verwaltungsakts

**Die Finanzbehörde kann Schreibfehler, Rechenfehler und ähnliche offenbare Unrichtigkeiten, die beim Erlass eines Verwaltungsakts unterlaufen sind, jederzeit berichtigen. Bei berechtigtem Interesse des Beteiligten ist zu berichtigen. Wird zu einem schriftlich ergangenen Verwaltungsakt die Berichtigung begehrt, ist die Finanzbehörde berechtigt, die Vorlage des Schriftstückes zu verlangen, das berichtigt werden soll.**

**Inhaltsübersicht**



### A. Bedeutung und Anwendungsbereich der Vorschrift

Der Verwaltungsakt wird nach § 124 Abs. 1 Satz 1 AO mit 1
dem Inhalt wirksam, mit dem er bekannt gegeben wird. Abzustellen ist dabei nach der in der AO geltenden Erklärungstheorie allein darauf, wie der Empfänger den Verwaltungsakt nach seinem Horizont verstehen konnte und nicht darauf, was die Behörde regeln wollte (s. § 124 AO Rz. 8 f.). Dies gilt grundsätzlich auch dann, wenn der

bekannt gegebene Regelungsinhalt mit dem Willen der Behörde nicht in Einklang steht, soweit der Verwaltungsakt sich nicht im Sinne des Gewollten auslegen lässt (s. § 119 AO Rz. 4 und s. § 128 AO). Der Adressat der Regelung soll grundsätzlich auf die bekannt gegebene Regelung vertrauen dürfen. Dieses **Vertrauen** ist jedoch nicht schutzwürdig, wenn die Unrichtigkeit offensichtlich erkennbar ist. § 129 AO sieht eine **Berichtigung** von derartigen offenkundigen Fehlern, die nicht die Willensbildung der Finanzbehörde, sondern allein die Umsetzung der Willensbildung betreffen (Verschreiben, Verrechnen und ähnliche offenbare Unrichtigkeiten), vor, wenn sich die Unrichtigkeit auf den Regelungsinhalt, d.h. den Tenor des Verwaltungsakts ausgewirkt hat (Rz 3). Umstritten ist dabei, ob § 129 AO den materiellen Bestand des Verwaltungsaktes, d.h. seinen Regelungsinhalt berührt (so *von Wedelstädt* in Gosch, § 129 AO Rz. 2.2; *Seer* in Tipke/Kruse, § 129 AO Rz. 28) oder nur sein äußeres Erscheinungsbild ändert und die materielle Bestandskraft unberührt lässt (so *Frotscher* in Schwarz/Pahlke, § 129 AO Rz. 1, § 176 AO Rz. 17; *Intemann* in Koenig, § 129 AO Rz. 56 und § 177 AO Rz. 6). Da der Steuerbescheid nach § 124 Abs. 1 Satz 2 AO mit dem bekannt gegebenen – unrichtigen – Inhalt wirksam wird, und der gewollte Akteninhalt mangels Bekanntgabe keine Wirkung entfaltet, ist der ersten Rechtsauffassung zu folgen: Die Berichtigung nach § 129 AO hat eine **inhaltsverändernde Wirkung** und greift in den materiellen Bestand des rechtswidrigen Verwaltungsaktes ein. Hierfür spricht auch, dass bei Eintritt der Festsetzungsverjährung ohne eine Berichtigung die bekannt gegebene fehlerhafte Regelung in Rechtskraft erwächst.

2 Der **Anwendungsbereich** des § 129 AO erstreckt sich auf alle steuerlichen **Verwaltungsakte** i.S. des § 118 AO, auch im ELSTER-Veranlagungsverfahren (BFH v. 13.08.2010, IX B 20/10, BFH/NV 2010, 2232). Hierunter fallen Steuerbescheide i.S. des § 155 Abs. 1 Satz 1 AO und ihnen gleichgestellte Bescheide sowie sonstige Verwaltungsakte wie z.B. die Anrechnungsverfügung (BFH v. 02.09.2002, VI B 303/00, BFH/NV 2003, 5). § 129 AO gilt auch für Verwaltungsakte in der Gestalt, die sie durch die **Einspruchsentscheidung** erhalten haben. Erfolgt eine Berichtigung des Bescheides im Einspruchsverfahren, ist ein **Verböserungshinweis** nach § 367 Abs. 2 Satz 2 AO **entbehrlich**, da die Rücknahme des Einspruchs eine Berichtigung nach § 129 AO nicht verhindert. Anwendbar ist § 129 AO auch auf Verwaltungsakte, die durch ein abgeschlossenes **gerichtliches Verfahren** bestätigt oder geändert worden sind, soweit die Berichtigung nach § 129 AO nicht Streitgegenstand war (BFH v. 19.01.1988, VII R 161/84, BFH/NV 1988, 615; *von Wedelstädt* in Gosch, § 129 AO Rz. 4). Bezieht sich die offenbare Unrichtigkeit auf das **Urteil selbst**, ist § 107 FGO und nicht § 129 AO Rechtsgrundlage für die Berichtigung des Urteils.

§ 129 AO ist **neben den Korrekturvorschriften** der §§ 130 AO ff., § 164 Abs. 2 AO, § 165 Abs. 2 AO, §§ 172 AO ff., die die generelle Berichtigungsmöglichkeit nach § 129 AO nicht ausschließen, anwendbar. Infolgedessen sind auch vorläufige oder unter dem Vorbehalt der Nachprüfung stehende Steuerbescheide nach § 129 AO zu berichtigen (*von Wedelstädt* in Gosch, § 129 AO Rz. 5.1.; *von Wedelstädt* in Bartone/von Wedelstädt, Rz. 140 ff.). Auf **Scheinverwaltungsakte** oder **nicht ordnungsgemäß bekannt gegebene** Verwaltungsakte findet § 129 AO keine Anwendung.

Nach § 129 AO zu berichtigende offenbare Unrichtigkeiten können im **Tenor** (Ausspruch), den **Nebenbestimmungen**, dem **Vorbehalt der Nachprüfung** (§ 164 AO) oder der **Vorläufigkeit** (§ 165 AO) enthalten sein. Unrichtigkeiten in der **Begründung** des Verwaltungsakts führen wegen der Möglichkeit der Heilung (§ 126 AO), bzw. mangels Auswirkung auf die Entscheidung (§ 127 AO) regelmäßig nicht zu einer Berichtigung nach § 129 AO. 3

Der Verwaltungsakt in der berichtigten Fassung wird mit der **Bekanntgabe** wirksam. Die Berichtigung wirkt zurück auf den Zeitpunkt des Erlasses des ursprünglichen Verwaltungsakts. Andere Fehler dürfen bei dieser Gelegenheit grundsätzlich nicht korrigiert werden, es sei denn, dass die Voraussetzungen für eine Änderung des Verwaltungsakts nach anderen Vorschriften vorliegen, etwa nach §§ 130 ff. AO, §§ 164 ff. AO, §§ 162 ff. AO (s. *Seer* in Tipke/Kruse, § 129 Rz. 27). 4

## B. Voraussetzungen einer Berichtigung (§ 129 Satz 1 AO)

Nach § 129 Satz 1 AO kann die Finanzbehörde **Schreibfehler, Rechenfehler und ähnliche offenbare Unrichtigkeiten**, die beim Erlass eines Verwaltungsakts unterlaufen sind, jederzeit berichtigen. Sämtliche Prozessordnungen und Verwaltungsverfahrensgesetze sehen die Berichtigung wegen offenbarer Unrichtigkeit vor: § 319 ZPO, § 118 Abs. 1 VwGO, § 138 Satz 1 SGG, § 107 Abs. 1 FGO, § 42 VwVfG, § 38 SGB X. Der Begriff der offenbaren Unrichtigkeit in § 107 Abs. 1 FGO ist mit dem in § 129 AO identisch. 5

### I. Offenbare Unrichtigkeit

**Oberbegriff** der Berichtigungsgründe, für die der Gesetzgeber explizit die »Schreib- oder Rechenfehler« als Untergruppe anführt, sind die »**offenbaren Unrichtigkeiten**«. Der BFH definiert den Begriff der »offenbare Unrichtigkeiten« in ständiger Rechtsprechung als »**mechanische Versehen**« wie beispielsweise Eingabe- oder Übertragungsfehler, unabhängig von einem Verschulden des Bearbeiters (BFH v. 21.01.2010, III R 22/08, BFH/NV 2010, 6

1410). Dagegen schließen Fehler bei der Anwendung einer Rechtsnorm oder die unzutreffende Annahme eines in Wirklichkeit nicht vorliegenden Sachverhalts oder Fehlers, die auf mangelnder Sachaufklärung bzw. Nichtbeachtung feststehender Tatsachen beruht, die Anwendung des § 129 AO aus. Besteht eine **mehr als nur theoretische Möglichkeit eines Rechtsirrtums**, ist nach Auffassung des BFH kein bloßes mechanisches Versehen und damit auch keine offenbare Unrichtigkeit gegeben (BFH v. 13.09.2005, X B 55/05, BFH/NV 2005, 2158; BFH v. 20.01.2006, III B 2/05, BFH/NV 2006, 910). Ob jede Möglichkeit eines Rechtsirrtums, eines Denkfehlers oder einer unvollständigen Sachaufklärung bzw. fehlerhaften Tatsachenwürdigung auszuschließen ist, beurteilt sich nach den Verhältnissen des Einzelfalles, vor allem nach der Aktenlage. Dies ist eine Tatfrage, die revisionsrechtlich nur eingeschränkt überprüfbar ist (s. § 118 Abs. 2 FGO; BFH v. 31.07.2006, VII B 287/05, BFH/NV 2006, 2030 f.). Der **Ausgang eines Rechtsstreits** über die Anwendbarkeit des § 129 AO ist deshalb kaum vorhersehbar. Nicht zuletzt hängt dieser von der Präferenz der Richter entweder für die Rechtssicherheit (Vertrauensschutz) oder für die Richtigkeit ab (*Seer* in Tipke/Kruse, § 129 AO Rz. 13). Nach den allgemeinen **Beweislastregeln** gehen Zweifel darüber, ob die Voraussetzungen des § 129 AO vorliegen, bei einer Berichtigung, die zu einer Erhöhung der Steuer führt, zulasten des Finanzamts, bzw. bei einer Berichtigung zugunsten des Steuerpflichtigen zu dessen Lasten. Es gelten die Regeln des Anscheinsbeweises (BFH v. 19.03.2009, IV R 84/06, BFH/NV 2009, 1394; *von Wedelstädt* in Gosch, § 129 AO Rz. 51; *Ratschow* in Klein, § 129 AO Rz. 23).

### 1. Mechanische Fehler

7 **Mechanische Fehler** können die Willensbildung beeinflusst haben, bzw. bei der Umsetzung der Willensentscheidung bis zur Bekanntgabe des Verwaltungsaktes unterlaufen. Der Fehler kann im Bereich der internen Aktenverfügung oder im bekannt gegebenen Verwaltungsakt enthalten sein. Mechanische Fehler unterscheiden sich von gedanklichen Fehlern, die in der Regel zu Rechtsfehlern führen und keine Unrichtigkeit darstellen, dadurch, dass sie unbewusst, gedankenlos, ohne weitere Prüfung erfolgen. **Beispiele** für mechanische Fehler sind neben den im Gesetz aufgeführten Schreib- und Rechenfehlern: Ver- oder Übersehen, Verwechseln, Vertauschen, falsches Über- oder Eintragen, Unterlassen wegen Vergessens (*Seer* in Tipke/Kruse, § 129 AO Rz. 9 f.). Als **Rechenfehler** werden jedoch nur mechanische Verfahrensfehler im Bereich der Grundrechenarten oder des Prozentrechnens angesehen, nicht jedoch Unrichtigkeiten bei schwierigen Rechenoperationen (BFH v. 29.03.1990, V R 27/85, BFH/NV 1992, 711; *Seer* in Tipke/Kruse, § 129 AO Rz. 9).

Ein **Verschulden** der Finanzbehörde ist für die Berichtigung nicht erforderlich (*von Wedelstädt* in Gosch, § 129 AO Rz. 10 m. w. N.). 8

### 2. Rechtsfehler

Ein Rechtsfehler und damit **keine offenbare Unrichtigkeit** liegt vor, wenn die **mehr als theoretische Möglichkeit** eines **verfahrens- oder materiell-rechtlichen Fehlers** besteht (BFH v. 17.05.2017, X R 45/16, BFH/NV 2018, 10). Dies ist zumindest dann der Fall, wenn der Unrichtigkeit eine bewusste – wenn auch einfache – Schlussfolgerung auf rechtlichem oder tatsächlichen Gebiet zugrunde liegt, zumindest eine entsprechende Möglichkeit nicht ausgeschlossen werden kann und sich der Fehler nicht bloß als das Ergebnis einer von Bewusstseinsprozessen weitgehend unbeeinflussten bloßen Unachtsamkeit darstellt (*von Wedelstädt* in Gosch, § 129 AO Rz. 11; BFH v. 09.12.1998, II R 9/96, BFH/NV 1999, 899; 19.03.2009, IV R 84/06, BFH/NV 2009, 1394). Bei der Prüfung, ob die konkrete Möglichkeit eines Rechtsfehlers besteht, ist nicht eine völlig absurde oder abwegige Rechtsüberlegung durch das FA zu unterstellen. Abzustellen ist auf das Verhalten und die Kenntnisse eines **Durchschnittsbearbeiters** (*von Wedelstädt* in Gosch, § 129 AO Rz. 19). 9

**Beispiele für Rechtsanwendungsfehler** und somit kein Anwendungsfall des § 129 AO sind (s. hierzu *von Wedelstädt* in Bartone/von Wedelstädt, Rz. 165 ff.; *von Wedelstädt* in Gosch, § 129 AO Rz. 11 ff.): 10

- **Fehler in der Auslegung oder Anwendung bzw. Nichtanwendung einer Rechtsvorschrift** (BFH v. 22.05.2006, X B 182/05, BFH/NV 2006, 1506; zur Anwendung des Halbeinkünfteverfahrens BFH v. 10.05.2016, IX R 4/15, BFH/NV 2016, 1425; zur fehlerhaften Anwendung der »kurzen Zeit« nach § 11 EStG, BFH v. 03.05.2017, X R 4/16, BFH/NV 2017, 1415); hierzu zählt auch, dass eine erforderliche rechtliche Prüfung unterbleibt.
- **Fehler in der Sachverhaltsermittlung**; diese liegen vor bei unterlassener Sachverhaltsaufklärung sowie in den Fällen, in denen infolge unzureichender oder fehlerhafter Sachaufklärung feststehende Tatsachen bei der Entscheidung nicht beachtet oder übersehen werden, weil z. B. der Akteninhalt – auch der Vorjahre – nicht hinzugezogen und deshalb übersehen wurde oder Widersprüchen in der Steuererklärung nicht nachgegangen wurden (BFH v. 30.01.2006, III B 2/05, BFH/NV 2006, 910; *von Wedelstädt* in Gosch, § 129 AO Rz. 13). Der Umfang der Sachverhaltsaufklärung richtet sich nach § 88 AO. Die Finanzbehörde verletzt ihre Amtsermittlungspflicht nur, wenn sie offenkundigen Unklarheiten oder Zweifeln, die sich nach der Sachlage ohne Weiteres aufdrängen, nicht nachgeht und Ermittlungsmöglichkeiten nicht nutzt, deren Ergiebigkeit offenkundig ist (BFH

v. 15.05.2007, XI B 147/06, BFH/NV 2007, 1632; FG Münster v. 13.10.2010, 7 K 4838/08 E, EFG 2011, 760). Unerheblich ist, ob die Amtsermittlungspflicht zugunsten oder zu Ungunsten des Steuerpflichtigen verletzt wurde (BFH v. 14.02.1995, IX R 101/93, BFH/NV 1995, 1033). Hat die Nichtberücksichtigung einer Tatsache dagegen ihren Grund in einer bloßen Unachtsamkeit und liegt diese offen, beruht diese nicht auf mangelnder Sachaufklärung und ist eine Unrichtigkeit i.S. des § 129 Abs. 1 AO gegeben (BFH v. 13.09.2005, X B 55/05, BFH/NV 2005, 2158).

- Danach ist auch das **bewusste Unterlassen des Abgleichs der elektronisch beigestellten Daten zur Lohnsteuer** mit der Steuererklärung des Stpfl. kein mechanisches Versehen des FA (BFH v. 16.01.2018, VI R 38/16, juris; v. 16.01.2018, VI R 41/16, BFH/NV 2018, 513).
- **Fehler in der Tatsachenwürdigung** die mit einer wertenden Beurteilung zusammenhängen und keine mechanischen Fehler sind (BFH v. 13.09.2005, X B 55/05, BFH/NV 2005, 2158; *von Wedelstädt* in Bartone/von Wedelstädt, Rz. 168).
- **Denk- und Überlegungsfehler**, die sich zwar nicht unmittelbar auf die Rechtsanwendung beziehen, die sich aber auf die **Annahme eines falschen Sachverhalts** beziehen, soweit der Amtsträger den Sachverhalt in seine Willensbildung einbezogen hat oder bei erforderlicher Prüfung hätte einbeziehen müssen. Dagegen liegt kein Rechtsfehler, sondern eine offenbare Unrichtigkeit vor, wenn der richtige Sachverhalt nicht in die Willensbildung einbezogen wird, weil sich der Amtsträger verlesen oder etwas übersehen hat (BFH v. 26.04.1989, VI R 39/85, BFH/NV 1989, 619; *von Wedelstädt* in Bartone/von Wedelstädt, Rz. 171).

11 Beispiele für die Annahme eines **mechanischen Fehlers** (s. auch *von Wedelstädt* in Bartone/Wedelstädt, Rz. 175 ff.; *von Wedelstädt* in Gosch, § 129 AO Rz. 8 ff. und 47 ff.; *Seer* in Tipke/Kruse, § 129 AO Rz. 18 ff.):

- **EDV-**: Fehler bei der **Codierung**, d.h. bei der Umsetzung des Programms in die Formelsprache des Computertyps (Ausfüllen des Eingabewertbogens) sind grundsätzlich offenbare Unrichtigkeiten, da rechtliche Erwägungen nicht angestellt werden (BFH v. 28.09.1984, III R 10/81, BStBl II 1985, 32 ff.); Eingabefehler sind mechanische Versehen bei Irrtümern über den Ablauf des maschinellen Verfahrens (BFH v. 07.03.2002, VI B 4/02, BFH/NV 2002, 759 m.w.N.), bei der Außerachtlassung der für das maschinelle Verfahren geltenden innerdienstlichen Vorschriften (BFH v. 11.07.2007, XI R 17/05, BFH/NV 2007, 1810), bei unbeabsichtigter Verwendung falscher Schlüsselzahlen oder Übersehen notwendiger Eintragungen, bei der versehentlichen Eintragung eines anderen als des gewollten Wertes oder bei versehentlicher Unterlassung der Eintragung oder Übertragung in den Eingabewertbogen (BFH v. 29.01.2003, I R 20/02, BFH/NV 2002, 1139), sodass eine offenbare Unrichtigkeit gegeben ist. Dies gilt auch, wenn Daten direkt in die automatische Datenverarbeitung eingegeben werden (BFH v. 11.07.2007, XI R 17/05, BFH/NV 2007, 1810).
- Fehler bei der **manuellen Erfassung der komprimierten und unterschriebenen Steuererklärung**, weil die elektronische Datenübermittlung nicht erfolgreich gewesen ist (BFH v. 04.03.2016, IX B 113/15, NV 2016, 892).
- **Fehler beim Ablesen der Steuertabelle** (BFH v. 25.10.1978, II R 70/78, BStBl II 1979, 196), des **Steuersatzes**, des **Hebesatzes**, der **Steuerklasse**.
- Ungeprüfte abschließende Zeichnung des Steuerfalles durch den Sachgebietsleiter, wenn dem Sachbearbeiter ein mechanischer Fehler unterlaufen ist (BFH v. 07.11.2013, IV R 13/11, BFH/NV 2014, 657).
- Ungeprüfte Übernahme fehlerhafter vom Arbeitgeber übermittelter elektronischer Lohnsteuerdaten (FG Münster v. 24.02.2011, 11 K 4239/07 E, EFG 2012, 1220).
- Fehlerhafte Zugrundelegung einer Grundstücksfläche beim Erlass eines **Einheitswertbescheids** (BFH v. 11.11.2009, II R 14/08, BStBl II 2010, 723).
- **Übersehen von Angaben des Steuerpflichtigen** bei der Veranlagung (BFH v. 17.02.1993, X R 47/91, BFH/NV 1993, 638), beispielsweise aktenkundige Scheidung oder Todesfall des Ehegatten (BFH v. 27.03.1987, VI R 63/84, BFH/NV 1987, 480; BFH v. 06.09.1988, VI B 10/87, BFH/NV 1989, 6).
- **Versehentliche Nichtauswertung eines Betriebsprüfungsberichts** (BFH v. 27.11.2003, V R 52/02, BFH/NV 2004, 606); eine offenbare Unrichtigkeit ist auch gegeben bei unbemerkter Übernahme eines **mechanischen Versehens des Außenprüfers** durch den Veranlagungsbeamten bei der Auswertung des Prüfungsberichts (BFH v. 06.11.2012, VIII R 15/10, BFH/NV 2013, 612).
- **Übersehen oder fehlerhafte Auswertung eines Grundlagenbescheids** (BFH v. 16.07.2003, X R 37/99, BStBl II 2003, 867); § 129 AO ist neben § 175 Abs. 1 Satz 1 Nr. 1 AO anwendbar, es besteht insoweit Anspruchskonkurrenz (*von Wedelstädt* in Gosch, § 129 AO Rz. 47 und § 175 AO Rz 19; a.A. *von Groll* in HHSp, § 175 AO Rz. 183); die Anwendung des § 129 AO und/oder des § 175 Abs. 1 Satz 1 Nr. 1 AO entscheidet über die maßgebliche Ablaufhemmung nach § 171 Abs. 2 AO oder § 171 Abs. 10 AO (*von Wedelstädt* in Bartone/von Wedelstädt, Rz. 194). Dagegen stellt die Übernahme einer offenbaren Unrichtigkeit aus einem Grundlagenbescheid selbst keine offenbare Unrichtigkeit dar; die Folgebescheidkorrektur bei der Berichtigung des Grund-

lagenbescheids nach § 129 AO erfolgt nach § 175 Abs. 1 Satz 1 Nr. 1 AO (*von Wedelstädt* in Gosch, § 129 AO Rz. 47).

- **Übersehen einer Kontrollmitteilung** (BFH v. 17.02.1993, X R 47/91, BFH/NV 1993, 638) oder eines **Prüfhinweises** (BFH v. 28.05.2015, VI R 63/13, BFH/NV 2015, 1078).
- **Versehentliches Unterbleiben eines Vorbehalts- oder Vorläufigkeitsvermerks** (BFH v. 01.07.2010, IV R 56/07, BFH/NV 2010, 2004); in diesem Fall muss die Finanzbehörde nicht zunächst den ursprünglichen Bescheid nach § 129 AO berichtigen, sondern kann unmittelbar nach § 164 Abs. 2 AO bzw. § 165 Abs. 2 AO ändern, muss dies jedoch begründen (BFH v. 06.11.2012, VIII R 15/10, BFH/NV 2013, 612).
- **Doppelte Berücksichtigung eines Freibetrags** (BFH v. 08.03.1989, X R 116/87, BStBl II 1989, 531)
- **Irrtümlich unterlassene Umrechnung der zu erstattenden Kirchensteuer von DM in Euro** (BFH v. 16.08.2006, XI B 168/05, BFH/NV 2006, 2033 f.; BFH v. 19.08.2008, IX R 71/07, BStBl II 2009, 13).
- **Übersehensfehler bei der Sachaufklärung:** Bleiben feststehende oder unstreitige Tatsachen bei der Veranlagung unberücksichtigt, kann dies auf unzureichender Sachaufklärung – dann liegt keine offenbare Unrichtigkeit, sondern ein Rechtsfehler vor – oder auf Unachtsamkeit beruhen. Ist die Tatsache offenkundig und wird sie nur aus Unachtsamkeit nicht berücksichtigt, ist § 129 AO anwendbar (BFH v. 12.11.1997, XI R 22/97, BFH/NV 1998, 418 ff.). Dies gilt z. B. bei **wiederholter Gewährung des Verwitwetensplittings** (BFH v. 30.11.2010, III B 17/09, BFH/NV 2011, 412).

## II. Offenbarkeit

12 Eine Berichtigung nach § 129 AO setzt voraus, dass die Unrichtigkeit **offenbar** ist, d. h. bei Offenlegung des Sachverhalts für jeden unvoreingenommenen Dritten klar und deutlich auf der Hand liegt. Die Erkennbarkeit der Unrichtigkeit anhand des Bescheids ist nicht erforderlich. Ausreichend ist, dass der Fehler bei **Offenlegung des Sachverhalts**, z. B. durch Akteneinsicht, für jeden objektiven Dritten klar und deutlich als offenbare Unrichtigkeit erkannt werden kann (ständige Rechtsprechung, s. z. B. BFH v. 16.07.2003, X R 37/99, BStBl II 2003, 867; BFH v. 22.02.2006, I R 125/04, BFH/NV 2006, 992 m. w. N.). Dies ergibt sich aus dem Wortlaut des § 129 Satz 1 AO, der sich auf die offenbare Unrichtigkeit »**beim Erlass** eines Verwaltungsaktes« bezieht, im Gegensatz zur offenbaren Unrichtigkeit »in einem Verwaltungsakt« (so § 42 VwVfG), sowie aus dem Gesetzeszweck, nach dem § 129 AO den Bedürfnissen des Besteuerungsverfahrens als Masseverfahren gerecht werden soll (s. hierzu auch *von Wedelstädt* in Bartone/von Wedelstädt, Rz. 153 und *von Wedelstädt* in Gosch, § 129 AO Rz. 38).

Gegen diese Auslegung des § 129 AO, der sich die höchstrichterliche Rechtsprechung angeschlossen hat, wird eingewandt, der Ausschluss des Vertrauensschutzes durch § 129 AO finde nur dann seine Rechtfertigung, wenn die Unrichtigkeit für den Steuerpflichtigen erkennbar sei. Dies entspreche der Regelung des § 124 Abs. 1 Satz 2 AO, nachdem es bei der Bekanntgabe des Regelungsinhalts nicht auf das Gewollte, sondern auf das für den Steuerpflichtigen erkennbar Offenbarte ankomme (*Seer* in Tipke/Kruse, § 129 AO Rz. 6). Da § 129 AO die Regelung des § 124 Abs. 1 Satz 2 AO unberührt lässt (s. Rz. 1) erscheint dieses Argument auch im Hinblick darauf, dass der Steuerpflichtige die Unrichtigkeit durch den Vergleich seiner Unterlagen in der Regel erkennen wird, wenig überzeugend (ebenso *von Wedelstädt* in Bartone/von Wedelstädt, Rz. 154, *von Wedelstädt* in Gosch, § 129 AO Rz. 38.1 f.; *Intemann* in Koenig, § 129 AO Rz. 19). Jedenfalls bejaht der BFH auch in den Fällen, in denen die Unrichtigkeit sich ausschließlich aus den Finanzamtsakten ergibt, die Anwendung des § 129 AO (s. z. B. BFH v. 02.03.1993, IX R 93/89, BFH/NV 1993, 704 und BFH v. 17.11.1998, III R 2/97, BStBl II 1999, 62). 13

## III. Beim Erlass eines Verwaltungsakts

### 1. Fehler der Finanzbehörde

Fehler i. S. des § 129 AO können nicht nur beim erstmaligen Erlass des Verwaltungsakts, sondern auch im **Einspruchsverfahren** oder bei der **Korrektur** eines Verwaltungsaktes unterlaufen. Eine offenbare Unrichtigkeit verwandelt sich nicht dadurch in einen Rechts- oder Tatsachenirrtum, dass sie im Laufe des Verwaltungsverfahrens fortlaufend **übernommen** wird, so etwa wenn der Fehler im Einspruchsverfahren oder bei der Änderung des Verwaltungsakts unbemerkt bleibt; dies setzt jedoch voraus, dass es nicht zu einer erneuten Willensbildung hinsichtlich des von der offenbaren Unrichtigkeit betroffenen Tatsachen- oder Rechtsbereichs kommt (BFH v. 02.09.2002, VI B 303/00, BFH/NV 2003, 5; *von Wedelstädt* in Bartone/von Wedelstädt, Rz. 213 ff.). So besteht auch bei der **Aufhebung des Vorbehalts der Nachprüfung** keine generelle Prüfungspflicht, sodass, soweit die offenbare Unrichtigkeit unbemerkt bleibt, eine Berichtigung nach § 129 AO möglich ist (*von Wedelstädt* in Bartone/von Wedelstädt, Rz. 217). 14

### 2. Fehler des Steuerpflichtigen

**Fehler**, die dem **Steuerpflichtigen unterlaufen**, unterfallen nicht der Berichtigungsmöglichkeit des § 129 AO. Die Beseitigung des Fehlers kann der Steuerpflichtige in der Regel nur durch Einspruch gegen die Steuerfestsetzung 15 erlangen. Eine Berichtigung nach § 129 AO wird jedoch dann möglich, wenn sich die **Finanzbehörde** den Fehler des Steuerpflichtigen beim Erlass des Verwaltungsaktes **zu eigen macht. Voraussetzung** ist jedoch, dass es sich um einen mechanischen Fehler des Steuerpflichtigen handelt und nicht um einen Fehler bei der Auslegung einer Rechtsnorm (BFH v. 16.09.2015, IX R 37/14, BStBl II 2015, 1040) und dass sich die Unrichtigkeit ohne Weiteres aus der Steuererklärung oder Anlagen hierzu oder aus den Akten der Finanzbehörde ergibt, der zuständige Sachbearbeiter die Unrichtigkeit ohne Weiteres erkennen konnte und keine Anhaltspunkte dafür vorliegen, dass der Finanzbeamte rechtliche Erwägungen angestellt hat (BFH v. 27.08.2013, VIII R 9/11, BStBl II 2014, 439; BFH v. 13.06.2012, VI R 85/10, BStBl II 2013, 5; *von Wedelstädt* in Bartone/von Wedelstädt, Rz. 224; *Seer* in Tipke/Kruse, § 129 AO Rz. 14 f.).

16 Danach scheidet eine Berichtigung nach § 129 AO aus, wenn das FA den Fehler des Stpfl. nicht erkennen und sich deshalb nicht zu eigen machen konnte. Für **Steuerbescheide**, die nach dem 31.12.2016 erlassen worden sind (Art. 97 § 9 Abs. 4 EGAO), besteht in diesem Fall jedoch die **Korrekturmöglichkeit nach § 173a AO** (s. § 173a AO Rz. 2). Danach können Schreib- oder Rechenfehler, die dem Stpfl. bei der Erstellung der Steuererklärung unterlaufen sind, korrigiert werden, wenn deshalb der Finanzbehörde bestimmte, nach den Verhältnissen zum Zeitpunkt des Erlasses des Steuerbescheids rechtserhebliche Tatsachen unzutreffend mitgeteilt wurden. Nach dieser Vorschrift, die allerdings nur für Steuerbescheide und nicht für sonstige Steuerverwaltungsakte gilt, ist es unerheblich, ob die Finanzbehörde den Fehler des Stpfl. als eigenen übernommen hat. § 129 AO bleibt daneben bei Steuerbescheiden und ihnen gleichgestellten Bescheiden weiter anwendbar, wenn § 173a AO nicht greift (*von Wedelstädt* in Gosch, § 173a AO Rz. 7; Seer, StuW 2015, 315, 325; von Wedelstädt, AO-StB 2017, 19, 21).

17 Eine Berichtigung nach § 129 AO ist u.a. **ausgeschlossen** (s. *von Wedelstädt* in Bartone/von Wedelstädt, Rz. 225 f.; *Intemann* in Koenig, § 129 AO Rz. 46; *Seer* in Tipke/Kruse, § 129 AO Rz. 15), wenn

- die Fehlerhaftigkeit aus den eingereichten Unterlagen des Stpfl. **nicht erkennbar** war, da sie z.B. in einer nicht beigefügten Zwischenrechnung enthalten war (BFH v. 03.03.2011, IV R 8/08, BFH/NV 2011, 1649; v. 26.10.2015, X B 43/15, BFH/NV 2016, 201) oder die einer unvollständig ausgefüllten Steuererklärung beigefügte Bescheinigung einer privaten Rentenversicherung nicht das Vorliegen sämtlicher im Gesetz für den Abzug der Versicherungsbeiträge als Sonderausgaben genannter Voraussetzungen bestätigt (BFH v. 03.08.2016, X R 20/15, BFH/NV 2017, 438).
- die Finanzbehörde die Unrichtigkeit nicht erkennt, weil sie ihrer **Amtsermittlungspflicht nicht nachkommt**; die Verletzung der Sachaufklärungspflicht führt zu einem Rechtsfehler (s. Rz. 10; BFH v. 12.04.1994, IX R 31/91, BFH/NV 1995, 1)
- die Finanzbehörde **rechtsirrige** Angaben des Steuerpflichtigen ungeprüft übernimmt (BFH v. 24.07.1984, VII R 304/81, BStBl II 1984, 785) oder
- es der Steuerpflichtige **versäumt, Anträge** für Steuervergünstigungen zu stellen oder eine mögliche AfA nicht in Anspruch nimmt (BFH v. 12.04.1994, IX R 31/91, BFH/NV 1995, 1).

## C. Berichtigung

### I. Ermessen

Die **Berichtigung** der offenbaren Unrichtigkeit kann jederzeit **zugunsten** wie **zuungunsten** des Steuerpflichtigen durch Verwaltungsakt erfolgen. Sie steht nach § 129 AO im pflichtgemäßen **Ermessen** (§ 5 AO) der Finanzbehörde. Hat sich der Fehler auf die **Steuerfestsetzung** ausgewirkt, ist im Hinblick auf den Grundsatz der Gesetzmäßigkeit der Besteuerung nach § 88 AO das Ermessen auf Null reduziert (*von Wedelstädt* in Bartone/von Wedelstädt, Rz. 230, *von Wedelstädt* in Gosch, § 129 AO Rz. 48), d.h. es muss berichtigt werden; Ermessenserwägungen sind weder anzustellen noch darzulegen, wenn keine andere Entscheidung als die Berichtigung rechtmäßig wäre (BFH v. 28.10.1992, II R 111/89, BFH/NV 1993, 637). Die Berichtigungsbefugnis kann nach **Treu und Glauben** entfallen. Dies gilt ausnahmsweise nur dann, wenn die offenbare Unrichtigkeit ausschließlich auf einen Fehler der Finanzbehörde zurückgeht und die Berichtigung das schutzwürdige Vertrauen des Steuerpflichtigen verletzen würde, etwa weil das Finanzamt den Anschein erweckt hat, dass der Verwaltungsakt so, wie er bekannt gegeben worden ist, tatsächlich gewollt war (BFH v. 24.10.1984, II R 30/81, BStBl II 1985, 218, 221; BFH v. 13.12.2011, VIII B 136/11, BFH/NV 2012, 550; s. FG Köln v. 05.09.1991, 7 K 5921/90, EFG 1992, 107; *von Wedelstädt* in Gosch, § 129 AO Rz. 48). 18

### II. Berechtigtes Interesse (§ 129 Satz 2 AO)

Der Steuerpflichtige hat bei einem berechtigten Interesse nach § 129 Satz 2 AO einen **Anspruch** auf Berichtigung. Dies liegt insbes. dann vor, wenn die Berichtigung sich auf einen betrags- oder ziffernmäßig mitgeteilten Regelungsinhalt des Verwaltungsaktes bezieht oder der unrichtige Verwaltungsakt Bindungswirkung für andere Verwaltungsakte hat (s. auch *Seer* in Tipke/Kruse, § 129 AO Rz. 31; *Intemann* in Koenig, § 129 AO Rz. 54). 19

### III. Zeitliche Grenze der Berichtigung

20 Die Berichtigung nach § 129 AO kann **jederzeit**, d. h. auch im **Einspruchs-** oder **Klageverfahren** erfolgen (s. Rz. 2 und s. Rz. 25). Sie ist auch noch nach Eintritt der **Bestandskraft** möglich. Eine Einschränkung gilt allerdings bei der Berichtigung von Steuerbescheiden. Diese können nur bis zum Ablauf der **Festsetzungsfrist** berichtigt werden. Jedoch kann nach Auffassung des BFH ein Berichtigungsbescheid auch dann noch erlassen werden, wenn der zu berichtigende Bescheid erst nach Ablauf der Festsetzungsfrist ergangen ist, sofern die Frist des § 171 Abs. 2 AO noch nicht abgelaufen ist (BFH v. 14.06.1991, III R 64/89, BStBl II 1992, 52; v. 03.03.2011, III R 45/08, BStBl II 2011, 673). Nach **§ 171 Abs. 2 AO** endet die Festsetzungsfrist im Falle einer offenbaren Unrichtigkeit nicht vor Ablauf eines Jahres nach Bekanntgabe des die Unrichtigkeit enthaltenden Steuerbescheides. Anknüpfungspunkt für die **Ablaufhemmung** ist der Bescheid, bei dessen Erlass die offenbare Unrichtigkeit erstmals unterlaufen ist (BFH v. 08.03.1989, X R 116/87, BStBl II 1989, 531). Wird vor Ablauf der Festsetzungsfrist ein Antrag auf Berichtigung nach § 129 AO gestellt, läuft die Festsetzungsfrist nicht ab, bevor über den Antrag unanfechtbar entscheiden worden ist (§ 171 Abs. 3 AO).

21 Darüber hinaus bestehen folgende **zeitliche Grenzen** für die Berichtigung (s. AEAO zu § 129, Nr. 6): Aufteilungsbescheide können nur bis zur Beendigung der Vollstreckung (§ 280 AO), Verwaltungsakte, die sich auf Zahlungsansprüche richten, nur bis zum Ablauf der Zahlungsverjährung (§ 228 AO) berichtigt werden.

### IV. Umfang der Berichtigung

22 Die Berichtigung nach § 129 AO bezieht sich nur auf die Beseitigung der offenbaren Unrichtigkeit; **andere Fehler** können nur dann mitkorrigiert werden, wenn die Tatbestandsmerkmale anderer Korrekturvorschriften erfüllt sind. Streitig ist, ob eine **Saldierung** nach § 177 AO vorzunehmen ist. Dies wird z. T. mit der Begründung abgelehnt, der Wortlaut des § 177 AO spreche nur von der Aufhebung oder Änderung, nicht jedoch von der Berichtigung eines Steuerbescheides. Dagegen begründet die wohl h. M. die Anwendung des § 177 AO damit, dass § 172 Abs. 1 Satz 1 Nr. 2d AO nur §§ 130 und 131 AO, nicht aber § 129 AO ausschließe. Nach der Rechtsprechung des BFH darf die Finanzbehörde die Berichtigung nach § 129 AO zugunsten des Steuerpflichtigen ablehnen, wenn sie sich bei der Ausübung ihres pflichtgemäßen Ermessens auf eine Saldierungsmöglichkeit berufen kann (BFH v. 04.06.2008, X R 47/07, BFH/NV 2008, 1801; zustimmend *Seer* in Tipke/Kruse, § 129 AO Rz. 27; *von Wedelstädt* in Gosch, § 129 AO Rz. 54.5 m. w. N.; *Ratschow* in Klein § 129 AO Rz. 38). Der Auffassung des BFH ist zuzustimmen (s. § 177 AO Rz. 9). Die Finanzverwaltung wendet § 177 AO entsprechend an (AEAO zu § 129, Nr. 5 und zu § 177, Nr. 6).

### V. Vorlage des zu berichtigenden Schriftstücks (§ 129 Satz 3 AO)

Die Finanzbehörde ist nach § 129 Satz 3 AO berechtigt, die Vorlage des Schriftstücks zu verlangen, das berichtigt werden soll. Das Vorlageverlangen steht im **Ermessen** der Behörde. Die Vorlage ist **nicht Voraussetzung** für die Wirksamkeit der Berichtigung. Zweck der Regelung ist allein, den Rechtsschein, den die Urkunde ausübt, zu beseitigen. Auf **elektronisch** bekannt gegebene **Verwaltungsakte**, die sich der Steuerpflichtige hat ausdrucken lassen, findet die Regelung **keine Anwendung**. 23

### D. Rechtsbehelfe

Der nach § 129 AO berichtigte Verwaltungsakt kann ebenso wie die Ablehnung der Berichtigung mit dem **Einspruch** angefochten werden; bei abweisender Einspruchsentscheidung kann **Anfechtungs- bzw. Verpflichtungsklage** erhoben werden. Wird der nach § 129 AO berichtigte Verwaltungsakt angefochten, sind § 351 AO, § 42 FGO zu beachten; danach ist der Rechtsbehelf nur im **Umfang** der Berichtigung eröffnet. 24

Wird der Verwaltungsakt während des Einspruchs- oder Klageverfahrens berichtigt, wird der berichtigte Verwaltungsakt **automatisch** Gegenstand des Verfahrens (§ 365 Abs. 3 Satz 2 Nr. 1 AO, § 68 Satz 4 FGO). 25

Die Entscheidung darüber, ob die Voraussetzungen für die Berichtigung einer offenbaren Unrichtigkeit vorliegen, sind im **Revisionsverfahren** nur eingeschränkt überprüfbar, da es sich insoweit um eine **Tatfrage** handelt, die nach § 118 Abs. 2 FGO revisionsrechtlich nur im Hinblick auf Verstöße gegen Denkgesetze und allgemeine Erfahrungssätze nachprüfbar ist (BFH v. 01.07.2010, IV R 56/07, BFH/NV 2010, 2004). 26

## Vorbemerkungen zu §§ 130–132

**Inhaltsübersicht**

## A. Einführung

1 Steuerverwaltungsakte werden mit Ablauf der Rechtsbehelfsfrist **formell bestandskräftig**, wenn kein Rechtsmittel eingelegt worden ist (s. § 118 AO Rz. 35). Im Unterschied zu Urteilen, die in Rechtskraft erwachsen und nach ihrem Wirksamwerden mit Ausnahme des Falles der Wiederaufnahme nicht mehr geändert werden können, sind Steuerverwaltungsakte auch nach Eintritt der Bestandskraft noch **korrigierbar**. Die Korrektur von Steuerverwaltungsakten steht im Spannungsverhältnis zwischen der **Gesetzmäßigkeit der Besteuerung** und dem **Vertrauensschutz** des Steuerpflichtigen auf den Bestand der Regelung.

## B. Übersicht über Korrekturvorschriften

2 Geregelt ist die Korrektur von bestandskräftigen Steuerverwaltungsakten in den §§ 130 und 131 AO sowie den §§ 172 bis 177 AO. Dabei **unterscheidet** die AO bei der Korrektur von Steuerverwaltungsakten zwischen Steuerbescheiden und ihnen gleichgestellten Verwaltungsakten und sonstigen Steuerverwaltungsakten. **§§ 172 ff. AO** sind ausschließlich auf die **Korrektur von Steuerbescheiden** und ihnen gleichgestellten Bescheiden anwendbar (s. Vor §§ 172–177 AO Rz. 3), **§§ 130 f. AO** gelten ausschließlich für die **Korrektur sonstiger Verwaltungsakte**.

3 **Steuerbescheide** und ihnen gleichgestellt Bescheide sind **gebundene Entscheidungen** und können nur korrigiert werden, wenn **sie rechtswidrig** sind (*von Wedelstädt* in Bartone/von Wedelstädt Rz. 44 m. w. N.). Dagegen ist eine Korrektur **bei sonstigen Steuerverwaltungsakten** auch zulässig, wenn sie **rechtmäßig** sind (§ 131 AO), da es sich regelmäßig um **Ermessensentscheidungen** handelt, bei denen im Rahmen des Ermessens mehrere alternative Entscheidungen rechtmäßig sein können.

## C. Anwendungsbereich der §§ 130 f. AO

4 Die Anwendung der §§ 130 f. AO ist **beschränkt** auf die Korrektur **sonstiger Steuerverwaltungsakte** (s. § 172 Abs. 1 Satz 1 Nr. 2d AO). Sonstige Steuerverwaltungsakte sind alle Steuerverwaltungsakte, die nicht Steuerbescheide oder ihnen gleichgestellte Bescheide sind (s. Vor §§ 172–177 AO Rz. 5). Dies sind u. a.

- Aufforderung zur Abgabe der eidesstattlichen Versicherung
- Aufforderung zur Abgabe der Steuererklärung (§ 149 AO) und zur Buchführung (§ 141 Abs. 2 AO)
- Abrechnungs- und Anrechnungsverfügungen zu Steuerbescheiden
- Abrechnungsbescheide gem. § 218 Abs. 2 AO
- selbstständige Anforderung einer Sicherheitsleistung (§ 241 AO)
- Aufforderung zur Abgabe von Steuererklärungen (§ 149 AO)
- Aussetzung der Steuerfestsetzung (§ 165 Abs. 1 Satz 4 AO), der Vollziehung (§ 361 AO) und des Einspruchsverfahrens (§ 363 AO),
- Billigkeitsmaßnahmen (§§ 163, 227, 234 Abs. 2 AO)
- Eintragung von Ansprüchen aus dem Steuerschuldverhältnis in die Insolvenztabelle (BFH v. 24.11.2011, V R 13/11, BStBl II 2012, 298; BFH v. 06.12.2012, V R 1/12, BFH/NV 2013, 906)
- Erlass (§§ 163 und 227 AO)
- Feststellungsbescheid über die Feststellung von im Insolvenzverfahren bestrittenen Ansprüchen aus dem Steuerschuldverhältnis (§ 251 Abs. 3 AO) (BFH v. 11.12.2013, XI R 22/11, BStBl II 2014, 332)
- Freistellungsbescheinigungen gem. § 48b Abs. 1 Satz 1 EStG, § 50d Abs. 2 Satz 1 EStG
- Fristverlängerungen (§ 109 AO)
- Haftungs- und Duldungsbescheide nach § 191 Abs. 1 AO
- Nichtveranlagungsbescheinigungen gem. § 44a Abs. 2 Nr. 2 EStG
- Prüfungsanordnung (§ 196) (BFH v. 15.05.2013, IX R 27/12, BStBl II 2013, 570)
- Rücknahme und Widerruf nach §§ 130 f. AO (s. Rz. 12)
- Steueranrechnungen von Steuervorauszahlungen (§ 36 Abs. 2 Nr. 1 EStG, § 49 Abs. 1 KStG, § 18 Abs. 4 UStG) und von Steuerabzugsbeträgen (§ 36 Abs. 2 Nr. 2 EStG). Die Anrechnungsverfügung in Einkommen- oder Körperschaftsteuerbescheiden entfaltet Bindungswirkung für einen nachfolgenden Abrechnungsbescheid nach § 218 Abs. 2 AO und kann nur unter den Voraussetzungen der §§ 129, 130, 131 AO geändert werden (BFH v. 15.04.1997, VII R 100/96, BStBl II 1997, 787; v. 26.06.2007, VII R 35/06, BStBl II 2007, 742; BFH v. 18.09.2007, I R 54/06, BFH/NV 2008, 290; BFH v. 27.10.2009, VII R 51/08, BStBl II 2010, 383; BFH v. 12.11.2013, VII R 28/12, BFH/NV 2014, 339; *von Wedelstädt* in Gosch, § 130 AO Rz. 17). Die Aufhebung des Steuerfestsetzungsbescheids führt dazu, dass die Anrechnungsverfügung gem. § 131 Abs. 2 Nr. 3 AO widerrufen werden kann (BFH v. 14.06.2016, VII B 47/15, BFH/NV 2016, 1428).
- Stundung (§ 222 AO)
- Verbindliche Auskunft (§ 89 Abs. 2 AO) (*von Wedelstädt*, DB 2006, 2386; *von Wedelstädt* in Gosch, § 130 AO Rz. 17).
- Verspätungszuschlag (§ 152 AO)
- Verwaltungsakte im steuerlichen Ermittlungsverfahren wie z. B. Auskunftsersuchen, Prüfungsanordnung

- Zustimmung zur Wahl eines abweichenden Wirtschaftsjahres (BFH v. 07.11.2013, IV R 13/10, BFHE 243, 350 = BFH/NV 2014, 199)
- Zwangsmittelandrohung und -festsetzung (§§ 328 ff. AO),

und deren **Ablehnung**. Auf die Aufzählung in AEAO Vor §§ 130, 131, Nr. 2 und 3 wird ergänzend verwiesen.

§§ 130 f. AO. findet nach § 164a StBerG auch auf Verwaltungsakte im Verfahren nach dem **Steuerberatergesetz** Anwendung.

5 **Keine Anwendung** finden §§ 130 und 131 AO auf **Steuerbescheide und ihnen gleichgestellte Bescheide** (§ 172 Abs. 1 Satz 1 Nr. 2d AO, so auch ausdrücklich BFH v. 21.01.2015, X R 40/12, BStBl II 2016, 117), für **Aufteilungsbescheide** gem. § 280 AO (s. § 280 AO Rz. 3 ff.). Auf nicht begünstigende **Zollverwaltungsakte** finden §§ 130 f. AO analog, auf begünstigende Zollverwaltungsakte die Art. 27 ff. UZK Anwendung.

6 **Unanwendbar** sind §§ 130 f. AO für die Beseitigung eines nichtigen oder sonst unwirksamen Verwaltungsakts durch **Ersetzung** mit einem wirksamen Verwaltungsakt, da es sich insoweit um den Erlass eines erstmaligen Verwaltungsakts handelt (BFH v. 24.08.1989, IV R 65/88, BStBl II 1990, 2). Dagegen ist die Rücknahme eines **nichtigen oder unwirksamen Verwaltungsakts**, der keine Bindungswirkung entfaltet, nicht notwendig, aber gem. § 130 Abs. 1 AO **möglich** (BFH v. 27.06.1994, VII R 110/93, BStBl II 1995, 341, *von Wedelstädt* in Gosch, § 130 AO Rz. 7).

## D. Rechtmäßigkeit – Rechtswidrigkeit

7 Anders als bei Steuerbescheiden ist nach § 131 AO auch die **Korrektur von rechtmäßigen** Steuerverwaltungsakten möglich, da es sich regelmäßig um Ermessenentscheidungen handelt, bei denen mehrere Entscheidungen rechtmäßig sein können.

8 Ein Verwaltungsakt ist **rechtmäßig**, wenn er aufgrund eines Gesetzes (s. § 4 AO) ergangen ist und im Zeitpunkt seines Erlasses mit den gesetzlichen Bestimmungen im Einklang steht. Ermessensentscheidungen sind darüber hinaus nur dann rechtmäßig, wenn die Finanzbehörde von ihrem Ermessen in einer dem Zweck der Ermächtigung entsprechenden Weise Gebrauch macht und die gesetzlichen Grenzen des Ermessens nicht überschreitet (s. § 5 AO). Dies setzt voraus, dass der richtige Sachverhalt der Entscheidung zugrunde gelegt wird. Abzustellen ist für die Prüfung der Rechtmäßigkeit auf den Zeitpunkt des Wirksamwerdens, also die Bekanntgabe des Verwaltungsakts, bei Ermessensentscheidungen auf den Zeitpunkt der letzten Verwaltungsentscheidung, also i. d. R. der Zeitpunkt des Erlasses der Einspruchsentscheidung. § 102 Satz 3 FGO gestattet es den Finanzbehörden jedoch bis zum Schluss der mündlichen Verhandlung vor dem Finanzgericht ihre Ermessenserwägungen zu ergänzen (s. § 5 AO Rz. 35). Eine **nachträgliche Änderung der Sach- und Rechtlage** führt nicht zur Rechtswidrigkeit, soweit diese nicht rückwirkende Kraft hat (BFH v. 09.12.2008, VII R 43/07, BStBl II 2009, 344). Die Änderung der Rechtsprechung stellt keine Änderung der Rechtslage dar, da sie die von Anfang an bestehende Rechtslage klarstellt (*von Wedelstädt* in Gosch, § 130 AO Rz. 31). Die **Rechtmäßigkeit** des Verwaltungsakts ergibt sich aus seinem **Ausspruch (Tenor)** und nicht aus der Begründung. So ist auch für die Rechtmäßigkeit eines **geänderten Bescheids** entscheidend, ob die Änderung tatsächlich zu Recht erfolgt ist; unerheblich – da die Begründung betreffend – ist, ob das FA die zutreffende Vorschrift als Änderungsgrundlage angegeben hat (BFH v. 10.06.1999, IV R 25/98, BStBl II 1999, 545).

Ein Verwaltungsakt ist **rechtswidrig**, wenn er ohne Rechtsgrundlage oder unter Verstoß von Rechtsnormen des materiellen Rechts oder des Verfahrensrechts erlassen wurde oder ermessensfehlerhaft (s. § 5 AO Rz. 36 ff.) ist. Rechtswidrig ist ein Steuerveraltungsakt auch, wenn er auf einem falschen Sachverhalt beruht. Bei einer **Heilung** nach § 126 AO, **Umdeutung** nach § 128 AO und **Berichtigung offenbarer Unrichtigkeiten** nach § 129 AO wird der Verwaltungsakt rechtmäßig. Eine Korrektur nach § 130 AO scheidet dann aus; es verbleibt allenfalls die Widerrufsmöglichkeit nach § 131 AO. Mängel, die unter **§ 127 AO** fallen, können zwar vom Steuerpflichtigen nicht zum Anlass eines Korrekturbegehrens gemacht werden, wenn der Verwaltungsakt materiell richtig ist; die Finanzbehörde kann den Verwaltungsakt jedoch zurücknehmen oder widerrufen. Leidet der Verwaltungsakt an einem besonders schwerwiegenden und offenkundigen Fehler, ist er **nichtig** und entfaltet keine Rechtswirkungen (s. § 125 Abs. 1 AO); er kann jedoch zur Beseitigung des Rechtsscheins nach § 130 AO zurückgenommen werden. 9

## E. Begünstigende – nicht begünstigende Steuerverwaltungsakte

Zu **unterscheiden** ist bei der Anwendung der §§ 130 f. AO weiter zwischen begünstigenden (§ 130 Abs. 2 AO, § 131 Abs. 2 AO) und nicht begünstigenden (§ 130 Abs. 1 AO, § 131 Abs. 1 AO) Steuerverwaltungsakten: Während **nicht begünstigende** Verwaltungsakte, auch wenn sie rechtmäßig sind, fast uneingeschränkt korrigierbar sind (§ 130 Abs. 1, § 131 Abs. 1 AO), können **begünstigende** Verwaltungsakte, auch wenn sie rechtswidrig sind, aus Vertrauensschutzgründen nur unter bestimmten Voraussetzungen korrigiert werden (§ 130 Abs. 2, § 131 Abs. 2 AO). 10

**Belastende** Verwaltungsakte legen ein Tun, Dulden oder Unterlassen auf, mindern oder beseitigen Rechte 11 des Betroffenen (z.B. Festsetzung eines Verspätungszuschlags gem. § 152 AO, Festsetzung eines Zwangsmittels gem. § 328 AO). Demgegenüber gewähren **begünstigende** Verwaltungsakte einen rechtlich erheblichen Vorteil (z.B. Stundung, § 222 AO, Erlass, § 227 AO) oder bestätigen diesen (s. zur **Anrechnungsverfügung** BFH v. 26.06.2007, VII R 35/06, BStBl II 2007, 742).

12 Jedoch ist bei der **Anwendung der §§ 130 f. AO** hinsichtlich der Unterscheidung zwischen begünstigenden und nicht begünstigenden Steuerverwaltungsakten nach h.M. nicht darauf abzustellen, ob der ursprüngliche Verwaltungsakt belastend oder begünstigend ist, sondern darauf, ob sich die **Korrektur** (Rücknahme oder Widerruf) belastend oder begünstigend auswirkt (*von Wedelstädt* in Gosch, § 130 AO Rz. 37 m.w.N., *Loose* in Tipke/Kruse, § 130 AO Rz. 11; AEAO zu § 130, Nr. 4). So wirkt sich die erweiternde Änderung eines belastenden Verwaltungsaktes belastend aus (*Loose* in Tipke/Kruse, § 130 AO Rz. 58). Es handelt sich daher um die Rücknahme eines begünstigenden Verwaltungsakts und nicht – bei isolierter Betrachtung des zurückgenommenen Verwaltungsakts – eines nicht begünstigenden Verwaltungsakts. Eine Korrektur ist nur unter den Voraussetzungen der §§ 130 Abs. 2 und 131 Abs. 2 AO möglich. Umgekehrt handelt es sich bei der erweiternden Änderung eines begünstigenden Verwaltungsakts im Ergebnis um einen begünstigenden Verwaltungsakt, sodass die Einschränkungen der §§ 130 Abs. 2 bzw. 131 Abs. 2 AO nicht gelten (*von Wedelstädt* in Gosch, § 130 AO Rz. 38; *Loose* in Tipke/Kruse, § 130 AO Rz. 58).

13 Bei Verwaltungsakten, die **sowohl begünstigende als auch belastende** Wirkungen entfalten, kommt es für die Frage der Anwendbarkeit des § 130 AO oder § 131 AO gleichfalls auf die Wirkung der Korrektur an (*von Wedelstädt* in Gosch, § 130 AO Rz. 39; *von Wedelstädt* in Bartone/von Wedelstädt, Rz. 265).

### F. Rückgängigmachung von Rücknahme und Widerruf

14 Die **Rücknahme und der Widerruf** eines Verwaltungsakts nach §§ 130 f. AO sind selbst als **Verwaltungsakt** zu qualifizieren, da sie eine eigenständige Regelung treffen. Bei Rechtswidrigkeit der Rücknahme findet für die Korrektur § 130 AO Anwendung: war die erste Rücknahme belastend § 130 Abs. 1 AO, war sie begünstigend § 130 Abs. 2 AO. Wird die Rücknahme zurückgenommen, lebt der ursprüngliche Verwaltungsakt wieder auf (BFH v. 09.12.2004, VII R 16/03, BStBl II 2006, 346; *Rüsken* in Klein, § 130 AO Rz. 4). War die erste Korrektur rechtmäßig, ist der Widerruf nach § 131 AO zwar zulässig, mangels Rückwirkung aber wirkungslos (*von Wedelstädt* in Gosch, § 130 AO Rz. 98).

### G. Korrektur wegen verfassungswidriger Normen

Die Feststellung der Nichtigkeit eines Gesetzes durch das 15
BVerfG führt nicht zur Korrektur bestandskräftiger Verwaltungsakte (§ 79 Abs. 2 Satz 1 BVerfGG).

### H. Korrektur wegen Widerspruchs zur EuGH-Rechtsprechung

Steht die Regelung eines Verwaltungsakts im Wider- 16
spruch zum EU-Recht oder zur EuGH-Rechtsprechung, richtet sich die Korrektur nach der AO, s. Vor §§ 172–177 AO Rz. 18 ff.

## § 130 AO
## Rücknahme eines rechtswidrigen Verwaltungsakts

**(1) Ein rechtswidriger Verwaltungsakt kann, auch nachdem er unanfechtbar geworden ist, ganz oder teilweise mit Wirkung für die Zukunft oder für die Vergangenheit zurückgenommen werden.**

**(2) Ein Verwaltungsakt, der ein Recht oder einen rechtlich erheblichen Vorteil begründet oder bestätigt hat (begünstigender Verwaltungsakt), darf nur dann zurückgenommen werden, wenn**

**1. er von einer sachlich unzuständigen Behörde erlassen worden ist,**
**2. er durch unlautere Mittel wie arglistige Täuschung, Drohung oder Bestechung erwirkt worden ist,**
**3. ihn der Begünstigte durch Angaben erwirkt hat, die in wesentlicher Beziehung unrichtig oder unvollständig waren,**
**4. seine Rechtswidrigkeit dem Begünstigten bekannt oder infolge grober Fahrlässigkeit nicht bekannt war.**

**(3) Erhält die Finanzbehörde von Tatsachen Kenntnis, welche die Rücknahme eines rechtswidrigen begünstigenden Verwaltungsakts rechtfertigen, so ist die Rücknahme nur innerhalb eines Jahres seit dem Zeitpunkt der Kenntnisnahme zulässig. Dies gilt nicht im Fall des Absatzes 2 Nr. 2.**

**(4) Über die Rücknahme entscheidet nach Unanfechtbarkeit des Verwaltungsakts die nach den Vorschriften über die örtliche Zuständigkeit zuständige Finanzbehörde; dies gilt auch dann, wenn der zurückzunehmende Verwaltungsakt von einer ande-**

**ren Finanzbehörde erlassen worden ist; § 26 Satz 2 bleibt unberührt.**

**Inhaltsübersicht**



## A. Inhalt und Gegenstand der Regelung

1 Nach § 130 Abs. 1 AO können **rechtswidrige sonstige Steuerverwaltungsakte** grundsätzlich zurückgenommen werden; Einschränkungen gelten jedoch aus Vertrauensschutzgründen nach § 130 Abs. 2 AO für rechtswidrig begünstigende Verwaltungsakte. § 130 Abs. 3 AO regelt die Rücknahmefrist, § 130 Abs. 4 AO die örtliche Zuständigkeit der für die Rücknahme zuständigen Finanzbehörde. Zum Begriff des sonstigen Verwaltungsakts wird auf s. Vor §§ 130–132 AO Rz. 4 ff., zum Begriff der Rechtswidrigkeit auf s. Vor §§130–132 AO Rz. 7 ff. und zum Begriff des begünstigenden, bzw. belastenden Verwaltungsakts auf s. Vor §§ 130–132 AO Rz. 10 ff. verwiesen. Wird der Verwaltungsakt erst **nach seinem Erlass** rechtswidrig, findet nicht § 130 AO, sondern § 131 AO Anwendung (*von Wedelstädt* in Gosch, § 130 AO Rz. 31).

2 Die Rücknahme eines rechtswidrigen sonstigen Verwaltungsakts kann auch während des **Einspruchs- oder finanzgerichtlichen Verfahrens** erfolgen (§ 132 Abs. 1 AO). Das FG kann jedoch nicht ohne Antrag des Klägers prüfen, ob die Verwaltungsbehörde nach § 130 Abs. 1 AO verpflichtet ist, den bestandskräftigen Verwaltungsakt aufzuheben bzw. darüber nach ihrem Ermessen zu entscheiden (BFH v. 20.12.2005, VII B 327/04, BFH/NV 2006, 707). Wird der zurückgenommene Verwaltungsakt durch einen neuen ersetzt, wird dieser Gegenstand des Verfahrens (s. § 365 AO Rz. 11, s. § 68 FGO Rz. 4, s. § 127 FGO). Bei einer **Teilrücknahme** bleibt der bestehen bleibende Teil des Verwaltungsakts Gegenstand des Verfahrens, sodass diese Vorschriften keine Anwendung finden (s. § 365 AO Rz. 13).

## B. Rücknahme rechtswidriger nicht begünstigender Verwaltungsakte (§ 130 Abs. 1 AO)

Mangels Vertrauensschutz können **rechtswidrige nicht begünstigende Verwaltungsakte** nach der Regelung des § 130 Abs. 1 AO **jederzeit** ohne Weiteres ganz oder teilweise mit Wirkung für die Zukunft oder die Vergangenheit zurückgenommen werden, auch nachdem sie unanfechtbar geworden sind (AEAO zu § 130, Nr. 3). Die Rücknahme ist auch möglich, wenn der Verwaltungsakt nichtig ist (s. Vor §§ 130–132 AO Rz. 6). Sie ist zeitlich unbefristet möglich, bei Haftungs- und Duldungsbescheiden ist jedoch die Festsetzungsfrist nach § 191 Abs. 3 AO zu beachten (*von Wedelstädt* in Gosch, § 130 AO Rz. 27). 3

Die Rücknahme ist auch **ohne Antrag** des Betroffenen möglich. Dieser hat keinen Anspruch auf Rücknahme, sondern lediglich einen **Anspruch auf ermessensfehlerfreie Prüfung**. In die Ermessenserwägung ist einzubeziehen, dass der Betroffene den Verwaltungsakt hat unanfechtbar werden lassen (zur Ermessensausübung s. Rz. 25 ff.). 4

## C. Rücknahme rechtswidriger begünstigender Verwaltungsakte (§ 130 Abs. 2 AO)

Das **Vertrauensschutzinteresse** des Betroffenen **beschränkt** die Rücknahme rechtwidriger begünstigender Verwaltungsakte. Voraussetzung für die Rücknahme ist, dass eine der **Voraussetzungen des § 130 Abs. 2 AO** erfüllt ist, da in diesem Fall das Vertrauen nicht schutzwürdig ist. 5

### I. Erlass durch sachlich unzuständige Behörde (§ 130 Abs. 2 Nr. 1 AO)

Erlässt eine **sachlich unzuständige** Behörde den Verwaltungsakt, kommt eine Rücknahme nach § 130 Abs. 2 Nr. 1 AO in Betracht, wenn der Verwaltungsakt rechtswidrig oder nichtig ist. Die sachliche Unzuständigkeit führt nach § 125 Abs. 1 AO nur dann zur Nichtigkeit des Verwaltungsakts, wenn sie besonders schwer wiegt und offenkundig ist (s. § 125 AO Rz. 6). Im Übrigen ist der Verwaltungsakt nur rechtswidrig. Das Handeln eines nach dem **Geschäftsverteilungsplan** unzuständigen Beamten oder die Nichtbeachtung des **Zeichnungsrechts** fallen nicht unter die sachliche Zuständigkeit und begrün- 6 den keine Rechtwidrigkeit des Verwaltungsakts (*von Wedelstädt* in Gosch, § 130 AO Rz. 48).

### II. Erwirkung durch unlautere Mittel (§ 130 Abs. 2 Nr. 2 AO)

7 Wird ein rechtswidriger Verwaltungsakt durch unlautere Mittel **wie arglistige** Täuschung, Drohung oder Bestechung erwirkt, ist eine Rücknahme nach § 130 Abs. 2 Nr. 2 AO zulässig. Die Regelung entspricht der Änderungsvorschrift für Steuerbescheide nach § 172 Abs. 1 Satz 1 Nr. 2c AO (s. § 172 AO Rz. 37 ff.). Die Aufzählung der Regelung ist nicht abschließend, sondern **beispielhaft**. Erforderlich ist **Vorsatz**, wobei bedingter Vorsatz ausreichend ist.

8 Eine **arglistige Täuschung** liegt vor bei **bewusster** und **vorsätzlicher Irreführung**. Darunter fällt jedes vorsätzliche Verschweigen oder Vortäuschen von Tatsachen, durch das die Willensbildung der Behörde unzulässig beeinflusst oder ein Irrtum der Behörde aufrechterhalten wird (BFH v. 23.07.1998, VII R 141/97, BFH/NV 1999, 433). Darunter fällt auch die pflichtwidrige **Nichtangabe** entscheidungserheblicher Tatsachen, wenn der Betroffene gegenüber der Finanzbehörde zur Mitteilung verpflichtet ist.

9 **Drohung** ist **psychischer Zwang**. Der Bedrohte muss mit dem Übel rechnen, unabhängig davon, ob der Täter in der Lage ist, dieses auszuführen (*von Wedelstädt* in Gosch, § 130 AO Rz. 51). Die Androhung **zulässiger Mittel**, wie z. B. die Einlegung eines Rechtsmittels, ist keine Drohung i. S. des § 130 Abs. 2 Nr. 2 AO (*Loose* in Tipke/Kruse, § 130 AO Rz. 23).

10 **Bestechung** ist die pflichtwidrige Amtshandlung durch Gewährung oder Versprechen von Vorteilen (§§ 331 ff. StGB).

11 Erforderlich ist, dass zwischen der Anwendung des unlauteren Mittels und der Gewährung der Begünstigung durch den Verwaltungsakt **Kausalität** besteht. D. h., es muss auszuschließen sein, dass ohne die Anwendung des Mittels der Verwaltungsakt ebenso ergangen wäre (*Loose* in Tipke/Kruse, § 130 AO Rz. 24; *von Wedelstädt* in Gosch, § 130 AO Rz. 53).

12 § 130 Abs. 2 Nr. 2 AO setzt nicht voraus, dass der Betroffene selbst die unlauteren Mittel eingesetzt hat, sondern findet auch dann Anwendung, wenn ein **Dritter**, etwa sein Bevollmächtigter, mit unlauteren Mittel einen rechtswidrigen Verwaltungsakt erwirkt hat. Dritter kann auch ein **Amtsträger** sein, der pflichtwidrig handelt, und zwar ohne dass der Betroffene den Amtsträger zu einem unlauteren Handeln veranlasst hat (BFH v. 09.10.1992, VI S 14/92, BStBl II 1993, 13; BFH v. 28.04.1998, IX R 49/96, BStBl II 1998, 458, jeweils für § 172 Abs. 1 Satz 1 Nr. 2c AO; *von Wedelstädt* in Bartone/von Wedelstädt, Rz. 280, *von Wedelstädt* in Gosch, § 130 AO Rz. 54; a. A. *Loose* in Tipke/Kruse, § 130 AO Rz. 26; *Intemann* in Koenig, § 130 AO Rz. 37). Unerheblich ist, ob der Dritte mit Wissen und Wollen des Betroffenen handelt. Dieser Aspekt kann allerdings bei der Ermessenserwägung zu berücksichtigen sein (BFH v. 27.10.2009, VII R 51/08, BStBl II 2010, 382).

### III. Erwirkung durch unrichtige und unvollständige Angaben (§ 130 Abs. 2 Nr. 3 AO)

Macht der Betroffene objektiv unrichtige oder unvollständige Angaben über **entscheidungserhebliche Umstände**, ist er nicht schutzwürdig (BFH v. 09.03.2016, V B 82/15, BFH/NV 2016, 897 zum Verschweigen eines Lottogewinns bei Stellung eines Erlassantrags). **Kenntnis** oder ein **Verschulden** des Betroffenen ist **nicht erforderlich**. Ob die **Finanzbehörde** die Unrichtigkeit hätte erkennen können, ist ebenso unbeachtlich (BFH v. 22.08.2006, I R 42/05, BFH/NV 2007, 404). Der Grad des Verschuldens ist jedoch bei der **Ermessenentscheidung** über die Rücknahme zu berücksichtigen (s. Rz. 25 ff.); bei vorsätzlichem Handeln ist das Ermessen auf Null reduziert, es sei denn, es liegen besondere Umstände vor, wie etwa ein nennenswertes Mitverschulden der Behörde (BFH v. 18.04.1991, IV R 127/89, BStBl II 1991). Die Angaben müssen von dem Betroffenen selbst stammen; Handeln eines Vertreters, Beistands oder Bevollmächtigten sind dem Betroffenen zuzurechnen (*von Wedelstädt* in Bartone/von Wedelstädt, Rz. 283 f.; *von Wedelstädt* in Gosch, § 130 AO Rz. 57; *Loose* in Tipke/Kruse, § 130 AO Rz. 28 ff.). 13

### IV. Kenntnis oder grob fahrlässige Unkenntnis der Rechtswidrigkeit (§ 130 Abs. 2 Nr. 4 AO)

Ein schutzwürdiges Vertrauen des Betroffenen besteht auch dann nicht, wenn er die Rechtswidrigkeit des Verwaltungsakts kennt oder grob fahrlässig nicht kennt. **Grobe Fahrlässigkeit** liegt vor, wenn der Betroffene die ihm zumutbare Sorgfalt in ungewöhnlich hohem Maße verletzt; abzustellen ist auf die persönlichen Fähigkeiten des Betroffenen; bei Tätigwerden eines Bevollmächtigten, Vertreters oder Beraters ist auf dessen Rechtskenntnisse oder rechtliches Kennenmüssen abzustellen (BFH v. 15.04.1997, VII R 100/96, BStBl II 1997, 787). Erforderlich ist das **Bewusstsein** über die **Rechtswidrigkeit des Verwaltungsakts selbst**; nicht ausreichend ist, dass der Betroffene lediglich die Umstände kennt, die zur Rechtswidrigkeit führen. Der Betroffene ist nicht verpflichtet, jegliche Entscheidung der Finanzbehörde nachprüfen zu lassen, sofern sich die Fehlerhaftigkeit der Entscheidung 14 nicht aufdrängen muss. **Unerheblich** ist, ob die Finanzbehörde selbst die Rechtswidrigkeit verursacht hat oder hätte erkennen können (BFH v. 22.08.2006, I R 42/05, BFH/NV 2007, 404 ff.; *von Wedelstädt* in Bartone/von Wedelstädt, Rz. 286 ff.; *von Wedelstädt* in Gosch, § 130 AO Rz. 60; *Loose* in Tipke/Kruse, § 130 AO Rz. 31 f.). § 130 Abs. 2 Nr. 4 AO enthält eine ermessenslenkende Vorgabe dahingehend, dass der Verwaltungsakt mangels Vertrauen des Begünstigten i. d. R. zurückzunehmen ist (BFH v. 26.06.2007, VII R 35/06, BStBl II 2007, 742).

### V. Sonstige Rücknahmegründe

15 Zwar ist die Aufzählung in § 130 Abs. 2 AO abschließend, allerdings ist die Regelung **lückenhaft** (*von Wedelstädt* in Bartone/von Wedelstädt, Rz. 290; *von Wedelstädt* in Gosch, § 130 AO Rz. 67; *Loose* in Tipke/Kruse, § 130 AO Rz. 34). Für eine Rücknahme kommen folgende **weitere Gründe** in Betracht:

- **Stimmt der Betroffene der Rücknahme zu,** besteht kein Vertrauensschutz und ist eine Rücknahme zulässig.
- Die **Widerrufsgründe**, nach § 131 Abs. 2 Nr. 1 und 2 AO für rechtmäßige begünstigende Verwaltungsakte gelten, müssen **erst recht für rechtswidrig begünstigende Verwaltungsakte gelten.** Danach ist eine Rücknahme auch dann zulässig, wenn die Rücknahme im Verwaltungsakt vorbehalten oder eine Auflage nicht erfüllt worden ist (BFH v. 21.05.1997, I R 38/96, BFH/NV 1997, 904; *von Wedelstädt* in Gosch, § 130 AO Rz. 68). Die Rücknahme kann auch mit Wirkung in die **Vergangenheit** erfolgen, es sei denn, die Finanzbehörde hat sich in der Annahme, einen rechtmäßigen Verwaltungsakt zu erlassen, den Widerruf vorbehalten. In diesem Fall kann die Rücknahme nur in die Zukunft Wirkung entfalten (BFH v. 21.05.1997, I R 38/96, BFH/NV 1999, 904). Dasselbe gilt bei der Nichterfüllung einer Auflage (*von Wedelstädt* in Bartone/von Wedelstädt, Rz. 291; *von Wedelstädt* in Gosch, § 130 AO Rz. 68).

## D. Rücknahme

### I. Durchführung der Rücknahme

#### 1. Begriff und Wirkung der Rücknahme

16 Rücknahme ist die **Aufhebung der Regelungswirkung** des Verwaltungsakts. Die Änderung oder der Austausch der Begründung des Verwaltungsakts ohne Änderung des Regelungsinhalts ist keine Rücknahme (*von Wedelstädt* in Bartone/von Wedelstädt, Rz. 295; *von Wedelstädt* in Gosch, § 130 AO Rz. 70).

17 **Keine Rücknahme** liegt vor, wenn ein bisher **nicht erfasster Sachverhalt** durch einen weiteren, **ergänzenden Verwaltungsakt** geregelt wird. Der ergänzende Verwaltungsakt tritt dann neben den bisherigen Verwaltungsakt (*von Wedelstädt* in Bartone/von Wedelstädt, Rz. 296; BFH v. 02.09.2008, X R 9/08, BFH/NV 2009, 3).

Ob die Behörde einen bereits erlassenen Verwaltungsakt (z. B. einen Haftungsbescheid oder eine Prüfungsanordnung) aufheben und durch den Erlass eines neuen Verwaltungsakts (z. B. einen Haftungsbescheid) ersetzen will oder ob ein bereits existierender Verwaltungsakt (= Haftungsbescheid) lediglich ergänzt bzw. erweitert werden soll, ist im Einzelfall im Wege der **Auslegung** zu ermitteln. Der Wille, die erste Entscheidung aufzuheben, muss erkennbar sein. Die **Ergänzung** eines bereits ergangenen Haftungsbescheids durch einen weiteren Haftungsbescheid ist nur möglich, soweit die weitere Haftungsinanspruchnahme aufgrund eines anderen haftungsauslösenden Sachverhalts, etwa für eine andere Steuer oder für dieselbe Steuer aber für einen anderen Besteuerungszeitraum erfolgt. Der ergänzende Haftungsbescheid ist hinsichtlich seiner rechtlichen Beurteilung (Korrektur nach §§ 130, 131 AO oder in einem Rechtsbehelfs- und Klageverfahren) ein **selbstständiger**, von dem ersten Haftungsbescheid unabhängiger Verwaltungsakt. Erfasst der ergänzende Haftungsbescheid dagegen **denselben Sachverhalt** wie der erste Haftungsbescheid, in dem die Inanspruchnahme auf eine zu niedrige Haftungssumme auf einer rechtsirrtümlichen Beurteilung des Sachverhaltes oder einer fehlerhaften Ermessensentscheidung beruht, steht einer nochmaligen – verbösernden – Regelung des bereits beurteilten und abschließend geregelten Sachverhaltes die Bestandskraft des vorangegangenen Haftungsbescheides **entgegen.** Der Erlass eines Verwaltungsaktes, der die Regelung des ersten Verwaltungsaktes über denselben Sachverhalt erweitern soll, ist nur nach Maßgabe des § 130 Abs. 2 AO, d. h. nach Rücknahme des ersten Verwaltungsaktes möglich (BFH v. 25.05.2004, VII R 29/02, BStBl II 2005, 3; v. 07.04.2005, I B 140/04, BFH/NV 2005, 1408; *von Wedelstädt* in Bartone/von Wedelstädt, Rz. 297; *von Wedelstädt* in Gosch, § 130 AO Rz. 76). 18

Die Rücknahme steht dem Erlass eines Verwaltungsakts, der einer **erneute Regelung über denselben Sachverhalt** trifft, grundsätzlich nicht entgegen, soweit nicht Vertrauensschutzgründe des Betroffenen dies ausschließen (BFH v. 18.02.1992, VII B 237/91, BFH/NV 1992, 639). Dies ist dann der Fall, wenn die Finanzbehörde den Verwaltungsakt **»ersatzlos«** zurückgenommen hat (BFH v. 25.07.1986, VI R 216/83, BStBl II 1986, 779). In diesem Fall steht der Vertrauensschutz einem erneuten Erlass des Verwaltungsaktes entgegen. Gleiches gilt, wenn der Betroffene die Rücknahme bei Berücksichtigung aller Umstände als ersatzlos verstehen musste (*von Wedelstädt* in Bartone/von Wedelstädt, Rz. 299; *Loose* in Tipke/Kruse, § 130 AO Rz. 57). **Kein Vertrauensschutz** besteht, wenn die Finanzbehörde einen Verwal- 19 tungsakt zurückgenommen hat und in derselben Verfügung einen neuen Verwaltungsakt erlassen hat (BFH v. 18.02.1992, VII B 237/91, BFH/NV 1992, 639), wenn der Verwaltungsakt aus formellen Gründen zurückgenommen wurde (BFH v. 24.08.1989, IV R 65/88, BStBl II 1990, 2) oder wenn der Betroffene bei der Rücknahme nicht von einer Freistellung ausgehen konnte (BFH v. 13.04.2000, VII S 35/99, BFH/NV 2001, 76).

20 Die Rücknahme oder Teilrücknahme des Verwaltungsakts können auch **Erstattungsansprüche** begründen (s. § 37 AO).

### 2. Rücknahme im Ganzen oder Teilrücknahme

21 Die Rücknahme kann sich auf den gesamten Verwaltungsakt beziehen oder – soweit dieser teilbar ist – nur auf den rechtswidrigen Teil der Regelung. **Teilbarkeit** ist gegeben bei Verwaltungsakten über Geldleistungen wie z. B. Haftungsbescheiden, der Festsetzung von Verspätungszuschlägen oder Zwangsgeldern. Ist der rechtswidrige Teil des Verwaltungsakts so **wesentlich**, dass die Regelung ohne diesen Teil nicht erlassen worden wäre, kommt nach dem Rechtsgedanken des § 125 Abs. 4 AO nur eine Rücknahme des gesamten Verwaltungsakts in Betracht (s. § 125 AO Rz. 21 f.; *von Wedelstädt* in Bartone/von Wedelstädt, Rz. 304; *von Wedelstädt* in Gosch, § 130 AO Rz. 79; *Loose* in Tipke/Kruse, § 130 AO Rz. 43).

### 3. Rücknahme für die Zukunft oder die Vergangenheit

22 Nach § 130 Abs. 1 und Abs. 2 AO steht es im **Ermessen** der Behörde, ob die Rücknahme für die Zukunft oder für die Vergangenheit erfolgen soll. Die Ermessensausübung muss sich am Sinn und Zweck des § 130 AO orientieren, der eine Abwägung zwischen dem Grundsatz der Gesetzmäßigkeit der Verwaltung (Art. 20 GG) und dem des Vertrauensschutzes trifft (BFH v. 18.04.1991, IV R 127/89, BStBl II 1991, 675).

23 Eine Rücknahme mit **Wirkung für die Zukunft** kommt nur bei Verwaltungsakten mit **Dauerwirkung** (s. § 118 AO Rz. 26), wie z. B. der Prüfungsanordnung, Stundung (§ 222 AO) oder Aussetzung der Vollziehung (§ 361 AO) in Betracht. Es ist bei diesen jedoch auch eine Rücknahme mit Wirkung für die Vergangenheit möglich.

24 Liegt kein Dauerverwaltungsakt vor, d. h. beschränkt sich der Verwaltungsakt auf eine **einmalige Regelung**, kommt **nur** eine Rücknahme mit **Wirkung für die Vergangenheit** in Betracht. So kann etwa der **Erlass**, der einmalig das Erlöschen des Anspruchs zur Folge hat, nur mit Wirkung für die Vergangenheit zurückgenommen werden, da mit der Aufhebung das Wiederaufleben des erloschenen Anspruchs erreicht werden soll (s. § 222 AO Rz. 33). Ist jedoch der zugrunde liegende Steueranspruch verjährt, kann ein Erlass mangels Wirkung nicht zurückgenommen werden (*von Wedelstädt* in Bartone/von Wedelstädt, Rz. 307; *von Wedelstädt* in Gosch, § 130 AO Rz. 82). Ist der Fehler vom Steuerpflichtigen schuldhaft herbeigeführt worden, reduziert sich der Ermessensspielraum daher in der Regel auf die rückwirkende Zurücknahme (Fall der »Ermessensreduzierung auf null«), es sei denn, es lägen besondere Umstände vor, wie etwa ein nennenswertes **Mitverschulden der Behörde** (BFH v. 18.04.1991, IV R 127/89, BStBl II 1991, 675).

### 4. Ermessen

Es liegt im Ermessen des FA, ob es einen rechtswidrigen Verwaltungsakt mit Wirkung für die Vergangenheit oder für die Zukunft zurücknimmt. Die Ermessensausübung muss sich am **Sinn und Zweck** des § 130 AO orientieren, der eine **Abwägung** zwischen dem Grundsatz der Gesetzmäßigkeit der Verwaltung (Art. 20 GG) und dem des Vertrauensschutzes trifft. Zum gesetzgeberisch intendierten Ermessen des § 130 Abs. 2 Nr. 4 AO s. Rz. 14. 25

Die Rücknahme setzt **keinen Antrag** voraus. Beantragt der Betroffene die Rücknahme, hat er einen **Anspruch auf fehlfreie Ausübung des Ermessens**, ob (Entschließungsermessen) und mit welcher Wirkung (Auswahlermessen) der Verwaltungsakt zurückgenommen wird. Wird der **Antrag vor Ablauf der Einspruchsfrist** gestellt, ist die Finanzbehörde zur Überprüfung und ggf. zur Rücknahme verpflichtet (*von Wedelstädt* in Gosch, § 130 AO Rz. 85). 26

Ist der **Verwaltungsakt unanfechtbar**, ist bei der Ermessensentscheidung zu beachten, dass die Regelung der **Rechtsbehelfsfrist** dem Rechtsfrieden und der Rechtssicherheit dient und durch die Anwendung des § 130 AO **nicht unterlaufen** werden darf. Allein die Rechtswidrigkeit des bestandskräftigen Verwaltungsakts führt nicht zu seiner Rücknahme nach § 130 AO (BFH v. 09.03.1989, VI R 101/84, BStBl II 1989, 749). War die Durchführung eines **Rechtsbehelfsverfahrens** für den Betroffenen **zumutbar** und hätte er die Gründe, die eine Rücknahme rechtfertigen, bereits bei fristgerechter Einlegung des Einspruchs vorbringen können, ist es ermessensfehlerfrei, wenn die Finanzbehörde die Rücknahme ablehnt (ständige Rechtsprechung s. z. B. BFH v. 23.09.2009, XI R 56/07, BFH/NV 2010, 12). 27

Hat sich dagegen die **Sach- und Rechtslage nachträglich geändert**, haben sich **neue Beweismittel** ergeben oder ist der Betroffene durch das **Verhalten der Behörde** veranlasst worden, von der Einlegung eines Rechtsmittels abzusehen, kommt eine Rücknahme auch nach Ablauf der Rechtsbehelfsfrist in Betracht (BFH v. 26.11.2008, III B 175/07, BFH/NV 2009, 361; *von Wedelstädt* in Bartone/von Wedelstädt, Rz. 312; *von Wedelstädt* in Gosch, § 130 AO Rz. 88). 28

Die **»Schwere und Offensichtlichkeit des Rechtsverstoßes«** kann nur dann als **zusätzliches, eigenständiges Kri-** 29 terium bei der Ermessensprüfung relevant werden, wenn der Betroffene in der Begründung seines Antrags auf Rücknahme des Bescheids substantiiert dazu Tatsachen vorgetragen und schlüssig die Rechtswidrigkeit des Verwaltungsakts dargelegt hat. Nur dann ist die Behörde zum Eintritt in eine Sachprüfung gezwungen und darf sich nicht auf den Hinweis auf die Bestandskraft des Bescheids beschränken (BFH v. 09.03.1989, VI R 101/84, BStBl II 1989, 749; BFH v. 22.06.1999, VII B 244/98, BFH/NV 1999, 1583; *von Wedelstädt* in Bartone/von Wedelstädt, Rz. 313; *von Wedelstädt* in Gosch, § 130 AO Rz. 87; *Loose* in Tipke/Kruse, § 130 AO Rz. 38).

30 Hinsichtlich der Rücknahme eines **rechtswidrigen begünstigenden Verwaltungsakts** ist zu prüfen, ob **schützenswerte Interesse des Betroffenen**, z. B. dessen Dispositionen im Vertrauen auf den Bestand des Verwaltungsakts, einer Rücknahme entgegenstehen. Sind diese nicht gegeben, kommt im Interesse der Gesetzmäßigkeit und Gleichmäßigkeit der Verwaltung nur die Rücknahme des rechtswidrigen Verwaltungsakts in Betracht (*von Wedelstädt* in Bartone/von Wedelstädt, Rz. 314 f.; *von Wedelstädt* in Gosch, § 130 AO Rz. 89; *Loose* in Tipke/Kruse, § 130 AO Rz. 39).

### 5. Rücknahmefrist (§ 130 Abs. 3 AO)

31 Die **Unanfechtbarkeit** des Verwaltungsakts steht der Rücknahme nicht entgegen. Diese kann **jederzeit**, auch während des Einspruchsverfahrens oder des finanzgerichtlichen Verfahrens (§ 132 Abs. 1 AO) erfolgen. Bei Haftungsbescheiden ist allerdings die **Festsetzungsfrist** nach § 191 Abs. 3 AO zu beachten. Jedoch können Haftungsbescheide nach Ablauf der Festsetzungsfrist zugunsten des Haftungsschuldners korrigiert werden (BFH v. 02.08.1997, VII R 107/96, BStBl II 1998, 131; *Intemann* in Koenig, § 130 AO Rz. 52).

32 Für **begünstigende Verwaltungsakte** gilt – mit Ausnahme für den Fall der Erwirkung durch unlautere Mittel (§ 130 Abs. 2 Nr. 2 AO) – eine **Ausnahmeregelung**: Diese können nur innerhalb **eines Jahres nach Kenntniserlangung** der Finanzbehörde von den die Rücknahme rechtfertigenden Tatsachen (zur Definition der Tatsache s. § 173 AO Rz. 2 ff.) zurückgenommen werden. Entscheidend ist die **positive Kenntnis** der Tatsachen, die die Rücknahme rechtfertigen, nicht das Kennenmüssen. Maßgeblich ist die Kenntnis des **zuständigen Amtsträgers** (*von Wedelstädt* in Bartone/von Wedelstädt, Rz. 320; *von Wedelstädt.* in Gosch, § 130 AO Rz. 93; a. A. *Loose* in Tipke/Kruse, § 130 AO Rz. 51). Erkennt die Finanzbehörde die Rechtswidrigkeit einer Steuererstattung erst nach Ablauf der Zahlungsverjährungsfrist, kann die Frist des § 130 Abs. 3 AO nicht mehr zu laufen beginnen und ist eine Änderung ausgeschlossen (BFH v. 25.10.2011, VII R 55/10, BStBl II 2012, 220).

33 Bei Rücknahme des Verwaltungsakts im Einspruchsverfahren oder der Abhilfe der Klage im finanzgerichtlichen Verfahren ist die Frist des § 130 Abs. 3 AO **unbeachtlich** (§ 132 Satz 2 AO; *von Wedelstädt* in Bartone/von Wedelstädt, Rz. 321; s. a. § 132 AO).

### 6. Zuständige Finanzbehörde (§ 130 Abs. 4 AO)

34 § 130 Abs. 4 AO dient allein der **Klarstellung** und enthält keine eigenständige Regelung (*von Wedelstädt* in Gosch, § 130 AO Rz. 96; *Loose* in Tipke/Kruse, § 130 AO Rz. 54). Danach entscheidet über die Rücknahme nach Unanfechtbarkeit die Finanzbehörde, die nach den allgemeinen Regelungen über die Zuständigkeit im **Zeitpunkt der Rücknahme** zuständig ist. Dies gilt auch bei **Zuständigkeitswechsel** oder bei Erlass des ursprünglichen Verwaltungsakts durch eine **unzuständige Behörde** (*von Wedelstädt* in Bartone/von Wedelstädt, Rz. 323).

35 Hinsichtlich des **Zuständigkeitswechsels** verweist § 130 Abs. 4 AO auf § 26 Satz 2 AO; danach kann die bisherige Finanzbehörde das auf die Rücknahme gerichtete Verfahren fortführen.

### II. Rechtsbehelf

36 Gegen den Verwaltungsakt, mit dem die Rücknahme verfügt oder abgelehnt wird, ist der **Einspruch**, bzw. die **Anfechtungs- oder Verpflichtungsklage** gegeben. Jedoch besteht nach § 351 AO (s. § 351 AO Rz. 6 f.) eine **Einschränkung: Teilrücknahmen** können **nur insoweit** angefochten werden, als die Rücknahme reicht; der den geänderten Verwaltungsakt wiederholende Verwaltungsakt kann nicht mit Rechtsbehelfen angefochten werden, soweit er keine neue selbstständige Regelung enthält (BFH v. 06.08.1996, VII R 77/95, BStBl II 1997, 79; BFH v. 04.11.2003, VII B 34/03, BFH/NV 2004, 460). Zur **gerichtlichen Überprüfung** des Rücknahmeermessens s. § 5 AO und s. § 102 FGO.

37 Der neue Verwaltungsakt wird **automatisch** Gegenstand des Einspruchs- oder Klageverfahrens (s. § 365 Abs. 3 AO, § 68 FGO). Erfolgt lediglich eine **Teilrücknahme**, bleibt der Verwaltungsakt eingeschränkt anhängig (*von Wedelstädt* in Bartone/von Wedelstädt, Rz. 328).

## § 131 AO
## Widerruf eines rechtmäßigen Verwaltungsakts

**(1) Ein rechtmäßiger nicht begünstigender Verwaltungsakt kann, auch nachdem er unanfechtbar geworden ist, ganz oder teilweise mit Wirkung für die Zukunft widerrufen werden, außer wenn ein Verwaltungsakt gleichen Inhalts erneut erlassen wer-**

**den müsste oder aus anderen Gründen ein Widerruf unzulässig ist.**

**(2) Ein rechtmäßiger begünstigender Verwaltungsakt darf, auch nachdem er unanfechtbar geworden ist, ganz oder teilweise mit Wirkung für die Zukunft nur widerrufen werden,**

1. **wenn der Widerruf durch Rechtsvorschrift zugelassen oder im Verwaltungsakt vorbehalten ist,**
2. **wenn mit dem Verwaltungsakt eine Auflage verbunden ist und der Begünstigte diese nicht oder nicht innerhalb einer ihm gesetzten Frist erfüllt hat,**
3. **wenn die Finanzbehörde auf Grund nachträglich eingetretener Tatsachen berechtigt wäre, den Verwaltungsakt nicht zu erlassen, und wenn ohne den Widerruf das öffentliche Interesse gefährdet würde.**

**§ 130 Abs. 3 gilt entsprechend.**

**(3) Der widerrufene Verwaltungsakt wird mit dem Wirksamwerden des Widerrufs unwirksam, wenn die Finanzbehörde keinen späteren Zeitpunkt bestimmt.**

**(4) Über den Widerruf entscheidet nach Unanfechtbarkeit des Verwaltungsakts die nach den Vorschriften über die örtliche Zuständigkeit zuständige Finanzbehörde; dies gilt auch dann, wenn der zu widerrufende Verwaltungsakt von einer anderen Finanzbehörde erlassen worden ist.**

**Inhaltsübersicht**



## A. Inhalt und Zweck der Vorschrift

Regelungsgegenstand des § 131 AO ist der **Widerruf rechtmäßiger nicht begünstigender** (§ 131 Abs. 1 AO) und rechtmäßig **begünstigender** (§ 131 Abs. 2 AO) **sonstiger Verwaltungsakte**. Zum Begriff des sonstigen Verwaltungsakts wird auf s. Vor §§ 130–132 AO Rz. 4 ff., zum Begriff der Rechtswidrigkeit auf s. Vor §§ 130–132 AO Rz. 7 ff. und zum Begriff des begünstigenden, bzw. belastenden Verwaltungsakts auf s. Vor §§ 130–132 AO Rz. 10 ff. verwiesen.

Bei **gebundenen Verwaltungsakten**, bei denen lediglich eine Entscheidung richtig und rechtmäßig ist, scheidet die Anwendung des § 131 AO grundsätzlich aus (*von Wedelstädt* in Gosch, § 131 AO Rz. 2). Ein Widerruf des rechtmäßigen Verwaltungsakts nach § 131 AO kommt jedoch dann in Betracht, wenn sich nach dessen Erlass der Sachverhalt durch nachträglich eingetretene Tatsachen ändert (§ 131 Abs. 2 Nr. 3 AO) oder es sich um eine **Ermessensentscheidung** handelt, die den Erlass unterschiedlicher Verwaltungsakte zulässt (AEAO zu § 131, Nr. 1). 2

Der Widerruf wirkt in die **Zukunft**, sodass er vor allem bei Verwaltungsakten mit **Dauerwirkung** (s. § 118 AO Rz. 26) von Bedeutung ist. Hat sich der Regelungsgehalt des Verwaltungsakts in einer einmaligen Rechtsfolge erschöpft (z. B. beim Erlass §§ 163, 227 AO), ist ein Widerruf nicht mehr möglich. Voraussetzung für einen Widerruf ist danach, dass der Verwaltungsakt noch **nicht vollzogen** ist (*von Wedelstädt* in Bartone/von Wedelstädt, Rz. 332; *von Wedelstädt* in Gosch, § 131 AO Rz. 4; AEAO zu § 131 AO, Nr. 2 f.). 3

Der Widerruf kann auch während des **Einspruchs- oder finanzgerichtlichen Verfahrens** erfolgen (§ 132 Abs. 1 AO). Wird der zurückgenommene Verwaltungsakt durch einen neuen ersetzt, wird dieser Gegenstand des Verfahrens (s. § 365 AO Rz. 11, s. § 68 FGO Rz. 4, s. § 127 FGO). Bei einer **Teilrücknahme** bleibt der bestehen bleibende Teil des Verwaltungsakts Gegenstand des Verfahrens, sodass diese Vorschriften keine Anwendung finden (s. § 365 AO Rz. 13). 4

## B. Widerruf rechtmäßiger nicht begünstigender Verwaltungsakte (§ 131 Abs. 1 AO)

Ein rechtmäßiger nicht begünstigender Verwaltungsakt kann auch, nachdem er unanfechtbar geworden ist, ganz oder teilweise nur für die Zukunft widerrufen werden; ein Widerruf scheidet aus, wenn ein Verwaltungsakt gleichen Inhalts erneut erlassen werden müsste (BFH v. 04.03.2009, I R 6/07, BStBl II 2009, 625) oder der Widerruf aus anderen Gründen unzulässig ist. Ersteres ist der Fall bei **gebundenen Verwaltungsakten** und einer 5

**Ermessensreduzierung auf null**, Letzteres wenn die Finanzbehörde durch **Weisungen** gebunden ist oder ein Widerruf rechtlich nicht möglich ist, etwa weil sich der Regelungsinhalt – z.B. beim Erlass – **erledigt** hat (*von Wedelstädt* in Bartone/von Wedelstädt, Rz. 337 f.; *Loose* in Tipke/Kruse, § 131 AO Rz. 10 f.; AEAO zu § 131, Nr. 3).

## C. Widerruf rechtmäßiger begünstigender Verwaltungsakte (§ 131 Abs. 2 AO)

6 Aus **Vertrauensschutzgründen** ist der Widerruf rechtmäßig begünstigender Verwaltungsakte nur zulässig, wenn einer der **abschließend** in § 131 Abs. 2 Nr. 1 bis 3 AO aufgezählten Widerrufsgründe erfüllt ist.

### I. Zulassung des Widerrufs durch Rechtsvorschrift oder Vorbehalt (§ 131 Abs. 2 Nr. 1 AO)

7 Der Widerruf ist zulässig, wenn er durch Rechtsvorschrift zugelassen oder im Verwaltungsakt vorbehalten worden ist.

8 Durch **Rechtsvorschrift** zugelassen ist der Widerruf z.B. in § 148 Satz 3 AO für den Fall der **Buchführungserleichterung**, in § 46 Satz 2 UStDV für die **Dauerfristverlängerung**, in § 44a Abs. 2 Satz 2 EStG hinsichtlich der **Abstandnahme vom Steuerabzug**.

9 Der **behördliche Widerrufsvorbehalt** ist eine Nebenbestimmung zum Verwaltungsakt und steht nach § 120 Abs. 2 Nr. 3 AO im **pflichtgemäßen Ermessen** der Behörde (s. § 120 AO Rz. 6). Ist der Widerrufsvorbehalt **bestandskräftig**, ist ein Widerruf grundsätzlich auch dann möglich, wenn der Widerrufsvorbehalt rechtswidrig ist, es sei denn dies ist offensichtlich (BFH v. 21.05.1997, I R 38/96, BFH/NV 1997, 904; *von Wedelstädt* in Bartone/von Wedelstädt, Rz. 344; *von Wedelstädt* in Gosch, § 131 AO Rz. 10; a.A. *Loose* in Tipke/Kruse, § 131 AO Rz. 15).

10 Der **Widerruf** nach § 131 Abs. 2 Nr. 1 AO steht **selbst im Ermessen** der Behörde. Er setzt einen **sachlichen Grund** voraus, der regelmäßig vorliegt, wenn die Voraussetzungen für den Erlass des Verwaltungsakts weggefallen sind oder sich die Rechts- oder Sachlage nach Erlass des Verwaltungsakts geändert hat. Bei **unveränderter Rechts- oder Sachlage** ist der Widerruf ermessensfehlerhaft (*von Wedelstädt* in Gosch, § 131 AO Rz. 10.1).

### II. Nichterfüllen einer Auflage (§ 131 Abs. 2 Nr. 2 AO)

11 War der rechtmäßige Verwaltungsakt gem. § 120 Abs. 2 Nr. 5 AO mit einer **Auflage** (s. § 120 AO Rz. 7) verbunden, die vom Betroffenen nicht oder nicht fristgemäß erfüllt wird, kann der Verwaltungsakt nach § 131 Abs. 2 Nr. 2 AO widerrufen werden.

Der Widerruf setzt grundsätzlich voraus, dass die Auflage **rechtmäßig** ist (s. § 120 AO Rz. 7). Er ist jedoch auch dann möglich, wenn die Verfügung der Auflage rechtswidrig aber **bestandskräftig** ist, es sei denn, die Rechtswidrigkeit ist **offensichtlich** (*von Wedelstädt* in Bartone/von Wedelstädt, Rz. 347; *von Wedelstädt* in Gosch, § 131 AO Rz. 11; a.A. *Loose* in Tipke/Kruse, § 131 AO Rz. 18, der in jedem Fall einen Ermessensfehler bejaht). 12

**Unerheblich** ist, aus welchen **Gründen** die Auflage nicht oder nicht fristgemäß erfüllt wird. Ein **Verschulden** ist nicht erforderlich. Fehlendes Verschulden kann jedoch bei der Ausübung des Widerrufsermessens zu beachten sein. Der Widerruf setzt nicht voraus, dass die Finanzbehörde die Erfüllung der Auflage zunächst durch den Einsatz von **Zwangsmitteln** durchzusetzen versucht (*von Wedelstädt* in Bartone/von Wedelstädt, Rz. 349; *von Wedelstädt* in Gosch, § 131 AO Rz. 12 f.; a.A. *Loose* in Tipke/Kruse, § 131 AO Rz. 19, nach dem die Behörde im Rahmen ihrer Ermessenserwägung zu prüfen hat, ob die Auflage mit Zwangsmitteln durchgesetzt werden kann). 13

Für **andere Nebenbestimmungen** i.S. des § 120 AO ist § 131 Abs. 2 Satz 1 Nr. 2 AO nicht anwendbar. Steht die Regelung des Verwaltungsakts unter einer Bedingung, führt die Nichterfüllung der Bedingung dazu, dass der Verwaltungsakt bei aufschiebender Bedingung nicht wirksam und bei auflösender Bedingung von selbst unwirksam wird, ohne dass es eines Widerrufs bedarf (BFH v. 03.07.2002, XI R 20/01, BStBl II 2002, 842; *von Wedelstädt* in Bartone/von Wedelstädt, Rz. 349; *von Wedelstädt* in Gosch, § 131 AO Rz. 13). Eine auflösende Bedingung liegt z.B. dann vor, wenn eine Stundung unter Gewährung von Teilzahlungen unter dem Vorbehalt ausgesprochen wird, dass die Teilzahlung pünktlich geleistet wird (*Loose* in Tipke/Kruse, § 131 AO Rz. 21 hält die hierdurch bewirkte Umgehung einer Ermessensentscheidung im Einzelfall für bedenklich). 14

### III. Nachträglich eingetretene Tatsachen (§ 131 Abs. 2 Nr. 3 AO)

Ein Widerruf ist nach § 131 Abs. 2 Satz 2 Nr. 3 AO auch dann zulässig, wenn die Finanzbehörde aufgrund nachträglich eingetretener Tatsachen berechtigt wäre, den Verwaltungsakt nicht zu erlassen **und** wenn ohne den Widerruf das öffentliche Interesse gefährdet würde. Beide Tatbestandsvoraussetzungen müssen **kumulativ** vorliegen. So führt die Aufhebung des Steuerfestsetzungsbescheids dazu, dass die Anrechnungsverfügung gem. § 131 Abs. 2 Nr. 3 AO widerrufen werden kann (BFH v. 14.06.2016, VII B 47/15, BFH/NV 2016, 1428). 15

16 Die Regelung erfasst **Dauerverwaltungsakte** (s. § 118 AO Rz. 26; AEAO zu § 131, Nr. 2; *Loose* in Tipke/Kruse, § 131 AO Rz. 23), da sich nur auf diese das nachträgliche Eintreten von Tatsachen auswirken kann. Voraussetzung ist jedoch, dass **keine endgültige** Dauerentscheidung (wie z. B. bei einer Prüfungsentscheidung) getroffen werden sollte (*Loose* in Tipke/Kruse, § 131 AO Rz. 25). Lagen die Tatsachen zur Zeit des Erlasses des Verwaltungsakts **bereits vor**, waren sie aber nicht bekannt, dann ist der Verwaltungsakt ggf. rechtswidrig und nicht nach § 131 AO zu widerrufen, sondern nach § 130 AO zurückzunehmen.

17 Der Begriff der **Tatsache** entspricht dem Begriff in § 173 AO (zur Definition s. § 173 AO Rz. 2 ff.). Nicht unter den Begriff der Tatsache fallen **rechtliche Schlussfolgerungen** aller Art (*von Wedelstädt* in Bartone/von Wedelstädt, Rz. 353).

18 Zusätzliche Voraussetzung für den Widerruf wegen nachträglichen Tatsacheneintritts ist die **Gefährdung des öffentlichen Interesses** bei Aufrechterhaltung des Verwaltungsakts. Unter öffentlichem Interesse sind die schützenswerten und schutzbedürftigen Belange der staatlichen Gemeinschaft einschließlich der fiskalischen Interessen des Staates zu verstehen; ein Vorrang der fiskalischen Interessen besteht jedoch nicht. Eine **Gefährdung** liegt vor, wenn der Grundsatz der Gleichmäßigkeit und Gesetzmäßigkeit der Besteuerung verletzt wird. Dies ist der Fall, wenn bei einem Festhalten an der bisherigen Entscheidung der Betroffene gegenüber Dritten bevorzugt wird (*von Wedelstädt* in Bartone/von Wedelstädt, Rz. 354; *von Wedelstädt* in Gosch, § 131 AO Rz. 18; AEAO zu § 131, Nr. 2).

19 Eine Gefährdung der öffentlichen Interessen ist z. B. gegeben, wenn eine **Aussetzung der Vollziehung** oder eine **Stundung ohne Sicherheitsleistung** gewährt wurde und sich die wirtschaftlichen Verhältnisse des Betroffenen erheblich verschlechtern oder wenn Steuern in erheblicher Höhe gestundet werden und der Betroffene vermögend wird (*von Wedelstädt* in Bartone/von Wedelstädt, Rz. 354; *von Wedelstädt* in Gosch, § 131 AO Rz. 18; *Loose* in Tipke/Kruse, § 131 AO Rz. 25; AEAO zu § 131, Nr. 2). Die Vorschrift greift auch in Bezug auf den Widerruf der Anrechnung von Lohn-, bzw. Kapitalertragsteuer, wenn der Einkommensteuerbescheid dahingehend geändert wird, dass Einkünfte aus nichtselbstständiger Arbeit oder Kapitalvermögen nicht mehr erfasst werden (BFH v. 09.12.2008, VII R 43/07, BStBl II 2009, 344; BFH v. 08.09.2010, I R 90/09, BStBl II 2013, 11).

20 Bei ihrer Entscheidung hat die Verwaltungsbehörde den **Grundsatz der Verhältnismäßigkeit** und den **Vertrauensschutz** des Betroffenen zu berücksichtigen. Danach rechtfertigen geringe gestundete Steuerbeträge und eine kurze Stundungslaufzeit die Annahme der Gefährdung öffentlicher Interessen nicht (*von Wedelstädt* in Bartone/von Wedelstädt, Rz. 355; *von Wedelstädt* in Gosch, § 131 AO Rz. 18; *Loose* in Tipke/Kruse, § 131 AO Rz. 22).

### IV. Zustimmung zum Widerruf

Über den Gesetzeswortlaut des § 131 Abs. 2 AO hinaus ist ein Widerruf auch dann zulässig, wenn der Betroffene ihm zustimmt. 21

### V. Ergänzung des rechtmäßigen begünstigenden Verwaltungsakts

Nicht unter den Anwendungsbereich des § 131 AO fällt die **Ergänzung eines rechtmäßig begünstigenden Verwaltungsakts**, die jederzeit möglich ist. Als Beispiele sind zu nennen: Verlängerung oder Erhöhung einer Stundung, weiter Fristverlängerung, Gewährung ergänzender Buchführungserleichterungen, Erhöhung des zu erlassenden Steuerbetrags. Ebenso bedarf es bei demselben Sachverhalt nicht des Widerrufs, wenn zu einem nicht begünstigenden rechtmäßigen Verwaltungsakt lediglich ein weiterer rechtmäßiger Verwaltungsakt hinzutritt (AEAO zu § 131, Nr. 4 und 5; *von Wedelstädt* in Bartone/von Wedelstädt, Rz. 359). 22

## D. Durchführung des Widerrufs

### I. Wirkung des Widerrufs

Der Widerruf eines sonstigen Verwaltungsakts wirkt nur für die **Zukunft** (§ 131 Abs. 3 AO). Der widerrufene Verwaltungsakt wird mit dem Wirksamwerden des Widerrufs unwirksam (§ 124 Abs. 2 AO). Die Behörde kann nach ihrem Ermessen für das Unwirksamwerden auch einen späteren Zeitpunkt bestimmen (§ 131 Abs. 3 AO). Auf die Ausführungen zur Rücknahme von Verwaltungsakten, insbes. zur Teilrücknahme, wird, soweit sich die Ausführungen nicht auf eine Rücknahme für die Vergangenheit beziehen, verwiesen (s. § 130 AO Rz. 16–20). 23

### II. Ermessen

Der Widerruf steht grundsätzlich im Ermessen der Finanzbehörde. Dies gilt auch im Falle des Widerrufsvorbehalts. Die Finanzbehörde hat zu berücksichtigen, ob den Betroffenen ein **Verschulden** am Anlass für den Widerruf trifft. Auf die Ausführungen zu den einzelnen Widerrufsgründen wird verwiesen. 24

### III. Widerrufsfrist

25 Der Widerruf kann auch nach **Eintritt der Bestandskraft** des zu widerrufenden Verwaltungsakts erfolgen. Allerdings sind besondere **Festsetzungsfristen**, wie z.B. für Haftungsbescheide nach § 191 Abs. 3 AO zu beachten.

26 **Begünstigende Verwaltungsakte** kann die Finanzbehörde nur innerhalb einer **Frist von einem Jahr** nach **Kenntnis** des den Widerruf rechtfertigenden Sachverhalts widerrufen (§ 131 Abs. 2 Satz 2 i.V.m. § 130 Abs. 3 AO). Es kommt auf die **positive Kenntnis** und nicht auf das Kennenmüssen der Finanzbehörde an. Im Falle des § 132 Satz 2 AO findet die Frist keine Anwendung.

### IV. Zuständige Finanzbehörde

27 Die Regelung der zuständigen Finanzbehörde in § 131 Abs. 4 AO entspricht der Regelung des § 130 Abs. 4 AO. Dies gilt auch für die Anwendung des § 26 Satz 2 AO (*von Wedelstädt* in Bartone/von Wedelstädt, Rz. 369; *von Wedelstädt* in Gosch, § 131 AO Rz. 26). Auf die Ausführungen in s. § 130 AO Rz. 34 f. wird verwiesen.

## E. Rechtsbehelf

28 Der Widerruf oder seine Ablehnung ist mit dem **Einspruch** anfechtbar (BFH v. 04.03.2009, I R 6/07, BStBl II 2009, 1195); nach erfolglosem Einspruch ist gegen den Widerruf die **Anfechtungsklage**, gegen die Ablehnung des begehrten Widerrufs die **Verpflichtungsklage** gegeben. Gegen den Widerruf eines begünstigenden Verwaltungsakts ist ein Antrag auf Aussetzung der Vollziehung zulässig. Wird der Widerruf im Rechtsbehelfsverfahren aufgehoben, so wird der ursprüngliche Verwaltungsakt wieder wirksam.

29 Bei einem **Teilwiderruf** ist der Verwaltungsakt nur insoweit angreifbar, wie der Widerruf greift (s. § 351 Abs. 1 AO). D. h. der wiederholende Teil des Verwaltungsakts ist nicht angreifbar (BFH v. 04.11.2003, VII B 34/03, BFH/NV 2004, 460; s. § 130 AO Rz. 21).

30 Der Widerruf kann auch während des **Einspruchs-** oder des **finanzgerichtlichen Verfahrens** erfolgen. Zu den Folgen s. Rz. 4.

# § 132 AO
# Rücknahme, Widerruf, Aufhebung und Änderung im Rechtsbehelfsverfahren

**Die Vorschriften über Rücknahme, Widerruf, Aufhebung und Änderung von Verwaltungsakten gelten auch während eines Einspruchsverfahrens und während eines finanzgerichtlichen Verfahrens. § 130 Abs. 2 und 3 und § 131 Abs. 2 und 3 stehen der Rücknahme und dem Widerruf eines von einem Dritten angefochtenen begünstigenden Verwaltungsakts während des Einspruchsverfahrens oder des finanzgerichtlichen Verfahrens nicht entgegen, soweit dadurch dem Einspruchsverfahren oder der Klage abgeholfen wird.**

**Inhaltsübersicht**



## A. Inhalt und Zweck der Vorschrift

Die Vorschrift stellt in Satz 1 klar, dass die Einleitung eines Einspruchsverfahrens oder die Durchführung eines Finanzprozesses die im Besteuerungsverfahren der Finanzbehörde zustehenden Befugnisse nicht beeinträchtigt. Soweit die Finanzbehörde nach den Vorschriften der AO für die Rücknahme, den Widerruf, die Aufhebung oder Änderung von Verwaltungsakten berechtigt oder verpflichtet ist, den Regelungsinhalt eines Verwaltungsakts ganz oder teilweise mit Wirkung für die Vergangenheit oder die Zukunft zu verändern, gilt dies auch **nach Einlegung von außergerichtlichen oder gerichtlichen Rechtsbehelfen.** 1

## B. Anwendungsbereich

§ 132 Satz 1 AO gilt trotz seiner systematischen Stellung **für alle Steuerverwaltungsakte** i.S. des § 118 AO, d.h. für Steuerbescheide und ihnen gleichgestellte Bescheide und für sonstige Verwaltungsakte, soweit auf sie die Korrekturregelungen der AO Anwendung finden. Als Verwaltungsakt, der unter § 132 AO fällt, ist auch die **Einspruchsentscheidung** anzusehen (§ 172 Abs. 1 Satz 2 AO); sie gibt dem ursprünglichen Verwaltungsakt lediglich einen anderen Inhalt (s. § 44 Abs. 2 FGO; s. *von Wedelstädt* in Gosch, § 132 AO Rz. 7). Für **Zollverwaltungsakte** gilt die Sonderregelung des Art. 23 Abs. 3 UZK, nach der die Korrekturen jederzeit – also auch während eines Rechtsbehelfsverfahrens – erfolgen können. Dagegen findet § 132 Satz 2 AO nur für sonstige Verwaltungsakte und **nicht für Steuerbescheide** und ihnen gleichgestellte Bescheide Anwendung (*von Wedelstädt* in Gosch, § 132 AO Rz. 4). 2

### C. Korrektur des Verwaltungsaktes während des Einspruchsverfahrens oder finanzgerichtlichen Verfahrens (Satz 1)

3 Eine Korrektur des angefochtenen Steuerverwaltungsaktes ist nach § 132 Satz 1 AO auch im Einspruchsverfahren sowie während des finanzgerichtlichen Verfahrens zulässig, sodass eine nach dem Gesetz bestehende Änderungsmöglichkeit durch ein schwebendes finanzgerichtliches Verfahren nicht eingeschränkt wird (BFH v. 18.02.2016, V R 53/14, BFH/NV 2016, 869). Dies umfasst auch das Revisionsverfahren vor dem BFH. Daneben bleibt die **umfassende Überprüfungsmöglichkeit** der Finanzbehörde im Rechtsbehelfsverfahren nach § 367 Abs. 2 Satz 1 bestehen, sodass diese nicht an die Voraussetzungen der §§ 130 ff. AO gebunden ist (BFH v. 10.03.2016, III R 2/15, BStBl II 2016, 508). § 132 Satz 1 AO gilt auch für die Fehlerberichtigung gem. § 129 AO. Diese ist »jederzeit« zulässig, also auch noch im **Einspruchsverfahren** und im **Steuerprozess** (s. § 129 AO Rz. 20), sodass es unerheblich ist, dass die Vorschrift den § 129 AO nicht ausdrücklich erwähnt.

4 Die **Folgen der Korrektur** im Rechtsbehelfs- oder Klageverfahren werden in § 132 Satz 1 AO nicht geregelt. Wird dem Rechtsbehelf abgeholfen, entfällt die Beschwer (§ 350 AO) bzw. die Klagebefugnis (§ 40 Abs. 2 FGO) und hat sich der Rechtsstreit erledigt. Erfolgt lediglich eine Teilabhilfe, wird der geänderte Bescheid Gegenstand des Rechtsbehelfsverfahrens (§ 365 Abs. 3 AO) bzw. des Klageverfahrens (§ 68 FGO). Zur Kostentragung s. §§ 137 f. FGO. Ein Widerruf oder eine Rücknahme können also dazu führen, dass der Betroffene eine Klage für erledigt erklären muss oder ein Einspruchsverfahren ohne Entscheidung endet (§ 367 Abs. 2 Satz 3 AO). Der **Vertrauensschutz** nach § 130 Abs. 2 und 3 AO sowie nach § 131 Abs. 2 AO wird durch die Einleitung eines Rechtsbehelfsverfahrens nicht eingeschränkt. Der »geänderte« Steuerverwaltungsakt wird zum Gegenstand des Rechtsbehelfsverfahrens: § 365 Abs. 3 AO, § 68 FGO. Führt eine Änderung nach den allgemeinen Korrekturvorschriften zu einer Steuererhöhung, handelt es sich **nicht um eine Verböserung** i.S. des § 367 Abs. 2 Satz 2 AO, es sei denn, die Festsetzungsfrist wird durch den Einspruch gem. § 171 Abs. 3a AO in ihrem Ablauf gehemmt (BFH v. 25.02.2009, IX R 24/08, BStBl II 2009, 587; s. § 367 AO Rz. 18).

### D. Rücknahme und Widerruf eines Verwaltungsaktes mit Drittwirkung (Satz 2)

5 Nach § 132 Satz 2 AO stehen § 130 Abs. 2 und 3 AO und § 131 Abs. 2 und 3 AO der Rücknahme und dem Widerruf eines von einem **Dritten angefochtenen begünstigenden** Verwaltungsakts während des außergerichtlichen Rechtsbehelfsverfahrens oder des finanzgerichtlichen Verfahrens nicht entgegen, **soweit** dadurch dem Begehren des Rechtsbehelfsführers entsprochen wird. Diese aus dem Verwaltungsverfahrensgesetz übernommene Regelung betrifft Verwaltungsakte, die sich (gegenläufig) auf mehrere Betroffene auswirken (sog. **Verwaltungsakte mit Drittwirkung**). Während im allgemeinen Verwaltungsrecht hierfür eine Reihe von Anwendungsfällen nahe liegen (z. B. Baugenehmigung), ist für das Steuerrecht die Bedeutung der Vorschrift äußerst gering. Steuerliche Verwaltungsakte mit Drittwirkung (z. B. Zurechnungsbescheide, einheitliche Feststellungsbescheide) sind in der Regel keine begünstigenden Verwaltungsakte und werden daher von § 132 Satz 2 AO nicht erfasst. Begünstigende Verwaltungsakte mit Doppelwirkung, d.h. unmittelbare belastende Wirkung gegen einen Dritten durch die Gewährung einer Vergünstigung für einen Betroffenen, kommen selten vor (zu einem Ausnahmefall BFH v. 15.10.1997, I R 10/92, BStBl II 1998, 63).

## § 133 AO Rückgabe von Urkunden und Sachen

**Ist ein Verwaltungsakt unanfechtbar widerrufen oder zurückgenommen oder ist seine Wirksamkeit aus einem anderen Grund nicht oder nicht mehr gegeben, so kann die Finanzbehörde die auf Grund dieses Verwaltungsakts erteilten Urkunden oder Sachen, die zum Nachweis der Rechte aus dem Verwaltungsakt oder zu deren Ausübung bestimmt sind, zurückfordern. Der Inhaber und, sofern er nicht der Besitzer ist, auch der Besitzer dieser Urkunden oder Sachen sind zu ihrer Herausgabe verpflichtet. Der Inhaber oder der Besitzer kann jedoch verlangen, dass ihm die Urkunden oder Sachen wieder ausgehändigt werden, nachdem sie von der Finanzbehörde als ungültig gekennzeichnet sind; dies gilt nicht bei Sachen, bei denen eine solche Kennzeichnung nicht oder nicht mit der erforderlichen Offensichtlichkeit oder Dauerhaftigkeit möglich ist.**

Die aus dem VwVfG (§ 52 VwVfG) übernommene Vorschrift betrifft Verwaltungsakte, bei denen zum Nachweis 1
der aus ihnen hergeleiteten Rechte oder zu deren Ausübung **Urkunden** erteilt oder Sachen von der Verwaltungsbehörde ausgehändigt werden. Der Besitzer dieser Urkunden oder Sachen ist zu ihrer Herausgabe verpflichtet, wenn die Wirksamkeit des Verwaltungsakts durch unanfechtbaren Widerruf, unanfechtbare Rücknahme oder aus anderen Gründen nicht oder nicht mehr vorliegt. Im Besteuerungsverfahren kommt der Vorschrift kaum praktische Bedeutung zu. Sie betrifft Urkunden nach

§§ 41, 52 StBerG, **Unbedenklichkeitsbescheinigungen**, Bescheinigung über Gemeinnützigkeit oder **Lohnsteuerkarten**.

Die Herausgabeverpflichtung ist gem. §§ 328 ff. AO mit **Zwangsmitteln** durchsetzbar. Ist die Urkunde oder Sache nicht mehr vorhanden, ist das Herausgabeverlangen nichtig (§ 125 Abs. 2 Nr. 2 AO). Der Inhaber oder Besitzer der Urkunde oder Sache hat einen Anspruch auf deren **Wiederaushändigung**, nachdem sie von der Finanzbehörde mit der erforderlichen Offensichtlichkeit und Dauerhaftigkeit als ungültig gekennzeichnet worden ist. Ist eine solche Kennzeichnung nicht durchführbar, entfällt die Pflicht der Finanzbehörde zur Wiederaushändigung. Ob die Finanzbehörde i. S. des § 133 Satz 1 AO die entsprechenden Urkunden oder Sachen zurückfordert, liegt in ihrem pflichtgemäßen Ermessen (§ 5 AO). Sie wird dabei insbes. zu berücksichtigen haben, ob ein Missbrauch zu befürchten ist, wenn die Urkunden oder Sachen dem Betroffenen belassen werden.

Gegen das Verlangen auf Rückgabe der in § 133 Satz 1 AO genannten Urkunden oder Sachen ist der **Einspruch** statthaft; anschließend steht der Klageweg zum Finanzgericht offen (§ 40 Abs. 1 FGO). Verweigert die Finanzbehörde die Wiederaushändigung einer als ungültig gekennzeichneten Urkunde (oder Sache), so kann der Betroffene mit der **sonstigen Leistungsklage** Verurteilung der Finanzbehörde zur Herausgabe verlangen (§ 40 Abs. 1 FGO). 2

## Vierter Teil. Durchführung der Besteuerung

### Erster Abschnitt: Erfassung der Steuerpflichtigen

#### 1. Unterabschnitt

#### Personenstands- und Betriebsaufnahme

### § 134 AO Personenstands- und Betriebsaufnahme

(aufgehoben mit Wirkung vom 01.01.2017 durch Gesetz zur Modernisierung des Besteuerungsverfahrens vom 18.07.2016, BGBl. I 2016, 1679)

### § 135 AO Mitwirkungspflicht bei der Personenstands- und Betriebsaufnahme

(aufgehoben mit Wirkung vom 01.01.2017 durch Gesetz zur Modernisierung des Besteuerungsverfahrens vom 18.07.2016, BGBl. I 2016, 1679)

### § 136 AO Änderungsmitteilungen für die Personenstandsaufnahme

(aufgehoben mit Wirkung vom 01.01.2017 durch Gesetz zur Modernisierung des Besteuerungsverfahrens vom 18.07.2016, BGBl. I 2016, 1679)

#### 2. Unterabschnitt

#### Anzeigepflichten

### § 137 AO Steuerliche Erfassung von Körperschaften, Vereinigungen und Vermögensmassen

**(1) Steuerpflichtige, die nicht natürliche Personen sind, haben dem nach § 20 zuständigen Finanzamt und den für die Erhebung der Realsteuern zuständigen Gemeinden die Umstände anzuzeigen, die für die steuerliche Erfassung von Bedeutung sind, insbesondere die Gründung, den Erwerb der Rechtsfähigkeit, die Änderung der Rechtsform, die Verlegung der Geschäftsleitung oder des Sitzes und die Auflösung.**

**(2) Die Mitteilungen sind innerhalb eines Monats seit dem meldepflichtigen Ereignis zu erstatten.**

**Inhaltsübersicht**



#### A. Regelungszweck

1 § 137 AO bildete ursprünglich das Gegenstück zu dem durch das Gesetz zur Modernisierung des Besteuerungsverfahrens vom 18.07.2016 (BGBl I 2016, 1679) aufgehobenen § 136 AO **für nicht natürliche Personen.** Warum der Gesetzgeber in § 137 AO nicht wie in § 136 AO auf öffentliche Register (bspw. Handelsregister, Vereinsregister) zurückgegriffen hat, ist nicht nachvollziehbar.

#### B. Anzeigepflichtige

2 Anzeigepflichtig sind Stpfl., die nicht natürliche Personen sind. Damit werden im Grundsatz **Körperschaften, Vereine, Vermögensmassen und Personengesellschaften** erfasst. Streitig ist aber, ob aus der Bezugnahme auf § 20 AO eine Einschränkung in dem Sinne folgt, dass die Anzeigepflicht gegenüber dem FA nur für solche Steuerschuldner gilt, die potenziell Steuern vom Einkommen oder Vermögen schulden können; dieses hätte zur Folge, dass **Personengesellschaften** lediglich der Gemeinde gegenüber anzeigepflichtig sind, da sie nur Schuldner der Grund- oder Gewerbesteuer sein können (so: *Brandis* in Tipke/Kruse, § 137 AO Rz. 2 und *Schmieszek* in Gosch, § 137 AO Rz. 4 f.). M. E. dient der Verweis auf § 20 AO lediglich der Bestimmung des für die Annahme der Anzeige örtlich zuständigen FA, sodass § 137 AO einen **einheitlichen Kreis der Anzeigepflichtigen** bestimmt, unabhängig davon, wem gegenüber die Anzeige zu erstatten ist. In jedem Fall ist eine mögliche Anzeigepflicht nach § 138 AO zu beachten.

3 Eine Anzeigepflicht besteht unabhängig davon, ob der Stpfl. unbeschränkt oder beschränkt stpfl. oder sachlich oder persönlich von der Steuer befreit ist. Sie entfällt allenfalls, wenn der Stpfl. ausschließlich Einkünfte i. S. des § 2 Nr. 2 KStG erzielt (allg. Meinung, s. *Schwarz* in Schwarz/Pahlke, § 137 AO Rz. 5 m. w. N.).

#### C. Anzeigeninhalt

4 Angesichts der Unklarheit für den Adressaten, welche weiteren Umstände »für die steuerliche Erfassung von Bedeutung sind«, **beschränkt** sich unter Berücksichtigung des Gebots der Normenklarheit die Anzeigepflicht auf die

in § 137 AO **beispielhaft genannten Daten.** Teile der Literatur fordern zumindest auch die Angabe der vertretungsberechtigten Person (s. *Brandis* in Tipke/Kruse, § 137 AO Rz. 3).

### D. Verfahrensfragen

5 Die Verpflichtung ist **innerhalb eines Monats** nach Eintritt des anzeigepflichtigen Ereignisses zu erfüllen. Einer gesonderten Aufforderung durch das FA oder die Gemeinde bedarf es dabei nicht, da sich die Verpflichtung zur Anzeige der maßgeblichen Umstände unmittelbar aus dem Gesetz ergibt. Das FA kann die **Erfüllung der Anzeigepflicht** nach §§ 328 ff. AO **erzwingen.** Den Gemeinden steht diese Befugnis nicht zu (s. § 1 Abs. 2 AO). Die **Nichterfüllung** der Anzeigepflicht stellt **keine Ordnungswidrigkeit** dar (s. § 379 Abs. 2 Nr. 1 AO); auch ein Verspätungszuschlag (§ 152 AO) kann nicht erhoben werden.

## § 138 AO Anzeigen über die Erwerbstätigkeit

**(1) Wer einen Betrieb der Land- und Forstwirtschaft, einen gewerblichen Betrieb oder eine Betriebstätte eröffnet, hat dies nach amtlich vorgeschriebenem Vordruck der Gemeinde mitzuteilen, in der der Betrieb oder die Betriebstätte eröffnet wird; die Gemeinde unterrichtet unverzüglich das nach § 22 Abs. 1 zuständige Finanzamt von dem Inhalt der Mitteilung. Ist die Festsetzung der Realsteuern den Gemeinden nicht übertragen worden, so tritt an die Stelle der Gemeinde das nach § 22 Abs. 2 zuständige Finanzamt. Wer eine freiberufliche Tätigkeit aufnimmt, hat dies dem nach § 19 zuständigen Finanzamt mitzuteilen. Das Gleiche gilt für die Verlegung und die Aufgabe eines Betriebs, einer Betriebstätte oder einer freiberuflichen Tätigkeit.**

**(1a) Unternehmer im Sinne des § 2 des Umsatzsteuergesetzes können ihre Anzeigepflichten nach Absatz 1 zusätzlich bei der für die Umsatzbesteuerung zuständigen Finanzbehörde elektronisch erfüllen.**

**(1b) Durch Rechtsverordnung kann das Bundesministerium der Finanzen mit Zustimmung des Bundesrates zur Vereinfachung des Besteuerungsverfahrens bestimmen, dass Unternehmer im Sinne des § 2 des Umsatzsteuergesetzes anlässlich der Aufnahme der beruflichen oder gewerblichen Tätigkeit der Finanzbehörde zusätzlich zu den Anzeigen nach den Absätzen 1 und 1a auch Auskunft über die für die Besteuerung erheblichen rechtlichen und tatsächlichen Verhältnisse nach amtlich vorgeschriebenem Datensatz durch Datenfernübertragung zu erteilen haben. In der Rechtsverordnung kann bestimmt werden, unter welchen Voraussetzungen auf eine elektronische Übermittlung verzichtet werden kann.**

**(2) Steuerpflichtige mit Wohnsitz, gewöhnlichem Aufenthalt, Geschäftsleitung oder Sitz im Geltungsbereich dieses Gesetzes (inländische Steuerpflichtige) haben dem für sie nach den §§ 18 bis 20 zuständigen Finanzamt mitzuteilen:**

1. **die Gründung und den Erwerb von Betrieben und Betriebstätten im Ausland;**
2. **den Erwerb, die Aufgabe oder die Veränderung einer Beteiligung an ausländischen Personengesellschaften;**
3. **den Erwerb oder die Veräußerung von Beteiligungen an einer Körperschaft, Personenvereinigung oder Vermögensmasse mit Sitz und Geschäftsleitung außerhalb des Geltungsbereichs dieses Gesetzes, wenn**
   a) **damit eine Beteiligung von mindestens 10 Prozent am Kapital oder am Vermögen der Körperschaft, Personenvereinigung oder Vermögensmasse erreicht wird oder**
   b) **die Summe der Anschaffungskosten aller Beteiligungen mehr als 150 000 Euro beträgt;**
4. **die Tatsache, dass sie allein oder zusammen mit nahestehenden Personen im Sinne des § 1 Absatz 2 des Außensteuergesetzes erstmals unmittelbar oder mittelbar einen beherrschenden oder bestimmenden Einfluss auf die gesellschaftsrechtlichen, finanziellen oder geschäftlichen Angelegenheiten einer Drittstaat-Gesellschaft ausüben können;**
5. **die Art der wirtschaftlichen Tätigkeit des Betriebs, der Betriebstätte, der Personengesellschaft, Körperschaft, Personenvereinigung, Vermögensmasse oder der Drittstaat-Gesellschaft.**

**In den Fällen des Satzes 1 Nummer 3 sind unmittelbare und mittelbare Beteiligungen zusammenzurechnen.**

**(3) Drittstaat-Gesellschaft ist eine Personengesellschaft, Körperschaft, Personenvereinigung oder Vermögensmasse mit Sitz oder Geschäftsleitung in Staaten oder Territorien, die nicht Mitglieder der Europäischen Union oder der Europäischen Freihandelsassoziation sind.**

**(4) Mitteilungen nach den Absätzen 1 und 1a sind innerhalb eines Monats nach dem meldepflichtigen Ereignis zu erstatten.**

**(5) Mitteilungen nach Absatz 2 sind zusammen mit der Einkommensteuer- oder Körperschaftsteuererklärung für den Besteuerungszeitraum, in dem der mitzuteilende Sachverhalt verwirklicht wurde, spätestens jedoch bis zum Ablauf von 14 Monaten nach Ablauf dieses Besteuerungszeitraums, nach amtlich vorgeschriebenem Datensatz über die amtlich bestimmten Schnittstellen zu erstatten. Inländische Steuerpflichtige, die nicht dazu verpflichtet sind, ihre Einkommensteuer- oder Körperschaftsteuererklärung nach amtlich vorgeschriebenem Datensatz über die amtlich bestimmte Schnittstelle abzugeben, haben die Mitteilungen nach amtlich vorgeschriebenem Vordruck zu erstatten, es sei denn, sie geben ihre Einkommensteuer- oder Körperschaftsteuererklärung freiwillig nach amtlich vorgeschriebenem Datensatz über die amtlich bestimmte Schnittstelle ab. Inländische Steuerpflichtige, die nicht dazu verpflichtet sind, eine Einkommensteuer- oder Körperschaftsteuererklärung abzugeben, haben die Mitteilungen nach amtlich vorgeschriebenem Vordruck bis zum Ablauf von 14 Monaten nach Ablauf des Kalenderjahrs zu erstatten, in dem der mitzuteilende Sachverhalt verwirklicht worden ist.**

**Inhaltsübersicht**



**Schrifttum**


Maunz in Linklaters Oppenhoff & Rädler, Steueränderungen zum 1.1.2002 im Unternehmensbereich, DB 2002, Beilage 1, 6; Thieme, Die Änderung der Anzeigepflicht nach § 138 Abs. 2 und 3 AO bei Auslandssachverhalten ab 01.01.2002, DStR 2002, 570; Bittner/Keil, Anzeigeverpflichtung nach § 138 Abs. 2 Nr. 3 AO bei indirekten Erwerben von Beteiligungen in ausländischen Körperschaften, IStR 2009, 161; Dissars, Meldepflichten nach § 138 Abs. 2 AO und Folgen eines Verstoßes, Stbg 2009, 453; Krüger/Nowroth, Verschärfung der Mitwirkungspflichten inländischer Steuerpflichtiger bei Auslandsinvestitionen durch das Steuerumgehungsbekämpfungsgesetz, DB 2017, 90; Seevers/Handel, »Panama-Gesetz« – schneller Wurf mit Schwächen, DStR 2017, 522.


## A. Überblick

Die Regelung in § 138 Abs. 1 AO **ermöglicht die laufende Aktualisierung** der bei der Finanzbehörde vorhandenen Daten über die vom Stpfl. **ausgeübten Erwerbstätigkeiten**. Dieses ist allein mittels § 137 AO nicht möglich, da § 137 AO im Wesentlichen juristische Personen erfasst. Zudem knüpft § 137 AO lediglich an die Gründung juristischer Personen an und dient damit der Erfassung der Stpfl., während § 138 AO an für die Besteuerung bedeutsame Sachverhalte anknüpft und damit der vollständigen Erfassung der potenziell stpfl. Einkünfte dient. 1

§ 138 Abs. 2 AO verschafft den Finanzbehörden die für die Besteuerung **notwendigen Kenntnisse über Auslandsbeziehungen**. Zudem soll § 138 Abs. 2 AO dem BZSt die steuerliche Überwachung von Auslandsbeziehungen nach § 5 Abs. 1 Nr. 6 FVG ermöglichen (s. BMF v. 29.04.1997, IV C 7 – S 1300–69/97, BStBl I 1997, 541).

**Datenschutzrechtliche Bedenken** bestehen gegen § 138 AO nicht, wenn auch eine Klarstellung in einigen Bereichen wünschenswert wäre (s. *Brandis* in Tipke/Kruse, § 138 AO Rz. 1, einschränkend: *Schallmoser* in HHSp, § 138 AO Rz. 17).

## B. Anzeigen zur Erwerbstätigkeit im Inland (§ 138 Abs. 1 AO)

### I. Gegenstand der Anzeigepflichten

Nach § 138 Abs. 1 AO ist die Eröffnung, die Aufgabe und die Verlegung eines Betriebs der Land- und Forstwirtschaft, eines Gewerbebetriebs oder einer Betriebsstätte oder einer freiberuflichen Tätigkeit anzuzeigen. Ob eine der genannten Erwerbstätigkeiten vorliegt, richtet sich nach materiellem Recht (§§ 13, 15, 18 EStG), ob eine Betriebstätte gegeben ist, beurteilt sich nach § 12 AO. 2

Als **Betriebseröffnung/Eröffnung einer Betriebsstätte/Aufnahme der freiberuflichen Tätigkeit** ist der Beginn der steuerlich erheblichen Tätigkeit in der Person des Stpfl. anzusehen. Deshalb fällt nach h.M. sowohl die Fortführung durch einen Einzel- oder Gesamtrechtsnachfolger als auch die Übernahme der Tätigkeit durch den Pächter oder Nießbraucher unter die Anzeigepflicht. Nicht von § 138 Abs. 1 AO erfasst ist dagegen die bloße 3

Erweiterung der Erwerbstätigkeit, solange keine neue Betriebsstätte eröffnet wird.

4 **Verlegen der Erwerbstätigkeit** ist das Weiterführen des bestehenden wirtschaftlichen Organismus an anderer Stelle, die Aufgabe ist die Beendigung der konkreten steuerlich erheblichen Tätigkeit.

### II. Person des Anzeigepflichtigen

5 Anzeigepflichtig ist diejenige Person, der die Tätigkeit, bzw. der verwirklichte Sachverhalt steuerlich zuzurechnen ist. Hierbei ist eine Orientierung an der ertragsteuerlichen Handhabung geboten. Allerdings ist nach h. M. bei Personenvereinigungen die Gesellschaft und nicht der einzelne Gesellschafter anzeigepflichtig. Entsprechend Rz. 3 trifft auch Pächter, Nießbraucher, Einzel- und Gesamtrechtsnachfolger die Anzeigepflicht.

### III. Adressat der Anzeige

6 Land- und Forstwirte sowie Gewerbetreibende haben die Anzeige ausschließlich bei der zuständigen Gemeinde zu erstatten, die das nach § 22 Abs. 1 AO **zuständige FA** unverzüglich unterrichtet. Zu Besonderheiten für die Stadtstaaten s. § 138 Abs. 1 Satz 2 AO. Soweit neben § 138 Abs. 1 AO zusätzlich eine Anzeigepflicht nach § 14 GewO besteht, erfüllt der Stpfl. mit der gewerberechtlichen Anzeige zugleich seine steuerliche Anzeigepflicht (s. AEAO zu § 138, Nr. 1), siehe aber auch Rz. 8. Freiberufler haben den anzeigepflichtigen Vorgang dagegen entweder dem Wohnsitz- oder dem Tätigkeits-FA (§ 19 Abs. 1 oder 3 AO) anzuzeigen.

7 Entsprechend der Gesetzesfassung ist es erforderlich, die Anzeige nach amtlich vorgeschriebenem Vordruck zu erstatten. Da ein amtlicher Vordruck für § 138 AO nicht besteht, ist die Anzeige nach § 138 AO (anders als die Anzeige nach § 14 GewO) auch formlos möglich.

8 Seit dem 21.05.2003 ist es – nur – **Unternehmern i. S. des § 2 UStG** auch möglich, ihre Anzeigepflicht elektronisch nach Maßgabe des § 87a AO – dann allerdings bei der für die Umsatzbesteuerung zuständigen Finanzbehörde und nicht der Gemeinde – zu erfüllen, d. h.: eine körperliche Anzeige durch Übermittlung eines Schriftstücks ist nicht mehr erforderlich (§ 138 Abs. 1a AO dient der Umsetzung der Richtlinie 2002/38 EG). Allerdings soll nach der Gesetzesbegründung die Anzeigepflicht nach § 138 Abs. 1 AO von einer Anzeige nach § 138 Abs. 1a AO unberührt bleiben (s. BT-Drs. 15/481 v. 20.02.2003, 44). M. E. trägt der Wortlaut des § 138 Abs. 1a AO »Anzeigepflichten nach Absatz 1« ein derartiges Auslegungsergebnis nicht, weshalb der Stpfl. mit seiner Anzeige nach § 138 Abs. 1a AO seiner Verpflichtung aus § 138 Abs. 1 AO nachkommt (so auch *Schallmoser* in HHSp, § 138 AO Tz. 16).

Soweit § 138 Abs. 1b AO eine Pflicht zur elektronischen Abgabe der Auskunft begründet (vgl. dazu auch § 72a AO und §§ 87a bis 87e AO), fehlt es bislang an der erforderlichen Rechtsverordnung.

### IV. Folgen der Anzeige

§ 138 Abs. 1 Satz 1 AO ordnet an, dass die Gemeinde der zuständigen Finanzbehörde unverzüglich, soll heißen, innerhalb von zwei Wochen, den Inhalt der Anzeige zu übermitteln hat; erhalten die Finanzbehörden von Abmeldungen Kenntnis, sind umgekehrt die Gemeinden zu informieren (s. insgesamt: OFD Münster v. 19.08.2002, S 7030-46/10 – St 11-32, DStR 2002, 2038). Gleiches dürfte unter Geltung des § 138 Abs. 1a AO nunmehr auch für bei der Finanzbehörde erstattete Anzeigen über die Eröffnung/Verlegung einer Erwerbstätigkeit i. S. des § 138 Abs. 1 AO gelten. 9

## C. Anzeigen zu Auslandsbetätigungen (§ 138 Abs. 2 AO)

§ 138 Abs. 2 AO will den Finanzbehörden die Möglichkeit verschaffen, bestimmte Auslandssachverhalte besser und insbes. früher zu erkennen und zu prüfen. Die Kenntnisse werden vom BZSt zentral gesammelt und ausgewertet (§ 5 Abs. 1 Nr. 6 FVG), s. dazu BMF v. 06.02.2012, IV B 6-S 1509/07/10001, BStBl I 2012, 241. Im Hinblick darauf, dass die unterlassene, unvollständige oder nicht rechtzeitige Anzeige eine Ordnungswidrigkeit nach § 379 Abs. 2 Nr. 1 AO darstellt, verbietet sich eine extensive Auslegung oder gar eine analoge Anwendung der Vorschrift (FG Münster v. 06.06.1989, XII 8740/88, EFG 1989, 498; *Brandis* in Tipke/Kruse, § 138 AO Rz. 5). 10

### I. Anzeigepflichtige Personen

Die Verpflichtung zur Anzeige von Auslandsengagements trifft nach § 138 Abs. 2 Satz 1 AO lediglich natürliche Personen mit Wohnsitz (§ 8 AO) oder gewöhnlichem Aufenthalt (§ 9 AO) im Inland, und Körperschaften mit Geschäftsleitung (§ 10 AO) oder Sitz (§ 11 AO) im Inland, folglich **unbeschränkt stpfl. Personen**. Bei Personengesellschaften will die h. M. § 7 AStG anwenden. 11

## II. Anzeigepflichtige Sachverhalte

### 1. Die Gründung und der Erwerb von Betrieben und Betriebsstätten im Ausland

12 Durch die Gründung wird ein neuer wirtschaftlicher Organismus geschaffen, während der Erwerb eines Betriebs die Übertragung eines bestehenden wirtschaftlichen Organismus von einer anderen Person auf den Anzeigepflichtigen darstellt. Daher unterfällt auch die **Rechtsnachfolge** der Anzeigepflicht des § 138 Abs. 2 Nr. 1 AO. Die Verlagerung eines Betriebs oder einer Betriebsstätte vom Inland in das Ausland stellt ebenfalls eine (Neu-)Gründung im Ausland dar.

### 2. Die Beteiligung an ausländischen Personengesellschaften

13 Die Beteiligung an einer ausländischen Personengesellschaft umschreibt lediglich den Erwerbsvorgang. Allerdings ist auch die Änderung (der Beteiligungshöhe) und die Aufgabe des Anteils anzeigepflichtig (Art. 2 des UntStFG v. 20.12.2001). Ob es sich um eine Personengesellschaft handelt, ist nicht nach ausländischem Recht zu beurteilen, sondern entscheidend ist, ob das Rechtsgebilde nach seiner inneren Struktur und Erscheinung einer deutschen Mitunternehmerschaft entspricht (s. dazu BFH v. 23.06.1992, IX R 182/87, BStBl II 1992, 972).

### 3. Der Erwerb von Beteiligungen an einer Körperschaft, Personenvereinigung oder Vermögensmasse

14 § 138 Abs. 2 Nr. 3 AO erfasst den Erwerb und die Veräußerung von Beteiligungen an einer Körperschaft, Personenvereinigung oder Vermögensmasse (vgl. dazu § 2 Nr. 1 KStG), wenn diese sowohl Sitz als auch Geschäftsleitung außerhalb des Geltungsbereichs der AO hat. Es muss sich nicht um eine Drittstaat-Gesellschaft i. S. des § 138 Abs. 3 AO handeln. Anzuzeigen ist der Beteiligungserwerb, wenn entweder bestimmte prozentuale Grenzen des Anteils am Grund- oder Stammkapital (ist ein solches nicht vorhanden, ist die »Beteiligung am Vermögen« maßgeblich) überschritten werden oder die Anschaffungskosten den Betrag von 150 000 EUR übersteigen. Da durch eine Veräußerung weder die prozentuale noch die absolute Grenze überschritten werden kann, ist anzunehmen, dass die Veräußerung anzeigepflichtig ist, wenn zuvor eine der Grenzen überschritten war (so auch *Schmidt/Ruckes*, DStR 2017, 473, 475).

15 Anzeigepflichtig ist der Beteiligungserwerb, wenn entweder eine unmittelbare oder eine mittelbare Beteiligung von mindestens 10 % erworben wird. Beide **Beteiligungsarten sind nach der Neuregelung in § 138 Abs. 2 Satz 2 AO durch das StUmgBG v. 23.06.2017** (BGBl I 2017, 1682) zusammenzurechnen. Anzuzeigen ist nur der Erwerb, mit dem die genannte Grenze überschritten wird. Ein Anteilserwerb, der einen bereits über der Grenze liegenden Anteil weiter aufstockt, ist nach dem Wortlaut nicht anzuzeigen (BFH v. 28.11.1990, I R 71/89, BStBl II 1991, 440 a. E.; s. FG Münster v. 06.06.1989, XII 8740/88, EFG 1989, 498). Ob es sich um eine mittelbare oder unmittelbare Beteiligung handelt, beurteilt sich nach §§ 39, 41, 42 AO. Wird die Beteiligung der anzeigepflichtigen Person selbst zugerechnet, handelt es sich um eine unmittelbare Beteiligung (z. B. Treuhandschaft).

Für die Berechnung, ob ein Überschreiten der Grenze von 150 000 EUR vorliegt, sind die **Anschaffungskosten**, nicht eventuelle Wertsteigerungen, des Anzeigepflichtigen für seine unmittelbare und mittelbare Beteiligung maßgebend (vgl. § 138 Abs. 2 Satz 2), d. h., es sind die Anschaffungskosten der anzeigepflichtigen Person maßgeblich. Unerheblich sind die Anschaffungskosten des die Auslandbeteiligung vermittelnden Rechtssubjekts selbst. Auch im Rahmen dieser Alternative ist nur der Erwerb meldepflichtig, mit dem die genannte Grenze überschritten wird (s. Rz. 15). 16

### 4. Das Ausüben eines beherrschenden Einflusses

Der durch das StUmgBG v. 23.06.2017 (BGBl I 2017, 1682) eingefügte § 138 Abs. 2 Nr. 4 AO schafft eine Anzeigepflicht auch für die Fälle, dass der Steuerpflichtige erstmals, d. h. nach dem Wortlaut nicht erneut, einen **beherrschenden oder bestimmenden Einfluss** auf eine Drittstaat-Gesellschaft i. S. des § 138 Abs. 3 AO erlangt. Dabei reicht es aus, wenn der Steuerpflichtige zusammen mit nahestehenden Personen i. S. des § 1 Abs. 2 AStG den maßgeblichen Einfluss ausüben kann. Es ist nicht erforderlich, dass der genannte Einfluss auch tatsächlich ausgeübt wird. Dabei muss es sich nicht unbedingt um einen beherrschenden oder bestimmenden Einfluss auf die gesellschaftsrechtlichen Angelegenheiten der Drittstaat-Gesellschaft handeln, es reicht auch aus, wenn sich der maßgebliche Einfluss auf die finanziellen oder geschäftlichen Angelegenheiten bezieht. 16a

### 5. Die Mitteilung der wirtschaftlichen Tätigkeit

Nach § 138 Abs. 2 Nr. 5 AO soll auch angegeben werden, welche **wirtschaftliche Tätigkeit** die genannte Gesellschaft, Vermögensmasse etc. ausübt. Zwar steht die Verpflichtung nach § 138 Abs. 2 Nr. 5 AO systematisch verfehlt selbstständig neben den Verpflichtungen des § 138 Abs. 2 Nr. 1 bis 4 AO; aus dem Zusammenhang folgt aber, dass die verlangten Angaben nur zu machen sind, wenn eine Anzeigepflicht nach den Nummern 1 bis 4 besteht. 16b

### III. Inhalt und Adressat der Anzeige

17 Anzuzeigen ist in jedem Fall, dass eine entsprechende Beteiligung erworben wurde und, anders als unter Geltung der früheren Rechtslage (BFH v. 28.11.1990, I R 71/89, BStBl II 1991, 440 a.E.; s. FG Münster v. 06.06.1989, XII 8740/88, EFG 1989, 498), auch, welche Tätigkeit die Personen- oder Kapitalgesellschaft oder Vermögensmasse ausübt (vgl. § 138 Abs. 2 Nr. 5 AO). Die Anzeige hat elektronisch oder in den Ausnahmefällen des § 138 Abs. 5 Sätze 2 und 3 AO nach amtlich vorgeschriebenem Vordruck zu erfolgen (vgl. den Vordruck in BMF v. 15.04.2010, IV B 5-S 1300/07/10087, 2009/0286671, BStBl I 2010, 346 zum Vordruck vor Änderung durch das StUmgBG).

Auf Meldungen für den Erwerb börsennotierter Beteiligungen verzichtet die FinVerw., soweit die Beteiligung weniger als 1 vom Hundert beträgt (BMF v. 15.04.2010, IV B 5-S 1380/07/10087, 2009/0286671, BStBl I 2010, 346 [noch zur Vorgängerregelung ergangen]).

Die Anzeige kann bei jedem der nach §§ 18 bis 20 AO einschlägigen Finanzämter erstattet werden.

### D. Frist

18 Die Anzeige nach § 138 Abs. 1 und 1a AO ist **innerhalb eines Monats** nach dem anzeigepflichtigen Ereignis zu erstatten (§ 138 Abs. 4 AO); nach § 138 Abs. 2 AO zusammen mit der Einkommensteuer- oder Körperschaftsteuererklärung für den Besteuerungszeitraum, in dem der mitzuteilende Sachverhalt verwirklicht wurde, spätestens jedoch mit Ablauf von 14 Monaten nach Ablauf des Besteuerungszeitraums. Die Frist von 14 Monaten gilt auch, wenn keine Steuererklärung abzugeben ist (§ 138 Abs. 5 AO).

### E. Rechtsfolgen

19 Die Pflicht zur Anmeldung kann mit **Zwangsmitteln** (§§ 328 ff. AO) durchgesetzt werden, soweit die Anzeigepflicht gegenüber den Finanzbehörden besteht. Mangels einer § 134 Abs. 1 Satz 2 AO i.d.F. vor Änderung durch das StUmgBG entsprechenden Regelung sind die Gemeinden auf die landesrechtlichen Vollstreckungsvorschriften angewiesen.

Wer die Pflicht zur Anzeige nach § 138 Abs. 2 Satz 1 (nicht Abs. 1) AO verletzt, handelt **ordnungswidrig** (§ 379 Abs. 2 Nr. 1 AO).

19a Weiterhin ist die **Anlaufhemmung** des § 170 Abs. 7 AO bei einer bestehenden Pflicht zur Anzeige von Beziehungen zu Drittstaat-Gesellschaften zu beachten.

20 Mit der Anmeldung des Betriebes nach § 138 Abs. 1 Satz 1 AO beginnt im Falle der Betriebsübernahme die Frist nach § 75 Abs. 1 Satz 1 AO (s. FG Nbg v. 16.01.2007, II 128/2004, juris).

### F. Übergangsregelung

Die Neuregelung durch das StUmgBG gilt für alle anzeigepflichtigen Sachverhalte, die nach dem 31.12.2017 verwirklicht worden sind (§ 32 Abs. 1 EGAO). Stpfl. i.S. des § 138 Abs. 2 Satz 1 AO, die vor diesem Stichtag einen beherrschenden Einfluss i.S. des § 138 Abs. 2 Nr. 4 AO ausüben konnten, haben dieses dem für sie zuständigen FA mitzuteilen, wenn dieser Einfluss am 01.02.2018 noch fortbesteht. Die Frist von 14 Monaten gilt insoweit entsprechend (§ 32 Abs. 2 EGAO). 21

## § 138a AO Länderbezogener Bericht multinationaler Unternehmensgruppen

**(1) Ein Unternehmen mit Sitz oder Geschäftsleitung im Inland (inländisches Unternehmen), das einen Konzernabschluss aufstellt oder nach anderen Regelungen als den Steuergesetzen aufzustellen hat (inländische Konzernobergesellschaft), hat nach Ablauf eines Wirtschaftsjahres für dieses Wirtschaftsjahr einen länderbezogenen Bericht dieses Konzerns zu erstellen und dem Bundeszentralamt für Steuern zu übermitteln, wenn**

**1. der Konzernabschluss mindestens ein Unternehmen mit Sitz und Geschäftsleitung im Ausland (ausländisches Unternehmen) oder eine ausländische Betriebsstätte umfasst und**

**2. die im Konzernabschluss ausgewiesenen, konsolidierten Umsatzerlöse im vorangegangenen Wirtschaftsjahr mindestens 750 Millionen Euro betragen.**

**Die Verpflichtung nach Satz 1 besteht vorbehaltlich der Absätze 3 und 4 nicht, wenn das inländische Unternehmen im Sinne des Satzes 1 in den Konzernabschluss eines anderen Unternehmens einbezogen wird.**

**(2) Der länderbezogene Bericht im Sinne von Absatz 1 enthält**

**1. eine nach Steuerhoheitsgebieten gegliederte Übersicht, wie sich die Geschäftstätigkeit des Konzerns auf die Steuerhoheitsgebiete verteilt, in denen der Konzern durch Unternehmen oder Betriebsstätten tätig ist; zu diesem Zweck sind in der Übersicht folgende Positionen, ausgehend**

vom Konzernabschluss des Konzerns, auszuweisen:

a) die Umsatzerlöse und sonstigen Erträge aus Geschäftsvorfällen mit nahestehenden Unternehmen,
b) die Umsatzerlöse und sonstigen Erträge aus Geschäftsvorfällen mit fremden Unternehmen,
c) die Summe aus den Umsatzerlösen und sonstigen Erträgen gemäß den Buchstaben a und b,
d) die im Wirtschaftsjahr gezahlten Ertragsteuern,
e) die im Wirtschaftsjahr für dieses Wirtschaftsjahr gezahlten und zurückgestellten Ertragsteuern,
f) das Jahresergebnis vor Ertragsteuern,
g) das Eigenkapital,
h) der einbehaltene Gewinn,
i) die Zahl der Beschäftigten und
j) die materiellen Vermögenswerte;

2. eine nach Steuerhoheitsgebieten gegliederte Auflistung aller Unternehmen und Betriebsstätten, zu denen Angaben in der Übersicht nach Nummer 1 erfasst sind, jeweils unter Angabe deren wichtigster Geschäftstätigkeiten sowie
3. zusätzliche Informationen, die nach Ansicht der inländischen Konzernobergesellschaft zum Verständnis der Übersicht nach Nummer 1 und der Auflistung nach Nummer 2 erforderlich sind.

(3) Umfasst der Konzernabschluss eines ausländischen Unternehmens, das nach Absatz 1 zur Abgabe des länderbezogenen Berichts verpflichtet wäre, wenn es Sitz oder Geschäftsleitung im Inland hätte (ausländische Konzernobergesellschaft), ein inländisches Unternehmen (einbezogene inländische Konzerngesellschaft) und beauftragt die ausländische Konzernobergesellschaft die einbezogene inländische Konzerngesellschaft damit, einen länderbezogenen Bericht für den Konzern abzugeben (beauftragte Gesellschaft), so hat die beauftragte Gesellschaft den länderbezogenen Bericht dem Bundeszentralamt für Steuern zu übermitteln.

(4) Eine einbezogene inländische Konzerngesellschaft ist verpflichtet, den länderbezogenen Bericht für einen Konzern mit einer ausländischen Konzernobergesellschaft, die nach Absatz 1 zur Übermittlung des länderbezogenen Berichts verpflichtet wäre, wenn sie Sitz oder Geschäftsleitung im Inland hätte, dem Bundeszentralamt für Steuern zu übermitteln, wenn das Bundeszentralamt für Steuern keinen länderbezogenen Bericht erhalten hat. Übermittelt eine einbezogene inländische Konzerngesellschaft den länderbezogenen Bericht, entfällt die Verpflichtung für alle anderen einbezogenen inländischen Konzerngesellschaften dieses Konzerns. Kann eine einbezogene inländische Konzerngesellschaft die Übermittlung innerhalb der Frist des Absatzes 6 Satz 1 nicht sicherstellen, insbesondere weil sie den länderbezogenen Bericht weder beschaffen noch erstellen kann, so hat sie dies innerhalb der Frist des Absatzes 6 Satz 1 dem Bundeszentralamt für Steuern mitzuteilen und dabei alle Angaben im Sinne von Absatz 2 zu machen, über die sie verfügt oder die sie beschaffen kann. Konnte eine einbezogene inländische Konzerngesellschaft davon ausgehen, dass der länderbezogene Bericht fristgerecht übermittelt wird, und stellt sich nachträglich heraus, dass dies ohne Verschulden der einbezogenen inländischen Konzerngesellschaft nicht geschehen ist, so hat diese ihre Pflichten nach Satz 1 oder Satz 3 innerhalb eines Monats nach Bekanntwerden der Nichtübermittlung zu erfüllen. Die Sätze 1 bis 4 gelten entsprechend für die inländische Betriebsstätte eines ausländischen Unternehmens, das als ausländische Konzernobergesellschaft oder als einbezogene ausländische Konzerngesellschaft in einen Konzernabschluss einbezogen wird.

(5) Ein inländisches Unternehmen hat in der Steuererklärung anzugeben, ob es

1. eine inländische Konzernobergesellschaft im Sinne von Absatz 1 ist,
2. eine beauftragte Gesellschaft ist oder
3. eine einbezogene inländische Konzerngesellschaft eines Konzerns mit ausländischer Konzernobergesellschaft ist.

In den Fällen von Satz 1 Nummer 3 ist auch anzugeben, bei welcher Finanzbehörde und von welchem Unternehmen der länderbezogene Bericht des Konzerns abgegeben wird. Fehlt diese Angabe, ist die einbezogene inländische Konzerngesellschaft selbst zur fristgerechten Übermittlung des länderbezogenen Berichts verpflichtet. Die Sätze 1 bis 3 gelten entsprechend für die inländische Betriebsstätte eines ausländischen Unternehmens, das als ausländische Konzernobergesellschaft oder als einbezogene ausländische Konzerngesellschaft in einen Konzernabschluss einbezogen wird.

(6) Die Übermittlung des länderbezogenen Berichts an das Bundeszentralamt für Steuern hat spätestens ein Jahr nach Ablauf des Wirtschafts-

**jahres zu erfolgen, für das der länderbezogene Bericht zu erstellen ist. Abweichend von Satz 1 gilt in den Fällen von Absatz 4 Satz 4 die dort genannte Frist für die Übermittlung des länderbezogenen Berichts. Die Übermittlung hat nach amtlich vorgeschriebenem Datensatz durch Datenfernübertragung zu erfolgen.**

**(7) Das Bundeszentralamt für Steuern übermittelt alle ihm zugegangenen länderbezogenen Berichte an die jeweils zuständige Finanzbehörde. Enthält ein länderbezogener Bericht Angaben im Sinne von Absatz 2 für einen Vertragsstaat der völkerrechtlichen Vereinbarungen, übermittelt das Bundeszentralamt für Steuern auf Grundlage dieser völkerrechtlichen Vereinbarungen den ihm zugegangenen länderbezogenen Bericht an die zuständige Behörde des jeweiligen Vertragsstaates. Das Bundeszentralamt für Steuern nimmt die länderbezogenen Berichte entgegen, die ihm von den zuständigen Behörden der in Satz 2 genannten Vertragsstaaten übermittelt worden sind, und übermittelt diese an die jeweils zuständige Finanzbehörde. Das Bundeszentralamt für Steuern kann länderbezogene Berichte im Rahmen der ihm gesetzlich übertragenen Aufgaben auswerten. Das Bundeszentralamt für Steuern speichert die länderbezogenen Berichte und löscht sie mit Ablauf des 15. Jahres, das dem Jahr der Übermittlung folgt.**

### Inhaltsübersicht



### Schrifttum

Grotherr, Anwendungsfragen bei der länderbezogenen Berichterstattung – Country-by-Country Reporting, IStR 2016, 991; Kraft/Heider, Das Country-by-Country Reporting und seine innerstaatliche Umsetzung im Rahmen des »Anti-BEPS-Umsetzungsgesetzes«, DStR 2017, 1353, 1360; Schreiber/Greil, Das »Anti-BEPS-Umsetzungsgesetz« – Erläuterungen zu ausgewählten verrechnungspreisspezifischen Neuregelungen im »Gesetz zur Umsetzung der Änderungen der EU-Amtshilferichtlinie und von weiteren Maßnahmen gegen Gewinnkürzungen und -verlagerungen«, DB 2017, 10.

## A. Überblick

1 Auf der Grundlage eines entsprechenden Berichts der OECD wurden durch das Gesetz zur Umsetzung der Änderungen der EU-Amtshilferichtlinie und von weiteren Maßnahmen gegen Gewinnkürzungen und -verlagerungen v. 20.12.2016 (BGBl I 2016, 3000) multinationale Unternehmen mit konsolidierten Umsatzerlösen von mehr als 750 Mio. Euro verpflichtet, einen sog. **länderbezogenen Bericht** (**Country-by-Country Reporting** = CbCR) jährlich an das BZSt zu übermitteln. Dabei soll § 138a AO nicht dazu dienen, die Unangemessenheit von Verrechnungspreisen zu belegen oder eine formelhafte Gewinnaufteilung zu ermöglichen (vgl. BT-Drs. 18/9536, 37); dennoch dürfen die gewonnenen Erkenntnisse im Rahmen der Ermittlung von Verrechnungspreisen oder bei einer möglichen Gewinnaufteilung verwendet werden.

vorläufig frei 2–3

## B. Einbezogene Unternehmen

Nach Abs. 1 hat ein inländisches Unternehmen einen **länderbezogenen Bericht aufzustellen**, wenn es sowohl einen Konzernabschluss aufzustellen hat, der mindestens ein ausländisches Unternehmen umfasst, und zugleich im Jahresabschluss konsolidierte Umsatzerlöse von mehr als 750 Mio. Euro ausgewiesen werden. Wann ein Konzernabschluss aufzustellen ist, bestimmt sich u. a. nach § 290 HGB bzw. § 264a HGB. 4

Die Pflicht zur Erstellung eines länderbezogenen Berichts **entfällt** nach § 138a Abs. 1 Satz 2 AO, wenn das inländische Unternehmen in den Konzernabschluss eines anderen Unternehmens einbezogen wird. Eine Ausnahme gilt nach Abs. 3 dann, wenn das inländische und in den Konzernabschluss einer ausländischen Konzernobergesellschaft einbezogene Unternehmen von der Konzernobergesellschaft beauftragt wird, einen länderbezogenen Bericht für den Konzern abzugeben, und es hierzu in der Lage ist (vgl. im Einzelnen: *Kraft/Heider*, DStR 2017, 1353, 1354). 5

Eine Pflicht der einbezogenen inländischen Konzerngesellschaft zur Übermittlung eines länderbezogenen Berichts für einen Konzern besteht daneben, wenn die ausländische Konzernobergesellschaft, hätte sie Sitz oder Geschäftsleitung im Inland, verpflichtet wäre, einen Bericht an das BZSt zu übermitteln (Abs. 4). Sollte die einbezogene inländische Konzerngesellschaft hierzu nicht in der Lage sein, so hat sie dieses dem BZSt nach § 138a Abs. 4 Satz 3 AO mitzuteilen. 6

Daneben kommt eine Pflicht zur Übermittlung eines länderbezogenen Berichts im Betracht, wenn der **Erklärungspflicht nach § 138a Abs. 5 Nr. 3 AO** nicht nachgekommen wird. 7

vorläufig frei 8–9

### C. Inhalt des Berichts

10 Der **Inhalt** des länderbezogenen Berichts gliedert sich nach § 138a Abs. 2 AO in drei Abschnitte: Einen nach Steuerhoheiten gegliederten Teil mit verschiedenen Finanz- und Steuerkennzahlen, einen Teil mit einer Darstellung der Kernaktivitäten der verschiedenen Konzerngesellschaften und -Betriebsstätten sowie einen »Verständnisteil« für weitergehende Informationen. Vgl. im Einzelnen die Darstellung bei *Kraft/Heider*, DStR 2017, 1353, 1356 f.

11–14 vorläufig frei

### D. Weitergehende Erklärungspflichten

15 Über die Verpflichtung zur Bereitstellung eines länderbezogenen Berichts hinaus begründet § 138a Abs. 5 AO **weitergehende Erklärungspflichten**. So haben Unternehmen im Rahmen ihrer Steuererklärungen darzulegen, ob sie als inländische Konzernobergesellschaft, beauftragte Gesellschaft oder einbezogene inländische Konzerngesellschaft mit ausländischer Konzernobergesellschaft fungieren. Diese Pflicht gilt auch für entsprechende Betriebsstätten (§ 138a Abs. 5 Satz 3 AO).

16 Obwohl § 138a Abs. 5 AO von inländischer Konzernobergesellschaft i. S. des § 138a Abs. 1 AO spricht und damit jedes Unternehmen angesprochen ist, das einen Konzernabschluss erstellt, muss die Regelung in § 138a Abs. 5 AO in dem Sinne teleologisch reduziert werden, dass nur Konzerne betroffen sind, die die Voraussetzungen des § 138a Abs. 1 Nr. 1 und 2 AO erfüllen (vgl. *Kraft/Heider*, DStR 2017, 1353, 1359; *Ditz/Bärsch/Engeln*, IStR 2016, 840, 846).

17–19 vorläufig frei

### E. Fristen und Form

20 Die Übermittlung des länderbezogenen Berichts hat innerhalb eines Jahres nach Ablauf des Wirtschaftsjahres zu erfolgen (§ 138a Abs. 6 AO). Die Frist nach § 138a Abs. 4 Satz 4 AO bleibt unberührt.

21 Die Übermittlung hat nach amtlich vorgeschriebenem Datensatz durch Datenfernübertragung zu erfolgen. Zur Frage, in welcher Sprache der Bericht zu erfolgen hat, vgl. *Kraft/Heider*, DStR 2017, 1353, 1360 und *Grotherr*, IStR 2016, 991, 1000.

22–24 vorläufig frei

### F. Rechtsfolgen

25 Die Missachtung der Berichtspflicht kann eine **Ordnungswidrigkeit** darstellen (vgl. § 379 Abs. 2 Nr. 1c AO). Ob auch eine leichtfertige Steuerverkürzung vorliegen kann, ist umstritten (vgl. *Kraft/Heider*, DStR 2017, 1353, 1361 einerseits und *Schreiber/Greil*, DB 2017, 10,16 andererseits).

Eine Befugnis nach § 162 Abs. 3 ff. AO ist nicht gegeben, da § 138a AO dort nicht genannt ist.

vorläufig frei 26–29

### G. Inkrafttreten

Unternehmen, die nach § 138a Abs. 1 oder 4 AO berichtspflichtig sind, haben erstmalig einen länderbezogenen Bericht für Wirtschaftsjahre aufzustellen, die nach dem 31.12.2015 beginnen (§ 31 Satz 1 EGAO); für solche Unternehmen, die nach § 138a Abs. 4 oder 5 AO berichtspflichtig sind, gilt die Pflicht für Wirtschaftsjahre, die nach dem 31.12.2016 beginnen (§ 31 Satz 2 EGAO). 30

## § 138b AO Mitteilungspflicht Dritter über Beziehungen inländischer Steuerpflichtiger zu Drittstaat-Gesellschaften

**(1) Verpflichtete im Sinne des § 2 Absatz 1 Nummer 1 bis 3 und 6 des Geldwäschegesetzes (mitteilungspflichtige Stelle) haben dem für sie nach den §§ 18 bis 20 zuständigen Finanzamt von ihnen hergestellte oder vermittelte Beziehungen von inländischen Steuerpflichtigen im Sinne des § 138 Absatz 2 Satz 1 zu Drittstaat-Gesellschaften im Sinne des § 138 Absatz 3 mitzuteilen. Dies gilt für die Fälle, in denen**

1. **der mitteilungspflichtigen Stelle bekannt ist, dass der inländische Steuerpflichtige auf Grund der von ihr hergestellten oder vermittelten Beziehung allein oder zusammen mit nahestehenden Personen im Sinne des § 1 Absatz 2 des Außensteuergesetzes erstmals unmittelbar oder mittelbar einen beherrschenden oder bestimmenden Einfluss auf die gesellschaftsrechtlichen, finanziellen oder geschäftlichen Angelegenheiten einer Drittstaat-Gesellschaft ausüben kann, oder**
2. **der inländische Steuerpflichtige eine von der mitteilungspflichtigen Stelle hergestellte oder vermittelte Beziehung zu einer Drittstaat-Gesellschaft erlangt, wodurch eine unmittelbare Beteiligung von insgesamt mindestens 30 Prozent am Kapital oder am Vermögen der Drittstaat- Gesellschaft erreicht wird; anderweitige Erwerbe hinsichtlich der gleichen Drittstaat-Gesellschaft sind miteinzubeziehen, soweit sie der mitteilungs-**

**pflichtigen Stelle bekannt sind oder bekannt sein mussten.**

**(2) Die Mitteilungen sind für jeden inländischen Steuerpflichtigen und jeden mitteilungspflichtigen Sachverhalt gesondert zu erstatten.**

**(3) Zu jedem inländischen Steuerpflichtigen ist anzugeben:**

**1. die Identifikationsnummer nach § 139b und**
**2. die Wirtschafts-Identifikationsnummer nach § 139c oder, wenn noch keine Wirtschafts-Identifikationsnummer vergeben wurde und es sich nicht um eine natürliche Person handelt, die für die Besteuerung nach dem Einkommen geltende Steuernummer.**

**Kann die mitteilungspflichtige Stelle die Identifikationsnummer und die Wirtschafts-Identifikationsnummer oder die Steuernummer nicht in Erfahrung bringen, so hat sie stattdessen ein Ersatzmerkmal anzugeben, das vom Bundesministerium der Finanzen im Einvernehmen mit den obersten Finanzbehörden der Länder bestimmt worden ist.**

**(4) Die Mitteilungen sind dem Finanzamt nach amtlich vorgeschriebenem Vordruck zu erstatten, und zwar bis zum Ablauf des Monats Februar des Jahres, das auf das Kalenderjahr folgt, in dem der mitzuteilende Sachverhalt verwirklicht wurde. § 72a Absatz 4, § 93c Absatz 1 Nummer 3 und Absatz 4 bis 7, § 171 Absatz 10a, § 175b Absatz 1 und § 203a gelten entsprechend.**

**(5) Das für die mitteilungspflichtige Stelle zuständige Finanzamt hat die Mitteilungen an das für den inländischen Steuerpflichtigen nach den §§ 18 bis 20 zuständige Finanzamt weiterzuleiten. 2§ 31b bleibt unberührt.**

**(6) Der inländische Steuerpflichtige hat der mitteilungspflichtigen Stelle**

**1. seine Identifikationsnummer nach § 139b mitzuteilen und**
**2. seine Wirtschafts-Identifikationsnummer nach § 139c oder, wenn diese noch nicht vergeben wurde und er keine natürliche Person ist, seine für die Besteuerung nach dem Einkommen geltende Steuernummer mitzuteilen.**

**Inhaltsübersicht**



**Schrifttum**


Krüger/Nowroth, Verschärfung der Mitwirkungspflichten inländischer Steuerpflichtiger bei Auslandsinvestitionen durch das Steuerumgehungsbekämpfungsgesetz, DB 2017, 90; Seevers/Handel, »Panama-Gesetz« – schneller Wurf mit Schwächen, DStR 2017, 522.


## A. Überblick

Flankierend zur Neuregelung der Anzeigepflichten nach § 138 AO hat der Gesetzgeber mit dem neu eingefügten § 138b AO bestimmte Personen, sog. »mitteilungspflichtige Stellen«, verpflichtet, von ihnen hergestellte oder vermittelte Auslandsbeziehungen den Finanzbehörden anzuzeigen. 1

vorläufig frei 2–4

## B. Mitteilungspflichtige Stellen

Erfasst werden von den Verpflichtungen des § 138b AO lediglich mitteilungspflichtige Stellen, wie sie in § 2 Abs. 1 Nr. 1 bis 3 GwG definiert sind, d. h. z. B. Kreditinstitute, Finanzdienstleistungsinstitute und Finanzunternehmen. 5

vorläufig 6–9

## C. Herstellung oder Vermittlung von Beziehungen

Was der Gesetzgeber unter »Vermitteln« oder »Herstellen« von Beziehungen verstehen wollte, ist leider auch der Gesetzesbegründung nicht zu entnehmen (vgl. BT-Drs. 18/11132). Allerdings besteht eine Mitteilungspflicht nur dann, wenn der mitteilungspflichtigen Stelle bekannt ist, dass der Stpfl. eine Drittstaat-Gesellschaft finanziell, gesellschaftsrechtlich oder deren geschäftliche Angelegenheiten beherrscht oder bestimmt (§ 138b Abs. 1 Nr. 1 AO). 10

Dementgegen genügt es für die Mitteilungspflicht nach § 138b Abs. 1 Nr. 2 AO, dass die mitteilungspflichtige Stelle hätte wissen müssen, dass der Stpfl. an der Drittstaat-Gesellschaft unmittelbar, nicht mittelbar, mindestens 30 Prozent am Kapital oder am Vermögen der Drittstaat-Gesellschaft erreicht. 11

vorläufig frei 12–14

### D. Inhalt der Mitteilung

5 Die Mitteilung muss für jeden Stpfl. und für jeden mitteilungspflichtigen Sachverhalt gesondert erfolgen (§ 138b Abs. 2 AO) und die Identifikationsnummer nach § 139b AO und, falls vorhanden, die Wirtschafts-Identifikationsnummer nach § 139c AO oder sonst die Steuernummer enthalten. Zu diesem Zweck ist der Stpfl. zur Angabe der betreffenden Identifikationsnummern verpflichtet (§ 138b Abs. 6 AO).

16–19 vorläufig frei

### E. Frist

20 Die Mitteilung ist nach amtlich vorgeschriebenem Vordruck bis Ende Februar des auf das Kalenderjahr, in dem der mitzuteilende Sachverhalt verwirklicht wurde, folgenden Jahres zu erstatten (§ 138b Abs. 4 Satz 1 AO). Nach Erlass einer entsprechenden Verordnung besteht die Pflicht, die Mitteilung nach amtlich vorgeschriebenem Datensatz elektronisch zu übermitteln (vgl. § 138c AO).

21–24 vorläufig frei

### F. Rechtsfolgen

25 Der Verstoß gegen die Mitteilungspflicht stellt eine Ordnungswidrigkeit dar (§ 379 Abs. Nr. 1d AO). Die Mitteilung der Daten löst eine Ablaufhemmung nach §§ 93c, 171 Abs. 10a AO aus. Zudem kann die Änderungsvorschrift des § 175b AO eröffnet sein.

26–29 vorläufig frei

### G. Inkrafttreten

30 § 138b Abs. 2 AO ist erstmalig auf Sachverhalte anzuwenden, die nach dem 01.01.2018 verwirklicht werden (Art. 97 § 32 Abs. 1 EGAO).

## § 138c AO Verordnungsermächtigung

**(1) Das Bundesministerium der Finanzen kann durch Rechtsverordnung mit Zustimmung des Bundesrates bestimmen, dass Mitteilungen gemäß § 138b nach amtlich vorgeschriebenem Datensatz über amtlich bestimmte Schnittstellen zu erstatten sind. In der Rechtsverordnung nach Satz 1 kann auch bestimmt werden, dass die Mitteilungen abweichend von § 138b Absatz 1 Satz 1 an eine andere Finanzbehörde zu übermitteln und von dieser Finanzbehörde an das für den inländischen Steuerpflichtigen nach den §§ 18 bis 20 zuständige Finanzamt weiterzuleiten sind.**

**(2) Hat das Bundesministerium der Finanzen eine Rechtsverordnung nach Absatz 1 erlassen, dürfen die mitteilungspflichtigen Stellen beim Bundeszentralamt für Steuern die Identifikationsnummer des Steuerpflichtigen nach § 139b oder seine Wirtschafts-Identifikationsnummer nach § 139c erfragen. In der Anfrage dürfen nur die in § 139b Absatz 3 oder § 139c Absatz 3 bis 5a genannten Daten des inländischen Steuerpflichtigen angegeben werden, soweit sie der mitteilungspflichtigen Stelle bekannt sind. Das Bundeszentralamt für Steuern teilt der mitteilungspflichtigen Stelle die Identifikationsnummer oder die Wirtschafts-Identifikationsnummer mit, sofern die übermittelten Daten mit den nach § 139b Absatz 3 oder § 139c Absatz 3 bis 5a bei ihm gespeicherten Daten übereinstimmen. Die mitteilungspflichtige Stelle darf die Identifikationsmerkmale nur verwenden, soweit dies zur Erfüllung von steuerlichen Pflichten erforderlich ist. Weitere Einzelheiten dieses Verfahrens kann das Bundesministerium der Finanzen durch Rechtsverordnung mit Zustimmung des Bundesrates bestimmen.**

Die Vorschrift ermöglicht den Erlass von Verordnungen, die die Pflicht begründen, Mitteilungen nach § 138b AO nach amtlich vorgeschriebenem Datensatz elektronisch zu übermitteln (§ 138c Abs. 1 AO). Zudem dürfen die mitteilungspflichtigen Stellen dann die notwendigen Identifikationsnummern beim BZSt erfragen (§ 138c Abs. 2 AO). 1

## § 139 AO Anmeldung von Betrieben in besonderen Fällen

**(1) Wer Waren gewinnen oder herstellen will, an deren Gewinnung, Herstellung, Entfernung aus dem Herstellungsbetrieb oder Verbrauch innerhalb des Herstellungsbetriebs eine Verbrauchsteuerpflicht geknüpft ist, hat dies der zuständigen Finanzbehörde vor Eröffnung des Betriebs anzumelden. Das Gleiche gilt für den, der ein Unternehmen betreiben will, bei dem besondere Verkehrsteuern anfallen.**

**(2) Durch Rechtsverordnung können Bestimmungen über den Zeitpunkt, die Form und den Inhalt der Anmeldung getroffen werden. Die Rechtsverordnung erlässt die Bundesregierung, soweit es sich um Verkehrsteuern mit Ausnahme der Luftverkehrsteuer handelt, im Übrigen das Bundesministerium der Finanzen. Die Rechtsverordnung des Bundesministeriums der Finanzen bedarf der Zustimmung des Bundesrates nur, soweit sie die Biersteuer betrifft.**

1 Durch die nach dieser Vorschrift gegebene Meldepflicht wird die besondere Überwachung von Betrieben, die verbrauchsteuerpflichtige Waren herstellen oder gewinnen (s. §§ 209ff. AO) oder in denen besondere Verkehrsteuern anfallen, sichergestellt.

2 Da nur eine Anmeldepflicht sinnvoll ist, wenn die Entstehung der besonderen Verkehr-/Verbrauchsteuer mit dem Betrieb des Unternehmens in einem engen Zusammenhang steht, kommen bspw. die VersSt, FeuerschSt und RennwSt in Betracht (s. Rz. 5); nicht erfasst werden die GrESt, die USt sowie wegen der besonderen Erwähnung in Art. 106 Abs. 2 GG die KraftSt und die Spielbankabgabe (*Brandis* in Tipke/Kruse, § 139 AO Rz. 3).

3 Als Betrieb ist wegen des Sicherungszwecks des § 139 AO auch die Gründung einer Betriebsstätte oder die Erweiterung eines bestehenden Betriebs um einen von § 139 AO erfassten Betriebszweig anzusehen. Aufgrund der **Personenbezogenheit** (»wer«) erfasst § 139 AO mit dem Tatbestandsmerkmal »Eröffnung« ebenso den bloßen Inhaberwechsel (h.M., a.A.: *Wöhner* in Schwarz/Pahlke, § 139 AO Rz. 6).

4 Wegen der sachlich **zuständigen Finanzbehörde** s. § 16 Abs. 1 i.V.m. § 12 oder § 17 FVG; zur örtlichen Zuständigkeit s. § 23 AO.

5 Von der in § 139 Abs. 2 AO enthaltenen Ermächtigung zum Erlass von **Rechtsverordnungen** ist durchgängig in den Durchführungsverordnungen der jeweiligen Gesetze Gebrauch gemacht worden. Die unterschiedliche Regelung für die Verkehrsteuern einerseits und die Verbrauchsteuern andererseits beruht auf der abweichenden Verwaltungshoheit. Zur Besonderheit bei der BierSt s. Art. 106 Abs. 2 GG.

6 Die Anmeldung kann nach § 328ff. AO erzwungen werden. Eine **Verletzung der Anmeldepflicht** kann nach § 381 AO als Ordnungswidrigkeit geahndet werden, wenn die Verbrauchsteuergesetze auf § 381 AO verweisen.

## 3. Unterabschnitt Identifikationsmerkmal

## § 139a AO Identifikationsmerkmal

**(1) Das Bundeszentralamt für Steuern teilt jedem Steuerpflichtigen zum Zwecke der eindeutigen Identifizierung in Besteuerungsverfahren ein einheitliches und dauerhaftes Merkmal (Identifikationsmerkmal) zu; das Identifikationsmerkmal ist vom Steuerpflichtigen oder von einem Dritten, der Daten dieses Steuerpflichtigen an die Finanzbehörden zu übermitteln hat, bei Anträgen, Erklärungen oder Mitteilungen gegenüber Finanzbehörden anzugeben. Es besteht aus einer Ziffernfolge, die nicht aus anderen Daten über den Steuerpflichtigen gebildet oder abgeleitet werden darf; die letzte Stelle ist eine Prüfziffer. Natürliche Personen erhalten eine Identifikationsnummer, wirtschaftlich Tätige eine Wirtschafts-Identifikationsnummer. Der Steuerpflichtige ist über die Zuteilung eines Identifikationsmerkmals unverzüglich zu unterrichten.**

**(2) Steuerpflichtiger im Sinne dieses Unterabschnitts ist jeder, der nach einem Steuergesetz steuerpflichtig ist.**

**(3) Wirtschaftlich Tätige im Sinne dieses Unterabschnitts sind:**

**1. natürliche Personen, die wirtschaftlich tätig sind,**
**2. juristische Personen,**
**3. Personenvereinigungen.**

### Schrifttum

Weyand, Identifikationsnummer und Wirtschafts-Identifikationsnummer, INF 2005, 499; Mühlenharz, Die Steueridentifikationsnummer, AO-StB 2010, 90.

Die §§ 139a bis 139d AO wurden durch das StÄndG 2003 v. 15.12.2003 (BGBl I 2003, 2645) eingeführt und sollen – unter Hinweis auf das Urteil des BVerfG v. 27.06.1991 (2 BvR 1493/89, BVerfGE 84, 239, BStBl II 1991, 654) – sicherstellen, dass die im Wesentlichen ausreichenden Kontrollmöglichkeiten der Finanzbehörden zur Überprüfung von Angaben des Stpfl. »optimal ausgeschöpft« werden können. In diesem Sinne soll die eindeutige Identifizierung des Stpfl. mittels einer Identifikationsnummer eine enge Zusammenarbeit der Finanzbehörden ermöglichen (s. insgesamt: BT-Drs. 15/119 v. 02.12.2002, 15). 1

§§ 139 a ff. AO regeln die Einführung eines bundeseinheitlichen, unveränderlichen und dauerhaft (s. § 139 b Abs. 1 AO) vergebenen Ordnungsmerkmals (Identifikationsmerkmal). Dieses soll für natürliche Personen vom BZSt zentral (§ 139 a Abs. 1 AO i. V. m. § 5 Abs. 1 Nr. 22 FVG) mit der Geburt des Stpfl. (s. § 139 a Abs. 2 AO und BT-Drs. 15/1945 v. 06.11.2003, 5 und 16) vergeben werden (Identifikationsnummer). Zugleich findet ein Abgleich mit den Melderegistern statt (§ 139 b Abs. 6 bis 8 AO). § 139 b Abs. 3 bis 5 AO bestimmen die zu speichernden Daten (Gebot der Normenklarheit, s § 135 AO Rz. 1) sowie den Zweck und den Umfang der Befugnis, diese zu nutzen. Das FG Köln (v. 07.07.2010, 2 K 3093/08, EFG 2010, 1860 m. Anm. *Bozza-Bodden*) hatte erhebliche Zweifel an der Rechtmäßigkeit der Datenspeicherung geäußert, die der BFH aber nicht geteilt hat (BFH v. 18.01.2012, II R 49/10, BStBl II 2012, 168; ebenso FG Köln v. 07.12.2012, 2 K 853/09, juris; BVerfG v. 01.07.2016, 1 BvR 2533/13, juris).

3 Weiterhin sollen sog. »wirtschaftlich Tätige« (§ 139 a Abs. 3) eine Wirtschafts-Identifikationsnummer erhalten (§ 139 c AO). Diese ist notwendig, um eine Trennung der persönlichen von den betrieblichen Daten zu ermöglichen und damit auch Änderungen des von dem Identifikationsmerkmal zu erfassenden Subjekts Rechnung tragen zu können (BT-Drs. 15/1945 v. 06.11.2003, 16).

4 Die Zuteilung einer Identifikationsnummer gegenüber natürlichen Personen stellt keinen VA dar (BFH v. 18.01.2012, II R 49/10, BStBl II 2012, 168; gl. A. *Wiese* in Gosch, § 139 a AO Rz. 14). Ob die Zuteilung einer Wirtschafts-Identifikationsnummer an eine natürliche Person als VA anzusehen ist, ist str. (verneinend: *Brandis* in Tipke/Kruse, § 139 a AO Rz. 3, bejahend: *Rätke* in Klein, § 139 c AO Rz. 3).

5 § 139 a Abs. 2 enthält eine für die §§ 139 a bis 139 d AO geltende besondere Definition des Begriffs »Steuerpflichtiger«, die von der in § 33 AO abweicht. Erfasst werden dadurch alle potenziell steuerpflichtigen Personen, d. h. alle Personen, die nach einem Einzelsteuergesetz dem Grunde nach steuerpflichtig sind (BFH v. 18.01.2012, II R 49/10, BStBl II 2012, 168).

## § 139b AO Identifikationsnummer

**(1) Eine natürliche Person darf nicht mehr als eine Identifikationsnummer erhalten. Jede Identifikationsnummer darf nur einmal vergeben werden.**

**(2) Die Finanzbehörden dürfen die Identifikationsnummer verarbeiten, wenn die Verarbeitung zur Erfüllung der ihnen obliegenden Aufgaben erforderlich ist oder eine Rechtsvorschrift die Verarbeitung der Identifikationsnummer ausdrücklich erlaubt oder anordnet. Andere öffentliche oder nicht öffentliche Stellen dürfen ohne Einwilligung der betroffenen Person**

**1. die Identifikationsnummer nur verarbeiten, soweit dies für Datenübermittlungen zwischen ihnen und den Finanzbehörden erforderlich ist oder eine Rechtsvorschrift die Verarbeitung der Identifikationsnummer ausdrücklich erlaubt oder anordnet,**
**2. ihre Dateisysteme nur insoweit nach der Identifikationsnummer ordnen oder für den Zugriff erschließen, als dies für regelmäßige Datenübermittlungen zwischen ihnen und den Finanzbehörden erforderlich ist,**
**3. eine rechtmäßig erhobene Identifikationsnummer eines Steuerpflichtigen zur Erfüllung aller Mitteilungspflichten gegenüber Finanzbehörden verwenden, soweit die Mitteilungspflicht denselben Steuerpflichtigen betrifft und die Verarbeitung nach Nummer 1 zulässig wäre,**
**4. eine durch ein verbundenes Unternehmen im Sinne des § 15 des Aktiengesetzes oder ein Unternehmen einer kreditwirtschaftlichen Verbundgruppe rechtmäßig erhobene Identifikationsnummer eines Steuerpflichtigen zur Erfüllung aller steuerlichen Mitwirkungspflichten verwenden, soweit die Mitwirkungspflicht denselben Steuerpflichtigen betrifft und die verwendende Stelle zum selben Unternehmensverbund wie die Stelle gehört, die die Identifikationsnummer erhoben hat und die Verarbeitung nach Nummer 1 zulässig wäre.**

**Vertragsbestimmungen und Einwilligungserklärungen, die darauf gerichtet sind, eine nach den vorstehenden Bestimmungen nicht zulässige Erhebung oder Verwendung der Identifikationsnummer zu ermöglichen, sind unwirksam.**

**(3) Das Bundeszentralamt für Steuern speichert zu natürlichen Personen folgende Daten:**

**1. Identifikationsnummer,**
**2. Wirtschafts-Identifikationsnummern,**
**3. Familienname,**
**4. frühere Namen,**
**5. Vornamen,**
**6. Doktorgrad,**
**7. *(aufgehoben)***
**8. Tag und Ort der Geburt,**
**9. Geschlecht,**
**10. gegenwärtige oder letzte bekannte Anschrift,**
**11. zuständige Finanzbehörden,**

12. Übermittlungssperren nach dem Melderechtsrahmengesetz und den Meldegesetzen der Länder,
13. Sterbetag,
14. Tag des Ein- und Auszugs.

(4) Die in Absatz 3 aufgeführten Daten werden gespeichert, um

1. sicherzustellen, dass eine Person nur eine Identifikationsnummer erhält und eine Identifikationsnummer nicht mehrfach vergeben wird,
2. die Identifikationsnummer eines Steuerpflichtigen festzustellen,
3. zu erkennen, welche Finanzbehörden für einen Steuerpflichtigen zuständig sind,
4. Daten, die auf Grund eines Gesetzes oder nach über- und zwischenstaatlichem Recht entgegenzunehmen sind, an die zuständigen Stellen weiterleiten zu können,
5. den Finanzbehörden die Erfüllung der ihnen durch Rechtsvorschrift zugewiesenen Aufgaben zu ermöglichen.

(5) Die in Absatz 3 aufgeführten Daten dürfen nur für die in Absatz 4 genannten Zwecke verarbeitet werden. Übermittlungssperren nach dem Melderechtsrahmengesetz und den Meldegesetzen der Länder sind zu beachten und im Fall einer zulässigen Datenübermittlung ebenfalls zu übermitteln. Der Dritte, an den die Daten übermittelt werden, hat die Übermittlungssperren ebenfalls zu beachten.

(6) Zum Zwecke der erstmaligen Zuteilung der Identifikationsnummer übermitteln die Meldebehörden dem Bundeszentralamt für Steuern für jeden in ihrem Zuständigkeitsbereich mit alleiniger Wohnung oder Hauptwohnung im Melderegister registrierten Einwohner folgende Daten:

1. Familienname,
2. frühere Namen,
3. Vornamen,
4. Doktorgrad,
5. *(aufgehoben)*
6. Tag und Ort der Geburt,
7. Geschlecht,
8. gegenwärtige Anschrift der alleinigen Wohnung oder der Hauptwohnung,
9. Tag des Ein- und Auszugs,
10. Übermittlungssperren nach dem Melderechtsrahmengesetz und den Meldegesetzen der Länder.

Hierzu haben die Meldebehörden jedem in ihrem Zuständigkeitsbereich mit alleiniger Wohnung oder Hauptwohnung registrierten Einwohner ein Vorläufiges Bearbeitungsmerkmal zu vergeben. Dieses übermitteln sie zusammen mit den Daten nach Satz 1 an das Bundeszentralamt für Steuern. Die Übermittlung der Daten nach Satz 1 erfolgt ab dem Zeitpunkt der Einführung des Identifikationsmerkmals, der durch Rechtsverordnung des Bundesministeriums der Finanzen auf Grund von Artikel 97 § 5 Satz 1 des Einführungsgesetzes zur Abgabenordnung bestimmt wird. Das Bundeszentralamt für Steuern teilt der zuständigen Meldebehörde die dem Steuerpflichtigen zugeteilte Identifikationsnummer zur Speicherung im Melderegister unter Angabe des Vorläufigen Bearbeitungsmerkmals mit und löscht das Vorläufige Bearbeitungsmerkmal anschließend.

(7) Die Meldebehörden haben im Falle der Speicherung einer Geburt im Melderegister sowie im Falle der Speicherung einer Person, für die bisher keine Identifikationsnummer zugeteilt worden ist, dem Bundesamt für Finanzen die Daten nach Absatz 6 Satz 1 zum Zwecke der Zuteilung der Identifikationsnummer zu übermitteln. Absatz 6 Satz 2 bis 5 gilt entsprechend.

(8) Die Meldebehörde teilt dem Bundeszentralamt für Steuern Änderungen der in Absatz 6 Satz 1 Nr. 1 bis 10 bezeichneten Daten sowie bei Sterbefällen den Sterbetag unter Angabe der Identifikationsnummer oder, sofern diese noch nicht zugeteilt wurde, unter Angabe des Vorläufigen Bearbeitungsmerkmals mit.

(9) Das Bundeszentralamt für Steuern unterrichtet die Meldebehörden, wenn ihm konkrete Anhaltspunkte für die Unrichtigkeit der ihm von den Meldebehörden übermittelten Daten vorliegen.

§ 139b AO bestimmt in Absatz 1, dass jede natürliche Person nur eine Identifikationsnummer erhalten kann und in Abs. 2, welche Daten unter dieser Identifikationsnummer gespeichert werden. Gleichzeitig wird die erstmalige Datenerhebung durch einen Melderegisterabgleich erlaubt (Abs. 6, zu Einzelheiten s. § 139d AO). 1

§ 139b Abs. 2 AO regelt, wer die Identifikationsnummer verarbeiten darf. 2

§ 139b Abs. 3 AO bestimmt abschließend die zu einer Identifikationsnummer zu speichernden Daten. 3

§ 139b Abs. 4 und 5 AO definieren und sichern den Zweck der Datenerhebung (unter Ausschluss der allgemeinen Zweckänderungsvorschriften der §§ 14 BDSG). 4

Zudem enthält § 139b Abs. 6 AO die Ermächtigung zur Bestimmung des Zeitpunkts der erstmaligen Zuteilung der Identifikationsmerkmale mittels Rechtsverordnung; zu Einzelheiten s. § 139d AO.

§ 139b Abs. 7 bis 9 AO regeln den Datenaustausch zwischen dem BZSt und den Meldebehörden.

## § 139c AO Wirtschafts-Identifikationsnummer

**(1) Die Wirtschafts-Identifikationsnummer wird auf Anforderung der zuständigen Finanzbehörde vergeben. Sie beginnt mit den Buchstaben »DE«. Jede Wirtschafts-Identifikationsnummer darf nur einmal vergeben werden.**

**(2) Die Finanzbehörden dürfen die Wirtschafts-Identifikationsnummer nur verarbeiten, soweit dies zur Erfüllung ihrer gesetzlichen Aufgaben erforderlich ist oder eine Rechtsvorschrift dies erlaubt oder anordnet. Andere öffentliche oder nicht öffentliche Stellen dürfen die Wirtschafts-Identifikationsnummer nur verarbeiten, soweit dies zur Erfüllung ihrer Aufgaben oder Geschäftszwecke oder für Datenübermittlungen zwischen ihnen und den Finanzbehörden erforderlich ist. Soweit die Wirtschafts-Identifikationsnummer andere Nummern ersetzt, bleiben Rechtsvorschriften, die eine Übermittlung durch die Finanzbehörden an andere Behörden regeln, unberührt.**

**(3) Das Bundeszentralamt für Steuern speichert zu natürlichen Personen, die wirtschaftlich tätig sind, folgende Daten:**

1. **Wirtschafts-Identifikationsnummer,**
2. **Identifikationsnummer,**
3. **Firma (§§ 17ff. des Handelsgesetzbuchs) oder Name des Unternehmens,**
4. **frühere Firmennamen oder Namen des Unternehmens,**
5. **Rechtsform,**
6. **Wirtschaftszweignummer,**
7. **amtlicher Gemeindeschlüssel,**
8. **Anschrift des Unternehmens, Firmensitz,**
9. **Handelsregistereintrag (Registergericht, Datum und Nummer der Eintragung),**
10. **Datum der Betriebseröffnung oder Zeitpunkt der Aufnahme der Tätigkeit,**
11. **Datum der Betriebseinstellung oder Zeitpunkt der Beendigung der Tätigkeit,**
12. **zuständige Finanzbehörden,**
13. **Unterscheidungsmerkmale nach Absatz 5a,**
14. **Angaben zu verbundenen Unternehmen.**

**(4) Das Bundeszentralamt für Steuern speichert zu juristischen Personen folgende Daten:**

1. **Wirtschafts-Identifikationsnummer,**
2. **Identifikationsmerkmale der gesetzlichen Vertreter,**
3. **Firma (§§ 17ff. des Handelsgesetzbuchs),**
4. **frühere Firmennamen,**
5. **Rechtsform,**
6. **Wirtschaftszweignummer,**
7. **amtlicher Gemeindeschlüssel,**
8. **Sitz gemäß § 11, insbesondere Ort der Geschäftsleitung,**
9. **Datum des Gründungsakts,**
10. **Handels-, Genossenschafts- oder Vereinsregistereintrag (Registergericht, Datum und Nummer der Eintragung),**
11. **Datum der Betriebseröffnung oder Zeitpunkt der Aufnahme der Tätigkeit,**
12. **Datum der Betriebseinstellung oder Zeitpunkt der Beendigung der Tätigkeit,**
13. **Zeitpunkt der Auflösung,**
14. **Datum der Löschung im Register,**
15. **verbundene Unternehmen,**
16. **zuständige Finanzbehörden,**
17. **Unterscheidungsmerkmale nach Absatz 5a.**

**(5) Das Bundeszentralamt für Steuern speichert zu Personenvereinigungen folgende Daten:**

1. **Wirtschafts-Identifikationsnummer,**
2. **Identifikationsmerkmale der gesetzlichen Vertreter,**
3. **Identifikationsmerkmale der Beteiligten,**
4. **Firma (§§ 17ff. des Handelsgesetzbuchs) oder Name der Personenvereinigung,**
5. **frühere Firmennamen oder Namen der Personenvereinigung,**
6. **Rechtsform,**
7. **Wirtschaftszweignummer,**
8. **amtlicher Gemeindeschlüssel,**
9. **Sitz gemäß § 11, insbesondere Ort der Geschäftsleitung,**
10. **Datum des Gesellschaftsvertrags,**
11. **Handels- oder Partnerschaftsregistereintrag (Registergericht, Datum und Nummer der Eintragung),**
12. **Datum der Betriebseröffnung oder Zeitpunkt der Aufnahme der Tätigkeit,**
13. **Datum der Betriebseinstellung oder Zeitpunkt der Beendigung der Tätigkeit,**

14. Zeitpunkt der Auflösung,
15. Zeitpunkt der Beendigung,
16. Datum der Löschung im Register,
17. verbundene Unternehmen,
18. zuständige Finanzbehörden,
19. Unterscheidungsmerkmale nach Absatz 5a.

(5a) Bei jedem wirtschaftlich Tätigen (§ 139a Absatz 3) wird die Wirtschafts-Identifikationsnummer für jede einzelne seiner wirtschaftlichen Tätigkeiten, jeden seiner Betriebe sowie für jede seiner Betriebstätten um ein fünfstelliges Unterscheidungsmerkmal ergänzt, sodass die Tätigkeiten, Betriebe und Betriebstätten des wirtschaftlich Tätigen in Besteuerungsverfahren eindeutig identifiziert werden können. Der ersten wirtschaftlichen Tätigkeit des wirtschaftlich Tätigen, seinem ersten Betrieb oder seiner ersten Betriebstätte wird vom Bundeszentralamt für Steuern hierbei das Unterscheidungsmerkmal 00001 zugeordnet. Jeder weiteren wirtschaftlichen Tätigkeit, jedem weiteren Betrieb sowie jeder weiteren Betriebstätte des wirtschaftlich Tätigen ordnet das Bundeszentralamt für Steuern auf Anforderung der zuständigen Finanzbehörde fortlaufend ein eigenes Unterscheidungsmerkmal zu. Das Bundeszentralamt für Steuern speichert zu den einzelnen wirtschaftlichen Tätigkeiten, den einzelnen Betrieben sowie den einzelnen Betriebstätten des wirtschaftlich Tätigen folgende Daten:

1. Unterscheidungsmerkmal,
2. Wirtschafts-Identifikationsnummer des wirtschaftlich Tätigen,
3. Firma (§§ 17ff. des Handelsgesetzbuchs) oder Name der wirtschaftlichen Tätigkeit, des Betriebes oder der Betriebstätte,
4. frühere Firmennamen oder Namen der wirtschaftlichen Tätigkeit, des Betriebes oder der Betriebstätte,
5. Rechtsform,
6. Wirtschaftszweignummer,
7. amtlicher Gemeindeschlüssel,
8. Anschrift der wirtschaftlichen Tätigkeit, des Betriebes oder der Betriebstätte,
9. Registereintrag (Registergericht, Datum und Nummer der Eintragung),
10. Datum der Eröffnung des Betriebes oder der Betriebstätte oder Zeitpunkt der Aufnahme der wirtschaftlichen Tätigkeit,
11. Datum der Einstellung des Betriebes oder der Betriebstätte oder Zeitpunkt der Beendigung der wirtschaftlichen Tätigkeit,
12. Datum der Löschung im Register,
13. zuständige Finanzbehörden.

(6) Die Speicherung der in den Absätzen 3 bis 5a aufgeführten Daten erfolgt, um

1. sicherzustellen, dass eine vergebene Wirtschafts-Identifikationsnummer nicht noch einmal für einen anderen wirtschaftlich Tätigen verwendet wird,
2. für einen wirtschaftlich Tätigen die vergebene Wirtschafts-Identifikationsnummer festzustellen,
3. zu erkennen, welche Finanzbehörden zuständig sind,
4. Daten, die auf Grund eines Gesetzes oder nach über- und zwischenstaatlichem Recht entgegenzunehmen sind, an die zuständigen Stellen weiterleiten zu können,
5. den Finanzbehörden die Erfüllung der ihnen durch Rechtsvorschrift zugewiesenen Aufgaben zu ermöglichen.

(7) Die in Absatz 3 aufgeführten Daten dürfen nur für die in Absatz 6 genannten Zwecke verarbeitet werden, es sei denn, eine Rechtsvorschrift sieht eine andere Verarbeitung ausdrücklich vor.

Während § 139b AO die Regelungen für natürliche Personen enthält, betrifft § 139c AO die Vergabe der Wirtschafts-Identifikationsnummern. Wann die Wirtschafts-Identifikationsnummer eingeführt wird, steht bislang nicht fest. 1

## § 139d AO Verordnungsermächtigung

Die Bundesregierung bestimmt durch Rechtsverordnung mit Zustimmung des Bundesrates:

1. organisatorische und technische Maßnahmen zur Wahrung des Steuergeheimnisses, insbesondere zur Verhinderung eines unbefugten Zugangs zu Daten, die durch § 30 geschützt sind,
2. Richtlinien zur Vergabe der Identifikationsnummer nach § 139b und der Wirtschafts-Identifikationsnummer nach § 139c,
3. Fristen, nach deren Ablauf die nach §§ 139b und 139c gespeicherten Daten zu löschen sind, sowie
4. die Form und das Verfahren der Datenübermittlungen nach § 139b Abs. 6 bis 9.

§ 139d AO enthält Verordnungsermächtigungen zur Durchführung im Einzelnen und für die Schaffung tech- 1 nischer Maßnahmen zur Wahrung des Steuergeheimnisses.

2 Durch § 1 der VO zur Vergabe steuerlicher Identifikationsnummern (Steueridentifikationsnummerverordnung – StIdV) v. 28.11.2006 (BGBl I 2006, 2726; geändert durch VO v. 26.06.2007, BGBl I 2007, 1185) wurde als Zeitpunkt der Einführung der Identifikationsnummer nach § 139b AO der 01.07.2007 bestimmt. Die Identifikationsnummer besteht aus 10 Ziffern und einer Prüfziffer an elfter Stelle. Hinsichtlich der Wirtschafts-Identifikationsnummer ist noch keine VO ergangen.

3 Zudem wurde mit der StIdV der Datenaustausch zwischen den Meldebehörden und dem BZSt, der bis zum 30.09.2007 abgeschlossen sein muss, geregelt (§§ 2 und 3 StIdV).

4 Des Weiteren enthält die VO Vorschriften über Löschungsfristen (§ 4 StIdV: »... wenn sie zur Erfüllung der gesetzlichen Aufgaben der Finanzverwaltung nicht mehr erforderlich sind, spätestens jedoch 20 Jahre nach Ablauf des Kalenderjahres, in dem der Steuerpflichtige verstorben ist«), die Unterrichtung des Bürgers über die Vergabe (§ 6 StIdV) sowie über die Erprobung des gewählten Verfahrens (§ 7 StIdV).

## Zweiter Abschnitt: Mitwirkungspflichten

### 1. Unterabschnitt Führung von Büchern und Aufzeichnungen

## § 140 AO Buchführungs- und Aufzeichnungspflichten nach anderen Gesetzen

**Wer nach anderen Gesetzen als den Steuergesetzen Bücher und Aufzeichnungen zu führen hat, die für die Besteuerung von Bedeutung sind, hat die Verpflichtungen, die ihm nach den anderen Gesetzen obliegen, auch für die Besteuerung zu erfüllen.**

#### Schrifttum

MÖSBAUER, Derivative und originäre Buchführungs- und Aufzeichnungspflichten gewerblicher Unternehmer, DStZ 1996, 722; MÖSBAUER, Beginn, Ende und Übergang der steuerlichen Buchführungspflichten gewerblicher Unternehmer, DStZ 1997, 201; BRUNE, Die Auswirkungen des Handelsrechtsreformgesetzes auf die handels- und steuerrechtliche Buchführungspflicht, StBp 1998, 242.

1 Die Vorschrift konstituiert eine **abgeleitete Buchführungs- und Aufzeichnungspflicht**. Sie macht die nach anderen als den Steuergesetzen originär bestehenden Pflichten für das Steuerrecht nutzbar und erübrigt insoweit die Schaffung originärer steuerlicher Pflichten (s. auch § 5 Abs. 1 EStG). Voraussetzung ist, dass es sich um die Aufzeichnung von Vorgängen handelt, die für die Besteuerung des Stpfl. selbst von Bedeutung sind. Bei dem dicht gespannten Netz von Tatbeständen, die auf Grund der Einzelsteuergesetze Steuerpflichten auslösen können, dürfte diese Voraussetzung im Zweifel ausnahmslos zutreffen (bspw. s. FG Nds v. 14.07.1997, IX 998/89, EFG 1997, 1484).

Buchführungs- und Aufzeichnungspflichten, die in nichtsteuerlichen Gesetzen festgehalten sind, werden zu steuerlichen Pflichten transponiert. Ob das auch für ausländische Rechtsvorschriften gilt, ist str. (abl. FG Nbg v. 28.02.2013, 6 K 875/11, EFG 2013, 1018; FG Münster v. 11.12.2013, 6 K 3045/11, juris; s. auch BFH v. 14.09.1994, I R 116/93, BStBl II 1995, 238 m. w. N.; a. A. *Drüen* in Tipke/Kruse, § 140 AO Rz. 7, vgl auch OFD NRW v. 05.09.2017, S 1300 – 2010/0007 – St 122). Bei dem Begriff der Aufzeichnungen handelt es sich nach BFH v. 28.05.1968, IV R 150/67, BStBl II 1968, 648 um den Oberbegriff für Buchungen innerhalb einer kaufmännischen Buchführung und für Ausgabenaufzeichnungen i. S. des § 4 Abs. 3 EStG, kurz: um das dokumentarische Festhalten aller maßgeblichen Geschäftsvorfälle (s. auch § 238 Abs. 1 HGB). 2

Als außersteuerliche einschlägige Vorschriften kommen insbesondere in Betracht: §§ 238 ff., 120 Abs. 1, 161 Abs. 2 HGB, §§ 91, 270, 286 AktG, § 41 GmbHG, § 33 GenG, § 263 HGB i. V. m. EigVO der Länder für Eigenbetriebe sowie die für einzelne Gewerbezweige geltenden speziellen Vorschriften (s. die umfangreichen Nachweise bei *Drüen* in Tipke/Kruse, § 140 AO Rz. 14).

Wer verpflichtet ist, Bücher und Aufzeichnungen zu führen, ergibt sich aus der jeweiligen außersteuerlichen Norm. Die handelsrechtliche Buchführungspflicht trifft folglich den jeweiligen Kaufmann (vgl. zur Ausnahme des nichtbuchführungspflichtigen Kaufmanns: § 241 a HGB). Bei **Personenhandelsgesellschaften** trifft die Pflicht – hinsichtlich des Gesamthandsvermögens – die Gesellschaft. Dieses gilt auch hinsichtlich der aus § 141 AO folgenden Pflicht zur Erfassung des Sonderbetriebsvermögens (s. BFH v. 11.03.1992, XI R 38/89, BStBl II 1992, 797 m. w. N., wonach außerdem eine Mitteilung nach § 141 Abs. 2 AO entbehrlich ist; a. A. die überwiegende Literaturmeinung, s. bspw. *Drüen* in Tipke/Kruse, § 141 AO Rz. 3a und *Görke* in HHSp, § 140 AO Rz. 19 f.). Die **atypisch stillen Gesellschafter** sind – auch bei Liquidation – nicht buchführungspflichtig, allein der Geschäftsinhaber ist verpflichtet (s. BFH v. 04.10.1991, VIII B 93/90, BStBl II 1992, 59, 61; teilw. a. A.: *Geschwendtner*, DStZ 1998, 340: Buchführungspflicht nach § 141 AO). Für **Geschäftsunfähige, beschränkt Geschäftsfähige, juristische Personen und nichtrechtsfähige Personenvereinigungen** haben die gesetzlichen Vertreter die Bücher und Aufzeichnungen zu führen (s. §§ 34, 35 AO). 3

4 Beginn und Ende der Pflicht, Bücher und Aufzeichnungen zu führen, richtet sich ebenfalls nach den außersteuerlichen Rechtsnormen (z. B. § 238 i. V. m. §§ 1 bis 7 HGB), nicht nach § 141 Abs. 2 AO. Allein die Eröffnung des Insolvenzverfahrens beendet die Buchführungspflicht nicht (BFH v. 08.01.1992, VIII R 28/90, BStBl II 1992, 881).

5 Bei Verletzung der Buchführungs- oder Aufzeichnungspflicht kann die Finanzbehörde das Führen der Bücher oder Aufzeichnungen unabhängig vom Verschulden des Stpfl. erzwingen. Zu den Folgen einer nicht ordnungsgemäßen Buchführung s. § 145 AO Rz. 8 und 9. Wegen der Ahndung von Verstößen als Ordnungswidrigkeit s. § 379 Abs. 1 Nr. 3, Abs. 4 AO.

## § 141 AO Buchführungspflicht bestimmter Steuerpflichtiger

**(1) Gewerbliche Unternehmer sowie Land- und Forstwirte, die nach den Feststellungen der Finanzbehörde für den einzelnen Betrieb**

**1. Umsätze einschließlich der steuerfreien Umsätze, ausgenommen die Umsätze nach § 4 Nr. 8 bis 10 des Umsatzsteuergesetzes, von mehr als 600 000 Euro im Kalenderjahr oder**
**2. (weggefallen)**
**3. selbstbewirtschaftete land- und forstwirtschaftliche Flächen mit einem Wirtschaftswert (§ 46 des Bewertungsgesetzes) von mehr als 25 000 Euro oder**
**4. einen Gewinn aus Gewerbebetrieb von mehr als 60 000 Euro im Wirtschaftsjahr oder**
**5. einen Gewinn aus Land- und Forstwirtschaft von mehr als 60 000 Euro im Kalenderjahr**

**gehabt haben, sind auch dann verpflichtet, für diesen Betrieb Bücher zu führen und auf Grund jährlicher Bestandsaufnahmen Abschlüsse zu machen, wenn sich eine Buchführungspflicht nicht aus § 140 ergibt. Die §§ 238, 240, 241, 242 Abs. 1 und die §§ 243 bis 256 des Handelsgesetzbuchs gelten sinngemäß, sofern sich nicht aus den Steuergesetzen etwas anderes ergibt. Bei der Anwendung der Nummer 3 ist der Wirtschaftswert aller vom Land- und Forstwirt selbstbewirtschafteten Flächen maßgebend, unabhängig davon, ob sie in seinem Eigentum stehen oder nicht.**

**(2) Die Verpflichtung nach Absatz 1 ist vom Beginn des Wirtschaftsjahrs an zu erfüllen, das auf die Bekanntgabe der Mitteilung folgt, durch die die Finanzbehörde auf den Beginn dieser Verpflichtung hingewiesen hat. Die Verpflichtung endet mit dem Ablauf des Wirtschaftsjahrs, das auf das Wirtschaftsjahr folgt, in dem die Finanzbehörde feststellt, dass die Voraussetzungen nach Absatz 1 nicht mehr vorliegen.**

**(3) Die Buchführungspflicht geht auf denjenigen über, der den Betrieb im Ganzen zur Bewirtschaftung als Eigentümer oder Nutzungsberechtigter übernimmt. Ein Hinweis nach Absatz 2 auf den Beginn der Buchführungspflicht ist nicht erforderlich.**

**(4) Absatz 1 Nr. 5 in der vorstehenden Fassung ist erstmals auf den Gewinn des Kalenderjahrs 1980 anzuwenden.**

### Inhaltsübersicht



### Schrifttum


Biedermann, Aufzeichnungs- und Aufbewahrungspflichten der § 13 a-Landwirte, DStR 1983, 695; Apitz, Gewerblicher Grundstückshandel und Buchführungspflicht, StBp 2001, 344; Stapelfeld/Heyer, Die Buchführungs- und Aufzeichnungspflichten der Betriebe gewerblicher Art, DB 2003, 1818; Theile, Der neue Jahresabschluss nach dem BilMoG, DStR 2009, Beihefter zu Nr. 18, 21; Kronawitter, Einnahmen-Überschuß-Rechnung oder freiwillige Bilanzierung bei Regiebetrieben als BgA, ZKF 2010, 217; s. Schrifttum zu 140 AO.


### A. Verhältnis zu § 140 AO

Die Vorschrift begründet – anders als § 140 AO – **originär steuerliche Buchführungspflichten** (BFH v. 04.05.1999, VIII B 111/98, BFH/NV 1999, 1444), die gegenüber den Pflichten aus § 140 AO subsidiär sind (vgl. zum Verhältnis beider Normen zueinander FG SAnh v. 25.05.2016, 3 K 1521/11, EFG 2016, 2024 mit Anm. *Kerber*, Rev. BFH I R 81/16). 1

## B. Verpflichteter Personenkreis

§ 141 AO erfasst Stpfl., die mit ihrer Tätigkeit i.S. der einkommensteuerrechtlichen Vorschriften Einkünfte aus Gewerbebetrieb (**gewerbliche Unternehmer**) oder solche aus **Land- und Forstwirtschaft** erzielen, insbes. auch als Pächter oder Nießbraucher. Einkünfte aus anderen Einkunftsarten, z.B. aus freiberuflicher Tätigkeit, begründen keine Buchführungspflicht (allerdings bestehen Aufzeichnungspflichten aufgrund anderer Vorschriften, s. H 18.2 EStH und BFH v. 10.04.1987, V B 67/86, BFH/NV 1987, 674). Bei Personenzusammenschlüssen ist nicht jeder Gesellschafter buchführungspflichtig, sondern im Grundsatz die Personengesellschaft (im Einzelnen s. § 140 AO Rz. 3).

**Ausländische Unternehmer** i.S. der Vorschrift werden erfasst, wenn sie eine inländische Betriebsstätte unterhalten oder einen ständigen Vertreter bestellt haben (BFH v. 14.09.1994, I R 116/93, BStBl II 1995, 238), wobei auch für die Grenzen des Abs. 2 ausschließlich die inländische Tätigkeit maßgeblich ist (BFH v. 17.12.1997, I R 95/96, BStBl II 1998, 260). Ob Gewerblichkeitsfiktionen zu gewerblichen Unternehmern i.S. des § 141 AO führen, ist ernstlich zweifelhaft (BFH v. 15.10.2015, I B 93/15, BStBl II 2016, 66).

## C. Betriebsbezogenheit der Buchführungspflicht

3 Die Buchführungspflicht nach § 141 AO stellt auf den »**einzelnen Betrieb**« ab, d.h., sie ist betriebsbezogen (s. auch § 141 Abs. 3 Satz 1 AO). In Folge dessen ist für jeden Betrieb (als planmäßig organisierte Wirtschaftseinheit in der Arbeitskräfte, Betriebsmittel und Werkstoffe zur Produktion von Sachgütern und zur Bereitstellung von Dienstleistungen kombiniert werden) des Stpfl. gesondert zu ermitteln (vgl. BFH v. 30.06.2005, IV B 206/03, BFH/NV 2005, 1966), ob die Voraussetzungen des § 141 AO erfüllt sind (s. umfassend, auch zu entsprechenden Abgrenzungskriterien: BFH v. 03.10.1988, IV R 136/85, BStBl II 1989, 7), auch wenn mehrere Betriebe der gleichen Einkunftsart zuzuordnen sind.

## D. Betragsgrenzen des § 141 Abs. 1 Nr. 1 bis 5 AO

4 In § 141 Abs. 1 Nr. 1 bis 5 AO sind die Merkmale aufgeführt, nach denen gewerbliche Unternehmer sowie Land- und Forstwirte verpflichtet sind, Bücher zu führen und aufgrund jährlicher Bestandsaufnahmen Abschlüsse zu machen. Sind die **gesetzlichen Grenzen** im Hinblick auf nur eine der Bezugsgrößen überschritten, ist die Führung von Büchern und die Aufstellung von Inventar und Bilanz schlechthin, d.h. ohne besondere Zweckrichtung auf einzelne Steuerarten, vorgeschrieben (s. Rz. 10 ff.). Bis zum 31.12.2015 galten niedrigere Betragsgrenzen, entsprechende Übergangsregelungen finden sich in Art. 97 § 19 Abs. 8 und 9 EGAO (s. dazu auch BFH v. 07.10.2009, II R 23/08, DStR 2009, 2426).

### I. Umsatzgrenze

Soweit sich die Buchführungspflicht an der Höhe der – nach den Vorschriften des UStG und nicht nach § 277 Abs. 1 HGB ermittelten (BFH v. 07.10.2009, II R 23/08, DStR 2009, 2426) – erzielten **Umsätze** orientiert, sind nach § 141 Abs. 1 Nr. 1 AO die steuerfreien Umsätze einzubeziehen, jedoch die Kreditgewährungen, die Umsätze von Geldforderungen, Wertpapieren etc. (§ 4 Nr. 8 UStG), die unter andere Verkehrsteuern oder die Spielbankabgabe fallenden Umsätze (§ 4 Nr. 9 UStG) sowie Leistungen aufgrund eines Versicherungsverhältnisses bzw. die Verschaffung von Versicherungsschutz (§ 4 Nr. 10 UStG) außer Betracht zu lassen. Nicht steuerbare **Auslandsumsätze** sind zu berücksichtigen, ggf. der Höhe nach zu schätzen (s. BFH v. 07.10.2009, II R 23/08, BStBl II 2010, 219). Maßgebend sind die Umsätze des Kalenderjahres. Bei vom Kalenderjahr abweichendem Wirtschaftsjahr kann anhand der Umsatzsteuervoranmeldungen geschätzt werden. Rumpfwirtschaftsjahre sind nicht auf einen fiktiven Jahresumsatz hochzurechnen. Bei **landwirtschaftlichen Umsätzen** im Rahmen des § 13a EStG kann nach Richtsätzen geschätzt werden (s. FG Nds v. 24.08.1978, VII 215/78, EFG 1979, 60). 5

### II. Wirtschaftswertgrenze

Zu beachten ist, dass § 141 Abs. 1 Nr. 3 AO auf den in Anlehnung an § 46 BewG zu ermittelnden **Wirtschaftswert** (nicht andere Werte) der **selbstbewirtschafteten** (nicht der verpachteten oder brachliegenden) land- und forstwirtschaftlichen Flächen abstellt (BFH v. 06.07.1989, IV R 97/87, BStBl II 1990, 606), unabhängig davon, ob sie im Eigentum des Land- und Forstwirts stehen oder nicht (s. § 141 Abs. 1 Satz 3). Auch im Ausland belegene Flächen sind einzubeziehen (s. FG Ddorf v. 21.05.1986, IV 237/82, EFG 1986, 534). Im Beitrittsgebiet tritt an die Stelle des Wirtschaftswerts der Ersatzwirtschaftswert (§ 125 BewG; Art. 97a § 2 Nr. 7 EGAO). 6

### III. Gewinngrenzen

Für die Ermittlung der nach § 141 Abs. 1 Nr. 4 und 5 AO **maßgeblichen Gewinne** sind erhöhte Abschreibungen und Sonderabschreibungen nicht zu berücksichtigen 7

(§ 7a Abs. 6 EStG). Infolge der Betriebsbezogenheit des § 141 AO ist bei **Personengesellschaften** nicht auf den Gewinnanteil des einzelnen Mitunternehmers, sondern auf den Gesamtgewinn der Mitunternehmerschaft abzustellen. Einkünfte aus vorhandenem Sonderbetriebsvermögen einzelner Gesellschafter sind einzubeziehen (a. A. wohl nur *Drüen* in Tipke/Kruse, § 141 AO Rz. 21; unklar insoweit AEAO zu § 141 Tz. 1 nachdem eine entsprechende Bestimmung durch Erlass v. 12.01.2004, BStBl I 2004, 31, 32 gestrichen worden ist). Maßgebend ist nach dem eindeutigen Gesetzeswortlaut – auch für land- und forstwirtschaftliche Betriebe – bei abweichendem Wirtschaftsjahr der im Kalenderjahr erzielte Gewinn. Zu Einzelheiten für Gewinne aus land- und forstwirtschaftlichen Betrieben s. BdF v. 15.12.1981, IV B 4 – S 2163–63/81, BStBl I 1981, 878.

## E. Feststellung der Finanzbehörde

8 Das Vorliegen der Voraussetzungen ist nach dem Wortlaut der Vorschrift vom FA festzustellen. Nach **Auffassung des BFH** erschöpft sich die Feststellung nicht in der zweifelsfreien Kenntnisnahme von dem entscheidungsrelevanten Sachverhalt, sondern erfordert eine Bekanntgabe der Feststellung in der für den Stpfl. anfechtbaren Form des **Verwaltungsakts** (BFH v. 23.06.1983, IV R 3/82, BStBl II 1983, 768). Allein die Feststellung nach § 141 Abs. 1 Satz 1 AO begründet die Buchführungspflicht noch nicht; erforderlich ist außerdem eine Mittelung nach § 141 Abs. 2 AO (s. Rz. 10).

Die Feststellung, dass die Voraussetzungen des § 141 Abs. 1 Satz 1 Nr. 1 bis 5 AO vorliegen, kann in einem Steuer- oder Feststellungsbescheid enthalten sein. Dazu soll wohl sogar der bloße Ansatz entsprechender Einkünfte genügen (s. BFH v. 31.08.1994, X R 110/90, BFH/NV 1995, 390, insoweit m. E. unzutreffend, weil mit dem Ansatz bestimmter Einkünfte beispielsweise noch keine Feststellungen dazu getroffen werden, ob es sich z. B. um einen oder zwei Betriebe i. S. des § 141 AO handelt). Sie kann auch in einem Verwaltungsakt eigener Art getroffen werden. Wird sie mit der Mitteilung nach § 141 Abs. 2 AO verbunden, sollen Mitteilung und Feststellung einen einheitlichen Verwaltungsakt darstellen (s. BFH v. 23.06.1983, IV R 3/82, BStBl II 1983, 768). Die Feststellung kann noch bis zum Beginn des Wirtschaftsjahres, für das die Buchführungspflicht gelten soll, nachgeholt werden, nicht aber danach (s. FG Bln v. 26.04.2001, 4 K 4005/99, EFG 2001, 1311).

9 M. E. stellt die Feststellung nach § 141 Abs. 1 AO **keinen eigenständigen Verwaltungsakt** dar, sondern dient lediglich der Begründung der Mitteilung nach § 141 Abs. 2 AO (ebenso *Görke* in HHSp, § 141 AO Rz. 46 ff.; s. FG Nds v. 09.01.1986, III (VII) 255/84, EFG 1986, 268). Dieses Verständnis dient der Rechtsklarheit, da alle für die Entscheidung relevanten Fragen in einem Verfahren (s. Rz. 10 ff.) entschieden werden.

## F. Mitteilung über die Buchführungspflicht

10 § 141 Abs. 2 AO stellt für den Beginn der Buchführungspflicht nicht auf das objektive Überschreiten der Betragsgrenzen des § 141 Abs. 1 AO ab, sondern auf eine **förmliche Mitteilung der Finanzbehörde**, mit der der Stpfl. auf den Beginn der Verpflichtung hingewiesen wird (auch wenn bereits zuvor freiwillig Bücher geführt wurden, s. BFH v. 31.08.1994, X R 110/90, BFH/NV 1995, 390). Nach AEAO zu § 141, Nr. 4 soll der Hinweis mindestens einen Monat vor Beginn des Wirtschaftsjahres erfolgen, von dessen Beginn an die Buchführungsverpflichtung zu erfüllen ist.

11 Die Mitteilung über den Beginn der Buchführungspflicht ist ein **rechtsgestaltender belastender Verwaltungsakt mit Dauerwirkung** (BFH v. 09.10.1989, IV R 10/88; BFH/NV 1990, 617). Zur Wirksamkeit ist die Bekanntgabe an die von der Mitteilung betroffene Person (s. Rz. 8) notwendig (zur Bekanntgabe an den als Betriebsinhaber aufgetretenen Ehegatten s. BFH v. 26.11.1987, IV R 22/86, BStBl II 1988, 238). S. aber auch Rz. 13 a. E.

12 Die Verpflichtung wird von der evtl. Anfechtung nicht berührt (§ 361 Abs. 1 Satz 1 AO). Ob im Rahmen der Anfechtung der Mitteilung geltend gemacht werden kann, die Voraussetzungen des § 141 Abs. 1 Satz 1 Nr. 1 bis 5 AO lägen nicht vor, hat die Rechtsprechung offengelassen (BFH v. 03.10.1988, IV R 136/85, BStBl II 1989, 7, 9). Es besteht die Möglichkeit, Aussetzung der Vollziehung zu erlangen (BFH v. 15.10.2015, I B 93/15, BStBl II 2016, 66); unterliegt der Stpfl. in der Hauptsache, soll die Buchführungspflicht rückwirkend in Kraft treten, mit der – m. E. zweifelhaften (s. Rz. 13) – Folge des § 162 AO (BFH v. 06.12.1979, IV B 32/79, BStBl II 1980, 427). Allein die Unanfechtbarkeit der Mitteilung steht einem Antrag nach § 148 nicht entgegen.

## G. Beginn der Buchführungspflicht

13 Die Bücher sind vom Beginn des Wirtschaftsjahres an zu führen, das auf die Bekanntgabe der Mitteilung folgt. Die Mitteilung muss deshalb grundsätzlich kein Datum angeben, von dem ab Bücher zu führen sind; etwas anderes gilt lediglich, wenn nach den Verhältnissen des Betriebs mehrere Zeitpunkte in Betracht kommen (BFH v. 09.10.1989, IV R 10/88; BFH/NV 1990, 617). Die Buchführungspflicht entsteht nicht rückwirkend. Ob dieses auch bei wissentlich zu niedrig erklärten Gewinnen gilt (so BFH v. 31.03.1977, IV R 159/76, BStBl II 1977, 549,

551), erscheint zweifelhaft (s. BFH v. 29.11.2001, IV R 13/00, BStBl II 2002, 147 zu § 13a EStG).

### H. Inhalt der Buchführungspflicht

14 § 141 Abs. 1 AO verpflichtet zur **Führung von Büchern** und zu **Abschlüssen aufgrund jährlicher Bestandsaufnahme.** Hierbei gelten die §§ 238, 240, 241, 242 Abs. 1 HGB und die §§ 243 bis 256 HGB – unter dem Vorbehalt anderer steuerrechtlicher Regelungen – entsprechend (§ 241 a HGB und § 242 IV HGB gelten mangels Verweisung nicht). Dies hat zur Folge, dass die Buchführung kaufmännisch ausgestaltet sein muss, eine doppelte Buchführung aber nicht erforderlich ist (§ 242 Abs. 2 HGB ist ausdrücklich von der Verweisung ausgenommen). Es ist somit insbes. notwendig, zu Beginn eine Vermögensaufstellung anzufertigen (§ 240 Abs. 1 HGB, FG Mchn v. 19.12.2005, 1 K 5304/02, juris), ein Kassenbuch zu führen, Forderungen und Verbindlichkeiten fortlaufend nachzuweisen sowie Privatentnahmen und Einlagen gesondert zu erfassen. Zu Besonderheiten und Erleichterungen bei Land- und Forstwirten s. BdF v. 15.12.1981, IV B 4 – S 2163–63/81, BStBl I 1981, 878; *Biedermann*, DStR 1983, 695 und *Kanzler*, DStZ 1999, 682 (zu Rechtsgrundlage und Folgen der Erleichterungen s. BFH v. 06.04.2000, IV R 38/99, BStBl II 2000, 422).

### I. Ende der Buchführungspflicht

15 Die Buchführungspflicht endet nach § 141 Abs. 2 Satz 2 AO mit dem Ablauf des Wirtschaftsjahrs, das auf das Wirtschaftsjahr folgt, in dem die Finanzbehörde feststellt, dass die Voraussetzungen des § 141 Abs. 1 AO nicht mehr vorliegen. Erforderlich ist eine **entsprechende Mitteilung** an den Stpfl., die auch mit einer Steuerfestsetzung verbunden werden kann. Nicht ausreichend ist aber die bloße Festsetzung einer entsprechend niedrigeren Steuer in einem Steuerbescheid (auch s. Rz. 8 und FG Köln v. 10.09.1992, 7 V 272/92, EFG 1993, 65; diff. wohl *Dißars* in Schwarz/Pahlke, § 141 AO Rz. 61). Gleiches gilt, wenn die in § 141 Abs. 1 AO genannten Grenzen angehoben werden (s. BFH v. 28.06.1984, IV R 118/82, BStBl II 1984, 782). Sind die Voraussetzungen für eine Aufhebung der Buchführungspflicht gegeben, hat der Stpfl. einen **Anspruch** auf den Erlass einer entsprechenden Feststellung. Ergeht die Mitteilung über das Ende der Buchführungspflicht erst nach Beginn des Wirtschaftsjahres, obwohl eine Feststellung bereits vor dessen Beginn möglich gewesen wäre, ist § 148 AO anzuwenden (BFH v. 17.09.1987, IV R 31/87, BStBl II 1988, 20).

16 Bei der Feststellung handelt es sich ebenso wie bei deren Ablehnung um einen **Verwaltungsakt** (gl. A. *Märtens* in Gosch, § 141 AO Rz. 45). Nach Beginn des ersten buchführungspflichtigen Wirtschaftsjahres geht § 141 Abs. 2 Satz 2 AO den §§ 130, 131 AO vor, davor hat die Finanzbehörde die Mitteilung über die Buchführungspflicht ggf. nach § 131 AO zu widerrufen.

### J. Übergang der Buchführungspflicht

Nach § 141 Abs. 3 AO geht als Folge aus der Objektgebundenheit der Buchführungspflicht (s. Rz. 3) diese auf denjenigen über, der den **Betrieb im Ganzen** (nicht bloß einen Teilbetrieb, vgl. BFH v. 24.02.1994, IV R 4/93, BStBl II 1994, 677) übernimmt (zum Merkmal »Betrieb im Ganzen« s. § 75 AO Rz. 10 ff.). Die Vorschrift ordnet ausdrücklich an, dass die Buchführungspflicht auch auf denjenigen übergeht, der den Betrieb im Ganzen nur als dinglicher oder obligatorischer **Nutzungsberechtigter** (z. B. Pächter) übernimmt. Abweichend von § 141 Abs. 2 AO ist ein Hinweis auf den Beginn der Buchführungspflicht dann nicht erforderlich (§ 141 Abs. 3 Satz 2 AO). Naturgemäß entbindet der Übergang der Buchführungspflicht aber weder den abtretenden noch den übernehmenden Inhaber von der Verpflichtung, das jeweilige Rumpfwirtschaftsjahr bilanzmäßig darzustellen (s. auch BFH v. 23.08.1979, IV R 95/75, BStBl II 1980, 8). Werden ein buchführungspflichtiger und ein nicht buchführungspflichtiger Betrieb zu einem Betrieb vereint, erstreckt sich die Buchführungspflicht auf den Gesamtbetrieb (BFH v. 06.11.2003, IV R 27/02, BFH/NV 2004, 753). Werden beide Betriebe nicht vereint, geht die Buchführungspflicht nicht über, s. Rz. 3. 17

### K. Rechtsfolgen bei Verstoß gegen § 141 AO

S. § 140 AO Rz. 5. 18

## § 142 AO
## Ergänzende Vorschriften für Land- und Forstwirte

**Land- und Forstwirte, die nach § 141 Abs. 1 Nr. 1, 3 oder 5 zur Buchführung verpflichtet sind, haben neben den jährlichen Bestandsaufnahmen und den jährlichen Abschlüssen ein Anbauverzeichnis zu führen. In dem Anbauverzeichnis ist nachzuweisen, mit welchen Fruchtarten die selbstbewirtschafteten Flächen im abgelaufenen Wirtschaftsjahr bestellt waren.**

Nach § 141 AO, nicht nach § 140 AO buchführungspflichtige Land- und Forstwirte (so auch *Drüen* in Tipke/Kruse, § 142 AO Rz. 3; wohl auch *Krumm* in KSM, § 13 EStG Rz. A 112) haben nach § 142 AO neben den jähr- 1 lichen Bestandsaufnahmen und den jährlichen Abschlüssen ein **Anbauverzeichnis** zu führen. In dem Anbauverzeichnis, das der Finanzbehörde Rückschlüsse auf die Betriebsergebnisse ermöglichen soll, ist nachzuweisen, mit welchen Fruchtarten die selbstbewirtschafteten Flächen im abgelaufenen Wirtschaftsjahr bestellt waren. Zu Einzelheiten der aus § 142 AO folgenden Pflichten s. BMF v. 15.12.1981, IV B 4 – S 2163–63/81, BStBl I 1981, 878.

2 Die besonderen Anforderungen an Land- und Forstwirte verstoßen nicht gegen **Art. 3 Abs. 1 GG,** soweit vergleichbare Verpflichtungen Gewerbetreibenden nicht auferlegt werden (s. BFH v. 23.03.1972, IV R 60/68, BStBl II 1972, 754). Die Ungleichbehandlung gegenüber Land- und Forstwirten, die nach § 140 buchführungspflichtig sind, ist jedoch nicht gerechtfertigt (*Dißars* in Schwarz/Pahlke, § 142 AO Rz. 12 m. w. N.).

3 Ein fehlendes oder nicht ordnungsgemäß geführtes Anbauverzeichnis eröffnet nach Ansicht des BFH die **Schätzungsbefugnis** des FA (BFH v. 23.03.1972, IV R 60/68, BStBl II 1972, 754; a. A. zutr.: Schätzungsbefugnis nur bei Anhaltspunkten für eine unrichtige Erfassung der Ernteerträge: *Görke* in HHSp, § 142 AO Rz. 19; *Cöster* in Koenig, § 142 AO Rz. 11; *Drüen* in Tipke/Kruse, § 142 AO Rz. 7).

## § 143 AO
## Aufzeichnung des Wareneingangs

**(1) Gewerbliche Unternehmer müssen den Wareneingang gesondert aufzeichnen.**

**(2) Aufzuzeichnen sind alle Waren einschließlich der Rohstoffe, unfertigen Erzeugnisse, Hilfsstoffe und Zutaten, die der Unternehmer im Rahmen seines Gewerbebetriebs zur Weiterveräußerung oder zum Verbrauch entgeltlich oder unentgeltlich, für eigene oder für fremde Rechnung, erwirbt; dies gilt auch dann, wenn die Waren vor der Weiterveräußerung oder dem Verbrauch be- oder verarbeitet werden sollen. Waren, die nach Art des Betriebs üblicherweise für den Betrieb zur Weiterveräußerung oder zum Verbrauch erworben werden, sind auch dann aufzuzeichnen, wenn sie für betriebsfremde Zwecke verwendet werden.**

**(3) Die Aufzeichnungen müssen die folgenden Angaben enthalten:**

**1. den Tag des Wareneingangs oder das Datum der Rechnung,**
**2. den Namen oder die Firma und die Anschrift des Lieferers,**
**3. die handelsübliche Bezeichnung der Ware,**
**4. den Preis der Ware,**
**5. einen Hinweis auf den Beleg.**

1 Zweck des § 143 AO ist es, dem FA die Kontrolle des Betriebsergebnisses zu ermöglichen (auch s. § 144 AO).

2 Die Verpflichtung zur Aufzeichnung des Wareneingangs trifft **gewerbliche Unternehmer** (dazu s. § 141 AO Rz. 2), unabhängig davon, ob sie im Übrigen buchführungs- oder aufzeichnungspflichtig sind oder ob sie persönlich dazu in der Lage sind (BFH v. 09.03.2016, X R 9/13, BStBl II 2016, 815). Unberührt bleiben daneben die nach § 22 UStG bestehenden und anderen Zwecken dienenden Aufzeichnungspflichten. Verschiedene Pflichten können durch zusammengefasste Aufzeichnungen erfüllt werden, sofern Art und Inhalt der Aufzeichnungen kumulativ allen Bestimmungen genügen. Es gelten die **allgemeinen Ordnungsvorschriften** der §§ 145, 146 AO, weshalb der Wareneingang laufend aufgezeichnet werden muss (BFH v. 02.02.1982, VIII R 65/80, BStBl II 1982, 409, 413). Jedoch kann die geordnete Ablage der Belege oder die Aufzeichnung auf Datenträgern genügen.

Die – im Rahmen des Gewerbebetriebs erworbenen – **aufzeichnungspflichtigen Waren** (bewegliche Sachen) sind in Abs. 2 aufgeführt. Ausgenommen ist die Urproduktion von Waren und der Erwerb im fremden Namen für fremde Rechnung. Nicht i. S. v. § 143 AO erworben werden gemietete oder geleaste Sachen. 3

§ 143 Abs. 3 AO bestimmt den notwendigen **Inhalt der Aufzeichnungen.** In Zweifelsfällen hat sich der Unternehmer Gewissheit über die Richtigkeit des Namens oder der Firma sowie der Anschrift des Lieferers (§ 143 Abs. 3 Nr. 2 AO) zu verschaffen (s. FG Bln v. 13.10.1987, V 91/85, EFG 1988, 272; s. FG Ddorf v. 05.12.1996, 14 K 4740/92, EFG 1997, 588 m. w. N.). Als Preis der Ware (§ 143 Abs. 3 Nr. 4 AO) gilt das Nettoentgelt zzgl. der darauf entfallenden Umsatzsteuer. Warenbezugskosten sind nicht einzubeziehen (*Görke* in HHSp, § 143 AO Rz. 22). 4

## § 144 AO
## Aufzeichnung des Warenausgangs

**(1) Gewerbliche Unternehmer, die nach der Art ihres Geschäftsbetriebs Waren regelmäßig an andere gewerbliche Unternehmer zur Weiterveräußerung oder zum Verbrauch als Hilfsstoffe liefern, müssen den erkennbar für diese Zwecke bestimmten Warenausgang gesondert aufzeichnen.**

**(2) Aufzuzeichnen sind auch alle Waren, die der Unternehmer**

**1. auf Rechnung (auf Ziel, Kredit, Abrechnung oder Gegenrechnung), durch Tausch oder unentgeltlich liefert, oder**
**2. gegen Barzahlung liefert, wenn die Ware wegen der abgenommenen Menge zu einem Preis ver-**

**äußert wird, der niedriger ist als der übliche Preis für Verbraucher.**

**Dies gilt nicht, wenn die Ware erkennbar nicht zur gewerblichen Weiterverwendung bestimmt ist.**

**(3) Die Aufzeichnungen müssen die folgenden Angaben enthalten:**

1. **den Tag des Warenausgangs oder das Datum der Rechnung,**
2. **den Namen oder die Firma und die Anschrift des Abnehmers,**
3. **die handelsübliche Bezeichnung der Ware,**
4. **den Preis der Ware,**
5. **einen Hinweis auf den Beleg.**

**(4) Der Unternehmer muss über jeden Ausgang der in den Absätzen 1 und 2 genannten Waren einen Beleg erteilen, der die in Absatz 3 bezeichneten Angaben sowie seinen Namen oder die Firma und seine Anschrift enthält. Dies gilt insoweit nicht, als nach § 14 Abs. 2 des Umsatzsteuergesetzes 1999 durch die dort bezeichneten Leistungsempfänger eine Gutschrift erteilt wird oder auf Grund des § 14 Abs. 6 des Umsatzsteuergesetzes 1999 Erleichterungen gewährt werden.**

**(5) Die Absätze 1 bis 4 gelten auch für Land- und Forstwirte, die nach § 141 buchführungspflichtig sind.**

**Schrifttum**

Leisner-Egensperger, Verfassungsfragen der Aufzeichnungspflicht bei Warenausgang, DStZ 2010, 325.

1 Zweck des § 144 AO ist es, im Zusammenspiel mit § 143 AO, den Finanzbehörden zu ermöglichen, die Warenbewegungen bei den beteiligten Unternehmen, gerade auch der beteiligten Dritten, zu kontrollieren (vgl. auch BFH v. 16.12.2014, X R 42/13, BStBl II 2015, 892).

2 Von der Aufzeichnungspflicht sind in erster Linie »Großhändler« betroffen, d.h. solche gewerblichen Unternehmer (dazu s. § 141 AO Rz. 2), die regelmäßig andere gewerbliche Unternehmer zum Zwecke der Weiterveräußerung oder zum Verbrauch als Hilfsstoffe mit Waren beliefern. Außerdem sind nach § 141 AO buchführungspflichtige Land- und Fortwirte aufzeichnungspflichtig (§ 144 Abs. 5 AO). Andere Unternehmer sind nicht zur Aufzeichnung des Warenausgangs verpflichtet (FG Münster v. 10.10.2013, 2 K 4112/12, EFG 2014, 91). Aufzeichnungspflichtig sind Vorgänge jedoch nur bei **Lieferungen an gewerbliche Unternehmer**, Lieferungen an nach § 141 AO buchführungspflichtige Land- und Forstwirte werden nicht erfasst (a. A.: *Mösbauer* in K/S, § 144 AO Rz. 9).

Der Warenausgang ist aufzuzeichnen, soweit die Waren (s. § 143 AO Rz. 2) erkennbar zur **Weiterveräußerung** oder zum **Verbrauch als Hilfsstoff** vorgesehen sind. Bei Zweifeln müssen bestimmte Lieferungen stets aufgezeichnet werden (§ 144 Abs. 2 AO). Dabei handelt es sich um Lieferungen auf Rechnung und Barverkäufe unter Gewährung von Mengenrabatt, sowie Tausch- oder unentgeltliche Lieferung. Einzige Ausnahme bilden Waren, die erkennbar nicht zur gewerblichen Weiterverwendung bestimmt sind. 3

Zum **Verhältnis zu anderen Aufzeichnungspflichten** und zur Art der Aufzeichnungen s. § 143 AO Rz. 1. Die Mindestanforderungen an den Inhalt der Aufzeichnungen enthält § 144 Abs. 3 AO; hinsichtlich der Regelungen im Einzelnen s. § 143 AO Rz. 3. 4

§ 144 Abs. 4 AO verpflichtet den aufzeichnungspflichtigen Unternehmer zur **Ausstellung eines Belegs** über den aufzeichnungspflichtigen Warenausgang. Der Beleg muss die in § 144 Abs. 3 AO bezeichneten Angaben sowie den Namen oder die Firma und die Anschrift des aufzeichnungspflichtigen Unternehmers enthalten. Eine Ausnahme gilt nur, soweit die Sonderregelungen des § 14 Abs. 2 (bis zum 31.12.2003: Abs. 5) und 6 UStG eingreifen (AEAO zu § 144 AO). 5

Der Verstoß gegen die Auszeichnungspflicht des § 144 AO stellt eine Ordnungswidrigkeit nach § 379 Abs. Nr. 1a AO dar. 6

## § 145 AO
## Allgemeine Anforderungen an Buchführung und Aufzeichnungen

**(1) Die Buchführung muss so beschaffen sein, dass sie einem sachverständigen Dritten innerhalb angemessener Zeit einen Überblick über die Geschäftsvorfälle und über die Lage des Unternehmens vermitteln kann. Die Geschäftsvorfälle müssen sich in ihrer Entstehung und Abwicklung verfolgen lassen.**

**(2) Aufzeichnungen sind so vorzunehmen, dass der Zweck, den sie für die Besteuerung erfüllen sollen, erreicht wird.**

**Inhaltsübersicht**

**Schrifttum**

S. Schrifttum zu § 146 AO.

## A. Allgemeine Bedeutung

1 § 145 Abs. 1 AO umschreibt auch für Stpfl., die freiwillig Bücher führen, die **allgemeinen Anforderungen**, die an eine ordnungsgemäße Buchführung und an ordnungsgemäße Aufzeichnungen zur Erfüllung der Verpflichtungen aus den §§ 140 bis 144 AO zu stellen sind. Der Gesetzgeber hat – unter Übernahme der von der Rechtsprechung hierzu entwickelten Grundsätze – die konkreten Anforderungen an eine geordnete Buchführung an dem Zweck und Ziel ausgerichtet, dem die Verpflichtung zur Führung von Büchern und Aufzeichnungen dient, nämlich die zutreffende Besteuerung durch die Nachprüfbarkeit der Buchführung zu ermöglichen.

## B. Verhältnis zu anderen Vorschriften

2 §§ 146, 147 AO gehen der allgemeinen Vorschrift des § 145 AO vor. Allerdings ist bei der Auslegung der speziellen Vorschriften die Zielrichtung des § 145 AO zu beachten.

3 Die handelsrechtlichen »Grundsätze ordnungsgemäßer Buchführung« sind von allen buchführungspflichtigen Stpfl. zu beachten. § 145 AO sperrt die Anwendung der GoB nicht, ihm kommt im Gegenteil bei Stpfl., die bereits nach den handelsrechtlichen Vorschriften buchführungspflichtig sind, keine eigenständige Bedeutung zu (FG SAnh v. 23.05.2013, 1 K 396/12, DStRE 2014, 230, Rev. X R 29/13; BFH v. 16.12.2014, X R 42/13, BStBl II 2015, 519). Streitig ist allerdings das Verhältnis des § 145 AO zu den handelsrechtlichen GoB. Während die h. M. der Auffassung ist, die handelsrechtlichen GoB seien auch von freiwillig buchführenden Land- und Forstwirten und Selbstständigen zu beachten (so BFH v. 10.09.1998, IV R 80/96, BStBl II 1999, 21; BFH v. 06.12.1983, VIII R 110/79, BStBl II 1984, 227, 229), mit der Folge, dass § 145 AO in seiner Grundtendenz keine eigenständige Bedeutung zukomme, geht insbesondere *Drüen* (in Tipke/Kruse, § 145 AO Rz. 5) davon aus, § 145 AO schließe die Lücke, die außerhalb des Anwendungsbereichs der §§ 5 Abs. 1 EStG und 141 Abs. 1 Satz 2 AO bestünde.

## C. Anforderungen an die Buchführung

4 § 145 Abs. 1 AO enthält eine **Generalklausel**. Wesentlich ist, dass davon abgesehen wurde, eine bestimmte Buchführungsmethode oder ein bestimmtes Buchführungsverfahren (Buchführungssystem) vorzuschreiben. Allerdings sind bestimmte Grundanforderungen im Hinblick auf die innere Ordnung und die Systematik der Buchführung zu erfüllen:

### I. Überblick durch sachverständigen Dritten innerhalb angemessener Zeit

5 Die **Durchschaubarkeit der Aufzeichnungen** muss nicht für jeden Laien gegeben sein; normaler Sachverstand, wie er Personen durchschnittlich zu eigen ist, die kraft Ausbildung und beruflicher Tätigkeit mit Aufzeichnungsmethoden und -zielen befasst sind, muss genügen. Zu dem angesprochenen Personenkreis gehören somit Buchhalter, Angehörige der steuerberatenden Berufe, Wirtschaftsprüfer und vereidigte Buchprüfer ebenso wie die im Außenprüfungsdienst tätigen Steuerbeamten (s. BFH v. 22.09.1993, X R 37/91, BStBl II 1994, 172). Der notwendige Überblick über die Geschäftsvorfälle und über die Vermögenslage des Unternehmens muss von dem genannten Dritten **innerhalb angemessener Zeit** erreicht werden können. Welcher Zeitraum angemessen ist, hängt von den Umständen, insbesondere vom Umfang des Unternehmens ab (s. BFH v. 09.03.1994, X B 68/93, BFH/NV 1994, 760).

### II. Verfolgbarkeit der Geschäftsvorfälle

6 Die Geschäftsvorfälle haben nach **Entstehung und Abwicklung** verfolgbar zu sein. Dabei muss die Verfolgbarkeit in jeder Richtung bestehen, d. h. also von der Bilanz bis zum den Geschäftsvorfall kennzeichnenden Beleg und umgekehrt ( **Belegprinzip:** BFH v. 26.03.1968, IV 63/63, BStBl II 1968, 527; s. FG He v. 26.03.1997, 1 K 3108/93, EFG 1998, 252). Die Buchungsbelege sind aufzubewahren (§ 147 Abs. 1 Nr. 4 AO).

## D. Anforderungen an die Aufzeichnungen

7 Die Norm stellt klar, dass Aufzeichnungen so vorzunehmen sind, dass der Zweck, den sie für die Besteuerung erfüllen sollen, erreicht wird. Damit verbieten sich solche Anforderungen, die ausschließlich einem zur Perfektionierung führenden Selbstzweck dienen können. Jedes konkrete Aufzeichnungsverlangen muss dahingehend überprüft werden, ob es unter Berücksichtigung des für die Besteuerung verfolgten Zweckes zumutbar ist. Dabei findet § 145 Abs. 2 AO auch Anwendung auf nach anderen als den Steuergesetzen bestehende Aufzeichnungsverpflichtungen, soweit sie i. S. des § 140 AO für die Besteuerung von Bedeutung sind (*Görke* in HHSp, § 145 AO Rz. 20; a. A. *Drüen* in Tipke/Kruse, § 145 AO Rz. 24 unter

Hinweis auf § 146 Abs. 5 Satz 1 2. HS AO; unklar BFH v. 24.06.2009, VIII R 80/06, BFH/NV 2009, 1857).

### E. Rechtsfolgen nicht den Anforderungen entsprechender Buchführung oder Aufzeichnung

8 Die Ordnungsmäßigkeit der Buchführung ist im Besteuerungsverfahren insofern von erheblicher Bedeutung, als die Buchführung und die Aufzeichnungen des Stpfl., die den Vorschriften der §§ 140 bis 148 AO entsprechen, der Besteuerung zu Grunde zu legen sind, soweit nach den Umständen des Einzelfalles kein Anlass besteht, ihre sachliche Richtigkeit zu bezweifeln (s. § 158 AO).

9 Leidet die Buchführung an formellen oder sachlichen Mängeln, kann die Finanzbehörde berechtigt sein, die Besteuerungsgrundlagen ganz oder teilweise zu schätzen, s. im Einzelnen die Anmerkungen zu s. § 162 AO.

10 Bei einer Verletzung der Aufbewahrungspflichten nach § 147 AO ist das FA dem Grunde nach ebenfalls zur Schätzung berechtigt (s. BFH v. 26.02.2004, XI R 25/02, BFH/NV 2004, 858).

## § 146 AO Ordnungsvorschriften für die Buchführung und für Aufzeichnungen

**(1) Die Buchungen und die sonst erforderlichen Aufzeichnungen sind einzeln, vollständig, richtig, zeitgerecht und geordnet vorzunehmen. Kasseneinnahmen und Kassenausgaben sind täglich festzuhalten. Die Pflicht zur Einzelaufzeichnung nach Satz 1 besteht aus Zumutbarkeitsgründen bei Verkauf von Waren an eine Vielzahl von nicht bekannten Personen gegen Barzahlung nicht. Das gilt nicht, wenn der Steuerpflichtige ein elektronisches Aufzeichnungssystem im Sinne des § 146a verwendet.**

**(2) Bücher und die sonst erforderlichen Aufzeichnungen sind im Geltungsbereich dieses Gesetzes zu führen und aufzubewahren. Dies gilt nicht, soweit für Betriebstätten außerhalb des Geltungsbereichs dieses Gesetzes nach dortigem Recht eine Verpflichtung besteht, Bücher und Aufzeichnungen zu führen, und diese Verpflichtung erfüllt wird. In diesem Fall sowie bei Organgesellschaften außerhalb des Geltungsbereichs dieses Gesetzes müssen die Ergebnisse der dortigen Buchführung in die Buchführung des hiesigen Unternehmens übernommen werden, soweit sie für die Besteuerung von Bedeutung sind. Dabei sind die erforderlichen Anpassungen an die steuerrechtlichen Vorschriften im Geltungsbereich dieses Gesetzes vorzunehmen und kenntlich zu machen.**

**(2a) Abweichend von Absatz 2 Satz 1 kann die zuständige Finanzbehörde auf schriftlichen Antrag des Steuerpflichtigen bewilligen, dass elektronische Bücher und sonstige erforderliche elektronische Aufzeichnungen oder Teile davon außerhalb des Geltungsbereichs dieses Gesetzes geführt und aufbewahrt werden können. Voraussetzung ist, dass**

**1. der Steuerpflichtige der zuständigen Finanzbehörde den Standort des Datenverarbeitungssystems und bei Beauftragung eines Dritten dessen Namen und Anschrift mitteilt,**
**2. der Steuerpflichtige seinen sich aus den §§ 90, 93, 97, 140 bis 147 und 200 Absatz 1 und 2 ergebenden Pflichten ordnungsgemäß nachgekommen ist,**
**3. der Datenzugriff nach § 147 Absatz 6 in vollem Umfang möglich ist und**
**4. die Besteuerung hierdurch nicht beeinträchtigt wird.**

**Werden der Finanzbehörde Umstände bekannt, die zu einer Beeinträchtigung der Besteuerung führen, hat sie die Bewilligung zu widerrufen und die unverzügliche Rückverlagerung der elektronischen Bücher und sonstigen erforderlichen elektronischen Aufzeichnungen in den Geltungsbereich dieses Gesetzes zu verlangen. Eine Änderung der unter Satz 2 Nummer 1 benannten Umstände ist der zuständigen Finanzbehörde unverzüglich mitzuteilen.**

**(2b) Kommt der Steuerpflichtige der Aufforderung zur Rückverlagerung seiner elektronischen Buchführung oder seinen Pflichten nach Absatz 2a Satz 4, zur Einräumung des Datenzugriffs nach § 147 Abs. 6, zur Erteilung von Auskünften oder zur Vorlage angeforderter Unterlagen im Sinne des § 200 Abs. 1 im Rahmen einer Außenprüfung innerhalb einer ihm bestimmten angemessenen Frist nach Bekanntgabe durch die zuständige Finanzbehörde nicht nach oder hat er seine elektronische Buchführung ohne Bewilligung der zuständigen Finanzbehörde ins Ausland verlagert, kann ein Verzögerungsgeld von 2 500 Euro bis 250 000 Euro festgesetzt werden.**

**(3) Die Buchungen und die sonst erforderlichen Aufzeichnungen sind in einer lebenden Sprache vorzunehmen. Wird eine andere als die deutsche Sprache verwendet, so kann die Finanzbehörde**

**Übersetzungen verlangen. Werden Abkürzungen, Ziffern, Buchstaben oder Symbole verwendet, muss im Einzelfall deren Bedeutung eindeutig festliegen.**

**(4) Eine Buchung oder eine Aufzeichnung darf nicht in einer Weise verändert werden, dass der ursprüngliche Inhalt nicht mehr feststellbar ist. Auch solche Veränderungen dürfen nicht vorgenommen werden, deren Beschaffenheit es ungewiss lässt, ob sie ursprünglich oder erst später gemacht worden sind.**

**(5) Die Bücher und die sonst erforderlichen Aufzeichnungen können auch in der geordneten Ablage von Belegen bestehen oder auf Datenträgern geführt werden, soweit diese Formen der Buchführung einschließlich des dabei angewandten Verfahrens den Grundsätzen ordnungsmäßiger Buchführung entsprechen; bei Aufzeichnungen, die allein nach den Steuergesetzen vorzunehmen sind, bestimmt sich die Zulässigkeit des angewendeten Verfahrens nach dem Zweck, den die Aufzeichnungen für die Besteuerung erfüllen sollen. Bei der Führung der Bücher und der sonst erforderlichen Aufzeichnungen auf Datenträgern muss insbesondere sichergestellt sein, dass während der Dauer der Aufbewahrungsfrist die Daten jederzeit verfügbar sind und unverzüglich lesbar gemacht werden können. Dies gilt auch für die Befugnisse der Finanzbehörde nach § 147 Abs. 6. Absätze 1 bis 4 gelten sinngemäß.**

**(6) Die Ordnungsvorschriften gelten auch dann, wenn der Unternehmer Bücher und Aufzeichnungen, die für die Besteuerung von Bedeutung sind, führt, ohne hierzu verpflichtet zu sein.**

### Inhaltsübersicht



### Schrifttum


Schmitz, Aufzeichnungspflichten des Freiberuflers bezüglich der Betriebseinnahmen bei Gewinnermittlung nach § 4 Abs. 3 EStG, StBp 1988, 43; Zapf, Grundsätze ordnungsmäßiger DV-gestützter Buchführungssysteme, DStR 1996, 1259; Hennrichs, Der steuerrechtliche sog. Maßgeblichkeitsgrundsatz gem. § 5 EStG – Stand und Perspektiven –, StuW 1999, 138; Mösbauer, Die Anforderungen an die Beschaffenheit einer steuerlichen Buchführung nach § 145 Abs. 1 AO, DB 1999, 1876; Schoor, Frist für die Aufstellung des Jahresabschlusses nach Handels- und Steuerrecht, StBp 1999, 216; Strieder, Rationalisierung der permanenten Inventur, DB 1999, 1836; Droscha/Reimer, Verlagerung der Buchführung in andere EG-Mitgliedstaaten? – § 146 Abs. 2 Satz 1 AO unter dem Einfluss des Gemeinschaftsrechts –, DB 2003, 1689; Lange/Rengier, Die Verlagerung der elektronischen Buchführung in das Ausland – zur Auslegung von § 146 Abs. 2a und 2b AO, DB 2009, 1256; Luft, Das Verzögerungsgeld als Druckmittel eigener Art in der praktischen Anwendung, SteuK 2010, 364; Neumann, Das Verzögerungsgeld als Pendant zum Verspätungszuschlag in der Außenprüfung, DStR 2013, 1213; Hannig, Verlagerung der elektronischen Buchführung ins Ausland, NWB 2013, 3604; Goldshteyn/Thelen, Ordnungsmäßigkeit einer Buchführung und Haftungsrisiken bei Verstößen gegen die GoBD, DB 2015, 1126; Roderburg/Richter, Verlagerung der elektronischen Buchführung ins Ausland, IStR 2016, 456; Nöcker, Anmerkungen zur Ordnungsmäßigkeit der Kassenbuchführung, NWB 2017, 492; Hülshoff/Wied, Einzelaufzeichnungspflichten bei Bargeschäften, NWB 2017, 2094.


## A. Bedeutung der Vorschrift

§ 146 AO konkretisiert § 145 AO. Die im Steuerrecht an die Ordnungsmäßigkeit der Buchführung und der sonstigen Aufzeichnungen gestellten Anforderungen (§§ 145, 146 AO) werden durch die in § 147 AO enthaltenen Vorgaben für die Aufbewahrung von Unterlagen ergänzt. Die in § 146 AO niedergelegten Ordnungsvorschriften stehen mit den in § 239 HGB normierten handelsrechtlichen Erfordernissen in Einklang, sodass sich die in handels- und steuerrechtlicher Sicht geltenden Vorschriften über die formelle Ordnungsmäßigkeit der Buchführung decken. 1

## B. Allgemeine Anforderungen

Nach § 146 Abs. 1 AO sind die Buchungen und Aufzeichnungen einzeln, vollständig, richtig, zeitgerecht und geordnet vorzunehmen. Kasseneinnahmen und Kassenausgaben sollen täglich festgehalten werden. 2

### I. Einzelne, vollständige, richtige, zeitgerechte und geordnete Buchungen und Aufzeichnungen

Nach den GoB und der Rechtsprechung gilt der Grundsatz der Einzelaufzeichnungspflicht (BFH v. 09.03.1994, X B 68/93, BFH/NV 1994, 760). Dieses hat der Gesetzgeber nunmehr in § 146 Abs. 1 Satz 1 AO ausdrücklich klargestellt. 3

Bei Verkäufen von Waren über den Ladentisch (schon bisher nicht bei Taxiunternehmen, vgl. BFH v. 26.02.2004, XI R 25/02, BStBl II 2004, 599) an eine Vielzahl nicht bekannter Personen brauchen die Barein- 3a nahmen in der Regel nicht einzeln aufgezeichnet zu werden (BFH v. 12.05.1966, IV 472/60, BStBl III 1966, 371). Diese Erleichterung gilt jedoch nicht, wenn ein elektronisches Aufzeichnungssystem nach § 146a genutzt wird. S. dort auch zur Belegpflicht. Ungeachtet der bestehenden Einzelaufzeichnungspflicht sind nach § 147 Abs. 1 Nr. 4 AO auch die Tagesendsummenbons einer elektronischen Registrierkasse aufzubewahren (BFH v. 16.12.2014, X R 42/13, BStBl II 2015, 519).

**3b** **Vollständig** sind solche Aufzeichnungen, die lückenlos alle Geschäftsvorfälle ausweisen (s. FG BW v. 25.07.1996, 6 K 174/93, EFG 1997, 45). Das Weglassen von buchungspflichtigen Geschäftsvorfällen stellt einen schwerwiegenden sachlichen Buchführungsmangel dar; Trinkgelder der Angestellten müssen – für die Besteuerung des Gaststättenbetreibers – nicht erfasst werden (FG Köln v. 27.01.2009, 6 K 3954/07, EFG 2009, 1092).

**4** Die Buchungen und die sonst erforderlichen Aufzeichnungen müssen **richtig**, d.h. der Wahrheit entsprechend sein. Unzulässig sind Verschleierungen mit der Konsequenz, dass sich die Geschäftsvorfälle nicht so auswirken, wie sie sich tatsächlich darstellen (z.B. Privatausgaben als Betriebsausgaben, Gewinn als Darlehenszins). Richtig sind folglich nur solche Aufzeichnungen, bei denen der ausgewiesene Geschäftserfolg mit dem tatsächlich erzielten übereinstimmt (s. BFH v. 19.02.1998, IV R 11/97, BStBl II 1998, 603). Auch die formelle Richtigkeit ist in § 146 Abs. 1 AO angesprochen, wenn auch ihre Bedeutung hinter der sachlichen Richtigkeit zurücktritt (BFH v. 25.03.1992, I R 69/91, BStBl II 1992, 1010). Über einzelne formelle Mängel kann hinweggesehen werden, wenn sie das Gesamtbild nicht wesentlich beeinträchtigen; ferner auch dann, wenn nachgewiesen wird, dass sie keine sachlichen Fehler nach sich gezogen haben (s. BFH v. 24.06.1997, VIII R 9/96, BStBl II 1998, 51).

**5** Eine **zeitgerechte Verbuchung** liegt nur vor, wenn die Eintragung zeitnah (d.h. ohne schuldhaftes Zögern) zum einzutragenden Vorgang erfolgt. Auch hier wird man jedoch auf die Verhältnisse des Unternehmens und die Art des Geschäftsvorfalls abstellen müssen. Bei einer periodenweisen Verbuchung in bestimmten Zeitabständen beinhaltet das Erfordernis der zeitgerechten Verbuchung die Verpflichtung des Unternehmers, die Buchungsunterlagen bis zur endgültigen Verbuchung in geeigneter Form geordnet aufzubewahren, damit sie nicht verloren gehen. Auch muss sichergestellt werden, dass der Unternehmer nicht bestimmte Geschäftsvorfälle durch Verzögerung der Eintragung in der Schwebe hält und erst später – je nach Auswirkung – dem betrieblichen Bereich zuordnet oder nicht (BFH v. 10.04.1997, IV B 90/96, BFH/NV 1997, 662). In der Regel darf der Buchungsrückstand maximal 10 Tage betragen (BFH v. 11.03.1988, III R 62/87, BFH/NV 1989, 22). Sind jedoch sämtliche Manipulationsmöglichkeiten ausgeschlossen, kann auch eine Frist bis zu einem Monat noch hinzunehmen sein (BFH v. 25.03.1992, I R 69/91, BStBl II 1992, 1010). Zu den Kassenaufzeichnungen s. Rz. 8 f.

Wegen der Notwendigkeit der zeitnahen **Erstellung des Jahresabschlusses** s. § 243 Abs. 3 HGB: innerhalb der einem ordnungsmäßigen Geschäftsgang entsprechenden Zeit. Wird die Jahresschlussbilanz später als ein Jahr nach dem Bilanzstichtag erstellt, ohne dass im Hinblick auf den Zweck der Buchführung noch beachtenswerte, aus den Verhältnissen des Betriebes zu erklärende Gründe für eine so späte Bilanzerstellung erkennbar sind, ist die Buchführung nicht ordnungsgemäß (BFH v. 06.12.1983, VIII R 110/79, BStBl II 1984, 227). Kapitalgesellschaften haben den Jahresabschluss (sowie den Lagebericht) innerhalb von drei bzw. sechs Monaten aufzustellen (§§ 264 Abs. 1, 267 Abs. 1 HGB). **6**

Mit dem Verlangen nach zeitgerechter Verbuchung hängt die Notwendigkeit der **geordneten Verbuchung** eng zusammen. Erforderlich ist daher eine sinnvolle Ordnung, die einen sachverständigen Dritten in den Stand setzt, sich in angemessener Frist einen Überblick über die Geschäftsvorfälle und über die Vermögenslage des Unternehmens zu verschaffen (§ 145 Abs. 1 AO). **7**

## II. Kasseneinnahmen und Kassenausgaben

Nach § 146 Abs. 1 Satz 2 AO müssen (bis zur Änderung des § 146 Abs. 1 durch das Gesetz zum Schutz vor Manipulationen an digitalen Grundaufzeichnungen v. 22.12.2016, BGBl I 2016, 3152: sollen) Kasseneinnahmen und Kassenausgaben **täglich festgehalten** werden. Soweit bisher ausnahmsweise eine Kassenbuchführung noch als ordnungsgemäß gelten konnte, bei der die Bareinnahmen und -ausgaben erst am nächsten Geschäftstag aufgezeichnet wurden, wenn zwingende geschäftliche Gründe einer Buchung noch am gleichen Tag entgegenstanden und aus den Buchungsunterlagen sicher entnommen werden konnte, wie sich der sollmäßige Kassenbestand entwickelt hatte (BFH v. 31.07.1974, I R 216/72, BStBl II 1975, 96; FG Köln v. 27.01.2009, 6 K 3954/07, EFG 2009, 1092 für eine Brauereigaststätte), dürfte dem nunmehr der Wortlaut des § 146 Abs. 1 Satz 2 entgegenstehen (so wohl auch *Dißars* in Schwarz/Pahlke, § 146 AO Rz. 12a). Zu Ausnahmen von der Einzelaufzeichnungspflicht s. Rz. 3a. **8**

Eine ordnungsgemäße Kassenführung bedingt aber, dass es jederzeit möglich ist, den Soll-Bestand mit dem Ist-Bestand der Geschäftskasse auf die Richtigkeit nachzuprüfen (**Kassensturzfähigkeit**: BFH v. 17.11.1981, VIII R 174/77, BStBl II 1982, 430; BFH v. 23.12.2004 III B 14/04, BFH/NV 2005, 667; BFH v. 24.06.2014, VIII R 54/10, BFH/NV 2014, 15011). Eine Pflicht zu laufenden Kassenbestandsaufnahmen besteht nicht (BFH v. 01.10.1969 I R 73/66, BStBl II 1970, 45 m.w.N.). Werden die Kasseneinnahmen – zulässigerweise – nicht ein- **9** zeln aufgezeichnet, reicht es aus, wenn die Kasse täglich durch Auszählen und Hinzurechnen der belegmäßig nachgewiesenen Kassenausgaben ermittelt wird und entsprechende Kassenberichte – die sowohl Betriebseinnahmen als auch Betriebsausgaben getrennt enthalten – geführt werden; dann allerdings bestehen besondere Aufzeichnungs- und Aufbewahrungspflichten (s. dazu zusammenfassend: BFH v. 20.06.1985, IV R 41/82, BFH/NV 1985, 12 und s. FG Sa v. 15.07.2003, 1 K 174/00, EFG 2003, 1437).

**9a** Stpfl., die ihren Gewinn zulässigerweise nach § 4 Abs. 3 EStG ermitteln, sind nicht verpflichtet, ein Kassenbuch zu führen (BFH v. 16.02.2006, X B 57/05, BFH/NV 2006, 940), wenn z.B. eine geordnete Belegablage dem Zweck des § 22 UStG gerecht wird (*Becker/Wiethölter*, StBp 2006, 377), was bei regelmäßigen Bareinnahmen von Gewicht nicht gegeben sein dürfte (*Drüen* in Tipke/Kruse, § 146 AO Rz. 30a). Letztlich müssen die erklärten Betriebseinnahmen dennoch einzeln aufgezeichnet sein, damit sie auf ihre Vollständigkeit und Richtigkeit überprüfbar sind (BFH v. 13.03.2013, X B 16/12, BFH/NV 2013, 902; *Märtens* in Gosch, § 146 AO Rz. 28; *Rätke* in Klein, § 146 AO Rz. 29). Die Problematik umfassend darstellend, aber ohne endgültige Entscheidung in der Sache: BFH v. 12.07.2017, X B 16/17, BFH/NV 2017, 1204).

## C. Ort der Buchführung

**10** Um der Finanzbehörde den jederzeitigen Zugang zu den Büchern und Aufzeichnungen zu ermöglichen, schreibt § 146 Abs. 2 Satz 1 AO vor, dass Bücher und sonstige erforderliche Aufzeichnungen im **Geltungsbereich der AO**, nicht aber notwendigerweise am Sitz des Unternehmens zu führen und aufzubewahren sind.

**11** Das Gebot gilt auch für **ausländische Betriebsstätten** inländischer Unternehmen. Eine Ausnahme besteht nach § 146 Abs. 2 Satz 2 AO, soweit nach dem am Ort der Betriebstätte geltenden Recht Buchführungs- und Aufzeichnungspflichten bestehen und diese erfüllt werden. Die Ergebnisse der im Ausland geführten Aufzeichnungen müssen jedoch nach § 146 Abs. 2 Satz 3 AO stets in die inländische Buchführung des Unternehmers übernommen werden, soweit sie für die Besteuerung von Bedeutung sind. Die Einkünfteermittlung richtet sich allerdings ausschließlich nach den Vorschriften des deutschen Rechts (BFH v. 16.02.1996, I R 43/95, BStBl II 1997, 128). Daher müssen nach § 146 Abs. 2 Satz 4 AO bei der Übernahme der sich aus den im Ausland geführten Büchern und Aufzeichnungen ergebenden Betriebsergebnisse die entsprechenden Korrekturen vorgenommen und kenntlich gemacht werden (z.B. gewinnmindernd berücksichtigte Verbindlichkeiten gegenüber dem inländischen Unternehmen; nach den ausländischen Bestimmungen zum Abzug zugelassene Betriebsausgaben, wenn sie nach inländischem Steuerrecht nicht oder beschränkt abzugsfähig sind). Die geforderte Kenntlichmachung bezieht sich auf Grund und Betrag der Korrektur und dient der Nachprüfbarkeit durch die Finanzbehörde. Zu Währungsumrechnungen s. BFH v. 13.09.1989, I R 117/87, BStBl II 1990, 57, 59.

Im Ausland befindliche **Organgesellschaften** inländischer Unternehmen sind im Inland nicht buchführungs- und aufzeichnungspflichtig. Für die Übernahme des ausländischen Ergebnisses gelten ebenfalls die Grundsätze des § 146 Abs. 2 Sätze 3 und 4 AO. **12**

Für **inländische Betriebsstätten ausländischer Unternehmer** gelten die §§ 140ff. AO mit der Folge, dass die Bücher und Aufzeichnungen im Inland zu führen und aufzubewahren sind (*Görke* in HHSp, § 146 Rz. 56; a.A. s. FG Köln v. 14.10.1981, I (VII) 565/79, EFG 1982, 422, wonach es ausreicht, wenn die Bücher auf Anforderung im Inland vorgelegt werden, s. § 97 AO). **13**

Die strikte Regelung des § 146 Abs. 2 AO erscheint europarechtlich bedenklich (vgl. dazu ausführlich: *Droscha/Reimer*, DB 2003, 1689; *Novacek*, DStZ 2004, 611). Alleine die Möglichkeit, Erleichterungen im Einzelfall nach § 148 AO bewilligen zu können, dürfte eine mögliche Europarechtswidrigkeit des § 146 Abs. 2 AO nicht beseitigen, weshalb der Gesetzgeber Ausnahmen in § 146 Abs. 2a AO eröffnet hat. **14**

Zum Verhältnis von § 146 Abs. 2 AO zu **§§ 50 Abs. 1 Satz 2, 10d EStG** s. *Herkenroth/Striegel* in HHR, § 50 EStG Rz. 50 und 58. **14a**

Soweit § 146 Abs. 2a nunmehr Ausnahmen von der Grundregelung in § 146 Abs. 2 ermöglicht, gelten diese ausschließlich für »elektronische Bücher und sonstige erforderliche elektronische Aufzeichnungen«. Eine Buchführung in Papierform wird nicht erfasst (*Drüen* in Tipke/Kruse, § 146 AO Rz. 41); auch müssen die Originalbelege in Papierform im Inland verbleiben (zur Kritik vgl. *Drüen* in Tipke/Kruse, § 146 AO Rz. 42). Erforderlich ist ein schriftlicher Antrag des Stpfl. und eine entsprechende Genehmigung durch die FinBeh. Die Entscheidung über einen Antrag nach § 146 Abs. 2a stellt einen Verwaltungsakt dar. **14b**

Voraussetzungen für die Bewilligung sind neben der Mitteilung des Standortes des Datenverarbeitungssystems (Nr. 1), dass der Stpfl. seinen Verpflichtungen nach §§ 90, 93, 97, 140 bis 147 und 200 Abs. 1 und 2 AO ordnungsgemäß nachkommt (Nr. 2). Allerdings dürften nur gravierende Verstöße gegen die Mitwirkungspflichten einen Verstoß gegen § 146 Abs. 2a Satz 2 Nr. 2 AO darstellen (*Drüen* in Tipke/Kruse, § 146 AO Rz. 46a). Insbesondere ein Streit über den Umfang von Vorlagepflichten (s. § 200 AO) darf für sich alleine keinen Verstoß gegen die »Kooperationsbereitschaftsklausel« begründen, wenn der Stpfl. nach dem Ende des Streits seiner Verpflichtung unverzüglich nachkommt. **14c**

Weiterhin muss nach § 146 Abs. 2a Satz 2 Nr. 3 AO der Datenzugriff nach § 147 Abs. 6 AO in vollem Umfang möglich sein (dazu s. § 200 AO Rz. 9) und nach § 146 Abs. 2a Satz 2 Nr. 4 AO die (deutsche) Besteuerung (durch die Verlagerung) nicht beeinträchtigt werden (Prognoseentscheidung, vgl. *Drüen* in Tipke/Kruse, § 146 AO Rz. 46a).

Wegen möglicher Einzelfragen vgl. *Warnke*, AO-StB 2009, 74.

**14d** Regelungen zum Widerruf der Bewilligung und dessen Folgen enthält § 146 Abs. 2a Satz 3.

## D. Verzögerungsgeld

**14e** Mit § 146 Abs. 2b wurde eine neuartige Nebenleistung in die AO eingeführt (§ 3 Abs. 4). Das Verzögerungsgeld soll die Stpfl. insbes. zur »zeitnahen Mitwirkung« anhalten (vgl. BT-Drs. 16/10189, 81). Allerdings ist unklar, wie dieser Zweck erfüllt werden soll, wenn es zur Ahndung einer unerlaubten Buchführungsverlagerung festgesetzt wird.

Da das Verzögerungsgeld kein Zwangsgeld i. S. des § 328 AO darstellt (FG SH v. 03.02.2010, 3 V 243/09, EFG 2010, 686 mit Anm. *Kuhfus*; FG He v. 19.03.2010, 12 V 396/10, juris; *Rätke* in Klein, § 146 AO Rz. 66), entfällt es auch nicht, wenn die verlangte Mitwirkung nachträglich erfolgt (FG SchlH v. 05.12.2012, 2 K 9/12, EFG 2013, 264). Eine wiederholte Festsetzung zur Ahndung einer fortbestehenden Verletzung ein- und derselben konkreten Mitwirkungspflicht ist dagegen ausgeschlossen (FG SAnh v. 15.10.2010, 3 V 1296/10, juris; ernstlich zweifelhaft: BFH v. 16.06.2011, IV B 120/10, BStBl II 2011, 855).

**14f** Voraussetzung für die Festsetzung eines Verzögerungsgeldes ist der Verstoß gegen die »Aufforderung zur Rückverlagerung der elektronischen Buchführung« sowie die »Verlagerung der elektronischen Buchführung ohne Bewilligung der FinBeh«. Auch die Verletzung allgemeiner Mitwirkungspflichten (Auskunftserteilung, Datenzugriff, Vorlage von Unterlagen) bei einer Außenprüfung (nicht einer USt-, LSt- oder Kassen-Nachschau), die nicht im Rahmen einer Buchführungsverlagerung nach § 146 Abs. 2a AO stattfindet, eröffnet die Möglichkeit zur Festsetzung eines Verzögerungsgeldes (BFH v. 28.06.2011, X B 37/11, BFH/NV 2011, 1833; BFH v. 28.08.2012, I R 10/12, BStBl II 2013, 266; FG SchlH v. 03.02.2010, 3 V 243/09, EFG 2010, 686; *Rätke* in Klein, § 146 AO Rz. 70; *Cöster* in Koenig, § 146 AO Rz. 37; abl. *Drüen* in Tipke/Kruse, § 146 AO Rz. 50 f.; vermittelnd: *Warnke*, AO-StB 2009, 74).

**14g** Liegen die Voraussetzungen für die Festsetzung eines Verzögerungsgeldes vor, hat die Finanzbehörde zu entscheiden, ob (»Entschließungsermessen«) und wenn ja in welcher Höhe (»Auswahlermessen«) sie ein Verzögerungsgeld festsetzt.

Eine Vorprägung des Inhalts, dass eine Verletzung der Mitwirkungspflicht schon aus sich heraus regelmäßig die Festsetzung eines Verzögerungsgeldes rechtfertigt (so *Geißler*, NWB 2009, 4076), besteht selbst dann nicht, wenn keine Gründe für eine entschuldbare Fristversäumnis bestehen oder behauptet werden (BFH v. 14.04.2014, IV R 25/11, BStBl II 2014, 819; BFH v. 28.08.2012, I R 10/12, BStBl II 2013, 266; FG SchlH vom 03.02.2010, 3 V 243/09). Vielmehr ist bei der Ausübung des Entschließungsermessens gerade im Hinblick auf den nicht unerheblichen Mindestbetrag des Verzögerungsgeldes erforderlich, eine an der Sanktionsuntergrenze (2 500 EUR) ausgerichtete Würdigung des Einzelfalls vorzunehmen (BFH v. 28.08.2012, I R 10/12, BStBl II 2013, 266). Insbesondere ist die verspätete Erfüllung bei der Ermessensausübung zu berücksichtigen (FG SAnh v. 11.09.2013, 3 K 1236/10, juris, Rev. I R 1/14 wurde zurückgenommen).

Da die gesetzliche Regelung keine Kriterien für die Bemessung des Verzögerungsgeldes enthält, orientiert sich die Verw. an den Kriterien anderer Steuerzuschläge (FinMin SchlH v. 26.10.2010, VI 328-S 0316-032, juris; BMF, Referat IV A 4, Fragen und Antworten zum Verzögerungsgeld nach § 146 Abs. 2b AO, Bundesfinanzministerium.de, Suchwort »Verzögerungsgeld«).

Die Ermessensentscheidung der Finanzbehörde, insbes. auch zur Höhe des Verzögerungsgeldes, ist zu begründen (§ 121 AO). Die Festsetzung des Mindestbetrages soll ohne weitere Ermessenserwägungen zur Höhe zulässig sein (FG He v. 19.03.2010, 12 V 396/10, juris). Bislang ungeklärt ist, ob bei mehreren Pflichtverletzungen eine Vervielfältigung des Mindestbetrages zulässig ist (vgl. FG BB v. 18.01.2012, 12 K 12205/10, EFG 2012, 898).

## E. Lebende Sprache

Die Bücher und die sonst erforderlichen Aufzeichnungen müssen in einer **lebenden Sprache** vorgenommen werden (§ 146 Abs. 3 AO). Lebende Sprachen sind solche, die in der Gegenwart gesprochen werden. Konstruierte sog. Weltsprachen (Esperanto) sind nicht statthaft; auch die lateinische Sprache ist nicht erlaubt. Unternehmer außerdeutscher Herkunft dürfen daher in den Büchern ihre Muttersprache verwenden. Allerdings kann die Finanzbehörde nach § 146 Abs. 3 Satz 2 AO Übersetzungen (ggf. sogar eine beglaubigte, s. § 87 Abs. 2 Satz 2 AO) verlangen. Ob sie sich dieser Möglichkeit bedient, steht in ihrem Ermessen (§ 5 AO). Die Zulässigkeit des Verlangens wird insbes. von der allgemeinen Verständlichkeit der entsprechenden Unterlagen in der Originalfassung abhängen. **15**

Der Jahresabschluss ist entsprechend § 244 HGB in deutscher Sprache unter Verwendung des Euro zu erstellen (s. BFH v. 16.02.1996, I R 43/95, BStBl II 1997, 128).

16 Verwendet der Stpfl. **Abkürzungen, Ziffern, Buchstaben oder Symbole,** muss deren Bedeutung im Einzelfall eindeutig festliegen (z. B. in Form eines Abkürzungsverzeichnisses, eines Symbolschlüssels). Dabei handelt es sich um technische Vereinfachungen, die der Rationalisierung der Aufschreibungen dienen. Die verwendeten Zeichen usw. dürfen nicht willkürlich variiert werden, sondern müssen sich als ein geordnetes System (s. § 146 Abs. 1 Satz 1 AO) darstellen. Besondere Bedeutung hat die Bestimmung im Zusammenhang mit der Verwendung von EDV-Anlagen.

### F. Unveränderlichkeit der Buchungen und Aufzeichnungen

17 Die vorgenommenen Buchungen und Aufzeichnungen müssen nach ihrer Entstehung unverändert belassen werden. Änderungen sind nur zulässig, wenn sie als solche erkennbar sind. Auch der Zeitpunkt der Änderung und der ursprüngliche Inhalt müssen weiterhin feststellbar sein (§ 146 Abs. 4 AO). Verboten sind auch solche Veränderungen, deren Beschaffenheit es ungewiss lässt, ob sie ursprünglich oder erst später gemacht worden sind. Unter das Verbot fallen demnach Durchstreichungen, Rasuren, Überkleben und dergl. ebenso wie das stellenweise Löschen oder Verändern von Band- und Speicherinhalt. Fehlbuchungen u. Ä. sind im Wege der Stornobuchung zu bereinigen. Ein entsprechender Beleg muss vorhanden sein (FG Mchn v. 18.03.2008, 6 V 2375/06, juris). Eintragungen sind dem Zweck der Vorschrift entsprechend mit unauslöschlichem Schreibmaterial zu fertigen (*Drüen* in Tipke/Kruse, § 146 AO Rz. 62; zweifelnd: BFH v. 04.08.2010, X B 19/10, BFH/NV 2010, 2229, weil § 146 Abs. 4 AO nur die tatsächliche Veränderung verbietet, nicht aber die Unveränderbarkeit fordert, vgl. *Rätke* in Klein, § 146 AO Rz. 101). Datenträger müssen gegen nachträgliche Veränderungen gesichert sein.

### G. Form der Buchführung

18 § 146 Abs. 5 AO befasst sich mit der **Zulässigkeit besonderer Buchführungs- und Aufzeichnungsmethoden,** wobei die in § 146 Abs. 1 bis 4 AO niedergelegten Grundsätze auch in diesen besonderen Fällen sinngemäß gelten.

Sofern Aufzeichnungen allein nach den Steuergesetzen vorzunehmen sind, ist die Wahl der Aufzeichnungsmethode nach dem Zweck auszurichten, den die Aufzeichnungen für die Besteuerung erfüllen sollen. Die in § 145 Abs. 2 AO enthaltenen allgemeinen Anforderungen werden damit besonders bedeutsam für die Wahl der Aufzeichnungsmethode. Denn insoweit fehlt es an den sonst richtungsweisenden Grundsätzen ordnungsgemäßer Buchführung.

19 Die Form der Aufzeichnungen und der Buchführung ist nicht vorgeschrieben. Sie können schriftlich, aber auch in jeder anderen Form erfolgen, wenn die Daten dadurch abrufbereit konserviert werden. Gesetzlich zugelassen ist es daher auch, die Bücher und die sonst erforderlichen Aufzeichnungen auf **Datenträgern** zu führen. Allerdings sind die Grundsätze einer ordnungsgemäßen Buchführung zu beachten (s. im Einzelnen: Grundsätze ordnungsmäßiger DV-gestützter Buchführungssysteme, BMF v. 07.11.1995, IV A 8 – S 0316–52/95, BStBl I 1995, 738; für Veranlagungszeiträume, die nach dem 31.12.2014 beginnen: Grundsätze zur ordnungsmäßigen Führung und Aufbewahrung von Büchern, Aufzeichnungen und Unterlagen in elektronischer Form sowie zum Datenzugriff, v. 14.11.2014, IV A 4-S 0316/13/10003, BStBl I 2014, 1450). Ein Ausdruck der Buchführung zum Jahresende wird nicht verlangt (AEAO zu § 146, Nr. 3), wäre allerdings auch nicht ausreichend (s. § 147 AO Rz. 15). Im Rahmen einer Speicherung auf Datenträgern muss aber insbes. sichergestellt sein, dass die Daten während der Dauer der Aufbewahrungsfrist jederzeit verfügbar sind und unverzüglich lesbar gemacht werden können (§ 146 Abs. 5 Satz 2 AO). Diese Voraussetzungen einer ordnungsgemäßen Buchführung gelten auch hinsichtlich des durch § 147 Abs. 6 AO konstituierten Datenzugriffsrechts der Finanzbehörde im Rahmen einer Außenprüfung. Die Vorschrift wird durch § 147 Abs. 5 AO dahingehend ergänzt, dass auf Verlangen der Finanzbehörde die Unterlagen unverzüglich ganz oder teilweise auszudrucken oder auf Kosten des Stpfl. ohne Hilfsmittel **lesbare Reproduktionen** beizubringen sind.

20 Unter der Voraussetzung, dass die Grundsätze ordnungsmäßiger Buchführung eingehalten werden, lässt § 146 Abs. 5 Satz 1 AO auch die sog. **Offene-Posten-Buchhaltung** in Form der geordneten Ablage von Belegen zu (s. BFH v. 02.10.1968, I R 8/66, BStBl II 1969, 157). Die Grundvoraussetzungen einer ordnungsmäßigen Buchführung sind dabei erfüllt, wenn der unbare Geschäftsverkehr in zeitlicher und sachlicher Hinsicht festgehalten und das gewonnene Zahlenmaterial grundbuchmäßig in das Rechenwerk der Buchführung eingeschleust wird. Die Offene-Posten-Buchhaltung verzichtet auf die Führung von Personenkonten in der herkömmlichen Form, indem sie insoweit einen Nachweis durch eine geordnete Ablage der nicht ausgeglichenen Rechnungen zulässt. Gleichzeitig wird die grundbuchmäßige Aufzeichnung des unbaren Geschäftsverkehrs vereinfacht. Eine Durchschrift der Rechnungen wird der Zeitfolge nach abgelegt.

21 Zu Zweck und Inhalt der besonderen Aufzeichnungspflicht nach **§ 4 Abs. 7 EStG** s. *Heinicke* in Schmidt, § 4 EStG Rz. 620 ff.

### H. Freiwillige Buchführung

22 § 146 Abs. 6 AO soll verhindern, dass die Finanzbehörden durch freiwillig aber unrichtig geführte Bücher getäuscht werden. Führt ein Unternehmer Bücher und Aufzeichnungen ohne hierzu verpflichtet zu sein, so gelten die Ordnungsvorschriften der §§ 145, 146 AO folglich insoweit, als die Aufschreibungen für die Besteuerung von Bedeutung sind (d.h. sobald sich der Stpfl. auf den Inhalt der freiwillig geführten Bücher und Aufzeichnungen gegenüber den Finanzbehörden beruft, vgl. im Einzelnen BFH v. 24.06.2009, VIII R 80/06, BFH/NV 2009, 1857). Der Begriff des Unternehmers ist in Anlehnung an die umsatzsteuerliche Begriffsbestimmung (§ 2 UStG) zu verstehen (gl. A. *Drüen* in Tipke/Kruse, § 146 AO Rz. 71).

### I. Aus der Rechtsprechung:

23 Zum Kassenbuch: Das Kassenbuch ist lückenlos fortlaufend zu führen (BFH v. 22.02.1973, IV R 69/69, BStBl II 1973, 480; s. FG He v. 26.03.1997, 1 K 3108/93, EFG 1998, 252). Die Aufbewahrung von Kassenkontrollstreifen ist entbehrlich, wenn deren Inhalt oder der Inhalt von anderen Einnahmeursprungsaufzeichnungen unmittelbar nach Auszählung der Tageskasse in das in Form aneinander gereihter Tageskassenberichte geführte Kassenbuch übertragen wird (BFH v. 13.07.1971, VIII 1/65, BStBl II 1971, 729; BFH v. 23.12.2004, III B 14/04, BFH/NV 2005, 667). Werden neben der Hauptkasse Sonderkassen geführt, so erfordert die Ordnungsmäßigkeit der Buchführung das Vorliegen von Nebenkassenbüchern, d.h. Kladden, für jede einzelne Sonderkasse (BFH v. 20.10.1971, I R 63/70, BStBl II 1972, 273). Werden unmittelbar nach Auszählung der Tageskasse Einnahmen und Ausgaben – so wie sonst in einem Kassenbericht – in das Kassenbuch übertragen, so brauchen die Notizzettel mit dem Auszählungsergebnis nicht als Einnahmeursprungsaufzeichnungen aufbewahrt zu werden (BFH v. 07.07.1977, IV R 205/72, BStBl II 1978, 307). Kassenfehlbeträge in größerer Anzahl oder Höhe können die Ordnungsmäßigkeit der gesamten Buchführung berühren (BFH v. 20.09.1989, X R 39/87, BStBl II 1990, 109).

Zur Notwendigkeit, ein **Kontokorrentkonto** und **Geschäftsfreundebuch** zu führen, s. BFH v. 26.03.1968, IV R 63/63, BStBl II 1968, 527, 531, zu Ausnahmen s. BFH v. 29.08.1969, VI R 189/66, BStBl II 1970, 40.

Zur **Bestandsaufnahme**: Der Bestand ist in aller Regel zum Zweck der richtigen Erfassung der Bestände und der Kontrolle der buchmäßigen Bestände in einer körperlichen Aufnahme zu ermitteln (FG BW v. 25.07.1996, 6 K 174/93, EFG 1997, 45). Die Aufnahmelisten müssen unterschrieben und mit Datum versehen sein, BFH v. 24.11.1971, I R 141/68, BStBl II 1972, 400. Zum Verlust von Inventurunterlagen s. BFH v. 23.06.1971, I B 6/71, BStBl II 1971, 709. Nach dem Grundsatz der Wirtschaftlichkeit kaufmännischen Handelns hat die Pflicht zu einer körperlichen Aufnahme dort ihre Grenze, wo die damit verbundene Arbeit außer Verhältnis zu dem verfolgten Zweck steht. Auch eine andere Methode, die eine Kontrolle erlaubt, kann daher zulässig sein (s. zu Erleichterungen im Einzelnen: R 5.3 und 5.4 EStR 2008).

### J. Folgen nicht ordnungsgemäßer Buchführung

S. § 145 AO Rz. 8 und 9. 24

## § 146a AO Ordnungsvorschrift für die Buchführung und für Aufzeichnungen mittels elektronischer Aufzeichnungssysteme; Verordnungsermächtigung

**(1) Wer aufzeichnungspflichtige Geschäftsvorfälle oder andere Vorgänge mit Hilfe eines elektronischen Aufzeichnungssystems erfasst, hat ein elektronisches Aufzeichnungssystem zu verwenden, das jeden aufzeichnungspflichtigen Geschäftsvorfall und anderen Vorgang einzeln, vollständig, richtig, zeitgerecht und geordnet aufzeichnet. Das elektronische Aufzeichnungssystem und die digitalen Aufzeichnungen nach Satz 1 sind durch eine zertifizierte technische Sicherheitseinrichtung zu schützen. Diese zertifizierte technische Sicherheitseinrichtung muss aus einem Sicherheitsmodul, einem Speichermedium und einer einheitlichen digitalen Schnittstelle bestehen. Die digitalen Aufzeichnungen sind auf dem Speichermedium zu sichern und für Nachschauen sowie Außenprüfungen durch elektronische Aufbewahrung verfügbar zu halten. Es ist verboten, innerhalb des Geltungsbereichs dieses Gesetzes solche elektronischen Aufzeichnungssysteme, Software für elektronische Aufzeichnungssysteme und zertifizierte technische Sicherheitseinrichtungen, die den in den Sätzen 1 bis 3 beschriebenen Anforderungen nicht entsprechen, zur Verwendung im Sinne der Sätze 1 bis 3 gewerbsmäßig zu bewerben oder gewerbsmäßig in den Verkehr zu bringen.**

**(2) Wer aufzeichnungspflichtige Geschäftsvorfälle im Sinne des Absatzes 1 Satz 1 erfasst, hat dem an diesem Geschäftsvorfall Beteiligten in unmittelbarem zeitlichem Zusammenhang mit dem Geschäftsvorfall unbeschadet anderer gesetzlicher Vorschriften einen Beleg über den Geschäftsvorfall**

**auszustellen und dem an diesem Geschäftsvorfall Beteiligten zur Verfügung zu stellen (Belegausgabepflicht). Bei Verkauf von Waren an eine Vielzahl von nicht bekannten Personen können die Finanzbehörden nach § 148 aus Zumutbarkeitsgründen nach pflichtgemäßem Ermessen von einer Belegausgabepflicht nach Satz 1 befreien. Die Befreiung kann widerrufen werden.**

**(3) Das Bundesministerium der Finanzen wird ermächtigt, durch Rechtsverordnung mit Zustimmung des Bundestages und des Bundesrates und im Einvernehmen mit dem Bundesministerium des Innern und dem Bundesministerium für Wirtschaft und Energie Folgendes zu bestimmen:**

1. **die elektronischen Aufzeichnungssysteme, die über eine zertifizierte technische Sicherheitseinrichtung verfügen müssen, und**
2. **die Anforderungen an**
   a) **das Sicherheitsmodul,**
   b) **das Speichermedium,**
   c) **die einheitliche digitale Schnittstelle,**
   d) **die elektronische Aufbewahrung der Aufzeichnungen,**
   e) **die Protokollierung von digitalen Grundaufzeichnungen zur Sicherstellung der Integrität und Authentizität sowie der Vollständigkeit der elektronischen Aufzeichnung,**
   f) **den Beleg und**
   g) **die Zertifizierung der technischen Sicherheitseinrichtung.**

**Die Erfüllung der Anforderungen nach Satz 1 Nummer 2 Buchstabe a bis c ist durch eine Zertifizierung des Bundesamts für Sicherheit in der Informationstechnik nachzuweisen, die fortlaufend aufrechtzuerhalten ist. Das Bundesamt für Sicherheit in der Informationstechnik kann mit der Festlegung von Anforderungen an die technische Sicherheitseinrichtung im Sinne des Satzes 1 Nummer 2 Buchstabe a bis c beauftragt werden. Die Rechtsverordnung nach Satz 1 ist dem Bundestag zuzuleiten. Die Zuleitung erfolgt vor der Zuleitung an den Bundesrat. Der Bundestag kann der Rechtsverordnung durch Beschluss zustimmen oder sie durch Beschluss ablehnen. Der Beschluss des Bundestages wird dem Bundesministerium der Finanzen zugeleitet. Hat sich der Bundestag nach Ablauf von drei Sitzungswochen seit Eingang der Rechtsverordnung nicht mit ihr befasst, so gilt die Zustimmung nach Satz 1 als erteilt und die Rechtsverordnung wird dem Bundesrat zugeleitet.**

**(4) Wer aufzeichnungspflichtige Geschäftsvorfälle oder andere Vorgänge mit Hilfe eines elektronischen Aufzeichnungssystems im Sinne des Absatzes 1 erfasst, hat dem nach den §§ 18 bis 20 zuständigen Finanzamt nach amtlich vorgeschriebenen Vordruck mitzuteilen:**

1. **Name des Steuerpflichtigen,**
2. **Steuernummer des Steuerpflichtigen,**
3. **Art der zertifizierten technischen Sicherheitseinrichtung,**
4. **Art des verwendeten elektronischen Aufzeichnungssystems,**
5. **Anzahl der verwendeten elektronischen Aufzeichnungssysteme,**
6. **Seriennummer des verwendeten elektronischen Aufzeichnungssystems,**
7. **Datum der Anschaffung des verwendeten elektronischen Aufzeichnungssystems,**
8. **Datum der Außerbetriebnahme des verwendeten elektronischen Aufzeichnungssystems.**

**Die Mitteilung nach Satz 1 ist innerhalb eines Monats nach Anschaffung oder Außerbetriebnahme des elektronischen Aufzeichnungssystems zu erstatten**

**Schrifttum**

Herrfurth, Kassensicherungsverordnung verabschiedet – Anmerkungen zu den Regelungen der technischen Anforderungen an elektronische Kassen, StuB 2017, 649.

Die durch das Gesetz zum Schutz vor Manipulationen an digitalen Grundaufzeichnungen v. 22.12.2016 (BGBl I 2016, 3152) eingeführte Norm ist nach Art. 97 § 30 Abs. 1 Satz 1 EGAO auf **Kalenderjahre nach dem 31.12.2019** anwendbar. 1

§ 146a AO **schreibt die Nutzung** eines elektronischen Aufzeichnungssystems (z. B. einer elektronischen Registrierkasse) **nicht vor**; wird eine solche verwendet, muss sie jedoch ab 2020 den gesetzlichen Vorgaben genügen. Für vor dem 01.01.2020 (und nach dem 25.11.2010) angeschaffte elektronische Aufzeichnungssysteme gilt jedoch eine Übergangsregelung bis zum 31.12.2022 (vgl. Art. 97 § 30 Abs. 3 EGAO). 2

Wesentliche Regelung durch § 146a AO ist die Forderung, dass das elektronische Aufzeichnungssystem durch eine **zertifizierte interne technische Sicherungseinrichtung** geschützt sein muss. Einzelheiten hat das BMF auf der Grundlage des § 146a Abs. 3 AO durch Verordnung geregelt, vgl. die Verordnung zur Bestimmung der technischen Anforderungen an elektronische Aufzeichnungs- und Sicherungssysteme im Geschäftsverkehr (Kassensicherungsverordnung) v. 26.09.2017, BGBl I 2017, 3515. 3

4 Neu ist außerdem ab 2020, dass jedem am Geschäftsvorfall Beteiligten ein **Beleg auszustellen** und zur Verfügung zu stellen ist (§ 146a Abs. 2 Satz 1 AO); eine Pflicht zur Annahme des Belegs besteht – noch – nicht. Eine Ausnahme von der Belegpflicht kann die FinVerw beim Warenverkauf »über die Ladentheke« gewähren (Ermessensvorschrift – § 146a Abs. 2 Satz 2 AO).

5 § 146a Abs. 4 AO normiert sodann die Pflicht, dem nach §§ 18 bis 20 AO zuständigen FA die Nutzung und die Außerbetriebsetzung eines elektronischen Aufzeichnungssystems nach amtlich vorgeschriebenem Vordruck anzuzeigen.

6 Zur Absicherung der Verpflichtungen aus § 146a AO hat der Gesetzgeber spezielle Ordnungswidrigkeitstatbestände eingeführt, vgl. § 379 Abs. 1 Nr. 4 bis 6 AO.

## § 146b AO
## Kassen-Nachschau

**(1) [1]Zur Prüfung der Ordnungsmäßigkeit der Aufzeichnungen und Buchungen von Kasseneinnahmen und Kassenausgaben können die damit betrauten Amtsträger der Finanzbehörde ohne vorherige Ankündigung und außerhalb einer Außenprüfung, während der üblichen Geschäfts- und Arbeitszeiten Geschäftsgrundstücke oder Geschäftsräume von Steuerpflichtigen betreten, um Sachverhalte festzustellen, die für die Besteuerung erheblich sein können (Kassen-Nachschau). [2]Der Kassen-Nachschau unterliegt auch die Prüfung des ordnungsgemäßen Einsatzes des elektronischen Aufzeichnungssystems nach § 146a Absatz 1. [3]Wohnräume dürfen gegen den Willen des Inhabers nur zur Verhütung dringender Gefahren für die öffentliche Sicherheit und Ordnung betreten werden. [4]Das Grundrecht der Unverletzlichkeit der Wohnung (Artikel 13 des Grundgesetzes) wird insoweit eingeschränkt.**

**(2) [1]Die von der Kassen-Nachschau betroffenen Steuerpflichtigen haben dem mit der Kassen-Nachschau betrauten Amtsträger auf Verlangen Aufzeichnungen, Bücher sowie die für die Kassenführung erheblichen sonstigen Organisationsunterlagen über die der Kassen-Nachschau unterliegenden Sachverhalte und Zeiträume vorzulegen und Auskünfte zu erteilen, soweit dies zur Feststellung der Erheblichkeit nach Absatz 1 geboten ist. [2]Liegen die in Satz 1 genannten Aufzeichnungen oder Bücher in elektronischer Form vor, ist der Amtsträger berechtigt, diese einzusehen, die Übermittlung von Daten über die einheitliche digitale Schnittstelle zu verlangen oder zu verlangen, dass Buchungen und Aufzeichnungen auf einem maschinell auswertbaren Datenträger nach den Vorgaben der einheitlichen digitalen Schnittstelle zur Verfügung gestellt werden. [3]Die Kosten trägt der Steuerpflichtige.**

**(3) [1]Wenn die bei der Kassen-Nachschau getroffenen Feststellungen hierzu Anlass geben, kann ohne vorherige Prüfungsanordnung zu einer Außenprüfung nach § 193 übergegangen werden. [2]Auf den Übergang zur Außenprüfung wird schriftlich hingewiesen.**

**Inhaltsübersicht**



**Schrifttum**

Kläne/Thünemann, Von der Kassenrichtlinie zum Kassengesetz, StBp 2017, 239 Roth, Kassen-Nachschau als Sperre für Selbstanzeigen, NZWiSt 2017, 63

### A. Zweck und zeitliche Anwendbarkeit der Kassen-Nachschau

Die Kassen-Nachschau soll die FinBeh in die Lage versetzen, der Manipulation auch digitaler Kassen entgegenzuwirken. Dieses soll, vergleichbar der Umsatzsteuer- oder Lohnsteuer-Nachschau, dadurch geschehen, dass die Ordnungsmäßigkeit der Aufzeichnung und Buchung von Kasseneinnahmen überprüft werden darf. Die Kassen-Nachschau stellt keine Außenprüfung dar, weshalb es keiner vorherigen Ankündigung oder Prüfungsanordnung bedarf und die Nachschau deshalb unangekündigt und damit für den Stpfl. überraschend stattfindet. 1

Anwendbar ist die Vorschrift ab dem 01.01.2018, die Überprüfung elektronischer Aufzeichnungssysteme i. S. des § 146a ist jedoch erst ab dem 01.01.2020 möglich (Art. 97 § 30 Abs. 2 EGAO). 2

vorläufig frei 3

### B. Voraussetzungen

§ 146b AO eröffnet die Kassen-Nachschau anlasslos. Die h. M. geht jedoch davon aus, dass eine Prüfung »ins Blaue hinein« nicht zulässig ist; es bedürfe eines – niederschwelligen – konkreten Anlasses (vgl. *Märtens* in Gosch, § 146b AO Rz. 14). 4

vorläufig frei 5

### C. Umfang und Beschränkungen

6 Ziel der Kassen-Nachschau darf lediglich die Prüfung der **Ordnungsmäßigkeit der Aufzeichnungen und Buchungen von Kasseneinnahmen und Kassenausgaben sein.** Zu diesem Zweck darf der betraute Amtsträger (vgl. hierzu: *Dißars* in Schwarz/Pahlke, § 146b AO Rz. 6) die Vorlage von Unterlagen und die Erteilung von Auskünften verlangen. Digital vorliegende Aufzeichnungen darf der Amtsträger einsehen oder ihre Übermittlung verlangen (§ 146b Abs. 2 Satz 2 AO). Weitergehende Auskünfte, die über den genannten Prüfungszweck hinausgehen, darf er nicht verlangen. Auch eine Durchsuchung der Räume ist ihm nicht gestattet.

7 Zum Zweck der Nachschau darf der Amtsträger Geschäftsgrundstücke und Geschäftsräume betreten. Wohnräume dürfen gegen den Willen des Inhabers nur unter den engen Voraussetzungen des § 146b Abs. 1 Satz 3 AO betreten werden, die nur in seltenen Fällen vorliegen dürften (vgl. BVerfG, v. 13.10.1971, 1 BvR 280/66, BVerfGE 32, 54).

8 Das Recht, die genannten Grundstücke und Räume zu betreten, gilt nur während der üblichen Geschäfts- und Arbeitszeiten. Da § 146b AO eine Nachschau während des laufenden Betriebs ermöglichen soll, ist für die Üblichkeit auf die Verhältnisse des konkreten Betriebs abzustellen (unklar insoweit *Dißars* in Schwarz/Pahlke, § 146b AO Rz. 9). Da auch die üblichen Arbeitszeiten genannt sind, kann es nicht darauf ankommen, wann ein Betrieb »öffnet«; ausreichend ist, dass dort üblicherweise gearbeitet wird (a. A. wohl *Dißars* in Schwarz/Pahlke, § 146b AO Rz. 9).

9 vorläufig frei

### D. Übergang zur Außenprüfung

10 Geben die Feststellungen im Rahmen der Kassen-Nachschau dazu Anlass, kann ohne vorherige Prüfungsanordnung nach § 193 AO zu einer Außenprüfung übergegangen werden. Auf den Übergang ist der Stpfl. schriftlich hinzuweisen. Dieses ist schon deshalb notwendig, weil ohne entsprechende Mitteilung dem Stpfl. seine erweiterten Mitwirkungspflichten im Rahmen einer Außenprüfung nicht bewusst sind. Zudem sind Prüfungszeitraum und geprüfte Steuerarten festzulegen.

11 vorläufig frei

### E. Folgen

12 Da die Kassen-Nachschau keine Außenprüfung darstellt, bedarf es keiner Schlussbesprechung oder eines Prüfungsberichts (vgl. §§ 201, 202 AO). Zudem wird die Festsetzungsfrist nicht nach § 171 Abs. 4 AO gehemmt. Auch die übrigen Vorschriften, die eine Außenprüfung voraussetzen (z.B. § 173 Abs. 2 AO, § 164 Abs. 3 Satz 3 AO), finden keine Anwendung. Allerdings scheidet eine Selbstanzeige aus, wenn der Amtsträger erschienen ist und sich ausgewiesen hat (§ 371 Abs. 2 Nr. 1e AO).

vorläufig frei 1

### F. Rechtsbehelfe

Gegen die im Rahmen der Kassen-Nachschau erlassenen Verwaltungsakte, d.h. gegen konkrete Aufforderungen zu einem bestimmten Tun, Dulden oder Unterlassen, ist der Einspruch gegeben. Gleiches gilt für die Mitteilung über den Übergang zu einer Außenprüfung. Bloßes schlichtes Verwaltungshandeln (Betreten des Grundstücks) ohne besondere Aufforderung zur Duldung ist nicht mit dem Einspruch anfechtbar. 1

## § 147 AO
## Ordnungsvorschriften für die Aufbewahrung von Unterlagen

**(1) Die folgenden Unterlagen sind geordnet aufzubewahren:**

**1. Bücher und Aufzeichnungen, Inventare, Jahresabschlüsse, Lageberichte, die Eröffnungsbilanz sowie die zu ihrem Verständnis erforderlichen Arbeitsanweisungen und sonstigen Organisationsunterlagen,**

**2. die empfangenen Handels- oder Geschäftsbriefe,**

**3. Wiedergaben der abgesandten Handels- oder Geschäftsbriefe,**

**4. Buchungsbelege,**

**4a. Unterlagen, die einer mit Mitteln der Datenverarbeitung abgegebenen Zollanmeldung nach Artikel 77 Abs. 1 in Verbindung mit Artikel 62 Abs. 2 Zollkodex beizufügen sind, sofern die Zollbehörden nach Artikel 77 Abs. 2 Satz 1 Zollkodex auf ihre Vorlage verzichtet oder sie nach erfolgter Vorlage zurückgegeben haben (ab 01.05.2016: Unterlagen nach Artikel 15 Absatz 1 und Artikel 163 des Zollkodex der Union),**

**5. sonstige Unterlagen, soweit sie für die Besteuerung von Bedeutung sind.**

**(2) Mit Ausnahme der Jahresabschlüsse, der Eröffnungsbilanz und der Unterlagen nach Absatz 1 Nr. 4a (ab 01.05.2016: Nummer 4a, sofern es sich bei den letztgenannten Unterlagen um amtliche Urkunden oder handschriftlich zu unterschreiben-**

de nicht förmliche Präferenznachweise handelt) können die in Absatz 1 aufgeführten Unterlagen auch als Wiedergabe auf einem Bildträger oder auf anderen Datenträgern aufbewahrt werden, wenn dies den Grundsätzen ordnungsmäßiger Buchführung entspricht und sichergestellt ist, dass die Wiedergabe oder die Daten

1. mit den empfangenen Handels- oder Geschäftsbriefen und den Buchungsbelegen bildlich und mit den anderen Unterlagen inhaltlich übereinstimmen, wenn sie lesbar gemacht werden,
2. während der Dauer der Aufbewahrungsfrist jederzeit verfügbar sind, unverzüglich lesbar gemacht und maschinell ausgewertet werden können.

(3) Die in Absatz 1 Nr. 1, 4 und 4a aufgeführten Unterlagen sind zehn Jahre, die sonstigen in Absatz 1 aufgeführten Unterlagen sechs Jahre aufzubewahren, sofern nicht in anderen Steuergesetzen kürzere Aufbewahrungsfristen zugelassen sind. Kürzere Aufbewahrungsfristen nach außersteuerlichen Gesetzen lassen die in Satz 1 bestimmte Frist unberührt. Bei empfangenen Lieferscheinen, die keine Buchungsbelege nach Absatz 1 Nummer 4 sind, endet die Aufbewahrungsfrist mit dem Erhalt der Rechnung. Für abgesandte Lieferscheine, die keine Buchungsbelege nach Absatz 1 Nummer 4 sind, endet die Aufbewahrungsfrist mit dem Versand der Rechnung. Die Aufbewahrungsfrist läuft jedoch nicht ab, soweit und solange die Unterlagen für Steuern von Bedeutung sind, für welche die Festsetzungsfrist noch nicht abgelaufen ist; § 169 Abs. 2 Satz 2 gilt nicht.

(4) Die Aufbewahrungsfrist beginnt mit dem Schluss des Kalenderjahrs, in dem die letzte Eintragung in das Buch gemacht, das Inventar, die Eröffnungsbilanz, der Jahresabschluss oder der Lagebericht aufgestellt, der Handels- oder Geschäftsbrief empfangen oder abgesandt worden oder der Buchungsbeleg entstanden ist, ferner die Aufzeichnung vorgenommen worden ist oder die sonstigen Unterlagen entstanden sind.

(5) Wer aufzubewahrende Unterlagen in der Form einer Wiedergabe auf einem Bildträger oder auf anderen Datenträgern vorlegt, ist verpflichtet, auf seine Kosten diejenigen Hilfsmittel zur Verfügung zu stellen, die erforderlich sind, um die Unterlagen lesbar zu machen; auf Verlangen der Finanzbehörde hat er auf seine Kosten die Unterlagen unverzüglich ganz oder teilweise auszudrucken oder ohne Hilfsmittel lesbare Reproduktionen beizubringen.

(6) Sind die Unterlagen nach Absatz 1 mit Hilfe eines Datenverarbeitungssystems erstellt worden, hat die Finanzbehörde im Rahmen einer Außenprüfung das Recht, Einsicht in die gespeicherten Daten zu nehmen und das Datenverarbeitungssystem zur Prüfung dieser Unterlagen zu nutzen. Sie kann im Rahmen einer Außenprüfung auch verlangen, dass die Daten nach ihren Vorgaben maschinell ausgewertet oder ihr die gespeicherten Unterlagen und Aufzeichnungen auf einem maschinell verwertbaren Datenträger zur Verfügung gestellt werden. Teilt der Steuerpflichtige der Finanzbehörde mit, dass sich seine Daten nach Absatz 1 bei einem Dritten befinden, so hat der Dritte

1. der Finanzbehörde Einsicht in die für den Steuerpflichtigen gespeicherten Daten zu gewähren oder
2. diese Daten nach den Vorgaben der Finanzbehörde maschinell auszuwerten oder
3. ihr die für den Steuerpflichtigen gespeicherten Unterlagen und Aufzeichnungen auf einem maschinell verwertbaren Datenträger zur Verfügung zu stellen.

Die Kosten trägt der Steuerpflichtige. In Fällen des Satzes 3 hat der mit der Außenprüfung betraute Amtsträger den in § 3 und § 4 Nummer 1 und 2 des Steuerberatungsgesetzes bezeichneten Personen sein Erscheinen in angemessener Frist anzukündigen.

**Inhaltsübersicht**

**Schrifttum**

Kuhsel/Kaeser, Bemerkungen zum BMF-Schreiben betr. den Datenzugriff der Finanzverwaltung; Trappmann, Archivierung von Geschäftsunterlagen, DB 89, 1482; Trappmann, Handelsrechtliche und steuerrechtliche Aufbewahrungspflichten und der Begriff des Handelsbriefs, DB 90, 2437; Hütt, Neues BMF-Schreiben zum Datenzugriff des Finanzamts, Wie sich Konfliktpotential vermeiden lässt, AO-StB 2001, 154; Schaumburg, Der Datenzugriff und andere Kontrollmöglichkeiten der Finanzverwaltung, DStR 2002, 829; Schmitz, Zweifelsfragen im Zusammenhang mit dem Zugriffsrecht der Finanzverwaltung auf DV-gestützte Buchführungssysteme, StBp 2002, 189, 221 und 253; Burkhard, Probleme beim EDV-Zugriff der Finanzverwaltung, DStZ 2003, 112; Goldshteyn/Thönnes, Datenzugriffsmöglichkeiten der FinVerw bei Verlagerung der Buchführung ins Ausland, DStZ 2010, 416; Kamps, Grundsätze und Zweifelsfragen des Zugriffs auf elektronische Daten des Unternehmens im Rahmen einer Außenprüfung, AG 2016, 627; Henn/Kuballa, Aufbewahrung elektronischer Unterlagen, NWB 2017, 2648 Koss, Aufbewahrungspflichten bei Zollunterlagen, DStR 2017, 1579.

## A. Allgemeines

1 Die Ordnungsvorschriften für die Aufbewahrung von Unterlagen sind als **Bestandteil der Buchführungs- und Aufzeichnungspflichten** anzusehen. Ohne die Pflicht zur Aufbewahrung wäre es weder einem Dritten möglich, sich einen Überblick über Vermögenslage und einzelne Geschäftsvorfälle zu verschaffen (§ 145 Abs. 1 Satz 1 AO), noch könnte eine Außenprüfung ohne Vorlage von Aufzeichnungen (§ 145 Abs. 2 AO) sinnvoll durchgeführt werden (FG Ha v. 04.12.1990, II 104/88, EFG 1991, 507). Die Aufbewahrungspflichten sind daher **akzessorisch zur Buchführungs- und Aufzeichnungspflicht** (BFH v. 24.06.2009, VIII R 80/06, BFH/NV 2009, 1857; *Drüen* in Tipke/Kruse, § 147 AO Rz. 1; a. A. *Dißars* in Schwarz/Pahlke, § 147 AO Rz. 2).

2 Die Aufbewahrungspflichten gelten auch, soweit ein Stpfl. nach anderen Steuergesetzen buchführungs- oder aufzeichnungspflichtig ist, insbes. für **Freiberufler** hinsichtlich ihrer Pflichten aus § 22 UStG. Sie gelten auch, soweit der Gewinn nach § 4 Abs. 3 EStG ermittelt wird (BFH v. 24.06.2009, VIII R 80/06, BFH/NV 2009, 1857 mit ausf. Anm. *Klingebiel*, NWB 2009, 4083). Soweit freiwillig Bücher oder Aufzeichnungen geführt werden, sind diese wegen § 146 Abs. 6 AO ebenso aufbewahrungspflichtig (FG Ha v. 22.03.1991, VII 164/90, EFG 1991, 636; *Trzaskalik* in HHSp, § 147 AO Rz. 6; *Dißars* in Schwarz/Pahlke, § 147 AO Rz. 3; a. A. *Schaumburg*, DStR 2002, 829; *Drüen* in Tipke/Kruse, § 147 AO Rz. 4; ebenso a. A. für freiwillige Aufzeichnungen: *Rätke* in Klein, § 147 AO Rz. 7 unter Berufung auf BFH v. 07.12.2010, III B 199/09, BFH/NV 2011, 411). Zur Aufbewahrungspflicht privater Unterlagen s. Rz. 11; zur Aufbewahrung von Unterlagen, die zur zollrechtlichen Prüfung vorgelegt wurden s. Rz. 14 und 17.

Aufbewahrungspflichtig ist derjenige, der zur Führung der Bücher und Aufzeichnungen verpflichtet ist. Denn die **Aufbewahrungspflicht ist Teil der Buchführungspflicht** selbst. Aus diesem Grund geht die Aufbewahrungspflicht auch nicht auf den Erwerber eines Geschäfts über. Dieses gilt selbst bei einer abweichenden privatrechtlichen Vereinbarung, da § 147 AO eine öffentlich-rechtliche Pflicht begründet. 3

## B. Aufzubewahrende Unterlagen

### I. Bücher, Aufzeichnungen, Inventare, Jahresabschlüsse, Lageberichte und Organisationsunterlagen

#### 1. Bücher und Aufzeichnungen

Hierunter fallen nicht nur die Handelsbücher i. S. des HGB, sondern **alle im Rahmen der Buchführung geführten Geschäftsbücher**, unabhängig davon, ob sie als gebundene Bücher oder als Loseblatt- oder Kartei-Buchführung geführt werden. Auch Nebenbücher, z. B. Fahrtenbücher, Fremdenbücher, Register aller Art, Depotbücher, Baubücher usw. gehören dazu (a. A. *Trzaskalik* in HHSp, § 147 AO Rz. 15; *Drüen* in Tipke/Kruse, § 147 AO Rz. 4). Werden elektronische Medien zur Speicherung eingesetzt, unterfallen diese § 147 Abs. 1 Nr. 1 AO (vgl. BMF v. 14.11.2014, IV A 4-S 0316/13/10003, BStBl I 2014, 1450 Rz. 113). Bei kontenloser Buchführung (sog. Offene-Posten-Buchhaltung) haben die Belege Buchfunktion und fallen daher nicht unter § 147 Abs. 1 Nr. 4 AO. 4

#### 2. Inventare

Inventare sind die **Aufschreibungen über die körperliche Bestandsaufnahme**. Die Uraufzeichnungen (z. B.: Aufnahmezettel, Wiegescheine etc.), die später in das Inventar übertragen werden, unterfallen lediglich § 147 Abs. 1 Nr. 5 AO; nicht aufbewahrungspflichtig sind dagegen vorbereitende Aufzeichnungen, wenn sie in die Aufnahmelisten übernommen werden (BFH v. 23.06.1971, I B 6/71, BStBl II 1971, 709). 5

#### 3. Jahresabschlüsse

Die Jahresabschlüsse umfassen grundsätzlich die Bilanz sowie die Gewinn- und Verlustrechnung (§ 242 HGB). Soweit es sich um Kapitalgesellschaften oder Genossen- 6 schaften handelt, sind außerdem der Lagebericht (§ 289 HGB) und der Anhang (§ 284 HGB) aufbewahrungspflichtig. Die Eröffnungsbilanz (§ 242 Abs. 1 HGB) ist ebenfalls aufzubewahren.

### 4. Arbeitsanweisungen und Organisationsunterlagen

7 Mit den in § 147 Abs. 1 Nr. 1 AO genannten Unterlagen sind auch die zu ihrem Verständnis erforderlichen Arbeitsanweisungen und sonstigen Organisationsunterlagen aufzubewahren. Die Einbeziehung dieser Unterlagen dient dem Zweck, die spätere Überprüfung der Buchführung innerhalb der Aufbewahrungsfrist sicherzustellen. Erfasst werden bei der Verwendung von Datenverarbeitungsanlagen auch die **Programm- und Systemdokumentationen**, z. B. Ablaufdiagramme, Blockdiagramme u. Ä. (s. AEAO zu § 147, Nr. 2) und z. B. bei Registrierkassen auch deren Bedienungsanleitung und die Kassendokumentation (BMF v. 14.11.2014, IV A 4-S 0316/13/10003, BStBl I 2014, 1450 Rz. 111 und BMF v. 26.11.2010, IV A 4-S 0316/08/10004-07, BStBl I 2010, 1342).

## II. Handels- und Geschäftsbriefe

8 Nach § 147 Abs. 1 Nr. 2 AO sind die empfangenen Handels- oder Geschäftsbriefe ebenso aufzubewahren, wie nach § 147 Abs. 1 Nr. 3 AO die Wiedergaben der abgesandten Handels- oder Geschäftsbriefe. Da die Bezeichnung Handelsbrief nur auf Handelsgeschäfte betreffende Korrespondenz von Kaufleuten zutrifft (s. § 238 Abs. 2 HGB), werden die Briefe anderer Unternehmer durch die ausdrückliche Aufnahme der Geschäftsbriefe erfasst. § 147 Abs. 1 Nr. 3 AO erfasst auch ausgestellte Bewirtungsrechnungen (FG Köln v. 27.01.2009, 6 K 3954/07, EFG 2009, 1092 auch zu den Folgen für die Ordnungsmäßigkeit der Buchführung).

## III. Buchungsbelege

9 Nach § 147 Abs. 1 Nr. 4 AO müssen **sämtliche Buchungsbelege** aufbewahrt werden. Das sind insbes. Rechnungen, Bankauszüge, Lieferscheine, Auftragszettel. Auch sog. Eigenbelege müssen hiernach aufbewahrt werden, selbst wenn sie lediglich als Unterlage für eine Stornobuchung in Frage kommen. Haben die Buchungsbelege bei dem verwendeten Buchführungssystem die Funktion von Büchern (insbes. bei der sog. Offene-Posten-Buchhaltung), fallen sie unter § 147 Abs. 1 Nr. 1 AO. Die Buchungsbelege können auch in elektronischer Form (z. B. als Bilddateien) aufbewahrt werden, sofern sie bildlich wiedergegeben werden können. § 147 Abs. 1 Nr. 4 AO erfasst auch die Tagesendsummenbons einer Registrierkasse, selbst wenn die Registrierstreifen mit Einzelaufzeichnungen vorhanden sind (BFH v. 16.12.2014, X R 42/13, BStBl II 2015, 519).

Zur zehnjährigen Aufbewahrungsfrist für Rechnungen vgl. § 14 b Abs. 1 UStG.

## IV. Sonstige Unterlagen

§ 147 Abs. 1 Nr. 5 AO bezieht in die Aufbewahrungspflicht **alle sonstigen Unterlagen ein, soweit sie zum Verständnis und zur Überprüfung der für die Besteuerung gesetzlich vorgeschriebenen Aufzeichnungen im Einzelfall von Bedeutung sind** (BFH v. 24.06.2009, VIII R 80/06, BFH/NV 2009, 1857; vgl. dazu auch *Klingebiel*, NWB 2009, 4083; a. A.: *Schaumburg*, DStR 2002, 829, 832 f. m. w. N., der eine Eingrenzung auf Unterlagen vornehmen will, die in Erfüllung bestehender Aufzeichnungspflichten erstellt werden). Welche Unterlagen aufzubewahren sind, bestimmt alleine § 147 Abs. 1 Nr. 5 AO. § 147 Abs. 6 AO erweitert den Kreis der aufbewahrungspflichtigen Unterlagen nicht (ebenso *Drüen* in Tipke/Kruse, § 147 AO Rz. 23). Werden bei der Ermittlung durch Bestandsvergleich freiwillig oder aus berufsrechtlichen Gründen weitergehende Aufzeichnungen geführt, als nach den gesetzlichen Regelungen erforderlich, ist er zu deren Aufbewahrung verpflichtet (FG SAnh v. 23.05.2013, 1 K 396/12, DStRE 2014, 230; a. A. FG Münster v. 10.10.2013, 2 K 4112/12, EFG 2014, 91). 10

Unterlagen, die der **Privatsphäre** des Stpfl. zuzuordnen sind, müssen nicht aufbewahrt werden (ebenso: OFD München v. 09.02.2004 – S 0240-4 St 312, DStZ 2004, 313), selbst wenn sie im Betrieb erstellt worden sind. Gleiches gilt für Kontoauszüge, soweit es sich um rein privat genutzte Bankkonten handelt (s. FG RP v. 25.04.1988, 5 K 351/87, EFG 1988, 502). Anders dagegen bei Konten, die sowohl für private als auch für betriebliche Vorgänge genutzt werden (FG Ha v. 22.03.1991, VII 164/90, EFG 1991, 636; auch s. § 147 a AO). 11

Für die **Besteuerung von Bedeutung**, d. h. geeignet, steuerlich bedeutsame Tatsachen und Verhältnisse nachzuweisen bzw. glaubhaft zu machen, sind insbes.: 12

Preisverzeichnisse, Speise- und Getränkekarten (FG BW v. 13.05.1997, 6 K 273/96, StEd 1997, 493); Kassenstreifen, Kassenzettel (FG Bre v. 24.09.1996, 2 94 085 K 2, EFG 1997, 449), soweit nicht die Gewähr der Vollständigkeit der von den Kassenstreifen übertragenen Aufzeichnungen nach den tatsächlichen Verhältnissen gegeben ist, was bei elektronischen Registrierkassen insbes. voraussetzt, dass die Tagesendsummenbons aufbewahrt werden und die fortlaufende »Z-Nummer« vorhanden ist (BMF v. 09.01.1996, IV A 7 – S 0318-1/84, BStBl I 1996, 34 und *Thesling*, StBp 1996, 141, 145); Tagesendsummenbons einer Registrierkasse, s. Rz. 9; Akkordzettel, Stundenlohnzettel, Schichtzettel eines Taxiunternehmens (BFH v. 26.02.2004, XI R 25/02, BStBl II 2004, 599), zum Lohnkonto s. § 41 EStG; Statistikstreifen von Geldspielautomaten (FG Nds v. 25.03.2003, 6 K 961/99, EFG 2003, 1215; FG SAnh v. 15.03.2001, 1 V 78/00, EFG 2001, 802); die Kostenstellenrechnung (FG RP v. 13.06.2006, 1 K 1743/05, EFG 2006, 1634 mit krit. Anm. *Kuhfus*).

## C. Art der Aufbewahrung

### I. Geordnete Aufbewahrung

13 Die Aufbewahrung der aufbewahrungspflichtigen Unterlagen muss geordnet erfolgen. Die **Art und Weise** bleibt im Übrigen dem Stpfl. überlassen. Eine geordnete Aufbewahrung liegt jedoch nur dann vor, wenn einem sachverständigen Dritten innerhalb angemessener Zeit das Auffinden der für einen Überblick über die Geschäftsvorfälle und über die Vermögenslage des Unternehmens erforderlichen Unterlagen möglich ist (s. § 145 Abs. 1 AO). Dieses erfordert daher ein Aufbewahrungssystem, das – zumindest nach einer verhältnismäßig kurzen Einführung – durchschaubar und nachvollziehbar ist. Gleiches gilt für Dokumentations- und Organisationsunterlagen (s. Rz. 7).

### II. Form der Aufbewahrung

14 Grundsätzlich wird der Stpfl. die **Originale der Unterlagen** aufbewahren. Mit Ausnahme der Jahresabschlüsse, der Eröffnungsbilanz und der in § 147 Abs. 1 Nr. 4a AO genannten Unterlagen können alle in § 147 Abs. 1 AO aufgeführten Unterlagen jedoch auch als **Wiedergabe auf einem Bildträger** (z.B. Fotokopien, Mikrokopien) oder auf anderen Datenträgern (z.B. Diskette, CD-ROM, Magnetband, Magnetplatte) aufbewahrt werden, aber s. Rz. 15. Voraussetzung ist für die in § 147 Abs. 2 Nr. 1 AO genannten Unterlagen, dass die Wiedergabe bildlich mit dem Original übereinstimmt und ohne weitere Hilfsmittel lesbar ist (§ 147 Abs. 5 AO), s. Rz. 20. Weiterhin ist erforderlich, dass die Daten **jederzeit verfügbar** sind und »unverzüglich« (d.h. ohne schuldhaftes Zögern und nicht »auf der Stelle«, s. § 121 Abs. 1 Satz 1 BGB) **lesbar gemacht werden können**. Sind die Voraussetzungen des § 147 Abs. 2 Nr. 1 AO erfüllt, können die abgebildeten Unterlagen selbst vernichtet werden. Allerdings ist das genaue Festhalten der Aufzeichnungsmodalitäten, die Durchführung einer lückenlosen Kontrolle hinsichtlich des einwandfreien Funktionierens der eingesetzten Apparaturen vor der Vernichtung der Unterlagen, die Feststellung der mit der Aufzeichnung betrauten und für sie verantwortlichen Personen einschließlich der Beurkundung ihrer Verantwortlichkeit und die Gewährleistung der eindeutigen Zuordnung in Bezug auf den Aufbewahrungspflichtigen erforderlich.

15 Für **digitale Unterlagen** ist zusätzlich erforderlich, dass diese »**maschinell ausgewertet**« werden können (§ 147 Abs. 6 Satz 1 AO: »mit Hilfe eines Datenverarbeitungssystems erstellt«; vgl. BFH v. 09.02.2011, I B 151/10, BFH/NV 2011, 962 zu eingescannten und gespeicherten Papier-Eingangsrechnungen).

16 vorläufig frei

## D. Aufbewahrungsfristen

### I. Allgemeine Aufbewahrungsfristen

17 Die in § 147 Abs. 1 Nr. 1, 4 und 4a AO aufgeführten Unterlagen sind 10 Jahre, die in § 147 Abs. 1 Nr. 2, 3 und 5 AO aufgeführten Unterlagen sind 6 Jahre aufzubewahren, sofern nicht in anderen Steuergesetzen kürzere Aufbewahrungsfristen zugelassen sind (bspw. § 41 Abs. 1 Satz 9 EStG für Lohnkonten, § 14b Abs. 1 Satz 5 UStG: zwei Jahre). **Kürzere Fristen** nach außersteuerlichen Gesetzen sind unbeachtlich (§ 147 Abs. 3 Satz 2 AO). Für Lieferscheine, die nicht unter § 147 Abs. 1 Nr. 4 fallen, besteht in § 147 Abs. 3 Sätze 3 und 4 AO eine Aufbewahrungspflicht bis zum Erhalt/Versand der korrespondierenden Rechnung.

### II. Ablaufhemmung

18 Nach § 147 Abs. 3 Satz 3 AO gilt für die Aufbewahrungsfrist eine Ablaufhemmung. Die Aufbewahrungsfrist dauert fort, soweit und solange die Unterlagen für Steuern von Bedeutung sind, für welche die Festsetzungsfrist noch nicht abgelaufen ist. Damit wird erreicht, dass die Unterlagen solange aufbewahrt werden müssen, wie die Finanzbehörde die Steuern, für die die Unterlagen von Bedeutung sind, gem. §§ 169ff. AO, insbes. aber gem. § 171 AO, noch festsetzen bzw. bereits erfolgte Steuerfestsetzungen noch aufheben oder ändern kann. Die Ablaufhemmung orientiert sich nicht an den für hinterzogene bzw. leichtfertig verkürzte Steuern geltenden verlängerten Festsetzungsfristen gem. § 169 Abs. 2 Satz 2 AO (§ 147 Abs. 3 Satz 3 AO); allerdings findet in diesen Fällen – regelmäßig mit demselben Ergebnis – § 171 Abs. 7 AO Anwendung (s. BFH v. 10.10.2001, IV B 57/01, juris; a.A.: *Trzaskalik* in HHSp, § 147 AO Rz. 35). Die in der Praxis auftretenden Schwierigkeiten versucht die Verwaltung unter Hinweis auf **§ 148 AO** dadurch zu mildern, dass sie auf einer Aufbewahrung nach Ablauf der in § 147 Abs. 3 Satz 1 AO genannten Fristen nur besteht, wenn und soweit die Unterlagen für eine begonnene Außenprüfung, für eine vorläufige Steuerfestsetzung nach § 165 AO, für anhängige steuerstraf- und bußgeldrechtliche Ermittlungen, für ein schwebendes oder aufgrund einer

Außenprüfung zu erwartendes Rechtsbehelfsverfahren oder zur Begründung von Anträgen des Stpfl. bedeutsam sind (BMF v. 25.10.1977, IV A 7 – S 0317–23/77, BStBl I 1977, 487). Ob § 148 AO diese Erleichterungen rechtfertigt, ist umstritten (verneinend: *Trzaskalik* in HHSp, § 147 AO Rz. 36).

### III. Beginn der Aufbewahrungsfrist

19 Die Aufbewahrungsfrist beginnt mit dem **Schluss des Kalenderjahres**, in dem die letzte Eintragung in das Buch gemacht, das Inventar, die Eröffnungsbilanz, der Jahresabschluss oder der Lagebericht aufgestellt, der Handels- oder Geschäftsbrief empfangen oder abgesandt oder der Buchungsbeleg entstanden ist, ferner die Aufzeichnungen vorgenommen oder die sonstigen Unterlagen entstanden sind (§ 147 Abs. 4 AO). Der Jahresabschluss ist erst dann aufgestellt, wenn die in § 245 HGB vorgeschriebenen Unterschriften geleistet sind. Dies gilt auch für solche Stpfl., die gem. § 141 Abs. 1 AO buchführungspflichtig sind (§ 141 Abs. 1 Satz 2 AO). Der Lauf der Frist wird dadurch, dass die Finanzbehörde die aufbewahrten Unterlagen eingesehen hat, grundsätzlich nicht berührt (beachte aber § 171 Abs. 4 AO i. V. m. § 147 Abs. 3 Satz 3 AO). Für Rechnungen s. § 14b Abs. 1 Satz 3 UStG.

## E. Lesbarmachung von Unterlagen

20 § 147 Abs. 5 AO ergänzt § 147 Abs. 2 AO: hiernach ist derjenige, der aufzubewahrende Unterlagen in der Form einer Wiedergabe auf einem Bildträger oder auf anderen Datenträgern vorlegt, verpflichtet, auf seine Kosten diejenigen Hilfsmittel zur Verfügung zu stellen, die erforderlich sind, um die Unterlagen lesbar zu machen. Erst auf Verlangen der Finanzbehörde hat er auf seine Kosten die Unterlagen unverzüglich ganz oder teilweise auszudrucken oder ohne Hilfsmittel lesbare Reproduktionen beizubringen (hierzu auch s. § 146 Abs. 5 Satz 2 AO). Ein Wahlrecht des Stpfl. besteht nicht (BFH v. 26.09.2007, I B 53, 54/07, BStBl II 2008, 415). Die Aufforderung, Unterlagen auszudrucken, ist **Verwaltungsakt** (FG Mchn v. 02.03.1999, 12 K 4514/97, EFG 1999, 640) und steht im Ermessen der Finanzbehörde (BFH v. 26.01.2000, IV B 49/99, BFH/NV 2000, 682); neben den Zugriffsrechten nach § 147 Abs. 6 AO dürfte die Anforderung eines **vollständigen Ausdrucks der Buchführung** in der Regel ermessensfehlerhaft sein, soweit der Datenzugriff tatsächlich ermöglicht wird (ähnlich: *Drüen* in Tipke/Kruse, § 147 AO Rz. 67).

## F. Zugriffsrechte auf Datenverarbeitungssysteme (§ 147 Abs. 6 AO)

### I. Zweck und Verfassungsmäßigkeit des § 147 Abs. 6 AO

Während die Ordnungsvorschriften der AO im Grundsatz von einer papiergebundenen Buchführung ausgehen (*Schaumburg*, DStR 2002, 829) – ohne diese vorzuschreiben –, setzt § 147 Abs. 6 AO eine datenverarbeitungsgestützte Buchführung voraus und schafft **neue Zugriffsformen** zugunsten der Finanzverwaltung für **digitale Unterlagen**. Durch diese sollen gerade angesichts des Buchführungsumfangs bei Konzernen und Großbetrieben »rationellere und zeitnähere Außenprüfungen« (BMF v. 16.07.2001, IV D 2 – S 0316–136/01, BStBl I 2001, 415) und damit eine effiziente Prüfung der steuerlichen Verhältnisse ermöglicht werden, wenn nicht sogar durch § 147 Abs. 6 AO eine Überprüfbarkeit papierloser Buchführungswerke überhaupt sichergestellt werden sollte (so BT-Drs. v. 27.09.1999, 14/1655, 20). 21

Die Einführung des § 147 Abs. 6 AO war verfassungsrechtlich noch nicht geboten (so aber wohl *Burchert*, INF 2001, 230, 234); gleichwohl sichert er eine gleichheitssatzkonforme Besteuerung. Dass die Norm ihrerseits **verfassungsrechtlich unbedenklich** ist, wird von Teilen der Literatur sowohl aus datenschutzrechtlichen Gründen als auch mit Hinweis auf den Grundsatz der Verhältnismäßigkeit bezweifelt (s. nur *Kerssenbrock/Riedel/Strunk*, DB 2002, Beilage 9). Demgegenüber hält die h. M. die Vorschrift zumindest bei strenger Beachtung des Grundsatzes der Verhältnismäßigkeit im Einzelfall für verfassungsgemäß (umfassend *Drüen*, StuW 2003, 205; *Schmitz*, StBp 2002, 189, 191). Auch die Rechtsprechung hält § 147 Abs. 6 für verfassungsgemäß (FG RP v. 13.06.2006, 1 K 1743/05, EFG 2006, 1634; BFH v. 16.12.2014, VIII R 52/12, BFH/NV 2015, 2145). 22

### II. Sachlicher, persönlicher und zeitlicher Anwendungsbereich

§ 147 Abs. 6 AO gewährt ein Datenzugriffsrecht der Finanzverwaltung nur **im Rahmen von Außenprüfungen**, wozu auch Umsatzsteuer- und Lohnsteuersonderprüfungen gehören, nicht aber die betriebsnahe Veranlagung oder die Nachschau (s. § 210 AO, insbes. i. V. m. § 146b AO oder § 27b UStG). Auch der Steuerfahndung stehen die Rechte aus § 147 Abs. 6 AO zu (§§ 208 Abs. 1 Satz 3, 200 Abs. 1 Satz 2 AO). 23

24 Der Datenzugriff ist im Umfang beschränkt auf sämtliche nach § 147 Abs. 1 AO **aufbewahrungspflichtigen Unterlagen** (s. BFH v. 24.06.2009, VIII R 80/06, BFH/NV 2009, 1857; FG RP v. 13.06.2006, 1 K 1743/05, EFG 2006, 1634), d.h. Daten und Dateien (BFH v. 16.12.2014, X R 42/13, BStBl II 2015, 519). Erfasst werden also insbes. die Finanz-, Lohn- und Anlagebuchhaltung. Doch auch auf die nach § 147 Abs. 1 Nr. 5 AO aufbewahrungspflichtigen sonstigen Unterlagen erstreckt sich das Zugriffsrecht, weshalb auch auf andere Daten zugegriffen werden kann, soweit sie von steuerlicher Bedeutung sind. Zum Umfang des Zugriffsrechts auf die Kostenstellenrechnung vgl. FG RP v. 13.06.2006, 1 K 1743/05, EFG 2006, 1634 mit Anm. *Kuhfus*. Auf die übrigen Daten darf die Finanzbehörde nicht zugreifen. Dabei ist es Sache des Stpfl., seine Datenbestände so zu organisieren, dass bei einer zulässigen digitalen Prüfung der steuerlich relevanten Datenbestände keine geschützten (§§ 30a, 102 AO) oder steuerlich nicht relevanten Informationen offenbart werden (BFH v. 26.09.2007, I B 53, 54/07 BStBl II 2008, 415; s. FG RP v. 20.01.2005, 4 K 2167/04, EFG 2005, 667 mit Anm. *Trossen*; s. FG Ddorf v. 05.02.2007, 16 V 3454/06, EFG 2007, 892; FG Nürnberg v. 30.07.2009, 6 K 1286/08, EFG 2009, 1991 mit Anm. Matthes, zu Berufsgeheimnisträgern). Zu E-Mail- und Textdateien s. BMF v. 16.07.2001, IV D 2 – S 0316–136/01, BStBl I 2001, 415 unter III.1. Bewahrt der Stpfl. Unterlagen freiwillig auf, ist ein Datenzugriff unzulässig, ein Zugriff auf Unterlagen in Papierform bleibt dagegen nach § 200 Abs. 1 Satz 2 AO möglich (BFH v. 24.06.2009, VIII R 80/06, BStBl II 2010, 452). Ein Zugriffsrecht der Finanzbehörde besteht nicht, soweit ein **Auskunftsverweigerungsrecht** (§ 102 AO) des Stpfl. besteht; auch ist der Stpfl. insoweit nicht zur Mitwirkung (§ 200 Abs. 1 Satz 2 AO) verpflichtet (vgl. zu § 147 Abs. 6 AO aber FG Nbg v. 30.07.2009, 6 K 1286/2008, EFG 2009, 1991 mit Anm. *Matthes*).

25 Da § 147 Abs. 6 AO nur eingreift, soweit eine Buchführungs- oder Aufzeichnungspflicht besteht, werden **Stpfl., die Einkünfte aus § 18 EStG erzielen**, nur erfasst, soweit sie ihre Aufzeichnungspflichten mit Hilfe eines Datenverarbeitungssystems erfüllen (Akzessorietät der Aufbewahrungspflichten, s. Rz. 1). Freiwillig geführte Bücher und Aufzeichnungen unterliegen keiner Aufbewahrungspflicht, wenn der Gewinn nach § 4 Abs. 3 EStG ermittelt wird (BFH v. 24.06.2009, VIII R 80/0, BFH/NV 2009, 1857 mit Anm. *Klingebiel*, NWB 2009, 4083). Werden bei der Ermittlung durch Bestandsvergleich freiwillig oder aus berufsrechtlichen Gründen weitergehende Aufzeichnungen geführt, als für einen Einzelhändler nach ständiger Rechtsprechung erforderlich, ist er zu deren Herausgabe verpflichtet (FG SAnh v. 23.05.2013, 1 K 396/12, DStRE 2014, 230; a.A. FG Münster v. 10.10.2013, 2 K 4112/12, EFG 2014, 91).

vorläufig frei 26

## III. Formen des Zugriffs

§ 147 Abs. 6 AO ermöglicht drei verschiedene Formen des Datenzugriffs, wobei die Auswahl – ggf. auch mehrerer Möglichkeiten gleichzeitig – im Ermessen der Finanzbehörde steht (s. FG RP v. 20.01.2005, 4 K 2167/04, EFG 2005, 667, mit Anm. *Trossen*). Sie hat den Grundsatz der Verhältnismäßigkeit zu beachten, was insbes. eine Berücksichtigung der konkreten betrieblichen Gegebenheiten wie technische Möglichkeiten (FG Münster v. 07.11.2014, 14 K 2901/13, EFG 2015, 262), Größe des Unternehmens und Zahl der Mitarbeiter erfordert (s. BMF v. 16.07.2001, IV D 2 – S 0316–136/01, BStBl I 2001, 415 unter I.2.b zum mittelbaren Datenzugriff; BFH v. 27.09.2010, II B 164/09, BFH/NV 2011, 193 m.w.N.). 27

### 1. Unmittelbarer Datenzugriff

Die Finanzbehörde hat das Recht, **Einsicht in die gespeicherten Daten** zu nehmen und das Datenverarbeitungssystem des Stpfl. oder des von ihm mit der Buchführung/Aufzeichnung Beauftragten **zur Prüfung zu nutzen** (der in BMF v. 16.07.2001, IV D 2 – S 0316–136/01, BStBl I 2001, 415 verwendete Begriff »Nur-Lese-Zugriff« greift insoweit zu kurz; nunmehr auch »unmittelbarer Datenzugriff« (Z1), vgl. BMF v. 14.11.2014, IV A 4-S 0316/13/10003, BStBl I 2014, 1450 Rz. 165). Die Nutzung kann darin bestehen, innerhalb des Programms vorhandene Auswertungsmöglichkeiten zu nutzen oder die vorhandenen Daten zu filtern oder zu sortieren. Programme der Finanzverwaltung dürfen innerhalb des Datenverarbeitungssystems des Stpfl. nicht eingesetzt werden. Der Stpfl. hat den Zugriff zu ermöglichen, die notwendigen Hilfsmittel zur Verfügung zu stellen und dem Prüfer ggf. einzuweisen (§§ 200 Abs. 1 Satz 2, 147 Abs. 5 Satz 1 AO). Er ist nicht verpflichtet, den Prüfer auf bestehende Auswertungsmöglichkeiten hinzuweisen, hat sie aber auf Befragen zu offenbaren (*Schaumburg*, DStR 2002, 829, 834). 28

### 2. Mittelbarer Datenzugriff

Die Finanzbehörde kann, statt wie beim unmittelbaren Datenzugriff selbst tätig zu werden, auch verlangen, dass der Stpfl. oder der von ihm Beauftragte die Daten nach ihren Vorgaben auswertet (»mittelbarer Datenzugriff« (Z2), vgl. BMF v. 14.11.2014, IV A 4-S 0316/13/10003, BStBl I 2014, 1450 Rz. 166). Der Umfang der Zugriffsmöglichkeiten und die möglichen Nutzungsformen entsprechen denen beim unmittelbaren Datenzugriff. 29

### 3. Datenträgerüberlassung

30 Im Rahmen der Außenprüfung kann auch verlangt werden, dass die gespeicherten Unterlagen und Aufzeichnungen auf einem **maschinell verwertbaren Datenträger** (z.B. CD-ROM) der Finanzbehörde **zur Verfügung gestellt werden** (Datenträgerüberlassung (Z3), vgl. BMF v. 14.11.2014, IV A 4-S 0316/13/10003, BStBl I 2014, 1450 Rz. 167). Dabei hat der Stpfl. alle notwendigen Informationen zu geben, die für eine maschinelle Auswertung notwendig sind. Ein Datenexport durch den Prüfer ist weiterhin nicht ohne Einwilligung des Stpfl. zulässig. Die Finanzbehörde ist befugt, eigene Auswertungs- oder Analyseprogramme einzusetzen. Erhöhte Anforderungen an den **Geheimnisschutz** sind wegen § 30 AO nicht notwendig (a.A.: *Drüen* in Tipke/Kruse, § 147 AO Rz. 80a; zu möglichen Schutzmaßnahmen durch den Stpfl. selbst, s. *Hütt*, AO-StB 2001, 156). Die im Rahmen der Außenprüfung erlangten Daten dürfen nicht für den Aufbau von **Datensammlungen** verwendet werden, auch soweit sie lediglich in anonymisierter Form gespeichert und verwertet werden (*Drüen* in Tipke/Kruse, § 147 AO Rz. 81 m.w.N.; a.A. *Schaumburg*, DStR 2002, 829, 834; vgl. zur Pflicht, die Daten zu löschen, BFH v. 16.12.2014, VIII R 52/12, BFH/NV 2015, 1943). Die Finanzverwaltung ist verpflichtet (so BFH v. 16.12.2014, VIII R 52/12, BFH/NV 2015, 1943), den Datenträger nach Bestandskraft der aufgrund der BP ergangenen Steuerbescheide zurückzugeben und die überlassenen Daten zu löschen (so auch BMF v. 16.07.2001, IV D 2 – S 0316–136/01, BStBl I 2001, 415 unter I.1.c; BMF v. 14.11.2014, IV A 4-S 0316/13/10003, BStBl I 2014, 1450 Rz. 169; a.A. noch FG BW v. 07.11.2012, 14 K 554/12, EFG 2013, 268).

Der Prüfer ist berechtigt, den überlassenen Datenträger mitzunehmen, um ihn an einem anderen Ort auszuwerten (FG Ha v. 13.11.2006, 2 K 198/05, DStRE 2007, 441, insoweit ohne Entscheidung, BFH v. 24.06.2009, VIII R 80/06, BStBl II 2010, 452). Nach zu enger Auffassung des BFH darf aber die Speicherung und Auswertung **ausschließlich in den Räumen des Stpfl. oder des Finanzamtes** erfolgen (BFH v. 16.12.2014, VIII R 52/12, BFH/NV 2015, 1943; zutreffend a.A. FG BW v. 07.11.2012, 14 K 554/12, EFG 2013, 268; *Rätke* in Klein, § 147 AO Rz. 63). Auf eine entsprechende ausdrückliche Bestätigung seitens der FinVerw. soll der Stpfl. einen Anspruch haben (BFH v. 16.12.2014, VIII R 52/12, BFH/NV 2015, 1943, zweifelhaft).

Zudem muss der Datenträger den Anforderungen des BMF-Schreibens v. 16.07.2001, IV D 2-S 0316-136/1, BStBl I 2001, 415 (nunmehr BMF v. 14.11.2014, IV A 4-S 0316/13/10003, BStBl I 2014, 1450 Rz. 176) entsprechen (FG Nbg v. 15.05.2013, 5 K 950/11, juris).

## IV. Ort und Kosten des Datenzugriffs

Da der Datenzugriff nur im Rahmen der Außenprüfung erfolgen kann und eine ausdrückliche Regelung zum Ort des Datenzugriffs fehlt, gelten die allgemeinen **Grundsätze des § 200 Abs. 2 AO**. Befinden sich die Daten bei einem Dritten, so hat dieser nach § 147 Abs. 6 Satz 3 AO den Datenzugriff zu dulden bzw. die Daten aufzubereiten oder herauszugeben (vgl. § 147 Abs. 6 Satz 3 Nr. 1 bis 3 AO). 31

Die dabei entstehenden **Kosten** hat der Stpfl. zu tragen (§ 147 Abs. 6 Satz 4 AO). Der Prüfer hat bei Berufsträgern sein Erscheinen zuvor mit angemessener Frist anzukündigen (§ 147 Abs. 6 Satz 5 AO).

## V. Rechtsschutz

Jede Aufforderung, einen bestimmten Datenzugriff (Rz. 27) zu dulden oder daran mitzuwirken, ist erzwingbar (§ 328 AO) und stellt – ebenso wie das Verlangen zum Ausdruck der Geschäftsunterlagen (dazu s. Rz. 19) – jeweils einen **Verwaltungsakt** dar, der mit dem Einspruch angefochten werden kann (BFH v. 16.12.2014, VIII R 52/12, BFH/NV 2015, 1943; BFH v. 08.04.2008, VIII R 61/06, BStBl II 2009, 579; FG Ha v. 13.11.2006, 2 K 198/05, DStRE 2007, 441). Vorläufiger Rechtsschutz ist daher durch AdV zu gewähren (BFH v. 26.09.2007, I B 53, 54/07, BStBl II 2008, 415; FG RP v. 20.01.2005, 4 K 2167/04, EFG 2005, 667; a.A.: *Weigel*, UStB 2001, 374: einstweilige Anordnung). 32

## G. Rechtsfolgen bei Verletzung der Aufbewahrungspflicht

Eine Verletzung der Aufbewahrungspflicht als Teil der Buchführungs- und Aufzeichnungspflicht hat zur Folge, dass die Buchführung nicht ordnungsgemäß ist (BFH v. 28.06.1972, I R 182/69, BStBl II 1972, 819). Zu den Folgen s. § 145 AO Rz. 8 bis 10. Sind die Unterlagen ohne Verschulden in Verlust geraten, können Billigkeitsmaßnahmen gem. §§ 163, 227 AO in Frage kommen (s. BFH v. 31.10.1989, VIII R 323/83, BFH/NV 1990, 480). Die FinBeh kann auch ein Verzögerungsgeld nach § 146 Abs. 2b festsetzen (str., s. § 146 AO Rz. 14f). 33

## § 147a AO Vorschriften für die Aufbewahrung von Aufzeichnungen und Unterlagen bestimmter Steuerpflichtiger

**(1) Steuerpflichtige, bei denen die Summe der positiven Einkünfte nach § 2 Absatz 1 Nummer 4 bis 7 des Einkommensteuergesetzes (Überschusseinkünfte) mehr als 500 000 Euro im Kalenderjahr beträgt, haben die Aufzeichnungen und Unterlagen über die den Überschusseinkünften zu Grunde liegenden Einnahmen und Werbungskosten sechs Jahre aufzubewahren. Im Falle der Zusammenveranlagung sind für die Feststellung des Überschreitens des Betrags von 500 000 Euro die Summe der positiven Einkünfte nach Satz 1 eines jeden Ehegatten maßgebend. Die Verpflichtung nach Satz 1 ist vom Beginn des Kalenderjahrs an zu erfüllen, das auf das Kalenderjahr folgt, in dem die Summe der positiven Einkünfte im Sinne des Satzes 1 mehr als 500 000 Euro beträgt. Die Verpflichtung nach Satz 1 endet mit Ablauf des fünften aufeinanderfolgenden Kalenderjahrs, in dem die Voraussetzungen des Satzes 1 nicht erfüllt sind. § 147 Absatz 2, Absatz 3 Satz 3 und die Absätze 4 bis 6 gelten entsprechend. Die Sätze 1 bis 3 und 5 gelten entsprechend in den Fällen, in denen die zuständige Finanzbehörde den Steuerpflichtigen für die Zukunft zur Aufbewahrung der in Satz 1 genannten Aufzeichnungen und Unterlagen verpflichtet, weil er seinen Mitwirkungspflichten nach § 90 Absatz 2 Satz 3 nicht nachgekommen ist.**

**(2) Steuerpflichtige, die allein oder zusammen mit nahestehenden Personen im Sinne des § 1 Absatz 2 des Außensteuergesetzes unmittelbar oder mittelbar einen beherrschenden oder bestimmenden Einfluss auf die gesellschaftsrechtlichen, finanziellen oder geschäftlichen Angelegenheiten einer Drittstaat-Gesellschaft im Sinne des § 138 Absatz 3 ausüben können, haben die Aufzeichnungen und Unterlagen über diese Beziehung und alle damit verbundenen Einnahmen und Ausgaben sechs Jahre aufzubewahren. Diese Aufbewahrungspflicht ist von dem Zeitpunkt an zu erfüllen, in dem der Sachverhalt erstmals verwirklicht worden ist, der den Tatbestand des Satzes 1 erfüllt. Absatz 1 Satz 4 sowie § 147 Absatz 2, 3 Satz 3 und Absatz 5 und 6 gelten entsprechend.**

**Inhaltsübersicht**



**Schrifttum**

Dissars, Aufbewahrungspflichten bei Überschusseinkünften nach § 147a AO, BB 2010, 2085; Dissars, Neue Aufbewahrungspflichten und weitere Verschärfungen der Rechtslage bei Beteiligungen an Drittstaat-Gesellschaften, BB 2017, 2015.

### A. Die Regelung in § 147a Abs. 1

Der durch Gesetz vom 29.07.2009 (BGBl 2009 I, 2302) eingefügte § 147 a AO begründet für Stpfl. mit – positiven – Überschusseinkünften von insgesamt mehr als 500 000 EUR besondere Aufbewahrungspflichten für Veranlagungszeiträume, die nach dem 31.12.2009 beginnen (§ 5 Steuerhinterziehungsbekämpfungsverordnung), die nach § 147 AO nicht bestehen (s. § 147 AO Rz. 1, 11). Die Vorschrift begründet dagegen keine Aufzeichnungspflicht (*Drüen* in Tipke/Kruse, § 147 a AO Rz. 3, dort auch zu den damit verbundenen Problemen). 1

Für die Ermittlung der maßgeblichen Einkunftshöhe gelten die Einkünftequalifikationsregeln des EStG sowie das Zuflussprinzip des § 11 EStG; eine Saldierung mit negativen Überschusseinkünften einer anderen Einkunftsart findet nicht statt; mit derselben schon (horizontaler Verlustausgleich, vgl. *Rätke* in Klein, § 147a AO Rz. 7; *Drüen* in Tipke/Kruse, § 147 a AO Rz. 11). Ehegatten und Lebenspartner werden bei der Ermittlung getrennt behandelt (§ 147a Abs. 1 Satz 2 AO). Streitig ist, ob der Abgeltungssteuer unterliegende Kapitalerträge einzubeziehen sind (bejahend: *Drüen* in Tipke/Kruse, § 147a AO Rz. 6; verneinend: AEAO zu § 147a). 2

Aufzubewahren hat der Steuerpflichtige die Aufzeichnungen und Unterlagen über die den Überschusseinkünften zugrunde liegenden Einnahmen und Werbungskosten. Damit führt anders als nach der Regelung des § 147 Abs. 1 Nr. 5 AO nicht allein die Bedeutung für die Besteuerung zur Aufbewahrungspflicht der Aufzeichnungen und Unterlagen (ebenso: *Drüen* in Tipke/Kruse, § 147a AO Rz. 13). Folglich werden private Unterlagen durch § 147a AO nicht erfasst. Vgl. im Einzelnen *v. Wedelstädt*, DB 2009, 1732. 3

Die Aufbewahrungspflicht entsteht automatisch; einer Mitteilung der Finanzbehörde bedarf es nicht. Sie endet nicht mit dem erstmaligen Unterschreiten der Einkünftegrenze, sondern erst mit Ablauf des fünften aufeinanderfolgenden Kalenderjahres, in dem die Grenze nicht überschritten wird. 4

Der Aufbewahrungszeitraum beträgt 6 Jahre und beginnt mit dem Schluss des Kalenderjahres, in dem die Aufzeichnung vorgenommen wurde oder die Unterlagen entstanden sind; die Ablaufhemmung des § 147 Abs. 3 Satz 3 AO gilt entsprechend (§ 147a Abs. 1 Satz 5 AO). 5

§ 147a Abs. 1 Satz 6 AO gibt der FinBeh die Möglichkeit, bei Verletzung der Mitwirkungspflicht nach § 90 Abs. 2 Satz 3 AO die Aufbewahrungspflicht auch anzu- 6 ordnen, wenn die Einkünftegrenze nicht überschritten wurde (derzeit erfüllt kein Staat die in § 90 Abs. 2 Satz 3 AO genannten Merkmale, damit § 147a Abs. 1 Satz 6 AO Anwendung findet, vgl. BMF v. 05.01.2010, IV B 2-S 1315/08/10001-09, BStBl I 2010, 19). Die Regelung steht im Zusammenhang mit der des § 193 Abs. 2 Nr. 3 AO. Da § 147a Abs. 1 Satz 4 AO auf die angeordnete Aufbewahrungspflicht keine Anwendung findet, endet die Aufbewahrungspflicht erst mit dem Widerruf der Anordnung.

7 Zur Form der Aufbewahrung verweist § 147a Abs. 1 Satz 5 AO auf § 147 Abs. 2 sowie 5 und 6 AO.

8 Ob das in § 147 Abs. 2b AO neu geschaffene Verzögerungsgeld auch im Rahmen des § 147a AO Anwendung findet, ist streitig (verneinend: *Märtens* in Gosch, § 147a AO Rz. 40; *Drüen* in Tipke/Kruse, § 147a AO Rz. 22; a. A. *Rätke* in Klein, § 147 AO Rz. 39 unter Hinweis auf die Gesetzesbegründung).

9 vorläufig frei

### B. Die Regelung des § 147a Abs. 2 AO

10 Durch das Steuerumgehungsbekämpfungsgesetz v. 23.06.2017 hat der Gesetzgeber mit § 147a Abs. 2 AO für Veranlagungszeiträume, die nach dem 31.12.2017 beginnen (Art. 97 § 22 Abs. 3 EGAO), eine die Anzeigepflicht nach § 138 Abs. 2 Nr. 4, Abs. 3 AO flankierende Aufbewahrungspflicht geschaffen. Voraussetzung ist, dass ein – wohl unbeschränkt – Stpfl. allein oder zusammen mit nahestehenden Personen i. S. des § 1 Abs. 2 AStG unmittelbar oder mittelbar **beherrschenden oder bestimmenden Einfluss** auf die gesellschaftsrechtlichen, finanziellen oder geschäftlichen Angelegenheiten einer **Drittstaaten-Gesellschaft** i. S. des § 138 Abs. 3 AO ausüben kann (vgl. § 138 AO Rz. 16a).

11 Die Aufbewahrungsfrist beträgt **6 Jahre**, beginnend zu dem Zeitpunkt, zu dem der Sachverhalt erstmals verwirklicht ist, der den Tatbestand des § 147 Abs. 2 Satz 1 AO erfüllt. Die Pflicht zur Aufbewahrung von Unterlagen im Zusammenhang mit der Beteiligung endet erst mit dem fünften aufeinanderfolgenden Jahr, in dem die Voraussetzungen des § 147a Abs. 2 AO nicht mehr erfüllt sind (Verweis durch § 147a Abs. 2 Satz 3 auf § 147a Abs. 1 Satz 4 AO).

12 **Aufzubewahren sind alle Unterlagen** über »diese Beziehung« zur Drittstaaten-Gesellschaft. Folglich können lediglich die Unterlagen gemeint sein, die inhaltlich den unmittelbar oder mittelbar beherrschenden oder bestimmenden Einfluss auf die gesellschaftsrechtlichen, finanziellen oder geschäftlichen Angelegenheiten betreffen (Gesellschaftsverträge, Kaufverträge, Protokolle). Weiterhin sind alle Unterlagen aufzubewahren, die Einnahmen und Ausgaben im Zusammenhang mit dieser Beziehung betreffen.

Für die Art der Aufbewahrung verweist § 147a Abs. 2 Satz 3 AO auf verschiedene Regelungen des § 147 AO. 13

## § 148 AO
## Bewilligung von Erleichterungen

**Die Finanzbehörden können für einzelne Fälle oder für bestimmte Gruppen von Fällen Erleichterungen bewilligen, wenn die Einhaltung der durch die Steuergesetze begründeten Buchführungs-, Aufzeichnungs- und Aufbewahrungspflichten Härten mit sich bringt und die Besteuerung durch die Erleichterung nicht beeinträchtigt wird. Erleichterungen nach Satz 1 können rückwirkend bewilligt werden. Die Bewilligung kann widerrufen werden.**

#### Schrifttum

Zinn, Rückwirkender Wegfall einer auf Schätzung beruhenden Buchführungspflicht im Billigkeitswege?, StBp 1987, 284.

Die Finanzbehörden können nach **pflichtgemäßem Ermessen** (a. A. *Drüen* in Tipke/Kruse, § 148 AO Rz. 14: Rechtsanspruch des Pflichtigen) Erleichterungen hinsichtlich der durch Steuergesetze – nicht nur der durch die AO (s. FG Köln v. 27.07.1994, 10 K 4538/93, EFG 1995, 97) – begründeten Buchführungs-, Aufzeichnungs- und Aufbewahrungspflichten bewilligen. Die Erleichterungen dürfen immer nur für einzelne Fälle oder für bestimmte Gruppen von Fällen ausgesprochen werden und können naturgemäß ausschließlich die steuerlichen Pflichten und nicht die entsprechenden in anderen Gesetzen nichtsteuerlichen Rechts begründeten Pflichten berühren (s. FG Köln v. 27.07.1994, 10 K 4538/93, EFG 1995, 97). § 148 AO will verhindern, dass dem Stpfl. Pflichten aufgezwungen werden, die sich angesichts der Umstände, insbesondere des mit ihnen nach dem Gesetzeswillen zu erreichenden Zieles, lediglich als formalistischer Selbstzweck darstellen. 1

Die Bewilligung der Erleichterungen hat zur Voraussetzung, dass die Einhaltung der bestehenden Verpflichtung Härten mit sich bringt und die Besteuerung durch die Erleichterung nicht beeinträchtigt wird. Eine **Härte i. S. des § 148 AO** kann ausschließlich auf sachliche Gründe gestützt werden; persönliche Gründe, wie Alter oder Krankheit des Pflichtigen, rechtfertigen regelmäßig nicht die Bewilligung von Erleichterungen (BFH v. 14.07.1954, II 63/53, BStBl III 1954, 253; s. FG Sa v. 18.12.1996, 1 K 55/96, EFG 1997, 587). Ggf. muss der Pflichtige seine Buchführungs- und Aufzeichnungspflichten mit Unterstützung einer geeigneten Hilfskraft erfüllen. **Die Besteuerung wird beeinträchtigt**, wenn die Besteuerungsmerkmale nicht mehr in ausreichender Weise nachprüfbar sind (so s. FG Nds v. 24.08.1978, VII 279/78, EFG 79, 62). M. E. liegt eine Beeinträchtigung der Besteuerung 2 auch vor, wenn die Erleichterung zur Festsetzung einer niedrigeren Steuer führt (s. FG Sa v. 18.12.1996, 1 K 55/96, EFG 1997, 587, *Dißars* in Schwarz/Pahlke, § 148 AO Rz. 12; a.A. BFH v. 17.09.1987, IV R 31/87, BStBl II 1988, 20; s. FG Nds v. 24.08.1978, VII 279/78, EFG 1979, 62; *Trzaskalik* in HHSp, § 148 AO Rz. 6), denn die Befugnis zu derartigen Maßnahmen gründet sich allein auf §§ 163, 227 AO (s. BFH v. 06.04.2000, IV R 38/99, BStBl II 2000, 422 zur Bewilligung von Erleichterungen bei der Aktivierung von WG). Dieses gilt selbst dann, wenn die Besteuerung zu einem späteren Zeitpunkt nachgeholt wird (a.A. *Sauer* in Gosch, § 148 AO Rz. 7).

3 Die Vorschrift ermächtigt die Finanzbehörden lediglich dazu, Erleichterungen der gesetzlichen Buchführungs-, Aufzeichnungs- und Aufbewahrungspflichten zu gewähren. Nach dem eindeutigen Wortlaut des § 148 Satz 1 AO ist eine allgemeine Befreiung von den in den §§ 141ff. AO gesetzlich vorgeschriebenen Pflichten i.S. eines Verzichts auf deren Einhaltung nicht möglich (ebenso: *Drüen* in Tipke/Kruse, § 148 AO Rz. 10 ff; a.A: BFH v. 17.09.1987, IV R 31/87, BStBl II 1988, 20; *Trzaskalik* in HHSp, § 148 AO Rz. 7).

3a Bis zur Einführung der Sonderregelung in § 146 Abs. 2a AO zur Auslandsbuchführung bewilligte die FinVerw derartige Erleichterungen. Zwar stellt § 146 Abs. 2a AO insoweit eine Spezialregelung dar, jedoch können weitergehende Erleichterungen weiterhin nach § 148 AO (z.B. eine von § 146 Abs. 2a AO nicht vorgesehene rückwirkende Bewilligung) gewährt werden (BR-Drucks. 16/10494; *Drüen* in Tipke/Kruse, § 148 AO Rz. 9a).

Zur Frage, ob früher erteilte Bewilligungen nach § 148 AO ihre Wirkung durch die Regelung in § 146 Abs. 2a AO verloren haben vgl. *Lange/Rengier*, DB 2009, 1263 einerseits und *Gebbers*, StBp 2009, 136 wohl andererseits.

4 Nach § 148 Satz 2 AO können die entsprechenden Erleichterungen auch rückwirkend bewilligt werden. Damit wird ermöglicht, objektiv vorliegende, aber nach den gegebenen Umständen aus sachlichen Gründen entschuldbare Verstöße gegen die gesetzlichen Vorschriften zu heilen und den gegebenen Sachzwängen in vernünftiger Weise Rechnung zu tragen.

5 Die Bewilligung kann widerrufen werden (§ 148 Satz 3 AO). Ein besonderer Hinweis auf die Widerrufsmöglichkeit ist angesichts der gesetzlichen Ermächtigung nicht erforderlich (s. § 131 Abs. 2 Nr. 1 AO). Der Widerruf wirkt nur für die Zukunft. Eine – auch für die Vergangenheit mögliche – Rücknahme ist nur nach § 130 Abs. 2 und 3 AO zulässig.

6 Gegen die Versagung einer begehrten Maßnahme nach § 148 AO ist ebenso wie gegen den Widerruf der Einspruch gegeben.

## 2. Unterabschnitt Steuererklärungen

## § 149 AO Abgabe der Steuererklärungen

**(1) Die Steuergesetze bestimmen, wer zur Abgabe einer Steuererklärung verpflichtet ist. Zur Abgabe einer Steuererklärung ist auch verpflichtet, wer hierzu von der Finanzbehörde aufgefordert wird. Die Aufforderung kann durch öffentliche Bekanntmachung erfolgen. Die Verpflichtung zur Abgabe einer Steuererklärung bleibt auch dann bestehen, wenn die Finanzbehörde die Besteuerungsgrundlagen geschätzt hat (§ 162).**

**(2) Soweit die Steuergesetze nichts anderes bestimmen, sind Steuererklärungen, die sich auf ein Kalenderjahr oder einen gesetzlich bestimmten Zeitpunkt beziehen, spätestens fünf Monate danach abzugeben. Bei Steuerpflichtigen, die den Gewinn aus Land- und Forstwirtschaft nach einem vom Kalenderjahr abweichenden Wirtschaftsjahr ermitteln, endet die Frist nicht vor Ablauf des fünften Monats, der auf den Schluss des in dem Kalenderjahr begonnenen Wirtschaftsjahrs folgt.**

Fassung ab 01.01.2018:

**(1) Die Steuergesetze bestimmen, wer zur Abgabe einer Steuererklärung verpflichtet ist. Zur Abgabe einer Steuererklärung ist auch verpflichtet, wer hierzu von der Finanzbehörde aufgefordert wird. Die Aufforderung kann durch öffentliche Bekanntmachung erfolgen. Die Verpflichtung zur Abgabe einer Steuererklärung bleibt auch dann bestehen, wenn die Finanzbehörde die Besteuerungsgrundlagen nach § 162 geschätzt hat.**

**(2) Soweit die Steuergesetze nichts anderes bestimmen, sind Steuererklärungen, die sich auf ein Kalenderjahr oder auf einen gesetzlich bestimmten Zeitpunkt beziehen, spätestens sieben Monate nach Ablauf des Kalenderjahres oder sieben Monate nach dem gesetzlich bestimmten Zeitpunkt abzugeben. Bei Steuerpflichtigen, die den Gewinn aus Land- und Forstwirtschaft nach einem vom Kalenderjahr abweichenden Wirtschaftsjahr ermitteln, endet die Frist nicht vor Ablauf des siebten Monats, der auf den Schluss des in dem Kalenderjahr begonnenen Wirtschaftsjahres folgt.**

(3) Sofern Personen, Gesellschaften, Verbände, Vereinigungen, Behörden oder Körperschaften im Sinne der §§ 3 und 4 des Steuerberatungsgesetzes beauftragt sind mit der Erstellung von

1. Einkommensteuererklärungen nach § 25 Absatz 3 des Einkommensteuergesetzes mit Ausnahme der Einkommensteuererklärungen im Sinne des § 46 Absatz 2 Nummer 8 des Einkommensteuergesetzes,
2. Körperschaftsteuererklärungen nach § 31 Absatz 1 und 1a des Körperschaftsteuergesetzes, Feststellungserklärungen im Sinne des § 14 Absatz 5, § 27 Absatz 2 Satz 4, § 28 Absatz 1 Satz 4 oder § 38 Absatz 1 Satz 2 des Körperschaftsteuergesetzes oder Erklärungen zur Zerlegung der Körperschaftsteuer nach § 6 Absatz 7 des Zerlegungsgesetzes,
3. Erklärungen zur Festsetzung des Gewerbesteuermessbetrags oder Zerlegungserklärungen nach § 14a des Gewerbesteuergesetzes,
4. Umsatzsteuererklärungen für das Kalenderjahr nach § 18 Absatz 3 des Umsatzsteuergesetzes,
5. Erklärungen zur gesonderten sowie zur gesonderten und einheitlichen Feststellung einkommensteuerpflichtiger oder körperschaftsteuerpflichtiger Einkünfte nach § 180 Absatz 1 Satz 1 Nummer 2 in Verbindung mit § 181 Absatz 1 und 2,
6. Erklärungen zur gesonderten Feststellung von Besteuerungsgrundlagen nach der Verordnung über die gesonderte Feststellung von Besteuerungsgrundlagen nach § 180 Abs. 2 der Abgabenordnung oder
7. Erklärungen zur gesonderten Feststellung von Besteuerungsgrundlagen nach § 18 des Außensteuergesetzes,

so sind diese Erklärungen vorbehaltlich des Absatzes 4 spätestens bis zum letzten Tag des Monats Februar und in den Fällen des Absatzes 2 Satz 2 bis zum 31. Juli des zweiten auf den Besteuerungszeitraum folgenden Kalenderjahres abzugeben.

(4) Das Finanzamt kann anordnen, dass Erklärungen im Sinne des Absatzes 3 vor dem letzten Tag des Monats Februar des zweiten auf den Besteuerungszeitraum folgenden Kalenderjahres abzugeben sind, wenn

1. für den betroffenen Steuerpflichtigen
   a) für den vorangegangenen Besteuerungszeitraum Erklärungen nicht oder verspätet abgegeben wurden,
   b) für den vorangegangenen Besteuerungszeitraum innerhalb von drei Monaten vor Abgabe der Steuererklärung oder innerhalb von drei Monaten vor dem Beginn des Zinslaufs im Sinne des § 233a Absatz 2 Satz 1 nachträgliche Vorauszahlungen festgesetzt wurden,
   c) Vorauszahlungen für den Besteuerungszeitraum außerhalb einer Veranlagung herabgesetzt wurden,
   d) die Veranlagung für den vorangegangenen Veranlagungszeitraum zu einer Abschlusszahlung von mindestens 25 Prozent der festgesetzten Steuer oder mehr als 10 000 Euro geführt hat,
   e) die Steuerfestsetzung auf Grund einer Steuererklärung im Sinne des Absatzes 3 Nummer 1, 2 oder 4 voraussichtlich zu einer Abschlusszahlung von mehr als 10 000 Euro führen wird oder
   f) eine Außenprüfung vorgesehen ist,
2. der betroffene Steuerpflichtige im Besteuerungszeitraum einen Betrieb eröffnet oder eingestellt hat oder
3. für Beteiligte an Gesellschaften oder Gemeinschaften Verluste festzustellen sind.

Für das Befolgen der Anordnung ist eine Frist von vier Monaten nach Bekanntgabe der Anordnung zu setzen. Ferner dürfen die Finanzämter nach dem Ergebnis einer automationsgestützten Zufallsauswahl anordnen, dass Erklärungen im Sinne des Absatzes 3 vor dem letzten Tag des Monats Februar des zweiten auf den Besteuerungszeitraum folgenden Kalenderjahres mit einer Frist von vier Monaten nach Bekanntgabe der Anordnung abzugeben sind. In der Aufforderung nach Satz 3 ist darauf hinzuweisen, dass sie auf einer automationsgestützten Zufallsauswahl beruht; eine weitere Begründung ist nicht erforderlich. In den Fällen des Absatzes 2 Satz 2 tritt an die Stelle des letzten Tages des Monats Februar der 31. Juli des zweiten auf den Besteuerungszeitraum folgenden Kalenderjahres. Eine Anordnung nach Satz 1 oder Satz 3 darf für die Abgabe der Erklärung keine kürzere als die in Absatz 2 bestimmte Frist setzen. In den Fällen der Sätze 1 und 3 erstreckt sich eine Anordnung auf alle Erklärungen im Sinne des Absatzes 3, die vom betroffenen Steuerpflichtigen für den gleichen Besteuerungszeitraum oder Besteuerungszeitpunkt abzugeben sind.

(5) Absatz 3 gilt nicht für Umsatzsteuererklärungen für das Kalenderjahr, wenn die gewerbliche

**oder berufliche Tätigkeit vor oder mit dem Ablauf des Besteuerungszeitraums endete.**

**(6) Die oberste Landesfinanzbehörde oder eine von ihr bestimmte Landesfinanzbehörde kann zulassen, dass Personen, Gesellschaften, Verbände, Vereinigungen, Behörden und Körperschaften im Sinne der §§ 3 und 4 des Steuerberatungsgesetzes bis zu bestimmten Stichtagen einen bestimmten prozentualen Anteil der Erklärungen im Sinne des Absatzes 3 einreichen. Soweit Erklärungen im Sinne des Absatzes 3 in ein Verfahren nach Satz 1 einbezogen werden, ist Absatz 4 Satz 3 nicht anzuwenden. Die Einrichtung eines Verfahrens nach Satz 1 steht im Ermessen der obersten Landesfinanzbehörden und ist nicht einklagbar.**

**Inhaltsübersicht**



**Schrifttum**

Schick, Die Steuererklärung, StuW 1988, 301; Onusseit, Steuererklärungspflichten in der Insolvenz, ZIP 1995, 1798; Grezesch, Steuererklärungspflichten im Strafverfahren, DStR 1997, 1273; Eichhorn, Zur Rechtmäßigkeit der Vorabanforderung von Steuererklärungen, DStR 2009, 1887; Baum, Modernisierung des Besteuerungsverfahrens, Teil 2: Steuererklärungsfristen, Fristverlängerung und Verspätungszuschlag, NWB 2016, 2706; Gläser/Schöllhorn, Die wesentlichen Neuerungen in der AO nach dem Gesetz zur Modernisierung des Besteuerungsverfahrens, DStR 2016, 1577.

## A. Zweck und Rechtsnatur der Steuererklärung

1 Die Pflicht zur Abgabe der Steuererklärung ist Teil der **Mitwirkungspflicht** (§ 90 AO) des Stpfl. Die Steuererklärung ist als formalisierte Auskunft die rechtsförmlich gesicherte Grundlage für das Veranlagungsverfahren (BFH v. 14.01.1998, X R 84/95, BStBl II 1999, 203). Sie ist als **Verfahrenshandlung** i.S. des § 79 AO nicht nur Wissenserklärung, sondern sie beinhaltet regelmäßig auch rechtliche Subsumtionen und enthält darüber hinaus häufig (öffentlich-rechtliche) Willenserklärungen (bspw. Anträge auf Steuervergünstigungen, Ausübung von Wahlrechten), wobei Letztere – soweit nicht anders vorgeschrieben – einem eigenen rechtlichen Schicksal unterliegen (*Heuermann* in HHSp, Vor §§ 149–153 AO Rz. 7 f.). Zur Form der Steuererklärung sowie zu deren Inhalt s. § 150 AO.

## B. Berichtigung von Steuererklärungen

Der Stpfl. kann als fehlerhaft erkannte Wissenserklärungen jederzeit richtigstellen, wobei sich die Folgen nach den Vorschriften im Übrigen richten (z.B. die Änderung der Steuerfestsetzung nach den §§ 164, 172 ff. AO). Er muss die Erklärung berichtigen, wenn die Voraussetzungen des § 153 AO vorliegen. Eine **Anfechtung** entspr. § 119 BGB ist nicht möglich (BFH v. 03.12.2000, V B 190/00, BFH/NV 2001, 737). 2

Mit der Steuererklärung abgegebene **Willenserklärungen** binden den Stpfl., sobald die Erklärung der Behörde zugeht. Ergeht in Umsetzung der Willenserklärung jedoch ein Verwaltungsakt, tritt die Bindung – soweit keine anderweitige gesetzliche Regelung besteht – erst ein, sobald der Verwaltungsakt nicht mehr zurückgenommen oder geändert werden kann (BFH v. 05.11.2009, IX B 96/09, BFH/NV 2010, 386). Eine **Anfechtung wegen Irrtums** ist entgegen der wohl h.M. (BFH v. 11.01.1967, I 78/65, BStBl III 1967, 208; *Schindler* in Gosch, § 149 AO Rz. 10; *Heuermann* in HHSp, Vor §§ 149–153 AO Rz. 7) möglich (*Seer* in Tipke/Kruse, Vor § 149 AO Rz. 13; *Birkenfeld*, StuW 1977, 33; wohl auch BFH v. 23.11.1995, IV R 36/94, BFH/NV 1996, 398; ausdrücklich offengelassen in BFH v. 15.10.1996, IX R 10/95, BStBl II 1997, 178). Doch auch in diesem Fall hängt der materielle Erfolg davon ab, ob der betroffene Verwaltungsakt noch geändert werden kann. 3

## C. Erklärungspflicht kraft Gesetzes und behördlicher Anordnung

Wer zur Abgabe einer Steuererklärung verpflichtet ist, lässt sich nicht der AO entnehmen (s. aber zum Verfahren der gesonderten Feststellung § 181 Abs. 2 AO), sondern wird in den einzelnen Steuergesetzen (§ 5 AO) bestimmt (s. §§ 25 Abs. 3 EStG, 56 ff. EStDV; § 14a GewStG; § 31 ErbStG; § 18 UStG; § 28 BewG; § 19 GrEStG). Steuererklärungen i.S. der Vorschrift sind auch die sich aus den Verbrauchsteuergesetzen ergebenden Anzeigen und Meldungen, die als Unterlagen für die Festsetzung einer Verbrauchsteuer dienen (a.A.: *Heuermann* in HHSp, Vor §§ 149–153 AO Rz. 4, soweit nicht ausdrücklich als Steuererklärung ausgewiesen), sowie Steueranmeldungen 4

(§ 150 Abs. 1 Satz 3 AO; BFH v. 07.07.2005, V R 63/03, BStBl II 2005, 813 zur Anwendbarkeit von § 152 AO). Hat die Finanzbehörde wegen Nichtabgabe der Steuererklärung von der Möglichkeit Gebrauch gemacht, die Besteuerungsgrundlagen zu schätzen (§ 162 AO), berührt dies die Steuererklärungspflicht nicht (§ 149 Abs. 1 Satz 4 AO).

5 Im Falle der **Zusammenveranlagung von Ehegatten und eingetragenen Lebenspartnern** trifft die Erklärungspflicht jeden Ehegatten/Lebenspartner bezüglich der von ihm bezogenen Einkünfte bzw. ihm zustehenden Vermögenswerte. Eine Verantwortung auch für die Angaben des Ehegatten/Lebenspartners hat der Stpfl. nicht zu übernehmen; das gilt ungeachtet dessen, dass Ehegatten, die die Zusammenveranlagung wählen, eine gemeinsame Erklärung abzugeben haben (ebenso: *Seer* in Tipke/Kruse, § 149 AO Rz. 6; a. A. BFH v. 24.07.1996, I R 62/95, BStBl II 1997, 115: Gesamtschuldnerschaft der Erklärungspflichtigen; anders dagegen für die strafrechtliche Verantwortlichkeit: BFH v. 16.04.2002, IX R 40/00, BStBl II 2002, 501). Im Falle mehrerer Verpflichteter ist grundsätzlich jeder Einzelne zur Abgabe einer Steuererklärung verpflichtet. Die Erfüllung der Erklärungspflicht durch einen der Verpflichteten befreit die weiteren (s. § 181 Abs. 2 Satz 3 AO).

6 Für erklärungspflichtige, **nicht handlungsfähige Personen** (§ 79 AO) haben die gesetzlichen Vertreter in Erfüllung einer eigenen Pflicht (so BFH v. 27.06.1989, VIII R 73/84, BStBl II 1989, 955; zur Frage, ob ein Verspätungszuschlag gegen den Vertreter festgesetzt werden kann, s. § 152 AO Rz. 22) zu handeln (im Einzelnen s. § 34 AO). Zum Umfang der Erklärungspflicht des Testamentsvollstreckers s. BFH v. 07.12.1999, II B 79/99, BStBl II 2000, 233; v. 11.06.2013, II R 10/11, BStBl II 2013, 924). Ebenso wie andere Stpfl. kann sich auch der Insolvenzverwalter nicht mit dem Hinweis auf fehlende Mittel seiner Erklärungspflicht entziehen (BFH v. 23.08.1994, VII R 143/92, BStBl II 1995, 194; s. auch *Onusseit*, ZIP 1995, 1798).

7 Gem. § 149 Abs. 1 Satz 2 AO hat auch derjenige eine Steuererklärung abzugeben, der dazu von der Finanzbehörde **besonders aufgefordert** wird. Da der Finanzbehörde kein »Steuererklärungserfindungsrecht« zusteht, ermöglicht § 149 Abs. 1 Satz 2 AO lediglich die Aufforderung zur Erklärungsabgabe zum Zwecke der Feststellung der Besteuerungsgrundlagen bei für möglich gehaltener Steuer- und damit auch Erklärungspflicht (BFH v. 11.10.1989, I R 101/87, BStBl II 1990, 280; weitergehend mit Blick auf § 170 Abs. 2 Satz 1 Nr. 1 AO: BFH v. 28.11.1990, I R 71/89, BStBl II 1991, 440).

8 Die Finanzbehörde hat nach **pflichtgemäßem Ermessen** (§ 5 AO) zu entscheiden, ob sie die Abgabe einer Steuererklärung verlangen will (zur floskelhaften Begründung »große Abschlusszahlung« vgl. FG Sachsen v. 20.05.2009, 4 K 1352/08, juris). Die Aufforderung zur Abgabe einer Steuererklärung ist in der Regel nicht ermessensfehlerhaft, wenn – unter Anwendung einer vertretbaren Rechtsauffassung (s. FG RP v. 24.04.1998, 4 K 3491/97, DStRE 1998, 598) – ausreichende Anhaltspunkte für die Möglichkeit einer subjektiven Steuerpflicht vorhanden sind. Die Klärung möglicher Zweifelsfragen ist dem Veranlagungsverfahren vorbehalten (BFH v. 02.07.1997, I R 45/96, BFH/NV 1998, 14). Steht fest, dass eine Steuerpflicht nach den Umständen nicht in Betracht kommt, ist die Anforderung von Steuererklärungen ermessenswidrig (BFH v. 24.01.1990, I B 58/89, BFH/NV 1990, 488). Die Aufforderung ist Verwaltungsakt (s. BFH v. 02.07.1997, I R 45/96, BFH/NV 1998, 14 zur Abgrenzung gegenüber einer bloßen Erinnerung).

Die Aufforderung kann auch durch **öffentliche Bekanntmachung** erfolgen (§ 149 Abs. 1 Satz 3 AO). Sie informiert – anders als öffentliche Erinnerungen – nicht lediglich über bestehende Erklärungspflichten und stellt daher eine – anfechtbare – Allgemeinverfügung dar (gl. A. *Heuermann* in HHSp, § 149 AO Rz. 18; diff. *Seer* in Tipke/Kruse, § 149 AO Rz. 14). 9

## D. Erklärungsfristen

Die Frist für die Abgabe einer Steuererklärung bestimmt sich entweder aus den **Einzelsteuergesetzen** oder, wenn dort keine Regelungen existieren, nach § 149 Abs. 2 AO. Danach sind Steuererklärungen, die sich auf ein Kalenderjahr oder einen gesetzlich bestimmten Zeitpunkt beziehen, spätestens fünf Monate nach Ablauf des Kalenderjahres bzw. nach dem genannten Zeitpunkt abzugeben, sofern nicht die Sonderregelung für die Land- und Forstwirtschaft bei abweichendem Wirtschaftsjahr eingreift (für **Besteuerungszeiträume**, die vor dem 01.01.2011 beginnen, gilt bei Land- und Forstwirten mit abweichendem Wj. noch eine Frist von drei Monaten; vgl. Art. 4 des Steuervereinfachungsgesetzes 2010). Im Falle des § 149 Abs. 1 Satz 2 AO ergibt sich die Frist regelmäßig aus dem zur Abgabe der Erklärung auffordernden Verwaltungsakt. In jedem Fall besteht die Möglichkeit der Fristverlängerung nach § 109 AO (vgl. Ländererlasse v. 02.01.2017, BStBl I 2017, 46). Zur **Verlängerung der Erklärungsfristen** für Stpfl., die durch Angehörige der steuerberatenden Berufe vertreten werden, s. BFH v. 28.06.2000, X R 24/95, BFH/NV 2000, 1414 (Begründungspflicht bei weitergehendem Fristverlängerungsantrag), BFH v. 21.02.2006, IX R 78/99, BStBl II 2006, 399 (Gründe für die Ablehnung eines Fristverlängerungsantrags); s. FG Münster v. 22.09.1999, 8 K 635/96, EFG 2000, 103 (Rechtmäßigkeit der Nichterstreckung der allgemeinen Fristverlängerung auf nicht vertretene Stpfl.); BFH v. 29.01.2003, XI R 82/00, BStBl II 2003, 550 (keine Anwendung der Fristverlängerungen auf Angehörige der steuerberatenden Berufe selbst). Zur 10

Neuregelung für nach dem 31.12.2017 beginnende Besteuerungszeiträume vgl. Rz. 36.

Auch das in NRW praktizierte Kontingentierungsverfahren ist nicht zu beanstanden (FG Ddorf v. 15.03.2012, 12 K 509/12, EFG 2012, 890, NZB III B 62/12 unzulässig; zur Fristverlängerung bei Nichtteilnahme am Kontingentierungsverfahren vgl. FG Münster v. 18.07.2012, 12 K 553/12, EFG 2013, 94, mit Anm. *Matthes*).

10a Zur Frage, welche Erklärungspflichten infolge der Einleitung eines Steuerstrafverfahrens entfallen, vgl. BGH v. 26.04.2001, 5 StR 587/00, BGHSt 47, 8; v. 23.01.2002, 5 StR 540/01, wistra 2002, 150.

## E. Folgen bei Verletzung der Erklärungspflicht

11 Die Verpflichtung zur Abgabe einer Steuererklärung ist gem. §§ 328ff. AO erzwingbar (Ausnahme: § 393 Abs. 1 Satz 2 AO). Eine Schätzung (§ 162 AO) ist jedoch ohne vorausgegangenen Versuch, die Erklärungsabgabe zu erzwingen, zulässig. Wegen der Möglichkeit der Festsetzung eines Verspätungszuschlags bei Nicht- oder nicht rechtzeitiger Abgabe der Steuererklärung s. § 152 AO. Zu strafrechtlichen Folgen s. § 370 AO Rz. 5, 10, 14 ff. und s. § 378 AO Rz. 4.

## F. Rechtsschutz

12 S. Rz. 8 und 9.

## G. Änderungen durch das Gesetz zur Modernisierung des Besteuerungsverfahrens für nach dem 31.12.2017 beginnende Besteuerungszeiträume (§ 149 n.F.)

### I. Grundsätze

13 Für nach dem 31.12.2017 beginnende Besteuerungszeiträume wurden durch das Gesetz zur Modernisierung des Besteuerungsverfahrens v. 18.07.2016 die in § 149 Abs. 2 AO genannten Erklärungsfristen um zwei Monate verlängert. Daneben wurden Sonderregelungen für Erklärungen gesetzlich verankert, die von Angehörigen der steuerberatenden Berufe erstellt werden. Die Pflicht zur Abgabe der in § 149 Abs. 3 AO n.F. ausdrücklich genannten Steuererklärungen endet – vorbehaltlich einer besonderen Aufforderung nach § 149 Abs. 4 AO n.F. – erst mit Ablauf des Monats Februar des zweiten auf den Besteuerungszeitraum folgenden Jahres (vgl. auch weitergehende Frist bei Einkünften aus Land- und Forstwirtschaft). Die verlängerte Frist gilt nicht für die Abgabe der Umsatzsteuer-Jahreserklärung, wenn die unternehmerische (»gewerbliche oder berufliche«) Tätigkeit vor oder mit Ablauf des Besteuerungszeitraums endete (§ 149 Abs. 5 AO n.F.); vgl. auch § 18 Abs. 3 Satz 2 UStG. Für die Frage einer möglichen Fristverlängerung vgl. § 109 AO n.F.

vorläufig frei 14

### II. Vorabanforderung

§ 149 Abs. 4 AO n.F. regelt nunmehr gesetzlich, unter welchen Voraussetzungen auch in den Fällen, in denen die Steuererklärungen von Angehörigen der steuerberatenden Berufe erstellt werden, diese **Steuererklärungen vorab angefordert** werden dürfen. Kraft gesetzlicher Anordnung erstreckt sich die Anforderung auf alle Erklärungen i.S. von § 149 Abs. 3 AO, die vom Stpfl. für den gleichen Besteuerungszeitraum oder den Besteuerungszeitpunkt abzugeben sind (§ 149 Abs. 4 Satz 7 AO). 15

vorläufig frei 16

Nach § 149 Abs. 4 Satz 2 AO muss dem Stpfl. zwingend eine Frist von vier Monaten zur Befolgung der Anordnung gesetzt werden; zudem darf im Ergebnis keine kürzere als die gesetzliche Frist des § 149 Abs. 2 AO für nicht beratene Stpfl. bestimmt werden (§ 149 Abs. 4 Satz 6 AO). 17

Dabei unterscheidet die gesetzliche Regelung bei den Gründen, die eine Vorabanforderung rechtfertigen, zwei Fallgruppen:

vorläufig frei 18

#### 1. Anlassbezogene Gründe

Die erste Fallgruppe betrifft Vorabanforderungen, weil eine der gesetzlichen Voraussetzungen des § 149 Abs. 4 Satz 1 Nr. 1 bis 3 AO n.F. gegeben ist. Insoweit handelt es sich um eine zu begründende Ermessensentscheidung, wobei die Entscheidung nicht durch das Erfüllen der gesetzlichen Voraussetzungen vorgeprägt ist (*Schindler* in Gosch, § 149 AO Rz. 48). 19

vorläufig frei 20

Nach § 149 Abs. 4 Satz 1 Nr. 1 Buchst. a AO n.F. dürfen Steuererklärungen vorab angefordert werden, wenn für den Stpfl., für den **vorangegangenen Besteuerungszeitraum** Erklärungen **nicht oder verspätet abgegeben** wurden. Nach dem Wortlaut ist nicht erforderlich, dass die verspätete Abgabe schuldhaft erfolgte. 21

vorläufig frei 22

Auch wenn für den vorangegangenen Besteuerungszeitraum innerhalb von drei Monaten vor Abgabe der Steuererklärung oder innerhalb von drei Monaten vor dem Beginn des Zinslaufs i.S. des § 233a Abs. 2 Satz 1 AO n.F. **nachträgliche Vorauszahlungen** festgesetzt wurden, darf die FinBeh Erklärungen vorab verlangen (§ 149 Abs. 4 Satz 1 Nr. 1 Buchst. b AO n.F.). Zwar verlangt der Wortlaut keine Mindestsumme, im Rahmen der Ermessensausübung dürfte sich das FA aber an der 25 %-Grenze bzw. der 10 000-Euro-Grenze des § 149 Abs. 4 Satz 4 Nr. Buchst. d und e AO n.F. zu orientieren haben (eben- 23 so: *Seer* in Tipke/Kruse, § 149 AO Rz. 32; *Schindler* in Gosch, § 149 AO Rz. 48).

24 vorläufig frei

25 Gleiches gilt bei einer Vorabanforderung infolge der **Herabsetzung der Vorauszahlungen** für den Besteuerungszeitraum außerhalb einer Veranlagung (§ 149 Abs. 4 Satz 1 Nr. 1 Buchst. c AO n. F.).

26 vorläufig frei

27 Ist es bei der Veranlagung für den vorangegangenen Veranlagungszeitraum zu einer **Abschlusszahlung in Höhe von mehr als 10 000 Euro oder mindestens 25 %** der festgesetzten Steuer gekommen (§ 149 Abs. 4 Satz 1 Nr. 1 Buchst. d AO n. F.) oder ist aufgrund einer Einkommensteuer-, Körperschaftsteuer- oder Umsatzsteuererklärung im Rahmen einer – gerichtlich überprüfbaren – Prognoseentscheidung (*Schindler* in Gosch, § 149 AO Rz. 50) mit einer Abschlusszahlung von mehr als 10 000 Euro zu rechnen (§ 149 Abs. 4 Satz 1 Nr. 1 Buchst. e AO n. F.), dürfen die Steuererklärungen ebenfalls vorzeitig angefordert werden.

28 vorläufig frei

29 Eine Vorabanforderung von Steuererklärungen ist ebenfalls möglich, wenn eine **Außenprüfung** beim Stpfl. **vorgesehen** ist (§ 149 Abs. 4 Satz 1 Nr. 1 Buchst. f AO n. F.).

30 vorläufig frei

31 Gleiches gilt, wenn der Stpfl. im betroffenen Besteuerungszeitraum einen **Betrieb eröffnet oder eingestellt** hat (§ 149 Abs. 4 Satz 1 Nr. 2 AO n. F.) oder für Beteiligte an Gesellschaften oder Gemeinschaften Verluste festzustellen sind (§ 149 Abs. 4 Satz 1 Nr. 3 AO n. F.). Im letztgenannten Fall ist zwar im Gesetz keine Mindesthöhe für die begehrte Steuerersparnis genannt, es dürfte aber naheliegen, sich an den Grenzen des § 149 Abs. 4 Satz 4 Nr. Buchst. d und e AO n. F. zu orientieren (vgl. Rz. 17).

32–33 vorläufig frei

### 2. Zufallsauswahl

34 Als zweite Fallgruppe für eine Vorabanforderung ist eine **automationsgestützte Zufallsauswahl** im Gesetz verankert (§ 149 Abs. 4 Satz 3 AO n. F.). In diesem Fall handelt es sich auch um eine Ermessensentscheidung, allerdings lediglich im Hinblick auf die Frage, warum eine automationsgestützte Zufallsauswahl überhaupt erfolgt und wie die Zufallsauswahl getroffen wird (*Schindler* in Gosch, § 149 AO Rz. 55). Die Auswahl des einzelnen Stpfl. stellt keine Ermessensentscheidung dar. Daher ist, außer dem Hinweis darauf, dass eine automationsgestützte Zufallsauswahl vorliegt, auch keine weitere Begründung erforderlich (§ 149 Abs. 3 Satz 4 AO n. F.). Allerdings wären die genannten Entscheidungen dem Stpfl. auf Verlangen oder bei Anfechtung der Vorabanforderung darzulegen (*Seer* in Tipke/Kruse, § 149 AO Rz. 31).

35 vorläufig frei

### 3. Fristverlängerung nach Anforderung

Auch bei einer vorzeitigen Anforderung von Erklärungen ist eine **Fristverlängerung** möglich. Allerdings beschränkt § 109 Abs. 2 Satz 1 Nr. 2 AO n. F. die Fristverlängerung auf Fälle, in denen der Stpfl. ohne Verschulden daran gehindert war, die Frist einzuhalten. Ansonsten scheidet eine Fristverlängerung aus. Die Entscheidung über den Fristverlängerungsantrag stellt einen anfechtbaren Verwaltungsakt dar. 36

vorläufig frei 37

### III. Kontingentierungsverfahren

§ 149 Abs. 6 Satz 1 AO n. F. eröffnet den obersten Landesfinanzbehörden erstmals gesetzlich abgesichert (vgl. aber Rz. 10 a. E.) die Möglichkeit, nach ihrem Ermessen (§ 149 Abs. 6 Satz 3 AO n. F.) ein Verfahren anzuwenden, bei dem Personen, Gesellschaften, Verbände, Vereinigungen, Behörden und Körperschaften i. S. der §§ 3 und 4 StBerG bis zu bestimmten Stichtagen einen bestimmten prozentualen Anteil der Erklärungen i. S. des § 149 Abs. 3 AO n. F. einzureichen haben (**Kontingentierungsverfahren**). Soweit Erklärungen in dieses Verfahren einbezogen werden, ist eine Vorabanforderung nach automationsgestützter Zufallsauswahl ausgeschlossen (§ 149 Abs. 6 Satz 2 AO n. F.). Eine Einzelvorabanforderung gem. § 149 Abs. 4 Satz 1 AO n. F. ist dagegen weiterhin zulässig. 38

## § 150 AO
## Form und Inhalt der Steuererklärungen

**(1) Eine Steuererklärung ist nach amtlich vorgeschriebenem Vordruck abzugeben, wenn**

1. **keine elektronische Steuererklärung vorgeschrieben ist,**
2. **nicht freiwillig eine gesetzlich oder amtlich zugelassene elektronische Steuererklärung abgegeben wird,**
3. **keine mündliche oder konkludente Steuererklärung zugelassen ist und**
4. **eine Aufnahme der Steuererklärung an Amtsstelle nach § 151 nicht in Betracht kommt.**

**§ 87a Absatz 1 Satz 1 ist nur anzuwenden, soweit eine elektronische Steuererklärung vorgeschrieben oder zugelassen ist. Der Steuerpflichtige hat in der Steuererklärung die Steuer selbst zu berechnen, soweit dies gesetzlich vorgeschrieben ist (Steueranmeldung).**

(2) Die Angaben in den Steuererklärungen sind wahrheitsgemäß nach bestem Wissen und Gewissen zu machen.

(3) Ordnen die Steuergesetze an, dass der Steuerpflichtige die Steuererklärung eigenhändig zu unterschreiben hat, so ist die Unterzeichnung durch einen Bevollmächtigten nur dann zulässig, wenn der Steuerpflichtige infolge seines körperlichen oder geistigen Zustands oder durch längere Abwesenheit an der Unterschrift gehindert ist. Die eigenhändige Unterschrift kann nachträglich verlangt werden, wenn der Hinderungsgrund weggefallen ist.

(4) Den Steuererklärungen müssen die Unterlagen beigefügt werden, die nach den Steuergesetzen vorzulegen sind. Dritte Personen sind verpflichtet, hierfür erforderliche Bescheinigungen auszustellen.

(5) In die Steuererklärungsformulare können auch Fragen aufgenommen werden, die zur Ergänzung der Besteuerungsunterlagen für Zwecke einer Statistik nach dem Gesetz über Steuerstatistiken erforderlich sind. Die Finanzbehörden können ferner von Steuerpflichtigen Auskünfte verlangen, die für die Durchführung des Bundesausbildungsförderungsgesetzes erforderlich sind. Die Finanzbehörden haben bei der Überprüfung der Angaben dieselben Befugnisse wie bei der Aufklärung der für die Besteuerung erheblichen Verhältnisse.

(6) Zur Erleichterung und Vereinfachung des automatisierten Besteuerungsverfahrens kann das Bundesministerium der Finanzen durch Rechtsverordnung mit Zustimmung des Bundesrates bestimmen, dass und unter welchen Voraussetzungen Steuererklärungen oder sonstige für das Besteuerungsverfahren erforderliche Daten ganz oder teilweise durch Datenfernübertragung oder auf maschinell verwertbaren Datenträgern übermittelt werden können. In der Rechtsverordnung können von den §§ 72a und 87b bis 87d abweichende Regelungen getroffen werden. Die Rechtsverordnung bedarf nicht der Zustimmung des Bundesrates, soweit die Kraftfahrzeugsteuer, die Luftverkehrsteuer, die Versicherungsteuer und Verbrauchsteuern, mit Ausnahme der Biersteuer, betroffen sind.

(7) Können Steuererklärungen, die nach amtlich vorgeschriebenem Vordruck abgegeben oder nach amtlich vorgeschriebenem Datensatz durch Datenfernübertragung übermittelt werden, nach § 155 Absatz 4 Satz 1 zu einer ausschließlich automationsgestützten Steuerfestsetzung führen, ist es dem Steuerpflichtigen zu ermöglichen, Angaben, die nach seiner Auffassung Anlass für eine Bearbeitung durch Amtsträger sind, in einem dafür vorgesehenen Abschnitt oder Datenfeld der Steuererklärung zu machen. Daten, die von mitteilungspflichtigen Stellen nach Maßgabe des § 93c an die Finanzverwaltung übermittelt wurden, gelten als Angaben des Steuerpflichtigen, soweit er nicht in einem dafür vorzusehenden Abschnitt oder Datenfeld der Steuererklärung abweichende Angaben macht.

(8) Ordnen die Steuergesetze an, dass die Finanzbehörde auf Antrag zur Vermeidung unbilliger Härten auf eine Übermittlung der Steuererklärung nach amtlich vorgeschriebenem Datensatz durch Datenfernübertragung verzichten kann, ist einem solchen Antrag zu entsprechen, wenn eine Erklärungsabgabe nach amtlich vorgeschriebenem Datensatz durch Datenfernübertragung für den Steuerpflichtigen wirtschaftlich oder persönlich unzumutbar ist. Dies ist insbesondere der Fall, wenn die Schaffung der technischen Möglichkeiten für eine Datenfernübertragung des amtlich vorgeschriebenen Datensatzes nur mit einem nicht unerheblichen finanziellen Aufwand möglich wäre oder wenn der Steuerpflichtige nach seinen individuellen Kenntnissen und Fähigkeiten nicht oder nur eingeschränkt in der Lage ist, die Möglichkeiten der Datenfernübertragung zu nutzen.

**Inhaltsübersicht**



## A. Abgabe nach amtlich vorgeschriebenem Vordruck

Steuererklärungen (zu Rechtsnatur und Zweck s. § 149 AO Rz. 1) sind »nach«, nicht »auf« amtlich vorgeschriebenem Vordruck (den das BMF in Abstimmung mit den obersten Finanzbehörden der Länder auflegt, s. zum Verfahren: *Schick*, StuW 1988, 306) abzugeben, soweit nicht eine elektronische Steuererklärung vorgeschrieben ist, eine Steuererklärung zulässigerweise freiwillig elektronisch abgegeben wird, eine mündliche oder konkludente Steuererklärung zugelassen ist oder eine Aufnahme an Amtsstelle nach § 151 AO in Betracht kommt. Möglich ist daher, dass eine Erklärung auf einem privat oder von 1 einem Dritten gedruckten Vordruck abgegeben wird, sofern dieser dem amtlichen Vordruck in allen Einzelheiten, d. h. auch in den Abmessungen, entspricht, wobei eine einseitig bedruckte Kopie auch ohne feste Verbindung der einzelnen Blätter ausreicht (BFH v. 22.05.2006, VI R 15/02, BStBl II 2007, 2; zu Besonderheiten bei USt-Voranmeldungen s. BMF v. 09.01.1992, IV A 5 – S 0082–27/91, BStBl I 1992, 82); ansonsten fehlt es an einer gültigen Steuererklärung (BFH v. 15.10.1998, IV R 18/98, BStBl II 1999, 286; zur Zulässigkeit eines Verspätungszuschlags: s. FG Nbg v. 31.01.1990, V 67/89, EFG 1990, 339). Eine Steuererklärung mittels Telefax ist daher ebenfalls zulässig (BFH v. 8.10.2014, VI R 82/13, BStBl II 2015, 359; zur USt-Voranmeldung s. BFH v. 04.07.2002, V R 31/01, BFH/NV 2002, 1270; zur Zulässigkeit bei Lohnsteuer- und Kapitalsteueranmeldungen s. BMF v. 20.01.2003, IV D 2 – S 0321–4/03, BStBl I 2003, 74). Zur Verwendung von Vordrucken des Vorjahres bei vorzeitiger Erklärungsanforderung s. FG Bln v. 16.12.1983, III 473/83, EFG 1984, 328. Die **inhaltliche Unrichtigkeit** einer Steuererklärung lässt sich nur dann der Nichtabgabe gleichsetzen, wenn die Unrichtigkeit ein solches Ausmaß hat, dass sie die Steuererklärung als völlig unzureichend erscheinen lässt, sodass die Finanzbehörde nicht einmal im Stande ist, das Verfahren zur Festsetzung der zutreffenden Steuer in Gang zu setzen (BFH v. 07.05.1992, V B 161/89, BFH/NV 1993, 141).

Zur Möglichkeit der elektronischen Übermittlung der Steuererklärung (§ 150 Abs. 1 Satz 2 AO) s. Rz. 11 und s. § 87a AO.

**1a** Einige Einzelsteuergesetze bestimmen, dass die Steuererklärungen zwingend auf elektronischem Weg abzugeben sind, vgl. § 18 Abs. 3 UStG, § 1a KStG, § 14a GewStG, § 181 Abs. 1 Nr. 2 AO. § 25 Abs. 4 EStG ordnet die elektronische Abgabe der Einkommensteuererklärung für diejenigen Stpfl. – ab 2011 verbindlich – an, die Gewinneinkünfte erzielen.

## B. Inhalt der Erklärungsvordrucke

**2** Welche **Fragen** der Stpfl. mit seiner Steuererklärung zu beantworten hat, ergibt sich aus dem amtlichen Vordruck. Die Antworten müssen für die Ermittlung der **steuerlichen Verhältnisse des Stpfl.** – nicht Dritter (ebenso: *Schindler* in Gosch, § 150 AO Rz. 15) – von Bedeutung sein können. Es darf allerdings auch nach Vorgängen oder Umständen gefragt werden, denen lediglich indizielle Bedeutung zukommt (*Seer* in Tipke/Kruse, § 150 AO Rz. 38). Zulässig sind auch Fragen nach einem möglichen dauernden Getrenntleben, sofern es für die Besteuerung von Bedeutung ist (a. A.: *Schick*, StuW 1988, 308), und nach der Religionszugehörigkeit. Darüber hinaus gestattet § 150 Abs. 5 Satz 1 AO Fragen für **statistische Zwecke** nach dem Gesetz über Steuerstatistiken. Nicht zulässig ist die Verfolgung allgemeiner statistischer Zwecke; der Zusammenhang mit allgemeinen Fragen der Besteuerung muss gewahrt bleiben. Auch Fragen, die auf die für die Ausbildungsförderung nach dem **BAföG** relevanten Angaben zielen, sind ausdrücklich zugelassen. Dabei werden die Finanzbehörden zur eigenständigen Aufklärung auch solcher Verhältnisse ermächtigt, die für die Besteuerung unerheblich sind (§ 150 Abs. 5 Sätze 2 und 3 AO). Zur Auskunftspflicht der Finanzbehörden in diesen Fällen s. § 21 Abs. 4 SGB X.

Soweit dies gesetzlich vorgeschrieben ist (s. § 18 UStG, § 31 Abs. 7 ErbStG), beschränkt sich die Steuererklärung inhaltlich nicht nur auf die vollständige Angabe der besteuerungserheblichen Tatsachen und sonstigen Umstände, sondern erfordert auch die Berechnung der geschuldeten Steuer durch den Erklärenden (§ 150 Abs. 1 Satz 3 AO: **Steueranmeldung** s. §§ 167, 168 AO). **3**

## C. Versicherung der Wahrheit

Gemäß § 150 Abs. 2 AO sind die Angaben in der Steuererklärung wahrheitsgemäß nach bestem Wissen und Gewissen zu machen. Eine derartige Verpflichtung kann sich naturgemäß nur auf **Tatsachen** beziehen (weitergehend auch für eine notwendige rechtliche Beurteilung: *Heuermann* in HHSp, § 150 AO Rz. 17 ff.). Zu steuerrechtlichen Folgen s. beispielsweise §§ 173 Abs. 1 Nr. 2, 233a und 162 AO. Zur Verantwortlichkeit für Angaben des Ehegatten im Rahmen einer **Zusammenveranlagung** s. § 149 AO Rz. 5. **4**

**»Vorläufige Steuererklärungen«** sieht das Gesetz nicht vor. Die Abgabe einer »vorläufigen« Steuererklärung stellt keine Erfüllung der Steuererklärungspflicht dar, sie kann daher grundsätzlich weder die Einleitung von Zwangsmaßnahmen gem. §§ 328 ff. AO noch die Festsetzung von Verspätungszuschlägen (§ 152 AO) oder die Schätzung der Besteuerungsgrundlagen (§ 162 AO) verhindern. Es ist jedoch zu prüfen, ob der Erklärende durch den Vermerk »vorläufig« nicht nur klarstellen wollte, dass bezüglich bestimmter erklärter Tatsachen noch eine Ungewissheit besteht, die erst später ausgeräumt werden kann. In einem solchen Fall handelt es sich nicht eigentlich um eine »vorläufige Steuererklärung«, sondern um die vollständige und endgültige Mitteilung aller für die Besteuerung bedeutsamen Tatsachen und Umstände, wie sie sich im Zeitpunkt der Erklärung darstellen. Eine solche Erklärung erfüllt die Steuererklärungspflicht gerade erst im vollen Umfang. Der Stpfl. könnte nicht mit Hinweis auf die bestehenden Unsicherheiten die Erklärungsabgabe verweigern. Unberührt bleibt die Verpflichtung zu entsprechenden Ergänzungen bei Wegfall der Ungewissheit. Eine in diesem Sinne zulässige »vorläufige Steuererklärung« liegt natürlich nicht vor, wenn der Verpflichtete die **5**

ihm verfügbaren oder in zumutbarer Weise beschaffbaren notwendigen Angaben zurückhält.

## D. Eigenhändige Unterschrift

6 § 150 Abs. 3 AO klärt Zweifelsfragen im Zusammenhang mit der in verschiedenen Einzelsteuergesetzen (s. z. B. § 25 Abs. 3 Sätze 4 und 5 EStG; § 14 a GewStG; § 18 Abs. 3 Satz 3 UStG, vgl. aber EuGH v. 03.12.2009, C-433/08, DStR 2010, 2593 zur Bestimmung für das Vorsteuervergütungsverfahren nach § 18 Abs. 9 Satz 2 Nr. 3 UStG) geforderten eigenhändigen Unterzeichnung der Steuererklärung (zum Zweck der eigenhändigen Unterzeichnung s. BFH v. 14.01.1998, X R 84/95, BStBl II 1999, 203 und dem entgegen BFH v. 22.05.2007, IX R 55/06, BStBl II 2007, 857). Eine Vertretung ist nicht uneingeschränkt zulässig; § 150 Abs. 3 AO ist insoweit **lex specialis zu § 80 Abs. 1 Satz 1 AO** (wobei § 150 Abs. 3 AO nicht eine mögliche Empfangsbevollmächtigung erfasst: s. FG BW v. 06.02.1991, 2 K 410/87, EFG 1992, 105). Fehlt die vorgeschriebene Unterschrift, ist die Steuererklärung unwirksam (BFH v. 26.03.1999, X B 196/98, BFH/NV 1999, 1309; BFH v. 22.05.2007, IX R 55/06, BStBl II 207, 857). Die Unwirksamkeit oder das Fehlen der Unterschrift bleibt ohne Einfluss auf die Wirksamkeit eines Steuerbescheids (BFH v. 28.02.2002, V R 42/01, BStBl II 2002, 642); zum Einfluss auf § 170 Abs. 2 Satz 1 Nr. 1 AO s. FG Sa v. 28.05.2003, 1 K 171/01, juris: STRE 200371204.

7 Zu den **Anforderungen an eine Unterschrift** s. § 64 FGO Rz. 4. Dem Erfordernis der eigenhändigen Unterschrift ist nicht genügt, wenn der Stpfl. auf einem Unterschriftsstreifen unterschreibt, der vom steuerlichen Berater nach Erstellung der Erklärung auf die für die Unterschriftsleistung vorgesehene Stelle des Erklärungsvordrucks geklebt wird (s. BFH v. 20.01.1984, VI R 16/82, BStBl II 1984, 436). Eine eigenhändige Unterschrift liegt auch dann vor, wenn die Steuererklärung per Telefax der Finanzbehörde übermittelt wird (BFH v. 8.10.2014, VI R 82/13, BStBl II 2015, 359; FG Bbg v. 24.02.2003, 1 K 57/02, EFG 2003, 777; *Kuhfus*, EFG 2007, 1518 m. w. N.; a. A. noch BFH v. 24.07.2003, III B 78/02, BFH/NV 2003, 1610 m. w. N.; FG SAnh v. 22.06.2006, 1 K 948/04, EFG 2007, 1518). In jedem Fall zulässig ist die Übermittlung einer Steuererklärung mittels Telefax, wenn eine eigenhändige Unterschrift nicht gefordert wird (z. B. USt- und LSt-Anmeldungen sowie Kapitalertragsteueranmeldungen), da die einfache Schriftform gewahrt ist (vgl. BFH v. 04.07.2002, V R 31/01, BStBl II 2003, 45; OFD Magdeburg v. 26.08.2004, IV D 2 – S 0321–4/03; juris, unter 3.5 ff.).

7a Zur Unterschrift bei einer elektronischen Übermittlung der Steuererklärung s. Rz. 11 ff. und s. § 87 a AO.

Eine zulässige **Stellvertretung** bei der Unterschriftsleistung erfordert, dass der handlungsfähige (s. § 149 AO Rz. 6) Erklärungspflichtige infolge seines körperlichen oder geistigen Zustandes (worunter nach FG Mchn v. 21.04.1998, 2 K 3415/96, EFG 1998, 1102 auch mangelnde Sprachkenntnisse fallen) oder durch längere Abwesenheit (s. dazu BFH v. 10.04.2002, VI R 66/98, BStBl II 2002, 455; enger BFH v. 29.03.2001, III R 48/98, BStBl II 2001, 629 zum InvZulG mit umfangreicher Darstellung der Meinungen im Schrifttum) an der Unterschrift gehindert ist. Ist die Behinderung lediglich vorübergehend, kann die Behörde bei Wegfall des Hinderungsgrundes die Nachholung der eigenhändigen Unterschrift verlangen. Für den Fall der Krankheit s. FG SAnh v. 04.05.2006, 1 K 378/02, EFG 2007, 4.

Die Unterzeichnung durch einen Bevollmächtigten ist außerdem nur dann zulässig, wenn das Vertretungsverhältnis offengelegt wird (BFH v. 10.04.2002, VI R 66/98, BStBl II 2002, 455). Unterzeichnet ein Dritter mit dem Namen des Stpfl. (verdeckte Stellvertretung), ist die Steuererklärung unwirksam (BFH v. 07.11.1997, VI R 45/97, BStBl II 1998, 54).

## E. Beizufügende Unterlagen

Die Steuererklärungspflicht umfasst auch die Verpflichtung, die nach den Steuergesetzen vorzulegenden Unterlagen beizufügen (§ 150 Abs. 4 Satz 1 AO). Die Pflicht zur Vorlage entsprechender Unterlagen überhaupt muss sich damit aus anderen Steuergesetzen ergeben. Hierzu gehören insbes. Bilanzen, Bescheinigungen und ggf. Belege (s. z. B. § 60 EStDV). Die Verpflichtung zur Vorlage der Unterlagen steht zwar im engen Zusammenhang mit der Steuererklärungspflicht; die Unterlagen sind jedoch **nicht Bestandteil der Steuererklärung**, sondern nur Beweismittel. Die Nichtvorlage der Unterlagen steht daher der Nichtabgabe der Steuererklärung nicht gleich, weshalb ein Verspätungszuschlag (§ 152 AO) nicht festgesetzt werden darf (h. M.; vorsichtiger: *Heuermann* in HHSp, § 150 AO Rz. 42 und § 152 AO Rz. 11). Die Vorlage der Unterlagen ist gleichwohl gem. §§ 328 ff. AO erzwingbar. Zur Abgabepflicht der »Anlagen EÜR« vgl. FG Münster v. 17.12.2008, 6 K 2187/08, EFG 2009, 818, BFH v. 16.11.2011, X R 18/09, BStBl II 2012, 129; vgl. ab 2011 § 60 Abs. 4 Satz 2 EStDV. 9

Nach § 150 Abs. 4 Satz 2 AO sind dritte Personen verpflichtet, die nach dem Gesetz **erforderlichen Bescheinigungen** auszustellen. Es handelt sich hierbei um einen Rechtsanspruch des Stpfl. gegenüber dem Dritten; dennoch kann die Finanzbehörde nach h. M. die Erfüllung erzwingen (s. *Seer* in Tipke/Kruse, § 150 AO Rz. 57). Zur digitalen Übermittlung von Zuwendungsbescheinigungen vgl. § 50 Abs. 1a EStDV. 10

### F. Steuererklärungen mittels Datenübertragung

11 § 150 Abs. 6 AO ermächtigt das BMF, von § 72a AO und §§ 87b bis 87d AO abweichende Regelungen zur Übermittlung von Steuererklärungen und sonstigen Daten mittels Datenübertragung zu erlassen. Eine Pflicht zur elektronischen Übermittlung begründet § 150 Abs. 6 AO nicht. Derartige Pflichten werden durch die Einzelsteuergesetze festgelegt (vgl. z. B. § 25 Abs. 4 EStG, § 31 Abs. 1a Satz 1 KStG, § 14a Satz 1 GewStG, § 18 Abs. 3 UStG).

Zu den Einzelheiten der elektronischen Übermittlung und zur Authentifizierung s. §§ 87a ff. AO.

Zur Rechtslage vor dem 01.01.2017 vgl. die Steuerdaten-ÜbermittlungsVO v. 28.01.2003, BGBl I 2003, 139 (geändert durch Gesetz v. 22.09.2005 [BGBl I 2005, 1809] sowie VO v. 20.12.2006 [BGBl I 2006, 3380] und VO vom 08.01.2009 [BGBl I 2009, 31] und 17.11.2010 [BGBl I 2010, 1544]), s. auch BMF v. 15.01.2007, IV C 6-O-2250-138/06, BStBl I 2007, 95.

12 § 150 Abs. 7 AO betrifft den Fall, dass es infolge der Steuererklärung zu einer ausschließlich automationsgestützten Steuerfestsetzung kommen kann. Sollte dieses möglich sein, ist vorzusehen, dass der Stpfl. individuelle, nicht maschinell verarbeitbare Angaben machen kann, damit die Erklärung aus der vollautomatischen Veranlagung »ausgesteuert« und personell bearbeitet wird (§ 155 Abs. 4 Satz 3 AO).

Zudem definiert § 150 Abs. 7 Satz 2 AO Daten, die nach § 93c AO von dritter Seite elektronisch übermittelt werden, als Angaben des Stpfl. selbst.

13 Eine Befreiung von der Pflicht zur elektronischen Übermittlung der Steuererklärung liegt, sofern das Einzelsteuergesetz eine Befreiungsmöglichkeit vorsieht (vgl. z. B. § 25 Abs. 4 Satz 2 EStG), im Ermessen der FinVerw, § 150 Abs. 8 AO. Voraussetzung ist, dass die geforderte elektronische Übermittlung persönlich oder wirtschaftlich unzumutbar ist (vgl. BFH v. 14.03.2012, XI R 33/09, BFH/NV 2012, 893 zu § 18 UStG; FG Ha v. 10.03.2005, II 51/05, EFG 2005, 992 mit Anm. *Büchter-Hole*). Dieses ist insbes. anzunehmen,

- wenn der Stpfl. nicht über die erforderliche technische Ausstattung verfügt und die Schaffung der technischen Möglichkeiten für eine Datenfernübertragung nur mit einem nicht unerheblichen finanziellen Aufwand möglich wäre oder
- wenn der Stpfl. nach seinen individuellen Kenntnissen und Fähigkeiten nicht oder nur eingeschränkt in der Lage ist, die Möglichkeiten der elektronischen Übertragung zu nutzen.

Diese Voraussetzungen liegen insbes. vor, wenn es sich um »Kleinstbetriebe« handelt (vgl. BT-Drs. 16/10940, 10). Der notwendige Antrag nach § 150 Abs. 8 AO kann auch konkludent (z. B. in Gestalt der Abgabe einer herkömmlichen Steuererklärung auf Papier, so BT-Drs. 16/10940, 10) gestellt werden.

## § 151 AO Aufnahme der Steuererklärung an Amtsstelle

**Eine Steuererklärung, die schriftlich oder elektronisch abzugeben ist, kann bei der zuständigen Finanzbehörde zur Niederschrift erklärt werden, wenn dem Steuerpflichtigen nach seinen persönlichen Verhältnissen weder die elektronische Übermittlung noch die Schriftform zuzumuten ist, insbesondere, wenn er nicht in der Lage ist, eine gesetzlich vorgeschriebene Selbstberechnung der Steuer vorzunehmen oder durch einen Dritten vornehmen zu lassen.**

Die Vorschrift räumt Stpfl., die unerfahren und unbeholfen sind, die Möglichkeit ein, ihre schriftlich oder elektronisch abzugebende Steuererklärung bei der zuständigen Finanzbehörde zur Niederschrift abzugeben. Voraussetzung für die Zulässigkeit dieses Verfahrens ist, dass die Schriftform oder die elektronische Übermittlung dem Pflichtigen nach seinen persönlichen Verhältnissen nicht zugemutet werden kann. Trifft diese Voraussetzung zu, hat der Verpflichtete einen Rechtsanspruch auf Vornahme der Niederschrift (Zumutbarkeit als unbestimmter Rechtsbegriff, s. § 5 AO Rz. 4).Ein grundsätzlicher Anspruch des Steuerpflichtigen, dass die Finanzbehörde eine Steuererklärung an Amtsstelle aufnimmt, besteht nicht (BFH v. 10.09.2015, X B 134/14, BFH/NV 2016, 54). Ist der Erklärungspflichtige **handlungsunfähig**, findet § 151 AO keine Anwendung, weil dann die gesetzlichen Vertreter zur Erklärungsabgabe verpflichtet sind (s. § 34 Abs. 1 Satz 1 AO). 1

Ob das Anfertigen der Steuererklärung **zumutbar** ist, hängt insbes. von der Schwierigkeit der abzugebenden Steuererklärung und den tatsächlichen Möglichkeiten ab, die dem Pflichtigen nach seinen persönlichen Verhältnissen zur Bewältigung dieser Schwierigkeiten zur Verfügung stehen. Entsprechend erwähnt das Gesetz ausdrücklich die gesetzlich vorgeschriebene Selbstberechnungserklärung (Steueranmeldung), deren Abgabe die Subsumtion der tatsächlichen Angaben unter steuerliche Vorschriften bedingt, die ein Mindestmaß an geistiger Gewandtheit voraussetzen. Die Arbeits- und Personallage der Finanzbehörden ist unerheblich (*Schindler* in Gosch, § 151 AO Rz. 6). 2

Im Rahmen der Zumutbarkeit ist auch zu prüfen, ob der Verpflichtete nach seinen persönlichen, d. h. seinen **finanziellen Verhältnissen** in der Lage ist, die geforderte Erklärung durch einen Dritten vornehmen zu lassen. 3

Dabei ist die Zumutbarkeit der von der Behörde gestellten Anforderungen stets nur in Bezug auf den Erklärungspflichtigen maßgebend und daher die Möglichkeit der Inanspruchnahme unentgeltlicher Hilfe von Angehörigen, Freunden usw. außer Betracht zu lassen (a. A. s. FG BW v. 19.01.2001, 10 K 12/98, EFG 2001, 542: Liquidator ist zum Einsatz eigener Mittel verpflichtet). Damit betrifft die Zumutbarkeit der Inanspruchnahme der Hilfe eines Dritten die Frage, ob der Erklärungspflichtige nach seinen wirtschaftlichen Verhältnissen in der Lage ist, sich der Hilfe eines Angehörigen der steuerberatenden Berufe oder eines anderen zur Hilfeleistung in Steuersachen befugten Dritten zu bedienen und ob die hierfür erforderlichen Aufwendungen in einem vernünftigen Verhältnis zur Bedeutung der abzugebenden Erklärung stehen.

4 Die von dem Bediensteten – nach amtlich vorgeschriebenen Vordruck (§ 150 Abs. 1 Satz 1 AO) – gefertigte Erklärung ist vom Erklärungspflichtigen eigenhändig zu unterschreiben.

## § 152 AO Verspätungszuschlag

**(1) Gegen denjenigen, der seiner Verpflichtung zur Abgabe einer Steuererklärung nicht oder nicht fristgemäß nachkommt, kann ein Verspätungszuschlag festgesetzt werden. Von der Festsetzung eines Verspätungszuschlags ist abzusehen, wenn die Versäumnis entschuldbar erscheint. Das Verschulden eines gesetzlichen Vertreters oder eines Erfüllungsgehilfen steht dem eigenen Verschulden gleich.**

**(2) Der Verspätungszuschlag darf 10 % der festgesetzten Steuer oder des festgesetzten Messbetrags nicht übersteigen und höchstens 25 000 Euro betragen. Bei der Bemessung des Verspätungszuschlags sind neben seinem Zweck, den Steuerpflichtigen zur rechtzeitigen Abgabe der Steuererklärung anzuhalten, die Dauer der Fristüberschreitung, die Höhe des sich aus der Steuerfestsetzung ergebenden Zahlungsanspruchs, die aus der verspäteten Abgabe der Steuererklärung gezogenen Vorteile, sowie das Verschulden und die wirtschaftliche Leistungsfähigkeit des Steuerpflichtigen zu berücksichtigen.**

**(3) Der Verspätungszuschlag ist regelmäßig mit der Steuer oder dem Steuermessbetrag festzusetzen.**

**(4) Bei Steuererklärungen für gesondert festzustellende Besteuerungsgrundlagen gelten die Absätze 1 bis 3 mit der Maßgabe, dass bei Anwendung des Absatzes 2 Satz 1 die steuerlichen Auswirkungen zu schätzen sind.**

**(5) Das Bundesministerium der Finanzen kann zum Verspätungszuschlag, insbes. über die Festsetzung im automatisierten Besteuerungsverfahren, allgemeine Verwaltungsvorschriften mit Zustimmung des Bundesrates erlassen. Diese können auch bestimmen, unter welchen Voraussetzungen von der Festsetzung eines Verspätungszuschlags abgesehen werden soll. Die allgemeinen Verwaltungsvorschriften bedürfen nicht der Zustimmung des Bundesrates, soweit sie Einfuhr- und Ausfuhrabgaben und Verbrauchsteuern betreffen (Absatz 5 mit Wirkung v. 30.06.2013 aufgehoben).**

**Für Steuererklärungen, die nach dem 31.12.2018 einzureichen sind, gilt folgende Fassung:**

**(1) Gegen denjenigen, der seiner Verpflichtung zur Abgabe einer Steuererklärung nicht oder nicht fristgemäß nachkommt, kann ein Verspätungszuschlag festgesetzt werden. Von der Festsetzung eines Verspätungszuschlags ist abzusehen, wenn der Erklärungspflichtige glaubhaft macht, dass die Verspätung entschuldbar ist; das Verschulden eines Vertreters oder eines Erfüllungsgehilfen ist dem Erklärungspflichtigen zuzurechnen.**

**(2) Abweichend von Absatz 1 ist ein Verspätungszuschlag festzusetzen, wenn eine Steuererklärung, die sich auf ein Kalenderjahr oder auf einen gesetzlich bestimmten Zeitpunkt bezieht,**

1. **nicht binnen 14 Monaten nach Ablauf des Kalenderjahrs oder nicht binnen 14 Monaten nach dem Besteuerungszeitpunkt,**
2. **in den Fällen des § 149 Absatz 2 Satz 2 nicht binnen 19 Monaten nach Ablauf des Kalenderjahrs oder nicht binnen 19 Monaten nach dem Besteuerungszeitpunkt oder**
3. **in den Fällen des § 149 Absatz 4 nicht bis zu dem in der Anordnung bestimmten Zeitpunkt**

**abgegeben wurde.**

**(3) Absatz 2 gilt nicht,**

1. **wenn die Finanzbehörde die Frist für die Abgabe der Steuererklärung nach § 109 verlängert hat oder diese Frist rückwirkend verlängert,**
2. **wenn die Steuer auf null Euro oder auf einen negativen Betrag festgesetzt wird,**
3. **wenn die festgesetzte Steuer die Summe der festgesetzten Vorauszahlungen und der anzurechnenden Steuerabzugsbeträge nicht übersteigt oder**

4. bei jährlich abzugebenden Lohnsteueranmeldungen.

(4) Sind mehrere Personen zur Abgabe einer Steuererklärung verpflichtet, kann die Finanzbehörde nach ihrem Ermessen entscheiden, ob sie den Verspätungszuschlag gegen eine der erklärungspflichtigen Personen, gegen mehrere der erklärungspflichtigen Personen oder gegen alle erklärungspflichtigen Personen festsetzt. Wird der Verspätungszuschlag gegen mehrere oder gegen alle erklärungspflichtigen Personen festgesetzt, sind diese Personen Gesamtschuldner des Verspätungszuschlags. In Fällen des § 180 Absatz 1 Satz 1 Nummer 2 Buchstabe a ist der Verspätungszuschlag vorrangig gegen die nach § 181 Absatz 2 Satz 2 Nummer 4 erklärungspflichtigen Personen festzusetzen.

(5) Der Verspätungszuschlag beträgt vorbehaltlich des Satzes 2, der Absätze 8 und 13 Satz 2 für jeden angefangenen Monat der eingetretenen Verspätung 0,25 Prozent der festgesetzten Steuer, mindestens jedoch 10 Euro für jeden angefangenen Monat der eingetretenen Verspätung. Für Steuererklärungen, die sich auf ein Kalenderjahr oder auf einen gesetzlich bestimmten Zeitpunkt beziehen, beträgt der Verspätungszuschlag für jeden angefangenen Monat der eingetretenen Verspätung 0,25 Prozent der um die festgesetzten Vorauszahlungen und die anzurechnenden Steuerabzugsbeträge verminderten festgesetzten Steuer, mindestens jedoch 25 Euro für jeden angefangenen Monat der eingetretenen Verspätung. Wurde ein Erklärungspflichtiger von der Finanzbehörde erstmals nach Ablauf der gesetzlichen Erklärungsfrist zur Abgabe einer Steuererklärung innerhalb einer dort bezeichneten Frist aufgefordert und konnte er bis zum Zugang dieser Aufforderung davon ausgehen, keine Steuererklärung abgeben zu müssen, so ist der Verspätungszuschlag nur für die Monate zu berechnen, die nach dem Ablauf der in der Aufforderung bezeichneten Erklärungsfrist begonnen haben.

(6) Für Erklärungen zur gesonderten Feststellung von Besteuerungsgrundlagen, für Erklärungen zur Festsetzung des Gewerbesteuermessbetrags und für Zerlegungserklärungen gelten vorbehaltlich des Absatzes 7 die Absätze 1 bis 3 und Absatz 4 Satz 1 und 2 entsprechend. Der Verspätungszuschlag beträgt für jeden angefangenen Monat der eingetretenen Verspätung 25 Euro.

(7) Für Erklärungen zu gesondert festzustellenden einkommensteuerpflichtigen oder körperschaftsteuerpflichtigen Einkünften beträgt der Verspätungszuschlag für jeden angefangenen Monat der eingetretenen Verspätung 0,0625 Prozent der positiven Summe der festgestellten Einkünfte, mindestens jedoch 25 Euro für jeden angefangenen Monat der eingetretenen Verspätung.

(8) Absatz 5 gilt nicht für vierteljährlich oder monatlich abzugebende Steueranmeldungen sowie für nach § 41a Absatz 2 Satz 2 zweiter Halbsatz des Einkommensteuergesetzes jährlich abzugebende Lohnsteueranmeldungen. In diesen Fällen sind bei der Bemessung des Verspätungszuschlags die Dauer und Häufigkeit der Fristüberschreitung sowie die Höhe der Steuer zu berücksichtigen.

(9) Bei Nichtabgabe der Steuererklärung ist der Verspätungszuschlag für einen Zeitraum bis zum Ablauf desjenigen Tages zu berechnen, an dem die erstmalige Festsetzung der Steuer wirksam wird. Gleiches gilt für die Nichtabgabe der Erklärung zur Festsetzung des Gewerbesteuermessbetrags, der Zerlegungserklärung oder der Erklärung zur gesonderten Feststellung von Besteuerungsgrundlagen.

(10) Der Verspätungszuschlag ist auf volle Euro abzurunden und darf höchstens 25 000 Euro betragen.

(11) Die Festsetzung des Verspätungszuschlags soll mit dem Steuerbescheid, dem Gewerbesteuermessbescheid oder dem Zerlegungsbescheid verbunden werden; in den Fällen des Absatzes 4 kann sie mit dem Feststellungsbescheid verbunden werden.

(12) Wird die Festsetzung der Steuer oder des Gewerbesteuermessbetrags oder der Zerlegungsbescheid oder die gesonderte Feststellung von Besteuerungsgrundlagen aufgehoben, so ist auch die Festsetzung eines Verspätungszuschlags aufzuheben. Wird die Festsetzung der Steuer, die Anrechnung von Vorauszahlungen oder Steuerabzugsbeträgen auf die festgesetzte Steuer oder in den Fällen des Absatzes 7 die gesonderte Feststellung einkommensteuerpflichtiger oder körperschaftsteuerpflichtiger Einkünfte geändert, zurückgenommen, widerrufen oder nach § 129 berichtigt, so ist ein festgesetzter Verspätungszuschlag entsprechend zu ermäßigen oder zu erhöhen, soweit nicht auch nach der Änderung oder Berichtigung die Mindestbeträge anzusetzen sind. Ein Verlustrücktrag nach § 10d Absatz 1 des Einkommensteuergesetzes oder ein rückwirkendes Ereignis im Sinne des § 175 Absatz 1 Satz 1 Nummer 2 oder Absatz 2 sind hierbei nicht zu berücksichtigen.

**(13) Die Absätze 2, 4 Satz 2, Absatz 5 Satz 2 sowie Absatz 8 gelten vorbehaltlich des Satzes 2 nicht für Steuererklärungen, die gegenüber den Hauptzollämtern abzugeben sind. Für die Bemessung des Verspätungszuschlags zu Steuererklärungen zur Luftverkehrsteuer gilt Absatz 8 Satz 2 entsprechend.**

**Inhaltsübersicht**



**Schrifttum**

Lemaire, Ärgernis Verspätungszuschlag, AO-StB 2002, 229; Loschelder, Rechtsschutz gegen Verspätungszuschläge, AO-StB 2002, 422; Bruschke, Der Verspätungszuschlag nach § 152 AO – Voraussetzungen und Abwehrmaßnahmen, DStZ 2007, 22; Jansen, Angriffsmöglichkeiten eines beibehaltenen Verspätungszuschlags im Änderungsbescheid – Alte und neue Rechtslage, DStR 2017, 1135.

## A. Zweck und Rechtsnatur des Verspätungszuschlags

1 Der Verspätungszuschlag dient dazu, den rechtzeitigen Eingang der Steuererklärungen und damit auch die rechtzeitige Festsetzung und Erhebung der Steuer sicherzustellen. Er dient somit dazu, den **ordnungsgemäßen Gang der Veranlagung** zu sichern, insbes. dadurch, dass schon die Möglichkeit der Festsetzung des Zuschlags einer nachlässigen Erfüllung der Erklärungspflicht vorbeugt und seine Festsetzung den Betroffenen zu zukünftiger ordnungsgemäßer Einhaltung der Fristen anhält. Der Verspätungszuschlag hat insoweit zugleich **repressiven als auch präventiven Charakter** und ist ein auf die Bedürfnisse des Steuerrechts zugeschnittenes Druckmittel eigener Art (BFH v. 26.09.2001, IV R 29/00, BStBl II 2002, 120 m. w. N.). Es ist weder als **Strafe** noch als **Bußgeld zu werten** und verfassungsrechtlich nicht zu beanstanden (BVerfG v. 19.02.1987, 1 BvR 1323/86, ZKF 1988, 65; BFH v. 30.11.2001, IV B 30/01, BFH/NV 2002, 475 m. w. N.).

2 Der Verspätungszuschlag ist **steuerliche Nebenleistung** (§ 3 Abs. 4 Nr. 2 AO), weshalb das Aufkommen nach § 3 Abs. 5 Satz 5 AO der verwaltenden Körperschaft zusteht (Ausnahme: § 14b GewStG). Die Verpflichtung zur Zahlung eines Verspätungszuschlags geht auf den Erben über (s. § 45 AO Rz. 5 ff.).

## B. Verhältnis zu anderen Maßnahmen

3 Der Einsatz von **Zwangsmitteln i. S. des §§ 328ff. AO** schließt die Verhängung eines Verspätungszuschlags nicht aus (BFH v. 29.03.2007, IX R 9/05, BFH/NV 2007, 1617). Nach überwiegender Auffassung ist aber zu beachten, dass die Kumulation beider Druckmittel nicht zu einer Verletzung des Übermaßverbots führen darf (*Seer* in Tipke/Kruse, § 152 AO Rz. 4 m. w. N.; a. A. *Heuermann* in HHSp, § 152 AO Rz. 5), womit allerdings keine vollständige Anrechnung verlangt wird.

3a Auch das Verzögerungsgeld nach § 146 Abs. 2b AO ist neben dem Verspätungszuschlag anwendbar, da beide Sanktionen Verstöße gegen unterschiedliche Pflichten ahnden (§ 146 Abs. 2b AO: Erfüllung von Buchführungspflichten; § 152 AO: Erfüllung von Erklärungspflichten).

4 Die Festsetzung eines Verspätungszuschlags hindert eine Verfolgung des Betroffenen im **Straf- und Bußgeldverfahren (§§ 369ff. AO)** im Hinblick auf das die Festsetzung des Verspätungszuschlags auslösende Verhalten

nicht (mangels Strafcharakters des Verspätungszuschlags kein Verstoß gegen Art. 103 Abs. 3 GG). Die Verhängung des Verspätungszuschlags durch die Verwaltungsbehörde verstößt nicht gegen Art. 92 GG (BVerfG v. 19.10.1966, 2 BvR 652/65, BStBl III 1967, 166).

5 Die Regelungen zur **Vollverzinsung (§ 233a AO)** beeinflussen die Festsetzung eines Verspätungszuschlags nur insoweit, als bei der Bemessung des Verspätungszuschlags der gezogene Zinsvorteil des Steuerpflichtigen nur berücksichtigt werden darf, soweit dieser nicht schon durch § 233a AO abgeschöpft wird. Selbst wenn kein Zinsvorteil verbleibt, schließt § 233a AO die Festsetzung eines Verspätungszuschlags nicht aus (s. BFH v. 14.06.2000, X R 56/98, BStBl II 2001, 60; AEAO zu § 152, Nr. 8). § 152 AO ist auch angesichts der Regelung des § 233a AO verfassungskonform (BFH v. 07.09.2006, V B 203, 204/05, BFH/NV 2006, 2312 m.w.N.).

## C. Voraussetzungen für die Festsetzung

### I. Verstoß gegen die Steuererklärungspflicht

6 Voraussetzung für die Festsetzung eines Verspätungszuschlags ist, dass derjenige, gegen den der Zuschlag verhängt werden soll, seiner Verpflichtung zur Abgabe einer Steuererklärung (dazu s. § 149 AO Rz. 4 ff.; vgl. aber die Ausnahme in § 18a Abs. 11 UStG für Zusammenfassende Meldungen) nicht oder nicht **fristgemäß** nachgekommen ist (§ 152 Abs. 1 Satz 1 AO). Die Erklärungsfrist ist die gesetzlich bestimmte oder vom FA gewährte Frist. Wegen der Möglichkeit der Fristverlängerung s. § 109 AO. Nach § 109 Abs. 1 Satz 2 AO kann eine Verlängerung auch nachträglich ausgesprochen werden; geschieht dies und wird die Erklärung innerhalb der verlängerten Frist eingereicht, ist für die Festsetzung eines Verspätungszuschlags kein Raum. Die Frist ist stets nur dann gewahrt, wenn die Erklärung vor dem Ablauf der Erklärungsfrist bei der zuständigen Finanzbehörde eingeht.

7 Grundsätzlich ist die Festsetzung eines Verspätungszuschlags gerechtfertigt, wenn eine Erklärung nicht nach **amtlich vorgeschriebenem Vordruck** oder trotz entsprechender Verpflichtung nicht elektronisch eingereicht wird (dazu s. § 150 AO Rz. 1 und 1a). Etwas anderes kann im Einzelfall gelten, wenn die Abweichungen gering sind und die Verwertung der Erklärung mit Hilfe der von der Finanzbehörde eingesetzten technischen Hilfsmittel entweder dennoch möglich ist oder die Finanzbehörde die elektronischen Erklärungen tatsächlich nicht maschinell bearbeiten kann. Zweifelhaft ist, ob ein Verspätungszuschlag festgesetzt werden kann, wenn lediglich eine **»vorläufige Steuererklärung«** (dazu s. § 150 AO Rz. 5) oder eine **unvollständige Steuerklärung** abgegeben wird (dazu s. § 150 AO Rz. 1). Wird eine erforderliche **Unterschrift** nach Aufforderung nachgeholt, liegt erst dann eine wirksame Steuererklärung vor (auch s. § 150 AO Rz. 6 ff.); die Festsetzung eines Verspätungszuschlags dürfte aber in der Regel nicht ermessensgerecht sein (s. auch *Brehm*, DStZ 1995, 498). Das Fehlen der nach § 150 Abs. 4 AO **beizufügenden Unterlagen** rechtfertigt keinen Verspätungszuschlag (s. § 150 AO Rz. 9).

### II. Verschulden

Die Festsetzung eines Verspätungszuschlags ist ausgeschlossen, wenn das Versäumnis entschuldbar erscheint. Schuldhaft handelt, wer die erforderliche und ihm nach seinen persönlichen Verhältnissen (und nicht die nach den Verhältnissen eines Durchschnittsbürgers) zumutbare Sorgfalt außer Acht lässt (s. BFH v. 11.12.1991, I R 73/90, BFH/NV 1992, 577, 79 sowie zu Einzelheiten des Verschuldensbegriffs s. § 110 AO Rz. 8 ff.). Lässt der Erklärungspflichtige die Frist zur Abgabe einer Erklärung bewusst verstreichen, handelt er auch dann nicht entschuldbar i.S. des § 152 Abs. 1 AO, wenn er rechtsirrtümlich annahm, ein Verspätungszuschlag werde bei einer zu erwartenden Erstattung nicht festgesetzt (BFH v. 26.04.1989, I R 10/85, BStBl II 1989, 693). Das Verschulden eines **gesetzlichen Vertreters** oder eines **Erfüllungsgehilfen** steht gem. § 152 Abs. 1 Satz 3 AO dem eigenen Verschulden gleich. Erfüllungsgehilfe ist eine Person, deren sich der Verpflichtete zur Erfüllung seiner Verpflichtung bedient, d.h. die mit Willen des Verpflichteten rein tatsächlich bei der Erfüllung tätig wird (näher s. § 110 AO Rz. 8, die dortige Auslegung des Begriffs »Vertreter« ist ebenso für das Verständnis des Merkmals »Erfüllungsgehilfe« maßgeblich). Das Verschulden des Erfüllungsgehilfen ist auch dann dem Verpflichteten zuzurechnen, wenn diesem hinsichtlich der Auswahl und Unterrichtung des Erfüllungsgehilfen kein Schuldvorwurf gemacht werden kann. Dieses Fehlen jeder Exculpationsmöglichkeit hat zur Folge, dass solchen Umständen nur im Zusammenhang mit den für die Ausübung des Ermessens maßgebenden Gesichtspunkten Rechnung getragen werden kann. Bei **zusammenveranlagten Eheleuten** wird das Verschulden gegenseitig zugerechnet (BFH v. 27.05.2009, X R 45/08, BFH/NV 2009, 1592; BFH v. 14.06.2000, X R 56/98, BStBl II 2001, 60). Arbeitsüberlastung des Vertreters entschuldigt grds. nicht (BFH v. 29.09.1989, III R 159/86, BFH/NV 1990, 615; s. FG He v. 08.02.1993, 4 K 513/92, EFG 1994, 378; zu Ausnahmefällen s. FG Nds v. 24.01.1978, VI 245/77, EFG 1978, 416; s. FG BW v. 20.06.1996, 14 K 41/92, EFG 1997, 259). 8

Ob ein Verschulden vorliegt, ist **Rechts-, nicht Ermessensfrage** (BFH v. 20.01.1993, I R 117/91, BFH/NV 1994, 359). Der Verpflichtete hat die ihn entschuldigenden Tatsachen – soweit diese nicht aus den Akten ersichtlich sind 9

– substantiiert darzulegen und glaubhaft zu machen (BFH v. 08.08.1988, V R 19/83, BStBl II 1988, 929; zur Glaubhaftmachung s. § 110 AO Rz. 37).

## D. Ermessensentscheidung

10 Liegen die Voraussetzungen für die Festsetzung eines Verspätungszuschlags vor, hat die Finanzbehörde nach **pflichtgemäßem Ermessen** (§ 5 AO) darüber zu entscheiden, ob ein Verspätungszuschlag festgesetzt wird (Entschließungsermessen) und in welcher Höhe dieses geschieht (Auswahlermessen). Für beide Ermessensentscheidungen bezeichnet § 152 Abs. 2 Satz 2 AO die zu berücksichtigenden Gesichtspunkte; sie müssen beachtet werden, *um* dem Gesetzeszweck gerecht zu werden (so auch entgegen dem missglückten Wortlaut der von *»neben«* spricht: *Seer* in Tipke/Kruse, § 152 AO Rz. 29 m. w. N.). Darüber hinaus enthält § 152 Abs. 2 Satz 1 AO zu beachtende Ermessensgrenzen. Strategien zur Vermeidung eines Verspätungszuschlags finden sich bei *Lemaire*, AO-St 2002, 229.

### I. Entschließungsermessen

11 Ob die Finanzbehörde überhaupt einen Verspätungszuschlag festsetzt, liegt in ihrem Ermessen, von dem sie dem Zweck der Ermächtigung (dazu s. Rz. 1) entsprechend und damit auch unter Berücksichtigung der in § 152 Abs. 2 Satz 2 AO vorgegebenen Kriterien (dazu s. Rz. 16 ff.) Gebrauch zu machen hat (BFH v. 11.06.1997, X R 14/95, BStBl II 1997, 642). Nicht erforderlich ist jedoch, dass sich die Fristüberschreitung tatsächlich auf das Veranlagungsverfahren i. S. einer **Verzögerung** ausgewirkt hat (BFH v. 26.06.2002, IV R 63/00, BStBl II 2002, 679; BFH v. 10.10.2001, XI R 41/00, BStBl II 2002, 124; a. A. *Seer* in Tipke/Kruse, § 152 AO Rz. 23 f. m. w. N.). Zu den einzelnen Gesichtspunkten der Ermessensausübung vgl. BFH v. 28.03.2007, IX R 22/05, BFH/NV 2007, 1450.

12 Selbst bei einer **kurzen Fristüberschreitung** kann die Festsetzung ermessensgerecht sein. Gleiches gilt für den Fall der erstmaligen Fristüberschreitung (BFH v. 11.06.1997, X R 14/95, BStBl II 1997, 642). Führt die Steuerfestsetzung zu einer **Erstattung**, schließt dieses die Festsetzung eines Verspätungszuschlags nicht aus (BFH v. 26.06.2002, IV R 63/00, BStBl II 2002, 679; a. A. *Brockmeyer* in Klein, 9. Aufl., § 152 AO Rz. 9). Anders ist es wegen des Wortlauts des § 152 Abs. 2 Satz 1 AO bei einer Festsetzung der Steuer auf 0 EUR (BFH v. 26.06.2002, IV R 63/00, BStBl II 2002, 679). Zur Kritik an den aus der gesetzlichen Regelung resultierenden Folgen s. *Rätke* in Klein, § 152 AO Rz. 15. Zum Fall der fehlenden **Unterschrift** s. Rz. 7.

### II. Auswahlermessen

#### 1. Ermessensgrenzen

Die Höhe des festzusetzenden Verspätungszuschlags ist **doppelt begrenzt**. Er darf höchstens 10 % der festgesetzten Steuer (und nicht des »Zahlbetrages«, BFH v. 19.11.2013, XI B 50/13, BFH/NV 2014, 295) oder des festgesetzten Messbetrags und zudem höchstens 25 000 EUR betragen (§ 152 Abs. 2 Satz 1 AO). In Verfahren über die gesonderte Feststellung von Besteuerungsgrundlagen sind die steuerlichen Auswirkungen zu schätzen (§ 152 Abs. 4 AO, s. Rz. 20 f.). Unerheblich ist, ob die Festsetzung der Steuer unter dem Vorbehalt der Nachprüfung steht oder vorläufig erfolgt. Zu möglichen Folgen einer Änderung der Steuerfestsetzung s. Rz. 31 f. 13

Der **Höchstbetrag** von 25 000 EUR kann auch dadurch ausgeschöpft werden, dass ein Verspätungszuschlag von bspw. 4 % ermessensgerecht ist, dieser jedoch den Betrag von 25 000 EUR übersteigt; der absolute Höchstbetrag stellt damit – anders als der Satz von 10 %, der auch Orientierungsmaßstab für die Bemessung des Verspätungszuschlags sein kann – eine Kappungsgrenze dar (*Seer* in Tipke/Kruse, § 152 AO Rz. 40 ff., s. auch BFH v. 11.06.1997, X R 14/95, BStBl II 1997, 642). 14

Die Festsetzung von Verspätungszuschlägen wegen verspäteter Abgabe von **Steuervoranmeldungen** hindert die Finanzbehörde nicht, wegen verspäteter oder Nichtabgabe der **Jahreserklärung** wiederum einen Verspätungszuschlag festzusetzen (s. BFH v. 16.05.1995, XI R 73/94, BStBl II 1996, 259, auch zu den Auswirkungen auf die Höhe der Verspätungszuschläge zu den geschätzten USt-Voranmeldungsbeträgen im Hinblick auf die relative Grenze des § 152 Abs. 2 AO); gleiches gilt für das Verhältnis von **Feststellungsverfahren** (§ 179 ff. AO) zu **Steuerfestsetzungsverfahren**. Hierbei ist jede Pflichtwidrigkeit für sich allein zu beurteilen. Die absolute Höchstgrenze von 25 000 EUR gilt nur in Bezug auf den einzelnen Verspätungszuschlag. Auch kann die Summe der festgesetzten Verspätungszuschläge die Grenze von 10 % der Jahressteuer überschreiten (a. A. *Mösbauer* in K/S, § 152 AO Rz. 10). Allerdings ist im Rahmen der Ermessensausübung die mit der Grenze von 10 % vorgegebene Wertung des Gesetzgebers angemessen zu berücksichtigen. 15

#### 2. Zu berücksichtigende Ermessenskriterien

Für die Ermessensausübung anlässlich der Entscheidung, in welcher Höhe der Verspätungszuschlag im Einzelfall festgesetzt werden soll, sind nach § 152 Abs. 2 Satz 2 AO neben dem Zweck des Verspätungszuschlags (dazu s. Rz. 1; zum Inhalt des missglückten Wortlauts s. Rz. 10) die Dauer der Fristüberschreitung, die Höhe des sich aus der Steuerfestsetzung ergebenden Zahlungsanspruchs (vgl. BFH v. 15.03.2007, VI R 29/05, BFH/NV 2007, 16

1076), die aus der verspäteten Abgabe der Steuererklärung gezogenen Vorteile sowie das Verschulden und die wirtschaftliche Leistungsfähigkeit zu berücksichtigen. Dabei sind die in § 152 Abs. 2 Satz 2 AO genannten Kriterien grundsätzlich **gleichwertig**; ihnen kann jedoch im jeweiligen Einzelfall unterschiedliches Gewicht zukommen. Auch ist es möglich, dass einzelne Kriterien ganz ohne Auswirkung auf die Bemessung bleiben. Die Finanzbehörde muss dennoch bei ihrer Entscheidung alle ausdrücklich und abschließend aufgeführten Kriterien beachten und das Für und Wider ihrer Berücksichtigung gegeneinander abwägen (s. grundsätzlich: BFH v. 14.06.2000, X R 56/98, BStBl II 2001, 60, BFH v. 11.06.1997, X R 14/95, BStBl II 1997, 642 und BFH v. 28.03.2007, IX R 22/05, BFH/NV 2007, 1450).

**17** Die für die Bemessung des Verspätungszuschlags maßgeblichen Erwägungen hat die Finanzbehörde nach Maßgabe der §§ 121, 126 Abs. 1 Nr. 2, Abs. 2 AO in dem Festsetzungsbescheid **darzulegen** (BFH v. 11.06.1997, X R 14/95, BStBl II 1997, 642; zum Begründungsumfang bei Kleinbeträgen oder Massenverfahren s. BFH v. 08.08.1988, V R 19/83, BStBl II 1988, 929). Berücksichtigt die Finanzbehörde nicht alle aufgeführten Kriterien oder sind nicht alle Sachverhaltsumstände, die diese Kriterien ausfüllen, bekannt, liegt ein Ermessensfehlgebrauch vor (BFH v. 15.03.2007, VI R 29/05, BFH/NV 2007, 1076; BFH v. 14.06.2000, X R 56/98, BStBl II 2001, 60; BFH v. 11.06.1997, X R 14/95, BStBl II 1997, 642).

**18** Die Festsetzung mittels **automatisierter Verfahren** ist nur zulässig, solange die Datenverarbeitungsanlage lediglich Vorschläge fertigt, die ein Hilfsmittel für die vom Amtsträger zu treffende Ermessensentscheidung darstellen, eingehend: s. FG Ddorf v. 13.07.2000, 18 K 8833/99, EFG 2001, 119 m. w. N., vgl. auch BFH v. 28.03.2007, IX R 22/05, BFH/NV 2007, 1450. Soweit zur Ausübung des Ermessens Berechnungskriterien vorgegeben werden (vgl. AO-Karten; NRW § 152 AO Karte 801), können diese die anzustellenden Ermessenserwägungen nicht ersetzen und auch nicht zwingend vorgeben (vgl. FG Münster v. 19.04.2013, 14 K 1495/12, EFG 2013, 1189).

**19** Zu den Gesichtspunkten im Einzelnen:

Die **Dauer der Fristüberschreitung** beeinflusst die Höhe des festzusetzenden Zuschlags ebenso wie die Höhe des sich aus der Steuerfestsetzung ergebenden **Zahlungsanspruchs**, d. h. des noch zu erfüllenden Anspruchs (BFH v. 08.12.1988, V R 169/83, BStBl II 1989, 231, wobei im Einzelfall der Verspätungszuschlag die zu leistende Zahlung übersteigen kann, BFH v. 14.04.2011, V B 100/10, BFH/NV 2011, 1288). Als durch die verspätete Abgabe gezogene **Vorteile** sind nicht nur Zinsvorteile, sondern auch ggf. vorhandene Liquiditäts- oder Wettbewerbsvorteile anzusehen (*Seer* in Tipke/Kruse, § 152 AO Rz. 32). Zur Ermittlung des Zinsvorteils s. BFH v. 14.06.2000, X R 56/98, BStBl II 2001, 60 und BFH v. 26.04.1995, I R 28/94, BStBl II 1995, 680; zur Begrenzung des zu berücksichtigenden Zinsvorteils durch § 233a AO s. Rz. 5. Der **Grad des Verschuldens** bildet naturgemäß einen gewichtigen Teil der von der Finanzbehörde anzustellenden Überlegungen. Die angeordnete Rücksichtnahme auf die wirtschaftliche **Leistungsfähigkeit** des Stpfl. steht in untrennbarem Zusammenhang mit dem Zweck der Zuschlagsfestsetzung. Je leistungsfähiger der Betroffene ist, um so höher wird der Zuschlag sein müssen, um die beabsichtigte Wirkung zu erzielen (*Seer* in Tipke/Kruse, § 152 AO Rz. 34). Eine ungewöhnlich späte Bearbeitung der Steuererklärung kann im Rahmen der Ermessensausübung zu berücksichtigen sein (BFH v. 10.02.2005, VI B 108/04, BFH/NV 2005, 1003).

## E. Besonderheiten bei gesondert festzustellenden Besteuerungsgrundlagen

§ 152 Abs. 4 AO stellt klar, dass Verspätungszuschläge auch dann festgesetzt werden können, wenn die Verpflichtung zur Abgabe von Steuererklärungen für gesondert festzustellende Besteuerungsgrundlagen nicht oder nicht fristgemäß erfüllt wird (§ 180 AO). Für die Bemessung der aufgrund entsprechender Pflichtverletzungen festzusetzenden Verspätungszuschläge gilt § 152 Abs. 1 bis 3 AO mit der Maßgabe, dass bei Anwendung des Abs. 2 Satz 1 die steuerlichen Auswirkungen zu schätzen sind (für Steuererklärungen zum Zwecke der Festsetzung von Steuermessbeträgen dürfen maximal 10 % des Messbetrages festgesetzt werden, § 152 Abs. 2 Satz 1 AO). Hierzu können die zur Streitwertbemessung (s. Vor § 135 FGO Rz. 24 ff.) entwickelten Grundsätze angewendet werden (AEAO zu § 152 AO, Nr. 4), wobei die Verwaltung die steuerlichen Auswirkungen zum Teil abweichend schätzt (s. OFD Hannover v. 15.01.2003, S 0323-2 – StH 462, juris; Bayerisches Landesamt für Steuern v. 30.11.2012, S 0323.1.1-2/1 St42, juris). Bei gesonderten Gewinnfeststellungen nach § 180 Abs. 1 Nr. 2b AO sind die tatsächlichen Auswirkungen zu berücksichtigen (FG Bre v. 26.05.2000, 2001 26 K 2, EFG 2000, 843). **20**

Eine Festsetzung von Verspätungszuschlägen kommt nach § 152 Abs. 2 Satz 1 AO nur in Betracht, wenn die festgestellten Besteuerungsgrundlagen positiv sind (BFH v. 27.06.1989, VIII R 73/84, BStBl II 1989, 955). **21**

## F. Schuldner des Verspätungszuschlags

Der Verspätungszuschlag ist nach dem Wortlaut des § 152 Abs. 1 AO dem gegenüber festzusetzen, dem die **Pflicht zur Abgabe der Steuererklärung obliegt** (dazu s. § 149 AO Rz. 4 ff.). Dieses ist bei **handlungsunfähigen Personen** nach § 34 AO deren gesetzlicher Vertreter (s. § 149 AO Rz. 5). Andererseits steht das Verschulden **22** eines gesetzlichen Vertreters dem eigenen Verschulden des Erklärungspflichtigen gleich, und für die Bemessung des Verspätungszuschlags schreibt § 152 Abs. 2 Satz 2 AO u.a. die Berücksichtigung der aus der verspäteten Abgabe gezogenen Vorteile vor, die notwendigerweise nur dem erklärungspflichtigen Steuerschuldner wegen verzögerter Ingangsetzung des Veranlagungsverfahrens zu Gute kommen können. Deshalb ist nach der Rechtsprechung des BFH und der h.M. in der Literatur der Verspätungszuschlag – obwohl es zwei Verpflichtete zur Erklärungsabgabe gibt (vgl. *Schmieszek* in Gosch, § 152 AO Rz. 23 f.) – grundsätzlich gegen den – gesetzlich – vertretenen Erklärungspflichtigen festzusetzen. Lediglich in Ausnahmefällen kommt eine Festsetzung gegen den gesetzlichen Vertreter in Betracht (BFH v. 25.07.1991, V R 89/88, BStBl II 1992, 3; BFH v. 18.04.1991, IV R 127/89, BStBl II 1991, 675; *Seer* in Tipke/Kruse, § 152 AO Rz. 56; offen insoweit *Schmieszek* in Gosch, § 152 AO Rz. 23 f.). Bedient sich der Verpflichtete eines gewillkürten Vertreters (i.S. des § 152 Abs. 1 Satz 2 AO: Erfüllungsgehilfen), insbes. eines Angehörigen der steuerberatenden Berufe, ändert dies nichts an der primären Abgabepflicht des Vertretenen; gegen diesen ist der Verspätungszuschlag festzusetzen.

22a Zur Zulässigkeit eines Verspätungszuschlags gegenüber im Ausland ansässigen Stpfl. vgl. FG BW v. 23.06.2010, 1 K 4176/09, EFG 2010, 1668.

23 Die aufgezeigten Grundsätze verdeutlichen auch, dass gegen denjenigen, der die **Steuer für einen Dritten einzubehalten** und abzuführen sowie die entsprechenden Steueranmeldungen abzugeben hat, der Verspätungszuschlag festzusetzen ist (gl.A. *Seer* in Tipke/Kruse, § 152 AO Rz. 58).

24 Sind **mehrere Personen** kraft Gesetzes zur Abgabe von Steuererklärungen verpflichtet, ist es jedenfalls nicht ermessensfehlerhaft, den Verspätungszuschlag gegen denjenigen aus dem Kreis der Verpflichteten festzusetzen, der gegenüber der Finanzbehörde in Erledigung der steuerlichen Angelegenheiten oder als Empfangsbevollmächtigter hervorgetreten ist (BFH v. 21.05.1987, IV R 134/83, BStBl II 1987, 764). Allerdings ist auch die Festsetzung eines Zuschlags gegen sämtliche Erklärungspflichtigen als Gesamtschuldner möglich).

25 **Zusammenveranlagte Ehegatten** sind Gesamtschuldner eines gegen sie festgesetzten Verspätungszuschlags, selbst wenn ein Ehepartner keine eigenen Einkünfte erzielt hat (BFH v. 14.06.2000, X R 56/98, BStBl II 2001, 60, v. 27.05.2009, X R 45/08, BFH/NV 2009, 1592; auch s. Rz. 8 a.E.). Zur Frage, ob ein zusammengefasster Bescheid ergehen darf und wie die Bekanntgabe zu erfolgen hat, s. § 155 AO Rz. 28 und s. § 122 AO Rz. 34 ff. sowie AEAO zu § 122, Nr. 2.1.2.

## G. Festsetzung des Verspätungszuschlags

### I. Allgemeine Anforderungen

Die Festsetzung des Verspätungszuschlags erfolgt durch 26
einen **selbstständigen**, von der Steuerfestsetzung/Messbetragsfestsetzung/Grundlagenfeststellung getrennten und verfahrensmäßig unabhängigen **Verwaltungsakt**. Auch wenn beides üblicherweise auf einem Schriftstück geschieht, stellt dies eine nur äußerliche Verbindung zweier Verwaltungsakte dar, ohne ihre Selbstständigkeit zu berühren. Es gelten daher die allgemeinen Anforderungen für den Erlass eines Verwaltungsakts. Insbesondere ist die Finanzbehörde zur Gewährung rechtlichen Gehörs (§ 91 AO) verpflichtet (s. aber auch § 126 Abs. 1 Nr. 3, Abs. 2 AO). Zur Begründungspflicht s. Rz. 17. Die Festsetzung eines Verspätungszuschlags kann weder vorläufig noch unter dem Vorbehalt der Nachprüfung ergehen (BFH v. 14.06.2000, X R 56/98, BStBl II 2001, 60).

### II. Verbindungsgebot

Nach der als Ordnungsvorschrift einzustufenden Rege- 27
lung in § 152 Abs. 3 AO ist der Verspätungszuschlag regelmäßig »mit der Steuer« festzusetzen, d.h. in zeitlichem und sachlichem Zusammenhang mit der Steuerfestsetzung, nicht unbedingt auf demselben Schriftstück (s. BFH v. 11.06.1997, X R 14/95, BStBl II 1997, 642). Ein zeitlicher Zusammenhang ist zumindest dann anzunehmen, wenn innerhalb eines Monats nach der Steuerfestsetzung auch der Verspätungszuschlag festgesetzt wird. Geschieht die Festsetzung des Verspätungszuschlags ausnahmsweise nicht »mit der Steuer«, wird ihre Rechtmäßigkeit davon jedenfalls nicht berührt, solange die Festsetzung des Verspätungszuschlags binnen Jahresfrist nachgeholt wird (BFH v. 10.10.2001, XI R 41/00, BStBl II 2002, 124; krit. zu Recht: BFH v. 13.04.2010, IX R 43/09, BStBl II 2010, 1684, dort auch zur möglichen Zulässigkeit der Festsetzung mehr als ein Jahr nach der Steuerfestsetzung). Eine Festsetzung des Verspätungszuschlags vor Erlass des zugehörigen Steuerbescheides ist zulässig (vgl. BFH v. 28.03.2007, IX R 22/05, BFH/NV 2007, 1450). Dieses gilt jedoch m.E. nur, soweit die maßgeblichen Grundlagen für die Ermessensausübung (Steuerbescheid, Steuererklärung) der Finanzbehörde bekannt sind. Auch liegt im Unterlassen einer Festsetzung mit der Steuer kein begünstigender Verwaltungsakt (BFH v. 10.10.2001, XI R 41/00, BStBl II 2002, 124; a.A. *Brockmeyer* in Klein, 9. Aufl., § 152 AO Rz. 13). Unerheblich ist, ob die Steuererklärung des Folgejahres bereits abgegeben wurde (BFH v. 27.07.2009, I B 36/09, juris). Zur Frage einer möglichen Festsetzungsfrist oder Verwirkung s. Rz. 29.

### III. Entstehung, Fälligkeit und Verjährung

28 Der Verspätungszuschlag entsteht auf der Grundlage einer zu treffendenden Ermessensentscheidung – entgegen dem Wortlaut des § 38 AO (s. *Drüen* in Tipke/Kruse, § 38 AO Rz. 2 ff.) – mit der Bekanntgabe der Festsetzung; seine Fälligkeit richtet sich nach § 220 Abs. 2 AO (s. § 220 AO Rz. 4 ff.).

29 Wann ein Verspätungszuschlag erlischt, regelt § 47 AO. Eine **Frist für die Festsetzung** von Verspätungszuschlägen (Festsetzungsfrist) sieht das Gesetz jedoch nicht vor. Die sinngemäße Anwendung der §§ 169 mit 171 AO verbietet sich nach § 1 Abs. 3 Satz 2 AO. Eine Gesetzeslücke kann daher ebenfalls nicht angenommen werden (*Heuermann* in HHSp, § 152 AO Rz. 39). Folglich ergibt sich eine zeitliche Begrenzung für die Festsetzung eines Verspätungszuschlags ausschließlich aus dem Gesichtspunkt der **Verwirkung** (ebenso *Seer* in Tipke/Kruse, § 152 AO Rz. 91; vorsichtiger: *Heuermann* in HHSp, § 152 AO Rz. 39; einen grundsätzlich anderen Ansatz wählt wohl *Rätke* in Klein, § 152 AO Rz. 30), wobei allein die fehlende Festsetzung »mit der Steuer« zumindest innerhalb einer Frist von einem Jahr nicht zur Verwirkung des Festsetzungsrechts führt (s. Rz. 27). Auch nach Ablauf der Festsetzungsfrist für die Steuer ist die Festsetzung eines Verspätungszuschlags nicht grundsätzlich ausgeschlossen, da bspw. erst dann die Folgen der Pflichtverletzung in Gänze erkennbar sind (a. A. AEAO zu § 169, Nr. 5).

30 Der Anspruch aus der Festsetzung des Verspätungszuschlags unterliegt der Zahlungsverjährung (§ 228 AO).

### IV. Rücknahme und Widerruf der Festsetzung

31 Auf die Festsetzung des Verspätungszuschlags finden die §§ 130, 131 AO Anwendung. **Ändert sich** die dem Verspätungszuschlag **zu Grunde liegende Steuer** oder der zu Grunde liegende Messbetrag, wird nach h. M. (BFH v. 08.09.1994, IV R 20/93, BFH/NV 1995, 520; *Rätke* in Klein, § 152 AO Rz. 40) die Festsetzung des Verspätungszuschlags rechtswidrig, weil die Finanzbehörde von einem unzutreffenden Sachverhalt ausgegangen ist. Sie hat in diesem Fall eine **neue Ermessensentscheidung** über die Höhe des nunmehr festzusetzenden Verspätungszuschlags zu treffen und diesen festzusetzen (es liegt keine Teilrücknahme des ursprünglichen Verwaltungsakts vor, BFH v. 08.09.1994, IV R 20/93, BFH/NV 1995, 520), wobei auch eine Herabsetzung der Steuer nicht notwendigerweise eine Herabsetzung des Verspätungszuschlags zur Folge haben muss (BFH v. 20.09.1990, V R 85/85, BStBl II 1991, 2; *Rätke* in Klein, § 152 AO Rz. 40). Lediglich bei einer dann gegebenen Überschreitung der zehn-Prozent-Grenze muss es zwingend zu einer Herabsetzung des Verspätungszuschlags kommen (*Seer* in Tipke/Kruse, § 152 AO Rz. 94). Wird die Steuer heraufgesetzt, ist die Erhöhung des Verspätungszuschlags nur unter den Voraussetzungen des § 130 Abs. 2 AO möglich (s. FG Mchn v. 29.08.2001, 1 K 1220/00, EFG 2001, 1583; *Seer* in Tipke/Kruse, § 152 AO Rz. 94). Zum Einfluss des USt-Jahresbescheids auf Verspätungszuschläge zu geschätzten USt-Voranmeldungsbeträgen s. Rz. 15.

M. E. wendet die h. M. zu Unrecht § 130 AO an, wenn 32
sich die festgesetzte Steuer ändert. Denn die Begrenzung auf 10 % der festgesetzten Steuer kann sich ebenso wie die Ausübung des Ermessens nur auf den im Zeitpunkt der letzten Verwaltungsentscheidung existierenden Steuerbescheid beziehen (insoweit kommt der Steuerfestsetzung »Tatbestandwirkung« zu). Tatsächliche Änderungen nach diesem Zeitpunkt sind insoweit unbeachtlich; die Festsetzung des Verspätungszuschlags ist rechtmäßig i. S. des § 131 AO (ähnlich: *Heuermann* in HHSp, § 152 AO Rz. 41; wohl auch BFH v. 20.09.1990, V R 85/85, BStBl II 1991, 2). Eine Pflicht zur Überprüfung des bestehenden Verspätungszuschlags besteht dennoch in dem in Rz. 31 dargestellten Umfang, allerdings unter den Voraussetzungen des § 131 Abs. 1 und Abs. 2 Nr. 3 AO (a. A. *Heuermann* in HHSp, § 152 AO Rz. 41, soweit dieser keine Unterscheidung zwischen begünstigenden und belastenden Festsetzungen vornehmen will, was aber angesichts der weitergehenden Regelung in § 131 Abs. 1 AO nicht relevant sein dürfte).

Eine Rücknahme der Festsetzung ist nicht allein wegen 32a
des Eintritts der Gesamtrechtsnachfolge geboten (BFH v. 23.09.2009, XI R 56/07, BFH/NV 2010, 12); auch ein Billigkeitserlass kommt nicht in Betracht (BFH v. 22.01.1993, III R 92/89, BFH/NV 1993, 455).

Die Entscheidung über die Änderung des Verspätungs- 33
zuschlags ist ebenso ein **Verwaltungsakt** wie die Feststellung, der bisher festgesetzte Verspätungszuschlag bleibe unverändert bestehen (BFH v. 20.05.1994, VI R 105/92, BStBl II 1994, 836). Dieser Verwaltungsakt wird nach § 365 Abs. 3 AO, § 68 FGO als neue Festsetzung zum Gegenstand eines anhängigen Rechtsbehelfs- oder Klageverfahrens (BFH v. 08.09.1994, IV R 20/93, BFH/NV 1995, 520; BFH v. 20.09.1990, V R 85/85, BStBl II 1991, 2).

## H. Rechtsschutz

Gegen die Festsetzung des Verspätungszuschlags steht 34
dem Betroffenen ebenso wie gegen die Ablehnung der Überprüfung des bisher festgesetzten Verspätungszuschlags nach Änderung der Steuerfestsetzung – unter Beachtung des § 68 FGO – der **Einspruch** gem. § 347 AO offen (nach BFH vom 18.08.2015, V R 2/15, BFH/NV 2015, 1665 soll auch eine Verböserung im Einspruchsverfahren möglich sein). Streitig ist, ob § 351 Abs. 1 AO Anwendung findet (vgl. FG RP v. 21.02.2013, 4 K

1758/12, EFG 2013, 824 mit abl. Anm. von *Reuß*; *Bauersfeld*, DStRE 2013, 881).

### I. Allgemeine Verwaltungsvorschrift

35 Bis zur Aufhebung durch das Amtshilferichtlinie-Umsetzungsgesetz hat § 152 Abs. 5 AO ermöglicht, eine allgemeine Verwaltungsvorschrift zu erlassen. Eine solche ist aber bis zur Aufhebung des § 152 Abs. 5 AO nicht ergangen.

36–39 vorläufig frei

### J. Neuregelung für Steuererklärungen, die nach dem 31.12.2018 einzureichen sind

40 Durch das Gesetz zur Modernisierung des Besteuerungsverfahrens v. 18.07.2016 ist § 152 AO für Steuererklärungen, die nach dem 31.12.2018 – ohne Berücksichtigung möglicher Fristverlängerungen (Art. 97 § 8 Abs. 4 Satz 2 EGAO) abzugeben sind (Art. 97 § 8 Abs. 4 EGAO), neu gefasst worden. Gemäß Art. 97 § 8 Abs. 4 Satz 4 EGAO kann das BMF durch Rechtsverordnung mit Zustimmung des Bundesrats einen abweichenden erstmaligen Anwendungszeitpunkt bestimmen, wenn bis zum 30.06.2018 erkennbar ist, dass die technischen oder organisatorischen Voraussetzungen für eine Anwendung der Neuregelung noch nicht erfüllt sind.

41 Hintergrund der Änderung des § 152 AO war der Umstand, dass die Regelungen zum Verspätungszuschlag den Bedürfnissen des Massenverwaltungsverfahrens und dabei insbes. den Anforderungen an eine **vollelektronische Bearbeitung von Steuererklärungen** angepasst werden sollten. Aus diesem Grund ist in den meisten Fällen keine Ermessensentscheidung mehr zu treffen, sondern die Festsetzung des Verspätungszuschlags dem Grunde und der Höhe nach zwingend vorgeschrieben.

42–44 vorläufig frei

#### I. Grundtatbestand

45 § 152 Abs. 1 AO n.F. entspricht im Grundsatz § 152 Abs. 1 AO a.F. (vgl. dazu Rz. 6 ff.). Einzig durch die neu formulierte Verschuldensregelung ist nunmehr gesetzlich festgelegt, dass der Erklärungspflichtige die Entschuldbarkeit (vgl. dazu Rz. 8 ff.) glaubhaft zu machen hat (nicht gefordert ist der Beweis). Zudem ist nunmehr in die Verschuldenszurechnung auch der gewillkürte Vertreter einbezogen, der aber wohl unter der alten Fassung des § 152 Abs. 1 AO regelmäßig als Erfüllungsgehilfe anzusehen war (ebenso: *Seer* in Tipke/Kruse, § 152 AO Rz. 21).

Ist die schuldhaft verspätete Abgabe einer Steuererklärung gegeben, hat das FA zu entscheiden, **ob und in welcher Höhe** ein Verspätungszuschlag festgesetzt wird (vgl. Rz. 10 ff.). Während für die Frage, ob ein Verspätungszuschlag festgesetzt wird, auf die bisherigen Grundsätze verwiesen werden kann (vgl. Rz. 11 f.), gibt § 152 AO n.F. lediglich in § 152 Abs. 8 Satz 2 AO n.F. – anders als § 152 Abs. 2 AO a.F. – eine Orientierung über die anzustellenden Ermessenserwägungen. Danach sind bei der Ermessenausübung – soweit die Höhe des Verspätungszuschlags nicht zwingend vorgegeben ist (vgl. Rz. 70 ff.) – neben dem Grad des Verschuldens (ebenso: *Seer* in Tipke/Kruse, § 152 AO Rz. 38 und 74; a.A. *Schmieszek* in Gosch, § 152 AO Rz. 12 und 72) die Dauer und Häufigkeit der Fristüberschreitung sowie die Höhe der Steuer zu berücksichtigen. Folglich scheidet auch bei einer Steuerfestsetzung über null Euro die Festsetzung eines Verspätungszuschlags nicht aus (*Seer* in Tipke/Kruse, § 152 AO Rz. 37); jedoch ist im Rahmen der Ermessensentscheidung dieser Umstand zu berücksichtigen. Auch die Höhe des aus der Steuerfestsetzung folgenden Zahlungsanspruchs ist – unter Berücksichtigung der Mindestbeträge (vgl. § 152 Abs. 5 bis 7 AO n.F.) – in die Ermessensentscheidung einzubeziehen. 46

Allerdings gelten die Regelungen des **§ 152 Abs. 5 bis 7 AO n.F. auch bei Anwendung des § 152 Abs. 1 AO n.F.** (*Schmieszek* in Gosch, § 152 AO Rz. 61; a.A. wohl *Seer* in Tipke/Kruse, § 152 AO Rz. 37 sowie Rz. 47 ff.), weshalb in diesen Fällen lediglich das Entschließungsermessen durch das FA auszuüben und näher zu begründen ist (vgl. zum Begründungsumfang bei Anwendung des § 152 Abs. 5 bis 7 AO n.F. Rz. 62). 47

Als **Kappungsgrenze** ist weiterhin der Betrag von 25 000 Euro zu beachten (§ 152 Abs. 10 AO n.F.), wobei die FinVerw. im Rahmen einer Selbstbindung einen Verspätungszuschlag über 5 000 Euro nur festsetzen will, wenn ansonsten ein entstandener Zinsvorteil nicht ausreichend abgeschöpft werden kann (AEAO zu § 152 AO, Nr. 7). 48

vorläufig frei 49

#### II. Obligatorischer Verspätungszuschlag

##### 1. Grundsätzlicher Anwendungsbereich

§ 152 Abs. 2 AO n.F. regelt abweichend von § 152 Abs. 1 AO n.F. Fälle, in denen ein Verspätungszuschlag zwingend festzusetzen ist, also eine **Ermessensausübung unterbleibt**. Ein Verspätungszuschlag ist danach zwingend festzusetzen, wenn eine Steuererklärung, die sich auf ein Kalenderjahr oder auf einen gesetzlich bestimmten Zeitpunkt bezieht, entweder 50

- nicht binnen 14 Monaten nach Ablauf des Kalenderjahrs oder nicht binnen 14 Monaten nach dem Besteuerungszeitpunkt (§ 152 Abs. 2 Nr. 1 AO n.F.),
- in den Fällen des § 149 Absatz 2 Satz 2 AO n.F. nicht binnen 19 Monaten nach Ablauf des Kalenderjahrs oder nicht binnen 19 Monaten nach dem Besteuerungszeitpunkt (§ 152 Abs. 2 Nr. 2 AO n.F.) oder
- in den Fällen des § 149 Absatz 4 AO n.F. nicht bis zu dem in der Anordnung bestimmten Zeitpunkt (§ 152 Abs. 2 Nr. 3 AO n.F.)

abgegeben wurde.

**51** Zwar orientieren sich die Fristen an denen des § 150 AO n.F. für sog. »Berater-Erklärungen«, § 152 Abs. 2 AO n.F. erfasst jedoch auch die verspätete Abgabe von Erklärungen **nicht vertretener Stpfl.** (*Schmieszek* in Gosch, § 152 AO Rz. 44). Für diese gilt bis zu den in § 152 Abs. 2 AO n.F. genannten Zeitpunkten die Regelung des § 152 Abs. 1 AO n.F. (Ermessensentscheidung) und ab diesen Zeitpunkten die Regelung des § 152 Abs. 2 AO n.F. (obligatorische Festsetzung eines Verspätungszuschlags).

**52** Als sich auf das Kalenderjahr beziehend sind insbes. die Erklärungen zur ESt, KSt, USt und GewSt anzusehen. Erklärungen, die gegenüber dem HZA abzugeben sind, sind ausgenommen (§ 152 Abs. 13 n.F.).

**53–54** vorläufig frei

### 2. Ausnahmen

**55** Abweichend von § 152 Abs. 2 AO n.F. regelt § 152 Abs. 3 AO n.F. **Ausnahmen von der obligatorischen Festsetzung eines Verspätungszuschlags.** Allerdings ist damit die Festsetzung eines Verspätungszuschlags nicht insgesamt ausgeschlossen, da die Möglichkeit verbleibt, im Rahmen der Ermessensausübung einen solchen nach § 152 Abs. 1 AO n.F. festzusetzen

**56** vorläufig frei

#### a) Fristverlängerung

**57** Die obligatorische Festsetzung eines Verspätungszuschlags ist nach § 152 Abs. 3 Nr. 1 AO n.F. ausgeschlossen, »wenn« die Finanzbehörde die **Frist** für die Abgabe der Steuererklärung nach § 109 AO **verlängert** hat oder diese Frist rückwirkend verlängert (in diesem Fällen fehlt es bereits an der tatbestandlich notwendigen verspäteten Abgabe der Steuererklärung). Damit reicht die Fristverlängerung nach § 109 AO als solche aus, um die Anwendung des § 152 Abs. 2 AO n.F. selbst dann auszuschließen, wenn auch die verlängerte Frist versäumt wird. In diesen Fällen dürfte es aber in der Regel ohne weitere Begründung ermessensgerecht sein, einen Verspätungszuschlag nach § 152 Abs. 1 AO n.F. festzusetzen (ebenso: *Schmieszek* in Gosch, § 152 AO Rz. 46).

**58–59** vorläufig frei

#### b) Steuerfestsetzung auf null Euro oder einen negativen Betrag

Auch wenn die **Steuer auf null Euro** oder auf einen **negativen Betrag** festgesetzt wird, scheidet die obligatorische Festsetzung eines Verspätungszuschlags aus (§ 152 Abs. 3 Nr. 2 AO n.F.). Allerdings verbleibt auch hier die Möglichkeit, einen solchen nach § 152 Abs. 1 AO n.F. festzusetzen (so auch: BT-Drs. 18/8434, 113). Eine Festsetzung nach § 152 Abs. 1 AO n.F. kann angesichts des Zwecks der Vorschrift (vgl. Rz. 1 ff.) auch dann ermessensgerecht sein, wenn es sich um eine erstmalige Fristüberschreitung handelt (ebenso: *Seer* in Tipke/Kruse, § 152 AO Rz. 49; a.A. *Schmieszek* in Gosch, § 152 AO Rz. 47). **60**

Bestimmt sich in diesen Fällen die Höhe des Verspätungszuschlags unter Anwendung des § 152 Abs. 5 bis 7 AO n.F., gelten die dort genannten Mindestsätze.

vorläufig frei **61**

#### c) Steuerfestsetzung ohne Zahllast

Übersteigt die festgesetzte Steuer die Summe der festgesetzten Vorauszahlungen und der anzurechnenden Steuerabzugsbeträge nicht, kommt es ebenfalls nicht zwingend zur Festsetzung eines Verspätungszuschlags (§ 152 Abs. 3 Nr. 3 AO n.F.). Zum Entschließungsermessen und zur Höhe des Verspätungszuschlags vgl. Rz. 46 ff. **62**

vorläufig frei **63**

#### d) Jährlich abzugebende Lohnsteueranmeldung

Die verspätete Abgabe einer **jährlich abzugebenden Lohnsteueranmeldung** führt nicht zwingend zur Festsetzung eines Verspätungszuschlags (§ 152 Abs. 3 Nr. 4 AO n.F.). **64**

vorläufig frei **65**

### III. Schuldner des Verspätungszuschlags

**Schuldner des Verspätungszuschlags** ist der zur Abgabe der Steuererklärung Verpflichtete, vgl. Rz. 22 ff. § 152 Abs. 4 Satz AO n.F. stellt ausdrücklich klar, dass der Verspätungszuschlag nach dem Ermessen der FinBeh gegen einen oder mehrere Schuldner festgesetzt werden darf, wobei mehrere Gesamtschuldner sind (§ 152 Abs. 4 Satz 2 AO n.F., vgl. auch § 44 Abs. 1 AO). Zur Ausübung des Ermessens, ob ein oder mehrere Erklärungspflichtige in Anspruch genommen werden, vgl. Rz. 22 und 24. Abweichend von den allgemeinen Regelungen enthält § 152 Abs. 4 Satz 3 AO n.F. die Regelung, wonach in den Fällen des § 180 Abs. 1 Satz 1 Nr. 2 Buchst. a AO **66**

(gesonderte Feststellung von Einkünften) der Verspätungszuschlag vorrangig gegen die nach § 181 Abs. 2 Satz 2 Nr. 4 AO erklärungspflichtige Person (Geschäftsführer, vertretungsberechtigte Gesellschafter; vgl. § 34 AO) festzusetzen ist.

67–69 vorläufig frei

### IV. Höhe des Verspätungszuschlags

70 § 152 Abs. 5 bis 10 AO n.F. regeln die Höhe des Verspätungszuschlags für Fälle sowohl des § 152 Abs. 1 AO n.F. als auch des § 152 Abs. 2 AO n.F. verbindlich (*Schmieszek* in Gosch, § 152 AO Rz. 61). Dabei enthält § 152 Abs. 5 AO n.F. grundsätzliche Regelungen zur Höhe des Verspätungszuschlags, während § 152 Abs. 6 und 7 AO n.F. besondere Konstellationen erfasst. Eine abweichende, niedrigere Festsetzung ist (auch im Hinblick auf das mit der Neuregelung verfolgte Vereinfachungsziel) selbst für die Fälle des § 152 Abs. 1 AO n.F. nicht möglich (*Schmieszek* in Gosch, § 152 AO Rz. 61 und 65; a.A. *Seer* in Tipke/Kruse, § 152 AO Rz. 69). Da es sich insoweit um gebundene Entscheidungen handelt, beschränkt sich die Begründungspflicht auf die Darstellung des Rechenweges.

71 vorläufig frei

#### 1. Grundsatz

72 Nach der Regelung des § 152 Abs. 5 Satz 1 AO beträgt der Verspätungszuschlag 0,25 % der festgesetzten Steuer pro angefangenem Monat der Verspätung, mindestens jedoch 10 Euro pro Verspätungsmonat, wobei die in § 152 Abs. 8 AO n.F. aufgeführten Steuererklärungen ausdrücklich ausgenommen sind (zur Sonderregelung für die Luftverkehrsteuer vgl. § 152 Abs. 13 Satz 2 AO n.F.). Die Verspätung beginnt mit dem auf das Ende der Abgabefrist folgenden Tag und endet mit dem Tag, an dem die Steuererklärung abgegeben worden ist. Für die Fälle, in denen eine Erklärung nicht abgegeben worden ist, regelt § 152 Abs. 9 AO, dass die Frist bis zum Ablauf desjenigen Tages läuft, an dem die erstmalige Festsetzung der Steuer wirksam wird.

73 Im Interesse einer Verwaltungsvereinfachung ist unerheblich, ob Kumulierungseffekte durch eine Verzinsung nach § 233a AO, durch Säumniszuschläge nach § 240 AO oder als Folge von Selbstanzeigen (§§ 37, 378 Abs. 3 AO) eintreten oder ob es sich um eine erstmalige oder eine wiederholte Verspätung handelt (vgl. *Schmieszek* in Gosch, § 152 AO Rz. 62 unter Hinweis auf BT-Drs. 18/7457, 81).

74 Es gilt ein Mindestbetrag von 10 Euro pro angefangenem Monat der Säumnis.

#### 2. Steuererklärungen, die sich auf ein Kalenderjahr oder einen gesetzlich bestimmten Zeitpunkt beziehen

Insbesondere für die abzugebenden Jahreserklärungen zur ESt, KSt, GewSt und USt sowie jene nach dem ErbStG und GrEStG enthält § 152 Abs. 5 Satz 2 AO n.F. eine Erhöhung des Mindestbetrags auf 25 Euro. Daneben ist für die Berechnung des Verspätungszuschlags nicht die festgesetzte Steuer maßgeblich, sondern der Betrag, der sich nach Minderung der festgesetzten Steuer um die festgesetzten Vorauszahlungen und die anzurechnenden Steuerabzugsbeträge (Abschlusszahlung) ergibt. Folglich kommt der Mindestbetrag immer dann zur Anwendung, wenn keine Abschlusszahlung zu leisten ist und das FA dennoch einen Verspätungszuschlag nach § 152 Abs. 1 AO n.F. festsetzt (vgl. Rz. 47). 75

vorläufig frei 76

#### 3. Unkenntnis von der Steuererklärungspflicht

In Fällen, in denen Erklärungspflichtige bis zum Zugang einer nach Ablauf der gesetzlichen Erklärungsfrist erlassenen Aufforderung zur Abgabe einer Steuererklärung davon ausgehen konnten, nicht zur Abgabe einer Steuererklärung verpflichtet zu sein, tritt die Verspätung erst ein, wenn die zur Abgabe gesetzte Frist verstrichen ist (§ 152 Abs. 5 Satz 3 AO n.F.). Allerdings dürfte in diesen Fällen bereits eine entschuldbare Verspätung i.S. des § 152 Abs. 1 Satz 2 AO n.F. vorliegen. 77

vorläufig frei 78

#### 4. Erklärungen zur gesonderten Feststellung von Besteuerungsgrundlagen, zur Festsetzung des Gewerbesteuermessbetrags und zur Zerlegung

Für die verspätete Abgabe von Erklärungen zur gesonderten Feststellung von Besteuerungsgrundlagen (vgl. aber zur Feststellung von einkommensteuer- oder körperschaftsteuerpflichtigen Einkünften § 152 Abs. 7 AO n.F.), zur Festsetzung des Gewerbesteuermessbetrags und zur Zerlegung legt § 152 Abs. 6 Satz 2 AO n.F. einen Verspätungszuschlag von 25 Euro pro angefangenem Monat der Verspätung fest. Die allgemeinen Voraussetzungen für die Festsetzung eines Verspätungszuschlags gelten auch hier (§ 152 Abs. 6 Satz 1 AO n.F.). 79

vorläufig frei 80

### 5. Gesonderte Feststellung von Einkünften

81 § 152 Abs. 7 AO n.F. enthält abweichend von § 152 Abs. 6 AO n.F. eine besondere Regelung zur Bemessung des Verspätungszuschlags für **Erklärungen zur gesonderten Feststellung von Einkünften.** Er beträgt in diesen Fällen pro Monat 0,0625 % der positiven Summe der festgestellten Einkünfte, mindestens aber 25 Euro. Die positive Summe der Einkünfte erlaubt – anders als die Summe der positiven Einkünfte – die Verrechnung von Verlusten (ebenso: *Seer* in Tipke/Kruse, § 152 AO Rz. 71).

82 Da es sich bei § 152 Abs. 7 AO n.F. lediglich um eine Rückausnahme zu § 152 Abs. 6 AO n.F. handelt, gilt der Verweis in § 152 Abs. 6 Satz 1 AO n.F. auch für die Erklärungen zur gesonderten Feststellung von Einkünften (a.A.: *Seer* in Tipke/Kruse, § 152 AO Rz. 72).

83 vorläufig frei

### 6. Steueranmeldungen

84 § 152 Abs. 8 Satz 1 AO n.F. **schließt die Anwendung** des § 152 Abs. 5 AO n.F. für vierteljährlich oder monatlich abzugebende Steueranmeldungen (LSt, USt, KapESt) sowie für nach § 41a Abs. 2 Satz 2 2. HS EStG jährlich abzugebende Lohnsteueranmeldungen **aus** (mit Ausnahme der von § 152 Abs. 13 AO n.F. erfassten Steuererklärungen). Folglich finden die »festen« Sätze zur Bemessung der Höhe des Verspätungszuschlags keine Anwendung. Vielmehr ist eine Ermessensentscheidung zu treffen, die sich nach § 152 Abs. 8 Satz 2 AO n.F. an der Dauer und Häufigkeit der Fristüberschreitung sowie der Höhe der Steuer zu orientieren hat; auch der Grad des Verschuldens ist zu berücksichtigen (s. dazu Rz. 46). Zur Begründungspflicht vgl. Rz. 6 und 45 ff.

85 vorläufig frei

### 7. Kappungsgrenze

86 § 152 Abs. 10 AO n.F. schreibt fest, dass der einzelne Verspätungszuschlag auf volle Euro abzurunden ist und 25 000 Euro (Kappungsgrenze) nicht überschreiten darf.

87 vorläufig frei

## V. Festsetzung

88 § 152 Abs. 11 AO n.F. entspricht im Wesentlichen der bisherigen Regelung (vgl. dazu Rz. 27). Allerdings bestimmt § 152 Abs. 11 AO n.F. nunmehr, dass der Verspätungszuschlag mit dem Steuerbescheid verbunden werden »soll« (»**Verbindungsgebot**«). Hieraus folgt nach Auffassung des Gesetzgebers keine Änderung (vgl. BT-Drs. 18/7457, 81). Dieses erscheint angesichts der strikteren Bindung im Rahmen der Ermessensausübung jedenfalls nicht zwingend (vgl. dazu auch *Schmieszek* in Gosch, § 152 AO Rz. 78).

vorläufig frei 89

## VI. Entstehung, Fälligkeit und Verjährung

Vgl. hierzu Rz. 28 ff. Davon abweichend ist zu berücksichtigen, dass Verspätungszuschläge, die zu ihrer Festsetzung keiner Ermessensausübung mehr bedürfen (vgl. § 152 Abs. 2 i.V.m. § 152 Abs. 5 ff. AO n.F.), bereits mit Verwirklichung des Tatbestandes entstehen (§ 38 AO). Allerdings bedürfen auch diese zu ihrer Fälligkeit der Festsetzung (§ 220 AO). 90

vorläufig frei 91

## VII. Änderung der Steuerfestsetzung

§ 152 Abs. 12 AO n.F. enthält eine spezielle **Änderungsvorschrift**, die den §§ 130, 131 AO vorgeht (»lex specialis«, vgl. *Jansen*, DStR 2017, 1135, 1140) und eine Änderung des Verspätungszuschlags zwingend vorschreibt, wenn sich die Steuerfestsetzung, die Feststellung von Besteuerungsgrundlagen oder der Anrechnung von Vorauszahlungen oder Steuerabzugsbeträgen ändert. Ausgenommen ist die Änderung oder Aufhebung infolge veränderter Verlustrückträge nach § 10d Abs. 1 EStG oder rückwirkender Ereignisse i.S. des § 175 Abs. 1 Satz 1 Nr. 2 AO. 92

Die Anpassungspflicht des § 152 Abs. 12 AO n.F. gilt auch in den Fällen, in denen der Festsetzung des Verspätungszuschlags eine Ermessensentscheidung i.S. des § 152 Abs. 1 AO n.F. zugrunde lag. 93

vorläufig frei 94

### 1. Aufhebung der Steuerfestsetzung

Wird die Festsetzung der Steuer oder des Gewerbesteuermessbetrags oder wird der Zerlegungsbescheid oder die gesonderte Feststellung von Besteuerungsgrundlagen **aufgehoben**, so ist auch die Festsetzung eines Verspätungszuschlags aufzuheben (§ 152 Abs. 12 Satz 1 AO n.F.). Ein Ermessensspielraum besteht insoweit nicht. Kommt es nach der Aufhebung zu einer erneuten Festsetzung, ist ggf. ein neuer Verspätungszuschlag festzusetzen (*Schmieszek* in Gosch, § 152 AO Rz. 82). 95

vorläufig frei 96

### 2. Korrektur der Steuerfestsetzung

§ 152 Abs. 12 Satz 2 AO **erfasst sämtliche Formen der Korrektur** (Änderung, Rücknahme, Widerruf, Berichtigung) einer Steuerfestsetzung, der Anrechnung von Vorauszahlungen und von Bescheiden über die gesonderte 97

Feststellung von Einkünften, denen Erklärungen zu gesondert festzustellenden einkommensteuerpflichtigen oder körperschaftsteuerpflichtigen Einkünften zugrunde liegen oder bei Nichtabgabe zugrunde gelegen hätten. Nicht erfasst werden der Gewerbesteuermessbescheid sowie gesonderte Feststellungen, die keine Einkünfte feststellen (insoweit ist ohnehin ein Festbetrag festzusetzen, vgl. Rz. 79).

**98** Der Verspätungszuschlag ist nach § 152 Abs. 12 Satz 2 AO n.F. »entsprechend zu ermäßigen oder zu erhöhen«, was bedeutet, dass der Verspätungszuschlag auf die Höhe festzusetzen ist, die unter Berücksichtigung der Werte des korrigierten Steuerbescheides festzusetzen sind. Deshalb sind auch die geltenden Mindestbeträge zu berücksichtigen (§ 152 Abs. 12 Satz 2 a.E. AO n.F.).

**99** vorläufig frei

### VIII. Erklärungen gegenüber dem Hauptzollamt

**100** § 152 Abs. 13 AO nimmt bestimmte Regelungen des § 152 AO n.F. für Steuererklärungen, die gegenüber Hauptzollämtern abzugeben sind, von der Anwendung aus. Insbesondere findet § 152 Abs. 2 AO n.F. keine Anwendung, weshalb sämtliche Festsetzungen eines Verspätungszuschlags die Ausübung des (Entschließungs- und Auswahl-)Ermessens voraussetzen. Eine weitere Sonderregelung betrifft die Luftverkehrsteuer.

**101** vorläufig frei

### IX. Rechtsbehelfe

**102** Vgl. Rz 34.

## § 153 AO
## Berichtigung von Erklärungen

**(1) Erkennt ein Steuerpflichtiger nachträglich vor Ablauf der Festsetzungsfrist,**

**1. dass eine von ihm oder für ihn abgegebene Erklärung unrichtig oder unvollständig ist und dass es dadurch zu einer Verkürzung von Steuern kommen kann oder bereits gekommen ist oder**

**2. dass eine durch Verwendung von Steuerzeichen oder Steuerstemplern zu entrichtende Steuer nicht in der richtigen Höhe entrichtet worden ist,**

**so ist er verpflichtet, dies unverzüglich anzuzeigen und die erforderliche Richtigstellung vorzunehmen. Die Verpflichtung trifft auch den Gesamtrechtsnachfolger eines Steuerpflichtigen und die nach den §§ 34 und 35 für den Gesamtrechtsnachfolger oder den Steuerpflichtigen handelnden Personen.**

**(2) Die Anzeigepflicht besteht ferner, wenn die Voraussetzungen für eine Steuerbefreiung, Steuerermäßigung oder sonstige Steuervergünstigung nachträglich ganz oder teilweise wegfallen.**

**(3) Wer Waren, für die eine Steuervergünstigung unter einer Bedingung gewährt worden ist, in einer Weise verwenden will, die der Bedingung nicht entspricht, hat dies vorher der Finanzbehörde anzuzeigen.**

#### Inhaltsübersicht



#### Schrifttum

Söffing/Pinternagel/Nommensen, Berichtigungspflicht des nachträglich bösgläubigen Steuerberaters nach § 153 Abs. 1 AO?, DStR 1998, 69; Kottke, Zum Verhältnis von Selbstanzeige und Steuererklärungs-Berichtigungspflicht, DStR 1996, 1350; Müller, Die Berichtigungserklärung nach § 153 Abs. 1 AO, StBp 2005, 195; Tormöhlen, Berichtigungserklärung nach § 153 AO, AO-StB 2010, 141; Weidemann, Zur Anzeige- und Berichtigungspflicht nach § 153 AO, wistra 2010, 5; Jesse, Anzeige und Berichtigungspflichten nach § 153 AO, BB 2011, 1431; Binnewies/Schüller, Berichtigungspflicht (§ 153 AO) nach Umwandlungen, AG 2017, 70; Rübenstahl/Bittmann, Steuerstrafrechtliche Risiken des Insolvenzverwalters und Risikominimierung durch Nacherklärung (§ 153) und Selbstanzeige (§ 371 AO), ZInsO 2017, 1991.

### A. Einführung

Die Vorschrift ergänzt die §§ 90, 149, 150 AO. Erkennt der Stpfl. nachträglich, dass eine zuvor abgegebene Erklärung (nicht nur Steuererklärungen, s. Rz. 2) unrichtig ist, trifft ihn die Pflicht, diese zu berichtigen, um eine gesetzmäßige Besteuerung zu ermöglichen. Die Anzeige nach § 153 AO ist keine i.S. des § 170 Abs. 2 Nr. 1 AO (BFH v. 22.01.1997, II B 40/96, BStBl II 1997, 266). **1**

## B. Erklärungen

2 Die Pflicht zur Berichtigung betrifft nur frühere Erklärungen. Trotz seiner Stellung im Unterabschnitt »Steuererklärungen« erfasst § 153 AO **nicht nur Steuererklärungen** i. S. der §§ 149 ff. AO, sondern jegliche im Rahmen eines Steuerschuldverhältnisses abgegebene Erklärung (*Seer* in Tipke/Kruse, § 153 AO Rz. 10; a. A. *Dißars* in Schwarz/Pahlke, § 153 AO Rz. 20). Einbezogen sind insbes. Anträge, Angaben zur Festsetzung von Vorauszahlungen (nicht erfasst werden später eintretende Verbesserungen der wirtschaftlichen Verhältnisse: keine Pflicht zum Hinweis auf die Erhöhung der Vorauszahlungen, s. OFD Münster v. 04.07.1994, S 0324–8 – St 31–34, DStR 1994, 1235) und Auskünfte (s. FG Ddorf v. 24.05.1989, 4 K 397/83, EFG 1989, 491). Nicht erfasst werden Anträge auf Stundung oder Erlass, s. Rz. 9.

3 Die Berichtigungspflicht greift nicht ein, wenn eine Erklärung gegenüber der Finanzbehörde nicht vorliegt, sei es, weil eine bestehende Erklärungspflicht nicht erfüllt wurde (weil dann die Steuererklärungspflicht selbst nach Schätzung der Besteuerungsgrundlagen nach § 149 Abs. 1 Satz 4 AO ohnehin fortbesteht, gl. A. *Seer* in Tipke/Kruse, § 153 AO Rz. 8 und 9), sei es, weil eine Erklärungspflicht gar nicht besteht (BFH v. 31.01.2002, II R 52/99, BFH/NV 2002, 917). Auch s. Rz. 4.

## C. Verpflichteter Personenkreis

### I. Steuerpflichtige

4 Die Berichtigungspflicht trifft den Stpfl. (s. § 33 AO). Es ist in Bezug auf abgegebene Erklärungen unabhängig davon zur Berichtigung verpflichtet, ob die Erklärung von ihm selbst oder – in Erfüllung seiner (des Stpfl.) Erklärungspflicht – von einem Dritten für ihn abgegeben worden ist. Beruht die Kenntnis der Finanzbehörde über den steuerbaren Tatbestand dagegen auf **anderen Quellen**, etwa der Anzeigepflicht Dritter (z. B. der Behörden und Notare), greift die Berichtigungspflicht selbst dann nicht ein, wenn der Stpfl. diese Dritten bewusst getäuscht und damit die Unrichtigkeit der Steuerfestsetzung mittelbar herbeigeführt hat. Dagegen trifft den Stpfl. eine Berichtigungspflicht, wenn er erkennt, dass ein Notar z. B. eine Anzeige nach § 18 GrEStG falsch erstattet hat (BGH v. 11.07.2008, 5 StR 156/08, NStZ 2009, 273).

5 Erfasst werden grundsätzlich nicht Personen, die in fremden Steuersachen Auskünfte geben oder Unterlagen vorlegen (s. FG Bln v. 11.03.1998, 6 K 6305/93, EFG 1998, 1166). Soweit wegen einer **Zusammenveranlagung** gemeinsame Steuererklärungen von Ehegatten abzugeben sind, trifft die Berichtigungspflicht den einzelnen Ehegatten nur hinsichtlich seiner eigenen Einkünfte (h. M., s. nur *Heuermann* in HHSp, § 153 AO Rz. 6 m. w. N., sowie s. § 149 AO Rz. 11). Dies gilt selbst unter der Annahme, dass § 101 AO auf Ehegatten nicht anwendbar ist (s. § 101 AO Rz. 4).

Verpflichteter in den Fällen des § 153 Abs. 1 Satz 1 Nr. 2 AO ist der Entrichtungsschuldner.

### II. Gesamtrechtsnachfolger und die nach §§ 34, 35 AO verpflichteten Personen

§ 153 Abs. 1 Satz 2 AO bezieht in den verpflichteten Personenkreis neben den Gesamtrechtsnachfolgern eines Stpfl. auch die nach den §§ 34 und 35 AO für den Gesamtrechtsnachfolger oder den Stpfl. handelnden Personen ein. Der Gesamtrechtsnachfolger ist auch berichtigungspflichtig, wenn eine Erklärung des Rechtsvorgängers unrichtig war. Die in §§ 34 und 35 AO genannten Personen sind nur so weit berichtigungs- bzw. anzeigepflichtig, wie ihre Vertretungs- und Verfügungsbefugnisse reichen. Ob die unrichtige bzw. unvollständige Erklärung vor Beginn der Amtszeit der Personen abgegeben wurde, ist unerheblich (BFH v. 07.03.2007, I B 99/06, BFH/NV 2007, 1801). Deshalb ist auch der Insolvenzverwalter, der in Bezug auf die Konkursmasse die Pflichten wahrzunehmen hat, die der Gemeinschuldner erfüllen müsste, zur Berichtigung früherer unrichtiger Erklärungen des Gemeinschuldners verpflichtet. 6

### III. Bevollmächtigte

Wer ohne Organ zu sein aufgrund zivilrechtlicher Vereinbarung für den Stpfl. Erklärungen abgibt (Arbeitnehmer, Steuerberater, Wirtschaftsprüfer), also als **Erfüllungshilfe** tätig wird, ist nicht zur Berichtigung unrichtiger Erklärungen verpflichtet (s. BGH v. 20.12.1995, 5 StR 412/95, wistra 1996, 184; *Seer* in Tipke/Kruse, § 153 AO Rz. 4; a. A. noch OLG Koblenz v. 15.12.1992, 1 Ss 359/82, wistra 1983, 270 m. w. N.; offen gelassen in BFH v. 29.10.2013, VIII R 27/10, BStBl II 2014, 295). Dieses gilt auch, wenn der Steuerberater die Erklärung entsprechend seinem Mandat selbst unterschrieben hat. Zu einer möglichen strafrechtlichen Verantwortlichkeit des Bevollmächtigten und der daraus folgenden Haftung nach § 71 AO, s. FG Nbg v. 10.12.2002, II 536/00, DStRE 2003, 1251, vgl. BFH v. 22.04.2004, VII B 369/03, BFH/NV 2004, 1285). 7

## D. Unrichtigkeit der ursprünglichen Erklärung

Die Erklärung ist unrichtig oder unvollständig, wenn der Stpfl. – im Zeitpunkt der Erklärung (s. FG Bln v. 11.03.1998, 6 K 6305/93, EFG 1998, 1166) **objektiv unrichtige oder unvollständige Angaben** macht (s. FG 8

Ddorf v. 24.05.1989, 4 K 397/83, EFG 1989, 491). Insbesondere Steuererklärungen enthalten jedoch häufig auch **rechtliche Würdigungen**; erkennt der Stpfl. später deren Unrichtigkeit, ist er zur Berichtigung der Erklärung verpflichtet. Legt der Stpfl. seine rechtliche Würdigung unter Darlegung des Sachverhalts offen, trifft ihn in keinem Fall eine Berichtigungspflicht, denn die Verantwortung für die rechtliche Bewertung liegt bei der Finanzbehörde (*Heuermann* in HHSp, § 153 AO Rz. 8). Eine Unrichtigkeit i.S. des § 153 AO liegt nicht vor, wenn sich **Rechtsprechung oder Verwaltungsauffassung ändern** (s. FG Bln v. 11.03.1998, 6 K 6305/93, EFG 1998, 1166, 1170; i. E. gl.A. *Heuermann* in HHSp, § 153 AO Rz. 9).

## E. Verkürzung von Steuern

9 Der Begriff ist identisch mit dem in § 370 Abs. 4 AO (dazu s. § 370 AO Rz. 22 ff.). Folglich ist § 153 AO für »Erklärungen«, die nicht im Steuerermittlungsverfahren abgegeben wurden, sondern das Steuererhebungsverfahren (z.B. im Rahmen der Stundung oder des Erlasses von Steuern) betreffen, mangels einer Verkürzung von Steuern nicht anwendbar (gl.A. *Seer* in Tipke/Kruse, § 153 AO Rz. 10).

## F. Nachträgliches Erkennen

10 Notwendig ist, dass der Stpfl. die Unrichtigkeit seiner Erklärung **nach deren Abgabe** erkennt. Wer bewusst eine falsche Erklärung abgibt, wird somit nicht zur Selbstbezichtigung verpflichtet; ihm steht lediglich die Möglichkeit der Selbstanzeige gem. § 371 offen (gl.A.: *Seer* in Tipke/Kruse, § 153 AO Rz. 15; *Schindler* in Gosch, § 153 AO Rz. 23; *Rüping* in HHSp, § 371 AO Rz. 208 m.w.N.; a.A.: OLG Hamburg v. 02.06.1992, 1 Ss 119/91, wistra 1993, 274, *Heuermann* in HHSp, § 153 AO Rz. 12 f.). Während also der Vorsatztäter nicht von der Vorschrift betroffen ist, ergreift die Berichtigungspflicht auch denjenigen, der eine leichtfertige Steuerverkürzung begangen hat. Der allgemeine Grundsatz, dass niemand gezwungen werden darf, sich selbst anzuzeigen, tritt demgegenüber zurück; das Gesetz mutet insoweit die Selbstanzeige zu (h.M., vgl. BVerfG v. 21.04.1988, 2 BvR 330/88, wistra 1988, 302; BGH v. 17.03.2009, 1 StR 479/08, BGHSt 53, 210, BB 2009, 1903, dort auch ausführlich zum Verhältnis des § 153 AO zum Grundsatz der Selbstbelastungsfreiheit [»nemo tenetur se ipsum accusare«]). Hat der Stpfl. die Unrichtigkeit seiner Angaben bei Abgabe der Steuererklärung nicht gekannt, aber billigend in Kauf genommen und damit vorsätzlich gehandelt, und hat er später die sichere Kenntnis erlangt, dass seine Angaben tatsächlich unrichtig waren, ist er zur Berichtigung nach § 153 Abs. 1 Satz 1 Nr. 1 AO verpflichtet (BGH v. 17.03.2009, 1 StR 479/08, BGHSt 53, 210, BB 2009, 1903; *Schindler* in Gosch, § 153 AO Rz. 25; krit. *Seer* in Tipke/Kruse, § 153 AO Rz. 20 ff.).

Der Stpfl. muss die **Unrichtigkeit erkennen**; allein das Kennen Können oder Kennen Müssen genügt nicht. Er muss weiterhin erkennen, dass es durch seine Erklärung (i.S. einer Kausalität) zu einer Verkürzung von Steuern kommen kann oder bereits gekommen ist. Nach h.M. genügt es aber, wenn der Stpfl. das Bewusstsein hat, dass es zu einer Steuerverkürzung kommen könnte oder gekommen sein könnte, d.h. eine von ihm vorgenommene rechtliche Würdigung möglicherweise falsch sein könnte, ohne dass er dieses für wahrscheinlich oder sicher halten muss (s. FG Bln v. 27.01.1999, 2 K 2138/97, EFG 1999, 680, 682; s. FG Mchn v. 06.09.2006, 1 K 55/06, EFG 2007, 161 m. Anm. *Wüllenkemper*; *Seer* in Tipke/Kruse, § 153 AO Rz. 16 m.w.N.). Diese Auslegung erscheint nicht zutreffend. Vielmehr werden nur die Fälle erfasst, in denen es – in der Zukunft – zu einer Verkürzung kommt, sofern eine Festsetzung überhaupt noch erfolgt. »Kommen kann« ist i.S. eines zeitlichen Moments (»noch kommen kann«) ohne Reduzierung des notwendigen Erkenntnisgrades hinsichtlich der verkürzenden Wirkung der unrichtigen Angaben zu verstehen. 11

Für die Beurteilung, ob ein »nachträgliches Erkennen« vorliegt, ist auf die potenziell berichtigungspflichtige Person abzustellen, d.h., die Berichtigungspflicht für den erst später bestellten Geschäftsführer besteht auch, wenn der vorherige Geschäftsführer im Zeitpunkt der Erklärungsabgabe um die Unrichtigkeit der Steuererklärung wusste (BFH v. 07.03.2007, I B 99/06, BFH/NV 2007, 1801). 11a

Handelt es sich um Steuern, die durch Verwendung von Steuerzeichen oder Steuerstemplern zu entrichten sind, ist eine Anzeige und Richtigstellung gefordert, wenn der Stpfl. bzw. eine der in § 153 Abs. 1 Satz 2 AO bezeichneten Personen nachträglich erkennt, dass die Steuer nicht in der richtigen Höhe entrichtet worden ist. 12

## G. Kein Ablauf der Festsetzungsfrist

In jedem Fall muss die Unrichtigkeit **vor Ablauf der Festsetzungsfrist** erkannt worden sein. Mit Ablauf der Festsetzungsfrist erlischt die Verpflichtung aus § 153 AO (*Streck*, DStR 1994, 1725). Dies ist die logische Konsequenz aus der Tatsache, dass in diesen Fällen die Berichtigung bzw. Anzeige keine steuerlichen Auswirkungen mehr haben kann. Läuft die Festsetzungsfrist erst nach Eintritt dieser Voraussetzung, aber vor Erfüllung der hieraus resultierenden Verpflichtung i.S. der Vorschrift ab, besteht die Verpflichtung dem Wortlaut nach fort. Ihrem Sinn und Zweck nach muss sie jedoch auch in diesem Fall mit dem Ablauf der Festsetzungsfrist untergehen, wobei die Frage unberührt bleibt, ob der Stpfl. 13

dies zu vertreten und steuerstrafrechtlich bzw. bußgeldrechtlich zu verantworten hat. Eine rechtzeitige Anzeige hemmt den Ablauf der Festsetzungsfrist (§ 171 Abs. 9 AO).

### H. Anzeige und Richtigstellung

14 Die Anzeige der Unrichtigkeit der bisherigen Erklärung muss **unverzüglich,** (d.h. ohne schuldhaftes Zögern, s. § 121 BGB) beim örtlich und sachlich zuständigen FA (BFH v. 28.02.2008, VI R 62/06, BStBl II 2008, 1017) erfolgen. Die Richtigstellung der bisherigen Angaben kann dagegen auch später erfolgen (ebenso: *Wüllenkemper,* EFG 2007, 163).

### I. Anzeigepflichten des § 153 Abs. 2 und 3 AO

15 In den Fällen des § 153 Abs. 2 und 3 AO geht das Gesetz von der **ursprünglichen Richtigkeit** zu Grunde liegender Erklärungen aus; ansonsten läge bereits ein Fall des § 153 Abs. 1 AO vor (BFH v. 14.05.1991, VII B 187/90, BFH/NV 1992, 137). Die Anzeigepflicht (keine Berichtigungspflicht) besteht in allen Fällen, in denen eine Steuerbefreiung, Steuerermäßigung oder sonstige Steuervergünstigung gewährt worden ist und die hierfür maßgebenden Voraussetzungen nachträglich ganz oder teilweise wegfallen oder in denen die Voraussetzungen erst im Laufe der Zeit erfüllt werden können und erst nach Zeitablauf endgültig beurteilt werden kann, ob die Voraussetzungen vorliegen (*Seer* in Tipke/Kruse, § 153 AO Rz. 28). § 153 Abs. 3 AO regelt die Fälle der bedingten Verbrauchsteuervergünstigungen (s. § 50 AO).

16 Der Wegfall der Voraussetzungen für die gewährte Steuervergünstigung muss in den Fällen des § 153 Abs. 2 AO der Behörde in der Weise angezeigt werden, dass sie in die Lage versetzt wird, die aus dem Wegfall resultierenden Konsequenzen nach Art, Höhe und Zeitpunkt zu ziehen.

### J. Folgen der Verletzung der Pflichten aus § 153 AO

17 Die Anzeige nach § 153 AO kann von der Finanzbehörde erzwungen werden (§§ 328ff. AO), soweit nicht § 393 Abs. 1 Satz 2 AO die Anwendung von Zwangsmitteln ausschließt; ggf. ist der Stpfl. nach § 393 Abs. 1 Satz 4 AO auf das mögliche Verbot hinzuweisen (dazu s. FG Bln v. 25.02.1985, VIII 299/84, EFG 1985, 539).

18 Die Nichterfüllung bzw. nicht rechtzeitige Erfüllung der Anzeigepflichten kann eine **Verkürzung von Steuern** zur Folge haben, weshalb die Nichtanzeige eine Steuerstraftat oder Steuerordnungswidrigkeit darstellen kann (s. FG Bln v. 27.01.1999, 2 K 2138/97, EFG 1999, 680, s. FG Mchn v. 06.09.2006, 1 K 55/06, EFG 2007, 161, m. Anm. *Wüllenkemper;* BFH v 28.02.2008, VI R 62/06, BStBl II 2008, 595; s. § 370 AO Rz. 18). Lediglich wenn die Erklärung bedingt vorsätzlich unrichtig abgegeben wurde – nur dann ist bei vorsätzlicher Steuerhinterziehung ein nachträgliches Erkennen überhaupt möglich – kann die Nichtanzeige eine straflose Nachtat der zuvor begangenen Steuerhinterziehung darstellen (offen gelassen in BGH v. 17.03.2009, 1 StR 479/08, BGHSt 53, 210, BB 2009, 1903). Hat der Stpfl. dagegen leichtfertig gehandelt und damit eine leichtfertige Steuerverkürzung begangen, liegt bei vorsätzlicher Nichtanzeige der Unrichtigkeit keine straflose Nachtat vor (OLG Hamm v. 12.01.1959, 2 Ss 156/58, NJW 1959, 1504).

Ein Dritter, der die Anzeige unterlassen hat, kann durch die Anzeige eines anderen nach § 371 Abs. 4 AO straffrei werden (s. § 371 AO Rz. 35 ff.).

Die Festsetzung eines Verspätungszuschlags ist nicht möglich, weil die Anzeige selbst keine Steuererklärung i.S. des § 152 AO darstellt.

## 3. Unterabschnitt Kontenwahrheit

## § 154 AO Kontenwahrheit

**(1) Niemand darf auf einen falschen oder erdichteten Namen für sich oder einen Dritten ein Konto errichten oder Buchungen vornehmen lassen, Wertsachen (Geld, Wertpapiere, Kostbarkeiten) in Verwahrung geben oder verpfänden oder sich ein Schließfach geben lassen.**

**(2) Wer ein Konto führt, Wertsachen verwahrt oder als Pfand nimmt oder ein Schließfach überlässt (Verpflichteter), hat**

**1. sich zuvor Gewissheit über die Person und Anschrift jedes Verfügungsberechtigten und jedes wirtschaftlich Berechtigten im Sinne des Geldwäschegesetzes zu verschaffen und**

**2. die entsprechenden Angaben in geeigneter Form, bei Konten auf dem Konto, festzuhalten.**

**Ist der Verfügungsberechtigte eine natürliche Person, ist § 11 Absatz 4 Nummer 1 des Geldwäschegesetzes entsprechend anzuwenden. Der Verpflichtete hat sicherzustellen, dass er den Finanzbehörden jederzeit Auskunft darüber geben kann,**

über welche Konten oder Schließfächer eine Person verfügungsberechtigt ist oder welche Wertsachen eine Person zur Verwahrung gegeben oder als Pfand überlassen hat. Die Geschäftsbeziehung ist kontinuierlich zu überwachen und die nach Satz 1 zu erhebenden Daten sind in angemessenem zeitlichen Abstand zu aktualisieren.

(2a) Kreditinstitute haben für jeden Kontoinhaber, jeden anderen Verfügungsberechtigten und jeden wirtschaftlich Berechtigten im Sinne des Geldwäschegesetzes außerdem folgende Daten zu erheben und aufzuzeichnen:

1. die Identifikationsnummer nach § 139b und
2. die Wirtschafts-Identifikationsnummer nach § 139c oder, wenn noch keine Wirtschafts-Identifikationsnummer vergeben wurde und es sich nicht um eine natürliche Person handelt, die für die Besteuerung nach dem Einkommen geltende Steuernummer.

Der Vertragspartner sowie gegebenenfalls für ihn handelnde Personen haben dem Kreditinstitut die nach Satz 1 zu erhebenden Daten mitzuteilen und sich im Laufe der Geschäftsbeziehung ergebende Änderungen unverzüglich anzuzeigen. Die Sätze 1 und 2 sind nicht anzuwenden bei Kreditkonten, wenn der Kredit ausschließlich der Finanzierung privater Konsumgüter dient und der Kreditrahmen einen Betrag von 12 000 Euro nicht übersteigt.

(2b) Teilen der Vertragspartner oder gegebenenfalls für ihn handelnde Personen dem Kreditinstitut die nach Absatz 2a Satz 1 Nummer 1 zu erfassende Identifikationsnummer einer betroffenen Person bis zur Begründung der Geschäftsbeziehung nicht mit und hat das Kreditinstitut die Identifikationsnummer dieser Person auch nicht aus anderem Anlass rechtmäßig erfasst, hat es sie bis zum Ablauf des dritten Monats nach Begründung der Geschäftsbeziehung in einem maschinellen Verfahren beim Bundeszentralamt für Steuern zu erfragen. In der Anfrage dürfen nur die in § 139b Absatz 3 genannten Daten der betroffenen Person angegeben werden. Das Bundeszentralamt für Steuern teilt dem Kreditinstitut die Identifikationsnummer der betroffenen Person mit, sofern die übermittelten Daten mit den bei ihm nach § 139b Absatz 3 gespeicherten Daten übereinstimmen.

(2c) Soweit das Kreditinstitut die nach Absatz 2a Satz 1 zu erhebenden Daten auf Grund unzureichender Mitwirkung des Vertragspartners und gegebenenfalls für ihn handelnder Personen nicht ermitteln kann, hat es dies auf dem Konto festzuhalten. In diesem Fall hat das Kreditinstitut dem Bundeszentralamt für Steuern die betroffenen Konten sowie die hierzu nach Absatz 2 erhobenen Daten mitzuteilen; diese Daten sind für alle in einem Kalenderjahr eröffneten Konten bis Ende Februar des Folgejahrs zu übermitteln.

(2d) Die Finanzbehörden können für einzelne Fälle oder für bestimmte Fallgruppen Erleichterungen zulassen, wenn die Einhaltung der Pflichten nach den Absätzen 2 bis 2c unverhältnismäßige Härten mit sich bringt und die Besteuerung durch die Erleichterung nicht beeinträchtigt wird.

(3) Ist gegen Absatz 1 verstoßen worden, so dürfen Guthaben, Wertsachen und der Inhalt eines Schließfachs nur mit Zustimmung des für die Einkommen- und Körperschaftsteuer des Verfügungsberechtigten zuständigen Finanzamts herausgegeben werden.

**Inhaltsübersicht**



**Schrifttum**

Müller-Brühl, Die Legitimationsprüfung und andere Steuerthemen für Banken, 8. Aufl., Wiesbaden 1992; Carl/Klos, Inhalt und Reichweite der Kontenwahrheitspflicht nach § 154 AO als Grundlage der steuerlichen Mitwirkungspflicht der Kreditinstitute, DStZ 1995, 296; Bruschke, Kontenwahrheit und Haftung (§ 72 AO i. V. m. § 154 AO), StB 2010, 124; Gehm, Die Haftung bei Verletzung der Pflicht zur Kontenwahrheit gemäß § 72 AO – Risikoprofil in der Praxis, StBp 2016, 7.

## A. Zweck der Vorschrift und zeitliche Anwendung

Die in § 154 Abs. 1 AO genannten Maßnahmen dürfen nur unter Verwendung des richtigen Namens vorgenommen werden, um ein Verschleiern steuerlich erheblicher Sachverhalte zu erschweren. Daher hat derjenige, der vermögensverwaltend i. S. des § 154 Abs. 2 AO tätig ist, die Identität des Verfügungsberechtigten zu prüfen und seine eigene Auskunftsfähigkeit (§ 154 Abs. 2 Sätze 1 und 2 AO; für Kreditinstitute auch § 154 Abs. 2a bis 2d AO n. F.) sicherzustellen. Die Kontensperre des § 154 Abs. 3 AO knüpft ausschließlich an die Verletzung des § 154 Abs. 1 AO an; unbeachtlich ist, ob gegen § 154 Abs. 2 1

AO (oder § 154 Abs. 2a bis 2d AO n.F.) verstoßen wurde (vgl. BFH v. 13.12.2011, VII R 49/10, BFH/NV 2012, 823).

**a** Bereits durch das Gesetz zur Modernisierung des Besteuerungsverfahrens vom 18.07.2016 wurde in § 154 Abs. 2 AO ein Verweis auf die Bestimmungen des GwG eingeführt.

**b** Die **Neuregelungen** des § 154 Abs. 2 bis 2c AO n.F. durch das Steuerumgehungsbekämpfungsgesetz vom 23.06.2017 gelten nach Art. 97 § 26 Abs. 4 EGAO erstmals für **Geschäftsbeziehungen** zu Kreditinstituten, die **nach dem 31.12.2017 begründet** werden. Für zuvor begründete Geschäftsbeziehungen gelten **Übergangsregelungen** bis zum 31.12.2019, bzw. 30.06.2020 oder 30.09.2020 (s. Art. 97 § 26 Abs. 5 EGAO).

## B. Formale Kontenwahrheit

**2** § 154 Abs. 1 AO enthält das Verbot der Errichtung von Konten, der Wertsachenverwahrung, der Wertsachenverpfändung und der Verschaffung eines Schließfaches unter unrichtigem Namen. Das Verbot richtet sich an denjenigen, der als Kunde bei einem anderen ein Konto errichtet usw.; der Kontoführer selbst ist nicht Adressat des Verbots (h.M., vgl. nur *Rätke* in Klein, § 154 AO Rz. 5; a.A. *Carl/Klos*, DStZ 1995, 296 m.w.N.) Es dient der formalen Kontenwahrheit und verlangt, dass die rechtlichen Beziehungen bspw. zwischen Kontoinhaber und Kontoführer (d.h. Gläubiger- oder Schuldnerschaft) **unter zutreffender Namensbezeichnung** ohne Verwendung falscher oder erdichteter Namen abgewickelt werden. Es ist nicht erforderlich, dass die zu Grunde liegenden wirtschaftlichen Beziehungen erkennbar gemacht werden, wenn jemand für Rechnung eines anderen handelt, z.B. als Treuhänder, Strohmann und dergl. (wegen des Nachweises der Treuhänderschaft s. § 159 AO). Ebenso ist unerheblich, wer als »wirtschaftlich Berechtigter« i.S. des § 3 GwG anzusehen ist (s. insgesamt: BGH v. 18.10.1994, XI ZR 237/93, BGHZ 127, 229, 238, DStR 1995, 1586); vgl. dazu aber § 154 Abs. 2 Satz 1 Nr. 1 AO n.F.

**3** Ein **Name ist falsch**, wenn es ihn zwar gibt, er aber nicht dem Verfügungsberechtigten zusteht. Von einem **erdichteten Namen** spricht man bei selbst erfundenen Fantasienamen. Ein Name ist nicht falsch oder erdichtet, wenn der mit ihm Bezeichnete damit allgemein eindeutig und zweifelsfrei zu identifizieren ist (Künstlername; »GmbH« statt »GmbH i. G.«: s. FG He v. 09.07.1998, 13 K 53/96, EFG 1998, 1556). Selbstverständlich ist auch der **Firmenname** kein falscher oder erdichteter Name (s. § 17 HGB). Es fehlt ebenso an einer Identitätstäuschung, wenn Konten erkennbar auf den Namen – existenter – Dritter errichtet werden (s. BFH v. 13.10.1998, VIII R 61/96, BFH/NV 1999, 463); zur notwendigen Identitätsfeststellung in diesem Fall s. Rz. 6.

§ 154 Abs. 1 AO ist auch verletzt, wenn ein zunächst ordnungsgemäß eingerichtetes Konto in der Folge von einem Dritten für seine Zwecke genutzt wird (BFH v. 13.12.2011, VII R 49/10, BFH/NV 2012, 823). **3a**

Zur Behandlung sog. **CpD (conto pro diverse) – Konten** s. AEAO zu § 154, Nr. 2 und 7.2 sowie *Carl/Klos*, DStZ 1995, 296 und *Schebesta*, WM 1985, 1329, 1333. **4**

## C. Identitätsfeststellung

Nach § 154 Abs. 2 AO hat derjenige, der ein Konto führt, Wertsachen verwahrt oder als Pfand nimmt oder ein Schließfach überlässt, sich zuvor **Gewissheit über die Person** und Anschrift des Verfügungsberechtigten zu verschaffen und diese Angaben in geeigneter Form, bei Konten auf dem Konto, festzuhalten. Diese Verpflichtung trifft nicht nur Kreditinstitute, sondern alle diejenigen, die für andere Konten usw. führen. Sie dient der Durchsetzung des in § 154 Abs. 1 AO enthaltenen Gebots der Kontenwahrheit und schützt damit ebenfalls lediglich die formale und nicht die materielle Kontenwahrheit, wie § 11 GwG dieses tut (s. Rz. 2). **Verfügungsberechtigter** ist nicht nur der Gläubiger (also die Person, auf deren Namen ein Konto eröffnet wird, soweit nicht trotzdem ein Dritter Inhaber der Forderung bleiben soll, dazu auch s. Rz. 6 a.E.), sondern auch der gesetzliche Vertreter und jede zur Verfügung berechtigte Person (h.M., s. *Brandis* in Tipke/Kruse, § 154 AO Rz. 10 m.w.N.; zweifelnd: *Heuermann* in HHSp, § 154 AO Rz. 15); zu den umfangreichen Ausnahmen s. AEAO zu § 154, Nr. 11.1. § 154 Abs. 2 Satz 1 Nr. 1 AO n.F. erfasst nunmehr ausdrücklich auch den wirtschaftlich Berechtigten i.S. des GwG; zu Ausnahmen vgl. AEAO zu § 154, Nr. 11.2. **5**

§ 154 Abs. 2 AO erfasst keine betriebsinternen Konten eines Kreditinstituts (Eigenkonten, z.B.: »Wertpapierprovisionen«, BFH v. 04.04.2005, VII B 305/04, BFH/NV 2005, 1226; »Wertpapier-Fehlgeschäfte«, s. FG Münster v. 16.03.2007, 11 K 4627/03, EFG 2007, 970; BFH v. 09.12.2008, VII R 47/07, BStBl II 2009, 509).

Bei Errichtung eines Kontos haben sich der oder die Kontoinhaber sowie ggf. der Verfügungsberechtigte zu **legitimieren**. Die Gewissheit über die Person und Anschrift des Verfügungsberechtigten hat sich der Verpflichtete vor allem durch Vorlage amtlicher Ausweispapiere zu verschaffen. Zum Umfang der Auszeichnungspflichten und zur Frage, welche Daten festzuhalten sind, s. § 154 Abs. 2 Satz 2 AO n.F. i.V.m. § 11 Abs. 4 Nr. 1 GwG. Zur **Kontoerrichtung auf den Namen eines Dritten**, s. AEAO zu § 154, Nr. 7.2. In welcher Form die Identitätsangaben festgehalten werden müssen, lässt sich AEAO zu § 154, Nr. 8 entnehmen. Ausnahmen von der Legitimationsprüfung finden sich – wohl unter Anwendung des § 154 Abs. 2d AO n.F. – in AEAO zu § 154, Nr. 7. **6**

6a § 154 Abs. 2 Satz 3 verpflichtet den Kontoführer, jederzeit Auskunft darüber geben zu können, über welche Konten oder Schließfächer eine Person verfügungsberechtigt ist oder welche Wertsachen eine Person zur Verwahrung gegeben oder als Pfand überlassen hat (vgl. Rz. 7 ff.).

§ 154 Abs. 2 Satz 4 AO n.F. verlangt zudem, die Geschäftsbeziehung kontinuierlich zu **überwachen** und die nach § 154 Abs. 2 Satz 1 AO n.F. zu erhebenden Daten in angemessenem zeitlichem Abstand zu aktualisieren.

6b Für **Kreditinstitute** schaffen § 154 Abs. 2a bis 2c AO n.F. zusätzliche Regelungen. So muss ein Kreditinstitut zusätzlich die Identifikationsnummer nach § 139b AO und, falls vergeben, die Wirtschafts-Identifikationsnummer aufzeichnen (§ 154 Abs. 2a Satz 1 AO n.F.). Zur Auskunft hierüber ist der Vertragspartner des Kreditinstituts nach § 154 Abs. 2a Satz 2 AO n.F. verpflichtet; zudem hat er Änderungen unverzüglich anzuzeigen. § 154 Abs. 2b und 2c AO n.F. regelt das Verfahren, wenn der Vertragspartner die Informationen nicht liefert.

## D. Auskunftsbereitschaft

7 Um der nach § 154 Abs. 2 Satz 3 AO bestehenden Verpflichtung, Auskunft darüber zu geben zu können, über welche Konten oder Schließfächer eine Person verfügungsberechtigt ist, nachkommen zu können, müssen entsprechende Vorkehrungen vom Kontoführer (bzw. der in § 154 Abs. 2 Satz 1 AO genannten Person) getroffen werden. Die Pflicht bezieht sich – wie bisher unter dem Gesichtspunkt der Korrespondenz mit § 154 Abs. 2 Satz 1 AO (gl. A. Brandis in Tipke/Kruse, § 154 AO Rz. 14 m.w.N.) – auch auf die vom Kontoinhaber verpfändeten oder in Verwahrung gegebenen Wertsachen, vgl. ausdrücklich nunmehr § 154 Abs. Abs. 2 Satz 3 AO. Zur Dauer der Aufbewahrungspflicht eines entsprechenden Verzeichnisses s. AEAO zu § 154, Nr. 9.1, wobei der Rückgriff auf § 147 Abs. 3 Satz 1, Abs. 1 Nr. 5 AO nicht bedenkenfrei ist (s. nur *Heuermann* in HHSp, § 154 AO Rz. 26); zur Aufbewahrungsdauer nach dem GwG vgl. § 8 Abs. 4 GwG.

## E. Folgen bei Verstößen gegen § 154 AO

Wenn gegen § 154 Abs. 1 AO verstoßen wird, dürfen – kraft Gesetzes, also ohne besondere Anordnung des zuständigen FA – Guthaben, Wertsachen und der Inhalt eines Schließfaches nach § 154 Abs. 3 AO **nur mit Zustimmung** des für die Einkommen- und Körperschaftsteuer des Verfügungsberechtigten zuständigen FA **herausgegeben werden** (Ermessensentscheidung, BFH v. 17.02.1989, III R 35/85, BStBl II 1990, 263). Bei Verstoß des Kontoführers gegen die Kontosperre des § 154 Abs. 3 AO **haftet** er bei vorsätzlichem oder grob fahrlässigem Verhalten, soweit durch den Verstoß die Verwirklichung von Steueransprüchen beeinträchtigt wird (§ 72 AO, s. auch FG Münster v. 07.07.2010, 11 K 2777/07, EFG 2010, 1759; *Lemaire*, EFG 2010, 1761). 8

Darüber hinaus stellt der vorsätzliche oder leichtfertige **Verstoß** gegen die Pflichten § 154 Abs. 1 bis 2c AO n.F. nach § 379 Abs. 2 Nr. 2 AO eine Ordnungswidrigkeit dar. Im Gegensatz zur früheren Regelung in § 379 Abs. 2 Nr. 2 AO werden nunmehr auch die Pflichten des **Kontoführers** von § 379 Abs. 2 Nr. 2 AO n.F. erfasst (zur früheren Rechtslage vgl. BFH v. 17.02.1989, III R 35/85, BStBl II 1990, 263): Möglicherweise kommt daneben eine Ordnungswidrigkeit nach § 379 Abs. 1 Satz 1 Nr. 3 AO in Betracht; auch kann eine Beihilfe zu Taten des Kontoinhabers/Verfügungsberechtigten gegeben sein. 9

# Dritter Abschnitt: Festsetzungs- und Feststellungsverfahren

## 1. Unterabschnitt

## Steuerfestsetzung

### I. Allgemeine Vorschriften

### § 155 AO Steuerfestsetzung

**(1) Die Steuern werden, soweit nichts anderes vorgeschrieben ist, von der Finanzbehörde durch Steuerbescheid festgesetzt. Steuerbescheid ist der nach § 122 Abs. 1 bekannt gegebene Verwaltungsakt. Dies gilt auch für die volle oder teilweise Freistellung von einer Steuer und für die Ablehnung eines Antrages auf Steuerfestsetzung.**

**(2) Ein Steuerbescheid kann erteilt werden, auch wenn ein Grundlagenbescheid noch nicht erlassen wurde.**

**(3) Schulden mehrere Steuerpflichtige eine Steuer als Gesamtschuldner, so können gegen sie zusammengefasste Steuerbescheide ergehen. Mit zusammengefassten Steuerbescheiden können Verwaltungsakte über steuerliche Nebenleistungen oder sonstige Ansprüche, auf die dieses Gesetz anzuwenden ist, gegen einen oder mehrere der Steuerpflichtigen verbunden werden. Das gilt auch dann, wenn festgesetzte Steuern, steuerliche Nebenleistungen oder sonstige Ansprüche nach dem zwischen den Steuerpflichtigen bestehenden Rechtsverhältnis nicht von allen Beteiligten zu tragen sind.**

**(4) Die Finanzbehörden können Steuerfestsetzungen sowie Anrechnungen von Steuerabzugsbeträgen und Vorauszahlungen auf der Grundlage der ihnen vorliegenden Informationen und der Angaben des Steuerpflichtigen ausschließlich automationsgestützt vornehmen, berichtigen, zurücknehmen, widerrufen, aufheben oder ändern, soweit kein Anlass dazu besteht, den Einzelfall durch Amtsträger zu bearbeiten. Das gilt auch**

**1. für den Erlass, die Berichtigung, die Rücknahme, den Widerruf, die Aufhebung und die Änderung von mit den Steuerfestsetzungen sowie Anrechnungen von Steuerabzugsbeträgen und Vorauszahlungen verbundenen Verwaltungsakten sowie,**

**2. wenn die Steuerfestsetzungen sowie Anrechnungen von Steuerabzugsbeträgen und Vorauszahlungen mit Nebenbestimmungen nach § 120 versehen oder verbunden werden, soweit dies durch eine Verwaltungsanweisung des Bundesministeriums der Finanzen oder der obersten Landesfinanzbehörden allgemein angeordnet ist.**

**Ein Anlass zur Bearbeitung durch Amtsträger liegt insbesondere vor, soweit der Steuerpflichtige in einem dafür vorgesehenen Abschnitt oder Datenfeld der Steuererklärung Angaben im Sinne des § 150 Absatz 7 gemacht hat. Bei vollständig automationsgestütztem Erlass eines Verwaltungsakts gilt die Willensbildung über seinen Erlass und über seine Bekanntgabe im Zeitpunkt des Abschlusses der maschinellen Verarbeitung als abgeschlossen.**

**(5) Die für die Steuerfestsetzung geltenden Vorschriften sind auf die Festsetzung einer Steuervergütung sinngemäß anzuwenden.**

**Inhaltsübersicht**



**Schrifttum**


von Wedelstädt, Folgebescheid vor Grundlagenbescheid – Abhängigkeit und Folgen, AO-StB 2014, 349.

## A. Bedeutung und Inhalt der Vorschrift

1 Die Vorschrift regelt die Steuerfestsetzung durch Steuerbescheid. Im in den §§ 155 ff. AO geregelten Steuerfestsetzungsverfahren wird über den Steueranspruch entschieden, indem durch **Steuerbescheid** ggfs. ausschließlich automationsgestützt (§ 155 Abs. 4 AO) die Steuern festgesetzt werden. Im Unterschied dazu werden im Feststellungsverfahren (§§ 179 ff. AO) keine Steuer festgesetzt, sondern die Besteuerungsgrundlagen festgestellt, die in einem anschließenden Festsetzungsverfahren der Besteuerung zugrunde gelegt werden. Durch Steuerbescheid wird der nach dem einzelnen Steuergesetz entstandene abstrakte Steueranspruch konkretisiert und in Bezug auf die an dem Steuerrechtsverhältnis Beteiligten (§ 78 AO) fixiert. Er ist als Verwaltungsakt Grundlage für seine Überprüfung im Rechtsbehelfsverfahren (§ 347 Abs. 1 Nr. 1 AO; § 40 Abs. 1 FGO), für die Verwirklichung von Ansprüchen aus dem Steuerschuldverhältnis (§ 218 Abs. 1 AO i. V. m. § 37 AO) und für die Vollstreckung (§ 249 Abs. 1 Satz 1 AO). Führt die Sachaufklärung zu dem Ergebnis, dass eine Steuer nicht entstanden ist, wird ein **Freistellungsbescheid** erteilt (s. Rz. 12). Wird ein Antrag auf Durchführung einer Steuerfestsetzung abgelehnt, ergeht ein **Ablehnungsbescheid.**

2 Bei dem Steuerbescheid handelt es sich im Grundsatz um einen deklaratorischen Verwaltungsakt, da die Steuer durch Tatbestandsverwirklichung kraft Gesetzes entsteht (§ 38 AO). In der Praxis wird jedoch die hierfür erforderliche Übereinstimmung des nach § 38 AO entstandenen Steueranspruchs mit dem festgesetzten häufig nicht erreicht werden, weil der Steuerfestsetzung mangels Kenntnis nicht alle die Steuer begründenden Tatsachen zugrunde gelegt werden; dies gilt in besonderer Weise für Schätzungsbescheide. Wird durch den Steuerbescheid eine Steuer festgesetzt, die den abstrakten Steueranspruch übersteigt, oder von einem Steuerschuldner eine Steuer gefordert, gegen den sich der gesetzliche Steueranspruch nicht richtet, so hat der Verwaltungsakt insoweit konstitutive Wirkung.

3 Die Regelungen über die Steuerfestsetzung (§§ 155 ff. AO) sind entsprechend anwendbar auf gesonderte Feststellungen nach §§ 179 ff. AO (§ 181 Abs. 1 Satz 1 AO), Steuermessbescheide nach §§ 184 ff. AO (§ 184 Abs. 1 Satz 3 AO), Zerlegungsbescheide nach §§ 185 ff. AO (§ 185 AO), Zuteilungsbescheide (§ 190 Satz 2 AO), Zinsbescheide (§ 239 Abs. 1 Satz 1 AO) sowie die Festsetzung einer Steuervergütung (§ 155 Abs. 5 AO). Die Festsetzung von **Einfuhr- und Ausfuhrabgaben** nach Art. 101 UZK und die Steuerfestsetzung nach § 155 Abs. 1 Satz 1 und 2 AO widersprechen einander nicht, sodass sich Art und Weise der Mitteilung nach Art. 102 UZK nach § 155 Abs. 1 Satz 1 und 2 AO, § 157 Abs. 1 Satz 1 und 2 AO richtet (*Deimel* in HHSp, Art. 101 UZK Rz. 11).

## B. Steuerbescheid (§ 155 Abs. 1 Satz 1 AO)

### I. Festsetzung des Steueranspruchs durch Bescheid

Die Steuerfestsetzung erfolgt im Anschluss an die Sachaufklärung und ggf. nach Gewährung rechtlichen Gehörs (§ 91 Abs. 1 Satz 1 AO) durch Steuerbescheid. **Form und Inhalt des Steuerbescheids** regelt § 157 Abs. 1 AO (s. § 157 AO Rz. 7 ff.). Teil- oder Zwischenentscheidungen sind nicht zulässig (s. *Güroff* in Gosch, § 155 AO Rz. 9 m. w. N.); ist die Sach- oder Rechtslage nicht abschließend geklärt, besteht die Möglichkeit, die Steuer unter Vorbehalt der Nachprüfung (§ 164 AO) oder vorläufig (§ 165 AO) festzusetzen. Nach § 155 Abs. 1 Satz 2 AO ist Steuerbescheid der nach § 122 Abs. 1 AO bekannt gegebene Verwaltungsakt, nicht die bei den Akten der Behörde verbleibende Verfügung oder die Zweitschrift, der Berechnungsbogen o. Ä. Er wird durch Bekanntgabe wirksam, (§ 124 Abs. 1 Satz 1 AO), er entsteht mit seiner Bekanntgabe (s. § 124 AO Rz. 2; BFH v. 25.11.2002, GrS 2/01, BStBl II 2003, 548 m. w. N.). Die Bekanntgabe setzt einen Bekanntgabewillen des nach seiner Stellung zum Erlass eines Verwaltungsakts befugten Bediensteten der Finanzbehörde voraus, wobei Fehler bei der Beachtung der verwaltungsinternen Befugnisse unbeachtlich sind (BFH v. 23.08.2000, X R 27/98, BStBl II 2001, 662 m. w. N.; AEAO zu § 122, Nr. 1.1.2).

Nach § 124 Abs. 1 Satz 2 AO wird der Steuerbescheid mit dem Inhalt wirksam, mit dem er bekannt gegeben worden ist. Bei Abweichung des Inhalts vom Gewollten wegen Schreib- oder Rechenfehlern bzw. sonstigen offenbaren Unrichtigkeiten kommt ggf. die Berichtigung nach § 129 AO in Betracht. 5

### II. Bindungswirkung

Der Steuerbescheid ist bindend für die Beteiligten und die Finanzbehörde, soweit er nicht aufgehoben oder geändert wird (§ 124 Abs. 2 AO). Die Bindungswirkung erstreckt sich auf den im Bescheid genannten Steuerschuldner, auf die im Bescheid festgesetzte Steuer nach Art und Höhe und bei periodischen Steuern (ESt, KSt, USt) auf den Bemessungs- oder Veranlagungszeitraum. Keine Bindungswirkung entfaltet eine in einem Steuerbescheid zugrunde gelegte Rechtsansicht der Finanzbehörde für künftige Steuerfestsetzungen (Grundsatz der Abschnittsbesteuerung; s. § 4 AO Rz. 58 und 74 m. w. N.). 6

### III. Verpflichtung zur Steuerfestsetzung

Die Finanzbehörde ist zur Festsetzung der Steuer grundsätzlich **verpflichtet** (§ 85 AO), sie hat insoweit kein 7

Ermessen. **Ausnahmen** z.T. mit der Folge einer Ermessensbefugnis der Finanzbehörde ergeben sich aus s. § 156 AO i.V.m. der KBV (s. § 156 AO Rz. 3) bzw. der Möglichkeit, von einer Steuer abzusehen (s. § 156 AO Rz. 4), aus § 163 AO bei einer abweichenden Steuerfestsetzung aus Billigkeitsgründen (s. auch *Güroff* in Gosch, § 155 AO Rz. 8), aus § 167 Abs. 1 Satz 1 AO bei der Steueranmeldung (s. § 167 AO Rz. 3), aus § 167 Abs. 1 Satz 2 AO bei der Verwendung von Steuerzeichen und Steuerstemplern (s. § 167 AO Rz. 6), aus § 167 Abs. 1 Satz 3 AO bei schriftlichem Anerkenntnis der Zahlungspflicht (s. § 167 AO Rz. 7) und im Verfahren des Steuerabzugs an der Quelle (§§ 38 ff., 43 ff., 50a EStG) sowie bei verfahrensrechtlichen Hindernissen wie z.B. bei einem Verstoß gegen den Grundsatz von Treu und Glauben (s. § 4 AO Rz. 56 ff. ff. sowie Rz. 76 ff. im Falle der Verwirkung), bei Festsetzungsverjährung wegen Erlöschens der Steuerschuld (s. § 169 AO Rz. 21) und bei Insolvenz (s. § 174 Abs. 1 InsO, § 251 Abs. 2 AO; s. § 251 AO Rz. 26).

### IV. Erstattungsansprüche

8 **Erstattungsansprüche**, d.h. Ansprüche, die auf Rückzahlung einer überzahlten Steuer gerichtet sind und die weder die Festsetzung einer Steuer noch die Freistellung von einer Steuer voraussetzen, fallen nicht unter § 155 Abs. 1 Satz 1 AO (AEAO zu § 155, Nr. 3). Sie entstehen mit der begünstigenden Änderung von Steuerbescheiden oder kraft Gesetzes z.B. bei rechtsgrundloser Zahlung, Zahlung bei nichtigem oder unwirksamem Steuerbescheid (s. dazu § 37 Abs. 2 AO) und sind im Erhebungsverfahren geltend zu machen (s. § 37 AO Rz. 6 ff.).

### V. Abgrenzung von anderen Bescheiden

9 Um Steuerbescheide handelt es sich beim **Lohnsteuer-Nachforderungsbescheid** bzw. beim **Bescheid über pauschale Lohnsteuer** (BFH v. 28.11.1990, V R 115/87, BStBl II 1991, 488 m.w.N.), da der Arbeitgeber nicht für eine fremde Schuld haftet, sondern für eine eigene Schuld einzustehen hat. Da der Begriff des Steuerbescheids die Festsetzung einer Steuer voraussetzt, sind Haftungs- und Duldungsbescheide (§ 191 Abs. 1 AO), Abrechnungsbescheide (§ 218 Abs. 2 AO), Feststellungsbescheide nach § 251 Abs. 3 AO (BFH v. 11.12.2013, XI R 22/11, BStBl II 2014, 332) oder die Errechnung des Steuerbetrags auf Anforderung des FG nach § 100 Abs. 2 Satz 2 FGO (s. § 100 FGO Rz. 12 ff.) keine Steuerbescheide.

### VI. Sonstige mit dem Steuerbescheid verbundene Entscheidungen

Mit dem Steuerbescheid im selben Akt verbunden sind i.d.R. weitere Entscheidungen wie die Festsetzung von Annexsteuern (z.B. KiSt, SolZ), der Verspätungszuschlag, die Steuerabrechnung. Sie bilden außerhalb des Steuerbescheids eigenständige Entscheidungen und sind daher auch gesondert anzufechten, es sei denn, die begehrte Änderung von Annexsteuern sei zwingende Folge der Anfechtung des Steuerbescheids. 10

## C. Freistellungsbescheid und Ablehnung eines Antrags auf Steuerfestsetzung (§ 155 Abs. 1 Satz 3 AO)

Als Steuerbescheide gelten auch Bescheide, mit denen die volle oder teilweise Freistellung von einer Steuer ausgesprochen oder ein Antrag auf Steuerfestsetzung abgelehnt wird. 11

### I. Freistellungsbescheid

Ein **Freistellungsbescheid** ist ein Verwaltungsakt, der verbindlich feststellt, dass aufgrund des geprüften Sachverhalts von demjenigen, an den sich der Freistellungsbescheid richtet, keine Steuer geschuldet wird; die Freistellung kann ganz oder teilweise, z.B. für einen bestimmten Besteuerungszeitraum erfolgen (u.a. BFH v. 13.11.1996, I R 152/93, BStBl II 1998, 711). Dazu gehört auch die Aussetzung der Steuerfestsetzung nach § 165 Abs. 1 Satz 4 AO (BFH v. 23.01.2013, X R 32/08, BStBl II 2013, 423; *Schuster* in HHSp, § 155 AO Rz. 26). Er ist ein Steuerbescheid (BFH v. 20.03.2002, I R 38/00, BStBl II 2002, 819; *Loose* in Tipke/Kruse, Vor § 172 AO Rz. 17: »Steuerbescheid i.w.S.«; AEAO zu § 155, Nr. 2). Freistellungsbescheide sind u.a. für die Erstattung der KapErtrSt allgemein (BFH v. 13.11.1985, I R 275/82, BStBl II 1986, 193) sowie i.S. des § 50d Abs. 1 Satz 3 EStG (BFH v. 20.03.2002, I R 38/00, BStBl II 2002, 819) oder als Grundlage für die Erstattung von Abzugssteuern der Bescheid über das Nichtbestehen beschränkter Steuerpflicht (BFH v. 20.06.1984, I R 283/81, BStBl II 1984, 828) von Bedeutung. Ob es sich bei einem Bescheid, der einen anderen Bescheid aufhebt, um einen Freistellungsbescheid handelt, hängt von den Umständen des Einzelfalles, insbes. der Begründung der Aufhebungsverfügung, ab (BFH v. 23.05.2000, XI B 92/99, BFH/NV 2000, 1075; *Schuster* in HHSp, § 155 AO Rz. 27). Die genannten Freistellungsbescheide sind von der nachfolgenden tatsächlichen Erstattung der bisher entrichteten Steuer, für die die Freistellungsbescheide den Wegfall des rechtlichen Grundes für die Zahlung (§ 37 Abs. 2 AO) 12 dokumentieren, zu unterscheiden. Zur NV-Verfügung s. Rz. 14.

13 **Keine Freistellungsbescheide** i. S. des § 155 Abs. 1 Satz 3 AO sind Freistellungsbescheinigungen gem. § 48b Abs. 1 Satz 1 EStG, § 50d Abs. 2 Satz 1 EStG (BFH v. 11.10.2000, I R 34/99, BStBl II 2001, 291) sowie Bescheinigungen nach § 36b Abs. 2 Satz 1 EStG oder § 44a Abs. 2 Nr. 2 EStG (BFH v. 16.10.1991, I R 65/90, BStBl II 1992, 323). Bei ihnen handelt es sich um sonstige Verwaltungsakte.

14 I. d. R. fällt auch die **Nichtveranlagungsverfügung** (NV-Verfügung) nicht unter § 155 Abs. 1 Satz 3 AO. Bei ihr kann es sich um einen amtsinternen Aktenvermerk ohne Mitteilung an den Stpfl. oder um eine Mitteilung ohne Regelungsgehalt handeln, sodass sie keinen Verwaltungsaktcharakter hat. Um einen Freistellungsbescheid (BFH v. 12.05.1989, III R 200/85, BStBl II 1989, 920) oder einen Ablehnungsbescheid i. S. des § 155 Abs. 1 Satz 3 AO handelt es sich dagegen, wenn das FA nach Prüfung der Steuererklärung eine Steuerpflicht verneint und ein Bindungswille des FA erkennbar ist (BFH v. 16.02.1990, VI R 40/86, BStBl II 1990, 565), z. B. durch Beifügung einer Rechtsbehelfsbelehrung (BFH v. 22.10.1986, I R 254/83, BFH/NV 1988, 10).

### II. Ablehnung des Antrags auf Steuerfestsetzung (§ 155 Abs. 1 Satz 3 AO)

15 Auch die Ablehnung eines Antrages auf Steuerfestsetzung ist einem Steuerbescheid gleichgestellt. Der Antrag kann formlos gestellt werden. Die Abgabe einer Steuererklärung ist i. d. R. als ein derartiger Antrag anzusehen, wenn ein berechtigtes Interesse an der Steuerfestsetzung dargetan ist (BFH v. 12.05.1989, III R 200/85, BStBl II 1989, 920). Besteht kein berechtigtes Interesse, handelt es sich vielmehr bei der Abgabe von Steuererklärungen um die Erfüllung gesetzlicher Pflichten, liegt kein Antrag auf Steuerfestsetzung vor (BFH v. 18.06.1991, VIII R 54/89, BStBl II 1992, 124).

## D. Steuerbescheid vor Grundlagenbescheid (§ 155 Abs. 2 AO)

### I. Allgemeines

16 Die Regelung des § 155 Abs. 2 AO durchbricht als vorläufige Maßnahmeden Grundsatz der Trennung von Feststellungs- und Festsetzungsverfahren, wonach gesondert festzustellende Besteuerungsgrundlagen nicht durch einen Folgebescheid geregelt werden dürfen und umgekehrt (s. § 182 AO Rz. 2): Auch wenn ein erforderlicher Grundlagenbescheid noch nicht ergangen ist, ist der Erlass eines Steuerbescheids, in dem durch einen ausstehenden Grundlagenbescheid gesondert festzustellende Besteuerungsgrundlagen zu berücksichtigen sind, unter vorläufigem Ansatz dieser Besteuerungsgrundlagen zulässig. Das FA muss dabei alle betroffenen Besteuerungsgrundlagen berücksichtigen und selbst überprüfen (BFH v. 14.05.2014, X R 7/12, BStBl II 2015, 12 m. w. N.).Die Vorschrift beschränkt sich nicht auf den Erlass eines Steuerbescheides als Folgebescheid, sondern gilt nach § 181 Abs. 1 AO sinngemäß für alle **Folgebescheide** i. S. des § 182 Abs. 1 Satz 1 AO (*Seer* in Tipke/Kruse, § 155 AO Rz. 23 m. w. N.; *v. Wedelstädt*, AO-StB 2014, 349).

Nach der Definition des § 171 Abs. 10 AO sind **Grundlagenbescheide** Feststellungs-, Steuermessbescheide und andere Verwaltungsakte, soweit sie für die Festsetzung einer Steuer bindend sind. 16a

Grundlagenbescheid ist auch der **ressortfremde Verwaltungsakt** (»andererVerwaltungsakt«, § 171 Abs. 10 AO). Da er regelmäßig materiell-rechtliche Voraussetzung für die steuerrechtliche Berücksichtigung der durch ihn festgestellten Besteuerungsgrundlage ist, ist die Anwendung des § 155 Abs. 2 AO in Fällen des fehlenden ressortfremden Grundlagenbescheids unzulässig und rechtswidrig (LfSt Bayern v. 22.07.2011 – S 2198b.2.1 – 9/9 St 32; *v. Wedelstädt*, AO-StB 2014, 150, 153 und 349, 350). Demgegenüber ist der BFH der Ansicht, dass § 162 Abs. 5 AO die Schätzung auch qualitativer Besteuerungsgrundlagen zulasse (BFH v. 14.05.2014, X R 7/12, BStBl II 2015, 12 m. w. N.). Folgt man dem BFH, unterliegt es pflichtgemäßem Ermessen,ob das FA die im ressortfremden Grundlagenbescheid festzustellende Besteuerungsgrundlage im Wege des § 155 Abs. 2 AO im Folgebescheid berücksichtigt; dabei ist vor allem zu berücksichtigen, inwieweit das Verfahren um die Erteilung der Bescheinigung fortgeschritten ist und welche Chancen auf Erteilung bestehen. Denn in diesem Fall würde eine Steuervergünstigung gewährt, die u. U. nicht gerechtfertigt ist. Es bestünde im Fall seiner Nichterteilung keine Änderungsmöglichkeit, es sei denn, sein Erlass wird ausdrücklich durch Verwaltungsakt abgelehnt, was einem negativen Grundlagenbescheid gleichzusetzen ist, der die Änderung nach § 175 Abs. 1 Satz 1 Nr. 1 AO eröffnet. Das FA handelt daher im pflichtgemäßen Ermessen, wenn es diesen Weg ablehnt (*v. Wedelstädt*, AO-StB 2014, 150, 153 und 349, 350; so auch *Frotscher* in Schwarz, AO, § 155 AO Rz. 46).

Die Regelung des § 155 Abs. 2 AO gilt nur in den Fällen, 17 in denen ein Grundlagenbescheid noch nicht ergangen, aber dessen **Erlass beabsichtigt** ist (BFH v. 10.12.1998, III R 61/97, BStBl II 1999, 390 m. w. N.; *Güroff* in Gosch, § 155 AO Rz. 29 m. w. N.). Deshalb findet § 155 Abs. 2 AO keine Anwendung, wenn ein Feststellungsbescheid z. B. wegen Feststellungsverjährung nicht mehr ergehen kann (BFH v. 24.05.2006, I R 9/05, BFH/NV 2006, 2019). § 155 Abs. 2 AO ist auch im Rahmen von Fehlersaldierungen nach § 177 AO im Folgebescheid anwendbar, setzt aber auch voraus, dass im Folgebescheid eine erkennbar einstweilige Regelung getroffen wird (BFH v. 24.05.2006, I R 93/05, BStBl II 2007, 76).

17a Da Voraussetzung ein ausstehender Grundlagenbescheid ist, darf der Folgebescheid nicht im Vorgriff auf die Änderung eines ergangenen und ausgewerteten Grundlagenbescheids unter Heranziehung des § 155 Abs. 2 AO z.B. nach § 164 AO oder im Rahmen einer Rechtsfehlersaldierung nach § 177 AO geändert werden; denn der bestehende (noch nicht geänderte) Grundlagenbescheid ist so lange bindend, als er noch nicht ersetzt wurde (BFH v. 06.12.1995, II R 24/93, BFH/NV 1996, 450; *Frotscher* in Schwarz/Pahlke, § 155 AO Rz. 38). Andererseits kann (muss!, § 85 AO) ein Grundlagenbescheid auch dann ergehen, wenn für den Veranlagungszeitraum bereits ein bestandskräftiger Steuerbescheid vorliegt (st. Rspr; BFH v. 10.11.1992, VIII R 100/90, BFH/NV 1993, 538).

## II. Erlass des Folgebescheids vor dem Grundlagenbescheid

18 **Erforderlich** ist, dass der **Erlass des Grundlagenbescheids sich verzögert, aber beabsichtigt** ist, dass es sich also um eine **vorläufige Regelung** handelt, die einem noch zu erlassenden Grundlagenbescheid vorgreift. § 155 Abs. 2 AO eröffnet nicht die Möglichkeit, in einem Folgebescheid abschließend über Sachverhalte zu befinden, deren Beurteilung einem Grundlagenbescheid vorbehalten ist (u.a. BFH v. 25.09.2013, II R 2/12, BStBl 2014, 329 m.w.N.; s. § 179 AO Rz. 4 f.). Das FA muss sich bei Erlass des Folgebescheids **der Notwendigkeit eines Grundlagenbescheids bewusst** sein (BFH v. 19.04.1989, X R 3/86, BStBl II 1989, 596 m.w.N.). Hält es die gesonderte Feststellung einer Besteuerungsgrundlage irrtümlich nicht für erforderlich und erlässt daher einen endgültigen Steuerbescheid, so ist der Steuerbescheid rechtswidrig (BFH v. 02.12.2003, II B 76/03, BStBl II 2004, 204 m.w.N.). Der Grundlagenbescheid kann allerdings nachgeholt werden.

19 Die Berücksichtigung feststellungsbedürftiger Besteuerungsgrundlagen im Steuerbescheid vor Ergehen des entsprechenden Grundlagenbescheids ist eine vorläufige Entscheidung über diese Besteuerungsgrundlagen. Daher muss aus dem auf der Grundlage des § 155 Abs. 2 AO ergehenden Folgebescheid selbst oder aus den Umständen für den Adressaten des Folgebescheids **deutlich erkennbar** sein, dass eine bestimmte Besteuerungsgrundlage von der Regelung in einem noch zu erlassenden Grundlagenbescheid abhängig ist,er muss verlässlich beurteilen können, ob und in welchem Umfang der Bescheid materiell bestandskräftig wird, insbes. ob ihm ein endgültiger Rechtsverlust droht, wenn er den Bescheid nicht anficht (st. Rspr.; BFH v. 11.12.1997, III R 14/96, BStBl II 1999, 401 m.w.N.); fehlt dies, ist der Folgebescheid rechtswidrig (BFH v. 08.11.2006, II R 13/05, BFH/NV 2007, 641, 643 m.w.N.).

Die Entscheidung, ob ein Folgebescheid gem. § 155 20
Abs. 2 AO erlassen wird, steht im pflichtgemäßen **Ermessen** der Finanzbehörde (BFH v. 14.05.2014, X R 7/12, BStBl II 2015, 12 m.w.N.). Dabei sind das fiskalische Interesse an einer schnellen aber ggf. vorläufigen Steuerfestsetzung gegen das Interesse des Stpfl. abzuwägen. Der BFH (v. 5.4.2011 – II B153/10, BStBl. II 2011, 942) lässt offen, ob das Ermessen einer Begründung bedarf oder ob insoweit die Ausübung sog. intendierten Ermessens vorliegt.

**Erlässt das FA nach § 155 Abs. 2 AO einen Folge-** 21
**bescheid** vor dem Grundlagenbescheid, muss es sich zunächst an der Erklärung des Stpfl. orientieren, wenn ihm keine Anhaltspunkte vorliegen, dass die Angaben des Stpfl. unrichtig sind (BFH v. 03.08.2000, III B 179/96, BStBl II 2001, 33; *Rüsken* in Klein, § 155 AO Rz. 41 m.w.N.). Es muss alle betroffenen Besteuerungsgrundlagen berücksichtigen und selbst überprüfen (BFH v. 14.05.2014, X R 7/12, BStBl II 2015, 12). Es darf aber keine eigenen Ermittlungen zu diesen Besteuerungsgrundlagen vornehmen, denn die Ermittlungskompetenz hinsichtlich der Besteuerungsgrundlagen des Grundlagenbescheids liegt allein bei dem für den Grundlagenbescheid zuständigen FA (BFH v. 25.09.2013, II R 2/12, BStBl 2014, 329 m.w.N.; *v. Wedelstädt*, AO-StB 2014, 349, 351 m.w.N.; s. Rz. 18). Gegebenenfalls sind die Besteuerungsgrundlagen zu **schätzen**, wenn sich die Besteuerungsgrundlagen nicht ohne Weiteres ermitteln lassen, bei vorliegender Steuererklärung auch abweichend von der Steuererklärung (§ 155 Abs. 2 AO ggf. i.V.m. § 162 Abs. 5 AO; BFH v. 03.08.2000, III B 179/96, BStBl II 2001, 120). Die allgemeinen Voraussetzungen des § 162 Abs. 1 und 2 AO müssen nicht erfüllt sein (BFH v. 18.07.2012, X S 19/12, BFH/NV 2012, 2008 m.w.N.; *Seer* in Tipke/Kruse, § 155 AO Rz. 29 m.w.N.; s. auch § 162 AO Rz. 40 ff.).

Um eine Änderung im Falle des Ausbleibens des 21a
Grundlagenbescheids gleichwohl zu sichern (s. dazu Rz. 22c),kann das FA den auf § 155 Abs. 2 i.V.m. § 162 Abs. 5 AO gestützten Steuerbescheid im Hinblick auf diese Besteuerungsgrundlagen gem. § 165 Abs. 1 Satz 1 AO für vorläufig erklären (BFH v. 14.05.2014, X R 7/12, BStBl II 2015, 12; *Rüsken* in Klein, § 155 AO Rz. 41).

Der Erlass eines Folgebescheids gem. § 155 Abs. 2 AO 22
ist unzulässig und damit **rechtswidrig**, wenn

– ein Grundlagenbescheid nicht mehr ergehen wird (BFH v. 02.12.2003, II B 76/03, BStBl II 2004, 204; BFH v. 24.05.2006, I R 93/05, BStBl II 2007, 76),
– die Behörde irrtümlich davon ausgeht, dass ein Grundlagenbescheid nicht nötig ist (BFH v. 02.12.2003, II B 76/03,BStBl II 2004, 204),

- ein Feststellungsbescheid wegen Feststellungsverjährung nicht mehr ergehen kann (BFH v. 24.05.2006,I R 9/05, BFH/NV 2006, 2019),
- bereits ein Grundlagenbescheid ergangen ist (u.a. m.w.N. BFH v. 08.11.2006, II R 13/05, BFH/NV 2007, 641 m.w.N.; s. auch Rz. 17a),
- der erforderliche Grundlagenbescheid ohne Weiteres erlassen werden könnte, insbes. wenn das FA selbst dafür zuständig ist (u.a. BFH v. 08.11.2006, II R 13/05, BFH/NV 2007, 641 m.w.N.; *Schuster* in HHSp, § 155 AO Rz. 44,
- oder für den Adressaten des nach § 155 Abs. 2 AO ergehenden Folgebescheides nicht eindeutig erkennbar ist, dass eine bestimmte Besteuerungsgrundlage nur vorläufig angesetzt wird und von der Regelung in einem Grundlagenbescheid abhängig ist (für jeden Ausschlussgrund: BFH v. 08.11.2006, II R 13/05, BFH/NV 2007, 641, 643 m.w.N.).

Gleichwohl nach § 155 Abs. 2 AO erlassene Folgebescheide erwachsen nach Ablauf der Rechtsbehelfsfrist in Bestandskraft, wenn sie nicht angefochten werden.

22a Der nach § 155 Abs. 2 AO ergehende Folgebescheid kann auch insoweit angefochten werden, als festzustellende **Besteuerungsgrundlagen** betroffen sind. Insoweit ist § 157 Abs. 2 AO nicht anwendbar, weil die fraglichen Besteuerungsgrundlagen – noch – nicht festgestellt worden sind(*Frotscher* in Schwarz/Pahlke, § 155AO Rz. 51). Bei einem **finanzgerichtlichen Streit** über den vorläufigen Ansatz der Besteuerungsgrundlage oder über ihre Schätzung ist es regelmäßig geboten, das Klageverfahren bis zum Ergehen des Grundlagenbescheids und seiner Bestandskraft nach § 74 FGO auszusetzen (u.a. BFH v. 07.11.2006, IV B 34/06, BFH/NV 2007, 265; *Seer* in Tipke/Kruse, § 162 AO Rz. 89). Für die Zeit bis zum etwaigen Ergehen eines Grundlagenbescheids kommt AdV in Betracht (BFH v. 02.12.2003, II B 76/03, BStBl II 2004, 204 m.w.N.).

22b **Ergeht der Grundlagenbescheid nachträglich** und weichen die festgestellten Besteuerungsgrundlagen von den vorläufig angesetzten ab, ist der Folgebescheid nach § 175 Abs. 1 Satz 1 Nr. 1 AO zu ändern. Das gilt auch für den Erlass eines negativen Grundlagenbescheids; dessen Inhalt bestimmt den Umfang der Folgeänderung (s. dazu, § 182 AO Rz. 4). Den Anspruch auf Erlass des Grundlagenbescheids kann der Stpfl. durch Untätigkeitseinspruch (§ 347 Abs. 1 Satz 2 AO) und Klage wegen Unterlassens eines Verwaltungsakts (§ 40 Abs. 1 FGO) verfolgen.Kommt es bei der Auswertung des Grundlagenbescheids fälschlicherweise zu einer Doppelerfassung der fraglichen Besteuerungsgrundlage, liegt ein Widerstreit i.S. des § 174 AO vor (*von Wedelstädt,* AO-StB 2014, 349, 350 m.w.N.).

22c **Ergeht kein Grundlagenbescheid** – auch kein negativer Feststellungsbescheid –, der Bindungswirkung für den Folgebescheid hätte und somit eine Änderung nach § 175 Abs. 1 Satz 1 Nr. 1 AO erforderte, verbleibt es mangels einer Änderungsvorschrift bei der auf der Grundlage des § 155 Abs. 2 AO durchgeführten Steuerfestsetzung (BFH v. 24.05.2006, I R 93/05, BStBl I 2007, 76 m.w.N.; *Seer* in Tipke/Kruse, § 155 AO Rz. 28), es sei denn, der Folgebescheid ist im Hinblick auf diese Besteuerungsgrundlagen gem. § 165 Abs. 1 Satz 1 AO für vorläufig erklärt worden (BFH v. 14.05.2014, X R 7/12, BStBl II 2015, 12; *Rüsken* in Klein, § 155 AO Rz. 41, s. Rz. 21a). § 155 Abs. 2 AO ist keine Änderungsnorm. Die Änderung nach § 175 Abs. 1 Satz 1 Nr. 2 AO scheidet aus, weil weder der Ablauf der Feststellungsfrist noch das Unterlassen, bis zu dem Ablauf der Festsetzungsfrist eine gesonderte Feststellung durchzuführen, ein rückwirkendes Ereignis darstellen (BFH v. 08.11.2006, II R 13/05, BFH/NV 2007, 641). Die nach § 155 Abs. 2 AO erfolgte Berücksichtigung der Besteuerungsgrundlage kann auch im Rahmen einer Fehlersaldierung nach § 177 AO nicht rückgängig gemacht werden, da derjenige Ansatz als »richtig« angesehen werden muss, den das FA im Rahmen des § 155 Abs. 2 AO im Folgebescheid berücksichtigt hat (BFH v. 24.05.2006, I R 93/05, BStBl II 2007, 76 m.w.N.; *von Wedelstädt* in Gosch, § 177 AO Rz. 20 m. w. N). Dasselbe gilt auch, wenn zwar ein Grundlagenbescheid erlassen, aber ohne ausgewertet worden zu sein aufgehoben wurde, weil er nach Ablauf der Feststellungsfrist erlassen worden war. Nur wenn die Aufhebung des Grundlagenbescheids als Erlass eines negativen Feststellungsbescheids zu sehen ist, mit der Folge, dass die Besteuerungsgrundlagen aus dem Regelungsbereich des Feststellungsverfahrens ausgeschieden werden, kann das Folgebescheids-FA die betreffenden Besteuerungsgrundlagen beurteilen und ggf. im Rahmen einer Änderung des Folgebescheids nach § 175 Abs. 1 Satz 1 Nr. 1 AO berücksichtigen (*Rüsken* in Klein, § 155 AO Rz. 43a).

Bei unzulässiger und damit rechtswidriger Berücksichtigung der Besteuerungsgrundlagen eines fehlenden ressortfremden Grundlagenbescheids nach § 155 Abs. 2 AO (s. Rz. 16) würde damit auch möglicherweise eine Steuervergünstigung gewährt, die nicht gerechtfertigt ist (*von Wedelstädt,* AO-StB 2014, 150, 153 und 2014, 349, 352).

## E. Zusammengefasste Steuerbescheide (§ 155 Abs. 3 AO)

Gegen mehrere Stpfl., die eine Steuer als Gesamtschuldner schulden, kann die Finanzbehörde **zusammengefasste Steuerbescheide** erlassen. Es handelt sich dabei um eine Ermessensvorschrift, das FA kann gegen die Steuerschuldner auch getrennte Steuerbescheide erlassen. Anwendungsfälle sind z.B. zusammenveranlagte Ehegatten/Lebenspartner (§ 44 Abs. 1 AO), mehrere Stpfl. i.S. des § 10 Abs. 3 GrStG, Verkäufer und Erwerber (§ 13 GrEStG) oder mehrere Erwerber (§ 20 Abs. 1 23

ErbStG). Nicht hierzu zählen die Fälle der Steuerhaftung, die erst kraft besonderer Umstände eintritt und durch besonderen Haftungsbescheid geltend gemacht wird (s. §§ 69 ff., § 191 AO; *Seer* in Tipke/Kruse, § 155 AO Rz. 36), ferner andere Steuerverwaltungsakte als Steuerbescheide (Ausnahme: Prüfungsanordnungen an Eheleute/Lebenspartner, BFH v. 23.06.2003, X B 165/02, BFH/NV 2003, 1147 m.w.N.; AEAO zu § 197, Nr. 3; s. § 196 AO Rz. 4).

24 Ein zusammengefasster Steuerbescheid enthält mehrere inhaltsgleiche Steuerfestsetzungen, die nur der äußeren Form nach zusammengefasst, aber verfahrensrechtlich voneinander unabhängig sind. Daher kann ein zusammengefasster Steuerbescheid, der gegenüber zusammen zu veranlagenden Ehegatten/Lebenspartnern erlassen werden konnte, auch nach dem Tode eines der Ehegatten/Lebenspartner gegenüber dem überlebenden Ehegatten/Lebenspartner und den Erben des verstorbenen Ehegatten/Lebenspartners erlassen werden (BFH v. 17.11.2005, III R 8/03, BStBl II 2006, 287). Wird der Steuerbescheid statt an die Erben an den verstorbenen Ehegatten/Lebenspartner gerichtet, ist die Festsetzung insoweit unwirksam, die gegen den noch lebenden Ehegatten/Lebenspartner dagegen aus dem Rechtsgedanken des § 125 Abs. 4 AO wirksam (BFH v. 19.07.1998, II R 64/95, BFH/NV 1998, 1455).

25 In dem zusammengefassten Steuerbescheid sind alle Betroffenen als **Inhaltsadressaten** aufzuführen (AEAO zu § 122, Nr. 2.1.2). Dies muss nicht zwingend aus dem Bescheid selbst oder dem Bescheid beigefügten Unterlagen für einen Dritten erkennbar sein, es reicht, dass der Inhaltsadressat durch Auslegung anhand der den Betroffenen bekannten Umstände hinreichend sicher bestimmt werden kann (BFH v. 17.11.2005, III R 8/03, BStBl II 2006, 287). Fehler bei der Angabe der Adressaten mit der Möglichkeit der Verwechslung führen i.d.R. zur Nichtigkeit des zusammengefassten Steuerbescheids und können grundsätzlich nicht geheilt werden (§ 125 Abs. 1 AO; s. § 157 AO Rz. 21 m.w.N.; AEAO zu § 122, Nr. 4.1.1; *von Wedelstädt* in Gosch, § 125 AO Rz. 30 m.w.N.). Betreffen die Mängel lediglich einen der mehreren Inhaltsadressaten, ist der zusammengefasste Steuerbescheid aus dem Gedanken der Teilnichtigkeit des § 125 Abs. 4 AO nur insoweit nichtig (BFH v. 29.07.1998, II R 64/95, BFH/NV 1998, 1455).

26 Zusammengefasste Steuerbescheide sind nach § 122 Abs. 1 Satz 1 AO grundsätzlich gegenüber jedem der Betroffenen – auch zu unterschiedlichen Zeitpunkten – **bekannt zu geben**, und zwar unter Benennung sämtlicher Gesamtschuldner. Hierdurch wird der Verwaltungsakt gegenüber dem jeweiligen Bekanntgabeempfänger wirksam (§ 124 Abs. 1 Satz 1 AO); auf § 122 AO und die Kommentierung dazu wird verwiesen. Wegen einer **vereinfachten Bekanntgabe** wird auf § 122 Abs. 6 AO, wegen der **Bekanntgabe von Zusammenveranlagungsbescheiden** auf § 122 Abs. 7 AO und jeweils auf die Kommentierung dazu verwiesen (s. auch AEAO zu § 122, Nr. 2.1.2 und 2.1.3).

Der Erlass eines zusammengefassten Steuerbescheids bedeutet in der Regel nicht, dass die gesamtschuldnerisch geschuldete Steuer damit von den Gesamtschuldnern »einheitlich« geschuldet wird und ihnen gegenüber nur einheitlich entschieden werden kann. Ficht nur ein Gesamtschuldner den zusammengefassten Steuerbescheid an, sind die übrigen nicht gem. § 360 Abs. 3 AO zum Verfahren hinzuzuziehen bzw. gem. § 60 Abs. 3 FGO beizuladen; in Frage kommt aber eine einfache Hinzuziehung oder Beiladung (AEAO zu § 360, Nr. 3). Eine eventuelle Herabsetzung der Steuer wirkt demgemäß nur gegenüber demjenigen Gesamtschuldner, dem gegenüber sie ausgesprochen wurde (s. § 44 AO Rz. 13 f.); BFH v. 14.01.1997, VII R 66/96, BFH/NV 1997, 283 m.w.N.). 27

§ 155 Abs. 3 Satz 2 AO lässt die **Verbindung zusammengefasster Steuerbescheide mit Verwaltungsakten über steuerliche Nebenleistungen** oder sonstige Ansprüche, auf die die AO anzuwenden ist, zu. Dabei muss der mit dem zusammengefassten Steuerbescheid verbundene Verwaltungsakt nicht sämtliche Gesamtschuldner betreffen. Die Regelung betrifft vor allem die Festsetzung von Verspätungszuschlägen gegenüber Ehegatten/Lebenspartnern im Rahmen der Einkommensteuerveranlagung (s. § 152 AO Rz. 25). Darüber hinaus können z.B. auch Kirchensteuerbescheide mit einem zusammengefassten Steuerbescheid verbunden werden, und zwar auch bei glaubensverschiedenen Ehen. 28

## F. Ausschließlich automationsgestützte Steuerfestsetzungen (§ 155 Abs. 4 AO)

Die durch das StModernG mit Wirkung vom 01.01.2017 eingefügte Regelung ist wesentlicher Teil der Modernisierung des Besteuerungsverfahrens mit dem Ziel vollautomatischer, vom RMS (§ 88 Abs. 5 AO) begleiteter und unterstützter Veranlagung. 29

Nach **§ 155 Abs. 4 Satz 1 AO** können Steuerfestsetzungen, Anrechnungen von Steuerbeträgen im Zusammenhang mit der Steuerfestsetzung und Abrechnungen von Vorauszahlungen in vollem Umfang auf der Grundlage der der Finanzbehörde vorliegenden Informationen und der Angaben des Stpfl. ausschließlich automationsgestützt vorgenommen, berichtigt, zurückgenommen, widerrufen, aufgehoben oder geändert werden, sofern kein Anlass besteht, dass der Fall durch einen Amtsträger bearbeitet wird. Die Entscheidung, ob eine vollautomatische Festsetzung durchgeführt wird, steht im Ermessen des Amtsträgers, das als intendiertes Ermessen nicht zu begründen ist (*Güroff* in Gosch, § 155 AO Rz. 42.1). Eine personelle Überprüfung findet in diesen Fällen nicht statt, sofern für eine manuelle Prüfung i.S. des § 155 Abs. 4 30

Satz 1 AO kein Anlass besteht. Die Vorschrift erfasst nicht nur die erstmalige Festsetzung, sondern auch deren Korrekturen. Sie ist auf Vergütungsbescheide (§ 155 Abs. 5 AO) sowie auf die Steuerfestsetzungen gleichzusetzenden Bescheide (s. Rz. 3) sinngemäß anzuwenden. Sie gilt nicht für Steuerverwaltungsakte, auf die die Vorschriften über das Besteuerungsverfahren auch nicht entsprechend anwendbar sind wie für Haftungsbescheide, Prüfungsanordnungen, Abrechnungsbescheide, Billigkeits- und AdV-Entscheidungen (*Güroff* in Gosch, § 155 AO Rz. 41). Die Anführung des Widerrufs und der Rücknahme in § 155 Abs. 4 Satz 1 AO beruht darauf, dass Anrechnungsbescheide als sonstige Verwaltungsakte nach §§ 130 f. AO korrigiert werden.

**31** Zu den der Finanzbehörde vorliegenden Informationen gehören u. a. Daten aus früheren Steuererklärungen, Daten i. S. der §§ 88a und 93c AO sowie Daten über einbehaltene Steuerabzugsbeträge und geleistete Vorauszahlungen. Angaben des Stpfl. ergeben sich vor allem aus der aktuellen Steuererklärung (Begr. BT-Drs. 18/7457, 88 f.).

**32** Nach **§ 155 Abs. 4 Satz 2 Nr. 1 AO** können auch der Erlass, die Berichtigung, die Rücknahme, der Widerruf, die Aufhebung und die Änderung von mit den Steuerfestsetzungen sowie Anrechnungen von Steuerabzugsbeträgen und Vorauszahlungen verbundenen Verwaltungsakten automationsgestützt erfolgen. Das betrifft z. B. die Festsetzung von Annexsteuern wie SolZ oder KiSt, von Verspätungszuschlägen in den Fällen des § 152 Absatz 2 AO, d. h. in den Fällen, in denen ohne Einräumung eines Ermessens ein Verspätungszuschlag festgesetzt werden muss, und von Zinsen nach § 233a AO.

**33** Nach **§ 155 Abs. 4 Satz 2 Nr. 2 AO** ist eine automationsunterstützte Festsetzung ferner zulässig, wenn die Festsetzung von Steuern sowie die Anrechnung von Steuerabzugsbeträgen mit Nebenstimmungen (§ 120 AO) versehen oder verbunden wird, soweit diese durch ein BMF-Schreiben oder Erlasse der obersten Landesfinanzbehörden allgemein angeordnet sind (§ 155 Abs. 4 Satz 2 Nr. 2 AO). Das betrifft vor allem die allgemeine durch BMF-Schreiben oder gleichlautende Ländererlasse nach § 165 Abs. 1 Satz 2 AO angeordnete Vorläufigkeit von Steuerfestsetzungen, bei der schon in der Vergangenheit eine Ermessensbindung der Finanzbehörde bestand.

**34** Verwaltungsakte, deren Erlass im pflichtgemäßen Ermessen der Finanzbehörde liegt, wie Auskunftsersuchen, Billigkeitsmaßnahmen wie Stundung und Erlass von Steuern, Prüfungsanordnungen oder Aussetzung der Vollziehung, können nicht ausschließlich automationsgestützt erlassen werden.

**35** Die ausschließlich automationsgestützte Entscheidung ist nicht zulässig, wenn ein Anlass für eine Bearbeitung des Falles durch Amtsträger besteht (§ 155 Abs. 4 Satz 1 AO). Das ist z. B. der Fall, wenn der Fall im Rahmen des Risikomanagementsystems (RMS) oder ähnlicher Prüfmechanismen oder durch eine Entscheidung des Amtsträgers zur personellen Prüfung ausgewählt wurde oder (**§ 155 Abs. 4 Satz 3 AO**) wenn der Stpfl. in einem sog. qualifizierten Freitextfeld nach § 150 Abs. 7 AO Angaben gemacht, indem er z. B. um eine nähere Prüfung von Sachverhalts- oder Rechtsfragen gebeten hat, oder erklärt hat, in seiner Steuererklärung von der Verwaltungsauffassung abgewichen zu sein, oder einen Antrag auf eine Ermessensentscheidung gestellt hat, die Auswirkung auf die Steuerfestsetzung hat (Begr. BT-Drs. 18/7457, 89).

Nach **§ 155 Abs. 4 Satz 4 AO** gilt bei einem vollständig automationsgestützt erlassenen Verwaltungsakt die Willensbildung über seinen Erlass (Regelungswille, s. § 118 AO Rz. 8) und über seine Bekanntgabe (Bekanntgabewille, s. § 122 AO Rz. 5) im Zeitpunkt des Abschlusses der maschinellen Verarbeitung als abgeschlossen. Dies ist mithin auch der für eine wirksame Aufgabe des Bekanntgabewillens (s. § 122 AO Rz. 5) oder die Frage des nachträglichen Bekanntwerdens einer Tatsache i. S. des § 173 AO (s. § 173 AO Rz. 17) maßgebliche Zeitpunkt. Mit dieser Regelung wird klargestellt, dass es sich auch bei einem vollautomatisierten Steuerbescheid rechtlich um einen Steuerbescheid und nicht um eine Steueranmeldung handelt, bei der die Steuerfestsetzung fingiert wird (§§ 167, 168 AO; *Seer* in Tipke/Kruse, § 155 AO Rz. 44). **36**

vorläufig frei **37–39**

### G. Steuervergütungsbescheide (§ 155 Abs. 5 AO)

Die für die Steuerfestsetzung geltenden Vorschriften sind auf die Festsetzung einer Steuervergütung sinngemäß anzuwenden. Steuervergütungen, für die die AO gilt, sind keine Steuern i. S. des § 3 AO. Zum Begriff des Steuervergütungsanspruchs s. § 37 AO Rz. 3. Vergütungsbescheide sind auch Kindergeldfestsetzungen (§ 31 Satz 3 EStG). einige Begünstigungs- und Zulagegesetze ordnen die Anwendung der Regelungen über Steuervergünstigungen und damit über das Besteuerungsverfahren an. Die Vorschrift gilt daher auch für Bescheide über Investitionszulage, Eigenheimzulage, Arbeitnehmer-Sparzulage u. Ä. (AEAO zu § 155, Nr. 18). **40**

## § 156 AO Absehen von Steuerfestsetzung

**(1) Das Bundesministerium der Finanzen kann zur Vereinfachung der Verwaltung durch Rechtsverordnung bestimmen, dass eine Steuer nicht festgesetzt wird, wenn der eigentlich festzusetzende Betrag den durch diese Rechtsverordnung zu bestimmenden Betrag voraussichtlich nicht übersteigt. Der nach Satz 1 zu bestimmende Betrag**

**darf 25 Euro nicht übersteigen. Das Gleiche gilt für die Änderung einer Steuerfestsetzung, wenn der Betrag, der sich als Differenz zwischen der geänderten und der bisherigen Steuerfestsetzung ergeben würde, den in der Rechtsverordnung genannten Betrag nicht übersteigt. Die Rechtsverordnung bedarf nicht der Zustimmung des Bundesrates, soweit sie die Kraftfahrzeugsteuer, die Luftverkehrsteuer, die Versicherungsteuer, Einfuhr- und Ausfuhrabgaben und Verbrauchsteuern, mit Ausnahme der Biersteuer, betrifft.**

**(2) Die Festsetzung einer Steuer und einer steuerlichen Nebenleistung sowie deren Änderung kann, auch über einen Betrag von 25 Euro hinausgehend, unterbleiben, wenn zu erwarten ist, dass**

**1. die Erhebung keinen Erfolg haben wird oder**

**2. die Kosten der Festsetzung und die Kosten der Erhebung außer Verhältnis zu dem Betrag stehen werden.**

**Für bestimmte oder bestimmbare Fallgruppen können die obersten Finanzbehörden bundeseinheitliche Weisungen zur Anwendung von Satz 1 Nummer 2 erteilen. Diese Weisungen dürfen nicht veröffentlicht werden, soweit dies die Gleichmäßigkeit und Gesetzmäßigkeit der Besteuerung gefährden könnte. Auf dem Gebiet der von den Landesfinanzbehörden im Auftrag des Bundes verwalteten Steuern legen die obersten Finanzbehörden der Länder diese Weisungen zur Gewährleistung eines bundeseinheitlichen Vollzugs der Steuergesetze im Einvernehmen mit dem Bundesministerium der Finanzen fest.**

**Inhaltsübersicht**



## A. Bedeutung der Vorschrift

1 Die Regelung durchbricht den Grundsatz der Gesetzmäßigkeit und Gleichmäßigkeit der Besteuerung, indem sie die Möglichkeit eröffnet, unter bestimmten Voraussetzungen von der Änderung der Steuerfestsetzung abzusehen. Sie dient der Verwaltungsvereinfachung und der Wirtschaftlichkeit der Besteuerung. Wegen der Kleinbetragsregelung für das Erhebungsverfahren s. BMF v. 22.03.2001, IV A 4–2/01, BStBl I 2001, 242. Die Vorschrift wird durch zollrechtliche Vorschriften überlagert, soweit Einfuhr- und Ausfuhrabgaben i. S. des Art. 5 Nr. 20 und 21 UZK betroffen sind (*Deimel* in HHSp, Art. 104 UZK Rz. 11).

## B. Absehen von der Korrektur von Steuerfestsetzungen bei Kleinbeträgen (§ 156 Abs. 1 AO)

### I. Ermächtigung zum Erlass einer Rechtsverordnung

§ 156 Abs. 1 AO ermächtigt das BMF zum Erlass einer Rechtsverordnung, nach der bei einer Abweichung von der bisherigen Steuer bis 25 Euro eine Steuerfestsetzung oder eine Korrektur der Steuerfestsetzung unterbleibt. Die Zulässigkeit beruht auf Art. 80 Abs. 1 GG. Die Rechtsverordnung bedarf der Zustimmung des Bundesrates nur dann nicht, wenn sie die Kraftfahrzeugsteuer, die Luftverkehrsteuer, die Versicherungsteuer, Zölle und Verbrauchsteuern mit Ausnahme der Biersteuer betrifft (s. Art. 80 Abs. 2 GG). Soweit sich entsprechende Regelungen in Einzelgesetzen befinden (z. B. § 22 ErbStG) gehen sie der aufgrund dieser Ermächtigung erlassenen Rechtsverordnung vor. 2

### II. Kleinbetragsverordnung (KBV)

Von der Ermächtigung hat das BMF schon 1980 durch Erlass der KBV Gebrauch gemacht. Sie ist zuletzt mit Wirkung vom 01.01.2017 durch das Gesetz zur Modernisierung des Besteuerungsverfahrens v. 18.07.2016 (BGBl I 2016, 1679) geändert worden und gilt für Steuern, die nach dem 31.12.2016 entstanden sind (Art. 97 § 9a Abs. 3 EGAO). Die KBV betrifft im Wesentlichen Berichtigungen und Änderungen von Steuerfestsetzungen auch nach §§ 164 und 165 AO sowie Änderungen aufgrund eines Rechtsbehelfsverfahrens, nicht jedoch die erstmalige Festsetzung von Steuern. 3

**§ 1 KBV Änderung oder Berichtigung von Steuerfestsetzungen** 4

(1) Festsetzungen der

1. Einkommensteuer,
2. Körperschaftsteuer,
3. Erbschaftsteuer (Schenkungsteuer),
4. Grunderwerbsteuer sowie
5. der Rennwett- und Lotteriesteuer

werden nur geändert oder berichtigt, wenn die Abweichung von der bisherigen Festsetzung (bis 31.12.2016: mindestens 10 Euro beträgt) bei einer Änderung oder Berichtigung zugunsten des Steuerpflichtigen mindestens 10 Euro oder bei einer Änderung oder Berichtigung zuungunsten des Steuerpflichtigen mindestens 25 Euro beträgt. Bei der Einkommensteuer und bei der Körperschaftsteuer ist die jeweils nach Anrechnung von Steuerabzugsbeträgen verbleibende Steuerschuld zu vergleichen.

(2) Eine angemeldete Umsatzsteuervorauszahlung, eine für das Kalenderjahr angemeldete Umsatzsteuer, eine angemeldete Feuerschutzsteuer oder eine angemeldete Versicherungsteuer wird von der Finanzbehörde nur abweichend festgesetzt, geändert oder berichtigt, wenn die Abweichung von der angemeldeten Steuerim Fall einer Abweichung zugunsten des Steuerpflichtigen mindestens 10 Euro oder im Fall einer Abweichung zuungunsten des Steuerpflichtigen mindestens 25 Euro beträgt. Dasselbe gilt, wenn diese Steuern durch Steuerbescheid festgesetzt worden sind.

(3) Ist Lohnsteuer durch Steuerbescheid festgesetzt oder ist eine durch Lohnsteuer-Anmeldung bewirkte Festsetzung unanfechtbar geworden, gilt Absatz 2 entsprechend.

5 § 1 KBV gilt nur für die die Änderung oder Berichtigung der ausdrücklich aufgeführten Steuern, **nicht** für Einfuhr- und Ausfuhrabgaben (s. § 3 AO Rz. 18), Verbrauchsteuern (s. § 3 AO Rz. 24), Einheitswerte, GrSt und steuerliche Nebenleistungen (§ 3 Abs. 4 AO). Für KiSt und Kommunalabgaben gilt sie nur, soweit in den Gesetzen über die KiSt und über Kommunalabgaben auf § 156 AO verwiesen wird. Für die KiSt gilt, dass eine Änderung auch bei einer KiSt-Abweichung unter 10 Euro erfolgt, wenn die ESt geändert wird, eine Änderung unterbleibt, wenn die ESt nach § 1 Abs. 1 KBV nicht geändert wird. Entsprechendes gilt für andere Annexsteuern wie z.B. den SolZ.

6 § 1 Abs. 1 KBV untersagt die Änderung, wenn die Abweichung von der bisherigen Steuer bei einer Korrektur zugunsten des Stpfl. nicht mindestens 10 Euro oder bei einer Korrektur zuungunsten des Stpfl. nicht mindestens 25 Euro beträgt. Die Regelung gilt sowohl für Änderungen zugunsten wie zuungunsten des Stpfl. (BFH v. 16.02.2011, X R 21/10, BStBl II 2011, 671) und betrifft nur Änderungen und Berichtigungen von Steuerfestsetzungen einschließlich der Festsetzung von Vorauszahlungen, nicht jedoch Festsetzungen von Haftungs- oder Duldungsschulden oder Änderungen im Bereich des Erhebungs- oder Vollstreckungsverfahrens. Zu der entsprechenden Regelung im Erhebungsverfahren wird auf das BMF-Schreiben vom 22.03.2001 (BStBl I 2001, 242) verwiesen, der allerdings die Rechtsgrundlage fehlt (*Seer* in Tipke/Kruse, § 156 AO Rz. 2 m.w.N.). Die Vorschrift gilt auch nicht bei erstmaliger Steuerfestsetzung.

7 Nach § 1 Abs. 2 KBV ist bei den **Anmeldungssteuern** USt, FeuerschSt und VersSt eine abweichende Festsetzung, eine Änderung oder Berichtigung nur zulässig, wenn die Abweichung zugunsten des Stpfl. mindestens 10 Euro oder bei einer Abweichung zuungunsten des Stpfl. mindestens 25 Euro beträgt. Die Regelung berührt die Verpflichtung des Stpfl., ggf. die Steueranmeldung nach § 153 AO zu berichtigen, auch wenn die Abweichung 10 Euro nicht übersteigt, nicht (*Seer* in Tipke/Kruse, § 156 AO Rz. 12).

Für die **LSt** gilt nach § 1 Abs. 3 KBV die Kleinbetragsregelung nur, wenn die LSt durch Steuerbescheid (nicht durch Haftungsbescheid) etwa bei Schätzung festgesetzt worden ist oder die LSt-Anmeldung unanfechtbar geworden ist. 8

**§ 2 KBV Änderung oder Berichtigung der Festsetzung eines Gewerbesteuermessbetrages** 9

Die Festsetzung eines Gewerbesteuermessbetrages wird nur geändert oder berichtigt, wenn die Abweichung zur bisherigen Festsetzungbei einer Änderung oder Berichtigung zugunsten des Steuerpflichtigen mindestens 2 Euro und bei einer Änderung oder Berichtigung zuungunsten des Steuerpflichtigen mindestens 5 Euro beträgt.

Die Regelung betrifft nur die Änderung oder Berichtigung von Gewerbesteuermessbescheiden, nicht die von Gewerbesteuerbescheiden und untersagt die Korrektur, wenn die Abweichung bei einer Korrektur zugunsten des Stpfl. nicht mindestens 2 Euro oder bei einer Korrektur zuungunsten des Stpfl. nicht mindestens 5 Euro beträgt. 10

**§ 3 KBV Änderung oder Berichtigung der gesonderten Feststellung von Einkünften** 11

(1) Bei gesonderten und einheitlichen Feststellungen von Einkünften wird die Feststellung zur Höhe der Einkünfte nur geändert oder berichtigt, wenn sich diese Einkünfte bei mindestens einem Beteiligten um mindestens 25 Euro ermäßigen oder erhöhen.

(2) Bei gesonderten Feststellungen wird in den Fällen des § 180 Abs. 1 Satz 1 Nr. 2 Buchstabe b der Abgabenordnung die Feststellung zur Höhe der Einkünfte nur geändert oder berichtigt, wenn sich diese Einkünfte um mindestens 25 Euro ermäßigen oder erhöhen.

§ 3 Abs. 1 KBV betrifft nur die Änderung oder Berichtigung von gesonderten und einheitlichen Feststellungen von Einkünften, nicht die von Einheitswertfeststellungen und anderen gesonderten Feststellungen wie z.B. nach § 180 Abs. 1 Satz 1 Nr. 3 AO oder nach § 55 Abs. 5 Satz 3 EStG. Eine Änderung oder Berichtigung von gesonderten und einheitlichen Feststellungen von Einkünften ist nur bei einer Abweichung von mindestens 25 Euro nach oben oder unten bei mindestens einem Beteiligten zulässig (§ 3 Abs. 1 KBV). Entsprechendes gilt bei der Änderung und Berichtigung von gesonderten Feststellungen nach § 180 Abs. 1 Satz 1 Nr. 2 Buchst. b AO (§ 3 Abs. 2 KBV). 12

**§ 4 KBV Rückforderung von Wohnungsbauprämien** 13

Wohnungsbauprämien werden nur zurückgefordert, wenn die Rückforderung mindestens 25 Euro beträgt.

Die Vorschrift betrifft nur Wohnungsbauprämien, nicht andere Prämien oder Zulagen. 14

**§ 5 KBV Kraftfahrzeugsteuer bei Beendigung der Steuerpflicht** 15

Bei Beendigung der Kraftfahrzeugsteuerpflicht wird die Steuer für den Entrichtungszeitraum, in den das Ende der Steuerpflicht fällt, auf null Euro festgesetzt, wenn der neu festzusetzende Betrag weniger als 5 Euro betragen würde. Dies gilt nicht, wenn gleichzeitig für dasselbe Fahrzeug und denselben Steuerschuldner die Steuer in geänderter Höhe neu festgesetzt wird.

**16** Die KraftSt wird jeweils für ein Jahr festgesetzt. Endet die Steuerpflicht wegen Abmeldung des Fahrzeugs vor Ablauf des laufenden Entrichtungszeitraums, führt dies zu einer Erstattung, die durch einen Endbescheid festgesetzt wird. Wird ein Fahrzeug nur wenige Tage nach einem Fälligkeitszeitpunkt abgemeldet, ist für den angefangenen Entrichtungszeitraum keine KraftSt festzusetzen, wenn der für diesen Zeitraum festzusetzende Betrag weniger als 5 Euro betragen würde. Das gilt nicht, wenn gleichzeitig für dasselbe Fahrzeug und denselben Stpfl. (kumulativ!) die KraftSt in geänderter Höhe neu festgesetzt wird.

**17** **Abrundungsregelungen** enthält die KBV nicht, diese sind in den §§ 238 Abs. 2, 239 Abs. 2, 240 Abs. 1 Satz 1, 275 AO sowie ggf. in Einzelsteuergesetzen enthalten (*Seer* in Tipke/Kruse, § 156 AO Rz. 20).

**18** Unterbleibt die Änderung oder Berichtigung, geschieht dies nicht durch Verwaltungsakt, sodass die Änderung oder Berichtigung später noch erfolgen kann (*Frotscher* in Schwarz/Pahlke, § 156 AO Rz. 14).

**19–22** vorläufig frei

### C. Absehen von der Steuerfestsetzung (§ 156 Abs. 2 AO)

**23** Nach § 156 Abs. 2 AO kann die Finanzbehörde nach ihrem pflichtgemäßen Ermessen (§ 5 AO) von der Festsetzung von Steuern und steuerlichen Nebenleistungen (§ 3 AO) sowie deren Änderung absehen, wenn zu erwarten ist, dass die Erhebung keinen Erfolg haben (§ 156 Abs. 2 Satz 1 Nr. 1 AO) wird oder wenn die Kosten der Erhebung einschließlich der Festsetzung außer Verhältnis zu dem festzusetzenden Betrag stehen (§ 156 Abs. 2 Satz 1 Nr. 2 AO). Kein Anwendungsfall des § 156 Abs. 2 AO ist die Zahlungsunfähigkeit des Stpfl. (*Seer* in Tipke/Kruse, § 156 AO Rz. 23). Das Absehen geschieht nicht durch einen Verwaltungsakt, sondern ist eine innerdienstliche Maßnahme ohne Außenwirkung. Die Regelung dient ausschließlich der Finanzbehörde, der Stpfl. hat keinen Anspruch auf ein Absehen von der Festsetzung (*Seer* in Tipke/Kruse, § 156 AO Rz. 22). Der Steueranspruch erlischt dadurch nicht, die Steuerfestsetzung kann innerhalb der Festsetzungsfrist nachgeholt werden (AEAO zu § 156). Diese Möglichkeit tritt neben die Niederschlagung im Vollstreckungsverfahren (§ 261 AO). In beiden Fällen ist die Zuständigkeit durch gleichlautende Erlasse der obersten Finanzbehörden der Länder zuletzt v. 24.03.2017 (BStBl I 2017, 419, unter A. III.) den Finanzämtern mit der Einschränkung übertragen, dass die Genehmigung der Oberfinanzdirektion einzuholen ist, wenn der Betrag, von dessen Festsetzung nach § 156 Abs. 2 AO abgesehen, 25 000 Euro oder der nach § 261 AO niedergeschlagen werden soll, 125 000 Euro übersteigt. Im Falle des § 156 Abs. 2 AO kann der Betrag in der Regel geschätzt werden.

Die **Erfolglosigkeit der Erhebung** muss nicht feststehen, sondern ausreichend ist, dass sie sich aufgrund einer Prognoseentscheidung ergibt (»zu erwarten ist«). Sie ist z. B. anzunehmen, wenn ein Antrag auf Insolvenzeröffnung abgelehnt oder das Insolvenzverfahren mangels Masse eingestellt worden ist, wenn frühere Vollstreckungsversuche wegen anderer Steuerschulden erfolglos waren oder der Stpfl. die eidesstattliche Versicherung nach § 284 AO abgegeben hat (*Frotscher* in Schwarz/Pahlke, § 156 AO Rz. 15). **24**

Wann die Kosten der Erhebung einschließlich der Festsetzung außer Verhältnis zu dem festzusetzenden Betrag stehen, kann m. E. nur im Einzelfall entschieden werden. Unter Betrag ist die nach Anrechnung von Steuerabzugsbeträgen und nach Berücksichtigung geleisteter (Voraus-)Zahlungen sowie im Fall einer Änderung einer Steuerfestsetzung ggf. bereits erstatteter Beträge verbleibende Steuerforderung zu verstehen (BT-Drs. 18/7457, 90). **25**

Die obersten Finanzbehörden können für bestimmte oder bestimmbare Fallgruppen zur Anwendung von § 156 Abs. 2 Satz 1 Nr. 2 AO bundeseinheitliche Weisungen erteilen (§ 156 Abs. 2 Satz 2 AO), die auch im Ermittlungsverfahren oder bei der Frage der Erstellung einer Kontrollmitteilung zu beachten sind (*Seer* in Tipke/Kruse, § 156 AO Rz. 21; BT-Drs. 18/7457, 90). Diese Weisungen dürfen nicht veröffentlicht werden, soweit dadurch die Gleichmäßigkeit und die Gesetzmäßigkeit der Besteuerung gefährdet werden könnte (§ 156 Abs. 2 Satz 3 AO). Es soll verhindert werden, dass Stpfl. ihr Erklärungsverhalten entsprechend der Weisungen einrichten. Das Veröffentlichungsverbot gilt auch bei Weitergabe dieser Informationen an Gerichte, Rechnungsprüfungsbehörden und Parlamente. Im Übrigen gilt im finanzgerichtlichen Verfahren § 86 Abs. 2 Satz 2 i. V. m. Abs. 3 FGO. **26**

## § 157 AO
## Form und Inhalt der Steuerbescheide

**(1) Steuerbescheide sind schriftlich oder elektronisch zu erteilen, soweit nichts anderes bestimmt ist. Sie müssen die festgesetzte Steuer nach Art und Betrag bezeichnen und angeben, wer die Steuer schuldet. Ihnen ist außerdem eine Belehrung darüber beizufügen, welcher Rechtsbehelf zulässig ist und binnen welcher Frist und bei welcher Behörde er einzulegen ist.**

**(2) Die Feststellung der Besteuerungsgrundlagen bildet einen mit Rechtsbehelfen nicht selbständig**

**anfechtbaren Teil des Steuerbescheids, soweit die Besteuerungsgrundlagen nicht gesondert festgestellt werden.**

**Inhaltsübersicht**



**Schrifttum**

von Wedelstädt, Teilanfechtung und ihre Folgen, DB 1997, 696.

## A. Bedeutung der Vorschrift

1 Da Steuerbescheide Verwaltungsakte (§§ 155 Abs. 1 Satz 2, 118 Satz 1 AO) sind, gelten für sie die allgemeinen Regeln der §§ 119, 120 Abs. 1, §§ 121, 124 und 125 AO, auf die insoweit verwiesen wird (s. auch AEAO zu § 157, Nr. 2). Ihre Bekanntgabe richtet sich nach § 122 AO; sie soll aus Gründen des Steuergeheimnisses regelmäßig in geschlossenem Umschlag erfolgen (AEAO zu § 157, Nr. 1). § 157 AO modifiziert diese Vorschriften, insbes. § 119 AO, teilweise und bestimmt Form und Inhalt des Steuerbescheids und die Bedeutung der Feststellung der Besteuerungsgrundlagen. Zum Begriff des Steuerbescheids s. § 155 AO Rz. 4 f.

2 Die Formvorschrift gilt u.a. auch für Freistellungsbescheide, Bescheide, die einen Antrag auf Steuerfestsetzung ablehnen, und Bescheide, die Steuervergütungen festsetzen oder ablehnen, und (§ 155 Abs. 1 Satz 3, Abs. 4 AO), sowie sinngemäß für Steuerbescheiden gleichgestellte Bescheide (s. § 155 AO Rz. 3); Form und Inhalt von Zerlegungs- und Zuteilungsbescheiden sind in § 188 AO besonders geregelt. Auf Einfuhr- und Ausfuhrabgaben ist § 157 Abs. 1 Satz 1 und 2 AO über Art. 221 Abs. 1 ZK (*Deimel* in HHSp, Art. 221 ZK Rz. 9), § 157 Abs. 1 Satz 3 AO neben Art. 6 Abs. 3 ZK sowie im Anwendungsbereich des UZK (*Deimel* in HHSp, Art. 102 UZK Rz. 11) anwendbar.

## B. Schriftform des Steuerbescheids (§ 157 Abs. 1 Satz 1 AO)

Regelmäßig bedürfen Steuerbescheide der Schriftform oder sind elektronisch zu erteilen. Abweichungen bedürfen einer gesonderten Regelung. Schriftform bedeutet die Verkörperung (Wiedergabe) des Verwaltungsakts in einem Schriftstück. Soweit er nicht persönlich übergeben wird, ist er in verschlossenem Umschlag zu versenden. Die elektronische Übermittlung verlangt eine Zugangseröffnung nach § 122 Abs. 2a i.V.m. § 87a Abs. 1 Satz 1 AO oder die Einwilligung des Stpfl. (§ 122a AO); § 87a Abs. 7 oder 8 AO ist zu beachten (AEAO zu § 157, Nr. 1). Sinn der Formvorschrift ist es, den Stpfl. zuverlässig über den Regelungsinhalt des Steuerverwaltungsakts zu unterrichten. Zu den Folgen des Verstoßes gegen die Schriftform s. Rz. 18.

Werden Steuerbescheide – wie dies regelmäßig der Fall ist – formularmäßig oder im Wege der automatischen Datenverarbeitung erlassen, sind Unterschrift und Namenswiedergabe nach § 119 Abs. 3 AO nicht erforderlich (§ 119 Abs. 4 AO). 4

Dem Gebot der Schriftlichkeit wird genügt, wenn der Steuerbescheid mündlich zu Protokoll des Gerichts bekannt gegeben wird (BFH v. 24.05.1991, III R 105/89, BStBl II 1992, 123; BFH v. 25.11.1997, VIII R 4/94, BStBl II 1998, 461; a.A. *Güroff* in Gosch, § 157 AO Rz. 3). 5

Gesetzlich geregelte Ausnahmen von der Schriftlichkeit des Steuerbescheids finden sich u.a. für Steueranmeldungen (§ 168 AO), bei Verwendung von Steuerstemplern (§ 167 AO), unter bestimmten Voraussetzungen bei Kindergeldbescheiden (§ 70 Abs. 1 Satz 2 EStG) oder Zollbescheiden (Art. 6 Abs. 2 ZK). Mündliche Steuerbescheide sind ggf. schriftlich zu bestätigen (s. § 119 Abs. 2 Satz 2 AO). 6

## C. Inhalt des Steuerbescheids (§ 157 Abs. 1 Satz 2 und 3 AO)

### I. Allgemeines

§ 157 Abs. 1 Satz 2 AO schreibt die **Bezeichnung der festgesetzten Steuer nach Art und Betrag und die Angabe des Steuerschuldners** vor und konkretisiert damit die Anforderungen des § 119 AO. Zu den Folgen der Verletzung der Inhaltserfordernisse s. Rz. 21 ff. 7

Dem Steuerbescheid muss der **Regelungsinhalt** eindeutig entnommen werden können. Dabei kommt es nicht darauf an, was die Finanzbehörde mit ihrer Erklärung gewollt hat oder wie ein außenstehender Dritter die Erklärung der Behörde auffassen konnte bzw. musste, vielmehr ist allein der gesamte Inhalt des Verwaltungsaktes, einschließlich seiner Begründung, zur Auslegung heranzuziehen (BFH v. 21.05.2001, II R 55/99, BFH/NV 2001, 1377 m.w.N.). Der Inhalt eines Steuerbescheids kann 8 ggf. im Wege der **Auslegung** ermittelt werden, wenn der Steuerbescheid objektiv, d.h. auch für außenstehende Dritte erkennbar mehrdeutig und daher auslegungsbedürftig ist (BFH v. 13.10.2005, IV R 55/04, BStBl II 2006, 404 m.w.N.). Dabei ist allein auf den objektiven Erklärungsinhalt aus der Sicht des Adressaten abzustellen. Da der Verwaltungsakt nur mit dem bekannt gegebenen Inhalt wirksam werden kann, muss die Auslegung einen Anhalt in der bekannt gegebenen Regelung haben; zur Auslegung sind auch das FG und, wenn die tatsächlichen Feststellungen des FG hierfür ausreichen, der BFH befugt (ausführlich BFH v. 11.07.2006, VIII R 10/05, BStBl II 2007, 82 m.w.N.).

## II. Angabe der Steuer

9 Der Steuerbescheid muss u.a. Angaben enthalten über **Art und Betrag der geschuldeten Steuer**. Der Stpfl. soll erkennen können, für welchen Sachverhalt er steuerlich herangezogen wird. Erforderlich ist die **Angabe, dass die Steuern geschuldet** werden und nicht etwa für die Steuer gehaftet wird, z.B. dass es sich um geschuldete pauschale Lohnsteuer und nicht um eine Lohnsteuerhaftung handelt (BFH v. 28.11.1990, VI R 115/87, BStBl II 1991, 488 m.w.N.). Anzugeben ist die **Art** der Steuer wie ESt, KSt, USt sowie ihre **Höhe**. Dies muss nicht stets im Steuerbescheid selbst erfolgen, es genügt, wenn sich durch Auslegung des Bescheids, ggf. auch anhand begleitender Unterlagen eindeutig ermitteln lässt, welcher Betrag festgesetzt sein soll (BFH v. 04.06.2008, I R 72/07, BFH/NV 2008, 1977 m.w.N.). Steuern und ggf. Nebenleistungen müssen aufgegliedert dargestellt sein. Mehrere Steuerfälle erfordern entweder eine Festsetzung in getrennten Steuerbescheiden oder – bei körperlicher Zusammenfassung in einem Schriftstück – die genaue Angabe, welche Lebenssachverhalte (Besteuerungstatbestände) dem Steuerbescheid zugrunde liegen. Nur so können u.a. die Grenzen der Bestandskraft bestimmt werden (BFH v. 15.03.2007, II R 5/04, BStBl II 2007, 472 m.w.N.). Davon kann ausnahmsweise abgesehen werden, wenn eindeutig feststeht, welche Steuerfälle von dem Bescheid erfasst werden, und auch ansonsten keine Notwendigkeit zu einer Differenzierung besteht oder wenn zwischen den Beteiligten keinerlei Streit darüber besteht, welche Steuerfälle zusammengefasst worden sind. Dies ist allerdings auf ErbSt-Bescheide schon im Hinblick auf § 14 Abs. 1 ErbStG nicht übertragbar (BFH v. 15.03.2007, II R 5/04, BStBl II 2007, 472). Zur notwendigen Konkretisierung gehört bei periodisch veranlagten Steuern die Bezeichnung des Jahres (Veranlagungszeitraums), für das die Steuer festgesetzt wird, bei Einheitswertbescheiden der Feststellungszeitpunkt, bei den nicht periodisch veranlagten Steuern die Anführung des besteuerten Lebenssachverhalts (so z.B. bei der Erbschaftssteuer die Bezeichnung des Erbfalls, bei der Schenkungssteuer die Bezeichnung des Schenkers und des Schenkungsgegenstands sowie des Zeitpunkts, bei der Grunderwerbsteuer die Umschreibung des Erwerbsvorgangs und die Benennung des Erwerbsgegenstandes). Grundsätzlich gelten für mündliche Steuerbescheide dieselben Anforderungen.

Bei **Änderungsbescheiden** kann die Angabe von Art und Höhe der Steuer durch die Bezugnahme auf den ursprünglichen Steuerbescheid oder auf die Steuerberechnung in einem finanzgerichtlichen Urteil ersetzt werden, sofern sie sich nicht durch den Änderungsbescheid geändert haben (BFH v. 20.10.2004, II R 274/00, BStBl II 2005, 99 m.w.N.). Dies trifft vor allem zu bei der Aufhebung des Vorbehalts der Nachprüfung (§ 164 Abs. 3 AO) oder der Endgültigerklärung (§ 165 Abs. 2 AO). 10

## III. Angabe des Steuerschuldners

Der Steuerschuldner als **Inhaltsadressat** (s. AEAO zu § 122, Nr. 1.1.1 und 1.3) muss eindeutig und unverwechselbar im Steuerbescheid benannt sein. Wer Steuerschuldner ist, bestimmt sich nach den Einzelsteuergesetzen. Er muss nicht im Anschriftenfeld des Bescheids enthalten und auch nicht zwingend aus dem Bescheid selbst oder dem Bescheid beigefügten Unterlagen für einen Dritten erkennbar sein. Er ist genügend bestimmt, wenn Zweifel – z.B. bei Mehrdeutigkeit – durch Auslegung anhand der den Betroffenen bekannten Umstände wie z.B. beigefügte Unterlagen und zeitlich vorhergehende Bescheide behoben werden können (BFH v. 17.11.2005, III R 8/03, BStBl II 2006, 287 m.w.N.). Allerdings sind Formalismus und Wortklauberei nicht angebracht (BFH v. 07.07.2004, II R 77/01, BFH/NV 2005, 73; *Seer* in Tipke/Kruse, § 157 AO Rz. 12). Dies gilt auch bei einer Mehrheit von Steuerschuldnern z.B. bei zusammengefassten Steuerbescheiden (s. § 155 AO Rz. 25) oder bei gesonderten und einheitlichen Feststellungen, bei denen sämtliche Steuerschuldner – bei Personengesellschaften sämtliche Gesellschafter – angegeben werden müssen. Dabei muss der Steuerschuldner nicht ausdrücklich als solcher bezeichnet werden, es reicht, wenn sich aus dem Inhalt des Steuerbescheids zweifelsfrei ergibt, wer die Steuer schulden soll (BFH v. 28.01.1998, II R 40/95, BFH/NV 1998, 855). Lässt ein Bescheid den Schuldner nicht erkennen oder bezeichnet er ihn so ungenau, dass Verwechslungen nicht ausgeschlossen sind, kann er wegen inhaltlicher Unbestimmtheit nicht befolgt werden und ist unwirksam (h.M.; u.a. BFH v. 17.11.2005, III R 8/03, BStBl II 2006, 287 m.w.N.; s. § 125 AO Rz. 5). Eine Heilung im Rechtsbehelfsverfahren ist nicht möglich, vielmehr bedarf es eines neuen Steuerbescheids. Kein Fall der unbestimmten Angabe des Steuerschuldners und damit der Nichtigkeit 11 des Steuerbescheids ist die Angabe des falschen Steuerschuldners (s. Rz. 22 m. w. N.).

**11a** Bei **natürlichen Personen** als Steuerschuldner sind deren Namen anzugeben, wobei falsche Schreibweise nicht schadet, wenn dadurch keine Zweifel an der Identität des Betroffenen und keine Verwechslungsgefahr aufkommen. Sind **Personengesellschaften** (AEAO zu § 122, Nr. 2.4) selbst **steuerpflichtig** wie z. B. bei den Betriebsteuern, sind sie unter ihrer Firma oder soweit sie keine haben mit dem Namen zu bezeichnen, unter dem sie im Rechtsverkehr auftreten. Haben sie einen solchen nicht, sind alle Gesellschafter anzugeben (dazu ausführlich AEAO zu § 122, Nr. 2.4.1 bis 2.4.1.3). Eine GbR kann je nach dem Inhalt des an sie gerichteten Steuerbescheids auch dann als Steuerschuldnerin hinreichend bestimmt bezeichnet sein, wenn nicht alle Gesellschafter angegeben sind (BFH v. 23.03.1998, II R 7/95, BFH/NV 1998, 1329). Auch die gleichzeitige Auswechslung aller Gesellschafter z. B. durch Abtretung der Gesellschaftsanteile ändert an der Identität der Gesellschaft nichts (BFH v. 12.12.1996, II R 61/93, BStBl II 1997, 299). Da die **atypisch stille Gesellschaft** nicht selbst Steuerschuldner ist, sind Steuerbescheide und Steuermessbescheide an den Inhaber des Handelsgeschäfts zu richten; Entsprechendes gilt bei einer verdeckten Mitunternehmerschaft (BFH v. 31.08.1999, VIII R 22/98, BFH/NV 2000, 420; AEAO zu § 122, Nr. 2.4.1 Abs. 2). Ist nicht die Personengesellschaft, sondern sind ihre **Gesellschafter steuerpflichtig** wie in Fällen der gesonderten und einheitlichen Feststellungen, sind alle Gesellschafter als Steuerschuldner im für die Verteilung der Besteuerungsgrundlagen vorgesehenen Teil des Feststellungsbescheids aufzuführen (dazu AEAO zu § 122, Nr. 2.5.1).

**11b** Nach dem **Tod** des Steuerschuldners können Steuerbescheide nicht mehr an ihn, sondern nur noch an seinen Rechtsnachfolger – bei mehreren an sämtliche – unter Bezeichnung der Rechtsnachfolge gerichtet werden (AEAO zu § 122, Nr. 2.12.2 ff.). Dasselbe gilt, wenn juristische Person durch **Gesamtrechtsnachfolge** (z. B. Umwandlung, Verschmelzung, Spaltung) weggefallen sind (AEAO zu § 122, Nr. 2.15 und 2.16).

**11c** Besteht ein **Vertreter- oder Bevollmächtigtenverhältnis**, muss aus dem Steuerbescheid eindeutig hervorgehen, wer Steuerschuldner und wer Vertreter ist. Besteht **Testamentsvollstreckung**, muss eindeutig erkennbar sein, ob sich der Steuerbescheid an die Erben oder an den Testamentsvollstrecker richtet (dazu AEAO zu § 122, Nr. 2.13; *Seer* in Tipke/Kruse, § 157 AO Rz. 15).

## IV. Begründung

**12** Die Notwendigkeit einer Begründung ergibt sich aus § 121 Abs. 1 AO. Hiernach bedarf es einer schriftlichen Begründung, soweit dies zum Verständnis des Verwaltungsakts erforderlich ist. Das bedeutet, dass zum Inhalt des schriftlichen oder elektronisch übermittelten Steuerbescheids grundsätzlich die Benennung des der Besteuerung unterworfenen Sachverhalts, d. h. der der Steuerfestsetzung zugrundeliegenden Besteuerungsgrundlagen gehört. Stimmen diese mit den in der Steuererklärung enthaltenen Angaben überein, kann auf ihre Mitteilung gem. § 121 Abs. 2 Nr. 1 AO verzichtet werden. Das Gleiche gilt, wenn dem Stpfl. die Auffassung der Finanzbehörde über die Sach- und Rechtslage bereits aufgrund vorhergehender Besprechungen oder eines vorhergehenden schriftlichen Meinungsaustausches bekannt geworden ist (§ 121 Abs. 2 Nr. 2 AO). Wegen der vor Bescheiderteilung erforderlichen Gewährung des rechtlichen Gehörs im s. Übrigen § 91 AO.

Ob eine darüber hinausgehende Begründung erforderlich ist, richtet sich nach den Umständen des Einzelfalls. insbes. wird häufig die Angabe der einschlägigen Rechtsgrundlage zum Verständnis des Verwaltungsakts erforderlich sein, vor allem wenn der Steuerfestsetzung keine Steuererklärung vorausgegangen ist. Zu den Folgen fehlender Begründung s. Rz. 23. **13**

## V. Rechtsbehelfsbelehrung

Nach § 157 Abs. 1 Satz 3 AO ist den Steuerbescheiden und den ihnen gleichgestellten Bescheiden (s. § 155 AO Rz. 30) eine Rechtsbehelfsbelehrung beizufügen. Sie setzt die Rechtsbehelfsfrist in Gang (§ 356 Abs. 1 AO), und zwar auch dann, wenn sie in deutscher Sprache gegenüber einem des Deutschen nicht mächtigen Ausländer erfolgt (BFH v. 21.05.1997, VII S 37/96, BFH/NV 1997, 634 m. w. N.). Die Belehrung ist nicht als Teil der Steuerfestsetzung anzusehen; sie wird vielmehr der hoheitlichen Maßnahme, die die Behörde zur Regelung eines Einzelfalles auf dem Gebiet des öffentlichen Rechts trifft und die auf unmittelbare Rechtswirkung nach außen gerichtet ist (§ 118 Satz 1 AO), hinzugefügt. Soweit der Steuerbescheid einer Unterschrift oder der Namenswiedergabe des Behördenleiters usw. bedarf (s. § 119 Abs. 3 AO), muss diese die Rechtsbehelfsbelehrung nicht mit betreffen. Sie ist lediglich notwendiges »Anhängsel«. Wegen des Inhalts, des Unterbleibens oder der unrichtigen Erteilung der Rechtsbehelfsbelehrung s. § 356 AO Rz. 4 ff. und 11 f. **14**

## VI. Abgrenzungen

Nicht zum Inhalt des Steuerbescheids gehören das **Leistungsgebot** (§ 254 AO) sowie die **Abrechnung bzw. Anrechnung** von entrichteten Vorauszahlungen bzw. einbehaltenen Steuerabzugsbeträgen sowie von Anrechnungsbeträgen. Es handelt sich hierbei um aus Zweck- **15** mäßigkeitserwägungen mit dem Steuerbescheid verbundene eigenständige Verwaltungsakte, der dem Steuererhebungsverfahren zuzurechnen sind (BFH v. 18.07.2000, VII R 32, 33/99, BStBl II 2001, 133 m. w. N.). Steuerfestsetzung einerseits und Leistungsgebot, Anrechnungs- bzw. Abrechnungsbescheid andererseits unterliegen hinsichtlich der Änderungs- und Rücknahmemöglichkeiten unterschiedlichen Vorschriften, nämlich nach §§ 172 ff. AO bei Ersterer, nach § 130 AO bei Letzteren. Dementsprechend kann die Anrechnungsverfügung, wenn sie einen zulasten des Stpfl. sich auswirkenden Fehler enthält – zu geringe Anrechnung – insoweit innerhalb der Zahlungsverjährung (§ 228 AO) nach § 130 Abs. 1 AO ohne Einschränkung zurückgenommen werden. Ein sich zugunsten des Stpfl. auswirkender Anrechnungsbescheid kann nur unter den Voraussetzungen des § 130 Abs. 2 AO korrigiert werden (BFH v. 18.07.2000, VII R 32, 33/99, BStBl II 2001, 133 m. w. N.); *Seer* in Tipke/Kruse, § 157 AO Rz. 27; *Schmieszek* in Gosch, § 218 AO Rz. 73).

16 Die einzelnen Verwaltungsakte sind getrennt je für sich anzufechten; bei Einwendungen gegen die Anrechnungsverfügung bleibt die Möglichkeit unberührt, einen Abrechnungsbescheid (§ 218 Abs. 2 AO) zu beantragen. Zum Verhältnis zwischen Anrechnungsverfügung und Abrechnungsbescheid s. § 218 AO Rz. 19.

## D. Folgen von Verstößen

17 Verstöße gegen die Vorschriften des § 157 Abs. 1 AO haben unterschiedliche Konsequenzen.

### I. Verletzung der Schriftform

18 Wird entgegen § 157 Abs. 1 Satz 1 AO die **Schriftform oder elektronische Form nicht beachtet**, d. h. der Steuerbescheid formlos erteilt, so stellt dies einen besonders schwerwiegenden Fehler dar, der bei verständiger Würdigung aller in Betracht kommenden Umstände offenkundig ist (§ 125 Abs. 1 AO). Der Steuerbescheid ist daher nichtig (s. § 125 AO Rz. 5; h. M., u. a. BFH v. 05.05.1999, II R 44/96, BFH/NV 2000, 8; *Güroff* in Gosch, § 157 AO Rz. 6 m. w. N.).

19 Wird der Steuerbescheid zwar schriftlich oder elektronisch erlassen, lässt er aber **die erlassende Finanzbehörde nicht erkennen** (§ 119 Abs. 3 AO), so ist er nach § 125 Abs. 2 Nr. 1 AO nichtig.

20 Fehlt bei einem schriftlichen Steuerbescheid lediglich die **Unterschrift oder die Namenswiedergabe** des Behördenleiters usw., so macht dies den Steuerbescheid nicht gem. § 125 AO nichtig (h. M.; BFH v. 25.06.1992, IV R 87/90, BFH/NV 1993, 457 m. w. N.; *von Wedelstädt* in Gosch, § 125 AO Rz. 20 m. w. N.; *Seer* in Tipke/Kruse, § 119 AO Rz. 21; a. A. *Güroff* in Gosch, § 119 AO Rz. 39). Der Formfehler berechtigt daher lediglich zur Anfechtung des Bescheids; eine Aufhebung kann jedoch gem. § 127 AO dann nicht allein wegen dieses Formfehlers beansprucht werden, wenn keine andere Entscheidung in der Sache hätte getroffen werden können.

### II. Verletzung der Inhaltserfordernisse

Verstöße gegen § 157 Abs. 1 Satz 2 AO führen regelmäßig zur Nichtigkeit gem. § 125 Abs. 1 AO (s. § 125 AO Rz. 3; ausführlich *v. Wedelstädt* in Gosch, § 125 AO Rz. 12 ff. m. w. N.). Nichtig ist ein Steuerbescheid beispielsweise, wenn sich aus ihm – auch durch Auslegung – nicht zweifelsfrei ergibt, ob er demjenigen, dem er bekannt gegeben wurde, als Steuerschuldner oder als Bekanntgabeempfänger für einen anderen Steuerschuldner bekannt gegeben werden sollte (BFH v. 05.10.1994, I R 31/93, BFH/NV 1995, 576 m. w. N.), oder wenn er entgegen § 157 Abs. 1 Satz 2 AO nicht mit hinreichender Deutlichkeit erkennen lässt, wer als Steuerschuldner in Anspruch genommen wird, oder wenn der Steuerschuldner nicht, falsch oder so ungenau bezeichnet, dass Verwechslungen nicht ausgeschlossen sind (h. M.; BFH v. 17.11.2005, III R 8/03, BStBl II 2006, 287 m. w. N.; AEAO zu § 122, Nr. 4.1.1). Ein derartiger Mangel ist, anders als ein bloßer Mangel bei der Bekanntgabe (§ 122 Abs. 1 AO), nicht heilbar, auch nicht dadurch, dass der »Empfänger« sich als Adressat angesehen hat (BFH. v. 16.06.1999, II R 36/97, BFH/NV 2000, 170). Fehlt im Steuerbescheid die Angabe des festgesetzten Steuerbetrags, ergibt sich die Nichtigkeit aus § 125 Abs. 2 Nr. 2 AO, weil der Steuerbescheid aus tatsächlichen Gründen nicht befolgt werden kann. 21

Ein Steuerbescheid oder ihm gleichzustellender Bescheid ist **unwirksam**, wenn er sich gegen eine Person oder eine Personenvereinigung richtet, die offensichtlich nicht oder weil verstorben nicht mehr als Steuerschuldnerin in Betracht kommt (st. Rspr., u. a. BFH v. 16.12.1997, VIII R 32/90, BStBl II 1998, 480; *von Wedelstädt* in Gosch, § 125 AO Rz. 14 m. w. N.). **Kein Fall der inhaltlichen Unbestimmtheit** und damit der Nichtigkeit ist es, wenn im Steuerbescheid ein Steuerschuldner eindeutig und zweifelsfrei aber zu Unrecht als solcher bezeichnet ist, weil er nicht Steuerschuldner ist; ist er als Steuerschuldner tauglich, ist der Steuerbescheid nur rechtswidrig und anfechtbar, aber nicht nichtig (BFH v. 16.12.1997, VIII R 32/90, BStBl II 1998, 480; BFH v. 16.06.1999, II R 36/97, BFH/NV 2000, 170; *Seer* in Tipke/Kruse, § 125 AO Rz. 16 und § 157 AO Rz. 13; *von Wedelstädt* in Gosch, § 125 AO Rz. 35 m. w. N.). 22

### III. Fehlen der Begründung

23 Fehlt es an der nach § 121 Abs. 1 AO erforderlichen schriftlichen Begründung (s. Rz. 12), so ist der Steuerbescheid mit der Einschränkung des § 127 AO anfechtbar. Der Mangel ist aber gem. § 126 Abs. 1 Nr. 2 AO durch nachträgliche Mitteilung der Begründung heilbar. Die Nachholung ist bis zum Abschluss der Tatsacheninstanz eines finanzgerichtlichen Verfahrens zulässig (§ 126 Abs. 2 AO). Wird wegen des Fehlens der Begründung die Frist für die Anfechtung des Steuerbescheids versäumt, so gilt die Versäumung als nicht verschuldet (§ 126 Abs. 3 AO).

### IV. Fehlen der Rechtsbehelfsbelehrung

24 Ist dem Steuerbescheid die nach § 157 Abs. 1 Satz 3 AO erforderliche Rechtsbehelfsbelehrung nicht beigefügt, so hat dies lediglich zur Folge, dass die Frist für die Einlegung des Rechtsbehelfs nicht zu laufen beginnt (§ 356 Abs. 1 AO) und die Anfechtung noch binnen Jahresfrist möglich ist (§ 356 Abs. 2 AO). Das Gleiche gilt, wenn die beigefügte Rechtsbehelfsbelehrung unrichtig ist. Hierzu im Übrigen s. § 356 AO Rz. 11 f.

## E. Feststellung von Besteuerungsgrundlagen (§ 157 Abs. 2 AO)

### I. Besteuerungsgrundlagen im Steuerbescheid

25 Durch den Steuerbescheid wird die Steuer festgesetzt (§ 155 Abs. 1 Satz 1 AO). Die festgesetzte Steuer gegenüber einem bestimmten Steuerschuldner ist der Ausspruch (Tenor) des Steuerbescheids. Dementsprechend bestimmt § 157 Abs. 2 AO, dass die der Steuerfestsetzung zugrunde gelegten Besteuerungsgrundlagen keine selbstständige Rechtsqualität haben, sondern – lediglich – einen **mit Rechtsbehelfen nicht selbstständig anfechtbaren Teil des Steuerbescheids** darstellen. Sie sind Teil der erforderlichen Begründung des Steuerbescheids.

26 **Besteuerungsgrundlagen** sind die steuergesetzlichen Tatbestandsmerkmale persönlicher und sachlicher Art, deren Verwirklichung die Ansprüche aus dem Steuerschuldverhältnis (§ 37 Abs. 1 AO) gem. § 38 AO entstehen lässt. Für die Zwecke der Außenprüfung bezeichnet § 199 Abs. 1 AO als Besteuerungsgrundlagen »die tatsächlichen und rechtlichen Verhältnisse, die für die Steuerpflicht und die Bemessung der Steuer maßgebend sind«; dies greift zu kurz. Besteuerungsgrundlagen sind aber nicht nur die den tatsächlichen Lebenssachverhalt bildenden Umstände, sondern auch insbes. ihre steuerrechtliche Qualifizierung als Einkünfte, Umsätze, Vermögen usw.

Beim Steuerbescheid **tritt der Ausspruch,** nicht die Besteuerungsgrundlagen **in Bestandskraft.** Allerdings ist eine von den Besteuerungsgrundlagen losgelöste Steuerfestsetzung nicht denkbar. Der festgesetzte Steuerbetrag ist stets auf bestimmte Besteuerungsgrundlagen, die einen gesetzlichen Steuertatbestand bilden, gegründet. Die verbindliche Festsetzung einer Steuer bedingt grundsätzlich die Festlegung auf Art und Höhe derjenigen Besteuerungsgrundlagen, von denen bei der Steuerfestsetzung ausgegangen worden ist. Eine nachträgliche Änderung der Besteuerungsgrundlagen, z. B. ein Austausch von Besteuerungsgrundlagen, ist daher nur dann und nur solange zulässig, als sie entweder steuerneutral ist, d. h. sich auf die Steuer nicht auswirkt, oder die festgesetzte Steuer noch abänderbar, d. h. materiell noch nicht bestandskräftig ist (§§ 164, 165 AO) oder seine materielle Bestandskraft durchbrochen werden kann (u. a. §§ 172 ff. AO). 27

Zur Anfechtung des Steuerbescheids s. § 350 AO Rz. 10. 28

### II. Gesondert festgestellte Besteuerungsgrundlagen

Dies gilt nur dann nicht, wenn die Besteuerungsgrundlagen gesondert festgestellt werden. **Gesonderte Feststellung der Besteuerungsgrundlagen** bedeutet verfahrensmäßige Trennung von der Festsetzung der Steuer. Die Feststellung der Besteuerungsgrundlagen erfolgt in einem eigenen Verwaltungsakt, dem Feststellungsbescheid, und bildet die verbindliche Grundlage für die Berücksichtigung der Besteuerungsgrundlagen in Folgebescheiden (s. § 182 Abs. 1 AO). Der Feststellungsbescheid enthält ggf. mehrere Feststellungen, wie z. B. die Feststellung der Ordnungsmäßigkeit der Buchführung, die Zuordnung von Einkünften unter eine bestimmte Einkunftsart, die Feststellung ihrer Steuerpflicht und/oder ihrer Steuerbefreiung, ihrer Steuerbegünstigung, des Vorliegens einer Mitunternehmerschaft, der Höhe des Gesamtgewinns, des laufenden Gewinns, eines Veräußerungsgewinns oder eines Sondergewinns und ihrer Zurechnung usw. (s. § 180 AO Rz. 26 f.). Sie sind je für sich Ausspruch (Tenor) dieses Verwaltungsakts und können für sich selbstständig und gesondert angefochten werden und damit auch selbstständig in Bestandskraft erwachsen (BFH v. 09.02.2011, IV R 15/08, BStBl II 2011, 764 m. w. N.; *von Wedelstädt,* DB 1997, 696 m. w. N.; im Übrigen s. § 179 AO Rz. 7). 29

## § 158 AO
## Beweiskraft der Buchführung

**Die Buchführung und die Aufzeichnungen des Steuerpflichtigen, die den Vorschriften der §§ 140 bis 148 entsprechen, sind der Besteuerung zugrunde zu legen, soweit nach den Umständen des Einzelfalles kein Anlass ist, ihre sachliche Richtigkeit zu beanstanden.**

**Inhaltsübersicht**



### A. Bedeutung der Vorschrift

1 Die Vorschrift enthält als gesetzliche Ausgestaltung des Vertrauensschutzprinzips eine gesetzliche Vermutung (*Seer* in DStJG 31 (2008), 7, 16; AEAO zu § 158 Satz 1). Ein Stpfl., der Bücher führt und Aufzeichnungen macht, die den hierfür in den §§ 140 bis 148 AO enthaltenen Vorschriften genügen, hat den Anspruch darauf, dass seine Bücher und Aufzeichnungen der Besteuerung zugrunde gelegt werden. Das Gesetz geht davon aus, dass eine formell ordnungsmäßige Buchführung die Vermutung tatsächlicher Richtigkeit rechtfertigt. Die Vorschrift ist auf alle Steuern einschließlich der Steuervergütungen (§ 155 Abs. 4 AO) anwendbar und gilt auch für Einfuhr- und Ausfuhrabgaben sowie Abschöpfungen, da der UZK keine § 158 AO verdrängende Regelung enthält (*Seer* in Tipke/Kruse, § 158 AO Rz. 2 m. w. N.).

### B. Beweisvermutung

2 Nach § 158 AO sind der Besteuerung die Buchführung und die Aufzeichnungen des Stpfl., die den Vorschriften der §§ 140 bis 148 AO entsprechen, zugrunde zu legen, soweit nach den Umständen des Einzelfalls kein Anlass besteht, ihre sachliche Richtigkeit zu beanstanden. Bei formeller Ordnungsmäßigkeit der Buchführung und Aufzeichnungen stellt § 158 AO die Vermutung auf, dass Buchführung und Aufzeichnungen auch sachlich richtig sind mit der Folge, dass sie der Besteuerung zugrunde zu legen sind, soweit kein Anlass zu Zweifeln an ihrer sachlichen Richtigkeit besteht (BFH v. 14.12.2011, XI R 5/10, BFH/NV 2012, 1921 m. w. N.). Die Beweisvermutung gilt nur für die Stpfl., die Bücher und Aufzeichnungen führen, die den Vorschriften der §§ 140 bis 148 AO entsprechen. Dies betrifft die für die Besteuerung relevanten Dokumentationen nach dem Handelsrecht (§§ 238 ff. HGB), nach § 141 AO, nach Einzelsteuergesetzen wie z. B. nach § 4 Abs. 7 EStG, § 22 UStG sowie nach § 140 AO transponierten außersteuerlichen Buchführungs- und Aufzeichnungsvorschriften (sog. abgeleitete Buchführungspflichten). Sie gilt auch für die Aufzeichnungen im Rahmen der Einnahme-Überschussrechnung (BFH v. 26.02.2004, XI R 25/02, BStBl II 2004, 599) und für freiwillig geführte Bücher und Aufzeichnungen (FG He v. 26.03.1997, 1 K 3108/93, EFG 1998, 252; *Seer* in Tipke/Kruse, § 158 AO Rz. 2). Buchführung und Aufzeichnungen sind **formell ordnungsmäßig**, wenn die in diesen Vorschriften normierten Pflichten erfüllt sind. Die Vermutung des § 158 AO bezieht sich aber nur auf das Gesamtwerk der Buchführung, sie entfaltet keine Beweiskraft zugunsten der sachlichen Richtigkeit des verbuchten einzelnen Geschäftsvorfalls (BFH v. 15.02.1989, X R 16/86, BStBl II 1989, 462; überzeugend *Seer* in Tipke/Kruse, § 158 AO Rz. 5 ff.). Liegen Verstöße gegen die formellen Buchführungsbestimmungen der §§ 140 bis 148 AO vor, so können sich schon hieraus Zweifel an der sachlichen Richtigkeit ergeben. Formelle Buchführungsmängel berechtigen jedoch nicht zur Vermutung der sachlichen Unrichtigkeit der Buchführung mit der Folge, dass sie durch den Stpfl. widerlegt werden müsste (s. Rz. 7). Für die Prüfung der formellen Ordnungsmäßigkeit der Buchführung ist das Gesamtbild aller Umstände im Einzelfall maßgebend (*Seer* in Tipke/Kruse, § 158 AO Rz. 13; AEAO zu § 158 Satz 3). Eine Buchführung kann trotz einzelner Mängel i. S. der §§ 140 bis 148 AO aufgrund der Gesamtwertung formell ordnungsgemäß erscheinen (AEAO zu § 158 Satz 4).

Die **tatsächliche Beweisvermutung** gilt, solange und soweit nach den Umständen des Einzelfalles kein Anlass besteht, die sachliche Richtigkeit der Bücher und Aufzeichnungen zu beanstanden; m. a. W. besteht nach den Umständen des Einzelfalls Anlass zur Beanstandung der sachlichen Richtigkeit, verliert sie ihre Wirksamkeit. Die Vorschrift verlangt keine absolute Widerlegung der Richtigkeit der Bücher und Aufzeichnungen, also auch keinen Gegenbeweis des FA. 3

### C. Widerlegung der Beweisvermutung

Bei **formell ordnungsmäßiger Buchführung** kann die Vermutung der Richtigkeit nur dann ganz oder teilweise widerlegt werden, wenn sie mit an Sicherheit grenzender Wahrscheinlichkeit ganz oder teilweise sachlich unrichtig ist (BFH v. 24.06.1997, VIII R 9/96, BStBl II 1998, 51 m. w. N.); bloße Zweifel genügen nicht, die Beanstandungen der sachlichen Richtigkeit müssen konkret sein. Eine Buchführung ist dann formell ordnungswidrig, wenn sie wesentliche Mängel aufweist oder die Gesamtheit aller unwesentlichen Mängel diesen Schluss fordert (AEAO zu § 158 Satz 6 m. w. N.). Die objektive Beweislast für die hierfür maßgeblichen steuererhöhenden Tatsachen trägt 4 das FA (BFH v. 24.06.1997, VIII R 9/96, BStBl II 1998, 51). Die Beanstandung der sachlichen Richtigkeit der Buchführung und der Aufzeichnungen kann das FA i. d. R. mit Hilfe unterschiedlicher Methoden und Verprobungen dartun (vgl. dazu *Seer* in Tipke/Kruse, § 158 AO Rz. 17 ff.). Die größte Beweiskraft ergibt das Ergebnis einer **Überprüfung einzelner Geschäftsvorfälle** (Einzelprüfung; vgl. u. a. *Frotscher* in Schwarz/Pahlke, § 158 AO Rz. 8). Die verschiedenen Verprobungen erbringen unterschiedlich belastbare Nachweise. Mithilfe der **Nachkalkulation** durch **inneren Betriebsvergleich** (BFH v. 24.08.2006, V B 36/05, BFH/NV 2007, 69 m. w. N.) oder der **Geldverkehrsrechnung** (BFH v. 08.09.1994, IV R 6/93, BFH/NV 1995, 573) oder der **Vermögenszuwachsrechnung** (BFH v. 02.07.1999, V B 83/99, BFH/NV 1999, 1450) oder des Zeitreihenvergleichs (zur eingeschränkten Zulässigkeit BFH v. 25.03.2015, X R 20/13, BStBl II 2015, 743; *Pump/Wähnert*, NWB 2015, 2869; *Nöcker*, NWB 2015, 3548), die auf der Grundlage der Unterlagen des Betriebs erfolgen, lassen sich Ergebnisse mit höherer Beweiskraft erzielen als durch eine Verprobung nach **Richtsätzen** oder durch den **äußeren Betriebsvergleich** (*Frotscher* in Schwarz/Pahlke, § 158 AO Rz. 10). Die Abweichung von Richtsätzen allein rechtfertigt den Schluss sachlicher Unrichtigkeit nicht; vielmehr ist auch bei Unterschreitung des untersten Rohgewinnsatzes (Aufschlagsatz) der vom BMF herausgegebenen Richtsatzsammlung (zuletzt für 2015, BMF v. 28.07.2016, IV A 4 – S 1544/09/10001-08, BStBl I 2016, 781) erforderlich, dass das FA zusätzlich konkrete Hinweise auf die sachliche Unrichtigkeit des Buchführungsergebnisses geben kann oder der Stpfl. selbst Unredlichkeiten zugesteht (BFH v. 18.10.1983, VIII R 190/82, BStBl II 1984, 88). S. außerdem AEAO zu § 158.

### D. Rechtsfolgen der Widerlegung der Beweisvermutung

5 Kann der Stpfl. keine einleuchtende Begründung für das außergewöhnliche Betriebsergebnis liefern, verliert seine Buchführung die durch ihre Ordnungsmäßigkeit begründete Vermutung der sachlichen Richtigkeit; das FA kann sie verwerfen und die Besteuerungsgrundlagen im Wege der Schätzung (§ 162 AO) ermitteln (s. § 162 Abs. 2 Satz 2 AO). Bei formell ordnungsmäßiger Buchführung kann das Buchführungsergebnis allerdings nur dann durch ein Schätzungsergebnis ersetzt werden, wenn die Schätzung die Unrichtigkeit des Buchführungsergebnisses zuverlässig nachweist; Vermögenszuwachsrechnung und Geldverkehrsrechnung sind dabei Schätzungsmethoden, die – richtig angewendet – so zuverlässig sind, dass sie das Buchführungsergebnis widerlegen und in Höhe der errechneten Fehlbeträge nicht verbuchte Betriebseinnahmen bzw. einen Saldo nicht verbuchter Betriebseinnahmen/-ausgaben nachweisen können (BFH v. 08.09.1994, IV R 6/93, BFH/NV 1995, 573 m. w. N.). Eine Schätzung der Besteuerungsgrundlagen scheidet aus, wenn die durch die Fehler der Buchführung verursachten Unklarheiten und Zweifel durch anderweitige zumutbare Ermittlungen beseitigt werden können (BFH v. 24.06.1997, VIII R 9/96, BStBl II 1998, 51; BFH v. 14.12.2011, XI R 5/10, BFH/NV 2012, 1921 m. w. N.).

Bei der Beurteilung eines Buchführungsfehlers ist nicht auf die formale Bedeutung des Mangels, sondern auf dessen sachliches Gewicht abzustellen. Eine Schätzung ist nur dann berechtigt, wenn formelle Buchführungsmängel Anlass geben, die sachliche Richtigkeit des Buchführungsergebnisses anzuzweifeln (BFH v. 14.12.2011, XI R 5/10, BFH/NV 2012, 1921). Nur **soweit** nach den Umständen des Einzelfalles Anlass besteht, die sachliche Richtigkeit der Bücher und Aufzeichnungen zu bezweifeln, darf die **Buchführung verworfen** und die **Besteuerungsgrundlage geschätzt werden**. Eine Verwerfung des gesamten Buchführungsergebnisses mit der Folge z. B. der Vollschätzung ist daher nur dann zulässig, wenn die festgestellten Mängel bzw. Bedenken Anlass geben, die sachliche Richtigkeit der Aufzeichnungen in vollem Umfang in Zweifel zu ziehen (AEAO zu § 158, Satz 10). Besteht z. B. lediglich Anlass, die formell richtigen Aufzeichnungen sachlich insoweit in Zweifel zu ziehen, als darin ein erheblicher Teil des Warenbestandes wegen angeblicher Unverkäuflichkeit und daraus resultierender angeblicher Vernichtung abgeschrieben wurde, wird diesem Umstand dadurch ausreichend Rechnung getragen werden, dass das Betriebsergebnis um einen den Umständen angemessenen Zuschlag im Schätzungswege ergänzt wird. 6

Eine **formell ordnungswidrige Buchführung** kann nur dann verworfen werden, wenn das Buchführungsergebnis sachlich unrichtig ist; hier sind die Anforderungen an den Nachweis der materiellen Unrichtigkeit durch die Finanzbehörde geringer: es reichen ernsthafte Zweifel an der sachlichen Richtigkeit des Buchführungsergebnisses. Daher können bei formell ordnungswidriger Buchführung auch Abweichungen aufgrund eines Richtsatzvergleichs oder äußeren Betriebsvergleichs ein stärkeres Gewicht bekommen als bei formell ordnungsmäßiger Buchführung (*Seer* in Tipke/Kruse, § 158 AO Rz. 24). Die Anforderungen an den Nachweis der materiellen Unrichtigkeit durch die Finanzbehörde sind umso geringer, je schwerwiegender die Buchführungsmängel sind (BFH v. 20.09.1989, X R 39/87, BStBl II 1990, 109). 7

## § 159 AO Nachweis der Treuhänderschaft

**(1) Wer behauptet, dass er Rechte, die auf seinen Namen lauten, oder Sachen, die er besitzt, nur als Treuhänder, Vertreter eines anderen oder Pfand-**

**gläubiger innehabe oder besitze, hat auf Verlangen nachzuweisen, wem die Rechte oder Sachen gehören; anderenfalls sind sie ihm regelmäßig zuzurechnen. Das Recht der Finanzbehörde, den Sachverhalt zu ermitteln, wird dadurch nicht eingeschränkt.**

**(2) § 102 bleibt unberührt.**

**Inhaltsübersicht**



## A. Bedeutung der Vorschrift

1 Bei Treuhandverhältnissen können Unklarheiten über die Zurechnung von Rechten und Sachen entstehen (BFH v. 04.12.1996, I R 99/94, BStBl II 1997, 404), die die Finanzbehörde bei Anwendung üblicher Beweislastregelungen nicht oder nur erschwert lösen kann. Die Vorschrift bezweckt, Steuerausfälle zu vermeiden, die dadurch entstehen, dass die steuerliche Zurechnung von Rechten oder Sachen nicht geklärt werden kann. Sie enthält eine steuerrechtliche, über die allgemeine objektive Beweislast (Feststellungslast) hinausgehende **Beweisführungslastregelung**, die nur dann nicht eingreift, wenn die Person nachgewiesen wird, der das Recht oder die Sache tatsächlich zuzurechnen ist (BFH v. 13.11.1985, I R 7/85, BFH/NV 1986, 638). Sie beruht auf der besonderen Nähe des Stpfl. zum behaupteten Sachverhalt (*Seer* in Tipke/Kruse, § 159 AO Rz. 2). Sie begründet außerdem – ähnlich wie § 160 AO – eine **Gefährdungshaftung** (BFH v. 04.12.1996, I R 99/94, BStBl II 1997, 404). Sie ist unabhängig vom Vorhandensein eines Auslandsbezugs anwendbar (BFH v. 24.10.2006, XI B 112/05, BFH/NV 2007, 201).

1a § 159 AO erfordert ein **zweistufiges Vorgehen mit doppelter Ermessensausübung**. In der **ersten Stufe** entscheidet das FA nach pflichtgemäßem Ermessen, ob es vom Stpfl. den Nachweis verlangt, wem die Rechte oder Sachen, die formal ihm zuzurechnen sind und von denen er behauptet, sie nur als Treuhänder, Vertreter eines anderen oder Pfandgläubiger innezuhaben oder zu besitzen, gehören. In der **zweiten Stufe** entscheidet das FA nach pflichtgemäßem Ermessen, ob es bei Nichtnachweis fremder Inhaberschaft die Rechte oder Sachen dem Stpfl. zurechnet.

1b Die Vorschrift ist auf alle Steuern einschließlich der Steuervergütungen im Rahmen des § 1 AO anwendbar, ferner auch für Ein- und Ausfuhrabgaben und Abschöpfungen, da der ZK und der UZK keine § 159 AO verdrängende Vorschrift enthalten, hat aber wegen der Anknüpfung an das tatsächliche Verbringen und wegen Art. 5 ZK bzw. Art. 18 – 21 UZK keine praktische Bedeutung (*Schmieszek* in Gosch, § 159 AO Rz. 5 m. w. N.). Sie ist im Steuerstrafrecht nicht anwendbar (h. M., u. a. *Schmieszek* in Gosch, § 159 AO Rz. 5 m. w. N.).

## B. Beweislastregelung (§ 159 Abs. 1 Satz 1 AO)

### I. Nachweispflicht

2 Der Grundsatz, dass Wirtschaftsgüter dem Eigentümer zuzurechnen sind (§ 39 Abs. 1 AO), wird dahingehend durchbrochen, dass die Wirtschaftsgüter bei Treuhandverhältnissen dem Treugeber zuzurechnen sind (§ 39 Abs. 2 Nr. 1 Satz 2 AO). Behauptet jemand, auf seinen Namen lautende Rechte oder in seinem Besitz befindliche Sachen habe er inne oder besitze sie als Treuhänder, Vertreter eines anderen oder als Pfandgläubiger, so hat er auf Verlangen der Finanzbehörde nachweisen, wer Inhaber der Sache oder des Rechts ist, ohne dass dadurch die behördliche Befugnis, selbst den Sachverhalt zu ermitteln, eingeschränkt wird. Betroffen ist jede Art von Stellvertreterschaft sowie auch der Sicherungseigentümer.

3 § 159 Abs. 1 Satz 1 AO setzt nicht voraus, dass der Besitz oder die Inhaberschaft des Stpfl. im Zeitpunkt der Aufforderung durch das FA noch bestehen oder dass sie dauerhaft sind (BFH v. 04.12.1996, I R 99/94, BStBl II 1997, 404). Das Benennungsverlangen kann aber nur für Zeiträume oder -punkte ausgeübt werden, für die der Stpfl. den Besitz oder die Inhaberschaft behauptet.

4 Der Nachweis ist auf **Verlangen der Finanzbehörde** zu führen. Sie hat insoweit eine – erste – **Ermessensentscheidung** (§ 5 AO) zu treffen. Dabei ist zu berücksichtigen, dass Steuerausfälle durch die Behauptung von Gestaltungen, die von der Finanzbehörde schwer ermittelbar sind, vermieden werden sollen.

5 Das Nachweisverlangen ist – wie das Benennungsverlangen nach § 160 AO (daher s. § 160 AO Rz. 13) – m. E. **Verwaltungsakt** und nicht bloß eine Vorbereitungshandlung für die Steuerfestsetzung (ebenso *Seer* in Tipke/Kruse, § 159 AO Rz. 18; *Frotscher* in Schwarz/Pahlke, § 159 AO Rz. 31; a. A. unter Bezugnahme auf die Rspr. zu § 160 AO: *Schmieszek* in Gosch, § 159 AO Rz. 19; *Rüsken* in Klein, § 159 AO Rz. 9, dazu s. § 160 AO Rz. 13). Seine Rechtmäßigkeit kann daher nur in einem eigenständigen Rechtsbehelfsverfahren gegen das Benennungsverlangen, nicht aber im Rechtsbehelfsverfahren gegen den

Steuerbescheid, der die Folgen des Nichtnachweises enthält, überprüft werden (s. § 160 AO Rz. 29).

6 Die Erfüllung der Nachweispflicht verlangt die Benennung des Rechtsinhabers und des Rechtsgrundes seiner Rechtsinhaberschaft, insbes. bei einem nachgeordneten Treuhänder (BFH v. 13.11.1985, I R 7/85, BFH/NV 1986, 638) oder bei mehreren Treugebern auch die Angabe, welche Sache bzw. welches Recht in welchem Umfang wem gehört (BFH v. 04.12.1996, I R 99/94, BStBl II 1997, 404). Nicht allein Wortlaut sowie Sinn und Zweck der von den Vertragspartnern getroffenen Vereinbarungen, sondern auch der tatsächliche Vollzug sind ggf. nachzuweisen (BFH v. 15.07.1997, VIII R 56/93, BStBl II 1998, 152 m. w. N.). Der Nachweispflicht ist daher nicht genügt, wenn lediglich bewiesen wird, dass die Sachen oder Rechte i. S. des § 39 Abs. 2 Nr. 1 AO nicht dem formellen Rechtsträger, sondern einer anderen Person steuerlich zugerechnet werden müssen, wenn diese andere Person nicht benannt worden ist. Es reicht auch nicht aus, wenn der Stpfl. darauf verweist, er habe aus seinen Einkünften die ihm zugerechneten Vermögenswerte nicht ansammeln können (BFH v. 16.10.1986, II R 234/82, BFH/NV 1988, 426), oder wenn er eine Domizilgesellschaft als Treugeber angibt (FG Mchn v. 17.09.1997, 1 K 3239/96; EFG 1998, 612).

7 Es kommt es auf die Umstände des Einzelfalles an, durch welche **Beweismittel** der Rechtsinhaber und seine Rechtsinhaberschaft nachgewiesen werden (s. dazu BFH v. 15.07.1997, VIII R 56/93, BStBl II 1998, 152). Bei Auslandssachverhalten besteht eine besondere Mitwirkungspflicht des Stpfl. aus § 90 Abs. 2 AO.

## II. Folge fehlenden Nachweises

8 Wird der **geforderte Nachweis** nicht erbracht, hat die Finanzbehörde die Sachen oder Rechte regelmäßig dem äußerlichen Inhaber zuzurechnen. Mit welchen Rechtsfolgen dies im Einzelfall erfolgt, hängt von der Bedeutung der Zurechnungsentscheidung im Rahmen des betroffenen materiellen Rechts ab (*Seer* in Tipke/Kruse, § 159 AO Rz. 11). Die Zurechnung ist nicht auf den Vermögensbereich beschränkt, sondern sie kann auch bei den Einkünften erfolgen (BFH v. 27.09.2006, IV R 245/04, BStBl II 2007, 39 m. w. N.). Über ihre weiteren steuerrechtlichen Folgen wie Steuerpflicht oder die Zuordnung zu einer Steuerart besagt die Vorschrift nichts (BFH v. 28.02.1990, I R 165/85, BFH/NV 1991, 75); diese Entscheidung hängt von der steuerlichen Beurteilung der zugerechneten Werte im Übrigen ab.

8a Das aufgehobene sog. **Bankgeheimnis** (§ 30 a AO) schloss nicht aus, dass einer Bank die von ihr vereinnahmten Erträge aus ausländischen Wertpapieren zugerechnet werden, wenn sie nicht nachweist, dass sie die Papiere lediglich treuhänderisch für ihre Kunden hält. § 30 a AO steht Einzelermittlungen oder Auskunftsersuchen nicht entgegen. Auch wenn es technisch nicht möglich ist, den Nachweis ohne Nennung der Namen der Treugeber zu erbringen, ist die Bank von dieser Nachweispflicht nicht entbunden, weil sie andernfalls ohne sachlichen Grund gegenüber anderen von der Sanktion des § 159 Abs. 1 AO betroffenen Stpfl. bevorzugt würde. Der Abfluss auf Konten, die nicht solche der Bank selbst sind, muss nachvollziehbar sein. Andernfalls stände es im Belieben der Bank, sich durch die Organisation ihrer Buchführung der Nachweispflicht zu entziehen (BFH v. 27.09.2006, IV R 45/04, BStBl II 2007, 39).

Auch bei der Zurechnungsentscheidung handelt es sich um eine – zweite – **Ermessensentscheidung** (BFH v. 27.09.2006, IV R 45/04, BStBl II 2007, 39 m. w. N.), wobei »regelmäßig« besagt, dass die Nichtinanspruchnahme des Stpfl. der Ausnahmefall ist (h. M., u. a. *Schmieszek* in Gosch, § 159 AO Rz. 16; *Seer* in Tipke/Kruse, § 159 AO Rz. 15). Auch hierbei sind die Folgen etwaiger Steuerausfälle zu berücksichtigen. Die zu § 160 AO entwickelten Grundsätze gelten entsprechend (BFH v. 27.09.2006, IV R 45/04, BStBl II 2007, 39 m. w. N.). 9

Das FG kann im **finanzgerichtlichen Verfahren** aus eigener Befugnis keine Zurechnung vornehmen, da dies der Ermessensentscheidung der Finanzbehörde vorbehalten ist. § 159 AO ist in § 96 Abs. 1 Satz 1 FGO nicht angeführt, einer wünschenswerten Einbeziehung durch sinngemäße Anwendung steht der eindeutige Gesetzeswortlaut entgegen (BFH v. 27.09.2006, IV R 45/04, BStBl II 2007, 39; umstritten, s. dazu auch *von Groll*, in Gräber, § 96 FGO Rz. 9; a. A. *Seer* in Tipke/Kruse, § 159 AO Rz. 6; *Schmieszek* in Gosch, § 159 AO Rz. 7). Das FG hat danach lediglich die Möglichkeit, die Ermessensentscheidung im Rahmen des § 102 FGO zu überprüfen. Zwar kann die Finanzbehörde ihre Ermessenerwägungen bis zum Abschluss der Tatsacheninstanz im finanzgerichtlichen Verfahren ergänzen (§ 102 Satz 2 FGO), eine Nachholung einer Ermessensentscheidung ist jedoch nicht zulässig (*von Groll* in Gräber, § 102 FGO Rz. 20). 10

## III. Ermittlungsrecht der Finanzbehörde (§ 159 Abs. 1 Satz 2 AO)

Die Finanzbehörde hat das Recht, aber nicht die Pflicht, eigene Ermittlungen anzustellen, um die behaupteten Verhältnisse festzustellen (§ 159 Abs. 1 Satz 2 AO; s. BFH v. 04.12.1996, I R 99/94, BStBl II 1997, 404). Eine Pflicht zur Ermittlung wird zu Recht herrschend angenommen, wenn Anlass zur Annahme besteht, dass die Zurechnung nach § 159 Abs. 1 Satz 1 AO aus Gründen niedrigerer Steuer oder um den Treugeber zu schützen angestrebt und daher das Treuhandverhältnis nur behauptet wird. Ermittelt die Finanzbehörde, so gelten die allgemeinen Regeln der §§ 88 ff. AO, die Mitwirkung des Stpfl. kann 11 nach § 328 ff. AO erzwungen werden, da § 159 AO die Rechtsfolge für seine Nichterfüllung regelt (s. § 160 AO Rz. 14; BFH v. 10.11.1998, VIII R 3/98, BStBl II 1999, 199; *Schmieszek* in Gosch, § 159 AO Rz. 20 m. w. N.). Ermittlungen durch die Finanzbehörde verdrängen die Möglichkeit, nach § 159 Abs. 1 Satz 1 AO vorzugehen, nicht (*Seer* in Tipke/Kruse, § 159 AO Rz. 12).

### IV. Verhältnis zu Auskunftsverweigerungsrechten (§ 159 Abs. 2 AO)

12 Durch § 159 Abs. 1 Satz 1 AO wird die Ausübung des Auskunftsverweigerungsrechts nach § 102 AO nicht eingeschränkt. Eine Benennungspflicht besteht nicht, wenn der Stpfl. durch ihre Befolgung das Berufsgeheimnis brechen würde, es sei denn, der Berufsangehörige sei von der Verpflichtung zur Verschwiegenheit entbunden worden (§ 102 Abs. 3 AO) oder es handele sich um die Vorlage von Urkunden oder Wertsachen i. S. des § 104 Abs. 2 AO (AEAO zu § 159).

13 Das Auskunftsverweigerungsrecht betrifft nur diejenigen Rechte und Sachen, die dem Berufsträger in dieser Eigenschaft anvertraut worden sind. Der Berufsangehörige kann sich auf sein Berufsgeheimnis insoweit berufen, als er die Namen der Treugeber nicht nennen muss. Die bloße Behauptung, es bestehe ein Auskunftsverweigerungsrecht, genügt dagegen nicht, um die Zurechnung zu vermeiden. Vielmehr muss das Treuhandverhältnis als solches nachgewiesen sein (BFH v. 27.09.2006, IV R 45/04, BStBl II 2007, 39 m. w. N.). Es muss nachgewiesen werden, dass es sich nicht um eigene, sondern um fremde Rechte oder Sachen handelt, etwa durch Anlegung eines »Anderkontos« und durch Vorsorge für den Fall des Todes, indem dann ein anderer Berufsangehöriger verfügungsberechtigt ist und die Vermögenswerte nicht in den Nachlass des bisher verwaltenden fallen (s. dazu BFH v. 16.10.1986, II R 220/83, BFH/NV 1988, 424; BFH v. 16.10.1986, II R 234/82, BFH/NV 1988, 426). Kann der Nachweis, dass es sich nicht um eigene Rechte oder Sachen handelt, nur durch Bruch des Berufsgeheimnisses geführt werden, ist dies von der Finanzbehörde in den Ermessenserwägungen zu beachten; ggf. hat sie eigene Ermittlungen anzustellen. Dasselbe gilt für den Fall, dass der Berufsangehörige bei der Benennung des Rechts- oder Sacheninhabers von seinem Auskunftsverweigerungsrecht Gebrauch macht.

14 Wegen des eindeutigen Gesetzeswortlauts können m. E. andere Auskunftsverweigerungsrechte (§§ 101, 103 AO) nicht in den Schutz des § 159 Abs. 2 AO einbezogen werden (ebenso *Frotscher* in Schwarz/Pahlke, § 159 AO Rz. 29 i. V. m. § 160 AO Rz. 96 f.; *Seer* in Tipke/Kruse, § 159 AO Rz. 14 a. E.). Zum Verhältnis des § 159 AO zu § 30 a AO s. Rz. 8a.

## C. Rechtsschutz

Bei dem Nachweisverlangen handelt es sich ebenso wie beim Benennungsverlangen nach § 160 AO (s. Rz. 5; § 160 AO Rz. 13) um einen mit dem **Einspruch** anfechtbaren Verwaltungsakt (*Seer* in Tipke/Kruse, § 159 AO Rz. 18; *Frotscher* in Schwarz, § 159 AO Rz. 31; a. A. st. Rspr. des BFH, u. a. BFH v. 11.05.1992, I R 8/91, BFH/NV 1994, 357; *Schmieszek* in Gosch, § 159 AO Rz. 19). 15

# § 160 AO Benennung von Gläubigern und Zahlungsempfängern

**(1) Schulden und andere Lasten, Betriebsausgaben, Werbungskosten und andere Ausgaben sind steuerlich regelmäßig nicht zu berücksichtigen, wenn der Steuerpflichtige dem Verlangen der Finanzbehörde nicht nachkommt, die Gläubiger oder die Empfänger genau zu benennen. Das Recht der Finanzbehörde, den Sachverhalt zu ermitteln, bleibt unberührt.**

**(2) § 102 bleibt unberührt.**

### Inhaltsübersicht



### Schrifttum


Christian/Schwehm, Benennung von Gläubigern und Zahlungsempfängern nach § 160 Abgabenordnung, DStZ 1997, 324; Spatschek/Alvermann, Die Aufforderung zur Gläubiger- und Empfängerbenennung nach § 160 AO, DStR 1999, 1427; Breuer, Pflicht zur Benennung von Gläubigern und Zahlungsempfängern?, AO-StB 2002, 84; Sorgenfrei, Reichweite und Schranken des § 160 AO, IStR 2002, 469; Apitz, Benennung von Gläubigern und Zahlungsempfängern (§ 160 AO), StBp 2003, 97; Teufel/Wassermann, Domizilgesellschaft und Benennungsverlangen nach § 160 AO (Beispiel Schweiz), IStR 2003, 112; Radermacher, Bordellbesteuerung unter Anwendung des § 160 AO, AO-StB 2007, 213 und 239; von Wedelstädt, Benennung von Gläubigern und Zahlungsempfängern, AO-StB 2007, 325; Jorde/Verfürth, Benennung von Zahlungsempfängern bei Teilwertabschreibungen, DB 2014, 563.

## A. Bedeutung der Vorschrift

1 Nach § 160 AO ist regelmäßig die steuermindernde Berücksichtigung von Schulden und Ausgaben zu versagen, wenn der Stpfl. dem Verlangen des FA nicht nachkommt, den Gläubiger oder Empfänger genau zu benennen. Die Vorschrift dient allein der **Verhinderung von Steuerausfällen beim Geschäftspartner des Stpfl.**, die dadurch entstehen, dass der Empfänger von steuermindernd geltend gemachten Ausgaben usw. diese bei sich nicht als Einnahmen steuerlich erfasst (BFH v. 25.02.2004, I R 31/03, BStBl II 2004, 582 m.w.N.). Außersteuerliche Ziele wie die Verhinderung allgemein unerwünschter unsauberer Geschäftsmethoden o.Ä. sind nicht Aufgabe des Steuerrechts (zu Recht *Frotscher* in Schwarz/Pahlke, § 160 AO Rz. 3 ff.; a.A. BFH v. 17.12.1980, I R 148/76, BStBl II 1981, 333 m.w.N.).

2 Zwar richtet sich das Benennungsverfahren gegen den Stpfl., doch ist sein Ziel die Feststellung und Erfassung der den Ausgaben und Schulden korrespondierenden steuerbegründenden oder steuererhöhenden Besteuerungsgrundlagen beim Vertragspartner des Stpfl. (BFH v. 25.02.2004, I R 31/03, BStBl II 2004, 582 m.w.N.). Es setzt voraus, dass Schulden oder Ausgaben bestehen. § 160 Abs. 1 AO greift dagegen nicht, wenn Zweifel nur an der tatsächlichen Existenz der entsprechenden Schulden, Lasten oder Ausgaben bestehen; in solchen Fällen ist die Finanzbehörde auf die besondere Befugnis nach § 160 AO nicht angewiesen, da ein Abzug ohnehin nicht Betracht kommt (s. Rz. 6). Steht dagegen die Existenz von Schulden, Lasten oder Ausgaben, nicht aber ihre Höhe fest, ist diese zunächst im Schätzungswege zu ermitteln. Eine Schätzung nach § 162 AO ist grundsätzlich unabhängig von der Prüfung eines Abzugsverbots nach § 160 AO durchzuführen. Die Rechtsfolgen des § 160 Abs. 1 Satz 1 AO sind keine Umstände, die i.S. des § 162 Abs. 1 Satz 2 AO für die Schätzung von Bedeutung sind. Sie dürfen also in die Schätzungshöhe nicht einbezogen werden (BFH v. 09.03.2016, X R 9/13, BStBl II 2016, 815). Die bei der Anwendung des § 160 AO zu treffenden Ermessensentscheidungen können eine unterlassene Schätzung nicht ersetzen (AEAO zu § 160, Nr. 2 Satz 3 – 5). Auf eine Schätzung kann allerdings verzichtet werden, wenn die ggf. zu schätzenden Ausgaben ohnehin gem. § 160 AO nicht abziehbar sind (BFH v. 24.06.1997, VIII R 9/96, BStBl II 1998, 51).

3 § 160 AO trifft die Fälle, bei denen nach den beim Stpfl. festgestellten tatsächlichen Umständen die Vermutung nahe liegt, dass in Bezug auf den Dritten ein Steuerausfall eintreten wird, möglicherweise sogar aus der konkreten Gestaltung des Sachverhalts nach der Lebenserfahrung geschlossen werden kann, dass die Nichtbenennung des Dritten diesem die Nichtversteuerung ermöglichen soll (s. BFH v. 09.08.1989, I R 66/86, BStBl II 1989, 995; *Seer* in Tipke/Kruse, § 160 AO Rz. 3). Eine dahingehende Absicht oder ein Verschulden des Stpfl. ist jedoch nicht erforderlich (BFH v. 10.03.1999, XI R 10/98, BStBl II 1999, 434).

Ihrem Wesen nach begründet die Regelung daher im weitesten Sinn eine Art **Gefährdungshaftung** (BFH v. 05.11.2001, VIII B 16/01, BFH/NV 2002, 312 m.w.N.; kritisch *Seer* in Tipke/Kruse, § 160 AO Rz. 4 ff.); sie unterscheidet sich von einer solchen allerdings dadurch, dass der Stpfl. nicht für den der Höhe nach ohnehin unbekannten und dem Grunde nach lediglich vermuteten Steuerausfall einzustehen hat, sondern die Finanzbehörde nur in die Lage versetzt wird, sich in einem von den steuerlichen Verhältnissen des Stpfl. abhängigen Umfang an diesem schadlos zu halten, indem sie den gegen ihn gerichteten Anspruch aus seinem Steuerschuldverhältnis durch eine gesetzlich gedeckte Änderung der Besteuerungsgrundlagen erhöht. Bei unerfülltem Benennungsverlangen wird er »gleichsam als Haftender« für fremde Steuerschulden in Anspruch genommen (BFH v. 05.11.2001, VIII B 16/01, BFH/NV 2002, 312). § 160 AO ist keine Strafvorschrift.

§ 160 AO verlangt **zweistufiges Vorgehen mit doppelter Ermessensausübung**. In der ersten Stufe entscheidet das FA nach pflichtgemäßem Ermessen, **ob** es ein Benennungsverlangen an den Stpfl. stellt, in der zweiten nach pflichtgemäßem Ermessen, **ob und in welcher Höhe** der Abzug der Ausgaben oder Schulden zu versagen ist (AEAO zu § 160, Nr. 1 Abs. 2 Satz 1 und Nr. 2 Satz 1; BFH v. 25.02.2004, I R 31/03, BStBl II 2004, 582 m.w.N.). 5

## B. Benennungsverlangen (§ 160 Abs. 1 Satz 1 AO)

### I. Voraussetzungen

Das FA kann vom Stpfl. verlangen, Gläubiger von Schulden und anderen Lasten oder Empfänger von Betriebsausgaben, Werbungskosten und anderen Ausgaben genau zu benennen. Das Benennungsverlangen setzt voraus, dass der Stpfl. Schulden und andere Lasten, Betriebsausgaben, Werbungskosten und andere Ausgaben **steuermindernd geltend** macht, d.h. Schulden oder andere Lasten, Betriebsausgaben, Werbungskosten oder andere Ausgaben vorliegen, die steuerlich abziehbar sind, da es anderenfalls nicht zum Abzug kommen kann und ein Empfänger nicht vorhanden ist. Ggf. ist zunächst festzustellen, ob steuermindernde Aufwendungen vorliegen, bevor § 160 AO angewendet wird (BFH v. 24.06.1997, VIII R 9/96, BStBl II 1998, 51; BFH v. 14.06.2005, VIII R 37/03, BFH/NV 2005, 2161 m.w.N.). Es fallen alle Arten von steuerrechtlich relevanten Belastungen oder Aufwendungen ohne Rücksicht auf die Steuerart unter § 160 Abs. 1 Satz 1 AO. Unerheblich ist, ob Ausgaben wie z.B. Betriebsausgaben sofort abgesetzt werden können oder z.B. als Anschaffungskosten 6 aktiviert und pro rata temporis abgeschrieben oder deren Buchwert gewinnmindernd ausgebucht werden. Der durch die Ausgabe von Geld bewirkte steuermindernde Aufwand und die (möglicherweise) steuererhöhenden Einnahmen müssen nicht den gleichen Veranlagungszeitraum betreffen (ausführlich BFH v. 11.07.2013, IV R 27/09, BStBl II 2013, 989, Rz. 34 ff.). Auch wenn die Höhe der Ausgaben geschätzt wurde (s. Rz. 2), ist für die weitere Feststellung des oder der Empfänger § 160 AO anwendbar (BFH v. 24.06.1997, VIII R 9/96, BStBl II 1998, 51 m. w. N.). Das Benennungsverlangen kann auch im Außenprüfungsverfahren gestellt werden.

6a Ausgaben oder Belastungen, die sich **nicht steuermindernd auswirken** wie durchlaufende Posten (§ 4 Abs. 3 Satz 2 EStG) oder aufgrund anderer Vorschriften nicht abzugsfähige Lasten oder Aufwendungen wie z. B. solche nach § 4 Abs. 5 EStG (für Aufwendungen nach § 4 Abs. 5 Nr. 10 EStG s. Rz. 8) oder im Rahmen von Scheingeschäften (§ 41 Abs. 2 AO), rechtfertigen ein solches Verlangen ebenso wenig (BFH v. 24.06.1997, VIII R 9/96, BStBl II 1998, 51 m. w. N.) wie solche Aufwendungen, von denen die Finanzbehörde zwar erfährt, die der Stpfl. aber nicht geltend macht, oder bei denen die betriebliche Veranlassung verneint wird (BFH v. 27.11.2000, IV B 23/00, BFH/NV 2001, 424). Keine Anwendung findet § 160 AO ferner bei Bauleistungen, wenn der Leistungsempfänger den Steuerabzugsbetrag angemeldet und abgeführt hat (§ 48 Abs. 4 Nr. 1 EStG) oder eine Freistellungsbescheinigung vorgelegen hat; liegen tatsächlich nicht Bauleistungen, sondern Arbeitnehmerüberlassung vor, hat aber der Leistungsempfänger den Steuerbetrag angemeldet und abgeführt hat, gilt dies ebenfalls.

7 **Gläubiger** ist der wirtschaftliche Eigentümer einer Forderung (BFH v. 21.07.2009, IX B 55/09, BFH/NV 2010, 3 m. w. N.). **Empfänger** der Ausgaben usw. ist derjenige, dem der in den Lasten oder Ausgaben enthaltene wirtschaftliche Wert vom Stpfl. übertragen worden ist und bei dem er sich demzufolge steuerlich auswirkt, also die Person, die bei wirtschaftlicher Betrachtung die vom Stpfl. durch seine Zahlung entgoltene Leistung erbracht hat (BFH v. 17.11.2010, I B 143/10, BFH/NV 2011, 198 m. w. N.). Nimmt die Person, die unmittelbar als Empfänger auftritt, den Wert erkennbar für einen anderen entgegen – sei es, dass sie als Bote oder als Vertretungsberechtigter oder aber im eigenen Namen aber für Rechnung des anderen handelt –, so ist dieser andere »Empfänger« i. S. des § 160 Abs. 1 Satz 1 AO (BFH v. 11.07.2013, IV R 27/09, BStBl II 2013, 989 m. w. N.). Dies trifft insbes. zu bei der Einschaltung von Mittelsmännern sowie bei Domizil- oder Basisgesellschaften (AEAO zu § 160, Nr. 3 Satz 2; BFH v. 20.04.2005, X R 40/04, BFH/NV 2005, 1739 m. w. N.). Gleiches gilt, wenn hinreichende Anhaltspunkte dafür bestehen, dass der Zahlungsempfänger eine Domizilgesellschaft ist (BVerfG v. 10.03.2008, 1 BvR 2388/03, BFH/NV Beilage 2008, 220) oder die Anteile an einer ausländischen Basisgesellschaft treuhänderisch für Dritte gehalten werden (BFH v. 01.04.2003, I R 28/02, BStBl II 2007, 855 m. w. N.) oder zwischengeschaltet ist (BFH v. 24.04.2009, IV B 104/07, BFH/NV 2009, 1398). Da eine Domizilgesellschaft selbst niemals wirtschaftlicher Empfänger der Zahlungen sein kann, reicht es nicht aus, dass die in das Leistungsverhältnis zwischengeschaltete Domizilgesellschaft benannt wird (BFH v. 11.07.2013, IV R 27/09, BStBl II 2013, 989 m. w. N.). Bei Domizilgesellschaften hat das FA im Übrigen vorab wegen ihrer häufig anzutreffenden Funktion als reine »Durchleitungsgesellschaften« ohne eigene Geschäftstätigkeit zu prüfen, ob die Gesellschaft oder deren Anteilseigner in der Lage waren, die geschuldete Leistung zu erbringen, und ob der Stpfl. überhaupt eine Leistung von objektiv feststellbarem Wert erhalten hat oder ob ein Scheingeschäft vorliegt (BFH v. 10.11.1998, I R 108/97, BStBl II 1999, 121; AEAO zu § 160, Nr. 3 Satz 1). Bei ausländischen Domizil- oder Basisgesellschaften ist der Zweck des § 160 Abs. 1 Satz 1 AO nur erreicht, wenn sichergestellt ist, dass der wirkliche Empfänger der Zahlungen entweder im Inland nicht steuerpflichtig ist oder im Inland seine steuerlichen Pflichten erfüllt hat (BFH v. 11.07.2013, IV R 27/09, BStBl II 2013, 989).

## II. Ermessensentscheidung

Das Benennungsverlangen als erste Stufe der **Ermessensausübung**, bei der neben den allgemeinen Ermessensgrundsätzen (s. § 5 und die dortigen Erläuterungen) insbes. Wesen und Zweck der Vorschrift (s. Rz. 2 bis 4) zu berücksichtigen sind, ist grundsätzlich gerechtfertigt, wenn aufgrund der Lebenserfahrung die **Vermutung** naheliegt, dass der Zahlungsempfänger oder der Gläubiger der Lasten den Bezug **zu Unrecht nicht versteuert** hat (BFH v. 11.07.2013, IV R 27/09, BStBl II 2013, 989 m. w. N.). Das ist regelmäßig der Fall, wenn anzunehmen ist, dass die Angaben über den Empfänger einer Zahlung (Name und Anschrift) in der Buchführung unzutreffend oder nicht vollständig sind (BFH v. 20.04.2005, X R 40/04, BFH/NV 2005, 1739 m. w. N.), wenn der Stpfl. den Empfänger oder einen tatsächlichen Leistungsträger nicht bezeichnen kann, weil ihm bei Zahlung dessen Namen und Anschrift unbekannt waren (BFH v. 10.11.1998, I R 108/97, BStBl II 1999, 121) oder wenn für den Stpfl. bei vernünftiger Beurteilung der Umstände erkennbar gewesen ist, dass die angebotenen Leistungen nicht von seinem Vertragspartner erbracht wurden und daher von der Einschaltung inländischer Leistungsträger auszugehen ist (BFH v. 25.01.2006, I R 39/05, BFH/NV 2006, 1618). Das Benennungsverlangen und die Nichtberücksichtigung der Ausgaben bei unterlassener Empfängerbenennung sind auch dann rechtmäßig, wenn die 8 geltend gemachten Ausgaben mit Sicherheit dem Stpfl. entstanden sind (BFH v. 11.07.2013, IV R 27/09, BStBl II 2013, 989 m. w. N.). Liegen Anhaltspunkte **für straf- oder bußgeldrechtliche Bestechungshandlungen** vor, hat das FA stets die Benennung des Gläubigers oder Empfängers zu verlangen (AEAO zu § 160, Nr. 1 Satz 2; für die Zuwendung von Vorteilen i. S. des § 4 Abs. 5 Nr. 10 EStG s. BMF v. 10.10.2002, IV A 6 – S 2145 – 35/02, BStBl I 2002, 1031, Rz. 36 und 37); sind die Voraussetzungen für ein Abzugsverbot nach § 4 Abs. 5 Satz 1 Nr. 10 EStG dagegen zweifelsfrei erfüllt, verbietet sich eine Anwendung des § 160 AO (s. Rz. 6). Die Empfängerbenennung ist erforderlich bei Ohne-Rechnung-Geschäften, bei Zahlungen mit ungewöhnlichen Zahlungswegen, bei Bargeschäften mit Unbekannten oder in ungewöhnlichem Umfang, bei Lohnbarauszahlungen im Baugewerbe (BFH v. 30.11.2004, XI B 48/04, BFH/NV 2005, 1209), bei Verdacht auf Schwarzarbeit (s. dazu *Seer* in Tipke/Kruse, § 160 AO Rz. 14 m. w. N.). Bei Benennungsersuchen gegenüber Kreditinstituten ist § 30 a Abs. 1 AO in die Ermessenserwägungen einzubeziehen (BFH v. 25.02.2004, I R 31/03, BStBl II 2004, 582).

9 Da § 160 AO die Sicherstellung der Besteuerung beim Empfänger bezweckt, **kommt ein Benennungsverlangen nicht in Betracht**, wenn mit an Sicherheit grenzender Wahrscheinlichkeit feststeht, dass der Empfänger im Inland nicht steuerpflichtig ist (BFH v. 12.08.1999, XI R 51/98, BFH/NV 2000, 299 m. w. N.), es sei denn, es liegen Anhaltspunkte für eine straf- oder bußgeldbewehrte Bestechungshandlung vor (AEAO zu § 160, Nr. 1 Abs. 1 Satz 2). Hierzu ist der Empfänger in dem Umfang zu bezeichnen, dass seine Steuerpflicht im Inland mit an Sicherheit grenzender Wahrscheinlichkeit ausgeschlossen werden kann. Die bloße Möglichkeit mangelnder Steuerpflicht reicht nicht aus (BFH v. 25.02.2004, I B 66/02, BFH/NV 2004, 919). Ggf. soll die Finanzbehörde eine Erklärung der mit dem Geschäft betrauten Personen sowie des verantwortlichen Organs des Unternehmens verlangen, dass ihnen keine Umstände bekannt sind, die für einen Rückfluss der Zuwendung an einen inländischen Empfänger sprechen. Hierzu AEAO zu § 160, Nr. 4.

10 Die Benennung des Empfängers usw. muss für den Stpfl. **zumutbar** sein. Das Verlangen darf nicht unverhältnismäßig sein und die für den Stpfl. zu befürchtenden Nachteile (z. B. wirtschaftliche Existenzgefährdung) dürfen nicht außer Verhältnis zum beabsichtigten Aufklärungserfolg (z. B. geringfügige Steuernachholung bei den Empfängern) stehen. Ob das der Fall ist, hängt von den jeweiligen Umständen des jeweiligen einzelnen Geschäftsvorfalles **im Zeitpunkt der fraglichen Zahlung** ab (BFH v. 11.07.2013, IV R 27/09, BStBl II 2013, 989 m. w. N.). Grundsätzlich ist es dem Stpfl. im Zeitpunkt der Zahlung nach den Gepflogenheiten eines ordnungsgemäßen Geschäftsverkehrs **zumutbar**, sich über die Identität seines Geschäftspartners zu vergewissern. Identitätsüberprüfungen sind nicht bereits deshalb unzumutbar, weil ungewöhnliche Marktbedingungen vorliegen oder der Stpfl. insgesamt eine Vielzahl von Geschäftsvorfällen zu erfassen hat. Wirtschaftliche Schäden muss der Stpfl. in Kauf nehmen. Regelmäßig steht der Rechtmäßigkeit des Benennungsverlangens nicht entgegen, dass der Stpfl. den Empfänger tatsächlich nicht bezeichnen kann, weil ihm bei Auszahlung des Geldes dessen Name und Anschrift unbekannt waren (BFH v. 11.07.2013, IV R 27/09, BStBl II 2013, 989 m. w. N.), oder dass der Stpfl. dem Empfänger ehrenwörtlich versprochen hat, der Finanzbehörde seine Identität zu verschweigen, oder weil glaubhaft gemacht wird, dass dem Empfänger bei Bekanntwerden seiner Identität Strafverfolgung droht. § 103 AO greift weder im Hinblick auf den Empfänger noch im Hinblick auf den Stpfl. ein. Bei Sachverhalten im Ausland besteht nach § 90 Abs. 2 AO eine verstärkte Mitwirkungspflicht des Stpfl., die Informationsbeschaffung ist Sache des Stpfl., der die Verhältnisse gestaltet (BFH v. 11.07.2013, IV R 27/09, BStBl II 2013, 989 m. w. N.).

Bei der Einschaltung von **Domizilgesellschaften** besteht regelmäßig Anlass für den Stpfl. und ist für ihn zumutbar, sich bei der Aufnahme der Geschäftsbeziehungen über den Vertragspartner oder bei der Zahlung von Geldern über die tatsächlichen Empfänger, die regelmäßig nicht die Domizilgesellschaft und oft auch nicht die Anteilseigner sind, zu erkundigen (BFH v. 11.07.2013, IV R 27/09, BStBl II 2013, 989 m. w. N.). Ausländische Vorschriften führen nicht dazu, dass ein Offenlegungsverfahren unterbleiben kann (AEAO zu § 160, Nr. 3 Satz 6 m. w. N.). Ist für den Stpfl. bei vernünftiger Beurteilung der Umstände und bei Ausschöpfung seiner zumutbaren Erkenntnismöglichkeiten nicht erkennbar, dass es sich bei dem Zahlungsempfänger um eine Domizilgesellschaft handeln könnte, ist das Benennungsverlangen ermessensfehlerhaft (BFH v. 17.10.2001, I R 19/01, BFH/NV 2002, 609). 11

Nur »in Ausnahmefällen kaum zu bewältigender tatsächlicher oder rechtlicher Schwierigkeiten« kann dem Stpfl. die Ermittlung der Identität des Empfängers **nicht zugemutet** werden (BFH v. 10.03.1999, XI R 10/98, BStBl II 1999, 434 m. w. N.), wie z. B. einem Kreditinstitut als Emittent von Inhaberschuldverschreibungen hinsichtlich der Gläubiger der verbrieften Ansprüche und der darauf zu zahlenden Zinsen; hier genügt die Angabe der Banken, sodass die Finanzbehörde dort weitere Ermittlungen anstellen kann (BFH v. 25.02.2004, I R 31/03, BStBl II 2004, 582 m. w. N.). Unzumutbar ist ein Benennungsverlangen auch, wenn die für den Stpfl. zu befürchtenden Nachteile (z. B. wirtschaftliche Existenzgefährdung) außer Verhältnis zum beabsichtigten Aufklärungserfolg (z. B. geringfügige Steuernachholung bei den Empfängern) stehen (BFH v. 10.03.1999, XI R 10/98, BStBl II 12

1999, 434 m. w. N.) oder wenn der Zahlende Opfer einer für ihn nicht durchschaubaren Täuschung geworden ist und sich ihm keine Zweifel hinsichtlich seines Geschäftspartners hätten aufdrängen müssen (BFH v. 01.12.2016, X S 6/16 (PKH), BFH/NV 2017, 440). In Fällen der Unzumutbarkeit hat der Stpfl. aber alle Angaben zu machen, die möglich sind und die das FA (oder das FG, s. Rz. 25) in Stand setzen, erfolgversprechende eigene Ermittlungen anzustellen (BFH v. 25.11.1986, VIII R 350/82, BStBl II 1987, 286). Die Anwendung des § 160 AO kann in Ausnahmefällen ermessensfehlerhaft sein, wenn der Stpfl. selbst Opfer einer für ihn nicht durchschaubaren Täuschung geworden ist und sich ihm Zweifel hinsichtlich seines Geschäftspartners nicht aufdrängen mussten (BFH v. 04.04.1996, IV R 55/94, BFH/NV 1996, 801 m. w. N.).

## III. Rechtliche Qualität des Verlangens

13 Während der BFH das Benennungsverlangen als Vorbereitungshandlung für die Steuerfestsetzung bzw. unselbstständigen Bestandteil des Festsetzungsverfahrens ansieht (u. a. BFH v. 10.11.1998, VIII R 3/98, BStBl II 1999, 199 m. w. N.; BFH v. 11.07.2013, IV R 27/09, BStBl II 2013, 989; ebenso AEAO zu § 160, Nr. 1 Abs. 2 Satz 2 m. w. N.; m. w. N.), wird es von der h. M. in der Literatur zu Recht als **Verwaltungsakt** behandelt (s. dazu *Frotscher* in Schwarz/Pahlke, § 160 AO Rz. 91; *Seer* in Tipke/Kruse, § 160 AO Rz. 12 f. m. w. N.; *Oellerich* in Gosch, § 160 AO Rz. 101; zum Rechtsschutz s. Rz. 29). Bei dem Benennungsverlangen handelt es sich entgegen der Meinung des BFH (BFH v. 10.11.1998, VIII R 3/98, BStBl II 1999, 199) nicht lediglich um die Konkretisierung einer allgemeinen gesetzlichen Mitwirkungspflicht des Stpfl., wie es u. a. im Rahmen der Außenprüfung z. B. die Vorlage von Buchführungsunterlagen und Belegen ist (s. § 196 AO Rz. 19). Dem Verlangen nach Benennung des Empfängers bzw. Gläubigers kommt auch selbstständige Bedeutung zu, zumal es sich dabei um eine Ermessensentscheidung der Finanzbehörde handelt. Vielmehr ist es mit dem Auskunftsverlangen (§ 93 AO) oder ähnlichen Aufforderungen zu vergleichen, die nach allgemeiner Ansicht Verwaltungsaktcharakter haben. Der Umstand, dass es nicht erzwingbar ist, spricht nicht gegen den Charakter als Verwaltungsakt; denn die zwangsweise Durchsetzung einer zu Regelung getroffenen hoheitlichen Maßnahme gehört nicht zu den Charakteristika des Verwaltungsakts (*Seer* in Tipke/Kruse, § 160 AO Rz. 12; a. A. BFH v. 10.11.1998, VIII R 3/98, BStBl II 1999, 199).

14 Das Benennungsverlangen ist **nicht nach §§ 328 ff. AO erzwingbar**, weil die möglichen Konsequenzen der Weigerung, ihm Folge zu leisten, in § 160 Abs. 1 Satz 1 AO abschließend geregelt sind.

## IV. Genaue Benennung

Der Gläubiger oder Empfänger ist vom Stpfl. aufgrund des Benennungsverlangens »genau zu benennen«. **Benannt** ist ein Empfänger, wenn er (nach Namen und Adresse) ohne Schwierigkeiten und eigene Ermittlungen der Finanzbehörde bestimmt und ermittelt werden kann (BFH v. 11.07.2013, IV R 27/09, BStBl II 2013, 989 m. w. N.). Die mit § 160 Abs. 1 Satz 1 AO verfolgte Zielsetzung ist dann erst erreicht, wenn der wirkliche Empfänger der Zahlungen benannt ist und die Finanzbehörde überprüfen kann, ob er seine steuerlichen Pflichten entweder erfüllt hat oder mit an Sicherheit grenzender Wahrscheinlichkeit im Inland nicht steuerpflichtig ist (st. Rspr.: u. a. BFH v. 11.07.2013, IV R 27/09, BStBl II 2013, 989 m. w. N.). Das FA hat keine Ermittlungspflicht im Rahmen des § 160 AO (BFH v. 11.07.2013, IV R 27/09, BStBl II 2013, 989 m. w. N.). 15

Die genaue Benennung verlangt die Angabe des vollen Namens des wahren Empfängers und seiner Anschrift, wobei es auf die Anschrift zur Zeit der Zahlung o. Ä. ankommt, weil der Stpfl. das Risiko von Veränderungen nicht zu tragen braucht (BFH v. 10.03.1999, XI R 10/98, BStBl 1999, 434). Ausländische Empfänger müssen in dem Umfang benannt werden, dass ihre Steuerpflicht im Inland mit hinreichender Sicherheit ausgeschlossen werden kann (AEAO zu § 160, Nr. 4 Satz 2). Dass auch weitere Angaben zur Art des Geschäfts usw. erforderlich sind (so *Rüsken* in Klein, § 160 AO Rz. 9; wohl auch *Seer* in Tipke/Kruse, § 160 AO Rz. 24), ergibt sich m. E. nicht aus § 160 AO, sondern aus der zuvor zu treffenden Entscheidung, ob Betriebsausgaben u. Ä. vorliegen, die sich steuermindernd auswirken. 16

Bei **Domizilgesellschaften** genügt zur genauen Empfängerbezeichnung nicht die Angabe der Domizilgesellschaft oder ihrer Anteilseigner bzw. der in ihrem Namen auftretenden Personen, weil diese regelmäßig nicht die Empfänger der Leistung sind. Dies sind vielmehr die Auftragnehmer der Domizilgesellschaft, die die vertraglichen Leistungen ausführen und die hierfür geschuldete Gegenleistung beanspruchen können (BFH v. 05.11.2001, VIII B 16/01, BFH/NV 2002, 312 m. w. N.). 17

Die **Benennung ist nicht ausreichend**, wenn die benannte Person nicht existent oder zwar existent, der mitgeteilte Name aber fingiert, d. h. als Empfänger falsch ist (BFH v. 24.06.1997, VIII R 9/96, BStBl II 1998, 51 m. w. N.). Verbleibende Unklarheiten gehen zulasten des Stpfl., auch wenn sie unverschuldet sind. Auch bei Domizilgesellschaften braucht das FA nicht aufzuklären, wer hinter ihnen steht (BFH v. 05.11.2001, VIII B 16/01, BFH/NV 2002, 312 m. w. N.). 18

Eine Verschärfung der Benennungspflicht enthält § 16 Abs. 1 AStG bei Geschäftsbeziehungen zu anderen Personen und Gesellschaften im nur unwesentlich besteuernden Ausland; danach hat der Stpfl. im Anwendungs- 19 bereich des § 16 AStG den Gläubiger oder Empfänger i.S. des § 160 AO erst dann genau bezeichnet, wenn er alle Beziehungen offenlegt, die unmittelbar oder mittelbar zwischen ihm und einer im Ausland ansässigen Person oder Personengesellschaft bestehen und bestanden haben (s. *Müller*, DB 2011, 2743). Die Richtigkeit seiner Angaben muss er auf Verlangen des Finanzamts unter Androhung der Folgen aus § 16 Abs. 1 AStG i.V.m. § 160 Abs. 1 AO gem. § 95 AO an Eides statt versichern.

## C. Nichtberücksichtigung

20 Kommt der Stpfl. dem Verlangen, den Empfänger genau zu benennen (s. Rz. 15 bis 19), nicht nach, sind die Schulden und anderen Lasten, Betriebsausgaben, Werbungskosten und andere Ausgaben regelmäßig nicht anzuerkennen, d.h. nicht steuermindernd zu berücksichtigen. Die steuerlichen Folgen der Nichtanerkennung richten sich nach dem Einzelfall. Das FA ist zwar berechtigt, aber nicht verpflichtet, eigene Ermittlungen zur Feststellung des Empfängers anzustellen. Die Versagung des Betriebsausgabenabzugs ist steuerstrafrechtlich unbeachtlich, es sei denn, der Stpfl. leistet zur Steuerhinterziehung des Dritten Beihilfe.

21 Auch die Entscheidung, **ob** und **in welcher Höhe** die Ausgaben nicht zu berücksichtigen sind, erfordert eine **Ermessensausübung** (Ermessensentscheidung zweiter Stufe, s. Rz. 5; *Oellerich* in Gosch, § 160 AO Rz. 77 m.w.N.). Dabei ist der Zweck des § 160 AO maßgeblich, einen Ausgleich für die vermutete Nichtversteuerung beim Empfänger zu schaffen, indem der Stpfl. wie ein Haftender für fremde Steuern in Anspruch genommen wird.

22 Aus der Verwendung des Wortes »regelmäßig« folgt, dass die **Nichtberücksichtigung grundsätzliche Folge der Nichtbenennung** ist; von der Rechtsfolge des § 160 AO kann daher nur ausnahmsweise abgesehen werden bzw. die Versagung des Abzugs kann nur im Ausnahmefall gleichwohl ermessensfehlerhaft sein (BFH v. 11.07.2013, IV R 27/09, BStBl II 2013, 989 m.w.N.). Nur wenn und soweit Steuerausfälle nicht zu erwarten sind, können Ausgaben trotz fehlender Empfängerbenennung zum Abzug zugelassen werden; andere nicht mit dem möglichen Steuerausfall stehende Erwägungen sind ermessensfehlerhaft (BFH v. 24.06.1997, VIII R 9/96, BStBl II 1998, 51).

23 Es ist daher in die Entscheidung einzubeziehen, inwieweit jeweils Steuerausfälle zu befürchten sind. Dabei sind die steuerlichen Verhältnisse der nicht benannten Empfänger bei der Höhe des nicht abziehbaren Betrags zu berücksichtigen, soweit sie bekannt sind. Es ist daher von dem wahrscheinlichen Steuersatz der Empfänger auszugehen. Ggf. kann berücksichtigt werden, dass dem Empfänger Betriebsausgaben erwachsen sind oder der Empfänger in geringerem Umfang mit Ertragsteuern belastet wäre als der Stpfl. (BFH v. 04.04.1996, IV R 55/94, BFH/NV 1996, 801 m.w.N.). Im Rahmen der Ermessensentscheidung sind allerdings pauschale Berechnungen unumgänglich und daher ohne Ermessensfehler möglich. Ungewissheiten über die Einkommensverhältnisse der einzelnen Empfänger gehen zulasten des Stpfl. (BFH v.10.03.1999, XI R 10/98, BStBl II 1999, 434 m.w.N.). Einem vollständigen Abzugsverbot kann nicht entgegengehalten werden, dass dies zu einer offensichtlich unzutreffenden Besteuerung führe (BFH v. 24.06.1997, VIII R 9/96, BStBl II 1998, 51).

Der Abzug von Betriebsausgaben ist auch dann beim Gewerbeertrag zu versagen, wenn der Empfänger nicht gewerbesteuerpflichtig ist, weil insofern § 7 GewStG vorgeht (BFH v. 15.03.1995, I R 46/94, BStBl II 1996, 51; *Seer* in Tipke/Kruse, § 160 AO Rz. 32; a.A. FG Mchn v. 26.10.2000, 10 V 388/00, EFG 2001, 189). 24

Ein Benennungsverlangen i.S. des § 160 AO oder die (fehlende) Antwort hierauf erfüllen die Tatbestandsvoraussetzungen einer selbstständigen Änderungsvorschrift nicht, denn beide **entstehen** erst nachträglich (s. § 173 AO Rz. 17). Wenn allerdings aufgrund des Benennungsverlangens nachträglich neue Tatsachen i.S. von § 173 AO bekannt werden, ist die Änderung einer bestandskräftigen Steuerfestsetzung nach dieser Vorschrift möglich (BFH v. 09.03.2016, X R 9/13, BStBl II 2016, 815; BFH v. 19.01.2017, III R 28/14, BStBl II 2017, 743). 25

## D. Amtsermittlung (§ 160 Abs. 1 Satz 2 AO)

Die Finanzbehörde hat nach § 160 Abs. 1 Satz 2 AO das Recht, aber nicht die Pflicht, eigene Ermittlungen anzustellen, um die behaupteten Verhältnisse festzustellen (BFH v. 01.04.2003, I R 28/02, BStBl II 2007, 855). Ermittelt sie, so gelten die allgemeinen Regeln der §§ 88 ff. AO, die Mitwirkung des Stpfl. kann nach § 328 ff. AO erzwungen werden. Ermittlungen durch die Finanzbehörde verdrängen die Möglichkeit, nach § 160 Abs. 1 Satz 1 AO vorzugehen, nicht. 26

## E. Auskunftsverweigerungsrechte (§ 160 Abs. 2 AO)

Das Auskunftsverweigerungsrecht i.S. des § 102 AO bleibt unberührt. Für Personen i.S. des § 102 Abs. 1 Nr. 4 AO gilt dies nicht (§ 102 Abs. 1 Nr. 4 AO; s. § 102 AO Rz. 6). Beruft sich ein Berufsangehöriger i.S. des § 102 Abs. 1 Nr. 1 bis 3 AO auf sein Auskunftsverweigerungsrecht, führt dies dazu, dass zwar das Benennungsverlangen nicht rechtswidrig ist, § 160 Abs. 1 Satz 1 AO aber nicht angewendet werden kann (ebenso *Frotscher* in 27

Schwarz/Pahlke, § 160 AO Rz. 96; *Seer* in Tipke/Kruse, § 160 AO Rz. 27; *von Wedelstädt*, AO-StB 2007, 325, 328).

28 Wegen des eindeutigen Gesetzeswortlauts können m.E. andere Auskunftsverweigerungsrechte (§§ 101, 103 AO) nicht in den Schutz des § 160 Abs. 2 AO einbezogen werden (ebenso *Seer* in Tipke/Kruse, § 160 AO Rz. 29; *Frotscher* in Schwarz/Pahlke, § 160 AO Rz. 96). Das bedeutet, dass in diesen Fällen bei Geltendmachung des Auskunftsverweigerungsrechts § 160 Abs. 1 Satz 1 AO greift.

### F. Verfahrensfragen

#### I. Rechtsschutz

29 Nach der Rechtsprechung des BFH kann (nur) im Rechtsbehelfsverfahren gegen den Steuerbescheid, mit dem Konsequenzen aus der Nichtbenennung des Empfängers bzw. Gläubigers gezogen wurden, die Rechtmäßigkeit des Empfängerverlangens überprüft werden (s. Rz. 13; BFH v. 11.07.2013, IV R 27/09, BStBl II 2013, 989 m.w.N.). Im finanzgerichtlichen Verfahren gilt gem. § 96 Abs. 1 FGO § 160 AO sinngemäß. Das FG kann ohne Beschränkung i.S. des § 102 FGO selbstständig im Rahmen der Entscheidung über die Steuerfestsetzung von der Befugnis des § 160 AO Gebrauch machen. Es kann bei Überprüfung des Benennungsverlangens der Finanzbehörde aber auch sein Ermessen an die Stelle des der Finanzbehörde setzen. Kommt es zum gleichen Ergebnis wie diese, so muss es das Benennungsverlangen gegenüber dem Stpfl. nicht nochmals wiederholen. Hält es dagegen das Benennungsverlangen für rechtsfehlerhaft oder will es sein Ermessen in anderer Weise ausüben, so muss es ein neues Verlangen an den Stpfl. richten, um diesem eine Ergänzung seiner Angaben zu ermöglichen. Unterlässt es dies, so ist die Entscheidung darüber, ob und in welcher Höhe die Ausgaben zu berücksichtigen sind, rechtsfehlerhaft und im Revisionsverfahren aufzuheben (BFH v. 24.06.1997, I R 46/96, BStBl II 1998, 51). Im Revisionsverfahren kann § 160 AO nicht angewendet werden. Im Übrigen s. § 96 FGO Rz. 6.

Der Stpfl. kann die Benennung bis zur letzten mündlichen Verhandlung vor dem FG nachholen.

#### II. Nachholung der Benennung und Änderung der Steuerfestsetzung

30 Benennt der Stpfl. den Empfänger erst nach Bestandskraft des Steuerbescheids, handelt es sich weder um eine nachträglich bekannt gewordene Tatsache (*Frotscher* in Schwarz/Pahlke, § 160 AO Rz. 94; *Rüsken* in Klein, § 160 AO Rz. 31; a.A. *Seer* in Tipke/Kruse, § 160 AO Rz. 33), noch um ein rückwirkendes Ereignis i.S. des § 175 Abs. 1 Satz 1 Nr. 2 AO: Führte die unterbliebene Benennung zu Recht zur Versagung des steuermindernden Abzugs, war die Steuerfestsetzung rechtmäßig. Daran ändert die nachträgliche Benennung nichts (*von Wedelstädt*, AO-StB 2007, 325, 329).

Wird nachträglich bekannt, dass der benannte Dritte nicht existiert oder tatsächlich nicht Zahlungsempfänger ist, stellt sich damit heraus, dass der Stpfl. das Benennungsverlangen nicht erfüllt hat. Insoweit liegt eine nachträglich bekannt gewordene Tatsache i.S. des § 173 AO vor.

## § 161 AO
## Fehlmengen bei Bestandsaufnahmen

**Ergeben sich bei einer vorgeschriebenen oder amtlich durchgeführten Bestandsaufnahme Fehlmengen an verbrauchsteuerpflichtigen Waren, so wird vermutet, dass hinsichtlich der Fehlmengen eine Verbrauchsteuer entstanden oder eine bedingt entstandene Verbrauchsteuer unbedingt geworden ist, soweit nicht glaubhaft gemacht wird, dass die Fehlmengen auf Umstände zurückzuführen sind, die eine Steuer nicht begründen oder eine bedingte Steuer nicht unbedingt werden lassen. Die Steuer gilt im Zweifel im Zeitpunkt der Bestandsaufnahme als entstanden oder unbedingt geworden.**

**Inhaltsübersicht**



### A. Bedeutung der Vorschrift

Die Vorschrift befasst sich mit Fehlmengen an verbrauchsteuerpflichtigen Waren, die bei in den Verbrauchsteuergesetzen und ihren Durchführungsverordnungen angeordneten oder amtlich durchgeführten Bestandsaufnahmen festgestellt werden. Sie ist kein Steuerentstehungstatbestand, sondern fingiert im Wege einer widerlegbaren Vermutung die Entstehung der Verbrauchsteuer nach den entsprechenden Schuldentstehungstatbeständen des betreffenden jeweiligen Verbrauchsteuergesetzes (BFH v. 21.05.1999, VII R 25/97, BFH/NV 1999, 1568). Wenn diese Vermutung nicht widerlegt wird, wird ferner widerleglich vermutet, dass die Steuer im Zweifel im Zeitpunkt der Bestandsaufnahme entstanden ist (§ 161 Satz 2 AO). Die Vorschrift gilt für bundesrechtlich geregelte Verbrauchsteuern sowie für solche landesrechtlich geregel- 1 ten oder örtliche, bei denen die entsprechenden Vorschriften einen Verweis auf die AO enthalten, wegen der speziellen Regelungen im ZK bzw. UZK nicht im Bereich des Zollrechts. Da die Verbrauchsteuergesetze die Behandlung von Fehlmengen, die beim Transport im Steueraussetzungsverfahren entstanden sind, gesondert regeln, greift § 161 AO nur bei Fehlmengen in Herstellungsbetrieben und Steuerlagern. Im Steuerstraf- oder Steuerordnungswidrigkeitsverfahren kann § 161 AO nicht angewendet werden (*Schoenfeld* in Gosch, § 161 AO Rz. 7 m. w. N.).

1a § 161 AO berührt § 162 AO nicht. Die Entstehung der Verbrauchsteuer nach § 161 AO kann nicht geschätzt werden. Lassen Buchführung und Aufzeichnungen die Anmeldung des Soll-Bestandes nicht zu (§ 158 AO), können Zu- und Abgänge und geschätzt werden, sodass die so ermittelte Fehlmenge nach § 161 AO der Besteuerung zugrunde gelegt werden kann (*Seer* in Tipke/Kruse, § 161 AO Rz. 16; *Wöhner* in Schwarz/Pahlke, § 161 AO Rz. 37).

## B. Regelung

### I. Bestandsaufnahme

2 Nach den Verbrauchsteuergesetzen entsteht die Verbrauchsteuer mit der Entfernung steuerpflichtiger Waren aus dem Steuerlager oder mit ihrer Entnahme zum Verbrauch im Steuerlager, wenn sich kein weiteres Steueraussetzungsverfahren oder Zollverfahren anschließt. Zur Überprüfung dieser Vorgänge ordnen Verbrauchsteuergesetze oder -verordnungen (z. B. § 4 Abs. 4 KaffeeStV, § 16 Abs. 1 SchaumwZwStV, § 11 Abs. 1 BierStV, § 14 Abs. 1 BranntwStV, § 12 TabStV, §§ 15, 19 Abs. 5, 40 Abs. 2, 56 Abs. 7, 67 Abs. 3, 75 Abs. 3 EnergieStDV) die Ermittlung des Ist-Bestandes, d. h. die körperliche Aufnahme der Bestände an verbrauchsteuerpflichtigen Waren an. § 161 AO ist keine eigenständige Regelung von Bestandsaufnahmen. Hersteller, Inhaber von Steuerlagern, Verwender von Waren und andere Personen haben jährlich zu einem Stichtag sog. vorgeschriebene Bestandsaufnahmen durchzuführen und das Ergebnis, die Ist-Bestände, zusammen mit den von ihnen berechneten Soll-Bestand der zuständigen Finanzbehörde (HZA) anzumelden (**vorgeschriebene Bestandsaufnahme**). Außerdem können die HZA anstelle oder zusätzlich sog. **amtliche Bestandsaufnahmen** durchführen. Es handelt sich dabei um eine Form der Nachschau gem. § 210 AO. Die Bestandsaufnahme umfasst nicht stets neben der Feststellung des Ist-Bestandes auch die Ermittlung des Soll-Bestandes (BFH v. 19.05.1992, VII S 12/92, BFH/NV 1993, 144 m. w. N.), wenngleich sich eine Fehlmenge nur dadurch ermitteln lässt, dass der festgestellte Ist-Bestand mit dem Soll-Bestand bezogen auf den Zeitpunkt der Feststellung des Ist-Bestands verglichen wird. Das HZA kann die Angaben zum Soll-Bestand, u. a. die tatsächlichen Zu- und Abgänge, z. B. im Rahmen einer Betriebsprüfung prüfen und die Ergebnisse der Prüfung der Fehlmengenberechnung zugrunde legen (BFH v. 19.05.1992, VII S 12/92, BFH/NV 1993, 144 m. w. N.).

### II. Fehlmenge

**Fehlmenge** ist der Unterschied zwischen dem bei der Bestandsaufnahme ermittelten Soll-Bestand, der sich rein rechnerisch durch Abziehen des Gesamtabgangs von dem Gesamtzugang nach dem Inhalt der Anschreibungen ergibt, und dem bei der Bestandsaufnahme vorgefundenen Ist-Bestand, wenn dieser geringer ist als der Sollbestand (BFH v. 06.11.1990, VII R 31/88, BFHE 162, 191). 3

### III. Gesetzliche Vermutung

Wird bei der vorgeschriebenen oder amtlich durchgeführten Bestandsaufnahme (s. Rz. 2) eine Fehlmenge festgestellt, d. h. ist der Soll-Bestand höher als der Ist-Bestand, so führt dies zu der gesetzlichen Vermutung, dass hinsichtlich der Fehlmenge eine Verbrauchsteuer entstanden ist. Die Alternative des § 160 Satz 1 2. Alt. AO, wonach die bedingte Steuer zu einer unbedingten wird, ist nicht mehr relevant (*Seer* in Tipke/Kruse, § 160 AO Rz. 3; s. § 50 AO Rz. 1). Dabei darf zur Ermittlung der zu versteuernden Fehlmengen der Ist-Bestand der Sollmenge gegenübergestellt werden, die sich auf den Vergleichszeitpunkt aus der Saldierung der dem Lager tatsächlich zugeführten und der dem Lager tatsächlich entnommenen Mengen ergibt. Die gesetzliche Vermutung setzt jedoch voraus, dass bei der Bestandsaufnahme keine Fehler unterlaufen sind, sonst greift sie nicht ein (BFH v. 23.03.1982, VII R 62/79, BFHE 135, 256). Nach § 160 Satz 2 AO wird widerlegbar vermutet, dass die Steuer **im Zeitpunkt der Bestandsaufnahme** entstanden ist. 4

### IV. Widerlegung der Vermutung

Diese den Betriebsinhaber belastende Vermutung kann von diesem dadurch entkräftet werden, dass er glaubhaft macht, d. h. die überwiegende Wahrscheinlichkeit zur Überzeugung der Finanzbehörde darlegt, dass die Fehlmengen auf Umstände zurückzuführen sind, die eine Steuer nicht begründen; Glaubhaftmachung der konkreten steuerunschädlichen Umstände zur Entstehung der Fehlmenge genügt (BFH v. 07.11.1995, VII B 67/95, BFH/NV 1996, 391). So kann sich z. B. der Bestand durch Schwund oder Verderb vermindert haben. Der Hinweis, bei einer anderen Warengruppe hätte die Bestandsaufnahme Mehrmengen ergeben, sodass von einer Ver- 5 wechslung oder Vertauschung ausgegangen werden könne, reicht nicht aus (BFH v. 06.11.1990, VII R 31/88, HFR 1991, 262). Zwar bleiben das Recht und die Pflicht der Finanzbehörde, ihrerseits den Sachverhalt von Amts wegen aufzuklären, unberührt. Die Regelung bewirkt jedoch, dass die Unmöglichkeit, restliche Zweifel zu beseitigen, sich zulasten des Stpfl. auswirkt (BFH v. 07.11.1995, VII B 67/95, BFH/NV 1996, 391 m. w. N.).

### V. Verfahrensfragen

6 Die **Anordnung der Bestandsaufnahme** ist ein mit Einspruch und Anfechtungsklage anfechtbarer Verwaltungsakt, nicht dagegen die Bestandsaufnahme selbst und die Feststellung der Fehlmenge. Die Schwundmengenfeststellung aufgrund gesetzlicher Regelungen stellt einen Verwaltungsakt dar (s. Rz. 3; *Seer* in Tipke/Kruse, § 161 AO Rz. 38; *Wöhner* in Schwarz/Pahlke, § 161 AO Rz. 36).

7 Die amtlich durchgeführte Bestandsaufnahme ist **keine Außenprüfung** und löst daher keine Änderungssperre i. S. des § 173 Abs. 2 AO und keine Ablaufhemmung i. S. des § 171 Abs. 4 AO aus (BFH v. 25.04.1985, IV R 10/85, BStBl II 1985, 702; *Seer* in Tipke/Kruse, § 161 AO Rz. 33 f.). Wird allerdings der Soll-Bestand im Rahmen einer Außenprüfung ermittelt und die Ergebnisse dieser Prüfung der Fehlmengenberechnung zugrunde gelegt, greifen § 173 Abs. 2 AO und § 171 Abs. 4AO (BFH v. 19.05.1992, VII S 12/92, BFH/NV 1993, 144 m. w. N.; *Seer* in Tipke/Kruse, § 161 AO Rz. 34).

8 Wird die Vermutung des § 161 AO nicht widerlegt, **muss die Steuer** nach den allgemeinen Vorschriften der §§ 155 ff. AO **festgesetzt** werden, sofern noch keine Festsetzungsverjährung eingetreten ist. Dies erfolgt durch Änderung der – unter dem Vorbehalt der Nachprüfung stehenden – Steueranmeldung oder durch Änderung der Steuerfestsetzung. Gegen diese Steuerfestsetzungen sind Einspruch und Anfechtungsklage gegeben.

9 Der **Beginn der Verjährung** von Verbrauchsteueransprüchen, die gem. § 161 Satz 1 AO geltend gemacht werden, bestimmt sich nach § 161 Satz 2 AO. Kann nicht festgestellt werden, dass sich festgestellte Fehlmengen auf einzelne Kalenderjahre verteilen, richtet sich der Beginn der Festsetzungsfrist nach § 161 Satz 2 AO (BFH v. 23.03.1982, VII R 62/79, BFHE 135, 256).

10 Hat die Finanzbehörde eine amtliche Bestandsaufnahme angeordnet, so ist diese eine steuerliche Prüfung i. S. des § 371 Abs. 2 Nr. 1a AO; das Erscheinen des Prüfers zur Bestandsaufnahme führt zum Ausschluss der strafaufhebenden Wirkung einer Selbstanzeige.

## § 162 AO
## Schätzung von Besteuerungsgrundlagen

**(1) Soweit die Finanzbehörde die Besteuerungsgrundlagen nicht ermitteln oder berechnen kann, hat sie sie zu schätzen. Dabei sind alle Umstände zu berücksichtigen, die für die Schätzung von Bedeutung sind.**

**(2) Zu schätzen ist insbesondere dann, wenn der Steuerpflichtige über seine Angaben keine ausreichenden Aufklärungen zu geben vermag oder weitere Auskunft oder eine Versicherung an Eides Statt verweigert oder seine Mitwirkungspflicht nach § 90 Abs. 2 verletzt. Das Gleiche gilt, wenn der Steuerpflichtige Bücher oder Aufzeichnungen, die er nach den Steuergesetzen zu führen hat, nicht vorlegen kann, wenn die Buchführung oder die Aufzeichnungen der Besteuerung nicht nach § 158 zugrunde gelegt werden oder wenn tatsächliche Anhaltspunkte für die Unrichtigkeit oder Unvollständigkeit der vom Steuerpflichtigen gemachten Angaben zu steuerpflichtigen Einnahmen oder Betriebsvermögensmehrungen bestehen und der Steuerpflichtige die Zustimmung nach § 93 Abs. 7 Satz 1 Nr. 5 nicht erteilt. Hat der Steuerpflichtige seine Mitwirkungspflichten nach § 90 Abs. 2 Satz 3 verletzt, so wird widerlegbar vermutet, dass steuerpflichtige Einkünfte in Staaten oder Gebieten im Sinne des § 90 Abs. 2 Satz 3 vorhanden oder höher als die erklärten Einkünfte sind.**

**(3) Verletzt ein Steuerpflichtiger seine Mitwirkungspflichten nach § 90 Abs. 3 dadurch, dass er keine Aufzeichnungen über einen Geschäftsvorfall vorlegt, oder sind die über einen Geschäftsvorfall vorgelegten Aufzeichnungen im Wesentlichen unverwertbar oder wird festgestellt, dass der Steuerpflichtige Aufzeichnungen im Sinne des § 90 Absatz 3 Satz 8 nicht zeitnah erstellt hat, so wird widerlegbar vermutet, dass seine im Inland steuerpflichtigen Einkünfte, zu deren Ermittlung die Aufzeichnungen im Sinne des § 90 Absatz 3 dienen, höher als die von ihm erklärten Einkünfte sind. Hat in solchen Fällen die Finanzbehörde eine Schätzung vorzunehmen und können diese Einkünfte nur innerhalb eines bestimmten Rahmens, insbesondere nur auf Grund von Preisspannen bestimmt werden, kann dieser Rahmen zu Lasten des Steuerpflichtigen ausgeschöpft werden. Bestehen trotz Vorlage verwertbarer Aufzeichnungen durch den Steuerpflichtigen Anhaltspunkte dafür, dass seine Einkünfte bei Beachtung des Fremdvergleichsgrundsatzes höher wären als die aufgrund**

**der Aufzeichnungen erklärten Einkünfte, und können entsprechende Zweifel deswegen nicht aufgeklärt werden, weil eine ausländische, nahe stehende Person ihre Mitwirkungspflichten nach § 90 Abs. 2 oder ihre Auskunftspflichten nach § 93 Abs. 1 nicht erfüllt, ist Satz 2 entsprechend anzuwenden.**

**(4) Legt ein Steuerpflichtiger keine Aufzeichnungen im Sinne des § 90 Absatz 3 vor oder sind die über einen Geschäftsvorfall vorgelegten Aufzeichnungen im Wesentlichen unverwertbar, ist ein Zuschlag von 5 000 Euro festzusetzen. Der Zuschlag beträgt mindestens 5 vom Hundert und höchstens 10 vom Hundert des Mehrbetrags der Einkünfte, der sich nach einer Berichtigung auf Grund der Anwendung des Absatzes 3 ergibt, wenn sich danach ein Zuschlag von mehr als 5 000 Euro ergibt. Bei verspäteter Vorlage von verwertbaren Aufzeichnungen beträgt der Zuschlag bis zu 1 000 000 Euro, mindestens jedoch 100 Euro für jeden vollen Tag der Fristüberschreitung. Soweit den Finanzbehörden Ermessen hinsichtlich der Höhe des Zuschlags eingeräumt ist, sind neben dessen Zweck, den Steuerpflichtigen zur Erstellung und fristgerechten Vorlage der Aufzeichnungen im Sinne des § 90 Abs. 3 anzuhalten, insbesondere die von ihm gezogenen Vorteile und bei verspäteter Vorlage auch die Dauer der Fristüberschreitung zu berücksichtigen. Von der Festsetzung eines Zuschlags ist abzusehen, wenn die Nichterfüllung der Pflichten nach § 90 Abs. 3 entschuldbar erscheint oder ein Verschulden nur geringfügig ist. Das Verschulden eines gesetzlichen Vertreters oder eines Erfüllungsgehilfen steht dem eigenen Verschulden gleich. Der Zuschlag ist regelmäßig nach Abschluss der Außenprüfung festzusetzen.**

**(5) In den Fällen des § 155 Abs. 2 können die in einem Grundlagenbescheid festzustellenden Besteuerungsgrundlagen geschätzt werden.**

**Inhaltsübersicht**



**Schrifttum**

Assmann, Schätzungen bei Außenprüfungen, StBp 2001, 255 und 281; von Wedelstädt, Die tatsächliche Verständigung, AO-StB 2001, 190; von Wedelstädt, Rechtsschutz bei Schätzungsveranlagungen, AO-StB 2002, 275; Hahn/Suhrbier-Hahn, Mitwirkungspflichten bei Auslandssachverhalten europarechtswidrig?, IStR 2003, 84; Ritzrow, Umsatz- und Gewinnschätzung – Überblick über die Rechtsprechung des BFH – StBp 2003, 265 und 302; Schnorberger, Verrechnungspreis-Dokumentation und StVergAbG – Offene Fragen und Probleme, DB 2003, 1241; Uhländer, Erhöhte Mitwirkungspflicht bei Auslandssachverhalten – Verschärfungen durch das Steuervergünstigungsabbaugesetz, AO-StB 2003, 239; Bornheim, Nachweis der Steuerhinterziehung mittels Schätzung, AO-StB 2004, 138; Müller, In dubio pro reo im Steuerrecht und Steuerstrafrecht, AO-StB 2004, 156; Drüen, Zum Wahlrecht der Finanzbehörde zwischen Steuerschätzung und Haftungsbescheid bei unterbliebener Steueranmeldung, DB 2005, 299; Kaminski/Strunk, Die Verwaltungsgrundsätze-Verfahren vom 12. April 2005, StBp 2005, 213, 245; von Wedelstädt, Die Änderungen der Abgabenordnung durch das Unternehmenssteuerreformgesetz 2008, DB 2007, 1828; von Wedelstädt, Wann darf das Finanzamt schätzen? AO-StB 2008, 244; Schützeberg, Die Schätzung im Besteuerungs- und Steuerstrafverfahren, StBp 2009, 33; Müller, Wann ist ein Schätzungsergebnis nichtig?, AO-StB 2010, 240; von Wedelstädt, Folgebescheid vor Grundlagenbescheid – Abhängigkeit und Folgen, AO-StB 2014, 349; Pump/Wähnert, Das BFH-Urteil zum Zeitreihenvergleich als Verprobungs- und Schätzungsmethode, NWB 2015, 2869; Nöcker, Zeitreihenvergleich im Gleitschlitten versus Programmierprotokoll der Registrierkasse, NWB 2015, 3548.

## A. Bedeutung der Vorschrift

Die Finanzbehörde hat den entscheidungsrelevanten Sachverhalt mit einer an Sicherheit grenzenden Wahrscheinlichkeit der Richtigkeit festzustellen. Lässt sich dies trotz Erfüllung der Ermittlungspflicht der Finanzbehörde bei Ausschöpfung aller Beweismittel nicht erreichen, greift § 162 Abs. 1 Satz 1 AO und verpflichtet sie, die Besteuerungsgrundlagen zu schätzen. Beruht dies auf der Verletzung der Mitwirkungspflichten des Stpfl., greifen § 162 Abs. 2 bis 4 AO. § 162 Abs. 5 AO behandelt die Erweiterung der Schätzungsmöglichkeit für den Fall, dass in einem Folgebescheid gesondert festzustellende, aber noch nicht festgestellte Besteuerungsgrundlagen vor Erlass des entsprechenden Grundlagenbescheids berücksichtigt werden sollen.

2 Die Schätzung ist **eine gesetzliche Beweismaßreduzierung** auf eine **größtmögliche erreichbare Wahrscheinlichkeit** (*Seer* in Tipke/Kruse, § 162 AO Rz. 2). Sie hebt die Ermittlungspflichten der Finanzbehörde und die Mitwirkungspflichten des Stpfl. nicht auf, sondern greift, wenn diese keine Aufklärung bringen. Dabei richtet sich die Beweismaßreduzierung nach der **Sphärenverantwortlichkeit** der Beteiligten. Die Mitwirkungspflicht des Stpfl. ist umso größer, je mehr Tatsachen und Beweismittel der von ihm beherrschten Informations- und Tätigkeitssphäre angehören, insbes. wenn es sich um Sachverhalte mit Auslandsbezug handelt (s. § 90 Abs. 2 und 3 AO). Lassen sich **steuermindernde Sachverhalte** nicht aufklären, weil der Stpfl. seine Mitwirkungspflicht nicht ausreichend erfüllt, können sie nicht zu seinen Gunsten berücksichtigt werden; eine Schätzung kommt nicht in Betracht, da dadurch seine Mitwirkungsverweigerung prämiiert würde. Hat er diese Pflicht nicht verletzt, verbietet es die Risikoverteilung, ihn durch eine Entscheidung nach den für die Feststellungslast geltenden Grundsätzen zu benachteiligen; hier greift nach § 162 Abs. 1 Satz 1 AO die Verpflichtung des FA zur Schätzung. Umgekehrt kann das FA **steuererhöhende Sachverhalte** nicht berücksichtigen, wenn sie trotz Erfüllung der Mitwirkungspflicht des Stpfl. nicht aufgeklärt werden können. Beruht die Unaufklärbarkeit dagegen auf fehlender oder mangelhafter Mitwirkung des Stpfl., so ist das FA nach § 162 Abs. 2 bis 4 AO auf die Schätzung verwiesen (s. dazu *Seer* in Tipke/Kruse, § 162 AO Rz. 5 f.; *Seer* in Tipke/Lang, § 21 AO Rz. 208).

3 Die **Schätzung ist keine Ermessensentscheidung,** und zwar weder hinsichtlich der Frage, ob eine Schätzung durchgeführt wird (s. Wortlaut der Vorschrift: »... hat zu schätzen ...«), noch bei ihrer Durchführung, sondern eine Beweislastentscheidung. Zwar hat das FA einen gewissen von der Wahrscheinlichkeit beeinflussten Spielraum, es handelt sich dabei aber nicht um einen Ermessensspielraum i. S. des § 5 AO (*Seer* in Tipke/Kruse, § 162 AO Rz. 9; *Oellerich* in Gosch, § 162 AO Rz. 117).

Die Schätzung ist kein Mittel, um die Erfüllung der Steuererklärungspflicht durchzusetzen. Sie dient allein dem Ziel, eine größte Wahrscheinlichkeit der Richtigkeit hinsichtlich der zu berücksichtigenden Besteuerungsgrundlagen zu erreichen. Daher sind Straf- oder Mondschätzungen zulasten des Stpfl. unzulässig (BFH v. 20.12.2000, I R 50/00, BStBl II 2001, 381 m. w. N.; *von Wedelstädt*, AO-StB 2002, 275, 277 m. w. N.). 4

vorläufig frei 5

## B. Anwendungsbereich der Schätzung

§ 162 AO ist eine Vorschrift über das **Steuerfestsetzungsverfahren.** Die **Schätzungsbefugnis** steht der Finanzbehörde sowohl im Festsetzungs- und im Feststellungsverfahren einschließlich des Außenprüfungsverfahrens wie im Rechtsbehelfsverfahren gegen Festsetzungs- und Feststellungsbescheide zu, nicht dagegen dem Stpfl. Eine Schätzung der Besteuerungsgrundlagen ist auch möglich, um den Haftungsanspruch festzulegen (BFH v. 17.03.1994, VI R 120/92, BStBl II 1994, 536; BFH v. 28.03.2001, VII B 213/00, BFH/NV 2001, 1217 m. w. N.; *Seer* in Tipke/Kruse, § 162 AO Rz. 14 m. w. N.). Unzulässig ist die Schätzung, wenn ein Einzelsteuergesetz sie ausschließt (z. B. § 4 Abs. 7 Satz 2 EStG). 6

Auf **Einfuhr- und Ausfuhrabgaben** ist § 162 AO wegen der besonderen Regelungen der Art. 70 ff. UZK nicht anwendbar (u. a. *Trzaskalik* in HHSp, § 162 AO Rz. 7 für ZK). 6a

Im **finanzgerichtlichen Verfahren** hat das FG eine eigene Schätzungsbefugnis, bzw. Schätzungspflicht (§ 96 Abs. 1 Satz 1 FGO). Dies gilt nicht für das Revisionsverfahren. 7

Im **Straf- und Bußgeldverfahren** ist § 162 AO nicht anwendbar. Der Strafrichter muss nach den strafverfahrensrechtlichen Beweisgrundsätzen die für die Steuerstraftat maßgeblichen Besteuerungsgrundlagen dem Grunde und der Höhe nach so sicher feststellen, dass er sie im Wege der freien Beweiswürdigung (§ 261 StPO) zu seiner Überzeugung als erwiesen ansehen kann. Bei tatsächlichen Zweifeln hat er nach dem Grundsatz des in dubio pro reo zugunsten des Angeklagten zu entscheiden. Er ist daher nicht an eine vom FA oder vom FG durchgeführte Schätzung gebunden (BFH v. 14.08.1991, X R 86/88, BStBl II 1992, 128), er kann aber das Ergebnis einer Schätzung nach ihrer Überprüfung im Wege der freien Beweiswürdigung zu seiner Überzeugung als erwiesen ansehen (h. M.; u. a. *Seer* in Tipke/Kruse, § 162 AO Rz. 16 m. w. N.). 8

Besteuerungsgrundlagen sind auch dann zu schätzen, wenn gegen den Stpfl. ein Strafverfahren wegen einer Steuerstraftat eingeleitet worden ist (h. M., u. a. BFH v. 19.09.2001 XI B 6/01, BStBl II 2002, 4; s. § 393 AO Rz. 4). Dabei richten sich gem. § 393 Abs. 1 Satz 1 AO die Rechte und Pflichten der Stpfl. und der Finanzbehör- 9 de im Besteuerungsverfahren und im Strafverfahren nach den für das jeweilige Verfahren geltenden Vorschriften; d.h. für das Besteuerungsverfahren gilt die AO, für das Strafverfahren die StPO. Der (beschuldigte) Stpfl. hat im Besteuerungsverfahren die von der AO vorgeschriebenen Mitwirkungspflichten zu erfüllen (BFH v. 19.09.2001, XI B 6/01, BStBl II 2002, 4). Der Grundsatz, dass niemand gehalten ist, sich selbst zu beschuldigen (»Nemo-Tenetur-Grundsatz«), ist in erster Linie ein strafprozessuales Prinzip und befreit nicht von gesetzlich normierten Mitwirkungspflichten im Übrigen (BFH v. 19.10.2005, X B 88/05, BFH/NV 2006, 15 m.w.N.).

10 Obwohl also im Besteuerungsverfahren auch hinsichtlich des Vorliegens einer Steuerhinterziehung z.B. bei §§ 71, 169 Abs. 2 Satz 2 oder 235 AO die steuerlichen Verfahrensregeln gelten, soll sowohl insoweit als auch bei der Schätzung des Hinterziehungsbetrages nicht nach Wahrscheinlichkeitserwägungen verfahren, sondern der Grundsatz »in dubio pro reo« beachtet werden (BFH v. 29.01.2002, VIII B 91/01, BFH/NV 2002, 749 m.w.N.). Dies soll es ausschließen, die Schätzung der hinterzogenen Steuern – entsprechend den allgemeinen Grundsätzen im Falle der Verletzung von Mitwirkungspflichten – auf Wahrscheinlichkeitserwägungen, d.h. auf ein reduziertes Beweismaß zu stützen und an der oberen Grenze des für den Einzelfall zu beachtenden Schätzrahmens (s. Rz. 47) auszurichten.

Dies vermag schon deshalb nicht zu überzeugen, weil – wie sich gerade an der Höhe der durch Schätzungsveranlagung zu erfassenden hinterzogenen Steuern zeigt – der Steuerhinterzieher bevorzugt würde. Bei der Feststellung der Steuerhinterziehung als Tatbestandsmerkmal des Steuergesetzes handelt es sich um eine strafrechtliche Vorfrage im Rahmen einer Entscheidung über die Rechtmäßigkeit eines Steuerbescheids und ist vom FA und vom FG in eigener Zuständigkeit ausschließlich nach den Vorschriften der AO und der FGO und nicht nach den Vorschriften der StPO zu prüfen. Die nachträgliche Festsetzung der hinterzogenen Steuern hat auch keinen Strafcharakter, sondern dient lediglich der Gleichmäßigkeit der Besteuerung (BFH v. 27.11.2003, II B 104/02, BFH/NV 2004, 463 m.w.N.). Bei der Schätzung von Besteuerungsgrundlagen für Besteuerungszwecke handelt es sich ebenfalls ausschließlich um eine Maßnahme im Besteuerungsverfahren. Auswirkungen auf das Strafverfahren sind nicht zwangsläufig (s. Rz. 8). Für die Anwendung des Grundsatzes »in dubio pro reo« besteht weder die Notwendigkeit noch – da die Festsetzung der hinterzogenen Steuer keine strafrechtliche Sanktion ist – eine gesetzliche Grundlage. Das bedeutet, dass für die **Feststellung der Steuerhinterziehung** kein höherer Grad von Gewissheit erforderlich ist als für die Feststellung anderer Tatsachen (BFH v. 19.01.2006, VIII B 114/05, BFH/NV 2006, 709 m.w.N.). Aus demselben Grunde dürfen zur Ermittlung der verkürzten Steuern die Besteuerungsgrundlagen nach § 162 AO geschätzt werden (BFH v. 01.08.2001, II R 48/00, BFH/NV 2002, 155 m.w.N.; BFH v. 19.01.2006, VIII B 114/05, BFH/NV 2006, 709). Die strafrechtliche Unschuldsvermutung findet keine Anwendung (BFH v. 27.11.2003, II B 104/02, BFH/NV 2004, 463 m.w.N.; *Loose* in Tipke/Kruse, § 70 AO Rz. 10).

Als Anwendungsfall der Schätzung wird nach h.M. die **Bewertung** angesehen, auch wenn sie speziellen gesetzlichen Regelungen wie z.B. §§ 9 ff. BewG folgt (*Seer* in Tipke/Kruse, § 162 AO Rz. 12 m.w.N.; *Trzaskalik* in HHSp, § 162 AO Rz. 10). Gesetzlich geregelte **Pauschalierungen** sind keine Schätzungen. Denn sie setzen nicht voraus, dass eine genaue Sachverhaltsermittlung im Einzelfall nicht möglich ist. Selbst die Pauschalierung aus Gründen von Ermittlungsschwierigkeiten setzt keine Ermittlungsschwierigkeiten im Einzelfall voraus, hier wird vielmehr bewusst auf die Sachverhaltsaufklärung verzichtet. Die Pauschalierung beruht aber oft auf schätzungsweise festgelegten Werten (*Seer* in Tipke/Kruse, § 162 AO Rz. 10; *Trzaskalik* in HHSp, § 162 AO Rz. 8). 11

In einzelnen Vorschriften finden sich besondere, z.T. verschärfende Regelungen für die Durchführung einer erforderlichen Schätzung wie z.B. in § 64 Abs. 5 und 6 AO (s. § 64 AO Rz. 11), § 17 Abs. 2 AStG, § 15 Abs. 4 UStG, § 47 Satz 2 BewG. 11a

## C. Besteuerungsgrundlagen als Schätzungsgegenstand

Nach § 162 Abs. 1 Satz 1 AO sind die **Besteuerungsgrundlagen** zu schätzen. Der Begriff ist streitig. Ähnlich wie der für das Außenprüfungsverfahren in § 199 Abs. 1 AO definierte Begriff der Besteuerungsgrundlagen als »tatsächliche und rechtliche Verhältnisse, die für die Steuerpflicht und die Bemessung der Steuer maßgebend sind«, beschränkt er sich auch hier nicht auf Tatsachen. Denn je nach Ansatz der Schätzung schließt sie rechtliche Wertungen mit ein, wie z.B. im Fall der Gewinnschätzung. Er beschränkt sich damit auch **nicht auf bloße quantitative Größen** wie Höhe der Umsätze, des Gewinns oder der Einkünfte usw., sondern erfasst auch sog. **qualitative Tatsachen**, d.h. Grundsachverhalte wie z.B. das Vorliegen von Einkünften und Umsätzen (so u.a. BFH v. 07.08.1985, I R 309/82, BStBl II 1986, 42; BFH v. 21.12.2004, II B 110/04, BFH/NV 2005, 704; *Seer* in Tipke/Kruse, § 162 AO Rz. 20 mit ausführlicher Auseinandersetzung; *von Wedelstädt*, AO-StB 2002, 275, 278 m.w.N.; a.A. BFH v. 20.01.2010, X B 70/10, BFH/NV 2010, 2007; BFH v. 19.01.2017, III R 28/14, BStBl II 2017, 743; *Rüsken* in Klein, § 162 AO Rz. 9b). Da auch die Meinung, die unter Besteuerungsgrundlagen nur Berechnungsgrundlagen fassen will, bei nicht quantitativen Besteuerungsgrundlagen wie Einkünften, Umsätzen o.Ä. die Grundsätze der Beweislastregelung des § 444 ZPO 12 anwenden will, kommen beide Ansichten jedenfalls praktisch zu demselben Ergebnis (*Seer* in Tipke/Kruse, § 162 AO Rz. 20 m. w. N.).

3 Reine **Rechtsfragen** wie z. B. die Frage, ob ein Gewerbebetrieb vorliegt, können nicht Gegenstand einer Schätzung sein. Dasselbe gilt für die **Steuer** , es sei denn, sie ist selbst Besteuerungsgrundlage. Dies ist der Fall bei der **Umsatzsteuer** bezüglich der Vorsteuer, die geschätzt werden kann, wenn dadurch nicht der Mangel der fehlenden Rechnung behoben wird (BFH v. 12.06.1986, V R 75/78, BStBl II 1986, 721; BFH v. 31.07.2007 V R 56/06, BFH/NV 2008, 416), wenn also mit ausreichender Sicherheit davon ausgegangen werden kann, dass ursprünglich ordnungsgemäße Rechnungen vorhanden waren, aber nicht mehr vorgelegt werden können (UStAE Abschn. 15.11 Abs. 5 f.; weiter *Seer* in Tipke/Kruse, § 162 AO Rz. 28, soweit Vorsteuern den Umständen nach zweifellos entstanden sind). **Geschätzt** werden kann im Hinblick auf § 20 Abs. 1 Nr. 3 EStG die nach § 36 Abs. 2 Satz 2 Nr. 3 EStG **anzurechnende Körperschaftsteuer** (*Seer* in Tipke/Kruse, § 162 AO Rz. 26; *von Wedelstädt*, AO-StB 2002, 275, 278) und die gegen den Arbeitgeber festzusetzende **Lohnsteuer**, wenn der Arbeitgeber sie trotz gesetzlicher Verpflichtung nicht anmeldet und abführt, auch wenn gleichzeitig die Voraussetzungen für den Erlass eines Haftungsbescheides nach § 42 d Abs. 1 Nr. 1 EStG erfüllt sind (BFH v. 07.07.2004, VI R 171/00, BStBl II 2004, 1087; Bedenken *Drüen*, DB 2005, 299), **nicht** jedoch die **einbehaltene Lohn- oder Kapitalertragsteuer**, die nach § 36 Abs. 2 Satz 2 Nr. 2 EStG auf die Einkommensteuer angerechnet wird, daher dem Steuererhebungsverfahren zuzurechnen und keine Besteuerungsgrundlage ist. Bei Schätzung von Einkünften aus nichtselbstständiger Arbeit kann LSt nach h. M. gleichwohl – teilweise in entsprechender Anwendung des § 162 AO – angesetzt werden (u. a. *Seer* in Tipke/Kruse, § 162 AO Rz. 26 m. w. N.; *Oellerich* in Gosch, § 162 AO Rz. 133 »Anrechnung«; AO-Kartei NRW, § 162 Karte 801 – 11/05, Rz. 2.1). Bei der Schätzung von Einkünften aus Kapitalvermögen kommt eine Anrechnung von geschätzten Kapitalertragsteuerbeträgen nicht in Betracht, weil die Anrechnung die Vorlage der Steuerbescheinigung nach § 45 a Abs. 2 oder 3 EStG voraussetzt (BFH v. 29.04.2008, VIII R 28/07, BStBl II 2009, 843; AO-Kartei NRW, § 162 Karte 801 – 11/05, Rz. 2.2).

14 vorläufig frei

## D. Schätzungsanlass

### I. Unmöglichkeit der Ermittlung und Berechnung durch die Finanzbehörde (§ 162 Abs. 1 Satz 1 AO)

15 Die Finanzbehörde hat zu schätzen, soweit sie die Besteuerungsgrundlagen nicht ermitteln oder berechnen kann. Das setzt voraus, dass sie zunächst alle ihr zur Verfügung stehenden zumutbaren Sachaufklärungsmittel einsetzt. Nur soweit sie den Sachverhalt nicht zur Gewissheit aufklären kann, weil ihr eigene Ermittlungen nicht oder nicht mit zumutbarem Aufwand möglich sind oder weil die eigenen Ermittlungen erfolglos geblieben sind, ist eine Schätzung zulässig. Bloße Schwierigkeiten der Sachverhaltsaufklärung reichen nicht aus (BFH v. 27.03.1996, I R 182/94, BStBl II 1997, 449). Aus welchen Gründen die Besteuerungsgrundlagen nicht ermittelt oder berechnet werden können, ist unbeachtlich. Die Schätzung ist nur zulässig, wenn dem FA eine weitere Sachaufklärung nicht möglich oder nicht zumutbar ist (BFH v. 18.12.1984, VIII R 195/82, BStBl II 1986, 226 m. w. N.). Liegen die Voraussetzungen des § 162 Abs. 1 AO vor, hat das FA zu schätzen (Gesetzesbefehl) und dabei alle Umstände, die für die Schätzung von Bedeutung sind, zugunsten wie zuungunsten des Stpfl. zu berücksichtigen (§ 162 Abs. 1 Satz 2 AO). Die Rechtsfolgen des § 160 Abs. 1 Satz 1 AO sind keine Umstände, die i. S. des § 162 Abs. 1 Satz 2 AO für die Schätzung von Bedeutung sind. Sie dürfen also in die Schätzungshöhe nicht einbezogen werden (BFH v. 09.03.2016, X R 9/13, BStBl II 2016, 815). Zum Verhältnis zu § 160 AO s. § 160 AO Rz. 2.

### II. Schätzung bei Verletzung der Mitwirkungspflichten (§ 162 Abs. 2 AO)

#### 1. Allgemeines

§ 162 Abs. 2 AO zählt beispielhaft **Schätzungsgründe** auf. 16
Sie zeichnen sich dadurch aus, dass die mangelnde Aufklärung vom Stpfl. zumindest verursacht wird. Die Aufzählung ist nicht abschließend (»insbesondere«), sodass unter § 162 Abs. 2 AO auch andere als die aufgeführten Mitwirkungsverletzungen fallen. Die Vorschrift ist keine selbstständige Regelung, sondern knüpft an § 162 Abs. 1 AO an (*Seer* in Tipke/Kruse, § 162 AO Rz. 32 m. w. N.). Die Schätzung setzt voraus, dass aufgrund der Verletzung der Mitwirkungspflichten durch den Stpfl. die Besteuerungsgrundlagen nicht ermittelt oder berechnet werden können.

Nicht aufgeführt ist die **Nichtabgabe der Steuererklärung**. Sie stellt eine besonders schwere Verletzung der 17
Mitwirkungspflicht des Stpfl., nämlich der Steuererklärungspflicht nach § 149 AO, dar und rechtfertigt eine Schätzung (BFH v. 20.10.1993, II R 59/91, BFH/NV 1994, 176). Zwar geht der Schätzung regelmäßig eine Aufforderung zur Abgabe der Steuererklärung voraus; dies ist aber nicht Voraussetzung für die Schätzung. Die Schätzung setzt auch nicht voraus, dass der Stpfl. zuvor mit **Zwangsmitteln** i. S. der §§ 328 ff. AO zur Abgabe der Steuererklärung angehalten wurde (*Seer* in Tipke/Kruse, § 162 AO Rz. 13 m. w. N.). Sie darf aber nicht dazu ver-

wendet werden, die Steuererklärungspflichtverletzung zu sanktionieren und den Kläger zur Abgabe der Erklärungen anzuhalten (BFH v. 20.12.2000, I R 50/00, BStBl II 2001, 381). Sog. Strafschätzungen sind unzulässig. Zur Festsetzung der Steuer unter Nachprüfungsvorbehalt in diesen Fällen s. Rz. 60; AEAO zu § 164, Nr. 4). Auch nach einer Schätzung wegen Nichtabgabe der Steuererklärung bleibt der Stpfl. verpflichtet, seine Steuererklärung abzugeben (§ 149 Abs. 1 Satz 4 AO).

### 2. Verletzung der Mitwirkungspflichten (§ 162 Abs. 2 Satz 1 AO)

18 Eine Schätzung ist durchzuführen, wenn der Stpfl. seinen Mitwirkungspflichten nicht genügt, die sich aus verschiedenen Vorschriften wie z. B. aus § 90 AO ergeben; das ist auch der Fall, wenn er über seine Angaben z. B. in der Steuererklärung keine ausreichenden Aufklärungen zu geben vermag oder verweigert, d. h. bei Rückfragen keine Klärung unklarer Angaben herbeiführt. Dies setzt allerdings voraus, dass das FA sich mit zumutbarem Verwaltungsaufwand weitere Beweismittel nicht beschaffen kann. Das FA ist nicht gehalten zu diesem Zweck eine Außenprüfung durchzuführen (BFH v. 24.11.1993, X R 12/89, BFH/NV 1994, 766). Die Abgabe einer Steuererklärung mit der Versicherung des Stpfl., sie wahrheitsgemäß und nach bestem Wissen und Gewissen erstellt zu haben, hindert eine Schätzung nicht, wenn die Besteuerungsgrundlagen anhand der vorhandenen Unterlagen nicht mit hinreichender Sicherheit ermittelt werden können (BFH v. 23.03.1993, I B 129/92, BFH/NV 1994, 285).

19 Ein Schätzungsanlass besteht ferner, wenn der Stpfl. eine nach § 90 Abs. 2 Satz 3 AO oder nach § 95 Abs. 1 Satz 2 AO verlangte Versicherung an Eides statt verweigert.

20 Zu schätzen ist außerdem, wenn der Stpfl. seine erweiterte Mitwirkungspflicht nach § 90 Abs. 2 AO bei **Auslandsbeziehungen** verletzt. Die erweiterten Mitwirkungspflichten nach § 90 Abs. 2 AO gründen sich auf die geringeren Aufklärungsmöglichkeiten der Finanzbehörde bei Auslandssachverhalten und die größere Nähe des Stpfl. zu ihnen (s. auch AEAO zu § 90). Die Verletzung der besonderen Mitwirkungspflicht kann dazu führen, dass aus seinem Verhalten für ihn nachteilige Schlüsse gezogen werden. die auch nicht bezifferbare Besteuerungsgrundlagen betreffen können (BFH v. 15.02.1989, X R 16/86, BStBl II 1989, 462; BFH v. 26.10.1994, X R 114/92, BFH/NV 1995, 373). So rechtfertigt trotz ordnungsmäßiger Buchführung die Vereinnahmung von Darlehensbeträgen von einer liechtensteinischen Domizilgesellschaft unter nicht fremdüblichen Bedingungen die gewinnerhöhende Hinzuschätzung des Schuldsaldos, wenn der Stpfl. auf Anfrage nicht angibt, welche natürliche Personen letztlich hinter den Darlehenshingaben standen (*Seer* in Tipke/Kruse, § 162 AO Rz. 35 m. w. N.).

### 3. Nichtvorlage der Bücher und Aufzeichnungen (§ 162 Abs. 2 Satz 2 AO)

Schätzungsanlass besteht nach § 162 Abs. 2 Satz 2 AO, wenn der Stpfl. die nach den Steuergesetzen zu führenden Bücher und Aufzeichnungen nicht vorlegen kann. Seine Pflicht, Bücher zu führen und Aufzeichnungen zu machen, ergibt sich aus §§ 140 ff. AO und teilweise aus Vorschriften in Einzelsteuergesetzen wie z. B. § 22 UStG für Form und Umfang der umsatzsteuerlichen Aufzeichnungspflichten. Auch wenn keine Buchführungs- und Aufzeichnungspflicht besteht, kommt eine Schätzung in Betracht, wenn der Stpfl. keine vollständigen Angaben i. S. der §§ 90 Abs. 1 Satz 2, 150 Abs. 2 AO machen kann (BFH v. 15.04.1999, IV R 68/98, BStBl II 1999, 481). Aus welchem Grunde der Stpfl. keine Bücher vorlegen kann, ist unbeachtlich (BFH v. 09.03.1994, VIII S 9/93, BFH/NV 1995, 28; *Seer* in Tipke/Kruse, § 162 AO Rz. 37), auf ein Verschulden kommt es nicht an. Eine Schätzung ist daher auch geboten, wenn die Bücher durch Brand oder Wasser vernichtet worden oder unverschuldet verloren gegangen (BFH v. 26.10.2011, X B 44/11, BFH/NV 2012, 168 m. w. N.) oder wenn Geschäftsunterlagen beschlagnahmt worden sind (BFH v. 26.02.2010, VIII B 17/08, BFH/NV 2010, 1083). Nicht erforderlich ist, dass das FA zunächst versucht hat, die Vorlage mit Zwangsmitteln durchzusetzen. 21

Der Stpfl. kann sich nur dann auf die Unmöglichkeit der Vorlage berufen, wenn dies in finanzbehördlichen oder -gerichtlichen Maßnahmen begründet liegt (*Seer* in Tipke/Kruse, AO/FGO, § 162 AO Rz. 37 m. w. N.). In der Unmöglichkeit, zeitgerechte Aufzeichnungen vorzunehmen und eine vollständige und zutreffende Buchführung aufzustellen, weil die dafür benötigten Unterlagen von der Staatsanwaltschaft beschlagnahmt worden sind, liegt kein Hinderungsgrund für die Schätzung, weil die Ursachen vom Stpfl. verursacht sind (BFH v. 26.02.2010, VIII B 17/08, BFH/NV 2010, 1083). Sie kann ggf. unter Vorbehalt der Nachprüfung erfolgen (*Seer* in Tipke/Kruse, AO/FGO, § 162 AO Rz. 37). In derartigen Fällen kann dem Stpfl. Gelegenheit gegeben werden, sich Kopien für die Vorlage beim FA zu verschaffen, wenn es sich nur um eine geringe Zahl vorzulegender Unterlagen handelt. 22

Zu Recht stellt *Seer* (in Tipke/Kruse, § 162 AO Rz. 37) dem Nichtkönnen das Nichtwollen gleich, weil auch hier der Stpfl. Ursache dafür gibt, dass das FA die Besteuerungsgrundlagen nicht ermitteln oder berechnen kann (§ 162 Abs. 1 Satz 1 AO). Es wäre im Ergebnis unbefriedigend, wenn die objektive Unmöglichkeit der Vorlage den Schätzungsanlass gibt, nicht aber das – subjektive – Nichtwollen, das meist eine viel stärkere Pflichtverletzung darstellt. 23

### 4. Verwerfung der materiellen Ordnungsmäßigkeit der Buchführung (§ 162 Abs. 2 Satz 2 AO)

24 Der Besteuerung ist grundsätzlich das Ergebnis der Buchführung zugrunde zu legen, wenn die Voraussetzungen des § 158 AO erfüllt sind. Zu schätzen ist, wenn die Buchführung oder die Aufzeichnungen der Besteuerung nach § 158 AO nicht zugrunde gelegt werden können.

25 Bei **formell ordnungsmäßiger Buchführung** kann es gleichwohl zur Schätzung kommen, wenn die Vermutung des § 158 AO von der Finanzbehörde widerlegt wird, d.h. sie nachweist, dass das Ergebnis der Buchführung mit an Sicherheit grenzender Wahrscheinlichkeit ganz oder teilweise nicht richtig ist (BFH v. 24.06.1997, VIII R 9/96, BStBl II 1998, 51); dies kann durch geeignete Verprobungsmethoden wie z.B. durch inneren oder – begrenzt – äußeren Betriebsvergleich, durch Geldverkehrsrechnung, Vermögenszuwachsrechnung, Kalkulation u.Ä. geschehen (u.a. *Seer* in Tipke/Kruse, AO/FGO, § 162 AO Rz. 39).

26 Auch **bei formell ordnungswidriger Buchführung** setzt eine Schätzung voraus, dass das Buchführungsergebnis unrichtig ist; hier reichen ernsthafte Zweifel an der sachlichen Richtigkeit des Buchführungsergebnisses für die Zulässigkeit einer Schätzung aus (*Seer* in Tipke/Kruse, § 162 AO Rz. 40), die Anforderungen an den Nachweis der materiellen Unrichtigkeit durch die Finanzbehörde sind umso geringer, je schwerwiegender die Buchführungsmängel sind (BFH v. 17.11.1981, VIII R 174/77, BStBl 1982, 430). Ist das Buchführungsergebnis trotz formeller Mängel sachlich zutreffend, darf nicht geschätzt werden.

27 Weitere Voraussetzung ist, dass die durch die Fehler der Buchführung verursachten Unklarheiten und Zweifel nicht durch anderweitige zumutbare Ermittlungen beseitigt werden können; Anforderungen an die nötigen Beweise und die Beweislast richten sich in diesem Fall nach den allgemein geltenden Grundsätzen (BFH v. 24.06.1997, VIII R 9/96, BStBl II 1998, 51 m.w.N.).

### 5. Verweigerung der Zustimmung zum Kontenabruf bei Unrichtigkeit oder Unvollständigkeit von Angaben (§ 162 Abs. 2 Satz 2 AO)

28 Zu schätzen ist ferner, wenn tatsächliche Anhaltspunkte für die Unrichtigkeit oder Unvollständigkeit der vom Stpfl. gemachten Angaben zu steuerpflichtigen Einnahmen und Betriebsvermögensmehrungen bestehen und der Stpfl. die Zustimmung nach § 93 Abs. 7 Satz 1 Nr. 5 AO nicht erteilt. Beide Voraussetzungen müssen kumulativ vorliegen. Nach der gleichzeitig neugefassten Regelung des § 93 Abs. 7 AO die Voraussetzungen für einen automatisierten Abruf von Kontoinformationen nach § 93b AO ist ein Kontenabruf ist u.a. zulässig, wenn der Stpfl. zustimmt (§ 93 Abs. 7 Satz 1 Nr. 5 AO). Erteilt der Stpfl. diese Zustimmung nicht und bestehen tatsächliche Anhaltspunkte der genannten Art, so ergeben sich die gleichen Rechtsfolgen wie bei einem Verstoß gegen die anderen in § 162 Abs. 2 Satz 2 AO bezeichneten Mitwirkungspflichten.

Die Vorschrift verlangt als Voraussetzung »tatsächliche Anhaltspunkte« für die Unrichtigkeit oder Unvollständigkeit der Angaben des Stpfl. zu steuerpflichtigen Einnahmen und Betriebsvermögensmehrungen. Der bloße Verdacht reicht mithin nicht aus, vielmehr muss sich die konkrete Möglichkeit der Unrichtigkeit und Unvollständigkeit aus Tatsachen ergeben (*von Wedelstädt*, DB 2007, 1828, 1831). 29

### 6. Verletzung der Mitwirkungspflicht nach § 90 Abs. 2 Satz 3 AO (§ 162 Abs. 2 Satz 3 AO)

Verletzt der Stpfl. seine Mitwirkungspflichten nach § 90 Abs. 2 Satz 3 AO, kann das FA eine Schätzung der Besteuerungsgrundlagen vornehmen, da widerlegbar vermutet wird, dass er über Einkünfte im Ausland verfügt. 29a

Die Finanzbehörde kann von dem Stpfl. die Abgabe einer Versicherung an Eides statt über die Richtigkeit und Vollständigkeit seiner Angaben verlangen, wenn objektiv erkennbare Anhaltspunkte dafür bestehen, dass der Stpfl. Geschäftsbeziehungen zu Finanzinstituten in Staaten und Gebieten unterhält, mit denen kein Abkommen zur Erteilung von Auskünften entsprechend Art. 26 des Musterabkommens der OECD besteht oder die aus anderen Gründen eine entsprechende Auskunftserteilung verweigern, eine effektive Amtshilfe also nicht stattfindet (§ 90 Abs. 2 Satz 3 AO; s. dazu *von Wedelstädt*, DB 2009, 2284; nach BMF v. 05.01.2010, BStBl I 2010, 19 erfüllt zum 01.01.2010 kein Staat oder Gebiet die Voraussetzungen für Maßnahmen nach der StHBekV). Die Finanzbehörde kann ferner verlangen, dass der Stpfl. sie bevollmächtigt, in seinem Namen Auskunftsansprüche gegenüber den von der Finanzbehörde benannten Finanzinstituten außergerichtlich oder gerichtlich geltend zu machen. 29b

Kommt der Stpfl. diesen beiden Aufforderungen nicht nach, wird widerlegbar vermutet, dass der Stpfl. in dem kooperationsunwilligen Staat oder Gebiet steuerpflichtige Einkünfte erzielt hat und dass diese höher sind als bisher erklärt. Dies ermöglicht der Finanzbehörde dem Grunde und der Höhe nach zu schätzen. 29c

### III. Verletzung der Mitwirkungspflichten nach § 90 Abs. 3 AO (§ 162 Abs. 3 und 4 AO)

#### 1. Allgemeines

30 Stpfl. haben über die Art und den Inhalt ihrer Geschäftsbeziehungen i. S. des § 1 Abs. 4 AStG Aufzeichnungen zu erstellen (§ 90 Abs. 3 Satz 1 AO). Wegen der Einzelheiten wird auf § 90 Abs. 3 AO und die Kommentierung dazu verwiesen.§ 162 Abs. 3 und 4 AO regeln die Rechtsfolgen, wenn der Stpfl. keine Aufzeichnungen über einen Geschäftsvorfall vorlegt oder wenn die über einen Geschäftsvorfall vorgelegten Aufzeichnungen im Wesentlichen unverwertbar sind oder wenn festgestellt wird, dass der Stpfl. Aufzeichnungen i. S. des § 90 Abs. 3 Satz 8 AO nicht zeitnah erstellt hat. Die Folgen des § 162 Abs. 3 AO greifen nur, wenn sich die Verletzung von Mitwirkungspflichten auf die Aufzeichnungen über einzelne Geschäftsvorfälle bezieht (BT-Drs. 18/9536, 43).§ 162 Abs. 3 und 4 AO enthalten Regelungen sowohl der Beweisrisikoverlagerung und von Schätzungen (§ 162 Abs. 3 AO) als auch von Zuschlägen (§ 162 Abs. 4 AO). Rechtssystematisch findet sich die Zuschlagsregelung am falschen Platz. Zu den besonderen Aufzeichnungspflichten bei Auslandsbezug s. § 90 AO Rz. 6 ff. Zu den Rechtsfolgen bei Verstößen gegen Mitwirkungspflichten nach § 90 Abs. 1 bis 3 AO s. BMF v. 12.04.2005, IV B 4 – S 1341 – 1/05 (Verwaltungsgrundsätze-Verfahren), BStBl I 2005, 570, Tz. 4 ff. und BMF v. 13.10.2010, IV B 5 – S 1341/08/10003 (Verwaltungsgrundsätze Funktionsverlagerung), BStBl I 2010, 774, Rn. 198 ff.

#### 2. Vermutung und Schätzung bei Verletzung der Mitwirkungspflicht (§ 162 Abs. 3 AO)

31 Verletzt ein Stpfl. seine Mitwirkungspflichten nach § 90 Abs. 3 AO, indem er die nach § 90 Abs. 3 AO vorgeschriebenen Aufzeichnungen nicht vorlegt, die von ihm vorgelegten Aufzeichnungen im Wesentlichen unverwertbar sind oder wenn festgestellt wird, dass er die Aufzeichnungen über außergewöhnliche Geschäftsvorfälle (§ 90 Abs. 3 Satz 3 AO) nicht zeitnah erstellt hat, ist das Beweismaß zugunsten der Finanzbehörde gemindert (BFH v. 17.10.2001, I R 103/00, BStBl II 2004, 171); es wird **widerlegbar vermutet**, dass die im Inland steuerpflichtigen Einkünfte des Stpfl., zu deren Ermittlung die Aufzeichnungen i. S. des § 90 Abs. 3 AO dienen, höher als die von ihm erklärten Einkünfte sind (§ 162 Abs. 3 Satz 1 AO). Es wird dabei davon ausgegangen, dass die vom Stpfl. erklärten Einkünfte dem Fremdvergleich nicht standhalten, seine Steuererklärung insoweit nicht glaubhaft ist. Anwendungsbereich sind vor allem die Verrechnungspreise. Da die Vermutung widerlegbar ist, kann der Stpfl. den Gegenbeweis antreten und die Angemessenheit z. B. der von ihm angesetzten Verrechnungspreise belegen (BMF v. 12.04.2005, BStBl I 2005, 570, Tz. 4.6 ff.).

Ist der Stpfl. nicht in der Lage darzulegen, dass und aus welchem Grunde seine Preise trotzdem dem Fremdvergleich entsprechen, hat das FA zu schätzen (§ 162 Abs. 3 Satz 2 AO); ein Ermessen ist ihm nicht eingeräumt. Die Schätzung soll in Verrechnungspreisfällen zur Besteuerung des Gewinns führen, der erzielt worden wäre, wenn bei dem Fremdvergleich entsprechende Preise angesetzt worden wären. Können die zu schätzenden Einkünfte nur innerhalb eines bestimmten Rahmens, insbes. nur aufgrund von Preisspannen bestimmt werden, kann das FA bei seiner Schätzung den Rahmen voll zulasten des Stpfl. ausschöpfen, d. h. z. B. den steuerlich maßgeblichen Verrechnungspreis am oberen Rand der Preisspanne ansetzen (*Rüsken* in Klein, § 162 AO Rz. 29a). Es ist dazu aber nicht verpflichtet. Das FA hat insoweit nach pflichtgemäßem Ermessen zu handeln. Es hat zuvor die Aufklärung beim Ausländer zu versuchen (*Seer* in Tipke/Kruse, § 162 AO Rz. 71a; *Rüsken* in Klein, § 162 AO Rz. 29b). Europarechtliche Bedenken bestehen gegen diese Regelung nicht (*Hahn/Suhrbier-Hahn*, IStR 2003, 84; a. A. *Schnorberger*, DB 2003, 1241; *Streck/Mack/Schwedhelm*, Stbg 2003, 428 m. w. N.). 32

#### 3. Vermutung und Schätzung bei Anhaltspunkten höherer Einkünfte bei Anwendung des Fremdvergleichsgrundsatzes

In gleicher Weise hat gem. § 162 Abs. 3 Satz 3 AO die Finanzbehörde vorzugehen, wenn trotz Vorlage verwertbarer Aufzeichnungen durch den Stpfl. Anhaltspunkte dafür bestehen, dass seine Einkünfte bei Anwendung des Fremdvergleichsgrundsatzes höher wären als die Einkünfte, die er aufgrund der Aufzeichnungen erklärt hat, und wenn diese Zweifel nicht aufgeklärt werden können, weil eine ausländische, nahestehende Person ihre Mitwirkungs- und Auskunftspflichten nach §§ 90 Abs. 2 und 93 Abs. 1 AO nicht erfüllt. Aufklärung kann in diesen Fällen erfolgen durch die Vorlage von Unterlagen, durch Auskünfte der ausländischen nahestehenden Person. Die Finanzbehörde kann diese Mitwirkungs- und Auskunftspflichten jedoch nicht durchsetzen. Andererseits verlangt der Grundsatz der Gleichbehandlung, dass der Stpfl. deswegen letztlich keine steuerlichen Vorteile erlangt. Durch die Schätzung am ungünstigsten Punkt des Schätzungsrahmens soll Druck auf die ausländische Person ausgeübt werden, die genannten Mitwirkungs- und Auskunftspflichten zu erfüllen. Die Regelung ist nach der Begründung (BR-Drs. 220/07, 141) besonders wichtig für die Besteuerung von Funktionsverlagerungen, bei denen die Vorlage aller Unterlagen erforderlich ist, die Entscheidungsgrundlage für die Funktionsverlagerung waren, und die das beteiligte ausländische Unternehmen betreffen und sich ggf. im Ausland befinden. 33

vorläufig frei 34

### 4. Zuschlag bei verspäteter oder unterlassener Vorlage verwertbarer Unterlagen (§ 162 Abs. 4 AO)

35 Legt der Stpfl. **keine Aufzeichnungen** i. S. des § 90 Abs. 3 AO vor oder sind die von ihm vorgelegten **Aufzeichnungen unverwertbar**, ist – neben der Schätzung nach § 162 Abs. 3 Satz 1 und 2 AO – ein Zuschlag festzusetzen. Der Zuschlag beträgt 5000 Euro, mindestens jedoch 5 % und höchstens 10 % des Mehrbetrags der Einkünfte, der sich nach einer Berichtigung gem. der Regelung des § 162 Abs. 3 AO ergibt, wenn sich danach ein Zuschlag von mehr als 5000 Euro ergibt.

36 Bei **verspäteter Vorlage von verwertbaren Aufzeichnungen** ist für jeden Tag der Fristüberschreitung bis zur Vorlage der Aufzeichnungen bzw. bei Nichtvorlage bis zur ein Zuschlag von mindestens 100 Euro, höchstens 1 000 000 Euro festzusetzen (§ 162 Abs. 4 Satz 3 AO). Auch in diesem Fall kann der Zuschlag ggf. neben die Schätzung nach § 162 Abs. 3 AO treten.

37 Hinsichtlich der **Festsetzung des Zuschlags** als solchen steht dem FA **kein Ermessen** zu. Es hat aber von der Festsetzung eines Zuschlags abzusehen, wenn die Nichterfüllung der Pflichten nach § 90 Abs. 3 AO entschuldbar erscheint oder ein Verschulden nur geringfügig ist (§ 162 Abs. 4 Satz 5 AO). Das Verschulden eines gesetzlichen Vertreters oder Erfüllungsgehilfen ist dem Stpfl. zuzurechnen (§ 162 Abs. 4 Satz 6 AO).

38 Hinsichtlich der **Höhe des Zuschlags** ist dem FA ein **Ermessen** eingeräumt. Bei Ausübung des Ermessens hat das FA neben dessen Zweck, den Stpfl. zur Erstellung und fristgerechten Vorlage der entsprechenden Aufzeichnungen anzuhalten, insbes. die von ihm gezogenen Vorteile und bei verspäteter Vorlage auch die Dauer der Fristüberschreitung zu berücksichtigen (§ 162 Abs. 4 Satz 4 AO).

39 Der Zuschlag ist steuerliche Nebenleistung (§ 3 Abs. 4 AO). Er ist regelmäßig nach Abschluss der Außenprüfung festzusetzen. Ab dem Veranlagungszeitraum 2007 er als Betriebsausgabe nicht mehr abzugsfähig (§ 4 Abs. 5 Satz 1 Nr. 12 EStG ggf. i. V. m. § 9 Abs. 5 Satz 1 EStG). Wegen seines Strafcharakters wird in der Regelung des Zuschlags eine Verletzung von Art. 43 EGV gesehen, da ausschließlich grenzüberschreitende Sachverhalte betroffen sind (*Hahn/Suhrbier-Hahn*, IStR 2003, 84, 86; ebenso *Schnorberger*, DB 2003, 1241 m. w. N.; *Streck/Mack/Schwedhelm*, Stbg 2003, 428 m. w. N.).

## IV. Schätzung vor Ergehen eines Grundlagenbescheids (§ 162 Abs. 5 AO)

40 Nach § 155 Abs. 2 AO kann die Finanzbehörde einen Steuerbescheid als Folgebescheid erlassen, wenn der erforderliche Grundlagenbescheid noch nicht erlassen wurde (dazu s. § 155 AO Rz. 16 ff.). Dazu kann sie alle in einem Grundlagenbescheid festzustellenden Besteuerungsgrundlagen der Höhe und dem Grunde nach schätzen (BFH v. 20.01.2010, X B 70/10, BFH/NV 2010, 2007). Die Schätzungsbefugnis nach § 162 Abs. 5 AO umfasst alle in einem Grundlagenbescheid festzustellenden Besteuerungsgrundlagen. Fehlt eine als Grundlagenbescheid zu wertende Bescheinigung wie z. B. eine Bescheinigung der Denkmalschutzbehörde i. S. der §§ 10f, 7i EStG, hat die Finanzbehörde im Rahmen ihres Ermessens zu entscheiden, ob und in welcher Höhe sie die geltend gemachten Besteuerungsgrundlagen bereits in ihrem Folgebescheid berücksichtigt (BFH v. 14.05.2014, X R 7/12, BStBl II 2015, 12 m. w. N.). Wird die Bescheinigung allerdings nicht erteilt und ist der Steuerbescheid nicht vorläufig nach § 165 AO ergangen, bleibt es mangels Änderungsvorschrift bei der Berücksichtigung der Besteuerungsgrundlage (s. § 155 AO Rz. 16a; *von Wedelstädt*, AO-StB 2014, 150, 153). Dies soll eine Verzögerung des Festsetzungsverfahrens wegen ausstehender Feststellungsbescheide verhindern. Die allgemeinen Voraussetzungen des § 162 Abs. 1 und 2 AO müssen nicht erfüllt sein (BFH v. 18.07.2012, X S 19/12, BFH/NV 2012, 2008 m. w. N.; *Seer* in Tipke/Kruse, § 155 AO Rz. 29 m. w. N.)

Das für den Folgebescheid zuständige FA ist meist für die Ermittlung und Berechnung der gesondert festzustellenden und nun nach § 162 Abs. 5 i. V. m. § 155 Abs. 2 AO zu schätzenden Besteuerungsgrundlagen nicht zuständig und hat daher nicht immer ausreichende Schätzungsgrundlagen zur Verfügung. Gleichwohl darf es die Besteuerungsgrundlagen nicht selbst ermitteln, weil dies den Zweck der Regelung, eine zügige Steuerfestsetzung in Fällen noch ausstehender Grundlagenbescheide zu ermöglichen, vereiteln würde (i. E. ebenso *Seer* in Tipke/Kruse, § 162 AO Rz. 87; *Rüsken* in Klein, § 162 AO Rz. 61; a. A. *Frotscher* in Schwarz/Pahlke, § 162 AO Rz. 66). Es wird ggf. auf Vorjahreswerte zurückgreifen oder die Besteuerungsgrundlagen im Wege der Amtshilfe beim Betriebs-FA anfordern. 41

Kommt es über die im Schätzungswege nach § 162 Abs. 5 AO ermittelten Besteuerungsgrundlagen zu einem finanzgerichtlichen Streit, ist das Klageverfahren bis zum Ergehen des Grundlagenbescheides und seiner Bestandskraft nach § 74 FGO auszusetzen (BFH v. 03.08.2000, III B 179/96, BStBl II 2001, 33). 42

vorläufig frei 43–44

## E. Durchführung der Schätzung

### I. Allgemeines

Die Besteuerungsgrundlagen sind zu schätzen. Dabei sind alle Umstände zu berücksichtigen, die für die Schätzung von Bedeutung sind; das gewonnene Schätzungsergebnis muss in sich schlüssig sein, wirtschaftlich möglich und vernünftig sein. Auf der anderen Seite ist aber 45 auch das Maß der Verletzung der dem Steuerpflichtigen obliegenden Mitwirkungspflichten zu berücksichtigen.Das setzt u.a. voraus, dass alle möglichen Anhaltspunkte, u.a. auch das Vorbringen des Stpfl. oder eine an sich fehlerhafte Buchführung, zu beachten und alle Möglichkeiten auszuschöpfen sind, um im Rahmen des der Finanzbehörde Zumutbaren die Besteuerungsgrundlagen wenigstens teilweise zu ermitteln (BFH v. 20.03.2017, X R 11/6, BStBl II 2017, 992), und feststehende Tatsachen zu berücksichtigen (BFH v. 15.05.2002, X R 33/99, BFH/NV 2002, 1415). Das FA hat im Rahmen der Schätzung alle ihm bekannten Umstände zugunsten oder zuungunsten des Stpfl. zu berücksichtigen, die für die Schätzung von Bedeutung sind (§ 162 Abs. 1 Satz 2 AO). Es muss alle Erkenntnismittel ausschöpfen, deren Beschaffung und Verwertung ihm zumutbar und möglich sind, wie Kenntnisse, die ihm z.B. aufgrund von Umsatzsteuervoranmeldungen oder aus anderen Gründen aktenkundig vorliegen. Aber auch wenn derartige Erkenntnismöglichkeiten und andere geeignete Anhaltspunkte für die Schätzung fehlen, muss es Ziel der Schätzung sein, die Besteuerungsgrundlagen annähernd zutreffend zu ermitteln (»größtmögliche Wahrscheinlichkeit«, BFH v. 18.12.2002, I R 92/01, BFH/NV 2003, 964). Die Schätzung darf jedoch nicht dazu verwendet werden, die Steuererklärungspflichtverletzung zu sanktionieren und den Stpfl. zur Abgabe der Erklärungen anzuhalten (BFH v. 20.12.2000, I R 50/00, BStBl II 2001, 381).

46 Auf der anderen Seite ist aber auch das Maß der Verletzung der dem Stpfl. obliegenden Mitwirkungspflichten zu berücksichtigen. Im Besteuerungsverfahren ist der Stpfl. zur Mitwirkung verpflichtet (auch s. Rz. 9). Verletzt er diese Pflicht, darf sich das zu seinen Ungunsten auswirken, zumal er den Anlass für die Schätzung gegeben hat (BFH v. 18.12.1984, VIII R 195/82, BStBl II 1986, 226). Das gilt in besonderem Maße, wenn er seine Steuererklärung nicht oder nur unvollständig abgegeben hat. Er darf aus der Verweigerung seiner Mitwirkung keine Vorteile erzielen gegenüber denjenigen, die ihren steuerlichen Pflichten ordnungsgemäß nachkommen (BFH v. 01.10.1992, IV R 34/90, BStBl II 1993, 259). Das FA kann sich in diesem Fall an der oberen Grenze des Schätzungsrahmens bewegen, weil der Stpfl. möglicherweise Einkünfte verheimlichen will (u.a. BFH v. 28.07.2014, VIII R 2/09, BStBl II 2016, 447); bei steuermindernden Besteuerungsgrundlagen darf es sich dementsprechend an der unteren Grenze des Schätzungsrahmens bewegen. Es kann zur Beseitigung von Besteuerungsrisiken aufgrund der mangelhaften Mitwirkung, insbes. bei nicht ordnungsmäßiger Buchführung, ohne Bindung an das Maß einer großen oder gar überwiegenden Wahrscheinlichkeit griffweise im Wege der Schätzung Unsicherheitszuschläge ansetzen (BFH v. 01.10.1992, IV R 34/90, BStBl II 1993, 259; BFH v. 01.12.1998, III B 78/97, BFH/NV 1999, 741).

Regelmäßig enthält die im Schätzungswege ermittelte Besteuerungsgrundlage einen Unsicherheitsbereich, der vom Wahrscheinlichkeitsgrad der Schätzung abhängig ist. Je umfangreicher der ihr zugrunde gelegte sichere Sachverhalt und je zuverlässiger die angewandte Schätzungsmethode ist, desto wahrscheinlicher ist eine Schätzung zutreffend. Eine genaue Bestimmung der Besteuerungsgrundlage kann allerdings im Schätzungsweg trotz Bemühens um Zuverlässigkeit allenfalls zufällig erreicht werden (BFH v. 26.04.1983, VIII R 38/82, BStBl II 1983, 618). Insofern ergibt sich ein **Schätzungsrahmen**, innerhalb dessen die geschätzten Werte der erforderlichen Wahrscheinlichkeit entsprechen. Auch der Sicherheitszuschlag stellt dabei eine griffweise Schätzung dar, die in einem vernünftigen Verhältnis zu den erklärten oder nicht erklärten Einnahmen stehen muss (BFH v. 20.03.2017, X R 11/6, BStBl II 2017, 992 m.w.N.). Solange sich die Schätzung in diesem Schätzungsrahmen hält, ist sie rechtmäßig. Sie ist erst dann rechtswidrig, wenn sie den durch die Umstände des Falles gezogenen Schätzungsrahmen verlässt, insbes. wenn das FA bewusst zum Nachteil des Stpfl. geschätzt hat (BFH v. 15.07.2014, X R 42/12, BFH/NV 2015, 145 m.w.N.; auch s. Rz. 61 f.). 47

## II. Arten der Schätzung

Von Grad und Umfang der Unaufklärbarkeit der steuererheblichen Sachverhalte hängt der Umfang der Schätzung ab. **Vollschätzung** ist die umfassende Schätzung aller Teile der Bemessungsgrundlage einer bestimmten Steuer in einer Steuerfestsetzung z.B. bei Nichtabgabe der Steuererklärung. Sie ist nur zulässig, wenn durch geeignete Maßnahmen hinsichtlich einzelner Teile der Bemessungsgrundlage keine Klarheit geschafft und damit weder eine Teilschätzung noch eine Ergänzungsschätzung durchgeführt werden kann (*Seer* in Tipke/Kruse, § 162 AO Rz. 46 ff. m.w.N.). Vollschätzungen sind z.B. Gewinnschätzungen bei Einkünften aus Gewerbebetrieb, Land- und Forstwirtschaft oder einem freien Beruf oder Umsatzschätzungen. Auch bei der Vollschätzung sind – soweit bekannt – einzelne Grundlagen zu berücksichtigen. Bei der **Teilschätzung** handelt es sich um die Schätzung von einzelnen Teilen der Besteuerungsgrundlage. Dazu gehört auch die Schätzung von Einnahmen bei Kassenfehlbeträgen. Teilschätzungen sind auch **Ergänzungsschätzungen**, bei denen ein geschätzter Teil der festgestellten Besteuerungsgrundlage hinzugefügt wird, wie z.B. bei Schätzung der unentgeltlichen Wertabgaben i.S. des § 3 Abs. 1b und 9a UStG, der Schätzung von Privatanteilen an oder der Nutzungsdauer von Wirtschaftsgütern o.Ä. 48

### III. Methoden der Schätzung

49 Die verschiedenen Schätzungsmethoden dienen dazu, Besteuerungsgrundlagen zu ermitteln, die die größtmögliche Wahrscheinlichkeit der Richtigkeit für sich haben (BFH v. 22.08.2002, IV R 42, 43/01, BFH/NV 2003, 302 m. w. N.). Die Wahl der Schätzungsmethode hängt daher vom Einzelfall, insbes. von der Art der zu schätzenden Besteuerungsgrundlage, der Gewinnermittlungsart und der Einkunftsart, aber auch von der Mitwirkung des Stpfl. und von den Unterlagen ab, auf die für die Schätzung zurückgegriffen werden kann. In der Wahl der Methode ist das FA im Rahmen des Ermessens grundsätzlich frei, sofern sie zu dem Ziel größtmöglicher Richtigkeit der Besteuerungsgrundlage führt. Der Stpfl. hat keinen Anspruch auf die Anwendung einer bestimmten Methode oder darauf, dass das FA sein auf einer Schätzungsmethode beruhendes Schätzungsergebnis mit Hilfe einer anderen Schätzungsmethode überprüft (BFH v. 01.03.2005, X B 158/04, BFH/NV 2005, 1014 m. w. N.), noch kann er verlangen, dass das FA eine Außenprüfung durchführt, um aufgrund der dabei gewonnenen Erkenntnisse zu einer genaueren Ermittlung der Besteuerungsgrundlagen zu kommen (BFH v. 08.11.1984, IV R 33/82, BStBl II 1985, 352).

50 Die vom FA einmal gewählte Methode ist beizubehalten und konsequent durchzuführen, um die Schlüssigkeit nicht zu beeinträchtigen (*Seer* in Tipke/Kruse, § 162 AO Rz. 52 m. w. N.). Etwas anderes gilt, wenn die bisherige Schätzungsveranlagung in einem Rechtsbehelfsverfahren oder nach § 164 Abs. 2 AO im Rahmen einer Außenprüfung mit Hilfe einer anderen Schätzungsmethode geändert werden soll (BFH v. 12.06.1990, IV B 187/89, BFH/NV 1991, 459) oder nachträglich Schätzungsunterlagen bekannt werden und daraufhin die bisher angewendete Schätzungsmethode versagt (BFH v. 02.03.1982, VIII R 225/80, BStBl II 1984, 504 m. w. N.; AEAO zu § 173, Nr. 7.1 Abs. 1). Eine Kombination unterschiedlicher Schätzungsmethoden ist zulässig (*Seer* in Tipke/Kruse, § 162 AO Rz. 52).

51 Im Einzelnen kommen u. a. folgende **Schätzungsmethoden** in Betracht (s. dazu *Assmann*, StBp 2001, 281):

- **Innerer** (innerhalb des zu prüfenden Unternehmens) einschließlich Nachkalkulation, Zeitreihenvergleich (zur eingeschränkten Zulässigkeit BFH v. 25.03.2015, X R 20/13, BStBl II 2015, 743; *Pump/Wähnert*, NWB 2015, 2869; *Nöcker*, NWB 2015, 3548) und Chi-Quadrat-Test (FG Münster v. 10.11.2003, 6 V 4562/03 E, U, EFG 2004, 236) und **äußerer** (im Vergleich mit anderen Unternehmen) **Betriebsvergleich**, bei Letzterem auch unter Anwendung amtlicher Richtsätze (zuletzt für 2015 BMF v. 28.07.2016, IV A 4 – S 1544/09/10001-08,BStBl I 2016, 781); Verprobungsdifferenzen beim äußeren Betriebsvergleich und beim Richtsatzvergleich können nur dann als Schätzungsgrundlage verwendet werden, wenn sie deutlich außerhalb des Unschärfebereichs liegen (BFH v. 26.04.1983, VIII R 38/82, BStBl II 1983, 618),
- Kassenfehlbetragsrechnung,
- Vermögenszuwachsrechnung oder
- Geldverkehrsrechnung; soll ein unaufgeklärter Vermögenszuwachs oder Ausgabenüberschuss aufgedeckt werden, kann auf die Vermögenszuwachs- oder Geldverkehrsrechnung nicht verzichtet werden (BFH v. 02.03.1982, VIII R 225/80, BStBl II 1984, 504).

Das Ergebnis aufgrund einer Schätzungsmethode muss nicht durch die Anwendung einer weiteren Schätzungsmethode untermauert werden.

vorläufig frei 52

### IV. Tatsächliche Verständigung

Schätzungen wie z. B. Zuschätzungen bei Kalkulationsdifferenzen, Abgrenzungen und Aufteilungen zwischen privater und betrieblicher Nutzung, zwischen steuerpflichtiger und steuerfreier oder nicht steuerbarer Einkunftssphäre usw. können Gegenstand einer tatsächlichen Verständigung sein. Dabei kann die tatsächliche Verständigung sowohl über die Besteuerungsgrundlagen als auch über die anzuwendende Schätzungsmethode getroffen werden (BFH v. 12.08.1999, XI R 27/98, BFH/NV 2000, 537). Die tatsächliche Verständigung zwischen FA und Stpfl. bindet beide auch im Einspruchsverfahren und im finanzgerichtlichen Verfahren, schränkt damit die Anfechtbarkeit der die Schätzung enthaltende Steuerfestsetzung ein, weil die die tatsächliche Verständigung umsetzende Steuerfestsetzung rechtmäßig ist (s. dazu *von Wedelstädt*, AO-StB 2001, 190 m. w. N.). Auf die Ausführungen s. Vor §§ 204–207 AO Rz. 15 ff. wird verwiesen. 53

vorläufig frei 54–55

## F. Verfahrensregeln

### I. Rechtliches Gehör und Begründungserfordernis

Im Rahmen der Schätzung ist dem Stpfl. **rechtliches Gehör** zu gewähren (§ 91 AO). Ihm sind i. d. R. die Tatsachen, auf die die Schätzung gestützt wird und die ihm nicht bekannt sind wie z. B. auch ein Wechsel der Schätzungsmethode, vor Durchführung der Schätzung bekannt zu geben, damit er sich dazu äußern kann (BFH v. 02.02.1982, VIII R 65/80, BStBl II 1982, 409). Wird der Stpfl., der keine Steuererklärung abgegeben hat, zur Abgabe der Steuererklärung aufgefordert, ist eine zusätzliche Anhörung regelmäßig nicht erforderlich, weil er durch die Aufforderung hinreichend Gelegenheit zur Stel- 56 lungnahme erhält (*Seer* in Tipke/Kruse, § 162 AO Rz. 94 m.w.N.). Ergebnisse von Vergleichsbetrieben, die der Schätzung zugrunde gelegt werden, sind dem Stpfl. zur Stellungnahme bekannt zu geben; dies muss aber in einer Weise geschehen, dass das Steuergeheimnis gewahrt bleibt (*Seer* in Tipke/Kruse, § 162 AO Rz. 95 m.w.N.).

57 Der Schätzungsbescheid ist zu **begründen** (§ 121 AO). Dies erfordert bei einer wegen unterlassener Abgabe einer Steuererklärung durchgeführten Schätzung grundsätzlich keine über die Wertangaben hinausgehende Begründung der geschätzten Besteuerungsgrundlagen (BFH v. 11.02.1999, V R 40/98, BStBl II 1999, 382 m.w.N.). Ein Schätzungsbescheid aus anderen Gründen als der Nichtabgabe der Steuererklärung ist auch der Höhe nach zu begründen, wenn das FA ohne ersichtlichen Grund in erheblichem Maße von den Angaben des Stpfl. abweicht (BFH v. 11.02.1999, V R 40/98, BStBl II 1999, 382 m.w.N.). Im Falle einer Nachkalkulation ist deren rechnerisches Ergebnis offenzulegen und auf Verlangen auch die Ermittlungen, die zu diesem Ergebnis geführt haben, bekannt zu geben sind (BFH v. 17.11.1981, VIII R 174/77, BStBl II 1982, 430). Vermögenszuwachsrechnungen sind so zu gestalten, dass der Grundgedanke dieser Schätzungsmethode erkennbar bleibt (BFH v. 08.11.1989, X R 178/87, BStBl II 1990, 268). Zur Schätzung bei Schenkungsteuerbescheiden s. BFH v. 30.08.2017, II R 46/15, BFH/NV 2018, 125.

58 Rechtliches Gehör und Begründung können bis zum Abschluss der Tatsacheninstanz des finanzgerichtlichen Verfahrens nachgeholt werden (§ 126 Abs. 2 AO). Die Aufhebung eines Schätzungsbescheids, der nicht nichtig ist, kann nicht allein deshalb beansprucht werden, weil die erforderliche Begründung fehlt und auch in der Einspruchsentscheidung nicht nachgeholt wurde (BFH v. 11.02.1999, V R 40/98, BStBl II 1999, 382).

59 Da auch bei Schätzungsbescheiden **§ 127 AO** anwendbar ist (h.M.: BFH v. 11.02.1999, V R 40/98, BStBl II 1999, 382 m.w.N.; *von Wedelstädt* in Gosch, § 127 AO Rz. 19 m.w.N.), kann ihre Aufhebung, sofern sie nicht nichtig sind, wegen fehlender Begründung nicht verlangt werden.

## II. Vorbehalt der Nachprüfung

60 Schätzungsbescheide wegen Nichtabgabe der Steuererklärung sind unter Nachprüfungsvorbehalt zu erlassen, wenn der Fall für eine eventuelle spätere Überprüfung offengehalten werden soll, z.B. wenn eine den Schätzungszeitraum umfassende Außenprüfung vorgesehen ist oder zu erwarten ist, dass der Stpfl. nach Erlass des Bescheids die Steuererklärung nachreicht (AEAO zu § 162, Nr. 4 Abs. 1; s. auch § 164 AO Rz. 6). Zum weiteren Verfahren in diesen Fällen wird auf AEAO zu § 162, Nr. 4 Abs. 2 verwiesen. Über diese Selbstbindung hinaus besteht keine Pflicht des FA, den Schätzungsbescheid unter Vorbehalt der Nachprüfung zu stellen (*Oellerich* in Gosch, § 162 AO Rz. 171 m.w.N.; a.A. *Seer* in Tipke/Kruse, § 162 AO Rz. 101).

## III. Rechtswidrigkeit und Nichtigkeit der Schätzung

### 1. Anfechtbarkeit bei Rechtswidrigkeit

Schätzungen nach § 162 AO sind nicht schon deswegen rechtswidrig, weil sie von den tatsächlichen Verhältnissen abweichen. Abweichungen sind im Rahmen einer Schätzung i.d.R. immanent. Der Schätzungsbescheid ist rechtswidrig, wenn die Schätzung den durch die Umstände des Einzelfalles gezogenen Schätzungsrahmen verlässt (BFH v. 28.07.2015, VIII R 2/09, BStBl II 2016, 447). Daraus folgt aber regelmäßig lediglich die **Anfechtbarkeit** der Schätzungsveranlagung, nicht aber ihre Nichtigkeit. Das gilt auch bei groben Schätzungsfehlern, die auf einer Verkennung der tatsächlichen Gegebenheiten oder der wirtschaftlichen Zusammenhänge beruhen (BFH v. 20.12.2000, I R 50/00, BStBl II 2001, 381; s. § 125 AO Rz. 4), bei einer Mehrzahl von groben Schätzungsfehlern (BFH v. 01.10.1992, IV R 34/90, BStBl II 1993, 259), bei weit überhöhtem Schätzungsergebnis (FG Köln v. 18.09.1996, 12 K 780/96, EFG 1997, 382). 61

### 2. Nichtigkeit

Schriftliche Steuerbescheide müssen inhaltlich hinreichend bestimmt sein, anderenfalls sind sie nichtig; das erfordert u.a. die Bezeichnung der festgesetzten Steuer nach Art und Betrag (§ 157 Abs. 1 AO). Zur Schätzung mehrerer Einzelzuwendungen zusammengefasst in einem Schenkungsteuerbescheid s. BFH v. 30.08.2017, II R 46/15, BFH/NV 2018, 125. Grobe Schätzungsfehler bei der Ermittlung der Besteuerungsgrundlagen führen regelmäßig nur zur Rechtswidrigkeit. Nichtigkeit ist nach der Rechtsprechung allenfalls anzunehmen, wenn sich das FA nicht nach dem Auftrag des § 162 Abs. 1 AO an den wahrscheinlichen Besteuerungsgrundlagen orientiert, sondern bewusst und willkürlich zum Nachteil des Stpfl. geschätzt hat (BFH v. 15.07.2014, X R 42/12, BFH/NV 2015, 145). Willkürmaßnahmen, die mit den Anforderungen an eine ordnungsmäßige Verwaltung schlechterdings nicht zu vereinbaren sind, können einen besonders schweren Fehler i.S. des § 125 Abs. 1 AO abgeben (h.M., u.a. BFH v. 20.12.2000, I R 50/00, BStBl II 2001, 381 m.w.N.; BFH v. 30.08.2007, II B 90/06, BFH/NV 2008, 13 zum graduellen Unterschied zwischen einem besonders schwerwiegenden Fehler i.S. des § 125 Abs. 110 und einem groben Schätzungsfehler i.S. der Rspr.; *Seer* in Tipke/Kruse, § 162 AO Rz. 99 m.w.N.; *von Wedelstädt*, AO-StB 2002, 275 mit Beispielen; s. § 125 AO Rz. 4). Das 62 ist der Fall, wenn das Schätzungsergebnis trotz vorhandener Möglichkeiten, den Sachverhalt aufzuklären und Schätzungsgrundlagen zu ermitteln, krass von den tatsächlichen Gegebenheiten abweicht und in keiner Weise erkennbar ist, dass überhaupt und ggf. welche Schätzungserwägungen angestellt wurden (u.a. BFH v. 20.12.2000, I R 50/00, BStBl II 2001, 381; *von Wedelstädt* in Gosch, § 125 AO Rz. 17 m.w.N.).

## IV. Rechtsschutz gegen Schätzungsbescheide

### 1. Einspruchsverfahren

63 Schätzungsbescheide – Steuerbescheide wie Feststellungsbescheide – können mit dem Einspruch angefochten werden (§ 347 Abs. 1 Nr. 1 AO). Dies gilt auch, wenn der Schätzungsbescheid nichtig ist. In der Abgabe der Steuererklärung, die zu einer niedrigeren Steuer führt, innerhalb der Einspruchsfrist ist ein Einspruch und kein Antrag auf schlichte Änderung nach § 172 Abs. 1 Satz 1 Nr. 2a AO zu sehen (BFH v. 27.02.2003, V R 87/01, BStBl II 2003, 505; h.M. in Lit., s. *von Wedelstädt* in Gosch, § 172 AO Rz. 151 m.w.N.). Auch im Einspruchsverfahren kann, ggf. muss das FA unaufklärbare Besteuerungsgrundlagen schätzen. Vorläufiger Rechtsschutz kann durch AdV nach § 361 AO bzw. § 69 FGO gewährt werden.

64 Im Einspruchsverfahren muss der Stpfl. Einwendungen erheben, aus denen sich ergibt, dass die Schätzung unzulässig war oder dass, im Falle ihrer Zulässigkeit, ein anderes als das geschätzte Ergebnis wahrscheinlicher ist; dazu kann er andere Schätzungsmethoden anwenden als das FA.

65 Im Einspruchsverfahren kann das FA dem Stpfl. zur Begründung des Einspruchs, insbes. zur Abgabe der Steuererklärung nach § 364b AO eine ausschließende Frist setzen (AEAO zu § 364b, Nr. 1 Satz 2), nach deren fruchtlosem Ablauf später vorgebrachte Erklärungen und Beweismittel automatisch unberücksichtigt bleiben (dazu *von Wedelstädt*, AO-StB 2002, 200 m.w.N.). Ist die Schätzungsveranlagung unter dem Vorbehalt der Nachprüfung durchgeführt worden, hat das FA diesen spätestens mit der Fristsetzung aufzuheben (AEAO zu § 364b, Nr. 2 Satz 3).

### 2. Finanzgerichtliches Verfahren

66 Im Klageverfahren ist die Schätzung voll nachprüfbar. Das FG hat im Klageverfahren eine eigene Schätzungsbefugnis (§ 96 Abs. 1 Satz 1 FGO i.V.m. § 162 AO; s. BFH v. 12.09.2001, VI R 72/97, BStBl II 2001, 775). Das FG darf seine Wahrscheinlichkeitsüberlegungen an die Stelle der des FA stellen, ohne deshalb die Schätzung des FA als rechtsfehlerhaft einstufen zu müssen (BFH v. 17.10.2001, I R 103/00, BStBl II 2004, 171). Es ist an die Schätzungsmethode, die das FA eingesetzt hat, nicht gebunden (BFH v. 23.04.2015, V R 32/14, BFH/NV 2015, 1106), es kann sich zur Überprüfung anderer Schätzungsmethoden als das FA bedienen.

Ist die Schätzung wegen Nichtabgabe der Steuererklärung durchgeführt worden, darf das FG den Steuerbescheid nicht ohne Entscheidung in der Sache aufheben und der Finanzbehörde die weitere Ermittlung auferlegen (§ 100 Abs. 3 Satz 2 FGO). Es muss vielmehr von seiner eigenen Schätzungsbefugnis Gebrauch machen (BFH v. 18.05.1999, I R 102/98, BFH/NV 1999, 1492). Zu Recht wird gegen diese Regelung eingewandt, dass dadurch dem FG umfangreiche Ermittlungen aufgelastet werden, die dem säumigen Stpfl. zusätzlichen Aufschub gewähren können (s. § 100 FGO Rz. 17; *Seer* in Tipke/Kruse, § 162 AO Rz. 94 m.w.N.). 67

Da es sich bei der vom FG durchgeführten Schätzung um eine Tatsachenentscheidung handelt, ist der BFH im Revisionsverfahren daran gebunden (§ 118 Abs. 2 FGO), sofern die Schätzung nicht auf einem Rechtsirrtum oder Verfahrensmangel beruhen (§ 118 Abs. 2 FGO). Der BFH kann die Schätzung eines FG nur darauf überprüfen, ob sie zulässig war und ob das FG anerkannte Schätzungsgrundsätze, Denkgesetze und allgemeine Erfahrungssätze beachtet hat, d.h. ob das Ergebnis der Schätzung schlüssig und plausibel ist. Er darf eine eigene »richtigere« Schätzung nicht an die Stelle der Schätzung des FG setzen (BFH v. 15.09.2004, I R 7/02, BStBl II 2005, 867). 68

# § 163 AO
# Abweichende Festsetzung von Steuern aus Billigkeitsgründen

**(1) Steuern können niedriger festgesetzt werden und einzelne Besteuerungsgrundlagen, die die Steuern erhöhen, können bei der Festsetzung der Steuer unberücksichtigt bleiben, wenn die Erhebung der Steuer nach Lage des einzelnen Falles unbillig wäre. Mit Zustimmung des Steuerpflichtigen kann bei Steuern vom Einkommen zugelassen werden, dass einzelne Besteuerungsgrundlagen, soweit sie die Steuer erhöhen, bei der Steuerfestsetzung erst zu einer späteren Zeit und, soweit sie die Steuer mindern, schon zu einer früheren Zeit berücksichtigt werden.**

**(2) Eine Billigkeitsmaßnahme nach Absatz 1 kann mit der Steuerfestsetzung verbunden werden, für die sie von Bedeutung ist.**

**(3) Eine Billigkeitsmaßnahme nach Absatz 1 steht in den Fällen des Absatzes 2 stets unter Vorbehalt des Widerrufs, wenn sie**

**1. von der Finanzbehörde nicht ausdrücklich als eigenständige Billigkeitsentscheidung ausgesprochen worden ist,**

**2. mit einer Steuerfestsetzung unter Vorbehalt der Nachprüfung nach § 164 verbunden ist oder**

**3. mit einer vorläufigen Steuerfestsetzung nach § 165 verbunden ist und der Grund der Vorläufigkeit auch für die Entscheidung nach Absatz 1 von Bedeutung ist.**

**In den Fällen von Satz 1 Nummer 1 entfällt der Vorbehalt des Widerrufs, wenn die Festsetzungsfrist für die Steuerfestsetzung abläuft, für die die Billigkeitsmaßnahme Grundlagenbescheid ist. In den Fällen von Satz 1 Nummer 2 entfällt der Vorbehalt des Widerrufs mit Aufhebung oder Entfallen des Vorbehalts der Nachprüfung der Steuerfestsetzung, für die die Billigkeitsmaßnahme Grundlagenbescheid ist. In den Fällen von Satz 1 Nummer 3 entfällt der Vorbehalt des Widerrufs mit Eintritt der Endgültigkeit der Steuerfestsetzung, für die die Billigkeitsmaßnahme Grundlagenbescheid ist.**

**(4) Ist eine Billigkeitsmaßnahme nach Absatz 1, die nach Absatz 3 unter Vorbehalt des Widerrufs steht, rechtswidrig, ist sie mit Wirkung für die Vergangenheit zurückzunehmen. § 130 Absatz 3 Satz 1 gilt in diesem Fall nicht.**

### Inhaltsübersicht



### Schrifttum


BARTONE, Der Erlass von Ansprüchen aus dem Steuerschuldverhältnis, AO-StB 2004, 356; BARTONE, Der Erlass von Ansprüchen aus dem Steuerschuldverhältnis in der Insolvenz, AO-StB 2005, 155; SEER/KIESEN, Kein Vorbehalt der Nachprüfung für eigenständigen Billigkeitserweis, NWB 2013, 33; VON WEDELSTÄDT, Abschnittsbesteuerung, AO-StB 2013, 219.
Ferner s. Schrifttum zu § 227 AO.


## A. Allgemeines

### I. Bedeutung der Vorschrift

1 § 163 AO betrifft den Erlass aus Billigkeitsgründen im Festsetzungsverfahren. Der Billigkeitserlass im Erhebungsverfahren ist in § 227 AO geregelt. § 163 AO bezweckt, sachlichen und persönlichen Besonderheiten des Einzelfalls (AEAO zu § 163, Nr. 1 Satz 3), die der Gesetzgeber in der Besteuerungsnorm nicht berücksichtigt hat, durch eine nicht den Steuerbescheid selbst ändernde Korrektur des Steuerbetrages insoweit Rechnung zu tragen, als sie die steuerliche Belastung als unbillig erscheinen lassen, m. a. W., wenn die Steuerfestsetzung zwar dem Wortlaut des Gesetzes entspricht, aber den Wertungen des Gesetzes widerspricht, der Gesetzgeber also die Grundlagen der Besteuerung anders als tatsächlich geschehen geregelt hätte, wenn er die zu beurteilende Frage als regelungsbedürftig erkannt hätte (BFH v. 21.07.2016, X R 11/14, BStBl II 2017, 22; BFH v. 23.08.2017, I R 80/15, BStBl II 2018, 141). Die Billigkeitsmaßnahme nach § 163 AO ist nicht gerechtfertigt, um eine für den Stpfl. ungünstige Rechtsfolge, die vom Gesetzgeber bewusst angeordnet oder in Kauf genommen wurde, zu beseitigen (BFH v. 23.08.2017, I R 80/15, BStBl II 2018, 141). Sie ist ebenso wie die nach § 227 AO nicht dazu bestimmt, die Rechtmäßigkeitsprüfung von Steuerfestsetzungs- oder Feststellungsbescheiden im Rahmen der dafür vorgesehenen Rechtsmittelverfahren und sonstigen Rechtsbehelfsverfahren zur Änderung dieser Bescheide zu unterlaufen (BFH v. 28.01.2015, I R 70/13, BStBl II 2017, 101; *Rüsken* in Klein, § 163 AO Rz. 40 m. w. N.). Nach § 163 AO wird über die Billigkeitsmaßnahme im Steuerfestsetzungsverfahren (oder den ihm gleichgestellten Verfahren, s. Rz. 3) entschieden, und zwar entweder durch eine vom Gesetz abweichende niedrigere Festsetzung der Steuer ohne Auswirkung auf die der Steuerfestsetzung zugrunde liegenden Besteuerungsgrundlagen bzw. durch Außerachtlassung von steuererhöhenden Besteuerungsgrundlagen oder – beschränkt auf die Steuern vom Einkommen – durch zeitliche Verschiebung der steuerlichen Auswirkung einzelner Besteuerungsgrundlagen. Von »Billigkeitsmaßnahme im Steuerfestsetzungsverfahren« zu sprechen ist irreführend, weil die Maßnahme keine Entscheidung des Festsetzungsverfahrens ist, sondern sich nur unmittelbar auf die Steuerfestsetzung auswirkt, indem sie das Ergebnis der Steuerfestsetzung verändert (s. Rz. 23).

1a Die Vorschrift ist mit Wirkung vom 01.01.2017 (dazu Art. 97 § 29 EGAO) geändert und um die Abs. 3 und 4 ergänzt worden.

2 Die Billigkeitsverfahren nach § 163 AO und § 227 AO stehen selbstständig ohne eine Vorrangigkeit des einen oder des anderen nebeneinander, eine zeitliche Reihenfolge ihrer Anwendbarkeit besteht nicht. § 163 AO setzt

nicht voraus, dass das Festsetzungsverfahren noch nicht abgeschlossen ist. Die Bestandskraft der Steuerfestsetzung steht dem Billigkeitsverfahren nach § 163 AO nicht entgegen (*Loose* in Tipke/Kruse, § 163 AO Rz. 21 m.w.N.); die bestandskräftige Steuerfestsetzung kann im Falle einer späteren Billigkeitsentscheidung nach § 175 Abs. 1 Satz Nr. 1 AO geändert werden (s. Rz. 24). Ist jedoch eine Billigkeitsmaßnahme in einem der beiden Verfahren bestandskräftig abgelehnt worden, kann sie aus denselben Billigkeitsgründen im anderen Verfahren nicht begehrt werden (FG Ha v. 31.10.1994, III 193/90, EFG 1995, 408; *von Groll* in HHSp, § 163 AO Rz. 23; *Rüsken* in Klein, § 163 AO Rz. 1b; a.A. *Frotscher* in Schwarz/Pahlke, § 163 AO Rz. 2).

## II. Anwendungsbereich

3 Gegenstand der Billigkeitsmaßnahmen i.S. des § 163 AO sind nur **Steuern** i.S. des § 3 Abs. 1 bis 3 AO, die nach §§ 155 ff. AO durch Steuerbescheid festgesetzt werden oder für die die §§ 155 ff. AO sinngemäß gelten. § 163 AO ist anwendbar auf die **gesonderte Feststellung von Besteuerungsgrundlagen** gem. § 181 Abs. 1 AO, die **Festsetzung von Steuermessbeträgen** gem. § 184 Abs. 1 Satz 3 AO, ferner auf **Zinsen** gem. § 239 Abs. 1 Satz 1 AO mit Ausnahme der Stundungs- und Aussetzungszinsen, für die besondere Regeln gelten (§§ 234 Abs. 2 und 237 Abs. 4 AO; BFH v. 26.07.2006, VI B 134/05, BFH/NV 2006, 2029), **Steuervergütungen** gem. § 155 Abs. 4 AO (h.M., u.a. *Loose* in Tipke/Kruse, § 163 AO Rz. 3; *Frotscher* in Schwarz/Pahlke, § 163 AO Rz. 197; *Rüsken* in Klein, § 163 AO Rz. 17; a.A. *von Groll* in HHSp, § 163 AO Rz. 62; aber s. Rz. 12), **Erstattungsansprüche** als Folge der Freistellung von der Steuer (§ 155 Abs. 1 Satz 3 AO), **Rückforderungsansprüche**, soweit § 163 AO nicht bei Rückforderungsansprüchen nach Prämien- und Zulagengesetzen ausgeschlossen ist. Obwohl es sich bei dem **Kindergeld** (und dem Rückforderungsanspruch zu Unrecht gezahlten Kindergeldes) zwar um einen Anspruch aus dem Steuerschuldverhältnis i.S. des § 227 AO, nicht aber um Steuern i.S. des § 163 AO handelt, hält der BFH § 163 AO für Rückforderungsansprüche von Kindergeld für anwendbar (BFH v. 22.07.1999, VI B 344/98, BFH/NV 2000, 36; v. 24.10.2000, VI B 144/99, BFH/NV 2001, 423; zum Weiterleitungseinwand gegen die Rückforderung s. BFH v. 30.04.2001, VI B 217/99, BFH/NV 2001, 1364; *Schwarz*, AO-StB 2003, 377, 379). **Nicht anwendbar** ist § 163 AO auf Einheitswerte gem. § 20 Satz 2 BewG, ferner auf andere Nebenleistungen als Zinsen und Haftungsansprüche. Da Säumniszuschläge nicht festgesetzt werden, sondern verwirken, ist § 163 AO irrelevant. Für die **KiSt** finden sich in den KiStG zur Anwendbarkeit der §§ 163 und 227 AO unterschiedliche Regelungen (z.B. Art. 19 KiStG Bay; § 11 KiStG He; § 8 Abs. 4 KiStG NRW).

§ 163 AO wird für **Eingangs- und Ausfuhrabgaben** 4
(Art. 5 Nr. 20 und 21 UZK) durch Art. 116 ff. UZK verdrängt (s. § 1 Rz. 16; a.A. *von Groll* in HHSp, § 163 AO Rz. 34 und 60 ff. zum Anwendungsbereich des UZK; *Oellerich* in Gosch, § 163 AO Rz. 44 ff.). Dasselbe gilt gem. § 14 Abs. 1 EUStBV für die **EUSt** und kraft ausdrücklicher Verweisungen in den einzelnen Steuergesetzen für Verbrauchsteuern wegen der Einfuhr von Waren. Da die Art. 116 ff. UZK nur sachliche Billigkeitsgründe regeln, ist für **Verbrauchsteuern wegen der Einfuhr von Waren** in den Einzelsteuergesetzen für Billigkeitsmaßnahmen aus in der Person des Stpfl. liegenden Gründen die Anwendbarkeit des § 227 AO ausdrücklich zugelassen (§ 147 Abs. 3 Satz 2 BranntwMonG; § 18 Abs. 3 Satz 2 BierStG; §§ 19b Abs. 3 Satz 2, 35 und 41 Abs. 1 EnergieStG; § 15 Abs. 3 KaffeeStG; § 21 Abs. 3 TabStG; § 18 Abs. 3Satz 2 SchaumwZwStG). Die Verweisung erstreckt sich nicht auf § 163 AO. Dass für Verbrauchsteuern wegen der Einfuhr von Waren § 163 AO gleichwohl für Billigkeitsmaßnahmen aus persönlichen Gründen gilt, ist angesichts des eindeutigen Wortlauts in den Einzelsteuergesetzen fraglich, aber wünschenswert (Anwendung bejahend *Loose* in Tipke/Kruse, § 227 AO Rz. 12).

Im **Insolvenzverfahren** sind für den Verzicht auf Ab- 5
gaben im außergerichtlichen Schuldenbereinigungsverfahren (§ 305 Abs. 1 Nr. 1 InsO) nach Verwaltungsansicht §§ 163 und 227 AO Rechtsgrundlage unter Einbeziehung der Zielsetzung der Insolvenzordnung (BMF v. 11.01.2002, Nr. 3, BStBl I 2002, 132) mit der Folge, dass die Voraussetzungen für eine Billigkeitsmaßnahme nach § 163 AO bzw. § 227 AO erfüllt sein müssen (*Bartone*, AO-StB 2005, 155). Dasselbe gilt für die Zustimmung zu einem Insolvenzplan (BMF v. 17.12.1998, IV A 4 – S 0550–28/98, Nr. 9.2, BStBl I 1998, 1500). Mit *Frotscher* (in Schwarz/Pahlke, § 163 AO Rz. 5) ist davon auszugehen, dass es sich insoweit um eine innerdienstliche Bindung handelt, denn die InsO geht im Schuldenbereinigungs- und im Insolvenzplanverfahren als Verfahren nach Maßgabe der InsO der AO vor (§ 251 Abs. 2 AO), sodass sich daraus eine Verpflichtung zur Zustimmung ergibt (*Bartone*, AO-StB 2005, 155). Zur Ermessensausübung s. Rz. 22. Der sog. Sanierungserlass (BMF v. 27.03.2003, BStBl I 2003, 240, ergänzt durch BMF v. 22.12.2009, BStBl I 2010, 18), nach dem die Erhebung der Steuer auf einen nach Ausschöpfen der ertragsteuerlichen Verlustverrechnungsmöglichkeiten verbleibenden Sanierungsgewinn für den Stpfl. eine unbillige Härte und die entsprechende Steuer daher auf Antrag des Stpfl. nach § 163 AO abweichend festzusetzen ist, verstößt gegen den Grundsatz der Gesetzmäßigkeit der Verwaltung, weil die Verwaltung aufgrund des Grundsatzes der Gesetzmäßigkeit der Verwaltung nicht befugt war, derart abstrakte Regelungen zu treffen (BFH v. 28.11.2016, GrS 1/15, BStBl II 2017, 393; BFH v. 23.08.2017, I R 52/14, BStBl II 2018, 232; s. § 227 AO Rz. 31; BFH

v. 23.08.2017, X R 38/15, BFH/NV 2017, 1669). Das gilt nach den beiden letztgenannten Urteilen auch für das Altfälle (Vollzug Forderungsverzicht bis 08.02.2017) betreffende BMF-Schreiben v. 27.04.2017, BStBl I 2017, 741. Für Fälle mit Forderungsverzicht nach dem 08.02.2017 s. § 3a EStG n.F. und § 7b GewStG n.F. (*Werth*, DB 2017, 2834).

**5a** Wegen § 35 EStG sind Verwaltungsakte über Billigkeitsmaßnahmen nach §§ 163 oder 227 AO hinsichtlich der GewSt den Finanzbehörden mitzuteilen. Bei einer gewerbesteuerlichen Billigkeitsmaßnahme im Festsetzungsverfahren (§ 163 AO) sind die ESt-Bescheide nach § 175 Abs. 1 Satz 1 Nr. 1 AO, im Erhebungsverfahren (§ 227 AO) nach § 175 Abs. 1 Satz 1 Nr. 2 AO zu ändern (BMF v. 25.03.2002, IV D 2 – S 0229 - 26/02, BStBl I, 2002, 477 i.d.F. des BMF v. 12.01.2018, IV A 3 – S 0229/07/10002-05, BStBl I 2018, 203, Nr. 4.1.2 Abs. 6).

## B. Tatbestandliche Voraussetzungen

**6** Die nach § 163 AO möglichen Billigkeitsmaßnahmen setzen voraus, dass »**die Erhebung der Steuer nach Lage des Falles unbillig wäre**« (§ 163 Satz 1 AO). Die Billigkeitsprüfung verlangt eine Gesamtbetrachtung aller für die Entstehung des Steueranspruchs im konkreten Fall maßgeblichen Normen, um festzustellen, ob das Ergebnis des allgemeinen Gesetzesvollzugs mit der Einzelfallgerechtigkeit vereinbar ist (BFH v. 26.10.1994, X R 104/92, BStBl II 1995, 297; *Loose* in Tipke/Kruse, § 163 AO Rz. 9). Der Begriff »unbillig« ist ein unbestimmter Rechtsbegriff und Tatbestandsmerkmal (u.a. *von Groll* in HHSp, § 227 AO Rz. 110, 115; zum Meinungsstand BFH v. 28.11.2016, GrS 1/15, BStBl II 2017, 393, Rz. 100), der im Rahmen des § 163 AO als Rechtsfolgevoraussetzung Rechtsentscheidung ist und vom FG ohne die Einschränkung der § 102 FGO überprüft werden kann. Demgegenüber geht der BFH, dem GmS-OGB v. 19.10.1971 (GmS-OGB 3/70, BStBl II 1972, 603) folgend, davon aus, dass die Entscheidung über eine Billigkeitsmaßnahme sowohl im Festsetzungs- als auch im Erhebungsverfahren eine Ermessensentscheidung der Finanzverwaltung ist, bei der Inhalt und Grenzen des Ermessens durch den Begriff der Unbilligkeit bestimmt werden (dazu BFH v. 28.11.2016, GrS 1/15, BStBl II 2017, 393, Rz. 102 m.w.N.). »Vom Ergebnis her macht beides keinen bedeutsamen Unterschied« (GmS-OGB v. 19.10.1971, GmS-OGB 3/70, BStBl II 1972, 603).

**7** Die Erhebung der Steuer kann – abgestellt auf den konkreten Einzelfall – **aus sachlichen Gründen und aus persönlichen Gründen unbillig** sein (AEAO zu § 163, Nr. 1 Satz 3). Diese tatbestandlichen Voraussetzungen für die abweichende Festsetzung von Steuern entsprechen in vollem Umfang denen des Billigkeitserlasses nach § 227 AO. Da im Übrigen keine Besonderheiten hinsichtlich der Auslegung der Begriffe Unbilligkeit, sachliche und persönliche Härte gegenüber § 227 AO gelten, wird auf die entsprechenden Erläuterungen zu § 227 AO Bezug genommen.

**8** Da § 163 AO auf die Unbilligkeit der Erhebung der Steuer abstellt, ist eine Billigkeitsmaßnahme aus persönlichen Gründen nach § 163 AO im Rahmen der **einheitlichen und gesonderten Feststellung** von Besteuerungsgrundlagen und der **Festsetzung von Steuermessbeträgen** die Ausnahme, da das Feststellungs-FA i.d.R. die persönliche Unbilligkeit – auch wegen oft unterschiedlicher Zuständigkeiten – nicht feststellen kann (*von Groll* in HHSp, § 163 AO Rz. 47 f.).

**Sachlich unbillig** ist die Erhebung einer Steuer vor allem dann, wenn ein Anspruch aus dem Steuerschuldverhältnis zwar nach dem gesetzlichen Tatbestand besteht, seine Geltendmachung aber mit dem Zweck des Gesetzes nicht oder nicht mehr zu rechtfertigen ist und dessen Wertungen zuwiderläuft. Das setzt voraus, dass der Gesetzgeber die Grundlagen für die Steuerfestsetzung anders als geschehen geregelt hätte, nämlich i.S. der beabsichtigten Billigkeitsmaßnahme, wenn er die zu beurteilende Frage als regelungsbedürftig erkannt hätte (BFH v. 23.07.2013, VIII R 17/10, BStBl II 2013, 820; v. 21.01.2015, X R 40/12, BStBl II 2016, 114). Umstände, die dem Besteuerungszweck entsprechen oder die der Gesetzgeber bei der Ausgestaltung eines Tatbestandes bewusst in Kauf genommen hat, können keine sachlichen Unbilligkeitsgründe rechtfertigen (st. Rspr., u.a. BFH v. 16.11.2005, X R 04, BStBl II 2006, 155; BFH v. 07.11.2006, VI R 2/05, BStBl II 2007, 315 m.w.N.; *Bartone*, AO-StB 2004, 357; ausführlich zur sachlichen Unbilligkeit s. § 227 AO Rz. 5 ff.). Daher kann aus der Tatsache, dass der Besteuerung bei bestimmten Steuerarten generell das Prinzip der **Abschnittsbesteuerung** zugrunde liegt, eine eine Billigkeitsmaßnahme aus sachlichen Gründen rechtfertigende Härte grundsätzlich nicht gefolgert werden (BFH v. 25.03.1988, III R 186/84, BFH/NV 1989, 426; BFH v. 31.03.2004, X R 25/03, BFH/NV 2004, 1212; *von Wedelstädt*, AO-StB 2013, 219, 223 m.w.N.; dazu § 4 AO Rz. 58). Auch eine Billigkeitsmaßnahme, um die Bestandskraft eines Steuerbescheids zu umgehen, scheidet daher aus (BFH v. 21.01.2015, X R 40/12, BStBl II 2016, 114). Sachlich unbillig können die Auswirkungen der Änderung der Gesetzeslage, von Verwaltungsanweisungen oder der Rechtsprechung sein, wobei sie auch eine Vielzahl von Fällen betreffen kann. Der Grundsatz des Vertrauensschutzes kann in diesen Fällen **Übergangsregelungen** der Finanzverwaltung erfordern, die durch § 163 AO gedeckt sein müssen (s. auch *Frotscher* in Schwarz/Pahlke, § 163 AO Rz. 41 ff.; *Rüsken* in Klein, § 163 AO Rz. 60 ff.). Die materiell-rechtliche Unrichtigkeit einer Steuerfestsetzung oder -feststellung kann eine Unbilligkeit aus sachlichen Gründen nur begründen, wenn sie offensichtlich und eindeutig falsch ist und es dem Stpfl. nicht zuzumuten war, sich rechtzeitig gegen die Fehlerhaftigkeit zu wenden (BFH v. 08.10.2014, X B 24/14, BFH/NV 2015, 152 m.w.N.). Zur **Unbilligkeit aus persönlichen Gründen** s. § 227 AO Rz. 35 ff.

10 Billigkeitsmaßnahmen nach § 163 AO setzen **keinen Antrag** voraus. Sind der Behörde die notwendigen Voraussetzungen bekannt, können sie auch von Amts wegen getroffen werden (s. BFH v. 04.07.1972, VII R 103/69, BStBl II 1972, 806). Überwiegend wird jedoch die Behörde erst auf ein entsprechendes Begehren des Stpfl. tätig werden. Antragsberechtigt ist nur der Schuldner, bei dem sich die Billigkeitsmaßnahme bei der Festsetzung der Steuer auswirkt. Der Antrag kann auch nach Eintritt der Unanfechtbarkeit der Steuerfestsetzung oder der entsprechenden gesonderten Feststellung gestellt werden (AEAO zu § 163, Nr. 2). Dritte sind auch dann nicht antragsbefugt, wenn die begünstigende Wirkung der Maßnahme ihnen (mittelbar, z.B. wegen einer Ausgleichsverpflichtung aufgrund privatrechtlicher Vereinbarung) zugutekommen würde. Die Billigkeitsmaßnahme nach § 163 Satz 2 AO setzt jedoch die Zustimmung des Stpfl. voraus.

## C. Billigkeitsmaßnahmen

11 Das Gesetz sieht drei Arten von Billigkeitsmaßnahmen vor. Es liegt im Ermessen der Finanzbehörde, für welche sie sich entscheidet. In der Praxis wird zwischen den einzelnen Maßnahmen nicht streng unterschieden. In jeder dieser Billigkeitsmaßnahmen müssen die Voraussetzungen der persönlichen oder sachlichen Voraussetzungen vorliegen (BFH v. 23.07.2013, VIII R 17/10, BStBl II 2013, 820 m.w.N.).

### I. Niedrigere Festsetzung der Steuer (§ 163 Satz 1 1. Alt. AO)

12 Steuern können niedriger festgesetzt werden. Das bedeutet, dass nicht die nach § 38 AO durch Tatbestandsverwirklichung entstandene Steuer, sondern eine geringere Steuer festgesetzt wird. Die Steuer kann bis zu einem Betrag von 0 Euro gesenkt werden, bei der USt auch darunter. **Steuervergütungen**, auf die § 163 AO sinngemäß anwendbar ist, sind höher festzusetzen, als sie entstanden sind; da sich allerdings verbietet, eine Steuervergütung festzusetzen, obwohl die materiell-rechtlichen Voraussetzungen dafür nicht gegeben sind, beschränkt sich die Gewährung einer Steuervergütung aus Billigkeitsgründen auf Fälle, in denen formelle Mängel anderenfalls zur Versagung der Vergütung führen würden (*Loose* in Tipke/Kruse, § 163 AO Rz. 11; *Frotscher* in Schwarz/Pahlke, § 163 AO Rz. 62).

### II. Nichtberücksichtigung steuererhöhender Besteuerungsgrundlagen (§ 163 Satz 1 2. Alt. AO)

Einzelne Besteuerungsgrundlagen, die die Steuern erhöhen, können bei der Festsetzung der Steuern unberücksichtigt bleiben. Das gilt auch für die gesonderte Feststellung von Besteuerungsgrundlagen und die Festsetzung von Steuermessbeträgen. 13

Unter Besteuerungsgrundlagen sind – abweichend von §§ 179 ff. AO – alle steuerlich erheblichen Sachverhalte und Umstände, die sich – allein oder im Zusammenhang mit anderen Sachverhalten oder Umständen – auf die Besteuerung auswirken, wie z.B. einzelne Einnahmen oder Umsätze. Die Billigkeitsmaßnahme kann nur in Form der **Nichtberücksichtigung einzelner Besteuerungsgrundlagen** erfolgen, ein Abschlag von der Summe einzelner oder aller Besteuerungsgrundlagen als Bezugsgröße für die Anwendung des Steuertarifs wie z.B. vom Einkommen ist nicht zulässig. 14

Nur **Besteuerungsgrundlagen, die die Steuern erhöhen**, können unberücksichtigt bleiben. Daher ist es unzulässig, fiktive, die Steuer mindernde Besteuerungsgrundlagen zu unterstellen, z.B. tatsächlich nicht angefallene Betriebsausgaben zum Abzug zuzulassen oder in die Privatsphäre fallende Ausgaben als Betriebsausgaben anzuerkennen. Gleichwohl sind vom BFH auch steuermindernde Umstände aus Billigkeitsgründen angenommen worden, wie z.B. die Annahme der tatsächlich fehlenden Gemeinnützigkeit eines Vereins (BFH v. 11.12.1974, I R 104/73, BStBl II 1975, 458) oder beim Vorsteuerabzug trotz fehlender dafür erforderlicher Unterlagen (BFH v. 30.04.2009, V R 15/07, BStBl II 2009, 744 m.w.N.; UStAE Abschn. 15.11 Abs. 7 m.w.N., auch s. § 162 AO Rz. 11a). Zu Recht weist Loose (in Tipke/Kruse, § 163 AO Rz. 15) darauf hin, dass derartige Billigkeitsmaßnahmen durch die Festsetzung einer niedrigeren Steuer erfolgen müssen. 15

### III. Zeitlich abweichende Berücksichtigung von einzelnen Besteuerungsgrundlagen (§ 163 Satz 2 AO)

**Bei Steuern vom Einkommen** können mit Zustimmung des Stpfl. einzelne steuererhöhende Besteuerungsgrundlagen später und einzelne steuermindernde Besteuerungsgrundlagen früher berücksichtigt werden. Hier verbleibt es bei einer Berücksichtigung der Besteuerungsgrundlagen, nur ist diese zeitlich verschoben. Es handelt sich um eine Durchbrechung des Prinzips der Abschnittsbesteuerung. Dies führt im Ergebnis zu einem Stundungseffekt. Als Anwendungsfall der Billigkeitsmaßnahme gem. § 163 AO setzt dies das Vorliegen sachlicher oder 16 persönlicher Unbilligkeit voraus (*von Groll* in HHSp, § 163 AO Rz. 111).

17 Diese Maßnahme soll eine steuerliche Entlastung im Rahmen der Steuerfestsetzung bewirken, in der sie vorgenommen wird. Daher ist es nicht zulässig, steuermindernde Besteuerungsgrundlagen später oder steuererhöhende Besteuerungsgrundlagen früher zu berücksichtigen, auch wenn dies z.B. durch unterschiedliche Tarifbelastungen für den Stpfl. günstig wäre.

18 Sie wirkt über § 184 Abs. 2 Satz 2 AO auch für den Gewerbeertrag als Grundlage für die Festsetzung des Gewerbesteuermessbetrags, soweit sie die gewerblichen Einkünfte als Grundlage für die Festsetzung der Steuer vom Einkommen beeinflusst (s. § 184 AO Rz. 13; AEAO zu § 163, Nr. 5), und zwar auch, wenn die Billigkeitsentscheidung im Rahmen einer Gewinnfeststellung getroffen wurde (BFH v. 14.09.2017, IV R 51/14, BStBl II 2018, 78).

19 Die zeitlich abweichende Berücksichtigung von Besteuerungsgrundlagen bedarf der **Zustimmung des Stpfl.**, die vor oder nach Durchführung der Billigkeitsmaßnahme erteilt werden kann (*Loose* in Tipke/Kruse, § 163 AO Rz. 19). Die Zustimmung ist eine einseitige amtsempfangsbedürftige Willenserklärung. Sie braucht nicht ausdrücklich erklärt zu werden, sondern kann sich auch aus dem sonstigen (konkludenten) Verhalten des Stpfl. ergeben.

## D. Entscheidung über Billigkeitsmaßnahmen

### I. Ermessensentscheidung

20 Liegen die Voraussetzungen vor, kann die Finanzbehörde über Billigkeitsmaßnahmen entscheiden, und zwar sowohl darüber, ob sie eine solche trifft, als auch darüber, welche sie trifft. Es handelt sich um eine **Ermessensentscheidung** (h.M.; BFH v. 30.04.2009, V R 15/07, BStBl II 2009, 744 m.w.N.; BFH v. 28.11.2016, GrS 1/15, BStBl II 2017, 393; BFH v. 23.08.2017, I R 52/14, BStBl II 2018, 232), die im finanzgerichtlichen Verfahren nur eingeschränkt überprüfbar ist (§ 102 FGO). Nach Ansicht des BFH (s. dazu Rz. 6) bestimmt der Maßstab der Billigkeit Inhalt und Grenzen des pflichtgemäßen Ermessens (BFH v. 07.11.2006, VI R 2/05, BStBl II 2007, 315 m.w.N.; BFH v. 28.11.2016, GrS 1/15, BStBl II 2017, 393; BFH v. 23.08.2017, I R 52/14, BStBl II 2018, 232). Bei der Ermessensentscheidung ist der Zeitraum zwischen der Entstehung des Steueranspruchs und der Antragstellung zu berücksichtigen, für die Entscheidung sind also nicht allein die Umstände bei Entstehen oder Festsetzung des Steueranspruchs maßgeblich. Ist bei Antragstellung für den Folgebescheid, in dem die Billigkeitsmaßnahme nach § 175 Abs. 1 Satz 1 Nr. 1 AO umgesetzt werden soll, die Festsetzungs- oder Feststellungsfrist abgelaufen, ist es regelmäßig wegen § 171 Abs. 10 Satz 2 AO (s. Rz. 24) ermessensgerecht, eine Billigkeitsmaßnahme nach § 163 AO abzulehnen; ggf. ist die Möglichkeit eines Erlasses nach § 227 AO zu prüfen (AEAO zu § 163, Nr. 4 Satz 2).

Eine fehlerfreie Ermessensentscheidung setzt voraus, dass der entscheidungserhebliche Sachverhalt einwandfrei und erschöpfend ermittelt worden ist. Der Umfang der Ermittlungspflicht der Finanzbehörde richtet sich nach § 88 AO. Sie wird dabei begrenzt durch die dem Stpfl. gem. § 90 AO auferlegten Mitwirkungspflichten (BFH v. 23.11.2000, III R 52/98, BFH/NV 2001, 882 m.w.N.). Durch allgemeine Verwaltungsvorschriften können Maßstäbe für die Ermessensausübung aufgestellt werden, die das Ermessen des FA auf null reduzieren und die auch von den Gerichten zu beachten sind, wenn sich die in ihnen getroffenen Regelungen in den Grenzen halten, die das Grundgesetz und die einfachen Gesetze der Ausübung des Ermessens setzen (u.a. BFH v. 21.07.2016, X R 11/14, BStBl II 2017, 17 m.w.N.). Erfordern gemeinschaftsrechtliche Regelungen eine Billigkeitsmaßnahme, ist das Ermessen des FA auf null reduziert (BFH v. 30.04.2009, V R 15/07, BStBl II 2009, 744 m.w.N.). 20a

Die **Unbilligkeit** ist sowohl Tatbestandsvoraussetzung als auch Ermessensschranke (*Loose* in Tipke/Kruse, § 227 AO Rz. 25). Ist die Einziehung eines Anspruchs aus dem Steuerschuldverhältnis im Einzelfall unbillig, dann ist die den Erlass aussprechende Entscheidung ermessensfehlerfrei (FG Ddorf v. 19.07.2000, 7 K 237/97 AO, EFG 2000, 1410). Es liegt in derartigen Fällen eine Ermessensreduzierung auf null vor (s. dazu BFH v. 16.11.2005, X R 3/04, BStBl II 2006, 155 m.w.N.). 21

Im außergerichtlichen Schuldenbereinigungsverfahren nach der **InsO** muss in die Ermessenserwägungen die Zielsetzung der InsO einbezogen werden, redlichen Schuldnern nach einer gewissen Wohlverhaltensphase und unter Einbeziehung sämtlicher Gläubiger eine Schuldenbereinigung als Voraussetzung für einen wirtschaftlichen Neuanfang zu ermöglichen (BMF v. 11.01.2002, IV A 4 – S 0550–1/02, Nr. 3, BStBl I 2002, 132). 22

### II. Verfahren

Die Entscheidung über die Billigkeitsmaßnahme erfolgt in einem **besonderen Verfahren** durch besonderen Verwaltungsakt und nicht im Steuerfestsetzungsverfahren (BFH v. 07.07.2004, II R 3/03, BStBl II 2004, 1006 m.w.N.; s. Rz. 27). Sie kann auch nach Bestandskraft der Steuerfestsetzung und nach Eintritt der Festsetzungsverjährung getroffen werden, soweit der Antrag nicht unverhältnismäßig spät gestellt wird. Sie unterliegt unmittelbar keinen gesetzlichen Fristen. Ein Zeitablauf kann aber im Rahmen der Ermessenentscheidung berücksichtigt werden (zum Zeitablauf BFH v. 21.07.2016, X R 11/14, BStBl II 2017, 17 m.w.N.; *Loose* in Tipke/Kruse, § 163 23

AO Rz. 21a). Sie ist von dem für die Steuerfestsetzung bzw. die gesonderte Feststellung zuständigen FA zu treffen. Zu Zustimmungsvorbehalten von OFD, Landes- und Bundesfinanzministerium s. BMF v. 15.02.2017, BStBl I 2017, 283; Gleichlautende Erlasse der obersten Finanzbehörden der Länder v. 24.03.2017, BStBl I 2017, 419 und § 227 AO Rz. 47. Eine besondere Form der Entscheidung ist nicht vorgeschrieben.

**23a** Die Billigkeitsmaßnahme kann mit der Steuerfestsetzung bzw. den der Steuerfestsetzung gleichgestellten Bescheiden wie die gesonderte Feststellung (§ 181 Abs. 1 Satz 1 AO) und der Steuermessbescheid (§ 184 Abs. 1 Satz 3 AO) **äußerlich verbunden** werden (§ 163 Abs. 2 AO), auch indem sie in die Erläuterungen des Steuerbescheids aufgenommen wird (*Loose* in Tipke/Kruse, § 163 AO Rz. 25). Sie verliert durch die äußerliche Verbindung mit der Steuerfestsetzung ihre Selbstständigkeit nicht (AEAO zu § 163, Nr. 3). Steuerfestsetzung und Billigkeitsentscheidung sind auch bei äußerlicher Verbindung zwei selbstständige, voneinander unabhängige Verfahren (h. M., u. a. BFH v. 01.10.2015, X R 32/13, BStBl II 2016, 139 m. w. N.). Als Verwaltungsakt muss die Billigkeitsentscheidung den Anforderungen der inhaltlichen Bestimmtheit auch entsprechen, wenn Steuerfestsetzung und Billigkeitsentscheidung äußerlich miteinander verbunden werden. Bei niedrigerer Festsetzung der Steuer muss sich zumindest im Wege der Auslegung entnehmen lassen, ob und in welchem Umfang von der an sich gesetzlich vorgesehenen Festsetzung aus Billigkeitsgründen abgewichen worden ist (*Loose* in Tipke/Kruse, § 163 AO Rz. 25; FG Münster v. 16.03.2001, 11 K 1500/99 AO, EFG 2001, 764; FG Münster v. 31.05.2001, 6 K 5014/98 G, F, EFG 2001, 1342). Fragen des einen Verfahrens können nicht in dem anderen Verfahren entschieden werden; im Billigkeitsverfahren kann daher nicht über die Rechtmäßigkeit der Steuerfestsetzung befunden werden, im Rechtsbehelfsverfahren gegen die Steuerfestsetzung können keine Billigkeitsmaßnahmen getroffen werden (u. a. BFH v. 29.11.2016, VI R 61/14, BStBl II 2017, 718 m. w. N.). Eine Saldierung zwischen den beiden Entscheidungen ist nicht zulässig. Ebenso wenig kann im Einspruchsverfahren gegen eine der beiden Entscheidungen hinsichtlich der anderen verbösert werden. Die Bestandskraft der Steuerfestsetzung steht einer Billigkeitsentscheidung nicht entgegen. Macht der Stpfl. Gesichtspunkte des Vertrauensschutzes im Festsetzungsverfahren geltend, ist darüber im Rahmen einer Billigkeitsmaßnahme zu entscheiden und regelmäßig mit der Steuerfestsetzung zu verbinden (BFH v. 30.04.2009, V R 15/07, BStBl II 2009, 744). Eine Verpflichtung des FA, das Festsetzungsverfahren und das Billigkeitsverfahren zeitgleich zu entscheiden, besteht nicht (BFH v. 14.03.2012, XI R 2/10, BStBl II 2012, 653).

**24** Die Billigkeitsentscheidung entscheidet über die Höhe der Steuer oder die Berücksichtigung von Besteuerungsgrundlagen mit Wirkung für die Steuerfestsetzung. Entscheidet die Finanzbehörde nach § 163 Abs. 1 Satz 2 AO über Höhe und Verteilung des Übergangsgewinns auf mehrere Jahre, ist dies in die Veranlagungen aller betroffenen Jahre zu übernehmen.Ist die Veranlagung des Übergangsjahres bestandskräftig, ist in den Steuerfestsetzungen der Folgejahre eine berichtigte Ermittlung des Übergangsgewinns nicht mehr möglich (BFH v. 01.10.2015, X R 32/13, BStBl II 2016, 139).Die Billigkeitsentscheidung ist ein **Grundlagenbescheid** i. S. des § 171 Abs. 10 AO mit der Folge der Pflicht zur Änderung der Steuerfestsetzung nach § 175 Abs. 1 Satz 1 Nr. 1 AO, wenn sie der Billigkeitsregelung nicht entspricht (st. Rspr., u. a. BFH v. 21.07.2016, X R 11/14, BStBl II 2017, 17 m. w. N.). Die Billigkeitsmaßnahme unterliegt keiner eigenen Verjährungsfrist. Daher greift die Ablaufhemmung des § 171 Abs. 10 AO nur, wenn sie vor Ablauf der Festsetzungsfrist des Folgebescheids bei der für die Billigkeitsmaßnahme zuständigen Finanzbehörde beantragt worden ist (§ 171 Abs. 10 Satz 2 AO; AEAO zu § 171, Nr. 6.5). Wird die Billigkeitsentscheidung im Rahmen der gesonderten Feststellung oder des Steuermessbescheids getroffen, wirkt sie sich über die Bindungswirkung dieses Grundlagenbescheids auf den Folgebescheid, d. h. die Steuerfestsetzung aus.

**25** vorläufig frei

**26** Sind für die Festsetzung und Erhebung der **Realsteuern** die Gemeinden zuständig, sind die FA grundsätzlich nicht befugt, den Steuermessbetrag nach § 163 Satz 1 AO niedriger festzusetzen, es sei denn, die zur Festsetzung und Erhebung der Gewerbesteuer befugte Gemeinde hat dieser Maßnahme zugestimmt oder es sind für solche Maßnahmen in einer allgemeinen Verwaltungsvorschrift der Bundesregierung oder einer obersten Landesbehörde Richtlinien aufgestellt worden (§ 184 Abs. 2 Satz 1 AO; AEAO zu § 163, Nr. 5). Eine allgemeine Verwaltungsvorschrift der Bundesregierung setzt eine Entschließung der Bundesregierung als Kollegium und einer Zustimmung des Bundesrates voraus. Dem genügt der Verwaltungserlass eines Bundesministeriums nicht (BFH v. 25.04.2012, I R 24/11, BFH/NV 2012, 1516 bzw. BFHE 237, 403). Wegen der Auswirkung von Billigkeitsmaßnahmen nach § 163 Satz 2 AO auf die GewSt wird auf Rz. 18 verwiesen.

**27** Die Entscheidung über die Billigkeitsmaßnahme ist **sonstiger Verwaltungsakt**. §§ 164 und 165 AO sind daher im Billigkeitsverfahren nicht anwendbar. Der Vorbehalt der Nachprüfung der Steuerfestsetzung erstreckt sich aber auch auf die mit der Steuerfestsetzung verbundene Billigkeitsentscheidung, indem sie nach § 163 Abs. 3 Satz 1 Nr. 2 AO kraft Gesetzes unter Widerrufsvorbehalt steht (AEAO zu § 164, Nr. 9).

27a Nach § 163 Abs. 3 Satz 1 AO steht eine Billigkeitsentscheidung, die mit der Steuerfestsetzung verbunden ist, kraft Gesetzes stets unter Vorbehalt des Widerrufs, wenn sie

- nicht ausdrücklich, sondern nur konkludent als eigenständige Billigkeitsentscheidung getroffen wurde (§ 163 Abs. 3 Satz 1 Nr. 1 AO); in diesem Fall entfällt der Vorbehalt des Widerrufs automatisch mit Ablauf der Festsetzungsfrist für die Steuerfestsetzung, für die die Billigkeitsmaßnahme Grundlagenbescheid ist (§ 163 Abs. 3 Satz 2 AO),
- mit einer unter dem Vorbehalt der Nachprüfung i. S. des § 164 AO stehenden Steuerfestsetzung verbunden ist (§ 163 Abs. 3 Satz 1 Nr. 2 AO); mit Wegfall des Vorbehalts der Nachprüfung bei der Steuerfestsetzung, für die die Billigkeitsmaßnahme Grundlagenbescheid ist, entfällt der Vorbehalt des Widerrufs (§ 163 Abs. 3 Satz 3 AO), oder
- mit einer nach § 165 AO vorläufigen Steuerfestsetzung verbunden ist und der Grund der Vorläufigkeit auch für die Billigkeitsmaßnahme von Bedeutung ist; hier entfällt der Vorbehalt des Widerrufs mit Eintritt der Endgültigkeit der Steuerfestsetzung entweder nach § 165 Abs. 2 AO oder durch Eintritt der Festsetzungsverjährung nach § 171 Abs. 8 AO.

27b Eine Billigkeitsmaßnahme, die nach § 163 Abs. 3 AO unter Widerrufsvorbehalt steht, ist mit Wirkung für die Vergangenheit zurückzunehmen, wenn sie rechtswidrig ist (§ 163 Abs. 4 AO). Die Jahresfrist des § 130 Abs. 3 Satz 1 AO greift in diesem Fall nicht. Die Rücknahme ist Grundlagenbescheid für die betroffene Steuerfestsetzung. Mit der Rücknahme entsteht der nach § 47 AO erloschene Steueranspruch rückwirkend wieder (*Boeker* in HHSp, § 163 AO Rz. 33).

## E. Rechtsfolgen

28 Mit der Bekanntgabe der Entscheidung über die Billigkeitsmaßnahme nach § 163 Satz 1 AO (§ 122 Abs. 1 Satz 1 AO, § 124 Abs. 1 Satz 1 AO) **erlischt die Steuer** (§ 47 AO) in Höhe des Unterschiedsbetrags zwischen dem kraft Gesetzes entstandenen Steueranspruch (§ 38 AO) und dem aufgrund der Billigkeitsmaßnahme niedriger festzusetzenden (ggf. festgesetzten) Betrag bzw. dem Betrag, der sich aus der Nichtberücksichtigung von Besteuerungsgrundlagen ergibt (*Loose* in Tipke/Kruse, § 163 AO Rz. 26). Insoweit als die Steuer durch die Billigkeitsmaßnahme erloschen ist, kommt weder eine Verböserung (§ 367 Abs. 2 Satz 2 AO) im Einspruchsverfahren noch eine Saldierung (§ 177 AO) in Betracht. Die Billigkeitsmaßnahme nach § 163 Satz 2 AO bewirkt ein Erlöschen der Steuer entsprechend dem Unterschiedsbetrag entweder in dem Jahr, in dem einzelne, die Steuer erhöhende Besteuerungsgrundlagen nicht berücksichtigt werden, oder in dem Jahr, in dem die Steuer mindernde Besteuerungsgrundlagen vorzeitig berücksichtigt werden, und zwar wiederum mit Bekanntgabe (Wirksamkeit) des entsprechenden Verwaltungsakts. Die weitere Folge der Billigkeitsmaßnahme nach § 163 Satz 2 AO ist, dass die Steuer in dem jeweils späteren Jahr abweichend von § 38 AO nach Maßgabe der Billigkeitsentscheidung entsteht. Rechtswidrigkeit folgt daraus nicht.

## F. Rücknahme und Widerruf von Billigkeitsentscheidungen

Billigkeitsmaßnahmen können nach §§ 130, 131 AO zurückgenommen oder widerrufen werden. Wegen der Erlöschenswirkung verbietet sich ein Widerruf bzw. eine Rücknahme mit Wirkung für die Zukunft (ex nunc), weil ein zeitweiliges Erlöschen eines Anspruchs aus dem Steuerschuldverhältnis schon logisch nicht denkbar ist. Damit kommt nur eine Rücknahme einer Billigkeitsmaßnahme nach § 130 Abs. 2 und 3 AO mit Wirkung für die Vergangenheit in Betracht. 29

## G. Rechtsschutz

Gegen die Billigkeitsentscheidung und die Ablehnung, eine solche zu erlassen, ist der **Einspruch** gegeben. Ist sie mit der Steuerfestsetzung verbunden, ist daneben der Einspruch gegen die Steuerfestsetzung gegeben. Auch in diesem Fall handelt es sich bei beiden Einspruchsverfahren um getrennte selbstständige Einspruchsverfahren (AEAO zu § 347, Nr. 4 i. V. m. AEAO zu § 163, Nr. 6). In der Rechtsbehelfsbelehrung muss daher unmissverständlich darauf hingewiesen werden; anderenfalls ist sie unrichtig und setzt die Einspruchsfristen für beide Verwaltungsakte nicht in Gang. Wird im Falle der äußerlichen Verbindung von Steuerfestsetzung und Billigkeitsentscheidung nur ein Einspruch eingelegt, ist durch Auslegung festzustellen, gegen welche Entscheidung der Einspruch gerichtet ist. Einsprüche gegen die Steuerfestsetzung und gegen die Billigkeitsmaßnahme oder ihre Ablehnung können nebeneinander geführt werden, eine Vorgreiflichkeit des Billigkeitsverfahrens besteht nicht. Die zwangsweise zwei Einspruchsentscheidungen können äußerlich miteinander verbunden werden (*Loose* in Tipke/Kruse, § 163 AO Rz. 29 m. w. N.). 30

Da es sich bei der Billigkeitsentscheidung um einen Grundlagenbescheid handelt, können Einwendungen gegen sie nicht im Einspruchsverfahren gegen die Steuerfestsetzung, sondern nur im Einspruchsverfahren gegen die Billigkeitsentscheidung geltend gemacht werden (§ 351 Abs. 2 AO). 31

Gegen die ablehnende Einspruchsentscheidung im Verfahren um die Billigkeitsmaßnahme ist die **Verpflich-** 32 tungsklage gegeben. Für die finanzgerichtliche Beurteilung der Rechtmäßigkeit der Ablehnung der Billigkeitsmaßnahme ist der Zeitpunkt der letzten finanzbehördlichen Entscheidung, d.h. der Zeitpunkt der Einspruchsentscheidung maßgebend. Nachträglich auftretende oder bekannt werdende Umstände können nur dann im finanzgerichtlichen Verfahren berücksichtigt werden, wenn die Finanzbehörde im Zeitpunkt der Einspruchsentscheidung ihrer Pflicht zur einwandfreien und erschöpfenden Sachverhaltsermittlung nicht nachgekommen war (BFH v. 23.11.2000, III R 52/98, BFH/NV 2001, 882 m.w.N.). Anderenfalls können sie ggf. Gegenstand eines neuen Billigkeitsverfahrens sein.

33 Im finanzgerichtlichen Verfahren ist die Ermessensentscheidung der Finanzbehörde durch das FG gem. § 102 FGO nur eingeschränkt überprüfbar, es sei denn der Ermessensspielraum ist im konkreten Fall derart eingeengt, dass nur eine Entscheidung als ermessensgerecht in Betracht kommt (Ermessensreduzierung auf null: BFH v. 26.10.1994, X R 104/92, BStBl II 1995, 297 m.w.N.; s. Rz. 21); in diesem Fall kann das FG ausnahmsweise eine Verpflichtung aussprechen, eine Billigkeitsmaßnahme zu treffen (s. § 102 FGO Rz. 5; § 101 Satz 1 FGO; BFH v. 16.11.2005, X R 3/04, BStBl II 2006, 155 m.w.N.). Das FA kann bis zum Abschluss der Tatsacheninstanz seine Ermessenserwägungen ergänzen (§ 102 Satz 2 FGO). Übergangsregelungen (s. Rz. 9) können im Anfechtungsverfahren gegen Steuerbescheide von Gerichten nicht berücksichtigt werden (BFH v. 15.11.2006, X B 11/06, BFH/NV 2007, 209 m.w.N.).

34 Da es sich bei einer ablehnenden Entscheidung nicht um einen vollziehbaren Verwaltungsakt handelt, kommt als einstweiliger Rechtsschutz nur die **einstweilige Anordnung** i.S. des § 114 FGO in Betracht.

# § 164 AO
# Steuerfestsetzung unter Vorbehalt der Nachprüfung

**(1) Die Steuern können, solange der Steuerfall nicht abschließend geprüft ist, allgemein oder im Einzelfall unter dem Vorbehalt der Nachprüfung festgesetzt werden, ohne dass dies einer Begründung bedarf. Die Festsetzung einer Vorauszahlung ist stets eine Steuerfestsetzung unter Vorbehalt der Nachprüfung.**

**(2) Solange der Vorbehalt wirksam ist, kann die Steuerfestsetzung aufgehoben oder geändert werden. Der Steuerpflichtige kann die Aufhebung oder Änderung der Steuerfestsetzung jederzeit beantragen. Die Entscheidung hierüber kann jedoch bis zur abschließenden Prüfung des Steuerfalles, die innerhalb angemessener Frist vorzunehmen ist, hinausgeschoben werden.**

**(3) Der Vorbehalt der Nachprüfung kann jederzeit aufgehoben werden. Die Aufhebung steht einer Steuerfestsetzung ohne Vorbehalt der Nachprüfung gleich; § 157 Abs. 1 Satz 1 und 3 gilt sinngemäß. Nach einer Außenprüfung ist der Vorbehalt aufzuheben, wenn sich Änderungen gegenüber der Steuerfestsetzung unter Vorbehalt der Nachprüfung nicht ergeben.**

**(4) Der Vorbehalt der Nachprüfung entfällt, wenn die Festsetzungsfrist abläuft. § 169 Abs. 2 Satz 2, § 170 Absatz 6 und § 171 Abs. 7, 8 und 10 sind nicht anzuwenden.**

### Inhaltsübersicht



### Schrifttum

VON WEDELSTÄDT, Die Aufhebung und Änderung von Steuerbescheiden nach den §§ 164, 165, 172 bis 177 AO, DB-Beilage Nr. 20/86; TRZASKALIK, Über die Vorbehaltsfestsetzung und die Steueranmeldung, StuW 1993, 371; LEISNER, Vorbehaltsfestsetzungen und Vertrauensschutz, DStZ 1999, 358; GÜNTHER, Aufhebung und Wegfall des Vorbehalts der Nachprüfung, AO-StB 2007, 104; WEBER, Fehlender Vorbehalt der Nachprüfung als »offenbare Unrichtigkeit« i.S. von § 129 AO – Eine »offenbare« Unrichtigkeit, DStR 2007, 1561; VON WEDELSTÄDT, Prognoseentscheidungen des materiellen Steuerrechts, AO-StB 2007, 297; VON WEDELSTÄDT, Steuerliche Wahlrechte im Korrektursystem der AO, AO-StB 2012, 150; SEER/KIESEN, Kein Vorbehalt der Nachprüfung für eigenständigen Billigkeitserweis, NWB 2013, 33.

## A. Bedeutung der Vorschrift

Die Vorschrift dient der Beschleunigung des Besteuerungsverfahrens, indem sie die Möglichkeit eröffnet, Steuererklärungen ohne eingehendere Prüfung zu bearbeiten und die Überprüfung auf einen späteren Zeitpunkt aufzuschieben. Der Vorbehalt der Nachprüfung ermöglicht, innerhalb der normalen Festsetzungsfrist des § 169 Abs. 1 Nr. 2 AO die Steuerfestsetzung in vollem Umfang 1 aufzuheben oder zu ändern. Die Steuerfestsetzung wird nur formell, d.h. im Sinne der Anfechtbarkeit, nicht jedoch materiell, d.h. inhaltlich, bestandskräftig (BFH v. 11.12.1997, V R 50/94, BStBl II 1998, 420).

## B. Anwendungsbereich der Vorschrift

2 Unter Vorbehalt der Nachprüfung können nach § 164 Abs. 1 Satz 1 AO Steuern festgesetzt werden. Die Vorschrift ist nicht auf Steuerbescheide i.S. des § 155 Abs. 1 Satz 1 AO beschränkt, sondern auf alle Steuerbescheiden gleichgestellte Bescheide anwendbar, also auf **Freistellungsbescheide** (§ 155 Abs. 1 Satz 3 AO), Bescheide über die **gesonderte Feststellung** von **Besteuerungsgrundlagen** (§ 181 Abs. 1 Satz 1 AO), **Steuermessbescheide** (§ 184 Abs. 1 Satz 3 AO), **Zerlegungsbescheide** (§ 185 Abs. 1 AO i.V.m. § 184 Abs. 1 Satz 3 AO), **Zuteilungsbescheide** (§ 190 Abs. 1 Satz 2 AO i.V.m. §§ 185 Abs. 1, 184 Abs. 1 Satz 3 AO), **Zinsbescheide** (§ 239 Abs. 1 AO), **Vergütungsbescheide** (§ 155 Abs. 4 AO), also auch **Kindergeldbescheide** und Bescheide über Zulagen und Prämien, soweit in den entsprechenden Gesetzen auf § 155 Abs. 4 AO verwiesen wird (s. AEAO zu § 164, Nr. 2).

3 Die Festsetzung einer **Vorauszahlung** (§ 164 Abs. 1 Satz 2 AO) ist stets eine Steuerfestsetzung unter Vorbehalt der Nachprüfung. Die Bildung der Lohnsteuerabzugsmerkmale (ELStAM) ist eine gesonderte Feststellung von Besteuerungsgrundlagen i.S. des § 179 Absatz 1 AO, die unter dem Vorbehalt der Nachprüfung steht (§ 39 Abs. 1 Satz 4 EStG), sodass es eines ausdrücklichen Hinweises auf den Vorbehalt der Nachprüfung nicht bedarf. Eine **Steueranmeldung** steht einer Steuerfestsetzung unter Vorbehalt der Nachprüfung gleich (§ 168 AO).

4 **Keine Anwendung** findet § 164 AO auf Abgabenbescheide nach dem UZK, da Art. 101 f. UZK dem entgegenstehen (*Deimel* in HHSp, Art. 102 UZK Rz. 12). § 164 AO ist nicht auf Steuerverwaltungsakte anwendbar, die unter §§ 130 und 131 AO fallen, also auch nicht auf Haftungsbescheide.

5 § 164 Abs. 1 Satz 1 AO lässt die Vorbehaltsfestsetzung **»allgemein oder im Einzelfall«** zu. Damit ermöglicht die Vorschrift der Finanzbehörde, die Vorbehaltsfestsetzung für Gruppen von Stpfl. anzuordnen wie z.B. für Großbetriebe, die der regelmäßigen Betriebsprüfung nach § 4 Abs. 2 BpO unterliegen, oder für solche Steuerfälle, in denen für den betreffenden Veranlagungszeitraum eine Betriebsprüfung vorgesehen ist.

6 Auch **Schätzungsbescheide** können unter dem Vorbehalt der Nachprüfung ergehen. Schätzungsfestsetzungen wegen Nichtabgabe der Steuererklärung sollen unter Vorbehalt der Nachprüfung durchgeführt werden, wenn der Fall für eine eventuelle spätere Überprüfung offengehalten werden soll; dies gilt z.B., wenn eine Außenprüfung vorgesehen ist oder zu erwarten ist, dass der Stpfl. nach Erlass des Bescheids die Steuererklärung nachreicht (AEAO zu § 162, Nr. 4 Abs. 1; s. § 162 AO Rz. 60). Wird bei Schätzungsveranlagungen ohne Vorbehalt der Nachprüfung vom Stpfl. im Klageverfahren die Steuererklärung nachgereicht und zum Anlass einer Änderung genommen, kann der Änderungsbescheid mit Zustimmung des Stpfl. unter Vorbehalt der Nachprüfung gestellt werden (BFH v. 30.10.1980, IV R 168-170/79, BStBl II 1981, 150;AEAO zu § 367, Nr. 5 Abs. 3 Satz 2), da § 172 Abs. 1 Satz 1 Nr. 2 Buchst. a AO nach § 132 AO im gerichtlichen Verfahren anwendbar ist.

## C. Voraussetzungen des Vorbehalts der Nachprüfung

### I. »Nicht abschließend geprüft«

**Einzige Voraussetzung** für den Vorbehalt der Nachprüfung nach § 164 Abs. 1 Satz 1 AO ist, dass **der Steuerfall noch nicht abschließend geprüft** ist. Unter Prüfung ist jegliche Prüfung im Rahmen der Ermittlungen nicht nur hinsichtlich des Sachverhalts, sondern auch hinsichtlich der rechtlichen Würdigung des Sachverhalts zu verstehen, und zwar im Veranlagungsbereich am »grünen Tisch«, im Rechtsbehelfsverfahren wie auch durch die Außenprüfung. Solange die Sachverhaltsaufklärung und die rechtliche Prüfung noch nicht abgeschlossen sind, ist der Steuerfall noch nicht abschließend geprüft. Dies ist regelmäßig der Fall, wenn eine Außenprüfung wie z.B. auch bei Großbetrieben im Rahmen der Anschlussprüfung nach § 4 Abs. 2 BpO vorgesehen ist. Die Zulässigkeit einer Außenprüfung ist jedoch nicht davon abhängig, dass die zu überprüfenden Steuerfestsetzungen unter Vorbehalt der Nachprüfung stehen (s. § 193 AO Rz. 4). 7

Die teilweise oder stichprobenweise Überprüfung der Steuererklärung im **Veranlagungsverfahren** auch mit der Folge, dass ggf. von ihr abgewichen wird, hindert die Vorbehaltsfestsetzung nicht (BFH v. 04.08.1983, IV R 79/83, BStBl II 1984, 6). Keine abschließende Prüfung i.S. des § 164 AO stellt die Prüfung nach § 367 Abs. 2 AO im Rahmen eines **Einspruchsverfahrens** dar, weil diese Prüfung auf den vorhandenen Steuerbescheid beschränkt ist (BFH v. 16.10.1984, VIII R 162/80, BStBl II 1985, 448; s. Rz. 34). Auch vor Abschluss einer Außenprüfung können zur Teilauswertung von Prüfungsfeststellungen geänderte Bescheide erlassen werden, die weiterhin unter Vorbehalt der Nachprüfung stehen (FG He v. 10.12.2002, 4 K 2214/99, EFG 2003, 747). 8

Die Vorbehaltsfestsetzung setzt nicht voraus, dass eine abschließende Prüfung geplant ist. Dem FA wird mit dem Vorbehalt der Nachprüfung das Recht, aber nicht die Pflicht zur abschließenden Überprüfung eingeräumt. Allerdings ist eine Steuerfestsetzung unter Vorbehalt der Nachprüfung ermessensfehlerhaft (s. Rz. 11), wenn fest- 9 steht, dass eine abschließende Prüfung nicht stattfindet (BFH v. 23.03.1999, III B 107/98, BFH/NV 1999, 1307 m.w.N.).

0 Wird der Vorbehalt der Nachprüfung verfügt, obwohl der Fall abschließend geprüft ist oder feststeht, dass in dem Steuerfall eine abschließende Prüfung nicht mehr stattfindet, ist die Steuerfestsetzung – und nicht allein der Vorbehalt (s. Rz. 15) – rechtswidrig, aber nicht nichtig. Wird der Steuerbescheid innerhalb der Einspruchsfrist nicht angefochten, erwächst der Steuerfestsetzung unter Vorbehalt der Nachprüfung in Bestandskraft, der Vorbehalt der Nachprüfung kann zum Anlass einer Änderung gem. § 164 Abs. 2 AO genommen werden (BFH v. 16.09.2004, X R 22/01, BFH/NV 2005, 323 m.w.N.; s. Rz. 19). Auch eine Aufhebung des Vorbehalts kann wegen des Eintritts der formellen Bestandskraft nicht mit der Begründung, er sei rechtswidrig verfügt worden, verlangt werden.

### II. Ermessensregelung

11 Die Entscheidung, ob das FA den Vorbehalt der Nachprüfung setzt, ist eine **Ermessensentscheidung**, bei der auch das Interesse des Stpfl. an einer baldigen endgültigen Veranlagung und das Interesse der Finanzbehörde an einer schnellen Durchführung der Veranlagung ohne intensivere Überprüfung berücksichtigt werden müssen. Einer Begründung der Ermessenserwägungen bedarf es jedoch nicht.

11a Ermessensfehlerfrei ist eine Steuerfestsetzung oder Feststellung unter Vorbehalt der Nachprüfung, wenn die Finanzbehörde eine abschließende Prüfung bei der Durchführung der Festsetzung aus welchen Gründen auch immer nicht vornehmen will, z.B. bei umfangreicherem Sachverhalt oder schwierigen Rechtsfragen oder bei einer beabsichtigten Prüfung von Schätzungsbescheiden. Nicht erforderlich ist, dass die abschließende Prüfung durch die Außenprüfung erfolgen soll. Die Finanzverwaltung kann Ermessensrichtlinien festlegen, nach denen für eine Vielzahl gleichgelagerter Fälle wie z.B. bei Großbetrieben, die der regelmäßigen Betriebsprüfung nach § 4 Abs. 2 BpO unterliegen, oder bei anderen Stpfl. als Großbetrieben, bei denen eine Außenprüfung beabsichtigt ist, der Vorbehalt der Nachprüfung für die zu prüfenden Veranlagungszeiträume verfügt wird.

11b Ermessensfehlgebrauch liegt vor, wenn die Steuer unter Vorbehalt der Nachprüfung festgesetzt wird, obwohl feststeht, dass eine abschließende Prüfung nicht stattfinden wird, oder wenn dies lediglich zur Auswertung eines noch nicht vorliegenden Grundlagenbescheids geschieht, da dessen Auswertung durch § 175 Abs. 1 Satz 1 Nr. 1 AO gesichert ist (*von Wedelstädt* in Bartone/von Wedelstädt, Rz. 489 m.w.N.).

## D. Durchführung der Vorbehaltsfestsetzung

Steuerbescheide und ihnen gleichstehende Bescheide 12
(s. Rz. 2) können **in vollem Umfang** unter dem Vorbehalt der Nachprüfung ergehen, eine Beschränkung des Vorbehalts auf einzelne Punkte oder Besteuerungsgrundlagen ist nicht zulässig (AEAO zu § 164, Nr. 3 Satz 2; BFH v. 23.03.1999, III B 107/98, BFH/NV 1999, 1307 m.w.N.; BFH v. 27.09.2007, IX B 19/07, BFH/NV 2008, 27). Ist mit der unter Vorbehalt der Nachprüfung stehenden Steuerfestsetzung eine Billigkeitsmaßnahme gem. § 163 AO verbunden, steht die Billigkeitsentscheidung nach § 163 Abs. 3 Satz 1 Nr. 2 AO unter dem Vorbehalt des Widerrufs (AEAO zu § 164, Nr. 9; s. auch § 163 AO Rz. 27). Die **Festsetzung einer Vorauszahlung** ist stets eine Steuerfestsetzung unter Vorbehalt der Nachprüfung (§ 164 Abs. 1 Satz 2 AO; s. Rz. 3).

Sofern eine abschließende Prüfung noch nicht statt- 13
gefunden hat, kann der Vorbehaltsvermerk auch erstmals im **Einspruchsverfahren** in die Steuerfestsetzung aufgenommen werden. Da der Vorbehalt auch die jederzeitige Änderung zuungunsten des Stpfl. zulässt, wirkt er – auch – belastend, sodass der Stpfl. nach § 367 Abs. 2 Satz 2 AO auf die beabsichtigte Ergänzung um den Vorbehalt hinzuweisen ist, wenn der Vorbehalt zu einer Verböserung führt (BFH v. 12.06.1980, IV R 23/79, BStBl II 1980, 527; AEAO zu § 367, Nr. 5 Abs. 3 Satz 1). Ein ohne Verböserungshinweis verfügter Vorbehalt der Nachprüfung ist rechtswidrig, aber wirksam. Wegen des Verbots der reformatio in peius darf der Vorbehalt der Nachprüfung dagegen im finanzgerichtlichen Verfahren nicht mehr nachträglich angebracht werden (*Frotscher* in Schwarz/Pahlke, § 164 AO Rz. 39). Ein aufgrund im Klageverfahren nachgereichter Steuererklärung erlassener Änderungsbescheid kann aber mit Zustimmung des Stpfl. unter Vorbehalt der Nachprüfung ergehen (u.a. BFH v. 30.10.1980, IV R 168-170/79, BStBl II 1981, 150;AEAO zu § 367, Nr. 5 Abs. 3 Satz 2; *Heuermann* in HHSp, § 164 AO Rz. 13; s. Rz. 6)

Die erstmalige Aufnahme des Vorbehalts der Nachprü- 14
fung im Rahmen einer **Änderung** nach § 172 Abs. 1 Satz 1 Nr. 2a AO ist nicht zulässig, es sei denn, dass der Stpfl. zustimmt, bei Auswirkungen zu seinen Gunsten vor Ablauf der Einspruchsfrist (*Seer* in Tipke/Kruse, § 164 AO Rz. 23; *Frotscher* in Schwarz/Pahlke, § 164 AO Rz. 37). Dies ist auch aufgrund von Änderungen nach anderen Vorschriften wie z.B. § 173 Abs. 1 AO oder § 175 Abs. 1 Satz 1 Nr. 1 AO nicht möglich, weil diese Vorschriften lediglich eine punktuelle Änderung zulassen (BFH v. 30.10.1980, IV R 168 – 170/79, BStBl II 1981, 150). Der Vorbehalt der Nachprüfung kann auch nicht in einem Einspruchsverfahren gegen einen Änderungsbescheid, der nicht auf § 164 Abs. 2 AO, sondern auf andere Vorschriften wie § 173 AO oder § 175 AO gestützt ist, erstmalig verfügt werden, da § 351 Abs. 1 AO die Anfechtung

eines Änderungsbescheids nur insoweit, d.h. in dem Umfang zulässt, als die Änderung reicht (*Frotscher* in Schwarz/Pahlke, § 164 AO Rz. 40; *von Wedelstädt* in Bartone/von Wedelstädt, Rz. 494).

**15** Der Vorbehalt der Nachprüfung ist eine **unselbstständige Nebenbestimmung** zum Steuerbescheid i.S. des § 120 AO, die nicht selbstständig in einem gesonderten Verwaltungsakt verfügt werden kann. Fehlerhaftigkeit hinsichtlich des Vorbehalts führt nicht zur isolierten Rechtswidrigkeit des Vorbehalts, sondern zur Rechtswidrigkeit der gesamten Steuerfestsetzung. Der Vorbehalt ist im Steuerbescheid anzugeben, wenn er nicht kraft Gesetzes besteht (AEAO zu § 164, Nr. 1).

**16** Der Vorbehalt der Nachprüfung bedarf **keiner Begründung** (§ 164 Abs. 1 Satz 1 AO). Soweit sich der Vorbehalt der Nachprüfung nicht wie bei der Steueranmeldung oder bei Vorauszahlungen kraft Gesetzes ergibt, muss er aus dem Steuerbescheid **eindeutig ersichtlich** sein, da er anderenfalls mangels hinreichender Bestimmtheit unwirksam (§ 119 Abs. 1 AO; §§ 124 Abs. 3, 125 Abs. 1 AO; AEAO zu § 164, Nr. 1), der Steuerbescheid mithin endgültig ist. Dabei kommt es nicht darauf an, dass die Worte »Unter dem Vorbehalt der Nachprüfung« verwendet werden. Es muss für den Stpfl. jedoch eindeutig erkennbar sein, dass hinsichtlich der Steuerfestsetzung eine Nachprüfung vorbehalten ist. Eine Bezugnahme im Steuerbescheid auf sonstige Unterlagen reicht nicht aus, solange sich hieraus für den Stpfl. nicht eindeutig eine entsprechende Ermessensentscheidung des zuständigen Veranlagungsbeamten ergibt (BFH v. 02.12.1999, V R 19/99, BStBl II 2000, 284 m.w.N.). Ein **versehentlich unterbliebener Vorbehaltsvermerk** kann nach § 129 AO im Wege der Berichtigung der Steuerfestsetzung **nachträglich ergänzt** werden (h.M.; BFH v. 06.11.2012, VIII R 15/10, BStBl II 2013, 307 m.w.N.; *von Wedelstädt* in Gosch, § 129 AO Rz. 47 m.w.N.; a.A. *Seer* in Tipke/Kruse, § 164 AO Rz. 25; *Weber*, DStR 2007, 1561). Bei Vorliegen der Voraussetzungen für die Berichtigung nach § 129 AO kann das FA auch ohne förmliche Nachholung der Vorbehaltskennzeichnung den Bescheid unmittelbar nach § 164 Abs. 4 AO ändern; es muss dies jedoch begründen. Denn die rechtlich vorgeschaltete Berichtigung nach § 129 AO ist nur Teil der Begründung des Änderungsbescheids nach § 164 Abs. 2 AO, die ggf. nachgeholt werden kann (BFH v. 22.02.2006, I R 125/04, BStBl II 2006, 400 m.w.N.). In beiden Fällen ist Voraussetzung, dass die Festsetzungsfrist nach § 169 AO noch nicht abgelaufen ist. Auch wenn die im Falle offenbarer Unrichtigkeit eintretende Ablaufhemmung des § 171 Abs. 2 AO dazu führen würde, dass die Wirkung des Vorbehalts der Nachprüfung aus Gründen verlängert würde, die dem Zweck des § 164 Abs. 4 AO widersprechen, kommt sie wohl in Betracht, da sie in § 164 Abs. 4 AO nicht ausgeschlossen wird; dieser Fall dürfte allerdings höchst selten relevant werden (entgegen Vorauflage).

Der Vorbehalt der Nachprüfung kann mit einem Vorläufigkeitsvermerk nach § 165 AO verbunden werden **1**

Der Vorbehalt der Nachprüfung kann mit einem **Vorläufigkeitsvermerk nach § 165 AO verbunden** werden (§ 165 Abs. 3 AO); die Vorläufigkeit kann auch nachträglich durch Änderung der Vorbehaltsfestsetzung nach § 164 Abs. 2 AO oder bei Aufhebung des Vorbehalts verfügt werden (BFH v. 23.01.2006, IV B 80/04, BFH/NV 2006, 1242 m.w.N.). Die Vorläufigkeit führt zur Hemmung des Ablaufs der Festsetzungsfrist (§ 171 Abs. 8 AO), sodass auf diese Weise sichergestellt werden kann, dass die steuerlichen Auswirkungen aus der Beseitigung der Ungewissheit i.S. des § 165 AO noch nach Ablauf der normalen Festsetzungsfrist berücksichtigt werden können. S. § 165 AO Rz. 19.

## E. Wirkungen des Vorbehalts der Nachprüfung (§ 164 Abs. 2 AO)

### I. Aufhebung und Änderung des Steuerbescheids

**18** Solange der Vorbehalt der Nachprüfung wirksam ist, eröffnet er die jederzeitige Aufhebung oder Änderung des Steuerbescheids und der ihm gleichgestellten Bescheide. Dies bedarf keiner weiteren Rechtsgrundlage. Denn der gesamte Steuerfall bleibt »offen« und kann – abgesehen von der Einschränkung des § 176 AO – in rechtlicher und tatsächlicher Hinsicht überprüft werden. Erst nach Ablauf der Festsetzungsfrist verliert der Vorbehalt der Nachprüfung seine Wirkung (BFH v. 09.02.2011, IV R 15/08, BStBl II 2011, 764 m.w.N.). Der Steuerbescheid kann – auch in Gestalt einer Einspruchsentscheidung – bei Fortbestehen des Vorbehalts auch mehrmals geändert werden (BFH v. 03.04.1997, X B 124/96, BFH/NV 1997, 661; *Seer* in Tipke/Kruse, § 164 AO Rz. 40), und zwar auch dann, wenn von der in der Einspruchsentscheidung zugrunde gelegten Rechtsentscheidung abgewichen wird (BFH v. 05.06.2003, III R 26/00, BFH/NV 2003, 1529) oder wenn nach § 364b Abs. 2 Satz 1 AO präkludierte Tatsachen nunmehr berücksichtigt werden sollen (*Birkenfeld* in HHSp, § 364b AO Rz. 161; *von Wedelstädt*, DB 1996, 113, 114; *von Wedelstädt*, StuW 1996, 186, 189). Dem steht der Grundsatz von Treu und Glauben nicht entgegen (s. Rz. 21; s. § 4 AO Rz. 75).

**18a** Das FA ist nicht gehindert, zulasten des Stpfl. auch solche Tatsachen und Umstände zu berücksichtigen, die auch schon beim Erlass des Vorbehaltsbescheids bekannt oder erkennbar waren (BFH v. 21.03.2002, III R 30/99, BStBl II 2002, 547). Entgegen dem Wortlaut des § 164 Abs. 2 Satz 1 AO besteht kein Ermessen der Finanzbehörde, wenn der Steuerbescheid rechtswidrig ist, da der Ermessenspielraum durch den Grundsatz der Gesetzmäßigkeit und Gleichmäßigkeit der Besteuerung (§ 85 AO) auf »Null« reduziert ist.

19 Der Steuerbescheid oder ihm gleichgestellte Bescheide können auch bei **unzulässigem Vorbehalt der Nachprüfung** aufgehoben oder geändert werden, wenn also das FA den Vorbehalt trotz abschließender Prüfung zu Unrecht verfügt (BFH v. 16.09.2004, X R 22/01, BFH/NV 2005, 322 m. w. N.) oder aufrechterhalten hat oder ihn nach § 164 Abs. 3 Satz 3 AO hätte aufheben müssen. Dies gilt auch, wenn dem Stpfl. eine Mitteilung nach § 202 Abs. 1 Satz 3 AO erteilt worden ist, denn diese Mitteilung ist kein Verwaltungsakt, der eine allgemeine Änderungssperre auslöst (BFH v. 09.11.2006, V R 43/04, BStBl II 2007, 344 m. w. N.; auch s. Rz. 28). Dem steht der Grundsatz von Treu und Glauben nicht entgegen (BFH v. 14.09.1993, VIII R 9/93, BStBl II 1995, 2). Die **Änderungssperre des § 173 Abs. 2 AO** greift im Rahmen des § 164 Abs. 2 AO nicht, da sie nur für Änderungen nach § 173 AO, nicht jedoch für Änderungen nach anderen Vorschriften gilt (BFH v. 21.07.1999, V B 27/99, BFH/NV 2000, 6 m. w. N.). Deshalb muss der Stpfl. in derartigen Fällen die Aufhebung des Vorbehalts beantragen, um spätere Änderungen nach § 164 Abs. 2 AO zu seinen Ungunsten zu verhindern.

20 Die Aufhebung oder Änderung der Steuerfestsetzung ist **uneingeschränkt zugunsten wie zuungunsten des Stpfl.** zulässig. Es ist gleichgültig, ob dies aus tatsächlichen oder aus rechtlichen Gründen erfolgt (BFH v. 10.06.1999, IV R 69/98, BStBl II 1999, 691 m. w. N.) oder ob diese dem FA zum Zeitpunkt des Erlasses der Vorbehaltsfestsetzung schon bekannt waren oder nicht (BFH v. 05.06.2003, III R 26/00, BFH/NV 2003, 1529 m. w. N.). Das FA ist dabei an seine im Vorbehaltsbescheid vertretene Sachverhaltswürdigung oder Rechtsauffassung nicht gebunden (BFH v. 02.10.1984, VIII R 20/84, BStBl II 1985, 428; BFH v. 28.08.2002, V B 71/02, BFH/NV 2003, 4), und zwar auch dann nicht, wenn es auf Einspruch einen Änderungsbescheid zugunsten des Stpfl. erlassen hat, in dem der Vorbehalt der Nachprüfung aufrechterhalten worden ist (BFH v. 05.06.2003, III R 26/00, BFH/NV 2003, 1529 m. w. N.). Es kann auch eine unter Vorbehalt der Nachprüfung durchgeführte gesonderte Feststellung aufheben, wenn sich herausstellt, dass die Voraussetzungen dafür nicht vorlagen (BFH v. 10.06.1999, IV R 69/98, BStBl II 1999, 691 m. w. N.). Ein mit dem Einspruch angefochtener unter Vorbehalt der Nachprüfung stehender Steuerbescheid kann im Rahmen des Einspruchsverfahrens zuungunsten des Stpfl. ohne Verböserungshinweis nach § 367 Abs. 2 Satz 2 AO geändert werden (u. a. BFH v. 22.03.2006, XI R 24/05, BStBl II 2006, 576 m. w. N.; s. § 367 AO Rz. 19), es sei denn, eine Änderung des angefochtenen Steuerbescheids während des Einspruchsverfahrens ist nur deshalb möglich, weil durch den Einspruch die Festsetzungsfrist in ihrem Ablauf gehemmt ist (§ 171 Abs. 3a AO); in diesem Fall gilt § 367 Abs. 2 Satz 2 AO entsprechend, denn durch die Rücknahme des Einspruchs würde diese Ablaufhemmung enden und damit die Änderungsmöglichkeit wegen Wegfalls des Vorbehalts der Nachprüfung (§ 164 Abs. 4 Satz 1 AO) entfallen (BFH v. 25.02.2009, IX R 24/08, BStBl II 2009, 587; BFH v. 22.12.2010, I R 86/09, BFH/NV 2011, 1140). Auch ein Steuerbescheid in Gestalt der Einspruchsentscheidung kann nach § 164 Abs. 2 AO geändert werden, und zwar auch dann, wenn von der in der Einspruchsentscheidung zugrunde gelegten Rechtsentscheidung abgewichen wird (BFH v. 05.06.2003, III R 26/00, BFH/NV 2003, 1529; *von Wedelstädt* in Bartone/von Wedelstädt, Rz. 514 m. w. N.) oder wenn nach § 364b Abs. 2 Satz 1 AO präkludierte Tatsachen nunmehr berücksichtigt werden sollen (*Birkenfeld* in HHSp, § 364b AO Rz. 69; *von Wedelstädt*, DB 1996, 113, 114; *von Wedelstädt*, StuW 1996, 186, 189). Im Rahmen einer Betriebsprüfung können auch solche Steuerfestsetzungen, die vor dem Prüfungszeitraum liegen und unter dem Vorbehalt der Nachprüfung stehen, überprüft und geändert werden (BFH v. 28.08.1987, III R 189/84, BStBl II 1988, 2). Zur Änderung der Festsetzung der LSt-Entrichtungsschuld nach Übermittlung oder Ausschreibung der LSt-Bescheinigung s. BFH v. 30.10.2008, VI R 10/05, BStBl II 2009, 354.

Der Vorbehalt der Nachprüfung verhindert grundsätzlich das Entstehen eines für die Bindung an **Treu und Glauben** notwendigen Vertrauenstatbestandes, weil es sich lediglich um eine vorläufige Beurteilung der Finanzverwaltung handelt, die einer späteren abweichenden Beurteilung nicht entgegensteht, es sei denn, es liegen eine Zusage oder eine verbindliche Auskunft (BFH v. 09.11.2006, V R 43/04, BStBl II 2007, 344 m. w. N.) oder ein durch ein besonderes Verhalten der Finanzbehörde begründeter Vertrauenstatbestand vor (*Heuermann* in HHSp, § 164 AO Rz. 21 m. w. N.). Der Vorbehalt der Nachprüfung signalisiert dem Stpfl., dass eine abschließende Beurteilung verbunden mit einer eventuellen Änderung vorbehalten bleibt. Hat eine **tatsächliche Verständigung** über einen Sachverhalt stattgefunden, darf im Rahmen einer Änderung nach § 164 Abs. 2 AO der Besteuerung kein von der tatsächlichen Verständigung abweichender Sachverhalt zugrunde gelegt werden (*Seer* in Tipke/Kruse, § 164 AO Rz. 36 m. w. N.; *von Wedelstädt*, AO-StB 2001, 190 m. w. N.; s. Vor §§ 204–207 AO Rz. 31). Die Einschränkung des **§ 176 AO** ist zu beachten (u. a. BFH v. 10.06.2008, VIII R 79/05, BStBl II 2008, 863; AEAO zu § 164, Nr. 4 Satz 2; *von Groll* in HHSp, § 176 AO Rz. 90 m. w. N.). Die Anwendung des **§ 177 AO** läuft ins Leere, da § 164 AO die uneingeschränkte Änderung zulässt (ebenso *von Groll* in HHSp, § 177 AO Rz. 201). Ist wegen Teilverjährung der Vorbehalt nur noch teilweise wirksam, ist § 177 AO im Bereich der nicht mehr unter Vorbehalt der Nachprüfung stehenden Steuerfestsetzung anwendbar (BFH v. 09.08.2006, II R 24/05, BStBl II 2007, 87; *von Wedelstädt* in Gosch, § 177 AO Rz. 9). 21

22 Der Vorbehalt der Nachprüfung steht grundsätzlich einem **Verwertungsverbot** entgegen, wenn lediglich formelle Rechtsfehler vorliegen, nicht jedoch bei schwerwiegenden (sog. qualifizierten materiell-rechtlichen) Rechtsverletzungen (AEAO zu § 196, Nr. 2 Satz 4 m. w. N.; BFH v. 04.10.2006, VIII R 53/04, BStBl II 2007, 227 m. w. N.; *von Wedelstädt*, DB 2000, 1356, 1362 m. w. N.; s. § 196 AO Rz. 21).

### II. Änderung aufgrund eines Antrags des Steuerpflichtigen

23 Der Stpfl. kann, solange der Vorbehalt wirksam ist, die Aufhebung oder Änderung der Steuerfestsetzung jederzeit beantragen (§ 164 Abs. 2 Sätze 2 und 3 AO). Durch den Antrag auf Änderung der Steuerfestsetzung wird der Ablauf der Festsetzungsfrist nach § 171 Abs. 3 AO gehemmt, soweit der Antrag reicht. Mit Ablauf der regulären Festsetzungsfrist entfällt daher der Vorbehalt der Nachprüfung, soweit er den durch den Antrag abgesteckten Rahmen übersteigt, m. a. W. der Vorbehalt der Nachprüfung wirkt nur noch eingeschränkt (FG BW v. 27.11.1986, VI K 36/86, EFG 1987, 277). Der Antrag nach § 164 Abs. 2 Satz 2 AO ermöglicht **keine Vollziehungsaussetzung** des Steuerbescheids (§ 361 AO; § 69 FGO).

24 Soweit nicht im Einzelfall besondere Fristen entgegenstehen, kann der Stpfl. im Rahmen seines Antrags auch erstmalig **Anträge stellen oder Wahlrechte ausüben** sowie eine bereits ausgeübte Wahl ändern (BFH v. 04.11.2004, III R 73/03, BStBl II 2005, 290 m. w. N.; BFH v. 09.12.2015, X R 56/13, BStBl II 2016, 967m. w. N.; *Seer* in Tipke/Kruse, § 164 AO Rz. 43 m. w. N.; *von Wedelstädt*, AO-StB 2012, 150).

25 Der Stpfl. hat bei einem Antrag keinen Anspruch auf unverzügliche Entscheidung, da nach § 164 Abs. 2 Satz 3 AO die Entscheidung bis zur abschließenden Prüfung des Steuerfalls, die allerdings innerhalb angemessener Zeit vorzunehmen ist, hinausgeschoben werden kann. Die Angemessenheit richtet sich nach dem Einzelfall, insbes. seiner Schwierigkeit in tatsächlicher und rechtlicher Hinsicht, der Höhe des Steuerunterschieds aufgrund der beantragten Änderung, den schutzwürdigen Interessen des Stpfl., aber auch dem Grad der Verursachung der Änderungsbedürftigkeit durch den Stpfl. Die Angemessenheit kann an der Frist des § 46 Abs. 1 Satz 2 FGO zu beurteilen sein.

26 Bei der **Änderung des Steuerbescheids** kann der Vorbehalt aufrechterhalten werden, wenn die Voraussetzungen für die Vorbehaltsfestsetzung noch gegeben sind, d. h. die Steuerfestsetzung nicht abschließend geprüft ist. Ob der Steuerbescheid weiterhin unter Vorbehalt der Nachprüfung steht, ist im Bescheid zu vermerken (AEAO zu § 164, Nr. 6 Satz 1). Ist er nicht ausdrücklich aufgehoben, so steht der Bescheid auch ohne diesen Hinweis unter Vorbehalt der Nachprüfung (BFH v. 14.09.1993, VIII R 9/93, BStBl II 1995, 2; AEAO zu § 164, Nr. 6 Satz 2 m. w. N.). Das gilt auch bei Änderung der Vorbehaltsfestsetzung im Einspruchs- oder Klageverfahren. Dagegen entfällt der einer Steueranmeldung, die keine Vorauszahlungen betrifft wie die USt-Jahreserklärung, nach § 168 AO anhaftende Nachprüfungsvorbehalt, wenn das FA auf die Steueranmeldung hin erstmals einen Steuerbescheid ohne einen derartigen Vorbehalt erlässt (BFH v. 02.12.1999, V R 19/99, BStBl II 2000, 284 m. w. N.; AEAO zu § 164, Nr. 6 Satz 3); soll der Vorbehalt auch für den Steuerbescheid gelten, muss dieser ausdrücklich unter Vorbehalt der Nachprüfung erlassen werden. Bei der Änderung der Festsetzung von Vorauszahlungen steht der Änderungsbescheid kraft Gesetzes unter Vorbehalt (§ 164 Abs. 1 Satz 2 AO), der daher nicht ausdrücklich wiederholt werden muss.

## F. Aufhebung des Vorbehalts der Nachprüfung (§ 164 Abs. 3 AO)

Der Vorbehalt kann **jederzeit** durch Bescheid von Amts wegen oder auf Antrag des Stpfl. **aufgehoben werden** (§ 164 Abs. 3 Satz 1 AO). Die Aufhebung muss **ausdrücklich** erfolgen, da für sie als Steuerfestsetzung ohne Vorbehalt der Nachprüfung (§ 164 Abs. 3 Satz 2 AO) § 157 Abs. 1 Satz 1 und 3 AO sinngemäß gilt, d. h. die Aufhebung schriftlich oder in elektronischer Form (§ 87a Abs. 4 AO) und unter Beifügung einer Rechtsbehelfsbelehrung zu erfolgen hat (st. Rspr. des BFH, u. a. BFH v. 18.08.2009, X R 8/09, BFH/NV 2010, 161 m. w. N.; *Oellerich* in Gosch, § 164 AO Rz. 123; AEAO zu § 164, Nr. 6 Satz 4). Es genügt für die Aufhebung nicht, dass der Vorbehalt in einem Änderungsbescheid nicht wiederholt wird. Das gilt **nicht bei Vorauszahlungsbescheiden**, da die Festsetzung einer Vorauszahlung stets eine Steuerfestsetzung unter Vorbehalt der Nachprüfung ist (§ 164 Abs. 1 Satz 2 AO). Die Aufhebung ist an keine Voraussetzungen gebunden, insbes. setzt sie nicht voraus, dass eine abschließende Prüfung stattgefunden hat; sie steht im pflichtgemäßen Ermessen der Finanzbehörde und bedarf keiner besonderen Begründung (BFH v. 28.05.1998, V R 100/96, BStBl II 1998, 502). Eine Anhörung des Stpfl. ist nicht vorgeschrieben. Wird in einer Einspruchsentscheidung der Vorbehalt der Nachprüfung aufgehoben, so ist ein Verböserungshinweis nach § 367 Abs. 2 Satz 2 AO nicht erforderlich, weil der damit verbundene Zweck nicht erreicht werden kann (BFH v. 09.09.1998, I R 31/98, BStBl II 1999, 26 m. w. N.), es sei denn, die allgemeine Festsetzungsfrist ist abgelaufen und nur durch den Einspruch im Ablauf gehemmt (BFH v. 17.02.1998, IX R 45/96, BFH/NV 1998, 816). Eine versehentliche Aufhebung des Vorbehalts der Nachprüfung ist eine offen- 27 bare Unrichtigkeit i.S. des § 129 AO (BFH v. 23.07.2002, VIII R 6/02, BFH/NV 2003, 1; a.A. *Seer* in Tipke/Kruse, § 164 AO Rz. 47).

28 Nach einer **Außenprüfung** ist der Vorbehalt aufzuheben, wenn **sich Änderungen gegenüber der Steuerfestsetzung unter Vorbehalt der Nachprüfung** nicht ergeben haben (§ 164 Abs. 3 Satz 3 AO). Der Grund für die ausdrückliche gesetzliche Regelung beruht darauf, dass in diesem Falle keine Steuerfestsetzung stattfindet, in der die Aufhebung des Vorbehalts wegen der abschließenden Prüfung durch die Außenprüfung erfolgen kann. Eine Änderung der Steuerfestsetzung aufgrund von Feststellungen einer Außenprüfung darf ebenfalls nicht unter Vorbehalt der Nachprüfung ergehen, der Vorbehalt muss aufgehoben werden, sofern es sich bei der Außenprüfung um eine abschließende Prüfung handelt. Unterlässt das FA die vorgeschriebene **Aufhebung** des Vorbehalts, so steht der Steuerbescheid weiterhin unter dem Vorbehalt der Nachprüfung und kann nach § 164 Abs. 2 AO geändert werden, und zwar selbst dann, wenn das FA dem Stpfl. gem. § 202 Abs. 1 AO mitgeteilt hat, die Außenprüfung habe zu keiner Änderung der Besteuerungsgrundlagen geführt (BFH v. 09.11.2006, V R 43/04, BStBl II 2007, 344 m.w.N.; BFH v. 18.08.2009, X R 8/09, BFH/NV 2010, 161; *von Wedelstädt* in Bartone/von Wedelstädt, Rz. 539; *Oellerich* in Gosch, § 164 AO Rz. 137; a.A. krit. *Heuermann* in HHSp, § 164 AO Rz. 32, 38 ff.; *Seer* in Tipke/Kruse, § 164 AO Rz. 51; s. Rz. 19). Dem steht der Grundsatz von Treu und Glauben nicht entgegen (BFH v. 14.09.1993, VIII R 9/93, BStBl. II 1995, 2; *Oellerich* in Gosch, § 164 AO Rz. 137; »allenfalls ganz ausnahmsweise« *Rüsken* in Klein, § 164 AO Rz. 55a; a.A. *Heuermann* in HHSp, § 164 AO Rz. 39; *Frotscher* in Schwarz/Pahlke, § 164 AO Rz. 107). Ein entgegen § 164 Abs. 3 Satz 3 AO aufrechterhaltener Nachprüfungsvorbehalt ist nicht nichtig, sondern lediglich rechtswidrig. Kommt das FA seiner Pflicht aus § 164 Abs. 3 Satz 3 AO nach Abschluss der Außenprüfung nicht nach, hat der Stpfl. Anspruch auf Aufhebung des Vorbehalts und die Möglichkeit, dies durch einen Änderungsantrag oder durch einen Rechtsbehelf durchzusetzen.

29 Eine **Außenprüfung** ist regelmäßig eine umfassende Prüfung der steuerlichen Verhältnisse und damit als abschließende Prüfung anzusehen, sodass Änderungsbescheide nicht unter dem **Vorbehalt der Nachprüfung** stehen dürfen. Der Umfang der Außenprüfung ergibt sich aus der Prüfungsanordnung (s. § 196 AO Rz. 8). Enthält die Prüfungsanordnung Einschränkungen des Prüfungsumfanges in Bezug auf Besteuerungsmerkmale innerhalb von Steuerarten, nicht in Bezug auf Steuerarten, handelt es sich nicht um eine abschließende Prüfung; der Vorbehalt der Nachprüfung muss dann nicht aufgehoben werden (BFH v. 30.04.1987, V R 29/79, BStBl II 1987, 486; BFH v. 12.02.1990, V R 183/84, BFH/NV 1990, 547). Wird eine Außenprüfung, deren Prüfungsanordnung keine Einschränkung des Prüfungsumfangs enthält, tatsächlich nur auf bestimmte Schwerpunkte oder Stichproben erstreckt, handelt es sich wegen der Maßgeblichkeit der Prüfungsanordnung um eine abschließende Prüfung. Wird dagegen bei einer Außenprüfung, die als eingeschränkte angeordnet worden ist, über die Prüfungsanordnung hinaus in einem Umfang geprüft, dass die Prüfung als abschließend angesehen werden muss, muss sich die Finanzbehörde diesen »Exzess« entgegenhalten lassen: der Vorbehalt der Nachprüfung ist sowohl im Falle der Ergebnislosigkeit der Prüfung als auch im Falle einer Änderung der Steuerfestsetzung aufzuheben.

Auch eine **abgekürzte Außenprüfung** (§ 203 AO) kann 29a eine abschließende Prüfung sein (*Seer* in Tipke/Kruse, § 164 AO Rz. 48; *Cöster* in Koenig, § 164 AO Rz. 72). Da sie sich nach ihrer Definition auf bestimmte (wesentliche) Besteuerungsgrundlagen beschränkt, spricht dies dagegen. Maßgeblich ist auch hier der Inhalt der Prüfungsanordnung (BFH v. 22.02.2006, I R 125/04, BStBl II 2006, 400; *Heuermann* in HHSp, § 164 AO Rz. 35).

**Sonderprüfungen** wie z.B. Umsatzsteuer-Sonderprü- 30 fungen erstrecken sich regelmäßig auf Teilbereiche und sind daher keine abschließenden Prüfungen. Die Beschränkung auf bestimmte Sachverhalte oder Besteuerungszeiträume muss sich aus der Prüfungsanordnung ergeben. Der Vorbehalt kann aufrechterhalten bleiben. Enthält die Prüfungsanordnung keine Beschränkung (z.B. bei der Prüfung auf der Grundlage von Jahres-Steuererklärungen), muss der Vorbehalt aufgehoben werden (BMF v. 03.07.2002, IV B 2 – S 7420 a – 1/02, BStBl I 2002, 1366). **Andere Prüfungen** wie z.B. die Prüfung am sog. »grünen Tisch«, d.h. im Veranlagungsverfahren, sind abschließend, wenn durch sie die Steuererklärung nach Art und Umfang in der Weise überprüft wird, dass Sachverhaltsaufklärung und rechtliche Beurteilung damit abgeschlossen erscheinen. Führt eine derartige abschließende Prüfung gegenüber der Vorbehaltsfestsetzung zu keiner Änderung, ist entspr. § 164 Abs. 3 Satz 3 AO der Vorbehalt vorgeschrieben (FG RP v. 12.09.1996, 5 K 2711/95, EFG 1997, 259; *Seer* in Tipke/Kruse, § 164 AO Rz. 48; *Rüsken* in Klein, § 164 AO Rz. 46). Zur Prüfung im Einspruchsverfahren s. Rz. 8 und 34.

Die Aufhebung des Vorbehalts der Nachprüfung steht 31 einer **Steuerfestsetzung ohne Vorbehalt der Nachprüfung** gleich (§ 164 Abs. 3 Satz 2 AO). Die Aufhebung muss daher entspr. § 157 Abs. 1 Satz 1 und 3 AO schriftlich oder in elektronischer Form geschehen, der Bescheid mit einer Rechtsbehelfsbelehrung versehen werden (AEAO zu § 164, Nr. 6 Satz 4). Die Aufhebung des Vorbehalts in einem Feststellungsbescheid ist auch ohne seine Änderung Grundlagenbescheid und löst die Ablaufhemmung des § 171 Abs. 10 AO aus (BFH v. 11.04.1995, III B 74/92, BFH/NV 1995, 943; AEAO zu § 171, Nr. 6 Abs. 2).

32 Die Aufhebung des Vorbehalts beseitigt das uneingeschränkte Änderungsrecht. Die Möglichkeit, den Steuerbescheid nach anderen Vorschriften (z. B. §§ 172 ff. AO) zu ändern, wird dadurch nicht berührt. Damit bleibt auch nach der Aufhebung des Vorbehalts die Durchführung von Außenprüfungen ebenso zulässig wie in den Fällen, in denen es sich um von Anfang an vorbehaltslose Steuerfestsetzungen handelt, weil sich die Zulässigkeit der Außenprüfung nicht aus den Änderungsvorschriften, sondern aus §§ 193 ff. AO ergibt (BFH v. 23.07.1985, VIII R 197/84, BStBl II 1986, 36). Ist ein Steuerbescheid, der unter Vorbehalt der Nachprüfung ergangen ist, vom Stpfl. angefochten worden und hat er den Einspruch auch nach präkludierender Fristsetzung gem. § 364 b AO nicht begründet, hat die Finanzbehörde den Vorbehalt der Nachprüfung aufzuheben, um zu verhindern, dass die Präklusion wegen der sonst weiter bestehenden Änderungsmöglichkeit nach § 164 Abs. 2 AO in Leere läuft (*Oellerich* in Gosch, § 164 AO Rz. 122; *von Wedelstädt* in Kühn/von Wedelstädt, § 162 AO Rz. 56; AEAO zu § 364 b, Nr. 2 Satz 3, s. auch § 162 AO Rz. 56).

## G. Wegfall des Vorbehalts der Nachprüfung (§ 164 Abs. 4 Satz 1 AO)

33 Wird der Vorbehalt nicht aufgehoben, entfällt er mit Ablauf der allgemeinen Festsetzungsfrist i. S. des § 169 Abs. 2 Satz 1 AO und der nicht in § 164 Abs. 4 Satz 2 AO genannten Ablaufhemmungen nach § 171 Abs. 1 bis 6, 9 und 11 bis 14 AO (AEAO zu § 164, Nr. 7). Die Anlaufhemmung des § 170 Abs. 6 AO ist nicht anzuwenden. Anders als bei der erstmaligen Beifügung eines Vorbehaltsvermerks und bei seiner Aufhebung, die stets nur auf die gesamte Steuerfestsetzung/Feststellung bezogen sein können, ergibt sich aus § 164 Abs. 4 AO in Verbindung mit dem differenzierten System der Ablaufhemmungen des § 171 AO, dass der Wegfall des Vorbehalts der Nachprüfung in Fällen der Teilverjährung nur auf einen Teil des Steueranspruchs bezogen ist (BFH v. 09.08.2006, II R 24/05, BStBl II 2007, 87).

Ebenfalls wichtig: Die Verlängerung der Festsetzungsfrist für hinterzogene oder leichtfertig verkürzte Steuern verlängert die Wirksamkeit des Vorbehalts nicht (AEAO zu § 169, Nr. 2.2 m. w. N.). Der Wegfall ist keine Steuerfestsetzung, er muss auch nicht, anders als bei der Aufhebung des Vorbehalts (s. Rz. 31), ausdrücklich erfolgen.

## H. Rechtsschutz

### I. Einspruchsverfahren

34 **Gegen die Steuerfestsetzung unter Vorbehalt der Nachprüfung** ist der Einspruch gegeben. Da der Vorbehalt der Nachprüfung als unselbstständige Nebenbestimmung mit dem Steuerbescheid eine Einheit bildet, kann er nicht selbstständig, sondern nur zusammen mit diesem angefochten werden (BFH v. 20.12.2000, III R 17/97, BFH/NV 2001, 914 m. w. N.). Die Prüfung im Einspruchsverfahren ist regelmäßig keine abschließende Prüfung i. S. des § 164 Abs. 1 AO und soll diese nicht ersetzen (h. M.; BFH v. 16.10.1984, VIII R 162/80, BStBl II 1985, 448; *Seer* in Tipke/Kruse, § 164 AO Rz. 55 m. w. N., s. Rz. 8). Daher kann der Vorbehalt der Nachprüfung auch nach einer Änderung des Steuerbescheids im Einspruchsverfahren aufrecht erhalten bleiben (AEAO zu § 367, Nr. 5 Abs. 1 Satz 1). Er bleibt bestehen, wenn er im Änderungsbescheid nicht ausdrücklich aufgehoben wird (AEAO zu § 164, Nr. 6 Satz 2; s. Rz. 26). Zur Nachholung eines bisher nicht verfügten Vorbehalts im Einspruchsverfahren s. Rz. 13.

Hebt das FA im Einspruchsverfahren den Vorbehalt auf oder ändert es die Steuerfestsetzung zuungunsten des Stpfl., liegt darin zwar eine Verböserung, eines Hinweises nach § 367 Abs. 2 Satz 2 AO bedarf es jedoch nicht, da § 164 Abs. 2 AO die Änderung zulasten des Stpfl. auch nach einer Rücknahme des Einspruchs ermöglicht (AEAO zu § 367, Nr. 5 Abs. 2 Satz 3; BFH v. 22.03.2006, XI R 24/05, BStBl II 2006, 576 m. w. N.), es sei denn, die Änderungsmöglichkeit besteht nur deshalb, weil die Festsetzungsfrist durch den Einspruch gem. § 171 Abs. 3a AO in ihrem Ablauf gehemmt ist (BFH v. 25.02.2009, IX R 24/08, BStBl II 2009, 587). 35

Der **Einspruch ist ferner gegeben** 36

- gegen die **Aufhebung oder Änderung der Vorbehaltsfestsetzung** nach § 164 Abs. 2 Satz 1 AO; in diesem Fall sind die Anfechtungsgrenzen des § 351 Abs. 1 AO unbeachtlich (BFH v. 11.03.1999, V B 24/99, BStBl II 1999, 335; *Seer* in Tipke/Kruse, § 164 AO Rz. 61 und § 351 AO Rz. 23 m. w. N.); in diesem Verfahren können Einwendungen gegen die Zulässigkeit des Vorbehalts der Nachprüfung nicht mehr erhoben werden, da der Vorbehaltsbescheid bestandskräftig ist.
- gegen die **Ablehnung eines Antrags auf Aufhebung oder Änderung der Vorbehaltsfestsetzung**; in diesem Fall darf das FA den Steuerbescheid nicht verbösern, weil nicht der Steuerbescheid, sondern nur der die beantragte Änderung ablehnende Bescheid Gegenstand des Einspruchs ist (FG Köln v. 07.10.1994, 1 V 4851/94, EFG 1995, 190).
- gegen die **Aufhebung des Vorbehalts**, da sie einer Steuerfestsetzung ohne Vorbehalt gleichsteht. Der Aufhebungsbescheid eröffnet damit die Anfechtbarkeit der Steuerfestsetzung. Mit dem Einspruch kann sowohl die Aufhebung des Vorbehalts als auch die Steuerfestsetzung als solche (nach Grund und Höhe) angegriffen werden, auch wenn über die Rechtmäßigkeit des Vorbehaltsbescheids zu denselben Streitfragen bereits rechtskräftig entschieden ist

(BFH v. 30.06.1997, V B 131/96, BFH/NV 1998, 817). Wird der Vorbehalt der Nachprüfung durch Einspruchsentscheidung aufgehoben, ist dagegen als Rechtsmittel die Klage, nicht dagegen ein erneuter Einspruch zulässig (BFH v. 04.08.1983, IV R 216/82, BStBl II 1984, 85).

### II. Klageverfahren

37 Ist der Einspruch gegen die Vorbehaltsfestsetzung erfolglos, ist gegen die Vorbehaltsfestsetzung die Anfechtungsklage gegeben (§ 40 Abs. 1 FGO). Eine Anfechtungsklage, mit der allein die Aufhebung des Vorbehalts erstrebt wird, ist unzulässig (BFH v. 30.10.1980, IV R 168 – 170/79, BStBl II 1981, 150). Im Klageverfahren darf sich das FG wegen des Vorbehalts der Nachprüfung nicht auf eine summarische oder kursorische Überprüfung des angefochtenen Steuerbescheids beschränken, weil es damit dem Stpfl. den Rechtsschutz verweigern oder doch zumindest verkürzen würde (BFH v. 07.02.1990, I R 145/87, BStBl II 1990, 1032). Das FG hat daher auch eine unter dem Vorbehalt der Nachprüfung erfolgte Steuerfestsetzung in rechtlicher und tatsächlicher Hinsicht zu überprüfen (BFH v. 10.05.1994, IX R 26/89, BStBl II 1994, 902 m. w. N.; BFH v. 20.12.2000, III R 17/97, BFH/NV 2001, 914; *von Wedelstädt* in Bartone/von Wedelstädt, Rz. 565 m. w. N.). Es ist aber nicht Sache des FG, den Fall so zu überprüfen, dass eine abschließende Prüfung durch das FA entfallen kann; es braucht nur im Umfang des Klagebegehrens zu prüfen (*Seer* in Tipke/Kruse, § 164 AO Rz. 58 und § 76 FGO Rz. 35). Das FG kann den angefochtenen Steuerbescheid nicht mit der Begründung aufheben, der Sachverhalt sei nicht hinreichend aufgeklärt. Das FG kann das FA im Falle einer zulässigen Vorbehaltsfestsetzung auch nicht zu einer abschließenden Sachaufklärung zwingen, indem es einen unter Nachprüfungsvorbehalt ergangenen Steuerbescheid mit der Begründung aufhebt, der Sachverhalt sei noch nicht ausreichend geklärt (BFH v. 02.02.1988, IX R 164/84, BFH/NV 1988, 552 m. w. N.; *Seer* in Tipke/Kruse, § 164 AO Rz. 58).

38 Wird der Vorbehalt der Nachprüfung in der Einspruchsentscheidung aufgehoben, ist dagegen nur die Klage statthaft (st. Rspr., BFH v. 03.09.2009, IV R 17/07, BStBl II 2010, 631 m. w. N.).

## § 165 AO Vorläufige Steuerfestsetzung, Aussetzung der Steuerfestsetzung

**(1) Soweit ungewiss ist, ob die Voraussetzungen für die Entstehung einer Steuer eingetreten sind, kann sie vorläufig festgesetzt werden. Diese Regelung ist auch anzuwenden, wenn**

**1. ungewiss ist, ob und wann Verträge mit anderen Staaten über die Besteuerung (§ 2), die sich zugunsten des Steuerpflichtigen auswirken, für die Steuerfestsetzung wirksam werden,**

**2. das Bundesverfassungsgericht die Unvereinbarkeit eines Steuergesetzes mit dem Grundgesetz festgestellt hat und der Gesetzgeber zu einer Neuregelung verpflichtet ist,**

**2a. sich auf Grund einer Entscheidung des Gerichtshofes der Europäischen Union ein Bedarf für eine gesetzliche Neuregelung ergeben kann,**

**3. die Vereinbarkeit eines Steuergesetzes mit höherrangigem Recht Gegenstand eines Verfahrens bei dem Gerichtshof der Europäischen Union, dem Bundesverfassungsgericht oder einem obersten Bundesgericht ist oder**

**4. die Auslegung eines Steuergesetzes Gegenstand eines Verfahrens bei dem Bundesfinanzhof ist.**

**Umfang und Grund der Vorläufigkeit sind anzugeben. Unter den Voraussetzungen der Sätze 1 oder 2 kann die Steuerfestsetzung auch gegen oder ohne Sicherheitsleistung ausgesetzt werden.**

**(2) Soweit die Finanzbehörde eine Steuer vorläufig festgesetzt hat, kann sie die Festsetzung aufheben oder ändern. Wenn die Ungewissheit beseitigt ist, ist eine vorläufige Steuerfestsetzung aufzuheben, zu ändern oder für endgültig zu erklären; eine ausgesetzte Steuerfestsetzung ist nachzuholen. In den Fällen des Absatzes 1 Satz 2 Nr. 4 endet die Ungewissheit, sobald feststeht, dass die Grundsätze der Entscheidung des Bundesfinanzhofs über den entschiedenen Einzelfall hinaus allgemein anzuwenden sind. In den Fällen des Absatzes 1 Satz 2 muss eine vorläufige Steuerfestsetzung nur auf Antrag des Steuerpflichtigen für endgültig erklärt werden, wenn sie nicht aufzuheben oder zu ändern ist.**

**(3) Die vorläufige Steuerfestsetzung kann mit einer Steuerfestsetzung unter Vorbehalt der Nachprüfung verbunden werden.**

**Inhaltsübersicht**

**Schrifttum**


von Wedelstädt, Die Aufhebung und Änderung von Steuerbescheiden nach den §§ 164, 165, 172 bis 177 AO, DB-Beilage Nr. 20/86; App, Zum Umfang der Vorläufigkeit einer Steuerfestsetzung gem. § 165 AO, DStR 1994, 127; Brockmeyer, Klagen gegen vorläufige Steuerbescheide wegen verfassungsrechtlicher Streitpunkte, DStZ 1996, 1; Brüggemann, Berücksichtigung von Rechtsfehlern im Rahmen der Änderung eines Steuerbescheids nach § 165 AO, DStZ 1997, 796; Eschenbach, Umfang und Folgen eines Vorläufigkeitsvermerks nach § 165 Abs. 1 AO, DStZ 1997, 624; Nieland, Der vorläufige Steuerbescheid, AO-StB 2004, 58; Martin, Vorläufige Steuerfestsetzung und Aussetzung der Steuerfestsetzung nach § 165 Abgabenordnung, Diss. 2006; Bergan/Martin, Vorläufige Steuerfestsetzung – Änderungsnorm für materielle Fehler?, DStR 2007, 658; von Wedelstädt, Prognoseentscheidungen des materiellen Rechts, AO-StB 2007, 297; Nöcker, Liebhaberei und § 165 AO, AO-StB 2008, 249; Baum/Szymczak, Vorläufige Steuerfestsetzung im Hinblick auf anhängige Musterverfahren, NWB 2011, 1772; von Wedelstädt, Rechtsschutz in Fällen des Zweifels an der Vereinbarkeit einer Rechtsnorm mit höherrangigem Recht, DB 2011, 788.


## A. Bedeutung und Anwendungsbereich der Vorschrift

1 Die Vorschrift des § 165 AO ermöglicht mit der vorläufigen Steuerfestsetzung die Berücksichtigung gegenwärtig nicht aufklärbarer Sachlagen in Steuerbescheiden, indem sie insoweit einen partiellen Aufschub der materiellen Bestandskraft regelt und damit nach Klärung der Sachlage eine eingeschränkte Änderung von Steuerfestsetzungen eröffnet. Dem Stpfl. wird durch die Vorläufigkeit die für das FA bestehende Ungewissheit bekannt, weshalb für ihn keine Situation entsteht, die zu seinen Gunsten einen Vertrauensschutz erzeugen könnte (BFH v. 26.10.2006, II R 9/01, BFH/NV 2006, 478). Erstreckt sich die Ungewissheit nur auf einzelne steuerrelevante Sachverhalte, sieht § 165 Abs. 1 Satz 1 AO die – partiell – vorläufige Steuerfestsetzung vor, erstreckt sie sich quasi auf den gesamten Sachverhalt, regelt § 165 Abs. 1 Satz 4 AO die Aussetzung der Steuerfestsetzung. Sie hat darüber hinaus eine ganz wesentliche Bedeutung in den Fällen, in denen die angebliche Verfassungswidrigkeit von Steuerrechtsnormen geltend gemacht wird, weil die Steuerfestsetzung auch in diesen Fällen vorläufig durchgeführt und damit Einsprüche vermieden werden können.

§ 165 AO betrifft Steuerbescheide und ihnen gleichgestellte Bescheide (s. § 164 AO Rz. 2). Ist ein Grundlagenbescheid vorläufig ergangen, muss der Folgebescheid nicht ebenfalls vorläufig ergehen, weil sich seine Änderbarkeit aus § 175 Abs. 1 Satz 1 Nr. 1 AO ergibt. Auch **Schätzungsbescheide** können hinsichtlich einzelner Schätzungsgrundlagen, deren spätere Aufklärung zu erwarten ist, vorläufig ergehen. **Tatsächliche Verständigung** und Vorläufigkeit s. Vor §§ 204–207 AO Rz. 32. Soweit eine Steuer vorläufig festgesetzt ist, ist insoweit eine Änderung nach anderen Vorschriften wie §§ 172 ff. AO nicht zulässig (§ 172 Abs. 1 Satz 1 AO); diese Vorschriften greifen aber, wenn der Änderungsanlass nicht Gegenstand der Ungewissheit ist, die Grund für die Vorläufigkeit war, d. h. die Änderung sich auf eine Besteuerungsgrundlage bezieht, die nicht von der Vorläufigkeit erfasst ist (*von Wedelstädt* in Gosch, § 172 AO Rz. 34). 2

Wegen der speziellen Korrekturvorschriften des UZK ist § 165 AO auf Abgabenbescheide nach dem UZK nicht anwendbar (h. M.; u. a. *Frotscher* in Schwarz/Pahlke, § 165 AO Rz. 12; *Deimel* in HHSp, Art. 102 UZK Rz. 13; *Seer* in Tipke/Kruse, § 165 AO Rz. 5 m. w. N.). 3

§ 165 AO ist ferner nicht anwendbar auf Steuerverwaltungsakte, die unter §§ 130 und 131 AO fallen, also auch nicht auf Haftungs- und Duldungsbescheide, Festsetzungen von Verspätungszuschlägen oder Säumniszuschlägen. Auch eine Billigkeitsmaßnahme nach § 163 Abs. 1 AO, die im Rahmen der Steuerfestsetzung getroffen wird und ein eigenständiger Verwaltungsakt ist, kann nicht vorläufig erfolgen. Sind aber Verwaltungsakte i. S. des § 163 Abs. 1 AO mit einer vorläufigen Steuerfestsetzung verbunden und ist der Grund der Vorläufigkeit auch für die Entscheidung nach § 163 Abs. 1 AO relevant, stehen sie nach § 163 Abs. 3 Satz 1 Nr. 3 AO kraft Gesetzes unter Widerrufsvorbehalt (AEAO zu § 165, Nr. 12). 3a

§§ 172 ff. und § 165 AO sind nebeneinander anwendbar. Eine nach § 165 Abs. 1 AO vorläufige Steuerfestsetzung kann nach Ablauf der Frist des § 171 Abs. 8 AO nach § 175 Abs. 1 Satz 1 Nr. 2 AO geändert werden, wenn das die Ungewissheit beseitigende Ereignis (§ 165 Abs. 2 AO) zugleich steuerrechtlich zurückwirkt (BFH v. 10.05.2007, IX R 30/06, BStBl II 2007, 807; *Heuermann* in HHSp, § 165 AO Rz. 5a). 3b

## B. Voraussetzungen der vorläufigen Steuerfestsetzung und der Aussetzung

### I. Allgemeines

4 Eine Steuer kann insoweit vorläufig festgesetzt werden, als ungewiss ist, ob die Voraussetzungen für ihre Entstehung eingetreten ist (§ 165 Abs. 1 Satz 1). Die Ungewissheit betrifft den Sachverhalt. Außerdem kann unter den Voraussetzungen des § 165 Abs. 1 Satz 2 AO die Steuer vorläufig festgesetzt werden, wenn bestimmte rechtliche Ungewissheiten über das Entstehen der Steuer bestehen. Die Vorläufigkeitsgründe sind in § 165 Abs. 1 AO abschließend geregelt. Sie müssen zur Zeit des Wirksamwerdens des Steuerbescheids vorliegen.

### II. Ungewissheit über das Entstehen einer Steuer (§ 165 Abs. 1 Satz 1 AO)

5 Steuern entstehen durch Verwirklichung des steuerlichen Tatbestandes (§ 38 AO). Wenn und soweit für die Finanzbehörde die Existenz oder die Ausgestaltung eines steuerlich relevanten Sachverhalts ungewiss ist, kann sie die Steuer vorläufig festsetzen bzw. die Steuerfestsetzung aussetzen.

5a Es muss sich um eine subjektive Ungewissheit der Finanzbehörde in tatsächlicher Hinsicht handeln, die trotz der Erfüllung der vollen Aufklärungspflicht der Finanzbehörde unter Berücksichtigung der Zumutbarkeit und Verhältnismäßigkeit (§ 88 AO) besteht oder deren Beseitigung nur unter unverhältnismäßig großen Schwierigkeiten möglich wäre (h. M., u. a. BFH v. 26.09.1990, II R 99/88, BStBl II 1990, 1043). Eine Ungewissheit auf Seiten des Stpfl. ist unbeachtlich. Sie muss vorübergehender Art sein, d. h. es muss zu erwarten sein, dass sie in absehbarer Zeit beseitigt werden kann und eine abschließende Entscheidung und ggf. geänderte Steuerfestsetzung erfolgen wird. Liegt eine dauernde Ungewissheit vor, so ist die Steuerfestsetzung im Schätzungswege (§ 162 AO) oder, wenn eine Schätzung nicht in Betracht kommt, unter Ansatz der Tatsachen nach den Regeln der objektiven Beweislast durchzuführen.

6 Die Ungewissheit muss sich auf **Tatsachen** erstrecken, die den gesetzlichen Tatbestand oder einzelne Merkmale des Tatbestandes erfüllen (BFH v. 29.08.2001, VIII R 1/01, BFH/NV 2002, 465 m. w. N.). Unter **Tatsache** ist jeder Lebensvorgang zu verstehen, der insgesamt oder teilweise den gesetzlichen Tatbestand erfüllt, also tatsächliche Zustände, Vorgänge, Beziehungen, Eigenschaften materieller oder immaterieller Art. Dabei kann es sich um einzelne Tatsachen, aber auch um eine Summe von Tatsachen handeln, die ihrerseits den Sachverhalt ausmachen, der unter das Gesetz subsumiert wird. Darunter fallen alle Merkmale, an die die Besteuerung anknüpft, und zwar sowohl steuerliche wie außersteuerliche, wie z. B.

- Tatbestandsmerkmale, die sich aus Hilfstatsachen ableiten lassen, wie z. B. der Wert eines Gegenstandes (BFH v. 20.05.1992, X R 68 – 69/89, BFH/NV 1992, 819), oder die sog. inneren Tatsachen wie z. B. die Einkünfteerzielungsabsicht (h. M.; BFH v. 16.06.2015, IX R 27/14, BStBl II 2016, 144 m. w. N.; *Seer*, in Tipke/Kruse, § 165 AO Rz. 8; s. Rz. 7a),
- außersteuerrechtliche Rechtsverhältnisse, sog. vorgreifliche oder präjudizielle Rechtsverhältnisse (h. M.; BFH v. 24.02.1977, III R 237/72, BStBl II 1977, 392; BFH v. 16.08.1995, VIII B 156/94, BFH/NV 1996, 125) wie Eigentum, das Bestehen von Rechtsverhältnissen oder Rechtsgeschäften o. Ä., z. B. bei den Zuwendungen i. S. des § 4 Abs. 5 Nr. 10 EStG die Klärung der für die Nichtabzugsfähigkeit ausschlaggebenden Frage, ob sie eine rechtswidrige Handlung darstellen, die den Tatbestand eines Strafgesetzes oder eines Gesetzes verwirklichen, das die Ahndung mit einer Geldbuße zulässt,
- Vorfragen steuerrechtlicher Art, die ein anderes Steuerschuldverhältnis oder eine andere Steuerart betreffen und in einem anderen Verfahren getroffen werden (BFH v. 26.10.2005, II R 9/01, BFH/NV 2006, 478 m. w. N.).

Die **Ungewissheit** muss sich darauf beziehen, ob der **Steueranspruch bereits entstanden ist**. Sie kann daher nur bezüglich der Frage bestehen, ob aufgrund der – zwar tatsächlich verwirklichten, aber mangels besserer Erkenntnis ungewissen – Tatsachen der Steuertatbestand erfüllt ist oder nicht, **nicht** im Hinblick darauf, ob ein zur Erfüllung des Steuertatbestandes notwendiges Merkmal erst in Zukunft verwirklicht wird (BFH v. 10.08.1994, II R 103/93, BStBl II 1994, 951; *Heuermann* in HHSp, § 165 AO Rz. 10; *Seer* in Tipke/Kruse, § 165 AO Rz. 7; *von Wedelstädt*, AO-StB 2007, 297, 298). 7

Die Ungewissheit über das Bestehen oder Nichtbestehen **innerer Tatsachen** (s. Rz. 6) kann sich auch daraus ergeben, dass (mögliche) Anknüpfungstatsachen (Hilfstatsachen), aus denen auf das Vorliegen einer zum Steuertatbestand gehörenden inneren Tatsache geschlossen werden kann, noch nicht vorliegen oder derzeit nicht oder zumindest nicht mit vertretbarem Aufwand festgestellt werden können; denn innere Tatsachen können nur anhand äußerer Umstände (indiziell) und ggf. über einen längeren Zeitraum festgestellt werden (u. a. BFH v. 16.06.2015, IX R 27/14, BStBl II 2016, 144). Die Frage, ob der Stpfl. mit Gewinnerzielungsabsicht i. S. des § 15 Abs. 2 EStG in Abgrenzung zur Liebhaberei oder zur Vermögensverwaltung wie z. B. beim gewerblichen Grundstückshandel gehandelt hat, ist oft erst zu beantworten, wenn weitere Erkenntnisse zum Vorliegen der inneren Tatsache Gewinnerzielungsabsicht – z. B. weitere Grundstücksveräußerungen, tatsächliche Einnahmen – 7a sein Vorliegen belegen. Daher kann die Steuerfestsetzung zunächst unter Offenhaltung bis zur Beseitigung der hinsichtlich dieser Tatbestandsmerkmale bestehenden Ungewissheit vorläufig durchgeführt werden (u.a. BFH v. 16.06.2015, IX R 27/14, BStBl II 2016, 144; *Seer* in Tipke/Kruse, § 165 AO Rz. 8 m.w.N.; a.A. *Heuermann* in HHSp, § 165 AO Rz. 11). Ebenso ist zu verfahren bei der Gestaltung und Durchführung von Verträgen zwischen nahen Angehörigen in Bezug auf den Fremdvergleich oder beim angestrebten Berufsziel bei einem Zweitstudium, wenn es sich nicht sicher feststellen lässt (BFH v. 19.06.1997, IV R 4/97, BStBl II 1998, 239).

7b **Unzulässig** ist daher die Vorläufigkeitserklärung in Fällen, in denen zurzeit der Steuerfestsetzung die Voraussetzungen für das Entstehen der Steuer vorliegen, diese aber bei späterer Erfüllung oder Nichterfüllung weiterer Tatbestände wieder entfallen können, oder wenn die Voraussetzungen für das Entstehen erst durch später eintretende Tatbestände entstehen; diese Tatbestände erfüllen sich erst später, aber rückwirkend. Dies ist z.B. der Fall, wenn das Gesetz eine Vergünstigung von einer Verbleibens-, Nutzungs- oder Verwendungsdauer abhängig macht: ob der Stpfl. das Wirtschaftsgut innerhalb der vorgeschriebenen Behaltensfrist veräußert und damit die Vergünstigung verliert, verwirklicht sich erst in Zukunft (*Heuermann* in HHSp, § 165 AO Rz. 10; *Oellerich* in Gosch, § 165 AO Rz. 44; *von Wedelstädt*, AO-StB 2007, 297, 299; a.A. *Seer* in Tipke/Kruse, § 165 AO Rz. 8). Auch die Beantwortung der Frage, ob nach § 6 Abs. 1 Nr. 1a EStG anschaffungsnaher Aufwand vorliegt, weil innerhalb von drei Jahren nach Anschaffung die 15-v.H.-Grenze überschritten wird, hängt von erst in der Zukunft sich verwirklichenden Tatbestandsmerkmalen ab und rechtfertigt daher keine Vorläufigkeit (*Heuermann* in HHSp, § 165 AO Rz. 10; *von Wedelstädt*, AO-StB 2007, 297, 299; a.A. BFH v. 01.10.2003, X R 67/01, BFH/NV 2004, 154; *Seer* in Tipke/Kruse, § 165 AO Rz. 8). In diesen Fällen kommt die Änderung nach § 175 Abs. 1 Satz 1 Nr. 2 AO, ggf. i.V.m. § 175 Abs. 2 AO in Betracht.

7c Eine vorläufige Steuerfestsetzung ist auch dann nicht zulässig, wenn eine Entscheidung materiellrechtlich auf unsicherer Grundlage erfolgen soll, wie dies z.B. bei Rückstellungen oder der betriebsgewöhnlichen Nutzungsdauer der Fall ist (*Martin*, Vorläufige Steuerfestsetzung und Aussetzung der Steuerfestsetzung nach § 165 Abgabenordnung, 2007, 49, 58; *von Wedelstädt*, AO-StB 2007, 297; a.A. *Seer* in Tipke/Kruse, § 165 AO Rz. 8). Das Gesetz regelt hier die Rechtsfolge auf der Grundlage eines angenommenen Sachverhalts – vertretbare Annahme einer Inanspruchnahme und eines Wertansatzes bei Rückstellungen oder einer betriebsgewöhnlichen Nutzungsdauer – abschließend. Der gesetzliche Tatbestand nimmt die Ungewissheit quasi auf.

Da eine **tatsächliche Verständigung** die Ungewissheit über das Vorliegen einer Tatsache beseitigt, kann wegen des Sachverhalts, der Gegenstand der Vereinbarung ist, die Veranlagung **nicht vorläufig nach § 165 AO** durchgeführt werden (s. Vor §§ 204–207 AO Rz. 32; *von Wedelstädt*, DB 1991, 515, 517). 7d

Die **steuerrechtliche Würdigung der Tatsachen** ist keine Tatsache, sodass die Ungewissheit darüber nicht zur vorläufigen Steuerfestsetzung rechtfertigt (BFH v. 29.08.2001, VIII R 1/01, BFH/NV 2002, 465 m.w.N.). Das setzt aber voraus, dass der entscheidungserhebliche Sachverhalt feststeht (BFH v. 16.08.1995, VIII B 156/94, BFH/NV 1996, 125 m.w.N.), da es sich anderenfalls um eine Ungewissheit hinsichtlich der Tatsachen handelt und damit der Vorläufigkeitsvermerk zulässig ist. Zur Abgrenzung von Rechtsfragen und Tatsachen s. BFH v. 20.11.2012, IX R 7/11, BStBl II 2013, 359. Eine Steuerfestsetzung kann also nicht deshalb vorläufig durchgeführt werden, weil zu einem bestimmten, für die Steuerfestsetzung erheblichen Rechtsproblem eine Verwaltungsanweisung oder eine rückwirkende Gesetzesänderung erwartet wird oder weil z.B. bei der Besteuerung von Renten und dauernden Lasten eine korrespondierende steuerliche Behandlung bei Leistendem und Empfänger erreicht werden soll (BFH v. 08.07.1998, I B 111/97, BStBl II 1998, 702). Ein gleichwohl der Steuerfestsetzung beigefügter Vorläufigkeitsvermerk führt aber nicht nach § 125 Abs. 1 AO zur Nichtigkeit der Steuerfestsetzung, sondern zur Rechtswidrigkeit (BFH v. 12.03.1998, V R 17/96, BFH/NV 1998, 1067). Wird der Bescheid deshalb nicht angefochten, erwächst er auch hinsichtlich der Vorläufigkeit in Bestandskraft. Zur Folge s. Rz. 23. Dies eröffnet jedoch nicht die Möglichkeit, wegen geänderter oder inzwischen geklärter Rechtslage den vorläufigen Steuerbescheid nach § 165 Abs. 2 Satz 1 oder Satz 2 AO zu ändern. Denn eine vorläufige Steuerfestsetzung darf nicht im Hinblick auf eine veränderte steuerliche Beurteilung geändert werden, selbst wenn die Finanzbehörde einen entsprechenden Vorbehalt aufgenommen hat und dieser Vorbehalt wirksam sein sollte (BFH v. 25.04.1985, IV R 64/83, BStBl II 1985, 648; BFH v. 08.07.1998, I B 111/97, BStBl II 1998, 702; s. Rz. 27). Ist jedoch die **Auslegung eines Steuergesetzes** Gegenstand eines Verfahrens vor dem BFH, greift § 165 Abs. 1 Satz 2 Nr. 4 AO (s. Rz. 14a). 8

## III. Ungewissheit über anzuwendendes Recht (§ 165 Abs. 1 Satz 2 AO)

§ 165 Abs. 1 Satz 2 AO erweitert die Möglichkeit, Steuern vorläufig festzusetzen, auf Tatbestände, die eine rechtliche Ungewissheit zum Inhalt haben. 9

### 1. Ungewissheit über Verträge mit anderen Staaten (§ 165 Abs. 1 Satz 2 Nr. 1 AO)

0 Die vorläufige Festsetzung einer Steuer ist auch dann zulässig, wenn sich die Ungewissheit auf das anzuwendende Recht insoweit bezieht, als ungewiss ist, ob und wann ein Doppelbesteuerungsabkommen mit einem anderen Staat, das sich zugunsten des Stpfl. auswirken würde, für die Steuerfestsetzung wirksam wird. Für die Vorläufigkeit der Steuerfestsetzung ist ausreichend, wenn nach den Umständen zu erwarten ist, dass ein derartiges Abkommen rückwirkend anzuwenden sein wird.

### 2. Verpflichtung zu gesetzlicher Neuregelung (§ 165 Abs. 1 Satz 2 Nr. 2 AO)

11 Eine vorläufige Festsetzung ist zulässig in Fällen, in denen das BVerfG ein Steuergesetz für mit dem Grundgesetz unvereinbar erklärt und den Gesetzgeber zur Neuregelung verpflichtet hat, nicht aber im Fall seiner Nichtigerklärung, § 78 BVerfGG. Damit soll verhindert werden, dass Einsprüche allein deshalb eingelegt werden, um an der erforderlichen Neuregelung teilzuhaben, sofern der Gesetzgeber diese nicht rückwirkend vornimmt und die Änderung bestandskräftiger Festsetzungen in die Neuregelung einbezieht. Voraussetzung ist, dass eine entsprechende Entscheidung des BVerfG bereits vorliegt und die gesetzliche Neuregelung noch aussteht (AEAO zu § 165, Nr. 3).

### 3. Bedarf für gesetzliche Neuregelung (§ 165 Abs. 1 Satz 2 Nr. 2a AO)

11a Auch aufgrund einer Entscheidung des EuGH kann sich ergeben, dass eine gesetzliche Neuregelung notwendig wird. Anders als in § 165 Abs. 1 Satz 2 Nr. 2 AO wird nicht verlangt, dass der Gesetzgeber zur Neuregelung verpflichtet wird. Voraussetzung ist, dass eine entsprechende Entscheidung des EuGH bereits vorliegt und die gesetzliche Neuregelung noch aussteht (AEAO zu § 165, Nr. 3). Die durch das StModernG v. 18.07.2016 mit Wirkung vom 01.01.2017 eingefügte Regelung ermöglicht in diesem Fall eine vorläufige Steuerfestsetzung.

### 4. Vereinbarkeit mit höherrangigem Recht (§ 165 Abs. 1 Satz 2 Nr. 3 AO)

12 Ein Steuerbescheid kann auch dann für vorläufig erklärt werden, wenn die Vereinbarkeit eines Steuergesetzes mit höherrangigem Recht Gegenstand eines Verfahrens (Musterprozess) beim EuGH, dem BVerfG oder einem obersten Bundesgericht ist, nicht aber beim EGMR (*Seer* in Tipke/Kruse, § 165 AO Rz. 15 m. w. N.). Diese Regelung dient vor allem der Vermeidung von Einsprüchen, die vorsorglich eingelegt werden, weil Entscheidungen des BVerfG nach § 79 Abs. 2 Satz 1 BVerfGG bestandskräftige Bescheide unberührt lassen und auch keine Grundlage für eine Änderung nach § 173 Abs. 1 Nr. 2 AO oder § 175 Abs. 1 Satz 1 Nr. 2 AO bilden. Sie schränkt den Rechtsschutz des Stpfl. nicht in verfassungswidriger Weise ein. Der Rechtsschutz wird auch nicht dadurch in verfassungswidriger Weise eingeschränkt, dass die Finanzbehörde auf einen Einspruch des Stpfl. gegen die Steuerfestsetzung vorab über entscheidungsreife Teile seines Einspruchs entscheidet (BFH v. 30.09.2010, III R 39/08, BStBl II 2011, 11 m. w. N.). Durch die vorläufige Steuerfestsetzung wird sichergestellt, dass eine eventuelle Gesetzesänderung aufgrund einer Entscheidung des BVerfG auch bei einer schon durchgeführten Steuerfestsetzung zugunsten des Stpfl. berücksichtigt werden kann. Einsprüche aus diesem Grund sind also nicht mehr erforderlich. § 171 Abs. 8 AO regelt in diesen Fällen eine Ablaufhemmung von zwei Jahren.

**Voraussetzung** für die Vorläufigkeit ist, dass wegen der 13
Frage der Vereinbarkeit eines Steuergesetzes mit höherrangigem Recht ein Verfahren vor den genannten Gerichten anhängig ist (BFH v. 06.10.1995, III R 52/90, BStBl II 1996, 20). Hat sich das Verfahren, das Anlass für die vorläufige Festsetzung war, in welcher Weise auch immer erledigt, ist aber inzwischen ein anderes einschlägiges Verfahren anhängig geworden, bleibt der Tatbestand des § 165 Abs. 1 Satz 2 Nr. 3 AO gleichwohl erfüllt, sofern die Vorläufigkeit nicht beschränkt ist auf die zum Zeitpunkt der vorläufigen Festsetzung anhängigen Verfahren. Sind die Musterverfahren, die der vorläufigen Festsetzung zugrunde liegen, auf welche Weise auch immer beendet, ist die Ungewissheit entfallen, selbst wenn die betreffende Rechtsfrage noch nicht entschieden ist (BFH v. 30.09.2010, III R 39/08, BStBl II 2011, 11 m. w. N.). Die Anhängigkeit bei einem oder mehreren FG genügt nicht. Das BMF teilt in dem im BStBl I veröffentlichten Schreiben den Katalog der Punkte mit, derentwegen Steuerbescheide vorläufig – regelmäßig automationsgesteuert – ergehen sollen. Nicht erforderlich ist, dass die zur Entscheidung berufene Finanzbehörde von der Anhängigkeit Kenntnis hat oder haben müsste (BFH v. 18.12.2001, VIII R 27/96, BFH/NV 2002, 747). Der Vorläufigkeitsvermerk kann nicht auf sämtliche noch offenen Fragen der Anwendung und Auslegung des einfachen Gesetzesrechts bezogen werden (BFH v. 02.07.2008, X B 39/08, BFH/NV 2008, 1645). Das auf dem Prüfstand stehende Steuergesetz muss für die fragliche Besteuerung relevant sein, d. h. Vorschrift und Sachverhalt im Musterprozess und im Besteuerungsverfahren müssen in Bezug auf die verfassungsrechtliche Frage im Wesentlichen gleichgelagert sein (s. dazu BFH v. 22.03.1996, III B 173/95, BStBl II 1996, 506 m. w. N.); es muss dieselbe Vorschrift, nicht aber dasselbe Streitjahr betroffen sein; es darf sich in dem Musterverfahren nicht um einen Sachverhalt handeln, der zusätzliche, ggf. sogar vorrangige Streitfragen auf-

wirft. Bereits unanfechtbare Steuerbescheide können allerdings nicht im Hinblick auf anhängige »Musterprozesse« nachträglich für vorläufig erklärt werden (BFH v. 11.02.1994, III R 117/93, BStBl II 1994, 380; *Seer* in Tipke/Kruse, § 165 AO Rz. 17). Ein Anspruch des Stpfl. auf generelle Vorläufigkeitserklärung hinsichtlich anhängiger Rechtsfragen besteht nicht (FG Köln v. 07.12.2006, 10 K 3795/06, EFG 2007, 734). Andererseits können bei fristgerechten Einsprüchen gegen endgültige Steuerbescheide wegen zwischenzeitlicher Anhängigkeit eines Musterprozesses oder aus anderen Gründen die Steuerbescheide als Abhilfe oder bei mehreren Begehren als Teilabhilfe **nachträglich für vorläufig erklärt** werden; einer Zustimmung oder vorherigen Anhörung (§ 367 Abs. 2 Satz 2 AO) des Stpfl. bedarf es dabei nicht, da entweder dem Begehren des Stpfl. durch die Vorläufigkeit entsprochen wird oder aber wegen der zu erwartenden Auswirkungen der Beseitigung der Ungewissheit eine Verböserung nicht in Betracht kommt. Rechtsposition und Rechtsschutzmöglichkeiten des Stpfl. werden nicht beeinträchtigt (BFH v. 23.01.2013, X R 32/08, BStBl II 2013, 423).

14 Es fehlt am Rechtsschutzinteresse für einen Rechtsbehelf wegen Zweifeln an der Verfassungswidrigkeit einer Rechtsnorm, wenn deswegen der Steuerbescheid – spätestens im Einspruchsverfahren – vorläufig ergangen ist (st. Rspr.; BFH v. 09.08.1994, X B 26/94, BStBl II 1994, 803; BFH v. 22.03.1996, III B 173/95, BStBl II 1996, 506; ebenso AEAO zu § 350, Nr. 6 Abs. 3 Satz 1; *von Wedelstädt*, DB 2011, 788); ebenso besteht in diesen Fällen kein Rechtsschutzbedürfnis für das Ruhen oder die Aussetzung des Verfahrens (BFH v. 09.08.1994, X B 26/94, BStBl II 1994, 803). Voraussetzung ist allerdings, dass sich der verfassungsrechtliche Streit durch die Entscheidung in dem anhängigen Musterverfahren erledigen wird. Diese Voraussetzung ist bei einem beim BFH anhängigen Musterverfahren im Allgemeinen nicht erfüllt, weil über die Verfassungsmäßigkeit eines Gesetzes abschließend das BVerfG befindet. Ein Rechtsschutzinteresse ist ausnahmsweise gegeben, wenn der Einspruchsführer besondere materiell-rechtliche oder verfahrensrechtliche Gründe substantiiert geltend macht, die es rechtfertigen, trotz Anhängigkeit des Musterverfahrens Rechtsschutz gegen den im Streitpunkt vorläufigen Bescheid zu gewähren, oder wenn er Aussetzung der Vollziehung begehrt (BFH v. 22.03.1996, III B 173/95, BStBl II 1996, 506; BFH v. 30.09.2010, III R 39/08, BStBl II 2011, 11 m.w.N.; AEAO zu § 350, Nr. 6 Abs. 3 Satz 2). Ein Rechtsschutzbedürfnis ist ferner gegeben, wenn in dem Rechtsbehelfsverfahren eine Fassung des Gesetzes anzuwenden ist, die in einem für die Entscheidung maßgeblichen Punkt von der im Musterprozess zur Prüfung stehenden Fassung abweicht (BFH v. 22.03.1996, III B 173/95, BStBl II 1996, 506) oder wenn andere Umstände als die vom Vorläufigkeitsvermerk erfassten oder weitere Verfassungszweifel geltend gemacht werden (BFH v. 30.09.2010, III R 39/08, BStBl II 2011, 11). Schließlich hat der Stpfl. auch keine Rechtsnachteile, wenn die im Musterprozess anhängige Rechtsfrage nicht in seinem Sinne oder überhaupt nicht geklärt wird. Denn er kann nach Erledigung des Musterverfahrens gem. § 165 Abs. 2 Satz 4 AO beantragen, dass die Steuerfestsetzung für endgültig erklärt wird, und gegen die endgültige Festsetzung Rechtsbehelf einlegen zur weiteren verfassungsrechtlichen Klärung (BFH v. 30.09.2010, III R 39/08, BStBl II 2011, 11 m.w.N.; AEAO zu § 165, Nr. 11 Satz 1; *von Wedelstädt*, DB 2011, 788).

### 5. Vereinbarkeit mit einfachgesetzlichem Recht (§ 165 Abs. 1 Satz 2 Nr. 4 AO)

Die Möglichkeit, eine Steuer nach § 165 Abs. 1 Satz 1 AO vorläufig festzusetzen, wird durch § 165 Abs. 1 Satz 2 Nr. 4 AO auf die Fälle erweitert, in denen wegen der Auslegung eines Steuergesetzes, d.h. wegen einer einfachgesetzlichen Rechtsfrage, ein Verfahren beim BFH anhängig ist. Wann § 165 Abs. 1 Satz 2 Nr. 4 AO angewendet werden soll, entscheiden wie im Fall der Vorläufigkeit nach § 165 Abs. 1 Satz 2 Nr. 3 AO die obersten Finanzbehörden des Bundes und der Länder durch BMF-Schreiben oder gleichlautenden Ländererlass. Da in diesen Fällen die Entscheidung des BFH nur inter partes und damit nicht für alle gleichgelagerten Fälle bindet, muss nach § 165 Abs. 2 Satz 3 AO für die Beendigung der Ungewissheit feststehen, dass die Entscheidungsgrundsätze über den entschiedenen Einzelfall hinaus allgemein anzuwenden sind. Dies geschieht regelmäßig durch Veröffentlichung der BFH-Entscheidung im BStBl oder durch Erlass einer Allgemeinverfügung nach § 367 Abs. 2b AO (s. dazu Rz. 29b). 14a

## C. Durchführung der vorläufigen Steuerfestsetzung

### I. Ermessen

Die Steuer kann bei Vorliegen der Voraussetzungen vorläufig festgesetzt werden, gleichgültig, ob in einem erstmaligen oder in einem Änderungsbescheid. Es steht im Ermessen der Finanzbehörde, ob und inwieweit sie eine Steuer vorläufig festsetzt. In den Fällen des § 165 Abs. 1 Satz 2 Nr. 2, 2a und 3 AO ist der Ermessensspielraum bis auf Null eingeschränkt, sofern es sich um ein Musterverfahren handelt, das nicht bereits von vornherein aussichtslos erscheint. Sie hat im Einzelfall abzuwägen, ob sie eine Steuer vorläufig festsetzt, von der Steuerfestsetzung vorläufig absieht oder die Steuer im Schätzungswege (§ 162 AO) festsetzt. Dies hängt vom Umfang der Ungewissheit und ggf. auch von der abzuschätzenden Unmöglichkeit ab, die Ungewissheit zu beseitigen. Zur 15

Ermessensentscheidung gehört auch, ob die Steuer unter Einbeziehung des ungewissen Vorganges oder unter Wegdenken desselben vorläufig festzusetzen ist (h.M., BFH v. 22.12.1987, IV B 174/86, BStBl II 1988, 234; BFH v. 27.11.2007, IV R 17/06, HFR 2009, 771 m.w.N.). Letztlich hängt es vom Grad der Wahrscheinlichkeit ab, dass der Vorgang eingetreten ist, ob er mit einbezogen werden soll oder nicht (*Heuermann* in HHSp, § 165 AO Rz. 21; *Seer* in Tipke/Kruse, § 165 AO Rz. 25; *von Wedelstädt*, AO-StB 2007, 297 m.w.N.). Zu berücksichtigen sind dabei auch etwaige Zinsvorteile (§ 233a AO) des Stpfl. und die Gefährdung der späteren Steuererhebung, weil Sicherheitsleistung nur verlangt werden kann, wenn die Steuerfestsetzung ausgesetzt wird (u.a. *Seer* in Tipke/Kruse, § 165 AO Rz. 25; *von Wedelstädt* in Bartone/von Wedelstädt, Rz. 615).Im Übrigen braucht die Finanzbehörde, wenn sie eine Besteuerungsgrundlage vorläufig anerkennt, nachrangige Fragen nicht abschließend zu prüfen, bei denen offen ist, ob sie bei einer endgültigen Steuerfestsetzung überhaupt steuererheblich sind, die sich ggf. bei einer endgültigen Aberkennung nicht stellen und daher keinen Ermittlungs- und Prüfungsbedarf zeitigen würden. Sie kann daher die Vorläufigkeit auf alle Besteuerungsfolgen ausdehnen, die noch in einem Zusammenhang mit der Ungewissheit stehen. Denn es ist sachgerecht, nachrangige Ermittlungen zurückzustellen, solange noch nicht feststeht, dass den betreffenden Besteuerungsgrundlagen überhaupt Bedeutung zukommt. In diesem Umfang kann das FA nachrangige Fehlbeurteilungen des Stpfl. vorläufig hinnehmen; dies gilt unabhängig davon, ob die betreffenden Besteuerungsgrundlagen mit Ungewissheiten behaftet waren oder nicht (BFH v. 22.12.1987, IV B 174/86, BStBl. II 1988, 234; BFH v. 27.11.1996, X R 20/95, BStBl II 1997, 791 m.w.N.; *Seer* in Tipke/Kruse, § 165 AO Rz. 34 m.w.N.; *Oellerich* in Gosch, § 165 AO Rz 93; *von Wedelstädt* in Bartone/von Wedelstädt, Rz. 617). Setzt das FA z.B. die Steuern vorläufig fest, weil ungewiss ist, ob der Stpfl. mit Einkünfteerzielungsabsicht handelt, kann es bei Berücksichtigung der betreffenden Einkünfte die rechtlichen Fehlbeurteilungen des Stpfl. zur Abzugsfähigkeit von Betriebsausgaben bei diesen Einkünften bis zur Beseitigung der Ungewissheit hinnehmen. Stehen Besteuerungsgrundlagen dagegen **nicht in einer derartigen Abhängigkeit zur ungewissen Besteuerungsgrundlage**, sondern sind sie einem anderen Besteuerungsmerkmal zuzuordnen, das keinen sachlichen Bezug zum Gegenstand der Ungewissheit hat, gilt dies nicht (BFH v. 27.11.1996, X R 20/95, BStBl II 1997, 791 m.w.N.; BFH v. 26.02.2004, XI R 50/03, BFH/NV 2004, 1064 m.w.N.; *von Wedelstädt* in Bartone/von Wedelstädt, Rz. 618). Wird z.B. die Steuer hinsichtlich der beschränkten Abzugsfähigkeit von Vorsorgeaufwendungen (§ 10 Abs. 3 EStG) vorläufig festgesetzt, erstreckt sich die Vorläufigkeit nicht auf die Frage, ob der Stpfl. zum Abzug von Sonderausgaben mit oder ohne Kürzung des Vorwegabzugs berechtigt ist, oder auf die Frage, ob der Kürzung des Vorwegabzugs (auch) nicht sozialversicherungspflichtiger Arbeitslohn zugrunde zu legen ist, oder wie dies im Rahmen der Höchstbetragsregelung nach § 10 Abs. 3 Satz 2 EStG zu geschehen hat.

Eine **nachträgliche Aufnahme eines Vorläufigkeitsvermerks** in einen bestandskräftigen endgültigen Steuerbescheid ist nur zulässig, wenn die Voraussetzungen für eine Änderung erfüllt sind; das gilt auch nach Erledigung des Rechtsstreits über den Steuerbescheid in der Hauptsache, da mit der Erklärung über die Erledigung die Steuerfestsetzung unanfechtbar wird (BFH v. 14.05.2003, XI R 21/02, BStBl II 2003, 888; *Rüsken* in Klein, § 165 AO Rz. 31a). Unproblematisch ist die nachträgliche Aufnahme des Vorläufigkeitsvermerks bei Steuerfestsetzungen unter Vorbehalt der Nachprüfung, nicht einschlägig sind die Regelungen der § 173 Abs. 1 AO und § 175 Abs. 1 Satz 1 Nr. 2 AO. Ein Steuerbescheid kann daher durch Bescheid nachträglich mit Zustimmung des Stpfl. nach § 172 Abs. 1 Nr. 2a AO für vorläufig erklärt werden; kommt jedoch nach Wegfall der Ungewissheit lediglich eine Änderung zugunsten des Stpfl. infrage, ist dies nur zulässig, wenn die Zustimmung oder der Antrag dazu vom Stpfl. vor Ablauf der Einspruchsfrist erfolgt sind. Dabei kann die Wiederholung der unverändert übernommenen Angaben aus dem Ursprungsbescheid durch eine entsprechende Bezugnahme ersetzt werden (BFH v. 09.08.1991, III R 41/88, BStBl II 1992, 219). Der Vorläufigkeitsvermerk kann auch erstmals in einem Rechtsbehelfsverfahren verfügt werden; wird die zu erwartende Änderung nach § 165 Abs. 2 AO zuungunsten des Stpfl. ausfallen, ist ein Verböserungshinweis nach § 367 Abs. 2 Satz 2 AO erforderlich. **15a**

## II. Kennzeichnung des Steuerbescheids

Die Vorläufigkeit muss sich aus dem Steuerbescheid und seinen Anlagen eindeutig ergeben, wobei das Wort »vorläufig« nicht unbedingt verwendet werden muss. Der Vorläufigkeitsvermerk ist unselbstständige Nebenbestimmung i.S. des § 120 Abs. 1 AO. Er muss hinreichend bestimmt sein, da er anderenfalls unwirksam ist (§§ 124 Abs. 3, 125 Abs. 1 AO). Er wird wie der Steuerbescheid mit dem Inhalt wirksam, mit dem er bekannt gegeben wird (st. Rspr., BFH v. 16.09.2004, X R 22/01, BFH/NV 2005, 322 m.w.N.). Regelmäßig findet sich der Vorläufigkeitsvermerk in der Überschrift des Steuerbescheids. Eine Bezugnahme im Steuerbescheid auf sonstige Unterlagen reicht nicht aus, solange sich hieraus für den Stpfl. nicht eindeutig eine entsprechende Ermessensentscheidung des zuständigen Veranlagungsbeamten ergibt. Er kann nicht dadurch ersetzt werden, dass im Betriebsprüfungs-Bericht vermerkt ist, dass der Bescheid hinsichtlich eines **16** bestimmten Punktes vorläufig ergeht (FG Ddorf v. 27.04.1999, 11 K 8140/98 E, AO, EFG 1999, 683). Fehlt der Vorläufigkeitsvermerk im Bescheid versehentlich, kann er im Wege der **Berichtigung nach § 129 AO** nachgeholt werden (wie zu § 164 AO, s. § 164 AO Rz. 16; *Oellerich* in Gosch, § 165 AO Rz. 98 m. w. N. und 100; *Heuermann* in HHSp, § 165 AO Rz. 23; *von Wedelstädt*, AO-StB 2007, 297, 298; a. A. *Seer*, in Tipke/Kruse, § 165 AO Rz. 28). Da eine vorläufige Steuerfestsetzung nur ausdrücklich für endgültig erklärt werden kann, bleibt ein ursprünglich angeordneter Vorläufigkeitsvermerk auch dann wirksam, wenn er in einem nachfolgenden Änderungsbescheid oder in einer Entscheidung im Rahmen eines Rechtsbehelfsverfahrens nicht ausdrücklich wiederholt wird (u. a. BFH v. 14.07.2015, VIII R 21/13, BStBl II 2016, 371; AEAO zu § 165, Nr. 7 Satz 4). Gleichwohl soll das FA im Änderungsbescheid vermerken, ob und inwieweit dieser weiterhin vorläufig ist oder für endgültig erklärt wird (AEAO zu § 165, Nr. 7 Satz 3). Ändert das FA dagegen einen vorläufigen Steuerbescheid und versieht es den Änderungsbescheid mit einem gegenüber dem Erstbescheid inhaltlich eingeschränkten Vorläufigkeitsvermerk, dann bestimmt dies den Umfang der Vorläufigkeit neu und regelt abschließend, inwieweit die Steuer nunmehr vorläufig festgesetzt ist (u. a. BFH v. 14.07.2015, VIII R 21/13, BStBl II 2016, 371 m. w. N.; AEAO zu § 165, Nr. 7 Satz 5). Dasselbe gilt auch, wenn ein sowohl auf § 165 Abs. 1 Satz 1 AO als auch auf § 165 Abs. 1 Satz 2 AO gestützter Vorläufigkeitsvermerk im Änderungsbescheid durch einen allein auf § 165 Abs. 1 Satz AO gestützten Vorläufigkeitsvermerk ersetzt wird (BFH v. 14.07.2015, VIII R 21/13, BStBl II 2016, 371; AEAO zu § 165, Nr. 7 Satz 6).

17 Der Vorläufigkeitsvermerk als unselbstständige Nebenbestimmung bildet mit dem Steuerbescheid eine Einheit; er kann daher nicht isoliert angefochten werden; ein Rechtsbehelf, der sich gegen die Rechtmäßigkeit des Vorläufigkeitsvermerkes wendet, richtet sich also gegen die gesamte Steuerfestsetzung, die damit Gegenstand der Prüfung nach § 367 Abs. 2 Satz 1 AO ist (BFH v. 25.10.1989, X R 109/87, BStBl II 1990, 278).

18 vorläufig frei

## III. Verbindung mit Nachprüfungsvorbehalt (§ 165 Abs. 3 AO)

19 Der Vorläufigkeitsvermerk kann mit dem **Nachprüfungsvorbehalt** verbunden werden (§ 165 Abs. 3 AO). Dies ist insbes. wegen des Umfangs der Änderungsmöglichkeiten und der Ablaufhemmung nach § 171 Abs. 8 AO von Bedeutung. Während der Dauer der Wirksamkeit des Vorbehalts der Nachprüfung sind Änderungen uneingeschränkt und auch hinsichtlich der rechtlichen Beurteilung zulässig, während die Vorläufigkeit einer Steuerfestsetzung nur eine punktuelle Änderung und eine abweichende rechtliche Beurteilung nur gestattet, wenn entsprechende Sachverhaltsänderungen dies bedingen. Eine Steuerfestsetzung unter Vorbehalt der Nachprüfung kann nachträglich mit einem Vorläufigkeitsvermerk versehen werden. S. § 164 AO Rz. 17.

## IV. Angabe von Umfang und Grund der Vorläufigkeit (§ 165 Abs. 1 Satz 3 AO)

Die Angabe des Grundes der Vorläufigkeit dient dem Rechtsschutzinteresse des Stpfl. Das FA muss mitteilen, welche Umstände einer endgültigen Festsetzung entgegenstehen und hinsichtlich welcher Tatsachen es sich eine weitere Prüfung vorbehält (BFH v. 12.07.2007, X R 22/05, BStBl II 2008, 2; *von Wedelstädt* in Bartone/von Wedelstädt, Rz. 632). In den Fällen des § 165 Abs. 1 Satz 2 AO muss das dem Vorläufigkeitsvermerk zugrunde liegende Musterverfahren nicht im Einzelnen nach Gericht und Aktenzeichen bezeichnet werden, es reicht die Angabe der Rechtsgrundlage (BFH v. 30.09.2010, III R 39/08, BStBl II 2011, 11 m. w. N.). Fehlt der Grund, ist der Steuerbescheid rechtswidrig, nicht nichtig (BFH v. 30.06.1994, V R 106/91, BFH/NV 1995, 466 m. w. N.). Die Begründung kann bis zum Abschluss der Tatsacheninstanz im finanzgerichtlichen Verfahren nachgeholt werden (§ 126 Abs. 1 Nr. 2 und Abs. 2 AO). Hat der Stpfl. wegen fehlender Begründung die Einspruchsfrist versäumt, ist § 126 Abs. 3 AO einschlägig: Fehlt die Angabe des Grundes und hat der Stpfl. deshalb die rechtzeitige Anfechtung des Steuerbescheids versäumt, gilt die Versäumung der Einspruchsfrist als nicht verschuldet, sodass Wiedereinsetzung in den vorigen Stand nach § 110 AO in Betracht kommt (*Seer* in Tipke/Kruse, § 165 AO Rz. 33). 20

Der **Umfang** der Vorläufigkeit, d. h. ihre quantitative Auswirkung, muss aus dem Bescheid hervorgehen. Dies geschieht meist im Rahmen der Erläuterungen der Steuerfestsetzung. Die Bestimmung des Umfangs kann sich auch aus den gesamten Umständen wie z. B. aus den Erläuterungen im Wege der Auslegung zum Bescheid ergeben. Dabei ist entscheidend, wie der Adressat den Vorläufigkeitsvermerk nach den ihm bekannten Umständen – seinem »objektiven Verständnishorizont« – unter Berücksichtigung von Treu und Glauben verstehen konnte (BFH v. 16.09.2004, X R 22/01, BFH/NV 2005, 322 m. w. N.). Die Erkennbarkeit des Umfangs der Vorläufigkeit kann sich auch daraus ergeben, dass der Stpfl. aufgrund seines eigenen Verhaltens Schlüsse auf den Umfang der Vorläufigkeit ziehen muss (BFH v. 12.07.2007, X R 22/05, BStBl II 2008, 2 m. w. N.). Im Zweifelsfall ist das für den Stpfl. weniger belastende Auslegungsergebnis heranzuziehen (BFH v. 27.11.1996, X R 20/95, BStBl II 1997, 791). Zwar bezieht sich die Vorläufigkeit nicht auf 21

Besteuerungsgrundlagen, sondern nur auf die Festsetzung der Steuer; in der Praxis jedoch folgt aus der tatsächlichen Ungewissheit über die Besteuerungsgrundlage regelmäßig auch die Ungewissheit des Umfangs der Auswirkungen auf die festzusetzende Steuer, sodass die **betragsmäßige Auswirkung** nicht angegeben werden muss. Es reicht deshalb aus, wenn durch den Vorbehaltsvermerk jedenfalls mittelbar auch der Rahmen abgesteckt ist, innerhalb dessen die Steuerfestsetzung abänderbar sein und damit die Bestandskraft durchbrochen werden soll (h.M.; u.a. BFH v. 30.09.2010, III R 39/08, BStBl II 2011, 11 m.w.N.; *Seer* in Tipke/Kruse, § 165 AO Rz. 34; *Rüsken* in Klein, § 165 AO Rz. 31c; *von Wedelstädt* in Bartone/von Wedelstädt, Rz. 635; a.A. *Oellerich* in Gosch, § 165 AO Rz. 102; *Heuermann* in HHSp, § 165 AO Rz. 24). Im einzelnen Fall kann insbes. bei der Festsetzung von Einzelsteuern wie Grunderwerbsteuer, Erbschaftsteuer o.Ä. eine vollumfängliche Vorläufigkeit denkbar und zulässig sein, wenn nicht gar eine Aussetzung der Steuerfestsetzung in Betracht kommt (BFH v. 14.07.2003, II B 121/01, BFH/NV 2004, 2; s. Rz. 24).

22 Geht aus dem Steuerbescheid und den sonstigen Umständen nicht hervor und lässt sich auch nicht durch Auslegung ermitteln, welchen **Umfang** die Vorläufigkeit haben soll, sind die Rechtsfolgen umstritten. In diesem Fall ist der Vorläufigkeitsvermerk nicht hinreichend bestimmt (BFH v. 30.06.1994, V R 106/91, BFH/NV 1995, 466 m.w.N.; *Nieland*, AO-StB 2004, 58, 63 m.w.N.) mit der Folge, dass der Steuerbescheid insgesamt nichtig ist, weil der Vermerk als unselbstständige Nebenbestimmung kein vom Bescheid trennbares rechtliches Schicksal hat und davon ausgegangen werden muss, dass das FA den Bescheid ohne die Nebenbestimmung nicht erlassen hätte (§ 125 Abs. 4 AO; h.M. in Lit.; u.a. *Heuermann* in HHSp, § 165 AO Rz. 28 m.w.N. bei mangelnder Bestimmtheit des Vorläufigkeitsvermerks; *Rüsken* in Klein, § 165 AO Rz. 33; *Frotscher* in Schwarz/Pahlke, § 165 AO Rz. 78 und 80; *Seer* in Tipke/Kruse, § 165 AO Rz. 34; *von Wedelstädt* in Bartone/von Wedelstädt, Rz. 637 m.w.N.; a.A. *Oellerich* in Gosch, § 165 AO Rz. 104 m.w.N., der bei Fehlen der Angabe zum Umfang vollumfängliche Vorläufigkeit annimmt; BFH v. 12.07.2007, X R 22/05, BStBl II 2008, 2 m.w.N., der nur den Vorläufigkeitsvermerk für nichtig hält mit der Folge, dass der Steuerbescheid endgültig ist; *Heuermann* in HHSp, § 165 AO Rz. 29a nimmt Rechtswidrigkeit des Steuerbescheids an; aber auch s. Rz. 33). Soweit die Auslegung allerdings ergibt, dass das FA die Steuerfestsetzung unzulässigerweise (jedoch s. Rz. 21 a.E.) vollumfänglich vorläufig durchführen wollte, ist der Steuerbescheid rechtswidrig, er wird aber ohne Anfechtung durch den Stpfl. mit Ablauf der Einspruchsfrist mit diesem Inhalt bestandskräftig.

## V. Unzulässigerweise erklärte Vorläufigkeit

Die Vorläufigkeit muss in einem sachlichen Zusammenhang mit der **Ungewissheit** über den **tatsächlich verwirklichten Sachverhalt** (§ 165 Abs. 1 Satz 1 AO) oder über die **Rechtsgültigkeit einer anzuwendenden Norm** (§ 165 Abs. 1 Satz 2 AO) stehen (BFH v. 27.11.1996, X R 20/95, BStBl II 1997, 791). Wird sie unzulässigerweise verfügt, so ist der Steuerbescheid insoweit zwar rechtswidrig, aber nicht nichtig (h.M.; u.a. BFH v. 16.06.2015, IX R 27/14, BStBl II 2016, 144; *Heuermann* in HHSp, § 165 AO Rz. 33). Er erlangt formelle Bestandskraft, wenn er nicht innerhalb der Einspruchsfrist angefochten wird (zur Frage der Aufhebung oder Änderung s. Rz. 27, der Geltendmachung im Rechtsbehelf s. Rz. 33 und 35). Er löst die Ablaufhemmung nach § 171 Abs. 8 AO aus (BFH v. 16.06.2015, IX R 27/14, BStBl II 2016, 144; s. Rz. 25 f.). 23

## VI. Aussetzung der Steuerfestsetzung

Unter denselben Voraussetzungen, unter denen eine Steuer vorläufig festgesetzt werden kann, kann die Steuerfestsetzung auch insgesamt gegen oder ohne Sicherheitsleistung ausgesetzt werden. Es handelt sich um die vorläufige Freistellung von der Steuer nach § 155 Abs. 1 Satz 3 AO (BFH v. 23.01.2013, X R 32/08, BStBl II 2013, 423; *Schuster* in HHSp, § 155 AO Rz 26; *Heuermann* in HHSp, § 165 AO Rz 20 ff.).Dies ist sinnvoll in Fällen, in denen die Ungewissheit eine Steuerfestsetzung derart beeinträchtigen würde, dass eine Steuer sinnvoll nicht festgesetzt werden kann; dies kommt in der Praxis aber sehr selten vor. Dabei handelt es sich um die ausdrückliche Entscheidung der Finanzbehörde, die Steuer zunächst noch nicht festzusetzen; sie hat die Ablaufhemmung der Festsetzungsfrist gem. § 171 Abs. 8 AO zur Folge. Die Entscheidung ist daher Verwaltungsakt, der in derselben Form ergehen muss, wie der entsprechende Steuerbescheid. Da § 165 Abs. 1 Satz 3 AO nur auf Satz 1 und 2 verweist, sieht das Gesetz keinen Begründungszwang vor. Ob die Aussetzung der Vollziehung gegen oder ohne **Sicherheitsleistung** erfolgt, steht im pflichtgemäßen Ermessen der Finanzbehörde, die insbes. zu berücksichtigen hat, ob der Steueranspruch aufgrund der gegebenen Umstände gefährdet erscheint und welcher Grad an Wahrscheinlichkeit für dessen Entstehung überhaupt oder in der Person des Stpfl. spricht. Zulässig ist auch eine teilweise Aussetzung der Steuerfestsetzung, wenn die Ungewissheit nicht den gesamten Steuerbescheid abdeckt (BFH v. 23.01.2013, X R 32/08, BStBl II 2013, 423; *Heuermann* in HHSp, § 165 AO Rz. 20b; *Seer* in Tipke/Kruse, § 165 AO Rz. 23). 24

## D. Wirkungen der Vorläufigkeit

### I. Allgemein

25 Im Umfang der Vorläufigkeit wird der Steuerbescheid **materiell nicht bestandskräftig**. Die Vorläufigkeit bezieht sich auf die Steuerfestsetzung und nicht auf einzelne Besteuerungsgrundlagen, obwohl Grund und Umfang der Vorläufigkeit des Steuerbescheids dadurch angegeben werden, dass eine einzelne Besteuerungsgrundlage als ungewiss gekennzeichnet wird. Denn die Besteuerungsgrundlagen bilden nach § 157 Abs. 2 AO mit Ausnahme bei einer gesonderten Feststellung einen mit Rechtsbehelfen nicht selbstständig anfechtbaren Teil des Steuerbescheids (BFH v. 02.03.2000, VI R 48/97, BStBl II 2000, 332). Er ist im Übrigen mit allen Rechtsfolgen wie seiner Vollziehbarkeit, Vollstreckbarkeit oder Anfechtbarkeit wirksam und erwächst mit Ablauf der Einspruchsfrist in formelle Bestandskraft, wenn er nicht angefochten wird. Im Umfang der Vorläufigkeit ist der Ablauf der Festsetzungsfrist gehemmt (§ 171 Abs. 8 AO; s. Rz. 26a).

### II. Aufhebung und Änderung der vorläufigen Steuerfestsetzung (§ 165 Abs. 2 AO)

#### 1. Allgemeines

26 § 165 Abs. 2 AO eröffnet in seinen Sätzen 1 und 2 zwei unterschiedliche Möglichkeiten der Aufhebung oder Änderung des Steuerbescheids, und zwar für den Fall, dass die Ungewissheit nicht beseitigt ist, bessere Erkenntnis der Finanzbehörde aber eine Anpassung der vorläufigen Regelung erfordert (Satz 1), und für den Fall, dass sie beseitigt ist (Satz 2). Die Änderung nach Satz 1 erfordert eine Ermessensentscheidung, während Satz 2 die Finanzbehörde zum Handeln verpflichtet. Der Änderungsumfang richtet sich danach, in welchem Umfang der Steuerbescheid für vorläufig erklärt worden ist; im Falle der Aufhebung setzt dies voraus, dass die Steuerfestsetzung in vollem Umfang vorläufig ist. Wurde der Vorläufigkeitsvermerk erst anlässlich der Änderung eines bestandskräftigen Steuer- oder Feststellungsbescheids dem Bescheid beigefügt, ist ggf. die betragsmäßige Beschränkung des Vorläufigkeitsvermerks zu beachten. Obwohl die Steuerfestsetzung, nicht aber die Besteuerungsgrundlagen partiell nicht bestandskräftig wird (s. Rz. 25), kann der Steuerbescheid nach § 165 Abs. 2 AO nur aus solchen Gründen aufgehoben oder geändert werden, derentwegen er für vorläufig erklärt wird (BFH v. 06.03.1992, III R 47/91, BStBl II 1992, 588), dies kann auch eine nach § 364b Abs. 2 Satz 1 AO präkludierte Tatsache sein (u.a. s. § 364b AO Rz. 10 m.w.N.; *Bartone* in Gosch, § 364b AO Rz. 87). Das FA darf im Rahmen der Vorläufigkeit erstmalig eine genauere rechtliche Beurteilung vornehmen oder sogar eine vorherige rechtliche Beurteilung ändern, nachrangige oder nachgelagerte Fragen, die zunächst ungeprüft berücksichtigt wurden (s. Rz. 15), klären sowie eine inzwischen geänderte Gesetzes- oder Rechtslage (ggf. in den Grenzen des § 176 AO) berücksichtigen (BFH v. 24.02.2009, IX B 176/08, BFH/NV 2009, 889 m.w.N.; BFH v. 20.11.2012, IX R 7/11, BStBl II 2013, 359 m.w.N.; ferner s. Rz. 28). Soweit die Vorläufigkeit nicht greift, kommt bei Vorliegen der Voraussetzungen die Änderung des Steuerbescheids nach den §§ 172 ff. AO in Betracht.

Nach § 171 Abs. 8 AO endet die **Festsetzungsfrist** für die Aufhebung und Änderung nach § 165 Abs. 2 AO nicht vor Ablauf eines Jahres bzw. in den Fällen der Vorläufigkeit nach § 165 Abs. 1 Satz 2 AO nicht vor Ablauf von 2 Jahren, nachdem die Ungewissheit beseitigt und die Finanzbehörde vom Wegfall der Ungewissheit positive Kenntnis erlangt hat; ein bloßes Kennenmüssen von Tatsachen, die das FA bei pflichtgemäßer Ermittlung erfahren hätte, steht der Kenntnis nicht gleich (BFH v. 04.09.2008, IV R 1/07, BStBl II 2009, 335 m.w.N.). Unerheblich ist, aufgrund welcher Umstände das FA Kenntnis erhält. Die Ablaufhemmung tritt auch ein, wenn die Verfügung der Vorläufigkeit rechtswidrig, aber nicht nichtig war, es sei denn, der Steuerbescheid wurde vom Stpfl. mit Erfolg angefochten (BFH v. 25.07.2000, IX R 93/97, BStBl II 2001, 9 m.w.N.; *Paetsch* in Gosch, § 171 AO Rz. 139 m.w.N.). Sie tritt nicht ein, wenn eine Steuer ohne Vorläufigkeitsvermerk festgesetzt wird, auch wenn das FA zur vorläufigen Steuerfestsetzung verpflichtet war (BFH v. 14.04.2011, VI B 143/10, BFH/NV 2011, 1289). Wird der Steuerbescheid nicht innerhalb der Festsetzungsfrist nach § 171 Abs. 8 AO aufgehoben oder geändert, wird die Steuerfestsetzung endgültig, eine ausgesetzte Steuerfestsetzung kann nicht nachgeholt werden. Wirkt das die Ungewissheit beseitigende Ereignis (§ 165 Abs. 2 AO) zugleich steuerrechtlich zurück, kann die vorläufige Steuerfestsetzung nach Ablauf der Frist des § 171 Abs. 8 AO nach § 175 Abs. 1 Satz 1 Nr. 2 AO geändert werden (BFH v. 10.05.2007, IX R 30/06, BStBl II 2007, 807). Wegen des Ablaufs der Festsetzungsfrist bei Beseitigung der Ungewissheit in Liebhaberei-Fällen s. BFH v. 04.09.2008, IV R 1/07, BStBl II 2009, 335. 26a

§ 176 AO ist zu beachten (*von Wedelstädt* in Gosch, § 176 AO Rz. 8 m.w.N.). Der Anwendung des § 177 AO bedarf es zur gegenläufigen Fehlersaldierung m.E. nicht, da im Rahmen des Änderungsbetrages nach § 165 Abs. 2 AO wegen der nicht eingetretenen materiellen Bestandskraft auch solche Fehler berücksichtigt werden können, die nicht mit dem Grund der Vorläufigkeit zusammenhängen (so *von Groll* in HHSp, § 177 AO Rz. 202; *von Wedelstädt* in Gosch, § 177 AO Rz. 10 m.w.N.; wohl auch BFH v. 06.03.2003, IX B 197/02, BFH/NV 2003, 742); gleichwohl wird überflüssigerweise auch § 177 AO 26b herangezogen (BFH v. 02.03.2000, VI R 48/97, BStBl II 2000, 332; BFH v. 20.11.2012, IX R 7/11, BStBl II 2013, 359; *Heuermann* in HHSp, § 165 AO Rz. 37; eine Fehlersaldierung gänzlich ablehnend *Martin*, Vorläufige Steuerfestsetzung und Aussetzung der Steuerfestsetzung nach § 165 Abgabenordnung, 2007, 144 ff. und *Bergan/Martin*, DStR 2007, 658, die unzutreffend die Wirkung des Nichteintritts der materiellen Bestandskraft durch den für die Änderung nach § 165 Abs. 2 AO vorgegebenen Änderungsanlass einschränken).

27 Wurde der **Steuerbescheid unzulässigerweise für vorläufig erklärt**, weil z.B. eine Ungewissheit nicht oder nicht mehr vorlag, weil das FA ohne den Versuch einer Aufklärung die Vorläufigkeit verfügt hat oder weil er wegen rechtlicher Ungewissheit für vorläufig erklärt wurde, ohne dass er deshalb angefochten wurde, so ist er deshalb nicht nichtig (s. Rz. 23). Er erwächst mit Unanfechtbarkeit auch hinsichtlich der Vorläufigkeit in Bestandskraft mit der Folge, dass er aus den Gründen der Vorläufigkeit geändert werden kann (h.M.; u.a. BFH v. 20.11.2012, IX R 7/11, BStBl II 2013, 359; *Oellerich* in Gosch, § 165 AO Rz. 141 m.w.N.; *Seer* in Tipke/Kruse, § 165 AO Rz. 39). Demgegenüber ist nach Ansicht des BFH (BFH v. 08.07.1998, I B 111/97, BStBl II 1998, 702; BFH v. 29.08.2001, VIII R 1/01, BFH/NV 2002, 465 m.w.N.; *Frotscher* in Schwarz/Pahlke, § 165 AO Rz. 120; *Rüsken* in Klein, § 165 AO Rz. 39; offenlassend BFH v. 20.11.2012, IX R 7/11, BStBl II 2013, 359 m.w.N.; a.A. *Oellerich* in Gosch, § 165 AO Rz. 144 m.w.N.; *Cöster* in Koenig, § 165 AO Rz. 47; FG Köln v. 10.01.2006, 9 K 3460/05, EFG 2006, 539 m.w.N.) die Änderung in den Fällen, in denen die Steuer **wegen rechtlicher Ungewissheit vorläufig** festgesetzt wurde, auch zugunsten des Stpfl. nicht zulässig, da die Änderungsbefugnis der Finanzbehörde nicht über den gesetzlich vorgegebenen Rahmen hinaus erweitert werden, also insbes. nicht auf die rechtliche Beurteilung erstreckt werden kann, auch wenn der Steuerbescheid wegen dieser Ungewissheit vorläufig ergangen ist. Dem ist entgegenzuhalten, dass § 165 Abs. 1 AO die Voraussetzungen für die Vorläufigkeit, nicht aber deren Rechtsfolgen regeln. Der BFH übersieht die Bestandskraftwirkung wirksamer Verwaltungsakte und behandelt diese Fälle anders als andere Fälle rechtswidriger, aber bestandskräftiger und daher wirksamer Entscheidungen. *Seer* (in Tipke/Kruse, § 165 AO Rz. 39) und *Heuermann* (in HHSp, § 165 AO Rz. 33) nehmen in der Vorläufigkeitserklärung der Steuerfestsetzung wegen rechtlicher Ungewissheit einen besonders schwerwiegenden offenkundigen Fehler i.S. des § 125 Abs. 1 AO mit der Folge der Nichtigkeit an, was m.E. angesichts der herrschenden Definition nicht zweifelsfrei ist. Ergibt sich dagegen die Rechtswidrigkeit daraus, dass der Grund für die Vorläufigkeit nicht angegeben ist, der Umfang der Vorläufigkeit sich aber aus sonstigen Umständen ergibt und die Nebenbestimmung damit hinreichend bestimmt ist, kann der Steuerbescheid nach Klärung der tatsächlichen Ungewissheit, soweit sie Anlass für die Vorläufigkeit war, geändert werden (BFH v. 29.08.2001, VIII R 1/01, BFH/NV 2002, 465 m.w.N.).

Wurde eine Steuerfestsetzung **nicht vorläufig** durchgeführt, obwohl das FA verpflichtet war, das ihm insoweit zustehende Ermessen i.S. einer vorläufigen Festsetzung auszuüben, kann der Steuerbescheid nicht nach § 165 Abs. 2 AO geändert werden; denn die Änderung nach § 165 Abs. 2 Satz 1 AO tritt nur ein, wenn die Vorläufigkeit tatsächlich angeordnet worden ist (BFH v. 15.06.2009, I B 230/08, BFH/NV 2009, 1779). 27a

## 2. § 165 Abs. 2 Satz 1 AO

Vorläufige Steuerfestsetzungen können aufgehoben oder geändert werden, soweit die Vorläufigkeit reicht. Die Aufhebung oder Änderung nach § 165 Abs. 2 Satz 1 AO ist in das pflichtgemäße **Ermessen** der Finanzbehörde gestellt. Das Gesetz sieht für die Aufhebung und Änderung keine weiteren Voraussetzungen, insbes. nicht vor, dass die Ungewissheit beseitigt ist (BFH v. 20.07.2004, XI B 189/03, BFH/NV 2005, 206 m.w.N.; BFH v. 14.05.2014, X R 7/12, BStBl II 2015, 12). Die Änderung darf nur bezüglich des Grundes und des Umfangs geändert werden, derentwegen der Steuerbescheid vorläufig ergangen ist (s. Rz. 26 und 27). Damit wird der Finanzbehörde die Möglichkeit gegeben, auch vor der Beseitigung der Ungewissheit eine bessere Erkenntnis über die wahrscheinliche Sachverhaltsgestaltung zu berücksichtigen oder, wenn mit einem Wegfall der Ungewissheit nicht mehr zu rechnen ist, zu einer endgültigen Regelung entsprechend der wahrscheinlichsten Sachverhaltsgestaltung zu gelangen (BFH v. 25.04.1985, IV R 64/83, BStBl II 1985, 648). Sie erfolgt in der Regel unter Weiterbestehen der Vorläufigkeit, soweit die Ungewissheit fortdauert. Die Finanzbehörde kann den Steuerbescheid im Übrigen wegen einer geänderten steuerrechtlichen Beurteilung nicht ändern (BFH v. 25.04.1985, IV R 64/83, BStBl II 1985, 648; BFH v. 22.12.1987, IV B 174/86, BStBl II 1988, 234). Sie darf aber im Rahmen der vorbehaltenen Aufklärung von vorrangigen tatsächlichen Ungewissheiten auch erstmalig die Prüfung aller nachrangigen und von der Beantwortung der Vorrangfrage abhängigen Folgerungen vornehmen, die sie im Hinblick auf die Ungewissheit zunächst aufgeschoben hat (s. Rz. 15), oder sogar eine vorherige rechtliche Beurteilung ändern (BFH v. 11.12.1991, III R 59/89, BFH/NV 1992, 464 m.w.N.) und, soweit erforderlich, die Steuerfestsetzung nach § 165 Abs. 2 Satz 1 AO ändern (BFH v. 20.11.2012, IX R 7/11, BStBl II 2013, 359 m.w.N.). Im Rahmen der Änderung nach § 165 Abs. 2 Satz 1 AO kann die Finanzbehörde die bisher vorläufige Steuerfestsetzung auch durch eine endgültige Schätzungsfestsetzung ersetzen, wenn sie zu der Erkenntnis gekommen ist, dass in absehbarer Zeit mit ei- 28 nem Wegfall der Ungewissheit nicht zu rechnen und daher eine Schätzung nach § 162 Abs. 1 Satz 1 AO geboten ist.

### 3. § 165 Abs. 2 Satz 2 AO

29 Ist die **Ungewissheit beseitigt**, ist die vorläufige Steuerfestsetzung aufzuheben oder zu ändern, soweit sich nach Beseitigung der Ungewissheit die Besteuerungsgrundlagen geändert haben. Es handelt sich insoweit nicht um eine Ermessensentscheidung der Finanzbehörde. Was Umfang und Bereich der Änderung angeht, gilt das zu § 165 Abs. 2 Satz 1 AO Ausgeführte (s. Rz. 26 ff.). Eine nach § 165 Abs. 1 Satz 2 Nr. 3 AO vorläufige Festsetzung ist auch – zugunsten des Stpfl. – zu ändern, wenn der BFH oder das BVerfG eine Norm verfassungskonform auslegt (BFH v. 30.09.2010, III R 39/08, BStBl II 2011, 11; AEAO zu § 165, Nr. 8 Abs. 1 Satz 1; *von Wedelstädt*, DB 2011, 788). Eine Änderung zuungunsten des Stpfl. verbietet § 176 AO (*von Wedelstädt*, DB 2011, 788). Ist die Ungewissheit nur zum Teil weggefallen, kann der Änderungsbescheid wiederum vorläufig erlassen werden; der Umfang der Vorläufigkeit ist einzuschränken und es ist kenntlich zu machen, inwieweit der neue Bescheid vorläufig ist und für endgültig erklärt wurde (*Seer* in Tipke/Kruse, § 165 AO Rz. 45; AEAO zu § 165, Nr. 7 Satz 2).

29a Die **Ungewissheit** ist beseitigt, wenn für jedermann erkennbar mit einer gewissen Eindeutigkeit feststeht, dass die ungewisse Tatsache vorliegt oder nicht vorliegt (BFH v. 16.06.2015, IX R 27/14, BStBl II 2016, 144). Darauf, wann objektiv eine bestehende Ungewissheit beseitigt worden ist, kommt es nicht an. Aus § 171 Abs. 8 AO ergibt sich, dass der Gesetzgeber ausschließlich auf die Beseitigung der subjektiven Ungewissheit, also darauf abstellt, ob die Finanzbehörde Gewissheit über den steuerlich maßgeblichen Sachverhalt erlangt hat oder nicht. Die Ungewissheit über das Bestehen oder Nichtbestehen einer inneren Tatsache wie z. B. der Gewinnerzielungsabsicht ist beseitigt, wenn die für ihre Beurteilung maßgeblichen Anknüpfungspunkte bzw. Hilfstatsachen vorliegen oder mit vertretbarem Aufwand festgestellt werden können und dies dem FA bekannt ist (BFH v. 16.06.2015, IX R 27/14, BStBl II 2016, 144; *Seer* in Tipke/Kruse, § 165 AO Rz. 45a).

29b Ist die Vorläufigkeit nach **§ 165 Abs. 1 Satz 2 Nr. 4 AO** verfügt worden, weil die Auslegung eines Steuergesetzes Gegenstand eines Verfahrens beim BFH ist (s. Rz. 14a), regelt § 165 Abs. 2 Satz 3 AO den Wegfall der Ungewissheit: Sie endet, sobald feststeht, dass die Grundsätze der BFH-Entscheidung über den Einzelfall hinaus allgemein anzuwenden sind. Das ist der Fall, wenn durch die Veröffentlichung der Entscheidung im BStBl oder durch Allgemeinverfügung nach § 367 Abs. 2a AO feststeht, dass die Grundsätze der Entscheidung über den entschiedenen Fall hinaus allgemein angewendet werden können (*Heuermann* in HHSp, § 165 AO Rz. 40a; *Oellerich* in Gosch, § 165 AO Rz. 150; kritisch *Seer* in Tipke/Kruse, § 165 AO Rz. 46).

## III. Endgültige Steuerfestsetzung nach § 165 Abs. 2 AO

Die vorläufige Steuerfestsetzung kann jederzeit für endgültig erklärt werden. Ist die **Ungewissheit i. S. des § 165 Abs. 1 Satz 1 AO beseitigt**, muss die Finanzbehörde den Bescheid ungeändert oder nach Änderung für endgültig erklären bzw. bei teilweisem Wegfall der Ungewissheit die Vorläufigkeit einschränken. 30

Kommt es nicht zur Änderung, erfolgt die Endgültigkeitserklärung in einem gesonderten Steuerbescheid, kommt es zur Änderung, erfolgt sie im Änderungsbescheid. Die Endgültigkeitserklärung muss ausdrücklich erfolgen, der Steuerbescheid wird nicht stillschweigend endgültig. Solange also der Bescheid nicht ausdrücklich für endgültig erklärt oder der Vorläufigkeitsvermerk nicht ausdrücklich aufgehoben wird, bleibt der Vorläufigkeitsvermerk auch bei zwischenzeitlichen Änderungen wirksam (BFH v. 19.10.1999, IX R 23/98, BStBl II 2000, 282 m. w. N.; BFH v. 14.07.2015, VIII R 21/13, BStBl II 2016, 371; AEAO zu § 165, Nr. 7 Satz 4 m. w. N.). Sind jedoch die normale Festsetzungsfrist und die Frist nach § 171 Abs. 8 AO abgelaufen, ist die Vorläufigkeit ohne besondere Endgültigkeitserklärung entfallen (s. Rz. 26a). 31

In den **Fällen des § 165 Abs. 1 Satz 2 AO** muss, wenn die Steuerfestsetzung nicht aufgehoben oder geändert wird, die Steuerfestsetzung nur dann für endgültig erklärt werden, wenn der Stpfl. die Endgültigkeitserklärung beantragt (§ 165 Abs. 2 Satz 4 AO); der Antrag kann nur längstens bis Ablauf der Frist des § 171 Abs. 8 Satz 2 AO gestellt werden. Wird in diesen Fällen die Steuerfestsetzung nicht für endgültig erklärt, bleibt der Vorläufigkeitsvermerk bis zum Eintritt der Festsetzungsverjährung bestehen, entfaltet aber keine Wirkung mehr, da die Steuerfestsetzung wegen anderer Gründe als dem der Vorläufigkeit nach § 165 AO nicht geändert werden kann (s. Rz. 26 und s. Rz. 28), es sei denn, ein weiteres einschlägiges Verfahren wird anhängig (BFH v. 30.09.2010, III R 39/08, BStBl II 2011, 11; *Oellerich* in Gosch, § 165 AO Rz. 163; *Seer* in Tipke/Kruse, § 165 AO Rz. 47; s. Rz. 12). 32

## E. Rechtsbehelfe

Mit dem Einspruch **gegen die vorläufige Steuerfestsetzung** können die fehlenden Voraussetzungen für die Vorläufigkeit sowie die Fehlerhaftigkeit der Steuerfestsetzung selbst gerügt werden; eine isolierte Anfechtung der Vorläufigkeit ohne gleichzeitige Anfechtung der gesamten Steuerfestsetzung ist nicht zulässig (BFH 33

v. 25.10.1989, X R 109/87, BStBl II 1990, 278; *Seer* in Tipke/Kruse, § 165 AO Rz. 49). Das gilt auch, wenn der Vorläufigkeitsvermerk in einer Weise widersprüchlich ist, die sich nicht durch Auslegung beheben lässt, und er deshalb rechtwidrig ist (BFH v. 09.12.2009, II R 39/07, BFH/NV 2010, 821). Der Einspruch kann auch Einwendungen gegen die Wirksamkeit (Nichtigkeit) des Vorläufigkeitsvermerks enthalten (BFH v. 16.08.1995, VIII B 156/94, BFH/NV 1996, 125), auch wenn dies jederzeit von Amts wegen zu beachten ist. In einem anhängigen Einspruchsverfahren gegen einen vorläufigen Steuerbescheid ist das FA bei Erlass eines Änderungsbescheids auch zur Korrektur eines rechtswidrigen Vorläufigkeitsvermerks berechtigt und verpflichtet; einer Änderungsbefugnis aus § 165 Abs. 2 oder §§ 172 ff. AO bedarf es insoweit nicht (BFH v. 26.10.2005, II R 9/01, BFH/NV 2006, 478 m. w. N.). Zum Rechtsschutzinteresse in Fällen des § 165 Abs. 1 Satz 2 Nr. 3 AO s. Rz. 14.

**34** Im Fall einer ganz oder teilweise ablehnenden Einspruchsentscheidung ist gegen den Steuerbescheid die Klage gegeben. Richtet sich der Rechtsbehelf seinem Begehren nach nur gegen die Vorläufigkeit und ist er begründet, kann das FG den vorläufigen Bescheid nicht selbst durch einen endgültigen ersetzen, sondern muss gem. § 100 Abs. 1 FGO den vorläufigen Steuerbescheid und nicht nur die unselbstständige Nebenbestimmung aufheben (s. BFH v. 28.09.1990, II R 99/88, BStBl II 1990, 1043).

**35** Gegen den **nach § 165 Abs. 2 AO geänderten Steuerbescheid** ist der Einspruch und ggf. die Klage in den Grenzen des § 351 Abs. 1 AO bzw. § 42 FGO zulässig. Er kann auch Einwendungen gegen die Wirksamkeit (Nichtigkeit) des Vorläufigkeitsvermerks enthalten (BFH v. 25.07.2000, IX R 93/97, BStBl II 2001, 9 m. w. N.; BFH v. 26.07.2001, VI R 122/99, BStBl II 2002, 84; *Seer* in Tipke/Kruse, § 165 AO Rz. 52). Es kann auch eingewendet werden, dass eine Änderung nicht zulässig ist, weil die Vorläufigkeit nicht wegen tatsächlicher, sondern wegen rechtlicher Ungewissheit verfügt worden ist, oder weil die Änderung wegen eines Umstandes erfolgt ist (aber s. Rz. 27), der nicht Gegenstand der Vorläufigkeit ist. Einwendungen gegen die Rechtmäßigkeit der Vorläufigkeit des Steuerbescheids dagegen können nicht mehr erhoben werden (BFH v. 16.09.2004, X R 22/01, BFH/NV 2005, 322 m. w. N.).

**36** Gegen den Steuerbescheid, mit dem der vorläufige Bescheid ganz oder teilweise **für endgültig** erklärt wird, kann gegen die insoweit nunmehr endgültige Steuerfestsetzung Einspruch eingelegt und ggf. anschließend Klage erhoben werden (AEAO zu § 165, Nr. 11 Abs. 1 Satz 1). Dabei kann geltend gemacht werden, dass die Voraussetzungen für die Endgültigkeit nicht vorliegen oder dass die Steuerfestsetzung selbst fehlerhaft ist, ohne dass dem § 351 Abs. 1 AO entgegensteht, da der Steuerbescheid nicht i. S. des § 351 Abs. 1 AO geändert wird. Einwendungen können allerdings nur erhoben werden, soweit die Vorläufigkeit reichte, im Übrigen ist der Steuerbescheid materiell bestandskräftig (BFH v. 30.09.2010, III R 39/08, BStBl II 2011, 11 m. w. N.; *Seer* in Tipke/Kruse, § 165 AO Rz. 54; *Frotscher* in Schwarz/Pahlke, § 165 AO Rz. 123, *von Wedelstädt*, DB 2011, 788; AEAO zu § 165, Nr. 11 Abs. 1 Satz 3). Das gilt auch, wenn die Rechtsfrage im Musterverfahren nicht i. S. des Stpfl. oder überhaupt nicht geklärt wird (BFH v. 30.09.2010, III R 39/08, BStBl II 2011, 11; *von Wedelstädt*, DB 2011, 788). Einwendungen gegen die Rechtmäßigkeit der vorläufigen Steuerfestsetzung im Übrigen können wegen der Bestandskraft im Verfahren gegen den endgültigen Steuerbescheid nicht nachgeholt werden (st. Rspr.; BFH v. 16.09.2004, X R 22/01, BFH/NV 2005, 322 m. w. N.); das betrifft auch die Einwendung, im ursprünglichen Bescheid seien Umfang und Grund der Vorläufigkeit abweichend von § 165 Abs. 1 Satz 3 AO offengeblieben (BFH v. 16.08.1995, VIII B 156/94, BFH/NV 1996, 125).

Gegen die **Nachholung einer ausgesetzten Steuerfestsetzung** sind Einspruch und Klage gegeben. Mit dem Rechtsbehelf gegen die Nachholung der Steuerfestsetzung kann nach Bestandskraft der Aussetzung der Steuerfestsetzung nicht geltend gemacht werden, dass die Voraussetzungen für eine Aussetzung der Steuerfestsetzung nicht vorgelegen hätten und daher die Festsetzungsfrist wegen Nichteingreifens von § 171 Abs. 8 AO bereits abgelaufen sei. **37**

Gegen die **Ablehnung des Antrags**, eine Steuer vorläufig festzusetzen, wie auch, den vorläufigen Steuerbescheid aufzuheben, zu ändern oder für endgültig zu erklären, ist ebenfalls der Einspruch zulässig, ferner gegen die **Aussetzung der Steuerfestsetzung** mit oder ohne Sicherheitsleistung. **38**

Im Fall einer ganz oder teilweise ablehnenden Einspruchsentscheidung ist gegen den Steuerbescheid die Klage gegeben. Mit der Klage kann die Vorläufigkeit isoliert ohne gleichzeitige Anfechtung der gesamten Steuerfestsetzung nicht angefochten werden (BFH v. 25.10.1989, X R 109/87, BStBl II 1990, 278; *Seer* in Tipke/Kruse, § 165 AO Rz. 49). Das Klagebegehren kann allerdings allein auf Beseitigung des Vorläufigkeitsvermerks gerichtet sein. Kommt das Gericht zu dem Ergebnis, dass der Vorläufigkeitsvermerk zu Unrecht besteht, kann es ihn nicht selbst aufheben, da es damit den angefochtenen Steuerbescheid nicht teilweise beseitigen, sondern ihn inhaltlich verändern würde (BFH v. 30.10.1980, IV R 168-170/79, BStBl II 1981, 150). Das Gericht kann daher den Bescheid nur aufheben und die Finanzbehörde verpflichten, einen vorbehaltslosen Bescheid zu erlassen (BFH v. 10.08.1994, II R 103/93, BStBl II 1994, 951; BFH v. 14.07.2003, II B 121/01, BFH/NV 2004, 2; *Frotscher* in Schwarz/Pahlke, § 164 AO Rz. 117). **39**

40 Richtet sich die Klage gegen die steuerliche Behandlung anderer Punkte als der für vorläufig erklärten, ist eine Beschränkung des Klageantrages dahin anzunehmen, dass die für vorläufig erklärten Besteuerungsgrundlagen nicht oder noch nicht überprüft werden sollen. Anderenfalls könnte bei einer Vorläufigkeitserklärung des Steuerbescheides das Klageverfahren in den anderen Punkten nicht vorangetrieben werden, weil dann im Hinblick auf die Ungewissheit oder die Musterverfahren das gesamte Klageverfahren ausgesetzt werden müsste (BFH v. 06.10.1995, III R 52/90, BStBl II 1996, 20 m. w. N.).

## § 166 AO Drittwirkung der Steuerfestsetzung

**Ist die Steuer dem Steuerpflichtigen gegenüber unanfechtbar festgesetzt, so hat dies neben einem Gesamtrechtsnachfolger auch gegen sich gelten zu lassen, wer in der Lage gewesen wäre, den gegen den Steuerpflichtigen erlassenen Bescheid als dessen Vertreter, Bevollmächtigter oder kraft eigenen Rechts anzufechten.**

**Inhaltsübersicht**



### A. Bedeutung der Vorschrift

1 Die Vorschrift regelt die Drittwirkung einer unanfechtbaren Steuerfestsetzung und ihre Folgen auf die Zulässigkeit von Einwendungen durch Dritte. Nach § 166 AO müssen die dort genannten Dritten die Unanfechtbarkeit der Steuerfestsetzung gegen sich gelten lassen, wenn sie – mit Ausnahme des Gesamtrechtsnachfolgers – in der Lage gewesen wären, den Bescheid anzufechten. Besondere Bedeutung hat die Vorschrift für den Haftenden, der gegen den Haftungsbescheid nicht einwenden kann, die Hauptschuld sei unzutreffend, wenn er in der Lage gewesen war, den Steuerbescheid über die Festsetzung der Hauptschuld anzufechten.Die Regelung hat Präklusionswirkung und will verhindern, dass das gegen den Stpfl. durchgeführte Verfahren nochmals aufgerollt und dadurch das Haftungsverfahren unnötig verzögert wird; der Gesetzgeber mutet dem Anfechtungsberechtigten zu, selbst dafür Sorge zu tragen, wie er die ihm eingeräumte uneingeschränkte Rechtsmittelbefugnis sicherstellen will (BFH v. 16.05.2017, VII R 25/16, BStBl II 2017, 934 m. w. N.).

### B. Anwendungsbereich

Die Vorschrift betrifft Steuerbescheide und ihnen gleich- 2
gestellte Bescheide (s. § 164 AO Rz. 2), nicht dagegen Haftungs- und Duldungsbescheide (h. M.; BFH v. 16.11.1995, VI R 82/95, BFH/NV 1996, 285; *Krumm* in Tipke/Kruse, § 166 AO Rz. 11; *Frotscher* in Schwarz/Pahlke, § 166 AO Rz. 2). Sie ist auch im Erhebungsverfahren z. B. bei einem Abrechnungsbescheid nach § 218 AO nicht anwendbar; § 166 AO gilt auch für Steueranmeldungen (BFH v. 25.07.2003, VII B 240/02, BFH/NV 2003, 1540).

### C. Tatbestand

#### I. Unanfechtbare Steuerfestsetzung

Drittwirkung üben nur **unanfechtbare Steuerbescheide** 3
usw. aus. Ein Bescheid ist unanfechtbar, wenn die Rechtsbehelfs- oder Rechtsmittelfrist abgelaufen ist oder wenn über einen Rechtsbehelf oder ein Rechtsmittel unanfechtbar entschieden worden ist. Der Drittwirkung steht nicht entgegen, dass der Steuerbescheid änderbar ist (§§ 164, 165 AO, §§ 172 ff. AO; *Heuermann* in HHSp, § 166 AO Rz. 6)). Die Regelung wirkt sich vor allem bei Haftenden aus: stehen dem **Haftungsschuldner** grundsätzlich sämtliche Einwendungen des Steuerschuldners gegen den Anspruch zu, sind ihm diese jedoch nach § 166 AO abgeschnitten, wenn er den Steuerbescheid als Vertreter oder Bevollmächtigter des »Erstschuldners« oder kraft eigenen Rechts hätte anfechten können (BVerfG v. 29.11.1996, 2 BvR 1157/93, BStBl II 1997, 415; *Loose* in Tipke/Kruse, § 191 AO Rz. 133).

#### II. Gesamtrechtsnachfolge

Der Gesamtrechtsnachfolger muss die Unanfechtbarkeit 4
der Steuerfestsetzung gegenüber dem Stpfl. gegen sich gelten lassen. Dies folgt daraus, dass mit dem Eintritt der Gesamtrechtsnachfolge der Rechtsnachfolger in vollem Umfang in die Stellung des Vorgängers hineinwächst. Gesamtrechtsnachfolge liegt vor bei Erbfall, Verschmelzung und Umwandlung, Eintritt in eine Gütergemeinschaft, Anwachsung, Zusammenschluss öffentlich-rechtlicher Körperschaften (s. Ausführungen zu § 45 AO). Die Drittwirkung gegenüber dem Gesamtrechtsnachfolger setzt nicht voraus, dass dieser in der Lage gewesen wäre, den Steuerbescheid gegen seinen Rechtsvorgänger anzufechten.

Nicht unter den Begriff der Gesamtrechtsnachfolge fal- 5
len Geschäftsübernehmer nach § 25 HGB bzw. nach § 75 AO sowie Einzelrechtsnachfolger. Diese Personen müssen – als Haftende – die Unanfechtbarkeit der Festsetzung der Hauptschuld nicht gegen gelten lassen (*Krumm* in

Tipke/Kruse, § 166 AO Rz. 6). Eine Drittwirkung in Fällen von Einzelrechtsnachfolge ist jedoch geregelt für Einheitswertbescheide (§ 182 Abs. 2 AO), Grundsteuermessbescheide (nicht für Gewerbesteuermessbescheide, § 184 Abs. 1 Satz 4 AO) und für Zerlegungs- und Zuteilungsbescheide (§§ 185, 190 Satz 2 AO). Für die auf diesen Grundlagenbescheiden beruhenden Steuerbescheide (VSt-, GrSt-, GewSt-Bescheide) gilt die Drittwirkung nicht (*Krumm* in Tipke/Kruse, § 166 AO Rz. 7 m. w. N.).

### III. Eigene Rechtsbehelfsbefugnis

6 Die gegenüber dem Stpfl. eingetretene Unanfechtbarkeit der Steuerfestsetzung muss ferner gegen sich gelten lassen, wer in der Lage gewesen wäre, den gegen den Stpfl. erlassenen Bescheid als dessen Vertreter oder Bevollmächtigter oder kraft eigenen Rechts anzufechten. Die Aufzählung ist abschließend. Ausschlaggebend ist allein die während der gesamten Dauer der Rechtsbehelfsfrist bestehende rechtliche, nicht die tatsächliche Möglichkeit, einen Rechtsbehelf einzulegen (BFH v. 16.12.1997, VII R 30/97, BStBl II 1998, 319). Die Drittwirkung der unanfechtbaren Steuerfestsetzung tritt daher nicht ein, wenn der als Haftungsschuldner in Anspruch genommene Geschäftsführer einer GmbH nicht während der gesamten Dauer der Rechtsbehelfsfrist berechtigt gewesen ist, als Vertreter der GmbH zu handeln, oder wenn er seine Vertretungsbefugnis zu einem Zeitpunkt verloren hat, zu dem er noch vor Ablauf der Festsetzungsfrist und dem damit verbundenen Wegfall des Vorbehalts (§ 164 Abs. 4 Satz 1 AO) nach § 164 Abs. 2 Satz 2 AO einen Antrag auf Änderung oder Aufhebung der unter Vorbehalt festgesetzten Steuer hätte stellen können (BFH v. 16.05.2017, VII R 25/16, BStBl II 2017, 934 m. w. N.).

7 **Vertreter** sind die gesetzlichen Vertreter i. S. des § 34 AO, **Bevollmächtigte**, die kraft Auftrags oder aufgrund Vertrags mit der Wahrnehmung der Interessen des Stpfl. beauftragten Personen. Voraussetzung ist jedoch, dass er während der gesamten Dauer der Rechtsbehelfsfrist Vertretungsmacht und damit das Recht gehabt hat, namens des Stpfl. zu handeln (BFH v. 24.08.2004, VII R 50/03, BStBl II 2005, 127). Die rechtliche Möglichkeit, einen Rechtsbehelf einzulegen, bestimmt sich nach dem jeweiligen Umfang der Vertretungsmacht, wie er sich aus Gesetz, Satzung, Vertrag u. Ä. ergibt, und reicht nicht weiter als ihre Vertretungsmacht (BFH v. 24.08.2004, VII R 50/03, BStBl II 2005, 127; *Krumm* in Tipke/Kruse, § 166 AO Rz. 15). Sie fehlt z. B., wenn bei Gesamtvertretung nicht alle vertretungsbefugten Personen zugestimmt haben (FG Ddorf v. 21.11.1997, 3 K 8003/93 H (U), EFG 1998, 616), oder wenn rechtliche Einschränkungen der erteilten Vollmacht im Innenverhältnis bestehen (h. M.; u. a. *Krumm* in Tipke/Kruse, § 166 AO Rz. 15; *Rüsken* in Klein, § 166 AO Rz. 7), oder wenn das Verfügungsrecht auf den Insolvenzverwalter übergegangen ist (FG Nds v. 24.03.1998, XI 188/93, EFG 1998, 979). Sie fehlt auch bei einem Gesellschafter einer GbR, der für Steuerschulden der Gesellschaft als Haftungsschuldner in Anspruch genommen worden ist, wenn er nicht zur Alleinvertretung der GbR berechtigt war. Das gilt auch im Hinblick auf ein etwaiges Notgeschäftsführungsrecht nach § 744 Abs. 2 BGB analog (BFH v. 16.12.1997, VII R 30/97, BStBl II 1998, 319). Sie endet mit der Beendigung der Stellung als Vertreter oder Bevollmächtigter. Daraus folgt auch, dass ein Geschäftsführer einer GmbH nur diejenigen Steuerfestsetzungen gegen sich gelten lassen muss, die während der Zeit wirksam geworden sind, in der er als Geschäftsführer bestellt war (s. auch BFH v. 28.03.2001, VII B 213/00, BFH/NV 2001, 1217).

Kraft eigenen Rechts i. S. der Vorschrift anfechten kann die Steuerfestsetzung derjenige, gegen den der Steuerbescheid in der Weise wirkt, dass er als **Beschwerter** i. S. von § 350 AO anzusehen ist. Dazu gehören auch bei Feststellungsbescheiden die Einspruchsbefugten i. S. des § 352 AO, die Parteien kraft Amtes wie z. B. der Insolvenz- bzw. Konkursverwalter sowie die Vermögensverwalter i. S. des § 35 Abs. 3 AO, nicht der Testamentsvollstrecker (BFH v. 15.02.1978, I R 36/77, BStBl II 1978, 491; *Krumm* in Tipke/Kruse, § 166 AO Rz. 21; *Rüsken* in Klein, § 166 AO Rz. 8). Entscheidend ist auch hier die rechtliche Möglichkeit zur Anfechtung, nicht die tatsächliche. 8

**Kraft eigenen Rechts** kann z. B. der **Arbeitnehmer** den an den Arbeitgeber gerichteten LSt-Haftungsbescheid insoweit anfechten, als er persönlich für die nachgeforderte LSt in Anspruch genommen werden kann (BFH v. 29.06.1973, VI R 311/69, BStBl II 1973, 780). Ebenso hat der Arbeitnehmer als Schuldner der LSt das Recht, die in der Anmeldung des Arbeitgebers liegende Steuerfestsetzung anzufechten (BFH v. 12.10.1995, I R 39/95, BStBl II 1996, 87). Desgleichen kann der Gläubiger der Kapitalerträge einen gegen den Schuldner der Kapitalerträge gerichteten Kapitalertragsteuerbescheid kraft eigenen Rechts anfechten (BFH v. 10.03.1971, I R 73/67, BStBl II 1971, 589). Das gilt in Abzugsverfahren jedoch nur dann, wenn der Steuerabzug abgeltenden Charakter hat, nicht aber, wenn gegen den Arbeitnehmer als Steuerschuldner ein eigenes Festsetzungsverfahren wie die ESt-Veranlagung durchgeführt wird, weil die Entscheidung in diesem Verfahren die Rechtsgrundlage für die Steuerzahlung ablöst (BFH v. 12.10.1995, I R 39/95, BStBl II 1996, 87). 9

Der jeweils andere **Ehegatte/Lebenspartner** fällt nicht unter § 166 AO, da Eheleute/Lebenspartner nicht das Recht haben, gegen den anderen Ehegatten/Lebenspartner gerichtete Steuerfestsetzungen anzufechten (*Frotscher* in Schwarz/Pahlke, § 166 AO Rz. 10). 10

vorläufig frei 11

### D. Folgen der Drittwirkung

12 Die in § 166 AO genannten Personen sind nach Eintritt der Bestandskraft der die Drittwirkung ausübenden Steuerfestsetzung bzw. des der Steuerfestsetzung gleichzusetzenden Bescheides mit Einwendungen gegen Form und Inhalt des Steuerbescheides, also gegen dessen Rechtswirksamkeit und Bestandskraft, ausgeschlossen (BFH v. 19.12.2000, VII R 86/99, BFH/NV 2001, 742), also mit Einwendungen, die sie im Rechtsbehelfsverfahren gegen die Steuerfestsetzung hätten geltend machen können. Sie können daher nicht mehr mit Erfolg einwenden, die Steuerfestsetzung des Stpfl. sei dem Grunde oder der Höhe nach unzutreffend und daher rechtswidrig.

13 Einwendungen gegen ihre eigene Inanspruchnahme dagegen schließt § 166 AO nicht aus. So kann z.B. der als Haftender in Anspruch genommene Geschäftsführer geltend machen, die Voraussetzungen für die Haftung seien nicht gegeben. Einwendungen des Haftenden gegen die Zuständigkeit des FA zum Erlass des angefochtenen Haftungsbescheides richten, schließt § 166 AO deshalb nicht aus, weil dieser mit denselben Gründen schon den zugrunde liegenden Steuerbescheid hätte anfechten können; denn Zuständigkeitsmängel des Steuerbescheides und des Haftungsbescheides können unabhängig voneinander gerügt werden und sind in den jeweiligen Rechtsbehelfsverfahren gesondert zu überprüfen (BFH v. 19.12.2000, VII R 86/99, BFH/NV 2001, 742).

14 Die Drittwirkung der Steuerfestsetzung nach Unanfechtbarkeit gem. § 166 AO hindert bei einer Steuerfestsetzung unter dem Vorbehalt der Nachprüfung den Anspruch des Stpfl. und seines Vertreters, Bevollmächtigten oder kraft eigenen Rechts Anfechtungsbefugten auf eine Änderung der Steuerfestsetzung nach § 164 Abs. 2 Satz 2 AO nicht; der Regelungs- und Anwendungsbereich beider Vorschriften ist voneinander unabhängig (BFH v. 04.06.1996, VII S 9/96, BFH/NV 1996, 915, unter 2.a). Die unter Vorbehalt der Nachprüfung ergangene Steuerfestsetzung löst zwar die Rechtsfolge des § 166 AO aus, wenn die Steuer dem Stpfl. gegenüber »unanfechtbar« festgesetzt worden ist. Solange der Vorbehalt wirksam ist (§ 164 Abs. 2 Sätze 1 und 2 AO), kann die Vorbehaltsfestsetzung auch auf Antrag des Stpfl. oder seines Vertreters usw. aufgehoben oder geändert werden (h.M., u.a. BFH v. 22.04.2015, XI R 43/11, BStBl II 2015, 755 m.w.N.; *Heuermann* in HHSp, § 166 AO Rz. 6). Dasselbe gilt für nach § 165 AO vorläufig durchgeführte Steuerfestsetzungen im Rahmen der Vorläufigkeit oder für Änderungen nach §§ 172 ff. AO (*Cöster* in Koenig, § 166 AO Rz. 9; a.A. *Oellerich* in Gosch, § 166 AO Rz. 23).

15 Die Drittwirkung der unanfechtbaren Steuerfestsetzung tritt allerdings nach st. R. nicht ein, wenn der als Haftungsschuldner in Anspruch genommene Geschäftsführer einer GmbH nicht während der gesamten Dauer der Rechtsmittelfrist berechtigt gewesen ist, als Vertreter der GmbH zu handeln (BFH v. 16.05.2017, VII R 25/16, BStBl II 2017, 934 m.w.N.), oder wenn er seine Vertretungsbefugnis zu einem Zeitpunkt verloren hat, zu dem er noch vor Ablauf der Festsetzungsfrist und dem damit verbundenen Wegfall des Vorbehalts (§ 164 Abs. 4 Satz 1 AO) nach § 164 Abs. 2 Satz 2 AO einen Antrag auf Änderung oder Aufhebung der unter Vorbehalt festgesetzten Steuer hätte stellen können.

## § 167 AO Steueranmeldung, Verwendung von Steuerzeichen oder Steuerstemplern

**(1) Ist eine Steuer auf Grund gesetzlicher Verpflichtung anzumelden (§ 150 Abs. 1 Satz 3), so ist eine Festsetzung der Steuer nach § 155 nur erforderlich, wenn die Festsetzung zu einer abweichenden Steuer führt oder der Steuer- oder Haftungsschuldner die Steueranmeldung nicht abgibt. Satz 1 gilt sinngemäß, wenn die Steuer auf Grund gesetzlicher Verpflichtung durch Verwendung von Steuerzeichen oder Steuerstemplern zu entrichten ist. Erkennt der Steuer- oder Haftungsschuldner nach Abschluss einer Außenprüfung i.S. des § 193 Abs. 2 Nr. 1 seine Zahlungsverpflichtung schriftlich an, steht das Anerkenntnis einer Steueranmeldung gleich.**

**(2) Steueranmeldungen gelten auch dann als rechtzeitig abgegeben, wenn sie fristgerecht bei der zuständigen Kasse eingehen. Dies gilt nicht für Einfuhr- und Ausfuhrabgaben und Verbrauchsteuern.**

**Inhaltsübersicht**



**Schrifttum**


Baum, Verfahrensrechtliche Fragen bei Steueranmeldungen, DStZ 1992, 588; Trzaskalik, Über die Vorbehaltsfestsetzung und die Steueranmeldung, StuW 1993, 371; Heuermann, Zur Wirkungsweise und Anfechtbarkeit einer Steueranmeldung, insbesondere einer Lohnsteueranmeldung, DStR 1998, 959; Drüen, Zum Wahlrecht der Finanzbehörde zwischen Steuerschätzung und Haftungsbescheid bei unterbliebener Steueranmeldung, DB 2005, 299.

## A. Bedeutung der Vorschrift

1 Die Vorschrift regelt vor allem verfahrensrechtliche Fragen der Steueranmeldung. Nach § 150 Abs. 1 Satz 3 AO ist eine Steueranmeldung eine Steuererklärung, in der der Stpfl. die Steuer aufgrund gesetzlicher Verpflichtung selbst berechnet hat. Einer Steuerfestsetzung bedarf es nur in den in § 167 Abs. 1 Satz 1 AO geregelten Fällen. Das Verfahren dient der Beschleunigung der Steuererhebung.

## B. Anwendungsbereich

2 Die Selbstberechnung muss aufgrund gesetzlicher Verpflichtung erfolgen (§ 150 Abs. 1 Satz 3 AO; BFH v. 29.10.2002, VII R 2/02, BStBl II 2003, 43). Sie ist u. a. für die LSt (§ 41 a EStG), die USt hinsichtlich der Voranmeldung und der Jahreserklärung (§ 18 UStG), die KapErtrSt (§ 45 a EStG), den Steuerabzug nach § 48 i. V. m. § 48 a EStG oder nach § 50 a EStG, die VersSt (§ 8 VersStG), die WettSt (§ 18 RennwLottAB) sowie die FeuerschSt (§ 8 FeuerschStG) vorgeschrieben (s. AEAO zu § 167, Nr. 1), ferner z. B. nach den § 15 SchaumweinZwStG, § 12 KaffeeStG, § 17 Abs. 2 TabStG, § 8 Abs. 1 StromStG, §§ 20 Abs. 4, 33, 39 EnergieStG. Die Selbstberechnungspflicht trifft Steuerschuldner und Steuerentrichtungspflichtige (§ 43 Satz 2 AO), d. h. diejenigen, die eine Steuer für Rechnung eines Dritten einzubehalten und abzuführen haben (s. § 33 Abs. 1 AO). § 167 AO erwähnt zwar nur den Haftungsschuldner, erfasst aber auch den **Entrichtungspflichtigen**, da dieser haftet, wenn er die Steuer nicht einbehalten und abgeführt hat (h. M.; *Seer* in Tipke/Kruse, § 167 AO Rz. 2). Auf Zollanmeldungen ist § 167 AO nicht anwendbar.

## C. Regelung (§ 167 Abs. 1 AO)

### I. Steueranmeldung

3 Gemäß § 168 Satz 1 AO steht eine Steueranmeldung – ggf. nach Zustimmung der Finanzbehörde (§ 168 Satz 2 AO) – einer **Steuerfestsetzung unter Vorbehalt der Nachprüfung** gleich, eine Steuerfestsetzung durch besonderen Steuerbescheid entfällt (s. § 168 AO Rz. 2). Voraussetzung ist, dass sie wirksam ist, d. h. u. a., dass sie **eigenhändig** unterschrieben ist (BFH v. 22.05.2007, IX R 55/06, BStBl II 2007, 857). Eines Leistungsgebots für die Vollstreckung bedarf es nicht (§ 254 Abs. 1 Satz 4 AO). Das gilt auch in entsprechender Anwendung bei Entrichtungsschulden wie der LSt, der KapErtrSt oder dem Steuerabzug nach § 50 a EStG, für die das Gesetz eine Steuerfestsetzung grundsätzlich nicht vorsieht (*Rüsken* in Klein, § 167 AO Rz. 5; i.E. ebenso *Frotscher* in Schwarz/Pahlke, § 167 AO Rz. 13).

Führt die Steuerfestsetzung zu einer **gegenüber der Steueranmeldung abweichenden Steuer** oder wird die Steueranmeldung nicht abgegeben, ist eine Festsetzung der Steuer erforderlich (§ 167 Abs. 1 Satz 1 AO). Die abweichende Steuerfestsetzung ändert die nach § 168 Satz 1 AO mit ihrem Eingang bei der Finanzbehörde unter Vorbehalt der Nachprüfung stehende Festsetzung aufgrund der Steueranmeldung nach § 164 Abs. 2 AO (*Frotscher* in Schwarz/Pahlke, § 168 AO Rz. 28; a. A. *Heuermann* in HHSp, § 168 AO Rz. 10); im Falle einer zustimmungspflichtigen Steueranmeldung wird mit der Steuerfestsetzung zugleich der in der Steueranmeldung liegende Antrag auf Steuerfestsetzung (s. § 168 AO Rz. 5) abgelehnt. Die Festsetzung steht automatisch unter dem Vorbehalt der Nachprüfung, wenn sie Vorauszahlungen betrifft (§ 164 Abs. 1 Satz 2 AO); eines besonderen Vorbehaltsvermerks bedarf es nicht. Will die Finanzbehörde in anderen als Vorauszahlungsfällen, also z. B. im Falle der USt-Jahressteuer, der LSt, des Steuerabzugs bei Bauleistungen oder der KapErtrSt, den Steuerfall offenlassen, muss sie den Vorbehalt der Nachprüfung ausdrücklich in den Steuerbescheid aufnehmen (AEAO zu § 168, Nr. 7; BFH v. 02.12.1999, V R 19/99, BStBl II 2000, 284; § 164 AO Rz. 26 und § 168 AO Rz. 2). 4

Auch im Fall der **Entrichtungsverpflichtung**, d. h. gegenüber demjenigen, der eine Steuer, die ein Dritter schuldet, anzumelden und abzuführen hat, regelt § 167 Abs. 1 Satz 1 AO die Festsetzung der Steuer (BFH v. 13.09.2000, I R 61/99, BStBl II 2001, 67). Daher kann im Falle der Abweichung von der Steueranmeldung oder der Nichtabgabe nach § 167 Abs. 1 Satz 1 AO ein Steuerbescheid – Nachforderungsbescheid – ggf. im Schätzungswege erlassen werden, auch wenn gleichzeitig die Voraussetzungen für den Erlass eines Haftungsbescheides erfüllt sind. Dies gilt uneingeschränkt für die LSt-Anmeldung (BFH v. 20.08.2008, I R 29/07, BStBl II 2010, 142; *Seer* in Tipke/Kruse, § 167 AO Rz. 8; AEAO zu § 167, Nr. 5; R 41a.1 Abs. 4 LStR 2015; Bedenken *Drüen*, DB 2005, 299) sowie den Steuerabzug nach § 48 EStG und § 50 a EStG (*Seer* in Tipke/Kruse, § 167 AO Rz. 9), während im Falle der nicht ordnungsgemäßen Anmeldung der Kapitalertragsteuer die tatbestandlichen Erfordernisse des § 44 Abs. 5 EStG zu beachten sind (BFH v. 20.08.2008, I R 29/07, BStBl II 2010, 142 m. w. N.). Zur Änderung der Festsetzung der LSt-Entrichtungsschuld nach Übermittlung der Ausschreibung der LSt-Bescheinigung s. BFH v. 30.10.2008, VI R 10/05, BStBl II 2009, 354. 5

Für Steueranmeldungen gilt die Anlaufhemmung des § 170 Abs. 2 Satz 1 Nr. 1 AO (BFH v. 14.07.1999, I B 151/98, BStBl II 2001, 556). 5a

### II. Verwendung von Steuerzeichen und Steuerstemplern

6 Ein Steuerbescheid braucht auch nicht zu ergehen, wenn die Steuer aufgrund gesetzlicher Verpflichtung durch Verwendung von Steuerzeichen oder Steuerstemplern zu entrichten ist. Steuerzeichen bzw. Steuerstempler sind vorgesehen bei der Tabaksteuer und der Rennwett- und Lotteriesteuer. Nicht der Erwerb des Steuerzeichens oder der Wertkarte zum Steuerstempler tritt an die Stelle der Steuerfestsetzung, sondern erst deren Verwendung. Einer Steuerfestsetzung bedarf es in diesen Fällen nur, wenn sie zu einer abweichenden Steuer führen würde. Wird durch Verwendung von Steuerzeichen oder Steuerstemplern ein zu hoher Steuerbetrag entrichtet, ist ebenfalls eine Steuerfestsetzung erforderlich. Gegen die Ablehnung der Festsetzung ist der Einspruch gegeben.

### III. Anerkenntnis der Zahlungspflicht

7 Einer Steueranmeldung steht das Anerkenntnis gleich, mit dem der Steuer- oder Haftungsschuldner nach Abschluss einer Außenprüfung i.S. des § 193 Abs. 2 Nr. 1 AO seine Zahlungsverpflichtung anerkennt (s. z.B. § 42d Abs. 4 Nr. 2 EStG; § 44 Abs. 5 Satz 3 EStG; § 50a EStG i.V.m. § 73g Abs. 2 EStDV). Will er seiner Zahlungsverpflichtung aus dem Anerkenntnis nicht nachkommen, bedarf es keines Haftungsbescheids (AEAO zu § 167, Nr. 3 Satz 2) und keines Leistungsgebots.

7a Die Regelung betrifft, wie der Hinweis auf § 193 Abs. 2 Nr. 1 AO ergibt, nur solche Stpfl., die für Rechnung eines anderen Steuern zu entrichten oder Steuern einzubehalten und abzuführen haben (s. *Cöster* in Koenig, § 167 AO Rz. 24; *Seer* in Tipke/Kruse, § 167 AO Rz. 10). Nach der Gesetzesbegründung umfasst die Regelung neben der Haftungsschuld auch die vom Arbeitgeber selbst geschuldete (pauschalierte) Lohnsteuer (so auch *Seer* in Tipke/Kruse, § 167 AO Rz. 10). Auch wenn der Wortlaut der Vorschrift die Außenprüfung i.S. des § 193 Abs. 2 Nr. 1 AO aufführt und damit nur solche Stpfl. erfasst, die nicht schon nach § 193 Abs. 1 AO der Außenprüfung unterliegen, meint das Gesetz alle Fälle der Steuerentrichtung, auch soweit im Einzelfall die Außenprüfung nach § 193 Abs. 1 AO zulässig ist (so auch *Seer* in Tipke/Kruse, § 167 AO Rz. 10 m.w.N.; *Rüsken* in Klein, § 167 AO Rz. 13). Das Anerkenntnis führt zu einer Steuerfestsetzung unter dem Vorbehalt der Nachprüfung (§ 168 Satz 1 AO). Hat es sich bei der vorausgegangenen um eine abschließende Prüfung gehandelt, besteht die Verpflichtung der Finanzbehörde, den Vorbehalt der Nachprüfung aufzuheben (§ 164 Abs. 3 Satz 3 AO). Im Übrigen kann der Entrichtungspflichtige sein Anerkenntnis nur mit Zustimmung der Finanzbehörde widerrufen (AEAO zu § 167, Nr. 3 Satz 3).

Die Anerkenntnis muss nach Abschluss der Außenprüfung abgegeben worden sein. Die Außenprüfung ist abgeschlossen, wenn die prüfende Behörde den Abschluss ausdrücklich oder konkludent erklärt. In der Regel kann die Außenprüfung mit der Zusendung des Prüfungsberichtes als abgeschlossen angesehen werden (BFH v. 17.07.1985, I R 214/82, BStBl II 1986, 21). Nicht erfasst wird die außerhalb einer Außenprüfung abgegebene Anerkenntnis. 7b

## D. Einreichung der Steueranmeldung bei der Kasse (§ 167 Abs. 2 AO)

Die Einreichung der Steueranmeldung ist rechtzeitig, wenn der Stpfl. sie fristgerecht bei der Finanzkasse abgegeben hat. Die Regelung betrifft die Fälle, in denen das für die Einreichung an sich zuständige Besteuerungs-FA und das für die Erhebung zuständige FA nicht identisch sind, und hat Bedeutung für die Festsetzung von Verspätungszuschlägen (§ 152 AO). Umgekehrt gilt das nicht, sodass die fristgerechte Einreichung eines Schecks bei dem Besteuerungs-FA Säumniszuschläge nicht verhindert. Hier ist allein der Eingang des Schecks bei der zuständigen Kasse maßgebend. Die Erleichterung gilt nicht für Einfuhr- und Ausfuhrabgaben und Verbrauchsteuern. 8

# § 168 AO
# Wirkung einer Steueranmeldung

**Eine Steueranmeldung steht einer Steuerfestsetzung unter Vorbehalt der Nachprüfung gleich. Führt die Steueranmeldung zu einer Herabsetzung der bisher zu entrichtenden Steuer oder zu einer Steuervergütung, so gilt Satz 1 erst, wenn die Finanzbehörde zustimmt. Die Zustimmung bedarf keiner Form.**

**Inhaltsübersicht**



**Schrifttum**

S. Schrifttum zu § 167 AO.

## A. Bedeutung der Vorschrift

1 Die Vorschrift dient der Verfahrensbeschleunigung. Sie regelt die Wirkung einer Steueranmeldung. Wegen des Begriffs der Steueranmeldung und ihres Anwendungsbereichs s. § 167 AO Rz. 1 f.; zur Drittwirkung der Steueranmeldung s. § 166 AO Rz. 2. Im Übrigen enthält der AEAO zu § 168 umfangreiche Anweisungen, auf die ergänzend hingewiesen wird. Die Vorschrift ist im Zollrecht nicht anwendbar.

## B. Wirkung der Steueranmeldung

### I. Steuerfestsetzung unter Vorbehalt der Nachprüfung (§ 168 Satz 1 AO)

2 Nach § 168 Satz 1 AO steht die Steueranmeldung grundsätzlich mit Eingang beim FA einer Steuerfestsetzung unter Vorbehalt der Nachprüfung gleich und entfaltet die Rechtswirkungen nach § 164 AO, soweit sie eine Zahllast aufweist und nicht zu einer Herabsetzung der zu zahlenden Steuer führt (§ 168 Satz 2 AO). Der Vorbehalt der Nachprüfung wird wirksam, ohne dass es seiner ausdrücklichen Erwähnung bedarf. Dies gilt sowohl für die erstmalige wie für die berichtigte Steueranmeldung. Die berichtigte Steueranmeldung führt zu einer Berichtigung der vorangegangenen – unter Vorbehalt der Nachprüfung stehenden – Steueranmeldung nach § 164 Abs. 2 AO und steht wiederum unter Vorbehalt der Nachprüfung. Erlässt dagegen das FA nach Eingang einer Steueranmeldung erstmals einen Steuerbescheid ohne Vorbehalt der Nachprüfung, ist dieser Bescheid vorbehaltslos, es sei denn, der Steuerbescheid betrifft eine Vorauszahlung (s. § 164 AO Rz. 26; AEAO zu § 164, Nr. 6 Satz 3 m. w. N.). Wegen der Rechtsfolgen des Vorbehalts der Nachprüfung wird auf die Ausführungen zu § 164 AO Rz. 18 ff. wird verwiesen.

### II. Erforderliche Zustimmung zur Steueranmeldung (§ 168 Satz 2 AO)

3 Weist die Steueranmeldung eine **Steuervergütung** aus oder führt sie zu einer **Herabsetzung** einer bisher zu entrichtenden Steuer, d.h. der bisher angemeldeten oder festgesetzten, nicht der entrichteten Steuer, steht sie einer Steuerfestsetzung unter Vorbehalt der Nachprüfung erst gleich, wenn die Finanzbehörde zustimmt (§ 168 Satz 2 AO). Die Zustimmung ist Verwaltungsakt und muss daher dem Stpfl. bekannt werden (h. M.; BFH v. 09.07.2003, V R 29/02, BStBl II 2003, 904 m. w. N.; *Seer* in Tipke/Kruse, § 168 AO Rz. 5; auch s. § 355 Abs. 1 Satz 2 AO, der eine Bekanntgabe voraussetzt). Sie bedarf keiner Form (§ 168 Satz 2 AO), sodass sie schriftlich, (fern-)mündlich oder in anderer Form, aber auch stillschweigend z. B. durch eine Abrechnung oder durch Auszahlung des Erstattungsbetrages erfolgen kann (BFH v. 28.02.1996, XI R 42/94, BStBl II 1996, 660). In der kassenmäßigen Sollstellung des angemeldeten Betrags liegt keine Zustimmung. Wird sie schriftlich mitgeteilt, findet die Zugangsfiktion des § 122 Abs. 2 AO Anwendung (AEAO zu § 168, Nr. 4 Satz 2). Erst mit der Zustimmung entsteht ein fälliger Zahlungsanspruch des Stpfl. Dasselbe gilt bei Abgabe einer berichtigten Steueranmeldung, die zu einer Steuervergütung oder eine Herabsetzung einer bisher zu entrichtenden Steuer führt. Bis zur Zustimmung handelt es sich bei der Steueranmeldung um einen Antrag auf Änderung der Steuerfestsetzung nach § 164 Abs. 2 Satz 2 AO.

Die Zustimmung kann allgemein erteilt werden. Die Steueranmeldung steht in diesem Fall bereits mit ihrem Eingang einer Steuerfestsetzung unter Vorbehalt der Nachprüfung gleich (AEAO zu § 168, Nr. 9). 4

Bis zum Bekanntwerden der Zustimmung besteht ein Schwebezustand. Der Steueranmeldung kommt die Wirkung eines Antrags auf Steuerfestsetzung nach § 155 Abs. 1 Satz 3 AO zu (so auch *Cöster* in Koenig, § 168 AO Rz. 20). Der Schwebezustand wird entweder durch die Zustimmung oder ihre Ablehnung oder dadurch beendet, dass die Finanzbehörde gem. § 167 Satz 1 AO durch Steuerbescheid eine von der Steueranmeldung abweichende Steuer bzw. Steuervergütung festsetzt (s. § 167 AO Rz. 4). 5

Wird die Zustimmung verweigert, ist dem Stpfl. ein ablehnender Bescheid nach § 155 Abs. 1 Satz 3 AO zu erteilen (AEAO zu § 168, Nr. 11). Wird eine Zustimmung nicht oder nicht in angemessener Zeit erteilt oder ohne Erteilung eines ablehnenden Bescheids verweigert, kann der Stpfl. durch (Untätigkeits-)Einspruch nach § 347 Abs. 1 Satz 2 AO mit anschließendem Klageverfahren erreichen. Daneben ist die Einschaltung der Dienstaufsichtsbehörde über eine Dienstaufsichtsbeschwerde möglich. 6

Eine Frist für die Zustimmung durch die Finanzbehörde ist nicht vorgesehen. Nach AEAO zu § 168, Nr. 10 ist darüber oder über eine Festsetzung alsbald zu entscheiden; Maßstab für die Frist kann die allgemein zu § 347 Abs. 1 Satz 2 AO als angemessen angenommene Frist von sechs Monaten sein (auch s. § 46 Abs. 1 FGO; BFH v. 06.10.2005, V B 140/05, BFH/NV 2006, 473). 7

### III. Fälligkeit und Vollstreckbarkeit des Steueranspruchs

Die Fälligkeit des Steueranspruchs tritt mit dem Zeitpunkt ein, mit dem die Steueranmeldung als Steuerfestsetzung unter dem Vorbehalt der Nachprüfung wirkt. Für die Vollstreckung der fälligen Steuer bedarf es keines Leis- 8 tungsgebotes (§ 254 Abs. 1 Satz 4 AO i. V. m. § 249 Abs. 1 AO; AEAO zu § 168, Nr. 1 Abs. 2).

### C. Rechtsschutz

9 Der Stpfl. kann innerhalb der Einspruchsfrist gegen die Steueranmeldung Einspruch einlegen, soweit er keinen Einspruchsverzicht erklärt hat (§ 347 Abs. 1 Nr. 1, § 354 Abs. 1 Satz 2 AO; AEAO zu § 168, Nr. 13). Die Einspruchsfrist beginnt nach § 355 Abs. 1 Satz 2 AO bei Steueranmeldungen mit Zahllast mit Eingang der Steueranmeldung bei der Finanzbehörde, bei der Steueranmeldung mit einer Steuervergütung oder einer Herabsetzung einer bisher zu entrichtenden Steuer mit Zustimmung. Bei einer schriftlichen Zustimmung beginnt die Rechtsbehelfsfrist nur, wenn eine Rechtsbehelfsbelehrung beigefügt ist; anderenfalls gilt die einjährige Rechtsbehelfsfrist (BFH v. 09.07.2003, V R 29/02, BStBl II 2003, 904). Gegen die Ablehnung der Zustimmung durch Bescheid nach § 155 Abs. 1 Satz 3 AO sowie gegen die abweichende Steuerfestsetzung ist ebenfalls der Einspruch gegeben.

## II. Festsetzungsverjährung

## § 169 AO Festsetzungsfrist

**(1) Eine Steuerfestsetzung sowie ihre Aufhebung oder Änderung sind nicht mehr zulässig, wenn die Festsetzungsfrist abgelaufen ist. Dies gilt auch für die Berichtigung wegen offenbarer Unrichtigkeit nach § 129. Die Frist ist gewahrt, wenn vor Ablauf der Festsetzungsfrist**

**1. der Steuerbescheid oder im Fall des § 122a die elektronische Benachrichtigung den Bereich der für die Steuerfestsetzung zuständigen Finanzbehörde verlassen hat oder**

**2. bei öffentlicher Zustellung nach § 10 des Verwaltungszustellungsgesetzes die Benachrichtigung bekannt gemacht oder veröffentlicht wird.**

**(2) Die Festsetzungsfrist beträgt:**

**1. ein Jahr für Verbrauchsteuern und Verbrauchsteuervergütungen,**

**2. vier Jahre für Steuern und Steuervergütungen, die keine Steuern oder Steuervergütungen im Sinne der Nummer 1 oder Einfuhr- und Ausfuhrabgaben nach Artikel 5 Nummer 20 und 21 des Zollkodex der Union sind.**

**Die Festsetzungsfrist beträgt zehn Jahre, soweit eine Steuer hinterzogen, und fünf Jahre, soweit sie leichtfertig verkürzt worden ist. Dies gilt auch dann, wenn die Steuerhinterziehung oder leichtfertige Steuerverkürzung nicht durch den Steuerschuldner oder eine Person begangen worden ist, deren er sich zur Erfüllung seiner steuerlichen Pflichten bedient, es sei denn, der Steuerschuldner weist nach, dass er durch die Tat keinen Vermögensvorteil erlangt hat und dass sie auch nicht darauf beruht, dass er die im Verkehr erforderlichen Vorkehrungen zur Verhinderung von Steuerverkürzungen unterlassen hat.**

**Inhaltsübersicht**



**Schrifttum**


Resing, Auswirkungen des Vermögensteuerbeschlusses des BVerfG auf verlängerte Festsetzungsverjährungsfristen und die Festsetzung von Hinterziehungszinsen, DStR 1999, 922; Dissars, Verfahrensrechtliche Folgen einer Steuerstraftat oder Steuerordnungswidrigkeit, StB 2001, 169; Raub, Einzelfragen und aktuelle Rechtsprechung zur Festsetzungsverjährung, INF 2001, 353; Schlepp, Hinterziehung von Vermögensteuer auf Neu- oder Nachveranlagungszeitpunkte, DStZ 2001, 282; Müller, Besonderheiten des Verjährungsrechts, AO-StB 2002, 173; Raub, Aktuelle Rechtsfragen zur Wahrung der Festsetzungsfrist, INF 2002, 200; Vogelberg, Besonderheiten des Verjährungsrechts, AO-StB 2002, 173; Fischer, Wahrung der Festsetzungsfrist nur durch wirksam bekannt gegebenen Steuerbescheid, NWB Nr. 38/2003, Fach 2, S. 8229; Kamps/Wulf, Neue Rechtsprechung zur Geltung des Grundsatzes »in dubio pro reo« im Verfahrensrecht der AO, DStR 2003, 2045; Wübbelsmann, Feststellungsverjährung vs. Festsetzungsverjährung, AO-StB 2004, 317; Kamps, Besonderheiten der Festsetzungsverjährung und Anzeigepflicht im Erbschaft- und Schenkungsteuerrecht, Stbg 2005, 359; Kamps, Keine Verlängerung der Festsetzungsfrist für die Folgesteuer durch Anfechtung des Grundlagenbescheides, DStR 2005, 1381; Buse, »In dubio pro reo« und der BFH, AO-StB 2007, 109; Richter/Beck, Auswirkung der Wiedereinsetzung einer Antragsfrist bei abgelaufener Festsetzungsfrist, DStR 2007, 1512; Herdemerten, Ermittlungsbefugnisse im Rahmen verlängerter Festsetzungsfristen i. S. d. § 169 Abs. 2 Nr. 2 Satz 2 AO, DStR 2008, 139; Aue, Festsetzungsverjährung nach der Selbstanzeige zum Auslandsdepot, AO-StB 2014, 130; Günther, Ablauf der Festsetzungsfrist und Ablaufhemmung, AO-StB 2014, 217; F. Werth, Kann der Steuerberater Täter einer leichtfertigen Steuerverkürzung sein?, DStZ 2014, 131.

## A. Bedeutung der Vorschrift

§§ 169, 170 AO normieren sowohl die Dauer der Festsetzungsfrist als auch die Rechtsfolgen einer Festsetzungsverjährung für **Steuerbescheide und diesen gleichgestellte Steuerverwaltungsakte** (s. Rz. 3). Die Zahlungsverjährung hingegen ist in §§ 228 ff. AO geregelt. Die **Festsetzungsverjährung** betrifft die Zulässigkeit der Aufhebung oder Änderung der Steuerfestsetzung trotz Ablaufs der Festsetzungsfrist. Die **Zahlungsverjährung** hingegen betrifft die Frage, ab wann ein bereits festgesetzter Anspruch aus dem Steuerschuldverhältnis (§ 37 Abs. 1 AO) nicht mehr verwirklicht werden darf. Der Eintritt sowohl der Festsetzungs- als auch der Zahlungsverjährung bewirkt gleichermaßen das **Erlöschen der Ansprüche** aus dem Steuerschuldverhältnis (§ 47 AO) – im Falle einer Teilverjährung nur hinsichtlich eines Teilbetrages. Der Ablauf der Festsetzungsfrist bezieht sich auf den abstrakt entstandenen Anspruch (§ 38 AO), während der Ablauf der Zahlungsverjährung alle fälligen Ansprüche aus dem Steuerschuldverhältnis (einschließlich der Zinsen) betrifft, vgl. auch AEAO Vor §§ 169 bis 171, Nr. 1. Die Verjährungsfristen dienen der **Rechtssicherheit** und dem **Rechtsfrieden** (BFH v. 22.05.2006, VI R 46/05, BStBl II 2006, 820; BFH v. 06.07.2005, II R 9/04, BStBl II 2005, 780; *Rüsken* in Klein, § 169 AO Rz. 1). Die (gesetzliche) Festsetzungsfrist i. S. des § 169 AO gehört nicht zu den wiedereinsetzungsfähigen Fristen gem. § 110 AO (vgl. BFH v. 24.01.2008, VII R 3/07, BStBl II 2008, 462 m. w. N.).

2 Die Festsetzungsfrist betrifft nicht nur solche Ansprüche aus dem Steuerschuldverhältnis, die dem Steuergläubiger zustehen, sondern in gleicher Weise die dem Stpfl. gegenüber der Finanzbehörde erwachsenen Ansprüche (s. Rz. 4). So behindert der Ablauf der Festsetzungsfrist sowohl die Festsetzung oder Aufhebung bzw. Änderung von Steuervergütungen als auch den Erlass von Freistellungs- oder Vergütungsbescheiden, AEAO Vor §§ 169 bis 171, Nr. 2.

## B. Anwendungsbereich

3 § 169 AO regelt die Festsetzungsverjährung für Steueransprüche einschließlich der Steuererstattungen und der Steuervergütungen im Anwendungsbereich des § 1 Abs. 1 Satz 1 AO; s. § 1 AO Rz. 4 ff.). Die Vorschrift gilt unmittelbar für **Steuerbescheide**. Spezielle Regelungen enthalten §§ 174 Abs. 4 Satz 4, 175 Abs. 1 Satz 2 AO. Darüber hinaus erstreckt sich der Anwendungsbereich auch auf solche Steuerverwaltungsakte, für welche die Vorschriften über die Steuerfestsetzung – dies schließt die §§ 169 ff. AO ein – ausdrücklich für entsprechend anwendbar erklärt werden (sog. gleichgestellte Steuerverwaltungsakte bzw. **gleichgestellte Bescheide**). Danach gelten die §§ 169 ff. AO für folgende Bescheide: **Freistellungsbescheide** (§ 155 Abs. 1 Satz 3 AO), **Vergütungsbescheide** (§ 155 Abs. 4 AO), **Feststellungsbescheide** (§ 181 Abs. 1 AO; BFH v. 12.12.2013, IV R 33/10, BFH/NV 2014, 665), **Steuermessbescheide** (§ 184 Abs. 1 Satz 3 AO), **Zerlegungsbescheide** (§ 185 AO), **Zuteilungsbescheide** (§ 190 AO) sowie Bescheide über **Investitionszulage** (§ 14 InZulG) und **Altersvorsorgezulage** (§ 83 EStG i. V. m. § 96 EStG), vgl. hierzu auch AEAO Vor §§ 169 bis 171, Nr. 5.

Für sonstige Steuerverwaltungsakte gelten die §§ 169 ff. AO nicht, es sei denn, es wird ausdrücklich auf diese Vorschriften verwiesen. Dies gilt insbes. für **Haftungsbescheide** (§ 191 Abs. 1 Satz 1 AO). Für sie sind die Vorschriften über die Festsetzungsverjährung gem. § 191 Abs. 3 Satz 1 AO entsprechend anwendbar, allerdings mit den Modifikationen des § 191 Abs. 3 Sätze 2 bis 4 und Abs. 4 AO. Dies gilt nach § 191 Abs. 3 Satz 1 AO nur für den Erlass, nicht jedoch für dessen Aufhebung oder Änderung (BFH v. 12.08.1997, VII R 107/96 BStBl II 1998, 131; s. § 191 AO Rz. 16). 3a

Bei den **Steuererstattungsansprüchen** ist zu beachten, dass diese bereits dann entstanden sind, wenn der Tatbestand des § 37 Abs. 2 AO verwirklicht ist (s. § 37 AO Rz. 9). § 169 AO ist für diese Fälle insoweit von Bedeutung, als eine Zahlung auf einem Bescheid beruht. Denn nach § 218 Abs. 1 AO sind die entsprechenden Bescheide Grundlage für die Verwirklichung von Ansprüchen aus Steuerschuldverhältnissen, sodass eine Zahlung grds. so lange nicht ohne rechtlichen Grund erfolgt ist, als die entsprechenden Bescheide Bestand haben (»formelle Bescheidlage«, s. § 37 AO Rz. 9 f.). Ob ein solcher Bescheid aufgehoben oder geändert werden darf, richtet sich nach §§ 129, 172 ff. AO. Eine Aufhebung oder Änderung ist dann unzulässig, wenn die Festsetzungsfrist gem. § 169 AO abgelaufen ist (beachte in diesem Zusammenhang § 171 Abs. 14 AO). Dagegen unterliegt der Erstattungsanspruch selbst nur der Zahlungsverjährung gem. §§ 228 ff. AO. Handelt es sich um einen in den Einzelsteuergesetzen geregelten Steuererstattungsanspruch (§ 37 Abs. 1 AO letzter Satzteil, s. § 37 AO Rz. 6 ff.), so bildet die Grundlage für die Verwirklichung dieses Anspruchs nicht ein gesonderter Erstattungsbescheid, sondern ein entsprechender Freistellungsbescheid gem. § 155 Abs. 1 Satz 3 AO. 4

Nach § 1 Abs. 3 Satz 2 AO gelten die Vorschriften der §§ 169 ff. AO für **steuerliche Nebenleistungen** (§ 3 Abs. 4 AO) nur, soweit dies besonders bestimmt wird (s. § 1 AO Rz. 21). Dies ist der Fall für **Zinsen** (§ 239 AO) und **Kosten** für die besondere Inanspruchnahme von Zollbehörden (§ 178 Abs. 4 Satz 1 AO). Hinsichtlich der **Vollstreckungskosten** enthält § 346 Abs. 2 AO eine eigenständige Regelung einer Festsetzungsfrist. Keine Anwendung findet § 169 AO auf **Säumniszuschläge**, weil diese kraft Gesetzes entstehen und keiner Festsetzung bedürfen. 5

Sie unterliegen der Zahlungsverjährung gem. §§ 228 ff. AO. Das Gesetz enthält für **Verspätungszuschläge** (§ 152 AO) und die Festsetzung des **Zwangsgeldes** (§ 329 AO) keine ausdrückliche Regelung. Der Verspätungszuschlag ist ein Druckmittel eigener Art mit dem Ziel, die Verpflichtung zur Abgabe einer Steuererklärung durchzusetzen. Die Festsetzung von Verspätungszuschlägen wäre indes ermessensfehlerhaft, wenn die Steuer wegen Ablaufs der Festsetzungsfrist nicht mehr festgesetzt werden kann. Die Festsetzung eines Zwangsgeldes ist unzulässig, wenn die Finanzbehörde die zu erzwingende Handlung, Duldung oder Unterlassung nicht mehr fordern kann. Hierzu auch AEAO zu § 169, Nr. 5 und Vor §§ 169 bis 171, Nr. 7.

6 Die Anwendbarkeit der §§ 169 ff. AO auf die **örtlichen Verbrauch- und Aufwandsteuern** und **KiSt** richtet sich nach dem Landesrecht. Für einen Katalog der landesrechtlichen Normen, die die AO für anwendbar erklären, s. § 1 AO Rz. 31 f. Zum Teil wird die sinngemäße Anwendung der Vorschriften über das Straf- und Bußgeldverfahren jedoch ausdrücklich ausgeschlossen, sodass auch die verlängerte Festsetzungsfrist nach § 169 Abs. 2 Satz 2 AO (s. Rz. 9) nicht in Betracht kommt.

## C. Dauer der Festsetzungsfrist (§ 169 Abs. 2 AO)

7 § 169 Abs. 2 AO bestimmt vier verschiedene Festsetzungsfristen.

### I. Regelmäßige Festsetzungsfrist (§ 169 Abs. 2 Satz 1 AO)

8 Für **Verbrauchsteuern** (s. § 3 AO Rz. 36, 42) und Verbrauchsteuervergütungen beträgt die Festsetzungsfrist nach § 169 Abs. 1 Satz 1 Nr. 1 AO ein Jahr (vgl. z. B. BFH v. 26.09.2017, VII R 26/16, BFH/NV 2018, 151; BFH v. 21.04.2016, II B 4/16, BStBl II 2016, 576). Die USt gilt i. S. der AO nicht als Verbrauchsteuer (BFH, v. 14.07.2015, XI B 41/15, BFH/NV 2015, 1445; s. § 3 AO Rz. 35), sodass auch die kurze Festsetzungsverjährung nicht anwendbar ist; etwas anderes gilt für die EUSt, da hierfür die Vorschriften des UZK gelten (§ 21 Abs. 1 UStG). Hinsichtlich der **Zölle** wird die Vorschrift durch Art. 103 Abs. 1 UZK verdrängt (s. § 1 AO Rz. 11 ff.). Entsteht die Zollschuld jedoch aufgrund einer nach dem nationalen Steuerrecht strafbaren Handlung, wird die Festsetzungsfrist des UZK für die Nacherhebung von Einfuhr- und Ausfuhrabgaben nach Art. 103 Abs. 2 UZK i. V. m. § 169 Abs. 2 Satz 2 AO auf zehn Jahre verlängert (*Bartone* in Krenzler/Herrmann/Niestedt, Art. 103 UZK Rz. 1; *Cöster* in Koenig, § 169 AO Rz. 11). Für **alle anderen Ansprüche** beträgt die regelmäßige Festsetzungsfrist vier Jahre. Zur Anwendung der Festsetzungsfristen auf steuerliche Nebenleistungen, s. § 169 AO Rz. 5.

### II. Verlängerung der Festsetzungsfrist (§ 169 Abs. 2 Satz 2 AO)

Die regelmäßige Festsetzungsfrist verlängert sich im Falle einer **Steuerhinterziehung** (§ 370 AO) auf zehn Jahre und im Falle einer **leichtfertigen Steuerverkürzung** (§ 378 AO) auf fünf Jahre. § 169 Abs. 2 Satz 2 AO verweist ausschließlich auf die Tatbestände der §§ 370, 378 AO (BFH v. 02.04.2014, VIII R 38/13, BStBl. II 2014, 698). Das strafbare Erschleichen einer Subvention (z. B. EigZul) wird aber nicht von diesen Normen erfasst, sondern von § 264 StGB, sodass § 169 Abs. 2 Satz 2 AO nicht im Falle des Subventionsbetrugs eingreift (BFH v. 12.01.2016, IX R 20/15, BStBl II 2017, 21). Auch andere Straftatbestände oder Ordnungswidrigkeiten führen folglich nicht zu einer Verlängerung der Festsetzungsfrist, auch nicht die Steuerhehlerei nach § 374 AO. Die Festsetzungsfrist verlängert sich daher nur, soweit die Steuer gem. § 370 AO hinterzogen oder gem. § 378 AO leichtfertig verkürzt worden ist, im Übrigen bleibt es bei der regulären Festsetzungsfrist, sodass einzelne Teilbeträge desselben Steueranspruchs unterschiedlich verjähren können (Teilverjährung; BFH v. 20.11.2012, IX R 30/12, BStBl II 2013, 995 m. w. N.). Die Festsetzung der Steuern nach Ablauf der regelmäßigen Festsetzungsfrist muss der Stpfl. in Kauf nehmen, weil er die nicht rechtzeitige Festsetzung der Steuern verschuldet und folglich insoweit keinen Anspruch auf Rechtssicherheit hat (*Drüen* in Tipke/Kruse, § 169 AO Rz. 13). Für die Verlängerung der Festsetzungsfrist ist unerheblich, ob die Steuerhinterziehung oder leichtfertige Steuerverkürzung durch den Steuerschuldner selbst oder einen Dritten begangen worden ist, § 169 Abs. 2 Satz 3 AO (BFH v. 19.12.2002, IV R 37/01, BStBl II 2003, 385; BFH v. 19.12.2002, IV R 37/01, BStBl II 2003, 385). Es kommt allein darauf an, dass der jeweilige objektive und subjektive Tatbestand des § 370 AO erfüllt ist (BFH v. 02.04.2014, VIII R 38/13, BStBl II 2014, 698; BFH v. 15.11.2017, I B 27/17, BFH/NV 2018, 542). Die Steuerhinterziehung muss vollendet sein. Der bloße Versuch (§§ 22, 23 StGB, § 370 Abs. 2 AO) genügt nicht. Darüber hinaus muss der Täter rechtswidrig und schuldhaft gehandelt haben. Daher schließen Rechtfertigungs- oder Schuldausschließungs- bzw. Entschuldigungsgründe die Steuerhinterziehung (und die leichtfertige Steuerverkürzung) aus (vgl. *Drüen* in Tipke/Kruse, § 169 AO Rz. 15). Eine Steuer ist i. S. des § 378 AO leichtfertig verkürzt, wenn der objektive und der subjektive Tatbestand erfüllt sind; leichtfertig bedeutet dabei einen erhöhten Grad von Fahrlässigkeit (s. § 378 AO Rz. 8 ff.). Die Vorschrift setzt dagegen nicht voraus, dass der Steuerschuldner selbst oder die Person, derer er sich zur Erfüllung seiner steuerlichen Pflichten bedient, die Steuerhinterziehung begangen hat (BFH v. 28.10.2004, VII B 298/03, BFH/NV 2005, 1021; BFH v. 30.03.2005, VII S 13/05, BFH/NV 2005, 1349). § 169 Abs. 2 Satz 2 AO gilt nicht, wenn der Steuerberater bei der Erstellung der ESt-Erklärung den Gewinn leichtfertig fehlerhaft ermittelt, da der Steuerberater mangels eigener Angaben gegenüber dem FA nicht Täter einer leichtfertigen Steuerverkürzung nach § 378 AO i.V.m. § 370 Abs. 1 Nr. 1 AO ist (BFH v. 29.10.2013, VIII R 27/10, BStBl II 2014, 295). Dem Stpfl. kann das leichtfertige Handeln des Steuerberaters weder nach straf- oder bußgeldrechtlichen noch nach steuerrechtlichen Grundsätzen zugerechnet werden (BFH v. 29.10.2013, VIII R 27/10, BStBl II 2014, 295).

9a Ob eine Steuerhinterziehung i.S. des § 169 Abs. 2 Satz 2 AO vorliegt, wird nach den **verfahrensrechtlichen Vorschriften der AO** und nicht nach strafprozessualen Grundsätzen entschieden (BFH v. 07.11.2006, VIII R 81/04, BStBl II 2007, 364; BFH v. 15.11.2017, I B 27/17, juris). Insofern gelten die steuerrechtlichen Grundsätze der **Feststellungslastverteilung**, sodass ggf. ein Anscheinsbeweis genügen kann (*Müller*, AO-StB 2002, 173; *Vogelberg*, AO-StB 2001, 223). In Zweifelsfällen wird die Rechtsprechung dennoch den strafprozessualen Grundsatz »**in dubio pro reo**« anwenden (*Müller*, AO-StB 2002, 173; auch BFH v. 07.11.2006, VIII R 81/04, BStBl II 2007, 364; BFH v. 18.11.2013, X B 237/12, BFH/NV 2014, 369). Persönliche Strafaufhebungsgründe (strafbefreiende **Selbstanzeige**, § 371 AO, vgl. auch § 378 Abs. 3 AO) oder Strafverfolgungshindernisse (z.B. **strafrechtliche Verjährung** nach § 78 Abs. 3 Nr. 5 AO) sind für die Anwendung des § 169 Abs. 2 Satz 2 AO ohne Bedeutung und haben keinen Einfluss auf den Lauf der verlängerten Festsetzungsfrist (*Drüen* in Tipke/Kruse, § 169 AO Rz. 13), ebenso wenig die Richtigstellung der unrichtigen Angaben vor Ablauf der normalen Festsetzungsfrist von vier Jahren (§ 154 AO; BFH v. 24.03.2011, IV R 13/09, BFH/NV 2011, 1826).

10 Die verlängerte Festsetzungsfrist gilt auch für den **Gesamtrechtsnachfolger** (BFH v. 20.06.2007, II R 66/06, BFH/NV 2007, 2057). Bei **Gesamtschuldnern** wie z.B. zusammenveranlagten Eheleuten muss jeder der Steuerschuldner die verlängerte Festsetzungsfrist gegen sich gelten lassen (FG Ddorf v. 26.06.2000, 13 V 556/00, EFG 2000, 1168; *Banniza* in HHSp, § 169 AO Rz. 65, bei **Ehegatten** BFH v. 20.08.2010, IX B 41/10, BFH/NV 2010, 2239 m.w.N.; bei **Miterben** BFH v. 29.08.2017, VIII R 32/15, DStR 2018, 297; a.A. *Gonella/Mikic*, DStR 1999, 528; zur Exkulpationsmöglichkeit s. Rz. 13).

11 Die verlängerten Festsetzungsfristen des § 169 Abs. 2 Satz 2 AO gelten auch für **Steuern**, die für **verfassungswidrig** erklärt wurden, aber vorübergehend noch anwendbar sind (zur Verfassungswidrigkeit der VSt BFH v. 24.05.2000, II R 25/99, BStBl II 2000, 378; BGH v. 07.11.2001, 5 StR 395/01, BStBl II 2002, 259; zur verfassungswidrigen Besteuerung von Zinseinkünften BFH v. 27.10.2000, VIII B 77/00, BStBl II 2001, 16; a.A. *Schlepp*, DStZ 2001, 282; *Resing*, DStR 1999, 922).

## III. Exkulpationsbeweis (§ 169 Abs. 2 Satz 3 AO)

Hat die Tat **eine andere Person als der Stpfl.** begangen, kann der Steuerschuldner die Verlängerung der Festsetzungsfrist durch den Nachweis abwenden, dass er durch die Tat keinen Vermögensvorteil erlangt hat und sie auch nicht darauf beruht, dass er die im Verkehr erforderlichen Vorkehrungen zur Verhinderung von Steuerverkürzungen unterlassen hat (sog. **Exkulpationsbeweis**). Der Begriff **Vermögensvorteil** i.S. des § 169 Abs. 1 Satz 3 AO ist nicht identisch mit dem Begriff »Steuervorteil« i.S. des § 370 AO, sondern meint jede durch die Tat erlangte Verbesserung der Vermögenslage (BFH v. 31.07.1996, XI R 82/95, BStBl II 1996, 554; BGH v. 31.01.1989, VII R 77/86, BStBl II 1989, 442). Die an den Stpfl. zu stellenden Anforderungen hinsichtlich der von ihm zutreffenden Vorkehrungen sind unter Berücksichtigung aller Umstände, insbes. der Verhältnismäßigkeit, festzustellen. Neben allgemeinen organisatorischen Vorkehrungen, z.B. der Durchführung unregelmäßiger Stichproben, wird der Stpfl. auch bei der Auswahl seiner Angestellten die nötige Sorgfalt anwenden lassen müssen. 12

Dem **Gesamtrechtsnachfolger** erwächst keine eigene Exkulpationsmöglichkeit. Er rückt in die Exkulpationslage des Rechtsvorgängers ein. Hat ein **Gesamtschuldner** die Steuerhinterziehung bzw. leichtfertige Steuerverkürzung nicht begangen, so hat er grds. die sich aus § 169 Abs. 2 Satz 3 AO letzter HS ergebende Möglichkeit, sich zu exkulpieren (h.M. BFH v. 29.08.2017, VIII R 32/15, DStR 2018, 297; *Drüen* in Tipke/Kruse, § 169 AO Rz. 24; *Banniza* in HHSp, § 169 AO Rz. 65; *Frotscher* in Schwarz, § 169 AO Rz. 30). 13

## IV. Teilverjährung

Da die längere Festsetzungsfrist von zehn bzw. fünf Jahren nur eingreift, soweit eine Steuer hinterzogen bzw. leichtfertig verkürzt worden ist, hat der Gesetzgeber ausdrücklich die Teilverjährung anerkannt (*Banniza* in HHSp, § 169 AO Rz. 66). Im Übrigen verbleibt es bei der Regelfestsetzungsfrist. Daraus folgt die Notwendigkeit der Zerlegung der Steuer in einen hinterzogenen bzw. einen verkürzten Betrag und in einen Betrag, für den diese Voraussetzungen nicht vorliegen (zur Teilverjährung allgemein BFH v. 10.08.2006, II R 24/05, BStBl II 2007, 87; vgl. auch BVerfG v. 10.06.2009, 1 BvR 571/07, DStRE 2009, 1021). Das gilt entsprechend für die **gesonderte Feststellung** (§§ 179 ff. AO). Ist **Teilverjährung** ein- 14 getreten, so kann nur noch der hinterzogene bzw. verkürzte Betrag festgesetzt werden; nur in Bezug auf diesen ist eine Änderung einer bereits vorgenommenen Festsetzung möglich. Zur Teilverjährung kann es auch durch die die Ablaufhemmung bewirkende Maßnahmen kommen (s. § 171 AO Rz. 5 ff.).

## D. Wahrung der Festsetzungsfrist (§ 169 Abs. 1 Satz 3 AO)

15 § 169 Abs. 1 Satz 3 AO regelt, welche Umstände für die Wahrung der Festsetzungsfrist maßgebend sind. Für die Wahrung der Festsetzungsfrist ist es unerheblich, ob im Zeitpunkt des Wirksamwerdens des Verwaltungsaktes die Festsetzungsfrist abgelaufen ist oder nicht, wenn der Steuerbescheid bzw. die elektronische Benachrichtigung gem. § 122a AO (s. § 122a AO Rz. 3 ff.) vor Ablauf der Festsetzungsfrist den Bereich der für die Steuerfestsetzung zuständigen Finanzbehörde verlassen hat oder bei öffentlicher Zustellung die Benachrichtigung nach § 10 Abs. 2 Satz 1 VwZG bekannt gemacht oder veröffentlicht wird. Somit vermeidet diese Regelung Streitigkeiten über den rechtzeitigen Zugang und damit über den **Zeitpunkt des Wirksamwerdens** des Verwaltungsaktes. Jedoch wird durch § 169 Abs. 1 Satz 3 AO nicht die Bekanntgabe des Steuerbescheides ersetzt. Somit muss der Steuerbescheid mit Wissen und Wollen der Finanzbehörde deren Bereich verlassen haben und dem Empfänger auch nach Fristablauf **tatsächlich zugehen** und ihm gegenüber aufgrund der Bekanntgabe nach § 124 Abs. 1 Satz 1 AO wirksam werden (BFH v. 25.11.2002, GrS 2/01, BStBl II 2003, 548; BFH v. 28.01.2014, VIII R 28/13, BStBl II 2014, 552). Dafür reicht es aus, dass die Behörde den Steuerbescheid per Telefax bekannt gibt (BFH v. 28.01.2014, VIII R 28/13, BFH/NV 2014, 1115). Das gilt auch, wenn der Steuerbescheid zu seiner wirksamen Bekanntgabe an den **richtigen Zustelladressaten weitergeleitet** werden muss (BFH v. 01.07.2003, VIII R 29/02, BFH/NV 2003, 1397; BFH v. 11.04.2017, IX R 50/15, BFH/NV 2017, 1300). Geht dem FA eine Steuererklärung erst einen Tag vor Eintritt der Festsetzungsverjährung zu, kann nicht erwartet werden, dass der Steuerbescheid noch – wie dies § 169 Abs. 1 Satz 3 Nr. 1 verlangt – innerhalb der Festsetzungsfrist den Bereich des für die Festsetzung zuständigen FA verlässt (BFH v. 25.05.2011, IX R 36/10, BStBl II 2011, 807). Aufgrund des klaren Wortlauts des § 169 Abs. 1 Satz 3 AO gilt diese Norm nur für die Finanzbehörde, sodass die Festsetzungsfrist **nicht** durch **Abgabe der Steuererklärung** (kurz) vor Ablauf der Festsetzungsfrist gewahrt wird (BFH v. 12.08.2015, I R 63/14, BFH/NV 2016, 161; *Paetsch* in Gosch, § 169 AO Rz. 26). § 169 Abs. 1 Satz 3 Nr. 1 AO findet auch über die Verweisung in § 155 Abs. 4 AO keine (sinngemäße) Anwendung auf Steuererstattungsanträge (BFH v. 08.10.2010, VI B 66/10, BFH/NV 2011, 403).

16 Die Festsetzungsfrist ist auch gewahrt, wenn ein Steuerbescheid vor Ablauf der Festsetzungsfrist unmittelbar an den Stpfl. abgesandt wird, obwohl dieser einen **Zustellungsbevollmächtigten** benannt hat. Der Bekanntgabemangel wird durch die nach Ablauf der Festsetzungsfrist erfolgte Weiterleitung an den Bevollmächtigten geheilt und sodann die Festsetzungsfrist gewahrt (FG Ha v. 02.02.2010, 3 K 225/09, EFG 2010, 927).

17 Sofern der Bescheid **falsch adressiert** ist, wird die Festsetzungsfrist aber auch dann nicht gewahrt, wenn der Bescheid dem Stpfl. nach Ablauf der Festsetzungsfrist auf einem ursprünglich nicht vorgesehenen Weg zugeht (BFH v. 30.10.1996, II R 70/94, BStBl II 1997, 11).

18 Hinsichtlich Bescheiden über die **gesonderte und einheitliche Feststellung** von Besteuerungsgrundlagen ist zu beachten, dass die Festsetzungsfrist gegenüber allen Feststellungsbeteiligten schon durch die wirksame Bekanntgabe gegenüber einem Beteiligten gewahrt wird. Die Bekanntgabe gegenüber den anderen Beteiligten kann nachgeholt werden (BFH v. 27.04.1993, VIII R 27/92, BStBl II 1994, 3).

19 **Zuständige Finanzbehörde** ist die sachliche, verbandsmäßige und örtliche Behörde. Nicht abschließend ist geklärt, ob die Heilung von Verfahrens- und Formfehlern nach § 127 AO auch dann eingreift, wenn eine örtlich unzuständige Finanzbehörde einen Steuerbescheid vor Ablauf der Festsetzungsfrist zur Post gegeben hat, dieser aber erst nach deren Ablauf dem Stpfl. zugeht. Wegen der unterschiedlichen Zielrichtung beider Vorschriften kann aus dem Gesetzeszweck des § 127 AO nicht abgeleitet werden, dass ein solcher Steuerbescheid die Festsetzungsfrist wahrt. Für dieses Ergebnis spricht auch der unterschiedliche Wortlaut und der Ausnahmecharakter des § 169 Abs. 1 Satz 3 Nr. 1 AO (letztlich offengelassen BFH v. 13.12.2001, III R 13/00, BStBl II 2002, 406; gl. A. wie hier *Drüen* in Tipke/Kruse, § 169 AO Rz. 27; *von Wedelstädt* in Gosch, § 127 AO Rz. 12; *Banniza* in HHSp, § 169 AO Rz. 76). Wegen der unterschiedlichen Schutzwirkung dieser Vorschrift genügt u. E. die Absendung der unzuständigen Behörde nicht zur Wahrung der Festsetzungsfrist.

20 Zu beachten ist, dass die Festsetzungsfrist dann nicht gewahrt ist, wenn der **Steuerbescheid** gem. § 125 AO **nichtig** ist oder mangels Bekanntgabe **keine Wirksamkeit** erlangt hat. Ebenso wenig fristwahrend ist, wenn nach einem vor Ablauf der Festsetzungsfrist missglückten Bekanntgabeversuch die Finanzbehörde den Steuerbescheid nach Ablauf der Festsetzungsfrist ein **zweites Mal abschickt** (FG Ddorf v. 09.08.1985, XV 431/85, EFG 1986, 57; *Drüen* in Tipke/Kruse, § 169 AO Rz. 29 m. w. N.). Die Feststellungslast hinsichtlich der rechtzeitigen Aufgabe zur Post trägt die Finanzbehörde, der BFH verlangt einen Absendevermerk der Poststelle (BFH

v. 28.09.2000, III R 43/97, BStBl II 2001, 211; *Banniza* in HHSp, § 169 AO Rz. 81). Der Eintritt der Verjährung ist von Amts wegen zu prüfen und steht nicht zur Disposition der Finanzbehörde (BFH v. 07.02.2002, VII R 33/01, BStBl II 2002, 447).

## E. Rechtsfolgen der Verjährung (§ 169 Abs. 1 Satz 1 und Satz 2 AO)

21 Die Rechtsfolgen des Ablaufs der Festsetzungsfrist ergeben sich aus deren Rechtsnatur als **Erlöschensgrund**. Sie wirken formell- (§ 169 Abs. 1 Satz 1 und 2 AO) und materiellrechtlich (§ 47 AO). Der Ablauf der Festsetzungsfrist ist von Amts wegen zu beachten (BFH v. 07.02.2002, VII R 33/01, BStBl II 2002, 447). Im Fall der Gesamtschuldnerschaft (§ 44 Abs. 1 AO) läuft gegen jeden **Gesamtschuldner** eine gesonderte Festsetzungsfrist (vgl. § 44 Abs. 2 Satz 3 AO). Daher ist im Falle der Zusammenveranlagung von Ehegatten die Frage, ob Festsetzungsverjährung eingetreten ist, für jeden Ehegatten gesondert zu prüfen (BFH v. 25.04.2006, X R 42/05, BStBl II 2007, 220; BFH v. 17.11.2015, VIII R 68/13, BStBl II 2016, 571). Nach Ablauf der Festsetzungsfrist kann keine Steuer mehr festgesetzt werden. Die Aufhebung oder Änderung einer Steuerfestsetzung ist nur zulässig, wenn insoweit eine Ablaufhemmung gilt. Ein unter Nichtbeachtung des Eintritts der Festsetzungsverjährung erlassener Verwaltungsakt ist nicht nichtig, sondern rechtswidrig und auf einen Rechtsbehelf hin aufzuheben (BFH v. 06.05.1994, V B 28/94, BFH/NV 1995, 275, *Drüen* in Tipke/Kruse, § 169 AO Rz. 38; *Rüsken* in Klein, § 169 AO Rz. 46; AEAO Vor §§ 169 bis 171, Nr. 4).

22 § 169 Abs. 1 Satz 2 AO stellt klar, dass auch die Berichtigung **offenbarer Unrichtigkeiten** (§ 129 AO) nach dem Ablauf der Festsetzungsfrist nicht mehr möglich ist, es sei denn, es greift die Ablaufhemmung des § 171 Abs. 2 AO.

23 Die Wirkung des Ablaufes der Festsetzungsfrist hat zur Folge, dass auch ein nach dem Ablauf gestellter **Antrag** auf Festsetzung, Aufhebung oder Änderung einer Festsetzung oder Berichtigung einer offenbaren Unrichtigkeit seitens des Stpfl. keinen Erfolg mehr haben kann (BFH v. 14.05.2003, X R 60/01, BFH/NV 2003, 1144); die **Wiedereinsetzung** in die Festsetzungsfrist ist ebenfalls **nicht möglich** (BFH v. 24.01.2008, VII R 3/07, BStBl II 2008, 462). Wegen der durch die Stellung eines entsprechenden Antrags eintretenden Ablaufhemmung der Festsetzungsfrist s. § 171 Abs. 3 AO und § 171 Abs. 3a AO.

24 Besonderheiten ergeben sich bei **Feststellungsbescheiden**. Nach § 181 Abs. 5 AO kann trotz Ablaufs der Feststellungsfrist eine gesonderte Feststellung insoweit erfolgen, als diese für eine Steuerfestsetzung von Bedeutung ist, für die die Festsetzungsfrist im Zeitpunkt der gesonderten Feststellung noch nicht abgelaufen ist (s. § 181 AO Rz. 14). Weitere Besonderheiten ergeben sich für **GrSt-Messbetragsbescheide** aus § 16 Abs. 3, § 17 Abs. 3 Satz 2 Nr. 2 und § 18 Abs. 3 Satz 2 Nr. 2 GrStG. Bei widerstreitenden Steuerfestsetzungen können auch nach Ablauf der Festsetzungsfrist Steuerbescheide erlassen, geändert oder aufgehoben werden (§ 174 Abs. 1 Satz 2 AO und § 174 Abs. 4 Satz 3 AO).

Die Festsetzungsverjährung steht einer Änderung eines 25
bestandskräftigen und festsetzungsverjährten Steuerbescheids grds. auch dann entgegen, wenn er wegen Verstoßes gegen EU-Recht rechtswidrig ist. Denn die Frage nach der Änderbarkeit richtet sich grundsätzlich nach nationalem Recht (EuGH v. 13.01.2004, C-453/00, HFR 2004, 488 »Kühne & Heitz«; *von Wedelstädt* in Bartone/von Wedelstädt, Rz. 15; s. Vor §§ 172–177 AO Rz. 18 ff.; BFH v. 21.03.1996, XI R 36/95, BStBl II 1996, 399; BFH v. 23.11.2006, V R 51/05, BStBl II 2007, 433). Für unionsrechtswidrige Steuerbescheide ist keine andere Behandlung geboten als für nach nationalem Recht rechtswidrige Bescheide (BFH v. 16.09.2010, V R 57/09, BStBl II 2011, 151 m.w.N.). Ausnahmsweise ist eine Änderung trotz Verfristung zulässig, wenn die entsprechende Richtlinie nicht ordnungsgemäß in nationales Recht umgesetzt worden ist und die Geltendmachung des Anspruchs durch das Verhalten der Behörde versperrt war, die Behörde sich mithin unter Verstoß gegen Treu und Glauben auf die Einhaltung der Frist beruft (sog. »Emmottsche Fristenhemmung«; BFH v. 21.03.1996, XI R 36/95, BStBl II 1996, 399; BFH v. 16.09.2010, V R 57/09, BStBl II 2011, 151 m.w.N.; BFH v. 18.08.2015, VII R 5/14, BFH/NV 2016, 74).

Steht fest, dass für einen Veranlagungszeitraum Fest- 25a
setzungsverjährung eingetreten ist, so ist der Erlass einer **Prüfungsanordnung** (196 AO) unverhältnismäßig und deshalb ermessensfehlerhaft, da die Prüfungsergebnisse im Hinblick auf § 169 Abs. 1 Satz 1 AO nicht mehr umgesetzt werden könnten. Dient die Außenprüfung aber dazu, überhaupt erst zu ermitteln, ob Festsetzungsverjährung – ggf. auch nach Ablauf der nach § 169 Abs. 2 Satz 2 AO verlängerten Festsetzungsfrist – eingetreten ist, ist der Erlass einer Prüfungsanordnung ohne Weiteres rechtmäßig (vgl. z.B. BFH v. 10.04.2003, IV R 30/01, BStBl II 2003, 827; BFH v. 03.03.2006, IV B 39/04, BFH/NV 2006, 1250; BFH v. 12.06.2006, XI B 122/05, BFH/NV 2006, 1789).

## F. Rechtsschutz

Eine erst nach Eintritt der Festsetzungsverjährung erfolg- 26
te Festsetzung ist nicht gem. § 125 Abs. 1 AO nichtig, sondern nur **anfechtbar** (s. Rz. 21). Somit erwächst sie in Bestandskraft, wenn sie nicht rechtzeitig (§§ 355 Abs. 1 AO, 47 Abs. 1 FGO) angefochten wird. Der Steuerbescheid ist auch vollstreckbar, wenn die Vollstreckungs-

voraussetzungen (§§ 249 ff. AO) erfüllt sind, vgl. auch AEAO Vor §§ 169 bis 171 Nr. 4.

## § 170 AO
## Beginn der Festsetzungsfrist

**(1) Die Festsetzungsfrist beginnt mit Ablauf des Kalenderjahres, in dem die Steuer entstanden ist oder eine bedingt entstandene Steuer unbedingt geworden ist.**

**(2) Abweichend von Absatz 1 beginnt die Festsetzungsfrist, wenn**

**1. eine Steuererklärung oder eine Steueranmeldung einzureichen oder eine Anzeige zu erstatten ist, mit Ablauf des Kalenderjahrs, in dem die Steuererklärung, die Steueranmeldung oder die Anzeige eingereicht wird, spätestens jedoch mit Ablauf des dritten Kalenderjahrs, das auf das Kalenderjahr folgt, in dem die Steuer entstanden ist, es sei denn, dass die Festsetzungsfrist nach Absatz 1 später beginnt,**

**2. eine Steuer durch Verwendung von Steuerzeichen oder Steuerstemplern zu zahlen ist, mit Ablauf des Kalenderjahrs, in dem für den Steuerfall Steuerzeichen oder Steuerstempler verwendet worden sind, spätestens jedoch mit Ablauf des dritten Kalenderjahrs, das auf das Kalenderjahr folgt, in dem die Steuerzeichen oder Steuerstempler hätten verwendet werden müssen.**

**Dies gilt nicht für Verbrauchsteuern, ausgenommen die Energiesteuer auf Erdgas und die Stromsteuer.**

**(3) Wird eine Steuer oder eine Steuervergütung nur auf Antrag festgesetzt, so beginnt die Frist für die Aufhebung oder Änderung dieser Festsetzung oder ihrer Berichtigung nach § 129 nicht vor Ablauf des Kalenderjahrs, in dem der Antrag gestellt wird.**

**(4) Wird durch Anwendung des Absatzes 2 Nr. 1 auf die Vermögensteuer oder die Grundsteuer der Beginn der Festsetzungsfrist hinausgeschoben, so wird der Beginn der Festsetzungsfrist für die folgenden Kalenderjahre des Hauptveranlagungszeitraums jeweils um die gleiche Zeit hinausgeschoben.**

**(5) Für die Erbschaftsteuer (Schenkungsteuer) beginnt die Festsetzungsfrist nach den Absätzen 1 oder 2**

**1. bei einem Erwerb von Todes wegen nicht vor Ablauf des Kalenderjahrs, in dem der Erwerber Kenntnis von dem Erwerb erlangt hat,**

**2. bei einer Schenkung nicht vor Ablauf des Kalenderjahrs, in dem der Schenker gestorben ist oder die Finanzbehörde von der vollzogenen Schenkung Kenntnis erlangt hat,**

**3. bei einer Zweckzuwendung unter Lebenden nicht vor Ablauf des Kalenderjahrs, in dem die Verpflichtung erfüllt worden ist.**

**(6) Für die Steuer, die auf Kapitalerträge entfällt, die**

**1. aus Staaten oder Territorien stammen, die nicht Mitglieder der Europäischen Union oder der Europäischen Freihandelsassoziation sind, und**

**2. nicht nach Verträgen im Sinne des § 2 Absatz 1 oder hierauf beruhenden Vereinbarungen automatisch mitgeteilt werden,**

**beginnt die Festsetzungsfrist frühestens mit Ablauf des Kalenderjahres, in dem diese Kapitalerträge der Finanzbehörde durch Erklärung des Steuerpflichtigen oder in sonstiger Weise bekannt geworden sind, spätestens jedoch zehn Jahre nach Ablauf des Kalenderjahres, in dem die Steuer entstanden ist.**

**(7) Für Steuern auf Einkünfte oder Erträge, die in Zusammenhang stehen mit Beziehungen zu einer Drittstaat-Gesellschaft im Sinne des § 138 Absatz 3, auf die der Steuerpflichtige allein oder zusammen mit nahestehenden Personen im Sinne des § 1 Absatz 2 des Außensteuergesetzes unmittelbar oder mittelbar einen beherrschenden oder bestimmenden Einfluss ausüben kann, beginnt die Festsetzungsfrist frühestens mit Ablauf des Kalenderjahres, in dem diese Beziehungen durch Mitteilung des Steuerpflichtigen oder auf andere Weise bekannt geworden sind, spätestens jedoch zehn Jahre nach Ablauf des Kalenderjahres, in dem die Steuer entstanden ist.**

**Inhaltsübersicht**

**Schrifttum**

SEDLACZEK, Festsetzungs- und Verfolgungsverjährung bei Anzeige- und Erklärungspflichten, ErbBStg 2002, 148; KEMPF/SCHMIDT, Neuere Entwicklung zur Festsetzungsverjährung bei der Kapitalertragsteuer, DStR 2003, 190; WÜBBELSMANN, Feststellungsverjährung vs. Festsetzungsverjährung, AO-StB 2004, 317; KAMPS, Besonderheiten der Festsetzungsverjährung und Anzeigepflicht im Erbschaft- und Schenkungsteuerrecht, Stbg 2005, 359; HALACZINSKY, Rechte und Pflichten des Gesamtrechtsnachfolgers bei nachträglich aufgedeckten Erbschaft- und Schenkungsteuersachverhalten, DStR 2006, 828; WISSENSCHAFTLICHER ARBEITSKREIS DES DSW-INSTITUTS, Verfahrensrechtliche Probleme der elektronischen Steuererklärung, DStR 2006, 1588; ALVERMANN, Zur Festsetzungsverjährung bei der Schenkungsteuer, DStR 2008, 393; DEMME, Der Beginn der Festsetzungsverjährung in der Erbschaftsteuer, ZEV 2008, 222; BONGARTZ/SCHRÖER-SCHALLENBERG, Verbrauchsteuerrecht, 2. Aufl., München 2011; DISSARS, Neue Aufbewahrungspflichten und weitere Verschärfungen der Rechtslage bei Beteiligungen an Drittstaat-Gesellschaften, BB 2017, 2015.

## A. Bedeutung der Vorschrift

1 Die Vorschrift ergänzt § 169 AO, in dem sie den **Beginn der Festsetzungsfrist** in Bezug auf **Steuerbescheide und ihnen gleichgestellte Bescheide** regelt (s. § 169 AO Rz. 3). § 170 Abs. 1 AO normiert den Grundsatz des regelmäßigen Beginns der Festsetzungsfrist, § 170 Abs. 2 bis 6 AO beschreiben die Fälle der Anlaufhemmung der Festsetzungsfrist. Weitere Abweichungen vom grundsätzlichen Beginn der Festsetzungsfrist nach § 170 Abs. 1 AO enthalten § 175 Abs. 1 Satz 2 AO in den Fällen des § 175 Abs. 1 Satz 1 Nr. 2 AO, § 181 Abs. 3 und 4 AO für die gesonderte Feststellung von Einheitswerten, § 239 Abs. 1 Satz 2 AO für die Festsetzung von Zinsen sowie § 346 Abs. 2 Satz 2 AO für die Vollstreckungskosten. Hierzu auch AEAO zu § 170, Nr. 2. Hinsichtlich sonstiger Steuerverwaltungsakte gilt § 170 AO nicht, sofern keine ausdrückliche entsprechende Anwendung wie etwa in § 191 Abs. 3 Satz 1 AO für **Haftungsbescheide** angeordnet ist. Allerdings enthält § 191 Abs. 3 Satz 3 AO eine Sonderregelung.

## B. Regelmäßiger Beginn der Festsetzungsfrist (§ 170 Abs. 1 AO)

Nach § 170 Abs. 1 AO beginnt die Festsetzungsfrist regelmäßig mit **Ablauf des Kalenderjahres** (sog. Grundsatz der Kalenderverjährung), in dem die Steuer entstanden ist (§ 38 AO) oder – dies betraf nur das Verbrauchsteuerrecht und ist mittlerweile praktisch bedeutungslos – eine bedingt entstandene Steuer unbedingt geworden ist (§ 50 Abs. 3 AO; s. § 50 AO Rz. 1). Dabei ist ausschließlich auf den nach dem Gesetz entstandenen abstrakten Steueranspruch abzustellen. Entsteht ein darüber hinausgehender Steuerzahlungsanspruch, weil die Finanzbehörde einen durch das Gesetz nicht gedeckten und daher konstitutiven Steuerbescheid (s. § 118 AO Rz. 9) erlassen hat, so bleibt der Beginn der Festsetzungsfrist hiervon unberührt. Wegen der Entstehung der Steueransprüche s. § 38 AO Rz. 6. Obwohl § 170 Abs. 1 AO gesetzsystematisch den Grundsatz kodifiziert, handelt es sich insbes. aufgrund der abweichenden Regelungen des § 170 Abs. 2 bis 6 AO um einen faktischen Ausnahmefall, hierzu auch AEAO zu § 170, Nr. 1. Praktische Geltung entfaltet diese Vorschrift bei Steuern, die im **Abzugsverfahren** erhoben werden, wie z. B. der LSt (§§ 38 ff. EStG) und der KapErtrSt (§§ 43 ff. EStG), sofern der Steuerschuldner nicht verpflichtet ist, eine ESt-Erklärung abzugeben; ansonsten gilt § 170 Abs. 2 Nr. 1 AO, s. Rz. 6). § 170 Abs. 1 AO betrifft v. a. die Fälle der Antragsveranlagung von Arbeitnehmern nach § 46 Abs. 2 Nr. 8 EStG (auch s. Rz. 6). 2

## C. Anlaufhemmung bei Erklärungs-, Anmelde- oder Anzeigepflichten (§ 170 Abs. 2 Satz 1 Nr. 1 AO)

Abweichend von dem in § 170 Abs. 1 AO aufgestellten Grundsatz wird nach § 170 Abs. 2 Satz 1 Nr. 1 AO in den Fällen, in denen eine Steuererklärung oder eine Steueranmeldung einzureichen bzw. eine Anzeige zu erstatten ist, der Anlauf der Festsetzungsfrist gehemmt. Zur Geltung für Besitz- und Verkehrsteuern a. AEAO zu § 170, Nr. 3 Abs. 1. Der Beginn der Festsetzungsfrist wird bis zum Ablauf des Kalenderjahres aufgeschoben, indem die **Einreichungspflicht** erfüllt wird, spätestens jedoch mit Ablauf des dritten Kalenderjahres, das auf das Kalenderjahr folgt, indem die Steuer entstanden ist (bezüglich des Begriffs der Festsetzungsfrist bei Aufforderung des FA zur Einreichung einer Schenkungsteuererklärung nach Anzeigeerstattung gem. § 30 ErbStG BFH v. 27.08.2008, II R 36/06, BStBl II 2009, 232). Durch die Anordnung einer Anlaufhemmung wird verhindert, dass die Festsetzungsfrist bei Nichtabgabe der Steuererklärung, Steueranmeldung oder Anzeige verkürzt wird. Ohne diese Regelung hätte es der Stpfl. in der Hand, durch Nichtabgabe der 3

Steuererklärung den der Finanzbehörde für die Steuerfestsetzung zur Verfügung stehenden Zeitraum beliebig zu verkürzen (BFH v. 06.07.2005, II R 9/04, BStBl II 2005, 780). Demgegenüber wird durch die Anordnung des Beginns der Festsetzungsfrist spätestens im dritten Kalenderjahr die Finanzbehörde genötigt, die Abgabe der Steuererklärung zu überwachen und notfalls zu erzwingen (*Drüen* in Tipke/Kruse, § 170 AO Rz. 7a).

## I. Steuererklärung und Steueranmeldung

4 Zu den Begriffen der **Steuererklärung und Steueranmeldung**, s. § 149 AO Rz. 1; s. § 150 AO Rz. 3. Auch eine von einem Dritten unterschriebene und bei der Finanzbehörde eingereichte Steuererklärung kann zumindest dann eine Steuererklärung i. S. des § 170 Abs. 2 Satz 1 Nr. 1 AO sein, wenn die Finanzbehörde aus der Erklärung die richtigen Schlüsse auf den Steuerschuldner und die zu veranlagende Steuer ziehen kann und in Kenntnis des Umstandes, dass die Steuererklärung von einem Dritten stammt, diese Erklärung zur Grundlage der Veranlagung macht (BFH v. 10.11.2002, V B 190/01, BFH/NV 2003, 292; *Banniza* in HHSp, § 170 AO Rz. 42; *Cöster* in Koenig, § 170 AO Rz. 14). Auch eine als »vorläufig« bezeichnete Steuererklärung ist eine Steuererklärung i. S. des § 170 Abs. 2 Satz 2 Nr. 1 AO (BFH v. 17.09.2007, I B 18/07, BFH/NV 2008, 18; *Drüen* in Tipke/Kruse, § 170 AO Rz. 12).

## II. Anzeige

5 **Anzeigen** sind Mitteilungen über Vorgänge, die steuerlich erheblich sein können, weil sie es den Finanzbehörden ermöglichen, diese zu prüfen und ggf. eine Steuer festzusetzen. Anzeigepflichten des Stpfl. sind z. B. Anzeigen als Erwerber nach § 30 ErbStG (BFH v. 10.11.2004, II R 1/03, BStBl II 2005, 244), nicht jedoch die besondere Mitteilung für Kindergeld nach § 68 Abs. 1 Satz 1 EStG (BFH v. 18.05.2006, III R 80/04, BStBl II 2008, 37). Die Anzeigen nach § 19 GrEStG sind nach § 19 Abs. 5 GrEStG Steuererklärungen i. S. der AO, mithin Steuererklärungen nach § 170 Abs. 2 Satz 1 Nr. 1 AO (auch *Cöster* in Koenig, § 170 AO Rz. 14, *Drüen* in Tipke/Kruse, § 170 AO Rz. 8). Bei den Anzeigen handelt es sich um Eigenanzeigen, nicht aber von Dritten zu erfüllende Anzeigen (Fremdanzeigen). Die Nichterfüllung einer **Anzeigepflicht Dritter**, die nicht Vertreter des Stpfl. sind, führt zu keiner Anlaufhemmung nach § 170 Abs. 2 Satz 1 Nr. 1 AO, weil der Stpfl. auf die Einhaltung der ihnen obliegenden Anzeigepflichten keinen Einfluss hat (BFH v. 04.08.1999, II R 63/97, BFH/NV 2000, 409, BFH v. 06.07.2005, II R 9/04, BStBl II 2005, 780; BFH v. 26.02.2007, II R 50/06, BFH/NV 2007, 1535). Zu den Anzeigen Dritter zählen Anzeigen z. B. von Vermögensverwaltern und -verwahrern, Versicherungsunternehmern, Gerichten, Behörden, Beamten und Notaren (§ 34 ErbStG, § 18 GrEStG). Nicht als Dritter in diesem Sinne gelten Anzeigen eines Testamentsvollstreckers (BFH v. 07.12.1999, II B 79/99, BStBl II 2000, 233; auch BFH v. 27.08.2008, II R 36/06, BStBl II 2009, 232). Obwohl **§ 153 Abs. 1 und 2 AO** dem Wortlaut nach von Anzeigen sprechen, geht es inhaltlich nicht um Anzeigen i. S. des § 170 Abs. 2 Satz 1 Nr. 1 AO. Es handelt sich inhaltlich um eine Berichtigung einer Erklärung, die nach § 171 Abs. 9 AO nur zu einer Ablaufhemmung führt (AEAO zu § 170, Nr. 3, BFH v. 22.01.1997, II B 40/96, BStBl II 1997, 266, *Drüen* in Tipke/Kruse, § 170 AO Rz. 8, 14, *Banniza* in HHSp, § 170 AO Rz. 22).

## III. Verpflichtung zur Abgabe einer Steuererklärung, Steueranmeldung oder Anzeige

Die **Verpflichtung zur Abgabe** einer Steuererklärung, Steueranmeldung oder Anzeige kann aus Gesetz oder aus einer Aufforderung der Finanzbehörde (§ 149 Abs. 1 Satz 2 AO) resultieren (BFH v. 04.10.2017, VI R 53/15, BStBl II 2018, 123; auch s. § 149 AO Rz. 4. Die Aufforderung der Finanzbehörde zur Abgabe einer Erklärung (§ 149 Abs. 1 Satz 2 AO) führt nur dann zu einer Abweichung vom regelmäßigen Beginn der Festsetzungsfrist (§ 170 Abs. 1 AO), wenn diese vor Ablauf der Regelfestsetzungsfrist wirksam wurde (vgl. auch AEAO zu § 170, Nr. 3). Der Beginn des Laufs der Festsetzungsfrist wird gem. § 170 Abs. 2 Satz 1 Nr. 1 AO immer dann gehemmt (**Anlaufhemmung**), wenn die objektiven Voraussetzungen einer Verpflichtung zur Abgabe einer Steuererklärung, Steueranmeldung oder Anzeige besteht, selbst wenn zweifelhaft ist, ob jemand Steuerschuldner ist (BFH v. 13.10.1998, VIII R 35/95, BFH/NV 1999, 445). Auf die subjektiven Kenntnisse und Fähigkeiten des Erklärungspflichtigen kommt es nicht an (BFH v. 25.03.1992, II R 46/89, BStBl II 1992, 680; hierzu *Drüen* in Tipke/Kruse, § 170 AO Rz. 10). Besteht **keine Erklärungspflicht** aufgrund Gesetzes oder behördlicher Aufforderung wie z. B. bei der Antragsveranlagung nach § 46 Abs. 2 Nr. 8 EStG, greift die Anlaufhemmung des § 170 Abs. 2 Satz 1 Nr. 1 AO nicht (BFH v. 14.04.2011, VI R 53/10, BStBl II 2011, 746; BFH v. 18.10.2012, VI R 16/11, BFH/NV 2013, 340; BFH v. 30.03.2017, VI R 43/15, BStBl II 2017, 1046; AEAO zu § 170, Nr. 3 Abs. 2), sondern es gilt § 170 Abs. 1 AO. 6

Maßgeblich für den **Beginn der Festsetzungsfrist** nach § 170 Abs. 2 S. 1 Nr. 1 AO ist die **Einreichung einer Steuererklärung, Steueranmeldung** oder einer Anzeige. Der Stpfl. muss seine nach amtlich vorgeschriebenen Vordruck erklärte und eigenhändig unterschriebene Steu- 7 ererklärung (s. § 150 AO) bei der zuständigen Finanzbehörde abgeben. Zur Rechtsfolge einer vom Stpfl. selbst oder eines organschaftlichen Vertreters einer Gesellschaft nicht unterzeichneten Steuererklärung BFH v. 09.07.2012, I B 11/12, BFH/NV 2012, 1576. Die Abgabe einer eine Pflichtveranlagung begründenden Steuererklärung nach Ablauf der Festsetzungsfrist des § 169 Abs. 2 AO setzt keine Anlaufhemmung in Gang (BFH v. 28.03.2012, VI R 68/10, BStBl II 2012, 711). Wird die Steuererklärung bei der unzuständigen Finanzbehörde eingereicht, beginnt die Festsetzungsfrist erst nach Weiterleitung an die zuständige Behörde zu laufen (*Frotscher* in Schwarz/Pahlke, § 170 AO Rz. 29; *Cöster* in Koenig, § 170 AO Rz. 24 sowie BFH v. 26.08.2004, II B 149/03, BFH/NV 2004, 1626 zur Abgabe einer KraftSt-Erklärung bei der Zulassungsbehörde). **Unerheblich ist, ob die Steuererklärung inhaltlich richtig und vollständig** ist (BFH v. 23.05.2012, II R 56/10, BFH/NV 2012, 1579). Ausreichend ist, wenn die Finanzbehörde in die Lage versetzt wird, mithilfe der eingereichten Steuererklärung ein ordnungsgemäßes Veranlagungsverfahren einzuleiten (BFH v. 08.07.2009, VIII R 5/07, BStBl II 2010, 583, *Banniza* in HHSp, § 170 AO Rz. 41). Besteht die Pflicht zur Abgabe einer Feststellungserklärung (§ 181 Abs. 2 AO), gilt § 170 Abs. 2 Satz 1 Nr. 1 AO mit der Maßgabe, dass die Einreichung der Feststellungserklärung die Anlaufhemmung beendet (§ 181 Abs. 1 Satz 2 AO; s. § 181 AO Rz. 8). Die Abgabe der Feststellungserklärung kann im Hinblick darauf grds. nicht durch die Abgabe einer ESt-Erklärung ersetzt werden (BFH v. 12.12.2013, IV R 33/10, BFH/NV 2014, 665). Dies soll nach der Rspr. des BFH ausnahmsweise nur dann nicht gelten, wenn das FA nach den besonderen Umständen des Einzelfalls aufgrund der ESt-Erklärung auch ein ordnungsgemäßes Feststellungsverfahren in Gang setzen kann, ohne dass die Bearbeitungszeit verkürzt wird (BFH v. 12.12.2013, IV R 33/10, BFH/NV 2014, 665).

**7a** Erklärt der Stpfl. seine Steuer erst, nachdem die Finanzbehörde seine Steuer geschätzt hat (§ 162 AO), so beginnt die Festsetzungsfrist erst mit Ablauf des Jahres, in dem er die Steuererklärung abgegeben hat (so auch *Drüen* in Tipke/Kruse, § 170 AO Rz. 11 a). Insoweit gelten keine Besonderheiten, denn auch nach Erlass eines Steuerbescheids, der auf geschätzten Besteuerungsgrundlagen beruht, besteht die Pflicht zur Abgabe der Steuererklärung für das betreffende Jahr fort. Im Falle der Übertragung von Steuerklärungen mit Hilfe des **ElsterOnline-Portals** ist für den Beginn der Festsetzungsfrist die Datenübertragung maßgebend. Insoweit ist § 170 Abs. 2 Satz 1 Nr. 1 AO nur entsprechend anwendbar, da eine wirksame Steuerklärung mangels eigenhändiger Unterschrift bzw. einer qualifizierten elektronischen Signatur (§ 87a AO) nicht vorliegt (ebenso m. w. A. zu den verfahrensrechtlichen Problemen der elektronischen Steuererklärung *Wissenschaftlicher Arbeitskreis des DWS-Instituts*, DStR 2006, 1588).

Nach Ansicht des BFH greift die Anlaufhemmung des § 170 Abs. 2 Satz 1 Nr. 1 AO auch dann ein, wenn eine zur Einbehaltung und Abführung von Steuern verpflichtete Person (**Entrichtungsschuldner**) die ihr obliegende Steueranmeldung nicht abgibt (BFH v. 29.01.2003, I R 10/02, BStBl II 2003, 687). Soweit diese Rechtsprechung sich auf Fallgestaltungen bezieht, in denen der Steuerschuldner selbst nicht zu einer Steueranmeldung verpflichtet ist, wird ihr entgegengehalten, dass in einem solchen Fall der Anlauf der Festsetzungsfrist gegenüber dem Steuerschuldner ggf. von einem Verhalten des Entrichtungsschuldners abhänge, auf das der Steuerschuldner keinen Einfluss habe und das ihm möglicherweise nicht einmal bekannt sei (*Kempf/Schmidt*, DStR 2003, 190). Der Wortlaut des § 170 Abs. 2 Satz 1 Nr. 1 AO spricht nur davon, dass eine Steueranmeldung einzureichen sei, lässt jedoch offen, von wem diese stammen müsse. Der von § 170 Abs. 2 Satz 1 Nr. 1 AO verfolgte Zweck, zu vermeiden, dass der Steuerschuldner durch sein Verhalten die Zeit für eine Steuerfestsetzung verkürzen kann, besteht auch dann, wenn einem Dritten eine solche Pflichtverletzung anzulasten ist. Durch diese zutreffende Auslegung des BFH wird der Stpfl. auch nicht unbillig belastet. Denn zum einen kann er nicht neben dem Entrichtungspflichtigen in Anspruch genommen werden (z. B. § 42d Abs. 3 Satz 4 EStG, 44 Abs. 5 Satz 2 EStG), zum anderen kann diese Auslegung insbes. im Fall des § 50d EStG auch zugunsten des Stpfl. gelten (BFH v. 29.01.2003, I R 10/02, BStBl II 2003, 687, *Cöster* in Koenig, § 170 AO, Rz. 28; *Rüsken* in Klein, § 170 AO Rz. 7; *Banniza* in HHSp § 170 AO Rz. 34. Hingegen wird durch die LSt-Außenprüfung beim Arbeitgeber der Beginn der Festsetzungsfrist des Steueranspruchs gegen den Arbeitnehmer nicht tangiert (BFH v. 09.03.1990, VI R 87/89, BStBl II 1990, 608). Der Abgabe einer Steueranmeldung, die die Anlaufhemmung des § 170 Abs. 2 Satz 1 Nr. 1 AO beendet, steht eine Steuerfestsetzung unter Schätzung der Besteuerungsgrundlagen (§ 162 Abs. 1 Satz 1, Abs. 2 Satz 1 AO) auch bei einer Abzugsteuer nicht gleich (BFH v. 15.01.2015, I R 33/13, BFH/NV 2015, 797), sodass ein Schätzungsbescheid nicht die Ablaufhemmung beendet. **8**

Eine **Anzeige** ist bereits dann i. S. des § 170 Abs. 2 Satz 2 Nr. 1 AO **eingereicht**, wenn die Finanzbehörde aufgrund dieser Anzeige in der Lage ist, zu prüfen, ob ein steuerbarer Vorgang vorliegt (zu § 30 ErbStG FG BW v. 20.09.1999, 9 K 216/99, EFG 2000, 1021, *Cöster* in Koenig, § 170 AO Rz. 25). Das FA trägt die **Feststellungslast** dafür, dass eine Verpflichtung zur Abgabe einer Steuererklärung, -anmeldung oder Anzeige besteht (BFH v. 26.01.1993, VII R 62/92, BFH/NV 1993, 691). **9**

## D. Anlaufhemmung bei Verwendung von Steuerzeichen und Steuerstemplern (§ 170 Abs. 2 Satz 1 Nr. 2 AO)

10 Wird eine Steuer durch Verwendung von Steuerzeichen (Wertmarken, Banderolen) oder Steuerstemplern entrichtet (§ 17 Abs. 1 Satz 1 TabStG), beginnt die Festsetzungsfrist abweichend vom Grundsatz des § 170 Abs. 1 AO mit Ablauf des Kalenderjahres, in dem für den Steuerfall Steuerzeichen oder Steuerstempler verwendet worden sind, spätestens jedoch mit Ablauf des dritten Kalenderjahres, das auf das Kalenderjahr folgt, in dem die Steuerzeichen oder Steuerstempler hätten verwendet werden müssen (§ 170 Abs. 2 Nr. 2 AO). Diese Art der Erhebung hat jedoch nur noch Bedeutung für die TabSt (§ 17 TabStG; hierzu *Bongartz* in Bongartz/Schröer-Schallenberg, Rz. K 50 ff.).

## E. Nichtanwendung auf Verbrauchsteuern, Sonderfall Stromsteuer (§ 170 Abs. 2 Satz 2 AO)

11 Die Anlaufhemmung des § 170 Abs. 2 Satz 1 AO wird durch § 170 Abs. 2 Satz 2 AO für **Verbrauchsteuern** mit Ausnahme der StromSt sowie der EnergieSt aus Erdgas ausdrücklich ausgeschlossen. Typische Verbrauchsteuern sind auf Bundesebene die StromSt, die EnergieSt, die TabSt, die KaffeeSt, die SchaumwSt, die AlkopopSt und die BierSt (vgl. BFH v. 21.04.2016, II B 4/16, BStBl II 2016, 576). § 170 Abs. 2 Satz 2 AO verhindert, dass die Festsetzungsfrist für im Dezember entstandene, jedoch bis zum 10. Januar angemeldete Verbrauchsteuer ein Jahr später abläuft, als für jene, die im restlichen Jahr entstanden sind. Wird die Erklärung unterlassen, gilt § 169 Abs. 2 Satz 2 AO (s. § 169 AO Rz. 9 ff.). § 172 Abs. 2 Satz 2 AO gilt nur für die im Geltungsbereich der AO entstandenen Verbrauchsteuern. Für die **Einfuhrabgaben** (Art. 5 Nr. 20 UZK, § 1 Abs. 1 Satz 3 ZollVG: insbes. Zoll und EUSt) gilt Art. 103 UZK, sodass § 170 Abs. 1 AO wegen des unionsrechtlichen Anwendungsvorrangs nicht anwendbar ist (*Deimel* in HHSp, Art. 103 UZK Rz. 10 m. w. N.; s. § 1 AO Rz. 16). Ausgenommen als Verbrauchsteuer ist lediglich die EnergieSt aus Erdgas und die StromSt (§ 1 Abs. 1 Satz 3 StromStG, § 8 Abs. 2 und 3 StromStG). Hierdurch soll den Finanzbehörden angesichts der im Gegensatz zu den übrigen Verbrauchsteuern komplizierten Befreiungstatbestände hinreichend Zeit für die Überprüfung der Anmeldung und der Festsetzung der Steuer gewährt werden (BT-Drs. 14/2070, 32; zum Vorstehenden *Drüen* in Tipke/Kruse, § 170 AO Rz. 18 f.).

11a Mit dem Inkrafttreten des EnergieStG zum 01.08.2006 wurde das Verfahren der Besteuerung von Erdgas an die Vorgaben der Energiesteuerrichtlinie 2003/96/EG des Rates vom 27.10.2003 angepasst. Nach § 39 Abs. 2 Satz 1 EnergieStG kann der Steuerschuldner die Steuer für Erdgas nunmehr auch jährlich anmelden. Er hat dabei jährliche Anmeldungen für jedes Kalenderjahr bis zum 31. Mai des folgenden Kalenderjahres abzugeben (§ 39 Abs. 3 EnergieStG). Durch diese Änderung sind die Fristen für die Abgabe der Steueranmeldung bei Erdgas und Strom bei jährlicher Anmeldung inhaltsgleich, sodass auch der Beginn der Festsetzungsfrist bei Erdgas entsprechend den Bestimmungen für die StromSt angepasst wird. Dadurch soll den Finanzbehörden auch bei der Besteuerung von Erdgas hinreichend Zeit für die Überprüfung der Anmeldung und der Steuerfestsetzung gewährt werden (BT-Drs. 17/2249).

## F. Anlaufhemmung für antragsgebundene Festsetzungen von Steuern oder Steuervergütungen (§ 170 Abs. 3 AO)

§ 170 Absatz 3 AO verschafft der Finanzbehörde den erforderlichen zeitlichen **Spielraum** für die Bearbeitung von **antragsgebundenen Steuer-** und **Steuervergütungsfestsetzung**. Auf Antrag werden bspw. festgesetzt die ESt nach § 46 Abs. 2 Nr. 8 EStG, die Investitionszulage nach § 5 InvZulG. Erweist sich die Aufhebung oder Änderung einer solchen Festsetzung als notwendig, so beginnt hierfür die Festsetzungsfrist nicht vor Ablauf des **Kalenderjahres** (Grundsatz der Kalenderverjährung nach § 170 Abs. 1 AO), in dem der Antrag auf Festsetzung gestellt und nicht durch § 170 Abs. 2 Nr. 1 und 2 AO gehemmt wurde. Andernfalls würde ein kurz vor Ablauf der Festsetzungsfrist gestellter Antrag auf Festsetzung zwar mit Rücksicht auf § 171 Abs. 3 AO keinen Zeitdruck hinsichtlich der beantragten Festsetzung hervorrufen, bei Fehlerhaftigkeit der durchgeführten Festsetzung jedoch deren Aufhebung oder Änderung u. U. am Ablauf der Festsetzungsfrist scheitern lassen. 12

Im Ergebnis liegt keine echte Anlaufhemmung vor. Es wird vielmehr eine **besondere Festsetzungsfrist** für die Aufhebung oder Änderung der auf Antrag erfolgten Festsetzung in Lauf gesetzt. § 170 Abs. 3 AO betrifft also nicht die erstmalige Steuerfestsetzung, sondern ausschließlich die spätere Aufhebung oder Änderung. 13

Damit auch bei späterer Antragstellung genügend Zeit für die Korrektur der Festsetzung bleibt, beginnt für die Aufhebung/Änderung der aufgrund des Antrages ergangenen Steuerfestsetzungen oder ihrer Berichtigung nach § 129 AO eine gesonderte Festsetzungsfrist. Auch hier kommt es auf den Eingang des Antrages bei der Finanzbehörde an, somit ergänzt § 170 Abs. 3 AO die Regelung in § 171 Abs. 3 AO. Wird der Antrag fristgerecht (§ 170 Abs. 1 AO) gestellt, läuft die Festsetzungsfrist nicht ab, bevor über den Antrag unanfechtbar entschieden worden ist (§ 171 Abs. 3 AO; *Rüsken* in Klein, § 170 AO Rz. 30). Praktische Bedeutung hat diese Vorschrift für **Investiti-** 14

**onszulagen** (§ 5 InvZulG) und die Erstattung von Versicherungsteuer (§ 9 VersStG).

## G. Anlaufhemmung bei der Grundsteuer (§ 170 Abs. 4 AO)

15 Die GrSt wird regelmäßig für mehrere Kalenderjahre festgesetzt (§ 16 GrStG). Wird der für diese Steuer durch § 170 Abs. 1 AO grds. bestimmte Beginn der Festsetzungsfrist durch die Sonderregelung des § 170 Abs. 2 Satz 1 Nr. 1 AO hinausgeschoben, so setzt sich diese Verschiebung nach § 170 Abs. 4 AO auf die weiteren Kalenderjahre des entsprechenden **Hauptveranlagungszeitraums** fort. Diese Regelung stellt sicher, dass die Festsetzungsfristen für die innerhalb eines Hauptveranlagungszeitraums anfallenden Steuern in logischer Sequenz beginnen.

16 Zu den gesetzlichen **Anzeigepflichten** §§ 16 Abs. 3, 17 Abs. 2 Nr. 1, 18 Abs. 2 i. V. m. § 19 GrStG. Für Einheitswerte vgl. § 181 Abs. 3 Satz 3 AO.

## H. Anlaufhemmung bei der Erbschaft- und Schenkungsteuer (§ 170 Abs. 5 AO)

17 Die in § 170 Abs. 5 AO getroffenen Sonderregelungen für die Erbschaft- und Schenkungsteuer knüpfen an den nach § 170 Abs. 1 oder 2 AO festzustellenden Beginn der Festsetzungsfrist an, ohne diese zu verdrängen. Solange also der Anlauf der Frist für die Festsetzung der Schenkungsteuer nach § 170 Abs. 2 Satz 1 Nr. 2 AO gehemmt ist, kann § 170 Abs. 5 AO nicht dazu führen, dass die Festsetzungsfrist zu einem früheren Zeitpunkt beginnt (BFH v. 14.07.2008, II B 5/08, BFH/NV 2008, 1815).

18 **§ 170 Abs. 5 Nr. 1 AO** löst Konfliktsituationen, die auftreten könnten, wenn der Erbe oder ein anderer Begünstigter erst nach Jahren Kenntnis von seinem Erwerb erhält und deshalb auch nicht in der Lage ist, seiner Anmeldepflicht nach § 30 ErbStG so rechtzeitig nachzukommen, dass die Veranlagung vor Ablauf der sich aus § 170 Abs. 1 und 2 AO ergebenden Frist erfolgen kann. Kenntnis i. S. des § 170 Abs. 5 Nr. 1 AO ist wie in § 30 ErbStG auszulegen (FG Mchn v. 18.07.2001, 4 K 4507/98, EFG 2002, 5; *Meincke*, § 30 ErbStG Rz. 37). Demnach erlangt der Erbe **Kenntnis** von dem Erwerb, wenn er zuverlässig erfahren und damit Gewissheit erlangt hat, dass der Erblasser ihn durch letztwillige Verfügung zum Erben eingesetzt hat und keine objektiven Zweifel am Bestand der letztwilligen Verfügung oder des Vermögensübergangs bestehen (BFH v. 27.04.1988, II R 253/85, BStBl II 1988, 818; BFH v. 28.09.1993, II R 34/92 NVwZ-RR 1995, 239). Dem Erben müssen nur der Erwerbsgrund und die Höhe seines Erbanteils bekannt sein; eine zutreffende rechtliche Beurteilung des Erwerbes ist nicht erforderlich (FG Ha v. 29.04.1987, II 208/84, EFG 1987, 572; FG Mchn v. 18.07.2001, 4 K 4507/98, EFG 2002, 5; *Cöster* in Koenig, § 170 AO Rz. 46). Im Falle der **gesetzlichen Erbfolge** liegt sichere Kenntnis dann vor, wenn der Erbe davon ausgehen kann, dass kein Testament existiert, und wenn er sicher weiß, dass ein Verwandter einer vorhergehenden Ordnung nicht vorhanden ist (BFH v. 08.03.1989, II R 63/86, BFH/NV 1990, 444). Eine ausreichende Kenntnis erfordert nicht die Erteilung eines Erbscheins nach §§ 2353 ff. BGB, es sei denn die Verhältnisse des Erbfalls sind völlig unklar (*Banniza* in HHSp, § 170 AO Rz. 59). Bei **unbekannten Erben** kann die Festsetzungsfrist nicht ablaufen, bevor der oder die richtigen Erben gefunden sind (*Drüen* in Tipke/Kruse, § 170 AO Rz. 22). Im Falle der **gewillkürten Erbfolge** erfordert die Kenntnis, dass ein Testament eröffnet wird (BFH v. 08.03.1989, II R 63/86, BFH/NV 1990, 444; BFH II R 18/80, BStBl II 1982, 276; *Drüen* in Tipke/Kruse, § 170 AO Rz. 23 m. w. N.).

Nach **§ 170 Abs. 5 Nr. 2 1. Alt. AO** beginnt die Festsetzungsfrist bei einer **Schenkung** mit Ablauf des Jahres zu laufen, in dem der Schenker gestorben war. Hierdurch wird berücksichtigt, dass die Schenkungen, insbes. zwischen nahen Angehörigen, erst wegen der Anrechnung auf den Erbteil im Rahmen der Erbschaftsteuererklärung gegenüber der Finanzbehörde offenbart werden (BFH v. 06.05.1981, II R 61/77, BStBl II 1981, 688). Für den Beginn der Festsetzungsfrist nach **§ 170 Abs. 5 Nr. 2 AO** ist es jedoch ausreichend, wenn nur einer der beiden Tatbestände erfüllt ist (BFH v. 05.02.2003, II R 22/01, BStBl II 2003, 502). Demzufolge beginnt die Festsetzungsfrist nach § 170 Abs. 5 Nr. 2 2. Alt. AO bereits vor dem Tod des Schenkers, wenn die Finanzbehörde von der vollzogenen Schenkung Kenntnis erlangt hat. Kenntnis bedeutet hierbei **positive Kenntnis** der Finanzbehörden (BFH v. 28.05.1998, II R 54/95, BStBl II 1998, 647), und zwar der organisatorisch zur Verwaltung der Erbschaft- und Schenkungsteuer berufenen Dienststelle des zuständigen FA (BFH v. 05.02.2003, II R 22/01, BStBl II 2003, 502). Voraussetzung hierfür ist, dass der Vorgang der Finanzbehörde in einer Weise bekannt geworden ist, dass sie in der Lage ist, zu prüfen, ob ein steuerpflichtiger Vorgang vorliegt oder nicht (*Drüen* in Tipke/Kruse, § 170 AO Rz. 25). Positive Kenntnis i. S. von § 170 Abs. 5 Nr. 2 2. Alternative AO ist demnach gegeben, wenn das für die Verwaltung der Schenkungsteuer zuständige FA nicht durch Anzeige gem. § 30 ErbStG, sondern anderweitig in dem erforderlichen Umfang (Name und Anschrift des Schenkers und des Bedachten, Rechtsgrund des Erwerbs) Kenntnis erlangt hat (BFH v. 08.03.2017, II R 2/15, BStBl II 2017, 751). Nicht ausreichend ist die Kenntnis von Umständen, die Anlass zu einer steuerrechtlichen Prüfung geben, wenn weitere Ermittlungen seitens der Finanzbehörde erforderlich sind (BFH v. 29.11.2005, II B 151/04, BFH/NV 2006, 700; BFH v. 26.07.2017, II R 21/16, BStBl II 2017, 1163; *Cöster* in Koenig, § 170 AO 19

Rz. 53; *Banniza* in HHSp, § 170 AO Rz. 68). In welcher Form die Finanzbehörde Kenntnis von der Schenkung erlangt hat, ist unerheblich. Demnach muss nicht in jedem Fall eine Steuererklärung abgegeben werden. Ausreichend sind auch die von Pflichtigen nach §§ 30, 33, 34 ErbStG erstatteten Anzeigen. Wird ein Schenkungsvorgang an eine organisatorisch unzuständige Finanzbehörde mitgeteilt, beginnt die Festsetzungsfrist erst nach Weiterleitung an die zuständige Finanzbehörde zu laufen (BFH v. 26.08.2004, II B 149/03, BFH/NV 2004, 1626). Eine Zurechnung der Kenntnis erfolgt selbst dann nicht, wenn die unzuständige Finanzbehörde unter Verstoß gegen verwaltungsinterne Anweisungen der zuständigen Dienststelle keine Mitteilung über ihre Kenntnisse macht. Eine Zurechnung erfolgt jedoch dann, wenn der zuständigen Finanzbehörde die Schenkung zur Prüfung der Schenkungsteuerpflicht bekannt gegeben wird, die Information aber aufgrund organisatorischer Mängel oder Fehlverhalten die berufene Dienststelle nicht unverzüglich erreicht (BFH v. 05.02.2003, II R 22/01, BStBl II 2003, 502, *Cöster* in Koenig, § 170 AO Rz. 54). Wenn im Fall der gleichzeitigen **Zuwendung mehrerer Vermögensgegenstände** das FA aber lediglich Kenntnis von der freigebigen Zuwendung eines dieser Gegenstände erlangt, führt dies nicht zum Anlauf der Festsetzungsfrist für die Schenkungsteuer für die übrigen zugewendeten Vermögensgegenstände, selbst wenn das FA die Möglichkeit gehabt hätte, durch weitere Ermittlungen Kenntnis von den übrigen freigebigen Zuwendungen zu erlangen (BFH v. 26.07.2017, II R 21/16, BStBl II 2017, 1163). Bei einer **mittelbaren Schenkung**, bei welcher der Bedachte nicht durch den zugewendeten Gegenstand, sondern durch den Verkaufserlös bei späterer Veräußerung dieses Gegenstands bereichert ist, hat das FA erst dann Kenntnis von der vollzogenen Schenkung, wenn es alle Umstände kennt, die die mittelbare Schenkung begründen. Dazu gehört auch die Kenntnis von der Veräußerung des vom Schenker übertragenen Gegenstands (BFH v. 08.03.2017, II R 2/15, BStBl. II 2017, 751; *Paetsch* in Gosch, § 170 AO Rz 58.1).

20 Während nach § 9 Abs. 1 Nr. 3 ErbStG bei Zweckzuwendungen die Steuer mit dem Zeitpunkt des Eintritts der Verpflichtung des Beschwerten entsteht, ordnet **§ 170 Abs. 5 Nr. 3 AO** für Zweckzuwendungen unter Lebenden an, dass die Festsetzungsfrist nicht vor Ablauf des Kalenderjahres beginnt, in dem die Verpflichtung erfüllt worden ist.

21 vorläufig frei

## I. Anlaufhemmung bei Kapitalerträgen aus Drittstaaten ohne Informationsaustausch (§ 170 Abs. 6 AO)

Seit dem 01.01.2015 regelt § 170 Abs. 6 AO i.d.F. des Gesetzes zur Änderung der Abgabenordnung und des Einführungsgesetzes zur Abgabenordnung (BT-Drs. 18/3018, 1 ff.) eine **besondere Anlaufhemmung** für solche stpfl. **Kapitalerträge**, die aus Staaten oder Territorien stammen, welche weder EU- noch EFTA/AELE-Mitgliedstaaten sind und nicht aufgrund eines DBA automatisch den inländischen Finanzbehörden mitgeteilt werden. § 170 Abs. 6 AO stellt gegenüber § 170 Abs. 1 und Abs. 2 AO eine **lex specialis** dar und verdrängt diese Regelungen. Zweck der Vorschrift ist es, auch solche Kapitalerträge bei der Besteuerung zu berücksichtigen, die den Finanzbehörden nicht durch Erklärung des Stpfl. oder in sonstiger Weise (z.B. durch den Ankauf einer CD) bekannt werden (vgl. zum Vorstehenden die Gesetzesbegründung BT-Drs. 18/3018, 10). Nach der neuen Regelung beträgt die maximale **Anlaufhemmung zehn Jahre**, sodass sich im Fall der Hinterziehung der auf die genannten Kapitalerträge entfallenden ESt aufgrund der nach § 169 Abs. 2 Satz 2 AO verlängerten Festsetzungsfrist (s. § 169 AO Rz. 9) die Steuerfestsetzung über einen Zeitraum von 20 Jahren erstrecken kann (wie hier *Banniza* in HHSp, § 170 AO Rz. 84; *Paetsch* in Gosch, § 170 AO Rz. 68 m.w.N.). 22

## J. Anlaufhemmung für Steuern auf Einkünfte im Zusammenhang mit Drittstaaten-Gesellschaften (§ 170 Abs. 7 AO)

Art. 170 Abs. 7 AO regelt eine **spezielle Anlaufhemmung** für Steuern auf Einkünfte oder Erträge, die in Zusammenhang stehen mit Beziehungen zu einer Drittstaat-Gesellschaft i.S. von § 138 Abs. 3 AO, auf die der Stpfl. allein oder zusammen mit nahestehenden Personen i.S. des § 1 Abs. 2 AStG unmittelbar oder mittelbar einen beherrschenden oder bestimmenden Einfluss ausüben kann. Drittstaat-Gesellschaften sind solche mit Sitz oder Geschäftsleitung in Staaten oder Territorien, die weder EU- noch EFTA/AELE-Mitgliedstaaten sind (*Paetsch* in Gosch, § 170 AO Rz. 74; s. Rz. 22). Ob der Stpfl. beherrschenden oder bestimmenden Einfluss hat, bestimmt sich nach § 138 Abs. 2 Satz 1 Nr. 4 AO (*Drüen* in Tipke/Kruse, § 170 AO Rz. 33). Daher muss der Stpfl. gem. § 1 Abs. 2 AStG mindestens zu 25 % unmittelbar oder mittelbar an der Gesellschaft beteiligt sein. Wie in § 170 Abs. 6 AO (s. Rz. 22) beginnt die Festsetzungsfrist frühestens mit Ablauf des Kalenderjahres, in dem diese Beziehungen durch Mitteilung des Stpfl. oder auf andere Weise bekannt geworden sind, die maximale **Anlaufhemmung** beträgt **zehn Jahre** nach Ablauf des Kalenderjahres, in 23 dem die Steuer gem. § 38 AO entstanden ist. Daher kann sich im Fall der Steuerhinterziehung der nach § 169 Abs. 2 Satz 2 AO verlängerten Festsetzungsfrist (s. § 169 AO Rz. 9) die Steuerfestsetzung über einen Zeitraum von 20 Jahren erstrecken (*Paetsch* in Gosch, § 170 AO Rz. 77 m.w.N.; s. Rz. 22).

Wenngleich der Wortlaut von § 170 Abs. 6 und Abs. 7 AO in diesem Punkt differiert, kommt es wie in § 170 Abs. 6 AO auf die positive Kenntnis der Finanzbehörde von der Beteiligung i.S. von § 138 Abs. 3 AO an. Die Dauer der Anlaufhemmung nach § 170 Abs. 7 AO hängt demgegenüber nicht davon ab, dass die Finanzbehörde die Höhe der dem Stpfl. zuzurechnenden Einkünfte oder Erträge aus der Beziehung zur Drittstaat-Gesellschaft kennt (*Paetsch* in Gosch, § 170 AO Rz. 77). Da der Stpfl. Einfluss auf den Beginn der Festsetzungsverjährung nehmen kann, indem er dem FA seine Gesellschaftsbeteiligung mitteilt, begründet die Regelung einen »Anreiz zur Mitteilung« der Beteiligung (*Drüen* in Tipke/Kruse, § 170 AO Rz. 33).

## § 171 AO Ablaufhemmung

**(1) Die Festsetzungsfrist läuft nicht ab, solange die Steuerfestsetzung wegen höherer Gewalt innerhalb der letzten sechs Monate des Fristlaufes nicht erfolgen kann.**

**(2) Ist beim Erlass eines Steuerbescheids eine offenbare Unrichtigkeit unterlaufen, so endet die Festsetzungsfrist insoweit nicht vor Ablauf eines Jahres nach Bekanntgabe dieses Steuerbescheids. Das Gleiche gilt in den Fällen des § 173a.**

**(3) Wird vor Ablauf der Festsetzungsfrist außerhalb eines Einspruchs- oder Klageverfahrens ein Antrag auf Steuerfestsetzung oder auf Aufhebung oder Änderung einer Steuerfestsetzung oder ihrer Berichtigung nach § 129 gestellt, so läuft die Festsetzungsfrist insoweit nicht ab, bevor über den Antrag unanfechtbar entschieden worden ist.**

**(3a) Wird ein Steuerbescheid mit einem Einspruch oder einer Klage angefochten, so läuft die Festsetzungsfrist nicht ab, bevor über den Rechtsbehelf unanfechtbar entschieden ist; dies gilt auch, wenn der Rechtsbehelf erst nach Ablauf der Festsetzungsfrist eingelegt wird. Der Ablauf der Festsetzungsfrist ist hinsichtlich des gesamten Steueranspruchs gehemmt; dies gilt nicht, soweit der Rechtsbehelf unzulässig ist. In den Fällen des § 100 Abs. 1 Satz 1, Abs. 2 Satz 2, Abs. 3 Satz 1, § 101 der Finanzgerichtsordnung ist über den Rechtsbehelf erst dann unanfechtbar entschieden, wenn ein auf Grund der genannten Vorschriften erlassener Steuerbescheid unanfechtbar geworden ist.**

**(4) Wird vor Ablauf der Festsetzungsfrist mit einer Außenprüfung begonnen oder wird deren Beginn auf Antrag des Steuerpflichtigen hinausgeschoben, so läuft die Festsetzungsfrist für die Steuern, auf die sich die Außenprüfung erstreckt oder im Fall der Hinausschiebung der Außenprüfung erstrecken sollte, nicht ab, bevor die auf Grund der Außenprüfung zu erlassenden Steuerbescheide unanfechtbar geworden sind oder nach Bekanntgabe der Mitteilung nach § 202 Abs. 1 Satz 3 drei Monate verstrichen sind. Dies gilt nicht, wenn eine Außenprüfung unmittelbar nach ihrem Beginn für die Dauer von mehr als sechs Monaten aus Gründen unterbrochen wird, die die Finanzbehörde zu vertreten hat. Die Festsetzungsfrist endet spätestens, wenn seit Ablauf des Kalenderjahrs, in dem die Schlussbesprechung stattgefunden hat, oder, wenn sie unterblieben ist, seit Ablauf des Kalenderjahrs, in dem die letzten Ermittlungen im Rahmen der Außenprüfung stattgefunden haben, die in § 169 Abs. 2 genannten Fristen verstrichen sind; eine Ablaufhemmung nach anderen Vorschriften bleibt unberührt.**

**(5) Beginnen die Zollfahndungsämter oder die mit der Steuerfahndung betrauten Dienststellen der Landesfinanzbehörden vor Ablauf der Festsetzungsfrist beim Steuerpflichtigen mit Ermittlungen der Besteuerungsgrundlagen, so läuft die Festsetzungsfrist insoweit nicht ab, bevor die auf Grund der Ermittlungen zu erlassenden Steuerbescheide unanfechtbar geworden sind; Absatz 4 Satz 2 gilt sinngemäß. Das Gleiche gilt, wenn dem Steuerpflichtigen vor Ablauf der Festsetzungsfrist die Einleitung des Steuerstrafverfahrens oder des Bußgeldverfahrens wegen einer Steuerordnungswidrigkeit bekannt gegeben worden ist; § 169 Abs. 1 Satz 3 gilt sinngemäß.**

**(6) Ist bei Steuerpflichtigen eine Außenprüfung im Geltungsbereich dieses Gesetzes nicht durchführbar, wird der Ablauf der Festsetzungsfrist auch durch sonstige Ermittlungshandlungen im Sinne des § 92 gehemmt, bis die auf Grund dieser Ermittlungen erlassenen Steuerbescheide unanfechtbar geworden sind. Die Ablaufhemmung tritt jedoch nur dann ein, wenn der Steuerpflichtige vor Ablauf der Festsetzungsfrist auf den Beginn der Ermittlungen nach Satz 1 hingewiesen worden ist; § 169 Abs. 1 Satz 3 gilt sinngemäß.**

(7) In den Fällen des § 169 Abs. 2 Satz 2 endet die Festsetzungsfrist nicht, bevor die Verfolgung der Steuerstraftat oder der Steuerordnungswidrigkeit verjährt ist.

(8) Ist die Festsetzung einer Steuer nach § 165 ausgesetzt oder die Steuer vorläufig festgesetzt worden, so endet die Festsetzungsfrist nicht vor dem Ablauf eines Jahres, nachdem die Ungewissheit beseitigt ist und die Finanzbehörde hiervon Kenntnis erhalten hat. In den Fällen des § 165 Abs. 1 Satz 2 endet die Festsetzungsfrist nicht vor Ablauf von zwei Jahren, nachdem die Ungewissheit beseitigt ist und die Finanzbehörde hiervon Kenntnis erlangt hat.

(9) Erstattet der Steuerpflichtige vor Ablauf der Festsetzungsfrist eine Anzeige nach den §§ 153, 371 und 378 Abs. 3, so endet die Festsetzungsfrist nicht vor Ablauf eines Jahres nach Eingang der Anzeige.

(10) Soweit für die Festsetzung einer Steuer ein Feststellungsbescheid, ein Steuermessbescheid oder ein anderer Verwaltungsakt bindend ist (Grundlagenbescheid), endet die Festsetzungsfrist nicht vor Ablauf von zwei Jahren nach Bekanntgabe des Grundlagenbescheids. Ist für den Erlass des Grundlagenbescheids eine Stelle zuständig, die keine Finanzbehörde im Sinne des § 6 Absatz 2 ist, endet die Festsetzungsfrist nicht vor Ablauf von zwei Jahren nach dem Zeitpunkt, in dem die für den Folgebescheid zuständige Finanzbehörde Kenntnis von der Entscheidung über den Erlass des Grundlagenbescheids erlangt hat. Die Sätze 1 und 2 gelten für einen Grundlagenbescheid, auf den § 181 nicht anzuwenden ist, nur, sofern dieser Grundlagenbescheid vor Ablauf der für den Folgebescheid geltenden Festsetzungsfrist bei der zuständigen Behörde beantragt worden ist. Ist der Ablauf der Festsetzungsfrist hinsichtlich des Teils der Steuer, für den der Grundlagenbescheid nicht bindend ist, nach Absatz 4 gehemmt, endet die Festsetzungsfrist für den Teil der Steuer, für den der Grundlagenbescheid bindend ist, nicht vor Ablauf der nach Absatz 4 gehemmten Frist.

(10a) Soweit Daten eines Steuerpflichtigen im Sinne des § 93c innerhalb von sieben Kalenderjahren nach dem Besteuerungszeitraum oder dem Besteuerungszeitpunkt den Finanzbehörden zugegangen sind, endet die Festsetzungsfrist nicht vor Ablauf von zwei Jahren nach Zugang dieser Daten.

(11) Ist eine geschäftsunfähige oder in der Geschäftsfähigkeit beschränkte Person ohne gesetzlichen Vertreter, so endet die Festsetzungsfrist nicht vor Ablauf von sechs Monaten nach dem Zeitpunkt, in dem die Person unbeschränkt geschäftsfähig wird oder der Mangel der Vertretung aufhört. Dies gilt auch, soweit für eine Person ein Betreuer bestellt und ein Einwilligungsvorbehalt nach § 1903 des Bürgerlichen Gesetzbuchs angeordnet ist, der Betreuer jedoch verstorben oder auf andere Weise weggefallen oder aus rechtlichen Gründen an der Vertretung des Betreuten verhindert ist.

(12) Richtet sich die Steuer gegen einen Nachlass, so endet die Festsetzungsfrist nicht vor dem Ablauf von sechs Monaten nach dem Zeitpunkt, in dem die Erbschaft von dem Erben angenommen oder das Insolvenzverfahren über den Nachlass eröffnet wird oder von dem an die Steuer gegen einen Vertreter festgesetzt werden kann.

(13) Wird vor Ablauf der Festsetzungsfrist eine noch nicht festgesetzte Steuer im Insolvenzverfahren angemeldet, so läuft die Festsetzungsfrist insoweit nicht vor Ablauf von drei Monaten nach Beendigung des Insolvenzverfahrens ab.

(14) Die Festsetzungsfrist für einen Steueranspruch endet nicht, soweit ein damit zusammenhängender Erstattungsanspruch nach § 37 Abs. 2 noch nicht verjährt ist (§ 228).

(15) Soweit ein Dritter Steuern für Rechnung des Steuerschuldners einzubehalten und abzuführen oder für Rechnung des Steuerschuldners zu entrichten hat, endet die Festsetzungsfrist gegenüber dem Steuerschuldner nicht vor Ablauf der gegenüber dem Steuerentrichtungspflichtigen geltenden Festsetzungsfrist.

**Inhaltsübersicht**

### Schrifttum


Spindler, Zum Umfang der Ablaufhemmung nach § 171 Abs. 3 AO, DB 1991, 1296; Baum, Bindungswirkung von Grundlagenbescheiden und Festsetzungsverjährung, DStZ 1992, 470; Eisebach/Weiske, Ablaufhemmung und Festsetzungsverjährung bei Änderungen von Grundlagenbescheiden, DStR 1992, 1261; Rössler, Haftungsbescheid und Ablauf der Festsetzungsfrist, DStZ 1992, 204; Dissars, Verfahrensrechtliche Folgen einer Steuerstraftat oder Steuerordnungswidrigkeit, StB 2001, 169; Drüen, Außenprüfung und Festsetzungsverjährung, AO-StB 2001, 194; Oberloskamp, Erneute Prüfungsanordnung nach Ablauf der Sechsmonatsfrist des § 171 Abs. 4 Satz 2 AO?, StBp 2001, 337; Raub, Einzelfragen und aktuelle Rechtsprechung zur Festsetzungsverjährung – Teil I, INF 2001, 353, Teil II INF 2001, 393; Söffing, Das Ende der durch Steuerfahndungsermittlungen eingetretenen Ablaufhemmung (§ 171 Abs. 5 AO), DStZ 2001, 739; Balmes, Digitales Zeitalter der Außenprüfung – Rechtzeitige Vorsorgemaßnahmen zur Konfliktvermeidung, AO-StB 2002, 121; Oberloskamp, Ablaufhemmung aufgrund einer Außenprüfung, AO-StB 2002, 194; Söhn, Festsetzungsverjährung nach § 171 Abs. 10 AO bei Anfechtung des Feststellungsbescheids, DStZ 2002, 811, 813; Kutsch, Findet § 171 Abs. 3a AO auch auf Kommunalabgaben Anwendung?, KStZ 2003, 83; Trossen, Die Neuregelung des § 32a KStG zur Berücksichtigung von verdeckten Gewinnausschüttungen und verdeckten Einlagen, DStR 2006, 2295; Pohl, Zweifelsfragen bei der Korrektur von Steuerbescheiden nach § 32a Abs. 1 KStG, DStR 2007, 1336; Bartone, Der Erlass und die Änderung von Steuerverwaltungsakten im Zusammenhang mit dem Insolvenzverfahren über das Vermögen des Steuerpflichtigen, AO-StB 2008, 132; Buse, Die Ablaufhemmung des § 171 Abs. 5 AO durch Ermittlungshandlungen für Steuerfahndung, DB 2008, 13; Luft, Erfasst der Rechtsfolgenverweis des § 171 Abs. 5 Satz 2 AO auch die Unterbrechung der Ablaufhemmung?, DStR 2009, 2409; von Wedelstädt, Ressortfremde Verwaltungsakte als Grundlagenbescheide, AO-StB 2014, 150.


## A. Bedeutung der Vorschrift

§ 171 AO regelt die Fälle der **Ablaufhemmung** für die Steuerfestsetzung (i. Ü. s. Rz. 4). Ebenso wie bei der **Anlaufhemmung** gem. § 170 AO wird die regelmäßige Festsetzungsfrist des § 169 AO beeinflusst. In beiden Fällen ruht die Festsetzungsfrist, d.h., der Zeitraum, während der die Festsetzungsfrist gehemmt ist, wird nicht in die Frist mit eingerechnet. Die beiden Hemmungstatbestände unterscheiden sich insoweit, als dass bei der Anlaufhemmung der Beginn der Festsetzungsfrist um die gehemmte Zeit, bei der Ablaufhemmung der Ablauf der Festsetzungsfrist um die gehemmte Zeit hinausgezögert wird. Hierdurch wird der planmäßige Eintritt der Festsetzungsverjährung hinausgeschoben (BFH v. 27.07.1994, XI S 1/94, BStBl II 1994, 787; BFH v. 14.09.2007, VIII B 20/07, BFH/NV 2008, 25 m. w. N.). Während nach § 209 BGB die Verjährungsfrist um die Hemmungszeit zu verlängern ist, führt die Ablaufhemmung gem. § 171 AO gerade nicht dazu, dass mit Wegfall des Hemmungstatbestands die ursprüngliche Festsetzungsfrist ab dem Zeitpunkt weiterläuft, in dem der Hemmungstatbestand eingetreten ist (BFH v. 10.12.2003, X B 134/02, BFH/NV 2004, 906). 1

Der ungehemmte Ablauf der Festsetzungsfrist wäre in besonders gelagerten Fällen ungerechtfertigt. In einer Reihe von Verfahrensabläufen, die sowohl der Finanzbehörde als auch den am Besteuerungsverfahren Beteiligten Rechte und Pflichten übertragen, erfordert die Wahrnehmung dieser Rechte und Pflichten einen hohen Zeitaufwand, den die Regeln der Ablaufhemmung berücksichtigen. 2

§ 171 AO regelt in 18 bestimmten, grds. nebeneinander anwendbaren Fällen den Zeitpunkt, bis zu dem die Festsetzungsfrist nicht abläuft. Sie endet in diesen Fällen meist nicht – wie im Normalfall – am Ende, sondern im Laufe eines Kalenderjahres (AEAO zu § 171, Nr. 1). Werden in einem Fall **mehrere Tatbestände mit unterschiedlichen Ablauffristen gleichzeitig erfüllt**, gilt im Zweifel die weitergehende Frist (BFH v. 17.02.1982, II R 176/80, BStBl II 1982, 524; so auch *Paetsch* in Gosch, § 171 AO Rz. 2, *Rüsken* in Klein, § 171 AO Rz. 1). In vielen Fällen betrifft die Ablaufhemmung nur einen Teil des Anspruchs. Im Übrigen tritt somit **Teilverjährung** mit der Folge ein, dass der Anspruch, soweit der Ablauf der Festsetzungsfrist nicht gehemmt ist, erlischt (§ 47 AO, s. § 169 AO Rz. 14). Die Ablaufhemmung entfaltet grds. 3

(s. Rz. 8) keine rechtliche Wirkung, wenn diese vor der regelmäßigen Festsetzungsverjährung (§ 169 AO) endet. In diesem Fall bleibt es bei der regulären Festsetzungsfrist; eine Verlängerung der ursprünglichen Frist erfolgt nicht (BFH v. 08.03.1989, X R 116/87, BStBl II 1989, 531).

4 Für sog. gleichgestellte Bescheide (s. § 169 AO Rz. 3) gilt § 171 AO kraft des jeweiligen Verweises auf die Vorschriften für Steuerbescheide. Dies sind die **Festsetzung** von Zinsen (§ 239 Abs. 1 Satz 1 AO), **Zerlegungs-, Zuteilungs- und Messbescheide** (§ 184 Abs. 1 Satz 3 AO, §§ 185, 190 Satz 2 AO) sowie die Festsetzung von **Steuervergütungen** (§ 155 Abs. 4 AO) und die **gesonderte Feststellung von Besteuerungsgrundlagen** (§ 181 Abs. 1 Satz 1 AO). Weitere Fälle der Ablaufhemmung sind in § 174 Abs. 3 und 4 AO (**widerstreitende Steuerfestsetzung**), § 10d Abs. 1 Satz 6 EStG (BFH v. 04.04.2001, XI R 59/00, BStBl II 2001, 564) und § 16 Abs. 4 GrEStG zu finden. Zu beachten ist, dass im Bereich des **Zollrechts** der UZK für die dort normierten Fristen keine Ablaufhemmung kennt und § 171 AO durch Art. 103 Abs. 3 und Abs. 4 UZK verdrängt wird (*Deimel* in HHSp, Art. 103 UZK Rz. 10; *Bartone* in Krenzler/Herrmann/Niestedt, Art. 103 UZK Rz. 1). **Zulasten des Stpfl.** dürfen die Vorschriften nicht analog angewendet werden (BFH v. 26.11.1974, VII R 45/72, BStBl II 1975, 460). Für sonstige Steuerverwaltungsakte gilt § 171 AO nicht, es sei denn, es wird hierauf ausdrücklich verwiesen, wie z.B. für § 171 AO bei **Haftungsbescheiden** (§ 191 Abs. 3 bis 5 AO).

## B. Einzelfälle der Ablaufhemmung

### I. Höhere Gewalt (§ 171 Abs. 1 AO)

5 Nach § 171 Abs. 1 AO läuft die Festsetzungsfrist nicht ab, solange die Steuerfestsetzung wegen höherer Gewalt innerhalb der letzten sechs Monate des Fristlaufes nicht erfolgen kann.

6 **Höhere Gewalt** sind alle von außen eintretende Ereignisse, die auch bei Anwendung der äußersten, den Umständen nach zu erwartenden Sorgfalt nicht zulassen, dass der Steueranspruch verfolgt wird (BFH v. 30.10.1997, III B 108/95, BFH/NV 1998, 497; zum Einwirken Dritter BFH v. 08.02.2001, VII R 59/99, BStBl II 2001, 506). Der Stpfl. oder die Finanzbehörde darf sich nicht das geringste **Verschulden** zurechnen lassen müssen (BFH v. 07.05.1993, III R 95/88, BStBl II 1993, 818; *Paetsch* in Gosch, § 171 AO Rz. 12). Beispiele für höhere Gewalt sind Krieg, Naturkatastrophen, Streik und andere unabwendbare Zufälle; nicht jedoch Personalmangel, Krankheit oder Tod eines Mitarbeiters (*Drüen* in Tipke/Kruse, § 171 AO Rz. 6).

7 Die höhere Gewalt muss **ursächlich** dafür gewesen sein, dass eine **Steuerfestsetzung** seitens der Finanzbehörde **nicht erfolgen** kann. Die Finanzbehörde muss also Kenntnis vom Steueranspruch haben (BFH v. 07.05.1993, III R 95/88, BStBl II 1993, 818). Eine Ursächlichkeit liegt auch dann nicht vor, wenn die Unkenntnis der Finanzbehörde auf höherer Gewalt, wie bspw. einem Brand beruht (*Cöster* in Pahlke/Koenig, § 171 AO Rz. 12).

Weitere Voraussetzung für das Eingreifen der Ablaufhemmung nach § 171 Abs. 1 AO ist, dass sich die höhere Gewalt innerhalb der **letzten sechs Monate** der Festsetzungsfrist ereignet hat oder ihre Folgen unmittelbar in die letzten sechs Monate des Fristablaufs hineinwirken. Ein vor der sechsmonatigen Frist liegendes Ereignis führt nicht zu einer Ablaufhemmung. Während in den übrigen Fällen des § 171 AO die Ablaufhemmung wirkungslos bleibt, wenn der Hemmungstatbestand vor dem Ablauf der normalen Festsetzungsfrist endet (s. Rz. 3), greift die Verjährungshemmung des § 171 Abs. 1 AO auch bei solchen **Störungen** der Veranlagungstätigkeit ein, die innerhalb der letzten sechs Monate des Fristablaufs beginnen und sich **noch innerhalb dieser Frist erschöpfen** (*Banniza* in HHSp, § 171 AO Rz. 16).

Die Festsetzungsfrist verlängert sich um den Zeitraum, während dessen die Hemmung in dem Sechsmonatszeitraum andauerte. Sie kann also **maximal** eine Zeitspanne von **sechs Monaten** ausmachen (*Paetsch* in Gosch, § 171 AO Rz. 15). Höhere Gewalt hemmt auch die **Zahlungsverjährung** (s. § 230 AO). 9

Wird aufgrund höherer Gewalt die Frist für den Antrag auf Erstattung oder Erlass von Ein- und Ausfuhrabgaben (Art. 121 Abs. 1 Satz 1 UZK) versäumt, kann nach **Art. 121 Abs. 1 Satz 2 UZK** die Dreijahresfrist verlängert werden. Die Fristverlängerung tritt jedoch nicht per Gesetz ein. Sie bedarf der Entscheidung der zuständigen Behörde. Liegen die Voraussetzungen des Art. 121 Abs. 1 Satz 2 ZK vor, muss die Behörde die Frist verlängern. 10

### II. Offenbare Unrichtigkeit (§ 171 Abs. 2 AO)

#### 1. Bedeutung des § 171 Abs. 2 AO

§ 171 Abs. 2 AO stellt sicher, dass der Finanzbehörde für die Berichtigung einer ihr unterlaufenen offenbaren Unrichtigkeit (§ 129 AO) eine Frist von einem Jahr zur Verfügung steht. Die Frist beginnt mit Bekanntgabe des fehlerbehafteten Bescheids zu laufen. Die Vorschrift hat Bedeutung, wenn ein Steuerbescheid kurz vor Ablauf der Festsetzungsfrist erlassen wird, weil sie es der Finanzbehörde ermöglicht, die offenbare Unrichtigkeit trotz Ablaufs der normalen Festsetzungsfrist innerhalb eines Jahres zu beseitigen (auch *Paetsch* in Gosch, § 171 AO Rz. 11; *Rüsken* in Klein, § 171 AO Rz. 17). Dies gilt auch für die von § 173a AO erfassten Fälle, der dem § 129 AO nachgebildet wurde (s. § 173a AO Rz. 10). 11

## 2. Offenbare Unrichtigkeit

12 Zum Begriff der **offenbaren Unrichtigkeit** s. § 129 AO Rz. 6. Für die Ablaufhemmung ist es unerheblich, ob die offenbare Unrichtigkeit sich zugunsten oder zuungunsten des Stpfl. auswirkt (*Drüen* in Tipke/Kruse, § 170 AO Rz. 7a). Für die nach § 171 Abs. 2 AO eintretende Hemmung des Ablaufs der Festsetzungsfrist ist auch dann allein auf die Bekanntgabe desjenigen Bescheids abzustellen, bei dessen Erlass die offenbare Unrichtigkeit unterlaufen ist, wenn sich der **Fehler** in mehreren nachfolgenden Bescheiden im Wege der Übernahme **wiederholt** (BFH v. 08.03.1989, X R 116/87, BStBl II 1989, 531). Die Ablaufhemmung tritt auch dann ein, wenn der die Unrichtigkeit enthaltende Steuerbescheid zulässigerweise nach Ablauf der normalen Festsetzungsfrist erlassen worden ist (BFH v. 14.06.1991, III R 64/89, BStBl II 1992, 52; BFH v. 03.03.2011, III R 45/08, BStBl II 2011, 673; a. A. *Drüen* in Tipke/Kruse, § 171 AO Rz. 7a; *von Wedelstädt* in Gosch, § 129 AO Rz. 53 m. w. N.). Der Zeitpunkt der Bekanntgabe des Steuerbescheids bestimmt sich nach § 122 AO und den Vorschriften des VwZG. § 169 Abs. 1 Satz 3 AO findet keine Anwendung (*Cöster* in Koenig, § 171 AO Rz. 17, *Banniza* in HHSp, § 171 AO, Rz. 18).

13 Bei Unrichtigkeiten, die sich zulasten des Betroffenen auswirken, empfiehlt es sich, die Berichtigung zu beantragen, um in Bezug auf die offenbare Unrichtigkeit den Ablauf der Festsetzungsfrist nach § 171 Abs. 3 AO zu hemmen (s. Rz. 20).

## 3. Umfang der Ablaufhemmung

14 Die Ablaufhemmung nach § 171 Abs. 2 AO greift, **soweit** sich die offenbare Unrichtigkeit auswirkt (BFH v. 08.03.1989, X R 116/87, BStBl II 1989, 531). Wird bspw. ein Steuerbescheid, bei dessen Erlass eine offenbare Unrichtigkeit unterlaufen ist, einen Monat vor Ablauf der Festsetzungsfrist bekannt gegeben, so ermöglicht § 171 Abs. 2 AO zwar die Berichtigung des Fehlers bis zum Ablauf eines Jahres nach Bekanntgabe des Steuerbescheids. Die Aufhebung und Änderung des Bescheids aus sonstigen Gründen, wie z. B. gem. § 173 AO, ist jedoch nach Ablauf der regulären Festsetzungsfrist (§ 169 Abs. 1 Satz 1 AO) nicht mehr möglich, sofern nicht ein anderer Ablaufhemmungsgrund (z. B. wegen Anfechtung des Steuerbescheids, s. § 171 Abs. 3 und 3a AO) eingreift.

## III. Anträge auf Steuerfestsetzung, Aufhebung oder Änderung der Steuerfestsetzung oder ihre Berichtigung (§ 171 Abs. 3 AO)

### 1. Bedeutung der Vorschrift

§ 171 Abs. 3 AO enthält für die Praxis besonders relevante Tatbestände, nämlich neben dem Antrag auf Berichtigung einer Festsetzung wegen offenbarer Unrichtigkeit nach § 129 AO die Beantragung von Anspruchsfestsetzungen bzw. ihrer Aufhebung oder Änderung. Diese Vorschrift behandelt Anträge **außerhalb eines Einspruchs- und Klageverfahrens**, die sich nach § 171 Abs. 3a AO (s. Rz. 31 ff.) richten. Wird vor Ablauf der Festsetzungsfrist ein Antrag auf erstmalige Festsetzung einer Steuer oder auf Gestaltung bzw. Aufhebung bereits durchgeführter Festsetzungen (Feststellungen usw.) gestellt, müsste wegen § 169 Abs. 1 Satz 1 AO die Antragserledigung vor Ablauf der Festsetzungsfrist abgeschlossen sein. Je nach Dauer der im Zeitpunkt der Antragstellung noch zur Verfügung stehenden Restfrist, würde diese Konsequenz die sachgerechte Prüfung und Erledigung des Antrags erheblich be- oder sogar verhindern. Dem Stpfl. kann auch nicht zugemutet werden, einen übereilten und damit eventuell rechtswidrigen Steuerbescheid zu erhalten. Nach § 171 Abs. 3 AO läuft jedoch die Festsetzungsfrist insoweit nicht ab, bevor über den Antrag unanfechtbar entschieden worden ist. Damit wird die Tätigkeit der **Behörde von jeglichem Zeitdruck befreit**, den die Festsetzungsfrist ansonsten bewirken könnte. 15

§ 171 Abs. 3 Satz 1 AO gilt für **Feststellungsbescheide** als gleichgestellte Bescheide (§ 181 Abs. 1 Satz 1 AO; BFH v. 22.02.2006, I R 125/04, BStBl II 2006, 401) und aufgrund der Verweisung in § 191 Abs. 3 Satz 1 AO auch für **Haftungsbescheide** (BFH v. 16.12.2008, I R 29/08, BStBl II 2009, 539; s. Rz. 4). 16

### 2. Antrag vor Ablauf der Festsetzungsfrist

Der Antrag i. S. des § 171 Abs. 3 AO muss vor Ablauf der Festsetzungsfrist gestellt und der zur Entscheidung über den Antrag zuständigen Finanzbehörde **zugegangen** sein. Geht der Antrag einer unzuständigen Finanzbehörde zu, wird der Fristablauf nur dann gehemmt, wenn der Antrag innerhalb der Festsetzungsfrist an die zuständige Behörde weitergeleitet worden ist (FG Bln v. 28.02.2000, 8 K 8750/98, EFG 2000, 844). **§ 169 Abs. 1 Satz 3 AO gilt nicht** entsprechend, sodass die rechtzeitige Absendung des Antrags zur Fristwahrung nicht genügt. 17

Als **Antrag** i. S. des § 171 Abs. 3 Satz 1 AO sind nach Ansicht des BFH nur solche Willensbekundungen anzusehen, die ein Tätigwerden der Finanzbehörden außerhalb des infolge der Amtsmaxime ohnehin gebotenen Verwaltungshandelns auslösen sollen (BFH v. 18.06.1991, VIII R 54/89, BStBl II 1992, 124; BFH 18

v. 11.05.2010, IX R 25/09, BStBl II 2010, 953; ebenso *Banniza* in HHSp, § 171 AO, Rz. 26; *Kruse* in Tipke/Kruse, § 171 AO Rz. 13). Die **Abgabe gesetzlich vorgeschriebener Steuererklärungen** gehört zur allgemeinen Mitwirkungspflicht des Stpfl. und ist **kein Antrag**, selbst wenn die Veranlagung zu einer Steuererstattung führt (vgl. BFH v. 20.01.2016, VI R 14/15, BStBl II 2016, 380; BFH v. 28.08.2014 V R 8/14, BStBl II 2015, 3; BFH v. 30.03.2017, VI R 43/15, BStBl II 2017, 1046). Dagegen ist die Abgabe einer ESt-Erklärung nach § 46 Abs. 2 Nr. 8 Satz 2 EStG (**Antragsveranlagung**) ein Antrag i. S. von § 171 Abs. 3 AO (BFH v. 20.01.2016, VI R 14/15, BStBl II 2016, 380; *Banniza* in HHSp, § 171 AO Rz. 25; *Paetsch* in Gosch, § 171 AO Rz 27), und zwar auch dann, wenn in einem solchen Fall wegen Feststellung eines verbleibenden Verlustvortrags (§ 10d Abs. 4 EStG) gem. § 56 Satz 2 EStDV eine Steuererklärung abzugeben ist (BFH v. 30.03.2017, VI R 43/15, BStBl II 2017, 1046). Auch **Anträge auf Änderungen von** (i. d. R. bestandskräftigen) **Steuerfestsetzungen** nach den Korrekturnormen (insbes. §§ 172 ff. AO) werden von § 171 Abs. 3 AO erfasst. So setzt z. B. die Änderung einer Steuerfestsetzung nach § 173 Abs. 1 Nr. 2 AO – im Gegensatz zur Änderung nach § 164 Abs. 2 Satz 2 AO, § 174 Abs. 1 Satz 1 AO – ebenso wenig einen Antrag voraus wie etwa Änderungen nach § 174 Abs. 3 AO oder § 175 Abs. 1 Satz 1 Nr. 1 AO. Ein auf eine solche Änderung abzielendes Begehren eines Stpfl. ist unter den Begriff des Antrags i. S. des § 171 Abs. 3 AO zu subsumieren, da hierdurch ein eigenes Verwaltungsverfahren außerhalb eines Einspruchs- oder Klageverfahrens ausgelöst wird (s. Rz. 15; vgl. auch BFH v. 24.05.2006, I R 93/05, BStBl II 2007, 76 zu einem Antrag nach § 175 Abs. 1 Satz 1 Nr. 1 AO). Der Antrag muss auf eine Steuerfestsetzung oder auf Aufhebung oder Änderung einer Steuerfestsetzung gerichtet sein. Hierzu zählen auch Anträge auf Festsetzung anderer Ansprüche aus dem Steuerschuldverhältnis und auf Feststellung von Besteuerungsgrundlagen (§§ 179 ff. AO), Festsetzungen von Steuermessbeträgen (§ 184 AO), auf Zerlegung und Zuteilung von Steuermessbeträgen (§§ 185 ff. AO) sowie die Aufhebung oder Änderung der darauf gerichteten Bescheide (hierzu sowie einer ausführlichen Auflistung von Anträgen i. S. des § 171 Abs. 3 AO *Kruse* in Tipke/Kruse, § 171 AO Rz. 11).

19 Der Antrag muss **vom betroffenen Stpfl.** selbst bzw. seinem Bevollmächtigten (§ 80 AO) oder gesetzlichen Vertreter für ihn gestellt werden (BFH v. 27.11.2013, II R 57/11, BFH/NV 2014, 596). Werden Ehegatten/Lebenspartner zusammenveranlagt, reicht der Antrag eines Ehegatten/Lebenspartners aus, um für die Veranlagung beider Ehegatten/Lebenspartner den Ablauf der Festsetzungsfrist zu hemmen (BFH v. 28.07.2005, III R 48/03, BStBl II 2005, 865).

20 Zu den Anträgen zählen auch Anträge auf **Berichtigung von offenbaren Unrichtigkeiten** nach § 129 AO. Der Ablauf der Festsetzungsfrist wird bei offenbaren Unrichtigkeiten nicht nur nach § 171 Abs. 2 AO (s. Rz. 11 ff.) gehemmt, sondern auch nach § 171 Abs. 3 AO, wenn der Stpfl. einen entsprechenden Antrag stellt. Auch der Antrag auf Anpassung eines Folgebescheids an einen Grundlagenbescheid ist geeignet die Rechtsfolge des § 171 Abs. 3 AO auszulösen (BFH v. 24.05.2006, I R 9/05, BStBl II 2007, 76).

**Nicht** zu den Anträgen i. S. des § 171 Abs. 3 AO gehört die Abgabe der **Steuererklärung**, soweit sie gesetzlich vorgeschrieben ist oder die Behörde zu ihrer Abgabe aufgefordert hat (st. Rspr., BFH v. 29.06.2011, IX R 38/10, BStBl II 2011, 963 m. w. N.), und von **Steueranmeldungen** (§§ 167 f. AO; *Kruse* in Tipke/Kruse, § 171 AO Rz. 12 m. w. N.; s. Rz. 18). Das gilt auch für die Feststellungserklärung nach § 10d Abs. 4 EStG (BFH v. 29.06.2011, IX R 38/10, BStBl II 2011, 963). Die Auswirkung von Steuererklärungen auf die Festsetzungsfrist ist in § 170 Abs. 2 Nr. 1 AO abschließend geregelt. **Selbstanzeigen** nach §§ 371 und 378 Abs. 3 AO und **Berichtigungserklärungen** nach § 153 AO lösen ebenfalls keine Ablaufhemmung nach § 171 Abs. 3 AO aus. § 171 Abs. 9 AO enthält insoweit eine selbstständige ausschließliche Regelung (BFH v. 08.07.2009, VIII R 5/07, BStBl II 2010, 583; ebenso *Banniza* in HHSp, § 171 AO, Rz. 29; *Kruse* in Tipke/Kruse, § 171 AO Rz. 12). Ein Antrag auf AdV hemmt nicht, dieses gilt auch für Anträge auf Billigkeitsmaßnahmen (§§ 163, 227 AO, vgl. auch AEAO zu § 171, Nr. 2 Abs. 3) und Stundungsanträge (§ 222 AO; *Banniza* in HHSp, § 171 AO Rz. 30; *Kruse* in Tipke/Kruse, § 171 AO Rz. 13, jeweils m. w. N.). 21

Für den Eintritt der Ablaufhemmung ist es unerheblich, ob der Antrag **zulässig** oder **begründet** ist (BFH v. 12.12.2000, VIII R 12/00, BStBl II 2001, 218; gl. A. *Banniza* in HHSp, § 171 AO, Rz. 33, *Kruse* in Tipke/Kruse, § 171 AO Rz. 14; a. A. *Rüsken* in Klein, § 171 AO Rz. 12). Ein an eine unzuständige Behörde gerichteter Antrag hemmt den Fristablauf aber nur, wenn er vor Ablauf der Frist an die zuständige Finanzbehörde weitergeleitet worden ist (s. Rz. 17). Ein Antrag auf Änderung eines Folgebescheids nach § 175 Abs. 1 Satz 1 Nr. 1 AO hemmt den Ablauf der Festsetzungsfrist nach Maßgabe des § 171 Abs. 3 AO (BFH v. 24.05.2006, I R 93/05, BStBl II 2007, 76; s. Rz. 105a). 22

### 3. Wirksamer Steuerverwaltungsakt

§ 171 Abs. 3 AO setzt einen wirksamen Steuerverwaltungsakt voraus. Die Vorschrift steht in engem Zusammenhang mit der Wahrung der Festsetzungsfrist durch den angefochtenen Verwaltungsakt. Wenn ein **nichtiger** und deswegen nach § 124 Abs. 3 AO unwirksamer **Verwaltungsakt** die Festsetzungsfrist nicht wahren kann, kann auch ein Antrag nach § 171 Abs. 3 AO auf Änderung eines unwirksamen Verwaltungsaktes nicht zur Ablauf- 23 hemmung führen (BFH v. 08.03.1979, IV R 75/76, BStBl II 1979, 501; BFH v. 11.10.1989, X R 31/86, BFHE 158, 491). Dasselbe gilt hinsichtlich der Anfechtung eines mangels ordnungsmäßiger Bekanntgabe nicht nach § 124 Abs. 1 Satz 1 AO wirksam gewordenen Verwaltungsakts (BFH v. 16.05.1990, X R 147/87, BStBl II 1990, 942; BFH v. 04.11.1990, II R 255/85, BStBl II 1991, 49). **Anders ist die Rechtslage jedoch bei einheitlichen Feststellungsbescheiden:** Ist ein Feststellungsbescheid einem Feststellungsbeteiligten bekannt gegeben worden und somit existent geworden, kann auch der andere Feststellungsbeteiligte, dem gegenüber der Feststellungsbescheid mangels Bekanntgabe noch nicht wirksam geworden ist, diesen bereits anfechten (s. § 355 AO Rz. 2), weil er ihm gegenüber nur mit unverändertem Inhalt bekannt gegeben werden kann (s. § 124 AO Rz. 5). Somit ist diese »relative Unwirksamkeit« für die Hemmung der Festsetzungsfrist bedeutungslos (BFH v. 27.04.1994, VIII R 27/92, BStBl II 1994, 3).

### 4. Umfang der Ablaufhemmung

24 Die Ablaufhemmung tritt nur »insoweit« ein, als die betragsmäßige Auswirkung des Antrags reicht (*Kruse* in Tipke/Kruse, § 171 AO Rz. 15). Ein eingeschränkter Antrag bewirkt ebenfalls eine **Teilverjährung**. Wird ein eingeschränkter **Antrag** nach Ablauf der Festsetzungsfrist **erweitert**, hat dies keine Auswirkung mehr auf die eingetretene Teilverjährung (*Rüsken* in Klein, § 171 AO Rz. 16; a. A. *Spindler*, DB 1991, 1296). Nachträgliche Ausweitungen des Antrags sind nur solange und nur insoweit möglich, als die Festsetzungsfrist nach § 169 Abs. 1 Satz 1 AO noch nicht abgelaufen ist. Spätere Antragserweiterungen erfüllen somit nicht den Tatbestand des § 171 Abs. 3 AO (BFH v. 30.07.1997, II R 9/95, BStBl II 1997, 638; BFH v. 12.12.2000, VIII R 12/00, BStBl II 2001, 218). Im Falle einer **Beschränkung des Antrags**, auch nach Ablauf der Festsetzungsfrist, entfällt die Ablaufhemmung soweit der Umfang dieser nachträglichen Beschränkung reicht. Da die Anträge in der Praxis oftmals nicht beziffert sind, müssen diese entsprechend § 133 BGB willensorientiert ausgelegt werden (*Cöster* in Koenig, § 171 AO Rz. 37).

25 Innerhalb des durch das Antragsziel einerseits und ggf. die bisherigen Festsetzungen andererseits begrenzten Rahmens sind **Saldierungen** sowohl mit anderen rechtlichen Beurteilungen (§ 177 AO, aber auch § 176 AO) als auch mit anderen gesetzlich zulässigen Änderungen (s. §§ 172, 176 AO) möglich. Die Beschränkung der Saldierungsmöglichkeit auf den Umfang des Antrags beruht darauf, dass die von § 171 Abs. 3 AO behandelten Tatbestände zwar in dem aufgezeigten Rahmen (»insoweit«) den Ablauf der Festsetzungsfrist verhindern, nicht aber neben den von § 171 Abs. 3 AO erfassten Tatbeständen zusätzliche Änderungsmöglichkeiten eröffnen, sondern die Zulässigkeit ohnehin bestehender Änderungsmöglichkeiten lediglich zeitlich entsprechend ausdehnen.

**Beispiel:** 26

Es wurde ein Steuerbescheid über 10 000 EUR erlassen, der bestandskräftig wurde. Die Festsetzungsfrist läuft am 31.12.2011 ab. Im Dezember 2011 beantragt der Stpfl. zu Recht, die Steuer wegen neuer Tatsachen i. S. von § 173 Abs. 1 Nr. 2 AO auf 8 000 EUR herabzusetzen. Dieser Antrag bewirkt gem. § 171 Abs. 3 Satz 1 AO, dass die Herabsetzung der Steuer durch Änderung des Steuerbescheids gem. § 173 Abs. 1 Nr. 2 AO auf 8 000 EUR auch nach dem 31.12.2011 – trotz Ablaufs der Festsetzungsfrist im Übrigen – noch möglich ist. Werden nun z. B. im Februar des Folgejahres der Finanzbehörde neue Tatsachen i. S. des § 173 Abs. 1 Nr. 1 AO bekannt, die eine Steuererhöhung um 5 000 EUR rechtfertigen würden, kann die Finanzbehörde die Auswirkungen des durch den Stpfl. gestellten Herabsetzungsantrags mit der bis zur oberen Grenze von 10 000 EUR noch zulässigen Änderung nach § 173 Abs. 1 Nr. 1 AO saldieren. Hinsichtlich der darüber hinausgehenden Erhöhung um 3 000 EUR (auf 13 000 EUR) scheitert die Änderung am insoweit eingetretenen Ablauf der Festsetzungsfrist.

Diese Grundsätze gelten entsprechend, wenn sich der gestellte Antrag auf eine unter dem **Vorbehalt der Nachprüfung** stehende Steuerfestsetzung (§ 164 AO) oder eine **vorläufige Steuerfestsetzung** (§ 165 AO) bezieht. Bei Stellung eines Änderungsantrages gem. § 164 Abs. 4 Satz 1 AO bleibt der Vorbehalt der Nachprüfung in dem oben aufgezeigten, durch den Antrag und die bisherige Festsetzung betragsmäßig abgegrenzten Rahmen, bestehen. Der Vorbehalt der Nachprüfung entfällt aber durch den nachfolgenden Ablauf der Festsetzungsfrist, soweit diese nicht nach § 171 Abs. 3 AO mit Rücksicht auf den Antrag gehemmt wird (so auch FG BW v. 27.11.1986, VI K 36/86, EFG 1987, 277). Solange er besteht (§ 164 Abs. 4 Satz 1 AO), können Änderungen jeder Art, also ohne dass sonstige gesetzliche Änderungsvoraussetzungen im Übrigen vorliegen müssen, vorgenommen werden. 27

### 5. Dauer der Ablaufhemmung

§ 171 Abs. 3 AO ordnet an, dass die Festsetzungsfrist nicht abläuft, bevor über den Antrag **unanfechtbar entschieden** worden ist. Voraussetzung für eine Entscheidung ist lediglich deren Wirksamkeit. Einer Begründung bedarf sie nicht. Die Unanfechtbarkeit ist gegeben, wenn die Entscheidung nicht mehr mit einem Einspruch (§§ 347 ff. AO), einer Klage (§§ 40 ff. FGO), einer Revision (§§ 115 ff. FGO bzw. NZB, § 116 Abs. 1 FGO) oder einer Beschwerde (§§ 128 ff. FGO) angefochten werden kann. 28

Aus dem Sinn und Zweck der Vorschrift ergibt sich jedoch, dass auch mit der **Rücknahme** des Antrags die Ablaufhemmung entfällt. Gleiches gilt, wenn der Stpfl. einen Einspruch oder eine Klage zurücknimmt oder eine Klage übereinstimmend für erledigt erklärt wird (BFH v. 22.05.1984, VIII R 60/79, BStBl II 1984, 697). Jedoch 29 haben außerordentliche Rechtsbehelfe und Verfassungsbeschwerden keinen Einfluss auf die Unanfechtbarkeit.

30 Die Ablaufhemmung nach § 171 Abs. 3 AO wirkt nur gegenüber dem Antragsteller. Folglich wird der Ablauf der Festsetzungsfrist nicht zugunsten des **Gesamtschuldners** gehemmt, der keinen Antrag gestellt hat. Eine Ablaufhemmung tritt auch nicht ein, wenn Personen, gegen die sich die Steuerfestsetzung nicht richtet, einen Antrag gestellt haben. Dies gilt auch wenn sich der Steuerbescheid gegen einen bereits verstorbenen Stpfl. richtet, der Antrag jedoch von dem Rechtsnachfolger gestellt wird (BFH v. 23.09.1999, IV R 59/98, BStBl II 2000, 170).

## IV. Anfechtung eines Steuerbescheids (§ 171 Abs. 3a AO)

### 1. Anfechtung

31 Nach § 171 Abs. 3a AO ist der Ablauf der Festsetzungsfrist hinsichtlich des **gesamten Steueranspruchs** gehemmt, wenn ein Steuerbescheid ergangen und durch einen **zulässigen** Einspruch (s. §§ 347 ff. AO) oder eine **zulässige** Klage (§§ 40 f. FGO) angefochten worden ist. Unter »**Klage**« ist nicht nur die Anfechtungsklage zu verstehen, sondern jede nach Art des Begehrens zulässige, die Steuerfestsetzung betreffende Klage. Auch ein Untätigkeitseinspruch (§ 347 Abs. 1 Satz 2 AO) führt zu einer Ablaufhemmung nach § 171 Abs. 3a AO (BFH v. 22.01.2013, IX R 1/12, BStBl II 2013, 663; BFH v. 11.11.2015, V B 55/15, BFH/NV 2016, 225).

32 Die Anfechtung muss sich gegen eine bestimmte, **wirksame Steuerfestsetzung** richten, denn nur eine wirksame Steuerfestsetzung kann die reguläre Festsetzungsfrist wahren (*Cöster* in Koenig, § 171 AO Rz. 50). Gemäß § 171 Abs. 1 Nr. 2 AEAO ist eine Wiedereinsetzung in den vorigen Stand nach § 110 Abs. 1 AO zu verneinen, wenn der Stpfl. innerhalb der Festsetzungsfrist keinen Antrag auf Steuerfestsetzung oder Korrektur einer Steuerfestsetzung gestellt hat (auch BFH v. 24.01.2008, VII R 3/07, BStBl II 2008, 462).

33 Die Ablaufhemmung gilt im Gegensatz zu § 171 Abs. 3 AO jedoch dann, wenn der **Rechtsbehelf erst nach Ablauf der Festsetzungsfrist** eingelegt wird, und zwar auch dann, wenn Wiedereinsetzung in den vorigen Stand gewährt wurde (AEAO zu § 171, Nr. 2a). Hierdurch werden die Fälle erfasst, in denen die Finanzbehörde erst kurz vor Ablauf der Festsetzungsfrist einen Steuerbescheid erlassen hat mit der Folge, dass die Rechtsbehelfsfristen länger laufen als die Festsetzungsfrist. Somit muss der Stpfl. diesen Steuerbescheid nicht bis zum Ablauf der Festsetzungsfrist anfechten (*Cöster* in Koenig § 171 AO Rz. 49; hierzu *Raub*, INF 2001, 353, 357). Es wird vermieden, dass die Durchführung eines Rechtsbehelfsverfahrens durch den Ablauf der regulären Festsetzungsfrist sinnlos wird. Die angefochtene Steuerfestsetzung muss jedoch vor Ablauf der ungehemmten Festsetzungsfrist ergangen sein (BFH v. 29.06.2011, IX R 38/10, BStBl II 2011, 963; *Paetsch* in Gosch, § 171 AO Rz. 42). § 173 Abs. 3a AO kann nicht rückwirkend angewendet werden, wenn ein Steuer- oder Steuervergütungsanspruch wegen Eintritts der Festsetzungsverjährung bereits erloschen ist (BFH v. 12.05.2009, VII R 5/08, BFH/NV 2009, 1602).

Der Rechtsbehelf muss sich gegen die Festsetzung der Steuer richten, d.h. ein auf **Billigkeitserlass** gerichtetes Klagebegehren genügt nicht. Dies gilt auch für die Anfechtung einer Entscheidung über eine beantragte Stundung oder eine beantragte Aussetzung der Vollziehung (BFH v. 10.05.1974, III 284/64, BStBl II 1974, 620). 34

### 2. Umfang der Ablaufhemmung

Die Hemmung tritt hinsichtlich des **gesamten Steueranspruchs** ein, sodass trotz Anfechtung eines bestimmten Betrages, im Unterschied zu der Antragsbeschränkung i.S. des § 171 Abs. 3 AO, nicht nur der bestimmte Teil des Steuerbescheides von der Ablaufhemmung erfasst ist (BFH v. 23.04.2003, IX R 28/00, BFH/NV 2003, 1140; *Kruse* in Tipke/Kruse, § 171 AO Rz. 29; *Raub*, INF 2001, 353). Nach dem BFH muss für eine Beschränkung der Beschränkungswille ausdrücklich in Erscheinung treten muss (BFH v. 10.03.1993, I R 93/92, BStBl II 1995, 165). Im Regelfall wird aber im vollen Umfang gehemmt und der Steuerbescheid kann ggf. zuungunsten des Stpfl. geändert werden. Der Stpfl. kann dem nicht den Ablauf der Festsetzungsfrist entgegenhalten (§ 171 Abs. 3a Satz 2 AO). Eine Verböserung (§ 367 Abs. 2 AO) kann ggf. durch Rücknahme des Einspruchs vermieden werden (s. § 367 AO Rz. 19; *Bartone* in Gosch, § 367 AO Rz. 37 f.). 35

Der Ablauf der Feststellungsfrist wird selbst dann gehemmt, wenn ein Feststellungsbeteiligter Einspruch gegen einen Bescheid über die **gesonderte und einheitliche Feststellung** von Einkünften einlegt, den das FA bisher nur einem anderen Feststellungsbeteiligten gegenüber bekannt gegeben hat (BFH v. 13.09.1994, IX R 89/90, BStBl II 1995, 39; BFH v. 29.06.2016, I B 32/16, BFH/NV 2016, 1679). Ein Feststellungsbescheid kann, soweit er gegen einen verstorbenen Gesellschafter als Inhaltsadressaten gerichtet und deshalb insoweit nichtig ist, keine Ablaufhemmung gem. § 171 Abs. 3a AO auslösen, und zwar unabhängig davon, ob der Feststellungsbescheid, soweit er den verstorbenen Gesellschafter als Inhaltsadressaten betrifft, von der Gesellschaft in (vermeintlicher) Prozessstandschaft für den verstorbenen Gesellschafter oder von den Rechtsnachfolgern des verstorbenen Gesellschafters angefochten wird (BFH v. 16.07.2015, IV B 72/14 BFH/NV 2015, 1351). 36

37 Die Anfechtung des **Grundlagenbescheids** hemmt nur eine für ihn laufende Feststellungsfrist, nicht jedoch die für den Folgebescheid laufende Festsetzungsfrist (BFH v. 19.01.2005, X R 14/04, BStBl II 2005, 242; s. Rz. 100).

38 vorläufig frei

### 3. Dauer der Ablaufhemmung

39 Nach **§ 171 Abs. 3a Satz 1 AO** läuft die Festsetzungsfrist ab, wenn über den Einspruch oder die Klage unanfechtbar entschieden worden ist. Zur Unanfechtbarkeit, s. Rz. 28.

40 Nach Ansicht des BFH findet § 171 Abs. 3a Satz 1 AO auch Anwendung, wenn die Finanzbehörde während eines finanzgerichtlichen Verfahrens den angefochtenen **Haftungsbescheid** unter gleichzeitigem Erlass eines neuen Haftungsbescheids aufhebt. Hierdurch sei der neue Haftungsbescheid noch innerhalb der nach § 171 Abs. 3a Satz 1 AO gehemmten Festsetzungsfrist ergangen (so BFH v. 05.10.2004, VII R 18/03, BStBl II 2005, 323; AEAO zu § 171, Nr. 2a).

41 **§ 171 Abs. 3a Satz 3 AO** stellt klar, dass die Ablaufhemmung in den Fällen weiter wirksam bleibt, in denen die Entscheidung über einen gestellten Antrag durch das Gericht in der Weise getroffen wird, dass ihr Vollzug erst noch durch die Finanzbehörde erfolgen muss. Hiernach endet die Ablaufhemmung erst mit der endgültigen Erledigung der entweder durch die Kassation des bisherigen Verwaltungsakts nach § 100 Abs. 1 Satz 1, Abs. 2 Satz 2 oder Abs. 3 Satz 1 FGO oder durch ein Verpflichtungsurteil nach § 101 FGO erforderlich gewordenen weiteren Verfahrenshandlungen. So läuft bspw. die Festsetzungsfrist für einen Haftungsanspruch nicht ab, bevor der neue Haftungsbescheid, mit dem die Finanzbehörde nach Ergehen einer gerichtlichen Entscheidung, ihre Ermessensausübung nachgeholt hat, unanfechtbar geworden ist (BFH v. 23.03.1993, VII R 38/92, BStBl II 1993, 581; FG RP v. 29.10.2009, 5 K 1776/08, EFG 2010 20/190; a.A. *Rössler*, DStZ 92, 204). Nach zutreffender Ansicht des BFH greift § 171 Abs. 3a Satz 3 AO nur bei einer **gerichtlichen Kassation** ein. Eine analoge Anwendung auf eine **behördliche Aufhebung** kommt nicht in Betracht (BFH v. 15.03.2007, II R 5/04, BStBl II 2007, 472).

## V. Außenprüfung (§ 171 Abs. 4 AO)

### 1. Bedeutung der Vorschrift

42 § 171 Abs. 4 AO stellt sicher, dass nach Abschluss der Außenprüfung noch Steuerbescheide erlassen, geändert und aufgehoben werden können, ohne die Außenprüfung durch enge Zeitvorgaben zu behindern (BFH v. 15.12.1982, II R 72/81, BStBl II 1983, 384). Die Ablaufhemmung des § 171 Abs. 4 AO tritt ein, wenn vor Ablauf der Festsetzungsfrist mit der Außenprüfung begonnen wurde oder deren Beginn auf Antrag des Stpfl. hinausgeschoben wurde.

### 2. Beginn der Außenprüfung

#### a) Qualifizierte Prüfungsmaßnahme

Der Begriff **Außenprüfung** erfasst die besonders angeordneten, i.d.R. umfassenden Ermittlungen der tatsächlichen und rechtlichen Verhältnisse, die für die Besteuerung und für die Bemessung der Steuer maßgebend sind (BFH v. 13.05.1993, IV R 1/91, BStBl II 1993, 828; BFH v. 24.04.2003, VII R 3/02, BStBl II 2003, 739). Erforderlich ist, dass die Ermittlungen die Gesamtheit des Steuerfalls betreffen. Die Maßnahmen müssen derart qualifiziert sein, dass sie für den Stpfl. als Außenprüfung i.S. der §§ 193 ff. AO **erkennbar** sind und **geeignet** sind, sein **Vertrauen in den Ablauf der Verjährungsfrist zu beseitigen** (BFH v. 06.07.1999, VIII R 17/97, BStBl II 2000, 306; BFH v. 24.04.2003, VII R 3/02, BStBl II 2003, 739; BFH v. 26.04.2017, I R 76/15, BStBl II 2017, 1159). Die Außenprüfung muss eine abschließende Entscheidung des Falls ermöglichen (BFH v. 05.04.1984 IV R 244/83, BStBl 1984, 790). Ermittlungen i.S. der Norm sind diejenigen Maßnahmen des Betriebsprüfers, die auf eine Überprüfung der Besteuerungsgrundlagen gerichtet sind (FG Nds v. 13.05.2004, 6 K 312/00, EFG 2004, 1652). Zum Umfang einer Außenprüfung § 194 AO. Die Ablaufhemmung setzt voraus, dass eine Außenprüfung tatsächlich durchgeführt wird (BFH v. 17.06.1998, IX R 65/95, BStBl II 1999, 4). 43

Die **Prüfung eines bestimmten Sachverhaltes** kann auch Außenprüfung i.S. des § 171 Abs. 4 AO sein, denn die Außenprüfung kann sich auf einen oder mehrere Steuerarten oder Besteuerungsabschnitte beziehen (*Kruse* in Tipke/Kruse, § 171 AO Rz. 32). Eine **Bestandaufnahme** stellt ebenso wenig eine Außenprüfung i.S. des § 171 Abs. 4 AO dar wie eine sog. **betriebsnahe Veranlagung** (BFH v. 06.07.1999, VIII R 17/97, BStBl II 2000, 306; BFH v. 11.10.1996, VIII B 56/95, BFH/NV 1997, 457). **Einzelne gezielte Ermittlungshandlungen** stellen keine Außenprüfung i.S. des § 171 Abs. 4 AO dar, ggf. ist aber § 171 Abs. 5 AO (s. Rz. 81 ff.) einschlägig. Allerdings können einzelne **Maßnahmen der Steuerfahndung** Außenprüfung i.S. des § 171 Abs. 4 AO sein. Die **Steuer- oder Zollfahndung** selber sind aber keine Außenprüfung i.S. des § 171 Abs. 4 AO, wohl hingegen die von ihnen **durchgeführte Außenprüfung** i.S. des **§ 208 Abs. 2 Nr. 1** AO (s. § 208 AO Rz. 3a). Nicht zur Außenprüfung i.S. des § 171 Abs. 4 AO gehören die **Steueraufsicht** (§§ 209 ff. AO), **die USt-Nachschau** (§ 27b UStG), die **Richtsatzprüfung** und **Prüfungen**, die sich **nicht auf Steuern beziehen.** Keine Ermittlungshandlung ist die Zusammenstellung des Prüfungsergebnisses im Prüfungsbericht (BFH v. 08.07.2009, XI R 64/07, BStBl II 2010, 4; AEAO zu § 171, Nr. 3.5). Im Übrigen s. § 193 AO Rz. 2a ff. 44

### b) Wirksame Prüfungsanordnung

45 Eine Ablaufhemmung nach § 171 Abs. 4 Satz 1 AO tritt nur bei einer **wirksamen, wenn u.U. auch rechtswidrigen Prüfungsanordnung** (§§ 196 f. AO) ein (BFH v. 13.10.2005, IV R 55/04, BStBl II 2006, 404; BFH v. 13.10.2016, IV R 20/14, BFH/NV 2017, 475). Die Hemmungswirkung setzt daher sowohl deren wirksame Bekanntgabe (§ 122 AO) als auch deren inhaltlich hinreichende Bestimmtheit (§ 197 Abs. 1 Satz 1, § 119 Abs. 1 AO) voraus (z.B. BFH v. 12.02.2015, IV R 63/11, BFH/NV 2015, 832; BFH v. 08.06.2017, IV R 6/14, BStBl II 2017, 1053). Die Prüfungsanordnung gibt den Rahmen für die Außenprüfung vor, an dem sich aus Gründen der Rechtssicherheit Eintritt und Umfang der Hemmung zu orientieren haben. **Keine Ablaufhemmung** ist daher anzunehmen:

- bei **unwirksamer Anordnung** einer tatsächlich durchgeführten Außenprüfung (Verwertungsverbot! BFH v. 10.04.1987, III R 202/83, BStBl II 1988, 165; AEAO zu § 171, Nr. 3.1 m.w.N.)
- soweit eine wirksame aber **rechtswidrige Prüfungsanordnung aufgehoben** wird, selbst wenn auf ihr beruhend schon Prüfungsmaßnahmen durchgeführt wurden
- bei **Antrag des Stpfl.** auf Hinausschieben der Außenprüfung und anschließender Feststellung der Rechtswidrigkeit der Prüfungsanordnung
- bei der **Aufhebung von Verwaltungsakten**, die – wie bspw. die Beauftragung einer anderen Behörde nach § 195 Abs. 2 AO – gewichtige Prüfungsmodalitäten aussprechen (BFH v. 21.04.1993, X R 112/91, BStBl II 1993, 649; auch BFH v. 19.06.2007, VIII R 99/04, BStBl II 2008, 7).

46 Die Prüfungsanordnung gegenüber **nicht prüfungspflichtigen Personen** führt nicht zwangsläufig zur Nichtigkeit der Prüfungsanordnung. Eine Prüfungsanordnung an eine KG, die von einem Gesellschafter fortgeführt wird, kann daher die Festsetzungsfrist hemmen (BFH v. 13.10.2005, IV R 55/04, BStBl II 2006, 404).

47 Zur **späteren Ausdehnung der Außenprüfung** auf bisher nicht einbezogene Steuern vgl. auch AEAO zu § 171, Nr. 3.2.

### c) Beginn der Außenprüfung

48 Die Ablaufhemmung knüpft an den Beginn der Prüfung an. Die Außenprüfung beginnt, wenn der Prüfer dem Stpfl. die **Prüfungsanordnung** übergeben hat und **konkrete Handlungen** zur Ermittlung des Steuerfalls aufnimmt. Nach § 198 Satz 2 AO ist der Prüfungsbeginn unter Angabe von Datum und Uhrzeit aktenkundig zu machen. Der Aktenvermerk stellt jedoch lediglich einen deklaratorischen Hinweis dar, der widerlegt werden kann. Maßgebend ist, wann der Prüfer bei dem Stpfl. zur Durchführung erschienen ist und mit der Prüfung auch ernsthaft begonnen hat (BFH v. 25.04.2001, I R 80/97, BFH/NV 2001, 1541). Nach BFH (BFH v. 08.07.2009, XI R 64/07, BStBl II 2010, 4) hat eine Prüfung bereits dann begonnen, wenn der Prüfer nach Übergabe der entsprechenden Anordnung sich zunächst dem Aktenstudium widmet. Eine Prüfung der sich im FA bereits befindlichen Akten reicht für den Beginn einer Außenprüfung jedoch nur in besonderen Fällen aus (BFH v. 24.04.2003, VII R 3/02, BStBl II 2003, 739).

Durch § 147 Abs. 1 AO i.V.m. Abs. 6 AO wird der Finanzbehörde seit dem 01.01.2002 auch das Recht eingeräumt bei Außenprüfung Zugriff auf gespeicherte Daten zu nehmen und diese mit Hilfe eines Datenverarbeitungssystems auszuwerten (zu den einzelnen Zugriffsformen BMF v. 16.07.2001, IV D 2 – S 0316–136/01, BStBl I 2001, 415; *Balmes*, AO-StB 2002, 121). Dem FA stehen unterschiedliche Zugriffsmöglichkeiten zur Wahl – von der Einsicht vorhandener Daten auf dem Computer des Stpfl. bis zur Mitnahme der Daten auf Datenträgern und der Auswertung außerhalb des Unternehmens. Folglich stellen sich hinsichtlich des Beginns der Außenprüfung ähnliche Fragen wie bei der Außenprüfung anhand von Akten. Im Fall einer solchen sog. elektronischen Außenprüfung wird der Beginn einer Außenprüfung anzunehmen sein, wenn der Prüfer am Prüfungsort erscheint und sich anschließend der Datenüberprüfung außerhalb des Unternehmensgebäudes widmet. 49

Der Beginn der Außenprüfung ist von **Einzelermittlungen** abzugrenzen, die keine Außenprüfung i.S. des § 171 Abs. 4 AO darstellen. Maßgeblich ist, wie der Stpfl. nach den ihm bekannten Umständen den Gehalt der ergriffenen Maßnahme auffassen konnte. 50

Bei sog. **Konzernprüfungen** (§§ 13 ff. BpO) ist zu berücksichtigen, dass die konzernmäßig verflochtenen Unternehmen insoweit steuerlich keine Einheit bilden, sodass es für die Ablaufhemmung auf den ernstlichen Beginn der Prüfung der steuerlichen Verhältnisse des betreffenden Unternehmens ankommt (so auch FG Ha v. 26.09.1977, II 72/75, EFG 1978, 56; s. Rz. 74). 51

Durch Scheinhandlungen kann der Ablauf der Festsetzungsfrist nicht gehemmt werden, sodass die ernsthafte Außenprüfung von einer **Scheinhandlung bzw. -prüfung** abzugrenzen ist. Zwar bestehen keine eindeutigen Abgrenzungskriterien, es ist aber auf die Willensrichtung des Prüfers und auf diejenige des Sachgebietsleiters abzustellen, der die Prüfungshandlungen anordnet. Stets kommt es aber auf die Umstände des Einzelfalls an. 52

Beispiel: **Eine Scheinhandlung** kann vorliegen, 53

- wenn der Prüfer die Prüfung beginnt, obwohl er sich krank fühlt und die Prüfung kurz darauf aus diesem Grund abbrechen muss;
- wenn der Prüfer kurz vor Ablauf der Festsetzungsfristgleichzeitig mit der Prüfung mehrerer steuerlich

selbstständiger Unternehmen im Konzern beginnt (s. Rz. 51);
- wenn der Prüfer die Prüfung nach kurzer Zeit abbricht, weil er einen anderen Prüfungsauftrag erhalten hat;
- wenn Handlungen vorgenommen werden, die nur den Antrag auf Prüfungsaufschub seitens des Stpfl. provozieren sollen.

### 3. Antrag auf Hinausschieben der Außenprüfung

54 § 171 Abs. 4 Satz 1 AO ordnet eine Ablaufhemmung auch für den Fall an, dass der Prüfungsbeginn auf **formlosen Antrag des Stpfl.** hinausgeschoben wird (§ 197 Abs. 2 AO). Die Festsetzungsfrist ist von dem Tage des Eingangs des Antrags an gehemmt (*Kruse* in Tipke/Kruse, § 171 AO Rz. 40). Der Antrag muss ursächlich für die Verschiebung sein (AEAO zu § 171, Nr. 3.3). Unerheblich ist, ob sich der Stpfl. über die verjährungshemmende Wirkung seines Antrages bewusst ist (*Kruse* in Tipke/Kruse, § 171 AO Rz. 40). Die Ablaufhemmung setzt voraus, dass die Finanzbehörde **vor Ablauf von zwei Jahren** nach Eingang des Verschiebungsantrags mit der **Außenprüfung beginnt** (BFH v. 17.03.2010, IV R 54/07, BStBl II 2011, 7; BFH v. 19.05.2016, X R 14/15, BStBl II 2017, 97). Ausnahmsweise ist ein Prüfungsbeginn innerhalb von zwei Jahren nach Stellung des Verschiebungsantrags zur Erhaltung der Ablaufhemmung nicht erforderlich, wenn dieser Antrag keine zeitlichen Vorgaben enthält und die Finanzbehörde – beispielsweise wegen laufender Rechtsbehelfsverfahren oder strafrechtlicher Ermittlungsverfahren, die in Zusammenhang mit der Außenprüfung stehen, faktisch daran gehindert ist, den Prüfungsfall bereits im Zeitpunkt der Antragstellung neu in die Prüfungspläne zu integrieren (BFH v. 22.10.2013, X R 26/11, BStBl II 2014, 374). Stellt der Stpfl. während der Zwei-Jahres-Frist einen weiteren Verschiebungsantrag, beginnt die Zwei-Jahres-Frist erneut (BFH v. 19.05.2016, X R 14/15, BStBl II 2017, 97).

55 Die **Anfechtung der Prüfungsanordnung** ist nicht als Antrag, den Beginn der Außenprüfung hinauszuschieben, zu werten (so zu einem Antrag auf Aussetzung der Vollziehung der Prüfungsanordnung: BFH v. 10.04.2003, IV R 30/01, BStBl II 2003, 827; BFH v. 15.05.2007, I B 10/07, BFH/NV 2007, 1624). Jedoch muss der mit der Anfechtung der Anordnung verbundene Antrag auf Aussetzung der Vollziehung dem Antrag auf Hinausschieben des Prüfungsbeginns dann gleichgestellt werden, wenn der Stpfl. damit erreicht, dass die Prüfung nicht zu dem vorgesehenen Zeitpunkt beginnt (BFH v. 17.06.1998, IX R 65/95, BStBl II 1999, 4; AEAO zu § 171, Nr. 3.4). Denn der Vollziehungsaussetzungsantrag schließt das Begehren ein, den Prüfungsbeginn hinauszuschieben (gl. A. *Kruse* in Tipke/Kruse, § 171 AO Rz. 44). Dies gilt jedenfalls, wenn die Festlegung des Prüfungsbeginns rechtmäßig ist (BFH v. 16.02.2001, IV B 74/00, BFH/NV 2001, 1009; BFH v. 25.02.2015, I B 66/14, BFH/NV 2015, 803). Die Hemmungswirkung infolge des Antrags des Stpfl. tritt auch dann ein, wenn die **Festlegung des Prüfungsbeginns – ein eigenständiger Verwaltungsakt** (**BFH v. 19.05.2016, X R 14/15, BStBl II 2017, 97 m. w. N.**) – **rechtswidrig** war, sofern der diesbezügliche Verwaltungsakt nicht (erfolgreich) angefochten wurde (BFH v. 10.04.2003, IV R 30/01, BStBl II 2003, 827; auch s. § 197 AO Rz. 10).

Für den Eintritt der Ablaufhemmung kommt es nicht darauf an, dass der Stpfl. wichtige Gründe i. S. des § 197 Abs. 2 AO für die Verschiebung des Prüfungsbeginns geltend macht. Verschiebt die Finanzbehörde den Beginn der Außenprüfung aber aus **Gründen, die innerhalb ihrer Sphäre** liegen, und somit unabhängig von dem Antrag des Stpfl., wird der Fristablauf nicht gehemmt. 56

### 4. Unterbrechung der Prüfung (§ 171 Abs. 4 Satz 2 AO)

§ 171 **Abs. 4 Satz 2 AO** ordnet ausdrücklich an, dass die Ablaufhemmung hinfällig wird, wenn die Außenprüfung unmittelbar nach ihrem Beginn für die Dauer von mehr als sechs Monaten aus Gründen unterbrochen wird, die die Finanzbehörde zu vertreten hat. 57

Erforderlich ist eine Unterbrechung **unmittelbar nach dem Beginn** der Außenprüfung. Maßgeblich sind der Umfang des Prüfungsfalls und die voraussichtliche Prüfungsdauer. Eine Unterbrechung unmittelbar nach Beginn kann jedenfalls nicht mehr angenommen werden, wenn die Prüfungshandlungen vom Umfang und Zeitaufwand gemessen an dem gesamten Prüfungsstoff erhebliches Gewicht erreicht und erste verwertbare Erkenntnisse gezeigt haben (BFH v. 24.04.2003, VII R 3/02, BStBl II 2003, 739), also **qualifizierte Prüfungshandlungen** stattgefunden haben (s. Rz. 43). Eine später als unmittelbar nach Beginn unterbrochene Außenprüfung führt nicht zu einer Begrenzung der Ablaufhemmung auf sechs Monate, sofern die Außenprüfung nicht fortgesetzt wird. Auch längere Unterbrechungen führen dann nicht zu einem Ende der Ablaufhemmung. 58

Die Festsetzungsfrist bleibt bei Unterbrechung der Außenprüfung nur gehemmt, wenn zuvor mit der Außenprüfung ernsthaft begonnen wurde. Eine **Unterbrechung von Scheinprüfungen** (s. Rz. 52) und ein anschließender Beginn von ernsthaften Prüfungshandlungen führt nur zur Ablaufhemmung, wenn mit den ernsthaften Prüfungshandlungen innerhalb der regulären Festsetzungsfrist begonnen wurde. 59

Die Prüfung muss aus Gründen unterbrochen worden sein, die die Finanzbehörde **zu vertreten** hat. Vorausgesetzt wird kein Verschulden der Finanzbehörde, sodass für einen Fristablauf sechs Monate nach Prüfungsbeginn 60 alle Gründe für Unterbrechung der Prüfung in Betracht kommen, die in der Sphäre der Finanzverwaltung liegen.

61 **Die Finanzbehörde hat grds. zu vertreten**: Fehlende Prüfungskapazität, anderweitigen Einsatz des Prüfers, Abordnung zum Lehrgang, Versetzung, Urlaub, Krankheit und Kuraufenthalt des Prüfers (*Kruse* in Tipke/Kruse, § 171 AO Rz. 46; a. A. bzgl. Krankheit *Frotscher* in Schwarz/Pahlke, § 171 AO Rz. 43a).

62 **Nicht in der Sphäre der Finanzbehörde liegt dagegen**: Krankheit, Urlaub usw. des Stpfl., seiner Beauftragten und Bevollmächtigten, Verhinderung des Stpfl. infolge anderweitiger Belastung (Messe, Weihnachts- oder Saisongeschäft, Ernte, Umzug, Betriebsverlegung, Umstellung der Buchführung, Brand, Hochwasser- und andere witterungsbedingter Schäden, die die Prüfung undurchführbar werden lassen).

63 Nach § 147 Abs. 5 AO ist der Stpfl. verpflichtet, der Finanzbehörde die Hilfsmittel zur Verfügung zu stellen, die benötigt werden, um die auf Datenträgern gespeicherten aufzubewahrenden Unterlagen sichtbar zu machen. Sollte die Prüfung unterbrochen werden müssen, weil der Prüfer die vom Stpfl. gespeicherten Daten nicht lesen kann, hat die Finanzbehörde diese Unterbrechung folglich nicht zu vertreten.

64 Wird eine Außenprüfung nach Unterbrechung **fortgeführt**, so ist für die Verjährungshemmung nach der BFH-Rspr. (BFH v. 12.02.2003, IV R 31/01, BStBl II 2003, 552) **keine neue Prüfungsanordnung** erforderlich. Die eingetretene Ablaufhemmung lässt sich jedoch nur durch ernsthafte Prüfungshandlungen erhalten, die für sich auch geeignet sind, den Beginn einer Außenprüfung i. S. des § 171 Abs. 4 AO darzustellen (BFH v. 24.04.2003, VII R 3/02, BStBl II 2003, 739). Die Wiederaufnahme einer Fahndungsprüfung, die unmittelbar nach Beginn für mehr als sechs Monate aus von dem FA zu vertretenden Gründen unterbrochen war, gilt als Beginn einer erneuten Prüfung (BFH v. 02.07.1998, IV R 39/97, BStBl II 1999, 28). Dies gilt nach BFH (BFH v. 09.03.2000, IV B 112/99, BFH/NV 2000, 1086; FG Bln v. 24.07.2001, 9 K 9427/98) auch für Außenprüfungen. Konsequenz ist, dass das FA in einem solchen Fall eine erneute Prüfungsanordnung erlassen muss (*Oberloskamp*, StBp 2001, 337).

### 5. Umfang der Ablaufhemmung

65 Der Umfang der Ablaufhemmung wird einerseits durch die **Prüfungsanordnung** (§ 196 AO) bestimmt, maßgeblich aber durch die **tatsächlichen (qualifizierten) Prüfungshandlungen** (s. Rz. 43). Die Prüfungsanordnung gibt nur den äußeren Rahmen vor, innerhalb dessen die Ablaufhemmung eintreten kann. **Beweisschwierigkeiten** am Umfang der tatsächlichen Prüfungshandlungen kann der Prüfer vermeiden, indem er die einzelnen Arbeitsschritte in seinen Arbeitsbögen festhält.

Die Festsetzungsfrist bleibt bei Antrag des Stpfl. auf Aufschub der Außenprüfung nach **§ 171 Abs. 4 Satz 2** AO bis zur Aufnahme der tatsächlichen Prüfung in vollem Umfang gehemmt. Diese Hemmung bleibt nur aufrechterhalten, soweit Prüfungshandlungen auch tatsächlich durchgeführt werden. Ist dies nicht der Fall, entfällt die Ablaufhemmung rückwirkend für den Teil, für den keine Prüfungshandlungen durchgeführt wurden (BFH v. 17.03.2010, IV R 54/07, BFH/NV 2010, 1510). Unter Heranziehung des in § 171 Abs. 8 Satz 2 AO und § 171 Abs. 10 AO enthaltenen Rechtsgedankens fordert der BFH (BFH v. 17.03.2010, IV R 54/07, BStBl II 2011, 7; BFH v. 01.02.2012, I R 18/11, BStBl II 2012, 400), dass auch bei einem Antrag auf befristetes Hinausschieben des Prüfungsbeginns, der für das Verschieben dieses Termins ursächlich ist, die Ablaufhemmung nach § 171 Abs. 4 Satz 1 2. Alt. AO nur entfällt, wenn die Finanzbehörde nicht vor Ablauf von zwei Jahren nach Eingang des Antrags mit der Prüfung beginnt (kritisch dazu NWB Eilnachricht, Heft 29/2010, S. 2284 f.). Zur Folge bei unbefristetem oder unbestimmtem Antrag des Stpfl. BFH v. 01.02.2012, I R 18/11, BStBl II 2012, 400 sowie AEAO zu § 171, Nr. 3.3.1 Abs. 2. 66

#### a) Ablaufhemmung in sachlicher Hinsicht

Die Ablaufhemmung bezieht sich nur auf die **Steuern**, die in der **Prüfungsanordnung** angegeben sind und auf die sich die Prüfung auch **tatsächlich** erstreckt (z. B. BFH v. 17.06.1998, IX R 65/95, BStBl II 1999, 4; AEAO zu § 171, Nr. 3.2 m. w. N.). Die Prüfungsanordnung gibt damit grds. den Rahmen vor, innerhalb dessen die Ablaufhemmung eintreten kann (z. B. BFH v. 20.07.2005, X R 74/01, BFH/NV 2005, 2195; BFH v. 18.05.2017, III R 20/14, BStBl II 2017, 1167). Die Ablaufhemmung bleibt hinter dem Umfang der Prüfungsanordnung zurück, sofern auch die tatsächlichen Prüfungshandlungen hinter der Prüfungsanordnung zurückbleiben. Nicht möglich ist es allerdings, dass die Ablaufhemmung über die Prüfungsanordnung hinausgeht, weil die entsprechenden Handlungen über die Anordnung hinausgegangen sind. Die Prüfungsanordnung ist materiell-rechtliche Voraussetzung der Außenprüfung. 67

Nach der BFH-Rspr. (BFH v. 11.08.1993, II R 34/90, BStBl II 1994, 375) ist es jedoch zulässig, dass eine Prüfungsanordnung zeitlich nach der vorgenommenen Prüfungshandlung ergeht. Erforderlich für eine Ablaufhemmung ist dann aber, dass im Zeitpunkt des Erlasses der erweiterten Prüfungsanordnung die Festsetzungsfrist noch nicht abgelaufen war und dass vor dem Ablauf der Festsetzungsfrist mit der erweiterten Prüfung tatsächlich begonnen wurde. Wird die Reihenfolge **Prüfungsanordnung – Prüfungshandlung** nicht eingehalten, so tritt eine Hemmung der Festsetzungsfrist zumindest dann nicht ein, wenn der zeitlich später ergangenen 68 (innerhalb der Festsetzungsfrist erlassenen!) Prüfungsanordnung keine Prüfungshandlungen nachfolgen (BFH v. 11.08.1993, II R 34/90, BStBl II 1994, 375). Demgegenüber nimmt BFH (BFH v. 24.04.2003, VII R 3/02, BStBl II 2003, 739) eine Ablaufhemmung auch dann an, wenn die tatsächlichen Prüfungshandlungen über die Prüfungsanordnung hinausgehen und lediglich die Prüfungsanordnung vor Ablauf der regulären Festsetzungsfrist ergänzt wird, ohne dass sich daran erneute Prüfungshandlungen anschließen. In diesem Fall wird die tatsächliche Prüfungshandlung maßgeblich für den Umfang der Prüfung. Die Entscheidung übersieht jedoch, dass die Prüfungsanordnung materiell-rechtliche Voraussetzung der Außenprüfung und damit auch für deren Wirkungen ist. Weitet der Prüfer seine Prüfung aufgrund nachträglicher Erweiterung des schriftlichen Prüfungsauftrags über den in der ursprünglichen Prüfungsanordnung bestimmten Umfang aus, so ist für den Umfang der Ablaufhemmung der erweiterte Prüfungsbereich nur dann maßgebend, wenn die Ausweitung vor Ablauf der regulären Festsetzungsfrist vorgenommen wurde. Eventuelle Beweisschwierigkeiten gehen zulasten der Finanzverwaltung.

69 Erweitert die Finanzbehörde den Umfang der Außenprüfung, ohne die Prüfungsanordnung zu erweitern, führt weder die rügelose Einlassung des Stpfl. noch dessen aktive Mitwirkung an den Prüfungshandlungen zur Ablaufhemmung (BFH v. 11.08.1993, II R 34/90, BStBl II 1994, 375; *Kruse* in Tipke/Kruse, § 171 AO Rz. 52).

70 Sofern sich die **Außenprüfung auf mehrere bestimmte Steuern** oder mehrere Jahre bezieht, tritt eine Ablaufhemmung auch hinsichtlich solcher bestimmter Steuern und Jahre ein, die der Prüfer bis zum Ablauf der regulären Festsetzungsfrist nicht vollständig geprüft oder gar nicht geprüft hat, wenn er bis dahin andere in der Prüfungsanordnung genannte Steuern geprüft hat (BFH v. 18.05.2017, III R 20/14, BStBl II 2017, 1167; *Cöster* in Koenig, § 171 AO Rz. 81).

71 § 171 Abs. 4 AO findet sinngemäße Anwendung auf **Grundlagenbescheide**. Die Vorschrift betrifft jedoch nur die Festsetzungsfrist von Steuerbescheiden, die unmittelbar aufgrund der Außenprüfung zu ergehen haben. Für die mittelbar aufgrund der Außenprüfung zu erlassenden Bescheide gilt § 171 Abs. 10 AO.

72 Die Hemmung der Festsetzungsfrist nach § 171 Abs. 4 AO erstreckt sich nicht auf Besteuerungsgrundlagen, die gem. § 180 Abs. 1 Nr. 2 Buchst a AO gesondert festzustellen und deshalb nicht Gegenstand der Außenprüfung sind (BFH v. 19.05.2006, II B 78/05, BFH/NV 2006, 1620).

### b) Ablaufhemmung in persönlicher Hinsicht

73 In persönlicher Hinsicht wirkt die Ablaufhemmung durch die Außenprüfung in Bezug auf diejenigen **Personen, auf deren steuerliche Verhältnisse sich die Prüfung** unter Beachtung des zulässigen sachlichen Umfangs einer Außenprüfung (§ 194 Abs. 1 und 2 AO) **erstreckt**. Eine Erstreckung auf Ansprüche gegen **Dritte**, mit denen diese Personen in Geschäftsverbindung stehen und deren Verhältnisse anlässlich der Prüfung zur Kenntnis der Finanzbehörde gelangen, tritt nicht ein (BFH v. 06.05.1975, VIII R 265/84, BStBl II 1975, 723; BFH v. 15.12.1989, VI R 151/86, BStBl II 1990, 526). So hemmt die an einen **Gesamtschuldner** bekannt gegebene und damit ihm gegenüber wirksame Prüfungsanordnung nicht den Fristablauf gegenüber den weiteren Gesamtschuldnern (BFH v. 25.04.2006, X R 42/05, BStBl II 2007, 220, zu zusammenveranlagten Ehegatten).

Eine Ablaufhemmung gegenüber Dritten tritt selbst dann nicht ein, wenn diese konzernmäßig verbunden sind, ihre Selbstständigkeit aber dadurch nicht berührt ist. Die sog. **Konzernprüfung** ist nur die organisatorische Zusammenfassung einzelner selbstständiger Außenprüfung (s. Rz. 51; *Kruse* in Tipke/Kruse, § 171 AO Rz. 56). 74

Die Außenprüfung einer **Kapitalgesellschaft** hemmt den Ablauf der Festsetzungsfrist gegen den gesetzlichen Vertreter wegen möglicher Haftungsansprüche nicht. Eine Hemmung tritt auch nicht hinsichtlich Besteuerungsgrundlagen ein, die gesondert festzustellen sind. 75

Bei **Personengesellschaften** ist jedoch nicht die Gesellschaft, sondern die Gesellschafter sind steuerpflichtig. Eine Außenprüfung bei einer Personengesellschaft, die sich auf die Überprüfung der für die einheitliche und gesonderte Gewinnfeststellung erheblichen Verhältnisse erstreckt (s. § 194 Abs. 1 Satz 3 AO), bewirkt jedoch nur die Hemmung der Feststellungsfrist (s. § 181 Abs. 1 AO), nicht hingegen zugleich die Hemmung der Festsetzungsfrist für die **Folgesteueransprüche** (BFH v. 13.12.2000, X R 42/96, BStBl II 2001, 471). Denn deren Geltendmachung wird in einem solchen Fall in zeitlicher Hinsicht allein nach § 171 Abs. 10 AO beschränkt. Soweit sich die Außenprüfung auf die steuerlichen Verhältnisse der **Gesellschafter/Mitglieder** erstreckt, die für die zu überprüfenden Feststellungsverhältnisse von Bedeutung sind (§ 194 Abs. 2 AO), erfasst die dadurch eintretende Hemmungswirkung nur diejenigen Steueransprüche der Gesellschafter/Mitglieder, die nicht Gegenstand der Regelungen des Feststellungsbescheids sind. Ist neben der Gesellschaft auch ein Gesellschafter Adressat der Außenprüfung, so finden zwei **parallele Außenprüfungen** statt. Die Außenprüfung bei einem Gesellschafter führt jedoch nicht zur Ablaufhemmung bei anderen Gesellschaftern, die nicht Adressat der Prüfungsanordnung sind. Die Durchführung der Außenprüfung bei einer Gesellschaft, die i. S. von § 3 Abs. 1 Satz 1 Nr. 2 VO zu § 180 Abs. 2 AO hinsichtlich des Gesamtobjekts für die Feststellungsbeteiligten im Feststellungszeitraum gehandelt hat, führt indessen zur Hemmung der Feststellungsfrist gem. § 171 Abs. 4 AO gegenüber allen Feststellungsbeteiligten, auch 76 wenn diese von der Außenprüfung keine Kenntnis haben (BFH v. 16.06.2015, IX R 51/14, BStBl II 2016, 13).

77 Durch eine Außenprüfung bei einem zum Steuerabzug Verpflichteten, wird der Ablauf der Festsetzungsfrist gegenüber den Schuldnern der **Abzugsteuer** nicht gehemmt. So wird durch eine **LSt-Außenprüfung beim Arbeitgeber** die Festsetzungsfrist bezüglich des Einkommensteueranspruchs gegenüber dem Arbeitnehmer nicht berührt (BFH v. 15.12.1989, VI R 151/86, BStBl II 1990, 526; BFH v. 09.03.1990, VI R 87/89, BStBl II 1990, 608). Beachte aber § 171 Abs. 15 AO (s. Rz. 118)

78 Ebenso wenig wird durch eine Außenprüfung bei einer **GmbH** die Verjährung der ESt des oder der Gesellschafter gehemmt, auch soweit die ESt auf einer vGA beruht (BFH v. 24.04.1979, VIII R 64/77, BStBl II 1979, 744).

79 Nach **§ 32a Abs. 1 Satz 2 KStG**, der innerhalb seines Anwendungsbereichs als **lex specialis** den Regelungen des § 171 AO vorgeht, endet hinsichtlich des Steuerbescheids der Gesellschafter nicht vor Ablauf eines Jahres nach der Unanfechtbarkeit des Bescheids der Körperschaft, der die vGA berücksichtigt. Das bedeutet, dass im Anwendungsbereich des § 32a Abs. 1 Satz 2 KStG die Ablaufhemmung für die ESt-Festsetzung im Zusammenhang mit der Berücksichtigung der vGA so lange besteht, solange über diese vGA in einem KSt-Bescheid nicht bestandskräftig entschieden worden ist (BFH v. 16.12.2014, VIII R 30/12, BStBl. II 2015, 858). Dies gilt gem. § 32a Abs. 2 Satz 2 KStG für den umgekehrten Fall bei der Berücksichtigung einer verdeckten Einlage (*Bartone* in Bartone/von Wedelstädt, Rz. 1781). Durch § 32a Abs. 1 Satz 2 KStG wird vermieden, dass die Festsetzungsfrist bei der Kapitalgesellschaft infolge einer Außenprüfung nach § 171 Abs. 4 AO gehemmt ist, beim Gesellschafter hingegen zwischenzeitlich Festsetzungsverjährung eintritt. Die Korrekturmöglichkeit ist somit anwendbar, wenn aufgrund einer gegenwärtig laufenden oder einer zukünftigen Außenprüfung der Bescheid der Kapitalgesellschaft geändert wird. Dies gilt selbst dann, wenn die Festsetzungsfrist beim Anteilseigner bereits abgelaufen ist. § 32a KStG findet hingegen keine Anwendung auf bereits abgeschlossene Außenprüfung, bei denen sich Änderungsbescheide noch im Rechtsbehelfsverfahren befinden (*Trossen*, DStR 2006, 2295). Dem Wohnsitz-FA steht eine eigenständige Prüfungskompetenz hinsichtlich einer von einer Gesellschaft vorgenommenen verdeckten Gewinnausschüttung zu (*Pohl*, DStR 2007, 1336).

### 6. Dauer der Ablaufhemmung

80 Die Ablaufhemmung dauert **bis zur Unanfechtbarkeit** der aufgrund der Außenprüfung zu erlassenden Steuerbescheide (oder Feststellungs- und Messbetragsbescheide) bzw. bis zum Ablauf von drei Monaten nach der Bekanntgabe der in § 202 Abs. 1 Satz 3 AO vorgesehenen Mitteilung, dass die Außenprüfung zu keiner Änderung der Besteuerungsgrundlagen führt (§ 171 Abs. 4 Satz 2 AO). Bleibt die Finanzbehörde nach Abschluss der Außenprüfung untätig, ergeht also weder ein das Ergebnis der Außenprüfung auswertender Bescheid noch eine Mitteilung gem. § 202 Abs. 1 Satz 3 AO, so endet die Festsetzungsfrist gem. § 171 Abs. 4 Satz 3 AO spätestens, wenn seit Ablauf des Kalenderjahres, in dem die Außenprüfung abgeschlossen wurde, die für die Steuer einschlägige Festsetzungsfrist (§ 169 Abs. 2 AO) verstrichen ist. Dies bedeutet, dass die jeweils geltende Frist des § 169 Abs. 2 AO erneut läuft (*Drüen*, AO-StB 2001, 196). Dabei sind andere Vorschriften, die eine Ablaufhemmung anordnen, zu berücksichtigen (§ 171 Abs. 4 Satz 3 2. HS). So kann der Ablauf der Festsetzungsverjährung trotz Ablaufs der in § 171 Abs. 4 Satz 3 AO genannten Frist gehemmt sein, wenn ein anderer Tatbestand des § 171 AO einschlägig ist (vgl. BR-Drs. 140/84, 12). Für die Berechnung der in § 171 Abs. 4 Satz 3 AO genannten Frist kommt es auf den Zeitpunkt der letzten Ermittlungshandlungen (nur) an, wenn eine Schlussbesprechung nicht stattgefunden hat (BFH v. 20.10.2015, IV B 80/14, BFH/NV 2016, 168).

## VI. Zoll- und Steuerfahndung (§ 171 Abs. 5 AO)

§ 171 Abs. 5 Satz 1 AO ordnet eine Ablaufhemmung der Festsetzungsfrist an, wenn die Zollfahndungsämter oder die mit der Steuerfahndung betrauten Dienststellen der Landesfinanzbehörden (s. § 208 AO) vor Ablauf der Festsetzungsfrist beim Stpfl. mit Ermittlungen der Besteuerungsgrundlagen beginnen. Maßgebender Zeitpunkt für den Eintritt der Ablaufhemmung ist der – notwendig vor Ablauf der Festsetzungsfrist liegende – **tatsächliche Beginn der Ermittlungshandlungen** beim Stpfl. Bei Steuern, die eine GmbH betreffen, genügen Ermittlungen gegen den alleinigen GmbH-Gesellschafter (BFH v. 02.12.2013, III B 71/13). Einer förmlichen Anordnung bedarf es nicht (so auch BFH v. 08.11.1993, VI B 99/93, BFH/NV 94, 258). Knüpft die Steuerfahndungsstelle an eine bereits begonnene Außenprüfung an, so tritt im Übernahmezeitpunkt die Ablaufhemmung nach § 171 Abs. 5 AO als eigener Hemmungsgrund neben § 171 Abs. 4 AO (*Kruse* in Tipke/Kruse, § 171 AO Rz. 69). Für den Steuerpflichtigen muss klar und eindeutig erkennbar ist, in welchen konkreten Steuerangelegenheiten ermittelt wird (BFH v. 17.11.2015, VIII R 67/13, BStBl II 2016, 569). Wird der **Beginn der Ermittlungen auf Antrag des Stpfl. hinausgeschoben**, tritt im Gegensatz zu § 171 Abs. 4 AO keine Ablaufhemmung ein (*Kruse* in Tipke/Kruse, § 171 AO Rz. 70). Gem. § 171 Abs. 5 Satz 1 2. HS findet § 171 Abs. 4 Satz 2 AO sinngemäße Anwendung. Daraus folgt, dass der Fristablauf bei **Unterbrechung der begonnenen**

**Ermittlungen** nur gehemmt bleibt, wenn die Ermittlungen innerhalb von sechs Monaten wieder aufgenommen werden. Eine Ablaufhemmung tritt nicht ein, wenn der Akt, der zu den Ermittlungen geführt hat, auf **Anfechtung des Stpfl.** aufgehoben wird (*Kruse* in Tipke/Kruse, § 171 AO Rz. 70).

82 Nach § 171 Abs. 5 Satz 2 AO wird der Ablauf der Festsetzungsfrist auch dadurch gehemmt, dass dem Stpfl. vor Ablauf der Festsetzungsfrist die Einleitung des **Steuerstrafverfahrens** (§ 397 AO) oder des Bußgeldverfahrens wegen einer **Steuerordnungswidrigkeit** (§ 410 Abs. 1 Nr. 6 AO i. V. m. § 397 AO) bekannt gegeben wird, wobei sich der Zeitpunkt des Eintritts der Ablaufhemmung nicht nach dem Zugang dieser Mitteilung, sondern entsprechend § 169 Abs. 1 Satz 3 AO bestimmt. Die Festsetzungsfrist wird jedoch nach Selbstanzeige und nachfolgenden rein steuerstrafrechtlichen Ermittlungen nicht gehemmt, es sei denn, das Steuerstrafverfahren wurde wegen des Verdachts bestimmter, in der Einleitungsverfügung ausdrücklich genannter und dem Stpfl. bekannt gegebener Steuerstraftaten eingeleitet; dann ist der Ablauf der Festsetzungsfrist gem. § 171 Abs. 5 Satz 2 AO nur für diejenigen Steueransprüche gehemmt, wegen deren vermeintlicher Verletzung das Steuerstrafverfahren eingeleitet und dies dem Stpfl. bekannt gegeben wurde (AEAO zu § 171, Nr. 2 Abs. 4; BFH v. 08.07.2009, VIII R 5/07, BStBl II 2010, 583).

### 1. Umfang der Ablaufhemmung

83 Im Gegensatz zu § 171 Abs. 4 AO hemmen die Ermittlungen nicht den gesamten Steueranspruch, sondern nur die Sachverhaltsmerkmale, auf die sich die Ermittlungen tatsächlich beziehen (BFH v. 08.07.2009, VIII R 5/07, BStBl II 2010, 583 m. w. N.; BFH v. 17.11.2015, VIII R 68/13, BStBl II 2016, 571; AEAO zu § 171, Nr. 4). Folglich kann es insoweit zur **Teilverjährung** kommen. Der Umfang der Ablaufhemmung richtet sich im Übrigen nach dem sachlichen und persönlichen Umfang der Ermittlungshandlungen. Der Ablauf der Festsetzungsfrist wird nur insoweit gehemmt, als sich die tatsächlich durchgeführten Ermittlungen auf die Höhe der Steuer auswirken (BFH v. 14.04.1999, XI R 30/96, BStBl I 1999, 478; *Banniza* in HHSp, § 171 AO Rz. 146; *Kruse* in Tipke/Kruse, § 171 AO Rz. 72).

84 Wird der **Umfang einer Fahndungsprüfung nachträglich** auf zusätzliche Veranlagungszeiträume **erweitert**, so wird hierdurch der Ablauf der Festsetzungsfrist für diese Veranlagungszeiträume nur dann gehemmt, wenn der Stpfl. die Erweiterung bis zum Ablauf der Frist erkennen konnte (BFH v. 08.07.2009, VIII R 5/07, BStBl II 2010, 583). Hierzu gehört nicht, dass für ihn erkennbar war, auf welche Sachverhalte sich die zusätzlichen Ermittlungen erstrecken sollten (BFH v. 24.04.2002, I R 25/01, BStBl II 2002, 586).

### 2. Dauer der Ablaufhemmung

Die Ablaufhemmung, für die bereits die bloße Einleitung des Strafverfahrens ausreicht (s. Rz. 82), dauert bis zur **Unanfechtbarkeit** der aufgrund der Ermittlungen zu erlassenden Steuerbescheide. Auf eine Verurteilung des Stpfl. oder eine anderweitige Einstellung des Steuerstrafverfahrens kommt es danach nicht an. Auch hier bleiben Pro-forma-Ermittlungen ohne Auswirkung. Führen die Ermittlungen nicht zum Erlass von Festsetzungsbescheiden oder entsprechenden anderen Verwaltungsakten (z. B. Aufhebung von Vergütungsbescheiden), endet die Ablaufhemmung mit der diesbezüglichen abschließenden Behördenentscheidung, die zweckmäßigerweise dem Stpfl. mitzuteilen ist (§ 171 Abs. 5 Satz 1 2. Halbs. AO i. V. m. § 171 Abs. 4 Satz 2 AO; s. Rz. 80). § 171 Abs. 5 AO bestimmt keine Frist, innerhalb derer die Ermittlungsergebnisse durch den Erlass von Steuerbescheiden auszuwerten sind. Der Erlass eines Änderungsbescheids soll im Anschluss an eine Fahndungsprüfung demnach grds. ohne zeitliche Begrenzung zulässig sein (BFH 17.12.2015, V R 58/14, BStBl II 2016, 574; BFH v. 16.03.2016, V B 89/15, BFH/NV 2016, 993). Daher muss der Stpfl. auch nach über zehn Jahren der Unterbrechung einer Fahndungsprüfung eine Steuerfestsetzung hinnehmen (BFH v. 21.01.2015, VIII B 112/13, BFH/NV 2015, 800). Eine analoge Anwendung des § 171 Abs. 4 Satz 3 AO lehnt der BFH mangels Regelungslücke ab (z. B. BFH v. 15.03.2007, II R 5/04, BStBl II 2007, 472; BFH v. 24.04.2002 I R 25/01, BStBl II 2002, 586; BFH v. 12.10.2012, IX B 87/12, BFH/NV 2013, 179). Die zeitliche Reichweite der Ablaufhemmung nach § 171 Abs. 5 AO soll nur durch das Institut der Verwirkung begrenzt werden (BFH v. 24.04.2002, I R 25/01, BStBl II 2002, 586). Selbst eine Einstellung des Steuerstrafverfahrens nach § 385 Abs. 1 AO i. V. m. § 170 Abs. 2 StPO mangels Tatverdachts soll demnach die Ablaufhemmung nicht beenden (BFH v. 24.04.2002, I R 25/01, BStBl II 2002, 586). Erlässt das FA im letztgenannten Fall keine Steuerbescheide – wie sollte dies auch geschehen – gilt eine **»ewige« Ablaufhemmung** (*Kruse* in Tipke/Kruse, § 171 AO Rz. 73). Dies nimmt die Rspr. mit dem Argument in Kauf, dem Stpfl. erwachse ohne den Erlass von Änderungsbescheiden kein Nachteil, da die Ablaufhemmung »in der Regel ins Leere« gehe (BFH v. 24.04.2002, I R 25/01, BStBl II 2002, 586). Eine zeitliche Grenze für den Erlass von Änderungsbescheiden im Anschluss an Fahndungsmaßnahmen soll nur durch den Eintritt der Verwirkung gezogen werden (BFH v. 24.04.2002 I R 25/01, BStBl II 2002, 586; BFH v. 16.03.2016, V B 89/15, BFH/NV 2016, 993). Teile der Literatur folgen dieser Auffassung unkritisch (*Cöster* in König, § 171 AO Rz 112; *Paetsch* in Gosch, § 171 AO Rz. 122 f.; *Rüsken* in Klein, § 171 AO Rz. 82). Dem kann unter dem Aspekt, dass auch in diesen Fällen nach verlässlichen Parametern **Rechts-** 85

**frieden** eintreten können muss, und nicht nur aufgrund des »praktisch wenig wirksamen« Grundsatzes von Treu und Glauben (Verwirkung; so *Rüsken* in Klein, § 171 AO Rz. 82), nicht gefolgt werden – das gebietet das Rechtsstaatsprinzip (Art. 20 Abs. 3 GG), erst recht in den Fällen der Verfahrenseinstellung nach § 170 Abs. 2 StPO (zutr. daher *Kruse* in Tipke/Kruse, § 171 AO Rz. 72 f.; ebenso *Banniza* in HHSp, § 171 AO Rz. 153). Außerdem wird Folgendes verkannt: Haftet der Steuerschuldner in den hier betrachteten Fällen, ohne Steuerhinterzieher zu sein, und gehen diese Haftungsschulden auf einen Gesamtrechtsnachfolger über (z.B. nach § 20 Abs. 1 Nr. 1 UmwG), so setzt sich die unbegrenzte Ablaufhemmung gem. § 191 Abs. 3 Satz 4 AO bei diesem fort. Daher ist die Auffassung des BFH abzulehnen. Eine sachgerechte Lösung des Problems liegt in der analogen Anwendung des § 171 Abs. 4 Satz 3 AO (zutr. FG Ha v. 11.04.1997, V 26/91, EFG 1998, 263; *Kruse* in Tipke/Kruse, § 171 AO Rz. 73; *Söffing*, DStZ 2001, 739, m.w.N.; auch *Raub*, INF 2001, 393, 394; *Banniza* in HHSp, § 171 AO Rz. 153).

86 Die Ablaufhemmung nach **§ 171 Abs. 5 Satz 2 AO** gilt, ohne dass es hierbei auf den Zeitpunkt des Beginns der Ermittlung der Besteuerungsgrundlagen beim Stpfl. ankommt, bis zur Unanfechtbarkeit der durch die entsprechend zu qualifizierenden Pflichtwidrigkeiten veranlassten Festsetzungsbescheide an. Unanfechtbarkeit in diesem Sinne tritt zwar auch durch die Aufhebung eines wirksamen Bescheides ein, nicht jedoch durch die Aufhebung eines unwirksamen Bescheids. Ein solcher ist von vornherein nicht der Bestandskraft fähig (BFH v. 15.03.2007, II R 5/04, DStR 2007, 799). Die Ablaufhemmung entfällt nicht wegen Einstellung des Strafverfahrens (BFH v. 24.09.2001, IV B 132/00, BFH/NV 2002, 159; aber s. Rz. 85).

## VII. Sonstige Ermittlungshandlungen (§ 171 Abs. 6 AO)

87 Bei Stpfl., bei denen eine Außenprüfung im Geltungsbereich der AO nicht durchgeführt werden kann, reicht nach § 171 Abs. 6 AO für die Hemmung des Ablaufs der Festsetzungsfrist schon aus, dass die Behörde **irgendwelche Ermittlungshandlungen** i.S. des § 92 AO durchführt, sofern der Stpfl. vor Ablauf der Festsetzungsfrist auf den Beginn dieser Ermittlungen hingewiesen worden ist. Dabei ist nicht auf den Zugang dieses Hinweises, der ohnehin keinen Verwaltungsakt darstellt, abzustellen, sondern es gilt § 169 Abs. 1 Satz 3 AO entsprechend. Die Ablaufhemmung tritt im Gegensatz zu § 171 Abs. 4 und 5 AO auch dann ein, wenn die **Ermittlungen** nicht bei dem Stpfl. selber, sondern **bei einem Dritten** begonnen haben und dem Stpfl. dies mitgeteilt wurde. Der **Umfang** der Ablaufhemmung bestimmt sich nach dem Ziel der Ermittlungen. Die **Ablaufhemmung endet** mit der Unanfechtbarkeit der auf den Ermittlungen beruhenden Bescheide bzw. der endgültigen Feststellung, dass die Ermittlungen keine Auswirkungen haben werden.

## VIII. Hinterzogene und leichtfertig verkürzte Steuern (§ 171 Abs. 7 AO)

§ 171 Abs. 7 AO verknüpft die Ablaufhemmung mit der **strafrechtlichen Verfolgungsverjährung**. Die Vorschrift bewirkt, dass bei Steuerhinterziehung (§ 370 AO) oder bei leichtfertiger Steuerverkürzung (§ 378 AO) die Festsetzung des Anspruchs noch solange vorgenommen werden kann, als eine Verfolgung der Tat noch möglich ist. Im Übrigen tritt Teilverjährung ein. Die fünfjährige Verfolgungsverjährung für Steuerordnungswidrigkeiten § 384 AO) beginnt mit dem Erfolg der Handlung i.S. von § 31 Abs. 3 Satz 2 OWiG oder der Unterlassung (§ 8 OWiG (vgl. BFH v. 17.12.2015, V R 13/15, BFH/NV 2016, 534; BFH v. 18.12.2014, III R 13/14, BFH/NV 2015, 948; BFH v. 26.06.2014, III R 21/13, BStBl II 2015, 886; BFH v. 13.09.2017, III R 6/17, BFH/NV 2018, 403). Die Verfolgungsverjährung bei der Steuerhinterziehung richtet sich nach § 78 Abs. 3 StGB i.V.m. § 369 Abs. 2 AO. Unerheblich ist die Vollstreckungsverjährung. Die Ablaufhemmung endet daher mit dem Tod des Täters, da dieser nicht mehr bestraft werden kann (BFH v. 02.12.1977, III R 117/75, BStBl II 1978, 359). 88

Obwohl § 171 Abs. 7 AO nur auf § 169 Abs. 2 Satz 2 AO nicht aber auf Satz 3 verweist, ist § 171 Abs. 7 AO auch anwendbar, wenn die **Steuerhinterziehung oder -verkürzung durch einen Dritten** begangen wurde (*Kruse* in Tipke/Kruse, § 171 AO Rz. 76). 89

## IX. Vorläufige und ausgesetzte Steuerfestsetzung (§ 171 Abs. 8 AO)

Für die Fälle der Aussetzung der Steuerfestsetzung bzw. vorläufigen Steuerfestsetzung (§ 165 AO) sieht § 171 Abs. 8 AO eine Hemmung des Ablaufs der Festsetzungsfrist vor, um der Finanzbehörde ausreichend Zeit für die steuerlichen Folgerungen aus dem Wegfall der **Ungewissheit** zu sichern (BFH v. 10.11.2004, II R 24/03, BStBl II 2005, 182). Sie wird durch die wirksame Bekanntgabe der vorläufigen Steuerfestsetzung bzw. der Verfügung über die Aussetzung der Steuerfestsetzung ausgelöst, unabhängig davon, ob die Voraussetzungen des § 165 Abs. 1 Sätze 1 und 2 AO tatsächlich vorliegen. Sie wird nicht ausgelöst, wenn eine Steuer ohne Vorläufigkeitsvermerk festgesetzt wird, auch wenn das FA zur vorläufigen Steuerfestsetzung verpflichtet war (BFH v. 14.04.2011, VI B 143/10, BFH/NV 2011, 1289). Für die Beendigung der Ablaufhemmung ist maßgeblich, wann die Finanzbehörde von dem tatsächlichen Wegfall der Ungewissheit po- 90 sitiv Kenntnis hat (BFH v. 17.04.1996, II R 4/94, BFH/NV 1996, 929; FG Nbg, v. 07.04.2006, VII 55/2004, EFG 2006, 1138; FG Mchn v. 24.02.2006, 10 K 1961/04; EFG 2006, 1394). Ein »Kennenmüssen« von Tatsachen steht der Kenntnis nicht gleich (BFH v. 26.08.1992, II R 107/90, BStBl II 1993, 5). Die Ablaufhemmung endet in den Fällen des § 165 Abs. 1 Satz 1 AO (Ungewissheit über das Vorliegen der Entstehungsvoraussetzungen der Steuer) nicht vor Ablauf eines Jahres; in denen des § 165 Abs. 1 Satz 2 AO (verfassungs- oder europarechtliche Ungewissheit oder solche hinsichtlich DBA) mit Ablauf von zwei Jahren seit Kenntniserlangung der Finanzbehörde (AEAO zu § 171, Nr. 5 Abs. 1). Der Umfang der Ablaufhemmung bestimmt sich nach dem Umfang der Vorläufigkeit. Wegen des sachlichen Inhalts der zulässigen Änderungen bzw. Festsetzung, für die nach § 171 Abs. 8 AO der Ablauf der Festsetzungsfrist gehemmt wird, s. § 165 AO Rz. 25 ff.

## X. Erstattung einer Anzeige (§ 171 Abs. 9 AO)

91 § 171 Abs. 9 AO verschafft der Finanzbehörde eine Mindestfrist von einem Jahr für die Verwertung von Nacherklärungen bzw. sonstigen in § 153 AO geregelten Anzeigen sowie von sog. **Selbstanzeigen** bei Steuerhinterziehung bzw. leichtfertiger Steuerverkürzung (§§ 371, 378 Abs. 3 AO). Die Aufzählung der Anzeigen ist abschließend. Die **Jahresfrist beginnt** mit dem Ablauf des Tages, an dem die Anzeige bei der zuständigen Finanzbehörde eingeht (BFH v. 17.11.2015, VIII R 67/13, BStBl II 2016, 569; vgl. zu Anzeigen nach § 153 AO beim unzuständigen FA BFH v. 28.02.2008, VI R 62/06, BStBl II 2008, 595). In ihr muss die angezeigte Steuerverkürzung dem Grunde nach individualisiert werden können, der Stpfl. also Steuerart und Veranlagungszeitraum benennen und den Sachverhalt so schildern, dass der Gegenstand der Selbstanzeige erkennbar wird; sie muss daher nicht den Anforderungen des § 371 AO zur Erlangung der Straffreiheit genügen (BFH v. 21.04.2010, X R 1/08, BStBl II 2010, 771). Daher schließt eine Hemmung nach § 171 Abs. 9 AO eine weitere Hemmung nach § 171 Abs. 5 Satz 1 AO nicht aus, sofern deren Voraussetzungen vor Ablauf der ungehemmten Festsetzungsfrist verwirklicht wurden (BFH v. 17.11.2015, VIII R 68/13, BStBl II 2016, 571). Die Ablaufhemmung umfasst nur die Steueransprüche, die aufgrund der Anzeige festzusetzen sind. Der Fristablauf nach § 171 Abs. 9 AO schließt daher auch die Hemmung aus anderen Gründen nicht aus. Der Finanzbehörde ist es indessen nicht möglich, zwar innerhalb der Jahresfrist des § 171 Abs. 9 AO, aber nach Ablauf der regulären Festsetzungsfrist durch Ermittlung weiterer Sachverhalte oder Beginn einer Außenprüfung eine weitere Ablaufhemmung über § 171 Abs. 9 AO hinaus zu erreichen (BFH v. 08.07.2009, VIII R 5/07, BStBl II 2010, 583 m.w.N.; *Kruse* in Tipke/Kruse, § 171 AO Rz. 84). Nach seinem Wortlaut gilt § 171 Abs. 9 AO nicht für die Strafbefreiungserklärung nach dem StraBEG und für die Erstattung anderer gesetzlich vorgeschriebener Anzeigen wie z.B. nach den §§ 30, 33, 34 ErbStG, §§ 18, 19 GrEStG, §§ 137 ff. AO (*Banniza* in HHSp, § 171 AO Rz. 185 m.w.N.).

## XI. Grundlagenbescheide (§ 171 Abs. 10 AO)

### 1. Bedeutung der Vorschrift

§ 171 Abs. 10 AO gewährleistet, dass der Finanzbehörde für die Auswertung von Grundlagenbescheiden ausreichende Zeit zur Verfügung steht (BFH v. 05.10.2004, VII R 7/04, BStBl II 2006, 343). Nach Erlass, Änderung oder Aufhebung eines Grundlagenbescheids endet die Festsetzungsfrist für den Folgebescheid nicht vor Ablauf von zwei Jahren. Insoweit ergänzt § 171 Abs. 10 AO § 175 Abs. 1 Satz 1 Nr. 1 AO, wonach ein Steuerbescheid zu erlassen, aufzuheben oder zu ändern ist, soweit ein Grundlagenbescheid, dem Bindungswirkung für den Steuerbescheid zukommt, erlassen, aufgehoben oder geändert wird. Entsprechend gibt die Regelung auch dem Stpfl. einen zeitlichen Spielraum für die Beantragung einer ggf. versäumten Berücksichtigung von Grundlagenbescheiden. 92

Für die Ablaufhemmung kommt es nicht darauf an, ob der Grundlagenbescheid vor dem Folgebescheid ergangen ist. Vielmehr wird die Frist auch gehemmt, wenn der Folgebescheid nach§ 155 Abs. 2 AO vor dem Grundlagenbescheid ergangen ist (BFH v. 24.05.2006, I R 93/05, BStBl I 2007, 76). 93

### 2. Grundlagenbescheid

**Grundlagenbescheide** sind nach der Legaldefinition des § 171 Abs. 10 Satz 1 AO Feststellungsbescheide, Steuermessbescheide oder andere Verwaltungsakte, die für die Festsetzung einer Steuer bindend sind. Obwohl der Wortlaut des § 171 Abs. 10 AO eine Bindungswirkung für die »Steuer« verlangt, findet die Norm auch auf ein **zweistelliges Feststellungsverfahren** Anwendung, mit der Maßgabe, dass an die Stelle des Begriffs der »Festsetzung der Steuer« die »gesonderte Feststellung« tritt (BFH v. 09.08.2006, II R 24/05, BStBl II 2007, 87 m.w.N.). 94

Auch bei einem nach § 181 Abs. 5 AO ergehenden Grundlagenbescheid ist die Ablaufhemmung des § 171 Abs. 10 AO anwendbar. § 171 Abs. 10 AO bleibt lediglich außer Betracht, wenn es im Rahmen der Prüfung der Anwendbarkeit des § 181 Abs. 5 AO um die Frage geht, ob für den Folgebescheid die Festsetzungsverjährung schon eingetreten ist (s. Rz. 105; BFH v. 09.08.2006, II R 24/05, BStBl II 2007, 87). 95

96 Die **Bindungswirkung** des Grundlagenbescheides besteht darin, dass sie als selbstständig anfechtbare und eigener Bestandskraft fähige Verwaltungsakte über bestimmte Besteuerungsgrundlagen Vorentscheidungen treffen. Deswegen sind sie gegenüber den Folgebescheiden inhaltlich vorrangig. Die Bindungswirkung muss gesetzlich angeordnet sein (BFH v. 11.04.2005, GrS 2/02, BStBl II 2005, 679). Sie erstreckt sich nur auf die im **Tenor des Grundlagenbescheids** getroffenen Feststellungen. Nicht von der Bindungswirkung erfasst sind hingegen die diesen Feststellungen zugrunde liegenden Besteuerungsgrundlagen (BFH. v. 22.02.2006, I R 67/05, BStBl II 2008, 312; *Cöster* in Koenig, § 171 AO, Rz. 148). Erfasst werden unter anderem auch negative Feststellungsbescheide (BFH v. 24.05.2006, I R 93/05, BStBl II 2007, 76), Zerlegungsbescheide (§ 188 AO), Zuteilungsbescheide (§ 190 AO), der Verlustfeststellungsbescheid nach § 10d Abs. 4 EStG und nach § 10a GewStG (BFH v. 05.11.2015, III R 12/13, BStBl II 2016, 420), der Feststellungsbescheid über die Hinzurechenbarkeit eines ausländischen Betriebstättengewinns (BFH v. 09.06.1999, I R 40/98, BFH/NV 1999, 168), Feststellungsbescheide nach § 17 Abs. 3 Satz 1 Nr. 2 GrEStG für den Bescheid über die Feststellung des Grundbesitzwerts und für den GrESt-Bescheid (BFH v. 15.03.2017, II R 36/15, BStBl II 2017, 1215). Der Bescheid über die abweichende Steuerfestsetzung aus Billigkeitsgründen (§ 163 AO) ist Grundlagenbescheid für die Steuerfestsetzung (BFH v. 21.07.2016, X R 11/14, BStBl II 2017, 22; s. § 163 AO Rz. 24).

Werden die **Feststellungen** in einem Grundlagenbescheid im Feststellungs-, Einspruchs- oder Klageverfahren **geändert**, entfaltet dies Bindungswirkung und löst die Anpassungspflicht nach § 175 Abs. 1 Satz 1 Nr. 1 AO und damit die Ablaufhemmung nach § 171 Abs. 10 Satz 1 AO aus (BFH v. 19.01.2005, X R 14/04, BStBl II 2005, 242 m. w. N.; ausführlich *von Wedelstädt* in Gosch, § 175 AO Rz. 13 f. m. w. N.). Die bloße Aufhebung des Vorbehalts der Nachprüfung ohne Änderung der festgestellten Besteuerungsgrundlagen ändert den Grundlagenbescheid inhaltlich und löst die Ablaufhemmung aus (AEAO zu § 171, Nr. 6.3). Dies ist **nicht der Fall** bei einem Grundlagenbescheid, der einen gleichartigen, dem Inhaltsadressaten wirksam bekannt gegebenen Grundlagenbescheid in seinem verbindlichen Regelungsgehalt nur wiederholt (BFH v. 13.12.2000, X R 42/96, BStBl II 2001, 471; BFH v. 19.01.2005, X R 14/04, BStBl II 2005, 242; AEAO zu § 171, Nr. 6.2), bei einer Einspruchs- oder Gerichtsentscheidung, durch die der angefochtene Grundlagenbescheid bestätigt wird (BFH v. 30.11.1999, IX R 41/97, BStBl II 2000, 173), oder bei der Rücknahme eines Einspruchs oder einer Klage gegen einen Grundlagenbescheid.

97 Der Grundlagenbescheid muss **nicht notwendigerweise** ein **von einer Finanzbehörde erlassener** Verwaltungsakt sein, er kann auch ressortfremd sein, wie ausdrücklich aus § 171 Abs. 10 Satz 2 AO folgt (vgl. *von Wedelstädt*, AO-StB 2014, 150). So ist z. B. die Anerkennung nach §§ 83, 93 Abs. 2 WoBauG ein Grundlagenbescheid i. S. von § 171 Abs. 10 AO (BFH v. 27.06.1990, II R 8/88, BFH/NV 1991, 555), ebenso die Feststellung des Versorgungsamtes gem. § 3 Abs. 1 SchwbG (BFH v. 13.12.1985, III R 204/81, BStBl II 1986, 245), Zulagenbescheide anderer Behörden (BFH v. 28.05.2003, III B 87/02, BFH/NV 2003, 1218), Bescheinigungen der Gemeindebehörde nach InvZulG, soweit darin planungsrechtliche Feststellungen getroffen werden (BFH v. 28.05.2003, III B 87/02, BFH/NV 2003, 1218), baurechtliche Bescheinigungen der Verbandsgemeinde (BFH v. 04.05.2004, XI R 38/01, BStBl II 2005, 171) und Feststellungen der Kfz-Zulassungsbehörde zu Schadstoffemissionen (BFH v. 17.10.2006, VII R 13/06, BStBl II 2007, 134) sowie hinsichtlich der Fahrzeugklassen und Aufbauarten (für Fahrzeuge, die nach dem 12.12.2012 zugelassen worden sind, § 2 Abs. 2 Nr. 2 KraftStG; FG SAnh v. 04.12.2013, 5 K 510/10, EFG 2014, 788 [NZB BFH II B 25/14]), desgleichen Bescheinigungen nach § 7h Abs. 2 EStG und § 7i Abs. 2 EStG (z. B. BFH v. 10.10.2017, X R 6/16, BStBl II 2018, 272; vgl. z. B. auch *Bartone* in Korn, § 7h EStG Rz. 17.2 ff. und § 7i EStG Rz. 15.1 ff.). Ressortfremde Grundlagenbescheide lösen die Ablaufhemmung des § 171 Abs. 10 AO nach der bisherigen BFH-Rspr. aber nur aus, wenn sie vor Ablauf der Festsetzungsfrist für die Steuer, für die der Grundlagenbescheid bindend ist, bekannt gegeben werden (BFH v. 21.02.2013, V R 27/11, BStBl II 2013, 529; *von Wedelstädt*, AO-StB 2014, 150). Demgegenüber ordnet § 171 Abs. 10 Satz 3 AO nunmehr an, dass die Ablaufhemmung nach § 171 Abs. 10 Satz 1 AO bei Grundlagenbescheiden, für die § 181 AO nicht gilt, nur eingreift, wenn dieser Grundlagenbescheid bei der zuständigen Behörde vor Ablauf der Festsetzungsfrist beantragt wurde. Maßgeblich ist die für den betreffenden Steuerbescheid geltende Festsetzungsfrist. Die Vorschrift des § 171 Abs. 10 Satz 3 AO erfasst alle ressortfremden Grundlagenbescheide.

**Keine Grundlagenbescheide** sind z. B. der ESt- bzw. KSt-Bescheid im Verhältnis zum GewSt-Messbescheid 98
(st. Rspr., z. B. BFH v. 30.08.2012, X B 27/11, BFH/NV 2013, 180; BFH v. 05.02.2014X S 49, 56/13, BFH/NV 2014, 728) und umgekehrt, der Steuerbescheid im Verhältnis zum Haftungsbescheid. Dies gilt auch für den auf der Erfassung einer vGA (§ 8 Abs. 3 Satz 2 KStG) beruhenden KSt-Bescheid einerseits und den ESt-Bescheid andererseits, der auf der Ebene des Anteilseigners für die vGA Kapitaleinkünfte i. S. von § 20 Abs. 1 Nr. 1 Satz 2 EStG bzw. § 8b Abs. 1 KStG in die Steuerfestsetzung einbezieht (BFH v. 31.08.2016, I B 146/15, BFH/NV 2016, 1756; vgl. die ausführliche Auflistung von Grundlagenbescheiden z. B. bei *Kruse* in Tipke/Kruse, § 171 AO Rz. 91 f.; *Bartone* in Bartone/von Wedelstädt,

Rz. 1308 ff., 1751; *von Wedelstädt* in Gosch, § 175 AO Rz. 5.1 ff.).

### 3. Umfang der Ablaufhemmung

99 Der Umfang der durch § 171 Abs. 10 AO veranlassten **Ablaufhemmung** richtet sich nach der Bindungswirkung des Grundlagenbescheides (s. Rz. 96; BFH v. 12.08.1987, II R 202/84, BStBl II 1988, 318; BFH v. 13.12.2000, X R 42/96, BStBl II 2001, 471; BFH v. 14.07.2008, VIII B 176/07, BStBl II 2009, 117). Eine weitergehende Änderung aufgrund des Erlasses, der Änderung oder der Aufhebung des Grundlagenbescheides ist nicht zulässig. Die Ablaufhemmung wird betragsmäßig auf denjenigen Steuerbetrag beschränkt, für den die Besteuerungsgrundlagen durch den Grundlagenbescheid abweichend von § 157 Abs. 2 AO gesondert festgestellt werden (BFH v. 12.08.1987, II R 202/84, BStBl II 1988, 318).

100 Die mit der **Anfechtung des Grundlagenbescheids** eintretende Hemmung der Feststellungsfrist (§ 181 Abs. 1 AO, § 171 Abs. 3a AO) schlägt auf die Festsetzungsfrist für die Folgesteuer nur insoweit durch, als für die erneute (oder erstmalige) Anpassung des Folgebescheids zwei Jahre nach Bekanntgabe eines Abhilfebescheids bzw. nach Rechtskraft eines den Grundlagenbescheid ändernden Urteils verbleiben. Jedoch führt die Anfechtung des Grundlagenbescheides nicht zur Hemmung der Festsetzungsfrist des Folgebescheides (BFH v. 19.01.2005, X R 14/04, BStBl II 2005, 242). Einer weiteren Änderung des Folgebescheids als Folge des unzutreffend ausgewerteten Grundlagenbescheids steht keine Teilverjährung im Umfang der Bindungswirkung der zunächst nicht richtig ausgewerteten Grundlagenbescheide entgegen, da § 171 Abs. 10 AO zur Folge hat, dass der Ablauf der Festsetzungsfrist für die Folgesteuer insoweit gehemmt ist, da die Folgesteuer auf einem Grundlagenbescheid beruht oder beruhen kann (BFH v. 14.07.2008, VIII B 176/07, BStBl II 2009, 117).

101 Die **Vollziehung** eines bereits erlassenen **Folgebescheids** muss von Amts wegen ausgesetzt werden. Einer Anfechtung des Folgebescheides bedarf es nicht (*Kruse* in Tipke/Kruse, § 171 AO Rz. 97).

102 Wegen der sinngemäßen Geltung im Gewerbesteuermessbetragsverfahren vgl. § 35b GewStG (*von Wedelstädt* in Bartone/von Wedelstädt, Rz. 1801 ff.).

### 4. Dauer der Ablaufhemmung

103 § 171 Abs. 10 Satz 1 AO ordnet an, dass die Finanzbehörde innerhalb von zwei Jahren nach Bekanntgabe des Grundlagenbescheides den Folgebescheid ändern muss (§ 361 Abs. 1 Satz 2, Abs. 3 Satz 2 AO; ebenso *Banniza* in HHSp, § 171 AO Rz. 218; *Kruse* in Tipke/Kruse, § 171 AO Rz. 96; zur »Folgeaussetzung« s. § 361 Abs. 3 Satz 1 AO, § 69 Abs. 2 Satz 3 FGO). Für den **Fristbeginn** ist nach dem Wortlaut des § 171 Abs. 10 Satz 1 AO maßgebend die Bekanntgabe des Grundlagenbescheids (§ 122 AO) an den/die Adressaten; der Fristbeginn setzt nicht voraus, dass der Grundlagenbescheid unanfechtbar geworden ist (BFH v. 19.01.2005, X R 14/04, BStBl II 2005, 242; BFH v. 27.11.2013, II R 57/11, BFH/NV 2014, 596; *Paetsch* in Gosch, § 171 AO Rz. 173; *Banniza* in HHSp, § 171 AO Rz. 221). Voraussetzung ist jedoch ein **wirksamer Grundlagenbescheid.** Stellt die Finanzbehörde durch Verwaltungsakt die Nichtigkeit eines Grundlagenbescheids fest (§ 125 Abs. 5 AO), ist der Folgebescheid gem. § 175 Abs. 1 Satz 1 Nr. 1 AO zu ändern. Zugleich bewirkt die Nichtigkeitsfeststellung die Hemmung des Ablaufs der Festsetzungsfrist für den Folgebescheid nach § 171 Abs. 10 AO (BFH v. 20.08.2014, X R 15/10, BStBl II 2015, 109). Ist die Rechtmäßigkeit des Grundlagenbescheids Gegenstand eines finanzgerichtlichen Verfahrens und wird er durch das Gericht aufgehoben oder geändert, wird dies nicht schon mit Bekanntgabe, sondern erst mit Rechtskraft des Urteils wirksam. Erst zu diesem Zeitpunkt beginnt die Zweijahresfrist (s. § 151 Abs. 2 Nr. 1 FGO; gl. A. *Banniza* in HHSp, § 171 AO Rz. 223; *Kruse* in Tipke/Kruse, § 171 AO Rz. 98; ebenso allgemein zu Änderungsbescheiden: *Söhn*, DStZ 2002, 811, 812). Bei Bekanntgabe an mehrere Adressaten ist jeweils der Zeitpunkt maßgebend, zu dem der Grundlagenbescheid dem einzelnen Adressaten bekannt gegeben worden ist (BFH v. 27.04.1993, VIII R 27/92, BStBl II 1994, 3).

Die Finanzbehörde kann nach § 171 Abs. 10 Satz 4 AO die Auswertung von Grundlagenbescheiden noch über den Zweijahreszeitraum hinaus zurückstellen, wenn wegen eines anderen Teils des Steueranspruchs die Festsetzungsfrist wegen einer **Außenprüfung** nach § 171 Abs. 4 AO gehemmt ist. Hierdurch wird der Finanzbehörde ermöglicht, die Änderung des Folgebescheides nach § 175 Abs. 1 Nr. 1 AO zugleich mit der Auswertung der Feststellungen der Außenprüfung vornehmen zu können (*Cöster* in Koenig, § 171 AO Rz. 157). § 171 Abs. 10 Satz 4 AO verhindert, dass für den vom Grundlagenbescheid erfassten Teil der Folgesteuer Teilverjährung eintritt. Voraussetzung hierfür ist, dass nach Ablauf der zweijährigen Frist die Festsetzungsfrist hinsichtlich des vom Grundlagenbescheid nicht erfassten Teils der Folgesteuer noch nach § 171 Abs. 4 AO gehemmt ist. 104

§ 171 Abs. 10 Satz 1 AO bewirkt eine **Ablaufhemmung** für die Festsetzung der Folgesteuer, **soweit und solange** in offener Feststellungsfrist ein **Grundlagenbescheid**, der für die Festsetzung der Folgesteuer bindend ist, **noch zulässig ergehen kann** (BFH v. 27.11.2013, II R 57/11, BFH/NV 2014, 596). Die Ablaufhemmung nach § 171 Abs. 10 AO tritt daher auch dann ein, wenn die ursprüngliche Festsetzungsfrist für den Folgebescheid – bei Außerachtlassung des noch offenen Verfahrens über den Grundlagenbescheid – bei Ergehen des Grundlagenbescheids bereits abgelaufen gewesen wäre (BFH 105

v. 27.01.2016, X R 53/14, BFH/NV 2016, 889). Ein nach Ablauf der Feststellungsfrist ergangener Grundlagenbescheid kann somit nur hinsichtlich der Folgebescheide, für die die Festsetzungsfrist im Zeitpunkt der gesonderten Feststellung noch nicht abgelaufen ist, verjährungshemmende Wirkung entfalten (BFH v. 30.11.1999, IX R 41/97, BStBl II 2000, 173; *Kruse* in Tipke/Kruse, § 171 AO Rz. 88; *Paetsch* in Gosch, § 171 AO Rz. 169). Eine abweichende Auffassung vertritt der BFH in einem anderen Urteil (BFH v. 19.01.2005, X R 14/04, BStBl II 2005, 242), wonach die Anfechtung eines Grundlagenbescheids mit Einspruch oder Klage nicht dazu führt, dass die für die Festsetzung der Folgesteuern maßgebender Festsetzungsfrist bis zur Unanfechtbarkeit des Feststellungsbescheids gehemmt wird. Die Zulässigkeit des Erlasses eines solchen gesonderten Feststellungsbescheides richtet sich allein nach § 181 Abs. 5 AO. § 171 Abs. 10 AO bleibt insoweit außer Betracht (s. Rz. 96; § 181 Abs. 5 Satz 1, letzter HS AO).

**105a** Wird von dem betroffenen Stpfl. vor Ablauf der zweijährigen Auswertungsfrist ein **Antrag auf Änderung des Folgebescheids** gestellt, führt dies zu einer (weiteren) Ablaufhemmung in Bezug auf den Folgebescheid nach § 171 Abs. 3 AO (BFH v. 27.11.2013, II R 57/11, BFH/NV 2014, 596). Aus dem Antrag muss auch hinreichend konkret hervorgehen, inwieweit der Stpfl. die Änderung des Folgebescheids begehrt (BFH v. 14.01.1998, X R 84/95, BStBl II 1999, 203; BFH v. 27.11.2013, II R 57/11, BFH/NV 2014, 596; *Banniza* in HHSp, § 171 AO Rz. 39; *Kruse* in Tipke/Kruse, § 171 AO Rz. 8; *Paetsch* in Gosch, § 171 AO Rz. 36). Dass die Änderung eines (Folge-)Bescheids nach Eintritt der Festsetzungsverjährung unzulässig ist, wenn das FA seiner Anpassungspflicht aus § 175 Abs. 1 Satz 1 Nr. 1 AO nicht rechtzeitig nachgekommen ist und der Stpfl. seinerseits keinen rechtzeitigen Antrag i. S. des § 171 Abs. 3 AO gestellt hat, ist verfassungsrechtlich unbedenklich (BFH v. 27.11.2013, II R 57/11, BFH/NV 2014, 596; BFH v. 27.11.2013, II R 58/11, BFH/NV 2014, 662).

## XII. Datenübermittlung gem. § 93c AO (§ 171 Abs. 10a AO)

**105b** Soweit Daten eines Stpfl. i. S. des § 93c AO (dazu s. § 93c AO Rz. 1 ff.) innerhalb von sieben Kalenderjahren nach dem Besteuerungszeitraum oder dem Besteuerungszeitpunkt den Finanzbehörden zugegangen sind, endet die Festsetzungsfrist nicht vor Ablauf von zwei Jahren nach Zugang dieser Daten. Die Vorschrift wurde im Zusammenhang mit der Einführung des § 93c AO neu eingeführt und wird ergänzt durch § 175b AO (dazu s. § 175b AO Rz. 1). Aus §§ 171 Abs. 10, 175b AO folgt, dass die Übermittlung der Daten gesetzgebungstechnisch wie ein Grundlagenbescheid behandelt wird. Der Beginn der Siebenjahresfrist setzt indessen keine tatsächliche Übermittlung der von § 93c AO erfassten Daten voraus, vielmehr **genügt die rechtliche Möglichkeit der Übermittlung** (*Paetsch* in Gosch, § 171 AO Rz. 178.2). Entsprechend dem durch § 175b AO begrenzten Änderungsumfang, greift die Ablaufhemmung **nur punktuell**, und zwar in dem Umfang, in dem sich die Daten auf die Steuerfestsetzung auswirken (*Paetsch* in Gosch, § 171 AO Rz. 178.4), sodass nicht die Festsetzungsfrist für die gesamte Steuerfestsetzung gehemmt ist.

Die zweijährige Auswertungsfrist des § 171 Abs. 10a AO setzt voraus, dass die Übermittlung der Daten des Stpfl. i. S. von § 93c AO innerhalb von sieben Jahren nach Ablauf des für die Steuerfestsetzung maßgeblichen Besteuerungszeitraums oder des Besteuerungszeitpunkts tatsächlich erfolgt. Mit Ablauf dieser sieben Jahre tritt Festsetzungsverjährung ein, sodass eine Berücksichtigung der Daten bei der Steuerfestsetzung oder deren Änderung nach § 175b AO nicht mehr möglich ist (*Paetsch* in Gosch, § 171 AO Rz. 178.3). Die Siebenjahresfrist des § 171 Abs. 10a AO entspricht der in § 93c Abs. 1 Nr. 4 AO geregelten Frist zur Aufbewahrung der Aufzeichnungen über die Datenübermittlung durch den Dritten (*Paetsch* in Gosch, § 171 AO Rz. 178.3). Somit beträgt die **Ablaufhemmung** nach § 171 Abs. 10a AO **im Ergebnis neun Jahre** (krit. zu dieser langen Ablaufhemmung *Paetsch* in Gosch, § 171 AO Rz. 178.6). **105c**

## XIII. Geschäftsunfähige, beschränkt geschäftsfähige Personen und Betreuung (§ 171 Abs. 11 AO)

§ 171 Abs. 11 AO soll die Steuerfestsetzung gegenüber geschäftsunfähigen, beschränkt geschäftsfähigen und betreuten Personen sicherstellen. Zu den Begriffen der **Geschäftsunfähigkeit** und der **beschränkten Geschäftsfähigkeit** s. § 79 AO Rz. 2 ff. Die Norm übernimmt unter Berücksichtigung der besonderen Regelung des § 79 AO die in § 210 BGB angeordnete Ablaufhemmung. § 171 Abs. 11 AO erfasst sowohl die Festsetzung der Ansprüche des Steuergläubigers als auch die Festsetzung der Erstattungs- und Vergütungsansprüche des Stpfl. **106**

§ 171 Abs. 11 AO findet nicht nur auf natürliche Personen **Anwendung**. Auch juristische Personen können geschäftsunfähig sein, wenn sie keine gesetzlichen Vertretungsorgane haben (*Kruse* in Tipke/Kruse, § 171 AO Rz. 99, *Paetsch* in Gosch, § 171 AO Rz. 181; *Rüsken* in Klein, § 171 AO Rz. 110; a. A.: *Banniza* in HHSp, § 171 AO Rz. 227; *Cöster* in Koenig, § 171 AO Rz. 160; *Frotscher* in Schwarz/Pahlke, § 171 AO Rz. 84). **107**

Die Ablaufhemmung des **§ 171 Abs. 11 Satz 1 AO** tritt ein, wenn die geschäftsunfähige oder beschränkt geschäftsfähige Person ohne gesetzlichen Vertreter ist. Es muss sich um eine Verhinderung aus Rechtsgründen handeln, was z. B. anzunehmen ist, wenn der Vertreter **108** aus Rechtsgründen von der Vertretung ausgeschlossen ist oder selber geschäftsunfähig wird. Die beschränkte Geschäftsfähigkeit des Vertreters löst die Ablaufhemmung des § 171 Abs. 11 Satz 1 AO hingegen noch nicht aus (§ 165 BGB). Auch eine tatsächliche Verhinderung infolge von Ortsabwesenheit oder Krankheit genügt nicht (*Kruse* in Tipke/Kruse, § 171 AO Rz. 100).

109 Bei Betreuung des Stpfl. nach §§ 1896 ff. BGB tritt die Ablaufhemmung nach **§ 171 Abs. 10 Satz 2 AO** nur ein, soweit ein Einwilligungsvorbehalt des Betreuers (§ 1903 BGB) angeordnet wurde. In den übrigen Fällen besteht die Handlungsfähigkeit des Stpfl. fort, sodass es einer Ablaufhemmung nicht bedarf.

110 Die Dauer der fehlenden Vertretung ist für die **Dauer der Ablaufhemmung** ohne Bedeutung. Die Ablaufhemmung nach § 171 Abs. 11 AO endet sechs Monate nach Wegfall des Hemmungsgrundes. Der Hemmungsgrund fällt z. B. weg, wenn die geschäftsunfähige Person geschäftsfähig wird, ein gesetzlicher Vertreter bestellt wird oder das rechtliche Vertretungshindernis wegfällt.

## XIV. Nachlasssachen (§ 171 Abs. 12 AO)

111 § 171 Abs. 12 AO entspricht der Regelung des § 211 BGB und soll Steuern sichern, die sich gegen den Nachlass richten. Gegen den Nachlass richten sich Steuern, wenn sie in der Person des Erblassers entstanden sind und sich nun gegen die Erben richten oder von ihnen geltend gemacht werden (**Erblasserschulden**). § 171 Abs. 12 AO sichert somit nicht nur Ansprüche des Steuergläubigers, sondern auch Erstattungs- und Vergütungsansprüche des Stpfl.

112 Neben den Erblasserschulden werden auch **Erbfallschulden** von § 171 Abs. 12 AO erfasst. Darunter fallen alle den Erben treffende Verbindlichkeiten wie solche aus Pflichtteilsrechten (§§ 2303 ff. BGB), Vermächtnissen (§ 2147 BGB) und Auflagen (§§ 2192 ff. BGB) sowie die ErbSt (§§ 9 Abs. 1 Nr. 1, 20 Abs. 3 ErbStG).

113 Kann die Steuer vor Ablauf der Festsetzungsfrist nicht festgesetzt werden, weil die Erben die Erbschaft nicht angenommen haben (§ 1943 BGB), das Nachlassinsolvenzverfahren nach §§ 315 ff. InsO noch nicht eröffnet worden ist oder die Erben nicht durch einen legitimierten Vertreter vertreten sind, wird der Ablauf der Festsetzungsfrist nach § 171 Abs. 12 AO gehemmt. Die **Ablaufhemmung endet** nicht vor Ablauf von sechs Monaten mit Annahme der Erbschaft, der Eröffnung des Nachlassinsolvenzverfahrens oder mit der Bestellung eines legitimierten Vertreters.

## XV. Insolvenzverfahren (§ 171 Abs. 13 AO)

§ 171 Abs. 13 AO enthält eine besondere Ablaufhemmung für Steuern, die vor Ablauf der Festsetzungsfrist im **Insolvenzverfahren** als Insolvenzforderungen (§ 38 InsO) geltend gemacht werden. Während des Insolvenzverfahrens dürfen keine Steuerbescheide erlassen (BFH v. 13.05.2009, XI R 63/07, BStBl II 2010, 11) oder geändert werden (BFH v. 07.03.1968, IV R 278/66, BStBl II 1968, 496). Durch § 171 Abs. 13 AO verbleibt der Finanzbehörde eine kurze Zeitspanne, um nach Beendigung des Insolvenzverfahrens einen Steuerbescheid gegen den Stpfl. zu erlassen oder nach Maßgabe der allgemeinen Korrekturnormen ändern (vgl. hierzu z. B. *Bartone*, AO-StB 2008, 132; *von Wedelstädt* in Bartone/von Wedelstädt, Rz. 115 ff.). 114

Da gem. § 251 Abs. 2 Satz 1 AO die Vorschriften der InsO unberührt bleiben, müssen Steuerforderungen – sofern es sich um **Insolvenzforderungen** handelt (§ 38 InsO) – in der Insolvenz des Stpfl. zur Insolvenztabelle (§§ 174 ff. InsO) angemeldet werden (z. B. BFH v. 07.03.2006, VII R 11/05, BStBl II 2006, 573; s. § 251 AO Rz. 12 ff.). Nach Aufhebung des Insolvenzverfahrens können nach dem Grundsatz der unbeschränkten Nachforderung (§ 201 Abs. 1 InsO) grds. nicht befriedigte vormalige Insolvenzforderungen geltend gemacht werden. Dies erlaubt es der Finanzbehörde, Steuerbescheide zu erlassen oder zu ändern (*Drüen* in Tipke/Kruse, § 171 AO Rz. 103; *Loose* in Tipke/Kruse, § 251 AO Rz. 107; *Bartone*, AO-StB 2008, 132; *von Wedelstädt* in Bartone/von Wedelstädt, Rz. 116, 118). Dieser Grundsatz wird z. B. durch einen rechtskräftig bestätigten Insolvenzplan (§ 258 Abs. 1 InsO) eingeschränkt (zu weitgehend BFH v. 22.10.2014, I R 39/13, BStBl II 2015, 577). Soweit die Finanzbehörde nach diesen Grundsätzen Steuerbescheide erlassen oder ändern darf, hemmt § 171 Abs. 13 AO den Ablauf der Festsetzungsfrist um drei Monate nach Beendigung des Insolvenzverfahrens. Legt der Stpfl. gegen den nach Beendigung des Insolvenzverfahrens erlassenen Steuerbescheid Einspruch ein, greift die Ablaufhemmung nach § 171 Abs. 3a AO ein. 115

## XVI. Korrespondierender Erstattungsanspruch (§ 171 Abs. 14 AO)

§ 171 Abs. 14 AO verhindert den Ablauf der Festsetzungsfrist für einen Steueranspruch, solange und soweit ein damit zusammenhängender **Erstattungsanspruch** nach § 37 Abs. 2 AO noch nicht i. S. des § 228 AO verjährt ist. Die **Ablaufhemmung** tritt in Höhe des noch nicht verjährten Erstattungsanspruchs ein (BFH v. 13.03.2001, VIII R 37/00, BStBl II 2001, 430 a. E.; *Banniza* in HHSp, § 171 AO Rz. 244 m. w. N.; *Drüen* in Tipke/Kruse, § 171 AO Rz. 106). Die Vorschrift versetzt die Finanzbehörde in 116 die Lage, eine nachträglich als unwirksam erkannte Steuerfestsetzung nachzuholen. Der beabsichtigte Regelungsbereich erfasst insbes. den Fall der unwirksamen Steuerfestsetzung aufgrund eines **Bekanntgabefehlers**. Durch § 171 Abs. 14 AO wird dem auf rechtsgrundlose Zahlung gestützten Erstattungsanspruch des Betroffenen begegnet, was nach Auffassung des BFH verfassungsrechtlich unbedenklich ist (BFH v. 13.03.2001, VIII R 37/00, BStBl II 2001, 430; Verfassungsbeschwerde nicht zur Entscheidung angenommen durch BVerfG v. 18.02.2003, 2 BvR 1114/01, HFR 2003, 718; a. A. *Koops/Scharfenberg*, DStR 1995, 552).

**117** Voraussetzung für die Ablaufhemmung ist **Personenidentität** zwischen dem Erstattungsgläubiger und dem Adressat der Steuerfestsetzung. Wegen **Beginn**, **Dauer** und **Unterbrechung** der **Zahlungsverjährung** s. §§ 228, 229, 231 AO und die dortigen Erläuterungen.

**117a** Der mit einem Folgebescheid zusammenhängende Erstattungsanspruch führt nicht dazu, dass auch der Ablauf der Festsetzungsfrist für den **Grundlagenbescheid** (dazu s. Rz. 94 ff.) gem. § 171 Abs. 14 AO gehemmt wäre, denn mit den dort festgestellten Besteuerungsgrundlagen kann kein Erstattungsanspruch zusammenhängen. Daher ist § 171 Abs. 14 AO z. B. auf den GewSt-Messbescheid als Grundlagenbescheid weder unmittelbar noch sinngemäß anwendbar, sondern allein auf der Stufe der GewSt als Folgesteuer einschlägig (BFH v. 05.02.2014, X R 1/12, BFH/NV 2014, 1117).

## XVII. Ablaufhemmung in der Entrichtungspflicht (§ 171 Abs. 15 AO)

**118** Verjährungshemmende Umstände i. S. des § 171 AO bei **Steuerentrichtungspflichtigen** (§ 33 Abs. 1 AO, z. B. Arbeitgeber gem. §§ 39b, 41a EStG, Schuldner von Kapitalerträgen gem. §§ 44, 45a EStG; s. § 33 AO Rz. 7) wie z. B. die Außenprüfung führen nach der durch das AmtshilfeRLUmsG v. 26.06.2013 (BGBl I 2013, 1809) eingefügten und für alle am Tag der Verkündung dieses Gesetzes noch nicht abgelaufenen Festsetzungsfristen (Art. 97 § 10 Abs. 11 EGAO) zu einer Ablaufhemmung der Festsetzungsfrist auch beim Steuerschuldner. Die Vorschrift soll einen Gleichlauf der Festsetzungsfristen beim Entrichtungspflichtigen und beim Steuerschuldner gewährleisten (BFH v. 17.03.2016, VI R 3/15, BFH/NV 2016, 994; BFH v. 21.09.2017, VIII R 59/14, BFH/NV 2018, 256) und verhindert, dass ein Steuerentrichtungspflichtiger sich der Haftung allein dadurch entziehen kann, dass er den Abschluss einer die jeweilige Steuer betreffenden Außenprüfung bis zum Eintritt der Festsetzungsverjährung beim Steuerschuldner hinauszögert. Der Erlass eines Haftungsbescheides (z. B. §§ 42d, 45a Abs. 7 EStG) bleibt dadurch bis zum Ablauf der für den Steuerentrichtungspflichtigen geltenden Festsetzungsfrist zulässig. Die Regelung ist eine Reaktion des Gesetzgebers auf das Urteil des BFH v. 13.12.2011, II R 26/10, BStBl II 2013, 596, nach dem in Fällen, in denen ein Steuerentrichtungspflichtiger Versicherungsteuer für Rechnung eines Dritten anzumelden und zu entrichten hat, der Ablauf der Festsetzungsfrist gegenüber dem Steuerschuldner durch eine Außenprüfung beim Steuerentrichtungspflichtigen nicht nach § 171 Absatz 4 Satz 1 AO gehemmt wird. Aufgrund dieses Urteils bestand die Gefahr, dass die Versicherungsteuer und andere im Abzugsverfahren erhobene Steuern betreffende Außenprüfungen oder andere verjährungshemmende Umstände i. S. des § 171 AO bei Steuerentrichtungspflichtigen ins Leere laufen, sofern sich die Ablaufhemmung nicht ausnahmsweise (auch) auf die Festsetzungsfrist beim Steuerschuldner auswirkt.

# III. Bestandskraft

## Vorbemerkungen zu §§ 172–177

### Inhaltsübersicht



### Schrifttum


von Wedelstädt, Die Aufhebung und Änderung von Steuerbescheiden nach den §§ 164, 165, 172 bis 1977 AO, DB Beilage 20/86; Gosch, Das Wiederaufgreifen unanfechtbar abgeschlossener Verwaltungsverfahren im Steuerrecht, DStZ 1991, 445; Randak, Bindungswirkungen von Verwaltungsakten, JuS 1992, 32; Seibert, Europarechtliche Frist- und Bestandskrafthemmungen im Steuerrecht, BB 1995, 543; Clausnitzer, Zur Änderung bestandskräftiger USt-Bescheide bei Umsetzungsdefiziten von EG-Recht, KFR Fach 2 AO, § 172, 1/96, 229; Lemaire, Durchbrechung bestandskräftiger Steuerbescheide?, AO-StB 2001, 230; Gersch, Korrektur von Steuerbescheiden, AO-StB 2003, 299 sowie 337; Herff, Änderungsmöglichkeiten von Steuerbescheiden, KÖSDI, 2003, 13733; Balmes/Graessner, Der Einfluss der EuGH-Rechtsprechung auf das deutsche Verfahrensrecht, AO-StB 2005, 139; Gersch, Änderung oder Berichtigung eines Steuerbescheids?, AO-StB 2005, 207; Krumm, Zur materiellen Bestandskraft im Verhältnis zwischen Steuerfestsetzungs- und Feststellungsverfahren, DStR 2005, 631; Musil, Aktuelle Fragen der Bestandskraft von Steuerbescheiden, DStZ 2005, 362; Finke, Rückwirkung und Bestandskraft in der Entwicklung der europäischen Rechtsprechung, IStR 2006, 212; Öhlinger/Potacs, Gemeinschaftsrecht und staatliches Recht, 3. Aufl. 2006; Nothnagel, Keine erneute Änderung eines bestandskräftigen Änderungsbescheides nach § 172 Abs. 1 Satz 1 Nr. 2a AO bei Berufung auf vorausgegangene Zustimmung des Steuerpflichtigen, HFR 2007, 310; Günther, Änderung und Berichtigung von Steuerbescheiden, Aktuelle Rechtsprechungsentwicklungen, AO-StB 2010, 337; Nöcker, Aktuelle Rechtsprechung zum Verfahrensrecht, AO-StB 2010, 334; von Wedelstädt, Steuerliche Wahlrechte im Korrektursystem der AO, AO-StB 2012, 150; Bartone/von Wedelstädt, Korrektur von Steuerverwaltungsakten, 2. Aufl. 2017.

## A. Bedeutung der Vorschriften

1 Anders als es die Überschrift vor den §§ 172 ff. AO vermuten lassen könnte, enthält die AO – ebenso wenig wie die VwVfG des Bundes und der Länder sowie das SGB X – keine Regelung über die Bestandskraft. Vielmehr regeln die §§ 172–177 AO, unter welchen Voraussetzungen die (materielle) Bestandskraft (s. Rz. 12) von Steuerbescheiden durchbrochen wird, und legen damit die Voraussetzungen für deren Korrektur fest, die im Steuerrecht als Massenverfahren erforderlich ist. Wegen der Kompliziertheit des materiellen Steuerrechts und der großen Anzahl der zu erlassenden Bescheide ist dieses Verfahren besonders fehleranfällig. Die ergangenen Bescheide dürfen wegen den Prinzipien der **Rechtssicherheit** und des **Vertrauensschutzes** aber nicht beliebig geändert werden. Auf der anderen Seite erfordert der **Grundsatz der Gesetzmäßigkeit** der Verwaltung und Gleichmäßigkeit der Besteuerung (Art. 3 Abs. 1 GG; s. § 3 AO Rz. 17 f.) die Übereinstimmung der ergangenen Bescheide mit dem materiellen Steuerrecht. Die genannten Prinzipien haben Verfassungsrang, da sie wesentliche Bestandteile des Rechtsstaatsprinzips (Art. 20 Abs. 3 GG) sind. Dem Ausgleich zwischen der **Rechtsrichtigkeit** und der **Rechtssicherheit** dienen die §§ 172 ff. AO.

2 Die Korrektur von bestandskräftigen Bescheiden richtet sich zunächst nach der Grundnorm des § 172 AO. § 172 Abs. 1 Satz 1 Nr. 2 Buchst. d AO ermöglicht die Korrektur von Steuerbescheiden allgemein dann, wenn dies durch gesetzliche Vorschriften zugelassen ist. Zu diesen Änderungsvorschriften gehören insbes. die §§ 173–175b AO, aber auch besondere steuerrechtliche Regelungen (s. § 172 AO Rz. 41). Der so eröffnete Änderungsrahmen wird durch die §§ 176, 177 AO begrenzt, die selber keine Korrekturmöglichkeit schaffen. Neben die §§ 172 ff. AO treten zum einen die §§ 164 Abs. 2, 165 Abs. 2 AO, die eine materielle Bindungskraft der Steuerbescheide (teilweise) ausschließen, zum anderen die §§ 130, 131 AO, die Rücknahme und Widerruf von sonstigen Steuerverwaltungsakten (s. Rz. 5) regeln, auf die die §§ 172 ff. AO keine Anwendung finden (§ 172 Abs. 1 Nr. 2 Buchst. d AO), sowie § 129 AO, der die Berichtigung offenbarer Unrichtigkeiten hinsichtlich aller Steuerverwaltungsakte gestattet.

## B. Gemeinsame Voraussetzungen der §§ 172 ff. AO

### I. Steuerbescheid

Die §§ 172–177 AO gelten für Steuerbescheide und ihnen gleichgestellte Bescheide, also solche Steuerverwaltungsakte (§ 118 Satz 1 AO), für welche auf die für Steuerbescheide geltenden Vorschriften verwiesen wird (s. Rz. 6); von diesem Verweis werden auch die Korrekturnormen der §§ 172 ff. AO erfasst (*von Wedelstädt* in Bartone/von Wedelstädt, Rz. 40). 3

**Steuerbescheid** ist der Verwaltungsakt, durch den die Steuer festgesetzt wird (§ 155 Abs. 1 AO), d.h. festgestellt wird in welcher Höhe ein bestimmter Stpfl. eine bestimmte Steuer schuldet. Auch **Änderungsbescheide** sind Steuerbescheide i.S. der §§ 172 ff. AO, da durch sie die Höhe der Steuer (geändert) festgesetzt wird. Steuerbescheide sind des Weiteren (vgl. *von Wedelstädt* in Bartone/von Wedelstädt, Rz. 37 ff.): 4

- **Ablehnungsbescheide**, mit denen die Änderung einer Steuerfestsetzung abgelehnt wird,
- Bescheide über die (teilweise) **Freistellung** von der Steuer (§ 155 Abs. 1 Satz 3 AO; bspw. § 50d Abs. 1 Satz 3 EStG; BFH v. 20.03.2002, I R 38/00, BStBl II 2002, 819),
- **Nichtveranlagungsverfügung**, sofern das FA damit nach Prüfung der Steuererklärung oder auf Antrag des Stpfl. eine Steuerpflicht verneint,
- Bescheide über die **Ablehnung eines Antrags auf Steuerfestsetzung** (§ 155 Abs. 1 Satz 3 AO),
- **LSt-Nachforderungsbescheide** i.S. des § 40 Abs. 3 Satz 2 EStG,
- **Verbrauchsteuerbescheide** (s. § 172 AO Rz. 11 ff.),
- **Vorauszahlungsbescheide** (z.B. § 37 Abs. 3 Satz 1 EStG); sie stehen gem. § 164 Abs. 1 Satz 2 AO stets unter dem Vorbehalt der Nachprüfung, sodass ihre Korrektur nach § 164 Abs. 2 Satz 1 AO erfolgt (§ 172 Abs. 1 Satz 1 AO).

**Keine Steuerbescheide**, sondern sonstige Steuerverwaltungsakte sind dagegen (vgl. *von Wedelstädt* in Bartone/von Wedelstädt, Rz. 42 f.): 5

- **Feststellungsbescheide** nach § 251 Abs. 3 AO,
- **Freistellungsbescheinigung** nach § 48b Abs. 1 Satz 1 EStG, § 50d Abs. 3 Satz 1 EStG,
- **Nichtveranlagungsbescheinigungen** gem. § 36b Abs. 2 EStG und § 44a Abs. 2 Nr. 2 EStG,
- **Nichtveranlagungsverfügung**, sofern sie durch einen bloßen internen Aktenvermerk erfolgt und – da nicht auf eine unmittelbare Rechtswirkung nach außen gerichtet – keinen Verwaltungsakt darstellt,
- **Haftungs- und Duldungsbescheide** (§ 191 Abs. 1 AO),
- **Abrechnungsbescheide nach § 218 Abs. 2 AO**,
- **Anrechnungsverfügungen** (z.B. § 36 Abs. 2 EStG),

- **Aufteilungsbescheide** (§ 279 Abs. 1 Satz 1 AO),
- **Zusagen** bzw. verbindliche Auskünfte (§ 89 Abs. 2 AO; s. § 89 AO Rz. 16, 18),
- Zolltarifauskünfte (Art. 4 Nr. 5, 12 Abs. 2 ZK bzw. Art. 33 UZK) und verbindliche Ursprungsauskunft (Art. 4 Nr. 5, 12 Abs. 1 ZK bzw. Art. 33 UZK),
- **Bescheide über die Erteilung von LSt-Anrufungsauskünften** (§ 42e EStG).

6 Den Steuerbescheiden **gleichgestellt** sind:

- **Vergütungsbescheide** gem. § 155 Abs. 4 AO (z. B. Kindergeldbescheide gem. § 70 Abs. 1 Satz 1 EStG),
- **Kostenbescheide** gem. § 178 Abs. 4 AO,
- **Feststellungsbescheide** gem. § 181 Abs. 1 Satz 1 AO,
- **Steuermessbescheide** gem. § 184 Abs. 1 Satz 3 AO,
- **Zerlegungsbescheide** gem. § 185 AO i. V. m. § 184 Abs. 1 Satz 3 AO,
- **Zuteilungsbescheide** gem. § 190 Abs. 1 AO i. V. m. § 185 Abs. 1 AO und § 184 Abs. 1 Satz 3 AO,
- **Zinsbescheide** gem. § 239 Abs. 1 Satz 1 AO.

7 Die §§ 172 ff. AO finden keine Anwendung auf **Einfuhr- und Ausfuhrabgaben**. Insoweit werden die genannten Normen insbes. von den Art. 27 ff. UZK verdrängt (s. § 1 AO Rz. 11 ff.).

Zum Ganzen *von Wedelstädt* in Gosch, § 172 AO Rz. 17 ff.

## II. Rechtswidrigkeit

8 Die Anwendung der §§ 172 ff. AO setzt voraus, dass der zu korrigierende Steuerbescheid (oder gleichgestellte Bescheid) **rechtswidrig** ist (h. M., BFH v. 30.08.2001, IV R 30/99, BStBl II 2002, 252; *von Wedelstädt* in Gosch, § 172 AO Rz. 38; *von Wedelstädt* in Bartone/von Wedelstädt, Rz. 44 ff.; *Loose* in Tipke/Kruse, Vor § 172 AO Rz. 28; *Koenig* in Koenig, Vor §§ 172–177. Rz. 10; a. A. *Rüsken* in Klein, § 172 Rz. 32; offengelassen BFH v. 07.07.2005, IX R 74/03, BStBl II 2005, 807). Dies ist der Fall, wenn von der ermächtigenden Steuerrechtsnorm nicht in formell oder materiell rechtmäßiger Weise Gebrauch gemacht wurde, z. B. sich die im Steuerbescheid angeordnete Rechtsfolge nicht aus dem gesetzlichen Tatbestandes ergibt, bzw. die Tatbestandsmerkmale nicht erfüllt sind (hierzu ausführlich *von Wedelstädt* in Bartone/von Wedelstädt, Rz. 44 ff.).

9 Ist der Steuerbescheid sogar **nichtig** (§ 125 AO), kann er nicht in Bestandskraft erwachsen (§ 124 Abs. 3 AO), sodass trotz Rechtswidrigkeit eine Änderung nach §§ 172 ff. AO nicht in Betracht kommt (s. Rz. 10; *Loose* in Tipke/Kruse, Vor § 172 AO Rz. 28). Eine Anwendung der §§ 172 ff. AO ist ebenfalls nicht möglich, wenn die Rechtswidrigkeit auf **unbeachtlichen Verfahrens- und Formfehlern** nach i. S. des § 126 AO beruhen, wenn die Verfahrens- oder Formfehler zwar beachtlich sind, aber in der Sache keine andere Entscheidung hätte getroffen werden können (§ 127 AO) oder soweit der rechtswidrige Bescheid in einen rechtmäßigen **umgedeutet** werden kann (§ 128 AO; BFH v. 24.04.2008, IV R 50/06, BStBl II 2009, 35).

## III. Bestandskraft

Grds. ist ungeschriebenes Tatbestandsmerkmal der §§ 172 ff. AO die Bestandskraft der Steuerbescheide. Die Bestandskraft ist angelehnt an die Rechtskraft von Urteilen (§ 110 FGO; s. § 110 FGO Rz. 2 ff.). Dementsprechend werden die formelle (s. Rz. 11) und materielle Bestandskraft (s. Rz. 12) voneinander unterschieden. 10

Einem Steuerbescheid kommt **formelle Bestandskraft** mit seiner **Unanfechtbarkeit** zu. Die Unanfechtbarkeit tritt grds. mit Ablauf der Rechtsbehelfsfrist (§ 355 AO, § 47 Abs. 1 FGO) ein, wenn kein Rechtsbehelf eingelegt wurde. Unanfechtbarkeit tritt aber auch ein durch rechtskräftige Abweisung der Klage, durch Klageverzicht (§ 50 FGO, § 354 AO), durch Rechtsbehelfsrücknahme (§ 72 FGO, § 362 AO) oder durch übereinstimmende Abgabe von Erledigungserklärungen (§ 138 FGO). 11

**Die materielle Bestandskraft** bewirkt die Bindung aller Beteiligten an den Regelungsinhalt des Steuerbescheids und ein Abweichungsverbot, d. h., aufgrund der **inhaltlichen Verbindlichkeit** kann von ihm nicht abgewichen werden (*von Wedelstädt* in Beermann/Gosch, § 172 AO Rz. 7). Mit der Bekanntgabe (dem Erlass) des Steuerbescheides wird dieser zwar wirksam (§ 124 Abs. 1 AO), die materielle Bestandskraft setzt aber grds. die formelle Bestandskraft (s. Rz. 11) voraus (*Kopp/Ramsauer*, § 43 VwVfG Rz. 31; *Randak*, JuS 1992, 33, 34). Den Grundsatz, dass materielle und formelle Bestandskraft miteinander einhergehen, durchbricht § 164 Abs. 2 AO: Trotz Unanfechtbarkeit wird der Steuerbescheid **nicht materiell bestandskräftig**, solange der **Vorbehalt der Nachprüfung** wirksam ist; insoweit gilt das Abweichungsverbot nicht (s. § 164 AO Rz. 18). Der Umfang dieser materiellen Bestandskraft bestimmt sich nach dem jeweiligen Regelungsgehalt des betreffenden Steuerbescheids. Die materielle Bestandskraft darf bis zum Ablauf der **Festsetzungsfrist** (§ 169 Abs. 1 Satz 1 AO) durchbrochen werden. 12

## IV. Ausgewählte Fragen

### 1. Anträge und Wahlrechte

Die erstmalige oder geänderte Ausübung bzw. der Widerruf eines Wahlrechts führt grds. zu keinem Änderungsgrund des Steuerbescheids, denn die Änderung nach den §§ 172 ff. AO setzt die Rechtswidrigkeit des Bescheides voraus (s. Rz. 8 f.). Im Fall der Einräumung eines Wahlrechts sind aber bei Erfüllung der Tatbestandsmerkmale 13 mehrere Rechtsfolgen zulässig. Wurde das Wahlrecht einmal ausgeübt, ist der Steuerbescheid (sofern im Übrigen keine Zweifel bestehen) rechtmäßig (*von Wedelstädt* in Gosch, § 172 AO Rz. 41; AEAO Vor §§ 172–177 AO, Nr. 8). Es kann nur bis zum Eintritt der formellen Bestandskraft ausgeübt oder geändert werden (BFH v. 21.09.2005, X R 32/03, BStBl II 2006, 66 m.w.N.; BFH v. 29.04.2008, VIII R 62/06, BStBl II 2008, 747 m.w.N.; *von Wedelstädt* in Gosch, § 172 AO Rz. 61 m.w.N.). Wird es jedoch nach Ergehen des Steuerbescheids wirksam ausgeübt, hat dies die Fehlerhaftigkeit des Steuerbescheids zur Folge, solange Antrag oder Wahlrecht nicht umgesetzt sind (BFH v. 03.03.2011, IV R 35/09, BFH/NV 2011, 2045 m.w.N.; *Loose* in Tipke/Kruse, § 177 AO Rz. 5; *von Wedelstädt* in Bartone/von Wedelstädt, Rz. 50, 76 und 1425; *von Wedelstädt*, AO-StB 2012, 150, 151). Später ist eine Änderung oder erstmalige Ausübung des Wahlrechts nur möglich, wenn der Steuerbescheid aus anderen Gründen nach Änderungsvorschriften korrigiert werden kann.

14 Die erstmalige Ausübung oder die Änderung eines ausgeübten Wahlrechts ist grds. keine **nachträglich bekannt gewordene Tatsache** i.S. des **§ 173 Abs. 1 AO**. Die Norm findet aber Anwendung, wenn die für die Ausübung des Wahlrechtes erforderlichen Tatsachen nachträglich bekannt werden (s. § 173 AO Rz. 17). Ebenfalls ist die erstmalige Ausübung oder Änderung eines ausgeübten Wahlrechtes kein **rückwirkendes Ereignis** i.S. des **§ 175 Abs. 1 Satz 1 Nr. 2 AO** (z.B. *von Wedelstädt* in Bartone/von Wedelstädt, Rz. 77). Sofern die Ausübung des Wahlrechtes aber selbst Tatbestandsmerkmal ist, ist ein rückwirkendes Ereignis anzunehmen (s. § 175 AO Rz. 40).

15 Der BFH wendet § 175 Abs. 1 Satz 1 Nr. 2 AO indessen analog an, wenn ein Wahlrecht nach Bekanntgabe, aber vor Eintritt der Bestandskraft des Steuerbescheids ausgeübt wird (BFH v. 30.08.2001, IV R 30/99, BStBl II 2002, 49; BFH vom 11.06.2014, IV B 46/13, BStBl II 2005, 807, jeweils zu § 6c EStG; a.A. mit ausführlicher Begründung *von Wedelstädt* in Gosch, § 175 AO, Rz. 47.2; *von Wedelstädt*, AO-StB 2012, 150, 153 m.w.N.).

16 Etwas andere Grundsätze gelten für die Ausübung des **Veranlagungswahlrechts von Ehegatten** nach § 26 EStG. Seine Ausübung ist aber ebenfalls möglich bis zur Unanfechtbarkeit der Steuerfestsetzung oder eines Berichtigungs- oder Änderungsbescheides. Sofern die Ehegatten zusammen veranlagt wurden, ein Ehegatte aber vor Bestandskraft des ihm gegenüber ergangenen Bescheides die getrennte Veranlagung wählt, ist dieser Wahl auch dann nachzukommen, wenn der Zusammenveranlagungsbescheid gegenüber dem anderen Ehegatten schon bestandskräftig ist (z.B. BFH v. 03.03.2005, III R 22/02, BStBl II 2005, 690; BFH v. 15.12.2005, III R 49/05, BFH/NV 2006, 933; *von Wedelstädt* in Bartone/von Wedelstädt, Rz. 80). Dessen Steuerfestsetzung ist nach § 175 Abs. 1 Satz 1 Nr. 2 AO zu ändern. Dasselbe gilt, wenn der andere Ehegatte im Zuge seiner Veranlagung die von ihm oder von beiden Ehegatten abgegebene Erklärung über die Wahl der getrennten oder besonderen Veranlagung widerruft (*von Wedelstädt* in Gosch, § 175 AO Rz. 50). Wird der Steuerbescheid nach einer Korrekturnorm geändert und ändern die Ehegatten anlässlich dessen ihre Wahl über die Veranlagung, so ist der Umfang der Auswirkungen der Änderung des Veranlagungswahlrechtes nicht an Korrekturrahmen des § 177 AO gebunden. Der Steuerbescheid wird aufgrund der erneuten Wahl nicht geändert, sondern es erfolgt erstmals eine Veranlagung nach der neu gewählten Art (*von Wedelstädt* in Gosch, § 172 AO Rz. 64; a.A. *Koenig* in Koenig, Vor §§ 172–177 AO Rz. 12).

Die obigen Ausführungen zu Wahlrechten gelten entsprechend für **Anträge**, mit denen die Einbeziehung eines bestimmten Sachverhalts in die Besteuerung oder eine bestimmte Rechtsfolge erreicht werden soll (*von Wedelstädt* in Bartone/von Wedelstädt, Rz. 75). 17

## 2. Korrektur im Hinblick auf die EuGH-Rechtsprechung

Beruht ein Steuerverwaltungsakt auf einer Norm, die im Widerspruch zum Europarecht steht, gibt es keine europarechtliche Ermächtigungsnorm für die Änderung des betroffenen Verwaltungsakts. Nach der Rechtsprechung des EuGH richtet sich die Änderung vielmehr nach dem jeweiligen nationalen Verwaltungsrecht der EU-Mitgliedstaaten (EuGH v. 13.01.2004, C-453/00, Kühne & Heitz, EuGHE 2004, I-837; vgl. auch EuGH, v. 12.02.2008, C-2/06, *Kempter*, EuZW 2008, 148; dazu *Öhlinger/Potacs*, S. 88). Allein die Tatsache, dass ein bestandskräftiger Steuerbescheid im **Widerspruch zum EU-Recht** oder zur Rechtsprechung des EuGH steht, eröffnet nach deutschem Recht – auch unter Berücksichtigung von Art. 4 Abs. 3 EUV – noch keine Änderungsmöglichkeit. Im deutschen Recht müssen daher die Voraussetzungen des Tatbestandes einer der Korrekturvorschriften der §§ 172 ff. AO vorliegen. Weiterhin besteht die Korrekturbefugnis in Deutschland auch nur im Rahmen der Festsetzungsfrist (§§ 169 ff. AO; s. § 169 AO Rz. 25). Bei einem nachträglich erkannten Verstoß gegen das Unionsrecht findet keine Durchbrechung der Bestandskraft der Steuerbescheide statt; die Korrekturvorschriften der §§ 172 ff. AO regeln die Durchsetzung der sich aus dem Unionsrecht ergebenden Ansprüche also abschließend (BFH v. 16.09.2010, V R 57/09, BStBl II 2011, 151; vgl. auch BVerfG v. 04.09.2008, 2 BvR 1321/07, BVerfGK 14, 217; BVerfG v. 29.05.2012, 1 BvR 640/11, BFH/NV 2012, 1404). Sind diese Voraussetzungen nicht erfüllt, kommt eine Änderung trotz bestehenden Widerspruchs zum Europarechts nicht in Betracht. 18

Nach der Rspr. des EuGH (EuGH v. 13.01.2004, C-453/00, Kühne & Heitz, EuGHE 2004, I-837) besteht 19 eine **Verpflichtung einer nationalen Behörde** zur Änderung eines bestandskräftigen Verwaltungsakts bei einem Widerspruch zum Unionsrecht grds. nur unter folgenden Voraussetzungen (vgl. *von Wedelstädt* in Bartone/von Wedelstädt, Rz. 15 f.):

1. Die Behörde ist nach nationalem Recht befugt, den Bescheid zurückzunehmen,
2. Der Bescheid ist infolge eines letztinstanzlichen Urteils eines nationalen Gerichts formell bestandskräftig geworden,
3. Das Urteil beruht auf unrichtiger Auslegung des Gemeinschafts- bzw. Unionsrechts,
4. Das Urteil ist ergangen, ohne dass das nationale Gericht den EuGH um Vorabentscheidung (Art. 267 AEUV) ersucht hat,
5. Nach Ergehen des Urteils des letztinstanzlichen nationalen Gerichts ist der EuGH zu einer entgegenstehenden Auslegung des Unionsrechts gelangt,
6. Der Betroffene hat unmittelbar nach Kenntnis von der entgegenstehenden EuGH-Entscheidung die Änderung des formell bestandskräftigen Bescheids beantragt.

20 Diese EuGH-Rspr. dürfte in erster Linie für Verbrauchsteuern und Einfuhr- oder Ausfuhrabgaben eine Bedeutung haben. So ermöglichen nur § 172 Abs. 1 Satz 1 Nr. 1 und Nr. 2 1. HS AO eine voraussetzungslose Korrektur im Rahmen der Festsetzungsfrist gem. §§ 169 ff. AO. Bei anderen Steuerarten kann eine nach Erlass des Steuerbescheids ergangene EuGH-Entscheidung i. d. R. nicht mehr berücksichtigt werden. Denn nach h. M. (vgl. *von Wedelstädt* in Bartone/von Wedelstädt, Rz. 16) ist eine spätere EuGH-Entscheidung keine nachträglich bekannt gewordene Tatsache i. S. des § 173 Abs. 1 Nr. 2 AO (allgemein zu Gerichtsurteilen *Loose* in Tipke/Kruse, § 173 AO Rz. 3 und 5) und auch kein rückwirkendes Ereignis i. S. des § 175 Abs. 1 Nr. 2 AO (allgemein zu Gerichtsurteilen *Loose* in Tipke/Kruse, § 175 AO Rz. 45). Möglicherweise kann das nachträgliche EuGH-Urteil aufgrund europarechtsfreundlicher Auslegung nach §§ 177, 227 AO berücksichtigt werden. Zum Ganzen *Balmes/Graessner*, AO-StB 2005, 139; *Finke*, IStR 2006, 212. Die Verletzung der Vorlagepflicht nach Art. 267 Abs. 1 AEUV führt nicht zu einer Änderbarkeit des Steuerbescheids (BFH v. 09.06.2010, X B 41/10, BFH/NV 2010, 1783).

### 3. Korrektur wegen verfassungswidriger Norm

21 Nach § 79 Abs. 2 Satz 1 BVerfGG bleiben nicht mehr anfechtbare Entscheidungen – dazu zählen auch Verwaltungsakte (*Lechner/Zuck*, § 79 BVerfGG Rz. 12) –, die auf einer für nichtig erklärten Norm (§ 78 BVerfGG) beruhen, unberührt. Daher kann ein bestandskräftiger Verwaltungsakt allein wegen Feststellung der Nichtigkeit eines Gesetzes durch das BVerfG nicht geändert werden, sofern die Änderung nicht aufgrund sonstiger Normen zulässig ist, z. B. aufgrund von § 165 Abs. 2 AO. Die Entscheidung des BVerfG stellt weder eine nachträglich bekannt gewordene Tatsache i. S. des § 173 Abs. 1 AO (BFH v. 12.05.2009, IX R 45/08, BStBl II 2009, 891) noch ein rückwirkendes Ereignis i. S. des § 175 Abs. 1 Satz 1 Nr. 2 AO (vgl. *von Wedelstädt* in Bartone/von Wedelstädt, Rz. 17; s. § 175 AO Rz. 54) dar.

## C. Rechtsfolgen der Korrekturnormen

Der Umfang der zulässigen Korrektur ist der einschlägigen Gesetzesvorschrift zu entnehmen, auf der die Änderung oder Aufhebung beruht. Grds. erlauben die §§ 172 ff. AO im Hinblick auf das aus dem Rechtsstaatsprinzip (Art. 20 Abs. 3 GG) abzuleitende Gebot der Rechtssicherheit (s. Rz. 1) – anders als § 164 Abs. 2 AO – **nur eine punktuelle Änderung** des betreffenden Steuerbescheids (s. Rz. 26). Jedoch wird durch § 177 AO den Finanzbehörden bei jeder Änderung oder Aufhebung eine **Saldierung** der betragsmäßigen Auswirkung dieser Maßnahme mit gegenläufig wirkenden Berichtigungen bisher im Verwaltungsakt enthaltener materieller Fehler zur Pflicht gemacht, innerhalb des Umfangs der zulässigerweise durchbrochenen Bestandskraft (s. § 177 AO Rz. 3). Durch diese sachlich und umfangmäßig beschränkte Wiederaufrollung hat der Gesetzgeber einen vertretbaren Ausgleich zwischen den fundamentalen, aber kontroversen Grundsätzen der Rechtssicherheit (des Rechtsfriedens) und der Gesetzmäßigkeit der Besteuerung zu finden gesucht (s. Rz. 1). Dem Rechtsfrieden dient auch § 176 AO, der die Aufhebung und Änderung der einschlägigen Bescheide einem besonderen Vertrauensschutz unterstellt. 22

Die **Aufhebung** eines Steuerbescheids oder eines ihm gleichgestellten Verwaltungsakts bewirkt den Verlust seiner Wirksamkeit mit dem Zeitpunkt der Bekanntgabe des Bescheids über die Aufhebung und den Verlust der durch den aufgehobenen Bescheid ausgelösten Rechtswirkungen (§ 124 Abs. 1 Satz 1 und Abs. 2 AO, *von Wedelstädt* in Gosch, § 172 AO Rz. 51). Wurden aufgrund des aufgehobenen Bescheids Zahlungen geleistet, ist mit dem Erlass des Aufhebungsbescheids der rechtliche Grund für die Zahlung weggefallen. 23

Bei der **Änderung** eines Steuerbescheides wird ein Teil seiner Rechtswirkungen durch einen neuen Regelungsgehalt ersetzt. Den nicht geänderten Teil nimmt der Änderungsbescheid in seinen Regelungsgehalt mit auf, sodass der ursprüngliche Bescheid keine Wirkung mehr entfaltet, solange der Änderungsbescheid wirksam ist. Er ist demnach in dem Umfang, in dem er in den Änderungsbescheid aufgenommen ist, suspendiert. Wird der Aufhebungs- oder Änderungsbescheid aufgehoben, lebt der ursprüngliche Bescheid nach zutreffender h. M. wie- 24 der auf (BFH v. 28.03.2007, II R 25/05, BFH/NV 2007, 1421; BFH v. 09.12.2004, VII R 16/03, BStBl II 2006, 346; *von Wedelstädt* in Gosch, § 172 AO Rz. 52 m.w.N.; a.A. *Loose* in Tipke/Kruse, § 172 AO Rz. 52; *von Groll* in HHSp, Vor §§ 172–177 AO Rz. 112). Die Änderung eines Bescheides wird nicht dadurch rechtswidrig, dass die Änderung auf die falsche Änderungsnorm gestützt wurde. Die Änderungsnorm ist als Begründung der Änderung i.S. von § 121 Abs. 1 AO austauschbar und erwächst nicht in Bestandskraft.

25 Eine **Ersetzung** eines Verwaltungsaktes durch einen anderen Verwaltungsakt liegt hingegen vor, wenn der bisherige VA vollinhaltlich aufgehoben wurde und an seine Stelle eine die bisherige Regelung auch nicht teilweise wiederholende anderweitige hoheitliche Maßnahme (§ 118 AO) tritt. Dies ist beispielsweise der Fall, wenn ein Steuerbescheid aufgehoben wird und an seiner Stelle gegen den Betroffenen ein Haftungsbescheid erlassen wird.

26 Durch das Eingreifen von Korrekturvorschriften findet **keine Gesamtaufrollung** statt. Der Steuerbescheid wird lediglich **partiell** im Rahmen des Anwendungsbereiches der Änderungsnorm auf seine Rechtmäßigkeit überprüft. Auch die Bestandskraft wird nicht vollumfänglich durchbrochen, sondern lediglich im Umfang der steuerlichen Auswirkungen, die dem Änderungsgrund zugrunde liegen (s. Rz. 22).

27 Der Umfang der Änderung von Steuerbescheiden ist auch durch **tatsächliche Verständigungen** beschränkt. Solche können im Fall von erschwerter Sachverhaltsaufklärung über die Annahme eines bestimmten Sachverhaltes getroffen werden. Ein Steuerbescheid darf soweit er diese Verständigung betrifft und verständigungskonform umsetzt, nicht geändert werden (*von Wedelstädt* in Gosch, § 172 AO Rz. 70; auch s. Vor §§ 204–207 Rz. 33). Die Bindungswirkung trifft auch den Stpfl. (vgl. BFH v. 06.02.2015, IX B 97/14, BFH/NV 2015, 821).

28 Der Eintritt der Bestandskraft hat auch weitere **verfahrensrechtliche bzw. prozessuale Folgen**: Abgesehen davon, dass die Versäumung der Einspruchsfrist (§ 355 AO) bzw. der Klagefrist (§ 47 FGO) zur Unzulässigkeit dieser Rechtsbehelfe führt, bindet die materielle Bestandskraft auch die Gerichte. Eine gegen einen bestandskräftigen Verwaltungsakt erhobene **Klage** ist **unbegründet** (z.B. BFH v. 01.09.1998, VIII R 46/93, BFH/NV 1999, 596; BFH v. 22.08.2013, X B 89/12, BFH/NV 2013, 1939). Wenn der angefochtene Verwaltungsakt bestandskräftig ist, besteht für einen **Antrag auf AdV** kein Rechtsschutzbedürfnis und der Antrag ist **unzulässig** (s. § 69 FGO Rz. 11). Im Zusammenhang mit der Bestandskraft steht zudem die **Anfechtungsbeschränkung** des § 351 Abs. 1 AO (s. § 351 AO Rz. 1; *Bartone* in Gosch, § 351 AO Rz. 1, 3, 6 ff.), die für den Finanzprozess gem. § 42 FGO ebenfalls gilt (s. § 42 FGO Rz. 2).

# § 172 AO
# Aufhebung und Änderung von Steuerbescheiden

**(1) Ein Steuerbescheid darf, soweit er nicht vorläufig oder unter dem Vorbehalt der Nachprüfung ergangen ist, nur aufgehoben oder geändert werden,**

**1. wenn er Verbrauchsteuern betrifft,**

**2. wenn er andere Steuern als Einfuhr- oder Ausfuhrabgaben nach Artikel 5 Nummer 20 und 21 des Zollkodex der Union oder Verbrauchsteuern betrifft,**

**a) soweit der Steuerpflichtige zustimmt oder seinem Antrag der Sache nach entsprochen wird; dies gilt jedoch zugunsten des Steuerpflichtigen nur, soweit er vor Ablauf der Einspruchsfrist zugestimmt oder den Antrag gestellt hat oder soweit die Finanzbehörde einem Einspruch oder einer Klage abhilft,**

**b) soweit er von einer sachlich unzuständigen Behörde erlassen worden ist,**

**c) soweit er durch unlautere Mittel wie arglistige Täuschung, Drohung oder Bestechung erwirkt worden ist,**

**d) soweit dies sonst gesetzlich zugelassen ist; die §§ 130 und 131 gelten nicht.**

**Dies gilt auch dann, wenn der Steuerbescheid durch Einspruchsentscheidung bestätigt oder geändert worden ist. In den Fällen des Satzes 2 ist Satz 1 Nr. 2 Buchstabe a ebenfalls anzuwenden, wenn der Steuerpflichtige vor Ablauf der Klagefrist zugestimmt oder den Antrag gestellt hat; Erklärungen und Beweismittel, die nach § 364b Abs. 2 in der Einspruchsentscheidung nicht berücksichtigt wurden, dürfen hierbei nicht berücksichtigt werden.**

**(2) Absatz 1 gilt auch für einen Verwaltungsakt, durch den ein Antrag auf Erlass, Aufhebung oder Änderung eines Steuerbescheides ganz oder teilweise abgelehnt wird.**

**(3) Anhängige, außerhalb eines Einspruchs- oder Klageverfahrens gestellte Anträge auf Aufhebung oder Änderung einer Steuerfestsetzung, die eine vom Gerichtshof der Europäischen Union, vom Bundesverfassungsgericht oder vom Bundesfinanzhof entschiedene Rechtsfrage betreffen und denen nach dem Ausgang des Verfahrens vor diesen Gerichten nicht entsprochen werden kann, können durch Allgemeinverfügung insoweit zurückgewiesen werden. § 367 Abs. 2b Satz 2 bis 6 gilt entsprechend.**

**Inhaltsübersicht**



**Schrifttum**


VON WEDELSTÄDT, Die Aufhebung und Änderung von Steuerbescheiden nach den §§ 164, 165, 172 bis 1977 AO, DB Beilage 20/86; BECKER, Praktische Probleme bei Eintritt und Wegfall der Liebhaberei, INF 2001, 487; KIES, Besonderheiten bei Einspruchsverfahren gegen korrigierende Steuerbescheide, DStR 2001, 1555; BIPPUS, Neuer Ärger mit verdeckten Gewinnausschüttungen – Störfall Verfahrensrecht?, GmbHR 2002, 951; VON WEDELSTÄDT, Anschaffungsnaher Aufwand: Nachträgliche Berücksichtigung der geänderten Rechtslage durch Änderung von Steuerbescheiden?, DB 2003, 362; MEILICKE, Aufhebung rechtswidriger bestandskräftiger Steuerbescheide durch das Finanzamt auf Grund eines nach Erlass ergangenen EuGH-Urteils, BB 2004, 1087; RUND, Antrag auf Änderung eines Steuerbescheides oder förmlicher Einspruch?, AO-StB 2004, 204; BALMES/GRAESSNER, Der Einfluss der EuGH-Rechtsprechung auf das deutsche Verfahrensrecht – Korrektur bestandskräftiger Bescheide, AO-StB 2005, 139; BARTONE/VON WEDELSTÄDT, Korrektur von Steuerverwaltungsakten, 2. Aufl. 2017; AX/GROSSE/MELCHIOR/LOTZ/ZIEGLER, Abgabenordnung und Finanzgerichtsordnung, 20. Auflage 2010; NOTHNAGEL, Keine erneute Änderung eines bestandskräftigen Änderungsbescheids nach § 172 Abs. 1 Satz 1 Nr. 2a AO bei Berufung auf vorausgegangene Zustimmung des Steuerpflichtigen, HFR 2007, 310; SIKORSKI, Überblick über wesentliche verfahrensrechtliche Änderungen 2006/2007, DStR 2007, 183; VON WEDELSTÄDT, Steuerliche Wahlrechte im Korrektursystem der AO, AO-StB 2012, 150.


## A. Bedeutung der Vorschrift

§ 172 AO ist die Grundnorm über die **Aufhebung oder Änderung von Steuerbescheiden und diesen gleichgestellten Bescheiden** (s. Rz. 6). Dies ist zum einen der Formulierung »darf nur aufgehoben oder geändert werden« in § 172 Abs. 1 Satz 1 AO zu entnehmen. Zum anderen verweist § 172 Abs. 1 Satz 1 Nr. 2 Buchst. d AO auf die sonstigen gesetzlichen Korrekturvorschriften, sodass auch die systematische Stellung diese Qualifikation bestätigt. Durch diesen Verweis ist darüber hinaus zu folgern, dass §§ 172 Abs. 1 Satz 2, 3, Abs. 2 und 3 AO auch für die nach § 172 Abs. 1 Satz 1 Nr. 2 Buchst. d AO einbezogenen Korrekturvorschriften gilt. Durch diesen Verweis wird zudem klargestellt, dass die Änderungsmöglichkeiten nach § 165 Abs. 2 AO vorläufiger oder nach § 164 Abs. 2 AO unter dem Vorbehalt der Nachprüfung ergangener Bescheide nicht durch diese Korrekturvorschriften eingeschränkt werden können (ebenso *Koenig* in Koenig, § 172 AO Rz. 1; *Loose* in Tipke/Kruse, § 172 AO Rz. 1).

Nach § 172 Abs. 1 AO wird zwischen der Korrekturmöglichkeit für Bescheide über **Verbrauchsteuern** nach § 172 Abs. 1 Satz 1 Nr. 1 AO und der Korrektur für Bescheide über **andere Steuern** nach § 172 Abs. 1 Satz 1 Nr. 2 AO differenziert. Die Korrektur von Bescheiden über Verbrauchsteuern ist an keine weiteren Voraussetzungen geknüpft und deswegen abschließender Natur. Dieser Anwendungsbereich wird nur für Einfuhrtatbestände nach den Normen des UZK überlagert. Die Korrekturmöglichkeit der Bescheide betreffend andere Steuern wird nicht abschließend aufgeführt, denn § 172 Abs. 1 Satz 1 Nr. 2 Buchst. d AO verweist für die sonstigen Steuern auf die weiteren gesetzlichen Korrekturmöglichkeiten nach §§ 173, 173a, 174, 175, 175a und 175b AO. Verwiesen wird außerdem auf die besonderen Regelungen für Zerlegungsbescheide in § 189 AO und die weiteren, in den Einzelsteuergesetzen enthaltenen Korrekturnormen (s. Rz. 41). 2

Wegen des anlässlich einer Aufhebung oder Änderung angeordneten besonderen **Vertrauensschutzes** s. § 176 AO; wegen der **Saldierungsmöglichkeiten** mit Rechtsfehlern s. § 177 AO. 3

vorläufig frei 4

## B. Aufhebung und Änderung von Steuerbescheiden (§ 172 Abs. 1 AO)

Die in § 172 Abs. 1 AO geregelten Korrekturtatbestände verfügen jeweils über gemeinsame geschriebene und ungeschriebene Tatbestandsmerkmale. 5

## I. Gemeinsame Voraussetzungen (§ 172 Abs. 1 Satz 1 1. HS AO)

### 1. Steuerbescheide und gleichgestellte Bescheide

6 Der **Anwendungsbereich** der vorliegenden Bestimmung beschränkt sich auf Steuerbescheide i.S. des § 155 AO und auf die ihnen durch Gesetz ausdrücklich gleichgestellten Bescheide (s. Vor §§ 172–177 AO Rz. 6 f.).

7 Die Vorschrift gilt demnach **nicht** für **Haftungs-** und **Duldungsbescheide** oder für Bescheide über Billigkeitsmaßnahmen (§§ 163, 227 AO, s. AEAO zu § 172, Nr. 1), da es sich bei diesen Bescheiden um sonstige Steuerverwaltungsakte handelt (s. Vor §§ 172–177 AO Rz. 5). Für Einfuhr- und Ausfuhrabgaben, insbes. **Zölle**, enthält der UZK von der AO unabhängige europarechtliche Sonderregelungen (s. § 1 AO Rz. 14 ff.).

### 2. Rechtswidrigkeit der Steuerbescheide

8 Die Rechtswidrigkeit der Steuerbescheide und der ihnen gleichgestellten Bescheide ist ein ungeschriebenes Tatbestandsmerkmal für deren Aufhebung und Änderung (s. Vor §§ 172–177 AO Rz. 8 f.; hierzu ausführlich *von Wedelstädt* in Bartone/von Wedelstädt, Rz. 44 ff.).

### 3. Bestandskräftige Steuerbescheide

9 Der zu korrigierende Bescheid muss grds. materiell bestandskräftig sein, d.h. nicht nach § 164 Abs. 1 AO unter dem Vorbehalt der Nachprüfung stehen (s. Vor §§ 172–177 AO Rz. 12) oder nach § 165 AO vorläufig sein. Insoweit finden die Korrekturvorschriften keine Anwendung. Im Falle der Vorläufigkeit ist eine Änderung nach § 172 AO allerdings dann zulässig, wenn der Änderungsanlass nicht Gegenstand der Ungewissheit, mithin nicht der Grund für die Vorläufigkeit ist (*von Wedelstädt* in Gosch, § 172 AO Rz. 34; im Übrigen s. Vor §§ 172–177 AO Rz. 10 ff.). Eine Änderung nach § 172 Abs. 1 Satz 1 Nr. 2 AO ist jedoch vor Eintritt der Bestandskraft nicht ausgeschlossen.

### 4. Zuständige Behörde

10 Die für die Aufhebung bzw. Änderung **sachlich und örtlich zuständige Behörde** ergibt sich mangels Sonderregelung aus den allgemeinen Grundsätzen (§§ 12, 17 FVG, §§ 16 ff. AO). Auch hier gilt die Regel, wonach die Behörde, die den Bescheid erlassen hat, für dessen Aufhebung oder Änderung zuständig ist. Ist jedoch durch eine Veränderung der die (örtliche) Zuständigkeit begründenden Umstände gem. § 26 AO oder eine Zuständigkeitsvereinbarung (§ 27 AO) nach Erlass des ursprünglichen Bescheids eine andere Behörde zuständig geworden, fällt auch ihr die Befugnis zu den in den §§ 172 ff. AO geregelten Maßnahmen zu (auch s. § 367 Abs. 1 Satz 2 AO). Dies kann allerdings in dem besonders gelagerten Fall des § 172 Abs. 1 Satz 1 Nr. 2 Buchst. b AO nicht gelten: Der von einer sachlich unzuständigen Behörde erlassene Bescheid kann, soweit seine Aufhebung oder Änderung auf diese sachliche Unzuständigkeit gestützt wird, nur von der sachlich zuständigen Behörde aufgehoben oder geändert werden (*Loose* in Tipke/Kruse, § 172 AO Rz. 43).

## II. Korrektur von Verbrauchsteuerbescheiden (§ 172 Abs. 1 Satz 1 Nr. 1 AO)

### 1. Anwendungsbereich und Tatbestand

Auf dem Gebiet der Verbrauchsteuern (s. § 3 AO Rz. 40) 11
lässt § 172 Abs. 1 Satz 1 Nr. 1 AO nach dem pflichtgemäßen Ermessen der Behörde ohne weitere Voraussetzungen eine Aufhebung oder Änderung der unter die Vorschrift fallenden Bescheide zu. Alleiniger Grund für eine Änderung nach dieser Vorschrift ist die Fehlerhaftigkeit des Verbrauchsteuerbescheids. § 172 Abs. 1 Satz 1 Nr. 1 AO kommt **nur** Bedeutung für Verbrauchsteuern zu, die auf einem **rein innerstaatlichen Vorgang** beruhen, insbes. die Herstellung von Waren oder durch ihre Entfernung vom Steuerlager (*Loose* in Tipke/Kruse, § 172 AO Rz. 11; *von Wedelstädt* in Gosch, § 172 AO Rz. 7; *Rüsken* in Klein, § 172 AO Rz. 11). Die Verbrauchsteuergesetze ordnen die Anwendbarkeit des UZK an, soweit Verbrauchsteuern dadurch entstehen, dass solche Waren aus einem **Drittland** unmittelbar in das Steuergebiet verbracht werden oder sich die Waren in einem **Zollverfahren**, in einer Freizone oder in einem Freilager befanden (§§ 19, 21 TabStG, § 13 BierStG, § 147 BranntwMonG, §§ 17, 23 SchaumwZwStG, § 13 KaffeeStG, § 21 Abs. 2 UStG für die EUSt), sodass § 172 Abs. 1 Satz 1 Nr. 1 AO dann **nicht** zur Anwendung kommt. Zum UZK s. § 1 AO Rz. 14 ff.

### 2. Rechtsfolge

Die Aufhebung oder Änderung des Bescheids steht als 12
**Rechtsfolge im pflichtgemäßen Ermessen** der Behörde (s. § 5 AO Rz. 3 ff.; BFH v. 11.10.2017, IX R 2/17, BFH/NV 2018, 322 m.w.N.; *von Wedelstädt* in Bartone/von Wedelstädt, Rz. 713; a.A. *Koenig* in Koenig, § 172 AO Rz. 15; *von Groll* in HHSp, § 172 AO Rz. 56 f.). Der BFH hat in st. Rspr. die Ablehnung der Aufhebung bzw. Änderung einschlägiger Bescheide nach § 172 AO dann nicht für ermessensmissbräuchlich erklärt, wenn der Stpfl. die Gründe für die Fehlerhaftigkeit der Festsetzung rechtzeitig erfahren hat bzw. erkennen konnte und **Gründe für eine Wiedereinsetzung** in den vorigen Stand (§ 110 AO) wegen Versäumung der Frist zur Einlegung eines

Rechtsbehelfs gegen den Bescheid nicht vorliegen (BFH v. 31.03.1981, VII R 1/79, BStBl II 1981, 507; BFH v. 22.11.1988, VII R 24/86, BFH/NV 1989, 359). Indessen dürfte das Ermessen im Regelfall auf null reduziert sein (*von Wedelstädt* in Gosch, § 172 AO Rz. 121; s. Rz. 13).

13 Im Übrigen hat die Finanzbehörde im Rahmen von Änderungen zugunsten des Stpfl. in ihre Ermessensausübung den Rechtsgedanken des § 173 Abs. 1 Nr. 2 AO einzubeziehen mit der Folge, dass die Finanzbehörde – jedenfalls **in der Regel – verpflichtet** ist, Bescheide über Verbrauchsteuern zugunsten des Stpfl. zu ändern, soweit **Tatsachen** oder **Beweismittel** i.S. des § 173 Abs. 1 Nr. 2 AO nachträglich bekannt werden (**Ermessensreduzierung**), wenn den Stpfl. kein grobes Verschulden daran trifft, dass die Tatsachen oder Beweismittel nachträglich bekannt geworden sind (BFH v. 22.11.1988, VII R 24/86, BFH/NV 1989, 359; *von Wedelstädt* in Gosch, § 172 AO Rz. 121 m.w.N.).

## III. Korrektur von Bescheiden über andere Steuern (§ 172 Abs. 1 Satz 1 Nr. 2 AO)

### 1. Allgemeines

14 § 172 Abs. 1 Satz 1 Nr. 2 Buchst. a bis d AO behandeln die Aufhebung oder Änderung von unter die Vorschrift fallenden Steuerbescheiden und ihnen gleichgestellten Bescheiden, die andere Steuern als Einfuhr- oder Ausfuhrabgaben i.S. des Art. 5 Nr. 20 und 21 UZK oder Verbrauchsteuern betreffen.

15 § 172 Abs. 1 Satz 1 Nr. 2 AO ist dem Wortlaut nach eine **Ermessensnorm** (§ 5 AO). Jedoch schränken die Grundsätze der Gesetzmäßigkeit und Gleichmäßigkeit der Besteuerung nach § 85 AO die Ermessenerwägungen mit der Folge ein, dass die Rechtswidrigkeit des Steuerbescheids durch dessen **Aufhebung** oder **Änderung** beseitigt werden muss (**Ermessensreduzierung auf null**). Damit ist eine Aufhebung oder Änderung **regelmäßig zwingend**, wenn der Tatbestand der Korrekturvorschrift erfüllt ist (BFH v. 11.10.2017, IX R 2/17, BFH/NV 2018, 322 m.w.N.). Soweit § 172 Abs. 1 Satz 1 Nr. 2 Buchst. d AO auf andere gesetzliche Änderungsvorschriften verweist, ist zu beachten, dass in diesen Fällen die Aufhebung oder Änderung nicht im pflichtgemäßen Ermessen der Finanzbehörde steht. Denn insoweit steht der Wortlaut einiger Änderungsvorschriften, wie bspw. §§ 173 Abs. 1, 174 Abs. 1 und 2 AO, entgegen (*von Wedelstädt* in Gosch, § 172 AO Rz. 129).

### 2. Zustimmung oder Antrag (§ 172 Abs. 1 Satz 1 Nr. 2 Buchst. a AO)

16 Nach § 172 Absatz 1 Satz 1 Nr. 2 Buchst. a AO ist die Aufhebung oder Änderung entsprechender Bescheide zulässig (sog. **schlichte Änderung**), falls der Stpfl. zustimmt oder soweit einem Antrag des Stpfl. der Sache nach entsprochen wird. Ist jedoch der Bescheid bereits unanfechtbar geworden, so gilt dies nur zuungunsten des Stpfl. Über § 172 Abs. 1 Nr. 2 Buchst. a AO kann daher nach Ablauf der Rechtsbehelfsfrist die formelle Bestandskraft eines Steuerbescheids nicht auf die Weise durchbrochen werden, dass dem Bescheid auf Antrag des Stpfl. ein Vorbehalt der Nachprüfung (§ 164 AO) nachträglich beigefügt wird, wenn damit die gesetzlichen Voraussetzungen für eine Änderung des Bescheids zugunsten des Stpfl. unterlaufen würden (BFH v. 24.02.2010, VIII B 208/09, BFH/NV 2010, 1080; FG Münster v. 25.02.2014, 9 K 840/12 K,F, EFG 2014, 1155). Die Vorschrift eröffnet allgemein die Möglichkeit der **einvernehmlichen Änderung** von Steuerbescheiden.

#### a) Zustimmung

Zustimmung des Stpfl. bedeutet die **Einverständniserklärung** des Stpfl. mit einer von der Finanzbehörde beabsichtigten Aufhebung oder Änderung eines Steuerbescheids. Sie ist **formfrei**, d.h. sie kann schriftlich, mündlich oder auch durch konkludentes Verhalten erteilt werden (AEAO zu § 172 AO, Nr. 2). So kann die Rücknahme eines Rechtsbehelfs Zustimmung zum Erlass eines Änderungsbescheids sein. Unklarheiten können ggf. durch Auslegung beseitigt werden (BFH v. 07.11.2001, XI R 14/00, BFH/NV 2002, 745). An eine Zustimmung sind nicht die formalen Voraussetzungen zu stellen wie an eine tatsächliche Verständigung (BFH v. 27.04.2005, X B 145/04, BFH/NV 2005, 1494). Die Zustimmung kann auch nachträglich in der Form einer Genehmigung erklärt werden. Insoweit wird der zunächst bestehende Fehler nach § 126 Abs. 1 Nr. 1 AO geheilt. Dies gilt zugunsten des Stpfl. nur innerhalb der Einspruchsfrist (*von Wedelstädt* in Gosch, § 172 AO Rz. 134; *Koenig* in Koenig, § 172 AO Rz. 23). Die Zustimmung unterliegt der freien Willensentscheidung des Stpfl. Die Verweigerung der Zustimmung kann jedoch gegen **Treu und Glauben** verstoßen und infolgedessen unbeachtlich sein (BFH v. 03.12.1998, V R 29/98, BStBl II 1999, 158; BFH v. 03.03.2011, III R 45/08, BStBl II 2011, 673). Dies ist dann der Fall, wenn der Stpfl. zunächst eine ihn begünstigende Regelung durch Aufhebung oder Änderung einer Steuerfestsetzung erwirkt, der folgerichtigen Änderung einer anderen Steuerfestsetzung aber nicht zustimmt und sich dadurch in Widerspruch zu seinem früheren Verhalten setzt (dazu auch BFH v. 05.11.2009, IV R 40/07, BStBl II 2010, 720; *von Wedelstädt* in Bartone/von Wedelstädt, Rz. 731; s. § 174 AO Rz. 55). 17

Ein vom Stpfl. gestellter **Einspruchs- oder Klageantrag** ist grundsätzlich als konkludente Zustimmung zur Aufhebung oder Änderung der Steuerfestsetzung auszulegen. Dies ergibt sich aufgrund des Gesetzeswortlautes, der eine Änderung zugunsten des Stpfl. zur Abhilfe eines 18

Einspruchs oder einer Klage ausdrücklich zulässt (*von Wedelstädt* in Gosch, § 172 AO Rz. 172). Nimmt der Stpfl. seine Klage zurück, weil die Finanzbehörde ihm zusagt, eine Korrektur des Steuerbescheids vorzunehmen, ist hierin eine Zustimmung zu sehen.

19 Zustimmen zur Korrektur eines Steuerbescheids muss der **Inhaltsadressat** des Steuerbescheids. Zum Begriff des Inhaltsadressaten s. § 122 AO Rz. 8. Richtet sich der Steuerbescheid gegen mehrere Personen, ist eine Änderung oder Aufhebung nur bei Zustimmung aller zulässig. Nicht betroffen sind nach § 352 AO, § 48 FGO nicht rechtsbehelfsbefugte Personen.

20 Ob die erteilte Zustimmung **widerrufen** werden kann, ist nicht ausdrücklich geregelt. Die Frage lässt sich nur unter Berücksichtigung der Rechtsnatur der Zustimmung beantworten. Zustimmung (und Antrag) sind Erklärungen, die auf eine Gestaltung gesetzlich konkret umrissener hoheitlicher Maßnahmen abzielen. Ähnlich den Prozesshandlungen sind sie auf eine bestimmte und endgültige verfahrensrechtliche Weichenstellung gerichtet und daher wie diese **unwiderruflich**, sofern das Gesetz keine ausdrückliche Widerrufsmöglichkeit vorsieht (ähnlich auch BFH v. 15.11.1988, BStBl II 1989, 370; differenzierend danach, ob ein Änderungsbescheid erlassen wurde *Loose* in Tipke/Kruse, § 172 AO Rz. 26; *von Wedelstädt* in Gosch, § 172 AO Rz. 143 m. w. N.). Eine für die Finanzbehörde erkennbar unter Vorbehalt stehende »Zustimmung« zum Erlass eines verbösernden Änderungsbescheids, also eine Zustimmung zu der Änderung, die in der erklärten Absicht erfolgt, den geänderten Bescheid anzufechten, ist mangels Unwiderruflichkeit unwirksam (BFH v. 15.11.1988, II R 241/84, BStBl II 1989, 370). Unberührt bleibt im Übrigen selbstverständlich die **Zulässigkeit der Anfechtung** des entsprechend der Zustimmung ergangenen Bescheids. Die Zustimmung ist kein stillschweigender Verzicht auf den gegen den mit Zustimmung ergangenen Bescheid zulässigen Rechtsbehelf (*Loose* in Tipke/Kruse, § 172 AO Rz. 28). Ein solcher **Verzicht** müsste eindeutig und ausdrücklich gesondert erklärt werden. Zudem ist der Rechtsbehelfsverzicht (s. § 354 AO) vor **Erlass** des Bescheids nicht möglich.

### b) Änderungsantrag

21 Antrag i. S. der Vorschrift ist das **ausdrückliche Begehren** auf Änderung der mit dem bisherigen Bescheid getroffenen materiellen Regelung. Das FA darf den Bescheid nur in dem Umfang zugunsten des Stpfl. ändern, als der Stpfl. vor Ablauf der Einspruchsfrist eine inhaltlich genau bestimmte Änderung beantragt hat (s. AEAO zu § 172, Nr. 2). Aus dem Antrag muss sich das Änderungsbegehren zumindest vom Betrag her oder **zumindest in groben Umrissen** konkretisierbar ergeben (BFH v. 20.12.2006, X R 30/05, BStBl II 2007, 503; BFH v. 04.05.2011, I R 67/10, BFH/NV 2012, 6; BFH v. 18.09.204, VI R 80/13, BStBl II 2015, 115 m. w. N.; *Loose* in Tipke/Kruse, § 172 AO Rz. 35). Die Angabe rein betragsmäßiger Auswirkungen der Änderung auf die Steuerfestsetzung ist für die Bestimmtheit weder erforderlich noch allein ausreichend (BFH v. 20.12.2006, X R 30/05, BStBl II 2007, 503). Erfüllt der Antrag diese Voraussetzungen, kann die Begründung des Antrags noch nach Fristablauf erfolgen oder ergänzt werden; erfüllt er sie nicht, ist der Antrag unwirksam und eine Änderung nicht zulässig (BFH v. 21.10.1999, I R 25/99, BStBl II 2000, 283; s. AEAO zu § 172, Nr. 2.).

Setzt das FA eine Steuererhöhung fest, die hinter der vom Stpfl. durch Erfüllung seiner **Anzeige- und Berichtigungspflichten** nach § 153 Abs. 1 Satz 1 AO beantragten Steuererhöhung zurück bleibt, kann das FA die Steuer in einer erneuten Festsetzung nicht nochmals erhöhen. In der Erfüllung der Anzeige- und Berichtigungspflicht liegt zwar inzident auch die Zustimmung zu einer Steuererhöhung, hierin ist aber keine Zustimmung zu einer nach Erlass des Änderungsbescheids weiteren Steuererhöhung zu sehen (BFH v. 07.11.2006, VI R 14/05, BStBl II 2007, 236). 22

Zu den Wahlrechten s. Vor §§ 172–177 AO Rz. 13 ff. 23

Im Übrigen gelten die Ausführungen zur **Zustimmung** sinngemäß, s. Rz. 16 ff.

### c) Schlichte Änderung versus Einspruch

Der Antrag gem. § 172 Abs. 1 Satz 1 Nr. 2 Buchst. a AO ist von einem Einspruch abzugrenzen. Denn § 172 Abs. 1 Satz 1 Nr. 2 Buchst. a AO eröffnet dem Stpfl. eine echte Wahlmöglichkeit zwischen einem bloßen Änderungsantrag (häufig als »**Antrag auf schlichte Änderung**« bezeichnet) und der Einlegung eines **Einspruchs** (BFH v. 27.02.2003, V R 87/01, BStBl II 2003, 505; inzident auch BFH v. 05.05.2003, II B 1/03, BFH/NV 2003, 1142; *Loose* in Tipke/Kruse, § 172 AO Rz. 29). 24

Es bestehen erhebliche **Unterschiede zwischen Einspruch und Antrag** nach § 172 Abs. 1 Satz 1 Nr. 2 Buchst. a AO (BFH v. 27.02.2003, V R 87/01, BStBl II 2003, 505). Im Gegensatz zu einem Antrag ist der Einspruch nicht formfrei, sondern muss nach § 357 Abs. 1 Satz 1 AO schriftlich, elektronisch oder zur Niederschrift erklärt werden. Die Änderung des Bescheids lässt der Antrag auf schlichte Änderung nur soweit zu, wie der Antrag reicht. Die materielle Bestandskraft der Steuerfestsetzung wird nur insoweit durchbrochen. Bei einer beantragten Änderung zugunsten des Stpfl. ist daher nach Ablauf der Einspruchsfrist eine Erweiterung des Antrags nach § 172 Abs. 1 Satz 1 Nr. 2 Buchst. a AO nicht möglich. Eine Wiederaufrollung des Falles findet abgesehen von der durch § 177 AO begründeten **Saldierungsmöglichkeit** nicht statt. Der Antrag auf schlichte Änderung hemmt den Ablauf der Festsetzungsfrist betragsmäßig nur im Umfang des Antrags. 25

26 Demgegenüber hemmt der **Einspruch** den Eintritt der Bestandskraft des Steuerbescheids in vollem Umfang. Infolgedessen kann die Finanzbehörde nach § 367 Abs. 2 Satz 1 AO die **Sache im vollen Umfang erneut prüfen** und den Bescheid auch aus anderen Gründen sowohl zugunsten als auch zulasten des Stpfl. ändern (reformatio in peius, § 367 Abs. 2 Satz 2 AO). Eine Erweiterung des Einspruchs kann der Einspruchsführer auch nach Ablauf der Einspruchsfrist vornehmen. Im Gegensatz zum Antrag auf schlichte Änderung ist die AdV des Steuerbescheids (§ 361 Abs. 2 AO) zulässig (*von Wedelstädt* in Gosch, § 172 Rz. 148). Der Antrag auf »schlichte Änderung« hat somit gegenüber dem Einspruch in der Regel keinen Vorteil, vielmehr den Nachteil, dass die Änderung im (zwar sehr eingeschränkten) Ermessen der Behörde steht (*Loose* in Tipke/Kruse, § 172 AO Rz. 30; aber die Ermessensreduzierung s. Rz. 15). Die bei einem Einspruch bestehende Verböserungsgefahr (§ 367 Abs. 2 Satz 2 AO) lässt sich durch eine (teilweise) Rücknahme des Einspruchs nach dem – zwingend gebotenen – Hinweis des FA auf die Möglichkeit der Verböserung vermeiden (dazu z. B. *Bartone* in Gosch, § 357 AO Rz. 15). Nach *Rüsken* (in Klein, § 172 AO Rz. 51) soll für einen schlichten Änderungsantrag, der neben einem Einspruch gestellt wird, i. d. R. das Bescheidungsinteresse fehlen (so auch BFH v. 27.09.1994, VIII R 36/89, BStBl II 1995, 353; a. A. von *Wedelstädt* in Gosch, § 172 AO Rz. 152).

27 Im Hinblick auf § 357 Abs. 1 Satz 4 AO muss der Einspruch nicht zwingend als solcher bezeichnet werden. Ergibt sich aus der Erklärung des Stpfl. nicht zweifelsfrei und eindeutig, ob er einen Einspruch einlegt, kann es sich bei dem Begehren des Stpfl. sowohl um einen Antrag auf schlichte Änderung als auch um einen Einspruch handeln. In Zweifelsfällen ist der Antragsteller über die Bedeutung seines Antrags zu befragen. Ist dies nicht möglich, ist das Ersuchen **entsprechend §§ 133, 157 AO auszulegen.** Dabei sind die Erklärungen des Stpfl. im Zweifel so auszulegen, dass dasjenige gewollt ist, was nach den Maßstäben der Rechtsordnung vernünftig ist und der recht verstandenen Interessenlage der Erklärenden entspricht (BFH v. 7.11.2001, XI R 14/00, BFH/NV 2002, 745; *von Wedelstädt* in Bartone/von Wedelstädt, Rz. 747). **Im Zweifel** ist ein Antrag als **Einspruch** anzusehen, weil dieser die Rechte des Stpfl. umfassender wahrt (BFH v. 27.02.2003, V R 87/01, BStBl II 2003, 505; BFH v. 05.05.2003, II B 1/03, BFH/NV 2003, 1142; *von Wedelstädt* in Bartone/von Wedelstädt, Rz. 748).

27a Die **Umdeutung** eines Änderungsantrags in einen Rechtsbehelf gegen den eindeutigen Willen des Erklärenden ist unzulässig (FG Nbg v. 25.04.1996, IV 202/95, EFG 1996, 1195) selbst wenn die Einlegung eines Einspruchs nur mit Rücksicht auf die damit verbundene Verböserungsmöglichkeit unterlassen wurde (§ 367 Abs. 2 Satz 2 AO). Eine Umdeutung darf sich nicht als Verfälschung einer eindeutigen Willenserklärung erweisen. Sie dient vielmehr der Offenlegung des durch einen missglückten Wortlaut verdeckten wirklichen Willens des Erklärenden. Die dargestellte Abgrenzung zwischen Antrag und Rechtsbehelf schließt allerdings nicht aus, dass diese gleichzeitig vorliegen können. Um von der Existenz eines Antrags nach § 172 Abs. 1 Satz 1 Nr. 2 Buchst. a AO neben einem **Einspruch** ausgehen zu können, müssen aber besondere und eindeutige Umstände gegeben sein (BFH v. 05.11.2009, IV R 40/07, BStBl II 2010, 720).

### 3. Frist

Für die Zustimmung bzw. den Antrag gem. § 172 Abs. 1 Satz 1 Nr. 2 Buchst. a AO ist zwar keine Frist vorgeschrieben. Die Behörde kann jedoch – abgesehen von dem Fall der Abhilfe eines Einspruchs oder einer Klage – den Steuerbescheid oder gleichgestellten Bescheid nur dann **zugunsten des Stpfl.** ändern oder aufheben, wenn und soweit dieser **vor Ablauf der Rechtsbehelfsfrist** der Änderung zugestimmt oder den Antrag auf Änderung gestellt hat (BFH v. 28.02.2007, II B 33/06, BFH/NV 2007, 1265; BFH v. 20.12.2006, X R 30/05, BStBl II 2007, 503; s. Rz. 21). Ein nach Erlass einer Einspruchsentscheidung, aber innerhalb der **Klagefrist** gestellter Antrag auf schlichte Änderung der Steuerfestsetzung nach § 172 Abs. 1 Satz 1 Nr. 2 Buchst. a AO ist ebenfalls zulässig (BFH v. 11.10.2017, IX R 2/17, BFH/NV 2018, 322; s. Rz. 43). 28

Ob eine **Änderung zugunsten** oder zuungunsten des Stpfl. erfolgt, richtet sich grds. nach der Veränderung des Tenors des zu ändernden Bescheides (BFH v. 16.03.1990, VI R 90/86, BStBl II 1990, 610); auf hierauf aufbauende Folgeregelungen kommt es dabei grds. nicht an (*Koenig* in Koenig, § 172 AO Rz. 38; *von Groll* in HHSp, § 172 AO Rz. 140). Wenn sich eine Änderung indessen zwar unmittelbar zulasten des Stpfl. auswirkt, sich aber bei einer Gesamtschau der im Zusammenhang damit stehenden Auswirkungen die Stellung des Stpfl. letztlich verbessert, handelt es sich auch um eine Änderung zu seinen Gunsten (FG Münster v. 25.02.2014, 9 K 840/12 K, F, EFG 2014, 1155). 28a

Zur **Fristwahrung** genügt es nicht, einen allgemein auf Änderung des Steuerbescheids gerichteten Antrag erst nach Ablauf der Rechtsbehelfsfrist zu konkretisieren und zu begründen (BFH v. 20.12.2006, X R 30/05, BStBl II 2007, 503). Ebenfalls ausgeschlossen ist eine betragsmäßige Erweiterung des Antrags nach Ablauf der Einspruchsfrist (AEAO zu § 172, Nr. 2; BGH v. 27.10.1993, XI R 17/93, BStBl II 1994, 439; *Koenig* in Koenig, § 172 AO Rz. 36; *von Groll* in HHSp, § 172 AO Rz. 137). Im Falle der Zustimmung bzw. Antragstellung nach Ablauf der Rechtsbehelfsfrist kann unter den Voraussetzungen des § 110 AO die **Wiedereinsetzung in den vorigen Stand** gewährt werden (*von Wedelstädt* in Bartone/von Wedelstädt, Rz. 754; *Loose* in Tipke/Kruse, § 172 AO Rz. 36; a. A. *von Groll* in HHSp, § 172 AO Rz. 149). 28b

### 4. Rechtsfolge

#### a) Aufhebung und Änderung

29 Der Steuerbescheid »darf« aufgehoben oder geändert werden. Die Finanzbehörde hat nach pflichtgemäßen **Ermessen** (§ 5 AO) zu handeln (z. B. BFH v. 28.04.1998, IX R 49/96, BStBl II 1998, 458; FG Köln v. 29.01.2014, 7 K 2316/13, EFG 2014, 1061 m. w. N.). Wegen des Grundsatzes der Gesetzmäßigkeit und Gleichmäßigkeit der Besteuerung ist der Ermessensspielraum jedoch, wenn das Begehren des Stpfl. mit dem materiellen Recht im Einklang steht, **auf Null reduziert** (s. Rz. 15; so auch FG Köln v. 29.01.2014, 7 K 2316/13, EFG 2014, 1061). Im Übrigen ist einem fristgerecht und sachlich gerechtfertigten Antrag auf Änderung zugunsten des Stpfl. stattzugeben, da im Rahmen der Ermessensausübung zu berücksichtigen ist, dass der Steuerbescheid bei fristgerechtem Einspruch zu ändern wäre (*von Wedelstädt* in Bartone/von Wedelstädt, Rz. 759). Einen Antrag des Stpfl. auf Änderung zu seinen Ungunsten kann die Finanzbehörde ebenfalls wegen des Grundsatzes der gesetzmäßigen und gleichmäßigen Erhebung der Steuern nicht ablehnen.

#### b) Umfang der Korrektur

30 Der Umfang der Maßnahme nach § 172 Abs. 1 Satz 1 Nr. 2 Buchst. a AO bestimmt sich ausschließlich nach dem **Inhalt der erteilten Zustimmung bzw. des gestellten Antrags** (*von Wedelstädt* in Gosch, § 172 AO Rz. 167 m. w. N.). Darüber hinaus findet – abgesehen von der durch § 177 AO begründeten Saldierungsmöglichkeit – eine Wiederaufrollung des Falles nicht statt. Die Finanzbehörde ist also im Übrigen an die im ursprünglichen Bescheid getroffene materielle Regelung gebunden, dessen (materielle) Bestandskraft insoweit unberührt bleibt. Nach § 169 Abs. 1 Satz 1 AO sind Aufhebung oder Änderung nur innerhalb der Festsetzungsfrist zulässig. Ein vor Ablauf dieser Frist gestellter Antrag nach § 172 Abs. 1 Satz 1 Nr. 2 Buchst. a AO hemmt jedoch den Ablauf der Festsetzungsfrist so lange, bis über den Antrag unanfechtbar entschieden ist (§ 171 Abs. 3 AO).

31 Wegen der Wirkungen des die Aufhebung bzw. Änderung beinhaltenden Bescheids, insbes. sein Verhältnis zum bisherigen Bescheid s. Vor §§ 172–177 AO Rz. 23 f. Zur Anwendung der Vorschrift auf Einspruchsentscheidungen s. Rz. 41 f.

#### c) Fehlen eines Antrags oder der Zustimmung

32 Fehlt der Antrag oder die Zustimmung des Stpfl., so tritt folgende Rechtsfolge ein: Da § 172 Abs. 1 Satz 1 Nr. 2 Buchst. a AO die Zulässigkeit der Änderung bzw. Aufhebung des bisherigen Bescheids von der Zustimmung bzw. dem Vorliegen eines entsprechenden, mit den Auswirkungen des neuen Bescheids zielgleichen Begehrens abhängig macht, ist ein ohne entsprechenden Antrag bzw. entsprechende Zustimmung erlassener Bescheid rechtswidrig. Es handelt sich nicht um einen Fehler i. S. des § 125 AO, sodass der geänderte Steuerbescheid oder gleichgestellte Bescheid nicht nichtig und damit unwirksam ist (§ 124 Abs. 3 AO), sondern gem. § 124 Abs. 2 AO wirksam bleibt, solange und soweit er nicht aufgehoben wird (ebenso *Loose* in Tipke/Kruse, § 172 AO Rz. 41 m. w. N.). Es handelt sich um einen **Verfahrensfehler** i. S. des § 126 Abs. 1 Nr. 1 AO, der unbeachtlich ist, wenn der entsprechende Antrag bzw. die ihm insoweit gleichzustellende Zustimmung nachträglich gestellt bzw. erteilt wird. Zu beachten ist dabei aber, dass der Antrag auf Änderung zugunsten des Stpfl. nach Ablauf der Einspruchsfrist nicht nachgeholt werden kann (s. Rz. 28b). Solange dies nicht geschieht, bleibt der Fehler beachtlich, der Bescheid also rechtswidrig. Wird er im Hinblick auf diese Rechtswidrigkeit angefochten, ist er aufzuheben. Für einen Einspruch gegen einen zugunsten des Stpfl. erlassenen Änderungsbescheids dürfte in aller Regel das Rechtsschutzinteresse fehlen (vgl. *von Wedelstädt* in Bartone/von Wedelstädt, Rz. 757). § 127 AO – nach dem die Aufhebung eines Verwaltungsakts, der nicht nach § 125 AO nichtig ist, nicht alleine deshalb beansprucht werden kann, weil er unter Verletzung der Vorschriften über das Verfahren zustande gekommen ist – greift nicht ein, weil die getroffene Sachentscheidung durch die Verfahrensverletzung bedingt ist.

#### d) Abhilfebescheid

33 Die Vorschriften über die Aufhebung und Änderung von Steuerbescheiden und ihnen gleichgestellten Bescheiden gelten auch **während des Einspruchs- und Klageverfahrens** (§ 132 Abs. 1 AO; BayLfSt v. 03.12.2007, S-0622-27 St 41 M). Die Vorschrift des § 172 Abs. 1 Satz 1 Nr. 2 Buchst. a AO ist während dieser Verfahren auch anwendbar, soweit die Finanzbehörde einem Einspruch oder einer Klage **abhilft**. Wird der angefochtene Bescheid während eines Einspruchsverfahrens oder Finanzgerichtsprozesses geändert bzw. aufgehoben, richtet sich die Rechtsgrundlage der Abhilfe mangels Regelung bei den Vorschriften über das Einspruchsverfahren (§§ 347 ff. AO) und in der FGO aufgrund des Verweises in § 132 AO folglich nach den Korrekturnormen der §§ 129, 130 f., 164 f., 172 ff. AO. Die Änderung oder Aufhebung eines Steuerbescheids richtet sich im Einspruchsverfahren und im Klageverfahren nach § 172 Abs. 1 Satz 1 Nr. 2 Buchst. a AO (*von Wedelstädt* in Gosch, § 172 AO Rz. 172 m. w. N.). Auch wenn die Hauptsacheerledigung durch Änderung bzw. Aufhebung des angefochtenen Bescheids erst während eines Finanzprozesses eintritt, handelt es sich um eine Maßnahme der Verwaltungsbehörde, die nicht Gegenstand des Rechtsbehelfsverfahrens ist (**außer-**

**gerichtliche Erledigung**). Soweit im Rechtsbehelfsverfahren die Finanzbehörde dem Einspruch und der Klage vollumfänglich abhilft, erledigt sich hierdurch zugleich der Rechtsbehelf in der Hauptsache (*Koenig* in Koenig, § 172 AO Rz. 44; auch s. § 138 FGO Rz. 3). Die **Zusage des Behördenvertreters** in einer mündlichen Verhandlung, einem Erörterungstermin oder in einem Schriftsatz, den angefochtenen Bescheid gem. § 172 Abs. 1 Satz 1 Nr. 2 Buchst. a AO zu ändern oder aufzuheben, ist verbindlich (*Loose* in Tipke/Kruse, § 172 AO Rz. 42). Zwar tritt nicht schon durch eine solche Zusage eine **Erledigung der Hauptsache** ein (BFH v. 29.09.1967, VI B 69/67, BStBl II 1968, 35). Die Erledigungserklärung der Beteiligten kann jedoch schon vor dem tatsächlichen Erlass des zugesagten Bescheids abgegeben und damit der Rechtsstreit in der Hauptsache beendet werden. Auch in diesem Fall ist § 172 Abs. 1 Satz 1 Nr. 2 Buchst. a AO die Rechtsgrundlage für den Abhilfebescheid.

34 Wird dem Einspruch oder der Klage durch einen Änderungsbescheid i. S. des § 172 Abs. 1 Satz 1 Nr. 2 Buchst. a AO nicht im vollen Umfange stattgegeben (sog. **Teilabhilfebescheid**), so ist auch für die Teilabhilfe § 172 Abs. 1 Satz 1 Nr. 2 Buchst. a AO Rechtsgrundlage (»soweit«). Durch den Teilabhilfebescheid sind das Einspruchsverfahren sowie das Klageverfahren noch nicht erledigt. Im Einspruchsverfahren bedarf es nach § 367 Abs. 2 Satz 3 AO einer Einspruchsentscheidung, soweit die Finanzbehörde mit dem Änderungsbescheid seinem Einspruch nicht abgeholfen hat. Nach § 365 Abs. 3 AO wird der Änderungsbescheid automatisch Gegenstand des Einspruchsverfahrens (für das Klageverfahren nach § 68 FGO). In beiden Verfahren kann der Stpfl. ausdrücklich der Erledigung zustimmen und insoweit sein Einspruchsbegehren einschränken. In diesem Fall tritt eine Erledigung des Rechtsbehelfsverfahrens ein (hierzu ausführlich *von Wedelstädt* in Gosch, § 172 AO Rz. 177 f., *von Wedelstädt* in Bartone/von Wedelstädt, Rz. 774).

## IV. Sachlich unzuständige Behörde (§ 172 Abs. 1 Satz 1 Nr. 2 Buchst. b AO)

35 Gemäß § 172 Abs. 1 Satz 1 Nr. 2 Buchst. b AO kann ein unter die Vorschrift fallender Steuerbescheid oder gleichgestellter Bescheid aufgehoben oder geändert werden, soweit er von einer sachlich unzuständigen Behörde (§ 16 AO i. V. m. §§ 12, 17 FVG) erlassen worden ist. Ein Verstoß gegen die örtliche Zuständigkeit (§§ 17 ff. AO) ist davon nicht erfasst (vgl. *von Groll* in HHSp, § 172 AO Rz. 161). Der Tatbestand stimmt mit § 130 Abs. 2 Nr. 1 AO (Rücknahme eines begünstigenden rechtswidrigen Verwaltungsakts wegen Unzuständigkeit der Erlassbehörde) überein. Ist die sachliche Unzuständigkeit der Erlassbehörde i. S. des § 125 Abs. 1 AO besonders schwerwiegend und offenkundig, ist der Steuerbescheid ohnehin nichtig und damit unwirksam (s. § 125 AO Rz. 6; vgl. in diesem Zusammenhang § 125 Abs. 3 Nr. 1 AO, s. § 125 AO Rz. 15). Da das Gesetz auf die sachliche Zuständigkeit der Behörde abstellt, kommt eine Aufhebung nach § 172 Abs. 1 Satz 1 Nr. 2 Buchst. b AO nicht in Frage, wenn innerhalb der sachlich zuständigen Behörde der nach der internen **Geschäftsverteilung** unzuständige Finanzbeamte gehandelt hat (*von Wedelstädt* in Bartone/von Wedelstädt, Rz. 788).

Die Aufhebung oder (einschränkende) Änderung steht im pflichtgemäßen **Ermessen** (§ 5 AO) der Erlassbehörde (s. § 5 AO Rz. 3 f.). Sie ist umfangmäßig auf den von der sachlichen Unzuständigkeit betroffenen Inhalt des Bescheids beschränkt. 36

## V. Unlautere Mittel (§ 172 Abs. 1 Satz 1 Nr. 2 Buchst. c AO)

Nach § 172 Abs. 1 Satz 1 Nr. 2 Buchst. c AO kann ein Steuerbescheid aufgehoben oder geändert werden, soweit er durch unlautere Mittel, wie **arglistige Täuschung, Drohung oder Bestechung** erwirkt worden ist. Die Vorschrift übernimmt die in § 130 Abs. 2 Satz 1 Nr. 2 AO für den dortigen Anwendungsbereich getroffene Regelung für die unter § 172 Abs. 1 Satz 1 Nr. 2 AO fallenden Bescheide. Hinsichtlich solcher Bescheide, die durch arglistige Täuschung erwirkt worden sind, wird die Änderung meist daneben auf § 173 AO gestützt werden können, weil die Aufdeckung des wahren Sachverhalts als **neue Tatsache** i. S. dieser Vorschrift zu werten sein wird. Die Änderungssperre des § 173 Abs. 2 Satz 1 AO gilt für § 172 Abs. 1 Satz 1 Nr. 2 Buchst. c AO nicht (BFH v. 02.12.2013, III B 71/13, BFH/NV 2014, 570; vgl. auch *von Wedelstädt* in Gosch, § 173 AO Rz. 19). 37

Für die Anwendung des § 172 Abs. 1 Satz 1 Nr. 2 Buchst. c AO ist Voraussetzung, dass die unlauteren Mittel für die im zu ändernden oder aufzuhebenden Bescheid getroffene Regelung **ursächlich** gewesen sind. Nur soweit die Entscheidung der Finanzbehörde auf das unlautere Verhalten zurückzuführen ist, ist die Änderung bzw. Aufhebung gerechtfertigt. Die unlauteren Mittel müssen vorsätzlich eingesetzt worden sein; **bedingter Vorsatz** genügt. Ein Bescheid ist auch dann durch unlautere Mittel erwirkt, wenn der Stpfl. Angaben macht, deren Unrichtigkeit ihm bekannt ist (BFH v. 14.12.1994, XI R 80/92, BStBl II 1995, 293; BFH v. 28.09.2000, III B 108/97, BFH/NV 2001, 418 m. w. N.; *Loose* in Tipke/Kruse, § 172 AO Rz. 44). Es braucht ihm nicht bewusst zu sein, dass die Finanzbehörde gerade diesen Angaben besondere Bedeutung beimessen würde. Ob der unlauter Handelnde derjenige ist, an den sich der Bescheid richtet bzw. der von ihm betroffen ist, oder ob ein Vertreter sich einschlägig verhalten hat, macht keinen Unterschied (BFH v. 28.04.1998, IX R 49/96, BStBl II 1998, 458). Handeln 38

**Vertreter** oder **Bevollmächtigte** (§§ 34, 35 AO) mit unlauteren Mitteln, ist dies dem Stpfl. zuzurechnen (*von Wedelstädt* in Bartone/von Wedelstädt, Rz. 793). Denkbar ist auch die Erwirkung durch einen sonstigen **Dritten** (BFH v. 28.04.1998, IX R 49/96, BStBl II 1998, 458 m.w.N.). Dritter ist auch der Beamte, der den Bescheid erlassen hat (BFH v. 09.10.1992, VI S 15/92, BFH/NV 1993, 78; *von Wedelstädt* in Gosch, § 172 AO Rz. 197; a.A. *Loose* in Tipke/Kruse, § 130 AO Rz. 26). Hauptanwendungsfälle der Vorschrift sind Änderungen von Steuerbescheiden bei **Steuerhinterziehung** infolge unrichtiger Angaben (§ 370 Abs. 1 Nr. 1 AO).

39 Unter einer **arglistigen Täuschung** ist eine bewusste und vorsätzliche Irreführung zu verstehen, durch die die Willensbildung der Behörde unzulässig beeinflusst wird. Es genügt bereits das Bewusstsein des Stpfl., wahrheitswidrige Angaben zu machen. Ob das FA die Unrichtigkeit hätte erkennen können, ist unbeachtlich (BFH v. 08.07.2015, VI R 51/14, BStBl II 2017, 13, BFH v. 03.08.2016, X R 21/15, BFH/NV 2017, 457). **Drohung** ist Einwirkung auf die Willensbildung durch Erzeugung von Angst vor den angedrohten Übeln. **Bestechen** ist das Anbieten, Versprechen oder Gewähren eines Vorteils als Gegenleistung (§§ 331 ff. StGB).

40 Die Aufhebung oder Änderung steht im pflichtgemäßen **Ermessen** (§ 5 AO) der Finanzbehörde (s. § 5 AO Rz. 3 ff.). Aber auch hier ist das Ermessen auf Null reduziert (s. Rz. 19) und führt im Übrigen nicht zur Wiederaufrollung des ganzen Falles. Wegen der Möglichkeit der Saldierung mit Rechtsfehlern s. § 177 AO.

## VI. Sonstige gesetzliche Korrekturmöglichkeiten (§ 172 Abs. 1 Nr. 2 Buchst. d AO)

41 § 172 Abs. 1 Satz 1 Nr. 2 Buchst. d AO stellt i.S. des geschlossenen Systems der Korrektur von Steuerbescheiden (s. Rz. 1; s. Vor §§ 172–177 AO Rz. 2) klar, dass die in § 172 Abs. 1 Satz 1 Nr. 2 AO eröffneten Möglichkeiten der Änderung oder Aufhebung trotz der Verwendung des Wortes »nur« im Eingangssatz der Vorschrift die Änderung oder Aufhebung nach anderen gesetzlichen Vorschriften nicht ausschließen. Lediglich die in den §§ 130 und 131 AO enthaltenen Vorschriften über die Rücknahme rechtswidriger und den Widerruf rechtmäßiger Verwaltungsakte sind auf Steuerbescheide und ihnen gleichgestellte Bescheide nicht anwendbar. Als andere einschlägige Vorschriften kommen insbes. die §§ 173 bis 175a AO in Frage, aber auch z.B. § 10d Abs. 4 EStG, § 70 Abs. 2 und 3 EStG für Kindergeldbescheide, § 35b GewStG, § 32a KStG, § 22 Abs. 3 Satz 1 BewG, § 16 GrEStG, § 21 GrStG, §§ 15a, 17 UStG. Die Angabe, dass §§ 130, 131 AO nicht gelten, dient lediglich der Klarstellung (BFH v. 25.02.1999, VII B 150/98, BFH/NV 1999, 1057; FG SchlH v. 25.03.2010, 4 K 29/10, EFG 2010, 1549, Rev. gem. § 126a FGO zurückgewiesen, BFH v. 31.01.2011, XI R 11/10, n.v.).

# C. Anwendbarkeit auf Einspruchsentscheidungen (§ 172 Abs. 1 Sätze 2 und 3 AO)

§ 172 Abs. 1 Satz 2 AO dehnt die Geltung der Aufhebungs- und Änderungsmöglichkeiten auf solche Einspruchsentscheidungen aus, durch die der Steuerbescheid bestätigt oder geändert worden ist. Damit wird der Tatsache Rechnung getragen, dass **Einspruchsentscheidungen** (§§ 366, 367 Abs. 2 Satz 3 AO) sich von den ihnen vorausgehenden Bescheiden lediglich dadurch unterscheiden, dass sie auf einer erneuten rechtlichen und tatsächlichen Überprüfung durch die Finanzbehörde beruhen, sie erwachsen als Verwaltungsakte daher nur in Bestandskraft, nicht in eine erhöhte Bestandskraft oder in Rechtskraft. Dies gilt auch für Abhilfebescheide im Einspruchsverfahren, vgl. AEAO zu § 172, Nr. 4. 42

Es wäre daher nicht gerechtfertigt, ihnen allgemein eine stärkere (materielle) Bestandskraft als den angefochtenen Bescheiden zuzubilligen. Eine schlichte Änderung nach § 172 Abs. 1 Satz 1 Nr. 2 Buchst. a AO ist auch dann zulässig, wenn die Einspruchsentscheidung bereits ergangen ist, sofern der Änderungsantrag vor **Ablauf der Klagefrist** gestellt wurde (s. Rz. 28). Eingeschränkt ist diese Änderungsmöglichkeit durch § 172 Abs. 1 Satz 3 AO. Verfristet **vorgetragene Tatsachen und Beweismittel**, die nach § 364b Abs. 2 AO in der Einspruchsentscheidung nicht berücksichtigt wurden, dürfen auch nicht berücksichtigt werden, wenn der Bescheid vor Ablauf der Klagefrist geändert werden soll; insoweit gilt die Präklusion nach § 364b AO ausdrücklich fort (dazu z.B. *Bartone* in Gosch, § 364b AO Rz. 92; zum Verhältnis zu § 132 AO FG Mchn v. 11.10.2000, 1 K 4131/99, EFG 2001, 156). 43

# D. Gleichgestellte Steuerverwaltungsakte (§ 172 Abs. 2 AO)

Durch § 172 Abs. 2 AO werden in den Anwendungsbereich der Vorschrift auch solche Verwaltungsakte mit einbezogen, durch die Anträge auf Erlass, Aufhebung oder Änderung von Steuerbescheiden und ihnen gleichgestellten Bescheiden (s. Rz. 1) ganz oder teilweise abgelehnt werden. 44

### E. Erledigung von Anträgen auf Aufhebung oder Änderung nach höchstrichterlicher Entscheidung (§ 172 Abs. 3 AO)

45 Anhängige, außerhalb eines Einspruchs- oder Klageverfahrens gestellte Anträge auf Aufhebung oder Änderung einer Steuerfestsetzung, die eine vom EuGH, vom BVerfG oder vom BFH entschiedene Rechtsfrage betreffen und denen nach dem Ausgang des Verfahrens vor diesen Gerichten nicht entsprochen werden kann, können nach der durch das JStG 2007 eingefügten Vorschrift durch **Allgemeinverfügung** (§ 118 Satz 2 AO) insoweit zurückgewiesen werden. Hierdurch soll unnötiger Verwaltungsaufwand vermieden werden, indem Änderungsanträge rationell bearbeitet werden (*von Wedelstädt*, DB 2006, 2715). Darüber hinaus soll die Vorschrift der Herstellung von Rechtsfrieden dienen, da in der Vergangenheit Änderungsanträge nur teilweise bearbeitet worden sind (*Sikorski*, DStR 2007, 183). Im Hinblick auf den durch Art. 19 Abs. 4 GG zu gewährenden Rechtschutz scheint die Regelung aber zumindest bedenklich. Zwar wird dem Stpfl. ein »Erstschutz« nicht verwehrt, denn die Möglichkeit des Änderungsantrages ist dem Stpfl. nicht genommen. Wird dieser aber durch eine Allgemeinverfügung zurückgewiesen, so besteht die Gefahr, dass der Stpfl. von dieser Möglichkeit erst nach Verstreichen der Klagefrist (s. Rz. 48) Kenntnis erlangt.

46 § 172 Abs. 3 AO betrifft nur **Änderungsanträge**, die **außerhalb eines Rechtsbehelfsverfahrens** gestellt wurden. Sie dient der Ergänzung des ebenfalls mit dem JStG 2007 eingefügtem § 367 Abs. 2b AO (*von Wedelstädt* in Gosch, § 172 AO Rz. 211; dazu z.B. *Bartone* in Gosch, § 367 AO Rz. 71 ff.).

47 Ist nach **Klärung einer Rechtsfrage durch höchstrichterliche Entscheidung** der Antrag auf Aufhebung oder Änderung des Steuerbescheids unbegründet, können solche anhängigen Anträge durch Allgemeinverfügung zurückgewiesen werden. Werden mit dem Antrag noch andere Begehren verfolgt, so bleibt insoweit der Antrag nach Ablehnung durch die Allgemeinverfügung bestehen und ist insoweit noch zu bescheiden (*von Wedelstädt* in Gosch, § 172 AO Rz. 213).

48 Die Allgemeinverfügung ist im BStBl und auf den Internetseiten des BMF zu **veröffentlichen**. Als Bekanntgabetag gilt der Tag nach der Herausgabe des BStBl (§ 172 Abs. 3 Satz 2 AO, § 367 Abs. 2b Satz 2 bis 6 AO). Sachlich zuständig für den Erlass der Allgemeinverfügung ist je nach sachlicher Zuständigkeit das BMF oder die für die Finanzverwaltung zuständige oberste Landesbehörde. Gegen die Allgemeinverfügung kann **innerhalb eines Jahres Klage** erhoben werden (§ 172 Abs. 3 AO i. V. m. § 367 Abs. 2b Satz 5; dazu z. B. *Bartone* in Gosch, § 367 AO Rz. 89). Ein Einspruch gegen die Allgemeinverfügung ist nach § 348 Nr. 6 AO nicht statthaft.

Die Regelung gilt auch für Aufhebungs- oder Änderungsanträge, die vor dem Tag der Verkündung des JStG 2007 (18.12.2006) gestellt oder eingelegt wurden (Art. 97 § 18 a Abs. 12 EGAO). 49

### F. Rechtsbehelfe

Gegen den Steuerbescheid, durch den ein unter § 172 AO fallender Steuerbescheid aufgehoben oder geändert wird, ist der außergerichtliche Rechtsbehelf des **Einspruchs** statthaft (§ 347 Abs. 1 AO). Das gilt auch für den Vollabhilfebescheid (BFH v. 18.04.2007, XI R 47/05, BStBl II 2007, 736). Gegen die Ablehnung der Änderung oder Aufhebung des Steuerbescheids nach § 172 Abs. 1 Satz 1 Nr. 2 Buchst. a AO kann der Stpfl. Einspruch einlegen (BFH v. 27.10.1993, XI R 17/93, BStBl II 1994, 439). Lehnt die Behörde den Einspruch gegen die Ablehnung eines Antrages nach § 172 Abs. 1 Satz 1 Nr. 2 Buchst. a AO vollumfänglich ab, ist die **Verpflichtungsklage** (§ 40 Abs. 1 2. Alt. FGO) statthaft (BFH v. 27.10.1993, XI R 17/93, BStBl II 1994, 439; s. § 40 FGO Rz. 6). Wird dem Änderungsantrag **nur teilweise stattgegeben**, so hat dies der Stpfl. durch **Anfechtung** des nach seiner Auffassung unzureichenden (den Antrag nicht erschöpfenden) Änderungsbescheids mit dem Einspruch und – sofern dieser ohne Erfolg bleibt – mit der (Änderungs-)**Anfechtungsklage** (§§ 40 Abs. 1 1. Alt., 100 Abs. 2 FGO) geltend zu machen (ausführlich *von Beckerath* in Gosch, § 40 FGO Rz. 79 ff.; ebenso *Braun* in HHSp, § 40 FGO Rz. 96; *von Wedelstädt* in Bartone/von Wedelstädt, Rz. 784; a. A. *von Groll* in HHSp, § 172 AO Rz. 280: Verpflichtungsklage). Dem steht insoweit auch die Unanfechtbarkeit des ursprünglichen Bescheids i. S. des § 351 Abs. 1 AO nicht entgegen (§ 351 Abs. 1 2. HS AO), da in der Sache gerade um den Umfang der Änderung nach § 172 Abs. 1 Nr. 2 Buchst. a AO gestritten wird. 50

## § 173 AO
## Aufhebung oder Änderung von Steuerbescheiden wegen neuer Tatsachen oder Beweismittel

**(1) Steuerbescheide sind aufzuheben oder zu ändern,**

**1. soweit Tatsachen oder Beweismittel nachträglich bekannt werden, die zu einer höheren Steuer führen,**

**2. soweit Tatsachen oder Beweismittel nachträglich bekannt werden, die zu einer niedrigeren Steuer führen und den Steuerpflichtigen kein grobes Verschulden daran trifft, dass die Tatsachen oder Beweismittel erst nachträglich bekannt werden. Das Verschulden ist unbeacht-**

**lich, wenn die Tatsachen oder Beweismittel in einem unmittelbaren oder mittelbaren Zusammenhang mit Tatsachen oder Beweismitteln im Sinne der Nummer 1 stehen.**

**(2) Abweichend von Absatz 1 können Steuerbescheide, soweit sie auf Grund einer Außenprüfung ergangen sind, nur aufgehoben oder geändert werden, wenn eine Steuerhinterziehung oder eine leichtfertige Steuerverkürzung vorliegt. Dies gilt auch in den Fällen, in denen eine Mitteilung nach § 202 Abs. 1 Satz 3 ergangen ist.**

### Inhaltsübersicht



### Schrifttum


Beck, DStR 1984, 671; von Wedelstädt, Zeitpunkt des Bekanntwerdens von Tatsachen und Verhältnis der Änderung von Steuerbescheiden nach § 173 Abs. 1 Nr. 1 und Nr. 2 Satz 2 AO zueinander, DB 1984, 1215; Birkenfeld, Änderung von Steuerbescheiden wegen nachträglich bekannt gewordener Tatsachen, DStZ 1989, 391; Martens, Änderung von Steuerbescheiden wegen neuer Tatsachen, StuW 1989, 365; Mittelmann, Restitution nach § 173 Abs. 1 Nr. 2 AO trotz mutmaßlich kausalen Rechtsirrtums?, DStZ 1989, 505; Wichmann, Die Aufhebung oder Änderung von Steuerbescheiden wegen neuer Tatsachen oder Beweismittel im Falle des § 173 Abs. 1 Nr. 2 Satz 2 AO, DStZ 1990, 66; Berndt, Aufhebung oder Änderung von Steuerbescheiden bei nachträglich bekanntwerdenden Tatsachen mit doppelten steuerlichen Auswirkungen, DStR 1992, 1005; Neckels, Verfassungswidrigkeit und Neuregelung einer Rechtsnorm als »neue« Tatsache im Sinne des § 173 AO?, DStZ 1993, 321; Zugmaier, FR 2000, 656; Apitz, Reichweite der Änderungssperre nach § 173 Abs. 2 AO, StB 2003, 37; Bur, Zurechnung von Kenntnissen bei der Änderung von Steuerbescheiden nach § 173 Abs. 1 Nr. 1 Satz 1 AO, INF 2003, 858; Oberloskamp, Neue Tatsachen bei verspätet übersandten Mitteilungen, AO-StB 2003, 129; Breuer, Treu und Glauben bei der Korrektur von Steuerbescheiden, AO-StB 2004, 14; Bur, Nochmals: Zurechnung von Kenntnissen bei der Änderung von Steuerbescheiden nach § 173 Abs. 1 Nr. 1 AO, INF 2004, 146; Kratzsch, Zur Zurechnung von Kenntnissen bei der Änderung von Steuerbescheiden nach § 173 Abs. 1 Nr. 1 AO, INF 2004, 145; von Wedelstädt, Änderung bestandskräftiger Steuerbescheide aufgrund des Urteils des BVerfG zur Verfassungsmäßigkeit der Besteuerung der Einkünfte aus privaten Wertpapierveräußerungsgeschäften, DB 2004, 848; Balmes/Graessner, Der Einfluss der EuGH-Rechtsprechung auf das deutsche Verfahrensrecht – Korrektur bestandskräftiger Bescheide, AO-StB 2005, 139; Krebs, Änderungen gem. § 173 AO – ohne Prüfung der Rechtserheblichkeit, AO-StB 2005, 77; Müller, Die Änderungssperre des § 173 Abs. 2 AO, AO-StB 2005, 73; Hütt, Änderungsmöglichkeiten der Anrechnungsverfügung, AO-StB 2005, 265; Musil, Aktuelle Fragen der Bestandskraft von Steuerbescheiden, DStZ 2005, 362; Sauer, Die nachträgliche Ausstellung bzw. Vorlage von Bescheinigungen, AO-StB 2005, 272; Tiedtke/Szczesny, Anwendungsbereich der Änderungsvorschrift des § 173 Abs. 1 Nr. 2 AO bei verschuldeter Versäumung der Einspruchsfrist, DStR 2005, 1122; Jacobsen, Der Anspruch des Gesellschafters auf Änderung seines Einkommensteuerbescheides bei nachträglich festgestellter verdeckter Gewinnausschüttung, BB 2006, 183; Müller, Mitverschulden des Finanzamts?, AO-StB 2007, 19; Balmes/Graessner, »Tipke-Urteil« als verfahrensrechtlicher Änderungsgrund, BB 2009, 468; Günther, Änderung und Berichtigung von Steuerbescheiden, AO-StB 2010, 337; Schwenke, Grobes Verschulden des steuerlichen Beraters und eingeschalteter Dritter, NWB 2010, 814; Gestrich, Die Rechtserheblichkeit neuer Tatsachen und Beweismittel, NWB 2010, 2366; Loose, Rechtserheblichkeit neuer Tatsachen i.S.d. § 173 AO, AO-StB 2013, 313; Bartone/von Wedelstädt, Korrektur von Steuerverwaltungsakten, 2. Aufl. 2017.


## A. Bedeutung der Vorschrift

1 § 173 AO stellt die zentrale Norm für die Änderung von Steuerbescheiden dar. Sie stellt die materielle Rechtsrichtigkeit über den Vertrauensschutz. Die Vorschrift regelt die **Aufhebung** bzw. **Änderung** von Steuerbescheiden und ihnen gleichgestellten Bescheiden aufgrund nachträglich bekannt werdender **Tatsachen** oder **Beweismittel**. § 173 AO ist eine Korrekturnorm i.S. des § 172 Abs. 1 Satz 1 Nr. 2 Buchst. d AO. Ihr sachlicher Anwendungsbereich erstreckt sich auf **Steuerbescheide und ihnen gleichgestellte Steuerverwaltungsakte** (im Einzelnen s. § 172 AO Rz. 1, 6; s. Vor §§ 172–177 AO Rz. 6 f.).

## B. Aufhebung und Änderung von Steuerbescheiden

### I. Tatbestand

#### 1. Tatsachen

2 Tatsache ist alles, was Merkmal oder Teilstück eines gesetzlichen **Steuertatbestandes** sein kann, also Zustände, Vorgänge, Beziehungen, Eigenschaften materieller oder immaterieller Art (st. Rspr. BFH v. 28.06.2006, III R 13/06, BStBl II 2007, 714 m.w.N.; AEAO zu § 173, Nr. 1.1). Bei den **Besteuerungsgrundlagen** i.S. von § 199 Abs. 1 AO handelt es sich um Tatsachen i.S. des § 173 AO, ebenso die persönlichen Verhältnisse des Stpfl. wie z.B. Alter, Körperbehinderung, Beruf, Konfession (FG BW v. 04.07.1986, IX 231/82, EFG 1987, 158) bzw.

Kirchenmitgliedschaft (FG BW v. 18.12.1998, 9 K 252/93, juris), Familienstand, Zahl der Kinder, die Art der Einkünfteerzielung (z.B. BFH v. 24.04.1986, V R 99/83, BFH/NV 1986, 589), die einzelnen (Betriebs-)Einnahmen (§§ 4, 8 EStG) sowie Betriebsausgaben (§ 4 Abs. 4 EStG) bzw. Werbungskosten (§ 9 EStG) und deren Zeitpunkt. Um Tatsachen handelt es sich auch bei vorgreiflichen zivilrechtlichen Rechtsverhältnissen (s. Rz. 8; vgl. zum Vorstehenden *von Wedelstädt* in Gosch, § 173 AO Rz. 3; *Bartone* in Bartone/von Wedelstädt, Rz. 816). Tatsachen i.S. des § 173 Abs. 1 Nr. 1 AO können auch durch komplexe Begriffe, die eine Zusammenfassung von Tatsachen enthalten und auf einer bestimmten rechtlichen Wertung derselben beruhen, bezeichnet werden (BFH v. 25.01.2017, I R 70/15, BStBl II 2017, 780). Maßgeblich ist dabei nicht die rechtliche Wertung, die nicht zu einer Änderung nach § 173 Abs. 1 AO führen kann, sondern der dieser Wertung zugrunde liegende Lebenssachverhalt als Zusammenfassung der besteuerungsrelevanten Tatsachen.

2a **Schlussfolgerungen** aller Art, insbes. auch juristische Subsumtionen und hierauf beruhende **Gerichtsentscheidungen** sind **keine Tatsachen** (BFH v. 28.06.2006, III R 13/06, BStBl II 2007, 714; BFH v. 27.01.2011, III R 90/07, BStBl II 2011, 543; BFH v. 09.04.2014, X R 1/11, BFH/NV 2014, 1499; AEAO zu § 173, Nr. 1.1.2) ebenso wenig eine **geänderte Rechtsauffassung**, also eine andere rechtliche Beurteilung bereits bekannter Umstände (BFH v. 28.06.2006, III R 13/06, BStBl II 2007, 714; BFH v. 26.10.2006, V R 58/04, BStBl II 2007, 487) und eine durch eine **Entscheidung des BVerfG** erzwungene **Gesetzesänderung** zugunsten der Stpfl. (*Loose* in Tipke/Kruse, § 173 AO Rz. 3 m.w.N.; auch s. Vor §§ 172–177 AO Rz. 21). Folglich ist eine vom bestandskräftigen Steuerbescheid abweichende, **geänderte rechtliche Würdigung des FA keine Tatsache** i.S. des § 173 Abs. 1 Nr. 1 AO (BFH v. 08.07.2015, VI R 51/14, BStBl II 2017, 13). Ein nachträglich erkannter Rechtsfehler führt daher nicht zu einer Änderung nach § 173 Abs. 1 AO (BFH v. 23.11.1987, GrS 1/86, BStBl II 1988, 180; BFH v. 09.04.2014, X R 1/11, BFH/NV 2014, 1499). Anders z.B. aber die Tatsache des Erhebungs- und Vollzugsdefizits, denn hierbei handelt es sich nicht um einen Subsumtionsschluss und damit nicht um eine rechtliche Schlussfolgerung (*Balmes/Graessner*, BB 2009, 468, FG Köln v. 12.06.2008, 10 K 1820/05, EFG 2008, 1593; a.A. BFH v. 12.05.2009, IX R 45/08, BStBl 2009, 891).

3 Zu den Tatsachen gehören auch **innere Tatsachen**, wie die Gewinn- oder Überschusserzielungsabsicht, die nur anhand von **Hilfstatsachen** festgestellt werden können (z.B. BFH v. 07.04.2016, IV R 38/13, BStBl II 2016, 765; BFH v. 20.10.2016, V R 36/14, BFH/NV 2017, 327). Die Änderung nach § 173 Abs. 1 AO ist dann zulässig, wenn die nachträglich entstandene Hilfstatsache den sicheren Schluss auf die zum Zeitpunkt der Steuerfestsetzung bestehende Haupttatsache zulässt; Vermutungen und Wahrscheinlichkeiten reichen dazu nicht (z.B. BFH v. 19.10.2011, X R 29/10, BFH/NV 2012, 227; BFH v. 19.11.2014, VIII R 12/12, DÄ 2015, A 1160). Hilfstatsachen führen nicht zu einer anderen Steuer, sondern haben steuerliche Auswirkungen nur dann, wenn sie den Schluss auf die Haupttatsache zulassen.

Die **fehlende Kenntnis** von bestimmten objektiven Voraussetzungen einer Steuerrechtsnorm ist hingegen keine zur Änderung eines Steuerbescheides führende Tatsache (BFH v. 25.01.2001, II R 52/98, BStBl II 2001, 414 für die Unkenntnis eines Antragserfordernisses und eines Freibetrages). Nach h.M. ist die **Verfassungswidrigkeit** der steuerrechtlichen Regelung keine neue Tatsache (*von Wedelstädt* in Gosch, § 173 AO Rz. 8 f.; *Rüsken* in Klein, § 173 AO Rz. 24; a.A. *Felix*, FR 1992, 693). Entscheidungen des BVerfG beruhen auf rechtlichen Erwägungen und Schlussfolgerungen und stellen als **juristische Subsumtion** nach h.M. keine neuen Tatsachen i.S. des § 173 Abs. 1 Nr. 2 AO dar (*von Wedelstädt*, DB 2004, 848; BFH v. 12.05.2009, IX R 45/08, BStBl II 2009, 891; s. Vor §§ 172–177 AO Rz. 21). 4

**Rechtsnormen** sind keine Tatsachen, auch nicht, wenn es sich um **ausländisches Recht** handelt (BFH v. 13.10.1983, I R 11/79, BStBl 1984, 181; *Koenig* in Koenig, § 173 AO Rz. 10; *Loose* in Tipke/Kruse, § 173 AO Rz. 3; a.A. FG Münster v. 26.10.1978, VII 2498/77 E, EFG 1979, 269; *von Wedelstädt* in Gosch, § 173 AO Rz. 11). 5

vorläufig frei 6–7

### a) Vorgreifliche Tatsachen

Um Tatsachen i.S. des § 173 Abs. 1 AO handelt es sich bei sog. **vorgreiflichen Rechtsverhältnissen**, d.h. bei Rechtsverhältnissen, über die in einem eigenständigen Verfahren durch eine andere Behörde oder ein Gericht eines anderen Ressorts entschieden wird und an deren Bestehen oder Nichtbestehen steuerrechtliche Folgen geknüpft werden, wie dies z.B. bei Rechtsverhältnissen wie Kauf, Vermietung, Pacht, Schenkung, Forderung, Gewinnausschüttung, Geschäftsführer-Gehalt der Fall ist. Auch das Eigentum i.S. der §§ 903 ff. BGB, § 39 Abs. 1 AO stellt eine Tatsache dar, **nicht aber** das **wirtschaftliche Eigentum** (§ 39 Abs. 2 Nr. 1 Satz 1 AO), da es sich um das Ergebnis einer rechtlichen Würdigung des von der Finanzbehörde vorgefundenen Sachverhalts nach dem Gesamtbild der Verhältnisse handelt (FG Sa v. 23.04.2014, 2 K 1273/11, EFG 2014, 1556, NZB unbegründet, BFH v. 20.07.2015, II B 71/14, n.v.). Tatsachen sind demgegenüber die Verhältnisse, auf deren Grundlage die Würdigung erfolgt. Die nachträgliche Änderung der vom FA übernommenen Wertung des vorgreiflichen Rechtsverhältnisses stellt eine Tatsache i.S. des § 173 Abs. 1 AO dar (BFH v. 02.08.1994, VIII R 65/93, BStBl II 8

1995, 264; AEAO zu § 173, Nr. 1.1.1). Denn derartige Bezeichnungen sind als Zusammenfassung von Tatsachen einschließlich subjektiver Tatbestandsmerkmale, wie z. B. der von den Vertragspartnern einvernehmlich bestimmte Vertragszweck, zu verstehen, die eine bestimmte Wertung auslösen. Der übernommenen Wertung widersprechende Tatsachen sind daher – werden sie nachträglich bekannt – änderungsrelevant (BFH v. 14.05.2003, X R 60/01, BFH/NV 2003, 1144). Auch die Schlussfolgerungen anderer Behörden, von Gerichten u. Ä., die für die von der Finanzbehörde zu treffende Entscheidung **vorgreiflich** sind, sind als Tatsachen i. S. der Vorschrift aufzufassen (BFH v. 02.08.1994, VIII R 65/93, BStBl II 1995, 264). Das abschließende Urteil in einem **Verfahren**, das zum Zeitpunkt des Erlasses des Steuerbescheides noch anhängig war, stellt auch eine Tatsache i. S. des § 173 Abs. 1 AO dar. Dies gilt, wenn es sich bei dem Verfahren um einen Steuerprozess handelt, nur, sofern er von einer anderen Finanzbehörde geführt wird als der, die den Steuerbescheid ändern oder aufheben könnte (*Loose* in Tipke/Kruse, § 173 AO Rz. 6).

### b) Wert eines Gegenstandes

9 Der **Wert** eines Gegenstands ergibt sich als Schlussfolgerung aus den wertbegründenden Tatsachen (Eigenschaften) und stellt daher selbst keine Tatsache dar (BFH v. 14.01.1998, II R 9/97, BStBl II 1998, 371). **Wertbildende und wertbegründende Merkmale** (z. B. die Baureife eines Grundstücks, dessen Lage in einem Baugebiet oder dessen Kontaminierung) können jedoch Tatsachen i. S. des § 173 AO sein (BFH v. 25.07.2001, VI R 82/96, BFH/NV 2001, 1533; BFH v. 18.08.2005, IV R 9/04, BStBl II 2006, 581; BFH v. 07.04.2008, IV B 55/07, BFH/NV 2008, 1433). Das den Wert einer Forderung beeinflussende Umstellungsverhältnis ist dementsprechend ebenso Tatsache (BFH v. 13.11.1961, III 73/57, HFR 1962, 39; *Loose* in Tipke Kruse, § 173 AO Rz. 9), wie die Beschaffenheit eines Gegenstandes, die seinen Wert beeinflusst (BFH v. 28.01.1970, I R 123/67, BStBl II 1970, 296).

10 Daneben hat die Rspr. den aus dem Bilanzsteuerrecht herrührenden Begriff der **»wertaufhellenden Tatsachen«** auch im Rahmen der hier einschlägigen Rechtsauslegung angewandt. Eine sog. »wertaufhellende Tatsache« rechtfertigt es, den Steuerbescheid aufzuheben oder zu ändern, selbst wenn sie nicht nur nachträglich bekannt geworden, sondern auch nachträglich entstanden ist. Nach Auffassung des BFH liegen solche aufhellenden Tatsachen auch bei sog. Hilfstatsachen vor, die den sicheren Schluss auf einen zum Zeitpunkt der Steuerfestsetzung bestehende Haupttatsache zulassen (so BFH v. 06.12.1994, IX R 11/91, BStBl II 1995, 192).

### c) Buchführung und Bilanz

Die bloße Feststellung, dass eine **Buchführung** nicht ordnungsgemäß ist, ist selbst keine Tatsache, sondern nur Schlussfolgerung aus den diese Beurteilung rechtfertigenden einzelnen Tatsachen der konkreten Gestaltung der Aufzeichnungen (BFH v. 16.09.1964, IV 42/61 U, BStBl III 1964, 654; FG Münster v. 23.08.2000, 10 K 7637/98, EFG 2001, 185; *Loose* in Tipke/Kruse, § 173 AO Rz. 12). Nach h. M. ist die **falsche Bilanzierung** eine Tatsache, die bei nachträglichem Bekanntwerden zur Aufhebung oder Änderung des Steuerbescheids führt, und folglich müssen die von den falschen Steuerbilanzen ausgehenden Steuerbescheide nach § 173 Abs. 1 Nr. 1 und Nr. 2 AO geändert werden (so *Loose* in Tipke/Kruse, § 173 AO Rz. 102). Abweichend von der ursprünglichen Bilanzierung können sog. **Ansatzwahlrechte** im Wege einer Bilanzänderung ausgeübt werden (*Zugmaier*, FR 2000, 656). Nach Bestandskraft der auf einer Bilanz beruhenden Gewinnfeststellung bzw. Veranlagung ist indessen eine Bilanzänderung grundsätzlich nicht mehr möglich (BFH v. 21.01.1992, VIII R 72/87, BStBl II 1992, 958). Nach Einreichung einer Bilanz kann die Bilanz nur unter den Voraussetzungen des § 4 Abs. 2 Satz 2 EStG geändert werden. Zur Bilanzberichtigung im Zusammenhang mit der Bestandskraft auch *Musil*, DStZ 2005, 362 (zur Änderung von Steuerbescheiden aufgrund der Ausübung von Wahlrechten s. Rz. 14 f.; s. Vor §§ 172–177 AO Rz. 13 ff.). 11

### d) Schätzungen

Auch **Schätzungen** sind lediglich Schlussfolgerungen und keine Tatsachen (BFH v. 26.02.2002, X R 59/98, BStBl II 2002, 450). Ein Steuerbescheid kann nach § 173 Abs. 1 AO aber geändert oder aufgehoben werden, wenn neue Tatsachen festgestellt werden, die der Schätzung zugrunde liegen (sog. **Schätzungsgrundlagen**, BFH v. 05.08.2004, VI R 90/02; BFH/NV 2005, 501; hierzu: *Schlüßel*, AO-StB 2005, 95; *Loose* in Tipke/Kruse, § 173 AO Rz. 10; *von Wedelstädt* in Gosch, § 173 AO Rz. 15 ff. m. w. N.; AEAO zu § 173, Nr. 1.1.1). Eine neue Schätzung ist somit nur dann geeignet, eine Änderung des bisherigen Bescheids zu rechtfertigen, wenn sie auf neuen Schätzungsgrundlagen beruht (BFH v. 02.03.1982, VIII R 225/80, BStBl II 1984, 504, 508; BFH v. 27.10.1992, VIII R 41/89, BStBl II 1993, 569 m. w. N.). Die Änderung ist jedoch nur im Ausmaß der nachträglich bekannt gewordenen Schätzungsunterlagen zulässig (AEAO zu § 173, Nr. 7.1). Der Übergang zu einer anderen Schätzungsart kommt nur dann in Betracht, wenn eine aufgedeckte neue Tatsache dies erfordert (BFH v. 02.03.1982, VIII R 225/80, BStBl II 1984, 504, 508). Diese Voraussetzung liegt z. B. vor, wenn spätere Tatsachen erkennen lassen, dass die bisherige Schätzungs- 12 methode unbrauchbar war (BFH v. 27.10.1992, VIII R 41/89, BStBl II 1993, 569). Zu niedrigeren Steuern führen nach einer vorausgegangenen Gewinnschätzung nachträglich bekannt gewordene Tatsachen, aus deren Gesamtwürdigung sich eine niedrigere Steuer ergibt (BFH v. 28.03.1985, IV R 159/82, BStBl II 1986, 120), dabei kommt es auf den tatsächlichen Gewinn an und es wird nicht auf die Betriebseinnahmen und Betriebsausgaben abgestellt (*Bartone* in Bartone/von Wedelstädt, Rz. 822).

13 Ein durch Vermögensvergleich **neu festgestellter Vermögenszuwachs** kann die Berichtigung einer Schätzung rechtfertigen, die auf Erfahrungssätzen beruht oder in Anlehnung an die Buchführung erfolgt ist (BFH v. 29.10.1987, IV R 69/85, BFH/NV 1988, 346), es sei denn, dass die beim Vermögensvergleich eingesetzten Werte ebenfalls auf Schätzungen beruhen. Die nachträglich bekannt gewordenen Umstände müssen zu einer höheren Feststellung geführt haben, wären sie bei der ursprünglichen Veranlagung bekannt gewesen (BFH v. 28.03.1985, IV R 159/82, BStBl II 1986, 120; BFH v. 30.10.1986, III R 163/82, BStBl II 1987, 161). Dies ist z.B. bei einem gegenüber den früher geschätzten Gewinnen unverhältnismäßig hohen Vermögenszuwachs der Fall (BFH v. 24.10.1985, IV R 75/84, BStBl II 1986, 233: nachträglich bekannt gewordene Schätzungsgrundlagen als Tatsachen). Die Ausübung einer gewerblichen Tätigkeit und die Höhe des hieraus ermittelten Gewinns oder Verlusts bilden einen einheitlichen Vorgang. Anderenfalls würde es zu einer ungerechtfertigten Schlechterstellung derjenigen Stpfl. kommen, bei denen nach vorangegangener Schätzung wegen Nichtabgabe der Steuererklärung und bestandskräftiger Festsetzung der ESt zusätzlich negative Einkünfte aus Gewerbebetrieb mitgeteilt werden (BFH v. 24.04.1991, XI R 28/89, BStBl II 1991, 606; BFH v. 01.10.1993, III R 58/92, BStBl II 1994, 346).

#### e) Anträge und Wahlrechte

14 Eine lediglich **nachträgliche Ausübung** eines Wahlrechts oder der **Widerruf** eines bereits ausgeübten Wahlrechts ist keine nachträglich bekannt gewordene Tatsache i.S. des § 173 AO, sondern **Verfahrenshandlung** (BFH v. 04.11.2004, III R 73/03, BStBl II 2005, 290; *von Wedelstädt*, AO-StB 2012, 150, 152 m.w.N.; AEAO Vor §§ 172–177, Nr. 8.5.5; AEAO zu § 173, Nr. 1.1.2 und 3.2; s. Vor §§ 172–177 AO Rz. 13 ff.). Jedoch liegt ausnahmsweise ein rückwirkendes Ereignis i.S. des § 175 Abs. 1 S. 1 Nr. 2 AO vor, wenn der Antrag oder die Ausübung des Wahlrechtes selbst Bestandteil des gesetzlichen Tatbestandes ist (BFH v. 12.07.1989, X R 8/84, BStBl II 1989, 957; auch AEAO zu Vor §§ 172–177, Nr. 8.5.5). Entscheidend ist, ob der ursprüngliche Bescheid auch hätte ergehen können oder gar müssen, wenn die Finanzbehörde die nachträglich bekannt gewordene Tatsache gekannt hätte. Der Antrag ist kein objektives Tatbestandsmerkmal, das unabhängig vom Willen des Stpfl. besteht (BFH v. 29.08.1969, VI R 235/67, BStBl II 1970, 33; BFH v. 13.02.1974, I R 114/72, BStBl II 1974, 317). Werden die für den Antrag relevanten Tatsachen jedoch erst nachträglich bekannt, berechtigt ein fristgerechter Antrag oder ein unbefristetes steuerliches Wahlrecht zu einer Änderung nach § 173 Abs. 1 Nr. 2 AO (Steuerminderung: BFH v. 28.09.1984, VI R 48/82, BStBl II 1985, 117; BFH v. 25.09.1992, IX R 41/91, BStBl II 1992, 621; *von Wedelstädt* in Gosch, § 173 AO Rz. 22; s. AEAO zu § 173, Nr. 3.2). Voraussetzung hierfür ist jedoch, dass den Stpfl. kein **grobes Verschulden** daran trifft, dass die Tatsachen oder Beweismittel erst nachträglich bekannt werden (§ 173 Abs. 1 Nr. 2 Satz 1 AO, s. Rz. 38 ff.). Das Verschulden ist jedoch gem. § 173 Abs. 1 Nr. 2 Satz 2 AO unbeachtlich, wenn die Tatsachen oder Beweismittel in einem unmittelbaren oder mittelbaren Zusammenhang mit Tatsachen oder Beweismitteln i.S. des § 173 Abs. 1 Nr. 1 AO stehen. In Betracht kommt zudem die Möglichkeit der Wiedereinsetzung in den vorigen Stand gem. § 110 AO (*Loose* in Tipke/Kruse, § 173 AO Rz. 18). Nach Ablauf der Frist können Tatsachen auch im Zusammenhang mit anderweitigen Änderungen (§§ 172 ff. AO) im Rahmen des § 177 AO bzw. § 351 Abs. 1 AO berücksichtigt werden (*von Wedelstädt* in Gosch, § 173 AO Rz. 22).

Ist ein Antrag **fristgebunden** bzw. die Antragsfrist mit 15
der Unanfechtbarkeit der Steuerfestsetzung gekoppelt (z.B. § 19 Abs. 2 Satz 1 UStG), kann der Antrag im Zusammenhang mit einer Änderung nach § 173 Abs. 1 AO keine Auswirkungen haben. Solche Tatsachen und Beweismittel sind nicht rechtserheblich, denn die Unanfechtbarkeit hindert ihre Geltendmachung (*Loose* in Tipke/Kruse, § 173 AO Rz. 18). Zur Frage, ob nach Eintritt der Bestandskraft gestellte Anträge im Zuge der Saldierung (§ 177 AO) Berücksichtigung finden können, s. § 177 AO Rz. 12.

### 2. Beweismittel

Steuerbescheide sind unter den Voraussetzungen des 16
§ 173 Abs. 1 AO zu korrigieren, soweit Tatsachen (s. Rz. 2 ff.) oder Beweismittel nachträglich bekannt werden. Dabei gilt als Beweismittel jedes **Erkenntnismittel** (FG Mchn v. 11.07.2000, 2 K 5054/97, EFG 2000, 1158; AEAO zu § 173, Nr. 1.2), das zur Aufklärung des steuerrechtlich erheblichen Sachverhalts beitragen kann (BFH v. 27.10.1992, VIII R 41/89, BStBl II 1993, 569), also geeignet ist, das Vorliegen oder Nichtvorliegen von Tatsachen zu beweisen (BFH v. 20.12.1988, VIII R 121/83, BStBl II 1989, 585). Der Begriff ist nicht deckungsgleich mit dem prozessualen Beweismittelbegriff (§§ 81 Abs. 1 Satz 2, 82 FGO; s. § 82 FGO Rz. 1 ff.). In Betracht kommen in erster Linie Gegenstände, die der **Augenscheinseinnahme** unterliegen, wie z.B. Schriftstücke, Belege,

Geschäftsbücher sowie Bekundungen von Auskunftspersonen, aber auch **eidesstattliche Versicherungen** (obwohl es sich hierbei nicht um ein Beweismittel im prozessualen Sinn handelt, vgl. § 294 Abs. 2 ZPO). Ein Sachverständigengutachten (§§ 81 Abs. 1 Satz 2, 82 FGO i. V. m. §§ 402 bis 414 ZPO, § 88 FGO; s. § 82 FGO Rz. 7 ff.; zu städtischen Gutachtenausschüssen BFH v. 01.04.1998, X R 150/95, BStBl II 1998, 569) ist nur insoweit prozessuales Beweismittel i. S. des § 173 AO, als es die Erkenntnis neuer Tatsachen vermittelt und nicht lediglich Schlussfolgerungen enthält (BFH v. 27.10.1992, VIII R 41/89, BStBl II 1993, 569; BFH v. 01.04.1998, X R 150/95, BStBl II 1998, 569; *Loose* in Tipke/Kruse, § 173 AO Rz. 22; *von Wedelstädt* in Gosch, § 173 AO Rz. 23).

### 3. Nachträgliches Bekanntwerden
#### a) Nachträglich

17 Das Wort »nachträglich« ist im Gesetz nicht definiert. Aus der Zusammenschau mit § 124 Abs. 1 Satz 1 AO ergibt sich jedenfalls, dass Tatsachen oder Beweismittel, die für die Finanzbehörde erst nach Zugang und Wirksamwerden des Verwaltungsakts in Erscheinung treten, **nachträglich bekannt** geworden sind (BFH v. 05.12.2002, IV R 58/01, BFH/NV 2003, 588; auch *Loose* in Tipke/Kruse, § 173 AO Rz. 25). Dagegen scheidet eine Änderung nach § 173 Abs. 1 AO bei einer **nachträglich entstandenen** Tatsache oder einem nachträglich entstandenen Beweismittel aus (st. Rspr., z. B. BFH v. 09.03.2016, X R 10/13, BFH/NV 2016, 1665; BFH v. 17.05.2017, II R 60/15, BFH/NV 2017, 1299). Ist die Tatsache oder das Beweismittel erst **nachträglich entstanden**, so findet, soweit ein rückwirkendes Ereignis anzunehmen ist, § 175 Abs. 1 Satz 1 Nr. 2 AO Anwendung (AEAO zu § 173, Nr. 1.3; *Bartone* in Bartone/von Wedelstädt, Rz. 837). § 173 AO und § 175 AO schließen sich gegenseitig aus (BFH v. 19.04.2005, VIII R 68/04, BStBl II 2005, 762). Eine Tatsache oder ein Beweismittel ist i. S. des § 173 AO nachträglich bekannt geworden, wenn sie zu einem Zeitpunkt bekannt wird, zu dem die Steuerfestsetzung nicht mehr der **Willensbildung der Finanzbehörde** unterliegt (BFH v. 07.07.2005, IX R 66/04, BFH/NV 2006, 256). Entscheidend muss auf den Zeitpunkt abgestellt werden, in dem sich der Entscheidungswille konkretisiert hat, in dem der Wille abschließend gebildet wurde. Das ist im maschinellen Veranlagungsverfahren der Zeitpunkt der abschließenden Zeichnung des **Eingabewertbogens** (BFH v. 07.07.2005, IX R 66/04, BFH/NV 2006, 256; BFH v. 27.11.2001, VIII R 3/01, BFH/NV 2002, 473; *von Wedelstädt* in Gosch, § 173 AO Rz. 48 m. w. N.; a. A. *Loose* in Tipke/Kruse, § 173 AO Rz. 47; *von Groll* in HHSp, § 173 AO Rz. 209 f.) bzw. bei maschineller Bearbeitung die **Freigabe (Freischaltung) des Steuerbescheids** durch den Sachbearbeiter oder – je nach Zuständigkeit – den Sachgebietsleiter oder Vorsteher. Greift die Finanzbehörde nach Zeichnung des Eingabewertbogens aufgrund eines **maschinellen Prüfhinweises** erneut in die Willensbildung ein oder ist sie dazu verpflichtet, so können unter bestimmten Umständen die bis zum Abschluss dieser Überprüfung der organisatorisch zuständigen Stelle bekannt gewordenen Tatsachen oder Beweismittel nicht mehr Grundlage eines späteren Änderungsbescheids sein. Entscheidend ist, ob nach Zeichnung des Eingabewertbogens lediglich eine **formelle Überprüfung** des zu versendenden Steuerbescheids vorgenommen wurde bzw. geboten war (z. B. Prüfung der richtigen Adressierung) oder ob eine **materielle Überprüfung** stattfand bzw. stattzufinden hatte. Im erstgenannten Fall besteht keine Pflicht des zuständigen Amtsträgers, in die abgeschlossene Willensbildung in der Weise einzugreifen, dass der begonnene Prozess der maschinellen Bescheiderteilung unterbunden wird (BFH v. 29.11.1988, VIII R 226/83, BStBl II 1989, 259; s. AEAO zu § 173, Nr. 2.2). Ist der bekannt zu gebende Steuerbescheid an die Datenverarbeitungsanlage weitergeleitet, aber noch nicht versandt, steht das weitere Vorgehen – soweit nicht eine Überprüfung in materieller Hinsicht aus anderen Gründen geboten ist – im Ermessen des zuständigen Amtsträgers. Er kann die Nacherklärung von Einkünften zum Anlass nehmen, die Bekanntgabe des Steuerbescheids, in dem diese Einkünfte mangels Kenntnis noch nicht berücksichtigt sind, zu unterbinden oder er kann einen Änderungsbescheid erlassen (BFH v. 29.11.1988, VIII R 68/85, BStBl II 1989, 263; *Koenig* in Koenig, § 173 AO Rz. 76). Wird indessen ein Steuerbescheid geändert und sind dabei bestimmte Tatsachen nicht berücksichtigt worden, sind diese Tatsachen bei einer beabsichtigten späteren Änderung nach § 173 AO nicht (mehr) neu, wenn nach § 88 AO Anlass bestand, sie bereits bei Erlass des Änderungsbescheids zu berücksichtigen (BFH v. 18.12.2014, VI R 21/13, BStBl II 2017, 4). Bestand hingegen im Rahmen der Änderung eines Steuerbescheids keine Pflicht zur (umfassenden) Berücksichtigung aller bis dahin bekannt gewordenen Tatsachen, bleibt eine Änderung nach § 173 AO möglich (BFH v. 18.12.2014, VI R 21/13, BStBl II 2017, 4).

Findet ein **Einspruchsverfahren** statt, sind Tatsachen oder Beweismittel dann nachträglich i. S. des § 173 Abs. 1 AO bekannt geworden, wenn sie nach Absendung der Einspruchsentscheidung bekannt werden, denn im Einspruchsverfahren wird die Sache in vollem Umfang erneut geprüft (§ 367 Abs. 2 Satz 1 AO). Folglich ist an den Zeitpunkt anzuknüpfen, zu dem die Einspruchsentscheidung der Willensbildung der Behörde entzogen ist. Nimmt der Stpfl. den Einspruch zurück (§ 367 Abs. 2 Satz 2 AO), kommt es hinsichtlich der Anwendbarkeit des § 173 AO wiederum auf die abschließende Zeichnung des Eingabewertbogens an (BFH v. 11.03.1987, II R 206/83, BStBl II 1987, 417). 18

19 Steht die Steuerfestsetzung unter dem **Vorbehalt der Nachprüfung** (§ 164 AO), werden Tatsachen und Beweismittel nachträglich bekannt, wenn sie festgestellt werden, nachdem die Aufhebungsverfügung des VdN die Behörde verlassen hat (*Loose* in Tipke/Kruse, § 173 AO Rz. 52).

20 vorläufig frei

### b) Maßgebliche Finanzbehörde

21 Finanzbehörde in diesem Sinne ist nicht die (zuständige) Behörde oder die Finanzverwaltung als Einheit, sondern nach Verwaltungspraxis und Rechtsprechung (BFH v. 16.01.2002, VIII B 96/01, BFH/NV 2002, 621) **die zur Bearbeitung des betr. Steuerfalles organisationsmäßig berufene Dienststelle** (BFH v. 28.04.1998, IX R 49/96, BStBl II 1998, 458; BFH v. 18.05.2010, X R 49/08, BFH/NV 2010, 2225; AEAO zu § 173, Nr. 2.3) innerhalb der (zuständigen) Finanzbehörde. Dies ist die **Veranlagungsstelle** und nicht bspw. die für die Außenprüfung zuständigen Beamten, die Bewertungsstelle, Vollstreckungsstelle, Lohnsteuerstelle, Kasse usw. Demnach wird der für die ESt-Veranlagung zuständigen Dienststelle nicht das Wissen der KSt-Stelle zugerechnet (BFH v. 20.05.2014, III B 135/13, juris).

22 Konkret soll es nach der Rspr. auf die **Kenntnis des Vorstehers** und des **Sachgebietsleiters** sowie des **Sachbearbeiters** ankommen (z. B. BFH v. 16.01.2002, VIII B 96/01, BFH/NV 2002, 621; BFH v. 13.06.2012, VI R 85/10, BStBl II 2013, 5; a. A. mit beachtlichen Argumenten *Loose* in Tipke/Kruse, § 173 AO Rz. 31 f.). Hat eine dieser Personen Kenntnis erlangt, so kommt es auf die Kenntnis der übrigen Personen nicht mehr an. Eine dem Außenprüfer bekannte Tatsache ist grds. unbeachtlich, es sei denn, sie ist im Außenprüfungsbericht erwähnt worden (BFH v. 20.04.1988, X R 40/81, BStBl II 1988, 804; BFH v. 19.12.1996, V R 14/96, BFH/NV 1997, 743); dies gilt auch für die Kenntnis des Steuerfahnders (z. B. BFH v. 16.06.2004, X R 56/01, BFH/NV 2004, 1502). Die Kenntnisse der Finanzbehörde sind nicht an die Person des zuständigen Beamten gebunden; die Kenntnis der Finanzbehörde geht mit dessen **Auswechslung** (**Versetzung**) nicht verloren (BFH v. 05.12.2002, IV R 58/01, BFH/NV 2003, 588; *Loose* in Tipke/Kruse, § 173 AO Rz. 37; AEAO zu § 173, Nr. 2.3.4). Das **private Wissen** einzelner Beamter ist ohne Bedeutung (BFH v. 28.04.1998, IX R 49/96, BStBl II 1998, 458). Im Übrigen kann der zuständigen Veranlagungsstelle nicht als bekannt zugerechnet werden, was in den Akten **anderer Stellen oder Behörden** steht, selbst wenn diese Akten ausschließlich denselben Stpfl. betreffen (z. B. LSt-Akten, Vollstreckungsakten, Akten der Strafsachenstelle und auch EW-Akten für dem Stpfl. zuzurechnende wirtschaftliche Einheiten, BFH v. 20.07.1988, I R 136/84, BFH/NV 1990, 64), und auch nicht, wenn die andere Dienststelle als Oberbehörde gegenüber der zuständigen Dienststelle weisungsgebunden ist (BFH v. 13.01.2011, VI R 61/09, BStBl II 2011, 479; BFH v. 08.09.2011, II R 47/09, BFH/NV 2012, 67). Dieses gilt nicht, wenn es sich um eine Dienststelle desselben Amts handelt und es dem Vorsteher bekannt wird oder ein Sachgebietsleiter für mehrere Dienststellen zuständig ist (zutr. *Loose* in Tipke/Kruse, § 173 AO Rz. 38; a. A. BFH v. 12.10.1983, II R 55/81, BStBl II 1984, 144; *Frotscher* in Schwarz, § 173 AO Rz. 121; *von Wedelstädt* in Gosch, § 173 AO Rz. 56.4). Für die Festsetzung der KraftSt darf sich die Finanzbehörde aber auf die Einstufung eines Kfz durch die Zulassungsstelle verlassen, wenn kein besonderer Anlass besteht an dieser Richtigkeit zu zweifeln (BFH v. 30.03.2004, VII R 30/03, BFH/NV 2004, 1294). Insbes. ist in den Fällen, in denen **Besteuerungsgrundlagen gesondert festgestellt** werden (§ 180 AO), für die Aufhebung oder Änderung des Feststellungsbescheids (BFH v. 05.12.2002, IV R 58/01, BFH/NV 2003, 588) auf die Kenntnis des für die gesonderte Feststellung zuständigen FA, für die Aufhebung oder Änderung des Steuerbescheids auf die Kenntnis des hierfür zuständigen FA abzustellen (s. BFH v. 14.12.1994, XI R 80/92, BStBl II 1995, 293).

Als der Finanzbehörde bekannt gilt **der gesamte Inhalt der Akten**, die in der zuständigen Dienststelle **für den Stpfl.** geführt werden, ohne dass es auf die individuelle Kenntnis des Bearbeiters ankommt (u. a. BFH v. 13.06.2012, VI R 85/10, BStBl II 2013, 5 m. w. N.). Dazu gehören nicht nur die gehefteten Vorgänge, sondern auch lose geführte Schriftstücke, die noch nicht eingeheftet sind oder zeitweise ausgeheftet werden. Inhaltlich bekannt sind demzufolge der Finanzbehörde außer den Steuerakten alle den Steuerfall betreffenden Schriftstücke, soweit sie sich in der Dienststelle befinden oder den Repräsentanten der Dienststelle zugänglich sind. Den Inhalt **archivierter Akten** muss die zuständige Dienststelle des FA nur dann als bekannt gegen sich gelten lassen, wenn zur Hinzuziehung dieser Vorgänge nach den Umständen des Einzelfalles eine besondere Veranlassung bestand (AEAO zu § 173, Nr. 2.3.5). In einer solchen Konstellation führt die unterlassene Beiziehung der archivierten Akten zu einer Verletzung der Ermittlungspflicht (BFH v. 11.02.1998, I R 82/97, BStBl II 1998, 552; BFH v. 18.05.2010, X R 49/08, BFH/NV 2010, 2225). Dies ist z. B. dann der Fall, wenn den Jahresabschlüssen der Altjahre zum Streitgegenstand gravierende Mängel oder auffällige Positionen erkennbar sind (BFH v. 18.05.2010, X R 49/08, BFH/NV 2010, 2225). Unerheblich ist es, ob die Schriftstücke tatsächlich gelesen wurden (dazu *Loose* in Tipke/Kruse, § 173 AO Rz. 37, BFH v. 27.01.2001, VIII R 3/01, BFH/NV 2002, 473; BFH v. 05.12.2002, IV R 58/01, BFH/NV 2003, 588). Zugänglich sind ihnen auch die Schriftstücke, die den Akten zuwachsen und im normalen Geschäftsgang den Sach- 23 gebietsleiter oder Sachbearbeiter erreicht haben (BFH v. 11.02.1998, I R 82/97, BStBl II 1998, 552 m.w.N.); ebenso dem zuständigen Sachbearbeiter zugängliche Dateien (digitale Akten, *Bartone* in Bartone/von Wedelstädt, Rz. 848). Andererseits kann nicht ausschließlich maßgeblich sein, ob eine Tatsache in den Akten schriftlichen Niederschlag gefunden hat; die **bloße Entfernung** eines Schriftstücks aus den Akten beendet nicht das Bekanntsein der Tatsache. Selbst **mündliche Mitteilung** einer Tatsache kann ausreichen, wenn dabei der ganze Sachverhalt erörtert wird (*Loose* in Tipke/Kruse, § 173 AO Rz. 40 m.w.N.). Dies gilt auch wenn der Veranlagungsbeamte es unterlassen hat, die ihm mitgeteilte Tatsache aktenkundig zu machen (BFH v. 15.10.1993, III R 74/92, BFH/NV 1994, 315; a.A. BFH v. 07.05.1987, V R 108/79, BFH/NV 1988, 602, der eine solche Vorgehensweise als Verletzung der Ermittlungspflicht ansieht). Eine Tatsache ist nicht schon dann bekannt, wenn irgendeine Stelle des FA von ihr Kenntnis hat (AEAO zu § 173, Nr. 2.3). Bekannt sind der zuständigen Dienststelle neben dem Inhalt der dort geführten Akten auch sämtliche Informationen, die dem Sachbearbeiter von vorgesetzten Dienststellen über ein elektronisches Informationssystem zur Verfügung gestellt werden, ohne dass es insoweit auf die individuelle Kenntnis des jeweiligen Bearbeiters ankommt (BFH v. 13.01.2011, VI R 61/09, BStBl II 2011, 479 m.w.N.). Tatsachen, die sich aus den **Akten anderer Stpfl.** ergeben, gelten auch dann **nicht** als bekannt, wenn für deren Bearbeitung dieselbe Person zuständig ist (BFH v. 13.06.2012, VI R 85/10, BStBl II 2013, 5 m.w.N.).

### c) Auswirkung der Verletzung der Ermittlungspflicht

24 Nach **Treu und Glauben** ist eine Änderung nach § 173 Abs. 1 Nr. 1 AO (»die zu einer höheren Steuer« führt) dann nicht zulässig, wenn die Nichtkenntnis auf einer **Verletzung der amtlichen Aufklärungspflichten** (§ 88 AO) beruht (BFH v. 13.11.1985, II R 208/82, BStBl II 1986, 241; BFH v. 11.11.1987, I R 108/85, BStBl II 1988, 115; BFH v. 25.02.2002, X B 77/01, BFH/NV 2002, 1121; AEAO zu § 173, Nr. 4.1; zu Treu und Glauben s. Vor §§ 204–207 AO Rz. 2). Das FA darf sich nicht zulasten des Stpfl. auf eigene Ermittlungsfehler berufen (BFH v. 26.11.1996, IX R 77/95, BStBl II 1997, 422). Die spätere Änderung eines Steuerbescheids ist allerdings nur dann treuwidrig, wenn das FA Ermittlungsmöglichkeiten nicht genutzt hat, die sich ihm bei Beachtung des § 88 AO und Wahrung des Verhältnismäßigkeitsgrundsatzes hätten aufdrängen müssen (BFH v. 29.07.2009, II R 58/07, BFH/NV 2010, 63 m.w.N.; vgl. AEAO zu § 88, Nr. 6 m.w.N.). Die Berufung auf Treu und Glauben setzt allerdings voraus, dass der Stpfl. seinerseits nicht pflichtwidrig handelt und seine Mitwirkungspflichten erfüllt (im Einzelnen *Breuer*, AO-StB 2004, 14, 16 ff.; BFH v. 20.04.2004, IX R 39/01, BStBl II 2004, 1072, BFH v. 18.08.2005, IV R 9/04, BStBl II 2006, 581; *Schlüßel*, AO-StB 2004, 279). Zwar sind **beiderseitige Pflichtverstöße** grundsätzlich gegeneinander abzuwägen, regelmäßig trifft die Verantwortung jedoch den Stpfl. (BFH v. 24.01.2002, XI R 2/01, BStBl II 2004, 444; BFH v. 18.08.2010, X B 178/09, BFH/NV 2010, 2010; *von Wedelstädt* in Gosch, § 173 AO Rz. 77), es sei denn, der Pflichtverstoß der Finanzbehörde überwiegt deutlich (BFH v. 14.12.1994, XI R 80/92, BStBl II 1995, 293; BFH v. 21.02.2017, VIII R 46/13, BStBl II 2017, 745). Der Stpfl. muss seine Steuererklärungspflichten im vollen Umfang erfüllt haben (BFH v. 26.02.2003, IX B 221/02, BFH/NV 2003, 1029). Zur Verletzung der Erklärungs- und Mitwirkungspflichten durch den Stpfl. *von Wedelstädt* in Gosch, § 173 AO Rz. 74 ff. Zusammenfassend kann festgehalten werden, dass eine Änderung oder Aufhebung des Steuerbescheides zuungunsten des Stpfl. nur dann stattfindet, wenn der Stpfl. seine Mitwirkungspflichten verletzt hat. Werden die beiderseitigen Verstöße der Finanzbehörde auf der einen Seite und des Stpfl. auf der anderen Seite verglichen und das Ergebnis zeigt einen deutlich höheren Verstoß der Finanzbehörde, findet keine Änderung oder Aufhebung des Steuerbescheides zuungunsten des Stpfl. statt. Jedoch wird bei gleichwertigem Verstoß dem Stpfl. die Verantwortung zugeschrieben, was dazu führt, dass der geänderte Steuerbescheid nach § 173 Abs. 1 Nr. 1 AO zu höheren Steuern führt (*Loose* in Tipke/Kruse, § 173 AO, Rz. 71).

Zweifelsfragen, die sich bei Durchsicht der Akten, ins- 25
bes. bei Prüfung der Steuererklärung ohne Weiteres aufdrängen, müssen schon vor der Veranlagung geklärt werden (vgl. BFH v. 14.12.1994, XI R 80/92, BStBl II 1995, 293). Eine **ordnungsgemäße Auswertung** eingereichter Bilanzen und sonstiger Unterlagen verwehrt die spätere Aufhebung oder Änderung wegen solcher Tatsachen, deren Erforschung sich bei nach § 88 AO erforderlicher Aufmerksamkeit schon während der ursprünglichen Veranlagung hätte aufdrängen müssen (BFH v. 23.06.1993, I R 14/93, BStBl II 1993, 806; BFH v. 12.07.2001, VII R 68/00, BStBl II 2002, 44). Das FA kann regelmäßig von der Richtigkeit und Vollständigkeit vorgelegter Steuererklärungen und Jahresabschlüsse ausgehen (BFH v. 05.08.2004, VI R 90/02, BFH/NV 2005, 501; BFH v. 07.07.2004, XI R 10/03, BStBl II 2004, 911). Die Finanzbehörden dürfen grds. darauf vertrauen, dass die Angaben der Stpfl. in den Steuererklärungen und den diesen beigefügten Anlagen in tatsächlicher Hinsicht richtig und vollständig sind (BFH v. 14.12.1994, XI R 80/92, BStBl II 1995, 293), denn der Stpfl. hat Steuererklärungen nach bestem Wissen und Gewissen abzugeben (§ 150 Abs. 2 Satz 1 AO, s. BFH v. 24.01.2002, XI R 2/01, BStBl II 2004, 444). Der **Umfang der Ermittlungspflicht** richtet sich nach § 88 AO und den Umständen des Einzelfalles (*von Wedelstädt* in Gosch, § 173 AO Rz. 68 m.w.N.; AEAO zu § 88, Nr. 2); so wird z.B. eine Ermittlungspflichtverlet-

zung bejaht bei Nichtbeziehung von Akten anderer Stellen oder von älteren Akten (BFH v. 11.02.1998, I R 82/97; BStBl II 1998, 552; zu sog. Kellerakten aber auch FG Nds v. 14.04.2004, 3 K 88/99, EFG 2004, 1415). Tatsachen, die die Finanzbehörde kannte, aber ignorierte oder nicht weiter aufklärte, weil sie sie für unerheblich hielt, können später keine Änderung des einschlägigen Bescheids rechtfertigen (BFH v. 19.07.1968, VI R 281/66, BStBl II 1968, 699; *von Wedelstädt* in Gosch, § 173 AO Rz. 70 m. w. N.). Hätte die Finanzbehörde in Kenntnis des vollen Sachverhalts lediglich möglicherweise nicht anders veranlagt (AEAO zu § 173, Nr. 3.1), reicht das nicht aus; es muss mit an Sicherheit grenzender Wahrscheinlichkeit feststehen, dass die Finanzbehörde so verfahren wäre, dass also die Unkenntnis des Sachverhalts nicht ursächlich für die ursprüngliche Steuerfestsetzung war. Bei unklaren, aber zurzeit nicht weiter aufklärbaren tatsächlichen Verhältnissen muss die Finanzbehörde keinen vorläufigen Bescheid (§ 165 AO) erlassen. Zu beachten ist § 173 Abs. 1 Nr. 2 AO, wonach nachträglich bekannt gewordene Tatsachen oder Beweismittel, die zu einer niedrigeren Steuer führen, nur dann berücksichtigt werden dürfen, wenn den Stpfl. kein grobes Verschulden daran trifft, dass sie erst nachträglich bekannt werden (s. Rz. 38 ff.).

#### d) Verwertungsverbot

26 Grds. ist es für § 173 Abs. 1 AO ohne Bedeutung, auf welche Weise eine Tatsache oder ein Beweismittel nachträglich bekannt geworden ist. Ist eine Ermittlungsmaßnahme rechtswidrig, so führt dies nicht in jedem Fall zu einem Verwertungsverbot. Die Verwertung von Tatsachen kann aber insoweit unzulässig sein, als sich die Finanzbehörde ihre Kenntnis auf unzulässige Weise verschafft hat (zum **Verwertungsverbot** s. § 196 AO Rz. 14 ff.; *von Wedelstädt*, AO-StB 2001, 19 ff. und 52 ff.). Zur Unzulässigkeit der Verwertung von Aussagen, die unter Missachtung der Vorschriften betr. der Belehrung über Auskunftsverweigerungsrechte erlangt wurden, s. § 101 AO Rz. 7 und s. § 103 AO Rz. 5. Wurde die Anordnung einer Außenprüfung rechtskräftig für rechtswidrig erklärt, so darf die Finanzbehörde keine Tatsachen verwerten, die sie bei dieser Außenprüfung festgestellt hat, ausführlich s. § 196 AO Rz. 14 ff.

#### e) Ursache des nachträglichen Bekanntwerdens

27 Der Grund oder der Anlass des nachträglichen Bekanntwerdens der Tatsache oder des Beweismittels ist **irrelevant** und zwar auch hinsichtlich solcher Tatsachen oder Beweismittel, die zu einer niedrigeren Steuer führen. Erkenntnisquelle kann demnach z. B. die Nacherklärung des Stpfl., die Auskunft eines Dritten, die Mitteilung einer Finanzbehörde oder anderer Behörden, der Inhalt einer sog. Kontrollmitteilung usw. ebenso wie eine Außenprüfung sein. Wegen der Beschränkungen der Aufhebung oder Änderung von Bescheiden, die aufgrund einer Außenprüfung ergangen sind, gilt § 173 Abs. 2 AO (s. Rz. 48 ff.).

### 4. Höhere Steuer oder niedrigere Steuer

Nach § 173 Abs. 1 Nr. 1 AO sind die unter die Vorschrift 28
fallenden Bescheide aufzuheben oder zu ändern, soweit Tatsachen oder Beweismittel nachträglich bekannt werden (s. Rz. 17 ff.), die zu einer höheren Steuer führen. Ob eine nachträglich bekannt gewordene Tatsache zu einer höheren oder niedrigeren Steuer führt, hängt in erster Linie davon ab, von welchen Tatsachen die Besteuerung bisher ausgegangen ist. Ist das FA der **Erklärung des Stpfl.** gefolgt, so sind die erklärten Einkünfte maßgeblich. Ergibt sich später, dass Einkünfte einer bestimmten Einkunftsart nicht erklärt und deswegen auch nicht berücksichtigt worden sind, so stellt die Einkunftsart, d. h. die Höhe der aus ihr erzielten Einkünfte, die nachträglich bekannt gewordene Tatsache dar. Diese führt entweder zu einer Änderung nach § 173 Abs. 1 Nr. 1 oder Nr. 2 AO, je nachdem ob sich die Steuer dadurch gegenüber der bislang festgesetzten erhöht oder ermäßigt. Zur Ermittlung, ob eine höhere oder niedrigere Steuer festgesetzt wird, ist allein auf das Ergebnis der Steuerfestsetzung – ohne die Berücksichtigung von Steuerabzugsbeträgen wie z. B. LSt-Abzugsbeträgen – abzustellen (AEAO § 173 Nr. 1.4; OFD Düsseldorf/OFD Münster v. 21.07.2005, S-0351, hierzu *Hütt*, AO-StB 2005, 265). Zu den Besonderheiten bei Feststellungsbescheiden s. Rz. 33.

Wird die **gewerbliche Tätigkeit** als solche mit den 29
hieraus erzielten Einkünften (also einem Saldo von Aufwand und Erträgen) nachträglich bekannt, können diese Einkünfte nicht in steuererhöhende Betriebseinnahmen und steuermindernde Betriebsausgaben bzw. Vermögensminderungen aufgespalten werden (BFH v. 01.10.1993, III R 58/92, BStBl II 1994, 346; *Rüsken* in Klein, § 173 AO Rz. 99; s. AEAO zu § 173, Nr. 6.2). Nach der Rspr. des BFH (BFH v. 16.03.1990, VI R 90/86, BStBl II 1990, 610) ist jeweils für die einzelne Steuerart und den einzelnen Veranlagungszeitraum zu prüfen, ob eine neue Tatsache eine höhere oder niedrigere Veranlagung rechtfertigt (*Rüsken* in Klein, § 173 AO Rz. 104; *Loose* in Tipke/Kruse, § 173 AO Rz. 58). Das Gesetz kennt keine »Gesamtveranlagung« zu mehreren Steuern und für mehrere Steuerabschnitte. Der BFH (BFH v. 30.11.1986, III R 163/82, BStBl II 1987, 161) differenziert weiter bezüglich Tatsachen, die den laufenden Gewinn und solchen, die einen Veräußerungsgewinn betreffen (jedenfalls für den Fall vorheriger Schätzung des jeweiligen Gewinns).

Tatsachen, die eine Erhöhung der **USt** begründen, und 30
Tatsachen, die eine Vorsteuererhöhung begründen, sind

ebenfalls zu differenzieren (OFD Magdeburg v. 19.07.2004, S-0351-16-St 251, AO-Kartei Karte 5, DStR 2004, 1748). Eine **Saldierung** ist nicht zulässig, weil Umsätze und Vorsteuer jeweils selbstständige Tatsachen sind (*von Wedelstädt* in Gosch, § 173 AO Rz. 19 m. w. N.). Ein Zusammenhang i. S. des **§ 173 Abs. 1 Nr. 2 Satz 2** AO besteht jedoch dann, wenn die Eingangsleistung zur Ausführung der nachträglich bekannt gewordenen Umsätze verwendet wurden und die Umsätze zum Vorsteuerabzug berechtigen (AEAO zu § 173, Nr. 6.3; *von Groll* in HHSp, § 173 AO Rz. 305).

31 Zu einer **höheren Steuer** führen grundsätzlich nur solche Tatsachen oder Beweismittel, bei denen diese Wirkung nicht außerdem von einer **Willensentscheidung des Stpfl.** abhängig ist: die Tatsachen müssen steuerlich rechtserheblich sein (s. Rz. 35 ff.). Eine »höhere Steuer« liegt auch dann vor, wenn ein **Vergütungsanspruch** aufgrund der nachträglich bekannt gewordenen Tatsachen oder Beweismittel niedriger festzusetzen ist. Bei einer Änderung zuungunsten des Stpfl. liegt die objektive Feststellungslast für das nachträgliche Bekanntwerden beim FA (BFH v. 06.12.1994, IX R 11/91, BStBl II 1995, 192; BFH v. 24.04.2002, VI B 20/02, BFH/NV 2002, 901), es sei denn der Stpfl. hat den zu ändernden Bescheid schuldhaft und vorwerfbar durch unrichtige oder unvollständige Angaben erwirkt.

32 Soweit Tatsachen oder Beweismittel nachträglich bekannt werden, die zu einer **niedrigeren Steuer** führen, sind nach § 173 Abs. 1 Nr. 2 AO die einschlägigen Bescheide aufzuheben oder zu ändern. Eine niedrigere Steuer i. S. des § 173 Abs. 1 Nr. 2 AO bewirken die Tatsachen oder Beweismittel auch dann, wenn sie die **Erhöhung einer Steuervergütung** zur Folge haben. Im Hinblick darauf, dass nach § 155 Abs. 1 Satz 3 AO auch die Ablehnung eines Antrags auf Steuerfestsetzung einem Steuerbescheid gleichsteht, sind (BFH v. 12.05.1989, III R 200/85, BStBl II 1989, 920) die Voraussetzungen für deren Aufhebung auf Begehren des Stpfl. nach § 173 Abs. 1 Nr. 2 AO zu bestimmen, ohne dass es einer konkreten Prüfung der möglichen steuerlichen Auswirkung einer nachfolgenden Veranlagung bedarf.

33 Bei **Feststellungsbescheiden** (§ 179 AO) kommt § 173 AO i. V. m. § 181 Abs. 1 Nr. 1 AO mit der Maßgabe zur Anwendung, dass es allein auf die Erhöhung oder Minderung der gesondert festgestellten Besteuerungsgrundlage ankommt, nicht auf die Auswirkungen im Folgebescheid (BFH v. 24.06.2009, IV R 55/06, BStBl II 2009, 950; *von Wedelstädt* in Gosch, § 173 AO Rz. 38 m. w. N.). § 173 Abs. 1 Nr. 1 AO ist mithin anwendbar, wenn die nachträglich bekannt gewordene Tatsache zu einer Erhöhung der Besteuerungsgrundlagen bei jedenfalls einem Feststellungsbeteiligten führt (BFH v. 16.04.2015 IV R 2/12, BFH/NV 2015, 1331). Hinsichtlich der **Feststellungen nach dem BewG** (§ 179 Abs. 1 AO i. V. m. §§ 19, 21 f. BewG bzw. §§ 179 Abs. 1, 180 Abs. 1 Nr. 1 AO i. V. m. § 19 Abs. 1 BewG) gilt § 173 AO: Obwohl weder die Bezeichnung der **Grundstücksart** (§ 19 Abs. 3 Nr. 1 BewG i. V. m. §§ 72, 74, 75 BewG) noch die nach Art der wirtschaftlichen Einheit (§ 19 Abs. 3 Nr. 1 BewG) zu treffende Feststellung noch die Zurechnung einer **wirtschaftlichen Einheit** (§ 19 Abs. 3 Nr. 2 BewG) Regelungen über die Höhe einer Besteuerungsgrundlage (§ 181 Abs. 1 Satz 1 AO) enthalten, können diese Feststellungen nach § 173 Abs. 1 AO geändert werden. In diesem Zusammenhang ist zu entscheiden, ob die neu bekannt gewordenen Tatsachen zu einer Erhöhung oder Ermäßigung der gesondert festzustellenden Besteuerungsgrundlage führen müssen (BFH v. 16.09.1987, II R 178/85, BStBl II 1988, 174). Für die Abgrenzung von § 173 Abs. 1 Nr. 1 AO zu § 173 Abs. 1 Nr. 2 AO kommt es also darauf an, auf wen i. S. des Veranlassens die Änderung (das Änderungsbegehren) zurückzuführen ist (krit.: *Brandis* in Tipke/Kruse, § 181 AO Rz. 4). Ist eine Änderung einer Feststellung nach § 181 Abs. 1 AO aufgrund einer neuen Tatsache oder eines neuen Beweismittels ohne betragsmäßige Auswirkung, so ist das Verschulden des Stpfl. am nachträglichen Bekanntwerden nicht zwangsläufig unbeachtlich (AEAO zu 173, Nr. 10.2.2). Verlangt der Stpfl. in diesem Fall die Änderung des Steuerbescheides, findet somit § 173 Abs. 1 Nr. 2 AO Anwendung. Es darf in diesem Falle kein grobes Verschulden des Stpfl. am nachträglichen Bekanntwerden vorliegen; § 173 Abs. 1 Nr. 2 Satz 2 AO bleibt unberührt. Wird das FA von Amts wegen tätig, kommt § 173 Abs. 1 Nr. 1 AO zur Anwendung (dazu auch BFH v. 16.09.1987, II R 178/85, BStBl II 1987, 174).

Auch **Zerlegungsbescheide** sind – abgesehen von dem in § 189 AO geregelten Sonderfall – nach § 173 AO i. V. m. §§ 185, 184 Abs. 1 Satz 3 AO änderbar. In diesem Fall ist im Hinblick auf die Besonderheiten des Zerlegungsverfahrens von der Unterscheidung nach § 173 Abs. 1 Nr. 1 und 2 AO abzusehen (BFH v. 24.03.1992, VIII R 33/90, BStBl II 1992, 869). 34

## 5. Rechtserheblichkeit

Die Tatsachen i. S. des § 173 Abs. 1 müssen nach h. M. zu einer höheren oder niedrigeren Steuer führen. Daraus wird geschlossen, dass eine Änderung des betreffenden Steuerbescheids aufgrund einer neuen Tatsache nur in Betracht kommt, wenn sich aus der Berücksichtigung der neuen Tatsache im Verhältnis zum Ausgangsbescheid **abweichende steuerliche Folgen** ergeben, die neue Tatsache also **kausal** für die höhere oder niedrigere Steuer ist. Dies ist der Fall, wenn das FA bei rechtzeitiger Kenntnis des wahren Sachverhalts in der ursprünglichen Veranlagung mit an Sicherheit grenzender Wahrscheinlichkeit zu einem anderen Ergebnis gelangt wäre (st. Rspr.; z. B. BFH v. 23.11.1987, GrS 1/86, BStBl II 1988, 180; BFH v. 25.01.2017, I R 70/15, BStBl II 2017, 780; vgl. auch 35

*Bartone* in Bartone/von Wedelstädt, Rz. 861; *von Wedelstädt* in Gosch, § 173 AO Rz. 27; a. A. *Krebs*, AO-StB 2005, 77). Die neue Tatsache muss demnach **rechtserheblich** sein. An einer solchen steuerlichen Erheblichkeit fehlt es demnach, wenn die Finanzbehörde auch in Kenntnis der Tatsachen nicht anders veranlagt hätte (BFH v. 23.11.1987, GrS 1/86, BStBl II 1988, 180; BFH v. 15.03.2007, III R 57/06, BFH/NV 2007, 1461; AEAO zu § 173, Nr. 3.1) oder wenn die steuerlichen Folgen der Tatsache nur dann eintreten, wenn der Stpfl. dies **beantragt** oder wenn die steuerliche Folge in anderer Weise von einer Willensentscheidung des Stpfl. abhängt (s. Rz. 14 ff.).

36 Tatsachen, die die Finanzbehörde früher für unmaßgeblich gehalten hat, dürfen **nicht** dazu benutzt werden, eine **geänderte Rechtsauffassung** anzuwenden; jedoch muss mit an Sicherheit grenzender Wahrscheinlichkeit feststehen, dass die Finanzbehörde auch in Kenntnis des vollständigen Sachverhalts nicht anders entschieden hätte, die bloße »Möglichkeit« genügt nicht (BFH v. 20.06.2001, VI R 70/00, BFH/NV 2001, 1527; BFH v. 09.04.2014, X R 1/11, BFH/NV 2014, 1499). Wie die Behörde bei Kenntnis bestimmter Tatsachen und Beweismittel einen Sachverhalt in ihrem ursprünglichen Bescheid gewürdigt hätte, ist im Einzelfall aufgrund des Gesetzes, wie es nach der damaligen Rechtsprechung des BFH ausgelegt wurde, und der die Behörde bindenden Verwaltungsanweisungen zu beurteilen, die im Zeitpunkt des Erlasses des ursprünglichen Verwaltungsakts gegolten haben (BFH v. 22.04.2010, VI R 27/08, BFH/NV 2010, 1607). Liegen unmittelbar zu der umstrittenen Rechtslage weder BFH-Rspr. noch bindende Verwaltungsanweisungen vor, so ist aufgrund anderer Umstände abzuschätzen, wie das FA in Kenntnis des vollständigen Sachverhaltes entschieden hätte (BFH v. 22.04.2010, VI R 27/08, BFH/NV 2010, 1607). Auch sind interne Schreiben und Mitteilungen etwa eines Landesfinanzministeriums an das BMF zu berücksichtigen. Eine Beurteilung der **Rechtserheblichkeit** von Tatsachen nach einem hypothetischen Kausalverlauf allein nach den idealtypischen Rechtskenntnissen des Veranlagungssachbearbeiters ist unzulässig (BFH v. 22.04.2010, VI R 27/08, BFH/NV 2010, 1607; *Günther*, AO-StB 2010, 338). Lassen sich frühere Rspr. und Verwaltungsanweisungen nicht feststellen, so muss die Finanzbehörde darlegen, welche Verwaltungsübung im Zeitpunkt der ursprünglichen Steuerfestsetzung bestand (BFH v. 14.12.1994, XI R 80/92, BStBl II 1995, 293; BFH v. 29.04.1997, VII R 1/97, BStBl II 1997, 627); sie trägt insoweit die objektive Feststellungslast. Für die Feststellung der mutmaßlichen Entscheidung der Behörde aufgrund Rechtsprechung und Verwaltungsanweisungen sind **subjektive Fehler** unbeachtlich, wie sie den Finanzbehörden in Parallelverfahren sowohl in rechtlicher als auch in tatsächlicher Hinsicht unterlaufen sein mögen (BFH v. 11.05.1988, I R 216/85, BStBl II 1988, 715; BFH v. 21.01.2015, X R 16/12, BFH/NV 2015, 815). Ist der Finanzbehörde beim Erlass des ursprünglichen Bescheids ein Rechtsfehler unterlaufen, so steht dieser einer Änderung aufgrund nachträglich bekannt gewordener Tatsachen dann nicht entgegen, wenn diese ungeachtet des Fehlers bedeutsam sind (BFH v. 07.06.1989, II R 13/86, BStBl II 1989, 694). Zur Rechtserheblichkeit bei unbefristeten Dauerbescheiden mit Dauerwirkung z. B. bei der KraftSt, *von Wedelstädt* in Gosch, § 173 AO Rz. 32.

vorläufig frei 37

### 6. Kein grobes Verschulden nach § 173 Abs. 1 Nr. 2 AO (Aufhebung oder Änderung zugunsten des Steuerpflichtigen)

Die Berücksichtigung für den Stpfl. günstiger Tatsachen 38
oder Beweismittel ist durch **§ 173 Abs. 1 Nr. 2 Satz 1 AO** jedoch grundsätzlich von der Voraussetzung abhängig, dass den Stpfl. kein grobes Verschulden daran trifft, dass die Tatsachen oder Beweismittel erst nachträglich bekannt werden. **Grobes Verschulden** bedeutet Vorsatz oder grobe Fahrlässigkeit. Dabei gilt ein **subjektiver Verschuldensmaßstab**: Maßgeblich ist, ob der Stpfl. bei der Abgabe der Steuererklärung die ihm nach seinen persönlichen Verhältnissen zumutbare Sorgfalt in ungewöhnlichem Maße und in nicht entschuldbarer Weise verletzt hat (z. B. BFH v. 19.11.2008, II R 10/08, BFH/NV 2009, 548; BFH v. 03.12.2009, VI R 58/07, BStBl II 2010, 531; AEAO zu § 173, Nr. 5.1). Der Begriff der groben Fahrlässigkeit stimmt mit demjenigen der »Leichtfertigkeit« i. S. des § 378 Abs. 1 AO überein (BFH v. 18.11.2013, X B 82/12, BFH/NV 2014, 292). Es kommt auf die persönlichen Umstände, Fähigkeiten und Kenntnisse des Stpfl. und die besonderen Umstände des Einzelfalles an, sodass das Verhalten eines weniger gewandten Stpfl. anders beurteilt wird als das des gewandten und erfahrenen. Von fachkundigen Stpfl. und auch von steuerlich beratenden Personen ist folglich ein höherer Grad an Sorgfalt hinsichtlich der von ihnen zu erwartenden Kenntnis und sachgemäßen Anwendung der steuerrechtlichen Vorschriften zu verlangen (BFH v. 26.10.2016, X R 1/14, BFH/NV 2017, 257; BFH v. 09.02.2017, VI B 58/16, BFH/NV 2017, 763).

Anknüpfungspunkte für die Annahme eines groben 39
Verschuldens i. S. von § 173 Abs. 1 Nr. 2 AO können Versäumnisse sowohl bei der Erstellung der Steuererklärung als auch bei der Überprüfung des noch nicht bestandskräftigen Steuerbescheids sein (BFH v. 03.08.2016, X R 20/15, BFH/NV 2017, 438; BFH v. 26.10.2016, X R 1/14, BFH/NV 2017, 257). Allgemein wird grobes Verschulden angenommen, wenn der Stpfl. seiner Erklärungspflicht nicht oder nur unzureichend nachkommt, indem er trotz Aufforderung eine **Steuererklärung nicht abgegeben** hat

(BFH v. 16.09.2004, IV R 62/02, BStBl II 2005, 75; *Tiedtke/Szczesny*, DStR 2005, 1122; AEAO zu § 173, Nr. 5.1.2), unvollständige Steuererklärungen abgibt (BFH v. 03.12.2009, VI R 58/07, BStBl II 2010, 531), allgemeine **Grundsätze der Buchführung** (§§ 145 bis 147 AO) verletzt oder **ausdrückliche Hinweise** in ihm zugegangenen Vordrucken, Erläuterungen, Merkblättern oder sonstigen Mitteilungen der Finanzbehörde nicht beachtet (BFH v. 23.01.2001, XI R 42/00, BStBl II 2001, 379). Die Nichtbeachtung einer im Steuererklärungsformular ausdrücklich gestellten, auf einen ganz bestimmten Vorgang bezogenen Frage ist regelmäßig grob schuldhaft (BFH v. 23.10.2002, III R 32/00, BFH/NV 2003, 441; BFH v. 11.12.2009, X B 199/09, BFH/NV 2010, 598; AEAO zu § 173, Nr. 5.1.3). Das gilt auch für einen Stpfl., dem einschlägige Steuerrechtskenntnisse fehlen (BFH v. 20.03.2013, VI R 5/11, BFH/NV 2013, 1142). Grobes Verschulden des Stpfl. liegt aber nur dann vor, wenn die Erklärungsvordrucke und Merkblätter für einen steuerlichen Laien ausreichend **verständlich, klar und eindeutig** abgefasst sind (BFH v. 23.01.2001, XI R 42/00, BStBl II 2001, 379). Diese Grundsätze gelten auch bei der Abgabe einer **Steuererklärung im elektronischen Wege** über das Elster-Formular (z.B. BFH v. 10.02.2015, IX R 18/14, BStBl II 2017, 7). Sie bedürfen jedoch der Einschränkung, dass in jedem Fall auch die **persönlichen Verhältnisse** (Einsichtsfähigkeit, Bildungsstand usw.) des Verpflichteten zu berücksichtigen sind (BFH v. 22.05.1992, VI R 17/91, BStBl II 1993, 80). Wer keinen sachverständigen Rat einholt, handelt in der Regel noch nicht grob schuldhaft (BFH v. 23.01.2001, XI R 42/00, BStBl II 2001, 379; *von Wedelstädt* in Gosch, § 173 AO Rz. 93 m.w.N.). Dies gilt zumindest dann, wenn Zweifel hinsichtlich der Richtigkeit der vom Stpfl. rechtsirrig angenommenen steuerrechtlichen Wertung diesem sich weder aufdrängen noch hätten aufdrängen müssen (BFH v. 10.08.1988, IX R 219/84, BStBl II 1989, 131). Grobes Verschulden ist anzunehmen, wenn trotz **Aufforderung durch die Finanzbehörde** – erst recht bei mehrfacher Aufforderung – offenkundig steuerrelevante Tatsachen nicht mitgeteilt oder nachgewiesen werden; auf die Folgen braucht die Behörde dabei nicht hinzuweisen (BFH v. 28.03.2017, III B 139/16, BFH/NV 2017, 920). **Offensichtliche Versehen und Irrtümer**, z.B. Schreib- und Rechenfehler, stellen kein grobes Verschulden dar (zu Fällen des groben Verschuldens AEAO zu § 173, Nr. 5.1.1 ff.). Ein unabsichtlicher Rechenfehler, der auch bei Beobachtung normaler Sorgfalt jedem unterlaufen kann, ist nicht als grobes Verschulden zu werten (BFH v. 13.09.1990, V R 110/85, BStBl II 1991, 124). **Subjektiv entschuldbare Rechtsirrtümer**, die zu einem nachträglichen Bekanntwerden von Tatsachen geführt haben, schließen eine grobe Fahrlässigkeit aus; **mangelnde Steuerrechtskenntnisse** bei einem Stpfl. ohne einschlägige Ausbildung allein begründen kein grobes Verschulden (u.a. BFH v. 21.07.1989, III R 303/84, BStBl II 1989, 969; BFH v. 23.1.2001, XI R 42/00, BStBl II 2001, 379; BFH v. 20.03.2013, VI R 5/11, BFH/NV 2013, 1142; *von Wedelstädt* in Gosch, § 173 AO Rz. 87 m.w.N.). Der ansonsten begründete Vorwurf der groben Fahrlässigkeit kann ausnahmsweise auch durch eine besondere Krisensituation des Stpfl. ausgeschlossen sein (BFH v. 16.11.2006, III R 44/06, BFH/NV 2007, 543).

40 **Grobes Verschulden** kann **nicht** ohne Weiteres darin gesehen werden, dass gegen einen Bescheid nicht **Einspruch** eingelegt wurde, obwohl damit dem FA nicht bekannte Tatsachen mitgeteilt hätten werden können und sich diese Möglichkeit dem Stpfl. bzw. seinem Vertreter hätte aufdrängen müssen (auch *Tiedtke/Szczesny*, DStR 2005, 1122). Den Stpfl. muss ein grobes Verschulden am nachträglichen Bekanntwerden der Tatsache treffen. Das Merkmal »nachträglich« in diesem Sinne knüpft aber an den Zeitpunkt der letzten Willensbildung für die Steuerfestsetzung an und nicht an spätere Zeitpunkte; zudem besteht keine Mitwirkungspflicht zur Einlegung von Rechtsbehelfen (gl.A. *Loose* in Tipke/Kruse, § 173 AO Rz. 76b; *von Wedelstädt* in Gosch, § 173 AO Rz. 54 und 103 m. w. N; **a.A.** st. Rspr des **BFH**: BFH v. 22.05.2006, VI R 17/05, BStBl II 2006, 806 m.w.N.; s. AEAO zu § 173, Nr. 5.5). Ein grobes Verschulden liegt jedoch darin, dass grundlos versäumt wurde, der Finanzbehörde steuermindernde Tatsachen bis zur Bekanntgabe der Einspruchsentscheidung darzulegen (BFH v. 21.02.1991, V R 25/87, BStBl II 1991, 496), bzw. bereits allein die unterlassene Mitteilung entscheidungserheblicher Tatsachen innerhalb der Einspruchsfrist kann ein grobes Verschulden am nachträglichen Bekanntwerden steuermindernder Tatsachen i.S. des § 173 Abs. 1 Nr. 2 AO begründen (BFH v. 10.12.2013, VIII R 10/11, BFH/NV 2014, 820). Diese Frage stellt sich allerdings nur dann, wenn nicht schon vor Erlass des Bescheids ein grob schuldhaftes Fehlverhalten des Stpfl. vorgelegen hat (BFH v. 10.12.2013, VIII R 10/11, BFH/NV 2014, 820). Anders verhält es sich, wenn der Stpfl. einen **verfristeten Einspruch** einlegt: Im Rahmen des § 110 AO ist – anders als im Rahmen des § 173 Abs. 1 Nr. 2 AO – bereits bei einem leicht fahrlässigen Verhalten eine Wiedereinsetzung zu versagen (BFH v. 29.08.2017, VIII R 33/15, BStBl II 2018, 69). Will der Stpfl. mit der versäumten Handlung eine Tatsache i.S. des § 173 Abs. 1 Nr. 2 AO geltend machen, sind beide Verschuldensmaßstäbe nebeneinander anwendbar (z.B. BFH v. 30.10.2003, III R 24/02, BStBl II 2004, 394). U. U. kommt deshalb trotz schuldhafter Versäumung der Einspruchsfrist (§ 355 Abs. 1 Satz 1 AO) eine Änderung zugunsten des Stpfl. nach § 173 Abs. 1 Nr. 2 AO in Betracht (*Bartone* in Bartone/von Wedelstädt, Rz. 929; *von Wedelstädt* in Gosch, § 173 AO Rz. 103; *Koenig* in Koenig, § 173 AO Rz. 112; *Loose* in Tipke/Kruse, § 173 AO Rz. 76).

41 Bedient sich der Stpfl. zur Erfüllung seiner Verpflichtung nach § 150 Abs. 2 Satz 1 AO, § 90 Abs. 1 Satz 2 AO

eines **steuerlichen Beraters**, muss dieser sich um sachgerechte und gewissenhafte Erfüllung der Erklärungspflichten (im Rahmen seines Auftrags) bemühen. Insoweit hat der Stpfl. sich das **Verschulden** seines steuerlichen Beraters **zurechnen** zu lassen (BFH v. 03.12.2009, VI R 58/07, BStBl II 2010, 531; BFH v. 16.05.2013, III R 12/12, BFH/NV 2013, 1467 m.w.N.; h.M. in der Lit., z.B. *Bartone* in Bartone/von Wedelstädt, Rz. 931 ff.; *Günther*, AO-StB 2010, 339). Er hat im Rahmen des § 173 Abs. 1 Nr. 2 AO ein grobes Verschulden seines steuerlichen Beraters bei der Anfertigung der Steuererklärung in gleicher Weise zu vertreten, wie das Verschulden eines Bevollmächtigten (AEAO zu § 173, Nr. 5.3), wobei bei der dem Berater zuzumutenden Sorgfalt zu berücksichtigen ist, dass von einem Angehörigen der steuerberatenden Berufe die Kenntnis und sachgemäße Anwendung der steuerrechtlichen Vorschriften erwartet wird (BFH v. 26.08.1987, I R 144/86, BStBl II 1988, 109).

**41a** Der Stpfl. ist verpflichtet, die von seinem steuerlichen Berater gefertigte Steuererklärung vor ihrer Unterzeichnung auf die Richtigkeit und Vollständigkeit in tatsächlicher Hinsicht zu **überprüfen** (BFH v. 16.05.2013, III R 12/12, BFH/NV 2013, 1467 m.w.N.). Unterlässt er dies und hätte ihm dabei ohne Weiteres auffallen müssen, dass steuermindernde Tatsachen oder Beweismittel nicht berücksichtigt worden sind, handelt er grob schuldhaft (BFH v. 28.06.1983, VIII R 37/81, BStBl II 1984, 2; BFH v. 16.05.2013, III R 12/12, BFH/NV 2013, 1467 m.w.N.; zur persönlichen Mitwirkungspflicht vgl. auch *Loose* in Tipke/Kruse, § 173 AO Rz. 81). Überlässt der steuerliche Berater dem Stpfl. eine im **Elster-Verfahren** komprimierte Steuererklärung, ist ihm die Überprüfung auf Vollständigkeit und Richtigkeit nicht möglich, trifft ihn insofern kein grobes Verschulden (s. Rz. 41). Dies begründet aber ein dem Stpfl. zuzurechnendes grobes Verschulden des steuerlichen Beraters, weil sie dem Stpfl. eine Überprüfung der Vollständigkeit nicht ermöglicht (BFH v. 16.05.2013, III R 12/12, BFH/NV 2013, 1467).

**42** Liegt eine **Zusammenveranlagung** vor, gelten nachträglich bekannt gewordene Tatsachen auch für den anderen Ehegatten (*von Wedelstädt* in Gosch, § 173 AO Rz. 91). Aus der Gesamtschuldnerschaft der Zusammenveranlagung ergibt sich, dass sich jeder das grobe Verschulden des anderen zurechnen lassen muss (BFH v. 24.07.1996, I R 62/95, BStBl II 1997, 115; *von Wedelstädt* in Gosch, § 173 AO Rz. 91; differenzierend *Frotscher* in Schwarz, § 155 AO Rz. 57; AEAO zu § 173, Nr. 5.2; a.A. *von Groll* in HHSp, § 173 AO Rz. 270).

**43** **Sinn und Zweck** der durch **§ 173 Abs. 1 Nr. 2 Satz 1** AO bewirkten Einschränkung der Änderungsmöglichkeit bei grobem Verschulden ist, dass der Stpfl. motiviert werden soll, der Finanzbehörde den steuerlich relevanten Sachverhalt rechtzeitig, d.h. in der Steuererklärung sorgfältig und vollständig darzustellen, und zwar insbes. in Bezug auf solche Tatsachen und Beweismittel, die geeignet sind, seine Steuerbelastung zu mindern. Nachlässiges und oberflächliches Verhalten soll zu seinen Gunsten nicht mehr korrigierbar sein. Dabei kann es keinen Unterschied machen, ob der Stpfl. seine Erklärungspflichten allein oder mit Unterstützung einer sachkundigen Person erfüllt. Die vertretende oder auch nur beratende Mitwirkung eines Dritten, also die Arbeitserleichterung, die sich der Stpfl. bei der Erfüllung seiner Pflichten in legaler Weise verschafft, bleibt ohne Einfluss darauf, unter welchen Voraussetzungen der auf den Erklärungen des Stpfl. beruhende Steuerverwaltungsakt zu seinen Gunsten korrigierbar ist.

Nach **§ 173 Abs. 1 Nr. 2 Satz 2 AO** ist das **Verschulden** jedoch **unbeachtlich**, wenn die Tatsachen oder Beweismittel in einem **unmittelbaren** oder **mittelbaren** Zusammenhang mit steuererhöhenden Tatsachen oder Beweismitteln stehen (AEAO zu § 173, Nr. 6.1). Ohne Bedeutung ist, ob die steuererhöhenden Tatsachen, mit denen die steuerermäßigenden Tatsachen derart im Zusammenhang stehen, dieselbe Steuerperiode und/oder dieselbe Steuer betreffen. Der geforderte Zusammenhang besteht, **wenn der steuererhöhende Vorgang nicht ohne den steuermindernden Vorgang denkbar ist** (BFH v. 21.02.1991, V R 25/87, BStBl II 1991, 496; BFH v. 13.01.2005, II R 48/02, BStBl II 2005, 451; AEAO zu § 173, Nr. 6.1; *Loose* in Tipke/Kruse, § 173 AO Rz. 86). Zu denken ist etwa an die bilanzsteuerlich erforderliche Rückstellung von Betriebsteuern, die auf Tatsachen i.S. von § 173 Abs. 1 Satz 1 Nr. 1 AO beruhen, oder an Abschreibungen auf nachträglich gem. § 173 Abs. 1 Satz 1 Nr. 1 AO aktivierte Wirtschaftsgüter. Das gilt ebenfalls, wenn sich der bei der Veräußerung eines Wirtschaftsguts erzielte Gewinn dadurch verringert, dass die Finanzbehörde den vom Stpfl. anlässlich der Entnahme dieses Wirtschaftsguts aus einem anderen Unternehmen angesetzten Teilwert nach § 173 Abs. 1 Nr. 1 AO erhöht. Zur Berücksichtigung von Vorsteuerbeträgen bei nachträglichem Bekanntwerden von steuerpflichtigen Umsätzen BFH v. 19.10.1995, V R 60/92, BStBl II 1996, 149; BFH v. 10.04.2003, V R 26/02, BStBl II 2003, 785 m.w.N.). Die Berücksichtigung der steuermindernden Tatsachen oder Beweismittel ist nicht betragsmäßig beschränkt bis zur steuerlichen Auswirkung der steuererhöhenden Tatsachen oder Beweismittel. Sie sind vielmehr uneingeschränkt zu berücksichtigen (BFH v. 02.08.1983, VIII R 190/80, BStBl II 1984, 4; BFH v. 08.08.1991, V R 106/88, BStBl II 1992, 12). Die Vorschrift ist nicht mehr anwendbar, wenn die Änderung nach § 173 Abs. 1 Nr. 1 AO bereits unanfechtbar geworden ist (BFH v. 19.08.1983, VI R 177/82, BStBl II 1984, 48; BFH v. 13.01.2005, II R 48/02, BStBl II 2005, 451; *Frotscher* in Schwarz, § 173 AO Rz. 233; *Bartone* in Bartone/von Wedelstädt, Rz. 964; a.A. *von Wedelstädt* in Gosch, § 173 AO Rz. 113 ff. m.w.N.; *von Groll* in HHSp, § 173 AO Rz. 303). **44**

### II. Rechtsfolge (Aufhebung oder Änderung von Steuerbescheiden)

45 Die **Aufhebung oder Änderung** der unter den Anwendungsbereich der Vorschrift fallenden Bescheide (s. Rz. 1) ist nicht in das Ermessen der Finanzbehörde gestellt, sondern **zwingend**. Die Finanzbehörde ist von Amts wegen zu Korrektur verpflichtet; der Stpfl. hat einen **Rechtsanspruch** auf die in § 173 Abs. 1 AO angeordnete Aufhebung oder Änderung. Die Aufhebung oder Änderung ist nur innerhalb der Festsetzungsfrist (§ 169 AO) möglich.

46 Die Aufhebung oder Änderung ist zulässig und geboten, soweit die sie rechtfertigenden Tatsachen oder Beweismittel bzw. deren unmittelbaren steuerlichen Auswirkungen reichen. Änderungen der in den bisherigen Bescheiden enthaltenen Regelungen sind darüber hinaus nur in dem durch **§ 177 AO** abgesteckten Rahmen und ausschließlich hinsichtlich der bisherigen rechtlichen Subsumtion des unverändert gebliebenen steuerlich relevanten Sachverhalts möglich und erforderlich. Werden nachträglich neben steuererhöhenden Tatsachen auch steuermindernde Tatsachen bekannt, die wegen groben Verschuldens des Stpfl. nicht für sich eine Änderung nach § 173 Abs. 1 Nr. 2 AO rechtfertigen, so sind bei der Änderung nach § 173 Abs. 1 Nr. 1 AO die steuermindernden Tatsachen im Wege der **Saldierung** nach § 177 AO zu berücksichtigen (BFH v. 10.04.2003, V R 26/02, BStBl II 2003, 785). Das gilt bei **Zusammenveranlagung** auch dann, wenn bei einem Ehegatten steuererhöhende und beim anderen steuermindernde Tatsachen oder Beweismittel nachträglich bekannt werden. Im Einzelnen s. § 177 AO und die dortigen Erläuterungen. Ein vorbehaltloser Bescheid kann auch nicht bei seiner Änderung wegen neuer Tatsachen oder Beweismittel ohne Zustimmung des Betroffenen unter Nachprüfungsvorbehalt (§ 164 AO) gestellt werden kann (BFH v. 30.10.1980, IV R 168/79, BStBl II 1981, 150).

47 Treten die Voraussetzungen für eine Änderung im Laufe eines **außergerichtlichen Rechtsbehelfsverfahrens** ein, so steht der Änderung zuungunsten des Stpfl. nicht entgegen, dass der Einspruch nach entsprechendem Hinweis auf die **Verböserungsmöglichkeit** zurückgenommen wurde (BFH v. 11.03.1987, II R 206/83, BStBl II 1987, 417; BFH v. 13.09.2001, IV R 79/99, BStBl II 2002, 2).

47a Die **objektive Feststellungslast** für die tatsächlichen Voraussetzungen des § 173 Abs. 1 Nr. 1 AO (Änderung zuungunsten des Stpfl.) trägt grundsätzlich die Finanzbehörde (*von Wedelstädt* in Gosch, § 173 AO Rz. 78). Dies gilt jedoch nicht, soweit es um die Feststellungslast für die Verletzung der Ermittlungspflicht der Finanzbehörde geht. Diese trifft den Stpfl. Die objektive Beweislast dafür, dass dem für die Veranlagung zuständigen Sachbearbeiter ausnahmsweise auch nicht aktenkundige Tatsachen dienstlich bekannt waren oder als bekannt zuzurechnen sind, trägt ebenfalls der Stpfl. (BFH v. 18.06.2015, VI R 84/13, BFH/NV 2015, 1342). Für die tatsächlichen Voraussetzungen des § 173 Abs. 1 Nr. 2 AO trägt demgegenüber der Stpfl. die objektive Feststellungslast, und zwar auch für das Merkmal »ohne grobes Verschulden« (BFH v. 21.02.1991, V R 25/87, BStBl II 1991, 496; *Bartone* in Bartone/von Wedelstädt, Rz. 995; *von Wedelstädt* in Gosch, § 173 AO Rz. 105; *Koenig* in Koenig, § 173 AO Rz. 171; *Frotscher* in Pahlke/Schwarz, § 173 AO Rz. 221; a. A. BFH v. 22.05.1992, VI R 17/91, BStBl. II 1993, 80; *von Groll* in HHSp, § 173 AO Rz. 298; *Loose* in Tipke/Kruse, § 173 AO Rz. 85).

## C. Änderungssperre nach § 173 Abs. 2 AO

Nach § 173 Abs. 2 AO können Steuerbescheide abweichend von § 173 Abs. 1 AO, soweit sie aufgrund einer Außenprüfung ergangen sind, nur geändert oder aufgehoben werden, wenn eine Steuerhinterziehung (§ 370 AO) oder eine leichtfertige Steuerverkürzung (§ 378 AO) vorliegt. Trotz der Wörter »können nur« ist dem FA **kein Ermessen** eingeräumt. Der Ausdruck bezieht sich auf die Voraussetzungen der Änderung oder Aufhebung nach § 173 Abs. 1 AO, die durch § 173 Abs. 2 AO eingeschränkt werden sollen (*Loose* in Tipke/Kruse, § 173 AO Rz. 104). Im Falle der Steuerhinterziehung oder leichtfertigen Steuerverkürzung **sind** die Steuerbescheide bei Vorliegen der Voraussetzungen des § 173 Abs. 1 AO daher auch aufzuheben, soweit sie aufgrund einer Außenprüfung ergangen sind. Dies gilt nach § 173 Abs. 2 Satz 2 AO auch in den Fällen, in denen eine **Mitteilung nach § 202 Abs. 1 Satz 3 AO** ergangen ist, wonach die Außenprüfung zu keiner Änderung der Besteuerungsgrundlage führt. Die Vorschrift normiert einen besonderen Vertrauensschutz hinsichtlich solcher Bescheide, die aufgrund einer Außenprüfung ergangen sind. Sie gilt sowohl für Änderungen zugunsten des Stpfl. als auch für Änderungen zu seinen Ungunsten. Die Änderungssperre des § 173 Abs. 2 AO greift somit auch ein, wenn nach einer Außenprüfung Tatsachen oder Beweismittel bekannt werden, die zu einer niedrigeren Steuer führen würden (BFH v. 29.01.1987, IV R 96/85, BStBl II 1987, 410; BFH v. 11.12.1997, V R 56/94, BStBl II 1998, 367; h. M. in Literatur). Sinn und Zweck der Vorschrift ist es nämlich, im Interesse des **Rechtsfriedens** den aufgrund einer Außenprüfung ergangenen Steuerbescheiden erhöhte Rechtsbeständigkeit zu verleihen. 48

Als **»Außenprüfung«** (§§ 193 ff. AO) in diesem Sinne gelten auch die abgekürzte Außenprüfung (§ 203 AO) sowie USt-Sonderprüfungen (BFH v. 15.09.1994, XI B 90/93, BFH/NV 1995, 462; s. aber AEAO zu § 173, Nr. 8.2.3) und LSt-Außenprüfung (BFH v. 17.02.1995, VI R 52/94, BStBl II 1995, 555, BFH v. 24.07.1996, X R 123/94, BFH/NV 1997, 161), nicht aber eine durch die 49

**Steuerfahndung** vorgenommene umfassende Ermittlung des Sachverhalts (h. M. u. a. BFH v. 16.06.2004, X R 56/01, BFH/NV 2004, 1502; BFH v. 04.09.2000, I B 17/00, BStBl II 2000, 648; *Rüsken* in Klein, § 173 AO Rz. 142; *von Wedelstädt* in Gosch, § 173 AO Rz. 134 m. w. N.; s. AEAO, zu § 173, Nr. 8.4, wenn die Steuerfahndung keine Außenprüfung nach § 208 Abs. 2 Nr. 1 AO durchführt; s. § 208 AO Rz. 3a). Zum Begriff der Außenprüfung s. § 193 AO Rz. 2 ff., s. § 171 AO Rz. 42 ff.

50 Die Änderungssperre besteht nur, **soweit** der Steuerbescheid oder die ihm gleichstehenden Bescheide aufgrund einer Außenprüfung ergangen sind. Mit Steuerbescheiden meint § 173 Abs. 2 Satz 1 AO nicht nur Steuerbescheide, die erstmals aufgrund einer Außenprüfung ergangen sind, sondern auch Steuerbescheide, die aufgrund einer Außenprüfung nach §§ 164 Abs. 2, 164 Abs. 2, 172 oder 173 AO geändert worden sind. Das Gleiche gilt für Einspruchsentscheidungen oder Abhilfebescheide, die einen nach einer Außenprüfung erlassenen oder geänderten Bescheid wiederum aufheben oder ändern (BFH v. 29.01.1987, IV R 96/85, BStBl II 1987, 410). Bescheide, die vor Durchführung einer **LSt-Außenprüfung** ergangen sind, unterliegen nicht der Änderungssperre des § 173 Abs. 2 AO (BFH v. 23.12.2005, VI B 83/05, BFH/NV 2006, 705).

51 Auch die Aufhebung des Vorbehalts gem. **§ 164 Abs. 2 Satz 2 AO** im Anschluss an die Außenprüfung enthält konkludent eine Mitteilung nach § 202 Abs. 1 Satz 3 AO, sodass auch insoweit eine Änderungssperre eintritt.

52 Hinsichtlich des Anwendungsbereichs des § 173 Abs. 2 AO in Bezug auf die LSt gilt Folgendes: Ist ein Arbeitnehmer nach einer Außenprüfung zur ESt veranlagt worden, so können später aufgrund einer **LSt-Außenprüfung** beim Arbeitgeber bekannt gewordene Tatsachen, die zu Mehrsteuern führen, nicht mehr mit LSt-Nachforderungsbescheid gegenüber dem Arbeitnehmer festgesetzt werden (BFH v. 15.05.1992, VI R 106/88, BStBl II 1993, 840; BFH v. 17.02.1995, VI R 52/94, BStBl II 1995, 555). Wird im Anschluss an eine LSt-Außenprüfung der Vorbehalt der Nachprüfung der den Prüfungszeitraum betr. LSt-Anmeldungen aufgehoben, so steht § 173 Abs. 2 AO sowohl dem späteren Erlass eines Pauschalierungsbescheids als auch eines LSt-Haftungsbescheids für einen den Prüfungszeitraum betreffenden Sachverhalt entgegen (BFH v. 15.05.1992, VI R 106/88, BStBl II 1993, 840; BFH v. 06.05.1994, VI R 47/93, BStBl II 1994, 715; BFH v. 17.02.1995, VI R 52/94, BStBl II 1995, 555). Der Haftungsbescheid ändert wegen der besonderen Konstruktion des LSt-Verfahrens die im eigentlichen Sinn eine Haftungsschuld festsetzenden Steuerbescheide ab; für den Pauschalierungsbescheid (Steuerschuldner ist hier der Arbeitgeber, § 40 Abs. 3 Satz 2 EStG) gilt nichts anderes, schließlich betrifft auch er den Regelungsbereich des zeitraumbezogenen Steuerbescheids in Form der LSt-Anmeldung und ändert die bisherige Festsetzung (*Rüsken* in Klein, § 173 AO Rz. 155 f.; *von Wedelstädt* in Gosch, § 173 AO Rz. 129).

Die Änderungssperre steht **Änderungen nach anderen Vorschriften** wie nach § 174 AO oder § 175 AO sowie nach §§ 164 Abs. 2 AO und 165 Abs. 2 AO nicht entgegen (BFH v. 25.09.1996, III R 53/93, BStBl II 1997, 269): In beiden Fällen beruht die Änderung nicht auf tatsächlichen Verhältnissen, die Gegenstand einer Außenprüfung sein können. Der Anwendungsbereich des § 173 Abs. 2 AO ist abschließend auf die Fälle des § 173 Abs. 1 AO beschränkt (BFH v. 16.09.2004, X R 22/01, BFH/NV 2005, 322; BFH v. 02.12.2013, III B 71/13, BFH/NV 2014, 570). 53

Da nach dem Wortlaut des § 173 Abs. 2 AO die Änderungssperre nur eingreift, soweit die einschlägigen Bescheide aufgrund einer Außenprüfung ergangen sind, ist auf den **Umfang** der Außenprüfung abzustellen. Maßgebend ist hierfür der Inhalt der wirksamen **Prüfungsanordnung** (§§ 194, 196 AO), nicht deren tatsächlicher Umfang (gl. A. *Loose* in Tipke/Kruse, § 173 AO Rz. 93, *Rüsken* in Klein, § 173 AO Rz. 151; BFH v. 11.02.1998, I R 82/97, BStBl II 1998, 552), weil es im Zusammenhang mit der Änderungssperre nur darauf ankommt, zu welchen Ermittlungen die Behörde Gelegenheit hatte. Eine eingeschränkte Wirkung hat § 173 Abs. 2 AO daher, wenn gem. § 194 Abs. 1 Satz 1 AO die Außenprüfung sachlich beschränkt wurde. 54

Die aufgrund der Prüfung ergangenen Bescheide dürfen nur aufgehoben oder geändert werden, wenn eine **Steuerhinterziehung** (§ 370 AO) oder eine **leichtfertige Steuerverkürzung** (§ 378 AO) vorliegt. Diese Einschränkung gilt auch dann, wenn trotz der Außenprüfung die bisherigen Bescheide unverändert blieben und dies dem Betroffenen nach § 202 Abs. 1 Satz 3 AO mitgeteilt worden ist, wobei nur die förmliche Mitteilung die Änderungssperre eingreifen lässt, nicht schon die Übersendung eines Prüfungsberichts ohne ausdrücklichen Hinweis (BFH v. 14.12.1989, III R 158/85, BStBl II 1990, 283). Führt eine Außenprüfung jedoch bei mehreren Steuerarten nicht aber bei allen zu Änderungen, kann eine Mitteilung hinsichtlich der übrigen Steuerarten i. S. des § 202 Abs. 1 Satz 3 AO nicht konkludent enthalten sein (BFH v. 02.10.2003, IV R 36/01, BFH/NV 2004, 307; auch *Rabback*, AO-StB 2004, 83). Es besteht eine höhere Bestandskraft (*Loose* in Tipke/Kruse, § 173 AO Rz. 94). Liegt eine **Steuerhinterziehung** oder **leichtfertige Steuerverkürzung** vor, greift die Änderungssperre nach § 173 Abs. 2 AO nicht. Ob eine Steuerhinterziehung oder leichtfertige Steuerverkürzung vorliegt, unterliegt der selbstständigen Beurteilung durch die für die Änderung oder Aufhebung zuständige Finanzbehörde. Das ist dann der Fall, wenn die objektiven und subjektiven Tatbestandsmerkmale einer Steuerhinterziehung oder leichtfertigen Steuerverkürzung erfüllt sind (BFH v. 16.03.2016, V B 89/15, BFH/NV 2016, 993). Die Finanzbehörde trägt da- 55 für die **objektive Feststellungslast** (z. B. BFH v. 27.08.1991, VIII R 84/89, BStBl II 1992, 9; vgl. auch *Bartone* in Bartone/von Wedelstädt, Rz. 979; *von Wedelstädt* in Gosch, § 173 AO Rz. 150). Obwohl auch im finanzgerichtlichen Verfahren der strafverfahrensrechtliche Grundsatz »in dubio pro reo« zu beachten ist, ist für die nach § 76 Abs. 1 FGO von Amts wegen zu treffende Feststellung der Steuerhinterziehung kein größerer Grad von Gewissheit erforderlich als für die Feststellung anderer Tatsachen, für die die Finanzbehörde die Feststellungslast trägt (BFH v. 17.02.1999, IV B 66/98, BFH/NV 1999, 1188). Die Finanzbehörde ist an die Entscheidung der für die Verfolgung der Steuerstraftat bzw. Steuerordnungswidrigkeit zuständigen Stellen nicht gebunden (BFH v. 14.08.1991, X R 86/88, BStBl II 1992, 128). Diese Durchbrechung der Änderungssperre setzt nicht voraus, dass der Stpfl. die Steuerhinterziehung bzw. leichtfertige Steuerverkürzung selbst begangen hat (gl. A. *Loose* in Tipke/Kruse, § 173 AO Rz. 96; a. A. *App*, BB 1987, 313). § 169 Abs. 2 Satz 3 AO kommt dabei nur für den zeitlichen Umfang der Zulässigkeit der Änderung zur Anwendung. Eine Exkulpationsmöglicheit besteht nicht. Eine **Selbstanzeige** (§ 371 AO) und der **Eintritt der Verfolgungsverjährung** (§ 384 AO) verhindern die Durchbrechung der Änderungssperre nicht, es kommt allein auf die Erfüllung des objektiven und subjektiven Tatbestands der §§ 370, 378 AO an (BFH v. 17.02.1999, IV B 66/98, BFH/NV 1999, 1188).

56 Grds. genügen **andere Straftaten oder Ordnungswidrigkeiten nicht**, um die Änderungssperre des § 173 Abs. 2 AO zu durchbrechen. Zwar wird vertreten, dass eine Änderung nach einer Außenprüfung (zuungunsten wie zugunsten des Steuerpflichtigen) außer bei Vorliegen einer Steuerhinterziehung in Betracht kommt, wenn eine einen Restitutionsgrund i. S. des § 580 ZPO bildende sonstige schwerwiegende strafbare Handlung gegeben und eine Verurteilung ihretwegen erfolgt ist (BFH v. 07.09.1995, III R 64/92, juris; FG Mchn v. 13.03.1985, III 169/81 U, EFG 1985, 431; v. 24.09.1991, 13 K 13048/87, EFG 1992, 171; *Rüsken* in Klein, § 173 AO Rz. 145; *Zinn*, StBp 1985, 137 und 233). Nach dem klaren Wortlaut des § 173 Abs. 1 AO ist die Durchbrechung der Änderungssperre auf die Steuerhinterziehung (§§ 370, 370a AO) und die leichtfertige Steuerverkürzung (§ 378 AO) beschränkt (FG RP v. 17.12.1984, 5 K 38/84, EFG 1985, 431; FG Nds v. 07.05.1992, II 216/89, EFG 1993, 248; *Frotscher* in Schwarz, § 173 AO Rz. 123; *von Groll* in HHSp, § 173 AO Rz. 351; *Loose* in Tipke/Kruse, § 173 AO Rz. 97; *Rößler*, StBp 1985, 232; *von Wedelstädt* in Gosch, § 173 AO Rz. 147). Diese Auffassung verdient den Vorzug. Eine Ausnahme wird man allenfalls dann machen müssen, wenn § 173 Abs. 2 AO durch Verweisung in anderen Gesetzen zur Anwendung kommt, zum Beispiel auf InvZul-Bescheide durch § 5 Abs. 1 Satz 1 InvZulG. Da aber strafrechtsrelevante Verstöße gegen das InvZulG nicht den Tatbestand des § 370 AO erfüllen können, sondern nur den des Subventionsbetrugs (§ 264 StGB), kommt § 173 Abs. 2 AO auch in diesen Fällen zur Anwendung (*Rüsken* in Klein, § 173 AO Rz. 145; vgl. auch *Bartone* in Bartone/von Wedelstädt, Rz. 980).

## D. Rechtsbehelfe

In der Praxis empfiehlt es sich z. B. durch einen Änderungsantrag die Ablaufhemmung des § 171 Abs. 3 AO (s. § 171 AO Rz. 15 ff.) herbeizuführen. 57

Ein **Bilanzierungsfehler** kann nur solange berichtigt werden, wie die Berichtigung der fehlerhaften Veranlagung möglich ist, also längstens bis zum Ablauf der Festsetzungsfrist. Voraussetzungen für eine Bilanzberichtigung sind in § 4 Abs. 2 EStG geregelt. Nach Bilanzeinreichung muss der Fehler, der zur Steuerverkürzung führen kann, gem. § 153 AO bis zum Ablauf der Festsetzungsfrist richtiggestellt werden. Nach bestandskräftiger Festsetzung ist eine Berichtigung von Bilanzansätzen nur im Rahmen einer Änderung der Veranlagung möglich (s. Rz. 12). 58

Gegen den Änderungs- oder Aufhebungsbescheid ist ebenso wie gegen einen Verwaltungsakt, durch den eine beantragte Änderung oder Aufhebung nach § 173 Abs. 1 AO ganz oder teilweise abgelehnt wird, der außergerichtliche Rechtsbehelf des **Einspruchs** statthaft (BFH v. 24.10.2000, IX R 62/97, BStBl II 2001, 124). Bleibt das Einspruchsverfahren erfolglos, kann dagegen **Anfechtungsklage** (§ 40 Abs. 1 1. Alt. FGO) erhoben werden. Ist der Rechtsbehelf erfolgreich, so wird der Änderungsbescheid ersatzlos aufgehoben und der ursprüngliche Bescheid lebt wieder auf (BFH v. 09.12.2004, VII R 16/03, BStBl II 2006, 346). Eine erneute Änderung nach § 173 Abs. 1 AO kommt dann nicht mehr in Betracht, da aufgrund der vollumfänglichen Überprüfung des Falls im Einspruchsverfahren nach § 367 Abs. 2 Satz 1 AO, keine neuen Tatsachen i. S. des § 173 Abs. 1 Nr. 2 AO bekannt werden können (BFH v. 13.09.2001, IV R 79/99, BStBl II 2002, 2; *Bartone* in Bartone/von Wedelstädt, Rz. 996). 59

Gegen die Ablehnung eines Antrags auf Änderung ist ebenfalls die Möglichkeit des Einspruchs gegeben (§ 347 Abs. 1 Satz 1 Nr. 1 AO). Wird diesem nicht stattgegeben, kann vor dem FG **Verpflichtungsklage** nach § 40 Abs. 1 2. Alt. FGO auf Änderung des Steuerbescheids erhoben werden. Diese Klage ist mangels Ermessens des FA (s. Rz. 45, s. Rz. 48) begründet, wenn die Voraussetzungen des § 173 Abs. 1 bzw. Abs. 2 AO vorliegen, da in diesem Fall ein **Rechtsanspruch auf Erlass des Änderungsbescheids** als Kehrseite der Änderungspflicht besteht (*Bartone* in Bartone/von Wedelstädt, Rz. 997). 60

## § 173a AO Schreib- oder Rechenfehler bei Erstellung einer Steuererklärung

**Steuerbescheide sind aufzuheben oder zu ändern, soweit dem Steuerpflichtigen bei Erstellung seiner Steuererklärung Schreib- oder Rechenfehler unterlaufen sind und er deshalb der Finanzbehörde bestimmte, nach den Verhältnissen zum Zeitpunkt des Erlasses des Steuerbescheids rechtserhebliche Tatsachen unzutreffend mitgeteilt hat.**

**Inhaltsübersicht**



**Schrifttum**


Bartone/von Wedelstädt, Korrektur von Steuerverwaltungsakten, 2. Aufl. 2017; Braun Binder, Ausschließlich automationsgestützt erlassene Steuerbescheide und Bekanntgabe durch Bereitstellung zum Datenabruf, DStZ 2016, 526; Brinkmeier, Der neue § 173 a AO, GmbH-StB 2017, 65; Bruschke, Berichtigung von Steuerbescheiden wegen offenbarer Unrichtigkeiten, StB 2017, 187; Dissars, Änderungen im Bereich der Korrekturvorschriften der AO durch das Gesetz zur Modernisierung des Besteuerungsverfahrens – Überblick und erste Anmerkungen, BB 2017, 1307; Höreth/Stelzer, Gesetz zur Modernisierung des Besteuerungsverfahrens, DStZ 2016, 520; Nöcker, § 173 a AO – eine unvollendete Neuerung, AO-StB 2017, 317; Ortmann-Babel/Franke, Gesetz zur Modernisierung des Besteuerungsverfahrens, DB 2016, 1521; Seer, Modernisierung des Besteuerungsverfahrens, StuW 2015, 315; Trossen, Die Auswirkungen der Modernisierung des steuerlichen Verfahrensrechts auf den gerichtlichen Rechtsschutz, FR 2015, 1021; von Wedelstädt, Das Gesetz zur Modernisierung des Besteuerungsverfahrens, AO-StB 2016, 196; von Wedelstädt, Neue Änderungsvorschriften in der Abgabenordnung (§ 173 a AO, § 175 b AO), AO-StB 2017, 19.


### A. Bedeutung der Vorschrift

1 § 173 a AO ermöglicht die Aufhebung oder Änderung von bestandskräftigen Steuerbescheiden, soweit der Stpfl. aufgrund eines (bei Erstellung der Steuererklärung aufgetretenen) Schreib- oder Rechenfehlers der Finanzbehörde bestimmte Tatsachen unzutreffend mitgeteilt hat und diese Tatsachen nach den Verhältnissen zum Zeitpunkt des Erlasses des Steuerbescheids rechtserheblich waren (AEAO zu § 173 a, Nr. 1). § 173 a AO wurde durch das Gesetz zur Modernisierung des Besteuerungsverfahrens vom 18.07.2014 (BGBl I 2016, 1679) eingefügt und gilt erstmals für Steuerbescheide, die nach dem 31.12.2016 erlassen worden sind (Art. 97 § 9 Abs. 4 EGAO; AEAO zu § 173 a, Nr. 2).

2 § 173 a AO ist im Kontext zu § 155 Abs. 4 AO zu sehen, der den Erlass von Steuerbescheiden im vollautomatisierten Verfahren zulässt, und knüpft an die Rspr. des BFH zu so genannten »Übernahmefehlern« im Zusammenhang mit § 129 Satz 1 AO an (st. Rspr., z. B. BFH v. 17.05.2017, X R 45/16, BFH/NV 2018, 10). Danach eröffnet die rein mechanische Übernahme von Erklärungsfehlern des Stpfl. durch das FA beim Erlass des Steuerbescheids die Möglichkeit der Berichtigung nach § 129 Satz 1 AO (s. § 129 AO Rz. 15). Bei einem rein automatisierten Besteuerungsverfahren, in dessen Rahmen sowohl die Abgabe der Steuererklärung elektronisch (ohne Unterlagen) als auch die Veranlagung und Steuerfestsetzung vollautomatisiert erfolgen, ohne dass ein Mensch eingreift (vgl. § 155 Abs. 4 Sätze 1 und 3 AO), und deshalb die vom Stpfl. übermittelten Daten nicht formell übernommen werden (*Loose* in Tipke/Kruse, § 173 a AO Rz. 2). Der Zweck der Vorschrift besteht darin, der Finanzbehörde für den Fall eine Korrekturmöglichkeit zu verschaffen, dass der Stpfl. für die Besteuerung relevante Tatsachen nicht mitgeteilt hat, weil ihm Schreib- oder Rechenfehler bei der Erstellung der Steuererklärung unterlaufen sind. Fehler dieser Art kann das Finanzamt nicht erkennen und sich zu eigen machen, sodass eine Berichtigung nach § 129 Satz 1 AO wegen eines »Übernahmefehlers« dann nicht in Betracht kommt (*von Wedelstädt* in Gosch, § 173 a AO Rz. 2; *von Wedelstädt* in Bartone/von Wedelstädt, Rz. 1003). § 173 a AO setzt anders als § 129 Satz 1 AO nicht die Übernahme eines mechanischen Fehlers des Stpfl. durch das FA voraus, sondern erlaubt darüber hinaus die Änderung einer Steuerfestsetzung, deren Rechtswidrigkeit auf einem **eigenen Schreib- oder Rechenfehler des Stpfl.** selbst beruht.

Aus dem Wortlaut und dem systematischen Kontext der Norm folgt, dass sich ihr **Anwendungsbereich** auf **Steuerbescheide und gleichgestellte Bescheide** (*von Wedelstädt* in Gosch, § 173 a AO Rz. 4; s. Vor §§ 172-177 AO Rz. 4 ff.) erstreckt. Insoweit besteht ein wesentlicher Unterschied zu § 129 AO, der für alle Steuerverwaltungsakte i. S. des § 118 AO gilt (s. § 129 AO Rz. 2). 3

### B. Schreib- und Rechenfehler

Der Begriff des Schreib- oder Rechenfehlers entspricht demjenigen in § 129 Satz 1 AO (dazu s. § 129 AO Rz. 6 f.). Es muss sich folglich um rein mechanische Fehler handeln. Die mehr als theoretische Möglichkeit eines Rechtsfehlers (Denkfehlers) schließt die Anwendung des § 173 a AO aus (*von Wedelstädt* in Bartone/von Wedelstädt, Rz. 1010). **Schreibfehler** sind insbes. Rechtschreibfehler, Wortverwechselungen oder Wortauslassungen oder fehlerhafte Übertragungen (AEAO zu § 173 a, Nr. 1), also von Denkfehlern abgrenzbare ungewollte orthografische Fehler, Wort- und Wortstellungs- und Verwechslungsfehler, Auslassungsfehler oder fehlerhafte Übertragungen (*von Wedelstädt* in Gosch, § 173 a 4

AO Rz. 10; *von Wedelstädt* in Bartone/von Wedelstädt, Rz. 1008; *Loose* in Tipke/Kruse, § 173 a AO Rz. 5). **Rechenfehler** sind insbes. mechanische Fehler bei der Addition, Subtraktion, Multiplikation oder Division sowie bei der Prozentrechnung (AEAO zu § 173 a, Nr. 1) und die Vertauschung von Zahlen (*von Wedelstädt* in Bartone/von Wedelstädt, Rz. 1008; *Seer* in Tipke/Kruse, § 129 AO Rz. 9). Die Anwendung einer falschen Rechenmethode oder Unrichtigkeiten bei schwierigen Rechenoperationen begründen indessen keinen bloß mechanischen Rechenfehler i. S. des § 173 a AO (*Loose* in Tipke/Kruse, § 173 a AO Rz. 7; s. § 129 AO Rz. 7).

5 Schreib- und Rechenfehlern **ähnliche offenbare Unrichtigkeiten**, die eine Berichtigung nach § 129 Satz 1 AO zulassen, sind von § 173 a AO nach dem eindeutigen Wortlaut **nicht** erfasst. Demnach ist das schlichte Vergessen eines Übertrags selbst ermittelter Besteuerungsgrundlagen in die Steuererklärung kein Schreib- oder Rechenfehler i. S. des § 173 a AO, sondern eine andere offenbare Unrichtigkeit, die nicht nach § 173 a AO korrigiert werden kann (*Loose* in Tipke/Kruse, § 173 a AO Rz. 7).

## C. Rechtserhebliche Tatsachen

6 Die Korrektur eines Steuerbescheids nach § 173 a AO setzt voraus, dass durch den Schreib- oder Rechenfehler (s. Rz. 4) Tatsachen, die nach den Verhältnissen zum Zeitpunkt des Erlasses des Steuerbescheids rechtserheblich sind, unzutreffend mitgeteilt worden sind. Aus dem systematischen Kontext mit § 173 AO folgt, dass der Begriff der **Tatsache** in § 173 AO und § 173 a AO identisch ist (*von Wedelstädt* in Bartone/von Wedelstädt, Rz. 1014; *von Wedelstädt* in Gosch, § 173 a AO Rz. 16; *Loose* in Tipke/Kruse, § 173 a AO Rz. 9). Wegen der Einzelheiten s. § 173 AO Rz. 2 ff.

7 Auch der Begriff der **Rechtserheblichkeit** knüpft an § 173 AO an und ist in derselben Weise zu verstehen, wie ihn der BFH für § 173 AO als ungeschriebenes Tatbestandsmerkmal zugrunde legt (*von Wedelstädt* in Bartone/von Wedelstädt, Rz. 1016; *von Wedelstädt* in Gosch, § 173 a AO Rz. 18; *Loose* in Tipke/Kruse, § 173 a AO Rz. 9). Demnach sind Tatsachen i. S. des § 173 a AO rechtserheblich, wenn das FA bei ursprünglicher Kenntnis der Tatsachen mit an Sicherheit grenzender Wahrscheinlichkeit anders entschieden hätte (z. B. BFH v. 21.02.2017, VIII R 46/13, BStBl II 2017, 745; s. § 173 AO Rz. 35 f.).

## D. Durchführung der Aufhebung oder Änderung

8 Die Änderung nach § 173 a AO ist – wie auch sonst bei Anwendung der §§ 172 ff. AO – zwingend durchzuführen. Die Finanzbehörde hat insoweit **kein Ermessen** (*von Wedelstädt* in Bartone/von Wedelstädt, Rz. 1020; *von Wedelstädt* in Gosch, § 173 a AO Rz. 23; *Loose* in Tipke/Kruse, § 173 a AO Rz. 10).

§ 173 a AO erlaubt wie die übrigen Korrekturnormen der §§ 172 ff. AO nur eine **punktuelle Durchbrechung der Bestandskraft**, keine »Gesamtaufrollung« des Steuerfalls. Der Umfang der Änderung richtet sich nach der jeweiligen rechtserheblichen Tatsache, die den Anknüpfungspunkt für die Änderung bildet (*von Wedelstädt* in Gosch, § 173 a AO Rz. 29). Dabei ist § 176 AO zu beachten, wenn die Änderung an eine Tatsache anknüpft, die zur Zeit des Erlasses des zu ändernden Steuerbescheids rechtserheblich war, deren steuerliche Wertung aber durch die Rspr. nach dem Erlass dieses Steuerbescheids geändert wurde (*von Wedelstädt* in Bartone/von Wedelstädt, Rz. 1027; *von Wedelstädt* in Gosch, § 173 a AO Rz. 30). § 177 AO ist bei Änderungen nach § 173 a AO anwendbar (*von Wedelstädt* in Bartone/von Wedelstädt, Rz. 1027; *von Wedelstädt* in Gosch, § 173 a AO Rz. 30). 9

Die Aufhebung oder Änderung eines Steuerbescheids nach § 173 a AO erlaubt die Durchbrechung der Bestandskraft, setzt diese aber nicht voraus (*von Wedelstädt* in Bartone/von Wedelstädt, Rz. 1022; *von Wedelstädt* in Gosch, § 173 a AO Rz. 25). Die Aufhebung oder Änderung muss nach den allgemeinen Regeln innerhalb der Festsetzungsfrist erfolgen (§ 169 Abs. 1 Satz 1 AO). § 171 Abs. 2 Satz 2 AO regelt eine **spezielle Ablaufhemmung**. Danach endet die Festsetzungsfrist nicht vor Ablauf eines Jahres nach Bekanntgabe des Steuerbescheids, der aufgrund des Schreib- oder Rechenfehlers fehlerhaft ist. Daneben kann eine Ablaufhemmung der Festsetzungsfrist nach § 171 Abs. 3 AO eintreten, wenn der Stpfl. vor Ablauf der Festsetzungsfrist einen Antrag auf Aufhebung oder Änderung nach § 173 a AO stellt (*von Wedelstädt* in Bartone/von Wedelstädt, Rz. 1023; *von Wedelstädt* in Gosch, § 173 a AO Rz. 26). 10

Die **objektive Feststellungslast** für das Vorliegen eines Schreib- oder Rechenfehlers bestimmt sich nach allgemeinen Grundsätzen (*von Wedelstädt* in Bartone/von Wedelstädt, Rz. 1021; *von Wedelstädt* in Gosch, § 173 a AO Rz. 24; *Loose* in Tipke/Kruse, § 173 a AO Rz. 12). Danach trägt die Finanzbehörde die Feststellungslast für solche Tatsachen, die vorliegen müssen, um eine Änderung nach § 173 a AO zuungunsten des Stpfl. rechtfertigen zu können. Umgekehrt trägt der Stpfl. trägt Feststellungslast für solche Tatsachen, die eine Änderung nach § 173 a AO zu seinen Gunsten ermöglichen. Nach dem Vortrag desjenigen, der sich auf die Änderungsmöglichkeit beruft, muss die ernsthafte Möglichkeit ausgeschlossen sein, dass eine unrichtige Tatsachenwürdigung, ein Rechtsirrtum oder ein Rechtsanwendungsfehler vorliegt (BFH v. 27.08.2013, VIII R 9/11, BStBl II 2014, 439; *Loose* in Tipke/Kruse, § 173 a AO Rz. 12). 11

12 Für den Rechtsschutz gegen Steuerbescheide, die nach § 173 a AO geändert wurden, bestehen keine Besonderheiten. Sie sind mit den Einschränkungen nach § 351 Abs. 1 AO bzw. § 42 FGO anfechtbar. Ein auf § 173 a AO gestütztes Änderungsbegehren muss der Stpfl. nach erfolglosem Einspruchsverfahren mit einer Verpflichtungsklage (§ 40 Abs. 1 2. Alt. FGO) verfolgen (*von Wedelstädt* in Bartone/von Wedelstädt, Rz. 1030; *von Wedelstädt* in Gosch, § 173 a AO Rz. 34; *Loose* in Tipke/Kruse, § 173 a AO Rz. 12).

## § 174 AO Widerstreitende Steuerfestsetzungen

**(1) Ist ein bestimmter Sachverhalt in mehreren Steuerbescheiden zuungunsten eines oder mehrerer Steuerpflichtiger berücksichtigt worden, obwohl er nur einmal hätte berücksichtigt werden dürfen, so ist der fehlerhafte Steuerbescheid auf Antrag aufzuheben oder zu ändern. Ist die Festsetzungsfrist für diese Steuerfestsetzung bereits abgelaufen, so kann der Antrag noch bis zum Ablauf eines Jahres gestellt werden, nachdem der letzte der betroffenen Steuerbescheide unanfechtbar geworden ist. Wird der Antrag rechtzeitig gestellt, steht der Aufhebung oder Änderung des Steuerbescheids insoweit keine Frist entgegen.**

**(2) Absatz 1 gilt sinngemäß, wenn ein bestimmter Sachverhalt in unvereinbarer Weise mehrfach zugunsten eines oder mehrerer Steuerpflichtiger berücksichtigt worden ist; ein Antrag ist nicht erforderlich. Der fehlerhafte Steuerbescheid darf jedoch nur dann geändert werden, wenn die Berücksichtigung des Sachverhaltes auf einen Antrag oder eine Erklärung des Steuerpflichtigen zurückzuführen ist.**

**(3) Ist ein bestimmter Sachverhalt in einem Steuerbescheid erkennbar in der Annahme nicht berücksichtigt worden, dass er in einem anderen Steuerbescheid zu berücksichtigen sei, und stellt sich diese Annahme als unrichtig heraus, so kann die Steuerfestsetzung, bei der die Berücksichtigung des Sachverhaltes unterblieben ist, insoweit nachgeholt, aufgehoben oder geändert werden. Die Nachholung, Aufhebung oder Änderung ist nur zulässig bis zum Ablauf der für die andere Steuerfestsetzung geltenden Festsetzungsfrist.**

**(4) Ist auf Grund irriger Beurteilung eines bestimmten Sachverhaltes ein Steuerbescheid ergangen, der auf Grund eines Rechtsbehelfs oder sonst auf Antrag des Steuerpflichtigen durch die Finanzbehörde zu seinen Gunsten aufgehoben oder geändert wird, so können aus dem Sachverhalt nachträglich durch Erlass oder Änderung eines Steuerbescheids die richtigen steuerlichen Folgerungen gezogen werden. Dies gilt auch dann, wenn der Steuerbescheid durch das Gericht aufgehoben oder geändert wird. Der Ablauf der Festsetzungsfrist ist unbeachtlich, wenn die steuerlichen Folgerungen innerhalb eines Jahres nach Aufhebung oder Änderung des fehlerhaften Steuerbescheids gezogen werden. War die Festsetzungsfrist bereits abgelaufen, als der später aufgehobene oder geänderte Steuerbescheid erlassen wurde, gilt dies nur unter den Voraussetzungen des Absatzes 3 Satz 1.**

**(5) Gegenüber Dritten gilt Absatz 4, wenn sie an dem Verfahren, das zur Aufhebung oder Änderung des fehlerhaften Steuerbescheids geführt hat, beteiligt waren. Ihre Hinzuziehung oder Beiladung zu diesem Verfahren ist zulässig.**

**Inhaltsübersicht**

**Schrifttum**


VON WEDELSTÄDT, Begriff des »Sachverhalts« bei widerstreitenden Steuerfestsetzungen, DB 1981, 1254; VON WEDELSTÄDT, Vertrauensschutz als Voraussetzung und Beschränkung der Aufhebung und Änderung nach § 174 AO, DB 1981, 2574; APP, Anwendung von § 174 AO auf grenzüberschreitende Sachverhalte, DB 1985, 939; SEITRICH, Widerstreitende Steuerfestsetzung und Verböserungsverbot, DStZ 1985, 135; VON WEDELSTÄDT, Widerstreitende Steuerfestsetzung i.S. des § 174 AO, DB 1988, 2228; JANSSEN, Begriff des »Sachverhalts« bei § 174 der Abgabenordnung, BB 1992, 2337; BIRKENFELD, Widerstreitende innergemeinschaftliche Steuerfestsetzungen, BB 1993, 1185; TIEDTKE/WÄLZHOLZ, Die Grenzen der Bindungswirkung von Grundlagenbescheiden und zur Auslegung des § 174 Abs. 2 S. 2 AO, DStZ 2000, 353; VON WEDELSTÄDT, Erlaubt § 174 Abs. 4 AO die Änderung desselben im Rechtsbehelfsverfahren geänderten Bescheids?, DB 2000, 113; RAUB, Aktuelle Rechtsfragen zur Änderung von Steuerbescheiden wegen widerstreitenden Steuerfestsetzungen, INF 2001, 198; VON WEDELSTÄDT, Nochmalige Änderung des im Rechtsbehelfsverfahren geänderten Bescheids nach § 174 Abs. 4 AO, DB 2001, 11; BIPPUS, Neuer Ärger mit verdeckten Gewinnausschüttungen – Störfall Verfahrensrecht?, GmbHR 2002, 951; TIEDTKE/SZCZESNY, Gesetzlicher Vertrauensschutz und Billigkeitsregelungen der Finanzverwaltung, NJW 2002, 3733; HARDTKE, Die Korrektur von Steuerbescheiden nach § 174 AO, AO-StB 2003, 262; HERFF, Änderungsmöglichkeiten von Steuerbescheiden – Aktuelle Entwicklungen, KÖSDI 2003, 13733; TIEDTKE/SZCZESNY, Gesetzlicher Vertrauensschutz bei Beendigung einer Betriebsaufspaltung, DStR 2003, 757; VON WEDELSTÄDT, Anschaffungsnaher Aufwand: Nachträgliche Berücksichtigung der geänderten Rechtslage durch Änderung von Steuerbescheiden?, DB 2003, 362; VON WEDELSTÄDT, Nachträgliche Berücksichtigung eines nicht berücksichtigten Sachverhalts, AO-StB 2003, 16; URBAN, Verfahrensrechtliche Stolpersteine der verdeckten Gewinnausschüttung, INF 2004, 375; BRIESE, Wider die verfahrensrechtliche Gleichschaltung der verdeckten Gewinnausschüttung, DStR 2005, 999; MUSIL, Aktuelle Fragen der Bestandskraft von Steuerbescheiden, DStZ 2005, 362; VON WEDELSTÄDT, Der »bestimmte Sachverhalt« i.S.d. § 174 AO, AO-StB 2009, 294; VON WEDELSTÄDT, »Berücksichtigung« i.S.d. § 174 Abs. 1 bis 3 AO, AO-StB 2009, 332; GÜNTHER, Änderung und Berichtigung von Steuerbescheiden, AO-StB 2010, 337; BARTONE/VON WEDELSTÄDT, Korrektur von Steuerverwaltungsakten, 2. Aufl. 2017.


## A. Bedeutung der Vorschrift

1 Die Vorschrift bezweckt die Beseitigung inhaltlich widersprechender Steuerfestsetzungen zugunsten der materiellen Rechtsrichtigkeit. Sie eröffnet die Möglichkeit, Vorteile und Nachteile auszugleichen, die sich durch Steuerfestsetzungen ergeben haben, die inhaltlich einander widersprechen (AEAO zu § 174, Nr. 1.1). Dem Grundsatz der **Rechtsrichtigkeit** wird Vorrang vor der Rechtssicherheit eingeräumt. Wegen des Prinzips des **Vertrauensschutzes** darf jedoch nicht jeglicher Widerstreit aufgelöst werden. § 174 AO erfasst daher nur bestimmte Fälle.

In § 174 Abs. 1 und 2 AO ist der **positive Widerstreit** geregelt. Er ist anzunehmen, wenn ein Sachverhalt in mehreren Steuerfestsetzungen berücksichtigt wurde, obwohl er nur einmal hätte berücksichtigt werden dürfen. Eine Mehrfachberücksichtigung kann sich ergeben, wenn derselbe Sachverhalt 2

- bei mehreren Steuerarten (Objektskollision),
- bei mehreren Steuerschuldnern (Subjektskollision),
- in mehreren Veranlagungszeiträumen (Periodenkollision) oder
- bei mehreren Finanzämtern (Zuständigkeitskollision)

erfasst wird (AEAO zu § 174, Nr. 2).

§ 174 Abs. 3 bis 5 AO befassen sich dagegen mit dem sog. **negativen Widerstreit**, der entsteht, wenn ein Sachverhalt in der Steuerfestsetzung nicht berücksichtigt wurde, obwohl dies hätte geschehen müssen (*von Wedelstädt* in Bartone/von Wedelstädt, Rz. 1103). 3

Die Anwendung dieser Vorschrift erweist sich in der Praxis als sehr schwierig; oft werden die Chancen der Korrekturmöglichkeiten des § 174 AO auch zugunsten des Stpfl. unterschätzt. 4

## B. Anwendungsbereich

§ 174 AO findet **Anwendung** auf Steuerbescheide und ihnen gleichgestellten Bescheide (BFH v. 06.05.1994, VI R 47/93, BStBl II 1994, 715; s. Vor §§ 172–177 AO Rz. 3 ff.). Auch für Kindergeldbescheide ist § 174 AO anwendbar (BFH v. 16.04.2002, VIII B 171/01, BStBl II 2002, 578; BFH v. 31.01.2006, III B 18/05, BFH/NV 2006, 1046). Die von § 174 AO erfassten Bescheide müssen **rechtswidrig** sein (s. Vor §§ 172–177 AO Rz. 8 f.). Nicht anwendbar ist § 174 AO auf Bescheide über **Verbrauchsteuern** oder **Einfuhr- und Ausfuhrabgaben** (FG Bre v. 07.09.1995, 295 055 K 2, EFG 1996, 28 zu Zollbescheiden; *Loose* in Tipke/Kruse, § 174 AO Rz. 57). Die Korrektur der Einfuhr- und Ausfuhrabgaben erfolgt ausschließlich nach Art. 23 Abs. 3 und 27 ff. UZK (s. Vor §§ 172–177 AO Rz. 7). 5

**§ 174 Abs. 1 AO** erfasst den positiven Widerstreit zuungunsten des Stpfl. Folge dieser Regelung ist auf Antrag eine Änderung zu dessen Gunsten. 6

**§ 174 Abs. 2 AO** erfasst ebenfalls Mehrfachberücksichtigungen, allerdings zugunsten des Stpfl. Eine Änderung erfolgt somit zu seinen Ungunsten, wenn die Mehrfachberücksichtigung auf einen Antrag oder eine Erklärung des Stpfl. zurückzuführen ist.

**§ 174 Abs. 3 AO** findet Anwendung auf den Fall des negativen Widerstreits. Die nachträgliche Berücksichtigung des Sachverhaltes kann durch erstmaligen Erlass oder durch Änderung eines Steuerbescheids zugunsten oder zuungunsten des Stpfl. erfolgen.

§ 174 Abs. 4 AO kommt als Folgeänderung bei irriger Beurteilung eines Sachverhaltes durch das FA in Betracht. Diese Folgeänderung kann sich zugunsten oder zuungunsten des Stpfl. auswirken.

§ 174 Abs. 5 AO ergänzt § 174 Abs. 4 AO in der Weise, dass steuerliche Folgen auch gegenüber Dritten gezogen werden können, die an dem Verfahren, das zur Aufhebung oder Änderung des fehlerhaften Bescheides geführt hat, beteiligt waren.

7 § 174 AO ist auch anwendbar, wenn sich **zwei Urteile** in unvereinbarer Weise gegenüberstehen, denn in diesem Fall ist die Wirkung der Rechtskraft, in Bezug auf einen bestimmten, unveränderbaren Sachverhalt Rechtsfrieden zu schaffen, aufgehoben (BFH v. 18.03.2004, V R 23/02, BStBl II 2004, 1125).

## C. Mehrfachberücksichtigung eines bestimmten Sachverhalts zuungunsten eines oder mehrerer Steuerpflichtiger (§ 174 Abs. 1 AO)

8 § 174 Abs. 1 AO ermächtigt zur Berichtigung einer fehlerhaften Mehrfachberücksichtigung eines bestimmten Sachverhalts (sog. positiver Widerstreit), die sich in einem Steuerbescheid (oder gleichgestellten Bescheid) zulasten des Stpfl. ausgewirkt hat.

### I. Tatbestand

#### 1. Bestimmter Sachverhalt

9 Das Merkmal »bestimmter Sachverhalt« ist zentrales Element aller Tatbestände des § 174 AO und deshalb einheitlich auszulegen (z.B. BFH v. 29.06.2016, II R 14/12, BFH/NV 2017,1). Unter **Sachverhalt** i.S. des § 174 AO ist ein einheitlicher Lebensvorgang zu verstehen, an den das Gesetz steuerliche Folgen knüpft (z.B. BFH v. 14.01.2010, IV R 33/07, BStBl II 2010, 586 m.w.N.; BFH v. 29.06.2016, II R 14/12, BFH/NV 2017,1). Der Sachverhalt darf ausschließlich der Seinswelt angehören, d.h., es muss sich um einen Zustand, einen Vorgang, eine Beziehung, bzw. eine Eigenschaft materieller oder immaterieller Art handeln, die ihrerseits Merkmal oder Teilstück eines gesetzlichen Tatbestandes ist (BFH v. 26.02.2002, X R 59/98, BStBl II 2002, 450). Der Begriff des bestimmten Sachverhalts ist dabei nicht auf eine einzelne steuererhebliche Tatsache oder ein einzelnes Merkmal beschränkt, sondern erfasst den einheitlichen, für diese Besteuerung maßgeblichen **Sachverhaltskomplex** (*von Wedelstädt*, DStZ 1998, 377; BFH v. 14.03.2006, I R 8/05, BStBl II 2007, 602; BFH v. 29.06.2016, II R 14/12, BFH/NV 2017,1). Ein zeitlicher und/oder örtlicher Zusammenhang ist weder erforderlich noch alleine ausreichend (*von Wedelstädt* in Gosch § 174 AO Rz. 16). Ein sich über einen längeren Zeitraum erstreckendes Geschehnis kann auch ein Sachverhalt sein, wenn er nur so beurteilt werden kann (bspw. bei der Einkünfteerzielungsabsicht i.S. des § 15 Abs. 2 Satz 1 EStG). Werden durch die Anwendung einer anderen Schätzmethode geänderte Schätzergebnisse erzielt, so beruhen die ursprünglichen Schätzergebnisse nicht auf einer irrigen Beurteilung eines Sachverhaltes. Die Schätzungen sind lediglich Schlussfolgerung und Subsumtion aus einem nicht vollständig aufklärbaren Sachverhalt (BFH v. 26.02.2002, X R 59/98, BStBl II 2002, 450).

Ein **bestimmter** Sachverhalt ist anzunehmen, wenn der identische Sachverhalt verschiedenen Bescheiden (s. Rz. 5) zugrunde gelegt wurde. Gleichartige Sachverhalte, die gesondert entstehen und beurteilt werden können, sind nicht als ein bestimmter Sachverhalt i.S. des § 174 AO zu qualifizieren. Gleiches gilt, wenn sich die steuerliche Rechtsfolge für einen Bescheid erst durch Ergänzung weiterer Tatsachen eintreten (BFH v. 18.02.1997, VIII R 54/95, BStBl II 1997, 647). 10

#### 2. Mehrere Steuerbescheide

Der bestimmte Sachverhalt muss in mehreren Bescheiden erfasst sein. Berücksichtigt werden Steuerbescheide und ihnen gleichgestellte Bescheide (s. Rz. 5). Die mehrfache Berücksichtigung (s. Rz. 14) muss durch **zwei oder mehr Bescheide geschehen**. Nicht in den Anwendungsbereich des § 174 Abs. 1 AO fällt die doppelte Erfassung einer Tatsache in einem Bescheid (BFH v. 08.07.1992, XI R 54/89, BStBl II 1992, 867; a.A. BFH v. 08.06.2000, IV R 65/99, BStBl II 2001, 89, beide zu § 174 Abs. 4 AO; wie hier: *Koenig* in Koenig, § 174 AO Rz. 10, *von Wedelstädt* in Gosch, § 174 AO Rz. 22; *Loose* in Tipke/Kruse, § 174 AO Rz. 7). Umstritten ist dies allerdings für den Anwendungsbereich des § 174 Abs. 4 AO (s. Rz. 64). 11

**Zusammengefasste Bescheide** i.S. des § 155 Abs. 3 AO sind zwei getrennte Bescheide (z.B. Zusammenveranlagung von Ehegatten, also mehrere Steuerbescheide i.S. der Vorschrift). Eine Mehrfachberücksichtigung ist auch anzunehmen, wenn der im **Grundlagenbescheid** erfasste Sachverhalt im **Folgebescheid** nochmals erfasst wird (*von Wedelstädt* in Gosch, § 174 AO Rz. 24; *Koenig* in Koenig, § 174 AO Rz. 11; a.A. *von Groll* in HHSp, § 174 AO Rz. 52). 12

Grundsätzlich muss es sich bei den widerstreitenden Steuerfestsetzungen um inländische handeln. Der BFH erweitert den Anwendungsbereich des § 174 AO aufgrund unionsrechtskonformer Auslegung der Norm auf die Fälle, in denen der widerstreitende Steuerbescheid von einer Behörde eines EU-Mitgliedstaats stammt (BFH v. 09.05.2012, I R 73/10, BStBl II 2013, 566). Im Übrigen erfüllt die Berücksichtigung eines **grenzüberschreitenden Sachverhaltes** sowohl in einem inländischen als auch in einem ausländischen Steuerbescheid, zumindest dann 13 nicht die Voraussetzungen des § 174 Abs. 1 AO, wenn es sich um Steuerfestsetzungen aus Drittstaaten, also nicht EU- oder EWR-Staaten handelt. Es liegen dann zwar mehrere Steuerbescheide vor, die Beseitigung der doppelten Erfassung ist aber Gegenstand von DBA und nicht der nationalen Regelung des § 174 AO (vgl. *von Wedelstädt* in Bartone/von Wedelstädt, Rz. 1131; *Koenig* in Koenig, § 174 AO Rz. 12; *von Groll* in HHSp, § 174 AO Rz. 51; FG Ddorf v. 28.01.2014, 13 K 3534/12 E, AO, EFG 2014, 705 für Steuerbescheide aus Japan; a. A. *Loose* in Tipke/Kruse, § 174 AO Rz. 8; *Rüsken* in Klein, § 173 AO Rz. 15).

### 3. Mehrfache Berücksichtigung

14 Ein Sachverhalt ist **berücksichtigt**, wenn er dem FA bei der Entscheidungsfindung **bekannt** war und als Entscheidungsgrundlage **herangezogen und verwertet** wurde (BFH v. 06.03.1990, VIII R 28/84, BStBl II 1990, 558; auch BFH v. 16.10.2013, I B 8/13, BFH/NV 2014, 378). Nicht erforderlich ist, dass sich der Sachverhalt steuerlich ausgewirkt hat. Eine Berücksichtigung liegt auch vor, wenn das FA zu dem Ergebnis kommt, dass der Sachverhalt nicht stpfl. ist. Ebenfalls ist es nicht notwendig, dass dem FA der Sachverhalt in allen Einzelheiten bekannt war. Es genügt, dass der Vorgang in ein komprimiertes Zahlenwerk eingegangen ist (BFH v. 08.09.1999, X B 36/99, BFH/NV 2000, 323). Wurden einer Schätzung bestimmte Einzelsachverhalte zugrunde gelegt, so wurden diese Sachverhalte ebenfalls berücksichtigt. Erfolgte die **Schätzung** dagegen pauschal ohne die Einbeziehung von Einzelsachverhalten, ist eine Berücksichtigung des Sachverhaltes nicht anzunehmen (*von Wedelstädt* in Gosch, § 174 AO Rz. 29). Es ist unbeachtlich, ob die Doppelberücksichtigung aus tatsächlichen oder rechtlichen Gründen erfolgt ist (BFH v. 06.09.2011, VIII 38/09, BStBl II 2012, 23 m. w. N.).

15 Die **Identität** des von den Steuerbescheiden erfassten Sachverhaltes liegt vor, wenn die jeweils zugrunde gelegten Sachverhalte sich aus mehreren Lebensvorgängen zusammensetzen und einer dieser Lebensvorgänge sowohl in dem einen als auch in dem anderen Steuerbescheid erfasst ist. Es ist nicht erforderlich, dass den mehreren Bescheiden in vollem Umfang derselbe Sachverhalt zugrunde liegt (BFH v. 06.12.1979, IV B 56/79, BStBl II 1980, 314).

16 Ist das FA dagegen der Auffassung, dass der Sachverhalt nicht in den Regelungsbereich dieser Steuerfestsetzung gehört, sondern in den einer anderen Steuerfestsetzung, so fand **keine Berücksichtigung** des Sachverhaltes statt (*von Wedelstädt* in Bartone/von Wedelstädt, Rz. 1136). Vielmehr ist der Anwendungsbereich des § 174 Abs. 3 AO eröffnet (s. Rz. 39 ff.). Dies ist auch bei der mehrfachen Nichtberücksichtigung steuermindernder Tatsachen der Fall, die nicht mit der mehrfachen Berücksichtigung eines steuererhöhenden Sachverhaltes gleichgestellt werden kann (BFH v. 27.08.1996, IX R 56/94, BFH/NV 1997, 273; *Koenig* in Koenig, § 174 AO Rz. 14).

### 4. Zuungunsten eines oder mehrerer Steuerpflichtiger

Die Berücksichtigung in mehreren Steuerbescheiden kann einen oder mehrere Stpfl. betreffen. Sie wirkt sich **zuungunsten** des Stpfl. aus, wenn der Regelungsgehalt der Bescheide insgesamt zu einer höheren Steuer führt. **Mittelbare Folgewirkungen** wie eine günstigere Progression oder Abschreibungen in anderen Veranlagungszeiträumen sind unbeachtlich (*Loose* in Tipke/Kruse, § 174 AO Rz. 11). 17

### 5. »Obwohl er nur einmal hätte berücksichtigt werden dürfen«

Ein von § 174 Abs. 1 AO geforderter Widerstreit liegt vor, wenn ein Sachverhalt in mehreren Steuerfestsetzungen berücksichtigt wurde, obwohl er nur einmal hätte berücksichtigt werden dürfen (§ 174 Abs. 1 AO, s. Rz. 2 ff.). Eine mehrfache Berücksichtigung des Sachverhaltes muss sich **denkgesetzlich ausschließen**, d. h. die mehrfachen Berücksichtigungen des Sachverhaltes müssen zueinander in einem Ausschließlichkeitsverhältnis stehen (sog. Kollision im Regelungsbereich der Steuerbescheide: BFH v. 11.07.1991, IV R 52/90, BStBl II 1992, 126; BFH v. 02.08.1994, VIII R 65/93, BStBl II 1995, 264; BFH v. 31.05.2005, IX B 187/03, BFH/NV 2005, 1489). Dies ist nicht der Fall, wenn der bestimmte Sachverhalt zulässigerweise in mehreren Steuerbescheiden berücksichtigt wird. Mangels Ausschließlichkeit ist § 174 Abs. 1 AO selbst dann nicht anzuwenden, wenn die zulässige Berücksichtigung in mehreren Bescheiden rechtlich nicht übereinstimmen (BFH v. 26.01.1994, X R 57/89, BStBl II 1994, 597; BFH v. 07.07.2004, X R 26/01, BStBl II 2005, 145; hierzu *Mihm*, AO-StB 2005, 43). Über § 174 Abs. 1 AO kann daher keine materiellrechtlich übereinstimmende Beurteilung eines Lebenssachverhaltes in mehreren Steuerbescheiden (korrespondierende Steuerfestsetzung) erreicht werden (s. Rz. 21). 18

Das Ausschließlichkeitsverhältnis führt dazu, dass die zusätzliche Berücksichtigung des Sachverhalts **rechtswidrig** ist. Ob dies der Fall ist richtet sich nach den Voraussetzungen der einzelnen Steuergesetze. Ein solches materiell-rechtliches Ausschließlichkeitsverhältnis liegt z. B. vor bei der Erfassung 19

- ein und derselben Einnahmen in mehreren Veranlagungszeiträumen oder bei mehreren Stpfl.,
- eines Vorteils bei der ErbSt und bei der ESt (FG Münster v. 08.12.1981, VI 393/77 E, EFG 1982, 352),

- der Grundbesitzübertragung bei ErbSt und GrESt (FG Münster v. 08.11.1979, III 3796/78 Erb, EFG 1980, 370),
- einer Lieferung bei USt und sonstigen Verkehrsteuern,
- einer bestimmten Einnahme oder Betriebsausgabe, die sowohl in einem Feststellungsbescheid nach § 180 Abs. 1 Satz 1 Nr. 2 Buchst. a AO als auch im Folgebescheid erfasst wird (*von Wedelstädt* in Bartone/von Wedelstädt, Rz. 1140).

20 § 174 Abs. 1 AO setzt nicht voraus, dass die doppelte Erfassung des Sachverhaltes auf einer **irrtümlichen Beurteilung** beruht (BFH v. 06.09.1995, XI R 37/95, BStBl II 1996, 148; zu § 174 Abs. 2 AO). Die Korrekturmöglichkeit ist auch eröffnet bei **willkürlicher** und **bewusster**, in Kenntnis der Doppelberücksichtigung durchgeführten Steuerfestsetzung (*von Wedelstädt* in Gosch, § 174 AO Rz. 31). Dies ist bspw. der Fall, wenn ein Veräußerungsgewinn fälschlicherweise in einem vorangegangenen Zeitraum und anschließend in dem zutreffenden Veranlagungszeitraum erfasst wird. Die Korrektur der vorangegangenen Veranlagung erfolgt über § 174 Abs. 1 AO. Ebenso wenig erfordert § 174 Abs. 1 AO, dass sich die Berücksichtigung des Sachverhaltes bei der anderen Steuerfestsetzung durch eine **höhere oder niedrigere Steuer** ausgewirkt hat (*von Wedelstädt* in Bartone/von Wedelstädt, Rz. 1141).

21 **Mangels Korrespondenzprinzip** im ESt-Recht steht eine Steuerfestsetzung gegen einen Stpfl. in einen Veranlagungszeitraum der ESt-Festsetzung gegen einen anderen Stpfl. oder in einem anderen Veranlagungszeitraum nicht entgegen (*Loose* in Tipke/Kruse, § 174 AO Rz. 13). **Kein Widerstreit** liegt auch vor bei:

- der lediglich nicht folgerichtigen Umsetzung einer Entscheidung in miteinander verknüpften Sachverhalten (*Koenig* in Koenig, § 174 AO Rz. 19),
- der rechtswidrig unterschiedlichen Behandlung von Einnahmen und Ausgaben (FG Ha v. 18.04.1984, V 349/81, EFG 1984, 589),
- der Behandlung von Zinsen als Einnahmen vom Kapitalvermögen beim Zahlungsempfänger, beim Zahlenden aber nicht als Betriebsausgabe (FG Ddorf v. 12.07.1990, 8 K 16/86 E, EFG 1991, 104),
- der Erfassung eines Darlehens beim Darlehensgeber vermögensrechtlich als Forderung, beim Darlehensnehmer dagegen keine Erfassung als Schuld (FG Ha v. 23.08.1989, VII 9/89, EFG 1990, 208),
- der Behandlung von Zahlungen beim Zahlungsempfänger als wiederkehrende Bezüge, ein Sonderausgabenabzug beim Zahlenden dagegen nicht zugelassen wird (FG Köln v. 19.05.1989, 11 K 31/86, EFG 1989, 493; BFH v. 26.01.1994, X R 57/89, BStBl II 1994, 597),
- der Verfehlung der Wechselwirkung bei Mieter und Vermieter zwischen § 8 Nr. 7 GewStG und § 9 Nr. 4 GewStG (BFH v. 07.07.2004, X R 26/01, BStBl II 2005, 145),
- der unterschiedlichen Bilanzierung von Schuld und Forderung (FG Ha v. 23.08.1989, VII 9/89, EFG 1990, 208),
- der unterschiedlichen Behandlung einer Leistung in Bezug auf USt und Vorsteuer (*Koenig* in Koenig, § 174 AO Rz. 20).

### 6. Antrag

Der rechtswidrige Bescheid ist nur auf Antrag aufzuheben oder zu ändern. Für den Antrag ist **keine Form** vorgeschrieben, er kann auch mündlich gestellt werden. **Antragsbefugt** ist derjenige, der durch den fehlerhaften Bescheid zu Unrecht herangezogen wurde. Der Antrag ist gegen den rechtswidrigen Bescheid zu stellen. Wird er irrtümlich gegen den rechtmäßigen Bescheid gestellt, kann der Antrag entsprechend dem wahren Willen des Stpfl. als Antrag auf Beseitigung der widerstreitenden Steuerfestsetzung behandelt werden (s. AEAO zu § 174, Nr. 2). Sind von dem Widerstreit **mehrere Stpfl.** betroffen, ist der Antrag auf Änderung oder Aufhebung bei Unsicherheiten über die richtige Zuordnung des Sachverhaltes sicherheitshalber von allen Betroffenen zu stellen (*Koenig* in Koenig, § 174 AO Rz. 23). 22

Ist die **Festsetzungsfrist** für die rechtswidrige Steuerfestsetzung bereits abgelaufen, kann der Antrag auf Änderung oder Aufhebung nach **§ 174 Abs. 1 Satz 2 AO** bis zum Ablauf des Jahres gestellt werden, nachdem der letzte der betroffenen Bescheide unanfechtbar geworden ist. Der »**letzte Steuerbescheid**« meint nicht den zuletzt bekanntgegebenen, sondern denjenigen, der als letztes **unanfechtbar** geworden ist (*Loose* in Tipke/Kruse, § 174 AO Rz. 37; *von Wedelstädt* in Bartone/von Wedelstädt, Rz. 1147; *von Groll* in HHSp, § 174 AO Rz. 137). Ist der letzte Steuerbescheid bspw. am 01.04.2007 unanfechtbar geworden, ist der Antrag auf Beseitigung des Widerstreites bis zum 01.04.2008 zu stellen. Zum Begriff der Unanfechtbarkeit s. Vor §§ 172–177 AO Rz. 11. § 174 Abs. 1 Satz 2 AO verdrängt als speziellere Regelung **§ 169 Abs. 1 Satz 1 AO**. 23

Nach **§ 174 Abs. 1 Satz 3 AO** steht der Aufhebung oder Änderung keine Frist entgegen, wenn der Antrag rechtzeitig gestellt wird. Folglich kann über den Antrag auch nach Ablauf der Antragsfrist entschieden werden. Dies hat lediglich klarstellende Bedeutung und entspricht dem Rechtsgedanken des § 171 Abs. 3 Satz 1 AO. 24

## II. Rechtsfolge

Der fehlerhafte Bescheid ist aufzuheben oder zu ändern. Der Verwaltung obliegt **kein Ermessen**. Der **Umfang** der Korrektur beschränkt sich auf die Beseitigung des Wider- 25 streits, sonstige materielle Rechtsfehler dürfen nur berichtigt werden, soweit hierfür eine eigenständige Änderungsvorschrift existiert. Sowohl § 176 AO als auch § 177 AO sind zu beachten. § 174 Abs. 1 AO vermittelt indes **keinen Anspruch auf Erlass** eines Steuerbescheides, der seinerseits (erstmalig) eine widerstreitende Steuerfestsetzung herbeiführt (BFH v. 16.02.2005, II R 59/02, BFH/NV 2005, 1369).

26 Wird ein zwar inhaltlich zutreffender Bescheid von der **unzuständigen Behörde** erlassen, von der örtlich zuständigen Behörde aber ein inhaltlich nicht zutreffender Bescheid über denselben Sachverhalt, so kann über § 174 Abs. 1 AO nur der inhaltlich richtige Bescheid der unzuständigen Behörde aufgehoben werden. Die Korrektur des inhaltlich unzutreffenden Bescheides erfolgt nicht über § 174 Abs. 1 AO (BFH v. 17.02.2005, II B 115/03, BFH/NV 2005, 1004; *Loose* in Tipke/Kruse, § 174 AO Rz. 18).

27 Im Rahmen der Änderung nach § 174 Abs. 1 AO ist die **Rechtskraftwirkung** nach § 110 FGO zu beachten (s. Rz. 88). Das FA ist bei einer Änderung oder Aufhebung des Bescheides an die tatsächlichen und rechtlichen Erkenntnisse gebunden, wenn ein FG diese zur Grundlage seiner Entscheidung gemacht hat. § 110 FGO hindert das FA insoweit an einer nachträglichen Änderung nach § 174 Abs. 1 AO. Dies gilt selbst, wenn sich herausstellt, dass die Rechtsauffassung des FG rechtsfehlerhaft war. Liegen jedoch zwei sich widerstreitende rechtskräftige Urteile vor, ist § 174 Abs. 1 AO anwendbar (BFH v. 18.03.2004, V R 23/02, BStBl II 2004, 763).

## D. Mehrfachberücksichtigung zugunsten eines oder mehrerer Steuerpflichtiger (§ 174 Abs. 2 AO)

28 § 174 Abs. 2 AO sieht eine § 174 Abs. 1 AO ergänzende Regelung vor, wenn der Widerstreit nach § 174 Abs. 1 AO sich zugunsten eines oder mehrerer Stpfl. ausgewirkt hat. Ein Antrag ist für die Aufhebung oder Änderung nicht erforderlich (§ 174 Abs. 2 Satz 1, 2. HS AO), jedoch setzt § 174 Abs. 2 AO voraus, dass der Widerstreit auf einen Antrag oder eine Erklärung des Stpfl. zurückzuführen ist. Die Vorschrift erlaubt als Folgeänderung eine Korrektur zuungunsten des Stpfl.

### I. Tatbestand

29 Ein bestimmter Sachverhalt muss in mehreren Steuerbescheiden zugunsten eines oder mehrerer Stpfl. berücksichtigt worden sein, obwohl er nur einmal hätte berücksichtigt werden dürfen. Bis auf das Merkmal »zugunsten« kann auf die Ausführungen zu § 174 Abs. 1 AO (s. Rz. 8 ff.) verwiesen werden.

#### 1. Zugunsten

Die Fehlerhaftigkeit der Steuerfestsetzung wirkt sich zugunsten des Stpfl. aus, wenn der Regelungsgehalt der Bescheide insgesamt zu einer **niedrigeren** Steuer führt (s. Rz. 17). 30

#### 2. Verursachung der fehlerhaften Steuerfestsetzung durch den Steuerpflichtigen (§ 174 Abs. 2 Satz 2 AO)

Der Steuerbescheid darf nur geändert werden, wenn die unzutreffende Berücksichtigung auf eine **Erklärung oder** einen **Antrag** des Stpfl. zurückzuführen ist. Der Stpfl. muss selbst, allein oder überwiegend, die fehlerhafte Berücksichtigung verursacht haben (BFH v. 03.03.2011, III R 45/08, BStBl II 2011, 673). Der Grund für diese Einschränkung der Änderungsmöglichkeit liegt im **Vertrauensschutz**. Grundsätzlich kann der Stpfl. auf die Fortgeltung des bestandskräftigen Bescheides vertrauen. Dies gilt auch, wenn ein Steuerbescheid zu seinen Gunsten fehlerhaft ist. Wurde die fehlerhafte Berücksichtigung des Sachverhalts jedoch durch den Stpfl. oder durch eine von ihm bevollmächtigte Person veranlasst, so kann sich der Stpfl. nicht darauf verlassen, dass ihm dieser Vorteil erhalten bleibt. Fehler des FA rechtfertigen hingegen keine Änderung zuungunsten des Stpfl. 31

Unter **Erklärung** sind nicht nur Angaben auf dem Steuererklärungsvordruck zu verstehen, sondern auch **formlose** Mitteilungen und Auskünfte sowie für den Beteiligten von Dritten abgegebene Erklärungen (z.B. im Rahmen des § 80 Abs. 1 und 4 AO, § 200 Abs. 1 AO, s. AEAO zu § 174, Nr. 3). Sind **mehrere Stpfl.** an dem Widerstreit beteiligt, muss die Erklärung oder der Antrag von dem Stpfl. abgegeben worden sein, der den fehlerhaften Bescheid erhalten hat (*von Wedelstädt* in Gosch, § 174 AO Rz. 51). 32

Der Antrag oder die Erklärung des Stpfl. muss **kausal** für die Aufnahme des Sachverhalts in den falschen Bescheid gewesen sein. Die Ursächlichkeit für den fehlerhaften Bescheid ist ausreichend; auf ein **Verschulden** des Stpfl. oder auf eine **Kenntnis** der Unrichtigkeit kommt es nicht an (*von Wedelstädt* in Gosch, § 174 AO Rz. 53). Es ist nicht erforderlich, dass das FA den Sachverhalt irrtümlich (unbewusst) doppelt berücksichtigt (BFH v. 06.09.1995, XI R 37/95, BStBl II 1996, 148). 33

Der Stpfl. hat die fehlerhafte, ihn begünstigende Steuerfestsetzung **verursacht bei:** 34

- unrichtiger, missverständlicher oder unvollständiger Darstellung des entscheidungserheblichen Sachverhaltes,

- selbst wenn der Erlass des fehlerhaften Bescheides bei gehöriger Sachverhaltsaufklärung seitens des FA vermieden worden wäre (BFH v. 24.06.2004, XI B 63/02, BFH/NV 2005, 1),
- unklaren, zweideutigen Erklärungen.

35 Die **Kausalität** scheidet dadurch aus, dass

- der Stpfl. lediglich eine **irrige Rechtsansicht** äußert, denn das FA hat grundsätzlich eigenständig über die Rechtsanwendung zu entscheiden,
- der Stpfl. den Sachverhalt richtig dargestellt hat, das FA jedoch **rechtsirrig** davon ausging, dass dieser in dem fehlerhaften Bescheid zu berücksichtigen sei (BFH v. 21.10.1980, VIII R 186/78, BStBl II 1981, 388),
- der Stpfl. zwar einen unvollständigen oder unrichtigen Sachverhalt mitteilt, das FA aber auch in Kenntnis des wahren Sachverhaltes den fehlerhaften Bescheid erlassen hätte (*Koenig* in Koenig, § 174 AO Rz. 34),
- sich der Finanzbehörde die Notwendigkeit weiterer Sachverhaltsaufklärung hätte aufdrängen müssen.

36 Fehlt es an einer Verursachung durch den Stpfl. i. S. des § 174 Abs. 2 AO, kann das FA den Bescheid auch nicht nach § 172 Abs. 1 Satz 2 Nr. 2a AO ändern mit der Begründung, der Stpfl. verstoße gegen den Grundsatz von Treu und Glauben, indem er die Zustimmung zu einer Änderung des Steuerbescheides verweigere (BFH v. 03.12.1998, V R 29/98, BStBl II 1999, 158; *von Wedelstädt* in Gosch, § 174 AO Rz. 54). Bei **beiderseitiger Verursachung** sind die Beiträge des Stpfl. und der Finanzbehörde sowie deren Gewichtigkeit abzuwägen (BFH v. 22.09.1983, IV R 227/80, BStBl II 1984, 510).

## II. Rechtsfolge

37 Der fehlerhafte Bescheid ist in dem **Umfang** aufzuheben oder zu ändern, der notwendig ist, um den Widerstreit – hier die Mehrfachberücksichtigung – zu beseitigen. Ein **Ermessen** des FA besteht **nicht**. Auch ein **Antrag** des Stpfl. auf Änderung ist nicht erforderlich (§ 174 Abs. 2 Satz 1, 2. HS AO). § 177 AO ist zu berücksichtigen.

38 § 174 Abs. 2 Satz 1 AO verweist auf § 174 Abs. 1 Satz 2 AO. Die in § 174 Abs. 1 AO genannte Frist ist bei Doppelberücksichtigungen zugunsten des Stpfl. dahingehend zu verstehen, dass die Aufhebung oder Änderung des fehlerhaften Bescheides nach § 174 Abs. 2 AO trotz Ablaufs der Festsetzungsfrist noch bis zum Ablauf eines Jahres erfolgen kann, nachdem der letzte der beiden betroffenen Bescheide unanfechtbar geworden ist (h. M., *von Wedelstädt* in Bartone/von Wedelstädt, Rz. 1160; *Loose* in Tipke/Kruse, § 174 Rz. 27; *von Groll* in HHSp, § 174 AO Rz. 161, *von Wedelstädt* in Gosch, § 174 AO Rz. 59, 142). Zur Fristwahrung ist es ausreichend, dass der Aufhebungs- oder Änderungsbescheid vor Ablauf der Jahresfrist den Bereich der zuständigen Finanzbehörde verlassen hat (§ 169 Abs. 1 Satz 3 Nr. 1 AO).

# E. Negativer Widerstreit (§ 174 Abs. 3 AO)

§ 174 Abs. 3 AO regelt den Fall des negativen Widerstreits 39 (s. Rz. 3). Ein solcher liegt vor, wenn ein bestimmter Sachverhalt in keinem von mehreren in Betracht zu ziehenden Steuerbescheiden (Feststellungsbescheiden) berücksichtigt worden ist, obwohl er in einem dieser Bescheide hätte berücksichtigt werden müssen (z. B. BFH v. 14.01.2010, IV R 33/07, BStBl II 2010, 586; BFH v. 14. Januar 2010, IV R 55/07, BFH/NV 2010, 1075; BFH 27.08.2014, II R 43/12, BStBl II 2015, 241). Besondere Bedeutung hat die Vorschrift für die Einkommensbesteuerung. Aufgrund des Prinzips der Abschnittsbesteuerung können sich **Zuordnungsprobleme** ergeben, wenn unklar ist, in welchem Veranlagungszeitraum ein Sachverhalt steuerlich zu erfassen ist (*von Wedelstädt* in Gosch, § 174 AO Rz. 60). § 174 Abs. 3 AO soll verhindern, dass ein steuerlich erheblicher Sachverhalt bei der Besteuerung überhaupt nicht berücksichtigt wird (s. AEAO zu § 174, Nr. 6).

## I. Tatbestand

### 1. Erkennbare Nichtberücksichtigung eines bestimmten Sachverhalts

Voraussetzung ist zunächst, dass ein **bestimmter Sachverhalt** in einem Steuerbescheid **nicht berücksichtigt** 40 wurde. Zum Begriff des »bestimmten Sachverhalts« s. Rz. 9 f. Nicht unter den Anwendungsbereich fällt eine etwaige irrige Rechtsauffassung der Finanzbehörde. Hat das FA in dem Verfahren über den Einspruch zu erkennen gegeben, dass es an seiner irrigen Rechtsauffassung nicht mehr festhalte, findet § 174 Abs. 3 AO keine Anwendung. Der Stpfl. kann diese geänderte Rechtsauffassung in dem Verfahren um den Einspruch überprüfen lassen; der die Änderungsmöglichkeit des § 174 Abs. 3 AO legitimierende Vertrauensschutzgedanke trägt nicht, wenn der Betroffene die Möglichkeit hat, verfahrensrechtlich gegen die Auffassung des FA vorzugehen (BFH v. 06.12.2006, XI R 62/05, BStBl II 2007, 238).

**Nicht berücksichtigt** ist ein Sachverhalt, wenn er in die 41 Entscheidungsfindung über den Bescheid nicht mit einbezogen, mithin keine Regelung über ihn getroffen wurde (*Koenig* in Koenig, § 174 Rz. 42). Der Sachverhalt muss dem FA bekannt gewesen, aber dennoch steuerlich nicht abschließend geregelt worden sein. Ist der Sachverhalt dem FA nicht bekannt, kann er nicht Gegenstand der fehlerhaften Zuordnung sein (BFH v. 29.05.2001, VIII R 19/00, BStBl II 2001, 743; BFH v. 11.08.2011, V R 54/10, BFH/NV 2011, 2017). Unerheblich ist, ob die **Nicht-**

berücksichtigung anfänglich oder nachträglich durch Änderung eines Steuerbescheides eingetreten ist. Hat sich ein Sachverhalt auf den Steuerbescheid zwar nicht ausgewirkt, wurde jedoch festgestellt, dass er in den Regelungsbereich des Steuerbescheides gehört, ist eine Nichtberücksichtigung **nicht** anzunehmen (s. Rz. 14; BFH v. 29.05.2001, VIII R 19/00, BStBl II 2001, 743).

42 Die Änderungsmöglichkeit des § 174 Abs. 3 AO setzt – wie § 174 Abs. 1 und 2 AO – die **alternative** und nicht eine kumulative **Berücksichtigung** bzw. Nichtberücksichtigung eines Sachverhaltes voraus (BFH v. 15.02.2001, IV R 9/00, BFH/NV 2001, 1007). Nicht einschlägig ist die Norm daher bei einer fehlerhaften Doppelberücksichtigung.

## 2. »In der Annahme, dass er in einem anderen Bescheid zu berücksichtigen sei«

43 Die Berücksichtigung des bestimmten Sachverhaltes muss in der Annahme unterblieben sein, dass der Sachverhalt in einem anderen Steuerbescheid, nämlich eines anderen Stpfl., eines anderen Veranlagungszeitraums oder einer anderen Steuerart zu berücksichtigen sei. Hierüber muss das FA eine **konkrete Vorstellung** gehabt haben, ein bloßes Versehen oder ein die Zuordnung betreffender Rechtsirrtum ist nicht ausreichend. Maßgeblich ist die Vorstellung des für die Steuerfestsetzung **zuständigen Amtsträgers** (BFH v. 03.03.2005, V B 1/04, BFH/NV 2005, 1222; kritisch: *von Groll* in HHSp, § 174 AO Rz. 186). »Annahme« setzt einen über die rein mechanische Übernahme eines aufseiten des Stpfl. aufgetretenen Fehlers hinausgehenden kognitiven Prozess voraus (vgl. *Frotscher* in Schwarz/Pahlke, AO/FGO, § 174 AO Rz 105). Die mangelnde Kenntnis davon schließt die Anwendung des § 174 Abs. 3 AO daher denklogisch aus (BFH v. 17.05.2017, X R 45/16, BFH/NV 2018, 10). Nicht erforderlich ist, dass der Sachverhalt auch in dem anderen Bescheid berücksichtigt oder dass dieser Bescheid überhaupt erlassen wurde (BFH v. 29.05.2001, VIII R 19/00, BStBl II 2001, 743; s. AEAO zu § 174, Nr. 6 Abs. 1). Die – jeder Verstrickung immanente – Annahme, dass stille Reserven früher oder später realisiert werden, reicht für die nach § 174 Abs. 3 AO erforderliche Annahme einer Berücksichtigung in einem anderen Steuerbescheid nicht aus (*von Wedelstädt* in Gosch, § 174 AO Rz. 71). Die Ansicht des BMF, stille Reserven, die auf eine GbR übergegangen sind, die bisher irrigerweise als gewerblich angesehen worden ist, könnten durch Änderung der entsprechenden Steuerbescheide nach § 174 Abs. 3 AO noch besteuert werden (BMF v. 28.08.2001, IV A 6 – S 2240–49/01, BStBl I 2001, 614; ernstliche Zweifel hieran BFH v. 27.01.2004, X B 116/03, BFH/NV 2004, 913), ist daher abzulehnen. Die hier vertretene Auffassung wurde ausdrücklich vom BFH bestätigt (BFH v. 14.01.2010, IV R 33/07, BStBl II 2010, 586 im Anschluss der BFH v. 27.01.2004, X B 116/03, BFH/NV 2004, 913; dazu auch *Günther*, AO-StB 2010, 340), weil es sich dabei nicht um einen identischen Sachverhalt i. S. d. § 174 Abs. 3 AO handelt. Unerheblich ist, ob die Berücksichtigung des Sachverhaltes den Betroffenen **belastet oder begünstigt**. Auf Seiten der Finanzbehörde können **eine oder mehrere Behörden** beteiligt sein.

Die Annahme, der Sachverhalt müsse in einer anderen Steuerfestsetzung erfasst werden, muss sich im Nachhinein als unrichtig erweisen (s. Rz. 51) und **ursächlich** für die Nichtberücksichtigung gewesen sein (BFH v. 09.04.2003, X R 38/00, BFH/NV 2003, 1035). Von der notwendigen Kausalität ist nicht auszugehen, wenn die Nichtberücksichtigung des Sachverhaltes darauf beruht, dass das FA annahm, der Sachverhalt habe keine steuerliche Relevanz oder dass die Finanzbehörde von dem Sachverhalt keine Kenntnis hatte (z. B. BFH v. 11.08.2011, V R 54/10, BFH/NV 2011, 2017; BFH v. 27.08.2014, II R 43/12, BStBl II 2015, 241). 44

vorläufig frei 45

## 3. Erkennbarkeit

Die Annahme, dass der Sachverhalt in einem anderen Steuerbescheid zu berücksichtigen sei, muss für den Stpfl. erkennbar gewesen sein. Dies ist der Fall, wenn der Stpfl. bei verständiger Würdigung des fehlerhaften Bescheids erkennen musste, warum der streitige Vorgang dort nicht berücksichtigt wurde (BFH v. 29.10.1991, VIII R 2/86, BStBl II 1992, 832; BFH v. 27.08.2014, II R 43/12, BStBl II 2015, 241). Die Voraussetzung der Erkennbarkeit ist Ausfluss des **Vertrauensschutzes** (*von Wedelstädt*, DB 1981, 2574 f.). War für den Stpfl. nicht erkennbar, dass das FA beabsichtigte, den Sachverhalt in einem anderen Bescheid zu berücksichtigen, so verdient er Vertrauensschutz. Der Stpfl. oder sein steuerlicher Berater muss nicht nur erkennen können, dass die Finanzbehörde den bestimmten Sachverhalt nicht berücksichtigt hat, er muss auch feststellen können, dass der Sachverhalt in einem anderen Steuerbescheid berücksichtigt werden soll (AEAO zu § 174, Nr. 6 Abs. 2). Hinweise darauf können sich aus dem Steuerbescheid selber, aus Anlagen, einem Außenprüfungsbericht oder aus sonstigem Schriftverkehr zwischen dem FA und dem Stpfl. ergeben. Die Erkennbarkeit der – sich später als unrichtig erweisenden – Annahme des FA muss aus den eigenen Beziehungen des Stpfl. zum FA resultieren; der Umstand, dass ein Dritter aus der Kenntnis weiterer Zusammenhänge in der Lage ist, zu erkennen, dass das FA sich geirrt hat, reicht nicht aus. Ansonsten wäre dem Prinzip des Vertrauensschutzes nicht Rechnung getragen. 46

Von Erkennbarkeit ist auch auszugehen, wenn der Stpfl. selber die Nichtberücksichtigung veranlasst hat. Er würde sich in **Widerspruch zu seinem vorangegangenen Tun** setzen, wenn er sich trotz dieser Veranlassung 47 auf die Nichtberücksichtigung beruft (BFH v. 21.02.1989, IX R 67/84, BFH/NV 1989, 687).

48 Die fehlende Erkennbarkeit hindert auch eine **Korrektur zugunsten des Stpfl.** (BFH v. 27.08.1996, IX R 56/94, BFH/NV 1997, 273; *Rüsken* in Klein, § 174 AO Rz. 44; a.A. *Loose* in Tipke/Kruse, § 174 AO Rz. 38). Zwar wird der Vertrauensschutz dadurch in sein Gegenteil verkehrt, ist dem Stpfl. aber die unrichtige Vorstellung des FA nicht bekannt, so muss er bei Nichtberücksichtigung des Sachverhaltes davon ausgehen, dass dieser gänzlich unberücksichtigt bleiben soll und ist gehalten Einspruch einzulegen (*von Wedelstädt* in Bartone/von Wedelstädt, Rz. 1185; *Koenig* in Koenig, § 174 AO Rz. 48).

49 Maßgeblich für die Erkennbarkeit ist der **Zeitpunkt der Bekanntgabe** des Bescheides. Eine nachträgliche Änderung des Bescheides zum Zwecke der Erkennbarmachung ist nur zulässig, wenn die Voraussetzungen für eine Änderung vorliegen, z.B. gem. § 164 AO oder nach § 173 AO (*von Wedelstädt* in Gosch, § 174 AO Rz. 82).

50 vorläufig frei

#### 4. Unrichtigkeit der Annahme

51 Die Annahme muss sich im Nachhinein als unrichtig erweisen. Dabei ist es nicht von Bedeutung, ob die unzutreffende Würdigung auf einer **sachlichen oder rechtlichen Fehlbeurteilung** beruht (z.B. BFH v. 14.01.2010, IV R 33/07, BStBl II 2010, 586; BFH v. 27.08.2014, II R 43/12, BStBl II 2015, 241). Maßgeblich ist die materiellrechtliche Fehlerhaftigkeit. Eine **Verursachung** durch den Stpfl. ist nicht erforderlich (*von Wedelstädt* in Gosch, § 174 AO Rz. 70). Auch auf die Vorstellung des Stpfl. kommt es nicht an. Hinsichtlich der irrigen Annahme ist ausschließlich auf die Vorstellung des für die Steuerfestsetzung zuständigen Amtsträgers abzustellen. Worauf die bessere Erkenntnis beruht ist gleichgültig. Hat sie ihren Anlass jedoch darin, dass das BVerfG ein Gesetz für nichtig erklärt, der BFH ein Gesetz nicht anwendet, weil er es für verfassungswidrig hält, seine Rspr. ändert oder eine Verwaltungsanweisung für rechtswidrig erklärt, ist § 176 AO zu beachten (s. § 176 AO; *von Wedelstädt* in Gosch, § 174 AO Rz. 84).

### II. Rechtsfolge

52 Die Steuerfestsetzung, bei der die Berücksichtigung des Sachverhaltes unterblieben ist, kann nachgeholt, aufgehoben oder geändert werden. Obwohl der Gesetzeswortlaut von »kann« spricht, obliegt der Finanzbehörde **kein Ermessen** (BFH v. 28.11.1989, VII R 83/86, BStBl II 1990, 458; *von Wedelstädt* in Gosch, § 174 AO Rz. 85 m.w.N.; *von Wedelstädt* in Bartone/von Wedelstädt, Rz. 1189; a.A. *Loose* in Tipke/Kruse, § 174 AO Rz. 38 m.w.N.). Durch die Wortwahl der Vorschrift soll lediglich die Befugnis zur Änderung zum Ausdruck kommen (BFH v. 13.11.1985, II R 208/82, BStBl II 1986, 241).

Die Korrektur ist im **Umfang** auf die nachträgliche Berücksichtigung des Sachverhaltes in dem Änderungsbescheid beschränkt. Die Folgewirkungen sind entsprechend umzusetzen, wobei § 176 AO zugunsten des Stpfl. zu beachten ist. § 174 Abs. 3 AO ermöglicht auch die Änderung des Steuerbescheids eines Stpfl., wenn der Steuerbescheid, in dem der Sachverhalt berücksichtigt werden sollte, einen **anderen Stpfl.** betrifft (BFH v. 29.10.1991, VIII R 2/86, BStBl II 1992, 832; BFH v. 27.08.2014, II R 43/12, BStBl II 2015, 241), und zwar auch ohne Einhaltung der nur für die Änderung nach § 174 Abs. 4 AO erforderlichen Voraussetzung des § 174 Abs. 5 AO (BFH v. 19.12.2013, V R 7/12, BFH/NV 2014, 1130; BFH v. 27.08.2014, II R 43/12, BStBl II 2015, 241; s. Rz. 72 ff.). Wegen der Voraussetzung der Erkennbarkeit der Annahme anderweitiger Berücksichtigung muss der Stpfl., dessen Bescheid geändert werden soll, für eine Korrektur nach § 174 Abs. 3 AO nicht zum Rechtsbehelfsverfahren des anderen Stpfl. hinzugezogen oder beigeladen werden (BFH v. 27.08.2014, II R 43/12, BStBl II 2015, 241). 53

Nach **§ 174 Abs. 3 Satz 2 AO** ist die Korrektur des Steuerbescheides nur bis zum Ablauf der Festsetzungsfrist des Steuerbescheids zulässig, in dem das FA den Sachverhalt ursprünglich berücksichtigen wollte. Unerheblich ist der Ablauf der Festsetzungsfrist des fehlerhaften Bescheids. 54

## F. Folgeänderung aufgrund eines Rechtsbehelfs oder eines Antrags (§ 174 Abs. 4 AO)

§ 174 Abs. 4 AO ist gegenüber § 174 Abs. 1 bis 3 AO eine eigenständige Änderungsnorm; sie geht über die Regelungen der § 174 Abs. 1 bis 3 AO hinaus und ist nicht auf die Fälle alternativer Erfassung eines bestimmten Sachverhalts beschränkt (BFH v. 02.05.2001, VIII R 44/00, BStBl II 2001, 562; FG Münster v. 08.04.2014, 10 K 3960/12 E, EFG 2014, 1162; *von Wedelstädt* in Gosch, § 174 AO Rz. 91 m.w.N.). Die Vorschrift erfasst den Fall, dass auf Veranlassung des Stpfl. eine irrige Beurteilung eines bestimmten Sachverhaltes richtiggestellt wird, was dazu führt, dass nach der Änderung dieser Sachverhalt in einem anderen Steuerbescheid nicht mehr richtig erfasst ist. Der entstandene **negative Widerstreit** ist auf die Initiative des Stpfl. zurückzuführen. Der Stpfl. soll nicht nur in den Genuss der Änderung des Bescheides zu seinen Gunsten kommen, sondern er soll konsequenterweise auch die daraus resultierenden ungünstigen Folgerungen hinnehmen müssen. Insoweit tritt der **Vertrauensschutz** hinter der materiellen **Rechtmäßigkeit** zurück (BFH v. 11.05.2010, IX R 25/09, BStBl II 2010, 953). Gerecht- 55 fertigt ist diese Verletzung des Vertrauensschutzes dadurch, dass der Stpfl. sich **treuwidrig** verhalten würde, wenn er sich nach der Änderung zu seinen Gunsten auf die Bestandskraft des nun fehlerhaften anderen Bescheid berufen würde (*von Wedelstädt* in Gosch, § 174 AO Rz. 91; zum Grundsatz von Treu und Glauben s. Vor §§ 204–207 AO Rz. 2). Die **Beweislast** dafür, dass die Voraussetzungen des § 174 Abs. 4 AO vorliegen, trägt das FA. § 174 Abs. 4 AO erlaubt – wie grds. alle Korrekturnormen (abgesehen von § 164 Abs. 2 AO) – nur eine punktuelle Durchbrechung der Bestandskraft (s. Vor §§ 172–177 AO Rz. 22) und lässt keine uneingeschränkte Fehlerkorrektur zu. Daher ist die Norm **nicht** – allein im Interesse der materiellen Gerechtigkeit – **analog** auf andere Fälle anzuwenden (BFH v. 03.04.2007, IX B 168/06, BFH/NV 2007, 1267; *Loose* in Tipke/Kruse, § 174 AO Rz. 39).

## I. Tatbestand

### 1. Irrige Beurteilung eines bestimmten Sachverhalts in einem Steuerbescheid

56 Ein Steuerbescheid (s. Rz. 4) muss aufgrund einer irrigen Beurteilung eines bestimmten Sachverhalts (s. Rz. 8 f.) ergangen sein. Irrige Beurteilung bedeutet, dass sich die Beurteilung eines bestimmten Sachverhaltes **nachträglich als unrichtig** erweist (z.B. BFH v. 12.02.2015, VI R 38/13, BStBl II 2017, 31; BFH v. 04.02.2016, III R 12/14, BStBl II 2016, 818). Die von der Finanzbehörde gezogenen steuerrechtlichen Folgerungen müssen sich im Nachhinein als unzutreffend erweisen. Eine lediglich vom FA angenommene, tatsächlich aber nicht bestehende Unrichtigkeit rechtfertigt die Anwendung des § 174 Abs. 4 AO nicht (*von Wedelstädt* in Gosch, § 174 AO Rz. 95). Auf rechtmäßige Bescheide ist § 174 Abs. 4 AO auch nicht analog anwendbar (FG Ddorf v. 17.03.1998, 9 K 1307/95, EFG 1998, 1308). Der Irrtum des FA kann sich auf das Steuersubjekt (Stpfl., Inhaltsadressaten), das Steuerobjekt oder den Veranlagungszeitraum beziehen (BFH v. 26.10.1994, II R 84/91, BFH/NV 1995, 476). Der für die rechtsirrige Beurteilung ursächliche Fehler kann **rechtlicher oder tatsächlicher** Natur sein (z.B. BFH v. 24.04.2013, II R 53/10, BStBl II 2013, 755; BFH v. 04.02.2016, III R 12/14, BStBl II 2016, 818). Auch das Übersehen einer möglichen Rechtsfolge erlaubt die Änderung nach § 174 Abs. 4 AO (BFH v. 08.04.1992, X R 213/87, BFH/NV 1993, 406). Die Änderung ist nicht ausgeschlossen, weil das FA **vorsätzlich fehlerhaft gehandelt** hat (BFH v. 10.05.2012, IV R 34/09, BStBl II 2013, 471 m.w.N.; BFH v. 25.10.2016, X R 31/14, BStBl II 2017, 287; *von Wedelstädt* in Bartone/von Wedelstädt, Rz. 1215; a.A. *von Groll* in HHSp, § 174 AO Rz. 236 m.w.N.; *Frotscher* in Schwarz/Pahlke, § 174 AO Rz 171; *Koenig* in Koenig, § 174 AO Rz 60). Eine Einschränkung ergibt sich in diesen Fällen aber aus dem Grundsatz von Treu und Glauben (BFH v. 25.10.2016, X R 31/14, BStBl II 2017, 287; *von Wedelstädt* in Bartone/von Wedelstädt, Rz. 1215). Die Korrekturmöglichkeit nach § 174 Abs. 4 AO ist dagegen nicht eröffnet, wenn der Irrtum nicht den Sachverhalt, sondern nur die Geltendmachung des Steueranspruchs, bspw. durch Verwechslung der Bekanntgabeadresse, betrifft. Unerheblich ist, ob die irrige Beurteilung durch den Stpfl. veranlasst wurde.

Irrt das FA darüber, welchen **Besteuerungszeitraum** 57
ein bestimmter Sachverhalt betrifft, und wird ein solcher Irrtum später aufgedeckt und zugunsten des Stpfl. korrigiert, so steht die Festsetzungsverjährung der Änderung des Bescheids dann nicht entgegen, wenn dieser im Zeitpunkt des Erlasses des später geänderten oder aufgehobenen Steuerbescheids noch hätte korrigiert werden können (BFH v. 29.06.2005, X R 38/04, BFH/NV 2005, 1751).

Die irrige Beurteilung muss sich in einem **wirksamen**, 58
also nicht nichtigen Steuerbescheid (§§ 125, 124 Abs. 3 AO) niedergeschlagen haben (BFH v. 27.02.1997, IV R 38/96, BFH/NV 1997, 388). § 174 Abs. 4 AO verlangt im Gegensatz zu § 174 Abs. 1 bis 3 AO **keine Ausschließlichkeit**, d.h. der Sachverhalt kann sowohl in dem zugunsten des Stpfl. geänderten als auch in dem zu ändernden Bescheid zu berücksichtigen sein (BFH v. 02.05.2001, VIII R 44/00, BStBl II 2001, 562), was die Eigenständigkeit dieser Korrekturnorm unterstreicht.

**Fehlerhafte Bilanzansätze** können nicht nach § 174 59
Abs. 4 AO durch eine Rückwärtsberichtigung korrigiert werden (BFH v. 10.11.1997, GrS 1/96, BStBl II 1998, 83). Wegen des formellen Bilanzzusammenhangs sind die Bilanzansätze des Vorjahres zu übernehmen, sodass es an einer irrigen Beurteilung fehlt (s. § 173 AO Rz. 11; *Musil*, DStZ 2005, 362).

### 2. Ergehen aufgrund der irrigen Beurteilung

Der Steuerbescheid ist aufgrund der irrigen Beurteilung 60
des Sachverhalts ergangen, wenn die **fehlerhafte Steuerfestsetzung aus dem Irrtum resultiert**. Voraussetzung ist, dass das FA in Kenntnis des zugrundeliegenden Sachverhaltes entschieden hat; eine umfassende Prüfung desselben ist indes nicht erforderlich (BFH v. 22.12.1988, V B 148/87, BFH/NV 1990, 341). Die irrige Beurteilung muss für den Stpfl. nicht erkennbar sein, sie muss sich aber nachträglich als unzutreffend erweisen (BFH v. 02.05.2001, VIII R 44/00, BStBl II 2001, 562).

### 3. Änderung oder Aufhebung des Steuerbescheids zugunsten und auf Antrag des Steuerpflichtigen

Der fehlerhafte Steuerbescheid muss aufgrund eines 61
Rechtsbehelfs (durch Einspruchsentscheidung, Abhilfebescheid oder gerichtliches Urteil) oder auf Antrag des

Stpfl. (z.B. nach §§ 164 Abs. 2 AO, 172 Abs. 1 Satz 1 Nr. 2a AO) **zu seinen Gunsten** aufgehoben oder geändert worden sein (sog. **Ausgangsänderung**). Nicht ausreichend ist das eigenständige Tätigwerden des FA aufgrund besserer Erkenntnis (BFH v. 29.06.2005, X R 38/04, BFH/NV 2005, 1751) oder aufgrund eines Antrags eines Dritten. Wenn ein Stpfl. zu keinem Zeitpunkt, auch nicht konkludent, eine solche Ausgangsänderung veranlasst hat, liegt keine Korrekturmöglichkeit nach § 174 Abs. 4 AO vor. Erfolgt die Änderung eines Bescheides vielmehr auf das durch das FG veranlasste Angebot des FA, hat der Stpfl. nicht die Ursache für die Abänderung eines auf einer irrigen Beurteilung beruhenden ersten Bescheids gesetzt, die die Änderung des vorangegangenen Bescheides rechtfertigen würde (BFH v. 11.05.2010, IX R 25/09, BStBl II 2010, 953). Die Aufhebung oder Änderung des Steuerbescheids kann durch die Finanzbehörde oder nach **§ 174 Abs. 4 Satz 2 AO** durch das FG erfolgen. Eine **Folgekorrektur** nach § 174 Abs. 4 AO ist unzulässig, solange das FA den fehlerhaften Bescheid nicht geändert oder aufgehoben hat. Die **objektive Feststellungslast** für die Änderungsvoraussetzungen trifft das FA.

62 Die Ausgangsänderung kann auch auf **Antrag** des Stpfl. erfolgt sein. Der bloße Hinweis des Stpfl. auf die zu seinen Ungunsten bestehende Fehlerhaftigkeit des Bescheides, ist nicht als ein solcher zu werten. Ändert das FA den Bescheid im Zusammenhang mit einem unzulässigen Einspruch des Stpfl., ist § 174 Abs. 4 AO ebenfalls nicht einschlägig.

63 Die Änderung oder Aufhebung (Ausgangsänderung) muss zugunsten des Stpfl. erfolgen. Änderungen zuungunsten des Stpfl. werden durch § 174 Abs. 4 AO nicht erfasst (BFH v. 19.05.2005, IV R 17/02, BStBl II 2005, 637). Die Änderung des Steuerbescheides muss nicht **antragsgemäß** erfolgen. Ausreichend ist, dass Rechtsbehelfsverfahren die Änderung ausgelöst hat (BFH v. 19.05.2005, IV R 17/02, BStBl II 2005, 637). § 174 Abs. 4 AO setzt zudem nicht voraus, dass im Rahmen der Ausgangsänderung der bestimmte Sachverhalt zutreffend beurteilt wird (*von Wedelstädt* in Gosch, § 174 AO Rz. 103).

## II. Rechtsfolgen

64 § 174 Abs. 4 AO dient der materiellen Rechtmäßigkeit. Folglich steht trotz des Wortlauts »kann« die Folgeänderung **nicht im Ermessen** des FA (BFH v. 14.03.2012, XI R 2/10, BStBl II 2012, 653; auch s. Rz. 52; *Rüsken* in Klein, § 174 AO Rz. 63). Bei Aufhebung oder Änderung des fehlerhaften Bescheids sind daher aus dem zugrundeliegenden Sachverhalt nachträglich durch Erlass oder Änderung eines **weiteren Bescheids** die richtigen steuerlichen Konsequenzen zu ziehen. Die Folgeänderungen können in einem oder mehreren anderen Bescheiden getroffen werden. Diese müssen nicht dieselbe Steuerart, denselben Veranlagungszeitraum oder denselben Stpfl. (§ 174 Abs. 5 AO, s. Rz. 72 ff.; BFH v. 30.08.2007, IV R 50/05, BStBl II 2008, 129) betreffen. § 174 Abs. 4 AO ermöglicht hingegen nicht die nochmalige Korrektur des Steuerbescheids, der die Änderung nach § 174 Abs. 4 AO erst ermöglicht hat (BFH v. 08.07.1992, XI R 54/89, BStBl II 1992, 867; ebenso *von Wedelstädt*, DB 2000, 113; *Koenig* in Koenig, § 174 AO Rz. 69; *Frotscher* in Schwarz, § 174 AO Rz. 145; *Rüsken* in Klein, § 174 AO Rz. 51; *von Groll* in HHSP, § 174 AO Rz. 257; **a.A.** BFH v. 08.06.2000, IV R 65/99, BStBl II 2001, 89; BFH v. 11.03.2002, IX B 116/01, BFH/NV 2002, 895; dazu auch *von Wedelstädt* in Gosch, § 174 AO Rz. 105.1 ff.).

§ 174 AO enthält **kein Verböserungsverbot**, sodass die Gesamtheit der steuerlichen Auswirkungen aus der Entlastung im Ausgangsverfahren und der Belastung im Folgeverfahren insgesamt auch zu einer steuerlichen Mehrbelastung des Stpfl. führen können. Das Verböserungsverbot des § 367 Abs. 2 Satz 2 AO steht einer Änderung nach § 174 Abs. 4 Satz 1 AO nicht entgegen, da es sich bei dieser Änderung nicht um eine Entscheidung im Rechtsbehelfsverfahren, sondern um eine eigenständige Änderung handelt (BFH v. 19.05.2005, IV R 17/02, BStBl II 2005, 637; BFH v. 18.02.2016, V R 53/14, BFH/NV 2016, 869; *von Wedelstädt* in Bartone/von Wedelstädt, Rz. 1241). Die **Folgeänderung** kann sich aber auch **zugunsten** des Stpfl. auswirken (*von Wedelstädt* in Gosch, § 174 AO Rz. 113 m.w.N.; a.A. BFH v. 14.11.2012, I R 53/11, BFH/NV 2013, 690). Auch s. Rz. 88. 65

Die richtigen steuerlichen Folgerungen i.S. des § 174 Abs. 4 AO müssen aus der rechtlichen **Beurteilung des Sachverhalts** erfolgen, wegen dessen neuer Beurteilung die Ausgangsänderung erfolgte. Ergibt sich die richtige steuerliche Beurteilung nicht aus diesem bestimmten Sachverhalt, liegt kein Fall des § 174 Abs. 4 AO vor (*von Wedelstädt* in Gosch, § 174 AO Rz. 108.1 mit Bsp.). Die Folgeänderung setzt voraus, dass sich die richtigen steuerlichen Folgerungen zwingend aus der Beurteilung des Sachverhalts im Ausgangsänderungsverfahren ergeben (BFH v. 03.08.1988, I R 115/84, BFH/NV 1989, 482; *von Wedelstädt* in Gosch, AO/FGO, § 174 AO Rz. 108). Die Korrektur der irrigen Beurteilung des Sachverhalts im ersten Bescheid muss also zwangsläufig – aufgrund der **wechselseitigen materiell-rechtlichen Abhängigkeit** – die Rechtswidrigkeit der anderen Steuerfestsetzung aufzeigen, weil hier zunächst aus demselben Sachverhalt ebenfalls unrichtige steuerliche Folgerungen gezogen worden sind. Die Behandlung des Sachverhalts im Ausgangsänderungsverfahren muss also zwingend Auswirkungen auf den nach § 174 Abs. 4 Satz 1 AO zu ändernden Steuerbescheid haben (*von Wedelstädt* in Gosch, AO/FGO, § 174 AO, Rz. 108).Von der Befugnis zur Folgeänderung nach § 174 Abs. 4 AO sind grundsätzlich nur **unmittelbare Folgerungen** aus der materiell-rechtlichen 66

Wertung des bestimmten Sachverhalts erfasst (gl. A. *von Wedelstädt* in Gosch, § 174 AO Rz. 108; *Loose* in Tipke/ Kruse, § 174 AO Rz. 48). Ausreichend sind aber auch mittelbare, aber bilanzrechtlich zwingende Folgerungen, die sich aus der irrigen Beurteilung des Sachverhaltes ergaben (BFH v. 27.02.1997, IV R 38/96, BFH/NV 1997, 388).

67 § 174 Abs. 4 AO ermöglicht, dass »aus dem **Sachverhalt**« Folgerungen durch Änderung des Bescheids gezogen werden können, **nicht** aber aus den **steuerrechtlichen Folgen** dieses Sachverhaltes (BFH v. 15.03.1994, XI R 45/93, BStBl II, 1994, 600; *von Wedelstädt* in Gosch, § 174 AO Rz. 101).

68 **Beispiel:**

Aus der Verringerung des GewSt-Messbetrages lässt sich keine Korrektur der GewSt-Rückstellung ableiten; die kurzfristige Kreditierung führt zu keiner anderen steuerlichen Beurteilung im Rahmen der ESt.

69 Bei Erlass des Folgeänderungsbescheids ist das FA nicht an die bei der Ausgangsänderung vertretene rechtliche Beurteilung gebunden (BFH v. 02.05.2001, VIII R 44/00, BStBl II 2001, 562). Welches die »richtigen steuerlichen Folgen« sind, bestimmt sich im Zeitpunkt der Folgeänderung. Zwischenzeitlich ergangene Rechtsprechung ist grds. zu berücksichtigen. § 176 Abs. 1 Nr. 3 AO greift für die Folgeänderung jedenfalls dann nicht ein, wenn aufgrund der Rechtsprechungsänderung die Aufhebung des Steuerbescheids im Ausgangsverfahren erfolgte.

### III. Frist (§ 174 Abs. 4 Sätze 3 und 4 AO)

70 Nach § 174 Abs. 4 Satz 3 AO ist der Ablauf der Festsetzungsfrist der von der Folgeänderung betroffenen Bescheide unbeachtlich, wenn die steuerlichen Folgerungen innerhalb eines Jahres nach der Ausgangsänderung gezogen wurden (BFH v. 23.04.2008, II R 52/06, BFH/NV 2008, 1493). **Beginn der Jahresfrist** ist die Bekanntgabe des Aufhebungs- oder Änderungsbescheids (§ 124 Abs. 1 AO), bzw. bei Ausgangsänderung infolge Gerichtsurteils durch die Zustellung (§ 104 FGO; h. M., zum Streitstand *von Wedelstädt* in Bartone/von Wedelstädt, Rz. 1252), und zwar auch dann, wenn ein Hinzugezogener gegen die Aufhebung oder Änderung klagt und das FG die Rechtmäßigkeit der Aufhebung oder Änderung bestätigt (BFH v. 21.09.2016, V R 24/15, BStBl II 2017, 143). Eine analoge Anwendung des § 174 Abs. 4 Sätze 2 und 3 AO dahingehend, dass die Jahresfrist auch dann (erst) mit der Rechtskraft des Urteils beginnt, wenn ein hinzugezogener Dritter erfolglos gegen die Aufhebung oder Änderung eines Steuerbescheids klagt, lehnt der BFH ab (BFH v. 21.09.2016, V R 24/15, BStBl II 2017, 143). War im Zeitpunkt des Erlasses des fehlerhaften Bescheids die Festsetzungsfrist für den Bescheid, in dem die richtigen Folgerungen zu ziehen wären, bereits abgelaufen, gilt die Jahresfrist nur unter den Voraussetzungen des § 174 Abs. 3 Satz 1 AO. Sind allerdings die Voraussetzungen des § 174 Abs. 3 AO kumulativ erfüllt, kommt es darauf nicht an. Voraussetzung für die Änderung ist, dass der bestimmte Sachverhalt erkennbar in der Annahme nicht berücksichtigt wurde, dass er in einem anderen Steuerbescheid zu berücksichtigen sei (s. Rz. 43). Handelt es sich bei dem zu erlassenden oder zu ändernden Steuerbescheid um einen Feststellungsbescheid, steht es einer Änderung nicht entgegen, wenn die Festsetzungsfrist noch nicht bei allen Beteiligten abgelaufen ist (§ 181 Abs. 5 AO, BFH v. 02.04.2002, IX B 66/01, BStBl II 2002, 898).

**Gegenüber Dritten** gilt § 174 Abs. 4 AO nur, wenn sie 71
an dem Verfahren, das zur Aufhebung oder Änderung des fehlerhaften Steuerbescheids geführt hat, beteiligt waren (§ 174 Abs. 5 AO, s. Rz. 72 ff.).

## G. Hinzuziehung und Beiladung Dritter (§ 174 Abs. 5 AO)

Die Änderung oder Aufhebung eines einem **Dritten** ge- 72
genüber ergangenen Bescheids ist als Folgeänderung nach § 174 Abs. 4 AO nur zulässig, wenn dieser an dem Verfahren um die Ausgangsänderung **beteiligt** war. Zweck dieser Vorschrift ist die Wahrung der Interessen des Dritten durch die Möglichkeit der Einflussnahme auf das Ausgangsverfahren. Auch diese Vorschrift dient dem Vertrauensschutz, hier des Dritten. Beruht die Änderung auf § 174 Abs. 3 AO, ist die Beteiligung des Dritten nach § 174 Abs. 5 AO, der nur für die Änderung nach § § 174 Abs. 4 AO gilt, nicht erforderlich (s. Rz. 53). Die Vorschrift gilt gem. § 218 Abs. 3 Satz 2 AO entsprechend, wenn eine Anrechnungsverfügung (z. B. § 36 Abs. 2 EStG) oder ein Abrechnungsbescheid (§ 218 Abs. 2 Satz 1 AO) aufgrund eines Rechtsbehelfs oder auf Antrag des Stpfl. oder eines Dritten zurückgenommen und in dessen Folge ein für ihn günstigerer Verwaltungsakt erlassen wird (s. § 218 AO Rz. 19a).

### I. Dritter

**Dritter** i. S. des § 174 Abs. 5 AO ist, wer im ursprüng- 73
lichen Bescheid nicht als Steuerschuldner angegeben war (BFH v. 15.06.2004, VIII R 7/02, BStBl II 2004, 914; AEAO zu § 174, Nr. 8.2). Verfahrensrechtlich sind die **zusammenveranlagten Ehegatten** zwei Steuerschuldner, folglich auch Dritte i. S. des § 174 Abs. 5 AO (BFH v. 20.11.2013, X R 7/11, BFH/NV 2014, 482).

Eine **Personengesellschaft** kann im Verhältnis zu ihren 74
Gesellschaftern ebenso Dritte i. S. d. § 174 Abs. 5 AO sein,

wie die Gesellschafter zu der Personengesellschaft. Dies gilt jedenfalls hinsichtlich der **Betriebsteuern**, da weder die Gesellschaft noch die Gesellschafter im Steuer- bzw. Steuermessbescheid des jeweils anderen als Steuerschuldner eingetragen sind. Personengesellschaften sind auch **im ESt- oder KSt-Verfahren** ihrer Gesellschafter Dritte (*von Wedelstädt* in Gosch, § 174 AO Rz. 122). Jedoch sind im **Gewinnfeststellungsverfahren** von Personengesellschaften die Gesellschafter Stpfl. i. S. des § 174 Abs. 4 AO und nicht Dritte i. S. des § 174 Abs. 5 AO (BFH v. 15.06.2004, VIII R 7/02, BStBl II 2004, 914; BFH v. 10.05.2012, IV R 34/09, BStBl II 2013, 471 m. w. N.; AEAO zu § 174, Nr. 8.3).

**74a** Dritter i. S. des § 174 Abs. 5 AO ist im Verfahren der Organträgerin auch die **Organgesellschaft** (BFH v. 19.12.2013, V R 5/12, BFH/NV 2014, 1122). Nach Verschmelzung einer Organgesellschaft auf den Organträger ist sie aber nicht mehr Dritte in diesem Sinne (BFH v. 19.12.2013, V R 6/12, BFH/NV 2014, 1126).

**75** **Keine Dritten** i. S. des § 174 Abs. 5 AO sind Betriebe gewerblicher Art als Steuerobjekte der KSt-Bescheide gegenüber der **Körperschaft des öffentlichen Rechts** (BFH v. 28.02.2001, I R 29/99, BFH/NV 2001, 1099).

**76** Der **Gesamtrechtsnachfolger** ist im Verhältnis zum Stpfl. nicht Dritter i. S. des § 174 Abs. 5 AO, da er vollständig in die Position des Stpfl. eintritt (FG BW v. 23.02.1994, 5 K 228/93, EFG 1994, 952).

## II. Beteiligung des Dritten

**77** Die Beteiligung des Dritten an dem Verfahren um die Ausgangsänderung ist möglich durch eine **Hinzuziehung** oder durch eine **Beiladung**. Eine Beteiligung ist auch anzunehmen, wenn der Dritte durch **eigene verfahrensrechtliche Initiative** auf die Aufhebung oder Änderung des Bescheids hingewirkt hat (BFH v. 09.04.2003, III B 82/01, BFH/NV 2003, 1142). Eine solche verfahrensrechtliche Initiative muss **im eigenen Namen** vorgenommen worden sein. **Keine Beteiligung** in diesem Sinne liegt demnach bei Eigenschaft als Mitgesellschafter oder als Prozessvertreter einer GbR vor (BFH v. 28.04.2003, III B 82/01, BFH/NV 2003, 1142). Die Notwendigkeit der Beiladung entfällt auch dann nicht, wenn die Veranlagung des Dritten bezüglich des strittigen Sachverhaltes nach § 165 AO **vorläufig** durchgeführt worden war.

**78** Alleine aus dem Umstand, dass in beiden Verfahren **derselbe steuerliche Berater** tätig ist, ergibt sich noch keine Beteiligung i. S. des § 174 Abs. 5 AO (*von Wedelstädt* in Gosch, § 174 AO Rz. 124).

**79** Weitere Voraussetzung für die Beteiligung des Dritten ist, dass die Änderung des fehlerhaften Bescheids **ihm gegenüber wirksam** geworden ist. An einer Beteiligung des Dritten fehlt es deshalb, wenn das Verfahren nicht durch eine Einspruchsentscheidung endet, sondern durch einen Abhilfebescheid ohne Zustimmung des Dritten (kritisch: *von Wedelstädt* in Gosch, § 174 AO Rz. 126).

Die Beteiligung an dem Verfahren um die Ausgangsänderung muss nach der Rspr. des BFH **vor Ablauf der Festsetzungsfrist** der Steuerfestsetzung des Dritten geschehen (BFH v. 02.04.2002, IX B 66/01, BFH/NV 2002, 898). Hat der Dritte durch eigene verfahrensrechtliche Initiative auf die Änderung oder Aufhebung des fehlerhaften Bescheids hingewirkt, kann er auch noch nach Ablauf der Festsetzungsfrist hinzugezogen oder beigeladen werden (AEAO zu § 174, Nr. 8.5). **80**

Die rechtliche Wertung im Ausgangsverfahren ist für die Folgeänderung nach § 174 Abs. 4 und 5 AO bei dem Hinzugezogenen oder Beigeladenen **bindend** und als richtige steuerliche Folgerung i. S. des § 174 Abs. 4 AO anzusehen. Der Hinzugezogene oder Beigeladene muss als Beteiligter i. S. des § 359 Nr. 2 AO die Entscheidung gegen den Stpfl. gegen sich gelten lassen, wenn sie ihm bekannt gegeben und wirksam ist. Grund hierfür ist, dass die Hinzuziehung und Beiladung nach § 174 Abs. 5 AO sicherstellen soll, dass die gleiche Rechtsfrage in einem späteren Verfahren gegenüber einem Dritten nicht widersprüchlich entschieden wird (*von Wedelstädt* in Bartone/von Wedelstädt, Rz. 1277). **81**

## III. Hinzuziehung, Beiladung (§ 174 Abs. 5 Satz 2 AO)

§ 174 Abs. 5 Satz 2 AO enthält eine **eigenständige Regelung** der Hinzuziehung oder der Beiladung unabhängig von den Voraussetzungen der § 360 AO und § 60 FGO (BFH v. 22.09.2016, X B 42/16, BFH/NV 2017, 146). **82**

Eine Hinzuziehung oder Beiladung nach § 174 Abs. 5 Satz 2 AO setzt voraus, dass (BFH v. 17.10.2006, VIII B 90/06, BFH/NV 2007, 199; BFH v. 25.03.2014, XI B 127/13, BFH/NV 2014, 1012; *von Wedelstädt* in Gosch, § 174 AO Rz. 127): **83**

- aufgrund Rechtsbehelfs oder Antrags des Stpfl. ein Bescheid möglicherweise wegen irriger Beurteilung eines Sachverhalts aufzuheben oder zu ändern ist, d. h. dass die Möglichkeit einer Folgeänderung besteht (BFH v. 15.10.2010, III B 149/09, BFH/NV 2011, 404; s. Rz. 84); eine abschließende Beurteilung ist im Beiladungsverfahren deshalb weder möglich noch erforderlich (BFH v. 22.09.2016, X B 42/16, BFH/NV 2017, 146),
- hieraus sich ggf. steuerliche Folgerungen für den Dritten durch Erlass oder Änderung eines Steuerbescheids ziehen lassen,
- das für den Stpfl. des Ausgangsverfahrens zuständige FA die Beiladung veranlasst und beantragt hat oder sonst auf sie hinwirkt (BFH v. 22.09.2016, X B 42/16, BFH/NV 2017, 146) und

– der Dritte vor Ablauf der Festsetzungsfrist hinzugezogen oder beigeladen worden ist (*von Wedelstädt* in Bartone/von Wedelstädt, Rz. 1260).

Voraussetzung einer solchen Beiladung im Finanzprozess ist dabei **nicht**, dass der Beizuladende bereits zum Einspruchsverfahren gem. § 360 AO **hinzugezogen** war (BFH v. 05.05.1993, X R 111/91, BStBl II 1993, 817; BFH v. 25.03.2014, XI B 127/13, BFH/NV 2014, 1012; *von Groll* in HHSp, § 174 AO Rz. 310). Ein erstmals im Revisionsverfahren gestellter Antrag auf Beiladung eines Dritten nach § 174 Abs. 5 Satz 2 AO ist allerdings unzulässig (BFH v. 14.11.2007, XI R 32/06, BFH/NV 2008, 385; BFH v. 11.01.2018, X R 21/17, BFH/NV 2018, 529).

**83a** Eine Beiladung auf **Antrag der Finanzbehörde** gem. § 174 Abs. 5 Satz 2 AO kann nur unterbleiben, wenn zweifelsfrei feststeht, dass eine Folgeänderung nicht mehr möglich ist (BFH v. 22.09.2016, X B 42/16, BFH/NV 2017, 146). Anderenfalls ist über das Vorbringen erst in einem etwaigen Folgeänderungsverfahren zu entscheiden (BFH v. 10.02.2010, IX B 176/09, BFH/NV 2010, 832). Die Entscheidung, eine Beiladung nach § 174 Abs. 5 Satz 2 AO zu beantragen, steht **im freien Ermessen** der Finanzbehörde. Allein diese ist befugt, zu prüfen und zu entscheiden, ob wegen eines möglichen Verfahrenserfolgs des Stpfl. rechtliche Folgen gegenüber einem Dritten möglich sind sowie ob sie ihn deshalb hinzuziehen oder dessen Beiladung beantragen oder jedenfalls veranlassen möchte (BFH v. 25.09.2001, VI B 153/01, BFH/NV 2002, 160). Denn selbst wenn die Behörde zu dem Ergebnis gelangt, dass rechtliche Folgen gegenüber einem Dritten möglich wären, lässt das Gesetz insoweit der Verwaltungsbehörde noch immer die Wahl, die Beiladung zu beantragen oder auch nicht (BFH v. 27.01.1982, VII B 141/81, BStBl II 1982, 239). Will die Behörde die Beiladung eines Dritten veranlassen, muss sie den Verfahrensbeteiligten **hinreichend konkret benennen**, damit auf der Grundlage dieser Angaben dem Gericht eine Beiladung möglich ist (BFH v. 12.12.2013, VI R 47/12, BFH/NV 2014, 611). Eine nicht hinreichend konkrete Benennung des oder der Dritten ist unsubstantiiert und daher unbeachtlich, sodass das Gericht ohne Verfahrensfehler von einer Beiladung absehen kann (BFH v. 12.12.2013, VI R 47/12, BFH/NV 2014, 611).

**84** Die **bloße Möglichkeit**, dass sich durch Ausgangsänderung steuerliche Folgerungen für den Dritten ergeben, ist **ausreichend** (z.B. BFH v. 25.03.2014, XI B 127/13, BFH/NV 2014, 1012; BFH v. 22.09.2016, X B 42/16, BFH/NV 2017, 146). Nicht erforderlich ist, dass die materiell-rechtlichen Auswirkungen zum Zeitpunkt der Beiladung feststehen (BFH v. 31.01.2006, III B 18/05, BFH/NV 2006, 1046) oder etwaige Folgeänderungen Bestand haben (BFH v. 17.10.2006, VIII B 90/06, BFH/NV 2007, 199). Ist jedoch eindeutig, dass die Interessen des Dritten nicht betroffen sein können, bspw. weil die Festsetzungsfrist des gegen ihn gerichteten Steueranspruchs schon abgelaufen war oder weil die steuerlichen Folgen nur durch Erlass eines Haftungsbescheids gezogen werden können, scheidet eine Beiladung nach § 174 Abs. 5 Satz 2 AO aus (BFH v. 17.10.2006, VIII B 90/06, BFH/NV 2007, 199; BFH v. 22.09.2016, X B 42/16, BFH/NV 2017, 146).

Hinziehung und Beiladung sind bei Änderungen im Veranlagungsverfahren, im Rechtsbehelfsverfahren und im finanzgerichtlichen Verfahren möglich (im Einzelnen *von Wedelstädt* in Gosch, § 174 AO Rz. 130, 132). **85**

Die Beiladung oder Hinzuziehung des Dritten vermittelt die verfahrensrechtliche Stellung eines **notwendig Beigeladenen** nach § 60 Abs. 3 FGO bzw. eines Hinzugezogenen nach § 360 Abs. 3 AO. Daraus folgt, dass dem Dritten rechtliches Gehör zu verschaffen ist und ihm die Einflussnahme auf das Verfahren zu ermöglichen ist. Der Einspruch ist auch dem Dritten bekannt zu geben. Der Schutz des Steuergeheimnisses wird durch diese Regelung gegenüber dem Rechtsgut »richtige Besteuerung« und »Vertrauensschutz« des Dritten nachrangig eingestuft. Versäumt es das FA, einen Dritten gem. § 174 Abs. 5 AO am Verfahren zu beteiligen und scheidet deshalb dem Dritten gegenüber die Änderung eines Steuerbescheides nach § 174 Abs. 4 AO aus, so ist der Dritte nicht nach Treu und Glauben verpflichtet, dem FA durch Antrag oder Zustimmung eine Änderung nach § 172 Abs. 1 Satz 1 Nr. 2a AO zu ermöglichen (BFH v. 05.11.2009, IV R 40/07, BStBl 2010, 720). **86**

## H. Konkurrenzen

§ 174 AO kann mit §§ 172, 173, 175 AO konkurrieren (BFH v. 07.11.2000, III R 81/97, BFH/NV 2001, 814) und ist im Verhältnis zu §§ 164 Abs. 2, 165 Abs. 2 AO **subsidiär**, § 172 Abs. 1 Satz 1 Nr. 2 Buchst. d AO (*von Wedelstädt* in Gosch, § 174 AO Rz. 139; a.A. *Macher*, DStR 1979, 549, die annehmen, dass § 174 AO nur hilfsweise für den Fall anwendbar sei, dass Nachholung, Aufhebung oder Änderung nach anderen Vorschriften nicht möglich ist). **87**

Eine Änderung nach § 174 Abs. 4 AO ist gem. § 110 Abs. 2 FGO ausgeschlossen, **soweit** zu dem steuerlichen Sachverhalt, dessen steuerliche Folgen durch den Änderungsbescheid gezogen werden sollen, bereits ein **rechtskräftiges Urteil mit Bindungswirkung für die Beteiligten** besteht. Aus § 110 Abs. 2 FGO folgt ein Vorrang der Rechtskraft gegenüber den Änderungsvorschriften der AO (z.B. BFH 12.01.2012, IV R 3/11, BFH/NV 2012, 779; BFH v. 27.09.2016, VIII R 16/14, BFH/NV 2017, 595; *von Wedelstädt* in Bartone/von Wedelstädt, Rz. 1232). Im Verhältnis zu § 110 FGO bleibt daher die Korrekturvorschrift des § 174 AO nur anwendbar, soweit dadurch die **Rechtskraft** des Urteils nicht beeinträchtigt wird (§ 110 Abs. 2 FGO). Die Rechtskraft einer gerichtlichen Entscheidung hindert gem. § 110 Abs. 2 FGO dem- **88** nach nicht die spätere Änderung eines von der Entscheidung umfassten Sachverhalts nach § 174 Abs. 4 AO, wenn das FA bei der Änderung der Bescheide für das Streitjahr nicht auf die Entscheidung des FG für dieses Jahr reagiert, sondern die Konsequenzen aus einer für den Kläger günstigen Änderung der Bescheide für ein anderes Jahr zieht (BFH v. 13.06.2012, I B 137/11, BFH/NV 2012, 1574; BFH v. 13.06.2012, VI R 92/10, BStBl II 2013, 139; s. Rz. 27). Ansonsten ist § 174 AO gegenüber § 110 FGO **subsidiär**, d. h. die Rechtskraft hat Vorrang vor der Änderungsvorschrift (BFH v. 08.06.2000, IV R 65/99, BStBl II 2001, 89; *Loose* in Tipke/Kruse. § 174 AO Rz. 19). Eine Änderung ist wegen entgegenstehender Rechtskraft also nicht möglich, wenn das FG unter Hinweis auf das »Verböserungsverbot« (s. § 96 FGO Rz. 15) davon abgesehen hat, den ursprünglich angefochtenen Bescheid zulasten des Klägers zu ändern; dann bietet § 174 Abs. 4 Satz 1 AO keine Handhabe dafür, dass das FA jene Änderung in einem weiteren Bescheid vornimmt (BFH v. 13.06.2012, I B 137/11, BFH/NV 2012, 1574; BFH v. 13.06.2012, VI R 92/10, BStBl II 2013, 139). Dies betrifft jedoch nur den Fall, dass **derselbe Streitgegenstand** betroffen ist. Ein allgemeines »Änderungsverbot« im Hinblick auf § 174 Abs. 4 AO begründet das finanzgerichtliche **Verböserungsverbot** jedoch nicht (BFH v. 08.06.2000, IV R 65/99, BStBl II 2001, 89; BFH v. 13.06.2012, VI R 92/10, BStBl II 2013, 139). Dieses verwehrt dem FG lediglich, den Kläger bezogen auf die mit der Klage angegriffene Steuerfestsetzung schlechterzustellen (BFH v. 13.06.2012, VI R 92/10, BStBl II 2013, 139; BFH v. 18.02.2016, V R 53/14, BFH/NV 2016, 869).

**89** vorläufig frei

### I. Rechtsschutz

**90** Gegen den Folgeänderungsbescheid nach § 174 AO ist ein **Einspruch** nach § 347 AO statthaft. Die Einspruchsentscheidung kann mit der **Anfechtungsklage** (§ 40 Abs. 1 1. Alt. FGO) angegriffen werden.

**91** Der **Dritte** kann gegen den ihm gegenüber ergangenen Änderungsbescheid jedoch lediglich Einwendungen gegen die verfahrensrechtlichen Voraussetzungen der Änderung erheben, nicht aber gegen die im Ausgangsverfahren bindend festgestellte materiell-rechtliche Beurteilung des Sachverhalts. Die Hinzuziehung ist mit einem Einspruch nach § 347 AO angreifbar. Die Beiladung ist nach § 128 Abs. 1 FGO mit der Beschwerde anfechtbar (s. § 60 FGO Rz. 3). Der Einspruch gegen die Hinzuziehung hemmt die Vollziehung nicht, sodass der Dritte ggf. deren Aussetzung beantragen sollte. In diesem Fall kann die Folgeänderung beim Dritten nicht durchgeführt werden, wenn über den Einspruch oder den Antrag des Stpfl. vor Abschluss des Rechtsbehelfsverfahren über die Hinzuziehung entschieden worden ist. Um Folgeänderungen zu sichern, muss das FA mit Zustimmung des Stpfl. das Verfahren nach § 363 Abs. 2 AO ruhen lassen (zu Einzelheiten *von Wedelstädt* in Gosch, § 174 AO Rz. 134 f.).

Eine **Klagebefugnis** (§ 40 Abs. 2 FGO) des gem. § 174 **91**
Abs. 5 Satz 2 AO zum Einspruchsverfahren hinzugezogenen Dritte ist gegeben, wenn der Steuerbescheid zugunsten des Hauptbeteiligten geändert wird und damit in verbindlicher Weise gegenüber dem Hinzugezogenen entschieden ist, welche die diesem gegenüber zu ziehenden »richtigen steuerlichen Folgen« gem. § 174 Abs. 4 und 5 AO sind (BFH v. 29.04.2009, X R 16/06, BStBl II 2009, 732; BFH v. 04.03.2015, II R 1/14, BStBl II 2015, 595). Wird der Einspruch des Hauptbeteiligten aber als unbegründet zurückgewiesen, beschwert die Einspruchsentscheidung den hinzugezogenen Dritten materiellrechtlich nicht, denn das FA kann in diesem Fall nicht gem. § 174 Abs. 4 und 5 AO aus der Einspruchsentscheidung den Dritten belastende Folgerungen ziehen (BFH v. 04.03.2015, II R 1/14, BStBl II 2015, 595). Die bloße Möglichkeit einer erfolgreichen Klage des Hauptbeteiligten gegen den Steuerbescheid in Gestalt der Einspruchsentscheidung (vgl. § 44 Abs. 2 FGO) begründet nicht die Klagebefugnis des Dritten, da sich die Beschwer des Hinzugezogenen i. S. des § 40 Abs. 2 FGO aus der Einspruchsentscheidung selbst ergeben muss (BFH v. 04.03.2015, II R 1/14, BStBl II 2015, 595).

## § 175 AO
## Änderung von Steuerbescheiden auf Grund von Grundlagenbescheiden und bei rückwirkenden Ereignissen

**(1) Ein Steuerbescheid ist zu erlassen, aufzuheben oder zu ändern,**

**1. soweit ein Grundlagenbescheid (§ 171 Abs. 10), dem Bindungswirkung für diesen Steuerbescheid zukommt, erlassen, aufgehoben oder geändert wird,**

**2. soweit ein Ereignis eintritt, das steuerliche Wirkung für die Vergangenheit hat (rückwirkendes Ereignis).**

**In den Fällen des Satzes 1 Nr. 2 beginnt die Festsetzungsfrist mit Ablauf des Kalenderjahrs, in dem das Ereignis eintritt.**

**(2) Als rückwirkendes Ereignis gilt auch der Wegfall einer Voraussetzung für eine Steuervergünstigung, wenn gesetzlich bestimmt ist, dass diese Voraussetzung für eine bestimmte Zeit gegeben sein muss, oder wenn durch Verwaltungsakt festgestellt worden ist, dass sie die Grundlage für die Gewährung der Steuervergünstigung bildet. Die nachträgliche Erteilung oder Vorlage einer Beschei-**

**nigung oder Bestätigung gilt nicht als rückwirkendes Ereignis.**

**Inhaltsübersicht**



**Schrifttum**


von Wedelstädt, Übersehen eines Grundlagenbescheides keine offenbare Unrichtigkeit?, DB 1992, 606; Balmes, Steuerklauseln und Steuermissbrauch, DStZ 1993, 620; Rust, Das rückwirkende Ereignis im Steuerrecht, 1995; Berg, Ereignisse mit steuerlicher Rückwirkung i.S. von § 175 Abs. 1 Nr. 2 AO im Umwandlungssteuerrecht, DStR 1997, 1390; Balmes, Rückwirkung im Visier der Finanzrechtsprechung, FR 2001, 393; Hütt, Anpassung von Folgebescheiden an Grundlagenbescheide, AO-StB 2002, 118; Apitz, Anrechnung von Steuerbeträgen und Verjährung, StBp 2003, 327; Schneider, Rückwirkende Ereignisse nach § 175 AO, Stbg 2003, 429; Balster/Petereit, Anrechnung ausländischer Steuern nach dem EuGH-Urteil in der Rechtssache »Manninen« trotz Bestandskraft!, DStR 2004, 1985; Bernhard, Überraschung im Richtlinien-Umsetzungsgesetz, IStR 2004, 791; Gosch, Anrechnung ausländischer Steuern nach dem EuGH-Urteil in der Rechtssache »Manninen« trotz Bestandskraft?, DStR 2004, 1988; Melchior, Überblick über das Richtlinien-Umsetzungsgesetz, DStR 2004, 2121; Ritzer/Stangl, Anrechnung ausländischer Körperschaftsteuer und die jüngste Änderung des § 175 AO, DStR 2004, 2176; von Wedelstädt, Führt die geplante Ergänzung des § 175 Abs. 2 AO zu neuer Ungleichbehandlung?, DB 2004, 2500; Balmes/Graessner, Der Einfluss der EuGH-Rechtsprechung auf das deutsche Verfahrensrecht – Korrektur bestandskräftiger Steuerbescheide?, AO-StB 2005, 139; Bergan/Martin, Die Bescheinigung i.S. des § 7i Abs. 2 EStG als rückwirkendes Ereignis und Grundlagenbescheid?, DStR 2005, 1305; Gersch, Ergehen eines geänderten Grundlagenbescheides, AO-StB 2005, 138; Hahn, § 175 Abs. 2 AO n.F. und das EuGH-Urteil in der Rechtssache Manninen, IStR 2005, 145; Höck, § 175 Abs. 2 Satz 2 AO: Was soll diese Vorschrift bewirken?, Stbg 2005, 416; Loose, Änderung des § 175 AO durch das Richtlinien-Umsatzsteuergesetz, AO-StB 2005, 49; Musil, Aktuelle Fragen der Bestandskraft von Steuerbescheiden, DStZ 2005, 362; Ortheil, Erstattung von Sonderausgaben als rückwirkendes Ereignis nach § 175 Abs. 1 Satz 1 Nr. 2 AO – Herausforderung für steuerliche Berater oder rechtssystematischer Fehlgriff des BFH?, DB 2005, 466; Ribbrock, Das EuGH-Urteil in der Rechtssache Manninen – Anforderungen an eine europarechtskonforme Besteuerung von Auslandsdividenden, RIW 2005, 130; Rödel, Einschränkung der Rückwirkung von Ereignissen durch § 175 Abs. 2 Satz 2 AO, INF 2005, 466; Sauer, Die nachträgliche Ausstellung bzw. Vorlage von Bescheinigungen, AO-StB 2005, 272; Heuermann, Voraussetzungen eines gewerblichen Grundstückshandels – verfahrensrechtliche Folgen und Korrekturvorschriften, StBp 2007, 28; Rainer, Anmerkungen zum EuGH-Urteil »Meilicke«, DStR 2007, 527; Sedemund, Voraussetzungen für die Körperschaftsteueranrechnung nach dem EuGH-Urteil Meilicke, IStR 2007, 245; von Wedelstädt, Bindungswirkung von Grundlagenbescheiden: Voraussetzungen – Umfang – Rechtsfolgen, AO-StB 2009, 203; Günther, Änderung und Berichtigung von Steuerbescheiden, AO-StB 2010, 337; von Wedelstädt, Ressortfremde Verwaltungsakte als Grundlagenbescheide, AO-StB 2014, 150; Bartone/von Wedelstädt, Korrektur von Steuerverwaltungsakten, 2. Aufl. 2017.


## A. Bedeutung der Vorschrift

Durch § 175 AO wird der materiellen Bindungswirkung eines Grundlagenbescheids der Vorrang vor der Bestandskraft des Folgenbescheids eingeräumt (§ 175 Abs. 1 Nr. 1 AO) und zudem auch die Bestandskraftdurchbrechung bei rückwirkenden Ereignissen ermöglicht (§ 175 Abs. 1 Nr. 2 AO). Die Vorschrift enthält zwei spezielle, voneinander unabhängige Änderungsvorschriften, sie normiert keine Auffangregelung. Der Gesetzgeber hat den bestehenden Prinzipienwiderspruch zwischen **Vertrauensschutz und Rechtssicherheit** einerseits und der **materiellen Rechtsrichtigkeit** andererseits durch § 175 Abs. 1 AO zugunsten der materiellen Rechtsrichtigkeit entschieden (*Loose* in Tipke/Kruse, § 175 AO Rz. 1). 1

vorläufig frei 2

## B. Korrektur von Folgebescheiden aufgrund von Grundlagenbescheiden (§ 175 Abs. 1 Satz 1 Nr. 1 AO)

### I. Bedeutung des § 175 Abs. 1 Satz 1 Nr. 1 AO

3 Gemäß § 175 Abs. 1 Satz 1 Nr. 1 AO ist ein Steuerbescheid zu erlassen, aufzuheben oder zu ändern, soweit ein Grundlagenbescheid (§ 171 Abs. 10 AO), dem Bindungswirkung für diesen Steuerbescheid zukommt, erlassen, aufgehoben, oder geändert wird. Die darin normierte **Anpassung des Folgebescheids an einen Grundlagenbescheid** lässt die Durchbrechung eines bestandskräftigen Bescheids zu, um die materielle Bindungswirkung eines Grundlagenbescheides (§ 182 Abs. 1 AO) verfahrensrechtlich umzusetzen. Außerdem wird durch diese Vorschrift die mit der Einführung des Feststellungsverfahrens normierte Kompetenzverteilung im Besteuerungsverfahren (Betriebstätten-FA einerseits, Wohnsitz-FA andererseits) verwirklicht (BFH v. 11.05.1993, IX R 27/90, BStBl II 1993, 820).

### II. Tatbestand

#### 1. Grundlagenbescheid

4 Der Erlass bzw. die Anpassung eines Steuerbescheids knüpft an den Erlass, die Aufhebung oder Änderung eines Grundlagenbescheids an, dem Bindungswirkung für diesen Steuerbescheid zukommt. Der Gesetzestext verweist zum Begriff des Grundlagenbescheides auf die Legaldefinition des § 171 Abs. 10 AO. **Grundlagenbescheide** sind danach Feststellungsbescheide (§ 182 Abs. 1 AO), Steuermessbescheide (§ 184 AO) oder andere Verwaltungsakte, die für die Festsetzung der Steuer bindend sind. Darunter fallen Zerlegungsbescheide (§ 188 AO), Zuteilungsbescheide (§ 190 AO) und andere Bescheide, bei denen sich die Bindungswirkung aus den für sie geltenden gesetzlichen Bestimmungen ergibt (z. B. Bescheide über Billigkeitsmaßnahmen nach § 163 AO, Feststellung des abzugsfähigen Verlusts nach § 10d Abs. 4 EStG, Feststellung des Abzugsbetrags nach § 10e Abs. 7 EStG, Feststellung des nichtausgleichs- oder abzugsfähigen Verlusts nach § 15a Abs. 4 EStG, *von Wedelstädt* in Gosch, § 175 AO Rz. 5 mit weiteren Beispielen). Auch ein **negativer Grundlagenbescheid** fällt unter die Anwendbarkeit der §§ 171 Abs. 10, 175 Abs. 1 Nr. 1 AO (BFH v. 11.05.1993, X R 27/90, BStBl 1993, 820). Grundlagenbescheide stellen mit verbindlicher Wirkung für den Folgebescheid Besteuerungsgrundlagen in dem jeweils normierten Umfang fest. Dies können auch Verwaltungsakte sein, die **nicht** von einer **Finanzbehörde** erlassen worden sind (ressortfremde Grundlagenbescheide; BFH v. 04.05.2004, XI R 38/01, BStBl II 2005, 171; BFH v. 21.02.2013, V R 27/11, BStBl II 2013, 529; s. § 171 AO Rz. 97; mit Bsp. *von Wedelstädt*, AO-StB 2014, 150; *Koenig* in Koenig, § 175 Rz. 6). Ein Veranlagungsbescheid, dem die Korrektur einer Bilanzposition zugrunde liegt, ist nicht Grundlagenbescheid für die Veranlagungsbescheide der Folgejahre (BFH v. 30.06.2005, IV R 11/04, BStBl II 2005, 809 m. w. N.). Zum Begriff des Grundlagenbescheids s. § 171 AO Rz. 94 ff.

#### 2. Bindungswirkung des Grundlagenbescheids für den Steuerbescheid

§ 175 AO ordnet nur die Änderung solcher Steuerbeschei- 5
de an, für die der Grundlagenbescheid Bindungswirkung entfaltet (s. § 182 AO Rz. 2 ff.). Dies ist anzunehmen, soweit die in dem Grundlagenbescheid getroffenen Feststellungen für den Folgebescheid von Bedeutung sind. Für die Annahme einer Bindungswirkung ist grds. eine **ausdrückliche gesetzliche Regelung** erforderlich (BFH v. 30.06.2005, IV R 11/04, BStBl II 2005, 809 m. w. N.). Fehlt eine solche, hat ein Bescheid nur dort Bindungswirkung, wo Sachverhalte zu beurteilen sind, die die Finanzbehörde mangels eigener Sachkunde nicht selbst nachprüfen kann (BFH v. 20.08.2009, V R 25/08, BStBl II 2010, 15; BFH v. 28.03.2012, II R 39/10, BStBl II 2012, 712). Liegt eine solche Bindungswirkung vor, müssen die Regelungen im Grundlagenbescheid ohne weitere Überprüfung im Verfahren um den Erlass des Steuerbescheids (Folgebescheid) übernommen werden. So ist z. B. nicht nur eine vom Feststellungs-FA mitgeteilte geänderte Feststellung der Besteuerungsgrundlagen bindend. Auch die gleichzeitig geänderte Feststellung der Steuerabzugsbeträge sowie der anrechenbaren KSt hat gem. § 182 Abs. 1 Sätze 1 und 2 Halbs. 1 AO Bindungswirkung für die mit dem geänderten Steuerbescheid verbundene Anrechnungsverfügung (§ 36 Abs. 2 Nr. 2 EStG). Diese ist gem. § 182 Abs. 1 Satz 2 Halbs. 2 AO in entsprechender Anwendung des § 175 Abs. 1 Satz 1 Nr. 1 AO anzupassen (BFH v. 29.10.2013, VII R 68/11, BFH/NV 2014, 393).

Grundlagenbescheide können gegenüber bestimmten 6
Steuerbescheiden Bindungswirkung haben, gegenüber anderen Steuerbescheiden nicht. Die Bindungswirkung setzt aber die Wirksamkeit des Grundlagenbescheids voraus, ein nichtiger Grundlagenbescheid erzeugt keine Bindungswirkung (BFH v. 16.03.1993, XI R 42/90, BFH/NV 1994, 75). Daher darf an einen nichtigen und damit unwirksamen Grundlagenbescheid (§§ 125, 124 Abs. 3 AO) der Folgebescheid nicht angepasst werden (BFH v. 12.07.2005, II R 10/04, BFH/NV 2006, 228). Umgekehrt ist daher der Folgebescheid gem. § 175 Abs. 1 Satz 1 Nr. 1 AO zu ändern, wenn die Finanzbehörde nachträglich durch Verwaltungsakt die Nichtigkeit eines Grundlagenbescheids gem. § 125 Abs. 5 AO feststellt (BFH v. 20.08.2014, X R 15/10, BStBl II 2015, 109). Keine Bindungswirkung hat ein Grundlagenbescheid, der vor einer

Anpassung des Folgebescheids aufgehoben wird (FG Ddorf v. 18.01.2005, 9 K 3270/04 E, EFG 2006, 388). Jedoch hängt die Bindungswirkung nicht davon ab, ob der **Grundlagenbescheid rechtmäßig, bestandskräftig oder vollziehbar** ist (BFH v. 16.03.1993, XI R 42/90, BFH/NV 1994, 75). Abgesehen davon ist ein Folgebescheid, der auf einem nichtigen Grundlagenbescheid beruht, zwar rechtswidrig, jedoch nicht nichtig i.S. des § 125 Abs. 1 AO (BFH v. 20.08.2014, X R 15/10, BStBl II 2015, 109).

Die Bindungswirkung beschränkt sich nicht auf eine bloß mechanische Übernahme von Zahlen. Sie steht vielmehr weitergehend jedem Ansatz der gesondert festgestellten Besteuerungsgrundlage im Folgebescheid entgegen, der dem Inhalt des Grundlagenbescheids widersprechen würde (BFH v. 09.04.2003, X R 38/00, BFH/NV 2003, 1035). Der **Umfang der Bindungswirkung** bestimmt sich nach dem **Tenor des Grundlagenbescheides**. Dieser kann nicht nur den Umfang bspw. einer Steuerermäßigung festlegen, sondern kann auch die Art und Weise der Gewährung regeln (z.B. »die Hälfte der gesetzlichen Beträge« als Ermäßigung regeln, s. BFH v. 23.08.2000, X R 63/96, BFH/NV 2001, 729). Ein Grundlagenbescheid, der einen gleichartigen, dem Inhaltsadressaten wirksam bekannt gegebenen Steuerverwaltungsakt in seinem verbindlichen **Regelungsgehalt nur wiederholt**, löst hingegen keine Anpassungspflicht nach § 175 Abs. 1 Satz 1 Nr. 1 AO aus und wirkt auch nicht nach § 171 Abs. 10 AO auf den Ablauf der Festsetzungsfrist für den Folgebescheid ein (so BFH v. 06.07.2005, XI R 43/04, BFH/NV 2006, 227; BFH v. 13.12.2000, X R 42/96, BStBl II 2001, 471). Enthält ein geänderter Grundlagenbescheid aber zugleich eine Aufhebung des Vorbehalts der Nachprüfung (§ 164 Abs. 1 AO) und ist er damit nach § 164 Abs. 3 Satz 2 1. Halbsatz, § 181 Abs. 1 Satz 1 AO wie eine erstmalige Feststellung zu werten, dann ist sein Regelungsinhalt nach § 175 Abs. 1 Satz 1 Nr. 1, § 182 Abs. 1 Satz 1 AO in vollem Umfang und ohne Bindung an in der Vergangenheit bereits erfolgte Übernahmen aus vorangegangenen Feststellungsbescheiden in den Folgebescheid zu übernehmen (BFH v. 21.01.2014, IX R 38/13, BFH/NV 2014, 1112; s. Rz. 22).

8 Eine § 175 Abs. 1 Satz 1 Nr. 1 AO ähnliche Regelung enthält § 35b GewStG, wonach **GewSt-Messbescheide** von Amts wegen an geänderte ESt-, KSt- oder Gewinn- bzw. EW-Feststellungsbescheide anzupassen sind, die den gewerblichen Gewinn oder den EW des gewerblichen Betriebes als Grundlage des Gewerbeertrages bzw. Gewerbekapitals regeln. Aus der Sonderregelung des § 35b GewStG ergibt sich, dass ESt-, KSt- sowie Gewinnfeststellungsbescheide Bindungswirkung für den GewSt-Messbescheid haben und für diesen insofern Grundlagenbescheide sind. Der Gewerbeertrag nach § 7 GewStG ist lediglich »nach den Vorschriften des Einkommensteuergesetzes oder des Körperschaftsteuergesetzes« zu ermitteln; ESt-, KSt- und Gewinnfeststellungsbescheide sind daher keine für den GewSt-Messbescheid verbindlichen Grundlagenbescheide, sodass § 175 Abs. 1 Satz 1 Nr. 1 AO nicht eingreift, vgl. *von Wedelstädt* in Bartone/von Wedelstädt, Rz. 1801 ff. § 35b GewStG, der die genannten Bescheide entsprechend behandelt, stellt lediglich eine Vereinfachungsvorschrift dar (BFH v. 25.08.1999, VIII R 76/95, BFH/NV 2000, 300).

### 3. Erlass, Aufhebung oder Änderung des Grundlagenbescheids

Der Grundlagenbescheid muss erlassen, aufgehoben oder geändert worden sein. Zu den Begriffen Aufhebung und Änderung s. Vor §§ 172–177 AO Rz. 23 ff. Zur Erklärung des Grundlagenbescheids für endgültig (§ 165 Abs. 2 Satz 2 AO) und Aufhebung des **Vorbehaltes der Nachprüfung** (§ 164 Abs. 3 AO) s. Rz. 22. Eine Änderung des Grundlagenbescheids rechtfertigt eine Änderung eines Folgebescheids grds. aber nur in dem Punkt, den der Grundlagenbescheid behandelt (BFH v. 13.12.2000, X R 42/96, BStBl II 2001, 471). 9

## III. Rechtsfolge

### 1. Erlass, Aufhebung oder Änderung des Folgebescheids

#### a) Folgebescheid

§ 175 Abs. 1 Satz 1 AO erwähnt zwar allein den Steuerbescheid als Folgebescheid, nach dem Zweck der Norm sind jedoch auch andere **Folgebescheide** als der Steuerbescheid zu korrigieren, so etwa Feststellungsbescheide (§ 181 Abs. 1 Satz 1 AO), Steuermessbescheide (§ 184 Abs. 1 Satz 3 AO) und Zerlegungsbescheide (§ 185 AO i.V.m. § 184 Abs. 1 Satz 3 AO; BFH v. 07.09.2005, VIII R 42/02, BFH/NV 2006, 498). 10

#### b) Erlass, Aufhebung oder Änderung

Der Folgebescheid ist von Amts wegen zu erlassen, aufzuheben oder zu ändern, soweit der Grundlagenbescheid erlassen, aufgehoben oder geändert wird. Der Finanzbehörde obliegt **kein Ermessen** (BFH v. 29.06.2005, X R 31/04, BFH/NV 2005, 1749; BFH v. 16.07.2003, X R 37/99, BStBl II 2003, 867; AEAO zu § 175, Nr. 1.2 Satz 1). 11

Die Funktion der Änderungsvorschrift, den Folgebescheid an den Grundlagenbescheid anzupassen, rechtfertigt **keine Wiederaufrollung der gesamten Steuerveranlagung**. Sie reicht, wie sich aus der Formulierung »soweit« in § 175 Abs. 1 Satz 1 Nr. 1 AO zeigt, nur soweit, wie es die Bindungswirkung des Grundlagenbescheides verlangt (BFH v. 29.06.2005, X R 31/04, BFH/NV 2005, 1749; zuletzt BFH v. 06.11.2009, VIII B 38/09, BFH/NV 2010, 177). Der Erlass, die Änderung oder die Aufhebung 12 eines Grundlagenbescheides darf deshalb nicht zum Anlass genommen werden, für den Folgebescheid bedeutsame Besteuerungsgrundlagen zu ändern, wegzulassen oder erstmals aufzunehmen, die weder Gegenstand des Grundlagenbescheides sind, noch durch seinen Regelungsinhalt beeinflusst werden (BFH v. 15.02.2001, IV R 9/00, BFH/NV 2001, 1007). Legt also bspw. das FA die Mitteilung über die Gewinnanteile aus einer Personengesellschaft in der Weise aus, dass es bei Erlass eines Änderungsbescheides die Gewinnanteile erfasst, die bereits im Erstbescheid erfassten Gewinne aus dem Einzelunternehmen des Stpfl. jedoch versehentlich streicht, kann dieser Fehler nicht nach § 175 Abs. 1 Satz 1 Nr. 1 AO korrigiert werden. Der BFH sieht hier auch keine Möglichkeit, eine Änderung auf § 174 Abs. 3 AO zu stützen, sondern allenfalls auf § 129 AO (BFH v. 15.02.2001, IV R 9/00, BFH/NV 2001, 1007). Bei Auswertung des Grundlagenbescheids kann das Folgebescheids-FA allerdings eine neue selbstständige Würdigung eines für das Folgeverfahren relevanten Sachverhalts in tatsächlicher und rechtlicher Hinsicht vornehmen, die sich auch auf andere Besteuerungsgrundlagen oder Einkunftsarten beziehen kann (BFH v. 11.04.1990, I R 82/86, BFH/NV 1991, 143 m. w. N.; *von Wedelstädt* in Gosch, § 175 AO Rz. 27 m. w. N.).

13 Die Bindungswirkung beschränkt sich nicht nur auf die bloße Übernahme von Zahlen aus dem Grundlagenbescheid, sondern fordert, dass der **Folgebescheid vollständig** und zutreffend an den Regelungsgehalt des Grundlagenbescheids **angepasst** wird (u. a. BFH v. 17.10.2006, VII R 13/06, BStBl II 2007, 134 m. w. N.; AEAO zu § 175, Nr. 1.2). Dies gilt jedoch nicht in den Fällen sog. **»Zebragesellschaften«**. Erzielt ein Gesellschafter einer GbR gewerbliche Einkünfte, die Gesellschafter in ihrer gesamthänderischen Verbundenheit aber Einkünfte aus Vermietung und Verpachtung, hat das für den Erlass des Folgebescheids das Gesellschafters zuständige Wohnsitz-FA die Einkünfte umzuqualifizieren und der Höhe nach zu ermitteln (BFH v. 11.04.2005, GrS 2/02, BStBl II 2005, 679; *Loose* in Tipke/Kruse, § 175 AO Rz. 11; ausführlich s. § 180 AO Rz. 17 ff. und § 182 AO Rz. 2a).

14 Nach dem Wortlaut und Zweck der Vorschrift sind auch Fehler, die bei der **Auswertung eines Grundlagenbescheids** im Folgebescheid unterlaufen sind, nachträglich nach § 175 Abs. 1 Satz 1 Nr. 1 AO richtig zustellen (BFH v. 29.06.2005, X R 31/04, BFH/NV 2005, 1749; BFH v. 15.02.2001, IV R 9/00, BFH/NV 2001, 1007; auch AEAO zu § 175, Nr. 1.2 Satz 3). § 175 Abs. 1 Satz 1 Nr. 1 AO verpflichtet die Finanzbehörde, den Folgebescheid so lange – u. U. durch mehrere auf diese Norm gestützte Änderungsbescheide – anzupassen, bis sich die Besteuerungsgrundlagen des Folgebescheids mit den Feststellungen des entsprechenden Grundlagenbescheids decken (u. a. BFH v. 09.08.2006, II R 24/05, BStBl II 2007, 87 m. w. N.). Wird ein Grundlagenbescheid im Folgebescheid bei der erstmaligen Steuerfestsetzung nicht beachtet oder unvollständig ausgewertet, wird der Grundlagenbescheid nicht »verbraucht«. Er ist nach wie vor geeignet, eine spätere nochmalige Änderung des Folgebescheids zu rechtfertigen (z. B. BFH v. 27.01.2016, X R 53/14, BFH/NV 2016, 889; BFH v. 09.08.2016, VIII R 27/14, BStBl II 2017, 821; *Bartone* in Bartone/von Wedelstädt, Rz. 1327 m. w. N.). In der Praxis bedeutet dies, dass ein Folgebescheid aufgrund eines Grundlagenbescheids so oft nach § 175 Abs. 1 Satz 1 Nr. 1 AO geändert werden muss, bis der Regelungsgehalt des Grundlagenbescheids vollständig und richtig übernommen worden ist (*von Wedelstädt* in Gosch, § 175 AO Rz. 18). Dies gilt auch, wenn die unrichtige Übernahme darin besteht, dass die **Änderung des Folgebescheids zu weit** geht.

**Beispiel**

Die Kfz-Zulassungsstelle ändert rückwirkend die Emissionsklasse für ein Fahrzeug (vgl. § 2 Abs. 2 Nr. 2 KraftStG), und zwar auch für bereits festsetzungsverjährte Zeiträume. Das HZA ändert die KraftSt-Festsetzung gem. § 175 Abs. 1 Satz 1 Nr. 1 AO entsprechend, ohne zu beachten, dass für einen Teil der Erhebungszeiträume Festsetzungsverjährung eingetreten ist.
Mit dieser Änderung ist der Grundlagenbescheid nicht richtig übernommen worden, da die Anpassung unter Missachtung des verfahrensrechtlich zulässigen Änderungsrahmens erfolgt und zu weitgehend ist. Daher muss das HZA einen weiteren auf § 175 Abs. 1 Satz 1 Nr. 1 AO gestützten Änderungsbescheid erlassen und die Anpassung auf die noch nicht festsetzungsverjährten Zeiträume begrenzen.

Die Änderung des Folgebescheids ist rechtmäßig, auch wenn der Grundlagenbescheid schon beim Erlass des früheren Bescheids hätte berücksichtigt werden können (BFH v. 09.08.1983, VIII R 55/82, BStBl II 1984, 86; BFH v. 12.01.1989, IV R 8/88, BStBl II 1989, 438). Deshalb steht auch die (zunächst) **fehlerhafte Auswertung eines Grundlagenbescheids** der fehlerfreien Anpassung an dessen spätere Änderung nicht entgegen (BFH v. 17.02.1993, II R 15/91, BFH/NV 1994, 1). 15

Es wird nicht vorausgesetzt, dass der Grundlagenbescheid vor dem Folgebescheid ergangen sein muss. Eine Anpassung ist auch dann vorzunehmen, wenn der **Folgebescheid zuerst erlassen** wurde und der Grundlagenbescheid erst anschließend ergeht (s. AEAO zu § 175, Nr. 1.2 Satz 3). Denn § 175 Abs. 1 Satz 1 Nr. 1 AO sieht eine Änderung des Folgebescheides auch dann vor, wenn ein Grundlagenbescheid erlassen wird. Dies ergibt sich auch aus § 155 Abs. 2 AO. In diesen Fällen werden die gesondert festzustellenden Besteuerungsgrundlagen nach § 162 Abs. 5 AO geschätzt. Ergeht dann später ein Grundlagenbescheid, so kann der zuvor erlassene Folgebescheid nach § 175 Abs. 1 Satz 1 Nr. 1 AO geändert werden. Eine Änderung des Folgebescheides darf vor Ergehen des Grundlagenbescheides jedoch nicht auf § 175 Abs. 1 Nr. 1 AO gestützt werden (*Loose* in Tipke/Kruse, § 175 AO Rz. 7). 16

17 Wird der Grundlagenbescheid nicht ersatzlos aufgehoben, sondern gleichzeitig ein neuer inhaltsgleicher Grundlagenbescheid erlassen, dann bedarf es **keiner doppelten Anpassung** des Folgebescheides (FG Ha v. 22.06.1993, V 281/90, EFG 1994, 73). Wird daraufhin ein inhaltlich abweichender Grundlagenbescheid erlassen, dann ist der Folgebescheid an diesen anzupassen.

18 Aus der allgemeinen Bindungswirkung des Grundlagenbescheids folgt zwingend, dass die in § 175 Abs. 1 Satz 1 Nr. 1 AO angeordnete Anpassung des Folgebescheids auch vorzunehmen ist, wenn ein **Fehler im Grundlagenbescheid gem. § 129 AO berichtigt** wird. Insoweit enthält das Gesetz eine ausfüllungsbedürftige Lücke (ebenso *Szymczak* in K/S, § 175 AO Rz. 8).

19 **Beachtet** das FA beim Erlass eines Steuerbescheids einen bei ihm bereits **vorliegenden Grundlagenbescheid nur versehentlich nicht**, so führt dies zu einer Berichtigung wegen offenbarer Unrichtigkeit i. S. des § 129 AO und gleichzeitig zu einer Änderung nach § 175 Abs. 1 Satz 1 Nr. 1 AO (AEAO zu § 175, Nr. 1.2 Satz 3 m. w. N.; BFH v. 16.07.2003, X R 37/99, BStBl II 2003, 867, die Frage der Anspruchskonkurrenz zu § 129 AO aber ausdrücklich offenlassend; Anspruchskonkurrenz annehmend *von Wedelstädt* in Gosch, § 175 AO Rz. 19 m. w. N.; *von Wedelstädt*, DB 1992, 606). Übersieht die Finanzbehörde einen Grundlagenbescheid, so ist eine Korrektur über § 129 AO folglich auch nach Ablauf der Festsetzungsfrist des § 171 Abs. 10 AO möglich, soweit der Ablauf der Festsetzungsfrist nach §§ 171 Abs. 2 i. V. m. § 129 AO gehemmt ist. (BFH v. 16.07.2003, X R 37/99, BStBl II 2003, 867; zu den zeitlichen Grenzen im Übrigen s. Rz. 24 ff.). In den Fällen, in denen der Finanzbehörde bei der Änderung des Folgebescheids eine offenbare Unrichtigkeit i. S. des § 129 AO unterlaufen ist, steht einer weiteren Änderung des Folgebescheids nach § 175 Abs. 1 Satz 1 Nr. 1 AO nicht eine (Teil-) Bestandskraft mit Umfang der Bindungswirkung des nicht richtig ausgewerteten Grundlagenbescheids entgegen (BFH v. 29.06.2005, X R 31/04, BFH/NV 2005, 1749). Dies gilt jedenfalls, soweit die weitere Änderung Folge einer Änderung des unzutreffend ausgewerteten Grundlagenbescheids ist.

20 Wird ein **Grundlagenbescheid ersatzlos aufgehoben** oder werden einzelne Besteuerungsgrundlagen als nicht zum Feststellungsbereich gehörend ausgegliedert, hat die für den Folgebescheid zuständige Finanzbehörde den nun nicht mehr vom Grundlagenbescheid erfassten Sachverhalt zu prüfen und das Ergebnis – ohne dabei an frühere Wertungen oder Berechnungen gebunden zu sein – der Änderung des Folgebescheids zugrunde zu legen (BFH v. 14.07.1993, X R 34/90, BStBl II 1994, 77 m. w. N.). Die Wirkungen des Grundlagenbescheides müssen rückgängig gemacht werden (BFH v. 24.05.2006, I R 93/05, BStBl II 2007, 76). Dasselbe gilt, soweit ein zunächst eingeleitetes Feststellungsverfahren i. S. des § 180 AO zu einem **negativen Feststellungsbescheid** führt. Erst dieser eröffnet der für den »Folgebescheid« zuständigen Finanzbehörde die Möglichkeit, den Sachverhalt, der bis dahin Gegenstand des Feststellungsverfahrens war, in eigener Zuständigkeit zu ermitteln und steuerrechtlich zu bewerten (*Loose* in Tipke/Kruse, § 175 AO Rz. 14; s. AEAO zu § 175, Nr. 1.4). Dem negativen Feststellungsbescheid kommt insoweit Bindungswirkung zu, als die Frage der Notwendigkeit gesonderter Feststellung von Besteuerungsgrundlagen abschließend entschieden wird (BFH v. 11.05.1993, IX R 27/90, BStBl II 1993, 820; BFH v. 28.11.1995, IX R 16/93, BStBl II 1996, 142).

Bei der Änderung eines **Freistellungsbescheids** zur Anpassung an einen Grundlagenbescheid dürfen die Besteuerungsgrundlagen über die Folgeänderung hinaus insoweit verändert werden, als sich dadurch, bezogen auf den ursprünglichen Freistellungsbescheid, keine steuerlichen Auswirkungen ergeben (BFH v. 18.03.1987, II R 223/84, BStBl II 1987, 415). 21

Wird ein unter dem **Vorbehalt der Nachprüfung** stehender Grundlagenbescheid aufgehoben, bspw. weil er in der fälschlichen Annahme des Vorliegens der Voraussetzungen von § 180 Abs. 1 Nr. 2 Buchst. b AO erlassen worden war, so schlägt der Vorbehalt der Nachprüfung, unter dem der Grundlagenbescheid stand, auf den »ursprünglichen Folgebescheid« durch (BFH v. 30.10.1986, IV R 175/84, BStBl II 1987, 89). Wird der Vorbehalt der Nachprüfung bezüglich des Grundlagenbescheides aufgehoben, steht dies einer Steuerfestsetzung bzw. Feststellung ohne Vorbehalt gleich, sodass die Anpassung des Folgebescheids an den »neuen« Grundlagenbescheid geboten ist (BFH v. 21.01.2014, IX R 38/13, BFH/NV 2014, 1112). Es ist unerheblich, ob bei der Aufhebung des Vorbehalts der Grundlagenbescheid sachlich geändert wird (BFH v. 11.04.1995, III B 74/92, BFH/NV 1995, 943). Nach Auffassung des BFH ist das FA nicht verpflichtet, eine Steuerfestsetzung, die unter dem Vorbehalt der Nachprüfung oder mit einem **Vorläufigkeitsvermerk** ergangen ist, um einen entsprechenden Hinweis zu ergänzen, wenn die Möglichkeit besteht, dass der betreffende Steuerbescheid auch wegen Erlasses oder Änderung eines Grundlagenbescheids geändert werden könnte (BFH v. 10.04.2002, IV B 51/01, BFH/NV 2002, 1277). Umgekehrt aber berechtigt § 175 Abs. 1 Satz 1 Nr. 1 AO nicht, einen vorbehaltslosen Steuerbescheid nachträglich mit einem Vorbehalt der Nachprüfung (§ 164 Abs. 1 AO) oder mit einem Vorläufigkeitsvermerk (§ 165 Abs. 1 AO) zu versehen (BFH v. 20.01.1987, IX R 49/82, BFH/NV 1987, 433; *Bartone* in Bartone/von Wedelstädt, Rz. 1329). 22

vorläufig frei 23

### 2. Zeitliche Grenzen

24 Die Korrekturen sind grundsätzlich nur innerhalb der **Festsetzungsfrist** zulässig. Diese endet nach § 171 Abs. 10 AO jedoch nicht vor Ablauf von zwei Jahren nach Bekanntgabe des Grundlagenbescheids (s. § 171 AO Rz. 92 ff.; BFH v. 24.05.2006, I R 93/05, BStBl II, 2007, 76). Ist der Grundlagenbescheid innerhalb dieser Zwei-Jahres-Frist unvollständig oder teilweise nicht richtig ausgewertet worden, so hindert dies eine erneute Auswertung nicht, wenn der Grundlagenbescheid geändert und die Auswertung des geänderten Grundlagenbescheides innerhalb der durch ihn begründeten Ablaufhemmung nach § 171 Abs. 10 AO vorgenommen wird (*von Wedelstädt* in Gosch, § 175 AO Rz. 40). Übersieht die Finanzbehörde einen Grundlagenbescheid, so ist eine Korrektur über § 129 AO aber auch nach Ablauf der Festsetzungsfrist des § 171 Abs. 10 AO möglich, sofern die Festsetzungsfrist nach § 171 Abs. 2 AO noch im Ablauf gehemmt ist (s. Rz. 19; BFH v. 16.07.2003, X R 37/99, BStBl II 2003, 867). Ressortfremde Grundlagenbescheide lösen die Ablaufhemmung des § 171 Abs. 10 AO nur aus, wenn sie vor Ablauf der Festsetzungsfrist beantragt worden sind (§ 171 Abs. 10 Satz 3 AO; s. § 171 Abs. 10 AO Rz. 97).

25 Die **Anfechtung des Grundlagenbescheids** führt nicht dazu, dass die für die Festsetzung der Folgesteuern maßgebliche Festsetzungsfrist bis zur Unanfechtbarkeit des (geänderten) Grundlagenbescheides gehemmt ist (BFH v. 19.01.2005, X R 14/04, BStBl II 2005, 242; a. A. noch BFH v. 30.11.1999, IX R 41/97, BStBl II 2000, 71). Durch **Beantragung der Änderung eines Folgebescheids** nach § 175 Abs. 1 Nr. 1 AO (z. B. ESt-Bescheid) wird jedoch die Festsetzungsfrist dieses Bescheids nach § 171 Abs. 3 AO gehemmt (s. § 171 AO Rz. 100; BFH v. 24.05.2006, I R 93/05, BStBl II 2007, 76; auch s. § 171 AO Rz. 105a). Der BFH betrachtet es als verfassungsrechtlich unbedenklich, dass die Änderung eines (Folge-)Bescheids nach Eintritt der Festsetzungsverjährung unzulässig ist, wenn die Finanzbehörde ihrer Anpassungspflicht aus § 175 Abs. 1 Satz 1 Nr. 1 AO nicht rechtzeitig nachgekommen ist und der Stpfl. seinerseits keinen rechtzeitigen Antrag i. S. des § 171 Abs. 3 AO gestellt hat (BFH v. 27.11.2013, II R 57/11, BFH/NV 2014, 596; BFH v. 27.11.2013, II R 58/11, BFH/NV 2014, 662).

26 Ist bei dem Beteiligten die Festsetzungsfrist wegen einer **Außenprüfung** nach § 171 Abs. 4 AO gehemmt, endet die Festsetzungsfrist für den Teil der Steuer, für den der Grundlagenbescheid bindend ist, nicht vor Ablauf der nach § 171 Abs. 4 AO gehemmten Frist (s. § 171 AO Rz. 42 ff.).

27 In Ausnahmefällen können auch die Grundsätze von **Treu und Glauben** der Anpassung des Folgebescheides entgegenstehen, bzw. die Finanzbehörde kann die Befugnis zur Folgeänderung **verwirken** (*Loose* in Tipke/Kruse, § 175 AO Rz. 19; FG RP v. 26.02.2007, 5 K 2359/06, EFG 2007, 978). Dies kommt allerdings mangels Ermessenseinräumung zur Änderung des Folgebescheides (s. Rz. 11) nur in engen Grenzen in Betracht.

## IV. Verhältnis zu anderen Vorschriften

§ 175 Abs. 1 Satz 1 Nr. 1 AO ermöglicht nur eine **punktuelle Korrektur** und ist daher unabhängig von anderen Korrekturmöglichkeiten (*Loose* in Tipke/Kruse, § 175 AO Rz. 15). 28

Innerhalb des Änderungsrahmens des § 175 AO dürfen gem. **§ 177 Abs. 1, 2 AO** Rechtsfehler berichtigt werden, die nicht Anlass der Aufhebung oder Änderung waren (BFH v. 11.07.2007, I R 96/04, BFH/NV 2008, 4). Dabei ist jedoch **§ 176 AO** zu berücksichtigen (s. § 177 AO Rz. 37; *Loose* in Tipke/Kruse, § 175 AO Rz. 17). 29

Die Pflicht zum Erlass eines Folgebescheids kann durch einzelgesetzliche **Präklusionsfristen** ausgeschlossen sein (BFH v. 08.04.1986, IX R 212/84, BStBl II 1986, 790. 30

Zum Verhältnis zu **§ 129 AO** s. Rz. 19. 31

## V. Rechtsbehelfe

Gegen die Ablehnung des FA, den geänderten, erlassenen oder aufgehobenen Grundlagenbescheid zu berücksichtigen ist ein **Einspruch** nach § 347 Abs. 1 AO möglich. Gegen die negative Einspruchsentscheidung ist eine **Verpflichtungsklage** (§ 40 Abs. 1 FGO) zu erheben (BFH v. 24.05.2006, I R 93/05, BStBl II 2007, 76). Der Korrekturbescheid ist ebenfalls mit dem Einspruch nach § 347 Abs. 1 AO anfechtbar, die Ablehnung der Einspruchsentscheidung hingegen mit der **Anfechtungsklage**. 32

**Gegenstand des Rechtsbehelfsverfahrens** sind nur die Voraussetzungen der Änderungen nach § 175 Abs. 1 Satz 1 Nr. 1 AO sowie die zutreffende Anpassung des Folgebescheids. In diesem Rechtsbehelfsverfahren können Einwendungen gegen Entscheidungen im Grundlagenbescheid nicht geltend gemacht werden (§ 351 Abs. 2 AO, § 42 FGO; BFH v. 29.06.2005, X R 31/04; BFH/NV 2005, 1749). Über die Frage, ob ein Grundlagenbescheid wirksam geworden ist, kann nach der Rspr. des BFH im Folgebescheidsverfahren entschieden werden. § 42 FGO i. V. m. § 351 Abs. 2 AO steht dem nicht entgegen, da die Wirksamkeit der Bekanntgabe nicht Gegenstand der Entscheidung des Grundlagenbescheids ist (vgl. BFH v. 06.12.1995, I R 131/94, BFH/NV 1996, 592; BFH v. 25.07.2016, X B 20/16, BFH/NV 2016, 1736). 33

## C. Ereignisse mit steuerlicher Rückwirkung (§ 175 Abs. 1 Satz 1 Nr. 2 AO)

### I. Bedeutung des § 175 Abs. 1 Satz 1 Nr. 2 AO

4 Nach § 175 Abs. 1 Satz 1 Nr. 2 AO sind unter die Vorschrift fallende Bescheide (s. Vor §§ 172–177 AO Rz. 3 ff.) zu erlassen, aufzuheben oder zu ändern, soweit ein Ereignis eintritt, das steuerliche Wirkung für die Vergangenheit hat. Dabei ist es für die (Nicht-)Anwendung des § 175 Abs. 1 Satz 1 Nr. 2 AO ohne Bedeutung, ob das FA den ursprünglichen Sachverhalt fehlerhaft veranlagt hat (BFH v. 26.06.2014, I B 74/12, BFH/NV 2014, 1497). Sie regelt nicht, wann ein Ereignis steuerlich erhebliche Rückwirkung entfaltet, sie ist eine reine **Verfahrensvorschrift**. Nach dem materiellen Steuerrecht ist zu beurteilen, ob zum einem eine Änderung des ursprünglich vorliegenden Sachverhalts den Steuertatbestand überhaupt betrifft und ob sich darüber hinaus der bereits entstandene materielle Steueranspruch mit steuerlicher Rückwirkung ändert (s. Rz. 36). § 175 Abs. 1 Satz 1 Nr. 2 AO bestimmt auch nicht näher, unter welchen Voraussetzungen tatsächlicher oder rechtlicher Art das Tatbestandsmerkmal »rückwirkendes Ereignis« als erfüllt anzusehen ist. Die Vorschrift bedarf daher der Auslegung.

### II. Tatbestand (Eintritt eines rückwirkenden Ereignisses)

#### 1. Ereignis

35 Der Begriff »**Ereignis**« i. S. des § 175 Abs. 1 Satz 1 Nr. 2 AO umfasst **alle rechtlich bedeutsamen Vorgänge**. Dazu rechnen nicht nur solche mit ausschließlich rechtlichem Bezug wie z. B. Rechtsgeschäfte oder VA, sondern auch tatsächliche Lebensvorgänge (z. B. BFH v. 19.07.1993, GrS 2/92, BStBl II 1993, 897; BFH v. 12.07.2017, I R 86/15, BStBl II 2018, 138). Ebenso sind Gerichtsentscheidungen Ereignisse i. S. des § 175 Abs. 1 Satz 1 Nr. 2 AO, nicht jedoch die in Urteilen oder behördlichen Verfügungen enthaltenen Gesetzesauslegungen oder Subsumtionen (im Einzelnen s. Rz. 56 ff.). Das Ereignis muss **sachverhaltsändernde Wirkung** haben.

#### 2. Steuerliche Wirkung für die Vergangenheit

36 Eine steuerliche Wirkung für die Vergangenheit ist anzunehmen, wenn sich das Ereignis in der Weise auswirkt, dass nunmehr der veränderte anstelle des zuvor verwirklichten Sachverhaltes der Besteuerung zugrunde zu legen ist (BFH v. 23.11.2000, IV R 85/99, BStBl II 2001, 122 m. w. N.). Ein nachträgliches Ereignis mit steuerlicher Rückwirkung muss demgemäß zu einer Änderung des Sachverhalts führen, den die Finanzbehörde bei der Steuerfestsetzung zugrunde gelegt hat, und nicht nur zu einer veränderten rechtlichen Beurteilung des nämlichen Sachverhalts (BFH v. 12.07.2017, I R 86/15, BStBl II 2018, 138). Maßgeblich ist dafür das **jeweils einschlägige materielle Recht** (BFH v. 19.07.1993, GrS 2/92, BStBl II 1993, 897; BFH v. 14.06.2005, VIII R 14/04, BStBl II 2006, 15; BFH v. 26.06.2014, I B 74/12, BFH/NV 2014, 1497). Zu diesen Normen gehören auch die Vorschriften, welche die zeitliche Geltung bestimmter abgabenrechtlicher Regelungen festlegen. Dabei muss die gesetzgeberische Entscheidung bzgl. der Rückwirkung im Gesetzestext selbst Ausdruck finden; insbes. die gesetzgeberische Rückwirkungsanordnung eindeutig sein (BFH v. 12.07.2017, I R 86/15, BStBl II 2018, 138).

Aus dem Begriff »**eintritt**« lässt sich schließen, dass sich der **Vorgang nachträglich** ereignen muss, d. h. **nachdem der Steueranspruch entstanden** ist. Der besteuerungsrelevante Sachverhalt, der der ursprünglichen Steuerfestsetzung zugrunde lag, muss sich nach dem für die Kenntnis der Behörde nach § 173 Abs. 1 AO maßgeblichen Zeitpunkt verändert haben (s. § 173 AO Rz. 17 ff.). § 175 Abs. 1 Satz 1 Nr. 2 AO rechtfertigt die Durchbrechung der Bestandskraft des Steuerbescheids, für den das rückwirkende Ereignis zu berücksichtigen ist. Die Bestandskraft ist allerdings keine Voraussetzung für die Anwendung der Norm. Ist ein betroffener Steuerbescheid wirksam erlassen, aber noch nicht bestandskräftig, kommt § 175 Abs. 1 Satz 1 Nr. 2 AO gleichwohl zur Anwendung (BFH v. 30.08.2001, IV R 30/99, BStBl II 2002, 49; BFH v. 19.08.2003, VIII R 67/02, BStBl II 2004, 107, BFH v. 13.11.2012, VI R 100/10; *Bartone* in Bartone/von Wedelstädt, Rz. 1352; *von Wedelstädt* in Gosch, § 175 AO Rz. 47.2; *Rüsken* in Klein, § 175 AO Rz. 53; a. A. *von Groll* in HHSp, § 175 AO Rz. 325). Ein Ereignis mit steuerlicher Rückwirkung kann nach der Rspr. des BFH auch dann vorliegen, wenn der Steuerbescheid, in dem der Vorgang zu berücksichtigen ist, noch nicht ergangen ist (BFH v. 19.04.2005 VIII R 68/04, BStBl II 2005, 762; BFH v. 16.06.2015, IX R 30/14, BStBl II 2017, 94; auch *Nieland*, AO-StB 2005, 259; krit. *Loose* in Tipke/Kruse, § 175 AO Rz. 23). 37

Erst **nachträglich**, also nach dem Wirksamwerden des ursprünglichen Steuerbescheids (§ 124 Abs. 1 Satz 1 AO), tritt ein Ereignis ein, das infolge der für dieses Ereignis angeordneten steuerlichen Rückwirkung die materielle Richtigkeit des ursprünglichen Bescheides beseitigt (s. BFH v. 10.07.2002, I R 69/00, BFH/NV 2002, 1545 m. w. N.). **Nicht nachträglich** i. S. des § 175 Abs. 1 Satz 1 Nr. 2 AO ist ein Ereignis, das während des **Einspruchsverfahrens** eintritt und von der Finanzbehörde in der Einspruchsentscheidung berücksichtigt wird (BFH v. 13.05.2005, VIII B 205/03; BFH/NV 2005, 1741). Nach *von Wedelstädt* (in Gosch, § 175 AO, Rz. 47; *Bartone* in Bartone/von Wedelstädt, Rz. 1354) ist bei der Frage der Nachträglichkeit gem. § 173 Abs. 1 AO auf den Zeit- 38 punkt der abschließenden Willensbildung über die Steuerfestsetzung abzustellen, weil die Finanzbehörde danach keinen Einfluss auf die Steuerfestsetzung mehr hat. Daher kann in der neuen Situation – ebenso wie bei der Änderung des § 173 Abs. 1 AO – der neuen Kenntnislage nicht mehr Rechnung getragen werden. Im Gegensatz zu § 173 AO, der verlangt, dass die Tatsache bei Erlass des Steuerbescheids bereits vorhanden, aber nicht bekannt war, setzt § 175 Abs. 1 Satz 1 Nr. 2 AO voraus, dass das Ereignis nachträglich eingetreten und bekannt geworden ist (BFH v. 19.07.1993, GrS 2/92, BStBl II 1993, 897; BFH v. 19.04.2005, VIII R 68/04, BStBl II 2005, 762; BFH v. 25.02.2009, IX R 95/07, BFH/NV 2009, 1393 m. w. N.).

### 3. Einzelfälle

#### a) Laufend veranlagte Steuern

39 Bei laufend veranlagten Steuern – wie der **ESt** – sind die aufgrund des Eintritts neuer Ereignisse materiellrechtlich erforderlichen steuerlichen Anpassungen regelmäßig nicht rückwirkend, sondern in dem Besteuerungszeitraum vorzunehmen, in dem sich der maßgebende Sachverhalt ändert. So hebt nach dem in § 11 EStG normierten **Zufluss-/Abflussprinzip** die Rückzahlung eines in einem vorhergehenden Jahr erhaltenen Zuflusses diesen nicht rückwirkend auf, sondern ist als Abfluss in dem Rückzahlungsjahr zu behandeln (*Loose* in Tipke/Kruse, § 175 AO Rz. 30). § 11 EStG schließt die Anwendung von § 175 Abs. 1 Satz 1 Nr. 2 AO grundsätzlich aus. Eine Rückwirkung kann jedoch angenommen werden bei punktuell einmaligen Ereignissen, wie dies bei der Veräußerung des Betriebs oder Teilbetriebs, bei der Betriebsaufgabe usw. der Fall ist (BFH v. 19.07.1993, GrS 2/92, BStBl II 1993, 897; s. Rz. 42). Auch die Erstattung von **Sonderausgaben** ist ein rückwirkendes Ereignis i. S. des § 175 Abs. 1 Satz 1 Nr. 2 AO (aber zur Erstattung von KiSt s. Rz. 44; *Ortheil*, DB 2005, 466; *Ballof*, AO-StB 2005, 223; *Hütt*, AO-StB 2005, 232; *Endriss*, DStR 2005, 1171).

#### b) Anträge und Wahlrechte

40 Erstmalig gestellte oder ausgeübte Anträge oder Wahlrechte sind **grds. keine rückwirkenden Ereignisse** i. S. des § 175 Abs. 1 Satz 1 Nr. 2 AO, sondern Verfahrenshandlungen (ausführlich *von Wedelstädt*, AO-StB 2012, 150, 153 m. w. N.). Für die anderweitige Ausübung der Pauschalierungswahlrechte nach § 37b Abs. 1 Satz 1 EStG und nach § 37b Abs. 2 Satz 1 EStG hat der BFH die Anwendung des § 175 Abs. 1 Satz 1 Nr. 2 AO bejaht (BFH v. 15.06.2016, VI R 54/15, BStBl II 2016, 1010). Steuerliche Rückwirkung kann einem Antrag zukommen, wenn er selber Teil des gesetzlichen Tatbestands des Steueranspruchs ist und somit unmittelbar rechtsgestaltend wirkt (*von Wedelstädt* in Gosch, § 175 AO Rz. 50 m. w. N.). So stellt der (vor Eintritt der Bestandskraft gestellte) Antrag des einen Ehegatten auf getrennte Veranlagung hinsichtlich des gegenüber dem anderen **Ehegatten** ergangenen (bestandskräftigen) **Zusammenveranlagungs**bescheids ein rückwirkendes Ereignis dar (z. B. BFH v. 03.03.2005, III R 22/02, BStBl II 2005, 690; BFH v. 28.07.2005, III R 48/03, BStBl II 2005, 865; BFH v. 15.12.2005, III R 49/05, BFH/NV 2006, 933; *Rüsken* in Klein, § 175 AO Rz. 73; AEAO zu § 175, Nr. 2.4 – §§ 26 bis 26b EStG; hierzu *Nieland*, AO-StB 2005, 263). Dies gilt indessen **nicht, wenn beide Ehegatten** für den betreffenden Veranlagungszeitraum bereits **bestandskräftig** zur Einkommensteuer **veranlagt** sind (BFH v. 25.09.2014, III R 5/13, BFH/NV 2015, 811). Dies gilt entsprechend für einen erweiterten Antrag auf Abzug von Unterhaltsleistungen im Wege des **Realsplittings** nach § 10 Abs. 1 Nr. 1 EStG: Grds. wirkt dieser zurück (BFH v. 28.06.2006, XI R 32/05, BStBl II 2007, 5), allerdings nicht, wenn der Antrag erst nach Eintritt der Bestandskraft gestellt wird (BFH v. 20.08.2014, X R 33/12, BStBl II 2015, 138). Nach dem BFH soll § 175 Abs. 1 Satz 1 Nr. 2 AO analog angewandt werden, wenn ein Wahlrecht nach Bekanntgabe, aber vor Eintritt der Bestandskraft des Steuerbescheids ausgeübt wird (z. B. BFH v. 19.05.2004, III R 18/02, BStBl II 2004, 980; BFH v. 09.12.2015, X R 56/13, BStBl II 2016, 967, a. A. *von Wedelstädt* in Gosch § 175 AO Rz. 50.1; *von Wedelstädt*, AO-StB 2012, 150, 154 m. w. N.; *von Wedelstädt* in Bartone/von Wedelstädt, Rz. 83). Im Übrigen s. Vor §§ 172–177 AO Rz. 15 ff.

#### c) Zivilrechtliche Rückbeziehung

Grds. entfaltet die zivilrechtlich vereinbarte Rückwirkung eines Vertrages keine steuerrechtlichen Wirkungen. Der einmal entstandene Steueranspruch ist den Parteien entzogen und kann nicht durch zivilrechtlich rückwirkende Vereinbarung wieder beseitigt werden. Steht der steuerlich relevante Sachverhalt unter einer **auflösenden Bedingung**, so enden die von ihm ausgelösten Wirkungen mit dem Eintritt der Bedingung (§ 158 Abs. 2 BGB). Aufgrund dieser zivilrechtlichen Wirkung erfüllt der Eintritt einer auflösenden Bedingung nur dann die Voraussetzungen von § 175 Abs. 1 Satz 1 Nr. 2 AO, wenn der Bedingungseintritt in Abweichung vom Zivilrecht steuerliche Wirkung für die Vergangenheit hat. Ob dies der Fall ist, muss im Einzelfall nach den einschlägigen gesetzlichen Bestimmungen geprüft werden. Die Besteuerung passt sich in diesen Fällen der Sachverhaltsänderung rückwirkend an, indem die Steuer so festgesetzt wird, wie sie festzusetzen gewesen wäre, wenn der Tatbestand von vornherein die Gestaltung aufgewiesen hätte, die er durch das eingetretene Ereignis nachträglich erfahren hat. 41

Als Hauptanwendungsbereich des § 175 Abs. 1 Satz 1 Nr. 2 AO gilt der **Veräußerungsgewinn** aus der **Übertragung eines Mitunternehmeranteils**, der mit der Übertra- 42 gung als realisiert gilt. Eine spätere vergleichsweise Festlegung eines bisher strittigen Abfindungsanspruchs ist ein Ereignis mit steuerlicher Wirkung für die Vergangenheit (BFH v. 19.07.1993, GrS 1/92, BStBl II 1993, 894; BFH v. 28.07.1994, IV R 53/91, BStBl II 1995, 112; ebenso ein **Anteilsverkauf an einer Kapitalgesellschaft** (§ 17 EStG) durch außergerichtlichen Vergleich (BFH v. 19.08.2003, VIII R 67/02, BStBl II 2004, 107; s. Rz. 39). Innerhalb der Fallgruppe **Betriebsveräußerung** und **Betriebsaufgabe** (§ 16 EStG) wird die nachträgliche Änderung der Höhe eines Veräußerungsgewinns oder Aufgabegewinns i.d.R. zu einem rückwirkenden Ereignis führen (vgl. die Darstellung der Rechtsprechung dazu bei *von Wedelstädt* in Gosch, § 175 AO Rz. 65.1 ff.). Auch bei Fällen des Veräußerungsgewinns nach § 17 Abs. 2 EStG liegen bei Ausfall kapitalersetzender Forderungen (BFH v. 07.07.1992, VIII R 24/90, BStBl II 1993, 333) oder bei Nichtentrichtung des gestundeten Kaufpreises aufgrund einer späteren Rücktrittsvereinbarung (BFH v. 21.12.1993, VIII R 69/88, BStBl II 1994, 648) Fälle mit Rückwirkung vor (vgl. zu weiteren Einzelfällen die umfangreiche Rechtsprechungssammlung bei *von Wedelstädt* in Gosch, § 175 AO Rz. 66). Die **Aufgabebilanz** ist auf den Zeitpunkt der Betriebsaufgabe zu erstellen. Daher ist die nachträglich gebotene Auflösung von Rückstellungen (z.B. Rückstellung wegen drohender Inanspruchnahmen aus einer Bürgschaft) nach Maßgabe des § 175 Abs. 1 Satz 1 Nr. 2 AO rückwirkend zu berücksichtigen (BFH v. 05.05.2015, X R 48/13, BFH/NV 2015, 1358).

**43** vorläufig frei

**44** **Steuerrechtliche Rückwirkung** entfalten (weitere Bsp. AEAO § 175, Nr. 2.4):

- rückwirkende Aufstockung einer **6b-Rücklage** (BFH v. 13.09.2000, X R 148/97, BStBl II 2001, 641),
- erfolgreiche **Anfechtung und Rückabwicklung** von Rechtsgeschäften (BFH v. 23.11.2006, II R 38/05, BFH/NV 2007, 498; BFH v. 27.01.1982, II R 119/80, BStBl II 1982, 425; s. Rz. 48)
- nachträgliche **Anschaffungskosten** (BFH v. 01.03.2005, VIII R 46/03, BFH/NV 2005, 2171; BFH v. 01.07.2014, IX R 47/13, BStBl II 2014, 786 zu nachträglichen Anschaffungskosten bei insolvenzfreier Liquidation mit Nachtragsliquidation),
- Eintritt einer **auflösenden Bedingung** gem. § 158 Abs. 2 AO und Rückabwicklung des Kaufvertrages (BFH v. 19.08.2003, VIII R 67/02, BStBl II 2004, 107),
- **die Restschuldbefreiung** bei einem vor Insolvenz bereits aufgegebenen Betrieb; sie führt zum Wegfall der in der Aufgabebilanz ausgewiesenen betrieblichen Verbindlichkeiten, folglich ist die Restschuldbefreiung ein rückwirkendes Ereignis gem. § 175 Abs. 1 Satz 1 Nr. 2 AO, da der Betriebsaufgabegewinn stichtagsbezogen für den Zeitpunkt der Betriebsaufgabe zu ermitteln und im Veranlagungszeitraum des Endes der Betriebsaufgabe ein Gewinn nach § 16 Abs. 2 EStG, begünstigt durch § 16 Abs. 4, § 34 EStG, zu versteuern ist (BFH v. 13.12.2016, X R 4/15, BStBl II 2017, 786); ebenso der **Erlass** einer nach Betriebsaufgabe verbliebenen Schuld (BFH v. 12.10.2005, X R 20/03, BFH/NV 2006, 713),
- **die Veräußerung einer wesentlichen Beteiligung** i.S. des § 17 EstG; hier wird der Veräußerungsgewinn ebenfalls stichtagsbezogen ermittelt, daher können sowohl die Rückgängigmachung des Anteilsverkaufs (BFH v. 19.08.2003, VIII R 67/02, BStBl II 2004, 107) als auch nachträgliche Änderungen des Veräußerungsgewinns (-verlustes) rückwirkende Ereignisse bilden (z.B. BFH 10.05.2016, IX R 16/15, BFH/NV 2016, 1681; BFH v. 04.10.2016, IX R 8/15, BStBl II 2017, 316; s. Rz. 42),
- nachträgliche **Kaufpreisänderung** (BFH v. 13.09.2000, X R 148/97, BStBl II 2001, 460; BFH v. 12.10.2005, VIII R 66/03, BStBl II 2006, 307; BFH v. 31.08.2006, IV R 53/04, BStBl II 2006, 906),
- Geltendmachung einer **Rücktrittsvereinbarung** (BFH v. 21.12.1993, VIII R 69/88, BStBl II 1994, 648).
- Wegfall der **Sozialversicherungspflicht** eines Ehegatten (BFH v. 14.10.2009, X R 14/08, BStBl II 2010, 533),
- die Erstattung von **KiSt**, als sie die im Jahr der Erstattung gezahlte KiSt übersteigt (»Erstattungsüberhang«; BFH v. 09.12.2009, X R 4/09, BFH/NV 2010, 596 m.w.N.) bis zum Veranlagungszeitraum 2011; nach § 10 Abs. 4b EStG i.d.F. des StVereinfG 2011 ist ab dem Veranlagungszeitraum 2012 ein Erstattungsüberhang dem Gesamtbetrag der Einkünfte zuzurechnen,
- die spätere Änderung der **Abzugsberechtigung** der **Vorsteuer**, sie wirkt nach § 9b EStG hinsichtlich des BA-Abzuges bei der Ertragsteuer auf den Zeitpunkt der Zahlung zurück und rechtfertigt daher die Änderung eines bestandskräftigen Ertragsteuerbescheides (FG Ddorf v. 29.06.2010, 6 K 360/08 K, EFG 2010, 1665; a.A. im Revisionsverfahren BFH v. 04.05.2011, I R 67/10 BFH/NV 2012, 6),
- der **Wegfall der Geschäftsgrundlage**, wenn ein Kaufvertrag über Anteilskauf tatsächlich und vollständig rückabgewickelt wird (BFH v. 28.10.2009, IX R 17/09, BStBl II 2010, 539).

Zum tatsächlichen **Vollzug eines Vermächtnisses** BFH v. 28.03.2007, II R 25/05, BStBl II 2007, 461.

**Keine steuerrechtliche Rückwirkung** bei (weitere Bsp. bei *Loose* in Tipke/Kruse, § 175 AO Rz. 35): **45**

- **Forderungsausfall**, soweit nicht § 16 EStG betroffen ist (BFH v. 20.07.2005, X R 74/01, BFH/NV 2005, 2195),
- **Genehmigung** schwebend unwirksamer Geschäfte (BFH v. 26.10.2005, II R 53/02, BFH/NV 2006, 551),

- Widerruf einer **Pensionszusage** (BFH v. 28.07.2004, XI R 67/03, BStBl II 2005, 94; BFH v. 07.07.2005, XI B 134/03, BFH/NV 2005, 1755),
- **Veräußerung** des Geschäftswertes und Erklärung der **Betriebsaufgabe** (BFH v. 30.01.2002, X R 56/99, BStBl II 2002, 387),
- Rückabwicklung einer Schenkung, die aber nicht auf der Grundlage eines Rückforderungsanspruchs erfolgt und somit § 29 Abs. 1 ErbStG nicht erfüllt (BFH v. 11.11.2009, II R 54/08, BFH/NV 2010, 896);
- Rückzahlungen von (steuerpflichtigen) Betriebseinnahmen, da diese erst im Zeitpunkt des Abflusses (§ 11 Abs. 2 Satz 1 EStG) berücksichtigt werden; Entsprechendes gilt für die Überschusseinkünfte (vgl. *Bartone* in Korn, § 4 Abs. 4 EStG Rz. 699; zur Rückzahlung von Arbeitslohn BFH v. 04.05.2006, VI R 33/03, BStBl II 2006, 911),
- **Benennungsverlangen** i. S. des § 160 AO und die (fehlende) Antwort hierauf (BFH v.09.03.2016, X R 9/13, BStBl II 2016, 815; BFH v. 19.01.2017, III R 28/14, BStBl II 2017, 743),
- Antrag auf Günstigerprüfung nach § 32 d Abs. 6 EStG (BFH v. 12.05.2015, VIII R 14/13, BStBl II 2015, 806).

### d) Steuerklauseln

46 Schuldrechtliche Verträge haben selbst dann keine steuerliche Rückwirkung, wenn sie nach dem Willen der Beteiligten rückwirkende Kraft haben sollen oder zulässigerweise zurückdatiert sind. Fraglich ist, ob dies auch für **Steuerklauseln** oder **Satzungsklauseln** gilt. Darunter versteht man vertragliche Vereinbarungen, die geschäftliche Maßnahmen aller Art als ungeschehen behandeln wollen, sofern eine von den Vertragspartnern zur Geschäftsgrundlage gemachte bestimmte steuerliche Behandlung dieser Maßnahme von der Finanzbehörde abgelehnt bzw. sofern eine bestimmte für möglich gehaltene ungünstige steuerliche Behandlung von der Finanzbehörde für gerechtfertigt gehalten wird. Die steuerliche Anerkennung solcher gerade im Hinblick auf die steuerliche Auswirkung vereinbarter rückwirkender Sachverhaltsänderungen ist umstritten (*Frotscher* in Schwarz/Pahlke, § 175 AO Rz. 71; offenlassend BFH v. 24.11.1992, IX R 30/88, BStBl II 1993, 296). Da zivilrechtlich keine echte auflösende Bedingung i. S. des § 158 Abs. 2 BGB vorliegt (s. Rz. 41), liegt auch kein Ereignis mit Rückwirkung i. S. des § 175 Abs. 1 Satz 1 Nr. 2 AO vor. Ihre steuerrechtliche Wirksamkeit ergibt sich aus den Grundsätzen unwirksamer Rechtsgeschäfte, d. h. abgabenrechtliche Grundlage ist § 41 Abs. 1 AO (auch *Balmes*, DStZ 1993, 620; *von Wedelstädt* in Gosch, § 175 AO Rz. 57 ff.). Abzustellen ist allein darauf, ob die Beteiligten i. S. der primär im Steuerrecht maßgeblichen tatsächlichen Gestaltung des entsprechenden Sachverhalts sich gegenseitig so stellen, wie sie ohne das entfallene Geschäft gestanden haben würden. Werden in dieser Weise alle Folgerungen aus dem Eintritt des Auflösungsgrunds mit der praktisch möglichen tatsächlichen Rückwirkung gezogen, ist die Klausel steuerlich anzuerkennen (BFH v. 19.08.2003, VIII R 67/02, BStBl II 2004, 107; BFH v. 24.11.1992, IX R 30/88, BStBl II 1993, 296 verlangt rechtzeitige Offenbarung; *Loose* in Tipke/Kruse, § 175 AO Rz. 41; vgl. auch *Bartone* in Bartone/von Wedelstädt, Rz. 1394).

### e) Steuerbedingungen

Eine **Steuerbedingung** liegt vor, wenn das »Steuergesetz selbst den Fortbestand eines durch Tatbestandsverwirklichung entstandenen Steueranspruchs, dem Grunde oder der Höhe nach, entweder davon abhängig macht, dass bestimmte Umstände während eines gewissen Zeitraumes gegeben sind, oder aber bestimmte Geschehnisse nicht eintreten« (*Rust*, Das rückwirkende Ereignis im Steuerrecht, S. 147). Nicht anzuwenden ist § 175 Abs. 1 Satz 1 Nr. 2 AO auf Steuerbedingungen i. S. des § 175 Abs. 2 Satz 1, die die Voraussetzungen für eine Steuerbegünstigung zum Inhalt haben. Sofern durch die einzelnen Gesetze keine spezielleren Korrekturregelungen aufgestellt werden, ist § 175 Abs. 1 Satz 1 Nr. 2 AO aber in den Fällen anwendbar, in denen eine Steuerschuld zunächst in voller Höhe entsteht, dann aber durch den Bedingungseintritt ganz oder teilweise wieder erlischt (z. B. § 7 Feuerschutzgesetz, § 29 ErbStG, § 9 VerStG, § 16 GrErStG, § 16 EStG, weitere Beispiele bei *Loose* in Tipke/Kruse, § 175 AO Rz. 50a; *Bartone* in Bartone/von Wedelstädt, Rz. 1355 ff.; *von Wedelstädt* in Gosch, § 175 AO Rz. 48 ff.). Soweit ein Gesetz eigenständige Regelungen trifft (s. z. B. § 10 d Abs. 1 Sätze 2 und 3, Abs. 4 Sätze 4 und 5 EStG), ist innerhalb des Regelungsbereichs die Anwendung des § 175 Abs. 1 Satz 1 Nr. 2 AO ausgeschlossen. 47

### f) Unwirksame Rechtsgeschäfte

Die von Anfang an bestehende wie die nachträglich eintretende Unwirksamkeit eines Rechtsgeschäfts ist nach § 41 Abs. 1 Satz 1 AO solange unerheblich, wie die Beteiligten das wirtschaftliche Ergebnis dieses Geschäfts nicht beseitigen, also die jeweiligen Leistungen nicht rückgewähren. Solange also die **wirtschaftlichen Ergebnisse** eines unwirksamen oder unwirksam werdenden Rechtsgeschäfts von den Beteiligten aufrechterhalten werden, bleibt die steuerliche Konsequenz existent. Die Besteuerung solcher Rechtsgeschäfte ist jedoch nach § 175 Abs. 1 Satz 1 Nr. 2 AO zu korrigieren, wenn und soweit die Beteiligten das wirtschaftliche Ergebnis des unwirksamen Rechtsgeschäfts nachträglich und tatsächlich rückwirkend beseitigen (z. B. BFH v. 16.05.2013, IV R 6/10, BFH/NV 2013, 1584; BFH v. 12.05.2016, II R 39/14, BStBl II 48

2017, 63). Auch hier wird vorausgesetzt, dass sich die Beteiligten im Wege der Rückgewähr empfangener Leistungen, Ausgleichung empfangener Nutzungen oder sonstiger Vorteile usw. tatsächlich so stellen, als ob das Rechtsgeschäft von Anfang an wirkungslos gewesen wäre (BFH v. 27.01.1982, II R 119/80, BStBl II 1982, 425).

49 Es sind demnach verschieden Fallgruppen zu unterscheiden (*Loose* in Tipke/Kruse, § 175 AO Rz. 37):

- Kein Ereignis mit steuerlicher Rückwirkung liegt vor, wenn das Rechtsgeschäft von vornherein **nichtig** war und **nicht vollzogen** wurde. Erkennt die Finanzbehörde die Nichtigkeit nachträglich, handelt es sich um einen Fall des § 173 AO.
- War das Rechtsgeschäft von Anfang an **nichtig**, den Parteien war dies aber **nicht bekannt**, sodass sie das Geschäft zunächst **vollzogen** und erst **später** sich entschlossen haben, das wirtschaftliche Ergebnis zu **beseitigen**, so ist diese Beseitigung ein Ereignis mit steuerlicher Rückwirkung.
- War das Rechtsgeschäft hingegen von Beginn an **nichtig**, dies war den Parteien auch **bekannt**, sie vollzogen es aber dennoch, so kann darin eine Bestätigung gem. § 141 BGB liegen. Ebenso kann eine Berufung auf § 41 Abs. 1 Satz 1 AO rechtsmissbräuchlich sein.

Im Übrigen s. § 41 AO.

### g) Bilanzänderung und Bilanzberichtigung

50 Der Anfangsbilanz eines Wirtschaftsjahres ist nach dem **Grundsatz des Bilanzzusammenhangs** das Vorjahresendvermögen zugrunde zulegen. Ändert sich die Bilanz des vorangegangenen Wirtschaftsjahres, so hat dies Auswirkungen auf das Anfangsvermögen des folgenden Wirtschaftsjahres. Der für die Gewinnermittlung und somit für die Besteuerung maßgebliche Sachverhalt wird rückwirkend umgestaltet.

51 Umstritten ist, ob § 175 Abs. 1 Satz 1 Nr. 2 AO sowohl bei Bilanzänderungen als auch bei Bilanzberichtigungen anzuwenden ist. Eine **Bilanzberichtigung** ist anzunehmen, wenn ein **unrichtiger Bilanzansatz** durch zutreffende Schlussfolgerungen aus einem Sachverhalt korrigiert wird. Nach *Loose* (in Tipke/Kruse, § 175 AO Rz. 39) kommt § 175 Abs. 1 Satz 1 Nr. 2 AO nicht in Betracht, da sich nicht der zugrunde liegende Sachverhalt ändert, sondern nur die daraus gezogenen Schlussforderungen (ebenso *von Groll* in HHSp, § 175 AO Rz. 284). Hingegen ist nach zutreffender Gegenansicht § 175 Abs. 1 Satz 1 Nr. 2 AO auch bei Bilanzberichtigungen anwendbar, da die Schlussbilanz des vorangegangenen Wirtschaftsjahres Tatbestandsmerkmal des § 4 Abs. 1 EStG ist und somit Teil des Sachverhaltes für die Steuerfestsetzung des Folgejahres. Die Bilanzberichtigung führt daher zur Sachverhaltsänderung, § 175 Abs. 1 Satz 1 Nr. 2 AO ist anwendbar (BFH v. 30.06.2005, IV R 11/04, BStBl II 2005, 809; auch AEAO § 175, Nr. 2.4; *Koenig* in Koenig, § 175 AO Rz. 48; *Musil*, DStZ 2005, 362, 365; s. § 173 AO Rz. 11, s. § 174 AO Rz. 59). Bei einer **Bilanzänderung** hingegen wird eine Anwendbarkeit des § 175 Abs. 1 Satz 1 Nr. 2 AO allgemein angenommen, gleiches Ergebnis gilt auch für die Bilanzberichtigung, da in beiden Fällen das Tatbestandsmerkmal des § 4 Abs. 1 EStG betroffen ist. Bei einer solchen wird ein **richtiger Bilanzansatz** durch Ausübung eines Wahlrechtes in einen ebenfalls richtigen Bilanzansatz geändert.

### h) Rückwirkende Gesetze

Das in § 175 Abs. 1 Satz 1 Nr. 2 AO vorausgesetzte Ereignis kann auch der Erlass eines Gesetzes und damit das Relevantwerden eines mit steuerlicher Rückwirkung ausgestatteten Gesetzestatbestands sein (gl. A. *Förster* in DB 1986, 1696; a. A. BFH v. 09.08.1990, X R 5/88, BStBl II 1991, 55; *Szymczak* in K/S, § 175 AO Rz. 11/1; *Loose* in Tipke/Kruse, § 175 AO Rz. 42; offengelassen vom BFH v. 11.02.1994, III R 50/92, BStBl II 1994, 389). Im Hinblick auf den Eifer des Gesetzgebers, rückwirkend Änderungen des materiellen Steuerrechts vorzunehmen, ist zumindest bei ausdrücklicher Zurückbeziehung § 175 Abs. 1 Satz 1 Nr. 2 AO auf Gesetzesänderungen anwendbar (*Balmes*, FR 2001, 393). 52

Auch die rückwirkende Änderung **außersteuerlicher Rechtsnormen**, die steuerliche Rückwirkung entfaltet, fällt unter § 175 Abs. 1 Satz 1 Nr. 2, wenn dadurch der Sachverhalt nachträglich geändert wird und dieser geänderte Sachverhalt der Besteuerung zu unterwerfen ist (BFH v. 22.09.1999; XI R 98/97; BStBl II 2000, 115; BFH v. 28.07.2005, III R 68/04, BStBl II 2008, 350). 53

**Nicht** unter § 175 Abs. 1 Satz 1 Nr. 2 AO fallen **Urteile des BVerfG**, durch die ein **Gesetz für** verfassungswidrig und damit **nichtig erklärt** wird (AEAO zu § 175, Nr. 2.2). Auch § 175 Abs. 1 Satz 1 Nr. 1 AO ist keine besondere gesetzliche Regelung i. S. des § 79 Abs. 2 BVerfGG (BFH v. 11.02.1994, III R 117/93, BStBl II 1994, 380). 54

Gleiches gilt für die Änderung von **Verwaltungsanweisungen.** Auch rückwirkend in Kraft getretene **DBA** sind keine rückwirkenden Ereignisse i. S. des § 175 Abs. 1 Satz 1 Nr. 2 AO. Allerdings enthalten die deutschen Zustimmungsgesetze zu rückwirkenden DBA eine Ermächtigung, bereits bestandskräftige Bescheide zu ändern (*Loose* in Tipke/Kruse, § 175 AO Rz. 43). 55

### i) Rechtsprechung

**Leistungs- und Feststellungsurteile** ändern eine Tatsachenlage nicht, sondern klären diese. Sie können daher kein rückwirkendes Ereignis i. S. des § 175 Abs. 1 Satz 1 Nr. 2 AO darstellen (BFH v. 08.08.2002, II B 157/01, BFH/NV 2002, 1548). 56

57 **Gestaltungsurteile** hingegen können steuerlich zurückwirken, wenn durch sie ein Sachverhaltsmerkmal, das für die Besteuerung erheblich ist, rückwirkend anders gestaltet wird, z.B. durch erfolgreiches Anfechten/Anerkennung einer Vaterschaft (BFH v. 19.10.2006, III R 31/06, BFH/NV 2007, 392;).

58 Die **Änderung der Rechtsprechung** ist kein rückwirkendes Ereignis i.S. des § 175 Abs. 1 Satz 1 Satz 2 AO (BFH v. 21.03.1996, XI R 36/95, BStBl 1996, 399; FG Köln v. 18.10.2006, 14 K 5952/09, EFG 2007, 427). Dies gebietet zum einen der Vertrauensschutz des Stpfl. Die Bestandskraft der Steuerbescheide würde bei rückwirkender Anpassung an die jeweilige Rechtsprechung nahezu ausgehöhlt. Zum anderen wirken Entscheidungen der Gerichte nur inter partes, sodass eine Rückwirkung auf nicht Beteiligte nicht möglich ist.

#### j) Verwaltungsakte

59 Ein Verwaltungsakt, der erlassen, aufgehoben oder geändert wird, kann auch ohne Grundlagenbescheid zu sein, steuerliche Rückwirkung entfalten. Das ist der Fall, wenn der Verwaltungsakt unmittel- oder mittelbar Einfluss auf die Tatbestandsverwirklichung eines Steuergesetzes nimmt.

### III. Rechtsfolge

60 Soweit ein rückwirkendes Ereignis eingetreten ist, ist der Steuerbescheid zu erlassen, aufzuheben oder zu ändern. Die Finanzbehörde ist daher **verpflichtet**, die erforderliche Korrektur **von Amts wegen** vorzunehmen, ohne dass es auf einen entsprechenden Antrag des Betroffenen ankommt. Dementsprechend hat der Stpfl. einen **Rechtsanspruch** auf Durchführung der nach § 175 Abs. 1 Satz 1 Nr. 2 AO zugelassenen Maßnahmen.

61 Der **Umfang** der gebotenen Aufhebung, Änderung bzw. des gebotenen Erlasses eines entsprechenden Bescheids richtet sich ausschließlich nach dem Umfang der dem Ereignis anhaftenden steuerlichen Rückwirkung (**punktuelle Änderung**; BFH v. 14.10.2009, X R 14/08, BStBl II 2010, 533; s. Vor §§ 172–177 AO Rz. 22). Bei der ursprünglichen Festsetzung unterlaufende Rechtsfehler können auch im Umfang des rückwirkenden Ereignisses ungeachtet des Saldierungsrahmen des § 177 AO berichtigt werden (*von Wedelstädt* in Gosch, § 175 AO Rz. 71). Eine Wiederaufrollung des ganzen Falles findet nicht statt, jedoch lässt § 177 AO zu, dass durch § 175 Abs. 1 Satz 1 Nr. 2 AO ausgelöste betragsmäßige Erhöhungen bzw. Minderungen durch die gegenläufige Auswirkung der Richtigstellung früherer Rechtsfehler verkleinert oder im Höchstfall ausgeglichen werden (BFH v. 23.11.2000, IV R 85/99, BStBl II 2001, 122; BFH v. 22.04.2015, X R 24/13, BFH/NV 2015, 1334; s. § 177 AO Rz. 4 sowie s. Rz. 10 ff.).

Wie bei § 175 Abs. 1 Satz 1 Nr. 1 AO ist auch hier die Korrektur nur bis zum Ablauf der **Festsetzungsfrist** zulässig. **§ 175 Abs. 1 Satz 2 AO** bestimmt in Abweichung von § 170 AO (und von § 181 Abs. 3 AO) für die Fälle des § 175 Abs. 1 Satz 1 Nr. 2 AO einen besonderen Beginn der Festsetzungsfrist (**Anlaufhemmung**). Die Festsetzungsfrist beginnt erst mit Ablauf des Kalenderjahres, in dem das rückwirkende Ereignis eingetreten ist. Dadurch wird sichergestellt, dass den Beteiligten die Möglichkeit, die steuerlichen Folgerungen aus dem Ereignis noch zu ziehen, nicht wegen Ablaufs der Festsetzungsfrist verschlossen wird. Die Festsetzungsfrist beginnt für jedes rückwirkende Ereignis erneut zu laufen (BFH v. 28.08.1997, III R 3/94, BStBl II 1997, 827). Für die Fälle des § 61 Abs. 3 Satz 1 AO beachte jedoch die Begrenzung durch § 61 Abs. 3 Satz 2 AO. 62

### IV. Verhältnis zu anderen Vorschriften

**Spezialvorschriften**, die § 175 Abs. 1 Satz 1 Nr. 2 AO vorgehen, sind insbes. in Steuerbedingungen (s. Rz. 47) zu finden. 63

**Beispiele:** § 5 Abs. 2, § 7 Abs. 2; § 14 Abs. 2 BewG; § 10d Abs. 1 Satz 2 und 3 EStG; § 16 GrEStG; § 17 UStG 64

§ 175 Abs. 1 Satz 1 Nr. 2 AO ist auch anwendbar, wenn das FA den Steuerbescheid vorläufig nach § 165 Abs. 1 AO erlassen hat, eine Änderung nach § 165 Abs. 2 AO aber wegen Verstreichen der Anlaufhemmung nach § 171 Abs. 8 AO nicht mehr möglich ist, wenn das die Ungewissheit beseitigende Ereignis zugleich zurückwirkt (BFH v. 10.05.2007, IX R 30/06, BStBl II 2007, 807). 65

### V. Rechtsbehelfe

s. Rz. 32 66

## D. Wegfall einer Voraussetzung für eine Steuervergünstigung und nachträgliche Erteilung oder Vorlage einer Bescheinigung oder Bestätigung (§ 175 Abs. 2 AO)

§ 175 Abs. 2 Satz 1 AO fingiert im Fall des Wegfalls der Voraussetzungen für eine Steuervergünstigung, bspw. nach § 2 InvZulG (BFH v. 20.12.2000, III B 43/00, BFH/NV 2001, 744), die Rückwirkung. Die Vorschrift setzt die steuerliche Rückwirkung nicht voraus, sondern bestimmt sie (*Szymczak* in K/S, § 175 AO Rz. 15). Werden die Voraussetzungen der besonderen Steuervergünstigungsnorm nicht erfüllt oder fallen sie nachträglich weg, sind 67 bestandskräftige Steuerfestsetzungen zu ändern. Dabei wirkt der Wegfall der Voraussetzung für eine Steuervergünstigung auch bei bilanzierenden Stpfl. ohne Einschränkung auf den Beginn des Begünstigungszeitraumes zurück, da dem Stpfl. anderenfalls die Vergünstigung für mehrere Jahre erhalten bliebe, obwohl die maßgeblichen Voraussetzungen in der Folge vorzeitig entfallen waren (BFH v. 05.09.2001, I R 107/00, BStBl II 2002, 134).

67a Soweit § 175 Abs. 2 Satz 1 AO in seiner zweiten Alt. auf Verwaltungsakte abstellt, welche die Grundlage der Voraussetzung für die Gewährung der Steuervergünstigung feststellen, handelt es sich nur um solche Verwaltungsakte, die nicht Grundlagenbescheide i. S. der §§ 171 Abs. 10, 175 Abs. 1 Satz 1 Nr. 1 AO sind, denn hierfür besteht eine eigene Änderungsvorschrift. Gemeint sind daher Verwaltungsakte, die besondere Voraussetzungen für eine Steuervergünstigung fordern (*Bartone* in Bartone/von Wedelstädt, Rz. 1371; *von Wedelstädt* in Gosch, § 175 AO Rz. 70; *Loose* in Tipke/Kruse, § 175 AO Rz. 53; *von Groll* in HHSp, § 175 AO Rz. 399a).

68 Nach dem durch das EURLUmsG (v. 09.12.2004, BGBl I 2004, 3310, 3323) eingefügten **§ 175 Abs. 2 Satz 2** AO gilt die **nachträgliche Erteilung oder Vorlage einer Bescheinigung oder Bestätigung** nicht als rückwirkendes Ereignis i. S. des § 175 Abs. 1 Satz 1 Nr. 2 AO. Die Vorschrift ist nicht verfassungswidrig (BFH v. 12.05.2015, VIII R 14/13, BStBl II 2015, 806; BFH v. 10.05.2016, X R 34/13, BFH/NV 2017, 23).

69 Nach der Gesetzesbegründung (BT-Drs. 15/4050) soll durch die Vorschrift die unterschiedliche Behandlung von Bescheinigungen, die Tatbestandsmerkmal sind, und solchen, die bloß Beweismittel sind, beseitigt werden. Die Vorschrift wurde erlassen als Reaktion auf die **Manninen-Entscheidung** des EuGH (EuGH v. 07.09.2004, C-319/02, ABl. EU 2004, Nr. C 262, 4; vgl. auch EuGH v. 06.03.2007, C 292/04, EuGHE 2007, I-1835). In dieser entschied der EuGH, dass im Ausland gezahlte und bescheinigte KSt-Zahlungen beim inländischen Gesellschafter anzurechnen sind. Dies wäre vor Einführung des § 175 Abs. 2 Satz 2 AO über § 175 Abs. 1 Satz 1 Nr. 2 i. V. mit § 36 Abs. 2 Satz 2 Nr. 3 EStG a. F. durch nachträgliche Vorlage einer Bescheinigung über die im Ausland gezahlte KSt möglich gewesen. Aus Sorge vor Steuerausfällen hat der Gesetzgeber die vom EuGH angeordnete Anrechnung von im Ausland gezahlter KSt verfahrensrechtlich erschwert, daher wurde diese Vorschrift auch »lex Manninen« genannt (*Ribbrock*, RIW 2005; *Balmes/Graessner*, AO-StB 2005, 139; *Gosch*, DStR 2004, 1988). Der EuGH hat entschieden, dass der Effektivitätsgrundsatz der Regelung des § 175 Abs. 2 Satz 2 AO entgegensteht, die es rückwirkend und ohne Einräumung einer Übergangsfrist verwehrt, eine Anrechnung der ausländischen KSt auf Dividenden, die von einer Kapitalgesellschaft mit Sitz in einem anderen Mitgliedstaat gezahlt wurden, dadurch zu erlangen, dass entweder eine den Anforderungen des Mitgliedstaats, in dem der Empfänger der Dividenden unbeschränkt steuerpflichtig ist, genügende Bescheinigung über diese Steuer oder Belege vorgelegt werden, anhand derer die Steuerbehörden dieses Mitgliedstaats eindeutig und genau überprüfen können, ob die Voraussetzungen für die Inanspruchnahme eines Steuervorteils vorliegen (EuGH v. 30.06.2011, Rs. C-262/09, ABl EU 2011, Nr. C 252, 3). § 175 Abs. 2 Satz 2 AO ist demnach **europarechtswidrig** und bleibt wegen des Anwendungsvorrangs des Europarechts **bei grenzüberschreitenden Fällen außer Anwendung und Betracht** (st. Rspr.; grundlegend EuGH v. 15.07.1964, 6/64, EuGHE 10, 1251 – Costa/ENEL; aus jüngerer Zeit z. B. EuGH v. 10.04.2008, Rs. C-309/06, EuGHE 2005, I-10866 – Marks & Spencer). Bei reinen Inlandsfällen ohne europarechtlichen Bezug bleibt § 175 Abs. 2 Satz 2 AO anwendbar (z. B. BFH v. 12.05.2015, VIII R 14/13, BStBl II 2015, 806; BFH v. 10.05.2016, X R 34/13, BFH/NV 2017, 23; *Bartone* in Bartone/von Wedelstädt, Rz. 1375; krit. *von Wedelstädt* in Gosch, § 175 AO Rz. 51.2). Daher ist bspw. die Vorlage der Steuerbescheinigung über die erzielten Kapitaleinkünfte wegen § 175 Abs. 2 Satz 2 AO nicht als rückwirkendes Ereignis anzusehen (BFH v. 12.05.2015, VIII R 14/13, BStBl II 2015, 806).

Nach Art. 97 § 9 Abs. 3 EGAO i. d. F. durch Art. 8a EURLUmsG gilt § 175 Abs. 2 Satz 2 nicht für nachträgliche Bescheinigungen der anrechenbaren KSt bei **vGA**. Ansonsten könnten unbillige Ergebnisse bspw. in dem Fall entstehen, in dem eine verdeckte Gewinnausschüttung erst während einer Außenprüfung bekannt wird. Die verdeckte Gewinnausschüttung kann im Rahmen des § 20 Abs. 1 Nr. 3 EStG a. F. als Einkünfte erfasst werden und die KSt gem. § 36 Abs. 1 Nr. 3 EStG a. F. auf die ESt angerechnet werden (§ 175 Abs. 2 Satz 2 AO: *von Wedelstädt*, DB 2004, 2500; *Loose*, AO-StB 2005, 49; *Melchior*, DStR 2004, 2121; *Gosch*, DStR 2004, 1988). 70

## § 175a AO Umsetzung von Verständigungsvereinbarungen

**Ein Steuerbescheid ist zu erlassen, aufzuheben oder zu ändern, soweit dies zur Umsetzung einer Verständigungsvereinbarung oder eines Schiedsspruchs nach einem Vertrag im Sinne des § 2 geboten ist. Die Festsetzungsfrist endet insoweit nicht vor Ablauf eines Jahres nach dem Wirksamwerden der Verständigungsvereinbarung oder des Schiedsspruchs.**

**Inhaltsübersicht**



**Schrifttum**


von Wedelstädt, Missbrauchsbekämpfungs- und Steuerbereinigungsgesetz: Änderung der Abgabenordnung, DB 1994, 9; Krabbe, Verständigungsverfahren, IStR 2002, 548; Leising, Die Klage auf Einleitung eines Verständigungsverfahrens nach Art. 25 Abs. 2 OECD-MA, IStR 2002, 114; Bartone/von Wedelstädt, Korrektur von Steuerverwaltungsakten, 2. Aufl. 2017; Kramer, APA – Vorabverständigungsverfahren und Vorabzusagen über Verrechnungspreise, IStR 2007, 174; Loh/Sternert, Scheitern internationale Lösungen von Verrechnungsfragen am § 175a AO?, BB 2008, 2383; Lühn, Scheitern internationale Lösungen von Verrechnungspreisen an § 175a AO, BB 2009, 412.


## A. Bedeutung der Vorschrift

1 § 175a Satz 1 AO gewährleistet als selbstständige Korrekturnorm, dass Verständigungsvereinbarungen (vgl. Art. 25 OECD-MA) und Schiedssprüche aufgrund von **völkerrechtlichen Verträgen i. S. des § 2 AO** durch Erlass, Aufhebung oder Änderung von Steuerbescheiden umgesetzt werden können, und zwar ohne Rücksicht auf deren Bestandskraft (BMF v. 13.07.2006, IV B 6 S 1300 340/06, BStBl I 2006, 461). Bei den völkerrechtlichen Verträgen handelt es sich zumeist um DBA. Zum Begriff des völkerrechtlichen Vertrages s. § 2 AO Rz. 2 ff. Nach der Begründung zum Gesetzentwurf (BR-Drs. 612/93, 102) soll § 175a Satz 1 AO auch gelten für die Umsetzung von Stellungnahmen des Beratenden Ausschusses nach dem noch nicht ratifizierten Übereinkommen zwischen den EU-Staaten über die Beseitigung der Doppelbesteuerung im Falle von Gewinnberichtigungen zwischen verbundenen Unternehmen (ABl. EG Nr. L 225 vom 20.08.1990, 10).

2 Die Vorschrift findet sowohl auf **Steuerbescheide** als auch auf ihnen gleichgestellte Bescheide Anwendung (*von Wedelstädt* in Gosch, § 175a AO Rz. 4; s. Vor §§ 172–177 AO Rz. 3 ff.).

## B. Tatbestand

### I. Verständigungsvereinbarung

3 Verständigungsverfahren (vgl. Art. 25 OECD-MA) dienen der Beseitigung von Konflikten, die zwischen völkerrechtlichen Abkommen über die Besteuerung und nationalem Steuerrecht auftreten können. Das Verständigungsverfahren, dessen Rechtsgrundlage die Verständigungsklauseln in DBA sind, ist ein zwischenstaatliches Verfahren zur übereinstimmenden Anwendung solcher Abkommen. Die Verständigungsverfahren werden von den Vertragsparteien des jeweiligen Abkommens geführt. Für die Bundesrepublik Deutschland handelt das BMF im Einvernehmen mit den zuständigen obersten Landesbehörden (*von Wedelstädt* in Gosch, § 175a AO Rz. 10).

### II. Schiedsspruch

4 Für den Fall des Scheiterns eines Verständigungsverfahrens sehen einige DBA (z.B. Art 25a DBA-Frankreich, Art. 25 Abs. 5 DBA-USA) die Durchführung eines Schiedsverfahrens vor, das durch Schiedsspruch beendigt wird. Eine **tatsächliche Verständigung** ist keine nach dem DBA vorgesehene Verständigungsvereinbarung (BFH v. 28.02.2002, V B 167/01, BFH/NV 2002, 1010).

## C. Rechtsfolge

5 **Umsetzung** einer Verständigungsvereinbarung oder eines Schiedsspruchs nach einem Vertrag i.S. des § 2 AO bedeutet entsprechende Steuerfestsetzung durch die zuständige (hier deutsche) Finanzbehörde. Dies erfolgt durch erstmalige Festsetzung oder durch Änderung bzw. Aufhebung einer bereits erfolgten Steuerfestsetzung gem. der zwischenstaatlichen Übereinkunft (*Loose* in Tipke/Kruse, § 175a AO Rz. 4). Diese muss **Gegenstand des Verständigungsverfahrens** gewesen sein. Eine sinngemäße Anwendung von § 175a AO auf Steuerbescheide, die nicht Gegenstand des Verständigungsverfahrens waren, ist angesichts des klaren Wortlauts der Norm nicht möglich (FG Mchn v. 28.10.2008, 6 K 2831/07, juris; FG Köln v. 06.05.2015, 2 K 3712/10, EFG 2015, 2088). Zur Zuständigkeit des BMF und zu weiteren Einzelheiten Merkblatt des BMF v. 13.07.2006, IV B 6 S 1300 340/06, BStBl I 2006, 461.

6 Die Finanzbehörde ist zur Umsetzung von Verständigungsvereinbarungen bzw. Schiedssprüchen verpflichtet. Es besteht **kein Ermessen** (*von Wedelstädt* in Gosch, § 175a AO Rz. 20). §§ 176 und 177 AO sind anzuwenden.

## D. Festsetzungsfrist

7 § 175a Satz 2 AO enthält eine **spezielle Ablaufhemmung**. Hiernach endet die Festsetzungsfrist nicht vor Ablauf eines Jahres nach dem Wirksamwerden der Verständigungsvereinbarung oder des Schiedsspruchs. Das setzt nach neuerer Auffassung voraus, dass die Festsetzungsfrist bei Einleitung des Verständigungsverfahrens oder bei Antrag des Stpfl. auf Einleitung eines solchen Verfahrens noch nicht abgelaufen war (so auch *Loose* in Tipke/Kruse, § 175a Rz. 8; *Koenig* in Koenig, § 175a AO

Rz. 10; *von Groll* in HHSp, § 175 a AO Rz. 102). Es genügt danach auch, wenn der Stpfl. die Einleitung eines derartigen Verfahrens vor Eintritt der Festsetzungsverjährung beantragt hat. Nach vorzugswürdiger Auffassung tritt die **Ablaufhemmung** des § 175 a Satz 2 AO jedoch **auch dann** ein, wenn die **regelmäßige Festsetzungsfrist** des § 169 AO **bereits abgelaufen** ist, denn nur dann können Verständigungsverfahren effektiv umgesetzt werden (*Szymczak* in K/S, § 175 a AO Rz. 5; *Bartone* in Bartone/von Wedelstädt, Rz. 1457; *von Wedelstädt* in Gosch, § 175 a AO Rz. 17 mit einem Hinweis auf den gleichlautenden Wortlaut in § 171 Abs. 10 AO; *Loh/Steinert*, BB 2008, 2383, 2385; *Rüsken* in Klein, § 175 a AO Rz. 2; a. A. *Loose* in Tipke/Kruse, § 175 a AO, Rz. 8; *Koenig* in Koenig, § 175 a AO Rz. 10; *von Groll* in HHSp, § 175 a AO Rz. 102). Der Stpfl. erfährt i. d. R. erst nach Ablauf der Festsetzungsfrist von einer im Ausland durchgeführten Außenprüfung. Nach erstgenannter Ansicht müsste der Stpfl. – um sich effektiv zu schützen – vorsorglich einen Antrag nach § 171 Abs. 3 AO stellen und Ruhen des Verfahrens nach § 363 Abs. 2 Satz 1 AO beantragen, bis die ausländische Festsetzung bestandskräftig ist. Dies steht der Umsetzung einer unter Beachtung der DBA-Fristen beantragten Verständigungsvereinbarung rechtlich entgegen, auch wenn das BZSt i. d. Praxis eine Verständigungsvereinbarung ungeachtet der Festsetzungsverjährung umsetzt. § 175 a soll nach dem Willen des Gesetzgebers die Grundlage für solche Änderungen sein (vgl. BT-Druck. 12/5630). Enthalten DBA keine Antragsfristen, so verhindert das BMF-Schreiben v. 13.07.2006 (BStBl I 2006, 461) durch Statuierung einer Pflicht zur Einleitung eines Verständigungsverfahrens innerhalb von vier Jahren einen dauerhaften Schwebezustand (vgl. zum Ganzen *Loh/Steinert*, BB 2009, 2385 f. m. w. N.).

## § 175b AO Änderung von Steuerbescheiden bei Datenübermittlung durch Dritte

**(1) Ein Steuerbescheid ist aufzuheben oder zu ändern, soweit von der mitteilungspflichtigen Stelle an die Finanzbehörden übermittelte Daten im Sinne des § 93c bei der Steuerfestsetzung nicht oder nicht zutreffend berücksichtigt wurden.**

**(2) Gelten Daten, die von mitteilungspflichtigen Stellen nach Maßgabe des § 93c an die Finanzverwaltung übermittelt wurden, nach § 150 Absatz 7 Satz 2 als Angaben des Steuerpflichtigen, ist der Steuerbescheid aufzuheben oder zu ändern, soweit diese Daten zu Ungunsten des Steuerpflichtigen unrichtig sind.**

**(3) Ist eine Einwilligung des Steuerpflichtigen in die Übermittlung von Daten im Sinne des § 93c an die Finanzbehörden Voraussetzung für die steuerliche Berücksichtigung der Daten, so ist ein Steuerbescheid aufzuheben oder zu ändern, soweit die Einwilligung nicht vorliegt.**

**(4) Die Absätze 1 und 2 gelten nicht, wenn nachträglich übermittelte Daten im Sinne des § 93c Absatz 1 oder 3 nicht rechtserheblich sind.**

### Inhaltsübersicht



### Schrifttum

Bartone/von Wedelstädt, Korrektur von Steuerverwaltungsakten, 2. Aufl. 2017; Braun Binder, Ausschließlich automationsgestützt erlassene Steuerbescheide und Bekanntgabe durch Bereitstellung zum Datenabruf, DStZ 2016, 526; Dissars, Änderungen im Bereich der Korrekturvorschriften der AO durch das Gesetz zur Modernisierung des Besteuerungsverfahrens – Überblick und erste Anmerkungen, BB 2017, 1307; Höreth/Stelzer, Gesetz zur Modernisierung des Besteuerungsverfahrens, DStZ 2016, 520; Ortmann-Babel/Franke, Gesetz zur Modernisierung des Besteuerungsverfahrens, DB 2016, 1521; Seer, Modernisierung des Besteuerungsverfahrens, StuW 2015, 315; Trossen, Die Auswirkungen der Modernisierung des steuerlichen Verfahrensrechts auf den gerichtlichen Rechtsschutz, FR 2015, 1021; von Wedelstädt, Das Gesetz zur Modernisierung des Besteuerungsverfahrens, AO-StB 2016, 196; von Wedelstädt, Neue Änderungsvorschriften in der Abgabenordnung (§ 173 a AO, § 175 b AO), AO-StB 2017, 19.

### A. Bedeutung der Vorschrift

1 § 175 b AO ist die gesetzliche Grundlage für die Änderung oder Aufhebung bestandskräftiger Steuerbescheide, wenn Daten, die von mitteilungspflichtigen Stellen i. S. von § 93 c AO an die Finanzbehörde übermittelt worden sind, bei der Steuerfestsetzung nicht oder nicht zutreffend berücksichtigt wurden (§ 175 b Abs. 1 AO), wenn derartige Daten, die nach § 150 Abs. 7 Satz 2 AO als Angaben des Stpfl. gelten, zu dessen Ungunsten unrichtig sind (§ 175 b Abs. 2 AO), oder wenn Daten ohne Vorliegen einer gesetzlich vorgeschriebenen Einwilligung des Stpfl. übermittelt wurden, diese Einwilligung aber Voraussetzung für die Berücksichtigung dieser Daten ist (§ 175 b Abs. 3 AO). § 175 b Abs. 4 AO beschränkt die Änderung oder Aufhebung von Steuerbescheiden in den dort geregelten Fällen. § 171 Abs. 10a AO regelt dazu eine Ablaufhemmung der Festsetzungsfrist. § 175 b AO wurde durch das Gesetz zur Modernisierung des Besteuerungs-

verfahrens vom 18.07.2014 (BGBl I 2016, 1679) eingefügt und ist erstmals anzuwenden, wenn steuerliche Daten eines Stpfl. für Besteuerungszeiträume nach 2016 oder Besteuerungszeitpunkte nach dem 31.12.2016 aufgrund gesetzlicher Vorschriften von einem Dritten als mitteilungspflichtiger Stelle elektronisch an Finanzbehörden zu übermitteln sind (Art 97 § 27 Abs. 2 EGAO).

2 Zweck des § 175b AO ist es, die Aufhebung und Änderung von Steuerbescheiden zu ermöglichen, die aufgrund von fehlerhaft berücksichtigten oder fehlerhaft übermittelten oder ohne Einwilligung des Stpfl. übermittelten Daten rechtswidrig sind. Die Norm steht im engen systematischen Zusammenhang mit den in den Einzelsteuergesetzen vorhandenen Regelungen zum verstärkten Datenaustausch der Finanzbehörden mit anderen Behörden oder Dritten – z. B. Arbeitgeber, Rentenversicherungsträger, Krankenversicherungen oder Banken –, die durch § 93c Abs. 1 AO eine verfahrensrechtliche Vereinheitlichung erfahren haben. Durch § 175b AO wird sichergestellt, dass Fehler bei der Mitteilung oder bei ihrer Berücksichtigung in der Steuerfestsetzung, die zu fehlerhaften Steuerfestsetzungen geführt haben, korrigiert werden können. Andere Korrekturvorschriften, insbes. § 175 Abs. 1 Satz 1 Nr. 1 AO, sind insoweit nicht einschlägig, weil die **Mitteilungen der auskunftspflichtigen Dritter** keine Verwaltungsakte (§ 118 Satz 1 AO) und daher **keine Grundlagenbescheide** i. S. von § 171 Abs. 10 AO darstellen, sodass keine Bindungswirkung für die Steuerfestsetzung besteht (*von Wedelstädt* in Gosch, § 175b AO Rz. 3; *Loose* in Tipke/Kruse, § 175b AO Rz. 2).

3 Aus dem Wortlaut und dem systematischen Kontext der Norm folgt, dass sich ihr **Anwendungsbereich** auf **Steuerbescheide und gleichgestellte Bescheide** erstreckt (*von Wedelstädt* in Gosch, § 175b AO Rz. 5; s. Vor §§ 172-177 AO Rz. 4 ff.). Auf Einfuhr- bzw. Ausfuhrabgabenbescheide sowie Verbrauchsteuerbescheide findet § 175b AO keine Anwendung (*von Wedelstädt* in Bartone/von Wedelstädt, Rz. 1505).

## B. Aufhebung und Änderung bei fehlender oder unzutreffender Berücksichtigung von Daten (§ 175b Abs. 1 AO)

4 Nach § 175b Abs. 1 AO ist ein Steuerbescheid aufzuheben oder zu ändern, soweit von der mitteilungspflichtigen Stelle an die Finanzbehörde übermittelte Daten i. S. § 93c AO nicht oder nicht zutreffend berücksichtigt wurden. Welche Stelle mitteilungspflichtig ist und welche Daten zu übermitteln sind, ergibt sich aus den entsprechenden Einzelgesetzen. Die Korrektur erfolgt, wenn durch die **Nichtberücksichtigung oder die unzutreffende Berücksichtigung** der Daten die Besteuerungsgrundlagen unzutreffend ermittelt wurden und der Steuerbescheid deshalb rechtswidrig ist, wenn also bei zutreffender Berücksichtigung der Daten die Steuer höher oder niedriger ausfallen würde (*von Wedelstädt* in Bartone/von Wedelstädt, Rz. 1510). Dies gilt auch für die Übermittlung von korrigierten Daten durch den mitteilungspflichtigen Dritten (*Loose* in Tipke/Kruse, § 175b AO Rz. 7; gl. A. *von Wedelstädt* in Gosch, § 175b AO Rz. 13). Fehlt es an einer **Auswirkung auf die materielle Richtigkeit der Steuerfestsetzung**, kommt eine Änderung des Steuerbescheids nach § 175b Abs. 1 AO nicht in Betracht (*Loose* in Tipke/Kruse, § 175b Rz. 6). Dies ergibt sich aus § 175b Abs. 4 AO, der nachträglich eingefügt wurde (s. Rz. 13). Auf eine Verletzung der Mitwirkungspflichten seitens des Stpfl. oder der Ermittlungspflichten durch die Finanzbehörde kommt es dabei nicht an (AEAO zu § 175b, Nr. 1). Unerheblich ist auch, ob dem Stpfl. bei Erstellung der Steuererklärung ein Schreib- oder Rechenfehler i. S. des § 173a AO oder der Finanzbehörde bei Erlass des Steuerbescheides ein mechanisches Versehen i. S. des § 129 AO, ein Fehler bei der Tatsachenwürdigung oder ein Rechtsanwendungsfehler unterlaufen ist (AEAO zu § 175b, Nr. 1 Abs. 2).

Die Änderung nach einem der Korrekturtatbestände des § 175b AO ist – wie auch sonst bei Anwendung der §§ 172 ff. AO – zwingend durchzuführen. Die Finanzbehörde hat insoweit **kein Ermessen** (*von Wedelstädt* in Bartone/von Wedelstädt, Rz. 1515; *von Wedelstädt* in Gosch, § 175b AO Rz. 15; *Loose* in Tipke/Kruse, § 175b AO Rz. 8). § 175b Abs. 1 AO erlaubt wie die übrigen Korrekturnormen der §§ 172 ff. AO **nur eine punktuelle Durchbrechung der Bestandskraft**, keine »Gesamtaufrollung« des Steuerfalls (*Paetsch* in Gosch, § 171 AO Rz. 178.3; s. § 171 AO Rz. 105b). Der Umfang der Änderung richtet sich nach den jeweiligen nach § 93c Abs. 1 AO zu übermittelnden Daten. § 175b Abs. 1 AO umfasst Änderung sowohl zugunsten des Stpfl. wie auch zuungunsten (*von Wedelstädt* in Bartone/von Wedelstädt, Rz. 1515; *von Wedelstädt* in Gosch, § 175b AO Rz. 15; AEAO zu § 175b, Nr. 1). 5

Hinsichtlich der **objektiven Feststellungslast** gelten die allgemeinen Regeln. Daher trägt für die tatsächlichen Voraussetzungen einer Korrektur nach § 175b Abs. 1 AO derjenige die objektive Feststellungslast, der sich darauf beruft (*von Wedelstädt* in Bartone/von Wedelstädt, Rz. 1520; *von Wedelstädt* in Gosch, § 175b AO Rz. 20). 6

Für die Fälle § 175b Abs. 1 AO enthält § 171 Abs. 10a AO eine **spezielle Ablaufhemmung**. Hierzu s. § 171 AO Rz. 105b f. 7

## C. Aufhebung oder Änderung bei unrichtigen Daten (§ 175b Abs. 2 AO)

Nach § 175b Abs. 2 AO ist ein Steuerbescheid aufzuheben oder zu ändern, soweit von mitteilungspflichtigen Stellen an die Finanzbehörde übermittelte Daten i. S. von 8

§ 93c AO, die nach § 150 Abs. 7 Satz 2 AO als Angaben des Stpfl. gelten, zu dessen Ungunsten unrichtig sind. Nach § 150 Abs. 7 Satz 2 AO gilt dies, wenn und soweit der Stpfl. nicht in einem dafür vorzusehenden Abschnitt oder Datenfeld der Steuererklärung abweichende Angaben macht. Die Finanzbehörde berücksichtigt diese Daten bei Ermittlung der Besteuerungsgrundlagen, ohne dass der Stpfl. sie auf ihre Richtigkeit überprüft hat. Erweist sich der Steuerbescheid nachträglich als rechtswidrig, weil diese Daten inhaltlich zuungunsten des Stpfl. falsch sind, erfolgt eine Aufhebung oder Änderung nach § 175b Abs. 2 AO zugunsten des Steuerpflichtigen (*von Wedelstädt* in Bartone/von Wedelstädt, Rz. 1526; *von Wedelstädt* in Gosch, § 175b AO Rz. 26). Dabei kommt es nicht darauf an, ob die Daten steuerrechtlich unzutreffend gewürdigt worden sind (*von Wedelstädt* in Gosch, § 175b AO Rz. 26). § 175b Abs. 2 AO ist ausdrücklich **nur** eine **Änderung zugunsten des Stpfl.** zulässig; eine Änderung zu seinen Ungunsten ist damit ausgeschlossen. Der Stpfl. soll vor Rechtsnachteilen geschützt werden, wenn er berechtigterweise darauf vertrauen darf, dass die ihn betreffenden Daten zutreffend und vollständig an die Finanzbehörden übermittelt werden (*Loose* in Tipke/Kruse, § 175b AO Rz. 10). Auf ein etwaiges Verschulden daran, dass die zutreffenden Daten erst nachträglich übermittelt werden, kommt es für eine Änderung nach § 175b Abs. 2 AO nicht an (*Loose* in Tipke/Kruse, § 175b AO Rz. 11). Sind die Daten nicht rechtserheblich, scheidet eine Änderung nach § 175b Abs. 2 AO aus (§ 175b Abs. 4 AO; s. Rz. 14 f.).

9 Die Änderung nach § 175b Abs. 2 AO ist zwingend durchzuführen. Die Finanzbehörde hat insoweit **kein Ermessen** (*von Wedelstädt* in Bartone/von Wedelstädt, Rz. 1530; *von Wedelstädt* in Gosch, § 175b AO Rz. 30). § 175b Abs. 2 AO erlaubt wie die übrigen Korrekturnormen der §§ 172 ff. AO nur eine **punktuelle Durchbrechung der Bestandskraft**, keine »Gesamtaufrollung« des Steuerfalls. Der Umfang der Änderung richtet sich nach, inwieweit die Steuerfestsetzung aufgrund der unzutreffenden Daten rechtswidrig ist (*von Wedelstädt* in Bartone/von Wedelstädt, Rz. 1530; *von Wedelstädt* in Gosch, § 175b AO Rz. 30).

10 Da § 175b Abs. 2 AO ausschließlich eine Änderung zugunsten des Stpfl. regelt, trifft diesen die **objektive Feststellungslast** für die tatsächlichen Voraussetzungen einer Korrektur nach § 175b Abs. 2 AO.

## D. Aufhebung oder Änderung bei fehlender Einwilligung in die Datenübermittlung (§ 175b Abs. 3 AO)

11 Nach § 175b Abs. 3 AO ist in Steuerbescheid aufzuheben oder zu ändern, wenn eine Einwilligung des Stpfl. zur Übermittlung von Daten i. S. von § 93c AO, die Voraussetzung für die steuerliche Berücksichtigung der Daten ist, fehlt. Voraussetzung ist, dass der Steuerbescheid dadurch rechtswidrig ist (*von Wedelstädt* in Bartone/von Wedelstädt, Rz. 1536; *von Wedelstädt* in Gosch, § 175b AO Rz. 36). Aus den Einzelsteuergesetzen ergibt sich, ob im Einzelfall für die Übermittlung von Daten nach § 93c AO durch eine mitteilungspflichtige Stelle die **Einwilligung des Stpfl.** erforderlich ist. Fehlt eine solche Einwilligung, ist die Mitteilung aber gleichwohl erfolgt und ausgewertet worden, ist der Steuerbescheid insoweit, als die steuerlichen Auswirkungen der Datenberücksichtigung reichen, **zugunsten wie zuungunsten des Stpfl.** aufzuheben oder zu ändern.

Die Änderung nach § 175b Abs. 3 AO ist zwingend durchzuführen. Die Finanzbehörde hat insoweit **kein Ermessen.** § 175b Abs. 3 AO erlaubt nur eine **punktuelle Durchbrechung der Bestandskraft,** keine »Gesamtaufrollung« des Steuerfalls. Der Umfang der Änderung richtet sich nach den Auswirkungen der Datenberücksichtigung. 12

Hinsichtlich der **objektiven Feststellungslast** gelten grds. die allgemeinen Regeln. Daher trägt für die tatsächlichen Voraussetzungen einer Korrektur nach § 175b Abs. 1 AO derjenige die objektive Feststellungslast, der sich darauf beruft (*von Wedelstädt* in Bartone/von Wedelstädt, Rz. 1520; *von Wedelstädt* in Gosch, § 175b AO Rz. 20). Allerdings trägt der Stpfl. die objektive Feststellungslast, wenn sich nicht aufklären lässt, ob die erklärten Daten zutreffend sind (*von Wedelstädt* in Bartone/von Wedelstädt, Rz. 1536; *von Wedelstädt* in Gosch, § 175b AO Rz. 36; *Seer*, StuW 2015, 315, 327). 13

## E. Rechtserheblichkeit nachträglich übermittelter Daten (§ 175b Abs. 4 AO)

Nach § 175b Abs. 4 AO gelten § 175b Abs. 1 und Abs. 2 AO nicht, wenn nachträglich übermittelte Daten i. S. des § 93c Abs. 1 oder Abs. 3 AO nicht rechtserheblich sind. § 175b Abs. 3 AO ist von dieser Regelung nicht erfasst. § 175b Abs. 4 AO erfasst sowohl den Fall, dass nach einer erstmaligen Datenübermittlung nachträglich Daten übermittelt werden, die nicht rechtserheblich sind, als auch den Fall, dass bei der Übermittlung von korrigierten Daten diesen die Rechtserheblichkeit (s. Rz. 15) fehlt. 14

Nach der ausdrücklichen Anordnung des Gesetzes scheidet eine Aufhebung oder Änderung nach den beiden genannten Korrekturtatbeständen aus, wenn das FA bei ursprünglicher Kenntnis der Tatsachen mit an Sicherheit grenzender Wahrscheinlichkeit nicht anders entschieden hätte (z. B. BFH v. 21.02.2017, VIII R 46/13, BStBl II 2017, 745; s. § 173 AO Rz. 35 f.). Der Begriff der **Rechtserheblichkeit** knüpft an § 173 AO an und ist in derselben Weise zu verstehen, wie ihn der BFH für § 173 AO als ungeschriebenes Tatbestandsmerkmal zugrunde legt (*von Wedelstädt* in Gosch, § 175b AO Rz. 39; *Loose* in Tipke/Kru- 15 se, § 175b AO Rz. 15). Demnach sind Tatsachen i.S. des § 173a AO rechtserheblich, wenn das FA bei ursprünglicher Kenntnis der Tatsachen und Beweismittel mit an Sicherheit grenzender Wahrscheinlichkeit anders entschieden hätte, d.h. eine höhere oder niedrigere Steuer festgesetzt hätte (z.B. BFH v. 21.02.2017, VIII R 46/13, BStBl II 2017, 745; s. § 173 AO Rz. 35 f.).

16 Nachträglich i.S. des § 175b Abs. 4 AO werden Daten übermittelt, wenn sie dem zuständigen Amtsträger nach Abschluss der Willensbildung hinsichtlich der Steuerfestsetzung bekannt werden. Insoweit entspricht der Begriff »nachträglich« demjenigen in § 173 AO (dazu s. § 173 AO Rz. 17; *von Wedelstädt* in Gosch, § 175b AO Rz. 39; *Loose* in Tipke/Kruse, § 175b AO Rz. 14).

## § 176 AO
## Vertrauensschutz bei der Aufhebung und Änderung von Steuerbescheiden

**(1) Bei der Aufhebung oder Änderung eines Steuerbescheids darf nicht zuungunsten des Steuerpflichtigen berücksichtigt werden, dass**

**1. das Bundesverfassungsgericht die Nichtigkeit eines Gesetzes feststellt, auf dem die bisherige Steuerfestsetzung beruht,**

**2. ein oberster Gerichtshof des Bundes eine Norm, auf der die bisherige Steuerfestsetzung beruht, nicht anwendet, weil er sie für verfassungswidrig hält,**

**3. sich die Rechtsprechung eines obersten Gerichtshofes des Bundes geändert hat, die bei der bisherigen Steuerfestsetzung von der Finanzbehörde angewandt worden ist.**

**Ist die bisherige Rechtsprechung bereits in einer Steuererklärung oder einer Steueranmeldung berücksichtigt worden, ohne dass das für die Finanzbehörde erkennbar war, so gilt Nummer 3 nur, wenn anzunehmen ist, dass die Finanzbehörde bei Kenntnis der Umstände die bisherige Rechtsprechung angewandt hätte.**

**(2) Bei der Aufhebung oder Änderung eines Steuerbescheids darf nicht zuungunsten des Steuerpflichtigen berücksichtigt werden, dass eine allgemeine Verwaltungsvorschrift der Bundesregierung, einer obersten Bundes- oder Landesbehörde von einem obersten Gerichtshof des Bundes als nicht mit dem geltenden Recht in Einklang stehend bezeichnet worden ist.**

**Inhaltsübersicht**



**Schrifttum**


Thiel, Vertrauensschutz im Besteuerungsverfahren, DB 1988, 1343; Kirchhof, Kontinuität und Vertrauensschutz bei Änderungen der Rechtsprechung, DStR 1989, 263; Willibald, Vertrauensschutz bei verschärfender Rechtsprechung im Bereich des Steuerrechts, DStR 1991, 442; Seer, Das Spannungsverhältnis zwischen der Bestandskraft des Steuerbescheids und der Verfassungswidrigkeit einer Steuerrechtsnorm, DStR 1993, 307; Spindler, Vertrauensschutz im Steuerrecht, DStR 2001, 725; Anzinger/Mittermaier, Vorläufige Festsetzung der Erbschaft- und Schenkungsteuer: Ende des schutzwürdigen Vertrauens in die geltende Rechtslage?, BB 2002, 2355; Fromm, Durchlöcherung der Bestandskraft dargestellt am Beispiel der vermeintlich gewerblich geprägten GmbH & Co. GbR mbH, StB 2002, 166; Tiedtke/Szczesny, Gesetzlicher Vertrauensschutz und Billigkeitsregelungen der Finanzverwaltung, NJW 2002, 3733; Englisch/Plum, Schutz des Vertrauens auf Steuergesetze, Finanzrechtsprechung und Regelungen der Finanzverwaltung, StuW 2004, 342; Hey, Schutz des Vertrauens in BFH-Rechtsprechung und Verwaltungspraxis, DStR 2004, 1897; von Wedelstädt, Vertrauensschutz bei der Aufhebung und Änderung von Steuerbescheiden, AO-StB 2010, 303; Bartone/von Wedelstädt, Korrektur von Steuerverwaltungsakten, 2. Aufl. 2017.


### A. Bedeutung der Vorschrift, Vertrauensschutz

Die Vorschrift ist **keine eigenständige Korrekturnorm**, sie ist nur anwendbar, wenn ein Steuerbescheid oder ein diesem gleichgestellter Bescheid aufgehoben oder geändert wird. § 176 AO schützt den Stpfl. nur vor der Änderung eines Steuerbescheids zu seinen Ungunsten. Die Vorschrift räumt hingegen **keinen Anspruch** auf Änderung eines bestandskräftigen Steuerbescheides zu seinen Gunsten ein (BFH v. 20.06.2003, XI S 21/02, BFH/NV 2003, 1555; FG Nds. v. 15.12.2005, 11 K 50/05, EFG 2006, 544). 1

Der dem Bürger eingeräumte Vertrauensschutz ist Ausfluss des **Rechtsstaatsprinzips**. Gleichzeitig wird durch § 176 AO die Bindung der Verwaltung an das Gesetz eingeschränkt. Damit versucht die Vorschrift einen Ausgleich zwischen Bindung der Verwaltung an Recht und Gesetz (Art. 20 Abs. 3 GG) und dem Prinzip der Rechtssicherheit, das ebenfalls Ausfluss des Rechtsstaatsprinzips ist (Art. 20 Abs. 3 GG). § 176 AO schützt mithin nicht 2 das Vertrauen in die Gesetzgebung, die höchstrichterliche Rechtsprechung oder in allgemeine Verwaltungsvorschriften, sondern das Vertrauen in die **materielle Bestandskraft** von Steuerbescheiden, soweit sie auf einer solchen Gesetzgebung usw. beruhen (BFH v. 14.02.2007, XI R 30/05, BStBl II 2007, 524; BFH v. 11.04.2002, V R 26/01, BStBl II 2004, 317; FG Hamburg v. 24.01.2006, II 274/04, EFG 2006, 1020; *Loose* in Tipke/Kruse, § 176 AO Rz. 1; *Rüsken* in Klein, § 176 AO Rz. 1; *von Wedelstädt* in Gosch, § 176 AO Rz. 3; a. A. *Frotscher* in Schwarz/Pahlke, § 176 AO Rz. 2; AEAO zu § 176, Nr. 1).

3 Weiterhin betrifft § 176 AO nur den Vertrauensschutz **zugunsten des Stpfl.**, sodass sich das FA aufgrund dieser Regelung nicht auf Vertrauensschutz berufen kann (*Loose* in Tipke/Kruse, § 176 AO Rz. 6). Für den Stpfl. sind positive Änderungen der Rechtslage im Rahmen der verfahrensrechtlichen Korrekturmöglichkeiten bei der Aufhebung oder Änderung von Steuerbescheiden zu berücksichtigen. Im Übrigen gelten die allgemeinen Grundsätze des Vertrauensschutzes nach **Treu und Glauben**, die neben § 176 AO für beide Seiten anwendbar sind (BFH v. 11.10.1988, VIII R 419/83, BStBl II 1989, 284; BFH v. 05.11.2009, IV R 40/07, BStBl II 2010, 720). So muss die Finanzverwaltung berücksichtigen, inwieweit das Vertrauen in den Fortbestand von Rechtsnormen, Rspr. und Verwaltungsanweisungen, das sich in konkreten Dispositionen des Stpfl. niedergeschlagen hat, durch **Übergangsregelungen** geschützt werden muss.

4 Greift der Tatbestand des § 176 AO nicht ein, ist das Vertrauen des Stpfl. in den Steuerbescheid selbst dann nicht geschützt, wenn das Finanzamt in ihm eine unzutreffende, für den Stpfl. günstige Rechtsansicht vertreten und der Stpfl. im Vertrauen darauf disponiert hat (BFH v. 15.04.2004, IV R 51/02, BFH/NV 2004, 1393).

5 Der gewährte Vertrauensschutz betrifft nur die **rechtliche Subsumtion** steuerlich relevanter Sachverhalte, nicht aber die tatsächliche Gestaltung dieser Sachverhalte. Damit wirkt sich der Vertrauensschutz nur dann aus, wenn eine Änderung der bisherigen rechtlichen Subsumtion im Übrigen zulässig wäre, d. h. also bei Bescheiden i. S. der §§ 164 Abs. 2, 165 Abs. 2, 172 Abs. 1 Satz Nr. 1 AO und im Zusammenhang mit der durch § 177 AO angeordneten **Saldierung** (s. § 177 AO Rz. 37). Daher ist § 176 AO für eine Berichtigung eines Steuerbescheids nach § 129 AO nicht einschlägig. § 129 AO erfasst nur mechanische Fehler, nicht aber Rechtsfehler, der Regelungsbereich des § 176 AO wird also nicht berührt (AEAO zu § 176, Nr. 1; BFH v. 27.11.2003, V R 52/02, BFH/NV 2004, 605).

## B. Anwendungsbereich

6 Die Vorschrift findet in allen Fällen der **Aufhebung** oder **Änderung** von Steuerbescheiden und ihnen gleichgestellten Bescheiden (s. Vor §§ 172–177 AO Rz. 3 ff.) Anwendung, gleichgültig, ob die Aufhebung oder Änderung durch konkrete, in den §§ 172 bis 177 AO aufgeführte Voraussetzungen oder allgemein dadurch gerechtfertigt ist, dass der Bescheid gem. § 164 Abs. 1 AO unter dem **Vorbehalt der Nachprüfung** steht (so auch BFH v. 27.03.1998, X B 175/97, BFH/NV 1998, 1346; BFH v. 05.09.2000, IX R 33/97, BStBl II 2000, 676; AEAO zu § 176, Nr. 1 und Nr. 2; *Seer*, GmbHR 2002, 873) oder gem. § 165 AO vorläufig ist. § 176 AO gilt auch für Steueranmeldungen (§ 168 AO, § 176 Abs. 1 Satz 2 AO; BFH v. 02.11.1989, V R 56/84, BStBl II 1990, 253; BFH v. 17.12.2015, V R 45/14, BStBl II 2017, 658; s. Rz. 21).

§ 176 AO findet nur Anwendung **zugunsten des Stpfl.**, nicht auch zugunsten des FA (s. Rz. 3). Eine Aufhebung oder Änderung wirkt sich zuungunsten des Stpfl. aus, wenn Folge der Nichtigkeit, Verfassungswidrigkeit oder Änderung der Rspr. eine betragsmäßig höhere Steuerfestsetzung oder eine niedrigere Steuervergütung oder Erstattung ist, wobei jede Steuerart und jeder Steuerabschnitt getrennt zu betrachten ist (*Koenig* in Koenig, § 176 AO Rz. 10). 7

Für unionsrechtlich geregelte Abgaben wird die Vorschrift durch **EU-Recht** verdrängt (*von Groll* in HHSp, § 176 AO Rz. 55; auch s. § 1 AO Rz. 16). Die Tatbestände des Art. 119 **UZK** dienen dem Schutz des Vertrauens des gutgläubigen Zollschuldners in die Richtigkeit des ursprünglich mitgeteilten Abgabenbetrags und treffen insoweit eine dem § 176 AO vorgehende Regelung (vgl. *Deimel* in HHSp, Art. 119 UZK Rz. 9). Derselbe Vorrang gilt auch, soweit nationale Vorschriften auf den **UZK** verweisen. 8

Auch **Gerichte** müssen im Rahmen des § 176 AO Vertrauensschutz gewähren, wenn ein Änderungsbescheid Verfahrensgegenstand ist (BFH v. 28.05.2002, IX R 86/00, BStBl II 2002, 840). Bis zur Bestandskraft des Änderungsbescheides beurteilt sich seine Rechtmäßigkeit nach den Korrekturbedingungen (BFH v. 28.05.2002, IX R 86/00, BStBl II 2002, 840). Bei dem **erstmaligen Erlass** von Steuerbescheiden ist § 176 AO **nicht** anwendbar (BFH v. 23.12.2002, XI B 21/02, BFH/NV 2003, 593; BFH v. 16.04.2002, X B 201/01, BFH/NV 2002, 1014). Nach h. M. gilt § 176 AO auch **nicht** in einem **Einspruchsverfahren, wenn sich der Stpfl.** eine vom BFH aufgegebene Rspr. erst hier zu eigen macht (BFH v. 02.12.2015, V R 15/14, BStBl II 2017, 553; *von Wedelstädt* in Gosch, § 176 AO Rz. 13; *Loose* in Tipke/Kruse, § 176 AO Rz. 3). Ändert sich also die Rspr. während eines Rechtsbehelfsverfahrens zuungunsten eines Stpfl., steht der in § 176 Abs. 1 Nr. 3 AO formulierte Vertrauensschutz einer Verböserung nicht entgegen (BFH v. 16.04.2002, X B 201/01, BFH/NV 2002, 1014). Der Stpfl. kann sich jedoch wieder auf den Schutz des § 176 AO berufen, wenn er den Einspruch nach angedrohter **Verböserung** zurücknimmt 9

(*Frotscher* in Schwarz/Pahlke, § 176 AO Rz. 5; *Loose* in Tipke/Kruse, § 176 AO Rz. 3).

**10** Grundsätzlich gilt § 176 AO auch bei der Aufhebung oder Änderung von Steuerfestsetzungen, die eine **Dauerwirkung** ausüben, indem sie nicht auf einen Veranlagungszeitraum beschränkt sind, sondern für einen längeren Zeitraum oder so lange bestehen, wie der steuerliche Tatbestand verwirklicht ist. Entsprechende Regelungen enthalten Einzelsteuergesetze, wie z. B. § 17 Abs. 2 Nr. 2 GrStG für die Neuveranlagung eines GrSt-Messbetrags, § 22 Abs. 3 Satz 2 BewG für die Fortschreibung der Einheitswerte oder § 12 Abs. 2 Nr. 4 KraftStG für die Neufestsetzung der KraftSt. Auch ist nach § 70 Abs. 3 Satz 3 EStG die Vertrauensschutznorm des § 176 AO für die Neufestsetzung oder Aufhebung der Festsetzung von **Kindergeld** entsprechend anwendbar (hierzu: *von Wedelstädt* in Bartone/von Wedelstädt, Rz. 1862; auch § 11 Abs. 5 Satz 3 EigZulG).

**11** Die Aufhebung oder Änderung von Bescheiden nach § 173 Abs. 1 Nr. 1 AO wegen **neuer Tatsachen** konkurriert nicht mit § 176 AO (mit der Ausnahme der durch sie veranlassten Saldierungen i. S. des § 177 AO; auch BFH v. 23.11.1987, GrS 1/86, BStBl II 1988, 180). Dies beruht darauf, dass Tatsachen, die die Finanzbehörde selbst bei ihrer Kenntnis nicht für rechtserheblich gehalten hätte, auch dann nicht unter § 173 Abs. 1 Nr. 1 AO fallen, wenn wegen Änderungen von Rechtsnormen und ihrer Anwendung i. S. des § 176 AO sich später ihre Rechtserheblichkeit herausstellt. Hat der Stpfl. die bisherige Rspr. bei seinen Steuererklärungen stillschweigend und für das FA nicht erkennbar zugrunde gelegt, gilt der Vertrauensschutz nur, wenn davon ausgegangen werden kann, dass die Finanzbehörde mit der Anwendung der Rechtsprechung einverstanden gewesen wäre. Das Einverständnis ist aber immer dann zu unterstellen, wenn die Entscheidung im BStBl veröffentlicht wurde und keine Verwaltungsanweisung vorlag, die Rechtsprechung des BFH über den entschiedenen Einzelfall hinaus nicht anzuwenden (AEAO zu § 176, Nr. 3). Die Nichtanwendungserlasse haben also für den Stpfl. und den Berater nicht nur die Bedeutung, dass er in der Regel zu einem Finanzgerichtsprozess gezwungen wird, sondern positiv gewendet eine Vertrauensschutzkomponente (auch *Kupfer*, AO-StB 2003, 159 ff.).

## C. Vertrauensschutztatbestände gem. § 176 AO

**11a** Im Einzelnen umfasst die Vorschrift des § 176 AO folgende Vertrauenstatbestände:

### I. Nichtigkeit eines Gesetzes (§ 176 Abs. 1 Satz 1 Nr. 1 AO)

Stellt das **BVerfG** die Nichtigkeit eines förmlichen Parlamentsgesetzes fest, auf dem die bisherige Steuerfestsetzung beruht, so darf der Spruch des BVerfG, dem gem. § 79 Abs. 2 Satz 1 BVerfGG Wirkungen nur in Bezug auf noch anfechtbare Entscheidungen verliehen sind, nach § 176 Abs. 1 Satz 1 Nr. 1 AO bei der Aufhebung oder Änderung des bisherigen Bescheids **nicht zuungunsten** des Stpfl. berücksichtigt werden (zuletzt BFH v. 23.04.2010, V B 89/09, BFH/NV 2010, 1782). Die Berücksichtigung zugunsten des Stpfl. ist dadurch beschränkt, dass sie grundsätzlich nur im Rahmen des § 177 AO in Form der **Saldierung** zulässig ist. Daneben kann eine freie Abänderbarkeit nach den §§ 164 Abs. 2, 165 Abs. 2, 172 Abs. 1 Satz 1 Nr. 1 AO eröffnet sein. Für die Anwendung des § 177 AO ist zu berücksichtigen, dass die Anwendung eines nach Erlass eines Verwaltungsakts für nichtig erklärten Gesetzes kein Rechtsfehler ist, soweit die Anwendung dieses Gesetzes zugunsten des Stpfl. wirkt (*Loose* in Tipke/Kruse, § 176 AO Rz. 10). Sofern ein solcher Verwaltungsakt korrigiert wird, wird dabei zugunsten des Stpfl. die zwischenzeitliche **Nichtigkeitserklärung** des Gesetzes nicht beachtet (*Loose* in Tipke/Kruse, § 176 AO Rz. 10). Beruht also auf dem für nichtig erklärten Gesetz die zu ändernde Steuerfestsetzung, muss die Steuerfestsetzung nicht im vollen Umfang vom Gesetz getragen werden, es ist vielmehr ausreichend, dass eine der Besteuerungsgrundlagen bei der bisherigen Steuerfestsetzung begünstigend für den Stpfl. angewendet worden ist (*von Wedelstädt*, AO-StB 2010, 303). 12

§ 176 Abs. 1 Satz 1 Nr. 1 AO ist entsprechend anzuwenden, wenn das **BVerfG** ein Gesetz für **mit dem Grundgesetz unvereinbar erklärt**, da auch ein solches Gesetz grds. nicht mehr angewendet werden darf. Erklärt das BVerfG jedoch die vorübergehende Weiteranwendung der Norm, bedarf es einer Anwendung des § 176 AO nicht: Das Gesetz gilt zugunsten des Stpfl. weiter, zu seinen Ungunsten ist eine Berufung auf § 176 AO nicht möglich (s. Rz. 3, 7; *Koenig* in Koenig, § 176 AO Rz. 15). 13

**Gesetz** i. S. des § 176 Abs. 1 Satz 1 Nr. 1 AO ist das **förmliche nachkonstitutionelle** Gesetz, nicht das Gesetz i. S. des § 4 AO. Dies ist zum einen Art. 100 Abs. 1 GG zu entnehmen, zum anderen der Vorschrift des § 176 AO selber, die zwischen »Gesetz« in § 176 Abs. 1 Satz 1 Nr. 1 AO und »Norm« in § 176 Abs. 1 Satz 1 Nr. 2 AO unterscheidet (*von Wedelstädt* in Gosch, § 176 AO Rz. 21). 14

Erklärt der **EuGH**, der in verfassungsrechtlicher Hinsicht »gesetzlicher Richter« i. S. des Art. 101 Abs. 1 Satz 2 GG sein kann (vgl. z. B. BVerfG v. 19.12.2017, 2 BvR 424/17, NJW 2018, 686), ein Gesetz für mit dem Unionsrecht unvereinbar, so ist § 176 Abs. 1 Satz 1 Nr. 1 AO ebenfalls entsprechend anzuwenden (*Bartone* in Bartone/von Wedelstädt, Rz. 1569; *Koenig* in Koenig, § 176 AO 15

Rz. 16; *Rüsken* in Klein, § 176 AO Rz. 11; a. A. *von Wedelstädt* in Gosch, § 176 AO Rz. 20; *von Groll* in HHSp, § 176 AO Rz. 151; *Loose* in Tipke/Kruse, § 176 AO Rz. 13).

### II. Beurteilung einer Norm als verfassungswidrig (§ 176 Abs. 1 Satz 1 Nr. 2 AO)

16 Die Ausführungen zu § 176 Abs. 1 Satz 1 Nr. 1 AO gelten entsprechend, wenn ein **oberster Gerichtshof des Bundes** eine Rechtsnorm, auf der die bisherige Steuerfestsetzung beruht, für verfassungswidrig hält (und sei es auch wegen fehlender Ermächtigungsgrundlage) und deswegen nicht anwendet (§ 176 Abs. 1 Satz 1 Nr. 2 AO). Diese Norm gilt nicht für förmliche nachkonstitutionelle Bundesgesetze, da insoweit – wie sich aus Art. 100 Abs. 1 GG ergibt – das Verwerfungsmonopol ausschließlich beim BVerfG liegt (s. Rz. 12 f.). Denn im Hinblick auf Art. 20 Abs. 3, 100 Abs. 1 GG ist kein Gericht befugt, ein förmliches nachkonstitutionelles Bundesgesetz wegen erkannter oder vermeintlicher Verfassungswidrigkeit unangewendet zu lassen. Vielmehr sind die Gerichte in diesem Fall verpflichtet, eine Vorlage gem. Art. 100 Abs. 1 GG an das BVerfG zu machen. Oberste Gerichtshöfe des Bundes sind, neben dem BFH, das BVerwG, der BGH, das BSG und das BAG (Art. 95 Abs. 1 GG) sowie der **Gemeinsame Senat** der obersten Gerichtshöfe des Bundes (Art. 95 Abs. 3 GG), nicht aber der EuGH (ebenso *Loose* in Tipke/Kruse, § 176 AO Rz. 13; *von Wedelstädt* in Gosch, § 176 AO Rz. 24). Allerdings ist § 176 Abs. 1 Satz 1 Nr. 2 AO auf Entscheidungen des EuGH entsprechend anwendbar (vgl. *Bartone* in Bartone/von Wedelstädt, Rz. 1570; *Koenig* in Koenig, § 176 AO Rz. 21; a. A. *Loose* in Tipke/Kruse, § 176 AO Rz. 13; *von Wedelstädt* in Gosch, § 176 AO Rz. 24). Rechtsnormen i. S. des § 176 Abs. 1 Satz 1 Nr. 2 AO sind im Hinblick auf das Verwerfungsmonopol des BVerfG v. a. **Rechtsnormen unterhalb des Ranges des förmlichen Gesetzes** wie Rechtsverordnungen des Bundes (Art. 80 Abs. 1 GG) oder eines Landes und Satzungen (*von Wedelstädt* in Gosch, § 176 AO Rz. 25). Erfasst sind grds. auch vorkonstitutionelle förmliche Gesetze, jedoch dürfte dies in der Praxis nahezu 70 Jahre nach Inkrafttreten des GG keine Relevanz mehr haben. Für die Anwendung des § 176 Abs. 1 Satz 1 Nr. 2 AO ist es nicht erforderlich, dass die Norm verfassungswidrig ist (BFH v. 02.11.1989, V R 56/84, BStBl II 1990, 253), es muss sich aus der Rspr. des betreffenden Gerichts ergeben, dass es von der Verfassungswidrigkeit überzeugt ist (*von Wedelstädt*, AO-StB 2010, 303).

### III. Änderung der höchstrichterlichen Rechtsprechung (§ 176 Abs. 1 Satz 1 Nr. 3 AO)

Hat sich die Rspr. eines obersten Gerichtshofes des Bundes (s. Rz. 16), die bei der bisherigen Steuerfestsetzung von der Finanzbehörde angewandt worden ist, geändert, so darf dies ebenfalls bei der Aufhebung oder Änderung eines Steuerbescheids nicht **zuungunsten des Stpfl.** berücksichtigt werden (§ 176 Abs. 1 Satz 1 Nr. 3 AO). § 176 Abs. 1 Satz 1 Nr. 3 AO schützt nicht das Vertrauen des Stpfl. in eine ihm günstige Rspr. als solches, sondern das **Vertrauen in die Bestandskraft** eines Bescheids, soweit dieser auf einer günstigen Rspr. beruht (BFH v. 02.04.2012, III B 189/10, BFH/NV 2012, 1101). Die Vorschrift erfasst Fälle, in denen sich die höchstrichterliche Rspr. in der Zeit zwischen dem Erlass des ursprünglichen Bescheides und vor dem Erlass des Änderungsbescheides geändert hat (vgl. BFH v. 11.01.1991, III R 60/89, BStBl II 1992, 5; BFH v. 20.12.2000, I R 50/95, BStBl II 2001, 409; BFH v. 10.06.2008, VIII R 79/05, BStBl II 2008, 863). § 176 Abs. 1 Satz 1 Nr. 3 AO ist **bei Erstbescheiden nicht** anwendbar (BFH v. 24.01.2013, V R 34/11, BStBl II 2013, 460). 17

#### 1. Änderung der Rechtsprechung

Der hier eingeräumte Vertrauensschutz setzt voraus, dass die bisherige Maßnahme der Finanzbehörde zu einer Zeit getroffen worden ist, zu der zu einem gleichen Sachverhalt oder zur selben Rechtsfrage eine **Entscheidung eines obersten Bundesgerichts** vorgelegen hat, d. h. amtlich oder privat veröffentlicht war (BFH v. 25.04.2013, V R 2/13, BStBl II 2013, 844; *Loose* in Tipke/Kruse, § 176 AO Rz. 15). Er greift damit nicht ein, wenn das oberste Bundesgericht über die betreffende Rechtsfrage erstmals entscheidet, sei es auch in Abweichung von der Verwaltungsübung (s. BFH v. 22.02.1990, V R 117/84, BStBl II 1990, 599) oder keine eindeutige höchstrichterliche Rspr. bestand (BFH v. 10.06.2008, VIII R 79/05, BStBl II 2008, 863 m. w. N.). Kein Anwendungsfall liegt auch vor, wenn das oberste Bundesgericht von der Rspr. des entsprechenden gleichrangigen Gerichts, das vor seiner Konstituierung bestand, abweicht (z. B. wenn der BFH von einer RFH-Entscheidung, der BGH von einer RG-Entscheidung abweicht). Eine Änderung der Rspr. i. S. des § 176 Abs. 1 Satz 1 Nr. 3 AO tritt auch nicht dadurch ein, dass der BFH »unbeachtliche Zweifel« an der bisherigen Rspr. im Rahmen beiläufiger Äußerungen (sog. obiter dicta) zu einem nicht zu entscheidenden Sachverhalt äußert (BFH v. 24.07.2017, XI B 25/17, BFH/NV 2017, 1591). Die Rspr. hat sich nur dann i. S. der Vorschrift geändert, wenn ein im Wesentlichen **gleichgelagerter Sachverhalt** anders entschieden wurde als bisher, wobei auch hier auf beiläufig geäußerte Rechtsansichten (obiter dicta) und Er- 18 wägungen, die ein Urteil nicht tragen, nicht abzuheben ist (BFH v. 20.12.2000, I R 50/95, BStBl II 2001, 743; BFH v. 20.08.1997, X R 58/93, BFH/NV 1998, 314). Anderer Ansicht ist *Loose*, der auf das Gesamtbild der Rspr. und auch auf obiter dicta abstellt, weil sich die Praxis auch auf diese einstelle (*Loose* in Tipke/Kruse, § 176 AO Rz. 15).

19 Ferner ist die Änderung von einer **Präzisierung** der Rechtsprechung abzugrenzen, für die § 176 AO nicht gilt (BFH v. 24.04.2002, I R 20/01, BStBl II 2003, 412). Solange zu einer Rechtsfrage keine eindeutige höchstrichterliche Rspr. besteht, kommt ein Vertrauensschutz nicht in Betracht (BFH v. 14.02.2007, XI R 30/05, BStBl II 2007, 524; BFH v. 08.12.1998, IX R 49/95, BStBl II 1999, 468). § 176 Abs. 1 Nr. 3 AO setzt schließlich voraus, dass eine geänderte Rspr. unmittelbar auf alle noch nicht abgeschlossenen Sachverhalte anzuwenden ist, selbst wenn – so BFH v. 31.07.2002 (X R 39/01, BFH/NV 2002, 1575) – sich der Sachverhalt zu einer Zeit ereignet hat, in der noch die günstigere Rspr. galt. Dann sind aber – so der BFH – die Auswirkungen der verschärfenden Rspr. durch Übergangsregelungen zu vermeiden (§ 163 AO).

### 2. Anwendung der Rechtsprechung

20 Weiterhin ist erforderlich, dass das FA die Rspr. bei der bisherigen Steuerfestsetzung angewandt hat (BFH v. 14.02.2007, XI R 30/05, BStBl II 2007, 524; BFH v. 30.01.1991, IX B 208/89, BFH/NV 1992, 464). Auf § 176 Abs. 1 Satz 1 Nr. 3 AO kann sich der Stpfl. nur berufen, wenn die **Änderung des Steuerbescheides darauf beruht** (vgl. BFH v. 24.04.2013, XI R 9/11, BFH/NV 2013, 1457). Lag bei Erlass des Bescheids eine Rspr. vor, die später geändert wurde, so besteht bei Übereinstimmung des Bescheids mit der (damaligen) Rechtsprechung eine **widerlegbare Vermutung**, dass die Finanzbehörde diese angewendet hat (BFH v. 08.12.1998, IX R 49/95, BStBl II 1999, 468). Nach BFH (BFH v. 11.01.1991, III R 60/89, BStBl II 1992, 5). Diese Vermutung ist bei Bescheiden unter dem **Vorbehalt der Nachprüfung** (§ 164 Abs. 1 AO) dann nicht gerechtfertigt, wenn eine von der damaligen Rspr. eindeutig abweichende Verwaltungsregelung oder ein **Nichtanwendungserlass** vorlag. Soweit ein oberster Gerichtshof seine günstige Rechtsprechung, die bei der bisherigen Steuerfestsetzung angewandt worden ist, nach Erlass des bisherigen Steuerbescheids – also zwischen Erlass des ursprünglichen Bescheides und des Änderungsbescheides – geändert hat, gilt der Vertrauensschutz des § 176 AO (BFH v. 20.12.2000, I R 50/95, BStBl II 2001, 409). Die Anwendung des § 176 Abs. 1 Satz 1 Nr. 3 AO hat dann zur Folge, dass zugunsten des Stpfl. die bisherige Rechtslage vor Änderung der Rspr. weiterhin maßgeblich ist (BFH v. 02.03.2016, V R 16/15, BFH/NV 2016, 1074).

## IV. Berücksichtigung durch den Steuerpflichtigen (§ 176 Abs. 1 Satz 2 AO)

§ 176 Abs. 1 Satz 2 AO behandelt den Sonderfall, dass ein Stpfl. in seiner **Steuererklärung** oder seiner **Steueranmeldung** die bisherige Rechtsprechung in einer Weise berücksichtigt hat, dass die Finanzbehörde dies nicht erkennen konnte. Zu denken wäre etwa an die Nichterwähnung von Einkünften (Umsätzen), weil sie nach der bisherigen Rspr. nicht steuerbar waren, oder an die Verringerung des Gewinns/Überschusses durch Ausgaben, deren Abzugsfähigkeit in der bisherigen Rspr. anerkannt war. Dies gilt insbes. für Steueranmeldungen, die zumeist keine eigene Steuerfestsetzung durch das FA erfordern (§ 168 AO). Der **Vertrauensschutz** des § 176 Abs. 1 Satz 1 Nr. 3 AO gilt nur dann, wenn anzunehmen ist, dass die Finanzbehörde bei Kenntnis der Umstände die bisherige Rechtsprechung angewandt hätte. Hiervon wird man grundsätzlich ausgehen können, wenn die Anwendung der höchstrichterlichen Rechtsprechung nicht ausdrücklich in allgemeinen Verwaltungsanweisungen suspendiert war (*Loose* in Tipke/Kruse, § 176 AO Rz. 19). Auch aus sonstigen Umständen, etwa dem Verhalten der Finanzbehörde in früheren Kalenderjahren gegenüber demselben Stpfl. oder in gleichartigen Steuerfällen, die einen Dritten betreffen, kann sich die Berechtigung der Annahme ergeben. Es verstößt gegen **Treu und Glauben**, wenn der Stpfl. aufgrund einer Rechtsprechungsänderung die Aufhebung eines ihn belastenden Bescheides fordert und erreicht und später geltend macht, er habe auf die Anwendung der früheren Rspr. vertraut und sei nicht bereit, die für ihn negativen Folgen der Rechtsprechungsänderung hinzunehmen (BFH v. 08.02.1995, I R 127/93, BStBl II 1995, 764; AEAO zu § 176, Nr. 4). 2

vorläufig frei 22

## V. Rechtswidrigkeit von Verwaltungsvorschriften (§ 176 Abs. 2 AO)

Schließlich verbietet § 176 Abs. 2 AO, bei der Aufhebung oder Änderung eines Steuerbescheids **zuungunsten des Stpfl.** zu berücksichtigen, dass ein oberster Gerichtshof des Bundes eine allgemeine **Verwaltungsvorschrift** der Bundesregierung, einer obersten Bundes- oder Landesbehörde als **nicht** mit dem geltenden Recht **in Einklang stehend bezeichnet** hat. Eine **bloße allgemeine Verwaltungsübung** vermittelt indessen **keinen Vertrauensschutz** nach § 176 Abs. 2 AO (BFH v. 29.08.2012, I R 65/11, BStBl II 2013, 555; *Loose* in Tipke/Kruse, § 176 AO Rz. 20). Wegen der Bezugnahme auf die Begriffe »Aufhebung« und »Änderung« gilt § 176 Abs. 2 AO für 23 den **Erlass erstmaliger Steuerbescheide nicht** (z.B. BFH v. 27.08.2014, II R 43/12, BStBl II 2015, 241).

4 **Verwaltungsvorschriften** sind bspw. Richtlinien oder Erlasse. Verfügungen der OFD fallen hingegen nicht unter § 176 Abs. 2 AO, da die OFD keine oberste Landesbehörde ist (§ 2 Abs. 1 Nr. 1 und 3 FVG; BFH v. 11.10.1988, VIII R 419/83, BStBl II 1989, 284). Im Einzelnen s. § 4 AO Rz. 22 ff.

5 Das Vertrauen wird nur geschützt, wenn die **Verwaltungsvorschriften veröffentlicht** wurden. Die Veröffentlichung muss nicht in den amtlichen Publikationsorganen erfolgen, sondern der Abdruck in Fachzeitschriften ist ausreichend. Vertrauen in den Bestand einer Verwaltungsvorschrift kann sich nach dem BFH (BFH v. 21.04.2005, III B 40/04, BFH/NV 2005, 1480) regelmäßig nicht bilden, wenn die Verwaltungsregelung schon zum Zeitpunkt ihres Erlasses im **groben Widerspruch zur Rspr. des BFH** stand.

26 § 176 Abs. 2 AO bezieht sich nicht nur auf Fälle, in denen ein oberster Gerichtshof des Bundes (s. Rz. 16) eine allgemeine Verwaltungsvorschrift ausdrücklich als nicht mit dem geltenden Recht vereinbar bezeichnet, sondern auch auf solche Entscheidungen, in denen diese Unvereinbarkeit sinngemäß zum Ausdruck kommt (BFH v. 28.09.1987, VIII R 154/86, BStBl II 1988, 40; BFH v. 20.08.1997, X R 58/93, BFH/NV 1998, 314; *Loose* in Tipke/Kruse, § 176 AO Rz. 22). Hat z.B. der BFH festgestellt, dass Bestimmungen der **EStR** eine durch das Gesetz (EStG) nicht gedeckte Gesetzesauslegung beinhalten, ergibt sich hieraus zwar die Rechtswidrigkeit aller mit der entsprechenden Bestimmung der EStR im Einklang stehenden Verwaltungsakte; die Finanzbehörde darf jedoch auch dann keine für den Stpfl. ungünstigen Folgerungen ziehen, wenn dies nach den übrigen Verfahrensvorschriften (z.B. gem. § 177 AO) zulässig wäre (BFH v. 28.10.1992, X R 117/89, BStBl II 1993, 261).

27 Wird eine der Rspr. entgegenstehende, begünstigende Verwaltungsvorschrift von der Finanzverwaltung für eine Übergangszeit gegenüber allen Stpfl. angewendet, dann steht dem Erlass eines auf § 174 Abs. 4 AO gestützten Änderungsbescheids der Vertrauensschutz nach § 176 Abs. 2 AO entgegen (BFH v. 24.09.1998, IV R 65/96, BStBl II 1999, 46; BFH v. 23.10.2014, V R 11/12, BStBl II 2015, 973). Ausgehend von der Prämisse, ein **Pauschalierungsbescheid** ändere die LSt-Anmeldung (BFH v. 15.05.1992, VI R 183/88, BStBl II 1993, 829), gewährt der BFH (BFH v. 17.11.1992, VIII R 25/89, BStBl II 1993, 146) folgerichtig auch insoweit Vertrauensschutz. Hingegen gilt § 176 Abs. 2 AO nicht für den Fall, dass das BMF oder eine oberste Landesfinanzbehörde eine Verwaltungsvorschrift aufhebt oder ändert (BFH v. 11.10.1988, VIII R 419/83, BStBl II 1989, 284). In dieser Konstellation kommen Billigkeitsmaßnahmen nach §§ 163, 227 AO in Betracht.

# § 177 AO
# Berichtigung von materiellen Fehlern

**(1) Liegen die Voraussetzungen für die Aufhebung oder Änderung eines Steuerbescheids zuungunsten des Steuerpflichtigen vor, so sind, soweit die Änderung reicht, zugunsten und zuungunsten des Steuerpflichtigen solche materiellen Fehler zu berichtigen, die nicht Anlass der Aufhebung oder Änderung sind.**

**(2) Liegen die Voraussetzungen für die Aufhebung oder Änderung eines Steuerbescheids zugunsten des Steuerpflichtigen vor, so sind, soweit die Änderung reicht, zuungunsten und zugunsten des Steuerpflichtigen solche materiellen Fehler zu berichtigen, die nicht Anlass der Aufhebung oder Änderung sind.**

**(3) Materielle Fehler im Sinne der Absätze 1 und 2 sind alle Fehler einschließlich offenbarer Unrichtigkeiten im Sinne von § 129, die zur Festsetzung einer Steuer führen, die von der kraft Gesetzes entstandenen Steuer abweicht.**

**(4) § 164 Abs. 2, § 165 Abs. 2 und § 176 bleiben unberührt.**

### Inhaltsübersicht



### Schrifttum

von Groll, Immer wieder Probleme mit § 177 AO, DStZ 2000, 882; Söhn, Berichtigung von materiellen Fehlern, StuW 2000, 232; Käferle, Die steuerliche Auswertung von Steufa-Berichten durch Wohnsitz-FÄ, PStR 2001, 228; Kies, Besonderheiten bei Einspruchsverfahren gegen korrigierte Steuerbescheide, DStR 2001, 1555; von Wedelstädt, Die präkludierende Fristsetzung der Finanzbehörde – Fristsetzungsvorschrift mit bedingt tauglichem Drohpotential, AO-StB 2002, 200; Looks/Jünger, Vorsteuerfalle bei Schätzungsbescheiden?, DStR 2003, 529; Rund/Bauchmüller, Rechtsfehler im Zusammenhang mit geänderten Steuerbescheiden, AO-StB 2004, 91; Musil, Aktuelle Fragen der Bestandkraft von Steuerbescheiden, DStZ 2005, 362; Bergan/Martin, Vorläufige Steuerfestsetzung – Änderungsnorm für materielle Fehler?, DStR 2007, 658; Hundt-Esswein, Berichtigung materieller Fehler nach § 177 AO, DStR 2007, 751; F. Kirchhof, Rückkehr zur Gesamtaufrollung?, DStR 2007, 2284; von Wedelstädt, Fehlerberichtigung anlässlich der Änderung von Steuerbescheiden, AO-StB 2008, 103; von Wedelstädt, Steuerliche Wahlrechte im Korrektursystem der AO, AO-StB 2012, 150; BARTONE/VON WEDELSTÄDT, Korrektur von Steuerverwaltungsakten, 2. Aufl. 2017.

## A. Bedeutung der Vorschrift

1 § 177 AO ordnet die Berichtigung von materiellen Fehlern (s. Rz. 11) an, wenn ein Bescheid aufgehoben oder geändert wird. § 177 AO ergänzt die Korrekturvorschriften, durch welche die Bestandskraft von Steuerfestsetzungen durchbrochen wird. Für die Anwendung des § 177 AO müssen die Voraussetzungen einer **Korrekturnorm** und ein weiterer **materieller Fehler** vorliegen. Unter diesen Bedingungen ermöglicht § 177 AO die Berichtigung dieses materiellen Fehlers (bzw. mehrerer materieller Fehler, s. Rz. 29), der seinerseits nicht Anlass der Korrektur ist. Die Korrektur von Steuerbescheiden und ihnen gleichgestellten Bescheiden (s. Vor §§ 172–177 AO Rz. 3 ff.) ist grds. jedoch lediglich punktuell möglich (**keine »Gesamtaufrollung«**; s. Vor §§ 172–177 AO Rz. 22). Der Umfang der im einzelnen gem. § 177 AO zulässigen und gebotenen Maßnahmen ist durch die Beschränkung auf den Korrekturgrund (»soweit«) in den betreffenden Vorschriften (§ 172 Abs. 1 Satz 1 Nr. 2a bis c AO, bzw. § 172 Abs. 1 Nr. 2d AO i. V. m. §§ 173 bis 175a AO und den in den **Einzelsteuergesetzen** umschriebenen Aufhebungs- und Änderungsvorschriften (s. § 172 AO Rz. 41) genau abgesteckt. Eine Berücksichtigung der materiellen Fehler ist daher nur in dem Umfang (Korrekturrahmen) zulässig, in dem die Bestandskraft aufgrund einer Korrekturnorm zulässigerweise durchbrochen wird (s. Rz. 21).

2 Systematisch ist zwischen § 177 Abs. 1 und § 177 Abs. 2 AO zu unterscheiden: § 177 Abs. 1 AO dient dazu, bereits bei der **Bescheidkorrektur** solche materiellen Fehler zu berücksichtigen, die der Stpfl. in einem Rechtsbehelfsverfahren geltend machen könnte (*Loose* in Tipke/Kruse, § 177 AO Rz. 3), hingegen bezweckt § 177 Abs. 2 AO, das FA insoweit dem Stpfl. gleichzustellen, wenn es einen Steuerbescheid zugunsten des Stpfl. korrigieren muss (*Loose* in Tipke/Kruse, § 177 AO Rz. 3).

3 § 177 AO dient der **Einzelfallgerechtigkeit** (BFH v. 05.08.1986, IX R 13/81, BStBl II 1987, 297; BFH v. 10.04.2003; V R 26/02, BStBl II 2003, 785), indem innerhalb gesetzter Grenzen der **Rechtsrichtigkeit** der Vorrang vor der **Rechtssicherheit** eingeräumt und so die materielle Bestandskraft zurückdrängt wird (z. B. BFH v. 10.04.2003, V R 26/02, BStBl II 2003, 785; BFH v. 22.04.2015,X R 24/13, BFH/NV 2015, 1334); *Loose* in Tipke/Kruse, § 177 AO Rz. 3). Aus dem Recht, die Mehr- oder Minderbesteuerung, die sich aus dem Korrekturgrund ergibt, mit der Mehr- oder Minderbesteuerung zu saldieren, die aus dem materiellen Fehler resultiert (Saldierungsrecht), entspringt eine **Saldierungspflicht** für die Finanzbehörde (*Loose* in Tipke/Kruse, § 177 AO Rz. 7; *Rüsken* in Klein, § 177 AO Rz. 6).

## B. Anwendungsbereich

§ 177 AO findet in allen Fällen **Anwendung**, in denen die Bestandskraft einer Steuerfestsetzung durchbrochen werden kann, d. h. in denen die Voraussetzungen für eine Änderung oder Aufhebung eines Steuerbescheides vorliegen (*Loose* in Tipke/Kruse, § 177 AO Rz. 1). Als Korrekturnormen kommen neben den §§ 172 ff. AO, auch § 175 Abs. 1 Satz 1 Nr. 1 AO (BFH v. 22.04.2015, X R 24/13, BFH/NV 2015, 1334; *von Wedelstädt* in Gosch, § 175 AO Rz. 4), die in den **Einzelsteuergesetzen** umschriebenen Aufhebungs- und Änderungsvorschriften in Betracht, z. B. § 21 Satz 2 GrStG, § 35 b GewStG, § 10 d Abs. 1 Satz 2–4 EStG. Wie § 176 AO (s. § 176 AO Rz. 1) ist § 177 AO keine eigenständige Korrekturvorschrift (BFH v. vom 22.04.2015, X R 24/13, BFH/NV 2015, 1334). Für die Saldierung nach § 177 Abs. 1und Abs. 2 AO bedarf es auch keiner eigenen Änderungsnorm; die Saldierung findet vielmehr im Rahmen der durch andere Änderungsnormen eröffneten Korrektur statt (BFH v. 11.04.2017, IX R 22/16, BFH/NV 2017, 1178).

**Keine Anwendung** findet § 177 AO: 5

- im Falle der Nachversteuerung nach § 10 Abs. 5 EStG, § 30 Abs. 1 EStDV. Die Norm ermöglicht weder die Aufhebung oder Änderung, noch die Durchbrechung der Bestandskraft (*von Wedelstädt* in Bartone/von Wedelstädt, Rz. 1604),
- bei den nach dem **UZK** zulässigen Änderungen (Vorrang des Unionsrechts), 6
- auf **Verwaltungsakte**, die nur nach §§ 130 ff. AO zurückgenommen oder widerrufen werden können und nicht auf **Zusagen**, soweit diese gem. § 207 Abs. 2 AO aufgehoben oder geändert werden (*Loose* in Tipke/Kruse, § 177 AO Rz. 2). 7

Zur Anwendung des § 177 AO bei der Änderung oder Aufhebung von Bescheiden, die unter dem **Vorbehalt der Nachprüfung** stehen (§ 164 AO) oder **vorläufig festgesetzt** wurden (§ 165 AO) s. Rz. 36. 8

Bei der Korrektur von **offenbaren Unrichtigkeiten** nach § 129 AO, ist eine Saldierungsmöglichkeit im Rahmen der pflichtgemäßen Ermessensausübung eröffnet (BFH v. 08.03.1989, X R 116/87, BStBl II 1989, 531; BFH v. 30.04.1998, III B 110/97, BFH/NV 1999, 1; *von Wedelstädt* in Gosch, § 129 AO Rz. 54.2 und § 177 AO Rz. 11; *Tipke* in Tipke/Kruse, § 129 AO Rz. 27; *Wernsmann* in HHSp, § 129 AO Rz. 33; a. A. *Rüsken* in Klein, § 177 AO Rz. 4; *Frotscher* in Schwarz/Pahlke, § 177 AO Rz. 5). Die Finanzverwaltung hält eine entsprechende Anwendung des § 177 AO ebenfalls für zulässig (AEAO zu § 177, Nr. 6 i. V. m. AEAO zu § 129, Nr. 5; auch *von Wedelstädt* in Bartone/von Wedelstädt, Rz. 1616). 9

## C. Tatbestand

### I. Vorliegen der Voraussetzungen für die Aufhebung oder Änderung eines Steuerbescheids (§ 177 Abs. 1 und 2 AO)

10 Die Voraussetzungen für die Berichtigung eines Steuerbescheids oder eines gleichgestellten Bescheids (s. Vor §§ 172–177 AO Rz. 3 ff.) müssen vorliegen. Als **Korrekturnormen** kommen neben den §§ 172 ff. AO auch die in den Einzelsteuergesetzen enthaltenen Aufhebungs- und Änderungsvorschriften in Betracht, z.B. § 21 Satz 2 GrStG, § 35b GewStG, § 10d Abs. 1 Satz 2–4 EStG (s. Rz. 4).

### II. Materieller Fehler (§ 177 Abs. 3 AO)

11 Die vorzunehmende Aufhebung oder Änderung des Bescheids soll mit Änderungen, die sich aus materiellen Fehlern ergeben, saldiert werden. **Materielle Fehler** sind nach der Legaldefinition des § 177 Abs. 3 AO alle Fehler, einschließlich offenbarer Unrichtigkeiten i.S. des § 129 AO, die zur Festsetzung einer Steuer führen, die von der kraft Gesetzes entstandenen Steuer (§ 38 AO) abweicht (z.B. BFH v. 17.03.2010, I R 86/06, BFH/NV 2010, 1779; BFH v. 22.04.2015, X R 24/13, BFH/NV 2015, 1334; AEAO zu § 177, Nr. 6 i.V.m. AEAO zu 129, Nr. 5). Die frühere Rspr., die »offensichtliche Unrichtigkeiten« i.S. des § 129 AO nicht als Rechtsfehler ansah (s. BFH v. 08.03.1989, X R 116/87, BStBl II 1989, 531), ist mit der Neufassung des § 177 Abs. 1 und 2 AO seit 1993 überholt.

12 Im Besteuerungsverfahren ist es Aufgabe der Finanzbehörde, einen steuerlich relevanten Sachverhalt dem Gesetzesbefehl gem. steuerlich zu erfassen. Kommt die Finanzbehörde diesem Gesetzesbefehl nicht nach, ist ihre Entscheidung rechtsfehlerhaft. Der Begriff des **Fehlers** ist **objektiv** zu verstehen; d.h., dass es nicht darauf ankommen kann, ob und inwieweit die Finanzbehörde im konkreten Fall tatsächlich und erkennbar Rechtsüberlegungen angestellt hat. Ebenso ist es nicht zu beachten, ob ein Verschulden zu dem Fehler geführt hat (BFH v. 22.04.2015, X R 24/13, BFH/NV 2015, 1334 m.w.N.; von *Wedelstädt* in Bartone/von Wedelstädt, Rz. 1620). Soweit nachträglich bekannt gewordene Tatsachen oder Beweismittel zu einer Berichtigung nach § 173 Abs. 1 Nr. 1 AO führen, sind unabhängig von einem groben Verschulden des Stpfl. im Rahmen der Änderung die steuermindernden Tatsachen gem. § 177 AO zu berücksichtigen (BFH v. 10.04.2003, V R 26/02, BStBl II 2003, 785).

13 Materielle Fehler liegen nicht nur vor, wenn die Finanzbehörde beim Erlass des aufzuhebenden oder zu ändernden Bescheids die für den Inhalt der getroffenen Regelung maßgeblichen **Rechtsvorschriften außer Acht** gelassen oder **falsch interpretiert** hat, sondern auch die **Nichtberücksichtigung von Tatsachen** infolge fehlerhafter oder unterbliebener erforderlicher Sachverhaltsermittlung bewirkt letztlich die materielle Unrichtigkeit des Bescheids (BFH v. 05.08.1986, IX R 13/81, BStBl II 1987, 297; BFH v. 01.06.1994, X R 90/91, BStBl II 1994, 849; *Loose* in Tipke/Kruse, § 177 AO Rz. 4). Auch die unterlassene Umsetzung einer zwischen dem Stpfl. und dem FA getroffenen **tatsächlichen Verständigung** führt zu einem materiellen Fehler (*von Wedelstädt* in Bartone/von Wedelstädt, Rz. 1620a).

Eine Fehlersaldierung ist auch dann zulässig, wenn der Steuerbescheid wegen des Fehlers wegen Eintritts der Festsetzungsverjährung nicht mehr nach §§ 172 ff. AO aufgehoben oder geändert oder nach § 129 AO berichtigt werden kann (BFH v. 10.08.2006, II R 24/05, BStBl II 2007, 87 m.w.N.; auch *von Wedelstädt* in Gosch, § 177 AO Rz. 15 m.w.N.; a.A. *Loose* in Tipke/Kruse, § 177 AO Rz. 6; *von Groll* in HHSp, § 177 AO Rz. 115). Ebenso ist ein materieller Fehler i.S. des § 177 Abs. 3 AO anzunehmen, wenn das FA einen Grundlagenbescheid nicht rechtzeitig ausgewertet hat und daher durch die Vorschriften über die **Festsetzungsverjährung** an einer Auswertung gehindert ist (BFH v. 09.08.2006, II R 24/05, BStBl II 2007, 87; BFH v. 11.07.2007, I R 96/04, BFH/NV 2008, 6; BFH v. 18.10.2007, V B 48/06, BFH/NV 2008, 191; BFH v. 03.04.2007, I B 156/05, BFH/NV 2007, 1078), dies gilt selbst dann, wenn der ursprüngliche Bescheid zum Zeitpunkt seines Erlasses rechtmäßig war, weil der Grundlagenbescheid noch nicht ergangen war (BFH v. 17.03.2010, I R 86/06, BFH/NV 2010, 1779). In diesem Zusammenhang hat der BVerfG ausdrücklich klargestellt, dass eine solche Auslegung nicht gegen die Grundsätze in Art. 2 Abs. 1 GG i.V.m. Art. 20 Abs. 3 GG verfassungsrechtlich garantierten Vertrauensschutzes verstößt (BVerfG v. 10.06.2009, 1 BvR 571/07, BFH/NV 2009, 1578). Dies gilt sowohl in Fällen, in denen die Saldierung jeweils unselbstständige Besteuerungsgrundlagen betrifft, als auch in Fällen, in denen der Übernahme einer gesondert festgestellten Besteuerungsgrundlage der Eintritt der Festsetzungs-/Feststellungsverjährung entgegensteht (BFH v. 19.05.2006, II B 78/05, BFH/NV 2006, 1620; BFH v. 10.08.2006, II R 24/05, BStBl II 2007, 87; BFH v. 11.07.2007, I R 96/04, BFH/NV 2008, 6; BFH v. 18.10.2007, V B 48/06, BFH/NV 2008, 191). Für den Fall gesondert festzustellender Einkünfte und die auf Folgebescheidsebene entstandene Steuer BFH v. 24.05.2006, I R 93/05, BStBl II 2007, 76; BFH v. 24.05.2006, I R 9/05, BFH/NV 2006, 2019. 14

Ein Fehler kann aber auch darin liegen, dass die Finanzbehörde einen ihr bekannten Sachverhalt nicht für steuerlich relevant (**rechtserheblich**) gehalten hat, obwohl der Gesetzgeber auch diesen Sachverhalt (Sachver- 15 haltsausschnitt) in den steuerlichen Tatbestand mit einbezogen hat.

16 Auch der Eintritt der **Präklusionswirkung** des § 364b AO kann im Umfang der Abweichung der Steuerfestsetzung vom materiellen Steueranspruch zu einem materiellen Fehler i.S. des § 177 Abs. 3 AO führen (*von Wedelstädt*, AO-StB 2002, 200; *von Wedelstädt* in Gosch, § 177 AO Rz. 14, m.w.N.; *Wagner*, Stbg 1996, 66, 75; *Bartone* in Gosch, § 364b AO Rz. 96).

17 Weiterhin ist auch ein **Rechen- oder Übertragungsfehler** anlässlich der Änderung ein Fehler i.S. des § 177 Abs. 3 AO (*Rüsken* in Klein, § 177 AO Rz. 12).

18 Hat ein **Verfahrensfehler** zu einer unrichtigen, also von der einschlägigen Gesetzesvorschrift nicht gedeckten Besteuerung geführt – sei es auch nur mittelbar –, ist der hierauf beruhende Bescheid rechtsfehlerhaft (gl. A. *Loose* in Tipke/Kruse, § 177 AO Rz. 4; *Koenig* in Koenig, § 177 AO Rz. 18).

19 Ein Verstoß gegen **Verwaltungsvorschriften** führt jedenfalls zu einem Rechtsfehler, wenn die norminterpretierende oder typisierende Verwaltungsvorschrift das Gesetz richtig interpretiert hat. Auch ein Verstoß gegen eine **Ermessensrichtlinie** (s. § 4 AO Rz. 26 f.) kann wegen der aus der Selbstbindung der Verwaltung resultierenden Ermessensreduzierung auf null zu einem Ermessensfehler (s. § 5 AO Rz. 29) und somit zu einem Rechtsfehler führen.

20 Ein Fehler liegt ebenso vor, wenn ein vor Erlass bzw. Unanfechtbarkeit des zu ändernden/aufzuhebenden Bescheids gestellter **Antrag** oder ein ausgeübtes **Wahlrecht** (s. Vor §§ 172–177 AO Rz. 13 ff.) nicht berücksichtigt wird (*von Wedelstädt* in Bartone/von Wedelstädt, Rz. 1625; *von Wedelstädt*, AO-StB 2012, 150). Demgegenüber bietet § 177 AO keine Möglichkeit, im Rahmen der Saldierung ein nach Eintritt der Bestandskraft erstmals ausgeübtes oder geändertes Wahlrecht zu berücksichtigen (vgl. BFH v. 09.12.2015, X R 56/13, BStBl II 2016, 967).

## D. Rechtsfolgen (§ 177 Abs. 1 und 2 AO)

21 Die sich aus der Änderung des Bescheids ergebenen **Mehr- oder Mindersteuern** (bei Gewinnfeststellungsbescheiden: Mehr- oder Mindergewinne) sollen mit Mehr- oder Mindersteuern bzw. -gewinnen, die aus dem materiellen Fehler resultierten, saldiert werden. § 177 AO durchbricht die Bestandskraft des Bescheids nur **insoweit**, als die Korrektur des Bescheids zulässig ist. Die sich aufgrund der Korrektur des Bescheids ergebenden Mehr- oder Mindersteuern bilden den betragsmäßigen Rahmen, innerhalb dessen Rechtsfehler berichtigt werden können (*Loose* in Tipke/Kruse, § 177 AO Rz. 7). In diesem zulässigen Umfang besteht eine Saldierungspflicht des FA (s. Rz. 3). Die Berichtigung nach § 177 AO steht **nicht im Ermessen** des FA (*von Groll* in HHSp, § 177 AO Rz. 193; *von Wedelstädt* in Gosch, § 177 AO Rz. 36).

### I. Saldierungsrahmen

Der Saldierungsrahmen ergibt sich aus der Mehr- oder Minderbesteuerung aufgrund der Korrektur des Bescheids. 22

**Beispiel**

Ursprünglich wurde eine Steuer i.H.v. 4 000 EUR festgesetzt. Dieser Steuerbescheid wurde geändert. Die Steuer wurde auf 6 000 EUR festgesetzt. Folglich entsteht eine Mehrbesteuerung i.H.v. 2 000 EUR.

a) Wurde ein materieller Fehler i.S. des § 177 Abs. 3 AO festgestellt, der zu einer Minderbesteuerung i.H.v. 2 000 EUR führt, ändert sich an der ursprünglich festgesetzten Steuer nichts. Mehrbesteuerung durch die Änderung und Minderbesteuerung durch den materiellen Fehler gleichen sich aus.

b) Wurde ein materieller Fehler festgestellt, der zu einer Minderbesteuerung i.H.v. 3 000 EUR führen würde, ändert sich an der Höhe der ursprünglich festgesetzten Steuer ebenfalls nichts. Der Saldierungsrahmen wurde durch die Mehrbesteuerung aufgrund der Korrektur des Bescheides auf 2 000 EUR festgelegt. Über diese 2 000 EUR hinaus (d.h. über den Saldierungsrahmen hinaus) ist eine Änderung nicht möglich.

c) Wurde ein materieller Fehler festgestellt, der zu einer Mehrbesteuerung i.H.v. 1 000 EUR führt, ist dieser nicht zu beachten. Der Änderungsrahmen wurde lediglich von 4 000 EUR bis 6 000 EUR eröffnet. Eine weitere Mehrbesteuerung liefe auf eine Steuer i.H.v. 7 000 EUR hinaus, die den Änderungsrahmen übersteigt.

Das Gesetz unterscheidet in § 177 Abs. 1 und 2 AO zwischen Aufhebungen oder Änderungen eines Bescheids zuungunsten und zugunsten des Stpfl. Dementsprechend ist in den Fällen des § 177 Abs. 1 AO die sonst eintretende betragsmäßige Schlechterstellung des Stpfl. ganz oder teilweise durch die betragsmäßige Auswirkung der Berichtigung von materiellen Fehlern auszugleichen; in den Fällen des § 177 Abs. 2 AO ist die betragsmäßige Besserstellung des Stpfl. durch die betragsmäßige Auswirkung der Fehlerberichtigung ganz oder teilweise neutralisiert. Soweit der genannte betragsmäßige Spielraum reicht, sind in beiden Fällen sowohl solche Rechtsfehler zu berichtigen, die dem Stpfl. einen ungerechtfertigten Vorteil verschafften als auch solche, die ihn benachteiligten. Zwangsläufig verschafft jede Saldierung mit einer der Auswirkung der Änderung oder Aufhebung **gegenläufigen Fehlerberichtigung** neuen Spielraum für eine Saldierung mit einer gleichläufigen Fehlerberichtigung. Wenngleich der Saldierungsbereich grundsätzlich durch den Steuermehr- bzw. -minderbetrag abgesteckt wird, hält der BFH (BFH v. 09.06.1993, I R 90/92, BStBl II 1993, 822) es für zulässig, bei gegebener Vergleichbarkeit der Bemessungsgrundlagen auch diese der Vergleichsberechnung zugrunde zu legen, wenn sich diese entsprechend 23 ihrem Zahlenwerk auf die Höhe der Gesamtbemessungsgrundlage und damit auf die Steuer auswirken.

24 Auch bei **Zusammenveranlagung von Ehegatten** findet § 177 AO Anwendung. Liegen bei einem Ehegatten die Voraussetzungen einer Änderung zu seinen Ungunsten vor, bei dem anderen Ehegatten jedoch ein steuermindernder Fehler i. S. des § 177 Abs. 3 AO, so können diese beiden Steueränderungen miteinander saldiert werden, obwohl es sich um zwei Steuerbescheide (s. § 174 AO Rz. 12) handelt. Eine Saldierung ist jedoch nicht möglich, wenn die Ehegatten anlässlich der Änderung des Bescheides das Veranlagungswahlrecht ändern (*von Wedelstädt* in Bartone/von Wedelstädt, Rz. 1631).

## II. Art und Weise der Saldierung

25 Durch die ausdrückliche Trennung der Saldierungsvoraussetzungen in § 177 Abs. 1 und 2 AO ist klargestellt, dass Mehr- und Mindersteuern, die sich aus dem gleichzeitigen Vorliegen der Voraussetzungen für eine Korrektur zugunsten und zuungunsten des Stpfl. ergeben, für die Bemessung des Saldierungsspielraums nicht ihrerseits in ihrer Auswirkung vorweg saldiert werden dürfen (sog. **Saldierungsverbot**, so auch BFH v. 09.06.1993, I R 90/92, BStBl II 1993, 822).

26 Die oberen und die unteren Grenzen der Fehlerberichtigung sind jeweils getrennt voneinander zu ermitteln (*Rüsken* in Klein, § 177 AO Rz. 14; auch BFH v. 14.07.1993, X R 34/90, BStBl II 1994, 77; *von Wedelstädt* in Gosch, § 177 AO Rz. 27; a. A. *Frotscher* in Schwarz/Pahlke, § 177 AO Rz. 14).

27 **Beispiel:**

Ist etwa eine Steuer gem. § 173 Abs. 1 Nr. 1 AO um 5 000 EUR zu erhöhen und außerdem gem. § 173 Abs. 1 Nr. 2 AO um 3 000 EUR zu ermäßigen, so führt dies zwar ohne Berücksichtigung des § 177 AO im Ergebnis nur zu einer Erhöhung von 2 000 EUR. Für die Saldierung von Rechtsfehlern entsteht jedoch hierdurch ein Dispositionsbetrag von insgesamt 8 000 EUR. Für die Zwecke der Saldierung ist also jede der sie rechtfertigenden Maßnahmen für sich getrennt zu berücksichtigen. Im Beispielsfall ist daher die Steuer – abhängig von der Existenz sich entsprechend auswirkender Rechtsfehler – höchstens um 5 000 EUR höher oder um 3 000 EUR niedriger als bisher festzusetzen.

28 **Änderungsobergrenze** ist der Steuerbetrag, der sich als Summe der bisherigen Steuerfestsetzung und der steuerlichen Auswirkung aller selbstständigen steuererhöhenden Änderungstatbestände ergibt. **Änderungsuntergrenze** ist der Betrag, der sich nach Abzug der steuerlichen Auswirkungen aller selbstständigen steuermindernden Korrekturtatbestände von der bisherigen Steuerfestsetzung ergibt (AEAO zu § 177, Nr. 3).

29 Liegen **mehrere materielle Fehler** vor, die teils zu Mehrsteuern und teils zu Mindersteuern führen, sind deren betragsmäßige Auswirkungen zunächst zu saldieren, wobei der Saldo anschließend innerhalb des Berichtigungsrahmens berücksichtigt wird (BFH v. 09.06.1993, I R 90/92, BStBl II 1993, 822).

Liegen die Voraussetzungen **mehrerer selbstständiger, gegenläufiger Korrekturtatbestände** (s. Rz. 26) und **gleichzeitig mehrere gegenläufige materielle Fehler** (s. Rz. 29) vor, ergibt sich aus der Systematik des § 177 AO folgende Vorgehensweise: 29a

- 1. Schritt: Bestimmung des Korrekturrahmens anhand der selbstständigen Korrekturtatbestände;
- 2. Schritt: Ermittlung des Saldos aller materiellen Fehler i. S. des § 177 Abs. 3 AO;
- 3. Schritt: Kompensation dieses Saldos mit den Korrekturmöglichkeiten gegenläufiger Tendenz;
- 4. Schritt: Saldierung der nach der Kompensation ggf. verbleibenden Korrekturmöglichkeiten je nach Ergebnis der im 3. Schritt vorgenommenen Kompensation zuungunsten (§ 177 Abs. 2 AO) bzw. zugunsten des Stpfl. (§ 177 Abs. 1 AO).

Wurde zur Ermittlung des Saldierungsrahmens bisher auf den zuletzt ergangenen Bescheid und auf den Bescheid, wie er durch die Änderung ergehen soll, abgestellt, geht die BFH-Rspr. davon aus, dass der **Saldierungsrahmen** nicht allein durch den letzten Bescheid bestimmt wird, sondern **alle Änderungen heranzuziehen sind, die dem letzten Bescheid vorangegangen, aber nicht formell bestandskräftig** geworden sind (BFH v. 10.08.2006, II R 24/05, BStBl II 2007, 87; BFH v. 10.08.2006, II R 59/05, BStBl II 2009, 758; BFH v. 09.08.2006, II R 61/05, BFH/NV 2007, 3; dagegen: *Hundt-Eßwein*, DStR 2007, 751). Diese Auffassung wurde vom BVerfG ausdrücklich bestätigt (BVerfG v. 10.06.2009, 1 BvR 571/07, DStRE 2009, 1021). Begründet wird dies durch einen systematischen Vergleich zwischen § 177 AO und § 351 Abs. 1 AO. § 177 Abs. 1 AO dient dazu, bereits bei der **Bescheidkorrektur** solche materiellen Fehler zu berücksichtigen, die der Stpfl. im Rahmen des § 351 Abs. 1 AO in einem Rechtsbehelfsverfahren geltend machen könnte. § 351 Abs. 1 AO stellt jedoch auf den letzten unanfechtbaren Verwaltungsakt ab (BFH v. 22.02.2015, X R 24/13, BFH/NV 2015, 1334; s. § 351 AO Rz. 4). Folglich müssen alle Änderungen berücksichtigt werden, die vor dem letzten Bescheid ergangen sind, aber noch nicht formell bestandskräftig sind. Dies gilt wegen des engen systematischen Zusammenhangs zwischen § 351 Abs. 1 AO und § 177 Abs. 1 AO auch für den Änderungsrahmen des § 177 AO. 30

Da § 177 Abs. 2 AO die Finanzbehörde dem Steuerpflichtigen gleichstellen will, gilt oben Gesagtes auch für § 177 Abs. 2 AO.

vorläufig frei 31–33

### III. Grenzen der Saldierung

34 Grenzen sind der Saldierung durch die in § 177 Abs. 4 AO enthaltene Verweisung auf § 176 AO gezogen (*Rüsken* in Klein, § 177 AO Rz. 17). Speziell im Rahmen der Saldierung dürfen zuungunsten des Stpfl. diejenigen Umstände nicht berücksichtigt werden, die auch bei Aufhebung oder Änderung eines Steuerbescheids zu seinen Lasten nicht berücksichtigt werden dürfen. Insoweit geht der **Vertrauensschutz** der **Rechtsrichtigkeit** vor (auch *Rund/Bauchmüller*, AO-StB 2004, 91).

35 Eine **verbindliche Zusage** (§§ 204 ff. AO), die für die Besteuerung bindend ist, verursacht auch bei deren Fehlerhaftigkeit keinen Fehler i. S. des § 177 Abs. 3 AO; auch insoweit geht der **Vertrauensschutz** dem Bestand der Zusage vor. Nicht durch Saldierung eliminierbar ist auch eine nach § 163 AO ausgesprochene **Billigkeitsmaßnahme** (insoweit steht überhaupt nur deren Rücknahme nach § 130 Abs. 2 AO mit Wirkung für die Vergangenheit in Frage). Die Steuer ist insoweit schon erloschen (§ 47 AO). Dagegen spielen Fragen aus dem Bereich der **Festsetzungsverjährung (Feststellungsverjährung)** – insbes. unter dem Aspekt der Teilverjährung – keine Rolle. Voraussetzung für die Berichtigung von materiellen Fehlern ist einzig die Änderungsmöglichkeit durch eine Korrekturnorm und das Vorliegen eines materiellen Fehlers. Darauf, ob für den Rechtsfehler noch die Korrekturmöglichkeit nach §§ 172 ff. AO eröffnet oder sie wegen Verjährung ausgeschlossen ist, kommt es nicht an (s. auch BFH v. 18.12.1991, X R 38/90, BStBl II 1992, 504; a. A. *von Groll*, StuW 1993, 312). Bei der Änderung eines Bescheids betreffend die **gesonderte (ggf. einheitliche) Feststellung** von Besteuerungsgrundlagen ist jedoch im Hinblick auf deren Verselbstständigung (s. auch § 157 Abs. 2 AO) zu prüfen, ob die vorzunehmende Änderung mit dem zur Saldierung anstehenden Fehler kompensierbar ist.

## E. Verhältnis zu anderen Vorschriften (§ 177 Abs. 4 AO)

36 Nach § 177 Abs. 4 AO bleiben § 164 Abs. 2 AO, § 165 Abs. 2 AO und § 176 AO unberührt (s. Rz. 4). § 177 AO bleibt zwar bei §§ 164, 165 AO anwendbar, läuft aber ins Leere (s. § 164 AO Rz. 21 und § 165 AO Rz. 26b; *von Wedelstädt* in Bartone/von Wedelstädt, Rz. 1614; a. A. *Koenig* in Koenig, § 177 AO Rz. 6; *Bergan/Martin*, DStR 2007, 658). Die Vorschrift hat lediglich klarstellende Bedeutung. Bescheide, die unter dem **Vorbehalt der Nachprüfung** ergehen, erwachsen nicht in materieller Bestandskraft (§ 164 Abs. 2 AO; s. Vor §§ 172–177 AO Rz. 12). Änderungen können folglich ohne die Einschränkung des § 177 Abs. 1 und 2 AO erfolgen. Gleiches gilt für Bescheide, soweit sie gem. § 165 Abs. 1 AO unter einem **Vorläufigkeitsvermerk** stehen. In diesem Umfang tritt eine materielle Bestandkraft nicht ein. Eine Fehlerberichtigung ist in diesem Rahmen uneingeschränkt möglich. Dabei dürfen auch Fehler berücksichtigt werden, die nicht mit dem Grund der Vorläufigkeit zusammenhängen (BFH v. 02.03.2000, VI R 48/97, BStBl II 2000, 332). § 177 Abs. 4 AO soll bei der Änderung nach § 165 Abs. 2 AO nicht die Saldierungsmöglichkeit des § 177 Abs. 1 und 2 AO ausschließen, sondern die Möglichkeit der Änderung nach § 165 Abs. 2 AO soll erhalten bleiben. Soweit der Bescheid von dem Vorläufigkeitsvermerk unberührt bleibt, findet § 177 AO uneingeschränkte Anwendung.

Ebenfalls von § 177 AO unberührt bleibt die Vorschrift des § 176 AO (*von Wedelstädt* in Gosch, § 176 AO Rz. 7.3). Eine Saldierung mit Rechtsfehlern, die sich als solche erst durch die Entscheidung des BVerfG oder eines obersten Bundesgerichts erkannt wurden, ist der Finanzbehörde mithin nicht gestattet (*Koenig* in Koenig, § 177 AO Rz. 26). Der Grundsatz der materiellen Richtigkeit tritt insoweit ebenso wie bei § 176 AO hinter dem schutzwürdigen Vertrauen des Stpfl. zurück (s. § 176 AO Rz. 2 ff.). 37

§ 177 AO sperrt nicht die saldierende Änderung von Rechtsfehlern nach anderen Vorschriften. So kann z. B. nach § 175 Abs. 1 Nr. 2 AO die gesamte Entscheidung rückgängig gemacht werden, d. h., die Änderung aufgrund eines **rückwirkenden Ereignisses** erfasst auch die bei der ursprünglichen Entscheidung unterlaufenen Rechtsfehler (BFH v. 23.11.2000, IV R 85/99, BStBl II 2001, 122). 38

### IV. Kosten

## § 178 AO Kosten bei besonderer Inanspruchnahme der Zollbehörden

**(1) Die Behörden der Bundeszollverwaltung sowie die Behörden, denen die Wahrnehmung von Aufgaben der Bundeszollverwaltung übertragen worden ist, können für eine besondere Inanspruchnahme oder Leistung (kostenpflichtige Amtshandlung) Gebühren erheben und die Erstattung von Auslagen verlangen.**

**(2) Eine besondere Inanspruchnahme oder Leistung im Sinne des Absatzes 1 liegt insbesondere vor bei**

**1. Amtshandlungen außerhalb des Amtsplatzes und außerhalb der Öffnungszeiten, soweit es sich nicht um Maßnahmen der Steueraufsicht handelt,**

**2. Amtshandlungen, die zu einer Diensterschwernis führen, weil sie antragsgemäß zu einer bestimmten Zeit vorgenommen werden sollen,**

**3. Untersuchungen von Waren, wenn**

**a) sie durch einen Antrag auf Erteilung einer verbindlichen Zolltarifauskunft, Gewährung einer Steuervergütung oder sonstigen Vergünstigungen veranlasst sind oder**

**b) bei Untersuchungen von Amts wegen Angaben oder Einwendungen des Verfügungsberechtigten sich als unrichtig oder unbegründet erweisen oder**

**c) die untersuchten Waren den an sie gestellten Anforderungen nicht entsprechen,**

**4. Überwachungsmaßnahmen in Betrieben und bei Betriebsvorgängen, wenn sie durch Zuwiderhandlungen gegen die zur Sicherung des Steueraufkommens erlassenen Rechtsvorschriften veranlasst sind,**

**5. amtlichen Bewachungen und Begleitungen von Beförderungsmitteln oder Waren,**

**6. Verwahrung von Nichtgemeinschaftswaren,**

**7. Fertigung von Schriftstücken, elektronischen Dokumenten, Abschriften und Ablichtungen sowie bei der elektronischen Übersendung oder dem Ausdruck von elektronischen Dokumenten und anderen Dateien, wenn diese Arbeiten auf Antrag erfolgen,**

**8. Vernichtung und Zerstörung von Waren, die von Amts wegen oder auf Antrag vorgenommen wird.**

**(3) Das Bundesministerium der Finanzen wird ermächtigt, durch Rechtsverordnung, die der Zustimmung des Bundesrates nicht bedarf, die kostenpflichtigen Amtshandlungen näher festzulegen, die für sie zu erhebenden Kosten nach dem auf sie entfallenden durchschnittlichen Verwaltungsaufwand zu bemessen und zu pauschalieren sowie die Voraussetzungen zu bestimmen, unter denen von ihrer Erhebung wegen Geringfügigkeit, zur Vermeidung von Härten oder aus ähnlichen Gründen ganz oder teilweise abgesehen werden kann.**

**(4) Auf die Festsetzung der Kosten sind die für Verbrauchsteuern geltenden Vorschriften entsprechend anzuwenden. Im Übrigen gilt für diese Kosten das Verwaltungskostengesetz in der bis zum 14. August 2013 geltenden Fassung. Die §§ 18 bis 22 des Verwaltungskostengesetzes in der bis zum 14. August 2013 geltenden Fassung finden keine Anwendung.**

Die Tätigkeiten der Finanzbehörde im Besteuerungsverfahren sind grundsätzlich kostenfrei (s. aber § 87 Abs. 2 Satz 3 AO Kosten für Übersetzungen; § 89 Abs. 3 ff. AO Gebühren für die Erteilung einer verbindlichen Auskunft; § 178a AO Kosten für Verständigungsverfahren; §§ 337 ff. AO Vollstreckungskosten; § 112 BranntwMonG). Kosten sind Gebühren und Auslagen. Kosten können nur erhoben werden, wenn das Gesetz es ausdrücklich regelt; vertragliche Vereinbarungen über Kosten ersetzen die fehlende gesetzliche Grundlage nicht (*Drüen* in Tipke/Kruse, § 178 AO Rz. 3). § 178 AO gilt nur für Amtshandlungen i.S. des § 178 Abs. 1 AO, die einen Gegenstand der AO, nämlich Steuern und Steuervergütungen betreffen, nicht für Tätigkeiten der Zollbehörde außerhalb des Anwendungsbereichs der AO (*Drüen* in Tipke/Kruse, § 178 AO Rz. 4a m. w. N.). 1

Nach § 178 Abs. 1 AO können für eine besondere Inanspruchnahme oder Leistung der Behörden der Bundeszollverwaltung sowie der Behörden, denen die Wahrnehmung von Aufgaben der Bundeszollverwaltung übertragen worden ist, Kosten als steuerliche Nebenleistung (§ 3 Abs. 4 AO) erhoben werden. 1a

§ 178 Abs. 2 AO zählt Beispiele kostenpflichtiger besonderer Inanspruchnahmen oder Leistungen auf. Nach der amtlichen Gesetzesbegründung soll durch die Verwendung des Wortes »insbesondere« nicht etwa ermöglicht werden, bisher kostenfreie Amtshandlungen in Zukunft kostenpflichtig zu machen, sondern für den Fall der Übertragung weiterer Aufgaben auf die Zollverwaltung in Zukunft, die zugleich eine besondere Inanspruchnahme oder Leistung der Verwaltung beinhalten, die Zulässigkeit der Erhebung von Gebühren und Auslagen offenhalten (*Drüen* in Tipke/Kruse, § 178 AO Rz. 5). 2

§ 178 Abs. 2 AO ist nicht selbst Grundlage der Kostenbestimmung, sondern die nach § 178 Abs. 3 AO erlassene Zollkostenverordnung (ZollKostV). Weitere Regelungen finden sich für das Zollrecht in Art. 11 Abs. 2, 69 Abs. 3, 225 ZK und Art. 239 Abs. 2 Satz 2 ZK-DVO bzw. ab 01.05.2016 in Art. 52 Abs. 1 UZK, die § 178 AO insoweit verdrängen (*Rüsken* in Klein, § 178 AO Rz. 3). Nach § 17 Abs. 3 Satz 3 MOG, § 112 Abs. 3 BranntwMonG und § 28 Abs. 2 AWG gelten § 178 Abs. 3 und 4 AO und die auf der Grundlage des § 178 Abs. 3 AO erlassenen Vorschriften sinngemäß. 3

Auf der Grundlage der Ermächtigung des § 178 Abs. 3 AO ist die ZollKostV vom 06.09.2009 (BGBl I 2009, 3001) erlassen worden, die inhaltlich weitgehend die in § 178 Abs. 2 AO aufgeführten kostenpflichtigen Amtshandlungen übernimmt, aber auch sachliche Ausnahmen von der Kostenpflicht regelt (*Schoenfeld* in Gosch, § 178 AO Rz. 13). 3a

§ 178 Abs. 4 AO ordnet für die Festsetzung der Kosten in allen Fällen kostenpflichtiger Amtshandlungen nach § 178 Abs. 1 AO die entsprechende Anwendung der für Verbrauchsteuern geltenden Vorschriften an. Es gelten 4 die nationalen Regelungen. Das bedeutet insbes., dass die Kosten durch schriftlichen Bescheid (§ 157 AO) festzusetzen sind, die Festsetzungsfrist ein Jahr beträgt (§ 169 Abs. 2 Nr. 1 AO) und sich die (materielle) Bestandskraft des Kostenbescheids nach § 172 Abs. 1 Nr. 1 AO richtet. Für die Kostenerhebung nach der ZollKostV ist den Finanzbehörden kein Ermessen eingeräumt (*Schoenfeld* in Gosch, § 178 AO Rz. 13). Soweit dessen Anwendung durch § 178 Abs. 4 Satz 3 AO nicht ausdrücklich ausgeschlossen ist, wird das Zollkostenrecht durch das Verwaltungskostengesetz i.d. bis zum 14.08.2013 geltenden Fassung (VwKostG v. 23.06.1970, BGBl. I 1970, 821) ergänzt.

5 Gegen Kostenbescheide ist der Einspruch nach § 347 Abs. 1 Satz 1 Nr. 1 AO, vorläufiger Rechtsschutz nach § 361 AO bzw. § 69 Abs. 3 FGO gegeben. Art. 244 ZK bzw. Art. 45 UZK finden keine Anwendung (*Drüen* in Tipke/Kruse, § 178 AO Rz. 6a).

## § 178a AO Kosten bei besonderer Inanspruchnahme der Finanzbehörden

**(1) Das Bundeszentralamt für Steuern erhebt für die Bearbeitung eines Antrags auf Durchführung eines Verständigungsverfahrens nach einem Vertrag im Sinne des § 2 zur einvernehmlichen Besteuerung von noch nicht verwirklichten Geschäften eines Steuerpflichtigen mit nahe stehenden Personen im Sinne des § 1 des Außensteuergesetzes oder zur zukünftigen einvernehmlichen Gewinnaufteilung zwischen einem inländischen Unternehmen und seiner ausländischen Betriebsstätte oder zur zukünftigen einvernehmlichen Gewinnermittlung einer inländischen Betriebsstätte eines ausländischen Unternehmens (Vorabverständigungsverfahren) Gebühren, die vor Eröffnung des Vorabverständigungsverfahrens durch das Bundeszentralamt für Steuern festzusetzen sind. Diese Eröffnung geschieht durch die Versendung des ersten Schriftsatzes an den anderen Staat. Hat ein Antrag Vorabverständigungsverfahren mit mehreren Staaten zum Ziel, ist für jedes Verfahren eine Gebühr festzusetzen und zu entrichten. Das Vorabverständigungsverfahren wird erst eröffnet, wenn die Gebührenfestsetzung unanfechtbar geworden und die Gebühr entrichtet ist; wird ein Herabsetzungsantrag nach Absatz 4 gestellt, muss auch darüber unanfechtbar entschieden sein.**

**(2) Die Gebühr beträgt 20 000 Euro (Grundgebühr) für jeden Antrag im Sinne des Absatzes 1; der Antrag eines Organträgers im Sinne des § 14 Abs. 1 des Körperschaftsteuergesetzes, der entsprechende Geschäfte seiner Organgesellschaften mit umfasst, gilt als ein Antrag. Stellt der Antragsteller einer bereits abgeschlossenen Verständigungsvereinbarung einen Antrag auf Verlängerung der Geltungsdauer, beträgt die Gebühr 15 000 Euro (Verlängerungsgebühr). Ändert der Antragsteller seinen Antrag vor der Entscheidung über den ursprünglichen Antrag oder stellt er während der Laufzeit der Verständigungsvereinbarung einen Antrag auf Änderung der Verständigungsvereinbarung, wird eine zusätzliche Gebühr von 10 000 Euro für jeden Änderungsantrag erhoben (Änderungsgebühr); dies gilt nicht, wenn die Änderung vom Bundeszentralamt für Steuern oder vom anderen Staat veranlasst worden ist.**

**(3) Sofern die Summe der von dem Vorabverständigungsverfahren erfassten Geschäftsvorfälle die Beträge des § 6 Abs. 2 Satz 1 der Gewinnabgrenzungsaufzeichnungsverordnung vom 13. November 2003 (BGBl. I S. 2296) voraussichtlich nicht überschreitet, beträgt die Grundgebühr 10 000 Euro, die Verlängerungsgebühr 7 500 Euro und die Änderungsgebühr 5 000 Euro.**

**(4) Das Bundeszentralamt für Steuern kann die Gebühr nach Absatz 2 oder 3 auf Antrag herabsetzen, wenn deren Entrichtung für den Steuerpflichtigen eine unbillige Härte bedeutet und das Bundeszentralamt für Steuern ein besonderes Interesse der Finanzbehörden an der Durchführung des Vorabverständigungsverfahrens feststellt. Der Antrag ist vor Eröffnung des Vorabverständigungsverfahrens zu stellen; ein später gestellter Antrag ist unzulässig.**

**(5) Im Fall der Rücknahme oder Ablehnung des Antrags, oder wenn das Vorabverständigungsverfahren scheitert, wird die unanfechtbar festgesetzte Gebühr nicht erstattet.**

**Inhaltsübersicht**



### A. Bedeutung der Vorschrift

§ 178a AO regelt die Kostenpflicht für die Bearbeitung eines Antrags auf Durchführung eines aufgrund eines DBA möglichen bilateralen oder multilateralen Verstän- 1 digungsverfahrens zur einvernehmlichen Besteuerung von **noch nicht verwirklichten** Geschäften eines Steuerpflichtigen mit nahestehenden Personen oder zur zukünftigen einvernehmlichen Gewinnaufteilung zwischen einem inländischen Unternehmen und seiner ausländischen Betriebsstätte oder zur zukünftigen einvernehmlichen Gewinnermittlung einer inländischen Betriebsstätte eines ausländischen Unternehmens (sog. Vorabverständigungsverfahren )

2 Die Regelung soll nicht nur die teilweise hohen Kosten zur Durchführung eines solchen Verfahrens auffangen, sondern dient vor allem dem Schutz der Finanzbehörden gegenüber nicht relevanten oder schlecht vorbereiteten Anträgen (BT-Drs. 16/2712, 80). Sie ist auf die verbindliche Auskunft nicht übertragbar (BFH v. 09.03.2016, I R 81/14, BFH/NV 2016, 1137).

## B. Vorabverständigungsverfahren

3 Die Möglichkeit der Durchführung von Vorabverständigungsverfahren ist im »Merkblatt für bilaterale oder multilaterale Vorabverständigungsverfahren auf der Grundlage der Doppelbesteuerungsabkommen zur Erteilung verbindlicher Vorabzusagen über Verrechnungspreise zwischen international verbundenen Unternehmen (sog. »Advance Pricing Agreements« – APAs)« (BMF v. 05.10.2006, IV B 4 – S 1341–38/06, BStBl I 2006, 594) erstmals und näher geregelt. Die zur Beurteilung gestellten Geschäfte dürfen noch nicht verwirklicht worden sein. Damit soll Planungsunsicherheit bei Verrechnungspreisfragen vermieden werden. Das Vorabverständigungsverfahren wird nur auf Antrag des Betroffenen eingeleitet.

4 Vorabverständigungsvereinbarungen über Verrechnungspreise werden regelmäßig nur hinsichtlich der Anerkennung einer oder mehrerer Verrechnungspreismethoden für bestimmte Geschäftsvorfälle bzw. bestimmte Arten von Geschäftsvorfällen unter Vereinbarung von Gültigkeitsbedingungen abgeschlossen, nicht über die konkrete Höhe von Verrechnungspreisen. Wegen Begriff, Inhalt und andere Einzelheiten des APA s. BMF v. 05.10.2006 (IV B 4 – S 1341–38/06, BStBl I 2006, 594). Für die Durchführung dieser Verfahren ist federführend das BZSt zuständig.

5-7 vorläufig frei

## C. Gebührenpflicht (§ 178a Abs. 1 AO)

8 Für die **Bearbeitung** eines Antrags auf Durchführung eines Vorabverständigungsverfahrens erhebt das BZSt Gebühren. Sie fällt auch an, wenn der APA-Antrag nur beim ausländischen Vertragsstaat gestellt wurde und dieser sich an das BMF oder BZSt wendet (BT-Drs. 16/2712). Die Gebühr entsteht mit Eingang des APA-Antrags ggfs. auch beim örtlich zuständigen FA und ist vor Eröffnung des Verfahrens durch Gebührenbescheid festzusetzen und zu entrichten. Es gelten insoweit die Vorschriften der AO, nicht die des VwKostG (*Drüen* in Tipke/Kruse, § 178a AO Rz. 18). Die Gebühr ist nach § 220 Abs. 2 AO sofort fällig. Unbeachtlich ist, ob das Verfahren erfolgreich durchgeführt werden kann oder abgebrochen wird. Nach § 178a Abs. 1 Satz 2 AO geschieht die **Eröffnung** durch Versendung des ersten Schriftsatzes an den anderen Staat. Das Vorabverständigungsverfahren wird erst eröffnet, wenn die Festsetzung der Gebühr unanfechtbar geworden und die Gebühr entrichtet ist. Sofern der Antragsteller die Herabsetzung der Gebühr nach § 178a Abs. 4 AO beantragt hat, muss auch über diesen Antrag unanfechtbar entschieden worden sein, bevor das Vorabverständigungsverfahren eröffnet wird (§ 178a Abs. 1 Satz 4 AO). Wird die Gebührenfestsetzung oder die Ablehnung der beantragten Gebührenermäßigung angefochten, kann das Vorabverständigungsverfahren erst nach bestandskräftiger Entscheidung über den Einspruch eröffnet werden.

Sind an dem beantragten Verfahren mehrere Staaten beteiligt, handelt es um entsprechend mehrere Verfahren mit der Folge, dass für jedes Verfahren eine Gebühr festzusetzen ist (§ 178a Abs. 1 Satz 3 AO). 9

vorläufig frei 10-11

## D. Höhe der Gebühren (§ 178a Abs. 2 und 3 AO)

Die Gebühr und ihre Höhe wird damit begründet, dass die Durchführung von Vorabverständigungsverfahren hohe Zusatzkosten verursacht (BT-Drs. 16/2712, 80). Denn neben dem BZSt wird bei der Durchführung des Vorabverständigungsverfahrens regelmäßig die zuständige örtliche Betriebsprüfungsstelle und häufig ein Bundesbetriebsprüfer tätig. Die pauschalen Gebühren sind sinnvoll, da die individuelle Festsetzung der Gebühr auf der Grundlage des tatsächlichen Verwaltungsaufwandes einen zu großen Verwaltungsaufwand verursachen würde. Das Aufkommen aus der Gebühr steht nach § 3 Abs. 5 AO dem Bund und der jeweils verwaltenden Körperschaft je zur Hälfte zu. 12

Die **Grundgebühr** beträgt 20 000 Euro je Antrag (§ 178a Abs. 2 Satz 1 AO). Stellt ein Organträger i. S. des § 14 Abs. 1 KStG einen Antrag auf Durchführung eines Vorabverständigungsverfahrens, der entsprechende Geschäfte seiner Organgesellschaften mit umfasst, wird dieser Antrag als ein Antrag behandelt (§ 178a Abs. 2 Satz 2 AO). 13

Wird die Verlängerung der Geltungsdauer einer bereits abgeschlossenen Verständigungsvereinbarung beantragt, beträgt die Gebühr (**Verlängerungsgebühr** ) 15 000 Euro 14

(§ 178a Abs. 2 Satz 2 AO). Dabei ist es gleichgültig, ob der Verlängerungsantrag vor oder nach Ablauf der Geltungsdauer der Verständigungsvereinbarung gestellt wird.

**15** Der Antragsteller kann sowohl seinen Antrag auf Durchführung eines Vorabverständigungsverfahrens vor Entscheidung über seinen Antrag ändern als auch während der Laufzeit einer Verständigungsvereinbarung die Änderung der Verständigungsvereinbarung beantragen. In beiden Fällen wird für jeden Änderungsantrag eine zusätzliche Gebühr (Änderungsgebühr ) von 10 000 Euro erhoben (§ 178a Abs. 2 Satz 3 Hs. 1 AO). Eine Änderungsgebühr wird nicht erhoben, wenn die Änderung vom BZSt oder vom anderen Staat veranlasst worden ist (§ 178a Abs. 2 Satz 3 Hs. 2 AO).

**16** Für den Antrag auf Verlängerung oder Änderung gelten dieselben Grundsätze wie für den Antrag auf Durchführung eines Vorabverständigungsverfahrens: der Antrag auf Verlängerung oder Änderung wird erst bearbeitet, wenn die Gebührenfestsetzung bestandskräftig und die Gebühr entrichtet worden ist.

**17** Unterschreitet die Summe der Geschäftsvorfälle, die voraussichtlich Gegenstand eines Vorabverständigungsverfahrens sind, die Grenzen des § 6 Abs. 2 GAufzV, nämlich Entgelt in Höhe von 5 Mio. Euro für Lieferungen, in Höhe von 500 000 Euro für Leistungen, werden die Gebühren halbiert (§ 178a Abs. 3 AO). Diese Regelung dient wegen geringerer Bedeutung des Vorabverständigungsverfahrens kleineren Unternehmen.

**18–19** vorläufig frei

### E. Ermäßigung der Gebühr (§ 178a Abs. 4 AO)

**20** Das BZSt kann die jeweilige Gebühr nach § 178a Abs. 2 und 3 AO auf Antrag herabsetzen. Der Antrag auf Herabsetzung der Gebühr kann nur **vor Eröffnung** des Vorabverständigungsverfahrens gestellt werden (§ 178a Abs. 4 Satz 2 AO). Geht er erst nach Versendung des ersten Schriftsatzes an den anderen Staat ein, ist er unzulässig. Kommt es wegen der Ermäßigung zu einem Rechtsbehelfsverfahren, kann das Vorabverständigungsverfahren erst nach bestandskräftigem Abschluss desselben eröffnet werden

**21** Voraussetzung ist, dass die Entrichtung der Gebühr für den Stpfl. eine **unbillige Härte** bedeutet und dass ein **besonderes Interesse der Finanzbehörden** an der Durchführung des Vorabverständigungsverfahrens besteht. Beide Voraussetzungen gelten **kumulativ**. Unbillige Härte liegt vor allem bei persönlichen Billigkeitsgründen (s. § 227 AO) vor. § 178a Abs. 4 AO verdrängt die Regelungen der §§ 163 und 227 AO. Ein **besonderes Interesse** der Finanzbehörden kann dann vorliegen, wenn durch die Durchführung eines Vorabverständigungsverfahrens streitige Betriebsprüfungen und zeit- und kostenaufwendige Verständigungs- oder Schiedsverfahren vermieden werden können. Es kann auch dann vorliegen, wenn die Durchführung des beantragten Vorabverständigungsverfahrens gleichzeitig die Lösung für gleichgelagerte Fälle bringen kann – was in der Praxis sicher eher selten der Fall sein dürfte.

**22** vorläufig frei

### F. Keine Erstattung der Gebühr (178a Abs. 5 AO)

**23** Wird der Antrag auf Durchführung des Vorabverständigungsverfahrens zurückgenommen oder abgelehnt oder scheitert das Vorabverständigungsverfahren, wird die unanfechtbar festgesetzte Gebühr nicht erstattet. Dasselbe gilt in den Fällen des Antrags auf Verlängerung einer Verständigungsvereinbarung oder auf Änderung, denn die Regelung nennt lediglich die Rücknahme oder Ablehnung »des Antrags«, ohne ihn einzuschränken.

### G. Rechtsschutz

**24** Gegen die Ablehnung eines Antrags nach § 178a Abs. 1 AO ist der **Einspruch** gegeben.

Er ist außerdem statthaft gegen die Festsetzung der Gebühr und gegen die Ablehnung des Antrags auf Ermäßigung der Gebühr. Allerdings führt der Einspruch in diesen Fällen dazu, dass das Verfahren erst nach bestandskräftiger Entscheidung über den Rechtsbehelf – und ggf. Entrichtung der Gebühr – eröffnet wird.

## 2. Unterabschnitt

## Gesonderte Feststellung von Besteuerungsgrundlagen, Festsetzung von Steuermessbeträgen

## I. Gesonderte Feststellungen

## § 179 AO Feststellung von Besteuerungsgrundlagen

**(1) Abweichend von § 157 Abs. 2 werden die Besteuerungsgrundlagen durch Feststellungsbescheid gesondert festgestellt, soweit dies in diesem Gesetz oder sonst in den Steuergesetzen bestimmt ist.**

**(2) Ein Feststellungsbescheid richtet sich gegen den Steuerpflichtigen, dem der Gegenstand der Feststellung bei der Besteuerung zuzurechnen ist.**

**Die gesonderte Feststellung wird gegenüber mehreren Beteiligten einheitlich vorgenommen, wenn dies gesetzlich bestimmt ist oder der Gegenstand der Feststellung mehreren Personen zuzurechnen ist. Ist eine dieser Personen an dem Gegenstand der Feststellung nur über eine andere Person beteiligt, so kann insoweit eine besondere gesonderte Feststellung vorgenommen werden.**

**(3) Soweit in einem Feststellungsbescheid eine notwendige Feststellung unterblieben ist, ist sie in einem Ergänzungsbescheid nachzuholen.**

### Inhaltsübersicht



### Schrifttum


Hagen, Bekanntgabe von Feststellungsbescheiden im Insolvenzverfahren, NWB F. 2, 9063; von Wedelstädt, Teilanfechtung und ihre Folgen, DB 1996, 696; Lindwurm, Gewinnverteilung und Gewinnfeststellung bei der Kumulation von stillen Gesellschaften, DStR 2000, 53; von Wedelstädt, Gesonderte und einheitliche Feststellung von Besteuerungsgrundlagen, BuW 2000, 575 und 627; Bartone, Auswirkungen des Insolvenzverfahren auf das Besteuerungsverfahren, AO-StB 2002, 22; von Wedelstädt, Feststellungsbescheide im Rechtsbehelfsverfahren, AO-StB 2004, 211; Fichtelmann, Steuerliche Gewinnfeststellung im Insolvenzverfahren, AO-StB 2006, 288; von Wedelstädt, Bindungswirkung von Grundlagenbescheiden: Voraussetzungen – Umfang – Rechtsfolgen, AO-StB 2009, 203; von Wedelstädt, Gesonderte Feststellung von Besteuerungsgrundlagen nach Ablauf der Feststellungsfrist, AO-StB 2009, 238; von Wedelstädt, Korrektur von Feststellungsbescheiden ohne Eingriff in die Bestandskraft, AO-StB 2012, 83; Günther, Feststellung von einkommensteuerlich relevanten Besteuerungsgrundlagen, AO-StB 2013, 182; Gosch, Inhaltsadressat von Feststellungsbescheiden, BFH/PR 2014, 148; von Wedelstädt, Folgebescheid vor Grundlagenbescheid – Abhängigkeit und Folgen, AO-StB 2014, 349.


## A. Bedeutung der Vorschrift

1 § 179 AO enthält allgemeine Regelungen des Verfahrens der gesonderten Feststellung von Besteuerungsgrundlagen. Es dient der Verfahrensvereinfachung und Sicherstellung einheitlicher verbindlicher Entscheidungen, indem es die Ermittlung der Besteuerungsgrundlagen in der räumlichen Nähe »des Geschehens« (z. B. § 180 Abs. 1 Nr. 2 Buchst. b AO) oder einheitlich für mehrere Beteiligte (z. B. § 180 Abs. 1 Nr. 2 Buchst. a AO) vorsieht. Es folgt dem Grundsatz der Gesetzmäßigkeit und Gleichmäßigkeit der Besteuerung. Es darf daher keine Besteuerungslücken öffnen, sondern muss sicherstellen, dass die nach § 38 AO entstandenen Steuern festgesetzt werden. Feststellungsbescheide entfalten als Grundlagenbescheide für Folgebescheide – Steuerbescheide, Steuermessbescheide, Feststellungsbescheide, Steueranmeldungen (s. § 182 Abs. 1 Satz 1 AO) – auf die Folgebescheide **absolute Bindungswirkung** (§ 182 Abs. 1 AO), d. h. sie sind richtig und vollständig in den Folgebescheiden auszuwerten (s. § 182 AO Rz. 11). Die Feststellungsverjährung hindert bei offener Festsetzungsfrist des Folgebescheids die Feststellung nicht (§ 181 Abs. 5 AO).

## B. Gesonderte Feststellung von Besteuerungsgrundlagen

### I. Allgemeines

Steuern werden nach § 155 Abs. 1 Satz 1 AO vom FA durch Steuerbescheid festgesetzt. Dabei ist die Feststellung der Besteuerungsgrundlagen ein nicht selbstständig anfechtbarer Teil des Steuerbescheids (§ 157 Abs. 2 AO). 2

Davon abweichend werden nach § 179 Abs. 1 AO die Besteuerungsgrundlagen gesondert festgestellt, soweit dies gesetzlich geregelt ist. Die im Bescheid über die Feststellung von Besteuerungsgrundlagen getroffenen Feststellungen entfalten gem. § 182 Abs. 1 Satz 1 AO gegenüber den ihnen rechtlich nachgelagerten Folgebescheiden Bindungswirkung. **Besteuerungsgrundlagen** sind alle nach den einschlägigen Vorschriften selbstständig feststellungsfähigen Steuerfestsetzungsvoraussetzungen (*Söhn* in HHSp, § 179 AO Rz. 12; *Brandis* in Tipke/Kruse, § 179 AO Rz. 1). Sie sind selbstständig anfechtbar (§ 157 Abs. 2 AO). Das schließt eine selbstständige rechtliche Würdigung und ein unabhängiges rechtliches Schicksal einschließlich der Bestandskraft einzelner Feststellungen mit ein (*von Wedelstädt*, DB 1997, 696). Steuerfestsetzungs- und Feststellungsverfahren sind unabhängige Verfahren. Die **gesonderte Feststellung von Besteuerungsgrundlagen** ist ein verselbstständigter, selbstständig anfechtbarer und bestandskraftfähiger Ausspruch über das Bestehen oder Nichtbestehen einer bestimmten Besteuerungsgrundlage außerhalb des Steuerfestsetzungsverfahrens. Einwendungen gegenüber der Feststellung der Besteuerungsgrundlagen müssen im Wege der Anfechtung des Feststellungsbescheids vorgebracht werden (§ 351 Abs. 2 AO). Die Vorschriften über die gesonderte Feststellung von Besteuerungsgrundlagen regeln auch die sachliche Zuständigkeit (BFH v. 10.06.1999, IV R 69/98, BStBl II 1999, 691 m. w. N.). Für das Feststel- 3 lungsverfahren gelten die Vorschriften über das Festsetzungsverfahren entsprechend (§ 181 Abs. 1 AO). Zur Zuständigkeit s. § 18 AO. § 127 AO ist anwendbar (BFH v. 21.06.2007, IX B 5/07, BFH/NV 2007, 1628).

4 Die gesonderte Feststellung ist **nur zulässig**, soweit die Abgabenordnung oder sonst ein Steuergesetz dies bestimmt; die gebotene und unverzichtbare Rechtsgrundlage kann nicht durch allgemeine Zweckmäßigkeitserwägungen wie die Sachkunde oder vergleichbare sinnvolle Überlegungen ersetzt werden (BFH v. 30.10.2005, GrS 2/02, BStBl II 2005, 679; BFH v. 13.05.2013; I R 39/11, BStBl II 2016, 434 m. w. N.).

Gesetzliche Regelungen finden sich in den §§ 180 ff. AO sowie in zahlreichen Bestimmungen anderer Gesetze, wie z. B. in §§ 2a Abs. 1 Satz 5, 10b Abs. 1 Satz 5, 10d Abs. 4, 10e Abs. 7, 15a Abs. 4, 15b Abs. 4, 34e Abs. 1 Satz 4, 39 Abs. 1 Satz 4 (ELStAM) EStG, §§ 151 ff. BewG, § 18 AStG, § 11 Abs. 6 EigZulG. Für die Annahme einer Bindungswirkung ist grundsätzlich eine gesetzliche Regelung erforderlich (BFH v. 28.03.2012, II R 39/10, BStBl II 2012, 712 m. w. N.). Fehlt es an einer entsprechenden gesetzlichen Bestimmung, tritt die Bindungswirkung nicht ein (BFH v. 06.07.1999, IX B 21/99, BFH/NV 2000, 4). Die Feststellung ist bei Vorliegen der Voraussetzungen **zwingend durchzuführen.** Die Bestandskraft des Folgebescheids steht dem so wenig entgegen wie etwaige Kenntnisse des Folgebescheids-FA von den betreffenden Besteuerungsgrundlagen, es sei denn, es handelt sich um einen Fall des § 180 Abs. 3 AO (BFH v. 01.07.2003, VIII R 61/02, BFH/NV 2004, 27 m. w. N.). Ein Feststellungsverfahren ist auch durchzuführen, wenn **streitig** ist, ob Besteuerungsgrundlagen gesondert festgestellt werden müssen oder nicht (BFH v. 24.05.2006, I R 93/05, BStBl II 2007, 76 m. w. N.).

4a Bedarf es einer gesonderten Feststellung, ist für eine eigenständige Ermittlung der Besteuerungsgrundlagen im Rahmen der Folge-Festsetzung grundsätzlich kein Raum. Dies gilt unabhängig davon, ob ein Feststellungsbescheid tatsächlich erlassen und ob er bestandskräftig wird. Fehlt es an einem erforderlichen Feststellungsbescheid, darf das Festsetzungs-FA weder eine eigenständige Ermittlung der Besteuerungsgrundlagen vornehmen noch die Besteuerungsgrundlagen im Festsetzungsbescheid z. B. im Wege der Rechtsfehlersaldierung nach § 177 AO berücksichtigen. Das gilt unabhängig davon, ob ein rechtlich erforderlicher Feststellungsbescheid nicht ergangen ist oder zwar erlassen, aber später aufgehoben worden ist. Die Ausnahme des § 155 Abs. 2 AO, die nur eine erkennbar einstweilige Regelung erlaubt, die einem noch zu erlassenden Grundlagenbescheid vorgreift, eröffnet nicht die Möglichkeit, in einem Folgebescheid abschließend über Sachverhalte zu befinden, deren Beurteilung einem Grundlagenbescheid vorbehalten ist (s. § 155 AO Rz. 16; BFH v. 24.05.2006, I R 93/05, BStBl II 2007, 76 m. w. N.). Ein Festsetzungsbescheid, der trotz Erfordernis eines Grundlagenbescheids Besteuerungsgrundlagen nicht gem. § 155 Abs. 2 AO, sondern abschließend regelt, ist rechtswidrig (BFH v. 02.12.2003, II B 76/03, BStBl II 2004, 204 m. w. N.).

Bescheide, durch die Besteuerungsgrundlagen festgestellt werden, die Auswirkungen auf die nach § 174 InsO zur Tabelle anzumeldenden Steuerforderungen haben können, dürfen nach Eröffnung des **Insolvenzverfahrens** gegen die Gesellschaft und vor Abschluss der Prüfungen gem. §§ 176, 177 InsO grundsätzlich nicht mehr erlassen werden, es sei denn, die Feststellung der Besteuerungsgrundlagen oder die Festsetzung von Steuermessbeträgen wirkt sich für den Insolvenzschuldner vorteilhaft aus und der Insolvenzverwalter hat die Feststellung oder Festsetzung ausdrücklich beantragt (BFH v. 18.12.2002, I R 33/01, BStBl II 2003, 630 m. w. N.; AEAO zu § 251, Nr. 4.3.1 m. w. N.; s. § 251 AO Rz. 7). Dennoch erlassene Bescheide sind unwirksam (BFH v. 18.12.2002, I R 33/01, BStBl II 2003, 630 m. w. N.; AEAO zu § 251, Nr. 4.3.1). Dies betrifft Steuerbescheide und ihnen gleichgestellte Bescheide, in denen ausschließlich Besteuerungsgrundlagen ermittelt und festgestellt werden, die ihrerseits die Höhe von Steuerforderungen beeinflussen, die zur Tabelle anzumelden sind (BFH v. 02.07.1997, I R 11/97, BStBl II 1998, 428; BFH v. 01.04.2003, I R 51/02, BStBl II 2003, 779). Hierunter fallen neben Steuerbescheiden i. S. des § 157 AO u. a. Steuermessbescheide, Feststellungsbescheide nach § 180 Abs. 1 Nr. 2 Buchst. b AO sowie Bescheide über die gesonderte Feststellung von verbleibenden Verlustabzügen nach § 10d EStG (BFH v. 07.09.2005, VIII R 4/05, BFH/NV 2006, 12). Einheitswertbescheide und Gewinnfeststellungsbescheide nach § 180 Abs. 1 Nr. 2 Buchst. a AO für Personengesellschaften, die in Insolvenz gefallen sind, sind jedoch zulässig, denn sie gehören zu den insolvenzfreien Angelegenheiten. Ihre Folgen berühren nicht den nach Insolvenzrecht abzuwickelnden Vermögensbereich der Gesellschaft, sondern die Gesellschafter selbst (h. M., BFH v. 23.08.1994, VII R 143/92, BStBl II 1995, 194; BFH v. 04.10.2006, VIII R 7/03, BFH/NV 2007, 145 m. w. N.; AEAO zu § 251, Nr. 4.4.1.1 Abs. 1; *Kunz* in Gosch, § 180 AO Rz. 32). Im Übrigen werden die Besteuerungsgrundlagen nicht ausschließlich zu dem Zweck ermittelt und festgestellt, um Steuerforderungen zur Tabelle anmelden zu können (*Bartone*, AO-StB 2002, 22, 23). Diese Feststellungsbescheide sind an die Gesellschafter zu richten und nach § 183 Abs. 2 AO ihnen bekannt zu geben, nicht an den Insolvenzverwalter (AEAO zu § 251, Nr. 4.4.1.1 Abs. 5).

Ist dagegen über **das Vermögen eines der Gesellschafter das Insolvenzverfahren eröffnet** worden, darf **ihm gegenüber** kein Feststellungsbescheid erlassen werden, da die ihn betreffenden gesondert festgestellten Besteuerungsgrundlagen sich über ihre Bindungswirkung unmittelbar auf seine Steuerfestsetzung auswirken. Das Fest- 5a stellungsverfahren ist zu unterbrechen. Die Unterbrechung des Feststellungsverfahrens ist auf die Feststellung des Gewinnanteils des in Insolvenz gefallenen Gesellschafters beschränkt; sie hindert den Fortgang dieses Verfahrens gegen die übrigen Gesellschafter nicht (BFH v. 22.03.2006, XI R 24/05, BStBl II 2006, 576 m.w.N.; AEAO zu § 251, Nr. 4.4.1.2 Abs. 1). Daher ist die Gewinnfeststellung durchzuführen, sie übt Bindungswirkung gegenüber den übrigen Gesellschaftern aus. Der Feststellungsbescheid ist jedoch hinsichtlich der Besteuerungsgrundlagen, die den in Insolvenz gefallenen Gesellschafter betreffen, nur ein »informatorischer Bescheid« und als solcher zu kennzeichnen. Er hat neben der Information für die Gesellschaft und ihre Gesellschafter nur die Wirkung einer Mitteilung gegenüber dem für die Besteuerung des Gesellschafters zuständigen FA, das die Steuerforderungen zur Tabelle anzumelden hat. Fehlt die Kennzeichnung, ist der Feststellungsbescheid insoweit nichtig, gegenüber den übrigen Gesellschaftern aber wirksam; es handelt sich um eine Teilnichtigkeit (s. dazu und zu den weiteren Folgen für das Insolvenzverfahren ausführlich BFH v. 24.08.2004, VIII R 14/02, BStBl II 2005, 246 und AEAO zu § 251, Nr. 4.4.1.2).

6 Entsprechend ihrer gesetzlichen Funktion ist eine gesonderte Feststellung z.B. der Einkünfte nur zulässig, wenn sie überhaupt für die Festsetzung der Einkommensteuer (oder Körperschaftsteuer) der an den Einkünften Beteiligten von Bedeutung sein kann (BFH v. 23.10.1991, I R 86/89, BStBl II 1992, 185). Dieser Rechtsgedanke kommt auch in § 180 Abs. 3 AO und § 19 Abs. 4 BewG zum Ausdruck. Bestehen daran Zweifel, ist die Feststellung durchzuführen.

## II. Feststellungsbescheid

### 1. Gesonderte Feststellung (§ 179 Abs. 1 AO)

7 Die gesonderte Feststellung erfolgt durch Feststellungsbescheid. Gegenstand des Feststellungsbescheids sind die i.d.R. mehreren Feststellungen von Besteuerungsgrundlagen (s. Rz. 2), die jede für sich einen selbstständigen Ausspruch (»Tenor«) bilden. Die einzelne Feststellung ist jedoch kein gesonderter Verwaltungsakt, Verwaltungsakt ist der Feststellungsbescheid als Zusammenfassung einzelner Feststellungen von Besteuerungsgrundlagen (BFH v. 27.04.1993, VIII R 27/92, BStBl II 1994, 3 m.w.N.; BFH v. 10.10.2012, VIII R 56/10, BStBl II 2013, 107; *Kunz* in Gosch, § 180 AO Rz. 11 und 61; *von Wedelstädt*, DB 1997, 696 m.w.N.; zum EW-Bescheid s. § 180 AO Rz. 4). Die einzelne Feststellung enthält aber eine rechtlich selbstständige Würdigung, ist eines rechtlich selbstständigen Schicksals fähig und kann selbstständig angefochten werden (h.M., u.a. BFH v.09.02.2011, IV R 15/08, BStBl II 2011, 764 m.w.N.; *Kunz* in Gosch, § 180 AO Rz. 61 m.w.N.). Dazu gehören z.B. die Qualifikation der Einkünfte, die Existenz einer Mitunternehmerschaft, die Höhe des Gesamtgewinns, des laufenden Gewinns, eines Veräußerungsgewinns oder eines Sondergewinns (im Einzelnen s. § 180 AO Rz. 13 ff.). Wird eine Feststellung angefochten, wird der Feststellungsbescheid insoweit nicht bestandskräftig. Hat aber die begehrte Änderung einer gesondert festgestellten Besteuerungsgrundlage zwangsläufig Auswirkungen auf andere gesondert festgestellte Besteuerungsgrundlagen, erstreckt sich die Anfechtung des Feststellungsbescheids auch auf diese Besteuerungsgrundlagen, wird der Feststellungsbescheid also auch insoweit nicht bestandskräftig (BFH v. BFH v. 28.06.2006, XI R 31/05, BStBl II 2007, 378 m.w.N.; *von Wedelstädt*, AO-StB 2004, 211 m.w.N. und Beispielen). Das ist z.B. der Fall, wenn die beantragte Herabsetzung eines Veräußerungsgewinns zur Erhöhung des laufenden Gewinns führt (s. BFH v. 08.06.2000, IV R 65/99, BStBl II 2001, 89). Hinsichtlich der nicht angefochtenen Feststellungen erwächst der Feststellungsbescheid in **Teilbestandskraft** mit der Folge, dass nach Ablauf der Rechtsbehelfsfrist der Einspruchsführer seinen Einspruch nicht auf andere Feststellungen erweitern kann (u.a. BFH v. 26.02.2002, IX R 20/98, BStBl II 2002, 796 m.w.N.; *Kunz* in Gosch, § 180 AO Rz. 61 m.w.N.). Gleichwohl hat das FA den Feststellungsbescheid ohne Bindung an die Anträge in voller Höhe zu überprüfen und ggf. auch hinsichtlich nicht angefochtener Feststellungen zu verbösern (h.M., u.a. BFH v. 04.11.2003, VIII R 38/01, BFH/NV 2004, 1372 m.w.N.; *Seer* in Tipke/Kruse, § 367 AO Rz. 10 m.w.N.; *von Wedelstädt*, AO-StB 2004, 211 m.w.N.). Entfaltet eine einzelne Regelung im Feststellungsbescheid Bindungswirkung für andere Regelungen dieses Bescheids, indem die Aussagen in einem rechtlichen Stufenverhältnis zueinander stehen, kann die nachrangige Feststellung nicht mehr mit einer Begründung angefochten werden, die als Vorfrage bestandskräftig festgestellt worden ist (BFH v. 12.10.2005, VIII R 66/03, BStBl II 2006, 307 m.w.N.). So kann ein Veräußerungsgewinn (Folgefrage) nicht mit der Begründung angefochten werden, es liege keine Mitunternehmerschaft (Vorfrage) vor, wenn die Feststellung der Mitunternehmerschaft bestandskräftig ist. Gleiches gilt auch für das Verhältnis von Betriebsaufgabetatbestand (Vorfrage) zur Höhe des Betriebsaufgabegewinns (Folgefrage). Im **Klageverfahren** werden Feststellungen, die vom Kläger nicht angefochten werden, ebenfalls teilbestandskräftig (BFH v. 09.02.2011, IV R 15/08, BStBl II 2011, 764; BFH v. 16.07.2015, IV B 72/14, BFH/NV 2015, 1351; *Brandis* in Tipke/Kruse, § 180 AO Rz. 11 m.w.N.). Das Verböserungsverbot verbietet aber anders als im Einspruchsverfahren eine Gesamtaufrollung, nicht angefochtene Feststellungen können also gerichtlich nicht geprüft werden.

Es ist zulässig, dass mehrere aus verschiedenen Gründen vorzunehmende gesonderte Feststellungen in einem Feststellungsbescheid zusammengefasst werden, wie 7a

z. B. die Gewinnfeststellung nach § 180 Abs. 1 Nr. 2 Buchst. a AO mit der Feststellung nach § 15 a Abs. 4 EStG (§ 15 a Abs. 4 Satz 5 EStG, BFH v. 20.11.2014, IV R 47/11, BStBl II 2015, 532 m. w. N.) oder die Zusammenfassung von zwei Feststellungsbescheiden für Rumpfwirtschaftsjahre in einem Bescheid (s. BFH v. 23.09.1999, IV R 59/98, BStBl II 2000, 170). In diesen Fällen handelt es sich um zwei Feststellungsbescheide und daher um rechtlich getrennte Verwaltungsakte (*von Wedelstädt*, DB 1997, 696, 698). Der Bescheid über die gesonderte und einheitliche Feststellung der Einkünfte nach §§ 179 Abs. 1 und 2, 180 Abs. 1 Nr. 2 Buchst. a AO ist Grundlagenbescheid i. S. der §§ 171 Abs. 10 Satz 1, 175 Abs. 1 Satz 1 Nr. 1 AO für die Feststellung des Gewinns bzw. des ausgleichs- und abzugsfähigen Verlusts eines Kommanditisten i. S. des § 15 a Abs. 4 Satz 1 EStG und umgekehrt (BFH v. 20.11.2014, IV R 47/11, BStBl II 2015, 532). Zur Bindungswirkung der gesonderten und einheitlichen Feststellung der Einkünfte nach § 180 Abs. 1 Nr. 2 Buchst. a AO für die Feststellung i. S. des § 15 a Abs. 4 Satz 1 EStG und umgekehrt s. BFH v. 22.06.2006, IV R 31, 32/05, BStBl II 2007, 378 m. w. N.

8 Der Feststellungsbescheid muss **inhaltlich hinreichend bestimmt** sein, um wirksam zu sein (§ 119 Abs. 1 AO). Dazu gehört die Angabe der gesondert festzustellenden Besteuerungsgrundlagen und des oder der Feststellungsbeteiligten. Aus dem Feststellungsbescheid muss hinreichend deutlich zu erkennen sein, für wen er inhaltlich bestimmt ist (BFH v. 30.09.2015, II R 31/13, BStBl II 2016, 637). Hinsichtlich der Besteuerungsgrundlagen ergibt sich der notwendige Inhalt im Einzelfall aus dem Grund und dem Zweck der gesonderten Feststellung (s. z. B. § 180 Abs. 1 Nr. 1 AO i. V. m. § 19 BewG; § 180 Abs. 1 Nr. 2 Buchst. a AO).

## 2. Gesonderte und einheitliche Feststellung (§ 179 Abs. 2 Satz 2 AO)

9 Die gesonderte Feststellung richtet sich gegen den Stpfl., dem der Gegenstand der Feststellung bei seiner Besteuerung **zuzurechnen** ist (§ 179 Abs. 2 Satz 1 AO), an ihn ist er zu richten. Die **gesonderte Feststellung** wird gegenüber mehreren Beteiligten **einheitlich** vorgenommen, wenn dies gesetzlich bestimmt ist oder der Gegenstand der Feststellung mehreren Personen zuzurechnen ist (§ 179 Abs. 2 Satz 2 AO). Ersteres liegt z. B. vor bei gesonderten und einheitlichen Feststellungen nach § 180 Abs. 1 und Abs. 2 AO und der VO zu § 180 Abs. 2 AO, Letzteres, wenn Besteuerungsgrundlagen mehrere Stpfl. gemeinschaftlich betreffen und eine einheitliche Entscheidung in der Sache erforderlich ist, wenn an Einkünften mehrere beteiligt sind oder wenn die Einkünfte aus gemeinsamer Einkunftsquelle stammen (s. § 180 AO Rz. 7 ff.). Nach § 78 Nr. 2 AO sind diejenigen, an die sich der Feststellungsbescheid richtet, Beteiligte des Feststellungsverfahrens. Ein Feststellungsverfahren ist auch dann durchzuführen, wenn Zweifel bestehen, ob mehrere Personen und welche beteiligt sind (BFH v. 12.11.1985, IX R 85/82, BStBl II 1986, 239).

10 Diejenigen, denen der Gegenstand der Feststellung zuzurechnen ist, sind **Inhaltsadressaten** des Feststellungsbescheids (§ 179 Abs. 2 Satz 1 und 2 AO); an sie ist er zu richten, nicht an die Personengesellschaft selbst. Das gilt auch dann, wenn die gemeinschaftlichen Einkünfte von den Gesellschaftern in ihrer gesamthänderischen Verbundenheit erzielt werden. Wird dies nicht beachtet, ist der Feststellungsbescheid nichtig (St. Rspr., u. a. BFH v. 24.07.2013, I R 57/11, BStBl II 2015, 536). Ein **Inhaltsmangel** liegt vor, wenn die Feststellungsbeteiligten nicht benannt oder die Benannten nicht so eindeutig und zweifelsfrei bezeichnet sind, dass Verwechslungen möglich sind, selbst wenn er ihnen gegenüber bekannt gegeben worden ist (BFH v. 07.04.1987, VIII R 259/84, BStBl II 1987, 766; BFH v. 27.08.2003, II R 35/01, BFH/NV 2004, 467). Er kann in der Einspruchsentscheidung nicht geheilt werden (BFH v. 30.09.2015, II R 31/13, BStBl II 2016, 637; AEAO zu § 122, Nr. 4.1.1 Abs. 1; *von Wedelstädt* in Gosch, § 125 AO Rz. 12). Der Feststellungsbescheid ist nichtig (§ 125 Abs. 1 AO). Vom Inhaltsadressaten ist der Bekanntgabeadressat zu unterscheiden, dem gegenüber der Feststellungsbescheid bekannt zu geben ist, damit er wirksam wird (s. AEAO zu § 122, Nr. 1.1.1 sowie §§ 122 und 183 AO). Aus dem Feststellungsbescheid muss sich klar und eindeutig ergeben, gegen wen er sich richtet, gegen oder für wen er seine Wirkungen entfaltet. Die Angabe des Inhaltsadressaten ist konstituierender Bestandteil jedes Verwaltungsakts, denn es muss angegeben werden, wem gegenüber der Einzelfall geregelt werden soll (BFH v. 19.08.1999, IV R 34/98, BFH/NV 2001, 409 m. w. N.). Die sämtlichen Beteiligten müssen sich nicht aus dem Adressfeld des Feststellungsbescheids ergeben. Für eine zutreffende Adressierung genügt es, wenn dort eine Kurz- oder Sammelbezeichnung, z. B. die Personengesellschaft als solche, bezeichnet wird und sich alle Beteiligten/Gesellschafter klar und eindeutig als Adressaten aus dem weiteren Inhalt des Bescheids ergeben (BFH v. 31.08.1999, VIII R 21/98, BFH/NV 2000, 554; *Kunz* in Gosch, § 179 AO Rz. 23 m. w. N.). Zur Richtigstellung bei unrichtiger Bezeichnung eines Feststellungsbeteiligten wegen Rechtsnachfolge s. § 182 Abs. 3 AO und s. § 182 AO Rz. 18 ff. Ein Inhaltsmangel liegt vor, wenn die Feststellungsbeteiligten nicht benannt oder die Benannten nicht so eindeutig und zweifelsfrei bezeichnet sind, dass Verwechslungen möglich sind (AEAO zu § 122, Nr. 4.1.1 Abs. 1). Es reicht dabei aus, wenn der Inhaltsadressat durch Auslegung anhand der dem Betroffenen bekannten Umstände hinreichend sicher bestimmt werden kann (BFH v. 25.09.1990, IX R 84/88, BStBl II 1991, 120 m. w. N.). Ein Feststellungsbescheid, in dem einzelne Beteiligte

nicht aufgeführt sind, leidet nicht insgesamt an einem besonders schweren Fehler i.S. des § 125 Abs. 1 AO mit der Folge, dass er teilnichtig (§ 125 Abs. 4 AO) ist, wenn er im Übrigen inhaltlich hinreichend bestimmt ist (u.a. BFH v. 19.11.2009, IV R 89/06, BFH/NV 2010, 818; BFH v. 16.07.2015, IV B 72/14, BFH/NV 2015, 1351; *Brandis* in Tipke/Kruse, § 179 AO Rz. 11 m.w.N.; *von Wedelstädt* in Gosch, § 125 AO Rz. 31; a.A. *Söhn* in HHSp, § 179 AO Rz. 164, 167). Sind dagegen die benannten Personen eindeutig und zweifelsfrei bezeichnet, aber nicht Steuerschuldner, weil sie zu Unrecht als Beteiligte erfasst oder ihnen zu Unrecht der Gegenstand der Feststellung zugerechnet wird, so ist der Bescheid nicht nichtig, sondern nur rechtswidrig (BFH v. 16.12.1998, VIII R 32/90, BStBl II 1998, 480 m.w.N.; AEAO zu § 122, Nr. 4.1.1 Abs. 2).

11 **Bekanntgabeadressaten** von Bescheiden über die einheitliche und gesonderte Feststellung sind i.d.R. alle Beteiligten. Volle Wirksamkeit des Feststellungsbescheids tritt erst ein, wenn er allen Feststellungsbeteiligten bekannt gegeben ist. Ein Feststellungsbescheid, der nur einzelnen Feststellungsbeteiligten bekannt gegeben wird, ist nicht unwirksam, sondern wird bereits mit der Bekanntgabe ihnen gegenüber wirksam; gegenüber den anderen Feststellungsbeteiligten entfaltet er (noch) keine materiell-rechtliche Bindungswirkung i.S. des § 182 AO (AEAO zu § 122, Nr. 2.5.1 und 4.7.1). Um den Feststellungsbescheid auch ihnen gegenüber wirksam zu erlassen, ist die Bekanntgabe diesen Beteiligten gegenüber nachzuholen, und zwar ggf. auch noch im Klageverfahren (AEAO zu § 122, Nr. 2.5.1 m.w.N.). Dies darf aber nur mit unverändertem Inhalt geschehen, selbst wenn der bisher bekannt gegebene Inhalt falsch ist (BFH v. 27.04.1993, VIII R 27/92, BStBl II 1994, 3 m.w.N.; AEAO zu § 122, Nr. 2.5.1 i.V.m. 4.7.1). Die Bekanntgabe an einen wahrt allen Feststellungsbeteiligten gegenüber die Feststellungsfrist (BFH v. 13.09.1994, IX R 89/90, BStBl II 1995, 39). Wegen der **Erleichterung der Bekanntgabe** s. § 183 AO.

12 Durch einen **negativen Feststellungsbescheid** wird der Erlass eines Bescheids über die gesonderte Feststellung abgelehnt oder ein solcher Bescheid aufgehoben. Er enthält die bindende Feststellung, dass ein Feststellungsverfahren nicht zulässig ist, weil die Voraussetzungen für eine Feststellung z.B. i.S. des § 180 Abs. 1 Nr. 2 Buchst. a AO mangels Mitunternehmerschaft und damit mangels gemeinschaftlich erzielter Einkünfte mehrerer Personen nicht vorliegen (s. § 182 AO Rz. 4), und entlässt die betroffenen Besteuerungsgrundlagen aus dem Regelungsbereich des Feststellungsverfahrens. Die Aufhebung eines Feststellungsbescheids führt nur dann dazu, dass der bisher in diesem Bescheid beurteilte Sachverhalt nunmehr unmittelbar im Folgebescheid beurteilt werden kann, wenn sie als Erlass eines negativen Feststellungsbescheids zu werten ist. Wird ein Feststellungsbescheid aus sonstigen Gründen wie z.B. mangels zutreffender Adressierung oder wegen Ablaufs der Feststellungsfrist aufgehoben, handelt es sich nicht um einen negativen Feststellungsbescheid. Wird ein Grundlagenbescheid aufgehoben, ohne dass damit der Erlass eines negativen Feststellungsbescheids verbunden ist, so muss eine von dem Feststellungsbescheid ausgelöste Änderung des Folgebescheids rückgängig gemacht werden; ggf. ist § 177 AO zu berücksichtigen (BFH v. 24.05.2006, I R 93/05, BStBl II 2007, 76).

Beim negativen Feststellungsbescheid handelt es sich um eine besondere Form des Ablehnungsbescheids i.S. des § 155 Abs. 1 Satz 3 AO. Er ist an die Person oder die Personen zu richten, die ihn beantragt haben (BFH v. 24.05.1977, IV R 47/76, BStBl II 1977, 737). Sie sind Beteiligte i.S. des § 78 Nr. 2 AO. Der negative Feststellungsbescheid enthält nur bezüglich der in ihm aufgeführten Beteiligten Feststellungen. Da es hier regelmäßig an einer Sammelbezeichnung fehlt, muss der Bescheid auch im Adressfeld alle Beteiligten enthalten. Bei einem sog. **kombinierten positiv-negativen Feststellungsbescheid** wird für einen Teil der Beteiligten die Mitunternehmerschaft bejaht, für einen anderen Teil verneint. In ihm müssen im Anschriftenfeld des Feststellungsbescheids entweder alle Beteiligten einzeln aufgeführt werden oder es muss – bei Verwendung von Sammelbezeichnungen im Anschriftenfeld – aus dem Teil des Bescheids, der die Gewinnverteilung enthält, bzw. dem Teil des Bescheids, der die Ablehnung der Gewinnfeststellung enthält, erkennbar sein, welcher Sammelbezeichnung die einzelnen Beteiligten zuzuordnen sind (BFH v. 26.03.1991, VIII R 20/91, BFH/NV 1991, 793 m.w.N.). Die entsprechenden Feststellungen können inhaltlich übereinstimmend in getrennten Bescheiden getroffen werden, wobei die negative Feststellung (Nichtvorliegen der Mitunternehmerstellung) gegenüber allen Feststellungsbeteiligten zu treffen ist (BFH v. 26.06.2008, IV R 89/05, BFH/NV 2008, 1984). Zur Folgewirkung eines negativen Feststellungsbescheids s. § 175 AO Rz. 4. 12a

Ein **negativer Feststellungsbescheid** wird auch dann angenommen, wenn festgestellt wird, dass keine steuerlich beachtlichen Einkünfte aus der gemeinschaftlichen Betätigung z.B. mangels Gewinnerzielungsabsicht (Liebhaberei) vorliegen (BFH v. 28.11.1985, IV R 178/83, BStBl II 1986, 293 m.w.N.; *Kunz* in Gosch, § 179 AO Rz. 56; auch s. § 182 AO Rz. 4). Er richtet sich an alle Beteiligten, seine Bekanntgabe kann nach § 183 AO erfolgen. Da in der Entscheidung über die Nichtsteuerbarkeit der Beteiligungseinkünfte mit verbindlicher Wirkung für die ESt-Veranlagung festgestellt wird, dass die fragliche Betätigung des Beteiligten keinen Besteuerungstatbestand erfüllt und keine Besteuerungsgrundlage für die ESt abgibt, ist für weitere Ermittlungen des Folgebescheids-FA kein Raum, es darf lediglich die Entscheidung umsetzen, indem es ggf. schon berücksichtigte Ein- 13 künfte aus dieser Betätigung im Rahmen einer Änderung nach § 175 Abs. 1 Satz 1 Nr. 1 AO ausscheidet. Angesichts dieser Bindungswirkung ist es unzutreffend, in derartigen Fällen von negativem Feststellungsbescheid zu sprechen (wohl ebenso BFH v. 19.08.2009, I R 23/08, BFH/NV 2009, 1961).

## C. Besondere gesonderte Feststellung (§ 179 Abs. 2 Satz 3 AO)

### I. Allgemeines

14 Unterbeteiligen Gesellschafter z.B. zum Erhalt zusätzlicher Liquidität weitere natürliche oder juristische Personen an ihrem Gesellschaftsanteil, besteht oft ein Interesse, die Unterbeteiligung geheim zu halten. Der Unterbeteiligte hat hier regelmäßig keine Rechtsbeziehungen zur Hauptgesellschaft, sondern nur zu einem Gesellschafter/Beteiligten der Hauptgesellschaft, an dessen Anteil er unmittelbar beteiligt ist. Nach der Vorschrift kann für die Unterbeteiligten eine besondere gesonderte Feststellung vorgenommen werden. Werden beide Feststellungen miteinander verbunden und äußerlich in einem Bescheid zusammengefasst, ändert dies nichts an der inhaltlichen Selbstständigkeit der beiden Einzelfallregelungen (BFH v. 13.12.2001, X R 42/96, BStBl II 2001, 471). Die verfahrensrechtliche Behandlung der sog. **»doppelstöckigen Personengesellschaft«** richtet sich nicht nach § 179 Abs. 2 Satz 3 AO (s. § 180 AO Rz. 9a).

### II. Atypische stille Unterbeteiligung

15 Über die Frage, ob eine atypisch stille Unterbeteiligung (Innengesellschaft) an dem Anteil des Gesellschafters einer Personengesellschaft (Hauptgesellschaft) besteht und wie hoch der Anteil des Unterbeteiligten ist, ist grundsätzlich in einem besonderen Feststellungsverfahren für die Unterbeteiligung zu entscheiden (BFH v. 05.11.1973, GrS 3/72, BStBl II 1974, 414). Es liegt aber im Ermessen des Finanzamts, ob für beide Rechtsverhältnisse ein Feststellungsverfahren oder zwei getrennte Verfahren durchgeführt werden. Wegen des Geheimhaltungsbedürfnisses der Betroffenen ist regelmäßig eine besondere gesonderte und einheitliche Feststellung durchzuführen (AEAO zu § 179, Nr. 4 Abs. 1 Satz 2; BFH v. 21.10.2015, IV R 43/12, BStBl II 2016, 517), es sei denn, alle Beteiligten – die Hauptgesellschaft und deren Gesellschafter sowie die Unterbeteiligten – sind mit der Durchführung eines Feststellungsverfahrens einverstanden sind; wird die Unterbeteiligung in der Feststellungserklärung für die Hauptgesellschaft geltend gemacht, gilt das Einverständnis als erteilt (AEAO zu § 179, Nr. 4 Abs. 2).

15a Beteiligt sich eine Personengesellschaft atypisch still an einer Kapitalgesellschaft, dürfen die Feststellungen der Einkünfte aus der Personengesellschaft und aus der atypisch stillen Gesellschaft nicht in einem einheitlichen Feststellungsbescheid getroffen werden. Es handelt sich um zwei getrennte Gewinnermittlungssubjekte, für die deshalb separate Gewinnfeststellungen durchzuführen sind. Daher müssen zunächst für die atypisch stille Gesellschaft als selbstständiges Subjekt der Gewinnerzielung, Gewinnermittlung und Einkünftequalifikation die vom Inhaber des Handelsgeschäfts und dem atypisch stillen Gesellschafter gemeinschaftlich erzielten Einkünfte nach § 179 Abs. 2 Satz 2, § 180 Abs. 1 Satz 1 Nr. 2 Buchst. a AO gesondert und einheitlich festgestellt werden. Anschließend sind die im Grundlagenbescheid festgestellten Einkünfte einerseits in den KSt-Bescheid der Kapitalgesellschaft und andererseits in den die Personengesellschaft betreffenden Bescheid über die gesonderte und einheitliche Feststellung von deren Einkünften zu übernehmen (BFH v. 21.10.2015, IV R 43/12, BStBl II 2016, 517; AEAO zu § 179, Nr. 4 Abs. 5). Dasselbe gilt, wenn sich eine natürliche Person, eine Personengesellschaft oder eine Kapitalgesellschaft atypisch still am Gewerbe einer Personengesellschaft beteiligt (BFH v. 13.10.2016, IV R 20/14, BFH/NV 2017, 475).

Bei der Kumulation von stillen Gesellschaften – jeder 16
der still Beteiligten steht für sich in einem Gesellschaftsverhältnis gem. § 230 ff. HGB zum Inhaber – ist eine einzige Feststellung zulässig, wenn sich alle atypisch stillen Gesellschafter am gesamten Betrieb des Prinzipals beteiligen (BFH v. 15.10.1998, IV R 18/98; BStBl II 1999, 296; *Lindwurm*, DStR 2000, 53, 59). Beteiligen sich die atypisch stillen Gesellschafter dagegen an verschiedenen partiellen Geschäftsbereichen, ist für jede der atypisch stillen Gesellschaften eine isolierte gesonderte Feststellung erforderlich (BFH v. 04.08.1988, IV R 60/86, BFH/NV 1990, 19; *Lindwurm*, DStR 2000, 53, 59).

In Ausnahmefällen ist der Unterbeteiligte dann steuer- 17
rechtlich Mitunternehmer der Hauptgesellschaft (s. *Kunz* in Gosch, § 179 AO Rz. 50), wenn er zweifelsfrei Mitunternehmerinitiative bei der Hauptgesellschaft entfaltet und deren unternehmerisches Risiko mitträgt. Dies ist z.B. bei § 15 Abs. 1 Satz 1 Nr. 2 Satz 2 EStG der Fall. Da die Abgrenzung in diesen Fällen nicht immer leicht ist, sollte auch in diesen Fällen nur dann von einer besonderen gesonderten Feststellung abgesehen werden, wenn alle Beteiligten einverstanden sind (*Kunz* in Gosch, § 179 AO Rz. 50 m.w.N.).

**Kein Fall des § 179 Abs. 2 Satz 3 AO ist die typisch** 18
**stille Unterbeteiligung am Anteil an einer Personengesellschaft:** es fehlt an einer Beteiligung des Haupt- und des Unterbeteiligten an **denselben** Einkünften, denn der Hauptbeteiligte erzielt i.d.R. Einkünfte aus § 15 EStG, beim typisch Unterbeteiligten handelt es sich um Einkünfte aus Kapitalvermögen (§ 20 Abs. 1 Nr. 4 EStG), wiederkehrende Bezüge (§ 22 Nr. 1 Satz 1 EStG) oder nicht steuerpflichtige private Vermögensmehrung (§ 22

Nr. 1 Satz 2 EStG). Mangels gemeinschaftlicher Einkünfte findet keine Feststellung zwischen Haupt- und Unterbeteiligten statt (BFH v. 07.09.2000, III R 33/96, BFH/NV 2001, 415 m.w.N.; *Brandis* in Tipke/Kruse, § 179 AO Rz. 18). Die Gewinnanteile des Unterbeteiligten sind jedoch als Sonderbetriebsausgaben des Hauptbeteiligten in die Feststellung der Personengesellschaft einzubeziehen (BFH v. 11.09.1991, XI R 35/90, BStBl II 1992, 4; AEAO zu § 179, Nr. 5). Eine Nachholung des Sonderbetriebsausgabenabzugs im Veranlagungsverfahren (AEAO zu § 179, Nr. 5 Satz 2) oder durch Ergänzungsbescheid (AEAO zu § 179, Nr. 2 Abs. 3) ist nicht zulässig (s. § 180 AO Rz. 23).

### III. Treuhandverhältnis

19 Zivilrechtlich ist der Treuhänder Gesellschafter der Personengesellschaft, nicht der Treugeber. Beteiligen sich mehrere Personen über einen Treuhänder am Vermögen einer Personengesellschaft, werden grundsätzlich zwei Gewinnfeststellungen durchgeführt (BFH v. 13.07.1999, VIII R 76/97, BStBl II 1999, 747 m.w.N.). Die Regelung für die Fälle der atypisch stillen Unterbeteiligung gilt für Treuhandverhältnisse, in denen der Treugeber über den Treuhänder Hauptgesellschafter der Personengesellschaft ist, entsprechend (AEAO zu § 179, Nr. 4 Abs. 3). In der ersten Feststellungsstufe wird gem. §§ 180 Abs. 1 Nr. 2 Buchst. a, 179 Abs. 1 und Abs. 2 Satz 1 und 2 AO festgestellt, welchen Gewinn die Personengesellschaft erzielt hat und wie sich dieser Gewinn auf ihre Gesellschafter, einschließlich des Treuhänder-Kommanditisten, verteilt; in einer weiteren Feststellungsstufe wird nach § 179 Abs. 2 Satz 3 AO der für den Treuhänder festgestellte Gewinnanteil auf die Treugeber aufgeteilt (BFH v. 15.04.2003, IV B 188/01, BFH/NV 2003, 1283 m.w.N.). Der Feststellungsbescheid der ersten Stufe ist nur für den Feststellungsbescheid der zweiten Stufe, nicht für den ESt-Bescheid des Treuhänders bindend (BFH v. 10.04.2002, XI B 125/01, BFH/NV 2002, 1278). Bei offenem Treuhandverhältnis können beide Feststellungen miteinander verbunden und äußerlich in einem Bescheid zusammengefasst werden. Durch die Verbindung der beiden Verfahren darf der Treuhänder nicht ausgeschlossen werden. Besteht die Gesellschaft aus 2 Gesellschaftern und ist der eine von ihnen Treuhänder für den anderen, ist keine Feststellung durchzuführen (BFH v. 01.10.1992, IV R 130/90, BStBl II 1993, 574).

## D. Ergänzungsbescheid (§ 179 Abs. 3 AO)

20 Ist im Feststellungsbescheid eine notwendige Feststellung unterblieben, kann sie im Ergänzungsbescheid gem. § 179 Abs. 3 AO nachgeholt werden. Der Ergänzungsbescheid ist ein eigenständiger Feststellungsbescheid, das Ergänzungsverfahren ein selbstständiges Verwaltungsverfahren (BFH v. 13.07.1999, VIII R 76/97, BStBl II 1999, 747 m.w.N.). Sein Erlass steht nicht im Ermessen der Finanzbehörde (AEAO zu § 179, Nr. 2 Abs. 4). Er ist von Amts wegen zu erlassen, wenn eine entsprechende Lücke festgestellt wird. Ein Antrag ist nicht erforderlich. Er muss nicht erlassen werden, wenn es sich um einen Fall von geringer Bedeutung handelt (BFH v. 07.02.2007, I R 27/06, BStBl II 2008, 526). Er kann mit Nebenbestimmungen (z. B. §§ 164 f. AO) erlassen werden. Er kann nur innerhalb der Feststellungsfrist unter Berücksichtigung des § 181 Abs. 5 AO ergehen (BFH v. 03.03.2011, IV R 8/08, BFH/NV 2011, 1649, Rz. 27, m.w.N.). Er kann nach den § 129 AO, §§ 172 ff. AO korrigiert und wie der Feststellungsbescheid selbstständig angefochten werden (BFH v. 13.07.1999, VIII R 76/97, BStBl II 1999, 747 m.w.N.). Da er den Feststellungsbescheid nicht ändert, sind § 365 Abs. 3 AO und § 68 FGO nicht anwendbar (*Söhn* in HHSp, § 179 AO Rz. 326). Er entfaltet Bindungswirkung i.S. des § 182 Abs. 1 AO. Er ist gegenüber dem ergänzten Feststellungsbescheid akzessorisch und wird gegenstandslos, wenn dieser aufgehoben wird (BFH v. 14.09.1989, IV R 129–130/88, BFH/NV 1990, 750). Ausführlich zum Ergänzungsbescheid s. *von Wedelstädt*, AO-StB 2012, 83.

**Ergänzung** ist die Vervollständigung eines unvollstän- 21
digen oder lückenhaften Feststellungsbescheids, in dem eine Feststellung unterblieben ist, obwohl sie hätte getroffen werden müssen (BFH v. 11.05.1999, IX R 72/96, BFH/NV 1999, 1446; AEAO zu § 179, Nr. 2 Abs. 1 Satz 2 und 3). Notwendige Feststellungen sind solche, die im Einzelfall in einem Feststellungsverfahren getroffen werden müssen und nicht erst im Steuerfestsetzungsverfahren getroffen werden dürfen (BFH v. 11.07.2006, VIII R 10/05, BStBl II 2007, 96 m.w.N.). Unerheblich ist, weshalb der erste Feststellungsbescheid lückenhaft ist (AEAO zu § 179, Nr. 2 Abs. 1 Satz 3); er kann also auch dann ergänzt werden, wenn bewusst auf die Aufnahme einer bestimmten Feststellung verzichtet wurde in der Annahme, diese Feststellung sei nicht Gegenstand des Feststellungsbescheids (h.M., u.a. BFH v. 11.07.2006, VIII R 10/05, BStBl II 2007, 96 m.w.N.; *Kunz* in Gosch, § 179 AO Rz. 60 m.w.N.; *Söhn* in HHSp, § 179 AO Rz. 312; *Ratschow* in Klein, § 179 AO Rz. 39; a.A. *Brandis* in Tipke/Kruse, § 179 AO Tz. 23). Ist allerdings eine Feststellung ausdrücklich abgelehnt worden, kann sie durch Ergänzungsbescheid nicht nachgeholt werden (AEAO zu § 179, Nr. 2 Abs. 3).

Die Vorschrift durchbricht nicht die Bestandskraft 22
wirksam ergangener Feststellungsbescheide (AEAO zu § 179, Nr. 2 Abs. 1 Satz 4). Die Ergänzung darf den materiellen Gehalt des zu ergänzenden Feststellungsbescheids nicht ändern. In tatsächlicher oder rechtlicher Hinsicht fehlerhafte Feststellungen in einem deshalb unrichtigen Feststellungsbescheid können daher durch Er-

gänzungsbescheid nicht berichtigt werden (BFH v. 11.05.1999, IX R 72/96, BFH/NV 1999, 1446; BFH v. 06.12.2005, VIII R 99/02, BFH/NV 2006, 1041 zur Abgrenzung von § 129 AO; BFH v. 26.04.2012, IV R 19/09, BFH/NV 2012, 1569 zur fehlenden Feststellung von in der Feststellungserklärung nicht angegebenen Sonderbetriebsausgaben; AEAO zu § 179, Nr. 2 Abs. 1 Satz 5). Ist in einer einheitlichen und gesonderten Gewinnfeststellung die gesonderte Feststellung über den verrechenbaren Verlust nicht vorgenommen worden, ist seine nachträgliche Feststellung kein Fall der Ergänzung i.S. des § 179 Abs. 3 AO, sondern seine Notwendigkeit folgt daraus, dass es sich dabei um eine verfahrensrechtlich unabhängige gesonderte Feststellung handelt (BFH v. 11.07.2006, VIII R 10/05, BStBl II 2007, 96). Hat das FA den verbleibenden Verlustvortrag nur für bestimmte Einkunftsarten gesondert festgestellt, kann eine fehlende Feststellung für eine weitere Einkunftsart nicht durch Ergänzungsbescheid nachgeholt werden (BFH v. 17.12.2008, IX R 94/07, BStBl II 2009, 444).

23 Durch Ergänzungsbescheid kann nur ein wirksamer aber unvollständiger bzw. lückenhafter Feststellungsbescheid ergänzt werden (AEAO zu § 179, Nr. 2 Abs. 1 Satz 1). Daher ist ein Feststellungsbescheid nicht ergänzungsfähig, wenn er wegen seiner Unvollständigkeit nichtig und unwirksam ist.

24 **Fälle zulässiger Ergänzung** sind u. a.:

- Feststellung über die Gewährung vermögenswirksamer Leistungen an Arbeitnehmer (BFH v. 13.04.1978, IV R 91/74, BStBl II 1978, 479),
- Feststellung über die Verteilung des Gewinns (AEAO zu § 179, Nr. 2 Abs. 2 m. w. N.),
- Verteilung des Einheitswerts auf die Beteiligten (*Söhn* in HHSp, § 180 AO Rz. 81),
- Feststellung des Freibetrags nach § 16 Abs. 4 EStG und seiner Höhe (BFH v. 28.03.1974, IV B 58/73, BStBl II 1974, 459; AEAO zu § 179, Nr. 2 Abs. 2),
- Feststellung, ob ein steuerfreier Sanierungsgewinn vorliegt (FG Mchn v. 17.11.1970, II 133/69, EFG 1971, 288),
- Feststellung, ob ausländische Einkünfte nach § 2a Abs. 1 Nr. 2 EStG vorliegen (FG He v. 22.06.1989, 10 K 172/86, EFG 1989, 579),
- Feststellung, dass die festgestellten Einkünfte nicht – wie bisher geschehen – dem Treugeber, sondern dem Treuhänder zugerechnet werden müssen, wenn die Treuhandkonstruktion allen Beteiligten bekannt ist (BFH v. 13.07.1999, VIII R 76/97, BStBl II 1999, 747 m. w. N.),
- Hinweis über die Reichweite der Bekanntgabe gem. § 183 Abs. 1 Satz 5 AO (BFH v. 13.07.1994, XI R 21/93, BStBl II 1994, 885; AEAO zu § 179, Nr. 2 Abs. 2 m. w. N.); dies ist bedenklich, weil es sich bei dem Hinweis ebenso wie bei dem Hinweis nach § 181 Abs. 5 Satz 2 (s. Rz. 25) nicht um eine Feststellung handelt,
- Feststellung und Verteilung des Betrags der einbehaltenen Kapitalertragsteuer und der anrechenbaren Körperschaftsteuer nach § 180 Abs. 5 Nr. 2 AO (AEAO zu § 179, Nr. 2 Abs. 2),
- Feststellung von mit den Einkünften in Zusammenhang stehenden anderen Besteuerungsgrundlagen (AEAO zu § 180, Nr. 1 Abs. 2 Satz 2 und 3); m. E. unzutreffend, s. § 180 AO Rz. 27,
- Feststellung, dass eine Person nicht an der Personengesellschaft beteiligt ist (negativer Feststellungsbescheid), wenn ein Regelungsanlass besteht, weil die Person sich z. B. als Beteiligte geriert (FG Ha v. 20.03.2001, V 299/97, EFG 2001, 1010),
- Feststellung der Dauer der Zugehörigkeit eines während eines abweichenden Wirtschaftsjahres ausgeschiedenen Gesellschafters zu einer Personengesellschaft (BFH v. 22.09.1997, IV B 113/96, BFH/NV 1998, 454; AEAO zu § 179, Nr. 2 Abs. 2),
- Angabe des Treuhandgesellschafters anstelle des aufgeführten Treugebers (BFH v. 10.11.1994, IV B 64/93, BFH/NV 1995, 565; BFH v. 19.02.2004, IX B 3/03, BFH/NV 2004, 918),
- Aufteilung des Treuhandergebnisses auf die Treugeber (BFH v. 26.06.2002, IV R 3/01, BStBl II 2003, 112),
- Feststellung zu § 32c EStG (BFH v. 06.12.2005, VIII R 99/02, BFH/NV 2006, 1041),
- Entscheidung, dass der Feststellungsbescheid nach § 175 Abs. 1 Satz 1 Nr. 2 AO geändert worden ist im Hinblick auf den Zinslauf nach § 233a Abs. 2a AO (BFH v. 19.03.2009, IV R 20/08, BStBl II 2010, 528).

**Nicht nachholbar** sind u. a. 25

- die Feststellung der Höhe der Einkünfte und der Feststellungsbeteiligten oder der Höhe des Einheitswerts und ggf. seiner Zurechnung, weil der Feststellungsbescheid ohne diese Feststellungen mangels hinreichender Bestimmtheit nichtig ist (*Söhn* in HHSp, § 179 AO Rz. 159, 306a und 314 m. w. N.; *Brandis* in Tipke/Kruse, § 179 AO Rz. 21 m. w. N.; a. A. BFH v. 11.05.1999 – IX R 72/96, BFH/NV 1999, 1446 zur Höhe der Einkünfte; BFH v. 13.11.1981, III R 116/78, BStBl II 1983, 88 zur Zurechnung des Einheitswerts – widersprüchlich, da der BFH im selben Urteil in Wert-, Art- und Zurechnungsfeststellung eigenständige Verwaltungsakte sieht, weshalb § 179 Abs. 3 AO nicht einschlägig ist),
- die Feststellung von Sonderbetriebseinnahmen, -ausgaben und Werbungskosten, wenn diese Besteuerungsgrundlagen weder erklärt noch festgesetzt worden sind (BFH v. 23.08.2011, IX R 8/11, BFH/NV 2012, 2; AEAO zu § 179, Nr. 2 Abs. 3),

- die Entscheidung über das Vorliegen steuerbegünstigter Einkünfte i.S. des § 34 EStG (AEAO zu § 179, Nr. 2 Abs. 3 m.w.N.),
- der Hinweis nach § 181 Abs. 5 Satz 2 AO (BFH v. 18.03.1998, II R 45/96, BStBl II 1998, 426; AEAO zu § 179, Nr. 2 Abs. 3 m.w.N.),
- Feststellungen zu einzelnen EK-Teilen (BFH v. 22.10.1998, I R 122/97, BStBl II 1999, 101),
- die fehlende Feststellung des verbleibenden Verlustvortrags für eine bestimmte Einkunftsart, wenn das FA den verbleibenden Verlustvortrag nur für bestimmte Einkunftsarten gesondert festgestellt hat (BFH v. 17.12.2008, IX R 94/07, BStBl II 2009, 444),
- die Feststellung des Veräußerungsgewinns, wenn ein Feststellungsbescheid im Rahmen einer Mitunternehmerschaft nur einen laufenden Gewinn feststellt und damit zugleich incidenter die negative Feststellung trifft, dass zusätzlich kein Veräußerungsgewinn entstanden ist (BFH v. 03.03.2011, IV R 8/08, BFH/NV 2011, 1649).

### E. Rechtsschutz

**26** Gegen Feststellungsbescheide ist der Einspruch (§ 347 AO) gegeben. Das gilt gleichermaßen für positive, negative und kombiniert positiv-negative Feststellungsbescheide sowie für Ergänzungsbescheide nach § 179 Abs. 3 AO und die Ablehnung des Antrags auf Erlass dieser Bescheide. Wegen der gesonderten Anfechtung der einzelnen Feststellungen und ihrer Folgen (u.a. Teilbestandskraft) s. Rz. 7. Einwendungen gegen Entscheidungen im Feststellungsbescheid können nur im Rechtsbehelfsverfahren gegen diesen, nicht im Rechtsbehelfsverfahren gegen den Folgebescheid erhoben werden (§ 351 Abs. 2 AO), es sei denn, es werde die Wirksamkeit des Grundlagenbescheids oder die Bindungswirkung im Einzelnen bestritten. Einwendungen gegen den Ergänzungsbescheid können nur im Rechtsbehelfsverfahren gegen diesen, Einwendungen gegen den ergänzten Feststellungsbescheid können nicht im Rechtsbehelfsverfahren gegen den Ergänzungsbescheid erhoben werden. Die Einspruchsbefugnis bei einheitlichen und gesonderten Feststellungen ergibt sich aus § 352 AO. Vorläufiger Rechtsschutz kann durch Aussetzung der Vollziehung des Feststellungsbescheids gewährt werden, aufgrund der nach § 361 Abs. 3 AO die Vollziehung auch des Folgebescheids auszusetzen ist.

**27** Nach erfolglosem Einspruchsverfahren ist bei positiven Feststellungsbescheiden die Anfechtungsklage (§ 40 Abs. 1 FGO), bei negativen oder bei unterlassener Feststellung die Verpflichtungsklage (§ 40 Abs. 1 FGO) gegeben. Bei kombiniert positiv-negativen Feststellungsbescheiden richtet sich die Klageart danach, ob der Kläger von der Feststellung positiv oder negativ betroffen ist. Die Klagebefugnis bei einheitlichen und gesonderten Feststellungen ergibt sich aus § 48 FGO.

## § 180 AO
## Gesonderte Feststellung von Besteuerungsgrundlagen

**(1) Gesondert festgestellt werden insbesondere:**

**1. die Einheitswerte nach Maßgabe des Bewertungsgesetzes,**

**2. a) die einkommensteuerpflichtigen und körperschaftsteuerpflichtigen Einkünfte und mit ihnen in Zusammenhang stehende andere Besteuerungsgrundlagen, wenn an den Einkünften mehrere Personen beteiligt sind und die Einkünfte diesen Personen steuerlich zuzurechnen sind,**

**b) in anderen als den in Buchstabe a genannten Fällen die Einkünfte aus Land- und Forstwirtschaft, Gewerbebetrieb oder einer freiberuflichen Tätigkeit, wenn nach den Verhältnissen zum Schluss des Gewinnermittlungszeitraums das für die gesonderte Feststellung zuständige Finanzamt nicht auch für die Steuern vom Einkommen zuständig ist,**

**3. der Wert der vermögensteuerpflichtigen Wirtschaftsgüter (§§ 114 bis 117a des Bewertungsgesetzes) und der Wert der Schulden und sonstigen Abzüge (§ 118 des Bewertungsgesetzes), wenn die Wirtschaftsgüter, Schulden und sonstigen Abzüge mehreren Personen zuzurechnen sind und die Feststellungen für die Besteuerung von Bedeutung sind.**

**Wenn sich in den Fällen von Satz 1 Nummer 2 Buchstabe b die für die örtliche Zuständigkeit maßgeblichen Verhältnisse nach Schluss des Gewinnermittlungszeitraums geändert haben, so richtet sich die örtliche Zuständigkeit auch für Feststellungszeiträume, die vor der Änderung der maßgeblichen Verhältnisse liegen, nach § 18 Absatz 1 Nummer 1 und 3 in Verbindung mit § 26.**

**(2) Zur Sicherstellung einer einheitlichen Rechtsanwendung bei gleichen Sachverhalten und zur Erleichterung des Besteuerungsverfahrens kann das Bundesministerium der Finanzen durch Rechtsverordnung mit Zustimmung des Bundesrates bestimmen, dass in anderen als den in Absatz 1 genannten Fällen Besteuerungsgrundlagen gesondert und für mehrere Personen einheitlich festgestellt werden. Dabei können insbesondere geregelt werden**

1. der Gegenstand und der Umfang der gesonderten Feststellung,
2. die Voraussetzungen für das Feststellungsverfahren,
3. die örtliche Zuständigkeit der Finanzbehörden,
4. die Bestimmung der am Feststellungsverfahren beteiligten Personen (Verfahrensbeteiligte) und der Umfang ihrer steuerlichen Pflichten und Rechte einschließlich der Vertretung Beteiligter durch andere Beteiligte,
5. die Bekanntgabe von Verwaltungsakten an die Verfahrensbeteiligten und Empfangsbevollmächtigte,
6. die Zulässigkeit, der Umfang und die Durchführung von Außenprüfungen zur Ermittlung der Besteuerungsgrundlagen.

Durch Rechtsverordnung kann das Bundesministerium der Finanzen mit Zustimmung des Bundesrates bestimmen, dass Besteuerungsgrundlagen, die sich erst später auswirken, zur Sicherung der späteren zutreffenden Besteuerung gesondert und für mehrere Personen einheitlich festgestellt werden; Satz 2 gilt entsprechend. Die Rechtsverordnungen bedürfen nicht der Zustimmung des Bundesrates, soweit sie Einfuhr- und Ausfuhrabgaben und Verbrauchsteuern, mit Ausnahme der Biersteuer, betreffen.

(3) Absatz 1 Satz 1 Nummer 2 Buchstabe a gilt nicht, wenn

1. nur eine der an den Einkünften beteiligten Personen mit ihren Einkünften im Geltungsbereich dieses Gesetzes einkommensteuerpflichtig oder körperschaftsteuerpflichtig ist, oder
2. es sich um einen Fall von geringer Bedeutung handelt, insbesondere weil die Höhe des festgestellten Betrags und die Aufteilung feststehen; dies gilt sinngemäß auch für die Fälle des Absatzes 1 Nummer 2 Buchstabe b und Nummer 3.

Das nach § 18 Absatz 1 Nummer 4 zuständige Finanzamt kann durch Bescheid feststellen, dass eine gesonderte Feststellung nicht durchzuführen ist. Der Bescheid gilt als Steuerbescheid.

(4) Absatz 1 Satz 1 Nummer 2 Buchstabe a gilt ferner nicht für Arbeitsgemeinschaften, deren alleiniger Zweck in der Erfüllung eines einzigen Werkvertrages oder Werklieferungsvertrages besteht.

(5) Absatz 1 Satz 1 Nummer 2 sowie die Absätze 2 und 3 sind entsprechend anzuwenden, soweit

1. die nach einem Abkommen zur Vermeidung der Doppelbesteuerung von der Besteuerungsgrundlage ausgenommenen Einkünfte bei der Festsetzung der Steuern der beteiligten Personen von Bedeutung sind oder
2. Steuerabzugsbeträge und Körperschaftsteuer auf die festgesetzte Steuer anzurechnen sind.

**Inhaltsübersicht**

**Schrifttum**

Fischer, Feststellung der Einkünfte bei einer Zebragesellschaft, NWB F. 2, 8813; Streck/Mack, Grundsatzprobleme der Verordnung über die gesonderte Feststellung von Besteuerungsgrundlagen nach § 80 Abs. 2 AO, DStR 1987, 707; von Wedelstädt, Teilanfechtung und ihre Folgen, DB 1996, 696; Kohlhaas, Zebragesellschaften, Stbg 1998, 557, 559; Kohlhaas, Die Einkünftezuordnung bei Zebragesellschaften durch das Wohnsitzfinanzamt, DStR 1999, 1722; Söhn, Einheitliche und gesonderte Feststellungen bei »doppelstöckigen Personengesellschaften«, StuW 1999, 328; Carlé, Der Ergänzungsbescheid, AO-StB 2002, 191; Kunz, Aktuelle steuerrechtliche Entwicklungen zur Zebragesellschaft – Anmerkungen zum Vorlagebeschluss des BFH vom 30.10.2002 –, Stbg 2003, 149; Kunz, Zebragesellschaft und gewerblicher Grundstückshandel – Der Vorlagebeschluss des BFH vom 30.10.2002 – IX R 80/98, BuW 2003, 273; Gradl/Wiese, Personengesellschaften – Adressierung der Verwaltungsakte und Klagebefugnis in ausgewählten Situationen, DStZ 2004, 754; von Wedelstädt, Feststellungsbescheide im Rechtsbehelfsverfahren, AO-StB 2004, 211; von Wedelstädt, Bindungswirkung von Grundlagenbescheiden: Voraussetzungen – Umfang – Rechtsfolgen, AO-StB 2009, 203; von Wedelstädt, Gesonderte Feststellung von Besteuerungsgrundlagen nach Ablauf der Feststellungsfrist, AO-StB 2009, 238; von Wedelstädt, Korrektur von Feststellungsbescheiden ohne Eingriff in die Bestandskraft, AO-StB 2012, 83; Gosch, Keine gesonderte und einheitliche Gewinnfeststellung gegenüber einer ausländischen Stiftung und deren Stifter, BFH/PR 2013, 329; Günther,Feststellung von einkommensteuerlich relevanten Besteuerungsgrundlagen, AO-StB 2013, 182.

## A. Bedeutung der Vorschrift

1 § 180 Abs. 1 AO zählt wichtige Fallgruppen auf, bei denen eine gesonderte und ggf. einheitliche Feststellung vorzunehmen ist. Die Aufzählung ist nicht erschöpfend. Weitere Feststellungsfälle finden sich in § 180 Abs. 2 und 5 AO und in Einzelsteuergesetzen (s. § 179 AO Rz. 4). § 180 Abs. 3 und 4 AO regelt Fälle, in denen von der Durchführung von Feststellungen Abstand genommen werden darf, und besagt zugleich, dass dies in anderen Fällen nicht zulässig ist. – Im Übrigen s. § 179 AO Rz. 2 ff.

## B. Feststellung von Einheitswerten (§ 180 Abs. 1 Satz 1 Nr. 1 AO)

2 Die **Einheitswerte** werden nach Maßgabe des Bewertungsgesetzes gesondert festgestellt. Sind an den entsprechenden wirtschaftlichen Einheiten (§ 2 BewG) oder Untereinheiten (s. § 19 Absatz 3 Nr. 1b BewG) mehrere Personen beteiligt, so wird die gesonderte Feststellung allen Beteiligten gegenüber einheitlich vorgenommen (§ 179 Abs. 2 Satz 2 AO, auch s. § 179 AO Rz. 8). Die betreffenden wirtschaftlichen Einheiten usw. sind in § 19 Abs. 1 BewG aufgezählt. Dabei handelt es sich um Betriebe der Land- und Forstwirtschaft, Grundstücke, Betriebsgrundstücke und inländische Gewerbebetriebe (zur Gleichstellung der Ausübung eines freien Berufs s. § 96 BewG, zu den Regelungen für das Beitrittsgebiet s. §§ 125 ff. BewG). Einheitswertfeststellungen sind noch für die GrSt (§ 13 Abs. 1 Satz 2, Abs. 3 GrStG), für die GewSt (§ 9 Nr. 1 GewStG) und für die ESt (§ 7g Abs. 2 Satz 1 Nr. 1b EStG) von Bedeutung, während die Bedarfsbewertung der Grundbesitzwerte nach § 138 BewG für die ErbSt (ab 01.01.1996) und für die GrSt (ab 01.01.1997) gilt; für die gesonderte Feststellung der Grundbesitzwerte sind die Vorschriften der AO über die Feststellung von Einheitswerten des Grundbesitzes entsprechend anzuwenden (§ 138 Abs. 5 BewG).

Der notwendige **Inhalt des EW-Feststellungsbescheids** ergibt sich aus § 19 BewG. Hiernach sind Feststellungen über die Art der wirtschaftlichen Einheit, bei Grundstücken auch über die Grundstücksart, bei Betriebsgrundstücken, die zu einem gewerblichen Betrieb gehören, auch über den gewerblichen Betrieb zu treffen (§ 19 Abs. 3 Nr. 1 BewG). Ferner ist im Feststellungsbescheid über die Zurechnung und bei mehreren Beteiligten über die Höhe ihrer Anteile zu befinden (§ 19 Abs. 3 Nr. 2 BewG). Zur Wirkung des EW-Bescheids gegen den Rechtsnachfolger s. § 182 Abs. 2 AO (§ 182 AO Rz. 15 ff.). Der EW-Bescheid muss auch die Höhe des EW feststellen (s. § 181 Abs. 1 i. V. m. § 157 Abs. 1 Satz 2 AO). Dies ergibt sich aus dem Begriff des Einheitswertes; ohne Angabe der Höhe ist der EW-Bescheid nichtig. Nach § 19 Abs. 4 BewG sind EW-Feststellungen nur zu treffen, wenn sie für die Besteuerung von Bedeutung sind (s. § 179 AO Rz. 6). 3

Die in einem EW-Bescheid getroffenen Feststellungen zum **Wert**, zur **Art** und zur **Zurechnung** sind **selbstständige Feststellungen** in einem einheitlichen Feststellungsbescheid, aber nicht selbstständige Verwaltungsakte (*Söhn* in HHSp, § 180 AO Rz. 95; *Brandis* in Tipke/Kruse, § 180 AO Rz. 8 m. w. N.; *von Wedelstädt*, DB 1997, 696 m. w. N.; a. A. st. Rspr. des BFH, u. a. BFH v. 19.02.2009, II R 8/06, BFH/NV 2009, 1092 m. w. N.; *Kunz* in Gosch, § 180 AO Rz. 11). Gegen die Verwaltungsaktsqualität der einzelnen Feststellungen spricht, dass die AO den Feststellungsbescheid als Steuerbescheid behandelt (§ 181 Abs. 1 AO) und die einzelne Feststellung Einheitswert, Art oder Zurechnung für sich allein keine als Grundlagenbescheid verwertbare Aussage enthält. 4

Die einzelnen Feststellungen können gesondert angefochten und bestandskräftig werden, hinsichtlich nicht angefochtener Feststellungen erwächst der EW-Bescheid in Teilbestandskraft (*von Wedelstädt*, DB 1997, 696; s. § 179 AO Rz. 7).

## C. Einheitliche und gesonderte Feststellung (§ 180 Abs. 1 Satz 1 Nr. 2 Buchst. a AO)

### I. Bedeutung der Vorschrift

5 Einheitlich und gesondert festgestellt werden die einkommensteuer- und körperschaftsteuerpflichtigen Einkünfte und mit diesen in Zusammenhang stehende andere Besteuerungsgrundlagen, wenn an den Einkünften mehrere Personen beteiligt sind, denen die Einkünfte steuerlich zuzurechnen sind. Steht unzweifelhaft fest, dass die Besteuerungsgrundlagen im Inland keine steuerliche Bedeutung haben, ist eine Feststellung insoweit unzulässig (BFH v. 04.05.2011, II R 51/09, BStBl II 2014, 751; BFH v. 13.05.2013, I R 39/11, BStBl II 2016, 434 m.w.N.). Zweck der Vorschrift ist die Sicherstellung einheitlicher Sachbehandlung durch die Finanzbehörden bei der Beteiligung mehrerer Personen an Einkünften bzw. bei der Entscheidung der Frage, ob durch die Tätigkeit mehrerer Personen steuerpflichtige oder mangels Einkunftserzielungsabsicht nicht steuerbare Einkünfte erzielt werden. Damit wird in diesen Fällen die mehrfache und damit unökonomische Befassung mit demselben Sachverhalt vermieden. Die Feststellung ist mit Ausnahme der Fälle i.S. des § 180 Abs. 3 und 4 AO zwingend vorgeschrieben. Ein Feststellungsverfahren ist bereits dann durchzuführen, wenn zweifelhaft ist, ob die hierfür erforderlichen Voraussetzungen vorliegen. Daher ist ein positiver oder negativer Feststellungsbescheid gem. § 180 Abs. 1 Nr. 2 Buchst. a AO dann zu erlassen, wenn eine gesonderte Feststellung aufgrund des (ggf. streitigen) Sachverhalts möglich erscheint (BFH v. 15.03.2017, I R 41/16, BFH/NV 2017, 1548). Die Bestandskraft des Folgebescheids steht dem so wenig entgegen wie etwaige Kenntnisse des Folgebescheids-FA von den betreffenden Besteuerungsgrundlagen (BFH v. 01.07.2003, VIII R 61/02, BFH/NV 2004, 27 m.w.N.). Sie muss auch erfolgen, wenn Betriebs- und Wohnsitz-FA identisch ist oder wenn zweifelhaft ist, ob überhaupt einkommensteuerpflichtige Einkünfte vorliegen, an denen andere Personen beteiligt bzw. die mehreren Personen zuzurechnen sind, und auch, wenn zweifelhaft ist, ob für diese Personen eine ESt-Veranlagung durchgeführt werden darf (*Kunz* in Gosch, § 180 AO Rz. 19 m.w.N.). Aus diesem Grund hat das FG das Verfahren betreffend den Folgebescheid gem. § 74 FGO auszusetzen, wenn in ihm Einwendungen erhoben werden, über die in einem Grundlagenbescheid zu entscheiden ist. Ergibt sich, dass keine gemeinschaftlichen Einkünfte oder solche nur bei einem Teil der Beteiligten vorliegen, wird durch negativen bzw. in letzterem Fall durch positiv-negativen Feststellungsbescheid entschieden (s. § 179 AO Rz. 13).

6 Die im Feststellungsverfahren nach § 180 Abs. 1 Satz 1 Nr. 2 Buchst. a und b AO getroffenen Feststellungen sind für die Festsetzung des **GewSt-Messbetrages** nach dem Gewerbeertrag nicht bindend (BFH v. 17.12.2003, XI R 83/00, BStBl II 2004, 699 m.w.N.). Der Gewinn, der als Gewerbeertrag zugrunde gelegt wird, ist selbstständig zu ermitteln, der Feststellungsbescheid ist insoweit kein Grundlagenbescheid. Eine Feststellung für **Vorauszahlungszwecke** ist, obwohl wünschenswert, nicht zulässig (BFH v. 26.10.1978, I B 3/78, BStBl II 1979, 46; *Söhn* in HHSp, § 180 AO Rz. 195 f.; *Kunz* in Gosch, § 180 AO Rz. 57; a.A. *Brandis* in Tipke/Kruse, § 180 AO Rz. 14).

### II. Beteiligung mehrerer Personen

7 Die einheitliche Feststellung setzt die Beteiligung mehrerer Personen an der gemeinschaftlichen Erfüllung der Tatbestandsvoraussetzungen einer Einkunftserzielungvoraus, denen die einkommensteuerpflichtigen oder körperschaftsteuerpflichtigen Einkünfte steuerlich zuzurechnen sind. Die Voraussetzungen »mehrere« und »zurechnen« bedeuten, dass durch den Zusammenschluss der Personen kein steuerrechtsfähiges Subjekt entstehen darf, dem die Einkünfte zuzurechnen sind (BFH v. 10.04.2014, III R 20/13, BStBl II 2016, 583). Daher fällt die Beteiligung an einer juristischen Person nicht unter die Vorschrift, weil diese selbst Steuersubjekt und keine Personenmehrheit i.S. des § 180 Abs. 1 Satz 1 Nr. 2 Buchst. a AO darstellt. Zur Kommanditgesellschaft auf Aktien s. Rz. 9. Beteiligte können natürliche und juristische Personen sein (BFH v. 25.06.1984, GrS 4/82, BStBl II 1984, 751).

8 Es reicht nicht aus, dass mehrere Personen den Tatbestand der **Einkünfteerzielung** erfüllen, sie müssen dies vielmehr in Form einer **Gesellschaft** oder **Gemeinschaft** erfüllen müssen (BFH v. 25.06.1984, GrS 4/82, BStBl II 1984, 751; BFH v. 13.05.2013; I R 39/11, BStBl II 2016, 434 m.w.N.; *Söhn* in HHSp, § 180 AO Rz. 169; *Brandis* in Tipke/Kruse, § 180 AO Rz. 15). Wer nicht Gesellschafter oder Gemeinschafter ist, ist nicht an den gemeinschaftlichen Einkünften beteiligt (*Söhn* in HHSp, § 180 AO Rz. 169). Damit kommt eine einheitliche und gesonderte Feststellung insbes. in Betracht, wenn die Beteiligten **Mitunternehmer** i.S. des § 15 Abs. 1 Nr. 2 EStG sind (h.M.; u.a. *Kunz* in Gosch, § 180 AO Rz. 18; *Söhn* in HHSp, § 180 AO Rz. 177, 198 ff.). Erzielt eine Gesellschaft o.Ä. gemeinschaftlich keine **Einkünfte**, sondern **andere Besteuerungsgrundlagen** wie Betriebsausgaben, kommt ggf. eine einheitliche Feststellung nach der V zu § 180 Abs. 2 AO in Betracht (s. dazu Rz. 38). Die Beteiligung muss, wie sich aus § 179 Abs. 2 Satz 3 AO ergibt, **unmittelbar** sein. Die mittelbare Beteiligung wie z.B. die typische oder atypische Unterbeteiligung fällt nicht unter die Vorschrift des § 180 Abs. 1 Nr. 2a AO (dazu s. § 179 AO Rz. 14 ff.).

9 In Betracht kommen neben den Personenhandelsgesellschaften OHG und KG einschließlich der GmbH

und Co. KG, der Gesellschaft bürgerlichen Recht und der Gemeinschaft u. a. **folgende Personengesellschaften** (s. auch *Kunz* in Gosch, § 180 AO Rz. 21 ff.; *Brandis* in Tipke/Kruse, § 180 AO Rz. 21 ff.):

- Arbeitsgemeinschaften mit der Einschränkung der § 180 Abs. 4 AO,
- atypische stille Gesellschaft und Unterbeteiligung,
- Büro-, Praxis- oder Apparategemeinschaft,
- Erbengemeinschaft,
- Europäische Wirtschaftliche Interessenvereinigung (EWIV),
- Investmentclub,
- Konsortium,
- Liquidationsgesellschaft (s. Rz. 11),
- Metagesellschaft (BFH v. 18.12.2002, I R 92/01, BFH/NV 2003, 964),
- Mietpool,
- Partenreederei,
- Partnerschaft i. S. d. des PartGG,
- Sozietät,
- Vorgründungsgesellschaft, Vorgesellschaft.

Bei der **Kommanditgesellschaft auf Aktien** findet bei einem oder mehreren Komplementären eine einheitliche und gesonderte Festzustellung für die Einkünfte des oder der persönlich haftenden Gesellschafter statt, denn ihre Gewinnanteile sind ihnen unmittelbar zuzurechnen (§ 15 Abs. 1 Nr. 3 EStG; BFH v. 15.03.2017, I R 41/16, BFH/NV 2017, 1548). Dasselbe gilt für die Kommanditaktionäre, da für ihre Gewinn- und Verlustbeteiligung nach § 278 Abs. 2 AktG die Vorschriften über die Kommanditgesellschaft gelten (h. M.; u. a. *Kunz* in Gosch, § 180 AO Rz. 32 m. w. N.; *Brandis* in Tipke/Kruse, § 180 AO Rz. 17 m. w. N.).

**9a** Eine Personengesellschaft (Obergesellschaft) kann handelsrechtlich Gesellschafterin einer anderen Personengesellschaft (Untergesellschaft) sein (**doppelstöckige Personengesellschaft**). Die doppelstöckige Personengesellschaft ist mehrgliedrig, wenn sich eine Personengesellschaft (Obergesellschaft) an mehreren anderen Personengesellschaften (Untergesellschaften) beteiligt. Steuerrechtlich ist allein die Obergesellschaft als solche Gesellschafter und Mitunternehmer der Untergesellschaft, nicht der/die Gesellschafter der Obergesellschaft. Daraus folgt verfahrensrechtlich, dass die im Feststellungsverfahren für die Untergesellschaft festgestellten Besteuerungsgrundlagen der Obergesellschaft – nicht aber unmittelbar deren Gesellschaftern – zuzurechnen sind (st. Rspr., u. a. BFH v. 09.08.2006, II R 24/05, BStBl II 2007, 87 m. w. N.). Es handelt sich nicht um einen Fall des § 179 Abs. 2 Satz 3 AO. In diesen Fällen sind einheitliche und gesonderte Feststellungen in **zwei Stufen** durchzuführen: auf der Ebene der Untergesellschaft sind u. a. die Beteiligten, zu denen auch die Obergesellschaft – nicht deren Gesellschafter – als Mitunternehmerin gehört, sowie die den Beteiligten zuzurechnenden Einkünfte einheitlich und gesondert festzustellen – erste Stufe. Die einheitliche und gesonderte Feststellung der Untergesellschaft ist Grundlagenbescheid für das Feststellungsverfahren der Obergesellschaft; der der Obergesellschaft zugerechnete Anteil am Gewinn oder Verlust der Untergesellschaft geht in deren Gesamtergebnis aus dem eigenen Betrieb und der Beteiligung an der Untergesellschaft ein, in der einheitlichen und gesonderten Feststellung der Obergesellschaft werden die anteiligen Einkünfte ihrer Gesellschafter festgestellt – zweite Stufe (BFH v. 09.08.2006, II R 24/05, BStBl II 2007, 87 m. w. N.; BFH v. 24.07.2013, I R 57/11, BStBl II 2016, 633; *Kunz* in Gosch, § 180 AO Rz. 25.1; *Söhn*, StuW 1999, 328). Dies gilt auch für den Anwendungsbereich des § 180 Abs. 5 AO (BFH v. 24.07.2013, I R 57/11, BStBl II 2016, 633). Auch ein von der Obergesellschaft erzielter Gewinn oder Verlust aus der Veräußerung der Beteiligung an der Untergesellschaft ist in das Ergebnis der Obergesellschaft einzubeziehen. Die Feststellungen der Einkünfte aus der Unter- und der Obergesellschaft sind nicht zusammenzufassen (BFH v. 21.10.2015, IV R 43/12, BStBl II 2016, 517 m. w. N.). Eines mehrstufigen Feststellungsverfahrens bedarf es nicht, wenn an den Einkünften einer ausländischen Personengesellschaft neben einer Personengesellschaft mit im Inland steuerpflichtigen Gesellschaftern lediglich Personen beteiligt sind, die nicht im Inland steuerpflichtig sind; die Einkünfte können unmittelbar der inländischen Gesellschaft gegenüber festgestellt werden (BFH v. 09.12.2010, I R 49/09, BFH/NV 2011, 698).

Beziehen mehrere **an einer Personengesellschaft** Beteiligte **gemeinschaftlich Einkünfte aus mehreren Quellen und/oder Einkunftsarten**, können die verschiedenen Quellen und/oder Einkunftsarten in einer Feststellung erfasst werden, wenn der Zweck des § 180 Abs. 1 Satz 1 Nr. 2 Buchst. a AO dadurch nicht leidet; gleiche Beteiligungsverhältnisse sind nicht erforderlich (*Brandis* in Tipke/Kruse, § 180 AO Rz. 18 m. w. N.; *Söhn* in HHSp, § 180 AO Rz. 180 f.; a. A. *Kunz* in Gosch, § 180 AO Rz. 20). Nicht erforderlich ist, dass die Einkünfte für die Beteiligten in dieselbe Einkunftsart fallen (s. u. Rz. 17 ff. zur Zebra-Gesellschaft), nach denselben Grundsätzen ermittelt oder aus denselben Rechtsgründen (z. B. Eigentum, Nießbrauch) zufließen (*Söhn* in HHSp, § 180 AO Rz. 184 ff.). Sind dagegen für die einzelnen Feststellungen mehrere Finanzämter zuständig, ist die Zusammenfassung in einem Feststellungsbescheid ausgeschlossen (BFH v. 17.10.1991, IV R 97/89, BStBl II 1992, 392). Liegen bei mehreren Grundstücken einer Personengesellschaft alle Grundstücke im Bezirk desselben FA, dann ist es zweckmäßig, aber nicht notwendig, die Einkünfte aus Vermietung und Verpachtung aller Grundstücke in einem Feststellungsbescheid zusammenzufassen (BFH v. 17.10.1991, IV R 97/89, BStBl II 1992, 392). Sind mehrere Personen an mehreren Einkunftsquellen im Rahmen von **unterschiedlichen Personengesellschaften** beteiligt, 10 sind die Einkünfte für jede Personengesellschaft getrennt einheitlich und gesondert festzustellen (BFH v. 19.04.2005, VIII R 6/04, BFH/NV 2005, 1797).

11 Personengesellschaften enden steuerrechtlich nicht mit der zivilrechtlichen Vollbeendigung, sondern erst mit ihrer steuerrechtlichen Vollbeendigung, d.h. mit dem Ende der Abwicklungstätigkeit. Daher muss in der Abwicklungsphase eine einheitliche und gesonderte Feststellung des **Liquidationsgewinns** erfolgen (h.M.; BFH v. 24.03.1987, X R 28/80, BStBl II 1988, 316 m.w.N.; *Kunz* in Gosch, § 180 AO Rz. 35 m.w.N.; FinMin NRW v. 16.05.2013, DB 2013, 1203). Durch Ausscheiden eines Gesellschafters aus einer zweigliedrigen Personengesellschaft und Anwachsung des Anteils am Gesamthandsvermögen bei dem übernehmenden Gesellschafter, durch Realteilung des Betriebsvermögens oder durch Tod eines von zwei Gesellschaftern ohne Hinterlassung von Erben bei Anwachsung der Gesellschaftsanteile bei dem verbleibenden Gesellschafter tritt dagegen **Vollbeendigung ohne Liquidation** ein (BFH v. 23.10.2013, IV B 104/13, BFH/NV 2014, 70 m.w.N.; *Söhn* in HHSp, § 180 AO Rz. 222 ff., 294 ff.); für die Zeit bis dahin sind Feststellungen erforderlich. Ebenso verhält es sich bei der Umwandlung einer Personengesellschaft in eine Kapitalgesellschaft (*Söhn* in HHSp, § 180 AO Rz. 225a m.w.N.). Der Erbe eines an einer unternehmerisch tätigen Personengesellschaft Beteiligten wird Rechtsnachfolger in den Gesellschaftsanteil und damit Beteiligter, wenn vertraglich nicht etwas anderes bestimmt ist (§ 177 HGB; BFH v. 16.05.2013, IV R 15/10, BStBl II 2013, 858, zugleich zur Einbeziehung von abgefundenen Erbprätendenten mit dem tarifbegünstigten Gewinn in die Gewinnfeststellung).

## III. Gegenstand der einheitlichen und gesonderten Feststellung

### 1. Allgemeines

12 Gegenstand des Feststellungsbescheids sind die im Rahmen einer Personengesellschaft gemeinschaftlich erzielten und in der Person der Gesellschafter einkommensteuer- und körperschaftsteuerpflichtigen Einkünfte und die mit ihrer Erzielung in Zusammenhang stehenden Besteuerungsgrundlagen, die deshalb einheitlich abschließend beurteilt werden müssen, damit sie im Folgebescheid auf der Ebene der Gesellschafter steuerlich berücksichtigt werden können (und müssen). Ein Bescheid über die einheitliche und gesonderte Feststellung von Einkünften kann mehrere einzelne Feststellungen von Besteuerungsgrundlagen enthalten, die eine rechtlich selbstständige Würdigung enthalten und eines rechtlich selbstständigen Schicksals fähig sind, wie z.B. auch die Feststellungen der Einkunftsart und der Höhe der Einkünfte. Sie sind je für sich für den Folgebescheid bindend, begründen die Änderungsbefugnis nach § 175 Abs. 1 Satz 1 Nr. 1 AO und die Ablaufhemmung nach § 171 Abs. 10 AO (BFH v. 27.01.2016, X R 53/14, BFH/NV 2016, 889 m.w.N.). Bindend sind also konkret die einzelnen festgestellten Besteuerungsgrundlagen, aber auch negative Aussagen im Grundlagenbescheid, wie z.B. die Nichtanerkennung einer Person als Beteiligter oder die Ablehnung der Qualifizierung als Veräußerungsgewinn oder die geänderte Feststellung der Einkunftsart (BFH v. 27.01.2016, X R 53/14, BFH/NV 2016, 889 m.w.N.). Die Feststellungen können positiver wie negativer Art sein (s. negativer oder kombiniert negativer/positiver Feststellungsbescheid). Wegen der rechtlichen Qualität des Feststellungsbescheids und der Feststellungen sowie zur Teilbestandskraft s. § 179 AO Rz. 7. Nicht in die Feststellung gehören nach dem Wortlaut die im Inland nicht steuerbaren oder steuerbefreiten Einkünfte, z.B. aufgrund eines DBA (s. aber Rz. 80) oder wegen Liebhaberei (BFH v. 24.07.2013, I R 57/11, BStBl II 2016, 633 m.w.N.). Ein im Inland unbeschränkt steuerpflichtiger Stifter ist auch nicht deshalb als ein an den gemeinsamen Einkünften Beteiligter zu behandeln, weil gem. § 15 Abs. 1 Satz 1 AStG das Vermögen und Einkommen einer Familienstiftung, die ihre Geschäftsleitung und ihren Sitz außerhalb des Geltungsbereichs dieses Gesetzes hat, dem Stifter zugerechnet wird (BFH v. 13.05.2013, I R 39/11, BStBl II 2016, 434 m.w.N.).

### 2. Feststellung der Beteiligten und der Mitunternehmerschaft

Beteiligte der Gewinnfeststellung sind die an den Einkünften beteiligten Personen (s. Rz. 7). Der Feststellungsbescheid muss eindeutig angeben, für wen er seinem Inhalt nach bestimmt ist, muss also bindend entscheiden, für welche Personen die Feststellungen getroffen werden, wer Feststellungsbeteiligter ist und mit welchem Anteil er am Ergebnis beteiligt ist. Dazu gehört auch die Feststellung des Bestehens einer Mitunternehmerschaft (u.a. BFH v. 28.06.2006, XI R 31/05, BStBl II 2007, 378). Die Zurechnung bestimmt sich nach den vertraglichen Vereinbarungen bzw. mangels solcher nach der gesetzmäßigen Verteilung. Liegen Zweifel über das Bestehen einer Mitunternehmerschaft oder die Beteiligung einzelner Personen vor, ist auch darüber im Feststellungsverfahren zu entscheiden (u.a. BFH v. 01.07.2003, VIII R 61/02, BFH/NV 2004, 27 m.w.N.). Die Feststellung einer Mitunternehmerschaft entfaltet als selbstständiger Regelungsgegenstand eines Gewinnfeststellungsbescheids Bindungswirkung für die rechtlich nachrangigen Feststellungen wie z.B. für die Frage der Erzielung eines Veräußerungsgewinns (BFH v. 14.01.2003, VIII B 108/01, BStBl II 2003, 335). 13

### 3. Einkünfte

14 Gegenstand der Feststellung sind die für die inländische Besteuerung relevanten gemeinschaftlichen einkommen- und körperschaftsteuerpflichtigen Einkünfte. Dazu gehören auch Gewinne oder Verluste, die ein Beteiligter aus der Veräußerung seines Mitunternehmeranteils erzielt. Weist der Feststellungsbescheid keinen Gewinn oder Verlust aus der Veräußerung eines Mitunternehmeranteils aus, wird dadurch für den Folgebescheid in negativer Hinsicht mit Bindungswirkung festgestellt, dass ein solcher Gewinn oder Verlust im Feststellungszeitraum nicht entstanden ist (BFH v. 10.04.2014, III R 20/13, BStBl II 2016, 583). Die Feststellung erfasst stets nur die gemeinschaftlich verwirklichten Tatbestandsmerkmale, nicht aber Tatbestandsmerkmale außerhalb der Beteiligung im Bereich der persönlichen Einkünfteerzielung (s. § 182 AO Rz. 2a). Daher sind bei Beteiligung einer beschränkt steuerpflichtigen Person nur Einkünfte i. S. des § 49 EStG im Feststellungsbescheid (auch in der Summe der festzustellenden Einkünfte der Personengesellschaft) auszuweisen (BFH v. 24.02.1988, I R 95/84, BStBl II 1988, 663; BFH v. 13.05.2013, I R 39/11, BStBl II 2016, 434 m. w. N.). Dies kann auch Einkünfte einer ausländischen Gesellschaft betreffen, wenn an ihr mehrere im Inland unbeschränkt steuerpflichtige Personen beteiligt sind, aber nur soweit sie ihnen zuzurechnen sind (BFH v. 24.04.2007, I R 33/06, BFH/NV 2007, 2236 m. w. N.; *Söhn* in HHSp, § 180 AO Rz. 156 und 178). Das betrifft die Einkünfte, auf die nach dem Methodenartikel des jeweils anzuwendenden DBA die Anrechnungsmethode gilt (BMF v. 26.09.2014, IV B 5 – S 1300/09/10003, BStBl I 2014, 1258, Tz. 6.1). Zu den einheitlich festzustellenden Einkünften gehören auch solche, die ein Beteiligter zwar im eigenen Namen, aber mit Unterstützung des von der Personengesellschaft angestellten Personals erzielt hat (BFH v. 11.07.1985, IV R 61/83, BStBl II 1985, 577).

15 Einkünfte, an denen i. S. von § 180 Abs. 1 Satz 1 Nr. 2 Buchst. a AO mehrere beteiligt sind, liegen – unter weiteren Voraussetzungen – nur dann vor, wenn mehrere Personen »**gemeinschaftlich**« den Tatbestand der Einkunftserzielung verwirklichen (BFH v. 21.01.2014, IX R 9/13, BStBl II 2016, 515).**Nicht** in der Feststellung zu entscheiden ist mangels gemeinsamer Verwirklichung von Tatbestandsmerkmalen u. a. über Einkünfte aus privaten Veräußerungsgeschäften (BFH v. 21.01.2014, IX R 9/13, BStBl II 2016, 515) wie über die Frage des Vorliegen eines Spekulationsgewinnes im Zusammenhang mit der Anschaffung und Veräußerung eines im Privatvermögens gehaltenen Anteils an einer Personengesellschaft (BFH v. 13.10.1993, X R 49/92, BStBl II 1994, 86; BFH v. 21.01.2014, IX R 9/13, BStBl II 2016, 515) oder über Veräußerungsgewinne nach § 17 EStG in der einheitlichen und gesonderten Feststellung einer vermögensverwaltenden Personengesellschaft (u. a. BFH v. 09.05.2000, VIII R 41/99, BStBl II 2000, 686). Auch die Zuordnung der aus Gewinnanteilen an einer Mitunternehmerschaft resultierenden ESt-Schuld zu den unterschiedlichen insolvenzrechtlichen Forderungskategorien (Insolvenzforderung, Masseverbindlichkeit, insolvenzfreies Vermögen) wegen der Auswirkungen der unterschiedlichen Vermögensmassen eines Insolvenzverfahrens betrifft die ESt-Festsetzung mit der Folge, dass hierüber nicht im Gewinnfeststellungsverfahren zu entscheiden ist (BFH v. 16.07.2015, III R 32/13, BStBl II 2016, 251; BFH v. 01.06.2016, X R 26/14, BStBl II 2016, 848). Einkünfte, die dem **Halb- oder Teileinkünfteverfahren** unterliegen, können in der gesonderten und einheitlichen Feststellung in voller Höhe (»brutto«) festgestellt werden, sofern aus den weiteren Feststellungen des Bescheids für einen verständigen Empfänger zweifelsfrei erkennbar ist, dass zur Ermittlung der steuerpflichtigen Einkünfte unter Anwendung der §§ 3 Nr. 40, 3c Abs. 2 EStG ein zusätzlicher Rechenschritt notwendig ist (BFH v. 18.07.2012, X R 28/10, BStBl II 2013, 444). Bei **Sanierungsgewinnen** wird im Feststellungsverfahren verbindlich geregelt, ob die tatbestandlichen Voraussetzungen eines Sanierungsgewinnes vorliegen, das Wohnsitz-FA prüft, ob eine sachliche Billigkeitsmaßnahme (Stundung, Erlass) angezeigt ist.

#### a) Einkunftsart

Im Feststellungsbescheid muss über die Einkunftsart bindend entschieden werden. Eine Feststellung ist auch durchzuführen, wenn die Einkünfte aus der gemeinsamen Quelle bei den einzelnen Beteiligten unterschiedlichen Einkunftsarten zuzuordnen sind. Die Einkünfte der Beteiligten müssen nicht derselben Einkunftsart zuzuordnen sein. 16

Besonderheiten hinsichtlich der Feststellung der Einkunftsart ergeben sich, wenn Anteile an einer vermögensverwaltenden, nicht gewerblich geprägten Personengesellschaft von einzelnen Gesellschaftern im Betriebsvermögen gehalten werden (sog. **Zebragesellschaften**), z. B. weil es sich bei dem Beteiligten um eine Kapitalgesellschaft handelt, oder wenn ein Beteiligter an einer auch Grundstücke veräußernden, die sog. Drei-Objekt-Grenze aber selbst nicht überschreitenden Gesellschaft in seiner Person gewerblichen Grundstückshandel betreibt (BFH v. 18.04.2012, X R 34/10, BStBl II 2012, 647 m. w. N.). 17

Da in der einheitlichen und gesonderten Feststellung nur über die gemeinschaftlich verwirklichten Tatbestandsmerkmale entschieden wird (s. § 182 AO Rz. 2a), muss die verbindliche Entscheidung über die steuerliche Behandlung der Einkünfte eines betrieblich an einer vermögensverwaltenden Gesellschaft beteiligten Gesellschafters sowohl ihrer Art als auch ihrer Höhe nach durch das für die persönliche Besteuerung dieses Gesellschafters zuständige (Wohnsitz-)FA in der Steuerfestset- 18 zung des Beteiligten erfolgen. Die Feststellungswirkung gem. § 180 Abs. 1 Satz 1 Nr. 2 Buchst. a AO hat lediglich eine begrenzte verfahrensrechtliche Reichweite und bezieht sich stets nur auf die gemeinschaftlich verwirklichten Tatbestandsmerkmale, nicht aber auf solche außerhalb der Beteiligung im Bereich der persönlichen Einkünfteerzielung. Diese Tatbestandsmerkmale treten vielmehr zu den verbindlich festgestellten Besteuerungsgrundlagen im Bereich der persönlichen Tatbestandsverwirklichung des Gesellschafters hinzu und gehören nicht in den Regelungsbereich des Grundlagenbescheids, sondern in jenen des Folgebescheids (BFH v. 11.04.2005, GrS 2/02, BStBl II 2005, 679 m. w. N. und mit Übersicht und Darstellung der Ansichten; BFH v. 18.04.2012, X R 34/10, BStBl II 2012, 647; kritisch *Brandis* in Tipke/Kruse, § 180 AO Rz. 57 m. w. N.). Die Entscheidung über Art und Höhe der betreffenden Einkünfte, die von außerhalb der Gesellschaft verwirklichten Tatbestandsmerkmalen abhängig sind, muss deswegen auf der Ebene des Gesellschafters erfolgen.

Zunächst sind daher auf der Ebene der Gesellschaft die Einkünfte für alle Gesellschafter grds. als Überschusseinkünfte zu ermitteln, zu qualifizieren und festzustellen. Das gilt auch, wenn sämtliche Gesellschaftsanteile im Betriebsvermögen gehalten werden, es sei denn, dass die Personengesellschaft von sich aus betriebliche Einkünfte erklärt und durch Betriebsvermögensvergleich ermittelt hat. Auf der Ebene der Gesellschafter sind die anteiligen Einkünfte des betrieblich beteiligten Gesellschafters in betriebliche Einkünfte umzurechnen und umzuqualifizieren (vgl. dazu schon BMF v. 20.04.1994, IV B 2 – S 2241 – 9/84, IV A 4 – S 0361 – 11/94, BStBl I 1994, 282). Dabei hat er grundsätzlich alle Wirtschaftsgüter der Personengesellschaft anteilig im Rahmen seines eigenen Buchführungswerkes zu erfassen und den Gewinnanteil, der sich für ihn aus den einzelnen Geschäftsvorfällen ergibt, nach den Grundsätzen der Gewinnermittlung gem. §§ 4 Abs. 1, 5 EStG zu berechnen und anzusetzen.

**19** Entsprechendes gilt in ähnlich gelagerten Fällen. Verwirklicht z. B. der an einer vermögensverwaltenden GbR betrieblich Beteiligte außerhalb der Beteiligung zugleich die Voraussetzungen des § 15 Abs. 1 Satz 1 Nr. 2 EStG, so treten diese Tatbestandsmerkmale zu den gemeinschaftlich erfüllten und verbindlich festgestellten Besteuerungsgrundlagen hinzu und gehören deshalb nicht in den Regelungsbereich des Grundlagenbescheids, sondern in den des Folgebescheids, wo die Umqualifizierung zu erfolgen hat (BFH v. 09.10.2008, IX R 72/07, BStBl II 2009, 231). Der im Feststellungsbescheid als Veräußerungsgewinn ausgewiesene Gewinn aus der Veräußerung eines Anteils an einer grundbesitzenden Personengesellschaft ist ggfs. in einen laufenden Gewinn im Rahmen eines vom Stpfl. betriebenen gewerblichen Grundstückshandels umzuqualifizieren (BFH v. 18.04.2012, X R 34/10, BStBl II 2012, 647 m. w. N.; OFD Frankfurt/M. v. 05.03.2012, DB 2012, 1179).

vorläufig frei **20-21**

### b) Einkünfte und ihre Höhe

Festgestellt werden müssen die **gemeinschaftlich erzielten Einkünfte und ihre Höhe.** Dazu gehören auch solche aus dem Gemeinschaftsverhältnis resultierenden Feststellungen, die für die steuerrechtliche Behandlung der Einkünfte im Festsetzungsverfahren erheblich sind, wie z. B. die Frage, ob es sich um laufende Gewinne oder um Veräußerungsgewinne i. S. der § 14, § 14 a Abs. 1, § 16, § 18 Abs. 3 EStG handelt, sowie der Umfang der Beteiligung des Gesellschafters am Freibetrag, nicht aber auch die Höhe des Freibetrags nach § 14 a Abs. 4 EStG oder § 16 Abs. 4 EStG, über die wegen der persönlichen Voraussetzungen im Festsetzungsverfahren des Beteiligten zu entscheiden ist (BFH v. 17.12.2014, IV R 57/11, BStBl II 2015, 536 m. w. N.; BFH v. 09.06.2015, X R 6/13, BStBl II 2016, 216; *Brandis* in Tipke/Kruse, § 180 AO Rz. 58 m. w. N.; zur Feststellung der Qualifikation des Gewinns als Bestandteil der außerordentlichen Einkünfte i. S. des § 34 Abs. 2 Nr. 1 EStG s. Rz. 27), ferner **Vergütungen an einen ehemaligen Gesellschafter** oder dessen Rechtsnachfolger i. S. des § 15 Abs. 1 Satz 1 Nr. 2 EStG i. V. m. § 15 Abs. 1 Satz 2 EStG, die als nachträgliche Einkünfte (Versorgungsbezüge) nach § 24 Nr. 2 EStG bezogen werden (BFH v. 25.01.1994, VIII B 111/93, BStBl II 1994, 455; a. A. m. E. zu Recht *Söhn* in HHSp, § 180 AO Rz. 169 hinsichtlich der Einbeziehung der Witwe, die nicht Gesellschafterin ist), nicht jedoch **nachträgliche Betriebseinnahmen**, die dem ausgeschiedenen Gesellschafter als **Entgelt des gewinn- oder umsatzabhängigen Kaufpreises** gezahlt werden (BFH v. 14.05.2002, VIII R 8/01, BStBl II 2002, 532). **Nachträgliche Betriebsausgaben** sind in die gesonderte und einheitliche Gewinnfeststellung einzubeziehen, wenn die Leistungen aufgrund des fortwirkenden Gemeinschaftsverhältnisses entsprechend dem bisherigen Gewinnverteilungsschlüssel gemeinsam erbracht werden, wie z. B. bei Tilgung von Bankverbindlichkeiten einer vollbeendeten Gesellschaft durch deren frühere Gesellschafter (BFH v. 13.02.1996, VIII R 18/92, BStBl II 1996, 291). Wegen der ggfs. auf der Gesellschafterebene erforderlichen Ermittlung der Höhe der für eine vermögensverwaltende Personengesellschaft festgestellten Einkünfte, wenn der Gesellschafter seine Anteile im Betriebsvermögen hält, s. Rz. 19. **22**

In die Feststellung sind ferner einzubeziehen u. a. **Sonderbetriebseinnahmen oder -ausgaben oder Sonderwerbungskosten,** die von dem einzelnen Mitunternehmer oder Beteiligten persönlich getragen wurden (h. M.; BFH v. 03.07.1997, IV R 31/96, BStBl II 1997, 690 m. w. N.; *Frotscher* in Schwarz/Pahlke, § 180 AO Rz. 56; AEAO zu § 180, Nr. 1 Abs. 1 Satz 2), auch wenn sie Aufwendungen **23** gegenüber einem typisch stillen Unterbeteiligten betreffen (BFH v. 09.11.1988, I R 191/84, BStBl II 1989, 343). Ein entgegenstehendes Geheimhaltungsinteresse ist unbeachtlich, zumal sich die Sonderbetriebseinnahmen und -ausgaben bei der GewSt auswirken und deshalb in dem der Gesellschaft bekannt zu gebenden GewSt-Messbescheid zu berücksichtigen sind (BFH v. 11.09.1991, XI R 35/90, BStBl II 1992, 4; *Frotscher* in Schwarz/Pahlke, § 180 AO Rz. 56a; a. A. *Kunz* in Gosch, § 180 AO Rz. 49; *Brandis* in Tipke/Kruse, § 180 AO Rz. 60 – 63; *Söhn* in HHSp, § 180 AO Rz. 244 ff. als Verstoß gegen das Übermaßverbot). Die unterbliebene Feststellung derartiger Besteuerungsgrundlagen kann nicht durch Ergänzungsbescheid nachgeholt werden (AEAO zu § 179, Nr. 2 Abs. 3), eine Nachholung des Sonderbetriebsausgabenabzugs im Veranlagungsverfahren des Beteiligten ist nicht zulässig (AEAO zu § 179, Nr. 5 Satz 2).

24 Zur gesonderten **Feststellung von negativen Einkünften aus Verlustzuweisungsgesellschaften** und zur einkommen- und körpersteuerrechtlichen Berücksichtigung von negativen Einkünften aus einer Beteiligung an einer solchen Gesellschaft s. BMF v. 13.07.1992 (BStBl I 1992, 404 ff.), geändert durch BMF v. 28.06.1994 (BStBl I 1994, 420 f.).

### c) Feststellung von Steuerpflicht, Steuerbefreiung, Steuervergünstigung u. Ä.

25 In der Feststellung ist auch zu entscheiden über die Steuerpflicht oder Steuerbefreiung der Einkünfte sowie über Steuervergünstigungen, die ihren Grund in dem Betrieb der Mitunternehmerschaft haben; über die Höhe der Vergünstigung ist im Feststellungsverfahren nur zu entscheiden, wenn sie sich ausschließlich aus Faktoren ergibt, die auf der Ebene der Gesellschaft verwirklicht wurden. Nicht steuerbare Einkünfte (z. B. bei fehlender Gewinn- bzw. Überschusserzielungsabsicht) oder steuerbefreite Einkünfte (Ausnahme nach DBA steuerfreie Einkünfte, s. Rz. 26) sind nicht Gegenstand der Feststellung (BFH v. 24.07.2013, I R 57/11, BStBl II 2016, 633 m. w. N.; *Brandis* in Tipke/Kruse, § 180 AO Rz. 56 m. w. N.), es sei denn, die Nichtsteuerbarkeit einer gemeinschaftlichen Betätigung wird verneint (s. § 179 AO Rz. 13).

26 Festzustellen sind danach u. a. Einkünfte aus Forstwirtschaft i. S. des § 34b EStG, ausländische Einkünfte aus dem Betrieb von Seehandelsschiffen i. S. des § 5a EStG (»Tonnagesteuer«), Vorliegen pauschalversteuerter ausländischer Einkünfte nach § 34c Abs. 5 EStG, Entschädigungen nach § 24 EStG (BFH v. 21.10.1959, VII 31/59 U, BStBl III 1960, 23), Zulässigkeit einer Rücklage nach § 6b EStG im Zusammenhang mit dem Ausscheiden eines Beteiligten (BFH v. 25.07.1979, I R 175/76, BStBl II 1980, 43), die Anwendung des § 2a Abs. 3 EStG und der Anrechnungsmethode bei ausländischen Einkünften, die nach einem DBA steuerfrei sind (BFH v. 18.12.1989, IV B 37/89, BFH/NV 1990, 570), die Feststellung, dass gewerbliche Tierhaltung gem. § 15 Abs. 4 EStG vorliegt (BFH v. 14.08.1985, I R 130/82, BStBl II 1986, 146), die Anwendung des § 2b EStG auf die festgestellten Einkünfte, der Gewinn gem. § 23 Abs. 1 Nr. 1 EStG aus der Veräußerung eines gemeinsamen Grundstücks (OFD Koblenz v. 28.08.2001, DB 2001, 2374), die Anrechnung ausländischer Steuern auf die deutsche ESt nach § 34c Abs. 1 EStG, nach § 34c Abs. 2 und 3 EStG, GewSt-Messbetrag, die tatsächlich zu zahlende GewSt und die Aufteilung nach § 35 Abs. 2 EStG (BMF v. 24.02.2009, IV C 6 – S 2296 – a/08/10002, BStBl I 2009, 440), die dem Halbeinkünfteverfahren (§§ 3 Nr. 40, 3c EStG) und § 8b KStG unterliegenden Einkünfte (ab 2004 nach der Bruttomethode), die von § 8a Abs. 5 KStG erfassten Vergütungen für Fremdkapital (BMF v. 15.07.2004, IV A 2 – S 2742 a – 20/04, Tz. 51, BStBl I 2004, 593), verdeckte Gewinnausschüttungen der Komplementär-GmbH im Rahmen des einheitlichen Gewinnfeststellungsverfahrens der KG (BFH v. 24.03.1998, I R 79/97, BStBl II 1998, 578).

### 4. Mit den Einkünften zusammenhängende andere Besteuerungsgrundlagen

Einheitlich und gesondert sind auch festzustellen andere mit den Einkünften in Zusammenhang stehende Besteuerungsgrundlagen. Dazu gehören solche Besteuerungsgrundlagen, die in rechtlichem, wirtschaftlichem oder tatsächlichem Zusammenhang mit den Einkünften stehen, aber sich bei der Ermittlung der gemeinschaftlich erzielten Einkünfte nicht auswirken, d. h. Aufwendungen, die aus Mitteln der Gesellschaft geleistet wurden und für die Beteiligten steuerlich von Bedeutung sind, z. B. Sonderausgaben wie Spenden oder aus Mitteln der Gesellschaft geleistete dauernde Lasten (AEAO zu § 180, Nr. 1 Abs. 2; Aufzählung s. *Helmschrott/Eberhard*, DStR 94, 525 ff.). Eine andere Besteuerungsgrundlage i. S. des § 180 Abs. 1 Nr. 2 Buchst. a AO sind z. B. die Feststellung des Gewinns, den ein Gesellschafter aus der Veräußerung seines Mitunternehmeranteils erzielt (BFH v. 08.06.2017, IV R 6/14, BStBl II 2017, 1053), die Feststellung des Zeitpunkts, bis zu dem der ausgeschiedene Mitunternehmer beteiligt war (BFH v. 18.08.2010, X R 8/07, BStBl II 2010, 1043 m. w. N.), die Feststellung der Gewinnhinzurechnung nach § 15a Abs. 3 Satz 1 EStG (BFH v. 20.11.2014, IV R 47/11, BStBl II 2015, 532 m. w. N.) oder die Feststellung, dass ein bestimmter Betrag der festgestellten Einkünfte der Personengesellschaft als außerordentliche Einkünfte i. S. des § 34 EStG zu qualifizieren ist, nicht aber die im Veranlagungsverfahren zu treffende Entscheidung, ob ein Beteiligter weitere persönliche Merkmale erfüllt, die Voraussetzung für die Gewährung der Tarifbegünstigung sind (BFH v. 17.12.2014, IV R 57/11, BStBl II 2015, 536; BFH v. 08.06.2017, IV R 6/14, BStBl 27

II 2017, 1053 m.w.N.), oder der Hinzurechnungstatbestand nach § 2a Abs. 4 EStG (BFH v. 24.07.2013, I R 57/11, BStBl II 2016, 633; s. Rz. 80). Die gesonderte Feststellung dieser Besteuerungsgrundlagen soll im Wege eines Ergänzungsbescheids gem. § 179 Abs. 3 AO nachgeholt werden können, wenn sie bei Erlass des Feststellungsbescheids nicht berücksichtigt wurden (AEAO zu § 180, Nr. 1 Abs. 2 Satz 3); dies ist m. E. unzutreffend, weil damit in den materiellen Bestand des Feststellungsbescheids eingegriffen wird (*von Wedelstädt*, BuW 2000, 575, 584).

### 5. Entscheidung im Hinblick auf Zinsanspruch

27a In Entsprechung zu den Besteuerungsgrundlagen gem. §§ 179 Abs. 1 Satz 1, 180 Abs. 1 Satz 1 Nr. 2 Buchst. a AO hat der BFH in st. Rspr. abgeleitet, dass über die Frage, ob und in welchem Umfang Steuernachforderungen auf Hinterziehungshandlungen beruhen und somit tatbestandlich den Zinsanspruch des § 235 AO auslösen, im Verfahren der einheitlichen und gesonderten Feststellung zu entscheiden ist (BFH v. 19.03.2009, IV R 20/08, BStBl II 2010, 528 m.w.N.). Wegen des Zinslaufs gem. § 233a Abs. 2a AO gebietet es der Zweck des Feststellungsverfahrens, die Gleichmäßigkeit der Abgabenerhebung sicherzustellen, die Entscheidung darüber, ob die Änderung eines Gewinnfeststellungsbescheids auf einem rückwirkenden Ereignis i.S. von § 175 Abs. 1 Satz 1 Nr. 2 AO und damit zugleich auch auf einem rückwirkenden Ereignis i.S. von § 233a AO beruht, gegenüber allen Feststellungsbeteiligten mit bindender Wirkung einheitlich zu treffen (BFH v. 19.03.2009, IV R 20/08, BStBl II 2010, 528 m.w.N.; AEAO zu § 233a, Nr. 74).

### 6. Feststellungszeitraum

28 Die einheitliche und gesonderte Gewinnfeststellung ist grundsätzlich für den ganzen Besteuerungszeitraum (Kalenderjahr, § 2 Abs. 7 EStG) durchzuführen, und zwar auch dann, wenn aus einer mehrgliedrigen Personengesellschaft ein Gesellschafter während des Besteuerungszeitraums ausscheidet (h.M.; BFH v. 14.03.1996, IV R 86/94, BStBl II 1996, 469), und sei es auch am ersten Tag des Wirtschaftsjahrs (BFH v. 29.04.1993, IV R 107/92, BStBl II 1996, 666). Enden in einem Besteuerungszeitraum mehrere Wirtschaftsjahre (s. § 4a Abs. 2 Nr. 2 EStG), so bleibt der Feststellungszeitraum (Kalenderjahr) davon unberührt mit der Folge, dass dann auch im Feststellungsbescheid der zusammengefasste Gewinn dieser Wirtschaftsjahre zu erfassen ist, selbst wenn sich hieraus ein Gewinnermittlungszeitraum von mehr als zwölf Monaten ergibt. Scheidet ein Mitunternehmer aus einer Mitunternehmerschaft mit abweichendem Wirtschaftsjahr aus, ist der Gewinn in dem Kalenderjahr des Ausscheidens gezogen; § 4a Abs. 2 Nr. 2 EStG ist auf den ausscheidenden Mitunternehmer nicht anwendbar (BFH v. 18.08.2010, X R 8/07, BStBl II 2010, 1043).

## D. Gesonderte Feststellung nach § 180 Abs. 1 Satz 1 Nr. 2 Buchst. b AO

Die Regelung folgt der größeren Sachkenntnis des Betriebs-FA aufgrund der Betriebsnähe. Nach § 180 Abs. 1 Satz 1 Nr. 2 Buchst. b AO werden die Einkünfte aus Land- und Forstwirtschaft, Gewerbebetrieb oder einer freiberuflichen Tätigkeit gesondert festgestellt, wenn nach den Verhältnissen zum Schluss des Gewinnermittlungszeitraums das für die gesonderte Feststellung zuständige FA (§ 18 Abs. 1 Nr. 1 bis 3 AO i.V.m. § 26 AO) nicht auch für die Steuern vom Einkommen zuständig ist (§ 19 AO) und an den Einkünften nicht mehrere Personen beteiligt sind. Spätere Änderungen dieser Verhältnisse sind irrelevant. Eine gesonderte Feststellung nach § 180 Abs. 1 Satz 1 Nr. 2 Buchst. b AO ist daher auch dann durchzuführen, wenn nach Ablauf des Gewinnermittlungszeitraums der Betrieb in den Bezirk des Wohnsitz-FA oder der Wohnsitz in den Bezirk des Betriebs-FA verlegt wird (AEAO zu § 180, Nr. 2.1 Abs. 2). Für Feststellungszeiträume, die nach dem 31.12.2014 beginnen, richtet sich bei Änderung der für die örtliche Zuständigkeit maßgeblichen Verhältnisse nach Schluss des Gewinnermittlungszeitraums die örtliche Zuständigkeit auch für Feststellungszeiträume, die vor Änderung der maßgeblichen Verhältnisse liegen, nach § 18 Abs. 1 Nr. 1 bis 3 AO i.V.m. § 26 AO (§ 180 Abs. 1 Satz 2 AO). Die aktuellen örtlichen Verhältnisse sollen damit auch für Feststellungszeiträume vor dem Ortswechsel maßgebend sein (BT-Drs. 18/03017, 40; AEAO zu § 180, Nr. 2.1 Abs. 3). Das Auseinanderfallen der örtlichen Zuständigkeit für die gesonderte Feststellung und die Festsetzung der ESt ist für die gesonderte Feststellung nach § 180 Abs. 1 Satz 1 Nr. 2 Buchst. b AO Tatbestandsvoraussetzung (BFH v. 16.11.2006, XI B 156/05, BFH/NV 2007, 401 m.w.N.; *Kunz* in Gosch, § 180 AO Rz. 64). Die Anwendung von § 127 AO scheidet aus. Eine abweichende Zuständigkeitsvereinbarung zwischen Wohnsitz- und Betriebs-FA mit Wirkung für § 180 Abs. 1 Satz 1 Nr. 2 Buchst. b AO ist unzulässig (*Kunz* in Gosch, § 180 AO Rz. 65; s. § 27 AO Rz. 1). Ein Bescheid über die gesonderte Feststellung von Besteuerungsgrundlagen, der unter Verletzung der in § 180 Abs. 1 Satz 1 Nr. 2 Buchst. b AO herangezogenen Vorschriften über die örtliche Zuständigkeit ergangen ist, muss aufgehoben werden, da die Verletzung der §§ 18, 19 AO in der gem. § 180 Abs. 1 Satz 1 Nr. 2 Buchst. b AO getroffenen Zuordnung ein nicht heilbarer Rechtsfehler ist (BFH v. 10.06.1999, IV R 69/98, BStBl II 1999, 691; AEAO zu § 127, Nr. 3 Satz 2). Ermittelt das Wohnsitz-FA entgegen der Regelung des § 180 Abs. 1 Satz 1 Nr. 2 Buchst. b AO die an sich gesondert festzustellenden Einkünfte des Stpfl., ist der Steuerbescheid rechtswidrig; dies ist weder nach § 127 AO unbeachtlich noch nach § 155 Abs. 2 AO heilbar (*Kunz* in Gosch, § 180 AO Rz. 65 m. w. N.). Ein Feststellungsverfahren nach § 180 Abs. 1 Satz 1 Nr. 2 Buchst. b AO ist auch durchzuführen, wenn das Vorliegen der Tatbestandsmäßigkeit behauptet wird oder aufgrund des (ggf. streitigen) Sachverhalts möglich erscheint (BFH v. 19.08.2013, X B 16, 17/13, BFH/NV 2013, 1763). – Ein Feststellungsbescheid, bei dem im Zeitpunkt seines Erlasses die Voraussetzungen für eine gesonderte Gewinnfeststellung nach § 180 Abs. 1 Satz 1 Nr. 2 Buchst. b AO nicht vorgelegen haben, ist bindend (BFH v. 09.06.2000, X B 104/99, BFH/NV 2001, 1).

In den Fällen des § 19 Abs. 3 und 4 AO (sog. **Großstadtfälle**) ist keine gesonderte Feststellung vorzunehmen, weil das Betriebs-, Lage- oder Tätigkeitsfinanzamt auch für die Einkommensbesteuerung zuständig ist (s. § 19 AO Rz. 5 und 8).

29a Einkünfte aus **freiberuflicher Tätigkeit** sind nur solche nach § 18 Abs. 1 Nr. 1 EStG, nicht die übrigen Einkünfte aus selbstständiger Arbeit (AEAO zu § 180, Nr. 2.2). Bei freiberuflichen Einkünften muss der Stpfl. seine freiberufliche Tätigkeit vorwiegend von dem Bezirk eines FA ausüben, das nicht auch für seine Steuern vom Einkommen (§ 19 AO) zuständig ist (§ 18 Abs. 1 Nr. 3 AO). Übt ein Stpfl. seine freiberufliche Tätigkeit in mehreren Gemeinden aus, ist für die dadurch erzielten Einkünfte nur eine gesonderte Feststellung durchzuführen; zuständig ist das FA, von dessen Bezirk aus die freiberufliche Tätigkeit vorwiegend ausgeübt wird, d. h. in dessen Bezirk der Schwerpunkt der Berufstätigkeit liegt. Ist dieses FA zugleich das Wohnsitz-FA, so bedarf es für die außerhalb der Wohnsitzgemeinde erzielten Einkünfte keiner gesonderten Feststellung (BFH v. 16.11.2006, XI B 156/05, BFH/NV 2007, 401 m. w. N.). Lässt sich kein Ort feststellen, von dem aus der Stpfl. seine Tätigkeit vorwiegend betreibt, regelt § 18 Abs. 1 Nr. 3 AO keine Zuständigkeit für die gesonderte Gewinnfeststellung für diese Tätigkeit; eine gesonderte Gewinnfeststellung ist dann unzulässig (BFH v. 17.12.2003, XI R 13/01, BFH/NV 2004, 909 m. w. N.).

30 Maßgeblich für die Durchführung der gesonderten Feststellung nach § 180 Abs. 1 Satz Nr. 2 Buchst. b AO ist, dass die örtliche Zuständigkeit von Betriebs-FA und Wohnsitz-FA zum **Schluss des Gewinnermittlungszeitraums** auseinanderfallen. Spätere Änderungen der die Zuständigkeit nach § 180 Abs. 1 Satz 1 Nr. 2 Buchst. b AO bestimmenden Verhältnisse wie z. B. Verlagerung des Wohnsitzes in den Bereich des Betriebs-FA oder des Betriebs in den Bereich des Wohnsitz-FA oder die Betriebsaufgabe sind unerheblich (*Kunz* in Gosch, § 180 AO Rz. 64; AEAO zu § 180, Nr. 2.1). Das bedeutet auch, dass eine gesonderte Feststellung für 01 durchzuführen ist, wenn der Stpfl. nach dem Schluss des Gewinnermittlungszeitraums in 02 seinen Wohnsitz in den Bezirk des FA seines Betriebes verlegt und somit Wohnsitz- und Betriebstätten-FA zusammenfallen. Verlegt der Stpfl. nach Schluss des Gewinnermittlungszeitraums 01 seinen Wohnsitz aus dem Bezirk des FA A, in dessen Bezirk bisher Wohnsitz und Betriebstätte lagen, in den Bezirk eines anderen FA (B), ist keine gesonderte Feststellung durchzuführen. Zuständig ist ungeachtet des § 26 Satz 2 AO wegen der Betriebsnähe das FA A (*Kunz* in Gosch, § 180 AO Rz. 64).

## E. Gesonderte Feststellung nach § 180 Abs. 1 Satz 1 Nr. 3 AO

Die Regelung ordnet die gesonderte und einheitliche Feststellung des Werts der vermögensteuerpflichtigen Wirtschaftsgüter und des Werts der Schulden und sonstigen Abzüge, wenn diese mehreren Personen zuzurechnen sind an; das umfasst notwendig die Entscheidung über die Höhe der Anteile. Da Vermögensteuer ab dem 01.01.1997 nicht mehr erhoben wird, ist die Vorschrift nur noch für die Vergangenheit von Bedeutung. 31

## F. § 180 Abs. 2 AO und Feststellungen nach der V zu § 180 Abs. 2 AO

### I. Bedeutung der Regelungen

§ 180 Abs. 2 AO ermächtigt zum Erlass einer Verordnung für die einheitliche und gesonderte Feststellung von Besteuerungsgrundlagen, soweit diese nicht nach anderen Vorschriften zu erfolgen hat. Die Ermächtigung ist wirksam (*Söhn* in HHSp, § 180 AO Rz. 497; *Brandis* in Tipke/Kruse, § 180 AO Rz. 80 m. w. N.; a. A. *Streck/Mack*, DStR 87, 707), denn sie bestimmt Inhalt, Zweck und Ausmaß in einer den Anforderungen des Art. 80 Abs. 1 GG genügenden Weise. Zweck ist die Sicherstellung einheitlicher Rechtsanwendung bei gleichen Sachverhalten und die Erleichterung des Besteuerungsverfahrens. Inhalt und Ausmaß ergeben sich aus § 180 Abs. 2 Satz 2 und 3 AO, wenngleich Gegenstand und Umfang der Feststellung nicht genannt sind. Diese sind jedoch durch den Zweck der Ermächtigung sowie die Entstehungsgeschichte hinreichend verdeutlicht. 32

Auf dieser Ermächtigung beruht die »Verordnung über die gesonderte Feststellung von Besteuerungsgrundlagen nach § 180 Abs. 2 der Abgabenordnung (V zu § 180 Abs. 2 AO)« v. 19.12.1986 (BGBl I 1986, 2663, BStBl I 1987, 2, zuletzt geändert durch Dritte Verordnung zur Änderung steuerlicher Verordnungen v. 18.07.2016, BGBl I 2016, 1722). 33

## II. Text der V zu § 180 Abs. 2 AO

34 **§ 1 Gegenstand, Umfang und Voraussetzungen der Feststellung**

(1) Besteuerungsgrundlagen, insbes. einkommensteuerpflichtige oder körperschaftsteuerpflichtige Einkünfte, können ganz oder teilweise gesondert festgestellt werden, wenn der Einkunftserzielung dienende Wirtschaftsgüter, Anlagen oder Einrichtungen

1. von mehreren Personen betrieben, genutzt oder gehalten werden oder
2. mehreren Personen getrennt zuzurechnen sind, die bei der Planung, Herstellung, Erhaltung oder dem Erwerb dieser Wirtschaftsgüter, Anlagen oder Einrichtungen gleichartige Rechtsbeziehungen zu Dritten hergestellt oder unterhalten haben (Gesamtobjekt).

Satz 1 Nummer 2 gilt entsprechend bei Wohneigentum, das nicht der Einkunftserzielung dient, und bei Mietwohngebäuden, wenn die Feststellung für die Besteuerung von Bedeutung ist.

(2) Absatz 1 gilt für die Umsatzsteuer nur, wenn mehrere Unternehmer im Rahmen eines Gesamtobjekts Umsätze ausführen oder empfangen.

(3) Die Feststellung ist gegenüber den in Absatz 1 genannten Personen einheitlich vorzunehmen. Sie kann auf bestimmte Personen beschränkt werden.

**§ 2 Örtliche Zuständigkeit**

(1) Für Feststellungen in den Fällen des § 1 Abs. 1 Satz 1 Nr. 1 richtet sich die örtliche Zuständigkeit nach § 18 Abs. 1 Nr. 2 der Abgabenordnung. Die Wirtschaftsgüter, Anlagen oder Einrichtungen gelten als gewerblicher Betrieb im Sinne dieser Vorschrift.

(2) Für Feststellungen in den Fällen des § 1 Abs. 1 Satz 1 Nr. 2 ist das Finanzamt zuständig, das nach § 19 oder § 20 der Abgabenordnung für die Steuern vom Einkommen und Vermögen des Erklärungspflichtigen zuständig ist.

(3) Feststellungen nach § 1 Abs. 2 hat das für die Feststellungen nach § 1 Abs. 1 Satz 1 Nr. 2 zuständige Finanzamt zu treffen.

(4) § 18 Abs. 2 der Abgabenordnung gilt entsprechend.

**§ 3 Erklärungspflicht**

(1) Eine Erklärung zur gesonderten Feststellung der Besteuerungsgrundlagen haben nach Aufforderung durch die Finanzbehörde abzugeben:

1. in den Fällen des § 1 Abs. 1 Satz 1 Nr. 1 die Personen, die im Feststellungszeitraum die Wirtschaftsgüter, Anlagen oder Einrichtungen betrieben, genutzt oder gehalten haben,
2. in den Fällen des § 1 Abs. 1 Satz 1 Nr. 2 die Personen, die bei der Planung, Herstellung, Erhaltung, dem Erwerb, der Betreuung, Geschäftsführung oder Verwaltung des Gesamtobjektes für die Feststellungsbeteiligten handeln oder im Feststellungszeitraum gehandelt haben; dies gilt in den Fällen des § 1 Abs. 2 entsprechend.

§ 34 der Abgabenordnung bleibt unberührt.

(2) Die Erklärung ist nach amtlich vorgeschriebenem Vordruck abzugeben und von der zur Abgabe verpflichteten Person eigenhändig zu unterschreiben. Name und Anschrift der Feststellungsbeteiligten sind anzugeben. Der Erklärung ist eine Ermittlung der Besteuerungsgrundlagen beizufügen. Ist Besteuerungsgrundlage ein nach § 4 Abs. 1 oder § 5 des Einkommensteuergesetzes zu ermittelnder Gewinn, gilt § 5 b des Einkommensteuergesetzes entsprechend; die Beifügung der in Satz 3 genannten Unterlagen kann in den Fällen des § 5 b Abs. 1 des Einkommensteuergesetzes unterbleiben.

(3) Die Finanzbehörde kann entsprechend der vorgesehenen Feststellung den Umfang der Erklärung und die zum Nachweis erforderlichen Unterlagen bestimmen.

(4) Hat ein Erklärungspflichtiger eine Erklärung zur gesonderten Feststellung der Besteuerungsgrundlagen abgegeben, sind andere Erklärungspflichtige insoweit von der Erklärungspflicht befreit.

**§ 4 Einleitung des Feststellungsverfahrens**

Die Finanzbehörde entscheidet nach pflichtgemäßem Ermessen, ob und in welchem Umfang sie ein Feststellungsverfahren durchführt. Hält sie eine gesonderte Feststellung nicht für erforderlich, insbesondere weil das Feststellungsverfahren nicht der einheitlichen Rechtsanwendung und auch nicht der Erleichterung des Besteuerungsverfahrens dient, kann sie dies durch Bescheid feststellen. Der Bescheid gilt als Steuerbescheid.

**§ 5 Verfahrensbeteiligte**

Als an dem Feststellungsverfahren Beteiligte gelten neben den Beteiligten nach § 78 der Abgabenordnung auch die in § 3 Abs. 1 Nr. 2 genannten Personen.

**§ 6 Bekanntgabe**

(1) Die am Gegenstand der Feststellung beteiligten Personen sollen einen gemeinsamen Empfangsbevollmächtigten bestellen, der ermächtigt ist, für sie alle Verwaltungsakte und Mitteilungen in Empfang zu nehmen, die mit dem Feststellungsverfahren und dem anschließenden Verfahren über einen außergerichtlichen Rechtsbehelf zusammenhängen. Ein Widerruf der Empfangsvollmacht wird der Finanzbehörde gegenüber erst wirksam, wenn er ihr zugeht. Ist ein Empfangsbevollmächtigter nicht bestellt, kann die Finanzbehörde die Beteiligten auffordern, innerhalb einer angemessenen Frist einen Empfangsbevollmächtigten zu benennen. Hierbei ist ein Beteiligter vorzuschlagen und darauf hinzuweisen, dass diesem die in Satz 1 genannten Verwaltungsakte und Mitteilungen mit Wirkung für und gegen alle Beteiligten bekannt gegeben werden, soweit nicht ein anderer Empfangsbevollmächtigter benannt wird. Bei der Bekanntgabe an den Empfangsbevollmächtigten ist darauf hinzuweisen, dass die Bekanntgabe mit Wirkung für und gegen alle Feststellungsbeteiligten erfolgt.

(2) Der Feststellungsbescheid ist auch den in § 3 Abs. 1 Nr. 2 genannten Personen bekannt zu geben, wenn sie die Erklärung abgegeben haben, aber nicht zum Empfangsbevollmächtigten bestellt sind.

(3) Absatz 1 Sätze 3 und 4 ist insoweit nicht anzuwenden, als der Finanzbehörde bekannt ist, dass zwischen Feststellungsbeteiligten und dem Empfangsbevollmächtigten ernstliche Meinungsverschiedenheiten bestehen.

(4) Ist Einzelbekanntgabe erforderlich, sind dem Beteiligten nur die ihn betreffenden Besteuerungsgrundlagen bekannt zu geben.

**§ 7 Außenprüfung**

(1) Eine Außenprüfung zur Ermittlung der Besteuerungsgrundlagen ist bei jedem Verfahrensbeteiligten zulässig.

(2) Die Prüfungsanordnung ist dem Verfahrensbeteiligten bekannt zu geben, bei dem die Außenprüfung durchgeführt werden soll.

**§ 8 Feststellungsgegenstand beim Übergang zur Liebhaberei**

Dient ein Betrieb von einem bestimmten Zeitpunkt an nicht mehr der Erzielung von Einkünften im Sinne des § 2 Abs. 1 Nr. 1 bis 3 des Einkommensteuergesetzes und liegt deshalb ein Übergang zur Liebhaberei vor, so ist auf diesen Zeitpunkt unabhängig von der Gewinnermittlungsart für jedes Wirtschaftsgut des Anlagevermögens der Unterschiedsbetrag zwischen dem gemeinen Wert und dem Wert, der nach § 4 Abs. 1 oder nach § 5 des Einkommensteuergesetzes anzusetzen wäre, gesondert und bei mehreren Beteiligten einheitlich festzustellen.

**§ 9 Feststellungsgegenstand bei Einsatz von Versicherungen auf den Erlebens- oder Todesfall zu Finanzierungszwecken**

Das für die Besteuerung des Einkommens des Versicherungsnehmers zuständige Finanzamt stellt die Steuerpflicht der außerrechnungsmäßigen und rechnungsmäßigen Zinsen aus den in den Beiträgen zu Versicherungen auf den Erlebens- oder den Todesfall enthaltenen Sparanteilen (§ 20 Absatz 1 Nummer 6 in Verbindung mit § 10 Absatz 1 Nummer 2 Buchstabe b Doppelbuchstabe bb bis dd des Einkommensteuergesetzes in der am 31. Dezember 2004 geltenden Fassung) gesondert fest, wenn

1. die Ansprüche aus den Versicherungsverträgen während deren Dauer im Erlebensfall der Tilgung oder Sicherung eines Darlehens dienen, dessen Finanzierungskosten Betriebsausgaben oder Werbungskosten sind, und
2. nicht die Voraussetzungen für den Sonderausgabenabzug nach § 10 Absatz 2 Satz 2 Buchstabe a oder Buchstabe b des Einkommensteuergesetzes in der am 31. Dezember 2004 geltenden Fassung erfüllt sind oder soweit bei Versicherungsbeiträgen Zinsen in Veranlagungszeiträumen gutgeschrieben werden, in denen die Beiträge nach § 10 Absatz 2 Satz 2 Buchstabe c des Einkommensteuergesetzes in der am 31. Dezember 2004 geltenden Fassung nicht abgezogen werden können.

Versicherungen im Sinne des Satzes 1 sind solche, deren Versicherungsvertrag vor dem 1. Januar 2005 abgeschlossen worden ist.

***§ 10 Feststellungsverfahren bei steuerverstrickten Anteilen an Kapitalgesellschaften***

*(1) Es kann gesondert und bei mehreren Beteiligten einheitlich festgestellt werden,*

a) *ob und in welchem Umfang im Rahmen der Gründung einer Kapitalgesellschaft oder einer Kapitalerhöhung stille Reserven in Gesellschaftsanteilen, die der Besteuerung nach § 21 des Umwandlungssteuergesetzes oder § 17 des Einkommensteuergesetzes unterliegen (steuerverstrickte Anteile), auf andere Gesellschaftsanteile übergehen (mitverstrickte Anteile),*

b) *in welchem Umfang die Anschaffungskosten der steuerverstrickten Anteile den mitverstrickten Anteilen zuzurechnen sind,*

c) *wie hoch die Anschaffungskosten der steuerverstrickten Anteile nach dem Übergang stiller Reserven sowie der mitverstrickten Anteile im Übrigen sind.*

*Satz 1 gilt sinngemäß für die Feststellung, ob und inwieweit Anteile an Kapitalgesellschaften unentgeltlich auf andere Steuerpflichtige übertragen werden.*

*(2) Feststellungen nach Absatz 1 erfolgen durch das Finanzamt, das für die Besteuerung der Kapitalgesellschaft nach § 20 der Abgabenordnung zuständig ist. Die Inhaber der von Feststellungen nach Absatz 1 betroffenen Anteile haben eine Erklärung zur gesonderten Feststellung der Besteuerungsgrundlagen abzugeben, wenn sie durch die Finanzbehörde dazu aufgefordert werden. § 3 Abs. 2 bis 4, §§ 4, 6 Abs. 1, 3 und 4 und § 7 sind sinngemäß anzuwenden.*

**Anmerkung:** § 10 ist mit Wirkung vom 13.12.2006 durch SEStEG v. 07.12.2006, BGBl I 2006, 2782, 2806 aufgehoben worden, s. aber nachfolgend § 11 Satz 3.

**§ 11 Inkrafttreten, Anwendungsvorschriften**

Diese Verordnung tritt am Tage nach der Verkündung in Kraft. Sie tritt mit Wirkung vom 25. Dezember 1985 in Kraft, soweit einheitliche und gesonderte Feststellungen nach § 180 Abs. 2 der Abgabenordnung in der bis zum 24. Dezember 1985 geltenden Fassung zulässig waren. § 10 ist für Anteile, bei denen hinsichtlich des Gewinns aus der Veräußerung der Anteile die Steuerfreistellung nach § 8b Abs. 4 des Körperschaftsteuergesetzes in der am 12. Dezember 2006 geltenden Fassung oder nach § 3 Nr. 40 Satz 3 und 4 des Einkommensteuergesetzes in der am 12. Dezember 2006 geltenden Fassung ausgeschlossen ist, weiterhin anzuwenden. § 1 Absatz 1 Satz 2 in der am 23. Juli 2016 geltenden Fassung ist erstmals auf Feststellungszeiträume anzuwenden, die nach dem 31. Dezember 2015 beginnen; für Feststellungszeiträume, die vor dem 1. Januar 2016 geendet haben, ist § 1 Absatz 1

Satz 2 in der am 22. Juli 2016 geltenden Fassung weiterhin anzuwenden.

### III. Allgemeines

35 Die V zu § 180 Abs. 2 AO (im Folgenden: VO) hält sich im Rahmen der Ermächtigung (u. a. BFH v. 23.09.1992, X R 156/90, BStBl II 1993, 11 m. w. N.; *Kunz* in Gosch, § 180 AO Rz. 77; *Brandis* in Tipke/Kruse, § 180 AO Rz. 80 f. m. w. N.). Zwar entscheidet nach § 4 Satz 1 VO (s. auch § 1 Abs. 1 Satz 1, Abs. 3 Satz 2 VO) die Finanzbehörde nach pflichtgemäßem Ermessen, ob und in welchem Umfang sie ein Feststellungsverfahren durchführt. Darin liegt jedoch weder eine Überschreitung der dem Verordnungsgeber gesetzten Grenzen (s. auch § 180 Abs. 2 Satz 2 Nr. 2), noch werden die Befugnisse der Finanzbehörde über die Ermächtigung hinaus erweitert; denn die Ermessensausübung hat stets den Zweck der Ermächtigung, wie er in § 180 Abs. 2 Satz 1 AO beschrieben ist, zu berücksichtigen (s. auch § 4 Satz 2 VO). Zutreffend weist der BFH (BFH v. 01.12.1987, IX R 90/86, BStBl II 1988, 319) darauf hin, dass die Vielgestaltigkeit der für das gesonderte Feststellungsverfahren nach § 1 VO in Betracht kommenden Fallgruppen es rechtfertigt, den Finanzbehörden bei der Durchführung der gesonderten Feststellungen einen Ermessensspielraum einzuräumen.

36 Wegen **Einzelheiten zur Anwendung** der V zu § 180 Abs. 2 AO wird auch auf AEAO zu § 180, Nr. 3 und die dort zitierten BMF-Schreiben verwiesen.

### IV. Zu den einzelnen Regelungen

#### 1. Gegenstand, Umfang und Voraussetzungen (§ 1 VO)

37 Die gesonderte Feststellung soll sich zwar insbes. auf die Besteuerungsgrundlagen einkommensteuerpflichtiger oder körperschaftsteuerpflichtiger Einkünfte erstrecken, ist jedoch nicht darauf beschränkt, sondern kann auch (einzelne) tatsächliche und rechtliche Verhältnisse, die für die Steuerpflicht und die Steuerbemessung maßgeblich sind, betreffen.

38 Nach **§ 1 Abs. 1 Satz 1 Nr. 1 VO** können insbes. gesondert (und stets einheitlich, § 1 Abs. 3 Satz 1 VO) festgestellt werden die Einkünfte, Betriebsausgaben und -einnahmen, wenn der Einkunftserzielung dienende Wirtschaftsgüter, Anlagen oder Einrichtungen von mehreren Personen betrieben, genutzt oder gehalten werden. Das betrifft u. a. Apparate-, Büro-, Labor-, Maschinen- oder Praxisgemeinschaften, die der Einkunftserzielung dienende Anlagen oder Einrichtungen zur betrieblichen oder freiberuflichen Nutzung zur Verfügung stellen. Unter **Anlage** ist die Zusammenfassung mehrerer materieller Wirtschaftsgüter zu einer funktionalen Einheit, unter **Einrichtung** die Zusammenfassung materieller und immaterieller Wirtschaftsgüter zu einem einheitlichen Zweck zu verstehen (s. *Koenig* in Koenig, § 180 AO Rz. 51). Die Vorschrift setzt nicht voraus, dass gemeinschaftliche Einkünfte erzielt werden, sondern dass die Anlage bei den einzelnen Beteiligten zur Einkünfteerzielung eingesetzt wird (*Brandis* in Tipke/Kruse, § 180 AO Rz. 83). Die Feststellung ist ggf. Grundlagenbescheid für einen Beteiligten, bei dem die Einkünfte aus der Tätigkeit, der Betrieb, Nutzung und Haltung dient, gesondert festgestellt werden (BFH v. 10.06.1999, IV R 25/98, BStBl II 1999, 545).

Nach **§ 1 Abs. 1 Satz 1 Nr. 2 VO** können Besteuerungs- 39
grundlagen aus einem der Einkunftserzielung dienenden »Gesamtobjekt« einheitlich und gesondert festgestellt werden. Hierunter fallen in erster Linie Bauherren- und Erwerbermodelle (einschließlich der Bauträger- und Sanierungsmodelle). **Gesamtobjekte** sind Wirtschaftsgüter, Anlagen oder Einrichtungen, die mehreren Personen, die bei der Planung, Herstellung, Erhaltung oder dem Erwerb dieser Wirtschaftsgüter, Anlagen oder Einrichtungen gleichartige Rechtsbeziehungen zu Dritten hergestellt oder unterhalten haben, getrennt zuzurechnen sind (BFH v. 03.11.2005, V R 53/03, BFH/NV 2006, 841). **»Getrennt zuzurechnen«** bedeutet, dass ein von § 180 Abs. 1 Satz 1 Nr. 2 Buchst. a AO vorausgesetztes Gesellschafts- oder Gemeinschaftsverhältnis unter ihnen in Bezug auf die Wirtschaftsgüter, Anlagen oder Einrichtungen nicht besteht. Die mehreren Personen müssen bei der Planung, Herstellung, Erhaltung oder dem Erwerb diese Wirtschaftsgüter, Anlagen oder Einrichtungen Rechtsbeziehungen zu denselben Dritten hergestellt oder unterhalten haben. Als Dritte kommen neben dem Treuhänder die wirtschaftlichen und/oder technischen Baubetreuer, Verwalter, Finanzierungsvermittler u. Ä. in Betracht. Die Rechtsbeziehungen (z. B. Treuhand-, sonstige Geschäftsbesorgungs-, Baubetreuungs-, Bewirtschaftungs- und Verwalterverträge) müssen gleichartig sein. Diese Voraussetzung ist jedenfalls bei der Verwendung einheitlicher Musterverträge erfüllt; auch gleichartige Geschäftsbedingungen (Vertragsinhalte) genügen.

Nach **§ 1 Abs. 1 Satz 2 VO** gilt § 1 Abs. 1 Satz 1 Nr. 2 40
VO entsprechend für (selbstgenutztes) Wohnungseigentum, das nicht der Einkünfteerzielung dient (bis Feststellungszeiträume, die vor dem 01.01.2016 geendet haben: bei der Anschaffung von Genossenschaftsanteilen i. S. des § 17 EigZulG), und bei Mietwohngebäuden, wenn die gesonderte Feststellung für die Besteuerung von Bedeutung ist, z. B. nach §§ 10f und 10g EStG, § 4 InvZulG 1999 (bis Feststellungszeiträume, die vor dem 01.01.2016 geendet haben: § 17 EigZulG, § 3 InvZulG 1999).

**§ 1 Abs. 2 VO** ermöglicht es, die Höhe der Vorsteuer 41
aus Umsätzen gesondert festzustellen, die mehrere Hersteller oder Erwerber im Rahmen eines Gesamtobjekts empfangen haben, soweit ein Vorsteuerabzug nach § 15

UStG in Betracht kommt (BFH v. 01.10.1998, V R 31/98, BStBl II 2008, 497; BFH v. 31.05.2017, XI R 39/14, BFH/NV 2017, 1330; UStAE Abschn. 15.1 Abs. 7 mit Verweis auf BMF v. 24.04.1992, IV A 3 – S 7340 – 45/92, BStBl I 1992, 291). Über die Frage, ob die festgestellten Vorsteuerbeträge beim Feststellungsbeteiligten vom Vorsteuerabzug ausgeschlossen sind (z. B. nach § 24 Abs. 1 Satz 4 UStG), wird im Rahmen der USt-Festsetzung entschieden (BFH v. 03.11.2005, V R 53/03, BFH/NV 2006, 841). Auch die für eine Berichtigung des Vorsteuerabzugs nach Maßgabe des § 15 a UStG bedeutsamen Vorsteuern auf Anschaffungs- oder Herstellungskosten können gesondert festgestellt werden (s. auch § 180 Abs. 2 Satz 3 AO).

42 Die einheitliche und gesonderte Feststellung kann auch teilweise erfolgen (§ 1 Abs. 1 Satz 1 VO), also zweckgerichtet umfänglich und persönlich (§ 1 Abs. 3 Satz 2 VO) beschränkt. Die Feststellung soll sich i. d. R. nur auf die Einkünfte bzw. Verluste bzw. wie Sonderausgaben abziehbare Beträge erstrecken, die sich aus dem vertraglichen Gesamtaufwand ergeben; neben den sofort abziehbaren Werbungskosten können dies auch die Grundlagen für die Bemessung der AfA, der Sonderbehandlung von Erhaltungsaufwendungen und des wie Sonderausgaben abziehbaren Betrags (z. B. nach §§ 3 und 4 FördG oder §§ 7, 7h, 7i, 10f, 11a und 11b EStG) sein, wenn die Aufwendungen im Rahmen des Gesamtaufwands entstanden sind (BMF v. 02.05.2000, IV A 4 – S 0361 – 4/01, BStBl I 2001, 256, Tz. 3.1.1). Die Feststellung soll nur für den Zeitraum bis zur Bezugsfertigkeit (bei Bauherrenmodellen) oder der erstmaligen Vermietung oder Eigennutzung durch den Stpfl. (bei Erwerbermodellen) durchgeführt werden soll (Tz. 3.1.3). Wegen der Feststellung hinsichtlich von Wirtschaftsgütern usw., die zum Betriebsvermögen des Beteiligten gehören, wird auf BMF v. 02.05.2000, IV A 4 – S 0361 – 4/01, BStBl I 2001, 256, Tz. 3.1.1 Abs. 2 verwiesen.

### 2. Örtliche Zuständigkeit (§ 2 VO)

43 Nach § 2 Abs. 1 VO richtet sich die örtliche Zuständigkeit in den Fällen des § 1 Abs. 1 Satz 1 Nr. 1 VO nach § 18 Abs. 1 Nr. 2 AO, wobei die Wirtschaftsgüter, Anlagen oder Einrichtungen als gewerblicher Betrieb i. S. dieser Vorschrift gelten. § 2 Abs. 2 VO knüpft für die Zuständigkeit in den Fällen des § 1 Abs. 1 Satz 1 Nr. 2 VO an die für die Steuern vom Einkommen und Vermögen des Erklärungspflichtigen (s. § 3 Abs. 1 Satz 1 Nr. 2 VO) bestehende örtliche Zuständigkeit nach §§ 19, 20 AO an. Wegen der Zuständigkeit bei Bauherrenmodellen und vergleichbaren Modellen s. BMF v. 02.05.2000, IV A 4 – S 0361 – 4/01, BStBl I 2001, 256, Tz. 10 Abs. 2. Dieselbe örtliche Zuständigkeit bestimmt § 2 Abs. 3 VO für gesonderte USt-Feststellungen. Ist die Zuständigkeit für die Besteuerung von Körperschaften usw. durch Rechtsverordnung für die Bezirke mehrerer FA einem FA übertragen, so ist dieses das örtlich zuständige FA. Soweit für die örtliche Zuständigkeit nach § 2 Abs. 4 VO § 18 Abs. 2 AO entsprechend anwendbar ist, ist § 25 AO zu beachten.

### 3. Erklärungspflicht (§ 3 VO)

Als **Erklärungspflichtige** kommen nach § 3 Abs. 1 Satz 1 Nr. 1 VO in den Fällen des § 1 Abs. 1 Satz 1 Nr. 1 VO alle Personen, die im Feststellungszeitraum die Wirtschaftsgüter, Anlagen oder Einrichtungen betrieben, genutzt und gehalten haben, d. h. die Feststellungsbeteiligten, denen die Besteuerungsgrundlagen zuzurechnen sind, in den Fällen des § 1 Abs. 1 Satz 1 Nr. 2 VO (einschließlich der gesonderten USt-Feststellung) **nur** solche Personen in Betracht, die bei der Planung, Herstellung, Erhaltung, dem Erwerb, der Betreuung, Geschäftsführung oder Verwaltung des Gesamtobjekts für die Feststellungsbeteiligten handeln oder gehandelt haben. In letzterem Fall können die Feststellungsbeteiligten selbst nicht Adressat der Aufforderung zur Abgabe der Erklärung sein (BFH v. 23.02.1988, IX R 173/87, BFH/NV 618). Die Finanzbehörde kann sich grundsätzlich an jede dieser Personen wenden, ohne ein Auswahlermessen ausüben zu müssen (BFH v. 07.08.1990, IX R 114/89, BStBl II 1991, 119). Die Erfüllung der Erklärungspflicht durch einen Erklärungspflichtigen befreit die weiteren von ihrer Erklärungspflicht (§ 3 Abs. 4 VO). Die Beendigung der entsprechenden Tätigkeit berührt den Fortbestand der Erklärungspflicht nicht (BFH v. 26.03.1991, IX R 39/88, BStBl II 1991, 439; BMF v. 02.05.2000, IV A 4 – S 0361 – 4/01, BStBl I 2001, 256, Tz. 6.3). 44

Die **Erklärungspflicht** besteht nur nach ausdrücklicher Aufforderung durch die zuständige Finanzbehörde. Bei Gesamtobjekten ist grundsätzlich eine Erklärung anzufordern (BMF v. 02.05.2001, IV A 4 – S 0361 – 4/01, BStBl I 2001, 256, Tz. 6.1). In der Aufforderung kann ggf. der Umfang der Erklärung eingeschränkt werden, wenn von Anfang an feststeht, dass nur eine teilweise gesonderte Feststellung getroffen wird (§ 3 Abs. 3 VO). Aus dem Grundsatz der Verhältnismäßigkeit der Mittel folgt, dass die Finanzbehörde nur dann zur Abgabe der Erklärung auffordern darf, wenn sie zur Zeit der Aufforderung konkrete Anhaltspunkte dafür hat, dass die Voraussetzungen des § 3 Abs. 1 VO vorliegen können und die einheitliche Rechtsanwendung sowie die Erleichterung des Besteuerungsverfahrens eine gesonderte Feststellung erfordern werden. 45

§ 3 Abs. 2 VO bestimmt Form und Inhalt der Erklärung und ordnet an, dass ihr die Ermittlung der Besteuerungsgrundlagen beizufügen ist. Bei Gewinnermittlung nach § 4 Abs. 1 und § 5 EStG müssen Bilanz und Gewinn- und Verlustrechnung elektronisch übermittelt werden (§ 5b Abs. 1 EStG). In diesem Fall brauchen diese Anlagen der Erklärung nicht beigefügt zu werden. 45a

46 Die Aufforderung, eine Erklärung zur gesonderten Feststellung der Besteuerungsgrundlagen abzugeben, ist **Verwaltungsakt**; Rechtsbehelf ist der Einspruch (§ 347 AO). Sie löst eine Anlaufhemmung für die Feststellungsfrist nach § 170 Abs. 2 Satz 1 Nr. 2 AO aus. Bei freiwilliger Abgabe, die ebenfalls zulässig ist, ergibt sich die Anlaufhemmung aus § 181 Abs. 1 Satz 3 AO i. V. m. § 170 Abs. 3 AO.

### 4. Einleitung des Feststellungsverfahrens (§ 4 VO)

47 Die Entscheidung darüber, ob tatsächlich und in welchem Umfang ein gesondertes Feststellungsverfahren durchgeführt werden soll, steht nach § 4 Satz 1 VO im **pflichtgemäßen Ermessen** der Finanzbehörde. Die Ermessensentscheidung hat sich an dem Zweck der Ermächtigung zu orientieren, nämlich die Sicherstellung einheitlicher Rechtsanwendung bei gleichen Sachverhalten und die Erleichterung des Besteuerungsverfahrens (§ 180 Abs. 2 Satz 1 AO). Ist der Zweck im Einzelfall zu bejahen, ist das Ermessen auf null reduziert (BFH v. 03.11.2005, V R 53/03, BFH/NV 2006, 841 m. w. N.). Stets müssen die Besteuerungsgrundlagen einen materiell-rechtlichen Bezug zu den in § 1 VO genannten Tätigkeiten und Objekten haben, um feststellungsfähig zu sein (BFH v. 23.09.1992, X R 156/90, BStBl II 1993, 11). Dem Grundsatz der Verhältnismäßigkeit ist Rechnung zu tragen. Die Ermessensentscheidung zur Durchführung eines Feststellungsverfahrens ist nicht in einem gesonderten Verwaltungsakt zu treffen (so *Streck/Mack*, DStR 87, 707). Eine solche »Feststellungsanordnung« verlangt der Zweck der Feststellung nicht; sie ist auch nicht aus Gründen der Rechtssicherheit geboten. Denn die Aufforderung zur Abgabe der Erklärung macht nach außen deutlich erkennbar, dass die Finanzbehörde ein Feststellungsverfahren für voraussichtlich geboten erachtet. Die für die Ermessenserwägungen erforderliche Vertrautheit mit den tatsächlichen Gegebenheiten setzt i. d. R. voraus, dass der Finanzbehörde die Erklärung vorliegt. Feststellungsbedarf besteht, wenn bei Bauherren- und Erwerbermodellen zumindest für einen Veranlagungszeitraum die Einkünfte von mindestens drei Beteiligten festzustellen sind und der einzelne Beteiligte insgesamt Werbungskosten (ausgenommen Finanzierungs- und Notarkosten) von mehr als 5 000 DM (= rd. 2 500 Euro) geltend macht (BMF v. 02.05.2001, IV A 4 – S 0361 – 4/01, BStBl I 2001, 256, Tz. 4.2 Abs. 2).

48 Hält die Finanzbehörde die Voraussetzungen für die Durchführung eines gesonderten Feststellungsverfahrens für gegeben, so hat sie den Feststellungsbescheid zu erlassen und in diesem ihre Entscheidung für die Durchführung des Verfahrens zu begründen (§ 121 AO), d. h. darzulegen, weshalb sie sie für erforderlich hält und ggf. warum sie die Feststellung umfangmäßig beschränkt hat.

Nach § 4 Satz 2 VO »kann« die Behörde, wenn sie eine 49
gesonderte Feststellung nicht für erforderlich hält, »dies durch Bescheid feststellen«. Eine derartige Negativfeststellung ist stets dann geboten, wenn eine Erklärung zur gesonderten Feststellung – angefordert oder unaufgefordert – vorliegt: wurde die Erklärung unaufgefordert eingereicht, ist darin das Begehren zu sehen, ein Feststellungsverfahren durchzuführen; wurde sie aufgrund ausdrücklicher Aufforderung durch die Finanzbehörde abgegeben, so ist der Negativbescheid aus Gründen der Rechtssicherheit zu erlassen (BMF v. 02.05.2001, IV A 4 – S 0361 – 4/01, BStBl I 2001, 256, Tz. 4.3 Satz 1). Das Absehen von der Durchführung des Feststellungsverfahrens führt dazu, dass die Ermittlungspflicht auf das für die Besteuerung des jeweiligen Beteiligten zuständige FA übergeht (BMF v. 02.05.2001, IV A 4 – S 0361 – 4/01, BStBl I 2001, 256, Tz. 4.3 Satz 2).

Der Negativbescheid gilt nach § 4 Satz 3 VO als Steuer- 50
bescheid. Er ist schriftlich zu erteilen (§ 155 Abs. 1 Satz 1 AO) und kann nur nach Maßgabe der §§ 172 ff. AO aufgehoben werden. Die VO regelt nicht, wem gegenüber er zu erlassen ist. Ist unaufgefordert eine Erklärung zur gesonderten Feststellung nur von einem oder mehreren am Gegenstand der Feststellung Beteiligten, die keine Erklärungspflicht haben, abgegeben worden, muss der Negativbescheid nur den Erklärenden gegenüber bekannt gegeben werden, und zwar – bei mehreren Erklärenden – als einheitlicher Negativfeststellungsbescheid. Ist die Erklärung auf Aufforderung durch die Finanzbehörde abgegeben und gleichzeitig ein gemeinsamer Empfangsbevollmächtigter bestellt worden, so ist ebenfalls ein einheitlicher Negativfeststellungsbescheid zu erlassen, der diesem mit Wirkung für und gegen alle am Gegenstand der Feststellung Beteiligten bekannt zu geben ist (s. § 6 Abs. 1 Sätze 1 und 5 VO), denn auch die Negativfeststellung kann allen gegenüber nur einheitlich ergehen. Hat eine der in § 3 Abs. 1 Satz 1 Nr. 2 VO bezeichneten Personen auf Aufforderung lediglich die Erklärung abgegeben, so erscheint es vertretbar, den Negativbescheid nur dieser bekannt zu geben.

Gegen den Negativbescheid ist der Einspruch gegeben. 51
Einspruchsbefugt sind nur diejenigen Personen, die Feststellungsbeteiligte wären; im Übrigen s. § 352 AO.

### 5. Verfahrensbeteiligte (§ 5 VO)

§ 5 VO erweitert den Kreis der am Feststellungsverfahren 52
Beteiligten über § 78 AO hinaus um die in § 3 Abs. 1 Satz 1 Nr. 2 VO genannten Personen, also z. B. Betreuungsunternehmer, Treuhänder, Initiatoren, Verwalter u. Ä. Das hat zur Folge, dass auch diese Personen unmittelbar auskunftspflichtig sind, also § 93 Abs. 1 Satz 3 AO insoweit nicht gilt, und ihnen die Auskunfts- und Verweigerungsrechte nach §§ 103, 104 AO nicht zustehen. Im Übrigen kommt diese Erstreckung des Kreises der

Verfahrensbeteiligten insbes. bei Außenprüfungen (s. § 7 VO) zum Tragen.

53 Die in § 3 Abs. 1 Satz 1 Nr. 2 VO genannten Personen sind keine Feststellungsbeteiligte in dem Sinne, dass alle Entscheidungen auch ihnen gegenüber nur einheitlich ergehen müssten. Dies wird durch § 1 Abs. 3 Satz 1 VO ausgeschlossen. Zur Bekanntgabe des Feststellungsbescheids nach § 6 Abs. 2 VO s. Rz. 62.

### 6. Bekanntgabe (§ 6 VO)

54 Die Regelung lehnt sich zwar an § 183 AO an, enthält aber spezifisch auf die Besonderheiten dieses Feststellungsverfahrens zugeschnittene Abweichungen.

55 Nach § 6 Abs. 1 Satz 1 VO sollen die am Gegenstand der Feststellung beteiligten Personen (s. § 1 Abs. 3 Satz 1 VO) einen gemeinsamen Empfangsbevollmächtigten bestellen. Dies kann ein Beteiligter oder ein Dritter sein (*Brandis* in Tipke/Kruse, § 180 AO Rz. 95 m. w. N.). Eine § 183 Abs. 1 Satz 2 AO entsprechende Regelung enthält § 6 VO naturgemäß nicht. Der Widerruf der Vollmacht wird der Finanzbehörde gegenüber erst wirksam, wenn er ihr zugeht (§ 6 Abs. 1 Satz 2 VO).

56 Ist kein gemeinsamer Empfangsbevollmächtigter bestellt, kann die Finanzbehörde zur Benennung eines Empfangsbevollmächtigten auffordern, wobei sie einen Beteiligten vorzuschlagen und darauf hinzuweisen hat, dass diesem die mit dem Feststellungsverfahren und dem anschließenden Einspruchsverfahren zusammenhängenden Verwaltungsakte und Mitteilungen mit Wirkung für und gegen alle Beteiligten bekannt gegeben werden, soweit nicht ein anderer Empfangsbevollmächtigter benannt wird (§ 6 Abs. 1 Sätze 3 und 4 VO). Die Aufforderung muss an alle am Gegenstand der Feststellung Beteiligten (§ 1 Abs. 3 VO) ergehen, soweit nicht die Voraussetzungen des § 6 Abs. 3 VO – Meinungsverschiedenheiten zwischen den Beteiligten – vorliegen. Das kann bei einem »Gesamtobjekt« auf nahezu unüberwindliche Schwierigkeiten stoßen. Gelingt es der Finanzbehörde trotz allem Bemühen nicht, die Aufforderung allen Personen, die von dem Feststellungsbescheid betroffen werden sollen, bekannt zu geben, und liegen auch die Voraussetzungen für eine öffentliche Zustellung (§ 15 VwZG) der Aufforderung nicht vor, muss sie wohl den Personenkreis beschränken (s. auch § 1 Abs. 3 Satz 2 VO). Denn die einheitliche und gesonderte Feststellung dient der Sicherstellung einheitlicher Rechtsanwendung bei gleichen Sachverhalten und der Erleichterung des Besteuerungsverfahrens; sie ist aber nicht allen am Gegenstand der Feststellung gegenüber unabdingbar erforderlich. Dem Zweck wird deshalb auch genügt, wenn von der einheitlichen und gesonderten Feststellung am Gegenstand der Feststellung beteiligte Personen deshalb ausgenommen werden, weil ihre Einbeziehung in das Feststellungsverfahren dieses gänzlich unmöglich machen würde.

Bei Gesamtobjekten sollen i. d. R. die in § 3 Abs. 1 Satz 1 Nr. 2 VO genannten Personen als Empfangsbevollmächtigte vorgeschlagen werden (BMF v. 02.05.2001, IV A 4 – S 0361 – 4/01, BStBl I 2001, 256, Tz. 7.2 Abs. 1 Satz 2). Das klingt zwar angemessen, insbes. wenn derjenige Verfahrensbeteiligte (§ 5 VO) vorgeschlagen wird, der die Erklärung abgegeben hat, setzt aber voraus, dass § 6 Abs. 1 Satz 3 und 4 VO unter dem Begriff »Beteiligte« die Verfahrensbeteiligten i. S. des § 5 VO meinen. Das aber ist m. E. nicht der Fall. Beteiligte können nur die am Gegenstand der Feststellung Beteiligten sein, diejenigen, denen gegenüber die gesonderte Feststellung nach § 1 Abs. 3 Satz 1 VO einheitlich vorzunehmen ist, zumal nicht davon ausgegangen werden kann, dass § 6 Abs. 1 VO in den einzelnen Sätzen von einem unterschiedlichen Beteiligtenbegriff ausgeht. Auch § 6 Abs. 2 VO spricht gegen diese Annahme (so auch *Söhn* in HHSp, § 180 AO Rz. 598). 57

Unberührt bleibt das Recht der am Gegenstand der Feststellung Beteiligten, einen Dritten, auch eine in § 3 Abs. 1 Satz 1 Nr. 2 VO genannte Person, als Empfangsbevollmächtigten zu bestellen; ggf. können auch einer oder mehrere Feststellungsbeteiligte für sich eine anderen Empfangsbevollmächtigten benennen (BMF v. 02.05.2001, IV A 4 – S 0361 – 4/01, BStBl I 2001, 256, Tz. 7.2 Abs. 2 Satz 2), auch wenn dies dem Zweck der Vorschrift nicht gerecht wird. 58

Bei der Bekanntgabe an den Empfangsbevollmächtigten ist darauf hinzuweisen, dass sie mit Wirkung für und gegen alle Feststellungsbeteiligte erfolgt. Dies gilt sowohl für den von den Feststellungsbeteiligten benannten gemeinsamen Empfangsbevollmächtigten wie auch für den von der Finanzbehörde vorgeschlagenen Empfangsbevollmächtigten. 59

Die Aufforderung zur Benennung sowie der Vorschlag eines Beteiligten als Empfangsbevollmächtigten kommen nach § 6 Abs. 3 VO insoweit nicht in Betracht, als der Finanzbehörde bekannt ist, dass zwischen einem oder mehreren Beteiligten und dem Vorgeschlagenen ernstliche Meinungsverschiedenheiten bestehen. Insoweit ist Einzelbekanntgabe erforderlich. In diesem Fall sind nach § 6 Abs. 4 VO dem Beteiligten nur die ihn betreffenden Besteuerungsgrundlagen bekannt zu geben, nicht aber auch die alle am Feststellungsverfahren betreffenden Besteuerungsgrundlagen sowie die Zahl der Beteiligten. Die Bekanntgabe des gesamten Inhalts des Feststellungsbescheids ist – anders als in § 183 Abs. 2 Satz 3 – in keinem Fall vorgesehen. Bestehen zwischen allen am Gegenstand der Feststellung Beteiligten ernstliche Meinungsverschiedenheiten und haben sie keinen gemeinsamen Empfangsbevollmächtigten bestellt, so ist allen gegenüber Einzelbekanntgabe erforderlich. 60

61 Der Feststellungsbescheid kann an den Empfangsbevollmächtigten auch gegenüber einem ausgeschiedenen Feststellungsbeteiligten wirksam bekannt gegeben werden, solange dieser die Empfangsvollmacht gegenüber der zuständigen Finanzbehörde nicht widerrufen hat (BFH v. 07.02.1995, IX R 3/93, BStBl II 1995, 357).

62 Nach § 6 Abs. 2 VO ist der Feststellungsbescheid auch den in § 3 Abs. 1 Nr. 2 VO genannten Personen bekannt zu geben, wenn sie die Erklärung abgegeben haben, aber nicht zum Empfangsbevollmächtigten bestellt sind. Da die Feststellung nach § 1 Abs. 3 Satz 1 VO nur den in § 1 Abs. 1 VO genannten Personen gegenüber einheitlich vorzunehmen ist, ist die Bekanntgabe nach § 6 Abs. 2 VO nicht Voraussetzung für die Wirksamkeit der einheitlichen Feststellung. Diese entfaltet vielmehr ihre (volle) Wirksamkeit schon (und erst) mit der Bekanntgabe an die in § 1 Abs. 1 VO genannten Feststellungsbeteiligten.

63 Gegen den Feststellungsbescheid ist der Rechtsbehelf des Einspruchs gegeben. Nach entsprechender Belehrung i. S. des § 352 Abs. 2 Satz 3 AO durch das FA bzw. § 48 Abs. 2 Satz 3 FGO ist der Empfangsbevollmächtigte einspruchs- bzw. klagebefugt. Weil die Personen i. S. des § 6 Abs. 2 VO nicht zum Empfangsbevollmächtigten bestellt sind, sind sie nicht einspruchs- und klagebefugt (h. M., BFH v. 20.03.2006, IX B 205/05, BFH/NV 2006, 1054 m. w. N.).

### 7. Außenprüfung (§ 7 VO)

64 Nach § 7 Abs. 1 VO ist eine Außenprüfung zur Ermittlung der Besteuerungsgrundlagen bei jedem Verfahrensbeteiligten zulässig. Bei Gesamtobjekten soll die Außenprüfung bei einem Feststellungsbeteiligten nur dann durchgeführt werden, wenn eine Außenprüfung bei den in § 3 Abs. 1 Satz 1 Nr. 2 VO genannten Personen keine hinreichende Sachaufklärung verspricht oder ergibt (BMF v. 02.05.2001, IV A 4 – S 0361 – 4/01, BStBl I 2001, 256, Tz. 9.1 Satz 2). § 7 Abs. 1 V regelt die Zulässigkeit der Außenprüfung, die Voraussetzungen des § 193 Abs. 2 Nr. 2 AO brauchen daher nicht vorzuliegen (*Söhn* in HHSp, § 180 AO Rz. 607). Die Durchführung der Außenprüfung steht im pflichtgemäßen Ermessen der Finanzbehörde.

65 Die Prüfungsanordnung ist nach § 7 Abs. 2 VO (nur) demjenigen Verfahrensbeteiligten bekannt zu geben, bei dem die Außenprüfung durchgeführt werden soll (BFH v. 16.06.2015, IX R 51/14, BStBl II 2016, 13). Ergeht sie an eine in § 3 Abs. 1 Nr. 2 VO genannte Person, ist darauf hinzuweisen, dass sie die Prüfung nach § 7 Abs. 1 VO i. V. m. § 5 und § 3 Abs. 1 Nr. 2 VO zu dulden hat (BMF v. 02.05.2001, IV A 4 – S 0361 – 4/01, BStBl I 2001, 256, Tz. 9.2). Die Prüfungsanordnung ist zu begründen. Die Durchführung der Außenprüfung bei einer Gesellschaft, die i. S. von § 3 Abs. 1 Satz 1 Nr. 2 VO hinsichtlich des Gesamtobjekts für die Feststellungsbeteiligten im Feststellungszeitraum gehandelt hat, als »Verfahrensbeteiligte« (§ 5 VO zu § 180 Abs. 2 AO) ist nach § 7 Abs. 1 VO zulässig und führt zur Hemmung der Feststellungsfrist gem. § 171 Abs. 4 AO gegenüber allen Feststellungsbeteiligten, auch wenn diese von der Außenprüfung keine Kenntnis haben (BFH v. 16.06.2015, IX R 51/14, BStBl II 2016, 13).

Für die Durchführung der Außenprüfung gelten die §§ 195 ff. AO entsprechend. Sie führt nach § 171 Abs. 4 AO i. V. m. § 181 Abs. 1 AO zur Ablaufhemmung der Feststellungsfrist. In persönlicher Hinsicht gilt das nur für die Personen, die die Außenprüfungsanordnung erfasst (*Frotscher* in Schwarz/Pahlke, § 180 AO Rz. 166; a. A. *Brandis* in Tipke/Kruse, § 180 AO Rz. 94 m. w. N.). Gegenstand der Prüfung sind nämlich die den von der Prüfungsanordnung erfassten Personen gegenüber einheitlich und gesondert festzustellenden Besteuerungsgrundlagen. Zu Recht weist *Frotscher* (in Schwarz/Pahlke, § 180 AO Rz. 166) daraufhin, dass diese Regelung unzweckmäßig ist, für eine Hemmung gegenüber allen Beteiligten aber die Rechtsgrundlage fehlt. 66

### 8. Feststellungsgegenstand bei Übergang zur Liebhaberei (§ 8 VO)

Die Vorschrift dient der Feststellung der stillen Reserven beim Übergang zur Liebhaberei. Denn nicht der Fortfall der Gewinnerzielungsabsicht und die damit verbundene Annahme einer Liebhaberei führt zur Betriebsaufgabe, sondern erst eine darauf gerichtete Handlung oder ein entsprechender Rechtsvorgang (BFH v. 12.11.1992, IV R 41/91, BStBl II 1993, 430). Die Feststellung, die auf den Zeitpunkt des Übergangs zur Liebhaberei vorzunehmen ist, ist zwingend durchzuführen. Die Feststellungsfrist beginnt nach § 181 Abs. 1 AO i. V. m. § 170 Abs. 1 AO mit Ablauf des Jahres, in dem die Steuer entsteht, also mit Ablauf des Kalenderjahres, in dem der Betrieb bzw. ein Wirtschaftsgut veräußert oder der Betrieb bzw. die freiberufliche Tätigkeit tatsächlich aufgegeben bzw. ein Wirtschaftsgut entnommen wird, nicht bereits mit dem Ablauf des Feststellungszeitraums des Übergangs zur Liebhaberei (*Söhn* in HHSp, § 180 AO Rz. 615; *Brandis* in Tipke/Kruse, § 180 AO Rz. 96; a. A. *Frotscher* in Schwarz/Pahlke, § 180 AO Rz. 182; *Koenig* in Koenig, § 180 AO Rz. 76: mit Ablauf des Kalenderjahres, für das die Feststellung durchzuführen ist). 67

### 9. Feststellungsgegenstand bei Einsatz von Versicherungen auf den Erlebens- oder Todesfall zu Finanzierungszwecken (§ 9 VO)

§ 9 V zu § 180 Abs. 2 AO ist durch die V v. 18.07.2016, BGBl I 2016, 1722 geändert worden, weil die bisherigen Gesetzeszitate in § 9 der V zu § 180 Abs. 2 AO aufgrund 68 zwischenzeitlicher Änderungen des EStG ins Leere gehen bzw. einen falschen Sachzusammenhang herstellen. Inhaltliche Änderungen sind damit nicht verbunden (Begr. BR-Drs. 201/16, 17). Nach § 9 VO stellt das für die Einkommensbesteuerung des Versicherungsnehmers zuständige FA die Steuerpflicht der außerrechnungsmäßigen und rechnungsmäßigen Zinsen aus den in den Beiträgen enthaltenen Sparanteilen (§ 20 Abs. 1 Nr. 6 EStG i.V.m. § 10 Abs. 1 Nr. 2 Buchst. b Doppelbuchst. bb bis dd EStG in der am 31.12.2004 geltenden Fassung) gesondert fest, wenn für Beiträge zu Versicherungen auf den Erlebens- oder Todesfall die Voraussetzungen für den Sonderausgaben nach § 10 Abs. 2 Satz 2 EStG nicht erfüllt sind, weil der Stpfl. die Ansprüche aus den Versicherungsverträgen zur Tilgung oder Sicherung eines Darlehens einsetzt. Gegenstand der gesonderten Feststellung ist die verbindliche Entscheidung über die aus einer bestimmten Verwendung der Ansprüche aus der Lebensversicherung sich ergebenden steuerlichen Folgen hinsichtlich rechnungsmäßigen und außerrechnungsmäßigen Zinsen aus den in den Versicherungsbeiträgen enthaltenen Sparanteilen. Dadurch soll die Rechtsstellung des Stpfl. verbessert werden, indem zeitnah – und nicht erst bei Fälligkeit der Versicherungsleistungen – durch Feststellungsbescheid die steuerlichen Folgen der schädlichen Verwendung, d.h. die künftige Steuerpflicht der Zinsen mit Bindungswirkung für den Stpfl., das Versicherungsunternehmen und das FA festgestellt werden (*Brandis* in Tipke/Kruse, § 180 AO Rz. 98; a.A. *Koenig* in Koenig, § 180 AO Rz. 79). Inhaltsadressat ist der Versicherungsnehmer. Die Bindungswirkung des Feststellungsbescheids erstreckt sich nur auf die künftige Steuerpflicht der Zinserträge, nicht auch auf die Berücksichtigung der Versicherungsbeiträge als Sonderausgaben, für die Nachversteuerung nach § 10 Abs. 5 Nr. 1 EStG (FG He v. 15.05.2003, 8 K 5382/99, EFG 2003, 1137; *Brandis* in Tipke/Kruse, § 180 AO Rz. 98) oder für die Einkünftequalifikation und den Zufluss (*Söhn* in HHSp, § 180 AO Rz. 623). Das FA kann auf Antrag des Stpfl. einen negativen Feststellungsbescheid bei steuerunschädlicher Verwendung erlassen, der bei späterer steuerschädlicher Verwendung nach § 175 Abs. 1 Satz 1 Nr. 2 AO aufgehoben und durch einen positiven Bescheid ersetzt werden kann; ebenso ist zu verfahren, wenn ein positiver Bescheid aufgehoben (= negativer Bescheid) wird, später jedoch eine steuerschädliche Verwendung festgestellt wird (*Brandis* in Tipke/Kruse, § 180 AO Rz. 98 m.w.N.; BMF v. 16.07.2012 (IV A 3 – S 0361/12/10001, BStBl I 2012, 686). Die Feststellungsfrist beginnt mit dem Einreichen der Anzeige nach § 29 EStDV (§ 170 Abs. 2 Nr. 1 AO) bzw. mit Ablauf des Kalenderjahres, in dem die schädliche Verwendung endet (*Brandis* in Tipke/Kruse, § 180 AO Rz. 98). Der Feststellungsbescheid ist nur nach den §§ 129, 164, 165, 172 bis 15 AO korrigierbar. Wegen weiterer Einzelheiten wird auf die Regelungen des BMF v. 16.07.2012 (IV A 3 – S 0361/12/10001, BStBl I 2012, 686) verwiesen.

### 10. Feststellungsverfahren bei steuerverstrickten Anteilen an Kapitalgesellschaften (§ 10 VO a.F.)

Die Regelung zur gesonderten Feststellung in Mitverstrickungsfällen trat am 30.12.1999 in Kraft, kann aber auch auf Verlagerungsfälle angewendet werden, die vor diesem Datum verwirklicht waren (*Brandis* in Tipke/Kruse, § 180 AO Rz. 99d m.w.N.). Sie ist wegen der durch das SEStEG eingeführten ausdrücklichen gesetzlichen Regelung der Mitverstrickung in § 22 Abs. 7 UmwStG durch das SEStEG v. 07.12.2006 (BGBl I 2006, 2782, 2806) aufgehoben worden. Sie bleibt aber für steuerverstrickte Anteile alten Rechts weiterhin anwendbar, soweit nämlich hinsichtlich des Gewinns aus der Veräußerung der Anteile die Steuerfreistellung nach § 8b Abs. 4 KStG oder nach § 3 Nr. 40 Satz 3 und 4 EStG, jeweils in der am 12.12.2006 geltenden Fassung, ausgeschlossen ist (§ 11 Satz 3 VO). **69**

Die Vorschrift regelt das Feststellungsverfahren bei steuerverstrickten Anteilen an Kapitalgesellschaften. Sie beruht darauf, dass es im Rahmen der Gründung einer Kapitalgesellschaft oder im Rahmen einer Kapitalerhöhung zur Verlagerung stiller Reserven auf andere Stpfl. kommen kann, deren steuerliche Auswirkungen unter Umständen erst viele Jahre später bei der Besteuerung z.B. nach § 21 UmwStG oder § 17 EStG eintreten. Die zeitnahe Feststellung von steuerlich relevanten Umständen bei der Verlagerung von stillen Reserven soll Stpfl. und der Finanzbehörde die Beweisvorsorge erleichtern und dadurch die Rechtssicherheit erhöhen. **69a**

Wegen des **Inhalts der Feststellung** wird auf die Aufzählung in § 10 Abs. 1 Satz 1 VO verwiesen, der sinngemäß auch für die Feststellung gilt, ob und inwieweit Anteile an einer Kapitalgesellschaft unentgeltlich auf andere Stpfl. übertragen werden (§ 10 Abs. 1 Satz 2 VO). Feststellungszeitpunkt ist der Zeitpunkt der Übertragung der Anteile (*Dötsch/Pung*, DB 2000, 61). Ob eine – ggf. einheitliche – gesonderte Feststellung durchgeführt wird, liegt im pflichtgemäßen Interesse des FA. **70**

Nach § 10 Abs. 2 Satz 1 VO ist für die einheitliche und gesonderte Feststellung das nach § 20 AO für die Besteuerung der Kapitalgesellschaft zuständige FA **zuständig**, nach § 10 Abs. 2 Satz 2 VO haben die Inhaber der Anteile nach Aufforderung der Finanzbehörde eine Erklärung zur gesonderten (und ggf. einheitlichen) Feststellung abzugeben. Verfahrensbeteiligte und Adressaten des Feststellungsbescheids sind nur die Inhaber der betroffenen Anteile an der Kapitalgesellschaft, nicht die Kapitalgesellschaft selbst. Im Übrigen sind die Regelungen über Art und Umfang der Erklärungs- und Nachweispflichten (§ 3 Abs. 2 bis 4 VO), das Ermessen des FA zur Einleitung des **71**

Verfahrens (§ 4 VO), die Bekanntgabe der Feststellungsbescheide (§ 6 Abs. 1, 3 und 4 VO) und die Außenprüfung (§ 7 VO) sinngemäß anzuwenden (§ 10 Abs. 2 Satz 3 VO). Nach § 182 Abs. 2 Satz 3 AO wirkt der Feststellungsbescheid auch gegenüber dem Rechtsnachfolger.

### 11. Anwendungsvorschriften (§ 11 VO)

71a Die VO trat am 31.12.1986 in Kraft. Sie ist in allen anhängigen Verfahren anzuwenden (Art. 97 § 1 Abs. 2 EGAO; s. Anh. 1), und zwar auch für Feststellungszeiträume vor dem Inkrafttreten der VO (BFH v. 27.01.1994, V R 31/91, BStBl II 1994, 488 m. w. N.). Anhängige Verfahren sind nicht nur die bereits eingeleiteten, aber noch nicht abgeschlossenen Feststellungsverfahren, sondern auch solche Verfahren, in denen die maßgebliche Steuerfestsetzung noch nicht materiell bestandskräftig ist, d. h. in denen noch keine Steuerfestsetzung erfolgt ist, Rechtsbehelfs- oder Rechtsmittelverfahren laufen oder die Festsetzung unter Vorbehalt der Nachprüfung (§ 164 AO) erfolgt ist. Die Anwendung der VO auf anhängige Verfahren führt nicht zu einer Durchbrechung der Verjährung (BFH v. 17.08.1989, IX R 76/88, BStBl II 1990, 411).

71b § 11 Satz 3 VO ist mit Wirkung vom 13.12.2006 durch SEStEG v. 07.12.2006, BGBl I 2006, 2782, 2806 eingefügt worden. Danach bleibt § 10 VO für steuerverstrickte Anteile alten Rechts weiterhin anwendbar (s. Rz. 69). § 11 Satz 4 VO ist durch VO vom 18.07.2016, BGBl. I 2016, 1722 eingefügt worden und betrifft die Anwendung der bisherigen und der neuen Fassung des § 1 Abs. 1 Satz 2 VO.

## G. Ausnahmeregelungen (§ 180 Abs. 3 und 4 AO)

### I. Allgemeines

72 Die einheitliche und gesonderte Feststellung nach § 180 Abs. 1 Satz 1 Nr. 2 Buchst. a AO unterbleibt nach § 180 Abs. 3 Satz 1 AO, wenn nur eine der an den Einkünften beteiligten Personen mit ihren Einkünften im Geltungsbereich der AO einkommensteuer- oder körperschaftsteuerpflichtig ist oder es sich um einen Fall von geringer Bedeutung handelt, insbes. weil die Höhe des festgestellten Betrages und die Aufteilung feststehen, nach § 180 Abs. 4 AO bei Arbeitsgemeinschaften, deren alleiniger Zweck in der Erfüllung eines einzigen Werk- oder Werklieferungsvertrages besteht.

### II. Beteiligung nur eines inländischen Feststellungsbeteiligten (§ 180 Abs. 3 Satz 1 Nr. 1 AO)

§ 180 Abs. 3 Satz 1 Nr. 1 AO ist Ausfluss des Grundsatzes, 73
dass eine Feststellung nur dann zulässig ist, wenn die festgestellten Besteuerungsgrundlagen steuerlich von Bedeutung sind. Unter den Grundsatz des Übermaßverbotes fällt auch, dass ein Feststellungsverfahren nicht durchzuführen ist, wenn die Besteuerungsgrundlagen nur bei einer beteiligten Person im Inland im Rahmen der unbeschränkten oder beschränkten Steuerpflicht von Bedeutung sind (BFH v. 24.07.2013, I R 57/11, BStBl II 2016, 633). Sie sind daher im Rahmen der Veranlagung dieser Person vom Wohnsitz-FA zu ermitteln und in der Steuerfestsetzung nach § 157 Abs. 2 AO zu berücksichtigen.

### III. Fall von geringer Bedeutung (§ 180 Abs. 3 Satz 1 Nr. 2 AO)

Ein Fall von geringer Bedeutung i. S. des § 180 Abs. 3 74
Satz 1 Nr. 2 AO ist anzunehmen, wenn es sich um einen leicht überschaubaren Sachverhalt handelt, die Einkünfte leicht zu ermitteln und nach einfachem Schlüssel auf die Beteiligten zu verteilen sind und die Gefahr widersprüchlicher Entscheidungen bei den Beteiligten gering oder nahezu ausgeschlossen ist (u. a. BFH v. 16.03.2004, IX R 58/02, BFH/NV 2004, 1211 m. w. N.). Das setzt voraus, dass die Höhe des festgestellten Betrages, seine Aufteilung und Zurechnung feststehen (BFH v. 09.02.2005, X R 52/03, BFH/NV 2005, 1235 m. w. N.) und auch ihre rechtliche Beurteilung unstreitig sind. Die Höhe der fraglichen Einkünfte ist dagegen grundsätzlich ohne Bedeutung (*Kunz* in Gosch, § 180 AO Rz. 109 m. w. N.). Ob es sich um einen Fall von geringer Bedeutung handelt, ist unter Berücksichtigung der konkreten Umstände des Einzelfalls zu beurteilen. Es handelt sich dabei um einen unbestimmten Rechtsbegriff, für die Finanzbehörde besteht daher kein Ermessensspielraum. Kein Fall von geringer Bedeutung liegt vor, wenn eine einheitliche und gesonderte Feststellung für ein Jahr noch innerhalb der für sie geltenden Feststellungsfrist ergehen kann, aber die Festsetzungsfrist der Folgebescheide bereits eingetreten ist und daher durch den Erlass der einheitlichen und gesonderten Feststellung eine einheitliche Steuerfestsetzung in den Folgebescheiden der Feststellungsbeteiligten gesichert wird (BFH v. 12.04.2016, VIII R 24/13, BFH/NV 2016, 1537).

Die Feststellung kann nicht allein deshalb unterblei- 75
ben, weil die Beteiligten zusammenveranlagte Eheleute/Lebenspartner sind (BFH v. 16.03.2004, IX R 58/02, BFH/NV 2004, 1211 m. w. N.). Fälle von geringer Bedeutung sind aber z. B. gegeben bei Einkünften aus Vermietung und Verpachtung eines ausschließlich zu – auch teils

eigenen, teils anderen – Wohnzwecken genutzten Hauses oder einer Eigentumswohnung von zusammenveranlagten Eheleuten/Lebenspartner(BFH v. 16.03.2004, IX R 58/02, BFH/NV 2004, 1211 m.w.N. und Beispielen) sowie bei gemeinschaftlich erzielten Gewinn von Landwirts-Eheleuten/-Lebenspartner(AEAO zu § 180, Nr. 4 Abs. 1 m.w.N.), sofern ein für die Besteuerung erhebliches Merkmal nicht streitig ist.

Ein Fall von geringer Bedeutung liegt auch vor bei Einkünften aus Mietpools, da der Verwalter nach dem WEG verpflichtet ist, die Werbungskosten nach dem Verhältnis der Miteigentumsanteile zu verteilen (*Kunz* in Gosch, § 180 AO Rz. 106 m.w.N.), bei Kapitalclubs (Sparclubs) mit Einnahmen aus Kapitalvermögen unter dem jeweils gültigen Sparerfreibetrag für Ledige (FinMin Schleswig-Holstein v. 13.02.2004, DB 2004, 1585). Die Gefahr divergierender Entscheidungen kann auch ausgeschlossen und damit ein Fall von geringer Bedeutung angenommen werden, wenn das FA, das für die ESt-Besteuerung der Gesellschafter zuständig ist, auch für die einheitliche und gesonderte Feststellung zuständig ist (BFH v. 24.03.2011, IV R 13/09, BFH/NV 2011, 1826), es sei denn, es besteht z.B. ein Streit über die Art oder die Ermittlung der Einkünfte oder über die Beteiligungsverhältnisse (BFH v. 09.09.2010, IV R 31/09, BFH/NV 2011, 413).

76 Kein Fall geringer Bedeutung liegt z.B. vor, wenn es um die Frage der Erfassung von Veräußerungsgewinnen, der Berechtigung zur Übertragung stiller Reserven sowie der Anwendung des Grundsatzes von Treu und Glauben geht, da dies Fragen sind, die nur für alle an den Einkünften Beteiligten einheitlich zu klären sind und deshalb der Entscheidung durch einen Grundlagenbescheid vorbehalten bleiben müssen (BFH v. 07.11.1996, IV R 72/95, BFH/NV 1997, 574), wenn für die Besteuerung der Beteiligten unterschiedliche FA zuständig sind (BFH v. 10.08.1994, X 2 45/91, BFH/NV 1995, 387), wenn Eheleute/Lebenspartnergemeinsam eine Arztpraxis mit erheblichen Betriebseinnahmen betreiben, von denen sie rd. 50 % als Betriebsausgaben abziehen (FG MV v. 29.10.1996, 1 K 52/96, EFG 1997, 138), wenn die Feststellung unterschiedliche Bindungswirkung entfaltet, z.B. gegenüber dem einen Feststellungsbeteiligten für die ESt-Veranlagung und gegenüber dem anderen Feststellungsbeteiligten, der den Anteil im Sonderbetriebsvermögen einer Anwaltsgemeinschaft hält, für ein Feststellungsverfahren (BFH v. 09.10.2008, IX R 72/07, BStBl II 2009, 231 m.w.N.) oder wenn die Zuordnung der Einkünfte zu einer Einkunftsart streitig ist (BFH v. 15.04.2010, IV R 58/07, BFH/NV 2010, 1785).

77 Die Regelung gilt auch für die gesonderten Feststellungen nach § 180 Abs. 1 Satz 1 Nr. 2 Buchst. b AO und § 180 Abs. 1 Nr. 3 AO (AEAO zu § 180, Nr. 4 Abs. 2; BFH v. 24.03.2011, IV R 13/09, BFH/NV 2011, 1826). Für die gesonderte Feststellung von Einheitswerten enthält § 19 Abs. 4 BewG eine ähnliche, wenn auch striktere Vorschrift: EW-Feststellungen erfolgen nur, wenn und soweit sie für die Besteuerung von Bedeutung sind.

Wird auf die Feststellung verzichtet, ist darauf im Steuerbescheid hinzuweisen, es sei denn, dass dies den Beteiligten bereits bekannt oder auch ohne schriftliche Begründung ohne Weiteres erkennbar ist (BFH v. 04.07.1985, IV R 136/83, BStBl II 1985, 576). Nach § 180 Abs. 3 Satz 2 AO kann das nach § 18 Abs. 1 Nr. 4 AO zuständige FA verbindlich durch Bescheid festzustellen, dass eine gesonderte Feststellung nicht durchzuführen ist (Negativbescheid). Dazu ist es verpflichtet, wenn eine Feststellungserklärung eingereicht worden ist. Dieser Bescheid steht einem Steuerbescheid gleich (§ 180 Abs. 3 Satz 3 AO). Der Negativbescheid dient der Rechtssicherheit. Er muss gegenüber allen Beteiligten wirksam werden und daher unter Beachtung aller für gesonderte und einheitliche Bescheide geltenden Vorschriften ergehen. Wird von einer gesonderten Feststellung abgesehen, sind die Besteuerungsgrundlagen vom Wohnsitz-FA zu ermitteln und bei der Steuerfestsetzung des Stpfl. zu berücksichtigen. 78

### IV. Arbeitsgemeinschaften (§ 180 Abs. 4 AO)

Bei Arbeitsgemeinschaften (ARGE) handelt es sich vor allem im Bereich der Bauwirtschaft um den Zusammenschluss mehrerer Unternehmer zur gemeinschaftlichen Auftragserfüllung i.d.R. in Form der Gesellschaft bürgerlichen Rechts. Sie sind Personengesellschaften i.S. des § 15 Abs. 1 Nr. 2 EStG. Grundsätzlich ist die Durchführung eines Feststellungsverfahrens erforderlich, es sei denn, dass nur ein Werk- oder Werklieferungsvertrag Gegenstand der Arbeitsgemeinschaft ist. Unter den gleichen Voraussetzungen unterbleibt auch die selbstständige Heranziehung von Arbeitsgemeinschaften zur GewSt (s. § 2a GewStG). 79

## H. Sonderfälle des § 180 Abs. 5 AO

### I. Feststellung bei Doppelbesteuerungsabkommen (§ 180 Abs. 5 Nr. 1 AO)

Nach § 180 Abs. 5 Nr. 1 AO ist ein Feststellungsverfahren entsprechend § 180 Abs. 1 Satz 1 Nr. 2 Buchst. a AO auch dann durchzuführen, wenn die nach einem Abkommen zur Vermeidung der Doppelbesteuerung (DBA) von der Bemessungsgrundlage ausgenommenen Einkünfte bei der Festsetzung der Steuern der beteiligten Personen von Bedeutung sind. Zur Anwendung der DBA auf Personengesellschaften s. BMF v. 26.09.2014, IV B 5 – S 1300/09/10003, BStBl I 2014, 1258. Die Feststellung der Einkünfte der ausländischen Gesellschaft beschränkt 80 sich auf den für die Besteuerung relevanten Teil z. B. für die Anwendung der Freistellungsmethode nach dem Methodenartikel des jeweiligen DBA (BMF v. 26.09.2014, IV B 5 – S 1300/09/10003, BStBl I 2014, 1258, Tz. 6.1), für Zwecke des Progressionsvorbehalts oder des § 2 a Abs. 3 EStG. Festzustellen sind die steuerfreien Einkünfte, nicht nur ein dem Progressionsvorbehalt unterliegender Betrag (BFH v. 21.08.1990, VIII R 271/84, BStBl II 1991, 126). Anwendungsfall ist ferner, wenn auf Antrag der Verlust aus einer ausländischen Betriebsstätte sowie aus einer Beteiligung an einer ausländischen Personengesellschaft und einer ausländischen atypischen Gesellschaft (s. *Strobl/Schäfer*, IStR 1993, 206, 208) auch bei der Ermittlung des inländischen zu versteuernden Einkommens abgezogen werden kann (§ 2 a Abs. 3 EStG; zur Anwendbarkeit s. § 52 Abs. 3 Satz 2 bis 4 EStG). Im Feststellungsverfahren nach § 180 Abs. 5 Nr. 1 AO sind sämtliche tatsächlichen und rechtlichen Voraussetzungen, unter denen ein Verlust nach § 2 a Abs. 3 EStG bei der Veranlagung zu berücksichtigen ist, festzustellen. Dagegen ist bei der ESt-Veranlagung zu entscheiden, ob und in welcher Weise sich Verluste i. S. des § 2 a Abs. 3 EStG auswirken (BFH v. 21.08.1990, VIII R 271/84, BStBl II 1991, 126; *Grützner*, IStR 1994, 65, 69). Auch der Hinzurechnungstatbestand gem. § 2 a Abs. 4 EStG ist als »andere Besteuerungsgrundlage« i. S. von § 180 Abs. 5 Nr. 1 i. V. m. Abs. 1 Satz 1 Nr. 2 Buchst. a AO Gegenstand der Feststellungen (BFH v. 24.07.2013, I R 57/11, BStBl II 2016, 633, m. w. N.).

Die Feststellung nach § 180 Abs. 5 Nr. 1 AO ist ein eigenständiger Verwaltungsakt, der formell entweder selbstständig oder in Verbindung mit einer Feststellung steuerpflichtiger inländischer Einkünfte nach § 180 Abs. 1 Satz 1 Nr. 2 Buchst. a AO erlassen werden kann; sie kann auch während des finanzgerichtlichen Verfahrens nachgeholt werden (BFH v. 24.07.2013, I R 57/11, BStBl II 2016, 633 m. w. N.; BFH v. 21.02.2017, VIII R 46/13, BStBl II 2017, 745 m. w. N.).

Zur örtlichen Zuständigkeit s. BMF v. 11.12.1989 (IV A 5 – S 0120 – 4/89, BStBl I 1989, 470, geändert durch BMF v. 02.01.2001 (IV A 4 – S 0121 – 2/00, BStBl I 2001, 40.

### II. Feststellung von Anrechnungsbeträgen (§ 180 Abs. 5 Nr. 2 AO)

81 § 180 Abs. 5 Nr. 2 AO erfasst in entsprechender Anwendung den § 180 Abs. 1 Satz 1 Nr. 2, Abs. 2 und 3 AO als festzustellende Besteuerungsgrundlagen nach § 36 Abs. 2 Nr. 2 und 3 EStG sowie § 48 c EStG anrechenbare Steuerabzugsbeträge wie Kapitalertragsteuer, anzurechnende KSt, SolZ, Bauabzugsteuer i. S. des § 48 EStG (BMF v. 27.12.2002, IV A 5 – S 2272 – 1/02, BStBl I 2002, 1399, Tz. 90), die den Feststellungsbeteiligten anteilig zuzurechnen sind. Das gilt in entsprechender Anwendung auch für den Solidaritätszuschlag (*Brandis* in Tipke/Kruse, § 180 AO Rz. 104 m. w. N.). Die Bindungswirkung der Feststellungen nach § 180 Abs. 5 Nr. 2 AO erstreckt sich auch auf solche Verwaltungsakte, die die Verwirklichung der Ansprüche aus dem Steuerschuldverhältnis betreffen, also die Anrechnungsverfügung oder den Abrechnungsbescheid, § 182 Abs. 1 Satz 2 AO (s. § 182 AO Rz. 10).

## § 181 AO Verfahrensvorschriften für die gesonderte Feststellung, Feststellungsfrist, Erklärungspflicht

**(1) Für die gesonderte Feststellung gelten die Vorschriften über die Durchführung der Besteuerung sinngemäß. Steuererklärung im Sinne des § 170 Absatz 2 Satz 1 Nummer 1 ist die Erklärung zur gesonderten Feststellung. Wird eine Erklärung zur gesonderten Feststellung nach § 180 Absatz 2 ohne Aufforderung durch die Finanzbehörde abgegeben, gilt § 170 Absatz 3 sinngemäß.**

**(2) Eine Erklärung zur gesonderten Feststellung hat abzugeben, wem der Gegenstand der Feststellung ganz oder teilweise zuzurechnen ist. Erklärungspflichtig sind insbesondere**

1. **in den Fällen des § 180 Absatz 1 Satz 1 Nummer 2 Buchstabe a jeder Feststellungsbeteiligte, dem ein Anteil an den einkommen- oder körperschaftsteuerpflichtigen Einkünften zuzurechnen ist;**
2. **in den Fällen des § 180 Absatz 1 Satz 1 Nummer 2 Buchstabe b der Unternehmer;**
3. **in den Fällen des § 180 Absatz 1 Satz 1 Nummer 3 jeder Feststellungsbeteiligte, dem ein Anteil an den Wirtschaftsgütern, Schulden oder sonstigen Abzügen zuzurechnen ist;**
4. **in den Fällen des § 180 Absatz 1 Satz 1 Nummer 2 Buchstabe a und Nr. 3 auch die in § 34 bezeichneten Personen.**

**Hat ein Erklärungspflichtiger eine Erklärung zur gesonderten Feststellung abgegeben, sind andere Beteiligte insoweit von der Erklärungspflicht befreit.**

**(2a) Die Erklärung zur gesonderten Feststellung nach § 180 Absatz 1 Satz 1 Nummer 2 ist nach amtlich vorgeschriebenem Datensatz durch Datenfernübertragung zu übermitteln. Auf Antrag kann die Finanzbehörde zur Vermeidung unbilliger Härten auf eine elektronische Übermittlung verzichten; in diesem Fall ist die Erklärung zur gesonderten Feststellung nach amtlich vorgeschriebenem Vordruck**

**abzugeben und vom Erklärungspflichtigen eigenhändig zu unterschreiben.**

**(3) Die Frist für die gesonderte Feststellung von Einheitswerten (Feststellungsfrist) beginnt mit Ablauf des Kalenderjahres, auf dessen Beginn die Hauptfeststellung, die Fortschreibung, die Nachfeststellung oder die Aufhebung eines Einheitswertes vorzunehmen ist. Ist eine einzureichende Erklärung zur gesonderten Feststellung des Einheitswertes abzugeben, so beginnt die Feststellungsfrist mit Ablauf des Kalenderjahres, in dem die Erklärung eingereicht wird, spätestens jedoch mit Ablauf des dritten Kalenderjahres, das auf das Kalenderjahr folgt, auf dessen Beginn die Einheitswertfeststellung vorzunehmen oder aufzuheben ist. Wird der Beginn der Feststellungsfrist nach Satz 2 hinausgeschoben, so wird der Beginn der Feststellungsfrist für die weiteren Feststellungszeitpunkte des Hauptfeststellungszeitraums jeweils um die gleiche Zeit hinausgeschoben.**

**(4) In den Fällen des Absatzes 3 beginnt die Feststellungsfrist nicht vor Ablauf des Kalenderjahres, auf dessen Beginn der Einheitswert erstmals steuerlich anzuwenden ist.**

**(5) Eine gesonderte Feststellung kann auch nach Ablauf der für sie geltenden Feststellungsfrist insoweit erfolgen, als die gesonderte Feststellung für eine Steuerfestsetzung von Bedeutung ist, für die die Festsetzungsfrist im Zeitpunkt der gesonderten Feststellung noch nicht abgelaufen ist; hierbei bleibt § 171 Abs. 10 außer Betracht. Hierauf ist im Feststellungsbescheid hinzuweisen. § 169 Abs. 1 Satz 3 gilt sinngemäß.**

**Inhaltsübersicht**



**Schrifttum**

GÜNTHER, Festsetzungsfrist und Feststellungsfrist, AO-StB 2009, 9; VON WEDELSTÄDT, Gesonderte Feststellung von Besteuerungsgrundlagen nach Ablauf der Feststellungsfrist, AO-StB 2009, 238; VON WEDELSTÄDT, Korrektur von Feststellungsbescheiden ohne Eingriff in die Bestandskraft, AO-StB 2011, 83. S. Schrifttum zu § 179 AO und s. Schrifttum zu § 180 AO.

## A. Bedeutung der Vorschrift

§ 181 AO enthält Regelungen zum Verfahren der gesonderten Feststellungen. Sie sind nicht auf die Feststellungen nach der AO beschränkt, sondern gelten grundsätzlich auch für Feststellungen nach Einzelsteuergesetzen, soweit dort nichts anderes geregelt wird. 1

## B. Sinngemäße Anwendung von Verfahrensvorschriften (§ 181 Abs. 1 Satz 1 AO)

Nach § 181 Abs. 1 Satz 1 AO gelten die Vorschriften über die Steuerfestsetzung für Feststellungsbescheide i. S. des § 179 Abs. 1 AO sinngemäß. Dies bedeutet die grundsätzliche Gleichstellung der Feststellungsbescheide mit den Steuerbescheiden und die Geltung aller für die Steuerfestsetzung maßgeblichen Verfahrensvorschriften auch im Feststellungsverfahren. Das betrifft die »Allgemeinen Verfahrensvorschriften« der §§ 78 ff. AO, die Regelungen über die »Durchführung der Besteuerung« der §§ 134 ff. AO und des »Außergerichtlichen Rechtsbehelfsverfahrens« der §§ 347 ff. AO, soweit nicht in § 181 Abs. 2 ff. AO Abweichungen bestimmt werden. 2

Besondere Bedeutung hat die Verweisung für die sinngemäße Anwendung der §§ 155 bis 177 AO. Feststellungsbescheid ist der nach § 122 Abs. 1 AO bekannt gegebene Verwaltungsakt (§ 155 Abs. 1 Satz 2 AO). Entsprechend § 157 AO ist er im Regelfall schriftlich zu erteilen, sind die festgestellten Besteuerungsgrundlagen nach Art und Betrag zu bezeichnen sowie anzugeben, wem die Besteuerungsgrundlagen zuzurechnen sind, und muss er eine Rechtsbehelfsbelehrung enthalten. Bei der Ermittlung der Besteuerungsgrundlagen gelten die §§ 158 bis 163 AO. Die gesonderte Feststellung kann unter Vorbehalt der Nachprüfung (§ 164 AO) oder vorläufig (§ 165 AO) erfolgen bzw. ausgesetzt werden (§ 165 Abs. 1 Satz 2 AO). Gesetzliche Fälle einer gesonderten Feststellung unter Vorbehalt der Nachprüfung finden sich in § 39 Abs. 3b Satz 4 EStG und § 39a Abs. 4 Satz 1 EStG (Eintragungen der Steuerklasse, der Zahl der Kinder und eines Freibetrags auf der Lohnsteuerkarte). Für die Aufhebung und Änderung von Feststellungsbescheiden gelten die §§ 172 bis 177 AO sinngemäß (zu den Besonderheiten s. Erläuterungen dort). 3

Für die gesonderte Feststellung gelten auch die Vorschriften über die Festsetzungsverjährung sinngemäß, allerdings mit den in § 181 Abs. 3 bis 5 AO enthaltenen Besonderheiten. Dazu s. Rz. 8 ff. 4

## C. Erklärungspflicht (§ 181 Abs. 2 und 2a AO)

5 Da die gesonderte Feststellung der Steuerfestsetzung gleichgestellt ist, gelten auch hinsichtlich der Pflicht zur Abgabe der Feststellungserklärung die Vorschriften der §§ 149 AO sinngemäß. Ergänzend zu § 149 Abs. 1 AO, der bestimmt, dass sich aus den Steuergesetzen ergibt, wer zur Abgabe der Steuererklärung verpflichtet ist, legt § 181 Abs. 2 AO fest, dass grundsätzlich zur Abgabe der Feststellungserklärung verpflichtet ist, wem der Gegenstand der Feststellung ganz oder teilweise zuzurechnen ist, und führt dies für die Fälle der Feststellungen nach § 180 Abs. 1 Satz 1 Nr. 2 und 3 AO im Einzelnen aus. Die Feststellung nach § 180 Abs. 1 Satz 1 Nr. 1 AO wird nicht erwähnt, weil insoweit § 28 Abs. 3 Satz 1 BewG gilt. Erklärungspflichtig ist danach derjenige, dem das Vermögen zum Feststellungszeitpunkt zuzurechnen ist; die Erklärungspflicht für die Vermögensaufstellung zur Ermittlung des Einheitswerts des gewerblichen Betriebes trifft die Gesamtheit der Mitunternehmer (BFH v. 21.05.1987, IV R 134/83, BStBl II 1987, 764).

6 In Fällen der gesonderten Feststellung nach § 180 **Abs. 1 Satz 1 Nr. 2 Buchst.** a AO ist jeder Feststellungsbeteiligte erklärungspflichtig, dem ein Anteil an den einkommen- oder körperschaftsteuerpflichtigen Einkünften zuzurechnen ist, unabhängig von der Höhe ihres Anteils, außerdem die in § 34 AO genannten Personen. Das gilt auch im Falleder Insolvenz der Personengesellschaft, da es sich bei der gesonderten Feststellung um den konkursfreien Bereich der Personengesellschaft handelt (AEAO zu § 251, Nr. 4.4.1.1); der Insolvenzverwalter ist daher nicht abgabepflichtig (BFH v. 23.08.1994, VII R 143/92, BStBl II 1995, 194). Allerdings hat er gem. § 34 Abs. 3 AO, soweit sein Verwaltungsrecht reicht, alle steuerlichen Pflichten des Gemeinschuldners zu erfüllen. Zu diesen Pflichten gehören auch die Buchführung, die Abgabe der Gewerbesteuererklärung und demzufolge auch die Gewinnermittlung (BFH v. 12.11.1992, IV B 83/91, BStBl II 1993, 265). Schwierigkeiten, die dadurch entstehen können, dass einzelne Beteiligte (z. B. Kommanditisten oder die Beteiligten bei Einsatz eines Geschäftsführers) faktisch nicht in der Lage sind, die Feststellungserklärung abzugeben, hat das FA bei seinen Ermessenserwägungen, wen es zur Abgabe auffordert, zu berücksichtigen (*Kunz* in Gosch, § 181 AO Rz. 13 m. w. N.). Die Abgabe der vollständigen Feststellungserklärung durch einen Erklärungspflichtigen befreit die Übrigen von ihrer Abgabepflicht (§ 181 Abs. 2 Satz 2 AO).

7 In den Fällen des **§ 180 Abs. 1 Satz 1 Nr. 2 Buchst. b** AO ist der Unternehmer erklärungspflichtig, d. h. derjenige, der die Tätigkeit nach § 180 Abs. 1 Satz 1Nr. 2 Buchst.b AO ausübt. Für die – auslaufenden – Fälle des § 180 Abs. 1 Satz 1Nr. 3 AO trifft die Erklärungspflicht jeden Feststellungsbeteiligten, dem ein Anteil zuzurechnen ist, sowie die in § 34 AO genannten Personen; deren Erfüllung durch einen befreit die Übrigen.

§ 181 Abs. 2a AO bestimmt die **elektronische Übermittlung der Erklärung zur gesonderten Feststellung** nach § 180 Abs. 1 Satz 1 Nr. 2 AO und regelt gleichzeitig, dass die Finanzbehörde auf Antrag zur Vermeidung unbilliger Härten darauf verzichten kann. Der Antrag kann auch konkludent durch Abgabe der Erklärung auf Papier erfolgen, sofern zugleich auch das Vorliegen unbilliger Härte begründet wird. Ein Härtefall kann insbes. dann vorliegen, wenn dem Stpfl. nicht zuzumuten ist, die technischen Voraussetzungen für eine elektronische Übermittlung zu schaffen (Begründung BT-Drs. 16/10188). In diesem Fall muss die Erklärung nach amtlich vorgeschriebenem Vordruck und mit eigenhändiger Unterschrift des Erklärungspflichtigen abgegeben werden. Sicherheitsbedenken begründen keinen Härtefall (*Kunz* in Gosch, § 181 AO Rz. 19.4). 7

## D. Feststellungsfrist (§ 181 Abs. 1 Satz 2, Abs. 3 bis 5 AO)

### I. Allgemein

Nach § 181 Abs. 1 Satz 1 AO sind die Vorschriften über die Festsetzungsfrist auf die gesonderte Feststellung ebenfalls sinngemäß anwendbar (Feststellungsfrist). Die **Dauer** der Feststellungsfrist bestimmt sich nach § 169 Abs. 2 AO. Die verlängerte Feststellungsfrist nach § 169 Abs. 2 Satz 2 AO hier setzt voraus, dass sich die Steuerverkürzung unmittelbar aus den gesondert festgestellten Besteuerungsgrundlagen ergibt (*Söhn* in HHSp, § 181 AO Rz. 83). Der **Beginn** der Feststellungsfrist richtet sich grundsätzlich nach § 170 Abs. 1, Abs. 2 Nr. 1 AO, wobei die Erklärung zur gesonderten Feststellung nach § 180 Abs. 1 Satz 2 AO als Steuererklärung zu werten ist. Wird in den Fällen des § 180 Abs. 2 AO eine Erklärung zur gesonderten Feststellung ohne Aufforderung durch die Finanzbehörde (s. auch § 3 V zu § 180 Abs. 2 AO, abgedruckt § 180 AO Rz. 34) abgegeben, so gilt nach § 181 Abs. 1 Satz 3 AO § 170 Abs. 3 AO sinngemäß. Das hat zur Folge, dass die Feststellungsfrist nicht vor Ablauf des Kalenderjahres beginnt, in dem die Erklärung abgegeben wird. Für die einheitlichen und gesonderten Feststellungen für Zwecke der Vermögensteuer nach § 180 Abs. 1 Satz 1 Nr. 3 AO gilt § 170 Abs. 4 AO sinngemäß. 8

Hinsichtlich des Ablaufs der Feststellungsfrist sind die Bestimmungen über die Ablaufhemmung nach § 171 AO zu beachten. Trotz des Ablaufs der Feststellungsfrist können unter den besonderen Voraussetzungen des § 181 Abs. 5 AO noch Feststellungsbescheide erlassen, aufgehoben oder geändert werden (s. Rz. 14 ff.). 9

### II. Einheitswertfeststellung (§ 181 Abs. 3 und 4 AO)

10 Für die gesonderte Feststellung von Einheitswerten (§ 180 Abs. 1 Satz 1 Nr. 1 AO) enthält § 181 Abs. 3 und 4 AO eine abweichende Bestimmung über den Beginn der Feststellungsfrist. Sie beginnt grundsätzlich mit Ablauf des Kalenderjahres, auf dessen Beginn die Hauptfeststellung (§ 21 BewG), die Fortschreibung (§ 22 BewG), die Nachfeststellung (§ 23 BewG) oder die Aufhebung (§ 24 BewG) eines Einheitswertes vorzunehmen ist (§ 181 Abs. 3 Satz 1 AO). Sie beginnt nach § 181 Abs. 3 Satz 2 AO jedoch mit Ablauf des Kalenderjahres, in dem eine einzureichende Erklärung zur gesonderten Feststellung des Einheitswertes eingereicht wird, sofern dieser Zeitpunkt nach dem durch § 181 Abs. 3 Satz 1 AO bezeichneten Zeitpunkt liegt. In diesen Fällen beginnt die Festsetzungsfrist jedoch spätestens mit Ablauf des dritten Kalenderjahres, das auf das Kalenderjahr folgt, auf dessen Beginn die Einheitswertfeststellung vorzunehmen oder aufzuheben ist.

11 Wird der Beginn der Feststellungsfrist für die Feststellung des Einheitswertes wegen des Zeitpunkts der Erklärungsabgabe nach § 181 Abs. 3 Satz 2 AO hinausgeschoben, so hat dies eine entsprechende Verschiebung des Beginns der Feststellungsfrist für die gesonderte Feststellung auf einen Fortschreibungszeitpunkt zur Folge (s. die ähnliche Regelung in § 170 Abs. 4 AO).

12 Eine weitere Anlaufhemmung schreibt § 181 Abs. 4 AO vor, wonach die für die gesonderte Feststellung von Einheitswerten geltende Feststellungsfrist nicht vor Ablauf des Kalenderjahres beginnt, auf dessen Beginn der Einheitswert erstmals steuerlich anzuwenden ist (z.B. wurden die zum Hauptfeststellungszeitpunkt 01.01.1964 festgestellten Einheitswerte des Grundbesitzes der Besteuerung erstmals zum 01.01.1974 zugrunde gelegt).

### III. Wahrung der Feststellungsfrist

13 Eine gesonderte Feststellung sowie ihre Aufhebung oder Änderung ist rechtswidrig, wenn die Feststellungsfrist abgelaufen ist, es sei denn, es handele sich um einen Fall des § 181 Abs. 5 AO. Die Frist wird durch die wirksame Feststellung der Besteuerungsgrundlagen vor dem Ablauf der Frist gewahrt, und zwar hinsichtlich aller Feststellungsbeteiligten bereits durch die Bekanntgabe des Feststellungsbescheids gegenüber nur einem Beteiligten; die Bekanntgabe ist gegenüber den anderen Beteiligten mit unverändertem Inhalt nachzuholen, selbst wenn er inhaltlich unrichtig sein sollte (BFH v. 27.04.1993, VIII R 27/92, BStBl II 1994, 3). Die Feststellungsfrist ist auch gewahrt, wenn der Feststellungsbescheid vor Ablauf der Frist den Bereich der für die gesonderte Feststellung zuständigen Finanzbehörde verlassen hat (§ 169 Abs. 1 AO), sofern er durch Bekanntgabe wirksam wird, d.h. dem Empfänger zugeht (BFH v. 25.11.2002, GrS 2/01, BStBl II 2003, 548); ein fristwahrendes Verlassen des Bescheids kann aber nicht erwartet werden, wenn dem FA eine Feststellungserklärung erst einen Tag vor Eintritt der Feststellungsverjährung zugeht (BFH v. 25.05.2011, IX R 36/10, BStBl II 2011, 807).

### IV. Feststellung trotz Ablaufs der Feststellungsfrist (§ 181 Abs. 5 AO)

14 Nach § 181 Abs. 5 AO muss eine gesonderte Feststellung auch nach Ablauf der Feststellungsfrist erfolgen, wenn die Feststellung für eine Steuerfestsetzung, eine Feststellung oder eine Messbetragsfestsetzung von Bedeutung ist, für die die Festsetzungs- oder Feststellungsfrist im Zeitpunkt der gesonderten Feststellung noch nicht abgelaufen ist.

14a Das Feststellungsverfahren hat dienende Funktion. Die Verselbstständigung der Besteuerungsgrundlagen durch die gesonderte und ggf. einheitliche Feststellung löst ihre Verbindung zum Steueranspruch, der allein durch Ablauf der Festsetzungsfrist erlischt bzw. erlöschen kann, nicht auf. Aus der Technik der getrennten Feststellung von Besteuerungsgrundlagen sollen dem Stpfl. weder Nachteile noch Vorteile entstehen (BFH v. 29.06.2011, IX R 38/10, BStBl II 2011, 963 m.w.N.). Aus § 181 Abs. 5 AO folgt vielmehr, dass der Ablauf der Feststellungsfrist der Verwirklichung des noch nicht erloschenen Steueranspruchs nicht entgegenstehen darf (h.M., u.a. *Söhn* in HHSp, § 181 AO Rz. 110 f. m.w.N.). Daher steht dem Betriebs-FA entgegen dem Wortlaut (»kann«) wegen des Grundsatzes der Gesetzmäßigkeit der Besteuerung kein Ermessen zum Erlass des Feststellungsbescheids zu.

15 Die Vorschrift gilt für gesonderte Feststellungen nach der AO und nach Einzelsteuergesetzen, also auch für den Erlass eines Ergänzungsbescheids nach § 179 Abs. 3 AO (BFH v. 03.03.2011, IV R 8/08, BFH/NV 2011, 1649 m.w.N.) oder eines Richtigstellungsbescheids nach § 182 Abs. 3 AO (*Söhn* in HHSp, § 182 AO Rz. 150; *von Wedelstädt*, AO-StB 2012, 83, 86). Auf Feststellungen nach § 10d EStG ist § 181 Abs. 5 AO nur anwendbar, wenn das FA die Feststellung des Verlustvortrags pflichtwidrig unterlassen hat (§ 10d Abs. 4 Satz 6 EStG). § 181 Abs. 5 AO ist über seinen Wortlaut hinaus nicht nur bei der erstmaligen Feststellung, sondern seinem Sinn und Zweck nach auch bei der Aufhebung und Änderung von Feststellungsbescheiden anwendbar, sofern die Voraussetzungen für eine Aufhebung oder Änderung erfüllt sind (BFH v. 11.11.2009, II R 14/08, BStBl II 2010, 723 m.w.N.). Auf **ressortfremde Grundlagenbescheide** sowie Bescheide über Billigkeitsmaßnahmen nach § 163 AO ist § 181 Abs. 5 AO nicht anwendbar (BFH v. 21.02.2013, V R 27/11, BStBl II 2013, 529; *von Wedelstädt*, AO-StB 2014,

150); zur Ablaufhemmung in diesen Fällen s. § 171 Abs. 10 Satz 2 AO, AEAO zu § 171, Nr. 6.4 sowie § 171 AO Rz. 97.

**16** Zur Einhaltung der **zeitlichen Voraussetzung** (s. Rz. 14) genügt es, dass der Feststellungsbescheid vor Ablauf der Festsetzungsfrist des Folgebescheids den Bereich der für die Steuerfeststellung zuständigen Finanzbehörde verlassen hat oder bei öffentlicher Zustellung der Feststellungsbescheid oder eine Benachrichtigung nach § 10 Abs. 2 VwZG ausgehängt ist (§ 181 Abs. 5 Satz 3 i. V. m. § 169 Abs. 1 Satz 3 AO). Voraussetzung ist im Falle der Absendung allerdings, dass der Feststellungsbescheid tatsächlich durch Bekanntgabe wirksam geworden ist. Im Übrigen ist das Betriebs-FA nicht gehalten, sich vor Erlass des Feststellungsbescheids bei den Folgebescheids-FA über Ablauf oder Nichtablauf der Festsetzungsfrist bei den Folgebescheiden zu erkundigen, es reicht, dass es möglich erscheint, dass die Festsetzungsfrist für eine Folgesteuer noch nicht abgelaufen ist (*Koenig* in Koenig, § 181 AO Rz. 35 m. w. N.; a. A. *Söhn* in HHSp, § 181 AO Rz. 144).

**17** Ob eine Feststellung »**von Bedeutung**« i. S. des § 181 Abs. 5 AO ist, richtet sich zunächst und vor allen Dingen – unbeschadet der unverzichtbaren verfahrensrechtlichen Bindungswirkung – nach materiellem Recht. Von Bedeutung sind Feststellungsbescheide nicht nur für die Steuerfestsetzung oder Feststellungsbescheide desselben oder des sich unmittelbar anschließenden Veranlagungszeitraums. Auch eine nur mittelbare Bedeutung dieser Bescheide für spätere Veranlagungen und Feststellungen ist ausreichend (st. Rspr., vgl. BFH v. 15.05.2013, IX R 5/11, BStBl II 2014,143 m. w. N.). Daher gilt § 181 Abs. 5 AO auch bei einem zweistufigen Feststellungsverfahren (§ 179 Abs. 2 Satz 3 AO) für die Feststellung auf der zweiten Stufe sowie dann, wenn aufgrund der Feststellung die Steuerfestsetzung auf der übernächsten (dritten) Stufe noch möglich ist wie z. B. im Fall der Einheitswertfeststellung hinsichtlich der Grundsteuerfestsetzung (BFH v. 11.11.2009, II R 14/08, BStBl II 2010, 723). Es steht z. B. dem Erlass eines Verlustfeststellungsbescheids nach § 10d EStG so lange keine Feststellungsverjährung entgegen, als diese Feststellung für künftige ESt-Festsetzungen oder Verlustfeststellungen nach § 10d EStG von Bedeutung ist (BFH v. 06.07.2005, XI R 27/04, BFH/NV 2006, 16 m. w. N.). Zur Bedeutung der gesonderten Feststellung des verbleibenden Verlustvortrags nach § 10d EStG für Steuerfestsetzungen vgl. BFH v. 29.06.2011, IX R 38/10, BStBl II 2011, 963. Allerdings ist die Vorschrift nur anzuwenden, wenn die zuständige Finanzbehörde die Feststellung des Verlustvortrags pflichtwidrig unterlassen hat (§ 10d Abs. 4 Satz 6 EStG). Das FA hat nicht pflichtwidrig gehandelt, wenn ihm die Feststellungserklärung erst einen Tag vor Eintritt der Feststellungsverjährung zugeht (BFH v. 25.05.2011, IX R 36/10, BStBl II 2011, 807; s. Rz. 13 a. E. und s. § 169 AO Rz. 15).

**18** Die Feststellung nach § 181 Abs. 5 AO ist auch zulässig, wenn die Festsetzungsfrist bei einzelnen, aber nicht allen Beteiligten abgelaufen ist. Aus dem Wortlaut der Vorschrift, insbes. aus dem Erfordernis des Hinweises, ist eine Einschränkung nicht zu entnehmen. Eine solche stünde auch der Absicht des Gesetzes (s. Rz. 14) entgegen, durch die gesonderte Feststellung als Vorstufe der Verwirklichung des Steueranspruchs durch Steuerfestsetzung dem Besteuerungsauftrag zu dienen und ihn nicht einzuschränken (BFH v. 27.08.1997, XI R 72/96, BStBl II 1997, 750; ebenso AEAO zu § 181, Nr. 1 Satz 1; *Frotscher* in Schwarz/Pahlke, § 181 AO Rz. 35; *Kunz* in Gosch, § 181 AO Rz. 28 m. w. N.; *Ratschow* in Klein, § 181 AO Rz. 38; a. A. *Brandis* in Tipke/Kruse, § 181 AO Rz. 20 m. w. N.; *Söhn* in HHSp, § 181 AO Rz. 123). Für die einheitliche und gesonderte Gewinnfeststellung gilt das nach Ansicht des BFH nur, wenn den Beteiligten, bei denen die Festsetzungsfrist abgelaufen ist, aus der Gewinnfeststellung kein Nachteil erwachsen kann oder Fragen des Bilanzzusammenhangs oder der Gewinnverteilung nicht betroffen sind (BFH v. 29.08.2000, VIII R 33/98, BFH/NV 2001, 414).

**19** Wegen seiner eingeschränkten Wirkung als Grundlagenbescheid muss der Feststellungsbescheid zur Vermeidung unzulässiger Folgeänderungen den **Hinweis** enthalten, dass er unter den Voraussetzungen des § 181 Abs. 5 AO ergangen ist (s. AEAO zu § 181, Nr. 1 Satz 2 und 3). Der Hinweis hat nicht bloße Begründungsfunktion, sondern Regelungscharakter, weil mit ihm der zeitliche Geltungsbereich der getroffenen Regelung abweichend von § 182 Abs. 1 AO bestimmt und dadurch rechtsgestaltend auf das Steuerrechtsverhältnis eingewirkt wird (BFH v. 25.11.2008, II R 11/07, BStBl II 2009, 287 m. w. N.; BFH v. 05.02.2014, X R 1/12, BStBl II 2016, 567). Er muss den Bestimmtheitsanforderungen des § 119 Abs. 1 AO genügen und deshalb unmissverständlich zum Ausdruck bringen, dass die Feststellungen nach Ablauf der Feststellungsfrist getroffen worden und nur noch für solche Folgesteuern von Bedeutung sind, für die die Festsetzungsfrist im Zeitpunkt der gesonderten Feststellung noch nicht abgelaufen war (BFH v. 18.03.1998, II R 48/96, BFH/NV 1998, 1190). Der Hinweis muss nicht erkennen lassen, für welche Steuerabschnitte (Veranlagungszeiträume) und für welche Steuerarten den getroffenen Feststellungen Rechtswirkung zukommen soll (BFH v. 18.03.1998, II R 7/96, BStBl II 1998, 555).

**20** **Fehlt der Hinweis** nach § 181 Abs. 5 Satz 2 AO, ist die Feststellung rechtswidrig, aber nicht nichtig, und auf Anfechtung hin aufzuheben. Er entfaltet im Rahmen seiner Bestandskraft uneingeschränkte Bindungswirkung (BFH v. 25.11.2008, II R 11/07, BStBl II 2009, 287 m. w. N.). Der Hinweis kann nicht durch Ergänzungsbescheid i. S. des § 179 Abs. 3 AO nachgeholt werden, weil es sich bei ihm nicht um eine notwendige Feststellung handelt (BFH v. 18.03.1998, II R 45/96, BStBl II

1998, 426; AEAO zu § 179, Nr. 2 Abs. 3). Weil er keine Begründungsfunktion i. S. des § 126 AO, sondern Regelungscharakter hat, kann dies auch nicht nach § 126 Abs. 1 Nr. 2 AO erfolgen. Er kann aber durch Änderung des Bescheids nach §§ 164 oder 172 ff. AO (BFH v. 14.06.2007, XI R 37/05, BFH/NV 2007, 2227; *Brandis* in Tipke/Kruse, § 181 AO Rz. 22; *Söhn* in HHSp, § 181 AO Rz. 132) oder in einer Einspruchsentscheidung im Rahmen der Überprüfung nach § 367 Abs. 2 Satz 1 AO nachgeholt werden, wenn die Festsetzungsfrist für die abhängige Steuer bei Ergehen des Änderungsbescheids oder der Einspruchsentscheidung noch nicht abgelaufen ist (BFH v. 12.07.2005, II R 10/04, BFH/NV 2006, 228 m. w. N.; *Brandis* in Tipke/Kruse, § 181 AO Rz. 22; *Kunz* in Gosch, § 181 AO Rz. 32); eines Verböserungshinweises bedarf es nicht, da die Rücknahme des Einspruchs nur zur Bestandskraft des Feststellungsbescheids führen würde (BFH v. 12.07.2005, II R 10/04, BFH/NV 2006, 228; *Kunz* in Gosch, § 181 AO Rz. 32 m. w. N.).

21 Die Feststellung nach § 181 Abs. 5 AO eröffnet die **Aufhebung oder Änderung** derjenigen Folgebescheide, bei denen die Festsetzungsfrist im Zeitpunkt der Feststellung noch nicht abgelaufen ist. Bei der Prüfung, ob die Festsetzungsfrist im Zeitpunkt der Feststellung noch offen ist, ist die Ablaufhemmung des § 171 Abs. 10 AO nicht mit zu berücksichtigen. Für die Aufhebung und Änderung des Folgebescheids gilt jedoch die Ablaufhemmung des § 171 Abs. 10 AO. Eine aufgrund eines rechtswidrigen Feststellungsbescheids nach § 181 Abs. 5 AO durchgeführte Aufhebung oder Änderung eines Folgebescheids ist rechtswidrig und auf Anfechtung hin aufzuheben.

## § 182 AO
## Wirkungen der gesonderten Feststellung

**(1) Feststellungsbescheide sind, auch wenn sie noch nicht unanfechtbar sind, für andere Feststellungsbescheide, für Steuermessbescheide, für Steuerbescheide und für Steueranmeldungen (Folgebescheide) bindend, soweit die in den Feststellungsbescheiden getroffenen Feststellungen für diese Folgebescheide von Bedeutung sind. Dies gilt entsprechend bei Feststellungen nach § 180 Absatz 5 Nummer 2 für Verwaltungsakte, die die Verwirklichung der Ansprüche aus dem Steuerschuldverhältnis betreffen. Wird ein Feststellungsbescheid nach § 180 Absatz 5 Nummer 2 erlassen, aufgehoben oder geändert, ist ein Verwaltungsakt, für den dieser Feststellungsbescheid Bindungswirkung entfaltet, in entsprechender Anwendung des § 175 Absatz 1 Satz 1 Nummer 1 zu korrigieren.**

**(2) Ein Feststellungsbescheid über einen Einheitswert nach § 180 Absatz 1 Satz 1 Nummer 1 wirkt auch gegenüber dem Rechtsnachfolger, auf den der Gegenstand der Feststellung nach dem Feststellungszeitpunkt mit steuerlicher Wirkung übergeht. Tritt die Rechtsnachfolge jedoch ein, bevor der Feststellungsbescheid ergangen ist, so wirkt er gegen den Rechtsnachfolger nur dann, wenn er ihm bekannt gegeben wird. Die Sätze 1 und 2 gelten für gesonderte sowie gesonderte und einheitliche Feststellungen von Besteuerungsgrundlagen, die sich erst später auswirken, nach der Verordnung über die gesonderte Feststellung von Besteuerungsgrundlagen nach § 180 Absatz 2 der Abgabenordnung entsprechend.**

**(3) Erfolgt eine gesonderte Feststellung gegenüber mehreren Beteiligten nach § 179 Absatz 2 Satz 2einheitlich und ist ein Beteiligter im Feststellungsbescheid unrichtig bezeichnet worden, weil Rechtsnachfolge eingetreten ist, kann dies durch besonderen Bescheid gegenüber dem Rechtsnachfolger berichtigt werden.**

### Inhaltsübersicht



### Schrifttum

Söhn, Festsetzungsverjährung nach § 171 Abs. 10 Satz 1 AO bei Anfechtung des Feststellungsbescheids, DStZ 2002, 881; Steinhauff, Abgrenzung Grundlagenbescheid von bloßer Tatbestandsverwirklichung, AO-StB 2010, 271; von Wedelstädt, Korrektur von Feststellungsbescheiden ohne Eingriff in die Bestandskraft, AO-StB 2012, 83; Klose, Die Anpassung von Folgebescheiden bei Erlass oder Änderung ressortfremder Grundlagenbescheide, AO-StB 2012, 308; von Wedelstädt, Ressortfremde Verwaltungsakte als Grundlagenbescheide, AO-StB 2014, 150. Im Übrigen s. Schrifttum zu § 179 AO und s. Schrifttum zu § 180 AO.

### A. Bindungswirkung des Feststellungsbescheids für Folgebescheide (§ 182 Abs. 1 AO)

### I. Allgemeines

Die Bindungswirkung der Folgebescheide an die in Feststellungsbescheiden getroffenen Feststellungen nach 1

§ 182 Abs. 1 AO ist notwendige Folge von Zweck und Inhalt des Feststellungsbescheids und seiner dienenden Funktion für die Besteuerung. Folgebescheide können andere Feststellungsbescheide, Steuermessbescheide, Steuerbescheide und Steueranmeldungen sein. Die Regelungen im Grundlagenbescheid müssen ohne weitere Überprüfung im Verfahren um den Erlass eines Steuerbescheids (Folgebescheid) durch die Finanzbehörde im Folgebescheid übernommen werden (AEAO zu § 175, Nr. 1.2). Aufgrund der Bindungswirkung ist die Finanzbehörde selbst dann an die in einem Grundlagenbescheid getroffenen Feststellungen gebunden, wenn ihr deren Unrichtigkeit bekannt ist. Das Folgebescheids-FA hat keine Ermittlungskompetenz und darf über einen Sachverhalt, über den im Feststellungsbescheid entschieden ist, im Folgeverfahren nicht abweichend entscheiden (BFH v. 18.04.2012, X R 34/10, BStBl II 2012, 647; BFH v. 18.07.2012, X R 28/10, BStBl II 2013, 444). Zum Erlass des Folgebescheids bei fehlendem Grundlagenbescheid s. § 155 AO Rz. 16 ff., insbes. Rz. 22.

1a Die Bindungswirkung eines Feststellungsbescheids bestimmt sich grundsätzlich nach dessen Verfügungssatz und damit danach, in welchem Umfang und mit welchem Inhalt die Behörde Besteuerungsgrundlagen in den Tenor dieses Verwaltungsakts aufgenommen hat (BFH v. 15.07.1986, VIII R 154/85, BStBl II 1986, 896, 898). In gleicher Weise wie bei der Beurteilung von Steuerbescheiden sind deshalb auch bei Feststellungsbescheiden von dessen »Regelungen« – d. h. den mit den einzelnen Verfügungssätzen festgestellten Besteuerungsgrundlagen – die diesen zugrunde liegenden Erwägungen rechtlicher und tatsächlicher Art (»Gründe«) zu unterscheiden (BFH v. 08.11.2005, VIII R 21/01, BFH/NV 2006, 491 m. w. N.). Für die hiernach erforderliche Abgrenzung zwischen den bindenden Verfügungssätzen und deren (bloßer) Begründung bedarf es der – in der Revisionsinstanz in vollem Umfang überprüfbaren (BFH v. 12.06.1997, I R 72/96, BStBl II 1997, 660) – Auslegung des Feststellungsbescheids. Dabei ist entsprechend § 133 BGB darauf abzustellen, wie der verständige Empfänger nach den ihm bekannten Umständen den Bescheid unter Berücksichtigung von Treu und Glauben verstehen musste.

## II. Gegenstand und Voraussetzungen der Bindungswirkung

2 **Bindungswirkung** besagt, dass die im Feststellungsbescheid getroffenen Feststellungen für die Folgebescheide verbindlich sind, soweit die Feststellungen für diese von Bedeutung sind. Dies hängt grundsätzlich von der Abgrenzung der den Grundlagenbescheiden einerseits und den Folgebescheiden andererseits zugewiesenen Regelungsbereiche ab (BFH v. 11.12.1997, III R 14/96, BStBl II 1999, 401; BFH v. 23.08.2000, X R 63/96, BFH/NV 2001, 729 m. w. N.). Was durch Grundlagenbescheid zu regeln ist, darf nicht durch Folgebescheid geregelt werden und umgekehrt (BFH v. 12.07.1989, X R 32/86, BFH/NV 1990, 366). Ein wirksamer Feststellungsbescheid entfaltet auch insoweit Bindungswirkung, als der von ihm erfasste Sachverhalt nicht im Rahmen des Folgebescheidsverfahrens überprüft werden darf; wegen der Ausnahmeregelung des § 155 Abs. 2 AO s. § 155 AO Rz. 16. Der Umfang der Bindungswirkung eines Feststellungsbescheids wird grundsätzlich nach dessen Verfügungssatz und damit danach bestimmt, in welchem Umfang und mit welchem Inhalt die Behörde Besteuerungsgrundlagen in den Tenor dieses Verwaltungsakts aufgenommen hat, nicht jedoch nach den Gründen; diese können zur Bestimmung seines Tenors nur dann herangezogen werden, wenn der Verfügungssatz selbst Raum zu Zweifeln über seinen Inhalt lässt (BFH v. 08.11.2005, VIII R 11/02, BStBl II 2006, 253 m. w. N.; BFH v. 18.07.2012, X R 28/10, BStBl II 2013, 444). Gegebenenfalls bedarf es der Auslegung des Feststellungsbescheids. Hierbei ist entsprechend § 133 BGB darauf abzustellen, wie ein verständiger Empfänger nach den ihm bekannten Umständen den Bescheid unter Berücksichtigung von Treu und Glauben verstehen musste (BFH v. 10.05.2016, IX R 4/15, BFH/NV 2016, 1425). Die Bindungswirkung eines Grundlagenbescheids reicht grundsätzlich nur so weit wie sein notwendiger oder möglicher, d. h. nach den einzelnen Gesetzesbestimmungen zulässiger Inhalt; bindend sind dabei sowohl die positiven wie die negativen Feststellungen (BFH v. 09.03.1995, X B 242/94, BFH/NV 1995, 858 m. w. N.).

Die **Feststellungswirkung eines gesonderten und einheitlichen Feststellungsbescheids** bezieht sich stets nur auf die gemeinschaftlich in der Personengesellschaft/-gemeinschaft verwirklichten Tatbestandsmerkmale, nicht aber auf Tatbestandsmerkmale außerhalb der Beteiligung im Bereich der persönlichen Einkünfteerzielung. Diese treten vielmehr zu den verbindlich festgestellten Besteuerungsgrundlagen im Bereich der persönlichen Tatbestandsverwirklichung der Gesellschafter hinzu. Sie gehören nicht in den Regelungsbereich des Grundlagenbescheids, sondern in den des Folgebescheids (BFH v. 11.04.2005, GrS 2/02, BStBl II 2005, 679; BFH v. 18.04.2012, X R 34/10, BStBl II 2012, 647 m. w. N.). Daher ist es zulässig, bei Gesellschaftern einer sog. Zebragesellschaft (s. § 180 AO Rz. 17 ff.), die ihren Anteil im Betriebsvermögen halten, Art und Höhe der in der Gesellschaft erzielten und dort festgestellten Einkünfte im Rahmen der Steuerfestsetzung dieser Gesellschafter umzuqualifizieren und zu bestimmen (BFH v. 09.10.2008, IX R 72/07, BStBl II 2009, 231), den Gewinn aus der Veräußerung eines Anteils an einer grundbesitzenden Personengesellschaft, der im Feststellungsbescheid als Veräußerungsgewinn ausgewiesen ist, in 2a einen laufenden Gewinn im Rahmen eines vom Stpfl. betriebenen gewerblichen Grundstückshandels umzuqualifizieren (BFH v. 18.04.2012, X R 34/10, BStBl II 2012, 647 m.w.N.; s. auch BFH v. 21.01.2014, IX R 9/13, BFH/NV 2014, 745 für die Frage der Verwirklichung eines Spekulationsgewinns durch den Gesellschafter) oder im Rahmen der Steuerfestsetzung zu entscheiden, ob die von einem beschränkt steuerpflichtigen Gesellschafter getätigten Versorgungsleistungen als Sonderausgabe (dauernde Last) abzugsfähig sind (BFH v. 10.06.2015, I R 63/12, BFH/NV 2016, 1). Im Feststellungsbescheid nach § 180 Abs. 1 Satz 1 Nr. 2 Buchst. a AO wird bindend entschieden, ob es sich um laufende Gewinne oder um Veräußerungsgewinne i.S. der § 14, § 14a Abs. 1, § 16, § 18 Abs. 3 EStG handelt, sowie über den Umfang der Beteiligung des Gesellschafters am Freibetrag nach § 16 Abs. 4 EStG, nicht aber über die Höhe des Freibetrags, über die wegen der persönlichen Voraussetzungen im Festsetzungsverfahren des Beteiligten zu entscheiden ist (BFH v. 17.12.2014, IV R 57/11, BStBl II 2015, 536 m.w.N.; *Brandis* in Tipke/Kruse, § 180 AO Rz. 58 m.w.N.). Lässt sich die Reichweite einer gesonderten Feststellung nicht eindeutig bestimmen, so darf und muss zur Auslegung des materiellen Regelungsgehalts auf dessen Gründe zurückgegriffen werden (BFH v. 18.04.2012, X R 34/10, BStBl II 2012, 647).

3 Voraussetzung für die Bindung ist ein **Grundlagenbescheid** (§ 171 Abs. 10 AO), der gem. § 124 Abs. 1 AO wirksam ist. Das ist der Fall, wenn er ordnungsgemäß adressiert und bekannt gegeben wurde und wenn er nicht nichtig ist (h.M., u.a. BFH v. 16.03.1993, XI R 42/90, BFH/NV 1994, 75 m.w.N.; *Kunz* in Gosch, § 182 AO Rz. 6 m.w.N.; *Brandis* in Tipke/Kruse, § 182 AO Rz. 6). Dies kann im Folgebescheidsverfahren entschieden werden (BFH v. 06.12.1995, I R 131/94, BFH/NV 1996, 592). Das Folgebescheids-FA hat dies nicht in jedem Fall der Auswertung eines Grundlagenbescheids, sondern nur bei akuten Zweifeln hinsichtlich seiner Wirksamkeit zu überprüfen. Nicht erforderlich ist, dass er unanfechtbar ist (§ 182 Abs. 1 AO). Die Bindungswirkung tritt mit Wirksamkeit, d.h. mit Bekanntgabe des Grundlagenbescheids ein.Wird die Vollziehung des Grundlagenbescheids ausgesetzt, bleibt der Erlass eines Folgebescheids nach § 361 Abs. 3 Satz 2 AO zulässig, die Bindungswirkung also bestehen. Er ist auch dann bindend, wenn er unrichtig und damit rechtswidrig ist (BFH v. 24.03.1998, I R 83/97, BStBl II 1998, 601 m.w.N.). Auch Bescheide, die Feststellungsbescheide ändern, sind Grundlagenbescheide.

4 Auch **negative** sowie **kombiniert positiv-negative Feststellungsbescheide** sind Grundlagenbescheide mit Bindungswirkung (s. § 179 AO Rz. 12 f.). Sie richtet sich nach der Aussage des negativen Feststellungsbescheids. Wird eine Feststellung abgelehnt, weil eine Mitunternehmerschaft/ein Beteiligungsverhältnis ganz oder teilweise verneint wird (BFH v. 24.03.1998, I R 83/97, BStBl II 1998, 601 m.w.N.), wird bindend festgestellt, dass – ggf. teilweise – keine Mitunternehmerschaft und damit keine **gemeinschaftlichen** Einkünfte mehrerer Personen vorliegen. In diesen Fällen fällt die Ermittlungsbefugnis, die bisher beim Feststellungs-FA lag, an das Festsetzungs-FA, das in eigener Zuständigkeit zu ermitteln und steuerrechtlich zu beurteilen hat und seine Ermittlungsergebnisse ggf. nach § 175 Abs. 1 Satz 1 Nr. 1 AO auswerten muss (BFH v. 30.10.2000, V B 89/00, BFH/NV 2001, 733). Wird aus materiell-rechtlichen Gründen eine positive Feststellung über Höhe etc. von gemeinschaftlichen Einkünften z.B. mangels Gewinnerzielungsabsicht bei Liebhaberei abgelehnt, wird bindend festgestellt, dass es an **steuerlich relevanten** Einkünften aus der gemeinschaftlichen Betätigung fehlt (s. § 179 AO Rz. 13). Das Folgebescheids-FA darf keine Einkünfte aus dem fraglichen Rechtsverhältnis in der Veranlagung der Beteiligten berücksichtigen, es ist mithin auch gehindert, weitere Ermittlungen oder eigenständige Wertungen vorzunehmen; es hat lediglich etwaig schon angesetzte Einkünfte aus dieser Quelle nach § 175 Abs. 1 Satz 1 Nr. 1 AO aus dem Folgebescheid auszuscheiden (h.M., u.a. BFH v. 28.11.1985, IV R 178/83, BGBl II 1986, 293 m.w.N.; *Kunz* in Gosch, § 179 AO Rz. 56 m.w.N.; *von Wedelstädt* in Gosch, § 175 AO Rz. 34 m.w.N.).

Da die **Aufhebung des Vorbehalts der Nachprüfung** eines Feststellungsbescheids einer Feststellung ohne Vorbehalt der Nachprüfung gleichsteht (§ 164 Abs. 3 Satz 2 AO i.V.m. § 181 Abs. 1 Satz 1 AO), rechtfertigt sie die Anpassung des Folgebescheids an den Grundlagenbescheid, wenn er diesem noch nicht entspricht; nicht erforderlich ist, dass bei Aufhebung des Vorbehalts der Grundlagenbescheid sachlich geändert wird (h.M.; BFH v.21.01.2014, IX R 38/13, BStBl II 2016, 580; *von Wedelstädt* in Gosch, § 175 AO Rz. 13 m.w.N.). Dies hat wegen der grundsätzlichen Zulässigkeit und der Verpflichtung der Behörde zur zutreffenden Auswertung von Grundlagenbescheiden bei zunächst fehlerhafter Auswertung vor allem Bedeutung für die Ablaufhemmung nach § 171 Abs. 10 AO, die bei Aufhebung des Vorbehalts der Nachprüfung neu zu laufen beginnt. 5

Grundlagenbescheid ist auch eine den **Feststellungsbescheid ändernde Entscheidung** im Feststellungs-,Einspruchs- oder Klageverfahren (h.M.; *Banniza* in HHSp, § 171 AO Rz. 220; *von Wedelstädt* in Gosch, § 175 AO Rz. 11 m.w.N.); führt die Einspruchsentscheidung nicht zu einer sachlichen Änderung des Grundlagenbescheids, rechtfertigt dies eine Änderung nach § 175 Abs. 1 Satz 1 Nr. 1 AO nicht, da keine Regelung mit Bindungswirkung getroffen wird (h.M.; u.a. BFH v. 19.01.2005, X R 14/04, BStBl II 2005, 242; *von Wedelstädt* in Gosch, § 175 AO Rz. 11 m.w.N.). Wird im Rahmen der Einspruchsentscheidung der Vorbehalt der Nachprüfung aufgehoben, liegt darin ein Grundlagenbescheid. 5a

6 Bindungswirkung erzeugt der Feststellungsbescheid, nicht die verwaltungsinterne Mitteilung der gesondert festgestellten Besteuerungsgrundlagen an die Folgebescheids-FA der Beteiligten (ESt-4-B-Mitteilung u. Ä.). Weicht ihr Inhalt von dem des bekannt gegebenen Feststellungsbescheids ab, ist allein dessen Inhalt bindend (BFH v. 31.10.1991, X R 126/90, BFH/NV 1992, 363).

7 Feststellungsbescheide, die einen Verlust feststellen, sind nicht nur für die ESt-Festsetzung des Verlustentstehungsjahres bindend, sondern auch für die Jahre des Verlustabzugs gem. § 10d EStG (BFH v. 16.11.2000, XI R 31/00, BStBl II 2002, 119 m. w. N.).

8 Stehen die einzelnen Feststellungen in einem Gewinnfeststellungsbescheid in einem rechtlichen Stufenverhältnis zueinander, d. h. sind sie als Vor- und Folgefrage zu qualifizieren, dann kann die als Vorfrage getroffene Regelung Bindungswirkung für Folgeregelungen des Feststellungsbescheids haben. Dies ist z. B. der Fall bei der Entscheidung im Feststellungsbescheid über das Vorliegen einer Mitunternehmerschaft für die nachrangigen Feststellungen wie die Erzielung eines Veräußerungsgewinns nach §§ 16, 34 EStG (BFH v. 14.01.2003, VIII B 108/01, BStBl II 2003, 335). Ist also das Vorliegen einer Mitunternehmerschaft nicht bis zum Ablauf der Klagefrist angefochten worden, entfaltet die Feststellung der Mitunternehmerschaft im finanzgerichtlichen Verfahren Bindungswirkung für die rechtlich-logisch nachrangigen (Folge-)Feststellungen (BFH v. 20.01.2003, VIII B 76/02, BFH/NV 2003, 1281 m. w. N.).

9 Bei besonderen gesonderten Feststellungen i. S. des § 179 Abs. 2 Satz 3 AO ist der Feststellungsbescheid der ersten Stufe – Feststellung des Gewinns der KG und Aufteilung auf die Gesellschafter einschließlich des Treuhandgesellschafters – nur für den Feststellungsbescheid des zweiten Stufe – Aufteilung des Gewinnanteils des Treuhänders auf Treugeber und Treuhänder –, nicht für die ESt-Festsetzung des Treuhänders bindend (BFH v. 10.04.2002, XI B 125/01, BFH/NV 2002, 1278).

10 Nach § 182 Abs. 1 Satz 2 AO haben Feststellungen nach § 180 Abs. 5 Nr. 2 AO Bindungswirkung auch für Verwaltungsakte im Steuererhebungsverfahren, d. h. für die Anrechnungsverfügung und den Abrechnungsbescheid. Diese Verwaltungsakte, deren Korrektur grundsätzlich nach §§ 130 f. AO erfolgt, sind insoweit in entsprechender Anwendung des § 175 Abs. 1 Satz 1 Nr. 1 AO zu ändern (s. dazu BFH v. 29.10.2013, VII R 68/11, BStBl II 2016, 115).

10a Ressortfremde Grundlagenbescheide sind keine Feststellungsbescheide i. S. des § 182 AO (s. dazu § 171 AO Rz. 97).

### III. Folgen der Bindungswirkung

Die Bindungswirkung des Grundlagenbescheids hat zur Folge, dass **Einwendungen gegen Entscheidungen im Grundlagenbescheid** nur mit dem Einspruch gegen diesen, nicht jedoch mit dem Einspruch gegen den Folgebescheid erhoben werden können (§ 351 Abs. 2 AO), dass der Erlass des Grundlagenbescheids beim Folgebescheid zu einer **Ablaufhemmung der Festsetzungsfrist** führt (§ 171 Abs. 10 AO) und dass der **Folgebescheid** entsprechend den Feststellungen **erlassen, aufgehoben oder geändert** werden muss (§ 175 Abs. 1 Satz 1 Nr. 1 AO). Die Anpassung ist zwingend. Die Bindungswirkung des Grundlagenbescheids verlangt, dass er **richtig und vollständig ausgewertet** wird. Bei nicht richtiger oder unvollständiger Auswertung ist das FA verpflichtet, im Rahmen einer weiteren Änderung nach § 175 Abs. 1 Satz 1 Nr. 1 AO die weitere oder berichtigende Auswertung vorzunehmen (h. M.; BFH v. 13.12.2000, X R 42/96, BStBl II 2001, 471 m. w. N.; *von Wedelstädt* in Gosch, § 175 AO Rz. 25 m. w. N.). 11

Nicht erforderlich ist, dass der Grundlagenbescheid unanfechtbar ist. Das Folgebescheids-FA darf mit seiner Auswertung nicht zuwarten, bis bei Rechtsbehelf gegen den Grundlagenbescheid die Rechtsbehelfsentscheidung unanfechtbar geworden ist. Für die Auswertung gilt nur die Ablaufhemmung des § 171 Abs. 10 AO. Nach BFH (BFH v. 30.11.1999, IX R 41/97, BStBl II 2000, 173; a. A. *Söhn*, DStZ 2002, 881) endet allerdings die Festsetzungsfrist nach § 171 Abs. 10 AO nicht, bevor ein Einspruchs- oder Klageverfahren gegen den Grundlagenbescheid rechtskräftig abgeschlossen ist. Dies begegnet erheblichen Bedenken, da die Ablaufhemmung nach dem Gesetzeswortlaut des § 171 Abs. 10 AO allein von der Bekanntgabe eines Grundlagenbescheids ausgelöst wird. Ein solcher liegt vor, wenn der Grundlagenbescheid im Rechtsbehelfsverfahren geändert wird, nicht jedoch, wenn er durch die Rechtsbehelfsentscheidung bestätigt wird (s. Rz. 5). 12

Die **Bindungswirkung** des Grundlagenbescheids beschränkt sich nicht auf eine bloße mechanische Übernahme seines Inhalts in den Folgebescheid. Vielmehr sind im Folgebescheid alle Ansätze der gesondert festzustellenden Besteuerungsgrundlage zu ändern, die dem Inhalt des Grundlagenbescheids widersprechen würden (BFH v. 10.06.1999, IV R 25/98, BStBl II 1999, 545). Das kann eine neue selbstständige Würdigung eines für das Folgeverfahren relevanten Sachverhalts in tatsächlicher und rechtlicher Hinsicht einschließen (BFH v. 08.09.1998, IX B 71/98, BFH/NV 1999, 157). Sofern dies von der Bindungswirkung des Grundlagenbescheids gedeckt ist, können die Folgerungen sich auch auf andere Besteuerungsgrundlagen oder Einkunftsarten beziehen. Es können also auch zusätzlich solche Sachverhalte berücksichtigt werden, die nicht Gegenstand des Grund- 13 lagenbescheids waren, die aber ihre steuerliche Bedeutung nur aufgrund des Grundlagenbescheids erhalten (BFH v. 11.04.1990, I R 82/86, BFH/NV 1991, 143 m.w.N.; *von Wedelstädt* in Gosch, § 175 AO Rz. 27 m.w.N.).

14 Der Folgebescheid kann auch erlassen werden, wenn die Vollziehung des Feststellungsbescheids ausgesetzt ist (§ 361 Abs. 3 Satz 2 AO). Allerdings ist dann die Vollziehung des Folgebescheids auszusetzen.

## B. Wirkung gegenüber dem Rechtsnachfolger (§ 182 Abs. 2 AO)

15 § 182 Abs. 2 Satz 1 AO normiert die **dingliche Wirkung der EW-Bescheide** auf Rechtsnachfolger. Sie wirken auch gegenüber dem Rechtsnachfolger, auf den der Gegenstand der Feststellung nach dem Feststellungszeitpunkt mit steuerlicher Wirkung übergeht; dies betrifft Haftungsschuldner nicht (AEAO zu § 182, Nr. 3). Der Rechtsnachfolger kann nur innerhalb der für den Rechtsvorgänger maßgebenden Einspruchsfrist Einspruch einlegen (§ 353 AO).

16 War die Rechtsnachfolge bereits vor Ergehen des Feststellungsbescheids eingetreten, ist für seine Wirksamkeit gegenüber dem Rechtsnachfolger seine Bekanntgabe an diesen erforderlich (§ 182 Abs. 2 Satz 2 AO). Maßgeblich ist der Zeitpunkt der Bekanntgabe des Feststellungsbescheids, nicht der Zeitpunkt, in dem das FA Kenntnis von der Rechtsnachfolge bekommt.

17 Die dingliche Wirkung wird nach § 182 Abs. 2 Satz 3 AO auf Feststellungsbescheide erweitert, die nach der V zu § 180 Abs. 2 AO ergehen und sich erst später auswirken (§§ 8 bis 10 V zu § 180 Abs. 2 AO, s. § 180 AO Rz. 67 bis 71).

## C. Berichtigung bei Rechtsnachfolge (§ 182 Abs. 3 AO)

18 Ist ein Feststellungsbeteiligter in einem Feststellungsbescheid i.S. des § 179 Abs. 2 Satz 2 AO unrichtig bezeichnet, weil Rechtsnachfolge eingetreten ist, kann dies durch einen besonderen Bescheid gegenüber dem Rechtsnachfolger (Richtigstellungsbescheid) berichtigt werden. Die Vorschrift betrifft gesonderte und einheitliche Feststellungen i.S. des § 180 Abs. 1 Satz 1 Nr. 2 Buchst. a AO oder nach der V zu § 180 Abs. 2 AO, sie dient der Vereinfachung des Verfahrens. Ausführlich zur Berichtigung bei Rechtsfolge s. *von Wedelstädt*, AO-StB 2012, 83, 86.

18a War ein Adressat eines gesonderten und einheitlichen Feststellungsbescheids z.Z. des Feststellungszeitpunktes schon verstorben oder als juristische Person durch Gesamtrechtsnachfolge (z.B. Umwandlung, Verschmelzung, Spaltung) weggefallen, ist der Feststellungsbescheid an den Rechtsnachfolger des Rechtsvorgängers in seiner Eigenschaft als Rechtsnachfolger zu richten (Inhaltsadressat) und diesem bekannt zu geben. Ist er fälschlicherweise an den Rechtsvorgänger gerichtet, ist er hinsichtlich der nicht mehr existierenden Person unwirksam, gegenüber den übrigen Feststellungsbeteiligten aber wirksam, er ist teilnichtig (h.M., BFH v. 23.09.1999, IV R 59/98, BStBl II 2000, 170; BFH v. 02.04.2008, I R 38/07, BFH/NV 2009, 881; *Kunz* in Gosch, § 179 AO Rz. 29 und § 182 AO Rz. 19). Die unrichtige Bezeichnung kann die Finanzbehörde durch einen nachträglichen **Richtigstellungsbescheid** gegenüber dem Rechtsnachfolger korrigieren, selbst wenn ihr die Rechtsnachfolge bekannt war (BFH v. 23.09.1999, IV R 59/98, BStBl II 2000, 170 m.w.N.). § 182 Abs. 3 AO soll auch dann anwendbar sein, wenn ein Beteiligtenwechsel durch Einzelrechtsnachfolge wie die Anteilsveräußerung eingetreten ist (BT-Drs. 10/1636, 46; *Söhn* in HHSp, § 182 AO Rz. 140, 151). Das gilt sehr eingeschränkt. Denn ein Feststellungsbescheid, der statt des neuen den – existierenden – bisherigen Beteiligten benennt und diesem gegenüber unter Beachtung des § 183 Abs. 1 und 2 AO wirksam bekannt gegeben wird, wird ihm gegenüber wirksam, ist also insoweit nicht teilnichtig, sondern rechtswidrig und anfechtbar (BFH v. 12.05.1993, XI R 66/92, BStBl II 1994, 5; *von Wedelstädt* in Gosch, § 125 AO Rz. 35 m.w.N.). Der zu Unrecht in Anspruch genommene bisherige Beteiligte muss sich mit dem Rechtsbehelf dagegen wehren. § 182 Abs. 3 AO kann aber dann greifen, wenn der Feststellungsbescheid dem bisherigen im Bescheid bezeichneten Beteiligten gegenüber nicht wirksam geworden ist, weil er ihm nicht bekannt gegeben wurde.

Die Richtigstellung ist zulässig unabhängig davon, ob 18b
die Rechtsnachfolge schon im Feststellungszeitraum oder erst später, aber vor Bekanntgabe des Feststellungsbescheids eingetreten ist. Sie ist unzulässig, wenn die Rechtsnachfolge erst nach Bekanntgabe des Feststellungsbescheids an den Rechtsvorgänger eingetreten ist, der Inhaltsadressat also zutreffend bezeichnet war und der Bescheid dem Rechtsvorgänger gegenüber wirksam geworden ist. Der Erlass des Richtigstellungsbescheids stellt keine Ermessensentscheidung dar; das »Kann« bedeutet rechtliches Können. Die Vorschrift ist auf Feststellungen nach § 180 Abs. 1 Satz 1 Nr. 2 Buchst. b AO nicht anwendbar (BFH v. 12.05.1993, XI R 66/92, BStBl II 1994, 5; AEAO zu § 182, Nr. 4 Satz 3).

Der »Richtigstellungsbescheid« ist kein Ergänzungs- 19
bescheid i.S. des § 179 Abs. 3 AO, weil er keine im Feststellungsbescheid versehentlich unterlassene Regelung nachholt, sondern lediglich die unrichtige Bezeichnung des materiell Betroffenen richtigstellt. Er benennt keinen neuen (weiteren) Feststellungsbeteiligten, sondern stellt lediglich die Bezeichnung eines vom Ausgangsbescheid bereits Betroffenen richtig (BFH v. 20.10.2009, IV B

63/09, BFH/NV 2010, 178). Er berührt den Regelungsinhalt des gesonderten und einheitlichen Feststellungsbescheids im Übrigen nicht (BFH v. 02.04.2009 I R 38/07, BFH/NV 2009, 881; AEAO zu § 182, Nr. 4 Satz 2). Dieser wird mit dem für den Rechtsnachfolger maßgeblichen Inhalt erst durch den Richtigstellungsbescheid dem Rechtsnachfolger gegenüber wirksam. Sein Erlass ist nur innerhalb der Feststellungsfrist zulässig (BFH v. 23.09.1999, IV R 59/98, BStBl II 2000, 170 m. w. N.). § 181 Abs. 5 AO ist anwendbar (*Söhn* in HHSp, § 182 AO Rz. 150 m. w. N.; *von Wedelstädt*, AO-StB 2012, 83, 86). Er ist dem Rechtsnachfolger bekannt zu geben. Für die Bekanntgabe gelten die üblichen Bekanntgaberegeln, sodass z. B. auch die Bekanntgabe an einen Empfangsbevollmächtigten in Frage kommt.

20 Der Richtigstellungsbescheid ist ein selbstständiger und anfechtbarer Verwaltungsakt. Gegen ihn können der Rechtsnachfolger und ggf. der Rechtsvorgänger Einspruch einlegen. Gegenstand des Einspruchsverfahrens kann nur seine Rechtmäßigkeit sein. Da der Feststellungsbescheid gegenüber dem Rechtsnachfolger erst mit dem Richtigstellungsbescheid wirksam wird, beginnt insoweit eine eigene Einspruchsfrist. War der ursprüngliche Feststellungsbescheid angefochten worden, wird der Richtigstellungsbescheid Gegenstand des Einspruchsverfahrens (§ 365 Abs. 3 AO) bzw. des Klageverfahrens (§ 68 FGO), weil er den in den beiden Vorschriften aufgeführten Gestaltungen sehr stark ähnelt und daher in ihren Regelungsbereich einbezogen werden muss (BFH v. 02.04.2009, I R 38/07, BFH/NV 2009, 881).

## § 183 AO Empfangsbevollmächtigte bei der einheitlichen Feststellung

**(1) Richtet sich ein Feststellungsbescheid gegen mehrere Personen, die an dem Gegenstand der Feststellung als Gesellschafter oder Gemeinschafter beteiligt sind (Feststellungsbeteiligte), so sollen sie einen gemeinsamen Empfangsbevollmächtigten bestellen, der ermächtigt ist, für sie alle Verwaltungsakte und Mitteilungen in Empfang zu nehmen, die mit dem Feststellungsverfahren und dem anschließenden Verfahren über einen Einspruch zusammenhängen. Ist ein gemeinsamer Empfangsbevollmächtigter nicht vorhanden, so gilt ein zur Vertretung der Gesellschaft oder der Feststellungsbeteiligten oder ein zur Verwaltung des Gegenstandes der Feststellung Berechtigter als Empfangsbevollmächtigter. Andernfalls kann die Finanzbehörde die Beteiligten auffordern, innerhalb einer bestimmten angemessenen Frist einen Empfangsbevollmächtigten zu benennen. Hierbei ist ein Beteiligter vorzuschlagen und darauf hinzuweisen, dass diesem die in Satz 1 genannten Verwaltungsakte und Mitteilungen mit Wirkung für und gegen alle Beteiligten bekannt gegeben werden, soweit nicht ein anderer Empfangsbevollmächtigter benannt wird. Bei der Bekanntgabe an den Empfangsbevollmächtigten ist darauf hinzuweisen, dass die Bekanntgabe mit Wirkung für und gegen alle Feststellungsbeteiligten erfolgt.**

**(2) Absatz 1 ist insoweit nicht anzuwenden, als der Finanzbehörde bekannt ist, dass die Gesellschaft oder Gemeinschaft nicht mehr besteht, dass ein Beteiligter aus der Gesellschaft oder der Gemeinschaft ausgeschieden ist oder dass zwischen den Beteiligten ernstliche Meinungsverschiedenheiten bestehen. Ist nach Satz 1 Einzelbekanntgabe erforderlich, so sind dem Beteiligten der Gegenstand der Feststellung, die alle Beteiligten betreffenden Besteuerungsgrundlagen, sein Anteil, die Zahl der Beteiligten und die ihn persönlich betreffenden Besteuerungsgrundlagen bekannt zu geben. Bei berechtigtem Interesse ist dem Beteiligten der gesamte Inhalt des Feststellungsbescheids mitzuteilen.**

**(3) Ist ein Empfangsbevollmächtigter nach Absatz 1 Satz 1 vorhanden, können Feststellungsbescheide ihm gegenüber auch mit Wirkung für einen in Absatz 2 Satz 1 genannten Beteiligten bekannt gegeben werden, soweit und solange dieser Beteiligte oder der Empfangsbevollmächtigte nicht widersprochen hat. Der Widerruf der Vollmacht wird der Finanzbehörde gegenüber erst wirksam, wenn er ihr zugeht.**

**(4) Wird eine wirtschaftliche Einheit**

**1. Ehegatten oder Lebenspartnern oder**
**2. Ehegatten mit ihren Kindern, Lebenspartnern mit ihren Kindern oder Alleinstehenden mit ihren Kindern**

**zugerechnet und haben die Beteiligten keinen gemeinsamen Empfangsbevollmächtigten bestellt, so gelten für die Bekanntgabe von Feststellungsbescheiden über den Einheitswert die Regelungen über zusammengefasste Bescheide in § 122 Abs. 7 entsprechend.**

### Inhaltsübersicht

**Schrifttum**

Dissars/Dissars, Einspruchsbefugnis bei einheitlicher Feststellung, BB 1996; von Wedelstädt, Einspruchs- und Klagebefugnis bei einheitlichen und gesonderten Feststellungsbescheiden, AO-StB 2006, 230, 261.

## A. Bedeutung der Vorschrift

1 Die Vorschrift enthält für die Bekanntgabe von einheitlichen Feststellungsbescheiden, sonstigen Verwaltungsakten und Mitteilungen gegen mehrere Personen, die am Gegenstand der Feststellung als Gesellschafter oder Gemeinschafter beteiligt sind (Feststellungsbeteiligte), Bekanntgabeerleichterungen gegenüber dem Grundsatz der Bekanntgabe an alle Beteiligten (s. § 179 AO Rz. 11). Sie gilt auch für Prüfungsanordnungen bezüglich der einheitlichen Feststellung von Überschusseinkünften, nicht jedoch von Gewinneinkünften, da hier die Gesellschaft Prüfungsadressat ist (AEAO zu § 197, Nr. 5.2.1 und 5.2.2 m. w. N.). Für die Bekanntgabe einheitlicher und gesonderter Feststellungsbescheide aufgrund der V zu § 180 Abs. 2 AO gilt die Vorschrift nicht, sondern § 6 VO zu § 180 Abs. 2 AO (Text und Erläuterungen s. § 180 AO Rz. 34 und 54 ff.).

## B. Bekanntgabe an gemeinsamen Empfangsbevollmächtigten (§ 183 Abs. 1 AO)

### I. Allgemeines

2 Nach § 122 Abs. 1 Satz 3 AO kann der Verwaltungsakt auch gegenüber einem Bevollmächtigten bekannt gegeben werden. Ob die Finanzbehörde sich an den Beteiligten oder den Bevollmächtigten wendet, steht es in ihrem pflichtgemäßen Ermessen. Dieser Grundsatz gilt auch in den Fällen des § 183 Abs. 1 AO, es sei denn, es liegen die Ausnahmesituationen des § 183 Abs. 2 AO vor. § 183 Abs. 1 AO sieht **drei Stufen** der Bekanntgabemöglichkeiten an Empfangsbevollmächtigte vor. Der gemeinsame Empfangsbevollmächtigte ist auch für die Frage der Einspruchs- bzw. Klagebefugnis von Bedeutung (s. § 352 Abs. 1 Nr. 1 i. V. m. Abs. 2 AO; § 48 Abs. 1 Nr. 1 i. V. m. Abs. 2 FGO).

### II. Bestellung eines gemeinsamen Empfangsbevollmächtigten

Nach § 183 Abs. 1 Satz 1 AO sollen die Feststellungsbeteiligten der Finanzbehörde gegenüber einen gemeinsamen Empfangsbevollmächtigten bestellen, der ermächtigt ist, für sie alle Verwaltungsakte und Mitteilungen in Empfang zu nehmen, die mit dem Feststellungsverfahren und dem anschließenden Verfahren über einen Einspruch zusammenhängen. Die Bestellung ist eine besondere Verfahrenshandlung, also eine Empfangsvollmacht, die sich nicht lediglich aus der gesellschaftsrechtlichen Vertretungsbefugnis oder aus einem Verwaltungsakt des FA ergibt (BFH v. 25.04.2002, II R 34/01, BFH/NV 2002, 1593; *Söhn* in HHSp, § 183 AO Rz. 53). Das setzt grundsätzlich voraus, dass die **Bestellung** durch alle Feststellungsbeteiligten erfolgt; sie muss durch später eintretende Beteiligte ebenfalls ausgesprochen werden (h. M., z. B. *Brandis* in Tipke/Kruse, § 183 AO Rz. 8 m. w. N.). Die Finanzbehörde kann allerdings nach ihrem Ermessen die Bestellung eines Empfangsbevollmächtigten durch nur einen Teil der Beteiligten zulassen und sich im Übrigen an die anderen Beteiligten einzeln halten (AEAO zu § 122, Nr. 2.5.2 Abs. 1 Satz 2). Der Empfangsbevollmächtigte i. S. des § 183 Abs. 1 Satz 1 AO muss nicht Feststellungsbeteiligter sein. Auch Rechtsscheinsvollmachten können für die Annahme einer Empfangsvollmacht genügen (st. Rspr., zuletzt BFH v. 05.05.2011, X B 139/10, BFH/NV 2011, 1291 m. w. N.). 3

Die Feststellungsbeteiligten »sollen« einen Empfangsbevollmächtigten bestellen, sie sind nicht dazu verpflichtet, es handelt sich um eine Obliegenheit. Diese besteht ohne Rücksicht auf die Zahl der Feststellungsbeteiligten (h. M., u. a. *Brandis* in Tipke/Kruse, § 183 AO Rz. 9 m. w. N.). Die Bestellung ist nicht gem. §§ 328 ff. AO erzwingbar. Solange die Feststellungsbeteiligten keinen Empfangsbevollmächtigten bestellt haben, muss die Finanzbehörde nach den weiteren Möglichkeiten des § 183 Abs. 1 AO vorgehen. Es kann auch eine Bekanntgabe an einen gemeinsamen Bevollmächtigten, z. B. Steuerberater, in Betracht kommen (§ 122 Abs. 1 Satz 3 AO i. V. m. § 80 AO); in diesem Fall ist der Hinweis nach § 183 Abs. 1 Satz 5 AO nicht erforderlich (s. Rz. 10 a. E.; *Brandis* in Tipke/Kruse, § 183 AO Rz. 10 m. w. N.). 4

Die Bestellung ist an keine Form gebunden; Schriftform empfiehlt sich zur Beweissicherung. Ihr Umfang richtet sich nach § 183 Abs. 1 Satz 1 AO. Die Finanzbehörde kann mit Wirkung für und gegen die Vollmachtgeber dem Bevollmächtigten alle Verwaltungsakte und Mitteilungen bekannt geben, die mit dem Feststellungsverfahren und dem anschließenden Verfahren über einen Ein- 5 spruch zusammenhängen. Soweit durch Maßnahmen der Finanzbehörde in den genannten Verfahren primär die Interessen einzelner Beteiligter berührt werden (z. B. Hinzuziehung eines Feststellungsbeteiligten gem. § 360 AO zu dem von anderen Beteiligten eingeleiteten Einspruchsverfahren), erfordert die pflichtgemäße Ermessensausübung die Bekanntgabe des entsprechenden Verwaltungsakts usw. auch an den besonders betroffenen Beteiligten.

6 Die Bestellung des Empfangsbevollmächtigten bleibt so lange wirksam, solange und soweit der Finanzbehörde kein **Widerruf** der Vollmacht zugeht (§ 183 Abs. 3 Satz 2 AO). Sie wirkt regelmäßig für **künftige Bescheide** in Feststellungsverfahren, ohne auf den im Erklärungsvordruck aufgeführten Zeitraum beschränkt zu sein, kann also auch zurückliegende und künftige Feststellungszeiträume betreffen (BFH v. 18.01.2007, IV R 53/05, BStBl II 2007, 369). Sie betrifft die Empfangnahme von Verwaltungsakten im Zusammenhang mit dem Feststellungsverfahren wie z. B. von Aufforderungen zur Mitwirkung bei der Sachverhaltsaufklärung, Auskunftserteilung, Vorlage von Urkunden, Androhung und Festsetzung von Zwangsmitteln, Verwaltungsakten im Außenprüfungs- und Steuerfahndungsverfahren, allen Verwaltungsakten im Rahmen eines anschließenden Einspruchsverfahrens einschließlich der Einspruchsentscheidung sowie von Mitteilungen jeglicher Art im Zusammenhang mit dem Feststellungsverfahren.

## III. Fingierter Empfangsbevollmächtigter

7 Fehlt ein von den Beteiligten bestellter gemeinsamer Empfangsbevollmächtigter, gilt ein zur Vertretung der Gesellschaft oder der Feststellungsbeteiligten oder ein zur Verwaltung des Gegenstands der Feststellung Berechtigter als Empfangsbevollmächtigter (§ 183 Abs. 1 Satz 2 AO). Die Berechtigung ergibt sich aus den entsprechenden gesetzlichen oder vertraglichen Regelungen und betrifft z. B. den Komplementär einer KG oder den Geschäftsführer (BFH v. 18.12.1991, XI R 42–43/88, BStBl II 1992, 585). Bei gesetzlicher oder vertraglicher Gesamtvertretung ist die Bekanntgabe an einen Feststellungsbeteiligten mit Wirkung gegen alle m. E. nicht zulässig, da er allein nicht zur Vertretung der Gesellschaft berechtigt ist (*Kunz* in Gosch, § 183 AO Rz. 10 m. w. N.; *Brandis* in Tipke/Kruse, § 183 AO Rz. 14; a. A. BFH v. 23.06.1988, IV R 33/86, BStBl II 1988, 979; AEAO zu § 122, Nr. 2.5.2 Abs. 3 Satz 2; *Ratschow* in Klein, § 183 AO Rz. 9; *Söhn* in HHSp, § 183 AO Rz. 77); in diesen Fällen kann daher nur nach § 183 Abs. 1 Satz 3 und 4 AO verfahren werden. Die Fortgeltungsfiktion des § 183 Abs. 3 AO gilt im Fall des fingierten Empfangsbevollmächtigten nicht (AEAO zu § 122, Nr. 2.5.2 Abs. 3 Satz 3).

## IV. Aufforderung zur Bestellung eines Empfangsbevollmächtigten

Fehlt sowohl ein bestellter als auch ein fingierter Empfangsbevollmächtigter, kann die Finanzbehörde nach § 183 Abs. 1 Satz 3 AO die Feststellungsbeteiligten auffordern, innerhalb einer bestimmten angemessenen (verlängerungsfähigen, § 109 Abs. 1 AO) Frist einen Empfangsbevollmächtigten zu benennen. Dabei muss sie einen der Beteiligten (nicht einen Dritten) als Empfangsbevollmächtigten vorschlagen und diesen Vorschlag mit dem Hinweis verbinden, dass diesem die in § 183 Abs. 1 Satz 1 AO genannten Verwaltungsakte und Mitteilungen mit Wirkung für und gegen alle Beteiligten bekannt gegeben werden, sofern nicht ein anderer Empfangsbevollmächtigter benannt wird (§ 183 Abs. 1 Satz 4 AO). 8

Die Aufforderung ist Verwaltungsakt. Sie muss an alle Feststellungsbeteiligten gerichtet und gesondert bekannt gegeben werden (AEAO zu § 122, Nr. 2.5.3 Abs. 1 Satz 2); ihre Befolgung kann nur durch alle durch Benennung eines gemeinsamen Empfangsbevollmächtigten geschehen. Dem Zweck des § 183 Abs. 1 AO wäre nicht Genüge getan, wenn jeder Beteiligte einen eigenen Bevollmächtigten benennt, also im Extremfall je an seine Stelle je ein Bevollmächtigter treten könnte (h. M.; *Kunz* in Gosch, § 183 AO Rz. 11 m. w. N.; *Söhn* in HHSp, § 183 AO Rz. 87). Die Beteiligten können als Empfangsbevollmächtigten auch einen Nicht-Beteiligten benennen. 9

## V. Hinweis auf die Wirkung der Bekanntgabe (§ 183 Abs. 1 Satz 5 AO)

Werden Verwaltungsakte oder Mitteilungen einem gemeinsamen Empfangsbevollmächtigten nach § 183 Abs. 1 Sätze 1 bis 4 AO bekannt gegeben, wirkt die Bekanntgabe für und gegen alle Feststellungsbeteiligten. Sie werden mit der Bekanntgabe wirksam (§ 124 AO) und setzen, sofern es sich um Verwaltungsakte handelt, die Einspruchsfrist in Gang (§ 355 AO). Nach § 183 Abs. 1 Satz 5 AO muss die Finanzbehörde bei der Bekanntgabe an den Empfangsbevollmächtigten darauf hinweisen, dass die Bekanntgabe mit Wirkung für und gegen alle Feststellungsbeteiligten erfolgt. Dies kann in der Rechtsbehelfsbelehrung geschehen (BFH v. 28.04.1987, VIII R 353/83, BFH/NV 1988, 3 m. w. N.). Fehlt dieser Hinweis, tritt die beabsichtigte Bekanntgabewirkung nicht ein. Der Feststellungsbescheid wird gegenüber den Feststellungsbeteiligten erst wirksam durch Bekanntgabe an jeden einzelnen der Beteiligten oder unter Hinzufügung des Hinweises an den Empfangsbevollmächtigten. Der Hinweis kann durch Ergänzungsbescheid nach § 179 Abs. 3 AO nachgeholt werden (BFH v. 13.07.1994, XI R 21/93, BStBl II 1994, 885; AEAO zu § 179, Nr. 2 Abs. 2; s. § 179 AO Rz. 24). Bei umfassender Bevollmächtigung einer 10

Person durch alle Beteiligten (§ 80 AO, nicht nur Empfangsvollmacht, s. Rz. 4) bedarf es des Hinweises nach § 183 Abs. 1 Satz 5 AO nicht (BFH v. 16.03.1993, XI R 42/90, BFH/NV 1994, 75 m. w. N.).

## C. Ausnahmen von der Empfangsbevollmächtigung

### I. Allgemeines

11 § 183 Abs. 2 AO regelt Ausnahmen von der vereinfachten Bekanntgabe an gemeinsame Empfangsbevollmächtigte. Die Vorschrift zeigt, dass die Vereinfachungsregelung einen intakten Informationsfluss innerhalb der Gesellschaft oder Gemeinschaft voraussetzt. Die Finanzbehörde darf von der Möglichkeit des § 183 Abs. 1 AO nicht Gebrauch machen, wenn ihr **bekannt** ist, dass einer der Ausnahmefälle des § 183 Abs. 2 AO vorliegt. Der Kenntnis der Finanzbehörde steht es im Falle des Ausscheidens eines Beteiligten gleich, wenn das Ausscheiden im Handelsregister eingetragen ist (BFH v. 14.12.1978, IV R 221/75, BStBl II 1979, 503 m. w. N.). Es ist es Aufgabe der Beteiligten, die Finanzbehörde vom Vorliegen eines Ausnahmefalles zu informieren, da diese sich in ihrer Sphäre abspielen. Tun sie es nicht, müssen sie den Anschein des Fortbestehens der bisherigen Verhältnisse gegen sich gelten lassen. Ein Kennenmüssen der Finanzbehörde reicht nicht, Ermittlungen braucht sie nicht anzustellen, es sei denn, sie habe aus den ihr bekannten Umständen begründeten Anlass, einen Ausnahmefall anzunehmen (*Söhn* in HHSp, § 183 AO Rz. 121 m. w. N.).

12 In den Ausnahmefällen ist der einheitliche Feststellungsbescheid gesondert bekannt zu geben, und zwar allen Beteiligten, es sei denn, es sind wie beim Ausscheiden eines Gesellschafters oder bei ernstlichen Meinungsverschiedenheiten einzelne Beteiligte betroffen; hier verbleibt es bei den übrigen bei der Bekanntgabe an den Empfangsbevollmächtigten (*Brandis* in Tipke/Kruse, § 183 AO Rz. 20; AEAO zu § 122, Nr. 2.5.5 Abs. 2).

### II. Die Ausnahmefälle nach § 183 Abs. 2 AO

13 **Die Gesellschaft oder Gemeinschaft besteht nicht mehr.** Dies ist nicht nur der Fall, wenn sie zivilrechtlich beendet ist, sondern erfasst alle Situationen der Auflösung der Gesellschaft, in denen der Informationsfluss gestört sein kann, wie z. B. die Einstellung ihrer Tätigkeit. Tritt die Gesellschaft in die **Liquidationsphase**, ist bei Personenhandelsgesellschaften der Feststellungsbescheid dem oder den Liquidatoren unter Angabe des Vertretungsverhältnisses, bei Gesellschaften bürgerlichen Rechts und Gemeinschaften allen Gesellschaftern als Liquidatoren bekannt zu geben, denen nach § 730 Abs. 2 BGB die Geschäftsführungsbefugnis nur gemeinschaftlich zusteht (AEAO zu § 122, Nr. 2.7.2 Abs. 2). In diesen Fällen kann aber von der Regelung des § 183 Abs. 1 Satz 2 AO Gebrauch gemacht werden, da die Gesellschaft noch nicht beendet ist (BFH v. 26.10.1989, IV R 23/89, BStBl II 1990, 333; *Söhn* in HHSp, § 183 AO Rz. 130). Nach Abschluss der gesellschaftsrechtlichen Liquidation kann an den Liquidator nicht mehr bekanntgegeben werden, da sei Amt beendet ist (AEAO zu § 122, Nr. 2.5.2 Abs. 4 m. w. N.). Es besteht aber die Möglichkeit nach § 183 Abs. 3 AO den Feststellungsbescheid einem Empfangsbevollmächtigten bekannt zu geben. Bei **Vollbeendigung** einer Personengesellschaft (s. § 180 AO Rz. 11) sind Feststellungsbescheide, bei denen die Feststellungen die Zeit der Zugehörigkeit der Gesellschafter zur Gesellschaft betreffen, allen früheren Gesellschaftern einzeln bekannt zu geben. Haben die früheren Gesellschafter einen gemeinsamen Empfangsbevollmächtigten nach § 183 Abs. 1 Satz 1, Abs. 2 Satz 1, Abs. 3 Satz 1 AO bestellt, können die Feststellungsbescheide diesem bekannt gegeben werden (BFH v. 31.08.1999, VIII R 21/98, BFH/NV 2000, 554 m. w. N.). Bei Eröffnung **der Insolvenz** über das Vermögen der Gesellschaft, nicht aber der Gesellschafter, wird die Personengesellschaft zivilrechtlich aufgelöst (§ 728 Abs. 1 BGB, § 131 Abs. 1 Nr. 3, § 161 Abs. 2 HGB); der Feststellungsbescheid ist den Gesellschaftern einzeln bekannt zu geben (AEAO zu § 251, Nr. 4.4.1.1 Abs. 5; s. § 179 AO Rz. 5), nicht an den Insolvenzverwalter. Wurde eine Empfangsvollmacht nach § 183 Abs. 1 Satz 1 AO erteilt, kann weiterhin bis zum Widerruf an den Empfangsbevollmächtigten bekannt gegeben werden (AEAO zu § 122, Nr. 2.5.5 Abs. 3 m. w. N.; AEAO zu § 251, Nr. 4.4.1.1 Abs. 5).

**Ein Gesellschafter oder Gemeinschafter ist ausgeschieden.** Dies betrifft sowohl das rechtliche Ausscheiden wie den Tod des Gesellschafters, wenn der Erbe nicht in die Gesellschafterstellung des Verstorbenen eintritt. Betroffen sind auch Feststellungszeiträume vor dem Ausscheiden. Scheidet aus einer zweigliedrigen Personengesellschaft ein Gesellschafter aus und führt der andere das Unternehmen fort, liegt ein Fall der Vollbeendigung vor (s. Rz. 12; BFH v. 30.03.1978, IV R 72/74, BStBl II 1978, 503). 14

**Zwischen den Gesellschaftern bestehen ernstliche Meinungsverschiedenheiten.** Ernstliche Meinungsverschiedenheiten sind solche, die das üblicherweise unter den Beteiligten bestehende gegenseitige Vertrauensverhältnis so ernstlich untergraben, dass das Funktionieren des notwendigen Zusammenwirkens unter den Beteiligten, insbes. der Informationsaustausch über die gemeinschaftlichen Belange nicht mehr gewährleistet ist. Eine derartige Situation liegt z. B. vor, wenn der Finanzbehörde bekannt wird, dass die Mehrheit der Gesellschafter bestrebt ist, einen Mitgesellschafter als »lästigen Gesellschafter« aus der Gesellschaft zu drängen. 15

### III. Ausnahme von der Ausnahme (§ 183 Abs. 3 AO)

16 Die Finanzbehörde kann nach § 183 Abs. 3 Satz 1 AO auch nach Beendigung des Bestehens der Gesellschaft oder Gemeinschaft, nach Ausscheiden des Vollmachtgebers aus der Gesellschaft oder Gemeinschaft sowie bei zwischen den Beteiligten bestehenden ernstlichen Meinungsverschiedenheiten trotz ihrer Kenntnis von der Bekanntgabemöglichkeit an den gemeinsamen Empfangsbevollmächtigten Gebrauch machen, solange und soweit der Vollmachtgeber oder der Empfangsbevollmächtigte dem Verfahren nicht widersprochen hat (BFH v. 31.08.1999, VIII R 21/98, BFH/NV 2000, 554 m. w. N.; AEAO zu § 122, Nr. 2.5.5 Abs. 3). Der **Widerspruch** hat die Wirkung eines Widerrufs und wird nach § 183 Abs. 3 Satz 2 AO erst beachtlich, wenn er der Finanzbehörde zugeht. Widerruf der Vollmacht bzw. Widerspruch gegen die Fortführung des erleichterten Bekanntgabeverfahrens an den bestellten Empfangsbevollmächtigten können der Finanzbehörde auch formlos mitgeteilt werden, jedoch ist aus Beweisgründen Schriftform zu empfehlen. Widerruft ein Feststellungsbeteiligter die Bestellung des Empfangsbevollmächtigten, liegt kein gemeinsamer Empfangsbevollmächtigter mehr vor (*Söhn* in HHSp, § 183 AO Rz. 47 m. w. N.).

### IV. Bescheidinhalt bei Einzelbekanntgabe (§ 183 Abs. 2 Satz 2 und 3 AO)

17 Ist wegen der Gründe des § 183 Abs. 2 Satz 1 AO eine Einzelbekanntgabe vorgesehen, sind dem jeweiligen Beteiligten grundsätzlich nicht der gesamte Inhalt des Feststellungsbescheids, sondern nur der Gegenstand der Feststellung, die alle Beteiligten betreffenden Besteuerungsgrundlagen, sein Anteil, die Zahl der Beteiligten und die ihn persönlich betreffenden Besteuerungsgrundlagen, insbes. die Wertermittlung und die Aufteilungsgrundlagen (AEAO zu § 183, Nr. 2 Satz 2), bekannt zu geben, sog. verkürzter Feststellungsbescheid (§ 183 Abs. 2 Satz 2 AO).

18 Bei berechtigtem Interesse ist dem Feststellungsbeteiligten aber der gesamte Inhalt des Feststellungsbescheids bekannt zu geben (§ 183 Abs. 2 Satz 3 AO; AEAO zu § 122, Nr. 2.5.6). Das berechtigte Interesse muss nicht notwendig ein steuerliches sein. Die Mitteilung des gesamten Inhalts hat informatorischen Charakter und berührt die verfahrensrechtliche Wirkung des bekannt gegebenen inhaltlich reduzierten Feststellungsbescheids nicht. Sie stellt keinen Verwaltungsakt dar und ist ggf. nur im Wege der sonstigen Leistungsklage erzwingbar.

19 Hieraus ergibt sich, dass im Übrigen dem gemeinsamen Empfangsbevollmächtigten auch dann der alle Besteuerungsgrundlagen umfassende Feststellungsbescheid bekannt zu geben ist, wenn er nicht alle Feststellungsbeteiligten vertritt (s. Rz. 3). Ein Verstoß gegen § 30 AO liegt dabei nicht vor. Offenbarungen von Besteuerungsgrundlagen, die nur einen Gesellschafter einer Personengesellschaft betreffen, an andere Gesellschafter sind grundsätzlich zulässig, soweit sie Gegenstand der Feststellung sind (BFH v. 27.08.1997, XI R 72/96, BStBl II 1997, 750).

### D. Bekanntgabe von Einheitswertbescheiden an Ehegatten u. Ä. (§ 183 Abs. 4 AO)

§ 183 Abs. 4 AO enthält für die Bekanntgabe von Einheitswertbescheiden an Familiengemeinschaften eine spezielle Vereinfachung. Entsprechend § 122 Abs. 7 AO kann Ehegatten/Lebenspartnern, Ehegatten/Lebenspartnern mit ihren Kindern oder Alleinstehenden mit ihren Kindern grundsätzlich eine Ausfertigung des Feststellungsbescheids unter ihrer gemeinsamen Anschrift bekannt gegeben werden, sofern ihnen eine wirtschaftliche Einheit zugerechnet wird und sie keinen gemeinsamen Empfangsbevollmächtigten bestellt haben. Einzelbekanntgabe ist jedoch erforderlich, soweit dies die Beteiligten beantragt, sie keine gemeinsame Anschrift haben oder soweit der Finanzbehörde bekannt ist, dass zwischen ihnen ernstliche Meinungsverschiedenheiten bestehen. Wird eine wirtschaftliche Einheit teilweise Beteiligten an der Familiengemeinschaft und im Übrigen außenstehenden Personen zugerechnet, muss stets Einzelbekanntgabe erfolgen, sofern nicht gemeinsame Empfangsbevollmächtigte bestellt sind oder die übrigen Voraussetzungen des § 183 Abs. 1 AO für eine erleichterte Bekanntgabe vorliegen. 20

## II. Festsetzung von Steuermessbeträgen

## § 184 AO Festsetzung von Steuermessbeträgen

**(1) Steuermessbeträge, die nach den Steuergesetzen zu ermitteln sind, werden durch Steuermessbescheid festgesetzt. Mit der Festsetzung der Steuermessbeträge wird auch über die persönliche und sachliche Steuerpflicht entschieden. Die Vorschriften über die Durchführung der Besteuerung sind sinngemäß anzuwenden. Ferner sind § 182 Abs. 1 und für Grundsteuermessbescheide auch Abs. 2 und § 183 sinngemäß anzuwenden.**

**(2) Die Befugnis, Realsteuermessbeträge festzusetzen, schließt auch die Befugnis zu Maßnahmen nach § 163 Absatz 1 Satz 1 ein, soweit für solche Maßnahmen in einer allgemeinen Verwaltungsvor-**

**schrift der Bundesregierung, der obersten Bundesfinanzbehörde oder einer obersten Landesfinanzbehörde Richtlinien aufgestellt worden sind. Eine Maßnahme nach § 163 Absatz 1 Satz 2 wirkt, soweit sie die gewerblichen Einkünfte als Grundlage für die Festsetzung der Steuer vom Einkommen beeinflusst, auch für den Gewerbeertrag als Grundlage für die Festsetzung des Gewerbesteuermessbetrages.**

**(3) Die Finanzbehörden teilen den Inhalt des Steuermessbescheids sowie die nach Absatz 2 getroffenen Maßnahmen den Gemeinden mit, denen die Steuerfestsetzung (der Erlass des Realsteuerbescheids) obliegt.**

**Inhaltsübersicht**



## A. Bedeutung der Vorschrift

1 Das Steuermessbetragsverfahren stellt eine Ausnahme von dem in § 157 Abs. 2 AO aufgestellten Grundsatz der unselbstständigen Ermittlung der Besteuerungsgrundlagen dar. Die Regelung dient der Verfahrensvereinfachung. Steuermessbescheide sind für die Festsetzung von Realsteuern Grundlagenbescheide i.S. des § 171 Abs. 10 AO. Die Vorschrift ist bei der Feststellung der Berechnungsgrundlagen für hinterzogene Realsteuern entsprechend anzuwenden (AEAO zu § 235, Nr. 6.2).

## B. Festsetzung von Steuermessbeträgen

### I. Allgemeines

2 Nach § 184 Abs. 1 Satz 1 AO werden die nach den Steuergesetzen zu ermittelnden Steuermessbeträge durch **Steuermessbescheid** festgesetzt. Das ist nur bei den Realsteuern (§ 3 Abs. 2 AO: Grundsteuer und Gewerbesteuer) der Fall (§§ 13 ff. GrStG und §§ 11 und 14 GewStG. Der Steuermessbetrag ergibt sich durch Anwendung der Steuermesszahlen auf die Besteuerungsgrundlagen. Zum Erlass eines Steuermessbescheids nach Insolvenzeröffnung s. § 179 AO Rz. 5.

Der festgesetzte Steuermessbetrag bildet die Grundlage für die Festsetzung der GewSt und der GrSt, deren Höhe sich im Wege der Multiplikation des Steuermessbetrags mit dem für die steuerberechtigte Gemeinde geltenden Hebesatz errechnet. 3

Die örtliche Zuständigkeit für den Erlass des Steuermessbescheids ergibt sich aus § 22 AO. Die Aufhebung eines Gewerbesteuermessbescheides kann regelmäßig nicht allein deswegen beansprucht werden, weil er von einem örtlich unzuständigen FA erlassen worden ist (BFH v. 19.11.2003, I R 88/02, BStBl II 2004, 751). Die steuerberechtigte Gemeinde wirkt weder bei der Feststellung der Besteuerungsgrundlagen noch bei der Festsetzung der Steuermessbeträge mit, auch steht ihr eine Rechtsbehelfsbefugnis nicht zu, es sei denn die Voraussetzungen des § 40 Abs. 3 FGO sind erfüllt; entsprechendes gilt – wie § 360 Abs. 2 AO erkennen lässt – auch für das Einspruchsverfahren (BFH v. 17.10.2001, I B 6/01, BStBl II 2002, 128). Durch den Steuermessbescheid werden grundsätzlich nicht die Rechte, sondern nur die Interessen der ertragsberechtigten Körperschaft berührt (BFH v. 30.01.1976, III R 60/74, BStBl II 1976, 426). Diesen Interessen wird durch die Einräumung bestimmter Informations- und Auskunftsrechte und ein beschränktes Recht der Teilnahme an Außenprüfungen (§ 21 Abs. 3 Satz 2 FVG) Rechnung getragen. 4

### II. Steuermessbescheid

#### 1. Persönliche und sachliche Steuerpflicht (§ 184 Abs. 1 Satz 2 AO)

Nach § 184 Abs. 1 Satz 2 AO wird zusammen mit der Festsetzung der Steuermessbeträge bindend über die persönliche und sachliche Steuerpflicht entschieden. 5

Die Entscheidung über die **persönliche Steuerpflicht** betrifft die Frage, wer Steuerschuldner (§ 10 GrStG, § 5 GewStG) ist, und welche persönlichen gesetzlichen Steuerbefreiungen (§ 3 GewStG) greifen. Bei einem Wechsel des Steuerschuldners während des Erhebungszeitraums ist der für den Erhebungszeitraum maßgebliche Messbetrag dem jeweiligen Steuerschuldner anteilig zuzurechnen und getrennt festzusetzen (BFH v. 17.02.1989, III R 36/85, BStBl II 1989, 664). Übernimmt dagegen der Gesellschafter einer Personengesellschaft das Unternehmen während des Erhebungszeitraums und führt es als Einzelunternehmen fort, tritt Gesamtrechtsnachfolge ein, sodass der für den Erhebungszeitraum ermittelte Messbetrag nicht zeitanteilig auf die Personengesellschaft und den Gesellschafter aufgeteilt werden muss (BFH v. 11.08.1993, III R 83/89, BFH/NV 1994, 263). 6

Die Entscheidung über die **sachliche Steuerpflicht** betrifft den Steuergegenstand (§ 2 GrStG, §§ 2, 35a GewStG) 7 und die sachlichen Steuerbegünstigungen (§ 3 ff. GrStG). Ggf. ist auch über die unbeschränkte oder beschränkte Steuerpflicht zu entscheiden. Die rechtliche Qualifikation von Einkünften in einem ESt-Bescheid hat keine Bindungswirkung für die Festsetzung des GewSt-Messbetrags (*Kunz* in Gosch, § 184 AO Rz. 8).

### 2. Steuergläubiger

8 Was die Feststellung des Steuergläubigers betrifft, ist die Regelung in der AO unvollständig. § 184 Abs. 1 AO sieht keine verbindliche Feststellung vor, eine solche findet im Übrigen nach § 190 AO nur auf Antrag eines Beteiligten durch einen Zuteilungsbescheid statt. Sie soll nicht Gegenstand des Steuermessbescheids sein (h. M., BFH v. 19.11.2003, I R 88/02, BStBl II 2004, 751; ebenso *Boeker* in HHSp, § 184 AO Rz. 35 m. w. N.; *Brandis* in Tipke/Kruse, § 184 AO Rz. 9 m. w. N.; *Kunz* in Gosch, § 184 AO Rz. 9). Als materiell-rechtliche Voraussetzung sei sie vielmehr eigenständig beim Erlass des Gewerbesteuerbescheides zu prüfen. Dies findet aber regelmäßig nicht statt. Vielmehr ist mit der Entscheidung, welcher Gemeinde nach § 184 Abs. 3 AO der Inhalt des Steuermessbescheids mitgeteilt wird, der Steuergläubiger de facto bestimmt, wobei dieser dort allerdings meist nicht oder nur verschlüsselt benannt wird. Die Gesetzeslücke kann m. E. befriedigend nur dadurch gelöst werden, dass im Steuermessbescheid auch darüber entschieden wird – ggf. incidenter durch Bestimmung der Gemeinde, die nach § 184 Abs. 3 AO informiert wird –, welche Gemeinde Steuergläubiger ist, weil anderenfalls über die Steuergläubigerschaft nicht entschieden wäre, wenn kein Zerlegungs- oder Zuteilungsverfahren durchgeführt wird.

### 3. Maßgebliche Vorschriften (§ 184 Abs. 1 Satz 3 AO)

9 Nach § 184 Abs. 1 Satz 3 AO sind die Vorschriften über die Durchführung der Besteuerung auf die Festsetzung der Steuermessbeträge sinngemäß anzuwenden. Das betrifft nicht nur die Regelungen zur »Durchführung der Besteuerung« in §§ 134 bis 217 AO, sondern alle allgemeinen Verfahrensvorschriften der AO, vor allem die Regelungen über die Ermittlung der Steuern (§§ 85 ff. AO) einschließlich der Außenprüfung (§§ 193 ff. AO), über die Bekanntgabe von Bescheiden, über die Festsetzungsverjährung (§§ 169 ff. AO), die §§ 129, 164 und 165 AO sowie die Vorschriften über die Änderung von Steuerbescheiden (BFH v. 08.02.1995, I R 127/93, BStBl II 1995, 764; *Brandis* in Tipke/Kruse, § 184 AO Rz. 5). Wegen der Gleichstellung der Steuermessbescheide mit den Steuerbescheiden und der Geltung der für die Steuerfestsetzung maßgeblichen Verfahrensvorschriften. Im Übrigen s. § 181 AO Rz. 2 ff.

Die Bekanntgabe von Steuermessbescheiden richtet sich nach § 122 AO (für GrSt-Messbescheide s. AEAO zu § 122, Nr. 2.6). Sie ist regelmäßig Angelegenheit der Behörde, die sie erlässt, kann aber auf andere Behörden delegiert werden (BFH v. 12.01.1992, XI B 69/92, BStBl II 1993, 263 m. w. N.). Sie kann durch das FA erfolgen, erfolgt jedoch regelmäßig zusammen mit den Steuerbescheiden durch die Gemeinden, nachdem dies auf der Grundlage von Art. 108 Abs. 4 Satz 2 GG durch landesrechtliche Regelungen zugelassen worden ist. Die Gemeinden werden nicht in Amtshilfe tätig (§ 11 Abs. 1 Nr. 2 AO). Fehlt es an einer solchen landesrechtlichen Regelung, sind gleichwohl durch die Gemeinde bekannt gegebene Messbescheide rechtswidrig, nicht aber nichtig, die fehlerhafte Bekanntgabe wird durch die fehlerfreie Bekanntgabe im Einspruchsverfahren geheilt (*Brandis* in Tipke/Kruse, § 184 AO Rz. 14 m. w. N.). Da in den Stadtstaaten keine Gemeinden bestehen, steht das Realsteueraufkommen dem Land zu (Art. 106 Abs. 6 Satz 3 GG), sodass hier die FA den Messbetrag und die Steuer festsetzen und die entsprechenden Bescheide bekannt geben. Im Übrigen s. Rz. 15. 10

### 4. Steuermessbescheid als Grundlagenbescheid (§ 184 Abs. 1 Satz 4 AO)

Nach § 184 Abs. 1 Satz 4 AO ist der Steuermessbescheid Grundlagenbescheid (§ 171 Abs. 10 AO), der für den Realsteuerbescheid in sinngemäßer Anwendung des § 182 Abs. 1 AO insoweit bindend ist, als die Messbetragsfestsetzung für diesen Folgebescheid von Bedeutung ist. Auf die Erläuterungen zu § 182 AO wird insoweit verwiesen. Die für den Erlass des Folgebescheids zuständige Gemeinde ist verpflichtet, auf seiner Grundlage einen Realsteuerbescheid als Folgebescheid zu erlassen (BFH v. 21.07.1999, I R 111/98, BFH/NV 2000, 346). Sie kann ihn in entsprechender Anwendung des § 155 Abs. 2 AO erlassen, bevor der Steuermessbescheid ergangen ist. Der Erlass, die Aufhebung oder Änderung eines Steuermessbescheids führt in sinngemäßer Anwendung als § 175 Absatz 1 Satz 1 Nr. 1 AO zur Aufhebung oder Änderung eines bereits ergangenen Folgebescheids. Entscheidungen über die Festsetzung des Messbetrags können nur durch Anfechtung des Steuermessbescheids, nicht des Realsteuerbescheids angegriffen werden (§ 351 Abs. 2 AO). § 184 Abs. 1 Satz 4 AO i. V. m. § 182 Abs. 1 Satz 1 AO betreffen nicht das Verhältnis des GewSt-Messbescheids zum Verlustfeststellungsbescheid (BFH v. 07.09.2016, IV R 31/13, BStBl II 2017, 482). 11

Für **Grundsteuermessbescheide** sind darüber hinaus § 182 Abs. 2 AO und § 183 AO sinngemäß anzuwenden. Der GrSt-Messbescheid hat nach § 182 Abs. 2 AO dingliche Wirkung (dazu s. § 182 AO Rz. 14), denn gem. § 12 GrStG ruht die Grundsteuer auf dem Steuergegenstand als 12 öffentliche Last. Er kann vereinfacht nach § 183 AO bekannt gegeben werden.

12a Durch die ausdrückliche Erwähnung von § 182 Abs. 1 und 2 AO und des § 183 AO sind die übrigen Vorschriften über die gesonderte Feststellung nicht ausgeschlossen, weil in § 184 Abs. 1 Satz 3 AO uneingeschränkt auf die Regelungen zur »Durchführung der Besteuerung« verwiesen wird (*Kunz* in Gosch, § 184 AO Rz. 11; *Boeker* in HHSp, § 184 AO Rz. 50b; a. A. *Brandis* in Tipke/Kruse, § 184 AO Rz. 5; *Frotscher* in Schwarz/Pahlke, § 184 AO Rz. 11; offenlassend BFH v. 05.02.2014, X R 1/12, BStBl II 2016, 567). Ausgeschlossen ist die entsprechende Anwendung des § 182 Abs. 3 AO, weil die Vorschrift mehrere Beteiligte voraussetzt. Entsprechend anwendbar ist jedoch § 181 Abs. 5 AO (*Kunz* in Gosch, § 184 AO Rz. 11; *Boeker* in HHSp, § 184 AO Rz. 50c).

### 5. Billigkeitsmaßnahmen (§ 184 Abs. 2 AO)

13 Für Billigkeitsmaßnahmen wie Stundung und Erlass sind grundsätzlich die Gemeinden zuständig. Abweichend davon ist nach § 184 Abs. 2 Satz 1 AO aus Zweckmäßigkeitsgründen den Finanzbehörden die Befugnis übertragen, **Billigkeitsmaßnahmen i.S. des § 163 Abs. 1 Satz 1 AO** zu treffen, d. h. den Messbetrag niedriger festzusetzen oder solche Besteuerungsgrundlagen, die den Messbetrag erhöhen, bei der Festsetzung des Messbetrags unberücksichtigt zu lassen, soweit für solche Maßnahmen in einer allgemeinen Verwaltungsvorschrift der Bundesregierung, der obersten Bundesfinanzbehörde oder einer obersten Landesfinanzbehörde Richtlinien aufgestellt worden sind (s. § 163 AO Rz. 26). Dies betrifft vor allem Fälle **sachlicher Unbilligkeit** und sog. **Gruppenunbilligkeit**, bei der z. B. durch die Änderung der Rechtsprechung ein größerer Personenkreis betroffen ist. Damit ist die Finanzbehörde für die Billigkeitsmaßnahme sachlich zuständig (*Kunz* in Gosch, § 184 AO Rz. 18 m. w. N.). Die Regelung erübrigt die sonst notwendige Einholung der Zustimmung der ertragsberechtigten Gemeinde. Eine im Rahmen der Gewinnfeststellung getroffene Billigkeitsmaßnahme wirkt auch für die Ermittlung des Gewerbeertrags als Grundlage für die Festsetzung des GewSt-Messbetrags (BFH v. 14.09.2017, IV R 51/14, BStBl II 2018, 78).

13a Fehlt es an der Voraussetzung des § 184 Abs. 2 Satz 1 AO, nämlich der allgemeinen Verwaltungsvorschrift, handelt es sich also um Fälle der sog. **Individualunbilligkeit**, sind die Gemeinden als steuerfestsetzende Behörde zuständig (*Kunz* in Gosch, § 184 AO Rz. 19.1). Jedoch soll die Finanzbehörde die Billigkeitsmaßnahme mit Zustimmung der Gemeinde treffen können (*Boeker* in HHSp, § 184 AO Rz. 82 f.; zweifelnd *Kunz* in Gosch, § 184 AO Rz. 19.1 m. w. N.; ablehnend *Frotscher* in Schwarz/Pahlke, § 184 AO Rz. 14; *Brandis* in Tipke/Kruse, § 184 AO Rz. 10); dies begegnet m. E. Bedenken, da die Finanzbehörde dafür sachlich nicht zuständig ist. Eine auf diesem Wege getroffene Billigkeitsmaßnahme ist m. E. aber nicht nichtig, da die Verletzung der sachlichen Zuständigkeit die zutreffende Behandlung nicht in Frage stellt, der Fehler also nicht besonders schwer ist (h. M., u. a. *Kunz* in Gosch, § 184 AO Rz. 19.1; *Ratschow* in Klein, § 184 AO Rz. 15; *von Wedelstädt* in Gosch, § 125 AO Rz. 61; a. A. *Boeker* in HHSp, § 184 AO Rz. 83).

Nach § 184 Abs. 2 Satz 2 AO haben Maßnahmen nach § 163 Abs. 1 Satz 2 AO nur Wirkung, soweit sie die gewerblichen Einkünfte als Grundlage für die Festsetzung der Steuer vom Einkommen beeinflussen. Werden mit Zustimmung des Stpfl. bei Steuern vom Einkommen Besteuerungsgrundlagen zeitlich versetzt berücksichtigt, so wirkt dies auch für den Gewerbeertrag als Besteuerungsgrundlage des GewSt-Messbetrags. Eine derartige Maßnahme nur bei der Festsetzung des GewSt-Messbetrags ist dagegen nicht zulässig. Dadurch wird die Übereinstimmung des für die GewSt maßgeblichen Gewinns mit dem einkommensteuerlichen Gewinn sichergestellt. 14

## C. Mitteilungspflicht an die Gemeinden (§ 184 Abs. 3 AO)

Nach § 184 Abs. 3 AO haben die Finanzbehörden den Inhalt des Steuermessbescheids sowie die nach § 184 Abs. 2 AO getroffenen Maßnahmen den Gemeinden, denen der Erlass des Realsteuerbescheids obliegt, mitzuteilen. Meist wird den Gemeinden der Messbescheid übersendet oder sein Inhalt datentechnisch übermittelt. Die Gemeinden geben ihn dann zusammen mit dem Steuerbescheid bekannt (auch s. Rz. 10).Die Mitteilung nach § 184 Abs. 3 AO ist weder Teil des Steuermessbescheids noch selbstständiger Verwaltungsakt, sondern eine verwaltungsinterne Maßnahme rein technischen Charakters ohne unmittelbare Außenwirkung, die durch die Kompetenzverteilung geboten ist. Es handelt sich um eine schlichte Informationsweitergabe (vgl. BFH v. 25.11.2015, I R 85/13, BStBl II 2016, 479 m. w. N.). 15

## D. Rechtsschutz

Gegen den Steuermessbescheid sind Einspruch und Klage gegeben, mit dem auch Einwendungen gegen die im Messbescheid festgestellte hebeberechtigte Gemeinde geltend gemacht werden können (*Boeker* in HHSp, § 184 AO Rz. 89). Einwendungen gegen den Steuermessbescheid können nur in dem Rechtsbehelfsverfahren gegen diesen, nicht gegen den Realsteuerbescheid erhoben werden. Das gilt auch, wenn das FA – in den Stadtstaaten – für den Erlass beider Bescheide zuständig ist. 16

Die Gemeinde ist nicht befugt, Steuermessbescheide anzufechten (vgl. § 40 Abs. 3 FGO). Die FA sollen die steuerberechtigten Gemeinden über anhängige Rechts- 17 behelfe gegen Realsteuermessbescheide von größerer Bedeutung unterrichten (AEAO zu § 184, Satz 2).

18 Da die Mitteilung nach § 194 Abs. 3 AO kein Verwaltungsakt, sondern lediglich eine verwaltungsinterne Maßnahme ist (s. Rz. 15), ist ein Rechtsbehelf nicht statthaft.

## 3. Unterabschnitt
## Zerlegung und Zuteilung

### § 185 AO
### Geltung der allgemeinen Vorschriften

**Auf die in den Steuergesetzen vorgesehene Zerlegung von Steuermessbeträgen sind die für die Steuermessbeträge geltenden Vorschriften entsprechend anzuwenden, soweit im Folgenden nichts anderes bestimmt ist.**

1 Die §§ 185 bis 189 AO befassen sich ausschließlich mit der Zerlegung von Steuermessbeträgen und betreffen daher zur Zeit lediglich die Grundsteuer und die Gewerbesteuer. Zerlegung bedeutet die Aufteilung des Steuermessbetrags auf verschiedene steuerberechtigte Gemeinden, in deren Gebiet Teile des Steuergegenstandes (Grundstück, Gewerbebetrieb) belegen sind, s. § 22 GrStG, §§ 28 bis 34 GewStG. Das materielle Zerlegungsrecht, insbes. den Zerlegungsmaßstab, enthalten die Einzelsteuergesetze. Das Zerlegungsverfahren ist zwischen den Steuermessbescheid als Grundlagenbescheid und den Steuerbescheid als Folgebescheid geschoben und ist seinerseits Folgebescheid des Ersteren und Grundlagenbescheid des Letzteren (BFH v. 13.05.1993, IV R 1/91, BStBl II 1993, 828). Die Zerlegung der KSt, der LSt und des Zinsabschlags wird im Zerlegungsgesetz geregelt. Die Anordnung der Außenprüfung für die Gewerbesteuer umfasst auch die Prüfung ihrer Zerlegung (BFH v. 13.05.1993, IV R 1/91, BStBl II 1993, 828).

2 Gemäß § 185 AO finden auf die in den Steuergesetzen vorgesehene Zerlegung von Steuermessbeträgen die für die Steuermessbeträge geltenden Vorschriften entsprechende Anwendung, soweit in den §§ 186 bis 189 AO nichts anderes bestimmt ist. Wegen § 184 Abs. 1 Satz 3 AO sind daher auch die Vorschriften über die Durchführung der Besteuerung sinngemäß anzuwenden (s. § 184 AO Rz. 9). Die Einleitung des Zerlegungsverfahrens setzt keinen Antrag voraus (*Brandis* in Tipke/Kruse, § 185 AO Rz. 3).

3 Dazu gehören auch die Korrekturvorschriften der §§ 172 ff AO und des § 129 AO (*Bartone* in Bartone/von Wedelstädt, Rz. 1456 m. w. N.) Bei der Änderung von Zerlegungsbescheiden wegen nachträglich bekannt gewordener Tatsachen wird wegen der Besonderheiten des Zerlegungsverfahrens bei der sinngemäßen Anwendung des § 173 Abs. 1 AO auf den einzelnen Zerlegungsanteil abgestellt und von der Unterscheidung zwischen der Änderung zuungunsten (§ 173 Abs. 1 Nr. 1 AO) bzw. zugunsten (§ 173 Abs. 1 Nr. 2 AO) des Stpfl. abgesehen (BFH v. 24.03.1992, VIII R 33/90, BStBl II 1992, 869). Daher können auch Ermittlungsmängel des FA die Änderung nicht hindern (BFH v. 20.04.1999, VIII R 13/97, BStBl II 1999, 542; *von Wedelstädt* in Gosch, § 173 AO Rz. 73 m. w. N.). Da der Steuermessbescheid im Verhältnis zum Zerlegungsbescheid Grundlagenbescheid ist, ist, soweit der Messbescheid geändert wird, auch der Zerlegungsbescheid als Folgebescheid gem. § 175 Abs. 1 Satz 1 Nr. 1 i. V. m. §§ 185, 184 Abs. 1 Satz 3 AO zu ändern. Dabei umfasst die Bestandskraft des ursprünglichen Zerlegungsbescheids nicht den Zerlegungsmaßstab, sondern den festgestellten betragsmäßigen Zerlegungsanteil, sodass im Rahmen der Erhöhung des GewSt-Messbetrags vom bisherigen Maßstab abgewichen werden kann. § 177 AO ist nicht nur im Verhältnis des FA zum Stpfl., sondern auch im Verhältnis der steuerberechtigten Gemeinden untereinander anwendbar. Zur Frage der Anwendung der §§ 172 ff. AO vgl. BFH v. 20.04.1999, VIII R 13/97, BStBl II 1999, 542 m. w. N.

### § 186 AO
### Beteiligte

**Am Zerlegungsverfahren sind beteiligt:**

**1. der Steuerpflichtige,**

**2. die Steuerberechtigten, denen ein Anteil an dem Steuermessbetrag zugeteilt worden ist oder die einen Anteil beanspruchen. Soweit die Festsetzung der Steuer dem Steuerberechtigten nicht obliegt, tritt an seine Stelle die für die Festsetzung der Steuer zuständige Behörde.**

Die Vorschrift bestimmt die **Beteiligten** am Zerlegungsverfahren und ist Spezialregelung gegenüber § 78 AO. 1

Beteiligte sind der **Steuerpflichtige** und die **Steuerberechtigten**, denen ein Anteil am Steuermessbetrag zugeteilt worden ist oder die einen Anteil beanspruchen. Die Beteiligung des **Steuerpflichtigen** beruht darauf, dass die Zerlegung infolge der bei den steuerberechtigten Gemeinden bestehenden unterschiedlichen Hebesätze auch seine Interessen berührt. Für die Beteiligung der Gemeinden nach § 186 Nr. 2 AO ist es unerheblich, ob einer Gemeinde zu Recht ein materiell-rechtlicher Anspruch auf einen Anteil zusteht (*Kunz* in Gosch, § 186 AO Rz. 8 m. w. N.). 2

Die Beteiligten haben im Zerlegungsverfahren die üblichen Mitwirkungspflichten und -rechte wie § 90 AO ff. AO, sie sind daher auch gem. § 91 AO anzuhören. Im 3

Rechtsbehelfsverfahren wegen der Zerlegung sind nur die Gemeinden notwendig beizuladen, die von dem Klagebegehren berührt werden (BFH v. 28.10.1999, I R 8/98, BFH/NV 2000, 579). Das ist dann der Fall, wenn ein Erfolg der Klage sich auf die Höhe des der Gemeinde zugeteilten oder von ihr beanspruchten Zerlegungsanteils auswirken würde (BFH v. 14.09.1994, I R 60/93, BFH/NV 1995, 484 m.w.N.). Übergangene Gemeinden können nicht beigeladen werden, wenn sie nicht innerhalb der Jahresfrist des § 189 Satz 3 AO die Änderung oder Nachholung beantragt haben (BFH v. 12.05.1992, VIII R 45/90, BFH/NV 1993, 191). Von der Beteiligteneigenschaft ist im Übrigen die für die Einlegung eines Rechtsbehelfs erforderliche Beschwer (§ 350 AO, § 40 Abs. 2 FGO) zu unterscheiden (s. § 188 AO Rz. 7).

4 § 186 Nr. 2 Satz 2 AO bezieht sich auf die Fälle, in denen – wie in den Stadtstaaten – die Realsteuerfestsetzung nicht auf die Gemeinden als Steuerberechtigte übertragen wurde (s. Art. 106 Abs. 6 Satz 1, Art. 108 Abs. 4 Satz 2 GG).

## § 187 AO
## Akteneinsicht

**Die beteiligten Steuerberechtigten können von der zuständigen Finanzbehörde Auskunft über die Zerlegungsgrundlagen verlangen und durch ihre Amtsträger Einsicht in die Zerlegungsunterlagen nehmen.**

1 Die Vorschrift gewährt den am Zerlegungsverfahren beteiligten Steuerberechtigten (§ 186 Nr. 2 AO) das Recht, von der zuständigen Finanzbehörde Auskunft über die Zerlegungsgrundlagen zu verlangen und durch ihre Amtsträger (§ 7 AO) Einsicht in die Zerlegungsunterlagen zu nehmen; § 30 Abs. 3 AO kann entsprechend angewendet werden (*Kunz* in Gosch, § 187 AO Rz. 7 m.w.N.). Sonstige Bevollmächtigte der Gemeinden haben kein Auskunfts- oder Akteneinsichtsrecht (FG Ddorf v. 11.09.1998, 18 K 3888/96, EFG 1998, 1555; *Brandis* in Tipke/Kruse, § 187 AO Rz. 1 m.w.N.). Dem Stpfl. selbst stehen diese Rechte nicht zu. Die entsprechenden Rechte der Gemeinden können im Übrigen schon aus § 21 Abs. 3 Satz 1 i.V.m. Abs. 1 FVG hergeleitet werden.

2 Das Auskunfts- oder Einsichtsrecht setzt ein entsprechendes Rechtsschutzbedürfnis voraus, das nicht vorliegt, wenn der Messbescheid nicht über einen positiven Betrag, sondern über 0 DM (Euro) lautet (BFH v. 21.07.1999, I R 111/98, BFH/NV 2000, 346 m.w.N.).

3 Das Akteneinsichtsrecht im gerichtlichen Verfahren nach § 78 Abs. FGO unterliegt den Einschränkungen des § 187 AO nicht. Alle Prozessbeteiligten, also auch der Stpfl., haben ein Akteneinsichtsrechts und können dieses durch Bevollmächtigte ausüben (*Kunz* in Gosch, § 187 AO Rz. 9 m.w.N.).

## § 188 AO
## Zerlegungsbescheid

**(1) Über die Zerlegung ergeht ein schriftlicher Bescheid (Zerlegungsbescheid), der den Beteiligten bekannt zu geben ist, soweit sie betroffen sind.**

**(2) Der Zerlegungsbescheid muss die Höhe des zu zerlegenden Steuermessbetrages angeben und bestimmen, welche Anteile den beteiligten Steuerberechtigten zugeteilt werden. Er muss ferner die Zerlegungsgrundlagen angeben.**

**Inhaltsübersicht**



### A. Bedeutung der Vorschrift

Die Vorschrift regelt **Inhalt** und **Bekanntgabe** des **Zerlegungsbescheids**. Er muss schriftlich ergehen, auf § 119 Abs. 3 und 4 AO wird insoweit verwiesen. Er ist im Verhältnis zum Messbescheid Folgebescheid, im Verhältnis zum Realsteuerbescheid Grundlagenbescheid. 1

### B. Bekanntgabe (§ 188 Abs. 1 AO)

Der Zerlegungsbescheid kann den Beteiligten am Zerlegungsverfahren (§ 186 AO) gegenüber **nur einheitlich ergehen** (BFH v. 14.09.1994, I R 60/93, BFH/NV 1995, 484 m.w.N.). Steht der Bescheid unter Vorbehalt der Nachprüfung, gilt das auch dafür; ist dies unterlassen worden, kann der Bescheid insoweit ggf. nach § 129 AO berichtigt werden (BFH v. 27.03.1996, I R 83/94, BStBl II 1996, 509). Die Zerlegung darf nicht in zwei getrennten Bescheiden erfolgen (BFH v. 12.10.1977, I R 83/75, BStBl II 1978, 160). 2

Die **Bekanntgabe** des Zerlegungsbescheids hat gegenüber den Beteiligten nur insoweit zu erfolgen, als sie betroffen sind. Dies bedeutet, dass der vollständige Zerlegungsbescheid lediglich dem Stpfl. bekannt gegeben werden muss, während eine Bekanntgabe an die Steuerberechtigten (§ 186 Nr. 2 AO) nur auszugsweise erforderlich ist (AEAO zu § 188). Betroffen i.S. des § 186 Abs. 1 AO sind auch solche Steuerberechtigte, deren Anspruch auf einen Anteil am Steuermessbetrag abgelehnt wurde 3

(s. auch § 189 Satz 1 AO). Eine vereinfachte Bekanntgabe i. S. des § 183 Abs. 1 AO ist nicht vorgesehen.

### C. Notwendiger Inhalt (§ 188 Abs. 2 AO)

4 § 188 Abs. 2 AO bestimmt den notwendigen Inhalt des Zerlegungsbescheids. Er muss die Höhe des zu zerlegenden Betrags angeben, die einzelnen Anteile und ihre Zuordnung auf die Steuerberechtigten bestimmen und die Grundlagen der Zerlegung angeben. Diese Inhaltserfordernisse gelten grundsätzlich auch für die den einzelnen Steuerberechtigten ggf. bekannt gegebenen abgekürzten Bescheide (s. Rz. 2).

5 Der Zerlegungsbescheid muss inhaltlich hinreichend bestimmt sein, anderenfalls ist er nichtig (§ 125 Abs. 1 AO i. V. m. § 124 Abs. 3 AO). Dies ist der Fall, wenn sich aus ihm die Anteile der beteiligten Steuerberechtigten nicht ergeben. Die Nichtangabe der Zerlegungsgrundlagen ist ein Begründungsmangel (BFH v. 20.04.1999, VIII R 13/97, BStBl II 1999, 542), der nicht zur Nichtigkeit, sondern zur Rechtswidrigkeit führt und nach § 126 Abs. 1 Nr. 2 AO geheilt werden kann.

6 Beim Zerlegungsbescheid handelt es sich um einen Festsetzungsbescheiden gleichgestellten Bescheid, auf den nach § 185 AO i. V. m. § 184 Abs. 1 Satz 3 AO die Vorschriften über die Steuerfestsetzung sinngemäß anzuwenden sind. Er kann unter dem Vorbehalt der Nachprüfung (§ 164 AO) oder vorläufig (§ 165 AO) ergehen. Dem Zerlegungsbescheid ist eine Rechtsbehelfsbelehrung beizufügen (§ 157 Abs. 1 Satz 3 AO). Wegen der Änderung nach §§ 172 ff. AO s. § 185 AO Rz. 3.

### D. Rechtsschutz

7 Gegen den Zerlegungsbescheid ist der Einspruch gegeben, vorläufiger Rechtsschutz ist durch Aussetzung der Vollziehung zu gewähren (§ 361 AO, § 69 FGO). Eine Beschwer (§ 350 AO) des Stpfl. ist gegeben, wenn die begehrte Änderung der Zerlegung zur Anwendung eines niedrigeren Hebesatzes führen würde (BFH v. 20.04.1999, VIII R 13/97, BStBl II 1999, 542). Eine Beschwer einer Gemeinde liegt vor, wenn sie einen höheren Anteil geltend macht (BFH v. 24.03.1992, VIII R 33/90, BStBl II 1992, 869), selbst wenn sich ihr Anteil durch einen geänderten GewSt-Messbescheid bereits erhöht hat (BFH v. 20.04.1999, VIII R 13/97, BStBl II 1999, 542). Im Rahmen des aus dem GewSt-Messbescheid zu übernehmenden Erhöhungsbetrages kann eine zerlegungsberechtigte Gemeinde gegen die Zerlegung alle Einwendungen erheben, die sich aus ihrem Zerlegungsanspruch ergeben. Dabei umfasst die Bestandskraft des ursprünglichen Zerlegungsbescheids nicht den in diesem Bescheid angewandten Zerlegungsmaßstab mit der Folge, dass im Rahmen der Erhöhung des GewSt-Messbetrags vom bisherigen Maßstab abgewichen werden kann (BFH v. 20.04.1999, VIII R 13/97, BStBl II 1999, 542). Mit dem Einspruch können nur Einwendungen gegen die Zerlegung selbst, nicht gegen den Messbescheid geltend gemacht werden (§ 351 Abs. 2 AO). Zur Hinzuziehung bzw. Beiladung der Gemeinden s. § 186 AO Rz. 3.

Ist der Einspruch erfolglos, ist die Klage gegeben. Der Klage der Gemeinde steht § 40 Abs. 3 FGO nicht entgegen.

## § 189 AO Änderung der Zerlegung

**Ist der Anspruch eines Steuerberechtigten auf einen Anteil am Steuermessbetrag nicht berücksichtigt und auch nicht zurückgewiesen worden, so wird die Zerlegung von Amts wegen oder auf Antrag geändert oder nachgeholt. Ist der bisherige Zerlegungsbescheid gegenüber denjenigen Steuerberechtigten, die an dem Zerlegungsverfahren bereits beteiligt waren, unanfechtbar geworden, so dürfen bei der Änderung der Zerlegung nur solche Änderungen vorgenommen werden, die sich aus der nachträglichen Berücksichtigung der bisher übergangenen Steuerberechtigten ergeben. Eine Änderung oder Nachholung der Zerlegung unterbleibt, wenn ein Jahr vergangen ist, seitdem der Steuermessbescheid unanfechtbar geworden ist, es sei denn, dass der übergangene Steuerberechtigte die Änderung oder Nachholung der Zerlegung vor Ablauf des Jahres beantragt hatte.**

§ 189 AO betrifft ausschließlich die Änderung von Zerlegungsbescheiden i. S. des § 188 AO und regelt den Sonderfall, dass ein anspruchsberechtigter Steuerberechtigter übergangen, d. h. überhaupt nicht berücksichtigt worden ist, nicht aber den Fall, dass eine Gemeinde zwar berücksichtigt wurde, aber mit einem zu hohen oder zu niedrigen Anteil (BFH v. 07.09.2005, VIII R 42/02, BFH/NV 2006, 498). Die Vorschrift verdrängt nur insoweit die allgemeinen Änderungsregelungen der §§ 172 ff. AO, deren sinngemäße Anwendung im Übrigen sich aus § 185 AO i. V. m. § 184 Abs. 1 Satz 3 AO ergibt (s. Rz. 8). 1

Nach § 189 Satz 1 AO ist eine Zerlegung nachzuholen oder zu ändern, wenn der Anspruch eines Steuerberechtigten auf einen Anteil am Steuermessbetrag nicht berücksichtigt und auch nicht zurückgewiesen worden ist, d. h. die Zerlegungsentscheidung insoweit eine Lücke aufweist. Ist dagegen über die Nichtberücksichtigung des Anspruchs eines Steuerberechtigten ausdrücklich entschieden worden, ist seine Verfolgung nur im Rechtsbehelfsverfahren möglich. Die Änderung oder Nachholung kann von Amts wegen oder auf Antrag erfolgen. 2

Antragsberechtigt ist lediglich die übergangene Gemeinde, nicht der Stpfl., auch nicht in Anwendung der Grundsätze der öffentlich-rechtlichen Geschäftsführung ohne Auftrag (BFH v. 08.11.2000, I R 1/00, BStBl II 2001, 769). Die Übermittlung einer Gewerbeanmeldung an das FA durch die Gemeinde stellt keinen Antrag i.S. des § 189 AO dar (BFH v. 25.02.1972, VIII R 21/66, BStBl II 1972, 472). § 189 AO ermöglicht nicht die Korrektur der fehlerhaften Berücksichtigung einer nicht steuerberechtigten Gemeinde (BFH v. 20.04.1999, VIII R 13/97; BStBl II 1999, 542).

3 Nach § 189 Satz 2 AO sind bei Unanfechtbarkeit des Zerlegungsbescheids nur solche Änderungen zulässig, die sich aus der nachträglichen Berücksichtigung des übergangenen Steuerberechtigten ergeben. Die Vorschrift lässt bei Änderung die Unanfechtbarkeit der bereits getroffenen Zerlegungsentscheidung unberührt mit der Folge, dass das Zerlegungsverfahren nicht wieder aufgerollt wird. Bereits unanfechtbar gewordene Entscheidungen dürfen nur insoweit geändert werden, als dies zur Berücksichtigung des bisher übergangenen Steuerberechtigten notwendig ist (s. auch BFH v. 24.03.1992, VIII R 33/90, BStBl II 1992, 869). Allerdings ist § 177 AO anwendbar (s. Rz. 8).

4 Die nachträgliche Berücksichtigung eines Steuerberechtigten durch Änderung des Zerlegungsbescheids oder Nachholung der Zerlegung ist nach § 189 Satz 3 AO nur innerhalb einer **Ausschlussfrist von einem Jahr** seit Unanfechtbarkeit des Steuermessbescheids zulässig, gleichgültig, ob es sich bei diesem um einen Erst- oder einen Änderungsbescheid handelt. Daher beginnt die Jahresfrist jeweils erneut zu laufen, sobald ein Gewerbesteuermessbescheid geändert, ein den Steuermessbetrag betreffender Vorbehalt der Nachprüfung aufgehoben oder die vorläufige Festsetzung eines Steuermessbetrags für endgültig erklärt und der Bescheid unanfechtbar wird. Der Eintritt der Festsetzungsverjährung schließt Änderung oder Nachholung nach § 189 AO nicht aus (BFH v. 28.06.2000, I R 84/98, BStBl II 2001, 3 m.w.N.). Bei Versäumung der Ausschlussfrist ist Wiedereinsetzung in den vorigen Stand nach § 110 AO möglich.

5 Die Frist ist gewahrt, wenn der übergangene Steuerberechtigte vor Fristablauf, ggf. auch schon vor Erlass des Steuermessbescheids (BFH v. 22.09.1977, IV R 10/73, BStBl II 1978, 120), die Änderung oder Nachholung der Zerlegung beantragt. Ein Antrag des Stpfl. wahrt die Frist nicht (BFH v. 08.11.2000, I R 1/00, BStBl II 2001, 769).

6 Der fristgerecht gestellte Antrag beseitigt die Zerlegungssperre nur für denjenigen Steuerberechtigten, der den Antrag gestellt hat (BFH v. 17.02.1993, I R 19/92, BStBl II 1993, 679).

7 Soweit durch die vorzunehmende Änderung in die Rechte eines Beteiligten eingegriffen wird, muss gem. § 91 AO rechtliches Gehör gewährt werden.

§ 189 AO schließt die entsprechende Anwendung der Änderungsvorschriften nach §§ 172 ff. AO einschließlich des § 177 AO (i.V.m. § 185 und § 184 Abs. 1 Satz 3 AO) nicht aus, soweit der Anwendungsbereich des § 189 AO nicht betroffen ist (BFH v. 24.03.1992, VIII R 33/90, BStBl II 1992, 869; BFH v. 20.04.1999, VIII R 13/97, BStBl II 1999, 542; *Bartone* in Bartone/von Wedelstädt, Rz. 1656 m.w.N.). 8

## § 190 AO
## Zuteilungsverfahren

**Ist ein Steuermessbetrag in voller Höhe einem Steuerberechtigten zuzuteilen, besteht aber Streit darüber, welchem Steuerberechtigten der Steuermessbetrag zusteht, so entscheidet die Finanzbehörde auf Antrag eines Beteiligten durch Zuteilungsbescheid. Die für das Zerlegungsverfahren geltenden Vorschriften sind entsprechend anzuwenden.**

Während über die Zerlegung eines Steuermessbetrags im Zerlegungsverfahren nach den §§ 185 bis 189 AO entschieden wird, regelt die Vorschrift die nur auf Antrag eines Beteiligten (§ 186 AO) zu – nicht von Amts wegen – zu treffende Entscheidung über den Anspruch eines Steuerberechtigten auf **Zuteilung des vollen Steuermessbetrags.** § 190 AO betrifft den Fall, dass streitig ist, wem der Messbetrag in voller Höhe zusteht. Ist die Höhe streitig, ist dies ein Fall des Zerlegungsverfahrens. Der Streit kann zwischen zwei oder mehreren Gemeinden, aber auch zwischen dem Stpfl. und einer oder mehreren Gemeinden bestehen (*Schwarz* in Schwarz/Pahlke, § 190 AO Rz. 1 m.w.N.). Hierbei sind die für das Zerlegungsverfahren geltenden Vorschriften und damit über § 185 i.V.m. § 184 Abs. 1 Satz 3 AO die Vorschriften über die Besteuerung entsprechend anzuwenden. Der Zuteilungsbescheid ist daher schriftlich zu erteilen und den Steuerberechtigten, die von der Entscheidung betroffen sind (positiv oder negativ) sowie dem Steuerpflichtigen bekannt zu geben (entspr. § 188 Abs. 1 AO). Der Inhalt des Zuteilungsbescheids bestimmt sich in sinngemäßer Anwendung des § 188 Abs. 2 AO. Die Zuständigkeit bestimmt sich wegen des Sachzusammenhangs in entsprechender Anwendung des § 22 AO (h.M., u.a. *Brandis* in Tipke/Kruse, § 190 AO Rz. 1; *Fritsch* in Koenig, § 190 AO Rz. 3; a.A. *Schmieszek* in Gosch, § 190 AO Rz. 5: nach § 24 AO). 1

In entsprechender Anwendung des § 189 Satz 3 AO muss der Antrag auf Erlass eines Zuteilungsbescheids spätestens bis zum Ablauf eines Jahres, seitdem der Steuermessbescheid unanfechtbar geworden ist, gestellt werden. 2

Gegen den Zuteilungsbescheid ist ebenso wie gegen einen Verwaltungsakt, durch den der Antrag auf Erlass 3 oder Aufhebung eines Zuteilungsbescheids abgelehnt wird, der Einspruch gegeben.

## 4. Unterabschnitt Haftung

## § 191 AO Haftungsbescheide, Duldungsbescheide

**(1) Wer kraft Gesetzes für eine Steuer haftet (Haftungsschuldner), kann durch Haftungsbescheid, wer kraft Gesetzes verpflichtet ist, die Vollstreckung zu dulden, kann durch Duldungsbescheid in Anspruch genommen werden. Die Anfechtung wegen Ansprüchen aus dem Steuerschuldverhältnis außerhalb des Insolvenzverfahrens erfolgt durch Duldungsbescheid, soweit sie nicht im Wege der Einrede nach § 9 des Anfechtungsgesetzes geltend zu machen ist; bei der Berechnung von Fristen nach den §§ 3 und 4 des Anfechtungsgesetzes steht der Erlass eines Duldungsbescheids der gerichtlichen Geltendmachung der Anfechtung nach § 7 Abs. 1 des Anfechtungsgesetzes gleich. Die Bescheide sind schriftlich zu erteilen.**

**(2) Bevor gegen einen Rechtsanwalt, Patentanwalt, Notar, Steuerberater, Steuerbevollmächtigten, Wirtschaftsprüfer oder vereidigten Buchprüfer wegen einer Handlung im Sinne des § 69, die er in Ausübung seines Berufes vorgenommen hat, ein Haftungsbescheid erlassen wird, gibt die Finanzbehörde der zuständigen Berufskammer Gelegenheit, die Gesichtspunkte vorzubringen, die von ihrem Standpunkt für die Entscheidung von Bedeutung sind.**

**(3) Die Vorschriften über die Festsetzungsfrist sind auf den Erlass von Haftungsbescheiden entsprechend anzuwenden. Die Festsetzungsfrist beträgt vier Jahre, in den Fällen des § 70 bei Steuerhinterziehung zehn Jahre, bei leichtfertiger Steuerverkürzung fünf Jahre, in den Fällen des § 71 zehn Jahre. Die Festsetzungsfrist beginnt mit Ablauf des Kalenderjahres, in dem der Tatbestand verwirklicht worden ist, an den das Gesetz die Haftungsfolge knüpft. Ist die Steuer, für die gehaftet wird, noch nicht festgesetzt worden, so endet die Festsetzungsfrist für den Haftungsbescheid nicht vor Ablauf der für die Steuerfestsetzung geltenden Festsetzungsfrist; andernfalls gilt § 171 Abs. 10 sinngemäß. In den Fällen der §§ 73 und 74 endet die Festsetzungsfrist nicht, bevor die gegen den Steuerschuldner festgesetzte Steuer verjährt (§ 228) ist.**

**(4) Ergibt sich die Haftung nicht aus den Steuergesetzen, so kann ein Haftungsbescheid ergehen, solange die Haftungsansprüche nach dem für sie maßgebenden Recht noch nicht verjährt sind.**

**(5) Ein Haftungsbescheid kann nicht mehr ergehen,**

**1. soweit die Steuer gegen den Steuerschuldner nicht festgesetzt worden ist und wegen Ablaufs der Festsetzungsfrist auch nicht mehr festgesetzt werden kann,**

**2. soweit die gegen den Steuerschuldner festgesetzte Steuer verjährt ist oder die Steuer erlassen worden ist.**

**Dies gilt nicht, wenn die Haftung darauf beruht, dass der Haftungsschuldner Steuerhinterziehung oder Steuerhehlerei begangen hat.**

### Inhaltsübersicht



### Schrifttum


Blesinger, Das Ermessen der Finanzbehörde beim Erlass eines Haftungsbescheids, StuW 1995, 226; Huber, Das neue Rechts der Gläubigeranfechtung außerhalb des Insolvenzverfahrens, ZIP 1998, 897; Fett/Barten, Die Geltendmachung der Anfechtung nach dem neuen Anfechtungsgesetz 1999 durch das Finanzamt, DStZ 1999, 91; App, Duldungsbescheide des Finanzamts nach neugefasstem Anfechtungsrecht und neugefasstem § 191 AO, DStZ 2002, 279; Nacke, Ermessensfehler beim Erlass von Haftungsbescheiden gegen die GmbH oder den Geschäftsführer, GmbHR 2006, 846; Balmes/Ambroziak, Abwehrmaßnahmen gegen Haftungsbescheide, AO-StB 2009, 244; Heintzen, Steuerliche Haftung und Duldung auf zivilrechtlicher Grundlage, DStZ 2010, 199; Finzel, Kompensierung einer zu niedrigen Steuerfestsetzung beim Haftungsschuldner?, AO-StB 2015, 244.

## A. Bedeutung der Vorschrift

Die Vorschrift regelt die verfahrensrechtlichen Voraussetzungen für den Erlass von Haftungs- und Duldungsbescheiden und die Form dieser Bescheide (BFH v. 24.02.1987, VII R 4/84, BStBl II 1987, 363; BVerwG v. 07.07.1989, 8 C 85.87, DVBl 1989, 1211). Die materiellrechtlichen Voraussetzungen für die zugrunde liegenden Haftungs- und Duldungsansprüche ergeben sich aus den einzelnen gesetzlichen Haftungsvorschriften (s. vor §§ 69 bis 77 AO Rz. 3 ff.). Da § 191 Abs. 1 AO **lediglich** die **verfahrensrechtliche Form der Geltendmachung von Haftungsansprüchen** betrifft, folgt aus der vom Gesetz angeordneten Haftung für steuerliche Nebenleistungen i.S. des § 3 Abs. 4 AO (s. § 69 Satz 2 AO, § 71 AO), dass auch diese durch Haftungsbescheid geltend gemacht werden können (*Loose* in Tipke/Kruse, § 191 AO Rz. 14). Für die Inanspruchnahme des Haftenden für steuerliche Nebenleistungen durch Haftungsbescheid macht es keinen Unterschied, ob sich die Haftung aus Steuergesetzen oder aus anderen Rechtsquellen ergibt (BFH v. 24.02.1987, VII R 4/84; BStBl II 1987, 363). Deliktische Ansprüche nach § 823 Abs. 2 BGB können nach Auffassung des BFH nicht durch Haftungsbescheid geltend gemacht werden, sondern sind auf dem Zivilrechtsweg zu verfolgen (BFH v. 19.12.2013, III R 25/10, BStBl II 2015, 119).

2 Wenngleich der Haftungsanspruch denknotwendig das Entstandensein des ihm zugrundeliegenden Steueranspruchs voraussetzt, darf ein Haftungsbescheid auch schon vor Erlass des Steuerbescheids ergehen (BFH v. 28.02.1973, II R 57/71, BStBl II 1973, 573; BVerwG v. 16.09.1997, 8 B 143.97, BStBl II 1997, 782: entsprechendes gilt für Zinsen). Das ergibt sich aus § 191 Abs. 5 Satz 1 Nr. 1 AO. Im Fall der Haftung für einen Rückforderungsanspruch ist allerdings erforderlich, dass die der Erstattung zugrundeliegenden Bescheide korrigiert sind (BFH v. 14.03.2012, XI R 6/10, BStBl II 2014, 607). Dagegen setzt die Geltendmachung der dinglichen Haftung durch Duldungsbescheid voraus, dass der zugrundeliegende Steueranspruch festgesetzt, fällig und vollstreckbar ist (BVerwG v. 13.02.1987, 8 C 25.85, BStBl II 1987, 475).

## B. Haftungs- bzw. Duldungsbescheid

### I. Haftung

3 § 191 AO behandelt die **Festsetzung** des auf Gesetz beruhenden Haftungsanspruchs (s. vor § 69 AO) durch einen **Haftungsbescheid**. Das ist ein Verwaltungsakt, der die Feststellung enthält, dass ein bestimmter Lebenssachverhalt verwirklicht ist, der die Haftungsfolge in einer bestimmten Höhe auslöst (BFH v. 25.05.2005; VII R 29/02, BStBl II 2005, 3). Er konkretisiert sich weiter durch den Anspruch für den gehaftet werden soll in Bezug auf die Person des Stpfl., der Steuerart und des Steuerabschnitts (BFH v. 04.07.2013, X B 91/13, BFH/NV 2013, 1540). Davon zu unterscheiden ist die Inanspruchnahme des Haftenden auf Zahlung durch das Leistungsgebot nach § 219 AO. Der Haftungsbescheid bildet nach § 218 Abs. 1 Satz 1 AO die Grundlage für die unter den besonderen Voraussetzungen des § 219 AO zulässige Verwirklichung des Haftungsanspruchs. Die auf § 219 AO gestützte Zahlungsaufforderung kann mit dem Haftungsbescheid verbunden werden. Der Erlass eines Haftungsbescheids ohne eine solche Zahlungsaufforderung kann z.B. zweckmäßig sein, wenn die für ihn geltende Festsetzungsfrist abzulaufen droht (s. Rz. 16 ff.), die Voraussetzungen des § 219 AO aber noch fraglich sind (s. Rz. 6).

### II. Duldung

Die kraft Gesetzes **zur Duldung der Vollstreckung Verpflichteten** können, soweit überhaupt ein Duldungsbescheid notwendig ist (s. § 77 AO Rz. 3), aufgrund eines **Duldungsbescheids** in Anspruch genommen werden. Anwendungsfälle finden sich z.B. in den §§ 263 bis 265 AO und in § 323 AO. Bereits zur Geltendmachung der Gläubigerrechte nach dem **Anfechtungsgesetz** a.F. hat der BFH (BFH v. 10.02.1987, VII R 122/84, BStBl II 1988, 313 m.w.N.) den Erlass von Duldungsbescheiden zugelassen. Nach Inkrafttreten des neuen AnfG ist dies erneut in Zweifel gezogen worden (*Huber* ZIP 1998, 902). Die Zulässigkeit der Geltendmachung des Duldungsanspruchs hat der Gesetzgeber nun durch § 191 Abs. 1 Satz 2 AO klargestellt (BGH v. 27.07.2006, IX ZB 141/05, DB 2006, 1894). Der klarstellende Charakter ergibt sich auch aus Art. 97 § 11b EGAO, wonach die Vorschrift ab dem 01.01.1999, also mit dem Inkrafttreten des AnfG n.F. anzuwenden ist. Nach § 11b Satz 2 EGAO bleibt auch die Rechtslage zum AnfG a.F. unangetastet (BFH v. 07.02.2002, VII B 14/01, BFH/NV 2002, 757; BFH v. 01.12.2005, VII B 95/05, BFH/NV 2006, 701; BVerwG v. 25.01.2017, 9 C 30.15, HFR 2017, 647: Klage anstelle von VA ist unzulässig). Nach § 11 AnfG i.V.m. den Vorschriften über die ungerechtfertigte Bereicherung nach §§ 812 ff. BGB ist Wertersatz zu leisten, wenn der Gegenstand der Anfechtung nicht mehr im Vermögen des Duldungsverpflichteten vorhanden ist. Die Forderung des Wertersatzes ist eine Modalität des Anfechtungsanspruchs, die mit dem Duldungsbescheid geltend zu machen ist. Nach Auffassung des FG Nbg handelt es sich dabei um einen eigenständigen Verwaltungsakt, der mit dem Duldungsbescheid verbunden werden kann (FG Nbg v. 11.03.2014, 2 K 931/12, EFG 2014, 1646). 4

Das AnfG enthält in §§ 3 und 4 **Fristregelungen**. Diese sind nach § 7 Abs. 1 AnfG von dem Zeitpunkt zurückzurechnen, in dem die Anfechtbarkeit gerichtlich geltend gemacht wird. Da der Duldungsbescheid an die Stelle der Anfechtungsklage tritt, stellt § 191 Abs. 1 Satz 2 AO klar, 5 dass die Fristen vom Zeitpunkt des Erlasses des Duldungsbescheids zurückzurechnen sind. Ist ein **Rechtsbehelfsverfahren** gegen einen Duldungsbescheid anhängig, der eine Anfechtung nach dem AnfG zum Gegenstand hat, wird dieses Verfahren mit der Eröffnung des Insolvenzverfahrens über das Vermögen des Vollstreckungsschuldners nach § 17 AnfG unterbrochen (BFH v. 29.03.1994, VII R 120/92, BStBl II 1995, 225). Damit erhält der Verwalter die Möglichkeit, die Anfechtung im Insolvenzverfahren zu verfolgen und als Kläger den Anspruch gegen den Duldungsgegner als Beklagten, verfolgen (BFH v. 18.09.2012, VII R 14/11, BStBl II 2013, 128). Die nicht bis zum Ende eines Insolvenzverfahrens vom Insolvenzverwalter geltend gemachten Anfechtungsansprüche können nach Maßgabe des § 18 AnfG wieder von den einzelnen Gläubigern verfolgt werden (AEAO zu § 191, Nr. 6). Das BMF hat den AEAO zu § 191, Nr. 6 ergänzt (Schr. v. 24.01.2018, BStBl I 2018, 258 Tz. 11). Im Vollstreckungsverfahren gegen den Steuerpflichtigen kann sich ein Dritter u.U. darauf berufen, dass ihm am Gegenstand der Vollstreckung ein die Veräußerung hinderndes Rechts zusteht (s. § 262 AO) oder dass er ein Pfand- oder Vorzugsrecht an der Sache hat (s. § 293 AO). In beiden Fällen hat der Dritte sein Recht vor den ordentlichen Gerichten zu verfolgen. Hat er das Recht in anfechtbarer Weise erlangt, kann die beklagte Körperschaft in diesem Klageverfahren die **Anfechtung** nach § 9 AnfG **einredeweise** geltend machen. § 191 Abs. 1 Satz 2 AO stellt klar, dass diese Möglichkeit neben dem Duldungsbescheid bestehen bleibt. Der Verzicht auf die Erhebung der Einrede im Prozess führt nicht dazu, dass das FA das Recht verliert, später einen Duldungsbescheid zu erlassen, solange über die Anfechtbarkeit nicht rechtskräftig entschieden ist (BFH v. 01.12.2005, VII B 95/05, BFH/NV 2006, 701).

## III. Ermessen

### 1. Entschließungsermessen

6 Aus der Fassung des § 191 Abs. 1 AO, wonach der **Haftungsschuldner** durch Haftungsbescheid in Anspruch genommen werden kann, ist zu entnehmen, dass der Erlass des Haftungsbescheids im **pflichtgemäßen Ermessen** (s. § 5 AO; Ausnahme: s. § 13c Abs. 2 Satz 2 UStG) des FA steht (h.M.: *Loose* in Tipke/Kruse, § 191 AO Rz. 36; *Boeker* inHHSp, § 191 AO Rz. 29; ständige Rechtsprechung, BFH v. 08.11.1988, VII R 78/85, BStBl II 1989, 118; BFH v. 05.09.1989, VII R 61/87, BStBl II 1989, 979). § 156 Abs. 2 AO enthält für die Steuerfestsetzung den Gedanken, dass diese aus verwaltungsökonomischen Gründen unterbleiben kann. Entsprechendes gilt auch für das Haftungsverfahren, denn es würde keinen Sinn machen, das FA zum Erlass eines Bescheids zu zwingen, wenn von Anfang an feststeht, dass die Forderung nicht realisierbar ist. Bei diesem Entschließungsermessen geht es um die Frage, **ob überhaupt ein Haftungsbescheid erlassen werden soll**. Auch der Erlass eines **Duldungsbescheids** unterliegt dem Ermessen des FA. Auch aus dem Umstand, dass Stpfl. und Haftungsschuldner (ebenso wie mehrere für denselben Anspruch aus dem Steuerschuldverhältnis Haftende) Gesamtschuldner sind (§ 44 Abs. 1 AO; s. § 44 AO Rz. 5), ergibt sich die Notwendigkeit einer Ermessensentscheidung. Zwar ist der Haftungsanspruch nicht subsidiär, doch bedeutet Haftung eben Einstehen für eine fremde Schuld. Diese Konstellation prägt das Ermessen des FA: regelmäßig ist sie gehalten, **zunächst den Steueranspruch geltend zu machen** (BFH v. 08.07.2004, VII B 257/03, BFH/NV 2004, 1523 zum Rückforderungsanspruch gegenüber einem Zessionar) – sofern nicht der Haftende Entrichtungsschuldner und insofern primär verpflichtet ist. Entschließt sich das FA zum Erlass des Haftungsbescheids, ist es nicht erforderlich, dass bereits die Voraussetzungen des § 219 Satz 1 AO erfüllt sind. Denn aus der Zusammenschau von § 191 AO und § 219 Satz 1 AO folgt, dass der Erlass eines leistungsgebotslosen Haftungsbescheids vor Erfüllung der das Leistungsangebot rechtfertigenden Umstände erfolgen kann. Steht im Zeitpunkt des Ergehens des Haftungsbescheids allerdings fest, dass beim Stpfl. »nichts zu holen ist« (und diese Situation lag in fast allen Fällen vor, die Entscheidungen des BFH zur Geschäftsführerhaftung zugrunde liegen), reduziert sich der Ermessensspielraum. Ergibt sich aber aus den Gesamtumständen, dass auch die Realisierung der Haftungsforderung wenig Aussicht auf Erfolg hat, so ist dies ein Umstand, der das FA unter dem Gesichtspunkt der Verhältnismäßigkeit der Mittel, insbes. aber auch der Verwaltungsökonomie berechtigt, vom Erlass eines Haftungsbescheids Abstand zu nehmen.

7 **Aus der Rechtsprechung** seien folgende Entscheidungen erwähnt: Entscheidendes Kriterium für die Ermessensausübung ist nicht stets allein die Frage, ob das FA mit ausreichendem Nachdruck und ohne pflichtwidrige Verzögerung die Verwirklichung des Anspruchs gegen den Stpfl. betrieben hat bzw. betreiben hätte können (BFH v. 28.02.1973, II R 57/71, BStBl II 1973, 573). Der Inanspruchnahme eines GmbH-Geschäftsführers im Wege der Haftung wegen nicht abgeführter Lohnabzugsbeträge kann nicht entgegengehalten werden, dass das FA über einen längeren Zeitraum von seinen Befugnissen zur Überwachung des Lohnsteuerabzugs und zur Beitreibung der Lohnabzugsbeträge keinen Gebrauch gemacht hat (BFH v. 11.08.1978, VI R 169/75, BStBl II 1978, 683). Hat eine Bank der Gesellschaft Bankmittel mit der ausdrücklichen Bestimmung zur Verfügung gestellt, dass sie nur für Nettolohnzahlungen verwendet werden dürfen, haftet der Geschäftsführer der Gesellschaft trotzdem (BFH v. 12.07.1983, VII B 19/83, BStBl II 1983, 655). Die Inanspruchnahme des Haftenden wird auch nicht

deshalb ermessensfehlerhaft, weil der leistungsempfangende Unternehmer die Umsatzsteuer nur mangels gesonderter Inrechnungstellung der Umsatzsteuer nicht als Vorsteuerabzug geltend machen konnte, also eine faktische »Nullsituation« eingetreten war (BFH v. 07.07.1983, V R 197/81, BStBl II 1984, 70). Auch ist die Heranziehung des Hinterziehers von Einfuhrumsatzsteuer als Haftungsschuldner nicht schon deshalb rechtswidrig, weil die Steuer im Falle ihrer Entrichtung von dem einführenden Unternehmer als Vorsteuer hätte abgezogen werden können (BFH v. 05.06.1985, VII R 57/82, BStBl II 1985, 688, BFH v. 21.02.1989, VII R 165/85, BStBl II 1989, 491). Derjenige, der Haftungsschuldner kraft Tatbestandsverwirklichung ist, trägt grundsätzlich das Risiko, dass die Steuerforderung bei dem Steuerschuldner nicht beigetrieben werden kann (BFH v. 04.07.1979, VII R 165/85, BStBl II 1980, 126; BFH v. 22.07.1986, VII R 191/82, BFH/NV 1987, 140 bezüglich Geschäftsführerhaftung).

8 Wenn die Rechtsprechung eine ermessenfehlerhafte Inanspruchnahme ausnahmsweise annimmt, z. B. dann, wenn das Fehlschlagen der Beitreibung der Steuerforderung auf einer besonders groben Pflichtverletzung des FA beruht, werden Grundsätze der **Verwirkung** zu Ermessenskriterien gemacht. Dem BFH ist auch nicht zu folgen, wenn er ein etwa bestehendes **Mitverschulden** des FA grundsätzlich auf der Stufe des Ermessens geprüft wissen will (BFH v. 28.02.1973, II R 57/71, BStBl II 1973, 573; BFH v. 11.08.1978, VI R 169/75, BStBl II 1978, 683). Wenn ein Haftungstatbestand als Schadensersatzanspruch ausgestaltet ist, wirkt sich das Mitverschulden bereits auf der Tatbestandsebene im Kausalverlauf aus (s. § 69 AO Rz. 18). Nur bei verschuldensunabhängigen Haftungstatbeständen ist der Auffassung des BFH zuzustimmen.

## 2. Auswahlermessen

9 Zwischen mehreren Gesamtschuldnern besteht ein **Auswahlermessen** (zum Verhältnis Stpfl./Haftender s. Rz. 6 und § 219 AO). So hat das FA die Wahl, ob es von mehreren Haftungsschuldnern alle oder nur einige in Anspruch nimmt. Das Auswahlermessen folgt aus § 421 BGB (s. § 44 AO Rz. 1). Auch dieses Ermessen ist auszuüben und zu begründen (BFH v. 09.08.2002, VI R 41/96, BStBl II 2003, 160: Auswahlermessen zwischen Arbeitgeberhaftung für Lohnsteuer nach § 42 d EStG und Haftung eines Geschäftsführers nach § 69 bzw. § 71 AO wegen dieses Anspruchs). Treten keine besonderen Umstände hinzu, ist es regelmäßig ermessensrichtig alle **Gesamtschuldner** in Anspruch zu nehmen. Kein geeignetes Kriterium für das Auswahlermessen ist die Beteiligung der Haftungsschuldner am Vermögen der Gesellschaft für deren Schulden sie haftbar gemacht werden (BFH v. 29.05.1990, VII R 85/89, BStBl II 1990, 1008 zu § 69 AO; offengelassen wegen der Höhe der Beteiligung eines GbR-Gesellschafters: BFH v. 07.10.2004, VII B 46/04, BFH/NV 2005, 733; BFH v. 11.12.2007, VII B 346/06, BFH/NV 2008, 733). Nicht zu beanstanden ist es, wenn von mehreren Geschäftsführern derjenige vorrangig in Anspruch genommen wird, der nach einer internen Vereinbarung für die Erledigung der steuerlichen Angelegenheiten zuständig war (BFH v. 05.11.1991, VII B 116/91, BFH/NV 1992, 575). Die Einschaltung eines faktischen GmbH-Geschäftsführers führt aber nicht dazu, dass ein Strohmann-Geschäftsführer aus der Haftung zu entlassen wäre (BFH v. 11.03.2004, VII R 52/02, BStBl II 2004, 579). § 421 BGB eröffnet grundsätzlich auch die Möglichkeit, die Haftungsforderung auf die Haftungsschuldner nach Köpfen zu verteilen. Da allerdings der interne Ausgleichsanspruch nach § 426 BGB in die Risikosphäre der Gesamtschuldner fällt, entspricht es dem Zweck der Haftung, der der Sicherung des Steueraufkommens dient (s. vor §§ 69 bis 77 AO Rz. 1), das Risiko des Ausgleichs nicht von den Haftungsschuldnern auf die Allgemeinheit zu verlagern.

Umstände, die nicht im Gesamtschuldverhältnis, sondern nur in der Person einzelner Gesamtschuldner begründet sind, sind in Bezug auf dessen Person bei genauerer Betrachtung eine Frage des Entschließungsermessens (*Blesinger*, StuW 1995, 226, 231 ff.; *Blesinger* Haftung und Duldung im Steuerrecht, 2005, S. 187 f.), wenn sie auch von der h. M. unter dem Aspekt des Auswahlermessens betrachtet werden. Wegen der Konsequenzen hieraus bedarf die Rechtsprechung (s. insbes. BFH v. 29.05.1990, VII R 85/89, BStBl II 1990, 1008 und BFH v. 11.03.2004, VII R 52/02, BStBl II 2004, 579) einer kritischen Würdigung. Das FA hatte nur einen von zwei GmbH-Geschäftsführern bzw. nur einen faktischen Geschäftsführer in Anspruch genommen, ohne dass dies im Bescheid begründet wurde. Hierin könnte ein materieller Ermessensfehler liegen, wenn nämlich die Auswahlmöglichkeit vom FA nicht gesehen wurde (s. auch BFH v. 09.08.2002, VI R 41/96, BStBl II 2003, 160). Es könnte sich aber auch lediglich um den Formfehler der mangelnden Begründung handeln. Da nach Auffassung des BFH in der Sache eine andere Entscheidung möglich war, musste dies nach § 127 AO zwingend zur Aufhebung des Bescheids führen. Letzteres ist u. E. nicht richtig. Für den BFH stand außer Zweifel, dass der Haftungsbescheid allein in Bezug auf die in Anspruch genommene Person nicht an einem Ermessensfehler litt, er hielt es aber für möglich, dass zusätzlich der andere Geschäftsführer in Anspruch genommen werden konnte. Dies hätte Anlass gegeben, zu prüfen, ob ein Haftungsschuldner allein dadurch beschwert sein kann, dass nicht auch ein anderer Haftungsschuldner in Anspruch genommen wurde. Hätte das FA auch den anderen Haftungsschuldner belangt, hätte dies nichts am Erlass des angefochtenen Bescheids geändert. Zwar hätte i. S. des § 127 AO theo- 10 retisch auch eine andere Entscheidung getroffen werden können – nämlich die alleinige Inanspruchnahme des anderen Haftungsschuldners, doch scheint dies nach Lage des Falles niemand ernsthaft in Erwägung gezogen zu haben. Selbst ein materieller Mangel des Auswahlermessens konnte somit nicht Ursache des erlassenen Haftungsbescheids sein, sodass in der Sache keine andere Entscheidung getroffen worden wäre und damit der Adressat dieses Verwaltungsakts insoweit nicht beschwert war (so im Ergebnis auch FG Mchn v. 01.04.2004, 14 K 1710/01, EFG 2004, 1267 zur Haftung eines Steuerhinterziehers). Eine andere Beurteilung ergäbe sich nur dann, wenn der andere Geschäftsführer möglicherweise allein belangt werden konnte. Das zeigt, dass vieles von dem, was unter dem Aspekt des Auswahlermessens diskutiert wird, eigentlich eine Frage des Entschließungsermessens in Bezug auf einen von mehreren Haftenden ist. Dann aber hat eine andere Person keinen Anspruch darauf, dass das einen anderen betreffende Entschließungsermessen ihr gegenüber begründet wird, denn sie ist nicht betroffen, wenn und soweit nicht die Entlassung aus der Haftung zur Debatte steht (ausführlich dazu *Blesinger*, StuW 1995, 226, 232 ff.; *Blesinger*, Haftung und Duldung im Steuerrecht, 2005, S. 187 f. auch unter Berücksichtigung des gesamtschuldnerischen Innenausgleichs). Noch weiter geht aber das FG Köln (FG Köln v. 04.09.2003, 3 K 7676/00, EFG 2004, 154), indem es (zutreffend) ausführt, allein die lang andauernde Erkrankung eines Mitgeschäftsführers lasse dessen Pflichtenstellung nicht entfallen, weswegen er ggf. sein Amt niederlegen müsse. Bleibe er dennoch im Amt, sei die Erkrankung kein Grund, im Wege des Auswahlermessens allein den Mitgeschäftsführer zu belangen und den erkrankten Geschäftsführer aus der Haftung zu entlassen. Dies begegnet aus mehreren Gründen Bedenken: (a) Das Gericht folgert aus der Verletzung einer Haftungsnorm die Pflicht zur Inanspruchnahme, wenn es ausführt, es sei pflichtwidrig gewesen, das Amt nicht niederzulegen und deshalb müsse der erkrankte Mitgeschäftsführer ebenfalls in Anspruch genommen werden. Damit wird die Notwendigkeit der Ermessenausübung negiert. (b) Auch das FG Köln hat nicht die Frage beantwortet, ob der in Anspruch genommene Geschäftsführer allein dadurch beschwert sein kann, dass nur er und nicht auch ein anderer als Haftungsschuldner in Anspruch genommen wurde. Materiell ändert sich seine Position ohnehin nicht, denn für den gesamtschuldnerischen Innenausgleich nach § 426 BGB spielt es keine Rolle, ob nur ein Gesamtschuldner oder alle in Anspruch genommen wurden (*Blesinger*, aaO).

### 3. Ermessen hinsichtlich der Höhe der Inanspruchnahme

11 Grundsätzlich **nicht** in das Ermessen des FA stellt die Rechtsprechung die Höhe des Haftungsanspruchs (BFH v. 05.09.1989, VII R 61/87, BStBl II 1989, 979; BFH v. 08.08.1991, V R 19/88, BStBl II 1991, 939). Dem ist zuzustimmen, denn es ist nicht ersichtlich, dass der Zweck der Ermessensermächtigung auch die Höhe des Anspruchs erfassen soll, denn die Haftung dient der Sicherung des Steueraufkommens (s. vor §§ 69 bis 77 AO Rz. 1; § 5 AO). Eine scheinbar anderslautende Entscheidung des BFH (BFH v. 08.11.1988, VII R 78/85, BStBl II 1989, 118) erweist sich zwar im Ergebnis als richtig, doch wurde dort die Frage der kausalen Schadenverursachung zu Unrecht erst auf der Stufe des Ermessens berücksichtigt (s. § 69 AO Rz. 20).

### 4. Billigkeitserwägungen

12 Bei der Ermessensentscheidung sind auch **Billigkeitserwägungen** zu berücksichtigen. Wie bei jeder Ermessensentscheidung ist der Verhältnismäßigkeitsgrundsatz zur berücksichtigen (BFH v. 25.07.1989, VII R 54/86, BStBl II 1990, 284; s. AEAO zu § 5, Nr. 1; *Blesinger*, StuW 1995, 226, 237; *Blesinger*, Haftung und Duldung im Steuerrecht, 2005, S. 189 f.).

## IV. Form und Anwendung von Verfahrensvorschriften

13 Der Haftungs- oder Duldungsbescheid **ist schriftlich zu erteilen** (§ 191 Abs. 1 Satz 3 AO). Aus den §§ 119 Abs. 1 und 121 AO ergibt sich, dass der Haftungsbescheid angeben muss, für welche und gegen wen gerichtete Ansprüche aus dem Schuldverhältnis gehaftet bzw. die Vollstreckung geduldet werden soll. Angegeben werden muss auch der Umfang der Haftung oder Duldung sowie der Haftungs- oder Duldungsgrund (BFH v. 03.12.1996, I B 44/96, BStBl II 1997, 306; zur inhaltlichen Bestimmtheit eines Lohnsteuerhaftungsbescheids BFH v. 08.08.1988, VII R 6/87, BStBl II 1988, 480). Verfahrensgenstand des Haftungs- bzw. Duldungsbescheides ist ein bestimmter Lebenssachverhalt, der nicht ausgetauscht werden kann (BFH v. 04.07.2013, X B 91/13, BHH/NV 2013, 1540). Nach der Rechtsprechung sind ferner die Gründe für die zugrunde liegende Ermessensausübung in nachprüfbarer Weise darzulegen (BFH v. 30.04.1987, VII R 48/84, BStBl II 1988, 170). Auf eine besondere Begründung der Entscheidung über die Heranziehung als Haftungsschuldner (Ermessen) kann dann verzichtet werden, wenn die Gründe eindeutig zu Tage treten, z.B. wenn wegen der Erstschuld im Ausland vollstreckt werden müsste (BFH v. 03.12.1996, I B 44/96, BStBl II 1997, 306) oder wenn

diese Entscheidung durch die Rechtsentscheidung vorgeprägt ist, die Ermessenserwägungen des FA also z.B. aus dem Maß des dargestellten Verschuldens eines Geschäftsführers als Haftungsschuldner eindeutig ablesbar ist (BFH v. 13.04.1978, V R 109/75, BStBl II 1978, 508; BFH v. 30.04.1987, VII R 48/84, BStBl II 1988, 170). Von einer solchen Vorprägung kann im Fall der Haftung nach § 69 AO nicht bereits bei grob fahrlässiger Begehungsweise ausgegangen werden, sondern erst bei vorsätzlicher Steuerverkürzung (BFH v. 08.08.1988, VII R 141/85, BStBl II 1988, 219; BFH v. 12.02.2009, VI R 40/07, BStBl II 2009, 478 bei mehreren Tatbeteiligten; BFH v. 21.01.2004 XI R 3/03, BStBl II 2004, 919 zur Haftung des Hinterziehungsgehilfen; BFH v. 08.06.2007, VII B 280/06, BFH/NV 2007, 1822 zum Rangverhältnis bei der Haftung von Hinterzieher und Gehilfen). Das Maß des Begründungserfordernisses hängt wesentlich von der Mitwirkung des Betroffenen ab. Das FA muss darlegen, weswegen die Voraussetzungen der Haftung gegeben sind. Es muss aber nicht von sich aus über nicht vorgetragene oder offenkundige Ausschlussgründe spekulieren (BFH v. 28.06.2005, I R 2/04, BFH/NV 2005, 2149). Eine mangelnde Mitwirkung kann sich zulasten des Haftungsschuldners auswirken (FG Köln v. 13.10.2011, 13 K 4121/07, EFG 2012, 195). Grundsätzlich muss die Begründung spätestes mit der Einspruchsentscheidung gegeben sein. § 124 Abs. 2 AO gilt hier nur eingeschränkt, weil nach § 102 Satz 2 FGO im FG-Verfahren die Ermessenserwägungen nur ergänzt werden können. Damit ist es nicht möglich, im Klageverfahren die Ermessensgründe erstmals mitzuteilen oder eine bereits gegebene Begründung wesentlich zu verändern (BFH v. 11.03.2004, VII R 52/02, BStBl II 2004, 579; BFH v. 15.05.2013, VI R 28/12, BStBl II 2013, 737; s. im Übrigen die Erläuterungen zu §§ 124 und 127 AO, sowie zu § 102 FGO Rz. 4).

14 Zum notwendigen Inhalt eines auf das Anfechtungsgesetz gestützten Duldungsbescheids ist keine Angabe erforderlich, wie sich die Zwangsvollstreckung im Einzelnen gestalten werde (BFH v. 31.07.1979, VII B 11/79, BStBl II 1979, 756); erforderlich ist die Bezeichnung der Forderung, bei Inanspruchnahme nach dem Anfechtungsgesetz die des Anfechtungsgrundes und des zurückzugewährenden Gegenstands.

15 **Haftungs- und Duldungsbescheide sind Steuerbescheiden nicht gleichgestellt.** Damit gelten für sie die allgemeinen Verfahrensvorschriften des 3. Teils der AO und nicht die besonderen Bestimmungen über das Besteuerungsverfahren (4. Teil der AO), insbes. nicht die die Steuerfestsetzung betreffenden Regelungen. Hierdurch verbietet es sich allerdings für das FA nicht, beim Erlass des Haftungsbescheids hinsichtlich des Primäranspruchs (des Steueranspruchs selbst) auf die Vorschriften der AO zur Steuerfestsetzung zurückzugreifen (Inzidentprüfung). Nur hinsichtlich des Haftungsanspruchs liegt ein eigenständiger Regelungsinhalt des Haftungsbescheids vor und nur hierfür gelten die Vorschriften der AO zur Steuerfestsetzung nicht. Die (materielle) Bestandskraft von Haftungs- und Duldungsbescheiden richtet sich nicht nach den §§ 172 ff. AO; vielmehr ist die Zulässigkeit einer vollständigen oder teilweisen Rücknahme (Aufhebung) eines Haftungs- oder Duldungsbescheids nach §§ 130, 131 AO zu beurteilen (BFH v. 28.01.1982, V R 100/80, BStBl II 1982, 292). Damit steht ein formell und materiell bestandskräftiger Haftungsbescheid dem Erlass eines weiteren Haftungsbescheides entgegen, der die gleiche unveränderte Sach- und Rechtslage betrifft (BFH v. 25.05.2004, VII R 29/02, BStBl II 2005, 3). Das FA kann auch nicht bei einer in einem Haftungsbescheid zu niedrig angenommenen Haftungsschuld die höhere Schuld durch einen weiteren ergänzenden Bescheid geltend machen (FG Münster v. 26.11.2004, 9 K 5436/98 U, EFG 2005, 1009). Das FA ist allerdings zum Erlass eines ergänzenden Haftungsbescheides wegen Lohnsteuer berechtigt, wenn die Erhöhung der dem ersten Haftungsbescheid zugrunde liegende Lohnsteuerschuld auf neuen im Rahmen einer Außenprüfung festgestellten Tatsachen beruht (BFH v. 15.02.2011, VII R 66/10, BStBl II 2011, 534).

## C. Zeitliche Schranken für den Erlass von Haftungsbescheiden

Weil Haftungsbescheide Steuerbescheiden nicht gleichstehen (s. Rz. 15), sind auch die Vorschriften über die Festsetzungsfrist (s. §§ 169 bis 171 AO) auf den Erlass von Haftungsbescheiden nicht unmittelbar anwendbar. § 191 Abs. 3 bis 5 AO treffen daher für die **zeitliche Zulässigkeit** von Haftungsbescheiden Sonderregelungen. Die in § 191 Abs. 3 bis 5 AO geregelten zeitlichen Schranken betreffen lediglich den Erlass des Haftungsbescheids. Sie sind für die Frage der zeitlichen Zulässigkeit einer späteren vollen oder teilweisen Rücknahme ohne Bedeutung (BFH v. 12.08.1997, VII R 107/96, BStBl II 1998, 131). Für eine ausweitende Änderung von Haftungsbescheiden, die sich verfahrensrechtlich als Neuerlass eines Haftungsbescheids insoweit darstellen, als die Ausweitung reicht, gelten jedoch § 191 Abs. 3 bis 5 AO. 16

Es gibt keine steuerrechtliche Festsetzungsfrist für Duldungsansprüche (s. AEAO zu § 191, Nr. 6; s. § 77 AO Rz. 6). Die in §§ 3, 4 und 6 des AnfG enthaltenen Fristen sind zu beachten (s. § 191 Abs. 1 Satz 2 AO). 17

### I. Haftung aus Steuergesetzen

Sofern sich die Haftung aus den Steuergesetzen ergibt, sind nach § 191 Abs. 3 Satz 1 AO die **Vorschriften über die Festsetzungsfrist** (s. §§ 169 bis 171 AO) **entsprechendanzuwenden** (BFH v. 23.03.1993, VII R 38/92, 18

BStBl II 1993, 581; BFH v. 05.10.2004, VII R 77/03, BStBl II 2005, 122 zu § 171 Abs. 3a AO). Die Festsetzungsfrist beträgt grundsätzlich **vier Jahre.** Das gilt unabhängig von der Festsetzungsfrist, die für die Festsetzung des Primäranspruchs gilt, für den gehaftet werden soll. Für Haftungsbescheide gegen Personen, die gem. § 70 AO als Vertretene wegen einer Steuerhinterziehung haften, die Personen i. S. der §§ 34, 35 AO bei Ausübung ihrer Obliegenheiten als Täter oder Beteiligte begangen haben, beträgt die Festsetzungsfrist **zehn Jahre** bzw. bei leichtfertiger Steuerverkürzung **fünf Jahre** (BFH v. 07.02.2002, V B 86/01, BFH/NV 2002, 755). Für den Erlass von Haftungsbescheiden gegen Personen, die als Steuerhinterzieher oder Steuerhehler nach § 71 AO haften, gilt eine zehnjährige Festsetzungsfrist. Die verlängerte Frist gilt nur in den Fällen, in denen die Haftungsbescheide auf § 70 bzw. § 71 AO gestützt werden, nicht aber dann, wenn das FA seinen Anspruch aus § 69 AO herleitet (BFH v. 22.04.2008, VII R 21/07, BStBl II 2008, 735).

19 Die **Festsetzungsfrist beginnt** mit Ablauf des Kalenderjahres, in dem der die Haftung bewirkende Tatbestand verwirklicht worden ist (s. § 191 Abs. 3 Satz 3 AO). Die Haftungsschuld entsteht mit Verwirklichung der Tatbestandsmerkmale der einschlägigen Norm. Nach Auffassung des BFH ist bei § 69 AO der Schadenseintritt kein konstitutives Tatbestandsmerkmal (BFH v. 04.09.2002, I B 145/01, BStBl II 2003, 223; a. A. FG Bre v. 26.11.1998, 497257 K 1, EFG 1999, 518). Dies entspricht § 199 Abs. 3 BGB, wonach bei sonstigen Schadensersatzansprüchen das auslösende Element für die Verjährungsfrist nicht nur die Entstehung des Schadens (Satz 1 Nr. 1: Frist zehn Jahre), sondern auch die Begehung der schadensstiftenden Handlung (Satz 1 Nr. 2: Frist 30 Jahre) ist. Maßgeblich ist die früher endende Frist (s. § 199 Abs. 3 Satz 2 BGB).

20 § 191 Abs. 3 Satz 4 1. HS AO stellt sicher, dass ein Haftungsbescheid in jedem Fall noch so lange ergehen kann, als der Anspruch gegen den Primärschuldner noch festgesetzt werden kann, ohne dass dieser Anspruch auch tatsächlich festgesetzt sein muss (Arg. s. § 191 Abs. 5 Satz 1 Nr. 1 AO). Der Ablauf der für den Haftungsbescheid geltenden **Festsetzungsfrist** ist daher **bis zum Ablauf der für die Steuerfestsetzung geltenden Festsetzungsfrist gehemmt.** Bei der Haftung für Steuerabzugsbeträge ist die Frist für die entsprechende Steueranmeldung maßgeblich (BFH v. 06.03.2008, VI R 5/05, BStBl II 2008, 597; BFH v. 15.01.2015, I R 33/13, BFH/NV 2015, 797; AEAO zu § 191, Nr. 9). Der Festsetzung stehen andere gesetzlich geregelte Formen der Geltendmachung gleich, wie z. B. die Feststellung zur Insolvenztabelle (§§ 174 ff. InsO, BFH v. 22.06.2011, VII S 1/11, BFH/NV 2011, 2014 zur Lage nach der GesO). Ist der Anspruch, für den gehaftet werden soll, bereits festgesetzt worden, so wirkt diese Festsetzung in sinngemäßer Anwendung des § 171 Abs. 10 AO für die Verjährung des Haftungsbescheides wie ein Grundlagenbescheid, sodass die für den Haftungsbescheid geltende Festsetzungsfrist nicht vor Ablauf von zwei Jahren nach Bekanntgabe des Bescheids gegen den Anspruchsschuldner abläuft (s. § 191 Abs. 3 Satz 4 2. HS AO; BFH v. 05.10.2004, VII R 7/04, BStBl II 2006, 343). Dies bewirkt aber keine Verkürzung der ggf. länger laufenden Regelfrist (BFH v. 22.06.2011, VII S 1/11, BFH/NV 2011, 2014).

Eine erhebliche **Ausdehnung** der Festsetzungsfrist für 21
den Haftungsbescheid bewirkt § 191 Abs. 3 Satz 5 AO: In den Fällen der Haftung einer **Organgesellschaft** (s. § 73 AO) und des **Eigentümers von Gegenständen,** die dem Unternehmen eines anderen dienen (s. § 74 AO), endet die Festsetzungsfrist für den Haftungsbescheid nicht, bevor die Zahlungsverjährung hinsichtlich der gegen den Stpfl. festgesetzten Steuer (s. §§ 228 ff. AO) abgelaufen ist.

## II. Haftung kraft außersteuerlichen Rechts

Beruht die **Haftung auf außersteuerlichen Gesetzen,** rich- 22
tet sich die Zulässigkeit des Erlasses eines Haftungsbescheids danach, ob diese Haftungsansprüche nach dem für sie maßgebenden Recht verjährt sind (§ 191 Abs. 4 AO). Wegen der infrage kommenden außersteuerlichen Haftungstatbestände s. vor §§ 69 bis 71 AO Rz. 5 ff. Wird z. B. ein aus einer OHG ausgeschiedener Gesellschafter gem. § 128 HGB für Steuerschulden der OHG als Haftender in Anspruch genommen, so kann der gegen ihn zu richtende Haftungsbescheid gem. § 159 Abs. 1 HGB bis zum Ablauf von fünf Jahren seit dem Ausscheiden des Gesellschafters ergehen. Das gilt nach § 736 Abs. 2 BGB auch für ausgeschiedene GbR-Gesellschafter.

## III. Erlöschen des Primäranspruchs

Nach § 191 Abs. 5 Satz 1 AO kann ein Haftungsbescheid 23
nicht mehr ergehen, soweit die in § 191 Abs. 5 Nr. 1 und 2 AO genannten Voraussetzungen vorliegen. Die Regelung beruht auf der **Akzessorietät der Haftung** gegenüber dem Primäranspruch und gibt daher nur Selbstverständliches wieder. Die Aufzählung ist auch nicht erschöpfend. Allgemein muss gelten, dass ein Haftungsbescheid nicht mehr ergehen kann, wenn der Anspruch, für den gehaftet werden soll, bereits erloschen ist (s. § 47 AO), sei es wegen Ablaufs der Festsetzungsfrist vor der Festsetzung des Anspruchs (s. § 191 Abs. 5 Satz 1 Nr. 1 AO), sei es wegen Ablaufs der Zahlungsverjährungsfrist oder aufgrund eines Billigkeitserlasses (s. § 191 Abs. 5 Satz 1 Nr. 2 AO; zur Haftung für Säumniszuschläge, die wegen Überschuldung des Steuerpflichtigen zu erlassen sind BFH v. 19.12.2000, VII R 63/99, BStBl II 2001, 217; BFH v. 17.10.2001, II R 67/98, BFH/NV 2002, 610), sei es aber

auch wegen Zahlung oder Aufrechnung usw. Entfallen die einem Haftungsbescheid zugrunde liegenden Steueransprüche nach Erlass eines (angefochtenen) Haftungsbescheids, so erledigt sich hierdurch das hinsichtlich des Haftungsbescheids anhängige Einspruchsverfahren nicht in der Hauptsache; vielmehr muss der Haftungsbescheid aufgehoben bzw. die Haftungsforderung herabgesetzt werden (BFH v. 18.05.1983, I R 193/79; BStBl II 1983, 544; BFH v. 10.03.2005, VII B 307/04, BFH/NV 2005, 1474; s. AEAO zu § 191, Nr. 4). Erlischt die Erstschuld erst im Klageverfahren, ist im Zweifelfall ein Abrechnungsbescheid nach § 218 Abs. 2 AO erforderlich (BFH v. 17.10.1980, VI R 136/77, BStBl II 1981, 138). Der Eintritt der Zahlungsverjährung hinsichtlich der Erstschuld nach Erlass des Haftungsbescheids, führt nicht auch zum Wegfall der Haftungsschuld (s. § 191 Abs. 5 Satz 1 Nr. 2 AO), der Bescheid bleibt rechtmäßig (BFH v. 11.07.2001, VII R 28/99, BStBl II 2002, 267; BFH v. 29.11.2006, I R 103/05, BFH/NV 2007, 1067). Die Primärforderung und die Haftung unterliegen jeweils einer eigenständigen Zahlungsverjährung.

24 Nach § 191 Abs. 5 Satz 2 AO **gilt** dies jedoch **nicht**, wenn die Haftung darauf beruht, dass der Haftungsschuldner **Steuerhinterziehung** (s. § 370 AO) oder **Steuerhehlerei** (s. § 374 AO) begangen hat. Hier wird im Hinblick auf die Schädigung des Steueraufkommens durch ein strafbares Verhalten des Haftenden der Grundsatz der Akzessorietät des Haftungsanspruchs durchbrochen.

### IV. Verwirkung

25 Der Erlass eines Haftungsbescheides kann sich auch nach **Treu und Glauben** wegen Verwirkung verbieten. Zur Frage der Verwirkung bei der Inanspruchnahme von Haftenden s. BFH v. 07.04.1960, V R 296/57, HFR 1961, 176. Die Frage der Verwirkung lässt sich hierbei nicht losgelöst vom haftungsauslösenden Verhalten beurteilen. Sie kommt bei einer verschuldensunabhängigen Haftung eher in Betracht wie in den Fällen eines vorsätzlich schädigenden Verhaltens.

## D. Haftung bestimmter Berufsangehöriger

26 § 191 Abs. 2 AO enthält eine **Sonderregelung** für den Erlass von Haftungsbescheiden gegen **Rechtsanwälte, Patentanwälte, Notare, Steuerberater, Steuerbevollmächtigte, Wirtschaftsprüfer** oder **vereidigte Buchprüfer**, die wegen Handlungen i. S. des § 69 AO, die sie in Ausübung ihres Berufes vorgenommen haben, haftbar gemacht werden sollen. Vor Erlass eines Haftungsbescheids ist in solchen Fällen der zuständigen **Berufskammer** (bei Mehrfachzulassung allen zuständigen Berufskammern) **Gelegenheit zur Stellungnahme** zu geben. Dadurch soll sichergestellt werden, dass bei der Entscheidung des FA auch den standesrechtlichen Gesichtspunkten ausreichend Rechnung getragen wird (s. § 411 AO für das Bußgeldverfahren gegen die genannten Berufsträger). Für Steuerberatungs-, Wirtschaftsprüfungs- und Buchprüfungsgesellschaften ist § 191 Abs. 2 AO entsprechend anzuwenden (*Loose* in Tipke/Kruse, § 191 AO Rz. 30).

Nur soweit der Berufsträger **in Ausübung seines Berufs** gehandelt hat, muss das FA nach § 191 Abs. 2 AO vorgehen (für Steuerberater und Steuerbevollmächtigte s. § 2 StBerG). Handelt es sich um eine anderweitige Tätigkeit, ist das anspruchsschädigende Verhalten also nicht der jeweiligen spezifischen Berufstätigkeit zuzurechnen, braucht die zuständige Berufskammer nicht eingeschaltet zu werden. Stets ist somit darauf abzustellen, ob der Betroffene **in seiner Eigenschaft als Rechtsanwalt usw.** tätig war. Ein Rechtsanwalt oder Steuerberater, der z. B. als gesetzlicher Vertreter seiner Kinder handelt, ist nicht in Ausübung seines Berufes tätig. Wird er jedoch mit Rücksicht auf seinen Beruf als Vormund eines Kindes bestellt, gilt § 191 Abs. 2 AO ebenso wie bei einer berufsbedingten Tätigkeit als Insolvenzverwalter (FG RP v. 18.01.1985, 6 K 116/82, EFG 1985, 426), Testamentsvollstrecker (BFH v. 13.05.1998, II R 4/96, BStBl II 1998, 760), Nachlassverwalter, Liquidator (a. A. FG Ha v. 10.02.2009, 2 K 251/07, EFG 2009, 890 mit ablehnender Anmerkung *Eppers*), Pfleger, Notvorstand eines Vereins oder einer AG oder Notgeschäftsführer einer GmbH (BFH v. 17.10.1957, V 167/55 U, BStBl III 1957, 453). Ist dagegen ein Berufsträger ständig als Geschäftsführer z. B. einer GmbH angestellt, so erfüllt er bei Wahrnehmung der steuerlichen Pflichten der Gesellschaft keine für seinen Beruf i. S. des § 191 Abs. 2 AO spezifischen Pflichten, selbst wenn er – zu Recht oder zu Unrecht – im Übrigen weiter Berufsangehöriger sein sollte (s. § 46 BRAO). Dies gilt auch z. B. für einen Steuerberater, der als Geschäftsführer einer Steuerberatungs-GmbH i. S. des § 49 StBerG fungiert: bei Erfüllung der eigenen steuerlichen Pflichten der Steuerberatungs-GmbH handelt er nicht in Ausübung seines Steuerberaterberufes (BFH v. 11.11.1986, VII R 87/82, BFH/NV 1987, 419). 27

Wie in § 69 AO Rz. 3 ausgeführt, fällt die reine Beratungs- und Vertretungstätigkeit in Steuersachen in keinem Fall unter die §§ 34 und 35 AO und kann daher auch nicht zur Haftung gem. § 69 AO führen. Hieraus ergibt sich in Verbindung mit der ausdrücklichen Bezugnahme auf Handlungen, die in Ausübung des Berufs vorgenommen worden sind, eine **erhebliche Begrenzung des Anwendungsbereichs** des § 191 Abs. 2 AO. 28

Ist die **Anhörung unterblieben**, ist der Haftungsbescheid nicht nichtig (s. § 125 Abs. 3 Nr. 4 AO) wohl aber anfechtbar. Zur Nachholung der Anhörung bis zum Abschluss des Einspruchsverfahrens s. § 126 Abs. 1 29

Nr. 5 AO. § 126 Abs. 2 AO eröffnet u. E. nicht uneingeschränkt die Möglichkeit, die Mitwirkung im Klageverfahren nachzuholen. Die Stellungnahme der Kammer hat auch Bedeutung für die Ermessensentscheidung des FA. Ihre erstmalige Berücksichtigung im Klageverfahren würde über die nach § 102 Satz 2 FGO zugelassene Ergänzung der Ermessensabwägung hinausgehen. Gibt die zuständige Berufskammer trotz entsprechender Aufforderung (Frist i. d. R. zwei Monate: s. AEAO zu § 191, Nr. 8) durch das FA keine Stellungnahme ab, berührt dies die Rechtmäßigkeit des Haftungsbescheids nicht (BFH v. 26.11.1985, VII R 149/81, BFH/NV 1986, 134).

### E. Rechtsbehelf

30 Gegen Haftungs- und Duldungsbescheide ist der **Einspruch** gegeben. Dies gilt auch gegen Duldungsbescheide des FA im Rahmen einer Inanspruchnahme nach dem Anfechtungsgesetz. Bei Streit über die Realsteuerhaftung bzw. -duldung ist keine besondere Entscheidung des FA vorgesehen. Gegen den Haftungsbescheid der Gemeinde ist daher nicht der Einspruch, sondern das Rechtsbehelfsverfahren nach der VwGO (**Widerspruch**, s. § 69 VwGO) gegeben.

31 Mit der **Anfechtung** des Haftungsbescheids kann sich die als Haftende in Anspruch genommene Person nicht nur **gegen die Heranziehung als Haftender** selbst, sondern wegen der Akzessorietät der Haftung **gegenüber** dem **Primäranspruch** grundsätzlich auch gegen dessen Rechtmäßigkeit wenden (BVerfG v. 29.11.1996, 2 BvR 1157/93, BStBl II 1997, 415). Die unanfechtbare Festsetzung des Primäranspruchs gegenüber dem Stpfl. muss sie nur in den Fällen der Drittwirkung (s. § 166 AO; BFH v. 12.01.2011, XI R 11/08, BStBl II 2011, 477) gegen sich gelten lassen, es sei denn die Steuerfestsetzung könnte noch geändert werden (z. B. nach § 164 AO; BFH v. 28.03.2011, VII B 213/00, BFH/NV 2001, 1217; a. A. FG Köln v. 13.10.2011, 13 K 4121/1217, EFG 2012, 195). Zu den möglichen Einwendungen der durch Duldungsbescheid in Anspruch Genommenen s. § 77 AO Rz. 6.

## § 192 AO Vertragliche Haftung

**Wer sich auf Grund eines Vertrages verpflichtet hat, für die Steuer eines anderen einzustehen, kann nur nach den Vorschriften des bürgerlichen Rechts in Anspruch genommen werden.**

1 Die Vorschrift befasst sich mit der Inanspruchnahme Dritter, die sich vertraglich verpflichtet haben, für Ansprüche aus dem Steuerschuldverhältnis (s. § 37 AO) gegen einen anderen einzustehen. Die Zulässigkeit solcher Verpflichtungsgeschäfte folgt aus § 48 Abs. 2 AO.

2 Die Grundlage für die Inanspruchnahme des Dritten können sowohl vertragliche Vereinbarungen zwischen dem FA und dem Dritten als auch entsprechende Abmachungen zwischen dem Stpfl. und dem Dritten sein. Wegen der infrage kommenden Einzelfälle s. § 48 AO Rz. 9.

3 Die Inanspruchnahme nach den Vorschriften des bürgerlichen Rechts bedeutet die Durchsetzung von Ansprüchen nach den zivilrechtlich eingeräumten Möglichkeiten, die auch einem privaten Gläubiger offenstehen. Der Anspruch muss daher auf dem **Zivilrechtsweg** vor den ordentlichen Gerichten verfolgt werden (s. § 13 GVG). Kläger ist der Gläubiger des Anspruchs aus dem Steuerschuldverhältnis. Welche Behörde den Fiskus zu vertreten hat, richtet sich nach den entsprechenden Organisationsnormen. dazu *Loose* in Tipke/Kruse, § 192 AO Rz. 12 ff.).

Eine Inanspruchnahme durch Haftungsbescheid ist nicht zulässig, da der Dritte kraft Vertrages und nicht kraft Gesetzes (s. § 191 Abs. 1 AO) verpflichtet ist. Daher kann der Dritte auch nicht Vollstreckungsschuldner i. S. des Vollstreckungsverfahrens der AO (s. §§ 249 ff. AO) sein. Erforderlichenfalls ist aus dem auf dem Zivilrechtsweg erstrittenen Titel nach den Vorschriften der ZPO zu vollstrecken. 4

## Vierter Abschnitt: Außenprüfung

### 1. Unterabschnitt Allgemeine Vorschriften

## § 193 AO Zulässigkeit einer Außenprüfung

**(1) Eine Außenprüfung ist zulässig bei Steuerpflichtigen, die einen gewerblichen oder land- und forstwirtschaftlichen Betrieb unterhalten, die freiberuflich tätig sind und bei Steuerpflichtigen im Sinne des § 147a.**

**(2) Bei anderen als den in Absatz 1 bezeichneten Steuerpflichtigen ist eine Außenprüfung zulässig,**

**1. soweit sie die Verpflichtung dieser Steuerpflichtigen betrifft, für Rechnung eines anderen Steuern zu entrichten oder Steuern einzubehalten und abzuführen,**

**2. wenn die für die Besteuerung erheblichen Verhältnisse der Aufklärung bedürfen und eine Prüfung an Amtsstelle nach Art und Umfang des zu**

**prüfenden Sachverhaltes nicht zweckmäßig ist oder**

**3. wenn ein Steuerpflichtiger seinen Mitwirkungspflichten nach § 90 Abs. 2 Satz 3 nicht nachkommt.**

**Inhaltsübersicht**



**Schrifttum**

Apitz, Verfahrensrechtliche Aspekte einer Außenprüfung nach BpO (2000), StBp 2001, 29, 57, 85; von Wedelstädt, Neuregelungen der Betriebsprüfungsordnung (BpO 2000) und des AEAO zu § 193 ff., DB 2000, 1356; Papperitz, Die Betriebsprüfungsordnung 2000 – Ein Fortschritt oder eher Rückschritt, DB 2001, 1217; Balmes, Digitales Zeitalter der Außenprüfung, AO-StB 2002, 121; Eberlein, Die steuerliche Betriebsprüfung im Spiegel der Rechtsprechung, DStZ 2003, 255; von Wedelstädt, Begründung von Prüfungsanordnungen, AO-StB 2004, 325; Göpfert, Die steuerliche Außenprüfung beim Rechtsanwalt – Mitwirkungspflichten versus Verschwiegenheitspflicht, DB 2006, 581; Findeis, Kapitalertragsteuer – Außenprüfung unter dem Regime der Abgeltungsteuer, DB 2009, 2397; Seer, Taxcompliance und Außenprüfung, FS M. Streck, 2011, 403; Buse, Einzelermittlungen des Außenprüfers, AO-StB 2012, 50; Drüen, Das finanzbehördliche Ermessen bei der Anordnung einer Außenprüfung, AO-StB 2014, 343. Ferner s. Schrifttum zu § 194 AO bis § 203 AO, zum Rechtsschutz und zum Verwertungsverbot s. Schrifttum zu § 196 AO.

## A. Vorbemerkungen zu §§ 193 ff. AO

1 Die Außenprüfung dient der Steuergerechtigkeit. Die Grundsätze von Gesetzmäßigkeit und Gleichmäßigkeit der Besteuerung (§ 85 AO) verlangen auch, dass die Gesetze gleichmäßig vollzogen werden. Das Verifikationsprinzip ergänzt das Deklarationsprinzip, indem es fordert, dass überprüft wird, was der Stpfl. dem FA im Rahmen seiner Erklärungspflicht, seiner Mitwirkungspflichten und ggf. seiner Buchführungspflicht zur Durchführung seiner Besteuerung mitteilt (Verifikation der Angaben des Stpfl., BFH v. 28.09.2011, VIII R 8/09, BStBl II 2012, 395 m.w.N.). Zweck der Außenprüfung ist daher die Ermittlung und Beurteilung der steuerlich bedeutsamen Sachverhalte nicht am »grünen Tisch«, sondern beim Stpfl. selbst, um die Besteuerungsgleichheit sicherzustellen (s. § 2 Abs. 1 BpO; s. Anh. 3). Die Außenprüfung nimmt Einblick in die Bücher und Belege der Stpfl. und erfüllt damit für einen großen Bereich der Besteuerung die Kontrollaufgaben des Staates. Bedenken gegen die Verfassungsmäßigkeit der Einrichtung »Außenprüfung« bestehen nicht (BFH v. 07.02.2002, IV R 9/01, BStBl II 2002, 269 m.w.N.).

Eine Außenprüfung i.S. der §§ 193 ff. AO ist jede beim Stpfl. durchgeführte, als solche besonders angeordnete **umfassende und zusammenhängende Ermittlung aller tatsächlichen und rechtlichen Verhältnisse**, die für die Besteuerung und für die Bemessung der Steuer maßgebend sind, auch wenn sie im Einzelfall als abgekürzte Außenprüfung nur die wesentlichen Besteuerungsgrundlagen betrifft (§ 203 Abs. 1 AO) und ausnahmsweise sogar auf bestimmte Sachverhalte beschränkt wird (§ 194 Abs. 1 Satz 2 AO). Es handelt sich um Ermittlungshandlungen des FA von besonderem Umfang und besonderer Intensität, die für den Stpfl. erkennbar darauf gerichtet sind, den für die richtige Anwendung der Steuergesetze wesentlichen Sachverhalt zu ermitteln, zu überprüfen und abschließend zu bearbeiten (st. Rspr., BFH v. 24.04.2003, VII R 3/02, BStBl II 2003, 739 m.w.N.; BFH v. 08.07.2009, XI R 64/07, BStBl II 2010, 4). Nicht erforderlich ist, dass die Überprüfung lückenlos ist, weil im Rahmen einer Außenprüfung Prüfungsschwerpunkte zulässigerweise gebildet werden können. Zur Frage der Bedeutung der Prüfungsanordnung s. § 196 AO Rz. 1. 2

§§ 193 bis 203 AO enthalten die Regelungen der Außenprüfung. Sie gelten für alle Arten der steuerlichen Außenprüfung, d.h. die sog. **Betriebsprüfung** einschließlich der **abgekürzten Außenprüfung** (§ 203 AO) und der **zeitnahen Außenprüfung** (§ 4a BpO; dazu s. § 194 AO Rz. 11), die **Lohnsteuer-Außenprüfung** (§ 42f EStG; R 42f Abs. 1 LStR 2015), die **Umsatzsteuer-Sonderprüfung**. Zur **Prüfung nach § 117c AO** durch das BZSt s. § 117c AO Rz. 6, zur **Außenprüfung bei Datenübermittlung durch Dritte** s. § 203a AO. Ergänzend zu den Vorschriften der AO ist die Allgemeine Verwaltungsvorschrift für die Betriebsprüfung – **Betriebsprüfungsordnung** – (BpO) v. 15.03.2000, BStBl I 2000, 368 (s. Anh. 3) zu beachten, die zwar keine Rechtsnormen enthält, sich jedoch im Rahmen des pflichtgemäßen Ermessens i.S. einer Selbstbindung der Finanzverwaltung auch zugunsten des Stpfl. auswirkt (BFH v. 28.06.2000, I R 20/99, BFH/NV 2000, 1447). Sie gilt für Außenprüfungen der Landesfinanzbehörden und des Bundeszentralamtes für Steuern als dem Nachfolger des Bundesamtes für Finanzen (§ 1 Abs. 1 BpO) und mit einzelnen Vorschriften bei Sonderprüfungen sinngemäß (§ 1 Abs. 2 BpO). Für **Umsatzsteuer-Sonderprüfungen** wird darüber hinaus auf BMF v. 03.07.2002, BStBl I 2002, 1366, verwiesen, das neben Kriterien für die Prüfung Regelungen für ihre Vorbereitung und Durchführung enthält. § 11 InvStG sieht eine **Außenprüfung beim inländischen Investmentvermögen** zur Ermittlung der steuerlichen Verhältnisse des Investmentvermögens, zum Zwecke der Prüfung der Berichte 2a nach § 44 des Investmentgesetzes und der Besteuerungsgrundlagen nach § 5 InvStG vor.

2b Keine **Außenprüfungen** sind die **Umsatzsteuer-Nachschau** (§ 27b UStG) zur zeitnahen Aufklärung möglicher umsatzsteuererheblicher Sachverhalte (AEAO zu § 193, Nr. 6 Satz 4; zum Übergang zu einer Außenprüfung s. Abschn. 27b.1 Abs. 9 UStAE), die **Lohnsteuer-Nachschau** zur zeitnahen Aufklärung möglicher eine LSt-Pflicht begründender oder die Höhe der LSt oder der Zuschlagsteuern ändernder Sachverhalte (§ 42g EStG, s. BMF v. 16.10.2014, BStBl I 2014, 1408; *Bergan/Jahn*, NWB 2015, 579), die **sog. betriebsnahe Veranlagung** (Vor Ort-Ermittlungen im Rahmen des Veranlagungsverfahrens, AEAO zu § 193, Nr. 6 Satz 3 i. V. m. AEAO zu § 85, Nr. 3), die **Steueraufsicht** (s. Vor §§ 209–217 AO Rz. 3), die **Steuerfahndung** nach § 208 Abs. 1 AO (s. § 208 AO Rz. 3a), die **Prüfung nach dem SchwarzArbG**, dieauf § 2 Abs. 1 SchwarzArbG beruht (BFH v. 23.10.2012, VII R 41/10, BFH/NV 2013, 282; BFH v. 17.04.2013, VII B 41/12, BFH/NV 2013, 1131), aufgrund der Verweisung in § 15 MiLoG **Prüfungen nach dem MiLoG** sowie die **Kassen-Nachschau** gem. § 146b AO (AEAO zu § 146b, Nr. 2).

2c Von der Außenprüfung sind wegen der Rechtsfolgen außerdem **Einzelermittlungen** zu unterscheiden, die ein Außenprüfer nach § 88 AO während des Außenprüfungsverfahrens im Betrieb vornimmt, die aber i. d. R. den Prüfungszeitraum nicht betreffen. Dies ist nach st. Rspr. zulässig; einer Prüfungsanordnung bedarf es dazu nicht. Dabei kommt es entscheidend darauf an, wie sich das Tätigwerden der Finanzbehörde aus der Sicht des Betroffenen in entsprechender Anwendung der zu § 133 BGB entwickelten Rechtsgrundsätze darstellt, wie also der Stpfl. nach den ihm bekannten Umständen den Gehalt der Ermittlungsmaßnahme unter Berücksichtigung von Treu und Glauben verstehen konnte. Maßnahmen eines Außenprüfers zur Ermittlung eines Steuerfalles sind grundsätzlich Prüfungshandlungen. Deshalb hat der Außenprüfer deutlich zu machen, dass verlangte Auskünfte oder sonstige Maßnahmen nicht im Zusammenhang mit einer Außenprüfung stehen (BFH v. 29.06.2004, X B 155/03, BFH/NV 2004, 1510 m. w. N.; AEAO zu § 193, Nr. 6 m. w. N.; ausführlich zur Unterscheidung *Buse*, AO-StB 2012, 50). Einzelermittlungen kommen vornehmlich dann in Betracht, wenn Steuerfestsetzungen für Veranlagungszeiträume vor dem Prüfungszeitraum noch unter Vorbehalt der Nachprüfung stehen.

2d Nicht um Einzelermittlungen handelt es sich, wenn der Außenprüfer die Vorlage von Unterlagen nach § 8 Abs. 3 BpO verlangt (s. § 200 AO Rz. 7).

2e § 12 EUAHiG regelt die Möglichkeit der EU-Mitgliedstaaten, eine **gleichzeitige Prüfung** einer oder mehrerer Personen im jeweils eigenen Hoheitsgebiet zu vereinbaren und die Informationen gem. dem EUAHiG auszutauschen. Eine Zustimmung des Stpfl. ist nicht erforderlich (FG Köln v. 23.05.2017, 2 V 2498/16, EFG 2017, 1322; s. auch *Schäffges/Fechner/Schreiber*, DB 2017, 1668). Die Anordnung einer gleichzeitigen Prüfung ist in die Prüfungsanordnung aufzunehmen. Das gilt auch im Falle der Anwesenheit von Bediensteten eines anderen EU-Mitgliedstaates an der Außenprüfung nach § 10 EUAHiG.Im Rahmen der zwischenstaatlichen Amtshilfe können damit neben der automatischen Informationsübermittlung (§ 7 EUAHiG), dem spontanen (§ 8 f. EUAHiG) und dem Informationsaustausch auf Ersuchen (§ 4 ff. EUAHiG) auch koordinierte bi- und multilaterale steuerliche Außenprüfungen durchgeführt werden, wie gleichzeitige Prüfungen (Simultanprüfungen, § 12 EUAHiG) sowie gemeinsame steuerliche Außenprüfungen (international als »Joint Audits« bezeichnet), die eine besondere Form koordinierter Außenprüfungen darstellen. Näheres regeln die Merkblätter zur zwischenstaatlichen Amtshilfe durch Informationsaustausch in Steuersachen (BMF v. 23.11.2015, BStBl I 2015, 928) und über koordinierte steuerliche Außenprüfungen mit Steuerverwaltungen anderer Staaten und Gebiete (BMF v. 09.01.2017, BStBl I 2017, 89).

## B. Zulässigkeit der Außenprüfung

### I. Allgemeines

§ 193 AO bestimmt – wenn auch nicht abschließend (s. z. B. § 7 der V zu § 180 Abs. 2 AO, § 180 AO Rz. 34, 64 ff. und § 42 f. EStG) –, in welchen Fällen eine Außenprüfung **zulässig** ist. Bei **zusammenveranlagten Eheleuten/Lebenspartnern** müssen die Prüfungsvoraussetzungen nach § 193 Abs. 1 AO oder nach § 193 Abs. 2 AO für jeden Ehegatten/Lebenspartner getrennt vorliegen (u. a. BFH v. 13.03.1987, III R 236/83, BStBl II 1987, 664). Eine Außenprüfung ist im Übrigen solange zulässig, als noch Ansprüche aus dem Steuerschuldverhältnis bestehen (AEAO zu § 193, Nr. 4 Satz 2 m. w. N.). Sie ist unzulässig, wenn feststeht, dass ihre Ergebnisse unter keinem möglichen Gesichtspunkt ausgewertet werden können. Die Durchführung einer Außenprüfung steht im pflichtgemäßen Ermessen der Finanzbehörde. Bei ihrer Ermessensentscheidung muss die Finanzbehörde auch erwägen, ob die von ihr gewünschten Aufklärungen gerade eine Außenprüfung erfordern oder Einzelermittlungen ausreichen. Die Frage, ob eine Außenprüfung überhaupt angeordnet werden darf, ist von der Frage nach der Rechtmäßigkeit einzelner Maßnahmen im Zuge der Prüfung zu unterscheiden. Das gilt auch insoweit, als es darum geht, ob anlässlich einer Prüfung Kontrollmitteilungen gefertigt werden dürfen (BFH v. 08.04.2008, VIII R 61/06. BStBl II 2009, 579 m. w. N.). Die Zulässigkeit einer Außenprüfung findet ihre Grenze im Grundsatz der Verhältnismäßigkeit und im Willkür- und Schikaneverbot (BFH v. 28.09.2011, VIII R 8/09, BStBl II 2012, 395 m. w. N.). 3

Die Durchführung einer Außenprüfung **setzt nicht voraus**, dass für den beabsichtigten Prüfungszeitraum Steuererklärungen abgegeben oder Steuern festgesetzt worden sind oder dass tatsächlich Bücher geführt worden sind oder dass eine vollständige Prüfung des dem Prüfungszeitraum zugrunde liegenden Sachverhalts durch den Innendienst nicht erfolgen kann (BFH v. 14.07.2014, III B 8/14, BFH/NV 2014, 1880). Die Steuerbescheide für den Prüfungszeitraum müssen nicht unter dem Vorbehalt der Nachprüfung stehen (*Gosch* in Gosch, § 193 AO Rz. 8 m.w.N.; AEAO zu § 193, Nr. 1). Da die Außenprüfung auch der Verifikation der Angaben des Stpfl. dient (s. Rz. 1), ist die Erzielung eines Mehrergebnisses nicht Voraussetzung (BFH v. 28.09.2011, VIII R 8/09, BStBl II 2012, 395 m.w.N.). Es ist nicht grundsätzlich ausgeschlossen, eine Prüfung für solche Steuern anzuordnen, für die Festsetzungsverjährung eingetreten ist oder die aus anderen Gründen nicht durchgesetzt werden können, zumal oft erst zuverlässig beurteilt werden kann, ob Verjährung eingetreten ist, wenn der Sachverhalt geklärt ist (BFH v. 28.09.2011, VIII R 8/09, BStBl II 2012, 395 m.w.N.). Eine Außenprüfung ist dagegen unzulässig, wenn mit Sicherheit – ggf. auch bei Annahme einer Steuerhinterziehung – Verjährung eingetreten ist (BFH v. 19.03.2009, IV R 26/08, BFH/NV 2010, 1405 m.w.N.). Die Außenprüfung ist schließlich auch nicht abhängig vom Verdacht einer Steuerstraftat, weil sie der Ermittlung der steuerlichen Verhältnisse des Stpfl. und nicht der Aufklärung von Steuerstraftaten oder Steuerordnungswidrigkeiten dient; das schließt nicht aus, dass die Außenprüfung zulässigerweise durchgeführt wird, um festzustellen, ob Steuern vorsätzlich oder leichtfertig verkürzt worden sind (BFH v. 19.09.2001, XI B 6/01, BStBl II 2002, 4; AEAO zu § 193, Nr. 2). Außenprüfung und Steuerstrafverfahren stehen grundsätzlich unabhängig und gleichrangig nebeneinander (BFH v. 23.01.2002, XI R 10, 11/01, BStBl II 2002, 328), auch wenn der Stpfl. von seinem Recht auf Verweigerung der Mitwirkung Gebrauch macht (AEAO zu § 193, Nr. 2 Satz 4 m.w.N.).

5 Ein **Rechtsanspruch auf Vornahme einer Außenprüfung** besteht auch im Hinblick auf ein Interesse des Stpfl. an einer verbindlichen Zusage nach § 204 AO nicht.

## II. Zulässigkeit nach § 193 Abs. 1 AO

6 § 193 Abs. 1 AO lässt die Außenprüfung zu bei Stpfl. i.S. des § 33 AO,

- die einen **gewerblichen oder land- und forstwirtschaftlichen Betrieb** unterhalten,
- die **freiberuflich** tätig sind, jedoch nicht bei Stpfl., die Einkünfte aus selbstständiger Arbeit nach § 18 Abs. 1 Nr. 2 und 3 EStG erzielen, oder
- die unter **§ 147a AO** fallen. Das betrifft zum einen Stpfl., bei denen die Summe der positiven Überschusseinkünfte gem. § 2 Abs. 1 Nr. 4 bis 7 EStG mehr als 500 000 Euro im Kalenderjahr beträgt. Die Außenprüfung ist für das Jahr, in dem die Grenze von 500 000 Euro überschritten ist und für die fünf darauf folgenden Jahre der Aufbewahrungspflicht zulässig (AEAO zu § 193, Nr. 4 Satz 4). Hat nur ein Ehegatte/Lebenspartner die Grenze überschritten, ist die Außenprüfung nur bei ihm zulässig, beim anderen ggf. nach § 193 Abs. 2 Nr. 2 AO (AEAO zu § 193, Nr. 4 Satz 5 und 6).Die Prüfung dieser Personen war bisher nur unter den einschränkenden Voraussetzungen des § 193 Abs. 2 Nr. 2 AO zulässig (s. Rz. 14). Diese Personen trifft nunmehr auch eine besondere Aufbewahrungspflicht der Aufzeichnungen und Unterlagen (§ 147a AO). Unter § 147a AO fallen auch solche Stpfl., die nach § 147a Satz 6 AO von der Finanzbehörde zur Aufbewahrung aufgefordert wurden (*Seer* in Tipke/Kruse, § 193 AO Rz. 25). Die gesetzlichen Grundlagen für eine Außenprüfung nach § 193 AO i.V.m. § 147a AO sind formell und materiell verfassungsgemäß (BFH v. 11.01.2018, VIII B 67/17, BFH/NV 2018, 552). Zur Kritik des § 147a AO s. *Drüen* in Tipke/Kruse, § 147a AO Rz. 2 ff.; *Seer* in Tipke/Kruse, § 193 AO Rz. 26.

Die Außenprüfung ist in diesen Fällen **ohne weitere Voraussetzungen** (BFH v. 07.02.2002, IV R 9/01, BStBl II 2002, 269 m.w.N.) zulässig. Einer Außenprüfung unterliegt daher auch ein Steuerberater. Die Frage, ob eine Außenprüfung überhaupt angeordnet werden darf, ist von der Frage nach der Rechtmäßigkeit einzelner Maßnahmen im Zuge der Prüfung zu unterscheiden, sodass ein etwaiges Auskunftsverweigerungsrecht des Stpfl. und daraus folgend ein Verbot, Kontrollmitteilungen zu fertigen (dazu aber s. § 194 AO Rz. 19), keinen Einfluss auf die Zulässigkeit der Außenprüfung hat (BFH v. 08.04.2008, VIII R 61/06, BStBl II 2009, 579 m.w.N.). Eine Prüfung ist ermessensgerecht, wenn keine Anhaltspunkte für eine willkürliche oder schikanöse Belastung bestehen und sie nicht gegen das Übermaßverbot verstößt (BFH v. 15.06.2016, III R 8/15, BStBl II 2017, 25).Einwendungen gegen die Durchführung einzelner Maßnahmen können daher nur mit Rechtsbehelfe gegen diese geltend gemacht werden.

Unter die Vorschrift des § 193 Abs. 1 AO fallen natürliche Personen, Personengesellschaften u. Ä. und Körperschaften. Maßgebend sind die Verhältnisse im jeweiligen Prüfungszeitraum. Damit ist die Außenprüfung auch nach Einstellung, Aufgabe oder Veräußerung des Unternehmens (BFH v. 24.08.1989, IV R 65/88, BStBl II 1990, 2 m.w.N.), nach handelsrechtlicher Beendigung wie z.B. nach Konkurseröffnung (BFH v. 01.10.1992, IV R 60/91, BStBl II 1993, 82 m.w.N.), nach Liquidation oder nach Tod des Unternehmers zulässig. Da auf den Erben eines Unternehmers die Steuerschuld des Erblassers – auch soweit diese auf dessen unternehmerischer Tätigkeit be- 7 ruht – übergeht, kann auch bei ihm eine Außenprüfung stattfinden, die sich auch auf den Abwicklungszeitraum erstrecken kann (BFH v. 24.08.1989, IV R 65/88, BStBl II 1990, 2). Die Außenprüfung ist auch bei Personen zulässig, die wie Steuerberater und Wirtschaftsprüfer Berufsgeheimnisse wahren müssen (st. Rspr., u.a. BFH v. 28.10.2009, VIII R 78/05, BStBl II 2010, 455 m.w.N.; *Seer* in Tipke/Kruse, § 193 AO Rz. 14). Eine Prüfung nach § 193 Abs. 1 AO ist auch bei einem potenziellen Stpfl. zulässig, der der FinBeh bereits bekannt ist (*Seer* in Tipke/Kruse, § 193 AO Rz. 11), wenn konkrete Anhaltspunkte für das Vorliegen eines gewerblichen oder land- und forstwirtschaftlichen Betriebes oder einer freiberuflichen Tätigkeit vorliegen (BFH v. 11.08.1994, IV R 126/91, BStBl II 1994, 936 m.w.N.; AEAO zu § 193, Nr. 4 Satz 1 m.w.N.). Stellt sich durch die Prüfung heraus, dass die Annahme falsch war, ist die Prüfung zu beenden oder, wenn andere Zulässigkeitsgründe für die Prüfung vorliegen, erst nach einer entsprechenden Prüfungsanordnung mit der Prüfung fortzufahren. Eine Außenprüfung kann ferner auch bei einem ausländischen Stpfl. mit Wohnsitz oder Geschäftsleitung im Ausland durchgeführt werden, wenn er inländische Einkünfte i.S. des § 193 Abs. 1 AO erzielt oder dafür Anhaltspunkte bestehen (BFH v. 02.03.1999, I B 132/98, BFH/NV 1999, 1183 m.w.N.). Unter § 193 Abs. 1 AO fallen auch gewerbliche Betriebe nach §§ 4 und 8 Abs. 2 KStG, gleichgültig, ob sie mit Gewinnerzielungsabsicht tätig sind oder nicht, denn sie unterhalten einen Betrieb i.S. des § 193 Abs. 1 AO (*Seer* in Tipke/Kruse, § 193 AO Rz. 14). Zur Prüfung gemeinnütziger Körperschaften, die wegen der Selbstlosigkeit und mangels Gewinnerzielungsabsicht nicht unter § 193 Abs. 1 AO fallen, s. Rz. 16. Im Übrigen ist eine Außenprüfung so lange zulässig, wie noch Ansprüche aus dem Steuerschuldverhältnis bestehen (AEAO zu § 193, Nr. 4 Satz 2 m.w.N.).

8 Bei zusammenveranlagten Eheleuten/Lebenspartnern handelt es sich um getrennte Prüfungssubjekte. Die auf § 193 Abs. 1 AO gestützte Prüfung bei dem einen Ehegatten/Lebenspartner erstreckt sich daher nicht auf den anderen Ehegatten/Lebenspartner; Praktikabilitätserwägungen begründen die Zulässigkeit einer Mit-Prüfung nach § 193 Abs. 2 Nr. 2 AO nicht (BFH v. 13.03.1987, III R 236/83, BStBl II 1987, 664). Erfüllt der Ehegatte/Lebenspartner die Voraussetzungen des § 193 Abs. 1 AO, kann auch gegen ihn eine ggf. mit der anderen zusammengefasste Prüfungsanordnung ergehen (BFH v. 14.03.1990, X R 104/88, BStBl II 1990, 612; AEAO zu § 197, Nr. 3). Das gilt auch, wenn die Eheleute/Lebenspartner neben den Einkünften aus § 15 oder § 18 EStG des einen Ehegatten/Lebenspartner **gemeinschaftliche** Einkünfte haben; in diesem Fall muss sich für die Gemeinschaft eine eigene Zulässigkeit der Prüfung ergeben.

9 Die nach § 193 Abs. 1 AO zulässige Prüfung beschränkt sich nicht auf die jeweiligen Einkünfte des Stpfl., die die Zulässigkeit begründen. Denn die Außenprüfung ist zulässig »bei Steuerpflichtigen«, die einen Betrieb unterhalten (s. auch § 194 Abs. 1 Satz 1 AO). Es können daher auch dessen nichtbetriebliche steuerliche Verhältnisse mitgeprüft werden, also vor allem die nichtbetrieblichen Einkünfte wie Einkünfte aus Vermietung und Verpachtung oder Kapitalvermögen, die Sonderausgaben und die außergewöhnlichen Belastungen (st. Rspr.: u.a. BFH v. 24.08.1989, IV R 65/88, BStBl II 1990, 2 m.w.N.; BFH v. 07.05.2003, IV B 206/01, BFH/NV 2003, 1394; *Schallmoser* in HHSp, § 193 AO Rz. 58 m.w.N.; *Rüsken* in Klein, § 194 AO Rz. 4; AEAO zu § 194, Nr. 1 m.w.N.; a.A. *Seer* in Tipke/Kruse, § 193 AO Rz. 10 m.w.N.; *Gosch* in Gosch, § 194 AO Rz. 40 m.w.N.; *Intemann* in Koenig, § 194 AO Rz. 47, die zur Prüfung außerbetrieblicher Verhältnisse die Erfüllung der Voraussetzungen des § 194 Abs. 2 Nr. 2 AO verlangen). Hat der Stpfl. (nach § 180 Abs. 1 Nr. 2b AO gesondert festgestellte) gewerbliche Einkünfte im Bezirk des FA A, Vermietung und Verpachtung im Bezirk des Wohnsitz-FA B, dann darf das FA A nur die gewerblichen Einkünfte prüfen (*Seer* in Tipke/Kruse, § 193 AO Rz. 10).

Für die Anordnung einer Außenprüfung nach § 193 Abs. 1 AO bedarf es keiner anderen Begründung als des Hinweises auf die Vorschrift (st. Rspr., u.a. BFH v. 26.06.2007, V B 97/06, BFH/NV 2007, 1805 m.w.N.), und zwar auch bei der Außenprüfung eines Kleinstbetriebes (BFH v. 29.05.2007, I B 140/06, BFH/NV 2007, 2050 m.w.N.) oder bei Anordnung einer Anschlussprüfung bei einem Betrieb, der kein Großbetrieb, Konzern und international verbundenes Unternehmen ist (BFH v. 19.11.2009, IV B 62/09, BFH/NV 2010, 595 m.w.N.; s. auch § 4 Abs. 3 Satz 3 BpO) oder einer wiederholten Außenprüfung nach kurzer Zeit (BFH v. BFH v. 29.05.2007, I B 140/06, BFH/NV 2007, 2050 m.w.N.) oder einer zweiten Anschlussprüfung bei einem Mittelbetrieb (BFH v. 15.06.2016, III R 8/15, BStBl II 2017, 25) oder einem Kleinbetrieb (FG Köln v. 24.05.2017, 3 K 101/15, EFG 2017, 1856) oder aufgrund einer Zufallsauswahl (*Drüen*, AO-StB 2014, 343, 347). Etwas anderes gilt nur, wenn bei einer Anlassprüfung eine Begründung zum Verständnis der Prüfungsanordnung gem. § 121 Abs. 1 Satz 1 AO wegen besonderer Umstände oder nach der Art der angeordneten Maßnahme erforderlich ist (BFH v. 20.10.2003, IV B 67/02, BFH/NV 2004, 311 m.w.N.), z.B. bei Anschlussprüfungen, wenn sie entgegen den bestehenden Anweisungen vorgenommen werden oder ein Betrieb in relativ kurzer Zeit wiederholt geprüft und dabei nur Zeiträume von ein bis zwei Jahren ungeprüft bleiben (BFH v. 11.06.2004, IV B 188/02, BFH/NV 2004, 1617; *von Wedelstädt*, AO-StB 2004, 325, 327), oder bei einer Außenprüfung, bei der geklärt werden soll, ob der Stpfl. einen gewerblichen Betrieb unterhält und deshalb vom FA begründet werden muss, weshalb es für möglich erachtet, dass die Voraussetzungen des § 193 Abs. 1 AO vorliegen (BFH v. 15.07.2005, I B 25/05, BFH/NV 2005, 1967).

11 Mangels ausreichender Prüfungskapazität ist die Finanzbehörde zur Auswahl auch der routinemäßig zu prüfenden Stpfl. gezwungen. Mit der Ermesseneinräumung für die Finanzbehörde soll nur dem Umstand Rechnung getragen werden, dass die Ausstattung der Finanzverwaltung mit Sachmitteln und vor allem mit Personal zur umfassenden Erfüllung des Gesetzesauftrags nicht ausreicht. Nur wegen der faktischen Unmöglichkeit, alle unter § 193 Abs. 1 AO fallenden Stpfl. vollständig und gleichermaßen zu prüfen, ist die Entscheidung darüber, wer von diesem Adressatenkreis wann geprüft wird, in das Auswahlermessen der Finanzbehörde gestellt (BFH v. 02.10.1991, X R 89/89, BStBl II 1992, 220 m.w.N.). Die Auswahlmethoden (Ermessensentscheidung) können auf betriebsbezogenen, zeitabhängigen oder präventiven Elementen beruhen; in diesem Rahmen ist auch ein auf dem Zufall aufbauendes Auswahlverfahren zulässig (*Drüen*, AO-StB 2014, 343, 347 m.w.N.). Die Finanzverwaltung hat in § 4 BpO ihr Auswahlermessen dahingehend ausgeübt, dass Großbetriebe grundsätzlich lückenlos (§ 4 Abs. 2 Satz 1 BpO), andere Betriebe hingegen in aller Regel nur für einen Zeitraum von nicht mehr als drei zusammenhängenden Jahren geprüft werden (§ 4 Abs. 3 Satz 1 BpO; s. § 194 AO Rz. 11 f.), vorbehaltlich der in Satz 2 genannten Sonderregelungen. Dies beruht auf sachgerechten Ermessenserwägungen i.S. des § 193 Abs. 1 AO und ist ermessensfehlerfrei und auch im gerichtlichen Verfahren zu beachten (st. Rspr., s. BFH v. 07.02.2002, IV R 9/01, BStBl II 2002, 269 m.w.N.). Seine Grenze findet das Auswahlermessen lediglich im Grundsatz der Verhältnismäßigkeit und im Willkür- und Schikaneverbot (BFH v. 28.09.2011, VIII R 8/09, BStBl II 2012, 395 m.w.N.; *Drüen*, AO-StB 2014, 343, 348 m.w.N.). Die Einteilung in Größenklassen (s. § 3 i.V.m. § 4 Abs. 2 und 3 BpO, s. § 194 AO Rz. 11 f.) mit der daraus folgenden unterschiedlichen Prüfungshäufigkeit der verschiedenen Betriebe verstößt nicht gegen das Gleichheitsgebot in Art. 3 Abs. 1 GG (BFH v. 07.02.2002, IV R 9/01, BStBl II 2002, 269, m.w.N.). Die Fallauswahl nach Größenklassen wird zunehmend durch das »Bp-Risikomanagementsystem (RMS)« ergänzt (*Drüen*, AO-StB 2014, 343, 346 m.w.N.). Die zeitnahe Betriebsprüfung (§ 4a BpO) eröffnet die Möglichkeit, den Zeitraum der Rechtsunsicherheit zu verringern (ausführlich *Seer* in Tipke/Kruse, § 85 AO Rz. 36).

## III. Zulässigkeit nach § 193 Abs. 2 AO

### 1. Zulässigkeit nach § 193 Abs. 2 Nr. 1 AO (Quellenabzug)

12 Eine Außenprüfung nach § 193 Abs. 2 Nr. 1 AO ist bei Stpfl. zulässig, die

- für Rechnung eines anderen Steuern entrichten (z.B. Versicherungssteuern, § 10 VersStG), oder
- für Rechnung eines anderen Steuern einbehalten und abführen, z.B. §§ 38 ff. EStG: LSt bei Privatpersonen mit mehreren Bediensteten – ist der Arbeitgeber Unternehmer, ergibt sich die Zulässigkeit der Außenprüfung auch hinsichtlich der LSt aus § 193 Abs. 1 AO (AEAO zu § 193, Nr. 5 Abs. 1; *Seer* in Tipke/Kruse, § 193 AO Rz. 29 m.w.N.); §§ 43 ff. EStG: Kapitalertragsteuer, mit Einführung der Abgeltungsteuer von größerer Bedeutung (s. BT-Drs. 16/5237, 3; *Findeis*, DB 2009, 2397); §§ 48 ff. EStG: Steuerabzug für Bauleistungen; § 50a EStG: Aufsichtsratsteuer.

### 2. Zulässigkeit nach § 193 Abs. 2 Nr. 2 AO

Bei anderen als in § 193 Abs. 1 AO genannten Stpfl. ist die Außenprüfung zulässig, wenn die für die Besteuerung erheblichen Verhältnisse der Aufklärung bedürfen und eine Prüfung an Amtsstelle nach Art und Umfang des zu prüfenden Sachverhalts nicht zweckmäßig ist. Ob eine Prüfung an Amtsstelle nicht zweckmäßig, vielmehr eine Außenprüfung angezeigt ist, entscheidet das FA nach pflichtgemäßem Ermessen; es muss dabei Art und Umfang des zu prüfenden Sachverhalts berücksichtigen (BFH v. 18.10.1994, IX R 128/92, BStBl II 1995, 291). Dabei ist auch der Grundsatz der Verhältnismäßigkeit zu beachten. Eine Außenprüfung nach § 193 Abs. 2 Nr. 2 AO kann auch durchgeführt werden, wenn eine Erklärung nicht oder noch nicht vorliegt (BFH v. 17.11.1992, VIII R 25/89, BStBl II 1993, 146 m.w.N.). 13

Ein **Aufklärungsbedürfnis** liegt vor, wenn bei den gegebenen Umständen nach den Erfahrungen der Finanzverwaltung die Möglichkeit besteht, dass ein Steuertatbestand erfüllt ist, nämlich eine Steuerschuld entstanden ist bzw. Steuern verkürzt oder zu Unrecht erhoben oder Steuererstattungen oder Steuervergütungen zu Unrecht gewährt oder versagt worden sind (h.M.; BFH v. 26.07.2007, VI R 68/04, BStBl II 2009, 338 m.w.N.; AEAO zu § 193, Nr. 5 Abs. 2 Satz 1 m.w.N.); konkrete Anhaltspunkte sind nicht erforderlich (BFH v. 18.10.1994, IX R 128/92, BStBl II 1995, 291; *Seer* in Tipke/Kruse, § 193 AO Rz. 36 m.w.N.; a.A. *Gosch* in Gosch, § 193 AO Rz. 76 m.w.N.). Ein Aufklärungs- und Kontrollbedürfnis besteht, wenn es Anhaltspunkte dafür gibt, die es nach den Erfahrungen der Finanzbehörde als möglich erscheinen lässt, dass der Stpfl. seine Steuererklärungen nicht vollständig oder unrichtig abgegeben hat (BFH v. 26.07.2007, VI R 68/04, BStBl II 2009, 338 m.w.N.; AEAO zu § 193, Nr. 5 Abs. 2), wie z.B. bisher (s. Rz. 6) bei einem sog. Einkunftsmillionär, der bei außergewöhnlich hohen Einkünften aus nichtselbstständiger Arbeit nur vergleichsweise geringe Kapitaleinkünfte erklärt hat und eine anderweitige Verwendung der erfahrungsgemäß zu Anlagezwecken zur Verfügung stehen- 14 den Geldmittel nicht erkennbar ist (BFH v. 26.07.2007, VI R 68/04, BStBl II 2009, 338). Die Anordnung einer Außenprüfung ist insbes. auch dann zweckmäßig, wenn zu erwarten ist, dass eine größere Anzahl von Lebensvorgängen mit einem größeren Zeitaufwand zu prüfen ist oder bei der Prüfung der Mittelverwendung durch den Stpfl. eine Vielzahl von Belegen zu überprüfen und insoweit mit zahlreichen Rückfragen zu rechnen ist (BFH v. 26.07.2007, VI R 68/04, BStBl II 2009, 338 m. w. N.). Unabhängig davon, ob die Voraussetzungen des § 194 Abs. 2 AO vorliegen, kann für ein Prüfungsbedürfnis auch die enge Bindung berücksichtigt werden, die zwischen einem Gesellschafter und seiner Gesellschaft besteht (BFH v. 17.11.1992, VIII R 25/89, BStBl II 1993, 146). Eine Ermittlung »ins Blaue« hinein ist unzulässig (BFH v. 26.07.2007, VI R 68/04, BStBl II 2009, 338 m. w. N.; *Schallmoser* in HHSp, § 193 AO Rz. 70). Die Finanzbehörde darf aber durch eine auf § 193 Abs. 1 AO gestützte Prüfung prüfen, ob unternehmerische Tätigkeit i. S. des § 193 Abs. 1 AO vorliegt (s. Rz. 7).

**15** Ob eine Prüfung an Amtsstelle nicht zweckmäßig, vielmehr eine Außenprüfung angezeigt ist, entscheidet das FA nach pflichtgemäßem Ermessen. Unter Prüfung an Amtsstelle sind Maßnahmen der Einzelermittlung i. S. der §§ 88 ff. AO durch die Veranlagungsstelle als Teil des allgemeinen Besteuerungsverfahrens zu verstehen. Die **Prüfung an Amtsstelle** ist dann nicht zweckmäßig, wenn umfangreiche und vielgestaltige Überschusseinkünfte (Besteuerungsgrundlagen) des Stpfl. vorliegen (AEAO zu § 193, Nr. 5 Abs. 2 Satz 2); von einer Außenprüfung ist andererseits abzusehen, wenn die gewünschte Aufklärung auch durch Maßnahmen der Einzelermittlung erreicht werden kann. Die Anordnung einer Außenprüfung ist insbes. dann zweckmäßig, wenn zu erwarten ist, dass eine größere Anzahl von Lebensvorgängen mit einem größeren Zeitaufwand zu prüfen ist. Dem steht die Durchführung einer Außenprüfung an Amtsstelle nicht entgegen, die durch die Betriebsprüfungsstelle vorgenommen wird. Zum Tatbestandsmerkmal Unzweckmäßigkeit der Prüfung an Amtsstelle ausführlich BFH v. 26.07.2007, VI R 68/04, BStBl II 2009, 338 m. w. N.

**16** **Gemeinnützige Körperschaften**, die wegen ihrer Selbstlosigkeit und mangels Gewinnerzielungsabsicht nicht unter § 193 Abs. 1 AO fallen, unterliegen der Prüfung nach § 193 Abs. 2 Nr. 2 AO zum Zwecke der Anerkennung, Versagung oder Entziehung der Gemeinnützigkeit (*Seer* in Tipke/Kruse, § 193 AO Rz. 34 m. w. N.; AEAO zu § 193, Nr. 5 Abs. 2 Satz 3); unter § 193 Abs. 2 Nr. 2 AO fallen auch wirtschaftliche Geschäftsbetriebe; liegt aber Gewinnerzielungsabsicht vor oder geht es darum, festzustellen, ob eine solche vorliegt, ist § 193 Abs. 1 AO Rechtsgrundlage für die Außenprüfung (*Gosch* in Gosch, § 193 AO Rz. 87; *Seer* in Tipke/Kruse, § 193 AO Rz. 34; AEAO zu § 193, Nr. 5 Abs. 2 Satz 3).

In diesen Fällen gilt die Beschränkung des Prüfungszeitraums nach § 4 Abs. 3 BpO nicht; bei ihnen müssen aber für jeden Besteuerungszeitraum die Voraussetzungen des § 193 Abs. 2 Nr. 2 AO vorliegen (BFH v. 18.10.1994, IX R 128/92, BStBl II 1995, 291; AEAO zu § 194, Nr. 4 Satz 4 und 5). **17**

Die Anordnung der auf § 193 Abs. 2 Nr. 2 AO gestützten Prüfung ist schriftlich zu begründen, wozu auch die Erfüllung der Voraussetzungen des § 193 Abs. 2 Nr. 2 AO gehört (*von Wedelstädt*, AO-StB 2004, 325, 328 m. w. N.). Die Begründung muss also ergeben, warum die für die Besteuerung maßgeblichen Verhältnisse der Aufklärung bedürfen und weshalb eine Prüfung an Amtsstelle nach Art und Umfang des zu prüfenden Sachverhalts nicht zweckmäßig ist. Dies muss spätestens bis Abschluss der Tatsacheninstanz im Klageverfahren geschehen (§ 126 Abs. 2 AO). Zum Umfang der Begründung s. BFH v. 13.9.2017, III B 109/16. **18**

Ob für die Finanzverwaltung ein Bedürfnis besteht, die Verhältnisse des Stpfl. aufzuklären, kann vom Gericht überprüft werden (BFH v. 17.11.1992, VIII R 25/89, BStBl II 1993, 146). Ob eine Prüfung an Amtsstelle nicht zweckmäßig, vielmehr eine Außenprüfung angezeigt ist, entscheidet das FA nach pflichtgemäßem Ermessen. Das Gericht kann diese Entscheidung nur daraufhin überprüfen, ob die gesetzlichen Grenzen des Ermessens überschritten sind oder von dem Ermessen in einer dem Zweck der Ermächtigung nicht entsprechenden Weise Gebrauch gemacht ist, § 102 FGO (BFH v. 18.10.1994, IX R 128/92, BStBl II 1995, 291 m. w. N.). **19**

### 3. Zulässigkeit nach § 193 Abs. 2 Nr. 3 AO

Eine Außenprüfung ist zulässig, wenn ein Stpfl. seinen Mitwirkungspflichten nach § 90 Abs. 2 Satz 3 AO nicht nachkommt. Die durch das StHBekG eingeführte Vorschrift ist erstmals für Besteuerungszeiträume anzuwenden, die nach dem 31.12.2009 beginnen (§ 5 StHBekV). Zu den verfassungs- und gemeinschaftsrechtlichen Bedenken s. *Seer* in Tipke/Kruse, § 193 AO Rz. 39 m. w. N. **20**

Nach § 90 Abs. 2 Satz 3 AO kann die Finanzbehörde den Stpfl. auffordern, die Richtigkeit und Vollständigkeit seiner Angaben an Eides statt zu versichern und die Finanzbehörde zu bevollmächtigen, in seinem Namen Auskunftsansprüche gegenüber den von der Finanzbehörde benannten Kreditinstituten außergerichtlich und gerichtlich geltend zu machen, wenn objektiv erkennbare Anhaltspunkte für die Annahme bestehen, dass der Stpfl. Geschäftsbeziehungen zu Finanzinstituten in einem Staat oder Gebiet unterhält, mit denen kein Abkommen zur Erteilung von Auskünften entsprechend Art. 26 des Musterabkommens der OECD besteht oder die aus anderen Gründen eine entsprechende Auskunftserteilung verweigern, eine effektive Amtshilfe also nicht stattfindet (s. dazu *von Wedelstädt*, DB 2009, 2284). Dazu teilt das BMF **21**

(BMF v. 05.01.2010, BStBl I 2010, 19) mit, dass zum 01.01.2010 kein Staat oder Gebiet die Voraussetzungen für Maßnahmen nach der StHBekV erfüllt.

Kommt der Stpfl. den Aufforderungen nach § 90 Abs. 2 Satz 3 AO nicht nach, kann bei ihm eine Außenprüfung durchgeführt werden. Dies setzt außer der Verletzung der Mitwirkungspflichten voraus, dass die für die Besteuerung erheblichen Verhältnisse der Aufklärung bedürfen und eine Prüfung an Amtsstelle nach Art und Umfang des zu prüfenden Sachverhalts nicht zweckmäßig ist (s. Rz. 14 f.).

### C. Rechtsfolgen der Außenprüfung

22 Hinsichtlich der Rechte und Pflichten des Stpfl. im Außenprüfungsverfahren s. §§ 194–203 AO und die dortigen Ausführungen. Wird die Außenprüfung vor Ablauf der normalen Festsetzungsfrist begonnen, wird insoweit der Ablauf der **Festsetzungsfrist** gehemmt (§ 171 Abs. 4 AO), Voraussetzung ist, dass eine wirksame Betriebsprüfungsanordnung erlassen wurde und tatsächlich, wenn auch nur stichprobenweise, Maßnahmen getroffen wurden, die für den Stpfl. als Prüfungshandlungen erkennbar und geeignet sind, sein Vertrauen in den Ablauf der Verjährungsfrist zu beseitigen (BFH v. 31.03.2014, I B 120/13, BFH/NV 2014, 1009 m. w. N.; s. § 171 AO Rz. 48 ff.). Nach einer Außenprüfung ist nach § 164 Abs. 3 Satz 3 AO ein **Vorbehalt der Nachprüfung** aufzuheben, wenn sich Änderungen nicht ergeben (s. § 164 AO Rz. 28, auch s. § 164 AO Rz. 29). Die Außenprüfung kann die **Änderungssperre** nach § 173 Abs. 2 AO auslösen; sie gilt nur für die in § 173 Abs. 1 AO geregelten Korrekturtatbestände (BFH v. 16.09.2004, X R 22/01, BFH/NV 2005, 322 m. w. N.; s. § 173 AO Rz. 48 ff.). Diese Rechtsfolgen treten nicht bei Einzelermittlungen des Außenprüfers ein. Wegen der **verbindlichen Zusage** im Anschluss an eine Außenprüfung wird auf § 204 AO und die dortigen Ausführungen verwiesen. Das Erscheinen des Betriebsprüfers führt zum Verlust des Rechts zur strafbefreienden **Selbstanzeige** nach § 371 Abs. 2 Nr. 1c AO. Das gilt auch bei Einzelermittlungen des Außenprüfers; sie bewirken eine Sperrwirkung nur hinsichtlich der Steuern und Veranlagungszeiträume, auf die sich die Ermittlungen beziehen (*Buse*, AO-StB 2012, 50, 55).

### D. Rechtsschutz, Verwertungsverbot

23 Zum Rechtsschutz gegen die Prüfungsanordnung und andere Verwaltungsakte im Rahmen der Außenprüfung s. § 196 AO Rz. 12 f., zum Verwertungsverbot s. § 196 AO Rz. 14 ff.

# § 194 AO
# Sachlicher Umfang einer Außenprüfung

**(1) Die Außenprüfung dient der Ermittlung der steuerlichen Verhältnisse der Steuerpflichtigen. Sie kann eine oder mehrere Steuerarten, einen oder mehrere Besteuerungszeiträume umfassen oder sich auf bestimmte Sachverhalte beschränken. Die Außenprüfung bei einer Personengesellschaft umfasst die steuerlichen Verhältnisse der Gesellschafter insoweit, als diese Verhältnisse für die zu überprüfenden einheitlichen Feststellungen von Bedeutung sind. Die steuerlichen Verhältnisse anderer Personen können insoweit geprüft werden, als der Steuerpflichtige verpflichtet war oder verpflichtet ist, für Rechnung dieser Personen Steuern zu entrichten oder Steuern einzubehalten und abzuführen; dies gilt auch dann, wenn etwaige Steuernachforderungen den anderen Personen gegenüber geltend zu machen sind.**

**(2) Die steuerlichen Verhältnisse von Gesellschaftern und Mitgliedern sowie von Mitgliedern der Überwachungsorgane können über die in Absatz 1 geregelten Fälle hinaus in die bei einer Gesellschaft durchzuführende Außenprüfung einbezogen werden, wenn dies im Einzelfall zweckmäßig ist.**

**(3) Werden anlässlich einer Außenprüfung Verhältnisse anderer als der in Absatz 1 genannten Personen festgestellt, so ist die Auswertung der Feststellungen insoweit zulässig, als ihre Kenntnis für die Besteuerung dieser anderen Personen von Bedeutung ist oder die Feststellungen eine unerlaubte Hilfeleistung in Steuersachen betreffen.**

**Inhaltsübersicht**

**Schrifttum**

App, Prüfungsumfang bei Gesellschaftern einer Personengesellschaft, DStZ 1984, 559; Bilsdorfer, Der Bundesfinanzhof und die Zinsbesteuerung – Das Urteil vom 18.02.1997 und seine praktischen Auswirkungen, StBp 1997, 262; von Wedelstädt, Verwertungsverbote im Beweiserhebungsverfahren, AO-StB 2001, 19; Weinreuter/Braun, Bankgeheimnis und Maßnahmen der Finanzverwaltung, DStZ 2001, 185; Klingelhöfer, Anfertigung von Kontrollmaterial – Möglichkeiten und Grenzen, StBp 2002, 1; Frank, § 194 Abs. 2 AO – eine vergessene Vorschrift?, StBp 2003, 257; von Wedelstädt, Sammelauskunftsersuchen, Zulässigkeit, Auswertung der Auskunft, Rechtsschutz, DB 2004, 948; von Wedelstädt, Kontrollmitteilungen bei Außenprüfungen, AO-StB 2005, 238; Buse, Der Umfang der Außenprüfung nach § 194 AO, Teil 1 AO-StB 2008, 274, Teil 2 AO-StB 2008, 341; Baumann, Zulässigkeit einer Betriebsprüfung »im Jahrestakt«, NWB 2009, 3338; von Wedelstädt, Lockerung des Bankgeheimnisses? DB 2009, 700; Costa/Wamsler, Die zeitnahe Betriebsprüfung aus Beratersicht, BBK 2011, 813; Seer, Taxcompliance und Außenprüfung, FS M. Streck, 2011, 403; Risse, Tax Compliance in der Form der zeitnahen steuerlichen Außenprüfung, DB 2011, 667; s. Schrifttum zu § 193 AO.

## A. Bedeutung der Vorschrift

1 Die Vorschrift regelt den Gegenstand der Außenprüfung (§ 194 Abs. 1 Satz 1 AO) und grenzt ihren sachlichen und zeitlichen Umfang ab (§ 194 Abs. 1 Sätze 2 ff., Absatz 2 AO). – Daneben ist § 4 BpO zu beachten (s. Anh. 3). Darüber hinaus weitet § 194 Abs. 3 AO die Zulässigkeit der Auswertung von Prüfungsfeststellungen, die Dritte betreffen, gegenüber den bisherigen Regelungen aus. Die Zulässigkeit der Außenprüfung regelt dagegen § 193 AO (s. Erläuterungen dort).

## B. Umfang der Außenprüfung

### I. Ermittlung der steuerlichen Verhältnisse (§ 194 Abs. 1 Satz 1 AO)

2 Gegenstand der Außenprüfung ist die Ermittlung der steuerlichen Verhältnisse des Stpfl. (s. auch § 199 Abs. 1 AO), d. h. die Ermittlung und Beurteilung der steuerlich bedeutsamen Sachverhalte sowie die Überprüfung der Besteuerungsgrundlagen, um die Gleichmäßigkeit der Besteuerung sicherzustellen (§ 2 Abs. 1 BpO – Anh. 3; BFH v. 08.07.2009, XI R 64/07, BStBl II 2010, 4). Als steuerliche Verhältnisse des Stpfl. ist die Summe aller für die Durchführung der Besteuerung maßgebenden Tatbestandsmerkmale i. S. des § 38 AO zu verstehen, d. h. alle steuerlich relevanten tatsächlichen und rechtlichen Verhältnisse des Stpfl. Das bezieht den potenziellen Stpfl. mit ein (s. § 193 AO Rz. 7). Die Außenprüfung darf daher nicht zu anderen Zwecken wie z. B. der Überprüfung der Einhaltung der Buchführungspflicht durchgeführt werden (BFH v. 24.04.1985, IV R 10/85, BStBl II 1985, 702) oder sich auf die Verhältnisse Dritter erstrecken, es sei denn, dies sei wie in § 194 Abs. 1 Satz 3 und 4, Abs. 2 AO ausdrücklich geregelt. Außersteuerliche Gesichtspunkte dürfen ebenfalls nicht Gegenstand der Außenprüfung sein (BFH v. 28.09.2011, VIII R 8/09, BStBl II 2012, 395).

### II. Sachlicher Umfang der Außenprüfung

#### 1. Allgemeines (§ 194 Abs. 1 Satz 2 AO)

Nach § 194 Abs. 1 Satz 2 AO bleibt es grundsätzlich der Finanzbehörde überlassen, **auf welche Steuerarten, Besteuerungszeiträume oder abgegrenzte Sachverhalte** sie die Außenprüfung erstrecken will. Sie ist dabei auch bei Kleinstbetrieben nicht an einen bestimmten Prüfungsturnus oder Prüfungsrhythmus gebunden (BFH v. 23.06.2003, X B 165/02, BFH/NV 2003, 1147 m. w. N.). Sie wird sich bei ihrer Entscheidung an den den Umständen des Einzelfalls zu entnehmenden sachlichen Gesichtspunkten (steuerliche Gewichtigkeit, Aufklärungsbedürftigkeit, endgültige Steuerausfälle oder Steuererstattungen, nicht unbedeutende Gewinnverlagerungen u. Ä.) orientieren und **Prüfungsschwerpunkte** bilden (FinMin NRW v. 16.05.1995, S 1502 – 4 – V C 5, sog. »Rationalisierungserlass«). Sie hat dabei auch zu berücksichtigen, inwieweit Einzelermittlungen außerhalb der Außenprüfung in gleicher Weise zum Ziel führen (s. § 193 AO Rz. 2). Ist eine umfassende Ermittlung der steuerlichen Verhältnisse im Einzelfall nicht erforderlich, kann sie eine **abgekürzte Außenprüfung** nach § 203 AO durchführen, die sich auf die »Prüfung einzelner Besteuerungsgrundlagen eines Besteuerungszeitraums oder mehrerer Besteuerungszeiträume« beschränkt (§ 4 Abs. 5 BpO). Sie kann die Prüfung auch auf einen oder mehrere gegenwartsnahe Prüfungszeiträume beschränken (**zeitnahe Außenprüfung** nach § 4 a BpO; s. Rz. 11). Im Rahmen der **Ermessensausübung** sollen bei Anordnung und Durchführung von Prüfungsmaßnahmen die Grundsätze der Verhältnismäßigkeit der Mittel und des geringstmöglichen Eingriffs beachtet (§ 2 Abs. 1 Satz 2 BpO) und die Außenprüfung auf das Wesentliche abgestellt (§ 7 BpO). Der Prüfungsumfang ergibt sich regelmäßig aus der Prüfungsanordnung (BFH v. 12.10.1994, XI R 75/93, BStBl II 1995, 289). 3

Die Außenprüfung nach § 193 Abs. 1 AO betrifft den **ganzen Steuerfall** (s. § 193 AO Rz. 9). Die Außenprüfung nach § 193 Abs. 2 Nr. 1 AO beschränkt sich auf die ihre Zulässigkeit begründenden Besteuerungsgrundlagen, die die Verpflichtung zur Entrichtung, Einbehaltung und Abführung betreffen, wie sich aus dem Wortlaut des § 193 Abs. 2 Nr. 1 AO (»soweit«) zweifelfrei ergibt (*Schallmoser* in HHSp, § 193 AO Rz. 62). Entsprechendes soll auch für die Außenprüfung nach § 193 Abs. 2 Nr. 2 AO gelten und die Prüfung auf die steuerlichen Verhältnisse beschränkt sein, auf denen die Zulässigkeit der Außenprüfung beruht (so *Frotscher* in Schwarz/Pahlke, § 194 AO Rz. 21), obwohl der Gesetzeswortlaut hier wie in § 193 Abs. 2 Nr. 3 AO »wenn« und nicht »soweit« lautet. M.E. gehören auch 4

Ermittlungsmaßnahmen, die mittelbar aufgrund von Feststellungen hinsichtlich der die Prüfungszulässigkeit begründenden steuerlichen Verhältnisse erforderlich werden, zum Prüfungsumfang nach § 193 Abs. 2 Nr. 2 und 3 AO zulässiger Außenprüfungen. Anders als im Fall der Zulässigkeit nach § 193 Abs. 2 Nr. 1 AO ist in diesen Zulässigkeitsfällen der die Zulässigkeit begründende Sachverhalt nicht eindeutig abgrenzbar, vielmehr kann sich als Folge von Prüfungsfeststellungen Ermittlungsbedarf hinsichtlich weiterer Sachverhalte z. B. zur Finanzierung von Aufwendungen, zur Geldverwendung u. Ä. ergeben. Dessen Erfüllung ist m. E. ebenfalls von § 193 Abs. 2 Nr. 2 und 3 AO gedeckt. Anderenfalls müssten neue oder erweiternde Prüfungsanordnungen erlassen werden oder die Außenprüfung bliebe unvollständig.

4a Die Außenprüfung kann auch durchgeführt werden, um **festzustellen,** ob Steuern vorsätzlich oder leichtfertig verkürzt worden sind (BFH v. 04.11.1987, II R 102/85, BStBl II 1988, 113, s. § 193 AO Rz. 4). Ergeben sich dabei zureichende tatsächliche Anhaltspunkte für das Vorliegen einer Straftat oder einer Ordnungswidrigkeit, ist die für diese Vorgänge zuständige Stelle unverzüglich zu unterrichten (§ 10 BpO).

### 2. Prüfung von Gesellschaftern (§ 194 Abs. 1 Satz 3, Abs. 2 AO)

5 Sind steuerlich relevante Verhältnisse der Gesellschafter für die zu überprüfenden einheitlichen Feststellungen, also die Besteuerungsgrundlagen der Personengesellschaft selbst, von Bedeutung, so gehören sie zum Umfang der Prüfung bei der Gesellschaft (§ 194 Abs. 1 Satz 3 AO). Hierzu gehören Sonderbetriebseinnahmen oder – ausgaben u. Ä. sowie die Feststellung eines etwaigen Sonderbetriebsvermögens des Gesellschafters. Einer besonderen Prüfungsanordnung bedarf es nicht (s. § 196 AO Rz. 7; AEAO zu § 194, Nr. 2 Satz 1).

6 § 194 Abs. 2 AO lässt die **Ausdehnung der Prüfung auf die Gesellschafter** über die in § 194 Abs. 1 Satz 3 AO geregelten Fälle zu, wenn dies zweckmäßig und nach § 193 AO zulässig ist (Erstreckungsprüfung). Es handelt sich dabei um eine eigenständige Außenprüfung, die lediglich aus prüfungsökonomischen Zwecken mit der Prüfung der Gesellschaft verbunden werden darf (BFH v. 12.01.2006, XI B 43/05, BFH/NV 2006, 1043 m. w. N.). Ob eine Erstreckung zweckmäßig ist, ist in erster Linie aus dem Zusammenhang mit der Prüfung der Gesellschaft, aber auch aus Gründen der Verwaltungsökonomie zu beantworten. Die Erstreckungsprüfung muss nach § 193 AO zulässig sein und bedarf einer eigenen Prüfungsanordnung (AEAO zu § 194, Nr. 2 Satz 2).

7 Die **Zulässigkeit der Prüfung** der Gesellschafter ergibt sich aus § 193 Abs. 2 Nr. 2 AO (h. M., z. B. *Schallmoser* in HHSp, § 194 AO Rz. 90 m. w. N.; *Seer* in Tipke/Kruse, § 194 AO Rz. 11; a. A. *Rüsken* in Klein, § 194 AO Rz. 14; *Frotscher* in Schwarz/Pahlke, § 194 AO Rz. 9) oder, wenn der Gesellschafter neben dem gemeinschaftlich betriebenen Unternehmen einen eigenen gewerblichen oder land- und forstwirtschaftlichen Betrieb unterhält oder selbst freiberuflich tätig ist, aus § 193 Abs. 1 AO (s. § 5 Abs. 6 BpO; AEAO zu § 194, Nr. 2 Satz 2). § 194 Abs. 1 Satz 3 bzw. Abs. 2 AO bestimmen lediglich den **Umfang bei zulässiger Prüfung,** nicht die Zulässigkeit.

Von der **Erstreckungsprüfung** sind zu prüfende Besteuerungsgrundlagen betroffen, die nicht im Zusammenhang mit der einheitlichen Feststellung oder in irgendeiner Weise mit der Gesellschaft stehen, wie z. B. andere Einkünfte oder nichtbetriebliches Vermögen, »eigene« Sonderausgaben oder außergewöhnliche Belastungen. Auch bei Prüfungen bei Einzelunternehmern werden die persönlichen Besteuerungsgrundlagen mitgeprüft, sodass sich bei einer anderen Handhabung bei Erstreckungsprüfungen eine Schieflage ergäbe (*Gosch* in Gosch, § 194 AO Rz. 87 m. w. N.). 8

Die Vorschrift nennt neben den Gesellschaftern auch Mitglieder der Gesellschaft, also z. B. von Genossenschaften oder Vereinen, und Mitglieder von Überwachungsorganen, also z. B. bei Kapitalgesellschaften die Vorstandsmitglieder, und meint daher nicht nur Personengesellschaften, sondern auch Kapitalgesellschaften (*Seer* in Tipke/Kruse, § 194 AO Rz. 12; *Rüsken* in Klein, § 194 AO Rz. 14). Da bei diesen Gesellschaften keine einheitlichen Feststellungen durchgeführt werden, kommt eine Mitprüfung nach § 194 Abs. 1 Satz 3 AO nicht in Betracht. 9

Für jeden zu prüfenden Beteiligten ist eine **gesonderte Prüfungsanordnung** erforderlich, die zusammen mit der der Gesellschaft oder getrennt ergehen kann und den Beteiligten bekannt zu geben ist (§ 197 Abs. 1 Satz 3 AO; § 5 Abs. 6 BpO; s. § 196 AO Rz. 7 und s. § 197 AO Rz. 8). 10

## III. Zeitlicher Umfang

In welchem zeitlichen Umfang Stpfl. geprüft werden, liegt im Ermessen der Finanzbehörde. § 3 BpO ordnet dazu die Stpfl., die nach § 193 Abs. 1 AO der Außenprüfung unterliegen, in Groß-, Mittel-, Klein- und Kleinstbetriebe, wobei die **Einordnung in diese Größenklassen** im Dreijahresturnus – zuletzt zum 01.01.2016, s. BMF v. 09.06.2015, BStBl I 2015, 504 und zum 01.01.2019 s. BMF v. 13.04.2018, BStBl I 2018, 614 – erfolgt. Nach § 4 Abs. 2 BpO sollen **Großbetriebe** sowie Konzernbetriebe (§ 13 BpO; s. auch Merkblatt des BMF v. 02.07.2004, BStBl I 2004, 574) und die international verbundenen Unternehmen (§ 19 BpO) im Anschluss geprüft werden, der Prüfungszeitraum soll lückenlos an den vorhergehenden anschließen. Das Wort »soll« weist auf das sog. gebundene Ermessen der Finanzbehörde hin und lässt auch zu, dass in geeigneten Fällen auf eine Anschluss- 11 prüfung bei Großbetrieben verzichtet werden kann. Die Außenprüfung bei Großbetrieben kann auch »zeitnah« oder »im Jahrestakt« durchgeführt werden (**zeitnahe Außenprüfung** nach § 4 a BpO; ausführlich *Seer*, Taxcompliance und Außenprüfung, FS M. Streck, 2011, 403, 407); eine Betriebsprüfung ist zeitnah, wenn der Prüfungszeitraum einen oder mehrere gegenwartsnahe Besteuerungszeiträume umfasst. Nach dem FinMinNRW (v. 10.09.2012, S 0401-10-V A 5) ist das der Fall, wenn zum Zeitpunkt des vorgesehenen Prüfungsbeginns das letzte Jahr des angeordneten Prüfungszeitraums nicht länger als zwei Jahre zurückliegt und der Prüfungszeitraum nicht mehr als zwei Veranlagungszeiträume umfasst. Die Rahmenbedingungen für die zeitnahe Betriebsprüfung unterscheiden sich nicht von denen der herkömmlichen Betriebsprüfung. Ob die Finanzbehörde eine zeitnahe Außenprüfung durchführt, liegt in ihrem Ermessen, ein Antragsrecht besteht nicht. Ziel ist es, die Rechts- und Planungssicherheit früher zu verwirklichen und zu verbessern. Außerdem wird dadurch das Entstehen von Nachzahlungszinsen vermieden oder eingeschränkt (*Costa/Wamsler*, BBK 2011, 813). Auch in diesem Fall ist über das Ergebnis der Außenprüfung ein Prüfungsbericht oder eine Mitteilung über eine ergebnislose Prüfung nach § 202 Abs. 1 Satz 3 AO zu fertigen (§ 4 a Abs. 3 BpO). § 4 a BpO war erstmals für Außenprüfungen anzuwenden, die nach dem 01.01.2012 angeordnet werden. Die veranlagungsbegleitende Betriebsprüfung ist einer zeitnahen Betriebsprüfung nicht gleichzusetzen.

12 Bei anderen Betrieben, d.h. bei **Mittel-, Klein- oder Kleinstbetrieben** gilt grundsätzlich eine Beschränkung des Prüfungszeitraums: er soll »in der Regel« nicht mehr als drei zusammenhängende Besteuerungszeiträume umfassen (§ 4 Abs. 3 Satz 1 BpO). Anschlussprüfungen sind zulässig (§ 4 Abs. 3 Satz 3 BpO; s. auch BFH v. 20.10.2003, IV B 67/02, BFH/NV 2004, 311 m.w.N.). Der Stpfl. hat keinen Anspruch auf eine berechenbare Prüfungspause (BFH v. 16.02.2011, VIII B 246/09, BFH/NV 2011, 748 m.w.N.). Da die Abgabe von Steuererklärungen nicht Voraussetzung für die Einbeziehung eines Jahres in die Prüfung ist, können auch Jahre einbezogen werden, für die Steuererklärungen noch nicht vorliegen; das ist insbes. für die zeitnahe Prüfung bei Betriebseinstellungen von Bedeutung. Die Beschränkung der Prüfung auf drei zusammenhängende Besteuerungszeiträume gilt nur für Prüfungen von Stpfl. gem. § 193 Abs. 1 AO, nicht für Prüfungen nach § 193 Abs. 2 Nr. 2 AO, da die Größenklasseneinordnung nur für Stpfl. i.S. des § 193 Abs. 1 AO gilt.

13 Nach § 4 Abs. 3 Satz 2 BpO kann der **Prüfungszeitraum** »insbesondere« dann drei Besteuerungszeiträume übersteigen, wenn mit nicht unerheblichen Änderungen der Besteuerungsgrundlagen zu rechnen ist oder wenn der Verdacht einer Steuerstraftat oder Steuerordnungswidrigkeit besteht. Im Hinblick auf zu erwartende Mehrsteuern aus der Erweiterung ist eine generelle Festlegung eines Mindestbetrags nicht möglich. Die Erweiterung ist bei Mittelbetrieben i.d.R. zulässig, wenn je Kalenderjahr mit einem Steuermehrbetrag von mindestens 3 000 DM (= rd. 1 500 Euro) als Summe aller Steuern für den Besteuerungszeitraum zu rechnen ist (BFH v. 24.02.1989, III R 36/88, BStBl II 1989, 445); ob dies der Fall ist, ist gestützt auf Tatsachen nach der Lage im Zeitpunkt der Entscheidung über die Erweiterung, also im Zeitpunkt des Erlasses der entsprechenden Prüfungsanordnung über die Erweiterung oder der Einspruchsentscheidung gegen die Prüfungsanordnung (BFH v. 28.04.1888, IV R 106/86, BStBl II 1988, 857) zu beurteilen. Eine sich aus der Prüfung später ergebende niedrigere Steuer ändert nichts an der zuvor gegebenen Zulässigkeit der Erweiterung des Prüfungszeitraums (BFH v. 28.04.1888, IV R 106/86, BStBl II 1988, 857). Die Erweiterung muss das FA durch Prüfungsanordnung anordnen und spätestens bis zum Abschluss der Tatsacheninstanz des finanzgerichtlichen Verfahrens (§ 126 Abs. 1 Nr. 2, Abs. 2 AO; s. BFH v. 27.10.2003, III B 13/03, BFH/NV 2004, 312 m.w.N.) begründen, es sei denn, die Gründe sind dem Stpfl. z.B. aus einer Besprechung schon bekannt (BFH v. 16.09.2014, X R 30/13, BFH/NV 2015, 150); dabei müssen die Ermessenserwägungen des FA erkennbar sein (AEAO zu § 194, Nr. 4 Satz 1). Zur Überprüfung von vortragsfähigen Verlusten ist eine Erweiterung des Prüfungszeitraumes auf das Verlustentstehungsjahr zulässig (AEAO zu § 194, Nr. 4 Satz 2).

§ 4 Abs. 3 Satz 2 BpO ist eine verwaltungsinterne Ermessensrichtlinie und keine abschließende Gesetzesregelung (s. auch »insbesondere«). Sie lässt weitere Ausnahmen über die in § 4 Abs. 3 Satz 2 BpO beschriebenen Fälle hinaus zu, wenn z.B. der zu prüfende Sachverhalt auf eine besondere Prüfungsbedürftigkeit hindeutet, die den in § 4 Abs. 3 Satz 2 BpO dargestellten Beispielen entspricht, also in Fällen, die sich durch ein besonderes Gewicht und besondere steuerliche Relevanz auszeichnen (BFH v. 23.02.2005, XI R 21/04, BFH/NV 2005, 1218 m.w.N.). Die Vorschrift ist bei einer Außenprüfung nach § 193 Abs. 2 Nr. 2 AO nicht anwendbar mit der Folge, dass für jeden einzubeziehenden Besteuerungszeitraum die Voraussetzungen des § 193 Abs. 2 Nr. 2 AO vorliegen müssen (AEAO zu § 194, Nr. 4 Satz 4 f. m.w.N.). 13a

Keine Erweiterung des Prüfungszeitraum liegt vor, wenn die im eingeschränkten Prüfungszeitraum gewonnenen Feststellungen für außerhalb des Prüfungszeitraums liegende Veranlagungszeiträume ausgewertet werden und für diese keine Prüfungsmaßnahmen ergriffen werden (*Intemann* in Koenig, § 196 AO Rz. 45 m.w.N.), und bei Einzelermittlungsmaßnahmen (s. § 193 AO Rz. 2c). 13b

### IV. Prüfung anderer Personen (Quellenabzugsprüfung; § 194 Abs. 1 Satz 4 AO)

14 Nach § 194 Abs. 1 Satz 4 AO können bei einer Außenprüfung auch die steuerlichen Verhältnisse anderer Personen insoweit geprüft werden, als der Stpfl. für deren Rechnung Steuern zu entrichten oder einzubehalten und abzuführen hatte oder hat. Dies betrifft die LSt und andere Steuerabzüge wie Kapitalertragsteuer und Versicherungsteuer. Dabei braucht diese Verpflichtung nicht endgültig und zweifelsfrei festzustehen; es reicht aus, wenn die Finanzbehörde unter den gegebenen Umständen vom Bestehen der Verpflichtung ausgehen konnte. Das Prüfungsrecht besteht unabhängig davon, ob etwaige Steuernachforderungen diesen anderen Personen gegenüber geltend zu machen sind.

### V. Rechtsschutz

14a Der Umfang der Außenprüfung wird durch die Prüfungsanordnung bestimmt, gegen die der Stpfl. Einspruch einlegen und ggf. Aussetzung der Vollziehung beantragen kann.

## C. Kontrollmitteilungen (§ 194 Abs. 3 AO)

### I. Allgemeines

15 Die Regelung des § 194 Abs. 3 AO, nach der die Auswertung von Feststellungen, die anlässlich einer Außenprüfung auch aufgrund von Sammelauskunftsersuchen nach § 93 Abs. 1a AO (s. dazu *von Wedelstädt*, DB 2004, 948) zu Verhältnissen Dritter getroffen werden, u. a. für Besteuerungszwecke der Dritten oder zur Feststellung unerlaubter Hilfeleistung in Steuersachen zulässig ist, berechtigt den Außenprüfer, Kontrollmitteilungen zu fertigen. § 194 Abs. 3 AO bedeutet nicht, dass Kontrollmitteilungen nur im Rahmen von Außenprüfungen gefertigt werden könnten. Sie sind vielmehr »eine ressortinterne (spontane) Amtshilfe, die innerhalb der Verwaltungseinheit Finanzverwaltung keiner gesetzlichen Grundlage bedarf« (*Seer* in Tipke/Kruse, § 194 AO Rz. 28 m. w. N.). Kontrollmitteilungen können also nicht nur im Außenprüfungsverfahren gefertigt werden. § 194 Abs. 3 AO verlangt jedoch einschränkend für die Fertigung von Kontrollmitteilungen im Rahmen der Außenprüfung, dass die mitzuteilenden Feststellungen »anlässlich einer Außenprüfung« getroffen werden. Die Grenzen des § 194 Abs. 3 AO sind auch für die Anfertigung von Kontrollmitteilungen bei Amtshilferegelungen zur Erteilung von Spontanauskünften zu beachten (BFH v. 12.09.2017, I R 97/15, BFH/NV 2018, 177)

**Anlässlich der Außenprüfung** bedeutet, dass nicht nur ein zeitlicher Zusammenhang zwischen Außenprüfung und mitzuteilender Feststellung, sondern ein sachlicher Zusammenhang in der Weise bestehen muss, dass bei einer konkreten und im Aufgabenbereich des Prüfers liegenden Tätigkeit ein Anlass auftaucht, solche Feststellungen quasi als Nebenprodukt zu treffen. Fehlt es an einer solchen konkreten Prüfungstätigkeit, die den Anlass für die Feststellung der Verhältnisse Dritter bieten muss, handelt der Prüfer außerhalb der ihm durch den Prüfungsauftrag verliehenen Befugnisse (BFH v. 04.10.2006, VIII R 53/04, BStBl II 2007, 227 m. w. N.). Das ist der Fall, wenn die Prüfung bestimmter Konten mit dem Ziel der Ermittlung einzelner anonymisierter Tafelgeschäfte von Bankkunden (FG BW v. 28.03.2003, 3 K 240/98, EFG 2003, 1140) erfolgt oder es sich um ein einzelnes Auskunftsersuchen handelt, das sich nicht auf die steuerlichen Verhältnisse der Bank, sondern auf bestimmte Bankkunden richtet (FG BW v. 28.03.2003, 3 K 72/99, EFG 2003, 1139); da diese Auskünfte rechtlich zulässig im Wege von Auskunftsersuchen erlangt werden können, folgt aus dem Verstoß kein Verwertungsverbot. Der Prüfer darf die Unterlagen des Stpfl. nicht gezielt unter Anlegung eines vorgegebenen Rasters oder »ins Blaue hinein«, d. h. als beliebige Stichprobe, nach steuererheblichen Verhältnissen Dritter durchforsten. Eine Prüfungstätigkeit darf nicht losgelöst von der konkret angeordneten Außenprüfung unmittelbar und ausschließlich auf die Feststellung der steuerlichen Verhältnisse Dritter und die Fertigung von Kontrollmitteilungen gerichtet sein (BFH v. 04.10.2006, VIII R 53/04, BStBl II 2007, 227 m. w. N.; AEAO zu § 194, Nr. 5). 15a

Es bedarf aber **keines besonderen Anlasses** für die Fertigung von Kontrollmitteilungen. Vielmehr genügt es, wenn die vom Prüfer einzusehenden Geschäftsunterlagen des Stpfl. Hinweise auf Verhältnisse dritter Personen zu geben vermögen, die bei objektiver Betrachtung für deren Besteuerung von Bedeutung sein können. **Kontrollmitteilungen** haben den **Zweck**, die Überprüfung der richtigen Besteuerung bei anderen als dem zu prüfenden Stpfl. zu ermöglichen oder zu erleichtern. Sie werden also insbes. dann geschrieben, wenn nach den Umständen des konkreten Falles, nach der Lebenserfahrung und nach dem Wissen um branchen- oder betriebsspezifische Besonderheiten die Möglichkeit nahe liegt, dass die steuerlichen Verhältnisse des Dritten nicht, nicht vollständig oder nicht richtig ermittelt werden (BFH v. 17.07.2007, IX R 1/06, BFH/NV 2007, 2263). Sie können auch aus rein prophylaktischen Gründen und als beliebige Stichproben angefertigt werden. Es müssen keine Anhaltspunkte für eine Steuerpflicht (BFH v. 04.10.2006, VIII R 53/04, BStBl II 2007, 227 m. w. N.) oder den Verdacht einer Steuerverkürzung des von der Kontrollmitteilung Betroffenen gegeben sein. Auch bedarf es keines Zusammenhangs zwischen den Steuerfaktoren beim geprüften Stpfl. 15b und beim Dritten (ausführlich BFH v. 04.10.2006, VIII R 53/04, BStBl II 2007, 227 m. w. N.; *Gosch* in Gosch, § 194 AO Rz. 221; *von Wedelstädt*, AO-StB 2005, 238 m. w. N.). Es besteht keine Beschränkung der Prüfungs- und Kontrollmitteilungsdichte (BFH v. 04.10.2006, VIII R 53/04, BStBl II 2007, 227 m. w. N.).

**15c** Der Rationalisierungs-Erlass NRW (FinMin NRW v. 16.05.1995, S 1502 – 4 – V C 5, IdW-Praktiker-Handbuch Allgemeines Steuer- und Verfahrensrecht 2013, Anl. § 194-01, Rz. 4.2) hält Kontrollmitteilungen für geboten, wenn nach den Umständen des konkreten Falls, nach der Lebenserfahrung oder nach dem Wissen um branchen- oder betriebsspezifische Besonderheiten die Möglichkeit gegeben ist, dass die steuerlichen Verhältnisse eines Dritten nicht, nicht vollständig bzw. ohne das Kontrollmaterial nicht richtig ermittelt werden können, und zählt solche Anlässe beispielhaft auf.

**16** Die Finanzbehörde hat auch die Möglichkeit, im **zwischenstaatlichen Auskunftsverkehr** (§ 117 AO) Kontrollmitteilungen zu fertigen, insbes. nach § 8 Abs. 1 EUAHiG Spontanauskünfte an das zentrale Verbindungsbüro zu übermitteln (§ 9 BpO; AEAO zu § 194, Nr. 7 m. w. N.). In diesen Fällen ist das Kontrollmaterial auch dem BZSt zu übersenden (§ 9 Satz 2 BpO).

**17** Die Fertigung von Kontrollmaterial ist **kein Verwaltungsakt** (s. Rz. 24). Daraus folgt, dass die Kontrollmitteilung dem Betroffenen nicht bekannt gegeben werden muss – dies würde ihren Zweck möglicherweise unterlaufen (*Seer* in Tipke/Kruse, § 194 AO Rz. 33a). Zum Rechtsschutz s. Rz. 24.

**18** Werden bei einer Außenprüfung Feststellungen über die steuerlichen Verhältnisse Dritter gemacht, hat dies nicht zur Folge, dass sich damit die Außenprüfung auf die Verhältnisse dieses Dritten i. S. des § 171 Abs. 4 AO »erstreckt«; eine Ablaufhemmung der Festsetzungsfrist für die Steuerfestsetzung des Dritten tritt daher nicht ein.

## II. Auskunftsverweigerungsrechte

**19** Die Fertigung von Kontrollmitteilungen ist **unzulässig**, wenn dem geprüften Stpfl. ein Auskunftsverweigerungsrecht zusteht, auf das er, wenn eine Belehrung gesetzlich vorgeschrieben ist, nicht ausdrücklich verzichtet hat, i. d. R. also in dem Fall, in dem eine gesetzlich vorgeschriebene Belehrung über ein Auskunftsverweigerungsrecht unterlassen worden ist. Dies ist beim Auskunftsverweigerungsrecht nach **§ 101 AO** der Fall. Das Auskunftsverweigerungsrecht würde über die Fertigung von Kontrollmitteilungen umgangen, sodass die Unterlassung der Belehrung mit der Folge, dass er es nicht ausüben konnte, zu einem Verwertungsverbot führt (BFH v. 31.10.1990, II R 180/87, BStBl II 1991, 204; AEAO zu § 101, Nr. 2); bei unterlassener Belehrung dürfen daher Kontrollmitteilungen nicht geschrieben werden (*von Wedelstädt*, DB 2000, 1356, 1359). Die Unterlassung der Belehrung im Falle des Auskunftsverweigerungsrechts nach **§ 103 AO** führt zu einem Verwertungsverbot im Straf- oder Ordnungswidrigkeitsverfahren, aber nicht im Besteuerungsverfahren, denn die Vorschrift schützt den Stpfl. nur im Hinblick darauf, dass er sich oder einen Angehörigen nicht straf- oder bußgeldrechtlich belastet (h. M., s. § 196 AO Rz. 16). Wird von dem Auskunftsverweigerungsrecht nach **§ 102 AO** Gebrauch gemacht, wird nichts bekannt und die Frage nach einem Verwertungsverbot stellt sich nicht. Da eine Belehrung über das Auskunftsverweigerungsrecht nicht vorgesehen ist (BFH v. 08.04.2008, VIII R 61/06, BStBl II 2009, 579 m. w. N.; *von Wedelstädt*, AO-StB 2005, 13, 15 m. w. N.), führt eine Unterlassung der Belehrung nicht zu einem Verwertungsverbot, wenn der Berufsträger Auskunft erteilt; es kann nämlich davon ausgegangen werden, dass der Berufsangehörige sein Auskunftsverweigerungsrecht kennt (s. § 102 AO Rz. 11; BFH v. 01.02.2001, XI B 11/00, BFH/NV 2001, 811; *Söhn* in HHSp, § 88 AO Rz. 316, *Schuster* in HHSp, § 102 AO Rz. 55; *von Wedelstädt*, DB 2000, 1356, 1359; *von Wedelstädt*, AO-StB 2001, 19, 21); wenn *Seer* (in Tipke/Kruse, § 102 AO Rz. 22) ein Verwertungsverbot für den Fall annimmt, dass ohne Entbindung von der Verpflichtung zur Verschwiegenheit ausgesagt wird, kann dem m. E. nicht gefolgt werden, weil es nicht Sache des Steuerrechts ist, Pflichten zu schützen, die im Verhältnis zwischen Angehörigen bestimmter Berufe und deren Mandanten bestehen. Über die beabsichtigte Anfertigung von Kontrollmitteilungen ist der Stpfl. (Berufsgeheimnisträger) rechtzeitig zu informieren (BFH v. 08.04.2008, VIII R 61/06, BStBl II 2009, 579; AEAO zu § 194, Nr. 8).

Zum Verwertungsverbot s. § 196 AO Rz. 14 ff.

## III. Anfertigung von Kontrollmitteilungen bei Banken

§ 30a AO, der das sog. Bankgeheimnis regelte, ist durch das StUmgBG mit Wirkung vom 25.06.2017 aufgehoben worden. Die Vorschrift ist ab dem 25.06.2017 auch auf Sachverhalte, die vor diesem Zeitpunkt verwirklicht worden sind, nicht mehr anzuwenden (Art. 97 § 1 Abs. 12 EGAO). Das bedeutet, dass Kreditinstitute bei der Mitwirkung zur Aufklärung des steuerlichen Sachverhalts gegenüber den Finanzbehörden dieselben Rechte und Pflichten haben wie andere auskunftspflichtige Personen, die keine gesetzliche Verschwiegenheitspflicht zu beachten haben (Begr. BT-Drs. 18/11132, 23). Für die Anfertigung von Kontrollmitteilungen gelten damit die allgemeinen Voraussetzungen. **20**

vorläufig frei **21–23**

### IV. Rechtsschutz

4 Die Fertigung von Kontrollmitteilungen ist kein Verwaltungsakt und kann deshalb nicht angefochten werden. Gegen die Fertigung von Kontrollmitteilungen kann sich der Stpfl. mit der allgemeinen Leistungs- oder Unterlassungsklage und ggf. im vorläufigen Rechtsschutz mit der einstweilige Anordnung gem. § 114 FGO wenden (BFH v. 12.09.2017, I R 97/15, BFH/NV 218, 177; *Schallmoser* in HHSp, § 194 AO Rz. 180). Deshalb muss die Finanzbehörde den Stpfl. von der Absicht, Kontrollmitteilungen anzufertigen, rechtzeitig informieren (BFH v. 08.04.2008, VIII R 61/06, BStBl II 2009, 579 m.w.N.; *von Wedelstädt*, AO-StB 2005, 238, 242). Zur Zulässigkeit der vorbeugenden Unterlassungsklage s. § 40 FGO Rz. 8 a.E. Zur Geltendmachung eines **Verwertungsverbots** s. § 196 AO Rz. 14 ff., insbes. s. § 196 AO Rz. 23 ff.

## § 195 AO
## Zuständigkeit

**Außenprüfungen werden von den für die Besteuerung zuständigen Finanzbehörden durchgeführt. Sie können andere Finanzbehörden mit der Außenprüfung beauftragen. Die beauftragte Finanzbehörde kann im Namen der zuständigen Finanzbehörde die Steuerfestsetzung vornehmen und verbindliche Zusagen (§§ 204 bis 207) erteilen.**

#### Inhaltsübersicht



#### Schrifttum

S. Schrifttum zu § 193 AO.

### A. Sachliche und örtliche Zuständigkeit (§ 195 Satz 1 AO)

1 Die örtliche und sachliche Zuständigkeit für die Anordnung und Durchführung der Außenprüfung ist nach § 195 Satz 1 AO grundsätzlich **mit der Zuständigkeit für die Besteuerung verknüpft.** Dies folgt ohnehin daraus, dass die Außenprüfung Teil des Besteuerungsverfahrens ist (so auch BFH v. 18.11.2008, VIII R 16/07, BStBl II 2009, 507 m.w.N.). Maßgebend sind die §§ 16 bis 29 AO und die Vorschriften des FVG. Die Zuständigkeitsvoraussetzungen müssen im Zeitpunkt der Bekanntgabe der Prüfungsanordnung vorliegen (FG Bln v. 16.07.1982, III 263/87, EFG 83, 268; *Gosch* in Gosch, § 195 AO Rz. 36). Fallen die Zuständigkeiten von Personengesellschaft und Gesellschaftern auseinander, bedarf es bei einer Erstreckungsprüfung (s. § 194 AO Rz. 6 ff.) eines Prüfungsauftrags des oder der für die Gesellschafter zuständigen FA (*Gosch* in Gosch, § 195 AO Rz. 21). Zum Zuständigkeitswechsel s. § 26 AO. Das Prüfungsrecht der zuständigen Finanzbehörde ist weder auf ihren Zuständigkeitsbereich noch auf das betreffende Bundesland beschränkt (*Seer* in Tipke/Kruse, § 195 AO Rz. 2).

Die Prüfungsanordnung durch eine örtlich unzuständige Finanzbehörde ist rechtswidrig. § 127 AO nicht anwendbar, da es sich um eine Ermessensentscheidung handelt (BFH v. 25.01.1989, X R 158/87, BStBl II 1989, 483). 1a

Nach § 17 Abs. 2 Satz 3 FVG können durch Rechtsverordnung der zuständigen Landesregierung u.a. für die Außenprüfung FA mit amtsübergreifender Zuständigkeit oder Finanzämter für besondere Aufgaben errichtet werden, wie z.B. Finanzämter für Großbetriebsprüfung in Bremen und Niedersachsen, für Groß- und Konzernbetriebsprüfung in Baden-Württemberg und Nordrhein-Westfalen. Dabei handelt es sich um eine Regelung der sachlichen Zuständigkeit, sodass § 26 AO nicht anwendbar ist. Diese FA führen eigene Außenprüfungen, nicht Auftrags-Prüfungen i.S. des § 195 Satz 2 AO durch (s. Rz. 5). 2

Hinzuweisen ist auf § 19 FVG, der die uneingeschränkte **Mitwirkung des BZSt**, auf § 21 Abs. 2 FVG, der ein Teilnahmerecht von Landesbediensteten an Außenprüfungen durch Bundesfinanzbehörden (betrifft BierSt und EUSt), und auf § 21 Abs. 3 i.V.m. § 21 Abs. 1 und 2 FVG, der ein **Auskunfts- und Teilnahmerecht von Gemeinden** regelt. Anders als die Mitwirkungsregelung für das BZSt in § 19 FVG (s. §§ 20ff. BpO) eröffnet § 21 Abs. 3 FVG lediglich ein Teilnahmerecht der Gemeinden an Außenprüfungen der Landesfinanzbehörden. Es besteht nur, wenn die geprüften Stpfl. in der Gemeinde eine Betriebstätte unterhalten oder Grundbesitz haben und die Außenprüfungen im Gemeindebezirk durchgeführt werden (§ 21 Abs. 3 Satz 2 FVG). Das Teilnahmerecht beschränkt sich auf die beobachtende Anwesenheit des Gemeindebediensteten (*Schmieszek* in HHSp, § 21 FVG Rz. 16; *Bahn*, NWB 2016, 1367). Der Gemeindebedienstete hat das Recht, bei der Außenprüfung anwesend zu sein und vom staatlichen Betriebsprüfer Auskünfte zu verlangen. Er kann an Besprechungen und Schlussbesprechungen im Rahmen der Außenprüfung teilnehmen, soweit das Steuergeheimnis dem nicht entgegensteht, ist also ausgeschlossen, soweit Besteuerungsgrundlagen Gegenstand der Besprechung sind, die die Realsteuern nicht betreffen. Teilnahme und Auskünfte sind im Übrigen beschränkt auf den gewerblichen Bereich (Gewerbesteuerpflicht, Zerlegung), soweit er das Gemeindegebiet betrifft (*Schmieszek* in HHSp, § 21 FVG Rz. 18). Der BFH (BFH v. 4.5.2017, IV B 10/17, BFH/NV 2017, 1009) hält eine Begrenzung des Beteiligungsrechts 3 der Gemeinden in der Weise für vertretbar, dass keine Kenntnisse der Finanzverwaltung offenbart werden, die für eine wirtschaftliche Tätigkeit der Gemeinde von Bedeutung sein können, etwa weil zwischen der Gemeinde und dem Stpfl. privatrechtliche Rechtsbeziehungen bestehen oder beide sich als Wettbewerber gegenüberstehen. Zur Anordnung der Teilnahme s. § 197 AO Rz. 7a. Die Gemeinden haben ein selbstständiges Prüfungsrecht, soweit ihnen gem. Art. 108 Abs. 4 Satz 2 GG die Verwaltungshoheit übertragen ist (*Krumm* in Tipke/Kruse, § 21 FVG Rz. 2). Dies kommt aber praktisch nicht in Betracht, weil ihnen die Verwaltung für Realsteuern nur z. T. übertragen worden ist (*Schmieszek* in HHSp, § 21 FVG Rz. 13).

4 Für **Lohnsteuer-Außenprüfungen** bestimmt § 42f Abs. 1 EStG die Zuständigkeit des Betriebsfinanzamts. Bei den sog. Konzernprüfungen ist die besondere Zuständigkeitsregelung in §§ 13 ff. BpO (Anh. 3) zu beachten.

## B. Auftragsprüfungen (§ 195 Satz 2 AO)

5 Nach § 195 Satz 2 AO können die nach § 195 Satz 1 AO zuständigen Finanzbehörden andere Finanzbehörden mit der Außenprüfung beauftragen. Das gilt auch, wenn ein FA mit einer Sonderzuständigkeit wie z. B. für Erbschaft- und Schenkungsteuer ein anderes FA mit der Durchführung der Außenprüfung in seinem Fachbereich beauftragt (BFH v. 10.12.2012, II B 108/11, BFH/NV 2013, 344). **Beauftragt** werden können andere FA, das BZSt nach § 19 Abs. 3 FVG oder die Steuerfahndung nach § 208 Abs. 2 Nr. 1 AO (s. § 208 AO Rz. 21). Die Beauftragung berührt die örtliche und die sachliche Zuständigkeit (*Seer* in Tipke/Kruse, § 195 AO Rz. 7 m. w. N., der zu Recht Bedenken gegen die Veränderung der sachlichen Zuständigkeit äußert; a. A. *Rüsken* in Klein, § 195 AO Rz. 11). Von der Beauftragung zu unterscheiden ist die Mitwirkung oder Beteiligung anderer Stellen (s. Rz. 3).

6 Die Beauftragung einer anderen Finanzbehörde kann nur im Einzelfall, nicht generell erfolgen. Sie liegt im Ermessen der beauftragenden Finanzbehörde und ist daher zu begründen. Gründe für eine Beauftragung können z. B. die größere Ortsnähe, Sach- und Spezialkenntnisse, Gleichmäßigkeit der Besteuerung bei gleich gelagerten Fällen oder die Notwendigkeit der Mitprüfung der Verhältnisse der Gesellschaften sein (*Gosch* in Gosch, § 195 AO Rz. 56). Für die Prüfung von Konzernen und sonstigen zusammenhängenden Unternehmen ergeben sich die maßgebenden Erwägungen für eine Auftragsprüfung aus den §§ 13 bis 18 BpO. Danach finden Prüfungen zusammenhängender Unternehmen unter einheitlichen Gesichtspunkten und einheitlicher Leitung statt (BFH v. 06.08.2013, VIII R 15/12, BStBl II 2014, 232). Eine Zustimmung des Stpfl. ist nicht erforderlich. In der Beauftragung hat die beauftragende Finanzbehörde den Stpfl. und den **sachlichen Umfang der Außenprüfung** (§ 194 Abs. 1 AO), insbes. die zu prüfenden Steuerarten und den Prüfungszeitraum anzugeben; der beauftragten Finanzbehörde darf nicht die Entscheidung überlassen werden, ob und in welchem Umfang eine Außenprüfung durchgeführt wird (BFH v. 10.12.1987, IV R 77/86, BStBl II 1988, 322; AEAO zu § 195, Satz 2). Die **Prüfungsanordnung** kann durch die beauftragende oder durch die beauftragte Finanzbehörde erlassen werden (BFH v. 15.05.2013, IX R 27/12, BStBl II 2013, 570 m. w. N.). Erlässt das beauftragte FA die Prüfungsanordnung, müssen sich aus ihr die Ermessenserwägungen auch des beauftragenden FA für den Auftrag ergeben (BFH v. 06.08.2013, VIII R 15/12, BStBl II 2014, 232). Der Einspruch gegen die Prüfungsanordnung ist gegen das beauftragte FA zu richten, das über den Einspruch zu entscheiden hat (st. Rspr., in Lit. unter Hinweis auf § 367 Abs. 3 Satz 1 AO umstr., BFH v. 18.11.2008, VIII R 16/07, BStBl II 2009, 507 mit Nachweisen zum Meinungsstand; BFH v. 15.05.2013, IX R 27/12, BStBl II 2013, 570 m. w. N.; kritisch *Seer* in Tipke/Kruse, § 195 AO Rz. 18 f.). Hat die beauftragende Behörde die Prüfungsanordnung erlassen, ist der Einspruch gegen diese zu richten (*Seer* in Tipke/Kruse, § 195 AO Rz. 20).

In der Prüfungsanordnung sind die Gründe für die Beauftragung anzugeben (BFH v. 27.11.2003, I B 119, S 11/03, BFH/NV 2004, 756 m. w. N.; AEAO zu § 195, Satz 3), sie können aber noch bis zum Abschluss der Tatsacheninstanz eines finanzgerichtlichen Verfahrens nachgeholt werden (§ 126 Abs. 2 AO). Prüft eine örtlich unzuständige Finanzbehörde ohne Auftrag der zuständigen Finanzbehörde, ist die Prüfungsanordnung rechtswidrig; eine Heilung nach § 127 AO kommt nicht in Betracht, da es sich um eine Ermessensentscheidung handelt. 6a

Die Beauftragung einer anderen Finanzbehörde nach § 195 Satz 2 AO ist eine **verfahrensrechtlich selbstständige Regelung**. Sie ist Verwaltungsakt und damit selbstständig anfechtbar, wenn sie dem Betroffenen z. B. zusammen mit der Prüfungsanordnung durch die beauftragende Finanzbehörde bekannt gegeben wird (BFH v. 21.04.1993, X R 112/91, BStBl II 1993, 649). Wird die Prüfungsanordnung von der beauftragten Finanzbehörde erlassen, enthält sie einen Hinweis auf den Prüfungsauftrag und erforderlichenfalls auch die Gründe für die Übertragung der Prüfung. Diese Regelung ist nicht selbstständig anfechtbar, Einwendungen gegen die Beauftragung sind im Rechtsbehelfsverfahren gegen die Prüfungsanordnung geltend zu machen (BFH v. 27.12.2003, I B 119, S 11/03, BFH/NV 2004, 756 m. w. N.). Gegen diese Unterscheidung sind zu Recht Bedenken geäußert worden, da die Beauftragung wegen ihrer Auswirkungen für den Stpfl. mehr als nur ein innerdienstlicher Auftrag ist (s. *Frotscher* in Schwarz/Pahlke, § 195 AO Rz. 5; *Seer* in 7

Tipke/Kruse, § 195 AO Rz. 13; *von Wedelstädt*, AO-StB 2004, 325, 326).

Die beauftragte Finanzbehörde wird im Auftrag und im Namen der beauftragenden Finanzbehörde tätig. Sie ist befugt, im Namen der zuständigen Finanzbehörde die aufgrund der Außenprüfung veranlasste Steuerfestsetzung vorzunehmen und ggf. verbindliche Zusagen (§§ 204 bis 207 AO) zu erteilen (§ 195 Satz 3 AO); dazu gehört m.E. auch die Aufhebung des Vorbehalts der Nachprüfung, da sie nach § 164 Abs. 3 Satz 2 AO einer Steuerfestsetzung (ohne Vorbehalt der Nachprüfung) gleich steht und im Übrigen Folge der Außenprüfung ist (a.A. *Schallmoser* in HHSp, § 195 AO Rz. 36; *Seer* in Tipke/Kruse, § 195 AO Rz. 17). Damit wird auch in den Fällen der Auftragsprüfung die »veranlagende Betriebsprüfung« durch das beauftragte FA ermöglicht, was in der Praxis wohl kaum stattfindet. Verbindliche Zusagen nach § 204 AO soll die beauftragte Finanzbehörde nur im Einvernehmen mit der für die Besteuerung zuständigen Finanzbehörde erteilen (AEAO zu § 204, Nr. 2 Satz 2). Sowohl für den Erlass von Steuerbescheiden wie für Zusagen bleibt das beauftragende FA zuständig, die beauftragte Finanzbehörde handelt »im Namen der zuständigen Finanzbehörde«, was sie kenntlich zu machen hat. Im Einspruchsverfahren gegen von der beauftragten Finanzbehörde erlassene Verwaltungsakte einschließlich etwaiger Steuerfestsetzungen ist bezüglich der Einlegung des Einspruchs § 357 Abs. 2 Satz 3 AO, hinsichtlich der Entscheidung über den Einspruch § 367 Abs. 3 AO zu beachten.

# § 196 AO Prüfungsanordnung

**Die Finanzbehörde bestimmt den Umfang der Außenprüfung in einer schriftlich oder elektronisch zu erteilenden Prüfungsanordnung mit Rechtsbehelfsbelehrung nach § 356.**

## Inhaltsübersicht



## Schrifttum

KUHFUS/SCHMITZ, Rechtsschutz gegen Maßnahmen des Außenprüfers als Voraussetzung für ein Verwertungsverbot, BB 1996, 1468; RUBAN, Verwertungsverbot bei fehlender, unwirksamer oder erfolgreich angefochtener Prüfungsanordnung?, DStZ 1998, 354; WOLFF-DIEPENBROCK, Verwertungsverbot von Feststellungen einer Außenprüfung ohne Prüfungsanordnung, StuW 1998, 267; VON WEDELSTÄDT, Durchsetzung eines Verwertungsverbots, AO-StB 2001, 52; VON WEDELSTÄDT, Verwertungsverbote im Beweiserhebungsverfahren, AO-StB 2001, 19; FINGER, Rechtsbehelfsmöglichkeiten gegen Maßnahmen der Außenprüfung, StBp 2002, 61, 95; VON WEDELSTÄDT, Begründung von Prüfungsanordnungen, AO-StB 2004, 325; VON WEDELSTÄDT, Sammelauskunftsersuchen – Zulässigkeit, Auswertung der Auskunft, Rechtsschutz, DB 2004, 948; VON WEDELSTÄDT, Verwertungsvorbote bei Ermittlungsmaßnahmen – was bei welcher Maßnahme zu beachten ist, AO-StB 2004, 93; BUSE, Die Anordnung einer Außenprüfung (§ 196 AO), AO-StB 2008, 138; DRÜEN, Rechtsschutz gegen Betriebsprüfungsmaßnahmen, AO-StB 2009, 88; TORMÖHLEN, Betriebsprüfung und Rechtsschutz, AO-StB 2013, 192; FRIEDENHAGEN, Verwertung von Erkenntnissen aus Telekommunikationsüberwachung im Besteuerungsverfahren, AO-StB 2013, 289; DRÜEN, Das finanzbehördliche Ermessen bei der Anordnung einer Außenprüfung, AO-StB 2014, 343; HARLE/OLLES, Prüfungsanordnung und Selbstanzeige, NWB 2014, 170; s. Schrifttum zu § 193 AO.

## A. Bedeutung der Vorschrift

1 Die Vorschrift ordnet die Erteilung einer schriftlichen oder elektronischen Prüfungsanordnung gegenüber dem betroffenen Stpfl. an, in der der Umfang der Außenprüfung bestimmt wird. Damit wird der Stpfl. als Adressat über die Rechtsgrundlage der Prüfung, über seine Duldungspflicht, über den zeitlichen und sachlichen Umfang der Prüfung informiert. Letzteres hat auch Bedeutung für den Umfang der Mitwirkungspflichten nach § 200 AO, die Ablaufhemmung der Festsetzungsfrist nach § 171 Abs. 4 AO und ihren Umfang (BFH v. 13.02.2003, IV R 31/01, BStBl II 2003, 552), für die Aufhebung des Vorbehalts der Nachprüfung nach § 164 Abs. 3 Satz 3 AO (s. § 164 AO Rz. 29), auf die Änderungssperre nach § 173 Abs. 2 AO und ihren Umfang und die Sperrwirkung der Selbstanzeige nach § 371 AO (s. § 371 AO Rz. 16 f.; s. auch AEAO zu § 196, Nr. 5).

## B. Form und Begründung der Prüfungsanordnung

2 Die Prüfungsanordnung ist ein Verwaltungsakt, der das Prüfungsverfahren einleitet. Daneben enthält er weitere selbstständige Regelungen zu den zu prüfenden Steuerarten und zum Prüfungszeitraum, die je eigenständige Verwaltungsakte darstellen (h.M., BFH v. 25.01.1989, X R 158/87, BStBl II 1989, 483; BFH v. 19.03.2009, IV R 26/08, BFH/NV 2009, 1405 m.w.N.; *Seer* in Tipke/Kruse,

§ 196 AO Rz. 5; *Drüen*, AO-StB 2009, 88 m.w.N.). Es handelt sich bei ihr um einen Sammelbescheid (auch s. Rz. 9). Sie ist **schriftlich oder elektronisch und mit Rechtsbehelfsbelehrung** zu erteilen und hat den Stpfl., den Umfang der beabsichtigten Prüfung und die Rechtsgrundlagen anzugeben (s. dazu § 5 Abs. 2 BpO – s. Anh. 3). Dies kann durch die für die Besteuerung zuständige Finanzbehörde (Veranlagungsbezirk) oder durch die beauftragte Finanzbehörde (Betriebsprüfungsstelle oder FA für Betriebsprüfung) erfolgen (§ 5 Abs. 1 BpO; AEAO zu § 195, Satz 1; s. § 195 AO Rz. 6). Maßgeblich für die Zuständigkeit zum Erlass der Prüfungsanordnung sind die Umstände zum Zeitpunkt der Bekanntgabe der Prüfungsanordnung (BFH v. 26.02.2014, III B 123/13, BFH/NV 2014, 823). Eine Prüfungsanordnung kann bis zum Abschluss der Außenprüfung wirksam ergehen. Eine Außenprüfung ist erst abgeschlossen, wenn das FA sie ausdrücklich oder konkludent für abgeschlossen erklärt. Regelmäßig kann eine Außenprüfung nicht vor Absendung des Betriebsprüfungsberichts als abgeschlossen angesehen werden (BFH v. 29.06.2004, X B 155/03, BFH/NV 2004, 1510 m.w.N.).

3 Als schriftlich oder elektronisch erteilter Verwaltungsakt ist sie zu **begründen**, § 121 Abs. 1 AO. Dies hat schriftlich oder elektronisch zu geschehen (h.M. in Literatur: BFH v. 02.10.1991, X R 89/89, BStBl II 1992, 220; *Gosch* in Gosch, § 196 AO Rz. 80; *Seer* in Tipke/Kruse, § 196 AO Rz. 15; *Schallmoser* in HHSp, § 196 AO Rz. 27; a.A. BFH v. 16.12.1986, VIII R 123/86, BStBl II 1987, 248 m.w.N.). Zum Umfang der Begründung bei Außenprüfungen nach § 193 Abs. 1 AO wird auf die Ausführungen s. § 193 AO Rz. 10, bei einer auf § 193 Abs. 2 Nr. 2 AO gestützten Prüfungsanordnung auf diejenigen s. § 193 AO Rz. 18 verwiesen. Eine Erweiterung des Prüfungszeitraums ist ebenfalls zu begründen (BFH v. 25.11.1997, VIII R 4/94, BStBl II 1998, 461 m.w.N.). Die Begründung muss spätestens bis zum Abschluss der Tatsacheninstanz des Klageverfahrens erfolgen (§ 126 Abs. 2 AO). Im Fall einer abgekürzten Außenprüfung ist in der Prüfungsanordnung auf § 203 AO als Rechtsgrundlage hinzuweisen (§ 5 Abs. 2 Satz 4 BpO; AEAO zu § 203, Nr. 3 Satz 1). Im Übrigen sind der Prüfungsanordnung Hinweise über die Rechte und Mitwirkungspflichten des Stpfl. beizufügen (§ 5 Abs. 2 Satz 2 BpO; Merkblatt s. BMF v. 24.10.2013, IV A 4 – S 0403/13/10001, BStBl I 2013, 1264).

3a Enthält die Prüfungsanordnung Form- oder Verfahrensfehler, kann sie fehlerfrei wiederholt werden (BFH v. 24.08.1989, IV R 65/88, BStBl II 1990, 2 m.w.N.). Zur Nichtigkeit der Prüfungsanordnung s.u.a. BFH v. 06.08.2013, VIII R 15/12, BStBl II 2014, 232.

## C. Inhalt der Prüfungsanordnung

### I. Inhaltsadressat

Die Prüfungsanordnung ist an denjenigen zu richten, der die Prüfung dulden muss ( **Inhaltsadressat**). Das ist der Stpfl. i.S. des § 193 AO (s. § 193 AO Rz. 6 ff.). Wegen der inhaltreichen Bestimmtheit s. § 119 AO Rz. 3. Bei **zusammenveranlagten Eheleuten/Lebenspartnern**, die je für sich Prüfungssubjekte sind, können die Prüfungsanordnungen in einer Verfügung zusammengefasst werden, wenn die Eheleute/Lebenspartner durch die gemeinsame Abgabe von Einkommensteuererklärungen sich gegenseitig zur Empfangnahme im Besteuerungsverfahren ermächtigt haben und hierdurch das Bestimmtheitsgebot des § 119 AO nicht verletzt wird, also hinreichend deutlich zum Ausdruck kommt, dass die Verfügung mehrere unterschiedliche Regelungsinhalte zusammenfasst sowie, dass und in welchem Umfang sie sich an mehrere Personen richten; zu Recht soll dies jedoch die Ausnahme sein (s. dazu AEAO zu § 197, Nr. 3; BFH v. 23.06.2003, X B 165/02, BFH/NV 2003, 1147 m.w.N.). 4

Bei Personengesellschaften sind die **Prüfungsanordnungen die Betriebsteuern betreffend** an die Gesellschaft zu richten. Hinsichtlich der gesonderten und einheitlichen Feststellungen i.S. des § 180 Abs. 1 Nr. 2a AO bzw. der VO zu § 180 Abs. 2 AO ist **bei Personengesellschaften mit Gewinneinkünften** die Prüfungsanordnung an die Gesellschaft, nicht an die Gesellschafter, zu richten (BFH v. 16.03.1993, XI R 42/90, BFH/NV 1994, 75, 77 m.w.N.; AEAO zu § 197, Nr. 5.2.1); das gilt auch bei Ausscheiden eines Gesellschafters. Sie ist dem vertretungsberechtigten Geschäftsführer als gesetzlichen Vertreter (§ 34 Abs. 1 AO oder, sofern Geschäftsführer nicht vorhanden sind (§ 34 Abs. 2 AO), den Gesellschaftern bekannt zu geben (BFH v. 16.11.1989, IV R 29/89, BStBl II 1990, 272 m.w.N.). Bei **Gesellschaften mit Überschusseinkünften** ist die Prüfungsanordnung hinsichtlich der einheitlichen und gesonderten Feststellung an die Gesellschafter zu richten (AEAO zu § 197, Nr. 5.2.2 Abs. 1 m.w.N.). Für die Bekanntgabe gilt § 183 Abs. 1 AO. Sollen zugleich die Betriebsteuern geprüft werden, sind zwei Prüfungsanordnungen erforderlich (AEAO zu § 197, Nr. 5.2.2 Abs. 2). 5

Inhalts- und auch Bekanntgabeadressat der Prüfungsanordnung bei einer **atypischen stillen Gesellschaft** ist für die Betriebsteuern und für die gesonderte und einheitliche Feststellung der Inhaber des Handelsgeschäfts (BFH v. 03.02.2003, VIII B 39/02, BFH/NV 2003, 1028 m.w.N.; *Gosch* in Gosch, § 196 AO Rz. 53; AEAO zu § 197, Nr. 5.5 Abs. 2), bei einer Erstreckungsprüfung der atypisch stille Gesellschafter. Bei einer **vermuteten Personengesellschaft** richtet sich die Prüfungsanordnung an die mutmaßlichen Gesellschafter und ist ihnen bekannt zu geben (AEAO zu § 197, Nr. 5.3 Abs. 2 Satz 2). Soll bei einer 6 bestehenden Personengesellschaft die Art der Einkünfte geprüft werden, kann die Prüfungsanordnung nach Maßgabe sämtlicher in Betracht kommender Einkunftsarten ausgerichtet werden (AEAO zu § 197, Nr. 5.3 Abs. 1).

6a Da die **zivilrechtlich aufgelöste Personengesellschaft** steuerrechtlich so lange nicht voll beendet ist, wie noch Rechtsbeziehungen zwischen ihr und der Finanzbehörde bestehen (s. § 180 AO Rz. 11; AEAO zu § 122, Nr. 2.7.1), bleibt sie Prüfungsobjekt; die Prüfungsanordnung ist an sie zu richten, sollte jedoch allen ehemaligen Gesellschaftern als Liquidatoren unter Hinweis auf ihre rechtliche Stellung bekannt gegeben werden (BFH v. 01.03.1994, VIII R 35/92, BStBl II 1995, 241 m. w. N.; AEAO zu § 197, Nr. 5.6 Abs. 2).

6b Bei **Vollbeendigung** der Personengesellschaft durch Ausscheiden des vorletzten Gesellschafters geht die Pflicht, die Außenprüfung zu dulden, auf den letzten verbliebenen Gesellschafter als Gesamtrechtsnachfolger gem. § 45 Abs. 1 Satz 1 AO über; daher ist die Prüfungsanordnung die Betriebsteuern und die gesonderte und einheitliche Feststellung bei Gewinneinkünften betreffend an den Rechtsnachfolger unter Hinweis auf seine rechtliche Stellung (BFH v. 13.10.2005, IV R 55/04, BStBl II 2006, 404), die gesonderte und einheitliche Feststellung bei Überschusseinkünften betreffend an die ehemaligen Gesellschafter zu richten und bekannt zu geben. AEAO zu § 197, Nr. 5.7.3 ist insoweit irreführend, als er keine Unterscheidung zwischen der gesonderten und einheitlichen Feststellung bei Gewinneinkünften und Überschusseinkünften macht. Wegen der Folgen durch Eintritt, Ausscheiden und Wechsel von Gesellschaftern im Übrigen wird auf AEAO zu § 197, Nr. 5.7 verwiesen.

7 Sollen die **Verhältnisse der Gesellschafter** nach § 194 Abs. 2 AO mitgeprüft werden, ist für jeden Beteiligten eine Prüfungsanordnung zu erteilen und bekannt zu geben (Erstreckungsprüfung, s. § 194 AO Rz. 6; § 197 Abs. 1 Satz 3 AO, § 5 Abs. 6 BpO, AEAO zu § 194, Nr. 2 m. w. N.). Das gilt nicht, wenn die Gesellschafter nach § 194 Abs. 1 Satz 3 und 4 AO in die Prüfung einbezogen werden (*Gosch* in Gosch, § 196 AO Rz. 45; *Frotscher* in Schwarz/Pahlke, § 196 AO Rz. 15).

7a Bei **Insolvenz** ist die Prüfungsanordnung an den Insolvenzverwalter zu richten und bekannt zu geben, wobei es irrelevant ist, ob Besteuerungszeiträume vor oder nach Insolvenzeröffnung betroffen sind (*Gosch* in Gosch, § 196 AO Rz. 56).

7b Der Mangel **fehlerhafter Bekanntgabe** kann durch eine fehlerfreie Bekanntgabe geheilt werden (s. Rz. 3a).

### II. Bestimmung des Prüfungsumfangs

8 Die Prüfungsanordnung muss den **sachlichen und zeitlichen Prüfungsumfang** angeben, d. h. die zu prüfenden Steuerarten und Besteuerungszeiträume sowie ggf. den bestimmten Sachverhalt (§ 194 Abs. 1 Satz 2 AO; zur Verwaltungsaktsqualität s. Rz. 2). Zur Erweiterung des Prüfungszeitraums s. § 194 AO Rz. 13. Der Wechsel von einer abgekürzten Außenprüfung zu einer nicht abgekürzten Außenprüfung und umgekehrt erfordert eine ergänzende Prüfungsanordnung (AEAO zu § 203, Nr. 3 Satz 2). Bei einer Prüfung durch eine beauftragte Finanzbehörde sind die Gründe für die Beauftragung in der Prüfungsanordnung anzugeben (BFH v. 27.11.2003, I B 119, S 11/03, BFH/NV 2004, 756 m. w. N.; s. § 195 AO Rz. 6). Wird nach § 27b Abs. 3 UStG von einer Umsatzsteuer-Nachschau zu einer Außenprüfung übergegangen, ist keine vorherige Prüfungsanordnung erforderlich; auf den Übergang ist aber schriftlich hinzuweisen. Die Anordnung einer gleichzeitigen Außenprüfung nach § 12 EUAHiG ist ebenfalls in die Prüfungsanordnung aufzunehmen (s. § 193 AO Rz. 2e).

9 Daneben enthält die Prüfungsanordnung weitere als selbstständige Verwaltungsakte zu wertende Regelungen wie die Angabe des Prüfungsbeginns und die Festlegung des Ortes der Prüfung sowie die Benennung des Prüfers § 197 AO) und andere prüfungsleitende Bestimmungen; sie können in die Prüfungsanordnung aufgenommen werden (§ 5 Abs. 3 BpO). Ihr Fehlen bewirkt keine inhaltliche Unbestimmtheit und macht die Prüfungsanordnung nicht rechtswidrig.

## D. Rechtswirkungen der Prüfungsanordnung

10 Die Prüfungsanordnung legt den Umfang der Prüfung fest (s. Rz. 1) und begründet in diesem Umfang die **Pflicht des Stpfl. zur Mitwirkung.** Prüft der Prüfer Bereiche, die durch die Prüfungsanordnung nicht gedeckt sind, prüft er ohne Prüfungsanordnung. Zu etwaigen Folgen s. Rz. 14 ff.

11 Die Prüfungsanordnung gestattet Prüfungsmaßnahmen bis zum Eintritt der Bestandskraft der aufgrund der Prüfung ergehenden Bescheide bzw. der Mitteilung nach § 202 Abs. 1 Satz 3 AO (BFH v. 13.02.2003, IV R 31/01, BStBl II 2003, 552; *Schallmoser* in HHSp, § 196 AO Rz. 93; *Seer* in Tipke/Kruse, § 196 AO Rz. 4; anders im Zusammenhang mit der Frage, bis wann eine Prüfungsanordnung ergehen kann BFH v. 29.06.2004, X B 155/03, BFH/NV 2004, 1510 m. w. N.: Abschluss der Außenprüfung und Beendigung der Duldungspflicht des Stpfl. liegt in der ausdrücklichen oder konkludenten Abschlusserklärung der prüfenden Behörde, i. d. R. in der Zusendung des Prüfungsberichts). Wird eine unmittelbar nach Prüfungsbeginn für mehr als sechs Monate unterbrochene oder eine bereits für abgeschlossen gehaltene Prüfung wieder aufgenommen, bedarf es keiner neuen Prüfungsanordnung; der Stpfl. ist jedoch in entsprechender Anwendung des § 197 AO von dem erneuten Prüfungs-

beginn zu unterrichten (BFH v. 13.02.2003, IV R 31/01, BStBl II 2003, 552; *Seer* in Tipke/Kruse, § 196 AO Rz. 4).

11a Wird dem Täter einer Steuerhinterziehung oder seinem Vertreter eine Prüfungsanordnung wirksam bekannt gegeben und ist sie nicht nichtig, führt dies zum Verlust der Selbstanzeigemöglichkeit (§ 371 Abs. 2 Nr. 1 Buchst. a AO; *Harle/Olles*, NWB 2014, 170), nicht jedoch eine rechtswidrige Prüfungsanordnung, solange sie nicht erfolgreich angefochten worden ist.

11b Der in der Prüfungsanordnung angegebene Prüfungsumfang bestimmt den Umfang der Ablaufhemmung nach § 171 Abs. 4 AO und der Änderungssperre nach § 173 Abs. 2 AO (AEAO zu § 196, Nr. 5).

## E. Rücknahme und Rechtsbehelf

12 Die Prüfungsanordnung kann nach § 130 Abs. 1 AO oder durch eine neue Prüfungsanordnung in Bezug auf den zu prüfenden Stpfl., den Prüfungsgegenstand und den Prüfungszeitraum nach § 130 Abs. 1 AO teilweise **zurückgenommen** werden (BFH v. 09.05.1985, IV R 172/83, BStBl II 1985, 579; BFH v. 15.05.2013, IX R 27/12, BStBl II 2013, 570). Als selbstständiger Verwaltungsakt ist sie mit dem **Einspruch** und der **Anfechtungsklage** anfechtbar (s. dazu *Drüen*, AO-StB 2009, 88 m. w. N.; *Tormöhlen*, AO-StB 2013, 192 mit Beispielen von Einwendungen; s. Rz. 24 ff.; zur Ablaufhemmung nach § 171 Abs. 4 AO s. § 171 AO Rz. 18). Das Anfechtungsrecht wird nicht dadurch verwirkt, dass der Stpfl. sich zunächst widerspruchslos auf die Prüfung einlässt (BFH v. 07.11.1985, IV R 6/85, BStBl II 1986, 435). Im Hinblick auf die Geltendmachung eines Verwertungsverbotes (s. Rz. 20 ff.) kann nach Beendigung der Prüfung im Klageverfahren die Rechtswidrigkeit der Prüfungsanordnung im Wege der Fortsetzungsfeststellungsklage nach § 100 Abs. 1 Satz 4 AO geltend gemacht werden (dazu s. § 100 FGO Rz. 22 ff.).

12a Da der Einspruch keine aufschiebende Wirkung hat, muss zur Verhinderung der Fortführung der Prüfung AdV beantragt werden. Zur Frage, ob dies zugleich einen Antrag auf Verschiebung des Prüfungsbeginns i. S. des § 197 Abs. 2 AO beinhaltet mit der Folge der Ablaufhemmung nach § 171 Abs. 4 AO s. § 197 AO Rz. 10.

13 Soweit mit der Prüfungsanordnung andere Verwaltungsakte wie die Bestimmung der zu prüfenden Steuerarten oder des Prüfungszeitraums, des Beginns und des Orts der Prüfung und andere prüfungsleitende Bestimmungen (s. Rz. 2 und 9) oder die Beauftragung nach § 195 Satz 2 AO verbunden sind, sind diese **selbstständig anfechtbar**. Die Bestimmung des Betriebsprüfers ist kein Verwaltungsakt (s. § 197 AO Rz. 7).

## F. Verwertungsverbot aufgrund rechtswidriger Prüfungsanordnung und Prüfungsmaßnahmen

### I. Allgemeines

14 Die Fehlerhaftigkeit einer Prüfungsanordnung wirft die Frage des **Verwertungsverbots der daraus erlangten Erkenntnisse** auf. Das Institut des Verwertungsverbots als Verbot, auf rechtswidrige Weise erlangte Tatsachenkenntnisse oder Ergebnisse von Beweiserhebung zu verwerten, ist mangels steuergesetzlicher Regelung durch die Rspr. entwickelt worden, und zwar als sog. formelles Verwertungsverbot (BFH v. 25.11.1997, VIII R 4/94, BStBl II 1998, 461). Das bedeutet, dass ein für ein Verwertungsverbot materiellrechtlich relevanter Ermittlungsfehler nur dann verfahrensrechtlich zum Verwertungsverbot führt, wenn dem nicht bestandskräftige Steuerverwaltungsakte entgegenstehen. Die **Ermittlungsfehler** können unterschiedlicher Art sein und sind nicht auf das Außenprüfungsverfahren, z. B. auf fehlerhafte Prüfungsanordnungen beschränkt, sondern können sich in jedem Stadium von Ermittlungen ereignen.

### II. Materielle Voraussetzungen

#### 1. Art der Ermittlungsfehler

Zu einem Verwertungsverbot führen nur solche Fehler, die **besonders schwerwiegende Rechtsverletzungen des FA bei der Sachverhaltsermittlung** darstellen (zu den formellen Voraussetzungen s. Rz. 23 ff.). Dazu zählen Verstöße gegen den **verfassungsrechtlich geschützten Bereich des Stpfl.** (sog. qualifiziertes materiell-rechtliches Verwertungsverbot; BFH v. 04.10.2006, VIII R 53/04, BStBl II 2007, 227 m. w. N.), die Verletzungen von Vorschriften, die den Stpfl. in seiner Willensentschließung und Willensbetätigung schützen sollen, sowie besonders schwerwiegende Verfahrensverstöße (*von Wedelstädt*, AO-StB 2001, 19, 20 m. w. N.). Derartige Verstöße sind geeignet, das Ermittlungsergebnis maßgeblich dahingehend zu beeinflussen, dass es ohne eine solche Verletzung gar nicht erlangt oder anders ausgefallen sein könnte. Insoweit sind Parallelen zur Vorschrift des § 136a StPO zu sehen. Hier handelt es sich regelmäßig um Prüfungshandlungen des FA, die es auch bei ordnungsgemäßer Einhaltung der Verfahrensordnung, also legal nicht hätte vornehmen können. Diese Fehler führen **auch bei erstmaliger Steuerfestsetzung sowie bei Steuerfestsetzungen unter dem Vorbehalt der Nachprüfung** zu einem Verwertungsverbot (s. Rz. 21). 15

16 **Besonders schwerwiegende Verletzungen** von Schutzvorschriften liegen vor, wenn

- die rechtlichen Voraussetzungen der §§ 193 und 194 AO nicht vorliegen, z. B. bei einer ermessenswidrigen Prüfung nach § 193 Abs. 2 Nr. 2 AO (FG He v. 29.10.1987, IV 380/81, EFG 1988, 215; aber s. Rz. 17),
- der Prüfungszeitraum ohne Vorliegen der Voraussetzungen des § 4 Abs. 3 BpO erweitert wird,
- eine Aussage erlangt wird, ohne dass über das **Auskunftsverweigerungsrecht** belehrt worden ist, soweit eine Belehrung vorgeschrieben ist (s. § 194 AO Rz. 19 im Zusammenhang mit der Fertigung von Kontrollmitteilungen; Übersicht bei *von Wedelstädt*, DB 2000, 1356, 1359 m. w. N.). Dies gilt für **§ 101 AO** (BFH v. 31.10.1990, II R 180/87, BStBl II 1991, 204; AEAO zu § 101, Nr. 2, s. § 101 AO Rz. 8). Die Unterlassung der Belehrung im Falle des **§ 103 AO** führt dagegen nicht zu einem steuerrechtlichen Verwertungsverbot (h. M.: u. a. *Söhn* in HHSp, § 88 AO Rz. 317 m. w. N.; *Schuster* in HHSp, § 103 AO Rz. 25 m. w. N.; § *von Wedelstädt*, AO-StB 2005, 13, 16 m. w. N.; *Klingelhöfer*, StBp 2002, 1, 4 f.; a. A. *Seer* in Tipke/Kruse, § 103 AO Rz. 13; *Schindler* in Gosch, § 103 AO Rz. 19; *Gosch* in Gosch, § 194 AO Rz. 247; *Frotscher* in Schwarz/Pahlke, § 194 AO Rz. 50). Im Falle des **§ 102 AO** ist keine Belehrung vorgesehen, weil davon ausgegangen werden kann, dass ihnen ihr Auskunftsverweigerungsrecht bekannt ist. Konsequenterweise bedeutet das, dass eine Person i. S. des § 102 AO, die auf Befragen Auskunft gibt, incidenter auf ihr Auskunftsverweigerungsrecht verzichtet (*Söhn* in HHSp, § 88 AO Rz. 316; *Schuster* in HHSp, § 102 AO Rz. 62); *Seer* (in Tipke/Kruse, § 102 AO Rz. 22) nimmt ein Verwertungsverbot für den Fall an, dass ohne Entbindung von der Verpflichtung zur Verschwiegenheit ausgesagt wird; dem kann m. E. nicht gefolgt werden, weil es nicht Sache des Steuerrechts ist, Pflichten zu schützen, die im Verhältnis zwischen Angehörigen bestimmter Berufe und deren Mandanten bestehen,
- unerlaubt Unterlagen weggenommen werden,
- die Erkenntnisse dem **Brief-, Post- oder Fernmeldegeheimnis** unterliegen, zu denen auch Erkenntnisse aus einer Telefonüberwachung gehören, soweit sie nicht rechtmäßig im Rahmen eigener strafrechtlicher Ermittlung gewonnen wurden oder nach den Vorschriften der StPO den Finanzbehörden keine Auskunft erteilt werden darf. In Fällen, in denen die Erkenntnisse aus einer nach §§ 100 a, 100b StPO angeordneten eigenen Telekommunikationsüberwachung gewonnen werden oder hinsichtlich deren nach den Vorschriften der StPO Auskunft an die Finanzbehörden erteilt werden darf, ist ihre Verwertung nach § 393 Abs. 3 Satz 2 AO zulässig (BFH v. 24.04.2013, VII B 202/12, BStBl II 2013, 987; *Friedenhagen*, AO-StB 2013, 289; s. § 393 AO Rz. 11 ff.),
- die angemessene Frist nach § 197 AO für die schriftliche Bekanntgabe der Prüfungsanordnung nicht eingehalten wird und der Stpfl. dadurch in seinen Mitwirkungsrechten beschnitten wurde,
- die angemessene Frist nach § 197 AO für die schriftliche Bekanntgabe der Prüfungsanordnung nicht eingehalten wird und der Stpfl. dadurch in seinen Mitwirkungsrechten beschnitten wurde,
- Räume ohne richterlichen Durchsuchungsbefehl durchsucht werden.
- aufgrund eines rechtswidrigen Durchsuchungsbeschlusses die zur Fehlerhaftigkeit der Ermittlungsmaßnahme führenden Verfahrensverstöße schwerwiegend waren oder bewusst oder willkürlich begangen wurden (BFH v. 04.12.2012, VIII R 5/10, BStBl II 2014, 220).

Das sog. **Bankgeheimnis** nach § 30 a Abs. 3 AO, dessen Verletzung bisher ebenfalls zu einem schwerwiegenden Verstoß führen konnte, ist mit Wirkung vom 25.06.2017 durch das StUmgBG (BGBl. I 2017, 1682) aufgehoben worden (auch § 208 AO Rz. 3b).

Die **Verletzung von Form- und Ordnungsvorschriften** 17
führt nicht zu einem Verwertungsverbot, weil sie nicht dem Schutz des Stpfl., sondern der Organisation der Finanzbehörde dienen. Außerdem haben formelle Fehler unter den Voraussetzungen des § 127 AO keinen Einfluss auf das Ergebnis (BFH v. 04.10.2006, VIII R 53/04, BStBl II 2007, 227 m. w. N.; *von Wedelstädt*, AO-StB 2001, 19, 20 m. w. N.). Ist eine rechtswidrige Ermittlung auch legal möglich und jederzeit unter Vermeidung des Form- oder Verfahrensverstoßes wiederholbar, ohne dass sich im sachlichen Ergebnis etwas ändern würde, ist eine Verwertung solchermaßen ermittelter Feststellungen zulässig (*Söhn* in HHSp, § 88 AO Rz. 302 f. m. w. N.).

Die Verletzung von Form- und Ordnungsvorschriften liegt vor z. B. bei

- Unterzeichnung der Prüfungsanordnung durch den unzuständigen Amtsträger (BFH v. 24.11.1988, IV R 150/86, BFH/NV 1989, 416, 418),
- fehlender, nichtiger oder für rechtswidrig erklärter Prüfungsanordnung, wenn die Prüfung nach § 193 Abs. 1 AO grundsätzlich zulässig ist oder bei Erweiterung des Prüfungszeitraums die Voraussetzungen des § 4 Abs. 3 BpO vorliegen; denn die Prüfungsanordnung ist keine Voraussetzung für die Zulässigkeit der Außenprüfung (u. a. *Gosch* in Gosch, § 196 AO Rz. 143; *Söhn* in HHSp, § 88 AO Rz. 303),
- fehlender Regelung über den Prüfungsort in der Prüfungsanordnung (BFH v. 24.02.1989, III R 36/88, BStBl II 1989, 445),
- rechtswidriger, weil ohne erkennbare Ermessenserwägungen erfolgter Ablehnung des Antrags des Stpfl. auf Durchführung der Prüfung im Büro des

Steuerberaters (BFH v. 09.11.1994, XI R 33/93, BFH/NV 1995, 621),

- Unterlassung der Schlussbesprechung (BFH v. 24.08.1998, III S 3/98, BFH/NV 1999, 436),
- Prüfung durch einen anderen Betriebsprüfer als den in der Prüfungsanordnung angegebenen (FG Sa v. 25.10.1985, I 9/85, EFG 1986, 58) oder bei Teilnahme eines Beamten, der weder namentlich angemeldet gewesen war noch sich hat ausweisen können (BFH v. 24.08.1998, III S 3/98, BFH/NV 1999, 436),
- Beginn der Prüfung an einem anderen Tag als in der Prüfungsanordnung angegeben (FG Sa v. 25.10.1985, I 9/85, EFG 1986, 58),
- Nichtausweisen des Prüfers bei seinem Erscheinen,
- Nichteinhaltung der Befragungsreihenfolge des § 200 Abs. 1 Satz 3 AO durch den Prüfer.

Zur Frage eines steuerrechtlichen Verwertungsverbots von bei Rechtsanwälten oder Steuerberatern sichergestellten und beschlagnahmten Datenträgern s. BFH v. 19.08.2009, I R 106/08, BFH/NV 2010, 5.

18 **Strafrechtliche Verwertungsverbote** führen nur dann zu einem Verwertungsverbot im Besteuerungsverfahren, wenn gegen Schutzvorschriften analog § 136a StPO verstoßen wird (s. dazu *von Wedelstädt*, AO-StB 2001, 19, 21). Die Verletzung gegen § 393 Abs. 1 Satz 2 und 4 AO führt nicht zu einem steuerrechtlichen Verwertungsverbot, weil diese Regelungen den Stpfl. vor strafrechtlicher Selbstbelastung schützen sollen (BFH v. 23.01.2002, XI R 10, 11/01, BStBl II 2002, 328; *Seipel* in Gosch, § 393 AO Rz. 167, 172 f.; *Söhn* in HHSp, § 88 AO Rz. 323; s. § 393 AO Rz. 4; AEAO zu § 193, Nr. 2 Satz 5; a. A. *Hellmann* in HHSp, § 393 AO Rz. 115 ff. und 123 m. w. N.). Dasselbe gilt für den Verstoß gegen § 397 Abs. 3 AO (*Schleifer*, wistra 1986, 250, 253; s. § 397 AO Rz. 8).

## 2. Umfang des Verwertungsverbots

19 Das Verwertungsverbot ist auf solche Ermittlungsergebnisse beschränkt, die das FA unmittelbar durch die fehlerhafte Ermittlungsmaßnahme erlangt hat (Kausalität), nicht auf solche, die es unabhängig davon – gleichzeitig oder im Nachhinein – rechtmäßig gewonnen hat (*Söhn* in HHSp, § 88 AO Rz. 335).

19a Das Verwertungsverbot zeitigt grundsätzlich keine **Fernwirkung** dergestalt, dass weitere für sich rechtmäßige Ermittlungsmaßnahmen, die aufgrund rechtswidrig erlangter und einem Verwertungsverbot unterliegender Erkenntnisse angestellt werden, ebenfalls rechtswidrig sind und ihre Erkenntnisse einem Verwertungsverbot unterliegen (sog. »fruit of the poisonous tree doctrine«). Das BVerfG hat die strafrechtliche Verwertung von Beweisen, die bei einer Wohnungsdurchsuchung aufgrund einer über den BND erlangten »Steuer-CD« aus Liechtenstein oder der Schweiz erlangt wurden, für zulässig angesehen (BVerfG v. 09.11.2010, 2 BvR 2101/09, BFH/NV 2011, 182; dazu auch VerfGH Rheinland-Pfalz v. 24.02.2014, VGH B 26/13, NJW 2014, 1434); für das Besteuerungsverfahren mit deutlich geringerem Rechtseingriff ist dies ebenfalls zu bejahen (so i.E. BFH v. 18.12.2010, V B 78/09, BFH/NV 2011, 622 unter Berufung auf BGH v. 07.03.2006, 1 StR 316/05, BGHSt 51, 1; FG Köln v. 15.12.2010, 14 V 2484/10, EFG 2011, 1215). Eine Fernwirkung wird aber dann bejaht, wenn die Finanzbehörde ihre Erkenntnis durch **qualifizierte, grundrechtsrelevante Verfahrensverstöße** oder **in strafbarer Weise** erhalten hat. Bei anderen schwerwiegenden Verfahrensfehlern – z. B. wenn der Betriebsprüfer ohne Belehrung die Ehefrau/die Lebenspartnerin/den Lebenspartner des Stpfl. befragt, dabei Hinweise auf bisher unbekannte Geschäftsvorfälle erhält und diese durch rechtmäßige Auskunftsersuchen verifiziert – wiegt das Interesse an der gesetzmäßigen Besteuerung mehr als das Individualinteresse des Stpfl., sodass diese Verstöße keine Fernwirkung erzeugen (BFH v. 04.10.2006, VIII R 53/04, BStBl II 2007, 227 m. w. N.; *Söhn* in HHSp, § 88 AO Rz. 334; a. A. *Gosch* in Gosch, § 196 AO Rz. 131; *Hellmann* in HHSp, § 393 AO Rz. 127). Ein Fall der Fernwirkung ist die Auswertung von Feststellungen, die nach einem unzulässigen, weil nicht durch § 93 Abs. 7 AO gedeckten Kontenabruf aufgrund von weiteren durch Erkenntnisse aus dem Kontenabruf veranlasste Ermittlungen erlangt wurden, weil hier gegen das Recht auf informelle Selbstbestimmung verstoßen wird (*von Wedelstädt*, DB 2007, 1828, 1829 m. w. N.).

## 3. Einschränkungen

Bei zeitraumübergreifenden Rechtsverhältnissen, Dauersachverhalten oder sich wiederholenden Sachverhalten 20
können aus Erkenntnissen einer rechtmäßigen Außenprüfung Folgerungen für außerhalb des Prüfungszeitraumes liegende Veranlagungszeiträume gezogen werden (FG Ha v. 20.04.1995, III 103/94, EFG 1996, 126). Veranlagungen, die vor oder nach dem Prüfungszeitraum noch unter Vorbehalt der Nachprüfung stehen, können aufgrund der im Prüfungszeitraum erlangten Erkenntnisse geändert werden, ohne dass es dazu einer Prüfungsanordnung bedarf (BFH v. 28.07.1987, III R 189/84, BStBl II 1988, 2; FG Sa v. 01.04.1998, 1 V 35/98, EFG 1998, 985).

Nach der Rspr. des BFH (BFH v. 04.10.2006, VIII R 21
53/04, BStBl II 2007, 227 m. w. N.; ebenso AEAO zu § 196, Nr. 2 Satz 4) besteht **kein Verwertungsverbot**, wenn die anlässlich fehlerhafter Ermittlungen erlangten Erkenntnisse in erstmaligen oder unter Vorbehalt der Nachprüfung stehenden Steuerfestsetzungen oder Steuerfeststellungen berücksichtigt werden und lediglich formelle Rechtsfehler vorliegen. Da dies bei schwerwiegenden Verletzungen nicht gilt (BFH v. 04.10.2006, VIII R 53/04,

BStBl II 2007, 227 m. w. N.; s. auch AEAO zu § 196, Nr. 2 Satz 4) und Ordnungs- und Formfehler nicht zu einem Verwertungsverbot führen (s. Rz. 14), läuft diese ständig wiederholte Aussage des BFH letztlich ins Leere. Damit führen Rechtsverletzungen, die ein Verwertungsverbot zur Folge haben (s. Rz. 15 f.), auch bei erstmaligen oder unter Vorbehalt der Nachprüfung stehenden Steuerfestsetzungen zu einem Verwertungsverbot.

22 **Kein Verwertungsverbot** besteht gegenüber Dritten (BFH v. 09.11.1984, VI R 15/83, BStBl II 1985, 191) sowie für Tatsachen, die anlässlich einer Außenprüfung für einen Zeitraum bekannt werden, für den an sich ein Verwertungsverbot besteht, wenn ohne sie die Steuerpflicht für einen zeitraumübergreifenden Gesamtkomplex nicht begründet werden könnte, wie z. B. bei der Frage der Gewinnerzielungsabsicht (BFH v. 21.10.1986, VIII R 243/83, BStBl II 1987, 284).

## III. Verfahrensrechtliche Voraussetzungen

### 1. Festgestellte Rechtswidrigkeit eines Ermittlungen anordnenden Verwaltungsakts

23 Liegt materiellrechtlich ein Verwertungsverbot vor, hängt seine Durchsetzung davon ab, dass die **Rechtswidrigkeit des Verwaltungsakts** (Prüfungsanordnung usw.), der der Ermittlungsmaßnahme zugrunde liegt, in einem Rechtsbehelfsverfahren festgestellt – ggf. durch Fortsetzungsfeststellungsklage (§ 100 Abs. 4 FGO; s. Rz. 12) – oder der Verwaltungsakt deswegen aufgehoben worden ist (sog. zweistufiges Verfahren; st. Rspr.: u. a. BFH v. 21.04.1993, X R 112/91, BStBl II 1993, 649; AEAO zu § 196, Nr. 2 Satz 1; *Kuhfus/Schmitz*, BB 1996, 1468, 1470). Geschieht das nicht, ist er nach § 124 Abs. 2 AO wirksam. In Fällen, in denen aus formellen Gründen die Prüfungsanordnung aufgehoben oder ihre Rechtswidrigkeit festgestellt worden ist und die Auswertung in einer unter Vorbehalt der Nachprüfung stehenden oder erstmaligen Steuerfestsetzung erfolgt, führt dies jedoch nicht zu einem Verwertungsverbot (u. a. AEAO zu § 196, Nr. 2 Satz 4; *Gosch* in Gosch, § 196 AO Rz. 143 mit krit. Anm.; auch s. Rz. 21).

24 **Verwaltungsakte im Außenprüfungsverfahren** sind u. a.

- mit der Androhung von Zwangsmitteln versehene Auskunfts- und Vorlageverlangen als Vorbereitungsmaßnahme für die Außenprüfung (BFH v. 28.09.2011, VIII R 8/09, BStBl II 2012, 395),
- die Prüfungsanordnung (s. *Tormöhlen*, AO-StB 2013, 192 mit Beispielen von Einwendungen),
- die Festlegung des Prüfungsbeginns und des Prüfungsortes (BFH v. 19.06.2007, VIII R 99/04, BStBl II 2008, 7; AEAO zu § 196, Nr. 1 Satz 2, z. T. m. w. N.; *Tormöhlen*, AO-StB 2013, 192, 194),
- die Aufforderung zur Datenüberlassung nach § 147 Abs. 6 AO (BFH v. 24.06.2009, VIII R 80/06, BStBl II 2010, 452 m. w. N.),
- die Anordnung der Beteiligung anderer Behörden (*Gosch* in Gosch, § 196 AO Rz. 107),
- die Erweiterung einer Außenprüfung (s. Rz. 4; *Gosch* in Gosch, § 196 AO Rz. 107),
- die Beauftragung einer anderen Finanzbehörde mit der Außenprüfung, wenn sie dem Betroffenen zusammen mit der Prüfungsanordnung durch die beauftragende Finanzbehörde bekannt gegeben wird (s. § 195 AO Rz. 7),
- Mitwirkungsverlangen, die mit einer Rechtsbehelfsbelehrung oder mit der Androhung von Zwangsmitteln versehen sind,
- die Übergangsanordnung nach § 27b Abs. 3 Satz 2 UStG (UStAE 27b Abschn. 1 Abs. 9 Satz 8),
- Ablehnung der Durchführung einer Schlussbesprechung (BFH v. 16.12.1987, I R 66/84, BFH/NV 1988, 319; *Seer* in Tipke/Kruse, Vor § 193 AO Rz. 33; *Tormöhlen*, AO-StB 2013, 192, 195).

**Verwaltungsakte mit Ermittlungscharakter** sind ferner zu sehen in allen Anordnungen nach den §§ 93 ff. AO (*von Wedelstädt*, AO-StB 2001, 52, 53 m. w. N.). Zur Benennung des Namens des Prüfers s. § 197 AO Rz. 7.

Sind die **Erkenntnisse schon in einer Steuerfestsetzung oder Steuerfeststellung ausgewertet**, muss diese zusätzlich angefochten werden, um das Verwertungsverbot durchzusetzen (BFH v. 12.01.1995, IV R 83/92, BStBl II 1995, 488; AEAO zu § 196, Nr. 2 Satz 2 m. w. N.). 25

### 2. Fehlender oder nichtiger Verwaltungsakt

Ist die Ermittlungsmaßnahme kein Verwaltungsakt, sondern ein Realakt, muss das materiellrechtlich relevante Verwertungsverbot unmittelbar im Rechtsbehelfsverfahren gegen die die Erkenntnisse auswertenden Steuerfestsetzung oder -feststellung geltend gemacht werden (BFH v. 14.08.1985, I R 188/82, BStBl II 1986, 2; *Kuhfus/Schmitz*, BB 1996, 1468, 1469). 26

**Keine Verwaltungsakte** im Außenprüfungsverfahren sind u. a.: 27

- die Einteilung in eine Größenklasse, auch wenn der Prüfungsturnus davon abhängt,
- die Aufnahme des Steuerfalles in den Prüfungsgeschäftsplan,
- die Bestimmung des Betriebsprüfers (umstritten; s. § 197 AO Rz. 7),
- Prüfungsanfragen und schriftliche Aufforderungen zur Mitwirkung wie die Bitte des Prüfers, einen Raum zur Verfügung zu stellen, Buchführungsunterlagen und Belege bereitzustellen, Aufklärung über bestimmte Sachverhalte zu geben (s. § 200 AO Rz. 10),

- Befragung von Betriebsangehörigen (*Tormöhlen*, AO-StB 2013, 192, 194),
- die Terminierung und Durchführung von Besprechungen und Schlussbesprechungen (*Tormöhlen*, AO-StB 2013, 192, 194),
- die Fertigung von Kontrollmitteilungen (s. § 194 AO Rz. 24),
- der Hinweis nach § 201 Abs. 2 AO, dass die steuerstraf- oder steuerbußgeldrechtliche Würdigung der Feststellungen einem besonderen Verfahren vorbehalten bleibt (AEAO zu § 201, Nr. 6 Satz 4),
- die Einleitung eines Straf- oder Bußgeldverfahrens (*Tormöhlen*, AO-StB 2013, 192, 194),
- die Fertigung und Übersendung des Prüfungsberichtes (*Tormöhlen*, AO-StB 2013, 192, 194),
- der Betriebsprüfungsbericht selbst (s. § 202 AO Rz. 1); zur die Mitteilung nach § 202 Abs. 1 Satz 3 AO s. § 202 AO Rz. 2).

**28** Keine Verwaltungsakte sind ferner prüfungsleitende Maßnahmen, die auf der Mitwirkungspflicht des Stpfl. beruhen und nicht in Gestalt eines Verwaltungsakts ergehen, wie die Anforderung von Buchführungsunterlagen und Belegen, das Befragen von Betriebsangehörigen, das Ausfertigen von Kontrollmitteilungen, Terminierung von Besprechungen usw. (s. *Gosch* in Gosch, § 196 AO Rz. 108; *von Wedelstädt*, AO-StB 2001, 52, 53).

**29** Auch wenn der der Ermittlungsmaßnahme zugrunde liegende Verwaltungsakt nichtig oder unwirksam ist (st. Rspr.: u. a. BFH v. 18.07.1991, V R 54/87, BStBl II 1991, 824), oder in dem Falle, dass keine Prüfungsanordnung erlassen wurde, z. B. bei der Erweiterung des Prüfungszeitraumes oder der Erstreckung der Außenprüfung auf den Ehegatten/Lebenspartner ohne eigene Prüfungsanordnung (BFH v. 04.10.1991, VIII B 93/90, BStBl II 1992, 59), muss das materiellrechtlich relevante Verwertungsverbot unmittelbar im Rechtsbehelfsverfahren gegen die die Erkenntnisse auswertende Steuerfestsetzung oder -feststellung geltend gemacht werden.

### IV. Wiederholungsprüfung

**30** Die Finanzbehörde kann eine Wiederholungsprüfung anordnen und die Erkenntnisse, die aufgrund der ersten rechtswidrigen Prüfung dem Verwertungsverbot unterliegen, im Rahmen einer rechtmäßigen Prüfung erneut ermitteln (st. Rspr., u. a. BFH v. 25.11.1997, VIII R 4/94, BStBl II 1998, 461; *Gosch* in Gosch, § 196 AO Rz. 145 ff.; *Rüsken* in Klein, § 196 AO Rz. 50; AEAO zu § 196, Nr. 3). Voraussetzung ist, dass eine Wiederholungsprüfung rechtmäßig möglich ist; dies ist z. B. nicht der Fall, wenn die Voraussetzungen des § 193 Abs. 1 oder Abs. 2 Nr. 2 AO oder des § 4 Abs. 3 BpO nicht erfüllt sind. Eine erneute Prüfungsanordnung unter Vermeidung des Verfahrensfehlers kann daher nur erlassen werden, wenn eine Prüfungsanordnung aus formellen Gründen durch das Gericht oder die Finanzbehörde aufgehoben oder für nichtig erklärt worden ist (AEAO zu § 196, Nr. 3). Dabei ist es »geboten, einen anderen Prüfer mit der Prüfung zu beauftragen, der in eigener Verantwortung bei Durchführung der Prüfung ein selbstständiges Urteil über die Erfüllung der steuerlichen Pflichten durch den Steuerpflichtigen gewinnt.« (AEAO zu § 196, Nr. 3 Satz 2).

## § 197 AO
## Bekanntgabe der Prüfungsanordnung

**(1) Die Prüfungsanordnung sowie der voraussichtliche Prüfungsbeginn und die Namen der Prüfer sind dem Steuerpflichtigen, bei dem die Außenprüfung durchgeführt werden soll, angemessene Zeit vor Beginn der Prüfung bekannt zu geben, wenn der Prüfungszweck dadurch nicht gefährdet wird. Der Steuerpflichtige kann auf die Einhaltung der Frist verzichten. Soll die Prüfung nach § 194 Abs. 2 auf die steuerlichen Verhältnisse von Gesellschaftern und Mitgliedern sowie von Mitgliedern der Überwachungsorgane erstreckt werden, so ist die Prüfungsanordnung insoweit auch diesen Personen bekannt zu geben.**

**(2) Auf Antrag der Steuerpflichtigen soll der Beginn der Außenprüfung auf einen anderen Zeitpunkt verlegt werden, wenn dafür wichtige Gründe glaubhaft gemacht werden.**

**Inhaltsübersicht**



**Schrifttum**

S. Schrifttum zu § 193 AO und s. Schrifttum zu § 196 AO.

### A. Bedeutung der Vorschrift

Zweck der Vorschrift ist es, dem Stpfl. die Möglichkeit zu geben, die notwendigen sachlichen und zeitlichen Dispositionen zu treffen, die für eine reibungslose Durchführung der Außenprüfung erforderlich sind. 1

## B. Bekanntgabe

### I. In angemessener Zeit

2 Die Prüfungsanordnung sowie der voraussichtliche Prüfungsbeginn und die Namen der Prüfer sind dem von der Prüfung betroffenen Stpfl. angemessene Zeit vor Beginn der Prüfung bekannt zu geben (§ 197 Abs. 1 Satz 1 AO). Der Prüfungsbeginn muss nicht minutengenau angegeben werden, die taggenaue Angabe reicht (BFH v. 12.06.2006, XI B 123/05, BFH/NV 2006, 1781).

3 Welche Frist **angemessen** ist, lässt sich nur nach den Umständen des Einzelfalles unter Berücksichtigung des Prüfungsumfangs und der konkreten beim Stpfl. herrschenden Verhältnisse bestimmen. Mit der Frist soll dem Stpfl. ermöglicht werden, sich auf die bevorstehende Prüfung vorzubereiten; er soll sich ohne unzumutbaren Aufwand auf die Prüfung einstellen können (BFH v. 26.07.2000, XI B 22/00, BFH/NV 2001, 181). Es kommt deshalb darauf an, welche Vorbereitungshandlungen die konkrete Prüfung vom Stpfl. verlangt (BFH v. 04.02.1988, V R 57/83, BStBl II 1988, 413 m. w. N.). Bei Großbetrieben sind i. d. R. vier, bei anderen Betrieben zwei Wochen angemessen (§ 5 Abs. 4 BpO, s. Anh. 3). In Einzelfällen, insbes. bei Anordnung ergänzender oder erweiternder Prüfungen, kann die Bekanntgabe der Prüfungsanordnung auch mit dem Prüfungsbeginn zusammenfallen (BFH v. 29.04.2004, X B 155/03, BFH/NV 2004, 1510 m. w. N.); in diesem Fall darf die Behörde auch den drohenden Ablauf der Festsetzungsfrist berücksichtigen (BFH v. 24.02.1989, III R 36/88, BStBl II 1989, 445). Die Nichteinhaltung der Frist führt nicht zu einem Verwertungsverbot (BFH v. 26.06.1997, XI B 174/96, BFH/NV 1998, 17).

4 Lediglich ausnahmsweise, wenn dadurch der Prüfungszweck gefährdet würde, muss **keine Frist** eingehalten werden. Dies wird insbes. dann der Fall sein, wenn die Finanzbehörde Grund zu der Annahme hat, dass der Stpfl. falsche Erklärungen abgegeben hat und versuchen könnte, bis zum Prüfungsbeginn den wirklichen Sachverhalt zu verschleiern. Unterlassen werden kann die Prüfungsanordnung nicht; sie kann bis zum Abschluss der Außenprüfung wirksam ergehen (BFH v. 27.10.2003, III B 13/03, BFH/NV 2004, 312).

5 Da die Einhaltung der Frist im Interesse des Stpfl. vorgeschrieben ist, kann er nach § 197 Abs. 1 Satz 2 AO darauf verzichten. Lässt der Stpfl. sich auf die Prüfung ein, obwohl er sie für unangemessen kurz anberaumt hält, liegt darin ein Verzicht.

6 Die **Festlegung des Prüfungsbeginns und des Prüfungsorts** sind selbstständig anfechtbare Verwaltungsakte (AEAO zu § 196, Nr. 1 Satz 2 m. w. N. und AEAO zu § 197, Nr. 10; BFH v. 19.05.2016, X R 14/15, BStBl II 2017, 97 m. w. N.), für die eine bestimmte Form nicht vorgeschrieben ist und die daher mündlich ergehen können (BFH v. 19.05.2016, X R 14/15, BStBl II 2017, 97 m. w. N. für Festlegung des Prüfungsbeginns). Sie können mit der Prüfungsanordnung verbunden werden (§ 5 Abs. 3 BpO).

Die **Benennung des Prüfers** hat keinen Verwaltungsaktscharakter und ist nicht anfechtbar (h. M., BFH v. 09.04.2009, IV S 5/09, BFH/NV 2009, 1080 m. w. N.; BFH v. 15.05.2009, IV B 3/09, BFH/NV 2009, 1401; *Seer* in Tipke/Kruse, § 197 AO Rz. 2; *von Wedelstädt*, AO-StB 2004, 325, 325 m. w. N.; AEAO zu § 196, Nr. 1 Satz 3 i. V. m. § 5 Abs. 3 BpO; a. A. BFH v. 26.08.1991, IV B 135/90, BFH/NV 1992, 509; *Gosch* in Gosch, § 196 AO Rz. 107 und § 197 AO Rz. 29; *Tormöhlen*, AO-StB 2013, 192, 194); allerdings räumt der BFH (v. 29.04.2002, IV B 2/02, BStBl II 2002, 507) dem Stpfl. ein Recht auf gerichtliche Überprüfung der Festlegung des Außenprüfers ein, wenn aufgrund des bisherigen Verhaltens des Prüfers – über die bloße Besorgnis der Befangenheit hinaus – zu befürchten ist, dass der Prüfer Rechte des Stpfl. verletzen wird, ohne dass diese Rechtsverletzung durch spätere Rechtsbehelfe rückgängig gemacht werden kann. 7

Nimmt die Gemeinde mit einem Gemeindebeamten nach § 21 Abs. 3 i. V. m. Abs. 1 und 2 FVG (s. § 195 AO Rz. 3) an der Außenprüfung teil, ist die Teilnahme an der Prüfung in der Prüfungsanordnung des FA als selbstständiger Verwaltungsakt anzuordnen (BVerwG v. 27.01.1995, 8 C 30/92, BStBl II 1995, 522; FinMin NRW v. 26.06.1996, S 0403 - 7 - V C V, DB 1996, 1446; *Gosch* in Gosch, § 195 AO Rz. 30; *Krumm* in Tipke/Kruse, § 21 FVG Rz. 2b; *Schmieszek* in HHSp, § 19 FVG Rz. 8; a. A. FG Köln v. 19.05.1981, VIII 40/79, EFG 1982, 256; FG Ddorf v. 17.01.2017, 10 V 3186/16 A (AO), EFG 2017, 543). 7a

Wirkt das BZSt an der Außenprüfung nach § 19 FVG mit, ist die Beteiligung des BZSt dem Stpfl. in der Prüfungsanordnung oder gesondert mitzuteilen; auch dabei handelt es sich um einen selbstständig anfechtbaren Verwaltungsakt (s. § 196 AO Rz. 24; *Gosch* in Gosch, § 196 AO Rz. 107; *Schmieszek* in HHSp, § 19 FVG Rz. 17; *von Wedelstädt*, AO-StB 2004, 325, 326). 7b

### II. Bekanntgabeadressat

Der Bekanntgabeadressat ist vom Inhaltsadressaten (s. § 196 AO Rz. 4) zu unterscheiden. Er bestimmt sich nach § 197 Abs. 1 Satz 1 AO i. V. m. § 122 Abs. 1 AO. Als schriftlicher Verwaltungsakt muss die Prüfungsanordnung bekannt gegeben werden (§ 122 AO), um wirksam zu werden (§ 124 AO). Bekannt zu geben ist die Prüfungsanordnung an das Prüfungssubjekt als Bekanntgabeadressat. Prüfungsanordnungen gegen beide Ehegatten/Lebenspartner können in einer Verfügung zusammengefasst werden, sollten aber generell getrennt erfolgen. Sind beide Ehegatten/Lebenspartner unternehmerisch tätig, müssen die Prüfungen getrennt angeordnet 8 werden (AEAO zu § 197, Nr. 3). Auf die Ausführungen zu s. § 196 AO Rz. 4 ff. und AEAO zu § 197 wird insoweit verwiesen.

9 Sollen die Verhältnisse der Gesellschafter nach § 194 Abs. 2 AO mitgeprüft werden, ist die Prüfungsanordnung auch ihnen bekannt zu geben (§ 197 Abs. 1 Satz 3 AO, AEAO zu § 194, Nr. 2 m. w. N.; auch s. § 194 AO Rz. 10 und s. § 196 AO Rz. 7).

### III. Verfahrensrechtliche Fragen und Rechtsschutz

9a Zu verfahrensrechtlichen Fragen und Rechtsschutz wird auf die Kommentierung zu s. § 196 AO verwiesen.

### C. Verlegung des Prüfungsbeginns

10 Nach § 197 Abs. 2 AO soll die Finanzbehörde begründeten Anträgen auf Verlegung des Beginns einer Außenprüfung stattgeben. Der Antrag kann auch in einer Bitte um Hinausschiebung des Prüfungsbeginns liegen, wenn sie erkennbar darauf abzielt, die Prüfung möge zu dem beabsichtigten Zeitpunkt unterbleiben und zu einem späteren Termin stattfinden. Auch eine Vereinbarung zwischen Betriebsprüfer und Stpfl. über die Hinausschiebung des Prüfungsbeginns genügt, wenn dem eine eindeutige diesbezügliche Erklärung des Stpfl. zugrunde liegt (BFH v. 19.05.2016, X R 14/15, BStBl II 2017, 97m. w. N.; AEAO zu § 197, Nr. 11). Die Antragsgründe müssen jedoch gewichtig sein und glaubhaft gemacht werden. Auf bloße Behauptungen braucht sich die Finanzbehörde nicht einzulassen. Der Antrag auf Aussetzung der Vollziehung der angefochtenen Prüfungsanordnung beinhaltet keinen Antrag auf Verschiebung des Beginns der Außenprüfung und löst daher keine Ablaufhemmung nach § 171 Abs. 4 Satz 1 AO aus, wenn der den Prüfungsbeginn anordnende Verwaltungsakt rechtswidrig ist (BFH v. 15.05.2007, I B 10/07, BFH/NV 2007, 1624 m. w. N.; s. § 196 AO Rz. 12a). Ist er rechtsmäßig, schließt ein Antrag auf AdV einer Prüfungsanordnung das Begehren ein, den Beginn der Prüfung hinauszuschieben, und ist daher einem Antrag i. S. von § 197 Abs. 2 AO gleichzustellen (BFH v. 15.05.2007, I B 10/07, BFH/NV 2007, 1624 m. w. N.).

11 Als gewichtige Gründe kommen neben den in § 5 Abs. 5 BpO genannten z. B. Urlaubsreisen oder geschäftliche Termine in Frage, wenn Erstere bereits vor Bekanntgabe der Prüfungsanordnung festgelegt oder Letztere entweder schon vorher feststanden oder nicht dem Einflussbereich des Stpfl. zuzurechnen sind. Auch entsprechende Verhinderungen des ständigen steuerlichen Beraters oder wichtiger Angestellter können eine Verschiebung rechtfertigen (s. dazu auch § 5 Abs. 5 BpO).

Liegen die Voraussetzungen vor, ist dem Antrag in der Regel stattzugeben (»soll«). Dies kann ggf. unter Auflage erfolgen (§ 5 Abs. 5 Satz 2 BpO). Wird der Prüfungsbeginn auf Antrag des Stpfl. hinausgeschoben, tritt nach § 171 Abs. 4 AO Ablaufhemmung der Festsetzungsfrist ein (dazu ausführlich BFH v. 19.05.2016, X R 14/15, BStBl II 2017, 97). 1

## § 198 AO Ausweispflicht, Beginn der Außenprüfung

**§ 198 AO Ausweispflicht, Beginn der Außenprüfung**

**Die Prüfer haben sich bei Erscheinen unverzüglich auszuweisen. Der Beginn der Außenprüfung ist unter Angabe von Datum und Uhrzeit aktenkundig zu machen.**

**Inhaltsübersicht**



### A. Ausweispflicht

Der Prüfer muss sich bei Erscheinen unverzüglich auszuweisen; das gilt auch für Personen, die nach § 19 FVG oder § 21 FVG an der Prüfung teilnehmen (*Schmieszek* in HHSp, § 19 FVG Rz. 19 und § 21 FVG Rz. 16). Die Ausweispflicht nach § 198 Satz 1 AO wird nur durch Vorlage des Dienstausweises des Prüfers (Prüferausweis, s. Anh. 3 § 29 BpO) erfüllt. Dies soll unverzüglich bei seinem ersten Erscheinen geschehen. Der Stpfl. soll sich damit und anhand der nach § 197 Abs. 1 Satz 1 AO anlässlich der Bekanntgabe der Prüfungsanordnung mitgeteilten Namen der Prüfer über die Prüfungsberechtigung und die dienstliche Identität der erschienenen Amtsträger vergewissern können. Weist sich der Prüfer nicht aus, kann ihm der Stpfl. den Zutritt zu seinen Räumen und die Aufnahme von Prüfungshandlungen verweigern. Ein Verwertungsverbot folgt daraus nicht (*Gosch* in Gosch, § 198 AO Rz. 11 m. w. N.). 1

Der Zeitpunkt des Erscheinens des Prüfers und des Beginns der Prüfung müssen nicht zusammenfallen. Der Prüfer ist erschienen, wenn er in der Absicht, die Prüfung zu beginnen, am Prüfungsort erstmals auftritt. Dem werden regelmäßig in kurzem zeitlichem Abstand die ersten Prüfungshandlungen folgen, dies ist aber nicht zwingend. 2

### B. Beginn der Außenprüfung

Ferner haben die Prüfer nach § 198 Satz 2 AO den **Beginn der Außenprüfung nach Tag und Uhrzeit in einem Aktenvermerk festzuhalten**. Diese Feststellung hat vor allem für die in § 171 Abs. 4 Satz 1 AO mit dem Prüfungsbeginn verknüpfte Hemmung des Ablaufs der Festsetzungsfrist oder im Zusammenhang mit der Selbstanzeige wegen § 371 Abs. 2 Nr. 1 Buchst. a AO Bedeutung. Die Außenprüfung beginnt nicht mit dem bloßen Erscheinen der Prüfer, sondern grundsätzlich in dem Zeitpunkt, in dem der Außenprüfer nach der Übergabe oder Übersendung der Prüfungsanordnung für die in der Prüfungsanordnung genannten Steuerarten und Besteuerungszeiträume konkrete Ermittlungshandlungen – wenn auch nur stichprobenweise – vornimmt (BFH v. 08.07.2009, XI R 64/07, BStBl II 2010, 4). Bei Datenträgerüberlassung beginnt die Außenprüfung spätestens mit der Auswertung der Daten. Die Handlungen müssen dem Betroffenen gegenüber nicht sofort als solche erkennbar sein. Die Prüfung kann auch beginnen, wenn sich der Prüfer am Prüfungsort oder im FA in einem Aktenstudium mit dem Steuerfall auseinandersetzt. Es reicht auch aus, dass er unter Hinweis auf die Außenprüfung informative Gespräche führt, um Beantwortung verschiedener Fragen, ggf. auch von Dritten, und Vorlage bestimmter Unterlagen bittet (ausführlich dazu BFH v. 24.04.2003, VII R 3/02, BStBl II 2003, 739 m.w.N.; AEAO zu § 198, Nr. 1 m.w.N.). Die Prüfungshandlungen müssen sich nicht auf den ganzen Sachverhalt erstrecken, es reicht, wenn sie sich auf eine Steuerart und einen Besteuerungszeitraum beziehen (*Hartmann* in Gosch, § 171 AO Rz. 39 m.w.N.). Das Aktenstudium an der Amtsstelle muss nachweislich den konkreten Verhältnissen des zu prüfenden Betriebes gelten. Aktenstudium, das vor dem in der Prüfungsanordnung genannten Termin des Prüfungsbeginns durchgeführt wird, gehört zu den Prüfungsvorbereitungen (BFH v. 08.07.2009, XI R 64/07, BStBl II 2010, 4; AEAO zu § 198, Nr. 1). Bloße Vorbereitungshandlungen, wie die Prüfung, ob der Steuerfall in den Prüfungsplan aufgenommen werden soll, oder die Kontaktaufnahme mit dem Steuerpflichtigen oder dessen Vertreter zur Absprache des Prüfungsbeginns reichen ebenfalls nicht aus (BFH v. 24.04.2003, VII R 3/02, BStBl II 2003, 739 m.w.N.). Scheinhandlungen erzeugen keine Ablaufhemmung. Die Ablaufhemmung tritt nicht ein, wenn eine Außenprüfung unmittelbar nach ihrem Beginn für die Dauer von mehr als sechs Monaten aus Gründen unterbrochen wird, die die Finanzbehörde zu vertreten hat (§ 171 Abs. 4 Satz 2 AO). Auch s. § 171 AO Rz. 43 ff.

4 Wegen des Beginns von Außenprüfungen bei Konzernen und sonstigen zusammenhängenden Unternehmen i.S. der §§ 13–19 BpO wird auf AEAO zu § 198, Nr. 2 verweisen.

Der Zeitpunkt des Erscheinens des Prüfers und des Beginns der Prüfung müssen nicht zusammenfallen. 5

Keine Bedeutung hat der Beginn der Außenprüfung für die Sperrwirkung des § 371 Abs. 2 Nr. 1 Buchst. a AO für die Selbstanzeige: hier kommt es allein darauf an, dass der Amtsträger der Finanzbehörde »zur steuerlichen Prüfung oder zur Ermittlung einer Steuerstraftat oder einer Steuerordnungswidrigkeit erschienen ist«. Dies zu dokumentieren ordnet aber § 198 AO nicht an. 6

## § 199 AO Prüfungsgrundsätze

**(1) Der Außenprüfer hat die tatsächlichen und rechtlichen Verhältnisse, die für die Steuerpflicht und für die Bemessung der Steuer maßgebend sind (Besteuerungsgrundlagen), zugunsten wie zuungunsten des Steuerpflichtigen zu prüfen.**

**(2) Der Steuerpflichtige ist während der Außenprüfung über die festgestellten Sachverhalte und die möglichen steuerlichen Auswirkungen zu unterrichten, wenn dadurch Zweck und Ablauf der Prüfung nicht beeinträchtigt werden.**

#### Inhaltsübersicht



### A. Prüfung der Besteuerungsgrundlagen (§ 199 Abs. 1 AO)

Gegenstand der Prüfung sind die **Besteuerungsgrundlagen**, die § 199 Abs. 1 AO als die tatsächlichen und rechtlichen Verhältnisse beschreibt, die für die Steuerpflicht und für die Bemessung der Steuer maßgebend sind. Sie sind identisch mit dem in § 194 AO verwendeten Begriff »steuerliche Verhältnisse« des Stpfl. (s. § 194 AO Rz. 2). Der Prüfer hat alle für die Besteuerung erheblichen Umstände zugunsten und zuungunsten des Stpfl. zu ermitteln. Die Finanzbehörde trägt die Verantwortung für die Sachaufklärung und hat die Verfahrensherrschaft bei der Sachaufklärung. Sie bestimmt Art und Umfang der Ermittlungen (*Seer* in Tipke/Kruse, § 199 AO Rz. 1 mit Verweis auf § 88 AO Rz. 1). Dazu gehört auch, dass sie das Recht und die Pflicht hat, Angaben eines Steuerpflichtigen zu verifizieren. 1

Soweit eigene **Sachaufklärungen im Ausland** unzulässig sind, muss sich die Finanzbehörde der zwischenstaatlichen Amtshilfe bedienen, um dem Untersuchungsgrundsatz zu entsprechen (§ 117 Abs. 1 AO; FG Köln v. 23.05.2017, 2 V 2498/16, EFG 2017, 1322; *Seer* in Tipke/Kruse, § 88 AO Rz. 6; *Hendricks* in Gosch, § 117 1a

AO Rz. 7; *Schäffkes/Fechner/Schreiber*, DB 2017, 1668). Dies kann im Verhältnis zwischen Deutschland und den anderen EU-Mitgliedstaaten durch Auskunftsersuchen gem. § 6 Abs. 1 EUAHiG oder durch Entsendung eines Prüfers in das EU-Ausland gem. § 11 EUAHiG geschehen, soweit dies erforderlich, verhältnismäßig und auch zumutbar ist (FG Köln v. 20.10.2017, 2 V 1055/17, ECLI:DE:FGK:2017:1020.2V1055.17.00).

2 § 199 Abs. 1 AO überträgt die in den §§ 85 und 88 AO verankerten allgemeinen Grundsätze des Besteuerungsverfahrens auf die Außenprüfung. Die Vorschrift verdeutlicht die Zielsetzung jeder Prüfung, die darin besteht, sowohl die tatsächlichen als auch die rechtlichen steuerlich relevanten Verhältnisse objektiv, d. h. zugunsten wie zuungunsten des Stpfl. zu überprüfen.

3 Ergänzend ordnet § 7 BpO (s. Anh. 3 § 7 BpO) an, dass die Prüfung auf das Wesentliche abzustellen, ihre Dauer auf das notwendige Maß zu beschränken ist. Sie hat sich in erster Linie auf solche Sachverhalte zu erstrecken, die zu endgültigen Steuerausfällen, Steuererstattungen oder -vergütungen oder zu nicht unbedeutenden Gewinnverlagerungen führen können. Dem entspricht die Schwerpunktbildung bei der einzelnen Außenprüfung sowie z. B. der Rationalisierungs-Erlass des FinMin NRW v. 13.06.1995, S 1502 – 4 – V C 5 (abgedruckt *Schallmoser* in HHSp, Vor §§ 193 – 203 AO Rz. 107).

## B. Unterrichtung des Steuerpflichtigen (§ 199 Abs. 2 AO)

4 § 199 Abs. 2 AO schreibt vor, dass der Stpfl. während der Prüfung über die festgestellten Sachverhalte und ihre möglichen steuerlichen Auswirkungen zu unterrichten ist. Dies dient nicht nur der Gewährung des rechtlichen Gehörs während der Prüfung (zum rechtlichen Gehör nach Abschluss der Prüfung s. §§ 201, 202 Abs. 2 und 203 Abs. 2 AO), sondern sorgt auch für eine effiziente und rationelle Durchführung der Prüfung. Dadurch, dass der Stpfl. während der Außenprüfung über die festgestellten Sachverhalte und die möglichen steuerlichen Auswirkungen unterrichtet werden muss, wird er vor Überraschungen geschützt; gleichzeitig wird schon während der Prüfung ermöglicht, Ungewissheiten aufzuklären und Zweifelsfragen zu beantworten. Die Unterrichtung hat nur vorläufigen Charakter und enthält keine endgültige Würdigung. Diese ist der auswertenden Stelle (Veranlagungsstelle oder bei veranlagender Betriebsprüfung die Bp-Stelle) vorbehalten. Der Stpfl. kann sich also später nicht auf eine erteilte Information des Prüfers berufen (h. M., *Intemann* in Koenig, § 199 AO Rz. 19 m. w. N.).

5 Lediglich wenn und soweit durch eine solche Unterrichtung Zweck und Ablauf der Prüfung beeinträchtigt würden, darf sie unterbleiben. Dies ist z. B. dann der Fall, wenn nach den Umständen die reale Möglichkeit besteht, dass der Stpfl. aufgrund seiner gewonnenen Erkenntnisse die weiter notwendigen oder zweckmäßigen Ermittlungshandlungen z. B. durch Wegschaffen von Unterlagen oder Beeinflussung von Auskunftspersonen stören oder vereiteln wird.

6 Die Unterlassung der Unterrichtung ist ein Verfahrensfehler, der nach § 126 Abs. 1 Nr. 3 AO geheilt werden kann. Sie löst kein Verwertungsverbot aus (*Seer* in Tipke/Kruse, § 199 AO Rz. 22 m. w. N.).

# § 200 AO Mitwirkungspflichten des Steuerpflichtigen

**(1) Der Steuerpflichtige hat bei der Feststellung der Sachverhalte, die für die Besteuerung erheblich sein können, mitzuwirken. Er hat insbesondere Auskünfte zu erteilen, Aufzeichnungen, Bücher, Geschäftspapiere und andere Urkunden zur Einsicht und Prüfung vorzulegen, die zum Verständnis der Aufzeichnungen erforderlichen Erläuterungen zu geben und die Finanzbehörde bei Ausübung ihrer Befugnisse nach § 147 Abs. 6 zu unterstützen. Sind der Steuerpflichtige oder die von ihm benannten Personen nicht in der Lage, Auskünfte zu erteilen, oder sind die Auskünfte zur Klärung des Sachverhaltes unzureichend oder versprechen Auskünfte des Steuerpflichtigen keinen Erfolg, so kann der Außenprüfer auch andere Betriebsangehörige um Auskunft ersuchen. § 93 Abs. 2 Satz 2 gilt nicht.**

**(2) Die in Absatz 1 genannten Unterlagen hat der Steuerpflichtige in seinen Geschäftsräumen oder, soweit ein zur Durchführung der Außenprüfung geeigneter Geschäftsraum nicht vorhanden ist, in seinen Wohnräumen oder an Amtsstelle vorzulegen. Ein zur Durchführung der Außenprüfung geeigneter Raum oder Arbeitsplatz sowie die erforderlichen Hilfsmittel sind unentgeltlich zur Verfügung zu stellen.**

**(3) Die Außenprüfung findet während der üblichen Geschäfts- oder Arbeitszeit statt. Die Prüfer sind berechtigt, Grundstücke und Betriebsräume zu betreten und zu besichtigen. Bei der Betriebsbesichtigung soll der Betriebsinhaber oder sein Beauftragter hinzugezogen werden.**

**Inhaltsübersicht**

**Schrifttum**


VON WEDELSTÄDT, Der Ort der Außenprüfung nach § 200 Abs. 2 AO, DB 1989, 1536; FINGER, Die Rechte des Außenprüfers, StBp 2000, 33; FINGER, Rechtsbehelfsmöglichkeiten gegen Maßnahmen der Außenprüfung, StBp 2002, 61 und 95; GRAF KERSSENBROCK/RIEDEL/STRUNK, Zur Verfassungsmäßigkeit des Datenzugriffs der Finanzverwaltung im Rahmen von Betriebsprüfungen nach § 147 Abs. 6 AO, DB-Beilage 9/2002; HÜTT, Rechte und Mitwirkungspflichten bei der Außenprüfung, AO-StB 2002, 24; BALMES, Mitwirkungspflichten Dritter bei Außenprüfungen, AO-StB 2003, 349; MROZEK, Mitwirkungspflichten bei der Betriebsprüfung, AO-StB 2004, 367; MROZEK, Reichweite der Vorlagepflichten bei der Betriebsprüfung, AO-StB 2004, 411; VON WEDELSTÄDT, Sammelauskunftsersuchen – Zulässigkeit, Auswertung der Auskunft, Rechtsschutz, DB 2004, 948; GÖPFERT, Die steuerliche Außenprüfung beim Rechtsanwalt – Mitwirkungspflichten versus Verschwiegenheitspflicht, DB 2006, 581; GEISSLER, Verzögerungsgeld bei Verletzung von Mitwirkungspflichten, NWB 2009, 4076; VON WEDELSTÄDT, Sammelauskunftsersuchen – Zulässigkeit, Rechtsschutz, AO-StB 2011, 19; ROGGE, Aufklärungs- und Mitwirkungspflichten bei Durchführung einer Außenprüfung, DB 2013, 2470.


## Ferner s Schrifttum zu § 193 AO.

## A. Bedeutung der Vorschrift

1 § 200 AO modifiziert und ergänzt die allgemeinen Vorschriften über die Mitwirkung des Stpfl. im Besteuerungsverfahren (§§ 90 ff. AO), bestimmt, wo und wann mit welchen Modalitäten das zu geschehen hat, und regelt das Recht des Prüfers auf Betriebsbesichtigung (BFH v. 06.06.2012, I R 99/10, BStBl II 2013, 196 m. w. N.). Die Regelungen der §§ 85 ff. AO gelten im Außenprüfungsverfahren entsprechend, soweit nicht ausdrücklich anderes bestimmt wird. Den Pflichten des Stpfl. entsprechen Rechte des Prüfers. Über seine Rechte und Pflichten ist der Stpfl. durch Hinweise über die Rechte und Mitwirkungspflichten zu unterrichten, die der Prüfungsanordnung beizufügen sind (s. § 196 AO Rz. 3 a. E.; s. dazu *Hütt*, AO-StB 2002, 24).

1a Die Erfüllung der Mitwirkungspflichten nach § 200 Abs. 1 und 2 AO ist u. a. Voraussetzung für die Bewilligung nach § 146 Abs. 2a AO, dass elektronische Bücher und sonstige erforderliche elektronische Unterlagen in einem EU-Staat oder einem anderen in § 146 Abs. 2a Satz 2 AO näher bezeichneten Staat geführt und aufbewahrt werden.

## B. Mitwirkungspflichten (§ 200 Abs. 1 AO)

### I. Allgemein

§ 200 Abs. 1 AO ist lex specialis gegenüber § 90 Abs. 1 Satz 1 und § 97 AO (BFH v. 28.10.2009, VIII R 78/05, BStBl II 2010, 455 m. w. N.). Die Mitwirkungspflichten des § 200 AO entstehen deshalb erst mit der Bekanntgabe der Prüfungsanordnung gem. § 196 AO; Letztere bildet sowohl im Hinblick auf das Prüfungssubjekt als auch den Prüfungsumfang sowie den Prüfungszeitraum den Rahmen für die dem Steuerpflichtigen nach § 200 AO auferlegten Pflichten (BFH v. 06.06.2012, I R 99/10, BStBl II 2013, 196 m. w. N.). Ihr Umfang richtet sich gem. § 90 Abs. 1 Satz 3 AO nach den Umständen des Einzelfalls und seine Bestimmung unterliegt pflichtgemäßem Ermessen der Finanzbehörde (AEAO zu § 200, Nr. 1 Satz 1). Die Mitwirkung darf nur verlangt werden, soweit sie zur Feststellung des steuererheblichen Sachverhalts notwendig, verhältnismäßig, erfüllbar und zumutbar ist (s. BFH v. 28.10.2009, VIII R 78/05, BStBl II 2010, 455 m. w. N.). Die Aufforderung des Stpfl. zur Vorlage von Unterlagen und vorhandenen Aufzeichnungen bedarf grundsätzlich keiner zusätzlichen Begründung hinsichtlich der steuerlichen Bedeutung (BFH v. 28.10.2009, VIII R 78/05, BStBl II 2010, 455; AEAO zu § 200, Nr. 1 Satz 2). Über seine Rechte und Mitwirkungspflichten wird der Stpfl. durch einer der Prüfungsanordnung beigefügten Hinweis unterrichtet (§ 5 Abs. 2 Satz 2 BpO; Merkblatt s. BMF v. 24.10.2013, BStBl I 2013, 1264 f.). Für die Kosten im Zusammenhang mit den Mitwirkungspflichten können bei anschlussgeprüften Betrieben (§ 4 Abs. 2 BpO) Rückstellungen gebildet werden, soweit sie die am jeweiligen Bilanzstichtag bereits abgelaufenen Wirtschaftsjahre (Prüfungsjahre) betreffen (BFH v. 06.06.2012, I R 99/10, BStBl II 2013, 196; BMF v. 07.03.2013, BStBl I 2013, 274). 2

**Mitwirkungspflichtig** ist das Prüfungssubjekt, i. d. R. also der Stpfl., daneben die gesetzlichen Vertreter natürlicher oder juristischer Personen und die Geschäftsführer von nichtrechtsfähigen Personenvereinigungen und Vermögensmassen (§ 34 AO), ferner Verfügungsberechtigte (§ 35 AO) sowie daneben die vom Stpfl. benannten Auskunftspersonen (s. Rz. 6). Hat der Stpfl. einen Bevollmächtigten beauftragt, kann sich der Betriebsprüfer gleichwohl an den Stpfl. wenden, wenn es um das Wissen erheblicher Tatsachen geht (§ 80 Abs. 3 Satz 2 AO). Da die Außenprüfung auch bei Personen zulässig ist, die Berufsgeheimnisse wahren müssen (s. § 193 AO Rz. 7), ist auch der Berufsgeheimnisträger als Prüfungssubjekt grundsätzlich nach § 200 Abs. 1 Sätze 1 und 2 AO zur Mitwirkung bei der Ermittlung der für die Besteuerung erheblichen Sachverhalte verpflichtet (BFH v. 28.10.2009, VIII R 78/05, BStBl II 2010, 455). Bei Erstreckung gem. § 194 Abs. 2 AO sind auch die Gesellschafter und Mitglieder mitwirkungsverpflichtet. 2a

2b Das Mitwirkungsverlangen kann **formlos**, d. h. schriftlich oder mündlich erfolgen. Unter den Voraussetzungen des § 119 Abs. 2 Satz 1 AO ist ein mündliches Mitwirkungsverlangen schriftlich zu bestätigen. Zur Rechtsqualität des Mitwirkungsverlangens s. Rz. 10.

3 § 200 AO zählt nicht alle **Mitwirkungspflichten** auf, sondern weist »insbesondere« auf einige hin, nämlich auf die Pflicht, Auskünfte zu erteilen, Aufzeichnungen, Bücher, Geschäftspapiere und andere Urkunden zur Einsicht und Prüfung vorzulegen, ferner die zum Verständnis der Aufzeichnungen erforderlichen Erläuterungen zu geben und die Finanzbehörde bei der Ausübung der Befugnisse nach § 147 Abs. 6 AO zu unterstützen. Die Mitwirkungspflicht erstreckt sich ausschließlich auf die Feststellung solcher Sachverhalte, die für die Besteuerung erheblich sind. Sie besteht nicht darin, dass der Stpfl. Hilfsdienste wie z. B. Nachkalkulationen vornimmt oder Zusammenstellungen anfertigt (BFH v. 17.11.1981, VIII R 174/77, BStBl II 1982, 430). Was auf Anforderung **Konzernunternehmen** vorzulegen haben, zählt AEAO zu § 200, Nr. 1 Abs. 2 auf. Eine erhöhte Mitwirkungspflicht des Stpfl. besteht bei Auslandssachverhalten, insbes. bei Geschäftsbeziehungen zwischen nahestehenden Personen unter Beachtung der Gewinnabgrenzungsaufzeichnungsverordnung und der Verwaltungsgrundsätze-Verfahren (AEAO zu § 200, Nr. 1 Abs. 3 Satz 3). Die der Prüfungsanordnung beizufügenden Hinweise über die Rechte und Mitwirkungspflichten des Stpfl. (s. § 196 AO Rz. 3) sollen den Stpfl. entsprechend informieren. Zur Verletzung der Mitwirkungspflichten s. Rz. 9b.

## II. Die einzelnen Mitwirkungspflichten

### 1. Mitwirkung bei der Feststellung der steuerrelevanten Sachverhalte (§ 200 Abs. 1 Satz 1 AO)

4 Der Stpfl. hat während der Außenprüfung bei der Feststellung der Sachverhalte, die für die Besteuerung erheblich sein können, mitzuwirken. Dies entspricht der allgemeinen Mitwirkungsverpflichtung im Besteuerungsverfahren und unterliegt denselben Voraussetzungen, nämlich der Notwendigkeit, Zumutbarkeit, Erfüllbarkeit und Verhältnismäßigkeit. Es ist nach pflichtgemäßem Ermessen zu entscheiden, ob und inwieweit der Stpfl. zur Mitwirkung aufgefordert wird.

### 2. Auskunftserteilung (§ 200 Abs. 1 Satz 2 AO)

5 **Auskunft** ist die Mitteilung über Wissen der Auskunftsperson über Tatsachen (*Roser* in Gosch, § 93 AO Rz. 8). Wird um Auskunft über eine unbekannte Anzahl von Sachverhalten mit dem Grunde nach bestimmbaren, ihr noch nicht bekannten Personen ersucht, handelt es sich um ein **Sammelauskunftsersuchen** i. S. des § 93 Abs. 1a AO (dazu auch § 208 AO Rz. 12; s. § 93 AO Rz. 3; s. § 208 AO Rz. 12 f.; AEAO zu § 93, Nr. 1.2.5; *von Wedelstädt*, DB 2004, 948; *von Wedelstädt*, AO-StB 2011, 19). Das Auskunftsersuchen muss auch auf Ersuchen des Stpfl. nicht schriftlich erfolgen (§ 200 Abs. 1 Satz 4 AO). Ein Auskunftsersuchen ist nur dann unzulässig, wenn jedwede Anhaltspunkte für steuererhebliche Umstände fehlen (BFH v. 16.12.1997, VII B 45/97, BStBl II 1998, 231). Auskunftsersuchen über steuerliche Verhältnisse Dritter sind nur bei einem sachlichen Zusammenhang mit der konkreten Prüfungstätigkeit des Prüfers zulässig (BFH v. 04.11.2003, VII R 28/01, BStBl II 2004, 1032; s. § 194 AO Rz. 15). Zivilrechtliche Verträge können die Pflicht zur Beantwortung von Auskunftsersuchen der Finanzbehörden nach § 93 AO nicht wirksam ausschließen oder beschränken (BFH v. 16.05.2013, II R 15/12, BStBl II 2013, 570).

Zur Erfüllung der Auskunftspflicht kann der Stpfl. **Auskunftspersonen benennen**, die die erforderlichen Kenntnisse haben, um ausreichend Auskunft geben zu können; darauf ist er zu Beginn der Prüfung hinzuweisen (§ 8 Abs. 1 BpO); dies müssen nicht Betriebsangehörige sein. Die Benennung befreit den Stpfl. aber nicht von seiner Mitwirkungspflicht. Der Prüfer kann auch andere Betriebsangehörige um Auskunft ersuchen, wenn der Stpfl. oder die von ihm benannten Personen dazu z. B. wegen Abwesenheit nicht in der Lage sind oder deren Auskünfte unzureichend sind oder keinen Erfolg versprechen (§ 200 Abs. 1 Satz 3 und 4 AO; § 8 Abs. 2 BpO). Die Bezeichnung »Betriebsangehörige« ist nicht streng technisch zu verstehen; das Fragerecht besteht in solchen Fällen gegenüber allen auf Seiten des Stpfl. im Rahmen seiner steuerlich relevanten Tätigkeit mit seinem Willen eingeschalteten Personen. Eine vorherige Unterrichtung des Stpfl. ist nicht vorgesehen (*Seer* in Tipke/Kruse, § 200 AO Rz. 19). Der Prüfer soll aber auch mit Rücksicht auf das Betriebsklima Betriebsangehörige nicht ohne Kenntnis des Stpfl. befragen und ihn daher über diese Maßnahme unterrichten, es sei denn, es bestehe die Gefahr der Beeinflussung (u. a. *Schallmoser* in HHSp, § 200 AO Rz. 26 f.; *Seer* in Tipke/Kruse, § 200 AO Rz. 19). **Dritte** können nach den allgemeinen Regeln des § 93 AO um Auskunft und des § 97 AO um die Vorlage von Urkunden gebeten werden. § 93 Abs. 1 Satz 3 AO (Subsidiaritätsklausel) ist zu beachten. Bei mündlichen Auskunftsersuchen gilt § 93 Abs. 2 Satz 2 AO nicht, wonach Auskunftsersuchen auf Verlangen des Auskunftsverpflichteten schriftlich zu ergehen haben (§ 200 Abs. 1 Satz 4 AO). § 30 a AO, der das sog. Bankgeheimnis regelte, ist durch das StUmgBG mit Wirkung vom 25.06.2017 aufgehoben worden. Die Vorschrift ist ab dem 25.06.2017 auch auf Sachverhalte, die vor diesem Zeitpunkt verwirklicht worden sind, nicht mehr anzuwenden (Art. 97 § 1 Abs. 12 EGAO). 6

### 3. Vorlage und Erläuterung von Unterlagen (§ 200 Abs. 1 Satz 2 AO)

Als Unterlagen nennt die Vorschrift **Aufzeichnungen, Bücher, Geschäftspapiere und andere Urkunden**. Die Aufzählung ist nur beispielhaft. Vorgelegt werden müssen alle prüfungs-, steuer- und beweiserheblichen, tatsächlich vorhandenen und aufbewahrungspflichtigen Urkunden, soweit sie sich in der Verfügungsmacht des Stpfl. befinden; eine Urkundenbeschaffungspflicht besteht nicht (*Seer* in Tipke/Kruse, § 200 AO Rz. 8 f.; *Finger*, StBp 2000, 33, 35). **Vorlage** bedeutet, dass der Stpfl. die Urkunde heraussucht und dem Prüfer zur Einsicht zur Verfügung stellt. Ohne Zustimmung des Stpfl. darf der Prüfer Urkunden nicht selbst heraussuchen (*Seer* in Tipke/Kruse, § 200 AO Rz. 14 m. w. N.). Der Prüfer kann auch die Vorlage von Büchern, Aufzeichnungen, Geschäftspapieren und anderen Unterlagen ohne Erweiterung der Prüfungsanordnung verlangen, die nicht unmittelbar den Prüfungszeitraum betreffen, wenn dies für die Überprüfung von Sachverhalten im Prüfungszeitraum für erforderlich gehalten wird (§ 8 Abs. 3 BpO). Die Vorlage kann nicht mit dem Hinweis eines Geheimhaltungsinteresses verweigert werden, weil der Stpfl. insoweit durch das **Steuergeheimnis** geschützt ist. Zum Verständnis der Unterlagen hat er dem Prüfer **Erläuterungen** zu geben.

7a Zu den **vorlagepflichtigen Urkunden** gehören Bücher, Aufzeichnungen, Konten, Kontounterlagen, Verträge, Geschäftspapiere, ferner elektronische Daten und EDV-Aufbereitungen, interne Rechenwerke (s. dazu *Sauer* in Gosch, § 200 AO Rz. 21.1). Die Vorlage von Unterlagen von **Privatkonten** kann der Prüfer verlangen, wenn hinreichende Anhaltspunkte bestehen, dass dadurch steuerlich erhebliche Erkenntnisse erlangt werden können; dasselbe gilt für Unterlagen, die der Stpfl. für steuerlich unerheblich hält. Bei Unterlagen mit Angaben, die dem Auskunftsverweigerungsrecht nach § 102 AO unterfallen wie z. B. Ausgangsrechnungen, kann das FA grundsätzlich die Vorlage der zur Prüfung erforderlich erscheinenden Unterlagen in neutralisierter Form verlangen (BFH v. 28.10.2009, VIII R 78/05, BStBl II 2010, 455 m. w. N.). Die Vorlage von **Aufsichtsrats- und Vorstandsprotokollen** kann der Prüfer verlangen, jedoch nicht en bloc und nicht solche, von denen die gesetzlichen Vertreter der AG glaubhaft versichern, dass sie keine Beziehung zu steuerrechtlich bedeutsamen Tatbeständen haben; nur bei Zweifeln an der Richtigkeit der Versicherung kann sich der Prüfer von dem Inhalt des Protokolls anhand der Tagesordnung und ggf. durch Einsichtnahme überzeugen (BFH v. 13.02.1968, GrS 5/67, BStBl II 1968, 365; *Frotscher* in Schwarz/Pahlke, § 200 AO Rz. 3). Gegen diese Einschränkung wird zu Recht eingewendet, dass es nicht im Belieben des Stpfl. liegen darf, welche Unterlagen er vorlegt (*Intemann* in Koenig, § 200 AO Rz. 19) und sie darüber hinaus unpraktikabel und ineffektiv ist. Ist die Geheimhaltung gesichert, sind diese Protokolle zur Prüfung vorzulegen, wenn sie aus Sicht des Prüfers steuerlich erheblich sein können (*Schallmoser* in HHSp, § 200 AO Rz. 51; *Seer* in Tipke/Kruse, § 200 AO Rz. 10). Zur Vorlagepflicht von Konzernunternehmen s. AEAO zu § 200, Nr. 1. Besondere Vorlagepflichten bestehen nach § 90 Abs. 3 AO für Vorgänge mit Auslandsbezug (s. § 90 AO Rz. 6). Aufzeichnungen für verdeckte Gewinnausschüttungen müssen nicht vorlegt werden, weil nach deutschem Steuerrecht für vGA keine speziellen Aufzeichnungs- oder Dokumentationspflichten bestehen (BFH v. 10.05.2001, I S 3/01, BFH/NV 2001, 957). Das Vorlageverlangen kann sich auch auf Unterlagen beziehen, für die keine Aufbewahrungspflichten bestanden, die also freiwillig aufbewahrt wurden (BFH v. 28.10.2009, VIII R 78/05, BStBl II 2010, 455 m. w. N.).

Der Prüfer kann nicht verlangen, dass ihm vom Stpfl. Kopien von Urkunden gefertigt werden; der Stpfl. muss ihm aber Gelegenheit geben, die Urkunden im FA zu kopieren. 7b

vorläufig frei 8

### 4. Unterstützung beim Datenzugriff nach § 147 Abs. 6 AO

§ 200 Abs. 1 Satz 2 AO gibt dem Stpfl. auf, im Rahmen der Außenprüfung die Finanzbehörde bei Ausübung ihrer Befugnisse nach § 147 Abs. 6 AO, d. h. beim Datenzugriff zu unterstützen. Er muss dem FA das Lesen z. B. eingescannter aufbewahrungspflichtiger Unterlagen des Prüfungszeitraums über sein Computersystem per Bildschirm gestatten (BFH v. 26.09.2007, I B 53, 54/07, BStBl II 2008, 415; *Seer* in Tipke/Kruse, § 200 AO Rz. 15a). Der Datenzugriff ist nur im Rahmen der Außenprüfung (s. § 147 AO Rz. 23) und nur insoweit zulässig, als eine Außenprüfung wirksam angeordnet ist; er beschränkt sich also auf den Prüfungszeitraum und die Steuerarten laut Prüfungsanordnung. Die Herausgabe der Daten zur Speicherung und Auswertung auf mobilen Rechnern der Prüfer kann nur verlangt werden, wenn Datenzugriff und Auswertung in den Geschäftsräumen des Stpfl. oder in den Diensträumen der Finanzverwaltung erfolgen (BFH v. 16.12.2014, VIII R 52/12, BFH/NV 2015, 1455). Wegen des **Zugriffs auf Datenverarbeitungssysteme** nach § 147 Abs. 6 AO und der Verfassungsmäßigkeit wird im Übrigen auf die Ausführungen zu s. § 147 AO Rz. 21 bis 32, auf BMF v. 16.07.2001, BStBl I 2001, 415 und für Veranlagungszeiträume, die nach dem 31.12.2014 beginnen, auf die GoBD, BMF v. 14.11.2014, BStBl I 2014, 1450 verwiesen. 9

### 5. Mitwirkungsverweigerungsrechte

Der Stpfl. selbst hat grds. kein Mitwirkungsverweigerungsrecht, solange Auskunft über seine eigenen steuer- 9a lichen Verhältnisse verlangt wird (*Schallmoser* in HHSp, § 200 AO Rz. 71). Bei der Zusammenveranlagung von Ehegatten/Lebenspartnern hat ein Ehegatte/Lebenspartner ein Auskunftsverweigerungsrecht gem. § 101 AO in Bezug auf die Einkünfte des anderen EhegattenLebenspartner (s. § 101 AO Rz. 4 m. w. N.; *von Wedelstädt*, AO-StB 2005, 13, 14 m. w. N.). Die in § 102 AO genannten Berufsträger haben ein Auskunftsverweigerungsrecht hinsichtlich ihnen in ihrer Berufseigenschaft anvertrauter oder bekannt gewordener Kenntnisse auch in eigener Sache. Handakten und Patientenkarteien können auch andere nicht nach § 102 AO geschützte Eintragungen enthalten (*Seer* in Tipke/Kruse, § 200 AO Rz. 30). Auch vom Stpfl. benannte Auskunftspersonen und Dritte können sich auf Mitwirkungsverweigerungsrechte berufen. Im Einzelnen wird auf die Ausführungen zu §§ 101 ff. AO verwiesen.

### 6. Folgen bei Verletzung der Mitwirkungspflichten

9b Die Verletzung der Mitwirkungspflicht kann **Zwangsmittel** (§ 328 AO) zur Folge haben, sofern das Mitwirkungsverlangen ein Verwaltungsakt ist, und zur **Beweismaßreduzierung** beim FA und ggf. zur **Schätzung** führen (AEAO zu § 200, Nr. 1 Abs. 3 Satz 2; s. § 162 AO Rz. 2 und 33). Nach § 146 Abs. 2b AO kann außerdem ein **Verzögerungsgeld** in Höhe von 2500 bis 250 000 Euro festgesetzt werden, wenn der Stpfl. der Aufforderung zur Erteilung von Auskünften oder zur Vorlage angeforderter Unterlagen i. S. des § 200 Abs. 1 AO im Rahmen einer Außenprüfung nicht innerhalb einer ihm bestimmten angemessenen Frist nicht nachkommt (BFH v. 16.06.2011, IV B 120/10, BStBl II 2011, 855; vgl. *Geißler*, NWB 2009, 4076). Die Nichtmitwirkung kann im Übrigen die Versagung der Berücksichtigung begünstigender Besteuerungsgrundlagen zur Folge haben (BFH v. 10.11.1998, VIII R 3/98, BStBl II 1999, 199).

### 7. Rechtsschutz gegenüber den Anforderungen

10 Auch schriftliche Aufforderungen zur Mitwirkung i. S. des § 200 Abs. 1 Satz 2 AO wie die Bitte des Prüfers, einen Raum zur Verfügung zu stellen, Buchführungsunterlagen und Belege bereitzustellen, Aufklärung über bestimmte Sachverhalte zu geben, sind i. d. R. **keine Verwaltungsakte**, sondern als Vorbereitungshandlungen Realakte, die auf der Mitwirkungspflicht nach § 200 AO fußen (BFH v. 10.11.1998, VIII R 3/98, BStBl II 1999, 199; *Seer* in Tipke/Kruse, § 200 AO Rz. 6; *Gosch* in Gosch, § 196 AO Rz. 109 m. w. N.; wohl auch *Kuhfus/Schmitz*, BB 1998, 1468, 1469; a. A. BFH v. 06.06.2012, I R 99/10, BStBl II 2013, 196 m. w. N.; *Schallmoser* in HHSp, Vor §§ 193–203 AO Rz. 233 und § 200 AO Rz. 17). Der BFH (BFH v. 10.11.1998, VIII R 3/98, BStBl II 1999, 199) beschränkt dies auf Auskunftsersuchen und Aufklärungsmaßnahmen, die auf die Ermittlung steuermindernder Umstände gerichtet sind; dem kann nicht gefolgt werden, weil es für die Frage der rechtlichen Einordnung einer Aufforderung keinen Unterschied machen kann, ob sie auf die Ermittlung steuermindernder oder steuererhöhender Umstände gerichtet ist (s. auch *Rüsken* in Klein, § 200 AO Rz. 6; *Seer* in Tipke/Kruse, § 200 AO Rz. 6). Die Rechtswidrigkeit von Aufforderungen, die keine Verwaltungsakte sind, ist im Rechtsbehelfsverfahren gegen den auswertenden Steuerbescheid geltend zu machen. Muss der Stpfl. jedoch das Mitwirkungsverlangen z. B. aufgrund seiner Wortwahl oder hinsichtlich seiner Erzwingbarkeit oder der beigefügten Rechtsbehelfsbelehrung als eigenständige Regelung auffassen, die auf eine bestimmte Rechtsfolge abzielt, ist regelmäßig von einem Verwaltungsakt auszugehen (BFH v. 10.11.1998, VIII R 3/98, BStBl II 1999, 199; *Seer* in Tipke/Lang, § 21 Rz. 245 m. w. N.; *Gosch* in Gosch, § 196 AO Rz. 109 m. w. N.; *Drüen*, StbJb 2006/07, 273, 294). Um Verwaltungsakte handelt es sich dagegen, wenn vorgenannte Aufforderungen z. B. aus Gründen ihrer zwangsweisen Durchsetzung in die Form eines Verwaltungsakts gekleidet werden. S. dazu auch BFH v. 28.10.2009, VIII R 78/05, BStBl II 2010, 455 m. w. N.

## C. Ort der Außenprüfung (§ 200 Abs. 2 Satz 1 AO)

Nach § 200 Abs. 2 AO (s. auch § 6 BpO) ist die Außen- 11
prüfung in den **Geschäftsräumen des Stpfl.** durchzuführen; ist ein geeigneter Geschäftsraum vorhanden, darf das FA keinen anderen Ort der Prüfung bestimmen, es hat keinen Ermessenspielraum (BFH v. 11.03.1992, X R 116/92, BFH/NV 1992, 757; *Seer* in Tipke/Kruse, § 200 AO Rz. 34; *von Wedelstädt*, DB 1989, 1536). Zu den Geschäftsräumen gehört auch das Arbeitszimmer in der Wohnung. Ist ein geeigneter Geschäftsraum nachweislich nicht vorhanden und kann die Außenprüfung nicht in den **Wohnräumen des Stpfl.** stattfinden, ist an **Amtsstelle** zu prüfen; ein anderer Prüfungsort kommt nur ausnahmsweise in Betracht (§ 6 BpO).

Der Primat der Geschäftsräume des Stpfl. als Prüfungs- 12
ort hat seinen Grund darin, dass die Außenprüfung keine reine Buchprüfung, sondern eine Prüfung der gesamten steuerlichen Verhältnisse des Stpfl. ist (§ 194 Abs. 1 Satz 1 AO). Sind die betrieblichen Verhältnisse Gegenstand der Betriebsprüfung, erfordert dies u. a. auch eine Inaugenscheinnahme einzelner Wirtschaftsgüter und des Betriebs, zu deren Durchführung der Betriebsprüfer auch Grundstücke und Betriebsräume besichtigen kann (§ 200 Abs. 3 Satz 2 AO). Außerdem kann es sich als notwendig erweisen, dass der Stpfl. persönlich ggf. neben einer vom

Stpfl. benannten Person Auskünfte zu einzelnen Geschäftsvorfällen erteilt oder unter den in § 200 Abs. 2 Satz 3 AO geregelten Voraussetzungen andere Betriebsangehörige um Auskunft ersucht werden (*von Wedelstädt*, DB 2000, 1356, 1358 m. w. N.). Die Durchführung der Außenprüfung in den Geschäftsräumen verstößt nicht gegen Art. 13 GG (BFH v. 20.10.1988, IV R 104/86, BStBl II 1989, 180; *Seer* in Tipke/Kruse, § 200 AO Rz. 34; AEAO zu § 200, Nr. 2 Satz 1).

13 **Fehlen Geschäftsräume**, ist in den Wohnräumen des Stpfl. oder an Amtsstelle zu prüfen (AEAO zu § 200, Nr. 2 Satz 5). Benennt der Stpfl. mangels eines geeigneten Geschäftsraums seine Wohnräume, hat das FA ebenfalls keinen Ermessensspielraum, wenn die Wohnräume für die Durchführung der Außenprüfung geeignet sind (BFH v. 10.02.1987, IV B 1/87, BStBl II 1987, 360). Art. 13 GG steht dem nicht entgegen. Die Durchführung der Außenprüfung in den Wohnräumen des Stpfl. gegen seinen Willen ist jedoch nicht zulässig (*Seer* in Tipke/Kruse, § 200 AO Rz. 35).

14 § 200 Abs. 2 AO regelt nur, an welchen Orten der Stpfl. die Prüfungsunterlagen vorzulegen verpflichtet ist, d. h. an welchen Orten das FA ggf. die Verwirklichung der Vorlage zwangsweise durchsetzen kann. Das FA muss im Regelfall andere als die in § 200 Abs. 2 AO genannten Orte bei der Prüfungsanordnung nicht in Erwägung ziehen (*Seer* in Tipke/Kruse, § 200 AO Rz. 36). Die Vorschrift besagt jedoch nichts darüber, ob der Stpfl. beantragen darf, die Unterlagen freiwillig **an einem anderen Ort** vorzulegen, und ob diesem Antrag entsprochen werden darf oder muss (BFH v. 30.11.1988, I B 73/88, BStBl II 1989, 265).

15 Stehen geeignete Geschäftsräume oder Wohnräume nicht zur Verfügung und stellt der Stpfl. den Antrag, die Prüfung nicht an Amtsstelle, sondern an einem anderen Ort, z. B. in den Praxisräumen des Steuerberaters, durchzuführen, hat das FA nach pflichtgemäßem Ermessen zu entscheiden und dabei die Interessen des Stpfl. gegen die eigenen Interessen abzuwägen hat (BFH v. 10.02.1987, IV B 1/87, BStBl II 1987, 360; BFH v. 30.11.1988, I B 73/88, BStBl II 1989, 265). Auch wenn geeignete Geschäftsräume zur Verfügung stehen, können ausnahmsweise Gründe vorliegen, die es mit Zustimmung oder auf Antrag des Stpfl. gebieten können, die Prüfung an anderen als den in § 200 Abs. 2 AO genannten Orten oder Räumlichkeiten (etwa beim Steuerberater) stattfinden zu lassen. Stellt der Stpfl. einen entsprechenden Antrag, hat das FA darüber nach pflichtgemäßem Ermessen zu entscheiden und dabei die Interessen des Stpfl. (nicht seines steuerlichen Beraters) gegen die eigenen Interessen abzuwägen, die auch in einem rationellen Einsatz der Prüfer bestehen können (BFH v. 11.03.1992, X R 116/92, BFH/NV 1992, 757). Bei der **Ermessenserwägung** ist der Zweck der Außenprüfung, die steuerlichen Verhältnisse bei den in § 193 AO bezeichneten Stpfl. selbst zu ermitteln, zu berücksichtigen, weil die Überprüfung vom »grünen Tisch« regelmäßig keine effektive Kontrolle ermöglicht (s. Rz. 12). Unbequemlichkeiten organisatorischer Art, die mit der nach § 200 Abs. 2 AO bezweckten Aufklärung an Ort und Stelle notwendigerweise verbunden sind, muss der Stpfl. hinnehmen, wenn sie nicht unzumutbar sind. Das Interesse des Stpfl. darf nur dann nicht berücksichtigt werden, wenn ihm zumindest gleichwertige andere Verwaltungsinteressen entgegenstehen (BFH v. 30.11.1988, I B 73/88, BStBl II 1989, 265; *Seer* in Tipke/Kruse, § 200 AO Rz. 36; enger AEAO zu § 200, Nr. 2 Satz 6: »wenn schützenswerte Interessen des Stpfl. von besonders großem Gewicht die Interessen der Finanzbehörden an einem effizienten Prüfungsablauf in den Geschäftsräumen verdrängen«). Es ist ermessensfehlerfrei, wenn das FA die Außenprüfung in den eigenen Amtsräumen durchführt, weil der Stpfl. weder über Geschäftsräume noch über einen inländischen Wohnsitz verfügt. Eine Wohnung des Stpfl. im Ausland kann das FA bei der Festlegung des Prüfungsortes unberücksichtigt lassen (BFH v. 26.07.2007, VI R 68/04, BStBl II 2009, 338), eine Außenprüfung im Ausland ist grds. unzulässig (*Seer* in Tipke/Kruse, § 200 AO Rz. 34). Zum Ort der Außenprüfung, wenn der Stpfl. z. B. wegen Beschlagnahme keine Unterlagen vorlegen kann, s. BFH v. 15.05.2009, IV B 24/09, BFH/NV 2009, 1402.

Die Bestimmung des Ortes der Außenprüfung, die i. d. R. zusammen mit der Prüfungsanordnung erfolgt, aber kein notwendiger Bestandteil der Prüfungsanordnung ist, ist eigenständiger Verwaltungsakt (BFH v. 13.09.2017, III B 109/16, BFH/NV 2018, 180 m. w. N.), der nicht begründet werden muss, wenn die Prüfung in den Geschäftsräumen des Stpfl. stattfinden soll. Bei einer Außenprüfung nach § 193 Abs. 2 Nr. 2 AO muss die Wahl des Prüfungsortes begründet werden (BFH v. 13.09.2017, III B 109/16, BFH/NV 2018, 180; *Schallmoser* in HHSp, § 200 AO Rz. 90). Gegen die Festlegung des Orts der Prüfung ist der Einspruch gegeben. Solange das FA keinen Prüfungsort festgelegt hat, kann es mit der Prüfung nicht beginnen. Zur Frage eines Verwertungsverbots s. § 196 AO Rz. 17. 16

## D. Bereitstellung von Arbeitsplatz und Hilfsmitteln (§ 200 Abs. 2 Satz 2 AO)

Findet die Prüfung in den Geschäftsräumen des Stpfl. statt, hat dieser einen für die Durchführung der Prüfung geeigneten Raum oder Arbeitsplatz unentgeltlich zur Verfügung zu stellen (§ 200 Abs. 2 Satz 2 AO). 17

Außerdem hat er dem Prüfer die **für die Prüfung erforderlichen Hilfsmittel** unentgeltlich zur Verfügung zu stellen. Die Art der Hilfsmittel hängt von den zu prüfenden Unterlagen usw. ab. Sind die für die Außenprüfung maßgeblichen Unterlagen nur in Form von Datenträgern 18 vorhanden, muss der Stpfl. auf seine Kosten diejenigen Hilfsmittel zur Verfügung stellen, die erforderlich sind, um die Unterlagen lesbar zu machen; besteht keine andere weniger aufwendige ausreichende Möglichkeit, so muss er die Unterlagen auf Verlangen des Prüfers ganz oder teilweise ausdrucken oder ohne Hilfsmittel lesbare Reproduktionen beibringen (s. § 147 Abs. 5).

### E. Zeit der Prüfung, Betriebsbesichtigung (§ 200 Abs. 3 AO)

19 Der Prüfer ist verpflichtet, sich bei der Durchführung der Prüfung an die übliche Geschäfts- oder Arbeitszeit zu halten. Damit ist die Geschäfts- oder Arbeitszeit gemeint, die »branchenüblich« ist; die übliche Arbeitszeit des zu prüfenden Betriebs ist aber zu berücksichtigen (*Seer* in Tipke/Kruse, § 200 AO Rz. 43 m. w. N.). Mit Zustimmung des Stpfl. kann auch eine andere Arbeitszeit in Frage kommen.

20 Der Prüfer darf **Grundstücke und Betriebsräume betreten und besichtigen.** Dies soll in Gegenwart des Betriebsinhabers oder seines Beauftragten erfolgen. Es handelt sich bei dieser Hinzuziehung um eine Ermessensentscheidung. Die Hinzuziehung kann unterbleiben, wenn dadurch der Zweck der Besichtigung vereitelt würde (*Intemann* in Koenig, § 200 AO Rz. 62). Das Besichtigungsrecht berechtigt nicht zu Durchsuchungen. Die Betriebsbesichtigung ist im Übrigen keine Inaugenscheinnahme i. S. des § 99 AO.

# § 201 AO Schlussbesprechung

**(1) Über das Ergebnis der Außenprüfung ist eine Besprechung abzuhalten (Schlussbesprechung), es sei denn, dass sich nach dem Ergebnis der Außenprüfung keine Änderung der Besteuerungsgrundlagen ergibt oder dass der Steuerpflichtige auf die Besprechung verzichtet. Bei der Schlussbesprechung sind insbesondere strittige Sachverhalte sowie die rechtliche Beurteilung der Prüfungsfeststellungen und ihre steuerlichen Auswirkungen zu erörtern.**

**(2) Besteht die Möglichkeit, dass auf Grund der Prüfungsfeststellungen ein Straf- oder Bußgeldverfahren durchgeführt werden muss, soll der Steuerpflichtige darauf hingewiesen werden, dass die straf- oder bußgeldrechtliche Würdigung einem besonderen Verfahren vorbehalten bleibt.**

**Inhaltsübersicht**



**Schrifttum**

von Wedelstädt, Tatsächliche Verständigung – Rechtslage, Voraussetzungen, Inhalt und Folgen, DB 1991, 515; von Wedelstädt, Die tatsächliche Verständigung, AO-StB 2001, 190; Burkhard, Verwertungsverbot wegen fehlender Schlussbesprechung nach Betriebsprüfung, INF 2004, 823; ferner s. Schrifttum zu § 193 AO.

### A. Pflicht zur Abhaltung der Schlussbesprechung

§ 201 Abs. 1 Satz 1 AO schreibt die Abhaltung einer Schlussbesprechung vor. Es besteht ein **Rechtsanspruch** des Stpfl. auf ihre Abhaltung. Die Ablehnung einer Schlussbesprechung ist Verwaltungsakt, der mit dem Einspruch angefochten werden kann. 1

Von der Durchführung der Schlussbesprechung kann nur abgesehen werden, wenn sich nach dem Ergebnis der Außenprüfung keine Änderung der Besteuerungsgrundlagen und damit keine Änderung der bisherigen Steuerbescheide ergibt oder der Stpfl. auf die Besprechung verzichtet. Der Verzicht kann formlos erfolgen (AEAO zu § 201, Nr. 3 Satz 1). Liegt ein wirksamer Verzicht vor, darf die Finanzbehörde keine Schlussbesprechung durchführen (BFH v. 20.10.2015, IV B 80/14, BFH/NV 2016, 168). Keine Schlussbesprechung findet nach einer abgekürzten Außenprüfung statt (§ 203 Abs. 2 Satz 3 AO). 2

**Unterbleibt die Schlussbesprechung** in anderen Fällen als den in Rz. 2 beschriebenen, liegt ein Verfahrensfehler vor, der nach § 126 Abs. 1 Nr. 3, Abs. 2 AO geheilt werden kann (h. M., u. a. BFH v. 15.12.1997, X B 182/96, BFH/NV 1998, 811; *Seer* in Tipke/Kruse, § 201 AO Rz. 2 m. w. N.). Die Auswertung der Feststellungen der Außenprüfung hängt nicht von der Durchführung einer Schlussbesprechung ab. Ihr Unterlassen führt nicht zu einem Verwertungsverbot (h. M., u. a. BFH v. 24.08.1998, III S 3/98, BFH/NV 1999, 436; *Intemann* in Koenig, § 201 AO Rz. 11; AEAO zu § 201, Nr. 4 Satz 1) und für sich allein nicht zur Rechtswidrigkeit der aufgrund der Außenprüfung erlassenen Steuerbescheide (AEAO zu § 201, Nr. 4 Satz 2 m. w. N.). Deren Aufhebung kann daher nach § 127 AO nicht verlangt werden, wenn in der Sache keine andere Entscheidung hätte getroffen werden können (BFH v. 24.08.1998, III S 3/98, BFH/NV 1999, 436). 3

### B. Zweck der Schlussbesprechung

§ 201 Abs. 1 Satz 2 AO kennzeichnet die Schwerpunkte der abzuhaltenden Schlussbesprechung. Neben der 4 rechtlichen Beurteilung der Prüfungsfeststellungen und den an sie geknüpften steuerlichen Folgen müssen insbes. solche Sachverhalte erörtert werden, die nach der Kenntnis des Prüfers, die er aus den Kontakten mit dem Stpfl. während der Prüfung gewonnen hat, strittig sind oder deren Strittigkeit sich aus der Natur der Sache ergibt. Strittig ist ein Sachverhalt nicht nur dann, wenn Meinungsunterschiede über seine tatsächliche Gestaltung bestehen, sondern auch dann, wenn keine Einigkeit über die steuerrechtliche oder sonstige rechtliche Bedeutung eines im Übrigen unstreitigen Sachverhalts erzielt werden konnte. Die Schlussbesprechung dient neben dem rechtlichen Gehör auch der Verfahrensökonomie, weil sie häufig zeitraubende schriftliche Auseinandersetzungen durch die rechtzeitige Klärung von Missverständnissen und Bereinigung von Meinungsverschiedenheit erspart und ggf. auch durch den Abschluss einer **tatsächlichen Verständigung** (s. auch AEAO zu § 201, Nr. 5; s. Vor §§ 204–207 AO Rz. 15 ff.) Rechtsbehelfe vermeidet.

5 Um die Schlussbesprechung effektiv gestalten zu können und eine echte Diskussion zu ermöglichen, sind mit dem Stpfl. angemessene Zeit vor der Besprechung **der Termin der Besprechung** zu vereinbaren (s. dazu AEAO zu § 201, Nr. 3 Satz 2 f.). Ihm sind die **Besprechungspunkte** so rechtzeitig bekannt zu geben, dass er sich auf deren Erörterung vorbereiten kann. Der Schriftform bedarf es grundsätzlich nicht (§ 11 Abs. 1 BpO – s. Anh. 3). Haben die zu besprechenden Prüfungsfeststellungen beträchtlichen Umfang oder sind sie in tatsächlicher oder rechtlicher Hinsicht schwierig, wird es zur Einräumung des rechtlichen Gehörs im Rahmen der Schlussbesprechung erforderlich sein, die Besprechungspunkte schriftlich mitzuteilen. Nicht erforderlich ist, dem Stpfl. mitzuteilen, wer seitens des FA an der Besprechung teilnimmt.

6 Der Stpfl. ist nicht verpflichtet, an der Besprechung teilzunehmen. Nimmt er teil, kann er einen Bevollmächtigten oder Beauftragten hinzuziehen. Nicht vorgeschrieben ist, wer seitens des FA teilnimmt. Insbes. im Hinblick auf den Abschluss einer tatsächlichen Verständigung (s. Vor §§ 204–207 AO Rz. 15 ff.) empfiehlt sich die Teilnahme eines entscheidungsbefugten, d.h. zur Zeichnung der Steuerfestsetzungen aufgrund der Außenprüfung berechtigten Amtsträgers (AEAO zu § 201, Nr. 5). Dies ist bei veranlagender Betriebsprüfung i.d.R. der Sachgebietsleiter der Amtsbetriebsprüfungsstelle, im Übrigen aber der Sachgebietsleiter der für die Auswertung zuständigen Veranlagungsstelle.

7 Äußerungen in einer Schlussbesprechung haben nur vorläufigen Charakter, auch das **rechtliche Ergebnis der Schlussbesprechung** ist grundsätzlich **unverbindlich** und kann bei der Auswertung der Prüfungsfeststellungen korrigiert werden. Dies gilt auch dann, wenn Übereinstimmung erzielt wurde (h. M.; BFH v. 11.04.1990, I R 167/86, BStBl II 1990, 772). Bindungswirkung kann auch dann nicht eintreten, wenn an der Schlussbesprechung der für die Steuerfestsetzung zuständige Beamte teilgenommen hat (AEAO zu § 201, Nr. 1 Satz 1 m.w.N.). Zusagen im Rahmen der Schlussbesprechung erzeugen keine Bindung der Finanzbehörde, wenn sie nicht in den Betriebsprüfungsbericht aufgenommen worden (BFH v. 27.04.1977, I R 211/74, BStBl II 1977, 623; AEAO zu § 201, Nr. 1 Satz 2) oder sonst fixiert sind.

## C. Hinweis auf strafrechtliche Überprüfung

§ 201 Abs. 2 AO stellt klar, dass die straf- oder bußgeldrechtliche Beurteilung der ermittelten Sachverhalte nicht zu den in der Schlussbesprechung zu erörternden Besprechungspunkten zählt. Erscheint es nach dem Kenntnisstand zum Zeitpunkt der Schlussbesprechung möglich, dass ein Straf- oder Bußgeldverfahren durchgeführt wird, muss der Stpfl. darauf hingewiesen werden, dass die diesbezügliche Würdigung ausschließlich den Straf- oder Bußgeldverfahren vorbehalten bleibt (AEAO zu § 201, Nr. 6 Satz 1). Der Hinweis ist nicht zu erteilen, wenn eine Straftat oder Ordnungswidrigkeit deshalb nicht in Betracht kommt, weil kein schuldhaftes oder vorwerfbares Verhalten vorliegt oder das Vorliegen der objektiven oder subjektiven Tatbestandsmerkmale offensichtlich nicht mit der erforderlichen Wahrscheinlichkeit nachgewiesen werden können (Nr. 114 Abs. 2 AStBV). Er ist **kein Verwaltungsakt** (*Seer* in Tipke/Kruse, § 201 AO Rz. 18 m.w.N.; AEAO zu § 201, Nr. 6 Satz 4). Er ist aktenkundig zu machen (§ 11 Abs. 2 BpO). Seine Unterlassung hindert die Einleitung eines Straf- oder Bußgeldverfahrens nicht und führt nicht zu einem steuerrechtlichen oder steuerstrafrechtlichen Verwertungsverbot (*Intemann* in Koenig, § 201 AO Rz. 26 m.w.N.). 8

Ergibt sich schon während einer Außenprüfung der **Anfangsverdacht** (§ 152 Abs. 2 StPO) für das Vorliegen einer Steuerstraftat oder besteht auch nur die Möglichkeit, dass ein Strafverfahren durchgeführt werden muss, so ist die für die Bearbeitung der Straftat zuständige Stelle (Straf- und Bußgeldsachenstelle oder Bußgeld- und Strafsachenstelle) unverzüglich zu unterrichten (§ 10 Abs. 1 BpO). Diese ist (als Teil eines FA) zuständig für die Verfolgung von Steuerstraftaten (§ 386 AO) oder Steuerordnungswidrigkeiten (§ 409 AO). Besteht der Verdacht gegen den Stpfl., müssen die Ermittlungen der Außenprüfung hinsichtlich des Sachverhalts, auf den sich der Verdacht bezieht, ausgesetzt werden, bis über die Einleitung des Strafverfahrens entschieden ist. Besteht ein Anfangsverdacht für eine Steuerstraftat, hat die für die Strafverfolgung zuständige Stelle das Strafverfahren einzuleiten und dies dem Stpfl. spätestens mit der Aufforderung, Auskünfte zu geben und Unterlagen vorzulegen, die mit der Straftat zusammenhängen, auf die sich der Verdacht 9 erstreckt, mitzuteilen (Nr. 24 Abs. 1 und Nr. 26 Abs. 1 AStBV). Spätestens mit der Bekanntgabe der Einleitung ist der Stpfl. darüber zu belehren, dass seine Mitwirkung im Besteuerungsverfahren nicht mehr erzwungen werden kann (§ 393 Abs. 1 AO), soweit die Feststellungen auch für Zwecke des Straf- oder Bußgeldverfahrens verwendet werden können und sich der Verdacht gegen den Stpfl. richtet. Die Belehrung ist unter Angabe von Datum und Uhrzeit aktenkundig zu machen und auf Verlangen zu bestätigen (§ 10 Abs. 1 BpO). Entsprechend ist im Fall der Steuerordnungswidrigkeit zu verfahren (§ 10 Abs. 2 BpO). Die Unterlassung der Belehrung führt nicht zu einem steuerrechtlichen Verwertungsverbot (s. § 196 AO Rz. 18).

## § 202 AO Inhalt und Bekanntgabe des Prüfungsberichts

**(1) Über das Ergebnis der Außenprüfung ergeht ein schriftlicher Bericht (Prüfungsbericht). Im Prüfungsbericht sind die für die Besteuerung erheblichen Prüfungsfeststellungen in tatsächlicher und rechtlicher Hinsicht sowie die Änderungen der Besteuerungsgrundlagen darzustellen. Führt die Außenprüfung zu keiner Änderung der Besteuerungsgrundlagen, so genügt es, wenn dies dem Steuerpflichtigen schriftlich mitgeteilt wird.**

**(2) Die Finanzbehörde hat dem Steuerpflichtigen auf Antrag den Prüfungsbericht vor seiner Auswertung zu übersenden und ihm Gelegenheit zu geben, in angemessener Zeit dazu Stellung zu nehmen.**

**Inhaltsübersicht**



**Schrifttum**

Hardtke, »Förmliche Mitteilungen« nach einer Außenprüfung, AO-StB 2001, 79; Buse, Der Prüfungsbericht (§ 202 AO), AO-StB 2008, 50; ferner s. Schrifttum zu § 193 AO bis § 201 AO.

### A. Bedeutung der Regelung

1 Die für die Besteuerung erheblichen Prüfungsfeststellungen werden in tatsächlicher wie in rechtlicher Hinsicht im schriftlichen **Prüfungsbericht** dargestellt, mit dem der Stpfl. und die auswertende Stelle unterrichtet werden. Dem Stpfl. wird dadurch Gelegenheit gegeben, die Richtigkeit der Prüfungsfeststellungen nachzuprüfen und ggf. dazu Stellung zu nehmen. Neben §§ 199 Abs. 2 und 201 Abs. 1 AO wird durch den Prüfungsbericht dem Stpfl. erneut rechtliches Gehör gewährt. Außerdem ist der Prüfungsbericht die innerdienstliche Unterrichtung der für die Steuerfestsetzung zuständigen Stelle in der Finanzbehörde zur Auswertung der Prüfungsfeststellungen.

Die Außenprüfung muss in dem durch die Prüfungsanordnung vorgegebenen Rahmen entweder durch die Mitteilung über eine ergebnislose Prüfung oder durch Auswertung der Prüfungsfeststellungen – durch Erlass ggf. geänderter Steuerbescheide – abgeschlossen werden (s. Anh. 3 § 12 Abs. 3 BpO); nach AEAO zu § 201, Nr. 2 Satz 2 m. w. N. kann die Außenprüfung i. d. R. mit der Zusendung des Prüfungsberichts als abgeschlossen angesehen werden (s. auch BFH v. 27.10.2003, III B 13/03, BFH/NV 2004, 312 m. w. N.). Eine Verwirkung der Auswertung tritt auch nach 8 Jahren nicht ein (BFH v. 03.05.1979, I R 49/78, BStBl II 1979, 738). § 171 Abs. 4 Satz 3 AO begrenzt jedoch die Auswertung von Prüfungsfeststellungen in zeitlicher Hinsicht.

### B. Inhalt des Prüfungsberichts (§ 202 Abs. 1 Satz 2 AO)

§ 202 Abs. 1 Satz 2 AO bestimmt den Inhalt des Prüfungsberichts. Er hat eine Darstellung der für die Besteuerung erheblichen Prüfungsfeststellungen in tatsächlicher und rechtlicher Hinsicht einschließlich der dadurch bedingten Änderungen der Besteuerungsgrundlagen, ggf. unter Berücksichtigung des Ergebnisses der Schlussbesprechung, zu enthalten. Dagegen ist es nicht Aufgabe des Prüfungsberichts, auch Aufschluss über die aufgrund der Außenprüfung zu zahlenden Beträge zu geben. Sachverhalte, hinsichtlich derer mit einem Rechtsbehelf oder einem Antrag auf verbindliche Zusage zu rechnen ist, sollen umfassend dargestellt werden (s. Anh. 3 § 12 Abs. 1 BpO). Feststellungen, die zu keiner Änderung führen, müssen im Prüfungsbericht nicht aufgeführt werden. Die Zusammenstellung der Prüfungsergebnisse im Prüfungsbericht ist keine letzte Ermittlungshandlung i. S. des § 171 Abs. 4 Satz 3 AO (BFH v. 08.07.2009, XI R 64/07, BStBl II 2010, 4). Der Prüfungsbericht ist **kein Verwaltungsakt**, sondern Wiedergabe tatsächlicher Feststellungen (BFH v. 17.07.1985, I R 214/82, BStBl II 1986, 21; AEAO zu § 202). Von ihm gehen keine unmittelbaren Rechtswirkungen oder eine Bindungswirkung aus. Der oft anzufindende Vermerk im Prüfungsbericht »Es wurde Übereinstimmung erzielt« stellt i. d. R. keine **tatsächliche Verständigung** dar. Diese bedarf vielmehr einer besonderen Feststellung des Bindungswillens beider Beteiligten etwa durch schriftliche Fixierung als »Vertrags« oder »tat- 3 sächliche Verständigung« (*Seer* in Tipke/Kruse, § 201 AO Rz. 13; auch s. Vor §§ 204–207 AO Rz. 26).

Die auswertende Stelle ist nicht an die Feststellungen tatsächlicher wie rechtlicher Art im Prüfungsbericht gebunden. Beabsichtigt sie, bei der Auswertung der Prüfungsfeststellungen oder im Einspruchsverfahren einschließlich anlässlich einer mündlichen Erörterung nach § 364a AO von den Feststellungen der Außenprüfung wesentlich abzuweichen, ist sie verpflichtet, der Betriebsprüfungsstelle Gelegenheit zur **Stellungnahme** zu geben (s. Anh. 3 § 12 Abs. 2 und 3 BpO). Dem Stpfl. soll nach § 12 Abs. 2 Satz 3 BpO Gelegenheit zur Äußerung gegeben werden, wenn zu seinen Ungunsten von den Prüfungsfeststellungen wesentlich abgewichen werden soll.

5 Das FA kann aus Feststellungen im Prüfungszeitraum Schlussfolgerungen auf die steuerlichen Verhältnisse vor oder nach dem Prüfungszeitraum ziehen und Steuerbescheide ggf. nach § 164 Abs. 2 AO ändern (BFH v. 28.08.1987, III R 189/84, BStBl II 1988, 2; auch s. § 164 AO Rz. 20).

6 I.d.R. wird die Prüfung mit der Zusendung des Prüfungsberichts abgeschlossen, sodass nach diesem Zeitpunkt stattfindende Ermittlungen nicht mehr im Rahmen der Außenprüfung erfolgen. Anders, wenn die Stellungnahme des Stpfl. zur Wiederaufnahme von Ermittlungshandlungen führt (BFH v. 08.07.2009, XI R 64/07, BStBl II 2010, 4).

7 vorläufig frei

## C. Mitteilung über Ergebnislosigkeit der Außenprüfung (§ 202 Abs. 1 Satz 3 AO)

8 Eines Prüfungsberichts bedarf es nach § 202 Abs. 1 Satz 3 AO nicht, wenn die Außenprüfung zu keiner Änderung der Besteuerungsgrundlagen führt. Will der Stpfl. einen Antrag auf Erteilung einer verbindlichen Zusage nach § 204 AO stellen, hat er jedoch einen Anspruch auf Erstellung eines Prüfungsberichts (s. § 204 AO Rz. 3; *Seer in Tipke/Kruse* in Tipke/Kruse, § 202 AO Rz. 1; § 204 AO Rz. 20; *Intemann* in Koenig, § 202 AO Rz. 18; *von Wedelstädt*, AO-StB 2009, 15; a. A. *Rüsken* in Klein, § 204 AO Rz. 10). Dem Stpfl. ist aber nach § 202 Abs. 1 Satz 3 AO für jede Steuerart und jeden Besteuerungszeitraum gesondert – ggf. zusammengefasst – schriftlich mitzuteilen, dass die Außenprüfung zu keiner Änderung geführt hat. Dies muss nicht zwingend in einem gesonderten Schreiben erfolgen, sondern kann auch durch einen ausdrücklichen Hinweis im Prüfungsbericht geschehen (BFH v. 19.01.2010, X R 30/09, BFH/NV 2010, 1234 m. w. N; AEAO zu § 202, Abs. 1 Satz 2). – Die Mitteilung kann ggf. mit der Aufhebung des Vorbehalts der Nachprüfung gem. § 164 Abs. 3 Satz 3 AO verbunden werden.

9 Enthält der übersendete Prüfungsbericht keinen ausdrücklichen Hinweis darauf, dass die Außenprüfung nicht zu einer Änderung der Besteuerungsgrundlagen geführt hat, liegt darin keine konkludente Mitteilung i. S. des § 202 Abs. 1 Satz 3 AO (BFH v. 02.10.2003, IV R 36/01, BFH/NV 2004, 307; AEAO zu § 202, Abs. 1 Satz 2; *Seer* in Tipke/Kruse, § 202 AO Rz. 17). Das gilt auch in den Fällen, in denen sich Änderungen nur bei einzelnen Steuerarten und/oder Veranlagungszeiträumen ergeben, bei den übrigen nach der Prüfungsanordnung in die Prüfung einbezogenen Teilen jedoch nicht, ohne dass insoweit eine Mitteilung i. S. des § 202 Abs. 1 Satz 3 AO ergeht (BFH v. 31.08.1990, VI R 78/86, BStBl II 1991, 537, 539; *App*, StBp 2003, 37; a. A. *Loose* in Tipke/Kruse, § 173 AO Rz. 94; *Frotscher* in Schwarz/Pahlke, § 173 AO Rz. 115, die eine Mitteilung nach § 202 Abs. 1 Satz 3 AO konkludent in dem Prüfungsbericht sehen für die unverändert bleibenden Besteuerungszeiträume und Steuerarten).

Die Mitteilung unterscheidet sich gegenüber dem Prüfungsbericht durch ihre unmittelbaren Rechtswirkungen, indem sie nach § 171 Abs. 4 AO die Ablaufhemmung beendet und nach § 173 Abs. 2 AO die Änderungssperre begründet. Sie ist daher als **Verwaltungsakt** anzusehen (so *Frotscher* in Schwarz/Pahlke, § 202 AO Rz. 12; *Hendricks* in Gosch, § 202 AO Rz. 27 m. w. N.; *Seer* in Tipke/Kruse, § 202 AO Rz. 16; *Schallmoser* in HHSp, § 202 AO Rz. 51; a. A. BFH v. 29.04.1987, I R 118/83, BStBl II 1988, 168; AEAO zu § 202, Abs. 1 Satz 1). 10

vorläufig frei 11

## D. Möglichkeit der Stellungnahme (§ 202 Abs. 2 AO)

Nach § 202 Abs. 2 AO muss die Finanzbehörde dem Stpfl., d. h. dem von den Prüfungsfeststellungen Betroffenen, den Prüfungsbericht vor seiner Auswertung **auf Antrag** übersenden. Ein solcher Antrag wird vor allem dann in Frage kommen, wenn in der Schlussbesprechung keine Einigung erzielt werden konnte. In den Fällen der abgekürzten Außenprüfung gilt § 202 Abs. 2 AO nicht (§ 203 Abs. 2 Satz 3 AO). 12

Gleichzeitig mit der Übersendung des Prüfungsberichts ist dem Stpfl. Gelegenheit zu geben, zu den Prüfungsfeststellungen und ihren Auswirkungen in angemessener Zeit **Stellung zu nehmen**. Bis zum Ablauf dieser Frist und, wenn die Stellungnahme des Stpfl. dazu Veranlassung gibt, darüber hinaus bis zum Abschluss der sich daran anschließenden Korrespondenz muss mit der Auswertung des Berichts gewartet wird, sofern der Stpfl. dieses Verfahren nicht zur Verzögerung der Auswertung missbraucht. Welche Frist angemessen ist, hängt von der Komplexität der Prüfungsfeststellungen ab und ist nach den Umständen des Einzelfalles zu beurteilen. Allerdings bleibt es dem pflichtgemäßen Ermessen der Finanzbehörde überlassen, ob sie die Entscheidung über die bestehenden Meinungsverschiedenheiten schon in diesem 13

Verfahrensstadium oder erst in einem eventuellen Rechtsbehelfsverfahren herbeiführen will. Ist dem Stpfl. vor Auswertung der Betriebsprüfungsbericht trotz Antrags nicht übersandt worden, liegt darin ein Verfahrensfehler in Bezug auf die auswertenden Steuerbescheide, der nach § 127 AO nicht zu ihrer Aufhebung führt, wenn sie in der Sache richtig sind (*Intemann* in Koenig, § 202 AO Rz. 31; FG Bln v. 22.04.1996, VIII 392/94, EFG 1997, 90). Der Stpfl. kann im Übrigen seinen Anspruch auf Übersendung des Prüfungsberichts im Wege der Klage verfolgen, für die der Finanzrechtsweg gegeben ist.

## § 203 AO
## Abgekürzte Außenprüfung

**(1) Bei Steuerpflichtigen, bei denen die Finanzbehörde eine Außenprüfung in regelmäßigen Zeitabständen nach den Umständen des Falles nicht für erforderlich hält, kann sie eine abgekürzte Außenprüfung durchführen. Die Prüfung hat sich auf die wesentlichen Besteuerungsgrundlagen zu beschränken.**

**(2) Der Steuerpflichtige ist vor Abschluss der Prüfung darauf hinzuweisen, inwieweit von den Steuererklärungen oder den Steuerfestsetzungen abgewichen werden soll. Die steuerlich erheblichen Prüfungsfeststellungen sind dem Steuerpflichtigen spätestens mit den Steuerbescheiden schriftlich mitzuteilen. § 201 Abs. 1 und § 202 Abs. 2 gelten nicht.**

**Schrifttum**

Assmann, Die abgekürzte Außenprüfung (§ 203 AO) – Der Weg zum dichteren Prüfungsraster? –, StBp 1998, 309; Buse, Die abgekürzte Außenprüfung, AO-StB 2013, 90; ferner s. Schrifttum zu § 193 AO bis § 202 AO.

1 Die abgekürzte Außenprüfung soll der Finanzbehörde in geeigneten Fällen von vornherein eine **Beschränkung des Prüfungsumfangs** und auf diese Weise auch im Interesse des Stpfl. eine rasche Durchführung der Prüfung ermöglichen (s. auch AEAO zu § 203, Nr. 1). In der Praxis wird von ihr nur sparsam Gebrauch gemacht, ihr Nutzen ist umstritten (*Assmann*, StBp 1998, 309). Die Vorschrift bereitet eine Reihe von Auslegungsproblemen, weil die Tatbestandsvoraussetzungen ungenau bestimmt sind (s. dazu *Seer* in Tipke/Kruse, § 203 AO Rz. 1 ff.; *von Wedelstädt*, DB 2000, 1356, 1365). Die Regelung ist jedoch nicht verfassungswidrig (BFH v. 25.01.1989, X R 158/87, BStBl II 1989, 483). Auf die abgekürzte Außenprüfung finden die Vorschriften der §§ 193 ff. AO mit Ausnahme der §§ 201 Abs. 1 und 202 Abs. 2 AO Anwendung.

Von der abgekürzten Außenprüfung ist die **zeitnahe Außenprüfung** (Anh. 3 § 4 a BpO) abzugrenzen, die sich auf einen oder mehrere gegenwartsnahe Prüfungszeiträume erstrecken soll und daher ebenfalls der Rationalisierung der Außenprüfung dient. Sie eignet sich vor allem bei Groß- und Konzernbetrieben (auch s. § 194 AO Rz. 11). 1

**Sie kann stattfinden** »bei Stpfl., bei denen die Finanzbehörde eine Außenprüfung in regelmäßigen Zeitabständen nach den Umständen des Falls nicht für erforderlich hält«. Die Entscheidung darüber, ob eine abgekürzte Außenprüfung durchgeführt werden soll, ist **Ermessensentscheidung**. Der in § 203 AO undeutlich gebliebene Kreis der betroffenen Stpfl. wird in AEAO zu § 203, Nr. 2 Abs. 1 Satz 2 und Abs. 2 dahingehend verdeutlicht, dass § 203 AO bei allen Stpfl., bei denen nach § 193 AO die Außenprüfung zulässig ist, ohne Rücksicht auf die Größenklasse des Betriebs anwendbar ist (ebenso *Seer* in Tipke/Kruse, § 203 AO Rz. 3; *Hendricks* in Gosch, § 203 AO Rz. 11 m. w. N.; *von Wedelstädt*, DB 2000, 1356, 1365; AEAO zu § 203, Nr. 2; a. A. *Frotscher* in Schwarz/Pahlke, § 203 AO Rz. 4; *Buse*, AO-StB 2013, 90, 91); die Gegenmeinung übersieht m. E., dass der Gesetzeswortlaut nicht die Stpfl. meint, bei denen turnusmäßige (Anschluss-) Prüfungen nicht vorgesehen sind, sondern die Stpfl., bei denen das FA aufgrund der Umstände des Einzelfalles eine Prüfung im Abstand der Regel für nicht erforderlich hält. Eine abgekürzte Außenprüfung wird aber in der Praxis bei großen Betrieben nicht zweckmäßig sein. 2

Die abgekürzte Außenprüfung »hat sich **auf die wesentlichen Besteuerungsgrundlagen zu beschränken**«. Dies weist § 7 BpO für die Außenprüfung ganz allgemein an. § 4 Abs. 5 Satz 2 BpO (ebenso AEAO zu § 203, Nr. 2 Abs. 3) versucht dies dadurch zu präzisieren, dass sich die abgekürzte Außenprüfung »auf die Prüfung einzelner Besteuerungsgrundlagen eines Besteuerungszeitraums oder mehrerer Besteuerungszeiträume beschränkt«. Dies ist allerdings auch bei jeder Außenprüfung möglich (§ 7 BpO; s. auch *von Wedelstädt*, DB 2000, 1356, 1365). Letztlich wird es also darauf ankommen, wie die Prüfungsanordnung (s. Rz. 4) die Prüfung ankündigt. Eine Beschränkung des Prüfungsumfanges auf solche Besteuerungsgrundlagen, die sich ausschließlich zuungunsten des Stpfl. auswirken, ist wegen § 199 Abs. 1 AO unzulässig. 3

In der auf § 193 AO gestützten Prüfungsanordnung muss dem Stpfl. unter Angabe der Rechtsgrundlage des § 203 AO **mitgeteilt** werden, dass eine Außenprüfung als abgekürzte Außenprüfung durchgeführt werden soll (§ 5 Abs. 2 Satz 4 BpO) und welche Sachverhalte (Besteuerungsgrundlagen) geprüft werden sollen (§ 5 Abs. 2 Satz 1 BpO) (u. a. *Schallmoser* in HHSp, § 203 AO Rz. 15; *Rüsken* in Klein, § 203 AO Rz. 2; *Seer* in Tipke/Kruse, § 203 AO Rz. 11). 4

Nach § 203 Abs. 2 Satz 3 AO ist weder eine Schlussbesprechung noch eine Zusendung eines Prüfungsberichts vor dessen Auswertung vorgeschrieben. Eine der Schlussbesprechung entsprechende Besprechung ist aber nicht ausgeschlossen, § 201 Abs. 1 AO ist in diesem Fall aber nicht anzuwenden (*Schallmoser* in HHSp, § 203 AO Rz. 20; *Buse*, AO-StB 2013, 90, 93 m. w. N.). Der Stpfl. muss jedoch nach § 203 Abs. 2 Satz 1 AO vor Abschluss der Prüfung darauf hingewiesen werden, inwieweit von den Steuererklärungen oder den Steuerfestsetzungen abgewichen werden soll. Die Verletzung der Hinweispflicht kann nach § 126 AO geheilt werden. Geschieht das nicht, sind die daraufhin ergehenden Steuerbescheide nicht nichtig, ihre Aufhebung kann nicht verlangt werden (§ 127 AO). Darüber hinaus wird durch § 203 Abs. 2 Satz 2 AO, wonach dem Stpfl. die steuerlich relevanten Prüfungsfeststellungen spätestens mit den Steuerbescheiden schriftlich mitzuteilen sind, dessen Anspruch auf rechtliches Gehör und notwendige Aufklärung ausreichend erfüllt (BFH v. 25.01.1989, X R 158/87, BStBl II 1989, 483). Ein Prüfungsbericht ist jedoch zu fertigen (AEAO zu § 203, Nr. 4), es sei denn, die Prüfung führt zu keiner Änderung der Besteuerungsgrundlagen (s. § 202 Abs. 1 Satz 3 AO).

6 Die abgekürzte Außenprüfung ist »echte« Außenprüfung und löst dieselben Rechtsfolgen aus wie die nicht abgekürzte Außenprüfung (AEAO zu § 203, Nr. 5): der Vorbehalt der Nachprüfung ist aufzuheben (§ 164 Abs. 3 AO), die abgekürzte Außenprüfung löst die Ablaufhemmung der Festsetzungsfrist nach § 171 Abs. 4 AO und die Änderungssperre des § 173 Abs. 2 AO aus. Ferner kann auch im Anschluss an eine abgekürzte Außenprüfung dem Stpfl. auf Antrag eine verbindliche Zusage gem. §§ 204 bis 207 AO erteilt werden.

7 Ein Wechsel von einer abgekürzten Außenprüfung zu einer nicht abgekürzten Außenprüfung und umgekehrt ist zulässig, wenn sich die Notwendigkeit dazu während der Prüfung ergibt; er ist durch eine ergänzende Prüfungsanordnung gegenüber dem Stpfl. anzuordnen (AEAO zu § 203, Nr. 3). Er ist zu begründen, soweit dies zum Verständnis erforderlich ist (§ 121 Abs. 1 AO).

## § 203a AO
## Außenprüfung bei Datenübermittlung durch Dritte

**(1) Bei einer mitteilungspflichtigen Stelle im Sinne des § 93c Absatz 1 ist eine Außenprüfung zulässig, um zu ermitteln, ob die mitteilungspflichtige Stelle**

**1. ihre Verpflichtung nach § 93c Absatz 1 Nummer 1, 2 und 4, Absatz 2 und 3 erfüllt und**

**2. den Inhalt des Datensatzes nach den Vorgaben des jeweiligen Steuergesetzes bestimmt hat.**

**(2) Die Außenprüfung wird von der für Ermittlungen nach § 93c Absatz 4 Satz 1 zuständigen Finanzbehörde durchgeführt.**

**(3) § 195 Satz 2 sowie die §§ 196 bis 203 gelten entsprechend.**

**Inhaltsübersicht**



### A. Bedeutung der Vorschrift

Die Vorschrift ist durch das StModernG v. 01.07.2016 (BGBl I 2016, 1679) eingefügt worden mit dem Ziel, die Einhaltung der Pflichten der mitteilungspflichtigen Stelle i. S. des § 93c Abs. 1 AO im Rahmen einer Außenprüfung zu überprüfen. Die Regelung ergänzt die Befugnis der Finanzbehörde nach § 93c Abs. 4 Satz 1 AO, entsprechende Ermittlungen z. B. an Amtsstelle durchzuführen. Sie ist erstmals anzuwenden, wenn steuerliche Daten eines Stpfl. für Besteuerungszeiträume nach 2016 oder Besteuerungszeitpunkte nach dem 31.12.2016 aufgrund gesetzlicher Vorschriften von einer mitteilungspflichtigen Stelle elektronisch an Finanzbehörden zu übermitteln sind (Art. 97 § 27 Abs. 2 EGAO, s. Anhang 1). 1

### B. Zulässigkeit der Außenprüfung

Die Außenprüfung ist nur zulässig bei einer mitteilungspflichtigen Stelle i. S. des § 93c Abs. 1 AO. Sie kann auch zur Überprüfung durchgeführt werden, ob eine Stelle verpflichtet ist, Mitteilungen zu machen. Das setzt aber voraus, dass die ernsthafte Möglichkeit einer solchen Pflicht besteht (*Hendricks* in Gosch, § 203a AO Rz. 9). Einzelgesetzliche Regelungen schließen teilweise die Anwendbarkeit von § 203a AO aus (vgl. z. B. § 43 Abs. 2 Satz 8 EStG, § 45d Abs. 1 Satz 3 und Abs. 3 Satz 5 EStG sowie § 65 Abs. 3a EStDV). 2

### C. Umfang der Außenprüfung

#### I. Ordnungsgemäße Erfüllung der Verpflichtungen bei der Datenübermittlung (§ 203a Abs. 1 Nr. 1 AO)

3 Gegenstand der Außenprüfung ist nach § 203a Abs. 1 Nr. 1 AO die Überprüfung, ob die mitteilungspflichtige Stelle ihre Verpflichtungen nach § 93c Abs. 1 Nr. 1, 2 und 4, Abs. 2 und 3 AO erfüllt. Das betrifft

- die zeitgerechte elektronische Übermittlung der Daten nach amtlich vorgeschriebenem Datensatz durch Datenfernübertragung an die Schnittstellen der Finanzverwaltung (§ 93c Abs. 1 Nr. 1 AO),
- die Nennung der nach § 93c Abs. 1 Nr. 2 AO erforderlichen Angaben im Datensatz,
- die Einhaltung der Aufzeichnungs- und Aufbewahrungspflichten nach § 93c Abs. 1 Nr. 4 AO,
- den Verzicht auf die Datenübermittlung wegen Zeitablaufs nach § 93c Abs. 2 AO; die Prüfung erstreckt sich hier vor allem darauf, ob von dieser Regelung zutreffend Gebrauch gemacht wird, insbes. ob wegen Nichteintritts des erforderlichen Zeitablaufs noch übermittlungsfähige Datensätze zu Unrecht nicht übermittelt wurden, und
- die Einhaltung der Pflicht zur Korrektur oder Stornierung nach § 93c Abs. 3 AO.

Wegen der Pflichten im Einzelnen wird auf die Kommentierung zu § 93c AO verwiesen.

#### II. Bestimmung des Datensatzes nach den jeweils einschlägigen Steuergesetzen (§ 203a Abs. 1 Nr. 2 AO)

4 Die einzelnen Steuergesetze bestimmen den Inhalt des von der mitteilungspflichtigen Stelle zu übermittelnden Datensatzes. Ob die mitteilungspflichtige Stelle diese Vorgaben beachtet, ist ebenfalls Gegenstand der Außenprüfung nach § 203a AO. Die Außenprüfung hat keine Bindungswirkung für die steuerliche Berücksichtigung der fraglichen Daten im Rahmen der individuellen Einkommensteuerfestsetzung (BT-Drs. 18/7457, 96).

### D. Zuständigkeit (§ 203a Abs. 2 AO)

5 Zuständig für die Außenprüfung nach § 203a AO ist die Finanzbehörde, die für die Ermittlungen nach § 93c Abs. 4 Satz 1 AO zuständig ist.

### E. Anwendung von Vorschriften (§ 203a Abs. 3 AO)

Die Regelungen in § 195 Abs. 2 AO sowie in den §§ 196 bis 203 AO sind bei der Durchführung der Außenprüfung nach § 203a AO entsprechend anzuwenden. Nicht anwendbar ist § 204 ff. AO über die Erteilung einer verbindlichen Zusage.

## 2. Unterabschnitt

## Verbindliche Zusagen auf Grund einer Außenprüfung

## Vorbemerkungen zu §§ 204–207

**Inhaltsübersicht**



### A. Zusagen und Auskünfte der Finanzbehörde

#### I. Allgemeines

Die AO regelt verbindliche Zusagen oder ähnliche Rechtsinstitute in § 89 Abs. 2 AO mit der allgemeinen **verbindlichen Auskunft** (s. Rz. 2) und in §§ 204 ff. AO mit der **verbindlichen Zusage aufgrund einer Außenprüfung**. Sonderfälle außerhalb der AO geregelter verbindlicher Auskünfte sind die **Anrufungsauskunft** nach § 42e EStG auf dem Gebiet des LSt-Rechts sowie die **verbindlichen Zolltarif- und Ursprungsauskünfte** nach Art. 33 UZK. 1

In der Praxis bestand von jeher wegen der Kompliziertheit des materiellen Steuerrechts, der steigenden Steuerlastquote und aus Gründen der Planungssicherheit ein erhebliches Interesse an einer gesetzlich geregelten allgemeinen **verbindlichen Auskunft**. Der BFH (u. a. BFH v. 16.03.1983, IV R 36/79, BStBl II 1983, 459) hatte vor 2 der nunmehrigen gesetzlichen Regelung eine Lösung aus dem Gesichtspunkt von **Treu und Glauben** gefunden. Auf der Grundlage dieser Rspr. hatte das BMF erstmals mit Schreiben vom 24.07.1987, zuletzt durch Schreiben v. 29.12.2003 (BStBl I 2003, 742) die »**Auskunft mit Bindungswirkung nach Treu und Glauben (verbindliche Auskunft)**« geregelt. Durch das Föderalismusreform-Begleitgesetz vom 05.09.2006 (BGBl I 2006, 2098) ist mit § 89 Abs. 2 ff. AO eine gesetzliche Regelung der verbindlichen Auskunft geregelt worden. Auf die Ausführungen zu § 89 AO wird verwiesen.

3 Auf derselben Grundlage von Treu und Glauben soll nach dem BFH die sog. **tatsächliche Verständigung** beruhen (s. Rz. 15 ff). Anders als die genannten Zusagen oder Auskünfte bewirkt sie keine Bindung an die steuerrechtliche Behandlung eines Sachverhalts für die Zukunft; sie enthält vielmehr unter bestimmten Voraussetzungen eine verbindliche Vereinbarung über die Annahme eines der Besteuerung zu unterwerfenden Sachverhalts. Ihre Bindungswirkung beruht nach h. M. entgegen dem BFH auf ihrem Charakter als öffentlich-rechtlicher Vertrag (s. Rz. 29).

4 vorläufig frei

## II. Verbindliche Zusage aufgrund einer Außenprüfung

5 In der steuerlichen Praxis kommt es häufig insbes. dann zu Differenzen zwischen dem Stpfl. und dem FA, wenn bei einer Betriebsprüfung bestimmte Sachverhalte ausdrücklich überprüft, ihre Behandlung durch den Stpfl. nicht beanstandet wird oder sie anders behandelt werden als bisher im Veranlagungsverfahren oder bei früheren Prüfungen. Die Stpfl. stellen sich im Allgemeinen auf die bei einer Außenprüfung von der Finanzbehörde vertretene Auffassung ein und richten danach insbes. ihre zukünftigen wirtschaftlichen Dispositionen aus, um steuerliche Nachteile zu vermeiden. Einschränkend wirkt allerdings das Prinzip der Abschnittsbesteuerung, wonach ein Sachverhalt für jeden Veranlagungszeitraum erneut zu prüfen ist (*von Wedelstädt*, AO-StB 2013, 219). Um dem Stpfl. insoweit einen gewissen Grad an Sicherheit zu geben, regeln die §§ 204 bis 207 AO Voraussetzungen, Form, Bindung und Korrektur der verbindlichen Zusage im Anschluss an eine Außenprüfung.

6–7 vorläufig frei

## III. Außerhalb der AO geregelte Zusagen

### Schrifttum

Buciek, Bindende Erklärungen der Finanzverwaltung, DStZ 1999, 389; Borggreve, Auskünfte und Zusagen über Besteuerungsgrundlagen, AO-StB 2007, 77 (Teil I); AO-StB 2008, 108 (Teil II); Martin, Anrufungsauskunft nach § 42e EStG, NWB 2012, 3700; Geserich, Lohnsteueranrufungsauskunft nach § 42 e EStG, NWB 2014, 1866; Hilbert, Die Lohnsteuer-Anrufungsauskunft nach § 24e EStG, NWB 2018, 466.

### 1. Lohnsteueranrufungsauskunft (§ 42 e EStG)

Nach § 42 e EStG hat der »Beteiligte« einen Anspruch auf **Auskunft, ob und inwieweit im einzelnen Fall die Vorschriften über die Lohnsteuer anzuwenden sind**. Die Auskunft setzt eine **Anfrage**, d. h. einen Antrag, und ein **Auskunftsinteresse** voraus. Antragsteller können der Arbeitgeber, der Arbeitnehmer, der gesetzliche Vertreter und Vermögensverwalter nach § 34 AO oder Verfügungsberechtigte nach § 35 AO sein. Zuständig für die Auskunft ist das Betriebstätten-FA des Arbeitgebers (s. dazu im Einzelnen § 42 e Satz 2 ff. EStG). Die Lohnsteueranrufungsauskunft nach § 42 e EStG trifft eine Regelung dahingehend, wie die Finanzbehörde den vom Antragsteller dargestellten Sachverhalt gegenwärtig beurteilt. Der Stpfl. hat keinen Anspruch auf einen bestimmten rechtmäßigen Inhalt der Auskunft (BFH v. 27.02.2014, VI R 23/13, BStBl II 2014, 894). 8

Die Anrufungsauskunft ist keine Wissenserklärung des FA, sondern ein feststellender **Verwaltungsakt** (h. M., BFH v. 30.04.2009, VI R 54/07, BStBl II 2010, 996 m. w. N. in Änderung seiner Rspr.; BFH v. 16.05.2013, VI R 23/12, BStBl II 2014, 325 m. w. N.; ferner u. a. *Frotscher* in Schwarz/Pahlke, Vor §§ 204–207 AO Rz. 22) und kann daher im Rechtsbehelfswege inhaltlich überprüft werden. Die Ablehnung einer Auskunft oder seine Aufhebung sind ebenfalls Verwaltungsakte (BFH v. 02.09.2010, VI R 3/09, BStBl II 2011, 233). Sie tritt außer Kraft, wenn sich die Rechtsvorschriften, auf denen sie beruht, ändern (u. a. *Seer* in Tipke/Kruse, § 89 AO Rz. 112). Wegen der Vorverlagerung des Verwaltungshandelns geht der BFH (v. 02.09.2010, VI R 3/09, BStBl II 2011, 233) von einer minderen Verbindlichkeit aus, der §§ 130 f. AO nicht gerecht werden, und sieht die Grundlage für die Korrektur der Anrufungsauskunft für die Zukunft in der analogen Anwendung des § 207 Abs. 2 AO (BFH v. 02.09.2010, VI R 3/09, BStBl II 2011, 233; ebenso *Seer* in Tipke/Kruse, § 89 AO Rz. 112 m. w. N. zum Meinungsstand; *Geserich*, NWB 2014, 1866, 1872; dazu s. § 207 AO Rz. 5). Zu den Folgen der geänderten Rspr. und weiteren Einzelheiten s. BMF v. 12.12.2017, IV C 5 – S 2388/14/10001, BStBl I 2017, 1656. Der Widerruf der Anrufungsauskunft ist kein vollziehbarer Verwaltungsakt und daher ist ein Antrag auf AdV nach § 361 AO bzw. § 69 FGO nicht statthaft (BFH v. 15.01.2015, VI B 103/14, BStBl II 2015, 447). 9

Die Anrufungsauskunft bindet ausschließlich das erteilende Betriebstätten-FA im Rahmen des Lohnsteuer-Abzugsverfahrens gegenüber dem Arbeitgeber. Hat der Ar- 10 beitgeber eine Anrufungsauskunft eingeholt und ist danach verfahren, kann ihm nicht entgegengehalten werden, er habe die LSt nicht vorschriftsmäßig einbehalten, unabhängig davon, ob die Anrufungsauskunft materiell richtig oder unrichtig ist (BFH v. 16.11.2005, VI R 23/02, BStBl II 2006, 210, m. w. N.; BFH v. 17.10.2013, VI R 44/12, BStBl II 2014, 892 m. w. N.). Sie wirkt auch gegenüber dem Arbeitnehmer (BFH v. 17.10.2013, VI R 44/12, BStBl II 2014, 892), erstreckt sich aber nicht auf das Veranlagungsverfahren des Arbeitnehmers (u. a. BFH v. 17.10.2013, VI R 44/12, BStBl II 2014, 892 m. w. N.; *Frotscher* in Schwarz/Pahlke, Vor §§ 204–207 AO Rz. 23; a. A. *Seer* in Tipke/Kruse, § 89 AO Rz. 110).

### 2. Verbindliche Zolltarifauskunft, verbindliche Ursprungsauskunft, Art. 33 UZK

11 Art 33 UZK sieht die **verbindliche Zolltarifauskunft** für Fragen der Einordnung einer Ware in den Zolltarif und die **verbindliche Ursprungsauskunft** für die Feststellung des Warenursprungs vor. Beide Auskünfte sind von einem **schriftlichen Antrag** abhängig, s. dazu im Einzelnen Art. 6 bis 8 ZK-DVO.

12 Die Auskünfte sind als Entscheidungen der Zollbehörden **Verwaltungsakte** (Art. 5 Nr. 39 UZK). **Sie binden die Zollbehörden aller Mitgliedstaaten** gegenüber dem Berechtigten, und zwar für die Zolltarifauskunft hinsichtlich der zolltariflichen Einordnung der Waren, für die Ursprungsauskunft hinsichtlich des Ursprungs von Waren (Art. 33 Abs. 2 UZK; BFH v. 26.01.2012, VII R 17/11, BFH/NV 2012, 1497).

Die Zolltarifauskunft ist sechs, die nach dem 01.05.2016 erteilte drei Jahre, die Ursprungsauskunft drei Jahre gültig (Art. 33 Abs. 3 UZK). Beide Auskünfte können **aufgehoben oder geändert** werden. Sie sind – ex tunc – zurückzunehmen, wenn sie auf unrichtigen oder unvollständigen Angaben des Antragstellers beruhen (Art. 34 Abs. 4 UZK; *Wolffgang* in HHSp, Art. 12 ZK Rz. 19 ff.). Sie werden unter den Voraussetzungen des Art. 34 Abs. 1 und 2 UZK ungültig. Art. 9 ZK bzw. Art. 34 Abs. 7 UZK sieht im Übrigen einen Widerruf und für vor dem 01.05.2016 erteilte Auskünfte (Art. 9 ZK i. V. m. Art. 34 Abs. 6 UZK) eine Änderung vor, die ex nunc wirken (*von Wedelstädt* in Bartone/von Wedelstädt, Rz. 439 ff.).

13–14 vorläufig frei

## IV. Tatsächliche Verständigung

**Schrifttum**

von Wedelstädt, Tatsächliche Verständigung – Rechtslage, Voraussetzungen, Inhalt und Folgen, DB 1991, 515; Iwanek, Aufhebung der Bindungswirkung einer tatsächlichen Verständigung, DStR 1993, 1394; Streck, Die »tatsächliche Verständigung« in der Praxis, StuW 1993, 366; Seer, Verträge, Vergleiche und sonstige Verständigungen im deutschen Steuerrecht, StuW 1995, 213; Schmidt-Liebig, Tatsächliche Verständigungen über Schätzungsgrundlagen, DStZ 1996, 643; Seer, Das Rechtsinstitut der sog. tatsächlichen Verständigung im Steuerrecht, BB 1999, 78; Offerhaus, Die tatsächliche Verständigung – Voraussetzungen und Wirkung, DStR 2001, 2093; von Wedelstädt, Die tatsächliche Verständigung, AO-StB 2001, 190; Fittkau, Die Genehmigung einer tatsächlichen Verständigung durch das Veranlagungsfinanzamt, DStZ 2003, 231; Bornheim, Grenzen und Möglichkeiten der tatsächlichen Verständigung, AO-StB 2004, 363 (Teil I) und 399 (Teil II); Pump/Fittkau, Tatsächliche Verständigung und Zinsfestsetzung, AO-StB 2004, 402; Seer, Das Rechtsinstitut der sog. tatsächlichen Verständigung im Zoll- und Verbrauchsteuerrecht, RIW 2005, 838; Pump/Fittkau, Checkliste zur tatsächlichen Verständigung, AO-StB 2007, 129 (Teil I) und 154 (Teil II); U.-C. Dissars, Ungeklärte Rechtsfragen der tatsächlichen Verständigung, NWB 2010, 2141.

### 1. Allgemeines

Der BFH hat grundsätzlich anerkannt (st. Rspr., u. a. BFH v. 08.10.2008, I R 63/07, BStBl II 2009, 121 m. w. N.), dass durch eine sog. **tatsächliche Verständigung** zwischen den Beteiligten, d. h. dem FA und dem Stpfl., die Annahme eines bestimmten Sachverhalts oder eine bestimmte Sachbehandlung vereinbart werden können. Ihr Zweck ist es, zu jedem Zeitpunkt des Besteuerungsverfahrens hinsichtlich bestimmter Sachverhalte, deren Klärung schwierig, aber zur Festsetzung der Steuern notwendig ist, den möglichst zutreffenden Besteuerungssachverhalt i. S. des § 88 AO einvernehmlich festzulegen (BFH v. 08.10.2008, I R 63/07, BStBl II 2009, 121). Dies dient der Verfahrensbeschleunigung und dem Rechtsfrieden. Dem liegt zugrunde, dass sich die Sachverhaltsermittlung nicht selten aufwendig und zeitraubend gestaltet, ohne dass es letztlich zur zweifelsfreien Feststellung eines der Besteuerung zugrunde zu legenden Sachverhalts kommt. Folge dieser Situation sind häufig sich über Jahre hinziehende Rechtsstreite mit ungewissem Ausgang. 15

Die Bindungswirkung einer derartigen Vereinbarung setzt voraus, dass 16

- sie sich auf Sachverhaltsfragen – nicht aber auf Rechtsfragen – bezieht (u. a. BFH v. 11.04.2017, IX R 24/15, BStBl II 2017, 1155),
- der Sachverhalt die Vergangenheit betrifft,
- die Sachverhaltsermittlung erschwert ist,
- auf Seiten der Finanzbehörde ein für die Entscheidung über die Steuerfestsetzung zuständiger Amtsträger beteiligt ist und
- die tatsächliche Verständigung nicht zu einem offensichtlich unzutreffenden Ergebnis führt BFH v. 08.10.2008, I R 63/07, BStBl II 2009, 121 m. w. N.).

Tatsächliche Verständigungen können in allen Verfahrensabschnitten, also im **Außenprüfungsverfahren** z. B. im Rahmen einer Schlussbesprechung nach Betriebsprüfung (BFH v. 07.07.2004, X R 24/03, BStBl II 2004, 975 m. w. N.), im **Rechtsbehelfs-** oder **Rechtsmittelverfahren** 17

(BFH v. 06.02.1991, I R 13/86, BStBl II 1991, 673), im **Steuerfahndungsverfahren** und nach **Einleitung eines Steuerstrafverfahrens** (BMF v. 30.07.2008, BStBl I 2008, 831, Nr. 1; *Streck*, StuW 1993, 366, 370) getroffen werden und finden auch im Zoll- und Verbrauchsteuerrecht Anwendung (*Seer*, RIW 2005, 838).

### 2. Gegenstand der tatsächlichen Verständigung

18 Gegenstand der tatsächlichen Verständigung ist die **einvernehmliche Festlegung des Sachverhalts**, der der Besteuerung zugrunde gelegt werden soll. Die Vereinbarung bezieht sich auf Sachverhaltsfragen und nicht auf Rechtsfragen (u.a. BFH v. 11.04.2017, IX R 24/15, BStBl II 2017, 1155 m.w.N.). Anwendungsmöglichkeiten liegen im Bereich der Schätzung, der Bewertung, der sachlichen Wertung eines Sachverhalts einschließlich der Beweiswürdigung (s. *von Wedelstädt*, DB 1991, 515, 516).

19 Die tatsächliche Verständigung kann anders als die verbindliche Auskunft regelmäßig nur **abgeschlossene Sachverhalte**, nicht künftige Sachverhaltsgestaltungen betreffen (u.a. BFH v. 08.10.2008, I R 63/07, BStBl II 2009, 121). Nach dem Grundsatz der Abschnittsbesteuerung bezieht sie sich stets auf einen abgelaufenen Besteuerungszeitraum (BFH v. 13.02.2008, I R 63/06, BStBl II 2009, 414). Bei Sachverhalten mit **Dauerwirkung** wie z.B. bei der Festlegung der Nutzungsdauer eines Wirtschaftsgutes (FG BW v. 26.03.1992, 3 K 132/86, EFG 1992, 706) wirkt sich die tatsächliche Verständigung auch **in der Zukunft** aus, sofern gleich bleibende Umstände vorliegen (BFH v. 13.08.1997, I R 12/97, BFH/NV 1998, 498; *Seer* in Tipke/Kruse, Vor § 118 AO Rz. 12 m.w.N.; BMF v. 30.07.2008, BStBl I 2008, 831, Nr. 4.2; offenlassend BFH v. 13.02.2008, I R 63/06, BStBl II 2009, 414). Die Bindungswirkung der tatsächlichen Verständigung in die Zukunft muss aber von den Beteiligten auch so gewollt worden sein (BFH v. 13.02.2008, I R 63/06, BStBl II 2009, 414; *Seer* in Tipke/Kruse, Vor § 118 AO Rz. 12). Dagegen ist m.E. eine tatsächliche Verständigung mit einer Bindungswirkung auch für die Zukunft über einen Sachverhalt mit einer **Dauerwiederkehr** nicht ohne Weiteres zulässig (*von Wedelstädt*, AO-StB 2001, 190, 191; a.A. *Seer*, Verständigungen in Steuerverfahren, 431 für die Festlegung von Garantierückstellungen auch für die Zukunft). Denn Sachverhalte mit Dauerwirkung sind abgeschlossen, Sachverhalte mit Dauerwiederkehr sind zwar im Grunde angelegt, ob sie aber auch in Zukunft wiederkehren und in welchem Umfang oder in welcher Höhe, entscheidet erst der Geschehensablauf in den künftigen Veranlagungszeiträumen. Im Übrigen besteht in diesen Fällen die Möglichkeit, den Sachverhalt so zu gestalten, dass er nicht erschwert zu ermitteln ist. Das gilt für die Festlegung der Höhe der Garantierückstellungen ebenso wie z.B. für die Abgrenzung von privater und beruflicher Nutzung von Wirtschaftsgütern.

Typische Gegenstände **von tatsächlichen Verständigungen sind z.B.** 20

- **Schätzungen**, wie Zuschätzungen nach Kalkulationsdifferenzen (BFH v. 31.07.1996, XI R 78/95, BStBl II 1996, 625; *Seer*, Verständigungen in Steuerverfahren, 202), einschließlich der anzuwendenden Schätzungsmethode (BFH v. 12.08.1999, XI R 27/98, BFH/NV 2000, 537 m.w.N.),
- **Abgrenzungen und Aufteilungen** z.B. zwischen privater und betrieblicher Nutzung, zwischen steuerpflichtiger und steuerfreier oder nicht steuerbarer Einkunftssphäre, zwischen verschiedenen Einkunftsarten (*Seer*, Verständigungen in Steuerverfahren, 201),
- **Angemessenheit von Geschäftsführergehältern** als Verständigung über tatsächliche Vorfragen wie Umfang, insbes. der Verhältnisanteil der als angemessen anzusehenden variablen Bestandteile der Geschäftsführervergütung einer GmbH (BFH v. 13.08.1997, I R 12/97, BFH/NV 1998, 498),
- **Nutzungsdauer eines Wirtschaftsgutes** (FG BW v. 26.03.1992, 3 K 132/86, EFG 1992, 706; *Seer*, Verständigungen in Steuerverfahren, 198),
- **Bewertungen** wie Teilwert, Verkehrswert oder gemeiner Wert (*Seer*, Verständigungen in Steuerverfahren, 196 ff.),
- **Auslegung und rechtliche Beurteilung zivilrechtlicher Verträge oder Rechtsfragen**, die als Vorfragen (vorgreiflich, s. auch zum Tatsachenbegriff i.S. des § 173 AO) der steuerlichen Beurteilung zugrunde zu legen sind (*von Wedelstädt*, AO-StB 2001, 190, 191; FG Nds v. 19.11.1996, VI 393/92, EFG 1997, 846),
- Vorliegen der **Einkünfteerzielungsabsicht** (BFH v. 20.09.2007, IV R 20/05, BFH/NV 2008, 532).

Der Grundsatz der Gesetzmäßigkeit und Gleichmäßigkeit der Besteuerung (§§ 38 und 85 AO) **verbietet** es, **Vergleiche über die steuerrechtliche Beurteilung von Sachverhalten** abzuschließen (h.M., z.B. BFH v. 08.10.2008, I R 63/07, BStBl II 2009, 121 m.w.N.; ebenso *Söhn* in HHSp, § 78 AO Rz. 158 ff.; *Rätke* in Klein, § 78 AO Rz. 4; *Wünsch* in Koenig, § 88 AO Rz. 51; *Buciek*, DStZ 1999, 379, 396; *von Wedelstädt*, AO-StB 2001, 190; *Offerhaus*, DStR 2001, 2093; BMF v. 30.07.2008, BStBl I 2008, 831, Nr. 4.2; auch s. § 38 AO Rz. 2; a.A. *Seer* in Tipke/Kruse, Vor § 118 AO Rz. 29, der i.E. nur die gesetzesabweichende Steuervereinbarung ausschließt; *Rüsken* in Gosch, § 78 AO Rz. 60.3 f.; *Wolf*, DStZ 1998, 267). Das bedeutet: eine tatsächliche Verständigung ist nicht zulässig zur Klärung zweifelhafter Rechtsfragen, über den Eintritt bestimmter Rechtsfolgen oder über die Anwendung bestimmter Rechtsvorschriften und folglich nicht beachtlich (BFH v. 14.09.1994, I R 125/93, BFH/NV 1995, 369 m.w.N.), bei m.E. richtiger Annahme der tatsächlichen 21

Verständigung als Vertrag (s. Rz. 29) nichtig. Eine tatsächliche Verständigung ist aber dort zulässig, wo sie mittelbar auch den Tatbestandsbereich einer Rechtsnorm erfasst oder wo rechtliche und tatsächliche Elemente so eng miteinander verwoben sind, dass sie sachgerechterweise nicht auseinandergerissen werden können, wie das z. B. bei Schätzungen, Angemessenheitsfragen o. Ä. der Fall ist (z. B. BFH v. 03.04.2008, IV R 54/04, BStBl II 2008, 742; ausführlich *Seer*, Verständigungen in Steuerverfahren, 206 ff., 209 m. w. N.; *Seer* in Tipke/Kruse, Vor § 118 AO Rz. 11 m. w. N.; *Söhn* in HHSp, § 78 AO Rz. 166).

### 3. Voraussetzungen

22 Es muss ein Fall **erschwerter Sachverhaltsaufklärung** vorliegen (h. M., u. a. BFH v. 08.10.2008, I R 63/07, BStBl II 2009, 121 m. w. N.; BFH v. 11.04.2017, IX R 24/15, BStBl II 2017, 1155 m. w. N.). Sie liegt vor, wenn der steuererhebliche Sachverhalt nur mit großem unzumutbarem Aufwand, d. h. mit überdurchschnittlichem Arbeits- und Zeitaufwand oder überdurchschnittlicher Zeitdauer ermittelt werden kann, aber zur Festsetzung der Steuer notwendig ist (BMF v. 30.07.2008, BStBl I 2008, 831, Nr. 3; *von Wedelstädt*, AO-StB 2001, 190 m. w. N.). Hat die Finanzbehörde ihre Ermittlungspflichten ggf. auch durch Auskunfts- und Vorlageersuchen nicht ordnungsgemäß wahrgenommen, steht dies einer tatsächlichen Verständigung entgegen. Ob die Finanzbehörde den Sachverhalt ermittelt, darf nicht in ihrem eigenen Gutdünken und/oder der Initiative oder dem Belieben der Beteiligten überlassen bleiben (BFH v. 07.07.2004, X R 24/03, BStBl II 2004, 975). Eine erschwerte Sachverhaltsermittlung ist nicht durch die Kompliziertheit eines Sachverhalts allein, also z. B. durch eine überdurchschnittliche Detaildichte, begründet.

23 Die tatsächliche Verständigung muss in der **zuständigen Behörde** von dem für ihre Umsetzung im Rahmen der **Steuerfestsetzung zuständigen Amtsträger** getroffen werden (u. a. BFH v. 08.10.2008, I R 63/07, BStBl II 2009, 121). Zuständig sind regelmäßig der Vorsteher des FA sowie der Sachgebietsleiter der Veranlagungsstelle oder der Rechtsbehelfsstelle bei Befassung durch diese (BFH v. 05.10.1990. III R 19/88, BStBl II 1991, 45; BFH v. 25.11.1997, IX R 47/94, BFH/NV 1998, 580) sowie im Rahmen ihrer Zeichnungsbefugnis die Sachbearbeiter. Bei **veranlagender Betriebsprüfung** kann die tatsächliche Verständigung auch vom Sachgebietsleiter der Betriebsprüfungsstelle abgeschlossen werden kann (BFH v. 22.09.2004, III R 9/03, BStBl II 2005, 160). Aufgrund der hier abgelehnten Ansicht des BFH, dass die Bindungswirkung auf dem Grundsatz von Treu und Glauben beruht, kann der zuständige Amtsträger **nicht vertreten** noch kann eine von einem unzuständigen Amtsträger getroffene tatsächliche Vereinbarung von dem zuständigen **genehmigt** werden, etwa wenn der Veranlagungsbezirk sie in der Änderungsfestsetzung übernimmt (BFH v. 28.07.1993, XI R 68/92, BFH/NV 1994, 290; a. A. *Seer* in Tipke/Kruse, Vor § 118 AO Rz. 25 m. w. N.; *Wiese*, BB 1994, 333, 335; auch s. Rz. 29 a. E.). Wird der **Stpfl. vertreten**, so muss eine entsprechende Vollmacht vorliegen. Eine uneingeschränkte Vollmacht nach § 80 Abs. 1 Satz 2 AO umfasst auch die Befugnis zu einer tatsächlichen Verständigung.

Die tatsächliche Verständigung darf nicht zu einem **offensichtlich unzutreffenden Ergebnis** führen (u. a. BFH v. 08.10.2008, I R 63/07, BStBl II 2009, 121 m. w. N.; BFH v. 11.04.2017, IX R 24/15, BStBl II 2017, 1155 m. w. N.; BMF v. 30.07.2008, BStBl I 2008, 831, Nr. 2.2). Dies ist im Rahmen einer Gesamtwürdigung aller objektiven Umstände des Einzelfallszu beurteilen (BFH v. 26.10.2005, X B 41/05, BFH/NV 2006, 243; BFH v. 11.04.2017, IX R 24/15, BStBl II 2017, 1155 m. w. N.) und z. B. der Fall bei einem Verstoß gegen die Denkgesetze oder gegen allgemeine Erfahrungssätze (BFH v. 06.02.1991, I R 19/86, BStBl II 1991, 673) oder wenn der in der tatsächlichen Verständigung angenommene Grundsachverhalt nicht zutrifft (FG Münster v. 26.02.1997, 1 K 4356/94 U, EFG 1996, 929). 24

Die Voraussetzungen der Wirksamkeit einer tatsächlichen Verständigung werden im Rechtsbehelfsverfahren gegen den Festsetzungs- oder Feststellungsbescheid geprüft, in dem sie berücksichtigt worden ist (BFH v. 12.06.2017, III B 144/16, BStBl II 2017, 1165 m. w. N.). 25

### 4. Abschluss der tatsächlichen Verständigung

Eine besondere Form ist nicht vorgeschrieben, **Schriftlichkeit** aber zu empfehlen, weil sie zugleich Indiz dafür ist, dass sich das beteiligte FA in einer bestimmten Form **binden wollte** (u. a. BFH v. 31.07.1996, XI R 78/95, BStBl II 1996, 625). Die Feststellung im Betriebsprüfungsbericht, es sei »Übereinstimmung erzielt« worden, signalisiert einen solchen Bindungswillen nicht (s. § 202 AO Rz. 3; s. auch *Seer* in Tipke/Kruse, § 201 AO Rz. 13). 26

Der Inhalt der Vereinbarung sollte in einfacher, beweissicherer Form durch Niederschrift festgehalten werden und aus Beweissicherungsgründen von den Beteiligten unterschrieben werden (FG Ha v. 16.02.1996, I 141/95, EFG 1996, 522; s. auch BMF v. 30.07.2008, BStBl I 2008, 831 Nr. 5.5 mit **Muster**; *von Wedelstädt*, AO-StB 2001, 190, 191 m. w. N.). Eine Ausfertigung der Niederschrift sollte den Beteiligten ausgehändigt werden. Der Nachweis des Abschlusses einer tatsächlichen Verständigung kann aber auch durch andere Beweismittel wie Zeugenvernehmung geführt werden (BFH v. 31.07.1996, XI R 78/95, BStBl II 1996, 625). 27

Eine tatsächliche Verständigung sollte sich nur auf einen **einzelnen Sachverhalt** beziehen. Bei »Paketlösungen« werden bei Wegfall einer Einigung wegen des »Weg- 28 falls der Geschäftsgrundlage« grds. auch die anderen Einigungen hinfällig (BFH v. 20.09.2007, IV R 20/05, BFH/NV 2008, 532; BMF v. 30.07.2008, BStBl I 2008, 831 Nr. 5.4).

### 5. Rechtsnatur und Bindungswirkung

29 An eine zulässige und wirksam zustande gekommene tatsächliche Verständigung sind die Beteiligten grundsätzlich gebunden, auch wenn die Verständigung nicht sämtliche schwer aufklärbaren Umstände des Besteuerungssachverhalts umfasst. Während der BFH (u.a. BFH v. 11.04.2017, IX R 24/15, BStBl II 2017, 1155 m.w.N.; BFH v. 12.06.2017, III B 144/16, BStBl II 2017, 1165 m.w.N.; ebenso *Wünsch* in Koenig, § 88 AO Rz. 53; *Weber-Grellet*, BB 1994, 997; *Schmidt-Liebig*, DStZ 1996, 643; BMF v. 30.07.2008, BStBl I 2008, 831, Nr. 6.1) ihre Verwaltungsaktsqualität ablehnt und die Bindungswirkung aus dem Grundsatz von **Treu und Glauben** herleitet, sieht die **h.M.** (u.a. *Seer* in Tipke/Kruse, Vor § 118 AO Rz. 15 m.w.N. und Übersicht über den Meinungsstand; *Rätke* in Klein, § 78 AO Rz. 5 m.w.N.; *Rüsken* in Klein, § 162 AO Rz. 30a; *von Wedelstädt*, DB 1991, 515 und 1712; s. Übersicht *von Wedelstädt*, AO-StB 2001, 190, 192) in der tatsächlichen Verständigung einen öffentlich-rechtlichen **Vertrag**, dessen **Bindungswirkung** mit seinem Abschluss eintritt. Demgegenüber benötigen der BFH und die ihm folgende Meinung zur Bindungswirkung Dispositionen; Dispositionen der Beteiligten werden darin gesehen, dass sie unter Aufgabe ihrer unterschiedlichen Ausgangspositionen einvernehmlich auf weitere Ermittlungen in Bezug auf den durch die tatsächliche Verständigung festgelegten Sachverhalt verzichten, wenn die tatsächliche Verständigung wirksam und unanfechtbar zustande gekommen ist (BFH v. 31.07.1996, XI R 78/95, BStBl II 1996, 625; BMF v. 30.07.2008, BStBl I 2008, 831, Nr. 6.1). Der Annahme eines öffentlich-rechtlichen Vertrags stehen gesetzliche Bestimmungen nicht entgegen, sie bedarf auch keiner gesetzlichen Ermächtigung (*Seer* in Tipke/Kruse, Vor § 118 AO Rz. 16). Bei Annahme eines Vertrags ergeben sich die in Rz. 23 geschilderten Probleme hinsichtlich der Genehmigung oder der Vertretung nicht.

30 Die tatsächliche Verständigung bindet nur hinsichtlich des Sachverhalts, der Gegenstand der Verständigung ist. Betrifft sie z.B. die Höhe der gewerblichen Einkünfte, ist der Stpfl. nicht gehindert, sein Veranlagungswahlrecht anderweitig auszuüben (BFH v. 24.01.2002, III R 49/00, BStBl II 2002, 408). Sie bindet im Übrigen nur die an der Verständigung Beteiligten. Eine tatsächliche Verständigung zwischen einem Stpfl. und dem für ihn zuständigen FA, deren Gegenstand die Übernahme von Steuerschulden Dritter ist, bindet die für die Besteuerung der Dritten zuständigen FA nur, wenn diese am Zustandekommen der tatsächlichen Verständigung beteiligt waren (BFH v. 07.07.2004, X R 24/03, BStBl II 2004, 975).

### 6. Rechtsfolgen der tatsächlichen Verständigung

Die wirksame tatsächliche Verständigung bindet die Beteiligten grundsätzlich hinsichtlich **abgeschlossener Sachverhalte**, nicht jedoch für noch nicht verwirklichte, es sei denn, es handelt sich um Dauersachverhalte (s. Rz. 19). Das FA hat den vereinbarten Sachverhalt der entsprechenden **Steuerfestsetzung oder Feststellung** zugrunde zu legen und auch bei **künftigen Änderungen** der Steuerfestsetzung, und zwar auch nach § 164 AO (§ 164 AO Rz. 21), zu berücksichtigen. Der Stpfl. kann der vertragskonformen Umsetzung der tatsächlichen Verständigung **nicht mit dem Rechtsbehelf** begegnen, denn die tatsächliche Verständigung bindet auch im Rechtsbehelfsverfahren. 31

Da die tatsächliche Verständigung die Ungewissheit über das Vorliegen einer Tatsache beseitigt hat, kann wegen des Sachverhalts, der Gegenstand der Vereinbarung ist, die Veranlagung **nicht vorläufig nach § 165 AO** durchgeführt werden (*von Wedelstädt*, DB 1991, 515, 517). 32

Eine die Vereinbarung **nicht umsetzende Steuerfestsetzung ist rechtswidrig**, umgekehrt ist die Steuerfestsetzung, die die Vereinbarung umsetzt, rechtmäßig (*Seer*, Verständigungen in Steuerverfahren, 403 und 410). Daher kann bei künftigen Änderungen der Steuerfestsetzung und auch im Rahmen der Fehlersaldierung nicht von einem anderen Sachverhalt ausgegangen werden (*von Groll* in HHSp, Vor §§ 172-177 AO Rz. 98 m.w.N.; *von Wedelstädt* in Gosch, § 172 AO Rz. 70; *Seer*, Verständigungen in Steuerverfahren, 413 f.). Eine Änderung nach § 172 Abs. 1 Nr. 2 Buchst. c AO oder § 173 Abs. 1 Nr. 1 AO oder eine Fehlersaldierung nach § 177 AO ist aber durchzuführen, wenn später Tatsachen bekannt werden, die der Stpfl. pflichtwidrig oder gar in Steuerverkürzungsabsicht bei Abschluss der tatsächlichen Verständigung nicht offenbart hat (*Seer*, Verständigungen in Steuerverfahren, 412; *Seer*, BB 1999, 78, 84; *von Wedelstädt*, AO-StB 2001, 190, 193; AEAO zu § 173, Nr. 8.3.2). Denn in diesem Fall ist die tatsächliche Verständigung unwirksam (s. Rz. 34). 33

### 7. Unwirksamkeit der tatsächlichen Verständigung

Die tatsächliche Verständigung ist unwirksam, wenn sie unter Ausübung von unzulässigem Druck oder unter der Drohung mit einem noch anhängigen Strafverfahren zustande kommt (FG Münster v. 29.01.1996, 8 V 5581/95 E, EFG 1996, 464; BMF v. 30.07.2008, BStBl I 2008, 831, Nr. 8), wenn 34

- entweder der Stpfl. Tatsachen verschwiegen oder das FA seine Ermittlungspflicht verletzt hat und damit bei Abschluss der Verständigung keine Sachverhaltsunsicherheit vorlag (BFH v. 20.08.1997, I B 32/97, BFH/NV 1998, 333; *Seer*, Verständigungen in Steuerverfahren, 412; Seer, BB 1999, 78, 84; *von Wedelstädt*, AO-StB 2001, 190, 193),
- keine erschwerte Sachverhaltsermittlung vorliegt (BFH v. 20.08.1997, I B 32/97, BFH/NV 1998, 333; *von Wedelstädt*, DB 1991, 515, 516),
- die tatsächliche Verständigung ausschließlich Rechtsfragen betrifft (s. Rz. 21) oder
- sie zu einem offensichtlich unzutreffenden Ergebnis führt (BFH v. 01.09.2009, VIII R 78/06, BFH/NV 2010, 593 m.w.N.; BMF v. 30.07.2008, BStBl I 2008, 831, Nr. 8.1 Abs. 3; *von Wedelstädt*, AO-StB 2001, 190, 191; s. Rz. 24).

Weitere Gründe für die Unwirksamkeit ergeben sich aus den entspr. anzuwendenden Vorschriften des BGB wie Scheingeschäft, § 117 BGB, Anfechtungsgründe, §§ 119, 120, 123 BGB (BFH v. 01.09.2009, VIII R 78/06, BFH/NV 2010, 593 m.w.N.), offener Einigungsmangel, § 154 BGB, Mängel in der Vertretung, z.B. nach §§ 164 ff. BGB und Wegfall der Geschäftsgrundlage, § 313 BGB (s. auch BMF v. 30.07.2008, BStBl I 2008, 831, Nr. 8). Eine tatsächliche Verständigung ist nicht schon deshalb bei einem Irrtum über ihre steuerlichen Folgen (BFH v. 08.10.2008, I R 63/07, BStBl II 2009, 121 m.w.N.; BFH v. 11.04.2017, IX R 24/15, BStBl II 2017, 1155 m.w.N.) oder bei einem Irrtum über ihre Reichweite (BFH v. 01.09.2009, VIII R 78/06, BFH/NV 2010, 593) unwirksam.

35 **Unwirksamkeitsgründe** können vor Erlass des Steuerbescheids, der die tatsächliche Verständigung berücksichtigen soll, von beiden Seiten geltend gemacht werden, nach Erlass des Steuerbescheids nur dann, wenn der Steuerbescheid verfahrensrechtlich noch änderbar ist, etwa weil er angefochten wurde oder unter dem Vorbehalt der Nachprüfung steht.

35a Die **Bindung** der Beteiligten an die tatsächliche Verständigung kann nach den Grundsätzen über das Fehlen oder den Wegfall der Geschäftsgrundlage ausnahmsweise (nachträglich) **entfallen**, wenn ihr eine (irrtümlich) angenommene gemeinsame Geschäftsgrundlage von vornherein gefehlt hat oder wenn sie nachträglich weggefallen ist und einem der Beteiligten ein Festhalten an dem Vereinbarten nicht (mehr) zuzumuten ist (BFH v. 11.04.2017, IX R 24/15, BStBl II 2017, 1155, insbes. Rz. 21 m.w.N.). Der BFH lässt es dabei offen, ob auf die tatsächliche Verständigung im Steuerverfahren die zivilrechtlichen Regelungen zur Störung der Geschäftsgrundlage (§ 313 BGB) anwendbar sind oder ob stattdessen § 60 VwVfG entsprechende Anwendung findet, da beide Vorschriften in den hier zu entscheidenden Fragen inhaltsgleich auszulegen sind. Bei Annahme einer nachträglichen Regelung mit der h.M. in der Literatur kommt § 313 BGB in Betracht.

### 8. Aufhebung oder Änderung der tatsächlichen Verständigung

Da sie kein Verwaltungsakt ist, gelten die §§ 130 f. AO nicht. Ein einseitiger Widerruf der eigenen Verständigungserklärung ist grundsätzlich nicht möglich, und zwar auch dann nicht, wenn ein Beteiligter Nachteile der Einigung festzustellen glaubt (BFH v. 11.04.2017, IX R 24/15, BStBl II 2017, 1155 m.w.N.) oder der Stpfl. bei ihrem Abschluss nicht steuerlich beraten war (BFH v. 01.09.2009, VIII R 78/06, BFH/NV 2010, 593). Die tatsächliche Verständigung kann einvernehmlich von den Beteiligten aufgehoben oder geändert werden, z.B. auch bei Wegfall der Geschäftsgrundlage (s. Rz. 35a). Dies hat nur dann Auswirkungen auf den Steuerbescheid, dem die tatsächliche Verständigung zugrunde liegt, wenn er nach verfahrensrechtlichen Vorschriften aufgehoben oder geändert werden kann (s. dazu *von Wedelstädt*, AO-StB 2001, 190, 193; BMF v. 30.07.2008, BStBl I 2008, 831, Nr. 7.2). 3

## § 204 AO Voraussetzung der verbindlichen Zusage

**Im Anschluss an eine Außenprüfung soll die Finanzbehörde dem Steuerpflichtigen auf Antrag verbindlich zusagen, wie ein für die Vergangenheit geprüfter und im Prüfungsbericht dargestellter Sachverhalt in Zukunft steuerrechtlich behandelt wird, wenn die Kenntnis der künftigen steuerrechtlichen Behandlung für die geschäftlichen Maßnahmen des Steuerpflichtigen von Bedeutung ist.**

**Inhaltsübersicht**



**Schrifttum**


Mösbauer, Verbindliche Zusagen im Anschluß an eine Außenprüfung, StBp 2000, 289; Mösbauer, Außer-Kraft-Treten, Aufhebung und Änderung von verbindlichen Zusagen auf Grund einer Außenprüfung, StBp 2005, 277; Bruschke, Verbindliche Zusagen auf Grund einer Außenprüfung, StB 2006, 297; Borggreve, Auskünfte und Zusagen über Besteuerungsgrundlagen, AO-StB 2007, 77; von Wedelstädt, Verbindliche Zusage im Anschluss an eine Außenprüfung, AO-StB 2009, 15.

## A. Bedeutung der Vorschrift

Die Regelung der verbindlichen Zusage aufgrund einer Außenprüfung beruht auf dem Bedürfnis vor allem des Stpfl., die steuerrechtliche Beurteilung eines im Rahmen der Außenprüfung überprüften Sachverhalts aus Gründen der Rechtssicherheit auch der wiederholten Verwirklichung des Sachverhalts in Zukunft zugrunde zu legen. Denn anders als im Veranlagungsverfahren als Massenverfahren besteht im Außenprüfungsverfahren die Gelegenheit und Möglichkeit einer intensiveren Befassung mit dem Fall. § 204 AO regelt die Voraussetzungen für die Erteilung einer verbindlichen Zusage.Die Vorschriften werden für Einfuhr- und Ausfuhrabgaben durch Art. 33 UZK verdrängt.

## B. Verbindliche Zusage

### I. Gegenstand

2 Gegenstand der verbindlichen Zusage ist die **verbindliche Aussage, wie ein für die Vergangenheit geprüfter und im Prüfungsbericht dargestellter Sachverhalt in Zukunft steuerrechtlich behandelt wird.** In Betracht kommen für die Vergangenheit geprüfte – und damit auch verwirklichte – Sachverhalte mit Wirkung für die Zukunft, vor allem also sich wiederholende Sachverhalte oder Dauersachverhalte (AEAO zu § 204, Nr. 3 Satz 1). Die Behandlung in der Zukunft geplanter Sachverhalte, die im Prüfungszeitraum noch nicht vorliegen, kann nicht Gegenstand der Zusage nach § 204 AO, aber Gegenstand einer Auskunft nach § 89 Abs. 2 AO sein.

### II. Voraussetzungen

#### 1. Für die Vergangenheit geprüft und im Prüfungsbericht dargestellt

3 Der Sachverhalt **muss für die Vergangenheit geprüft und im Prüfungsbericht dargestellt** sein; die Darstellung soll daher umfassend erfolgen (§ 12 BpO). Da er Gegenstand der Prüfung gewesen sein muss, kann der Stpfl. verlangen, dass ein Sachverhalt, für den er eine verbindliche Zusage beantragt, geprüft wird. Der Antrag auf verbindliche Zusage muss m.E. bis zum Ende der Schlussbesprechung bzw. bis zur Abfassung des Prüfungsberichts gestellt werden (*Frotscher* in Schwarz/Pahlke, § 204 AO Rz. 5; *von Wedelstädt*, AO-StB 2009, 15, 16; a.A. *Seer* in Tipke/Kruse, § 204 AO Rz. 9 – bis kurz nach Erhalt des Prüfungsberichts –; *Schallmoser* in HHSp, § 204 AO Rz. 19 – bis zur Auswertung des Prüfungsberichts –). Da der Stpfl. zwar keinen Rechtsanspruch auf Erteilung einer verbindlichen Zusage hat, aber das FA diese nur ausnahmsweise ablehnen kann, kann eine wegen einer begehrten Zusage beantragte Prüfung nur abgelehnt werden, wenn auch die Erteilung der Auskunft abgelehnt werden kann (*Frotscher* in Schwarz/Pahlke, § 204 AO Rz. 5), was nur ausnahmsweise der Fall sein soll (vgl. AEAO zu § 204, Nr. 5).Der Darstellung des Sachverhalts im Prüfungsbericht kommt besondere Bedeutung zu, da sich die Bindungswirkung der Zusage auf den Sachverhalt bezieht. Fehlt sie oder ist sie ungenau, kann keine Bindungswirkung eintreten. Angesichts des klaren Wortlauts des § 204 AO reicht eine Sachverhaltsdarstellung allein in der Zusage nicht aus (h.M., u.a. *Rüsken* in Klein, § 204 AO Rz. 10; *Frotscher* in Schwarz/Pahlke, § 204 AO Rz. 5; *von Wedelstädt*, AO-StB 2009, 15, 16; s. § 202 AO Rz. 8; a.A. *Seer* in Tipke/Kruse, § 204 AO Rz. 21). Der Stpfl. hat daher einen Rechtsanspruch auf die Sachverhaltsdarstellung im Prüfungsbericht (ebenso *Seer* in Tipke/Kruse, § 204 AO Rz. 20). Eine Mitteilung nach § 202 Abs. 1 Satz 2 AO kann ebenfalls keine Bindungswirkung erzeugen; da der Stpfl. i.d.R. einen Anspruch auf Erteilung der Zusage hat (s. AEAO zu § 204, Nr. 5), muss m.E. konsequenterweise auch im Falle fehlender Änderung der Besteuerungsgrundlagen ebenfalls ein Prüfungsbericht gefertigt werden (*Rüsken* in Klein, § 204 AO Rz. 10; a.A. *Seer* in Tipke/Kruse, § 204 AO Rz. 21).

#### 2. Im Anschluss an eine Außenprüfung

§ 204 AO verlangt neben dem zuvor erläuterten sachlichen Zusammenhang auch einen zeitlichen Zusammenhang mit einer abgeschlossenen Außenprüfung, indem auf Antrag des Stpfl. die verbindliche Zusage **im Anschluss an eine Außenprüfung** erteilt werden soll. Unter Außenprüfung ist jede Prüfung i.S. des § 193 AO, also auch die abgekürzte Außenprüfung sowie LSt-Außenprüfung und USt-Sonderprüfung zu verstehen. 4

#### 3. Antrag

Die verbindliche Zusage wird **nur auf Antrag** erteilt; der Antrag soll **schriftlich oder elektronisch** gestellt werden, mündliche Antragstellung ist danach nicht ausgeschlossen, jedoch aus Beweisgründen nicht zu empfehlen, da Unklarheiten zulasten des Stpfl. gehen (AEAO zu § 204, Nr. 3 Satz 4 und 5). Im Antrag sind auch die geschäftlichen Maßnahmen darzustellen, wegen denen die Kenntnis der steuerrechtlichen Behandlung des Sachverhalts für den Stpfl. von Bedeutung ist (s. Rz. 6). Wie zwischen der Zusage und der Außenprüfung muss auch zwischen dem Antrag auf Erteilung der verbindlichen Zusage und der Außenprüfung der zeitliche Zusammenhang gewahrt bleiben (BFH v. 13.12.1995, XI R 43 – 45/89, BStBl II 1996, 232). Wird ein Antrag erst nach der Schlussbesprechung gestellt und sind für eine Zusage umfangreiche Prüfungshandlungen erforderlich, wird i.d.R. keine Zusage erteilt (AEAO zu § 204, Nr. 3 Satz 3). 5

#### 4. Zusageinteresse

6 Der Stpfl. muss ein **Interesse an der Zusage** haben, weil sie für seine geschäftlichen Maßnahmen von Bedeutung ist. Das ist der Fall, wenn die Kenntnis der zukünftigen steuerlichen Behandlung die Entscheidung des Stpfl. über zu ergreifende geschäftliche Maßnahmen beeinflussen kann, d.h. er den Sachverhalt noch entsprechend gestalten kann (*Seer* in Tipke/Kruse, § 204 AO Rz. 13; *von Wedelstädt*, AO-StB 2009, 15, 17). Geschäftliche Maßnahmen sind »wirtschaftlichen Dispositionen« gleichzustellen (BFH v. 29.10.1987, X R 1/80, BStBl II 1988, 121). Unter geschäftliche Maßnahmen fallen nicht nur betriebliche, sondern alle Maßnahmen mit steuerlichen Auswirkungen (*Seer* in Tipke/Kruse, § 204 AO Rz. 13; *Rüsken* in Klein, § 204 AO Rz. 12; *von Wedelstädt*, AO-StB 2009, 15, 17; a.A. *Frotscher* in Schwarz/Pahlke, § 204 AO Rz. 6); denn die Zusage können nicht nur Stpfl. i.S. des § 193 Abs. 1 AO, sondern auch Stpfl. i.S. des § 193 Abs. 2 Nr. 2 AO beantragen. § 204 AO verlangt anders als § 89 Abs. 2 AO (»erhebliche steuerliche Auswirkungen«) nicht, dass die wirtschaftlichen Dispositionen von einigem Gewicht sind (*Schallmoser* in HHSp, § 204 AO Rz. 23 m.w.N.; a.A. *Seer* in Tipke/Kruse, § 204 AO Rz. 12). Darüber hinaus muss die steuerrechtliche Beurteilung des fraglichen Sachverhalts rechtlich unsicher sein (*Schallmoser* in HHSp, § 204 AO Rz. 24 m.w.N.). Das ist nicht der Fall, wenn die Rechtsfrage z.B. durch die Rspr. abschließend geklärt ist oder eine norminterpretative Verwaltungsanweisung dazu besteht (*Seer* in Tipke/Kruse, § 204 AO Rz. 14 m.w.N.; *von Wedelstädt*, AO-StB 2009, 15, 17, m.w.N.).

### III. Erteilung der verbindlichen Zusage

7 Die verbindliche Zusage ist durch die für die Auswertung der Prüfungsfeststellungen zuständige Finanzbehörde zu erteilen, d.h. durch den für die Veranlagung zuständigen Beamten (Sachgebietsleiter), bei veranlagender Außenprüfung durch den Sachgebietsleiter der Betriebsprüfungsstelle (AEAO zu § 204, Nr. 2 Satz 1; *Frotscher* in Schwarz/Pahlke, § 204 AO Rz. 7); gegen Letzteres spricht allerdings, dass sich die Bindung letztlich gegenüber dem Veranlagungsbereich auswirkt, sodass m.E. gefordert werden muss, dass in diesen Fällen der entscheidungsbefugte Amtsträger des Veranlagungsbereichs zumindest zu hören ist. Bei Auftragsprüfungen kann die beauftragte Finanzbehörde die Zusage nur im Einvernehmen mit der beauftragenden Finanzbehörde und in deren Namen erteilen (§ 195 Satz 3 AO; AEAO zu § 204, Nr. 2 Satz 2).

8 Die **Erteilung** der verbindlichen Zusage liegt im **pflichtgemäßen Ermessen** der Finanzbehörde. »Soll« bedeutet eingeschränktes Ermessen mit der Folge, dass sie i.d.R. zu erteilen ist, wenn die Voraussetzungen dazu erfüllt sind. Sie kann ausnahmsweise abgelehnt werden, insbes. wenn sich der Sachverhalt nicht für eine verbindliche Zusage eignet (z.B. zukünftige Angemessenheit von Verrechnungspreisen bei unübersichtlichen Marktverhältnissen) oder wenn zu dem betreffenden Sachverhalt die Herausgabe von allgemeinen Verwaltungsvorschriften oder eine Grundsatzentscheidung des BFH nahe bevorsteht (AEAO zu § 204, Nr. 5). Der Arbeitsaufwand für ihre Erteilung ist kein Grund für eine Ablehnung.

Wird die Zusage erteilt, ist sie, sofern die Regelungen über Form und Inhalt (§ 205 AO) eingehalten wurden, gem. § 206 AO für die Besteuerung verbindlich. Ihre Bestandskraft richtet sich nach § 207 AO. 9

Die verbindliche Zusage ist ein **Verwaltungsakt** (h.M., u.a. *Hendricks* in Gosch, § 204 AO Rz. 30; *Seer* in Tipke/Kruse, § 204 AO Rz. 2 m.w.N.; *von Wedelstädt*, AO-StB 2009, 15, 18 m.w.N.), gegen den ebenso wie gegen die Ablehnung der Erteilung einer verbindlichen Zusage der Einspruch gegeben ist. 10

## § 205 AO
## Form der verbindlichen Zusage

**(1) Die verbindliche Zusage wird schriftlich erteilt und als verbindlich gekennzeichnet.**

**(2) Die verbindliche Zusage muss enthalten:**

**1. den ihr zugrunde gelegten Sachverhalt; dabei kann auf den im Prüfungsbericht dargestellten Sachverhalt Bezug genommen werden,**

**2. die Entscheidung über den Antrag und die dafür maßgebenden Gründe,**

**3. eine Angabe darüber, für welche Steuern und für welchen Zeitraum die verbindliche Zusage gilt.**

#### Schrifttum

S. Schrifttum zu § 204 AO.

Die Vorschrift bestimmt die **förmlichen Anforderungen**, von denen die Wirksamkeit einer verbindlichen Zusage i.S. des § 204 AO abhängt. Sie dienen vor allem der Beweisbarkeit und der Bestimmtheit der Zusage. 1

§ 205 Abs. 1 AO schreibt zwingend die **schriftliche Erteilung** und die **Kennzeichnung als verbindlich** vor. Mündliche Zusagen sind daher unwirksam und haben keine bindende Wirkung. Für die Kennzeichnung als verbindlich ist ausreichend, wenn das Wort »verbindlich« in der Überschrift oder im Text der Zusage enthalten ist. Auch gleichbedeutende andere Formulierungen genügen, wenn aus ihnen die Bindungswirkung deutlich erkennbar ist. Vorbehalte in der Zusage schließen die Bindung aus (BFH v. 17.09.1992, IV R 39/90, BStBl II 1993, 218; AEAO zu § 205, Satz 1). Unschädlich ist der Vor- 2 behalt, dass sich die Rechtsvorschriften nicht ändern, weil sich dies schon aus § 207 Abs. 1 AO ergibt (*Rüsken* in Klein, § 205 AO Rz. 9).

3 § 205 Abs. 2 AO schreibt den **Inhalt der verbindlichen Zusage** vor. Wird er nicht eingehalten, ist sie nicht bindend.

4 Der **Sachverhalt,** auf den sich die verbindliche Zusage bezieht, ist **darzustellen** (§ 205 Abs. 2 Nr. 1 AO). Der Sachverhalt kann aber auch aus dem Prüfungsbericht entnommen werden, auf den in diesem Fall Bezug zu nehmen ist. Dies erspart unnötige Wiederholungen und vermeidet Meinungsverschiedenheiten über die Bedeutung abweichender Formulierungen. Die Fixierung des von der Zusage betroffenen Sachverhalts ist insbes. wegen § 206 Abs. 1 AO notwendig.

5 Die verbindliche Zusage muss die **Entscheidung über den Antrag**, also entweder die Ablehnung der Erteilung der Zusage oder die Zusage selbst, und die maßgebenden **Gründe** dafür enthalten. Dabei sind die Rechtsvorschriften anzugeben, auf die die Entscheidung gestützt wird (AEAO zu § 205, Satz 2). Die Vorschrift ist lex specialis gegenüber § 121 Abs. 2 AO. Die Begründung und die Angabe der Rechtsvorschriften sind bei Stattgabe des Antrags vor allem im Hinblick auf § 207 Abs. 1 AO von Bedeutung (AEAO zu § 205, Satz 2).

6 Schließlich muss die Finanzbehörde angeben, für welche **Steuern** und für welchen **Zeitraum** die verbindliche Zusage gilt (§ 205 Abs. 2 Nr. 3 AO). Eine zeitliche Beschränkung verbindlicher Zusagen ist jedoch nicht erforderlich; sie können gem. § 207 Abs. 2 AO ohnehin jederzeit mit Wirkung für die Zukunft aufgehoben oder geändert werden. Wird eine zeitliche Beschränkung ausgesprochen, muss die Zusage auch die hierfür maßgebenden Gründe erkennen lassen (§ 205 Abs. 2 Nr. 2 AO).

## § 206 AO Bindungswirkung

**(1) Die verbindliche Zusage ist für die Besteuerung bindend, wenn sich der später verwirklichte Sachverhalt mit dem der verbindlichen Zusage zugrunde gelegten Sachverhalt deckt.**

**(2) Absatz 1 gilt nicht, wenn die verbindliche Zusage zuungunsten des Antragstellers dem geltenden Recht widerspricht.**

### Schrifttum

S. Schrifttum zu § 204 AO.

1 Die **Bindungswirkung** der verbindlichen Zusage setzt voraus, dass der verwirklichte Sachverhalt mit dem der verbindlichen Zusage zugrunde gelegten Sachverhalt identisch ist (§ 206 Abs. 1 AO). Ist dies nicht der Fall, ist die Finanzbehörde an die Zusage auch ohne deren Widerruf nicht gebunden (AEAO zu § 206, Satz 1).

Die absolute Deckungsgleichheit des früheren mit dem 2 später verwirklichten Sachverhalt wird nicht immer erreichbar sein. Maßgebend ist daher, ob etwaige Abweichungen die in der Zusage enthaltene steuerliche Beurteilung vernünftigerweise berühren können. Nebensächlichkeiten, die nicht den entscheidenden steuerlichen Tatbestand in seinem Kern betreffen, können nicht zum Vorwand genommen werden, die Bindungskraft einer verbindlichen Zusage für die Besteuerung des Sachverhalts zu leugnen (zustimmend *Seer* in Tipke/Kruse, § 207 AO Rz. 6).

Die Bindungswirkung **erstreckt** sich auf den Adressa- 3 ten, seinen Gesamtrechtsnachfolger und ggf. den Einzelrechtsnachfolger, wenn die Zusage objektbezogen ist, sowie auf Dritte, denen gegenüber nur einheitlich entschieden werden kann (*Rüsken* in Klein, § 206 AO Rz. 2). Sie **setzt nicht voraus,** dass der Stpfl. Dispositionen im Vertrauen auf die Zusage getroffen hat.

Im Rahmen der Bindungswirkung muss sich die **Be- 4 steuerung an der verbindlichen Zusage orientieren.** Dies gilt auch, wenn die verbindliche Zusage rechtswidrig ist und sich dies zugunsten des Steuerpflichtigen auswirkt. Steuerbescheide oder Feststellungsbescheide sowie andere von der Zusage betroffene Verwaltungsakte, die die Zusage außer Acht lassen, sind rechtswidrig. Der Stpfl. kann im Rechtsbehelfsverfahren gegen den entsprechenden Steuerbescheid die Bindungswirkung geltend machen (AEAO zu § 206, Satz 2). Dies haben auch die Gerichte zu beachten, sodass sie einen in Übereinstimmung mit der Zusage ergangenen Verwaltungsakt auch dann nicht aufheben oder ändern dürfen, wenn er aufgrund der Zusage materiellrechtlich unzutreffende Rechtsfolgen enthält.

Die Bindungswirkung der Zusage tritt nur **zugunsten 5 des Stpfl.** und der in Rz. 3 genannten Personen ein (§ 206 Abs. 2 AO). Die Zusage ist nicht bindend, wenn und die Anwendung des geltenden Rechts in Abweichung von der gegebenen Zusage für den Antragsteller günstiger ist (AEAO zu § 206, Satz 3). Eines Widerrufs der Zusage bedarf es nicht. Dies folgt daraus, dass das Rechtsinstitut der verbindlichen Zusage dem Vertrauensschutz des Betroffenen dient und sich nicht in seine Benachteiligung umkehren soll. Wird sie gleichwohl der Besteuerung zugrunde gelegt, kann der Stpfl. im Einspruchswege eine günstigere Regelung erreichen. Unerheblich ist, ob die Fehlerhaftigkeit der Zusage schon bei ihrer Erteilung erkennbar war oder erst später z. B. aufgrund einer Rechtsprechung zugunsten des Stpfl. erkennbar geworden ist (AEAO zu § 206, Satz 5).

## § 207 AO
## Außerkrafttreten, Aufhebung und Änderung der verbindlichen Zusage

**(1) Die verbindliche Zusage tritt außer Kraft, wenn die Rechtsvorschriften, auf denen die Entscheidung beruht, geändert werden.**

**(2) Die Finanzbehörde kann die verbindliche Zusage mit Wirkung für die Zukunft aufheben oder ändern.**

**(3) Eine rückwirkende Aufhebung oder Änderung der verbindlichen Zusage ist nur zulässig, falls der Steuerpflichtige zustimmt oder wenn die Voraussetzungen des § 130 Abs. 2 Nr. 1 oder 2 vorliegen.**

**Inhaltsübersicht**



**Schrifttum**

S. Schrifttum zu § 204 AO.

### A. Bedeutung der Vorschrift

1 Die verbindliche Zusage steht unter dem Grundsatz der »rebus clausula sic stantibus« und setzt immanent den Fortbestand der Rechtslage voraus, unter der sie erteilt worden ist. Ändert diese sich, hat dies unter bestimmten Voraussetzungen Auswirkungen auf den Bestand der verbindlichen Zusage. Außerdem setzt die Bindungswirkung der Zusage voraus, dass sich der beurteilte Sachverhalt nicht ändert. § 207 AO regelt, unter welchen Umständen die Zusage ihre Bindungswirkung verliert. Die Vorschrift ist lex specialis gegenüber den sonst einschlägigen §§ 129, 130 f. AO.

### B. Änderung von Rechtsvorschriften (§ 207 Abs. 1 AO)

2 Werden die Rechtsvorschriften, auf denen die verbindliche Zusage beruht, geändert, tritt vom Zeitpunkt des In-Kraft-Tretens der neuen Rechtsvorschriften an **die verbindliche Zusage außer Kraft** (§ 207 Abs. 1 AO). Die Bindungswirkung entfällt automatisch, die Finanzbehörde muss die Zusage nicht widerrufen (BFH v. 21.03.1996, XI R 82/94, BStBl II 1996, 518).

Unter Rechtsvorschriften sind nur Rechtsnormen, nicht Verwaltungsanweisungen oder eine geänderte Rechtsprechung zu verstehen (AEAO zu § 207, Nr. 1). Wegen ihrer konstitutiven Wirkung steht die Nichtig- oder Unvereinbarkeitserklärung einer Vorschrift durch das BVerfG der Änderung gleich (h.M.; u.a. *Seer* in Tipke/Kruse, § 207 AO Rz. 3 m.w.N.). Die Änderung der **Rechtsvorschrift** muss der Beurteilung des Sachverhalts in der Zusage aufgrund der bisherigen Rechtsvorschrift die Grundlage entziehen. Die Finanzbehörde ist nicht verpflichtet, den Stpfl. auf die Änderung der Rechtsnorm hinzuweisen.

Das Außer-Kraft-Treten der Zusage rechtfertigt regelmäßig auch dann keine Billigkeitsmaßnahme, wenn der Stpfl. im Vertrauen auf die Zusage disponiert hat, weil eine derartige Entwicklung zumindest nicht außerhalb des Möglichen liegt und das Gesetz darauf eine eindeutige Antwort gibt; sachliche Billigkeitsgründe i.S. der §§ 163 und 227 AO sind daher im Allgemeinen nicht erkennbar (*Rüsken* in Klein, § 207 AO Rz. 1; *von Wedelstädt* in Bartone/von Wedelstädt, Rz. 414 m.w.N.; a.A. *Seer* in Tipke/Kruse, § 207 AO Rz. 7). Aus AEAO zu § 207, Nr. 2 kann nichts anderes geschlossen werden, denn diese Weisung betrifft nach ihrem Wortlaut nur den Fall der Aufhebung oder Änderung der Zusage nach § 207 Abs. 2 AO, und dies zu Recht, weil bei der Aufhebung der Zusage durch die Finanzbehörde dem Vertrauensschutz ein größeres Gewicht beigemessen werden muss als beim Außer-Kraft-Treten nach § 207 Abs. 1 AO. 4

### C. Aufhebung oder Änderung ex nunc (§ 207 Abs. 2 AO)

Die Finanzbehörde kann eine verbindliche Zusage nach pflichtgemäßem Ermessen **mit Wirkung für die Zukunft aufheben oder ändern** (§ 207 Abs. 2 AO), ohne dass dies weiterer Voraussetzungen bedarf. Veranlassung hierzu kann insbes. der materiellrechtlich unzutreffende und damit rechtswidrige Inhalt der Auskunft (BFH v. 02.09.2009, I R 20/09, BFH/NV 2010, 391), eine Änderung der Rechtsprechung oder der Rechtsauffassung der Verwaltung sein. Die Finanzbehörde muss bei ihrer Ermessensentscheidung zum einen ihre Verpflichtung, gesetzmäßig zu handeln, und zum anderen das Interesse des Stpfl. am Bestand der Zusage, ggf. auch die Auswirkungen der Bevorzugung des Stpfl. auf seine Mit-Wettbewerber berücksichtigen. Eine Aufhebung ist **ermessensgerecht**, wenn das Allgemeininteresse an der Wahrung der Gesetz- und Gleichmäßigkeit der Besteuerung das subjektive Vertrauensschutzinteresse des Stpfl. überwiegt (*Seer*, Verständigungen in Steuerverfahren, 474). Ist die Behandlung des Sachverhalts in der Zusage rechtmäßig, ist daher die Aufhebung oder Änderung nur in besonderen Ausnahmefällen zulässig. Ist sie rechtswidrig, steht die Verpflichtung der Finanzbehörde zur gleich- 5 mäßigen und gesetzmäßigen Besteuerung im Vordergrund (*Seer* in Tipke/Kruse, § 207 AO Rz. 11; *von Wedelstädt* in Bartone/von Wedelstädt, Rz. 417 m. w. N.). Die Aufhebung kann zeitlich solange erfolgen, wie die verbindliche Zusage noch nicht in einer Endentscheidung wie der Steuerfestsetzung umgesetzt worden ist. Ist der in der Zusage beurteilte Sachverhalt zwar verwirklicht, aber noch nicht in einer Endentscheidung berücksichtigt worden, kann eine Aufhebung oder Änderung in Betracht kommen; die Tatsache, dass der Sachverhalt verwirklicht worden ist, ist jedoch bei den Ermessenserwägungen zu berücksichtigen (*Seer* in Tipke/Kruse, § 207 AO Rz. 9 und 11; *Seer*, Verständigungen in Steuerverfahren, 474).

5 Hat der Stpfl. im Vertrauen auf den Bestand der Zusage den von der Zusage betroffenen Sachverhalt bereits verwirklicht oder sich einschlägig vertraglich gebunden, kann es aus ausnahmsweise **Billigkeitsgründen** geboten sein, von der Aufhebung oder Änderung der Zusage abzusehen oder ihre Wirkung zu einem späteren Zeitpunkt eintreten zu lassen. Dies ist i. d. R. dann geboten, wenn er sich nicht mehr ohne erheblichen Aufwand bzw. unter beträchtlichen Schwierigkeiten von den im Vertrauen auf den Bestand der verbindlichen Zusage getroffenen Dispositionen oder eingegangenen Verpflichtungen lösen kann (AEAO zu § 207, Nr. 2 Satz 2 und 3). In solchen Fällen kann es auch ermessensgerecht sein, die Wirkung der Aufhebung oder Änderung auf einen Zeitpunkt zu verlagern, für den Dispositionen noch nicht erfolgt sind.

6a Die Korrektur einer **LSt-Anrufungsauskunft** i. S. des § 42 a EStG ist nach Ansicht des BFH (v. 02.09.2010, VI R 3/09, BStBl II 2011, 233) in analoger Anwendung des § 207 Abs. 2 AO vorzunehmen (s. Vor §§ 204 – 207 AO Rz. 9).

### D. Aufhebung oder Änderung ex tunc (§ 207 Abs. 3 AO)

7 Nach § 207 Abs. 3 AO ist eine **rückwirkende Aufhebung oder Änderung** der verbindlichen Zusage nur zulässig, wenn entweder der Stpfl. dieser Maßnahme zustimmt oder wenn die in § 130 Abs. 2 Nr. 1 oder 2 AO aufgeführten besonders schwerwiegenden Mängel vorliegen. Das Letztere trifft dann zu, wenn eine sachlich unzuständige Behörde die Zusage gegeben hat (§ 130 Abs. 2 Nr. 1 AO) oder wenn die verbindliche Zusage durch unlautere Mittel, wie arglistige Täuschung, Drohung oder Bestechung erwirkt worden ist (§ 130 Abs. 2 Nr. 2 AO). Die Aufzählung ist abschließend, in den anderen in § 130 Abs. 2 AO erfassten Fällen ist eine rückwirkende Aufhebung nicht zulässig (*Hendricks* in Gosch, § 207 AO Rz. 23; *von Wedelstädt* in Bartone/von Wedelstädt, Rz. 419 m. w. N.).

8 Die Entscheidung über die rückwirkende Aufhebung oder Änderung der Zusage ist nach pflichtgemäßem Ermessen zu fällen. Dabei ist zu berücksichtigen, dass zwar regelmäßig Dispositionen getroffen wurden, der Stpfl. jedoch in den Fällen, in denen die Voraussetzungen des § 130 Abs. 2 Nr. 1 und 2 AO erfüllt sind, regelmäßig von der Rechtswidrigkeit der erteilten Zusagen gewusst hat oder hätte wissen müssen. Ist die verbindliche Zusage durch unlautere Mittel erwirkt worden, ist die Finanzbehörde i. d. R. verpflichtet, die Zusage ex tunc aufzuheben, es besteht kein Anspruch auf Vertrauensschutz (*Schallmoser* in HHSp, § 207 AO Rz. 33; *Seer* in Tipke/Kruse, § 207 AO Rz. 18; *Hendricks* in Gosch, § 207 AO Rz. 26). Berührt die Rückwirkung auch schon ergangene Steuerbescheide, die auf der Zusage beruhen, können sie nach § 175 Abs. 1 Satz 1 Nr. 2 AO geändert werden (*Seer* in Tipke/Kruse, § 207 AO Rz. 19 m. w. N.; *von Wedelstädt*, AO-StB 2009, 15, 19).

### E. Verfahrensfragen; Rechtsschutz

Die Aufhebung oder die Änderung der verbindlichen Zusage erfolgen durch Verwaltungsakt. Entsprechend § 205 Abs. 1 AO ist Schriftform erforderlich (h. M., u. a. *Hendricks* in Gosch, § 207 AO Rz. 21 m. w. N.; *Schallmoser* in HHSp, § 207 AO Rz. 25). Vor Aufhebung oder Änderung ist der Stpfl. zu hören (AEAO zu § 207, Nr. 2 a. E.). 9

**Rechtsbehelf** gegen die Aufhebung oder Änderung der verbindlichen Zusage oder gegen einen Verwaltungsakt, durch den ein Antrag auf Aufhebung oder Änderung ganz oder teilweise abgelehnt wird, ist der Einspruch. 10

## Fünfter Abschnitt:

## Steuerfahndung (Zollfahndung)

## § 208 AO Steuerfahndung, Zollfahndung

**(1) Aufgabe der Steuerfahndung (Zollfahndung) ist**

**1. die Erforschung von Steuerstraftaten und Steuerordnungswidrigkeiten,**

**2. die Ermittlung der Besteuerungsgrundlagen in den in Nummer 1 bezeichneten Fällen,**

**3. die Aufdeckung und Ermittlung unbekannter Steuerfälle.**

**Die mit der Steuerfahndung betrauten Dienststellen der Landesfinanzbehörden und die Zollfahndungsämter haben außer den Befugnissen nach § 404 Satz 2 erster Halbsatz auch die Ermittlungsbefugnisse, die den Finanzämtern (Hauptzollämtern) zustehen. In den Fällen der Nummern 2 und 3 gelten**

**die Einschränkungen des § 93 Abs. 1 Satz 3, Abs. 2 Satz 2 und des § 97 Abs. 2 nicht; § 200 Abs. 1 Satz 1 und 2, Abs. 2, Abs. 3 Satz 1 und 2 gilt sinngemäß, § 393 Abs. 1 bleibt unberührt.**

**(2) Unabhängig von Absatz 1 sind die mit der Steuerfahndung betrauten Dienststellen der Landesfinanzbehörden und die Zollfahndungsämter zuständig**

**1. für steuerliche Ermittlungen einschließlich der Außenprüfung auf Ersuchen der zuständigen Finanzbehörde,**
**2. für die ihnen sonst im Rahmen der Zuständigkeit der Finanzbehörden übertragenen Aufgaben.**

**(3) Die Aufgaben und Befugnisse der Finanzämter (Hauptzollämter) bleiben unberührt.**

### Inhaltsübersicht



### Schrifttum


CARL/KLOS, Die Steuerfahndung, NWB F. 13, 861; RÜPING, Ermittlungen der Steuerfahndung und ihre Schranken, DStR 2002, 2020; WEINREICH, Die Verwertbarkeit von Ermittlungsergebnissen des Steuerstrafverfahrens für Besteuerungsverfahren der Bankkunden, DStR 2002, 1925; VON WEDELSTÄDT, Sammelauskunftsersuchen – Zulässigkeit, Auswertung der Auskunft, Rechtsschutz, DB 2004, 948; VON WEDELSTÄDT, Sammelauskunftsersuchen – Zulässigkeit, Rechtsschutz, AO-StB 2011, 19; KUTZNER, Sammelauskunftsersuchen – Zulässigkeit und Rechtsschutzmöglichkeiten, NWB 2012, 3031; BEYER, Grenzen für den Einsatz von Flankenschutzfahndern, NWB 2013, 1733; JESSE, Das Nebeneinander von Besteuerungs- und Steuerstrafverfahren, DB 2013, 1803; ROTH, Der »Flankenschutz-Fahnder« – Ein unzulässiges Kontrollinstrument?, StBW 2013, 320; BEYER, Auskunftsersuchen der Steuerfahndung gemäß der »Schwedischen Initiative«, AO-StB 2013, 351; KUSNIK, Sammelauskunftsersuchen der Steuerfahndung zu Kunden von Unternehmen: Was darf die Finanzbehörde?, DB 2015, 697.


## A. Bedeutung der Vorschrift

1 § 208 Abs. 1 Satz 1 AO regelt die Aufgabenzuweisung, § 208 Abs. 1 Satz 2 AO die zur Erfüllung dieser Aufgaben verliehenen **Befugnisse** der Steuerfahndung und Zollfahndung (BFH v. 15.06.2001, VII B 11/00, BStBl II 2001, 624 m. w. N.). Die Fahndung erfüllt im Rahmen der Ermittlungsaufgaben der Finanzbehörden besondere Aufgaben und hat dabei eine **Doppelfunktion** (h. M.; u. a. BFH v. 06.02.2001, VII B 277/01, BStBl II 2001, 306). Die Vorschrift regelt in § 208 Abs. 1 Satz 1 Nr. 1 AO **steuerstrafrechtliche** und in § 208 Abs. 1 Satz 1 Nr. 2 und 3 AO **steuerrechtliche** Aufgaben. Gelegentlich ihrer Tätigkeit im strafrechtlichen Ermittlungsverfahren (§ 208 Abs. 1 Satz 1 Nr. 1 AO) kann die Steuerfahndung gleichzeitig ihrer Aufgabe nachkommen, unbekannte Steuerfälle zu ermitteln, also im Rahmen steuerverfahrensrechtlicher Ermittlungen tätig werden (BFH v. 29.06.2005, II R 3/04, BFH/NV 2006, 1).

## B. Organisation der Steuer- und Zollfahndung

Während die Zollfahndungsaufgaben durch Zollfahndungsämter als Finanzbehörden (§ 1 Nr. 3 FVG, § 6 Abs. 2 Nr. 5 AO) durchgeführt werden, ist die Organisation der **Steuerfahndung** gesetzlich nicht geregelt und in den Bundesländern durch Verwaltungsvorschriften unterschiedlich gestaltet, in Berlin, Hamburg, Niedersachsen und Nordrhein-Westfalen als Finanzämter und damit Finanzbehörden, in den übrigen Bundesländern als Teil von Finanzämtern. 2

## C. Aufgaben der Steuerfahndung

### I. Allgemein

Die Entscheidung, in welchem Aufgabenbereich die **Fahndung im Einzelfall tätig ist** (s. Rz. 1), ist von großer Bedeutung für die Frage, welche Verfahrensvorschriften Anwendung finden und welcher Rechtsweg gegeben ist. § 393 Abs. 1 Satz 1 AO verlangt eine eindeutige Trennung. Erfüllt die Fahndung im Einzelfall straf- oder bußgeldrechtliche Aufgaben, sind die Vorschriften der Strafprozessordnung einschlägig und der Rechtsweg zur ordentlichen Gerichtsbarkeit und nicht der Finanzrechtsweg ist gegeben, da es sich nicht um eine Abgabenangelegenheit nach § 347 Abs. 1 Nr. 1 AO bzw. § 33 Abs. 1 Nr. 1 FGO handelt (s. § 347 Abs. 3 AO, § 33 Abs. 3 FGO; im Einzelnen s. § 33 FGO Rz. 15); wird sie im Besteuerungsverfahren tätig, gelten die Vorschriften der AO und der Finanzrechtsweg (§ 347 Abs. 1 Nr. 1 AO bzw. § 33 Abs. 1 Nr. 1 FGO) ist gegeben (BFH v. 06.02.2001, VII B 277/00, BStBl II 2001, 306; AEAO zu § 208, Nr. 3; s. Rz. 14). Die Fahndung darf auch nicht zur Optimierung ihrer Arbeit die Verfahrensart wechseln. 3

Die Steuerfahndung nach § 208 Abs. 1 AO ist – auch wenn sie steuerrechtliche Ermittlungen durchführt 3a

(§ 208 Abs. 1 Nr. 2 AO) – **keine Außenprüfung**, weil grundsätzliche und systematische Unterschiede zwischen beiden Institutionen bestehen. Herrschend wird der Begriff »Außenprüfung« in der AO (z.B. in § 171 Abs. 4 AO und § 173 Abs. 2 AO, § 193 ff. AO) im rechtlichen und nicht bloß im funktionalen Sinn ausgelegt (h.M., u.a. BFH v. 11.12.1997, V R 56/94, BStBl II 1998, 367; BFH v. 04.09.2000, I B 17/00, BStBl II 2000, 648 m.w.N.; *Gosch* in Gosch, § 194 AO Rz. 237 m.w.N.; *Seer* in Tipke/Kruse, § 208 AO Rz. 38 und 114; *von Wedelstädt*, DB 2004, 948, 950; *von Wedelstädt*, AO-StB 2005, 321, 325 m.w.N.; AEAO zu § 173, Nr. 8.4). Verwendet ein Gesetz einen bestimmten Begriff, kann er m.E. regelmäßig nur einheitlich und damit der Begriff »Außenprüfung« nur an den §§ 193 ff. AO ausgelegt werden. Dagegen beurteilt der VII. Senat des BFH (BFH v. 25.07.2000, VII B 28/99, BStBl II 2000, 643; BFH v. 21.03.2002, VII B 152/01, BStBl II 2002, 495) das Tätigwerden der Steuerfahndung nach seinem funktionalen Sinn und sieht auf § 208 Abs. 1 Satz 1 Nr. 3 AO gestützte Maßnahmen der Steuerfahndung als Außenprüfung im funktionalen Sinn an. Bei **Prüfungen nach § 208 Abs. 2 Nr. 1 AO** dagegen handelt es sich um Außenprüfungen.

3b Zum **Verwertungsverbot** von Prüfungsfeststellungen aufgrund rechtswidriger Prüfungsmaßnahmen s. § 196 AO Rz. 14 ff. § 30a AO, der das sog. **Bankgeheimnis** regelte, ist durch das StUmgBG mit Wirkung vom 25.06.2017 aufgehoben worden und steht Ermittlungen gegenüber Kreditinstituten nicht entgegen. Die Vorschrift ist ab dem 25.06.2017 auch auf Sachverhalte, die vor diesem Zeitpunkt verwirklicht worden sind, nicht mehr anzuwenden (Art. 97 § 1 Abs. 12 EGAO).

## II. Erforschung von Steuerstraftaten und -ordnungswidrigkeiten (§ 208 Abs. 1 Satz 1 Nr. 1 AO)

4 In der **Erforschung von Steuerstraftaten** nach § 369 AO, §§ 370 bis 376 AO **und von Steuerordnungswidrigkeiten** nach §§ 378 bis 384 AO hat die Fahndung die wichtigste Aufgabe. Sie erstreckt sich auch auf solche Bereiche, für die die Straf- und Bußgeldvorschriften kraft gesetzlicher Verweisung für anwendbar erklärt worden sind, wie z.B. in § 8 Abs. 2 WoPG, § 14 Abs. 3 5. VermBG, § 7 InvZulG 2005, § 14 InvZulG 2007; § 15 Abs. 2 EigZulG und § 164 StBerG.

4a Eine Tätigkeit der Steuerfahndung zur Erforschung von Steuerstraftaten und Steuerordnungswidrigkeiten nach § 208 Abs. 1 Satz 1 Nr. 1 AO setzt die Einleitung eines steuerstrafrechtlichen oder steuerbußgeldrechtlichen Ermittlungsverfahrens voraus (§ 397 AO, § 410 AO). **Nach Einleitung des Steuerstraf- oder Steuerordnungswidrigkeitsverfahrens** ist die Fahndung daher regelmäßig im Rahmen des Steuerstrafverfahrens tätig, auch wenn sie im Zusammenhang mit dem eingeleiteten Ermittlungsverfahren gem. § 208 Abs. 1 Satz 1 Nr. 2 AO Besteuerungsgrundlagen ermittelt; nur wenn sie in solchen Fällen nach außen objektiv und eindeutig erkennbar außerhalb des eingeleiteten Steuerstrafverfahrens ausschließlich im Besteuerungsverfahren tätig wird, handelt es sich um eine Abgabenangelegenheit (BFH v. 06.02.2001, VII B 277/00, BStBl II 2001, 306 m.w.N.). Das liegt z.B. vor in Fällen, in denen sich die steuerlichen Ermittlungen gegen einen Dritten und nicht gegen denjenigen richten, gegen den das Strafverfahren eingeleitet worden ist (s. Rz. 9 a.E.). Solange noch kein Straf- oder Bußgeldverfahren eingeleitet ist, finden Ermittlungen der Fahndung im Rahmen des § 208 Abs. 1 Satz 1 Nr. 2 AO statt (u.a. BFH v. 06.02.2001, VII B 277/00, BStBl II 2001, 306 m.w.N.).

Im **Steuerstrafverfahren** wird die Fahndung nach dem **Legalitätsprinzip** tätig. Bei Vorliegen eines Anfangsverdachts muss sie das Strafverfahren einleiten. Ein **Anfangsverdacht** liegt vor, wenn »zureichende tatsächliche Anhaltspunkte« für die Tat gegeben sind (§ 152 Abs. 2 StPO). Die bloße Möglichkeit einer Straftat reicht nicht aus. Andererseits verlangt die Einleitung des Strafverfahrens nicht, dass eine Verurteilung wahrscheinlich ist. Ob ein Anfangsverdacht vorliegt, entscheidet die zuständige Finanzbehörde (§§ 386 Abs. 1 Satz 2, 387 ff. AO). Hat ein ordentliches Gericht z.B. zur Anordnung von Durchsuchungen oder Beschlagnahmen den Anfangsverdacht bejaht, wird die Frage des Bestehens des Anfangsverdachts bei Befassung des Falles durch das FG nicht einer erneuten Überprüfung unterzogen, es sei denn, die durch das ordentliche Gericht bestätigte Entscheidung der Finanzbehörde erweise sich als offensichtlich grob fehlerhaft und damit als greifbar gesetzwidrig (BFH v. 15.06.2001, VII B 11/00, BStBl II 2001, 624). 5

Im **Steuerordnungswidrigkeitsverfahren** gilt das **Opportunitätsprinzip** (§ 410 Abs. 1 AO i.V.m. § 47 Abs. 1 Satz 1 AO), wonach die Finanzbehörde nach pflichtgemäßem Ermessen über die Einleitung des Bußgeldverfahrens entscheidet. 6

Gegen Maßnahmen im Rahmen der Erforschungstätigkeit nach § 208 Abs. 1 Satz 1 Nr. 1 AO ist der ordentliche Rechtsweg gegeben, der Finanzrechtsweg ausgeschlossen (§ 347 Abs. 3 AO, § 33 Abs. 3 FGO). 7

vorläufig frei 8

## III. Ermittlung der Besteuerungsgrundlagen in den Fällen der Nr. 1 (§ 208 Abs. 1 Satz 1 Nr. 2 AO)

Die Aufgabe der Fahndung umfasst auch **die Ermittlung der Besteuerungsgrundlagen in den in § 208 Abs. 1 Satz 1 Nr. 1 AO bezeichneten Fällen**. Die Erforschung von Steuerstraftaten und Steuerordnungswidrigkeiten 9 ist zwangsläufig mit steuerlichen Ermittlungen verbunden. Es ist daher sachdienlich und ein Gebot der Verfahrensökonomie, den Fahndungsstellen in den genannten Fällen auch die Ermittlung der Besteuerungsgrundlagen zu übertragen, zumal der aufzudeckende Sachverhalt regelmäßig sowohl steuer- als auch steuerstrafrechtlich relevant ist. In diesen Fällen richtet sich das Verfahren nach strafrechtlichen Verfahrensregeln und ist der ordentliche Rechtsweg gegeben. Nur wenn die Fahndung in solchen Fällen nach außen objektiv und eindeutig erkennbar außerhalb des eingeleiteten Steuerstrafverfahrens ausschließlich im Besteuerungsverfahren tätig wird, handelt es sich um eine Abgabenangelegenheit und ist der Finanzrechtsweg gegeben (BFH v. 06.02.2001, VII B 277/00, BStBl II 2001, 306 m. w. N.). Dies ist insbes. relevant in den sog. **Bankenfällen**. Die Fahndung wird zur Ermittlung von Besteuerungsgrundlagen außerhalb des eingeleiteten Strafverfahrens (§ 208 Abs. 1 Satz 1 Nr. 2 AO) oder zur Aufdeckung und Ermittlung unbekannter Steuerfälle (§ 208 Abs. 1 Satz 1 Nr. 3 AO) tätig, wenn ihre Maßnahmen Bankkunden betrifft, gegen die sich das eingeleitete steuerstrafrechtliche Ermittlungsverfahren nicht richtet (u. a. BFH v. 06.02.2001, VII B 277/00, BStBl II 2001, 306 m. w. N.). Die Einschränkungen des § 93 Abs. 1 Satz 3, Abs. 2 Satz 2 AO und des § 97 Abs. 2 AO gelten in diesem Verfahren nicht (§ 208 Abs. 1 Satz 3 AO; AEAO zu § 208, Nr. 4).

10 Die Vorschrift ist aber auch **eigenständige Regelung**, wenn das strafrechtliche Verfahren nach § 153 ff. StPO eingestellt worden ist oder sonstige Verfahrenshindernisse wie z. B. bei Versterben des Beschuldigten, Selbstanzeige oder Strafverfolgungsverjährung bestehen (h. M.; BFH v. 15.06.2001, VII B 11/00, BStBl II 2001, 624 m. w. N.; *Seer* in Tipke/Kruse, § 208 AO Rz. 24 m. w. N.; *Rüsken* in Klein, § 208 AO Rz. 35). Auch in diesen Fällen sollen die Besteuerungsgrundlagen ermittelt und – soweit die Festsetzungsfrist noch nicht abgelaufen ist – der Besteuerung unterworfen werden können. Die Fahndung nimmt ihre Aufgabe losgelöst von der Erforschung einer Steuerstraftat, aber doch im Zusammenhang damit allein zur Ermittlung von Besteuerungsgrundlagen wahr (BFH v. 16.12.1997, VII B 45/97, BStBl II 1998, 231). Insofern ist die Ermittlung der Fahndung nicht abhängig davon, dass gleichzeitig auch ein Steuerstrafverfahren durchgeführt wird. Unerheblich ist, ob die Fahndung zunächst auf der Grundlage von § 208 Abs. 1 Satz 1 Nr. 1 AO tätig geworden und dann bei Eintritt des Strafverfolgungshindernisses nach § 208 Abs. 1 Satz 1 Nr. 2 AO fortgesetzt hat oder ob sie bereits von Anfang ihrer Ermittlungen an auf der Grundlage von § 208 Abs. 1 Satz 1 Nr. 2 AO tätig geworden ist (BFH v. 15.06.2001, VII B 11/00, BStBl II 2001, 624). In diesen Fällen richten sich die Ermittlungsgrundsätze und der Rechtsschutz nach der **AO**, da die Behörde in solchen Fällen nach außen objektiv und eindeutig erkennbar außerhalb des eingeleiteten Steuerstrafverfahrens ausschließlich im Besteuerungsverfahren tätig wird (BFH v. 06.02.2001, VII B 277/00, BStBl II 2001, 306 m. w. N.; s. Rz. 16). Die Fahndung darf nicht aus Zweckmäßigkeitsgründen zwischen den Verfahrensarten wechseln (s. auch Rz. 3).

## IV. Aufdeckung und Ermittlung unbekannter Steuerfälle (§ 208 Abs. 1 Satz 1 Nr. 3 AO)

Die Vorschrift enthält eine Regelung der allgemeinen Steueraufsicht. Die Fahndung kann auch ohne den Verdacht einer Steuerstraftat oder einer Steuerordnungswidrigkeit ermittelnd tätig werden, wenn dies der **Aufklärung unbekannter Steuerfälle** (Aufdeckung und Ermittlung) im Besteuerungsverfahren dient (sog. Vorfeldermittlungen; s. *Seer* in Tipke/Kruse, § 208 AO Rz. 27; AEAO zu § 208, Nr. 1. a)). Das umfasst Nachforschungen sowohl nach unbekannten Stpfl. als auch nach bisher unbekannten steuerlichen Sachverhalten (BFH v. 16.07.2002, IX R 62/99, BStBl II 2003, 74 m. w. N.). Dazu gehören auch **Kontrollbesuche** (BFH v. 22.12.2006, VII B 121/06, BStBl II 2009, 839).Die Steuerfahndung kann dieser Aufgabe gleichzeitig auch gelegentlich ihrer Tätigkeit im strafrechtlichen Ermittlungsverfahren nach § 208 Abs. 1 Satz 1 Nr. 1 AO nachkommen (BFH v. 29.06.2005, II R 3/04, BFH/NV 2006, 1). Die Ermittlungen setzen keinen strafrechtlichen Anfangsverdacht, aber **einen hinreichenden Anlass für das Tätigwerden** voraus. Ein solcher liegt vor, wenn aufgrund konkreter Anhaltspunkte (z. B. wegen der Höhe des Wertes oder der Besonderheit des Objekts) oder aufgrund allgemeiner Erfahrungen oder auch konkreter Erfahrungen für bestimmte Gebiete die Möglichkeit einer Steuerverkürzung in Betracht kommt und daher eine Anordnung bestimmter Art angezeigt ist. Die allgemeine, nach der Lebenserfahrung gerechtfertigte Vermutung, dass Steuern nicht selten verkürzt und steuerpflichtige Einnahmen nicht erklärt werden, genügt nicht. Ermittlungen »ins Blaue hinein« wie Rasterfahndungen, Ausforschungsdurchsuchungen oder ähnliche Ermittlungsmaßnahmen sind nicht zulässig (u. a. BFH v. 16.05.2013, II R 15/12, BStBl II 2014, 225 m. w. N.). Ein hinreichender Anlass ist gegeben, wenn bei Betriebsprüfungen Steuerverkürzungen aufgedeckt worden sind, die durch einen bestimmten für die Berufsgruppe typischen und die Möglichkeit einer Steuerverkürzung begünstigenden Geschäftsablauf, der auch bei anderen Stpfl. gleicher Betätigungsart so gegeben sein könnte, begünstigt worden sind. Derartige Vorfeldermittlungen sind auch gegenüber Dritten ohne unmittelbare Geschäftsbeziehungen zu den potenziellen Steuerverkürzern gerechtfertigt und setzen nicht voraus, dass deren Verhalten im Geschäftsverkehr eine mögliche Steuerhinterziehung irgendwie begünstigt, noch dass eine »irgendwie geartete auffällige Beziehung« zu mög- 11 lichen Steuerhinterziehern besteht. Eine nur geringe Anzahl bereits festgestellter Steuerverkürzungen allein steht dann der Aufnahme von Vorfeldermittlungen nicht entgegen (BFH v. 05.10.2006, VII R 63/05, BStBl II 2007, 155). Die Einschränkungen des § 93 Abs. 1 Satz 3, Abs. 2 Satz 2 AO und des § 97 Abs. 2 AO gelten nach § 208 Abs. 1 Satz 3 AO in diesem Verfahren nicht, wenn die Steuerfahndung im Rahmen ihrer Aufgaben nach § 208 Abs. 1 Satz 1 Nr. 2 und 3 AO tätig wird (BFH v. 16.05.2013, II R 15/12, BStBl II 2014, 225). Über die Rechte und Pflichten des Stpfl. bei Prüfungen nach § 208 Abs. 1 Nr. 3 AO unterrichtet ein entsprechendes Merkblatt (BMF v. 13.11.2013, BStBl I 2013, 1458).

**11a** § 208 Abs. 1 Satz 1 Nr. 3 AO wird neben § 208 Abs. 2 Nr. 1 AO auch als Grundlage für den sog. **Flankenschutz** herangezogen, bei dem außer Angehörigen der Festsetzungs-FA auch Fahndungsprüfer zur Überprüfung steuerlicher Sachverhalte »vor Ort« eingesetzt werden. In diesem Zusammenhang sind auch sog. Kontrollbesuche im Besteuerungsverfahren grundsätzlich zulässig (dazu ausführlich *Roth*, StBW 2013, 320). Allerdings dürfte in vielen Fällen die Voraussetzung für den Einsatz von Flankenschutzfahndern, nämlich der hinreichende Anlass, fehlen (s. *Beyer*, NWB 2013, 1733; a. A. *Roth*, StBW 2013, 320 m. w. N.). *Jesse* (DB 2013, 1803, 1807 m. w. N.) hält den Einsatz von Steuerfahndern für ermessenswidrig.

**11b** Die Steuerfahndung kann nach h. M. im Besteuerungsverfahren eine **USt-Nachschau** (§ 27b UStG) durchführen, soweit sie sich gezielt auf umsatzsteuerliche Besteuerungsgrundlagen richtet (*Beyer*, AO-StB 2013, 159 m. w. N.).

**12** Das Ermittlungsverfahren richtet sich nach der AO (§ 85 AO, §§ 90 ff. AO). Die Fahnder können z. B. die Inaugenscheinnahme durchführen und dazu Grundstücke etc. betreten (BFH v. 22.12.2006, VII B 121/06, BStBl II 2009, 839). Zu den Ermittlungsmaßnahmen der Steuerfahndung gehören u. a. auch **Sammelauskunftsersuchen** i. S. des § 93 Abs. 1a AO, die sich auf eine ihr unbekannte Anzahl von Sachverhalten mit dem Grunde nach bestimmbaren, ihr noch nicht bekannten Personen richten (u. a. BFH v. 16.05.2013, II R 15/12, BStBl II 2014, 225 m. w. N.; AEAO zu § 93, Nr. 1.2.5; s. § 93 AO Rz. 5 ff.). Sie fußen auf § 93 Abs. 1 Satz 1 AO, ohne dass die Einschränkungen des § 93 Abs. 1 Satz 3 AO (Subsidiarität der Befragung Dritter), des § 93 Abs. 2 Satz 2 AO (Schriftform) und des § 97 Abs. 2 AO (Vorlage von Urkunden) zu beachten sind (§ 208 Abs. 1 Satz 3 AO; s. Rz. 17). Sie setzen ebenfalls einen hinreichenden Anlass für die Aufdeckung unbekannter Steuerfälle voraus (dazu s. Rz. 11; AEAO zu § 93, Nr. 1.2.5). Für ein berechtigtes Auskunftsverlangen ist aber ausreichend, wenn die Steuerfahndung im Rahmen einer Prognoseentscheidung im Wege vorweggenommener Beweiswürdigung nach pflichtgemäßem Ermessen zu dem Ergebnis gelangt, dass die Auskunft zu steuererheblichen Tatsachen zu führen vermag. Sie müssen im Übrigen zur Sachverhaltsaufklärung geeignet, notwendig und verhältnismäßig, ihre Erfüllung für den Betroffenen möglich und zumutbar sein (BFH v. 04.12.2012, VIII R 25/10, BStBl II 2014, 220 m. w. N.). Nach dem Grundsatz der Verhältnismäßigkeit im engeren Sinne (Zweck-Mittel-Verhältnis) darf ein an sich geeignetes und erforderliches Mittel zur Durchsetzung von Allgemeininteressen nicht angewandt werden, wenn die davon ausgehenden Grundrechtsbeeinträchtigungen schwerer wiegen als die durchzusetzenden Interessen. Dabei ist der hohe Stellenwert des Interesses der Allgemeinheit an einer lückenlosen Verhinderung von Steuerverkürzungen zu berücksichtigen. Der durch ein Sammelauskunftsersuchen ausgelöste Ermittlungsaufwand bei der Auskunftsperson muss in einem angemessenen Verhältnis zu der Bedeutung der Angelegenheit, insbes. zu dem von den Ermittlungen zu erwartenden fiskalischen Ertrag, stehen (BFH v. 04.12.2012, VIII R 25/10, BStBl II 2014, 220; BFH v. 16.05.2013, II R 15/12, BStBl II 2014, 225 m. w. N.; *von Wedelstädt*, DB 2004, 948; AEAO zu § 93, Nr. 1.2.5). Zivilrechtliche Verträge können die Pflicht zur Beantwortung von Auskunftsersuchen der Finanzbehörden nach § 93 AO nicht wirksam ausschließen oder beschränken (BFH v. 16.05.2013, II R 15/12, BStBl II 2014, 225). Zum sog. Bankgeheimnis s. Rz. 3b.

Ein Sammelauskunftsersuchen an einen **Zeitungsverlag** mit der Aufforderung, Personen- und Auftragsdaten zu den Auftraggebern einer bestimmten Anzeigenrubrik zu übermitteln, verstößt nicht gegen die grundrechtlich geschützte Pressefreiheit (Art. 5 Abs. 1 Satz 2 GG). Der Schutzbereich der Pressefreiheit nach Art. 5 Abs. 1 Satz 2 GG schützt grundsätzlich nur solche Anzeigen, die für die öffentliche Meinungsbildung bedeutsam sind oder der Kontrollfunktion der Presse dienen. Richtet sich ein solches Auskunftsersuchen auch in die Zukunft, ist die Ermessensentscheidung besonders zu begründen (BFH v. 12.05.2016, II R 17/14, BStBl II 2016, 822). Zum Sammelauskunftsersuchen an einen Servicedienstleister s. FG Nds v. 30.06.2015, 9 K 343/14, DB 2015, 2178. **13**

## D. Befugnisse der Steuerfahndung (§ 208 Abs. 1 Satz 2 und 3 AO)

Die Vorschrift steht unter der Prämisse des § 393 Abs. 1 AO, der nach § 208 Abs. 1 Satz 3 AO a. E. unberührt bleibt. Das bedeutet, dass sich die Rechte und Pflichten des Stpfl. und der Fahndung danach richten, in welchem Verfahren – Strafverfahren oder Besteuerungsverfahren – die Fahndung im Einzelfall tätig wird (s. Rz. 3, 10 und 11). Wegen der Befugnisse nach §§ 117a und 117b AO wird auf die dortige Kommentierung verwiesen (s. auch *Beyer*, AO-StB 2013, 351). **14**

15 Ist die Fahndung im **Steuerstraf- oder -ordnungswidrigkeitsverfahren** tätig (§ 208 Abs. 1 Satz 1 Nr. 1 AO), sind ihre Angehörigen Ermittlungspersonen der Staatsanwaltschaft (§ 404 Satz 1 AO) mit den entsprechenden Befugnissen (§ 404 Satz 2 AO). Daraus folgt jedoch nicht, dass sie die Befugnisse der Straf- und Bußgeldstellen, nämlich die der Staatsanwaltschaft hat (*Seer* in Tipke/Kruse, § 208 AO Rz. 51). Auf die Erläuterungen zu § 404 AO wird verwiesen.

16 Wird die Fahndung im Rahmen der ihr in § 208 Abs. 1 Satz 1 Nr. 2 und 3 AO zugewiesenen Aufgaben tätig, hat sie nicht die Befugnisse des Steuerstrafverfahrens, sondern grundsätzlich die den Finanzbehörden im **Besteuerungsverfahren zustehenden Ermittlungsbefugnisse** (BFH v. 15.06.2001, VII B 11/00, BStBl II 2001, 624).

17 Einige **Beschränkungen** im Steuerermittlungsverfahren gelten hier nicht (§ 208 Abs. 1 Satz 3 AO). Die Vorlage von Büchern, Aufzeichnungen, Geschäftspapieren und anderen Urkunden kann unter den Voraussetzungen von § 97 Abs. 1 AO ohne Beachtung der Subsidiarität des § 93 Abs. 1 Satz 3 AO verlangt werden; sie können abweichend von § 97 Abs. 2 AO beim Vorlagepflichtigen auch dann eingesehen werden, wenn dieser nicht damit einverstanden ist. Die entsprechenden Verlangen können grundsätzlich nach §§ 328 ff. AO erzwungen werden. Abweichend von § 93 Abs. 1 Satz 3 AO dürfen Dritte befragt werden, ohne dass vorher versucht werden muss, vom Beteiligten Sachverhaltsaufklärung zu erlangen. § 208 Abs. 1 Satz 3 AO gilt also uneingeschränkt nur hinsichtlich unbekannter Steuerfälle (§ 208 Abs. 1 Satz 1 Nr. 3 AO) und wenn gegen den bekannten Stpfl. das Steuerstrafverfahren eingeleitet worden ist (*Seer* in Tipke/Kruse, § 208 AO Rz. 120). Ferner müssen die Auskunftsersuchen der Fahndungsstellen nicht nach § 93 Abs. 2 Satz 2 AO schriftlich gestellt werden, wenn der Auskunftspflichtige dies verlangt. Zur Verhältnismäßigkeit eines von der Steuerfahndung im Steuerermittlungsverfahren gestellten Auskunftsersuchens trotz Einstellung des Strafermittlungsverfahrens s. BFH v. 04.12.2012, VIII R 5/10, BStBl II 2014, 220.

18 Aus der sinngemäßen Geltung von § 200 Abs. 1 Sätze 1 und 2, Abs. 2, Abs. 3 Sätze 1 und 2 AO folgt, dass der von Maßnahmen der Fahndung Betroffenen dieselben **Mitwirkungspflichten** hat wie im Außenprüfungsverfahren. Die Steuerfahndung ist jedoch **keine Außenprüfung** (s. Rz. 3a). Eine Prüfungsanordnung ist daher nicht erforderlich, die Prüfung endet nicht mit einer Schlussbesprechung. Sie führt daher auch nicht zu einer Änderungssperre nach § 173 Abs. 2 AO und zur Ablaufhemmung nach § 171 Abs. 4 AO. Beginnen Zollfahndungsämter oder mit der Steuerfahndung betraute Dienststellen der Landesfinanzbehörden vor Ablauf der Festsetzungsfrist beim Stpfl. mit Ermittlungen der Besteuerungsgrundlagen, wird der Ablauf der Festsetzungsfrist gehemmt (§ 171 Abs. 5 Satz 1). Voraussetzung ist, dass für den Stpfl. erkennbar ist, dass in seinen Steuerangelegenheiten ermittelt wird (BFH v. 17.11.2015, VIII R 67/13, BStBl II 2016, 569 m. w. N.). Auf die Ausführungen in § 171 AO Rz. 81 ff. wird verwiesen.

19 Die **Mitwirkungspflichten** dürfen **nicht mit Zwangsmitteln** (§§ 328 ff. AO) erzwungen werden, wenn sich der Betroffene dadurch der Gefahr aussetzen würde, sich selbst wegen einer von ihm begangenen Steuerstraftat oder Steuerordnungswidrigkeit belasten zu müssen oder wenn gegen ihn wegen einer solchen Tat bereits ein Steuerstrafverfahren (nicht ein Bußgeldverfahren) eingeleitet worden ist. Darüber ist der Betroffene zu belehren (§ 393 Abs. 1 Satz 4 AO). Im Einzelnen wird auf das Merkblatt über die Rechte und Pflichten von Stpfl. bei Prüfungen durch die Steuerfahndung nach § 208 Abs. 1 Nr. 3 AO (BMF v. 13.11.2013, BStBl I 2013, 1458) hingewiesen, das dem Betroffenen zu Beginn einer Fahndungsprüfung auszuhändigen ist, soweit dazu Anlass besteht.

## E. Ermittlungen auf Ersuchen (§ 208 Abs. 2 AO)

20 Der Steuerfahndung und den Zollfahndungsämtern (Fahndungsstellen) können auch weitere Aufgaben übertragen werden, sofern die dafür zuständigen Finanzbehörden darum ersuchen bzw. soweit ihnen zusätzliche Aufgaben im Rahmen der Zuständigkeit der Finanzbehörden übertragen werden. § 208 Abs. 2 Nr. 1 AO wird neben § 208 Abs. 1 Nr. 3 AO auch als Grundlage für den sog. **Flankenschutz** herangezogen, bei dem Fahndungsprüfer zur Überprüfung steuerlicher Sachverhalte »vor Ort« eingesetzt werden (s. *Beyer*, NWB 2013, 1733).

21 Nach § 208 Abs. 2 Nr. 1 AO sind sie zuständig für die Durchführung steuerlicher Ermittlungen einschließlich der Außenprüfung auf Ersuchen der zuständigen Finanzbehörde. Die **Beauftragung der Fahndungsstelle** steht im pflichtgemäßen Ermessen der beauftragenden Finanzbehörde. Sie verstößt nicht gegen das im Rechtsstaatsprinzip (Art. 20 Abs. 3 GG) wurzelnde Übermaßverbot (BFH v. 11.12.1991, I R 66/90, BStBl II 1992, 595). Von der Beauftragung kann nur Gebrauch gemacht werden, wenn dies **zweckmäßig** ist, z. B. weil die Fahndungsstelle bei demselben Stpfl. Vorfeldermittlungen durchgeführt hat, oder wenn dies ähnlich § 112 Abs. 1 Nr. 2 und 5 AO sachlich notwendig ist (*Seer* in Tipke/Kruse, § 208 AO Rz. 36; *Hoyer* in Gosch, § 208 AO Rz. 53 »nachvollziehbarer sachlicher Grund«). Wird die Steuerfahndung mit der Außenprüfung beauftragt, führt sie eine Außenprüfung durch, es ist eine Prüfungsanordnung zu erlassen und eine Schlussbesprechung durchzuführen; beides kann durch die Fahndungsstelle erfolgen (BFH v. 11.12.1997, V R 56/94, BStBl I 1998, 367). Die Befugnis, steuerliche Ermittlungen durchzuführen, schließt m. E. nicht auch die Möglichkeit nach § 195 Satz 3 AO

ein, die Steuerfestsetzung nach einer Außenprüfung vorzunehmen und verbindliche Zusagen zu erteilen, weil § 208 Abs. 2 Nr. 1 AO nur von steuerlichen Ermittlungen spricht (gl. A. *Seer* in Tipke/Kruse, § 208 AO Rz. 37 m. w. N.).

22 Den Fahndungsstellen können **weitere Aufgaben übertragen** werden, soweit diese in die Zuständigkeit der Finanzbehörden fallen (§ 208 Abs. 2 Nr. 2 AO); dies kann nach h. M. nicht durch interne Verwaltungsanordnung, sondern nur aufgrund Gesetzes geschehen (*Klaproth* in Schwarz/Pahlke, § 208 AO Rz. 33 m. w. N.; *Seer* in Tipke/Kruse, § 208 AO Rz. 39). Aufgaben anderer Behörden als der Finanzbehörden können jedoch den Fahndungsstellen nur aufgrund Gesetzes übertragen werden.

23 Dies ist für den **Zollfahndungsdienst** im Zollfahndungsdienstgesetz (ZFdG) und verschiedenen Spezialgesetzen, wie z. B. im Außenwirtschaftsgesetz (AWG) oder im Marktordnungsgesetz (MOG) sowie für die Bargeldkontrollen im Rahmen der Geldwäschebekämpfung in §§ 1 Abs. 3a bis 3c und 12a bis 12c Zollverwaltungsgesetz geschehen.

### F. Verhältnis der Verfahren zueinander (§ 208 Abs. 3 AO)

24 § 208 Abs. 3 AO stellt klar, dass der Aufgabenbereich der örtlichen Finanzbehörden durch die Zuständigkeiten der Fahndungsstellen nicht beschnitten wird. Die für die Besteuerung zuständige Finanzbehörde kann daher nach Einleitung des Steuerstrafverfahrens Steuern festsetzen und auch eine Außenprüfung durchführen; Außenprüfung und Fahndungsprüfung sind nebeneinander zulässig (BFH v. 03.04.2003, XI B 60/02, BFH/NV 2003, 1034 m. w. N.).

### G. Rechtsbehelfe

25 Auf die Ausführungen zu Rz. 3, 8a, 9 und 10 a. E. wird verwiesen.

### H. Ablaufhemmung

26 Beginnen die mit der Steuerfahndung betrauten Dienststellen einer Landesfinanzbehörde vor Ablauf der Festsetzungsfrist beim Stpfl. mit Ermittlungen der Besteuerungsgrundlagen, läuft die Festsetzungsfrist gem. § 171 Abs. 5 Satz 1 AO insoweit nicht ab, bevor die aufgrund der Ermittlungen zu erlassenden Steuerbescheide unanfechtbar geworden sind. Auf die Ausführungen zu § 171 AO Rz. 81 ff. wird verwiesen.

## Sechster Abschnitt: Steueraufsicht in besonderen Fällen

## Vorbemerkungen zu §§ 209–217

Die »**Steueraufsicht in besonderen Fällen**« betrifft die steuerliche Aufsicht bei Verbrauchsteuern (s. § 3 AO Rz. 36); für **Zölle** gelten seit dem 01.05.2016 Art. 15, 134 und 267 UZK. Weitere Bestimmungen enthält das ZollVG (§§ 1, 10 ZollVG). Die Bestimmungen der §§ 209 bis 217 AO gelten, soweit die EU-Vorschriften keine eigene Regelung treffen. Ihr Ziel ist nicht die Ermittlung von Besteuerungsgrundlagen im einzelnen Steuerfall, sondern die laufende Überwachung der in Betracht kommenden Betriebe, Unternehmen und steuerpflichtigen Vorgänge. Für **Verbrauchsteuern** ist wie für Zölle im Unterschied zu anderen Steuern charakteristisch, dass sie bestimmte Waren belasten, die dinglich für die Abgaben haften (s. § 76 AO). Die besondere Steueraufsicht beinhaltet vor allem eine Kontrolle des technischen Herstellungsprozesses und eine Beaufsichtigung der Bearbeitung, Verarbeitung oder steuerbegünstigten Verwendung der verbrauchsteuerpflichtigen Waren und regelt Befugnisse der Finanzbehörde und Mitwirkungspflichten der von der Steueraufsicht Betroffenen. 1

Neben der Steueraufsicht i. S. der §§ 209 ff. AO gelten die Vorschriften des Zollverwaltungsgesetzes, soweit sie verbrauchsteuerpflichtige Sachverhalte betreffen. In einzelnen Verbrauchsteuergesetzen und deren Durchführungsbestimmungen finden sich weitere Regelungen der Steueraufsicht (z. B. § 26 BierStG, § 61 EnergieStG; §§ 43, 156 BranntwMonG; § 22 KaffeeStG; § 26 SchaumwZwStG; § 33 TabStG). 2

Die Steueraufsicht unterscheidet sich von der **Außenprüfung und Steuerfahndung** dadurch, dass sie eine Art laufende Überwachung oder Kontrolle des Gegenstands der Steueraufsicht (§ 209 AO) mit dem Schwerpunkt der Tatsachenfeststellung darstellt, während Letztere eine umfassende Prüfung der steuerrechtlich relevanten Verhältnisse eines konkreten Einzelfalles ist. 3

## § 209 AO Gegenstand der Steueraufsicht

**(1) Der Warenverkehr über die Grenze und in die Freizonen und Freilagern sowie die Gewinnung und Herstellung, Lagerung und Beförderung und gewerbliche Versendung verbrauchsteuerpflichtiger Waren und der Handel mit verbrauchsteuerpflichtigen Waren unterliegen der zollamtlichen Überwachung (Steueraufsicht).**

**(2) Der Steueraufsicht unterliegen ferner:**

**1. der Versand, die Ausfuhr, Lagerung, Verwendung, Vernichtung, Veredelung, Umwandlung und sonstige Bearbeitung oder Verarbeitung von Waren in einem Verbrauchsteuerverfahren,**

**2. die Herstellung und Ausfuhr von Waren, für die ein Erlass, eine Erstattung oder Vergütung von Verbrauchsteuer beansprucht wird.**

**(3) Andere Sachverhalte unterliegen der Steueraufsicht, wenn es gesetzlich bestimmt ist.**

**Inhaltsübersicht**



**Schrifttum**

KOCK, Der Gegenstand der Steueraufsicht nach § 209 AO, DStR 1996, 1676.

### A. Allgemeines

1 Die Vorschrift bestimmt, welche Sachverhalte der als zollamtliche Überwachung definierten Steueraufsicht unterliegen, also Lebenssachverhalte, die nach den Verbrauchsteuergesetzen erheblich sind. Wegen der Abgrenzungen wird auf die Vorbemerkungen zu §§ 209–217 AO verwiesen.

### B. Gegenstände der Steueraufsicht (§ 209 Abs. 1 AO)

2 Nach § 209 Abs. 1 AO unterliegen der Steueraufsicht zunächst der **Warenverkehr über die Grenze** und **in den Freizonen und Freilagern.** Der Begriff der Grenze ist nicht definiert, er ergibt sich aus dem Zweck des einzelnen Steuergesetzes und meint i.d.R. die Grenzen zu den EU-Mitgliedstaaten und zu Drittländern (s. dazu *Kock,* DStR 1996, 1676). Freizonen bzw. Freilager sind nach Art. 243 UZK und § 20 ZollVG Gebiete, die vom übrigen Zollgebiet getrennt sind und bestimmte Waren enthalten. Freilager bestehen in Deutschland nicht.

3 Daneben unterwirft § 209 Abs. 1 AO der Steueraufsicht wie bisher die **Gewinnung und Herstellung** sowie die **Lagerung, Beförderung und gewerbliche Versendung verbrauchsteuerpflichtiger Waren** sowie den **Handel** mit diesen. Ergänzend wird auf entsprechende Regelungen in den einzelnen Verbrauchsteuergesetzen verwiesen.

### C. Ergänzungen (§ 209 Abs. 2 AO)

§ 209 Abs. 2 Nr. 1 AO erstreckt die Steueraufsicht auf die dort genannten Vorgänge in einem Verbrauchsteuerverfahren, wobei der Begriff dieser Verfahren und weitere Einzelheiten den einschlägigen Einzelsteuergesetzen zu entnehmen ist. 4

Nach § 209 Abs. 2 Nr. 2 AO unterliegen die Herstellung und Ausfuhr von Waren, für die eine Abgabenvergünstigung beansprucht wird, der Steueraufsicht. Derartige in verschiedenen Verbrauchsteuergesetzen vorgesehene Abgabenvergünstigungen werden im jeweiligen Verbrauchsteuerverfahren bewilligt. 5

### D. Verweisungen (§ 209 Abs. 3 AO)

§ 209 Abs. 3 AO eröffnet die Möglichkeit, andere Sachverhalte, d.h. solche, die nicht schon unter die Absätze 1 und 2 subsumiert werden können, der Steueraufsicht zu unterwerfen (z.B. § 33 TabStG, § 26 BierStG, §§ 43, 156 BranntwMonG; § 22 KaffeeStG; § 26 SchaumwZwG). 6

## § 210 AO
## Befugnisse der Finanzbehörde

**(1) Die von der Finanzbehörde mit der Steueraufsicht betrauten Amtsträger sind berechtigt, Grundstücke und Räume von Personen, die eine gewerbliche oder berufliche Tätigkeit selbständig ausüben oder denen ein der Steueraufsicht unterliegender Sachverhalt zuzurechnen ist, während der Geschäfts- und Arbeitszeiten zu betreten, um Prüfungen vorzunehmen oder sonst Feststellungen zu treffen, die für die Besteuerung erheblich sein können (Nachschau).**

**(2) Der Nachschau unterliegen ferner Grundstücke und Räume von Personen, denen ein der Steueraufsicht unterliegender Sachverhalt zuzurechnen ist, ohne zeitliche Einschränkung, wenn Tatsachen die Annahme rechtfertigen, dass sich dort Schmuggelwaren oder nicht ordnungsgemäß versteuerte verbrauchsteuerpflichtige Waren befinden oder dort sonst gegen Vorschriften oder Anordnungen verstoßen wird, deren Einhaltung durch die Steueraufsicht gesichert werden soll. Bei Gefahr im Verzug ist eine Durchsuchung von Wohn- und Geschäftsräumen auch ohne richterliche Anordnung zulässig.**

**(3) Die von der Finanzbehörde mit der Steueraufsicht betrauten Amtsträger sind ferner berechtigt, im Rahmen von zeitlich und örtlich begrenzten**

**Kontrollen, Schiffe und andere Fahrzeuge, die nach ihrer äußeren Erscheinung gewerblichen Zwecken dienen, anzuhalten. Die Betroffenen haben sich auszuweisen und Auskunft über die mitgeführten Waren zu geben; sie haben insbesondere Frachtbriefe und sonstige Beförderungspapiere, auch nicht steuerlicher Art, vorzulegen. Ergeben sich dadurch oder aufgrund sonstiger Tatsachen Anhaltspunkte, dass verbrauchsteuerpflichtige Waren mitgeführt werden, können die Amtsträger die mitgeführten Waren überprüfen und alle Feststellungen treffen, die für eine Besteuerung dieser Waren erheblich sein können. Die Betroffenen haben die Herkunft der verbrauchsteuerpflichtigen Waren anzugeben, die Entnahme von unentgeltlichen Proben zu dulden und die erforderliche Hilfe zu leisten.**

**(4) Wenn Feststellungen bei Ausübung der Steueraufsicht hierzu Anlass geben, kann ohne vorherige Prüfungsanordnung (§ 196) zu einer Außenprüfung nach § 193 übergegangen werden. Auf den Übergang zur Außenprüfung wird schriftlich hingewiesen.**

**(5) Wird eine Nachschau in einem Dienstgebäude oder einer nicht allgemein zugänglichen Einrichtung oder Anlage der Bundeswehr erforderlich, so wird die vorgesetzte Dienststelle der Bundeswehr um ihre Durchführung ersucht. Die Finanzbehörde ist zur Mitwirkung berechtigt. Ein Ersuchen ist nicht erforderlich, wenn die Nachschau in Räumen vorzunehmen ist, die ausschließlich von anderen Personen als Soldaten bewohnt werden.**

**Inhaltsübersicht**



## A. Bedeutung der Vorschrift

1 Die Vorschrift regelt die der Finanzbehörde im Rahmen der besonderen Steueraufsicht eingeräumten Befugnisse, die zu den in den jeweiligen Einzelgesetzen aufgezählten weiteren Befugnissen hinzutreten (s. z. B. § 10 ZollVG). Im Wesentlichen handelt es sich dabei um die Regelung der **Nachschau**.

## B. Allgemeine Nachschau (§ 210 Abs. 1 AO)

§ 210 Abs. 1 AO gestattet den von der Finanzbehörde mit 2
der Steueraufsicht betrauten Amtsträgern (§ 7 AO) das Betreten von Grundstücken und Räumen solcher Personen, die eine gewerbliche oder berufliche Tätigkeit selbstständig ausüben oder denen ein der Steueraufsicht unterliegender Sachverhalt zuzurechnen ist. Das Betretungsrecht steht Amtsträgern zu (s. § 7 AO), ferner auch Steuerhilfspersonen i. S. des § 217 AO. **Adressat** der Maßnahme sind die Personen, »denen ein der Steueraufsicht unterliegender Sachverhalt zuzurechnen ist«, d. h. alle Personen, denen Pflichten nach dem Zollrecht oder Verbrauchsteuerrecht obliegen (*Schallmoser* in HHSp, § 210 AO Rz. 10). Das Betretungsrecht darf nur zum Zwecke der Nachschau, nicht aber zur Durchsuchung (s. § 210 Abs. 2 Satz 2 AO) ausgeübt werden, eines besonderen Anlasses bedarf es nicht. **Nachschau** bedeutet die Vornahme von Prüfungen bzw. die Feststellung von Tatsachen, die für die Besteuerung (im Zuge der Zoll- und Verbrauchsteueraufsicht, § 209 AO) erheblich sein können, die also die Einhaltung der aus den entsprechenden Gesetzen entspringenden Pflichten betreffen. Das Betretungsrecht erstreckt sich nur auf betrieblich oder beruflich genutzte Räume, nicht auf Wohnräume oder private Flächen (h. M., u. a. *Brandis* in Tipke/Kruse, § 210 AO Rz. 2 m. w. N.). Bei gemischt genutzten Räumen besteht ein Betretungsrecht, wenn der Betroffene den Raum nach außen widmet, also z. B. bei einer Betriebsanmeldung nach § 139 AO (*Hoyer* in Gosch, § 210 AO Rz. 14 m. w. N.). Die Räume können im Eigentum des Stpfl. stehen oder von ihm gemietet sein. Das Betretungsrecht ist zeitlich auf die Geschäfts- und Arbeitszeiten des betreffenden Betriebs beschränkt; maßgeblich sind die tatsächlichen, nicht die üblichen Arbeitszeiten (*Hoyer* in Gosch, § 210 AO Rz. 16 m. w. N.).

## C. Verdachtsnachschau (§ 210 Abs. 2 AO)

§ 210 Abs. 2 AO regelt die sog. Verdachtsnachschau . Sie 3
ist zulässig, wenn aufgrund von Tatsachen konkrete Anhaltspunkte bestehen, dass in den der Nachschau unterliegenden Objekten Schmuggelgut zu finden ist oder andere gegen die Verbrauchsteuergesetze verstoßende Sachverhalte aufgedeckt werden können. Die Anhaltspunkte müssen konkret auf die betroffenen Räumlichkeiten bezogen vorliegen. Ein bloßer auf allgemeinen Erfahrungen der Behörde beruhender Verdacht oder die bloße Vermutung, dass es so sei, reicht nicht aus (BFH v. 08.11.2005, VII B 249/05, BFH/NV 2006, 151). Sie kann auch bei Personen durchgeführt werden, die keine gewerbliche oder berufliche Tätigkeit selbstständig ausüben.

4 Die Verdachtsnachschau ist jederzeit zulässig. Bei Gefahr im Verzug dürfen Wohn- und Geschäftsräume auch ohne richterliche Anordnung durchsucht werden (§ 210 Abs. 2 Satz 2 AO). Daraus ist zu entnehmen, dass im Rahmen einer Verdachtsnachschau eine Durchsuchung grundsätzlich zulässig ist, aber richterlich angeordnet sein muss, wenn keine Gefahr im Verzug vorliegt (so auch *Hoyer* in Gosch, § 210 AO Rz. 17 m.w.N.). Die Durchsuchung setzt voraus, dass das bloße Betreten nicht ausreicht. Für die richterliche Anordnung im Rahmen des § 210 Abs. 2 AO sind nach § 33 Abs. 1 Nr. 1, Abs. 2 FGO die FG zuständig sind (BFH v. 08.11.2005, VII B 249/05, BFH/NV 2006, 151). Gefahr im Verzug liegt vor, wenn durch die vorherige Einholung einer richterlichen Durchsuchungsanordnung der Erfolg der Durchsuchung gefährdet werden könnte (*Hoyer* in Gosch, § 210 AO Rz. 20 m.w.N.).

### D. Anhalterecht (§ 210 Abs. 3 AO)

5 § 210 Abs. 3 AO eröffnet ein Anhalterecht von Schiffen und anderen Fahrzeugen, die nach ihrer äußeren Erscheinung gewerblichen Zwecken dienen, unabhängig davon, ob sie es wirklich tun. Es darf nur im Rahmen von sowohl örtlich als auch zeitlich begrenzten Kontrollen ausgeübt werden. Zu den Ausweis-, Vorlage- und Mitwirkungspflichten s. § 210 Abs. 3 Sätze 2 und 4 AO. Das Anhalterecht setzt keinen konkreten Verdacht voraus und erlaubt daher eine sog. Stichprobenkontrolle, unterliegt aber dem Grundsatz der Verhältnismäßigkeit der Mittel. Ergeben sich im Rahmen der Kontrolle Anhaltspunkte für mitgeführte verbrauchsteuerpflichtige Waren, können diese überprüft werden.

### E. Überleitung zur Außenprüfung (§ 210 Abs. 4 AO)

6 Nach § 210 Abs. 4 AO kann eine Nachschau in eine Außenprüfung nach § 193 AO übergeleitet werden, wenn die Feststellungen bei der Steueraufsicht dazu Anlass geben. Die Außenprüfung kann sich nur auf die Überprüfung verbrauchsteuerlich erheblicher Sachverhalte erstrecken.

7 Eine vorherige Prüfungsanordnung (§ 196 AO) ist nicht erforderlich; auf den Übergang zur Außenprüfung muss jedoch schriftlich hingewiesen werden. Dieser schriftliche »Hinweis«, der ausdrücklich den Übergang zur Außenprüfung aussprechen muss, ist anfechtbarer Verwaltungsakt und zu begründen (§ 121 AO). Er muss angeben, welche Zeiträume, Sachverhalte und Steuer von der Außenprüfung betroffen sind. Er begründet die Pflicht, die Außenprüfung zu dulden. Mit der Bekanntgabe dieses »Hinweises« (d.h. seiner Wirksamkeit, § 124 Abs. 1 Satz 1 AO) ist der Übergang zur Außenprüfung vollzogen. Er ist Prüfungsanordnung i.S. des § 171 Abs. 4 AO; deshalb ist der Beginn der Außenprüfung aktenkundig zu machen. Für das weitere Verfahren gelten die §§ 193 ff. AO.

§ 210 Abs. 4 AO trägt dem Bedürfnis Rechnung, der Finanzbehörde in Eilfällen einen raschen Zugriff zu ermöglichen. Ein besonderer Zeitdruck kann sich insbes. mit Rücksicht auf die gem. § 169 Abs. 2 Nr. 1 AO für Verbrauchsteuern und Verbrauchsteuervergütungen geltende besonders kurze Festsetzungsfrist (ein Jahr) ergeben.

### F. Nachschau bei der Bundeswehr (§ 210 Abs. 5 AO)

Die Nachschau in einem Dienstgebäude der Bundeswehr 9 o.Ä. wird auf Ersuchen der Finanzbehörde durch die vorgesetzte Dienststelle der Bundeswehr durchgeführt. Die Finanzbehörde hat ein Recht, daran mitzuwirken. Wird die Nachschau in Räumen durchgeführt, in denen keine Soldaten wohnen, ist ein Ersuchen i.S. des § 210 Abs. 5 Satz 1 AO nicht erforderlich.

### G. Verfahrensrechtliche Fragen

Durch die Maßnahmen der Steueraufsicht nach § 210 10 Abs. 1 bis 3 AO wird der Ablauf der Festsetzungsfrist nicht gehemmt; sie stellen keine die Ablaufhemmung nach § 171 Abs. 4, 5 AO auslösenden Prüfungen dar. Die Steueraufsichtsmaßnahmen sind aber steuerliche Prüfungen i.S. von § 371 Abs. 2 Nr. 2 Buchst. a AO, die die Straffreiheit aufgrund einer Selbstanzeige mit dem Erscheinen des Amtsträgers ausschließen.

Die Maßnahmen i.S. des § 210 AO können mit Zwangs- 11 mitteln (§§ 328 ff. AO) durchgesetzt werden, sofern dem § 393 Abs. 1 Satz 2 AO nicht entgegensteht. Die mit den Maßnahmen nach § 210 Abs. 1 bis 3 AO notwendig verbundenen Aufforderungen, diese zu dulden, sind Verwaltungsakte, gegen die der Einspruch (§ 347 Abs. 1 Satz 1 Nr. 1 AO) gegeben ist. Dasselbe gilt für den Hinweis nach § 210 Abs. 4 Satz 2 AO.

## § 211 AO
## Pflichten des Betroffenen

**(1) Wer von einer Maßnahme der Steueraufsicht betroffen wird, hat den Amtsträgern auf Verlangen Aufzeichnungen, Bücher, Geschäftspapiere und andere Urkunden über die der Steueraufsicht unterliegenden Sachverhalte und über den Bezug und den Absatz verbrauchsteuerpflichtiger Waren vorzulegen, Auskünfte zu erteilen und die zur Durch-**

führung der Steueraufsicht sonst erforderlichen Hilfsdienste zu leisten. § 200 Abs. 2 Satz 2 gilt sinngemäß.

**(2) Die Pflichten nach Absatz 1 gelten auch dann, wenn bei einer gesetzlich vorgeschriebenen Nachversteuerung verbrauchsteuerpflichtiger Waren in einem der Steueraufsicht unterliegenden Betrieb oder Unternehmen festgestellt werden soll, an welche Empfänger und in welcher Menge nachsteuerpflichtige Waren geliefert worden sind.**

**(3) Vorkehrungen, die die Ausübung der Steueraufsicht hindern oder erschweren, sind unzulässig.**

1 Ergänzend zu den Befugnissen der Finanzbehörde im Rahmen der Steueraufsicht nach § 210 AO regelt § 211 AO Mitwirkungspflichten des Betroffenen. Die in § 211 Abs. 1 AO aufgezählten Pflichten stimmen im Wesentlichen mit den in § 200 Abs. 1 Satz 1 AO geregelten Mitwirkungspflichten des Stpfl. anlässlich einer Außenprüfung überein; auf die dortigen Erläuterungen wird daher verwiesen. § 211 AO geht den allgemeinen Mitwirkungspflichten der §§ 93 ff. AO vor.

2 § 211 Abs. 2 AO dient dem Zweck, Warenbestände, die sich nicht mehr im Herstellerbetrieb befinden, zu ermitteln, wenn durch die Neueinführung von Verbrauchsteuern oder durch Erhöhung von Verbrauchsteuersätzen eine Nachversteuerung durchgeführt werden muss. Auch in diesen Fällen gelten die Mitwirkungspflichten des § 211 Abs. 1 AO. Gleichzeitig ermöglicht er die Feststellung der zur Nachversteuerung Verpflichteten.

3 § 211 Abs. 3 AO enthält ein weitgespanntes Störungsverbot. Betriebsnotwendige oder -übliche Maßnahmen fallen nicht darunter.

4 Die Mitwirkungspflichten i. S. des § 211 AO können mit Zwangsmitteln (§§ 328 ff. AO) durchgesetzt werden, sofern nicht ein Auskunftsverweigerungsrecht (§§ 101 ff. AO) besteht oder § 393 Abs. 1 Satz 2 AO entgegensteht.

## § 212 AO Durchführungsvorschriften

§ 212 AO Durchführungsvorschriften

**(1) Das Bundesministerium der Finanzen kann durch Rechtsverordnung zur näheren Bestimmung der im Rahmen der Steueraufsicht zu erfüllenden Pflichten anordnen, daß**

1. **bestimmte Handlungen nur in Räumen vorgenommen werden dürfen, die der Finanzbehörde angemeldet sind oder deren Benutzung für diesen Zweck von der Finanzbehörde besonders genehmigt ist,**
2. **Räume, Fahrzeuge, Geräte, Gefäße und Leitungen, die der Herstellung, Bearbeitung, Verarbeitung, Lagerung, Beförderung oder Messung steuerpflichtiger Waren dienen oder dienen können, auf Kosten des Betriebsinhabers in bestimmter Weise einzurichten, herzurichten, zu kennzeichnen oder amtlich zu verschließen sind,**
3. **der Überwachung unterliegende Waren in bestimmter Weise behandelt, bezeichnet, gelagert, verpackt, versandt oder verwendet werden müssen,**
4. **der Handel mit steuerpflichtigen Waren besonders überwacht wird, wenn der Händler zugleich Hersteller der Waren ist,**
5. **über die Betriebsvorgänge und über die steuerpflichtigen Waren sowie über die zu ihrer Herstellung verwendeten Einsatzstoffe, Fertigungsstoffe, Hilfsstoffe und Zwischenerzeugnisse in bestimmter Weise Anschreibungen zu führen und die Bestände festzustellen sind,**
6. **Bücher, Aufzeichnungen und sonstige Unterlagen in bestimmter Weise aufzubewahren sind,**
7. **Vorgänge und Maßnahmen in Betrieben oder Unternehmen, die für die Besteuerung von Bedeutung sind, der Finanzbehörde anzumelden sind,**
8. **von steuerpflichtigen Waren, von Waren, für die ein Erlass, eine Erstattung oder Vergütung von Verbrauchsteuern beansprucht wird, von Stoffen, die zur Herstellung dieser Waren bestimmt sind, sowie von Umschließungen dieser Waren unentgeltlich Proben entnommen werden dürfen oder unentgeltlich Muster zu hinterlegen sind.**

**(2) Die Rechtsverordnung bedarf, außer wenn sie die Biersteuer betrifft, nicht der Zustimmung des Bundesrates.**

Die Vorschrift enthält eine abschließende Aufzählung der durch Rechtsverordnung näher bestimmbaren im Rahmen der Steueraufsicht zu erfüllenden Pflichten. Dadurch sind besondere Ermächtigungsvorschriften in Einzelgesetzen weitgehend entbehrlich. Derartige Verordnungen sind z. B. die Alkoholverordnung (AlkV), BierStV, KaffeeStV, EnergieStV, SchaumwZwStV (s. *Rüsken* in Klein, § 212 AO Rz. 2). 1

Die auf die vorliegende Ermächtigung gestützten Rechtsverordnungen bedürfen nur dann der Zustimmung des Bundesrats, wenn sie die Biersteuer betreffen, (§ 212 Abs. 2 AO); denn die Biersteuer unterliegt der Ertragshoheit der Länder. 2

## § 213 AO
## Besondere Aufsichtsmaßnahmen

**Betriebe oder Unternehmen, deren Inhaber oder deren leitende Angehörige wegen Steuerhinterziehung, versuchter Steuerhinterziehung oder wegen der Teilnahme an einer solchen Tat rechtskräftig bestraft worden sind, dürfen auf ihre Kosten besonderen Aufsichtsmaßnahmen unterworfen werden, wenn dies zur Gewährleistung einer wirksamen Steueraufsicht erforderlich ist. Insbesondere dürfen zusätzliche Anschreibungen und Meldepflichten, der sichere Verschluss von Räumen, Behältnissen und Geräten sowie ähnliche Maßnahmen vorgeschrieben werden.**

1 § 213 AO ermöglicht es, Betriebe und Unternehmen, deren verantwortliche Personen sich in bestimmter Weise als steuerlich besonders unzuverlässig erwiesen haben, einer besonderen Aufsicht zu unterstellen. Der Schwerpunkt der praktischen Bedeutung liegt auf dem Gebiet der Verbrauchsteuern.

2 Der besonderen Aufsichtsmaßnahmen können nur Betriebe und Unternehmen unterzogen werden, deren Inhaber oder leitende Angehörige wegen einer vollendeten oder versuchten Steuerhinterziehung oder wegen der Teilnahme an einer solchen Tat rechtskräftig verurteilt worden sind. Bandenmäßige Steuerhinterziehung i. S. des § 370 Abs. 3 Nr. 5 AO und gewerbsmäßiger und bandenmäßiger Schmuggel i. S. des § 373 AO sind qualifizierte Steuerhinterziehungsdelikte und daher von § 213 AO erfasst. Andere Steuerstraftaten als die des § 370 AO kommen nicht in Betracht. Obwohl die §§ 209 ff. AO sich auf Verbrauchsteuern beziehen, ist – auch angesichts des uneingeschränkten Wortlauts – davon auszugehen, dass sich die Straftat nicht auf Verbrauchsteuern beschränkt, da jede Steuerhinterziehung auf steuerliche Unzuverlässigkeit schließen lässt (*Schallmoser* in HHSp, § 213 AO Rz. 7 m. w. N.; a. A. *Hoyer* in Gosch, § 213 AO Rz. 10 m. w. N.). Die Verurteilung muss rechtskräftig, aber nicht notwendigerweise vollstreckt sein. Ist die Strafe im Bundeszentralregister gelöscht, ist eine besondere Aufsichtsmaßnahme unzulässig (BFH v. 04.12.1952, V z B 1/52 U, BStBl III 1953, 52).

3 Die besonderen Maßnahmen müssen zur Gewährleistung der Steueraufsicht geeignet und erforderlich sein. Die Aufzählung in § 213 Satz 2 AO ist beispielhaft. In geeigneten Fällen sind auch anderweitige Anordnungen zulässig. Ihre Verhängung steht im pflichtgemäßen Ermessen der Behörde. Bei der Ermessensentscheidung sind insbes. die Gesichtspunkte der Zumutbarkeit und Verhältnismäßigkeit zu berücksichtigen.

4 Gegen die Anordnung besonderer Aufsichtsmaßnahmen ist der Einspruch gegeben.

## § 214 AO
## Beauftragte

**Wer sich zur Erfüllung steuerlicher Pflichten, die ihm auf Grund eines der Steueraufsicht unterliegenden Sachverhaltes obliegen, durch einen mit der Wahrnehmung dieser Pflichten beauftragten Angehörigen seines Betriebes oder Unternehmens vertreten lässt, bedarf der Zustimmung der Finanzbehörde.**

Während sich der Stpfl. grundsätzlich in allen Verfah- 1
renshandlungen ohne Zustimmung der Finanzbehörde durch einen Bevollmächtigten vertreten lassen kann, verlangt § 214 AO im Zusammenhang mit der Erfüllung von Steueraufsichtspflichten, dass die Zustimmung der Finanzbehörde einzuholen ist, wenn der Stpfl. sich durch einen Angehörigen des Betriebs oder Unternehmens vertreten lässt. Die Bestellung externer Dritter zu Bevollmächtigten ist nicht zustimmungspflichtig. Die Vorschrift betrifft Unternehmen und Betriebe, die verbrauchsteuerpflichtige Waren herstellen oder in denen solche Waren gewonnen werden. Für die Vertretung in Einfuhrabgabensachen war bis zum 30.04.2016 eine Zustimmung nicht erforderlich (§ 214 Satz 2 AO a.F.). Da diese Regelung im Rahmen des UZK nicht mehr anwendbar ist und damit kein Regelungsbedarf besteht, ist sie entfallen (*Schallmoser* in HHSp, § 214 AO Rz. 1). Das Zustimmungserfordernis betrifft nur die Vertretung bei der Erfüllung der Pflichten aufgrund der Steueraufsicht, nicht andere steuerliche oder sonstige Verpflichtungen. Handelt ein Vertreter im Rahmen der Steueraufsicht ohne Zustimmung der Finanzbehörde, sind seine Handlungen nicht unwirksam, da es sich bei § 214 AO um eine Ordnungsvorschrift handelt; er kann aber zurückgewiesen werden (*Hoyer* in Gosch, § 214 AO Rz. 16; *Brandis* in Tipke/Kruse, § 214 AO Rz. 6). Die Bestellung eines Vertreters kann die Finanzbehörde nicht erzwingen (*Brandis* in Tipke/Kruse, § 214 AO Rz. 6 m. w. N.).

Die Zustimmung der Finanzbehörde betrifft nach dem 2
Sinn und Zweck der Vorschrift in erster Linie die Person des Beauftragten. Der Finanzbehörde soll Einfluss darauf eingeräumt werden, dass nur solche Personen mit der Wahrnehmung der Pflichten beauftragt werden, die aufgrund ihrer Stellung im Betrieb, aber auch ihrer sonstigen Qualifikation Gewähr für die ordnungsmäßige Pflichterfüllung bieten. Ist dies erfüllt, hat sie die Zustimmung zu erteilen. Ein Ermessen steht ihr insoweit nicht zu. Die Zustimmung ist ebenso wie ihre Versagung Verwaltungsakt, gegen die Versagung der Zustimmung ist Einspruch und Verpflichtungsklage gegeben.

Die beauftragte Person erfüllt nicht eigene, sondern die 3
Pflichten des Stpfl. als des der Steueraufsicht Unterworfenen. Sie ist nicht gesetzlicher Vertreter usw. i. S. des

§ 34 AO oder Verfügungsberechtigter i. S. des § 35 AO und haftet infolgedessen nicht nach § 69 AO.

## § 215 AO
## Sicherstellung im Aufsichtsweg

**(1) Die Finanzbehörde kann durch Wegnahme, Anbringen von Siegeln oder durch Verfügungsverbot sicherstellen:**

**1. verbrauchsteuerpflichtige Waren, die ein Amtsträger vorfindet**
   **a) in Herstellungsbetrieben oder anderen anmeldepflichtigen Räumen, die der Finanzbehörde nicht angemeldet sind,**
   **b) im Handel ohne eine den Steuergesetzen entsprechende Verpackung, Bezeichnung, Kennzeichnung oder ohne vorschriftsmäßige Steuerzeichen,**

**2. Waren, die im grenznahen Bezirk oder in Gebieten, die der Grenzaufsicht unterliegen, aufgefunden werden, wenn sie weder offenbar Gemeinschaftswaren noch den Umständen nach in den zollrechtlich freien Verkehr überführt worden sind,**

**3. die Umschließungen der in den Nummern 1 und 2 genannten Waren,**

**4. Geräte, die zur Herstellung von verbrauchsteuerpflichtigen Waren bestimmt sind und die sich in einem der Finanzbehörde nicht angemeldeten Herstellungsbetrieb befinden.**

**Die Sicherstellung ist auch zulässig, wenn die Sachen zunächst in einem Strafverfahren beschlagnahmt und dann der Finanzbehörde zur Verfügung gestellt worden sind.**

**(2) Über die Sicherstellung ist eine Niederschrift aufzunehmen. Die Sicherstellung ist den betroffenen Personen (Eigentümer, Besitzer) mitzuteilen, soweit sie bekannt sind.**

#### Inhaltsübersicht



#### Schrifttum

Kock, Die Sicherstellung im Aufsichtswege nach § 215 AO, ZfZ 1997, 222.

### A. Bedeutung der Vorschrift

Sicherstellung im Aufsichtsweg ist Vorsichtsmaßnahme. 1
Sie ist im Rahmen der Steueraufsicht (§ 209 AO) zulässig, um Waren, die mit Verbrauchsteuern belastet sind oder sein können, in Gewahrsam der Finanzbehörde zu nehmen. Sie ist keine Maßnahme des Strafverfahrens. Sie wird für den Bereich der Einfuhr- und Ausfuhrabgaben durch Art. 198 UZK und § 13 ZollVG verdrängt (*Brandis* in Tipke/Kruse, § 215 AO Rz. 1).

Ebenso wie § 216 AO erklärt sich die Regelung aus der 2
Eigenart der Verbrauchsteuern, bei denen in größerem Umfange Umgehungsmöglichkeiten bestehen als bei den Veranlagungssteuern. Der Gesetzgeber hielt es für erforderlich, neben der im strafrechtlichen Bereich möglichen Beschlagnahme und Einziehung (s. §§ 399 Abs. 2 Satz 2, 375 Abs. 2 AO) die Sicherstellung im Aufsichtsweg (wegen der Überführung in das Eigentum des Bundes s. § 216 AO) zuzulassen und auf diese Weise die Besteuerung sicherzustellen. Sie entzieht kein Eigentum und eröffnet kein Verwertungsrecht. Auf die daneben bestehende Sachhaftung nach § 76 Abs. 1 AO und die Beschlagnahmemöglichkeit nach § 76 Abs. 3 AO wird im Übrigen verwiesen. Weitere Vorschriften zur Sicherstellung finden sich u. a. in § 22 Abs. 2 KaffeeStG, § 65 EnergieStG und § 26 Abs. 2 BierStG.

### B. Sicherstellung (§ 215 Abs. 1 AO)

Die Sicherstellung erfolgt durch Wegnahme, Anbringen 3
von Siegeln oder durch ein Verfügungsverbot. Die Entscheidung über die Durchführung und die Art der Sicherstellung liegt im pflichtgemäßen Ermessen der Finanzbehörde. Die Sicherstellung ist Verwaltungsakt, sofern der Adressat nicht bekannt oder nicht aufzufinden ist, anderenfalls Realakt, da das Wirksamwerden eines Verwaltungsakts seine Bekanntgabe voraussetzt (*Brandis* in Tipke/Kruse, § 215 AO Rz. 7 m. w. N.; a. A. *Koenig* in Koenig, § 215 AO Rz. 3). Sie kann, wenn es sich um einen Verwaltungsakt handelt, mit dem **Einspruch** angefochten werden.

Sichergestellt werden können verbrauchsteuerpflichti- 4
ge Waren, die ein Amtsträger unter den in **§ 215 Abs. 1 Nr. 1 AO** bezeichneten Umständen vorfindet. Zur Anmeldepflicht für Betriebe, die verbrauchsteuerpflichtige Waren gewinnen oder herstellen, wird auf § 139 AO und auf Durchführungsvorschriften i. S. des § 212 Abs. 1 Nr. 1 AO verwiesen. Im Handel sind Waren, die sich nicht mehr im Herstellungsbetrieb oder einem Steuerlager und noch nicht beim Verbraucher befinden. Die in § 215 Abs. 1 Nr. 1 Buchst. b AO aufgeführten Verpackungen u. Ä. oder Steuerzeichen ergeben sich aus den entsprechenden Verbrauchsteuergesetzen.

5 § 215 Abs. 1 Nr. 2 AO betrifft Waren, die im grenznahen Raum oder in der Grenzaufsicht unterliegenden Gebieten von einem Amtsträger vorgefunden werden und bei denen sich kein Gewahrsam bestimmter Personen erkennen lässt. Es handelt sich um tatsächlich oder anscheinend herrenlose Sachen. Kann ein Eigentümer festgestellt werden, kommt nur Einziehung nach § 375 Abs. 2 AO in Betracht (s. § 216 Abs. 1 Satz 2 AO). Nicht betroffen sind Waren, die offenbar Gemeinschaftswaren (Art. 5 Nr. 23 UZK) oder die den Umständen nach in den zollrechtlich freien Verkehr (Art. 16 Buchst. a UZK) überführt worden sind.

6 Außerdem können nach § 215 Abs. 1 Nr. 3 und 4 AO Umschließungen von Waren nach Nr. 1 oder Nr. 2 sowie Geräte in dem in Nr. 4 bezeichneten Zusammenhang sichergestellt werden.

7 Mit der Wegnahme wird ein öffentlich-rechtliches Verwahrungsverhältnis begründet (*Brandis* in Tipke/Kruse, § 215 AO Rz. 7). Die Sicherstellung führt zu einer öffentlich-rechtlichen Verstrickung, deren Verletzung nach § 136 StGB strafbewehrt ist. Sie bereitet die Überführung in das Eigentum des Bundes nach § 216 AO vor.

### C. Niederschrift (§ 215 Abs. 2 AO)

8 Über die Sicherstellung ist eine Niederschrift aufzunehmen (§ 215 Abs. 2 Satz 1 AO). Ferner ist die Sicherstellung dem Eigentümer oder Besitzer der sichergestellten Waren oder anderen Gegenstände mitzuteilen, sofern diese Personen bekannt sind (§ 215 Abs. 2 Satz 2 AO).

9 Die Sicherstellung ist den betroffenen Personen (Eigentümer oder Besitzer) mitzuteilen, sofern diese bekannt sind (nach § 215 Abs. 2 Satz 2 AO). Die Mitteilung ist nicht Voraussetzung für die Wirksamkeit der Sicherstellung durch Wegnahme oder Anbringung von Siegeln. Dagegen wird die Sicherstellung durch Verfügungsverbote erst durch Bekanntgabe des Verfügungsverbots an den Betroffenen gem. § 124 Abs. 1 Satz 1 AO wirksam. Die Niederschrift über die Sicherstellung macht die Amtshandlung erweislich; sie ist keine Voraussetzung für deren Wirksamkeit und kein Verwaltungsakt.

## § 216 AO
## Überführung in das Eigentum des Bundes

**(1) Nach § 215 sichergestellte Sachen sind in das Eigentum des Bundes überzuführen, sofern sie nicht nach § 375 Abs. 2 eingezogen werden. Für Fundgut gilt dies nur, wenn kein Eigentumsanspruch geltend gemacht wird.**

**(2) Die Überführung sichergestellter Sachen in das Eigentum des Bundes ist den betroffenen Personen mitzuteilen. Ist eine betroffene Person nicht bekannt, so gilt § 10 Abs. 2 des Verwaltungszustellungsgesetzes sinngemäß.**

**(3) Der Eigentumsübergang wird wirksam, sobald der von der Finanzbehörde erlassene Verwaltungsakt unanfechtbar ist. Bei Sachen, die mit dem Grund und Boden verbunden sind, geht das Eigentum unter der Voraussetzung des Satzes 1 mit der Trennung über. Rechte Dritter an einer sichergestellten Sache bleiben bestehen. Das Erlöschen dieser Rechte kann jedoch angeordnet werden, wenn der Dritte leichtfertig dazu beigetragen hat, dass die in das Eigentum des Bundes überführte Sache der Sicherstellung unterlag oder er sein Recht an der Sache in Kenntnis der Umstände erwarb, welche die Sicherstellung veranlasst haben.**

**(4) Sichergestellte Sachen können schon vor der Überführung in das Eigentum des Bundes veräußert werden, wenn ihr Verderb oder eine wesentliche Minderung ihres Wertes droht oder ihre Aufbewahrung, Pflege oder Erhaltung mit unverhältnismäßig großen Kosten oder Schwierigkeiten verbunden ist; zu diesem Zweck dürfen auch Sachen, die mit dem Grund und Boden verbunden sind, von diesem getrennt werden. Der Erlös tritt an die Stelle der Sachen. Die Notveräußerung wird nach den Vorschriften dieses Gesetzes über die Verwertung gepfändeter Sachen durchgeführt. Die betroffenen Personen sollen vor der Anordnung der Veräußerung gehört werden. Die Anordnung sowie Zeit und Ort der Veräußerung sind ihnen, soweit tunlich, mitzuteilen.**

**(5) Sichergestellte oder bereits in das Eigentum des Bundes überführte Sachen werden zurückgegeben, wenn die Umstände, die die Sicherstellung veranlasst haben, dem Eigentümer nicht zuzurechnen sind oder wenn die Überführung in das Eigentum des Bundes als eine unbillige Härte für die Betroffenen erscheint. Gutgläubige Dritte, deren Rechte durch die Überführung in das Eigentum des Bundes erloschen oder beeinträchtigt sind, werden aus dem Erlös der Sachen angemessen entschädigt. Im übrigen kann eine Entschädigung gewährt werden, soweit es eine unbillige Härte wäre, sie zu versagen.**

**Inhaltsübersicht**

### A. Bedeutung der Vorschrift

1 Die Vorschrift befasst sich mit der Überführung von nach § 215 AO sichergestellten Sachen in das Eigentum des Bundes als zwingende Folge der Sicherstellung. Entsprechende Regelungen finden sich z.B. auch in § 65 Abs. 3 EnergieStG i.V.m. § 216 AO und § 26 Abs. 2 BierStG. Soweit es sich nicht um herrenlose Sachen handelt, stellt die Überführung in das Eigentum des Bundes eine herkömmliche inhaltliche Beschränkung i.S. des Art. 14 Abs. 1 GG (Eigentumsgarantie) dar. Zur Vermeidung von Härten s. Rz. 8. Die Vorschrift wird teilweise von zollrechtlichen Vorschriften überlagert (s. Art. 198 UZK, § 13 ZollVG; *Brandis* in Tipke/Kruse, § 216 AO Rz. 1).

### B. Überführung in das Eigentum des Bundes (§ 216 Abs. 1–3 AO)

2 **§ 216 Abs. 1 Satz 1 AO** bestimmt, dass nach § 215 AO sichergestellte Sachen in das Eigentum des Bundes zu überführen sind, es sei denn, es handele sich um Fundgut, für das ein – berechtigter – Eigentumsanspruch geltend gemacht wird. Die Überführung ist zwingend, ein Ermessen wird nicht eingeräumt. Sie kommt für Sachen, hinsichtlich derer eine Steuerhinterziehung, ein Bannbruch oder eine Steuerhehlerei (§§ 370, 372, 373, 374 AO) begangen ist oder die als Umschließungen oder Herstellungsgeräte für solche Waren sichergestellt wurden (s. § 215 Abs. 1 Nr. 3 und 4 AO), nur in Betracht, wenn keine Einziehung im Strafverfahren erfolgt (§ 216 Abs. 1 Satz 2 AO); während eines eingeleiteten Strafverfahrens ist daher die Entscheidung über die Überführung nach § 216 Abs. 1 AO zurückzustellen.

3 Mit der Überführung in das Eigentum des Bundes erlischt die Steuerschuld nicht, eine Sachhaftung nach § 76 AO bleibt unberührt (*Hoyer* in Gosch, § 216 AO Rz. 16 m.w.N.).

4 Die Überführung in das Bundeseigentum erfolgt durch **Verwaltungsakt**. Er wird entweder den betroffenen Personen (§ 216 Abs. 2 Satz 1 AO) oder, sofern eine betroffene Person nicht bekannt ist, durch Aushang oder eine Veröffentlichung im Bundesanzeiger oder im elektronischen Bundesanzeiger i.S. des § 10 Abs. 2 VwZG öffentlich bekannt gegeben.

5 Nach **§ 216 Abs. 3 Satz 1 AO** geht das Eigentum auf den Bund über, sobald der Verwaltungsakt unanfechtbar ist. Sind die sichergestellten Sachen mit dem Grund und Boden dergestalt verbunden, dass sie i.S. des § 93 BGB als wesentliche Bestandteile desselben anzusehen sind, geht nach § 216 Abs. 3 Satz 2 AO das Eigentum erst mit der Trennung und unter der Voraussetzung über, dass der die Überführung in das Bundeseigentum anordnende Verwaltungsakt unanfechtbar ist. Daraus folgt auch, dass die Trennung darf nicht vor der Unanfechtbarkeit des Verwaltungsakts vorgenommen werden darf; dies ergibt sich auch aus § 216 Abs. 4 Satz 1 letzter HS AO.

Nach **§ 216 Abs. 3 Satz 3 AO** werden **Rechte Dritter** an einer sichergestellten Sache durch die Überführung nicht berührt, es sei denn, die Voraussetzungen des § 216 Abs. 3 Satz 4 AO liegen vor. 6

### C. Notveräußerung (§ 216 Abs. 4 AO)

**§ 216 Abs. 4 AO** regelt das Recht der **Notveräußerung** sichergestellter Sachen schon vor ihrer Überführung in das Eigentum des Bundes. Die Betroffenen sollen dazu vorher gehört und über die Anordnung sowie Zeit und Ort der Veräußerung unterrichtet werden. 7

### D. Rückgabe des Eigentums (§ 216 Abs. 5 AO)

Nach **§ 216 Abs. 5 AO** werden **Härten** dadurch **vermieden**, dass der gutgläubige Eigentümer, dem die Umstände der Sicherstellung nicht zuzurechnen sind (weil ihm z.B. die Sachen gestohlen worden waren), vor einer Einziehung grundsätzlich geschützt bleibt (Satz 1), indem ihm die Sache zurückgegeben wird, und sonstige gutgläubige Rechtsinhaber aus dem Erlös der zugunsten des Bundes eingezogenen Sachen angemessen entschädigt werden (Satz 2). Schließlich wird durch eine allgemeine Härteklausel in § 216 Abs. 5 Satz 1 und 3 AO ein gewisser Ausgleich gewährt. 8

### E. Rechtsschutz

Gegen den Verwaltungsakt, der die Überführung der sichergestellten Sache in das Eigentum des Bundes anordnet, ist der Einspruch gegeben. Mit ihm können Einwendungen gegen die Sicherstellung nach § 215 AO nicht erhoben werden, da Sicherstellung und Überführung selbstständige Verwaltungsakte sind (*Hoyer* in Gosch, § 216 AO Rz. 29 m.w.N.). Mit dem Einspruch anfechtbare Verwaltungsakte sind auch die Anordnung der Notveräußerung nach § 216 Abs. 4 AO und die Ablehnung der Rückgabe oder der Entschädigung i.S. des § 216 Abs. 5 AO (*Brandis* in Tipke/Kruse, § 216 AO Rz. 5 m.w.N.). 9

## § 217 AO Steuerhilfspersonen

**Zur Feststellung von Tatsachen, die zoll- oder verbrauchsteuerrechtlich erheblich sind, kann die Finanzbehörde Personen, die vom Ergebnis der Fest-**

**stellung nicht selbst betroffen werden, als Steuerhilfspersonen bestellen.**

1 Die Bestellung von Steuerhilfspersonen zur Feststellung von Tatsachen, die zoll- und verbrauchsteuerrechtlich erheblich sind, soll der Entlastung der Steueraufsicht dienen. Der Steuerhilfsperson darf lediglich die Feststellung von Tatsachen übertragen werden, die für die Besteuerung erheblich sein können (s. z.B. § 62 Abs. 2 EnergieStG). Dazu gehört bspw. die Ermittlung von Mengen, sei es nach Anzahl, Gewicht oder Volumen. Nicht dazu gehört der Bereich der Rechtsanwendung, d.h. die Tarifierung oder die Berechnung der Zoll- oder Verbrauchsteuerschuld. Ebenso wenig gehören gutachterliche Tätigkeiten zum Bereich der der Steuerhilfsperson übertragbaren Aufgaben. Ihnen ist keine Hoheitsgewalt verliehen.

2 Der Regelung des § 217 AO gehen z.B. § 62 Abs. 2 EnergieStG und § 44 Abs. 2 BranntwMonG als leges speciales vor. Da die Zollbeschau (Art. 5 Nr. 3 UZK) nach Art. 188 Buchst. c UZK nur durch Zollbehörden (Art. 5 Nr. 1 UZK, § 17 Abs. 2 ZollVG) vorzunehmen ist, dürfte der mögliche Tätigkeitskreis von Steuerhilfspersonen im Bereich der Einfuhr- und Ausfuhrabgaben äußerst eingeschränkt sein.

3 In persönlicher Hinsicht ist Voraussetzung, dass die Steuerhilfsperson vom Ergebnis der Feststellung nicht selbst betroffen ist. Die Person, die Arbeitnehmer des Unternehmens oder Dritter sein kann, ist nicht selbst betroffen, wenn sie nach ihrem rechtlichen Status nicht in einen Interessenkonflikt geraten kann, d.h. selbst keinen unmittelbaren Vorteil aus den von ihr zu treffenden Feststellungen zu ziehen vermag. Juristische Personen können nicht zu Steuerhilfspersonen bestellt werden. Darüber hinaus können notwendigerweise steuerliche Beauftragte i.S. des § 214 AO ebenso wenig zu Steuerhilfspersonen bestellt werden, wie Personen, die an der Mitwirkung im Verwaltungsverfahren nach § 82 AO ausgeschlossen sind, ausgenommen Personen i.S. des § 82 Abs. 1 Nr. 5 AO (*Hoyer* in Gosch, § 217 AO Rz. 9).

4 Die Bestellung erfolgt durch Verwaltungsakt. Mit ihr wird der Bestellte Amtsträger i.S. des § 7 Nr. 3 AO (*Brandis* in Tipke/Kruse, § 217 AO Rz. 6; *Hoyer* in Gosch, § 217 AO Rz. 22), mit der Folge, dass auf die Steuerhilfsperson die Vorschriften der §§ 30, 32, 82 ff. (mit Ausnahme des § 82 Abs. 1 Nr. 5 AO) und 371 Abs. 2 AO anwendbar sind. Die Steuerhilfsperson kann gegen die Bestellung Rechtsbehelf einlegen (*Brandis* in Tipke/Kruse, § 217 AO Rz. 6; *Hoyer* in Gosch, § 217 AO Rz. 22). Die Finanzbehörde muss die Feststellungen der Steuerhilfsperson, die keine Verwaltungsakte sind, gegen sich gelten lassen (*Brandis* in Tipke/Kruse, § 217 AO Rz. 8; *Hoyer* in Gosch, § 217 AO Rz. 19).

# Fünfter Teil.
# Erhebungsverfahren

## Erster Abschnitt:
## Verwirklichung, Fälligkeit und Erlöschen von Ansprüchen aus dem Steuerschuldverhältnis

### 1. Unterabschnitt
### Verwirklichung und Fälligkeit von Ansprüchen aus dem Steuerschuldverhältnis

## § 218 AO
## Verwirklichung von Ansprüchen aus dem Steuerschuldverhältnis

**(1) Grundlage für die Verwirklichung von Ansprüchen aus dem Steuerschuldverhältnis (§ 37) sind die Steuerbescheide, die Steuervergütungsbescheide, die Haftungsbescheide und die Verwaltungsakte, durch die steuerliche Nebenleistungen festgesetzt werden; bei den Säumniszuschlägen genügt die Verwirklichung des gesetzlichen Tatbestandes (§ 240). Die Steueranmeldungen (§ 168) stehen den Steuerbescheiden gleich.**

**(2) Über Streitigkeiten, die die Verwirklichung der Ansprüche im Sinne des Absatzes 1 betreffen, entscheidet die Finanzbehörde durch Abrechnungsbescheid. Dies gilt auch, wenn die Streitigkeit einen Erstattungsanspruch (§ 37 Abs. 2) betrifft.**

**(3) Wird eine Anrechnungsverfügung oder ein Abrechnungsbescheid auf Grund eines Rechtsbehelfs oder auf Antrag des Steuerpflichtigen oder eines Dritten zurückgenommen und in dessen Folge ein für ihn günstigerer Verwaltungsakt erlassen, können nachträglich gegenüber dem Steuerpflichtigen oder einer anderen Person die entsprechenden steuerlichen Folgerungen gezogen werden. § 174 Absatz 4 und 5 gilt entsprechend.**

#### Inhaltsübersicht



#### Schrifttum


Bartone, Der Abrechnungsbescheid, AO-StB 2003, 340; Ripken, Abrechnungsbescheid als Mittel der Streitschlichtung, NWB F. 2, 8181 (24/2003); Eich, Der Abrechnungsbescheid, AO-StB 2004, 133.


### A. Bedeutung der Vorschrift

Die Vorschrift bildet den grundlegenden Ausgangspunkt für das im Fünften Teil der AO geregelte Erhebungsverfahren. Sie zählt in Absatz 1 die Grundlagen für die Verwirklichung von auf Zahlung gerichteten Ansprüchen aus dem Steuerschuldverhältnis (§ 37 AO) auf. 1

Unter **Verwirklichung** eines Zahlungsanspruchs ist die »Umsetzung in die Tat« zu verstehen, d. h. die Erfüllung des Anspruchs, der gem. § 38 AO zur Entstehung gelangt ist und entweder förmlich festgesetzt oder ohne eine solche Festsetzung kraft ausdrücklichen Gesetzesbefehls wirksam geworden ist. Solange und soweit die Grundlage für die Verwirklichung des Anspruchs besteht, sind die auf die Verwirklichung gerichteten Handlungen, z. B. Zahlung, Erstattung, nicht ohne rechtlichen Grund i. S. des § 37 Abs. 2 AO erfolgt, sofern auch die Fälligkeit des Anspruchs eingetreten war und nicht aus anderen Gründen (z. B. Verjährung, Billigkeitserlass) die Verwirklichung ausgeschlossen ist. 2

**Gläubiger des zu verwirklichenden Anspruchs** können sowohl der Fiskus als auch ein Beteiligter (§ 78 AO) am Besteuerungsverfahren sein. So erfolgt die Verwirklichung eines Vergütungsbescheids durch Auszahlung der Vergütung durch die Finanzbehörde an den Vergütungsgläubiger (oder im Falle des § 46 Abs. 1 AO an den Zessionar des Vergütungsanspruchs); die Verwirklichung eines Erstattungsanspruchs geschieht durch Auszahlung des Erstattungsbetrags an den Erstattungsberechtigten (bzw. an den entsprechenden Zessionar). 3

### B. Anspruchsgrundlagen von Zahlungsansprüchen (§ 218 Abs. 1 AO)

Nach § 218 Abs. 1 AO kommen für die Verwirklichung von Ansprüchen aus dem Steuerschuldverhältnis folgende Grundlagen in Frage: 4

**Steuerbescheide** (§ 155 Abs. 1 Satz 1 AO) und die ihnen gleichgestellten **Freistellungsbescheide** (§ 155 Abs. 1 Satz 3 AO); sie sind die Grundlage für die Einziehung der durch sie festgesetzten Steuer bzw. für die Erstattung von Steuerbeträgen im Umfang der Freistellung. § 218 Abs. 1 Satz 2 AO wiederholt ausdrücklich die sich aus § 168 Abs. 1 Satz 1 AO ergebende Rechtslage. Zur Gleichstellung eines Anerkenntnisses mit der Steueranmeldung s. § 168 Abs. 1 Satz 3 AO. 5

6 **Steuervergütungsbescheide** (§ 155 Abs. 4 AO); sie bilden die Grundlage für die Auszahlung des Vergütungsbetrags.

7 **Haftungsbescheide** (§ 191 AO); ihre Verwirklichung besteht – erst – in der Inanspruchnahme des Haftungsschuldners zur Zahlung i. S. des § 219 AO (= Leistungsgebot).

8 **Verwaltungsakte, die steuerliche Nebenleistungen festsetzen**; sie werden durch Einziehung der steuerlichen Nebenleistung verwirklicht. Wegen der Sonderstellung der Säumniszuschläge beachte § 218 Abs. 1 Satz 1 2. HS AO. Zur Verwirklichung des Anspruchs auf Zahlung von Säumniszuschlägen bedarf es keiner Festsetzung dieses Anspruchs; er entsteht verwirklichungsfähig bereits durch Erfüllung des in § 240 Abs. 1 AO normierten gesetzlichen Tatbestandes.

## C. Andere Anspruchsgrundlagen

9 Die **Aufzählung** der Grundlagen in § 218 Abs. 1 AO ist **nicht vollständig**. Unerwähnt lässt sie die Erstattungsansprüche, wobei Gläubiger des Erstattungsanspruchs wiederum (wie bei anderen Ansprüchen aus dem Steuerschuldverhältnis, s. Rz. 3) sowohl der Fiskus als auch der Stpfl. sein kann.

### I. Erstattungsansprüche i.S. des § 37 Abs. 2 AO

10 Soweit ein Erstattungsanspruch i. S. des § 37 Abs. 2 AO darauf beruht, dass eine Steuer, eine Steuervergütung, ein Haftungsbetrag oder eine steuerliche Nebenleistung **ohne rechtlichen Grund** gezahlt oder zurückgezahlt worden ist bzw. der rechtliche Grund für die Zahlung oder Rückzahlung später weggefallen ist, entsteht er durch die Erfüllung dieses Tatbestands. Der Wegfall des rechtlichen Grundes wird entweder durch Aufhebung (Rücknahme) durch einschränkende Änderung (Teilaufhebung, Teilrücknahme; s. § 124 AO Rz. 10 und s. Vor §§ 172–177 AO Rz. 10 ff.) eines der in § 218 Abs. 1 AO aufgezählten Verwaltungsakte bewirkt. Er kann sich auch durch Erlass eines Freistellungsbescheids i. S. des § 155 Abs. 1 Satz 3 AO ergeben.

11 Der Tatbestand der Zahlung ohne rechtlichen Grund ist ohne weiteres mit dieser Zahlung erfüllt, z. B. wenn der Steuerschuldner einen bereits durch Zahlung erloschenen Steuerzahlungsanspruch (§ 47 AO) erneut begleicht (Doppelzahlung). Der **Erstattungsanspruch**, der in diesem Fall durch Rückzahlung zu verwirklichen ist, **entsteht also in dem Zeitpunkt der zweiten Zahlung**. Dasselbe gilt für den Rückforderungsanspruch der Finanzbehörde, gleichgültig gegen wen er gerichtet ist. Grundlage für die Verwirklichung des Anspruchs ist hier der Abrechnungsbescheid i. S. des § 218 Abs. 2 AO (s. Rz. 14).

Ohne rechtlichen Grund gezahlt i. S. des § 37 Abs. 2 AO ist auch ein Betrag, der zur **Tilgung eines** durch Verjährung, Billigkeitserlass oder aus anderen Gründen **erloschenen Anspruchs** (s. § 47 AO) geleistet wurde; auch hier entsteht der Erstattungsanspruch im Zeitpunkt der ungerechtfertigten Zahlung. Die Erfüllung dieses Tatbestandes ist somit i. S. des § 218 Abs. 1 AO Grundlage für die Verwirklichung des Erstattungsanspruchs. 12

### II. Sonstige Erstattungsansprüche

Ein Erstattungsanspruch kann jedoch **auch außerhalb von § 37 Abs. 2 AO** durch einen ausdrücklich auf seine Entstehung gerichteten Verwaltungsakt erwachsen. Hierzu ist anzumerken, dass der entsprechende Verwaltungsakt häufig nur den kraft Gesetzes bereits entstandenen abstrakten Erstattungsanspruch zum Erstattungszahlungsanspruch konkretisiert. Nur die Verwirklichung des Erstattungszahlungsanspruchs bedarf einer Grundlage i. S. des § 218 Abs. 1 AO. Beispiel: Wird ein bereits entrichteter Betrag gem. § 227 Abs. 1 2. HS AO im Billigkeitswege »erstattet«, so bildet der diese Erstattung anordnende Verwaltungsakt (Billigkeitserlass) die Grundlage für die Verwirklichung des Erstattungszahlungsanspruchs (durch Auszahlung oder Anrechnung). 13

## D. Abrechnungsbescheid (§ 218 Abs. 2 AO)

Gemäß § 218 Abs. 2 AO muss die Finanzbehörde über alle **Streitigkeiten, die das Bestehen oder Nichtbestehen von Zahlungsansprüchen betreffen**, durch besonderen Verwaltungsakt – Abrechnungsbescheid – entscheiden; dies betrifft auch Streitigkeiten über **Erstattungsansprüche** (s. § 37 AO (Abs. 2), s. § 218 AO (Abs. 2 Satz 2)). Der Anspruch des **Insolvenzverwalters auf Rückgewähr** insolvenzrechtlich angefochtener Leistungen (§§ 129 ff. InsO) ist kein Anspruch i. S. des § 37 Abs. 2 AO, folglich auch nicht Regelungsgegenstand eines Abrechnungsbescheids (BFH v. 05.09.2012, VII B 95/12, BStBl II 2012, 854; a. A. noch BFH v. 23.09.2009, VII R 43/08, BStBl 2010, 215; BFH v. 24.11.2011, V R 13/11, BStBl II 2012, 298). Inhalt des Abrechnungsbescheids ist die verbindliche Feststellung, ob und inwieweit der nach Art, Betrag sowie ggf. nach Zeitraum bezeichnete Zahlungsanspruch des Stpfl. oder des FA bereits erloschen ist (s. § 47 AO), d. h. wirksam gezahlt, aufgerechnet, verrechnet, erlassen oder verjährt ist (BFH v. 21.11.2006, VII R 68/05, BStBl II 2007, 291; BFH v. 28.02.2012, VII R 36/11, BStBl II 2012, 451; BFH v. 10.03.2015, VII R 26/13, BFH/NV 2015, 956). Offenkundig werden unterschiedliche Ansichten oft nach der Übersendung von 14

**Kassenmitteilungen** und **Kontoauszügen**. Derartige Mitteilungen haben lediglich informatorischen Charakter und stellen daher keinen Verwaltungsakt i.S. des § 118 AO dar (s. § 118 AO Rz. 10). Entsprechend kann die begehrte Klärung durch einen Abrechnungsbescheid erreicht werden (BFH v. 15.01.2007, IX B 239/06, BFH/NV 2007, 1088; BFH v. 26.10.2009, II B 58/09, BFH/NV 2010, 174).

15 Der Streit besteht im Regelfall zwischen dem **Zahlungspflichtigen und dem FA**, er kann aber **auch zu Dritten** bestehen, z.B. im Verhältnis zwischen Pfändungspfandgläubiger und FA (BFH v. 30.11.1999, VII R 97/98, BFH/NV 2000, 1213). Nach BFH v. 14.07.1987, VII R 72/83, BStBl II 1987, 802 entscheidet das FA über eine Streitigkeit, die einen durch Pfändungs- und Überweisungsbeschluss zuerkannten Erstattungsanspruch betrifft, durch Abrechnungsbescheid, wobei auch die Wirksamkeit des Pfändungs- und Überweisungsbeschlusses Gegenstand der Entscheidung sein kann (auch BFH v. 19.03.1998, VII B 175/97, BFH/NV 1998, 1447). Indes kein Abrechnungsbescheid über Rückzahlungsanspruch einer Bank wegen versehentlicher Überweisung nicht gepfändeter Beträge (BFH v. 11.12.2012, VII R 13/12, BFH/NV 2013, 897; *Bartone*, juris PR-SteuerR 13/2014, Anm. 1).

16 Der Abrechnungsbescheid ist von den Verwaltungsakten, die in § 218 Abs. 1 AO genannt sind, zu unterscheiden. Diese betreffen die **materiellrechtliche Grundlage** für die Entstehung des Zahlungsanspruchs, während der Abrechnungsbescheid ausschließlich die Verwirklichung der Zahlungsansprüche betrifft, d.h. das zeitlich nach der Entstehung des Zahlungsanspruchs liegende Schicksal desselben. Deshalb können auch **Einwände**, die den materiellrechtlichen Grund eines bestandskräftigen Steuerbescheids betreffen, **grundsätzlich nicht** gegen einen Abrechnungsbescheid erhoben werden (BFH v. 23.08.2001, VII R 94/99, BStBl II 2002, 330; BFH v. 30.03.2010, VII R 17/09, BFH/NV 2010, 1412).

17 Der Stpfl. kann jedoch geltend machen, dass das **Zahlenwerk nicht richtig** übernommen worden ist (BFH v. 02.07.1987, VIII R 65, 95, BFH/NV 1988, 142) oder dass ein ihm aufgrund eines Verwaltungsakts i.S. des § 218 Abs. 1 AO zustehender **Erstattungsanspruch noch nicht erfüllt ist** (BFH v. 24.09.1991, VII R 137/87, BFH/NV 1992, 505), dessen Erfüllung die Finanzbehörde sich berühmt.

18 Neben diesen Einwänden erfährt der Grundsatz, dass im Abrechnungsverfahren die Rechtmäßigkeit von Steuerbescheiden nicht zu prüfen ist, **verschiedentlich Durchbrechungen**: Bei Meinungsverschiedenheiten über die Wirksamkeit einer Aufrechnung des FA mit einer USt-Vorauszahlungsforderung des Stpfl., die (noch) nicht über einen Jahressteuerbescheid in Bestandskraft erwachsen ist, entscheidet das FA im Abrechnungsbescheid auch über den materiellrechtlichen Bestand der Vorauszahlungsschuld (BFH v. 15.06.1999, VII R 3/97, BStBl II 2000, 46). Begehrt der Stpfl. die Einbeziehung bestimmter Kapitalerträge in das von ihm zu versteuernde Einkommen, um dadurch im Ergebnis die Anrechnung der Kapitalertragsteuer und Körperschaftsteuer gem. § 36 Abs. 2, 3 EStG zu erreichen, so bestehen (auch) Streitigkeiten über die Verwirklichung der Steueransprüche i.S. von § 218 Abs. 2 AO, die den Erlass eines Abrechnungsbescheids rechtfertigen (BFH v. 26.11.1997, I R 110/97, BFH/NV 1998, 581).

Die mit der Steuerfestsetzung häufig verbundene **Anoder Abrechnungsverfügung** (s. § 157 AO Rz. 15 f.) ist kein Abrechnungsbescheid i.S. des § 218 Abs. 2 Satz 1 AO, weil sie unabhängig von etwaigen Streitigkeiten über die Verwirklichung von Ansprüchen aus dem Steuerschuldverhältnis erfolgt (BFH v. 17.09.1998, I B 2/98, BFH/NV 1999, 440). Entsteht Streit über den Inhalt dieser Verfügung, so hat die Finanzbehörde durch Abrechnungsbescheid zu entscheiden (BFH v. 19.10.1999, VII B 94/99, BFH/NV 2000, 1096). Während der **Erste Senat** des BFH davon ausgeht, dass beim Erlass eines Abrechnungsbescheids keine Bindungswirkung der Anrechnungsverfügung besteht, weil § 218 Abs. 2 AO eine gegenüber §§ 130, 131 AO vorgreifliche Sonderregelung darstelle (BFH v. 28.04.1993, I R 100/92, BStBl II 1993, 836; BFH v. 17.09.1998, I B 2/98, BFH/NV 1999, 440; BFH v. 25.10.2006, I B 79/06, BStBl II 2004, 1014), vertritt der **Siebte Senat** zutreffend die Auffassung, die mit einem Steuerbescheid verbundene Anrechnungsverfügung sei ein eigenständiger deklaratorischer Verwaltungsakt (dazu BFH v. 19.10.2006, VII B 78/06, BFH/NV 2007, 200; BFH v. 25.10.2011, VII R 55/10, BStBl II 2012, 220), der nur unter den Voraussetzungen der §§ 129, 130, 131 AO geändert werden könne und gegenüber einem späteren Abrechnungsbescheid Bindungswirkung entfalte (s. auch BFH v. 14.6.2016, VII B 47/15, BFH/NV 2016, 1428; *von Wedelstädt* in Gosch, § 130 AO Rz. 17). Der Abrechnungsbescheid sei nur in verfahrensrechtlicher Hinsicht vorrangig gegenüber der Anrechnungsverfügung. Die Anrechnungsverfügung könne sogar eine Ermessensentscheidung der Verwaltung enthalten. Nach Auffassung des Siebten Senats kann eine fehlerhafte Anrechnung von Steuern in einer Anrechnungsverfügung demnach in einem nachfolgenden Abrechnungsbescheid nur dann zum Nachteil des Stpfl. geändert werden, wenn eine der Voraussetzungen des § 130 Abs. 2 AO gegeben ist (BFH v. 15.04.1997, VII R 100/96, BStBl II 1997, 787; BFH v. 26.06.2007, VII R 35/06, BStBl II 2007, 742; BFH v. 27.10.2009, VII R 51/08, BStBl II 2010, 382; zum Streitstand s. *Valentin*, EFG 2006, 1877). Berichtigung einer Anrechnungsverfügung nach Änderung der bei der Veranlagung erfassten Einkünfte innerhalb der fünfjährigen Zahlungsverjährungsfrist nach Bekanntgabe des Änderungsbescheids (BFH v. 29.10.2013, VII R 68/11, BFH/NV 2014, 393; s. § 228 AO Rz. 3 f.). 19

19a Der ab dem 31.12.2014 geltende § 218 Abs. 3 dient dem Rechtsschutz von Ehegatten und Lebenspartnern bei widerstreitenden Anrechnungen oder Abrechnungsbescheiden über die Erfüllung von Einkommensteuerschulden. Beantragt ein Ehegatte oder Lebenspartner die Korrektur einer (fehlerhaften) Anrechnungsverfügung oder eines (fehlerhaften) Abrechnungsbescheids zu seinen Gunsten, soll die neue Korrekturvorschrift es ermöglichen, eine sich danach ergebende widerstreitende Entscheidung in anderen Anrechnungsverfügungen oder Abrechnungsbescheiden in entsprechender Anwendung der für Steuerbescheide bereits geltenden Regelung in § 174 Abs. 4 und 5 AO aufzulösen. Der im Verfahren des »antragstellenden« Ehegatten oder Lebenspartners zugrunde liegende Sachverhalt erlangt auch gegenüber dem anderen Partner Verbindlichkeit. Eine nachteilige Korrektur gegenüber dem anderen Ehegatten oder Lebenspartner ist in entsprechender Anwendung des § 174 Abs. 4 und 5 AO jedoch nur dann zulässig, wenn der andere Partner auf Veranlassung bzw. Antrag des FA an dem Ausgangsverfahren beteiligt worden war (Hinzuziehung, Beiladung; BFH v. 20.02.2017, VII R 22/15, BFH/NV 2017, 906). Geht die Korrektur der Anrechnungsverfügung bzw. des Abrechnungsbescheids nicht auf einen Antrag des Partners zurück, findet Abs. 3 keine Anwendung; eine Änderung ist dann nur unter den Voraussetzungen der §§ 130, 131 AO möglich (BT-Drs. 18/3017; AEAO zu § 218, Nr. 4).

20 Gegen den Abrechnungsbescheid ist der **Einspruch** und bei weiter bestehendem Streit Klage gegeben (§§ 347 Abs. 1 Nr. 1 AO; 40 Abs. 1 FGO). Für die Entscheidung über die Rechtmäßigkeit eines Abrechnungsbescheids sind dabei die Verhältnisse im Zeitpunkt der letzten Verwaltungsentscheidung maßgebend (BFH v. 21.11.2006, VII R 68/05, BStBl II 2007, 291). Beantragt der Stpfl. einen Abrechnungsbescheid und bleibt das FA daraufhin untätig, kann Untätigkeitseinspruch gem. § 347 Abs. 1 Satz 2 AO erhoben werden, bei weiter anhaltender Untätigkeit Untätigkeitsklage (§ 46 Abs. 1 FGO). Aber s. § 240 AO Rz. 24.

21 Auch **vorläufiger Rechtsschutz** ist möglich, allerdings – da sich der Abrechnungsbescheid regelmäßig in der Negation beschränkt, dass die festgesetzte Steuerschuld nicht erloschen ist – allenfalls im Wege der einstweiligen Anordnung (§ 114 FGO). Wenn und soweit ein Abrechnungsbescheid allerdings eine selbstständige Leistungspflicht begründet, liegt ein vollziehbarer Verwaltungsakt vor – mit der Folge, dass der Abrechnungsbescheid insoweit von der Vollziehung ausgesetzt werden kann (BFH v. 08.11.2004, VII B 137/04, BFH/NV 2005, 492; s. im Einzelnen bei *Alber* in HHSp, § 218 AO Rz. 139 ff.).

22 Für den Erlass des Abrechnungsbescheids ist die Finanzbehörde **zuständig**, die den Anspruch aus dem Steuerschuldverhältnis, um dessen Verwirklichung gestritten wird, festgesetzt hat. Nachträgliche Änderungen der die örtliche Zuständigkeit begründenden Umstände, z. B. ein Wohnsitzwechsel, führen nicht zu einem Wechsel jener Zuständigkeit (BFH v. 12.07.2011, VII R 69/10, BFH/NV 2011, 1936).

# § 219 AO Zahlungsaufforderung bei Haftungsbescheiden

**Wenn nichts anderes bestimmt ist, darf ein Haftungsschuldner auf Zahlung nur in Anspruch genommen werden, soweit die Vollstreckung in das bewegliche Vermögen des Steuerschuldners ohne Erfolg geblieben oder anzunehmen ist, dass die Vollstreckung aussichtslos sein würde. Diese Einschränkung gilt nicht, wenn die Haftung darauf beruht, dass der Haftungsschuldner Steuerhinterziehung oder Steuerhehlerei begangen hat oder gesetzlich verpflichtet war, Steuern einzubehalten und abzuführen oder zu Lasten eines anderen zu entrichten.**

Die Vorschrift befasst sich mit der **Verwirklichung** des zu den Ansprüchen aus dem Steuerschuldverhältnis (s. § 37 AO) zählenden **Haftungsanspruchs**, für den der in § 191 AO geregelte **Haftungsbescheid** die **Grundlage** bildet (s. § 218 Abs. 1 AO). Die Bestimmung erklärt sich aus der **Subsidiarität des Haftungsanspruchs**. Zum Erlass des Haftungsbescheids s. § 191 AO und die dortige Rz. 3. Die Inanspruchnahme des Haftungsschuldners auf Zahlung bedarf eines zusätzlichen Verwaltungsakts. Liegen die Voraussetzungen § 219 Satz 1 AO bereits im Zeitpunkt des Erlasses des Haftungsbescheids vor, so können Haftungsbescheid und Leistungsgebot miteinander verbunden werden (s. Rz. 5). Die Zahlungsaufforderung ist das Leistungsgebot i. S. des § 254 Abs. 1 AO (BFH v. 26.03.1995, VII S 39/92, BFH/NV 1995, 950). Daher gilt die Vorschrift für das **Duldungsgebot** entsprechend. 1

**Grundsätzlich** darf nach § 219 Satz 1 AO der Haftungsschuldner nur auf Zahlung in Anspruch genommen werden, **soweit** die **Vollstreckung** in das **bewegliche Vermögen** (s. §§ 281 bis 321 AO) des Stpfl. entweder **ohne Erfolg** geblieben oder anzunehmen ist, dass die Vollstreckung **aussichtslos** sein würde. Auch der Rückforderungsschuldner einer an ihn zedierten und zu Unrecht erstatteten Steuervergütung ist vorrangig zur Leistung verpflichtet (BFH v. 08.07.2004, VII B 257/03, BFH/NV 2004, 1523). Ist der Anspruch teilweise befriedigt worden, kommt unter den genannten Voraussetzungen die Inanspruchnahme des Haftungsschuldners auf Zahlung des noch offenen Betrags in Betracht. Die Ausnahmen von diesem Grundsatz normiert § 219 Satz 2 AO (s. Rz. 3). Die Gewissheit der Erfolglosigkeit der Vollstreckung ist nicht erforderlich. Ebenso wenig ist das FA 2 gezwungen, erfolglose Vollstreckungsversuche vorzunehmen und nachzuweisen (BFH v. 24.04.2008, V B 262/07, BFH/NV 2008, 1448.; BFH v. 30.08.2017, II R 48/15, BStBl II 2018, 24). Die voraussichtliche Aussichtslosigkeit von Vollstreckungsmaßnahmen muss sich aus den Akten ergeben. Sie kann z. B. darauf beruhen, dass der Stpfl. unbekannten Aufenthalts oder im Ausland ist, Insolvenz beantragt hat, nach Aufgabe seines Wohnsitzes eine längere Freiheitsstrafe abbüßt, erweislich von der Sozialhilfe lebt u. Ä. Die tatsächliche Erfolglosigkeit von Vollstreckungsmaßnahmen setzt im Übrigen voraus, dass die **Zwangsvollstreckung ernstlich versucht** worden ist. Es reicht nicht aus, nur die Vollstreckung in das Betriebsvermögen des Stpfl. zu versuchen, wenn die Möglichkeit besteht, dass die Vollstreckung in das Privatvermögen erfolgreich ist. Das FA darf weitere Vollstreckungsversuche nicht etwa allein deshalb unterlassen, weil feststeht, dass die wirtschaftliche Situation des Haftungsschuldners ungleich günstiger und daher die Verwirklichung des Haftungsanspruchs mit geringerem Aufwand zu erreichen sein wird. Es ist **nicht erforderlich**, vor der Zahlungsinanspruchnahme des Haftungsschuldners in jedem Fall auch die **Vollstreckung in das unbewegliche Vermögen** (s. §§ 322, 323 AO) zu versuchen. Es kann aber der Ausübung pflichtgemäßen Ermessens entsprechen, zuvor die Immobiliarvollstreckung zu betreiben, wenn sie rasch Erfolg verspricht – was aber eher die Ausnahme ist.

3 Es besteht **keine Veranlassung für die Schonung des Haftungsschuldners**, wenn die Entstehung eines Steuerrückstands ganz oder überwiegend seinem ihm vorwerfbaren Verhalten zuzurechnen ist. Beruht die Haftung darauf, dass der Haftungsschuldner **Steuerhinterziehung** (s. § 370 AO) oder **Steuerhehlerei** (s. § 374 AO) begangen hat (s. § 71 AO), so braucht sich das FA nicht grundsätzlich zuerst an den Stpfl. zu halten (s. § 219 Satz 2 AO). In diesen Fällen muss der Haftungsbescheid auf § 71 AO gestützt sein (BFH v. 26.03.1995, VII S 39/92, BFH/NV 1995, 950). Schließlich hebt § 219 Satz 2 AO die Subsidiarität der Haftungs- gegenüber der Steuerschuld dann auf, wenn die Haftung auf der gesetzlichen Verpflichtung des Haftungsschuldners beruht, Steuern einzubehalten und abzuführen (Steuerabzugsbeträge, s. § 42d EStG) oder zulasten eines anderen zu entrichten (s. § 69 i. V. m. § 34 Abs. 1 Satz 2 AO). Auch hier liegen **eigene Pflichtverletzungen des Haftungsschuldners** vor, die seine grundsätzliche Gleichbehandlung mit dem Stpfl. rechtfertigen. Aber auch in diesen Fällen kann es der Ausübung pflichtgemäßen Ermessens entsprechen, dass sich das FA zunächst an den Stpfl. hält (s. AEAO zu § 219, Nr. 2).

4 Wegen der Haftung für **schuldhaft nicht abgeführte Umsatzsteuer** enthält § 25d Abs. 4 UStG die Aussage, dass § 219 AO nicht gilt. Daraus kann aber nicht gefolgert werden, dass für einen Haftungsbescheid nach § 25d UStG ein Leistungsgebot grundsätzlich entbehrlich wäre. Durch den Haftungsbescheid nach § 25d UStG soll es dem FA möglich werden, gegen einen Steuererstattungs- oder -vergütungsanspruch aufzurechnen. Mit Erlass des Haftungsbescheids besteht die Aufrechnungslage nach § 226 AO (zur Fälligkeit s. Rz. 5). Dann ist die Zahlungsaufforderung entbehrlich, soweit durch die Aufrechnung die Haftungsschuld erlischt. Im Übrigen ist auch im Fall des § 25d UStG eine Zahlungsaufforderung erforderlich, wenn aus dem Haftungsbescheid vollstreckt werden soll.

Der **Erlass des Haftungsbescheids** nach § 191 AO und die **Zahlungsaufforderung** nach § 219 AO sind **zwei selbstständige Maßnahmen**, deren Rechtmäßigkeit jeweils gesondert zu beurteilen ist (s. Rz. 6). Liegen die Voraussetzungen des § 219 AO für die Zahlungsinanspruchnahme schon bei Erlass des Haftungsbescheids vor, kann dieser mit der Zahlungsaufforderung **verbunden werden**. Es kann aber für das FA durchaus Anlass dafür bestehen, zunächst lediglich die Möglichkeit der späteren Zahlungsinanspruchnahme des Haftungsschuldners durch Erlass des Haftungsbescheids abzusichern, z. B. weil die in § 191 Abs. 3 AO geregelte Festsetzungsfrist abzulaufen droht. Dann wird die Haftungsschuld mit der Bekanntgabe des Haftungsbescheides nach § 220 Abs. 2 Satz 2 AO fällig (BFH v. 14.03.1998, VII R 152/85, BStBl II 1990, 363), kann aber noch nicht vollstreckt werden (s. § 254 Abs. 1 Satz 1 AO). Die **Verjährung** des Haftungszahlungsanspruchs beginnt in solchen Fällen nach § 229 Abs. 2 AO mit Ablauf des Kalenderjahres, in dem der Haftungsbescheid bekannt gegeben wurde. Das Leistungsgebot kann dann innerhalb der Fünf-Jahres-Frist des § 228 Satz 2 AO ergehen. Ergeht ein schriftliches Leistungsgebot innerhalb dieser Frist, unterbricht es nach § 231 Abs. 1 AO die Zahlungsverjährung m. d. Folge, dass nach § 231 Abs. 3 AO die Fünf-Jahres-Frist neu zu laufen beginnt. 5

Im **Rechtsbehelfsverfahren** gegen die Zahlungsaufforderung ist der Haftungsschuldner entsprechend § 256 AO mit Einwendungen gegen den Haftungsbescheid ausgeschlossen (BFH v. 26.03.1995, VII S 39/92, BFH/NV 1995, 950). Ist der Haftungsbescheid angefochten und von der Vollziehung ausgesetzt, so wird davon ein bereits ergangenes Leistungsgebot nicht berührt, es ist auch nicht aufzuheben; lediglich die Vollstreckung ist einzustellen oder zu beschränken (s. § 251 Abs. 1 AO i. V. m. § 257 Abs. 1 Nr. 1 AO). Ist es noch nicht ergangen, darf es während der Dauer der AdV nicht ergehen (BFH v. 26.03.1995, VII S 39/92, BFH/NV 1995, 950). Ist das Leistungsgebot mit dem Haftungsbescheid verbunden und wird die Haftungsforderung im Haftungsbescheid herabgesetzt, so liegt darin auch die konkludente Änderung der Zahlungsaufforderung (BFH v. 26.03.1995, VII S 39/92, BFH/NV 1995, 950). 6

## § 220 AO Fälligkeit

**(1) Die Fälligkeit von Ansprüchen aus dem Steuerschuldverhältnis richtet sich nach den Vorschriften der Steuergesetze.**

**(2) Fehlt es an einer besonderen gesetzlichen Regelung über die Fälligkeit, so wird der Anspruch mit seiner Entstehung fällig, es sei denn, dass in einem nach § 254 erforderlichen Leistungsgebot eine Zahlungsfrist eingeräumt worden ist. Ergibt sich der Anspruch in den Fällen des Satzes 1 aus der Festsetzung von Ansprüchen aus dem Steuerschuldverhältnis, so tritt die Fälligkeit nicht vor Bekanntgabe der Festsetzung ein.**

**Inhaltsübersicht**



### A. Bedeutung der Vorschrift

1 Der Eintritt der Fälligkeit eines Anspruchs aus dem Steuerschuldverhältnis bedeutet die Verpflichtung des Anspruchsschuldners, den Anspruch zu erfüllen. Soweit es sich um Ansprüche des Steuerfiskus i. S. des § 240 Abs. 1 Sätze 1 und 2 AO handelt, hat die Nichterfüllung des Zahlungsanspruchs bis zum Ablauf des Fälligkeitstages zur Folge, dass Säumniszuschläge zu entrichten sind. In den gesetzlich besonders geregelten Fällen (s. § 233 Satz 1 AO) kann stattdessen Verzinsung in Frage kommen. Ansprüche aus dem Steuerschuldverhältnis (§ 37 AO), die dem Stpfl. zustehen, müssen zwar auch bei Fälligkeit erfüllt werden. Ein Korrelat zu den Säumniszuschlägen besteht jedoch hier nicht. Zur Verzinsung s. §§ 233 a, 236 AO.

### B. Fälligkeit kraft gesetzlicher Regelung (§ 220 Abs. 1 AO)

2 Gemäß § 220 Abs. 1 AO richtet sich die Fälligkeit von Ansprüchen aus dem Steuerschuldverhältnis nach den Vorschriften der Steuergesetze. In einer Vielzahl von Fällen weisen Einzelsteuergesetze derartige Regelungen auf.

3 Wichtige Fälligkeitsregelungen sind z. B.: § 37 Abs. 1 Satz 1 EStG, §§ 19 Abs. 1, 20 Abs. 2 GewStG, § 18 UStG, §§ 28, 29, 31 GrStG, Art. 108 ff. UZK. Festgesetzte Einkommensteuer wird nur in dem Umfang fällig, in dem in der Anrechnungsverfügung eine Abschlusszahlung ausgewiesen ist (§ 36 Abs. 4 EStG). Das EStG trifft keine – zumindest keine ausdrückliche – Bestimmung, die sich auf die festgesetzte Einkommensteuer als solche bezieht; es enthält erst recht keine Vorschrift, dass festgesetzte ESt mit der Bekanntgabe der Festsetzung fällig wird (BFH v. 18.07.2000, VII R 32–33/99, BStBl II 2001, 133). Weitere Fälligkeitsbestimmungen in Einzelsteuergesetzen bei *Loose* in Tipke/Kruse, § 220 AO Rz. 4.

### C. Fälligkeit bei fehlender gesetzlicher Regelung (§ 220 Abs. 2 AO)

Die Fälligkeit der auf Zahlung gerichteten Ansprüche aus dem Steuerschuldverhältnis ist von der Entstehung dieser Ansprüche (§ 38 AO) zu unterscheiden. Ist gesetzlich nichts anderes bestimmt und wird in einem nach § 254 AO erforderlichen Leistungsgebot durch Einräumung einer Zahlungsfrist kein späterer Fälligkeitszeitpunkt bestimmt, so wird der Anspruch **mit seiner Entstehung** fällig (**§ 220 Abs. 2 Satz 1 AO**), niemals jedoch vor seiner Entstehung. 4

**Hauptanwendungsfall** sind die **Säumniszuschläge**; zu denken ist aber auch an Erstattungsansprüche, z. B. wegen Doppelzahlung, wegen Zahlung ohne rechtlichen Grund bei Nichtigkeit bzw. Unwirksamkeit der Festsetzung und an Rückforderungsansprüche, auch soweit sie sich gegen Dritte richten. § 220 Abs. 2 Satz 1 AO findet auch Anwendung, wenn das FA wegen **Eröffnung eines Insolvenzverfahrens** durch § 87 InsO gehindert ist, seine Steuerforderungen durch Steuerbescheid festzusetzen, und der Erlass eines Feststellungsbescheids nach § 251 Abs. 3 AO einstweilen noch nicht möglich ist, weil es bis zum Bestreiten seiner Forderung durch einen dazu Berechtigten an der Erforderlichkeit eines solchen Bescheids fehlt (BFH v. 04.05.2004, VII R 45/03, BStBl II 2004, 815; BFH v. 04.02.2005, VII R 20/04, BFH/NV 2005, 942; BFH v. 31.05.2005, VII R 74/04, BFH/NV 2005, 1745). 5

Nach **§ 220 Abs. 2 Satz 2 AO** tritt die Fälligkeit **nicht vor Bekanntgabe der Festsetzung** ein, wenn sich der Anspruch aus der Festsetzung eines Anspruchs aus dem Steuerschuldverhältnis ergibt. § 220 Abs. 2 Satz 2 AO ist nicht sinngemäß dahingehend erweiternd auszulegen, dass die Fälligkeit generell erst mit der Titulierung der Forderung des FA einträte (BFH v. 04.05.2004, VII R 45/03, BStBl II 2004, 815). Der Wortlaut ist unglücklich gefasst: Der Anspruch aus dem Steuerschuldverhältnis ergibt sich kraft Tatbestandsverwirklichung aus dem Gesetz (§ 38 AO) und nur dann und insoweit als Steuerzahlungsanspruch aus der Festsetzung, als diese den entstandenen Steueranspruch übersteigt. Auszugehen ist davon, dass alle diejenigen Ansprüche angesprochen sind, die kraft Gesetzes zu ihrer Konkretisierung der Festsetzung bedürfen. Das ist der Fall bei Steuer- und Ver- 6 gütungsansprüchen (§ 155 Abs. 1 bzw. Abs. 4 i. V. m. Abs. 1 AO), bei Verspätungszuschlägen (§ 152 Abs. 1 AO), Zinsen (§ 239 Abs. 1 i. V. m. § 155 Abs. 1 AO), Zwangsgeldern (§ 333 AO) und bei Haftungsansprüchen (§ 191 AO, beachte aber § 219 Satz 1 AO). Letztere waren von der auf die Festsetzung einer Steuer, einer Steuervergütung oder einer steuerlichen Nebenleistung beschränkten ursprünglichen Fassung des § 220 Abs. 2 Satz 2 AO nicht erfasst (s. BFH v. 14.03.1989, VII R 152/85, BStBl II 1990, 363).

### D. Hinausschieben der Fälligkeit

7 Häufig ist der Finanzbehörde die Möglichkeit eingeräumt, die Fälligkeit von Ansprüchen aus dem Steuerschuldverhältnis durch Verwaltungsakt zu modifizieren. So wird die Fälligkeit durch **Stundung** (§ 222 AO) oder **Zahlungsaufschub** (§ 223 AO) hinausgeschoben. **Aussetzung der Vollziehung** (§§ 361 AO, 69 FGO) soll nach BVerwG v. 27.10.1982, 3 C 6.82, StRK AO 1977 § 226 R. 4 (auch BFH v. 17.09.1987, VII R 50–51/86, BStBl II 1988, 366, BFH v. 25.04.1989, VII R 36/87, BStBl II 1990, 352) kein Hinausschieben der Fälligkeit, sondern nur Hemmung der Vollziehbarkeit mit der Folge des Vollstreckungsverbots (§ 251 Abs. 1 AO) bewirken. Dem ist nicht beizupflichten, können doch bei gewährter Aussetzung der Vollziehung Säumniszuschläge, deren Entstehung an die Fälligkeit anknüpft, nicht verwirkt werden. Das durch Aussetzung der Vollziehung begründete Leistungsverweigerungsrecht gründet sich auf das Hinausschieben der Fälligkeit (gl. A. *Loose* in Tipke/Kruse, § 220 AO Rz. 16). Mit der Auffassung des Großen Senats, der materielle Regelungsinhalt des nach wie vor wirksamen VA dürfe bis auf Weiteres nicht mehr verwirklicht, rechtliche und tatsächliche Folgen aus dem VA nicht mehr gezogen werden (Beschluss v. 03.07.1995, GrS 3/93, BStBl II 1995, 730), und der Folgerechtsprechung zum Verbot der Aufrechnung mit dem Steueranspruch des von der Vollziehung ausgesetzten VA (BFH v. 31.08.1995, VII R 58/94, BStBl II 1996, 55) verneint der BFH zumindest de facto die Fälligkeit. Im Regelfall ergibt sich aus den entsprechenden Verwaltungsakten der Zeitpunkt, in dem ihre Wirkung endet, also die Fälligkeit wieder eintritt.

8 Demgegenüber lässt **Vollstreckungsaufschub** (§ 258 AO) die Fälligkeit unberührt (BFH v. 15.03.1979, IV R 174/78, BStBl II 1979, 429). Dasselbe gilt auch für die **Niederschlagung** (§ 261 AO) und die in § 259 Satz 1 AO grundsätzlich als Voraussetzung für den Beginn der Vollstreckung vorgeschriebene **Mahnung** »mit einer Zahlungsfrist von einer Woche«.

# § 221 AO Abweichende Fälligkeitsbestimmung

**Hat ein Steuerpflichtiger eine Verbrauchsteuer oder die Umsatzsteuer mehrfach nicht rechtzeitig entrichtet, so kann die Finanzbehörde verlangen, dass die Steuer jeweils zu einem von der Finanzbehörde zu bestimmenden, vor der gesetzlichen Fälligkeit aber nach Entstehung der Steuer liegenden Zeitpunkt entrichtet wird. Das gleiche gilt, wenn die Annahme begründet ist, dass der Eingang einer Verbrauchsteuer oder der Umsatzsteuer gefährdet ist; an Stelle der Vorverlegung der Fälligkeit kann auch Sicherheitsleistung verlangt werden. In den Fällen des Satzes 1 ist die Vorverlegung der Fälligkeit nur zulässig, wenn sie dem Steuerpflichtigen für den Fall erneuter nicht rechtzeitiger Entrichtung angekündigt worden ist.**

**Inhaltsübersicht**



### A. Bedeutung der Vorschrift

Die Vorschrift dient der **Sicherung des Steueraufkommens**. Sie gilt nur für Verbrauchsteuern und für die Umsatzsteuer. 1

### B. Tatbestandliche Voraussetzungen

Voraussetzung für die zulässigen Maßnahmen ist nach § 221 Satz 1 AO, dass der Stpfl. die Steuer **mehrfach nicht rechtzeitig entrichtet** hat. Mehrfach nicht rechtzeitig entrichtet ist die Steuer, wenn sie mehr als einmal nicht bzw. nicht vollständig zum Fälligkeitstag entrichtet wurde. Auch die Ausnutzung (und Einhaltung) der Schonfrist (§ 240 Abs. 3 Satz 1 AO) ist nicht rechtzeitige Entrichtung. Weitere Voraussetzung ist, dass dem Stpfl. für den Fall erneuter nicht rechtzeitiger Zahlung die **Vorverlegung der Fälligkeit angekündigt** worden ist (§ 221 Satz 3 AO). Die Ankündigung setzt ihrerseits voraus, dass bereits Säumnis eingetreten war, kann aber bereits nach einmaliger Säumnis ergehen (ebenso *Rüsken* in Klein, § 221 AO Rz. 1). Alternativ ist die Voraussetzung nach Satz 2, wonach die Annahme begründet sein muss, dass der **Eingang der Steuer gefährdet** ist. Mehrfache Säumnis ist ebenso wenig erforderlich wie vorherige Ankündigung. 2

## C. Zulässige Maßnahmen

3 Unter den in Rz. 2 erwähnten Voraussetzungen kann die Finanzbehörde einen von der gesetzlichen Fälligkeit (s. § 220 AO) **abweichenden Fälligkeitstermin** bestimmen, der stets nach der Entstehung der Steuer liegen muss. Bei begründeter Annahme der Gefährdung des (rechtzeitigen) Eingangs der Steuer kann »an Stelle der Vorverlegung« **Sicherheitsleistung** verlangt werden (zur Erzwingung der Sicherheitsleistung s. § 336 AO). Angesichts des Wortlauts besteht u. E. kein Zweifel, dass Sicherheitsleistung nicht für die Zeit vor der Entstehung der Steuer verlangt werden kann (gl. A. *Rüsken* in Klein, § 221 AO Rz. 4; *Loose* in Tipke/Kruse, § 221 AO Rz. 7; a. A. FG BW v. 25.09.1985, IX/V 34/85, EFG 1986, 104; *Helsper* in K/S, § 221 AO Rz. 5); BFH v. 19.08.1987, V B 56/85, BStBl II 1987, 830 meint, der Wortlaut von § 221 Satz 2 AO lasse nicht zweifelsfrei erkennen, ob Sicherheit für eine erst künftig entstehende Umsatzsteuer verlangt werden dürfe.

4 Die Vorverlegung der Fälligkeit bzw. das Verlangen nach Sicherheitsleistung steht im **pflichtgemäßen Ermessen** (§ 5 AO) der Finanzbehörde.

## D. Rechtsschutz

5 **Einspruch** ist gegen die Festlegung des abweichenden Fälligkeitstermins, das Verlangen nach Sicherheitsleistung und auch bereits gegen die Ankündigung nach § 221 Satz 3 AO zulässig (§ 347 AO).

# § 222 AO Stundung

**Die Finanzbehörden können Ansprüche aus dem Steuerschuldverhältnis ganz oder teilweise stunden, wenn die Einziehung bei Fälligkeit eine erhebliche Härte für den Schuldner bedeuten würde und der Anspruch durch die Stundung nicht gefährdet erscheint. Die Stundung soll in der Regel nur auf Antrag und gegen Sicherheitsleistung gewährt werden. Steueransprüche gegen den Steuerschuldner können nicht gestundet werden, soweit ein Dritter (Entrichtungsschuldner) die Steuer für Rechnung des Steuerschuldners zu entrichten, insbesondere einzubehalten und abzuführen hat. Die Stundung des Haftungsanspruchs gegen den Entrichtungspflichtigen ist ausgeschlossen, soweit er Steuerabzugsbeträge einzubehalten oder Beträge, die eine Steuer enthalten, eingenommen hat.**

**Inhaltsübersicht**



**Schrifttum**


Brete/Thomsen, Anspruch auf Ratenzahlung, AO-StB 2008, 73; Günther, Stundung von Steueransprüchen, AO-StB 2009, 280.


## A. Bedeutung der Vorschrift

Die Stundung ist eine **Billigkeitsmaßnahme**, die in das pflichtgemäße Ermessen der FA gestellt ist (§ 5 AO). Stundung bedeutet **Hinausschieben der Fälligkeit** des gesamten Steuerbetrags oder von Teilbeträgen (§ 220 AO). Sobald die Leistung gestundet ist, ist die Vollstreckung einzustellen oder zu beschränken (§ 257 Abs. 1 Nr. 4 AO). Säumniszuschläge fallen keine (mehr) an, jedoch ist die gestundete Steuerforderung grundsätzlich mit 0,5 % pro Monat zu verzinsen (§§ 234, 238 AO). 1

Häufig erfolgt die Stundung unter Gewährung von **Stundungsraten**, die zu bestimmten Zeitpunkten zu bedienen sind. Für die Ausgestaltung der einzelnen Raten wird die mutmaßliche Entwicklung der Liquiditäts- und Vermögenslage des Steuerschuldners berücksichtigt. Meist behält sich das FA das Recht vor, bei unvorhergesehenen Änderungen im Vermögensstatus des Steuerschuldners von der Stundung abzurücken. Dies geschieht durch einen im Stundungsbescheid vorgesehenen **Widerrufsvorbehalt** (§§ 120 Abs. 1 Nr. 3, 131 Abs. 2 Nr. 1 AO; auch s. Rz. 33). 2

**Nicht unter den Anwendungsbereich der Vorschrift** fallen Stundungen, deren Gewährung in **speziellen Gesetzesvorschriften** unter den dort genannten Voraussetzungen vorgeschrieben ist. Einen qualifizierten Anspruch auf Stundung gewährt **§ 28 ErbStG** (s. dazu BFH v. 11.05.1988, II B 28/88, BStBl II 1988, 730). Zur Zahlungserleichterung bei Zollschulden (Einfuhr- und Ausfuhrabgaben) s. **Art. 110 ff. UZK**. 3

## B. Tatbestandliche Voraussetzungen

### I. Ansprüche aus dem Steuerschuldverhältnis (§ 222 Satz 1 AO)

4 Gegenstand der Stundung sind nur solche **Ansprüche aus dem Steuerschuldverhältnis i.S. des § 37 Abs. 1 AO**, die dem Steuergläubiger zustehen, also Steuer- und Haftungsansprüche, Ansprüche auf steuerliche Nebenleistungen und Rückforderungsansprüche. Andere im Steuerrecht wurzelnde Ansprüche, wie z.B. der Anspruch des Steuerberechtigten auf Einbehaltung und Abführung von Abzugssteuern, sind nicht stundungsfähig (BFH v. 24.03.1998, I R 120/97, BStBl II 1999, 3; *Loose* in Tipke/Kruse, § 222 AO Rz. 5).

### II. Kein Stundungsausschluss (§ 222 Sätze 3, 4 AO)

5 Der **Anspruch gegen den Arbeitnehmer als Schuldner der Lohnsteuer** (§ 38 Abs. 2 Satz 1 EStG) ist ein Anspruch aus dem Steuerschuldverhältnis und fällt deswegen unter § 222 Satz 1 AO. Ursprünglich hatte die Rspr. (BFH v. 08.02.1957, VI 141/56, BStBl III 1957, 329; noch ergangen zu § 127 AO a.F.) die Frage der Stundbarkeit der Lohnsteuer (außer im Nachforderungsfall) dennoch verneint. Mit Entscheidung v. 12.03.1993, VI R 71/90, BStBl II 1993, 479 hat der BFH die Stundungsfähigkeit der Lohnsteuer gegenüber dem Arbeitnehmer dann aber ausdrücklich bejaht (s. dort auch wegen des Procedere). Diese Entscheidung war Anlass zur Anfügung von **§ 222 Satz 3 AO** durch das StMBG (s. BR-Drs. 612/93, 103). Danach sind nunmehr kraft Gesetzes Ansprüche gegen den Steuerschuldner von der Stundung ausgeschlossen, wenn und soweit ein Dritter (Entrichtungsschuldner) die Steuer für Rechnung des Steuerschuldners zu abzuführen hat.

6 Dieser **Ausschluss** insbes. **der Lohnsteuerpflichtigen** von der Möglichkeit, den Steueranspruch zu stunden, **verstößt gegen Art. 3 Abs. 1 GG** (ebenso *Loose* in Tipke/Kruse, § 222 AO Rz. 6). Art. 3 Abs. 1 GG ist verletzt, wenn eine Gruppe von Normadressaten im Vergleich zu anderen Normadressaten anders behandelt wird, obwohl zwischen beiden Gruppen keine Unterschiede von solcher Art und solchem Gewicht bestehen, dass sie die ungleiche Behandlung rechtfertigen können (BVerfG v. 07.10.1980, 1 BvL 50/79, BVerfGE 55, 72, 88). Die vom Gesetzgeber getroffene Ausgrenzung der Lohnsteuerpflichtigen findet keinen ausreichenden Grund in der Entscheidung des Einkommensteuergesetzes für das Abzugsverfahren als Form der Steuererhebung bei Einkünften aus unselbstständiger Arbeit (s. auch BVerfG v. 08.10.1991, 1 BvL 50/86, BVerfGE 84, 348, 364). Denn die Unterscheidung mehrerer Einkunftsarten und die daran anknüpfenden Regelungen können aus sich heraus nicht dazu führen, Stpfl., die Einkünfte aus einer bestimmten Einkunftsart haben, es im Gegensatz zu denjenigen, die Einkünfte aus einer der anderen Einkunftsarten haben, die Möglichkeit, im Billigkeitswege bei erheblichen, gar die Existenz bedrohenden Härten Stundung zu erlangen, zu verwehren, weil diesbezüglich keine tatsächlichen Unterschiede eine rechtliche Unterscheidung rechtfertigen (s. auch BVerfG v. 07.07.1992, 1 BvL 51/86 u.a., BVerfGE 87, 1, 33 ff.). Wenngleich auch verwaltungstechnische Gründe geeignet sind, eine Ungleichbehandlung zu rechtfertigen, setzt das jedoch voraus, dass bei einer Gleichbehandlung erhebliche verwaltungstechnische Schwierigkeiten entstünden, die nicht durch einfachere, die Betroffenen weniger belastende Regelungen behoben werden könnten (BVerfG v. 08.10.1991, 1 BvL 50/86, BVerfGE 84, 348, 364). Den Weg einer die Betroffenen weniger belastenden, wenn auch nicht ganz einfachen Regelung hat BFH v. 12.03.1993, VI R 71/90, BStBl II 1993, 479 gewiesen. Die Funktionsfähigkeit des Steuerabzugsverfahrens beeinträchtigt sie jedenfalls nur in geringem Maße (s. auch die in BFH v. 12.03.1993, VI R 71/90, BStBl II 1993, 479, 481 geäußerten verfassungsrechtlichen Bedenken gegen eine solche gesetzliche Regelung).

§ 222 Satz 4 AO schließt die **Stundung des Haftungsanspruchs gegen den Entrichtungsschuldner** aus, soweit er Steuerabzugsbeträge einbehalten oder Beträge, die eine Steuer enthalten, eingenommen hat. So unbedenklich die zweite Alternative ist, so blauäugig ist die erste. Zwar stellen auch aus steuerrechtlicher Sicht einbehaltene Steuerabzugsbeträge als Teil des arbeitsvertraglich geschuldeten Lohns »Fremdgeld« dar. Aus der Sicht des Entrichtungsschuldners – insbes. des Arbeitgebers bei der Lohnsteuer – handelt es sich jedoch um im Einzelfall kaum zu verkraftenden Liquiditätsabfluss bei ihm, dem ohnehin schon entschädigungslos die Einbehaltungs- und Abführungspflicht und die damit in Zusammenhang stehenden weiteren Dienste aufgebürdet sind. Trotzdem ist der Stundungsausschluss u.E. nicht wegen Verstoßes gegen das Übermaßverbot verfassungswidrig (a.A. *Loose* in Tipke/Kruse, § 222 AO Rz. 9), und zwar gerade deshalb, weil der einbehaltene (und abzuführende) Betrag Teil des aus anderem Rechtsgrund zu erfüllenden Anspruchs (des Steuerschuldners) ist. 7

### III. Stundungsantrag (§ 222 Satz 2 AO)

**Regelmäßig** soll die Stundung **nur auf Antrag** gewährt werden (§ 222 Satz 2 AO). Stundungsanträge sollten der Finanzbehörde dadurch die Möglichkeit einer sachgerechten Entscheidung eröffnen, dass sie von vornherein im Hinblick auf die gesetzlichen Ermessensgrenzen **ausreichend begründet** werden. Wenn es sich nicht nur um kurze Stundungen von wenigen Tagen, sondern um län- 8

**gerfristige Stundungen** oder um Teilzahlungsvorschläge handelt, geschieht das zweckmäßigerweise durch Einreichung eines **Liquiditätsstatus**, aus dem sich eine Gegenüberstellung der flüssigen bzw. kurzfristig realisierbaren Vermögenswerte und der rückständigen bzw. kurzfristig fälligen Verpflichtungen ergibt. Bei Steuerschulden von größerem Umfang wird sich auch die Einreichung einer **Vermögensübersicht** empfehlen, verbunden mit Ausführungen darüber, aus welchen Gründen die Verwertung von Vermögensteilen zwecks sofortiger Entrichtung der Steuer nicht zumutbar ist.

9 Lehnt das FA eine Stundung wegen nicht ausreichender Begründung ab, liegt regelmäßig kein Ermessensfehlgebrauch vor (BFH v. 13.04.1961, IV 363/58, BStBl III 1961, 292). Einerseits ist es nicht Sache der Finanzbehörden, die Finanzdispositionen eines Stpfl. unter dem Gesichtspunkt der Notwendigkeit und der Zweckmäßigkeit zu beurteilen, andererseits ist es aber – von besonderen Ausnahmelagen abgesehen – auch nicht ihre Aufgabe, den aus diesen Entschließungen resultierenden Geldbedarf durch Stundung vorhersehbarer Steuerzahlungen finanzieren zu helfen (BFH v. 13.09.1966, I 209/65, BStBl III 1966, 694).

### IV. Erhebliche Härte (§ 222 Satz 1 AO)

10 Voraussetzung für die Gewährung einer Stundung ist, dass die **Einziehung bei Fälligkeit** für den Steuerschuldner **eine erhebliche Härte** bedeuten würde (§ 222 Satz 1 AO). Eine erhebliche Härte i.S. der Vorschrift ist regelmäßig dann anzunehmen, wenn die Entrichtung der Steuer oder sonstigen Geldleistungen am Fälligkeitstag dazu führen würde, dass im geschäftlichen oder im persönlichen Bereich des Schuldners **finanzielle Einengungen** eintreten, die über das mit dem Geldabfluss normalerweise verbundene Ausmaß wesentlich hinausgehen und vom Schuldner auch nicht durch geeignete Vorsorge abgewendet werden konnten.

11 Bei der Prüfung ist außer der **Zahlungsfähigkeit** auch der **Zahlungswille** des Stpfl. zu berücksichtigen (BFH v. 02.08.1962, IV 152/59, HFR 1963, 86). Der Schuldner braucht seinen steuerlichen Zahlungsverpflichtungen nicht den Vorrang vor anderen Verbindlichkeiten einzuräumen, er darf sie aber auch nicht gegenüber diesen willkürlich zurückstellen. Die **Aufnahme von Kredit** zwecks Tilgung von Steuerschulden ist grundsätzlich zu**mutbar** (BFH v. 25.08.1960, IV 317/59, HFR 1961, 17; s. auch BFH v. 08.03.1990, IV R 34/98, BStBl II 1990, 673). Die sofortige Einziehung von nicht ohne Weiteres voraussehbaren Ansprüchen (z.B. Nachzahlungsansprüchen nach einer Außenprüfung) kann eine erhebliche Härte bedeuten. Sind Abschlusszahlungen aufgrund der abgegebenen Steuererklärungen jedoch für den Stpfl. rechtzeitig erkennbar, können sie nur gestundet werden, wenn der Schuldner aus einem von ihm nicht zu vertretenden Grund zum Fälligkeitszeitpunkt über die erforderlichen Mittel nicht verfügt und auch nicht in der Lage ist, sich diese Mittel auf zumutbare Weise zu beschaffen (BFH v. 21.08.1973, VIII R 8/68, BStBl II 1974, 307).

Im Wege der **Verrechnungsstundung (auch sog. technische Stundung)** können Steueransprüche gestundet werden, wenn und soweit der Steuerschuldner **zugleich Erstattungsansprüche** gegenüber dem FA hat. Hierbei ist nicht zwingend Voraussetzung, dass die Steuererklärung bereits dem FA vorliegt (BFH v. 12.06.1996, II R 71/94, BFH/NV 1996, 873; BFH v. 12.11.1997, XI R 22/97, BFH/NV 1998, 418). Andererseits genügt nicht, dass nur eine ungewisse oder unbestimmte Aussicht auf Steuererstattung besteht. Eine erhebliche Härte i.S. von § 222 Satz 1 AO liegt nur dann vor, wenn der **Gegenanspruch mit an Sicherheit grenzender Wahrscheinlichkeit** besteht und in absehbarer Zeit fällig werden wird; d.h. der Gegenanspruch muss zur Zeit der Steuereinziehung bereits nach Grund und Höhe rechtlich wie tatsächlich schlüssig belegt sein und in naher Zeit fällig werden (BFH v. 06.10.1982, I R 98/81, BStBl II 1983, 397; BFH v. 29.11.1984, V B 44/84, BStBl II 1985, 194; s. hierzu *Sangmeister*, DStZ 1984, 504). 12

Ein vom Finanzamt bisher nicht anerkannter **Vorsteuerüberschuss** rechtfertigt für sich allein keine Stundung (BFH v. 07.03.1985, IV R 161/81, BStBl II 1985, 449). Eine Verrechnungsstundung einbehaltener Kapitalertragsteuer **mit aufgrund der Herstellung der Ausschüttungsbelastung zu erwartender Körperschaftsteuererstattung** kommt ebenfalls nicht in Betracht, da die ausschüttende Körperschaft als Entrichtungsschuldner nur fremdes Geld abzuführen hat (BFH v. 15.12.1999, I R 113/98, BFH/NV 2000, 1066; BFH v. 23.08.2000, I R 107/98, BStBl II 2001, 742). Der aus § 242 BGB abgeleitete Grundsatz »dolo agit, qui petit quod statim redditurus est« ist ein allgemeiner und begründet keine über die steuerliche Spezialregelung des § 222 AO hinausgehende Stundungsmöglichkeit (BFH v. 24.03.1998, I R 120/97, BStBl II 1999, 3). 13

**Einwendungen gegen die materielle Richtigkeit** des den Anspruch festsetzenden Verwaltungsakts können grundsätzlich im Stundungsverfahren **nicht berücksichtigt** werden. Sie sind Gegenstand des Einspruchsverfahrens und berühren die damit zusammenhängende Frage der Aussetzung der Vollziehung (§ 361 AO). Im Übrigen können die **»erhebliche Härte«** i.S. von § 222 AO **und** die **»unbillige Härte«** i.S. von § 361 AO **nicht gleichgesetzt** werden. An das Vorliegen einer erheblichen Härte sind mindere Anforderungen zu stellen (BFH v. 09.12.1999, III B 16/99, BFH/NV 2000, 885). 14

## V. Keine Gefährdung des Steueranspruchs (§ 222 Satz 1 AO)

15 Neben der erheblichen Härte ist **kumulativ erforderlich**, dass die Steueransprüche durch die Stundung nicht gefährdet erscheinen (§ 222 Satz 1 AO). Eine Gefährdung des Anspruchs als Konsequenz der Stundung kann zu befürchten sein, wenn Umstände vorliegen, die auf einen **Vermögensverfall**, zumindest aber auf eine **wesentliche Verschlechterung der wirtschaftlichen Verhältnisse** des Schuldners hindeuten. Anders als beim Erlass (§ 227 AO) darf bei einer Stundung nicht die generelle Leistungsfähigkeit des Stpfl. gemindert sein, sondern nur die Zahlungsfähigkeit zum Zeitpunkt der Einziehung (BFH v. 27.04.2001, XI S 8/01, BFH/NV 2001, 1362). Bewusst verlangt das Gesetz, dass der Anspruch durch die Stundung nicht gefährdet erscheinen darf; die bloße Möglichkeit der Gefährdung reicht als Ablehnungsgrund nicht aus. Ihr kann durch das Verlangen nach Sicherheitsleistung (s. Rz. 18) Rechnung getragen werden.

16 Begehrt ein Stpfl. unter Hinweis auf seine wirtschaftliche, finanzielle und familiäre Situation die Stundung seiner nicht unbeträchtlichen Steuerrückstände mit einer **Tilgungslaufzeit von mindestens zehn Jahren** ohne Sicherheitsleistung, kann sich die Gefährdung des Steueranspruchs allein schon daraus ergeben, dass sich der Steuergläubiger in eine einseitige Bindung bezüglich Tilgungsmodalitäten begeben würde, die ihn in der Wahrnehmung der fiskalischen Interessen der Allgemeinheit behindern könnte (BFH v. 08.02.1988, IV B 102/87, BStBl II 1988, 514).

17 Da davon ausgegangen werden muss, dass die **Leistung einer (ausreichenden) Sicherheit** stets verhindert, dass der Anspruch i. S. der Vorschrift gefährdet erscheint, ist für die Ablehnung eines Stundungsantrags nur Raum, wenn sich der Schuldner weigert oder außerstande erklärt, Sicherheit zu leisten, obwohl nach den Umständen ein Vermögensverfall mit großer Wahrscheinlichkeit zu erwarten ist.

## C. Sicherheitsleistung (§ 222 Satz 2 AO)

18 Gemäß § 222 Satz 2 AO soll die Stundung **in der Regel nur gegen Sicherheitsleistung** (§§ 241 ff. AO) gewährt werden. **De facto** werden Sicherheiten indes **selten** erbracht. Bei kurzfristigen Stundungen – z. B. Zahlung der fälligen Steuerschuld in drei Monatsraten – verlangt das FA Sicherheitsleistungen nur in besonders gelagerten Ausnahmefällen. Auch bei langfristigen Stundungen ist die Erbringung einer Sicherheitsleistung die Ausnahme, denn der die Stundung beantragende Schuldner wird häufig nicht in der Lage sein, geeignete Sicherheiten anzubieten, ohne den mit der Stundung beabsichtigten Erfolg der vorübergehenden wirtschaftlichen Schonung zu vereiteln. Das FA muss daher zwischen der Möglichkeit, durch das Verlangen nach Sicherheitsleistung das Stundungsbegehren im Ergebnis abzulehnen und der möglichen ernstlichen Gefährdung des Anspruchs durch eine Stundung ohne Sicherheitsleistung abwägen.

## D. Wirksamwerden der Stundung

Wie jeder Verwaltungsakt, wird auch die Stundungsentscheidung in dem Zeitpunkt wirksam, in dem sie dem Betroffenen **bekannt gegeben** wird (§ 124 AO; BFH v. 08.07.2004, VII R 55/03, BStBl II 2005, 7). Anerkannt ist auch eine **rückwirkende Stundungsgewährung**. Eine solche führt allerdings nicht dazu, dass die bis zum Erlass des Stundungs-VA bereits eingetretene Rechtsfolgen der Säumnis gleichsam automatisch entfallen. Vielmehr bildet die rückwirkende Stundung lediglich die rechtliche Grundlage für entsprechende Maßnahmen des FA, mit denen sie den Steuerschuldner von den eingetretenen Folgen der Säumnis befreien kann (BFH v. 08.07.2004, VII R 55/03, BStBl II 2005, 7). Bereits verwirkte **Säumniszuschläge** sind ggf. durch gesonderten VA zu erlassen. Die einmal eingetretene Verwirklichung des Tatbestands des **§ 406 BGB**, welcher dem Schuldner die Möglichkeit der **Aufrechnung** gegenüber dem neuen Gläubiger der Hauptforderung erhält, bleibt auch im Fall einer nachträglichen und rückwirkenden Stundung bestehen. Auch bereits durchgeführte **Vollstreckungsmaßnahmen** bleiben bestehen, soweit nicht ihre Aufhebung ausdrücklich angeordnet ist (§ 257 Abs. 2 Satz 3 AO). Wird Stundung gegen Sicherheitsleistung gewährt, tritt die Wirkung der Stundung – das Hinausschieben der Fälligkeit – erst mit Erbringung der Sicherheit ein. Es handelt sich somit in solchen Fällen um eine unter der **aufschiebenden Bedingung der Sicherheitsleistung** gewährte Stundung (§ 120 Abs. 2 Nr. 2 AO), nicht jedoch um eine gem. § 120 Abs. 1 Nr. 4 AO mit der Stundung verbundene, das Wirksamwerden der Stundung nicht beeinflussende, aber den Widerruf der Stundung gem. § 131 Abs. 2 Nr. 2 AO ggf. rechtfertigende Auflage. 19

## E. Zuständigkeit

Die Kompetenz für Stundungen ist durch **ministerielle Verwaltungsvorschriften** zwischen den FA (HZA) und den OFD bzw. dem BMF oder den für die Finanzverwaltung zuständigen obersten Landesbehörden zumeist mit der Maßgabe verteilt, dass für Beträge von bestimmter Höhe an aufwärts oder für Stundungen, die eine bestimmte Zeit überschreiten sollen, die mittlere oder oberste Verwaltungsinstanz zuständig ist. In der Regel beschränkt sich die Tätigkeit der OFD und der obersten Behörden dabei auf die Erteilung bzw. Verweigerung 20 der Zustimmung zu dem nach außen allein von der örtlichen Finanzbehörde erlassenen Verwaltungsakt.

21 Unter Aufhebung der vormals geltenden unterschiedlichen Regelungen ist nunmehr die Zuständigkeit für die Stundung durch gleichlautenden Erlass der obersten Finanzbehörden der Länder v. 24.03.2017, BStBl I 2017, 419 dahingehend bestimmt, dass

die FA befugt sind zu stunden

1. **in eigener Zuständigkeit**
   a) Beträge bis 100 000 EUR einschließlich zeitlich unbegrenzt
   b) höhere Beträge bis zu 6 Monaten
2. **mit Zustimmung der OFD**
   a) Beträge bis 250 000 EUR einschließlich zeitlich unbegrenzt
   b) höhere Beträge bis zu 12 Monaten
3. **mit Zustimmung des Landesfinanzministers** in allen übrigen Fällen.

22–24 vorläufig frei

25 Angeordnet ist, dass Stundungen **stets unter dem Vorbehalt des Widerrufs** auszusprechen sind. Der gemeinsame **Erlass betrifft alle Landessteuern** und die sonstigen durch Landesfinanzbehörden verwalteten Steuern und Abgaben – jeweils einschließlich Nebenleistungen.

26 Bei Stundungen von **Steuern**, die von den Landesfinanzbehörden **im Auftrag des Bundes verwaltet** werden (§ 17 FVG, ESt, KSt, SolZ, USt), wird die vorherige Zustimmung des BMF eingeholt, wenn der zu stundende Betrag 500 000 EUR übersteigt und für einen Zeitraum von mehr als 12 Monaten gestundet werden soll (s. Schreiben des BMF v. 15.02.2017, BStBl I 2017, 283).

27 Für die Feststellung der Zuständigkeitsgrenzen **sind jede Steuerart und jeder Veranlagungszeitraum** für sich zu rechnen. Bei Steuerarten ohne bestimmten Veranlagungszeitraum (z. B. LSt, KapErtrSt) gilt das Kalenderjahr als Veranlagungszeitraum; bei den Einzelsteuern ist jeder Steuerfall für sich zu betrachten.

28 Die genannten Zuständigkeiten gelten nur für Bewilligungen; für **Ablehnungen** sind die FA und OFD unabhängig von der Höhe des Betrages zuständig. Keiner Zustimmung bedarf es auch bei **Billigkeitsmaßnahmen** des FA über **Insolvenzforderungen**, im Verbraucherinsolvenzverfahren (einschl. des außergerichtlichen Schuldenbereinigungsverfahrens) und im Regelinsolvenzverfahren.

## F. Rechtsschutz

29 Gegen die völlige oder teilweise Ablehnung eines Stundungsantrags ist gem. § 347 AO der **Einspruch** gegeben; bei (ganz oder teilweiser) Erfolglosigkeit des außergerichtlichen Rechtsbehelfsverfahrens steht gem. §§ 40 ff. FGO der Klageweg offen (**Verpflichtungsklage**). Der Rechtsbehelf kann sich auch auf die Anfechtung des mit dem Verwaltungsakt verbundenen Widerrufsvorbehalts, der Forderung nach Sicherheitsleistung, einer Verfallklausel oder einer Auflage oder sonstigen Nebenbestimmung beschränken. Wird über einen Stundungsantrag ohne Mitteilung eines zureichenden Grundes binnen angemessener Frist sachlich nicht entschieden, ist der Einspruch gem. § 347 Abs. 1 Satz 2 AO zulässig.

Aus dem Charakter der Stundung als einer unter Ausfüllung eines **Ermessensspielraums** zu treffenden Verwaltungsentscheidung (Gegensatz: gebundene Verwaltungsakte) folgt, dass der Stpfl. regelmäßig keinen Anspruch auf Stundung hat. Der Anspruch beschränkt sich darauf, dass über seinen Stundungsantrag unter pflichtgemäßer Handhabung des Ermessens nach gleichen und sachgerechten Maßstäben frei von Willkür entschieden wird (BFH v. 13.11.2003, VI B 329/00, BFH/NV 2004, 361; zu den Anforderungen an eine fehlerfreie Ermessensausübung s. auch BFH v. 01.07.1998, IV B 7/98, BFH/NV 1999, 12). Nur **in Ausnahmefällen** kann der Ermessensspielraum des FA so stark eingeengt sein, dass nur eine Entscheidung – zugunsten oder zuungunsten des Stpfl. – ermessensfehlerfrei ist (sog. **Ermessensreduzierung auf Null**; s. *Loose* in Tipke/Kruse, § 222 AO Rz. 68). 30

**Vorläufiger Rechtsschutz** kann bei Ablehnung einer Stundung im Gegensatz zum Widerruf einer gewährten Stundung nur im Wege einer **einstweiligen Anordnung (§ 114 FGO)** gewährt werden. Diese ist auf einstweilige Stundung (bis zur Entscheidung in der Hauptsache) gerichtet und nimmt daher die Hauptsachenentscheidung nicht in unzulässiger Weise vorweg (BFH v. 21.01.1982, VIII B 94/79, BStBl II 1982, 307). 31

Für die gerichtliche Entscheidung sind die **tatsächlichen Verhältnisse** zugrunde zu legen, die zur Zeit **der letzten Verwaltungsentscheidung** gegeben waren, in der Regel also zur Zeit der Entscheidung über den Einspruch (s. BFH v. 16.09.1966, III 138/65, BStBl III 1967, 49). 32

## G. Rücknahme und Widerruf

Die Rücknahme bzw. der Widerruf der Stundung unterliegt den in **§§ 130 Abs. 2 und 3, 131 Abs. 2 AO bezeichneten Einschränkungen**, weil das durch die gewährte Stundung bewirkte Hinausschieben der Fälligkeit des gestundeten Betrags einen »rechtlich erheblichen Vorteil« i. S. des § 130 Abs. 2 AO bedeutet. Wenn die für die Rücknahme bzw. den Widerruf in §§ 130, 131 AO aufgeführten Voraussetzungen vorliegen, können die FA nach pflichtgemäßem Ermessen entscheiden, ob die Stundung ganz oder teilweise zurückgenommen bzw. widerrufen werden soll. 33

Eines ausdrücklichen Widerrufs bedarf es allerdings nicht, wenn eine Stundung, die Schuldtilgung in Raten vorsieht, mit dem Zusatz versehen wird, dass die Stundung als widerrufen gelte und die gesamte Restschuld 34 fällig werde, falls die bewilligten Teilzahlungen nicht rechtzeitig entrichtet werden (zur Zulässigkeit solcher Verfallklauseln s. BFH v. 12.10.1965, I 385/62, BStBl III 1965, 721).

## § 223 AO Zahlungsaufschub

**(Aufgrund abschließender Regelungen im unmittelbar geltenden Unionszollrecht aufgehoben mit Wirkung vom 31.12.2014 durch Gesetz zur Anpassung der Abgabenordnung an den Zollkodex der Union und zur Änderung weiterer steuerlicher Vorschriften vom 22.12.2014, BGBl I 2014, 2417)**

## 2. Unterabschnitt
## Zahlung, Aufrechnung, Erlass

## § 224 AO Leistungsort, Tag der Zahlung

**(1) Zahlungen an Finanzbehörden sind an die zuständige Kasse zu entrichten. Außerhalb des Kassenraumes können Zahlungsmittel nur einem Amtsträger übergeben werden, der zur Annahme von Zahlungsmitteln außerhalb des Kassenraumes besonders ermächtigt worden ist und sich hierüber ausweisen kann.**

**(2) Eine wirksam geleistete Zahlung gilt als entrichtet:**

**1. bei Übergabe oder Übersendung von Zahlungsmitteln am Tag des Eingangs, bei Hingabe oder Übersendung von Schecks jedoch drei Tage nach dem Tag des Eingangs,**
**2. bei Überweisung oder Einzahlung auf ein Konto der Finanzbehörde und bei Einzahlung mit Zahlschein an dem Tag, an dem der Betrag der Finanzbehörde gutgeschrieben wird,**
**3. bei Vorliegen einer Einzugsermächtigung am Fälligkeitstag.**

**(3) Zahlungen der Finanzbehörden sind unbar zu leisten. Das Bundesministerium der Finanzen und die für die Finanzverwaltung zuständigen obersten Landesbehörden können für ihre Geschäftsbereiche Ausnahmen zulassen. Als Tag der Zahlung gilt bei Überweisung oder Zahlungsanweisung der dritte Tag nach der Hingabe oder Absendung des Auftrages an das Kreditinstitut oder, wenn der Betrag nicht sofort abgebucht werden soll, der dritte Tag nach der Abbuchung.**

**(4) Die zuständige Kasse kann für die Übergabe von Zahlungsmitteln gegen Quittung geschlossen werden. Absatz 2 Nr. 1 gilt entsprechend, wenn bei der Schließung von Kassen nach Satz 1 am Ort der Kasse eine oder mehrere Zweiganstalten der Deutschen Bundesbank oder, falls solche am Ort der Kasse nicht bestehen, ein oder mehrere Kreditinstitute ermächtigt werden, für die Kasse Zahlungsmittel gegen Quittung anzunehmen.**

**Inhaltsübersicht**



### A. Bedeutung der Vorschrift

Die Vorschrift befasst sich mit den **technischen Zahlungsmodalitäten** hinsichtlich von Zahlungen an Finanzbehörden (§ 224 Abs. 1, 2 und 4 AO) bzw. Zahlungen der Finanzbehörden (§ 224 Abs. 3 AO). Sie stellt nicht auf die Person des Zahlenden ab, sondern auf Zahlung schlechthin. Zahlung durch Dritte ist nach § 48 Abs. 1 AO zulässig (ebenso Art. 109 Abs. 2 UZK). 1

Für **Gefahren der Geldübermittlung** bei der Steuerzahlung hat nach § 270 Abs. 1 BGB grundsätzlich der Steuerschuldner einzustehen (BFH v. 08.03.1999, VII B 208/98, BFH/NV 1999, 1085). 2

vorläufig frei 3

### B. Zahlungen des Stpfl. (§ 224 Abs. 1, 4 AO)

Gemäß § 224 Abs. 1 Satz 2 AO ist Zahlung durch **Übergabe von Zahlungsmitteln** (Bargeld, Schecks) grundsätzlich nur innerhalb des Kassenraums der zuständigen Finanzkasse möglich; außerhalb des Kassenraums sind solche Zahlungen unwirksam (BFH v. 17.02.1954, II 171/52, BStBl III 1954, 131), es sei denn, die Zahlungsmittel werden einem Amtsträger (§ 7 AO) übergeben, der zur Annahme von Zahlungsmitteln außerhalb des Kassenraums besonders ermächtigt ist und sich hierüber ausweisen kann. Zur entsprechenden Ermächtigung des **Vollziehungsbeamten im Vollstreckungsverfahren** bei der Vollstreckung in das bewegliche Vermögen s. §§ 285 Abs. 2, 292 Abs. 1 AO. Bei Pfändung von Geld gilt die Wegnahme als Zahlung des Vollstreckungsschuldners 4

(§ 296 Abs. 2 AO); bei Verwertung gepfändeter Sachen s. § 301 Abs. 2 AO. Die Beschlagnahme von Vermögenswerten steht einer Zahlung nicht gleich (BFH v. 27.10.2000, V B 145/00, BFH/NV 2001, 424).

5 § 224 Abs. 4 AO trägt der Tatsache Rechnung, dass im Wirtschaftsleben die Barzahlung nur noch eine untergeordnete Rolle spielt und im Interesse der Rationalisierung des Kassenwesens eine Zurückdrängung des Barverkehrs angestrebt wird. Nach § 224 Abs. 4 Satz 1 AO darf daher die zuständige Kasse für die Übergabe von Zahlungsmitteln gegen Quittung geschlossen werden. Für diesen Fall sieht die Vorschrift die **Einschaltung von Kreditinstituten**, insbes. der Deutschen Bundesbank, zur Abwicklung des Barverkehrs vor.

### C. Tag der Zahlung (§ 224 Abs. 2 AO)

6 § 224 Abs. 2 AO **bestimmt zwingend**, welcher Tag bei den verschiedenen Zahlungsarten als Tag der Bewirkung der Leistung anzusehen ist. Bei der Übergabe oder Übersendung von Zahlungsmitteln gilt die Zahlung am Tag des Eingangs als entrichtet. Dies hatte eine gewisse Bevorzugung von **Scheckzahlungen** zur Folge, die der Gesetzgeber durch das **JStG 2007** durch § 224 Abs. 2 Nr. 1 2. HS AO bereinigt hat, als bei der Hingabe oder Übersendung von Schecks die Zahlung nunmehr erst drei Tage nach dem Tag des Eingangs des Schecks als entrichtet gilt; die Drei-Tages-Fiktion ist uneingeschränkt verfassungsgemäß (BFH v. 28.08.2012, VII R 71/11, BStBl II 2013, 103). § 224 Abs. 2 Nr. 3 AO stellt klar, dass bei Erteilung einer Einzugsermächtigung durch den Steuerschuldner zugunsten der Finanzbehörde eine verspätete Durchführung des Einziehungsverfahrens nicht zum Nachteil des Zahlungspflichtigen gereichen darf. § 224 Abs. 2 AO hat insbes. für die evtl. Verwirkung von Säumniszuschlägen (§ 240 AO) Bedeutung. Wird eine Zahlung durch Übergabe oder Übersendung von Zahlungsmitteln an ein nach § 224 Abs. 4 Satz 2 AO zur Annahme gegen Quittung ermächtigtes Kreditinstitut geleistet, so ist als Tag der Zahlung der Tag des Eingangs der Zahlungsmittel bei dem ermächtigten Kreditinstitut anzusehen. Eine Tilgung der Steuerschuld tritt freilich allein durch die Hingabe eines Schecks bzw. der Einzugsermächtigung spätestens am Fälligkeitstag noch nicht ein (BFH v. 19.03.1999, VII B 158/98, BFH/NV 1999, 1304).

### D. Zahlungen des FA (§ 224 Abs. 3 AO)

7 § 224 Abs. 3 Satz 1 AO ordnet **grundsätzlich** an, dass Zahlungen der Finanzbehörden **unbar** zu erbringen sind (zur Kostentragungspflicht für die Übermittlung auf ein ausländisches Konto FG München v. 25.04.2013, 5 K 821/13, juris). Jedoch können durch den BMF bzw. die für die Finanzverwaltung zuständigen obersten Landesbehörden für den jeweiligen Geschäftsbereich Ausnahmen zugelassen werden (§ 224 Abs. 3 Satz 2 AO). Nach § 224 Abs. 3 Satz 3 AO bestimmt sich der Tag der Zahlung.

### E. Zahlung »unter Vorbehalt«

Wird Zahlung »unter Vorbehalt« geleistet, kommt es auf die mit diesem Zusatz verbundene Willensrichtung an (Auslegung). Bezieht sich der Vorbehalt auf die Zahlung in der Weise, dass jederzeitiger Rückruf vorbehalten werden soll, hat die Zahlung keine schuldbefreiende (Erlöschens-)Wirkung. Soll dagegen, was regelmäßig der Fall sein dürfte, durch den Zusatz nur zum Ausdruck gebracht werden, dass mit der Zahlung eine Anerkennung der Steuerschuld, d.h. der Rechtmäßigkeit des Verwaltungsakts, mit dem der Anspruch festgesetzt oder gefordert wurde, nicht verbunden sein soll, beeinträchtigt dies die Wirkung der Zahlung nicht. Durch eine derartige Zahlung unter Vorbehalt wird im Zweifel auch die Einlegung des zulässigen **Rechtsbehelfs** gegen den den Anspruch festsetzenden oder den Betrag fordernden Verwaltungsakt **nicht ersetzt** (BFH v. 29.09.1960, V R 36/59, HFR 1961, 19; BFH v. 20.02.1962, I 150/60 S, BStBl III 1962, 422).

## § 224a AO
## Hingabe von Kunstgegenständen an Zahlungs statt

**(1) Schuldet ein Steuerpflichtiger Erbschaft- oder Vermögensteuer, kann durch öffentlich-rechtlichen Vertrag zugelassen werden, dass an Zahlungs statt das Eigentum an Kunstgegenständen, Kunstsammlungen, wissenschaftlichen Sammlungen, Bibliotheken, Handschriften und Archiven dem Land, dem das Steueraufkommen zusteht, übertragen wird, wenn an deren Erwerb wegen ihrer Bedeutung für Kunst, Geschichte oder Wissenschaft ein öffentliches Interesse besteht. Die Übertragung des Eigentums nach Satz 1 gilt nicht als Veräußerung im Sinne des § 13 Abs. 1 Nr. 2 Satz 2 des Erbschaftsteuergesetzes.**

**(2) Der Vertrag nach Absatz 1 bedarf der Schriftform; die elektronische Form ist ausgeschlossen. Der Steuerpflichtige hat das Vertragsangebot an die örtlich zuständige Finanzbehörde zu richten. Zuständig für den Vertragsabschluss ist die oberste Finanzbehörde des Landes, dem das Steueraufkommen zusteht. Der Vertrag wird erst mit der Zustimmung der für kulturelle Angelegenheiten zuständi-**

**gen obersten Landesbehörde wirksam; diese Zustimmung wird von der obersten Finanzbehörde eingeholt.**

**(3) Kommt ein Vertrag zustande, erlischt die Steuerschuld in der im Vertrag vereinbarten Höhe am Tag der Übertragung des Eigentums an das Land, dem das Steueraufkommen zusteht.**

**(4) Solange nicht feststeht, ob ein Vertrag zustande kommt, kann der Steueranspruch nach § 222 gestundet werden. Kommt ein Vertrag zustande, ist für die Dauer der Stundung auf die Erhebung von Stundungszinsen zu verzichten.**

**Inhaltsübersicht**



**Schrifttum**

CARL/KLOS, Die Hingabe von Kunstgegenständen an Zahlungs Statt, StVj 1992, 156.

## A. Bedeutung der Vorschrift

1 Unter bestimmten Voraussetzungen können Steuerschulden durch Hingabe von Kunstgegenständen an Zahlungs statt erfüllt werden. Solange die Vermögensteuer nicht erhoben wird, ist der Anwendungsbereich der Vorschrift allerdings auf die den Ländern zufließende **Erbschaftsteuer** beschränkt (Korrespondenz mit der Kulturhoheit). Verhindert werden soll, dass Kunstgegenstände an Private oder in das Ausland veräußert werden, um die entsprechenden Steuerschulden zu begleichen.

## B. Tatbestandliche Voraussetzungen

### I. Gegenstände der Hingabe an Zahlungs statt

2 An Zahlungs statt zu Eigentum übertragen werden können Kunstgegenstände (Gemälde, Aquarelle, Lithographien, Plastiken, Skulpturen usw.), **Kunstsammlungen** (eine Mehrheit von Kunstgegenständen, die planmäßig oder auch zufällig zusammengeführt sind), **wissenschaftliche Sammlungen** (Sammlungen, die die methodische Forschung unterstützen oder veranschaulichen), **Bibliotheken, Handschriften** (Manuskripte – auch Notenmanuskripte – und Briefe, natürlich auch mittelalterliche Handschriften einschließlich der sog. Prachthandschriften) und die den wissenschaftlichen Sammlungen sehr **nahestehenden Archive**. An dem Erwerb dieser Gegenstände muss wegen ihrer Bedeutung für Kunst, Geschichte oder Wissenschaft ein **öffentliches Interesse** bestehen. Die Beurteilung dieser Voraussetzung (sowie damit engstens verbunden die Beurteilung von Gegenständen als Kunstwerk usw.) wird primär in die Zuständigkeit derjenigen obersten Landesbehörde fallen, die für kulturelle Angelegenheiten zuständig ist (§ 224a Abs. 2 Satz 3 AO).

### II. Öffentlich-rechtlicher Vertrag

Leistung an Zahlungs statt ist Erfüllung durch eine andere als die geschuldete Leistung, wenn der Gläubiger diese an Erfüllungs statt annimmt (s. § 364 Abs. 1 BGB). Voraussetzung ist das Zustandekommen eines öffentlich-rechtlichen Vertrags über die Erfüllung der ursprünglichen Schuld. Der öffentlich-rechtliche Vertrag kommt durch Angebot und Annahme zustande, beide Erklärungen bedürfen der Schriftform (§ 224a Abs. 2 Satz 1 AO). Das schriftliche Vertragsangebot hat der Stpfl. zwar an die örtlich zuständige Finanzbehörde (s. § 35 ErbStG) zu richten, zuständig für den Vertragsabschluss ist jedoch die oberste Finanzbehörde des ertragsberechtigten Landes (§ 224a Abs. 2 Satz 2 AO). Zur Wirksamkeit bedarf der Vertrag der Zustimmung der für kulturelle Angelegenheiten zuständigen obersten Landesbehörde, die die für den Vertragsschluss zuständige Behörde einzuholen hat (§ 224a Abs. 2 Satz 3 AO). Auf den Abschluss des öffentlich-rechtlichen Vertrags (der ohnehin wegen der Verletzung des Budgetrechts des Landtags bzw. Senats bedenklich ist) hat der Stpfl. **keinen Rechtsanspruch**. 3

Da die Steuerschuld nach § 224a Abs. 3 AO »in der im Vertrag vereinbarten Höhe« erlischt, ist der **Wert der Kunstgegenstände** usw. (als »Annahmewert«) in dem Vertrag festzuhalten. Dass die Wertfindung häufig nicht nur schwierig, sondern auch wegen der möglichen Einzigartigkeit der Gegenstände i. w. S. äußerst problematisch ist, bedarf eigentlich keiner Erwähnung. 4

## C. Rechtsfolgen und weiteres Schicksal des Vertrags

Ist der öffentlich-rechtliche Vertrag wirksam zustande gekommen, **erlischt die Steuerschuld am Tage der Eigentumsübertragung** (§ 929 BGB) auf das ertragsberechtigte Land. Wird nach diesem Zeitpunkt die Steuerfestsetzung aufgehoben, so sind die übertragenen Gegenstände zurückzuübertragen (s. BGH v. 30.11.1983, VIII ZR 190/72, BGHZ 89, 126). Bei Änderung der Steuerfestsetzung zugunsten des Stpfl. wird auf das Ausmaß der Herabsetzung abzustellen sein (Frage des Wegfalls der Geschäftsgrund- 5 lage), ob von einem Rückabwicklungsverhältnis auszugehen ist. Wegen der Gewährleistungspflichten des Stpfl. s. § 365 i. V. m. §§ 433 ff. BGB.

### D. Stundung des Steueranspruchs (§ 224a Abs. 4 AO)

6 Solange nicht feststeht, ob ein Vertrag zustande kommt, kann der Steueranspruch nach § 222 AO gestundet werden (§ 224a Abs. 4 Satz 1 AO). Da Ansprüche aus dem Steuerschuldverhältnis unter den Voraussetzungen des § 222 AO ohnehin zu stunden sind, ist § 224a Abs. 4 Satz 1 AO als **Rechtsfolgenverweisung** zu qualifizieren. Die tatbestandlichen Voraussetzungen von § 222 AO müssen mithin nicht erfüllt sein (*Alber* in HHSp, § 224a AO, Rz. 31; *Loose* in Tipke/Kruse, § 224a AO Rz. 11).

7 Die Vorschrift bestimmt nicht, wann die Stundung gewährt werden soll. § 224a Abs. 4 Satz 2 AO sagt nur, dass für die **Dauer der Stundung** auf die Erhebung von Stundungszinsen zu verzichten ist, wenn ein Vertrag zustande kommt. Die Erlöschenswirkung tritt indes nicht mit dem Zustandekommen des öffentlich-rechtlichen Vertrags ein, sondern erst am Tage der Eigentumsverschaffung. Wenn schon gestundet werden soll, dann doch jedenfalls für den Zeitraum zwischen den beiden Ereignissen. Für den Beginn der Stundung ist auf den Zeitpunkt der Abgabe des schriftlichen Vertragsangebots durch den Stpfl. abzustellen, denn von da an hat er auf das weitere Geschehen keinerlei Einwirkungsmöglichkeiten.

## § 225 AO Reihenfolge der Tilgung

**(1) Schuldet ein Steuerpflichtiger mehrere Beträge und reicht bei freiwilliger Zahlung der gezahlte Betrag nicht zur Tilgung sämtlicher Schulden aus, so wird die Schuld getilgt, die der Steuerpflichtige bei der Zahlung bestimmt.**

**(2) Trifft der Steuerpflichtige keine Bestimmung, so werden mit einer freiwilligen Zahlung, die nicht sämtliche Schulden deckt, zunächst die Geldbußen, sodann nacheinander die Zwangsgelder, die Steuerabzugsbeträge, die übrigen Steuern, die Kosten, die Verspätungszuschläge, die Zinsen und die Säumniszuschläge getilgt. Innerhalb dieser Reihenfolge sind die einzelnen Schulden nach ihrer Fälligkeit zu ordnen; bei gleichzeitig fällig gewordenen Beträgen und bei den Säumniszuschlägen bestimmt die Finanzbehörde die Reihenfolge der Tilgung.**

**(3) Wird die Zahlung im Verwaltungswege erzwungen (§ 249) und reicht der verfügbare Betrag nicht zur Tilgung aller Schulden aus, derentwegen die Vollstreckung oder die Verwertung der Sicherheiten erfolgt ist, so bestimmt die Finanzbehörde die Reihenfolge der Tilgung.**

**Inhaltsübersicht**



### A. Bedeutung der Vorschrift

Die Vorschrift gibt darüber Auskunft, wie eine Zahlung, die zur Tilgung sämtlicher Schulden des Leistenden nicht ausreicht, zu verrechnen ist. 1

### B. Reihenfolge der Tilgung mit Tilgungsbestimmung (§ 225 Abs. 1 AO)

Sind mehrere Schuldbeträge fällig (§ 220 AO) und leistet der Verpflichtete (bzw. ein Dritter für ihn, s. § 48 Abs. 1 AO) einen zur Tilgung sämtlicher Schulden nicht ausreichenden Betrag, so überlässt § 225 Abs. 1 AO dem Leistenden **die Bestimmung** derjenigen Schuld, die durch die Zahlung zum Erlöschen (§ 47 AO) gebracht werden soll. Lässt ein Stpfl. dem FA hinsichtlich der Verrechnung von freiwillig erbrachten Beträge **freie Hand**, trifft er damit eine Tilgungsvereinbarung mit dem FA, hinter der die gesetzliche Tilgungsreihenfolge des § 225 Abs. 2 AO zurücktritt (BFH v. 14.10.1999, IV R 63/98, BStBl II 2001, 329). 2

Eine Tilgungsbestimmung kann **auch konkludent** getroffen werden (BFH v. 13.10.2012, VII R 18/11, BFH/NV 2013, 499). Ist die Vollziehung des Verwaltungsakts, durch den der Stpfl. in Anspruch genommen wird, teilweise ausgesetzt, kann u. U. die **Aussetzung als Indiz** dafür zu sehen sein, dass der Leistende stillschweigend eine Bestimmung des Inhalts getroffen hat, dass zunächst die Beträge getilgt werden sollen, die nicht von der Aussetzung der Vollziehung erfasst sind (BFH v. 14.10.1999, IV R 63/98, BStBl II 2001, 329). 3

Hat der Leistende eine Tilgungsbestimmung getroffen, kann er eine **nachträgliche Änderung** seiner Erklärung **einseitig nicht** vornehmen (BFH v. 01.12.2015, VII R 44/14, BFH/NV 2016, 881; BFH v. 13.05.2015, VII R 41/14, BFH/NV 2015, 1347; BFH v. 14.10.1999, IV R 63/98, BStBl II 2001, 329). Die bestimmungsgemäße Verrechnung der Zahlung hat zum Erlöschen des getilgten 4

Anspruchs geführt (§ 47 AO); diese Wirkung ist ihrem Wesen nach endgültig (s. auch BFH v. 05.02.1960, VI 204/59, BStBl III 1960, 140). Im Hinblick auf die öffentlich-rechtliche Natur der Erklärung ist die sinngemäße Anwendung der **Vorschriften des BGB** über die Anfechtung von Willenserklärungen (§§ 119 ff. BGB) **nicht** möglich. Ob eine Tilgungsbestimmung aufgrund einer Vereinbarung mit dem Leistungsempfänger geändert werden kann, hat der BFH noch nicht beurteilt. Allerdings kann der Grundsatz von Treu und Glauben entgegenstehen, sich auf seine ursprüngliche Tilgungsbestimmung zu berufen (z. B. nach später ausdrücklich gebilligter Umbuchung bzw. Erstattung; BFH v. 01.12.2015, VII R 44/14, BFH/NV 2016, 881).

## C. Reihenfolge der Tilgung ohne Tilgungsbestimmung (§ 225 Abs. 2 AO)

5 Verzichtet der Stpfl. auf eine Tilgungsbestimmung, richtet sich die Verrechnung nach der **zwingenden Reihenfolge** gem. § 225 Abs. 2 AO. Die fälligen Steuerforderungen erlöschen automatisch (§ 47 AO) in der von § 225 Abs. 2 AO vorgeschriebenen Reihenfolge. Davon abweichende Verbuchungen des FA sind unwirksam.

6 Das Gesetz folgt bei der Reihenfolge dem **Maß der Lästigkeit**. Hiernach sind zunächst die gem. § 410 Abs. 1 i. V. m. § 66 OWiG durch Bußgeldbescheid festgesetzten Geldbußen und die nach § 333 i. V. m. § 329 AO festgesetzten Zwangsgelder getilgt. Sodann sind von mehreren gleichzeitig fällig gewordenen Hauptschulden in erster Linie die Steuerabzugsbeträge getilgt, weil sie wegen der Bußgelddrohung des § 380 AO für den Stpfl. lästiger sind als andere Steuerschulden. In zweiter Linie sind die übrigen Steuern und letzten Endes die Kosten, die Verspätungszuschläge, die Zinsen und die Säumniszuschläge getilgt (erloschen), d. h. die steuerlichen Nebenleistungen, bei deren verspäteter Zahlung nach § 240 Abs. 2 AO keine Säumniszuschläge anfallen. Bei der Tilgung gleichartiger Schuldbeträge ist nach § 225 Abs. 2 Satz 2 AO jeweils die Schuld mit der weiter zurückliegenden Fälligkeit vorrangig zu berücksichtigen. Lediglich bei Schuldbeträgen gleichen Ranges und gleicher Fälligkeit sowie bei den Säumniszuschlägen bleibt die Reihenfolge der Tilgung dem Ermessen der Finanzbehörde überlassen.

## D. Reihenfolge der Tilgung im Vollstreckungsverfahren (§ 225 Abs. 3 AO)

7 Wird die Zahlung des Stpfl. im Vollstreckungsverfahren erzwungen (§ 249 AO), überlässt § 225 Abs. 3 AO der **Finanzbehörde** die **Bestimmung der Reihenfolge** der Tilgung. Unter § 225 Abs. 3 AO fallen auch Zahlungen bei Pfändung des Anspruchs auf Gutschrift von Eingängen auf einem Kontokorrentkonto (BFH v. 25.02.2003, VII B 385/02, BFH/NV 2003, 882). Eine freiwillige Leistung liegt aber noch vor, wenn zur Abwendung von Vollstreckungsmaßnahmen, insbes. auf eine Mahnung (§ 259 AO) hin gezahlt wird.

Für die zu treffende Entscheidung gelten die Grundsätze **pflichtgemäßer Ermessensausübung** (§ 5 AO). Dabei wird die Finanzbehörde nicht einseitig die Interessen der Finanzverwaltung berücksichtigen oder gar bewusst eine Benachteiligung des Schuldners anstreben dürfen. Vielmehr wird sie grundsätzlich auch den Gesichtspunkten Rechnung tragen müssen, die die Regelung des § 225 Abs. 2 AO motiviert haben. 8

## E. Rechtsschutz

Die Entscheidung über die Verbuchung geleisteter Zahlungen ist kein selbstständig anfechtbarer Verwaltungsakt (BFH v. 27.10.1972, VI R 310/68, BStBl II 1973, 89). Bei Streitigkeiten über die Tilgungswirkung geleisteter Zahlungen, die auch die Frage der pflichtgemäßen Ermessensausübung der Finanzbehörde bei den ihr eingeräumten Bestimmungsrechten betreffen können, ist die Erteilung eines **Abrechnungsbescheids** gem. § 218 Abs. 2 AO zu beantragen, der dann mit dem Einspruch angefochten werden kann. 9

# § 226 AO Aufrechnung

**(1) Für die Aufrechnung mit Ansprüchen aus dem Steuerschuldverhältnis sowie für die Aufrechnung gegen diese Ansprüche gelten sinngemäß die Vorschriften des bürgerlichen Rechts, soweit nichts anderes bestimmt ist.**

**(2) Mit Ansprüchen aus dem Steuerschuldverhältnis kann nicht aufgerechnet werden, wenn sie durch Verjährung oder Ablauf einer Ausschlussfrist erloschen sind.**

**(3) Die Steuerpflichtigen können gegen Ansprüche aus dem Steuerschuldverhältnis nur mit unbestrittenen oder rechtskräftig festgestellten Gegenansprüchen aufrechnen.**

**(4) Für die Aufrechnung gilt als Gläubiger oder Schuldner eines Anspruches aus dem Steuerschuldverhältnis auch die Körperschaft, die die Steuer verwaltet.**

**Inhaltsübersicht**



**Schrifttum**

Martens, Aufrechnung und Verrechnungsvertrag im Steuerrecht, StuW 1989, 69; von Feldmann, Die Aufrechnung im BGB und im Steuerrecht, DStR 1991, 222; Bultmann, Die Aufrechnung im Steuerrecht durch Umbuchungsmitteilungen der Finanzverwaltung, DStZ 1994, 174; App, Aufrechnungsbefugnis des Finanzamts nach Eröffnung eines Insolvenzverfahrens, SteuerStud 2001, 68; Bartone, Die Aufrechnung im Steuerrecht, AO-StB 2003, 122; Bartone, Die Aufrechnung in der Insolvenz, AO-StB 2003, 215; Werth, Die Aufrechnung von steuerlichen Erstattungsansprüchen im Insolvenzverfahren, AO-StB 2007, 70; Sauerland, Aufrechnung des FA gegen Erstattungsansprüche des anderen Ehegatten, AO-StB 2009, 378.

## A. Bedeutung der Vorschrift

1 Unter Aufrechnung versteht man die **wechselseitige Tilgung** zweier sich gegenüberstehender Forderungen **durch Verrechnung**. Sie ist eine Leistung, die die Erfüllung durch Zahlung ersetzt und wie diese das Erlöschen der gegenseitigen Forderungen bewirkt (§ 47 AO). Für die Aufrechnung gelten die Vorschriften des BGB (§§ 387 ff. BGB) ergänzt um einige steuerrechtliche Sonderregelungen. Zu unterscheiden ist zwischen einseitiger Aufrechnung durch einen Schuldner und dem im Steuerrecht zulässigen Verrechnungsvertrag (BFH v. 18.02.1986, VII R 8/81, BStBl II 1981, 506, dazu s. Rz. 27).

2 Zur Zulässigkeit der Aufrechnung bei **gemeinschaftsrechtlich geregelten Abgaben** s. Art. 109 Abs 1 UZK (Verweisung auf das nationale Recht).

## B. Sinngemäße Anwendung der Vorschriften des BGB (§ 226 Abs. 1 AO)

3 Nach § 226 Abs. 1 AO gelten für die Aufrechnung mit Ansprüchen aus dem Steuerschuldverhältnis sowie für die Aufrechnung gegen diese Ansprüche sinngemäß die Vorschriften des bürgerlichen Rechts (§§ 387 ff. BGB), soweit nichts anderes bestimmt ist.

4 Die in § 395 BGB für den Fall der Aufrechnung gegen Forderungen des Fiskus geforderte **Identität der »Kassen«** (= Amtsstellen mit selbstständiger Kassenführung) ist für die Aufrechnung mit oder gegen Ansprüche aus dem Steuerschuldverhältnis allerdings **ohne Bedeutung** (gl. A. *Loose* in Tipke/Kruse, § 226 AO Rz. 11; BFH v. 25.04.1989, VIII R 105/82, BStBl II 1989, 949; a. A. *Bublitz*, DStR 1988, 313). § 395 BGB wird durch § 226 Abs. 3 und 4 AO verdrängt (s. Rz. 24 bis 26). Sinngemäße Anwendung von § 406 BGB (BFH v. 13.12.2016, VII R 1/15, BStBl II 2017, 541).

### I. Aufrechnungslage (§ 226 Abs. 1 AO i.V.m. § 387 BGB)

#### 1. Gegenseitigkeit der Forderungen

5 Gegenseitigkeit der Forderung bedeutet, dass der Schuldner der einen Forderung gleichzeitig Gläubiger der anderen Forderung sein muss. Deswegen unzulässig: Die Aufrechnung des FA mit rückständigen Steuerschulden des einen **Ehegatten** gegen einen dem anderen Ehegatten zustehenden Anspruch auf Auszahlung überzahlter Lohnsteuer nach Zusammenveranlagung (BFH v. 19.10.1982, VII R 55/80, BStBl II 1983, 162). Die Aufrechnung des FA gegenüber einem Gesamtschuldner, soweit auf ihn nach **Aufteilung der Gesamtschuld** (s. § 268 ff. AO) kein Rückstand mehr entfällt (BFH v. 12.01.1988, VII R 66/87, BStBl II 1988, 406). Auch s. Rz. 26. Bei der Steuerberechnung nach §§ 16 ff. UStG selbst handelt es sich nicht um eine Aufrechnung. Die zu saldierenden Steueransprüche sind lediglich unselbstständige Besteuerungsgrundlagen (BFH v. 24.11.2011, V R 13/11, BStBl II 2012, 298).

#### 2. Gleichartigkeit der Forderungen

6 Haupt- und Gegenforderung müssen auf eine gleichartige Leistung gerichtet sein. Der Anspruch aus dem Steuerschuldverhältnis ist ein **Geldanspruch** (§ 37 AO). Folglich kann mit und gegen einen Anspruch aus dem Steuerschuldverhältnis ebenfalls nur mit einem Geldanspruch aufgerechnet werden.

### 3. Fälligkeit der Gegenforderung

Der Aufrechnende muss im Zeitpunkt der Aufrechnungserklärung die Erfüllung der Forderung, mit der er aufrechnet, fordern können. Eine einmal bestehende Aufrechnungslage entfällt durch eine rückwirkende Stundung nicht (BFH v. 08.07.2004, VII R 55/03, BStBl II 2005, 7; s. § 222 AO Rz. 19). Im **Insolvenzverfahren** kann das FA mit Forderungen aufrechnen, die vor Verfahrenseröffnung entstanden sind, ohne dass es deren vorheriger Festsetzung, Feststellung oder Anmeldung zur Insolvenztabelle bedarf (BFH v. 04.05.2004, VII R 45/03, BStBl II 2004, 815; BFH v. 04.02.2005, VII R 20/04, BFH/NV 2005, 942; BFH v. 31.05.2005, VII R 74/04, BFH/NV 2005, 1745). Zur Fälligkeit von Ansprüchen aus dem Steuerschuldverhältnis s. § 220 AO und die dortigen Erläuterungen.

8 Unter der Prämisse, **Aussetzung der Vollziehung** (§§ 361 AO, 69 FGO) beseitige nicht die Fälligkeit des Anspruchs aus dem Steuerschuldverhältnis, sondern nur die Vollziehbarkeit des Verwaltungsakts (so BVerwG v. 27.10.1982, 3 C 6.82, StRK AO 1977 § 226 R. 4; s. § 220 AO Rz. 7), hat der BFH früher die Auffassung vertreten, das FA könne mit einer von der Vollziehung ausgesetzten Steuerforderung gegen Erstattungsansprüche des Stpfl. aufrechnen (BFH v. 17.09.1987, VII R 50–51/86, BStBl II 1988, 366; BFH v. 14.11.2000, VII R 85/99, BStBl II 2001, 247). Zu Recht hat der BFH diese Position zwischenzeitlich aufgegeben (seit BFH v. 31.08.1995, VII R 58/94, BStBl II 1996, 55; zur Kritik an der alten Rspr. s. noch Bem. 3a cc) in der 17. Auflage), sodass das FA nunmehr während der Aussetzung der Vollziehung eines Steuerbescheids an der Aufrechnung mit dem durch ihn festgesetzten Anspruch gehindert ist.

9 Auch nach Erlass des Umsatzsteuerjahresbescheids kann das FA noch mit rückständigen **Ansprüchen aus Vorauszahlungsbescheiden** des betreffenden Kalenderjahres aufrechnen. Die Aufrechnung ist jedoch der Höhe nach nur nach Maßgabe des im Jahressteuerbescheid noch festgestellten Rückstands wirksam (BFH v. 22.08.1995, VII B 107/95, BStBl II 1995, 916).

### 4. Erfüllbarkeit der Hauptforderung

10 Die Forderung, gegen die aufgerechnet wird, braucht noch nicht fällig zu sein, sie muss jedoch erfüllbar sein (§ 271 Abs. 2 BGB). Erfüllbar ist die Hauptforderung, **wenn sie entstanden ist** (§ 38 AO); ihre **Festsetzung ist nicht erforderlich** (BFH v. 13.01.2000, VII R 91/98, BStBl II 2000, 246; BFH v. 08.03.2017, VII R 13/15, – juris). Nicht zulässig ist die Aufrechnung gegen eine aufschiebend bedingte Forderung, wohl aber gegen eine auflösend bedingte Forderung vor Eintritt der auflösenden Bedingung. Fällt im letztgenannten Fall die zur Aufrechnung gestellte Forderung weg, so wird die Aufrechnung rückwirkend unwirksam (BFH v. 05.08.1986, VII R 167/87, BStBl II 1987, 8). Desgleichen kann gegen eine gestundete Forderung aufgerechnet werden, nicht jedoch mit einer solchen.

Zur **Aufrechnung** durch den Insolvenzgläubiger im 11
**Insolvenzverfahren** – also auch des Fiskus in der Insolvenz des Stpfl. – finden **§§ 94 bis 96 InsO** Anwendung (AEAO zu § 251, Nr. 8). Diese mit der Eröffnung des Insolvenzverfahrens eintretenden Wirkungen entfallen erst mit der Aufhebung des Insolvenzverfahrens gem. § 200 InsO (BFH v. 04.09.2009, VII B 239/07, BFH/NV 2009, 6; BFH v. 13.12.2016, VII R 1/15, BStBl II 2017, 541). Ein etwaiges Aufrechnungshindernis gem. § 96 InsO entfällt somit erst mit der Aufhebung des Insolvenzverfahrens und nicht bereits mit dem Beschluss über die Ankündigung der Restschuldbefreiung (BFH v. 07.06.2006, VII B 329/05, BStBl II 2006, 641). Ansprüche des ehemaligen Insolvenzschuldners auf Erstattung von Einkommensteuer gehören nicht zu den in der Wohlverhaltensphase an den Treuhänder abgetretenen Forderungen auf Bezüge aus einem Dienstverhältnis oder an deren Stelle tretende laufende Bezüge. Folglich ist die Aufrechnung des FA gegen ESt-Erstattungsansprüche in der Wohlverhaltensphase mit vor der Eröffnung des Insolvenzverfahrens begründeten Steueransprüchen zulässig (BFH v. 21.11.2006, VII R 1/06, BStBl II 2008, 272). Ein allgemeines Aufrechnungsverbot während der Wohlverhaltensphase enthält die InsO nicht (BFH v. 22.05.2012, VII R 58/10, ZInsO 2012, 2104).

Generell soll gem. **§ 94 InsO** das Vertrauen des Insol- 11a
venzgläubigers auf eine bestehende Aufrechnungslage geschützt werden, nicht aber auf eine erst nachträglich, nach Eröffnung des Insolvenzverfahrens entstehende. Darüber hinaus bleibt die Aufrechnung auch dann zulässig, wenn die Forderungen im Zeitpunkt der Eröffnung des Insolvenzverfahrens zwar begründet sind, jedoch eine von ihnen noch aufschiebend bedingt ist, die Forderungen noch nicht fällig sind oder sich noch nicht gleichartig gegenüberstehen. In diesen Fällen bleibt die Aufrechnung gem. **§ 95 Abs. 1 Satz 1 InsO** zu dem Zeitpunkt zulässig, wenn die Forderungen gleichartig und fällig sind und sich unbedingt gegenüberstehen. Eine Ausnahme davon sieht **§ 95 Abs. 1 Satz 3 InsO** vor. Ist die Forderung des Fiskus zum Zeitpunkt der Insolvenzeröffnung noch nicht fällig, wohl aber die des Insolvenzschuldners gegen den Fiskus, ist eine Aufrechnung durch das FA auch nach Eintritt der Fälligkeit der Steuerschuld ausgeschlossen.

Darüber hinaus beinhaltet § 96 InsO weitere am Ge- 11b
danken von § 94 InsO orientierte **Aufrechnungsverbote** (s. im Einzelnen *Bartone*, AO-StB 2003, 215; *Werth*, AO-StB 2007, 70), wobei diese sich aufgrund ihrer unterschiedlichen Anknüpfungspunkte nicht gegenseitig ausschließen (BFH v. 05.05.2015, VII R 37/13, BStBl II 2015, 856).

11c Gemäß § 96 Abs. 1 Nr. 1 InsO ist die Aufrechnung unzulässig, wenn ein Insolvenzgläubiger erst nach Eröffnung des Insolvenzverfahrens etwas zur Masse schuldig geworden ist. Auch unter der Geltung der InsO kommt es nicht darauf an, ob der Anspruch zum Zeitpunkt der Eröffnung des Insolvenzverfahrens im steuerrechtlichen Sinn entstanden war, sondern darauf, ob in diesem Zeitpunkt nach insolvenzrechtlichen Grundsätzen der Rechtsgrund für den Anspruch bereits gelegt war (BFH v. 16.11.2004, VII R 75/03, BStBl II 2006, 193; BFH v. 16.01.2007, VII R 7/06, BStBl II 2007, 745; BFH v. 28.02.2012, VII R 36/11, BStBl II 2012, 451). Danach ist die Aufrechnung nachinsolvenzrechtlich begründeter Steuerschulden gegen den Erstattungsanspruch gem. § 36 Abs. 4 Satz 2 EStG nicht zulässig (BFH v. 24.02.2015, VII R 27/14, BStBl II 2015, 993). Hat der Insolvenzverwalter dem Insolvenzschuldner eine gewerbliche Tätigkeit durch Freigabe aus dem Insolvenzbeschlag ermöglicht, fällt ein durch diese Tätigkeit erworbener Umsatzsteuervergütungsanspruch nicht in die Insolvenzmasse und kann vom FA mit vorinsolvenzlichen Steuerschulden verrechnet werden (BFH v. 01.09.2010, VII R 35/08, BStBl II 2011, 336; BFH v. 23.08.2011, VII B 8/11, BFH/NV 2011, 2115). Die Vorsteuervergütung für einen bestimmten Besteuerungszeitraum wird das FA in dem Zeitpunkt »zur Insolvenzmasse schuldig« i.S. des § 96 Abs. 1 Nr. 1 AO, in dem ein anderer Unternehmer eine Lieferung oder sonstige Leistung für das Unternehmen des zum Vorsteuerabzug berechtigten Schuldners erbringt (BFH v. 05.10.2004, VII R 69/03, BStBl II 2005, 195; BFH v. 16.01.2007, VII R 7/06, BStBl II 2007, 745). Will das FA nach der Eröffnung des Insolvenzverfahrens die Aufrechnung gegen einen Vorsteuervergütungsanspruch des Schuldners erklären und setzt sich dieser Anspruch sowohl aus vor als auch aus nach der Eröffnung des Insolvenzverfahrens begründeten Vorsteuerbeträgen zusammen, hat das FA nach § 96 Abs. 1 Nr. 1 InsO sicherzustellen, dass die Aufrechnung den Vorsteuervergütungsanspruch nur insoweit erfasst, als sich dieser aus Vorsteuerbeträgen zusammensetzt, die vor der Eröffnung des Insolvenzverfahrens begründet worden sind (BFH v. 16.11.2004, VII R 75/03, BStBl II 2006, 193; v. 14.01.2009, VII S 24/08, BFH/NV 2009, 885). Dies geschieht, indem im Rahmen der Saldierung die für den Besteuerungszeitraum berechnete Umsatzsteuer vorrangig mit vor Insolvenzeröffnung begründeten Vorsteuerbeträgen verrechnet wird (BFH v. 16.01.2007, VII R 7/06, BStBl II 2007, 745). Einzelne Vorsteuerbeträge begründen keinen Vergütungsanspruch, sondern sind unselbstständige Besteuerungsgrundlagen, die bei der Berechnung der USt mitberücksichtigt werden und in die Festsetzung der USt eingehen. Aus einer UStVA für einen Besteuerungszeitraum nach Eröffnung des Insolvenzverfahrens, die zu einer Steuerschuld führt, können daher einzelne Vorsteuerbeträge aus Leistungen, die vor Insolvenzeröffnung erbracht worden sind, nicht ausgeschieden und durch Verrechnung zum Erlöschen gebracht werden (BFH v. 16.01.2007, VII R 4/06, BStBl II 2007, 747). Forderung und Gegenforderung, die im selben Besteuerungszeitraum entstanden sind, werden gem. § 16 UStG gegeneinander verrechnet (sog. Saldierung); in diesem Fall gelten die Aufrechnungsverbote des § 96 InsO nicht (BFH v. 25.07.2012, VII R 44/10, BStBl II 2013, 33). Eine aufgrund Berichtigung gem. § 17 Abs. 2 UStG entstehende Forderung ist nicht bereits mit Begründung der zu berichtigenden Steuerforderung begründet. Für die Anwendung des § 96 Abs. 1 Nr. 1 InsO ist entscheidend, wann der materiellrechtliche Berichtigungstatbestand des § 17 Abs. 2 UStG verwirklicht ist (so jetzt BFH v. 25.07.2012, VII R 29/11, BStBl II 2013, 36). Soweit ein Anspruch auf Erstattung von ESt auf nach Eröffnung des Insolvenzverfahrens abgeführter LSt beruht, ist eine Aufrechnung des FA mit Steuerforderungen gem. § 96 Abs. 1 Nr. 1 InsO unzulässig (BFH v. 07.06.2006, VII B 329/05, BStBl II 2006, 641). Ebenfalls unzulässig ist die Aufrechnung des FA gegen den Anspruch auf Auszahlung des KSt-Guthabens während eines vor dem 31.12.2006 eröffneten Insolvenzverfahrens (BFH v. 23.02.2011, I R 20/10, BStBl II 2011, 822; BFH v. 23.02.2011, I R 38/10, BFH/NV 2011, 1298). Werden erst nach Aufhebung des Insolvenzverfahrens Ansprüche des Schuldners ermittelt, die vor oder während des Insolvenzverfahrens in insolvenzrechtlicher Hinsicht »begründet« wurden und somit zur Insolvenzmasse gehörten, können sie Gegenstand einer Nachtragsverteilung gem. § 203 Abs. 1 Nr. 3 InsO sein. Wird die Nachtragsverteilung angeordnet, besteht die Insolvenzbeschlagnahme i.S. des § 80 Abs. 1 InsO fort mit der Folge, dass insoweit die Verwaltungs- und Verfügungsbefugnis weiterhin beim (früheren) Insolvenzverwalter liegt. Dieselbe Rechtsfolge tritt ein, wenn im Schlusstermin die Nachtragsverteilung bestimmter Vermögensgegenstände vorbehalten wird. Für solche dem Insolvenzbeschlag weiterhin unterliegenden Ansprüche gelten auch die insolvenzrechtlichen Aufrechnungsverbote des § 96 InsO (BFH v. 28.02.2012, VII R 36/11, BStBl II 2012, 451).

Gemäß **§ 96 Abs. 1 Nr. 2 InsO** ist die Aufrechnung auch 11d dann unzulässig, wenn ein Insolvenzgläubiger seine Forderung erst nach der Eröffnung des Verfahrens von einem anderen Gläubiger erworben hat. Das Aufrechnungsverbot greift z.B. wenn sich das FA den Zahlungsanspruch einer juristischen Person des öffentlichen Rechts nach der Eröffnung des Insolvenzverfahrens abtreten lässt, um mit eigenen Erstattungsansprüchen aufrechnen zu können.

**§ 96 Abs. 1 Nr. 3 InsO** führt dazu, dass die Hauptfor- 11e derung, die durch die Aufrechnung erloschen wäre, für die Dauer und die Zwecke des Insolvenzverfahrens fortbesteht, wenn das FA die Möglichkeit der Aufrechnung durch eine anfechtbare Rechtshandlung erlangt hat. Allerdings kann der Insolvenzverwalter diese insolvenzrechtliche Wirkung nur innerhalb der Anfechtungsfrist des § 146 Abs. 1 InsO durchsetzen, d.h. gem. §§ 195, 199 Abs. 1 BGB innerhalb von drei Jahren nach Ablauf des Jahres, in der die Forderung steuerrechtlich (nicht insolvenzrechtlich) entstanden ist. Diese Frist gilt entsprechend, wenn das FA die Aufrechnungserklärung erst nach der Insolvenzeröffnung abgegeben hat (BFH v. 05.05.2015, VII R 37/13, BStBl II 2015, 856). § 96 Abs. 1 Nr. 3 InsO hindert nicht die Aufrechnung des FA mit Steuerforderungen aus der Zeit vor Eröffnung des Insolvenzverfahrens gegen den aus dem Vergütungsanspruch des vorläufigen Insolvenzverwalters herrührenden Vorsteueranspruch des Insolvenzschuldners. Die für das FA durch den Vorsteueranspruch des Schuldners entstandene Aufrechnungslage beruht nicht auf einer nach der InsO anfechtbaren Rechtshandlung (BFH v. 16.11.2004, VII R 75/03, BStBl II 2006, 193).

11f Gemäß **§ 96 Abs. 1 Nr. 4 InsO** ist die Aufrechnung unzulässig, wenn ein Gläubiger, dessen Forderung aus dem freien Vermögen des Schuldners zu erfüllen ist, etwas zur Insolvenzmasse schuldet. Dieses Aufrechnungsverbot greift, wenn die Steuerforderung des FA weder eine Insolvenz- noch eine Masseforderung ist, da sie vom Gemeinschuldner nach der Eröffnung des Insolvenzverfahrens ohne die Zustimmung/Genehmigung des Insolvenzverwalters begründet worden ist.

12 Im **Konkurs** war das FA gem. §§ 53, 54, 55 Nr. 1 KO befugt, mit Steueransprüchen aus der Zeit vor Konkurseröffnung gegen ein Vorsteuerguthaben des Gemeinschuldners aufzurechnen, das sich aus der Vergütung für die vor Konkurseröffnung ausgeübte **Sequestertätigkeit** ergab (BFH v. 17.12.1998, VII R 47/98, BStBl II 1999, 423; BFH v. 01.08.2000, VII R 31/99, BStBl II 2002, 323). Gleiches muss auch für Masseforderungen (Steuererstattungsansprüche) gelten, die auf Handlungen des **vorläufigen Insolvenzverwalters** beruhen (§ 55 Abs. 2 InsO). Das Aufrechnungsverbot des § 96 Abs. 1 Nr. 1 InsO gilt hier nicht. Im **Gesamtvollstreckungsverfahren** konnte der Gläubiger trotz § 7 Abs. 5 GesO auch dann aufrechnen, wenn im Zeitpunkt der Eröffnung des Verfahrens die Forderung des Gemeinschuldners, gegen die er aufrechnet, erst aufschiebend bedingt entstanden war (BFH v. 20.07.2004, VII R 28/03, BStBl II 2005, 10; BFH v. 31.01.2008, VII B 119/07, BFH/NV 2008, 822).

## II. Kein Aufrechnungsverbot (§ 226 Abs. 1 AO i.V.m. §§ 392 bis 394 BGB)

13 Das Zivilrecht kennt einige Aufrechnungsverbote, denen auch im Steuerrecht Bedeutung zukommt. Gemäß §§ 392, 393 BGB bestehen Aufrechnungsverbote bei der Aufrechnung gegen **beschlagnahmte Forderungen** und gegen **Forderungen aus unerlaubten Handlungen**. Diese wirken sich in der Praxis regelmäßig nur bei Aufrechnungen der Stpfl. aus. Das Verbot der Aufrechnung gegen **unpfändbare Forderungen** (§ 394 BGB) betrifft demgegenüber regelmäßig Aufrechnungen der Finanzbehörden und korrespondiert mit dem Pfändungsschutz in der Zwangsvollstreckung (s. *Bartone*, AO-StB 2003, 122, 123).

## III. Aufrechnungserklärung (§ 226 Abs. 1 AO i.V.m. § 388 BGB)

Gemäß § 388 BGB erfolgt die Aufrechnung durch **einseitige, empfangsbedürftige Erklärung** gegenüber dem Aufrechnungsgegner. Die Aufrechnungserklärung der Finanzbehörde ist in gleicher Weise wie die des Stpfl. eine **rechtsgeschäftliche Willenserklärung** und **kein Verwaltungsakt** (BFH v. 26.07.2005, VII R 72/04, BStBl II 2006, 350; BFH v. 29.11.2012, VII B 88/12, BFH/NV 2013, 508). Sie ist unwirksam, wenn sie unter einer Bedingung oder einer Zeitbestimmung abgegeben wird (§ 388 Satz 2 BGB). 14

Im Übrigen ist die Aufrechnungserklärung an **keine bestimmte Form** gebunden. Die Aufrechnungserklärung kann schriftlich, mündlich oder durch schlüssige – dem Erklärungsempfänger erkennbare – Handlung erfolgen. Lediglich der Wille zur Tilgung und Verrechnung muss klar und unzweideutig aus der Aufrechnungserklärung hervorgehen (BFH v. 04.02.1997, VII R 50/96, BStBl II 1997, 479). Eine maschinelle **Umbuchungsmitteilung** genügt diesen Anforderungen, wenn sie die klare Aussage enthält, dass Haupt- und Gegenforderung getilgt werden sollen. Die darin erklärte Bereitschaft, unter Umständen gegenteilige Buchungswünsche zu berücksichtigen, steht dem nicht entgegen (BFH v. 26.07.2005, VII R 72/04, BStBl II 2006, 350). 15

Eine **Nichtbezeichnung der Forderung**, mit der aufgerechnet werden soll, steht der Wirksamkeit der Aufrechnungserklärung nicht entgegen. Die Konkretisierung der Gegenforderung muss allerdings bei einem gerichtlichen Streit über die Wirksamkeit der Aufrechnung bis spätestens zum Schluss der mündlichen Verhandlung nachgeholt werden (BFH v. 15.10.1996, VII R 46/96, BStBl II 1997, 171). 16

Stehen der Finanzbehörde, die die Aufrechnung mit Ansprüchen aus dem Steuerschuldverhältnis erklärt, **mehrere zur Aufrechnung geeignete Forderungen** zu, so kann sie (wie der Stpfl. im umgekehrten Fall) die Forderungen bestimmen, die gegeneinander aufgerechnet werden sollen. Sie ist (ebenso wenig wie der Stpfl. im umgekehrten Fall) gehalten, mit der Aufrechnung ihre Ansprüche nach deren Fälligkeit zum Erlöschen zu bringen (BFH v. 17.11.1987, VII R 90/84, BStBl II 1988, 117). 17

Die Aufrechnung des FA mit einem Steueranspruch **gegen einen Kostenerstattungsanspruch** ist grundsätzlich zulässig (BFH v. 30.07.1996, VII B 7/96, BFH/NV 1997, 18

93). Zur Geltendmachung der Aufrechnung gegen die beim FG beantragte Verfügung der Vollstreckung aus dem Kostenfestsetzungsbeschluss muss das FA **Vollstreckungsabwehrklage** gem. § 151 Abs. 1 Satz 1 FGO i.V.m. § 767 ZPO erheben. Zur Gewährung vorläufigen Rechtsschutzes muss das FA einen Antrag auf **einstweilige Einstellung der Vollstreckung** stellen (BFH v. 12.07.1999, VII B 29/99, BFH/NV 2000, 4; BFH v. 31.10.2000, VII B 168/00, BFH/NV 2001, 734; BFH v. 21.12.2000, VII B 40/00, BFH/NV 2001, 640).

### IV. Wirkung der Aufrechnung (§ 226 Abs. 1 AO i.V.m. § 389 BGB)

19 Gemäß § 389 BGB bewirkt die Aufrechnung, dass die Forderungen, soweit sie sich decken, als in dem Zeitpunkt erloschen gelten, in welchem sie zur Aufrechnung geeignet einander gegenübergetreten sind (s. BFH v. 13.01.2000, VII R 91/98, BStBl II 2000, 246; BFH v. 04.07.2006, VII B 300/04, BFH/NV 2005, 1753; BFH v. 08.06.2010, VII R 39/09, BStBl II 2010, 839). Dies bedeutet zum einen, dass eine Aufrechnungserklärung nur wirksam sein kann, wenn im Zeitpunkt ihrer Abgabe die Aufrechnungslage besteht; zum anderen richtet sich der Zeitpunkt der durch die Aufrechnung eintretenden **Erlöschenswirkung** danach, wann die Aufrechnungslage erstmals bestanden hat. Auf diesen Zeitpunkt wirkt die Aufrechnung zurück; die Forderungen gelten, soweit sie sich decken, als bereits zu diesem Zeitpunkt getilgt.

20 Rechnet das FA eine bei Fälligkeit nicht entrichtete Steuerforderung gegen eine zu diesem Zeitpunkt bereits entstandene Erstattungsforderung des Stpfl. auf, bleiben in der Zeit bis zum Fälligwerden der Erstattungsforderung entstandene Säumniszuschläge bestehen (BFH v. 13.01.2000, VII R 91/98, BStBl II 2000, 246; s. § 240 AO (Abs. 1 Satz 5)).

21 Wird durch Aufrechnung gegen eine gestundete Forderung die Dauer der gewährten **Stundung** nicht voll ausgeschöpft, ändert das nichts an den gem. § 234 Abs. 1 AO entstandenen Stundungszinsen (s. § 234 AO Rz. 4, 10); sie sind im Zweifel zu erlassen. Dagegen haben sich die aus den §§ 235 bis 237 AO ergebenden **Zinsansprüche** an der Rückwirkung der Aufrechnung zu orientieren (für § 237 AO s. BFH v. 14.10.1998, IV B 103/97, BFH/NV 1999, 447).

## C. Steuerrechtliche Besonderheiten der Aufrechnung (§ 226 Abs. 2 bis 4 AO)

22 In § 226 Abs. 2, 3 und 4 AO sind spezielle für die Aufrechnung im Steuerrecht geltende Regelungen getroffen.

### I. Keine Aufrechnung mit verjährten Ansprüchen (§ 226 Abs. 2 AO)

Gemäß § 226 Abs. 2 AO kann mit Ansprüchen aus dem Steuerschuldverhältnis nicht aufgerechnet werden, wenn sie durch Verjährung oder Ablauf einer Ausschlussfrist erloschen sind. Die **Abweichung von § 215 BGB** ist dadurch bedingt, dass die Verjährung im Steuerrecht im Unterschied zum bürgerlichen Recht Erlöschenswirkung hat (§§ 214 BGB, 47 AO). 23

### II. Unstreitige Gegenforderung des Stpfl. (§ 226 Abs. 3 AO)

Gemäß § 226 Abs. 3 AO können Stpfl. gegen Ansprüche aus dem Steuerschuldverhältnis nur mit solchen Gegenansprüchen aufrechnen, die unbestritten oder rechtskräftig festgestellt sind. »**Rechtskräftig**« festgestellt i.S. von § 226 Abs. 3 AO ist eine Forderung, wenn sie vom FA bestandskräftig festgesetzt worden ist oder durch gerichtliche Entscheidung Rechtskraft erlangt hat. **Unbestritten** ist die Gegenforderung des Stpfl., wenn ihr keine sachlichen, den Bestand und die Fälligkeit dieser Forderung berührenden Einwände entgegengehalten werden. Die Finanzbehörde muss sich substantiiert erklären. Ist allerdings das FA für die Feststellung der Gegenforderung des Stpfl. nicht selbst zuständig und diese Forderung gegenüber der zuständigen Behörde noch nicht geltend gemacht, so genügt zur Ablehnung der Aufrechnung der bloße Hinweis der Finanzbehörde, dass das Bestehen des Gegenanspruchs fragwürdig ist (BFH v. 10.07.1979, VII R 114/75, BStBl II 1979, 690; BFH v. 07.01.2003, VII B 186/02, BFH/NV 2003, 446). 24

**Anders** als Stpfl. können **Finanzbehörden** grundsätzlich auch mit solchen Forderungen aufrechnen, die vom Aufrechnungsgegner bestritten und noch nicht rechtskräftig festgestellt worden sind (BFH v. 04.05.1993, VII R 82/92, BFH/NV 1994, 285; BFH v. 17.10.2001, VII B 9/01, BFH/NV 2002, 367). Wirksam ist die Aufrechnung jedoch nur, wenn die Gegenforderung materiellrechtlich besteht. Diese Frage wird nicht im Erhebungsverfahren durch Abrechnungsbescheid, sondern im vorgreiflichen Anfechtungsverfahren gegen den bestrittenen Steueranspruch entschieden. 25

### III. Fiktion von Gläubiger und Schuldner (§ 226 Abs. 4 AO)

§ 226 Abs. 4 AO klärt im Wege der Fiktion ausdrücklich die früher umstrittene Frage, ob bei der Feststellung der Gegenseitigkeit der zur Aufrechnung kommenden Forderungen bezüglich des Anspruchs aus dem Steuerschuldverhältnis auf die **Ertrags- oder Verwaltungshoheit** ab- 26 zustellen ist (s. BFH v. 07.03.2006, VII R 12/05, BStBl II 2006, 584). Kraft Gesetzes gilt als Gläubiger oder Schuldner auch die Körperschaft, die die Steuer verwaltet. § 226 Abs. 4 AO fingiert damit die Gegenseitigkeit von Forderung und Gegenforderung auf der Basis der Verwaltungshoheit soweit sie auf der Basis der Ertragshoheit nicht besteht. Davon betroffen sind die von den FA als Landesfinanzbehörden verwalteten sog. Gemeinschaftssteuern (ESt, KSt, USt), deren Aufkommen teils dem Bund zusteht.

### D. Verrechnungsvertrag

27 Von der einseitigen Aufrechnung ist der zweiseitige Aufrechnungs- oder Verrechnungsvertrag zu unterscheiden, durch den die Voraussetzungen der einseitigen Aufrechnung weitgehend abbedungen werden können. Ein derartiger Aufrechnungsvertrag ist auch **im Steuerrecht zulässig** (BFH v. 13.01.2000, VII R 91/98, BStBl II 2000, 246; BFH v. 08.06.2010, VII R 39/09, BStBl II 2010, 839). Es handelt sich um einen **öffentlich-rechtlichen Vertrag**, und zwar auch dann, wenn nur einer der zur Verrechnung gestellten Ansprüche öffentlich-rechtlicher Natur ist. Wie jeder Vertrag kommt der Verrechnungsvertrag durch Angebot und Annahme zustande, wobei das Einverständnis des Stpfl. (oder des Dritten) nicht unterstellt werden darf; es muss vielmehr ausdrücklich oder konkludent erklärt worden sein (BFH v. 18.02.1986, VIII R 8/81, BStBl II 1986, 506; BFH v. 18.07.1989, VIII R 46/86, BFH/NV 1991, 69). Anwendungsbereich für den Verrechnungsvertrag sind Situationen, in denen die Voraussetzungen für eine Aufrechnung (noch) nicht vorliegen, z. B. wenn es an der Gegenseitigkeit der Forderungen und/oder Fälligkeit der Gegenforderung fehlt.

### E. Rechtsschutz

28 Unmittelbar kann die Aufrechnungserklärung des FA vom Stpfl. nicht angefochten werden. Dies beruht auf dem Charakter der Aufrechnungserklärung als rechtsgeschäftliche Willenserklärung (s. Rz. 14). Von Amts wegen oder auf Antrag hat das FA durch Abrechnungsbescheid zu entscheiden. Denn Meinungsverschiedenheiten zwischen der Finanzbehörde und dem Stpfl. über die Zulässigkeit oder Wirksamkeit einer Aufrechnungserklärung oder der Wirksamkeit eines Verrechnungsvertrags (auch mit dem Dritten) sind Streitigkeiten i. S. des § 218 Abs. 2 AO. Gegen den **Abrechnungsbescheid** kann sodann Einspruch und nachfolgend Klage erhoben werden.

29 Bei einer Aufrechnung mit einer **rechtswegfremden Gegenforderung** hat das FG den Rechtsstreit gem. § 74 FGO auszusetzen, bis das zuständige Gericht über den Bestand der zur Aufrechnung gestellten rechtswegfremden Gegenforderung entschieden hat (BFH v. 19.02.2007, VII B 253/06, BFH/NV 2007, 968; s. § 74 FGO Rz. 3).

## § 227 AO
## Erlass

**Die Finanzbehörden können Ansprüche aus dem Steuerschuldverhältnis ganz oder zum Teil erlassen, wenn deren Einziehung nach Lage des einzelnen Falles unbillig wäre; unter den gleichen Voraussetzungen können bereits entrichtete Beträge erstattet oder angerechnet werden.**

### Inhaltsübersicht



### Schrifttum

FARR, Der Steuererlass als Beitrag zur Entschuldung privater Haushalte, BB 2002, 1989; JANSSEN, Erlass von Steuern auf Sanierungsgewinne, DStR 2003, 1055; LOOSE, Säumniszuschläge, AO-StB 2003, 193; BARTONE, Der Erlass von Ansprüchen aus dem Steuerschuldverhältnis, AO-StB 2004, 356; NIELAND, Die Unbilligkeit beim Steuererlass, AO-StB 2004, 284; BARTONE, Der Erlass von Ansprüchen aus dem Steuerschuldverhältnis in der Insolvenz, AO-StB 2005, 155; HAGEMEIER, Erlass von Rückforderungszinsen bei Investitionszulagen aus sachlichen Billigkeitsgründen, AO-StB 2007, 186; GÜNTHER, Erlass von Ansprüchen aus dem Steuerschuldverhältnis, AO-StB 2009, 311; KRANENBERG, »Vergleichsverhandlungen« in der Vollstreckung?, AO-StB 2009, 119.

### A. Bedeutung der Vorschrift

Die Vorschrift betrifft **Billigkeitsmaßnahmen im Erhebungsverfahren.** Gegenstand des Erlasses aus Billigkeitsgründen können alle Geldansprüche aus dem Steuerschuldverhältnis sein (§ 37 Abs. 1 AO; BFH v. 25.11.1997, IX R 28/96, BStBl II 1998, 550). 1

Der Erlass von Ansprüchen aus dem Steuerschuldverhältnis ist eine Billigkeitsmaßnahme, die in das **pflichtgemäße Ermessen** der zuständigen Verwaltungsbehörden gestellt ist (§ 5 AO; BFH GrS v. 28.11.2016, GrS 1/15, BStBl II 2017, 393), wobei das Ermessen nicht voraussetzungslos besteht, sondern unter der Voraussetzung, dass die Erhebung bzw. Einziehung der Steuer unbillig wäre. Der Zweck der Vorschrift liegt darin, sachlichen und persönlichen Besonderheiten des Einzelfalls, 2 die der Gesetzgeber in der Besteuerungsnorm nicht berücksichtigt hat, durch eine den Steuerbescheid selbst nicht ändernde Korrektur des Steuerbetrags insoweit Rechnung zu tragen, als sie die steuerliche Belastung als unbillig erscheinen lassen (BFH v. 17.04.2013, X R 6/11, BFH/NV 2013, 1537). Das Wesen von Billigkeitsmaßnahmen i.S. des § 227 AO liegt somit nicht in einer Ermächtigung der Finanzbehörden zur Änderung des Rechts selbst, sondern zu einer der Steuergerechtigkeit angemessenen Gestaltung der Rechtsfolgen im Einzelfall. Ermessensreduktion auf null, sofern gemeinschaftsrechtliche Regelungen eine Billigkeitsmaßnahme erfordern (BFH v. 30.06.2015, VII R 30/14, BFH/NV 2015, 1611).

3 Billigkeitsvorschriften gibt es auch an anderen Stellen: **§ 163 AO** normiert die abweichende Festsetzung von Steuern aus Billigkeitsgründen. Inhaltlich ist der Begriff der »Unbilligkeit« in § 227 AO und § 163 AO identisch (BFH GrS v. 28.11.2016, GrS 1/15, BStBl II 2017, 393). Als lex specialis zu §§ 227 und 163 AO sieht **§ 234 Abs. 2 AO** den Verzicht von Stundungszinsen aus Billigkeitsgründen vor. Zur Erstattung und zum Erlass von Einfuhr- und Ausfuhrabgaben s. **Art. 116 ff. UZK** (s. auch *Deimel* in HHSp, Art. 116 UZK Rz. 22 ff., 34; Art. 117 UZK Rz. 14 und Art. 19 UZK Rz. 21). **§§ 32, 33 GrStG** gewähren unter bestimmten Voraussetzungen einen Anspruch auf Erlass von Grundsteuer. Anders als bei den Billigkeitsvorschriften der AO (§§ 163, 227, 234 Abs. 2 AO) hat die Behörde in den Fällen von §§ 32, 33 GrStG keinen Ermessensspielraum (gebundene Entscheidung; s. BFH v. 10.08.1988, II R 10/86, BStBl II 1989, 13).

3a Im **Insolvenzverfahren** (außergerichtlicher und gerichtlicher Schuldenbereinigungsplan, Zustimmung zum Insolvenzplan) sind die materiellen Anforderungen an den Erlass von Steuerforderungen (§§ 163, 227 AO) nicht ohne Weiteres übertragbar, sondern unter Einbeziehung der Zielsetzungen der InsO anzuwenden (s. *Bartone*, AO-StB 2005, 155; § 163 AO Rz. 5; *Loose* in Tipke/Kruse, § 227 AO Rz. 13 ff.; *Rüsken* in Klein, § 227 AO Rz. 24).

3b Bei Vorliegen der Voraussetzungen eines **unionsrechtlichen Entschädigungsanspruchs** kann ein Erlass in Betracht kommen. Mangels einer Unionsregelung über die Erstattung zu Unrecht erhobener inländischer Abgaben ist es Aufgabe des innerstaatlichen Rechts der einzelnen Mitgliedsstaaten, insoweit die Verfahrensmodalitäten zu regeln (BFH v. 23.11.2006, V R 67/05, BStBl II 2007, 433; BFH v. 05.09.2009, V B 52/08, BFH/NV 2009, 1593; BFH v. 16.09.2010, V R 57/09, BStBl II 2011, 151).

## B. Tatbestandliche Voraussetzungen

4 Die Finanzbehörden können Ansprüche aus dem Steuerschuldverhältnis ganz oder zum Teil erlassen, wenn deren Einziehung nach Lage des einzelnen Falles unbillig wäre. Diese Unbilligkeit kann auf sachlichen oder persönlichen Gründen beruhen.

### I. Unbilligkeit aus sachlichen Gründen

Die Unbilligkeit liegt in der Sache selbst, wenn sie sich als unmittelbare Folge der Besteuerung, also aus dem steuerlichen Tatbestand, unabhängig von der Wirtschaftslage des Schuldners ergibt. Dabei ist maßgebend, ob nach dem erklärten oder mutmaßlichen **Willen des Gesetzgebers** auf dem in Frage kommenden Steuerrechtsgebiet angenommen werden kann, dass der Gesetzgeber die im Billigkeitsweg zu entscheidende Frage – hätte er sie geregelt – i.S. des beabsichtigten Erlasses entschieden haben würde (BFH v. 17.04.2013, X R 6/11, BFH/NV 2013, 1537; BFH v. 14.10.2015, I R 20/15, BFH/NV 2016, 475; BFH v. 10.03.2016, III R 2/15, BStBl II 2016, 12). Umstände, die dem Besteuerungszweck entsprechen oder die der Gesetzgeber bei der Ausgestaltung eines Tatbestands bewusst in Kauf genommen hat, können einen Billigkeitserlass nicht rechtfertigen (BFH v. 08.10.2013, X R 3/10, BFH/NV 2014, 5; BFH v. 17.12.2013, VII R 8/12, BFH/NV 2014, 748; BFH v. 10.03.2016, III R 2/15, BStBl II 2016, 12). Aus der Tatsache, dass der Besteuerung bei bestimmten Steuerarten generell das Prinzip der **Abschnittsbesteuerung** zugrunde liegt, kann daher grds. eine eine Billigkeitsmaßnahme aus sachlichen Gründen rechtfertigende Härte nicht gefolgert werden (*von Wedelstädt*, AO-StB 2013, 219).

Die sachliche Unbilligkeit kann seine Ursache zwar auch in der Fortentwicklung **sozial- oder wirtschaftspolitischer Auffassungen** nach Inkrafttreten eines Steuergesetzes haben. § 227 AO räumt dem FA allerdings nicht die Befugnis ein, anstelle einer vom Gesetzgeber unterlassenen sozial- oder wirtschaftspolitischen Maßnahme, die gesetzlich geschuldete Steuer ganz oder teilweise nicht zu erheben. Hier gilt: Steuern sind nach dem Grundsatz der Gleichmäßigkeit der Besteuerung grundsätzlich von jedem zu erheben, bei dem ein Steuertatbestand verwirklicht ist. Die Berücksichtigung gewandelter sozial- oder wirtschaftspolitischer Auffassungen ist Aufgabe des Steuergesetzgebers (s. § 3 Abs. 1 Satz 1 AO a.E.). Unzulässig war daher z.B. eine Billigkeitsregelung, die für Grundstückserwerbe durch Flüchtlinge auf Antrag GrESt-Befreiung gewährte (BFH v. 07.08.1974, II R 57/72, BStBl II 1975, 51; BFH v. 03.08.1977, II R 95/75, BStBl II 1978, 42 m.w.N.). 6

Nach Zweck und Rechtsnatur der **Säumniszuschläge** (§ 240 AO) sind diese wegen sachlicher Unbilligkeit zur **Hälfte** zu erlassen, wenn dem Stpfl. die rechtzeitige Zahlung der Steuerschulden wegen **Überschuldung und Zahlungsunfähigkeit** unmöglich war (BFH v. 18.07.2001, X B 161/00, BFH/NV 2002, 7; BFH v. 18.03.2003, X B 66/02, BFH/NV 2003, 886; BFH v. 30.03.2006, V R 2/04, BStBl II 7

2006, 612). Die Beschränkung auf die Hälfte ergibt sich aus der Überlegung, dass die Säumniszuschläge auch den Zweck haben, dem Fiskus eine Gegenleistung für das Hinausschieben der Zahlung und den mit der Säumnis verbundenen Verwaltungsaufwand zu vergüten (BFH v. 16.07.1997, XI R 32/96, BStBl II 1998, 193; BFH v. 18.03.2003, X B 66/02, BFH/NV 2003, 886). Das rechtfertigt, Säumniszuschläge in der Höhe zu erheben, in denen der säumige Schuldner im Falle der Stundung oder AdV mit Zinsen belastet worden wäre (BFH v. 07.07.1999, X R 87/96, BFH/NV 2000, 161).

8 Ein **weitergehender Erlass** von Säumniszuschlägen ist gerechtfertigt, wenn nach den Umständen des Einzelfalls im Zeitpunkt der Fälligkeit der Steuerschuld die Voraussetzungen für einen Erlass der Hauptforderung oder für einen Verzicht auf Stundungszinsen (§ 234 Abs. 2 AO) erfüllt waren, was im Allgemeinen nicht der Fall ist (BFH v. 16.07.1997, XI R 32/96, BStBl II 1998, 193; BFH v. 30.03.2006, V R 2/04, BStBl II 2006, 612; s. dazu *Heuermann* in HHSp., § 240 AO Rz. 109; *Oellerich* in Gosch, § 227 AO Rz. 74; a. A. voller Erlass: *Loose* in Tipke/Kruse, § 240 AO Rz. 56). Die Anforderung von Säumniszuschlägen kann auch dann sachlich unbillig sein, wenn dem Steuerschuldner als Maßnahme nach § 258 AO Ratenzahlung eingeräumt wurde, um auf die Grenzen seiner Leistungsfähigkeit längerfristig Rücksicht zu nehmen und zwar insoweit als die Säumniszuschläge einen entsprechenden Zinsanspruch bei Stundung übersteigen (BFH v. 22.06.1990, III R 150/85, BStBl II 1991, 864).

9 Die **Bestandskraft eines Steuerbescheids** hat für die Zulässigkeit des Steuererlasses grundsätzlich keine Bedeutung. So steht ein schwebendes Einspruchsverfahren dem Erlass der streitigen Steuer nicht entgegen. Jedoch können im Erlassverfahren Einwendungen, die im Einspruchsverfahren gegen den Steuerbescheid hätten geltend gemacht werden können und müssen, nicht mehr vorgebracht werden. § 227 AO bietet keine Möglichkeit, ein unterbliebenes Einspruchsverfahren nunmehr im Erhebungsverfahren nachzuholen. Mithin ist es regelmäßig nicht ermessenswidrig, wenn die Finanzbehörden Erlassanträge ablehnen, wenn diese – nur – mit Einwendungen gegen den Steueranspruch begründet werden (BFH v. 18.11.1998, X R 110/95, BStBl II 1999, 225), und dies auch dann, wenn eine bestandskräftig festgesetzte Steuer im Widerspruch zu einer später entwickelten oder geänderten Rechtsprechung steht (BFH v. 14.02.2011, XI B 32/10, BFH/NV 2011, 746). Hält der Stpfl. eine ihn nachteilig treffende Norm im Hinblick auf die Typisierungsbefugnis des Gesetzgebers für verfassungsgemäß, sieht er die Besteuerung aber in seinem Einzelfall als unbillig an, weil er von der Typisierung unverhältnismäßig betroffen wird, kann er ohne vorherige Anfechtung der Steuerfestsetzung den Billigkeitserlass beantragen (BFH v. 20.09.2012, IV R 29/10, BFH/NV 2013, 103).

Für die ausnahmsweise erneute Überprüfung einer rechtskräftigen Steuerfestsetzung im Billigkeitsverfahren müssen **besonders gelagerte Umstände** sprechen. Sie kommt in Betracht, wenn der Steuerbescheid auf einem offensichtlichen und eindeutigen Irrtum des FA über die bereits aus dem Gesetz ersichtlichen Wertungen des Gesetzgebers beruht und es dem Stpfl. weder möglich noch zumutbar war, sich gegen die Fehlerhaftigkeit rechtzeitig zur Wehr zu setzen (BFH v. 03.08.2010, XI B 104/09, BFH/NV 2010, 2308; BFH v. 08.04.2010, V B 20/08, BFH/NV 2010, 1616; BFH v. 04.11.2009, VI B 60/08, BFH/NV 2010, 468). Beide Voraussetzungen müssen kumulativ vorliegen. Für die Frage, ob eine Steuerfestsetzung offensichtlich und eindeutig unrichtig ist, ist maßgeblich, ob das FA bei der Festsetzung (damals) die Rechtslage richtig beurteilt hat. Der Umstand allein, dass eine durch bestandskräftigen Bescheid oder durch rechtskräftiges Urteil festgesetzte Steuer in Widerspruch zu einer späteren Rechtsprechung steht, rechtfertigt noch nicht den Erlass der Steuer. Hat jedoch das FA den Stpfl. z.B. sachlich unzutreffend belehrt, über seine Einwendungen werde im Erlassverfahren entschieden und hat der Stpfl. daraufhin den zulässigen Einspruch zurückgenommen, so darf der Stpfl. auf die Erklärung des FA vertrauen. Ein derartiges Verhalten ist Erlassgrund, wenn das Einspruchsverfahren erfolgreich gewesen wäre. In diesem Fall ist im Erlassverfahren (ausnahmsweise) die Rechtmäßigkeit der Steuerfestsetzung zu prüfen (BFH v. 08.04.1987, II R 56/83, BFH/NV 1988, 217). 10

vorläufig frei 11-12

**Weitere Einzelfälle sachlicher Unbilligkeit:** 13

- bei **verfassungswidriger Übermaßbesteuerung** besonders gelagerter Einzelfälle oder Gruppen von Einzelfällen durch im Übrigen – noch – verfassungsgemäße Steuergesetze (BFH v. 07.03.2003, IV B 163/02, BFH/NV 2003, 777; BFH v. 31.03.2004, X R 25/03, BFH/NV 2004, 1212; BFH v. 19.06.2013, II R 10/12, BStBl II 2013, 746); bei Stpfl., die an mehreren PersG beteiligt sind, ist die (anteilige) GewSt der PersG in die Beurteilung einer etwaigen Übermaßbesteuerung einzubeziehen (BFH v. 23.02.2017, III R 35/14, BFH/NV 2017, 931); 14
- Bei der **Erhebung von Nachzahlungszinsen** (§ 233 a) sind zinsspezifische Billigkeitsmaßnahmen aus sachlichen Gründen grds. denkbar. Die infolge von Gewinn- und Umsatzverlagerungen aus anderen Zeiträumen ausgelöste Zinserhebung rechtfertigt jedoch keinen Erlass aus sachlichen Billigkeitsgründen (BFH v. 16.11.2005, X R 3/04, BStBl II 2006, 155; AEAO zu § 233 a, Nr. 70.3; BFH v. 16.11.2005, X R 28/04, BFH/NV 2006, 697). Nachforderungszinsen sind auch nicht allein deswegen sachlich unbillig, weil der Stpfl. vorhandene Liquidität als Sicherheit zur Außervollzugsetzung eines Haftbefehls verwendet oder Vermögen aufgrund eines strafprozessualen ding- 15

lichen Arrests sichergestellt wird (BFH v. 08.10.2013, X R 3/10, BFH/NV 2014, 5). Im Einzelnen *Wagner*, s. § 233 a AO Rz. 27 ff.;

16 – die bei **unberechtigtem Steuerausweis** in einer Rechnung gem. **§ 14 Abs. 3 UStG** entstandene Steuer, soweit der vom Rechnungsempfänger in Anspruch genommene Vorsteuerabzug rückgängig gemacht und der entsprechende Betrag an den Fiskus zurückgezahlt worden ist, wobei der Gesichtspunkt der Erlassunwürdigkeit des Stpfl. insoweit keine Rolle spielt (BFH v. 25.04.2002, V B 73/01, BFH/NV 2002, 1072; BFH v. 17.05.2001, V R 77/99, BFH/NV 2002, 128; BFH v. 08.03.2001, V R 61/97, BFH/NV 2001, 998; EuGH v. 19.09.2000, C-454/98, HFR 2000, 914);

17 – Aus den im Steuerrecht allgemein geltenden Grundsätzen der **Verhältnismäßigkeit** und des **Vertrauensschutzes** ergibt sich, dass die Steuerfreiheit einer Ausfuhrlieferung nicht versagt werden darf, wenn der liefernde Unternehmer die **Fälschung des Ausfuhrnachweises**, den der Abnehmer ihm vorlegt, auch bei Beachtung der Sorgfalt eines ordentlichen Kaufmanns nicht hat erkennen können. Ist die Steuerbefreiung nach diesen Grundsätzen zu gewähren, ist die Steuer insoweit aus sachlichen Billigkeitsgründen zu erlassen (so jetzt BFH v. 30.07.2008, V R 7/03, BStBl II 2010, 1075; BFH v. 19.11.2009, V R 8/09, BFH/NV 2010, 1141; a. A. noch BFH v. 06.05.2004 V B 101/03, BStBl II 2004, 748); zum **Vorsteuerabzug unter dem Gesichtspunkt des Vertrauensschutzes** BFH v. 18.02.2016, V R 62/14, BStBl II 2016, 589.

18 – **Die Rückforderung von zu Unrecht gezahltem Kindergeld** kann unbillig sein, wenn das Kindergeld bei der Höhe von Sozialhilfeleistungen als Einkommen angesetzt wurde und eine nachträgliche Korrektur der Leistungen nicht möglich ist (zuletzt BFH v. 06.05.2011, III B 130/10, BFH/NV 2011, 1353; BFH v. 22.09.2011, III R 78/08, BFH/NV 2012, 204; BFH v. 27.12.2011, III B 35/11, BFH/NV 2012, 696).

19 – Nichtgebrauch von einer Steuerbefreiung durch eine objektiv **unzutreffende Auskunft einer Behörde** (BFH v. 24.08.2011, I R 87/10, BFH/NV 2012, 161).

19a – **Gebührenerlass für einen Auskunftsantrag** nach § 89 AO, der durch eine gänzlich unvertretbare Verwaltungsanweisung provoziert worden ist (BFH v. 30.03.2011, I R 61/10, BStBl II 2011, 536).

20 **Einzelfälle fehlender sachlicher Unbilligkeit:**

21 – **Irrtum über steuerliche Folgen** eines Verhaltens (BFH v. 25.07.1967, II 46/64, BStBl III 1967, 661);

22 – **Steuernachforderungen aus einer Außenprüfung** bei Nichtprüfung eines Konkurrenzunternehmens (BFH v. 14.09.1967, V 3/65, BStBl II 1968, 19);

23 – steuerliche **Doppelbelastung** im Einzelfall trotz Bestehen eines DBA (BFH v. 25.02.1970, I 192/65, BStBl II 1970, 392; BFH v. 26.10.1972, I R 125/70, BStBl II 1973, 271);

– tatbestandsbedingte **Nachteile durch den Progressionstarif** (BFH v. 16.09.1970, I R 64/68, BStBl II 1970, 838); 24

– bei **Verlust einer privaten Einlage** auf einem Sparkonto nach Zusammenbruch der Bank (BFH v. 24.03.1981, VIII R 117/78, BStBl II 1981, 505); 25

– Besteuerung des Veräußerungsgewinns aus der **Auflösung eines negativen Kapitalkontos**, wenn die dem negativen Kapitalkonto zugrunde liegenden Verluste dem Ausgleichs- und Abzugsverbot unterlegen haben (BFH v. 25.01.1996, IV R 91/94, BStBl II 1996, 289); 26

– Abgaben auf **überlieferte Milchmengen**, wenn der Milcherzeuger die Unrichtigkeit der Referenzmengenberechnung grob fahrlässig nicht erkannt hat (BFH v. 29.08.2001, VII B 342/00, BFH/NV 2002, 157); 27

– Kein Billigkeitserlass der **USt** beim Leistenden mangels Vorsteuerabzug beim Leistungsempfänger (BFH v. 04.04.2003, V B 212/02, BFH/NV 2003, 1098; s. aber BFH v. 05.03.2004, V B 69/03, BFH/NV 2004, 834); 28

– Verweigerung der Steuerzahlung aus **Gewissensgründen** (BFH v. 16.10.2003, IV B 46/02, BFH/NV 2004, 311); 29

– der Wegfall der Vergünstigungen nach § 13 a Abs. 5 ErbStG a. F. infolge einer insolvenzbedingten Veräußerung des Betriebsvermögens (BFH v. 04.02.2010, II R 25/08, BStBl II 2010, 663); 30

– Einkommensteuererlass auf unternehmensbezogene **Sanierungsgewinne**, wenn weder die Voraussetzungen einer Restschuldbefreiung (§§ 286 ff. InsO) noch die der Verbraucherinsolvenz (§§ 304 ff. InsO) erfüllt sind (BFH v. 14.07.2010, X R 34/08, BStBl II 2010, 916). Auf den von der Verwaltung nach Streichung des § 3 Nr. 66 EStG a. F. verabschiedeten **Sanierungserlass** (BMF-Schreiben v. 27.03.2003, IV A 6 – S 2140 – 8/03, BStBl I 2003, 240; ergänzt durch BMF-Schreiben v. 22.12.2009, IV C 6 – S 2140/07/10001 – 01, BStBl I 2010, 18) kann ein Stpfl. sich indes ohnehin nicht (mehr) berufen, denn die Verwaltung war aufgrund des Grundsatzes der Gesetzmäßigkeit der Verwaltung nicht befugt, derart abstrakte Regelungen zu treffen (BFH GrS v. 28.11.2016, GrS 1/15, BStBl II 2017, 393; *Loose* in Tipke/Kruse, § 227 AO, Rz. 23). Derartige Regelungen bleiben nach dem Grundsatz der Gesetzmäßigkeit der Verwaltung dem Gesetzgeber vorbehalten. Bis zur Verabschiedung der geplanten Neuregelung in § 3 a EStG hat das BMF allerdings großzügige Übergangsregelungen verfügt (BMF-Schreiben v. 27.04.2017, IV C 6 – S 2140/13/10003, BStBl I 2017, 741), nach denen für die bei Bekanntgabe der Entscheidung des GrS am 08.02.2017 bereits umgesetzten Gestaltungen Vertrauensschutz besteht und im Übrigen Erlassent- 31 scheidungen bis zum Inkrafttreten der Neuregelung zurückgestellt werden sollen;

32 – **Mindestbesteuerung nach § 10a GewStG**, wenn der Gewerbeertrag auf vom Stpfl. veranlasstem Forderungsverzicht beruht (BFH v. 20.09.2012, IV R 29/10, BFH/NV 2013, 103; *Fischer*, juris, PR-SteuerR 9/2013, Anm. 4);

33 – Kein **Grundsteuererlass** wegen Wertverzerrungen bei der Einheitsbewertung (BFH v. 07.02.2013, BFH/NV 2013, 697);

34 – Keine Erstattung der **Stromsteuer** wegen sachlicher Unbilligkeit aufgrund eingetretener Zahlungsunfähigkeit der mit Strom belieferten Kunden (BFH v. 17.12.2013, VII R 8/12, BFH/NV 2014, 748).

34a – Keine Erstattung von **Tabaksteuer** bei Diebstahl von Tabakwaren (BFH v. 30.03.2015, VII B 30/14, BFH/NV 2015, 1010).

## II. Unbilligkeit aus persönlichen Gründen

35 Gefährdet die Einziehung der geschuldeten Beträge – dauerhaft – die wirtschaftliche oder persönliche Existenz des Stpfl. kommt ein Erlass aus persönlichen Gründen in Betracht (**Erlassbedürftigkeit**; zu den Anforderungen an die hinzukommende **Erlasswürdigkeit** des Stpfl. s. Rz. 40). Notwendige Voraussetzung ist, dass die wirtschaftliche Notlage des Stpfl. – mag sie auch unverschuldet sein – durch die Steuerfestsetzung selbst verursacht sein muss (BFH v. 24.11.1988, V R 186/83, BFH/NV 1989, 419; BFH v. 28.09.2006, V B 71/05, juris). Sind die Zahlungsschwierigkeiten demgegenüber nur vorübergehender Natur, scheidet ein Erlass aus, denn für diese Fälle hält die AO andere Maßnahmen bereit, etwa Stundung gem. § 222 AO oder Vollstreckungsaufschub gem. § 258 AO (s. BFH v. 14.01.2002, XI B 146/00, AO-StB 2002, 215). Gefährdet ist die **persönliche Existenz** des Stpfl., wenn ohne Billigkeitsmaßnahmen der notwendige Lebensunterhalt vorübergehend oder dauernd nicht bestritten werden kann (BFH v. 26.10.2011, VII R 50/10, BFH/NV 2012, 552). Darunter fallen Aufwendungen für Nahrung, Kleidung, Wohnung, für ärztliche Behandlung, für den Hausrat und sonst erforderliche Dinge des täglichen Lebens, aber auch Aufwendungen für die gegenüber dem Stpfl. unterhaltsberechtigten Angehörigen. Die **wirtschaftliche Existenz** ist gefährdet, wenn der Stpfl. Gefahr läuft, seine Erwerbstätigkeit einstellen zu müssen, z.B. seinen Betrieb.

36 Für die Beurteilung der Erlassbedürftigkeit sind neben der **Ertragslage** verfügbare Vermögenswerte zu berücksichtigen. Trotz **verfügbarer Vermögenswerte** (z.B. Hausgrundstück; s. aber zur Aufgabe des selbst bewohnten Hauses BFH v. 19.12.2003, VI B 95/00, BFH/NV 2004, 466) kann ein Billigkeitserlass allerdings in Betracht kommen, wenn anders die Altersversorgung nicht gesichert ist (BFH v. 27.05.1987, X R 41/81, BFH/NV 1987, 691). Ebenso wenig kann ein Erlass mit der Begründung abgelehnt werden, dem Stpfl. verbleibe im Fall der Vollstreckung noch das unpfändbare Lohneinkommen zum Lebensunterhalt (§§ 850 ff. ZPO), denn die Lohnpfändungsvorschriften gewährleisten nur ein Existenzminimum. Im Billigkeitsverfahren ist indes zu beurteilen, ob der lebensnotwendige Unterhalt i.S. einer angemessenen, d.h. zwar bescheidenen aber nicht ärmlichen Lebensführung gefährdet ist (BFH v. 10.03.1987, VII B 169/85, BFH/NV 1988, 71; *Loose* in Tipke/Kruse, § 227 AO Rz. 92). Nach Auffassung des BFH muss der Stpfl. in der Lage bleiben, eine Versicherung über sofort fällige Leibrentenbezüge gegen eine Einmalprämie in einer Höhe abzuschließen, die ihm eine bescheidene Lebensführung ermöglicht (BFH v. 29.04.1981, IV R 23/78, BStBl II 1981, 726; BFH v. 26.02.1987, IV R 298/84, BStBl II 1987, 612).

Ist der Stpfl. verheiratet, müssen im Falle des Zusammenlebens der **Ehegatten** auch die Einkommens- und Vermögensverhältnisse des Ehegatten berücksichtigt werden (BFH v. 31.03.1982, I B 97/81, BStBl II 1982, 530), denn die Frage der Sicherung des notwendigen Lebensunterhalts kann nicht ohne Berücksichtigung der Grundsätze des Familienunterhaltsrechts beurteilt werden (BFH v. 26.10.2011, VII R 50/10, BFH/NV 2012, 552). 37

Allerdings muss sich der Billigkeitserlass auf die wirtschaftliche Situation des Stpfl. **noch auswirken** können (BFH v. 31.01.2002, VII B 312/00, BFH/NV 2002, 889; BFH v. 27.04.2001, XI S 8/01, BFH/NV 2001, 1362; BFH v. 07.07.1999, X R 87/96, BFH/NV 2000, 2). Stehen vollstreckungsrechtliche Schutzvorschriften einer Beitreibung entgegen, hätte ein Erlass für den Stpfl. keine Auswirkung, es sein denn die Steuerrückstände hindern den Stpfl. daran, eine neue Erwerbstätigkeit zu beginnen und sich so eine eigene, von Sozialhilfeleistungen unabhängige wirtschaftliche Existenz aufzubauen (BFH v. 27.09.2001, X R 134/98, BStBl II 2002, 176). Käme ein Erlass ausschließlich anderen Gläubigern durch Verbesserung ihrer Vollstreckungssituation zugute, scheidet ein Erlass aus (BFH v. 12.05.2003, V B 252/02, BFH/NV 2003, 1285). 38

Auch Gegenstand und Zweck der Steuer, um deren Einziehung es sich handelt, können für die Beurteilung der Frage, ob im Einzelfall eine unbillige Härte anerkannt werden kann, von wesentlicher Bedeutung sein. Im Bereich der **Verkehrs- und Verbrauchsteuern** können Billigkeitsmaßnahmen regelmäßig nur unter besonders gelagerten außergewöhnlichen Umständen in Betracht kommen, da sie unabhängig von der individuellen Leistungsfähigkeit erhoben werden (BFH v. 22.04.1975, VII R 54/72, BStBl II 1975, 727). Bei der **Grunderwerbsteuer** kann nicht unberücksichtigt bleiben, dass sich diese kalkulatorisch als Teil des Kaufpreises darstellt, sodass grundsätzlich ein Erlass auf eine staatliche Mitfinanzierung des Grundstückskaufs hinauslaufen würde. 39

40 **Erlasswürdigkeit** ist anzunehmen, es sein denn der Stpfl. hat in eindeutiger Weise gegen die Interessen der Allgemeinheit verstoßen oder die mangelnde Leistungsfähigkeit beruht auf seinem eigenen Verhalten (BFH v. 27.02.1985, II R 83/83, BFH/NV 1985, 6). Generell spielt der Gesichtspunkt der Erlasswürdigkeit nur bei der Prüfung eines Erlasses aus persönlichen Billigkeitsgründen eine Rolle (BFH v. 25.04.2002, V B 73/01, BFH/NV 2002, 1072). Ist die Einziehung der Steuer aus sachlichen Gründen unbillig, also ohne Ansehung der Person des Schuldners, kann eine entsprechende Wertung des allgemeinen Verhaltens des Schuldners grundsätzlich keine Rolle spielen. Im Übrigen dürfen bei Beurteilung der Erlasswürdigkeit keine übertriebenen Anforderungen gestellt werden. Steuerliches Fehlverhalten oder weiter zurückliegende Steuerunehrlichkeit schließen allein nicht die Annahme der Erlasswürdigkeit aus (BFH v. 15.10.1992, X B 152/92, BFH/NV 1993, 80). In derartigen Fällen ist vielmehr zu prüfen, welche Anstrengungen der Schuldner unternommen hat, um die Rückstände, die auf einem steuerunehrlichen Verhalten beruhen, abzutragen und ob diese Bemühungen als ausreichend anzusehen sind.

### III. Kein Antragserfordernis

41 Im Unterschied zur Stundung (§ 222 Satz 2 AO) wird die Gewährung von Erlassmaßnahmen nicht regelmäßig von einem entsprechenden Antrag abhängig gemacht; sie können daher auch **ohne Antrag** ergehen (BFH v. 04.07.1972, VIII R 103/69, BStBl II 1972, 806). In der Praxis wird allerdings meist erst ein Antrag des Schuldners das Billigkeitsverfahren initiieren.

42 Antragsberechtigt ist **nur der Schuldner**. Dritte sind nicht antragsberechtigt, auch dann nicht, wenn der Erlass aufgrund privatrechtlicher Vereinbarungen (z.B. Ausgleichsverpflichtung) dem Dritten zugutekommen würde. Wird Erlass einer vor oder nach Antragstellung beglichenen Schuld begehrt, so ist der **Antrag** als **auf Erstattung** aus Billigkeitsgründen gerichtet anzusehen (§ 227 2. HS AO).

## C. Wirkung des Erlasses

43 Mit Bekanntgabe des Erlasses erlischt der Steueranspruch (§§ 47, 124 Abs. 1 Satz 1 AO). Die **Erlöschenswirkung** betrifft den abstrakten Steueranspruch sowie einen ihn etwa übersteigenden Steuerzahlungsanspruch kraft überhöhter Steuerfestsetzung. Im Fall der Gesamtschuldnerschaft wirkt der Erlass nur gegenüber demjenigen Gesamtschuldner, dem er ausgesprochen wird (§ 44 Abs. 2 AO).

44 Nach § 227 2. HS AO ist im Wege des Erlasses auch die **Erstattung oder Anrechnung** bereits entrichteter Beträge möglich, wenn die Einziehung im Zeitpunkt der Entrichtung der Abgabe unbillig war (BFH v. 23.09.2004, V R 58/03, BFH/NV 2005, 825; s. *von Groll* in HHSp, § 227 AO Rz. 335 m.w.N.). Die Wirkung der Erlassmaßnahme ist in diesem Fall die Entstehung eines Erstattungs- bzw. Anrechnungsanspruches. Im Unterschied zum Erstattungsanspruch aus Rechtsgründen (§ 37 Abs. 2 AO), hat der Erlass nicht die Wirkung, dass damit mit rückwirkender Kraft die Entrichtung des erlassenen Betrags als Erfüllung eines erloschenen Anspruchs zu qualifizieren ist. Der Rechtsgrund für die ursprüngliche Zahlung ist nicht i.S. des § 37 Abs. 2 Satz 2 AO »später weggefallen«.

45 Ein **vorläufiger Erlass**, sei es, dass er ausdrücklich als vorläufig bezeichnet wird, unter Widerrufsvorbehalt oder unter einer auflösenden Bedingung gewährt werden soll, ist nicht zulässig (BFH v. 22.09.1971, I B 26/71, BStBl II 1972, 83). Betrifft der Verwaltungsakt einen bereits entstandenen Anspruch aus dem Steuerschuldverhältnis, so erlischt dieser mit seinem Wirksamwerden; einem etwaigen Widerrufsvorbehalt kann keine Bedeutung zukommen, er ist »gegenstandslos« (BFH v. 22.09.1971, I B 26/71, BStBl II 1972, 83).

46 Der Erlass eines Anspruchs aus dem Steuerschuldverhältnis vor seiner Entstehung (**Vorwegerlass**) ist nach der Rspr. des BFH nicht zulässig (BFH v. 22.06.1990, III R 150/85, BStBl II 1991, 864).

## D. Zuständigkeit

47 Über den Erlass entscheiden die FA in eigener Zuständigkeit bei Beträgen bis zu 20 000 EUR einschließlich (bei Säumniszuschlägen, deren Entstehung nicht mit dem Sinn und Zweck des § 240 AO zu vereinbaren ist in unbegrenzter Höhe); bei Beträgen bis zu 100 000 EUR einschließlich ist die Zustimmung der OFD, im Übrigen die der obersten Landesbehörde einzuholen (Gleichlautender Erlass der obersten Finanzbehörden v. 24.03.2017, BStBl I 2017, 419). Bei Steuern, die von den Landesfinanzbehörden im Auftrag des Bundes verwaltet werden (ESt, KSt, SolZ, USt), ist die vorherige Zustimmung des BMF einzuholen, wenn der Betrag 200 000 EUR übersteigt (BMF v. 15.02.2017, BStBl I 2017, 283). Auch Billigkeitsrichtlinien der obersten Finanzbehörden der Länder bedürfen der vorherigen Zustimmung des BMF. Für die Feststellung der Zuständigkeitsgrenzen sind jede Steuerart und jeder Veranlagungszeitraum für sich zu rechnen. Bei Steuerarten ohne bestimmten Veranlagungszeitraum (z.B. LSt, KapErtrSt) gilt das Kalenderjahr als Veranlagungszeitraum; bei den Einzelsteuern ist jeder Steuerfall für sich zu betrachten. Die genannten Zuständigkeiten gelten nur für Bewilligungen; für Ablehnungen sind die Finanzämter und Oberfinanzdirektionen unab-

hängig von der Höhe des Betrages zuständig. Die Zustimmung des BMF ist nicht erforderlich, wenn einem außergerichtlichen Schuldenbereinigungsplan zugestimmt werden soll, eine Billigkeitsmaßnahme über Insolvenzforderungen im Verbraucherinsolvenzverfahren oder im Regelinsolvenzverfahren gewährt werden soll oder eine Billigkeitsmaßnahme durch BMF-Schreiben allgemein angeordnet oder durch eine im BStBl II veröffentlichte BFH-Entscheidung vorgegeben ist.

### E. Rücknahme

48 Die Korrektur eines gewährten Erlasses richtet sich nach **§ 130 AO**. Zulässig ist die (teilweise) Rücknahme eines rechtswidrig gewährten Erlasses aber nur, wenn einer der in § 130 Abs. 2 AO aufgezählten Fälle vorliegt. Ein Widerruf gem. § 131 AO scheidet demgegenüber regelmäßig aus, da ein solcher nur Wirkungen für die Zukunft haben kann, mit der Aufhebung der Erlassentscheidung aber eine Rückwirkung, nämlich das Wiederaufleben des erloschenen Steueranspruchs, erreicht werden soll (§ 47 AO).

### F. Rechtsschutz

49 Gegen die völlige oder teilweise Ablehnung eines Billigkeitserlasses, die Rücknahme oder den Widerruf kann **Einspruch** erhoben werden (**§ 347 Abs. 1 Nr. 1 AO**). Der Einspruch ist außerdem statthaft, wenn das FA ohne Mitteilung eines zureichenden Grundes binnen angemessener Frist über den Erlassantrag nicht entschieden hat (sog. Untätigkeitseinspruch, § 347 Satz 2 AO).

50 Gerichtlicher Rechtsschutz wird bei weiterhin abweisender Einspruchsentscheidung durch die **Verpflichtungsklage** gewährt (**§ 40 Abs. 1 FGO**). Da es sich bei der Entscheidung über einen Erlass um eine Ermessensentscheidung handelt (s. Rz. 2) können die FG die ablehnende Entscheidung nur auf Einhaltung der Ermessensgrenzen überprüfen (**§ 102 FGO**; BFH v. 08.10.2013, X R 3/10, BFH/NV 2014, 5; BFH v. 17.12.2013, VII R 8/12, BFH/NV 2014, 748; BFH v. 23.02.2017, III R 35/14, BFH/NV 2017, 931). Das FG darf nicht sein Ermessen an die Stelle des Ermessens des FA setzen, also selbst eine nach seiner Auffassung fehlerfreie Ermessensentscheidung treffen. Ist das Ermessen fehlerhaft ausgeübt, ergeht regelmäßig ein sog. **Bescheidungsurteil**. Dies bedeutet, dass das FA verpflichtet wird, sein Ermessen unter Beachtung der Rechtsauffassung des FG erneut auszuüben (§ 101 Satz 2 FGO). Lediglich dann, wenn nach Aufhebung des angefochtenen Verwaltungsakts wegen rechtsfehlerhafter Ermessensausübung nur noch eine einzige mit dem Gesetz in Einklang stehende Alternativentscheidung denkbar ist, ist das Gericht nicht auf die Kassation beschränkt und die Sache i. S. des § 101 FGO entscheidungsreif. Ist das Erlassbegehren begründet, spricht das Gericht in diesem Ausnahmefall die Verpflichtung der Finanzbehörde aus, den begehrten Verwaltungsakt zu erlassen (§ 101 Satz 1 FGO).

Das FG trifft seine Entscheidung nach den **tatsächlichen Verhältnissen im Zeitpunkt der letzten Verwaltungsentscheidung**, in der Regel also zur Zeit des Erlasses der Einspruchsentscheidung (BFH v. 26.05.2000, V B 28/00, BFH/NV 2000, 1326; BFH v. 14.02.2011, XI B 32/10, BFH/NV 2011, 746; BFH v. 17.04.2013, X R 6/11, BFH/NV 2013, 1537). Die Nichtbeachtung von erst nach der letztinstanzlichen Verwaltungsentscheidung eingetretenen tatsächlichen Änderungen kann grundsätzlich kein Ermessensverstoß sein. In einem solchen Fall ist der Stpfl. auf einen neuen Erlassantrag zu verweisen. Entscheidet das FG allerdings erst sechs Jahre nach der Einspruchsentscheidung (überlange Verfahrensdauer), dann ist die Aufrechterhaltung des ablehnenden VA jedenfalls dann rechtswidrig, wenn der Stpfl. Anspruch auf erneute Bescheidung hat, weil sich die tatsächlichen Grundlagen für die Ermessensentscheidung in einem für die frühere Verwaltungsentscheidung maßgeblichen Punkt geändert hat (BFH v. 14.10.1993, X B 52/93, BFH/NV 1994, 562). Bei Erlassanträgen nach Entrichtung des geschuldeten Betrags (Billigkeitserstattung, § 227 2. HS AO) kommt es auf die Verhältnisse im Zeitpunkt der Zahlung (Einziehung) an (BFH v. 24.09.1976, I R 41/75, BStBl II 1977, 127; BFH v. 26.02.1987, IV R 98/84, BStBl II 1987, 612). 51

Korrespondierend zur Verpflichtungsklage im Hauptsacherechtsschutz ist **vorläufiger Rechtsschutz** durch eine **einstweilige Anordnung** unter den Voraussetzungen von **§ 114 FGO** zu gewähren. Allerdings wird wegen des Verbots der Vorwegnahme der Hauptsache ein »vorläufiger« Erlass nicht in Betracht kommen, vielmehr wird das Gericht bis zur Entscheidung in der Hauptsache eine Stundung oder Vollstreckungsaufschub anordnen. Nur in dem Fall, dass das FA einen bereits gewährten Erlass zurücknimmt oder einschränkt, liegt ein vollziehbarer VA vor, der in der Hauptsache angefochten und im vorläufigen Rechtsschutz von der Vollziehung ausgesetzt werden kann (§§ 316 AO, 69 FGO). 52

### G. Ermessenslenkende Verwaltungsvorschriften

§ 131 Abs. 2 RAO gestattete die Aufstellung von Richtlinien für Erlassmaßnahmen in Bezug auf bestimmte Gruppen von gleichgelagerten Fällen. Eine entsprechende Regelung sieht § 227 AO zwar – entgegen dem ursprünglichen Gesetzentwurf – nicht mehr vor, gleichwohl sind derartige **Erlassrichtlinien** weiterhin zulässig (*von Groll* in HHSp, § 227 AO Rz. 202). Unter dem Gesichts- 53 punkt der Selbstbindung der Verwaltung und damit der Beachtung des Gleichbehandlungsgrundsatzes (Art. 3 Abs. 1 GG) sind diese Verwaltungsvorschriften auch bei der gerichtlichen Überprüfung von Bedeutung (BFH v. 14.07.2010, X R 34/08, BStBl II 2010, 916; BFH GrS v. 28.11.2016, GrS 1/15, BStBl II 2017, 393).

54 Die Anforderungen an den Erlass aufgrund einer Erlassrichtlinie dürfen indes keine anderen sein als bei einer Einzelfallentscheidung. In beiden Fällen ist erforderlich, dass die Einziehung »nach Lage des einzelnen Falles unbillig wäre« (BFH v. 09.07.1970, IV R 34/69, BStBl II 1970, 696). Der Grund für die Billigkeitsmaßnahme muss in der besonderen Lage des Einzelfalls liegen, die durch das auf eine abstrakte Formulierung angewiesene Gesetz nicht berücksichtigt werden kann. Solche auf eine Mehrheit von einzelnen Fällen sich erstreckende Billigkeitsmaßnahmen können z. B. durch **Unwetter, Hochwasser oder ähnliche Katastrophen** veranlasst sein. Die für eine Regelung durch Richtlinien erforderliche Unbilligkeit braucht nicht notwendigerweise darin zu liegen, dass sich der Stpfl. in ungünstigen wirtschaftlichen Verhältnissen befindet. Es genügt, dass eine sachliche Unbilligkeit vorliegt, die es für alle von einem gewissen Sachverhalt Betroffenen (z. B. Hochwassergeschädigten) unbillig erscheinen lässt, Steuern von ihnen einzuziehen (BFH v. 09.07.1970, IV R 34/69, BStBl II 1970, 696).

55 Als **Beispielsfälle** für Erlassrichtlinien seien aufgeführt: die koordinierten Ländererlasse über steuerliche Vergünstigungen von Aufwendungen zur Erhaltung schutzwürdiger Kulturwerte (BStBl I 1973, 2); Erlass des BMF v. 19.12.1969 betr. Billigkeitsmaßnahmen bei der Aufhebung des Absicherungsgesetzes (BStBl I 1970, 163); Ziffer 5 des AEAO zu § 240 betr. Erlass von Säumniszuschlägen; Erlassrichtlinien nach Katastrophenfällen wie Überschwemmungen oder Orkanschäden s. Nachweise bei *von Groll* in HHSp, § 227 AO in Fn. 4 zu Rz. 202.

56 Wachsender Beliebtheit erfreuen sich auch **Übergangsregelungen** zur Anpassung der Verwaltungspraxis an geänderte, verschärfte Rspr. des BFH. Allerdings stehen derartige Übergangsregelungen nicht im Belieben der Finanzverwaltung, sondern müssen jeweils durch § 227 AO als Rechtsgrundlage gedeckt sein (BFH v. 01.10.2003, X B 75/02, BFH/NV 2004, 44). Mehr oder wenig deutlich hat der BFH in einigen Entscheidungen auf etwaige Billigkeitsmaßnahmen hingewiesen (s. die Auflistung bei *von Groll* in HHSp, § 227 AO Rz. 204).

57 Die Tatsache, dass ein bestimmter – besonders gelagerter – Sachverhalt nicht von einer Erlassrichtlinie erfasst wird, bedeutet indes nicht, dass ein Erlass nicht möglich ist. **Über den Wortlaut einer Richtlinie hinaus bleibt im Einzelfall ein Erlass am Maßstab von § 227 AO immer möglich.**

## 3. Unterabschnitt Zahlungsverjährung

## § 228 AO Gegenstand der Verjährung, Verjährungsfrist

**Ansprüche aus dem Steuerschuldverhältnis unterliegen einer besonderen Zahlungsverjährung. Die Verjährungsfrist beträgt fünf Jahre, in Fällen der §§ 370, 373 oder 374 zehn Jahre.**

**Inhaltsübersicht**



**Schrifttum**

Carle, Zahlungsverjährung in der Vollstreckungspraxis, AO-StB 2004, 293; Lemaire, Einwand der Zahlungsverjährung, AO-StB 2005, 106.

### A. Bedeutung der Vorschrift

Die §§ 228 mit 232 AO befassen sich ausschließlich mit dem Zahlungsanspruch, der sich aufgrund der Steuerfestsetzung bzw. ohne eine solche durch Erfüllung des einschlägigen steuerlichen Tatbestands (s. z. B. § 37 Abs. 2 AO) ergibt. Die Vorschrift bestimmt Gegenstand und Dauer der Zahlungsverjährung. Das Institut der Zahlungsverjährung soll dafür sorgen, dass nach Ablauf einer angemessenen Frist **endgültig Rechtssicherheit** darüber **einkehrt**, was der Stpfl. aufgrund der Steuerfestsetzung noch zu zahlen hat bzw. was ihm zu erstatten ist (BFH v. 27.10.2009, VII R 51/08, BStBl II 2010, 382; BFH v. 25.10.2011, VII R 55/10, BStBl II 2012, 220). 1

Der Gesetzgeber hat die Zahlungsverjährung im Fünften Teil der AO, der das Erhebungsverfahren regelt, angesiedelt. Wenn er davon abgesehen hat, die sich deshalb aufdrängende Bezeichnung »Erhebungsverjährung« zu verwenden, erklärt sich das daraus, dass dieser Verjährung auch solche Ansprüche aus dem Steuerschuldverhältnis unterliegen, bei denen nicht die Finanzbehörde, sondern der Stpfl. die Gläubigerstellung innehat und deren Verwirklichung nach unserem Sprachgebrauch nicht als »Erhebung« bezeichnet werden kann. 2

## B. Gegenstand und Dauer der Zahlungsverjährung

Gegenstand der Zahlungsverjährung sind **alle** in § 37 AO genannten **Ansprüche aus dem Steuerschuldverhältnis**, gleichgültig, ob sie der Finanzbehörde oder dem Stpfl. zustehen.

Gemäß § 228 Satz 2 AO betrug die Zahlungsverjährungsfrist in allen Fällen **einheitlich fünf Jahre**. Um eine Angleichung an die Dauer der Festsetzungsverjährung bei hinterzogenen Steuern zu erreichen (§ 169 Abs. 2 Satz 2 AO), hat der Gesetzgeber die Frist durch das **StUmgBG mit Wirkung zum 25.06.2017 für die Steuerhinterziehung**, den Schmuggel und die Steuerhehlerei **auf 10 Jahre verlängert**. Besondere Bedeutung hat dies in den Fällen, in denen aufgrund unzutreffender oder unvollständiger Angaben des Stpfl. KapErtrSt zu Unrecht auf die KSt angerechnet wird und die zugrunde liegenden Einnahmen gem. § 8b KStG keine Auswirkung auf die Höhe der festgesetzten Steuer haben. In diesen Fällen war es möglich, dass die fünfjährige Frist vor der nach § 169 Abs. 2 Satz 2 AO verlängerten Festsetzungsfrist endete. Zudem soll mit der Verlängerung sichergestellt werden, dass bei lang dauernden Strafverfahren von der Restschuldbefreiung ausgenommene Steuerforderungen (§ 302 Nr. 1 InsO) auch steuerrechtlich noch durchsetzbar sind. Im Unterschied zur Festsetzungsverjährung wird bei der Zahlungsverjährung nicht nach der Art des einzelnen Anspruchs differenziert, sodass die Frist auch für die Ansprüche auf Entrichtung **steuerlicher Nebenleistungen gilt** (§ 3 Abs. 4 AO).

## C. Rechtsschutz

5 Sofern Meinungsverschiedenheiten über den Eintritt der Zahlungsverjährung bestehen, entscheidet das FA durch Abrechnungsbescheid gem. § 218 Abs. 2 AO (BFH v. 08.01.1998, VII B 137/97, BFH/NV 1998, 686; s. § 218 AO Rz. 14 ff.) Sofern das FA den Abrechnungsbescheid nicht von Amts wegen erlässt, sollte sein Erlass beantragt werden. Gegen den Abrechnungsbescheid kann sodann Einspruch (§ 347 AO) und bei weiter bestehendem Streit Klage beim FG erhoben werden (§ 40 Abs. 1 FGO). Auch vorläufiger Rechtsschutz ist möglich, allerdings nur unter den erschwerten Voraussetzungen der einstweiligen Anordnung gem. § 114 FGO (s. § 218 AO Rz. 21).

# § 229 AO
# Beginn der Verjährung

**(1) Die Verjährung beginnt mit Ablauf des Kalenderjahres, in dem der Anspruch erstmals fällig geworden ist. Sie beginnt jedoch nicht vor Ablauf des Kalenderjahres, in dem die Festsetzung eines Anspruchs aus dem Steuerschuldverhältnis, ihre Aufhebung, Änderung oder Berichtigung nach § 129 wirksam geworden ist, aus der sich der Anspruch ergibt; eine Steueranmeldung steht einer Steuerfestsetzung gleich.**

**(2) Ist ein Haftungsbescheid ohne Zahlungsaufforderung ergangen, so beginnt die Verjährung mit Ablauf des Kalenderjahres, in dem der Haftungsbescheid wirksam geworden ist.**

**Inhaltsübersicht**



## A. Bedeutung der Vorschrift

Die Vorschrift betrifft den Beginn der (Zahlungs-)Verjährungsfrist. 1

## B. Beginn nach § 229 Abs. 1 Satz 1 AO

Nach § 229 Abs. 1 Satz 1 AO beginnt die Verjährung mit Ablauf des Kalenderjahres, in dem der Anspruch **erstmals fällig** geworden ist. Der erstmalige Fälligkeitszeitpunkt ergibt sich entweder aus dem jeweiligen Einzelsteuergesetz (§ 220 Abs. 1 AO) oder aus § 220 Abs. 2 AO oder bei Vorverlegung der Fälligkeit (§ 221 AO) aus dem entsprechenden Verwaltungsakt. Spätere Maßnahmen, die die Fälligkeit hinausschieben (Stundung, Zahlungsaufschub, Aussetzung der Vollziehung), verändern den Beginn der Verjährungsfrist nicht (zur Unterbrechung und deren Wirkung s. § 231 AO). Werden solche Maßnahmen vor Eintritt der »ersten Fälligkeit« i. S. des § 220 wirksam, so ist diese nicht eingetreten; die erste Fälligkeit tritt dann in dem Kalenderjahr ein, in dem die die Fälligkeit hinausschiebenden Maßnahmen enden. 2

Bei **Doppelzahlung, Zahlung auf eine Nichtschuld** (nichtige oder unwirksame Festsetzung) und in vergleichbaren Fällen wird der Erstattungsanspruch (Rückforderungsanspruch) mit der Zahlung fällig (s. BFH v. 25.02.1992, VII R 8/91, BStBl II 1992, 713; BFH v. 07.02.2002, VII R 33/01, BStBl II 2002, 447; BFH v. 07.05.2013, VII B 199/12, BFH/NV 2013, 1378). 3

**Erstattungszahlungsansprüche**, die auf Grund eines dem Abgabenberechtigten oder dem Abgabenpflichtigen erwachsenden Erstattungsanspruchs (Rückforderungsanspruch) entstanden sind, werden gemäß § 220 Abs. 2 Satz 1 AO mit der Erfüllung des in § 37 Abs. 2 AO normierten Tatbestands – Wegfall des rechtlichen Grundes – fällig (zum Wegfall des Rechtsgrundes von UStVZ'en bei 4

Unklarheit über den Unternehmer BFH v. 22.05.2012, VII R 47/11, BStBl II 2013, 3). Beruht der Wegfall des rechtlichen Grundes für die Zahlung auf einem finanzgerichtlichen Urteil, durch das gemäß § 100 Abs. 2 Satz 1 FGO eine bisherige Anspruchsfestsetzung ganz oder teilweise aufgehoben (abgeändert) wurde, so wird die Gerichtsentscheidung mit ihrer Rechtskraft wirksam. Erst mit Eintritt der Rechtskraft fällt also i. S. des § 37 Abs. 2 AO der rechtliche Grund für die mit Rücksicht auf die bisherige Festsetzung geleisteten Zahlungen weg und erst mit der Rechtskraft der Entscheidung wird daher auch der aus ihr resultierende Erstattungsanspruch fällig. Die Verjährung des Erstattungszahlungsanspruchs beginnt damit nach § 229 Abs. 1 Satz 1 AO mit Ablauf des Kalenderjahres, in dem das Urteil rechtskräftig geworden ist.

4a Werden in einer Anrechnungsverfügung nicht festgesetzte oder geleistete Vorauszahlungen (z. B. LSt) angerechnet, erlischt der festgesetzte Steueranspruch gleichwohl nach Ablauf der regulären Zahlungsverjährungsfrist (BFH v. 25.10.2011, VII R 55/10, BStBl II 2012, 220; s. § 218 AO Rz. 19).

### C. Beginn nach § 229 Abs. 1 Satz 2 AO

5 § 229 Abs. 1 Satz 2 AO ordnet einen von § 229 Abs. 1 Satz 1 AO abweichenden, späteren Verjährungsbeginn für die Fälle an, in denen Fälligkeit des Anspruchs schon eintritt, bevor durch förmliche Festsetzung die Voraussetzung für die Durchsetzung des Zahlungsanspruchs geschaffen ist. Gemeint sind die **sog. Fälligkeitssteuern**, für die durch Gesetz ein fester Fälligkeitszeitpunkt bestimmt ist (z. B. § 18 UStG, § 14 BierStG, §§ 41a Abs. 1 Satz 1 Nr. 2, 44 Abs. 1 Satz 5, 50a Abs. 5 Satz 3 EStG). Damit in solchen Fällen die durch die Zahlungsverjährung begrenzte Zeit für die Verwirklichung des Zahlungsanspruchs nicht durch säumige Erfüllung der Anmeldungspflicht verkürzt wird, beginnt die Verjährungsfrist nicht vor Ablauf des Kalenderjahres, in dem die Steuerfestsetzung bzw. Steueranmeldung, die der Steuerfestsetzung gleichsteht (§ 229 Abs. 1 Satz 2 AO a. E.), wirksam geworden ist.

6 Das gleiche Motiv ist für die Hinausschiebung des Verjährungsbeginns in den Fällen der **Aufhebung oder Änderung** einer Festsetzung oder im Falle ihrer Berichtigung nach § 129 AO maßgebend. Beschränkt auf das Gebiet der Fälligkeitssteuern verhindert § 229 Abs. 1 Satz 2 AO daher, dass im Extremfall die Zahlungsverjährung vor der Festsetzungsverjährung abläuft, mit Rücksicht auf die Festsetzungsverjährung noch zulässige Festsetzungen gewissermaßen »ins Leere« gehen.

### D. Beginn nach § 229 Abs. 2 AO

Die Regelung des § 229 Abs. 2 AO verhindert, dass bei Erlass eines **Haftungsbescheids** gemäß § 191 Abs. 1 AO, der nicht mit einer Zahlungsaufforderung i. S. des § 219 Satz 1 AO verbunden wurde, die Verjährungsfrist hinsichtlich des Haftungszahlungsanspruchs in Anwendung des § 229 Abs. 1 Satz 1 AO erst mit dem Erlass des Leistungsgebots beginnt. Andernfalls könnte, sofern nur der Haftungsbescheid erlassen wurde, der Schuldner praktisch auf unbeschränkte Zeit auf Zahlung in Anspruch genommen werden.

## § 230 AO
## Hemmung der Verjährung

**Die Verjährung ist gehemmt, solange der Anspruch wegen höherer Gewalt innerhalb der letzten sechs Monate der Verjährungsfrist nicht verfolgt werden kann.**

**Inhaltsübersicht**



### A. Bedeutung der Vorschrift

Die Vorschrift lehnt sich an § 206 BGB an. Für die Festsetzungsverjährung enthält § 171 Abs. 1 AO eine parallele Regelung. Zum Begriff der höheren Gewalt s. § 110 AO Rz. 41. 1

### B. Wirkung der Hemmung

Der Zeitraum, während dessen die Verjährung gehemmt ist, wird in die Verjährungsfrist nicht eingerechnet (§ 209 BGB). Dauert die Hemmung über die letzten sechs Monate der Verjährungsfrist hinaus, so verlängert sich diese also um den gleichen Zeitraum, währenddessen innerhalb der letzten sechs Monate die Hemmung andauerte, die Verjährung also ruhte. Praktisch kann sich die Verjährungsfrist somit höchstens um sechs Monate verlängern. Nicht beeinflusst wird die Verjährungsfrist, wenn das Ereignis vor Beginn der letzten sechs Monate eintrat und beseitigt wurde. 2

## § 231 AO
## Unterbrechung der Verjährung

**(1) Die Verjährung eines Anspruchs wird unterbrochen durch**

1. Zahlungsaufschub, Stundung, Aussetzung der Vollziehung, Aussetzung der Verpflichtung des Zollschuldners zur Abgabenentrichtung oder Vollstreckungsaufschub,
2. Sicherheitsleistung,
3. eine Vollstreckungsmaßnahme,
4. Anmeldung im Insolvenzverfahren,
5. Eintritt des Vollstreckungsverbots nach § 294 Absatz 1 der Insolvenzordnung,
6. Aufnahme in einen Insolvenzplan oder einen gerichtlichen Schuldenbereinigungsplan,
7. Ermittlungen der Finanzbehörde nach dem Wohnsitz oder dem Aufenthaltsort des Zahlungspflichtigen und
8. schriftliche Geltendmachung des Anspruchs.

§ 169 Abs. 1 Satz 3 gilt sinngemäß.

(2) Die Unterbrechung der Verjährung dauert fort
1. in den Fällen des Absatzes 1 Satz 1 Nummer 1 bis zum Ablauf der Maßnahme,
2. im Fall des Absatzes 1 Satz 1 Nummer 2 bis zum Erlöschen der Sicherheit,
3. im Fall des Absatzes 1 Satz 1 Nummer 3 bis zum Erlöschen des Pfändungspfandrechts, der Zwangshypothek oder des sonstigen Vorzugsrechts auf Befriedigung,
4. im Fall des Absatzes 1 Satz 1 Nummer 4 bis zur Beendigung des Insolvenzverfahrens,
5. im Fall des Absatzes 1 Satz 1 Nummer 5 bis zum Wegfall des Vollstreckungsverbots nach § 294 Absatz 1 der Insolvenzordnung,
6. in den Fällen des Absatzes 1 Satz 1 Nummer 6, bis der Insolvenzplan oder der gerichtliche Schuldenbereinigungsplan erfüllt oder hinfällig wird.

Wird gegen die Finanzbehörde ein Anspruch geltend gemacht, so endet die hierdurch eingetretene Unterbrechung der Verjährung nicht, bevor über den Anspruch rechtskräftig entschieden worden ist.

(3) Mit Ablauf des Kalenderjahres, in dem die Unterbrechung geendet hat, beginnt eine neue Verjährungsfrist.

(4) Die Verjährung wird nur in Höhe des Betrages unterbrochen, auf den sich die Unterbrechungshandlung bezieht.

**Inhaltsübersicht**



## A. Bedeutung der Vorschrift

Die dem Erhebungsverfahren zugeordnete Vorschrift betrifft ausschließlich die **Unterbrechung der Zahlungsverjährung**. Für den Eintritt der Festsetzungsverjährung hat sie keine Bedeutung (s. dort die Tatbestände der Ablaufhemmung in § 171 AO). 1

**Mit Wirkung vom 25.06.2017** ist die Vorschrift durch das StUmgBG im Interesse der Übersichtlichkeit und der Erleichterung ihrer Anwendung **neu gefasst** worden. Inhaltliche Änderungen gegenüber der zuvor geltenden Rechtslage sind indes nicht eingetreten. 2

Gemäß § 231 Abs. 1 Satz 2 AO gilt § 169 Abs. 1 Satz 3 AO sinngemäß. Dies bedeutet, dass für die Unterbrechungswirkung einschlägiger Maßnahmen der Finanzbehörden der Zeitpunkt maßgebend ist, zu dem der entsprechende Verwaltungsakt den Bereich der zuständigen Finanzbehörde verlassen hat bzw. bei öffentlicher Zustellung ein Aushang nach § 15 Abs. 2 VwZG erfolgt ist. Diese Bestimmung hat jedoch nur Bedeutung bei der Feststellung des Zeitpunkts, in dem die Unterbrechungswirkung eintritt. Das bloße Auf-den-Weg-Bringen ist für sich allein betrachtet nicht ausreichend, die Unterbrechung der Zahlungsverjährung zu verursachen. Hierfür ist erforderlich, dass die Unterbrechungshandlung tatsächliche Wirkungen erzeugt, z. B. eine Aussetzung der Vollziehung wirksam bekannt gegeben wird (§ 124 Abs. 1 Satz 1 AO; BFH v. 14.01.1997, VII R 66/96, BFH/NV 1997, 283; BFH v. 22.07.1999, V R 44/98, BStBl II 1999, 749) oder eine Zahlungsaufforderung demjenigen zugeht, für den sie bestimmt ist oder der von ihr betroffen wird (BFH v. 06.05.1975, VII R 109/72, BStBl II 1975, 723; BFH v. 28.08.2003, VII R 22/01, BStBl II 2003, 933). Wird die Verjährung durch einen VA unterbrochen, muss er wirksam sein und bleiben. Unterbrechenshandlungen gegenüber Handlungsunfähigen (§ 79 AO) unterbrechen die Verjährung nicht. Daraus folgt aber nicht, dass bei **fehlender passiver Handlungsfähigkeit des Steuerschuldners** die Verjährungsfrist generell nicht unterbrochen werden kann (BFH v. 21.11.2006, VII R 68/05, 3

BStBl II 2007, 291; BFH v. 28.11.2006, VII R 3/06, BStBl II 2009, 575; auch s. Rz. 9).

### B. Unterbrechenstatbestände

4 Die **Aufzählung** der eine Unterbrechung der Verjährung bewirkenden Maßnahmen in § 231 Abs. 1 Satz 1 AO ist **abschließend** (BFH v. 24.09.1996, VII R 31/96, BStBl II 1997, 259; BFH v. 10.11.2003, VII B 342/02, BFH/NV 2004, 315) und eine sinngemäße Anwendung auf ähnliche Tatbestände kommt nicht in Frage. Allen Unterbrechenstatbeständen ist gemeinsam, dass es sich um **Maßnahmen mit Außenwirkung** handelt, wobei eine Bekanntgabe an den Vollstreckungsschuldner – wie z.B. bei der Ermittlung des Aufenthaltsorts – keine für die Unterbrechung notwendige Voraussetzung ist (s. BFH v. 24.09.1996, VII R 31/96 BStBl II 1997, 259; BFH v. 21.11.2006, VII R 68/05, BFH/NV 2007, 300). Eine bestimmte rechtliche Qualität der Maßnahme, die die Verjährung unterbrechen soll, wird nicht verlangt. Wie schon die gesetzliche Aufzählung zeigt, können solche Maßnahmen sowohl den Charakter eines VA haben, aber auch bloß Willenserklärungen oder Realakte sein (BFH v. 10.11.2003, VII B 342/02, BFH/NV 2004, 315). Hat das FA durch einen Realakt (z.B. Zahlungsaufforderung) eine Unterbrechung herbeigeführt, steht es nicht in seiner Macht, die Unterbrechungswirkung durch einen **actus contrarius** zu beseitigen (z.B. durch Erklärung, die Zahlungsaufforderung habe sich erledigt; BFH v. 28.11.2006, VII R 3/06, BStBl II 2009, 575).

### I. Erfüllungsaufschiebende Maßnahmen (§ 231 Abs. 1 Nr. 1 AO)

5 Gemäß § 231 Abs. 1 Nr. 1 AO verjährungsunterbrechend sind **Zahlungsaufschub (§ 223 AO), Stundung (§ 222 AO), Aussetzung der Vollziehung (§§ 361 AO, 69 FGO)** und Zahlungsaufschub und sonstige Zahlungserleichterungen des Zollschuldners (**Art. 110 ff. UZK**) sowie **Vollstreckungsaufschub (§ 258 AO)**, jeweils sofern die Maßnahmen dem Vollstreckungsschuldner mitgeteilt wurden (BFH v. 23.04.1991, VII R 37/90, BStBl II 1991, 742).

6 Die **Aussetzung der Vollziehung eines Grundlagenbescheids** unterbricht die Verjährung des Zahlungsanspruchs bezüglich der auf dem Grundlagenbescheid beruhenden Steuern noch nicht, wohl aber die von Amts wegen anzuordnende Aussetzung der Vollziehung des Folgebescheids selbst (§§ 361 Abs. 3 Satz 1 AO, 69 Abs. 2 Satz 4 FGO; BFH v. 23.06.1997, VII R 119/97, BFH/NV 1998, 1322). Ist ein Folgebescheid »bis zum Ablauf eines Monats nach Bekanntgabe der Einspruchsentscheidung bzw. des geänderten Steuerbescheids« ausgesetzt, so endet die Aussetzung der Vollziehung und damit die Unterbrechung der Zahlungsverjährung, wenn der Folgebescheid selbst nicht angefochten ist, einen Monat nach Bekanntgabe des geänderten Folgebescheids, der aufgrund der Erledigung des Rechtsbehelfs über den Grundlagenbescheid ergeht (BFH v. 23.06.1998, VII R 119/97, BFH/NV 1998, 1322). Eine vor Erlass eines Steuerbescheids gegebene Zusage des FA, dessen Vollziehung später auszusetzen, bewirkt keine Unterbrechung (BFH v. 24.04.1996, II R 37/93, BFH/NV 1996, 865).

7 Eine durch VA und Widerrufsvorbehalt bewilligte »**Ratenzahlung**« ist als verjährungsunterbrechende Maßnahme des Vollstreckungsaufschubs i.S. von § 258 AO anzusehen, wenn sie aus Rücksichtnahme für eine längere Zeitspanne auf die Grenzen der Leistungsfähigkeit des Vollstreckungsschuldners zur Vermeidung sofortiger Vollstreckungsmaßnahmen erfolgt (BFH v. 08.01.1998, VII B 137/97, BFH/NV 1998, 686). Als Vollstreckungsaufschub i.S. von § 231 Abs. 1 Nr. 1 AO ist neben einer Vereinbarung zwischen dem Vollstreckungsschuldner und dem FA auch die einseitige Erklärung des Vollstreckungsgläubigers anzusehen, von Maßnahmen zur Durchsetzung seines Anspruchs absehen zu wollen (BFH v. 10.11.2003, VII B 342/02, BFH/NV 2004, 315). Die Gewährung von Vollstreckungsaufschub unterbricht auch dann die Zahlungsverjährung, wenn sie nicht ausdrücklich erfolgt, sondern sich nur aus den Erklärungen der Behörde und deren Absicht hinreichend klar ergibt, auf der Begleichung der Abgabenschuld letztlich zu bestehen (BFH v. 23.02.2010, VII R 9/08, BFH/NV 2010, 1319).

### II. Sicherheitsleistung (§ 231 Abs. 1 Nr. 2 AO)

Voraussetzung für die Unterbrechung der Verjährung eines Steueranspruchs ist, dass die Sicherheitsleistung (§§ 241 ff. AO) **nach Beginn der** für den Steueranspruch bestehenden **Verjährungsfrist** geleistet wird (BFH v. 08.01.1980, VII R 81/77, BStBl II 1980, 306). Eine vor Beginn der Verjährungsfrist erbrachte Sicherheitsleistung unterbricht die Verjährung nicht. Ebenso hat allein das Verlangen des FA nach Sicherheitsleistung noch keine Unterbrechenswirkung. Die Unterbrechung der Verjährung beginnt, wenn die Sicherheit tatsächlich erbracht wird, d.h. z.B. im Zeitpunkt der Abtretung einer zur Sicherheit übereigneten Forderung. 8

### III. Vollstreckungsmaßnahmen (§ 231 Abs. 1 Nr. 3 AO)

Vollstreckungsmaßnahmen, d.h. Handlungen des FA, die der zwangsweisen Durchsetzung des Zahlungsanspruchs im Vollstreckungsverfahren dienen (§§ 249 ff. AO), führen ebenfalls zur Unterbrechung der Verjährung. Zu nen- 9 nen sind hier insbes. die **Pfändung** von beweglichen Gegenständen (§ 281 AO), Forderungspfändungen (§ 309 AO) und die Stellung von Anträgen, die für die Vollstreckung in das unbewegliche Vermögen (§ 322 AO) erforderlich sind (s. BFH v. 17.10.1989, VII R 77/88, BStBl II 1990, 44). Eine Pfändungsverfügung gegen einen Dritten unterbricht die Zahlungsverjährung auch dann, wenn der Vollstreckungsschuldner in dem betreffenden Zeitpunkt keine passive Handlungsfähigkeit besitzt (BFH v. 21.11.2006, VII R 68/05, BStBl II 2007, 291; s. Rz. 2 a.E.). Bei der Forderungspfändung tritt die Verjährungsunterbrechung mit Zustellung an den Drittschuldner ein, und dies auch dann, wenn eine Mitteilung an den Vollstreckungsschuldner unterbleibt und dieser auch sonst von der Pfändung nichts erfährt (BFH v. 14.11.2006, IX B 186/05, BFH/NV 2007, 388). Unterbrechenswirkung hat auch der fruchtlose Pfändungsversuch, desgleichen die **Vorladung zur Abgabe der Vermögensauskunft** (§ 284 AO); Unterbrechung der Zahlungsverjährung auch bei rechtswidriger Aufforderung (BFH v. 21.06.2010, VII R 27/08, BStBl II 2011, 331). Ebenfalls verjährungsunterbrechend als Maßnahme im Rahmen der Zwangsvollstreckung ist der **Antrag auf Eröffnung des Insolvenzverfahrens** (BFH v. 01.09.2015, VII B 178/14, BFH/NV 2015, 1667). Noch keine Vollstreckungsmaßnahme ist die bloße Anfrage der Vollstreckungsbehörde beim Amtsgericht, ob der Schuldner innerhalb der letzten zwei Jahre bereits eine Vermögensauskunft abgegeben hat (§ 284 Abs. 4 AO; BFH v. 24.09.1996, VII R 31/96, BStBl II 1997, 259). Die **Anordnung eines Arrestes** (§ 324 AO) ist noch keine Vollstreckungsmaßnahme.

10 Die **Aufhebung von Vollstreckungsmaßnahmen** hat auf die Unterbrechung der Verjährungsfrist keine Auswirkung. Vollstreckungsmaßnahmen, die von Anfang an unheilbar nichtig sind, sind nicht geeignet, die Verjährung zu unterbrechen (BFH v. 12.10.1989, VII R 77/88, BStBl II 1990, 44).

### IV. Maßnahmen im Insolvenzverfahren (§ 231 Abs. 1 Nr. 4 bis 6 AO)

11 Im Insolvenzverfahren führen folgende Maßnahmen zur Unterbrechung der Verjährung: Anmeldung im Insolvenzverfahren (§§ 174 ff. InsO), Eintritt des Vollstreckungsverbots nach § 294 Abs. 1 InsO und die Aufnahme in einen Insolvenzplan (§§ 217 ff. InsO) oder einen gerichtlichen Schuldenbereinigungsplan (§§ 305 ff. InsO). Zum Insolvenzverfahren s. § 251 AO Rz. 5 ff.

### V. Wohnsitzermittlung (§ 231 Abs. 1 Nr. 7 AO)

Ermittlungen des FA nach dem Wohnsitz oder dem Aufenthaltsort des Zahlungspflichtigen haben verjährungsunterbrechende Wirkung, vorausgesetzt, ein Zahlungsanspruch besteht tatsächlich und kann nur mangels Kenntnis des Aufenthaltsorts des Verpflichteten nicht realisiert werden. Bloße Scheinhandlungen bzw. schematische Anfragen ohne konkreten Anlass sind wirkungslos (BFH v. 24.11.1992, VII R 63/92, BStBl II 1993, 220; BFH v. 02.12.2011, VII B 106/11, BFH/NV 2012, 691). Verjährungsunterbrechend sind auch EMA-Online-Anfragen (BFH v. 17.09.2014, VII R 8/13, BFH/NV 2015, 4). 12

### VI. Schriftliche Geltendmachung des Anspruchs (§ 231 Abs. 1 Nr. 8 AO)

Meist macht das FA den Steueranspruch mit dem **Leistungsgebot** geltend (§ 254 AO), nicht selten aber auch durch anderweitige schriftliche Zahlungsaufforderung, z.B. durch **Mahnung** (§ 259 AO). Voraussetzung ist, dass die Zahlungsaufforderung an den Zahlungspflichtigen ergeht und nicht etwa gegenüber einem anderen Rechtssubjekt (BFH v. 21.06.2010, VII R 27/08, BStBl II 2011, 331); die bloße Weiterleitung eines Schriftsatzes durch das FG ist hierfür ausreichend (BFH v. 23.02.2010, VII R 9/08, BFH/NV 2010, 1319). Für die Unterbrechung der Verjährung ist gleichgültig, ob die Geltendmachung mit dem Erlass eines Festsetzungsbescheids (z.B. Steuerbescheid) verbunden oder unter Bezugnahme auf einen solchen oder auf eine Steueranmeldung (§ 150 Abs. 1 Satz 2 AO) gesondert ergeht. Auch im ersteren Fall ist das spätere Schicksal der Festsetzung (z.B. ihre spätere Aufhebung) wegen der Selbstständigkeit der Zahlungsaufforderung ohne Belang (s. BFH v. 26.11.1974, VII R 45/72, BStBl II 1975, 460). Unterbrechung tritt ein, wenn das FA in einem Abrechnungsbescheid einen bestimmten Steuerbetrag als offen ausweist (BFH v. 04.08.2009, VII B 16/09, AO-StB 2009, 290). Keine Unterbrechung tritt ein, wenn das FA kurz vor Ablauf der Verjährungsfrist eine Zahlungsaufforderung an eine Adresse richtet, unter der der Schuldner nicht mehr wohnt (BFH v. 27.04.1995, VII R 90/93, BFH/NV 1995, 943). 13

Die Verjährung von Zahlungsansprüchen, die dem **Stpfl. als Gläubiger** zustehen (§ 37 Abs. 2 AO), wird gleichfalls durch schriftliche Geltendmachung des Anspruchs unterbrochen. Hierfür genügt jedes Schreiben, mit dem er das FA zur Festsetzung oder Erfüllung des Anspruchs auffordert (BFH v. 09.07.1996, VII R 136/95, BFH/NV 1997, 10; AEAO zu § 231). Gemäß § 231 Abs. 2 Satz 2 AO endet die Unterbrechung der Verjährung in diesem Fall erst, wenn über den Anspruch rechtskräftig entschieden worden ist (s. Rz. 15). 14

### C. Rechtsfolgen der Unterbrechung

15 Unterbrechung der Verjährungsfrist bedeutet Wirkungsloswerden der bis dahin abgelaufenen Verjährungsfrist mit der Maßgabe, dass sie mit dem Ablauf des Kalenderjahres, in dem der Unterbrechungstatbestand endet, **von Neuem zu laufen beginnt** (§ 231 Abs. 3 AO). Es ist in der Praxis durchaus denkbar, dass hinsichtlich eines bestimmten Anspruchs mehrere Unterbrechungstatbestände unabhängig voneinander zu unterschiedlichen Zeitpunkten eintreten, sodass die Unterbrechungswirkung einen wiederholten Neubeginn der Verjährungsfrist zur Folge hat und die Anspruchsverjährung im Gesamtergebnis sehr weit hinausgeschoben wird.

### I. Zeitliche Beschränkung (§ 231 Abs. 2 AO)

16 Für die Dauer der Unterbrechung unterscheidet der Katalog in § 231 Abs. 2 Satz 1 AO zwischen **Unterbrechungshandlungen**, die ihrer Natur nach **Dauerwirkung** haben oder mit einer solchen durch das Gesetz ausgestattet werden, und solchen, die sich **ohne Dauerwirkung** in einer Unterbrechungshandlung erschöpfen. Maßnahmen ohne Dauerwirkung, die mit ihrer Vornahme ihr Ende finden, sind Maßnahmen der Wohnsitzermittlung (§ 231 Abs. 1 Nr. 7 AO) und die schriftliche Geltendmachung des Anspruchs (§ 231 Abs. 1 Nr. 8 AO). Demgegenüber entfalten die Unterbrechungshandlungen gem. § 231 Abs. 1 Nr. 1 bis 6 AO Dauerwirkung. Im Einzelnen endet die Unterbrechung bei erfüllungsaufschiebenden Maßnahmen erst mit deren Ablauf, bei Sicherheitsleistungen mit dem Erlöschen der Sicherheit, bei Vollstreckungsmaßnahmen mit dem Erlöschen des Pfändungspfandrechts, der Zwangshypothek oder des sonstigen Vorzugsrechts auf Befriedigung sowie in den Insolvenzfällen nach Anmeldung im Insolvenzverfahren mit Beendigung des Insolvenzverfahrens, bei Eintritt eines Vollstreckungsverbots nach § 294 Abs. 1 InsO mit Wegfall des Vollstreckungsverbots und bei der Aufnahme in einen Insolvenzplan oder einen gerichtlichen Schuldenbereinigungsplan, wenn dieser erfüllt oder hinfällig wird.

17 Eine **Sonderregelung** enthält § 231 Abs. 2 Satz 2 AO. Hiernach endet die durch Geltendmachung eines Anspruchs gegen die Finanzbehörde eingetretene Verjährungsunterbrechung nicht, bevor über den Anspruch rechtskräftig – gemeint ist unanfechtbar – entschieden worden ist.

### II. Persönliche Beschränkung

18 In persönlicher Hinsicht wirkt die Unterbrechung der Verjährung gegen denjenigen, der von der Unterbrechungshandlung betroffen wird, genauer: den sie als Adressat bezeichnet. Bei mehreren Zahlungspflichtigen wirkt die Unterbrechungshandlung nur gegen denjenigen, gegen den sie sich richtet bzw. seitens dessen sie erfolgt (Sicherheitsleistung). So sind gegenüber dem Schuldner und dem Haftenden die Verjährungsfristen selbstständig zu berechnen; die Unterbrechung der Verjährung muss gegenüber einem jeden gesondert erfolgen (BFH v. 15.11.1966, I B 16/66, BStBl III 1967, 130). Verjährungsunterbrechende Handlungen, die vor Auflösung einer **Personengesellschaft** im Verhältnis zur Gesellschaft vorgenommen wurden, wirken gegen die Gesellschafter auch nach Auflösung der Gesellschaft fort (BFH v. 21.04.1999, VII B 347/98, BFH/NV 1999, 1440). Unterbrechenshandlungen gegenüber der Gesellschaft nach Auflösen der Gesellschaft wirken gegen deren Gesellschafter aber nur dann, wenn die Unterbrechenshandlung innerhalb der zugunsten der Gesellschafter nach Auflösung der Gesellschaft laufenden Fünf-Jahres-Frist nach § 159 Abs. 1 HGB vorgenommen wird.

### III. Betragsmäßige Beschränkung (§ 231 Abs. 4 AO)

Dem **Umfang und** der **Höhe** nach beschränkt sich die Unterbrechung der Verjährungsfrist auf den Betrag, auf den sich die Unterbrechungshandlung bezieht (§ 231 Abs. 4 AO). Dies bedingt, dass die verjährungsunterbrechende Maßnahme in der Weise hinreichend bestimmt ist, dass die Identität des von ihr betroffenen Zahlungsanspruchs zweifelsfrei festgestellt werden kann. Nicht ausreichend und daher als Unterbrechungshandlung unwirksam, wäre z. B. die allgemeine Aufforderung an einen Stpfl., seine noch offenen Steuerschulden unverzüglich zu begleichen. Ein solches Schreiben des FA ermangelt nur dann nicht der notwendigen hinreichenden Bestimmtheit (§ 119 Abs. 1 AO), wenn ein erkennbarer Zusammenhang mit einem anderen, die erforderlichen Angaben enthaltenden Schreiben der Finanzbehörde (z. B. Kontoauszug) besteht. 19

## § 232 AO
## Wirkung der Verjährung

**Durch die Verjährung erlöschen der Anspruch aus dem Steuerschuldverhältnis und die von ihm abhängenden Zinsen.**

**Inhaltsübersicht**

### A. Bedeutung der Vorschrift

Im Gegensatz zum bürgerlichen Recht (§ 214 BGB) ist die Verjährung im Steuerrecht ein materieller **Rechtsbeendigungsgrund** (§ 47 AO), ferner ist im Gegensatz zum bürgerlichen Recht auch keine ausdrückliche Einrede der Verjährung seitens des Schuldners notwendig.

### B. Wirkung der Verjährung

2 Der Nichtablauf der Verjährungsfrist ist eine Verfahrensvoraussetzung, die in jeder Lage des Verfahrens von Amts wegen zu prüfen ist (BFH v. 26.04.1990, V R 90/87, BStBl II 1990, 802). Wird der Anspruch trotz des inzwischen eingetretenen Verjährungsablaufs erfüllt, ist i. S. des § 37 Abs. 2 AO ohne rechtlichen Grund gezahlt.

3 Die Einbeziehung der Zinsen in die Erlöschenswirkung hat zur Folge, dass diese jedenfalls nach dem Erlöschen der Hauptforderung nicht mehr gefordert werden können. Ungeachtet dessen kann jedoch für die Zinsen, für die eine selbständige Zahlungsverjährungsfrist läuft, diese schon vor Verjährung des Hauptanspruchs abgelaufen sein.

4 Für andere steuerliche Nebenleistungen, z. B. **Säumniszuschläge** und **Verspätungszuschläge**, laufen selbständige Verjährungsfristen. Auf sie erstreckt sich die Zahlungsverjährung der Hauptschuld nicht (BFH v. 08.11.2004, VII B 137/04, BFH/NV 2005, 492).

# Zweiter Abschnitt: Verzinsung, Säumniszuschläge

## 1. Unterabschnitt Verzinsung

## § 233 AO Grundsatz

**Ansprüche aus dem Steuerschuldverhältnis (§ 37) werden nur verzinst, soweit dies gesetzlich vorgeschrieben ist. Ansprüche auf steuerliche Nebenleistungen (§ 3 Abs. 4) und die entsprechenden Erstattungsansprüche werden nicht verzinst.**

**Inhaltsübersicht**



### A. Bedeutung der Vorschrift

Die Vorschrift stellt den Grundsatz auf, dass Ansprüche aus dem Steuerschuldverhältnis (§ 37 AO) nur dann verzinst werden, wenn dies gesetzlich ausdrücklich vorgeschrieben ist, und nimmt in Satz 2 diejenigen Ansprüche aus dem Steuerschuldverhältnis, die steuerliche Nebenleistungen i. S. des § 3 Abs. 4 AO betreffen, allgemein von der Verzinsung aus. Die gesetzliche Regelung der Zinspflicht ist erforderlich, da es im nationalen Recht keinen allgemeinen Grundsatz gibt, dass öffentlich-rechtliche Geldforderungen zu verzinsen sind (BFH v. 07.12.1990, III R 2/88, BStBl II 1991, 422; BFH v. 16.05.2013, II R 20/11, BStBl II 2013, 770). Fehlt eine gesetzliche Grundlage, ist die Entstehung einer Zinspflicht ausgeschlossen (BFH v. 17.01.2007, X R 29/06, BFH/NV 2007, 942; BFH v. 16.12.2009, I R 48/09, BFH/NV 2010, 827; BFH v. 23.06.2014, VIII B 75/13, BFH/NV 2014, 1713). Eine Zinspflicht kann sich entgegen dem Wortlaut von § 233 AO auch aus Gemeinschaftsrecht ergeben, wenn Steuern oder Zölle gem. einer EU-Verordnung erhoben werden, die vom EuGH für ungültig oder nichtig erklärt worden sind (EuGH v. 29.09.2012, C-113/10, C-147/10 und C-234/10, ECLI:EU:C:2012:591, ZfZ 2013, 76 – Zuckerfabrik Jülich; EuGH v. 18.01.2017, C-365/15, ECLI:EU:C:2017:19, ZfZ 2017, 42 – Wortmann). 1

### B. Zinsbegriff und -tatbestände

Zinsen sind laufzeitabhängiges Entgelt für den Gebrauch eines auf Zeit überlassenen oder vorenthaltenen Geldkapitals (BFH v. 20.05.1987, II R 44/84, BStBl II 1988, 229; BFH v. 25.03.1992, I R 159/90, BStBl II 1992, 997). Ihrem Charakter nach sind sie abhängig vom Bestehen einer (Haupt)Schuld (Grundsatz der Akzessorietät), d. h. im Steuerrecht vom Bestehen eines Anspruchs aus dem Steuerschuldverhältnis, soweit Verzinsung angeordnet ist. Verzinst werden Steuernachforderungen und -erstattungen (§ 233 a AO), gestundete Ansprüche aus dem Steuerschuldverhältnis (§ 234 AO), hinterzogene Steuern (§ 235 AO), auf Grund einer gerichtlichen Entscheidung zu erstattende Steuerbeträge oder -vergütungen (§ 236 AO), von der Vollziehung ausgesetzte Ansprüche (§ 237 AO). Ferner finden sich Zinsvorschriften in spezialgesetzlichen Regelungen, z. B. § 28 ErbStG, § 7 InvZulG. Die Verzinsung von Kirchensteuern und von örtlichen Verbrauch- und Aufwandsteuern sowie der Kommunalabgaben ist in den Bundesländern nicht einheitlich geregelt. 2

## C. Steuerliche Nebenleistungen

3 Die auf Zahlung steuerlicher Nebenleistungen (§ 3 Abs. 4 AO) und deren Erstattung gerichteten Ansprüche werden nach § 233 Satz 2 AO nicht verzinst. Dies gilt auch dann, wenn Ansprüche auf steuerliche Nebenleistungen in den Fällen der §§ 236, 237 AO als Hauptsache des Rechtsbehelfsverfahrens anzusehen sind, da die Vorschrift die Erhebung von Zinsen auf Zinsen ausnahmslos ausschließt (BFH v. 23.06.2014, VIII B 75/13, BFH/NV 2014, 1713).

Die Forderung auf Rückzahlung hinterlegter Gelder wird nicht verzinst (§ 242 Satz 2 AO).

## D. Gesamtschuldner

4 Besteht hinsichtlich des zu verzinsenden Anspruchs Gesamtschuldnerschaft, z. B. bei zusammenveranlagten Ehegatten, werden auch die Zinsen von jedem der Gesamtschuldner geschuldet (§ 44 Abs. 1 Satz 2 AO). Wie die Hauptschuld können auch die Zinsen nur einmal gefordert werden. Die Vorschriften über die Aufteilung der Gesamtschuld nach §§ 268 ff. AO finden auch auf Zinsen Anwendung (§ 276 Abs. 4). Auch nach Erlöschen der Hauptschuld ist eine Aufteilung der Zinsen möglich (BFH v. 30.11.1994, XI R 19/94, BStBl II 1995, 487).

## E. Höhe, Festsetzung

5 Wegen der Höhe und der Berechnung der Zinsen s. Erläuterungen zu s. § 238 AO; die Festsetzung der Zinsen bestimmt sich nach § 239 AO.

## F. Ertragsteuerliche Behandlung

6 Vom Stpfl. vereinnahmte Erstattungszinsen (§ 233a AO) und Prozesszinsen auf Erstattungsbeträge (§ 236 AO) sind als Einkünfte aus Kapitalvermögen oder als Betriebseinnahmen stpfl. (vgl. BFH v. 24.06.2014, VIII R 29/12, BStBl. II 2014, 998; BFH v. 09.10.2014, I R 34/13, BFH/NV 2015, 167). Vom Stpfl. entrichtete Steuerzinsen sind demgegenüber weder als Sonderausgaben noch als Werbungskosten oder Betriebsausgaben abziehbar (§ 12 Nr. 3 EStG: Abzugsverbot für Nachzahlungszinsen; § 9 Abs. 5, EStG § 4 Abs. 5 Nr. 8a EStG: Abzugsverbot für Hinterziehungszinsen).

## § 233a AO
## Verzinsung von Steuernachforderungen und Steuererstattungen

**(1) Führt die Festsetzung der Einkommen-, Körperschaft-, Vermögen-, Umsatz- oder Gewerbesteuer zu einem Unterschiedsbetrag im Sinne des Abs. 3, ist dieser zu verzinsen. Dies gilt nicht für die Festsetzung von Vorauszahlungen und Steuerabzugsbeträgen.**

**(2) Der Zinslauf beginnt 15 Monate nach Ablauf des Kalenderjahrs, in dem die Steuer entstanden ist. Er beginnt für die Einkommen- und Körperschaftsteuer 23 Monate nach diesem Zeitpunkt, wenn die Einkünfte aus Land- und Forstwirtschaft bei der erstmaligen Steuerfestsetzung die anderen Einkünfte überwiegen. Er endet mit Ablauf des Tages, an dem die Steuerfestsetzung wirksam wird.**

**(2a) Soweit die Steuerfestsetzung auf der Berücksichtigung eines rückwirkenden Ereignisses (§ 175 Abs. 1 Satz 1 Nr. 2 und Abs. 2) oder auf einem Verlustabzug nach § 10d Abs. 1 des Einkommensteuergesetzes beruht, beginnt der Zinslauf abweichend von Abs. 2 Satz 1 und 2 15 Monate nach Ablauf des Kalenderjahres, in dem das rückwirkende Ereignis eingetreten oder der Verlust entstanden ist.**

**(3) Maßgebend für die Zinsberechnung ist die festgesetzte Steuer, vermindert um die anzurechnenden Steuerabzugsbeträge, um die anzurechnende Körperschaftsteuer und um die bis zum Beginn des Zinslaufs festgesetzten Vorauszahlungen (Unterschiedsbetrag). Bei der Vermögensteuer ist als Unterschiedsbetrag für die Zinsberechnung die festgesetzte Steuer, vermindert um die festgesetzten Vorauszahlungen oder die bisher festgesetzte Jahressteuer, maßgebend. Ein Unterschiedsbetrag zugunsten des Steuerpflichtigen ist nur bis zur Höhe des zu erstattenden Betrags zu verzinsen; die Verzinsung beginnt frühestens mit dem Tag der Zahlung.**

**(4) Die Festsetzung der Zinsen soll mit der Steuerfestsetzung verbunden werden.**

**(5) Wird die Steuerfestsetzung aufgehoben, geändert oder nach § 129 berichtigt, ist eine bisherige Zinsfestsetzung zu ändern; Gleiches gilt, wenn die Anrechnung von Steuerbeträgen zurückgenommen, widerrufen oder nach § 129 berichtigt wird. Maßgebend für die Zinsberechnung ist der Unterschiedsbetrag zwischen der festgesetzten Steuer und der vorher festgesetzten Steuer, jeweils vermindert um die anzurechnenden Steuerabzugs-**

beträge und um die anzurechnende Körperschaftsteuer. Dem sich hiernach ergebenden Zinsbetrag sind bisher festzusetzende Zinsen hinzuzurechnen; bei einem Unterschiedsbetrag zugunsten des Steuerpflichtigen entfallen darauf festgesetzte Zinsen. Im Übrigen gilt Abs. 3 Satz 3 entsprechend.

(6) Die Absätze 1 bis 5 gelten bei der Durchführung des Lohnsteuer-Jahresausgleichs entsprechend.

(7) Bei Anwendung des Abs. 2a gelten die Absätze 3 und 5 mit der Maßgabe, dass der Unterschiedsbetrag in Teil-Unterschiedsbeträge mit jeweils gleichem Zinslaufbeginn aufzuteilen ist; für jeden Teil-Unterschiedsbetrag sind Zinsen gesondert und in der zeitlichen Reihenfolge der Teil-Unterschiedsbeträge zu berechnen, beginnend mit den Zinsen auf den Teil-Unterschiedsbetrag mit dem ältesten Zinslaufbeginn. Ergibt sich ein Teil-Unterschiedsbetrag zugunsten des Steuerpflichtigen, entfallen auf diesen Betrag festgesetzte Zinsen frühestens ab Beginn des für diesen Teil-Unterschiedsbetrag maßgebenden Zinslaufs; Zinsen für den Zeitraum bis zum Beginn des Zinslaufs dieses Teil-Unterschiedsbetrags bleiben endgültig bestehen. Dies gilt auch, wenn zuvor innerhalb derselben Zinsberechnung Zinsen auf einen Teil-Unterschiedsbetrag zuungunsten des Steuerpflichtigen berechnet worden sind.

#### Inhaltsübersicht



#### Schrifttum


Kruse, Über Vollverzinsung, FR 1988, 1; Siegert, Einzelfragen zur Vollverzinsung nach § 233 a AO, DStR 2000, 46; Heuermann, Verzinsung nach § 233 a AO 1977 bei Verlustrücktrag, StBp 2006, 384; Prinz, Der Erstattungsbetrag nach § 11 Abs. 2 AStG ist nicht zu verzinsen, StR 2006, 600; Maunz/Zugmaier, Erstattungszinsen für Steuervergütungsanspruch, DStR 2008, 2165; Bretz, Nichtabziehbarkeit von Nachzahlungszinsen gemäß § 10 Nr. 2 KStG – verfassungswidrig?, DStZ 2009, 692; Heuel, Rechtsprechungsänderung im Hinblick auf die Steuerpflicht von Erstattungszinsen, BB 2010, 2741; Jebens, Rechtsmittel zur Abwehr von Nachzahlungszinsen aus § 233 a AO – Amtshaftung nach § 839 BGB, BB 2010, 544; Körner, Für die Einführung einer Vollverzinsung im Bereich der Umsatzsteuer de lege ferenda, DStR 2010, 1363; Rublack, Zur Einführung von Erstattungszinsen durch das JStG 2010, FR 2011, 173; Panzer/Gebert, Steuerbarkeit von Erstattungszinsen nach § 233 a AO – § 20 Abs. 1 Nr. 7 Satz 3 ein weiterer zahnloser Tiger?, DStR 2011, 741; Korn, Steuerbarkeit von Erstattungszinsen, Steuk 2011, 187; Ortheil, Rechtmäßigkeit eines typisierenden Zinssatzes, BB 2012, 1513; Balliet, Besteuerung von Erstattungszinsen, DStZ 2012, 436; Thiemann, Rechtmäßigkeit der Besteuerung von Erstattungszinsen nach § 233 a AO, FR 2012, 673; Bergmann, Rechtsschutz gegen aufgedrängte AdV und nachfolgende Zinszahlungen, DStR 2013, 1651; Seer/Klemke, Neuordnung der Verzinsung von Ansprüchen aus dem Steuerschuldverhältnis, ifst-Schrift 490 (2013); Slapio/Claus, Vollverzinsung der Umsatzsteuer nach § 233 a AO, UR 2013, 346; Drüen, Plädoyer für eine Reform der Vollverzinsung im Steuerrecht, FR 2014, 218; Behrens, Reformbedarf bei der Steuervollverzinsung im Steuerverfahrensrecht, FR 2015, 214; Dziadkowski, Zur Fortgeltung der totalen Vollverzinsung – Anmerkungen zu einem erfolgreichen Geschäftsmodell, FR 2015, 922; Jonas, Nachzahlungszinsen gemäß § 233 a AO: Ausblick nach dem BFH-Urteil vom 14.4.2015 – IX R 5/14, DStR 2016, 950; Dziadkowski, Vollverzinsung im Steuerrecht bei Dauerniedrigzins, DStR 2016, 2303; Jonas, Gerichtliche Überprüfung von gesetzlichen Typisierungen in der Niedrigzinsphase, DStR 2016, 3000; Ebner/Malzahn/Martini, Verzinsung von Ansprüchen aus dem Steuerschuldverhältnis sowie methodischer und verfassungsrechtlicher Rahmen richterlicher Gesetzeskorrektur, DStR Beihefter Nr. 23/2017; Meister/Bayer, Verzinsung zurückzuzahlender Einfuhrabgaben, ZfZ 2017, 44; Melan, Sind Festsetzungszinsen zu niedrig?, DStR 2017, 2088.


## A. Allgemeines

### I. Bedeutung der Vorschrift

Nach der Intention des Gesetzgebers soll die Verzinsung nach § 233 a AO im Interesse der Gleichmäßigkeit der Besteuerung und zur Vermeidung von Wettbewerbsverzerrungen einen Ausgleich dafür schaffen, dass die Steuern trotz des gleichen gesetzlichen Entstehungszeitpunktes zu unterschiedlichen Zeitpunkten festgesetzt und erhoben werden (BT-Drs. 11/2157; s. auch AEAO zu § 233 a, Nr. 1). Nicht zuletzt soll die Vorschrift neben der Abschöpfung von Liquiditätsvorteilen des Stpfl. dazu dienen, Zinsnachteile des Steuergläubigers auszugleichen. Dabei bedient sich der Gesetzgeber einer **typisierenden Betrachtungsweise** (BFH v. 02.09.2008, VIII R 2/07, BStBl II 2010, 25; BFH v. 21.10.2010, IV R 6/08, BFH/NV 2011, 430; BFH v. 21.05.2017, I R 77/15, BFH/NV 2017, 1409). Der Typisierung entspricht, dass es für die Zinsfestsetzung unerheblich ist, ob dem Stpfl. tatsächlich Zinsvorteile entstanden sind (BFH 1

v. 08.10.2013, X R 3/10, BFH/NV 2014, 5; BFH v. 01.06.2016, X R 66/14, BFH/NV 2016, 1668). Auf der anderen Seite sollen Zinsnachteile des Stpfl. durch verspätete Erstattungen ausgeglichen werden; dementsprechend sind die Erstattungszinsen Gegenleistung dafür, dass der Stpfl. dem Fiskus Kapital zur Nutzung überlassen hat, zu dessen Überlassung er nicht verpflichtet war (BFH v. 15.06.2010, VIII R 33/07, BStBl 2011, 503). Ob die komplizierte Regelung mit ihrer Vielzahl möglicher Fallgestaltungen zu einer gerechten Steuererhebung beiträgt, ist zu Recht immer wieder bezweifelt worden (z.B. *Kruse*, FR 1988, 12; *Loose* in FS Kruse, 297). Im Ergebnis führt die Verzinsung zu Mehreinnahmen des Fiskus, da die Mehrzahl der Zinsfälle Nachforderungsfälle, etwa nach Außenprüfungen, betrifft.

§ 233 a AO ordnet keine allgemeine Vollverzinsung an, sondern nur eine **beschränkte Vollverzinsung**. Die Verzinsung ist nämlich nur für bestimmte Steuerarten (s. § 233 a Abs. 1 AO) angeordnet und setzt nicht mit der Entstehung des Anspruchs, sondern erst nach einer **Karenzzeit** (§ 233 a Abs. 2 Satz 1 AO) ein. Ist die Karenzfrist verstrichen, entsteht die Zinspflicht unabhängig davon, ob tatsächlich Zinsvorteile entstanden sind. Auf ein Verschulden kommt es nicht an (BFH v. 02.08.2005, X B 139/04, BFH/NV 2005, 2152). Da eine zeitliche Befristung des Zinslaufes nicht (mehr) vorgesehen ist, können sich erhebliche Zinsbelastungen ergeben, zumal die Vollverzinsungszinsen weder als Sonderausgaben noch als Werbungskosten oder Betriebsausgaben ertragsteuerlich berücksichtigt werden können.

2 Die Vorschrift ist **verfassungsgemäß** (BFH v. 06.11.2002, V R 75/01, BStBl II 2003, 115; BFH v. 20.04.2011, I R 80/10, BFH/NV 2011, 1654; BFH v. 21.05.2017, I R 77/15, BFH/NV 2017, 1409), auch soweit eine Verzinsung von Vorauszahlungen und Steuerabzugsbeträgen ausgeschlossen ist (BVerfG v. 03.09.2009, 1 BvR 1098/08, HFR 2010, 66) und – soweit die Zinsen Umsatzsteuer betreffen – auch mit dem Gemeinschaftsrecht vereinbar (BFH v. 09.10.2002, V R 81/01, BStBl II 2002, 887; BFH v. 31.07.2007, V B 156/06, BFH/NV 2008, 416). Auch die Nichtabziehbarkeit von Nachzahlungszinsen ist verfassungsrechtlich nicht zu beanstanden (BFH v. 15.11.2006, XI R 73/03, BStBl II 2007, 387; BFH v. 21.10.2010, IV R 6/08, BFH/NV 2011, 430; BFH v. 15.02.2012, I B 97/11, BStBl II 2012, 697). Dies gilt gleichermaßen für den Abzug als Sonderausgaben wie auch als Werbungskosten oder Betriebsausgaben (BFH v. 13.12.2005, VIII B 74/05, BFH/NV 2006, 740; BFH v. 15.04.2015, VIII R 30/13, BeckRS 2015, 95778; Verfassungsbeschwerde eingelegt, 2 BvR 1711/15). Insgesamt hat sich der Gesetzgeber bei den Regelungen über die Vollverzinsung noch im Rahmen des ihm zustehenden Gestaltungs- und Typisierungsspielraums gehalten, da die Regelung unter hinreichender Einhaltung rechtsstaatlicher Grundsätze der Ausgestaltung eines praktikablen Besteuerungsverfahrens dient (BVerfG v. 03.09.2009, 1 BvR 2539/07, HFR 2010, 171; BFH v. 06.04.2009, X B 257/08, BFH/NV 2009, 1078; BFH v. 29.05.2013, X B 233/12, BFH/NV 2013, 1380).

Die **Höhe** des Zinssatzes beträgt 0,5 v.H. für jeden Monat des Zinslaufs (§ 238 AO). Die sich damit ergebende Jahreszinshöhe von 6 v.H. ist immer wieder Gegenstand verfassungsrechtlicher Zweifel. Jedenfalls bis 2012 geht die Rspr. davon aus, dass der Zinssatz trotz niedriger Marktzinsen verfassungsgemäß ist (vgl. BFH v. 21.10.2015, V B 36/15, BFH/NV 2016, 223; FG Münster v. 17.08.2017, 10 K 2472/16, EFG 2017, 1638 m.w.N., Rev. BFH III R 25/17). Dem ist im Hinblick auf die mit der Typisierung verbundene Vereinfachung zu folgen: Hinzu kommt, dass auch auf dem Kapitalmarkt z.T. noch höhere Zinsen, z.B. bei Überziehungen oder unsicherer Bonität, verlangt werden. Zuzugeben ist allerdings, dass in den »Normalfällen« für Darlehen niedrigere Zinssätze verlangt werden. Für den VZ 2015 hat der BFH nunmehr in einem Aussetzungsverfahren verfassungsrechtliche Zweifel an der Höhe der Zinssteuer geäußert (BFH v. 25.04.2018, IX B 21/18, BFH/NV 2018, 748) (s. auch § 238 Rz. 3).

## B. Anwendungsbereich

§ 233 a Abs. 1 Satz 1 AO beschränkt die Verzinsung auf 3
**die Einkommen-, Körperschaft-, Vermögen-, Umsatz- und Gewerbesteuer**. Nur wenn die Festsetzung dieser Steuern zu einer Steuernachforderung oder einer Steuererstattung führt, tritt Zinspflicht ein. Bei der Umsatzsteuer tritt die Zinspflicht auch ein, wenn der Stpfl. nachträglich auf die Steuerfreiheit verzichtet (BFH v. 01.03.2013, V B 112/11, BFH/NV 2013, 901). Für die nicht ausdrücklich genannten Steuerarten (Erbschaft-/Schenkungsteuer, Grundsteuer, Grunderwerbsteuer (BFH v. 13.01.2006, II B 55/05, BFH/NV 2006, 978), sonstige Verbrauch und Verkehrsteuern) und dem SolZ (s. BFH v. 23.02.2007, IX B 242/06, BFH/NV 2007, 1073) gilt die Zinspflicht nicht. Soweit die Umsatzsteuer wegen ihrer technischen Ausgestaltung als Verkehrsteuer angesehen wird (s. *Drüen* in Tipke/Kruse, § 3 AO Rz. 67), enthält § 233 a AO eine gesetzlich begründete Zinspflicht. Die **Einfuhrumsatzsteuer** wird jedoch von der Zinspflicht nicht erfasst, da sie über § 21 Abs. 2 UStG im Wesentlichen mit dem Zollrecht verknüpft ist und den Regelungen des UZK unterliegt (vgl. auch Art. 116 Abs. 5 UZK). Die Einfuhrumsatzsteuer ist daher keine Umsatzsteuer i.S. von § 233 a AO (BFH v. 23.09.2009, VII R 44/08, BStBl II 2010, 334). Für die landesgesetzlich geregelten **örtlichen Verbrauch- und Aufwandsteuern** sowie für die **Kirchensteuern** kommt § 233 a AO nur zur Anwendung, wenn dies gesetzlich bestimmt ist; die landesrechtlichen Regelungen sind insoweit uneinheitlich.

Nicht verzinst werden kraft ausdrücklicher Anordnung in § 233 a Abs. 1 Satz 2 AO **festgesetzte Vorauszahlungen und Steuerabzugsbeträge**. Das ist verfassungsgemäß (BVerfG v. 03.09.2009, 1 BvR 1098/08, HFR 2010, 66; BFH v. 17.11.2010, I R 68/10, BFH/NV 2011, 737). Das gilt notwendigerweise auch für die Nacherhebung von Lohnsteuer im Wege der Pauschalierung. Weiter werden Steuernachforderungen und -erstattungen nur verzinst, wenn sie sich aufgrund einer Steuerfestsetzung ergeben. Deshalb ist die Vorschrift auf **Haftungsansprüche** nicht anzuwenden (§ 191 Abs. 1 Satz 1 AO: Inanspruchnahme durch Haftungsbescheid). Allgemein verneint wird auch die Anwendung auf **Steuervergütungen**, soweit diesen keine Steuerfestsetzung zugrunde liegt (*Loose* in Tipke/Kruse, § 233 a AO Rz. 10), weil eine Ausdehnung der Zinspflicht eine ausdrückliche gesetzliche Regelung erfordert (BFH v. 05.10.2005, IX B 36/05, – juris –). § 233 a AO enthält also eine abschließende Sonderregelung, die auch sondergesetzliche Erstattungsansprüche umfasst, sodass eine Zinspflicht auch insoweit nur für Ansprüche besteht, die sich aus der Festsetzung der in § 233 a AO genannten Steueransprüche ergeben. Deshalb sind z. B. Erstattungsansprüche nach § 11 Abs. 2 AStG (BFH v. 26.04.2006, I R 122/04, BStBl II 2006, 737), festgesetzte Erstattungen von Abzugsteuern nach § 50 a EStG (BFH v. 18.09.2007 I R 15/05, BStBl II 2008, 332), auf Investitionszulage (BFH v. 23.02.2006, III R 66/03, BStBl II 2006, 741; zur Sonderregelung nach § 12 InVZulG 2010 auch BFH v. 26.08.2010 III R 80/07, BFH/NV 2011, 401), zu erstattende Nachzahlungszinsen (BFH v. 23.06.2014, VIII B 75/13, BFH/NV 2014, 1713) und Kindergeld (BFH v. 20.04.2006, III R 64/04, BStBl II 2007, 240) nicht nach § 233 a AO zu verzinsen. Demgegenüber wird der Anspruch des Unternehmers auf die Vergütung von Vorsteuerbeträgen verzinst, da er auf einer Steueranmeldung und damit auf einer Steuerfestsetzung beruht (BFH v. 17.04.2008, V R 41/06, BStBl II 2009, 2).

Die FinVerw hat ihre Auffassung zu wichtigen Einzelfragen der Verzinsung im AEAO niedergelegt.

## C. Tatbestandliche Voraussetzungen

### I. Beginn des Zinslaufs

#### 1. Regelmäßiger Beginn des Zinslaufs

5 Der **Zinslauf** bezeichnet den Zeitraum zwischen dem Beginn der Verzinsung und deren Ende. Nach § 233 a Abs. 2 Satz 1 AO beginnt der Zinslauf grundsätzlich mit dem Ablauf der Karenzfrist von 15 Monaten nach Ablauf des Kalenderjahrs, in dem die Steuer entstanden ist. Auf die unterschiedlichen Zeitpunkte der Entstehung der Steuern (z. B. Einkommensteuer: im Regelfall Ablauf des Kalenderjahrs, § 36 Abs. 1 AO i. V. m. § 25 Abs. 1 EStG; Umsatzsteuer: Ablauf des Voranmeldungszeitraums, § 13 Abs. 1 i. V. m. § 18 UStG) wird nicht abgehoben. Dementsprechend beginnt z. B. der Zinslauf bei der Einkommensteuer am 01.04. des übernächsten Jahres nach der Entstehung des Steueranspruchs. Die Karenzfrist steht in engem Zusammenhang mit der Frist, innerhalb welcher die Masse der Steuerfestsetzungen erfolgt sein sollte. Sie soll gewährleisten, dass es im Regelfall nicht zu einer Entstehung der Zinspflicht kommt. Ist die Karenzfrist abgelaufen, entsteht die Zinspflicht kraft Gesetzes; der Finanzverwaltung steht kein Ermessen zu. Weder eine besondere Schwierigkeit des Steuerfalles noch eine zögerliche Bearbeitung hindern den Beginn des Zinslaufs. Dies kann zu sachwidrigen Differenzierungen führen (*Loose* in Tipke/Kruse, § 233 a AO Rz. 15).

§ 233 a Abs. 2 Satz 2 AO sieht eine **besondere Karenzfrist** von 23 Monaten vor, die aber nur für die Einkommen- und Körperschaftsteuer gilt. Voraussetzung ist, dass die Einkünfte aus Land- und Forstwirtschaft die anderen Einkünfte überwiegen. Dabei ist auf die Verhältnisse abzustellen, wie sie sich aufgrund der **erstmaligen Steuerfestsetzung** darstellen. Spätere Änderung der Steuerfestsetzungen haben also keinen Einfluss auf den Zinslauf. Die Einkünfte aus Land- und Forstwirtschaft überwiegen die anderen Einkünfte nur dann, wenn sie höher sind als die Summe der Einkünfte aus allen anderen Einkunftsarten; entscheidend ist nämlich, ob der Schwerpunkt der Tätigkeit im Bereich der Land- und Forstwirtschaft liegt, denn die Regelung hebt auf § 4 a Abs. 2 Nr. 1 EStG ab und trägt den Besonderheiten eines abweichenden Wirtschaftsjahrs Rechnung, in dem der Zinslauf erst ab 01.12. beginnt. Deshalb ist es folgerichtig, auch die land- und forstwirtschaftlichen Betriebe in die besondere Karenzfrist einzubeziehen, die nur kraft ihrer Rechtsform Einkünfte aus Gewerbebetrieb erzielen (§ 8 Abs. 2 KStG), gleichwohl aber den Gewinn mit einem abweichenden Wirtschaftsjahr ermitteln. 6

Bei **negativen Einkünften** aus Land- und Forstwirtschaft sind die Voraussetzungen des § 233 a Abs. 2 Satz 2 AO auch erfüllt, wenn die negativen Einkünfte aus Land- und Forstwirtschaft höher sind, als die Summe der positiven bzw. positiven und negativen Einkünfte aus den anderen Einkunftsarten. Denn die Vorschrift differenziert nicht zwischen positiven und negativen Einkünften, sondern allein nach dem Schwerpunkt der Tätigkeit; dieser kann auch bei verlustbringender Tätigkeit im Bereich der Land- und Forstwirtschaft liegen. Der BFH stellt insgesamt auf einen Saldo der positiven und negativen Einkünfte ab (BFH v. 13.07.2006, IV R 5/05, BStBl II 2006, 881; BFH v. 26.04.2012, IV R 23/09, BFH/NV 2012, 1413). Die Karenzzeit von 23 Monaten gilt auch, wenn im Falle der Zusammenrechnung der **zusammenveranlagten Ehegatten/Lebenspartnern** die o. a. Voraussetzungen hinsichtlich der zusammengerechneten Einkünfte vorliegen, da in den Fällen der Zusammenveranlagung der Beginn des Zinslaufes nur beiden Ehegatten gleich sein kann (gl. A. *Loose* in Tipke/Kruse, § 233 a AO Rz. 20). 7

### 2. Beginn des Zinslaufs bei rückwirkenden Ereignissen und Verlustrückträgen

8 § 233 a Abs. 2a AO sieht abweichend von den Regelungen in § 233 a Abs. 2 AO vor, dass der Zinslauf in den Fällen, in denen die Steuerfestsetzung auf der Berücksichtigung eines **rückwirkenden Ereignisses** i. S. des § 175 Abs. 1 Nr. 2 AO oder auf einem **Verlustrücktrag** nach § 10d EStG beruht, 15 Monate nach Ablauf des Kalenderjahres beginnt, in dem das rückwirkende Ereignis eingetreten ist oder der Verlust entstanden ist (BFH v. 06.03.2001, XI R 50/00, BStBl II 2002, 453; BFH v. 20.09.2006, I R 17/04, BFH/NV 2007, 1065 m. w. N.). Die Regelung gilt gleichermaßen für geänderte Steuerfestsetzung wie für erstmalige Steuerfestsetzungen, weil nicht darauf abzustellen ist, ob die verfahrensrechtlichen Voraussetzungen für eine Änderung nach § 175 Abs. 1 Nr. 2 AO vorgelegen haben, sondern ob in materiellrechtlicher Hinsicht ein rückwirkendes Ereignis eingetreten ist (BFH v. 18.05.1999, I R 60/98, BStBl II 1999, 634). Mit dem besonderen Zinslauf soll dem Umstand Rechnung getragen werden, dass bei der Zinsberechnung diejenigen Umstände außer Betracht bleiben, die im Zeitpunkt der Entstehung des Steueranspruches steuerlich noch nicht berücksichtigt werden konnten und insofern weder beim FA noch bei dem Stpfl. ungerechtfertigte Liquiditätsvorteile entstehen konnten. Zur Berechnung s. Rz. 24.

9 Ein erstmaliger Beschluss über eine **offene Gewinnausschüttung** für zurückliegende Wirtschaftsjahre ist zwar ein rückwirkendes Ereignis i. S. des § 233 a Abs. 2a AO, gleichwohl ist der Zinslauf nach § 233 a Abs. 2 AO zu berechnen, weil der von § 233 a AO unterstellte Liquiditätsvorteil nicht entsteht (BFH v. 29.11.2000, I R 45/00, BStBl II 2001, 326; BFH v. 22.10.2003, I R 15/03, BStBl II 2004, 398; BFH v. 20.09.2006, I R 17/04, BFH/NV 2007, 1065). Bei einer **nachträglichen Änderung eines Gewinnverteilungsbeschlusses** zwischen dem ersten und dem weiteren Beschluss besteht für die einschränkende Auslegung des § 233 a Abs. 2a AO kein Bedürfnis (BFH v. 22.10.2003, I R 15/03, BStBl II 2004, 312).

Der nachträgliche **Verzicht auf die Steuerfreiheit einer Grundstückslieferung** ist kein rückwirkendes Ereignis i. S. des § 233 a Abs. 2a AO (BFH v. 28.11.2002, V R 54/00, BStBl II 2003, 175).

Wird ein **Investitionsabzugsbetrag nach § 7 g Abs. 3 EStG** rückgängig gemacht, löst dies zwar für die entstehende Steuernachzahlung die Vollverzinsung aus; allerdings findet § 233 a Abs. 2a AO für den Beginn des Zinslaufs nach § 7 g Abs. 3 Satz 4 EStG keine Anwendung. Der Zinslauf beginnt daher 15 Monate nach Ablauf des Kalenderjahres, dessen Steuerfestsetzung geändert wurde. Bei der Ausübung von Wahlrecht kommt es darauf an, ob es sich um ein sachverhaltsänderndes Wahlrecht handelt oder ob – bei unveränderter Sachlage – nur ein Rechtsfolgenwahlrecht besteht. Die Änderung einer Rechtsfolge aufgrund der Ausübung eines Wahlrechts ist kein auf den Zinslauf zurückwirkendes Ereignis (FG Ddorf v. 27.10.2015, 6 K 3368/13, EFG 2016, 532, Rev. I R 86/15 zum **Blockwahlrecht** nach § 8 b Abs. 8 KStG). Die Ausübung des Wahlrechts zur Zusammenveranlagung wird als nachträgliche Sachverhaltsänderung und damit auch als nachträgliches Ereignis für den Zinslauf angesehen (BFH v. 17.08.2015, III B 50/15, BFH/NV 2015, 1670).

## II. Ende des Zinslaufs

Nach § 233 a Abs. 2 Satz 3 AO endet der Zinslauf mit dem Ablauf des Tages, an dem die Steuerfestsetzung wirksam wird (§ 124 Abs. 1 AO). Bei der üblichen **Bekanntgabe** durch einfachen Brief oder durch Bereitstellung zum Abruf (§ 122 a AO) endet der Fristlauf nach Ablauf der Drei-Tages-Fiktion (§ 122 Abs. 2 AO; § 122 a Abs. 4 Satz 1 AO; BFH v. 13.12.2000, X R 96/88, BStBl II 2001, 274), bei einer Bekanntgabe durch förmliche Zustellung im Zeitpunkt der Zustellung. Worauf die – späte – Wirksamkeit der Steuerfestsetzung beruht, ist unerheblich. Auch eine verzögerte Sachbehandlung durch die Finanzverwaltung hat keinen Einfluss auf den Zinslauf (BFH v. 02.02.2001, XI B 91/00, BFH/NV 2001, 1003; BFH v. 30.10.2001, X B 147/01, BFH/NV 2002, 506; BFH v. 31.05.2017, I R 77/15, BFH/NV 2017, 1409). Davon zu unterscheiden ist die Frage, ob in derartigen Fällen ein **Billigkeitserlass** von Nachzahlungszinsen in Betracht kommt (s. Rz. 27). Dies ist insbes. deshalb von Bedeutung, weil der Zinslauf nicht auf eine Höchstdauer beschränkt ist. 10

Nach § 233 a Abs. 4 AO soll die Festsetzung der Zinsen mit dem Steuerbescheid verbunden werden. Dies ist unproblematisch, da bei der Bekanntgabe mittels **einfachen Briefes** oder durch **Bereitstellung zum Abruf** bei der Berechnung des Zinslaufs von der Bekanntgabefiktion ausgegangen wird; dann stimmen der Zeitpunkt des Wirksamwerdens der Steuerfestsetzung und des Endes des Zinslaufes überein. Nur wenn der Stpfl. den Zugang oder den Zugangszeitpunkt bestreitet, kommt es auf den tatsächlichen Zugang an. Allerdings kann sich der Stpfl. nicht darauf berufen, dass ihm der Bescheid vor Ablauf des Drei-Tages-Zeitraums zugegangen ist. Dies widerspräche dem Vereinfachungsgedanken der Vorschrift (BFH v. 13.12.2000, X R 96/98, BStBl II 2001, 274; differenzierend *Loose* in Tipke/Kruse, § 233 a AO Rz. 27). Bei **Zustellungen** kommt die Fiktion nicht zur Anwendung, sodass die Zinsberechnung taggenau nach dem Bekanntgabezeitpunkt zu erfolgen hat. Wegen der monatsbezogenen Zinsberechnung wirken sich Abweichungen der Bekanntgabedaten aber nur selten (am Monatsende) aus. 11

**Zahlungen**, die der Stpfl. **vor Wirksamkeit der Bekanntgabe** leistet, verkürzen den Zinslauf nicht. Dies gilt ungeachtet dessen, ob die Zahlungen freiwillig zur Vermeidung von Nachzahlungen oder rechtsirrtümlich 12 geleistet werden. Dies entspricht dem Prinzip der Soll-Verzinsung (BFH v. 31.05.2001, IV B 141/00, BFH/NV 2001, 1375; BFH v. 06.11.2002 V R 75/01, BStBl II 2003, 115). Um eine Übermaßbesteuerung zu vermeiden, können vorzeitig geleistete Zahlungen bei Entstehung von Nachzahlungszinsen im Billigkeitswege berücksichtigt werden (s. Rz. 27). Erstattungszinsen können durch eine vorzeitige (Über-)Zahlung des zu erwartenden Steuerbetrags nicht entstehen.

## III. Bemessungsgrundlage der Zinsen

### 1. Bemessungsgrundlage bei erstmaliger Steuerfestsetzung

13 Bei der erstmaligen Steuerfestsetzung ist Bemessungsgrundlage für die Berechnung der Zinsen grundsätzlich der sog. **Unterschiedsbetrag**. Ausgangspunkt ist die festgesetzte Jahressteuer (BFH v. 14.06.2005, V B 111/04, BFH/NV 2005, 1963). Dabei ist unerheblich, ob die Steuer endgültig, unter dem Vorbehalt der Nachprüfung oder vorläufig festgesetzt ist oder es sich um eine Steuervoranmeldung handelt. Der maßgebende Unterschiedsbetrag (§ 233a Abs. 3 Sätze 1 und 2 AO) ergibt sich aus dem Vergleich mit dem Soll der anzurechnenden Beträge (Sollverzinsung).

14 **Nachforderungszinsen** entstehen, wenn die festgesetzte Steuer die Summe aus anzurechnenden Steuerabzugsbeträgen (Lohnsteuer, Kapitalertragsteuer, Steuerabzüge bei beschränkt Stpfl.), anzurechnender Körperschaftsteuer (Kapitalertragsteuer, Steuerabzugsbeträge bei beschränkt stpfl. Körperschaften) und festgesetzter Vorauszahlungen bzw. bei der Vermögensteuer die festgesetzten Vorauszahlungen oder die bisher festgesetzte Jahressteuer übersteigt, also eine Nachforderung gegenüber dem Stpfl. erfolgt. Verzinst wird nur der Unterschiedsbetrag, dieser aber voll und ohne Rücksicht darauf, ob die festgesetzten Vorauszahlungen (bei der Vermögensteuer auch die bisher festgesetzte Jahressteuer) tatsächlich gezahlt sind bzw. ob die Abzugsbeträge beim Finanzamt (der Kasse) eingegangen sind. Sind hohe Nachzahlungen und damit hohe Zinsbelastungen zu befürchten, kann dem durch einen Antrag auf Erhöhung der Vorauszahlungen (§ 37 Abs. 5 EStG) entgegengewirkt werden. Eine freiwillige Zahlung nach Ablauf der Karenzfrist sieht die FinVerw (AEAO zu § 233a AO, Nr. 15) als Antrag auf Anpassung der Vorauszahlungen an, dem jedoch nur entsprochen wird, wenn der Erhöhungsbetrag mindestens 2 500 EUR beträgt. Bei der Umsatzsteuer kann das Vorauszahlungssoll durch eine berichtigte Voranmeldung (§ 153 Abs. 1 AO) erhöht werden. Die freiwillige Zahlung allein löst keinen Zinslauf aus (FG Nbg v. 06.06.2016, 4 K 1510/15, – juris).

15 Für die **Vermögensteuer** regelt § 233a Abs. 3 Satz 2 AO, dass sich der Unterschiedsbetrag aus der festgesetzten Steuer, vermindert um die festgesetzten Vorauszahlungen oder die bisher festgesetzte Jahressteuer errechnet. Die Regelung hat keine Bedeutung mehr und findet nur noch auf Altfälle Anwendung, da die Vermögensteuer seit dem VZ 1997 nicht mehr erhoben wird.

**Erstattungszinsen** entstehen, wenn die festgesetzte Steuer niedriger ist als das Soll der anzurechnenden Beträge. Die Verzinsung von Erstattungsbeträgen ist nach § 233a Abs. 3 Satz 3 AO in zweifacher Hinsicht eingeschränkt. Einmal wird der Unterschiedsbetrag nur bis zur Höhe des zu erstattenden Betrags verzinst; insoweit wird auf die tatsächlich gezahlten Beträge statt auf die anzurechnenden Sollbeträge abgestellt (**Ist-Verzinsung**). Damit wird vermieden, dass Zinsen auf nicht gezahlte Sollbeträge gezahlt werden. Freiwillige Überzahlungen bleiben außer Betracht. Zum anderen beginnt die Verzinsung frühestens mit dem Tag der Zahlung (§ 224 Abs. 2 AO). Dies entspricht der Intention des Gesetzes, nur tatsächlich entstandene Liquiditätsnachteile auszugleichen. 16

### 2. Bemessungsgrundlage bei Änderung der Steuerfestsetzung

§ 233a Abs. 5 AO enthält eine spezielle, auf die Vollverzinsung zugeschnittene Änderungsvorschrift (§ 233a Abs. 5 Satz 1 AO); sie bestimmt den maßgebenden Unterschiedsbetrag bei Änderung oder Aufhebung usw. (§ 233a Abs. 5 Satz 2 AO) sowie die Anrechnung festgesetzter Zinsen (§ 233a Abs. 5 Satz 3 AO) und schränkt Erstattungszinsen durch Verweisung auf § 233a Abs. 3 Satz 3 AO ein (§ 233a Abs. 5 Satz 4 AO). 17

§ 233a Abs. 5 Satz 1 AO ist eine an den Besonderheiten der Vollverzinsung ausgerichtete Änderungsvorschrift für die Zinsfestsetzung für den Fall der Änderung oder Aufhebung der Steuerfestsetzung bzw. ihrer Berichtigung nach § 129 AO sowie für den Fall der Zurücknahme oder des Widerrufs der Anrechnung von Steuerbeträgen bzw. der Berichtigung einer Anrechnungsverfügung nach § 129 AO. Die Regelung ist **lex specialis** zu §§ 172, 175, 175b i.V.m. § 239 Abs. 1 Satz 1 AO. Sie trägt dem Umstand Rechnung, dass jede Veränderung der Bemessungsgrundlage wegen der Akzessorietät der Zinsfestsetzung notwendig eine Änderung der Zinsfestsetzung nach sich ziehen muss. Die Vorschrift findet keine Anwendung, wenn die Zinsfestsetzung selbst (ohne Veränderung der Bemessungsgrundlage) fehlerhaft ist. In diesem Fall ist der fehlerhafte Zinsbescheid nach den allgemeinen Korrekturvorschriften zu ändern. Nicht angesprochen ist die Folge der Änderung bzw. Aufhebung von Vorauszahlungsfestsetzungen. Diese Änderungen bleiben danach ohne Auswirkungen. Eine ausfüllungsbedürftige Lücke liegt insoweit nicht vor (BFH v. 26.09.1996, IV R 51/95, BStBl II 1997, 263). 18

19 **Aufhebung oder Änderung der Steuerfestsetzung** ist deren Korrektur nach Maßgabe der einzelnen Vorschriften, nach § 164 Abs. 2 Satz 1 AO, § 165 Abs. 2 Satz 1 bzw. Satz 2 AO bzw. nach §§ 172 ff. AO, im Rechtsbehelfsverfahren oder durch gerichtliche Entscheidung (§ 100 Abs. 2 Satz 1, § 126 Abs. 3 Nr. 1 FGO) oder aufgrund einer solchen Entscheidung (§ 100 Abs. 2 Sätze 2 und 3 FGO). Der Berichtigung nach § 129 AO (BFH v. 30.08.2010, VIII B 66/10, BFH/NV 2011, 1825) steht im Falle der »Änderung« durch das Gericht die Berichtigung nach § 107 FGO gleich. Eine Änderung liegt auch vor, wenn das FA aufgrund einer wegen fehlender Unterschrift unwirksamen Steuererklärung eine Veranlagung von Amts wegen durchführt und diese später nach § 164 AO ändert (BFH v. 28.02.2002, V R 42/01, BFH/NV 2002, 963).

20 Wird mit Feststellungsbescheid nach § 180 Abs. 1 Nr. 2, Abs. 2 AO die gesonderte Feststellung geändert, so ist die Steuerfestsetzung bzw. die Anrechnungsverfügung zu dieser nach § 175 Abs. 1 Satz 1 Nr. 1 AO anzupassen. Erst die Änderung des Folgebescheids löst die Änderung der Zinsfestsetzung aus.

21 Nach § 233a Abs. 5 Satz 2 AO ist für die Zinsberechnung maßgebend der Unterschiedsbetrag zwischen der festgesetzten Steuer und der vorher festgesetzten Steuer, jeweils vermindert und die anzurechnenden Steuerabzugsbeträge und die anzurechnende Körperschaftsteuer. Es ist also die geänderte Steuer und die zuvor festgesetzte Steuer zu vergleichen, und zwar unabhängig davon, ob es bei der zuvor festgesetzten Steuer zu einer Zinsfestsetzung gekommen ist (BFH v. 18.05.2005, VIII R 100/02, BStBl II 2005, 735). Festgesetzte Vorauszahlungen bleiben bei Berechnung des Unterschiedsbetrags außer Betracht. Das ist unbedenklich, weil sie in gleicher Höhe bei beiden Steuerfestsetzungen abzuziehen sind und die Vorauszahlungen im Anwendungsbereich des § 233a Abs. 5 AO generell nicht zu berücksichtigen sind (s. Rz. 17). Eine fiktive Steuerberechnung ist auch dann nicht zulässig, wenn der Steueranspruch zeitlich deutlich vor der Festsetzung der Steuer entstanden ist (BFH v. 15.07.2004, V R 76/01, BStBl II 2005, 236). Ergibt sich aus dem Unterschiedsbetrag eine Nachzahlung, ist dieser Betrag zu verzinsen. Dem Nachzahlungszinsbetrag sind die bisher festzusetzenden Zinsen hinzuzurechnen. Festzusetzende Zinsen sind nicht die bereits festgesetzten, sondern die Zinsen, die entsprechend den gesetzlichen Regelungen hätten festgesetzt werden müssen (BFH v. 11.12.2012, III B 91/12, BFH/NV 2013, 509). Ergibt sich aus dem Unterschiedsbetrag ein Erstattungsanspruch, weil sich die Nachforderung gegenüber dem geänderten Bescheid vermindert, hat dies zweierlei Folgen: Zum Einen entfallen die den Minderungsbetrag betreffenden Zinsen (§ 233a Abs. 5 Satz 3 AO); zum Anderen wird der Erstattungsanspruch nur bis zur Höhe des zu erstattenden Betrages und frühestens vom Tage der Zahlung dieses Betrages an verzinst (§ 233a Abs. 5 Satz 4 AO i. V. m. § 233a Abs. 3 Satz 3 AO). Auch bei Änderungen können demnach keine Erstattungszinsen entstehen, wenn die Steuerbeträge nicht gezahlt wurden.

22 Zu umfangreichen Berechnungen kann es kommen, wenn die die Zinspflicht auslösenden Steuerfestsetzungen **mehrfach geändert** werden. In diesen Fällen ergibt sich in Folge jeder Änderung ein neuer Zinszahlungszeitraum. Erfolgt die Änderung jeweils zuungunsten des Stpfl., erhöht sich der Gesamtzins jeweils um den auf den neuen Zinszahlungszeitraum entfallenden Teil, sodass der Gesamtzinsbetrag die Summe alle Teilzinsbeträge ist. Erfolgt die Änderung jeweils zugunsten des Stpfl. ergeben sich ebenfalls mehrere Zinszahlungszeiträume. Da die Verzinsung bei Erstattungsbeträgen jedoch nach dem Grundsatz der Ist-Verzinsung erfolgt, hängt die Höhe der Erstattungszinsen von den tatsächlich geleisteten Zahlungen ab, sodass der Gesamtzinsbetrag sich nicht der Summe der Erstattungsbeträge ableiten lässt. Bei Änderungen sowohl zuungunsten als auch zugunsten ist für jeden Zeitraum eine gesonderte Berechnung vorzunehmen, sodass sich für einzelne Zinszahlungszeiträume sowohl Nachzahlungs- als auch Erstattungszinsen ergeben können. Zu Berechnungsbeispielen s. AEAO zu § 233a AO, Nr. 36 ff.

23 Kommt es z. B. in Folge von Änderungen der AfA-Bemessungsgrundlage, Wertberichtigungen oder der Ausübung von Wahlrechten zu **Gewinnverlagerungen** sind die sich daraus ergebenden Nachforderungen nach Ablauf der Karenzfrist ebenso zu versteuern wie Erstattungsbeträge. Dies gilt auch, wenn die Verlagerungen per Saldo nicht zu einer Mehrsteuer führen. Daraus folgt, dass in solchen Fällen wegen der Soll-Versteuerung Nachzahlungszinsen ergeben können, denen oft nur niedrigere Erstattungszinsen gegenüberstehen.

### 3. Bemessungsgrundlage bei rückwirkenden Ereignissen und Verlustrückträgen

24 § 233a Abs. 7 AO regelt die Zinsberechnung in den Fällen des § 233a Abs. 2a AO (s. Rz. 8). Die nur schwer verständliche Regelung (so zutr. *Loose* in Tipke/Kruse, § 233a AO Rz. 67) verlässt das Prinzip der Soll-Versteuerung zugunsten einer Ist-Besteuerung. Damit soll dem Umstand Rechnung getragen werden, dass in den Fällen der rückwirkenden Ereignisse dem Stpfl. zunächst keine Liquiditätsvorteile entstanden sind und deshalb keine Nachzahlungszinsen anfallen; bei Verlustrückträgen soll ausgeschlossen werden, dass Erstattungszinsen für Zeiträume anfallen, in den der Verlust noch nicht entstanden war (*Loose* in FS Kruse, 306). Ob ein rückwirkendes Ereignis vorliegt, ist nach § 175 Abs. 1 Nr. 2 und Abs. 2 AO zu beurteilen. Die Änderung einer Steuerfestsetzung nach Änderung eines Grundlagenbescheids gem. § 175 Abs. 1 Nr. 1 AO erfasst § 233a Abs. 2a AO nicht (BFH

v. 14.01.2010, X B 64/09, BFH/NV 2010, 1233). Bei Bilanzänderungen durch den Stpfl. kann nicht allgemein davon ausgegangen werden, dass Änderungen der Steuerfestsetzung allein auf der Bilanzänderung beruhen (BFH v. 17.02.2010, I R 52/09, BStBl II 2011, 340).

§ 233 a Abs. 7 Satz 1 1. HS AO bestimmt, dass die Berechnung der Zinsen grundsätzlich nach § 233 a Abs. 3 AO und § 233 a Abs. 5 AO zu erfolgen hat. Damit ist zunächst klargestellt, dass für die Berechnung zunächst von der festgesetzten Steuer auszugehen ist und dass Änderungen der Steuerfestsetzungen Einfluss auf die Zinsberechnung haben (vgl. BFH v. 26.11.2008, I R 50/07, BFH/NV 2009, 883). § 233 a Abs. 7 Satz 2 2. HS AO modifiziert die Berechnung dahingehend, dass statt auf den veranlagungszeitraumübergreifenden Unterschiedsbetrag nach § 233 a Abs. 3 und 5 AO auf sog. **Teil-Unterschiedsbeträge** abzustellen ist (BFH v. 09.08.2006, I R 10/06, BStBl II 2007, 82). Damit sind die Unterschiedsbeträge gemeint, die einen gemeinsamen Zinslaufbeginn haben. Innerhalb der Teil-Unterschiedsbeträge sind Sollerhöhungen und Minderungen zu saldieren. Ansonsten sind die Teil-Unterschiedsbeträge in ihrer zeitlichen Reihenfolge, und zwar beginnend mit dem ältesten Zinslaufbeginn, zu ermitteln. Für die Berechnung des Zinsbetrags ist unerheblich, ob sich der einzelne Teil-Unterschiedsbetrag zugunsten oder zuungunsten des Stpfl. auswirkt. Ergeben sich bei den Teil-Unterschiedsbeträgen jeweils **Nachzahlungen** des Stpfl., ist der Gesamtzinsbetrag die Summe aller Zinsbeträge. In **Erstattungsfällen** ist die Regelung komplizierter. Ergibt sich ein Teil-Unterschiedsbetrag zugunsten des Stpfl., entfallen auf diesen Betrag frühestens ab Beginn des für diesen Teil-Unterschiedsbetrag maßgebenden Zinslaufs. Dabei bleiben Zinsen für den Zeitraum bis zum Beginn des Zinslaufs dieses Teil-Unterschiedsbetrages endgültig bestehen (§ 233 a Abs. 7 Satz 2 AO). Da die Zinsen »frühestens« ab Beginn des Zinslaufs entfallen, kann der Zinslauf auch später einsetzen, wenn z. B. der Stpfl. den zu erstattenden Betrag erst nach dem Zeitpunkt gezahlt hat, zu dem der durch das rückwirkende Ereignis entstehende Zinslauf beginnt; auf diese Weise wird dem in Erstattungsfällen geltendem Prinzip der Ist-Versteuerung Rechnung getragen. Deshalb kann sich auch bei einem Unterschiedsbetrag von Null eine Verzinsung ergeben, wenn sich infolge der Berücksichtigung eines Verlustrücktrags keine Abweichung zwischen der nun festgesetzten und der zuvor festgesetzten Steuer ergibt (BFH v. 09.08.2006, I R 10/06, BStBl II 2007, 82). Zugleich stellt die gesetzliche Regelung klar, dass bereits entstandene Zinsen nicht zu ändern sind und zwar auch dann, wenn innerhalb derselben Zinsberechnung Zinsen auf einen Teil-Unterschiedsbetrag zuungunsten des Stpfl. berechnet worden sind. Zu Berechnungsbeispielen s. AEAO zu § 233 a AO, Nr. 48 ff.

Verfahrensrechtlich ist zu beachten, dass bei mehreren Feststellungsbeteiligten die Entscheidung, ob eine Änderung des Gewinnfeststellungsbescheids auf einem rückwirkenden Ereignis i. S. des § 233 a Abs. 2a AO beruht, gegenüber allen Feststellungsbeteiligten einheitlich zu treffen ist (BFH v. 19.03.2009, IV R 20/08, BStBl II 2010, 528).

Ansprüche auf Erstattungszinsen, die auf Zeiträume nach der Eröffnung eines **Insolvenzverfahrens** entstehen, können vom Finanzamt nicht mit vorinsolvenzlichen Steuerforderungen verrechnet werden (BFH v. 30.04.2007, VII B 252/06, BFH/NV 2007, 1395).

## IV. Festsetzung der Zinsen

### 1. Festsetzung durch Zinsbescheid

26 Nach § 233 a Abs. 4 AO soll die Festsetzung der Zinsen mit der Steuerfestsetzung verbunden werden. Das gilt sowohl für die Zinsfestsetzung zur erstmaligen Steuerfestsetzung als auch für die geänderte Zinsfestsetzung des § 233 a Abs. 5 AO. Zur Abhängigkeit des Zinslaufs von der Bekanntgabe des Bescheides s. Rz. 10. Unterbleibt die Festsetzung der Zinsen, entsteht der Zinsanspruch gleichwohl im Zeitpunkt der Bekanntgabe der die Zinspflicht auslösenden Steuerfestsetzung (BFH v. 14.05.2002, VII R 6/01, BStBl II 2002, 677); bei Nachforderungszinsen bedarf es aber zur Fälligkeit einer Festsetzung der Zinsen durch Zinsbescheid. Soweit die die Zinsfestsetzung auslösende Steuerfestsetzung von der Vollziehung ausgesetzt wird, ist auch die Vollziehung des Zinsbescheides auszusetzen (AEAO zu § 233 a AO, Nr. 73), bei ernstlichen Zweifeln an der Rechtmäßigkeit der Zinsfestsetzung kann der Zinsbescheid auch isoliert von der Vollziehung ausgesetzt werden.

Zur Höhe und zur Berechnung der Zinsen s. § 238 AO; wegen der Festsetzung der Zinsen und der Festsetzungsfrist s. § 239 AO.

### 2. Billigkeitsmaßnahmen

27 Bei einer abweichenden Steuerfestsetzung aus Billigkeitsgründen nach **§ 163 AO** ergibt sich die Zinsfestsetzung nach dem festgesetzten Steuerbetrag; einer gesonderten Zinsfestsetzung aus Billigkeitsgründen bedarf es wegen der Verbindung von Steuerfestsetzung und Zinsfestsetzung deshalb nicht. Bei einem Erlass nach **§ 227 AO** bleibt die Steuerfestsetzung grundsätzlich unberührt. Da der Erlass den Steueranspruch zum Erlöschen bringt (*Loose* in Tipke/Kruse, § 227 AO Rz. 110), endet der Zinslauf mit der Bekanntgabe der Erlassverfügung. Über den Erlass der bis zu diesem Zeitpunkt entstandenen Zinsen ist gesondert zu entscheiden, da der Erlass zu keiner Änderung der Steuerfestsetzung führt, die automatisch eine Änderung der Zinsfestsetzung nach sich ziehen könnte.

28 Neben dem Erlass der Hauptforderung sind auch zinsspezifische Billigkeitsmaßnahmen möglich (BFH v. 24.07.1996 X R 23/94, BFH/NV 1997, 92; BFH v. 31.05.2017, I R 77/15, BFH/NV 2017, 1409). § 163 AO und § 227 AO finden gleichermaßen Anwendung, wie sich aus der Verweisung in § 239 Abs. 1 AO ergibt. Deshalb ist bei der Frage, ob eine Zinsfestsetzung unbillig ist, auf die individuellen Verhältnisse des Stpfl. als Zinsschuldner abzustellen (BFH v. 21.10.2009, I R 112/08, BFH/NV 2010, 606; BFH v. 03.07.2014, III R 53/12, BStBl. II 2017, 3). Bei der Entscheidung, ob ein Billigkeitserlass ausgesprochen wird, ist stets in die Betrachtung einzubeziehen, dass Zweck des Gesetzes ist, Liquiditätsvorteile des Steuerschuldners auszugleichen (BFH v. 24.02.2005, V R 62/03, BFH/NV 2005, 1220; BFH v. 08.10.2013, X R 3/10, BFH/NV 2014, 5), sodass allein der Umstand, dass – auch größere – Zinsbeträge anfallen, die Festsetzung und Erhebung der Zinsen nicht unbillig macht. Folglich ist die Erhebung von Nachzahlungszinsen nur dann sachlich unbillig, wenn zwar die gesetzlichen Voraussetzungen der Verzinsung erfüllt sind, die Verzinsung aber den Wertungen des Gesetzgebers zuwiderläuft und deshalb die Erhebung der Zinsen mit Rücksicht auf den Zweck der Verzinsungsregelung nicht gerechtfertigt ist (BFH v. 13.03.2007, I B 5/06, BFH/NV 2007, 1266). Da die reine Möglichkeit der Kapitalnutzung die Zinspflicht auslöst, ist auch für Verschuldenserwägungen kein Raum (BFH v. 03.05.2000, II B 124/99, BFH/NV 2000, 1441; BFH v. 30.11.2001, V B 169/00, BFH/NV 2001, 656; BFH v. 30.10.2001, X B 147/01, BFH/NV 2002, 506; BFH v. 31.01.2008 VIII B 253/05, BFH/NV 2008, 740; BFH v. 03.07.2014, III R 53/12, BStBl. II 2017, 3). Deshalb rechtfertigt auch die verzögerte oder fehlerhafte Bearbeitung der Steuererklärung keinen Erlass (BFH v. 02.02.2001, XI B 91/00, BFH/NV 2001, 1003; FG Mchn v. 21.07.2017; 7 K 1505/16, – juris; a. A. *Loose* in Tipke/Kruse, § 233 a AO Rz. 79 m. w. N.). Gleiches gilt für eine nicht zeitnahe Auswertung von Mitteilungen über Besteuerungsgrundlagen, zumal dem FA durch das Verfahrensrecht nach § 171 Abs. 10 AO eine Anpassungsfrist von zwei Jahren eingeräumt ist (BFH v. 17.08.2007, XI B 22/07, BFH/NV 2007, 2075, bestätigt durch BVerfG v. 03.09.2009, 1 BvR 2539/07, HFR 2010, 171). Allerdings lässt die FinVerw (AEAO zu § 233 a AO, Nr. 69.2) im Anschluss an die Rspr. (BFH v. 11.07.1996, V R 18/95, BStBl II 1997, 259; BFH v. 12.04.2000, XI R 21/97, BFH/NV 2000, 1178; BFH v. 28.07.2009, I B 42/09, BFH/NV 2010, 5) einen Billigkeitserlass zu, wenn zweifelsfrei feststeht, dass der Stpfl. durch die verspätete Steuerfestsetzung keinen Vorteil erlangt hat. Zweifelhaft ist aber, ob diese Voraussetzung schon erfüllt ist, wenn der Stpfl. die zu erwartende Nachzahlung auf einem nicht verzinslichen Konto bereithält. U. E. rechtfertigt dies einen Erlass – ungeachtet etwaiger Nachweisfragen – wegen des pauschalierenden Charakters von § 233 a AO nicht (gl. A. BFH v. 19.03.1997, I R 7/96, BStBl II 1997, 446; a. A. *Loose* in Tipke/Kruse, § 233 a AO Rz. 79 m. w. N.). Davon zu unterscheiden ist der Fall, dass das FA dem Stpfl. irrtümlich Vorauszahlungsbeträge zurücküberweist, der Stpfl. das FA auf diesen Fehler hinweist und den Betrag zur sofortigen Rückzahlung auf einem unverzinslichen Konto bereithält. Dann steht einer Zinsfestsetzung Treu und Glauben entgegen (BFH v. 17.08.2007, XI B 22/07, BFH/NV 2007, 2075; BFH v. 25.11.1997, IX R 28/96, BStBl II 1998, 550).

Bei **Gewinnverlagerungen** kommt ein Erlass grundsätzlich nicht in Betracht. Denn es entspricht dem Zweck des Gesetzes, auch Verschiebungen von Einkünften zwischen den Veranlagungszeiträumen der Einkommensteuer zu unterwerfen, die typischerweise z. B. nach Außenprüfungen entstehen. Gerade in Kenntnis solcher Sachverhalte hat der Gesetzgeber an dem Anknüpfungspunkt der typischerweise jahresbezogenen Steuerfestsetzung festgehalten (BFH v. 16.11.2005, X R 3/4, BStBl II 2006, 155). Nur in Ausnahmefällen, in denen der Steuerpflichtige während des Zinslaufs keinen Liquiditätsvorteil hat und zudem die Änderung der zeitlichen Zurechnung aufkommensneutral ist, kann ein Erlass in Betracht kommen (BFH v. 11.07.1996, V R 18/95, BStBl II 1997, 259; BFH v. 15.10.1998, IV R 69/97, DStRE 1999, 278).

Mindert sich eine Steuerforderung allein durch einen **Verlustrücktrag** auf Null, scheidet ein Billigkeitserlass regelmäßig aus. Dies lässt sich schon aus dem Gedanken der Sollverzinsung ableiten (BFH v. 05.06.1996, X R 234/93, BStBl II 1996, 503; BFH v. 09.08.2006, I R 10/06, BStBl II 2007, 82; BFH v. 13.03.2007, I 5/06, BFH/NV 2007, 1266).

Da Nachzahlungszinsen selbst dann festzusetzen sind, 29
wenn der Stpfl. **freiwillige Zahlungen** vor Bekanntgabe der Steuerfestsetzung leistet (s. Rz. 11), nimmt die FinVerw (AEAO zu § 233 a AO, Nr. 70.1.1) Unbilligkeit hinsichtlich der Zinsfestsetzungen an, die Nachzahlungszinsen nach dem Zeitpunkt der freiwilligen Zahlung betreffen. Erfüllt die freiwillige Zahlung die später festgesetzte Steuerforderung nur zum Teil, kommt ein Teilerlass in Betracht.

Auch Nachzahlungszinsen auf **Umsatzsteuernachfor-** 30
**derungen** sind in der Regel nicht unbillig. Dies gilt auch dann, wenn sich per Saldo ein Ausgleich der Steuerforderung mit den vom Leistungsempfänger abgezogenen Vorsteuerbeträgen ergibt (BFH v. 15.04.1999, V R 63/97, BFH/NV 1999, 1392; BFH v. 30.11.2000, V B 169/00, BFH/NV 2001, 656; BFH v. 18.09.2001, V B 205/00, BFH/NV 2002, 307; BFH v. 28.10.2005, V B 196/04, BFH/NV 2006, 245). Hingegen kann Unbilligkeit vorliegen, wenn das FA abweichend von den Steuererklärungen des Klägers Umsatzverlagerungen vornimmt. In diesen Fällen fehlt es an einem Liquiditätsvorteil, wenn die durch die Verlagerung entstehende Nachzahlung des einen Veranlagungszeitraum gleichzeitig mit der korrespondieren-

den Erstattung des zweiten Veranlagungszeitraums festgesetzt wird (BFH v. 11.07.1996, V R 18/95, BStBl II 1997, 259). Unbilligkeit ist aber nicht gegeben, wenn die Nachzahlungszinsen nur deshalb entstehen, weil eine **Rechnungsberichtigung** in den Fällen des § 14 Abs. 2 UStG erst im Kalenderjahr nach Erteilung der unrichtigen Rechnung erfolgt. In der gesetzlich vorgesehenen Berichtigungsmöglichkeit ist keine Unbilligkeit der Verzinsung der Steueransprüche zu sehen (BFH v. 06.04.2005, V B 60/04, BFH/NV 2005, 1976; BFH v. 21.05.2010, V B 91/09, BFH/NV 2010, 1619; BFH v. 19.03.2009, V R 48/07, BStBl II 2010, 92).

### 3. Rechtsbehelfe

31 Gegen die Zinsfestsetzung ist der Einspruch (§ 347 AO) gegeben. Dabei können Einwendungen gegen die zugrunde liegenden Steuerfestsetzungen nicht im Einspruchsverfahren gegen die Zinsfestsetzung geltend gemacht werden. Gleiches gilt für die Anrechnung von Steuerabzugsbeträgen oder Körperschaftsteuer. Folglich können im Einspruchsverfahren nur Einwendungen gegen die Rechtmäßigkeit der Zinsfestsetzung, z. B. hinsichtlich der Zinsberechnung, Gehör finden. Betreffen die Einwendungen ausschließlich die der Zinsfestsetzung zugrunde liegenden Bemessungsgrundlagen, ist ein gesonderter Einspruch gegen die Zinsfestsetzung wegen der Akzessorietät von Steuer- und Zinsfestsetzung entbehrlich. Gegen die Einspruchsentscheidung ist die Anfechtungsklage vor den FG gegeben.

Lehnt das FA eine Billigkeitsmaßnahme ab, ist ebenfalls der Einspruch der statthafte Rechtsbehelf. Gegen eine ablehnende Einspruchsentscheidung ist die Verpflichtungsklage vor den FG gegeben.

## V. Lohnsteuer-Jahresausgleich

32 Nach § 233a Abs. 6 AO gelten die Regelungen über die Vollverzinsung entsprechend bei der Durchführung des Lohnsteuer-Jahresausgleichs. Da schon seit 1991 an die Stelle des Lohnsteuer-Jahresausgleichs die Antragsveranlagung getreten ist (§ 46 Abs. 2 Nr. 8 EStG), ist die Vorschrift ohne praktische Bedeutung, da die Antragsveranlagung Steuerfestsetzung i. S. von § 233a Abs. 1 AO ist. Für den Lohnsteuer-Jahresausgleich durch den Arbeitgeber nach § 42b EStG ist § 233a AO ohne Bedeutung.

## D. Verhältnis zu anderen Nebenleistungen

### I. Zinsen

33 Soweit die Verzinsung nach § 233a AO Zeiträume erfasst, für die Hinterziehungszinsen (§ 235 AO) oder Prozesszinsen (§ 236 AO) festzusetzen sind, sind dabei die Zinsen aus § 233a AO anzurechnen (§ 235 Abs. 4 AO, § 236 Abs. 4 AO; vgl. auch BFH v. 30.08.2010, VIII B 66/10, BFH/NV 2011, 1825). Mit Stundungszinsen (§ 234 AO) und Aussetzungszinsen (§ 237 AO) überschneiden sich Nachforderungszinsen in der Regel nicht, weil der Zinslauf der Vollverzinsung mit der Bekanntgabe des Steuerbescheids endet und Stundung- und Aussetzungszinsen erst für die Zeit nach erstmaliger Fälligkeit des festgesetzten Betrages entstehen können. Demnach kommt es zu Überschneidungen nur, wenn ein gestundeter oder ausgesetzter Nachzahlungsbetrag geändert wird. Für diese Fälle ordnen § 234 Abs. 3 und § 237 Abs. 4 AO) die Anrechnung der Nachzahlungszinsen an.

### II. Säumniszuschläge

Auch im Verhältnis von Vollverzinsungszinsen und Säumniszuschlägen (§ 240 AO) scheidet eine Überschneidung in der Regel aus, denn der Zinslauf endet mit der Bekanntgabe der Steuerfestsetzung, während Säumniszuschläge erst nach Fälligkeit der Steuer einsetzen. Bei einer nachfolgenden Änderung der Steuerfestsetzung zugunsten des Stpfl. (Herabsetzung) beginnt der Zinslauf (frühestens) mit dem Tag der Zahlung (§ 233a Abs. 5 Satz 4 AO i. V. m. § 233a Abs. 3 Satz 3 AO). Auf einmal verwirkte Säumniszuschläge hat diese Änderung keine Wirkung (§ 240 Abs. 1 Satz 4 AO). Indes kann es zu einer Überschneidung von Vollverzinsung und Säumniszuschlägen kommen, wenn einer Änderung zugunsten des Steuerpflichtigen eine weitere Änderung zu seinen Lasten folgt, weil der Zeitraum, für den Nachforderungszinsen festzusetzen sind, mit dem Zeitraum, für den infolge verspäteter Zahlung Säumniszuschläge zur ursprünglich (im Erstbescheid) festgesetzten Steuer verwirkt wurden, deckungsgleich sein kann. U. E. besteht insoweit weder ein Doppelbelastungsverbot (a. A. *Felix*, DStR 1989, 592), noch ist die Doppelbelastung mit Nachforderungszinsen und Säumniszuschlägen schlechthin stets unbillig (gl. A. *Kruse*, FR 1988, 9; *Loose* in Tipke/Kruse, § 233a AO Rz. 84). Im Regelfall wird die zweite (verbösernde) Änderung nämlich auf ein Verhalten des Steuerpflichtigen zurückzuführen sein. Beruht die zweite Änderung jedoch auf Umständen, auf die der Steuerpflichtige keinen Einfluss nehmen kann (z. B. Anpassung an einen Grundlagenbescheid nach vorheriger Schätzung gem. § 162 Abs. 2 AO, die nicht aufgrund Verletzung der Mitwirkungspflicht zu niedrig ausgefallen ist), so kann eine Billigkeitsmaßnahme in der Weise in Betracht kommen, dass für den deckungsgleichen Zeitraum im Ergebnis keine höheren Nebenleistungen (§ 3 Abs. 3 AO) gefordert werden als 1 %. 34

### III. Verspätungszuschläge

35 Nach § 152 Abs. 2 Satz 2 AO sind bei der Bemessung des Verspätungszuschlags u.a. auch die aus der verspäteten Abgabe der Steuererklärung gezogenen Vorteile zu berücksichtigen. Da die Vollverzinsung den Zinsvorteil des Steuerpflichtigen während des Zinslaufs der Vollverzinsungszinsen abschöpfen soll, kann eine durch die Vollverzinsung erfolgte Berücksichtigung von Zinsvorteilen bei der Bemessung des Verspätungszuschlags zu beachten sein (BFH v. 10.10.2001, XI R 41/00, BStBl II 2002, 124; *Loose* in Tipke/Kruse, § 233a AO Rz. 83). Dies bedeutet, dass während des Zinslaufes der Vollverzinsung bei der Bemessung der Verspätungszuschläge nur die Zinsvorteile zu berücksichtigen sind, die nicht durch die Vollverzinsungszinsen abgeschöpft sind. Ein Nebeneinander von Säumniszuschlägen und Zinsen ist aber wegen der unterschiedlichen Zielsetzung der Vorschriften nicht ausgeschlossen (BFH v. 14.06.2000, X R 56/98, BStBl II 2001, 60; BFH v. 30.11.2001, IV B 30/01, BFH/NV 2002, 475) und verfassungsrechtlich unbedenklich (BFH v. 10.02.2005, IV B 50 + 52/03, BFH/NV 2005, 1215). Bei wiederholter verspäteter Abgabe der Steuererklärungen kann aber auch die Nichtberücksichtigung der Nachzahlungszinsen ermessensgerecht sein (BFH v. 14.06.2000, X R 56/98, BStBl II 2001, 60). Während der Karenzzeit können Zinsvorteile in voller Höhe in die Berechnung des Verspätungszuschlags einbezogen werden, da keine Doppelbelastung des Stpfl. erfolgt.

## § 234 AO
## Stundungszinsen

**(1) Für die Dauer einer gewährten Stundung von Ansprüchen aus dem Steuerschuldverhältnis werden Zinsen erhoben. Wird der Steuerbescheid nach Ablauf der Stundung aufgehoben, geändert oder nach § 129 berichtigt, so bleiben die bis dahin entstandenen Zinsen unberührt.**

**(2) Auf die Zinsen kann ganz oder teilweise verzichtet werden, wenn ihre Erhebung nach Lage des einzelnen Falles unbillig wäre.**

**(3) Zinsen nach § 233a, die für denselben Zeitraum festgesetzt werden, sind anzurechnen.**

**Inhaltsübersicht**



### A. Bedeutung der Vorschrift

Die Verzinsung von gestundeten (§ 222 AO) Ansprüchen aus dem Steuerschuldverhältnis soll den Liquiditätsvorteil ausgleichen, der dem Stpfl. daraus entsteht, dass er die geschuldeten Beträge während des Stundungszeitraums nicht entrichten muss. Die Zinsen entstehen kraft Gesetzes unabhängig davon, ob der Stpfl. die geschuldeten Beträge ohne die Stundung aufbringen hätte können.

### B. Anwendungsbereich

Soweit die AO auf Ansprüche aus dem Steuerschuldverhältnis (§ 37 Abs. 1 AO) Anwendung findet und nicht durch Gemeinschaftsrecht verdrängt wird, entstehen Stundungszinsen bei Stundung aller dieser Ansprüche mit Ausnahme der steuerlichen Nebenleistungen (§ 233 Satz 2 AO). Stundungszinsen entstehen außer bei der Stundung von Steueransprüchen auch bei der Stundung von Haftungsansprüchen (BFH v. 25.02.1997, VII R 15/96, BStBl II 1998, 2) sowie von Ansprüchen auf Rückzahlung überzahlter Erstattungs- und Vergütungsansprüche und Zulagen. Soweit Vorschriften in den Einzelsteuergesetzen eigene Stundungsregelungen enthalten z.B. § 8 Abs. 1 WoPG, § 6 Abs. 5 AStG, § 28 Abs. 1 Satz 2 ErbStG, § 20 Abs. 6 UmwStG, gehen sie – soweit sie nicht nur auf die Anwendung der AO verweisen – als spezialgesetzliche Vorschriften der allgemeinen Regelung des § 234 AO vor. 2

Die Bewilligung stundungsgleicher Zahlungserleichterungen für zollrechtliche Abgabeschulden hat nach Art. 112 Abs. 1 UZK zur Folge, dass zusätzliche Kreditzinsen erhoben werden.

### C. Tatbestandliche Voraussetzungen

### I. Entstehung der Stundungszinsen

§ 234 Abs. 1 Satz 1 AO setzt eine gewährte Stundung von Ansprüchen aus dem Steuerschuldverhältnis voraus. Unerheblich ist, ob die Stundung auf einer Ermessensentscheidung nach § 222 beruhte oder ob ein Rechtsanspruch auf die Gewährung der Stundung bestand (BFH v. 16.10.1991, I R 145/90, BStBl II 1992, 321). Die Stundungszinsen entstehen kraft Gesetzes und entfallen nur dann, wenn dies durch eine gesetzliche Sonderregelung angeordnet oder die Festsetzung in das Ermessen des FA gestellt ist oder wenn nach § 234 Abs. 2 AO auf die Zinsen verzichtet wird. Zum Begriff der Stundung s. § 222 AO und die dortigen Erläuterungen. Zahlungsaufschub gem. § 233 AO ist keine Stundung i.S. der Vorschrift, sodass für eine Maßnahme dieser Art eine Verzinsung nicht in Betracht kommt. Dasselbe gilt für die Gewährung von Vollstreckungsaufschub i.S. des § 258 AO. 3

Die **Dauer der gewährten Stundung** ergibt sich aus dem die Stundung aussprechenden (gewährenden) **Verwaltungsakt**. Es handelt sich um die Zeitspanne, um die das FA die Fälligkeit des Steueranspruchs hinausschiebt. Ohne Bedeutung ist, ob die gestundeten Ansprüche bei Beginn der Stundung schon fällig waren; im Regelfall wird allerdings ab Fälligkeit (ggf. ab einem später liegenden Zeitpunkt) gestundet. Der **Zinslauf** beginnt am 1. Tag, ab dem die Stundung wirksam wird. Wird die Stundung ab Fälligkeit gewährt, beginnt der Zinslauf am Tag nach Ablauf der Zahlungsfrist; § 108 Abs. 3 AO findet Anwendung. Auch eine rückwirkende Gewährung der Stundung ist möglich. Dabei wird die Stundung erst mit der Bekanntgabe der Stundungsverfügung wirksam; allerdings beginnt der Zinslauf auch bei rückwirkender Stundung zu dem Zeitpunkt, ab dem die Stundung gewährt wird. Der Zinslauf endet mit Ablauf des letzten Tages, für den die Stundung gewährt worden war. Fällt der der Endtermin auf einen Sonnabend, Sonntag oder einen gesetzlichen Feiertag, endet der Zinslauf erst am nächstfolgenden Werktag (AEAO zu § 234 AO, Nr. 5). Erst an diesem Tag wird die Zahlung fällig (*Rüsken* in Klein, § 234 AO Rz. 15). Der Zinszeitraum wird nicht dadurch tangiert, dass der Stpfl. den Stundungszeitraum nicht voll ausnutzt, also den gestundeten Anspruch vor dessen Ende erfüllt. Es handelt sich um eine Soll-Verzinsung. Die Regelung erklärt sich daraus, dass die Stundungszinsen bereits bei der Stundung berechnet werden können sollen. Ggf. kann aber auf die Zeit nach Zahlungseingang bereits festgesetzte Zinsen nach § 234 Abs. 2 AO verzichtet werden; s. Rz. 8.

## II. Festsetzung der Stundungszinsen

5 Die Stundungszinsen (zur Höhe s. § 238 AO) werden durch Zinsbescheid festgesetzt (s. § 239 AO Rz. 2). Der Zinsbescheid kann mit der Stundungsverfügung äußerlich verbunden werden. Aus § 234 Abs. 1 Satz 1 AO ergibt sich, dass die Stundungsverfügung Grundlagenbescheid (§ 171 Abs. 10) für die Festsetzung der Stundungszinsen ist. Wird die Stundungsverfügung nach §§ 130, 131 ganz oder teilweise zurückgenommen oder widerrufen, so ist der Zinsbescheid gem. § 175 Abs. 1 Satz 1 Nr. 1 AO i. V. m. § 239 Abs. 1 Satz 1 AO zu ändern bzw. aufzuheben (gl. A. *Loose* in Tipke/Kruse, § 234 AO Rz. 9; *Rüsken* in Klein, § 234 AO Rz. 7).

6 Die **Änderung oder Aufhebung des Steuerbescheids** oder dessen Berichtigung nach § 129 **nach Ablauf** der Stundung bleibt nach § 234 Abs. 1 Satz 2 AO ohne Einfluss auf die bis dahin entstandenen Zinsen. Für die Zeit **während des Laufs** der Stundung bewirkt die Änderung des Steuerbescheids zugunsten des Pflichtigen bzw. seine Aufhebung die entsprechende Änderung der (vorweg)genommenen Zinsfestsetzung nach § 175 Abs. 1 Satz 1 Nr. 1 AO i. V. m. § 239 Abs. 1 Satz 1 AO (s. BFH v. 20.05.1987, II R 44/84, BStBl II 1988, 229; BFH v. 18.07.1990, I R 165/86, BFH/NV 1991, 212). Denn auch der Steuerbescheid ist Grundlagenbescheid für den Zinsbescheid.

§ 234 Abs. 1 Satz 2 AO spricht nur von der Änderung bzw. Aufhebung des Steuerbescheids sowie seiner Berichtigung nach § 129 AO. Die Möglichkeit einer (völligen oder teilweisen) **Rücknahme eines Haftungsbescheids** ist offenbar vom Gesetzgeber nicht gesehen worden (s. auch BR-Drs. 612/93, 104). Da damit § 234 Abs. 1 Satz 2 AO nach dem eindeutigen Gesetzeswortlaut keine Anwendung findet, muss auch nach Ablauf der Stundung weiter gelten, dass Zinsen das Bestehen einer Hauptschuld voraussetzen, deren Festsetzung als Grundlagenbescheid i. S. von § 171 Abs. 10 AO anzusehen ist. Der Zinsbescheid ist folglich entsprechend aufzuheben oder zu ändern (§ 175 Abs. 1 Satz 1 Nr. 1 AO i. V. m. § 239 Abs. 1 Satz 1 AO). Hier gilt die Anpassungssperre also ebenso wenig wie während des Laufs einer gewährten Stundung.

Im Zusammenhang mit der Änderungssperre (§ 234 Abs. 1 Satz 2 AO) ist zu beachten, dass der Zinslauf für bis zur Korrektur verstrichene Ratenstundungszeiträume i. S. des § 234 Abs. 1 Satz 2 AO geendet hatte.

**Nachforderungszinsen**, die für denselben Zeitraum festgesetzt werden, sind nach § 234 Abs. 3 AO auf die Stundungszinsen anzurechnen (s. § 233a AO Rz. 33). 7

## III. Zinsverzicht

Nach § 234 Abs. 2 AO kann auf die Zinsen ganz oder teilweise verzichtet werden, wenn ihre Erhebung nach Lage des einzelnen Falles unbillig wäre. Der Verzicht ist Erlass, weil die Zinsen kraft Gesetzes entstehen. § 234 Abs. 2 AO ist damit eine spezielle gesetzliche Regelung zu §§ 163, 227 AO, wobei sich die Voraussetzungen für den Erlass decken (vgl. BFH v. 31.01.2010, II R 2/09, BFH/NV 2010, 1602). Es müssen also **persönliche oder sachliche Billigkeitsgründe** vorliegen, die eine Erhebung der Zinsen als unbillig erscheinen lassen. Dies kann bei einer Zahlung der gestundeten Beträge vor Ablauf der Stundungsfrist der Fall sein; dabei muss die Tilgung mehr als einen Monat vor Ablauf der Stundungsfrist erfolgen (AEAO zu § 234 AO, Nr. 1; FG SchlH v. 18.02.2015, 4 K 49/14, EFG 2015, 962). Im Rahmen der Billigkeitsprüfung kann auch zu berücksichtigen sein, ob der den Zinslauf auslösende Verwaltungsakt, z. B. eine ohne Antrag des Stpfl. ausgesprochene Aussetzung der Vollziehung, rechtmäßig war (BFH v. 09.05.2012, I R 91/10, BFH/NV 2012, 2004). Zum Grundsatz der Billigkeit s. § 5 AO Rz. 11. Die Unbilligkeit der Zinserhebung muss nach **Lage des Einzelfalles** gegeben sein, z. B. wenn durch die Erhebung der Stundungszinsen die wirtschaftliche oder persönliche Existenz des Stpfl. vernichtet oder ernst- 8 lich gefährdet wäre (BFH v. 30.03.2006, V R 2/04, BStBl II 2006, 612). Es ist also eine fallbezogene Betrachtung erforderlich, die in der Ermessensentscheidung des FA zu Ausdruck kommen muss. Nach dem Gesetzeswortlaut ist ein Antrag nicht erforderlich, sodass das FA auch von Amts wegen einen Verzicht aussprechen kann. In der Regel wird das FA jedoch ohne Antrag nicht tätig werden. Die Entscheidung über einen Antrag ist Verwaltungsakt. Die Ablehnung eines Antrags kann mit dem Einspruch und anschließender Verpflichtungsklage angefochten werden.

9 Obwohl sich dies dem Gesetzeswortlaut nicht eindeutig entnehmen lässt, kann die Billigkeitsmaßnahme nach § 234 Abs. 2 AO zulässigerweise schon bei der Gewährung der Stundung ausgesprochen werden, sodass sie sich in der Unterlassung der Festsetzung der Zinsen (§ 239 AO) auswirkt (s. BFH v. 20.11.1987, VI R 140/84, BStBl II 1988, 402). Sind Zinsen bereits festgesetzt, besteht im Ergebnis eine mit § 227 AO vergleichbare Rechtlage. Auch bei bereits bestandskräftiger Zinsfestsetzung ist ein Verzicht nach § 234 Abs. 2 AO möglich, da die Vorschrift auch insoweit lex specialis zu den allgemeinen Billigkeitsvorschriften ist (gl. A. *Loose* in Tipke/Kruse, § 234 AO Rz. 12).

10 Da sich die Unbilligkeit sowohl aus sachlichen wie auch aus persönlichen Gründen ergeben kann-, ist der Grund für die Gewährung der Stundung bei der Entscheidung mit zu berücksichtigen. Wird die Stundung im Hinblick auf **unabwendbare Ereignisse** (z. B. Naturkatastrophen) oder auf Illiquidität infolge längerer Krankheit oder ähnliche Umstände gewährt, so kann die Erhebung von Stundungszinsen unbillig sein. Desgleichen ist Zinsverzicht geboten, wenn vor Ende des Zinslaufs eine **Aufrechnungslage** eintritt (BFH v. 09.05.2007, XI R 2/06, BFH/NV 2007, 1622) oder die Stundung ohnehin als sog. **Verrechnungsstundung** gewährt wird. Erfüllt der Stpfl. den gestundeten Anspruch vor Fälligkeit, bleibt die Zinsfestsetzung grundsätzlich bestehen (s. Rz. 4), allerdings ist zur Vermeidung einer übermäßigen Zinsbelastung bei Erfüllung vor Fälligkeit Zinsverzicht jedenfalls dann geboten, wenn der verbleibende Zinslauf einen Monat überschreitet.

11 Die Befugnis zum Zinsverzicht liegt bei den Finanzbehörden, die die Zinsfestsetzung vornehmen. Im Einzelnen richtet sich die Befugnis nach der Betragshöhe: Die Finanzämter entscheiden in eigener Zuständigkeit bei Beträgen bis 20 000 EUR einschließlich, bei Beträgen bis 100 000 EUR mit Zustimmung der OFD und im Übrigen mit Zustimmung der obersten Landesfinanzbehörde, wobei der Betrag, auf den nach § 234 Abs. 2 AO verzichtet werden soll, geschätzt werden kann (s. gleichlautende Ländererlasse v. 24.03.2017, BStBl I 2017, 419). Soweit eine Zustimmung erforderlich ist, ist diese vor der Stundung einzuholen. Wegen der Höhe und Berechnung der Zinsen s. § 238 AO. Zur Festsetzungsfrist s. § 239 Abs. 1 Satz 2 Nr. 1 AO.

## § 235 AO
## Verzinsung von hinterzogenen Steuern

**(1) Hinterzogene Steuern sind zu verzinsen. Zinsschuldner ist derjenige, zu dessen Vorteil die Steuern hinterzogen worden sind. Wird die Steuerhinterziehung dadurch begangen, dass ein anderer als der Steuerschuldner seine Verpflichtung, einbehaltene Steuern an die Finanzbehörde abzuführen oder Steuern zu Lasten eines anderen zu entrichten, nicht erfüllt, so ist dieser Zinsschuldner.**

**(2) Der Zinslauf beginnt mit dem Eintritt der Verkürzung oder der Erlangung des Steuervorteils, es sei denn, dass die hinterzogenen Beträge ohne die Steuerhinterziehung erst später fällig geworden wären. In diesem Fall ist der spätere Zeitpunkt maßgebend.**

**(3) Der Zinslauf endet mit der Zahlung der hinterzogenen Steuern. Für eine Zeit, für die ein Säumniszuschlag verwirkt, die Zahlung gestundet oder die Vollziehung ausgesetzt ist, werden Zinsen nach dieser Vorschrift nicht erhoben. Wird der Steuerbescheid nach Ende des Zinslaufs aufgehoben, geändert oder nach § 129 berichtigt, so bleiben die bis dahin entstandenen Zinsen unberührt.**

**(4) Zinsen nach § 233a, die für denselben Zeitraum festgesetzt wurden, sind anzurechnen.**

### Inhaltsübersicht



### Schrifttum


Gast-de Haan, Berechnung von Hinterziehungszinsen, wistra 1988, 298; Brandis, Zinsen bei Hinterziehung von Einkommensteuer-Vorauszahlungen, DStR 1990, 510; Resing, Auswirkungen des Vermögensteuerbeschlusses des BVerfG auf verlängerte Festsetzungsverjährungsfristen und die Festsetzung von Hinterziehungszinsen, DStR 1999, 922; Burkhard, Festsetzung von Hinterziehungszinsen nach § 235 AO bei Vermögensteuerhinterziehungen trotz Verfassungswidrigkeit der Vermögensteuer?, Stbg 2000, 122; Krieger, Verjährung von

Hinterziehungszinsen, DStR 2002, 750; Braun, Festsetzung von Hinterziehungszinsen, DStR 2008, 145; Riegel/Amler, Festsetzung von Hinterziehungszinsen schon auf Vorauszahlungen, BB 2016, 2972; Wollweber/Talaska, Erstes Gerichtsurteil zu Hinterziehungszinsen auf Einkommensteuervorauszahlungen, Stbg 2016, 354; Wegner, Rechtsprechungsübersicht: Nebenfolgen steuerstrafrechtlich relevanter Sachverhalte, wistra 2017, 298.

## A. Bedeutung der Vorschrift

Die Vorschrift bezweckt, beim Nutznießer einer Steuerhinterziehung dessen – steuerlich bedingten – Zinsvorteil, der durch spätere Festsetzung/Erhebung der hinterzogenen Beträge infolge steuerunehrlichen Verhaltens erlangt ist, wieder abzuschöpfen (BFH v. 18.07.1991, V R 72/87, BStBl II 1991, 781; BFH v. 27.09.1991, VI R 159/89, BStBl II 1992, 163; BFH v. 31.07.1996, XI R 82/85, BStBl II 1996, 554). Allerdings wird dieser Zweck je nach Höhe der Differenz zu einem marktüblichen Darlehenszins in unterschiedlicher Intensität erreicht. In der aktuellen Niedrigzinsphase liegt der Zinssatz von 6 v.H. zwar höher als marktübliche Darlehenszinsen, aber noch unter den Überziehungszinsen bei Kontokorrentkonten. Folgerichtig können Hinterziehungszinsen weder als Betriebsausgaben, Werbungskosten oder Sonderausgaben abgezogen werden. Gleichwohl ist die Erhebung von Hinterziehungszinsen keine Strafmaßnahme.

## B. Anwendungsbereich

2 Die Zinspflicht erstreckt sich nur auf Steuern i.S. des § 3 Abs. 1 AO, nicht auf die in § 3 Abs. 4 AO genannten steuerlichen Nebenleistungen. Folglich fallen keine Zinsen auf die Verzinsung hinterzogener Steuern an. Dementsprechend sind Hinterziehungszinsen festzusetzen (s. auch AEAO zu § 235 AO, Nr. 2) für verkürzte Steuern, einschließlich Steuervorauszahlungen (FG Münster v. 20.04.2016, 7 K 2354/13 E, EFG 2016, 965) und Solidaritätszuschlag (BFH v. 03.05.2017, II B 110/16, BFH/NV 2017, 1012), ungerechtfertigt erlangte Steuervorteile, wie z.B. Steuervergütungen, zu Unrecht erlangte Steuervergünstigungen wie z.B. Steuerbefreiungen und Steuerermäßigungen, ungerechtfertigt erlangte Prämien und Zulagen, auf die Vorschriften der AO über Steuervergütungen entsprechende Anwendung finden, wie z.B. Investitionszulagen, Eigenheimzulagen, Wohnungsbauprämien, Arbeitnehmersparzulagen und Zulagen nach § 83 EStG. Dass auch die ungerechtfertigte Erlangung von Steuervergütungen die Zinspflicht auslöst, lässt sich dem Gesetz nicht entnehmen, da die Vorschrift nur »Steuern« nennt. Gleichwohl handelt es sich um steuerliche Vorteile, die die Zinspflicht auslösen (BFH v. 27.04.1999, III R 21/96, BStBl II 1999, 670; *Loose* in Tipke/Kruse, § 233a AO Rz. 7).

Die Erhebung von Hinterziehungszinsen im Bereich der gemeinschaftsrechtlich geregelten Abgaben ist mangels Strafcharakter der Zinsen wohl ausgeschlossen; allerdings findet § 235 AO auch bei der Hinterziehung von Einfuhr- oder Ausfuhrabgaben Anwendung; dem stehen die Vorschriften des seit dem 01.05.2015 geltenden UZK nicht entgegen (*Loose* in Tipke/Kruse, § 235 AO Rz. 2; *Rüsken* in Klein, § 235 AO Rz. 7).

## C. Tatbestandliche Voraussetzungen

### I. Voraussetzung und Gegenstand der Verzinsung

Nur hinterzogene Steuern sind zu verzinsen (§ 235 Abs. 1 Satz 1 AO). Zum Begriff der Steuerhinterziehung s. § 370 AO. Daher ist auch bei der Festsetzung von Hinterziehungszinsen stets – auch durch das FG – inzidenter zu prüfen, ob hinsichtlich der der Verzinsung zu unterwerfenden Steuerbeträge eine Steuerhinterziehung vorliegt. Steuern sind erst dann hinterzogen, wenn die Steuerhinterziehung vollendet, d.h. sowohl der objektive als auch der subjektive Tatbestand erfüllt ist und Rechtfertigungs- und Schuldausschließungsgründen nicht vorliegen; strafrechtliche Verurteilung ist nicht erforderlich (BFH v. 24.05.2000, II R 25/99, BStBl II 2000, 378; BFH v. 27.10.2000, VIII B 77/00, BStBl II 2001, 16; BFH v. 30.01.2002, II R 52/99, BFH/NV 2002, 917; BFH v. 12.07.2016, II R 42/14, BStBl II 2016, 868). Strafausschließungs- und -aufhebungsgründe (z.B. Selbstanzeige, Verfolgungsverjährung, Amnestie, Einstellung des Verfahrens wegen Geringfügigkeit nach § 153a StPO) schließen die Verzinsung nicht aus. Der Straftäter muss nicht in Person feststehen. Es reicht aus, wenn feststeht, dass eine von mehreren in Frage kommenden Personen eine Steuerhinterziehung begangen hat. Dies muss nicht der Steuerschuldner sein; seine Mitwirkung an der Steuerhinterziehung ist nicht erforderlich (BFH v. 19.03.1998, V R 54/97, BStBl II 1998, 466; v. 28.03.2012, II R 39/10, BStBl II 2012, 712). Auch Mittäterschaft und mittelbare Täterschaft reichen aus. Der Versuch einer Steuerhinterziehung reicht ebenso wenig aus wie Anstiftung oder Beihilfe (auch bei strafloser Haupttat). Die Zinspflicht besteht nicht bei Bannbruch (§ 372 AO), Steuerhehlerei (§ 374 AO), leichtfertiger Steuerverkürzung (§ 378 AO) oder Steuergefährdung (§ 379 AO). Gewerbsmäßiger, bandenmäßiger und gewaltmäßiger Schmuggel (§ 373 AO), soweit strafschärfende Qualifizierung der Steuerhinterziehung (nicht des Bannbruchs), löst die Zinspflicht aus (ebenso *Loose*, in Tipke/Kruse, § 235 AO Rz. 3, 4). 3

Ob hinterzogene Steuern in diesem Sinne vorliegen, unterliegt der abschließenden Prüfung und Entscheidung durch diejenige Finanzbehörde, die für die Festsetzung der Zinsen zuständig ist. Sie ist mit der Finanzbehörde identisch, die die hinterzogene Steuer festsetzt. Bei ihrer 4

Entscheidung ist die Finanzbehörde nicht an die steuerstrafrechtliche Beurteilung der Hinterziehungshandlung durch die für die Strafverfolgung zuständigen Stellen gebunden; insbes. ist daher eine vorherige steuerstrafrechtliche Ahndung als Steuerhinterziehung nicht Voraussetzung. Allerdings kann die Finanzbehörde sich Feststellungen in einem Strafurteil zu eigen machen, wenn keine substantiierten Einwendungen gegen die Feststellungen im Strafurteil erhoben werden (BFH v. 14.10.1999, IV R 63/98, BStBl II 2001, 329). Des Weiteren besteht keine Bindung an die Beurteilung von Verjährungsfragen im Nachforderungsbescheid (BFH 14.08.1991 X R 86/88, BStBl II 1992, 128). Auch im finanzgerichtlichen Verfahren gegen die Zinsfestsetzung muss das FG die Voraussetzungen der Zinsfestsetzung und damit auch des Vorliegens einer Steuerhinterziehung von Amts wegen prüfen (BFH v. 12.07.2016, II R 42/14, BStBl II 2016, 868); es ist allerdings wie die Finanzbehörde nicht daran gehindert, sich die strafrechtlichen Feststellungen zu eigen zu machen.

5 Die Qualifizierung der Steuerbeträge als »hinterzogen« muss feststehen, ihre betragsmäßige Höhe kann ggf. im Wege der Schätzung der Besteuerungsgrundlagen (§ 162 AO) ermittelt werden; bei der Schätzung sind die Grundsätze des Strafverfahrensrechts, insbes. der Grundsatz in dubio pro reo, zu beachten (BFH v. 14.08.1991, X R 86/88, BStBl II 1992, 128; BFH v. 12.07.2016, II R 42/14, BStBl II 2016, 868). Ein Schenkungsteuerbescheid ist kein Grundlagenbescheid für die Zinsfestsetzung (BFH v. 28.03.2012, II R 39/10, BStBl II 2012, 712). **Bemessungsgrundlage** des Zinsanspruchs ist der hinterzogene Steuerbetrag, d.h. der Differenzbetrag zwischen der tatsächlichen Steuerfestsetzung und der sich bei zutreffender Festsetzung ergebenden Steuer. Entgegen der Regelung des § 370 Abs. 4 Satz 3 AO entfällt eine Steuerfestsetzung aber, wenn die Steuer aus anderen Gründen ermäßigt oder der Steuervorteil aus anderen Gründen hätte beansprucht werden können. Das strafrechtliche Kompensationsverbot gilt also für die Verzinsung nicht. Dies trägt dem Gedanken Rechnung, dass die Verzinsung den zu Unrecht erlangten Steuervorteil abschöpfen soll (s. § 235 AO Rz. 1). Bei unrechtmäßiger Erlangung von Steuervergütungen ist die Höhe des zu Unrecht erlangten Vorteils maßgeblich.

## II. Zinsschuldner

6 Zinsschuldner ist nach **§ 235 Abs. 1 Satz 2 AO** derjenige, zu dessen **Vorteil** die Steuern hinterzogen worden sind, also der – steuerliche – Nutznießer der Straftat (s. BFH v. 19.03.1998, V R 54/97, BStBl II 1998, 466). Dies ist nicht notwendig der Täter, sondern der Schuldner der hinterzogenen Steuer, auch wenn er an der Tat nicht mitgewirkt hat. Der objektive Vorteil der durch die Steuerhinterziehung bewirkten verspäteten Steuerzahlung kann nicht dadurch als »kompensiert« gelten, dass wirtschaftliche Nachteile mit der Tat eines Dritten für den Steuerschuldner verbunden sind (BFH v. 31.07.1996, XI R 82/95, BStBl II 1996, 554), wie auch andere Vermögenseinbußen mit dem Zinsvorteil nicht verrechnet werden können (BFH v. 19.04.1989, X R 3/86, BStBl II 1989, 596).

Im Falle einer Steuerhinterziehung in Form der Nichterfüllung einer Verpflichtung zur Abführung einbehaltener Steuern an die Finanzbehörde oder zur Entrichtung von Steuern zulasten eines anderen ist derjenige Zinsschuldner, der die genannten Pflichten verletzt hat (§ 235 Abs. 1 Satz 3 AO). Hiernach ist Zinsschuldner der **Arbeitgeber** hinsichtlich der von ihm einbehaltenen und vorsätzlich nicht abgeführten **LohnSt**, der **Schuldner der Kapitalerträge** hinsichtlich der entsprechenden **KapErtrSt** u.a.m. Nicht unter § 235 Abs. 1 Satz 3 AO fallen jedoch die **gesetzlichen Vertreter** usw. (§ 34 AO) und die **Verfügungsberechtigten** (§ 35 AO), also z.B. nicht der Geschäftsführer einer GmbH, der Steuern zum Vorteil der GmbH hinterzieht (BFH v. 18.07.1991, V R 72/87, BStBl II 1991, 781) und nicht der Geschäftsführer einer KG, der Lohnsteuer vorsätzlich nicht einbehält, anmeldet und abführt (BFH v. 27.09.1991, VI R 159/89, BStBl II 1992, 163; BFH v. 18.06.1993, VI R 83/91, BFH/NV 1991, 708). Unberührt bleibt die in § 71 AO letzter HS angeordnete Haftung derjenigen, die eine Steuerhinterziehung begehen oder an einer solchen Tat teilnehmen für diejenigen Hinterziehungszinsen, für die nach § 235 Abs. 1 Satz 2 oder 3 AO ein anderer Zinsschuldner ist. 7

Wird die Steuer **gesamtschuldnerisch** geschuldet, ist jeder der Gesamtschuldner auch Zinsschuldner. Bei zusammenveranlagten Ehegatten gilt dies auch dann, wenn nur einer der Ehegatten den Tatbestand der Steuerhinterziehung erfüllt hat; gegen die Ehegatten kann daher ein zusammengefasster Zinsbescheid ergehen (BFH v. 13.10.1994, IV R 100/93, BStBl II 1995, 484). Im Rahmen des **Auswahlermessens** kann das FA auch nur einen der Ehegatten in Anspruch nehmen; allerdings bedarf es stets der Prüfung, ob das FA sein Ermessen fehlerfrei ausgeübt hat. Die Inanspruchnahme kann u.U. dann unterbleiben, wenn der abzuschöpfende wirtschaftliche Vorteil nur bei dem anderen Ehegatten eintritt (BFH v. 02.02.2010, II B 46/09, BFH/NV 2010, 837). 8

## III. Zinslauf

### 1. Beginn des Zinslaufs

Den Beginn des Zinslaufs regelt **§ 235 Abs. 2 AO**. Grundsätzlich beginnt der Zinslauf mit dem Eintritt der Steuerverkürzung oder der Erlangung des Steuervorteils, d.h. grundsätzlich mit dem **Wirksamwerden** (§ 124 Abs. 1 Satz 1 AO) der wegen der Hinterziehung zu niedrigen Steuerfestsetzung bzw. überhöhten Festsetzung einer 9

Steuervergütung oder des die Entstehung eines zu hohen Erstattungsanspruchs bewirkenden Tatbestands i. S. des § 37 Abs. 2 AO. Bei sonstigen als Hinterziehung zu wertenden Handlungen, die zu Steuervorteilen geführt haben, ist der Zeitpunkt maßgebend, in dem der Begünstigte den Steuervorteil wirksam erlangt hat, z. B. in dem sich eine ihm gewährte Stundung im Wege der Verschiebung der Fälligkeit oder ein ihm gewährter Billigkeitserlass durch Erlöschen des Anspruchs ausgewirkt hat. Da die Festsetzung der Hinterziehungszinsen einen gewissen Ausgleich für die durch die Hinterziehung erlangten Zinsvorteile bilden soll, wird § 235 Abs. 2 Satz 1 AO zu Recht durch den Zusatz ergänzt, dass der Zinslauf dann erst später beginnt, wenn die hinterzogenen Beträge ohne die Steuerhinterziehung erst später fällig geworden wären. Damit wird z. B. berücksichtigt, dass bei vielen Steuern die Fälligkeit aufgrund ausdrücklicher Bestimmung im Einzelsteuergesetz erst einen Monat nach Bekanntgabe des Steuerbescheids eintritt (s. z. B. § 36 Abs. 4 Satz 1 EStG). Bei Steuern mit einem **gesetzlichen Fälligkeitszeitpunkt**, wie z. B. der Lohnsteueranmeldung, Umsatzsteuervoranmeldung, Vorauszahlungen, tritt die Verkürzung im Zeitpunkt der gesetzlichen Fälligkeit ein und zwar auch dann, wenn keine Steueranmeldung abgegeben wurde. Zur Fälligkeit s. im Übrigen § 220 AO und die dortigen Erläuterungen.

Im Fall der Nichtabgabe der Steuererklärung beginnt der Zinslauf bei Erlass eines Schätzungsbescheides mit dessen Wirksamwerden bzw. mit der Fälligkeit der festgesetzten Steuer. Unterbleibt eine Steuerfestsetzung, so ist die Steuer ab dem Zeitpunkt verkürzt, in dem die Veranlagungsarbeiten für das betreffende Kalenderjahr im Wesentlichen abgeschlossen waren (s. AEAO zu § 235 AO, Nr. 4.1.3).

Bei der **Erbschaft- und Schenkungsteuer** gibt es – anders als bei anderen Veranlagungssteuern – kein kontinuierliches abschnittsbezogenes Veranlagungsverfahren, sodass kein allgemeiner Veranlagungsschluss festgestellt werden kann. Deshalb ist für den Beginn des Zinslaufs darauf abzustellen, zu welchem Zeitpunkt die Veranlagung dem Steuerpflichtigen bei rechtzeitiger Anzeige frühestens bekanntgegeben worden wäre. Dabei soll auf die durchschnittliche Bearbeitungsdauer des FA abgestellt werden, sodass sich je nach Zuständigkeit unterschiedliche Zeitpunkte des Beginns des Zinslaufs ergeben können (FG Münster v. 24.11.2016, 3 K 1627/15 Erb, EFG 2017, 628, Rev. II R 7/17).

### 2. Ende des Zinslaufs

10 Nach § 235 Abs. 3 Satz 1 AO endet der Zinslauf mit der **Zahlung** der hinterzogenen Steuern, also mit dem Wegfall des durch die Hinterziehung erzielten Vorteils. Wegen des maßgebenden Zahlungszeitpunkts s. § 224 Abs. 2 AO. Die Anordnung eines **dinglichen Arrests** beendet den Zinslauf nicht (BFH v. 27.10.2000, V B 145/00, BFH/NV 2001, 424). Sofern der zu verzinsende Anspruch durch **Aufrechnung** erlischt, gilt der Tag als Tag der Zahlung, an dem die Schuld des Aufrechnenden fällig wird.

## IV. Zinslose Zeiträume

Keine Hinterziehungszinsen werden nach § 235 Abs. 3 Satz 2 AO für Zeiträume erhoben, für die zeitgleich entweder nach § 240 ein Säumniszuschlag verwirkt, nach § 222 AO die Zahlung gestundet oder nach § 361 AO bzw. § 69 FGO die Vollziehung ausgesetzt ist. Hierdurch wird eine Verdoppelung der mit der Nichtzahlung verknüpften Belastung vermieden. 11

## V. Höhe der Zinsen

Die Höhe der Zinsen richtet sich nach § 238 AO. Die Zinsen sind für jeden die Zinspflicht auflösenden Anspruch gesondert zu berechnen. 12

## VI. Festsetzung der Zinsen

Die Zinsen sind durch Zinsbescheid festzusetzen (§ 239 Abs. 1 Satz 1 AO i. V. m. §§ 155 ff. AO; s. auch die Erläuterungen zu s. § 239 AO). Ein Ermessensspielraum besteht nicht (BFH v. 27.04.1991, V R 9/86, BStBl II 1991, 822). Der Zinsbescheid muss eindeutig erkennen lassen, wer Bekanntgabe- oder Inhaltsadressat ist (BFH v. 03.11.2005, V B 9/04, BFH/NV 2006, 248). Sind Zinsschuldner und Haftender nach § 71 **Gesamtschuldner**, ist **Auswahlermessen** auszuüben (BFH v. 02.02.2010, II B 46/09, BFH/NV 2010, 837; *Loose* in Tipke/Kruse, § 235 AO Rz. 22; s. Rz. 8). Einer **einheitlichen und gesonderten Feststellung** (§ 239 Abs. 1 Satz 1 AO i. V. m. §§ 179 ff. AO) bedarf es, wenn die Besteuerungsgrundlagen einheitlich und gesondert festgestellt werden, vor allem also dann darüber, ob und in welchem Umfang der von Gesellschaftern erlangte Vorteil i. S. des § 235 Abs. 1 AO auf einer Hinterziehung beruht (BFH v. 19.04.1989, X R 3/86, BStBl II 1989, 596; BFH v. 13.07.1994, XI R 71/93, BStBl II 1994, 885; BFH v. 10.12.2003, X B 134/02, BFH/NV 2004, 906). Die Festsetzung von Zinsen bei hinterzogener **Gewerbesteuer** erfolgt durch die Gemeinde. Zinsbescheide können mit dem **Einspruch** und danach mit der Anfechtungsklage angefochten werden. 13

Nach **§ 235 Abs. 3 Satz 3 AO** bleiben die bis dahin entstandenen Zinsen unberührt, wenn der Steuerbescheid nach Ende des Zinslaufs aufgehoben, geändert oder nach § 129 AO berichtigt wird. Eine Änderung der 14

Zinsfestsetzung erfolgt also nicht (auch s. § 234 AO Rz. 6).

15 Bei der Zinsfestsetzung sind anzurechnen sind nach § 235 Abs. 4 AO Zinsen nach § 233a AO, die für denselben Zeitraum angesetzt wurden. Die Anrechnung soll eine Zinskumulation vermeiden. Daher folgt aus dem Vorrang des § 235 AO, dass die Nachzahlungszinsen in den Hinterziehungszinsen »aufgehen« (BFH v. 11.10.2004, XI R 30/04, BStBl II 2005, 274). Da sich die absolute Höhe der als Hinterziehungszinsen festzusetzenden Nebenleistung aus dem Saldo ergibt, ist die Anrechnung bereits bei der Festsetzung zu berücksichtigen. Der Bescheid über die Festsetzung der Hinterziehungszinsen ist insoweit Folgebescheid des Bescheids über die Zinsen nach § 233a AO. Wird der Letztere geändert oder werden Zinsen nach § 233a AO erst nach Erlass des die Hinterziehungszinsen festsetzenden Bescheids erstmals festgesetzt, ist dieser nach § 175 Abs. 1 Satz 1 Nr. 1 AO zu ändern.

## § 236 AO Prozesszinsen auf Erstattungsbeträge

**(1) Wird durch eine rechtskräftige gerichtliche Entscheidung oder auf Grund einer solchen Entscheidung eine festgesetzte Steuer herabgesetzt oder eine Steuervergütung gewährt, so ist der zu erstattende oder zu vergütende Betrag vorbehaltlich des Absatzes 3 vom Tag der Rechtshängigkeit an bis zum Auszahlungstag zu verzinsen. Ist der zu erstattende Betrag erst nach Eintritt der Rechtshängigkeit entrichtet worden, so beginnt die Verzinsung mit dem Tag der Zahlung.**

**(2) Absatz 1 ist entsprechend anzuwenden, wenn**

**1. sich der Rechtsstreit durch Aufhebung oder Änderung des angefochtenen Verwaltungsaktes oder durch Erlass des beantragten Verwaltungsaktes erledigt oder**

**2. eine rechtskräftige gerichtliche Entscheidung oder ein unanfechtbarer Verwaltungsakt, durch den sich der Rechtsstreit erledigt hat,**

   **a) zur Herabsetzung der in einem Folgebescheid festgesetzten Steuer,**

   **b) zur Herabsetzung der Gewerbesteuer nach Änderung des Gewerbesteuermessbetrags führt.**

**(3) Ein zu erstattender oder zu vergütender Betrag wird nicht verzinst, soweit dem Beteiligten die Kosten des Rechtsbehelfs nach § 137 Satz 1 der Finanzgerichtsordnung auferlegt worden sind.**

**(4) Zinsen nach § 233a, die für denselben Zeitraum festgesetzt wurden, sind anzurechnen.**

**(5) Ein Zinsbescheid ist nicht aufzuheben oder zu ändern, wenn der Steuerbescheid nach Abschluss des Rechtsbehelfsverfahrens aufgehoben, geändert oder nach § 129 berichtigt wird.**

**Inhaltsübersicht**



### A. Allgemeines

Die Vorschrift gewährt zugunsten der Stpfl. einen Anspruch auf Verzinsung von Erstattungsbeträgen. Bei allen in Frage kommenden Tatbeständen handelt es sich um die Rückzahlung von Abgabenschulden nach Herabsetzung oder Aufhebung der dem Leistungsgebot zugrundeliegenden Festsetzung bzw. um die verspätete Gewährung früher entstandener Steuervergütungen. Hinsichtlich der Verzinsung des Rückzahlungsbetrags ist es ungenau, von einer Verzinsung des dem obsiegenden Kläger zustehenden Erstattungsanspruchs zu sprechen, weil der Erstattungsanspruch nach § 37 Abs. 2 AO erst mit der Herabsetzung bzw. Aufhebung der Anspruchsfestsetzung (Wegfall des rechtlichen Grundes für die Entrichtung des Betrags) entsteht und eine Verzinsung eines noch nicht existierenden Anspruchs unserer Rechtsordnung fremd ist. Vielmehr handelt es sich um einen geldwerten Ausgleich für den Vermögensschaden, der dem obsiegenden Kläger dadurch erwachsen ist, dass er den Anspruch des Steuergläubigers ohne Rücksicht auf die von ihm im Rechtsbehelfsverfahren gegen die Rechtmäßigkeit seiner Festsetzung erhobenen Einwendungen erfüllen musste (fehlender Suspensiveffekt des Rechtsbehelfs, s. § 361 Abs. 1 AO und § 69 Abs. 1 FGO; BFH v. 13.07.1994, I R 38/93, BStBl II 1995, 37). Dagegen handelt es sich im Falle der Steuervergütungen um »echte Prozesszinsen«, die für die Zeit ab Rechtshängigkeit als Verzugsschaden wegen nachträglicher Festsetzung und Erfüllung eines schon vorher entstandenen Anspruchs gewährt werden (BFH v. 17.01.2007, X R 29/06, BFH/NV 2007, 942). 1

Eine höhere als die gesetzlich vorgesehene Verzinsung ist ausgeschlossen, da es sich bei § 236 AO um eine 2 abschließende **spezialgesetzliche Zinsregelung** handelt (BFH v. 29.04.1997, VII R 91/96, BStBl II 1997, 476; BFH v. 23.06.2014, VIII B 75/13, BFH/NV 2014, 1713). Allerdings schließt die Vorschrift weitergehende Schadensersatz- und Folgenbeseitigungsansprüche nicht generell aus, da der Regelungsbereich des § 236 AO nur den durch die Kapitalüberlassung entstandenen Zinsschaden umfasst (gl. A. *Loose* in Tipke/Kruse, § 236 AO Rz. 2). Allerdings kommt eine entsprechende Anwendung auf vor Rechtshängigkeit entstandene Zinsnachteile nicht in Betracht (BFH v. 17.01.2007, X R 29/06, BFH/NV 2007, 942).

## B. Anwendungsbereich

3 Gegenstand der Verzinsung sind nur **(Steuer-)Beträge**, die von der Finanzbehörde mit Rücksicht auf die ganz oder teilweise Aufhebung der Anspruchsfestsetzung zurückgezahlt werden müssen oder **Steuervergütungen**, die von ihr aufgrund einer Gerichtsentscheidung oder im Zusammenhang mit einem Gerichtsverfahren entrichtet werden müssen, obwohl die frühere Festsetzung oder Entrichtung geboten gewesen wäre. Der Steuerbegriff entspricht dem des § 3 Abs. 1 AO, sodass auch Zölle und Abschöpfungen Gegenstand der Verzinsung sein können. Die Zinspflicht erstreckt sich auch auf Folgesteuern, wie z. B. die Kirchensteuer und den Solidaritätszuschlag (BFH v. 17.01.2007, X R 19/06, BFH/NV 2007, 855). Nicht in den Anwendungsbereich des § 236 AO fallen Steuererstattungsansprüche, die wegen einer Zahlung ohne rechtlichen Grund (z. B. Doppelzahlungen, Überzahlungen, überhöhter Steuereinbehaltung) oder die ohne Änderung einer Steuerfestsetzung erst aufgrund eines Rechtsstreits über einen Abrechnungsbescheid entstehen. In diesen Fällen fehlt es an einer Herabsetzung der festgesetzten Steuer (BFH v. 12.05.1987, VII R 203/83. BStBl II 1987, 702). Auch die Festsetzung einer **»negativen Steuerschuld«** bei der Umsatzsteuer (Überschuss der Vorsteuerabzugsbeträge) führt zu einem vergütungsähnlichen Anspruch des Berechtigten, der unter den übrigen in der Vorschrift normierten Voraussetzungen zu verzinsen ist. Auch Ansprüche auf Zahlung bzw. Erstattung von Wohnungsbau-, Spar- und Bergmannsprämien sowie Investitionszulagen fallen unter die Vorschrift, weil auf sie die Vorschriften über Steuervergütungen entsprechend anzuwenden sind (§ 8 Abs. 1 Satz 1 WoPG; § 12 Abs. 1 Satz 1 InvZulG 2010).

4 Nicht unter die Vorschrift subsumiert werden können Beträge, deren Erstattung im **Billigkeitswege** erstritten wird (BFH v. 20.01.1999, IV B 40/98, BFH/NV 1999, 1055), Beträge, die wegen Aufhebung oder Herabsetzung eines **Haftungsbescheids** zu erstatten sind (BFH v. 25.07.1989, VII R 15/86, BStBl II 1989, 821; BFH v. 25.02.1997, VII R 39/86, BStBl II 1998, 2; BFH v. 23.08.2012, VI B 53/12, BFH/NV 2012, 1938) und kraft ausdrücklicher gesetzlicher Bestimmung (§ 233 Satz 2 AO) die Ansprüche auf Rückzahlung entrichteter **steuerlicher Nebenleistungen**. Deshalb müssen auch erstrittene Zinsansprüche nicht verzinst werden.

Bei einer Klage auf marktordnungsrechtliche besondere Vergünstigungen fallen auch bei stattgebender Entscheidung keine Prozesszinsen an. § 14 Abs. 2 Satz 1 MOG enthält eine Rechtsgrundverweisung, sodass Prozesszinsen nur entstehen, wenn auch die Voraussetzungen des § 236 AO erfüllt sind. Daran fehlt es im Verfahren wegen der Leistungsgewährung, soweit es materiellrechtlich dem steuerlichen Erhebungsverfahren entspricht (BFH v. 29.04.1997, VII R 91/96, BStBl II 1997, 476; BFH v. 06.05.2008 VII R 10/07, BFH/NV 2008, 1714). Art. 241 ZK enthält eine Verweisung auf nationales Recht, sodass eine Verzinsung nur unter den Voraussetzungen des § 236 AO möglich ist. 5

Über die durch § 236 AO erfassten Tatbestände hinaus hat der EuGH (EuGH v. 27.09.2012, C-113/10, C-147/10, C-234/10, HFR 2012, 1210 – Jülich II; EuGH v. 18.04.2013, C-565/11, HFR 2013, 659 – Irimie; EuGH v. 18.01.2017, C-365/15, ZfZ 2017, 42 – Wortmann) entschieden, dass ein Zinsanspruch sich immer dann ergeben kann, wenn Steuerbeträge oder Abgaben, die unter Verstoß gegen Unionsrecht erhoben worden sind, zu erstatten sind. Der Zinsanspruch leitet sich in diesen Fällen unmittelbar aus dem Unionsrecht ab. Der Zinslauf beginnt – gerade unabhängig von der in § 236 AO grds. vorausgesetzten Rechtshängigkeit – mit dem Tag der zu Unrecht erfolgten Leistung der Steuer oder Abgabe (BFH v. 22.09.2015, VII R 32/14, BStBl II 2016, 323 m. w. N.; BFH v. 05.12.2017, VII B 85/17, BFH/NV 2018, 321). Die Höhe des Zinssatzes richtet sich dabei nach den vergleichbaren nationalen Vorschriften, sodass der Ansatz eines Zinssatzes entsprechend den §§ 236, 238 AO dem vom EuGH geforderten Äquivalenzgrundsatz entspricht. 6

## C. Tatbestandliche Voraussetzungen

### I. Gerichtliches Verfahren

Wie schon die Überschrift der Vorschrift (»Prozesszinsen«) deutlich macht, muss es sich – mit Ausnahme der aus Unionsrecht folgenden Zinsansprüche – um Beträge handeln, hinsichtlich deren beim FG eine Klage anhängig gemacht worden ist. Ohne Rechtshängigkeit im finanzgerichtlichen Verfahren (§ 66 FGO) fallen keine Prozesszinsen an. Für Beträge, die durch ein außergerichtliches Rechtsbehelfsverfahren erstritten werden, ist keine Verzinsung vorgesehen. Hier können jedoch Zinsen nach § 233a AO anfallen. Dabei muss das Klageverfahren kausal für die Herabsetzung der Steuer sein; daran fehlt es, wenn der angefochtene Bescheid nach Änderung eines 7 nicht angefochtenen Grundlagenbescheids oder erst nach Beendigung der Rechtshängigkeit aufgrund eines Vorläufigkeitsvermerks oder eines anderweitig anhängigen Musterverfahrens geändert wird (BFH v. 15.10.2003 X R 48/01, BStBl II 2004, 169; v. 29.08.2012, II R 49/11, BStBl II 2013, 104; v. 18.09.2012, II R 9/09, BStBl II 2013, 149).

### 1. Gerichtliche Entscheidung

8 Nach § 236 **Abs. 1 Satz 1** AO ist Voraussetzung, dass durch eine rechtskräftige gerichtliche Entscheidung (Vollaufhebung einer Festsetzung gem. § 100 Abs. 1 Satz 1 FGO bzw. niedrigere Festsetzung gem. § 100 Abs. 2 Satz 1 FGO) eine Steuer herabgesetzt wird oder die **Herabsetzung** aufgrund einer solchen Entscheidung erfolgt (Teilaufhebung gem. § 100 Abs. 1 Satz 1 FGO, die einen geänderten Verwaltungsakt der Behörde bedingt; Entscheidung nach § 100 Abs. 2 Satz 2 FGO, die ebenfalls den Erlass eines anderen Verwaltungsakts durch die Behörde erfordert). Es reicht nicht aus, wenn die Herabsetzung nur mittelbare Folge der gerichtlichen Entscheidung ist (BFH v. 16.12.1987, I R 350/83, BStBl II 1988, 600), wie z.B. bei Musterprozessen oder Änderungen außerhalb der streitbefangenen Zeiträume (BFH v. 29.08.2012, II R 49/11, BStBl II 2013, 104; BFH v. 18.09.2012, VIII R 9/09, BStBl II 2013, 149). Allerdings ist in Ausnahmefällen möglich, dass eine Herabsetzung auch ohne formalrechtliche Verknüpfung aufgrund einer gerichtlichen Entscheidung erfolgt, wenn der gerichtliche Rechtsstreit erforderlich ist und die Herabsetzung zwangsläufige Voraussetzung für die wirtschaftlich begehrte Steuerminderung ist – auch wenn diese durch gesonderte Festsetzung erfolgt. Erforderlich ist aber stets eine insoweit bestehende verfahrensrechtliche Verknüpfung von Entscheidung und Herabsetzung (BFH v. 05.04.2006, I R 80/04, BFH/NV 2006, 1435 m.w.N.). Daran fehlt es, wenn nur die Auszahlung bereits festgesetzter Beträge im Wege der **Zahlungsklage** (allg. Leistungsklage) erstritten wird. Hier fehlt es an der nach dem Gesetzeswortlaut erforderlichen Veränderung der Steuer- oder Steuervergütungsfestsetzung (BFH v. 06.05.2008, VII R 10/07, BFH/NV 2008, 1714). Auch eine bloße Aufhebung der Entscheidung über den außergerichtlichen Rechtsbehelf ohne Sachentscheidung (§ 100 Abs. 3 FGO) löst keine Zinspflicht aus. Diese Grundsätze gelten entsprechend für Entscheidungen bezüglich **Steuervergütungen**. Spricht das Gericht die Verpflichtung aus, über einen Vergütungsantrag unter Beachtung der Rechtsauffassung des Gerichts zu entscheiden, reicht dies für die Entstehung des Zinsanspruchs aus, wenn das FA die Vergütung gewährt. Auch eine (deklaratorische) Aufhebung eines **unwirksamen Bescheids** oder einer erfolgreichen Nichtigkeitsfeststellungsklage löst die Zinspflicht für Prozesszinsen aus, da dem Stpfl. auch insoweit entstandene Nachteile auszugleichen sind (BFH v. 16.05.2013, II R 20/11, BStBl II 2013, 1655).

### 2. Anderweitige Erledigung

9 § 236 **Abs. 2** AO ordnet die entsprechende Anwendung des § 236 Abs. 1 AO an, wenn die in § 236 Abs. 2 Nr. 1 und 2 AO bezeichneten Voraussetzungen vorliegen, die sich ihrem Wesen nach und im Ergebnis nicht von den Fällen unterscheiden, in denen die Änderung unmittelbar durch die Gerichtsentscheidung veranlasst ist. Die Entscheidung muss kausal für die Herabsetzung der Steuer oder die Gewährung der Steuervergütung sein (BFH v. 15.10.2003, X R 48/01, BStBl 2004, 169).

Nach § 236 **Abs. 2 Nr. 1** AO treten die Zinsfolgen des § 236 Abs. 1 AO auch dann ein, wenn sich der Rechtsstreit dadurch erledigt, dass die Finanzbehörde dem Klagebegehren durch Erlass eines Aufhebungs- oder Änderungsbescheids entspricht. Der Anspruch auf Prozesszinsen entsteht, sobald der Rechtsstreit infolge der übereinstimmenden Erledigungserklärungen beendet ist (BFH v. 25.01.2007, III R 85/06, BStBl II 2007, 598). Davon zu unterscheiden ist der Zinslauf, wenn z.B. Steuervergütungen zuvor aufgrund eines Verfahrens im einstweiligen Rechtsschutz ausgezahlt wurden. Vom Wortlaut nicht angesprochen ist der Erlass eines **Teilabhilfebescheids**, der über § 68 FGO automatisch mit dem Ziel zum Gegenstand des Gerichtsverfahrens gemacht wird, einen weitergehenden Erfolg der Klage zu erreichen. In diesem Fall wird eine Erledigung der Hauptsache i.S. des § 236 Abs. 2 Nr. 1 AO auch dann anzunehmen sein, wenn der Rechtsstreit nur noch hinsichtlich eines »Reststreitgegenstandes« fortgeführt wird, der Kläger aber im Übrigen klaglos gestellt wurde. Dass diese (teilweise) »Hauptsacheerledigung« ohne entsprechende Erledigungserklärung der Beteiligten eintritt, ändert nichts an der aufgezeigten Konsequenz, da die Vorschrift nicht auf die formelle Erledigungserklärung, sondern auf die materielle Erledigung des Rechtsstreits abstellt. Desgleichen ist ein Zinsanspruch nach § 236 Abs. 2 Nr. 1 AO zu bejahen, wenn sich die Hauptsache eines einen Vorauszahlungsbescheid betreffenden Rechtsstreits durch einen das Klagebegehren zubilligenden Jahresbescheid erledigt. Die tatbestandlichen Voraussetzungen des § 236 Abs. 2 Nr. 1 AO sind auch erfüllt, wenn der Kläger, nachdem die Behörde dem Klagebegehren durch Änderungsbescheid teilweise entsprochen hat, die **Klage zurücknimmt** (BFH v. 13.07.1994, I R 38/93, BStBl II 1995, 37; BFH v. 11.04.2013, III R 11/12, BStBl II 2013, 665). Auch insoweit ist dem Umstand Rechnung zu tragen, dass der Anspruch auf Prozesszinsen an die materiellrechtlichen Folgen der Rechtshängigkeit und des erledigenden Ereignisses und nicht auf die verfahrensrechtlichen Wirkungen der Rechtshängigkeit abstellt. Zudem entspricht es auch dem Gesetzeszweck, dem Kläger den Zinsanspruch zuzugestehen, da er dem Fiskus sein Kapital zu Unrecht zu Verfügung stellen musste. Zum Sonderfall des § 236 Abs. 3 AO, s. Rz. 11.

10 § 236 Abs. 2 Nr. 2 AO berücksichtigt, dass der Verwaltungsakt, der die Zahlungspflicht auslöst, häufig nicht selbst Gegenstand des Gerichtsverfahrens ist, sondern nur Folgebescheid eines im Klagewege angefochtenen Grundlagenbescheids ist. Führt in solchen Fällen eine rechtskräftige gerichtliche Entscheidung hinsichtlich des Grundlagenbescheids oder ein **unanfechtbarer** Grundlagenbescheid, durch den sich der diesen betreffende Rechtsstreit erledigt hat (Abhilfebescheid), zur Herabsetzung der in einem Folgebescheid festgesetzten Steuer, so ist der Rückzahlungsbetrag ebenfalls zu verzinsen. Führt ein geänderter Gewinnfeststellungsbescheid zu Änderungen beim **Verlustabzug** (§ 10d EStG), der wiederum Erstattungen bei der Einkommensteuer auslöst, entsteht hinsichtlich der Erstattungsbeträge Zinspflicht (BFH v. 16.11.2000, XI R 31/00, BStBl II 2002, 119; BFH v. 29.09.2001, IV R 29/00, BStBl II 2002, 120). Entsprechendes gilt für Auswirkungen entsprechender Entscheidungen bzw. Maßnahmen hinsichtlich des Gewerbesteuermessbetrags auf die Gewerbesteuer (§ 35b GewStG).

## II. Zinslauf

11 Für den Beginn des Zinslaufs und dessen Ende gilt nach § 236 Abs. 1 Satz 1 AO der Grundsatz, dass Verzinsung vom Tag der **Rechtshängigkeit** (§ 66 FGO) an bis zum Auszahlungstag gewährt wird (zur Ausnahme nach Unionsrecht s. Rz. 6). § 236 Abs. 1 Satz 2 AO stellt klar, dass die Verzinsung erst mit dem Tag der Zahlung beginnt, wenn dieser nach dem Eintritt der Rechtshängigkeit liegt. Damit werden Zinsnachteile während des Rechtsbehelfsverfahrens nicht ausgeglichen. Der Tag des Beginns der Rechtshängigkeit ist ebenso wie der Auszahlungstag und im Falle des § 236 Abs. 1 Satz 2 AO der Zahlungstag mit einzurechnen (s. BFH v. 11.12.1973, VII R 35/71, BStBl II 1974, 408). Zum Zeitpunkt der Wirksamkeit von Zahlungen s. § 224 Abs. 2 und 3 AO.

Zu beachten ist, dass gem. § 47 Abs. 2 FGO die Anbringung der Klage bei der Finanzbehörde lediglich die Klagefrist wahrt, die Rechtshängigkeit daher auch in diesem Fall mit dem Eingang der Klage beim Gericht eintritt, sodass auch erst zu diesem Zeitpunkt der Zinslauf beginnt. Die **Sprungklage** (§ 45 FGO) wird nicht erst mit der Zustimmung der Finanzbehörde (§ 45 Abs. 1 Satz 1 FGO), sondern ebenfalls mit dem Eingang der Klage bei Gericht rechtshängig. Wird die Zustimmung nicht erteilt, ist die Klage nach dem ausdrücklichen Gesetzesbefehl (§ 45 Abs. 3 FGO) ebenso als außergerichtlicher Rechtsbehelf zu behandeln wie im Falle der Abgabe durch das Gericht (§ 45 Abs. 2 FGO). In beiden Fällen entfällt rückwirkend die Rechtshängigkeit und damit die Zinspflicht. Bei **Verweisungen** ist der Eingangstag bei dem Gericht maßgeblich, bei dem erstmals Rechtshängigkeit eintritt.

Der Zinslauf endet mit dem Auszahlungstag, d.h. mit der Anweisung der Zahlung. Bei einer Aufrechnung ist der Erlöschenstag maßgeblich (§ 389 BGB i.V.m. § 226 Abs. 1 AO). Liegt der Rückzahlung eine **Aufhebung der Vollziehung** zugrunde, steht dies einer Erstattung i.S. des Abs. gleich, sodass Prozesszinsen anfallen (gl. A. *Loose* in Tipke/Kruse, § 236 AO Rz. 23).

## III. Ausschluss der Verzinsung nach § 236 Abs. 3 AO

§ 236 Abs. 3 AO schließt die sonst nach den § 236 Abs. 1 und 2 AO eintretende Verzinsung insoweit aus, als dem Beteiligten die Kosten des Rechtsbehelfs nach § 137 Satz 1 FGO auferlegt worden sind. Dies rechtfertigt sich aus dem Charakter der Verzinsung als Schadensersatz (s. Rz. 1), bei dem ein (Mit-)Verschulden die Ersatzpflicht mindert oder ausschließt. Im Falle des § 137 Satz 1 FGO liegt alleiniges oder Mitverschulden des Beteiligten an der späten Klärung vor. Bei Mitverschulden, also teilweiser Auferlegung der Kosten, richtet sich der Zinsanspruch nach der Kostenquote. Auch bei Hauptsacheerledigung kann eine entsprechende Kostenentscheidung in Frage kommen (§ 138 Abs. 2 Satz 2 FGO). Im Fall einer Klagerücknahme kann eine Zinsfestsetzung zugunsten des Stpfl. nicht nach § 236 Abs. 3 AO versagt werden (BFH v. 11.04.2013, III R 11/12, BStBl II 2013, 665). 12

## IV. Entstehung des Zinsanspruchs

Der Zinsanspruch entsteht mit Erfüllung der tatbestandsmäßigen Voraussetzungen, also nicht bereits mit Rechtshängigkeit, sondern erst mit der Rechtskraft der gerichtlichen Entscheidung (auch bei Gerichtsbescheid, § 90a FGO), der übereinstimmenden Hauptsacheerledigungserklärung (BFH v. 25.01.2007, III R 85/06, BStBl II 2007, 598) oder der Unanfechtbarkeit des Verwaltungsakts dem Grunde nach (BFH v. 14.05.2002, VII R 6/01, BStBl II 2002, 677). Seine Höhe bestimmt sich nach dem Auszahlungstag. 13

## V. Gläubiger des Zinsanspruchs

Gläubiger des Zinsanspruchs ist derjenige, der die zur Rechtshängigkeit führende Klage erhoben hat, in den Fällen des § 236 Abs. 2 Nr. 2 AO jeder von der Aufhebung bzw. Änderung des Grundlagenbescheids Betroffene, soweit demzufolge die ihm gegenüber festgesetzten Steuern herabgesetzt werden und er die Steuer gezahlt hat. Es ist nicht erforderlich, dass der Betroffene selbst das Klage- 14 verfahren geführt hat, sodass z.B. bei geänderten Feststellungen jeder Feststellungsbeteiligte Prozesszinsen beanspruchen kann (BFH v. 17.01.2007, X R 19/06, BFH/NV 2007, 855; X R 29/06, BFH/NV 2007, 942).

### VI. Festsetzung der Zinsen

15 Die Festsetzung der Zinsen erfolgt durch Zinsbescheid (§ 239 Abs. 1 Satz 1 AO i.V.m. §§ 155 ff. AO). Dies gilt auch, wenn sich der Zinsanspruch unmittelbar aus Unionsrecht (s. Rz. 6) ergibt. Im Zuge der Festsetzung der Erstattungszinsen hat die Anrechnung nach § 236 Abs. 4 AO (Zinsen nach § 233a AO) zu erfolgen (BFH v. 30.08.2010, VIII B 66/10, BFH/NV 2011, 1825). Die Festsetzung der Zinsen ist nicht antragsabhängig und daher von Amts wegen vorzunehmen. Dass die Zinsfestsetzung nicht antragsabhängig ist, schließt jedoch einen Antrag auf Steuerfestsetzung nicht aus. Dann hemmt ein vor Ablauf der Festsetzungsfrist (§ 239 Abs. 1 Satz 1 AO) gestellter Antrag deren Ablauf (a.A. *Loose* in Tipke/Kruse, § 236 AO Rz. 30), denn die Hemmungswirkung nach § 171 Abs. 3 AO ist nicht auf Anträge beschränkt, die Verfahrensvoraussetzung sind.

Wird der Steuerbescheid nach Abschluss des Rechtsbehelfsverfahrens aufgehoben, geändert oder nach § 129 AO berichtigt, so hat dies nach § 236 Abs. 5 AO keine Auswirkungen auf den Zinsbescheid.

Lehnt das FA die Zinsfestsetzung ab, ist hiergegen der Einspruch mit anschließender Verpflichtungsklage beim FG gegeben. Fällt die Zinsfestsetzung in den Zuständigkeitsbereich der Gemeinden, ist als Rechtsbehelf der Widerspruch mit anschließender Klage beim VG gegeben.

## § 237 AO
## Zinsen bei Aussetzung der Vollziehung

**(1) Soweit ein Einspruch oder eine Anfechtungsklage gegen einen Steuerbescheid, eine Steueranmeldung oder einen Verwaltungsakt, der einen Steuervergütungsbescheid aufhebt oder ändert, oder gegen eine Einspruchsentscheidung über einen dieser Verwaltungsakte endgültig keinen Erfolg gehabt hat, ist der geschuldete Betrag, hinsichtlich dessen die Vollziehung des angefochtenen Verwaltungsakts ausgesetzt wurde, zu verzinsen. Satz 1 gilt entsprechend, wenn nach Einlegung eines förmlichen außergerichtlichen oder gerichtlichen Rechtsbehelfs gegen einen Grundlagenbescheid (§ 171 Abs. 10) oder eine Rechtsbehelfsentscheidung über einen Grundlagenbescheid die Vollziehung eines Folgebescheids ausgesetzt wurde.**

**(2) Zinsen werden erhoben vom Tag des Eingangs des außergerichtlichen Rechtsbehelfs bei der Behörde, deren Verwaltungsakt angefochten wird, oder vom Tag der Rechtshängigkeit beim Gericht an bis zum Tag, an dem die Aussetzung der Vollziehung endet. Ist die Vollziehung erst nach dem Eingang des außergerichtlichen Rechtsbehelfs oder erst nach der Rechtshängigkeit ausgesetzt worden, so beginnt die Verzinsung mit dem Tag, an dem die Wirkung der Aussetzung der Vollziehung beginnt.**

**(3) Absätze 1 und 2 sind entsprechend anzuwenden, wenn nach Aussetzung der Vollziehung des Einkommensteuerbescheids, des Körperschaftsteuerbescheids oder eines Feststellungsbescheids die Vollziehung eines Gewerbesteuermessbescheids oder Gewerbesteuerbescheids ausgesetzt wird.**

**(4) § 234 Abs. 2 und 3 gelten entsprechend.**

**(5) Ein Zinsbescheid ist nicht aufzuheben oder zu ändern, wenn der Steuerbescheid nach Abschluss des Rechtsbehelfsverfahrens aufgehoben, geändert oder nach § 129 berichtigt wird.**

**Inhaltsübersicht**



### A. Allgemeines

Die Vorschrift korrespondiert mit § 236 AO. Während § 236 AO einen Ausgleich für den Vermögensschaden schafft, der dem obsiegenden Kläger erwachsen ist, sind die Aussetzungszinsen das Entgelt für den Fiskus für die durch die Aussetzung gewährte Kapitalnutzung (BFH v. 25.07.1995, IX R 38/93, BStBl II 1995, 835 m.w.N.; BFH v. 29.09.2010, XI B 74/09, BFH/NV 2011, 194; BFH v. 01.07.2014, IX R 31/13, BStBl II 2014, 925). Zugleich soll die Vorschrift vermeiden helfen, dass Prozesse nur geführt werden, um den Fälligkeitszeitpunkt zinslos hinauszuschieben (*Loose* in Tipke/Kruse, § 237 AO Rz. 1). Allerdings kommt bei geringen Erfolgsaussichten eine Aussetzung der Vollziehung in der Regel ohnehin nicht in Betracht, weil die Aussetzung – abgesehen von den Fällen der unbilligen Härte – ernstliche Zweifel an der 1

Rechtmäßigkeit des angefochtenen Steuerbescheids vorausgesetzt.

## B. Anwendungsbereich

2 Aussetzungszinsen entstehen nur bei ganz oder teilweiser erfolgloser Anfechtung eines Steuerbescheids, einer Steueranmeldung oder eines einen Steuervergütungsbescheid aufhebenden oder ändernden Verwaltungsakts. Voraussetzung ist stets, dass sich die Aussetzung der Vollziehung auf eine wirksam festgesetzte Steuer bezieht. Fehlt eine Wirksamkeitsvoraussetzung, z. B. wegen mangelnder Bestimmtheit des VA oder fehlender Bekanntgabe oder auch bei Nichtigkeit des Bescheides, geht eine AdV ins Leere, sodass auch für eine Festsetzung von Aussetzungszinsen kein Raum ist (BFH v. 04.06.2008, I R 72/07, BFH/NV 2008, 1977). Bei Aussetzung der Vollziehung von Haftungsbescheiden tritt ebenso wenig Zinspflicht ein wie bei Aussetzung der Vollziehung eines Rückforderungsbescheids. Steuerliche Nebenleistungen werden nicht verzinst (§ 233 Satz 2 AO). Ebenso wenig können Bescheide i. S. des § 218 Abs. 2 AO, soweit sie selbst Anspruchsgrundlage geworden sind und ihre Vollziehung ausgesetzt wurde (s. § 218 AO Rz. 14), eine Verzinsung des geschuldeten Betrags zur Folge haben. Die Anwendung der Vorschrift auf Aufteilungsbescheide (§ 279 AO) kommt schon mit Rücksicht auf die Sonderregelung des § 277 AO nicht in Betracht. Schließlich können wegen § 233 Satz 2 AO Ansprüche auf steuerliche Nebenleistungen nicht Gegenstand der Verzinsung nach § 237 Abs. 1 AO sein.

3 Die Zinspflicht entsteht auch bei Einfuhr- und Ausfuhrabgaben (Art. 114 UZK). Art. 45 UZK enthält allerdings eine eigenständige Regelung über die Aussetzung der Vollziehung, ohne aber die Frage der Verzinsung des ausgesetzten Abgabebetrags anzusprechen. Als Ergänzung zum Rechtsbehelfsverfahren finden jedoch die Regelungen über die Verzinsung entsprechende Anwendung (*Rüsken* in Klein, § 237 AO Rz. 3).

## C. Tatbestandliche Voraussetzungen

### I. Gegenstand der Verzinsung

4 Gegenstand der Verzinsung ist der **geschuldete Betrag**, hinsichtlich dessen die Vollziehung eines angefochtenen Verwaltungsaktes oder eines Folgebescheids ausgesetzt oder aufgehoben wurde. Die Rechtsfolge der Verzinsung tritt nicht im Zusammenhang mit der Anfechtung jedes beliebigen auf Geldleistung gerichteten Verwaltungsakts ein, sondern nur soweit sich ein Rechtsbehelf gegen einen Steuerbescheid, eine Steueranmeldung oder einen die Festsetzung einer Steuervergütung aufhebenden oder ändernden Verwaltungsakt richtet (§ 237 Abs. 1 Satz 1 AO).

Darüber hinaus ist durch § 237 Abs. 1 Satz 2 AO klargestellt, dass die Verzinsung auch dann erfolgt, wenn nach Anfechtung eines **Grundlagenbescheides** die Vollziehung eines **Folgebescheides** ausgesetzt wird; denn die Aussetzung der Vollziehung eines angefochtenen Grundlagenbescheids zieht Aussetzung der Vollziehung der darauf beruhenden Folgebescheide nach sich (§ 361 Abs. 3 Satz 1 AO, § 69 Abs. 2 Satz 4 FGO). Für den Begriff des Grundlagenbescheids ist die Definition in § 171 Abs. 10 AO maßgeblich. Danach sind Grundlagenbescheide nicht nur die gesonderten Feststellungen nach §§ 179 ff. AO, sondern auch Verwaltungsakte anderer Behörden, soweit sie für die Besteuerung maßgebend sind, wie z. B. Bescheide des Versorgungsamtes über den Grad der Behinderung. 5

Schließlich behandelt § 237 Abs. 3 AO den **Gewerbesteuermessbescheid** und den **Gewerbesteuerbescheid** als Folgebescheide des ESt-, KSt- oder eines Feststellungsbescheids, obwohl im Verhältnis dieser Bescheide eine echte rechtliche Verknüpfung, die sonst zwischen Grundlagen und Folgebescheiden besteht, fehlt. Damit wird zu Recht dem Umstand Rechnung getragen, dass die ertragsteuerlichen Besteuerungsgrundlagen unmittelbar Einfluss auf die Gewerbesteuer haben. 6

Ohne Belang ist, ob der Rechtsbehelf, der zur Aussetzung der Vollziehung geführt hat, im außergerichtlichen Vorverfahren oder im Gerichtsverfahren eingelegt wurde. Insoweit unterscheidet sich die Vorschrift von § 236 AO zum Nachteil des Pflichtigen. Ist ausnahmsweise allein eine **Einspruchsentscheidung** Gegenstand einer Anfechtungsklage und wird mit Rücksicht auf diese Klage die Vollziehung eines der in § 237 Abs. 1 Satz 1 AO genannten Verwaltungsakte ausgesetzt, so werden ebenfalls Zinsen unter den übrigen Voraussetzungen (s. Rz. 10) geschuldet. 7

Wird ein Verwaltungsakt angefochten, der einen **Vergütungsbescheid** aufhebt oder ändert (teilweise aufhebt), und wird die Vollziehung des angefochtenen Verwaltungsakts ausgesetzt, so wird durch diese Aussetzung der Vollziehung die Wirkung des ursprünglichen Vergütungsbescheids wieder hergestellt. Dies bedeutet, dass, solange die Aussetzung der Vollziehung andauert, die Entrichtung des Vergütungsbetrags, der aufgrund des ursprünglichen Vergütungsbescheids an den Vergütungsgläubiger geschuldet wurde, nicht ohne rechtlichen Grund erfolgt ist. Bleibt der gegen den die Vergütung herabsetzenden bzw. den ursprünglichen Vergütungsbescheid aufhebenden Verwaltungsakt eingelegte Rechtsbehelf i. S. des § 237 Abs. 1 Satz 1 AO ohne Erfolg, so bedeutet die Vollziehung des nunmehr unanfechtbaren Bescheids, dass der Steuerpflichtige keinen oder nur einen geringeren Vergütungsanspruch hat. Erst hierdurch entsteht im vorliegenden Fall ein Erstattungsanspruch der Finanzbehörde hinsichtlich des überbezahlten Vergütungsbetrags, weil in Höhe der Überzahlung 8 gem. § 37 Abs. 2 AO der rechtliche Grund für die Zahlung (ursprünglicher Vergütungsbescheid) weggefallen ist. Dieser Tatbestand, der Wegfall des rechtlichen Grunds für die Zahlung, bringt i. S. des § 38 AO den Erstattungsanspruch zur Entstehung. Dieser Anspruch ist jedoch nicht Gegenstand des Rechtsbehelfsverfahrens. Wegen seines inneren Zusammenhangs mit dem angefochtenen Verwaltungsakt lässt § 237 Abs. 1 Satz 1 AO trotzdem die Zinspflicht eintreten, obwohl aufgrund des angefochtenen Verwaltungsakts selbst kein Betrag geschuldet wird. § 237 Abs. 1 Satz 1 AO ist insoweit daher eine lediglich unter wirtschaftlichen Gesichtspunkten zu rechtfertigende Folge einer vereinfachten Betrachtungsweise.

9 Zu einer gleichartigen Tatbestandsverwirklichung i. S. des § 37 Abs. 2 AO führt auch die Aufhebung oder Änderung der Festsetzung einer »negativen Steuerschuld« bei der **Umsatzsteuer** (Überschuss der Vorsteuerabzugsbeträge). Eine Verminderung der negativen Steuerschuld durch Änderungsbescheid bringt selbst nicht den Erstattungsanspruch der Finanzbehörde zur Entstehung, sondern bewirkt lediglich, dass i. S. des § 37 Abs. 2 AO der rechtliche Grund für die bisherige Auszahlung ggf. wegfällt und hierdurch ein neuer, selbstständiger Anspruch aus dem Steuerschuldverhältnis, der Erstattungsanspruch gem. § 37 Abs. 2 AO, entsteht.

## II. Voraussetzungen des Zinsanspruchs

### 1. Aussetzung der Vollziehung

10 Grundvoraussetzung für die Entstehung von Aussetzungszinsen ist die Aussetzung des mit dem Einspruch oder der Anfechtungsklage angefochtenen Verwaltungsaktes i. S. des § 237 Abs. 1 Satz 1 AO. Eine Aussetzung setzt also stets einen den Stpfl. belastenden Verwaltungsakts und einen entsprechenden Rechtsbehelf voraus. Oft wird die Aussetzung der Vollziehung erst aufgrund eines Antrages des Stpfl. gewährt. Für die Verzinsung ist grundsätzlich ohne Belang, ob die Aussetzung durch die Finanzbehörde oder durch das Gericht erfolgt und ob sie zu Recht oder zu Unrecht gewährt wurde (BFH v. 12.12.2007 XI R 25/07, BFH/NV 2008, 339). Etwas anderes gilt aber, wenn der Stpfl. eine von Amts wegen angeordnete Aussetzung der Vollziehung angefochten hat und die Aussetzungsverfügung vor ihrer Bestandskraft aufgehoben wird. Die »aufgedrängte Aussetzung« löst insoweit keine Zinspflicht aus. Dies ist sowohl im Zinsfestsetzungsverfahren als auch im Rahmen eines Zinsverzichts zu prüfen (BFH v. 09.05.2012, I R 91/10, BFH/NV 2012, 2004). Eine Aufhebung der Vollziehung steht der Aussetzung gleich (§ 361 Abs. 3 Satz 4 AO, § 69 Abs. 3 Satz 4 FGO). Bei einer **Teilaussetzung** ist nur der ausgesetzte Teil zu verzinsen. Bei **Grundlagen- und Folgebescheiden** bedarf es wegen der Abgrenzung von § 237 Abs. 1 Satz 1 zu Satz 2 AO und den sich daraus ergebenden Folgen für den Zinslauf der Prüfung, welcher der Bescheide ausgesetzt ist (s. BFH v. 14.07.1995, X R 33/91, BStBl II 1995, 4). Aussetzungszinsen sind nicht zu erheben, wenn der angefochtene Grundlagenbescheid antragsgemäß geändert wird und sich infolge dessen sich der Rechtsstreit bezüglich des Folgebescheids erledigt. Dabei ist die steuerliche Auswirkung des Grundlagenbescheids auf den Folgebescheid ohne Bedeutung (BFH v. 27.10.2003, X B 36/03, BFH/NV 2004, 158; BFH v. 31.08.2011, X R 49/09, BStBl II 2012, 219). Vergleichbares gilt auch im Verhältnis von Vorauszahlungsbescheiden und Jahresbescheiden (BFH v. 07.07.1994, XI B 3/94, BStBl II 1994, 785; gl. A. *Loose* in Tipke/Kruse, § 237 AO Rz. 14).

**Stundung** (§ 222 AO) und **Vollstreckungsaufschub** (§ 258 AO) sind keine Aussetzung der Vollziehung, sodass keine Aussetzungszinsen entstehen. Allerdings entstehen im Fall der Stundung Stundungszinsen, beim Vollstreckungsaufschub fallen weiter Säumniszuschläge an.

### 2. Erfolglosigkeit des Rechtsbehelfs

Weitere Voraussetzung der Entstehung des Zinsanspruchs ist, dass der gegen den Verwaltungsakt, dessen Vollziehung ausgesetzt wurde oder der Grundlagenbescheid für den in der Vollziehung ausgesetzten Verwaltungsakt ist, eingelegte Rechtsbehelf ganz oder teilweise endgültig keinen Erfolg gehabt hat (BFH v. 10.10.2012, VIII R 56/10, BStBl II 2013, 107). Endgültig keinen Erfolg hat ein Rechtsbehelf dann und insoweit, als er entweder durch unanfechtbare Entscheidung abgewiesen (zurückgewiesen, verworfen) wurde, oder durch den Rechtsbehelfsführer (Einspruchsführer, Kläger) zurückgenommen wurde (BFH v. 12.12.2007, XI R 25/07, BFH/NV 2008, 339). Bei Grundlagenbescheiden kommt es auf die Erfolgslosigkeit des Rechtsbehelfs gegen den Grundlagenbescheid an, sodass auch für einen Beigeladenen Aussetzungszinsen erst nach Abschluss des gegen den Grundlagenbescheid gerichteten Verfahrens Aussetzungszinsen festgesetzt werden können (BFH v. 10.10.2012, VIII R 56/10, BStBl II 2013, 107). Entsteht Streit über die Wirksamkeit einer Klagerücknahme, wird das ursprüngliche Verfahren fortgeführt. Die Erfolglosigkeit steht dann erst mit dem Endurteil über die Wirksamkeit der Klagerücknahme fest (BFH v. 07.02.2005, IX B 185/03, BFH/NV 2005, 836). Endgültig erfolglos ist ein Rechtsbehelf auch dann, wenn der Stpfl. im finanzgerichtlichen Verfahren obsiegt, der BFH aber die Klage im Rechtsmittelverfahren abweist. Erledigt sich der Rechtsbehelf durch Teilabhilfe und wird insoweit eine Erledigungserklärung der Beteiligten abgegeben, tritt Erfolglosigkeit hinsichtlich des Teils ein, mit dem der Stpfl. unterlegen ist, da § 237 Abs. 1 AO jede Art der Erledigung umfasst (BFH v. 18.07.1994, X R 33/91, BStBl II 1995, 4; BFH v. 11.12.1996, X R 123/95, BFH/NV 1997, 275; BFH 11

v. 14.06.2017, I R 38/15, DStR 2017, 2433). Ob und ggf. mit welchem Erfolg Verfassungsbeschwerde eingelegt wurde ist nicht Gegenstand der Regelung, sodass der Zinsanspruch bereits mit der endgültigen Erfolglosigkeit der abgabenrechtlichen bzw. finanzgerichtlichen Rechtsbehelfe entsteht (BFH v. 11.02.1987, II R 176/86, BStBl II 1987, 320; BFH v. 18.07.1994, X R 33/91, BStBl II 1995, 4; BFH v. 14.06.2007, VII B 185/06, BFH/NV 2007, 2055). Aus welchem Grund der Rechtsbehelf keinen Erfolg hatte, ist ohne Bedeutung; maßgebend ist lediglich der Unterschiedsbetrag zwischen der ausgesetzten und der aufgrund bestands- bzw. rechtskräftiger Festsetzung geschuldeten Steuer (BFH v. 27.11.1991, X R 103/89, BStBl II 1992, 319). Die Zinspflicht trifft auch denjenigen, der als (Gesamt-)Rechtsnachfolger ein begonnenes Rechtsbehelfsverfahren fortführt (BFH v. 28.11.1991, IV R 176/86, BFH/NV 1992, 506; BFH v. 05.09.2011, X B 144/10, BFH/NV 2012, 3).

Spätere Herabsetzungen des ursprünglich ausgesetzten Betrages haben keinen Einfluss auf die Verzinsung, da es auf die Erfolglosigkeit im Zeitpunkt der Beendigung des Rechtsbehelfsverfahrens ankommt (§ 237 Abs. 5 AO, BFH v. 14.06.2017, I R 38/15, BFH/NV 2018, 70; s. Rz. 18).

### III. Beginn und Ende des Zinslaufs

12 Den Beginn und das Ende des Zinslaufs regelt § 237 Abs. 2 AO. Er beginnt mit dem Tag des Eingangs des außergerichtlichen Rechtsbehelfs bei der Behörde, deren Verwaltungsakt angefochten wird, bzw. mit dem Tag der Rechtshängigkeit beim Gericht (§ 66 FGO). Soweit nach § 357 Abs. 2 AO die Einlegung bei einer anderen Behörde zur Fristwahrung ausreicht, beginnt die Verzinsung dennoch erst mit dem Eingang des Rechtsbehelfs bei der Behörde, deren Verwaltungsakt angefochten wird. Ist eine andere Behörde als diejenige, die den Verwaltungsakt erlassen hat, für die Entscheidung über den Einspruch zuständig (s. z.B. § 367 Abs. 3 AO), so ist nicht der Eingang bei dieser maßgebend.

13 Ergibt sich im Klageverfahren, dass der angefochtene Verwaltungsakt ursprünglich rechtswidrig war, jedoch im Laufes des Verfahrens Rechtmäßigkeit erlangt hat (s. BFH v. 20.05.1981, II R 52/79, BStBl II 1981, 737), können Aussetzungszinsen erst im Zeitpunkt des Wegfalls der Rechtswidrigkeit entstehen. Dies kann z.B. bei Ermessensentscheidungen der Fall sein, bei denen die Finanzbehörde Ermessenserwägungen noch bis zum Ende des finanzgerichtlichen Verfahrens erster Instanz ergänzen kann (§ 102 Satz 2 FGO).

14 Wird die Vollziehung des angefochtenen Verwaltungsakts erst nach dem Eingang des außergerichtlichen Rechtsbehelfs bzw. erst nach der Rechtshängigkeit ausgesetzt, so beginnt die Verzinsung erst mit dem Tag der Aussetzung der Vollziehung, d.h. genauer ausgedrückt, mit dem Tag, von dem an nach dem die Aussetzung anordnenden Verwaltungsakt diese Wirksamkeit erlangen soll (z.B. Aussetzung der Vollziehung rückwirkend zum Tag des Eingangs des Aussetzungsantrags). Dies stellt § 237 Abs. 2 Satz 2 AO klar. Eine Aussetzung der Vollziehung, die von der Finanzbehörde bzw. dem Gericht für einen Zeitpunkt angeordnet wird, zu dem die Fälligkeit des Schuldbetrags (§ 220 AO) noch nicht eingetreten war, kann für die Zeit bis zum Eintritt der Fälligkeit keine Zinspflicht auslösen. Insoweit geht die Aussetzung der Vollziehung ins Leere.

Der Zinslauf endet mit dem Tag, an dem die Ausset- 15
zung der Vollziehung endet. Dies kann durch Widerruf bzw. Aufhebung der Aussetzung durch Verwaltungsakt der Behörde bzw. Entscheidung des Gerichts, Ablauf einer befristeten Aussetzung oder dadurch geschehen, dass die Aussetzung der Vollziehung wegen Erfüllung (Zahlung, Aufrechnung) der Schuld gegenstandslos wird. Leistet der Stpfl. nach Beendigung der Aussetzung der Vollziehung nicht, fallen keine weiteren Aussetzungszinsen, sondern Säumniszuschläge an.

### IV. Entstehung und Festsetzung des Zinsanspruchs

Der Zinsanspruch entsteht erst im Zeitpunkt der Unan- 16
fechtbarkeit des angefochtenen Verwaltungsaktes oder der Rechtskraft der gerichtlichen Entscheidung. Dies ist regelmäßig der Zeitpunkt, zu dem die Erfolglosigkeit des Rechtsbehelfs feststeht. Dementsprechend ist ein vor Beendigung des Rechtsmittelverfahrens ergangener Zinsbescheid rechtswidrig (BFH v. 29.05.2007, VIII B 205/06, BFH/NV 2007, 1634). Schuldner der Zinsen ist derjenige, der den Rechtsbehelf eingelegt hat, also der Rechtbehelfsführer bzw. der Kläger. Bei Gesamtschuldnern schuldet nur derjenige die Zinsen, der den Rechtsbehelf eingelegt hat. Dies gilt auch bei zusammenveranlagten Ehegatten (vgl. BFH v. 22.05.2007, X R 26/05, BFH/NV 2007, 1817). Bei Personengesellschaften kommt es darauf an, ob sie als Steuersubjekt in Frage kommen; dann richtet sich der Zinsanspruch gegen die Gesellschaft.

Die Festsetzung der Aussetzungszinsen erfolgt durch Zinsbescheid der für die Steuerfestsetzung zuständigen Behörde, also die Finanzbehörden und – für Realsteuern – die Gemeinden, die zur Verwaltung dieser Steuern berufen sind (Art. 108 Abs. 4 Satz 2 GG). Die Festsetzungsfrist beginnt mit Ablauf des Kalenderjahrs, in dem der Einspruch oder die Anfechtungsklage endgültig erfolglos geblieben ist (§ 239 Abs. 1 Nr. 5 AO, s. § 239 AO Rz. 7).

## V. Zinsverzicht

17 Nach § 237 Abs. 4 AO kann die Finanzbehörde in entsprechender Anwendung von § 234 Abs. 2 AO auf die Zinsen ganz oder teilweise verzichten, wenn ihre Erhebung nach Lage des einzelnen Falles unbillig wäre. Bei der im Rahmen der Ermessensentscheidung vorzunehmenden Abwägung, ob Unbilligkeit vorliegt, ist zu beachten, dass die Zinsfestsetzung generell an den Ausgang des Rechtsbehelfsverfahrens anknüpft. Eine Unbilligkeit kommt daher nur in besonders begründeten Einzelfällen in Betracht (BFH v. 25.04.2013, V R 29/11, BStBl II 2013, 767). Überlange Verfahrensdauer rechtfertigt den Erlass von Aussetzungszinsen nicht (BFH v. 21.02.1991, V R 105/84, BStBl II 1991, 498; BFH v. 13.09.1991, IV B 105/90, BStBl II 1992, 148; BFH v. 28.06.2010, III B 97/09, BFH/NV 2010, 1784; BFH v. 27.04.2016, X R 1/15, BStBl II 2016, 840). Gleiches gilt, wenn die umsatzsteuerliche Behandlung eines Sachverhalts durch das FA des Leistenden und das FA des Leistungsempfängers unterschiedlich beurteilt wird und eine zinsauslösende AdV im Hinblick auf eine sich im Nachhinein als fehlerhaft erweisende Rechtsansicht eines der FA gewährt wird (BFH v. 29.09.2010, XI B 74/09, BFH/NV 2011, 194). Ebenso wenig rechtfertigt es den Erlass von Aussetzungszinsen, wenn das FA einen fehlerhaften Steuerbescheid im Einspruchsverfahren heilt; der Stpfl. ist insoweit nicht vertrauensschutzbedürftig, da er stets damit rechnen muss, dass das FA einen rechtmäßigen Zustand herstellt (BFH v. 31.03.2010, II R 2/09, BFH/NV 2010, 1602). Im Übrigen hierzu s. § 234 AO Rz. 8. Ficht der Stpfl. eine von Amts wegen gewährte Aussetzung der Vollziehung an, kann diese im Rahmen der Ermessensentscheidung zu berücksichtigen sein; wird die Aussetzungsverfügung vor Eintritt ihrer Bestandskraft aufgrund eines Rechtsbehelfs aufgehoben, kann dies auch bereits der Zinsfestsetzung entgegenstehen (BFH v. 09.05.2012, I R 91/10, BFH/NV 2012, 2004).

Die gleichfalls in § 237 Abs. 4 AO angeordnete entsprechende Geltung des § 234 Abs. 3 AO besagt, dass Zinsen nach § 233a AO, die für denselben Zeitraum festgesetzt werden, anzurechnen sind. Nun endet aber der Zinslauf nach § 233a Abs. 2 Satz 3 AO jedenfalls mit dem Ablauf des Tages, an dem die Steuerfestsetzung wirksam geworden ist. Wirksam wird ein Verwaltungsakt in dem Zeitpunkt, in dem er bekannt gegeben wird (§ 124 Abs. 1 Satz 1 AO). Die Rechtsbehelfsfrist ist aber ihrerseits mit der Bekanntgabe des Verwaltungsakts verknüpft (§ 355 Abs. 1 Satz 1 AO), für den Fall der Sprungklage (§ 45 FGO, § 47 Abs. 1 Satz 1 FGO), sodass Überschneidungen eigentlich nicht eintreten können.

## VI. Nachträgliche Änderung der Steuerfestsetzung

Wird nach Abschluss des Rechtsbehelfsverfahrens der Steuerbescheid aufgehoben oder die Steuerfestsetzung zugunsten des ehemaligen Rechtsbehelfsführers geändert bzw. wirkt sich eine Berichtigung nach § 129 AO zu seinen Gunsten aus, so ist nach § 237 Abs. 5 AO der Zinsbescheid nicht mehr zu korrigieren. Steuerbescheid ist auch die Steueranmeldung (§ 168 Satz 1 AO) sowie der Verwaltungsakt, durch den ein Steuervergütungsbescheid aufgehoben wird (§ 155 Abs. 1 und 6 AO). Ebenso wenig führt eine nachträgliche zur Änderung des Steueranspruchs führende tatsächliche Verständigung zu einer Änderung der Aussetzungszinsen (BFH v. 09.06.2015, III R 64/13, BFH/NV 2015, 1338; BFH v. 14.06.2017, I R 38/15, BFH/NV 2018, 70). 18

# § 238 AO Höhe und Berechnung der Zinsen

**(1) Die Zinsen betragen für jeden Monat einhalb Prozent. Sie sind von dem Tag an, an dem der Zinslauf beginnt, nur für volle Monate zu zahlen; angefangene Monate bleiben außer Ansatz. Erlischt der zu verzinsende Anspruch durch Aufrechnung, gilt der Tag, an dem die Schuld des Aufrechnenden fällig wird, als Tag der Zahlung.**

**(2) Für die Berechnung der Zinsen wird der zu verzinsende Betrag jeder Steuerart auf den nächsten durch 50 Euro teilbaren Betrag abgerundet.**

**Inhaltsübersicht**



## A. Allgemeines

§ 238 AO ist die Berechnungsvorschrift für alle in den Zinsvorschriften der §§ 233a bis 237 AO enthaltenen Zinstatbestände. Sie sieht damit eine einheitliche Berechnung vor. Da sich die Zinspflicht auf jeden Anspruch aus dem Steuerschuldverhältnis erstreckt, bedarf es einer gesonderten Berechnung aller Zinsfälle und zwar getrennt nach Steuerarten und Veranlagungszeiträumen. Eine Saldierung von Steueransprüchen vor der Zinsberechnung ist nicht zulässig, es kann also z.B. keine Verrechnung von Einkommensteuernachzahlungen mit Umsatzsteuererstattungsansprüchen erfolgen und die Zinsberech- 1 nung aus dem Saldo erfolgen. Vielmehr sind vor Verrechnungen die Zinsen zu errechnen.

### B. Anwendungsbereich

2 Die Vorschrift findet auf alle Fälle Anwendung, die von den Zinstatbeständen der §§ 233a bis 237 AO erfasst werden. Für Säumniszuschläge gilt § 238 AO nicht.

### C. Tatbestandliche Voraussetzungen

#### I. Höhe der Zinsen

3 Nach § 238 Abs. 1 Satz AO betragen die Zinsen 0,5 %. für jeden Monat und zwar ungeachtet der Art der Verzinsung. Da der Zinssatz gesetzlich bestimmt ist, kommt eine abweichende Zinshöhe auch dann nicht in Betracht, wenn nach der Marktzinslage ein höherer oder niedriger Zinssatz anzusetzen wäre. Die Höhe des gesetzlichen Zinssatzes ist verfassungsgemäß. Dies hat der BFH bislang für Zeiträume bis Dezember 2011 entschieden (im Übrigen s. BVerfG v. 03.09.2009, 1 BvR 2539/07, HFR 2010, 171; BFH v. 14.01.2010, X B 64/09, BFH/NV 2010, 1233; BFH v. 20.04.2011, I R 80/10, BFH/NV 2010, 1654; BFH v. 29.05.2013, X B 233/12, BFH/NV 2013, 1380; BFH v. 01.07.2014, IX R 31/13, BStBl II 2014, 925; BFH v. 21.10.2015, V B 36/15, BFH/NV 2016, 223), die gegen eine Verfassungswidrigkeit sprechenden Überlegungen gelten trotz der anhaltenden Niedrigzinsphase fort, zumal z. B. bei Überziehungszinsen und risikobehafteten Darlehen weiterhin Zinsen verlangt werden, die über dem gesetzlichen Zinssatz liegen. Allerdings hat der BFH in einem Aussetzungsverfahren für VZ 2015 erstmals verfassungsrechtliche Zweifel an der Höhe des Zinssatzes geäußert (BFH v. 25.04.2018, IX B 21/18, BFH/NV 2018, 748). Ungeachtet der rechtlichen Bewertung wäre es de lege ferenda wünschenswert, eine an die Marktzinsentwicklung anknüpfende Zinshöhe vorzusehen.

Die Zinsen sind von dem Tage an, an dem der Zinslauf beginnt, nur für volle Monate zu zahlen, angefangene Monate bleiben außer Betracht (§ 238 Abs. 1 Satz 2 AO). Nach § 108 BGB i. V. m. § 187 Abs. 2 BGB, § 188 Abs. 2 BGB endet somit die Monatsfrist mit dem Ablauf des Tages, der dem Tag vorhergeht, der durch seine Zahl dem Anfangstag der Frist entspricht. Da die Dauer des Zinslaufs selbst keine Frist ist, greift § 108 Abs. 3 BGB für die Berechnung des Zinslaufs nicht ein, er endet also auch an einem Samstag, Sonntag oder Feiertag. Bei Unterbrechungen des Zinslaufs sind die Zinsen ebenfalls nur für volle Monate zu zahlen, auch wenn die Summe der Unterbrechungen mehr als einen Monat ausmachen. Dies entspricht dem Vereinfachungscharakter der Vorschrift.

#### II. Aufrechnung

§ 238 Abs. 1 Satz 3 AO ist eine besondere Berechnungsvorschrift für Aufrechnungen. Sofern der zu verzinsende Anspruch durch Aufrechnung erlischt, gilt der Tag, an dem die Schuld des Aufrechnenden fällig wird, als Tag der Zahlung. Anders als § 226 Abs. 1 AO i. V. m. § 389 BGB stellt die Vorschrift auf die Fälligkeit und nicht auf den Zeitpunkt ab, in dem die Forderung als zur Aufrechnung geeignet gegenübersteht. 4

#### III. Abrundung

Nach § 238 Abs. 2 AO wird bei der Berechnung der Zinsen der zu verzinsende Betrag jeder Steuerart auf den nächsten durch 50 EUR teilbaren Betrag abgerundet. Es ist zweifelhaft, ob die Vorschrift, die an sich der Vereinfachung einer Berechnung dienen soll, angesichts der maschinellen Bearbeitung der Steuerfestsetzungen noch zeitgerecht ist. Die Abrundung betriff den zu verzinsenden Gesamtbetrag jeder Steuerart (ebenso *Loose* im Tipke/Kruse, § 238 AO Rz. 6). Nach Ansicht der FinVerw (AEAO zu § 238 AO, Nr. 2). ist jeweils der einzelne zu verzinsende Anspruch abzurunden. In diesem Zusammenhang ist auch § 239 Abs. 2 AO zu beachten, wonach Zinsen nur dann festgesetzt werden, wenn sie mindestens 10 EUR betragen. 5

## § 239 AO
## Festsetzung der Zinsen

**(1) Auf die Zinsen sind die für die Steuern geltenden Vorschriften entsprechend anzuwenden, jedoch beträgt die Festsetzungsfrist ein Jahr. Die Festsetzungsfrist beginnt:**

1. **in den Fällen des § 233a mit Ablauf des Kalenderjahrs, in dem die Steuer festgesetzt, aufgehoben, geändert oder nach § 129 berichtigt worden ist,**
2. **in den Fällen des § 234 mit Ablauf des Kalenderjahrs, in dem die Stundung geendet hat,**
3. **in den Fällen des § 235 mit Ablauf des Kalenderjahrs, in dem die Festsetzung der hinterzogenen Steuern unanfechtbar geworden ist, jedoch nicht vor Ablauf des Kalenderjahrs, in dem ein eingeleitetes Strafverfahren rechtskräftig abgeschlossen worden ist,**
4. **in den Fällen des § 236 mit Ablauf des Kalenderjahrs, in dem die Steuer erstattet oder die Steuervergütung ausgezahlt worden ist,**

**5. in den Fällen des § 237 mit Ablauf des Kalenderjahrs, in dem ein Einspruch oder eine Anfechtungsklage endgültig erfolglos geblieben ist.**

**Die Festsetzungsfrist läuft in den Fällen des § 233a nicht ab, solange die Steuerfestsetzung, ihre Aufhebung, ihre Änderung oder ihre Berichtigung nach § 129 noch zulässig ist.**

**(2) Zinsen sind auf volle Euro zum Vorteil des Steuerpflichtigen gerundet festzusetzen. Sie werden nur dann festgesetzt, wenn sie mindestens 10 Euro betragen.**

**(3) Werden Besteuerungsgrundlagen gesondert festgestellt oder wird ein Steuermessbetrag festgesetzt, sind die Grundlagen für eine Festsetzung von Zinsen**

**1. nach § 233a in den Fällen des § 233a Absatz 2a oder**

**2. nach § 235**

**gesondert festzustellen, soweit diese an Sachverhalte anknüpfen, die Gegenstand des Grundlagenbescheids sind.**

**(4) Werden wegen einer Steueranmeldung, die nach § 168 Satz 1 einer Steuerfestsetzung unter Vorbehalt der Nachprüfung gleichsteht, Zinsen nach § 233a festgesetzt, so steht diese Zinsfestsetzung ebenfalls unter dem Vorbehalt der Nachprüfung.**

**Inhaltsübersicht**



## A. Allgemeines und Anwendungsbereich

1 § 1 Abs. 3 Satz 2 AO hat zur Folge, dass die entsprechende Anwendung der für die Steuern geltenden Vorschriften auf die Zinsen ausdrücklich geregelt werden muss. Eine solche Sonderregelung für die Festsetzung der Zinsen enthält § 239 Abs. 1 Satz 1 AO. Eine Haftung für Zinsen kommt grundsätzlich nicht in Betracht; dies folgt mittelbar aus § 71 AO, der ausdrücklich eine Haftung für Hinterziehungszinsen vorsieht. Die Vorschrift wäre entbehrlich, wenn stets eine Haftung für Steuerzinsen eingreifen würde (BFH v. 05.10.2004, VII R 76/03, BStBl II 2006, 3; gl. A. *Loose* in Tipke/Kruse, § 239 AO Rz. 1; *Heuermann* in HHSp, § 239 AO Rz. 4).

## B. Tatbestandliche Voraussetzungen

### I. Festsetzung durch Verwaltungsakt

Diese in § 239 Abs. 1 Satz 1 AO angeordnete entsprechende Anwendung hat zur Folge, dass Zinsen durch **schriftlichen Verwaltungsakt** (§ 157 Abs. 1 Satz 1 AO) festzusetzen sind, dessen Inhalt sich entsprechend § 157 Abs. 1 Satz 2 AO bestimmt. Hiernach muss die Zinsfestsetzung den zu verzinsenden Schuldbetrag nach Art und Höhe und zwar getrennt nach Steuerarten und Veranlagungszeiträumen, Beginn und Ende des Zinslaufs, die Höhe der Zinsen und den Zinsschuldner bezeichnen. Allerdings können mehrere Zinsansprüche in einem formellen Bescheid zusammengefasst werden, wenn die verschiedenen Ansprüche erkennbar bleiben (BFH v. 11.12.2013, I B 174/12, BFH/NV 2014, 665). Darüber hinaus gilt § 119 Abs. 3 und 4 AO. Die Bestandskraft eines Zinsbescheids richtet sich nach §§ 172 bis 177 AO. Eine niedrigere Festsetzung aus Billigkeitsgründen (§ 163 AO) ist möglich, aber in der Praxis eher selten. Gleiches gilt für eine Schätzung der Zinsen, da sie in der Regel an die (auch geschätzten) Steuerbeträge anknüpfen. 2

**Korrekturen** der Zinsfestsetzungen erfolgen wegen der Verweisung auf die für Steuerbescheide geltenden Vorschriften nach den §§ 172 ff. AO; auch eine Änderung wegen offenbarer Unrichtigkeiten (§ 129 AO) ist möglich.

Gegen Zinsbescheide der Finanzbehörde ist der **Einspruch** (§ 347 Abs. 1 Nr. 1 AO), gegen Zinsfestsetzungen der Gemeindebehörden der **Widerspruch** (§ 69 VwGO), jeweils mit anschließender Anfechtungsklage, gegeben. Wird eine abweichende Festsetzung der Zinsen aus Billigkeitsgründen (§ 234 Abs. 2 AO, § 237 Abs. 4 AO) ganz oder teilweise abgelehnt wird, sind ebenfalls Einspruch bzw. Widerspruch, allerdings mit anschließender Verpflichtungsklage, gegeben.

### II. Festsetzungsfrist

Abweichend von § 169 Abs. 2 Satz 1 AO beträgt die Festsetzungsfrist **ein Jahr**. § 239 Abs. 1 Satz 2 AO bestimmt hierfür einen von § 170 AO abweichenden und je nach Zinsgrund differenzierten Beginn (§ 239 Abs. 1 Satz 2 Nr. 1 bis 5 AO). Unter den in § 171 normierten Voraussetzungen wird der Ablauf der Zinsfestsetzungsfrist gehemmt. Regelungen über eine Anlaufhemmung enthält § 239 AO nicht (BFH v. 26.11.2008, X B 187/08, BFH/NV 2009, 411). 3

§ 239 **Abs. 1 Satz 2 Nr. 1** AO, § 239 **Abs. 1 Satz 3** AO: Für Vollverzinsungszinsen beginnt die Festsetzungsfrist 4 mit dem Ablauf des Kalenderjahrs, in dem die Steuer festgesetzt, die Steuerfestsetzung aufgehoben oder geändert worden bzw. nach § 129 AO berichtigt ist. Der Wortlaut erweckt den Anschein, es gäbe eine besondere Festsetzungsfrist für die jeweiligen Nachforderungs- und Erstattungszinsen, also auch für die Mehr- oder Minderzinsen infolge Änderung oder Aufhebung. Da aber im Zuge der Änderung der Zinsfestsetzung nach § 233a Abs. 5 Satz 1 AO dem sich aus dem dafür maßgebenden Unterschiedsbetrag (§ 233a Abs. 5 Satz 2 AO) ergebenden Zinsbetrag nach § 233a Abs. 5 Satz 3 AO »bisher festgesetzte Zinsen hinzuzurechnen« sind bzw. festgesetzte Zinsen »entfallen«, beginnt die Festsetzungsfrist für den **gesamten Zinsanspruch** notwendig mit Ablauf des Kalenderjahrs, in dem die Steuerfestsetzung aufgehoben oder geändert wird (im Ergebnis gl. A. *Loose* in Tipke/Kruse, § 239 Rz. 5; vgl. BFH v. 14.07.2008, VIII B 176/07, BStBl II 2009, 117). Das ergibt auch die Einbeziehung der Regelung des § 239 Abs. 1 Satz 3 AO in die Betrachtung.

Im Übrigen aber ist auch § 239 Abs. 1 Satz 3 AO missverständlich: Die Festsetzungsfrist für die Zinsen nach § 233a kann nämlich nach § 239 Abs. 1 Satz 2 Nr. 1 AO auch erst nach Ablauf der Festsetzungsfrist für die zu verzinsende Steuer beginnen, beispielsweise bei Anpassung an einen Grundlagenbescheid gegen Ende der Jahresfrist des § 171 Abs. 10 AO bzw. im Fall der partiellen Ablaufhemmung nach § 171 Abs. 3 AO.

5 § 239 **Abs. 1 Satz 2 Nr. 2** AO: Die Festsetzungsfrist endet mit Ablauf des Kalenderjahrs, in dem die Stundung geendet hat. Abzustellen ist auf das **tatsächliche Ende** der Stundung, also bei vorzeitiger Zahlung auf den Tag der Zahlung (gl. A. *Loose* in Tipke/Kruse, § 239 AO Rz. 6; a. A. *Rüsken* in Klein, § 239 Rz. 5), im Übrigen – und nur dann – auf den Ablauf des Zeitraums, für den die Stundung gewährt wurde. Bei **Rücknahme oder Widerruf** einer Stundung kommt es auf die Wirksamkeit von Widerruf oder Stundung an. Bei Stundung durch Gewährung von Raten ist die Stundung des einzelnen Ratenbetrags mit dessen Fälligkeit beendet (a. A. FG Münster v. 15.01.1987, III 4027/84, EFG 1987, 280; *Rüsken* in Klein, § 239 Rz. 5), weil es auf den tatsächlich gestundeten (Teil-)Anspruch und nicht darauf ankommt, zu welchem Zeitpunkt der gestundete Gesamtbetrag gezahlt ist.

6 § 239 **Abs. 1 Satz 2 Nr. 3** AO: Maßgeblich ist grundsätzlich der Ablauf des Kalenderjahrs, in dem die Festsetzung der hinterzogenen Steuer unanfechtbar geworden ist. Unanfechtbarkeit in diesem Sinne tritt auch ein, wenn ein Rechtsstreit durch übereinstimmende Erklärung der Beteiligten in der Hauptsache erledigt ist (formelle Hauptsachenerledigung; BFH v. 22.05.1984, VIII R 60/79, BStBl II 1984, 697). Solange also eine Steuerfestsetzung unterbleibt, läuft die Festsetzungsfrist für Zinsen nicht ab; allerdings können Zinsen spätestens dann nicht mehr festgesetzt werden, wenn die Festsetzungsfrist für die hinterzogenen Steuern abgelaufen ist. Ist aber im Zeitpunkt der Unanfechtbarkeit der Festsetzung der hinterzogenen Steuer ein wegen dieser Hinterziehung eingeleitetes Strafverfahren noch nicht rechtskräftig abgeschlossen worden, so beginnt die Festsetzungsfrist für Zinsen nach § 235 AO erst mit Ablauf des Kalenderjahres, in dem dieses rechtskräftig abgeschlossen ist. Allerdings hemmt das Steuerstrafverfahren den Beginn der Festsetzungsverjährung nur dann, wenn es vor Beginn des Kalenderjahres eingeleitet wurde, in dem die Festsetzung der hinterzogenen Steuern unanfechtbar geworden ist (BFH v. 24.08.2001 VI R 42/94, BStBl II 2001, 782; BFH v. 29.04.2008, VIII R 5/06, BStBl II 2008, 844). Der Zeitpunkt ist bei einer rechtskräftigen Verurteilung nach dem Tag der Rechtskraft des Urteils zu bestimmen. Kommt es nicht zu einer Verurteilung, sondern zu einer Einstellung des Verfahrens, z. B. nach §§ 153a, 154, 170 Abs. 2 StPO, ist der Zeitpunkt maßgeblich, zu dem das Verfahren strafprozessrechtlich beendet ist, z. B. nach Erfüllung einer Auflage. Hier kann der Zeitpunkt schwer zu bestimmen sein. Eine Einstellung nach § 170 Abs. 2 StPO steht dem Ansatz von Hinterziehungszinsen nicht zwingend entgegen (s. § 235 AO Rz. 3). Bei mehreren Strafverfahren gegen mehrere Mittäter kommt es auf das zuletzt abgeschlossene Verfahren an (BFH v. 13.07.1994, XI R 21/93, BStBl II 1994, 88).

§ 239 **Abs. 1 Satz 2 Nr. 4** AO: Bei Prozesszinsen auf Erstattungsbeträgen beginnt die Festsetzungsfrist mit Ablauf des Kalenderjahres, in dem die Steuer erstattet oder die Steuervergütung ausgezahlt worden ist. Maßgebend ist der Tag der tatsächlichen Zahlung. Bei unbaren Zahlungen findet die Drei-Tages-Fiktion des § 224 Abs. 3 Satz 2 AO Anwendung. 7

§ 239 **Abs. 1 Satz 2 Nr. 5** AO: Bei Aussetzungszinsen beginnt die Festsetzungsfrist mit Ablauf des Kalenderjahres, in dem der Rechtsbehelf endgültig erfolglos geblieben ist. Bei Erledigung der Hauptsache kommt es auf das Jahr an, in dem die übereinstimmenden Erledigungserklärungen vorliegen (BFH v. 09.12.1998, XI R 24/98, BStBl II 1999, 201), bei einer Rücknahme auf den Eingang der Rücknahmeerklärung an (BFH v. 12.12.2007, XI R 25/07, BFH/NV 2008, 339). Bei einer Anfechtung eines Grundlagenbescheids ist auf die Erfolglosigkeit des gegen diesen gerichteten Rechtsbehelf abzustellen. Wird ein unstatthaftes Rechtsmittel gegen ein Urteil eingelegt, tritt Erfolglosigkeit mit Ablauf der Rechtsmittelfrist und nicht erst mit der Verwerfungsentscheidung ein (FG Köln v. 13.09.2000, 1 K 8573/99, EFG 2001, 59). 8

### III. Rundung

Nach § 239 Abs. 2 Satz 1 AO sind die Zinsen zum Vorteil des Stpfl. auf volle Euro gerundet festzusetzen. Bei Zinsansprüchen des Stpfl. sind also Aufrundungen, bei Zins- 9 ansprüchen des Fiskus Abrundungen zum Vorteil des Stpfl.

### IV. Kleinbetragsregelung

10 § 239 Abs. 2 Satz 2 AO schreibt zwingend vor, dass Zinsen nur dann festgesetzt werden, wenn sie mindestens zehn Euro betragen. Diese Kleinbetragsregelung ist eine Spezialvorschrift gegenüber der in § 156 Abs. 1 AO enthaltenen Ermächtigung zum Erlass der KleinbetragsVO (a. A. FG Bbg v. 23.01.2001, 3 K 922/99, EFG 2001, 669).

### V. Gesonderte Feststellung von Besteuerungsgrundlagen

11 § 239 Abs. 3 AO wurde mit Wirkung ab dem 01.01.2017 in das Gesetz eingefügt. Die Regelung enthält eine Verpflichtung der Finanzbehörden, in bestimmten im Gesetz ausdrücklich aufgeführten Fällen die Grundlagen für eine Festsetzung von Zinsen nach § 233 a Abs. 2a AO (Vollverzinsungszinsen bei Änderung der Steuerfestsetzung aufgrund eines rückwirkenden Ereignisses nach § 175 Abs. 1 Satz 1 Nr. 2 und Abs. 2 AO oder infolge eines Verlustabzuges nach § 10 d Abs. 1 EStG) oder nach § 235 AO (Hinterziehungszinsen) gesondert festzustellen. Die gesetzliche Regelung dient der Rechtsklarheit und deckt eine bereits bestehende Verwaltungspraxis ab. Sie betrifft alle relevanten Fälle einer gesonderten (vgl. § 180 Abs. 1 Satz 1 Nr. 2 Buchst b AO) oder gesonderten und einheitlichen Feststellung (vgl. § 180 Abs. 1 Satz 1 Nr. 2 Buchst a AO; vgl. BR-Drs. 631/15, 109). Die Regelung soll sicherstellen, dass in einem gesonderten Verfahren bereits dem Grunde nach bestimmt wird, in welchen Umfang und auf welcher tatsächlichen Grundlage sich Zinsfestsetzungen gegenüber den Feststellungsbeteiligten ergeben. Der aufgrund von Abs. 3 ergehende **Feststellungsbescheid** hat Bindungswirkung für die Zinsfestsetzung. Voraussetzung des Feststellungsbescheids ist, dass die Zinsfestsetzungen an Sachverhalte anknüpfen, die Gegenstand des Grundlagebescheides sind. Weitergehende Feststellungen, z. B. zur Korrektur bislang unterlassener Zinsfestsetzungen, sind auf der Grundlage von Abs. 3 nicht möglich. Gegen den Grundlagenbescheid ist der Einspruch mit anschließender Anfechtungsklage gegeben. Für die Festsetzungsfrist für eine Zinsfestsetzung auf der Grundlage von Abs. 3 gilt § 171 Abs. 10 AO. Sie endet also nicht vor Ablauf von zwei Jahren nach Bekanntgabe des (Zins-)Grundlagenbescheids (*Oosterkamp* in BeckAOOK, § 239 Rz. 37).

### VI. Änderung von Steueranmeldungen

Die ab dem 01.01.2017 geltende Regelung in § 239 Abs. 4 1
AO erstreckt den Vorbehalt der Nachprüfung auch auf Zinsfestsetzungen nach § 233 a AO (Vollverzinsungszinsen), wenn diese Zinsen auf einer Steueranmeldung gründen, die nach § 168 Satz 1 AO einer Steuerfestsetzung unter Vorbehalt der Nachprüfung gleichsteht. Insoweit wird ein verfahrensrechtlicher Gleichklang von Vorbehaltsfestsetzung und Verzinsung hergestellt. Ausweislich der Gesetzesbegründung (BR-Drs. 631/15, 109) dient die Vorschrift vor allem der vereinfachten Korrektur fehlerhafter Zinsfestsetzungen bei Umsatzsteuervoranmeldungen. Denn im Anmeldeverfahren werden Zinsen nach § 233 a AO grundsätzlich ausschließlich automationsgestützt berechnet und festgesetzt (§ 239 Abs. 1 Satz 1 i. V. m. mit § 155 Abs. 1 Satz 7 AO), da sich die Zinsberechnungsgrundlagen aus der Steueranmeldung und den bei der Finanzverwaltung vorhandenen Daten ableiten lassen. Die Zinsfestsetzung wird dann mit der kassenmäßigen Abrechnung der Steueranmeldung verbunden. Dies kann zu Fehlern bei der Zinsfestsetzung führen, wenn für die Verzinsung nach § 233 a Abs. 2a AO relevante Umstände bei einer ausschließlich automationsgestützten Berechnung der Zinsen unberücksichtigt bleiben (BR-Drs. 631/15, 109). Diese Fehler können über den Vorbehalt der Nachprüfung einfacher und ohne weitere Änderungsvoraussetzungen korrigiert werden. Eines Rückgriffs auf § 233 a Abs. 5 AO bedarf es nicht (mehr).

## 2. Unterabschnitt Säumniszuschläge

## § 240 AO Säumniszuschläge

**(1) Wird eine Steuer nicht bis zum Ablauf des Fälligkeitstages entrichtet, so ist für jeden angefangenen Monat der Säumnis ein Säumniszuschlag von 1 % des abgerundeten rückständigen Steuerbetrags zu entrichten; abzurunden ist auf den nächsten durch 50 Euro teilbaren Betrag. Das gleiche gilt für zurückzuzahlende Steuervergütungen und Haftungsschulden, soweit sich die Haftung auf Steuern und zurückzuzahlende Steuervergütungen erstreckt. Die Säumnis nach Satz 1 tritt nicht ein, bevor die Steuer festgesetzt oder angemeldet worden ist. Wird die Festsetzung einer Steuer oder Steuervergütung aufgehoben, geändert oder nach § 129 berichtigt, so bleiben die bis dahin verwirkten**

**Säumniszuschläge unberührt; das Gleiche gilt, wenn ein Haftungsbescheid zurückgenommen, widerrufen oder nach § 129 berichtigt wird. Erlischt der Anspruch durch Aufrechnung, bleiben Säumniszuschläge unberührt, die bis zur Fälligkeit der Schuld des Aufrechnenden entstanden sind.**

**(2) Säumniszuschläge entstehen nicht bei steuerlichen Nebenleistungen.**

**(3) Ein Säumniszuschlag wird bei einer Säumnis bis zu drei Tagen nicht erhoben. Dies gilt nicht bei Zahlung nach § 224 Abs. 2 Nr. 1.**

**(4) In den Fällen der Gesamtschuld entstehen Säumniszuschläge gegenüber jedem säumigen Gesamtschuldner. Insgesamt ist jedoch kein höherer Säumniszuschlag zu entrichten als verwirkt worden wäre, wenn die Säumnis nur bei einem Gesamtschuldner eingetreten wäre.**

#### Inhaltsübersicht



#### Schrifttum


Janssen, Der Erlass von Säumniszuschlägen, DStZ 1990, 463; Baum, Neuregelung der Säumniszuschläge durch ... (FKPG), DStZ 1993, 522; Baum, Erlass von Säumniszuschlägen wegen sachlicher Unbilligkeit, BB 1994, 695; Herold, Kein Erlass von Säumniszuschlägen bei laufender Ausnutzung der Schonfrist, GStB 2000, 218; Hundt-Esswein, Säumniszuschläge nach § 240 AO, NWB Fach 2, 8219 (36/2003); Loose, Säumniszuschläge, AO-StB 2003, 193.


## A. Bedeutung der Vorschrift

1 Säumniszuschläge zählen zu den **steuerlichen Nebenleistungen** (§ 3 Abs. 4 AO). Gemäß § 3 Abs. 4 Satz 3 AO 1 fließen sie der Körperschaft zu, die die betreffende Steuer verwaltet. § 240 AO ist **verfassungsgemäß**. Insbesondere verstößt die Höhe der Säumniszuschläge nicht gegen das Übermaßverbot des GG. Ist das Ausüben von Druck auf den Steuerschuldner wegen des Zahlungsunfähigkeit indes nicht zielführend, sind die Säumniszuschläge – jedenfalls zur Hälfte – zu erlassen (s. § 227 AO Rz. 7 f.).

2 Der Gesetzgeber verfolgt mit den Säumniszuschlägen mehrere Zwecke. Sie stellen einerseits **Druckmittel** eigener Art dar, durch das die rechtzeitige Erfüllung der Steuerzahlungspflicht erreicht und die nicht rechtzeitige Erfüllung dieser Pflicht mit nachteiligen Folgen ausgestattet werden soll.

Zugleich bezweckt der Säumniszuschlag, der Finanzbehörde eine **Gegenleistung für das Hinausschieben einer Steuerzahlung** zu gewähren (s. BFH v. 13.01.2000, VII R 91/98, BStBl II 2000, 246; BFH v. 05.02.1997, V B 154/96, BFH/NV 1997, 729). 3

Durch Säumniszuschläge werden schließlich auch die **Verwaltungsaufwendungen abgegolten**, die bei den verwaltenden Körperschaften dadurch entstehen, dass Stpfl. eine fällige Steuer nicht oder nicht fristgemäß zahlen (BFH v. 09.07.2003, V R 57/02, BStBl II 2003, 901; BFH v. 30.03.2006, V R 2/04, BStBl II 2006, 612). 4

## B. Tatbestandliche Voraussetzungen

Säumniszuschläge verwirken, wenn festgesetzte oder angemeldete Steuern oder zurückzuzahlende Steuervergütungen bei Fälligkeit nicht entrichtet werden (Säumnis). 5

### I. Steuern

Was **Steuern** sind, bestimmt § 3 Abs. 1 AO. Zu den Steuern gehören auch **Rückforderungsansprüche** wegen nicht geschuldeter Steuererstattungen (s. § 37 AO Rz. 6 ff. AO; *Loose* in Tipke/Kruse, § 240 AO Rz. 9). Der Rückforderungsanspruch wird nicht durch Steuerbescheid (§ 155 Abs. 1 AO), sondern mit Abrechnungsbescheid geltend gemacht. 6

Es kommt nicht darauf an, wer verpflichtet ist, die Steuer zu entrichten, ob dies der Steuerschuldner selbst oder ein **Entrichtungspflichtiger** i. S. des § 43 Satz 2 AO ist. Säumniszuschläge entstehen daher auch, wenn der Arbeitgeber als Entrichtungspflichtiger die Lohnsteuer nicht rechtzeitig abführt, der Schuldner von Kapitalerträgen die KapErtrSt oder der Leistungsempfänger die Bauabzugssteuer (§§ 48 ff. EStG). 7

Gemäß § 240 Abs. 1 Satz 2 AO fallen Säumniszuschläge ferner an für **Haftungsschulden**, soweit sich die Haftung auf Steuern und zurückzuzahlende Steuervergütungen erstreckt. Mit der Aufnahme der Haftungsschulden in den Tatbestand zum 01.08.1998 korrigierte der Gesetzgeber die ihm missfallende Rspr., nach der auf nichtentrichtete Haftungsschulden keine Säumniszuschläge zu zahlen waren (BFH v. 25.02.1997, VII R 15/96, BStBl II 1998, 2). Eine erweiternde Auslegung des Begriffs »Steuer« in § 240 Abs. 1 Satz 1 AO hielt der BFH für nicht gerechtfertigt. 8

Zudem erfasst § 240 Abs. 1 Satz 2 AO zurückzuzahlende **Steuervergütungen**. Darunter versteht die AO die Aus- 9 zahlung von Steuerbeträgen nicht an den Steuerschuldner, der sie entrichtet hat, sondern an dritte Personen, auf welche die Steuer erfahrungsgemäß überwälzt worden ist (s. § 37 AO Rz. 3). Vergütungsansprüche gibt es vor allem bei der USt, beim Kindergeld und bei den Verbrauchssteuern und Zöllen.

10 Für die in § 3 Abs. 2 AO genannten **Realsteuern** (Grundsteuer, Gewerbesteuer) gilt: Die Erhebung der Säumniszuschläge im Zusammenhang mit Realsteuern bestimmt sich nur dann nach der AO, wenn und soweit auf die Realsteuern selbst die AO anzuwenden ist (s. *Heuermann* in HHSp, § 240 AO Rz. 31).

11 Bei säumiger Entrichtung anderer Geldleistungen, die aufgrund der Steuergesetze geschuldet werden, fallen demgegenüber keine Säumniszuschläge an, insbes. also nicht bei **steuerlichen Nebenleistungen** (so ausdrücklich § 240 Abs. 2 AO).

## II. Festsetzung oder Anmeldung

12 Bevor eine Steuer festgesetzt oder angemeldet worden ist, tritt keine Säumnis ein (**§ 240 Abs. 1 Satz 3 AO**). Festgesetzt werden Steuern und zurückzuzahlende Vergütungen durch Bescheid (§ 155 Abs. 1 AO). Bevor eine Steuerforderung nicht tituliert ist, können Säumniszuschläge nicht verwirken. Dies betrifft auch die sog. **Fälligkeitssteuern**, die zu bestimmten Fälligkeitsterminen aufgrund von Steueranmeldungen gezahlt werden müssen (z.B. UStVA, LSt-Anmeldung, KapErtrSt-Anmeldung; s. *Loose* in Tipke/Kruse, § 240 AO Rz. 21).

## III. Fälligkeit

13 Für die Entstehung von Säumniszuschlägen ist neben der Festsetzung oder Anmeldung der Steuer deren Fälligkeit Voraussetzung. Die Fälligkeit der Steuer richtet sich nach § 220 AO.

14 Bei einer Säumnis bis zu **drei Tagen** nach Eintritt der Fälligkeit wird aus Billigkeitsgründen ein Säumniszuschlag nicht erhoben (**sog. Schonfrist; § 240 Abs. 3 Satz 1 AO**; BFH v. 17.02.2011, V S 9/11, BFH/NV 2011, 749). Die Schonfrist schiebt aber nicht etwa die Fälligkeit auf. Dies bedeutet, dass im Falle einer die Schonfrist übersteigenden Säumnis Säumniszuschläge vom Fälligkeitstag an verwirken. Im Fall der Übergabe oder Übersendung von Zahlungsmitteln (§ 224 Abs. 1 Nr. 1 AO), also bei Barzahlung oder Scheckhingabe, gilt die Schonfrist nicht (§ 240 Abs. 3 Satz 2 AO).

15 Ist die Fälligkeit beseitigt bzw. hinausgeschoben, z.B. durch **Stundung, Zahlungsaufschub, Aussetzung der Vollziehung** (im Einzelnen s. § 220 AO Rz. 7) verwirken keine Säumniszuschläge, jedenfalls dann nicht, wenn die Maßnahmen ab Fälligkeit ausgesprochen werden. Wird ein Stundungsantrag erst nach Eintritt der Fälligkeit gestellt oder ist die Rechtmäßigkeit eines angefochtenen Steuerbescheids erst nach Eintritt der Fälligkeit ernstlich zweifelhaft geworden, werden Stundung bzw. Aussetzung der Vollziehung regelmäßig mit Wirkung nach Eintritt der Fälligkeit ausgesprochen. Die bis zum Wirksamwerden von Stundung oder Aussetzung der Vollziehung verwirkten Säumniszuschläge bleiben bestehen. Bestehen die ernstlichen Zweifel von Anfang an, kann nach Eintritt der Fälligkeit eine Aufhebung der Vollziehung mit der Maßgabe angeordnet werden, dass in der Vergangenheit entstandene Säumniszuschläge entfallen (BFH v. 25.07.2001, I B 41, 42/01, BFH/NV 2001, 1445). Allerdings kommt es für die Verwirkung von Säumniszuschlägen allein darauf an, ob und ab welchem Zeitpunkt die Vollziehung eines Steuerbescheids tatsächlich ausgesetzt ist. Eine nicht eingehaltene Aussetzungszusage ist für die kraft Gesetzes entstehenden Säumniszuschläge ebenso unerheblich wie die Frage, ab welchem Zeitpunkt die materiellrechtlichen Voraussetzungen für eine Aussetzung der Vollziehung vorgelegen haben und ob auch eine Aufhebung der Vollziehung in Betracht gekommen wäre (BFH v. 04.02.2000, VII B 235/99, BFH/NV 2000, 1070; BFH v. 28.08.2012, VII R 71/11, BStBl II 2013, 103).

## IV. Nichtentrichtung

Eine Steuer kann entrichtet werden durch Zahlung (§ 224 16
AO), Aufrechnung (§ 226 AO; s. Rz. 19) oder Befriedigung im Zwangsvollstreckungsverfahren.

## V. Keine Akzessorietät zur Hauptschuld

Eine Akzessorietät zur Hauptschuld besteht nicht. Einmal 17
verwirkte Säumniszuschläge bleiben bei **Aufhebung, Änderung oder Berichtigung der Steuerfestsetzung** bzw. bei Rücknahme, Widerruf oder Berichtigung eines Haftungsbescheids unberührt (**§ 240 Abs. 1 Satz 4 AO**). Auf die Rechtsgrundlage der Änderung kommt es nicht an. Es spielt keine Rolle, ob die Steuerfestsetzung durch das FA durch VA geändert wird oder durch ein Urteil des Gerichts. Der Gesetzgeber hat bewusst in Kauf genommen, dass Säumniszuschläge auch dann zu entrichten sind, wenn sich die Steuerfestsetzung später als unrechtmäßig erweist (BFH v. 30.03.2006, V R 2/04, BStBl II 2006, 612). Allerdings sind die Säumniszuschläge aus sachlichen Billigkeitsgründen zu erlassen, wenn der Steuerpflichtige die Aussetzung der Vollziehung der Vorauszahlungsbescheide erreicht hat und die weitere Aussetzung der Vollziehung dieser Beträge nach Ergeben des Jahresbescheids allein von den Regelungen der §§ 361 Abs. 2 Satz 4 AO und § 69 Abs. 3 Satz 8 FGO scheitert

(BFH v. 20.05.2010, V R 42/08, BStBl II 2010, 955; auch s. Rz. 25 ff. und s. § 227 AO Rz. 7 f.).

8 Verändert sich demgegenüber der angeforderte Steuerbetrag infolge **Änderung der Anrechnungsverfügung** (geringerer Saldo), so ändert sich auch der Betrag der verwirkten Säumniszuschläge (BFH v. 24.03.1992, VII R 39/91, BStBl II 1992, 956).

19 Erlischt der Steueranspruch durch Aufrechnung, bleiben die Säumniszuschläge unberührt, die bis zur Fälligkeit der Schuld des Aufrechnenden entstanden sind (§ 240 Abs. 1 Satz 5 AO; seit 01.01.2000). Insoweit kommt es nicht darauf an, wann der Erstattungsanspruch entstanden ist (so auch schon vor Einfügung von Satz 5 in Abs. 1: BFH v. 13.01.2000, VII R 91/98, BStBl II 2000, 246).

## C. Rechtsfolgen

20 Säumniszuschläge **verwirken mit Ablauf des Fälligkeitstags – ohne vorangegangene Mahnung – unmittelbar kraft Gesetzes**, ein Verschulden ist keine Anspruchsvoraussetzung (BFH v. 17.07.1985, I R 172/79, BStBl II 1986, 122). Sie sind ohne besondere Festsetzung zu entrichten (§ 218 Abs. 1 Satz 1 2. HS AO). Voraussetzung ist allein, dass die tatbestandlichen Voraussetzungen von § 240 Abs. 1 AO vorliegen. Wird der Säumniszuschlag zusammen mit der Steuer beigetrieben, ist sogar ein Leistungsgebot entbehrlich (§ 254 Abs. 2 Satz 1 AO).

21 Der Säumniszuschlag beträgt 1 % des rückständigen auf fünfzig Euro nach unten abgerundeten Steuerbetrags (§ 240 Abs. 1 Satz 1 AO). Er ist **für jeden angefangenen Monat der Säumnis** voll verwirkt.

22 Entsprechend dem Wesen der Säumniszuschläge entstehen in den Fällen der **Gesamtschuld** Säumniszuschläge gegenüber jedem säumigen Gesamtschuldner (§ 240 Abs. 4 Satz 1 AO). Jedoch ist gem. § 240 Abs. 4 Satz 2 AO insgesamt kein höherer Säumniszuschlag zu entrichten, als verwirkt worden wäre, wenn die Säumnis nur bei einem Gesamtschuldner eingetreten wäre. Dadurch wird die im Ergebnis ungerechtfertigte Erhebung kumulierter Säumniszuschläge ausgeschlossen. Die Gesamtschuldner schulden die verwirkten Säumniszuschläge nicht gesamtschuldnerisch, vielmehr entstehen diese bei jedem säumigen Gesamtschuldner gesondert. Bei der Anforderung der so entstandenen Säumniszuschläge wird die Finanzbehörde die Gesamtschuldner grundsätzlich gleichmäßig (nach Köpfen) belasten müssen, sofern nicht besondere Umstände vorliegen. Wegen der Einbeziehung von Säumniszuschlägen bei der Aufteilung einer Gesamtschuld s. § 276 Abs. 4 AO.

23 In den Fällen von **§§ 69 und 72 AO** erstreckt sich die **Haftung** Dritter für die Steuerschuld auch auf die Säumniszuschläge, bei den anderen Haftungstatbeständen nicht.

## D. Rechtsschutz

Besteht Streit darüber, ob und in welcher Höhe Säumniszuschläge entstanden sind, entscheidet die Finanzbehörde durch **Abrechnungsbescheid nach § 218 Abs. 2** AO (BFH v. 09.09.1999, VIII B 76/98, BFH/NV 1999, 1058). Bei **missbräuchlicher Antragstellung** entfällt der Anspruch auf Erteilung eines Abrechnungsbescheids über Säumniszuschläge (BFH v. 12.08.1999, VII R 92/98, BStBl II 1999, 751). Missbrauch ist anzunehmen, wenn der Stpfl. bei einem übersichtlichen Sachverhalt selbst dann, wenn Entstehung und Fortbestehen des Säumniszuschlags aufgrund einer Mahnung oder einer Kassenmitteilung leicht und einwandfrei nachvollziehbar ist, auf der Erteilung eines Abrechnungsbescheids beharrt. Erst gegen den Abrechnungsbescheid kann sodann Einspruch eingelegt und bei weiter bestehendem Streit Klage erhoben werden (§§ 347 Abs. 1 Nr. 1 AO, 40 Abs. 1 1. Alt. FGO). 24

## E. Erlass aus Billigkeitsgründen

Säumniszuschläge können als steuerliche Nebenleistungen nicht abweichend nach § 163 AO aus Billigkeitsgründen festgesetzt werden. Sie können jedoch über die sog. Schonfrist hinaus (s. Rz. 14) Gegenstand eines **Billigkeitserlasses gem. § 227 AO** sein. Über den Erlassantrag entscheidet das FA durch einen Erlassbescheid, der verfahrensrechtlich selbstständig neben dem Abrechnungsbescheid steht (s. Rz. 24; BFH v. 21.01.2012, II S 9/11, BFH/NV 2012, 709; BFH v. 10.03.2016, III R 2/15, BStBl II 2016, 508). Die Entscheidung über den Erlass steht im **Ermessen des FA**. Allerdings hat die Rspr. des BFH aus dem Zweck des § 240 AO (s. Rz. 1 ff.) eine Reihe von Grundsätzen entwickelt, die für eigene Ermessenserwägungen im Bereich der sachlichen Unbilligkeit nur noch wenig Raum lassen (s. *Heuermann* in HHSp, § 240 AO Rz. 101). Grundsätzlich kommt ein Erlass aus persönlicher oder sachlicher Unbilligkeit in Betracht. 25

**Persönliche Billigkeitsgründe** liegen vor, wenn die Erhebung der Säumniszuschläge die wirtschaftliche Existenz des Stpfl. ernsthaft gefährden würde. 26

**Sachliche Billigkeitsgründe** liegen vor, wenn die gesetzgeberische Zielsetzung der Säumniszuschläge durch ihre Erhebung nicht mehr erreicht werden kann. Ein Erlass kommt z. B. in Betracht bei plötzlicher Erkrankung des Stpfl., bei einem bisher pünktlichen Steuerzahler, dem ein offenbares Versehen unterlaufen ist, wenn dem Steuerpflichtigen die rechtzeitige Zahlung wegen Zahlungsunfähigkeit und Überschuldung nicht mehr möglich war (hierzu s. § 227 AO Rz. 7 f.; Erlass der Hälfte der Säumniszuschläge), bei einem Steuerpflichtigen, dessen wirtschaftliche Leistungsfähigkeit durch nach § 258 AO bewilligte oder sonst hingenommene Ratenzahlung bis 27 an die äußerste Grenze ausgeschöpft worden ist (Erlass der Hälfte der Säumniszuschläge) oder wenn die Voraussetzungen für einen Erlass der Hauptschuld nach § 227 AO oder für eine zinslose Stundung der Steuerforderung nach § 222 AO im Säumniszeitraum vorliegen. Lagen nur die Voraussetzungen für eine verzinsliche Stundung der Hauptforderung vor, ist die Hälfte der Säumniszuschläge zu erlassen (im Einzelnen s. AEAO zu § 240, Anm. 5). Demgegenüber steht ein voller Erlass der Säumniszuschläge, wenn das Rechtsmittel des Stpfl. gegen die Steuerfestsetzung Erfolg hat, der Stpfl. aber zuvor ohne Erfolg alles getan hatte, eine AdV des Steuerbescheids zu erreichen (BFH v. 18.03.2003, X B 66/02, BFH/NV 2003, 886; BFH v. 20.05.2010, V R 42/08, BStBl II 2010, 955; BFH v. 10.03.2016, III R 2/15, BStBl II 2016, 508; BFH v. 02.03.2017, II B 33/16, BStBl II 2017, 646). Offen ist noch, ob der Stpfl. auch einen Antrag beim FG stellen muss oder eine erfolglose Antragstellung beim FA ausreicht (so FG Köln v. 24.11.2016, 10 K 3370/14, EFG 2017, 363 mit Anm. *Bleschick*, Rev. XI R 36/16).

### F. Besonderheiten im Gemeinschaftsrecht

28 Art. 114 UZK enthält für Einfuhr- und Ausfuhrabgabenbeträge eine **eigenständige und vorrangige Regelung** für die **Erhebung von Verzugszinsen** (zu den Einzelheiten s. *Deimel* in HHSp., Art. 114 UZK Rz. 1 ff.).

## Dritter Abschnitt: Sicherheitsleistung

## Vorbemerkungen zu §§ 241–248

1 Die §§ 241 bis 248 AO beinhalten Regelungen zur **Art und Weise der Erbringung von Sicherheitsleistungen.** § 241 AO zählt zunächst die Arten der Sicherheitsleistung auf, die der Verpflichtete nach seiner Wahl verwenden kann. §§ 242 bis 244 AO enthalten besondere Bestimmungen zu einzelnen nach § 241 AO zulässigen Sicherheitsleistungen. § 245 AO eröffnet für die Finanzbehörde die Möglichkeit, andere Werte als Sicherheiten anzunehmen. § 246 AO regelt den Wert, zu dem die einzelne Sicherheit anzunehmen ist. § 247 AO räumt dem Verpflichteten das Recht zum Austausch von Sicherheiten ein und § 248 AO normiert eine Nachschusspflicht für den Fall, dass eine Sicherheit unzureichend wird.

2 Den **Rechtsgrund** und die **Höhe** der zu erbringenden Sicherheit **regeln §§ 241 ff. AO nicht**, sondern eine Reihe von über die AO verteilten und in Einzelsteuergesetzen normierten Vorschriften (z.B. § 109 Abs. 2 AO; § 165 Abs. 1 Satz 4 AO; § 221 Satz 2 AO; § 222 Satz 2 AO; § 361 Abs. 2 Satz 5, Abs. 3 Satz 3 AO; § 18 f. UStG; AEAO zu §§ 241–248, Nr. 1). Meist steht die Anordnung einer Sicherheitsleistung im **Ermessen der Finanzbehörde** (§ 5 AO), die nach Billigkeit und Zweckmäßigkeit zu entscheiden hat und hierbei den **Grundsatz der Verhältnismäßigkeit** zu beachten hat. Die Höhe der Sicherheitsleistung muss bestimmt oder bestimmbar angegeben werden.

Zu den **Kosten für die Bereitstellung der Sicherheitsleistungen** treffen die §§ 241 ff. AO ebenfalls keine Regelung. Da der Stpfl. durch die Sicherheitsleistung einen Zahlungsaufschub erlangt, ist es gerechtfertigt, dass der Stpfl. die Kosten zu tragen hat (AEAO zu §§ 241–248, Nr. 1; *Werth* in Klein, Vor §§ 241 ff. AO Rz. 2). Im Falle der Aussetzung der Vollziehung ist es u.E. jedoch unbillig, dem Stpfl. die Kosten auch dann aufzuerlegen, wenn er später in der Hauptsache obsiegt (s. § 361 AO Rz. 60; *Sunder-Plassmann* in HHSp, Vor §§ 241–248 AO Rz. 29; *Loose* in Tipke/Kruse, § 241 AO Rz. 21; a.A. BFH v. 08.06.1982, VIII R 68/79, BStBl II 1982, 602). 3

Für **Einfuhr- und Ausfuhrabgaben** enthalten **Art. 89 ff. UZK** vorrangige Regelungen über die Sicherheitsleistung. Grundsätzlich kann die Sicherheitsleistung nach Wahl des Leistenden durch Hinterlegung einer Barsicherheit, durch Stellung eines Bürgen oder durch jede andere Form der Sicherheitsleistung mit derselben Sicherheit erbracht werden (Art. 92 UZK). Der Bürge muss nach nationalem Recht als Steuerbürge zugelassen sein (s. § 244 AO; Art. 94 UZK). 4

Der AEAO (Nr. 2 zu §§ 241 bis 248 AO) verweist auf die für die Bundesfinanzverwaltung bekannt gegebenen Bestimmungen über die Sicherheitsleistung im Besteuerungsverfahren (Vorschriftensammlung Bundesfinanzverwaltung – VSF – S 1450) und ordnet an, dass diese **Dienstanweisungen** für den Bereich der Besitz- und Verkehrsteuern entsprechend anzuwenden sind. 5

Zur **Erzwingung** bzw. **Verwertung** von Sicherheiten s. §§ 327, 336 AO. 6

Die Anordnung der Sicherheitsleistung ist regelmäßig als Nebenbestimmung eines von der Sicherheitsleistung abhängigen begünstigenden VA (z.B. Stundung, AdV) kein selbstständig anfechtbarer VA. Ein **Rechtsbehelf** ist nur gegen den begünstigenden VA selbst zulässig. 7

Anderes gilt, wenn das FA Anspruch auf Sicherheitsleistung hat (s. § 336 AO Rz. 2). In diesen Fällen ist die Ablehnung einer angebotenen Sicherheit ein eigenständiger VA, der auch einer selbstständigen Anfechtung unterliegt (s. *Sunder-Plassmann* in HHSp, Vor §§ 241–248 AO Rz. 32). 8

## § 241 AO
## Art der Sicherheitsleistung

(1) Wer nach den Steuergesetzen Sicherheit zu leisten hat, kann diese erbringen

1. durch Hinterlegung von im Geltungsbereich dieses Gesetzes umlaufenden Zahlungsmitteln bei der zuständigen Finanzbehörde,
2. durch Verpfändung der in Absatz 2 genannten Wertpapiere, die von dem zur Sicherheitsleistung Verpflichteten der Deutschen Bundesbank oder einem Kreditinstitut zur Verwahrung anvertraut worden sind, das zum Depotgeschäft zugelassen ist, wenn dem Pfandrecht keine anderen Rechte vorgehen. Die Haftung der Wertpapiere für Forderungen des Verwahrers für ihre Verwahrung und Verwaltung bleibt unberührt. Der Verpfändung von Wertpapieren steht die Verpfändung von Anteilen an einem Sammelbestand nach §6 Depotgesetzes in der im Bundesgesetzblatt Teil III, Gliederungsnummer 4130–1, veröffentlichten bereinigten Fassung, zuletzt geändert durch Artikel 1 des Gesetzes vom 17. Juli 1985 (BGBl I S. 1507) gleich,
3. durch eine mit der Übergabe des Sparbuches verbundene Verpfändung von Spareinlagen bei einem Kreditinstitut, das im Geltungsbereich dieses Gesetzes zum Einlagengeschäft zugelassen ist, wenn dem Pfandrecht keine anderen Rechte vorgehen,
4. durch Verpfändung von Forderungen, die in einem Schuldbuch des Bundes, eines Sondervermögens des Bundes oder eines Landes eingetragen sind, wenn dem Pfandrecht keine anderen Rechte vorgehen,
5. durch Bestellung von
   a) erstrangigen Hypotheken, Grund- oder Rentenschulden an Grundstücken oder Erbbaurechten, die im Geltungsbereich dieses Gesetzes belegen sind,
   b) erstrangigen Schiffshypotheken an Schiffen, Schiffsbauwerken oder Schwimmdocks, die in einem im Geltungsbereich dieses Gesetzes geführten Schiffsregister oder Schiffsbauregister eingetragen sind,
6. durch Verpfändung von Forderungen, für die eine erstrangige Verkehrshypothek an einem im Geltungsbereich dieses Gesetzes belegenen Grundstück oder Erbbaurecht besteht, oder durch Verpfändung von erstrangigen Grundschulden oder Rentenschulden an im Geltungsbereich dieses Gesetzes belegenen Grundstücken oder Erbbaurechten, wenn an den Forderungen, Grundschulden oder Rentenschulden keine vorgehenden Rechte bestehen,
7. durch Schuldversprechen, Bürgschaft oder Wechselverpflichtungen eines tauglichen Steuerbürgen (§244).

(2) Wertpapiere im Sinne von Absatz 1 Nr. 2 sind

1. Schuldverschreibungen des Bundes, eines Sondervermögens des Bundes, eines Landes, einer Gemeinde oder eines Gemeindeverbandes,
2. Schuldverschreibungen zwischenstaatlicher Einrichtungen, denen der Bund Hoheitsrechte übertragen hat, wenn sie im Geltungsbereich dieses Gesetzes zum amtlichen Börsenhandel zugelassen sind,
3. Schuldverschreibungen der Deutschen Genossenschaftsbank, der Deutschen Siedlungs- und Landesrentenbank, der Deutschen Ausgleichsbank, der Kreditanstalt für Wiederaufbau und der Landwirtschaftlichen Rentenbank,
4. Pfandbriefe, Kommunalobligationen und verwandte Schuldverschreibungen,
5. Schuldverschreibungen, deren Verzinsung und Rückzahlung vom Bund oder von einem Land gewährleistet werden.

(3) Ein unter Steuerverschluss befindliches Lager steuerpflichtiger Waren gilt als ausreichende Sicherheit für die darauf lastende Steuer.

**Inhaltsübersicht**



### A. Bedeutung der Vorschrift

§241 AO zählt die Arten der Sicherheiten auf, die der Stpfl. erbringen kann. 1

Die Vorschrift räumt dem Verpflichteten ein Wahlrecht ein, eine der unter den Nummern 1 bis 7 aufgelisteten Sicherheit zu erbringen. Das FA kann eine vom Gesetz genannte Sicherheit nicht mit der Begründung zurückweisen, eine andere als die angebotene Sicherheit 2 müsse geleistet werden. Lediglich dann, wenn der Verpflichtete andere als die in § 241 Abs. 1 AO bezeichnete Sicherheiten anbietet, kann die Behörde über deren Annahme nach § 245 AO nach ihrem Ermessen befinden.

### B. Tatbestandliche Voraussetzungen

#### I. Hinterlegung von Zahlungsmitteln

3 Hinterlegungsfähig sind nur im Geltungsbereich der AO umlaufende Zahlungsmittel. Das sind die geltenden Noten der Europäischen Zentralbank und die geltenden Euro-Münzen. Die Annahme erfolgt zum Nennwert.

#### II. Verpfändung von Wertpapieren

4 Zugelassen ist nur die Verpfändung von Wertpapieren, die zur Verwahrung der Deutschen Bundesbank oder einem Kreditinstitut anvertraut sind. Das Kreditinstitut muss nach § 32 KWG zum Depotgeschäft zugelassen sein. Eine Hinterlegung beim FA ist nicht vorgesehen. Die Verpfändung erfolgt nach den Vorschriften des BGB (§§ 1292, 1293 i. V. m. § 1205 BGB).

5 § 241 Abs. 2 AO benennt die Wertpapiere im Einzelnen, die das FA akzeptieren muss. Es geht um Schuldverschreibungen, die von der öffentlichen Hand ausgestellt oder garantiert sind oder die wie Pfandbriefe besonders strengen Deckungs- und Gläubigerschutzvorschriften unterliegen. Nicht unter § 241 Abs. 2 AO fallende Wertpapiere muss das FA nicht akzeptieren, kann es jedoch gemäß § 245 AO.

#### III. Verpfändung von Spareinlagen

6 Zugelassen sind Spareinlagen aller Kreditinstitute, die im Geltungsbereich der AO zum Einlagengeschäft zugelassen sind. Die Verpfändung erfolgt nach den Vorschriften des BGB (§§ 1274, 1280 BGB). Die Übergabe des Sparbuchs ist zivilrechtlich nicht erforderlich, § 241 Abs. 1 Nr. 3 AO schreibt sie aber ausdrücklich vor.

#### IV. Verpfändung von Schuldbuchforderungen

7 Als Sicherheit ist ferner zugelassen die Verpfändung von Forderungen, die in ein Schuldbuch eingetragen sind. In Betracht kommen neben dem Schuldbuch des Bundes nur die Schuldbücher der Länder (nicht der Gemeinden), für die die Länder nach Art. 97 EGBGB die Gesetzgebungskompetenz haben. Die Forderungen müssen auf den Namen des Sicherheitsleistenden eingetragen sein.

#### V. Bestellung von Grundpfandrechten und Schiffspfandrechten

Weitere Sicherheiten, die in Betracht kommen: Hypotheken, Grundschulden oder Rentenschulden an Grundstücken oder Erbbaurechten und Schiffshypotheken an Schiffen, Schiffsbauwerken und Schwimmdocks. Die Grundstücke müssen im Inland liegen, die Schiffe in einem inländischen Schiffsregister oder Schiffsbauregister eingetragen sein. Zudem müssen die FA nur erstrangige Sicherheiten akzeptieren. Nachrangige können jedoch nach § 245 AO angenommen werden. Mit der Bestellung von Grundpfandrechten sind stets hohe Kosten verbunden. Diese hat der Stpfl. zu tragen (s. Vor §§ 241–248 AO Rz. 3). 8

#### VI. Verpfändung dinglich gesicherter Forderungen an Grundpfandrechten

Zugelassen ist neben der Verpfändung erstrangiger Grund- oder Rentenschulden nur die Verpfändung von Forderungen, die durch eine Verkehrshypothek gesichert sind (Brief- oder Buchhypothek). Forderungen, für die eine Sicherungshypothek besteht, müssen die FA nicht annehmen, können sie jedoch gemäß § 245 AO. 9

#### VII. Persönliche Sicherheiten

Als weitere Sicherheiten muss das FA Schuldversprechen (§ 780 BGB), Bürgschaften (§§ 765 ff. BGB) und Wechselverpflichtungen (Art. 28 und 78 WG) akzeptieren. Allerdings: § 241 Abs. 1 Nr. 7 AO bestimmt nur die Art der zwingend anzunehmenden Sicherheit. Von welcher Person das FA die Sicherheit zu akzeptieren hat, bestimmt § 241 AO nicht. Wer tauglicher Steuerbürge ist, regelt vielmehr § 244 AO. 10

#### VIII. Warenlager unter Steuerverschluss

Ein Lager unter Steuerverschluss gilt nur für die auf den Waren des Lagers lastenden Steuern als ausreichende Sicherheit. 11

## § 242 AO
## Wirkung der Hinterlegung von Zahlungsmitteln

**Zahlungsmittel, die nach § 241 Abs. 1 Nr. 1 hinterlegt werden, gehen in das Eigentum der Körperschaft über, der die Finanzbehörde angehört, bei der sie hinterlegt worden sind. Die Forderung auf Rückzahlung ist nicht zu verzinsen. Mit der Hin-**

**terlegung erwirbt die Körperschaft, deren Forderung durch die Hinterlegung gesichert werden soll, ein Pfandrecht an der Forderung auf Rückerstattung der hinterlegten Zahlungsmittel.**

1 Mit der Hinterlegung gehen die Zahlungsmittel in das Eigentum der Körperschaft über, der die Finanzbehörde angehört. Gleichzeitig entsteht eine Forderung auf Rückzahlung, die nach § 242 Satz 2 AO – abweichend von § 8 HinterlegungsO – nicht zu verzinsen ist. An diesem Rückerstattungsanspruch erwirbt die Gläubigerkörperschaft ein Pfandrecht gemäß § 242 Satz 3 AO.

2 Die Wirkung des § 242 AO beschränkt sich auf die in § 241 Abs. 1 Nr. 1 AO genannten Zahlungsmittel. Andere Zahlungsmittel (Fremdwährungen), die das FA nach seinem Ermessen gemäß § 245 AO als Sicherheit annimmt, gehen nicht in das Eigentum der Gläubigerkörperschaft über.

3 Die Sicherheit ist zurückzugeben, wenn der Anlass für die Sicherheitengestellung entfallen ist. Mit dem Wegfall des Sicherungszwecks kann sich das FA nicht mehr auf das Pfandrecht berufen.

## § 243 AO Verpfändung von Wertpapieren

**Die Sicherheitsleistung durch Verpfändung von Wertpapieren nach § 241 Abs. 1 Nr. 2 ist nur zulässig, wenn der Verwahrer die Gewähr für die Umlauffähigkeit übernimmt. Die Übernahme dieser Gewähr umfasst die Haftung dafür,**

**1. dass das Rückforderungsrecht des Hinterlegers durch gerichtliche Sperre und Beschlagnahme nicht beschränkt ist,**
**2. dass die anvertrauten Wertpapiere in den Sammellisten aufgerufener Wertpapiere nicht als gestohlen oder als verloren gemeldet und weder mit Zahlungssperre belegt noch zur Kraftloserklärung aufgeboten oder für kraftlos erklärt worden sind,**
**3. dass die Wertpapiere auf den Inhaber lauten, oder, falls sie auf den Namen ausgestellt sind, mit Blankoindossament versehen und auch sonst nicht gesperrt sind, und dass die Zinsscheine und die Erneuerungsscheine bei den Stücken sind.**

1 Die Vorschrift normiert die Voraussetzungen unter denen die Sicherheitsleistung durch Verpfändung von Wertpapieren (§ 241 Abs. 1 Nr. 2 AO) zulässig ist. Die Kreditinstitute, die Depotgeschäfte wahrnehmen dürfen und deshalb als Verwahrer der verpfändeten Wertpapiere in Frage kommen, müssen die Gewähr für die Umlauffähigkeit dieser Wertpapiere übernehmen. Der Inhalt der Gewährleistung ist in § 243 Satz 2 Nr. 1 bis 3 AO spezifiziert.

## § 244 AO Taugliche Steuerbürgen

**(1) Schuldversprechen und Bürgschaften nach dem Bürgerlichen Gesetzbuch sowie Wechselverpflichtungen aus Artikel 28 oder 78 des Wechselgesetzes sind als Sicherheit nur geeignet, wenn sie von Personen abgegeben oder eingegangen worden sind, die**

**1. ein der Höhe der zu leistenden Sicherheit angemessenes Vermögen besitzen und**
**2. ihren allgemeinen oder einen vereinbarten Gerichtsstand im Geltungsbereich dieses Gesetzes haben.**

**Bürgschaften müssen den Verzicht auf die Einrede der Vorausklage nach § 771 des Bürgerlichen Gesetzbuchs enthalten. Schuldversprechen und Bürgschaftserklärungen sind schriftlich zu erteilen; die elektronische Form ist ausgeschlossen. Sicherungsgeber und Sicherungsnehmer dürfen nicht wechselseitig füreinander Sicherheit leisten und auch nicht wirtschaftlich miteinander verflochten sein. Über die Annahme von Bürgschaftserklärungen in den Verfahren nach dem A. T. A.-Übereinkommen vom 6. Dezember 1961 (BGBl. II 1965 S. 948) und dem TIR-Übereinkommen vom 14. November 1975 (BGBl. II 1979 S. 445) in ihren jeweils gültigen Fassungen entscheidet die Generalzolldirektion. Über die Annahme von Bürgschaftserklärungen über Einzelsicherheiten in Form von Sicherheitstiteln nach der Verordnung (EWG) Nr. 2454/93 der Kommission vom 2. Juli 1993 mit Durchführungsvorschriften zu der Verordnung (EWG 2913/92 des Rates zur Festlegung des Zollkodexes der Gemeinschaften (ABl. EG Nr. L 253 S. 1) und dem Übereinkommen vom 20. Mai 1987 über ein gemeinsames Versandverfahren (ABl. EG Nr. L 226 S. 2) in ihren jeweils gültigen Fassungen entscheidet die Generalzolldirektion.**

**(2) Die Generalzolldirektion kann Kreditinstitute und geschäftsmäßig für andere Sicherheit leistende Versicherungsunternehmen allgemein als Steuerbürge zulassen, wenn sie im Geltungsbereich dieses Gesetzes zum Geschäftsbetrieb befugt sind. Bei der Zulassung ist ein Höchstbetrag festzusetzen (Bürgschaftssumme). Die gesamten Verbindlichkeiten aus Schuldversprechen, Bürgschaften und Wechselverpflichtungen, die der Steuerbürge ge-**

**genüber der Finanzverwaltung übernommen hat, dürfen nicht über die Bürgschaftssumme hinausgehen.**

**(3) Das Bundesministerium der Finanzen wird ermächtigt, durch Rechtsverordnung mit Zustimmung des Bundesrates die Befugnisse nach Absatz 1 Satz 6 und Absatz 2 auf ein Hauptzollamt oder mehrere Hauptzollämter zu übertragen.**

**Inhaltsübersicht**



**Schrifttum**

Friedrich, Bürgschaften für Steuerschulden, StuW 1979, 259; Birkholz, Die Bürgschaft und die Stellung des Bürgen im Steuerrecht, DStZ 1980, 48; Mösbauer, Die Bürgschaft – das vertragliche Sicherungsmittel für gegenwärtige und zukünftige Steuerforderungen, BB 1988, 671.

## A. Taugliche Steuerbürgen (§ 244 Abs. 1 AO)

1 Für den Fall, dass der zur Sicherheitsleistung Verpflichtete von der ihm in § 241 Abs. 1 Nr. 7 AO eröffneten Möglichkeit, Sicherheit durch Schuldversprechen, Bürgschaft oder Wechselverpflichtungen eines tauglichen Steuerbürgen zu erbringen, Gebrauch macht, bestimmt § 244 Abs. 1 Satz 1 AO die an die Person des Bürgen zu stellenden Anforderungen. Generell müssen sie ein der Höhe der zu leistenden Sicherheit **angemessenes Vermögen** besitzen und ihren allgemeinen oder einen vereinbarten **Gerichtsstand** im Geltungsbereich der AO haben. Durch die letztgenannte Voraussetzung soll gewährleistet werden, dass im Falle einer Klage bei Inanspruchnahme aus der Bürgschaft vor einem deutschen Gericht Klage erhoben werden kann. Gemäß § 244 Abs. 1 Satz 4 AO dürfen Sicherungsgeber und Sicherungsnehmer weder **wechselseitig füreinander Sicherheit** leisten noch **untereinander wirtschaftlich verflochten** sein. Bei allgemein zugelassenen Steuerbürgen (§ 244 Abs. 2 AO, s. Rz. 4) findet § 244 Abs. 1 Satz 4 AO keine Anwendung (*Sunder-Plassmann* in HHSp, § 244 AO Rz. 27).

2 Nach § 244 Abs. 1 Satz 2 AO müssen Bürgschaften ferner den Verzicht auf die **Einrede der Vorausklage** nach § 771 BGB enthalten. Sowohl Bürgschaften als auch Schuldversprechen sind **schriftlich** zu erteilen (§ 244 Abs. 1 Satz 3 AO). § 244 Abs. 1 Sätze 2 und 3 AO sind abweichend von §§ 349, 350 HGB auch zu beachten, wenn die Bürgschaft auf Seiten des Bürgen, das Schuldversprechen auf Seiten des Versprechenden ein Handelsgeschäft ist.

Zur Entscheidungsbefugnis des BMF in Bezug auf die Annahme von Bürgschaften aufgrund **internationaler Übereinkommen** bzw. von Pauschalbürgschaften entsprechend **EG-Verordnungen** bzw. Übereinkommen der Mitgliedsstaaten der Europäischen Gemeinschaften s. § 244 Abs. 1 Sätze 5 und 6 AO.

## B. Allgemein zugelassene Steuerbürgen (§ 244 Abs. 2, 3 AO)

Die Generalzolldirektion kann **Kreditinstitute** und **geschäftsmäßig für andere Sicherheit leistende Versicherungsunternehmen** allgemein als Steuerbürgen zulassen (§ 244 Abs. 2 AO). Bei der Zulassung hat sie einen **Höchstbetrag** (Bürgschaftssumme) festzusetzen, bis zu dem der Bürge Sicherheiten bieten darf (§ 244 Abs. 2 Satz 2 AO). § 242 Abs. 3 AO ermächtigt das BMF, diese Befugnisse der Generalzolldirektion auf ein oder mehrere HZA zu übertragen. 4

## C. Charakter der Rechtsbeziehungen

Zu unterscheiden ist zwischen der Rechtsbeziehung zwischen dem Stpfl. und dem Fiskus einerseits sowie zwischen dem Bürgen und dem Fiskus andererseits. 5

Gegenüber dem Stpfl. entscheidet das FA über die **Annahme der Sicherheit** durch **Verwaltungsakt**. Hierbei handelt es sich um eine Ermessensentscheidung (§ 5 AO), die am Zweck der Vorschrift, der Sicherung des Steueraufkommens, zu orientieren ist. Gegen eine ablehnende Entscheidung kann der Stpfl. Einspruch einlegen (§ 347 Abs. 1 Nr. 1 AO). 6

Ebenso ist die Entscheidung über die **allgemeine Zulassung** als Steuerbürge und die Höhe der maximalen Bürgschaftssumme **Verwaltungsakt**. Sie steht im Ermessen (§ 5 AO) der Generalzolldirektion, sodass kein allgemeiner Anspruch auf Zulassung besteht. Die Zulassung kann unter den Voraussetzungen von §§ 130 Abs. 2, 131 Abs. 2 AO auch zurückgenommen bzw. widerrufen werden. Gegen die Ablehnung der Zulassung, der Höhe der maximalen Bürgschaftssumme und gegen den Widerruf und die Rücknahme ist der Einspruch gegeben (§ 347 Abs. 1 Nr. 1 AO). 7

Die **eigentliche Sicherheitsleistung** erfolgt sodann durch **privatrechtliches Rechtsgeschäft** zwischen dem Bürgen, Versprechenden oder Bezogenen und dem FA, folglich kommen bei Schuldversprechen §§ 780 ff. BGB, bei Bürgschaften §§ 765 ff. BGB und bei Wechselhingabe die Vorschriften des Wechselgesetzes zur Anwendung. Die Inanspruchnahme des Bürgen erfolgt ebenfalls nach den Vorschriften des bürgerlichen Rechts (§ 192 AO), d. h. der Fiskus hat seinen Anspruch vor den ordentlichen Gerichten einzuklagen. 8

## § 245 AO
## Sicherheitsleistung durch andere Werte

**Andere als die in § 241 bezeichneten Sicherheiten kann die Finanzbehörde nach ihrem Ermessen annehmen. Vorzuziehen sind Vermögensgegenstände, die größere Sicherheit bieten oder bei Eintritt auch außerordentlicher Verhältnisse ohne erhebliche Schwierigkeit und innerhalb angemessener Frist verwertet werden können.**

1 Der zur Sicherheitsleistung Verpflichtete kann der Finanzbehörde auch andere als die in § 241 AO genannten Arten der Sicherheitsleistung anbieten. In Betracht kommen insbes. ausländische Zahlungsmittel, die Sicherungsübereignung beweglicher Sachen, die (Sicherungs-)Abtretung und Verpfändung von Forderungen, die Hinterlegung nicht in § 241 Abs. 2 AO genannnter Wertpapiere (z. B. Aktien, Sparbriefe) und andere tatsächliche Sicherheiten (Hinterlegung von Versicherungsscheinen, Sparkassenbücher und Hypothekenbriefen).

2 Das FA entscheidet nach **pflichtgemäßem Ermessen** (§ 5 AO), ob es die angebotene Sicherheit annimmt (§ 245 Satz 1 AO). Gemäß § 245 Satz 2 AO ist die Entscheidung am Maß von Größe und Verwertbarkeit der Sicherheit zu orientieren.

3 Gegen die Zurückweisung einer angebotenen Sicherheit ist der **Einspruch** nur dann gegeben, wenn das FA Anspruch auf die Sicherheit hat (s. § 336 AO Rz. 2). Als Nebenbestimmung zur Erlangung einer Vergünstigung (z. B. Stundung, AdV) ist die Ablehnung einer angebotenen Sicherheit nicht selbstständig anfechtbar (s. Vor §§ 241–248 AO Rz. 7 f.).

## § 246 AO
## Annahmewerte

**Die Finanzbehörde bestimmt nach ihrem Ermessen, zu welchen Werten Gegenstände als Sicherheit anzunehmen sind. Der Annahmewert darf jedoch den bei einer Verwertung zu erwartenden Erlös abzüglich der Kosten der Verwertung nicht übersteigen. Er darf bei den in § 241 Abs. 1 Nr. 2 und 4 aufgeführten Gegenständen und bei beweglichen Sachen, die nach § 245 als Sicherheit angenommen werden, nicht unter den in § 234 Abs. 3, § 236 und § 237 Satz 1 des Bürgerlichen Gesetzbuches genannten Werten liegen.**

1 § 246 Satz 1 AO stellt die Bemessung des **Annahmewerts** hinsichtlich der Gegenstände, die die Finanzbehörde als Sicherheit annimmt, in deren **Ermessen** (§ 5 AO).

2 Durch § 246 Satz 2 und 3 AO hat der Gesetzgeber jedoch **Ermessensschranken** gezogen. Einerseits darf der Annahmewert den bei der Verwertung (§ 327 AO) zu erwartenden Erlös abzüglich der Kosten der Verwertung nicht übersteigen (insbes. s. §§ 341, 344 AO; **Obergrenze**). Andererseits dürfen bei der Verpfändung von Wertpapieren drei Viertel des Kurswerts (§ 234 Abs. 3 BGB), bei Buchforderungen drei Viertel des Kurswerts der Wertpapiere, deren Aushändigung der Gläubiger gegen Löschung seiner Forderung verlangen kann (§ 236 BGB) und bei beweglichen Sachen zwei Drittel des Schätzungswerts (§ 237 Satz 1 BGB) nicht unterschritten werden (**Untergrenze**).

Zudem sind die FÄ in ihrer Ermessensausübung durch die **Dienstanweisung** des BMF gebunden (s. Vor §§ 241–248 AO Rz. 5; im Einzelnen *Sunder-Plassmann* in HHSp, § 246 AO Rz. 7 ff.). 3

Die Entscheidung über die Höhe des Annahmewerts ist **nicht selbstständig anfechtbar**. Eine Überprüfung ist nur im Rahmen des Einspruchsverfahrens gegen den begünstigenden VA (z. B. Stundung, AdV) bzw. im Rahmen des Einspruchsverfahrens gegen den Anspruch des FA auf Sicherheitsleistung möglich (s. Vor §§ 241–248 AO Rz. 7 f.). 4

## § 247 AO
## Austausch von Sicherheiten

**Wer nach den §§ 241 bis 245 Sicherheit geleistet hat, ist berechtigt, die Sicherheit oder einen Teil davon durch eine andere nach den §§ 241 bis 244 geeignete Sicherheit zu ersetzen.**

Der Stpfl. hat Anspruch darauf, eine Sicherheit i. S. des § 241 AO durch eine andere auszutauschen. Aufgrund des Wahlrechts des Stpfl. ist das FA verpflichtet, dem Wunsch des Stpfl. zu entsprechen. Dies gilt auch in den Fällen, in denen das FA eine Sicherheit gem. § 336 AO erzwungen hatte. Begehrt der Stpfl. den Austausch einer Sicherheit nach § 245 AO gegen eine nach § 241 AO, hat er ebenfalls **Anspruch auf den Austausch**. 1

Bietet der Stpfl. dagegen im Austausch eine Sicherheit an, die nicht unter § 241 AO fällt, trifft das FA über den Austausch eine **Ermessensentscheidung**. 2

Die Ablehnung des Austauschs einer Sicherheit ist ein VA, gegen den der **Einspruch** nach § 347 Abs. 1 AO gegeben ist. Hat der Stpfl. Anspruch auf den Austausch (s. Rz. 1), kann der Stpfl. nach erfolglosem Einspruch Verpflichtungsklage erheben und im vorläufigen Rechtsschutz Antrag auf einstweilige Anordnung stellen (§ 114 FGO). Trifft das FA eine Ermessensentscheidung (s. Rz. 2), kann das FG die Entscheidung nur im Rahmen des § 102 FGO auf Einhalten der Ermessensgrenzen überprüfen. 3

## § 248 AO
## Nachschusspflicht

**Wird eine Sicherheit unzureichend, so ist sie zu ergänzen oder es ist anderweitige Sicherheit zu leisten.**

1 § 248 AO sieht eine Nachschusspflicht vor, wenn eine Sicherheit nachträglich unzureichend wird. Ist die Sicherheit von Anfang an unzureichend, liegt kein Fall des § 248 AO vor. Verlangt das FA in einem solchen Fall weitere Sicherheit, ändert sie den VA, mit dem sie die Sicherheit ursprünglich angenommen hat.

2 Nachträglich unzureichend wird eine Sicherheit, wenn sich die zu sichernde Forderung erhöht oder der Wert der Sicherheit (§ 246 AO) absinkt (z. B. Kursverfall verpfändeter Wertpapiere, Vermögensverfall des Steuerbürgen). Eine nur unerhebliche Werteinbuße begründet keine Nachschusspflicht.

3 Hält die Finanzbehörde die Voraussetzungen für den Eintritt dieser Nachschusspflicht für gegeben, ist sie grundsätzlich verpflichtet, den Verpflichteten zum Nachschuss aufzufordern. Ermessen steht ihr insoweit nicht zu. Allerdings steht es auch beim Austausch weiterhin im Ermessen des FA, ob es überhaupt Sicherheiten einfordert (s. Vor §§ 241–248 AO Rz. 2).

4 Der Verpflichtete kann nach seiner Wahl die Sicherheit austauschen oder ergänzen. Übt er das Wahlrecht nicht aus, kann das FA im Wege der Erzwingung nach § 336 AO vorgehen (s. *Sunder-Plassmann* in HHSp, § 248 AO Rz. 8).

5 Das Verlangen nach Nachschuss ist ein eigenständiger VA, den der Verpflichtete mit dem Einspruch anfechten kann (§ 347 Abs. 1 Nr. 1 AO). Im gerichtlichen Verfahren ist eine Anfechtungsklage und im vorläufigen Rechtsschutz AdV statthaft. Nur soweit das FA eine Ermessensentscheidung trifft (s. Rz. 3), bleibt die Prüfung des FG auf die Einhaltung der Ermessensgrenzen gem. § 102 FGO beschränkt.

# Sechster Teil. Vollstreckung

## Vorbemerkungen zu §§ 249–346

**Inhaltsübersicht**



**Schrifttum**


LOSCHELDER, Wenn die Vollstreckung wegen Steuerschulden droht – Maßnahmen des Finanzamts und Gegenmaßnahmen des Beraters, AO-StB 2001, 281; LOSCHELDER, Der Vollziehungsbeamte vor der Tür! – Antworten auf die sechs wichtigsten Fragen an den Steuerberater, AO-StB 2002, 62; LEMAIRE, Pfändungsschutz bei der Forderungspfändung, AO-StB 2004, 227; LEMAIRE, Pfändungsschutz bei der Sachpfändung, AO-StB 2004, 189; KRANENBERG, Vollstreckung von Vollstreckungskosten, AO-StB 2013, 121.


### A. Inhalt des Sechsten Teils

1 Der Sechste Teil der AO, der die §§ 249 bis 346 AO umfasst, regelt das Verfahren hinsichtlich der Vollstreckung von Ansprüchen, die den Finanzbehörden gegenüber den Stpfl. zustehen. Der Vollstreckung zugänglich sind nur Verwaltungsakte, mit denen eine Geldleistung, eine sonstige Handlung, eine Duldung oder Unterlassung gefordert wird (§ 249 Abs. 1 Satz 1 AO). Steueranmeldungen (§ 168 AO) gelten als solche Verwaltungsakte (§ 249 Abs. 1 Satz 2 AO). Wegen der sich ebenfalls nach den Bestimmungen der AO richtenden Vollstreckung aus finanzgerichtlichen Urteilen zugunsten des Fiskus s. § 150 FGO. Zur Besteuerung und Vollstreckung im **Insolvenzverfahren** s. § 251 AO Rz. 5–40.

2 Im **Ersten Abschnitt** des Sechsten Teils (§§ 249 bis 258 AO) werden allgemeine Grundbegriffe, die für das Vollstreckungsverfahren besondere Bedeutung haben, erläutert und Grundsatzfragen, wie die der Voraussetzung für den Beginn der Vollstreckung (§ 254 AO), der Vollstreckung gegen juristische Personen des öffentlichen Rechts (§ 255 AO), des Ausschlusses von Einwendungen gegen den zu vollstreckenden Verwaltungsakt im Vollstreckungsverfahren (§ 256 AO) und der endgültigen bzw. vorläufigen Einstellung oder Beschränkung der Vollstreckung (§§ 257, 258 AO) geklärt.

3 Der **Zweite Abschnitt** befasst sich mit der Vollstreckung wegen Geldforderungen (§§ 259 bis 327 AO). Im Rahmen dieser Regelung ist auch die Aufteilung einer Gesamtschuld bei Zusammenveranlagung enthalten (§§ 268 bis 280 AO). In besonderen Bestimmungen ist die Vollstreckung in das bewegliche Vermögen (§§ 281 bis 321 AO), die Vollstreckung in das unbewegliche Vermögen (§§ 322, 323 AO), der dingliche und persönliche Arrest (§§ 324 bis 326 AO) und die Verwertung von Sicherheiten (§ 327 AO) geregelt.

Der **Dritte Abschnitt** betrifft die Vollstreckung wegen anderer Leistungen als Geldforderungen, wobei die §§ 328 bis 335 AO die zwangsweise Durchsetzung von Anordnungen der Finanzbehörden normieren, die Handlungen, Duldungen oder Unterlassungen zum Gegenstand haben, während § 336 AO den Sonderfall der Erzwingung von Sicherheiten erfasst. 4

In dem die §§ 337 bis 346 AO umfassenden **Vierten Abschnitt** werden die Kosten des Vollstreckungsverfahrens geregelt. 5

Für die Vollstreckungspraxis von großer Bedeutung sind neben den genannten Vorschriften die **Vollstreckungsanweisung** (VollstrA v. 13.03.1980, BStBl I 1980, 112, zuletzt geändert am 23.10.2017, BStBl I 2017, 1374) und die **Vollziehungsanweisung** (VollzA v. 29.04.1980, BStBl I 1980, 194, zuletzt geändert am 23.10.2017, BStBl I 2017, 1374. Hierbei handelt es sich um allgemeine Verwaltungsvorschriften i.S. von Art. 108 Abs. 7 GG, die der Finanzverwaltung bzw. im Fall der VollzA den Vollziehungsbeamten der Finanzverwaltung Handlungsvorgaben erteilen. 6

### B. Geltungsbereich

#### I. Unmittelbarer Anwendungsbereich

Die Vorschriften gelten nur für die Vollstreckung von **Ansprüchen des Steuergläubigers**. Für Ansprüche des Stpfl. gegen den Fiskus gelten die Vorschriften des Sechsten Teils der AO nicht. Der Stpfl. kann seine Ansprüche erst nach gerichtlicher Feststellung nach Maßgabe des Achten Buchs der ZPO beitreiben (§§ 151 bis 154 FGO). 7

Das Vollstreckungsverfahren dient der zwangsweisen Durchsetzung solcher Verwaltungsakte, die entweder gegen den Stpfl. einen auf **Geldleistung** gerichteten Anspruch aus dem Steuerschuldverhältnis festsetzen oder von ihm eine **Handlung, Duldung oder Unterlassung** fordern. 8

Verwaltungsakte, die eine Handlung, Duldung oder Unterlassung fordern, werden mit den in § 328 Abs. 1 AO bezeichneten Zwangsmitteln (Zwangsgeld, Ersatzvornahme, unmittelbarer Zwang) durchgesetzt, so z.B. die Auskunftspflichten des § 93 AO, die Vorlagepflichten der §§ 97 ff. AO, die in den §§ 140 ff. AO normierten Buchführungs-, Aufzeichnungs- und Erklärungspflichten sowie das Unterlassen von Verfügungen i.S. des § 76 Abs. 3 Satz 2 AO. Auch die Erklärungspflicht des Drittschuldners kann gem. § 316 Abs. 2 Satz 3 AO durch ein Zwangsgeld erzwungen werden. Geschuldete Sicherhei- 9 ten können gem. § 336 AO durch Pfändung geeigneter Sicherheiten erzwungen werden.

### II. Anwendbarkeit durch Verweis

10 Darüber hinaus kann den Finanzbehörden aufgrund ausdrücklicher gesetzlicher Zuweisung die Vollstreckung wegen anderer Geldleistungen übertragen werden (§§ 12, 17 FVG); insoweit gelten ebenfalls die Vorschriften des Sechsten Teils. In Betracht kommen z.B. die Steuern der öffentlich-rechtlichen Religionsgesellschaften, die Rückforderung von Arbeitnehmersparzulage, Wohnungsbau- und Bergmannsprämien, ferner auf dem Recht der EG beruhende Abgaben.

11 § 4 VwVG sieht vor, dass die Vollstreckungsbehörden de r Bundesfinanzverwaltung zur Vollstreckung wegen Geldforderungen anderer Bundesbehörden herangezogen werden können. In diesen Fällen richten sich nach § 5 Abs. 1 VwVG das Verwaltungszwangsverfahren und der Vollstreckungsschutz nach den §§ 77, 249 bis 258, 260, 262 bis 267, 281 bis 317, 318 Abs. 1 bis 4, §§ 319 bis 327 AO. Diese Verweisung betrifft jedoch nur die Durchführung der Vollstreckung; die Beantwortung der Fragen, wer Vollstreckungsschuldner ist und welche tatbestandlichen Voraussetzungen vor der Einleitung der Vollstreckung erfüllt sein müssen, richtet sich nach den §§ 2 und 3 VwVG (BFH v. 30.09.2002, VII S 16/02, BFH/NV 2003, 142). Die Verwaltungsvollstreckungsgesetze der Länder enthalten teilweise ähnliche Regelungen.

12 Hinzuweisen ist ferner auf **§ 412 Abs. 2 AO**, wonach für die Vollstreckung von Bescheiden der Finanzbehörden in Bußgeldverfahren abweichend von §§ 90 Abs. 1 und 4, 108 Abs. 2 OWiG die Vorschriften des Sechsten Teils der AO gelten.

## C. Wesen der Vollstreckung

13 Vollstreckung ist Verwirklichung von Steueransprüchen oder einem bestimmten Tun, Dulden oder Unterlassen durch **Verwaltungszwang**. Der Verwaltungszwang ist Ausfluss der hoheitlichen Staatsgewalt und bedarf zu seiner Rechtfertigung in jedem Fall einer besonderen gesetzlichen Verankerung. Die Arten und die Durchführung der Vollstreckungshandlungen, die den Finanzbehörden nach §§ 249 ff. AO eröffnet sind, sind zum großen Teil den Vorschriften der ZPO über die Zwangsvollstreckung entliehen bzw. angepasst; häufig wird ergänzend auf einschlägige Bestimmungen der ZPO verwiesen (s. insbes. §§ 262 bis 266 AO).

14 Gegenüber dem **Vollstreckungsverfahren der ZPO** bestehen jedoch wesentliche Unterschiede. Zuallererst ist die Tatsache zu nennen, dass sich der Steuergläubiger, genauer die mit der Verwaltung der Abgabe betraute Finanzbehörde, wegen seiner Ansprüche – anders als es die ZPO kennt – selbst befriedigt (s. BFH v. 22.10.2002, VII R 56/00, BStBl II 2003, 109). Die allgemeinen Vollstreckungsvoraussetzungen der ZPO, Titel, Klausel, Zustellung sind allenfalls in modifizierter Form auszumachen. Vergleichbar dem Titel, ist für die Vollstreckung von steuerrechtlichen Ansprüchen ein den Anspruch festsetzender Verwaltungsakt erforderlich, im Regelfall der Steuerbescheid. Eine dem § 757 vergleichbare Pflicht, den Titel vorzulegen, besteht nicht; der Verlust der Steuerakten steht der Vollstreckung somit nicht entgegen (BFH v. 30.01.2009, VII B 235/08, BFH/NV 2009, 1077). Wirksam wird der Titel »Verwaltungsakt« mit seiner Bekanntgabe (§ 124 Abs. 1 AO). Auch wenn die Finanzbehörde bei der Vollstreckung ausnahmsweise der Mitwirkung eines Gerichtes bedarf bzw. die Durchführung von Vollstreckungsmaßnahmen dem Gericht übertragen ist (s. § 322 AO; Vollstreckung in das unbewegliche Vermögen), bleiben die nach der ZPO für die Zwangsvollstreckung erforderlichen Voraussetzungen weiterhin entbehrlich. Als besondere Zwangsvollstreckungsvoraussetzung verlangt § 254 Abs. 1 AO aber die förmliche Aufforderung an den Verpflichteten zur Leistung, Duldung oder Unterlassung, das Leistungsgebot. Dieses Leistungsgebot ist ein selbstständiger Verwaltungsakt. Es ist nur dann entbehrlich, wenn dies ausdrücklich gesetzlich bestimmt ist (s. z.B. § 254 Abs. 1 Satz 4, Abs. 2 AO).

**Gegen den Bund oder ein Land** ist die Vollstreckung gem. § 255 Abs. 1 Satz 1 AO nicht zulässig; gegen juristische Personen des öffentlichen Rechts, die der Staatsaufsicht unterliegen, mit Ausnahme der öffentlich-rechtlichen Kreditinstitute, nur mit Zustimmung der betreffenden Aufsichtsbehörde (§ 255 Abs. 1 Satz 2, Abs. 2 AO). 15

Wegen einer **rechtsgeschäftlich** übernommenen Verpflichtung, die Steuer eines anderen zu bezahlen oder dafür einzustehen, sei es als Bürge, sei es als Selbstschuldner, kommt die Durchführung des Vollstreckungsverfahrens nach dem Sechsten Teil der AO nicht in Betracht. Hier muss die Finanzbehörde den ordentlichen Rechtsweg beschreiten (§ 192 AO). 16

Mit der Besonderheit, dass der Steuergläubiger – im Unterschied zu sonstigen Gläubigern – seine Ansprüche selbst zwangsweise durchsetzen kann, ist eine weitere **Vorzugsstellung** verbunden. Während ein gewöhnlicher Gläubiger, der nicht zu seinem Geld kommt, auf kostspielige Auspfändung angewiesen ist, hat der Steuergläubiger **die Befugnis, die Vermögens- und Einkommensverhältnisse des Stpfl. zu ermitteln** und kann nach dem Ergebnis dieser Ermittlungen mit der Beitreibung vorgehen. Zu diesem Zweck gewährt § 249 Abs. 2 AO der Finanzbehörde im Vollstreckungsverfahren dieselben Befugnisse, die ihr auch sonst gem. §§ 85 ff. AO im Steuerermittlungsverfahren zustehen. Darüber hinaus kann die Finanzbehörde die Erteilung einer Vermögensauskunft und dessen eidesstattliche Versicherung verlangen 17

(§ 284 AO). Das Amtsgericht wird nur beteiligt, wenn der Stpfl. ohne ausreichende Entschuldigung in dem zur Abgabe der eidesstattlichen Versicherung anberaumten Termin vor der Finanzbehörde nicht erschienen ist oder ohne Grund die Vorlage des Vermögensverzeichnisses oder die Abgabe der eidesstattlichen Versicherung verweigert (§ 284 Abs. 8 AO).

18 Andererseits besteht für die Finanzbehörden aus dem rechtsstaatlich allgemein geltenden **Grundsatz der Verhältnismäßigkeit** eine über das zivilprozessuale Vollstreckungsrecht hinausgehende **Schonungspflicht** (Rücksichtnahme auf persönliche Verhältnisse des Vollstreckungsschuldners). Das FA muss bei gleicher Eignung das für den Vollstreckungsschuldner am wenigsten lästige Mittel wählen (s. *Kruse* in Tipke/Kruse, § 249 AO Rz. 13 ff.; FG Hessen v. 23.10.2013, 1 V 1941/13, juris; s. § 309 AO Rz. 4 ff.).

19 Auf die **Interessen Dritter** hat das FA keine Rücksicht zu nehmen. Allgemein gilt, dass kein Vollstreckungsgläubiger bei der Durchsetzung seiner Ansprüche auf die Belange eines anderen Vollstreckungsgläubigers in der Weise Rücksicht nehmen muss, dass er von der Geltendmachung seiner Forderungen absieht oder diese in der Höhe beschränkt. Dabei kommt es nicht darauf an, ob Privatleute untereinander oder mit der öffentlichen Hand in Gläubigerkonkurrenz stehen. Es gilt insoweit das Prinzip der Waffengleichheit (BFH v. 02.08.2001, VII B 317/00, BFH/NV 2001, 1535).

## Erster Abschnitt:
## Allgemeine Vorschriften

## § 249 AO
## Vollstreckungsbehörden

**(1) Die Finanzbehörden können Verwaltungsakte, mit denen eine Geldleistung, eine sonstige Handlung, eine Duldung oder Unterlassung gefordert wird, im Verwaltungsweg vollstrecken. Dies gilt auch für Steueranmeldungen (§ 168). Vollstreckungsbehörden sind die Finanzämter und die Hauptzollämter sowie die Landesfinanzbehörden, denen durch eine Rechtsverordnung nach § 17 Abs. 2 Satz 3 Nummer 3 des Finanzverwaltungsgesetzes die landesweite Zuständigkeit für Kassengeschäfte und das Erhebungsverfahren einschließlich der Vollstreckung übertragen ist; § 328 Abs. 1 Satz 3 bleibt unberührt.**

**(2) Zur Vorbereitung der Vollstreckung können die Finanzbehörden die Vermögens- und Einkommensverhältnisse des Vollstreckungsschuldners ermitteln. Die Finanzbehörde darf ihr bekannte, nach § 30 geschützte Daten, die sie bei der Vollstreckung wegen Steuern und steuerlicher Nebenleistungen verwenden darf, auch bei der Vollstreckung wegen anderer Geldleistungen als Steuern und steuerliche Nebenleistungen verwenden.**

**Inhaltsübersicht**



### A. Bedeutung der Vorschrift

Die **Überschrift** der Vorschrift ist **irreführend**. Allein § 249 Abs. 1 Satz 3 AO befasst sich mit dem Begriff der Vollstreckungsbehörden. § 249 Abs. 1 Sätze 1 und 2 AO ordnen an, aus welchen Verwaltungsakten im Verwaltungsweg vollstreckt werden kann. § 249 Abs. 2 AO betrifft die Ermittlungsbefugnisse der Finanzbehörden in ihrer Eigenschaft als Vollstreckungsbehörden sowie die Verwendung bekannter Daten bei der Vollstreckung wegen außersteuerlicher Geldleistungen. 1

Die §§ 249 ff. AO gelten auch für die Vollstreckung aus zollrechtlichen Abgabenbescheiden der inländischen Finanzbehörden (s. Art. 113 UZK). 2

### B. Vollstreckbare Verwaltungsakte (§ 249 Abs. 1 Satz 1 AO)

Gemäß § 249 Abs. 1 Satz 1 AO »können« Verwaltungsakte vollstreckt werden. Hierbei handelt es sich nach zutreffender Auffassung nicht um eine Ermessensentscheidung darüber, ob mit der Vollstreckung begonnen wird, denn § 85 AO verpflichtet die Finanzämter, die Steuern nach Maßgabe der Gesetze gleichmäßig festzusetzen und zu erheben. Dazu zählt auch die Pflicht, die Steuern beizutreiben, wenn sie nicht freiwillig gezahlt werden. Allerdings eröffnet § 249 Abs. 1 Satz 1 AO den Vollstreckungsbehörden eine Ermessensentscheidung über die Auswahl der Vollstreckungsmaßnahmen (*Werth* in Klein, § 249 AO Rz. 2; *Kruse* in Tipke/Kruse, § 249 AO Rz. 13; offenlassend BFH v. 22.10.2002, VII R 56/00, BStBl II 2003, 109). 3

Für die Zulässigkeit von Vollstreckungsmaßnahmen verlangt § 249 Abs. 1 Satz 1 AO einen **Verwaltungsakt**, der **wirksam** ist (BFH v. 22.10.2002, VII R 56/00, BStBl II 2003, 109). Einen Sonderfall regelt § 251 Abs. 2 Satz 2 AO (s. § 251 AO Rz. 4). Der zu vollstreckende Verwaltungsakt muss von dem Verpflichteten eine Geldleistung (z. B. 4

Steuer, steuerliche Nebenleistung, Haftungsbetrag), eine sonstige Handlung (z.B. Steuererklärung, Auskunft), eine Duldung oder Unterlassung (z.B. i.S. des § 76 Abs. 3 Satz 2 AO) fordern. Pfändungsmaßnahmen, die aufgrund eines nicht wirksam bekannt gegebenen Steuerbescheids und somit ohne wirksamen Vollstreckungstitel und Leistungsgebot ergehen, sind (anfechtbar) rechtswidrig, sie sind nicht nichtig (BFH v. 22.10.2002, VII R 56/00, BStBl II 2003, 109). Im Vollstreckungsverfahren nach der AO besteht keine § 757 ZPO vergleichbare Pflicht zur Vorlage des Vollstreckungstitels (BFH v. 30.01.2009, VII B 235/08, BFH/NV 2009, 1077).

5 Nach § 249 Abs. 1 Satz 2 AO können auch Steueranmeldungen (§ 168 AO) im Verwaltungsweg vollstreckt werden.

## C. Vollstreckungsbehörden (§ 249 Abs. 1 Satz 3 AO)

6 § 249 Abs. 1 Satz 3 AO überträgt im Wesentlichen den **Finanzämtern und Hauptzollämtern** die Durchführung der Vollstreckung im Verwaltungswege bezüglich aller auf Geldleistung gerichteter Verwaltungsakte. Wegen der Aufgaben der Vollstreckungsbehörden im Einzelnen s. auch Abschn. 20 ff. VollstrA. Die HZA sind auch die zuständigen Vollstreckungsbehörden für öffentlich-rechtliche Rückforderungen der Bundesagentur für Arbeit und der Landesagenturen aus dem Bereich der Arbeitsförderung nach dem SGB III (BFH v. 20.07.2000, VII B 12/00, BFH/NV 2001, 144).

7 Verwaltungsakte, die auf Vornahme einer Handlung, Duldung oder Unterlassung gerichtet sind, werden von den Behörden durchgesetzt, die den Verwaltungsakt erlassen haben (§ 328 Abs. 1 Satz 3 AO).

## D. Ermittlungsbefugnisse (§ 249 Abs. 2 Satz 1 AO)

8 Den Finanzämtern und Hauptzollämtern als Vollstreckungsbehörden steht die Befugnis zu, zur **Vorbereitung der Vollstreckung** die Vermögens- und Einkommensverhältnisse des Vollstreckungsschuldners (§ 253 AO) zu ermitteln. Systematisch ist die von § 249 Abs. 2 AO geregelte Tätigkeit noch kein Teil der Vollstreckung selbst, sondern hat eigenständigen Charakter (BFH v. 12.12.2001, VII B 318/00, BFH/NV 2002, 627).

9 Durch die Ermittlungsbefugnisse wird den mit der Vollstreckung befassten Finanzbehörden die Durchführung des Vollstreckungsverfahrens **erheblich erleichtert**. Sie brauchen die Vollstreckungsmöglichkeiten nicht erst auf dem Umweg über eine »Auspfändung« zu erkunden und werden sich auch häufig ersparen können, den Vollstreckungsschuldner über § 284 AO zu einer Offenlegung seiner Vermögensverhältnisse zu zwingen. Das Verlangen nach Abgabe einer Vermögensauskunft ist nicht Teil der Befugnisse aus § 249 Abs. 1 Satz 1 AO. Andererseits kann der Vollstreckungsschuldner Auskunft über seine Vermögensverhältnisse nicht mit der Begründung verweigern, er habe bereits eine Vermögensauskunft abgegeben und die tatbestandlichen Voraussetzungen des § 284 Abs. 4 Satz 1 AO vor Ablauf der Sperrfrist von 2 Jahren seien nicht erfüllt.

Angesprochen sind dieselben **Befugnisse**, die der Finanzbehörde auch sonst nach den §§ 85 ff. AO im Steuerermittlungsverfahren zustehen. Dritte können unter der Voraussetzung des § 93 AO zur Auskunft bzw. nach § 97 AO zur Urkundenvorlage herangezogen werden (BFH v. 30.03.1989, VII R 89/88, BStBl II 1989, 537; BFH v. 22.02.2000, VII R 73/98, BStBl II 2000, 366). 10

## E. Vollstreckung nichtsteuerlicher Forderungen (§ 249 Abs. 2 Satz 2 AO)

Gemäß § 249 Abs. 2 Satz 2 AO darf die Finanzbehörde ihr bekannte, dem **Steuergeheimnis** unterfallende Daten, die sie bei der Vollstreckung wegen Steuern und steuerlichen Nebenleistungen verwenden darf, auch bei der Vollstreckung außersteuerlicher Rückstände verwenden. Die in § 249 Abs. 2 Satz 1 AO bezeichneten Ermittlungsbefugnisse stehen den Finanzbehörden in solchen Fällen nicht zu. Sie dürfen nur ihnen bekannte Daten verwenden (d.h. – in der Sprache des § 30 AO – verwerten). Die Vorschrift ist eine durch Gesetz ausdrücklich zugelassene Verwertung durch das Steuergeheimnis geschützter Daten i.S. des § 30 Abs. 4 Nr. 2 AO. 11

# § 250 AO Vollstreckungsersuchen

**(1) Soweit eine Vollstreckungsbehörde auf Ersuchen einer anderen Vollstreckungsbehörde Vollstreckungsmaßnahmen ausführt, tritt sie an die Stelle der anderen Vollstreckungsbehörde. Für die Vollstreckbarkeit des Anspruchs bleibt die ersuchende Vollstreckungsbehörde verantwortlich.**

**(2) Hält sich die ersuchte Vollstreckungsbehörde für unzuständig oder hält sie die Handlung, um die sie ersucht worden ist, für unzulässig, so teilt sie ihre Bedenken der ersuchenden Vollstreckungsbehörde mit. Besteht diese auf der Ausführung des Ersuchens und lehnt die ersuchte Vollstreckungsbehörde die Ausführung ab, so entscheidet die Aufsichtsbehörde der ersuchten Vollstreckungsbehörde.**

**Inhaltsübersicht**



**Schrifttum**

Knobbout/Bruijn/Reiffs, Gegenseitige Amtshilfe bei der Beitreibung von Steueransprüchen zwischen den Niederlanden und Deutschland, IWB Fach 5, Gruppe 2, 297 (15/2000).

## A. Vollstreckungsersuchen (§ 250 Abs. 1 AO)

1 Wird die Ausführung von Vollstreckungsmaßnahmen außerhalb der örtlichen Zuständigkeit der Vollstreckungsbehörde erforderlich, so ist die örtlich zuständige Vollstreckungsbehörde um die Durchführung zu ersuchen. Das gleiche gilt für Maßnahmen, die nicht Vollstreckungshandlungen sind, aber mit der Vollstreckung in Zusammenhang stehen. Das Vollstreckungsersuchen ist ein **besonderer Fall der Amtshilfe**. Die Vorschriften über die »allgemeine« Amtshilfe (§§ 111 bis 117 AO), insbesondere auch die durch § 112 AO normierten Voraussetzungen für ein Ersuchen werden von § 250 AO nicht verdrängt, sondern ergänzt bzw. modifiziert.

2 § 250 Abs. 1 Satz 2 AO wiederholt den in § 114 Abs. 1 AO enthaltenen Grundsatz, wonach die Zulässigkeit der Maßnahme, die durch die Amtshilfe verwirklicht werden soll, von der ersuchenden Behörde verantwortet werden muss. Die Verantwortungsverteilung gilt jedoch nur im **Innenverhältnis** zwischen den Behörden und schließt nicht aus, dass sich der Vollstreckungsbetroffene der vollstreckenden (ersuchten) Behörde gegenüber auf das Fehlen der Vollstreckungsvoraussetzungen (z. B. Fehlen des Leistungsgebots) beruft (BFH v. 04.07.1986, VII B 151/85, BStBl II 1986, 731). S. auch Abschn. 8, 9 VollstrA.

## B. Meinungsverschiedenheiten (§ 250 Abs. 2 AO)

3 Bei Meinungsverschiedenheiten über die Zuständigkeit der ersuchten Behörde oder Zulässigkeit der Vollstreckungsmaßnahme entscheidet – abweichend von § 112 Abs. 5 Satz 2 AO – stets die Aufsichtsbehörde der ersuchten Vollstreckungsbehörde.

## C. Zwischenstaatliche Vollstreckungshilfe (§ 117 AO)

4 Zwischenstaatliche Vollstreckungshilfe kann aufgrund innerstaatlich anwendbarer völkerrechtlicher Vereinbarungen, innerstaatlich anwendbarer Rechtsakte der Europäischen Gemeinschaften sowie des EG-Amtshilfe-Gesetzes (§ 117 Abs. 2 AO) nach Maßgabe des § 117 Abs. 3 AO gewährt werden (s. § 117 AO Rz. 9 ff.).

### I. Völkerrechtliche Verträge

Gegenseitige völkerrechtliche Vereinbarungen, die innerstaatlich aufgrund **Zustimmungsgesetzes** (Art. 59 Abs. 2 GG) anwendbar sind und die sich auf die Vollstreckung erstrecken, bestehen für direkte Steuern mit Belgien, Dänemark, Finnland, Frankreich, Italien, Kanada, Luxemburg, den Niederlanden, Norwegen, Österreich und Schweden, für Zölle mit Finnland, Norwegen, Österreich und Schweden. Dem (schriftlichen) Vollstreckungshilfeersuchen sind beglaubigte Ausfertigung des Vollstreckungstitels bzw. zusätzlich oder allein andere Urkunden, die nach den Gesetzen des ersuchenden Staates erforderlich sind, beizufügen, ohne dass dies die Verantwortlichkeit der ersuchenden Behörde für die Vollstreckungsvoraussetzungen tangiert. Die ersuchte Behörde vollstreckt nach den für sie geltenden Vorschriften (Leistungsgebot erforderlich!). Zu Billigkeitsmaßnahmen mit Ausnahme des Vollstreckungsaufschubs (§ 258 AO) ist die ersuchte deutsche Finanzbehörde nicht ermächtigt. 5

### II. EU-Beitreibungsgesetz

Im Verhältnis zu den Mitgliedstaaten der Europäischen Gemeinschaften gilt außer den völkerrechtlichen Abkommen seit dem 01.01.2012 das EU-Beitreibungsgesetz (EU-BeitrG), das die EU-Beitreibungsrichtlinie in deutsches Recht umsetzt und das überholte EG-Beitreibungsgesetz ablöst (BeitrRUmsG v. 13.12.2011, BGBl I 2011, 2592). Das EU-BeitrG regelt die Einzelheiten der Amtshilfe zwischen Deutschland und den anderen EU-Mitgliedstaaten zur Geltendmachung von Steuerforderungen und Abgaben (Art. 1 § 1 EU-BeitrG). Mit dem EU-BeitrG wird zugleich ein einheitlicher Vollstreckungstitel eingeführt, der für die Vollstreckungsbehörden der Mitgliedstaaten ohne vorherige nationale Anerkennung unmittelbar Vollstreckungsgrundlage ist (Art. 1 §§ 9 Abs. 1, 10 Abs. 3 EU-BeitrG; im Einzelnen s. *Seer* in Tipke/Kruse, § 250 AO Rz. 25 f.). Noch unter Geltung des EG-Beitreibungsgesetzes hat der BFH entschieden, dass ein per E-Mail übermitteltes Beitreibungsersuchen zulässig ist und der Fiskus grundsätzlich nicht gehindert ist, zur Vollstreckung aus einem Beitreibungsersuchen weitergehende Amtshilfe zu leisten, als in der BeitrRL vorgesehen (BFH v. 11.12.2012, VII R 70/11, BStBl II 2013, 475). 6

## § 251 AO Vollstreckbare Verwaltungsakte

**(1) Verwaltungsakte können vollstreckt werden, soweit nicht ihre Vollziehung ausgesetzt oder die Vollziehung durch Einlegung eines Rechtsbehelfs gehemmt ist (§ 361; § 69 der Finanzgerichtsordnung). Einfuhr- und Ausfuhrabgabenbescheide können außerdem nur vollstreckt werden, soweit die Verpflichtung des Zollschuldners zur Abgabenentrichtung nicht ausgesetzt ist (Artikel 222 Abs. 2 des Zollkodexes [ab 01.05.2016 Art. 108 Abs. 3 des Zollkodex der Union]).**

**(2) Unberührt bleiben die Vorschriften der Insolvenzordnung sowie § 79 Abs. 2 des Gesetzes über das Bundesverfassungsgericht. Die Finanzbehörde ist berechtigt, in den Fällen des § 200 Abs. 2, §§ 257 und 308 Abs. 1 der Insolvenzordnung gegen den Schuldner im Verwaltungswege zu vollstrecken.**

**(3) Macht die Finanzbehörde im Insolvenzverfahren einen Anspruch aus dem Steuerschuldverhältnis als Insolvenzforderung geltend, so stellt sie erforderlichenfalls die Insolvenzforderung durch schriftlichen Verwaltungsakt fest.**

### Inhaltsübersicht



### Schrifttum


Bartone, Insolvenz des Abgabenschuldners, 2000; Bartone, Auswirkungen des Insolvenzverfahrens auf das Zwangsvollstreckungsverfahren nach der AO, AO-StB 2002, 66; Carlé, Einleitung des Insolvenzverfahrens durch die Finanzverwaltung – Effektiver Rechtsschutz in einer schwierigen Lage, AO-StB 2002, 428; Waza, Steuerverfahrensrechtliche Problemfelder in der Insolvenz, NWB Fach 2, 8237 (43/2003); Bartone, Verfahrensrechtliche Fragen beim Insolvenzverfahren, AO-StB 2004, 142; Bartone, Vollstreckungsrecht und Insolvenzrecht im Spannungsverhältnis, AO-StB 2004, 194; Bartone, Der Erlass von Ansprüchen aus dem Steuerschuldverhältnis in der Insolvenz, AO-StB 2005, 155; Werth, Die Restschuldbefreiung nach der Insolvenzordnung, AO-StB 2006, 264; Bartone, Auswirkungen des Insolvenzverfahrens auf das finanzgerichtliche Verfahren, AO-StB 2007, 49; Loose, Wiederaufnahme durch Insolvenzeröffnung unterbrochener Verfahren, AO-StB 2007, 101; Werth, Die Aufrechnung von steuerlichen Erstattungsansprüchen im Insolvenzverfahren, AO-StB 2007, 70; Werth, Rechtsschutz gegen Insolvenzanträge des Finanzamts, AO-StB 2007, 210; Carlé, Insolvenzantrag durch das FA, AO-StB 2010, 248; Wenzler, Existenzgefährdende Insolvenzanträge des FA, AO-StB 2010, 311; Uhländer, Steuern als Masseverbindlichkeiten i. S. des § 55 Abs. 4 InsO, AO-StB 2011, 84; Kelterborn, Der außergerichtliche Schuldenbereinigungsplan mit dem Finanzamt, AO-StB 2015, 331 und 362; Bruschke, Die verfahrensrechtliche Stellung des Insolvenzverwalters und die dadurch bedingten Haftungsfolgen, AO-StB 2016, 80.


### A. Bedeutung der Vorschrift

1 Die Vorschrift stellt in Absatz 1 klar, dass Verwaltungsakte **ohne Rücksicht auf ihre Bestandskraft grundsätzlich vollstreckbar** sind. In den folgenden Absätzen weist die Vorschrift auf die Vollstreckungssperre nach § 79 Abs. 2 BVerfGG hin (§ 251 Abs. 2 Satz 1 AO) und regelt die Zulässigkeit der Vollstreckung im und nach Abschluss des Insolvenzverfahrens (§ 251 Abs. 2 Satz 1 und Abs. 3 AO).

### B. Vollstreckbare Verwaltungsakte (§ 251 Abs. 1 AO)

2 § 249 Abs. 1 AO bestimmt die Vollstreckbarkeitsvoraussetzungen. Die nach § 249 Abs. 1 Satz 1 und 2 AO grundsätzlich vollstreckbaren Verwaltungsakte können zwar ohne Rücksicht auf ihre formelle Bestandskraft durchgesetzt werden, jedoch nur dann, wenn die Zulässigkeit ihrer Verwirklichung nicht durch besondere Maßnahmen eingeschränkt oder ausgeschlossen ist. Daher muss die Vollstreckung eines Verwaltungsakts unterbleiben, wenn und soweit die **Vollziehung** des Verwaltungsakts **ausgesetzt** (§ 361 Abs. 2 Satz 1 AO, § 69 Abs. 3 Satz 1 FGO; für Einfuhr- und Ausfuhrabgabenbescheide s. Art. 108 Abs. 3 UZK) oder durch die bloße Einlegung eines Rechtsbehelfs gem. § 361 Abs. 4 Satz 1 AO bzw. § 69 Abs. 5 Satz 1 FGO gehemmt ist. Allerdings entfällt die Vollstreckbarkeit nicht bereits mit der Antragstellung, sondern erst mit der Gewährung der Aussetzung der Vollziehung (BFH v. 27.10.2004, VII R 65/03, BStBl II 2005, 198).

3 Unerwähnt lässt § 251 Abs. 1 AO **Stundung** (§ 222 AO) und **Zahlungsaufschub** (§ 223 AO). Auch in diesen Fällen ist der Schuldner, solange die genannten Maßnahmen wirken, nicht zur Leistung verpflichtet und daher die Finanzbehörde nicht zur Erzwingung der Leistung im Vollstreckungswege berechtigt. Wegen der Konsequenzen einer nach Vornahme von Vollstreckungsmaßnahmen angeordneten Aussetzung der Vollziehung bzw. gewährten Stundung s. § 257 AO.

## C. Vollstreckungssperre nach § 79 Abs. 2 BVerfGG (§ 251 Abs. 2 Satz 1 AO)

4 § 79 Abs. 2 BVerfGG verbietet die Vollstreckung aus unanfechtbaren Verwaltungsakten, wenn die diesen zugrunde liegende Rechtsnorm vom BVerfG für nichtig erklärt worden ist, oder – über den Wortlaut von § 79 hinaus – das BVerfG ihre Unvereinbarkeit mit dem Grundgesetz festgestellt hat (BFH v. 18.10.1994, VII R 20/94, BStBl II 1995, 42). Hat das BVerfG demgegenüber zwar die Verfassungswidrigkeit einer Norm festgestellt, für eine Übergangszeit aber ihre Anwendbarkeit erklärt, resultiert aus der Verfassungswidrigkeit folgerichtig auch kein Vollstreckungsverbot (BFH v. 07.11.1995, VII B 5/95, BFH/NV 1996, 284).

## D. Besteuerung im Insolvenzverfahren

### I. Allgemeines

5 Die InsO ist seit dem 01.01.1999 in Kraft. In Ergänzung des alten Grundsatzes »Konkursrecht vor Steuerrecht« gilt nunmehr auch der Satz **»Insolvenzrecht vor Steuerrecht«** (BFH v. 17.12.1998, VII R 47/98, BStBl II 1999, 423; BFH v. 12.12.2003, VII B 265, 01, BFH/NV 2004, 464; BFH v. 24.02.2015, VII R 27/14, BStBl II 2015, 993). Zweck der InsO ist die möglichst gerechte Befriedigung aller Gläubiger (§ 1 InsO).

6 Zur Behandlung von Steueransprüchen im Insolvenzverfahren durch die Finanzverwaltung s. die Hinweise in Abschn. 57 bis 64 VollstrA; zur Behandlung von Ansprüchen aus dem Steuerschuldverhältnis im Insolvenzverfahren s. AEAO zu § 251 i.d.F. des BMF-Schreibens v. 07.08.2017, BStBl I 2017, 1271.

### II. Antrag auf Eröffnung des Insolvenzverfahrens

7 Ein Antrag auf Eröffnung des Insolvenzverfahrens kann gestellt werden, wenn die Voraussetzungen für die Einzelzwangsvollstreckung vorliegen und ein **Insolvenzgrund glaubhaft** gemacht wird. Insolvenzgründe sind die Zahlungsunfähigkeit (§ 17 InsO), die drohende Zahlungsunfähigkeit (§ 18 InsO) – in diesem Fall ist aber nur der Schuldner antragsbefugt – und – bei juristischen Personen – die Überschuldung (§ 19 InsO; AEAO zu § 251, Nr. 2).

8 Als Gläubiger des Steuerschuldners ist grundsätzlich auch der Fiskus befugt, einen **Insolvenzantrag** zu stellen (§ 13 Abs. 1 Satz 2 InsO). Das FA trifft die Entscheidung über den Antrag – wie bei allen Vollstreckungsmaßnahmen – nach **pflichtgemäßem Ermessen** (§ 5 AO; BFH v. 12.12.2005, VII R 63/04, BFH/NV 2006, 900; BFH v. 25.02.2011, VII B 226/10, BFH/NV 2011, 1017; BFH v. 14.05.2013, VII R 36/12, BFH/NV 2013, 1905). Wegen der gravierenden Folgen ist hierbei jedoch eine **besonders gründliche Würdigung** aller maßgebenden Umstände geboten. Bei leicht überschaubaren Vermögensverhältnissen und entsprechenden Vollstreckungsmöglichkeiten gebietet der Grundsatz der Verhältnismäßigkeit, dass das FA vorrangig die Einzelzwangsvollstreckung betreibt. Im Übrigen muss die Höhe des zu vollstreckenden Steueranspruchs in einem angemessenen Verhältnis zu den wirtschaftlichen Folgen der Eröffnung des Insolvenzverfahrens stehen (*Loose* in Tipke/Kruse, § 251 AO Rz. 19; *Jatzke* in HHSp, § 251 AO Rz. 96 ff.; *Carlé*, AO-StB 2002, 428, 431 jeweils m.w.N.).

Anders als im Zivilrecht ist der **volle Beweis für das Bestehen der Insolvenzforderung auch dann nicht erforderlich**, wenn das FA der einzige Gläubiger des Vollstreckungsschuldners ist. Zudem bedarf es für die Ermessensentscheidung des FA, einen Insolvenzantrag zu stellen, keiner positiven Anhaltspunkte dafür, dass eine die Kosten deckende Insolvenzmasse vorhanden ist. Es darf für das FA nur nicht feststehen, dass eine die Kosten deckende Insolvenzmasse nicht vorhanden ist, da in einem solchen Fall der Antrag auf Eröffnung des Insolvenzverfahrens nur der Existenzvernichtung des Steuerschuldners dienen würde (BFH v. 12.12.2003, VII B 265/01, BFH/NV 2004, 464; BFH v. 01.02.2005, VII B 180/04, BFH/NV 2005, 1002; BFH v. 12.12.2005, VII R 63/04, BFH/NV 2006, 900). 9

Den Antrag stellt die **zuständige Vollstreckungsstelle.** Einer Zustimmung durch die OFD (so noch Abschn. 60 VollstrA a.F. zur Rechtslage vor Inkrafttreten der InsO) bedarf es hierfür nicht mehr (Abschn. 58 Abs. 3 VollstrA seit der Vierten Allgemeinen Verwaltungsvorschrift zur Änderung der Vollstreckungsanweisung v. 18.09.2001, BStBl I 2001, 605; s. auch *Carlé*, AO-StB 2002, 428, 430). 10

Aufgrund fehlender Regelung ist der Antrag auf Eröffnung des Insolvenzverfahrens **kein Verwaltungsakt** (BFH v. 25.02.2011, VII B 226/10, BFH/NV 2011, 1017; BFH v. 28.02.2011, VII B 224/10, BFH/NV 2011, 763; BFH v. 31.08.2011, VII B 59/11, BFH/NV 2011, 2105; *Levedag* in Gräber, Vor § 40 FGO Rz. 51; *Loose* in Tipke/Kruse, § 251 AO Rz. 18; *Jatzke* in HHSp, § 251 AO Rz. 96 ff., 101; a.A. *Werth* in Klein, § 251 AO Rz. 11), diese trifft erst das Insolvenzgericht (*Carlé*, AO-StB 2002, 428, 430). Gegen den Antrag kann sich der Steuerschuldner demnach nicht mit dem Einspruch, der Anfechtungsklage und im vorläufigen Rechtsschutz mit der Aussetzung der Vollziehung zur Wehr setzen, sondern nur mit der **Leistungsklage** an das FG (§ 40 Abs. 1 a.E. FGO) und im vorläufigen Rechtsschutz mit der **einstweiligen Anordnung** (§ 114 FGO; BFH v. 12.08.2011, VII B 159/10, BFH/NV 2011, 2104; FG Hessen v. 25.04.2013, 1 V 495/13, juris; AEAO zu § 251, Nr. 2.3; *Bartone*, AO-StB 2004, 194). Mit Ergehen des Eröffnungsbeschlusses durch das Insolvenzgericht werden die Klage bzw. der Antrag auf einstweilige 11

Anordnung allerdings unzulässig, weil die Finanzverwaltung nur bis zu diesem Zeitpunkt den Antrag auf Eröffnung des Insolvenzverfahrens zurücknehmen kann (BFH v. 25.02.2011, VII B 226/10, BFH/NV 2011, 1017).

### III. Folgen der Eröffnung für die Geltendmachung von Steueransprüchen

12 Mit der Eröffnung eines Insolvenzverfahrens sind Vollstreckungsmaßnahmen eines einzelnen Gläubigers gegen den Schuldner **nicht mehr zulässig. Einzelzwangsvollstreckungsmaßnahmen** sind während der Dauer des Insolvenzverfahrens weder in die Insolvenzmasse noch in das sonstige Vermögen des Schuldners zulässig (§ 89 InsO).

13 Darüber hinaus wird die **Sicherung eines Insolvenzgläubigers unwirksam**, wenn er die Sicherung an dem zur Insolvenzmasse gehörenden Vermögen – erst – im letzten Monat – in den Fällen der Verbraucherinsolvenz nach § 304 InsO in den letzten drei Monaten – vor dem Antrag auf Eröffnung des Insolvenzverfahrens oder nach diesem Antrag aber vor Eröffnung erlangt hat (**§ 88 InsO; sog. Rückschlagsperre**).

14 Dementsprechend hat die Eröffnung des Insolvenzverfahrens auch für die Geltendmachung von Steueransprüchen **gravierende Folgen**. Zu beachten ist indes, dass je nach rechtlicher Einordnung des Steueranspruchs sehr **unterschiedliche Rechtsfolgen** bestehen. Zu unterscheiden ist zwischen insolvenzfreien Forderungen, Masseverbindlichkeiten, aufschiebend bedingten Masseverbindlichkeiten – nach Einführung des § 55 Abs. 4 InsO – Steueransprüchen, für die eine abgesonderte Befriedigung möglich ist, Steueransprüchen, die gegen eine zur Insolvenzmasse gehörende Forderung aufgerechnet werden können, Insolvenzforderungen und nachrangige Insolvenzforderungen. Die Abgrenzung richtet sich nach dem Zeitpunkt der insolvenzrechtlichen Begründung. Auf die steuerliche Entstehung der Forderung und deren Fälligkeit kommt es nicht an (BFH v. 24.08.2011, V R 53/09, BStBl II 2012, 256).

15 **Insolvenzfreie Forderungen** sind Steueransprüche, **die der (Gemein)Schuldner nach der Insolvenzeröffnung begründet**. Derartige Forderungen resultieren aus nicht massebezogenen Tätigkeiten oder Rechtsgeschäften des Schuldners nach der Insolvenzeröffnung. Sie sind außerhalb des Insolvenzverfahrens gegenüber dem Schuldner geltend zu machen (BFH v. 16.07.2015, III R 32/13, BStBl II 2016, 251; BFH v. 01.06.2016, X R 26/14, BStBl II 2016, 848; *Werth* in Klein, § 251 AO Rz. 15 f.; AEAO zu § 251, Nr. 7).

16 **Masseverbindlichkeiten** (AEAO zu § 251, Nr. 6) sind

1. Verbindlichkeiten, die durch **Handlungen des Insolvenzverwalters** oder in anderer Weise durch die Verwaltung, Verwertung und Verteilung der Insolvenzmasse begründet werden, ohne zu den Kosten des Insolvenzverfahrens zu gehören,
2. Verbindlichkeiten aus gegenseitigen Verträgen, soweit deren Erfüllung zur Insolvenzmasse verlangt wird oder für die Zeit nach der Eröffnung des Insolvenzverfahrens erfolgen muss, und
3. Verbindlichkeiten aus einer ungerechtfertigten Bereicherung (BFH v. 29.01.2009, V R 64/07, BStBl II 2009, 682; BFH v. 30.04.2009, V R 1/06, BStBl II 2010, 138; BFH v. 18.05.2010, X R 60/08, BFH/NV 2010, 1685).

Sie sind vorweg zu begleichen (§ 53 InsO). Verbindlichkeiten, die von einem **starken vorläufigen Insolvenzverwalter** (s. Rz. 25) begründet worden sind, galten nach Eröffnung des Insolvenzverfahrens seit jeher als Masseverbindlichkeiten (§ 55 Abs. 2 Satz 1 InsO). Gemäß § 55 Abs. 4 InsO gelten Verbindlichkeiten aus dem Steuerschuldverhältnis, die von einem vorläufigen Insolvenzverwalter begründet worden sind, nach Eröffnung des Insolvenzverfahrens nunmehr auch dann als Masseverbindlichkeiten, wenn – wie meist – lediglich ein **schwacher vorläufiger Insolvenzverwalter** bestellt worden ist (dazu *Uhländer*, AO-StB 2011, 84 ff.; *Loose* in Tipke/Kruse, § 251 AO Rz. 70a ff.). Steuerschuldner der Masseverbindlichkeit ist der Gemeinschuldner. Vollstreckungsschuldner ist jedoch der Insolvenzverwalter. Er ist auch Adressat der Steuerfestsetzung, mit der das FA den Steueranspruch festsetzt (BFH v. 24.08.2011, V R 53/09, BStBl II 2012, 256; BFH v. 16.07.2015, III R 32/13, BStBl II 2016, 251; BFH v. 01.06.2016, X R 26/14, BStBl II 2016, 848; *Loose* in Tipke/Kruse, § 251 AO Rz. 71). Die Vollstreckung erfolgt außerhalb des Insolvenzverfahrens in die Insolvenzmasse. Es gelten die allgemeinen Vollstreckungsvorschriften gem. §§ 249 ff. AO.

**Typische Masseverbindlichkeiten** sind z. B. Umsatz- 17
steuerschulden auf Umsätze nach Eröffnung des Insolvenzverfahrens (BFH v. 30.04.2009, V R 1/06, BStBl II 2010, 138), Einkommensteuer bzw. Körperschaftsteuerschulden, die auf Einkünften aus der Verwaltung oder Verwertung der Masse beruhen, Gewerbesteuerschulden bei Weiterführung des Gewerbebetriebs durch den Insolvenzverwalter und Lohnsteuerschulden auf nach Eröffnung des Insolvenzverfahrens ausgezahlte Arbeitslöhne. Die einheitliche ESt-Schuld ist ggf. in eine Insolvenzforderung, eine Masseforderung und eine insolvenzfreie Forderung aufzuteilen (BFH v. 18.05.2010, I R 60/08, BFH/NV 2010, 1685).

Steuerforderungen, für die das FA eine **abgesonderte** 18
**Befriedigung nach §§ 49 ff. InsO** verlangen kann, sind ebenfalls denkbar. Zulässig ist eine abgesonderte Befriedigung, wenn das FA Sicherheitsleistungen durch die Bestellung bzw. Verpfändung von Grundpfandrechten, Forderungen oder beweglichen Sachen erlangt hat.

Für **Aufrechnung** gegen bestehende Erstattungs- 19
ansprüche des Gemeinschuldners sieht die InsO durch

§§ 94 ff. InsO Regelungen vor, die die auch in der Insolvenz geltenden allgemeinen Aufrechnungsregelungen gem. § 226 AO i. V. m. §§ 387 ff. BGB modifizieren (hierzu s. § 226 AO Rz. 11 bis 11f).

0 Alle übrigen Forderungen muss das FA als **Insolvenzforderungen** zur Tabelle anmelden (§§ 87, 174 ff. InsO). Einzubeziehen sind alle Forderungen, die zur Zeit der Eröffnung des Insolvenzverfahrens begründet waren. Für die Begründetheit der Steuerforderung kommt es nicht auf den steuerrechtlichen Entstehungszeitpunkt i. S. des § 38 AO an, sondern darauf, ob der **Rechtsgrund für den Anspruch bereits vor der Eröffnung gelegt wurde (§ 38 InsO**; BFH v. 18.05.2010, X R 60/08, BFH/NV 2010, 1685; BFH v. 24.08.2011, V R 53/09, BStBl II 2012, 256; BFH v. 20.09.2016, VII R 10/15, BFH/NV 2017, 442). Der die Steuerforderung begründende Tatbestand muss bereits vollständig verwirklicht, d. h. abgeschlossen sein. Wird die angemeldete Insolvenzforderung im Prüfungstermin nicht bestritten, gilt sie als festgestellt. Die **Eintragung in die Tabelle** wirkt für die festgestellten Forderungen wie ein rechtskräftiges Urteil gegenüber dem Insolvenzverwalter und allen Insolvenzgläubigern (BFH v. 06.12.2012, V R 1/12, BFH/NV 2013, 906; BFH v. 19.03.2013, II R 17/11, BStBl II 2013, 639). Widerspricht der Insolvenzverwalter oder ein Insolvenzgläubiger der angemeldeten Steuerforderung, stellt das FA die Forderung durch schriftlichen VA gem. § 251 Abs. 3 AO fest (dazu im Einzelnen s. Rz. 34 ff.; *Loose* in Tipke/Kruse, § 251 AO Rz. 67 ff.; *Jatzke* in HHSp, § 251 AO Rz. 460 ff.). Tabelleneintrag (§ 178 InsO) und Feststellungsbescheid (§ 251 Abs. 3 AO) sind unter den Voraussetzungen von § 130 Abs. 1 AO änderbar (BFH v. 24.11.2011, V R 20/10, BFH/NV 2012, 711; BFH v. 06.12.2012, V R 1/12, BFH/NV 2013, 906; BFH v. 11.12.2013, XI R 22/11, BFH/NV 2014, 598).

21 **Nachrangige Insolvenzforderungen**, die ebenfalls zur Tabelle anzumelden sind, werden im Rang nach den übrigen Forderungen der Insolvenzgläubiger berichtigt (§ 39 InsO). Darunter fallen z. B. die seit Eröffnung des Insolvenzverfahrens angefallenen Zinsen, Zwangsgelder und Säumniszuschläge.

22 Beendet wird das Insolvenzverfahren durch Aufhebung (§§ 200, 258 InsO) oder Einstellung des Verfahrens (§§ 207 ff. InsO). Nach **Beendigung des Insolvenzverfahrens** können nicht befriedigte Gläubiger ihre Forderungen wieder uneingeschränkt geltend machen (**Grundsatz unbeschränkter Nachforderung**, § 201 Abs. 1 InsO; BFH v. 12.03.1998, VII B 199/97, BFH/NV 1998, 1188; FG Sachsen v. 18.10.2013, 4 K 579/13, juris). Ausnahmen: Während der siebenjährigen Laufzeit im Verfahren der Restschuldbefreiung (§§ 201 Abs. 3, 287 Abs. 2 Satz 1, 294 Abs. 1 InsO) und nach Erteilung der Restschuldbefreiung (§ 301 InsO), nach Annahme eines Schuldenbereinigungsplans (§§ 304 ff., 308 Abs. 1 Satz 1 InsO) und durch Stundung oder Erlass von Gläubigerforderungen durch einen Insolvenzplan (§§ 255, 257 InsO; hierzu *Bartone*, AO-StB 2002, 66, 68).

## IV. Folgen der Eröffnung für Besteuerungs-, Rechtsbehelfs- und Klageverfahren

In **entsprechender Anwendung von § 240 ZPO** werden durch die Eröffnung des Insolvenzverfahrens Steuerfestsetzungsverfahren, außergerichtliche Rechtsbehelfsverfahren, Klageverfahren sowie Rechtsbehelfs- und Klagefristen – soweit Insolvenzforderungen betroffen sind – **unterbrochen** (BFH v. 24.08.2004, VIII R 14/02, BStBl II 2005, 246; für Gerichtsverfahren gilt § 155 FGO i. V. m. § 240 ZPO: BFH v. 07.03.2006, VII R 11/05, BStBl II 2006, 573; BFH v. 13.05.2009, XI R 63/07, BStBl II 2010, 11; BFH v. 16.04.2013, VII R 44/12, BStBl II 2013, 778; BFH v. 20.01.2016, II R 34/14, BStBl II 2016, 482; BFH v. 01.06.2016, X R 26/14, BStBl II 2016, 848; AEAO zu § 251, Nr. 4). 23

Nicht unterbrochen werden Steuerermittlungsverfahren, Betriebsprüfungen, Sonderprüfungen und Fahndungsprüfungen. Ebenfalls unbeeinflusst bleiben Haftungsverfahren Dritter, z. B. auch die Geschäftsführerhaftung des Gesellschaftergeschäftsführers einer insolventen Personengesellschaft nach § 69 AO. 24

Entsprechend § 240 Satz 2 ZPO tritt die Unterbrechung bereits mit der Bestellung eines vorläufigen Insolvenzverwalters ein, wenn die **Verwaltungs- und Verfügungsbefugnis** über das Vermögen des Schuldners auf einen vorläufigen Insolvenzverwalter übergegangen ist (§ 21 Abs. 2 Nr. 2 InsO i. V. m. § 22 Abs. 1 InsO; **sog. starker vorläufiger Insolvenzverwalter**). Die in der Praxis übliche Anordnung anderer Sicherungsmaßnahmen hat indes keine Unterbrechenswirkung und dies auch dann nicht, wenn ein Zustimmungsvorbehalt i. S. von § 21 Abs. 2 Nr. 2 2. Alt. InsO angeordnet ist (**sog. schwacher vorläufiger Insolvenzverwalter**). 25

Ansprüche aus einem Steuerschuldverhältnis, die gem. § 174 InsO als Insolvenzforderung zur Eintragung in die Tabelle anzumelden sind, dürfen nach Eröffnung des Insolvenzverfahrens grundsätzlich nicht mehr festgesetzt werden. Dennoch erlassene **Steuerbescheide sind unzulässig und unwirksam**. Gleiches gilt für Änderungsbescheide nach § 164 Abs. 1 Satz 1 AO und §§ 172 ff. AO zuungunsten des Insolvenzschuldners sowie für Haftungsbescheide (BFH v. 25.07.2012, I R 74/11, BFH/NV 2013, 82). In der Praxis übersendet das FA dem Insolvenzverwalter »**informatorische Bescheide**«. Hierbei handelt es sich nicht um Verwaltungsakte, sondern um Steuerberechnungen in Gestalt von Steuerbescheiden (ohne Rechtsbehelfsbelehrung), anhand derer das FA dem Insolvenzverwalter die zur Insolvenztabelle angemeldeten Steueransprüche erläutert (zum Anspruch des Insolvenzverwalters auf Erteilung eines Kontoauszugs für den In- 26 solvenzschuldner s. BFH v. 19.03.2013, II R 17/11, BStBl II 2013, 639).

27 Ebenfalls unzulässig sind Bescheide, durch die **Besteuerungsgrundlagen festgestellt oder festgesetzt** werden, die ihrerseits Auswirkungen auf die nach § 174 InsO zur Tabelle anzumeldende Steuerforderungen haben können (BFH v. 24.11.2011, V R 13/11, BStBl II 2012, 298; BFH v. 16.04.2013, VII R 44/12, BStBl II 2013, 778; BFH v. 11.12.2013, XI R 22/11, BFH/NV 2014, 598; AEAO zu § 251, Nr. 4.3). Beantragt der Insolvenzverwalter allerdings ausdrücklich die Feststellung oder Festsetzung von Besteuerungsgrundlagen – etwa weil die Feststellung vorteilhaft ist, z.B. zu einem Verlustrücktrag oder zu einer Erstattung von Vorauszahlungen führt – ist ausnahmsweise die Feststellung oder Festsetzung der Besteuerungsgrundlagen zulässig (BFH v. 18.12.2002, I R 33/01, BStBl II 2003, 630). Zulässig ist auch ein auf 0 EUR lautender KSt-Bescheid für einen Besteuerungszeitraum vor der Eröffnung des Insolvenzverfahrens (BFH v. 10.12.2008, I R 41/07, BFH/NV 2009, 719). Ebenfalls zulässig ist der Erlass eines USt-Bescheids, in den eine negative Umsatzsteuer für einen Besteuerungszeitraum vor der Eröffnung des Insolvenzverfahrens festgesetzt wird, wenn sich daraus keine Zahllast ergibt (BFH v. 13.05.2009, XI R 63/07, BStBl II 2010, 11; BFH v. 21.11.2013, V R 21/12, BFH/NV 2014, 646). Zur Zulässigkeit im Einzelnen s. § 179 AO Rz. 5.

28 Ein **unterbrochenes Einspruchsverfahren** kann der Insolvenzverwalter entsprechend § 180 Abs. 2 InsO durch Erklärung gegenüber dem FA aufnehmen. Hierbei tritt der Insolvenzverwalter in die Stellung des Einspruchsführers als Partei kraft Amtes ein. Das FA kann ein unterbrochenes Einspruchsverfahren infolge § 179 Abs. 2 InsO nicht aufnehmen, es sei denn der Insolvenzverwalter nimmt das Verfahren nicht auf. Nimmt er nicht auf, kann das FA das Verfahren von sich aus weiter betreiben (§ 180 Abs. 2 InsO i. V. m. § 185 InsO; BFH v. 23.02.2005, VII R 63/03, BStBl II 2005, 591; *Loose* in Tipke/Kruse, § 251 AO Rz. 50). Die Einspruchsentscheidung ersetzt in diesem Fall den Feststellungsbescheid i. S. des § 251 Abs. 3 AO (s. Rz. 35).

29 Die **Unterbrechung der Klageverfahren** hat zur Folge, dass keine wirksamen Prozesshandlungen mehr vorgenommen werden können und eine Entscheidung gegenüber dem Insolvenzschuldner nicht mehr ergehen kann. Der weitere Fortgang der Klageverfahren richtet sich nach den für das Insolvenzverfahren geltenden Vorschriften (§§ 85, 86 InsO; BFH v. 07.03.2006, VII R 11/05, BStBl II 2006, 573):

30 Nach **§ 85 Abs. 1 InsO** können zur Zeit der Eröffnung des Insolvenzverfahrens für den Schuldner anhängige Rechtsstreitigkeiten über das zur Insolvenzmasse gehörende Vermögen vom Insolvenzverwalter aufgenommen werden. Lehnt dieser die **Aufnahme des Rechtsstreits** ab, können sowohl der Schuldner als auch der Gegner, das beklagte FA, den Rechtsstreit aufnehmen.

Voraussetzung für die Aufnahmebefugnis des Schuldners ist jedoch das Vorliegen eines **Aktivprozesses**. Ein 3
solcher ist dadurch gekennzeichnet, dass der Schuldner einen Anspruch verfolgt, der zur Insolvenzmasse gehört und im Falle seines Obsiegens die zur Verteilung anstehende Masse vergrößern würde. Nicht entscheidend ist dabei die formelle Parteirolle, sondern allein, ob in dem anhängigen Rechtsstreit über eine Pflicht zu einer Leistung gestritten wird, die in die Masse zu gelangen hat (BGH v. 14.04.2005, ZR 221/04, ZIP 2005, 952; BFH v. 07.03.2006, VII R 11/05, BStBl II 2006, 573).

Wird dagegen vom Gläubiger ein Recht zulasten der 32
Insolvenzmasse beansprucht, sodass ein Unterliegen des Schuldners zu einer Verringerung der Masse führen würde, liegt ein **Passivprozess** vor, der nur unter den Voraussetzungen des **§ 86 InsO** aufgenommen werden kann. § 86 InsO ermöglicht die Aufnahme bestimmter Passivprozesse durch den Insolvenzverwalter und den Gegner nur dann, wenn sie die Aussonderung eines Gegenstands aus der Insolvenzmasse betreffen, die abgesonderte Befriedigung oder eine Masseverbindlichkeit (§ 86 Abs. 1 Nr. 1 bis 3 InsO).

Da die finanzgerichtlichen Klagen meist Anfechtungs- 33
klagen gegen Steuer- oder Haftungsbescheide sind, handelt es sich bei den **steuerrechtlichen Streitigkeiten im Regelfall um Passivprozesse** i. S. des § 86 InsO. Bestreitet der Insolvenzverwalter den zur Tabelle angemeldeten Steueranspruch nicht, gilt er als festgestellt (§ 178 Abs. 3 InsO) und der Prozess ist in der Hauptsache erledigt. Ob zugleich die Unterbrechung des Verfahrens endet, wird indes uneinheitlich beurteilt (bejahend BFH v. 23.06.2008, VIII B 12/08, BFH/NV 2008, 1691; verneinend BFH v. 17.07.2012, X S 24/12, BFH/NV 2012, 1638). Bestreitet er den Eintrag, muss er den Rechtsstreit aufnehmen. Tut er das nicht, kann das FA seinerseits das Verfahren entsprechend §§ 180, 185 InsO aufnehmen, mit dem Antrag, festzustellen, dass die angemeldete Forderung berechtigt ist. Das Gericht befragt in diesem Fall erneut den Insolvenzverwalter, ob der das Verfahren aufnimmt. Tut er dies erneut nicht, kann seine Verweigerung ggf. als konkludente Rücknahme des Widerrufs zur Tabelle gewertet werden (BFH v. 07.03.2006, VII R 11/05, BStBl II 2006, 573; BFH v. 13.11.2007, VII R 61/06, BStBl II 2008, 790). Bestreitet nur der Insolvenzschuldner, kann nur das FA den Rechtsstreit aufnehmen (§ 184 Satz 2 InsO; *Loose* in Tipke/Kruse, § 251 AO Rz. 53; zur prozessualen Rolle des widersprechenden Insolvenzschuldners s. *Loose*, AO-StB 2007, 101).

### V. Schriftlicher Verwaltungsakt (§ 251 Abs. 3 AO)

34 Bestreitet der Insolvenzverwalter oder ein Insolvenzgläubiger die zur Insolvenztabelle angemeldete Forderung, erlässt das FA gem. § 251 Abs. 3 AO einen Verwaltungsakt, in dem es über Grund und Höhe der angemeldeten Forderung entscheidet (BFH v. 18.11.1999, V B 73/99, BFH/NV 2000, 548; BFH v. 19.03.2013, II R 17/11, BStBl II 2013, 639). Dieselben Grundsätze gelten für das Nachlassinsolvenzverfahren, auch nach Auseinandersetzung der Erbengemeinschaft (BFH v. 20.01.2016, II R 34/14, BStBl II 2016, 482). Der Verwaltungsakt ist kein Steuerbescheid, sondern ein **sonstiger Verwaltungsakt** und entspricht einem **Feststellungsurteil i.S. von §§ 179 ff. InsO** (BFH v. 07.03.2006, VII R 11/05, BStBl II 2006, 573; BFH v. 24.08.2011, V R 53/09, BStBl II 2012, 256; BFH v. 11.12.2013, XI R 22/11, BFH/NV 2014, 598; BFH v. 19.03.2013, II R 17/11, BStBl II 2013, 639; *Werth* in Klein, § 251 AO Rz. 30; *Loose* in Tipke/Kruse, § 251 AO Rz. 68; *Jatzke* in HHSp, § 251 AO Rz. 463; AEAO zu § 251, Nr. 5.3.5). Im Verhältnis Grundlagen- und Folgebescheid teilt das für den Grundlagenbescheid zuständige FA dem für die Anmeldung zur Insolvenztabelle zuständigen FA zur Berechnung der anzumeldenden Forderung die Besteuerungsgrundlagen formlos mit (BFH v. 02.07.1997, I R 11/97, BStBl II 1998, 428).

35 Hat das FA bereits einen Steuerbescheid erlassen, den der Schuldner vor Eröffnung des Insolvenzverfahrens angefochten hat, kommt der Erlass eines Feststellungsbescheids i.S. des § 251 Abs. 3 AO nicht in Betracht. In diesem Fall ist das Rechtbehelfsverfahren bzw. ein anhängiges Klageverfahren gem. § 180 Abs. 2 i. V. mit § 185 InsO durch Aufnahme des Rechtsmittelverfahrens fortzuführen. Für den Erlass eines Feststellungsbescheids fehlt es an der nach § 251 Abs. 3 AO notwendigen »**Erforderlichkeit**« (**fehlendes Feststellungsinteresse**: BFH v. 23.02.2005, VII R 63/03, BStBl II 2005, 591; BFH v. 07.03.2006, VII R 11/05, BStBl II 2006, 573). Erlässt das FA gleichwohl einen Feststellungsbescheid, entfällt indes mit dessen Bestandskraft wiederum die Zulässigkeit des Insolvenzfeststellungsverfahrens (BFH v. 13.12.2016, V B 36/16, BFH/NV 2017,437). Das Rechtsschutzinteresse kann auch noch nachträglich im Revisionsverfahren entfallen mit der Folge, dass das Urteil der Vorinstanz unrichtig und die Klage unzulässig wird (BFH v. 18.08.2015, V R 39/14, BFH/NV 2016, 268). Liegt bei Eröffnung des Insolvenzverfahrens zwar eine bestandskräftige Steuerfestsetzung und damit ein Schuldtitel i.S. des § 179 Abs. 2 InsO vor, ist das FA im Falle des Bestreitens der Forderung durch den Insolvenzverwalter dennoch berechtigt, das Bestehen der angemeldeten Forderung durch Bescheid festzustellen, und zwar dann, wenn der Insolvenzverwalter seinen Widerspruch auf die von ihm behauptete Unwirksamkeit der Forderungsanmeldung stützt (BFH v. 23.02.2010, VII R 48/07, BStBl II 2010, 562).

Die Feststellung kann zufolge **§ 181 InsO** nur auf den Grund gestützt und auf den Betrag gerichtet sein, welcher in der Anmeldung oder im Prüfungstermin angegeben ist. Die festgestellte Forderung muss also mit der angemeldeten identisch sein; diese Forderungsidentität ist im Feststellungsbescheid kenntlich zu machen (BFH v. 17.05.1984, V R 80/77, BStBl II 1984, 545). Daraus folgt zwingend, dass eine nach Grund und Höhe angemeldete Steuerforderung, die in dem Bescheid gem. § 251 Abs. 3 AO festgestellt ist, im anschließenden Rechtsbehelfsverfahren nicht gegen eine andere – an sich unbestrittene (noch nicht angemeldete) – Steuerforderung ausgetauscht werden kann (BFH v. 26.02.1987, V R 114/97, BStBl II 1987, 471). 36

**Inhaltsadressat** des Feststellungsbescheids ist der Widersprechende, jedenfalls aber der Insolvenzverwalter (§ 122 AO). Ist der Feststellungsbescheid an die Person des Insolvenzverwalters gerichtet, ohne dass sich diese Funktion aus dem Anschriftenfeld ergibt, genügt für die wirksame Bekanntgabe, dass sich aus dem Inhalt des Bescheids die Funktion des Angesprochenen als Insolvenzverwalter ergibt (BFH v. 22.06.1999, VII B 244/98, BFH/NV 1999, 1583). 37

Entsprechend **§ 119 Abs. 1 AO** muss der Verwaltungsakt alle für die in ihm getroffene Feststellung maßgebenden Umstände angeben, bei Steuerforderungen also insbes. Steuerart, Veranlagungszeitraum, Steuerhöhe (Höhe des angemeldeten offenen Betrags) und Zeitpunkt der ersten Fälligkeit. Desgleichen muss der Schuldgrund, d.h. bei bereits festgesetzten Beträgen der diesen zugrunde liegende Steuerbescheid, bei Anmeldung vor Festsetzung gegen den Gemeinschuldner der Tatbestand, aufgrund dessen der Anspruch entstanden ist (§ 38 AO), mitgeteilt werden. 38

Gegen den Verwaltungsakt i.S. des § 251 Abs. 3 AO, der sich gegen den Widersprechenden, in jedem Fall auch gegen den Insolvenzverwalter richtet, ist der außergerichtliche Rechtsbehelf des **Einspruchs** und nachfolgend Anfechtungsklage zum FG gegeben (BFH v. 09.07.2003, V R 57/02, BStBl II 2003, 901; BFH v. 19.03.2013, II R 17/11, BStBl II 2013, 639). Da sich die Feststellung auf die einzelne Steuerforderung und nicht auf den Saldo beziehen muss, kann auf Anfechtung eines derartigen Verwaltungsakts, der mehrere Feststellungen enthält, hinsichtlich nur Einzelner dieser Feststellungen, nur bezüglich dieser entschieden werden (BFH v. 23.08.1978, II R 16/76, BStBl II 1979, 198; BFH v. 26.11.1987, V R 133/81, BStBl II 1988, 199). 39

## § 252 AO Vollstreckungsgläubiger

**Im Vollstreckungsverfahren gilt die Körperschaft als Gläubigerin der zu vollstreckenden Ansprüche, der die Vollstreckungsbehörde angehört.**

1 Die **Fiktion**, dass diejenige Körperschaft, der die Vollstreckungsbehörde angehört, als Gläubigerin der zu vollstreckenden Ansprüche gilt, beseitigt alle Schwierigkeiten, die dadurch entstehen können, dass die Ansprüche mehreren Körperschaften oder einer anderen Körperschaft zustehen. Die Fiktion stellt eine vollstreckungsrechtliche Parallele zu § 226 Abs. 4 AO dar (s. BFH v. 07.03.2006, VII R 12/05, BStBl II 2006, 584). Sie gilt nicht nur zugunsten der Finanzbehörde, sondern klärt auch deren Passivlegitimation für die Verfolgung von im Vollstreckungsverfahren durch Dritte geltend gemachten Rechten (s. §§ 262, 293 AO).

2 Die Fiktion gilt auch in Bezug auf eine Vollstreckungsbehörde, die gemäß § 250 Abs. 1 Satz 1 AO Vollstreckungsmaßnahmen auf Ersuchen einer anderen Vollstreckungsbehörde ausführt.

## § 253 AO Vollstreckungsschuldner

**Vollstreckungsschuldner ist derjenige, gegen den sich ein Vollstreckungsverfahren nach § 249 richtet.**

1 Die Vorschrift stellt klar, wer **verfahrensrechtlich** als Vollstreckungsschuldner anzusehen ist und daher die diesem nach den die Vollstreckung regelnden Bestimmungen der AO auferlegten Pflichten zu erfüllen hat. Desgleichen stehen ihm die gegen die einzelnen Vollstreckungsmaßnahmen zulässigen Abwehrmöglichkeiten offen. Ob derjenige, gegen den sich ein Vollstreckungsverfahren nach § 249 AO richtet, zu Recht oder zu Unrecht in Anspruch genommen wird, ändert an seiner Stellung als Vollstreckungsschuldner nichts.

2 Das Vollstreckungsverfahren kann sich nicht nur gegen den Steuerschuldner, sondern auch gegen denjenigen richten, der kraft Gesetzes für eine Steuer **haftet** und durch Haftungsbescheid in Anspruch genommen worden ist (s. Abschn. 3 Abs. 2 VollstrA). Ferner ist auch derjenige Vollstreckungsschuldner, der kraft Gesetzes verpflichtet ist, die Vollstreckung zu **dulden** und durch Duldungsbescheid in Anspruch genommen worden ist (§§ 77, 191 AO), so z.B. der Ehegatte (§ 263 AO), der Nießbraucher (§ 264 AO), die Erben (§ 265 AO) und der Rechtsnachfolger i.S. des § 323 AO.

## § 254 AO Voraussetzungen für den Beginn der Vollstreckung

**(1) Soweit nichts anderes bestimmt ist, darf die Vollstreckung erst beginnen, wenn die Leistung fällig ist und der Vollstreckungsschuldner zur Leistung oder Duldung oder Unterlassung aufgefordert worden ist (Leistungsgebot) und seit der Aufforderung mindestens eine Woche verstrichen ist. Das Leistungsgebot kann mit dem zu vollstreckenden Verwaltungsakt verbunden werden. Ein Leistungsgebot ist auch dann erforderlich, wenn der Verwaltungsakt gegen den Vollstreckungsschuldner wirkt, ohne ihm bekannt gegeben zu sein. Soweit der Vollstreckungsschuldner eine von ihm auf Grund einer Steueranmeldung geschuldete Leistung nicht erbracht hat, bedarf es eines Leistungsgebotes nicht.**

**(2) Eines Leistungsgebotes wegen der Säumniszuschläge und Zinsen bedarf es nicht, wenn sie zusammen mit der Steuer beigetrieben werden. Dies gilt sinngemäß für die Vollstreckungskosten, wenn sie zusammen mit dem Hauptanspruch beigetrieben werden.**

#### Inhaltsübersicht



### A. Bedeutung der Vorschrift

Leistungsgebot ist die an den Schuldner gerichtete Aufforderung zur Leistung, Duldung oder Unterlassung (§ 254 Abs. 1 Satz 1 AO). Der Regelungsinhalt des diese Aufforderung enthaltenden Verwaltungsakts erschöpft sich in dem »Befehl«, eine bestimmte Leistung zu erbringen, zu der der Schuldner aufgrund eines anderen, die Leistungspflicht verbindlich festlegenden Verwaltungsakts oder (ausnahmsweise) aufgrund eines die Leistungspflicht ohne derartige gesonderte Festlegung zur Entstehung bringenden Tatbestands verpflichtet ist. 1

Die Bedeutung des Leistungsgebots liegt ausschließlich darin, dass es **Voraussetzung für den Beginn der Zwangsvollstreckung** ist, wobei zusätzlich erforderlich ist, dass seit dem Erlass des Leistungsgebots mindestens eine Woche verstrichen ist (**Vollstreckungsschutzfrist**). Insoweit ist die Wirkung des Leistungsgebots der Wirkung der Vollstreckungsklausel im Zivilprozess (§§ 724, 2

725 ZPO) ähnlich. Während aber die Vollstreckungsklausel die Existenz des mit ihr als vollstreckbar erklärten Titels und seine Vollstreckungsreife bezeugt, vermag das Leistungsgebot über die Wirksamkeit und Vollziehbarkeit des zu vollstreckenden Verwaltungsakts nichts auszusagen. Allerdings setzt die Zulässigkeit eines Leistungsgebots das (verfahrensrechtliche) Bestehen und die Fälligkeit des Anspruchs voraus, dessen Erfüllung mit dem Leistungsgebot vom Schuldner gefordert wird.

3 Das Leistungsgebot ist Vollstreckungsvoraussetzung, selbst aber noch **kein Verwaltungsakt im Vollstreckungsverfahren** (BFH v. 16.03.1995, VII S 39/92, BFH/NV 1995, 950). Vollstreckt wird nicht das Leistungsgebot, sondern der Verwaltungsakt (§ 249 Abs. 1 Satz 1 AO), der die Leistungsverpflichtung begründet oder festgestellt hat und der dem Erlass des Leistungsgebots entweder vorausgegangen oder mit dem es verbunden worden ist (§ 254 Abs. 1 Satz 2 AO). Letzteres ist regelmäßig der Fall (s. BFH v. 04.08.2006, VII B 251/05, BFH/NV 2006, 2227).

## B. Tatbestandliche Voraussetzungen

### I. Leistungsgebot als Vollstreckbarkeitsvoraussetzung

4 § 254 Abs. 1 Satz 1 AO stellt den Grundsatz auf, dass die Vollstreckung erst beginnen darf, wenn die **Leistung fällig** ist und der Vollstreckungsschuldner zur Leistung, Duldung oder Unterlassung aufgefordert worden ist und seit der Aufforderung mindestens **eine Woche** verstrichen ist.

5 Obwohl das Leistungsgebot selbstständiger Verwaltungsakt ist, kann und wird es in der Praxis regelmäßig mit dem zu vollstreckenden Verwaltungsakt verbunden (§ 254 Abs. 1 Satz 2 AO; BFH v. 16.03.1995, VII S 39/92, BFH/NV 1995, 950). Seine Selbstständigkeit bleibt dadurch unberührt.

6 Soll gegen mehrere **Gesamtschuldner** vollstreckt werden, muss gegen jeden von ihnen ein Leistungsgebot ergehen. Ist die Leistung nicht aus dem eigenen Vermögen des Schuldners zu bewirken, sondern aus Mitteln, die seiner Verwaltung unterliegen (s. § 77 Abs. 1 AO), muss zur Bewirkung der Leistung aus diesen Mitteln aufgefordert werden. Die Aufteilung einer Gesamtschuld gem. §§ 268 ff. AO führt zu einer Vollstreckungsbeschränkung. Ein zuvor an beide Ehegatten erlassenes Leistungsgebot wird durch die Aufteilung nicht dem Grunde nach, sondern nur der Höhe nach modifiziert (BFH v. 07.03.2006, VII R 12/05, BStBl II 2006, 584).

### II. Inhalt und Form des Leistungsgebots

Das Leistungsgebot muss einen **eindeutigen Inhalt** haben (§ 119 Abs. 1 AO). Es muss den Schuldner, bei mehreren einen jeden von ihnen, sowie Gegenstand und Grund der Leistung bezeichnen und eine ausdrückliche Aufforderung enthalten, die Leistung zu bewirken. Soweit erforderlich und zweckmäßig, wird das Leistungsgebot auch eine Anweisung enthalten müssen, wo, wann und wie die Leistung zu bewirken ist, bei Geldleistungen z. B. durch Angabe des Kontos oder der Kasse (BFH 29.09.1976, I B 113/75, BStBl II 1977, 83; BFH v. 16.03.1995, VII S 39/92, BFH/NV 1995, 950). 7

**Schriftform** ist für das Leistungsgebot zwar nicht vorgeschrieben, aber die Regel. Sie empfiehlt sich grundsätzlich mit Rücksicht auf die Bedeutung des Leistungsgebots. 8

### III. Entbehrlichkeit eines Leistungsgebots

Das Leistungsgebot ist entbehrlich, wenn der Vollstreckungsschuldner eine von ihm aufgrund einer **Steueranmeldung** geschuldete Leistung nicht erbracht hat (§ 254 Abs. 1 Satz 4 AO). Gleiches gilt, wenn der Steuer- oder Haftungsschuldner nach Abschluss einer Außenprüfung seine Zahlungsverpflichtung schriftlich anerkennt (§ 167 Abs. 1 Satz 3 AO). Bei abweichender Steuerfestsetzung (§ 167 Abs. 1 Satz 1 AO) ist ein Leistungsgebot hinsichtlich des Unterschiedsbetrags erforderlich. Will das FA gegen einen Rechtsnachfolger vollstrecken, ist auch nach einer Steueranmeldung durch den Rechtsvorgänger ein Leistungsgebot erforderlich (§ 254 Abs. 1 Satz 3 AO). 9

Ferner bedarf es keines Leistungsgebots, wenn **Säumniszuschläge, Zinsen und Vollstreckungskosten** zusammen mit der Steuer beigetrieben werden (§ 254 Abs. 3 AO). Soll aus der Festsetzung eines **Verspätungszuschlags** (§ 152 AO) vollstreckt werden, muss ein Leistungsgebot ergehen. Wenn Säumniszuschläge ohne die Steuer beigetrieben werden sollen, ist ein Leistungsgebot (Anforderung durch Verwaltungsakt) erforderlich. 10

## C. Rechtsschutz

Gegen das Leistungsgebot ist der **Einspruch** gegeben (§ 347 Abs. 1 Nr. 1 AO). Einwendungen gegen den zu vollstreckenden Verwaltungsakt, d. h. im Regelfall gegen den Steuerbescheid, können gegen das Leistungsgebot nicht geltend gemacht werden (§ 256 AO; BFH v. 16.03.1995, VII S 39/92, BFH/NV 1995, 950). Die Vollziehung des Leistungsgebots kann nach §§ 361 AO, 69 FGO von der Vollziehung ausgesetzt werden. 11

12 Vollstreckungsmaßnahmen ohne vorheriges Leistungsgebot sind ebenso wie solche, die vor Ablauf der Wochenfrist erfolgen, **rechtswidrig** aber nicht nichtig. Auch die »Nachholung« eines unterlassenen Leistungsgebots beseitigt nicht die Rechtswidrigkeit der ohne Leistungsgebot vorgenommenen Vollstreckungsmaßnahmen (*Jatzke* in HHSp, § 254 AO Rz. 57 ff.; *Werth* in Klein, § 254 AO Rz. 3). Derartige Vollstreckungsmaßnahmen sind im Einspruchs- bzw. Klageverfahren aufzuheben.

13 Auf das Fehlen des Leistungsgebots kann sich neben dem Vollstreckungsschuldner auch der durch Pfändungsverfügung in Anspruch genommene **Drittschuldner** berufen (BFH v. 19.03.1998, VII B 175/97, BFH/NV 1998, 1447; s. § 309 AO Rz. 18).

## § 255 AO
## Vollstreckung gegen juristische Personen des öffentlichen Rechts

**(1) Gegen den Bund oder ein Land ist die Vollstreckung nicht zulässig. Im übrigen ist die Vollstreckung gegen juristische Personen des öffentlichen Rechts, die der Staatsaufsicht unterliegen, nur mit Zustimmung der betreffenden Aufsichtsbehörde zulässig. Die Aufsichtsbehörde bestimmt den Zeitpunkt der Vollstreckung und die Vermögensgegenstände, in die vollstreckt werden kann.**

**(2) Gegenüber öffentlich-rechtlichen Kreditinstituten gelten die Beschränkungen des Abs. 1 nicht.**

### Inhaltsübersicht



### A. Bedeutung der Vorschrift

1 Die Vorschrift regelt die Vollstreckung gegen juristischen Personen des öffentlichen Rechts. Sie folgt dem Gedanken, dass zwischen staatlichen Behörden auftretende Meinungsverschiedenheiten möglichst einvernehmlich ausgeräumt werden sollen. Bei den unter §255 Abs. 1 Satz 2 AO fallenden juristischen Personen des öffentlichen Rechts kann unterstellt werden, dass die zuständige Aufsichtsbehörde für die korrekte Erfüllung der steuerlichen Pflichten sorgen wird. S. Abschn. 18 VollstrA.

2 Ausnahme: Gemäß § 151 FGO ist die Vollstreckung von Entscheidungen der FG gegen die öffentliche Hand in sinngemäßer Anwendung des Achten Buches der ZPO durchzuführen ist. Als Vollstreckungsgericht fungieren hierbei die FG (§ 151 Abs. 1 Satz 2 FGO).

### B. Tatbestandliche Voraussetzungen

#### I. Vollstreckungsverbot gegen Bund oder Land

§255 Abs. 1 Satz 1 AO **verbietet** die Vollstreckung gegen den Bund oder ein Land.

Gegen den Bund und die Länder ist auch die förmliche Androhung von Zwangsmitteln i. S. des §332 AO nicht zulässig, weil es sich dabei um die Androhung einer unzulässigen Maßnahme handeln würde. Im übrigen stellt auch die Androhung bereits eine Maßnahme der Zwangsvollstreckung dar.

#### II. Vollstreckung gegen andere juristische Personen

Im übrigen ist die Vollstreckung gegen juristische Personen des öffentlichen Rechts, die der Staatsaufsicht unterliegen, gemäß §255 Abs. 1 Satz 2 AO nur mit **Zustimmung der Aufsichtsbehörde** zulässig, der die juristische Person, gegen die vollstreckt werden soll, unterstellt ist. Erweist sich die Durchführung von Vollstreckungsmaßnahmen auch nach Einschaltung der Aufsichtsbehörde als notwendig, bestimmt die Aufsichtsbehörde den Zeitpunkt der Vollstreckung und die Vermögensgegenstände, in die vollstreckt werden kann (§255 Abs. 1 Satz 3 AO). 5

Als Maßnahme der Zwangsvollstreckung ist schon die Androhung von Zwangsmitteln nur mit Zustimmung der Aufsichtsbehörde zulässig. Zulässig bleibt aber der Hinweis, dass im Falle der Nichtbefolgung des Leistungsgebots die Aufsichtsbehörde gemäß §255 Abs. 1 Sätze 2 und 3 AO eingeschaltet werde. 6

#### III. Vollstreckung gegen öffentlich-rechtliche Kreditinstitute

Eine weitgehende Beschränkung der Vollstreckungsmöglichkeiten gegen öffentlich-rechtliche Kreditinstitute ist nicht geboten. Entsprechend §882a Abs. 3 Satz 2 ZPO ordnet §255 Abs. 2 AO daher an, dass für die Vollstreckung gegen sie keine Besonderheiten gelten. 7

## § 256 AO
## Einwendungen gegen die Vollstreckung

**Einwendungen gegen den zu vollstreckenden Verwaltungsakt sind außerhalb des Vollstreckungsverfahrens mit den hierfür zugelassenen Rechtsbehelfen zu verfolgen.**

**Inhaltsübersicht**



### A. Bedeutung der Vorschrift

1 Die Vorschrift zieht die Konsequenz aus der Tatsache, dass das Vollstreckungsverfahren ein eigenständiger Verfahrensabschnitt im Besteuerungsverfahren ist. Einwendungen gegen **Maßnahmen anderer Verfahrensabschnitte**, z. B. die Rechtmäßigkeit eines Steuerbescheids im Steuerfestsetzungsverfahren betreffend, können im Einspruchs- bzw. Klageverfahren gegen Vollstreckungsmaßnahmen nicht geltend gemacht werden. Sie müssen im Einspruchs- bzw. Klageverfahren gegen den Steuerbescheid vorgebracht werden. Macht der Vollstreckungsschuldner aber geltend, der zu vollstreckende Steuerbescheid, z. B. ein Schätzbescheid, sei nicht nur rechtwidrig, sondern gar **unwirksam** (§§ 124 Abs. 3, 125 AO), schließt § 256 AO den Einwand im Vollstreckungsverfahren nicht aus, weil er unmittelbar den vollstreckbaren Anspruch betrifft (BFH v. 21.12.2001, VII R 24/01, BFH/NV 2002, 660).

2 Einwendungen gegen die Vollstreckung können neben dem Vollstreckungsschuldner auch durch die Art und Weise der Vollstreckung betroffene **Dritte** erheben. Vorzugsrechte, die das FA nicht anerkennt, können Dritte allerdings nur vor den ordentlichen Gerichten mit der Drittwiderspruchsklage bzw. der Klage auf vorzugsweise Befriedigung verfolgen (§§ 262, 293 AO; s. Abschn. 13 VollstrA).

3 **Vor Beginn und nach Beendigung** der Vollstreckung bzw. einzelner Zwangsvollstreckungsmaßnahmen besteht grundsätzlich keine Möglichkeit des Einspruchs (s. *Loose* in Tipke/Kruse, § 256 AO Rz. 12 f.). § 256 AO lässt nur Einsprüche gegen vollstreckbare Verwaltungsakte während des Vollstreckungsverfahrens zu. Ausgeschlossen sind damit auch Einsprüche gegen Maßnahmen der Vollstreckung, die **keine Verwaltungsakte** sind, z. B. gegen Mahnungen (§ 259 AO), innerdienstliche Vollstreckungsaufträge und Vollstreckungsersuchen (§ 250 AO).

4 Der Vollstreckungsschuldner kann sich auch nicht analog § 767 ZPO mit einer **Vollstreckungsabwehrklage** unmittelbar an das FG wenden, mit dem Antrag, die Unzulässigkeit der Vollstreckung durch das FA festzustellen (BFH v. 23.07.1996, VII R 88/94, BStBl II 1996, 511; BFH v. 01.08.2002, VII B 352/00, BFH/NV 2002, 1547).

### B. Zulässige Einwendungen

5 Gegen Verwaltungsakte der Vollstreckungsbehörde kann der Vollstreckungsschuldner Einspruch einlegen und geltend machen, die Vollstreckung an sich oder die Art und Weise der Vollstreckung sei unzulässig, ferner, die Vollstreckungsbehörde verweigere zu Unrecht Vollstreckungsschutz (§§ 258, 297 AO; s. Abschn. 11 VollstrA).

**Gegen die Vollstreckung an sich** kann etwa geltend gemacht werden, dass die Vollstreckung mangels Leistungsgebots bzw. Nichtverstreichens der Wochenfrist (§ 254 Abs. 1 Satz 1 AO), wegen fehlender Vollstreckbarkeit des zu vollstreckenden Verwaltungsakts (§ 251 Abs. 1 AO) oder wegen nachträglich eingetretenen Erlöschens des Zahlungsanspruchs (§ 47 AO) bzw. Erfüllung der mit Zwangsmitteln (§ 328 Abs. 1 AO) durchsetzbaren Verpflichtung (s. § 335 AO) unzulässig sei. Noch nicht geklärt ist, ob die Beschränkung der Minderjährigenhaftung (§ 1629a BGB) gegen die Vollstreckung von Steuerschulden geltend gemacht werden kann, die auf Handlungen der Eltern oder sonstigen vertretungsberechtigten Personen beruhen (offen lassend BFH v. 01.07.2003, VIII R 45/01, BStBl II 2004, 35). 6

**Einzelne Vollstreckungsmaßnahmen** können z. B. unzulässig sein, wenn und soweit eine Überpfändung i. S. des § 281 Abs. 2 AO vorliegt, wenn sie unpfändbare Sachen oder Forderungen betreffen (§§ 295, 319 AO) oder auch Vollstreckungsmaßnahmen, die ohne entsprechende Erlaubnis zur Nachtzeit sowie an Sonn- und Feiertagen vorgenommen werden (§ 289 Abs. 1 AO). 7

Als **besondere Rechtsbehelfe** sind im Vollstreckungsverfahren zulässig: der Einspruch gegen die Entscheidung der Finanzbehörde gemäß § 251 Abs. 3 AO (Feststellung des Bestehens der Insolvenzforderung), der Einspruch gegen einen Aufteilungsbescheid bzw. dessen Ablehnung (§ 279 AO) und die ohne Vorverfahren zulässige Klage gegen einen vom FA angeordneten dinglichen Arrest (§ 324 AO i. V. m. § 45 Abs. 4 FGO). 8

## § 257 AO
## Einstellung und Beschränkung der Vollstreckung

**(1) Die Vollstreckung ist einzustellen oder zu beschränken, sobald**

**1. die Vollstreckbarkeitsvoraussetzungen des § 251 Abs. 1 weggefallen sind,**
**2. der Verwaltungsakt, aus dem vollstreckt wird, aufgehoben wird,**
**3. der Anspruch auf die Leistung erloschen ist,**
**4. die Leistung gestundet worden ist.**

**(2) In den Fallen des Absatzes 1 Nr. 2 und 3 sind bereits getroffene Vollstreckungsmaßnahmen aufzuheben. Ist der Verwaltungsakt durch eine gerichtliche Entscheidung aufgehoben worden, so gilt dies nur, soweit die Entscheidung unanfechtbar geworden ist und nicht auf Grund der Entscheidung ein neuer Verwaltungsakt zu erlassen ist. Im Üb-**

**rigen bleiben die Vollstreckungsmaßnahmen bestehen, soweit nicht ihre Aufhebung ausdrücklich angeordnet worden ist.**

**Inhaltsübersicht**



## A. Bedeutung der Vorschrift

1 Die Vorschrift regelt, unter welchen Voraussetzungen eine begonnene Vollstreckung einzustellen bzw. zu beschränken ist und welches Schicksal in diesen Fällen bereits getroffene Vollstreckungsmaßnahmen erleiden.

2 Abschn. 5 Abs. 4 VollstrA sieht darüber hinaus vor, dass Vollstreckungsmaßnahmen grundsätzlich unterbleiben sollen, solange über einen Stundungs- oder Aussetzungsantrag noch nicht entschieden ist. Zur vorläufigen Einstellung der Vollstreckung durch den Vollziehungsbeamten s. Abschn. 11 VollzA.

## B. Tatbestandliche Voraussetzungen

3 Sobald und soweit der zu vollstreckende Verwaltungsakt nicht mehr vollziehbar (§§ 257 Abs. 1 Nr. 1 und 2, 251 AO) oder aufgehoben ist, der Anspruch auf die Leistung erloschen ist (§§ 257 Abs. 1 Nr. 3, 47 AO) oder diese gestundet ist (§§ 257 Abs. 1 Nr. 4, 222 AO), muss die Vollstreckung eingestellt oder beschränkt werden. Weitere Vollstreckungsmaßnahmen sind insoweit unzulässig.

4 In den Fällen von § 257 Abs. 1 Nr. 2 und 3 AO sind bereits getroffene Vollstreckungsmaßnahmen aufzuheben (§ 257 Abs. 2 Satz 1 AO). Ist die Aufhebung des der Vollstreckung zugrunde liegenden Verwaltungsakts durch gerichtliche Entscheidung erfolgt (§ 100 Abs. 1, Abs. 2 Satz 2 FGO), brauchen die bereits getroffenen Vollstreckungsmaßnahmen erst aufgehoben zu werden, wenn und soweit die Entscheidung unanfechtbar geworden ist und nicht aufgrund der Entscheidung ein neuer Verwaltungsakt zu erlassen ist. Das Abstellen auf die Unanfechtbarkeit der Gerichtsentscheidung beruht darauf, dass gerichtliche Entscheidungen bezüglich ihres Ausspruches in der Hauptsache erst mit ihrer Unanfechtbarkeit Wirkungen erzeugen (s. § 151 Abs. 2, 3 FGO). Hinsichtlich des Verfahrens im einzelnen s. Abschn. 6 VollstrA.

5 **Die Änderung des Veranlagungswahlrechts** von der Zusammenveranlagung zur Einzelveranlagung hat keine Aufhebung des vollstreckbaren Verwaltungsakts i. S. des § 257 Abs. 1 Nr. 2 AO zur Folge, wenn die Vollstreckung nach Ergehen des Bescheids über die Einzelveranlagung wegen des gleich hohen Anspruchs fortgesetzt wird. In diesem Fall ist nicht der Anspruch selbst, dessentwegen vollstreckt worden ist, entfallen. Darauf aber stellt § 257 Abs. 1 Nr. 2 AO ab (BFH v. 18.12.2001, VII R 56/99, BStBl II 2002, 214).

In den Fällen von **§ 257 Abs. 1 Nr. 1 und 4 AO** bleiben bereits getroffene Vollstreckungsmaßnahmen bestehen, soweit nicht ihre Aufhebung ausdrücklich angeordnet worden ist (§ 257 Abs. 2 Satz 3 AO). Eine solche Anordnung kann durch das Gericht nach § 69 Abs. 3 Satz 3 FGO erfolgen, ggf. aber auch durch die Finanzbehörde im Rahmen der §§ 361 AO, 69 Abs. 2 FGO bzw. des § 222 AO. Unberührt bleibt die Befugnis der Vollstreckungsbehörde, nach pflichtgemäßem Ermessen getroffene Vollstreckungsmaßnahmen wieder aufzuheben. 6

## C. Rechtsschutz

Das FA muss den Wegfall oder die Einschränkung der Vollstreckbarkeit **von Amts wegen berücksichtigen**. Der Stpfl. kann aber auch einen **Antrag auf Aufhebung der Vollstreckung** stellen (BFH v. 04.08.2006, VII B 251/05, BFH/NV 2006, 2227). Lehnt das FA diesen Antrag ab, kann der Stpfl. gegen die Ablehnung **Einspruch** und nach Ablehnung **Anfechtungs- oder Verpflichtungsklage** einlegen. Eine **vorläufige Einstellung der Vollstreckung** kann im Wege einer einstweiligen Anordnung nach § 114 FGO erreicht werden, wenn der Stpfl. glaubhaft macht, dass die Voraussetzungen des § 257 AO vorliegen. 7

# § 258 AO Einstweilige Einstellung oder Beschränkung der Vollstreckung

**Soweit im Einzelfall die Vollstreckung unbillig ist, kann die Vollstreckungsbehörde sie einstweilen einstellen oder beschränken oder eine Vollstreckungsmaßnahme aufheben.**

**Inhaltsübersicht**



**Schrifttum**


Schwarzer, Die einstweilige Einstellung der Zwangsvollstreckung nach § 258 AO, DStZ 1994, 366; Weinreuter, Stundung, Erlass und Vollstreckungsaufschub nach der Abgabenordnung, DStZ 1999, 853; Balmes, Rettungsanker Vollstreckungsaufschub – Praxishinweise und Mustertext zur »Schonungspflicht«, AO-StB 2002, 65; Bartone, Einstweilige Einstellung der Vollstreckung nach § 258 AO, AO-StB 2017, 224.

## A. Bedeutung der Vorschrift

1 Die einstweilige Einstellung oder Beschränkung der Vollstreckung (sog. **Vollstreckungsaufschub**) ist – wie der Erlass (§ 227 AO), die Stundung (§ 222 AO) und die abweichende Festsetzung der Steuer gem. § 163 AO – eine **Billigkeitsmaßnahme**, die in das **pflichtgemäße Ermessen** der zuständigen Vollstreckungsbehörde gestellt ist (§ 5 AO). Die Anwendung der Vorschrift setzt voraus, dass eine im Vollstreckungsverfahren der AO vollstreckbare Leistungs- oder Duldungspflicht besteht (§ 249 Abs. 1 Satz 1 AO), Vollstreckungsreife eingetreten (§ 254 Abs. 1 AO) und bereits bestimmte Vollstreckungsmaßnahmen (z. B. Pfändung) ergriffen, zumindest jedoch eingeleitet worden sind.

2 Entsprechend dem Zweck der Vorschrift, unbillige Härten der Vollstreckung zu vermeiden, ist die Gewährung von Vollstreckungsaufschub nicht davon abhängig, dass sie nicht zu einer **Gefährdung** der Verwirklichung des Steueranspruchs führt (so als Voraussetzung für die Stundung § 222 Satz 1 AO). Auch das Verlangen von **Sicherheitsleistung** ist nicht vorgesehen.

3 Ist die **Zwangsvollstreckung** bereits **beendet**, damit der Anspruch auf die geschuldete Geldleistung erloschen oder die geforderte Handlung, Duldung oder Unterlassung bewirkt, sind Billigkeitsmaßnahmen i. S. der Vorschrift begrifflich nicht mehr denkbar. Unberührt bleibt aber die Möglichkeit, in dem hierdurch in der Hauptsache erledigten Verfahren gegen die Ablehnung der Billigkeitsmaßnahme gem. § 100 Abs. 1 Satz 4 FGO (Fortsetzungsfeststellungsklage) die Rechtswidrigkeit der abgeschlossenen Maßnahme unter den dort bezeichneten Voraussetzungen feststellen zu lassen.

4 Die Regelung bildet ein Gegenstück zu **§ 765 a ZPO**, setzt aber – abweichend von der zivilprozessualen Vorschrift – keinen Antrag des Vollstreckungsschuldners voraus.

## B. Tatbestandliche Voraussetzung

5 Kernvoraussetzung für eine Billigkeitsmaßnahme nach § 258 AO ist, dass die **Vollstreckung im Einzelfall unbillig** ist. Diese Form der Unbilligkeit stellt im Vergleich zur Unbilligkeit der Einziehung – so die Terminologie beim Erlass (§ 227 AO), die voraussetzt, dass es schlechthin unbillig ist, den Anspruch geltend zu machen – ein Weniger dar (BFH v. 24.09.1991, VII B 107/91, BFH/NV 1992, 503).

6 § 258 AO findet grundsätzlich nur dann Anwendung, wenn die Umstände, die eine Vollstreckung im konkreten Fall unbillig erscheinen lassen, lediglich **vorübergehender Natur** sind, d. h. wenn die Vollstreckung oder eine einzelne Vollstreckungsmaßnahme dem Vollstreckungsschuldner einen unangemessenen Nachteil bringen würde, der durch kurzfristiges Zuwarten oder durch eine andere Vollstreckungsmaßnahme vermieden werden kann (BFH v. 15.01.2003, V S 17/02, BFH/NV 2003, 78; BFH v. 08.07.2004, VII B 35/04, BFH/NV 2004, 1621; BFH v. 12.12.2005, VII R 63/04, BFH/NV 2006, 900; BFH v. 21.04.2009, I B 178/08, BFH/NV 2009, 1596). Kurzfristigkeit in diesem Sinne nimmt die Rspr. an, wenn der Zeitraum, innerhalb dessen die Rückstände getilgt werden können, **absehbar** ist. Dies ist regelmäßig bei einem Zeitraum von bis zu sechs Monaten, in Ausnahmefällen bis zu zwölf Monaten, jedenfalls aber nicht über einen Zeitraum von mehreren Jahren der Fall (verneint bei sieben Jahren: BFH v. 05.10.2001, VII B 15/01, BFH/NV 2002, 160; verneint bei fünf Jahren: BFH v. 31.05.2005, VII R 62/04, BFH/NV 2005, 1743). Daran hat auch die Einführung der InsO nichts geändert.

Werden **Ratenzahlungen** angeboten und muss aufgrund des Verhaltens des Vollstreckungsschuldners mit hinreichender Wahrscheinlichkeit davon ausgegangen werden, dass er die Zusage nicht einhalten wird, scheidet die Gewährung von Vollstreckungsaufschub auch dann aus, wenn die Vollstreckung unbillig ist und nach den angebotenen Raten eine Tilgung in absehbarer Zeit versprochen wird (BFH v. 24.09.1991, VII B 107/91, BFH/NV 1992, 503). 7

Demgegenüber kommt eine **längerfristige Einstellung** der Vollstreckung nur ausnahmsweise in Betracht, wenn die betreffenden Vollstreckungsmaßnahmen geeignet sind, Gefahr für das Leben oder die Gesundheit des Vollstreckungsschuldners auszulösen (BFH v. 05.10.2001, VII B 15/01, BFH/NV 2002, 160; BFH v. 08.07.2004, VII B 35/04, BFH/NV 2004, 1621; BFH v. 28.09.2006, V B 71/05, juris). Diesen Ausnahmefall hat der BFH anhand der zu Art. 2 Abs. 2 Satz 1 GG, § 765 a ZPO ergangenen Rechtsprechung des BVerfG entwickelt (BVerfG v. 03.10.1979, 1 BvR 614/79, BVerfGE 52, 214; s. FG Sa v. 03.02.2006, 2 V 44/06, EFG 2006, 546). 8

Meist werden die eine Unbilligkeit begründenden unangemessenen Nachteile in den **persönlichen Verhältnissen** des Vollstreckungsschuldners liegen, insbes. dann, wenn die Vollstreckung eine wirtschaftliche Existenzvernichtung oder -bedrohung zur Folge hätte. Krankheit des Vollstreckungsschuldners soll regelmäßig nicht, kann aber in Ausnahmefällen eine Unbilligkeit zur Folge haben (BFH v. 20.08.1991, VII S 40/91, BFH/NV 1992, 317). Jedenfalls müssen die zu erwartenden Nachteile über die Nachteile hinausgehen, die mit einer Vollstreckung ohnehin einhergehen (s. BFH v. 15.12.1992, VII B 131/92, BFH/NV 1993, 460; Abschn. 7 Abs. 2 VollstrA). 9

Noch nicht beschiedene Stundungsanträge, Anträge auf Zahlungsaufschub und Anträge auf Aussetzung der 10

Vollziehung führen nicht automatisch zur Unbilligkeit der Zwangsvollstreckung (s. § 251 AO Rz. 2 f.). Anderes gilt aus dem auch im Vollstreckungsrecht geltenden Grundsatz von **Treu und Glauben**, wenn voraussehbar ist, dass einem solchen Antrag stattgegeben werden wird oder stattzugeben ist (BFH v. 20.08.1991, VII S 40/91, BFH/NV 1992, 317; BFH v. 29.08.1991, V R 78/86, BStBl II 1991, 906), denn eine gegen Treu und Glauben verstoßende unzulässige Rechtsausübung liegt vor, wenn eine Leistung gefordert wird, die alsbald zurückzuerstatten wäre (dolo petit, qui petit, quod statim redditurus est). Eine Vollstreckung ist danach unbillig, wenn vollstreckt wird, obwohl das Erlangte alsbald zurückzugewähren ist (BFH v. 12.06.1991, VII B 66/91, BFH/NV 1992, 156).

## C. Kein Antragserfordernis

11 Die Gewährung von Vollstreckungsschutz gem. § 258 AO bedarf keines hierauf gerichteten Antrags des Vollstreckungsschuldners. Gleichwohl wird im Regelfall der Vollstreckungsschuldner einschlägige Maßnahmen entweder ausdrücklich beantragen oder wenigstens durch entsprechende Gegenvorstellungen initiieren. Aus dem **Untersuchungsgrundsatz** (§ 88 AO) folgt, dass Verhältnisse des Vollstreckungsschuldners, die der Behörde bekannt oder offenkundig sind oder deren Kenntnis sich der Behörde bei einiger Umsicht aufdrängen musste, von Amts wegen berücksichtigt bzw. durch geeignete Ermittlungen in Erfahrung gebracht werden müssen. Allerdings muss die Vollstreckungsbehörde nicht von Amts wegen andere, denselben Vollstreckungsschuldner betreffende Steuerrechtsverhältnisse auf mögliche Steuererstattungsansprüche bei der Frage der Unbilligkeit der Zwangsvollstreckung untersuchen. Es ist in erster Linie Sache des Vollstreckungsschuldners, hierauf durch substantiierte Angaben hinzuweisen (BFH v. 10.08.1976, VII R 111/74, BStBl II 1977, 104).

## D. Zulässige Maßnahmen

12 Als zulässige Maßnahmen kommen in Betracht:

- die einstweilige Einstellung jeglicher Vollstreckungstätigkeit;
- die Beschränkung des Zugriffs auf bestimmte Vermögenswerte des Schuldners;
- die Aufhebung von Vollstreckungsmaßnahmen, z. B. die Freigabe gepfändeter Gegenstände;
- das einstweilige Absehen von der Verwertung gepfändeter Gegenstände (s. § 297 AO als Spezialvorschrift für die zeitweilige Aussetzung der Verwertung unter Anordnung von Zahlungsfristen).

13–16 vorläufig frei

## E. Wirkung der Maßnahmen

Ihrer Wirkung nach bedeuten die zulässigen Maßnahmen einen einstweiligen Aufschub der zwangsweisen Durchsetzung des zur Vollstreckung anstehenden Anspruchs zumindest durch die im konkreten Fall ergriffene bzw. in Angriff genommene Vollstreckungsmaßnahme. Sie haben **keine Auswirkung auf den Bestand und die Fälligkeit der Forderung** (BFH v. 24.10.1996, VII B 122/96, BFH/NV 1997, 257), mit der weiteren Folge, dass die Entstehung von Säumniszuschlägen (§ 240 AO) unberührt bleibt (BFH v. 15.03.1979, IV R 174/78, BStBl II 1979, 429; s. auch Abschn. 7 Abs. 3 VollstrA). 17

**Andere**, ohne Verletzung der Billigkeit zumutbare **Vollstreckungsmaßnahmen** können ungeachtet der Gewährung des partiellen Vollstreckungsschutzes (»soweit«) durchgeführt werden. Sind solche nach den Umständen des einzelnen Falles nicht möglich oder erfolgversprechend, kann dieser »einstweilige« Aufschub im Ergebnis ein endgültiges Scheitern jeder Vollstreckung zur Folge haben (s. § 261 AO). 18

## F. Zuständigkeit und Entscheidung

Zuständig sind die **Vollstreckungsbehörden** (§ 249 Abs. 1 Satz 3 AO). Sie entscheiden regelmäßig durch schriftlichen VA. § 258 AO schreibt aber die Schriftform nicht vor, sodass eine dem Antrag stattgebende oder ablehnende **Entscheidung auch mündlich** erfolgen kann (BFH v. 31.05.2005, VII R 62/04, BFH/NV 2005, 1743). 19

Wird die Vollstreckung wegen **Forderungen eines anderen Gläubigers** durchgeführt (s. Vor §§ 249–346 AO Rz. 10 ff.), braucht die Zustimmung dieses Gläubigers zu Maßnahmen gem. § 258 AO nicht eingeholt zu werden, weil im Vollstreckungsverfahren die Körperschaft als Gläubigerin der zu vollstreckenden Ansprüche gilt, der die Vollstreckungsbehörde angehört (§ 252 AO). Zu Maßnahmen nach § 258 AO sind die Vollstreckungsbehörde auch dann befugt, wenn sie im Rahmen innerstaatlicher oder zwischenstaatlicher Vollstreckungshilfe tätig werden (§ 250 AO). 20

## G. Rechtsschutz

Als Rechtsbehelf gegen die Ablehnung des begehrten Vollstreckungsschutzes ist der **Einspruch** gegeben (§ 347 Abs. 1 Nr. 1 AO), im Klageverfahren die **Verpflichtungsklage** (§ 40 FGO). Im Hinblick auf den Charakter der Entscheidung als Ermessensentscheidung (s. Rz. 1), ist das FG zu Maßnahmen nach § 258 AO aber nur befugt, wenn das Ermessen des FA auf null reduziert ist (§ 101 FGO). 21

22 Im vorläufigen Rechtsschutz kann Vollstreckungsaufschub durch eine **einstweilige Anordnung** beim FG beantragt werden, wobei neben der schlüssigen Darlegung eines auf § 258 AO gestützten Anspruchs (Anordnungsanspruch) auch die besondere Dringlichkeit, der Anordnungsgrund, durch präsente Beweismittel glaubhaft gemacht werden muss (§ 114 FGO, BFH v. 30.07.1996, X S 8/95, BFH/NV 1996, 733; BFH v. 18.03.1998, VII B 307/97, BFH/NV 1998, 1459; BFH v. 23.11.1999, VII B 310/98, BFH/NV 2000, 588; BFH v. 01.08.2002, VII B 352/00, BFH/NV 2002, 1547). Ein Anordnungsgrund liegt – erst – vor, wenn die Vollstreckung mit schwerwiegenden Nachteilen für den Vollstreckungsschuldner verbunden ist, z. B. seine wirtschaftliche oder persönliche Existenz bedroht wird (BFH v. 15.01.2003, V S 17/02, BFH/NV 2003, 738).

23 Das **Verhältnis von Vollstreckungsaufschub und Einspruch** ist von einem selbstständigen Nebeneinander geprägt. Es handelt sich um zwei völlig verschiedene Gestaltungsmöglichkeiten, bei denen nicht a priori davon ausgegangen werden kann, dass stets der Einspruch dem Willen und den Zielen des Vollstreckungsschuldners eher entspricht, als der Antrag, Vollstreckungsschutz aus Gründen der Billigkeit zu gewähren (BFH v. 02.11.1998, VII B 205/98, BFH/NV 1999, 450).

## Zweiter Abschnitt: Vollstreckung wegen Geldforderungen

### 1. Unterabschnitt Allgemeine Vorschriften

## § 259 AO Mahnung

**Der Vollstreckungsschuldner soll in der Regel vor Beginn der Vollstreckung mit einer Zahlungsfrist von einer Woche gemahnt werden. Einer Mahnung bedarf es nicht, wenn der Vollstreckungsschuldner vor Eintritt der Fälligkeit an die Zahlung erinnert wird. An die Zahlung kann auch durch öffentliche Bekanntmachung allgemein erinnert werden.**

**Inhaltsübersicht**



### A. Bedeutung der Vorschrift

Die Mahnung ist eine **Erinnerung** an den Vollstreckungsschuldner, dass eine Steuerforderung trotz Fälligkeit noch nicht erfüllt worden ist. Sie ist systematisch der Zwangsvollstreckung vorgelagert und noch kein Teil der Zwangsvollstreckung selbst. 1

### B. Notwendigkeit der Mahnung

Der Vollstreckungsschuldner soll in der Regel vor Beginn der Vollstreckung mit einer Zahlungsfrist von einer Woche gemahnt werden (§ 259 Satz 1 AO). Das FA trifft damit zwar eine **Ermessensentscheidung** darüber, ob vor Beginn der Vollstreckung gemahnt wird (s. BFH v. 02.11.1998, VII B 148/98, BFH/NV 1999, 588). Der Gesetzgeber hat das Ermessen durch die »Sollvorschrift« aber insoweit eingeschränkt, dass nur im Ausnahmefall von einer Mahnung abgesehen werden kann (s. Rz. 7). 2

Im Unterschied zum Leistungsgebot (§ 254 Satz 1 AO) ist die Mahnung weder notwendige Zwangsvollstreckungsvoraussetzung (§ 251 AO), noch trifft das FA mit ihr eine Regelung. Rechtlich ist die Mahnung somit dem sonstigen Verwaltungshandeln zuzurechnen. Die Mahnung ist an keine Form gebunden; sie wird jedoch in der Regel schriftlich erfolgen. Als Mahnung gilt auch ein Postnachnahmeauftrag (§ 259 Satz 2 AO). An die Zahlung kann auch durch öffentliche Bekanntmachung allgemein erinnert werden (§ 259 Satz 4 AO). 3

Die Mahnung setzt voraus, dass die angemahnten **Beträge fällig** sind (§ 220 AO). Ging der Mahnung ein Leistungsgebot voraus, ist sie erst nach Ablauf der Wochenfrist des § 254 Abs. 1 Satz 1 AO vorzunehmen (gl. A. *Loose* in Tipke/Kruse, § 259 AO Rz. 11). Damit erweist sich, dass die Vorschaltung einer Mahnung mit erneuter Wochenfrist vor den Beginn der Vollstreckung den Charakter einer konzilianten Verschonung des Vollstreckungsschuldners für die weitere Frist hat (s. Vor §§ 249–346 AO Rz. 18), weil durch sie der Beginn der Vollstreckung wegen einer Geldforderung hinausgeschoben wird. 4

Ging der Mahnung kein Leistungsgebot voraus, kann nach h. M. **Umdeutung** in dieses erfolgen, wenn die Mahnung den Inhaltserfordernissen eines Leistungsgebots entspricht (*Loose* in Tipke/Kruse, § 259 AO Rz. 4; *Werth* in Klein, § 259 AO Rz. 2; *Müller-Eiselt* in HHSp, § 259 AO Rz. 6). In diesem Fall ist aber nochmals zu mahnen. 5

### C. Entbehrlichkeit der Mahnung

Gemäß **§ 259 Satz 2 AO** bedarf es einer Mahnung nicht, wenn der Vollstreckungsschuldner vor Eintritt der Fälligkeit an die Zahlung erinnert wird. Ein solches Vorgehen 6 wird z.B. dann in Frage kommen, wenn die Finanzbehörde dem Schuldner zur Erleichterung der Zahlungsmodalitäten unter Bezugnahme auf die bevorstehende Fälligkeit eines bestimmten Zahlungsanspruchs Banküberweisungsformulare übersendet.

7 Eine Mahnung dürfte ausnahmsweise auch dann entbehrlich sein, wenn das FA den zu vollstreckenden Verwaltungsakt nicht zugleich mit einem Leistungsgebot verbunden hat, sondern ein besonderes Leistungsgebot nachträglich erlässt. Ergeht in einem solchen Fall nach Bekanntgabe des Festsetzungsbescheids eine Mahnung unter Einräumung einer einwöchigen Zahlungsfrist, so kann diese Mahnung die Funktion des Leistungsgebots übernehmen. Dann aber liegt ein anfechtbarer Verwaltungsakt vor.

### D. Rechtsfolgen unterlassener Mahnung

8 Die Wirksamkeit von Vollstreckungsmaßnahmen wird durch das Unterlassen einer vorherigen Mahnung oder die Nichteinhaltung der Wochenfrist von § 259 Satz 1 AO nicht berührt. Ist die Mahnung aber ohne sachlich gerechtfertigten Grund ermessensfehlerhaft unterblieben, so sind Vollstreckungsmaßnahmen rechtswidrig und auf Rechtsbehelf aufzuheben (*Loose* in Tipke/Kruse, § 259 AO Rz. 14).

### E. Kosten

9 Da das Mahnverfahren kein Teil der Vollstreckung ist, werden für das Mahnverfahren keine Kosten erhoben (§ 337 Abs. 2 Satz 1 AO). Der Vollstreckungsschuldner hat allerdings die Kosten zu tragen, die durch einen Postnachnahmeauftrag entstehen (§ 337 Abs. 2 Satz 2 AO).

## § 260 AO
## Angabe des Schuldgrundes

**Im Vollstreckungsauftrag oder in der Pfändungsverfügung ist für die beizutreibenden Geldbeträge der Schuldgrund anzugeben.**

**Inhaltsübersicht**



**Schrifttum**

Carl, Die Angabe des Schuldgrundes in der Pfändungsverfügung (§ 260 AO), DStZ 1995, 430; Strunk, Forderungspfändung, Drittschuldner und Steuergeheimnis, DStZ 1997, 704; Bartone, Forderungspfändung und Übermaßverbot – Hinweise zur Prüfung von Formmängeln und Verhältnismäßigkeit, AO-StB 2002, 397.

Lemaire

### A. Bedeutung der Vorschrift

Die Vorschrift betrifft den Vollstreckungsauftrag (§ 285 Abs. 2 AO) und die Pfändungsverfügung (§ 309 Abs. 1 AO). Die angeordnete Angabe des Schuldgrunds dient der Erkennbarmachung des zwischen dem zu vollstreckenden Verwaltungsakt und der Vollstreckungsmaßnahme bestehenden notwendigen Zusammenhangs. Dabei handelt es sich nicht lediglich um eine Begründung des Verwaltungsakts, sondern um dessen **notwendigen Inhalt**, der das Erfordernis der Bestimmtheit des Verwaltungsakts nach § 119 AO betrifft.

Soweit durch die Angabe des Grunds für die beizutreibenden Geldbeträge die Verhältnisse des Vollstreckungsschuldners Dritten offenbart werden, stellt die Vorschrift einen besonderen Fall einer ausdrücklichen Zulassung der **Durchbrechung des Steuergeheimnisses** i.S. des § 30 AO dar (s. BFH v. 18.07.2000, VII R 94/98, BFH/NV 2001, 141; BFH v. 18.07.2000, VII R 101/98, BStBl II 2001, 5). 2

### B. Notwendiger Inhalt

Der notwendige Inhalt der vorgeschriebenen Angaben ergibt sich aus dem Zweck der Vorschrift. Es muss zweifelsfrei feststehen, welcher konkrete Anspruch nach Grund und Höhe durch die ergriffene Vollstreckungsmaßnahme durchgesetzt werden soll, um die Überprüfung der Zulässigkeit der Vollstreckungsmaßnahme, insbes. durch den Vollstreckungsschuldner, z.B. im Hinblick auf § 281 Abs. 2 AO zu ermöglichen. In der Regel sind daher Abgabenart, Entstehung der Zahlungsverpflichtung, sowie Höhe und Fälligkeit des beizutreibenden Betrages darzulegen (BFH v. 08.02.1983, VII R 93/76, BStBl II 1983, 435; s. hiergegen *Carl*, DStZ 1985, 430). Bei Veranlagungssteuern ist es ausreichend, den beizutreibenden Betrag für die benannten Veranlagungszeiträume in einer Summe auszuweisen. Es ist nicht erforderlich, denn Betrag für jeden einzelnen Veranlagungszeitraum zu benennen (BFH v. 27.06.2006, VII R 34/05, BFH/NV 2006, 2024). 3

Eine **Modifizierung** erfährt der notwendige Inhalt für die an den Drittschuldner zuzustellende Pfändungsverfügung durch § 309 Abs. 2 Satz 2 AO (BFH v. 18.07.2000, VII R 101/98, BStBl II 2001, 5; BFH v. 11.12.2012, VII R 70/11, BFH/NV 2013, 796). § 309 Abs. 2 Satz 2 AO will vermeiden, dass der Dritte unnötig weit Einblick in die Verhältnisse des Pfändungsschuldners erhält und beschränkt den zulässigen Inhalt der dem Dritten zuzustellenden Verfügung auf den beizutreibenden Geldbetrag in einer Summe. Steuerarten und Zeiträume sind nicht zu bezeichnen (s. § 309 AO Rz. 8). 4

### C. Fehlen der Angaben

Da die Angabe des Schuldgrundes zwingend vorgeschrieben ist, sind die aufgrund des fehlerhaften Vollstreckungsauftrags ergriffenen Vollstreckungsmaßnahmen im Einspruchsverfahren aufzuheben. Der Vollstreckungsauftrag selbst ist nicht anfechtbar.

Die Angabe des Schuldgrunds kann nach Auffassung des BFH mit heilender Wirkung nachgeholt werden, dies aber – bei einer Pfändungsmaßnahme – nur durch eine Verfügung, die ihrerseits alle gesetzlichen Voraussetzungen der Pfändungsverfügung erfüllt (BFH v. 08.02.1983, VII R 93/76, BStBl II 1983, 435). Weil die nach der Vorschrift unerlässlichen Angaben dem Vollstreckungsschuldner gegenüber Begründungscharakter haben, sollte u. E. entgegen der Auffassung des BFH § 126 Abs. 1 Nr. 2 AO Anwendung finden (so auch *Werth* in Klein, § 260 AO Rz. 4; *Loose* in Tipke/Kruse, § 260 AO Rz. 6; wie BFH auch *Müller-Eiselt* in HHSp, § 260 AO Rz. 15).

## § 261 AO Niederschlagung

**Ansprüche aus dem Steuerschuldverhältnis dürfen niedergeschlagen werden, wenn zu erwarten ist, dass**

**1. die Erhebung keinen Erfolg haben wird oder**

**2. die Kosten der Erhebung außer Verhältnis zu dem zu erhebenden Betrag stehen werden.**

#### Inhaltsübersicht



#### Schrifttum

App, Niederschlagung und Überwachung der Niederschlagungsfälle – wie lange?, DStZ 1997, 297; Bartone, Die Niederschlagung von Ansprüchen aus dem Steuerschuldverhältnis, AO-StB 2003, 420.

### A. Bedeutung der Vorschrift

1 Eine Niederschlagung hat zur Folge, dass die Vollstreckungsbehörden die Beitreibung von Steueransprüchen einstellen. Ihr Pendant hat die Vorschrift in § 156 Abs. 2 AO, nach der unter denselben Voraussetzungen bereits von einer Festsetzung von Steuern und steuerlichen Nebenleistungen abgesehen werden kann. S. Abschn. 14 ff. VollstrA.

Die Niederschlagung ist eine interne Verwaltungsmaßnahme, der nicht die Qualität eines Verwaltungsakts i. S. des § 118 AO beizumessen ist (BFH v. 05.08.1998, IV B 129/97, BFH/NV 1999, 285; BFH v. 27.11.2003, VII B 279/03, juris). Der betroffene Vollstreckungsschuldner wird von der Niederschlagung nicht verständigt, insbes. wird sie ihm nicht ausdrücklich bekannt gegeben. 2

### B. Tatbestandliche Voraussetzungen

Da die Niederschlagung keine Billigkeitsmaßnahme ist, hat das FA keine Ermessensentscheidung zu treffen. Für eine Niederschlagung ist Voraussetzung, dass entweder zu erwarten ist (Prognose), dass die **Einziehung keinen Erfolg** haben wird, oder die **Kosten der Einziehung außer Verhältnis** zu dem zu erhebenden Betrag stehen. Die Voraussetzungen werden in einem Aktenvermerk festzuhalten sein. Ob die Voraussetzungen vorliegen, muss sorgfältig geprüft werden. Andererseits reicht es aus, wenn unter den gegebenen Umständen das Zutreffen der geforderten tatsächlichen Verhältnisse mit hoher Wahrscheinlichkeit unterstellt werden kann. 3

### C. Wirkung der Niederschlagung

Die Wirkung der Niederschlagung beschränkt sich auf die Entschließung, einstweilen den Anspruch nicht weiter zu verfolgen. Sie führt nicht zum Erlöschen des Steueranspruchs und hat nicht die Wirkung einer Stundung oder eines Erlasses. Durch sie wird folglich – anders als bei der Gewährung von Vollstreckungsaufschub gem. § 258 AO – **kein subjektives Recht** des Vollstreckungsschuldners auf zeitweiliges oder dauerhaftes Absehen von Vollstreckungsmaßnahmen begründet (BFH v. 09.12.1997, V B 71/97, BFH/NV 1998, 877; BFH v. 27.11.2003, VII B 279/03, juris). Aus dem verwaltungsinternen Charakter der Niederschlagung folgt vielmehr ohne Weiteres, dass die Vollstreckung bis zur Verjährung des Steueranspruchs wieder aufgenommen werden kann, sobald die für die Niederschlagung maßgebenden Voraussetzungen (erfolglose Vollstreckungsversuche, voraussichtliche Aussichtslosigkeit weiterer Vollstreckungsmaßnahmen) weggefallen sind (BFH v. 05.08.1998, IV B 129/97, BFH/NV 1999, 285; BFH v. 27.11.2003, VII B 279/03, juris). 4

Andererseits unterbricht die Niederschlagung die **Zahlungsverjährung** nicht, selbst dann nicht, wenn sie dem Vollstreckungsschuldner mitgeteilt oder sonst bekannt geworden ist. Hierfür muss die Vollstreckungsbehörde vor Eintritt der Zahlungsverjährung verjährungsunterbrechende Maßnahmen gem. § 231 AO ergreifen. Hinsichtlich der Überwachung der Niederschlagung s. Abschn. 17 VollstrA. 5

6 Wird dem Vollstreckungsschuldner die »Niederschlagung« mitgeteilt, kann sie ausnahmsweise über ein Verwaltungsinternum hinausgehen und Rechtswirkungen entfalten (BFH v. 05.08.1998, IV B 129/97, BFH/NV 1999, 285). Für den Charakter der Maßnahmen ist in diesem Fall maßgebend wie der Vollstreckungsschuldner die Mitteilung verstehen musste (Auslegung), ggf. als Erlass (§ 227 AO), Stundung (§ 222 AO) oder Vollstreckungsaufschub (§ 258 AO). Bleibt die mitgeteilte Niederschlagung auch nach Auslegung ein Verwaltungsinternum, stellt sich die weitere Frage, ob späteren Vollstreckungsmaßnahmen nach den Grundsätzen von Treu und Glauben nicht der Einwand entgegengehalten werden kann, die Finanzbehörde habe ihren Anspruch verwirkt, weil der Schuldner mit einer Einziehung nicht mehr gerechnet und deshalb entsprechende wirtschaftliche Dispositionen getroffen habe (so *Müller-Eiselt* in HHSp, § 261 AO Rz. 14; *Loose* in Tipke/Kruse, § 261 AO Rz. 9).

### D. Zuständigkeit

7 Zuständig ist die jeweilige Vollstreckungsbehörde, die bei Beträgen, die 125 000 Euro übersteigen, die Genehmigung der OFD einzuholen hat (s. gleichlautende Ländererlasse v. 24.03.2017, BStBl I 2017, 419). Für die Feststellung der Zuständigkeitsgrenze ist jede Steuerart und jeder Veranlagungszeitraum für sich zu rechnen. Eine Zustimmung ist nicht erforderlich bei Insolvenzforderungen und in Fällen, in denen innerhalb der letzten zwölf Monate eine Zustimmung zur Niederschlagung der Steuern dieser Steuerart und dieses VZ bzw. dieser Nebenleistungen erteilt worden ist.

8 Niederschlagung kommt nicht in Betracht, soweit die Vollstreckungsbehörde zwischenstaatliche Vollstreckungshilfe leistet. In solchen Fällen ist dem Gläubiger von den zur Niederschlagung berechtigenden Umständen Kenntnis zu geben.

## § 262 AO Rechte Dritter

**(1) Behauptet ein Dritter, dass ihm am Gegenstand der Vollstreckung ein die Veräußerung hinderndes Recht zustehe oder werden Einwendungen nach den §§ 772 bis 774 der Zivilprozessordnung erhoben, so ist der Widerspruch gegen die Vollstreckung erforderlichenfalls durch Klage vor den ordentlichen Gerichten geltend zu machen. Als Dritter gilt auch, wer zur Duldung der Vollstreckung in ein Vermögen, das von ihm verwaltet wird, verpflichtet ist, wenn er geltend macht, dass ihm gehörende Gegenstände von der Vollstreckung betroffen seien. Welche Rechte die Veräußerung hindern, bestimmt sich nach bürgerlichem Recht.**

**(2) Für die Einstellung der Vollstreckung und die Aufhebung von Vollstreckungsmaßnahmen gelten die §§ 769 und 770 der Zivilprozessordnung.**

**(3) Die Klage ist ausschließlich bei dem Gericht zu erheben, in dessen Bezirk die Vollstreckung erfolgt. Wird die Klage gegen die Körperschaft, der die Vollstreckungsbehörde angehört, und gegen den Vollstreckungsschuldner gerichtet, so sind sie Streitgenossen.**

**Inhaltsübersicht**



**Schrifttum**

Lemaire, Rechte Dritter in der Zwangsvollstreckung, AO-StB 2005, 183.

### A. Bedeutung der Vorschrift

Die Vorschrift hat den Schutz Dritter zum Ziel, deren Rechte durch die Zwangsvollstreckung gegen den Vollstreckungsschuldner betroffen sind. Sie regelt, in welchen Fällen und in welcher Form der Dritte Einwendungen gegen die Vollstreckung erheben kann. S. Abschn. 13 VollstrA. 1

### B. Dritter i.S. von § 262 AO

Dritter ist, wer nicht Vollstreckungsschuldner ist (§ 253 AO). Als Dritter gilt auch, wer zur Duldung der Vollstreckung in ein Vermögen, das von ihm verwaltet wird, verpflichtet ist, wenn er geltend macht, dass ihm gehörende Gegenstände von der Vollstreckung betroffen sind (§ 262 Abs. 1 Satz 2 AO). Ehegatten, die zusammen zur Einkommensteuer veranlagt werden, sind Gesamtschuldner und damit als Vollstreckungsschuldner keine Dritten (§§ 26b EStG, 44 Abs. 1 AO). 2

### C. Die Veräußerung hindernde Rechte (§ 771 ZPO)

Soweit § 262 Abs. 1 Satz 1 AO auf die dem Dritten zustehenden »die Veräußerung hindernden Rechte« Bezug nimmt, stimmt die Vorschrift inhaltlich mit § 771 ZPO überein.

**§ 771 ZPO Drittwiderspruchsklage**

(1) Behauptet ein Dritter, dass ihm an dem Gegenstand der Zwangsvollstreckung ein die Veräußerung hinderndes Recht zustehe, so ist der Widerspruch gegen die Zwangsvollstreckung im Wege der Klage bei dem Gericht geltend zu machen, in dessen Bezirk die Zwangsvollstreckung erfolgt.

(2) Wird die Klage gegen den Gläubiger und den Schuldner gerichtet, so sind diese als Streitgenossen anzusehen.

(3) Auf die Einstellung der Zwangsvollstreckung und die Aufhebung der bereits getroffenen Vollstreckungsmaßregeln sind die Vorschriften der §§ 769, 770 entsprechend anzuwenden. Die Aufhebung einer Vollstreckungsmaßregel ist auch ohne Sicherheitsleistung zulässig.

4 Ein die Veräußerung hinderndes Recht im eigentlichen Wortsinn gibt es nicht. Gemeint sind diejenigen Rechte Dritter, die dazu führen, dass die betreffenden Gegenstände nicht dem Schuldnervermögen, sondern dem Vermögen des Dritten zuzurechnen sind (s. BFH v. 24.02.1981, VII B 66/80, BStBl II 1981, 348). In Frage kommen insbes. folgende Rechte:

- Eigentum Dritter an körperlichen Sachen (Alleineigentum, Miteigentum, Sicherungseigentum, Eigentumsvorbehalt) sowie (Mit-)Inhaberschaft an Forderungen und sonstigen Rechten, insbesondere an Geldforderungen;
- Beschränkt dingliche Rechte Dritter (z.B. Erbbaurecht, Pfandrecht, Nießbrauch, Hypothek);
- Schuldrechtliche Herausgabeansprüche Dritter aus der Überlassung von Gegenständen an den Vollstreckungsschuldner (z.B. Miete, Pacht, Leihe, Verwahrung);
- Uneigennützige Treuhand (z.B. Recht des Treugebers bei Inkassozession und Vollstreckung in diese Forderung beim Treuhänder).

5 Zu den Einzelheiten s. bei *Seiler* in Thomas/Putzo, § 771 ZPO Rz. 14 ff.

6-9 vorläufig frei

### D. Einwendungen nach §§ 772 bis 774 ZPO

10 Gegen die Vollstreckung können auch die Einwendungen nach §§ 772 bis 774 ZPO geltend gemacht werden (§ 262 Abs. 1 Satz 1 AO).

**§ 772 ZPO Drittwiderspruchsklage bei Veräußerungsverbot**

Solange ein Veräußerungsverbot der in den §§ 135, 136 des Bürgerlichen Gesetzbuchs bezeichneten Art besteht, soll der Gegenstand, auf den es sich bezieht, wegen eines persönlichen Anspruchs oder aufgrund eines infolge des Verbots unwirksamen Rechts nicht im Wege der Zwangsvollstreckung veräußert oder überwiesen werden. Aufgrund des Veräußerungsverbots kann nach Maßgabe des § 771 Widerspruch erhoben werden.

**§ 773 ZPO Drittwiderspruchsklage des Nacherben**

Ein Gegenstand, der zu einer Vorerbschaft gehört, soll nicht im Wege der Zwangsvollstreckung veräußert oder überwiesen werden, wenn die Veräußerung oder die Überweisung im Falle des Eintritts der Nacherbfolge nach § 2115 des Bürgerlichen Gesetzbuchs dem Nacherben gegenüber unwirksam ist. Der Nacherbe kann nach Maßgabe des § 771 Widerspruch erheben.

**§ 774 ZPO Drittwiderspruchsklage des Ehegatten oder Lebenspartners**

Findet nach § 741 die Zwangsvollstreckung in das Gesamtgut statt, so kann ein Ehegatte oder Lebenspartner nach Maßgabe des § 771 Widerspruch erheben, wenn das gegen den anderen Ehegatten oder Lebenspartner ergangene Urteil in Ansehung des Gesamtgutes ihm gegenüber unwirksam ist.

§ 772 ZPO betrifft Fälle des bedingten (relativen) Veräußerungsverbots, das dem Schutz bestimmter Personen dient und Verfügungen nur diesen geschützten Personen gegenüber unwirksam macht (§ 135 BGB). § 136 BGB stellt derartige Veräußerungsverbote, die von einem Gericht oder von einer Behörde innerhalb ihrer Zuständigkeit erlassen werden, gesetzlichen Veräußerungsverboten i.S. des § 135 BGB gleich (z.B. die Eröffnung des Insolvenzverfahrens nach § 81 InsO und bei Beschlagnahme nach § 23 ZVG eintretende Veräußerungsverbote). 11

§ 773 ZPO betrifft Fälle der Nacherbschaft (§§ 2100 ff. BGB). Zwar ist der Vorerbe mit dem Eintritt des Erbfalls bis zum Eintritt der Nacherbfolge bürgerlich-rechtlich alleiniger Eigentümer aller zur Erbmasse gehörenden Gegenstände. Dem Nacherben steht lediglich eine Anwartschaft zu, die einen Schutz seiner Interessen bis zum Eintritt der Nacherbfolge erforderlich macht. So sind nach § 2115 Satz 1 BGB Verfügungen über einen Erbschaftsgegenstand, die im Wege der Zwangsvollstreckung, der Arrestvollziehung oder durch den Insolvenzverwalter erfolgen, im Falle des Eintritts der Nacherbfolge insoweit unwirksam, als sie das Recht des Nacherben vereiteln oder beeinträchtigen würden. § 773 ZPO räumt dem Nacherben die Möglichkeit ein, seine Rechte schon vor Eintritt der Nacherbfolge zu wahren. 12

§ 774 ZPO betrifft Fälle der Vollstreckung in das Gesamtgut von in Gütergemeinschaft lebenden Ehegatten oder Lebenspartner, wenn derjenige Ehegatte oder Le- 13 benspartner, der nicht Vollstreckungsschuldner ist, dem Betrieb des Erwerbsgeschäfts durch den anderen Ehegatten oder Lebenspartner, aus dem die zu vollstreckende Verbindlichkeit herrührt, widersprochen hat (§§ 741, 744 ZPO).

## E. Verfahrensrechtliche Anbringung der Einwendungen

14 In den unter Rz. 3 bis 13 genannten Fällen steht dem Dritten zur Wahrung seiner Rechte die **Drittwiderspruchsklage** offen (§§ 262 Abs. 1 Satz 1, 771 ZPO). Mit der Klage verfolgt der Dritte das Ziel, die Unzulässigkeit der Zwangsvollstreckung feststellen zu lassen oder die Einstellung der Verwertung oder Vollstreckung. Die Klage ist beim ordentlichen Gericht zu erheben. Zuständig ist ausschließlich dasjenige Gericht, in dessen Bezirk die Vollstreckung erfolgt (§ 262 Abs. 3 Satz 1 AO). Beklagter ist die Körperschaft, der die Vollstreckungsbehörde angehört (s. § 252 AO). Der Dritte kann gleichzeitig gegen den Vollstreckungsschuldner klagen, etwa mit dem Antrag, die Zwangsvollstreckungssache herauszugeben. Tut er dies, so sind beide Beklagte einfache Streitgenossen (§ 262 Abs. 3 Satz 2 AO, §§ 59 ff. ZPO).

15 Da die Vollstreckung durch die Erhebung der Drittwiderspruchsklage nicht gehemmt ist, verweist § 262 Abs. 2 AO auf §§ 769 und 770 ZPO.

**§ 769 ZPO Einstweilige Anordnungen**

(1) Das Prozessgericht kann auf Antrag anordnen, dass bis zum Erlass des Urteils über die in den §§ 767, 768 bezeichneten Einwendungen die Zwangsvollstreckung gegen oder ohne Sicherheitsleistung eingestellt oder nur gegen Sicherheitsleistung fortgesetzt werde und dass Vollstreckungsmaßregeln gegen Sicherheitsleistung aufzuheben seien. Die tatsächlichen Behauptungen, die den Antrag begründen, sind glaubhaft zu machen.

(2) In dringenden Fällen kann das Vollstreckungsgericht eine solche Anordnung erlassen, unter Bestimmung einer Frist, innerhalb der die Entscheidung des Prozessgerichts beizubringen sei. Nach fruchtlosem Ablauf der Frist wird die Zwangsvollstreckung fortgesetzt.

(3) Die Entscheidung über diese Anträge ergeht durch Beschluss.

(4) Im Fall der Anhängigkeit einer auf Herabsetzung gerichteten Abänderungsklage gelten die Absätze 1 bis 3 entsprechend.

**§ 770 ZPO Einstweilige Anordnungen im Urteil**

Das Prozessgericht kann in dem Urteil, durch das über die Einwendungen entschieden wird, die in dem vorstehenden Paragraphen bezeichneten Anordnungen erlassen oder die bereits erlassenen Anordnungen aufheben, abändern oder bestätigen. Für die Anfechtung einer solchen Entscheidung gelten die Vorschriften des § 718 entsprechend.

Nach diesen Vorschriften hat das Gericht die Möglichkeit im Beschlussverfahren vor dem Urteil (§ 769 ZPO) oder im Urteil selbst (§ 770 ZPO), durch **einstweilige Anordnungen** die einstweilige Einstellung der Zwangsvollstreckung gegen oder ohne Sicherheitsleistung anzuordnen. Eine einstweilige Anordnung auf der Rechtsgrundlage des § 114 FGO ist dem Gericht nicht möglich. Für die Sicherheiten gelten die §§ 108 ff. ZPO, nicht die steuerrechtlichen Vorschriften in §§ 241 ff. AO. Wird die Aufhebung von Vollstreckungsmaßnahmen angeordnet, ist stets Sicherheitsleistung zu verlangen, da eine dem § 771 Abs. 3 Satz 2 ZPO entsprechende Regelung in § 262 Abs. 2 AO fehlt (*Müller-Eiselt* in HHSp, § 262 AO Rz. 54).

Generell kann Drittwiderspruchsklage **nach Beendigung der Zwangsvollstreckung** nicht mehr erhoben werden. In diesem Fall ist der Dritte darauf beschränkt, dass FA auf Herausgabe des Erlöses wegen ungerechtfertigter Bereicherung zu verklagen. Ein solcher Anspruch besteht im Umfang des Nettoerlöses, d.h. des Erlöses nach Abzug der Pfändungs- und Verwertungskosten. Bei schuldhaftem Handeln des FA (Amtspflichtverletzung) kann u.U. auch auf Schadenersatz nach § 839 BGB i.V.m. Art. 34 GG geklagt werden (BGH v. 28.04.1960, III ZR 22/59, BStBl I 1960, 626; *Loose* in Tipke/Kruse, § 262 AO Rz. 27). 16

Selbstverständlich kann und soll (§ 93 ZPO) der Dritte die vorstehenden Rechte **zunächst beim vollstreckenden FA reklamieren**. Da es sich bei den Streitigkeiten aber nicht um Abgabenangelegenheiten i.S. von §§ 347 Abs. 1 Nr. 1 AO, 33 Abs. 1 Nr. 1 FGO handelt, ist er gehindert die Rechte im Einspruchsverfahren gegenüber dem FA oder im Finanzrechtsweg bei den FG geltend zu machen. Andererseits ist es aus diesem Grund der Finanzbehörde untersagt, in einem steuerrechtlichen Auskunftsverfahren hoheitlich den Wahrheitsgehalt der Einwendungen des Dritten – etwa durch seine eidliche Vernehmung – zu erforschen (BFH v. 28.03.1979, I B 79/78, BStBl II 1979, 538; dagegen *Carl*, DStZ 1984, 455). Gibt die Vollstreckungsstelle den Einwendungen des Dritten nicht statt, soll sie auf die Möglichkeit der Klage vor den ordentlichen Gerichten hinweisen (Abschn. 13 Abs. 1 VollstrA). 17

Unberührt davon bleibt das Recht des Dritten gegen die **Art und Weise der Vollstreckung** Einspruch beim FA und Klage beim FG einzulegen, sofern die jeweils betroffene Vorschrift, die der Dritte rügt, auch drittschützende Wirkung hat, d.h. – zumindest auch – den Zweck hat, die Sphäre des Dritten zu schützen (*Müller-Eiselt* in HHSp, § 262 AO Rz. 58). 18

## F. Pfand- oder Vorzugsrechte Dritter

Besteht das Recht des Dritten in einem Pfand- oder Vorzugsrecht an einer Sache, die nicht in seinem Besitz ist (sog. besitzloses Pfandrecht), kann der Dritte der Pfän- 19 dung nicht widersprechen, sondern lediglich vorzugsweise Befriedigung aus dem Erlös verlangen und zwar unabhängig davon, ob seine Forderung fällig ist oder nicht (§ 293 AO; Abschn. 13 Abs. 4 VollstrA; sog. geminderte Widerspruchsklage). Für die Klage auf vorzugsweise Befriedigung ist ebenfalls das ordentliche Gericht zuständig, in dessen Bezirk gepfändet worden ist (§ 293 Abs. 2 AO).

## § 263 AO
## Vollstreckung gegen Ehegatten oder Lebenspartner

**Für die Vollstreckung gegen Ehegatten oder Lebenspartner sind die Vorschriften der §§ 739, 740, 741, 743, 744a und 745 der Zivilprozessordnung entsprechend anzuwenden.**

**Inhaltsübersicht**



### A. Bedeutung der Vorschrift

1 Die Vorschrift verweist bezüglich der Vollstreckung gegen Ehegatten oder Lebenspartner auf einschlägige Vorschriften der ZPO. S. Abschn. 27 VollstrA.

**§ 739 ZPO Gewahrsamsvermutung bei Zwangsvollstreckung gegen Ehegatten und Lebenspartner**

(1) Wird zugunsten der Gläubiger eines Ehemannes oder der Gläubiger einer Ehefrau gem. § 1362 des Bürgerlichen Gesetzbuchs vermutet, dass der Schuldner Eigentümer beweglicher Sachen ist, so gilt, unbeschadet der Rechte Dritter, für die Durchführung der Zwangsvollstreckung nur der Schuldner als Gewahrsamsinhaber und Besitzer.

(2) Absatz 1 gilt entsprechend für die Vermutung des § 8 Abs. 1 des Lebenspartnerschaftsgesetzes zugunsten der Gläubiger eines der Lebenspartner.

**§ 740 ZPO Zwangsvollstreckung in das Gesamtgut**

(1) Leben die Ehegatten oder Lebenspartner in Gütergemeinschaft und verwaltet einer von ihnen das Gesamtgut allein, so ist zur Zwangsvollstreckung in das Gesamtgut ein Urteil gegen diesen Ehegatten oder Lebenspartner erforderlich und genügend.

(2) Verwalten die Ehegatten oder Lebenspartner das Gesamtgut gemeinschaftlich, so ist die Zwangsvollstreckung in das Gesamtgut nur zulässig, wenn beide Ehegatten oder Lebenspartner zur Leistung verurteilt sind.

**§ 741 ZPO Zwangsvollstreckung in das Gesamtgut bei Erwerbsgeschäft**

Betreibt ein Ehegatte oder Lebenspartner, der in Gütergemeinschaft lebt und das Gesamtgut nicht oder nicht allein verwaltet, selbstständig ein Erwerbsgeschäft, so ist zur Zwangsvollstreckung in das Gesamtgut ein gegen ihn ergangenes Urteil genügend, es sei denn, dass zur Zeit des Eintritts der Rechtshängigkeit der Einspruch des anderen Ehegatten oder Lebenspartners gegen den Betrieb des Erwerbsgeschäfts oder der Widerruf seiner Einwilligung zu dem Betrieb im Güterrechtsregister eingetragen war.

**§ 743 ZPO Beendete Gütergemeinschaft**

Nach der Beendigung der Gütergemeinschaft ist vor der Auseinandersetzung die Zwangsvollstreckung in das Gesamtgut nur zulässig, wenn

1. beide Ehegatten oder Lebenspartner zu der Leistung oder
2. der eine Ehegatte oder Lebenspartner zu der Leistung verurteilt ist und der andere zur Duldung der Zwangsvollstreckung.

**§ 744 a ZPO Zwangsvollstreckung bei Eigentums- und Vermögensgemeinschaft**

Leben die Ehegatten gem. Artikel 234 § 4 Abs. 2 des Einführungsgesetzes zum Bürgerlichen Gesetzbuch im Güterstand der Eigentums- und Vermögensgemeinschaft, sind für die Zwangsvollstreckung in Gegenstände des gemeinschaftlichen Eigentums und Vermögens die §§ 740 bis 744, 774 und 860 entsprechend anzuwenden.

**§ 745 ZPO Zwangsvollstreckung bei fortgesetzter Gütergemeinschaft**

(1) Im Falle der fortgesetzten Gütergemeinschaft ist zur Zwangsvollstreckung in das Gesamtgut ein gegen den überlebenden Ehegatten oder Lebenspartner ergangenes Urteil erforderlich und genügend.

(2) Nach der Beendigung der fortgesetzten Gütergemeinschaft gelten die §§ 743 und 744 mit der Maßgabe, dass

1. an die Stelle desjenigen Ehegatten oder Lebenspartners, der das Gesamtgut allein verwaltet, der überlebende Ehegatte oder Lebenspartner tritt und
2. an die Stelle des anderen Ehegatten oder Lebenspartners die anteilsberechtigten Abkömmlinge treten.

### B. Tatbestandliche Voraussetzungen

Gemäß § 1362 BGB – auf den § 739 ZPO Bezug nimmt – wird zugunsten der Gläubiger des Ehemannes oder der Ehefrau vermutet, dass die im Besitz eines oder beider Ehegatten befindlichen beweglichen Gegenstände dem Schuldner gehören. Diese – widerlegliche – Vermutung gilt nicht, wenn die Ehegatten getrennt leben und sich die Sachen im Besitz des Ehegatten befinden, der nicht Schuldner ist. Für ausschließlich zum persönlichen Gebrauch eines Ehegatten bestimmte Sachen wird im Verhältnis der Ehegatten zueinander vermutet, dass sie dem Ehegatten gehören, für dessen Gebrauch sie bestimmt sind. § 739 ZPO bestimmt nun, dass im Rahmen der Eigentumsvermutungen nach § 1362 BGB für die Durchführung der Zwangsvollstreckung unbeschadet der Rech- 2 te Dritter (also auch des anderen Ehegatten) lediglich der Schuldner (Vollstreckungsschuldner) als Gewahrsamsinhaber und Besitzer gilt. Die Fiktion des § 739 ZPO ist – anders als die des § 1362 BGB – nicht widerlegbar.

3 Bei ehelicher Gütergemeinschaft ist zur Zwangsvollstreckung in das Gesamtgut bei Verwaltung durch nur einen Ehegatten oder Lebenspartner ein Titel gegen diesen Ehegatten oder Lebenspartner erforderlich aber auch genügend (§ 740 Abs. 1 ZPO). Verwalten die Eheleute oder Lebenspartner das Gesamtgut gemeinschaftlich, so ist die Vollstreckung in das Gesamtgut nur zulässig, wenn beide zur Leistung verpflichtet sind (§ 740 Abs. 2 ZPO).

4 § 741 ZPO betrifft die Zwangsvollstreckung in das Gesamtgut von in Gütergemeinschaft lebenden Ehegatten oder Lebenspartner, wenn ein Ehegatte oder Lebenspartner, der das Gesamtgut nicht oder nicht allein verwaltet, selbstständig ein Erwerbsgeschäft betreibt. In diesem Fall reicht zur Zwangsvollstreckung in das Gesamtgut ein gegen den das Erwerbsgeschäft betreibenden Ehegatten oder Lebenspartner gerichteter Titel aus, wenn nicht zur Zeit des Eintritts der Rechtshängigkeit der Einspruch des anderen Ehegatten oder Lebenspartner gegen den Betrieb des Erwerbsgeschäfts oder der Widerruf seiner Einwilligung zu dem Betrieb im Güterrechtsregister eingetragen war. Im Vollstreckungsverfahren nach der AO dürfte als Zeitpunkt der Rechtshängigkeit der des Wirksamwerdens (§ 124 Abs. 1 Satz 1 AO) des Verwaltungsakts, aus dem vollstreckt werden soll (§ 249 Abs. 1 Sätze 1 und 2 AO), anzusehen sein.

5 § 743 ZPO befasst sich mit der Zwangsvollstreckung in das Gesamtgut einer beendeten Gütergemeinschaft. Hier ist vor der Auseinandersetzung die Vollstreckung in das Gesamtgut nur zulässig, wenn beide Ehegatten oder Lebenspartner zu der Leistung verpflichtet sind oder der eine Ehegatte oder Lebenspartner zu der Leistung und der andere zur Duldung der Zwangsvollstreckung verpflichtet ist.

6 § 744a ZPO betrifft die Fälle, in denen sich Eheleute aus der ehemaligen DDR innerhalb der in Art. 234 § 4 EGBGB vorgesehenen Frist durch förmliche Erklärung für die Fortgeltung des Güterstands der Eigentums- und Vermögensgemeinschaft (§ 13 Familiengesetzbuch DDR) – eine Art Errungenschaftsgemeinschaft – entschieden haben und erklärt u. a. die Vorschriften der §§ 740, 741, 743 ZPO für entsprechend anwendbar. Haben Ehegatten dieses Wahlrecht nicht ausgeübt, gilt uneingeschränkt der Güterstand der gesetzlichen Zugewinngemeinschaft.

7 § 745 ZPO betrifft die Zwangsvollstreckung in das Gesamtgut bei fortgesetzter Gütergemeinschaft, die dann eintritt, wenn ein Ehegatte oder Lebenspartner im Güterstand der Gütergemeinschaft stirbt und die Ehegatten oder Lebenspartner im Ehevertrag vereinbart haben, dass die Gütergemeinschaft nach dem Tod eines Ehegatten oder Lebenspartners zwischen dem überlebenden Ehegatten oder Lebenspartnern und den gemeinschaftlichen Abkömmlingen fortgesetzt wird.

## § 264 AO
## Vollstreckung gegen Nießbraucher

**Für die Vollstreckung in Gegenstände, die dem Nießbrauch an einem Vermögen unterliegen, ist die Vorschrift des § 737 der Zivilprozessordnung entsprechend anzuwenden.**

§ 737 ZPO Zwangsvollstreckung bei Vermögens- oder Erbschaftsnießbrauch 1

(1) Bei dem Nießbrauch an einem Vermögen ist wegen der vor der Bestellung des Nießbrauchs entstandenen Verbindlichkeiten des Bestellers die Zwangsvollstreckung in die dem Nießbrauch unterliegenden Gegenstände ohne Rücksicht auf den Nießbrauch zulässig, wenn der Besteller zu der Leistung und der Nießbraucher zur Duldung der Zwangsvollstreckung verurteilt ist.

(2) Das Gleiche gilt bei dem Nießbrauch an einer Erbschaft für die Nachlassverbindlichkeiten.

Die Vorschrift zieht die vollstreckungsrechtliche Konsequenz aus § 1086 BGB. S. Abschn. 28 VollstrA. 2

§ 264 AO betrifft lediglich die Fälle eines Nießbrauchs am gesamten Vermögen (Vermögensnießbrauch; §§ 1058 ff. BGB). Hat der Dritte den Nießbrauch an einzelnen Gegenständen, gilt § 262 AO. Das Vermögen des Nießbrauchsbestellers haftet nach Bestellung eines Vermögensnießbrauchs für frühere Verbindlichkeiten weiter fort (§ 1068 BGB), gemäß § 737 ZPO ist die Vollstreckung in dieses Vermögen aber nur zulässig, wenn der Nießbraucher »zur Duldung der Zwangsvollstreckung verurteilt ist«, d.h. wenn das FA gegen den Nießbraucher zuvor einen bestandskräftigen Duldungsbescheid erlassen hat (§ 191 Abs. 1 AO).

Einwendungen gegen die Anwendbarkeit von § 737 ZPO müssen bereits im Einspruchs- bzw. Klageverfahren gegen den Duldungsbescheid vorgebracht werden. Im Vollstreckungsverfahren sind diese Einwendungen unzulässig (§ 256 AO). 3

## § 265 AO
## Vollstreckung gegen Erben

**Für die Vollstreckung gegen Erben sind die Vorschriften der §§ 1958, 1960 Abs. 3, § 1961 des Bürgerlichen Gesetzbuches sowie der §§ 747, 748, 778, 779, 781 bis 784 der Zivilprozessordnung entsprechend anzuwenden.**

**Inhaltsübersicht**

## A. Bedeutung der Vorschrift

Die Vorschrift verweist hinsichtlich der Vollstreckung gegen Erben auf eine Reihe von Bestimmungen des BGB und der ZPO. Wegen der Einzelheiten s. Abschn. 29 bis 31 VollstrA.

**§ 1958 BGB Gerichtliche Geltendmachung von Ansprüchen gegen den Erben**

Vor der Annahme der Erbschaft kann ein Anspruch, der sich gegen den Nachlass richtet, nicht gegen den Erben gerichtlich geltend gemacht werden.

**§ 1960 BGB Sicherung des Nachlasses; Nachlasspfleger**

(1) Bis zur Annahme der Erbschaft hat das Nachlassgericht für die Sicherung des Nachlasses zu sorgen, soweit ein Bedürfnis besteht. Das Gleiche gilt, wenn der Erbe unbekannt oder wenn ungewiss ist, ob er die Erbschaft angenommen hat.

(2) Das Nachlassgericht kann insbesondere die Anlegung von Siegeln, die Hinterlegung von Geld, Wertpapieren und Kostbarkeiten sowie die Aufnahme eines Nachlassverzeichnisses anordnen und für denjenigen, welcher Erbe wird, einen Pfleger (Nachlasspfleger) bestellen.

(3) Die Vorschrift des § 1958 findet auf den Nachlasspfleger keine Anwendung.

**§ 1961 BGB Nachlasspflegschaft auf Antrag**

Das Nachlassgericht hat in den Fällen des § 1960 Abs. 1 einen Nachlasspfleger zu bestellen, wenn die Bestellung zum Zwecke der gerichtlichen Geltendmachung eines Anspruchs, der sich gegen den Nachlass richtet, von dem Berechtigten beantragt wird.

**§ 747 ZPO Zwangsvollstreckung in ungeteilten Nachlass**

Zur Zwangsvollstreckung in einen Nachlass ist, wenn mehrere Erben vorhanden sind, bis zur Teilung ein gegen alle Erben ergangenes Urteil erforderlich.

**§ 748 ZPO Zwangsvollstreckung bei Testamentsvollstrecker**

(1) Unterliegt ein Nachlass der Verwaltung eines Testamentsvollstreckers, so ist zur Zwangsvollstreckung in den Nachlass ein gegen den Testamentsvollstrecker ergangenes Urteil erforderlich und genügend.

(2) Steht dem Testamentsvollstrecker nur die Verwaltung einzelner Nachlassgegenstände zu, so ist die Zwangsvollstreckung in diese Gegenstände nur zulässig, wenn der Erbe zu der Leistung, der Testamentsvollstrecker zur Duldung der Zwangsvollstreckung verurteilt ist.

(3) Zur Zwangsvollstreckung wegen eines Pflichtteilsanspruchs ist im Falle des Absatzes 1 wie im Falle des Absatzes 2 ein sowohl gegen den Erben als gegen den Testamentsvollstrecker ergangenes Urteil erforderlich.

**§ 778 ZPO Zwangsvollstreckung vor Erbschaftsannahme**

(1) Solange der Erbe die Erbschaft nicht angenommen hat, ist eine Zwangsvollstreckung wegen eines Anspruchs, der sich gegen den Nachlass richtet, nur in den Nachlass zulässig.

(2) Wegen eigener Verbindlichkeiten des Erben ist eine Zwangsvollstreckung in den Nachlass vor der Annahme der Erbschaft nicht zulässig.

**§ 779 ZPO Fortsetzung der Zwangsvollstreckung nach dem Tod des Schuldners**

(1) Eine Zwangsvollstreckung, die zur Zeit des Todes des Schuldners gegen ihn bereits begonnen hatte, wird in seinen Nachlass fortgesetzt.

(2) Ist bei einer Vollstreckungshandlung die Zuziehung des Schuldners nötig, so hat, wenn die Erbschaft noch nicht angenommen oder wenn der Erbe unbekannt oder es ungewiss ist, ob er die Erbschaft angenommen hat, das Vollstreckungsgericht auf Antrag des Gläubigers dem Erben einen einstweiligen besonderen Vertreter zu bestellen. Die Bestellung hat zu unterbleiben, wenn ein Nachlasspfleger bestellt ist oder wenn die Verwaltung des Nachlasses einem Testamentsvollstrecker zusteht.

**§ 781 ZPO Beschränkte Erbenhaftung in der Zwangsvollstreckung**

Bei der Zwangsvollstreckung gegen den Erben des Schuldners bleibt die Beschränkung der Haftung unberücksichtigt, bis auf Grund derselben gegen die Zwangsvollstreckung von dem Erben Einwendungen erhoben werden.

**§ 782 ZPO Einreden des Erben gegen Nachlassgläubiger**

Der Erbe kann auf Grund der ihm nach den §§ 2014, 2015 des Bürgerlichen Gesetzbuchs zustehenden Einreden nur verlangen, dass die Zwangsvollstreckung für die Dauer der dort bestimmten Fristen auf solche Maßregeln beschränkt wird, die zur Vollziehung eines Arrestes zulässig sind. Wird vor dem Ablauf der Frist die Eröffnung des Nachlassinsolvenzverfahrens beantragt, so ist auf Antrag die Beschränkung der Zwangsvollstreckung auch nach dem Ablauf der Frist aufrechtzuerhalten, bis über die Eröffnung des Insolvenzverfahrens rechtskräftig entschieden ist.

**§ 783 ZPO Einreden des Erben gegen persönliche Gläubiger**

In Ansehung der Nachlassgegenstände kann der Erbe die Beschränkung der Zwangsvollstreckung nach § 782 auch gegenüber den Gläubigern verlangen, die nicht Nachlassgläubiger sind, es sei denn, dass er für die Nachlassverbindlichkeiten unbeschränkt haftet.

**§ 784 ZPO Zwangsvollstreckung bei Nachlassverwaltung und -insolvenzverfahren**

(1) Ist eine Nachlassverwaltung angeordnet oder das Nachlassinsolvenzverfahren eröffnet, so kann der Erbe verlangen, dass Maßregeln der Zwangsvollstreckung, die zugunsten eines Nachlassgläubigers in sein nicht zum Nachlass gehörendes Vermögen erfolgt sind, aufgehoben werden, es sei denn, dass er für die Nachlassverbindlichkeiten unbeschränkt haftet.

(2) Im Falle der Nachlassverwaltung steht dem Nachlassverwalter das gleiche Recht gegenüber Maßregeln der Zwangsvollstreckung zu, die zugunsten eines anderen Gläubigers als eines Nachlassgläubigers in den Nachlass erfolgt sind.

### B. Tatbestandliche Voraussetzungen

2 § 1958 BGB: Gegen den Erben kann vor Annahme der Erbschaft ein Anspruch, der sich gegen den Nachlass richtet, gerichtlich nicht geltend gemacht werden. In entsprechender Anwendung dieser Vorschrift darf gegen den Erben vor Annahme der Erbschaft kein Verwaltungsakt erlassen werden. Dies betrifft nicht nur das Vollstreckungsverfahren, sondern auch bereits die ihm vorgelagerte Steuerfestsetzung.

3 § 1960 Abs. 3 BGB: Auf den Nachlasspfleger als gesetzlichen Vertreter des zukünftigen endgültigen Erben findet § 1958 BGB keine Anwendung. Gegen ihn können folglich trotz ausstehender Annahme der Erbschaft durch die Erben Steuerbescheide erlassen und die daraus resultierenden Ansprüche im Wege der Zwangsvollstreckung beigetrieben werden.

4 § 1961 BGB: Das Nachlassgericht hat vor Annahme der Erbschaft durch den Erben einen Nachlasspfleger zu bestellen, wenn dies zum Zwecke der gerichtlichen Geltendmachung eines Anspruchs, der sich gegen den Nachlass richtet, von dem Berechtigten beantragt wird. Das gleiche gilt, wenn der Erbe unbekannt oder wenn ungewiss ist, ob er die Erbschaft angenommen hat. Antragsberechtigt ist im Vollstreckungsverfahren die Vollstreckungsbehörde (§ 249 Abs. 1 Satz 3 AO).

5 § 747 ZPO: Gibt es mehrere Erben (sog. Erbengemeinschaft) ist bis zur Teilung des Nachlasses zur Zwangsvollstreckung in den Nachlass ein gegen alle Miterben ergangenes Urteil, d. h. im Besteuerungsverfahren grundsätzlich ein gegen alle Erben gerichteter vollstreckbarer Verwaltungsakt erforderlich (Ausnahme: § 779 ZPO, s. Rz. 8). Einen bereits dem Erblasser bekannt gegebenen Steuerbescheid muss das FA aber aufgrund § 45 AO nicht an alle Miterben erneut bekannt. In diesem Fall muss nur noch die Aufforderung zur Zahlung, das Leistungsgebot (§ 254 AO), an alle Miterben ergehen.

6 § 748 ZPO: Ist ein Testamentsvollstrecker bestellt, so ist zur Vollstreckung in den Nachlass ein gegen den Testamentsvollstrecker ergangenes Urteil (im Verwaltungsvollstreckungsverfahren ein auf Duldung gerichteter Verwaltungsakt) erforderlich und genügend. Selbstverständlich muss darüber hinaus der gegen den Nachlass gerichtete Anspruch durch Verwaltungsakt, der auch den Erben gegenüber wirksam ist, festgesetzt sein.

7 § 778 ZPO: Bis zur Annahme der Erbschaft durch den Erben ist eine Zwangsvollstreckung wegen eines gegen den Nachlass gerichteten Anspruchs nur in den Nachlass zulässig, während wegen eigener Verbindlichkeiten des Erben die Vollstreckung in den Nachlass noch nicht zulässig ist.

§ 779 ZPO: Die Zwangsvollstreckung, die zur Zeit des Todes des Vollstreckungsschuldners gegen ihn bereits begonnen hatte, wird in seinem Nachlass fortgesetzt. In den Fällen des § 779 Abs. 2 ZPO bedarf es der Bestellung eines einstweiligen besonderen Vertreters, sofern kein Nachlasspfleger oder Testamentsvollstrecker bestellt ist.

Die §§ 781 bis 784 ZPO regeln den Einfluss der Beschränkung der Erbenhaftung auf die Vollstreckung.

Nach § 781 ZPO bleibt die Beschränkung der Haftung solange unberücksichtigt, bis der Erbe sich auf sie beruft. Wie dies im einzelnen zu geschehen hat, ist für die Verwaltungsvollstreckung nicht ausdrücklich geregelt. Da weder § 780 ZPO noch § 785 ZPO entsprechende Anwendung finden und andere Rechtsbehelfe nicht vorgesehen sind, dürfte – nach Auffassung des BFH – zur Geltendmachung der Einrede eine formlose Erklärung des Vollstreckungsschuldners gegenüber der Vollstreckungsbehörde genügen. Jedenfalls soll es ausreichen, wenn der Erbe einen Rechtsbehelf gegen die Zwangsvollstreckungsmaßnahme einlegt und sich dabei auf die Beschränkung seiner Haftung beruft (BFH v. 11.08.1998, VII R 118/95, BStBl II 1998, 705). 10

Erhebt der Erbe die Dreimonatseinrede (§ 2014 BGB) oder die Einrede des Aufgebotsverfahrens (§ 2015 BGB), kann er nur verlangen, dass die Vollstreckung für die Dauer der in §§ 2014, 2015 BGB bestimmten Fristen auf solche Maßnahmen beschränkt wird, die zur Vollziehung eines Arrestes zulässig sind (§ 782 ZPO). Wird vor Ablauf der Frist die Eröffnung des Nachlassinsolvenzverfahrens beantragt, so ist auf Antrag die Beschränkung der Zwangsvollstreckung auch nach dem Ablauf der Frist aufrechtzuerhalten, bis über die Eröffnung des Insolvenzverfahrens entschieden ist. § 783 ZPO schützt den Erben entsprechend § 782 ZPO auch gegenüber den persönlichen Gläubigern. § 784 ZPO regelt die Zwangsvollstreckung im Nachlassinsolvenzverfahren und bei Nachlassverwaltung. 11

## § 266 AO
## Sonstige Fälle beschränkter Haftung

**Die Vorschriften der §§ 781 bis 784 der Zivilprozessordnung sind auf die nach § 1489 des Bürgerlichen Gesetzbuches eintretende beschränkte Haftung, die Vorschrift des § 781 der Zivilprozessordnung ist auf die nach den §§ 1480, 1504 und 2187 des Bürgerlichen Gesetzbuches eintretende beschränkte Haftung entsprechend anzuwenden.**

Die Vorschrift ist § 786 ZPO nachgebildet. §§ 781–784 ZPO s. § 265 AO Rz. 1. 1

**§ 1480 BGB Haftung nach der Teilung gegenüber Dritten**

Wird das Gesamtgut geteilt, bevor eine Gesamtgutsverbindlichkeit berichtigt ist, so haftet dem Gläubiger auch der Ehegatte persönlich als Gesamtschuldner, für den zur Zeit der Teilung eine solche Haftung nicht besteht. Seine Haftung beschränkt sich auf die ihm zugeteilten Gegenstände; die für die Haftung des Erben geltenden Vorschriften der §§ 1990, 1991 sind entsprechend anzuwenden.

**§ 1489 BGB Persönliche Haftung für die Gesamtgutsverbindlichkeiten**

(1) Für die Gesamtgutsverbindlichkeiten der fortgesetzten Gütergemeinschaft haftet der überlebende Ehegatte persönlich.

(2) Soweit die persönliche Haftung den überlebenden Ehegatten nur infolge des Eintritts der fortgesetzten Gütergemeinschaft trifft, finden die für die Haftung des Erben für die Nachlassverbindlichkeiten geltenden Vorschriften entsprechende Anwendung; an die Stelle des Nachlasses tritt das Gesamtgut in dem Bestand, den es zur Zeit des Eintritts der fortgesetzten Gütergemeinschaft hat.

(3) Eine persönliche Haftung der anteilsberechtigten Abkömmlinge für die Verbindlichkeiten des verstorbenen oder des überlebenden Ehegatten wird durch die fortgesetzte Gütergemeinschaft nicht begründet.

**§ 1504 BGB Haftungsausgleich unter Abkömmlingen**

Soweit die anteilsberechtigten Abkömmlinge nach § 1480 den Gesamtgutsgläubigern haften, sind sie im Verhältnis zueinander nach der Größe ihres Anteils an dem Gesamtgut verpflichtet. Die Verpflichtung beschränkt sich auf die ihnen zugeteilten Gegenstände; die für die Haftung des Erben geltenden Vorschriften der §§ 1990, 1991 finden entsprechende Anwendung.

**§ 2187 BGB Haftung des Hauptvermächtnisnehmers**

(1) Ein Vermächtnisnehmer, der mit einem Vermächtnis oder einer Auflage beschwert ist, kann die Erfüllung auch nach der Annahme des ihm zugewendeten Vermächtnisses insoweit verweigern, als dasjenige, was er aus dem Vermächtnis erhält, zur Erfüllung nicht ausreicht.

(2) Tritt nach § 2161 ein anderer an die Stelle des beschwerten Vermächtnisnehmers, so haftet er nicht weiter, als der Vermächtnisnehmer haften würde.

(3) Die für die Haftung des Erben geltende Vorschrift des § 1992 findet entsprechende Anwendung.

2 § 1489 BGB bestimmt, dass für die Gesamtgutverbindlichkeiten der fortgesetzten Gütergemeinschaft der überlebende Ehegatte persönlich haftet. Soweit diese persönliche Haftung ihn nur infolge des Eintritts der fortgesetzten Gütergemeinschaft trifft, finden gemäß § 1489 Abs. 2 BGB die für die Haftung des Erben für die Nachlassverbindlichkeiten geltenden Vorschriften entsprechende Anwendung. Dabei tritt an die Stelle des Nachlasses das Gesamtgut in dem Bestand, den es zur Zeit des Eintritts der fortgesetzten Gütergemeinschaft hat. § 266 AO bestimmt deshalb, dass auch in diesem Falle wie bei der Vollstreckung gegen Erben die §§ 781 bis 784 ZPO entsprechend anzuwenden sind (s. § 265 AO Rz. 9 bis 11).

§ 781 ZPO, wonach die Haftungsbeschränkung solange unberücksichtigt bleibt, bis auf Grund derselben Einwendungen gegen die Vollstreckung erhoben werden, gilt entsprechend für die gegenständlich beschränkte Haftung in den Fällen der §§ 1480 BGB (Ehegattenhaftung nach Teilung des Gesamtguts), 1504 BGB (Haftung der Abkömmlinge nach Teilung des Gesamtguts der fortgesetzten Gütergemeinschaft) und 2187 BGB (Haftung des Hauptvermächtnisnehmers). 3

## § 267 AO
## Vollstreckungsverfahren gegen nichtrechtsfähige Personenvereinigungen

**Bei nichtrechtsfähigen Personenvereinigungen, die als solche steuerpflichtig sind, genügt für die Vollstreckung in deren Vermögen ein vollstreckbarer Verwaltungsakt gegen die Personenvereinigung. Dies gilt entsprechend für Zweckvermögen und sonstige einer juristischen Person ähnliche steuerpflichtige Gebilde.**

**Inhaltsübersicht**



### A. Bedeutung der Vorschrift

Die Vorschrift hat Personenvereinigungen und andere Gebilde im Auge, die zwar zivilrechtlich nicht rechtsfähig sind, aber steuerlich Steuersubjekt und damit auch Steuerschuldner sein können. §267 AO bereitet den vollstreckungsrechtlichen Boden für die unmittelbar gegen diese Gebilde gerichteten Steuerfestsetzungen. 1

§267 AO ist mit §735 ZPO vergleichbar, erfasst aber über §735 ZPO hinaus alle nicht rechtsfähigen Personenvereinigungen, die als solche steuerpflichtig sein können (s. auch Abschn. 33 VollstrA). 2

### B. Tatbestandliche Voraussetzungen

Steuerschuldner – insbesondere von Betriebssteuern wie GewSt, USt, aber auch GrESt – sind u. a. folgende nichtrechtsfähige Personenvereinigungen: die **Gesellschaft bürgerlichen Rechts** (§§705ff. BGB), **OHG** und **KG** (§§105, 161 HGB; die aber auch zivilrechtlich Träger von Rechten und Pflichten sein können, §§124, 161 3

Abs. 2 HGB) und der **nichtrechtsfähige Verein** (§ 54 BGB). Darüber hinaus erfasst § 267 Satz 2 AO **Zweckvermögen** i. S. des § 1 Abs. 1 Nr. 5 KStG, etwa nichtrechtsfähige Stiftungen, Anstalten oder sonstiges Sammelvermögen des privaten Rechts.

4 Für die Vollstreckung **»in das Vermögen«** dieser Personenvereinigungen genügt – entgegen § 736 ZPO – ein vollstreckbarer Verwaltungsakt (§ 249 Abs. 1 Sätze 1 und 2 AO), der sich gegen die Personenvereinigung selbst richtet. Nicht erforderlich ist ein Verwaltungsakt, der sich gegen die hinter der Vereinigung stehenden natürlichen oder juristischen Personen richtet. Andererseits ist ein Zugriff auf das Vermögen der Personenvereinigung beschränkt und ein Zugriff auf das Privatvermögen des einzelnen Mitglieds untersagt. Hierzu bedarf es eines gegen das einzelne Mitglied gerichteten Haftungs- oder Duldungsbescheids.

## 2. Unterabschnitt Aufteilung einer Gesamtschuld

## § 268 AO Grundsatz

**Sind Personen Gesamtschuldner, weil sie zusammen zu einer Steuer vom Einkommen oder zur Vermögensteuer veranlagt worden sind, so kann jeder von ihnen beantragen, dass die Vollstreckung wegen dieser Steuern jeweils auf den Betrag beschränkt wird, der sich nach Maßgabe der §§ 269 bis 278 bei einer Aufteilung der Steuern ergibt.**

### Inhaltsübersicht



### Schrifttum

Eich, Die Aufteilung einer Gesamtschuld, AO-StB 2004, 335.

### A. Bedeutung der Vorschrift

1 Die aus der Gesamtschuldnerschaft resultierende Konsequenz, dass jeder Gesamtschuldner die gesamte Leistung schuldet (§ 44 Abs. 1 Satz 2 AO), kann in den Fällen der Zusammenveranlagung zu **erheblichen Härten** führen, weil sie schlechthin die Verpflichtung mit sich bringt, auch für solche Steuern mit dem eigenen Vermögen einstehen zu müssen, die ausschließlich auf dem steuerlich relevanten Verhalten eines anderen beruhen. Diese Härten spielen so lange keine Rolle, als die Gesamtschuldner die Steuerschulden in gegenseitigem Einvernehmen freiwillig erfüllen. Sie treten aber dann zutage, wenn die Zwangsvollstreckung eingeleitet wird bzw. bevorsteht. § 268 AO sieht daher vor, dass der von der Vollstreckung betroffene Gesamtschuldner beantragen kann, die Vollstreckung nach Maßgabe der §§ 269 bis 278 AO auf den Betrag beschränken lassen kann, der sich bei einer Aufteilung der Steuern ergibt. Mit den Aufteilungsvorschriften trägt der Gesetzgeber dem verfassungsrechtlichen Gebot Rechnung, dass die Verwirklichung der Gesamtschuld nicht gegen den Willen des Ehegatten erzwungen werden kann (BFH v. 07.03.2006, VII R 12/05, BStBl II 2006, 584).

Der Aufteilungsantrag bewirkt aber nicht nur für das Vollstreckungsverfahren (§§ 268, 278 Abs. 2 AO), sondern im Hinblick auf die gesamte Verwirklichung des Steueranspruchs (§ 218 Abs. 1 AO) eine **Beschränkung** auf den für jeden Gesamtschuldner (Ehegatten oder Lebenspartner) im Aufteilungsbescheid ausgewiesenen Betrag, insbes. also auch für die Fälle der Zahlung und Aufrechnung (§ 279 Abs. 2 Satz 1 AO; BFH v. 18.12.2001, VII R 56/99, BStBl II 2002, 214). Für die Verwirklichung des Anspruchs aus einer gemeinsamen Steuerfestsetzung wird die Gesamtschuld im Ergebnis in Teilschulden aufgespalten (BFH v. 07.03.2006, X R 8/05, BStBl II 2007, 594; BFH v. 03.11.2010, X S 28/10, BFH/NV 2011, 203). Ein zuvor erlassenes Leistungsgebot (§ 254 AO) wird der Höhe nach modifiziert (s. § 254 AO Rz. 6; BFH v. 07.03.2006, VII R 12/05, BStBl II 2006, 584). 2

### B. Tatbestandliche Voraussetzungen

§ 268 AO räumt den **Anspruch auf Aufteilung** von Steuerschulden den Steuerschuldnern ein, die deswegen Gesamtschuldner sind, weil sie zusammen zu einer Steuer vom Einkommen oder zur Vermögensteuer veranlagt worden sind. Für den Bereich der ESt sind dies die Ehegatten oder Lebenspartner, die zusammen veranlagt werden (§ 44 Abs. 1 AO, §§ 26, 26a EStG), für den Bereich der VSt, die derzeit (seit 1987) nicht erhoben wird, ebenfalls die Ehegatten bzw. die Ehegatten oder einzelnen Elternteile mit ihren Kindern (§ 14 VStG). 3

Ferner bestimmt § 268 AO, dass eine Aufteilung der Gesamtschuld nur auf Antrag erfolgt und nach Maßgabe der §§ 269 bis 278 AO zu erfolgen hat. Das Antragsrecht steht jedem zusammen veranlagten Ehegatten oder Lebenspartner in eigener Person zu. Durch den Tod des anderen Ehegatten, den der überlebende Ehegatte als Gesamtrechtsnachfolger beerbt hat, geht das Antragsrecht nicht verloren (BFH v. 17.01.2008, VI R 45/04, BStBl II 2008, 418). 4

## § 269 AO
## Antrag

**(1) Der Antrag ist bei dem im Zeitpunkt der Antragstellung für die Besteuerung nach dem Einkommen oder dem Vermögen zuständigen Finanzamt schriftlich oder elektronisch zu stellen oder zur Niederschrift zu erklären.**

**(2) Der Antrag kann frühestens nach Bekanntgabe des Leistungsgebots gestellt werden. Nach vollständiger Tilgung der rückständigen Steuer ist der Antrag nicht mehr zulässig. Der Antrag muss alle Angaben enthalten, die zur Aufteilung der Steuer erforderlich sind, soweit sich diese Angaben nicht aus der Steuererklärung ergeben.**

**Inhaltsübersicht**



### A. Bedeutung der Vorschrift

1 § 269 AO regelt, beim wem, in welcher Form, innerhalb welcher Zeitspanne und mit welchem Inhalt der für die Aufteilung gem. § 268 AO erforderliche Aufteilungsantrag zu stellen ist.

### B. Tatbestandliche Voraussetzungen

2 Gemäß § 269 Abs. 1 AO ist dasjenige FA für die Entgegennahme des Antrags **zuständig**, das im Zeitpunkt der Antragstellung nach §§ 17 ff. AO, insbes. § 19 AO, für die Besteuerung nach dem Einkommen oder Vermögen zuständig ist, nicht also die Vollstreckungsbehörde. Der Antrag kann nur **schriftlich** oder **elektronisch** gestellt oder **zur Niederschrift erklärt** werden.

3 Der Antrag kann nicht vor Bekanntgabe des **Leistungsgebots** (§ 254 Abs. 1 Satz 1 AO) gestellt werden (§ 269 Abs. 2 Satz 1 AO). Ein vorher gestellter Antrag ist unzulässig und die Unzulässigkeit wird nicht durch nachträgliche Bekanntgabe des Leistungsgebots geheilt. Die Wochenfrist des § 254 Abs. 1 Satz 1 AO braucht nicht abgewartet zu werden.

4 Ist **keine Steuer mehr rückständig**, ist der Antrag nicht mehr zulässig (§ 269 Abs. 2 Satz 2 AO), weil kein Interesse an einer Aufteilung der getilgten Schuld für Zwecke der Vollstreckung mehr besteht. Es ist nicht Zweck der Aufteilung, amtliche Grundlagen für einen internen Ausgleich unter den Gesamtschuldnern zu liefern. War die Steuer zwar bereits vollständig getilgt, die Vollziehung der entsprechenden Bescheide aber ganz oder teilweise wieder aufgehoben und waren dementsprechend Steuerbeträge erstattet worden, ist das Antragsrecht durch § 269 Abs. 2 Satz 2 AO nicht ausgeschlossen (BFH v. 11.04.1989, VIII R 219/84, BFH/NV 1989, 755).

Soweit sich die für die Aufteilung **erforderlichen Angaben** nicht aus der Steuererklärung ergeben, muss der Antrag alle für die Aufteilung der Steuer notwendigen Daten enthalten (§ 269 Abs. 2 Satz 3 AO). Ggf. hat das Finanzamt zur Ergänzung der Angaben aufzufordern (s. § 89 AO). Lediglich wenn dieser Aufforderung nicht in angemessener Frist Folge geleistet wird und die Aufteilungsgrundlagen auch nicht im Schätzungsweg ermittelt werden können, kann der Antrag zurückgewiesen werden. § 88 Abs. 1 Satz 1 AO gilt insoweit nicht. 5

Der Antrag kann zurückgenommen werden, solange der Aufteilungsbescheid noch nicht erlassen worden ist. Ist der Aufteilungsbescheid ergangen, kann er – außerhalb eines Rechtsbehelfsverfahrens – nur aus den in § 280 AO genannten Gründen geändert werden (s. § 280 AO Rz. 3 ff.; FG BW v. 14.02.2017, 11 K 370/15, EFG 2017, 1146, Rev. BFH VII R 46/17). Die **Rücknahme** des Antrags ist nach Erlass nicht mehr möglich. Dies folgt aus dem Charakter des Antrags als **verwaltungsrechtliches Gestaltungsrecht** (FG Niedersachsen v. 05.11.2013, 15 K 14/13, EFG 2014, 106). 6

## § 270 AO
## Allgemeiner Aufteilungsmaßstab

**Die rückständige Steuer ist nach dem Verhältnis der Beträge aufzuteilen, die sich bei Einzelveranlagung nach Maßgabe des §26a des Einkommensteuergesetzes und der §§271 bis 276 ergeben würden. Dabei sind die tatsächlichen und rechtlichen Feststellungen maßgebend, die der Steuerfestsetzung bei der Zusammenveranlagung zugrunde gelegt worden sind, soweit nicht die Anwendung der Vorschriften über die Einzelveranlagung zu Abweichungen führt.**

Die Vorschrift bestimmt den allgemeinen Maßstab für die Aufteilung von Gesamtschuldnern geschuldeter Einkommensteuer. 1

Für Zwecke der Aufteilung wird eine **fiktive Einzelveranlagung nach Maßgabe des § 26a EStG** durchgeführt und die rückständige Steuer – von den in §§ 271 bis 276 AO vorgesehenen Besonderheiten abgesehen – im Verhältnis der errechneten, fiktiven Veranlagung den einzelnen Gesamtschuldnern zugerechnet (BFH v. 09.08.2004, VI S 4/04, BFH/NV 2004, 1624). 2

Gemäß § 270 Satz 2 AO sind in dem Aufteilungsverfahren die **tatsächlichen und rechtlichen Feststellungen** zugrunde zu legen, die bei der Steuerfestsetzung (Zusammenveranlagung) maßgebend waren, wobei Abweichungen nur insoweit zulässig sind, als sie durch die Anwen- 3 dung der Vorschriften über die Einzelveranlagung bedingt sind (s. BFH v. 17.05.2001, X B 69/00, BFH/NV 2001, 1521). Die Bindung an die tatsächlichen und rechtlichen Feststellungen besteht unabhängig davon, ob im Zeitpunkt der Aufteilung neue Erkenntnisse tatsächlicher oder rechtlicher Art vorliegen, die, wären sie der Finanzbehörde schon im Zeitpunkt der Durchführung der Zusammenveranlagung bekannt gewesen, zu einer anderen Steuerfestsetzung geführt hätten. Lediglich wenn der Zusammenveranlagungsbescheid nach §§ 129, 172 ff. AO geändert bzw. berichtigt wird, hat sich die Aufteilung an den Grundlagen des korrigierten Bescheids zu orientieren. War der Aufteilungsbescheid im Zeitpunkt der Änderung schon ergangen, ist er entsprechend abzuändern (§ 280 Abs. 1 Nr. 2 AO).

## § 271 AO Aufteilungsmaßstab für die Vermögensteuer

**Die Vermögensteuer ist wie folgt aufzuteilen:**

1. **Für die Berechnung des Vermögens und der Vermögensteuer der einzelnen Gesamtschuldner ist vorbehaltlich der Abweichungen in den Nummern 2 und 3 von den Vorschriften des Bewertungsgesetzes und des Vermögensteuergesetzes in der Fassung auszugehen, die der Zusammenveranlagung zu Grunde gelegen hat.**
2. **Wirtschaftsgüter eines Ehegatten oder Lebenspartners, die bei der Zusammenveranlagung als land- und forstwirtschaftliches Vermögen oder als Betriebsvermögen dem anderen Ehegatten oder Lebenspartner zugerechnet worden sind, werden als eigenes land- und forstwirtschaftliches Vermögen oder als eigenes Betriebsvermögen behandelt.**
3. **Schulden, die nicht mit bestimmten, einem Gesamtschuldner zugerechneten Wirtschaftsgütern in wirtschaftlichem Zusammenhang stehen, werden bei den einzelnen Gesamtschuldnern nach gleichen Teilen abgesetzt, soweit sich ein bestimmter Schuldner nicht feststellen lässt.**

### Inhaltsübersicht



### A. Bedeutung der Vorschrift

1 Die Vorschrift bestimmt den Maßstab für die Aufteilung der Vermögensteuer. Nach Maßgabe von § 270 Nr. 1 bis 3 AO ist auch für die VSt eine »**fiktive Einzelveranlagung**« durchzuführen, die an sich im VStG nicht vorgesehen ist. Derzeit spielt die Vorschrift indes nur noch für Altfälle eine Rolle, da die VSt nur für Zeiträume bis zum 31.12.1996 erhoben wurde.

### B. Tatbestandliche Voraussetzungen

Gemäß § 271 Nr. 1 AO sind für die Berechnung des Vermögens und der VSt der einzelnen Gesamtschuldner die **Vorschriften des BewG und des VStG** zugrunde zu legen, die ihrerseits der Zusammenveranlagung zugrunde gelegen haben. Vermögenswerte und Schulden sind dem Gesamtschuldner zuzurechnen, dem sie nach den Vorschriften des BewG und VStG zugerechnet werden. Gleiches gilt grundsätzlich auch für die Berücksichtigung von Freibeträgen (§ 6 VStG) und Freigrenzen (§ 110 Abs. 1 Nr. 8 bis 12 BewG a.F.). 2

Im Schrifttum wird angenommen, in Ermangelung einer gesetzlichen Regelung könnten infolge geringen Vermögens nicht ausgenutzte **Freibeträge und Freigrenzen** generell nicht auf andere Gesamtschuldner übertragen werden (*Müller-Eiselt* in HHSp, § 271 AO Rz. 5; *Drüen* in Tipke/Kruse, § 271 AO Rz. 4). Dem ist – vom rechnerischen Ergebnis – nicht uneingeschränkt zuzustimmen. Die (rückständige) Vermögensteuer ist nach dem Verhältnis der fiktiv errechneten Vermögensteuerschuld des Einzelnen aufzuteilen, und zwar in der Weise, dass bei jedem von ihnen nur die ihm zustehenden Freibeträge berücksichtigt werden. Ergibt sich in einem solchen Fall eine höhere Summe der einzelnen Rohaufteilungsbeträge als die im Zusammenveranlagungsbescheid festgesetzte Vermögensteuer, so sind die einzelnen Rohaufteilungsbeträge nach ihrem Verhältnis zueinander um den überschießenden Betrag zu kürzen. Das ist zwar keine »Übertragung von Freibeträgen« im technischen Sinn, jedoch eine Anpassung der Rohaufteilungsbeträge an die insgesamt festgesetzte, durch Freibeträge auch vermögensloser Mitglieder der Veranlagungsgemeinschaft beeinflusste Steuerfestsetzung, denn die Aufteilungsbeträge insgesamt können nicht höher sein, als der zur Aufteilung bestimmte Betrag. 3

Gemäß § 26 BewG werden bei **wirtschaftlichen Einheiten** Wirtschaftsgüter des einen Ehegatten oder Lebenspartners beim anderen Ehegatten oder Lebenspartner berücksichtigt. Dieser bewertungsrechtlichen Aufteilungsregel folgt der Aufteilungsmaßstab für die Aufteilung der VSt nicht (§ 271 Nr. 2 AO). 4

§ 271 Nr. 3 AO ist eine spezielle Vorschrift zur Aufteilung von **Schulden**. Grundsätzlich werden Schulden vom Vermögen der Gesamtschuldner abgesetzt, mit deren Wirtschaftsgüter die Schulden in wirtschaftlichen Zusammenhang stehen. Lässt sich ein solcher Zusammenhang nicht feststellen und ist auch kein Gesamtschuldner aus- 5 zumachen, dem die Schulden, wenn nicht über ein bestimmtes Wirtschaftsgut, dann aber doch bestimmt über mehrere seiner Wirtschaftsgüter zuzurechnen sind, dann erfolgt die Aufteilung der Schulden zu gleichen Teilen unter allen Gesamtschuldnern.

## § 272 AO Aufteilungsmaßstab für Vorauszahlungen

**(1) Die rückständigen Vorauszahlungen sind im Verhältnis der Beträge aufzuteilen, die sich bei einer getrennten Festsetzung der Vorauszahlungen ergeben würden. Ein Antrag auf Aufteilung von Vorauszahlungen gilt zugleich als Antrag auf Aufteilung der weiteren im gleichen Veranlagungszeitraum fällig werdenden Vorauszahlungen und einer etwaigen Abschlusszahlung. Nach Durchführung der Veranlagung ist eine abschließende Aufteilung vorzunehmen. Aufzuteilen ist die gesamte Steuer abzüglich der Beträge, die nicht in die Aufteilung der Vorauszahlungen einbezogen worden sind. Dabei sind jedem Gesamtschuldner die von ihm auf die aufgeteilten Vorauszahlungen entrichteten Beträge anzurechnen. Ergibt sich eine Überzahlung gegenüber dem Aufteilungsbetrag, so ist der überzahlte Betrag zu erstatten.**

**(2) Werden die Vorauszahlungen erst nach der Veranlagung aufgeteilt, so wird der für die veranlagte Steuer geltende Aufteilungsmaßstab angewendet.**

1 Die Vorschrift regelt den Aufteilungsmaßstab für Vorauszahlungen.

2 Dem allgemeinen Prinzip entsprechend, findet die Aufteilung von rückständigen Vorauszahlungen am Maßstab einer **fiktiven getrennten Festsetzung** der Vorauszahlungen statt (§ 272 Abs. 1 Satz 1 AO; s. § 270 AO Rz. 2).

3 Jedem Gesamtschuldner sind die von ihm auf die aufgeteilten Vorauszahlungen entrichteten **Beträge anzurechnen** (§ 272 Abs. 1 Satz 5 AO). **Überzahlungen** eines Gesamtschuldners, die sich anlässlich der Aufteilung ergeben, kommen den anderen Gesamtschuldnern – abweichend von § 44 Abs. 2 Satz 1 AO – nicht zugute (§ 272 Abs. 1 Satz 6 AO). Der Gesamtschuldner, auf dessen Rechnung gezahlt worden ist, erlangt vielmehr einen Erstattungsanspruch (§ 37 Abs. 2 AO), da mit Ergehen des Aufteilungsbescheids im Umfang der Überzahlung der Rechtsgrund für die Zahlung entfallen ist.

4 Gemäß § 272 Abs. 1 Satz 2 AO ist für künftig fällig werdende Vorauszahlungen des gleichen Veranlagungszeitraums und eine etwaige **Abschlusszahlung** ein gesonderter Antrag nicht mehr erforderlich, wenn ein Antrag auf Aufteilung angeforderter Vorauszahlungen vorliegt. Kraft Gesetzes wird fingiert, dass der ursprüngliche Antrag sich auch auf diese Zahlungen erstreckt.

Der Aufteilungsantrag hat automatisch auch zur Folge, dass nach Durchführung der Veranlagung eine **abschließende Aufteilung** stattfindet (§ 272 Abs. 1 Satz 3 AO). Hierbei bleiben Beträge, die bei der Aufteilung der Vorauszahlungen nicht aufgeteilt worden sind, außen vor (§ 272 Abs. 1 Satz 4 AO). 5

## § 273 AO Aufteilungsmaßstab für Steuernachforderungen

**(1) Führt die Änderung einer Steuerfestsetzung oder ihre Berichtigung nach § 129 zu einer Steuernachforderung, so ist die aus der Nachforderung herrührende rückständige Steuer im Verhältnis der Mehrbeträge aufzuteilen, die sich bei einem Vergleich der berichtigten Einzelveranlagungen mit den früheren Einzelveranlagungen ergeben.**

**(2) Der in Absatz 1 genannte Aufteilungsmaßstab ist nicht anzuwenden, wenn die bisher festgesetzte Steuer noch nicht getilgt ist.**

Die Vorschrift behandelt die Aufteilung von Steuernachforderungen. 1

Voraussetzung für die Anwendung der Vorschrift ist, dass die Steuerfestsetzung geändert oder berichtigt wird (§§ 129, 172 ff. AO) und dass die Steuer aus der ursprünglichen Steuerfestsetzung **vollständig getilgt** war (§ 273 Abs. 2 AO). Die Vorschrift findet keine – auch keine analoge- Anwendung, wenn nicht die Änderung der Steuerfestsetzung, sondern die Änderung einer Anrechnungsverfügung – als Teil des Erhebungsverfahrens – zu einer Nachforderung führt (BFH v. 18.07.2000, VII R 32/99, BStBl II 2001, 133). 2

Von **§ 280 Abs. 1 Nr. 2 AO,** der einen ähnlichen Fall regelt und an die Änderung der Steuerfestsetzung anknüpft, unterscheidet sich § 273 AO in folgender Hinsicht: § 273 AO hat den Erlass eines neuen Aufteilungsbescheids – nur – bezüglich der Steuernachforderung zur Folge, § 280 Abs. 1 Nr. 2 AO die Änderung des bereits erlassenen. In zeitlicher Hinsicht ist § 273 AO nur anwendbar nach vollständiger Tilgung der ursprünglich festgesetzten Steuerschuld, § 280 Abs. 1 Nr. 2 AO nur bis zum Abschluss des Vollstreckungsverfahrens. Und schließlich ist § 273 AO auf den Fall von steuererhöhenden Änderungen beschränkt, während § 280 Abs. 1 Nr. 2 AO die Änderung der Aufteilungsbescheide bei Steuererhöhungen und Steuerminderungen vorsieht. In Konkurrenz zu § 273 AO kann § 280 Abs. 1 Nr. 2 AO treten, wenn das FA nach Erlass von Aufteilungsbescheiden und vollständiger Tilgung der anteiligen Beträge einen 3

Änderungsbescheid erlässt, der eine Steuererhöhung zur Folge hat. Vom Wortlaut wäre § 280 Abs. 1 Nr. 2 AO ebenfalls anwendbar, er wird in diesem Fall jedoch durch § 273 AO als die speziellere Vorschrift verdrängt (gl. A. *Müller-Eiselt* in HHSp, § 280 AO Rz. 6; *Drüen* in Tipke/Kruse, § 280 AO Rz. 3; *Werth* in Klein, § 280 AO Rz. 3; auch s. § 280 AO Rz. 2).

4 In den Fällen des § 273 AO ist die Steuernachforderung im Verhältnis der Mehrbeträge aufzuteilen, die sich bei einem Vergleich der berichtigten Einzelveranlagung mit der früheren Einzelveranlagung ergeben (§ 273 Abs. 1 AO). Es sind also die Ergebnisse zweier fiktiver Einzelveranlagungen einander gegenüberzustellen. Ergibt sich aus diesen für einen Gesamtschuldner kein Mehrbetrag (oder ein negativer Betrag) belastet die Nachforderung den anderen allein, im Übrigen erfolgt die Aufteilung der aus der Nachforderung herrührenden Steuer nach dem Verhältnis des Unterschiedsbetrags der Differenz zwischen der zweiten zu der ersten »getrennten Veranlagung«.

## § 274 AO
## Besonderer Aufteilungsmaßstab

**Abweichend von den §§ 270 bis 273 kann die rückständige Steuer nach einem von den Gesamtschuldnern gemeinschaftlich vorgeschlagenen Maßstab aufgeteilt werden, wenn die Tilgung sichergestellt ist. Der gemeinschaftliche Vorschlag ist schriftlich einzureichen oder zur Niederschrift zu erklären; er ist von allen Gesamtschuldnern zu unterschreiben.**

1 Abweichend von §§ 270 bis 273 AO eröffnet § 274 AO die Möglichkeit, auf Vorschlag der Gesamtschuldner eine von diesen gewählte Aufteilung durchzuführen.

2 **In formeller Hinsicht** ist erforderlich, dass der gemeinschaftliche Vorschlag von allen Gesamtschuldnern unterschrieben oder zur Niederschrift erklärt wird (§ 274 Satz 2 AO). Dadurch ist gewährleistet, dass der Vorschlag wirklich dem Willen aller Gesamtschuldner entspricht.

3 **In materieller Hinsicht** steht der Aufteilungsmaßstab nicht zur freien Disposition der Gesamtschuldner. Erforderlich ist vielmehr, dass bei der gewünschten Aufteilung die Tilgung der Steuerschulden sichergestellt ist. Diese Voraussetzung verhindert Manipulationen zum Schaden des Steueraufkommens, die bei uneingeschränkter Zulassung eines abweichenden Aufteilungsmaßstabs ermöglicht würden.

4 Im Übrigen besteht grundsätzlich auch **kein Rechtsanspruch** auf Durchführung der Aufteilung anhand des gewünschten Maßstabs, denn § 274 AO stellt die Entscheidung in das **Ermessen des FA**. Andererseits wird das FA – vorausgesetzt, die Tilgung der Steuerschulden ist sichergestellt – kaum Anlass haben, sich dem Begehren der Gesamtschuldner zu verschließen.

## § 275 AO
## Abrundung

**(aufgehoben durch das AmtshilfeRLUmsG)**

## § 276 AO
## Rückständige Steuer, Einleitung der Vollstreckung

**(1) Wird der Antrag vor Einleitung der Vollstreckung bei der Finanzbehörde gestellt, so ist die im Zeitpunkt des Eingangs des Aufteilungsantrages geschuldete Steuer aufzuteilen.**

**(2) Wird der Antrag nach Einleitung der Vollstreckung gestellt, so ist die im Zeitpunkt der Einleitung der Vollstreckung geschuldete Steuer, derentwegen vollstreckt wird, aufzuteilen.**

**(3) Steuerabzugsbeträge und getrennt festgesetzte Vorauszahlungen sind in die Aufteilung auch dann einzubeziehen, wenn sie vor der Stellung des Antrages entrichtet worden sind.**

**(4) Zur rückständigen Steuer gehören auch Säumniszuschläge, Zinsen und Verspätungszuschläge.**

**(5) Die Vollstreckung gilt mit der Ausfertigung der Rückstandsanzeige als eingeleitet.**

**(6) Zahlungen, die in den Fällen des Absatzes 1 nach Antragstellung, in den Fällen des Absatzes 2 nach Einleitung der Vollstreckung von einem Gesamtschuldner geleistet worden sind oder die nach Absatz 3 in die Aufteilung einzubeziehen sind, werden dem Schuldner angerechnet, der sie geleistet hat oder für den sie geleistet worden sind. Ergibt sich dabei eine Überzahlung gegenüber dem Aufteilungsbetrag, so ist der überzahlte Betrag zu erstatten.**

**Inhaltsübersicht**



**Schrifttum**

Sauerland, Aufrechnung des FA mit Steuerforderungen gegen Erstattungsansprüche des anderen Ehegatten?, AO-StB 2009, 378.

### A. Bedeutung der Vorschrift

Die Vorschrift betrifft zwei unterschiedliche Regelungskreise. Sie bestimmt einmal den Umfang der aufzuteilenden Steuer, abhängig davon, ob der Aufteilungsantrag vor oder nach Einleitung der Vollstreckung gestellt wird. Zum anderen stellt sie sicher, dass sowohl Steuerabzugsbeträge als auch getrennt festgesetzte Vorauszahlungen in vollem Umfang sowie im Fall von § 276 Abs. 1 AO Zahlungen, die nach Einleitung der Vollstreckung geleistet wurden, demjenigen zugutekommen, für den sie geleistet wurden bzw. der sie geleistet hat.

### B. Tatbestandliche Voraussetzungen

2 Gemäß § 276 Abs. 1 und 2 AO ist der aufzuteilende Steuerbetrag abhängig vom **Zeitpunkt der Antragstellung**. Wird der Antrag vor Einleitung der Vollstreckung gestellt, d.h. vor Ausfertigung der Rückstandsanzeige (§ 276 Abs. 5 AO), so wird die Steuer aufgeteilt, die im Zeitpunkt des Eingangs des Aufteilungsantrages geschuldet ist. **Geschuldet** wird auch die Steuer, die aufgrund gewährter Stundung (§ 222 AO) oder Aussetzung der Vollziehung (§§ 361 AO, 69 FGO) nicht fällig und folglich nicht vollstreckbar ist. Dennoch sind gestundete und von der Vollziehung ausgesetzte Beträge in die Aufteilung nach § 276 Abs. 1 AO einzubeziehen (*Werth* in Klein, § 276 AO Rz. 3; *Müller-Eiselt* in HHSp, § 276 AO Rz. 7; *Drüen* in Tipke/Kruse, § 276 AO Rz. 2). Geht der Antrag nach Ausfertigung der Rückstandsanzeige ein, wird diejenige Steuer aufgeteilt, auf die sich die Rückstandsanzeige bezieht.

3 Der nach den § 276 Abs. 1 und 2 AO aufzuteilende Betrag wird durch § 276 Abs. 3 AO dahingehend modifiziert, dass in die Aufteilung **Steuerabzugsbeträge** und getrennt festgesetzte Vorauszahlungen auch dann einzubeziehen sind, wenn sie vor der Antragstellung entrichtet wurden, also nicht mehr rückständig sind. Außerdem sind in die Aufteilungsrechnung auch die in § 276 Abs. 4 AO genannten steuerlichen **Nebenleistungen** (Säumniszuschläge, Zinsen und Verspätungszuschläge) einzubeziehen.

4 § 276 Abs. 6 AO behandelt die Folgen von Zahlungen, die entweder nach dem gem. § 276 Abs. 1 bzw. 2 AO maßgeblichen Zeitpunkt geleistet oder gem. § 276 Abs. 3 AO in den aufzuteilenden Betrag einbezogen werden und nicht allen Gesamtschuldnern gleichmäßig zugerechnet werden. **§ 276 Abs. 6 AO beseitigt** rückwirkend die **Tilgungswirkung** des **§ 44 Abs. 2 Satz 1 AO** (BFH v. 12.01.1988, VII R 66/87, BStBl II 1988, 406; *Müller-Eiselt* in HHSp, § 276 AO Rz. 12). Ob die Zahlungen freiwillig erfolgt sind oder beigetrieben wurden, spielt dabei für die Anwendung von § 276 Abs. 6 AO keine Rolle. Für die Zurechnung von Zahlungen gelten die **Grundsätze des § 37 Abs. 2 AO** (BFH v. 04.04.1995, VII R 82/94, BStBl II 1995, 492). Ein Gesamtschuldner zahlt im Zweifel nur auf seine eigene Schuld. Eine Aufteilung nach Köpfen erfolgt nur dann, wenn der zahlende Gesamtschuldner oder ein Dritter erkennbar für Rechnung aller Gesamtschuldner gezahlt hat. Bei Ehegatten ist dies bei Fehlen einer anderen Bestimmung solange der Fall, wie die Ehe besteht und diese intakt ist (BFH v. 04.04.1995, VII R 82/94, BStBl II 1995, 492). Soweit die auf Rechnung des jeweiligen Gesamtschuldners eingehenden Zahlungen dessen Anteil nach Aufteilung der Schuld betreffen, erhält er die **Beträge erstattet** (§ 276 Abs. 6 Satz 2 AO).

Nach nunmehr allgemeiner Auffassung steht die Aufrechnung des FA gegenüber einem Gesamtschuldner (§ 226 AO) der Zahlung durch diesen gleich, auch wenn die Aufrechnung systematisch nicht dem Vollstreckungsverfahren, sondern – noch – dem Erhebungsverfahren zuzurechnen ist (BFH 12.01.1988, VII R 66/87, BStBl II 1988, 406; BFH v. 12.06.1990, VII R 69/89, BStBl II 1991, 493 und nunmehr BFH v. 18.12.2001, VII R 56/99, BStBl II 2002, 214; BFH v. 17.11.2009, VI B 118/09, BFH/NV 2010, 604; *Müller-Eiselt* in HHSp, § 276 AO Rz. 14; *Drüen* in Tipke/Kruse, § 276 AO Rz. 8). Damit beinhaltet § 276 Abs. 6 AO ein **Aufrechnungsverbot** bzw. eine der Höhe nach beschränkte **Aufrechnungsbeschränkung** dem Ehegatten gegenüber, auf den nach Aufteilung der Steuerschuld kein Anteil entfällt oder ein Anteil der geringer ist als die Hauptforderung dieses Ehegatten gegen das FA. 5

## § 277 AO Vollstreckung

**Solange nicht über den Antrag auf Beschränkung der Vollstreckung unanfechtbar entschieden ist, dürfen Vollstreckungsmaßnahmen nur soweit durchgeführt werden, als dies zur Sicherung des Anspruchs erforderlich ist.**

**Inhaltsübersicht**



### A. Bedeutung der Vorschrift

Die Vorschrift regelt die Auswirkungen eines Aufteilungsverfahrens auf das Vollstreckungsverfahren und ordnet bis zur Unanfechtbarkeit der Entscheidung über den Aufteilungsantrag eine Vollstreckungsbeschränkung an. Die **Beschränkung der Vollstreckung** beschränkt sich allein auf die Art der Vollstreckungsmaßnahmen (BFH v. 30.11.1993, VII B 199/93, BFH/NV 1994, 525). 1

## B. Tatbestandliche Voraussetzungen

2 Die Vollstreckungsbeschränkung des § 277 AO knüpft an den »Antrag auf Beschränkung der Vollstreckung« an. Dieser Antrag ist identisch mit dem nach § 268 AO gestellten **Aufteilungsantrag** (BFH v. 11.03.2004, VII R 15/03, BStBl II 2004, 566).

3 Während des Aufteilungsverfahrens darf ein Vollstreckungsverfahren nur insoweit eingeleitet bzw. fortgeführt werden, als dies zur Sicherung des Anspruchs erforderlich ist (s. Abschn. 5 Abs. 3 VollstrA; zur Unzulässigkeit der Aufrechnung s. § 276 AO Rz. 5). Im Übrigen muss das FA die **Unanfechtbarkeit des Aufteilungsbescheids** abwarten, um die Vollstreckungsmaßnahmen sodann gem. § 278 Abs. 1 AO an diesem auszurichten. Seine Schutzwirkung entfaltet § 277 AO für jeden Gesamtschuldner und zwar unabhängig davon, wer den Antrag gestellt hat und welches das voraussichtliche Ergebnis der Aufteilung sein wird. Die Beschränkung der Vollstreckung greift auch dann, wenn ein Gesamtschuldner den Vollstreckungsschutz nicht »verdient«, etwa wenn er den Aufteilungsbescheid nur zu dem Zweck angefochten hat, die endgültige Vollstreckung hinauszuschieben (BFH v. 11.03.2004, VII R 15/03, BStBl II 2004, 566).

4 **Zulässige Sicherungsmaßnahmen** sind die Pfändung von Forderungen bzw. beweglichen Sachen, nicht aber deren Einziehung bzw. Verwertung, bei Grundstücken die Eintragung einer Sicherungshypothek, nicht aber der Antrag auf Zwangsversteigerung (*Müller-Eiselt* in HHSp, § 277 AO Rz. 5). Der **dingliche Arrest (§ 324 AO)** ist ebenfalls ein Mittel zur Sicherstellung von Steuerforderungen, von der Systematik aber noch keine Vollstreckungsmaßnahme, auf die § 277 AO ausdrücklich abstellt; er ist folglich keine Sicherungsmaßnahme i. S. von § 277 AO (*Müller-Eiselt* in HHSp, § 277 AO Rz. 6; a. A. *Drüen* in Tipke/Kruse, § 277 AO Rz. 2).

## C. Rechtsschutz

5 **Gegen endgültige Vollstreckungsmaßnahmen**, die nicht zur bloßen Sicherung des Anspruchs erforderlich sind, kann der Betroffene **Einspruch** einlegen und Antrag auf Aussetzung der Vollziehung, ggf. auch auf Erlass einer einstweiligen Anordnung stellen. Geht die Vollstreckungsmaßnahme über den Sicherungszweck hinaus, ist sie – soweit das noch möglich ist – aufzuheben.

6 Im **Einspruchsverfahren gegen** einen erlassenen **Aufteilungsbescheid** trifft § 277 AO demgegenüber eine abschließende Regelung für den »vorläufigen Rechtsschutz« bis zur endgültigen Entscheidung über diesen (s. § 279 AO Rz. 6).

# § 278 AO
# Beschränkung der Vollstreckung

**(1) Nach der Aufteilung darf die Vollstreckung nur nach Maßgabe der auf die einzelnen Schuldner entfallenden Beträge durchgeführt werden.**

**(2) Werden einem Steuerschuldner von einer mit ihm zusammen veranlagten Person in oder nach dem Veranlagungszeitraum, für den noch Steuerrückstände bestehen, unentgeltlich Vermögensgegenstände zugewendet, so kann der Empfänger bis zum Ablauf des zehnten Kalenderjahres nach dem Zeitpunkt des Ergehens des Aufteilungsbescheids, über den sich nach Absatz 1 ergebenden Betrag hinaus bis zur Höhe des gemeinen Werts dieser Zuwendung für die Steuer in Anspruch genommen werden. Dies gilt nicht für gebräuchliche Gelegenheitsgeschenke.**

**Inhaltsübersicht**



## A. Bedeutung der Vorschrift

§ 278 AO beschreibt die vollstreckungsrechtlichen Rechtsfolgen nach Erlass eines Aufteilungsbescheids. 1

## B. Tatbestandliche Voraussetzungen

Die Regelung in **§ 278 Abs. 1 AO**, dass die Vollstreckung nach Ergehen des Aufteilungsbescheids nur nach Maßgabe des auf den einzelnen Schuldner entfallenden Betrags erfolgt, ist an sich selbstverständlich, denn die Beschränkung der gegen den einzelnen Gesamtschuldner gerichteten **Vollstreckungsmaßnahmen** war gerade der Zweck der begehrten Aufteilung. Vollstreckungsmaßnahmen, die unter Nichtbeachtung der durchgeführten Aufteilung einen Gesamtschuldner für Beträge in Anspruch nehmen, die nach dem Aufteilungsbescheid nicht auf ihn entfallen, sind rechtswidrig und im Streitfall im Einspruchs- bzw. Klageverfahren gegen diese Maßnahme aufzuheben. 2

**§ 278 Abs. 2 AO** betrifft einen Sonderfall der Anfechtung einer Vermögensverschiebung zwischen Ehegatten (BFH v. 09.05.2006, VII R 15/05, BStBl II 2006, 738). Die Regelung soll der Vereitelung von Vollstreckungsmaßnahmen durch missbräuchliche **unentgeltliche Übertragung** von Vermögensgegenständen vorbeugen. Sie eröffnet die Möglichkeit, den Empfänger der unentgeltlichen Zuwendung über den durch § 278 Abs. 1 AO abgesteck- 3 ten Rahmen hinaus in Anspruch zu nehmen. Auch bei den sog. ehebedingten (unbenannten) Zuwendungen kann die objektive Unentgeltlichkeit der Leistung nicht allein deswegen verneint werden, weil der Zuwendung besondere ehebezogene Motive (etwa Ausgleich für geleistete Mitarbeit) zugrunde liegen (BFH v. 20.09.1994, VII R 40/93, BFH/NV 1995, 485; BFH v. 28.03.2003, VII B 231/02, BFH/NV 2003, 1033; BFH v. 01.07.2009, VII B 78/09, BFH/NV 2009, 1781). Dies gilt auch nach Einführung des Befreiungstatbestands in § 13 Abs. 1 Nr. 4a ErbStG (BFH v. 16.07.1996, VII B 44/96, BFH/NV 1996, 871).

4 Die zusätzliche Inanspruchnahme ist betragsmäßig bis zur Höhe des **gemeinen Werts der Zuwendung** (zur Ermittlung bei einem grundschuldbelasteten Grundstück s. BFH v. 29.11.1983, VII R 22/83, BStBl II 1984, 287) begrenzt. Darüber hinaus wird die durch § 278 Abs. 2 Satz 1 AO gedeckte Ausweitung der Inanspruchnahme des Empfängers davon abhängig gemacht, dass die Zuwendung in oder nach dem Veranlagungszeitraum erfolgt, für den noch Steuerrückstände bestehen. Die Rückausnahme durch § 278 Abs. 2 Satz 2 AO für gebräuchliche Gelegenheitsgeschenke erspart der Vollstreckungsbehörde ein kleinliches Vorgehen.

5 Der Wegfall der Vollstreckungsbeschränkung im Fall des § 278 Abs. 2 AO erfolgt **kraft Gesetzes** (BFH v. 18.12.2001, VII R 56/99, BStBl II 2002, 214). Es ist weder eine Änderung des Aufteilungsbescheids erforderlich, noch muss ein neues Leistungsgebot ergehen (BFH v. 18.12.2001, VII R 56/99, BStBl II 2002, 214; BFH v. 07.03.2006, VII R 12/05, BStBl II 2006, 584; *Müller-Eiselt* in HHSp, § 278 AO Rz. 4, 19; *Werth* in Klein, § 278 AO Rz. 4, 7). Auch der Erlass eines Duldungsbescheids ist grundsätzlich nicht erforderlich (a.A. *Kraemer*, DStZ 1989, 609). Der Erlass eines **besonderen Bescheids**, der Art und Umfang der Inanspruchnahme festlegt, wird allerdings aus Gründen der Rechtsklarheit für **zweckmäßig** – jedenfalls für zulässig – erachtet. Die Regelung des Bescheids liegt darin, dass der Betrag bestimmt wird, bis zu dessen Höhe der Zuwendungsempfänger wegen des auf den Übergeber entfallenden Steueranspruchs die Vollstreckung **zu dulden** hat, und zugleich darin, dass die Behörde mit dem Bescheid zu erkennen gibt, dass sie die betreffenden Vermögensübertragungen nicht gelten lassen, d.h. für Zwecke der Vollstreckung »anfechten« will. Eine **Konfusion** steht der Inanspruchnahme des anderen zusammenveranlagten Ehegatten, der den Vollstreckungszugriff im Umfang des Wertes unentgeltlicher Zuwendungen des anderen Ehegatten zu dulden hat, nicht entgegen. Soweit das Bestehen der Einkommensteuerschuld Voraussetzung für die Realisierung des gesetzlichen Zugriffsrechts nach § 278 Abs. 2 AO ist, fingiert diese Regelung inzident deren Fortbestehen (BFH v. 07.03.2006, VII R 12/05, BStBl II 2006, 584).

Dieser besondere Duldungsbescheid und auf ihm beruhende Vollstreckungsmaßnahmen sind nicht aufzuheben, wenn Ehegatten zur **Einzelveranlagung** übergehen (s. § 257 AO Rz. 5). § 278 Abs. 2 AO bietet zwar nach Durchführung der getrennten Veranlagung keine taugliche Rechtsgrundlage für die weitere Vollstreckung, unter den Voraussetzungen von §§ 3, 4, 11 AnfG kann die Vollstreckung jedoch fortgesetzt werden, ohne dass der Erlass eines neuen Duldungsbescheids (§ 191 Abs. 1 AO) erforderlich ist (BFH v. 18.12.2001, VII R 56/99, BStBl II 2002, 214). Allein die Reichweite der Vollstreckung verändert sich. Der nach § 278 Abs. 2 AO Duldungsverpflichtete kann bis zur Höhe des gemeinen Werts der Zuwendung in Anspruch genommen werden, unabhängig davon, ob sich der Vermögensgegenstand noch in seinem Vermögen befindet. Der Anspruch aus dem AnfG richtet sich demgegenüber auf Rückgewähr des zugewendeten Gegenstands. 6

Vom Wortlaut eröffnete § 278 Abs. 2 AO eine zeitlich unbefristete Inanspruchnahme des Zuwendungsempfängers. Demgegenüber hat der Gesetzgeber im AnfG durch §§ 3 und 4 AnfG eine nur zeitlich befristete Anfechtungsmöglichkeit vorgesehen. Da § 278 Abs. 2 AO eine zu §§ 3 und 4 AnfG vergleichbare Interessenlage betrifft, war die durch Nichtanpassung von § 278 Abs. 2 AO an die Ergebnisse der Insolvenzreform entstandene **Regelungslücke** durch **analoge Anwendung von § 3 Abs. 1 AnfG** zu schließen. Durch das JStG 2009 hat der Gesetzgeber diese Lücke geschlossen und die auf 10 Jahre befristete Inanspruchnahme des Zuwendungsempfängers in § 278 Abs. 2 AO aufgenommen. 7

### C. Rechtsschutz

Gegen Vollstreckungsmaßnahmen, die der Beschränkung des § 278 AO unterliegen, kann Einspruch eingelegt werden (§ 347 Abs. 1 Nr. 1 AO). 8

Erlässt das FA wegen des Wegfalls der Vollstreckungsbeschränkung nach § 278 Abs. 2 AO einen besonderen Bescheid muss der Betroffene diesen mit dem Einspruch anfechten. 9

## § 279 AO
## Form und Inhalt des Aufteilungsbescheides

**(1) Über den Antrag auf Beschränkung der Vollstreckung ist nach Einleitung der Vollstreckung durch schriftlich oder elektronisch zu erteilenden Aufteilungsbescheid gegenüber den Beteiligten einheitlich zu entscheiden. Eine Entscheidung ist jedoch nicht erforderlich, wenn keine Vollstreckungsmaßnahmen ergriffen oder bereits ergriffe-**

**ne Vollstreckungsmaßnahmen wieder aufgehoben werden.**

**(2) Der Aufteilungsbescheid hat die Höhe der auf jeden Gesamtschuldner entfallenden anteiligen Steuer zu enthalten; ihm ist eine Belehrung beizufügen, welcher Rechtsbehelf zulässig ist und binnen welcher Frist und bei welcher Behörde er einzulegen ist. Er soll ferner enthalten:**

**1. die Höhe der aufzuteilenden Steuer,**
**2. den für die Berechnung der rückständigen Steuer maßgebenden Zeitpunkt,**
**3. die Höhe der Besteuerungsgrundlagen, die den einzelnen Gesamtschuldnern zugerechnet worden sind, wenn von den Angaben der Gesamtschuldner abgewichen ist,**
**4. die Höhe der bei Einzelveranlagung (§ 270) auf den einzelnen Gesamtschuldner entfallenden Steuer,**
**5. die Beträge, die auf die aufgeteilte Steuer des Gesamtschuldners anzurechnen sind.**

**Inhaltsübersicht**



**Schrifttum**

Wüllenkemper, Vorläufiger Rechtsschutz gegen Aufteilungsbescheide, DStZ 1991, 36.

## A. Bedeutung der Vorschrift

1 Die Vorschrift betrifft Form und Inhalt des Aufteilungsbescheids.

## B. Tatbestandliche Voraussetzungen

2 Gemäß § 279 Abs. 1 Satz 1 AO ist eine **einheitliche Entscheidung** gegenüber den beteiligten Gesamtschuldnern erforderlich. Zum Begriff der einheitlichen Entscheidung s. § 179 AO Rz. 7 ff.

3 Hat die Finanzbehörde nicht die Absicht, Vollstreckungsmaßnahmen zu ergreifen oder werden bereits ergriffene Vollstreckungsmaßnahmen wieder aufgehoben, würde der Aufteilungsbescheid ins Leere gehen. Für diesen Fall entbindet § 279 Abs. 1 Satz 2 AO das FA von der Verpflichtung, einen Bescheid zu erteilen.

4 Der nach § 279 Abs. 1 Satz 1 AO schriftlich oder elektronisch zu erteilende Aufteilungsbescheid ist mit dem in § 279 Abs. 2 Satz 1 AO bezeichneten **Mindestinhalt** zu versehen. Darüber hinaus sieht § 279 Abs. 2 Satz 2 AO als Sollvorschrift weitere Inhaltsanforderungen vor, bei deren Fehlen aber die Wirksamkeit des Bescheids nicht berührt ist. Der **Sollinhalt** dient der durch § 121 Abs. 1 AO grundsätzlich vorgeschriebenen Begründung, die nach § 126 Abs. 1 Nr. 2 AO nachgeholt werden kann. Sie ermöglicht den Betroffenen die Nachprüfung der Richtigkeit der vorgenommenen Aufteilung.

## C. Rechtsschutz

Gegen den Aufteilungsbescheid steht den Betroffenen, ebenso wie gegen die Ablehnung eines auf Erlass eines Aufteilungsbescheids gerichteten Antrags, der außergerichtliche Rechtsbehelf des **Einspruchs** zu (§ 347 Abs. 1 Nr. 1 AO). Soweit ein Beteiligter selbst keinen Rechtsbehelf eingelegt hat, muss er zum Rechtsbehelfsverfahren gem. § 360 Abs. 3 Satz 1 AO (im Finanzprozess gem. § 60 Abs. 3 Satz 1 FGO) hinzugezogen (beigeladen) werden. Einwendungen, die sich nicht gegen die Aufteilung als solche richten, sondern gegen die Steuerfestsetzung, sind nach §§ 256, 270 Satz 2 AO nicht zulässig (BFH v. 17.05.2001, X B 69/00, BFH/NV 2001, 1521). Unzulässig auch die Rücknahme des Aufteilungsantrags (s. § 269 AO Rz. 6). 5

Dem Begehren auf **vorläufigen Rechtsschutz** in Form einer Aussetzung der Vollziehung stehen der abschließende Charakter von § 277 AO und die Tatsache entgegen, dass der Aufteilungsbescheid selbst kein vollziehbarer Verwaltungsakt ist (s. § 277 AO Rz. 5). Vollzogen wird nach Aufteilung weiterhin die der Aufteilung zugrunde liegende Gesamtschuld (BFH v. 04.12.2001, X B 155/01, BFH/NV 2002, 476; *Drüen* in Tipke/Kruse, § 279 AO Rz. 8; *Müller-Eiselt* in HHSp, § 279 AO Rz. 10; a. A. *Wüllenkemper*, DStZ 1991, 36). 6

# § 280 AO
# Änderung des Aufteilungsbescheides

**(1) Der Aufteilungsbescheid kann außer in den Fällen des § 129 nur geändert werden, wenn**

**1. nachträglich bekannt wird, dass die Aufteilung auf unrichtigen Angaben beruht und die rückständige Steuer infolge falscher Aufteilung ganz oder teilweise nicht beigetrieben werden konnte,**
**2. sich die rückständige Steuer durch Aufhebung oder Änderung der Steuerfestsetzung oder ihre Berichtigung nach § 129 erhöht oder vermindert.**

**(2) Nach Beendigung der Vollstreckung ist eine Änderung des Aufteilungsbescheides oder seine Berichtigung nach § 129 nicht mehr zulässig.**

**Inhaltsübersicht**



### A. Bedeutung der Vorschrift

1 Die Vorschrift ist eine **spezielle und zugleich abschließende Berichtigungsvorschrift** für unanfechtbare Aufteilungsbescheide. Sie ermöglicht keine Rücknahme des Aufteilungsantrags (s. § 269 AO Rz. 6). § 280 hat im Einspruchsverfahren gegen einen Aufteilungsbescheid keine Bedeutung und verbietet auch eine Verböserung (§ 367 Abs. 2 AO) gegenüber dem Einspruchsführer nicht.

2 Werden nach Beendigung der Vollstreckung Steuern nachgefordert, kommt Aufteilung nach **§ 273 AO**, d.h. der Erlass eines neuen Aufteilungsbescheids in Betracht. § 273 AO verdrängt als **spezielle Regelung** § 280 Abs. 1 Nr. 2 AO (s. § 273 AO Rz. 3).

### B. Tatbestandliche Voraussetzungen

3 Voraussetzung für die Korrektur eines Aufteilungsbescheids ist nach § 280 Abs. 2 AO, dass die **Vollstreckung nicht bereits beendet** ist. Die Vollstreckung ist beendet, wenn die Vollstreckung endgültig eingestellt ist (§ 257 Abs. 1 und Abs. 2 Satz 3 AO). Die Sperre des § 280 Abs. 2 AO greift aber **nicht** ein, wenn die Vollstreckung gem. § 258 AO einstweilen eingestellt oder gem. § 261 AO die Niederschlagung der zu vollstreckenden Ansprüche verfügt worden ist.

4 Enthält der Aufteilungsbescheid **offenbare Unrichtigkeiten** kann er bis zur Beendigung der Vollstreckung jederzeit berichtigt werden (§ 129 AO).

5 Gemäß **§ 280 Abs. 1 Nr. 1 AO** ist der Aufteilungsbescheid zu ändern, wenn nachträglich bekannt wird, dass er auf **unrichtigen Angaben** beruht und deshalb die rückständige Steuer aufgrund falscher Aufteilung ganz oder teilweise nicht beigetrieben werden konnte. Unrichtig sind Angaben, die **objektiv** falsch sind. Unerheblich ist wer dem FA die falschen Auskünfte erteilt hat, ob – wie im Regelfall – einer der Gesamtschuldner, oder ggf. ein Dritter, ferner ob die Fehlinformationen auf schuldhaften Verhalten beruhen oder nicht. Ausreichend für § 280 Abs. 1 Nr. 1 AO ist insoweit, dass sie falsch sind und dass sie kausal für den Aufteilungsbescheid geworden sind (»beruht«).

6 Falsche Angaben, die die Steuerfestsetzung berühren und sich in ihr niedergeschlagen haben, führen nicht unmittelbar zur Änderung des Aufteilungsbescheids (s. auch § 270 Satz 2 AO), sondern unter den Voraussetzungen der §§ 172 ff. AO zur **Änderung des Steuerbescheids** und erst anschließend zur Änderung des Aufteilungsbescheids gem. § 280 Abs. 1 Nr. 2 AO (ebenso *Müller-Eiselt* in HHSp, § 280 AO Rz. 4; *Drüen* in Tipke/Kruse, § 280 AO Rz. 2; a.A. *Werth* in Klein, § 280 AO Rz. 2).

**§ 280 Abs. 1 Nr. 2 AO** betrifft folgenden Fall: Führt die **Änderung der Steuerfestsetzung** gem. §§ 172 ff. AO bzw. ihre Berichtigung nach § 129 AO zu einer Erhöhung und Minderung der rückständigen Steuer, d.h. der nach § 276 Abs. 1, 2 AO aufgeteilten Steuer, so ist der Aufteilungsbescheid unter Anwendung des Aufteilungsmaßstabs nach §§ 270, 272 (ggf. § 274) AO zu ändern. Der Aufteilungsbescheid ist wie ein Folgebescheid an die der Aufteilung zugrundeliegende Steuerfestsetzung gebunden (s. § 270 Satz 2 AO). § 280 Abs. 1 Nr. 2 AO schafft eine Parallele zu § 175 Abs. 1 Satz 1 Nr. 1 AO. 7

Die Aufhebung einer Steuerfestsetzung führt nicht zu einer Anpassung des Aufteilungsbescheids, sondern zu dessen Aufhebung. Anwendbar bleibt § 280 Abs. 1 Nr. 2 AO indes, wenn – nur – ein Änderungsbescheid aufgehoben wird, der einem Aufteilungsbescheid zugrunde lag. 8

## 3. Unterabschnitt

## Vollstreckung in das bewegliche Vermögen

## I. Allgemeines

## § 281 AO
## Pfändung

**(1) Die Vollstreckung in das bewegliche Vermögen erfolgt durch Pfändung.**

**(2) Die Pfändung darf nicht weiter ausgedehnt werden, als es zur Deckung der beizutreibenden Geldbeträge und der Kosten der Vollstreckung erforderlich ist.**

**(3) Die Pfändung unterbleibt, wenn die Verwertung der pfändbaren Gegenstände einen Überschuss über die Kosten der Vollstreckung nicht erwarten lässt.**

**Inhaltsübersicht**



**Schrifttum**

LEMAIRE, Pfändungsschutz bei der Forderungspfändung, AO-StB 2004, 227; LEMAIRE, Pfändungsschutz bei der Sachpfändung, AO-StB 2004, 189.

## A. Bedeutung der Vorschrift

1 Pfändung ist die **staatliche Beschlagnahme** mit dem Ziel, den Gläubiger zu befriedigen. Die §§ 281 bis 284 AO beinhalten allgemeine Vorschriften für die Vollstreckung in des bewegliche Vermögen. Dazu gehören neben den Sachen (körperliche Gegenstände, § 90 BGB) auch Forderungen und andere Vermögensrechte. Demgegenüber gehören zum unbeweglichen Vermögen Grundstücke, grundstücksgleiche Rechte, die im Schiffsregister eingetragenen Schiffe, die Schiffsbauwerke und Schwimmdocks, die im Schiffsbauregister eingetragen sind oder eingetragen werden können, sowie die Luftfahrzeuge, die in der Luftfahrzeugrolle eingetragen sind (s. § 322 Abs. 1 AO).

2 Die Vorschrift ist § 803 ZPO nachgebildet. S. auch Abschn. 41 und 42 VollzA.

## B. Tatbestandliche Voraussetzungen

3 Gemäß § 281 Abs. 1 AO ist die Pfändung die für die Vollstreckung in das bewegliche Vermögen ausschließlich in Betracht kommende Vollstreckungsmaßnahme. Die Pfändungsverfügung ist ein **Verwaltungsakt** (BFH v. 04.02.1992, VII B 119/91, BFH/NV 1992, 789; BFH v. 18.07.2001, VII R 94/98, BFH/NV 2001, 141; BFH v. 18.07.2001, VII R 101/98, BStBl II 2001, 5). Die Pfändung in Sachen erfolgt gemäß § 286 AO dadurch, dass sie der Vollziehungsbeamte in Besitz nimmt und entweder wegnimmt oder die Pfändung durch Anlegung von Siegeln oder in sonstiger Weise ersichtlich macht. Die Pfändung einer Geldforderung erfolgt durch Pfändungsverfügung gemäß § 309 AO; s. daneben die Sonderfälle der §§ 310 ff. AO.

4 § 281 Abs. 2 AO verbietet die **Überpfändung**, die dann vorliegt, wenn die Pfändung über den Betrag hinaus ausgedehnt wird, der zur Deckung der beizutreibenden Geldbeträge und der Kosten der Vollstreckung erforderlich ist. Den Wert der gepfändeten Sachen hat der Vollziehungsbeamte zu schätzen, den Wert – unter Berücksichtigung der Einbringlichkeit – von Forderungen die Vollstreckungsbehörde. In Ausnahmefällen kann eine Überpfändung zulässig sein, etwa dann, wenn dem Vollziehungsbeamten nur ein einzelner wertvoller Gegenstand zur Verfügung steht (s. *Lemaire*, AO-StB 2004, 189, 192). Ein Verstoß gegen das Verbot der Überpfändung macht die Pfändung nicht nichtig, sondern nur anfechtbar (BFH v. 06.02.1973, VII R 62/70, BStBl II 1973, 513).

5 Darüber hinaus verbietet § 281 Abs. 3 AO **zwecklose Pfändungen**. Um solche handelt es sich, wenn nach einer Schätzung die Verwertung der pfändbaren Gegenstände einen Überschuss über die Kosten der Vollstreckung nicht erwarten lässt. Ausreichend für die Zulässigkeit ist die Erwartung eines geringen Überschusses (*Brockmeyer* in Klein, § 281 AO Rz. 6; *Müller-Eiselt* in HHSp, § 281 AO Rz. 31; *Lemaire*, AO-StB 2004, 189, 192; a. A. *Loose* in Tipke/Kruse, § 281 AO Rz. 15; *Zeller-Müller* in Gosch, § 281 AO Rz. 29).

## C. Rechtsschutz

Gegen die Pfändungsverfügung kann – und muss – **Einspruch** eingelegt werden (§ 347 Abs. 1 Nr. 1 AO), wenn die Pfändung als solche rechtswidrig ist, z. B. wegen einer Überpfändung. Im einstweiligen Rechtsschutz kann **Aussetzung der Vollziehung** der Pfändungsverfügung beantragt werden (§§ 361 AO, 69 FGO). Einwendungen gegen den Steuerbescheid können im Vollstreckungsverfahren allerdings nicht geltend gemacht werden (§ 256 AO), ebenso wie im Einspruchsverfahren gegen die Richtigkeit des der Vollstreckung zugrunde liegenden Steuerbescheids Einwendungen gegen Vollstreckungsmaßnahmen nicht geltend gemacht werden können. Bestehen Einwendungen sowohl gegen die Richtigkeit des Steuerbescheids als auch gegen die Zulässigkeit der Pfändung, muss gegen beide Bescheide Einspruch eingelegt und ggf. Aussetzung der Vollziehung beantragt werden.

# § 282 AO
# Wirkung der Pfändung

**(1) Durch die Pfändung erwirbt die Körperschaft, der die Vollstreckungsbehörde angehört, ein Pfandrecht an dem gepfändeten Gegenstand.**

**(2) Das Pfandrecht gewährt ihr im Verhältnis zu anderen Gläubigern dieselben Rechte wie ein Pfandrecht im Sinne des Bürgerlichen Gesetzbuches; es geht Pfand- und Vorzugsrechten vor, die im Insolvenzverfahren diesem Pfandrecht nicht gleichgestellt sind.**

**(3) Das durch eine frühere Pfändung begründete Pfandrecht geht demjenigen vor, das durch eine spätere Pfändung begründet wird.**

Die Vorschrift beschreibt die Wirkungen einer Pfändung. S. auch Abschn. 57 VollzA. 1

Mit der Pfändung erwirbt die Körperschaft, der die Vollstreckungsbehörde angehört (§ 252 AO), **kraft Gesetzes** ein öffentlich-rechtliches **Pfändungspfandrecht** an dem gepfändeten Gegenstand (BFH v. 18.07.2000, VII R 94/98, BFH/NV 2001, 141). Das Pfandrecht ist nicht akzessorisch und erlischt daher nicht automatisch mit Tilgung der Forderung, wegen der gepfändet wurde. 2

Im Verhältnis zu anderen Gläubigern hat die Vollstreckungsgläubigerin (§ 282 Abs. 1 AO) dieselben Rechte 3 aufgrund der Pfändung wie wenn sie durch Vertrag ein Faustpfandrecht i. S. des bürgerlichen Rechts an dem gepfändeten Gegenstand erworben hätte (§ 282 Abs. 2 AO); es geht Pfand- und Vorzugsrechten vor, die im Insolvenzverfahren dem bürgerlich-rechtlichen Pfandrecht nicht gleichgestellt sind (§§ 50, 51 InsO). Die Vollstreckungsgläubigerin erlangt kein Faustpfandrecht, sondern nur eine der **Stellung des Faustpfandgläubigers** im Verhältnis zu anderen Gläubigern gleiche Position.

§ 280 Abs. 3 AO regelt die Rangfolge bei mehreren Pfändungen: die frühere Pfändung hat den Vorrang vor der späteren (**Prioritätsprinzip**). Hierfür ist aber eine wirksame Pfändung Voraussetzung. Pfändungsakte die infolge Verstoßes gegen die Wochenfrist des § 254 Abs. 1 AO wieder aufgehoben werden müssen, erfüllen diese Voraussetzung nicht. Wegen der Verwertung bei mehrfacher Pfändung s. § 308 AO.

## § 283 AO Ausschluss von Gewährleistungsansprüchen

**Wird ein Gegenstand auf Grund der Pfändung veräußert, so steht dem Erwerber wegen eines Mangels im Recht oder wegen eines Mangels der veräußerten Sache ein Anspruch auf Gewährleistung nicht zu.**

1 § 283 AO entspricht wörtlich § 806 ZPO. S. auch Abschn. 52 VollzA.

2 § 283 AO schließt Gewährleistungsansprüche des Erwerbers gepfändeter Gegenstände generell aus.

3 Der Ausschluss bezieht sich auf sämtliche Sach- und Rechtsmängel und gilt nicht nur bei öffentlicher Versteigerung (§ 296 Abs. 1 AO), sondern auch bei freihändigem Verkauf der Pfandsache (s. § 305 AO) sowie bei besonderer Verwertung (§§ 305, 317 AO).

## § 284 AO Vermögensauskunft des Vollstreckungsschuldners

**(1) [1]Der Vollstreckungsschuldner muss der Vollstreckungsbehörde auf deren Verlangen für die Vollstreckung einer Forderung Auskunft über sein Vermögen nach Maßgabe der folgenden Vorschriften erteilen, wenn er die Forderung nicht binnen zwei Wochen begleicht, nachdem ihn die Vollstreckungsbehörde unter Hinweis auf die Verpflichtung zur Abgabe der Vermögensauskunft zur Zahlung aufgefordert hat. [2]Zusätzlich hat er seinen Geburtsnamen, sein Geburtsdatum und seinen Geburtsort anzugeben. [3]Handelt es sich bei dem Vollstreckungsschuldner um eine juristische Person oder um eine Personenvereinigung, so hat er seine Firma, die Nummer des Registerblatts im Handelsregister und seinen Sitz anzugeben.**

**(2) [1]Zur Auskunftserteilung hat der Vollstreckungsschuldner alle ihm gehörenden Vermögensgegenstände anzugeben. [2]Bei Forderungen sind Grund und Beweismittel zu bezeichnen. [3]Ferner sind anzugeben:**

**1. die entgeltlichen Veräußerungen des Vollstreckungsschuldners an eine nahestehende Person (§ 138 der Insolvenzordnung), die dieser in den letzten zwei Jahren vor dem Termin nach Absatz 7 und bis zur Abgabe der Vermögensauskunft vorgenommen hat;**

**2. die unentgeltlichen Leistungen des Vollstreckungsschuldners, die dieser in den letzten vier Jahren vor dem Termin nach Absatz 7 und bis zur Abgabe der Vermögensauskunft vorgenommen hat, sofern sie sich nicht auf gebräuchliche Gelegenheitsgeschenke geringen Werts richteten.**

**[4]Sachen, die nach § 811 Abs. 1 Nr. 1 und 2 der Zivilprozessordnung der Pfändung offensichtlich nicht unterworfen sind, brauchen nicht angegeben zu werden, es sei denn, dass eine Austauschpfändung in Betracht kommt.**

**(3) [1]Der Vollstreckungsschuldner hat zu Protokoll an Eides statt zu versichern, dass er die Angaben nach Absätzen 1 und 2 nach bestem Wissen und Gewissen richtig und vollständig gemacht habe. [2]Vor Abnahme der eidesstattlichen Versicherung ist der Vollstreckungsschuldner über die Bedeutung der eidesstattlichen Versicherung, insbesondere über die strafrechtlichen Folgen einer unrichtigen oder unvollständigen eidesstattlichen Versicherung, zu belehren.**

**(4) [1]Ein Vollstreckungsschuldner, der die in dieser Vorschrift oder die in § 802c der Zivilprozessordnung bezeichnete Vermögensauskunft innerhalb der letzten zwei Jahre abgegeben hat, ist zur erneuten Abgabe nur verpflichtet, wenn anzunehmen ist, dass sich seine Vermögensverhältnisse wesentlich geändert haben. [2]Die Vollstreckungsbehörde hat von Amts wegen festzustellen, ob beim zentralen Vollstreckungsgericht nach § 802k Abs. 1 der Zivilprozessordnung in den letzten zwei Jahren ein auf Grund einer Vermögensauskunft des Schuldners erstelltes Vermögensverzeichnis hinterlegt wurde.**

(5) [1]Für die Abnahme der Vermögensauskunft ist die Vollstreckungsbehörde zuständig, in deren Bezirk sich der Wohnsitz oder der Aufenthaltsort des Vollstreckungsschuldners befindet. [2]Liegen diese Voraussetzungen bei der Vollstreckungsbehörde, die die Vollstreckung betreibt, nicht vor, so kann sie die Vermögensauskunft abnehmen, wenn der Vollstreckungsschuldner zu ihrer Abgabe bereit ist.

(6) [1]Die Ladung zu dem Termin zur Abgabe der Vermögensauskunft ist dem Vollstreckungsschuldner selbst zuzustellen; sie kann mit der Fristsetzung nach Absatz 1 Satz 1 verbunden werden. [2]Der Termin zur Abgabe der Vermögensauskunft soll nicht vor Ablauf eines Monats nach Zustellung der Ladung bestimmt werden. [3]Ein Rechtsbehelf gegen die Anordnung der Abgabe der Vermögensauskunft hat keine aufschiebende Wirkung. [4]Der Vollstreckungsschuldner hat die zur Vermögensauskunft erforderlichen Unterlagen im Termin vorzulegen. [5]Hierüber und über seine Rechte und Pflichten nach den Absätzen 2 und 3, über die Folgen einer unentschuldigten Terminsäumnis oder einer Verletzung seiner Auskunftspflichten sowie über die Möglichkeit der Eintragung in das Schuldnerverzeichnis bei Abgabe der Vermögensauskunft ist der Vollstreckungsschuldner bei der Ladung zu belehren.

(7) [1]Im Termin zur Abgabe der Vermögensauskunft erstellt die Vollstreckungsbehörde ein elektronisches Dokument mit den nach Absätzen 1 und 2 erforderlichen Angaben (Vermögensverzeichnis). [2]Diese Angaben sind dem Vollstreckungsschuldner vor Abgabe der Versicherung nach Absatz 3 vorzulesen oder zur Durchsicht auf einem Bildschirm wiederzugeben. [3]Ihm ist auf Verlangen ein Ausdruck zu erteilen. [4]Die Vollstreckungsbehörde hinterlegt das Vermögensverzeichnis bei dem zentralen Vollstreckungsgericht nach § 802k Abs. 1 der Zivilprozessordnung. [5]Form, Aufnahme und Übermittlung des Vermögensverzeichnisses haben den Vorgaben der Verordnung nach § 802k Abs. 4 der Zivilprozessordnung zu entsprechen.

(8) [1]Ist der Vollstreckungsschuldner ohne ausreichende Entschuldigung in dem zur Abgabe der Vermögensauskunft anberaumten Termin vor der in Absatz 5 Satz 1 bezeichneten Vollstreckungsbehörde nicht erschienen oder verweigert er ohne Grund die Abgabe der Vermögensauskunft, so kann die Vollstreckungsbehörde, die die Vollstreckung betreibt, die Anordnung der Haft zur Erzwingung der Abgabe beantragen. [2]Zuständig für die Anordnung der Haft ist das Amtsgericht, in dessen Bezirk der Vollstreckungsschuldner im Zeitpunkt der Fristsetzung nach Absatz 1 Satz 1 seinen Wohnsitz oder in Ermangelung eines solchen seinen Aufenthaltsort hat. [3]Die §§ 802g bis 802j der Zivilprozessordnung sind entsprechend anzuwenden. [4]Die Verhaftung des Vollstreckungsschuldners erfolgt durch einen Gerichtsvollzieher. [5]§ 292 dieses Gesetzes gilt entsprechend. [6]Nach der Verhaftung des Vollstreckungsschuldners kann die Vermögensauskunft von dem nach § 802i der Zivilprozessordnung zuständigen Gerichtsvollzieher abgenommen werden, wenn sich der Sitz der in Absatz 5 bezeichneten Vollstreckungsbehörde nicht im Bezirk des für den Gerichtsvollzieher zuständigen Amtsgerichts befindet oder wenn die Abnahme der Vermögensauskunft durch die Vollstreckungsbehörde nicht möglich ist. [7]Der Beschluss des Amtsgerichts, mit dem der Antrag der Vollstreckungsbehörde auf Anordnung der Haft abgelehnt wird, unterliegt der Beschwerde nach den §§ 567 bis 577 der Zivilprozessordnung.

(9) [1]Die Vollstreckungsbehörde kann die Eintragung des Vollstreckungsschuldners in das Schuldnerverzeichnis nach § 882h Abs. 1 der Zivilprozessordnung anordnen, wenn

1. der Vollstreckungsschuldner seiner Pflicht zur Abgabe der Vermögensauskunft nicht nachgekommen ist,
2. eine Vollstreckung nach dem Inhalt des Vermögensverzeichnisses offensichtlich nicht geeignet wäre, zu einer vollständigen Befriedigung der Forderung zu führen, wegen der die Vermögensauskunft verlangt wurde oder wegen der die Vollstreckungsbehörde vorbehaltlich der Fristsetzung nach Absatz 1 Satz 1 und der Sperrwirkung nach Absatz 4 eine Vermögensauskunft verlangen könnte, oder
3. der Vollstreckungsschuldner nicht innerhalb eines Monats nach Abgabe der Vermögensauskunft die Forderung, wegen der die Vermögensauskunft verlangt wurde, vollständig befriedigt. Gleiches gilt, wenn die Vollstreckungsbehörde vorbehaltlich der Fristsetzung nach Absatz 1 Satz 1 und der Sperrwirkung nach Absatz 4 eine Vermögensauskunft verlangen kann, sofern der Vollstreckungsschuldner die Forderung nicht innerhalb eines Monats befriedigt, nachdem er auf die Möglichkeit der Eintragung in das Schuldnerverzeichnis hingewiesen wurde.

**[2]Die Eintragungsanordnung soll kurz begründet werden. [3]Sie ist dem Vollstreckungsschuldner zuzustellen. [4]§ 882c Abs. 3 der Zivilprozessordnung gilt entsprechend.**

**(10) [1]Ein Rechtsbehelf gegen die Eintragungsanordnung nach Absatz 9 hat keine aufschiebende Wirkung. [2]Nach Ablauf eines Monats seit der Zustellung hat die Vollstreckungsbehörde die Eintragungsanordnung dem zentralen Vollstreckungsgericht nach § 882h Abs. 1 der Zivilprozessordnung mit den in § 882b Abs. 2 und 3 der Zivilprozessordnung genannten Daten elektronisch zu übermitteln. [3]Dies gilt nicht, wenn Anträge auf Gewährung einer Aussetzung der Vollziehung der Eintragungsanordnung nach § 361 dieses Gesetzes oder § 69 der Finanzgerichtsordnung anhängig sind, die Aussicht auf Erfolg haben.**

**(11) [1]Ist die Eintragung in das Schuldnerverzeichnis nach § 882h Abs. 1 der Zivilprozessordnung erfolgt, sind Entscheidungen über Rechtsbehelfe des Vollstreckungsschuldners gegen die Eintragungsanordnung durch die Vollstreckungsbehörde oder durch das Gericht dem zentralen Vollstreckungsgericht nach § 882h Abs. 1 der Zivilprozessordnung elektronisch zu übermitteln. [2]Form und Übermittlung der Eintragungsanordnung nach Absatz 10 Satz 1 und 2 sowie der Entscheidung nach Satz 1 haben den Vorgaben der Verordnung nach § 882h Abs. 3 der Zivilprozessordnung zu entsprechen.**

### Inhaltsübersicht



### Schrifttum


Carlé, Die Vermögensauskunft kritisch betrachtet, AO-StB 2013, 347; Vollkommer, Die Reform der Sachaufklärung in der Zwangsvollstreckung – Ein Überblick, NJW 2013, 3681; Baldauf, Anm. zu FG Köln v. 15.07.2014, 15 V 778/14, EFG 2014, 1849.


## A. Bedeutung der Vorschrift

1 Für nach dem 01.01.2013 angeordnete Vermögensauskünfte gilt die vorstehende Fassung des § 284 AO. Die **bis zum 31.12.2012** geltende **Altfassung** des **§ 284 AO (Eidesstattliche Versicherung)** und die dort in Bezug genommenen Vorschriften der ZPO finden auch nach dem 31.12.2012 weiter Anwendung, wenn die Auskunftserteilung vor dem 01.01.2013 angeordnet wurde (§ 39 Nr. 3 EGZPO i. d. F. des Gesetzes zur Reform der Sachaufklärung in der Zwangsvollstreckung v. 29.07.2009, BStBl I 2009, 878, zuletzt geändert durch Gesetz v. 23.05.2011, BGBl I 2011, 898). Zu den Voraussetzungen der Eidesstattlichen Versicherung s. im Einzelnen die Kommentierung zu § 284 in der 20. Auflage (2011).

2 Die **Vermögensauskunft in der heutigen Fassung** entspricht **§ 802 c ZPO**. Sinn und Zweck der dem Schuldner auferlegten Pflicht zur Vorlage eines Vermögensverzeichnisses und zur Beeidigung der Richtigkeit und Vollständigkeit der in der Aufstellung gemachten Angaben ist die möglichst **frühzeitige Aufdeckung bisher nicht bekannter Vermögenswerte**, mit der dem Gläubiger Vollstreckungsmöglichkeiten eröffnet werden sollen (BFH v. 26.07.2005, VII R 57/04, BStBl II 2005, 814).

3 Anders als die bis zum 31.12.2012 geltende Fassung setzt § 284 AO keinen tatsächlich erfolgten oder voraussichtlich fruchtlosen Pfändungsversuch mehr voraus. Das FA kann die Auskunft über die Vermögensverhältnisse bereits zu Beginn des Vollstreckungsverfahrens anordnen, vorausgesetzt, die allgemeinen Vollstreckungsvoraussetzungen liegen vor (s. § 251 AO ff., s. § 254 AO, s. § 259 AO). Die Vermögensauskunft ist damit ein **zentrales Vollinstrument** und nicht – wie bisher – bloß ultima ratio. Ob das FA davon Gebrauch macht steht weiterhin im Ermessen des FA, das allerdings kaum eingeschränkt sein dürfte. Im Unterschied zur alten Fassung ist die eidesstattliche Versicherung zwingend und nicht (mehr) Ausfluss einer erneuten (insoweit doppelten) Ermessensentscheidung (§ 284 Abs. 3 Satz 1 AO). Das Vermögensverzeichnis wird stets bei dem zentralen Vollstreckungsgericht nach § 802 k Abs. 1 ZPO hinterlegt. Die Hinterlegung löst sodann eine Sperrfrist von 2 Jahren aus, innerhalb derer der Schuldner nicht erneut zur Auskunft verpflichtet ist (§ 284 Abs. 4 AO). Im Unterschied zur a. F. des § 284 AO ist allerdings die Eintragung in das Schuldnerverzeichnis nicht mehr zwingend. Nach Maßgabe des § 284 Abs. 9 AO trifft das FA darüber eine erneute Ermessensentscheidung. Neben der vorangegangenen Aufforderung zur Vermögensauskunft ist folglich auch die Anordnung der Eintragung in das Schuldnerverzeichnis mit dem Einspruch anfechtbar. Derartige Einsprüche haben – abweichend zu § 284 Abs. 6 Satz 2 AO a. F. – zunächst keine aufschiebende Wirkung mehr (§ 284 Abs. 6 Satz 3, Abs. 10 Satz 1 AO). Im vorläufigen Rechtsschutz kann jedoch Aussetzung der Vollziehung

beantragt werden (s. § 361 AO, s. § 69 FGO); s. Abschn. 52 VollstrA.

4 Die Neufassung nimmt folgende Vorschriften in Bezug:

**§ 138 InsO Nahestehende Personen**

(1) Ist der Schuldner eine natürliche Person, so sind nahestehende Personen:

1. der Ehegatte des Schuldners, auch wenn die Ehe erst nach der Rechtshandlung geschlossen oder im letzten Jahr vor der Handlung aufgelöst worden ist;

1a. der Lebenspartner des Schuldners, auch wenn die Lebenspartnerschaft erst nach der Rechtshandlung eingegangen oder im letzten Jahr vor der Handlung aufgelöst worden ist;

2. Verwandte des Schuldners oder des in Nummer 1 bezeichneten Ehegatten oder des in Nummer 1a bezeichneten Lebenspartners in auf- und absteigender Linie und voll- und halbbürtige Geschwister des Schuldners oder des in Nummer 1 bezeichneten Ehegatten oder des in Nummer 1a bezeichneten Lebenspartners sowie die Ehegatten oder Lebenspartner dieser Personen;

3. Personen, die in häuslicher Gemeinschaft mit dem Schuldner leben oder im letzten Jahr vor der Handlung in häuslicher Gemeinschaft mit dem Schuldner gelebt haben sowie Personen, die sich aufgrund einer dienstvertraglichen Verbindung zum Schuldner über dessen wirtschaftliche Verhältnisse unterrichten können;

4. eine juristische Person oder eine Gesellschaft ohne Rechtspersönlichkeit, wenn der Schuldner oder eine der in den Nummern 1 bis 3 genannten Personen Mitglied des Vertretungs- oder Aufsichtsorgans, persönlich haftender Gesellschafter oder zu mehr als einem Viertel an deren Kapital beteiligt ist oder aufgrund einer vergleichbaren gesellschaftsrechtlichen oder dienstvertraglichen Verbindung die Möglichkeit hat, sich über die wirtschaftlichen Verhältnisse des Schuldners zu unterrichten.

(2) Ist der Schuldner eine juristische Person oder eine Gesellschaft ohne Rechtspersönlichkeit, so sind nahestehende Personen:

1. die Mitglieder des Vertretungs- oder Aufsichtsorgans und persönlich haftende Gesellschafter des Schuldners sowie Personen, die zu mehr als einem Viertel am Kapital des Schuldners beteiligt sind;

2. eine Person oder eine Gesellschaft, die aufgrund einer vergleichbaren gesellschaftsrechtlichen oder dienstvertraglichen Verbindung zum Schuldner die Möglichkeit haben, sich über dessen wirtschaftliche Verhältnisse zu unterrichten;

3. eine Person, die zu einer der in Nummer 1 oder 2 bezeichneten Personen in einer in Absatz 1 bezeichneten persönlichen Verbindung steht; dies gilt nicht, soweit die in Nummer 1 oder 2 bezeichneten Personen kraft Gesetzes in den Angelegenheiten des Schuldners zur Verschwiegenheit verpflichtet sind.

**§ 292 ZPO Gesetzliche Vermutungen**

Stellt das Gesetz für das Vorhandensein einer Tatsache eine Vermutung auf, so ist der Beweis des Gegenteils zulässig, sofern nicht das Gesetz ein anderes vorschreibt. Dieser Beweis kann auch durch den Antrag auf Parteivernehmung nach § 445 geführt werden.

**§ 802 c ZPO Vermögensauskunft des Schuldners**

(1) Der Schuldner ist verpflichtet, zum Zwecke der Vollstreckung einer Geldforderung auf Verlangen des Gerichtsvollziehers Auskunft über sein Vermögen nach Maßgabe der folgenden Vorschriften zu erteilen sowie seinen Geburtsnamen, sein Geburtsdatum und seinen Geburtsort anzugeben. Handelt es sich bei dem Vollstreckungsschuldner um eine juristische Person oder um eine Personenvereinigung, so hat er seine Firma, die Nummer des Registerblatts im Handelsregister und seinen Sitz anzugeben.

(2) Zur Auskunftserteilung hat der Schuldner alle ihm gehörenden Vermögensgegenstände anzugeben. Bei Forderungen sind Grund und Beweismittel zu bezeichnen. Ferner sind anzugeben:

1. die entgeltlichen Veräußerungen des Schuldners an eine nahestehende Person (§ 138 der Insolvenzordnung), die dieser in den letzten zwei Jahren vor dem Termin nach § 802 f Abs. 1 und bis zur Abgabe der Vermögensauskunft vorgenommen hat;

2. die unentgeltlichen Leistungen des Schuldners, die dieser in den letzten vier Jahren vor dem Termin nach § 802 f Abs. 1 und bis zur Abgabe der Vermögensauskunft vorgenommen hat, sofern sie sich nicht auf gebräuchliche Gelegenheitsgeschenke geringen Wertes richteten.

Sachen, die nach § 811 Abs. 1 Nr. 1 und 2 der Pfändung offensichtlich nicht unterworfen sind, brauchen nicht angegeben zu werden, es sei denn, dass eine Austauschpfändung in Betracht kommt.

(3) Der Schuldner hat zu Protokoll an Eides statt zu versichern, dass er die Angaben nach den Absätzen 1 und 2 nach bestem Wissen und Gewissen richtig und vollständig gemacht habe. Die Vorschriften der §§ 478 bis 480, 483 gelten entsprechend.

**§ 802 g ZPO Erzwingungshaft**

(1) Auf Antrag des Gläubigers erlässt das Gericht gegen den Schuldner, der dem Termin zur Abgabe der Vermögensauskunft unentschuldigt fernbleibt oder die Abgabe der Vermögensauskunft gemäß § 802 c ohne Grund verweigert, zur Erzwingung der Abgabe einen Haftbefehl. In dem Haftbefehl sind der Gläubiger, der Schuldner und der Grund der Verhaftung zu bezeichnen. Einer Zustellung des Haftbefehls vor seiner Vollziehung bedarf es nicht.

(2) Die Verhaftung des Schuldners erfolgt durch einen Gerichtsvollzieher. Der Gerichtsvollzieher händigt dem

Schuldner von Amts wegen bei der Verhaftung eine beglaubigte Abschrift des Haftbefehls aus.

**§ 802h ZPO Unzulässigkeit der Haftvollstreckung**

(1) Die Vollziehung des Haftbefehls ist unstatthaft, wenn seit dem Tag, an dem der Haftbefehl erlassen wurde, zwei Jahre vergangen sind.

(2) Gegen einen Schuldner, dessen Gesundheit durch die Vollstreckung der Haft einer nahen und erheblichen Gefahr ausgesetzt würde, darf, solange dieser Zustand dauert, die Haft nicht vollstreckt werden.

**§ 802i ZPO Vermögensauskunft des verhafteten Schuldners**

(1) Der verhaftete Schuldner kann zu jeder Zeit bei dem Gerichtsvollzieher des Amtsgerichts des Haftortes verlangen, ihm die Vermögensauskunft abzunehmen. Dem Verlangen ist unverzüglich stattzugeben; § 802f Abs. 5 gilt entsprechend. Dem Gläubiger wird die Teilnahme ermöglicht, wenn er dies beantragt hat und seine Teilnahme nicht zu einer Verzögerung der Abnahme führt.

(2) Nach Abgabe der Vermögensauskunft wird der Schuldner aus der Haft entlassen. § 802f Abs. 5 und 6 gilt entsprechend.

(3) Kann der Schuldner vollständige Angaben nicht machen, weil er die erforderlichen Unterlagen nicht bei sich hat, so kann der Gerichtsvollzieher einen neuen Termin bestimmen und die Vollziehung des Haftbefehls bis zu diesem Termin aussetzen. § 802f gilt entsprechend; der Setzung einer Zahlungsfrist bedarf es nicht.

**§ 802j Dauer der Haft; erneute Haft**

(1) Die Haft darf die Dauer von sechs Monaten nicht übersteigen. Nach Ablauf der sechs Monate wird der Schuldner von Amts wegen aus der Haft entlassen.

(2) Gegen den Schuldner, der ohne sein Zutun auf Antrag des Gläubigers aus der Haft entlassen ist, findet auf Antrag desselben Gläubigers eine Erneuerung der Haft nicht statt.

(3) Ein Schuldner, gegen den wegen Verweigerung der Abgabe der Vermögensauskunft eine Haft von sechs Monaten vollstreckt ist, kann innerhalb der folgenden zwei Jahre auch auf Antrag eines anderen Gläubigers nur unter den Voraussetzungen des § 802d von neuem zur Abgabe einer solchen Vermögensauskunft durch Haft angehalten werden.

**§ 802k ZPO Zentrale Verwaltung der Vermögensverzeichnisse**

(1) Nach § 802f Abs. 6 dieses Gesetzes oder nach § 284 Abs. 7 Satz 4 der Abgabenordnung zu hinterlegende Vermögensverzeichnisse werden landesweit von einem zentralen Vollstreckungsgericht in elektronischer Form verwaltet. Die Vermögensverzeichnisse können über eine zentrale und länderübergreifende Abfrage im Internet eingesehen und abgerufen werden. Gleiches gilt für Vermögensverzeichnisse, die auf Grund einer § 284 Abs. 1 bis 7 der Abgabenordnung gleichwertigen bundesgesetzlichen oder landesgesetzlichen Regelung errichtet wurden, soweit diese Regelung die Hinterlegung anordnet. Ein Vermögensverzeichnis nach Satz 1 oder Satz 2 ist nach Ablauf von zwei Jahren seit Abgabe der Auskunft oder bei Eingang eines neuen Vermögensverzeichnisses zu löschen.

(4) Das Bundesministerium der Justiz und für Verbraucherschutz wird ermächtigt, durch Rechtsverordnung mit Zustimmung des Bundesrates die Einzelheiten des Inhalts, der Form, Aufnahme, Übermittlung, Verwaltung und Löschung der Vermögensverzeichnisse nach § 802f Abs. 5 dieses Gesetzes und nach § 284 Abs. 7 der Abgabenordnung oder gleichwertigen Regelungen im Sinne von Absatz 1 Satz 2 sowie der Einsichtnahme, insbesondere durch ein automatisiertes Abrufverfahren, zu regeln. Die Rechtsverordnung hat geeignete Regelungen zur Sicherung des Datenschutzes und der Datensicherheit vorzusehen. Insbesondere ist sicherzustellen, dass die Vermögensverzeichnisse

1. bei der Übermittlung an das zentrale Vollstreckungsgericht nach Absatz 1 sowie bei der Weitergabe an die anderen Stellen nach Absatz 3 Satz 3 gegen unbefugte Kenntnisnahme geschützt sind,
2. unversehrt und vollständig wiedergegeben werden,
3. jederzeit ihrem Ursprung nach zugeordnet werden können und
4. nur von registrierten Nutzern abgerufen werden können und jeder Abrufvorgang protokolliert wird.

**§ 811 ZPO Unpfändbare Sachen**

(1) Folgende Sachen sind der Pfändung nicht unterworfen:

1. die dem persönlichen Gebrauch oder dem Haushalt dienenden Sachen, insbesondere Kleidungsstücke, Wäsche, Betten, Haus- und Küchengerät, soweit der Schuldner ihrer zu einer seiner Berufstätigkeit und seiner Verschuldung angemessenen, bescheidenen Lebens- und Haushaltsführung bedarf; ferner Gartenhäuser, Wohnlauben und ähnliche Wohnzwecken dienende Einrichtungen, die der Zwangsvollstreckung in das bewegliche Vermögen unterliegen und deren der Schuldner oder seine Familie zur ständigen Unterkunft bedarf;
2. die für den Schuldner, seine Familie und seine Hausangehörigen, die ihm im Haushalt helfen, auf vier Wochen erforderlichen Nahrungs-, Feuerungs- und Beleuchtungsmittel oder, soweit für diesen Zeitraum solche Vorräte nicht vorhanden und ihre Beschaffung auf anderem Wege nicht gesichert ist, der zur Beschaffung erforderliche Geldbetrag;

**§ 882b ZPO Inhalt des Schuldnerverzeichnisses**

(2) Im Schuldnerverzeichnis werden angegeben:

1. Name, Vorname und Geburtsname des Schuldners sowie die Firma und deren Nummer des Registerblatts im Handelsregister,
2. Geburtsdatum und Geburtsort des Schuldners,

3. Wohnsitze des Schuldners oder Sitz des Schuldners, einschließlich abweichender Personendaten.

(3) Im Schuldnerverzeichnis werden weiter angegeben:

1. Aktenzeichen und Gericht oder Vollstreckungsbehörde der Vollstreckungssache oder des Insolvenzverfahrens,
2. im Fall des Absatzes 1 Nr. 1 das Datum der Eintragungsanordnung und der gemäß § 882c zur Eintragung führende Grund,
3. im Fall des Absatzes 1 Nr. 2 das Datum der Eintragungsanordnung und der gemäß § 284 Abs. 9 der Abgabenordnung oder einer gleichwertigen Regelung im Sinne von Absatz 1 Nr. 2 Halbsatz 2 zur Eintragung führende Grund,
4. im Fall des Absatzes 1 Nummer 3 das Datum der Eintragungsanordnung sowie die Feststellung, dass ein Antrag auf Eröffnung des Insolvenzverfahrens über das Vermögen des Schuldners mangels Masse gemäß § 26 Absatz 1 Satz 1 der Insolvenzordnung abgewiesen wurde, oder bei einer Eintragung gemäß § 303a der Insolvenzordnung der zur Eintragung führende Grund und das Datum der Entscheidung des Insolvenzgerichts.

**§ 882c ZPO Eintragungsanordnung**

(3) Die Eintragungsanordnung hat die in § 882b Abs. 2 und 3 genannten Daten zu enthalten. Sind dem Gerichtsvollzieher die nach § 882b Abs. 2 Nr. 1 bis 3 im Schuldnerverzeichnis anzugebenden Daten nicht bekannt, holt er Auskünfte bei den in § 755 Abs. 1 und 2 Satz 1 Nr. 1 genannten Stellen ein, um die erforderlichen Daten zu beschaffen.

**§ 882h ZPO Zuständigkeit; Ausgestaltung des Schuldnerverzeichnisses**

(1) Das Schuldnerverzeichnis wird für jedes Land von einem zentralen Vollstreckungsgericht geführt. Der Inhalt des Schuldnerverzeichnisses kann über eine zentrale und länderübergreifende Abfrage im Internet eingesehen werden. Die Länder können Einzug und Verteilung der Gebühren sowie weitere Abwicklungsaufgaben im Zusammenhang mit der Abfrage nach Satz 2 auf die zuständige Stelle eines Landes übertragen.

## B. Tatbestandliche Voraussetzungen

### I. Pflicht zur Auskunftserteilung (Abs. 1, 4)

5 Der Vollstreckungsschuldner ist verpflichtet, auf Verlangen der Vollstreckungsbehörde für die Vollstreckung einer Forderung Auskunft über sein Vermögen zu erteilen, wenn er die Forderung nicht binnen zwei Wochen begleicht, nachdem ihn die Vollstreckungsbehörde unter Hinweis auf die Verpflichtung zur Abgabe der Vermögensauskunft zur Zahlung aufgefordert hat. Neben den **allgemeinen Vollstreckungsvoraussetzungen** (s. § 251 AO ff., s. § 254 AO, s. § 259 AO) bedarf es demnach lediglich noch einer ausdrücklichen **Aufforderung, verbunden mit einer Zahlungsaufforderung**. Häufig wird diese Zahlungsaufforderung bereits verbunden mit der Ladung (s. Rz. 19).

Die Entscheidung über die Einholung der Vermögensauskunft steht im **Ermessen des FA**; dies betrifft auch die Entscheidung, wer von mehreren »Verpflichteten« geladen wird (s. Rz. 20). Angesichts des Zwecks der Vorschrift (s. Rz. 2) und der Tatsache, dass mit der Auskunft und ihrer Beeidigung eine Eintragung in das Schuldnerverzeichnis automatisch nicht (mehr) einhergeht, dürfte auch die frühzeitige Aufforderung zur Auskunftserteilung indes kaum ermessenswidrig sein. Der Aufforderung könnte entgegenstehen, dass dem FA die Einkommens- und Vermögensverhältnisse bereits zuverlässig bekannt sind bzw. sicher feststeht, dass die Auskunft keine weiteren Vollstreckungsmöglichkeiten ergeben wird. Das FA wird im Übrigen häufig im eigenen Interesse bemüht sein, zunächst andere Ermittlungsmöglichkeiten auszuschöpfen. Eigene Ermittlungen versprechen u. U. einen schnelleren Erfolg, führen aber jedenfalls dazu, dass die gewonnen Erkenntnisse anderen – außersteuerlichen – Gläubigern nicht zugänglich gemacht werden müssen. 6

Bei der Ermessensausübung hat das FA darüber hinaus das **bisherige steuerliche Verhalten des Schuldners** zu berücksichtigen. Bei einem Schuldner, der seine steuerlichen Pflichten stets pünktlich und ordnungsgemäß erfüllt und nunmehr möglicherweise unverschuldet erstmals säumig wird, z. B. aufgrund einer Erkrankung oder einer unvorhersehbaren längeren Abwesenheit, könnte das Ermessen ebenfalls beschränkt sein. Andererseits hat der Schuldner die Gelegenheit, zur Abwehr der Auskunft nach § 284 AO den Rückstand innerhalb der Zweiwochenfrist zu begleichen oder andere Billigkeitsmaßnahmen zu beantragen (Stundung, Vollstreckungsaufschub). Demnach bleibt die Aufforderung wohl auch in solchen Konstellationen zunächst zulässig. 7

In die Ermessenserwägungen sollte zudem die **Höhe der Steuerrückstände** eingehen. Entsprechend der Rspr. des BFH zur alten Rechtslage sollte das FA in eine Prüfung eintreten müssen, ob von der Abnahme der Vermögensauskunft abgesehen werden kann, wenn (1.) die rückständigen Steuerschulden (ohne die steuerlichen Nebenleistungen) in ihrer Höhe gering sind bzw. gering geworden sind – der BFH denkt an eine Grenze von etwa 10 000 EUR, wenn die Rückstände bestandskräftig festgesetzt sind; sonst ggf. noch höher –, (2.) der Schuldner in der Vergangenheit bereits Tilgungsleistungen erbracht hat, sodass sich die Schuld bereits verringert hat, und (3.) zu erwarten ist, dass sich die Rückstände durch regelmäßige Tilgungsleistungen – ggf. nach vorgelegtem, von dem Kreditinstitut des Schuldners gebilligten Tilgungsplan – auch weiterhin vermindern werden (BFH v. 12.12.2001, VII B 318/00, BFH/NV 2002, 617; BFH 8

v. 14.05.2002, VII B 52/01, BFH/NV 2002, 1413; BFH v. 03.02.2003, VII B 13/02, BFH/NV 2003, 797; s. *Loose* in Tipke/Kruse, § 284 AO Rz. 6 und *Zeller-Müller* in Gosch, § 284 AO Rz. 8, die eine Bagatellgrenze von etwa **1000 EUR** befürworten; *Müller-Eiselt* in HHSp., § 284 AO Rz. 26 für eine Bagatellgrenze von **600 EUR**).

9 Freilich steht es dem FA trotz Vorliegen der Voraussetzungen nach Abs. 1 frei, andere Vollstreckungsmöglichkeiten zu ergreifen, etwa Sach- oder Forderungspfändungen. Möglich auch – nach Neufassung des § 284 AO praktisch indes wohl selten relevant – die Offenlegung der Vermögens- und Einkommensverhältnisse gem. § 249 Abs. 2 Satz 1 AO und die Versicherung an Eides Statt nach § 95 Abs. 1 Satz 1 AO.

10 Mit der Hinterlegung des Vermögensverzeichnisses bei dem zentralen Vollstreckungsgericht nach § 802k Abs. 1 ZPO und unabhängig von der Eintragung in das Schuldnerverzeichnis (s. Rz. 30) wird eine **Schutzfrist** von **2 Jahren** ausgelöst. **§ 284 Abs. 4 AO** bestimmt, dass der Schuldner nur dann zur erneuten Auskunft verpflichtet ist, wenn anzunehmen ist, dass sich seine Vermögensverhältnisse wesentlich geändert haben, er etwa später Vermögen erworben hat oder ein bisher mit ihm bestehendes Arbeitsverhältnis aufgelöst worden ist (BFH v. 26.07.2005, VII R 57/04, BStBl II 2005, 814). Ein Verstoß gegen die Schutzfrist führt jedoch nicht zur Nichtigkeit des Verlangens (BFH v. 21.06.2010, VII R 27/08, BStBl II 2011, 331).

## II. Inhalt der Auskunft (Abs. 2)

11 Die Vorschrift entspricht § 802c Abs. 2 ZPO. Die Angaben müssen so beschaffen sein, dass sich der Gläubiger anhand des Vermögensverzeichnisses einen vollständigen Überblick über das vorhandene Vermögen und über **bestehende Einkunftsquellen** verschaffen kann (BFH v. 26.07.2005, VII R 57/04, BStBl II 2005, 814). Der Schuldner hat in dem Vermögensverzeichnis alle ihm gehörenden Vermögensgegenstände anzugeben. Er hat insbes. **alle aktiven Vermögenswerte** im In- und Ausland aufzunehmen, die möglicherweise dem Zugriff im Wege der Vollstreckung unterliegen, selbst wenn sie bereits von anderen Gläubigern gepfändet sind. Das sind außer den einzelnen beweglichen und unbeweglichen Gegenständen alle Forderungen, auch nicht fällige, bedingte und unsichere Forderungen sowie Vermögensrechte i.S. des § 321 AO. Für seine **Forderungen** hat der Schuldner auch den **Grund** und **die Beweismittel** zu benennen.

12 **Objektiv wertlose Sachen** und Sachen, die nach **§ 811 Abs. 1 Nr. 1 und 2 ZPO** der Pfändung offensichtlich nicht unterworfen sind (s. § 295 AO Rz. 2), brauchen in dem Vermögensverzeichnis nicht angegeben zu werden, es sei denn, eine Austauschpfändung kommt in Betracht (§ 811a, b ZPO).

Bei für den Schuldner erkennbar unrichtigen Angaben ist er zur entsprechenden **Ergänzung bzw. Berichtigung des Vermögensverzeichnisses** verpflichtet. Zudem hat er auf begründetes Verlangen des FA eine entsprechende Nachbesserung vorzunehmen. Die Ergänzung bzw. Richtigstellung setzt kein neues Vollstreckungsverfahren in Gang, sondern stellt lediglich eine Fortsetzung des bereits eingeleiteten Verfahrens dar (BFH v. 26.07.2005, VII R 57/04, BStBl II 2005, 814). 13

Darüber hinaus ordnet **§ 284 Abs. 2 Satz 1 Nr. 1 und 2 AO** zusätzliche Angaben an, die der Vollstreckungsbehörde den Zugriff auf Vermögenswerte ermöglichen sollen, deren sich der Schuldner **in anfechtbarer** Weise entäußert hat. 14

Die Angabe von Geburtsname, Geburtsdatum und Geburtsort des Schuldners, sowie bei juristischen Personen und Personenvereinigungen die Angabe der Firma, der Nummer des Registerblatts im Handelsregister und dem Firmensitz (§ 284 Abs. 1 Sätze 2 und 3 AO) dient der eindeutigen Zuordnung der Vermögensangaben und der Einholung zur Eintragung ins Schuldnerverzeichnis nach § 882b Abs. 2 ZPO notwendiger Angaben. 15

## III. Eidesstattliche Versicherung (Abs. 3)

Gemäß § 284 Abs. 3 AO hat der Schuldner die Richtigkeit und Vollständigkeit seiner Angaben stets zu Protokoll an Eides statt zu versichern (zur Eidesformel s. § 95 Abs. 3 AO). Nach der ab dem 01.01.2013 geltenden Fassung ist die Eidesstattliche Versicherung **obligatorisch** und nicht (mehr) Gegenstand einer weiteren – bis zum 31.12.2012 doppelten – Ermessensentscheidung (BFH v. 08.02.2016, VII B 60/15, BFH/NV 2016, 891). 16

Vor der Abnahme wird der Schuldner über die **strafrechtlichen Folgen** einer unrichtigen oder unvollständigen eidesstattlichen Versicherung **belehrt** (§ 284 Abs. 3 Satz 2 AO). 17

## IV. Zuständige Vollstreckungsbehörde (Abs. 5)

§ 284 Abs. 5 Satz 1 AO erklärt diejenige Vollstreckungsbehörde für die Abnahme der eidesstattlichen Versicherung für zuständig, in deren Bezirk sich der **Wohnsitz oder der Aufenthaltsort des Vollstreckungsschuldners** befindet. Liegen die in § 284 Abs. 5 Satz 1 AO normierten Zuständigkeitsvoraussetzungen bei der Vollstreckungsbehörde, die die Vollstreckung betreibt, nicht vor, so kann sie die Vermögensauskunft nur abnehmen, wenn der Vollstreckungsschuldner zu ihrer Abgabe bereit ist (§ 284 Abs. 5 Satz 2 AO), ansonsten muss sie die zuständige Vollstreckungsbehörde ersuchen, die Versicherung 18 abzunehmen (BFH v. 02.12.2011, VII B 71/11, BFH/NV 2012, 690; s. § 250 AO).

## V. Ladung (Abs. 6)

19 Mit der Ladung bestimmt das FA den Termin, zu dem die Vermögensauskunft abgenommen werden soll; diese Terminbestimmung wird in der Regel verbunden mit der Zahlungsaufforderung gem. § 284 Abs. 1 Satz 1 AO. Die Ladung ist dem **Vollstreckungsschuldner selbst zuzustellen**, auch wenn er einen Empfangsbevollmächtigten für das Erhebungsverfahren bestellt hat.

20 Wird eine natürliche oder juristische Person gesetzlich vertreten, erfolgt die Ladung an den **gesetzlichen Vertreter**, bei nichtrechtsfähigen Personenvereinigungen (z. B. GbR, OHG, Erbengemeinschaft) an deren **Geschäftsführer** (§ 34 Abs. 1 AO). Ist kein Geschäftsführer bestellt, kann das FA einzelne oder mehrere Mitglieder bzw. Gesellschafter zugleich vorladen. Auch bei Gesamtschuldnern kann die Ladung an jeden ergehen. Die Entscheidung, wer in Anspruch genommen wird, ist eine Ermessensentscheidung, die zu berücksichtigen hat, welcher »Verpflichtete« nach seiner Funktion am ehesten zur Abgabe der Vermögensauskunft in der Lage ist.

21 Mit der Ladung ist der Vollstreckungsschuldner darüber **zu belehren**, dass er im Termin die zur Vermögensauskunft erforderlichen Unterlagen mitzubringen hat (§ 284 Abs. 6 Satz 2 AO). Ferner ist er über seine Rechte und sonstigen Pflichten im Zusammenhang mit der Vermögensauskunft, über die Folgen eines unentschuldigten Fehlens und einer Verletzung der Auskunftspflicht und über die Möglichkeit der Eintragung in das Schuldnerverzeichnis zu belehren (§ 284 Abs. 6 Satz 3 AO).

## VI. Vermögensverzeichnis (Abs. 7)

22 Die nach Maßgabe der Vorschrift erforderlichen Angaben, die der Vollstreckungsschuldner zwingend persönlich bei der Behörde zu erteilen hat, erfasst das FA in einem **elektronischen Dokument (Vermögensverzeichnis)**. Vor Abgabe der eidesstattlichen Versicherung sind ihm die Angaben vorzulesen oder zur Durchsicht auf dem Monitor wiederzugeben. Auf Verlangen erhält der Vollstreckungsschuldner auch einen Ausdruck.

23 Im Anschluss **hinterlegt** die Vollstreckungsbehörde das Vermögensverzeichnis **beim dem zentralen Vollstreckungsgericht** nach § 802k Abs. 1 ZPO. Form, Aufnahme und Übermittlung erfolgen nach Maßgabe einer Verordnung des BMJ (§ 802k Abs. 4 ZPO).

## VII. Erzwingung der Vermögensauskunft (Abs. 8)

Die Erzwingung der eidesstattlichen Versicherung erfolgt durch ein Ersuchen an das zuständige Amtsgericht auf Anordnung der **Erzwingungshaft**. Sie ist zulässig, wenn der Schuldner ohne ausreichende Entschuldigung in dem zur Abgabe der eidesstattlichen Versicherung anberaumten Termin nicht erschienen ist, oder die Abgabe der Vermögensauskunft bzw. die eidesstattliche Versicherung ohne Grund verweigert. Ohne ausreichende Begründung erst nach dem anberaumten Termin erhobene Einwendungen rechtfertigen die Nichtabgabe der Vermögensauskunft zu diesem Termin nicht und machen deshalb das Ersuchen des FA auf Anordnung der Erzwingungshaft auch nicht unzulässig (BFH v. 07.03.1995, VII R 107/94, BFH/NV 1995, 1034). 24

Das **Ersuchen** der Vollstreckungsbehörde an das Amtsgericht (§ 284 Abs. 8 Satz 1 AO) ist **kein Verwaltungsakt** (str.; wie hier die h. M. s. *Werth* in Klein, § 284 AO Rz. 28; *Zeller-Müller* in Gosch, § 284 AO Rz. 16; *Loose* in Tipke/Kruse, § 284 AO Rz. 22 m. w. N.; a. A. noch BFH v. 11.12.1984, VII B 41/84, BStBl II 1985, 197). Ausschließlich zuständig ist das Amtsgericht, in dessen Bezirk der Vollstreckungsschuldner seinen Wohnsitz oder (mangels Wohnsitzes) seinen Aufenthalt hat (§ 284 Abs. 8 Satz 2 AO). Das Amtsgericht wird im Wege der Amtshilfe tätig. 25

Im Hinblick auf **Art. 104 Abs. 2 Satz 1 GG** ist das Amtsgericht nicht nur berechtigt, sondern u. E. verpflichtet, in eigener Verantwortung zu prüfen, ob die Voraussetzungen der Anordnung der Erzwingungshaft gegeben sind, also nicht nur, ob der Vollstreckungsschuldner zur Abgabe der eidesstattlichen Versicherung verpflichtet ist, sondern auch, ob dies dem Verhältnismäßigkeitsgrundsatz entspricht (so auch BGH v. 14.08.2008, I ZB 10/07, HFR 2009, 77; *Carlé*, AO-StB 2002, 99; *Loose* in Tipke/Kruse, § 284 AO Rz. 23; *Werth* in Klein, § 284 AO Rz. 31; *Zeller-Müller* in Gosch, § 284 AO Rz. 16; a. A. *Müller-Eiselt* in HHSp, § 284 AO Rz. 74; *Tormöhlen*, AO-StB 2010, 27). Bei feststehender Leistungsunfähigkeit des Schuldners kommt die Anordnung von Erzwingungshaft nicht in Frage (BVerfG v. 19.10.1982, 1 BvL 34,55/80, NJW 1983, 559). 26

Die durch § 284 Abs. 8 Satz 3 AO in Bezug genommenen Vorschriften der ZPO treffen Regelungen zum Ablauf der Anordnung der Erzwingungshaft und der Verhaftung selbst (§ 802g ZPO), zur Unzulässigkeit der Haftvollstreckung, u. a. aus gesundheitlichen Gründen (§ 802h ZPO), zum Anspruch des Schuldners auf jederzeitige Abnahme der Vermögensauskunft während der Haft (§ 802i ZPO) und zur maximalen Dauer der Haft (§ 802j ZPO). 27

Die **Verhaftung** aufgrund der Haftanordnung des Gerichts obliegt nicht einem Angehörigen der Vollstre- 28 ckungsbehörde, sondern dem **Gerichtsvollzieher** (§ 284 Abs. 8 Satz 4 AO). Bei der Verhaftung übergibt er dem Vollstreckungsschuldner die Haftanordnung in beglaubigter Abschrift (§ 802g Abs. 2 ZPO). Der Vollstreckungsschuldner kann seine Verhaftung dadurch **abwenden**, dass er den geschuldeten Betrag an den Gerichtsvollzieher zahlt oder nachweist, dass ihm eine Zahlungsfrist bewilligt oder dass die Schuld erloschen ist, bzw. eine Bankquittung vorlegt, aus der sich die Einzahlung des geschuldeten Betrags ergibt, oder schließlich eine Entscheidung vorlegt, aus der sich die Unzulässigkeit der Verhaftung bzw. der Verpflichtung zur Abgabe der Versicherung ergibt (§§ 284 Abs. 8 Satz 5 i. V. m. 292 AO).

29 Nach der Verhaftung kann der Vollstreckungsschuldner zu jeder Zeit verlangen, dass ihm die eidesstattliche Versicherung abgenommen wird (§ 802i ZPO). Zuständig bleibt grundsätzlich die Vollstreckungsbehörde. Ist eine Abnahme durch die Vollstreckungsbehörde nicht möglich, oder ist der Sitz der zuständigen Vollstreckungsbehörde (§ 284 Abs. 5 AO) nicht im Bezirk des für den Gerichtsvollzieher zuständigen Amtsgerichts, nimmt der Gerichtsvollzieher die Vermögensauskunft ab (§ 284 Abs. 8 Satz 5 AO).

### VIII. Eintragung in das Schuldnerverzeichnis (Abs. 9, 10, 11)

30 Abweichend zur bis 31.12.2012 geltenden Rechtslage erfolgt die Eintragung in das Schuldnerverzeichnis für die Abnahme von Vermögensauskünften ab dem 01.01.2013 nicht mehr automatisch, stattdessen ist die **Anordnung der Eintragung** nunmehr **Gegenstand einer eigenen Ermessensentscheidung**. Die Entscheidung tritt damit an die Stelle der bis zum 31.12.2012 eigenständigen Entscheidung über die Abnahme der eidesstattlichen Versicherung. Allerdings darf die Eintragung nach (versuchter) Abnahme der Vermögensauskunft lediglich unter den in § 284 Abs. 9 Satz 1 Nr. 1 bis 3 AO genannten Voraussetzungen angeordnet werden.

31 Gemäß § 284 Abs. 9 Satz 1 **Nr. 1** AO ist die Anordnung zulässig, wenn der Schuldner seiner Verpflichtung zur Abgabe der Vermögensauskunft nicht nachgekommen ist. Die Eintragung tritt selbstständig neben die Erzwingung der Vermögensauskunft nach § 284 Abs. 8 AO.

32 Ferner lässt § 284 Abs. 9 Satz 1 **Nr. 2** AO die Anordnung (auch direkt nach Abgabe der Vermögensauskunft) zu, wenn eine Vollstreckung nach dem Inhalt des Vermögensverzeichnisses offensichtlich nicht geeignet wäre, zu einer vollständigen Befriedigung der Forderung zu führen. Diese Möglichkeit besteht auch dann, wenn der Schuldner bereits innerhalb der Sperrfrist des § 284 Abs. 4 AO eine Vermögensauskunft abgegeben hat und somit noch nicht erneut zur Abgabe der Vermögensauskunft aufgefordert werden darf.

Schließlich ist die Anordnung nach § 284 Abs. 9 Satz 1 **Nr. 3** AO auch dann zulässig, wenn der Schuldner nicht innerhalb eines Monats nach Abgabe der Vermögensauskunft die Forderung, wegen der die Vermögensauskunft verlangt wurde, vollständig befriedigt (Eintragungsanordnung erst nach Ablauf des Monats zulässig). Die Vorschrift räumt dem Vollstreckungsschuldner somit vor der Eintragungsanordnung nochmals eine Monatsfrist ein, die Steuerforderungen aus dem im Vermögensverzeichnis erklärten Vermögen zu begleichen. Entsprechend § 284 Abs. 9 Satz 1 Nr. 2 AO ermöglicht § 284 Abs. 9 Satz 1 Nr. 3 Satz 2 AO die Eintragungsanordnung auch dann, wenn der Schuldner wegen der Sperrfrist des § 284 Abs. 4 AO noch nicht erneut zur Vermögensauskunft aufgefordert werden darf. 33

Über die Eintragungsvoraussetzungen nach § 284 Abs. 9 Satz 1 Nr. 1 bis 3 AO hinaus sind im Rahmen der **Ermessensentscheidung** erneut die besonderen persönlichen Umstände zu berücksichtigen, die bereits in die Entscheidung Eingang gefunden haben, ob der Schuldner überhaupt zur Vermögensauskunft aufgefordert werden durfte (s. Rz. 6 ff.). 34

Darüber hinaus ist zu berücksichtigen, dass in das Schuldnerverzeichnis, jeder Einsicht nehmen kann, der darlegt, diese Information zu einem legitimen Zweck zu benötigen (§ 882f ZPO). Die Schuldverzeichnisse der Bundesländer werden in einem gemeinsamen bundesweiten Portal bereitgestellt werden. Das Portal ist seit dem 01.01.2013 unter **www.vollstreckungsportal.de** verfügbar. Somit stellt das Schuldnerverzeichnis eine Art - **Auskunftsregister über die Kreditwürdigkeit** einer Person dar. Die Eintragungen liegen indes im öffentlichen Interesse und dienen dem Schutz des redlichen Geschäftsverkehrs vor unzuverlässigen Schuldnern. 35

Die Befürchtung **wirtschaftlicher oder berufsrechtlicher Konsequenzen** durch die Eintragung in das Schuldnerverzeichnis hat demnach die Unverhältnismäßigkeit der Eintragung nicht zur Folge (zur alten Rechtslage: BFH v. 28.12.2001, VII B 109/01, BFH/NV 2002, 663; BFH v. 14.05.2002, VII B 52/01, BFH/NV 2002, 1413; BFH v. 09.08.2006, VII B 238/05, BFH/NV 2006, 2227). Auch der drohende Widerruf einer Anwaltszulassung steht der Abgabe der eidesstattlichen Versicherung nicht per se entgegen (zur alten Rechtslage: BFH v. 26.10.2011, VII R 50/10, BFH/NV 2012, 552). 36

Die **Eintragungsanordnung** soll **kurz begründet** werden (§ 284 Abs. 9 Satz 2 AO). Sie ist dem **Schuldner zuzustellen** (§ 284 Abs. 9 Satz 3 AO). 37

§ 882c Abs. 3 ZPO i. V. m. § 882b Abs. 2 und 3 ZPO bestimmt den **Inhalt der Eintragungsanordnung**. Dies betrifft den Namen des Schuldners bzw. die Firma und deren Registernummer im HR, das Geburtsdatum und den Geburtsort des Schuldners, den Wohnsitz bzw. Sitz des Schuldners, das Aktenzeichen des FA, das Datum der 38

Eintragungsanordnung und den Grund für die Eintragung.

39 Nach Ablauf eines Monats nach Zustellung der Eintragungsanordnung hat das FA diese Daten dem jeweils landesweit zuständigen **zentralen Vollstreckungsgericht elektronisch zu übermitteln** (§ 284 Abs. 10 Satz 2 AO; § 882h Abs. 1 ZPO); eine Ausnahme gilt nur dann, wenn Anträge auf Gewährung von AdV gem. § 361 AO oder § 69 FGO anhängig sind und Aussicht auf Erfolg haben (§ 284 Abs. 10 Satz 3). Nach der Eintragung in das Schuldnerverzeichnis sind ggf. noch Entscheidungen über Rechtsbehelfe gegen die Eintragungsanordnung dem zentralen Vollstreckungsgericht elektronisch zu übermitteln (§ 284 Abs. 11 AO).

## C. Rechtsschutz

40 Gegen die Anordnung zur Abgabe der Vermögensauskunft und gegen die Anordnung der Eintragung in das Schuldnerverzeichnis ist der **Einspruch** und nachfolgend die **Anfechtungsklage** gegeben (§§ 347 Abs. 1 Nr. 1 AO, 40 Abs. 1 FGO). Für die gerichtliche Überprüfung ist wegen des Ermessenscharakters der Anordnungen die Sach- und Rechtlage im Zeitpunkt der letzten Verwaltungsentscheidung maßgebend (BFH v. 04.03.1999, VII B 315/98, BFH/NV 1999, 1223; BFH v. 15.03.2013, VII B 201/12, BFH/NV 2013, 972). Bei veränderter Sachlage ist es dem Betroffenen zuzumuten, ein neues Verwaltungsverfahren in Gang zu setzen und evtl. wegen veränderter Verhältnisse die Aufhebung des im Zeitpunkt seines Erlasses rechtmäßigen VA gem. § 131 Abs. 1 AO zu beantragen (BFH v. 08.02.2016, VII B 60/15, BFH/NV 2016, 891).

41 Entgegen der bis 31.12.2012 geltenden Fassung hat weder der Einspruch gegen die Anordnung der Vermögensauskunft aufschiebende Wirkung (§ 284 Abs. 6 Satz 3 AO), noch der Einspruch gegen die Eintragung in das Schuldnerverzeichnis (§ 284 Abs. 10 Satz 1 AO). Allerdings besteht unter den Voraussetzungen des § 361 AO bzw. § 69 FGO Anspruch darauf, dass die Anordnungen **von der Vollziehung ausgesetzt** werden.

42 Gegen die Weigerung des Amtsgerichts, die Haft anzuordnen kann die Vollstreckungsbehörde ebenso wie der Vollstreckungsschuldner gegen die Haftanordnung **sofortige Beschwerde** einlegen (§ 284 Abs. 8 Satz 7 AO i. V.m. §§ 567 bis 577 ZPO). Die sofortige Beschwerde ist innerhalb von zwei Wochen einzulegen. Hilft das Amtsgericht nicht ab und erlässt auch das Beschwerdegericht eine ablehnende Entscheidung, kann **Rechtsbeschwerde** beim BGH erhoben werden, wenn sie durch das Beschwerdegericht ausdrücklich zugelassen ist.

# II. Vollstreckung in Sachen

## § 285 AO Vollziehungsbeamte

**(1) Die Vollstreckungsbehörde führt die Vollstreckung in bewegliche Sachen durch Vollziehungsbeamte aus.**

**(2) Dem Vollstreckungsschuldner und Dritten gegenüber wird der Vollziehungsbeamte zur Vollstreckung durch schriftlichen oder elektronischen Auftrag der Vollstreckungsbehörde ermächtigt; der Auftrag ist auf Verlangen vorzuzeigen.**

**Schrifttum**

LOSCHELDER, Der Vollziehungsbeamte vor der Tür! – Antworten auf die sechs wichtigsten Fragen an den Steuerberater, AO-StB 2002, 62.

Vollziehungsbeamte sind ausgewählte Beamte der Vollstreckungsbehörden (Amtsträger), die ständig oder in Einzelfällen zur Ausführung von Vollstreckungsmaßnahmen beauftragt werden (Abschn. 24 Abs. 3 VollstrA). 1

Den Vollziehungsbeamten ist die Vollstreckung in bewegliche Sachen übertragen. Die wichtigsten Fälle, in denen die Beauftragung eines Vollziehungsbeamten in Frage kommt, zählt Abschn. 24 Abs. 1 und 2 VollstrA auf. 2

Der Vollziehungsbeamte erhält von der Vollstreckungsbehörde einen schriftlichen oder elektronischen **Vollstreckungsauftrag**, durch den er dem Vollstreckungsschuldner und Dritten gegenüber zur Vollstreckung ermächtigt wird (§ 285 Abs. 2 1. HS. AO, s. Abschn. 7 VollzA). Der Vollstreckungsauftrag ist **kein Verwaltungsakt** und daher auch nicht mit Rechtsbehelfen anfechtbar. Er muss für die beizutreibenden Geldbeträge den Schuldgrund angeben (§ 260 AO). Wegen des übrigen Inhalts des Vollstreckungsauftrags s. Abschn. 34 VollstrA. Neben dem Dienstausweis (Abschn. 6 VollzA) dient er der Legitimation des Vollziehungsbeamten. Der Vollziehungsbeamte muss den Auftrag vorzeigen (285 Abs. 2 2. HS. AO), einer besonderen Aufforderung hierzu bedarf es nicht. 3

Über die Ausführung der Vollstreckung durch Vollziehungsbeamte enthält die Allgemeine Verwaltungsvorschrift für Vollziehungsbeamte der Finanzverwaltung (Vollziehungsanweisung – VollzA) v. 29.04.1980, BStBl I 1980, 194, zuletzt geändert am 23.10.2017, BStBl I 2017, 1374) nähere Bestimmungen (s. insbes. Abschn. 32 ff. VollzA). 4

## § 286 AO
## Vollstreckung in Sachen

**(1) Sachen, die im Gewahrsam des Vollstreckungsschuldners sind, pfändet der Vollziehungsbeamte dadurch, dass er sie in Besitz nimmt.**

**(2) Andere Sachen als Geld, Kostbarkeiten und Wertpapiere sind im Gewahrsam des Vollstreckungsschuldners zu lassen, wenn die Befriedigung hierdurch nicht gefährdet wird. Bleiben die Sachen im Gewahrsam des Vollstreckungsschuldners, so ist die Pfändung nur wirksam, wenn sie durch Anlegung von Siegeln oder in sonstiger Weise ersichtlich gemacht ist.**

**(3) Der Vollziehungsbeamte hat dem Vollstreckungsschuldner die Pfändung mitzuteilen.**

**(4) Diese Vorschriften gelten auch für die Pfändung von Sachen im Gewahrsam eines Dritten, der zu ihrer Herausgabe bereit ist.**

**Inhaltsübersicht**



### A. Bedeutung der Vorschrift

1 Die Vorschrift entspricht den §§808, 809 ZPO. S. Abschn. 35 VollstrA und Abschn. 32 VollzA.

### B. Tatbestandliche Voraussetzungen

2 Die Pfändung beweglicher von Sachen, die im **Gewahrsam** des Vollstreckungsschuldners sind, nimmt der Vollziehungsbeamte in der Weise vor, dass er sie **in Besitz nimmt** (§286 Abs. 1 AO). Er hat hierüber unaufgefordert eine Quittung zu erteilen (Abschn. 21 VollzA). Gewahrsam ist rein tatsächliche Herrschaft über die Sache und nicht gleichbedeutend mit dem Besitz i. S. des bürgerlichen Rechts. Mittelbarer Besitz vermittelt keinen Gewahrsam.

3 Soweit es sich nicht um Geld, Kostbarkeiten und Wertpapiere handelt, kann der Vollziehungsbeamte die gepfändeten Sachen im Gewahrsam des Vollstreckungsschuldners belassen, wenn die Befriedigung hierdurch nicht gefährdet wird (§286 Abs. 2 Satz 1 AO). Eine solche Gefährdung liegt z. B. vor, wenn zu befürchten ist, dass der Vollstreckungsschuldner die gepfändete Sache veräußert oder verbraucht. Bei Belassung der Sache im Gewahrsam des Vollstreckungsschuldners wird die Wirksamkeit der Pfändung durch Anlegung von **Pfandsiegeln** oder Ersichtlichmachen in sonstiger Weise (z. B. Anbringen einer Pfandanzeige, Aufstellen von Tafeln) herbeigeführt (§286 Abs. 2 Satz 2 AO). Zu beachten ist §865 ZPO, wonach Gegenstände, auf die sich die Hypothek erstreckt (§1120 BGB), soweit sie Grundstückszubehör sind (§§97, 98 BGB), nicht gepfändet werden können, weil sie der Immobiliarvollstreckung vorbehalten sind (s. §322 AO). Wegen der erforderlichen Niederschrift durch den Vollziehungsbeamten s. §291 AO.

§286 Abs. 4 AO regelt die Vollstreckung, wenn sich die Sachen im **Gewahrsam Dritter** befinden. Dritter ist, wer weder Schuldner noch Gläubiger ist. Die Herausgabebereitschaft des Dritten darf sich nicht nur auf die Pfändung erstrecken. Sie muss vorbehaltlos in der Weise bestehen, dass der Dritte zur Herausgabe (zum Zwecke der Verwertung) bereit ist. Ist der Dritte (auch der Mitgewahrsamsinhaber) nicht zur Herausgabe bereit, muss der Herausgabeanspruch des Vollstreckungsschuldners gegen den Dritten gepfändet werden. 4

### C. Rechtsschutz

Gegen Pfändungsmaßnahmen i. S. der Vorschrift ist der Einspruch gegeben (§347 Abs. 1 Nr. 1 AO; zu den Anfechtungsgründen s. im Einzelnen: *Lemaire*, AO-StB 2004, 189, 191 ff.). 5

## § 287 AO
## Befugnisse des Vollziehungsbeamten

**(1) Der Vollziehungsbeamte ist befugt, die Wohn- und Geschäftsräume sowie die Behältnisse des Vollstreckungsschuldners zu durchsuchen, soweit dies der Zweck der Vollstreckung erfordert.**

**(2) Er ist befugt, verschlossene Türen und Behältnisse öffnen zu lassen.**

**(3) Wenn er Widerstand findet, kann er Gewalt anwenden und hierzu um Unterstützung durch Polizeibeamte nachsuchen.**

**(4) Die Wohn- und Geschäftsräume des Vollstreckungsschuldners dürfen ohne dessen Einwilligung nur auf Grund einer richterlichen Anordnung durchsucht werden. Dies gilt nicht, wenn die Einholung der Anordnung den Erfolg der Durchsuchung gefährden würde. Für die richterliche Anordnung einer Durchsuchung ist das Amtsgericht zuständig, in dessen Bezirk die Durchsuchung vorgenommen werden soll.**

**(5) Willigt der Vollstreckungsschuldner in die Durchsuchung ein, oder ist eine Anordnung gegen ihn nach Absatz 4 Satz 1 ergangen oder nach Ab-**

**satz 4 Satz 2 entbehrlich, so haben Personen, die Mitgewahrsam an den Wohn- oder Geschäftsräumen des Vollstreckungsschuldners haben, die Durchsuchung zu dulden. Unbillige Härten gegenüber Mitgewahrsamsinhabern sind zu vermeiden.**

**(6) Die Anordnung nach Absatz 4 ist bei der Vollstreckung vorzuzeigen.**

**Inhaltsübersicht**



**Schrifttum**

KRAEMER, Durchsuchungsbefugnis des Vollziehungsbeamten und die Unverletzlichkeit der Wohnung, DStZ 1989, 410.

## A. Bedeutung der Vorschrift

1 Die Vorschrift regelt die Befugnisse des Vollziehungsbeamten. S. Abschn. 28 ff. VollzA.

## B. Tatbestandliche Voraussetzungen

2 § 287 Abs. 1 AO gibt dem Vollziehungsbeamten die Befugnis, die **Wohn- und Geschäftsräume** sowie die Behältnisse zu durchsuchen. **Durchsuchen** bedeutet mehr als nur Betreten. Kennzeichnend für den Begriff der Durchsuchung ist das ziel- und zweckgerichtete Suchen des Vollziehungsbeamten nach Sachen, um etwas aufzuspüren, was der Inhaber der Wohnung von sich aus nicht offen legen oder herausgeben will (BVerfG v. 03.04.1979, 1 BvR 994/76, BStBl II 1979, 601). Deshalb ist die Pfändung von offen ausgelegten Waren, die für den Vollziehungsbeamten ohne weiteres Nachforschen zugänglich sind, keine Durchsuchungshandlung i. S. von Art. 13 Abs. 2 GG.

3 Das bloße **Betreten** und **Besichtigen** von Geschäfts- oder Betriebsräumen des Stpfl. durch einen Vollziehungsbeamten setzt keinen richterlichen Durchsuchungsbeschluss voraus. Dies gilt auch für das Verweilen in diesen Räumen mit der Absicht, nach erfolgloser Zahlungsaufforderung zu einer Sachpfändung zu schreiten (BFH v. 04.10.1988, VII R 56/86, HFR 1989, 62).

4 Die Durchsuchungsbefugnis findet ihre Grenze dort, wo der **Zweck der Vollstreckung** sie nicht erfordert (§ 287 Abs. 1 2. HS. AO). Hierbei hat der Vollziehungsbeamte die Belange des Vollstreckungsschuldners zu berücksichtigen. In jedem Fall ist eine Durchsuchung nur zum Zweck der Vollstreckung (Pfändung), nicht aber zur Ermittlung von Beitreibungsmöglichkeiten (also zur Vorbereitung der Vollstreckung) zulässig.

**Ohne Einwilligung** des Vollstreckungsschuldners dürfen dessen Wohn- und Geschäftsräume nur mit richterlicher Anordnung oder bei Gefährdung des Vollstreckungserfolgs durchsucht werden (§ 287 Abs. 4 AO). Die richterliche Durchsuchungserlaubnis muss die vollstreckende Finanzbehörde, den Schuldner, die zu durchsuchenden Räume sowie den Vollstreckungstitel (Grund und Höhe unter Angabe des Steuerbescheids) bezeichnen (s. OLG Köln v. 05.06.1992, 2 W 37/92, DB 1992, 2341).

6 Es können alle die Räume des Vollstreckungsschuldners und dritter Personen betreten werden, in denen der Schuldner Gewahrsam an Sachen hat, andere Räume nur mit Einwilligung des Dritten (s. § 286 Abs. 4 AO i. V. m. § 809 ZPO).

7 Polizeiliche Unterstützung kann schon vor Beginn der Vollstreckung angefordert werden, z. B. wenn Widerstand ernstlich angedroht worden ist oder wenn nach früheren Erfahrungen damit zu rechnen ist.

## C. Rechtsschutz

8 Sofern der Vollstreckungsschuldner geltend macht, die Art und Weise der Vollstreckung durch den Vollziehungsbeamten verstoße gegen § 287 AO, ist ein **Einspruch** gegen die Vollstreckungsmaßnahme »Durchsuchung« möglich. Im Regelfall ist die Durchsuchung im Zeitpunkt der Prüfung jedoch abgeschlossen ist. Die Rechtswidrigkeit der Vollstreckungsmaßnahme kann dann noch im Wege einer **Fortsetzungsfeststellungsklage** geltend gemacht werden (*Müller-Eiselt* in HHSp, § 287 AO Rz. 63).

9 Stellt sich heraus, dass die Durchführung der Durchsuchung rechtmäßig war, besteht keine **Schadenersatzpflicht**. Hat sich der Vollziehungsbeamte dagegen schuldhaft rechtswidrig verhalten, haftet nach Art. 34 Satz 1 GG i. V. m. § 839 Abs. 1 BGB die Anstellungskörperschaft für die entstandenen Schäden (z. B. durch die Türöffnung).

# § 288 AO Zuziehung von Zeugen

**Wird bei einer Vollstreckungshandlung Widerstand geleistet oder ist bei einer Vollstreckungshandlung in den Wohn- oder Geschäftsräumen des Vollstreckungsschuldners weder der Vollstreckungsschuldner noch ein erwachsener Familienangehöriger, ein erwachsener ständiger Mitbewohner oder eine beim Vollstreckungsschuldner beschäftigte Person, gegenwärtig, so hat der Vollziehungsbeamte zwei Erwachsene oder einen Gemeinde- oder Polizeibeamten als Zeugen zuzuziehen.**

Die Vorschrift entspricht § 759 ZPO. S. Abschn. 30 VollzA.

Die Verpflichtung des Vollziehungsbeamten, bei der Vornahme einer Vollstreckungshandlung für die Anwesenheit von Zeugen zu sorgen, ist in zwei Fällen gegeben, einmal dann, wenn Widerstand geleistet wird. Hierbei ist gleichgültig, ob der Vollziehungsbeamte den Widerstand durch Anwendung von Gewalt selbst brechen kann (s. § 287 Abs. 3 AO) oder ob er die Unterstützung der Polizei benötigt.

3 Zum anderen, wenn in den Wohn- oder Geschäftsräumen des Vollstreckungsschuldners weder dieser noch ein erwachsener Familienangehöriger, ein erwachsener ständiger Mitbewohner oder eine beim Vollstreckungsschuldner beschäftigte Person anwesend ist. Es muss sich um Erwachsene handeln, denn auch die zugezogenen Zeugen müssen erwachsen sein. Beim Vollstreckungsschuldner beschäftigt sind sowohl Haushaltsangestellte als auch Betriebsangehörige.

4 Der Vollziehungsbeamte kann sich mit der Vollstreckungsbehörde in Verbindung setzen und diese bitten, einen Polizei- oder Gemeindebeamten zu entsenden; er kann aber auch unmittelbar solche Beamten oder Dritte als Zeugen heranziehen (z.B. durch Anruf bei der Funkstreife). Die Zeugen unterliegen der Zeugenpflicht.

5 Verstöße gegen § 288 AO machen die Vollstreckungsmaßnahme anfechtbar mit dem Einspruch, nicht nichtig. Rechtmäßig ist die Maßnahme hingegen, wenn der Vollziehungsbeamte gehindert war, Polizeibeamte oder Zeugen beizuziehen.

## § 289 AO
## Zeit der Vollstreckung

**(1) Zur Nachtzeit (§758a Abs.4 Satz 2 der Zivilprozessordnung) sowie an Sonntagen und staatlich anerkannten allgemeinen Feiertagen darf eine Vollstreckungshandlung nur mit schriftlicher oder elektronischer Erlaubnis der Vollstreckungsbehörde vorgenommen werden.**

**(2) Die Erlaubnis ist auf Verlangen bei der Vollstreckungshandlung vorzuzeigen.**

### Schrifttum

App, Vollstreckungsmaßnahmen des Vollziehungsbeamten des Finanzamts zur Nachtzeit oder an Sonn- und Feiertagen, DStZ 1992, 273; App, Rücksichtnahme auf jüdische Festtage bei der Zwangsvollstreckung, DGVZ 1995, 181.

1 Die Regelung nimmt Bezug auf den seit 01.07.2002 geltenden § 758a Abs. 4 Satz 2 ZPO. S. Abschn. 10 VollzA.

**§ 758a ZPO Richterliche Durchsuchungsanordnung; Vollstreckung zur Unzeit**

...

(4) Der Gerichtsvollzieher nimmt eine Vollstreckungshandlung zur Nachtzeit und an Sonn- und Feiertagen nicht vor, wenn dies für den Schuldner und die Mitgewahrsamsinhaber eine unbillige Härte darstellt oder der zu erwartende Erfolg in einem Missverhältnis zu dem Eingriff steht, in Wohnungen nur aufgrund einer besonderen Anordnung des Richters bei dem Amtsgericht. Die Nachtzeit umfasst die Stunden von 21 bis 6 Uhr.

...

Die Nachtzeit umfasst nunmehr ganzjährig die Zeit zwischen 21 Uhr abends bis 6 Uhr morgens. Feiertage sind die am Ort der Vollstreckungshandlung staatlich anerkannten allgemeinen Feiertage. Keine staatlich anerkannten Feiertage sind die jüdischen Festtage und die anderer Religionen und Glaubensgemeinschaften (*App*, DGVZ 1995, 181). 2

Die schriftliche oder elektronische Erlaubnis der Vollstreckungsbehörde muss sich auf konkrete Vollstreckungshandlungen bei dem in der Erlaubnis ausdrücklich bezeichneten Vollstreckungsschuldner beziehen. Ob sie erteilt wird, unterliegt dem pflichtgemäßen Ermessen der Vollstreckungsbehörde. Es genügt z.B., wenn der Vollstreckungsschuldner zu den üblichen Zeiten häufig nicht anzutreffen ist oder, etwa aufgrund seiner beruflichen Tätigkeit, überwiegend zur Nachtzeit erreichbar ist. Die Erlaubnis ist seit dem 01.01.2009 nur noch auf Verlangen vorzuzeigen (§ 289 Abs. 2 AO). 3

Verstöße gegen § 289 Abs. 1 und 2 AO bewirken keine Nichtigkeit der Vollstreckungshandlung, jedoch ihre Anfechtbarkeit mit dem Einspruch (§ 347 Abs. 1 Nr. 1 AO). 4

## § 290 AO
## Aufforderungen und Mitteilungen des Vollziehungsbeamten

**Die Aufforderungen und die sonstigen Mitteilungen, die zu den Vollstreckungshandlungen gehören, sind vom Vollziehungsbeamten mündlich zu erlassen und vollständig in die Niederschrift aufzunehmen; können sie mündlich nicht erlassen werden, so hat die Vollstreckungsbehörde demjenigen, an den die Aufforderung oder Mitteilung zu richten ist, eine Abschrift der Niederschrift zu senden.**

Die Regelung entspricht weitgehend § 763 ZPO. S. Abschn. 24 VollzA. 1

Die Vorschrift sieht vor, dass alle Aufforderungen und Mitteilungen des Vollziehungsbeamten, die zu den Vollstreckungshandlungen gehören, mündlich erlassen werden. Zum Ausgleich dafür müssen sie vollständig in der Niederschrift (§ 291 AO) festgehalten werden. 2

3 Aufforderungen, insbes. zur freiwilligen Zahlung, können sich an den Vollstreckungsschuldner, aber auch an Dritte richten. Grundsätzlich hat sich der Vollziehungsbeamte jeden Zwangs zu enthalten, solange er den Betroffenen nicht aufgefordert hat, sich freiwillig zu fügen (z. B. zu zahlen, Räume und Behältnisse zu öffnen).

4 **Mitteilungen** i. S. der Vorschrift sind z. B. die Mitteilung der Pfändung bzw. weiteren Pfändung nach §§ 286 Abs. 3, 307 Abs. 1 Satz 2 AO.

5 Verstöße gegen § 290 AO bewirken keine Nichtigkeit der Vollstreckungshandlung, jedoch ihre Anfechtbarkeit mit dem Einspruch (§ 347 Abs. 1 Nr. 1 AO).

## § 291 AO
## Niederschrift

**(1) Der Vollziehungsbeamte hat über jede Vollstreckungshandlung eine Niederschrift aufzunehmen.**

**(2) Die Niederschrift muss enthalten:**

**1. Ort und Zeit der Aufnahme,**

**2. den Gegenstand der Vollstreckungshandlung unter kurzer Erwähnung der Vorgänge,**

**3. die Namen der Personen, mit denen verhandelt worden ist,**

**4. die Unterschriften der Personen und die Bemerkung, dass nach Vorlesung oder Vorlegung zur Durchsicht und nach Genehmigung unterzeichnet sei,**

**5. die Unterschrift des Vollziehungsbeamten.**

**(3) Hat einem der Erfordernisse unter Absatz 2 Nr. 4 nicht genügt werden können, so ist der Grund anzugeben.**

**(4) Die Niederschrift kann auch elektronisch erstellt werden. Absatz 2 Nr. 4 und 5 sowie § 87a Abs. 4 Satz 2 gelten nicht.**

1 Die Vorschrift stimmt inhaltlich mit § 762 ZPO überein. S. Abschn. 20, 48 f. VollzA.

2 Die Niederschrift sichert die Beweisbarkeit und erleichtert die Nachprüfbarkeit aller mit der Vollstreckungshandlung zusammenhängenden Vorgänge. Sie ist z. B. bei der Anschlusspfändung nach § 307 Abs. 1 Satz 1 AO von besonderer Bedeutung, weil für deren Wirksamkeit die bloße Erklärung des Vollziehungsbeamten, dass er die bereits gepfändete Sache für die zu bezeichnende Forderung pfände, genügt.

3 In die Niederschrift ist jede Vollstreckungshandlung aufzunehmen, d. h. außer den eigentlichen, unmittelbar der Anspruchsbefriedigung dienenden Handlungen (z. B. Pfändung) auch Vorbereitungshandlungen, z. B. Betreten und Durchsuchen von Räumen, Öffnen von Türen und Behältnissen (§ 287 Abs. 1 und 2 AO) und die in § 290 AO genannten Aufforderungen und Mitteilungen, ebenso zugezogene Zeugen (§ 288 AO).

Verweigern der Vollstreckungsschuldner, Zeugen oder sonstige Beteiligte die in § 291 Abs. 2 Nr. 4 AO geforderte Unterschrift, so ist diese Weigerung und die ggf. hierfür angegebene Begründung ebenfalls in die Niederschrift aufzunehmen (§ 291 Abs. 3 AO).

Unterlässt der Vollziehungsbeamte die Niederschrift oder ist sie mangelhaft, so ist hierdurch die Vollstreckung weder nichtig noch anfechtbar. Der Verstoß wirkt sich grundsätzlich nur auf die Beweislage aus. Eigenständige Bedeutung hat die Niederschrift jedoch bei der Anschlusspfändung (§ 307 Abs. 1 AO); fehlt die Erklärung des Vollziehungsbeamten, ist die Anschlusspfändung nicht wirksam.

Seit dem 01.01.2009 kann die Niederschrift auch elektronisch erstellt werden. 6

## § 292 AO
## Abwendung der Pfändung

**(1) Der Vollstreckungsschuldner kann die Pfändung nur abwenden, wenn er den geschuldeten Betrag an den Vollziehungsbeamten zahlt oder nachweist, dass ihm eine Zahlungsfrist bewilligt worden ist oder dass die Schuld erloschen ist.**

**(2) Absatz 1 gilt entsprechend, wenn der Vollstreckungsschuldner eine Entscheidung vorlegt, aus der sich die Unzulässigkeit der vorzunehmenden Pfändung ergibt oder wenn er eine Post- oder Bankquittung vorlegt, aus der sich ergibt, dass er den geschuldeten Betrag eingezahlt hat.**

Die Vorschrift regelt **abschließend** die Voraussetzungen, unter denen der Vollstreckungsschuldner die Pfändung abwenden kann. S. Abschn. 11 VollzA. 1

Liegt eine der in § 292 Abs. 1 und 2 AO genannten Voraussetzungen vor, **muss** der Vollziehungsbeamte die Vollstreckungsmaßnahme **unterlassen** (im Einzelnen *Lemaire*, AO-StB 2004, 189, 190). 2

Erforderlich ist, dass der Vollstreckungsschuldner (oder auch ein Dritter, s. § 48 Abs. 1 AO) den geschuldeten Betrag an den Vollziehungsbeamten zahlt oder nachweist, dass ihm eine Zahlungsfrist bewilligt worden ist (Gewährung von Stundung) oder dass die Schuld erloschen ist (s. § 47 AO). Der Nachweis der Zahlung gilt nach § 292 Abs. 2 AO als erbracht, wenn eine Post- oder Bankquittung vorgelegt wird, die die Einzahlung des geschuldeten Betrags belegt. Ein bloßer Eigenbeleg genügt nicht. 3

Zur Abwendung der Pfändung führt weiterhin die Vorlage einer Entscheidung, aus der sich die **Unzulässigkeit** 4 der vorzunehmenden Pfändung ergibt (§ 292 Abs. 2 1. HS. AO). Dies kann sowohl eine Behörden- als auch eine Gerichtsentscheidung sein, z. B. Aussetzung der Vollziehung durch die Finanzbehörde gem. § 361 Abs. 2 AO oder durch das Gericht gem. § 69 Abs. 3 FGO, eine einstweilige Anordnung des FG (§ 114 FGO), desgleichen eine Entscheidung über die Einstellung bzw. Beschränkung der Vollstreckung (§§ 257, 258 AO).

Allein der Nachweis, dass der Vollstreckungsschuldner Stundung, Erlass oder Aussetzung der Vollziehung beantragt hat und die Entscheidung über den gestellten Antrag noch aussteht, ist nicht ausreichend, eine Pfändung abzuwenden.

## § 293 AO
## Pfand- und Vorzugsrechte Dritter

**(1) Der Pfändung einer Sache kann ein Dritter, der sich nicht im Besitz der Sache befindet, auf Grund eines Pfand- oder Vorzugsrechtes nicht widersprechen. Er kann jedoch vorzugsweise Befriedigung aus dem Erlös verlangen ohne Rücksicht darauf, ob seine Forderung fällig ist oder nicht.**

**(2) Für eine Klage auf vorzugsweise Befriedigung ist ausschließlich zuständig das ordentliche Gericht, in dessen Bezirk gepfändet worden ist. Wird die Klage gegen die Körperschaft, der die Vollstreckungsbehörde angehört, und gegen den Vollstreckungsschuldner gerichtet, so sind sie Streitgenossen.**

1 Die Vorschrift entspricht inhaltlich § 805 Abs. 1 bis 3 ZPO. Sie tritt neben § 262 AO. Nach § 262 AO kann der Dritte Pfandfreigabe erreichen, nach § 293 AO lediglich vorzugsweise Befriedigung.

2 Nach § 293 Abs. 1 Satz 1 AO kann der Dritte, dem an der gepfändeten Sache ein Pfand- oder Vorzugsrecht zusteht (z. B. nach §§ 50, 51 InsO oder vertragliche Pfandrechte), der Pfändung nicht widersprechen. Es steht ihm jedoch das Recht auf vorzugsweise Befriedigung zu (§ 293 Abs. 1 Satz 2 AO).

3 Während die Drittwiderspruchsklage des § 262 Abs. 3 AO dazu führt, dass die Vollstreckungsmaßnahme unzulässig wird, wird mit der Klage auf vorzugsweise Befriedigung bewirkt, dass der Dritte aufgrund seines vorgehenden Rechts bei der Verteilung des Erlöses vor der Finanzbehörde befriedigt wird (auch s. § 262 AO Rz. 14 ff., 19). Die Klage ist beim ordentlichen Gericht, in dessen Bezirk gepfändet worden ist, zu erheben (§ 293 Abs. 2 Satz 1 AO). Sie richtet sich gegen den Vollstreckungsgläubiger (§ 252 AO) und erforderlichenfalls auch gegen den Vollstreckungsschuldner. Werden beide verklagt, sind sie Streitgenossen (§ 59 ZPO).

## § 294 AO
## Ungetrennte Früchte

**(1) Früchte, die vom Boden noch nicht getrennt sind, können gepfändet werden, solange sie nicht durch Vollstreckung in das unbewegliche Vermögen in Beschlag genommen worden sind. Sie dürfen nicht früher als einen Monat vor der gewöhnlichen Zeit der Reife gepfändet werden.**

**(2) Ein Gläubiger, der ein Recht auf Befriedigung aus dem Grundstück hat, kann der Pfändung nach §262 widersprechen, wenn nicht für einen Anspruch gepfändet ist, der bei der Vollstreckung in das Grundstück vorgeht.**

**Inhaltsübersicht**



### A. Bedeutung der Vorschrift

Die Vorschrift entspricht inhaltlich §810 ZPO. S. Abschn. 39, 45 VollzA. 1

Die in §294 Abs. 1 Satz 1 AO festgestellte Pfändbarkeit von Früchten, die vom Boden noch nicht getrennt sind, bewirkt eine Ausnahme von §94 BGB, weil diese Früchte bis zu ihrer Trennung als wesentliche Bestandteile des Grund und Bodens nicht sonderrechtsfähig sind. Die Sonderregelung bewirkt, dass mit der Pfändung ein Pfändungspfandrecht entsteht. 2

### B. Tatbestandliche Voraussetzungen

### I. Früchte auf dem Halm

Früchte i. S. der Vorschrift sind nur solche Erzeugnisse des Grund und Bodens, die in wiederkehrenden Abständen (nach Eintritt der Reife, s. §294 Abs. 1 Satz 2 AO) geerntet zu werden pflegen (s. §99 Abs. 1 BGB). Kohle, Torf, Steine, Holz usw. fallen daher nicht unter die Vorschrift. 3

### II. Zeitpunkt der Pfändung

Frühester Pfändungszeitpunkt ist gemäß §294 Abs. 1 Satz 2 AO ein Monat vor der gewöhnlichen Reifezeit. Dabei ist auf den Durchschnitt der örtlichen Verhältnisse abzustellen. Zur Pfändung ist ein landwirtschaftlicher 4

Sachverständiger hinzuzuziehen, wenn anzunehmen ist, dass der Wert der zu pfändenden Gegenstände 1 000 EUR übersteigt (Abschn. 45 Abs. 1 Satz 1 VollzA). Die Vollziehungsanweisung weicht insofern von der gesetzlichen Regelung ab, die eine Hinzuziehung bereits ab 500 EUR vorsieht (§§ 295 AO i. V. m. § 813 Abs. ZPO).

### III. Keine Beschlagnahme

5 Eine Pfändung ist unzulässig, wenn die Früchte durch Vollstreckung in das unbewegliche Vermögen in Beschlag genommen worden sind. Eine Beschlagnahme kann durch Anordnung der Zwangsversteigerung (§ 20 Abs. 1 ZVG) oder der Zwangsverwaltung (§ 146 Abs. 1 ZVG) erfolgen.

6 Erfolgt eine Pfändung trotz Beschlagnahme, ist die Pfändung anfechtbar. Sie ist nicht nichtig (*Kruse* in Tipke/Kruse, § 294 AO Rz. 5). Die Beschlagnahme nach der Pfändung berührt die Pfändung nicht. Der dinglich Berechtigte kann jedoch nach § 262 AO widersprechen (s. Rz. 8).

### IV. Keine Unpfändbarkeit

7 Die Unzulässigkeit der Pfändung kann sich daraus ergeben, dass der Schuldner die Früchte zur Sicherung seines Unterhalts, seiner Familie und seiner Arbeitnehmer oder zur Fortführung der Wirtschaft bis zur nächsten Ernte gleicher oder ähnlicher Erzeugnisse benötigt (§ 295 AO i. V. m. § 811 Abs. 1 Nr. 4 ZPO).

### V. Einwendungen der Realgläubiger (§ 294 Abs. 2 AO)

8 § 294 Abs. 2 AO stellt klar, dass die Früchte trotz der Pfändungsmöglichkeit weiter im Rahmen des unbeweglichen Vermögens haften. Drittwiderspruchsklage gemäß § 262 AO kann erheben, wer gegenüber dem Pfändungspfandrecht ein vorrangiges Recht auf Befriedigung aus dem Grundstück erhebt. Statt einer Drittwiderspruchsklage kann der Realgläubiger auch die mindere Klage nach § 293 AO erheben und vorrangige Befriedigung aus dem Erlös verlangen. Wer ein Recht auf Befriedigung aus dem Grundstück hat und mit welchem Rang, bestimmt zusammenfassend § 10 ZVG:

**§ 10 ZVG [Rangordnung der Rechte]**

(1) Ein Recht auf Befriedigung aus dem Grundstücke gewähren nach folgender Rangordnung, bei gleichem Range nach dem Verhältnis ihrer Beträge:

1. der Anspruch eines die Zwangsverwaltung betreibenden Gläubigers auf Ersatz seiner Ausgaben zur Erhaltung oder nötigen Verbesserung des Grundstücks, im Falle der Zwangsversteigerung jedoch nur, wenn die Verwaltung bis zum Zuschlage fortdauert und die Ausgaben nicht aus den Nutzungen des Grundstücks erstattet werden können;

1a. im Falle einer Zwangsversteigerung, bei der das Insolvenzverfahren über das Vermögen des Schuldners eröffnet ist, die zur Insolvenzmasse gehörenden Ansprüche auf Ersatz der Kosten der Feststellung der beweglichen Gegenstände, auf die sich die Versteigerung erstreckt; diese Kosten sind nur zu erheben, wenn ein Insolvenzverwalter bestellt ist, und pauschal mit vier vom Hundert des Wertes anzusetzen, der nach § 74a Abs. 5 Satz 2 festgesetzt worden ist;

2. bei Vollstreckung in ein Wohnungseigentum die daraus fälligen Ansprüche auf Zahlung der Beiträge zu den Lasten und Kosten des gemeinschaftlichen Eigentums oder des Sondereigentums, die nach § 16 Abs. 2, § 28 Abs. 2 und 5 des Wohnungseigentumsgesetzes geschuldet werden, einschließlich der Vorschüsse und Rückstellungen sowie der Rückgriffsansprüche einzelner Wohnungseigentümer. Das Vorrecht erfasst die laufenden und die rückständigen Beträge aus dem Jahr der Beschlagnahme und den letzten zwei Jahren. Das Vorrecht einschließlich aller Nebenleistungen ist begrenzt auf Beträge in Höhe von nicht mehr als 5 vom Hundert des nach § 74a Abs. 5 festgesetzten Wertes. Die Anmeldung erfolgt durch die Gemeinschaft der Wohnungseigentümer. Rückgriffsansprüche einzelner Wohnungseigentümer werden von diesen angemeldet;

3. die Ansprüche auf Entrichtung der öffentlichen Lasten des Grundstücks wegen der aus den letzten vier Jahren rückständigen Beträge; wiederkehrende Leistungen, insbesondere Grundsteuern, Zinsen, Zuschläge oder Rentenleistungen, sowie Beträge, die zur allmählichen Tilgung einer Schuld als Zuschlag zu den Zinsen zu entrichten sind, genießen dieses Vorrecht nur für die laufenden Beträge und für die Rückstände aus den letzten zwei Jahren. Untereinander stehen öffentliche Grundstückslasten, gleichviel ob sie auf Bundes oder Landesrecht beruhen, im Range gleich. Die Vorschriften des § 112 Abs. 1 und der §§ 113 und 116 des Gesetzes über den Lastenausgleich vom 14. August 1952 (BGBl I S. 446) bleiben unberührt;

4. die Ansprüche aus Rechten an dem Grundstück, soweit sie nicht infolge der Beschlagnahme dem Gläubiger gegenüber unwirksam sind, einschließlich der Ansprüche auf Beträge, die zur allmählichen Tilgung einer Schuld als Zuschlag zu den Zinsen zu entrichten sind; Ansprüche auf wiederkehrende Leistungen, insbesondere Zinsen, Zuschläge, Verwaltungskosten oder Rentenleistungen, genießen das Vorrecht dieser Klasse nur wegen der

laufenden und der aus den letzten zwei Jahren rückständigen Beträge;
5. der Anspruch des Gläubigers, soweit er nicht in einer der vorhergehenden Klassen zu befriedigen ist;
6. die Ansprüche der vierten Klasse, soweit sie infolge der Beschlagnahme dem Gläubiger gegenüber unwirksam sind;
7. die Ansprüche der dritten Klasse wegen der älteren Rückstände;
8. die Ansprüche der vierten Klasse wegen der älteren Rückstände.

(2) Das Recht auf Befriedigung aus dem Grundstücke besteht auch für die Kosten der Kündigung und der die Befriedigung aus dem Grundstück bezweckenden Rechtsverfolgung.

(3) Zur Vollstreckung mit dem Range nach Absatz 1 Nr. 2 müssen die dort genannten Beträge die Höhe des Verzugsbetrages nach § 18 Abs. 2 Nr. 2 des Wohnungseigentumsgesetzes übersteigen; liegt ein vollstreckbarer Titel vor, so steht § 30 der Abgabenordnung einer Mitteilung des Einheitswerts an die in Absatz 1 Nr. 2 genannten Gläubiger nicht entgegen. Für die Vollstreckung genügt ein Titel, aus dem die Verpflichtung des Schuldners zur Zahlung, die Art und der Bezugszeitraum des Anspruchs sowie seine Fälligkeit zu erkennen sind. Soweit die Art und der Bezugszeitraum des Anspruchs sowie seine Fälligkeit nicht aus dem Titel zu erkennen sind, sind sie in sonst geeigneter Weise glaubhaft zu machen.

## § 295 AO
## Unpfändbarkeit von Sachen

**Die §§ 811 bis 812 und 813 Abs. 1 bis 3 der Zivilprozessordnung sowie die Beschränkungen und Verbote, die nach anderen gesetzlichen Vorschriften für die Pfändung von Sachen bestehen, gelten entsprechend. An die Stelle des Vollstreckungsgerichts tritt die Vollstreckungsbehörde.**

**Inhaltsübersicht**



### A. Bedeutung der Vorschrift

1 Gemäß § 295 AO werden alle existenten Vollstreckungsbeschränkungen und -verbote durch Verweis auf spezielle Vorschriften der ZPO sowie auf alle anderen gesetzlichen Vorschriften innerhalb und außerhalb der ZPO übernommen (= **Verbot der Kahlpfändung**). Andere gesetzliche Vorschriften sind z. B. § 863 ZPO (Pfändungsbeschränkungen bei Erbschaftsnutzungen), § 114 UrherechtsG (Pfändung in Originalwerke); §§ 77, 79 VersicherungsaufsichtsG (Pfändung in den Deckungsstock). S. auch Abschn. 33 ff. VollzA; *Lemaire*, AO-StB 2004, 189, 192 f.

**§ 811 ZPO Unpfändbare Sachen**

(1) Folgende Sachen sind der Pfändung nicht unterworfen:
1. die dem persönlichen Gebrauch oder dem Haushalt dienenden Sachen, insbesondere Kleidungsstücke, Wäsche, Betten, Haus- und Küchengerät, soweit der Schuldner ihrer zu einer seiner Berufstätigkeit und seiner Verschuldung angemessenen, bescheidenen Lebens- und Haushaltsführung bedarf; ferner Gartenhäuser, Wohnlauben und ähnliche Wohnzwecken dienende Einrichtungen, die der Zwangsvollstreckung in das bewegliche Vermögen unterliegen und deren der Schuldner oder seine Familie zur ständigen Unterkunft bedarf;
2. die für den Schuldner, seine Familie und seine Hausangehörigen, die ihm im Haushalt helfen, auf vier Wochen erforderlichen Nahrungs-, Feuerungs- und Beleuchtungsmittel oder, soweit für diesen Zeitraum solche Vorräte nicht vorhanden und ihre Beschaffung auf anderem Wege nicht gesichert ist, der zur Beschaffung erforderliche Geldbetrag;
3. Kleintiere in beschränkter Zahl sowie eine Milchkuh oder nach Wahl des Schuldners statt einer solchen insgesamt zwei Schweine, Ziegen oder Schafe, wenn diese Tiere für die Ernährung des Schuldners, seiner Familie oder Hausangehörigen, die ihm im Haushalt, in der Landwirtschaft oder im Gewerbe helfen, erforderlich sind; ferner die zur Fütterung und zur Streu auf vier Wochen erforderlichen Vorräte oder, soweit solche Vorräte nicht vorhanden sind und ihre Beschaffung für diesen Zeitraum auf anderem Wege nicht gesichert ist, der zu ihrer Beschaffung erforderliche Geldbetrag;
4. bei Personen, die Landwirtschaft betreiben, das zum Wirtschaftsbetrieb erforderliche Gerät und Vieh nebst dem nötigen Dünger sowie die landwirtschaftlichen Erzeugnisse, soweit sie zur Sicherung des Unterhalts des Schuldners, seiner Familie und seiner Arbeitnehmer oder zur Fortführung der Wirtschaft bis zur nächsten Ernte gleicher oder ähnlicher Erzeugnisse erforderlich sind;

4a. bei Arbeitnehmern in landwirtschaftlichen Betrieben die ihnen als Vergütung gelieferten Naturalien, soweit der Schuldner ihrer zu seinem und seiner Familie Unterhalt bedarf;

5. bei Personen, die aus ihrer körperlichen oder geistigen Arbeit oder sonstigen persönlichen Leistungen ihren Erwerb ziehen, die zur Fortsetzung dieser Erwerbstätigkeit erforderlichen Gegenstände;

6. bei den Witwen und minderjährigen Erben der unter Nummer 5 bezeichneten Personen, wenn sie die Erwerbstätigkeit für ihre Rechnung durch einen Stellvertreter fortführen, die zur Fortführung dieser Erwerbstätigkeit erforderlichen Gegenstände;
7. Dienstkleidungsstücke sowie Dienstausrüstungsgegenstände, soweit sie zum Gebrauch des Schuldners bestimmt sind, sowie bei Beamten, Geistlichen, Rechtsanwälten, Notaren, Ärzten und Hebammen die zur Ausübung des Berufes erforderlichen Gegenstände einschließlich angemessener Kleidung;
8. bei Personen, die wiederkehrende Einkünfte der in den §§ 850 bis 850b dieses Gesetzes oder der in § 54 Abs. 3 bis 5 des Ersten Buches Sozialgesetzbuch bezeichneten Art oder laufende Kindergeldleistungen beziehen, ein Geldbetrag, der dem der Pfändung nicht unterworfenen Teil der Einkünfte für die Zeit von der Pfändung bis zu dem nächsten Zahlungstermin entspricht;
9. die zum Betrieb einer Apotheke unentbehrlichen Geräte, Gefäße und Waren;
10. die Bücher, die zum Gebrauch des Schuldners und seiner Familie in der Kirche oder Schule oder einer sonstigen Unterrichtsanstalt oder bei der häuslichen Andacht bestimmt sind;
11. die in Gebrauch genommenen Haushaltungs- und Geschäftsbücher, die Familienpapiere sowie die Trauringe, Orden und Ehrenzeichen;
12. künstliche Gliedmaßen, Brillen und andere wegen körperlicher Gebrechen notwendige Hilfsmittel, soweit diese Gegenstände zum Gebrauch des Schuldners und seiner Familie bestimmt sind;
13. die zur unmittelbaren Verwendung für die Bestattung bestimmten Gegenstände.

(2) Eine in Absatz 1 Nr. 1, 4, 5 bis 7 bezeichnete Sache kann gepfändet werden, wenn der Verkäufer wegen einer durch Eigentumsvorbehalt gesicherten Geldforderung aus ihrem Verkauf vollstreckt. Die Vereinbarung des Eigentumsvorbehaltes ist durch Urkunden nachzuweisen.

**§ 811a ZPO Austauschpfändung**

(1) Die Pfändung einer nach § 811 Abs. 1 Nr. 1, 5 und 6 unpfändbaren Sache kann zugelassen werden, wenn der Gläubiger dem Schuldner vor der Wegnahme der Sache ein Ersatzstück, das dem geschützten Verwendungszweck genügt, oder den zur Beschaffung eines solchen Ersatzstückes erforderlichen Geldbetrag überlässt; ist dem Gläubiger die rechtzeitige Ersatzbeschaffung nicht möglich oder nicht zuzumuten, so kann die Pfändung mit der Maßgabe zugelassen werden, dass dem Schuldner der zur Ersatzbeschaffung erforderliche Geldbetrag aus dem Vollstreckungserlös überlassen wird (Austauschpfändung).

(2) Über die Zulässigkeit der Austauschpfändung entscheidet das Vollstreckungsgericht auf Antrag des Gläubigers durch Beschluss. Das Gericht soll die Austauschpfändung nur zulassen, wenn sie nach Lage der Verhältnisse angemessen ist, insbesondere wenn zu erwarten ist, dass der Vollstreckungserlös den Wert des Ersatzstückes erheblich übersteigen werde. Das Gericht setzt den Wert eines vom Gläubiger angebotenen Ersatzstückes oder den zur Ersatzbeschaffung erforderlichen Betrag fest. Bei der Austauschpfändung nach Absatz 1 Halbsatz 1 ist der festgesetzte Betrag dem Gläubiger aus dem Vollstreckungserlös zu erstatten; er gehört zu den Kosten der Zwangsvollstreckung.

(3) Der dem Schuldner überlassene Geldbetrag ist unpfändbar.

(4) Bei der Austauschpfändung nach Absatz 1 Halbsatz 2 ist die Wegnahme der gepfändeten Sache erst nach Rechtskraft des Zulassungsbeschlusses zulässig.

**§ 811b ZPO Vorläufige Austauschpfändung**

(1) Ohne vorgängige Entscheidung des Gerichts ist eine vorläufige Austauschpfändung zulässig, wenn eine Zulassung durch das Gericht zu erwarten ist. Der Gerichtsvollzieher soll die Austauschpfändung nur vornehmen, wenn zu erwarten ist, dass der Vollstreckungserlös den Wert des Ersatzstückes erheblich übersteigen wird.

(2) Die Pfändung ist aufzuheben, wenn der Gläubiger nicht binnen einer Frist von zwei Wochen nach Benachrichtigung von der Pfändung einen Antrag nach § 811a Abs. 2 bei dem Vollstreckungsgericht gestellt hat oder wenn ein solcher Antrag rechtskräftig zurückgewiesen ist.

(3) Bei der Benachrichtigung ist dem Gläubiger unter Hinweis auf die Antragsfrist und die Folgen ihrer Versäumung mitzuteilen, dass die Pfändung als Austauschpfändung erfolgt ist.

(4) Die Übergabe des Ersatzstückes oder des zu seiner Beschaffung erforderlichen Geldbetrages an den Schuldner und die Fortsetzung der Zwangsvollstreckung erfolgen erst nach Erlass des Beschlusses gemäß § 811a Abs. 2 auf Anweisung des Gläubigers. § 811a Abs. 4 gilt entsprechend.

**§ 811c ZPO Unpfändbarkeit von Haustieren**

(1) Tiere, die im häuslichen Bereich und nicht zu Erwerbszwecken gehalten werden, sind der Pfändung nicht unterworfen.

(2) Auf Antrag des Gläubigers lässt das Vollstreckungsgericht eine Pfändung wegen des hohen Wertes des Tieres zu, wenn die Unpfändbarkeit für den Gläubiger eine Härte bedeuten würde, die auch unter Würdigung der Belange des Tierschutzes und der berechtigten Interessen des Schuldners nicht zu rechtfertigen ist.

**§ 811d ZPO Vorwegpfändung**

(1) Ist zu erwarten, dass eine Sache demnächst pfändbar wird, so kann sie gepfändet werden, ist aber im Gewahrsam des Schuldners zu belassen. Die Vollstreckung darf erst fortgesetzt werden, wenn die Sache pfändbar geworden ist.

(2) Die Pfändung ist aufzuheben, wenn die Sache nicht binnen eines Jahres pfändbar geworden ist.

**§ 812 ZPO Pfändung von Hausrat**

Gegenstände, die zum gewöhnlichen Hausrat gehören und im Haushalt des Schuldners gebraucht werden, sollen nicht gepfändet werden, wenn ohne weiteres ersichtlich ist, dass durch ihre Verwertung nur ein Erlös erzielt werden würde, der zu dem Wert außer allem Verhältnis steht.

**§ 813 ZPO Schätzung**

(1) Die gepfändeten Sachen sollen bei der Pfändung auf ihren gewöhnlichen Verkaufswert geschätzt werden. Die Schätzung des Wertes von Kostbarkeiten soll einem Sachverständigen übertragen werden. In anderen Fällen kann das Vollstreckungsgericht auf Antrag des Gläubigers oder des Schuldners die Schätzung durch einen Sachverständigen anordnen.

(2) Ist die Schätzung des Wertes bei der Pfändung nicht möglich, so soll sie unverzüglich nachgeholt und ihr Ergebnis nachträglich in dem Pfändungsprotokoll vermerkt werden. Werden die Akten des Gerichtsvollziehers elektronisch geführt, so ist das Ergebnis der Schätzung in einem gesonderten elektronischen Dokument zu vermerken. Das Dokument ist mit dem Pfändungsprotokoll untrennbar zu verbinden.

(3) Zur Pfändung von Früchten, die von dem Boden noch nicht getrennt sind, und zur Pfändung von Gegenständen der in § 811 Abs. 1 Nr. 4 bezeichneten Art bei Personen, die Landwirtschaft betreiben, soll ein landwirtschaftlicher Sachverständiger zugezogen werden, sofern anzunehmen ist, dass der Wert der zu pfändenden Gegenstände den Betrag von 500 EUR übersteigt.

## B. Tatbestandliche Voraussetzungen

2 **§ 811 ZPO Abs. 1 Nr. 1 bis 13 ZPO** enthält eine Liste unpfändbarer beweglicher Sachen und Tiere (§ 90a BGB). Unpfändbar sind insbesondere die dem **persönlichen Gebrauch** oder dem **Haushalt** dienenden Gegenstände, soweit sie zu einer **angemessenen und bescheidenen Lebensführung** benötigt werden (Nr. 1). Hierbei kommt es stets auf die Umstände des Einzelfalls an, wobei generell nicht kleinlich beurteilt, sondern auch der Wandel der Bedürfnisse im Verlauf der Zeit berücksichtigt werden soll (BFH v. 30.01.1990, VII R 97/89, BStBl II 1990, 416; BFH v. 30.09.1997, VII B 67/97, BFH/NV 1998, 421). Allerdings muss der Vollstreckungsschuldner für jeden einzelnen Gegenstand darlegen, warum die Wegnahme gerade dieses Gegenstands den nach den Umständen angemessenen Bedarf einer bescheidenen Lebens- und Haushaltsführung beeinträchtigt oder gar beseitigt. So muss z. B. bei der Pfändung einer Sitzgarnitur oder eines Esstisches dargelegt werden, dass es sich um den einzigen Tisch in der Wohnung handelt, an dem man sich zum Essen niederlassen kann. Neben der Nr. 1 wird in der Praxis häufig die Unpfändbarkeit von **Arbeitsmitteln** (**Nr. 5**) und wiederkehrenden Einkünfte (Arbeitseinkommen, Rentenzahlungen) relevant, die unterhalb der **Pfändungsfreigrenzen** von **§§ 850 bis 850b ZPO** liegen (**Nr. 8**).

Die **§§ 811a/b ZPO** enthalten Vorschriften über die sog. **Austauschpfändung**, d. h. die Pfändung unpfändbarer Sachen mit der Maßgabe, dass dem Schuldner ein Ersatzstück oder der zur Beschaffung eines solchen erforderliche Geldbetrag überlassen wird. 3

**§ 811c ZPO** nimmt **Tiere**, die im ländlichen Bereich und nicht zu Erwerbszwecken gehalten werden, grundsätzlich von der Pfändung aus. 4

**§ 811d ZPO** befasst sich mit der Pfändung von Sachen, die demnächst pfändbar werden (**Vorwegpfändung**). 5

**§ 812 ZPO** beugt der Pfändung von Hausratsgegenständen vor, wenn offenbar ist, dass der erzielbare Verwertungserlös außer Verhältnis zum Gebrauchswert steht (**Hausratspfändung**). Generell gilt, dass auch bei Gegenständen, die älter als fünf Jahre sind und einen relativ hohen Kaufpreis hatten, allein aufgrund des Alters der Schluss auf § 812 ZPO noch nicht gerechtfertigt ist (BFH v. 30.09.1997, VII B 67/97, BFH/NV 1998, 421). 6

**§ 813 Abs. 1 bis 3 ZPO** befassen sich mit der **Schätzung** gepfändeter Gegenstände. Sie sollen nach § 813 Abs. 1 ZPO auf ihren gewöhnlichen Verkaufswert geschätzt werden. Dieser soll bei Schätzung des Werts von Kostbarkeiten von einem Sachverständigen festgestellt werden, in anderen Fällen kann auf Antrag des Schuldners ein Sachverständiger befasst werden. Nach § 813 Abs. 3 ZPO soll bei Pfändung landwirtschaftlichen Inventars und landwirtschaftlicher Erzeugnisse im Werte von mehr als 500 EUR ein landwirtschaftlicher Sachverständiger zugezogen werden (aber s. § 294 AO Rz. 4). 7

## C. Rechtsschutz

Verstöße gegen § 295 AO bewirken keine Nichtigkeit der Vollstreckungshandlung, jedoch ihre Anfechtbarkeit mit dem Einspruch (§ 347 Abs. 1 Nr. 1 AO; *Wiese* in Beermann/Gosch, § 295 AO Rz. 48). Im Rahmen der Überprüfung der Rechtmäßigkeit einer Pfändung ist auf den Zeitpunkt der letzten Verwaltungsentscheidung bzw. auf den Zeitpunkt der letzten mündlichen Gerichtsverhandlung abzustellen. Demnach kann zu Gunsten des Stpfl. berücksichtigt werden, dass eine ursprünglich pfändbare Sache unpfändbar wird, umgekehrt kann eine ursprüngliche Unpfändbarkeit bei nachträglich eintretender Pfändbarkeit auch geheilt werden (BFH v. 03.08.2012, VII B 40/11, BFH/NV 2012, 1936; *Müller-Eiselt* in HHSp., § 295 AO Rz. 21 f.; *Loose* in Tipke/Kruse, § 295 AO Rz. 11). 8

## § 296 AO Verwertung

**(1) Die gepfändeten Sachen sind auf schriftliche Anordnung der Vollstreckungsbehörde öffentlich zu versteigern. Eine öffentliche Versteigerung ist**

**1. die Versteigerung vor Ort oder**
**2. die allgemein zugängiche Versteigerung im Internet über die Plattform www.zoll-auktion.de.**

**Die Versteigerung erfolgt in der Regel durch den Vollziehungsbeamten. § 292 gilt entsprechend.**

**(2) Bei Pfändung von Geld gilt die Wegnahme ab Zahlung des Vollstreckungsschuldners.**

1 § 296 AO entspricht inhaltlich §§ 814, 815 Abs. 3 ZPO. S. Abschn. 36 ff. VollstrA, 51 ff. VollzA. Mit Wirkung zum 05.08.2009 wurde die Vorschrift an die Möglichkeit der Internetversteigerung angepasst.

2 Die Verwertung erfolgt auf schriftliche Anordnung der Vollstreckungsbehörde im Wege der **öffentlichen Versteigerung**. Diese soll in der Regel vom Vollziehungsbeamten durchgeführt werden.

3 § 305 AO eröffnet die Möglichkeit, auf Antrag des Vollstreckungsschuldners oder aus besonderen Zweckmäßigkeitsgründen eine abweichende besondere Verwertung anzuordnen.

4 Unter den Voraussetzungen des § 292 AO ist die Abwendung der Verwertung möglich.

5 Der Vollstreckungsschuldner kann bis zur Beendigung der Verwertung gegen den Versteigerungsauftrag und gegen die Verwertungsmaßnahmen Einspruch einlegen.

6 Wird Geld gepfändet, dient dies unmittelbar der Befriedigung des Gläubigers, einer Verwertung bedarf es nicht.

## § 297 AO Aussetzung der Verwertung

**Die Vollstreckungsbehörde kann die Verwertung gepfändeter Sachen unter Anordnung von Zahlungsfristen zeitweilig aussetzen, wenn die alsbaldige Verwertung unbillig wäre.**

**Inhaltsübersicht**



### A. Bedeutung der Vorschrift

1 § 297 AO bildet das Gegenstück zu § 813a ZPO (bis 31.12.2012). S. Abschn. 40 VollstrA.

### B. Tatbestandliche Voraussetzungen

2 Eines **Antrags** des Vollstreckungsschuldners bedarf es **nicht**; regelmäßig dürfte aber erst die Anregung der einstweiligen Aussetzung eine solche Maßnahme initiieren (s. § 258 AO Rz. 11).

3 Voraussetzung für die Aussetzung der Verwertung gepfändeter Sachen ist, dass die alsbaldige Verwertung unbillig wäre. Die Vorschrift ist eine **Billigkeitsmaßnahme**, die im **Ermessen** der Vollstreckungsbehörde steht (§ 5 AO).

4 Von § 258 AO unterscheidet sich § 297 AO dadurch, dass die hier geregelte Vollstreckungsschutzmaßnahme mit der Anordnung von Zahlungsfristen verbunden ist. Soweit ein solcher Zusammenhang nicht hergestellt wird, fällt auch die Aussetzung der Verwertung gepfändeter Sachen unter § 258 AO.

5 Die einzige durch die Vorschrift gedeckte Maßnahme ist die **einstweilige Aussetzung** der Verwertung von gepfändeten Sachen, ohne eine spätere Verwertung zu verhindern. Entsprechend hat die Maßnahme auch zur Voraussetzung, dass die alsbaldige Verwertung und nicht die Verwertung schlechthin unbillig wäre. Im letzteren Fall könnte nur durch eine im Billigkeitsweg anzuordnende Aufhebung der Vollstreckungsmaßnahme (Pfändung) gemäß § 258 AO abgeholfen werden.

### C. Rechtsschutz

6 Als Rechtsbehelf gegen die Ablehnung der begehrten Verwertungsaussetzung ist der **Einspruch** gegeben (§ 347 Abs. 1 Nr. 1 AO), im Klageverfahren die **Verpflichtungsklage** (§ 40 FGO). Im Hinblick auf den Charakter der Entscheidung als Ermessensentscheidung (s. Rz. 3), ist das FG zu Maßnahmen nach § 297 AO aber nur befugt, wenn das Ermessen des FA auf Null reduziert ist (§ 101 FGO).

7 Im vorläufigen Rechtsschutz kann Aussetzung der Verwertung durch eine **einstweilige Anordnung** beim FG (§ 114 FGO) beantragt werden (BFH v. 23.11.1999, VII B 310/98, BFH/NV 2000, 588; zu den Anforderungen s. § 258 AO Rz. 22).

## § 298 AO Versteigerung

**(1) Die gepfändeten Sachen dürfen nicht vor Ablauf einer Woche seit dem Tag der Pfändung versteigert werden, sofern sich nicht der Vollstreckungsschuldner mit einer früheren Versteigerung einverstanden erklärt oder diese erforderlich ist, um die Gefahr einer beträchtlichen Wertverringe-**

**rung abzuwenden oder unverhältnismäßige Kosten längerer Aufbewahrung zu vermeiden.**

**(2) Zeit und Ort der Versteigerung sind öffentlich bekannt zu machen; dabei sind die Sachen, die versteigert werden sollen, im Allgemeinen zu bezeichnen. Auf Ersuchen der Vollstreckungsbehörde hat ein Gemeindebediensteter oder ein Polizeibeamter der Versteigerung beizuwohnen. Die Sätze 1 und 2 gelten nicht für eine Versteigerung nach §296 Absatz 1 Satz 2 Nummer 2.**

**(3) §1239 Absatz 1 Satz 1 des Bürgerlichen Gesetzbuchs gilt entsprechend; bei der Versteigerung vor Ort (§296 Absatz 1 Satz 2 Nummer 1) ist auch §1239 Absatz 2 des Bürgerlichen Gesetzbuchs entsprechend anzuwenden.**

1 Die Vorschrift entspricht inhaltlich § 816 Abs. 1, 3, 4 ZPO.

2 § 298 Abs. 1 AO befasst sich mit dem Zeitpunkt der Versteigerung. Die grundsätzlich geltende Wartefrist von **einer Woche** bietet sowohl dem Schuldner Gelegenheit, vor der Verwertung die Schuld zu begleichen, als auch dem Dritten Zeit, seine Rechte an den gepfändeten Sachen geltend zu machen (§§ 262, 293 AO). Beruht die Versteigerung auf einer Anschlusspfändung (§ 307 AO), so beginnt die Wochenfrist mit dieser. In Ausnahmefällen, z. B. bei **verderblichen Waren** oder Waren, bei denen aus anderen Gründen ein Preissturz droht, oder im Einverständnis mit dem Vollstreckungsschuldner kann die Versteigerung auch früher erfolgen.

3 § 298 Abs. 2 AO regelt die Art und Weise der **Bekanntmachung** der Versteigerung und eröffnet die Möglichkeit der Zuziehung eines Gemeindebediensteten oder Polizeibeamten zur Versteigerung.

4 § 1239 Abs. 1 Satz 1 BGB erlaubt dem Pfandgläubiger und dem Eigentümer bei der Versteigerung mitzubieten. Das Gebot des Eigentümers darf zurückgewiesen werden, wenn nicht der Betrag bar erlegt wird (§ 1239 Abs. 2 Satz 1 BGB). Das Gleiche gilt von dem Gebot des Schuldners, wenn das Pfand für eine fremde Schuld haftet (§ 1239 Abs. 2 Satz 2 BGB).

**§ 1239 BGB Mitbieten durch Gläubiger und Eigentümer**

(1) Der Pfandgläubiger und der Eigentümer können bei der Versteigerung mitbieten. Erhält der Pfandgläubiger den Zuschlag, so ist der Kaufpreis als von ihm empfangen anzusehen.

(2) Das Gebot des Eigentümers darf zurückgewiesen werden, wenn nicht der Betrag bar erlegt wird. Das Gleiche gilt von dem Gebot des Schuldners, wenn das Pfand für eine fremde Schuld haftet.

5 Die Nichteinhaltung der Wochenfrist macht die Versteigerung anfechtbar, nicht nichtig. Verstöße gegen die Öffentlichkeit führen als schwere Verfahrensverstöße dagegen zur Unwirksamkeit der Versteigerung (*Müller-Eiselt* in HHSp, § 298 AO Rz. 32 ff.).

## § 299 AO Zuschlag

**(1) Bei der Versteigerung vor Ort (§296 Absatz 1 Satz 2 Nummer 1) soll dem Zuschlag an den Meistbietenden ein dreimaliger Aufruf vorausgehen. Bei einer Versteigerung im Internet (§296 Absatz 1 Satz 2 Nummer 2) ist der Zuschlag der Person erteilt, die am Ende der Versteigerung das höchste Gebot abgegeben hat, es sei denn, die Versteigerung wird vorzeitig abgebrochen; sie ist von dem Zuschlag zu benachrichtigen. §156 des Bürgerlichen Gesetzbuchs gilt entsprechend.**

**(2) Die Aushändigung einer zugeschlagenen Sache darf nur gegen bare Zahlung geschehen. Bei einer Versteigerung im Internet darf die zugeschlagene Sache auch ausgehändigt werden, wenn die Zahlung auf dem Konto der Finanzbehörde gutgeschrieben ist. Wird die zugeschlagene Sache übersandt, so gilt die Aushändigung mit der Übergabe an die zur Ausführung der Versendung bestimmte Person als bewirkt.**

**(3) Hat der Meistbietende nicht zu der in den Versteigerungsbedingungen bestimmten Zeit oder in Ermangelung einer solchen Bestimmung nicht vor dem Schluss des Versteigerungstermins die Aushändigung gegen Zahlung des Kaufgeldes verlangt, so wird die Sache anderweitig versteigert. Der Meistbietende wird zu einem weiteren Gebot nicht zugelassen; er haftet für den Ausfall, auf den Mehrerlös hat er keinen Anspruch.**

**(4) Wird der Zuschlag dem Gläubiger erteilt, so ist dieser von der Verpflichtung zur baren Zahlung so weit befreit, als der Erlös nach Abzug der Kosten der Vollstreckung zu seiner Befriedigung zu verwenden ist. Soweit der Gläubiger von der Verpflichtung zur baren Zahlung befreit ist, gilt der Betrag als von dem Schuldner an den Gläubiger gezahlt.**

Die Vorschrift entspricht inhaltlich § 817 ZPO. 1
S. Abschn. 53 f. VollzA. Mit Wirkung zum 05.08.2009 wurde die Abs. 1 und 2 an die Möglichkeit der Internetversteigerung angepasst.

Unter Zuschlag ist die Annahme des Meistgebots zu 2
verstehen. Er führt zu einem öffentlich-rechtlichen Vertrag zwischen dem Vollstreckungsgläubiger (§ 252 AO), vertreten durch den Vollziehungsbeamten, und dem

Meistbietenden. Dem Letzteren erwächst daraus ein öffentlich-rechtlicher Anspruch auf Übereignung der Sache. Das Gebot erlischt durch ein Übergebot oder durch zuschlaglosen Schluss der Versteigerung (§ 156 BGB).

**§ 156 BGB Vertragsschluss bei Versteigerung**

Bei einer Versteigerung kommt der Vertrag erst durch den Zuschlag zustande. Ein Gebot erlischt, wenn ein Übergebot abgegeben oder die Versteigerung ohne Erteilung des Zuschlags geschlossen wird.

3 In Anlehnung an § 817 Abs. 2 ZPO macht § 299 Abs. 2 AO die Aushändigung einer zugeschlagenen Sache von Barzahlung abhängig. Aushändigung bedeutet Übereignung kraft hoheitlicher Gewalt. Sie geschieht durch Übertragung des unmittelbaren Besitzes mit Übereignungswillen sowohl des Vollziehungsbeamten als auch des Erstehers (Einigung) Zug um Zug gegen Barzahlung.

4 § 299 Abs. 4 AO übernimmt die Regelung des § 817 Abs. 4 ZPO, ohne dass dem Schuldner die dort gewährte Möglichkeit der Abwendung der Vollstreckung durch Sicherheitsleistung oder Hinterlegung belassen wird.

## § 300 AO Mindestgebot

**(1) Der Zuschlag darf nur auf ein Gebot erteilt werden, das mindestens die Hälfte des gewöhnlichen Verkaufswertes der Sache erreicht (Mindestgebot). Der gewöhnliche Verkaufswert und das Mindestgebot sollen bei dem Ausbieten bekannt gegeben werden.**

**(2) Wird der Zuschlag nicht erteilt, weil ein das Mindestgebot erreichendes Gebot nicht abgegeben worden ist, so bleibt das Pfandrecht bestehen. Die Vollstreckungsbehörde kann jederzeit einen neuen Versteigerungstermin bestimmen oder eine anderweitige Verwertung der gepfändeten Sachen nach § 305 anordnen. Wird die anderweitige Verwertung angeordnet, so gilt Absatz 1 entsprechend.**

**(3) Gold- und Silbersachen dürfen auch nicht unter ihrem Gold- oder Silberwert zugeschlagen werden. Wird ein den Zuschlag gestattendes Gebot nicht abgegeben, so können die Sachen auf Anordnung der Vollstreckungsbehörde aus freier Hand verkauft werden. Der Verkaufspreis darf den Gold- oder Silberwert und die Hälfte des gewöhnlichen Verkaufswertes nicht unterschreiten.**

1 Die Vorschrift stimmt inhaltlich weitgehend mit § 817a ZPO überein. Sie dient dazu, die Verschleuderung von Pfandsachen zu verhindern. S. Abschn. 38 VollstrA.

2 § 300 Abs. 1 Satz 1 AO enthält eine Legaldefinition des Mindestgebots. Unter gewöhnlichem Verkaufswert ist der erfahrungsgemäß bei einem freien Verkauf erzielbare Erlös zu verstehen, wobei die allgemeinen wirtschaftlichen, örtlichen und zeitlichen Verhältnisse in Betracht zu ziehen sind. Existiert ein Börsen- oder Marktpreis, so ist dieser anzusetzen.

## § 301 AO Einstellung der Versteigerung

**(1) Die Versteigerung wird eingestellt, sobald der Erlös zur Deckung der beizutreibenden Beträge einschließlich der Kosten der Vollstreckung ausreicht.**

**(2) Die Empfangnahme des Erlöses durch den versteigernden Beamten gilt als Zahlung des Vollstreckungsschuldners, es sei denn, dass der Erlös hinterlegt wird (§ 308 Abs. 4). Als Zahlung im Sinne von Satz 1 gilt bei einer Versteigerung im Internet auch der Eingang des Erlöses auf dem Konto der Finanzbehörde.**

Die Vorschrift entspricht inhaltlich §§ 818, 819 ZPO. 1

§ 301 Abs. 1 AO geht davon aus, dass im Zuge der Versteigerung mehrerer gepfändeter Sachen des Vollstreckungsschuldners der erzielte Erlös schon vor restloser Versteigerung aller Sachen zur Deckung der beizutreibenden Beträge einschließlich der Kosten der Vollstreckung ausreicht, im Übrigen also objektiv eine Überpfändung i.S. des § 281 Abs. 2 AO vorliegt. Liegt eine Anschlusspfändung vor, so ist die Voraussetzung für die Einstellung der Versteigerung nach § 301 Abs. 1 AO erst erfüllt, wenn auch das Recht des Anschlussgläubigers berücksichtigt ist, sofern die Wochenfrist (§ 298 Abs. 1 AO) für diesen ebenfalls verstrichen ist. 2

§ 301 Abs. 2 AO verleiht der Empfangnahme des Erlöses durch den versteigernden Beamten dieselbe Wirkung wie die Pfändung von Geld durch Wegnahme (§ 296 Abs. 2 AO). Dies gilt nur dann nicht, wenn der Erlös gem. § 308 Abs. 4 AO hinterlegt wird. 3

## § 302 AO Wertpapiere

**Gepfändete Wertpapiere, die einen Börsen- oder Marktpreis haben, sind aus freier Hand zum Tageskurs zu verkaufen; andere Wertpapiere sind nach den allgemeinen Vorschriften zu versteigern.**

Die Vorschrift entspricht inhaltlich § 821 ZPO. S. Abschn. 37 VollstrA. 1

Wertpapiere sind Urkunden, bei denen das Recht aus dem Papier nur durch Vorlage dieses Papiers ausgeübt 2 werden kann. Einen Börsen- oder Marktpreis haben insbes. Aktien, Investmentanteile, Pfandbriefe, Kommunalobligationen und ausländische Banknoten.

Keine Wertpapiere i. S. der Vorschrift sind indossable Papiere die ein Forderungsrecht verbriefen, z. B. Wechsel, Schecks; ferner die sog. Legitimationspapiere, z. B. Schuldscheine, Sparkassenbücher, Hypothekenbriefe.

## § 303 AO
## Namenspapiere

**Lautet ein gepfändetes Wertpapier auf einen Namen, so ist die Vollstreckungsbehörde berechtigt, die Umschreibung auf den Namen des Käufers oder, wenn es sich um ein auf einen Namen umgeschriebenes Inhaberpapier handelt, die Rückverwandlung in ein Inhaberpapier zu erwirken und die hierzu erforderlichen Erklärungen anstelle des Vollstreckungsschuldners abzugeben.**

1 Die Vorschrift entspricht inhaltlich §§ 822, 823 ZPO.

2 Die Vorschrift schließt an § 302 AO an, betrifft aber ausschließlich Wertpapiere, die auf den »Namen« des Gläubigers lauten.

3 § 303 AO berechtigt die Vollstreckungsbehörde, das Namenspapier auf den Ersteher »umzuschreiben« (1. Alt.), oder – wahlweise – in ein Inhaberpapier zurück zu verwandeln, wenn das Inhaberpapier vor der Pfändung in ein Namenspapier umgewandelt worden war (2. Alt.).

## § 304 AO
## Versteigerung ungetrennter Früchte

**Gepfändete Früchte, die vom Boden noch nicht getrennt sind, dürfen erst nach der Reife versteigert werden. Der Vollziehungsbeamte hat sie abernten zu lassen, wenn er sie nicht vor der Trennung versteigert.**

1 Die Regelung entspricht inhaltlich § 824 ZPO.

2 Die Möglichkeit, Früchte, die vom Boden noch nicht getrennt sind, zu pfänden, ergibt sich aus § 294 Abs. 1 AO. Während nach § 294 Abs. 1 Satz 2 AO die Pfändung schon einen Monat vor der Reife zulässig ist, darf die Versteigerung (Verwertung) erst nach der Reife durchgeführt werden. Tritt die Reife schon vor der Versteigerung ein, hat der Vollziehungsbeamte die gepfändeten Früchte abernten zu lassen.

3 Werden die Früchte vor der Ernte versteigert, erwirbt der Ersteher Eigentum durch Übergabeerklärung ohne Trennung, wenn Barzahlung geleistet wurde (Durchbrechung von § 93 BGB).

Die Kosten der Aberntung fallen gem. §§ 337 Abs. 1 i. V. m. 344 Abs. 1 Nr. 6 AO dem Vollstreckungsschuldner zur Last, sofern die Versteigerung nicht vor der Trennung erfolgt. 4

## § 305 AO
## Besondere Verwertung

**Auf Antrag des Vollstreckungsschuldners oder aus besonderen Zweckmäßigkeitsgründen kann die Vollstreckungsbehörde anordnen, dass eine gepfändete Sache in anderer Weise oder an einem anderen Ort, als in den vorstehenden Paragraphen bestimmt ist, zu verwerten oder durch eine andere Person als den Vollziehungsbeamten zu versteigern sei.**

Die Vorschrift lehnt sich an § 825 ZPO an. S. Abschn. 39 VollstrA, 56 VollzA. 1

Zweck der Vorschrift ist, etwaige Möglichkeiten der Erzielung eines besonders günstigen Verwertungserlöses auf andere Weise als durch öffentliche Versteigerung (§ 296 Abs. 1 AO) zu nutzen. Darüber hinaus soll auch die Ausnutzung günstigerer örtlicher Verhältnisse eröffnet werden. 2

Eine besondere Verwertung i. S. der Vorschrift kann sowohl auf Antrag des Vollstreckungsschuldners als auch ohne dessen Initiative aus besonderen Zweckmäßigkeitsgründen durch die Vollstreckungsbehörde angeordnet werden. Im letzteren Fall ist trotz § 91 Abs. 2 Nr. 5 AO die Anhörung des Vollstreckungsschuldners grundsätzlich geboten (s. auch § 317 Satz 2 AO). § 91 Abs. 2 Nr. 5 AO hat andere Fälle im Auge. 3

In Frage kommt neben der Versteigerung an einem anderen Ort, an dem etwa mit Rücksicht auf die Art der gepfändeten Sache mit einem größeren Interessentenkreis zu rechnen ist, der freihändige Verkauf durch den Vollziehungsbeamten oder einen Dritten. 4

Gegen die Anordnung einer besonderen Verwertung und gegen die Ablehnung des Antrags auf besondere Verwertung ist der Einspruch gegeben (§ 347 Abs. 1 Nr. 1 AO). 5

## § 306 AO
## Vollstreckung in Ersatzteile von Luftfahrzeugen

**(1) Für die Vollstreckung in Ersatzteile, auf die sich ein Registerpfandrecht an einem Luftfahrzeug nach § 71 des Gesetzes über Rechte an Luftfahrzeugen erstreckt, gilt § 100 des Gesetzes über Rechte an Luftfahrzeugen; an die Stelle des Gerichtsvollziehers tritt der Vollziehungsbeamte.**

**(2) Absatz 1 gilt für die Vollstreckung in Ersatzteile, auf die sich das Recht an einem ausländischen Luftfahrzeug erstreckt, mit der Maßgabe, dass die Vorschriften des § 106 Abs. 1 Nr. 2 und Abs. 4 des Gesetzes über Rechte an Luftfahrzeugen zu berücksichtigen sind.**

**Inhaltsübersicht**



### A. Bedeutung der Vorschrift

1 Die Vorschrift knüpft an vollstreckungsrechtliche Besonderheiten des Gesetzes über Rechte an Luftfahrzeugen an (LuftFzgG; v. 26.02.1959, BGBl I 1959, 57, zuletzt geändert am 31.08.2015, BGBl I 2015, 1474) und betrifft allein die Vollstreckung in Ersatzteile. Wegen der Vollstreckung in das Luftfahrzeug selbst s. § 322 AO.

### B. Tatbestandliche Voraussetzungen

2 Nach § 1 LuftFzgG kann ein in der Luftfahrzeugrolle eingetragenes Luftfahrzeug zur Sicherung einer Forderung in der Weise belastet werden, dass der Gläubiger berechtigt ist, wegen einer bestimmten Geldsumme Befriedigung aus dem Luftfahrzeug zu suchen (Registerpfandrecht). § 68 Abs. 1 LuftFzgG bestimmt, dass das Registerpfandrecht auf die Ersatzteile erweitert werden kann, die an einer örtlich bezeichneten bestimmten Stelle (Ersatzteillager) im Inland oder im Ausland jeweils lagern.

3 Als Ersatzteile gelten alle zu einem Luftfahrzeug gehörenden Teile, Triebwerke, Luftschrauben, Funkgeräte, Bordinstrumente, Ausrüstungen und Ausstattungsgegenstände sowie Teile dieser Gegenstände, ferner allgemein alle sonstigen Gegenstände irgendwelcher Art, die zum Einbau in ein Luftfahrzeug als Ersatz entfernter Teile bereitgehalten werden. Nach § 71 Abs. 1 LuftFzgG erstreckt sich aufgrund der Erweiterung das Registerpfandrecht auf die zur Zeit der Erweiterung oder später in das Ersatzteillager eingebrachten Ersatzteile, jedoch nicht auf Ersatzteile, die nicht in das Eigentum des Eigentümers des belasteten Luftfahrzeugs gelangt sind.

4 § 100 LuftFzgG ordnet für die Zwangsvollstreckung in solche Ersatzteile die grundsätzliche Geltung der Vorschriften über die Zwangsvollstreckung in körperliche Sachen mit besonderen, in vier Nummern normierten Maßgaben an.

5 Zu beachten ist, dass die Zwangsvollstreckung in das Luftfahrzeug nicht Ersatzteile umfasst, auf die sich ein Registerpfandrecht an dem Luftfahrzeug erstreckt (§ 99 Abs. 1 Satz 2 LuftFzgG).

Für **ausländische Luftfahrzeuge** verweist § 306 Abs. 2 AO auf § 106 Abs. 1 Nr. 2 und Abs. 4 LuftFzgG. Grundsätzlich kommen dieselben besonderen Verwertungsregeln zur Anwendung, die für die Ersatzteile gelten, auf die sich das Registerpfandrecht an einem inländischen Luftfahrzeug nach § 71 LuftFzgG erstreckt.

## § 307 AO
## Anschlusspfändung

**(1) Zur Pfändung bereits gepfändeter Sachen genügt die in die Niederschrift aufzunehmende Erklärung des Vollziehungsbeamten, dass er die Sache für die zu bezeichnende Forderung pfändet. Dem Vollstreckungsschuldner ist die weitere Pfändung mitzuteilen.**

**(2) Ist die erste Pfändung für eine andere Vollstreckungsbehörde oder durch einen Gerichtsvollzieher erfolgt, so ist dieser Vollstreckungsbehörde oder dem Gerichtsvollzieher eine Abschrift der Niederschrift zu übersenden. Die gleiche Pflicht hat ein Gerichtsvollzieher, der eine Sache pfändet, die bereits im Auftrag einer Vollstreckungsbehörde gepfändet ist.**

**Inhaltsübersicht**



### A. Bedeutung der Vorschrift

Die Vorschrift entspricht inhaltlich § 826 ZPO. S. Abschn. 47 VollzA. 1

Als Anschlusspfändung wird die Pfändung von Sachen bezeichnet, die gegen denselben Schuldner gerichtet ist, wie eine bereits vorhergehende Pfändung derselben Sachen. Sie ist von der **Doppelpfändung** zu unterscheiden, bei der die vorhergehende Pfändung an derselben Sache gegen einen anderen Schuldner gerichtet ist. Die Doppelpfändung unterliegt den für eine Erstpfändung geltenden Vorschriften (§ 286 AO). 2

### B. Tatbestandliche Voraussetzungen

§ 307 Abs. 1 Satz 1 AO lässt eine vereinfachte Form der Pfändung zu, schließt jedoch eine normale Pfändung (wie Erstpfändung) nicht aus. 3

Die in die **Niederschrift** aufzunehmende Erklärung des Vollziehungsbeamten, dass er die Sache für die nach Art 4 und Höhe bezeichnete Forderung pfände, hat keinen Erklärungsgegner. Die weitere Pfändung ist dem Vollstreckungsschuldner gemäß § 307 Abs. 1 Satz 2 AO lediglich mitzuteilen. Ferner ist eine Abschrift der Niederschrift einer anderen Vollstreckungsbehörde oder einem Gerichtsvollzieher zu übersenden, sofern die erste Pfändung für jene oder durch diesen erfolgt ist (§ 307 Abs. 2 Satz 1 AO). Eine besondere Form für diese Übersendung ist nicht vorgeschrieben.

§ 307 Abs. 2 Satz 2 AO legt die gleiche Pflicht zur Übersendung einer Abschrift der Niederschrift einem Gerichtsvollzieher auf, der eine Anschlusspfändung an einer im Auftrag einer Vollstreckungsbehörde erstgepfändeten Sache vornimmt. Insoweit **ergänzt** die Vorschrift **§ 826 Abs. 2 ZPO**.

Die Anschlusspfändung verschafft die volle Stellung eines Pfändungspfandgläubigers. Sie ist unwirksam, wenn die Erstpfändung unwirksam ist.

## § 308 AO
## Verwertung bei mehrfacher Pfändung

**(1) Wird dieselbe Sache mehrfach durch Vollziehungsbeamte oder durch Vollziehungsbeamte und Gerichtsvollzieher gepfändet, so begründet ausschließlich die erste Pfändung die Zuständigkeit zur Versteigerung.**

**(2) Betreibt ein Gläubiger die Versteigerung, so wird für alle beteiligten Gläubiger versteigert.**

**(3) Der Erlös wird nach der Reihenfolge der Pfändungen oder nach abweichender Vereinbarung der beteiligten Gläubiger verteilt.**

**(4) Reicht der Erlös zur Deckung der Forderungen nicht aus und verlangt ein Gläubiger, für den die zweite oder eine spätere Pfändung erfolgt ist, ohne Zustimmung der übrigen beteiligten Gläubiger eine andere Verteilung als nach der Reihenfolge der Pfändungen, so ist die Sachlage unter Hinterlegung des Erlöses dem Amtsgericht, in dessen Bezirk gepfändet ist, anzuzeigen. Der Anzeige sind die Schriftstücke, die sich auf das Verfahren beziehen, beizufügen. Für das Verteilungsverfahren gelten die §§ 873 bis 882 der Zivilprozessordnung.**

**(5) Wird für verschiedene Gläubiger gleichzeitig gepfändet, so finden die Vorschriften der Absätze 2 bis 4 mit der Maßgabe Anwendung, dass der Erlös nach dem Verhältnis der Forderungen verteilt wird.**

1 Die Vorschrift lehnt sich inhaltlich an § 827 ZPO an.

2 Die Begründung der Zuständigkeit zur Versteigerung durch die erste Pfändung (§ 308 Abs. 1 AO) gilt ohne Rücksicht darauf, ob die weiteren Pfändungen in Form der Anschlusspfändung (§ 307 AO) oder einer Erstpfändung vorgenommen worden sind.

Während bei sukzessiven Pfändungen der Versteige- 3
rungserlös nach dem Rang verteilt wird, ordnet § 308 Abs. 5 AO für den Fall gleichzeitiger Pfändung zugunsten verschiedener Gläubiger eine Verteilung des Erlöses nach dem Verhältnis der Forderungen an. In jedem Fall ist § 308 Abs. 4 AO zu beachten, wonach unter den dort genannten Voraussetzungen Hinterlegung des Versteigerungserlöses beim Amtsgericht vorzunehmen ist, das sodann ein Verteilungsverfahren nach den §§ 873 bis 882 ZPO durchzuführen hat.

**§ 873 ZPO Aufforderung des Verteilungsgerichts**

Das zuständige Amtsgericht (§§ 827, 853, 854) hat nach Eingang der Anzeige über die Sachlage an jeden der beteiligten Gläubiger die Aufforderung zu erlassen, binnen zwei Wochen eine Berechnung der Forderung an Kapital, Zinsen, Kosten und sonstigen Nebenforderungen einzureichen.

**§ 874 ZPO Teilungsplan**

(1) Nach Ablauf der zweiwöchigen Fristen wird von dem Gericht ein Teilungsplan angefertigt.

(2) Der Betrag der Kosten des Verfahrens ist von dem Bestand der Masse vorweg in Abzug zu bringen.

(3) Die Forderung eines Gläubigers, der bis zur Anfertigung des Teilungsplanes der an ihn gerichteten Aufforderung nicht nachgekommen ist, wird nach der Anzeige und deren Unterlagen berechnet. Eine nachträgliche Ergänzung der Forderung findet nicht statt.

**§ 875 ZPO Terminsbestimmung**

(1) Das Gericht hat zur Erklärung über den Teilungsplan sowie zur Ausführung der Verteilung einen Termin zu bestimmen. Der Teilungsplan muss spätestens drei Tage vor dem Termin auf der Geschäftsstelle zur Einsicht der Beteiligten niedergelegt werden.

(2) Die Ladung des Schuldners zu dem Termin ist nicht erforderlich, wenn sie durch Zustellung im Ausland oder durch öffentliche Zustellung erfolgen müsste.

**§ 876 ZPO Termin zur Erklärung und Ausführung**

Wird in dem Termin ein Widerspruch gegen den Plan nicht erhoben, so ist dieser zur Ausführung zu bringen. Erfolgt ein Widerspruch, so hat sich jeder dabei beteiligte Gläubiger sofort zu erklären. Wird der Widerspruch von den Beteiligten als begründet anerkannt oder kommt anderweit eine Einigung zustande, so ist der Plan demgemäß zu berichtigen. Wenn ein Widerspruch sich nicht erledigt, so wird der Plan insoweit ausgeführt, als er durch den Widerspruch nicht betroffen wird.

**§ 877 ZPO Säumnisfolgen**

(1) Gegen einen Gläubiger, der in dem Termin weder erschienen ist noch vor dem Termin bei dem Gericht Widerspruch erhoben hat, wird angenommen, dass er mit der Ausführung des Planes einverstanden sei.

(2) Ist ein in dem Termin nicht erschienener Gläubiger bei dem Widerspruch beteiligt, den ein anderer Gläubiger erhoben hat, so wird angenommen, dass er diesen Widerspruch nicht als begründet anerkenne.

§ 878 ZPO Widerspruchsklage

(1) Der widersprechende Gläubiger muss ohne vorherige Aufforderung binnen einer Frist von einem Monat, die mit dem Terminstag beginnt, dem Gericht nachweisen, dass er gegen die beteiligten Gläubiger Klage erhoben habe. Nach fruchtlosem Ablauf dieser Frist wird die Ausführung des Planes ohne Rücksicht auf den Widerspruch angeordnet.

(2) Die Befugnis des Gläubigers, der dem Plan widersprochen hat, ein besseres Recht gegen den Gläubiger, der einen Geldbetrag nach dem Plan erhalten hat, im Wege der Klage geltend zu machen, wird durch die Versäumung der Frist und durch die Ausführung des Planes nicht ausgeschlossen.

§ 879 ZPO Zuständigkeit für die Widerspruchsklage

(1) Die Klage ist bei dem Verteilungsgericht und, wenn der Streitgegenstand zur Zuständigkeit der Amtsgerichte nicht gehört, bei dem Landgericht zu erheben, in dessen Bezirk das Verteilungsgericht seinen Sitz hat.

(2) Das Landgericht ist für sämtliche Klagen zuständig, wenn seine Zuständigkeit nach dem Inhalt der erhobenen und in dem Termin nicht zur Erledigung gelangten Widersprüche auch nur bei einer Klage begründet ist, sofern nicht die sämtlichen beteiligten Gläubiger vereinbaren, dass das Verteilungsgericht über alle Widersprüche entscheiden solle.

§ 880 ZPO Inhalt des Urteils

In dem Urteil, durch das über einen erhobenen Widerspruch entschieden wird, ist zugleich zu bestimmen, an welche Gläubiger und in welchen Beträgen der streitige Teil der Masse auszuzahlen sei. Wird dies nicht für angemessen erachtet, so ist die Anfertigung eines neuen Planes und ein anderweites Verteilungsverfahren in dem Urteil anzuordnen.

§ 881 ZPO Versäumnisurteil

Das Versäumnisurteil gegen einen widersprechenden Gläubiger ist dahin zu erlassen, dass der Widerspruch als zurückgenommen anzusehen sei.

§ 882 ZPO Verfahren nach dem Urteil

Auf Grund des erlassenen Urteils wird die Auszahlung oder das anderweite Verteilungsverfahren von dem Verteilungsgericht angeordnet.

## III. Vollstreckung in Forderungen und andere Vermögensrechte

## § 309 AO Pfändung einer Geldforderung

**(1) Soll eine Geldforderung gepfändet werden, so hat die Vollstreckungsbehörde dem Drittschuldner schriftlich zu verbieten, an den Vollstreckungsschuldner zu zahlen, und dem Vollstreckungsschuldner schriftlich zu gebieten, sich jeder Verfügung über die Forderung, insbesondere ihrer Einziehung, zu enthalten (Pfändungsverfügung). Die elektronische Form ist ausgeschlossen.**

**(2) Die Pfändung ist bewirkt, wenn die Pfändungsverfügung dem Drittschuldner zugestellt ist. Die an den Drittschuldner zuzustellende Pfändungsverfügung soll den beizutreibenden Geldbetrag nur in einer Summe, ohne Angabe der Steuerarten und der Zeiträume, für die er geschuldet wird, bezeichnen. Die Zustellung ist dem Vollstreckungsschuldner mitzuteilen.**

**(3) [1]Bei Pfändung des Guthabens eines Kontos des Vollstreckungsschuldners bei einem Kreditinstitut gelten die § 833a und 850l der Zivilprozessordnung entsprechend. [2]§ 850l der Zivilprozessordnung gilt mit der Maßgabe, dass Anträge bei dem nach § 828 Abs. 2 der Zivilprozessordnung zuständigen Vollstreckungsgericht zu stellen sind.**

### Inhaltsübersicht



### Schrifttum


Holdorf-Habetha, Vorläufiger Rechtsschutz gegen eine Pfändungs- und Einziehungsverfügung, DStR 1996, 1845; Kempe, Pfändungs- und Einziehungsverfügung der Finanzverwaltung, DStZ 2000, 253; Rolletschke, Die Ermessensfehlerhaftigkeit einer Kontenpfändung, DStZ 2000, 287; Bartone, Forderungspfändung und Übermaßverbot, AO-StB 2002, 397; Fritzsche, Die Pfändbarkeit offener Kreditlinien, DStR 2002, 265; Lemaire, Pfändungsschutz bei der Forderungspfändung, AO-StB 2004, 227; Kranenberg, Lebensversicherungen in der Zwangsvollstreckung, AO-StB 2005, 300.

## A. Bedeutung der Vorschrift

1 Die **§§ 309 bis 321 AO** regeln die Vollstreckung in Forderungen und andere Vermögensrechte. § 309 AO hat allein die Pfändung einer Geldforderung zum Gegenstand. Durch entsprechende Bezugnahme findet § 309 AO allerdings auch Anwendung bei Pfändungen von Herausgabeansprüchen und Leistungen von Sachen (§ 318 Abs. 1 AO) sowie ferner für die Vollstreckung in andere Vermögensrechte (§ 321 Abs. 1 AO).

2 Pfändbar sind Forderungen, die im Zeitpunkt der Bewirkung der Pfändung (§ 309 Abs. 2 Satz 1 AO) bestehen. Unerheblich ist, dass die Forderung bedingt oder befristet ist oder von einer Gegenleistung abhängt. Auch ihre Fälligkeit ist keine Voraussetzung. Die Forderung muss dem Vollstreckungsschuldner jedoch zustehen, mindestens als künftige Forderung. Ist das nicht der Fall ist zwar nicht die Wirksamkeit der Pfändungsverfügung als Verwaltungsakt berührt, die Pfändung geht jedoch »ins Leere« (BFH v. 24.07.1984, VII R 135/83, BStBl II 1984, 740; BFH v. 11.08.1987, VII S 13/87, BFH/NV 1988, 340; BFH v. 19.03.1998, VII B 175/97, BFH/NV 1998, 1447; *Beermann* in HHSp, § 309 AO Rz. 30). Ferner darf kein Pfändungsverbot bestehen (§ 319 AO).

3 S. im Übrigen Abschn. 41 ff. VollstrA.

3a Der erhebliche Anstieg der Kontopfändungen hat den Gesetzgeber veranlasst, durch das **Gesetz zur Reform des Kontopfändungsschutzes** v. 07.07.2009 diesen zu reformieren (BStBl I 2009, 872). Zentrales Element der Reform ist die Einführung eines sog. Pfändungsschutzkontos (§ 850k ZPO), welches im Falle einer Pfändung seine Funktionsfähigkeit als Girokonto beibehalten soll. Nach einer Übergangsfrist vom 01.07.2010 bis zum 31.12.2011 wird seit dem 01.01.2012 Pfändungsschutz für Kontoguthaben nur noch über das Pfändungsschutzkonto gewährt (im Einzelnen s. bei *Ahrens*, Das neue Pfändungsschutzkonto, NJW 2010, 2001; *Ahrens*, Gebühren beim Pfändungsschutzkonto, NJW-Spezial 2011, 85; *Ahrens*, Entgeltklauseln für Pfändungsschutzkonten, NJW 2013, 975). In der AO hatte die Reform Änderungen bei den §§ 309 Abs. 3 (s. Rz. 21), 314 Abs. 4 (dort s. Rz. 4) und 316 Abs. 1 (dort s. Rz. 7) zur Folge.

## B. Tatbestandliche Voraussetzungen

### I. Verhältnismäßigkeit

4 Wie bei jeder Vollstreckungsmaßnahme muss die Vollstreckungsbehörde auch beim Erlass von Pfändungs- und Einziehungsverfügungen nach §§ 309, 314 AO den Grundsatz der **Verhältnismäßigkeit** beachten (BFH v. 24.09.1991, VII R 34/90, BStBl II 1992, 57; BFH v. 11.12.1990, VII B 94/90, BFH/NV 1991, 787; FG Hessen v. 23.10.2013, 1 V 1941/13, juris; s. Vor §§ 249–346 AO Rz. 18).

Eine Pfändungsverfügung ist nicht bereits deswegen unverhältnismäßig, weil das FA nicht zuvor beim Drittschuldner angefragt hat, ob der Vollstreckungsschuldner mit ihm in Geschäftsverbindung stehe und einen pfändbaren Anspruch innehabe. Wohl aber folgt aus dem Verhältnismäßigkeitsgrundsatz, dass die Vollstreckungsbehörde keine von vornherein **aussichtslosen** und **ungeeigneten** Vollstreckungsmaßnahmen ergreifen darf; er verbietet ferner, **»ins Blaue hinein«** Forderungen zu pfänden, ohne dass ein hinreichender Anhalt dafür besteht, dass die Pfändung erfolgreich sein könnte. Im Allgemeinen darf eine Pfändungsverfügung nur ergehen, wenn die Vollstreckungsbehörde aufgrund **allgemeiner Erfahrungssätze** oder aufgrund **konkreter Anhaltspunkte**, z. B. bei dem Vollstreckungsschuldner vorgefundener Dokumente, davon ausgehen kann, dass er Forderungen gegen den Drittschuldner hat (zum Ganzen BFH v. 18.07.2000, VII R 94/98, BFH/NV 2001, 141; BFH v. 18.07.2000, VII B 101/98, BStBl II 2001, 5). 5

**Fehlen andere erfolgversprechende Vollstreckungsmöglichkeiten**, die für den Vollstreckungsschuldner weniger belastend sind, ist es für die Zulässigkeit einer Pfändung andererseits nicht erforderlich, dass feststeht oder überwiegend wahrscheinlich ist, dass gegen den Drittschuldner eine Forderung besteht. Engere Grenzen der Befugnis können bestehen, wenn der Vollstreckungsschuldner nachprüfbar oder zumindest glaubhaft erschöpfende Auskunft über seine Bankverbindungen und seine sonstigen Schuldner gegeben hat (BFH v. 18.07.2000, VII R 94/98, BFH/NV 2001, 141). 6

### II. Inhalt der Pfändungsverfügung

Die Pfändungsverfügung muss die **gepfändete Forderung** nach Gläubiger, Schuldner, Rechtsgrund und Betrag **genau bezeichnen**, sodass der Drittschuldner zweifelsfrei erkennen kann, welche Forderung gepfändet werden soll (§ 119 Abs. 1 AO; BFH v. 18.07.2000, VII R 94/98, BFH/NV 2001, 141; BFH v. 18.07.2000, VII R 101/98, BStBl II 2001, 5). Übermäßige Anforderungen sind allerdings nicht zu stellen, da der Vollstreckungsgläubiger die Verhältnisse des Vollstreckungsschuldners meist nur oberflächlich kennen wird. Kleinere Ungenauigkeiten sind unschädlich (BFH v. 30.09.1997, VII B 67/97, BFH/NV 1998, 421; BFH v. 19.03.1998, VII B 175/97, BFH/NV 1998, 1447; BFH v. 01.04.1999, VII R 82/98, BStBl II 1999, 439). Welche Anforderungen jeweils zu stellen sind, hängt von den Umständen des Einzelfalls ab. Für die Pfändung von Ansprüchen auf Rückgewähr von Steuern ist erforderlich, dass Steuerart und Erstattungsgrund – nicht des Erstattungszeitraums – angegeben werden. Die bloße Bezeichnung als »Steuererstattungsansprüche« ist nicht ausreichend (BFH v. 01.04.1999, VII R 82/98, BStBl II 1999, 439). 7

8 Ferner ist die **beizutreibende Forderung** gem. § 260 AO nach Grund und Betrag zu benennen. Bei Steuern, die für bestimmte Zeiträume erhoben werden, müsste grundsätzlich auch der Zeitraum bezeichnet werden. Eine lediglich summarische Angabe des Steuerbetrages unter Benennung der Steuerart genügt nach § 260 AO nicht (BFH v. 08.02.1983, VII R 93/76, BStBl II 1983, 435). Allerdings **modifiziert § 309 Abs. 2 Satz 2 AO** die Erfordernisse des § 260 AO für die an den Drittschuldner zuzustellende Pfändungsverfügung im Interesse der Wahrung des Steuergeheimnisses und des allgemeinen Datenschutzes. Für den Drittschuldner darf nur der beizutreibende Geldbetrag in einer Summe erkennbar gemacht werden, **ohne Angabe der Steuerarten und der Zeiträume**, für die er geschuldet wird (BFH v. 18.07.2000, VII R 94/98, BFH/NV 2001, 141; BFH v. 18.07.2000, VII R 101/98, BStBl II 2001, 5; BFH v. 11.12.2012, VII R 70/11, BFH/NV 2013, 796). Damit werden für ihn ggf. sonst mögliche Rückschlüsse auf Umsätze, Umsatzentwicklung, Höhe der Löhne, Vermögen, Konfession, Subventionen u. Ä. vermieden (s. § 260 AO Rz. 4).

9 Daneben enthält die Pfändungsverfügung das Verbot an den Drittschuldner (Schuldner der gepfändeten Forderung), an den Vollstreckungsschuldner zu zahlen (**Zahlungsverbot; sog. arrestatorium**, s. Rz. 15) und das Gebot an den Vollstreckungsschuldner (Gläubiger der gepfändeten Forderung), sich jeder Verfügung über die Forderung, insbes. ihrer Einziehung, zu enthalten (**Verfügungsverbot; sog. inhibitorium**, s. Rz. 16).

### III. Form und Verfahren

10 Dem **Drittschuldner** ist die Pfändungsverfügung, die der **Schriftform** bedarf, förmlich **zuzustellen** (§§ 309 Abs. 2 Satz 1, 122 Abs. 5 AO i. V. m. dem VwZG). Die **elektronische Form** gem. § 126a BGB ist durch § 309 Abs. 1 Satz 2 AO ausdrücklich ausgeschlossen.

11 Für den **Vollstreckungsschuldner** sieht § 309 AO kein Zustellungserfordernis vor, sodass ihm die Pfändungsverfügung mit **einfachem Brief** bekannt gegeben werden kann. Regelmäßig erfolgt die Bekanntgabe zusammen mit der nach § 309 Abs. 2 Satz 3 AO erforderlichen Mitteilung des Vollstreckungsschuldners über die Zustellung an den Drittschuldner durch einfachen Brief (BFH v. 13.01.1987, VII R 80/84, BStBl II 1987, 251).

12 Mit der Pfändungsverfügung kann – und wird regelmäßig – die Einziehungsverfügung (§ 314 Abs. 2 AO) und die Aufforderung zur Abgabe der Drittschuldnererklärung verbunden (§ 316 Abs. 2 Satz 1 AO).

### C. Wirkung der Pfändung

Die Pfändungsverfügung wird gem. § 309 Abs. 2 Satz 1 AO allein mit der Zustellung an den Drittschuldner wirksam, und zwar auch dann, wenn eine Mitteilung an den Vollstreckungsschuldner unterbleibt und dieser auch sonst von der Pfändung nichts erfährt (BFH v. 14.11.2006, IX B 186/05, BFH/NV 2007, 388). 13

Die Pfändung bewirkt eine Beschlagnahme der Forderung (**Verstrickung**) und das Entstehen eines **Pfändungspfandrechts**. Beides ergreift die Forderung wie sie zur Zeit der Pfändung besteht, nebst Zinsen und Nebenrechte i. S. des § 401 BGB; zum **Pfändungsumfang bei der Kontenpfändung** s. Rz. 21. Bei der Pfändung **künftiger Forderungen** entsteht das Pfändungspfandrecht nicht bereits mit der Zustellung der Pfändungsverfügung an den Drittschuldner, sondern erst mit der (späteren) Entstehung der Forderung. Das Pfändungspfandrecht als **Sicherung i. S. des § 88 InsO** ist daher erst dann erlangt, wenn die Forderung entsteht. Liegt dieser Zeitpunkt im letzten Monat vor dem Antrag auf Eröffnung des Insolvenzverfahrens, ist die Sicherung nicht insolvenzfest; sie wird mit der Eröffnung des Insolvenzverfahrens unwirksam (BFH v. 12.04.2005, VII R 7/03, BStBl II 2005, 543). Grundsätzlich erstreckt sich die Pfändung auf die gesamte Forderung (**Vollpfändung**); eine Teilpfändung ist nur ausnahmsweise geboten und muss in der Pfändungsverfügung ausdrücklich ausgesprochen werden (BFH v. 18.07.2000, VII R 94/98, BFH/NV 2001, 141; BFH v. 18.07.2000, VII R 101/98, BStBl II 2001, 5). 14

Der **Drittschuldner darf nicht** mehr an den Schuldner leisten; aufrechnen darf er nur nach § 392 BGB. Er ist jedoch berechtigt, gem. § 372 BGB zu hinterlegen. Auf Verlangen des Vollstreckungsschuldners oder Pfändungsgläubigers ist er zu Hinterlegung zugunsten des Vollstreckungsschuldners und des Pfändungsgläubigers gemeinsam verpflichtet (§ 1281 BGB). Eine trotz des Verbots vorgenommene Leistung an den Vollstreckungsschuldner befreit ihn wegen §§ 135, 136 BGB nicht. Neben dem inhibitorium ist das arrestatorium unverzichtbarer Bestandteil der Pfändungsverfügung. § 309 Abs. 1 AO bietet keine rechtliche Grundlage für eine Modifizierung der Pfändungsverfügung, die unter Rangwahrung lediglich das arrestatorium für eine bestimmte oder unbestimmte Zeit suspendiert. Mit der Aufhebung des arrestatoriums wird daher die Pfändung als solche aufgehoben und nicht lediglich beschränkt (BFH v. 16.05.2017, VII R 5/16, BB 2017, 1941). 15

Der **Vollstreckungsschuldner darf nichts** mehr tun, was die Rechtsstellung des Pfändungsgläubigers beeinträchtigt. Er darf also weder die Forderung einziehen, noch aufrechnen, erlassen oder stunden. Auch Abtretung der Forderung ist ihm verwehrt. Dieses Verbot steht nach § 136 BGB einem gesetzlichen Veräußerungsverbot i. S. des § 135 BGB gleich, sodass Verstöße gegenüber 16 dem Pfändungsgläubiger unwirksam sind. Dagegen darf der Vollstreckungsschuldner auf Feststellung der Forderung klagen, sie im Konkurs anmelden, einen Arrest erwirken, durch Kündigung die Fälligkeit herbeiführen, kurz alles, was der Befriedigung des Pfändungspfandgläubigers dienlich ist (BFH v. 10.03.2016, III R 2/15, BStBl II 2016, 508).

17 Ist die Pfändungsverfügung an den Drittschuldner nicht schriftlich erfolgt, die Bezeichnung der gepfändeten Forderung oder das Zahlungsverbot an den Drittschuldner mangelhaft oder die Zustellung an ihn nicht ordnungsgemäß erfolgt, ist die Pfändung unwirksam (s. BGH v. 13.07.2000, IX R 131/99, NJW 2000, 3218). Andere Mängel der Pfändungsverfügung führen nicht zur **Unwirksamkeit**, haben aber ihre **Anfechtbarkeit** zur Folge (s. BFH v. 19.03.1998, VII B 175/97, BFH/NV 1998, 1447 für die fehlende Bekanntgabe des Verfügungsverbots und der Mitteilung gem. § 309 Abs. 2 Satz 3 AO; auch s. § 319 AO Rz. 9). Lediglich rechtswidrig – und nicht nichtig – ist eine Pfändungs- und Einziehungsverfügung auch dann, wenn ihr kein wirksamer Vollstreckungstitel und kein wirksames Leistungsgebot zugrunde liegt (z.B. Steuerbescheid ist nicht wirksam bekannt gegeben; BFH v. 22.10.2002, VII R 56/00, BStBl II 2003, 109).

## D. Rechtsschutz

18 Gegen Mängel der Pfändungsverfügung können sowohl der **Vollstreckungsschuldner** als auch der **Drittschuldner Einspruch** und nachfolgend **Anfechtungsklage** erheben (§ 347 Abs. 1 Nr. 1 AO, § 40 FGO; BFH v. 03.09.1997, VII B 67/97, BFH/NV 1998, 421). So kann der Drittschuldner z.B. geltend machen, die Pfändung sei unwirksam, die gepfändete Forderung sei unpfändbar, bestehe nicht (mehr) oder nicht in der Höhe.

19 Mit der Zahlung der gepfändeten Forderung durch den Drittschuldner ist die gepfändete Forderung eingezogen (§ 314 AO), der Pfandgegenstand verwertet und die Vollstreckung beendet. Eingelegte Rechtsbehelfe werden unzulässig, weil sich die Pfändungsverfügung und die Einziehungsverfügung erledigt haben. Wird die gepfändete Forderung während des Einspruchsverfahrens eingezogen, tritt die **Erledigung** bereits vor Erhebung der Anfechtungsklage ein. In diesem Fall ist unter den Voraussetzungen von § 100 Abs. 1 Satz 4 FGO **Fortsetzungsfeststellungsklage** beim FG möglich (BFH v. 11.04.2001, VII B 304/00, BStBl II 2001, 525).

20 Einstweiliger Rechtsschutz wird durch die **Aussetzung der Vollziehung** der Pfändungsverfügung gewährt (§§ 361 AO, 69 FGO; BFH v. 19.03.1998, VII B 175/97, BFH/NV 1998, 1447).

21 Durch das **Gesetz zur Reform des Kontopfändungsschutzes** (s. Rz. 3a) wurde in § 309 Abs. 3 AO durch Bezugnahme auf § 833a ZPO ein **Schutz vor zwecklosen Pfändungen** implementiert. Allerdings galt § 833a Abs. 2 AO nur für eine Übergangszeit vom 01.07.2010 bis 31.12.2011. Ab dem 01.01.2012 gilt der neue § 850l ZPO, der eine entsprechende Regelung enthält.

**§ 833a ZPO Pfändungsumfang bei Kontoguthaben**

Die Pfändung des Guthabens eines Kontos bei einem Kreditinstitut umfasst das am Tag der Zustellung des Pfändungsbeschlusses bei dem Kreditinstitut bestehende Guthaben sowie die Tagesguthaben der auf die Pfändung folgenden Tage.

**§ 850l ZPO Anordnung der Unpfändbarkeit von Kontoguthaben auf dem Pfändungsschutzkonto**

Auf Antrag des Schuldners kann das Vollstreckungsgericht anordnen, dass das Guthaben auf dem Pfändungsschutzkonto für die Dauer von bis zu zwölf Monaten der Pfändung nicht unterworfen ist, wenn der Schuldner nachweist, dass dem Konto in den letzten sechs Monaten vor Antragstellung ganz überwiegend nur unpfändbare Beträge gutgeschrieben worden sind, und er glaubhaft macht, dass auch innerhalb der nächsten zwölf Monate nur ganz überwiegend nicht pfändbare Beträge zu erwarten sind. Die Anordnung kann versagt werden, wenn überwiegende Belange des Gläubigers entgegenstehen. Sie ist auf Antrag eines Gläubigers aufzuheben, wenn ihre Voraussetzungen nicht mehr vorliegen oder die Anordnung den überwiegenden Belangen dieses Gläubigers entgegensteht.

**§ 828 ZPO Zuständigkeit des Vollstreckungsgerichts**

(1) …

(2) Als Vollstreckungsgericht ist das Amtsgericht, bei dem der Schuldner im Inland seinen allgemeinen Gerichtsstand hat, und sonst das Amtsgericht zuständig, bei dem nach § 23 gegen den Schuldner Klage erhoben werden kann.

# § 310 AO Pfändung einer durch Hypothek gesicherten Forderung

**(1) Zur Pfändung einer Forderung, für die eine Hypothek besteht, ist außer der Pfändungsverfügung die Aushändigung des Hypothekenbriefes an die Vollstreckungsbehörde erforderlich. Die Übergabe gilt als erfolgt, wenn der Vollziehungsbeamte den Brief wegnimmt. Ist die Erteilung des Hypothekenbriefes ausgeschlossen, so muss die Pfändung in das Grundbuch eingetragen werden; die Eintragung erfolgt auf Grund der Pfändungsverfügung auf Ersuchen der Vollstreckungsbehörde.**

**(2) Wird die Pfändungsverfügung vor der Übergabe des Hypothekenbriefes oder der Eintragung der Pfändung dem Drittschuldner zugestellt, so gilt die**

**Pfändung diesem gegenüber mit der Zustellung als bewirkt.**

**(3) Diese Vorschriften gelten nicht, soweit Ansprüche auf die in § 1159 des Bürgerlichen Gesetzbuches bezeichneten Leistungen gepfändet werden. Das gleiche gilt bei einer Sicherungshypothek im Fall des § 1187 des Bürgerlichen Gesetzbuches von der Pfändung der Hauptforderung.**

**Inhaltsübersicht**



## A. Bedeutung der Vorschrift

1 Die Vorschrift **ergänzt** § 309 AO und entspricht inhaltlich § 830 ZPO. S. Abschn. 43 VollstrA.

2 Unter § 310 AO fallen außer **Verkehrshypotheken** i. S. der §§ 1113 ff. BGB, **Sicherungshypotheken** i. S. der §§ 1184 ff. BGB und **Höchstbetragshypotheken** i. S. des § 1190 BGB. Für die Pfändung von Reallasten (§§ 1105 ff. BGB), Grundschulden (§§ 1191 ff. BGB) und Rentenschulden (§§ 1199 ff. BGB) gelten §§ 309, 310 AO entsprechend (s. § 321 Abs. 6 AO).

## B. Tatbestandliche Voraussetzungen

3 § 310 AO gilt nur dann, wenn zum Zeitpunkt der Pfändung der Forderung bereits eine **Hypothek besteht**. Die Forderung wird nach § 309 AO gepfändet, die Sicherung nach § 310 AO. Solange noch keine Hypothek entstanden (z. B.: Eintragung steht noch aus; Briefhypothek noch nicht übergeben) ist, wird allein die Forderung nach § 309 AO gepfändet.

4 Aufgrund der Akzessorietät der Hypothek (§ 1153 Abs. 2 BGB) reicht die bloße Forderungspfändung i. S. des § 309 AO allein nicht aus. Für die **Wirksamkeit der Pfändungsverfügung** ist auch die **Aushändigung des Hypothekenbriefes** an die Vollstreckungsbehörde, bei Buchhypotheken die Eintragung der Pfändung in das Grundbuch erforderlich (§ 310 Abs. 1 AO).

5 Erforderlich ist die Erlangung **unmittelbaren Besitzes** am Hypothekenbrief. Die nur vorübergehende Überlassung des Briefs, die Einräumung mittelbaren Besitzes nach § 930 BGB oder die Abtretung des Herausgabeanspruchs (§§ 870, 931 BGB) sowie die Einräumung des Mitbesitzes nach § 1206 BGB ist nicht ausreichend (*Brockmeyer* in Klein, § 310 AO Rz. 4).

6 Der Vollziehungsbeamte ist berechtigt, den Brief wegzunehmen (§ 310 Abs. 1 Satz 2 AO). In diesem Fall gilt die **Übergabe mit der Wegnahme** als erfolgt. Aufgrund dieser eigenen Wegnahmebefugnis bedarf es keines Rückgriffs auf die Zwangsmittel bei der Forderungseinziehung (§ 315 Abs. 2 AO; *Loose* in Tipke/Kruse, § 310 AO Rz. 14). Findet der Vollziehungsbeamte den Hypothekenbrief nicht vor, kann die Vollstreckungsbehörde eine eidesstattliche Versicherung über den Verbleib des Briefes verlangen (§ 315 Abs. 3 AO).

Befindet sich der **Brief in Händen eines Dritten**, kann 7
die Vollstreckungsbehörde gemäß § 315 Abs. 4 AO den Herausgabeanspruch ohne gesonderten Pfändungs- und Überweisungsbeschluss unmittelbar gegen den Dritten geltend machen (s. § 315 AO Rz. 6).

Wird die Pfändungsverfügung dem **Drittschuldner** 8
schon vorher zugestellt, gilt die Pfändung ihm gegenüber mit der Zustellung als bewirkt (§ 310 Abs. 2 AO). Drittschuldner ist sowohl der persönliche Schuldner des Vollstreckungsschuldners als auch der Eigentümer des belasteten Grundstücks.

Die Vorschriften gelten nicht, soweit Ansprüche auf 9
**rückständige Nebenleistungen** i. S. des § 1159 BGB oder durch Sicherungshypotheken gesicherte Forderung i. S. des § 1187 BGB gepfändet werden (§ 310 Abs. 3 AO). Für die Pfändung der Nebenleistungen gilt allein § 309 AO.

**§ 1159 BGB Rückständige Nebenleistungen**

(1) Soweit die Forderung auf Rückstände von Zinsen oder anderen Nebenleistungen gerichtet ist, bestimmt sich die Übertragung sowie das Rechtsverhältnis zwischen dem Eigentümer und dem neuen Gläubiger nach den für die Übertragung von Forderungen geltenden allgemeinen Vorschriften. Das Gleiche gilt für den Anspruch auf Erstattung von Kosten, für die das Grundstück nach § 1118 haftet.

(2) Die Vorschrift des § 892 findet auf die im Absatz 1 bezeichneten Ansprüche keine Anwendung.

**§ 1187 BGB Sicherungshypothek für Inhaber- und Orderpapiere**

Für die Forderung aus einer Schuldverschreibung auf den Inhaber, aus einem Wechsel oder aus einem anderen Papier, das durch Indossament übertragen werden kann, kann nur eine Sicherungshypothek bestellt werden. Die Hypothek gilt als Sicherungshypothek, auch wenn sie im Grundbuch nicht als solche bezeichnet ist. Die Vorschrift des § 1154 Abs. 3 findet keine Anwendung. Ein Anspruch auf Löschung der Hypothek nach den §§ 1179a, 1179b besteht nicht.

# § 311 AO
# Pfändung einer durch Schiffshypothek oder Registerpfandrecht an einem Luftfahrzeug gesicherten Forderung

**(1) Die Pfändung einer Forderung, für die eine Schiffshypothek besteht, bedarf der Eintragung in das Schiffsregister oder das Schiffsbauregister.**

**(2) Die Pfändung einer Forderung, für die ein Registerpfandrecht an einem Luftfahrzeug besteht, bedarf der Eintragung in das Register für Pfandrechte an Luftfahrzeugen.**

**(3) Die Pfändung nach den Absätzen 1 und 2 wird auf Grund der Pfändungsverfügung auf Ersuchen der Vollstreckungsbehörde eingetragen. § 310 Abs. 2 gilt entsprechend.**

**(4) Die Absätze 1 bis 3 sind nicht anzuwenden, soweit es sich um die Pfändung der Ansprüche auf die in § 53 des Gesetzes über Rechte an eingetragenen Schiffen und Schiffsbauwerken und auf die in § 53 des Gesetzes über Rechte an Luftfahrzeugen bezeichneten Leistungen handelt. Das gleiche gilt, wenn bei einer Schiffshypothek für eine Forderung aus einer Schuldverschreibung auf den Inhaber, aus einem Wechsel oder aus einem anderen durch Indossament übertragbaren Papier die Hauptforderung gepfändet ist.**

**(5) Für die Pfändung von Forderungen, für die ein Recht an einem ausländischen Luftfahrzeug besteht, gilt § 106 Abs. 1 Nr. 3 und Abs. 5 des Gesetzes über Rechte an Luftfahrzeugen.**

1 Im Hinblick auf Pfändung einer **Schiffshypothek** entspricht die Vorschrift inhaltlich § 830a ZPO und entspricht der einer Buchhypothek.

2 Hinsichtlich der Pfändung einer durch **Registerpfandrecht an einem Luftfahrzeug** gesicherten Forderung entspricht § 311 Abs. 2 AO inhaltlich § 99 Abs. 1 LuftFzgG (s. § 306 AO Rz. 1 ff.).

## § 312 AO Pfändung einer Forderung aus indossablen Papieren

**Forderungen aus Wechseln und anderen Papieren, die durch Indossament übertragen werden können, werden dadurch gepfändet, dass der Vollziehungsbeamte die Papiere in Besitz nimmt.**

1 Die Vorschrift entspricht inhaltlich § 831 ZPO.

2 Unter die Vorschrift fallen nur solche indossablen Papiere, die Forderungsrechte verbriefen (also nicht Namensaktien; für diese gilt § 302 AO), insbes. somit **Wechsel** und **Schecks** jeder Art. Ein Papier ist indossabel, wenn die zugrunde liegende Forderung durch Indossament übertragen werden kann.

3 Die Forderungspfändung erfolgt in diesen Fällen nicht durch Pfändungsverfügung nach § 309 AO, sondern dadurch, dass der Vollziehungsbeamte die Papiere in Besitz nimmt. Sie dürfen nicht im Besitz des Schuldners belassen werden (§ 286 Abs. 2 Satz 1 AO).

## § 313 AO Pfändung fortlaufender Bezüge

**(1) Das Pfandrecht, das durch die Pfändung einer Gehaltsforderung oder einer ähnlichen in fortlaufenden Bezügen bestehenden Forderung erworben wird, erstreckt sich auch auf die Beträge, die später fällig werden.**

**(2) Die Pfändung eines Diensteinkommens trifft auch das Einkommen, das der Vollstreckungsschuldner bei Versetzung in ein anderes Amt, Übertragung eines neuen Amts oder einer Gehaltserhöhung zu beziehen hat. Dies gilt nicht bei Wechsel des Dienstherrn.**

**(3) Endet das Arbeits- oder Dienstverhältnis und begründen Vollstreckungsschuldner und Drittschuldner innerhalb von neun Monaten ein solches neu, so erstreckt sich die Pfändung auf die Forderung aus dem neuen Arbeits- oder Dienstverhältnis.**

Die Vorschrift entspricht inhaltlich den §§ 832, 833 ZPO. Wegen der Unpfändbarkeit s. § 319 AO. 1

Während in anderen Fällen die Pfändung von Forderungen, die in fortlaufenden Teilbeträgen entstehen, künftige Beträge nur dann erfasst, wenn dies in der Pfändungsverfügung ausdrücklich ausgesprochen ist, erstreckt sich eine Pfändung in den in der Vorschrift genannten Fällen kraft Gesetzes auch auf die künftigen Beträge (§ 313 Abs. 1 AO). 2

Gehaltsforderungen i. S. der Vorschrift sind alle Forderungen, die **fortlaufend** vom Dienstherrn für die aus einem Dienstvertrag geschuldeten Dienste gezahlt werden. Die Bezeichnung der Ansprüche als Gehalt, Besoldung, Lohn, Vergütung, Honorar, Tantieme, o. Ä. spielt dabei keine Rolle. Eine »ähnliche in fortlaufenden Bezügen bestehende Forderung« setzt voraus, dass auch diese »gehaltsähnlich« ist. Zinsen, Mieten oder Zahlungen aus anderen nicht gehaltsähnlichen Dauerschuldverhältnissen fallen nicht unter § 313 AO. 3

Gemäß § 313 Abs. 2 AO betrifft insbes. den Fall, dass der Gehaltsempfänger – ohne den Dienstherrn zu wechseln – eine **Gehaltserhöhung** bezieht. In diesem Fall erstreckt sich die Pfändung auch auf das erhöhte Einkommen. Ist eine juristische Person des öffentlichen Rechts Dienstherr i. S. des § 313 Abs. 2 AO, ist für die Anwendung von § 313 Abs. 2 Satz 2 AO jede öffentlich-rechtliche Körperschaft als selbstständiger Dienstherr anzusehen. 4

## § 314 AO Einziehungsverfügung

**(1) Die Vollstreckungsbehörde ordnet die Einziehung der gepfändeten Forderung an. §309 Abs.2 gilt entsprechend.**

**(2) Die Einziehungsverfügung kann mit der Pfändungsverfügung verbunden werden.**

**(3) Wird die Einziehung eines bei einem Geldinstitut gepfändeten Guthabens eines Vollstreckungsschuldners, der eine natürliche Person ist, angeordnet, so gilt §835 Abs.3 Satz 2 und Abs.4 der Zivilprozessordnung entsprechend.**

**(4) Wird die Einziehung einer gepfändeten nicht wiederkehrenden zahlbaren Vergütung eines Vollstreckungsschuldners, der eine natürliche Person ist, für persönlich geleistete Arbeiten oder Dienste oder sonstige Einkünfte, die kein Arbeitslohn sind, angeordnet, so gilt §835 Abs.5 der Zivilprozessordnung entsprechend.**

1 Die Einziehung ist das **Mittel der Befriedigung** aus der nach § 309 AO beschlagnahmten Forderung. Wegen der Möglichkeit anderweitiger Verwertung der gepfändeten Forderung s. § 317 AO. Zur Wirkung der Einziehungsverfügung s. § 315 AO. S. auch Abschn. 41 Abs. 5 bis 8 VollstrA.

2 Die Einziehung erfolgt durch ausdrückliche Anordnung (sog. **Einziehungsverfügung**). Sie wird – entsprechend § 309 Abs. 2 Satz 1 AO – durch Zustellung an den Drittschuldner wirksam. Entsprechend § 309 Abs. 2 Satz 3 AO ist die Zustellung der Einziehungsverfügung an den Drittschuldner dem Vollstreckungsschuldner mitzuteilen (einfacher Brief). In der Regel wird von der durch § 314 Abs. 2 AO eröffneten Möglichkeit Gebrauch gemacht und die Einziehungsverfügung mit der Pfändungsverfügung verbunden (sog. Pfändungs- und Einziehungsverfügung).

3 Die Anordnung der Einziehung tritt an die Stelle der bei der Forderungspfändung nach der ZPO stattfindenden Überweisung zur Einziehung gem. § 835 ZPO. Die dort daneben vorgesehene Überweisung an Zahlung Statt findet in § 314 AO keine Parallele. Entsprechend § 835 Abs. 3 Satz 2 ZPO darf bei Anordnung der Einziehung eines bei einem Geldinstitut gepfändeten Guthabens einer natürlichen Person erst vier Wochen nach der Bekanntgabe der Einziehungsverfügung an den Drittschuldner aus dem Guthaben an den Gläubiger geleistet oder der Betrag hinterlegt werden. Für die Pfändung künftigen Guthabens auf einem Pfändungsschutzkonto gilt § 835 Abs. 4 ZPO entsprechend (§ 314 Abs. 3 AO; s. § 309 AO Rz. 3a).

§ 835 Abs. 3 Satz 2 ZPO

Wird ein bei einem Kreditinstitut gepfändetes Guthaben eines Schuldners, der eine natürliche Person ist, dem Gläubiger überwiesen, so darf erst vier Wochen nach der Zustellung des Überweisungsbeschlusses an den Drittschuldner aus dem Guthaben an den Gläubiger geleistet oder der Betrag hinterlegt werden; ist künftiges Guthaben gepfändet worden, ordnet das Vollstreckungsgericht auf Antrag zusätzlich an, dass erst vier Wochen nach der Gutschrift von eingehenden Zahlungen an den Gläubiger geleistet oder der Betrag hinterlegt werden darf.

§ 835 Abs. 4 ZPO

Wird künftiges Guthaben auf einem Pfändungsschutzkonto im Sinne von § 850k Absatz 7 gepfändet und dem Gläubiger überwiesen, darf der Drittschuldner erst nach Ablauf des nächsten auf die jeweilige Gutschrift von eingehenden Zahlungen folgenden Kalendermonats an den Gläubiger leisten oder den Betrag hinterlegen. Das Vollstreckungsgericht kann auf Antrag des Gläubigers eine abweichende Anordnung treffen, wenn die Regelung des Satzes 1 unter voller Würdigung des Schutzbedürfnisses des Schuldners für den Gläubiger eine unzumutbare Härte verursacht.

Durch das Gesetz zur **Reform des Kontopfändungsschutzes** (s. § 309 AO Rz. 3a) ist nach der **Verlängerung des Moratoriums** in § 835 Abs. 3 Satz 2 ZPO von bisher zwei auf nunmehr vier Wochen auch Abs. 4 neu in die AO aufgenommen worden, der seinerseits auf § 835 Abs. 5 ZPO Bezug nimmt: 4

**§ 835 Abs. 5 ZPO**

Wenn nicht wiederkehrend zahlbare Vergütungen eines Schuldners, der eine natürliche Person ist, für persönlich geleistete Arbeiten oder Dienste oder sonstige Einkünfte, die kein Arbeitseinkommen sind, dem Gläubiger überwiesen werden, so darf der Drittschuldner erst vier Wochen nach der Zustellung des Überweisungsbeschlusses an den Gläubiger leisten oder den Betrag hinterlegen

Einspruchsbefugt ist sowohl der Vollstreckungsschuldner als auch der Drittschuldner (s. § 309 AO Rz. 18 ff.). 5

## § 315 AO Wirkung der Einziehungsverfügung

**(1) Die Einziehungsverfügung ersetzt die förmlichen Erklärungen des Vollstreckungsschuldners, von denen nach bürgerlichem Recht die Berechtigung zur Einziehung abhängt. Sie genügt auch bei einer Forderung, für die eine Hypothek, Schiffshypothek oder ein Registerpfandrecht an einem Luftfahrzeug besteht. Zugunsten des Drittschuldners gilt eine zu Unrecht ergangene Einziehungsverfügung dem Vollstreckungsschuldner gegenüber solange als rechtmäßig, bis sie aufgehoben ist und der Drittschuldner hiervon erfährt.**

**(2) Der Vollstreckungsschuldner ist verpflichtet, die zur Geltendmachung der Forderung nötige Auskunft zu erteilen und die über die Forderung vorhandenen Urkunden herauszugeben. Erteilt der Vollstreckungsschuldner die Auskunft nicht, ist er auf Verlangen der Vollstreckungsbehörde verpflichtet, sie zu Protokoll zu geben und seine Angaben an Eides statt zu versichern. Die Vollstreckungsbehörde kann die eidesstattliche Versicherung der Lage der Sache entsprechend ändern. § 284 Abs. 5, 6 und 8 gilt sinngemäß. Die Vollstreckungsbehörde kann die Urkunden durch den Vollziehungsbeamten wegnehmen lassen oder ihre Herausgabe nach den §§ 328 bis 335 erzwingen.**

**(3) Werden die Urkunden nicht vorgefunden, so hat der Vollstreckungsschuldner auf Verlangen der Vollstreckungsbehörde zu Protokoll an Eides Statt zu versichern, dass er die Urkunden nicht besitze, auch nicht wisse, wo sie sich befinden. Abs. 2 Satz 3 und 4 gilt entsprechend.**

**(4) Hat ein Dritter die Urkunde, so kann die Vollstreckungsbehörde auch den Anspruch des Vollstreckungsschuldners auf Herausgabe geltend machen.**

**Inhaltsübersicht**



## A. Bedeutung der Vorschrift

1 Die Vorschrift entspricht inhaltlich §§ 836, 837 ZPO.

## B. Tatbestandliche Voraussetzungen

2 Die mit der förmlichen Zustellung an den Drittschuldner wirksam werdende Einziehungsverfügung (§ 314 Abs. 1 AO) führt noch nicht zur Befriedigung des Vollstreckungsgläubigers, bewirkt also keinen Vermögensübergang auf ihn, macht ihn aber bei der Geltendmachung der gepfändeten Forderung unabhängig von den hierfür ggf. erforderlichen Erklärungen des Vollstreckungsschuldners. Der Vollstreckungsgläubiger darf nunmehr im eigenen Namen die Forderung kündigen, einziehen, einklagen und mit ihr gegen Ansprüche des Drittschuldners aufrechnen. Der Vollstreckungsgläubiger erlangt eine mit einem **Inkassoberechtigten vergleichbare Stellung**. Insoweit ersetzt die Einziehungsverfügung bei einer durch Hypothek gesicherten Forderung auch die nach § 1154 BGB erforderliche schriftliche Abtretungserklärung (§ 315 Abs. 1 Sätze 1 und 2 AO).

§ 315 Abs. 1 Satz 3 AO dient dem **Schutz des Drittschuldners** (s. § 409 BGB). Der Drittschuldner darf an den Pfändungsgläubiger (Einziehungsberechtigten) leisten, ohne sich der Gefahr aussetzen zu müssen, bei Unwirksamkeit oder Rechtswidrigkeit der Einziehungsverfügung nochmals in Anspruch genommen zu werden. Dies gilt jedoch nur zugunsten des Drittschuldners im Verhältnis zum Vollstreckungsschuldner, so dass eine befreiende Leistung nicht möglich ist, wenn die Einziehungsverfügung eine Forderung betrifft, die tatsächlich nicht dem Vollstreckungsschuldner, sondern einem Dritten zusteht. 3

Die in § 315 Abs. 2 Satz 1 AO normierte **Auskunftspflicht** des Vollstreckungsschuldners und seine **Herausgabepflicht** hinsichtlich der über die Forderung vorhandenen Urkunden entspricht § 402 BGB. Beide Hilfspflichten können nach den §§ 328 bis 335 AO erzwungen werden. Die Urkunden können darüber hinaus durch den Vollziehungsbeamten auf Anordnung der Vollstreckungsbehörde weggenommen werden (§ 315 Abs. 2 Satz 2 AO). 4

Das Verfahren nach § 315 Abs. 3 AO setzt voraus, dass der Vollziehungsbeamte vergeblich versucht hat, die Urkunden zu erlangen. Erklärt der Vollstreckungsschuldner sich außerstande, die Urkunden herauszugeben, muss er die in § 315 Abs. 3 Satz 1 AO aufgeführte **eidesstattliche Versicherung** abgeben, deren Inhalt sich nicht streng am Gesetzeswortlaut orientieren muss, sondern den Bedürfnissen des Einzelfalls angepasst werden kann (§ 315 Abs. 3 Satz 2 AO). 5

§ 315 Abs. 4 AO regelt den Fall, dass ein **Dritter** im Besitz der Urkunde und nicht zur Herausgabe bereit ist. In diesem Falle kann die Vollstreckungsbehörde den dem Vollstreckungsschuldner zustehenden Anspruch auf Herausgabe der Urkunde ohne eine Hilfspfändung unmittelbar geltend machen. Zwangsmaßnahmen nach § 315 Abs. 2 Satz 2 AO sind jedoch nicht zulässig; vielmehr muss erforderlichenfalls der Dritte auf Herausgabe verklagt werden. 6

# § 316 AO
# Erklärungspflicht des Drittschuldners

**(1) Auf Verlangen der Vollstreckungsbehörde hat ihr der Drittschuldner binnen zwei Wochen, von der Zustellung der Pfändungsverfügung an gerechnet, zu erklären:**

1. **ob und inwieweit er die Forderung als begründet anerkenne und bereit sei, zu zahlen,**
2. **ob und welche Ansprüche andere Personen an die Forderung erheben,**
3. **ob und wegen welcher Ansprüche die Forderung bereits für andere Gläubiger gepfändet sei,**

4. **ob innerhalb der letzten zwölf Monate im Hinblick auf das Konto, dessen Guthaben gepfändet worden ist, nach § 850l der Zivilprozessordnung die Unpfändbarkeit des Guthabens angeordnet worden ist, und**
5. **ob es sich bei dem Konto, dessen Guthaben gepfändet worden ist, um ein Pfändungsschutzkonto im Sinne von § 850k Abs. 7 der Zivilprozessordnung handelt.**

**Die Erklärung des Drittschuldners zu Nummer 1 gilt nicht als Schuldanerkenntnis.**

**(2) Die Aufforderung zur Abgabe dieser Erklärung kann in die Pfändungsverfügung aufgenommen werden. Der Drittschuldner haftet der Vollstreckungsbehörde für den Schaden, der aus der Nichterfüllung seiner Verpflichtung entsteht. Er kann zur Abgabe der Erklärung durch ein Zwangsgeld angehalten werden; § 334 ist nicht anzuwenden.**

**(3) Die §§ 841 bis 843 der Zivilprozessordnung sind anzuwenden.**

**Inhaltsübersicht**



**Schrifttum**

MILATZ, Die Erklärungspflicht des Drittschuldners gegenüber der Vollstreckungsbehörde nach § 316 AO, BB 1986, 572; WORING, Die Kostentragung bei Drittschuldnererklärungen, DStZ 1995, 274.

## A. Bedeutung der Vorschrift

1 Die Vorschrift entspricht inhaltlich § 840 Abs. 1, 2 ZPO.

## B. Tatbestandliche Voraussetzungen

2 Die **Drittschuldnererklärung** muss gem. § 316 Abs. 1 Satz 1 AO **binnen zwei Wochen**, von der Zustellung der Pfändungsverfügung an gerechnet, abgegeben werden. Dies kann jedoch nur dann wortgetreu gelten, wenn die Aufforderung zur Abgabe der Erklärung gem. § 316 Abs. 2 Satz 1 AO in die Pfändungsverfügung (§ 309 Abs. 1 AO) aufgenommen wird. Wird die Erklärung erst später verlangt, beginnt die Zweiwochenfrist erst mit der Bekanntgabe der Aufforderung. Die Frist kann gem. § 109 Abs. 1 AO **verlängert** werden.

3 **Inhaltlich** erfordert die Erklärung die **Beantwortung** von fünf Fragen:

Erstens muss der Drittschuldner erklären, ob und inwieweit er die Forderung als begründet anerkennt und bereit ist, zu zahlen (§ 316 Abs. 1 Satz 1 Nr. 1 AO). Insoweit handelt es sich um eine Willenserklärung. § 316 Abs. 1 Satz 2 AO stellt klar, dass die Bejahung dieser Frage nicht als Anerkenntnis i. S. des § 781 BGB oder als sog. deklaratorisches Schuldanerkenntnis zu werten ist. Die bloße Bejahung oder Verneinung der Frage reicht zur Erfüllung der Erklärungspflicht aus.

Der Drittschuldner muss zweitens angeben, ob und welche Ansprüche andere Personen an die Forderung erheben (§ 316 Abs. 1 Satz 1 Nr. 2 AO). Ggf. sind die Ansprüche und die Identität der anderen Personen näher zu bezeichnen. In Frage kommen Abtretung, Verpfändung oder gesetzlicher Übergang der Forderung.

Drittens muss angegeben werden, ob und wegen welcher Ansprüche die Forderung bereits für andere Gläubiger gepfändet ist (§ 316 Abs. 1 Satz 1 Nr. 3 AO). Ggf. liegt eine mehrfache Pfändung i. S. des § 320 AO vor. Auch hier müssen die Ansprüche und die Pfändungsgläubiger bezeichnet werden. 6

Infolge des **Gesetzes zur Reform des Kontopfändungsschutzes** (s. § 309 AO Rz. 3a) ist zusätzlich anzugeben, ob innerhalb der letzten zwölf Monate eine zwecklose Pfändung i. S. des § 850l ZPO vorlag (§ 316 Abs. 1 Satz 1 Nr. 4 AO) und ferner, ob es sich um ein Pfändungsschutzkonto i. S. des § 850k ZPO handelt (§ 316 Abs. 1 Satz 1 Nr. 5 AO; s. § 319 AO Rz. 2). 7

Nach § 316 Abs. 2 Satz 3 AO kann der Drittschuldner zur Abgabe der Erklärung durch ein **Zwangsgeld** (§§ 328 Abs. 1, 329 AO) angehalten werden. Bei Uneinbringlichkeit des Zwangsgelds kann jedoch eine Ersatzzwangshaft (§ 334 AO) nicht angeordnet werden. Die Erzwingbarkeit betrifft alle drei zu beantwortenden Fragen. 8

Wird die Drittschuldnererklärung nicht, unrichtig, unvollständig oder verspätet erteilt, so haftet der Drittschuldner gem. § 316 Abs. 2 Satz 2 AO der Vollstreckungsbehörde (§ 249 Abs. 1 Satz 3 AO) für den Schaden, der aus der Nichterfüllung seiner Verpflichtung entsteht. Die Vollstreckungsbehörde repräsentiert insoweit den Vollstreckungsgläubiger (§ 252 AO). Die **Schadensersatzpflicht** setzt jedoch ein Verschulden des Drittschuldners voraus (s. § 276 BGB; *Milatz*, BB 1986, 572; *Loose* in Tipke/Kruse, § 316 AO Rz. 15). Der Schaden kann beispielsweise in den Kosten eines verlorenen Prozesses oder im Forderungsausfall infolge unterlassener Maßnahmen bestehen. 9

Verneint der Drittschuldner die Frage nach der Anerkennung der Forderung als begründet und somit seine Zahlungsbereitschaft, muss die Vollstreckungsbehörde den Anspruch in dem Verfahren verfolgen, das der Rechtsnatur der gepfändeten Forderung entspricht. Demgemäß ist bei Pfändung privatrechtlicher Ansprüche der **ordentliche Rechtsweg** zu beschreiten. Hierbei ist dem Vollstreckungsschuldner der Streit zu verkünden, sofern 10 nicht eine Zustellung im Ausland oder eine öffentliche Zustellung erforderlich wird (§ 316 Abs. 3 AO i. V. m. § 841 ZPO). Zur **Streitverkündung** s. §§ 72, 73 ZPO; Wirkung: § 74 ZPO. Bei Unterlassung der Streitverkündung kommt Schadensersatz gem. § 249 BGB in Betracht.

**§ 841 ZPO Pflicht zur Streitverkündung**

Der Gläubiger, der die Forderung einklagt, ist verpflichtet, dem Schuldner gerichtlich den Streit zu verkünden, sofern nicht eine Zustellung im Ausland oder eine öffentliche Zustellung erforderlich wird.

1 Die **§§ 842 und 843 ZPO**, die nach § 316 Abs. 3 AO außerdem anzuwenden sind, betreffen zum einen die Haftung des Vollstreckungsgläubigers für den **Schaden**, der **durch verzögerte Beitreibung** der Forderung entstanden ist, hinsichtlich der die Einziehung gem. § 314 Abs. 1 Satz 1 AO angeordnet ist. Das Verzögern muss schuldhaft geschehen (§ 276 BGB). Zum anderen betrifft § 843 ZPO den **Verzicht des Gläubigers** auf die durch Pfändung und Einziehungsverfügung erworbenen Rechte. Die Verzichtsleistung erfolgt durch eine dem Schuldner zuzustellende Erklärung, die auch dem Drittschuldner zugestellt werden muss. Mit der Zustellung an den Schuldner erlöschen Verstrickung und Pfandrecht, ohne dass es einer Aufhebung der Pfändungs- bzw. Einziehungsverfügung bedarf.

**§ 842 ZPO Schadensersatz bei verzögerter Beitreibung**

Der Gläubiger, der die Beitreibung einer ihm zur Einziehung überwiesenen Forderung verzögert, haftet dem Schuldner für den daraus entstehenden Schaden.

**§ 843 ZPO Verzicht des Pfandgläubigers**

Der Gläubiger kann auf die durch Pfändung und Überweisung zur Einziehung erworbenen Rechte unbeschadet seines Anspruchs verzichten. Die Verzichtleistung erfolgt durch eine dem Schuldner zuzustellende Erklärung. Die Erklärung ist auch dem Drittschuldner zuzustellen.

## § 317 AO
## Andere Art der Verwertung

**Ist die gepfändete Forderung bedingt oder betagt oder ihre Einziehung schwierig, so kann die Vollstreckungsbehörde anordnen, dass sie in anderer Weise zu verwerten ist; § 315 Abs. 1 gilt entsprechend. Der Vollstreckungsschuldner ist vorher zu hören, sofern nicht eine Bekanntgabe außerhalb des Geltungsbereiches des Gesetzes oder eine öffentliche Bekanntmachung erforderlich ist.**

1 Die Vorschrift entspricht inhaltlich § 844 ZPO.

2 Die der Vollstreckungsbehörde durch § 317 Satz 1 AO eingeräumte Befugnis (**Ermessen**), eine anderweitige Verwertung einer gepfändeten Forderung anzuordnen (**Verwaltungsakt**), hat zur Voraussetzung, dass die Forderung bedingt (s. § 158 BGB), betagt (erst zu einem späteren Zeitpunkt fällig) oder dass ihre Einziehung schwierig ist. Als anderweitige Verwertung kommt **freihändiger Verkauf** oder **Versteigerung** der Forderung infrage. Auch die anderweitige Verwertung begründet für den Erwerber originären Rechtserwerb; der Erwerb ist dem Zwangsverfahren zuzurechnen, so dass Ansprüche wegen Rechts- oder Sachmängel gemäß § 283 AO ausscheiden.

Nach dem Vorbild des § 844 Abs. 2 ZPO ist der Vollstreckungsschuldner vor der Anordnung einer anderweitigen Verwertung grundsätzlich **anzuhören** (§ 317 Satz 2 AO). Ein Verstoß ist gemäß § 126 Abs. 1 Nr. 3 AO heilbar. 3

Gegen die Anordnung anderweitiger Verwertung kann Einspruch erhoben werden (§ 347 Abs. 1 Nr. 1 AO). Gleiches gilt, wenn die Vollstreckungsbehörde auf Antrag des Vollstreckungsschuldners eine andere Verwertung ablehnt. Wegen des Ermessenscharakters ist die Prüfungsbefugnis des FG generell auf Ermessensfehler beschränkt (§ 102 FGO). 4

## § 318 AO
## Ansprüche auf Herausgabe oder Leistung von Sachen

**(1) Für die Vollstreckung in Ansprüche auf Herausgabe oder Leistung von Sachen gelten außer den §§ 309 bis 317 die nachstehenden Vorschriften.**

**(2) Bei der Pfändung eines Anspruchs, der eine bewegliche Sache betrifft, ordnet die Vollstreckungsbehörde an, dass die Sache an den Vollziehungsbeamten herauszugeben sei. Die Sache wird wie eine gepfändete Sache verwertet.**

**(3) Bei Pfändung eines Anspruchs, der eine unbewegliche Sache betrifft, ordnet die Vollstreckungsbehörde an, dass die Sache an einen Treuhänder herauszugeben sei, den das Amtsgericht der belegenen Sache auf Antrag der Vollstreckungsbehörde bestellt. Ist der Anspruch auf Übertragung des Eigentums gerichtet, so ist dem Treuhänder als Vertreter des Vollstreckungsschuldners aufzulassen. Mit dem Übergang des Eigentums auf den Vollstreckungsschuldner erlangt die Körperschaft, der die Vollstreckungsbehörde angehört, eine Sicherungshypothek für die Forderung. Der Treuhänder hat die Eintragung der Sicherungshypothek zu bewilligen. Die Vollstreckung in die herausgegebene Sache wird nach den Vorschriften über die Vollstreckung in unbewegliche Sachen bewirkt.**

**(4) Absatz 3 gilt entsprechend, wenn der Anspruch ein im Schiffsregister eingetragenes Schiff, ein Schiffsbauwerk oder Schwimmdock, das im Schiffsbauregister eingetragen ist oder in dieses**

Register eingetragen werden kann oder ein Luftfahrzeug betrifft, das in die Luftfahrzeugrolle eingetragen ist oder nach Löschung in der Luftfahrzeugrolle noch in dem Register für Pfandrechte an Luftfahrzeugen eingetragen ist.

(5) Dem Treuhänder ist auf Antrag eine Entschädigung zu gewähren. Die Entschädigung darf die nach der Zwangsverwalterordnung festzusetzende Vergütung nicht übersteigen.

**Inhaltsübersicht**



**Schrifttum**

App, Überblick über die Pfändung von Sachleistungsansprüchen, DStZ 1993, 400.

### A. Bedeutung der Vorschrift

1 Für die Vollstreckung in Ansprüche auf Herausgabe oder Leistung von Sachen gelten zunächst die Vorschriften über die Forderungspfändungen (§ 318 Abs. 1 AO i. V. m. §§ 309 bis 317 AO). Wegen der Nähe derartiger Ansprüche zur Sache selbst, musste der Gesetzgeber einige Besonderheiten aufnehmen (§ 318 Abs. 2 bis 5 AO).

2 Die Vorschrift entspricht inhaltlich §§ 846 bis 848 ZPO. S. Abschn. 42 VollstrA.

### B. Tatbestandliche Voraussetzungen

3 Herausgabeansprüche können **schuldrechtlicher oder dinglicher Natur** sein, schuldrechtlich z.B. Herausgabeansprüche nach Ablauf der Vertragslaufzeit oder Kündigung von Miet- und Pachtverträgen, dinglich z.B. der Herausgabeanspruch des Eigentümers gegen den Besitzer der Sache. Ansprüche auf Leistung von Sachen sind stets schuldrechtlich begründet, z.B. der Verschaffungsanspruch aus einem Kauf- oder Werkvertrag. Die Pfändung hat zur Voraussetzung, dass die **Sache**, die herauszugeben oder zu leisten ist, **selbst pfändbar** ist.

4 Die Vollstreckungsbehörde muss **stufenweise** vorgehen. Zunächst ist der Anspruch auf Herausgabe oder Leistung nach § 309 AO zu pfänden. Dabei ordnet die Vollstreckungsbehörde die Herausgabe der (beweglichen) Sache an den Vollziehungsbeamten an; ferner ist gem. § 314 AO die Einziehung des gepfändeten Anspruchs anzuordnen. Mit der Herausgabe der Sache an den Vollziehungsbeamten entsteht aus dem Pfandrecht und der Pfandverstrickung des Anspruchs das **Pfandrecht** und die **Pfandverstrickung** der beweglichen Sache. Diese wird sodann wie eine gepfändete Sache verwertet (§ 318 Abs. 2 Satz 2 AO i. V. m. §§ 296 ff. AO). Befindet sich die Sache im Besitz eines nicht herausgabebereiten Dritten, muss der ordentliche Rechtsweg beschritten werden.

§§ 318 Abs. 3 bis 5 AO regeln die Vollstreckung in Herausgabeansprüche **unbeweglicher Sachen**, insbes. Grundstücke, aber auch für registerrechtlich erfasste Schiffe und Luftfahrzeuge. **Zweck** von § 318 Abs. 3 AO ist die **Rangsicherung** des Vollstreckungsgläubigers für die Zwangsvollstreckung in das Grundstück, die gem. § 322 AO dem Amtsgericht obliegt. Wird ein Anspruch auf Übertragung des Eigentums an einem Grundstück gepfändet, hat der Drittschuldner die Auflassung an einen vom Amtsgericht zu bestellenden Treuhänder als Vertreter des Vollstreckungsschuldners zu erklären. Mit dem Eigentumsübergang auf den Vollstreckungsschuldner erlangt der Vollstreckungsgläubiger (§ 252 AO) für seine Forderung eine **Sicherungshypothek**, deren Eintragung der Treuhänder zu bewilligen hat (§ 318 Abs. 3 Satz 4 AO). Für seine Tätigkeit kann der Treuhänder eine Entschädigung nach Maßgabe von § 318 Abs. 5 AO verlangen. 5

## § 319 AO Unpfändbarkeit von Forderungen

**Beschränkungen und Verbote, die nach §§ 850 bis 852 der Zivilprozessordnung und anderen gesetzlichen Bestimmungen für die Pfändung von Forderungen und Ansprüchen bestehen, gelten sinngemäß.**

**Inhaltsübersicht**



**Schrifttum**

Buciek, Vollstreckung von Steuerforderungen und § 850f ZPO, DB 1988, 882; Strunk, Der Anwendungsbereich des § 319 der Abgabenordnung, BB 1992, 1907; Lemaire, Pfändungsschutz bei der Forderungspfändung, AO-StB 2004, 227.

### A. Bedeutung der Vorschrift

Mit dem Zweck, den Vollstreckungsschuldner zu schützen, erklärt § 319 AO spezielle Schutzvorschriften der ZPO und anderer gesetzlicher Bestimmungen für die Beitreibung von Steuerforderungen für anwendbar. Anderer- 1 seits darf der Fiskus im nicht nach der ZPO über § 319 AO geschützten Bereich die Vollstreckung grundsätzlich wie ein Privatgläubiger betreiben (BFH v. 17.07.2003, VII B 49/03, BFH/NV 2003, 1538).

### B. Tatbestandliche Voraussetzungen

#### I. Beschränkungen und Verbote der ZPO

2 Gemäß § 319 AO gelten die durch §§ 850 bis 852 ZPO bestehenden Vollstreckungsbeschränkungen und -verbote bei der Vollstreckung von Steuerforderungen sinngemäß.

**§ 850 ZPO Pfändungsschutz für Arbeitseinkommen**

(1) Arbeitseinkommen, das in Geld zahlbar ist, kann nur nach Maßgabe der §§ 850a bis 850i gepfändet werden.

(2) Arbeitseinkommen im Sinne dieser Vorschrift sind die Dienst- und Versorgungsbezüge der Beamten, Arbeits- und Dienstlöhne, Ruhegelder und ähnliche nach dem einstweiligen oder dauernden Ausscheiden aus dem Dienst- oder Arbeitsverhältnis gewährte fortlaufende Einkünfte, ferner Hinterbliebenenbezüge sowie sonstige Vergütungen für Dienstleistungen aller Art, die die Erwerbstätigkeit des Schuldners vollständig oder zu einem wesentlichen Teil in Anspruch nehmen.

(3) Arbeitseinkommen sind auch die folgenden Bezüge, soweit sie in Geld zahlbar sind:

a) Bezüge, die ein Arbeitnehmer zum Ausgleich für Wettbewerbsbeschränkungen für die Zeit nach Beendigung seines Dienstverhältnisses beanspruchen kann;

b) Renten, die auf Grund von Versicherungsverträgen gewährt werden, wenn diese Verträge zur Versorgung des Versicherungsnehmers oder seiner unterhaltsberechtigten Angehörigen eingegangen sind.

(4) Die Pfändung des in Geld zahlbaren Arbeitseinkommens erfasst alle Vergütungen, die dem Schuldner aus der Arbeits- oder Dienstleistung zustehen, ohne Rücksicht auf ihre Benennung oder Berechnungsart.

**§ 850a ZPO Unpfändbare Bezüge**

Unpfändbar sind

1. zur Hälfte die für die Leistung von Mehrarbeitsstunden gezahlten Teile des Arbeitseinkommens;
2. die für die Dauer eines Urlaubs über das Arbeitseinkommen hinaus gewährten Bezüge, Zuwendungen aus Anlass eines besonderen Betriebsereignisses und Treugelder, soweit sie den Rahmen des Üblichen nicht übersteigen;
3. Aufwandsentschädigungen, Auslösungsgelder und sonstige soziale Zulagen für auswärtige Beschäftigungen, das Entgelt für selbst gestelltes Arbeitsmaterial, Gefahrenzulagen sowie Schmutz- und Erschwerniszulagen, soweit diese Bezüge den Rahmen des Üblichen nicht übersteigen;
4. Weihnachtsvergütungen bis zum Betrag der Hälfte des monatlichen Arbeitseinkommens, höchstens aber bis zum Betrag von 500 EUR;
5. Geburtsbeihilfen sowie Beihilfen aus Anlass der Eingehung einer Ehe oder Begründung einer Lebenspartnerschaft, sofern die Vollstreckung wegen anderer als der aus Anlass der Geburt, der Eingehung einer Ehe oder der Begründung einer Lebenspartnerschaft entstandenen Ansprüche betrieben wird;
6. Erziehungsgelder, Studienbeihilfen und ähnliche Bezüge;
7. Sterbe- und Gnadenbezüge aus Arbeits- oder Dienstverhältnissen;
8. Blindenzulagen.

**§ 850b ZPO Bedingt pfändbare Bezüge**

(1) Unpfändbar sind ferner

1. Renten, die wegen einer Verletzung des Körpers oder der Gesundheit zu entrichten sind;
2. Unterhaltsrenten, die auf gesetzlicher Vorschrift beruhen, sowie die wegen Entziehung einer solchen Forderung zu entrichtenden Renten;
3. fortlaufende Einkünfte, die ein Schuldner aus Stiftungen oder sonst auf Grund der Fürsorge und Freigebigkeit eines Dritten oder auf Grund eines Altenteils oder Auszugsvertrags bezieht;
4. Bezüge aus Witwen-, Waisen-, Hilfs- und Krankenkassen, die ausschließlich oder zu einem wesentlichen Teil zu Unterstützungszwecken gewährt werden, ferner Ansprüche aus Lebensversicherungen, die nur auf den Todesfall des Versicherungsnehmers abgeschlossen sind, wenn die Versicherungssumme 3 579 EUR nicht übersteigt.

(2) Diese Bezüge können nach den für Arbeitseinkommen geltenden Vorschriften gepfändet werden, wenn die Vollstreckung in das sonstige bewegliche Vermögen des Schuldners zu einer vollständigen Befriedigung des Gläubigers nicht geführt hat oder voraussichtlich nicht führen wird und wenn nach den Umständen des Falles, insbesondere nach der Art des beizutreibenden Anspruchs und der Höhe der Bezüge, die Pfändung der Billigkeit entspricht.

(3) Das Vollstreckungsgericht soll vor seiner Entscheidung die Beteiligten hören.

**§ 850c ZPO Pfändungsgrenzen für Arbeitseinkommen**

[Die unpfändbaren Beträge nach Absatz 1 und Absatz 2 Satz 2 sind zuletzt durch Bekanntmachung zu § 850c der Zivilprozessordnung (Pfändungsfreigrenzenbekanntmachung 2017) vom 28.03.2017 (BGBl I S. 750) geändert worden:]

(1) Arbeitseinkommen ist unpfändbar, wenn es, je nach dem Zeitraum, für den es gezahlt wird, nicht mehr als

1 133,80 Euro monatlich,
260,93 Euro wöchentlich oder
52,19 Euro täglich

beträgt. Gewährt der Schuldner auf Grund einer gesetzlichen Verpflichtung seinem Ehegatten, einem früheren Ehegatten, seinem Lebenspartner, einem früheren Lebenspartner oder einem Verwandten oder nach §§ 1615l, 1615n des Bürgerlichen Gesetzbuchs einem Elternteil Unterhalt, so erhöht sich der Betrag, bis zu dessen Höhe Arbeitseinkommen unpfändbar ist, auf bis zu

2 511,43 Euro monatlich,
577,97 Euro wöchentlich oder
115,59 Euro täglich,

und zwar um

426,71 Euro monatlich,
98,20 Euro wöchentlich oder
19,64 Euro täglich

für die erste Person, der Unterhalt gewährt wird, und um je

237,73 Euro monatlich,
54,71 Euro wöchentlich oder
10,94 Euro täglich

für die zweite bis fünfte Person.

(2) Übersteigt das Arbeitseinkommen den Betrag, bis zu dessen Höhe es je nach der Zahl der Personen, denen der Schuldner Unterhalt gewährt, nach Absatz 1 unpfändbar ist, so ist es hinsichtlich des überschießenden Betrages zu einem Teil unpfändbar, und zwar in Höhe von drei Zehnteln, wenn der Schuldner keiner der in Absatz 1 genannten Personen Unterhalt gewährt, zwei weiteren Zehnteln für die erste Person, der Unterhalt gewährt wird, und je einem weiteren Zehntel für die zweite bis fünfte Person. Der Teil des Arbeitseinkommens, der 3.475,79 EUR monatlich (799,91 EUR wöchentlich, 159,98 EUR täglich) übersteigt, bleibt bei der Berechnung des unpfändbaren Betrages unberücksichtigt.

(2a) Die unpfändbaren Beträge nach Absatz 1 und Absatz 2 Satz 2 ändern sich jeweils zum 1. Juli eines jeden zweiten Jahres, erstmalig zum 1. Juli 2003, entsprechend der im Vergleich zum jeweiligen Vorjahreszeitraum sich ergebenden prozentualen Entwicklung des Grundfreibetrages nach § 32a Abs. 1 Nr. 1 des Einkommensteuergesetzes; der Berechnung ist die am 1. Januar des jeweiligen Jahres geltende Fassung des § 32a Abs. 1 Nr. 1 des Einkommensteuergesetzes zugrunde zu legen. Das Bundesministerium der Justiz gibt die maßgebenden Beträge rechtzeitig im Bundesgesetzblatt bekannt.

(3) Bei der Berechnung des nach Absatz 2 pfändbaren Teils des Arbeitseinkommens ist das Arbeitseinkommen, gegebenenfalls nach Abzug des nach Absatz 2 Satz 2 pfändbaren Betrages, wie aus der Tabelle ersichtlich, die diesem Gesetz als Anlage beigefügt ist, nach unten abzurunden, und zwar bei Auszahlung für Monate auf einen durch 10 EUR, bei Auszahlung für Wochen auf einen durch 2,50 EUR oder bei Auszahlung für Tage auf einen durch 50 Cent teilbaren Betrag. Im Pfändungsbeschluss genügt die Bezugnahme auf die Tabelle.

(4) Hat eine Person, welcher der Schuldner auf Grund gesetzlicher Verpflichtung Unterhalt gewährt, eigene Einkünfte, so kann das Vollstreckungsgericht auf Antrag des Gläubigers nach billigem Ermessen bestimmen, dass diese Person bei der Berechnung des unpfändbaren Teils des Arbeitseinkommens ganz oder teilweise unberücksichtigt bleibt; soll die Person nur teilweise berücksichtigt werden, so ist Absatz 3 Satz 2 nicht anzuwenden.

**§ 850d ZPO Pfändbarkeit bei Unterhaltsansprüchen**

(1) Wegen der Unterhaltsansprüche, die kraft Gesetzes einem Verwandten, dem Ehegatten, einem früheren Ehegatten, dem Lebenspartner, einem früheren Lebenspartner oder nach §§ 1615l, 1615n des Bürgerlichen Gesetzbuchs einem Elternteil zustehen, sind das Arbeitseinkommen und die in § 850a Nr. 1, 2 und 4 genannten Bezüge ohne die in § 850c bezeichneten Beschränkungen pfändbar. Dem Schuldner ist jedoch so viel zu belassen, als er für seinen notwendigen Unterhalt und zur Erfüllung seiner laufenden gesetzlichen Unterhaltspflichten gegenüber den dem Gläubiger vorgehenden Berechtigten oder zur gleichmäßigen Befriedigung der dem Gläubiger gleichstehenden Berechtigten bedarf; von den in § 850a Nr. 1, 2 und 4 genannten Bezügen hat ihm mindestens die Hälfte des nach § 850a unpfändbaren Betrages zu verbleiben. Der dem Schuldner hiernach verbleibende Teil seines Arbeitseinkommens darf den Betrag nicht übersteigen, der ihm nach den Vorschriften des § 850c gegenüber nicht bevorrechtigten Gläubigern zu verbleiben hätte. Für die Pfändung wegen der Rückstände, die länger als ein Jahr vor dem Antrag auf Erlass des Pfändungsbeschlusses fällig geworden sind, gelten die Vorschriften dieses Absatzes insoweit nicht, als nach Lage der Verhältnisse nicht anzunehmen ist, dass der Schuldner sich seiner Zahlungspflicht absichtlich entzogen hat.

(2) Mehrere nach Absatz 1 Berechtigte sind mit ihren Ansprüchen in folgender Reihenfolge zu berücksichtigen, wobei mehrere gleich nahe Berechtigte untereinander gleichen Rang haben:

a) die minderjährigen unverheirateten Kinder, der Ehegatte, ein früherer Ehegatte und ein Elternteil mit seinem Anspruch nach §§ 1615l, 1615n des Bürgerlichen Gesetzbuchs; für das Rangverhältnis des Ehegatten zu einem früheren Ehegatten gilt jedoch § 1582 des Bürgerlichen Gesetzbuchs entsprechend; das Vollstreckungsgericht kann das Rangverhältnis der Berechtigten zueinander auf Antrag des Schuldners oder eines Berechtigten nach billigem Ermessen in anderer Weise festsetzen; das Vollstreckungsgericht hat vor seiner Entscheidung die Beteiligten zu hören;
b) der Lebenspartner und ein früherer Lebenspartner,
c) die übrigen Abkömmlinge, wobei die Kinder den anderen vorgehen;
d) die Verwandten aufsteigender Linie, wobei die näheren Grade den entfernteren vorgehen.

(3) Bei der Vollstreckung wegen der in Absatz 1 bezeichneten Ansprüche sowie wegen der aus Anlass einer

Verletzung des Körpers oder der Gesundheit zu zahlenden Renten kann zugleich mit der Pfändung wegen fälliger Ansprüche auch künftig fällig werdendes Arbeitseinkommen wegen der dann jeweils fällig werdenden Ansprüche gepfändet und überwiesen werden.

**§ 850e ZPO Berechnung des pfändbaren Arbeitseinkommens**

Für die Berechnung des pfändbaren Arbeitseinkommens gilt Folgendes:

1. Nicht mitzurechnen sind die nach § 850a der Pfändung entzogenen Bezüge, ferner Beträge, die unmittelbar auf Grund steuerrechtlicher oder sozialrechtlicher Vorschriften zur Erfüllung gesetzlicher Verpflichtungen des Schuldners abzuführen sind. Diesen Beträgen stehen gleich die auf den Auszahlungszeitraum entfallenden Beträge, die der Schuldner
   a) nach den Vorschriften der Sozialversicherungsgesetze zur Weiterversicherung entrichtet oder
   b) an eine Ersatzkasse oder an ein Unternehmen der privaten Krankenversicherung leistet, soweit sie den Rahmen des Üblichen nicht übersteigen.
2. Mehrere Arbeitseinkommen sind auf Antrag vom Vollstreckungsgericht bei der Pfändung zusammenzurechnen. Der unpfändbare Grundbetrag ist in erster Linie dem Arbeitseinkommen zu entnehmen, das die wesentliche Grundlage der Lebenshaltung des Schuldners bildet.

2a. Mit Arbeitseinkommen sind auf Antrag auch Ansprüche auf laufende Geldleistungen nach dem Sozialgesetzbuch zusammenzurechnen, soweit diese der Pfändung unterworfen sind. Der unpfändbare Grundbetrag ist, soweit die Pfändung nicht wegen gesetzlicher Unterhaltsansprüche erfolgt, in erster Linie den laufenden Geldleistungen nach dem Sozialgesetzbuch zu entnehmen. Ansprüche auf Geldleistungen für Kinder dürfen mit Arbeitseinkommen nur zusammengerechnet werden, soweit sie nach § 76 des Einkommensteuergesetzes oder nach § 54 Abs. 5 des Ersten Buches Sozialgesetzbuch gepfändet werden können.

3. Erhält der Schuldner neben seinem in Geld zahlbaren Einkommen auch Naturalleistungen, so sind Geld- und Naturalleistungen zusammenzurechnen. In diesem Fall ist der in Geld zahlbare Betrag insoweit pfändbar, als der nach § 850c unpfändbare Teil des Gesamteinkommens durch den Wert der dem Schuldner verbleibenden Naturalleistungen gedeckt ist.
4. Trifft eine Pfändung, eine Abtretung oder eine sonstige Verfügung wegen eines der in § 850d bezeichneten Ansprüche mit einer Pfändung wegen eines sonstigen Anspruchs zusammen, so sind auf die Unterhaltsansprüche zunächst die gemäß § 850d der Pfändung in erweitertem Umfang unterliegenden Teile des Arbeitseinkommens zu verrechnen. Die Verrechnung nimmt auf Antrag eines Beteiligten das Vollstreckungsgericht vor. Der Drittschuldner kann, solange ihm eine Entscheidung des Vollstreckungsgerichts nicht zugestellt ist, nach dem Inhalt der ihm bekannten Pfändungsbeschlüsse, Abtretungen und sonstigen Verfügungen mit befreiender Wirkung leisten.

**§ 850f ZPO Änderung des unpfändbaren Betrages**

(1) Das Vollstreckungsgericht kann dem Schuldner auf Antrag von dem nach den Bestimmungen der §§ 850c, 850d und 850i pfändbaren Teil seines Arbeitseinkommens einen Teil belassen, wenn

a) der Schuldner nachweist, dass bei Anwendung der Pfändungsfreigrenzen entsprechend der Anlage zu diesem Gesetz (zu § 850c) der notwendige Lebensunterhalt im Sinne des Dritten, Vierten und Elften Kapitels des Zwölften Buches Sozialgesetzbuch oder nach Kapitel 3 Abschnitt 2 des Zweiten Buches Sozialgesetzbuch für sich und für die Personen, denen er Unterhalt zu gewähren hat, nicht gedeckt ist,
b) besondere Bedürfnisse des Schuldners aus persönlichen oder beruflichen Gründen oder
c) der besondere Umfang der gesetzlichen Unterhaltspflichten des Schuldners, insbesondere die Zahl der Unterhaltsberechtigten, dies erfordern

und überwiegende Belange des Gläubigers nicht entgegenstehen.

(2) Wird die Zwangsvollstreckung wegen einer Forderung aus einer vorsätzlich begangenen unerlaubten Handlung betrieben, so kann das Vollstreckungsgericht auf Antrag des Gläubigers den pfändbaren Teil des Arbeitseinkommens ohne Rücksicht auf die in § 850c vorgesehenen Beschränkungen bestimmen; dem Schuldner ist jedoch so viel zu belassen, wie er für seinen notwendigen Unterhalt und zur Erfüllung seiner laufenden gesetzlichen Unterhaltspflichten bedarf.

(3 [Die Beträge haben sich zuletzt infolge der Bekanntmachung zu § 850c der Zivilprozessordnung (Pfändungsfreigrenzenbekanntmachung 2017) vom 28.03.2017 (BGBl I S. 750) geändert] Wird die Zwangsvollstreckung wegen anderer als der in Absatz 2 und in § 850d bezeichneten Forderungen betrieben, so kann das Vollstreckungsgericht in den Fällen, in denen sich das Arbeitseinkommen des Schuldners auf mehr als monatlich 3.435,44 EUR (wöchentlich 781,11 EUR, täglich 151,05 EUR) beläuft, über die Beträge hinaus, die nach § 850c pfändbar wären, auf Antrag des Gläubigers die Pfändbarkeit unter Berücksichtigung der Belange des Gläubigers und des Schuldners nach freiem Ermessen festsetzen. Dem Schuldner ist jedoch mindestens so viel zu belassen, wie sich bei einem Arbeitseinkommen von monatlich 3.435,44 EUR (wöchentlich 781,11 EUR, täglich 151,05 EUR) aus § 850c ergeben würde. Die Beträge

nach den Sätzen 1 und 2 werden entsprechend der in § 850c Abs. 2a getroffenen Regelung jeweils zum 1. Juli eines jeden zweiten Jahres, erstmalig zum 1. Juli 2003, geändert. Das Bundesministerium der Justiz gibt die maßgebenden Beträge rechtzeitig im Bundesgesetzblatt bekannt.

**§ 850g ZPO Änderung der Unpfändbarkeitsvoraussetzungen**

Ändern sich die Voraussetzungen für die Bemessung des unpfändbaren Teils des Arbeitseinkommens, so hat das Vollstreckungsgericht auf Antrag des Schuldners oder des Gläubigers den Pfändungsbeschluss entsprechend zu ändern. Antragsberechtigt ist auch ein Dritter, dem der Schuldner kraft Gesetzes Unterhalt zu gewähren hat. Der Drittschuldner kann nach dem Inhalt des früheren Pfändungsbeschlusses mit befreiender Wirkung leisten, bis ihm der Änderungsbeschluss zugestellt wird.

**§ 850h ZPO Verschleiertes Arbeitseinkommen**

(1) Hat sich der Empfänger der vom Schuldner geleisteten Arbeiten oder Dienste verpflichtet, Leistungen an einen Dritten zu bewirken, die nach Lage der Verhältnisse ganz oder teilweise eine Vergütung für die Leistung des Schuldners darstellen, so kann der Anspruch des Drittberechtigten insoweit auf Grund des Schuldtitels gegen den Schuldner gepfändet werden, wie wenn der Anspruch dem Schuldner zustände. Die Pfändung des Vergütungsanspruchs des Schuldners umfasst ohne Weiteres den Anspruch des Drittberechtigten. Der Pfändungsbeschluss ist dem Drittberechtigten ebenso wie dem Schuldner zuzustellen.

(2) Leistet der Schuldner einem Dritten in einem ständigen Verhältnis Arbeiten oder Dienste, die nach Art und Umfang üblicherweise vergütet werden, unentgeltlich oder gegen eine unverhältnismäßig geringe Vergütung, so gilt im Verhältnis des Gläubigers zu dem Empfänger der Arbeits- und Dienstleistungen eine angemessene Vergütung als geschuldet. Bei der Prüfung, ob diese Voraussetzungen vorliegen, sowie bei der Bemessung der Vergütung ist auf alle Umstände des Einzelfalles, insbesondere die Art der Arbeits- und Dienstleistung, die verwandtschaftlichen oder sonstigen Beziehungen zwischen dem Dienstberechtigten und dem Dienstverpflichteten und die wirtschaftliche Leistungsfähigkeit des Dienstberechtigten Rücksicht zu nehmen.

**§ 850i ZPO Pfändungsschutz bei sonstigen Einkünften**

(1) Werden nicht wiederkehrend zahlbare Vergütungen für persönlich geleistete Arbeiten oder Dienste oder sonstige Einkünfte, die kein Arbeitseinkommen sind, gepfändet, so hat das Gericht dem Schuldner auf Antrag während eines angemessenen Zeitraums so viel zu belassen, als ihm nach freier Schätzung des Gerichts verbleiben würde, wenn sein Einkommen aus laufendem Arbeits- oder Dienstlohn bestünde. Bei der Entscheidung sind die wirtschaftlichen Verhältnisse des Schuldners, insbesondere seine sonstigen Verdienstmöglichkeiten, frei zu würdigen. Der Antrag des Schuldners ist insoweit abzulehnen, als überwiegende Belange des Gläubigers entgegenstehen.

(2) Die Vorschriften des § 27 des Heimarbeitsgesetzes vom 14. März 1951 (BGBl. I S. 191) bleiben unberührt.

(3) Die Bestimmungen der Versicherungs-, Versorgungs- und sonstigen gesetzlichen Vorschriften über die Pfändung von Ansprüchen bestimmter Art bleiben unberührt.

**§ 850k ZPO Pfändungsschutzkonto**

(1) Wird das Guthaben auf dem Pfändungsschutzkonto des Schuldners bei einem Kreditinstitut gepfändet, kann der Schuldner jeweils bis zum Ende des Kalendermonats über Guthaben in Höhe des monatlichen Freibetrages nach § 850c Abs. 1 Satz 1 in Verbindung mit § 850c Abs. 2a verfügen; insoweit wird es nicht von der Pfändung erfasst. Soweit der Schuldner in dem jeweiligen Kalendermonat nicht über Guthaben in Höhe des nach Satz 1 pfändungsfreien Betrages verfügt hat, wird dieses Guthaben in dem folgenden Kalendermonat zusätzlich zu dem nach Satz 1 geschützten Guthaben nicht von der Pfändung erfasst. Die Sätze 1 und 2 gelten entsprechend, wenn das Guthaben auf einem Girokonto des Schuldners gepfändet ist, das vor Ablauf von vier Wochen seit der Zustellung des Überweisungsbeschlusses an den Drittschuldner in ein Pfändungsschutzkonto umgewandelt wird.

(2) Die Pfändung des Guthabens gilt im Übrigen als mit der Maßgabe ausgesprochen, dass in Erhöhung des Freibetrages nach Absatz 1 folgende Beträge nicht von der Pfändung erfasst sind:

1. die pfändungsfreien Beträge nach § 850c Abs. 1 Satz 2 in Verbindung mit § 850c Abs. 2a Satz 1, wenn
   a) der Schuldner einer oder mehreren Personen aufgrund gesetzlicher Verpflichtung Unterhalt gewährt oder
   b) der Schuldner Geldleistungen nach dem Zweiten oder Zwölften Buch Sozialgesetzbuch für mit ihm in einer Gemeinschaft im Sinne des § 7 Abs. 3 des Zweiten Buches Sozialgesetzbuch oder der §§ 19, 20, 39 Satz 1 oder 43 des Zwölften Buches Sozialgesetzbuch lebende Personen, denen er nicht aufgrund gesetzlicher Vorschriften zum Unterhalt verpflichtet ist, entgegennimmt;
2. einmalige Geldleistungen im Sinne des § 54 Abs. 2 des Ersten Buches Sozialgesetzbuch und Geldleistungen zum Ausgleich des durch einen Körper- oder Gesundheitsschaden bedingten Mehraufwandes im Sinne des § 54 Abs. 3 Nr. 3 des Ersten Buches Sozialgesetzbuch;
3. das Kindergeld oder andere Geldleistungen für Kinder, es sei denn, dass wegen einer Unterhaltsforderung eines Kindes, für das die Leistungen gewährt oder bei dem es berücksichtigt wird, gepfändet wird.

Für die Beträge nach Satz 1 gilt Absatz 1 Satz 2 entsprechend.

(3) An die Stelle der nach Absatz 1 und Absatz 2 Satz 1 Nr. 1 pfändungsfreien Beträge tritt der vom Vollstreckungsgericht im Pfändungsbeschluss belassene Betrag, wenn das Guthaben wegen der in § 850d bezeichneten Forderungen gepfändet wird.

(4) Das Vollstreckungsgericht kann auf Antrag einen von den Absätzen 1, 2 Satz 1 Nr. 1 und Absatz 3 abweichenden pfändungsfreien Betrag festsetzen. Die §§ 850a, 850b, 850c, 850d Abs. 1 und 2, die §§ 850e, 850f, 850g und 850i sowie die §§ 851c und 851d dieses Gesetzes sowie § 54 Abs. 2, Abs. 3 Nr. 1, 2 und 3, Abs. 4 und 5 des Ersten Buches Sozialgesetzbuch, § 17 Abs. 1 Satz 2 des Zwölften Buches Sozialgesetzbuch und § 76 des Einkommensteuergesetzes sind entsprechend anzuwenden. Im Übrigen ist das Vollstreckungsgericht befugt, die in § 732 Abs. 2 bezeichneten Anordnungen zu erlassen.

(5) Das Kreditinstitut ist dem Schuldner zur Leistung aus dem nach Absatz 1 und 3 nicht von der Pfändung erfassten Guthaben im Rahmen des vertraglich Vereinbarten verpflichtet. Dies gilt für die nach Absatz 2 nicht von der Pfändung erfassten Beträge nur insoweit, als der Schuldner durch eine Bescheinigung des Arbeitgebers, der Familienkasse, des Sozialleistungsträgers oder einer geeigneten Person oder Stelle im Sinne von § 305 Abs. 1 Nr. 1 der Insolvenzordnung nachweist, dass das Guthaben nicht von der Pfändung erfasst ist. Die Leistung des Kreditinstituts an den Schuldner hat befreiende Wirkung, wenn ihm die Unrichtigkeit einer Bescheinigung nach Satz 2 weder bekannt noch infolge grober Fahrlässigkeit unbekannt ist. Kann der Schuldner den Nachweis nach Satz 2 nicht führen, so hat das Vollstreckungsgericht auf Antrag die Beträge nach Absatz 2 zu bestimmen. Die Sätze 1 bis 4 gelten auch für eine Hinterlegung.

(6) Wird einem Pfändungsschutzkonto eine Geldleistung nach dem Sozialgesetzbuch oder Kindergeld gutgeschrieben, darf das Kreditinstitut die Forderung, die durch die Gutschrift entsteht, für die Dauer von 14 Tagen seit der Gutschrift nur mit solchen Forderungen verrechnen und hiergegen nur mit solchen Forderungen aufrechnen, die ihm als Entgelt für die Kontoführung oder aufgrund von Kontoverfügungen des Berechtigten innerhalb dieses Zeitraums zustehen. Bis zur Höhe des danach verbleibenden Betrages der Gutschrift ist das Kreditinstitut innerhalb von 14 Tagen seit der Gutschrift nicht berechtigt, die Ausführung von Zahlungsvorgängen wegen fehlender Deckung abzulehnen, wenn der Berechtigte nachweist oder dem Kreditinstitut sonst bekannt ist, dass es sich um die Gutschrift einer Geldleistung nach dem Sozialgesetzbuch oder von Kindergeld handelt. Das Entgelt des Kreditinstituts für die Kontoführung kann auch mit Beträgen nach den Absätzen 1 bis 4 verrechnet werden.

(7) In einem der Führung eines Girokontos zugrunde liegenden Vertrag können der Kunde, der eine natürliche Person ist, oder dessen gesetzlicher Vertreter und das Kreditinstitut vereinbaren, dass das Girokonto als Pfändungsschutzkonto geführt wird. Der Kunde kann jederzeit verlangen, dass das Kreditinstitut sein Girokonto als Pfändungsschutzkonto führt. Ist das Guthaben des Girokontos bereits gepfändet worden, so kann der Schuldner die Führung als Pfändungsschutzkonto zum Beginn des vierten auf seine Erklärung folgenden Geschäftstages verlangen.

(8) Jede Person darf nur ein Pfändungsschutzkonto unterhalten. Bei der Abrede hat der Kunde gegenüber dem Kreditinstitut zu versichern, dass er kein weiteres Pfändungsschutzkonto unterhält. Das Kreditinstitut darf Auskunfteien mitteilen, dass es für den Kunden ein Pfändungsschutzkonto führt. Die Auskunfteien dürfen diese Angabe nur verwenden, um Kreditinstituten auf Anfrage zum Zwecke der Überprüfung der Richtigkeit der Versicherung nach Satz 2 Auskunft darüber zu erteilen, ob die betroffene Person ein Pfändungsschutzkonto unterhält. Die Erhebung, Verarbeitung und Nutzung zu einem anderen als dem in Satz 4 genannten Zweck ist auch mit Einwilligung der betroffenen Person unzulässig.

(9) Unterhält ein Schuldner entgegen Absatz 8 Satz 1 mehrere Girokonten als Pfändungsschutzkonten, ordnet das Vollstreckungsgericht auf Antrag eines Gläubigers an, dass nur das von dem Gläubiger in dem Antrag bezeichnete Girokonto dem Schuldner als Pfändungsschutzkonto verbleibt. Der Gläubiger hat die Voraussetzungen nach Satz 1 durch Vorlage entsprechender Erklärungen der Drittschuldner glaubhaft zu machen. Eine Anhörung des Schuldners unterbleibt. Die Entscheidung ist allen Drittschuldnern zuzustellen. Mit der Zustellung der Entscheidung an diejenigen Kreditinstitute, deren Girokonten nicht zum Pfändungsschutzkonto bestimmt sind, entfallen die Wirkungen nach den Absätzen 1 bis 6.

**§ 850l Anordnung der Unpfändbarkeit von Kontoguthaben auf dem Pfändungsschutzkonto**

Auf Antrag des Schuldners kann das Vollstreckungsgericht anordnen, dass das Guthaben auf dem Pfändungsschutzkonto für die Dauer von bis zu zwölf Monaten der Pfändung nicht unterworfen ist, wenn der Schuldner nachweist, dass dem Konto in den letzten sechs Monaten vor Antragstellung ganz überwiegend nur unpfändbare Beiträge gutgeschrieben worden sind, und er glaubhaft macht, dass auch innerhalb der nächsten zwölf Monate nur ganz überwiegend nicht pfändbare Beträge zu erwarten sind. Die Anordnung kann versagt werden, wenn überwiegende Belange des Gläubigers entgegenstehen. Sie ist auf Antrag eines Gläubigers aufzuheben, wenn ihre Voraussetzungen nicht mehr vorliegen oder die Anordnung den überwiegenden Belangen dieses Gläubigers entgegensteht.

**§ 851 ZPO Nicht übertragbare Forderungen**

(1) Eine Forderung ist in Ermangelung besonderer Vorschriften der Pfändung nur insoweit unterworfen, als sie übertragbar ist.

(2) Eine nach § 399 des Bürgerlichen Gesetzbuchs nicht übertragbare Forderung kann insoweit gepfändet und zur Einziehung überwiesen werden, als der geschuldete Gegenstand der Pfändung unterworfen ist.

**§ 851 a ZPO Pfändungsschutz für Landwirte**

(1) Die Pfändung von Forderungen, die einem die Landwirtschaft betreibenden Schuldner aus dem Verkauf von landwirtschaftlichen Erzeugnissen zustehen, ist auf seinen Antrag vom Vollstreckungsgericht insoweit aufzuheben, als die Einkünfte zum Unterhalt des Schuldners, seiner Familie und seiner Arbeitnehmer oder zur Aufrechterhaltung einer geordneten Wirtschaftsführung unentbehrlich sind.

(2) Die Pfändung soll unterbleiben, wenn offenkundig ist, dass die Voraussetzungen für die Aufhebung der Zwangsvollstreckung nach Absatz 1 vorliegen.

**§ 851 b ZPO Pfändungsschutz bei Miet- und Pachtzinsen**

(1) Die Pfändung von Miete und Pacht ist auf Antrag des Schuldners vom Vollstreckungsgericht insoweit aufzuheben, als diese Einkünfte für den Schuldner zur laufenden Unterhaltung des Grundstücks, zur Vornahme notwendiger Instandsetzungsarbeiten und zur Befriedigung von Ansprüchen unentbehrlich sind, die bei einer Zwangsvollstreckung in das Grundstück dem Anspruch des Gläubigers nach § 10 des Gesetzes über die Zwangsversteigerung und die Zwangsverwaltung vorgehen würden. Das Gleiche gilt von der Pfändung von Barmitteln und Guthaben, die aus Miet- oder Pachtzahlungen herrühren und zu den in Satz 1 bezeichneten Zwecken unentbehrlich sind.

(2) Wird der Antrag nicht binnen einer Frist von zwei Wochen gestellt, so ist er ohne sachliche Prüfung zurückzuweisen, wenn das Vollstreckungsgericht der Überzeugung ist, dass der Schuldner den Antrag in der Absicht der Verschleppung oder aus grober Nachlässigkeit nicht früher gestellt hat. Die Frist beginnt mit der Pfändung.

(3) Anordnungen nach Absatz 1 können mehrmals ergehen und, soweit es nach Lage der Verhältnisse geboten ist, auf Antrag aufgehoben oder abgeändert werden.

(4) Vor den in den Absätzen 1 und 3 bezeichneten Entscheidungen ist, soweit dies ohne erhebliche Verzögerung möglich ist, der Gläubiger zu hören. Die für die Entscheidung wesentlichen tatsächlichen Verhältnisse sind glaubhaft zu machen. Die Pfändung soll unterbleiben, wenn offenkundig ist, dass die Voraussetzungen für die Aufhebung der Zwangsvollstreckung nach Absatz 1 vorliegen.

**§ 851 c ZPO Pfändungsschutz bei Altersrenten**

(1) Ansprüche auf Leistungen, die auf Grund von Verträgen gewährt werden, dürfen nur wie Arbeitseinkommen gepfändet werden, wenn

1. die Leistung in regelmäßigen Zeitabständen lebenslang und nicht vor Vollendung des 60. Lebensjahres oder nur bei Eintritt der Berufsunfähigkeit gewährt wird,
2. über die Ansprüche aus dem Vertrag nicht verfügt werden darf,
3. die Bestimmung von Dritten mit Ausnahme von Hinterbliebenen als Berechtigte ausgeschlossen ist und
4. die Zahlung einer Kapitalleistung, ausgenommen eine Zahlung für den Todesfall, nicht vereinbart wurde.

(2) Um dem Schuldner den Aufbau einer angemessenen Alterssicherung zu ermöglichen, kann er unter Berücksichtigung der Entwicklung auf dem Kapitalmarkt, des Sterblichkeitsrisikos und der Höhe der Pfändungsfreigrenze, nach seinem Lebensalter gestaffelt, jährlich einen bestimmten Betrag unpfändbar auf der Grundlage eines in Absatz 1 bezeichneten Vertrags bis zu einer Gesamtsumme von 256 000 EUR ansammeln. Der Schuldner darf vom 18. bis zum vollendeten 29. Lebensjahr 2 000 EUR, vom 30. bis zum vollendeten 39. Lebensjahr 4 000 EUR, vom 40. bis zum vollendeten 47. Lebensjahr 4 500 EUR, vom 48. bis zum vollendeten 53. Lebensjahr 6 000 EUR, vom 54. bis zum vollendeten 59. Lebensjahr 8 000 EUR und vom 60. bis zum vollendeten 67. Lebensjahr 9 000 EUR jährlich ansammeln. Übersteigt der Rückkaufwert der Alterssicherung den unpfändbaren Betrag, sind drei Zehntel des überschießenden Betrags unpfändbar. Satz 3 gilt nicht für den Teil des Rückkaufwerts, der den dreifachen Wert des in Satz 1 genannten Betrags übersteigt.

(3) § 850 e Nr. 2 und 2a gilt entsprechend.

**§ 851 d ZPO Pfändungsschutz bei steuerlich gefördertem Altersvorsorgevermögen**

Monatliche Leistungen in Form einer lebenslangen Rente oder monatlicher Ratenzahlungen im Rahmen eines Auszahlungsplans nach § 1 Abs. 1 Satz 1 Nr. 4 des Altersvorsorgeverträge-Zertifizierungsgesetzes aus steuerlich gefördertem Altersvorsorgevermögen sind wie Arbeitseinkommen pfändbar.

**§ 852 ZPO Beschränkt pfändbare Forderungen**

(1) Der Pflichtteilsanspruch ist der Pfändung nur unterworfen, wenn er durch Vertrag anerkannt oder rechtshängig geworden ist.

(2) Das Gleiche gilt für den nach § 528 des Bürgerlichen Gesetzbuchs dem Schenker zustehenden Anspruch auf Herausgabe des Geschenkes sowie für den Anspruch eines Ehegatten oder Lebenspartners auf den Ausgleich des Zugewinns.

Die **§§ 850 bis 850h ZPO** befassen sich mit dem Pfändungsschutz für **Arbeitseinkommen** (LSt-Erstattungsanspruch ist kein Arbeitseinkommen i. S. des § 850 ZPO, BFH v. 29.01.2010, VII B 192/09, BFH/NV 2010, 1856). Von besonderer Bedeutung ist dabei § 850c ZPO, der die **Pfändungsfreigrenzen** unter Berücksichtigung von Unterhaltsverpflichtungen regelt. Eine entsprechende Anwendung der Vorschriften auf Einkommen aus Kapitalvermögen, Vermietung und Verpachtung sowie einmalige Verkaufserlöse ist nicht zulässig und verfassungsrechtlich auch nicht geboten (BFH v. 08.10.1998, VII B 2/98, BFH/NV 1999, 443; BFH v. 13.07.1999, VII B 34/99, BFH/NV 2000, 6). Der Anspruch auf Auszahlung des aus dem Arbeitsentgelt gebildeten Eigengeldguthabens eines Strafgefangenen unterliegt nicht den Pfändungsfreigrenzen des § 850c ZPO (BFH v. 16.12.2003, VII R 24/02, BFH/NV 2004, 551).

4 Zum 31.03.2007 ist das »Gesetz zum Pfändungsschutz der Altersvorsorge« in Kraft getreten. Durch Einführung der **§§ 851c und d ZPO** ist der Pfändungsschutz für die Altersvorsorge Selbstständiger verbessert worden. Altersvorsorgeverträge Selbstständiger, insbes. Lebens- und Rentenversicherungen, werden nunmehr genauso geschützt wie die Renten oder Pensionen bei abhängig Beschäftigten (s. OFD Rheinland v. 02.04.2007, S 0535-1001 – St 32, AO-StB 2007, 126).

5 Teilweise haben die in Bezug genommenen Vorschriften eine **Ausweitung** der Vollstreckungsmöglichkeiten zum Inhalt, **§ 850 Abs. 2 ZPO** eine Ausweitung des Begriffs »Arbeitseinkommen« und **§ 850h ZPO** die Einbeziehung »verschleierten Arbeitseinkommens« in das gepfändete Arbeitseinkommen. § 319 AO erstreckt die genannten Vorschriften nach seinem Wortlaut zwar nur auf Beschränkungen und Verbote, §§ 850 Abs. 2, 850h ZPO sind aber dennoch anzuwenden, da beide Vorschriften in einem einheitlichen Regelungszusammenhang mit den Vollstreckungsbeschränkungen und -verboten stehen und nicht isoliert betrachtet werden können (BFH v. 24.10.1996, VII R 113/94, BStBl II 1997, 308; *Beermann* in HHSp, § 319 AO Rz. 80; *Loose* in Tipke/Kruse, § 319 AO Rz. 2).

6 **§ 850f Abs. 2 ZPO**, die eine Vollstreckung ohne Beachtung der Pfändungsfreigrenzen bei der Vollstreckung von Forderungen aus **unerlaubter Handlung (§§ 823 ff. BGB)** erlaubt, ist eine Ausnahme der Vollstreckungsbeschränkung des § 850c ZPO, keine Ausweitung der Vollstreckungsmöglichkeiten. Zuständig für die Frage, ob eine unerlaubte Handlung vorliegt, ist die Vollstreckungsbehörde bzw. im Klageverfahren das FG, nicht etwa die ordentlichen Gerichte. Allein die Tatsache, dass der Vollstreckungsschuldner eine Steuerhinterziehung begangen hat, begründet nicht den Tatbestand einer unerlaubten Handlung, auch nicht aufgrund der nur sinngemäßen Anwendung von § 850f Abs. 2 ZPO über § 319 AO (BFH v. 24.10.1996, VII R 113/94, BStBl II 1997, 308), denn die Steuerhinterziehung führt lediglich zu einem Vermögensschaden (keine Verletzung eines absoluten Rechts i. S. von § 823 Abs. 1 BGB) und § 319 AO hat insoweit den Charakter einer **Rechtsgrundverweisung**. Ferner ist **§ 370 AO** kein Schutzgesetz i. S. von § 823 Abs. 2 BGB. Ggf. kann aber § 826 BGB zur Anwendung kommen.

Durch das **Gesetz zur Reform des Kontopfändungsschutzes** (s. § 309 AO Rz. 3a) hat der Gesetzgeber das **Pfändungsschutzkonto** gem. **§ 850k ZPO** als zentrales Element eingeführt. Die Art der auf dem Pfändungsschutzkonto eingehenden Einkünfte ist unerheblich. Damit greift der Kontopfändungsschutz auch für Selbstständige. 7

Darüber hinaus gleicht der Gesetzgeber den Pfändungsschutz für Einkünfte aus **selbstständiger Erwerbstätigkeit** und für sonstige Einkünfte dem Schutz für Arbeitseinkommen an **(§ 850i ZPO)**. 8

In der Übergangszeit vom 01.07.2010 bis 31.12.2011 blieb der frühere **Kontopfändungsschutz aus § 850k ZPO a. F.** praktisch unverändert in Gestalt des **§ 850l ZPO** bestehen. Zum 01.01.2012 ist § 850l ZPO wieder außer Kraft getreten. In der Zwischenzeit hatte der Schuldner ein Wahlrecht, ob er alternativ zum Pfändungsschutzkonto, § 850l Abs. 4 ZPO, den einfachen Kontopfändungsschutz beanspruchen wollte. 9

Am **01.01.2012** ist der **herkömmliche Kontopfändungsschutz** endgültig **außer Kraft** getreten, sodass Kontopfändungsschutz nunmehr ausschließlich durch das Pfändungsschutzkonto nach § 850k ZPO gewährleistet wird. 10

Hinsichtlich der Pfändungsbeschränkungen bei nicht übertragbaren Forderungen s. **§ 851 ZPO**, bei Pflichtteilsansprüchen s. **§ 852 ZPO**; wegen des Pfändungsschutzes für Landwirte s. **§ 851a ZPO** und bei Miet- und Pachtzinsen s. **§ 851b ZPO**. 11

**Gebührenforderungen von Rechtsanwälten und Steuerberatern** unterliegen grundsätzlich der Pfändung. Die Einschränkung der Abtretung solcher Forderungen (für Rechtsanwälte: § 49b Abs. 4 BRAO; für Steuerberater: § 64 Abs. 2 StBerG) führt nicht zu einer Unübertragbarkeit i. S. des § 851 Abs. 1 ZPO (BFH v. 01.02.2005, VII B 198/04, BStBl II 2005, 422). 12

## II. Andere gesetzliche Bestimmungen

»Andere gesetzliche Bestimmungen« sind vor allem **§§ 53 f. Sozialgesetzbuch I (SGB I)**, die die Anspruchspfändung von **Sozialleistungen** regeln. In den Anwendungsbereich von § 54 SGB I fallen insbes. Leistungen der gesetzlichen Kranken- und Unfall- und Rentenversicherung, der Ausbildungsförderung, der Arbeitsförderung (Arbeitslosengeld, Arbeitslosenhilfe), das Wohn- und Erziehungsgeld sowie Leistungen der Jugendhilfe. § 54 SGB I unterscheidet zwischen Dienst- und Sachleis- 13 tungen, die generell unpfändbar sind (§ 54 Abs. 1 SGB I), einmaligen Geldleistungsansprüchen, die insoweit pfändbar sind, als dies der Billigkeit entspricht (§ 54 Abs. 2 SGB I) und laufenden Geldleistungsansprüchen, die teils unpfändbar und teils beschränkt pfändbar sind (§ 54 Abs. 3 bis 5 SGB I).

14 Weitere gesetzliche Sonderregelung beinhalten § 76 EStG für die Pfändung des **Kindergeldanspruchs** und § 51 Abs. 4, 5 StVollzG für die Pfändung des Arbeitsentgelts eines Gefangenen (s. BFH v. 16.12.2003, VII R 24/02, BFH/NV 2004, 551).

### C. Rechtsschutz

15 Verstöße gegen Pfändungsbeschränkungen und -verbote berühren die Wirksamkeit der ausgebrachten Pfändung nicht (*Seiler* in Thomas/Putzo, Vorbem. zu § 704 ZPO Rz. 57 ff., § 850 ZPO Rz. 5; *Hartmann* in B/L/A/H, Einf. §§ 850–852 ZPO Rz. 8; *Beermann* in HHSp, § 319 AO Rz. 13; *Loose* in Tipke/Kruse, § 319 AO Rz. 4). Der Vollstreckungsschuldner oder der Drittschuldner müssen mit dem Einspruch und ggf. der Anfechtungsklage ihre Aufhebung erwirken (§ 347 Abs. 1 Nr. 1 AO, § 40 FGO; auch s. § 309 AO Rz. 17 f.). Dem Dritten i. S. von § 850h ZPO steht nur die Drittwiderspruchsklage nach § 262 AO zu.

## § 320 AO
## Mehrfache Pfändung einer Forderung

**(1) Ist eine Forderung durch mehrere Vollstreckungsbehörden oder durch eine Vollstreckungsbehörde und ein Gericht gepfändet, so sind die §§ 853 bis 856 der Zivilprozessordnung und § 99 Abs. 1 Satz 1 des Gesetzes über Rechte an Luftfahrzeugen entsprechend anzuwenden.**

**(2) Fehlt es an einem Amtsgericht, das nach den §§ 853 und 854 der Zivilprozessordnung zuständig wäre, so ist bei dem Amtsgericht zu hinterlegen, in dessen Bezirk die Vollstreckungsbehörde ihren Sitz hat, deren Pfändungsverfügung dem Drittschuldner zuerst zugestellt wurde.**

1 Die Vorschrift regelt das Procedere der Vollstreckung, wenn eine Forderung mehrfach gepfändet worden ist. Sie findet keine Anwendung, wenn die Forderung sowohl gepfändet als auch abgetreten ist.

2 § 320 AO regelt das Problem einer **Mehrfachpfändung** durch sinngemäße Anwendung der **§§ 853 bis 856 ZPO** bzw. § 99 Abs. 1 Satz 1 LuftFzgG.

**§ 853 ZPO Mehrfache Pfändung einer Geldforderung**

Ist eine Geldforderung für mehrere Gläubiger gepfändet, so ist der Drittschuldner berechtigt und auf Verlangen eines Gläubigers, dem die Forderung überwiesen wurde, verpflichtet, unter Anzeige der Sachlage und unter Aushändigung der ihm zugestellten Beschlüsse an das Amtsgericht, dessen Beschluss ihm zuerst zugestellt ist, den Schuldbetrag zu hinterlegen.

**§ 854 ZPO Mehrfache Pfändung eines Anspruchs auf bewegliche Sachen**

(1) Ist ein Anspruch, der eine bewegliche körperliche Sache betrifft, für mehrere Gläubiger gepfändet, so ist der Drittschuldner berechtigt und auf Verlangen eines Gläubigers, dem der Anspruch überwiesen wurde, verpflichtet, die Sache unter Anzeige der Sachlage und unter Aushändigung der ihm zugestellten Beschlüsse dem Gerichtsvollzieher herauszugeben, der nach dem ihm zuerst zugestellten Beschluss zur Empfangnahme der Sache ermächtigt ist. Hat der Gläubiger einen solchen Gerichtsvollzieher nicht bezeichnet, so wird dieser auf Antrag des Drittschuldners von dem Amtsgericht des Ortes ernannt, wo die Sache herauszugeben ist.

(2) Ist der Erlös zur Deckung der Forderungen nicht ausreichend und verlangt der Gläubiger, für den die zweite oder eine spätere Pfändung erfolgt ist, ohne Zustimmung der übrigen beteiligten Gläubiger eine andere Verteilung als nach der Reihenfolge der Pfändungen, so hat der Gerichtsvollzieher die Sachlage unter Hinterlegung des Erlöses dem Amtsgericht anzuzeigen, dessen Beschluss dem Drittschuldner zuerst zugestellt ist. Dieser Anzeige sind die Dokumente beizufügen, die sich auf das Verfahren beziehen.

(3) In gleicher Weise ist zu verfahren, wenn die Pfändung für mehrere Gläubiger gleichzeitig bewirkt ist.

**§ 855 ZPO Mehrfache Pfändung eines Anspruchs auf eine unbewegliche Sache**

Betrifft der Anspruch eine unbewegliche Sache, so ist der Drittschuldner berechtigt und auf Verlangen eines Gläubigers, dem der Anspruch überwiesen wurde, verpflichtet, die Sache unter Anzeige der Sachlage und unter Aushändigung der ihm zugestellten Beschlüsse an den von dem Amtsgericht der belegenen Sache ernannten oder auf seinen Antrag zu ernennenden Sequester herauszugeben.

**§ 855 a ZPO Mehrfache Pfändung eines Anspruchs auf ein Schiff**

(1) Betrifft der Anspruch ein eingetragenes Schiff, so ist der Drittschuldner berechtigt und auf Verlangen eines Gläubigers, dem der Anspruch überwiesen wurde, verpflichtet, das Schiff unter Anzeige der Sachlage und unter Aushändigung der Beschlüsse dem Treuhänder herauszugeben, der in dem ihm zuerst zugestellten Beschluss bestellt ist.

(2) Absatz 1 gilt sinngemäß, wenn der Anspruch ein Schiffsbauwerk betrifft, das im Schiffsbauregister eingetragen ist oder in dieses Register eingetragen werden kann.

§ 856 ZPO Klage bei mehrfacher Pfändung

(1) Jeder Gläubiger, dem der Anspruch überwiesen wurde, ist berechtigt, gegen den Drittschuldner Klage auf Erfüllung der nach den Vorschriften der §§ 853 bis 855 diesem obliegenden Verpflichtungen zu erheben.

(2) Jeder Gläubiger, für den der Anspruch gepfändet ist, kann sich dem Kläger in jeder Lage des Rechtsstreits als Streitgenosse anschließen.

(3) Der Drittschuldner hat bei dem Prozessgericht zu beantragen, dass die Gläubiger, welche die Klage nicht erhoben und dem Kläger sich nicht angeschlossen haben, zum Termin zur mündlichen Verhandlung geladen werden.

(4) Die Entscheidung, die in dem Rechtsstreit über den in der Klage erhobenen Anspruch erlassen wird, ist für und gegen sämtliche Gläubiger wirksam.

(5) Der Drittschuldner kann sich gegenüber einem Gläubiger auf die ihm günstige Entscheidung nicht berufen, wenn der Gläubiger zum Termin zur mündlichen Verhandlung nicht geladen worden ist.

3 § 853 ZPO sieht die **Hinterlegung** des Schuldbetrages durch den Drittschuldner bei dem Amtsgericht vor, dessen Beschluss ihm zuerst zugestellt worden ist; s. jedoch § 320 Abs. 2 AO, wonach bei Erstpfändung durch die Vollstreckungsbehörde bei dem Amtsgericht zu hinterlegen ist, in dessen Bezirk die Vollstreckungsbehörde ihren Sitz hat, die die Erstpfändung vorgenommen hat.

4 Die **§§ 854 bis 855a ZPO** treffen entsprechende Vorkehrungen bei Mehrfachpfändung von Herausgabeansprüchen bezüglich beweglicher und unbeweglicher Sachen bzw. Schiffen, die an den zuerst pfändenden Vollziehungsbeamten bzw. einem vom Amtsgericht zu bestellenden Treuhänder herauszugeben sind (s. § 318 AO).

5 **§ 99 Abs. 1 Satz 1 LuftFzgG** ordnet die sinngemäße Anwendung des § 855a ZPO mit der Maßgabe an, dass an die Stelle des eingetragenen Schiffes das in der Luftfahrzeugrolle eingetragene Luftfahrzeug und an die Stelle der Schiffshypothek das Registerpfandrecht an einem Luftfahrzeug gilt.

6 Gemäß **§ 856 ZPO** ist jeder Gläubiger, dem die Forderung zur Einziehung überwiesen worden ist, berechtigt, gegen den Drittschuldner Klage auf Erfüllung der ihm nach den Vorschriften der §§ 853 bis 855 ZPO obliegenden Verpflichtungen zu erheben. Diese Klagemöglichkeit ist notwendig, wenn der Drittschuldner nicht freiwillig zahlt bzw. die Herausgabe der Sache verweigert.

## § 321 AO
## Vollstreckung in andere Vermögensrechte

**(1) Für die Vollstreckung in andere Vermögensrechte, die nicht Gegenstand der Vollstreckung in das unbewegliche Vermögen sind, gelten die vorstehenden Vorschriften entsprechend.**

**(2) Ist kein Drittschuldner vorhanden, so ist die Pfändung bewirkt, wenn dem Vollstreckungsschuldner das Gebot, sich jeder Verfügung über das Recht zu enthalten, zugestellt ist.**

**(3) Ein unveräußerliches Recht ist, wenn nichts anderes bestimmt ist, insoweit pfändbar, als die Ausübung einem anderen überlassen werden kann.**

**(4) Die Vollstreckungsbehörde kann bei der Vollstreckung in unveräußerliche Rechte, deren Ausübung einem anderen überlassen werden kann, besondere Anordnungen erlassen, insbesondere bei der Vollstreckung in Nutzungsrechte eine Verwaltung anordnen; in diesem Fall wird die Pfändung durch Übergabe der zu benutzenden Sache an den Verwalter bewirkt, sofern sie nicht durch Zustellung der Pfändungsverfügung schon vorher bewirkt ist.**

**(5) Ist die Veräußerung des Rechts zulässig, so kann die Vollstreckungsbehörde die Veräußerung anordnen.**

**(6) Für die Vollstreckung in eine Reallast, eine Grundschuld oder eine Rentenschuld gelten die Vorschriften über die Vollstreckung in eine Forderung, für die eine Hypothek besteht.**

**(7) Die §§ 858 bis 863 der Zivilprozessordnung gelten sinngemäß.**

Die Vorschrift entspricht inhaltlich § 857 ZPO. 1
S. Abschn. 42 Abs. 3 VollstrA.

Betroffen ist die Vollstreckung in **Vermögensrechte**, die 2
nicht Gegenstand der Vollstreckung in das unbewegliche Vermögen (§ 322 AO) sind, ausgenommen bewegliche Sachen (§§ 286 ff. AO), Geldforderungen (§§ 309 bis 317 AO) und Ansprüche auf Herausgabe oder Leistung von Sachen (§ 318 AO). Voraussetzung ist zudem, dass die Vermögensrechte **selbstständige Rechte** sind und nicht nur unselbstständiger Bestandteil anderer Rechte, wie z. B. der Anspruch auf Herausgabe von Urkunden im allgemeinen (§ 315 AO) bzw. des Hypothekenbriefs im Rahmen der Pfändung einer durch Hypothek gesicherten Forderung im besonderen (§ 310 AO).

In Frage kommen insbes. **Anteilsrechte** an Personen- 3
gesellschaften (**GbR, OHG, KG**), an einer **GmbH**, Genossenschaft, an einem Nachlass, am Gesamtgut, an Gemeinschaft nach Bruchteilen (§ 741 BGB, z. B. **Miteigentum** an beweglichen Sachen), ferner Urheber-, Patent- und Verlagsrechte, **beschränkt dingliche Rechte** (z. B. Nießbrauch, Dauerwohnrecht), **Anwartschaftsrechte** (z. B. des Vorbehaltskäufers und Auflassungsempfän-

gers), Ansprüche auf Bestellung und Übertragung von Rechten sowie Bestellung von Sicherheiten.

4 Gemäß § 321 Abs. 1 AO gelten die §§ 309 ff. AO mit der besonderen Maßgabe von § 321 Abs. 2 bis 7 AO. Grundsätzlich ist daher stets die Zustellung der Pfändungsverfügung an den Drittschuldner zur Bewirkung der Pfändung erforderlich (s. § 309 Abs. 2 Satz 1 AO). Nur wenn kein Drittschuldner vorhanden ist, genügt die Zustellung des Gebots, sich jeder Verfügung über das Recht zu enthalten, an den Vollstreckungsschuldner (§ 321 Abs. 2 AO).

5 Die entsprechend anwendbaren §§ 858 bis 863 ZPO betreffen die Vollstreckung in Schiffsparten, Gesellschafts- und Miterbenanteile, das eheliche Gesamtgut und Erbteile bei sog. Beschränkung in guter Absicht (§ 2338 BGB).

**§ 858 ZPO Zwangsvollstreckung in Schiffspart**

(1) Für die Zwangsvollstreckung in die Schiffspart (§§ 489 ff. des Handelsgesetzbuchs) gilt § 857 mit folgenden Abweichungen.

(2) Als Vollstreckungsgericht ist das Amtsgericht zuständig, bei dem das Register für das Schiff geführt wird.

(3) Die Pfändung bedarf der Eintragung in das Schiffsregister; die Eintragung erfolgt aufgrund des Pfändungsbeschlusses. Der Pfändungsbeschluss soll dem Korrespondentreeder zugestellt werden; wird der Beschluss diesem vor der Eintragung zugestellt, so gilt die Pfändung ihm gegenüber mit der Zustellung als bewirkt.

(4) Verwertet wird die gepfändete Schiffspart im Wege der Veräußerung. Dem Antrag auf Anordnung der Veräußerung ist ein Auszug aus dem Schiffsregister beizufügen, der alle das Schiff und die Schiffspart betreffenden Eintragungen enthält; der Auszug darf nicht älter als eine Woche sein.

(5) Ergibt der Auszug aus dem Schiffsregister, dass die Schiffspart mit einem Pfandrecht belastet ist, das einem anderen als dem betreibenden Gläubiger zusteht, so ist die Hinterlegung des Erlöses anzuordnen. Der Erlös wird in diesem Fall nach den Vorschriften der §§ 873 bis 882 verteilt; Forderungen, für die ein Pfandrecht an der Schiffspart eingetragen ist, sind nach dem Inhalt des Schiffsregisters in den Teilungsplan aufzunehmen.

**§ 859 ZPO Pfändung von Gesamthandanteilen**

(1) Der Anteil eines Gesellschafters an dem Gesellschaftsvermögen einer nach § 705 des Bürgerlichen Gesetzbuchs eingegangenen Gesellschaft ist der Pfändung unterworfen. Der Anteil eines Gesellschafters an den einzelnen zu dem Gesellschaftsvermögen gehörenden Gegenständen ist der Pfändung nicht unterworfen.

(2) Die gleichen Vorschriften gelten für den Anteil eines Miterben an dem Nachlass und an den einzelnen Nachlassgegenständen.

**§ 860 ZPO Pfändung von Gesamtgutanteilen**

(1) Bei dem Güterstand der Gütergemeinschaft ist der Anteil eines Ehegatten oder Lebenspartners an dem Gesamtgut und an den einzelnen dazu gehörenden Gegenständen der Pfändung nicht unterworfen. Das Gleiche gilt bei der fortgesetzten Gütergemeinschaft von den Anteilen des überlebenden Ehegatten oder Lebenspartners und der Abkömmlinge.

(2) Nach der Beendigung der Gemeinschaft ist der Anteil an dem Gesamtgut zugunsten der Gläubiger des Anteilsberechtigten der Pfändung unterworfen.

**§§ 861 bis 862 ZPO (weggefallen)**

**§ 863 ZPO Pfändungsbeschränkungen bei Erbschaftsnutzungen**

(1) Ist der Schuldner als Erbe nach § 2338 des Bürgerlichen Gesetzbuchs durch die Einsetzung eines Nacherben beschränkt, so sind die Nutzungen der Erbschaft der Pfändung nicht unterworfen, soweit sie zur Erfüllung der dem Schuldner, seinem Ehegatten, seinem früheren Ehegatten, seinem Lebenspartner, einem früheren Lebenspartner oder seinen Verwandten gegenüber gesetzlich obliegenden Unterhaltspflicht und zur Bestreitung seines standesmäßigen Unterhalts erforderlich sind. Das Gleiche gilt, wenn der Schuldner nach § 2338 des Bürgerlichen Gesetzbuchs durch die Ernennung eines Testamentsvollstreckers beschränkt ist, für seinen Anspruch auf den jährlichen Reinertrag.

(2) Die Pfändung ist unbeschränkt zulässig, wenn der Anspruch eines Nachlassgläubigers oder ein auch dem Nacherben oder dem Testamentsvollstrecker gegenüber wirksames Recht geltend gemacht wird.

(3) Diese Vorschriften gelten entsprechend, wenn der Anteil eines Abkömmlings an dem Gesamtgut der fortgesetzten Gütergemeinschaft nach § 1513 Abs. 2 des Bürgerlichen Gesetzbuchs einer Beschränkung der im Absatz 1 bezeichneten Art unterliegt.

## 4. Unterabschnitt

## Vollstreckung in das bewegliche Vermögen

## § 322 AO Verfahren

**(1) Der Vollstreckung in das unbewegliche Vermögen unterliegen außer den Grundstücken die Berechtigungen, für welche die sich auf Grundstücke beziehenden Vorschriften gelten, die im Schiffsregister eingetragenen Schiffe, die Schiffsbauwerke und Schwimmdocks, die im Schiffsbauregister eingetragen sind oder in dieses Register eingetragen werden können, sowie die Luftfahrzeuge, die in der Luftfahrzeugrolle eingetragen sind oder nach Löschung in der Luftfahrzeugrolle noch in dem Register für Pfandrechte an Luftfahrzeugen eingetragen sind. Auf die Vollstreckung**

**sind die für die gerichtliche Zwangsvollstreckung geltenden Vorschriften, namentlich die §§864 bis 871 der Zivilprozessordnung und das Gesetz über die Zwangsversteigerung und die Zwangsverwaltung anzuwenden. Bei Stundung und Aussetzung der Vollziehung geht eine im Wege der Vollstreckung eingetragene Sicherungshypothek jedoch nur dann nach §868 der Zivilprozessordnung auf den Eigentümer über und erlischt eine Schiffshypothek oder ein Registerpfandrecht an einem Luftfahrzeug jedoch nur dann nach §870a Abs. 3 der Zivilprozessordnung sowie §99 Abs. 1 des Gesetzes über Rechte an Luftfahrzeugen, wenn zugleich die Aufhebung der Vollstreckungsmaßnahme angeordnet wird.**

**(2) Für die Vollstreckung in ausländische Schiffe gilt §171 des Gesetzes über die Zwangsversteigerung und die Zwangsverwaltung, für die Vollstreckung in ausländische Luftfahrzeuge §106 Abs. 1, 2 des Gesetzes über Rechte an Luftfahrzeugen sowie die §§171h bis 171n des Gesetzes über Zwangsversteigerung und die Zwangsverwaltung.**

**(3) Die für die Vollstreckung in das unbewegliche Vermögen erforderlichen Anträge des Gläubigers stellt die Vollstreckungsbehörde. Sie hat hierbei zu bestätigen, dass die gesetzlichen Voraussetzungen für die Vollstreckung vorliegen. Diese Fragen unterliegen nicht der Beurteilung des Vollstreckungsgerichts oder des Grundbuchamts. Anträge auf Eintragung einer Sicherungshypothek, einer Schiffshypothek oder eines Registerpfandrechts an einem Luftfahrzeug sind Ersuchen im Sinne des §38 der Grundbuchordnung und des §45 der Schiffsregisterordnung.**

**(4) Zwangsversteigerung und Zwangsverwaltung soll die Vollstreckungsbehörde nur beantragen, wenn festgestellt ist, dass der Geldbetrag durch Vollstreckung in das bewegliche Vermögen nicht beigetrieben werden kann.**

**(5) Soweit der zu vollstreckende Anspruch gemäß §10 Abs. 1 Nr. 3 des Gesetzes über die Zwangsversteigerung und Zwangsverwaltung den Rechten am Grundstück im Rang vorgeht, kann eine Sicherungshypothek unter der aufschiebenden Bedingung in das Grundbuch eingetragen werden, dass das Vorrecht wegfällt.**

**Inhaltsübersicht**



## A. Bedeutung der Vorschrift

Die AO enthält **keine eigenständige Regelung** der Vollstreckung in das unbewegliche Vermögen. Vielmehr verweist § 322 Abs. 1 AO auf sämtliche für die gerichtliche Zwangsvollstreckung geltenden Vorschriften, namentlich auf **§§ 864 bis 871 ZPO**, das **ZVG** (§ 322 Abs. 1 Satz 2 AO) und auf das **LuftFzgG** (s. § 306 AO Rz. 1). Wegen der Vollstreckung in ausländische Schiffe bzw. ausländische Luftfahrzeuge s. § 322 Abs. 2 AO. 1

**§ 864 ZPO Gegenstand der Immobiliarvollstreckung**

(1) Der Zwangsvollstreckung in das unbewegliche Vermögen unterliegen außer den Grundstücken die Berechtigungen, für welche die sich auf Grundstücke beziehenden Vorschriften gelten, die im Schiffsregister eingetragenen Schiffe und die Schiffsbauwerke, die im Schiffsbauregister eingetragen sind oder in dieses Register eingetragen werden können.

(2) Die Zwangsvollstreckung in den Bruchteil eines Grundstücks, einer Berechtigung der im Absatz 1 bezeichneten Art oder eines Schiffes oder Schiffsbauwerks ist nur zulässig, wenn der Bruchteil in dem Anteil eines Miteigentümers besteht oder wenn sich der Anspruch des Gläubigers auf ein Recht gründet, mit dem der Bruchteil als solcher belastet ist.

**§ 865 ZPO Verhältnis zur Mobiliarvollstreckung**

(1) Die Zwangsvollstreckung in das unbewegliche Vermögen umfasst auch die Gegenstände, auf die sich bei Grundstücken und Berechtigungen die Hypothek, bei Schiffen oder Schiffsbauwerken die Schiffshypothek erstreckt.

(2) Diese Gegenstände können, soweit sie Zubehör sind, nicht gepfändet werden. Im Übrigen unterliegen sie der Zwangsvollstreckung in das bewegliche Vermögen, solange nicht ihre Beschlagnahme im Wege der Zwangsvollstreckung in das unbewegliche Vermögen erfolgt ist.

**§ 866 ZPO Arten der Vollstreckung**

(1) Die Zwangsvollstreckung in ein Grundstück erfolgt durch Eintragung einer Sicherungshypothek für die Forderung, durch Zwangsversteigerung und durch Zwangsverwaltung.

(2) Der Gläubiger kann verlangen, dass eine dieser Maßregeln allein oder neben den übrigen ausgeführt werde.

(3) Eine Sicherungshypothek (Absatz 1) darf nur für einen Betrag von mehr als 750 Euro eingetragen werden; Zinsen bleiben dabei unberücksichtigt, soweit sie als Nebenforderung geltend gemacht sind. Aufgrund mehrerer demselben Gläubiger zustehender Schuldtitel kann eine einheitliche Sicherungshypothek eingetragen werden.

**§ 867 ZPO Zwangshypothek**

(1) Die Sicherungshypothek wird auf Antrag des Gläubigers in das Grundbuch eingetragen; die Eintragung ist

auf dem vollstreckbaren Titel zu vermerken. Mit der Eintragung entsteht die Hypothek. Das Grundstück haftet auch für die dem Schuldner zur Last fallenden Kosten der Eintragung.

(2) Sollen mehrere Grundstücke des Schuldners mit der Hypothek belastet werden, so ist der Betrag der Forderung auf die einzelnen Grundstücke zu verteilen. Die Größe der Teile bestimmt der Gläubiger; für die Teile gilt § 866 Abs. 3 Satz 1 entsprechend.

(3) Zur Befriedigung aus dem Grundstück durch Zwangsversteigerung genügt der vollstreckbare Titel, auf dem die Eintragung vermerkt ist.

**§ 868 ZPO Erwerb der Zwangshypothek durch den Eigentümer**

(1) Wird durch eine vollstreckbare Entscheidung die zu vollstreckende Entscheidung oder ihre vorläufige Vollstreckbarkeit aufgehoben oder die Zwangsvollstreckung für unzulässig erklärt oder deren Einstellung angeordnet, so erwirbt der Eigentümer des Grundstücks die Hypothek.

(2) Das Gleiche gilt, wenn durch eine gerichtliche Entscheidung die einstweilige Einstellung der Vollstreckung und zugleich die Aufhebung der erfolgten Vollstreckungsmaßregeln angeordnet wird oder wenn die zur Abwendung der Vollstreckung nachgelassene Sicherheitsleistung oder Hinterlegung erfolgt.

**§ 869 ZPO Zwangsversteigerung und Zwangsverwaltung**

Die Zwangsversteigerung und die Zwangsverwaltung werden durch ein besonderes Gesetz geregelt.

**§ 870 ZPO Grundstücksgleiche Rechte**

Auf die Zwangsvollstreckung in eine Berechtigung, für welche die sich auf Grundstücke beziehenden Vorschriften gelten, sind die Vorschriften über die Zwangsvollstreckung in Grundstücke entsprechend anzuwenden.

**§ 870a ZPO Zwangsvollstreckung in ein Schiff oder Schiffsbauwerk**

(1) Die Zwangsvollstreckung in ein eingetragenes Schiff oder in ein Schiffsbauwerk, das im Schiffsbauregister eingetragen ist oder in dieses Register eingetragen werden kann, erfolgt durch Eintragung einer Schiffshypothek für die Forderung oder durch Zwangsversteigerung. Die Anordnung einer Zwangsversteigerung eines Seeschiffs ist unzulässig, wenn sich das Schiff auf der Reise befindet und nicht in einem Hafen liegt.

(2) § 866 Abs. 2, 3, § 867 gelten entsprechend.

(3) Wird durch eine vollstreckbare Entscheidung die zu vollstreckende Entscheidung oder ihre vorläufige Vollstreckbarkeit aufgehoben oder die Zwangsvollstreckung für unzulässig erklärt oder deren Einstellung angeordnet, so erlischt die Schiffshypothek; § 57 Abs. 3 des Gesetzes über Rechte an eingetragenen Schiffen und Schiffsbauwerken vom 15. November 1940 (RGBl. I S. 1499) ist anzuwenden. Das Gleiche gilt, wenn durch eine gerichtliche Entscheidung die einstweilige Einstellung der Zwangsvollstreckung und zugleich die Aufhebung der erfolgten Vollstreckungsmaßregeln angeordnet wird oder wenn die zur Abwendung der Vollstreckung nachgelassene Sicherheitsleistung oder Hinterlegung erfolgt.

**§ 871 ZPO Landesrechtlicher Vorbehalt bei Eisenbahnen**

Unberührt bleiben die landesgesetzlichen Vorschriften, nach denen, wenn ein anderer als der Eigentümer einer Eisenbahn oder Kleinbahn den Betrieb der Bahn kraft eigenen Nutzungsrechts ausübt, das Nutzungsrecht und gewisse dem Betriebe gewidmete Gegenstände in Ansehung der Zwangsvollstreckung zum unbeweglichen Vermögen gehören und die Zwangsvollstreckung abweichend von den Vorschriften des Bundesrechts geregelt ist.

Ausführliche Verwaltungsanweisungen enthalten die 2
Abschn. 45 ff. VollstrA. S. auch Abschn. 40 VollzA.

## B. Tatbestandliche Voraussetzungen

Die Vorschriften zur Vollstreckung in das unbewegliche 3
Vermögen gelten für **Grundstücke** (auch Miteigentumsanteile an Grundstücken; Eigentum nach dem WEG) und **grundstücksgleiche Rechte** (z. B. Erbbaurecht), daneben aber auch für im **Schiffsregister** eingetragene Schiffe, Schiffsbauwerke und Schwimmdocks, die im Schiffsbauregister eingetragen sind oder in dieses eingetragen werden können, sowie in der **Luftfahrzeugrolle** eingetragene Luftfahrzeuge.

Die Vollstreckung in das unbewegliche Vermögen des 4
Vollstreckungsschuldners erfolgt nicht durch die Vollstreckungsbehörde, sondern auf deren Antrag durch das **Amtsgericht**. Maßnahmen der Immobiliarvollstreckung sind die **Zwangsversteigerung**, die auf eine Verwertung der Grundstückssubstanz abzielt, die **Zwangsverwaltung**, bei der Befriedigung aus dem Grundstücksertrag gesucht wird und die Eintragung einer **Sicherungshypothek** (Schiffshypothek, Registerpfandrecht an einem Luftfahrzeug), die als Pfandrecht die Rangsicherung für den Fall einer etwaigen Zwangsversteigerung bezweckt.

Gemäß **§ 866 Abs. 2 ZPO** kann der Gläubiger (Vollstre- 5
ckungsbehörde) zwar verlangen, dass eine dieser Maßnahmen allein oder neben den übrigen ausgeführt wird. Gemäß § 322 Abs. 4 AO soll die Vollstreckungsbehörde jedoch Zwangsversteigerung und Zwangsverwaltung (nicht Sicherungshypothek) nur beantragen, wenn festgestellt ist, dass der Geldbetrag durch Vollstreckung in das bewegliche Vermögen nicht beigetrieben werden kann. Andererseits gilt dieser **Primat der Vollstreckung in das bewegliche Vermögen** dann nicht, wenn die Vollstreckung in das unbewegliche Vermögen aufgrund der Bedeutung des beweglichen Vermögens für den Vollstreckungsschuldner eine geringere Eingriffsschwere hat

(BFH v. 27.06.2006, VII R 34/05, BFH/NV 2006, 2024; *Loose* in Tipke/Kruse, § 322 AO Rz. 51).

Die Sicherungshypothek erstreckt sich auf die **Erzeugnisse**, die **Bestandteile** und das **Zubehör** des Grundstücks (§§ 93 ff., 1120 BGB), auf Miet- und Pachtzinsen (§ 1123 BGB), auf mit dem Eigentum am Grundstück verbundene Rechte auf wiederkehrende Leistungen (§ 1126 BGB) und auf Versicherungsforderungen (§ 1127 BGB). Die Schiffshypothek und das Registerpfandrecht umfassen das Schiffs- bzw. Luftfahrzeugzubehör sowie Versicherungsforderungen (§§ 31, 32, 80 SchiffsRG; §§ 31, 32 LuftFzgG).

7 In **Abweichung von §§ 868, 870a Abs. 3 ZPO** und § 99 Abs. 1 LuftFzgG geht bei Stundung und Aussetzung der Vollziehung eine im Wege der Vollstreckung eingetragene Sicherungshypothek nur dann auf den Eigentümer über bzw. erlischt eine Schiffshypothek oder ein Registerpfandrecht an einem Luftfahrzeug nur dann, wenn zugleich die Aufhebung der Vollstreckungsmaßnahmen angeordnet wird (§ 322 Abs. 1 Satz 3 AO; s. § 257 Abs. 2 Satz 3 AO).

8 Den erforderlichen **Vollstreckungsantrag** beim Amtsgericht stellt die Vollstreckungsbehörde (§ 322 Abs. 3 Satz 1 AO). Dabei hat sie den Vollstreckungsschuldner, Art und Umfang der geschuldeten Leistung und die bereits entstandenen Vollstreckungskosten zu bezeichnen. Ferner hat sie zu **bestätigen**, dass die **gesetzlichen Voraussetzungen** für die Vollstreckung vorliegen (§ 322 Abs. 3 Satz 2 AO), z. B. das Vorliegen eines vollstreckbaren Verwaltungsakts i. S. der §§ 249 Abs. 1 Satz 1, 251 Abs. 1 AO, eines Leistungsgebots und das Verstreichen der erforderlichen Wochenfrist (§ 254 AO). Eine Überprüfung dieser Angaben durch das Vollstreckungsgericht oder das Grundbuchamt findet nicht statt (§ 322 Abs. 3 Satz 3 AO). Der Antrag auf Eintragung einer **Sicherungshypothek** kann jedoch nur gestellt werden, wenn der Hauptanspruch 750 Euro übersteigt (**§ 866 Abs. 3 ZPO**).

9 § 322 Abs. 5 AO dient der **Rangsicherung für öffentliche Lasten**, für die eine Sicherungshypothek nicht bestellt werden kann.

## C. Rechtsschutz

10 Gegen den **Antrag der Vollstreckungsbehörde** kann **Einspruch** und ggf. **Anfechtungsklage** erhoben werden (§ 347 Abs. 1 Nr. 1 AO, § 40 FGO), denn zumindest die mit dem Antrag verbundene Bestätigung, dass die gesetzlichen Vollstreckungsvoraussetzungen vorliegen, verleiht dem Antrag die Rechtnatur eines Verwaltungsakts (BFH v. 17.10.1989, VII R 77/88, BStBl II 1990, 44; BFH v. 26.06.1997, VII B 52/97, BFH/NV 1997, 830; BFH v. 15.04.1999, VII B 179/98, BFH/NV 1999, 1471; *Hohrmann* in HHSp, § 322 AO Rz. 45 ff., 52; *Tormöhlen* in Gosch, § 322 AO Rz. 116; a. A. *Loose* in Tipke/Kruse, § 322 AO Rz. 34). Die Zulässigkeit einer Sprungklage kann nicht mit § 45 Abs. 4 FGO begründet werden (BFH v. 15.03.1999, VII B 182/98, BFH/NV 1999, 1229). Vorläufiger Rechtsschutz wird durch **Aussetzung der Vollziehung** gewährt.

Die Entscheidung, ob ein Grundpfandrecht verwertet wird, steht ebenso wie jede andere Entscheidung über die Einleitung von Vollstreckungsmaßnahmen im **Ermessen der Finanzbehörde**. Die gerichtliche Überprüfung einer solchen Ermessensentscheidung ist darauf beschränkt, ob das FA die Grenzen des Ermessens eingehalten hat (§ 102 FGO; BFH v. 27.06.2006, VII R 34/05, BFH/NV 2006, 2024). 11

Rechtsbehelf des Vollstreckungsschuldners gegen die **Anordnung** der Vollstreckung durch das **Amtsgericht** sowie der Vollstreckungsbehörde gegen die Ablehnung ihres Vollstreckungsantrags ist die **sofortige Beschwerde** gem. **§ 793 ZPO**. 12

**Vollstreckungsschutz** gegenüber Maßnahmen der Zwangsversteigerung und Zwangsverwaltung bietet die einstweilige Einstellung des Verfahrens gem. **§§ 30a bis 30f, 31 ZVG**. 13

Hat die Vollstreckungsbehörde bei Erwirkung einer Sicherungshypothek rechtswidrig gehandelt, kann ein etwaiger **Schadensersatzanspruch** nur vor den Zivilgerichten verfolgt werden. 14

# § 323 AO
# Vollstreckung gegen den Rechtsnachfolger

**Ist nach § 322 eine Sicherungshypothek, eine Schiffshypothek oder ein Registerpfandrecht an einem Luftfahrzeug eingetragen worden, so bedarf es zur Zwangsversteigerung aus diesem Recht nur dann eines Duldungsbescheides, wenn nach der Eintragung dieses Rechts ein Eigentumswechsel eingetreten ist. Satz 1 gilt sinngemäß für die Zwangsverwaltung aus einer nach § 322 eingetragenen Sicherungshypothek.**

Die Vorschrift **betrifft die Verwertung** der nach § 322 AO eingetragenen Sicherungsrechte am unbeweglichen Vermögen. 1

Ist im Zuge der Vollstreckung in das unbewegliche Vermögen gem. § 322 AO eine Sicherungshypothek, Schiffshypothek oder ein Registerpfandrecht an einem Luftfahrzeug eingetragen worden, führt dies noch nicht zur Befriedigung des Vollstreckungsgläubigers. Hierfür muss ggf. aus dem Pfandrecht die Zwangsversteigerung, aus einer Sicherungshypothek auch die Zwangsverwaltung, betrieben werden. Diese Maßnahmen erfordern **grundsätzlich keinen Duldungsbescheid** (§ 191 Abs. 1 AO) gegen den Eigentümer des belasteten Gegenstandes. Ist jedoch nach der Rechtseintragung das Eigentum auf 2 einen Dritten übergegangen, der nicht Vollstreckungsschuldner ist, muss er zur Duldung durch Duldungsbescheid verpflichtet werden (s. § 1147 BGB).

## 5. Unterabschnitt Arrest

## § 324 AO Dinglicher Arrest

**(1) Zur Sicherung der Vollstreckung von Geldforderungen nach den §§ 249 bis 323 kann die für die Steuerfestsetzung zuständige Finanzbehörde den Arrest in das bewegliche oder unbewegliche Vermögen anordnen, wenn zu befürchten ist, dass sonst die Beitreibung vereitelt oder wesentlich erschwert wird. Sie kann den Arrest auch dann anordnen, wenn die Forderung noch nicht zahlenmäßig feststeht oder wenn sie bedingt oder betagt ist. In der Arrestanordnung ist ein Geldbetrag zu bestimmen, bei dessen Hinterlegung die Vollziehung des Arrestes gehemmt und der vollzogene Arrest aufzuheben ist.**

**(2) Die Arrestanordnung ist zuzustellen. Sie muss begründet und von dem anordnenden Bediensteten unterschrieben sein. Die elektronische Form ist ausgeschlossen.**

**(3) Die Vollziehung der Arrestanordnung ist unzulässig, wenn seit dem Tag, an dem die Anordnung unterzeichnet worden ist, ein Monat verstrichen ist. Die Vollziehung ist auch schon vor der Zustellung an den Arrestschuldner zulässig, sie ist jedoch ohne Wirkung, wenn die Zustellung nicht innerhalb einer Woche nach der Vollziehung und innerhalb eines Monats seit der Unterzeichnung erfolgt. Bei Zustellung im Ausland und öffentlicher Zustellung gilt § 169 Abs. 1 Satz 3 entsprechend. Auf die Vollziehung des Arrestes finden die §§ 930 bis 932 der Zivilprozessordnung sowie § 99 Abs. 2 und § 106 Abs. 1, 3 und 5 des Gesetzes über Rechte an Luftfahrzeugen entsprechende Anwendung; an die Stelle des Arrestgerichts und des Vollstreckungsgerichts tritt die Vollstreckungsbehörde, an die Stelle des Gerichtsvollziehers der Vollziehungsbeamte. Soweit auf die Vorschriften über die Pfändung verwiesen wird, sind die entsprechenden Vorschriften dieses Gesetzes anzuwenden.**

**Inhaltsübersicht**



**Schrifttum**

Weinreuter, Der Steuerarrest (§§ 324 bis 326 AO), DStZ 2000, 162; Bruschke, Dinglicher Arrest im Steuerrecht, DStR 2003, 54; Tormöhlen, Der steuerliche Arrest, AO-StB 2009, 184; Bruschke, Abwehrmaßnahmen im Verfahren des dinglichen Arrestes nach der AO, AO-StB 2017, 179.

### A. Bedeutung der Vorschrift

Der Arrest ist keine Maßnahme im Vollstreckungsverfahren, er bereitet diese nur vor (BFH v. 05.11.2002, II R 58/00, BFH/NV 2003, 353). Zweck eines dinglichen Arrestes (Arrest in das bewegliche oder unbewegliche Vermögen) ist die **Sicherung der Vollstreckung** künftiger Geldforderungen nach den §§ 249 bis 323 AO (BFH v. 06.02.2013, XI B 125/12, BFH/NV 2013, 615). Neben der Sicherung der Beitreibung als solche, soll der dingliche Arrest auch die Leichtigkeit der Vollstreckung der nach der konkreten Vermögenslage des Stpfl. in Betracht kommenden einzelnen Vollstreckungsmaßnahmen gewährleisten (BFH v. 25.04.1995, VII B 174/94, BFH/NV 1995, 1037). Eine Verwertung der beschlagnahmten Gegenstände im Arrestverfahren ist ausgeschlossen. 1

Als **Arrestschuldner** kommt jeder künftige Vollstreckungsschuldner in Betracht, also neben dem Steuerschuldner auch der Haftungsschuldner und der zur Duldung der Vollstreckung Verpflichtete. Die vorherige **Anhörung** des möglichen Arrestschuldners ist regelmäßig **nicht erforderlich**, da sie dem Wesen der Arrestanordnung zuwiderlaufen und die Sicherung der Vollstreckung vereiteln könnte (*Bruschke*, DStR 2003, 54, 55). 2

Voraussetzung für die Zulässigkeit des Arrestes ist die Befürchtung, dass sonst die Beitreibung vereitelt oder wesentlich erschwert wird. Hierfür muss das FA einen Arrestanspruch und einen Arrestgrund feststellen. Nach Eröffnung des Insolvenzverfahrens gem. § 89 InsO ist der Erlass einer Arrestanordnung nicht mehr zulässig. Ausführliche Anweisungen für die FA enthalten Abschn. 54 und 55 VollstrA. Zum persönlichen Sicherheitsarrest s. § 326 AO und Abschn. 56 VollstrA. 3

## B. Tatbestandliche Voraussetzungen

### I. Arrestanspruch

Der zu sichernde Anspruch muss auf eine Geldleistung gerichtet sein, die aufgrund der Steuergesetze geschuldet wird. Der den Anspruch aus dem Steuerschuldverhältnis begründende Tatbestand muss bereits in allen Teilen verwirklicht, aber nicht notwendig entstanden sein. Zahlenmäßig braucht der Anspruch nicht festzustehen (§ 324 Abs. 1 Satz 2 AO). Fälligkeit ist nicht erforderlich. Liegen einem Arrest Steueransprüche mehrerer Veranlagungszeiträume zugrunde, müssen die einzelnen – ggf. geschätzten – Ansprüche angegeben werden (BFH v. 23.03.1983, I R 49/82, BStBl II 1983, 441).

### II. Arrestgrund

5 Ein Arrestgrund liegt vor, wenn nach den Umständen zu befürchten ist, dass ohne die arrestweise Sicherung die künftige Vollstreckung **vereitelt oder wesentlich erschwert** würde (BFH v. 26.02.2001, VII B 265/00, BStBl II 2001, 464; die Rspr. zusammenfassend zuletzt BFH v. 06.02.2013, XI B 125/12, BFH/NV 2013, 615). Das kann der Fall sein, wenn der Schuldner im Begriff steht, sein Vermögen oder einzelne wichtige Vermögensstücke zu veräußern (für den Verkauf von Grundstücken: BFH v. 01.08.1963, IV 287/62, HFR 1963, 450; BFH v. 10.03.1983, V R 143/76, BStBl II 1983, 401) oder sonst dem staatlichen Zugriff zu entziehen bzw. die Beitreibung zu erschweren (Einbringung eines Grundstücks in eine KG: BFH v. 25.04.1995, VII B 174/94, BFH/NV 1995, 1037), oder wenn mangels inländischer Vermögenswerte die Vollstreckung im Ausland stattfinden müsste (BFH v. 06.12.1962, IV 377/59, HFR 1963, 220; BFH v. 02.03.1962, III 454/58, BStBl III 1962, 258; BFH v. 26.02.2001, VII B 265/00, BStBl II 2001, 464, s. § 917 Abs. 2 ZPO).

6 Noch **kein ausreichender Arrestgrund** liegt vor, wenn der Arrestschuldner Ausländer ist, oder sich allgemein in einer schlechten Vermögenssituation befindet (BFH v. 26.02.2001, VII B 265/00, BStBl II 2001, 464). Ebenso genügt der dringende Verdacht einer Steuerhinterziehung oder sonstige steuerliche Unzuverlässigkeit für sich allein nicht zur Begründung einer Arrestanordnung (BGH v. 03.10.1985, III ZR 28/84, HFR 1987, 96; BFH v. 26.02.2001, VII B 265/00, BStBl II 2001, 464). Zudem müssen sich die die Vollstreckung erschwerenden Umstände im Einzelfall tatsächlich gefährdend auswirken. Existiert kein Vermögen, das noch verschoben, verschleppt oder sonst zum Nachteil des Gläubigers vermindert oder verändert werden kann, kann auch der Arrest nichts mehr sichern.

Gegenüber einem **zusammenveranlagten Ehegatten** ist ein Arrest nur insoweit zulässig, wie auf ihn nach Aufteilung der Schuld gem. §§ 268 ff. AO anteilig die Steuer entfallen würde (FG Bre v. 05.12.1995, 2 95 237 K 2, EFG 1996, 307). Entfällt auf einen Ehegatten nach Aufteilung der Steuer kein Anteil, besteht ihm gegenüber auch kein Arrestgrund (*Hohrmann* in HHSp, § 324 AO Rz. 25; FG Münster v. 10.02.1988, X 2430/85, EFG 1988, 216). 7

Ergeht ein Steuerbescheid oder ein anderer vollstreckbarer, auf Geldleistung gerichteter Verwaltungsakt, entfällt mit Eintritt der Vollstreckbarkeit (§ 254 AO) der Arrestgrund. Ein Bedürfnis für die Sicherung des Anspruchs besteht nicht mehr, weil nunmehr die Vollstreckung möglich ist. Das **Sicherungsverfahren geht in das Vollstreckungsverfahren über.** Die Vollziehungsmaßnahmen (z. B. Pfändungen) bleiben bestehen; die Vollstreckungsbehörde kann die im Arrestverfahren erlangten Sicherheiten gem. § 327 AO verwerten (auch s. § 327 AO Rz. 5). Entfällt der Arrestgrund bevor die Vollziehung des Arrestes eingeleitet wurde, ist die Arrestanordnung aufzuheben (s. § 325 AO). In allen anderen Fällen bleibt die Arrestanordnung als Grundlage für die durch ihre Vollziehung erlangten Sicherheiten bestehen. Verfahrensrechtlich wird die Arrestanordnung mit der Überleitung in das Vollstreckungsverfahren gegenstandslos, ein gegen die Arrestanordnung gerichtete **Anfechtungsklage ist in der Hauptsache erledigt** (BFH v. 20.09.2000, VII B 33/00, BFH/NV 2001, 458; BFH v. 07.07.1987, VII R 167/84, BFH/NV 1987, 702; BFH v. 06.07.2001, III B 58/00, BFH/NV 2002, 8). Die Rechtswidrigkeit der Arrestanordnung kann dann nur noch mit der **Fortsetzungsfeststellungsklage** festgestellt werden (§ 100 Abs. 1 Satz 4 FGO; *Tormöhlen* in Gosch, § 324 AO Rz. 67). Dazu reicht indes der bloße Hinweis auf einen möglichen Schadensersatzprozess nicht aus, es sei denn, der Schadensersatzprozess ist mit Sicherheit zu erwarten und nicht offenbar aussichtslos (BFH v. 27.07.1995, II R 109/322, BFH/NV 1995, 322; BFH v. 06.07.2001, III B 58/00, BFH/NV 2002, 8). 8

### III. Arrestanordnung

Weil das FA den Arrest selbst anordnet und damit das Vorliegen der Voraussetzungen selbst festzustellen hat, kann § 920 Abs. 2 ZPO, nach dem Arrestanspruch und Arrestgrund glaubhaft zu machen sind, keine Anwendung finden. Erforderlich ist ihr Vorliegen mit **»hinreichender« Wahrscheinlichkeit** (BFH v. 26.02.2001, VII B 265/00, BStBl II 2001, 464; BFH v. 08.04.1986, VII R 187/83, BFH/NV 1986, 508; FG Münster v. 16.12.2013, 15 V 3684/13, EFG 2014, 324; *Loose* in Tipke/Kruse, § 324 AO Rz. 24; a. A. *Werth* in Klein, § 324 AO Rz. 9; *Hohrmann* in HHSp, § 324 AO Rz. 35, die eine »überwiegende« 9

Wahrscheinlichkeit verlangen). Der Streit dürfte im Ergebnis jedoch keine Rolle spielen, wenn – wie hier – für eine hinreichende Wahrscheinlichkeit von Arrestgrund und Arrestanspruch erforderlich ist, dass mehr Gründe für als gegen ihr Vorliegen sprechen.

10 Die Arrestanordnung ist ein **schriftlicher Verwaltungsakt**, der nach den Vorschriften des VwZG förmlich zuzustellen ist (§ 324 Abs. 2 Satz 1 i. V. m. § 122 Abs. 5 AO). Der anordnende Bedienstete muss die Arrestanordnung zudem **unterschreiben** (§ 324 Abs. 2 Satz 2 AO), wodurch die Anforderungen an die Anordnung über die Schriftlichkeitserfordernisse von § 119 Abs. 3 AO hinausgehen. Die elektronische Form ist ausgeschlossen (§ 324 Abs. 2 Satz 3 AO).

11 Ferner muss die Arrestanordnung **begründet** sein, d. h. es müssen die Steueransprüche oder die sonstigen aufgrund der Steuergesetze geschuldeten Geldleistungen angegeben werden, deren Sicherung der Arrest dienen soll, desgleichen die Tatsachen, die den Arrestgrund ergeben. Die genannten Angaben dürfen sich nicht auf formelhafte und pauschale Formulierungen beschränken, insbes. genügt nicht die bloße Wiederholung des Gesetzeswortlauts. Zum notwendigen Inhalt der Arrestanordnung gehört auch der Ausspruch, dass der Arrest angeordnet werde und ob er sich auf das bewegliche oder unbewegliche Vermögen des Schuldners erstreckt. Außerdem muss die Arrestanordnung eine Rechtsbehelfsbelehrung enthalten. S. im Übrigen Abschn. 54 VollstrA.

12 Schließlich ist gem. § 324 Abs. 1 Satz 3 AO ein Geldbetrag zu bestimmen, bei dessen Hinterlegung die Vollziehung des Arrestes gehemmt und der vollzogene **Arrest aufzuheben** ist (**Arrestsumme**).

## C. Vollziehung des Arrestes

13 Die Vollziehung des Arrestes ist schon **vor der Zustellung der Arrestanordnung** an den Arrestschuldner zulässig, jedoch verliert sie ihre Wirkung, wenn die Zustellung nicht innerhalb einer Woche nach der Vollziehung und innerhalb eines Monats seit der Unterzeichnung erfolgt ist (§ 324 Abs. 3 Satz 2 AO). Nach § 324 Abs. 3 Satz 1 AO ist dementsprechend die Vollziehung der Arrestanordnung unzulässig, wenn seit dem Tag, an dem die Anordnung unterzeichnet worden ist, ein Monat verstrichen ist (s. § 929 Abs. 2 ZPO). Vollziehungsmaßnahmen, die nach Ablauf der **Monatsfrist** erfolgen (eingeleitet werden), müssen aufgehoben werden. Erweist sich, dass ein aufgrund eines Arrestes gepfändeter Herausgabeanspruch nicht mehr besteht, kann nicht aufgrund dieses Arrestes nach Ablauf der Vollziehungsfrist der gegen einen anderen bestehende Herausgabeanspruch gepfändet werden (BFH v. 27.11.1973, VII R 100/71, BStBl II 1974, 119). Die Vollziehung des Arrestes war beendet; die Pfändung des anderen Herausgabeanspruchs ist daher eine neue Vollziehung.

Im Falle der Zustellung im Ausland oder öffentlicher 14
Zustellung gilt nach § 324 Abs. 3 Satz 3 AO für die Wahrung der Wochenfrist des Abs. 3 Satz 2 AO § 169 Abs. 1 Satz 3 AO entsprechend; es genügt also, wenn die Finanzbehörde die ihr bei der Zustellung obliegenden Tätigkeiten abgeschlossen hat.

Die in § 324 Abs. 3 Satz 4 AO enthaltene Verweisung 15
auf die **§§ 930 bis 932 ZPO** bedeutet, dass die Vollziehung des Arrestes in bewegliches Vermögen durch Pfändung bewirkt wird (§ 930 ZPO), wobei für die Pfändung einer Forderung die Vollstreckungsbehörde zuständig ist; ferner dass die Vollziehung des Arrestes in ein eingetragenes Schiff oder Schiffsbauwerk durch Pfändung nach den Vorschriften über die Pfändung beweglicher Sachen mit den sich aus § 931 Abs. 2 bis 6 ZPO ergebenden Abweichungen bewirkt wird (§ 931 Abs. 1 ZPO) und dass die Vollziehung des Arrestes in ein Grundstück oder grundstücksgleiches Recht durch Eintragung einer Sicherungshypothek für die Forderung erfolgt (§ 932 ZPO). Die darüber hinaus in Bezug genommenen Vorschriften des **LuftFzgG** (s. § 306 AO Rz. 1) bestimmen insbes., dass die Vollziehung des Arrestes in ein Luftfahrzeug, das in der Luftfahrzeugrolle oder im Register für Pfandrechte an Luftfahrzeuge eingetragen ist, dadurch bewirkt wird, dass der Gerichtsvollzieher (hier: Vollziehungsbeamte) das Luftfahrzeug in Bewachung und Verwahrung nimmt und ein Registerpfandrecht für die Forderung eingetragen wird. In allen Fällen, in denen hiernach ein Pfandrecht eingetragen wird, ist der in § 324 Abs. 1 Satz 3 AO genannte Betrag (Arrestsumme) als Höchstbetrag zu bezeichnen, für den die Haftung besteht.

**§ 930 ZPO Vollziehung in bewegliches Vermögen und Forderungen**

(1) Die Vollziehung des Arrestes in bewegliches Vermögen wird durch Pfändung bewirkt. Die Pfändung erfolgt nach denselben Grundsätzen wie jede andere Pfändung und begründet ein Pfandrecht mit den im § 804 bestimmten Wirkungen. Für die Pfändung einer Forderung ist das Arrestgericht als Vollstreckungsgericht zuständig.

(2) Gepfändetes Geld und ein im Verteilungsverfahren auf den Gläubiger fallender Betrag des Erlöses werden hinterlegt.

(3) Das Vollstreckungsgericht kann auf Antrag anordnen, dass eine bewegliche körperliche Sache, wenn sie der Gefahr einer beträchtlichen Wertverringerung ausgesetzt ist oder wenn ihre Aufbewahrung unverhältnismäßige Kosten verursachen würde, versteigert und der Erlös hinterlegt werde.

(4) Die Vollziehung des Arrestes in ein nicht eingetragenes Seeschiff ist unzulässig, wenn sich das Schiff auf der Reise befindet und nicht in einem Hafen liegt.

**§ 931 ZPO Vollziehung in eingetragenes Schiff oder Schiffsbauwerk**

(1) Die Vollziehung des Arrestes in ein eingetragenes Schiff oder Schiffsbauwerk wird durch Pfändung nach den Vorschriften über die Pfändung beweglicher Sachen mit folgenden Abweichungen bewirkt.

(2) Die Pfändung begründet ein Pfandrecht an dem gepfändeten Schiff oder Schiffsbauwerk; das Pfandrecht gewährt dem Gläubiger im Verhältnis zu anderen Rechten dieselben Rechte wie eine Schiffshypothek.

(3) Die Pfändung wird auf Antrag des Gläubigers vom Arrestgericht als Vollstreckungsgericht angeordnet; das Gericht hat zugleich das Registergericht um die Eintragung einer Vormerkung zur Sicherung des Arrestpfandrechts in das Schiffsregister oder Schiffsbauregister zu ersuchen; die Vormerkung erlischt, wenn die Vollziehung des Arrestes unstatthaft wird.

(4) Der Gerichtsvollzieher hat bei der Vornahme der Pfändung das Schiff oder Schiffsbauwerk in Bewachung und Verwahrung zu nehmen.

(5) Ist zur Zeit der Arrestvollziehung die Zwangsversteigerung des Schiffes oder Schiffsbauwerks eingeleitet, so gilt die in diesem Verfahren erfolgte Beschlagnahme des Schiffes oder Schiffsbauwerks als erste Pfändung im Sinne des § 826; die Abschrift des Pfändungsprotokolls ist dem Vollstreckungsgericht einzureichen.

(6) Das Arrestpfandrecht wird auf Antrag des Gläubigers in das Schiffsregister oder Schiffsbauregister eingetragen; der nach § 923 festgestellte Geldbetrag ist als der Höchstbetrag zu bezeichnen, für den das Schiff oder Schiffsbauwerk haftet. Im Übrigen gelten der § 867 Abs. 1 und 2 und der § 870 a Abs. 3 entsprechend, soweit nicht vorstehend etwas anderes bestimmt ist.

(7) Die Vollziehung des Arrestes in ein eingetragenes Seeschiff ist unzulässig, wenn sich das Schiff auf der Reise befindet und nicht in einem Hafen liegt.

**§ 932 ZPO Arresthypothek**

(1) Die Vollziehung des Arrestes in ein Grundstück oder in eine Berechtigung, für welche die sich auf Grundstücke beziehenden Vorschriften gelten, erfolgt durch Eintragung einer Sicherungshypothek für die Forderung; der nach § 923 festgestellte Geldbetrag ist als der Höchstbetrag zu bezeichnen, für den das Grundstück oder die Berechtigung haftet. Ein Anspruch nach § 1179 a oder § 1179 b des Bürgerlichen Gesetzbuchs steht dem Gläubiger oder im Grundbuch eingetragenen Gläubiger der Sicherungshypothek nicht zu.

(2) Im Übrigen gelten die Vorschriften des § 866 Abs. 3 Satz 1, des § 867 Abs. 1 und 2 und des § 868.

(3) Der Antrag auf Eintragung der Hypothek gilt im Sinne des § 929 Abs. 2, 3 als Vollziehung des Arrestbefehls.

16 Da die Vollziehung des Arrestes in bewegliches Vermögen durch Pfändung bewirkt wird, kann der Arrestschuldner aufgrund der Arrestanordnung auch zur Vermögensauskunft nach § 284 AO oder zur Leistung der eidesstattlichen Versicherung nach Maßgabe des § 315 Abs. 2 Satz 2 AO herangezogen werden. S. im Übrigen Abschn. 55 VollstrA.

## D. Zuständigkeit

Zuständig für die Anordnung des Arrestes ist gem. § 324 Abs. 1 Satz 1 AO nicht die Vollstreckungsbehörde, sondern die für die Steuerfestsetzung zuständige Finanzbehörde (s. §§ 16 ff. AO) und hier abschließend der jeweilige Vorsteher des FA (*Bruschke*, DStR 2003, 54). Für die Vollziehung des Arrestes ist dagegen die Vollstreckungsbehörde zuständig (§ 324 Abs. 3 Satz 4 AO). 17

## E. Rechtsschutz

Gegen die Arrestanordnung kann **Einspruch** (§ 347 Abs. 1 Nr. 1 AO) eingelegt werden. Wahlweise ist daneben die **Anfechtungsklage** zum FG gegeben, die nach **§ 45 Abs. 4 FGO** ohne Vorschaltung des Einspruchsverfahrens statthaft ist. 18

Mit Rücksicht auf § 325 AO ist im Verfahren vor dem FG für die Überprüfung der Arrestanordnung der **Zeitpunkt der letzten mündlichen Verhandlung** maßgebend. Eine Arrestanordnung ist auf Klage hin daher auch dann aufrechtzuerhalten, wenn sie ursprünglich auf unzutreffende Arrestgründe gestützt war, nach Klageerhebung aber anzuerkennende Arrestgründe nachgeschoben werden. Eine Aufrechterhaltung der Arrestanordnung unter Auswechslung von Arrestansprüchen ist jedoch nicht zulässig, weil sie dem Erlass einer neuen Arrestanordnung, gleichkommen würde. Demgegenüber ist Arrestgrund allein die Besorgnis der Erschwerung oder Vereitelung der Vollstreckung, sodass die Tatsachen, die den Arrestgrund auf den Zeitpunkt des Erlasses der Arrestanordnung belegen, erweitert oder ersetzt werden können (BFH v. 10.03.1983, V R 143/76, BStBl II 1983, 401). Stellt sich heraus, dass die Arrestanordnung nicht rechtmäßig erlassen wurde, ist sie mit Wirkung für die Vergangenheit **(ex tunc) aufzuheben** (BFH v. 17.12.2003, I R 1/02, BFH/NV 2004, 553; s. § 325 AO Rz. 4). 19

Aufschiebende Wirkung haben Einspruch bzw. Anfechtungsklage nicht. **Aussetzung der Vollziehung** nach §§ 361 AO, 69 FGO kann gewährt werden. Entgegen weitverbreiteter Auffassung hält der BFH diese grundsätzlich auch ohne Sicherheitsleistung für zulässig (BFH v. 06.02.2013, XI B 125/12, BStBl II 2013, 983; unter Bezugnahme auf die Monatsfrist des § 324 Abs. 3 Satz 1 AO noch a. A. *Loose* in Tipke/Kruse, § 324 AO Rz. 48; *Hohrmann* in HHSp., § 324 Rz. 91). Nach Ablauf der Monatsfrist entfällt für den Antrag auf Aussetzung der Vollziehung das Rechtsschutzbedürfnis. 20

### F. Schadensersatz

21 Erweist sich der Arrest als von Anfang an ungerechtfertigt, haftet die Finanzbehörde für den Schaden, der dem Steuerpflichtigen durch die Vollziehung oder die Leistung von Sicherheit zur Abwendung der Vollziehung des Arrestes entstanden ist, und zwar – in entsprechender Anwendung von § 945 ZPO – ohne Rücksicht darauf, ob dem verantwortlichen Beamten ein Verschulden zur Last fällt (BGH v. 25.05.1959, III ZR 39/58, BStBl I 1959, 608; *Loose* in Tipke/Kruse, § 324 AO Rz. 54; *Werth* in Klein, § 324 AO Rz. 16; a.A. *Hohrmann* in HHSp, § 324 AO Rz. 104 ff., 106). Allerdings kann der Schadensersatzanspruch durch ein mitwirkendes Verschulden des Stpfl. gemindert sein, etwa dann, wenn sein Verhalten auf eine Gefährdung der Vollstreckung schließen ließ (*Kruse* in Tipke/Kruse, § 324 AO Rz. 58; *Werth* in Klein, § 324 AO Rz. 18). Zu verfolgen ist der Anspruch auf dem **ordentlichen Rechtsweg**.

## § 325 AO Aufhebung des dinglichen Arrestes

**Die Arrestanordnung ist aufzuheben, wenn nach ihrem Erlass Umstände bekannt werden, die die Arrestanordnung nicht mehr gerechtfertigt erscheinen lassen.**

**Inhaltsübersicht**



### A. Bedeutung der Vorschrift

1 Die Vorschrift regelt unter welchen Voraussetzungen die Arrestanordnung aufzuheben ist und entspricht inhaltlich § 927 ZPO. S. auch Abschn. 54 Abs. 5 VollstrA.

### B. Tatbestandliche Voraussetzungen

2 Die Finanzbehörde muss die Anordnung von **Amts wegen** aufheben, wenn die Voraussetzungen des § 325 AO erfüllt sind. Hierbei spielt es keine Rolle, ob die Arrestanordnung noch mit dem Einspruch oder der Klage angefochten ist oder bereits bestandskräftig ist (BFH v. 10.03.1983, V R 143/76, BStBl II 1983, 401; BFH v. 17.12.2003, I R 1/02, BStBl II 2004, 392).

3 Ob die Arrestanordnung **noch gerechtfertigt** ist, bestimmt sich danach, ob der für die Anordnung des Arrestes maßgebende Arrestanspruch noch besteht oder der Arrestgrund weggefallen ist. Der Arrestgrund kann z. B. dadurch entfallen, dass der Schuldner freiwillig Sicherheit leistet. Die Aufhebung der Arrestanordnung ist dem Arrestschuldner mitzuteilen.

4 Die Aufhebung gemäß § 325 AO **wirkt nur für die Zukunft** (ex nunc). Deshalb ist es für die Entscheidung nach § 325 AO unerheblich, ob die Arrestanordnung ursprünglich rechtmäßig war oder nicht; für die Aufhebung reicht es aus, dass sie nach den im Zeitpunkt der Entscheidung bekannten Umständen nicht mehr gerechtfertigt erscheint (BFH v. 17.12.2003, I R 1/02, BStBl II 2004, 392).

5 Eine rechtmäßig erlassene Arrestanordnung ist nicht gemäß § 325 AO wegen der **Eröffnung des Insolvenzverfahrens** über das Vermögen des Arrestschuldners aufzuheben, wenn das FA die Arrestanordnung bereits vollzogen und dadurch ein Absonderungsrecht erlangt hat (BFH v. 17.12.2003, I R 1/02, BStBl II 2004, 392; s. dazu *Bartone*, AO-StB 2004, 194, 196). Andernfalls würde das FA seinen durch das Pfandrecht erlangten Vorrang vor den anderen Insolvenzgläubigern verlieren, was nicht sachgerecht wäre.

## § 326 AO Persönlicher Sicherheitsarrest

**(1) Auf Antrag der für die Steuerfestsetzung zuständigen Finanzbehörde kann das Amtsgericht einen persönlichen Sicherheitsarrest anordnen, wenn er erforderlich ist, um die gefährdete Vollstreckung in das Vermögen des Pflichtigen zu sichern. Zuständig ist das Amtsgericht, in dessen Bezirk die Finanzbehörde ihren Sitz hat oder sich der Pflichtige befindet.**

**(2) In dem Antrag hat die für die Steuerfestsetzung zuständige Finanzbehörde den Anspruch nach Art und Höhe sowie die Tatsachen anzugeben, die den Arrestgrund ergeben.**

**(3) Für die Anordnung, Vollziehung und Aufhebung des persönlichen Sicherheitsarrestes gelten § 128 Abs. 4 und die §§ 922 bis 925, 927, 929, 933, 934 Abs. 1, 3 und 4 der Zivilprozessordnung sinngemäß. § 802j Abs. 2 der Zivilprozessordnung ist nicht anzuwenden.**

**(4) Für Zustellungen gelten die Vorschriften der Zivilprozessordnung.**

**Inhaltsübersicht**

## A. Bedeutung der Vorschrift

Die Vorschrift entspricht inhaltlich §918 ZPO. Wie der dingliche Arrest dient auch der persönliche Sicherheitsarrest zur Sicherung der Vollstreckung in das Vermögen des Stpfl.

Der persönliche Arrest ist **subsidiär**. Kann die Sicherung durch Anordnung und Vollziehung eines dinglichen Arrestes erreicht werden, so ist ein persönlicher Sicherheitsarrest nicht zulässig. S. auch Abschn. 56 VollstrA.

**§128 ZPO Grundsatz der Mündlichkeit; schriftliches Verfahren**

(1–3) ...

(4) Entscheidungen des Gerichts, die nicht Urteile sind, können ohne mündliche Verhandlung ergehen, soweit nichts anderes bestimmt ist.

**§802j ZPO Dauer der Haft; erneute Haft**

(1) ...

(2) Gegen den Schuldner, der ohne sein Zutun auf Antrag des Gläubigers aus der Haft entlassen ist, findet auf Antrag desselben Gläubigers eine Erneuerung der Haft nicht statt.

**§922 ZPO Arresturteil und Arrestbeschluss**

(1) Die Entscheidung über das Gesuch ergeht im Falle einer mündlichen Verhandlung durch Endurteil, andernfalls durch Beschluss. Die Entscheidung, durch die der Arrest angeordnet wird, ist zu begründen, wenn sie im Ausland geltend gemacht werden soll.

(2) Den Beschluss, durch den ein Arrest angeordnet wird, hat die Partei, die den Arrest erwirkt hat, zustellen zu lassen.

(3) Der Beschluss, durch den das Arrestgesuch zurückgewiesen oder vorherige Sicherheitsleistung für erforderlich erklärt wird, ist dem Gegner nicht mitzuteilen.

**§923 ZPO Abwendungsbefugnis**

In dem Arrestbefehl ist ein Geldbetrag festzustellen, durch dessen Hinterlegung die Vollziehung des Arrestes gehemmt und der Schuldner zu dem Antrag auf Aufhebung des vollzogenen Arrestes berechtigt wird.

**§924 ZPO Widerspruch**

(1) Gegen den Beschluss, durch den ein Arrest angeordnet wird, findet Widerspruch statt.

(2) Die widersprechende Partei hat in dem Widerspruch die Gründe darzulegen, die sie für die Aufhebung des Arrestes geltend machen will. Das Gericht hat Termin zur mündlichen Verhandlung von Amts wegen zu bestimmen. Ist das Arrestgericht ein Amtsgericht, so ist der Widerspruch unter Angabe der Gründe, die für die Aufhebung des Arrestes geltend gemacht werden sollen, schriftlich oder zum Protokoll der Geschäftsstelle zu erheben.

(3) Durch Erhebung des Widerspruchs wird die Vollziehung des Arrestes nicht gehemmt. Das Gericht kann aber eine einstweilige Anordnung nach §707 treffen; §707 Abs. 1 Satz 2 ist nicht anzuwenden.

**§925 ZPO Entscheidung nach Widerspruch**

(1) Wird Widerspruch erhoben, so ist über die Rechtmäßigkeit des Arrestes durch Endurteil zu entscheiden.

(2) Das Gericht kann den Arrest ganz oder teilweise bestätigen, abändern oder aufheben, auch die Bestätigung, Abänderung oder Aufhebung von einer Sicherheitsleistung abhängig machen.

**§927 ZPO Aufhebung wegen veränderter Umstände**

(1) Auch nach der Bestätigung des Arrestes kann wegen veränderter Umstände, insbesondere wegen Erledigung des Arrestgrundes oder auf Grund des Erbietens zur Sicherheitsleistung die Aufhebung des Arrestes beantragt werden.

(2) Die Entscheidung ist durch Endurteil zu erlassen; sie ergeht durch das Gericht, das den Arrest angeordnet hat, und wenn die Hauptsache anhängig ist, durch das Gericht der Hauptsache.

**§929 ZPO Vollstreckungsklausel; Vollziehungsfrist**

(1) Arrestbefehle bedürfen der Vollstreckungsklausel nur, wenn die Vollziehung für einen anderen als den in dem Befehl bezeichneten Gläubiger oder gegen einen anderen als den in dem Befehl bezeichneten Schuldner erfolgen soll.

(2) Die Vollziehung des Arrestbefehls ist unstatthaft, wenn seit dem Tag, an dem der Befehl verkündet oder der Partei, auf deren Gesuch er erging, zugestellt ist, ein Monat verstrichen ist.

(3) Die Vollziehung ist vor der Zustellung des Arrestbefehls an den Schuldner zulässig. Sie ist jedoch ohne Wirkung, wenn die Zustellung nicht innerhalb einer Woche nach der Vollziehung und vor Ablauf der für diese im vorhergehenden Absatz bestimmten Frist erfolgt.

**§933 ZPO Vollziehung des persönlichen Arrestes**

Die Vollziehung des persönlichen Sicherheitsarrestes richtet sich, wenn sie durch Haft erfolgt, nach den Vorschriften der §§802g, 802h und 802j Abs. 1 und 2 und, wenn sie durch sonstige Beschränkung der persönlichen Freiheit erfolgt, nach den vom Arrestgericht zu treffenden besonderen Anordnungen, für welche die Beschränkungen der Haft maßgebend sind. In den Haftbefehl ist der nach §923 festgestellte Geldbetrag aufzunehmen.

**§934 ZPO Aufhebung der Arrestvollziehung**

(1) Wird der in dem Arrestbefehl festgestellte Geldbetrag hinterlegt, so wird der vollzogene Arrest von dem Vollstreckungsgericht aufgehoben.

(2) ...

(3) Die in diesem Paragraphen erwähnten Entscheidungen ergehen durch Beschluss.

(4) Gegen den Beschluss, durch den der Arrest aufgehoben wird, findet sofortige Beschwerde statt.

## B. Tatbestandliche Voraussetzungen

3 Zu den für die Zulässigkeit eines dinglichen Arrestes erforderlichen Voraussetzungen (Arrestanspruch und Arrestgrund, s. §324 AO Rz.4ff.) müssen Umstände hinzutreten, aus denen sich ergibt, dass ohne **persönliche Freiheitsbeschränkungen** des Schuldners die Vollstreckung in sein Vermögen nicht gewährleistet erscheint (§326 Abs.1 Satz 1 AO), etwa wenn Grund für die Annahme besteht, dass sich der Stpfl. unter Mitnahme seines Vermögens ins Ausland absetzen oder durch Flucht oder Untertauchen der Abgabe einer eidesstattlichen Versicherung (§284 AO) entziehen wird.

4 Im Gegensatz zum dinglichen Arrest ist für die Anordnung des persönlichen Sicherheitsarrestes nur das **Amtsgericht zuständig**, in dessen Bezirk die Finanzbehörde ihren Sitz hat oder sich der Pflichtige befindet (§326 Abs.1 Satz 2 AO). Die für die Steuerfestsetzung zuständige Finanzbehörde kann den erforderlichen Antrag bei diesem Amtsgericht stellen. Abschn.56 Abs.3 VollstrA ordnet an, dass für den Antrag durch die Finanzbehörde die Zustimmung der OFD einzuholen ist, falls nicht Gefahr im Verzuge ist. Wird die nachträglich erbetene Genehmigung der OFD versagt, ist der Antrag umgehend zurückzunehmen. In dem Antrag hat die Finanzbehörde den Anspruch nach Art und Höhe sowie die Tatsachen anzugeben, die den Arrestgrund ergeben (§326 Abs.2 AO). Die Überprüfung der Angaben obliegt dem Amtsgericht.

5 Bei der Anordnung des Arrestes, die ohne mündliche Verhandlung ergehen kann (**§128 Abs.4 ZPO**), ist – wie im Falle des dinglichen Arrestes – der Geldbetrag festzustellen, durch dessen Hinterlegung die Vollziehung des Arrestes gehemmt und der Schuldner zum Antrag auf Aufhebung des vollzogenen Arrestes berechtigt wird (Arrestsumme, **§923 ZPO**). Rechtsbehelf: Widerspruch nach **§924 ZPO**, über den das Gericht durch Urteil entscheidet (**§925 ZPO**). Aufhebung wegen veränderter Umstände: **§927 ZPO**.

6 Die Vollziehung des persönlichen Sicherheitsarrestes erfolgt nach näherer Maßgabe des **§933 ZPO** durch das Amtsgericht (Inhaftnahme, u.U. nur Überwachung, Wohnungszwang und Passbeschlagnahme). Aufhebung der Arrestvollziehung bei Hinterlegung der Arrestsumme: **§934 Abs.1 ZPO**.

7 Der Beschluss, der der Finanzbehörde als Antragstellerin durch das Gericht von Amts wegen zuzustellen ist (**§929 Abs.3 ZPO**), ist von dieser nach den Vorschriften der ZPO dem Stpfl. zuzustellen (§326 Abs.4 AO).

8 Im Unterschied zum Arrest nach der ZPO ist beim steuerlichen Arrest eine **Erneuerung der Haft nach Haftentlassung** auch dann zulässig, wenn der Arrestschuldner zuvor ohne sein Zutun auf Antrag des FA aus der Haft entlassen worden ist; **§802j Abs.2 ZPO** gilt nicht.

## 6. Unterabschnitt

## Verwertung von Sicherheiten

## § 327 AO
## Verwertung von Sicherheiten

**Werden Geldforderungen, die im Verwaltungsverfahren vollstreckbar sind (§251), bei Fälligkeit nicht erfüllt, kann sich die Vollstreckungsbehörde aus den Sicherheiten befriedigen, die sie zur Sicherung dieser Ansprüche erlangt hat. Die Sicherheiten werden nach den Vorschriften dieses Abschnitts verwertet. Die Verwertung darf erst erfolgen, wenn dem Vollstreckungsschuldner die Verwertungsabsicht bekannt gegeben und seit der Bekanntgabe mindestens eine Woche verstrichen ist.**

Werden Geldforderungen, die im Verwaltungsverfahren vollstreckbar sind (§ 251), bei Fälligkeit nicht erfüllt, kann sich die Vollstreckungsbehörde aus den Sicherheiten befriedigen, die sie zur Sicherung dieser Ansprüche erlangt hat. Die Sicherheiten werden nach den Vorschriften dieses Abschnitts verwertet. Die Verwertung darf erst erfolgen, wenn dem Vollstreckungsschuldner die Verwertungsabsicht bekannt gegeben und seit der Bekanntgabe mindestens eine Woche verstrichen ist.

Die Vorschrift bestimmt die Zulässigkeitsvoraussetzungen zur Verwertung von Sicherheiten, die das FA bzw. die Vollstreckungsbehörde erlangt hat. Ferner regelt sie das Procedere der Verwertung. 1

Sicherheiten dürfen verwertet werden, wenn vollstreckbare Geldforderungen (§ 251 AO) bei Fälligkeit nicht erfüllt worden sind. Zulässig ist allerdings nur die Verwertung solcher Sicherheiten, die die Vollstreckungsbehörde zur Sicherung desjenigen Anspruchs erlangt hat, der im Wege der Verwertung erfüllt werden soll (§ 327 Satz 1 AO). 2

**Sicherheiten** i.S. von § 327 AO sind solche, die das FA aufgrund Gesetzes (§ 76 AO, Sachhaftung verbrauchsteuerpflichtiger Waren) oder aufgrund gesetzmäßiger Anordnung (z.B. §§ 165 Abs. 1, 221, 222, 223 AO) erlangt hat, aber auch solche, die erzwungen oder durch Vollziehung eines dinglichen Arrestes erreicht wurden; ferner Sicherheiten, die der Stpfl. freiwillig – etwa zur Erwirkung oder Abwendung einer behördlichen Maßnahme – gestellt hat. 3

Die Verwertung darf gem. § 327 Satz 3 AO erst erfolgen, wenn dem Vollstreckungsschuldner die **Verwertungsabsicht bekannt gegeben** und seit der Bekanntgabe mindestens **eine Woche** verstrichen ist (ähnlich § 254 Abs. 1 Satz 1 AO). Die Nichteinhaltung dieser Schonfrist lässt die Rechtmäßigkeit des Eigentumserwerbs durch 4 den Ersteher unberührt (s. *Brockmeyer* in Klein, § 327 AO Rz. 4), kann jedoch zur Schadensersatzpflicht führen.

5 Bei den durch **Arrest** erlangten Sicherheiten führt die Bekanntgabe der Verwertung zur Überleitung vom Sicherungs- zum Vollstreckungsverfahren (s. § 324 AO Rz. 1, 8). Arrestpfandrechte wandeln sich in Vollstreckungspfandrechte, aus denen sich das FA durch Erlass von Einziehungsverfügungen befriedigen kann (BFH v. 27.06.2006, VII R 34/05, BFH/NV 2006, 2024).

6 Die Verwertung der Sicherheiten erfolgt gem. § 327 Satz 2 AO nach den Vorschriften, die für die Verwertung von gepfändeten Sachen oder Rechten gelten (§§ 259 bis 323 AO).

## Dritter Abschnitt: Vollstreckung wegen anderer Leistungen als Geldforderungen

### 1. Unterabschnitt Vollstreckung wegen Handlungen, Duldungen oder Unterlassungen

### § 328 AO Zwangsmittel

**(1) Ein Verwaltungsakt, der auf Vornahme einer Handlung oder auf Duldung oder Unterlassung gerichtet ist, kann mit Zwangsmitteln (Zwangsgeld, Ersatzvornahme, unmittelbarer Zwang) durchgesetzt werden. Für die Erzwingung von Sicherheiten gilt § 336. Vollstreckungsbehörde ist die Behörde, die den Verwaltungsakt erlassen hat.**

**(2) Es ist dasjenige Zwangsmittel zu bestimmen, durch das der Pflichtige und die Allgemeinheit am wenigsten beeinträchtigt werden. Das Zwangsmittel muss in einem angemessenen Verhältnis zu seinem Zweck stehen.**

#### Inhaltsübersicht



#### Schrifttum

App, § 328 AO – Stärken und Schwächen einer Vorschrift, DStZ 1991, 242; App, Rechtsbehelfe im Verfahren zur Erzwingung von Anordnungen der Finanzämter, BB 1991, 1392; App, Von alten zu neuen Problemen der Vollstreckung wegen Handlungen, Duldungen oder Unterlassungen, StVj 1992, 257; Becker, Zwangsgelder in der Außenprüfung, StBp 2002, 317.

### A. Bedeutung der Vorschrift

1 Die §§ 328 bis 335 AO betreffen die Vollstreckung aus Verwaltungsakten, die nicht auf eine Geldleistung gerichtet sind. Zwangsmittel sind das Zwangsgeld (§ 329 AO), die Ersatzvornahme (§ 330 AO) und der unmittelbare Zwang (§ 331 AO).

2 Ihrer **Rechtsnatur** nach handelt es sich bei den Zwangsmitteln um **Beugemittel**. Es ist nicht ihr Zweck, in der Vergangenheit begangenes Unrecht zu sühnen (BFH v. 11.09.1996, VII B 176/94, BFH/NV 1997, 166; BFH v. 07.10.2009, VII B 28/09, BFH/NV 2010, 385). Dementsprechend ist der Vollzug des Zwangsverfahrens einzustellen, wenn die Verpflichtung nach Festsetzung des Zwangsmittels erfüllt ist (§ 335 AO). Gleiches gilt, wenn der Zweck, der mit dem Zwangsmittel erreicht werden soll, auf andere Weise nachträglich entfallen ist oder nicht mehr erreicht werden kann, etwa wegen Todes des Pflichtigen (BFH v. 11.09.1996, VII B 176/94, BFH/NV 1997, 166).

### B. Tatbestandliche Voraussetzungen

3 Mit den in § 328 Abs. 1 AO aufgeführten Zwangsmitteln können nur solche Verwaltungsakte durchgesetzt werden, die auf Vornahme einer **Handlung oder auf Duldung oder Unterlassung** gerichtet sind. Demgegenüber können Verwaltungsakte, die auf eine Geldleistung gerichtet sind, nur in dem nach §§ 259 bis 327 AO zulässigen Verfahren erzwungen werden. Ergibt sich die Verpflichtung zur Vornahme einer Handlung, Duldung oder Unterlassung unmittelbar aus einer Rechtsvorschrift, ohne dass eine besondere behördliche Aufforderung erfolgen muss (z. B. §§ 140, 149 Satz 1 AO), können Zwangsmittel nur dann eingesetzt werden, wenn diese Pflichten zum Gegenstand einer besonderen Anordnung der Finanzbehörde gemacht worden sind. Das kann immer dann geschehen, wenn die Behörde ein besonderes Interesse an einer ordnungsmäßigen und rechtzeitigen Erfüllung hat oder eine Pflichtverletzung zu besorgen ist. **Sollvorschriften**, wie z. B. § 146 Abs. 1 Satz 2 AO, können entsprechend ihrer Rechtsnatur nicht erzwungen oder zum Gegenstand erzwingbarer Anordnungen gemacht werden. Im Fall der Zuwiderhandlung greifen andere Rechtsnachteile ein, z. B. Verwerfung der Buchführung und Schätzung gem. § 162 Abs. 2 Satz 2 AO.

4 Der Verwaltungsakt, der mit Zwangsmitteln durchgesetzt werden soll, muss sich inhaltlich **im Rahmen der Befugnisse** halten, die den Finanzbehörden durch Gesetz gegeben sind. Eine Handlung, die nicht einer gesetzlichen Verpflichtung entspricht und deren Anordnung nicht durch gesetzmäßige Ermessensausübung der zuständigen Finanzbehörde gedeckt wird, darf nicht erzwungen werden. Pflichtmäßige Ermessensausübung

(s. § 5 AO) erfordert auch, dass nur solche Anordnungen getroffen und nötigenfalls erzwungen werden, zu deren Befolgung der Pflichtige **tatsächlich in der Lage** ist, ohne dass hierbei die Schwelle des Zumutbaren überschritten wird. Einschlägige Beschränkungen wird sich die Finanzbehörde z. B. bei Anordnungen auferlegen müssen, die an die in den §§ 34 bis 36 AO genannten Personen gerichtet werden sollen.

**5** Der erzwingbare Verwaltungsakt muss **inhaltlich hinreichend bestimmt** sein (§ 119 Abs. 1 AO), d. h. er muss so gefasst sein, dass der Betroffene klar erkennen kann, was von ihm verlangt wird und ob er zur Befolgung verpflichtet ist. Insbes. muss dem Betroffenen in nachprüfbarer Weise bekannt gegeben werden, in welchen gesetzlichen Vorschriften die zu erzwingende Anordnung ihre gesetzliche Grundlage hat (BFH v. 28.10.2009, VIII R 78/05, BStBl II 2010, 455). Die einheitliche Androhung bzw. Festsetzung eines Zwangsgeldes gegen Ehegatten oder Lebenspartner zur Erzwingung von Auskünften ist mangels hinreichender inhaltlicher Bestimmtheit (§ 119 Abs. 1 AO) unzulässig, wenn nicht zu erkennen ist, welcher Teilbetrag des Zwangsgeldes auf jeden Ehegatten oder Lebenspartner entfällt (FG D v. 08.12.1981, XIII/IV 39/78 AO, EFG 1982, 498).

**6** Schriftliche Verwaltungsakte sind grundsätzlich zu **begründen** (§ 121 Abs. 1 AO). Daraus folgt, dass die Androhung eines Zwangsmittels, die gem. § 332 Abs. 1 Satz 1 AO im Regelfall schriftlich erfolgt (s. § 332 AO Rz. 3), spätestens mit der Androhung ausreichend begründet werden muss.

**7** Bei Pflichtigen, die **nicht natürliche Personen** sind, kann der durchzusetzende Verwaltungsakt nach dem Ermessen der Finanzbehörde entweder gegen den Pflichtigen, z. B. die Gesellschaft (vertreten durch ...), oder gegen einzelne natürliche Personen (Vorstand, Geschäftsführer, Angestellter) gerichtet werden, je nachdem, wem die Befolgung zugemutet werden kann (vgl. BFH v. 06.05.2008, I B 14/08, BFH/NV 2008, 1872). Demgemäß ist z. B. bei Gesellschaften bürgerlichen Rechts die Aufforderung zweckmäßig an denjenigen Gesellschafter zu richten, der für die Wahrnehmung der betreffenden Obliegenheit zuständig und verantwortlich ist.

**8** Zu beachten ist ferner, dass nicht jeder auf Vornahme einer Handlung oder auf Duldung oder Unterlassung gerichtete Verwaltungsakt erzwingbar ist. Die **Unzulässigkeit von Zwangsmitteln** kann in der Person des Aufgeforderten oder im Inhalt der Anordnung begründet sein. So sind Vollstreckungsmaßnahmen und damit auch die Zwangsmittel gegen den Bund oder ein Land schlechthin nicht zulässig (§ 255 Abs. 1 Satz 1 AO); die Vollstreckung gegen juristische Personen des öffentlichen Rechts, die der Staatsaufsicht unterliegen, ist nach § 255 Abs. 1 Satz 2 AO nur mit Zustimmung der betreffenden Aufsichtsbehörde zulässig, sofern es sich nicht um öffentlich-rechtliche Kreditinstitute handelt (§ 255 Abs. 2 AO). Nach § 95 Abs. 6 AO kann die Abgabe einer Versicherung an Eides Statt nicht mit Zwangsmitteln durchgesetzt werden. Allgemein sind im Besteuerungsverfahren nach § 393 Abs. 1 Satz 2 AO Zwangsmittel gegen den Steuerpflichtigen unzulässig, wenn er dadurch gezwungen würde, sich selbst wegen einer von ihm begangenen Steuerstraftat oder Steuerordnungswidrigkeit zu belasten (BFH v. 09.12.2004, III B 83/04, BFH/NV 2005, 503; BFH v. 19.10.2005, X B 88/05, BFH/NV 2006, 15). § 284 Abs. 8 AO sieht zur Erzwingung der Vermögensauskunft ein von den §§ 328 ff. AO abweichendes Verfahren vor. § 316 Abs. 2 Satz 3 AO lässt zwar die Erzwingung der Drittschuldnererklärung durch Zwangsgeld zu, schließt jedoch die Anordnung einer Ersatzzwangshaft (§ 334 AO) aus.

Gemäß § 328 Abs. 2 AO muss das FA bei der Wahl des Zwangsmittels (Ermessensentscheidung) dasjenige Zwangsmittel bestimmen, durch das der Pflichtige und die Allgemeinheit am wenigsten beeinträchtigt werden und das in einem angemessenen Verhältnis zu seinem Zweck steht. Die Vorschrift ist eine spezialgesetzliche Normierung des allgemein geltenden rechtsstaatlichen **Verhältnismäßigkeitsgrundsatzes** (Art. 20 Abs. 3 GG; BFH v. 13.02.1996, VII R 43/95, BFH/NV 1996, 530). Die Festsetzung von Zwangsgeld gegen das eigene Vermögen des Insolvenzverwalters (nicht gegen das verwaltete Vermögen; FG Hessen v. 18.04.2013, 4 V 1796/12, EFG 2013, 994) zur Durchsetzung steuerlicher Erklärungspflichten gegen einen **Insolvenzverwalter** ist nicht bereits deswegen unverhältnismäßig oder ermessensfehlerhaft, weil voraussichtlich nicht mit einer steuerlichen Auswirkung zu rechnen ist (sog. »Null-Erklärung«; BFH v. 06.11.2012, VII R 72/11, BStBl II 2013, 141). Unzulässig ist die Androhung und Festsetzung eines **Zwangsgeldes** auch nicht deswegen, weil der Pflichtige zur Zahlung des Zwangsgeldes nicht in der Lage ist, denn im Fall der **Uneinbringlichkeit** der festgesetzten Zwangsgelder kann das Amtsgericht auf Antrag des FA Ersatzzwangshaft anordnen (BFH v. 22.05.2001, VII R 79/00, BFH/NV 2001, 1369; s. § 334 AO). **9**

**Zuständige Behörde** für die Festsetzung eines Zwangsmittels und das damit im Zusammenhang stehende Verfahren ist nicht die Vollstreckungsbehörde, sondern diejenige Behörde, die den Verwaltungsakt, der durchgesetzt werden soll, erlassen hat (§ 328 Abs. 1 Satz 3 AO; s. § 249 AO Rz. 7). **10**

## § 329 AO
## Zwangsgeld

**Das einzelne Zwangsgeld darf 25 000 Euro nicht übersteigen.**

Das Zwangsgeld gehört zu den steuerlichen Nebenleistungen (§ 3 Abs. 4 AO).

Das einzelne Zwangsgeld darf 25 000 EUR nicht übersteigen, zulässig ist jedoch die wiederholte Festsetzung (nach Androhung gem. § 332 AO) eines entsprechenden Zwangsgeldes, wenn das geforderte Verhalten trotz des festgesetzten Zwangsgeldes nicht erfolgt. Vor Festsetzung eines weiteren Zwangsgeldes ist nicht erforderlich, dass das vorangegangene entrichtet ist. Das Gesetz sieht einen solchen Grundsatz nicht vor (s. § 332 AO Rz. 8).

3 Bei der **Höhe des Zwangsgeldes** muss die Finanzbehörde alle maßgeblichen Umstände des Einzelfalls, insbes. den mit ihm verfolgten Zweck (s. § 328 Abs. 2 Satz 2 AO) beachten. Im Vordergrund hat der aus der Verfassung abgeleitete Grundsatz der Verhältnismäßigkeit zu stehen (s. § 328 AO Rz. 9). Hierbei wird aber auch das bisherige Verhalten des Betroffenen, insbes. das Ausmaß seiner bisher an den Tag gelegten Renitenz oder Nachlässigkeit zu berücksichtigen sein.

## § 330 AO
## Ersatzvornahme

**Wird die Verpflichtung, eine Handlung vorzunehmen, deren Vornahme durch einen anderen möglich ist (vertretbare Handlung), nicht erfüllt, so kann die Vollstreckungsbehörde einen anderen mit der Vornahme der Handlung auf Kosten des Pflichtigen beauftragen.**

1 Die Ersatzvornahme kommt in der Praxis kaum zur Anwendung. Terminologisch setzt sie voraus, dass ein anderer die Handlung erfüllt. Dies kann nicht die Behörde selbst sein. In diesem Fall liegt unmittelbarer Zwang vor (§ 331 AO).

2 Die Ersatzvornahme kommt nur bei solchen Handlungen in Frage, die als **vertretbare Handlungen** der Vornahme durch einen Dritten zugänglich sind, etwa die Aufstellung von Bilanzen oder die Fertigung bzw. Zusammenstellung von steuerlich relevanten Aufzeichnungen verschiedenster Art.

3 Nach § 332 Abs. 4 AO ist in der Androhung der Ersatzvornahme der Kostenbetrag vorläufig zu veranschlagen.

## § 331 AO
## Unmittelbarer Zwang

**Führen das Zwangsgeld oder die Ersatzvornahme nicht zum Ziele oder sind sie untunlich, so kann die Finanzbehörde den Pflichtigen zur Handlung, Duldung oder Unterlassung zwingen oder die Handlung selbst vornehmen.**

Unmittelbarer Zwang liegt vor, wenn die Finanzbehörde die geforderte Handlung selbst vornimmt oder den Pflichtigen zur Handlung, Duldung oder Unterlassung durch Anwendung von **physischer oder psychischer Gewalt** zwingt. 1

Zur Anwendung von Gewalt durch den Vollziehungsbeamten s. § 287 Abs. 3 AO. 2

Der unmittelbare Zwang darf nur dann ausgeübt werden, wenn Zwangsgeld oder Ersatzvornahme nicht zum Ziele führen oder untunlich sind. Die Voraussetzungen für die Anwendung des unmittelbaren Zwangs sind z. B. erfüllt, wenn ohne ihn die Vernichtung von Beweismitteln nicht verhindert werden, die Gegenüberstellung einer Auskunftsperson mit dem Steuerpflichtigen nicht erreicht, die erforderliche unverzügliche Öffnung eines Behältnisses oder das Betreten eines Raumes nicht ermöglicht werden kann. 3

Bei der Anwendung des unmittelbaren Zwangs wird die Finanzbehörde in **besonderem Maße Zurückhaltung** üben und sich auf die Mittel beschränken müssen, durch die der Betroffene am wenigsten beeinträchtigt wird (s. § 328 Abs. 2 Satz 1 AO). Ggf. kann sich die Finanzbehörde bei der Ausübung des unmittelbaren Zwangs im Wege der Amtshilfe der Hilfe anderer Behörden bedienen, insbes. der Polizei (§§ 111 ff. AO). 4

## § 332 AO
## Androhung der Zwangsmittel

**(1) Die Zwangsmittel müssen schriftlich angedroht werden. Wenn zu besorgen ist, dass dadurch der Vollzug des durchzusetzenden Verwaltungsakts vereitelt wird, genügt es, die Zwangsmittel mündlich oder auf andere nach der Lage gebotene Weise anzudrohen. Zur Erfüllung der Verpflichtung ist eine angemessene Frist zu bestimmen.**

**(2) Die Androhung kann mit dem Verwaltungsakt verbunden werden, durch den die Handlung, Duldung oder Unterlassung aufgegeben wird. Sie muss sich auf ein bestimmtes Zwangsmittel beziehen und für jede einzelne Verpflichtung getrennt ergehen. Zwangsgeld ist in bestimmter Höhe anzudrohen.**

**(3) Eine neue Androhung wegen derselben Verpflichtung ist erst dann zulässig, wenn das zunächst angedrohte Zwangsmittel erfolglos ist. Wird vom Pflichtigen ein Dulden oder Unterlassen gefordert, so kann das Zwangsmittel für jeden Fall der Zuwiderhandlung angedroht werden.**

**(4) Soll die Handlung durch Ersatzvornahme ausgeführt werden, so ist in der Androhung der Kostenbetrag vorläufig zu veranschlagen.**

**Inhaltsübersicht**



## A. Bedeutung der Vorschrift

1 Das Zwangsmittelverfahren beinhaltet **mehrere Stadien.** Befolgt der Pflichtige ein bestimmtes Tun, Dulden oder Unterlassen nicht, wird zunächst ein bestimmtes Zwangsmittel verbunden mit einer angemessenen Erfüllungsfrist angedroht, sodann nach Ablauf der Frist das Zwangsmittel festgesetzt und schließlich vollstreckt. Das Zwangsmittelverfahren wird nur solange betrieben, bis der Pflichtige dem geforderten Verhalten nachkommt (s. § 328 AO Rz. 2). Häufig wird schon die Androhung des Zwangsmittels ausreichen. § 332 AO normiert Anforderungen an Form und Inhalt einer Zwangsmittelandrohung.

2 Zwangsmittelandrohung und Zwangsmittelfestsetzung (§ 333 AO) sind **selbstständige Verwaltungsakte.** Sie müssen sich grundsätzlich gegen den Pflichtigen (§ 328 AO), d.h. die Person richten, von der eine Handlung, Duldung oder Unterlassung verlangt wird (Inhaltsadressat). Die Bekanntgabe an den Bevollmächtigten ist aber zulässig (§ 122 Abs. 1 Satz 3 AO; BFH v. 23.11.1999, VII R 38/99, BStBl II 2001, 463).

## B. Tatbestandliche Voraussetzungen

3 Zwangsmittel müssen grundsätzlich **schriftlich angedroht** werden (§ 332 Abs. 1 Satz AO; zu den Anforderungen an einen schriftlichen Verwaltungsakt s. §§ 119 Abs. 3, 121 AO). Lediglich wenn Gefahr besteht, dass durch vorherige schriftliche Androhung der Vollzug des durchzusetzenden Verwaltungsakts vereitelt wird, genügt die **mündliche** oder nach Lage sonst gebotene Androhung (§ 332 Abs. 1 Satz 2 AO). Eine mündliche Androhung wird insbes. in Bezug auf die Anwendung unmittelbaren Zwangs (§ 331 AO) in Frage kommen.

4 Zur Erfüllung der Verpflichtung ist eine **angemessene Frist** zu bestimmen (§ 332 Abs. 1 Satz 3 AO). Welche Frist angemessen ist, richtet sich nach den Umständen des Einzelfalls. Während im Normalfall eine Frist von mindestens einer Woche angemessen sein dürfte, kann bei der Androhung unmittelbaren Zwangs eine Frist von wenigen Minuten, im Einzelfall sogar von Sekunden, angemessen sein. Ist der Verwaltungsakt auf Unterlassung gerichtet, kann eine Fristsetzung der Natur der Sache nach regelmäßig nicht in Frage kommen.

Gemäß § 332 Abs. 2 Satz 1 AO kann die Finanzbehörde nach ihrem Ermessen die Androhung mit dem **Verwaltungsakt verbinden,** der die Handlung, Duldung oder Unterlassung anordnet. Tut sie dies, bleibt die Androhung dennoch ein selbstständiger Verwaltungsakt, der selbstständig angefochten werden kann. Durch die Verbindung der VAe liegt auch kein Verstoß gegen die Vollstreckungsschutzfrist des § 254 Abs. 1 Satz 1 AO vor (BFH v. 06.11.2003, VII B 149/03, BFH/NV 2004, 159). 5

Die Androhung muss sich auf ein **bestimmtes Zwangsmittel** beziehen, bei Androhung eines Zwangsgelds dessen betragsmäßige Höhe nennen (§ 332 Abs. 2 Sätze 2 und 3 AO; Ausfluss von § 119 Abs. 1 AO). Eine pauschale Androhung von Zwangsmitteln zur Durchsetzung mehrerer einzelner Verpflichtungen ist nicht zulässig (§ 332 Abs. 2 Satz 2 AO; BFH v. 28.10.2009, VIII R 78/05, BStBl II 2010, 455). Der Pflichtige muss die Konsequenzen jeder einzelnen Pflichtverletzung abschätzen können. § 332 Abs. 2 Satz 2 AO erfordert aber nicht, dass verschiedene Zwangsmittelandrohungen in jeweils gesonderten Schriftstücken ergehen müssen (BFH v. 06.11.2003, VII B 149/03, BFH/NV 2004, 159; BFH v. 06.10.2003, VII B 199/03, BFH/NV 2004, 309). Entscheidend ist, dass aus der Verfügung eindeutig ersichtlich ist, welches Zwangsmittel sich auf welche Verpflichtung bezieht. 6

Bei Androhung von Ersatzvornahme ist in dem Verwaltungsakt der **Kostenbetrag** vorläufig zu veranschlagen (§ 332 Abs. 4 AO). 7

Hinsichtlich ein und derselben Verpflichtung darf ein neues Zwangsmittel erst dann angedroht werden, wenn das zunächst angedrohte **Zwangsmittel erfolglos** ist (§ 332 Abs. 3 Satz 1 AO). Ein derartiger wiederholter Zwang wird grundsätzlich nur beim Zwangsgeld (§ 329 AO) in Frage kommen, wobei ein Zwangsgeld schon dann erfolglos ist, wenn der Betroffene die von ihm geforderte Handlung trotz der Festsetzung nicht vorgenommen hat. Die vorherige Entrichtung des festgesetzten Zwangsgelds ist nicht Voraussetzung für die Erfolglosigkeit des Zwangsgeldes (wie hier *Drüen* in Tipke/Kruse, § 329 AO Rz. 9; *Werth* in Klein, § 329 AO Rz. 2; a. A. *Hohrmann* in HHSp, § 332 AO Rz. 20; FG Bre v. 28.03.2000, 299226 K 2, EFG 2000, 721). Auf der anderen Seite ist die Verbindung der Festsetzung eines Zwangsgelds mit der Androhung eines weiteren nicht zulässig (auch s. § 329 AO Rz. 2). 8

Fordert die Finanzbehörde vom Pflichtigen ein **Dulden oder Unterlassen**, kann in einer Androhung für jeden Fall der Zuwiderhandlung ein Zwangsmittel (Zwangsgeld) angedroht werden (§ 332 Abs. 3 Satz 2 AO).

10 Zu beachten ist auch § 334 Abs. 1 Satz 1 AO, wonach die Anordnung einer **Ersatzzwangshaft** bei Uneinbringlichkeit eines festgesetzten Zwangsgeldes nur zulässig ist, wenn auf diese Möglichkeit bei der Androhung des Zwangsgelds hingewiesen worden ist.

### C. Rechtsschutz

11 Gegen die Androhung des Zwangsmittels (Verwaltungsakt) kann der Betroffene Einspruch (§ 347 Abs. 1 Nr. 1 AO) und ggf. Anfechtungsklage (§ 40 Abs. 1 FGO) erheben. Aber s. § 333 AO Rz. 7.

## § 333 AO
## Festsetzung der Zwangsmittel

**Wird die Verpflichtung innerhalb der Frist, die in der Androhung bestimmt ist, nicht erfüllt oder handelt der Pflichtige der Verpflichtung zuwider, so setzt die Finanzbehörde das Zwangsmittel fest.**

**Inhaltsübersicht**



### A. Bedeutung der Vorschrift

1 Nächster Schritt nach der Zwangsmittelandrohung ist die Festsetzung des Zwangsmittels. Ebenso wie die Androhung ist auch die Festsetzung ein **selbständiger Verwaltungsakt** (s. § 332 AO Rz. 2).

2 Das Zwangsgeld als steuerliche Nebenleistung (§ 3 Abs. 4 AO) entsteht mit dem Wirksamwerden seiner Festsetzung (§ 124 Abs. 1 AO). Es wird mit der Bekanntgabe fällig (§ 220 Abs. 2 Satz 2 AO).

### B. Tatbestandliche Voraussetzungen

3 Im Unterschied zur Zwangsmittelandrohung (§ 332 Abs. 1 Satz 1 AO) ist für die Festsetzung der Zwangsmittel **keine** Form vorgeschrieben.

4 Die Festsetzung des Zwangsmittels ist zulässig, wenn (1.) das Zwangsmittel angedroht worden ist, (2.) die in der Androhung für die Erfüllung der Verpflichtung bestimmte Frist abgelaufen ist (Ausnahme beim Unterlassen s. § 332 AO Rz. 3) und (3.) der Pflichtige die durchzusetzende Handlung nicht vorgenommen bzw. der Verpflichtung zur Duldung oder Unterlassung zuwider gehandelt hat.

Aus Sinn und Zweck der Zwangsmittel folgt, dass sie im zeitlichen Zusammenhang mit dem Ablauf der in der Androhungsverfügung bestimmten Frist festgesetzt werden müssen. Geschieht dies nicht, kann nach **Treu und Glauben** die Annahme gerechtfertigt sein, dass das FA auf die Durchsetzung der angedrohten Zwangsmittel verzichtet (BFH v. 22.05.2001, VII R 79/00, BFH/NV 2001, 1369). 5

Derjenige Verwaltungsakt, der mit dem Zwangsmittel durchgesetzt werden soll, darf weder zurückgenommen oder widerrufen sein, noch seine Vollziehung ausgesetzt (§§ 361, 69 FGO, s. § 251 Abs. 1 AO). Entsprechendes gilt für eine angefochtene Zwangsgeldandrohung (s. § 332 AO Rz. 10). 6

### C. Rechtsschutz

Gegen die Festsetzung des Zwangsmittels (Verwaltungsakt) kann der Betroffene **Einspruch** (s. § 347 AO (Abs. 1 Nr. 1)) und ggf. **Anfechtungsklage** (s. § 40 FGO (Abs. 1)) erheben. Im Anfechtungsverfahren kann der Betroffene mit Einwendungen gegen die Rechtmäßigkeit des durchzusetzenden Verwaltungsakts und gegen die Rechtmäßigkeit der Zwangsmittelandrohung und der mit ihr verbundenen Fristsetzung nicht gehört werden (§ 256 AO; BFH v. 13.02.1996, VII R 43/95, BFH/NV 1996, 530). Eine Ausnahme besteht nur für solche Verfügungen, die nichtig und damit unwirksam sind (§ 124 Abs. 3 AO). Die Prüfungsbefugnis des FG ist im Übrigen auf etwaige **Ermessensfehler** des FA beschränkt (§ 102 FGO; BFH v. 06.11.2012, VII R 72/11, BStBl II 2013, 141). 7

Das gegen die Festsetzung des Zwangsmittels eingeleitete Rechtsbehelfsverfahren erledigt sich im Falle der Festsetzung eines Zwangsgeldes nicht dadurch, dass das Zwangsgeld inzwischen entrichtet (beigetrieben) worden ist (gemäß § 335 AO nur Einstellung des Vollzugs), oder dadurch, dass der Pflichtige nach Entrichtung des Zwangsgelds die Anordnung befolgt hat (BFH v. 07.10.2009, VII B 28/09, BFH/NV 2010, 385). Die Zwangsgeldfestsetzung ist der Rechtsgrund dafür, dass das FA die gezahlten Beträge behalten darf. Stellt das FA den Vollzug des festgesetzten Zwangsgeldes nach Erfüllung der Verpflichtung ein (s. § 335 AO), wird ein anhängiger Rechtsbehelf mangels Beschwer unzulässig (BFH v. 27.09.2011, VII B 84/11, BFH/NV 2012, 57). 8

## § 334 AO
## Ersatzzwangshaft

**(1) Ist ein gegen eine natürliche Person festgesetztes Zwangsgeld uneinbringlich, so kann das Amtsgericht auf Antrag der Finanzbehörde nach Anhö-**

**rung des Pflichtigen Ersatzzwangshaft anordnen, wenn bei Androhung des Zwangsgeldes hierauf hingewiesen worden ist. Ordnet das Amtsgericht Ersatzzwangshaft an, so hat es einen Haftbefehl auszufertigen, in dem die antragstellende Behörde, der Pflichtige und der Grund der Verhaftung zu bezeichnen sind.**

**(2) Das Amtsgericht entscheidet nach pflichtgemäßem Ermessen durch Beschluss. Örtlich zuständig ist das Amtsgericht, in dessen Bezirk der Pflichtige seinen Wohnsitz oder in Ermangelung eines Wohnsitzes seinen gewöhnlichen Aufenthalt hat. Der Beschluss des Amtsgerichts unterliegt der Beschwerde nach den §§ 567 bis 577 der Zivilprozessordnung.**

**(3) [1]Die Ersatzzwangshaft beträgt mindestens einen Tag, höchstens zwei Wochen. [2]Die Vollziehung der Ersatzzwangshaft richtet sich nach den § 802g Abs. 2 und § 802h der Zivilprozessordnung und den §§ 171 bis 175 des Strafvollzugsgesetzes.**

**(4) Ist der Anspruch auf das Zwangsgeld verjährt, so darf die Haft nicht mehr vollstreckt werden.**

**Inhaltsübersicht**



## A. Bedeutung der Vorschrift

1 Die Ersatzzwangshaft hat – wie alle Zwangsmittel – keinen Strafcharakter, sie ist – nur – ein **Beugemittel** um den Pflichtigen zu einem bestimmten Verhalten zu bewegen (s. § 328 AO Rz. 2). Die Haft führt zu einer Einschränkung des Grundrechts auf körperliche Unversehrtheit und Freiheit der Person (Art. 2 Abs. 2 GG). Dem Zitiergebot (Art. 19 Abs. 1 Satz 2 GG) kommt § 413 AO nach.

## B. Tatbestandliche Voraussetzungen

2 Voraussetzung für die Anordnung einer Ersatzzwangshaft ist, (1.) dass ein gegen eine natürliche Person festgesetztes Zwangsgeld (§ 329 AO) uneinbringlich ist, (2.) die Androhung des Zwangsgeldes einen entsprechenden Hinweis enthielt und (3.) der Verpflichtete die auferlegte Verpflichtung nicht erfüllt bzw. ihr zuwidergehandelt hat. Ob diese Voraussetzungen vorliegen, unterliegt der ausschließlichen Prüfung und Feststellung des für die Anordnung der Ersatzzwangshaft zuständigen Amtsgerichts. Es entscheidet nach pflichtgemäßem Ermessen durch **Beschluss** (§ 334 Abs. 2 Satz 1 AO).

**Uneinbringlich** ist ein festgesetztes Zwangsgeld, wenn die Finanzbehörde die Vollstreckung nach §§ 259 ff. AO entweder vergeblich versucht oder nur deshalb unterlassen hat, weil nach den getroffenen Feststellungen (s. § 249 Abs. 2 AO) feststeht, dass Vollstreckungsmaßnahmen aussichtslos sind. Die Finanzbehörde (Vollstreckungsbehörde) wird dabei alle sich nach ihrer Kenntnis anbietenden Vollstreckungsmöglichkeiten nutzen müssen.

Vor Anordnung der Ersatzzwangshaft muss das Amtsgericht den Pflichtigen **anhören** (§ 334 Abs. 1 Satz 1 AO). 4
Die Anordnung hat die Ausfertigung eines Haftbefehls zur Folge, in dem die antragstellende Finanzbehörde, der Pflichtige und der Grund der Verhaftung bezeichnet werden müssen (§ 334 Abs. 1 Satz 2 AO).

Die **Dauer der Ersatzzwangshaft** beträgt mindestens 5
einen Tag, höchstens zwei Wochen (§ 334 Abs. 3 Satz 1 AO). Sie ist ebenfalls vom zuständigen Amtsgericht nach pflichtgemäßem Ermessen zu bestimmen (§ 334 Abs. 2 AO). Die Höchstdauer gilt nur hinsichtlich des einzelnen Zwangsgelds, das uneinbringlich war. Bei wiederholtem Zwangsgeld ist mehrfache Haft zulässig, die per Summe zwei Wochen übersteigen darf.

Wird das Zwangsgeld vor Haftantritt entrichtet, darf 6
die Haft nicht mehr vollzogen, bei späterer Entrichtung nicht mehr fortgesetzt werden. Beachte auch § 335 AO.

Für die **Vollziehung der Ersatzzwangshaft** gelten 7
§ 802g Abs. 2 und § 802h ZPO sowie §§ 171 bis 175 Strafvollzugsgesetz entsprechend.

**§ 802g ZPO Erzwingungshaft**

(1) ...

(2) Die Verhaftung des Schuldners erfolgt durch einen Gerichtsvollzieher. Der Gerichtsvollzieher händigt dem Schuldner von Amts wegen bei der Verhaftung eine beglaubigte Abschrift des Haftbefehls aus.

**§ 802h ZPO Unzulässigkeit der Haftvollstreckung**

(1) Die Vollziehung des Haftbefehls ist unstatthaft, wenn seit dem Tag, an dem der Haftbefehl erlassen wurde, zwei Jahre vergangen sind.

(2) Gegen einen Schuldner, dessen Gesundheit durch die Vollstreckung der Haft einer nahen und erheblichen Gefahr ausgesetzt würde, darf, solange dieser Zustand dauert, die Haft nicht vollstreckt werden.

**§ 171 StVollzG Grundsatz**

Für den Vollzug einer gerichtlich angeordneten Ordnungs-, Sicherungs-, Zwangs- und Erzwingungshaft gelten § 119 Abs. 5 und 6 der Strafprozessordnung sowie die Vorschriften über den Vollzug der Freiheitsstrafe (§§ 3 bis 49, 51 bis 121, 179 bis 187) entsprechend, soweit nicht Eigenart und Zweck der Haft entgegenstehen oder im folgenden etwas anderes bestimmt ist.

**§ 172 StVollzG Unterbringung**

Eine gemeinsame Unterbringung während der Arbeit, Freizeit und Ruhezeit (§§ 17 und 118) ist nur mit Einwilligung des Gefangenen zulässig. Dies gilt nicht, wenn Ordnungshaft in Unterbrechung einer Strafhaft oder einer Unterbringung im Vollzuge einer freiheitsentziehenden Maßregel der Besserung und Sicherung vollzogen wird.

**§ 173 StVollzG Kleidung, Wäsche und Bettzeug**

Der Gefangene darf eigene Kleidung, Wäsche und eigenes Bettzeug benutzen, wenn Gründe der Sicherheit nicht entgegenstehen und der Gefangene für Reinigung, Instandsetzung und regelmäßigen Wechsel auf eigene Kosten sorgt.

**§ 174 StVollzG Einkauf**

Der Gefangene darf Nahrungs- und Genussmittel sowie Mittel zur Körperpflege in angemessenem Umfang durch Vermittlung der Anstalt auf eigene Kosten erwerben.

**§ 175 StVollzG Arbeit**

Der Gefangene ist zu einer Arbeit, Beschäftigung oder Hilfstätigkeit nicht verpflichtet.

8 Ist der Anspruch auf Zwangsgeld verjährt (§§ 228 ff. AO), darf die Haft nicht mehr vollstreckt werden (§ 334 Abs. 4 AO). Durch die Haftanordnung wird die Verjährung des Zwangsgelds nicht unterbrochen.

### C. Rechtsschutz

9 Der Antrag des FA an das Amtsgericht ist kein Verwaltungsakt, mithin als zwischenbehördlicher Akt ohne Regelungscharakter und Außenwirkung nicht anfechtbar (BFH v. 18.11.1986, VII S 16/86, BFH/NV 1987, 669; *Hohrmann* in HHSp, § 334 AO Rz. 16; *Drüen* in Tipke/Kruse, § 334 AO Rz. 8; a.A. *Werth* in Klein, § 334 AO Rz. 7).

10 Gegen den Beschluss des Amtsgerichts auf Anordnung der Ersatzzwangshaft ist die **sofortige Beschwerde** gegeben (§ 334 Abs. 2 Satz 3 AO i.V.m. §§ 567 bis 577 ZPO).

## § 335 AO Beendigung des Zwangsverfahrens

**Wird die Verpflichtung nach Festsetzung des Zwangsmittels erfüllt, so ist der Vollzug einzustellen.**

#### Inhaltsübersicht



#### Schrifttum

Strunk, Probleme bei der Beendigung des Zwangsverfahrens (§ 335 AO), DStZ 1992, 208.

### A. Bedeutung der Vorschrift

Entsprechend dem **Zweck der Festsetzung von Zwangsmitteln**, auf den Willen des Verpflichteten einzuwirken, ordnet die Vorschrift die Einstellung des Vollzugs festgesetzter Zwangsmittel für den Fall an, dass die Verpflichtung erfüllt wird. Sie gilt entsprechend bei Erfüllung vor Festsetzung. Die Bestimmung erlangt vor allem bei der Zwangsgeldfestsetzung und Anordnung der Ersatzzwangshaft Bedeutung. Durch die zwingend angeordnete Einstellung des Vollzugs wird deutlich, dass die Zwangsmittelfestsetzung grundsätzlich **keine Repressalie** (**Ungehorsamsfolge**, auch s. § 328 AO Rz. 2) darstellt, sondern gegenstandslos wird, wenn sich der Betroffene beugt (s. § 333 AO Rz. 8). 1

### B. Tatbestandliche Voraussetzungen

**Einstellung des Vollzugs** bedeutet bei Ersatzzwangshaft (§ 334 AO) deren sofortige Beendigung und beinhaltet damit eine Verpflichtung der Finanzbehörde, das Amtsgericht von der Erfüllung der zu erzwingenden Verpflichtung zu verständigen. 2

Bei Erfüllung vor Erlöschen des Zwangsgeldanspruchs (§ 329 AO) bedeutet Einstellen des Vollzugs das Unterlassen jeder auf Verwirklichung dieses Anspruchs gerichteter Handlungen (Mahnung, Beitreibung, Aufrechnung). **Erstattung** bereits entrichteter Zwangsgelder kommt nicht in Betracht (BFH v. 11.01.2007, VII B 262/06, BFH/NV 2007, 1142). Eine Ausnahme besteht nur für solche Beträge, die erst nach Erfüllung der Verpflichtung entrichtet werden (s. dazu auch *Strunk*, DStZ 1992, 208); dies soll nach Auffassung des FG Bre (v. 03.04.1997, 2 97 002 K 2, EFG 1997, 781) auch für die Beträge gelten, die das FA aufgrund einer ihm vom Pflichtigen erteilten Einzugsermächtigung vor Erfüllung der Verpflichtung abgebucht hat und die der Pflichtige durch Widerspruch gegenüber seiner Bank wieder rückgängig gemacht hat. 3

## 2. Unterabschnitt Erzwingung von Sicherheiten

## § 336 AO Erzwingung von Sicherheiten

**(1) Wird die Verpflichtung zur Leistung von Sicherheiten nicht erfüllt, so kann die Finanzbehörde geeignete Sicherheiten pfänden.**

**(2) Der Erzwingung der Sicherheit muss eine schriftliche Androhung vorausgehen. Die §§ 262 bis 323 sind entsprechend anzuwenden.**

**Inhaltsübersicht**



## A. Bedeutung der Vorschrift

1 Die Vorschrift ist eine spezialgesetzlich geregelter Fall einer Vollstreckung »anderer Leistungen als Geldforderungen« (§ 328 Abs. 1 Satz 2 AO). Eine Erzwingung von Sicherheiten im Wege der Androhung und Festsetzung von Zwangsmitteln i. S. der §§ 328 ff. AO ist unzulässig.

## B. Tatbestandliche Voraussetzungen

2 Sicherheiten i. S. von § 336 AO sind solche, die auf Grund Gesetzes oder auf Grund gesetzmäßiger Anordnung der Finanzbehörden geschuldet werden (z. B. gemäß § 221 AO), nicht jedoch solche, deren Leistung Bedingung für das Wirksamwerden eines Verwaltungsaktes ist, wie z. B. bei der Stundung oder Aussetzung der Vollziehung gegen Sicherheitsleistung (§§ 222, 361 AO).

3 Die Erzwingung der Sicherheit erfolgt durch **Pfändung** (§ 336 Abs. 1 AO); ihr muss eine **schriftliche Androhung** vorausgehen (§ 336 Abs. 2 Satz 1 AO). Die §§ 262 bis 323 AO sind entsprechend anzuwenden (§ 336 Abs. 2 Satz 2 AO), soweit sie im Hinblick auf das beschränkte Ziel der Vollstreckungsmaßnahme (Erlangung der Sicherheit, keine Verwertung) in Betracht kommen. Die Verwertung von Sicherheiten richtet sich nach § 327 AO.

## C. Rechtsschutz

4 Androhung und Pfändung sind selbständig mit dem **Einspruch** und ggf. der **Anfechtungsklage** anfechtbare Verwaltungsakte (§ 347 Abs. 1 Nr. 1 AO, § 40 Abs. 1 FGO).

5 Da die **Androhung** keinen vollziehbaren Inhalt hat, kann gegen sie vorläufiger Rechtsschutz nur im Wege einer **einstweiligen Anordnung** (§ 114 FGO) gewährt werden (BFH v. 03.04.1979, VII B 104/78, BStBl II 1979, 381).

# Vierter Abschnitt: Kosten

# § 337 AO Kosten der Vollstreckung

**(1) Im Vollstreckungsverfahren werden Kosten (Gebühren und Auslagen) erhoben. Schuldner dieser Kosten ist der Vollstreckungsschuldner.**
**(2) Für das Mahnverfahren werden keine Kosten erhoben.**

**Inhaltsübersicht**



**Schrifttum**


Kraemer, Kosten im Vollstreckungsverfahren, DStZ 1988, 515; Lemaire, Kostentragung nach Pfändungsmaßnahmen, AO-StB 2004, 377; Kranenberg, Vollstreckung von Vollstreckungskosten, AO-StB 2013, 121.


## A. Bedeutung der Vorschrift

Das Handeln der Finanzverwaltung ist grundsätzlich kostenfrei. Kosten können nur erhoben werden, wenn das Gesetz dies ausdrücklich anordnet (z. B. § 89 Abs. 4 bis 5 AO – Kostenpflichtigkeit der verbindlichen Auskunft). Für die Kosten der Vollstreckung regeln §§ 337 ff. AO eine Ausnahme der Kostenfreiheit. 1

§ 337 Abs. 1 AO wurde durch das Gesetz zur Umsetzung von EU-Richtlinien in nationales Steuerrecht und zur Änderung weiterer Vorschriften (Richtlinien-Umsetzungsgesetz – EURLUmsG) vom 09.12.2004 (BGBl. I 2004, 3310) redaktionell geändert. 2

## B. Tatbestandliche Voraussetzungen

Unter Kosten der Vollstreckung versteht das Gesetz Gebühren und Auslagen (§ 337 Abs. 1 AO). Sie werden nicht vor der Bekanntgabe der Festsetzung (Kostenansatz) fällig (§ 220 Abs. 2 Satz 2 AO). Wegen der Kostenfestsetzung s. § 346 Abs. 2 AO. 3

**Schuldner der Kosten** ist der Vollstreckungsschuldner, also derjenige, gegen den sich das Vollstreckungsverfahren nach § 249 AO richtet (§ 253 AO). 4

Das Mahnverfahren ist **kostenfrei** (§ 337 Abs. 2 AO). 5

## § 338 AO
## Gebührenarten

**Im Vollstreckungsverfahren werden Pfändungsgebühren (§ 339), Wegnahmegebühren (§ 340) und Verwertungsgebühren (§ 341) erhoben.**

Die Vorschrift beinhaltet eine **abschließende** Aufzählung der Gebühren, die erhoben werden dürfen. Eine entsprechende Anwendung auf andere Aufwendungen der Vollstreckungsbehörden ist nicht zulässig.

## § 339 AO
## Pfändungsgebühr

**(1) Die Pfändungsgebühr wird erhoben für die Pfändung von beweglichen Sachen, von Tieren, von Früchten, die vom Boden noch nicht getrennt sind, von Forderungen und von anderen Vermögensrechten.**

**(2) Die Gebühr entsteht:**

**1. sobald der Vollziehungsbeamte Schritte zur Ausführung des Vollstreckungsauftrags unternommen hat,**

**2. mit der Zustellung der Verfügung, durch die eine Forderung oder ein anderes Vermögensrecht gepfändet werden soll.**

**(3) Die Gebühr beträgt 26 Euro.**

**(4) Die Gebühr wird auch erhoben, wenn**

**1. die Pfändung durch Zahlung an den Vollziehungsbeamten abgewendet wird,**

**2. auf andere Weise Zahlung geleistet wird, nachdem sich der Vollziehungsbeamte an Ort und Stelle begeben hat,**

**3. ein Pfändungsversuch erfolglos geblieben ist, weil pfändbare Gegenstände nicht vorgefunden wurden, oder**

**4. die Pfändung in den Fällen des § 281 Abs. 3 dieses Gesetzes sowie der §§ 812 und 851b Abs. 1 der Zivilprozessordnung unterbleibt.**

**Wird die Pfändung auf andere Weise abgewendet, wird keine Gebühr erhoben.**

**Inhaltsübersicht**



### A. Bedeutung der Vorschrift

Die Vorschrift betrifft die Pfändungsgebühr. Sie regelt den Gegenstand, den Entstehungszeitpunkt und die Höhe der Gebühr. 1

§ 339 AO wurde durch das EURLUmsG (s. § 337 AO Rz. 2) vollkommen neu gefasst. Als wesentliche Änderung tritt die **Festgebühr** an die Stelle der bisherigen Wertgebühren (§ 339 Abs. 3 AO). Die gemäß § 1 Ermäßigungs-AnpassungsVO geltende Ermäßigung für Pfändungen in den neuen Bundesländern ist zum 01.01.2005 entfallen. Bis zum 31.12.2004 bemaß sich die Gebühr nach der Summe der zu vollstreckenden Beträge (zur Verfassungsmäßigkeit BFH v. 03.12.2008, VII B 65/08, BFH/NV 2009, 707). 2

### B. Tatbestandliche Voraussetzungen

#### I. Gegenstand der Gebühr

Die Pfändungsgebühr wird sowohl erhoben für die Pfändung des Vollziehungsbeamten (**Sachpfändung**) als auch für **Forderungspfändungen** durch die Vollstreckungsstellen. Die Unterscheidung zwischen Sach- und Forderungspfändung hat nur noch Bedeutung für den Zeitpunkt der Entstehung der Pfändungsgebühr. 3

#### II. Entstehung der Gebühr

Die Gebühr für **Pfändungsmaßnahmen** des Vollziehungsbeamten (§ 285 AO) entsteht, sobald er Schritte zur Ausführung des Vollstreckungsauftrags unternommen hat (§ 339 Abs. 2 Nr. 1 AO), d. h. nach außen in Erscheinung tretende Handlungen, die unmittelbar dessen Ausführung dienen. Sie wird für die Durchführung eines Vollstreckungsauftrags nur einmal erhoben, unabhängig von der Anzahl der gepfändeten Gegenstände und unabhängig davon, wie oft der Vollziehungsbeamte tätig werden musste. 4

Für die **Pfändung von Forderungen** entsteht die Gebühr gemäß § 339 Abs. 2 Nr. 2 AO mit dem Wirksamwerden jeder einzelnen Pfändungsverfügung, nämlich mit der Zustellung der Pfändungsverfügung an den Drittschuldner (§ 309 Abs. 2 Satz 1 AO) bzw. an den Vollstreckungsschuldner (§ 321 Abs. 2 AO). Für die Einziehung der Forderung wird keine besondere Gebühr erhoben. Für sie können allerdings Auslagen entstehen (§ 344 AO). 5

#### III. Höhe der Gebühr

Die Höhe der Gebühr beträgt für alle Pfändungsmaßnahmen **einheitlich 26 EUR**. Nach Einführung dieser Festgebühr zum 01.01.2005 kommt es auf die Höhe der zu 6 vollstreckenden Beträge nicht mehr an. Eine Gebührentabelle, wie sie die bis 31.12.2004 geltende Rechtslage vorsah (§ 339 Abs. 4 AO a. F.), ist ebenso entfallen, wie die Ermäßigung der Gebühr auf die Hälfte in besonderen Fällen (§ 339 Abs. 5 AO a. F.).

### IV. Erhebung der Gebühr bei Abwendung der Pfändung

7 Die Gebühr wird auch erhoben, wenn die Pfändung durch Zahlung an den Vollziehungsbeamten abgewendet wird (§§ 339 Abs. 4 Nr. 1, 292 AO), wenn auf andere Weise Zahlung geleistet wird, nachdem der Vollziehungsbeamte an Ort und Stelle erschienen ist (§ 339 Abs. 4 Nr. 2 AO), wenn der Pfändungsversuch mangels pfändbarer Gegenstände fruchtlos geblieben ist (§ 339 Abs. 4 Nr. 3 AO), die Pfändung unterbleibt, weil kein Überschuss über die Kosten der Vollstreckung zu erwarten ist (s. § 281 AO Rz. 5), bzw. im Falle von Hausrat der erzielbare Erlös zu dem Wert der Gegenstände außer Verhältnis steht (§ 812 ZPO) und wenn die Pfändung unterbleibt, weil gemäß § 851b Abs. 1 ZPO Pfändungsschutz für Miet- und Pachtzinsen besteht, der auch die daraus herrührenden Barmittel und Guthaben umfasst.

8 § 339 Abs. 4 AO enthält eine **abschließende Aufzählung** der Fälle für den Bestand der Pfändungsgebühr. Dies bedeutet: Wird die Pfändung auf andere Weise abgewendet, entfällt die Pfändungsgebühr (§ 339 Abs. 4 Satz 2 AO), so z. B. beim Nachweis der Zahlung an die Finanzkasse oder beim Nachweis von Stundung, Aussetzung der Vollziehung oder Vollstreckungsaufschub.

## § 340 AO Wegnahmegebühr

**(1) Die Wegnahmegebühr wird für die Wegnahme beweglicher Sachen einschließlich Urkunden in den Fällen der §§ 310, 315 Abs. 2 Satz 5, §§ 318, 321, 331 und 336 erhoben. Dies gilt auch dann, wenn der Vollstreckungsschuldner an den zur Vollstreckung erschienenen Vollziehungsbeamten freiwillig leistet.**

**(2) § 339 Abs. 2 Nr. 1 ist entsprechend anzuwenden.**

**(3) Die Höhe der Wegnahmegebühr beträgt 26 Euro. Die Gebühr wird auch erhoben, wenn die in Absatz 1 bezeichneten Sachen nicht aufzufinden sind.**

1 Die Vorschrift benennt **abschließend** die Fälle, in denen eine Wegnahmegebühr anfällt (§ 340 Abs. 1, 2 AO) und trifft Regelungen über die Höhe der Gebühr (§ 340 Abs. 3 AO).

Eine **Wegnahmegebühr** wird insbes. erhoben für die Wegnahme des Hypothekenbriefs, von Urkunden über die gepfändete Forderung, von Urkunden über Herausgabeansprüche einer Sache bei Pfändung des Herausgabeanspruchs, von Urkunden über Vermögensrechte und ferner für die Wegnahme im Wege unmittelbaren Zwangs und für die Wegnahme einer Sache zur Erzwingung von Sicherheiten. Sie fällt an, sobald der Vollziehungsbeamte die ersten Schritte zur Ausführung des Vollstreckungsauftrags unternommen hat (§ 340 Abs. 2 AO; s. § 339 AO Rz. 4).

3 Die **Höhe der Wegnahmegebühr** beträgt einheitlich 26 Euro. Die Höhe, derentwegen vollstreckt wird, hat keinen Einfluss auf die Höhe der Gebühr. Die volle Gebühr fällt auch dann an, wenn die Wegnahme nur teilweise erfolgreich war.

4 Die volle Wegnahmegebühr fällt auch dann an, wenn die wegzunehmenden Sachen nicht aufzufinden sind. Die bis 31.12.2004 geltende Regelung, nach der in diesen Fällen eine halbe Gebühr zu erheben war (§ 340 Abs. 4 AO a. F.), ist mit dem EURLUmsG (s. § 337 AO Rz. 2) zum 01.01.2005 entfallen.

## § 341 AO Verwertungsgebühr

**(1) Die Verwertungsgebühr wird für die Versteigerung und andere Verwertung von Gegenständen erhoben.**

**(2) Die Gebühr entsteht, sobald der Vollziehungsbeamte oder ein anderer Beauftragter Schritte zur Ausführung des Verwertungsauftrages unternommen hat.**

**(3) Die Gebühr beträgt 52 Euro.**

**(4) Wird die Verwertung abgewendet (§ 296 Abs. 1 Satz 4), ist eine Gebühr von 26 Euro zu erheben.**

**Inhaltsübersicht**



### A. Bedeutung der Vorschrift

1 Die Vorschrift betrifft die Verwertungsgebühr. Sie regelt, wann eine Verwertungsgebühr entsteht (§ 341 Abs. 1, 2 AO), wie hoch die Gebühr ist (§ 341 Abs. 3 AO) und wie hoch die Gebühr im Fall der Abwendung der Verwertung ist (§ 341 Abs. 4 AO). S. Abschn. 51 ff. VollzA.

### B. Tatbestandliche Voraussetzungen

2 Die Verwertungsgebühr wird für die Versteigerung oder andere Verwertung von Gegenständen erhoben. Damit betrifft sie die **Verwertung von Sachen**, nicht die Verwertung (Einziehung) von gepfändeten Forderungen. Die Gebühr entsteht – entsprechend §§ 339 Abs. 2 Nr. 1, 340 Abs. 2 AO – sobald der Vollziehungsbeamte die ersten Schritte nach außen wirkenden Schritte unternommen hat (§ 341 Abs. 2 AO). Hierfür reichen Vorbereitungshandlungen, etwa die Bekanntmachung eines Versteigerungstermins aus (s. Abschn. 52 VollzA). Entsprechendes gilt, wenn anstelle des Vollziehungsbeamten ein Dritter, etwa ein **Auktionator**, mit der Verwertung beauftragt wird.

3 Für die Verwertung wird eine **Festgebühr von 52 Euro** erhoben. Der Wert des Erlöses oder der zu vollstreckenden Beträge spielt seit 01.01.2005 mit dem EURLUmsG (s. § 337 AO Rz. 2) keine Rolle mehr (§ 341 Abs. 3 AO a.F.). Die Gebühr entsteht für die Durchführung eines Verwertungsauftrags nur einmal, unabhängig davon, ob die Verwertung aufgrund verschiedener Vollstreckungsaufträge gepfändete Sachen verwertet werden oder sich die Verwertung über mehrere Tage hinzieht.

4 Wird die **Verwertung abgewendet**, ermäßigt sich die Gebühr auf 26 Euro. Die Verwertung kann in gleicher Weise wie die Pfändung abgewendet werden (§ 296 Abs. 1 S. 4 AO i.V.m. § 292 AO). Die ermäßigte Gebühr wird unabhängig davon erhoben, auf welche Weise die Verwertung abgewendet wird (*Hohrmann* in HHSp, § 341 AO Rz. 17; a.A. *Werth* in Klein, § 341 AO Rz. 3; *Loose* in Tipke/Kruse, § 341 AO Rz. 5).

## § 342 AO Mehrheit von Schuldnern

**(1) Wird gegen mehrere Schuldner vollstreckt, so sind die Gebühren, auch wenn der Vollziehungsbeamte bei derselben Gelegenheit mehrere Vollstreckungshandlungen vornimmt, von jedem Vollstreckungsschuldner zu erheben.**

**(2) Wird gegen Gesamtschuldner wegen der Gesamtschuld bei derselben Gelegenheit vollstreckt, so werden Pfändungs-, Wegnahme- und Verwertungsgebühren nur einmal erhoben. Die in Satz 1 bezeichneten Personen schulden die Gebühren als Gesamtschuldner.**

1 Die Vorschrift betrifft die Gebührenerhebung im Fall der Vollstreckung gegen mehrere Schuldner.

2 Vollstreckungskosten sind **grundsätzlich** von **jedem Vollstreckungsschuldner** zu erheben, gegen den sich die Vollstreckung richtet. § 342 Abs. 1 AO stellt klar, dass dies auch dann gilt, wenn Vollstreckungshandlungen bei derselben Gelegenheit, d.h. im räumlichen und zeitlichen Zusammenhang, gegen mehrere Vollstreckungsschuldner ergriffen werden.

§ 342 Abs. 2 AO ordnet hiervon eine **Ausnahme** an. Bei Vollstreckungshandlungen gegen **Gesamtschuldner** (§ 44 AO), die bei derselben Gelegenheit vorgenommen werden, werden die Vollstreckungsgebühren (§ 338 AO) nur einmal erhoben. Besteht kein räumlicher und zeitlicher Zusammenhang der Vollstreckungsmaßnahmen, bleibt es beim Grundsatz mehrfacher Gebührenerhebung. Wird die Gebühr nur einmal erhoben, schulden die Gesamtschuldner auch die Gebühr als solche (§ 342 Abs. 2 Satz 2 AO). 3

Die bislang mögliche Gebührenbeschränkung nach **Aufteilung der Gesamtschuld** (§§ 268 bis 278 AO) ist zum 01.01.2005 infolge der Einführung von Festgebühren durch das EURLUmsG (s. § 337 AO Rz. 2) durch Streichung des § 342 Abs. 2 Satz 3 AO entfallen. 4

## § 343 AO Abrundung

**(aufgehoben mit Wirkung vom 01.05.2001 durch das Gesetz zur Neuordnung des Gerichtsvollzieherkostenrechts vom 19.04.2001, BStBl I 2001, 623)**

## § 344 AO Auslagen

**(1) Als Auslagen werden erhoben:**

**1. Schreibauslagen für nicht von Amts wegen zu erteilende oder per Telefax übermittelte Abschriften; die Schreibauslagen betragen unabhängig von der Art der Herstellung**
   **a) für die ersten 50 Seiten je Seite 0,50 Euro,**
   **b) für jede weitere Seite 0,15 Euro,**
   **c) für die ersten 50 Seiten in Farbe je Seite 1,00 Euro,**
   **d) für jede weitere Seite in Farbe 0,30 Euro.**

   **Werden anstelle von Abschriften elektronisch gespeicherte Dateien überlassen, betragen die Auslagen 1,50 Euro je Datei. Für die in einem Arbeitsgang überlassenen oder in einem Arbeitsgang auf einen Datenträger übertragenen Dokumente werden insgesamt höchstens 5 Euro erhoben. Werden zum Zweck der Überlassung von elektronisch gespeicherten Dateien Dokumente zuvor auf Antrag von der Papierform in die elektronische Form übertragen, be-**

**trägt die Pauschale für Schreibauslagen nach Satz 2 nicht weniger, als die Pauschale im Fall von Satz 1 betragen würde,**

**2. Entgelte für Post- und Telekommunikationsdienstleistungen, ausgenommen die Entgelte für Telefondienstleistungen im Orts- und Nahbereich,**

**3. Entgelte für Zustellungen durch die Post mit Zustellungsurkunde; wird durch die Behörde zugestellt (§ 5 des Verwaltungszustellungsgesetzes), so werden 7,50 Euro erhoben,**

**4. Kosten, die durch öffentliche Bekanntmachung entstehen,**

**5. an die zum Öffnen von Türen und Behältnissen sowie an die zur Durchsuchung von Vollstreckungsschuldnern zugezogenen Personen zu zahlende Beträge,**

**6. Kosten der Beförderung, Verwahrung und Beaufsichtigung gepfändeter Sachen, Kosten der Aberntung gepfändeter Früchte und Kosten der Verwahrung, Fütterung und Pflege gepfändeter Tiere,**

**7. Beträge, die in entsprechender Anwendung des Justizvergütungs- und -entschädigungsgesetzes an Auskunftspersonen und Sachverständige (§ 107) sowie Beträge, die an Treuhänder (§ 318 Abs. 5) zu zahlen sind,**

**7a. Kosten, die von einem Kreditinstitut erhoben werden, weil ein Scheck des Vollstreckungsschuldners nicht eingelöst wurde,**

**7b. Kosten für die Umschreibung eines auf einen Namen lautenden Wertpapiers oder für die Wiederinkurssetzung eines Inhaberpapiers,**

**8. andere Beträge, die auf Grund von Vollstreckungsmaßnahmen an Dritte zu zahlen sind, insbesondere Beträge, die bei der Ersatzvornahme oder beim unmittelbaren Zwang an Beauftragte und an Hilfspersonen gezahlt werden und sonstige durch Ausführung des unmittelbaren Zwanges oder Anwendung der Ersatzzwangshaft entstandene Kosten.**

**(2) Steuern, die die Finanzbehörde auf Grund von Vollstreckungsmaßnahmen schuldet, sind als Auslagen zu erheben.**

**(3) Werden Sachen oder Tiere, die bei mehreren Vollstreckungsschuldnern gepfändet worden sind, in einem einheitlichen Verfahren abgeholt und verwertet, so werden die Auslagen, die in diesem Verfahren entstehen, auf die beteiligten Vollstreckungsschuldner verteilt. Dabei sind die besonderen Umstände des einzelnen Falls, vor allem Wert, Umfang und Gewicht der Gegenstände, zu berücksichtigen.**

Die Vorschrift betrifft die Erstattung von Auslagen und regelt in einem **abschließenden Katalog**, welche Auslagen erhoben werden dürfen (Analogieverbot). § 344 Abs. 1 Nr. 8 AO enthält allerdings eine Generalklausel für die Beträge, die aufgrund von Vollstreckungsmaßnahmen an Dritte zu zahlen sind. Voraussetzung für die Erstattungsfähigkeit der Auslagen ist jedoch, dass sie bei der Ausübung **notwendiger Vollstreckungshandlungen** anfallen (s. § 346 Abs. 1 AO; *Hohrmann* in HHSp, § 344 AO Rz. 13).

Der durch das EURLUmsG (s. § 337 AO Rz. 2) neu eingefügte Absatz 2 stellt klar, dass Steuern, die die Finanzbehörde aufgrund von Vollstreckungsmaßnahmen schuldet (z. B. USt in den Fällen des § 13b UStG, Einfuhr- und Ausfuhrabgaben, Verbrauchsteuern), als Auslagen erhoben werden. 2

## § 345 AO Reisekosten und Aufwandsentschädigungen

**Im Vollstreckungsverfahren sind die Reisekosten des Vollziehungsbeamten und Auslagen, die durch Aufwandsentschädigungen abgegolten werden, von dem Vollstreckungsschuldner nicht zu erstatten.**

Reisekosten und Aufwandsentschädigungen des Vollziehungsbeamten sind nicht zu erstatten. Diese Kosten sind durch die Gebühren (§§ 338 ff. AO) abgegolten. Mit der Vorschrift wird erreicht, dass die räumliche Nähe des Vollstreckungsschuldners zum Vollziehungsbeamten ohne Einfluss auf den Umfang der Kostenerstattung bleibt. 1

## § 346 AO Unrichtige Sachbehandlung, Festsetzungsfrist

**(1) Kosten, die bei richtiger Behandlung der Sache nicht entstanden wären, sind nicht zu erheben.**

**(2) Die Frist für den Ansatz der Kosten und für die Aufhebung und Änderung des Kostenansatzes beträgt ein Jahr. Sie beginnt mit Ablauf des Kalenderjahres, in dem die Kosten entstanden sind. Einem vor Ablauf der Frist gestellten Antrag auf Aufhebung oder Änderung kann auch nach Ablauf der Frist entsprochen werden.**

**Inhaltsübersicht**



## A. Bedeutung der Vorschrift

1 Die Vorschrift trifft Regelungen, innerhalb welcher Frist die Vollstreckungskosten festzustellen sind (sog. Kostenansatz, § 346 Abs. 2 AO) und unter welchen Voraussetzungen ausnahmsweise keine Kosten erhoben werden (§ 346 Abs. 1 AO).

## B. Tatbestandliche Voraussetzungen

2 § 346 Abs. 1 AO ordnet an, dass Kosten, die bei richtiger Behandlung der Sache nicht entstanden wären, nicht zu erheben sind. Eine **unrichtige Sachbehandlung** liegt aber nicht schon bei jeder rechtswidrigen Behandlung der Sache vor, sondern nur dann, wenn sich die Vollstreckungsmaßnahme unter Berücksichtigung der besonderen Umstände des jeweiligen Einzelfalls im Zeitpunkt ihrer Vornahme durch die Finanzbehörde dadurch als **offensichtlich fehlerhaft** erweist (**evidenter Gesetzesverstoß**), dass die rechtlichen Voraussetzungen für ihre Durchführung nicht vorliegen oder dass die Grenzen des der Finanzbehörde zustehenden Ermessens deutlich überschritten worden sind (BFH v. 27.10.2004, VII R 65/03, BStBl II 2005, 198; *Hohrmann* in HHSp, § 346 AO Rz. 6; *Loose* in Tipke/Kruse, § 346 AO Rz. 2 ff.; s. auch *Brandis* in Tipke/Kruse, Vor § 135 FGO Rz. 30). Die zu den Parallelvorschriften im GKG (§ 21 GKG, vormals § 8 GKG) und § 7 Abs. 1 GvKostG ergangene Rspr. kann insoweit auch zur Auslegung der »unrichtigen Sachbehandlung« i. S. des § 346 Abs. 1 AO herangezogen werden. Nicht ausreichend ist die bloße Unzweckmäßigkeit einer Vollstreckungsmaßnahme oder die Aufhebung der Vollstreckungsmaßnahme in einem durch den Vollstreckungsschuldner angestrengten Rechtsbehelfsverfahren (BFH v. 27.10.2004, VII R 65/03, BStBl II 2005, 198; so aber *Werth* in Klein, § 346 AO Rz. 2). Fehler bei der Steuerfestsetzung spielen für die Beurteilung der Richtigkeit der Sachbehandlung im Vollstreckungsverfahren keine Rolle (s. § 256 AO).

3 Da die Vollstreckungskosten gem. § 3 Abs. 3 AO zu den steuerlichen Nebenleistungen zählen, musste mit Rücksicht auf § 1 Abs. 3 Satz 2 AO eine besondere Regelung für die Festsetzung der Vollstreckungskosten, getroffen werden. Die Festsetzung der Kosten erfolgt durch einen selbstständigen Verwaltungsakt, den sog. **Kostenansatz.** Die **Festsetzungsfrist beträgt 1 Jahr** (§ 346 Abs. 2 Satz 1 AO) und beginnt mit Ablauf des Kalenderjahres, im dem die Kosten entstanden sind (§ 346 Abs. 2 Satz 2 AO; zu den Entstehenszeitpunkten von Pfändungs-, Wegnahme-, und Verwertungsgebühr s. § 339 AO Rz. 3; s. § 340 AO Rz. 2; s. § 341 AO Rz. 2). Die in § 344 AO aufgeführten Auslagen entstehen in dem Zeitpunkt, in dem die Handlung bzw. das Ereignis stattfindet, für das die Auslagen erhoben werden.

4 Ebenfalls ein Jahr beträgt gem. § 346 Abs. 2 Satz 1 AO die Frist für die »Aufhebung und Änderung des Kostenansatzes«, womit der Gesetzgeber die **Rücknahme** und den **Widerruf** unter den Voraussetzungen von **§§ 130, 131 AO** anspricht. Vom Wortlaut des Gesetzes ist damit die **Berichtigung** von Schreibfehlern, Rechenfehlern und ähnlichen offenbaren Unrichtigkeiten (**§ 129 AO**) nicht erfasst. Diese Normlücke ist jedoch durch entsprechende Anwendung von § 169 Abs. 1 Satz 2 AO auszufüllen, sodass Schreibfehler, Rechenfehler und ähnliche offenbare Unrichtigkeiten, die beim Kostenansatz unterlaufen sind, ebenfalls nur innerhalb der Festsetzungsfrist von einem Jahr berichtigt werden können (*Loose* in Tipke/Kruse, § 346 AO Rz. 8). Eine Ausnahme bestimmt § 346 Abs. 2 Satz 3 AO, der inhaltlich § 171 Abs. 3 AO entspricht und eine Korrektur auch nach Ablauf der Jahresfrist für zulässig erklärt, wenn vor Ablauf der Frist ein Antrag auf Korrektur gestellt worden ist.

## C. Rechtsschutz

5 Gegen den Kostenansatz kann **Einspruch** eingelegt, **ggf. Klage** erhoben werden (§ 347 Abs. 1 Nr. 1 AO, § 40 Abs. 1 FGO).

6 **Zulässige Einwendungen** sind etwa, wenn geltend gemacht wird, die allgemeinen Vollstreckungsvoraussetzungen hätten (noch) nicht vorgelegen (§§ 249 Abs. 1 AO i. V. mit § 254 AO; z. B. kein vollstreckbarer VA, Steueranspruch noch nicht fällig, Stundung gewährt, Vollstreckungsaufschub gewährt, Wochenfrist nach Erlass des Leistungsgebots nicht abgelaufen), das FA habe offensichtlich unpfändbare oder nur beschränkt pfändbare Sachen oder Rechte gepfändet, das FA habe eine offensichtlich zwecklose Pfändung vorgenommen oder offensichtlich überpfändet, die Pfändungs-, Wegnahme- oder Verwertungsgebühr sei nicht entstanden oder zu hoch festgesetzt, festgesetzte Auslagen seien nicht angefallen (dazu *Lemaire*, AO-StB 2004, 377).

7 Kosten, die bei richtiger Sachbehandlung auch angefallen wären, können nicht angefochten werden. Insoweit fehlt es an der **Ursächlichkeit der unrichtigen Sachbehandlung für die Kosten.** Wären bei richtiger Sachbehandlung geringere Kosten angefallen, kann der Kostenansatz in Höhe der Differenz zu den tatsächlichen Kosten abgewehrt werden (*Loose* in Tipke/Kruse, § 346 AO Rz. 5; *Hohrmann* in HHSp, § 346 AO Rz. 21).

8 Einwände gegen die Richtigkeit der Vollstreckungsmaßnahmen oder gar der vollstreckbaren Verwaltungsakte können nicht geltend gemacht werden (§ 256 AO, s. dazu *Lemaire*, AO-StB 2004, 189, 191).

## Siebenter Teil. Außergerichtliches Rechtsbehelfsverfahren

## Vorbemerkungen zu §§ 347–367

**Schrifttum**

Siegert, Das neue Einspruchsverfahren, DStZ 1995, 25; Bilsdorfer, Das steuerliche Einspruchsverfahren, SteuerStud 1996, 446; Szymczak, Das außergerichtliche Rechtsbehelfsverfahren ab 1996, DB 1994, 2254; Tiedchen, Änderungen des außergerichtlichen Rechtsbehelfsverfahrens durch das Grenzpendlergesetz, BB 1996, 1033; Günther, Das Einspruchsverfahren gegen VA der Finanzverwaltung, AO-StB 2008, 280.

1 Die Vorschriften des 7. Teils der AO 1977 regeln das **außergerichtliche Rechtsbehelfsverfahren.** Vorschriften zu den gerichtlichen Rechtsbehelfen finden sich in der FGO.

Jeder, der durch die öffentliche Gewalt in seinen Rechten verletzt wird, kann nach Art. 19 Abs. 4 GG den Rechtsweg beschreiten. Dieser im Grundgesetz verankerte Gedanke des **Individualrechtsschutzes** garantiert eine vom Ermittlungs- und Veranlagungsverfahren losgelöste gerichtliche Nachprüfung der Rechtmäßigkeit aller steuerrechtlichen Maßnahmen. Der Gesetzgeber hat im Verwaltungsrecht allgemein und damit auch im Steuerrecht dem gerichtlichen Verfahren ein besonderes weiteres Verfahren vorgeschaltet. Eine Klage vor dem Finanzgericht ist grundsätzlich nur zulässig, wenn das zuvor durchlaufene Verfahren über den außergerichtlichen Rechtsbehelf zumindest teilweise ohne Erfolg geblieben ist (§ 44 Abs. 1 FGO). Eine Ausnahme dazu bilden die Sprungklage (§ 45 FGO) und die Untätigkeitsklage (§ 46 FGO). Das außergerichtliche Rechtsbehelfsverfahren der §§ 347 ff. AO ist als leges speciales zum Widerspruchsverfahren der VwGO geregelt. Es finden sich zahlreiche Parallelitäten in beiden Verfahrensordnungen, aber auch dem Steuerverfahren geschuldete Besonderheiten. Terminologisch wird das steuerliche außergerichtliche Rechtbehelfsverfahren als Einspruchsverfahren bezeichnet, der aus dem allgemeinen Verwaltungsrecht geläufige Begriff des Widerspruchs findet hier keine Verwendung.

2 Das Vorverfahren dient primär dem **Rechtsschutz des Bürgers**, es soll ihm erlauben, eine Entscheidung der Finanzverwaltung nochmals überprüfen zu lassen. Der Rechtsschutz ist gegenüber den gerichtlichen Rechtsbehelfen noch insoweit erweitert, als dass die Finanzbehörde bei Ermessensentscheidungen (s. § 5 AO) diese nochmals uneingeschränkt überprüfen kann, was dem Finanzgericht verwehrt ist (s. § 102 FGO). Neben dem Individualrechtsschutz des Rechtsbehelfsführers soll der Steuerverwaltung in einem außergerichtlichen Rechtsbehelfsverfahren die Möglichkeit der **Selbstkontrolle** gegeben werden. Dies ist sinnvoll, da das Besteuerungsverfahren ein Massenverfahren ist, bei dem die einzelnen Fälle von den Finanzbehörden nicht durchweg so intensiv geprüft werden können, wie die bei den Gerichten anhängig werdenden Einzelfälle. Mangelnde Sachaufklärung, eine Vielzahl flüchtiger Veranlagungen infolge hoher Arbeitsbelastung sowie eine wachsende Rechtsunsicherheit durch ein sich ständig änderndes Steuerrecht führen zu einer hohen Fehlerquote bei den Finanzämtern. Dieser relativ hohe Prozentsatz unrichtiger Entscheidungen kann durch das Einspruchsverfahren auf möglichst unkomplizierte Weise selbst bereinigt werden. Daneben führt die Filterfunktion des Vorverfahrens zu einer spürbaren **Entlastung der Finanzgerichte.** Allein 64,2 % der von Steuerpflichtigen eingelegten Einsprüche wurden im Jahr 2002 durch Abhilfe erledigt und nur etwa 3 % der eingelegten Rechtsbehelfe führten im Nachsatz zu einem finanzgerichtlichen Klageverfahren (s. Aufstellung des BMF, BB-aktuell, Heft 21/2003, IV).

Das Verfahren über den Rechtsbehelf ist ein Verwaltungsverfahren. Es unterliegt, soweit nichts anderes angeordnet ist, den Verfahrensvorschriften, die für den Erlass des angefochtenen bzw. begehrten Verwaltungsaktes gelten. Auf den Rechtsbehelf hin kann der Verwaltungsakt auch zum Nachteil des Rechtsbehelfsführers geändert werden (§ 367 Abs. 2 Satz 2 AO), sofern dieser auf eine mögliche **Verböserung** hingewiesen wurde und ihm die Möglichkeit zur Stellungnahme eingeräumt wurde, was nichts anderes bedeutet, als dass ihm Gelegenheit zur rechtzeitigen Rücknahme seines Einspruchs vor einer Schlechterstellung gegeben werden muss. Das Rechtsbehelfsverfahren ist als Verwaltungsverfahren nicht kostenpflichtig. 3

**Bis zum 31.12.1995** differenzierte das steuerliche Rechtsbehelfsverfahren zwischen den förmlichen Rechtsbehelfen des Einspruchs und der Beschwerde. Während für die meisten Verwaltungsakte die Möglichkeit des Einspruchs gegeben war, über den die Finanzbehörde entschied, die den Verwaltungsakt erlassen hatte, war für die übrigen Verwaltungsakte (§ 349 a. F. AO) die Beschwerde vorgesehen, die an die nächsthöhere Behörde gerichtet wurde. Das außergerichtliche Rechtsbehelfsverfahren ist durch Art. 4 des Grenzpendlergesetzes vom 24.06.1994 (BGBl I 1994, 1395; BStBl I 1994, 440) **mit Wirkung ab 01.01.1996** zum Teil grundlegend neu gestaltet worden (s. *Szymczak*, DB 1994, 2254). Einspruch und Beschwerde sind zu einem einheitlichen Rechtsbehelf, dem Einspruch, zusammengefasst worden. 4

Eine Verkürzung des Rechtsschutzes liegt in der Abschaffung der Beschwerde nicht. Es entfällt in den bisherigen Beschwerdefällen zwar der Devolutiveffekt, sodass die früher erforderliche Entscheidung der nächsthöheren Behörde, in der Regel die der Oberfinanzdirektionen, unterbleibt. Es mag jedoch angesichts der Tatsache, dass die OFD regelmäßig in der Weise entschied, dass das Finanzamt mit den Akten einen Entscheidungsvor- 5 schlag vorlegte, bezweifelt werden, dass dies einen effektiveren Rechtsschutz gewährleistete. Zum anderen ist die Überprüfung eines Verwaltungsaktes durch dieselbe Behörde zumeist damit verbunden, dass eine übergeordnete Rechtsbehelfsstelle als taugliche Kontrollinstanz neu entscheidet.

6 Durch die erfolgte Zusammenfassung sollte das außergerichtliche Rechtsbehelfsverfahren übersichtlicher gestaltet, frühere Abgrenzungsprobleme vermieden sowie eine Vereinfachung und Beschleunigung des Verfahrens erreicht werden. Der Grundgedanke der bisherigen Zweiteilung, in Rechtsangelegenheiten die Ausgangsbehörde entscheiden zu lassen (Einspruch), bei Ermessensentscheidungen hingegen die Überprüfung durch die vorgesetzte Behörde zu eröffnen (Beschwerde), wurde einerseits bereits durch den Gesetzgeber schon nicht durchgängig eingehalten. Andererseits überzeugte die Abgrenzung auch nicht, da in gewichtigeren Fällen (Einspruch gegen einen Steuerbescheid) das Finanzamt, in vergleichbar weniger einschneidenden Fällen (Beschwerde gegen Verspätungszuschläge) die OFD zu entscheiden hatte. Die auf den Einspruch beschränkte **Eingleisigkeit des Rechtsbehelfsverfahrens** hat sich inzwischen bewährt.

7 Die größte Schwäche des neugefassten Verfahrens besteht jedoch darin, dass es zum einen durch weitere Formalien (Fristsetzungen, Ladungen, Verfahrensanträge) verkompliziert wird und zum anderen eine dem § 128 Abs. 2 FGO entsprechende Vorschrift nicht aufgenommen wurde, die den Einspruch gegen rechtswidrige verfahrensleitende Verfügungen und Aufklärungsanordnungen, die einen Verfahrensfehler auslösen, ausschließt. Ließe man jedoch ein selbstständiges Einspruchs- und Klageverfahren auch gegen rechtswidrige Verfügungen und Anordnungen zu, bliebe das Ziel der Verfahrenskonzentration verfehlt (*Seer* in Tipke/Kruse, § 347 AO Rz. 7).

8 Als Alternative zum Einspruch bleibt weiterhin die Möglichkeit, einen **Antrag auf schlichte Änderung** nach § 172 Abs. 1 Satz 1 Nr. 2a AO zu stellen (mit den damit verbundenen Vor-, aber auch Nachteilen in Abhängigkeit vom Einzelfall). Der Gesetzgeber hat davon abgesehen, auch die schlichte Änderung in die Vereinheitlichung einzubeziehen. Anstelle des förmlichen Einspruchsverfahrens sollte dem Steuerpflichtigen der Vorteil eines formlosen Korrekturverfahrens ohne die Gefahr einer Entscheidung zu seinem Nachteil erhalten bleiben.

9 § 347 **Abs. 1 Satz 1** AO bestimmt jetzt, dass gegen Verwaltungsakte in den dort genannten Angelegenheiten als Rechtsbehelf der Einspruch statthaft ist. Eine enumerative Aufzählung der einspruchsfähigen Verwaltungsakte analog dem bisherigen § 348 Abs. 1 AO wird damit entbehrlich. Nach § 347 **Abs. 1 Satz 2** AO ist der Einspruch auch statthaft, wenn geltend gemacht wird, dass über einen Antrag auf Erlass eines Verwaltungsaktes ohne Mitteilung eines zureichenden Grundes binnen angemessener Frist nicht entschieden worden ist. Dieser »Untätigkeitseinspruch« entspricht im Wesentlichen der bisher in § 349 Abs. 2 AO getroffenen Regelung. § 348 AO, der bisher die einspruchsfähigen Verwaltungsakte aufzählte, bestimmt nunmehr, in welchen Fällen der Einspruch ausgeschlossen ist. Der bisher die Beschwerde eröffnende **§ 349 AO** und der die Beschwerdeentscheidung regelnde **§ 368 AO** sind ersatzlos entfallen. Neben der Beseitigung der Zweigleisigkeit des Verfahrens wurden Änderungen der Einspruchsbefugnis bei einheitlicher Gewinnfeststellung (**§ 352 AO**) und der Verfahrensaussetzung (**§ 363 AO**) vorgenommen sowie die Vorschriften über die Erörterung des Sach- und Rechtsstands (**§ 364a AO**) und Fristsetzung für Mitwirkungshandlungen (**§ 364b AO**) neu eingefügt.

Als Übergangsregelung bestimmte sich die Zulässigkeit eines Rechtsbehelfs nach den bis zum 31.12.1995 geltenden Vorschriften der AO (Art. 97 § 18 Abs. 3 EGAO). 10
Wurde über einen Rechtsbehelf nach diesem Zeitpunkt entschieden, richteten sich die Art des außergerichtlichen Rechtsbehelfs und das weitere Verfahren nach den neuen Vorschriften, mit der Folge, dass über einen vor dem 01.01.1996 als Beschwerde eingelegten Rechtsbehelf nach dem 31.12.1995 durch Einspruchsentscheidung zu befinden war.

Neben dem Einspruch als einzigem ordentlichen au- 11
ßergerichtlichen Rechtsbehelf gibt es die **Gegenvorstellung** sowie die **Dienstaufsichtsbeschwerde** als außerordentliche außergerichtliche Rechtsbehelfe. Sie richten sich in der Regel gegen das dienstliche Verhalten eines Beamten oder auch den Inhalt einer Maßnahme. Während sich die Gegenvorstellung an die Behörde wendet, die die beanstandete Handlung vorgenommen hat, richtet sich die Dienstaufsichtsbeschwerde an die übergeordnete Aufsichtsbehörde. Beide Rechtsbehelfe sind nicht an Frist und Form gebunden und nicht in der Lage, den Eintritt der Bestandskraft eines Steuerverwaltungsaktes hinauszuschieben. Sie gehören nicht zu den Rechtsbehelfen i.S. des § 44 FGO. Zwar finden sich in der AO 1977 keine Vorschriften zur Dienstaufsichtsbeschwerde bzw. zur Gegenvorstellung, ihre Anwendung auch im Steuerverfahren ergibt sich jedoch bereits aus dem sog. Petitionsrecht des Art. 17 GG.

## Erster Abschnitt: Zulässigkeit

### § 347 AO Statthaftigkeit des Einspruchs

**(1) Gegen Verwaltungsakte**

**1. in Abgabenangelegenheiten, auf die dieses Gesetz Anwendung findet,**

2. in Verfahren zur Vollstreckung von Verwaltungsakten in anderen als den in Nummer 1 bezeichneten Angelegenheiten, soweit die Verwaltungsakte durch Bundesfinanzbehörden oder Landesfinanzbehörden nach den Vorschriften dieses Gesetzes zu vollstrecken sind,
3. in öffentlich-rechtlichen und berufsrechtlichen Angelegenheiten, auf die dieses Gesetz nach § 164a des Steuerberatungsgesetzes Anwendung findet,
4. in anderen durch die Finanzbehörden verwalteten Angelegenheiten, soweit die Vorschriften über die außergerichtlichen Rechtsbehelfe durch Gesetz für anwendbar erklärt worden sind oder erklärt werden,

ist als Rechtsbehelf der Einspruch statthaft. Der Einspruch ist außerdem statthaft, wenn geltend gemacht wird, dass in den in Satz 1 bezeichneten Angelegenheiten über einen vom Einspruchsführer gestellten Antrag auf Erlass eines Verwaltungsaktes ohne Mitteilung eines zureichenden Grundes binnen angemessener Frist sachlich nicht entschieden worden ist.

(2) Abgabenangelegenheiten sind alle mit der Verwaltung der Abgaben einschließlich der Abgabenvergütungen oder sonst mit der Anwendung der abgabenrechtlichen Vorschriften durch die Finanzbehörden zusammenhängenden Angelegenheiten einschließlich der Maßnahmen der Bundesfinanzbehörden zur Beachtung der Verbote und Beschränkungen für den Warenverkehr über die Grenze; den Abgabenangelegenheiten stehen die Angelegenheiten der Verwaltung der Finanzmonopole gleich.

(3) Die Vorschriften des Siebenten Teils finden auf das Straf- und Bußgeldverfahren keine Anwendung.

**Inhaltsübersicht**



**Schrifttum**


HELLMANN, Der Rechtsweg gegen die Versagung der Akteneinsicht durch die Finanzbehörde nach Abschluss des steuerstrafrechtlichen Ermittlungsverfahrens, DStZ 1994, 371; DUDEK, Rechtsschutz gegen den Bescheid über das Nichtbestehen der Steuerberaterprüfung?, StB 1995, 290; STRUNK, Das Finanzamt auf zivilprozessualen Wegen, DStZ 1995, 494; HUBER, Jahressteuergesetz 1996: Neue Zuständigkeit für die Finanzgerichte?, DStR 1995, 290; LECHELT, Die Eröffnung des Finanzrechtsweges durch Landesgesetz: Die Regelung des § 33 Abs. 1 Nr. 4 FGO und die AGFGO der Länder aus verfassungsrechtlicher Sicht, DStZ 1996, 611.


## A. Bedeutung der Vorschrift

Das Vorverfahren über den Einspruch ist nach § 44 Abs. 1 FGO Sachentscheidungsvoraussetzung der finanzgerichtlichen Anfechtungs- und Verpflichtungsklage. § 347 AO beschränkt den Einspruch auf Verwaltungsakte, die in einer »Finanzangelegenheit« ergangen sind bzw. unterlassen worden sind. Dabei entspricht der Finanz-Einspruchsweg des § 347 AO dem Finanzgerichtsweg des § 33 FGO (Erläuterungen zu § 33 FGO). Beide Vorschriften enthalten eine Legaldefinition der Abgabenangelegenheit (§ 347 Abs. 2 AO; s. Rz. 9). Während § 40 Abs. 1 Satz 1 VwGO mit dem Tatbestandsmerkmal der »öffentlich-rechtlichen Streitigkeit« den Verwaltungsrechtsweg vom Zivilrechtsweg abgrenzt, kennzeichnet das zusätzliche Merkmal der »Abgabenangelegenheit« den Finanzrechtsweg als besonderen Verwaltungsrechtsweg. 1

Im Rahmen eines Straf- und Bußgeldverfahrens ist der Einspruch nicht statthaft, sondern nur die ansonsten gegen strafprozessuale oder bußgeldrechtliche Maßnahmen zulässigen Rechtsbehelfe (§ 347 Abs. 3 AO, § 13 GVG). Aufgrund der Doppelfunktion der Finanzbehörde, einerseits als Besteuerungsbehörde und andererseits als Strafverfolgungsbehörde in Steuerstrafsachen unter den in § 386 AO geregelten Voraussetzungen, ist für den Rechtsweg grundsätzlich danach zu differenzieren, welche Organisationseinheit der Finanzbehörde in welchem Aufgabenbereich tätig wird (§ 208 AO Rz. 3). Mit Abschluss eines Strafermittlungsverfahrens verliert die Finanzbehörde ihre Funktion als Strafverfolgungsbehörde. Für eine Klage auf Einsicht in die Steuerfahndungsakten bzw. Herausgabe der sichergestellten Beweise nach Abschluss des Straf- oder Bußgeldverfahrens ist daher der Finanzrechtsweg gegeben (BFH v. 02.12.1976, IV R 2/76, BStBl II 1977, 318; § 33 FGO Rz. 15; *Seer* in Tipke/Kruse, § 33 FGO Rz. 66 m. w. N.). Wendet sich eine Bank gegen die Weitergabe von Beweismaterial durch die Steuerfahndung an die Wohnsitzfinanzämter (Veranlagungsstelle) nicht verfahrensbeteiligter Bankkunden, so handelt es sich um eine Abgabenangelegenheit, für die der Finanzrechtsweg eröffnet ist (BFH v. 06.02.2001, VII B 277/00, BStBl II 2001, 306). 2

## B. Erfasste Angelegenheiten

3 Die §§ 347, 348 AO regeln in diesem Sinne, in welchen Fällen der Einspruch statthaft ist. Im Einzelnen sind dies:
- Abgabenangelegenheiten (Rz. 4–13),
- Vollstreckungsangelegenheiten (Rz. 14–16),
- Steuerberatungsangelegenheiten (Rz. 17, 18),
- Sonstige Verwaltungsangelegenheiten (Rz. 19, 20).

### I. Abgabenangelegenheiten (§ 347 Abs. 1 Satz 1 Nr. 1 AO)

4 Die bedeutendste Generalklausel findet sich in § 347 Abs. 1 Satz 1 Nr. 1 AO, wonach der Einspruch zulässig ist in **Abgabenangelegenheiten**, auf die die AO Anwendung findet (§ 33 FGO Rz. 3).

5 Obwohl § 347 AO missverständlich von »Abgaben« anstatt von »Steuern« spricht, wird der Finanz-Einspruchsweg nicht auch auf **Gebühren und Beiträge** ausgeweitet, die neben den Steuern zu den Abgaben zählen. Diese Einschränkung ergibt sich daraus, dass § 347 Abs. 1 Satz 1 Nr. 1 AO von Abgabenangelegenheiten spricht, **auf die dieses Gesetz Anwendung findet**. Der Anwendungsbereich der AO ergibt sich zunächst aus § 1 Abs. 1 AO. Er erstreckt sich auf Steuern (§ 3 AO) einschließlich der Steuervergütungen, die durch Bundesrecht oder Recht der Europäischen Gemeinschaften geregelt sind, soweit sie durch Bundesfinanzbehörden oder durch Landesfinanzbehörden verwaltet werden.

6 Daraus ergibt sich zunächst, dass der Finanzrechtsweg nicht für Steuern eröffnet ist, die **durch Landesrecht geregelt** werden, auch soweit sie von Bundes- oder Landesbehörden verwaltet werden (§ 33 FGO Rz. 4, 5). Für diese können die Vorschriften der AO über das Rechtsbehelfsverfahren jedoch durch besondere Regelungen im Landesrecht Anwendung finden (die AO-Anpassungsgesetze der Länder; Rz. 20). Für **Realsteuern**, die durch die Gemeinden verwaltet werden, gelten nach § 1 Abs. 2 Nr. 6 AO lediglich die § 351 und § 361 Abs. 1 Satz 2, Abs. 3 AO. Soweit aufgrund eines Gewerbesteuermessbescheides des Finanzamtes (§ 22 AO) von der Gemeinde ein Gewerbesteuerfestsetzungsbescheid erlassen wird, ist dagegen der Widerspruch nach §§ 68 ff. VwGO zulässig (BFH v. 13.02.1990, VIII R 188/85, BStBl 1990, 582), während gegen den Gewerbesteuermessbescheid Einspruch bei der erlassenden Finanzbehörde einzulegen ist.

7 § 1 Abs. 3 AO stellt klar, dass das Einspruchsverfahren der AO auch für **steuerliche Nebenleistungen** (§ 3 Abs. 4 AO) Anwendung findet.

8 Seit dem 01.05.2016 findet der neue Zollkodex der Union (UZK) Anwendung. Für den Rechtsschutz in Zollsachen ist weiterhin der nationale Finanzrechtsweg gegeben. Ein Rechtsbehelf ist in dem Mitgliedstaat einzulegen, der die Entscheidung erlassen oder beantragt hat, Art. 44 UZK.

Aus § 347 Abs. 2 AO ergibt sich, dass grundsätzlich **jede mit der Anwendung abgabenrechtlicher Vorschriften durch die Finanzbehörden zusammenhängende Angelegenheit** als **Abgabenangelegenheit** definiert werden kann. Damit zieht der Gesetzgeber eine weit auszulegende Grenze. Es wird klargestellt, dass nicht nur die unmittelbar eine Abgabe regelnde Maßnahme gemeint ist, sondern auch alle übrigen getroffenen oder beantragten verwaltenden Maßnahmen, die auf abgabenrechtlichen Vorschriften beruhen. Dies sind alle Maßnahmen, die der Durchsetzung des abgabenrechtlichen Anspruchs oder der Pflicht bzw. der Erfüllung abgabenrechtlicher Ansprüche dienen. Dazu zählen insbes. die Maßnahmen bei der Vorbereitung des Festsetzungsverfahrens, bei der Ermittlung des steuerlich relevanten Sachverhalts, der Steuerfestsetzung, der Erhebung der Abgabe, der Vollstreckung der Abgabe, bei der Rückforderung erstatteter bzw. vergüteter Abgaben sowie bei der Geltendmachung von Ansprüchen Dritter.

Der Begriff der Abgabe umfasst nach § 347 Abs. 2 Satz 1 AO ausdrücklich auch die **Abgabenvergütung**. Eine Abgabenvergütung ist eine Geldleistung, die eine öffentlich-rechtliche Körperschaft kraft öffentlichen Rechts an jemanden erbringt, der zumeist die Abgabe getragen hat. Als besondere Abgabenvergütung ist auch das **Kindergeld** eine Abgabenangelegenheit (BFH v. 23.07.1996, VII B 42/96, BStBl II 1996, 501; FG RP v. 31.07.1996, 1 K 14449/96, EFG 1996, 1175). 10

Bei der Frage, ob die Voraussetzungen einer **Buchführungs- oder Aufzeichnungspflicht** nach § 140 AO vorliegen, handelt es sich um eine abgabenrechtliche Angelegenheit (BFH v. 21.04.1998, XI B 16/98, BFH/NV 1998, 1220). Gleiches gilt für die Ablehnung einer **Billigkeitsmaßnahme** nach § 163 Abs. 1 AO (BFH v. 20.03.2002, X R 34/00, BFH/NV 2002, 914), die Vornahme von Pfändungen (BFH v. 30.09.1997, VII B 67/97, BFH/NV 1998, 421), die Feststellung der Rechtswidrigkeit eines Insolvenzantrages der Finanzbehörde (BFH v. 11.12.1990, VII B 94/90, BFH/NV 1991, 787) und die Verpflichtung zu seiner Rücknahme (FG Ha v. 27.05.1993, II 52/93, EFG 1994, 218) sowie den Aufteilungsbescheid nach § 279 AO (FG Nds. v. 20.03.1997, IX 148/95, EFG 1997, 897). 11

Der Streit zwischen der verwaltenden und ertragsberechtigten Körperschaft z. B. über die **Ablieferung von GrESt-Zuschlägen** ist keine Abgabenangelegenheit (BFH v. 06.10.1982, II R 90/79, BStBl II 1983, 180). Für die Vollstreckung ergeben sich Ausnahmen von der Eröffnung des Finanzrechtsweges durch die §§ 262, 287 Abs. 4, 293 Abs. 2, 284 Abs. 7, 326 AO, wonach für die Vollstreckung in das Eigentum eines Dritten, die Anordnung einer Durchsuchung, die Geltendmachung von Pfandrechten durch Dritte, die Abnahme einer eidesstatt- 12 lichen Versicherung sowie die Anordnung eines Sicherheitsarrestes der Zivilrechtsweg gegeben ist.

3 Ausdrücklich als Abgabenangelegenheiten i.S. des § 347 Abs. 2 AO werden die Maßnahmen der Bundesfinanzbehörden **zur Beachtung der Verbote oder Beschränkungen für den grenzüberschreitenden Warenverkehr** definiert. Erfasst sind alle Maßnahmen, die im Zusammenhang mit der Zollbehandlung bei der Einfuhr, Ausfuhr oder Durchfuhr stehen (BFH v. 28.01.1986, VII R 37/85, BStBl II 1986, 410). Die Frage der Rechtmäßigkeit einer Grenzbeschlagnahme bei Markenrechtsverletzungen ist eine solche (BFH v. 07.10.1999, VII R 89/98, BFH/NV 2000, 613).

4 Nach § 347 Abs. 2 AO gelten die Angelegenheiten der Verwaltung der **Finanzmonopole** als Abgabenangelegenheiten.

## II. Vollstreckungsangelegenheiten (§ 347 Abs. 1 Satz 1 Nr. 2 AO)

15 § 347 Abs. 1 Satz 1 Nr. 2 AO erweitert den Anwendungsbereich des Finanz-Einspruchsweges auch auf die Verwaltungsakte, die durch Bundes- oder Landesfinanzbehörden **nach den Vorschriften der AO vollstreckt werden** (§ 33 FGO Rz. 6 ff.). Dies gilt auch dann, wenn die Vorschriften der AO wiederum auf andere Vollstreckungsgesetze, vornehmlich die ZPO, verweisen. Im finanzbehördlichen Einspruchsverfahren wird grundsätzlich nur die **Rechtmäßigkeit der Vollstreckungshandlung** selbst, nicht die des zu vollstreckenden Verwaltungsaktes geprüft (BFH v. 03.02.1976, VII B 7/74, BStBl II 1976, 296; *Rätke* in Klein, § 347 AO Rz. 6).

16 Hierher gehören die Fälle, in denen die Finanzverwaltung anderen als Finanzbehörden bei der Durchsetzung der im Übrigen selbst verwalteten Abgaben Vollstreckungshilfe leistet. Die Vollstreckung nach der AO und damit die Pflicht der Behörden zur Amtshilfe kann nur durch **formelles Gesetz oder Rechtsverordnung** begründet werden (§ 33 FGO Rz. 8; *Keß* in Schwarz/Pahlke, § 347 AO Rz. 40; *Tappe* in HHSp, § 347 AO Rz. 179; *Seer* in Tipke/Kruse, § 33 FGO Rz. 68; a.A. *Rätke* in Klein, § 347 AO Rz. 7). Der Auftrag zur Vollziehung nach den Vorschriften der AO kann sich sowohl aus Bundesrecht (z.B. § 4 Buchst. b i.V.m. § 5 VwVG), als auch aus Landesrecht (z.B. § 25 VwZVG Bayern; §§ 17, 49 ThürVerZvG) ergeben.

17 Die Vollstreckung von Bußgeldbescheiden ist keine Vollstreckungsangelegenheit i.S. des § 347 AO; für sie gelten die Vorschriften des OWiG.

## III. Steuerberatungsangelegenheiten (§ 347 Abs. 1 Satz 1 Nr. 3 AO)

§ 347 Abs. 1 Satz 1 Nr. 3 AO eröffnet für **öffentlich-rechtliche und berufsrechtliche Streitigkeiten** über bestimmte Angelegenheiten des **StBerG** den Finanz-Einspruchsweg. 18

Darunter fallen folgende Streitigkeiten: 19

- **Vorschriften über die Hilfeleistung in Steuersachen** (Erster Teil, §§ 1–31 StBerG): Befugnis zur Hilfeleistung (§§ 2–4, 12 StBerG), Verbot und Untersagung der Hilfeleistung (§§ 4–7 StBerG), Werbeverbot (§ 8 StBerG), Verbot der Vereinbarung eines Erfolgshonorars (§ 9 StBerG), Mitteilungen an die Berufskammern oder andere zuständige Stellen (§ 10 StBerG) und die Überwachung der Lohnsteuerhilfevereine (§§ 4 Nr. 11, 13–31 StBerG). Für Streitigkeiten zwischen dem Steuerberater und seinem Mandanten (z.B. über Honoraransprüche) gilt der Zivilrechtsweg; selbst dann, wenn sich als Vorfrage die Befugnis zur Hilfeleistung stellt (BGH v. 23.01.1981, I ZR 30/79, NJW 1981, 873; § 33 FGO Rz. 9).
- **Voraussetzungen für die Berufsausübung** (Zweiter Abschnitt des Zweiten Teils, §§ 35–55 StBerG): Prüfungswesen (§§ 35–39a StBerG), Bestellung, Rücknahme, Widerruf (§§ 40, 48 StBerG), Regelungen über Steuerberatungsgesellschaften und Gesellschaften bürgerlichen Rechts (§§ 49–55 StBerG). Gegen Entscheidungen des **Prüfungsausschusses** sowie das **Prüfungsverfahren** selbst ist der Einspruch nach § 348 Nr. 3 bzw. Nr. 4 AO nicht statthaft, da die Prüfungsausschüsse entweder bei den Finanzministerien der Länder oder bei den OFD angesiedelt sind (§ 348 AO). Hier ist **unmittelbar Klage** vor dem FG zu erheben (zum Umfang der richterlichen Nachprüfung BFH v. 06.03.2001, VII R 38/00, BStBl II 2001, 370; FG Bbg v. 21.09.1995, 2 K 387/95, EFG 1996, 38; FG BW v. 17.04.1996, 13 K 14/94, EFG 1996, 885).
- **Zusammenführung der steuerberatenden Berufe** (Sechster Abschnitt des Zweiten Teils, §§ 154–157 StBerG),
- **Zwangsmittel** (Erster Abschnitt des Dritten Teils, § 159 StBerG).

## IV. Sonstige zugewiesene Angelegenheiten (§ 347 Abs. 1 Satz 1 Nr. 4 AO)

§ 347 Abs. 1 Satz 1 Nr. 4 AO eröffnet den Finanzrechtsweg für weitere öffentlich-rechtliche Streitigkeiten, für die durch Bundes- oder Landesrecht die Vorschriften der AO über außergerichtliche Rechtsbehelfe für anwendbar erklärt worden sind. 20

Dabei handelt es sich um von den Finanzbehörden verwaltete Angelegenheiten, die keine Abgabenangele- 21 genheiten i.S. von § 347 Abs. 2 AO sind. Auf die Vorschriften der AO wird unter anderem verwiesen in den Prämiengesetzen (BergPG, WoPG), dem Berlinförderungsgesetz, dem Zerlegungsgesetz, dem Investitionszulagengesetz und dem Vermögensbildungsgesetz, ferner dem MarktorganisationsG für die Erzeugerprämie und der MilchgarantiemengenVO für die Festsetzung der Referenzmengen und Milchabgaben. Die landesrechtlichen Ausführungsgesetze zur FGO eröffnen den Finanzrechtsweg für Landessteuern, die durch Landesfinanzbehörden verwaltet werden (§ 33 FGO Rz. 15; § 15 Nr. 1 AG – GerStrG MV, § 4 AGFGO BW, § 5 Abs. 1 AGFGO Hamb., § 5 Satz 1 AGFGO NRW). Soweit die Steuern von den Kommunen verwaltet werden (z.B. Hundesteuer, Getränkesteuer, Jagdsteuer), ist der Verwaltungsrechtsweg eröffnet. Eine Zuweisung zum Finanzrechtsweg findet sich nur in den Anpassungsgesetzen der Stadtstaaten Berlin (§ 3 Abs. 1 AGFGO Berlin), Bremen (Art. 6 Nr. 1, 2 AGFGO Bremen) und Hamburg (§ 5 Abs. 1 AGFGO Hamb.).

## C. Verwaltungsakt als Einspruchsgegenstand

22 Der Einspruch ist mit Ausnahme des Untätigkeitseinspruches (§ 347 Abs. 1 Satz 2 AO; Rz. 26) nur gegen Verwaltungsakte statthaft.

23 **Kein Verwaltungsakt** sind die Stellungnahme zu einer Dienstaufsichtsbeschwerde (BFH v. 18.06.1975, I R 92/73, BStBl II 1975, 779), die Aufrechnungserklärung (FG Mchn v. 21.07.1983, X 2/80, EFG 1984, 103), die Entscheidung über die Wiedereinsetzung in den vorigen Stand (s. BFH v. 02.10.1986, IV R 39/83, BStBl II 1987, 7), die Bestimmung des Betriebsprüfers (BFH v. 13.12.1994, VII R 46/94, BFH/NV 1995, 758; BFH v. 15.05.2009, IV B 3/09, BFH/NV 2009, 1401), das Betreten einer Wohnung durch ermittelnde Finanzbeamte (BFH v. 03.05.2010, VIII B 71/09, BFH/NV 2010, 1415), der Prüfungsbericht über das Ergebnis einer Außenprüfung (BFH v. 08.08.2001, II R 18/01, AO-StB 2002, 7), die schriftliche Aufklärungsanordnung während der Außenprüfung (BFH v. 10.11.1998, VIII R 3/98, BStBl II 1999, 199), die verbindliche Auskunft (§ 89 AO Rz. 2) und das Beifügen einer Rechtsbehelfsbelehrung (BFH v. 12.06.2017, III B 144/16, BFH/NV 2017, 1476). Die verbindliche Zusage nach § 204 AO im Anschluss an eine Außenprüfung ist demgegenüber Verwaltungsakt. Auch die Wiederholung des ersten Verwaltungsaktes ist, soweit kein Zweitbescheid vorliegt, kein selbstständiger Verwaltungsakt.

24 **Mehrere Verwaltungsakte** können auch in ein Formular aufgenommen werden. Jeder Verwaltungsakt ist dann getrennt anzufechten, da der andere ansonsten bestandskräftig wird. Um selbstständige Verwaltungsakte handelt es sich bei Verspätungszuschlägen, beim Leistungsgebot, bei Billigkeitsmaßnahmen sowie bei der Festsetzung von ESt und KiSt in einem Formular. **Nebenbestimmungen** können abhängig von ihrem Rechtscharakter als selbstständige bzw. unselbstständige Bestimmungen mit dem Einspruch angefochten werden oder nicht. Nachprüfungsvorbehalt (§ 164 AO) und Vorläufigkeitsvermerk (§ 165 AO) sind unselbstständige Nebenbestimmungen und können nicht isoliert angefochten werden.

Die Aufhebung, Änderung und Ablehnung eines Verwaltungsaktes sowie die Berichtigung einer offenbaren Unrichtigkeit nach § 129 AO, die schlichte Änderung nach § 172 Abs. 1 Satz 1 Nr. 2a AO sind selbst Verwaltungsakt (BFH v. 13.12.1983, VIII R 67/81, BStBl II 1984, 511; BFH v. 27.10.1993, XI R 17/93, BStBl II 1994, 439). 25

Aus Gründen des hervorgerufenen **Rechtsscheins** und dem damit entstandenen Rechtsschutzinteresse des Adressaten kann auch ein unwirksamer Verwaltungsakt, ein Nichtverwaltungsakt mangels Bekanntgabewillen oder ein unwirksam bekanntgegebener Verwaltungsakt mit dem Einspruch angefochten werden (BFH v. 10.07.1997, V R 56/95, BFH/NV 1998, 237; BFH v. 07.07.1978, VI R 211/75, BStBl II 1978, 575 für den »Erlass« durch die Putzfrau; FG Sa v. 28.04.1994, 2 K 3/92, EFG 1995, 135). Das Gleiche gilt für den Fall, dass unklar ist, ob mangels Bekanntgabewillens überhaupt ein Verwaltungsakt vorliegt (FG München v. 18.01.2013, 3 V 3225/12, EFG 2013, 646). 26

## D. Untätigkeitseinspruch (§ 347 Abs. 1 Satz 2 AO)

Nach § 347 Abs. 1 Satz 2 AO kann mit dem Einspruch auch gegen **behördliche Untätigkeit** angegangen werden, und zwar dann, wenn über einen Antrag auf Erlass eines Verwaltungsaktes ohne Mitteilung eines **zureichenden Grundes** binnen **angemessener Frist** sachlich nicht entschieden worden ist. Dabei ist der Einspruch nur statthaft, wenn eine Leistung beantragt wird, die in einem Verwaltungsakt besteht. Bei allen übrigen Leistungen ist bei Untätigkeit sofort die sonstige Leistungsklage zu erheben, ohne dass hier noch ein Einspruchsverfahren zwischengeschaltet werden muss. 27

Welche Frist für eine Entscheidung **angemessen** ist, hängt von den Umständen des Einzelfalls ab, insbes. von Umfang und Kompliziertheit des Sachverhaltes einerseits und den besonderen schutzwürdigen Interessen des Antragstellers andererseits. Die Mindestfrist des § 46 Abs. 1 Satz 2 FGO von sechs Monaten für die Untätigkeitsklage kann nicht ohne Weiteres auf den Untätigkeitseinspruch übertragen werden (*Seer* in Tipke/Kruse, § 347 AO Rz. 27 m.w.N.; *Bartone* in Gosch, § 347 AO Rz. 75; a.A. *Tappe* in HHSp, § 347 AO Rz. 210 m.w.N.; *Rätke* in Klein, § 347 AO Rz. 14). Vielmehr handelt es sich um eine Frage des konkreten Einzelfalles, ob die Frist kürzer oder 28 länger zu bemessen ist und können allgemeine Anhaltspunkte kaum gegeben werden. Entscheidend ist immer die einzelfallbezogene Abwägung konkreter Umstände. Fehlt es an einer Entscheidung über den Untätigkeitsanspruch, kommt auch hier eine Untätigkeitsklage i. S. des § 46 FGO in Betracht (BFH v. 04.06.2014, VII B 180/13, BFH/NV 2014, 1723).

29 Ähnlich ist die Frage zu beurteilen, ob ein **zureichender Grund** dafür vorliegt, dass noch nicht entschieden wurde. Behördliche Organisationsmängel und andere Gründe, die in der Sphäre der Finanzbehörde liegen, gehen dabei grundsätzlich nicht zulasten des Antragstellers. Keine zureichenden Gründe sind auch Schwierigkeiten bei der Rechtsfindung (*Keß* in Schwarz/Pahlke, § 46 FGO Rz. 81.) oder das Fehlen von Steuerakten (FG Bre v. 25.10.1996, 2 94 210 K 2, EFG 1997, 245). Als zureichender Grund für die Untätigkeit der Finanzbehörde kommt die Aussetzung des Einspruchsverfahrens nach § 363 Abs. 1 AO bzw. das Ruhen des Verfahrens nach § 363 Abs. 2 AO sowie Schwierigkeiten bei der Sachverhaltsermittlung wegen der Nichterfüllung von Mitwirkungspflichten durch den Steuerpflichtigen in Betracht.

30 Ein **vorzeitig erhobener** Untätigkeitseinspruch ist unzulässig. Der Mangel wird jedoch geheilt, wenn bis zur Einspruchsentscheidung eine angemessene Frist untätig verstrichen ist (*Seer* in Tipke/Kruse, § 347 AO Rz. 26). Der Untätigkeitseinspruch ist in der **Hauptsache erledigt**, wenn während des Einspruchsverfahrens der beantragte Verwaltungsakt erlassen wird. Gegen diesen Verwaltungsakt muss **erneut Einspruch** eingelegt werden, soll der Eintritt dessen Bestandskraft verhindert werden. Der Untätigkeitseinspruch setzt sich nicht als Einspruch gegen den erlassenen Verwaltungsakt fort. Wird der begehrte Verwaltungsakt jedoch **abgelehnt**, ist dagegen ohne weiteren Einspruch sogleich Klage zu erheben (*Seer* in Tipke/Kruse, § 347 AO Rz. 30; a. A. FG Köln v. 21.11.2001, 6 K 1134/01, EFG 2002, 1245).

31 Der Untätigkeitseinspruch führt zu einer **Ablaufhemmung** nach § 171 Abs. 3a AO (BFH v. 11.11.2015, V B 55/15, BFH/NV 2016, 225; BFH v. 22.01.2013, IX R 1/12, BStBl II 2013, 663). Wer seine Steuererklärung jenseits der Fristen des § 149 Abs. 2 AO abgibt, kann sich, falls das FA vor Ablauf der Festsetzungsfrist keinen Steuerbescheid erlässt, nicht auf Treu und Glauben berufen, wenn er es selbst unterlässt, einen Untätigkeitseinspruch einzulegen (BFH v. 11.11.2015, V B 55/15, BFH/NV 2016, 225; BFH v. 22.01.2013, IX R 1/12, BStBl II 2013, 663).

## § 348 AO
## Ausschluss des Einspruchs

**Der Einspruch ist nicht statthaft**

1. **gegen Einspruchsentscheidungen (§ 367),**
2. **bei Nichtentscheidung über den Einspruch,**
3. **gegen Verwaltungsakte der obersten Finanzbehörden des Bundes und der Länder, außer wenn ein Gesetz das Einspruchsverfahren vorschreibt,**
4. **gegen Entscheidungen in Angelegenheiten des Zweiten und Sechsten Abschnitts des Zweiten Teils des Steuerberatungsgesetzes,**
5. **(aufgehoben)**
6. **in den Fällen des § 172 Abs. 3.**

**Inhaltsübersicht**



### A. Bedeutung der Vorschrift

Sachentscheidungsvoraussetzung für ein Einspruchsverfahren ist die **Einspruchsfähigkeit** des angefochtenen Verwaltungsaktes. Verwaltungsakte der Finanzbehörden in den in § 347 Abs. 1 AO aufgezählten Angelegenheiten sind grundsätzlich mit dem Einspruch anfechtbar, sofern der Einspruch nicht durch Gesetz ausgeschlossen wird. Dieser Systematik folgend schließt § 348 AO bestimmte Verwaltungsakte vom Einspruch aus, ist diese Aufzählung aber nicht abschließend (*Keß* in Schwarz/Pahlke, § 348 AO Rz. 1; *Tappe* in HHSp, § 348 AO Rz. 9 und Rz. 90 ff. mit weiteren Ausnahmen). 1

### B. Einzelregelungen des § 348 AO

#### I. Einspruchsentscheidungen

Einspruchsentscheidungen sind zwar Verwaltungsakte i. S. des § 347 Abs. 1 Satz 1 Nr. 1, Abs. 2 AO. Zur Vermeidung einer nicht endenden Kette von Einspruchsverfahren sind Einspruchsentscheidungen von einem weiteren Einspruch ausgeschlossen. Weiterer Rechtsschutz wird nunmehr durch die Anfechtungsklage gewährt, deren Verfahrensvoraussetzung nach § 44 Abs. 1 FGO eine Einspruchsentscheidung ist. Dagegen findet § 348 Nr. 1 AO auf Vollabhilfebescheide keine Anwendung. Gegen den Vollabhilfebescheid kann kein Rechtschutz durch Erhebung der Anfechtungsklage erlangt werden, da das außergerichtliche Rechtsbehelfsverfahren gerade nicht ohne Erfolg geblieben ist (BFH v. 18.04.2007, XI R 47/05, BStBl II 2007, 736). Erlässt das Finanzamt vor Ablauf der Einspruchsfrist eine (Teil-)Einspruchsentscheidung, ist ein nochmaliger Einspruch gegen die Steuerfestsetzung nicht statthaft, auch wenn er innerhalb der noch währen- 2 den Einspruchsfrist (§ 355 Abs. 1 AO) eingelegt worden ist (BFH v. 18.09.2014, VI R 80/13, BStBl II 2015, 115; FG Ddorf v. 05.06.2013, 15 K 4597/12 E).

### II. Untätigkeit der Finanzbehörde

3 Entscheidet die Finanzbehörde über einen Einspruch nicht in angemessener Frist, so ist ein weiterer Untätigkeitseinspruch nicht zulässig. Rechtsschutz wird hier im Wege der Untätigkeitsklage nach § 46 FGO gewährt.

### III. Verwaltungsakte der obersten Finanzbehörden

4 Gegen Verwaltungsakte der obersten Finanzbehörden des Bundes und der Länder ist ein Einspruch nicht statthaft, sondern kann direkt Klage beim FG erhoben werden. Bleibt eine der genannten Finanzbehörden untätig, ist Untätigkeitsklage nach § 46 Abs. 2 FGO gegeben. Oberste Finanzbehörden sind das Bundesministerium für Finanzen sowie die Länderfinanzministerien (§§ 1, 2 FVG). Gegen Verwaltungsakte des Bundeszentralamts für Steuern ist der Einspruch zulässig, da es sich dabei um eine Oberbehörde i.S.v. § 1 Nr. 2 FVG handelt (s. BFH v. 29.10.1981, I R 89/80, BStBl II 1982, 150).

### IV. Entscheidungen in Angelegenheiten des Steuerberatergesetzes

5 Entscheidet, wie in einigen Ländern vorgesehen, die OFD über die Zulassung, Befreiung und Wiederholung der Prüfung nach dem StBerG, ist dagegen der Einspruch nicht zulässig. Der Gesetzgeber hielt ein Vorverfahren für entbehrlich, da diese Entscheidungen als reine Rechtsentscheidungen der vollen gerichtlichen Nachprüfung unterliegen (BT-Drs. 14/2667, 37; *Seer* in Tipke/Kruse, § 348 AO Rz. 4). Entscheidet die oberste Finanzbehörde des Landes (s. § 37b StBerG), ist der Einspruch bereits nach § 348 Nr. 3 AO nicht statthaft. Nach nun aktueller Rechtslage ist der Einspruch gegen Entscheidungen in Angelegenheiten des Zweiten und Sechsten Abschnitts des Zweiten Teils des Steuerberatungsgesetzes ausgeschlossen. Diese umfassen sowohl die Steuerberaterprüfung und Bestellung, als auch die Anerkennung der Steuerberatungsgesellschaft (*Rätke* in Klein, § 348 AO Rz. 6).

### V. Entscheidungen durch Allgemeinverfügung

Nach § 348 Nr. 6 AO ist ein Einspruch gegen Allgemeinverfügungen nach § 172 Abs. 3 AO unstatthaft. Die Regelung verhindert überflüssigen Verwaltungsaufwand (*Keß* in Schwarz/Pahlke, § 348 AO Rz. 19).

## § 349 AO

## (weggefallen)

## § 350 AO
## Beschwer

**Befugt, Einspruch einzulegen, ist nur, wer geltend macht, durch einen Verwaltungsakt oder dessen Unterlassung beschwert zu sein.**

#### Inhaltsübersicht



#### Schrifttum


Ritzer, Beschwer bei unrichtiger Bilanzierung, BB 1976, 1022; Rader, Zur Beschwer bei außergerichtlichen Rechtsbehelfen gegen körperschaftsteuerliche Nullbescheide nach Inkrafttreten des KStG 1977, BB 1977, 1141; Brox, Die Beschwer als Rechtsmittelvoraussetzung, ZZP 1981, 369; Halaczinsky/Volquardsen, Rechtsbehelfsbefugnis in Erbschaft- und Schenkungssteuerangelegenheiten, ErbStB 2010, 274. Gersch, Gemeinnützigkeitsrecht: Klage gegen Null-Bescheid, AO-StB 2015, 95.


### A. Bedeutung der Vorschrift

§ 350 AO begrenzt den Kreis der einspruchsbefugten Personen. **Nicht jedermann** soll Einspruch einlegen können, sondern nur der, der geltend machen kann, **beschwert** zu sein. Wie auch im finanzgerichtlichen Verfahren ist der **Popularrechtsbehelf** ausgeschlossen. § 40 Abs. 2 FGO beschränkt die **Befugnis** gegen einen Verwaltungsakt zu klagen, wenn der Kläger nicht geltend machen kann, »durch den Verwaltungsakt oder durch die Ablehnung oder Unterlassung eines Verwaltungsakts oder einer anderen Leistung in seinen Rechten verletzt zu sein«. § 350 AO entspricht im Wesentlichen dieser Regelung. Der 1 außergerichtliche Rechtsbehelf muss angesichts der Tatsache, dass er notwendiges Vorverfahren ist, im gleichen Umfang möglich sein, wie der gerichtliche Rechtsschutz.

Die Beschwer ist Voraussetzung für die Durchführung des Einspruchsverfahrens und deshalb zuvor **von Amts wegen** zu prüfen (BFH v. 07.11.1969, III B 27/69, BStBl II 1970, 217). Bei der Beschwer handelt es sich um einen prozessualen Rechtsbegriff (BFH v. 27.11.1985, II R 90/83, BStBl II 1986, 243). Sie ist **rechtliche Betroffenheit** durch Verletzung des Rechts des Einspruchsführers auf gesetzmäßige Besteuerung oder abgabenrechtliche Behandlung. Es müssen **rechtlich geschützte Interessen** des Steuerpflichtigen betroffen sein (BFH v. 29.11.1995, X B 328/94, BStBl II 1996, 322). Diese Interessen müssen steuerrechtlicher Natur sein. Die Beeinträchtigung allein zivilrechtlicher oder wirtschaftlicher Interessen genügen nicht (BFH v. 11.04.1991, V R 86/85, BStBl II 1991, 729; BFH v. 27.07.1983, II R 21/83, BStBl II 1983, 645).

3 Im außergerichtlichen Rechtsbehelfsverfahren kann die Beschwer in zwei Fällen weitergehender sein, als dies in einem gerichtlichen Verfahren möglich ist (dazu § 40 FGO). So ist der Steuerpflichtige auch durch eine fehlerhafte **Ermessensausübung** beschwert. Während er im Finanzgerichtsverfahren aber darauf beschränkt wird, die Ermessensausübung nur in Bezug auf Ermessensüber- und -unterschreitung sowie Ermessensfehlgebrauch überprüfen lassen zu können (§ 102 FGO), kann im finanzbehördlichen Rechtsbehelfsverfahren bereits die unzweckmäßige Ermessensausübung innerhalb des Ermessensspielraums zu einer Beschwer führen (AEAO zu § 350, Nr. 1 Satz 1). Eine zweite Abweichung ergibt sich daraus, dass zwar nicht die Finanzgerichte, wohl aber die Finanzbehörden an **Verwaltungsvorschriften** gebunden sind. Die Beschwer im Einspruchsverfahren bedarf also nicht der Verletzung eines Gesetzes, sondern kann bereits bei Nichtbeachtung von Verwaltungsvorschriften gegeben sein.

4 Einspruchsbefugt ist zunächst derjenige, der von dem Verwaltungsakt betroffen ist. Das ist grundsätzlich der **Adressat** des Verwaltungsaktes, d.h. derjenige, gegen den sich die Verfügung richtet oder für den sie ihrem Inhalt nach bestimmt ist (BFH v. 29.11.1995, X B 328/94, BStBl II 1996, 322). Einsprüche zugunsten der Allgemeinheit oder zugunsten Dritter sind ausgeschlossen (BFH v. 27.11.1985, II R 90/83, BStBl II 1986, 243; BFH v. 06.12.1991, III R 81/89, BStBl II 1992, 383; aber Rz. 5). Einspruchsbefugt gegen einen an eine Personengesellschaft gerichteten Gewerbesteuermessbescheid ist nur die Personengesellschaft selbst; Rechte der Gesellschafter können hierdurch nicht betroffen sein (BFH v. 26.06.2007, IV R 75/05, DStR 2008, 341 m.w.N.). Bei mehreren Adressaten ist jeder selbstständig einspruchsbefugt. Ein **Ehegatte/Lebenspartner** kann sogar allein durch eine von der Steuererklärung abweichende Zuordnung der Einkünfte beschwert sein, auch wenn sich zwar die Gesamtschuld nicht geändert hat, aber noch deren Aufteilung im Vollstreckungsverfahren gem. §§ 268 ff. AO möglich ist (BFH v. 16.08.1978, I R 125/75, BStBl II 1979, 26; BFH v. 07.11.1986, II B 50/85, HFR 1987, 112). Dem Adressaten wird sein **Rechtsnachfolger** gleichgestellt (§ 45 AO), nicht jedoch der **Testamentsverwalter**, der weder als Vertreter des Erblassers noch als Vertreter des Erben auftritt (BFH v. 16.12.1977, III R 35/77, BStBl II 1978, 383). Die **gesetzlichen Vertreter** haben die Rechte und Pflichten des Vertretenen nach § 34 Abs. 1 AO als eigene Rechte zu erfüllen und sind insoweit Steuerpflichtige (FG Bre v. 19.11.1991, II 120/91 K, EFG 1992, 176). Nicht beschwert ist der **Bevollmächtigte** durch einen an seinen Mandanten gerichteten Verwaltungsakt.

Ein **Dritter**, der nicht Adressat des Verwaltungsaktes 5
ist, ist ausnahmsweise nur dann einspruchsbefugt, wenn er seine Beschwer darauf stützt, **neben** dem Steuerpflichtigen von einer Steuerfestsetzung betroffen zu sein. Der Verwaltungsakt muss auch ihm gegenüber Rechtswirkungen oder einen Rechtsschein entfalten. Er muss in die steuerliche Rechtssphäre des Dritten eingreifen und nicht lediglich privatrechtliche Beziehungen zwischen ihm und dem Steuerpflichtigen berühren (BFH v. 27.07.1983, II R 21/83, BStBl II 1983, 645; FG Ddorf v. 20.06.1977, XI 70/75 E, EFG 1978, 31). **Einheitliche Feststellungsbescheide** (§ 179 Abs. 2 Satz 2 AO) wirken auch gegen die Feststellungsbeteiligten, denen sie nicht bekanntgegeben worden sind (§ 352 AO; BFH v. 31.07.1980, IV R 18/77, BStBl II 1981, 33). So kann ein Steuerpflichtiger, der nicht Adressat eines Gewinnfeststellungsbescheides ist, geltend machen, er sei unzutreffender Weise nicht als Beteiligter an der Feststellung behandelt worden. **Nicht betroffen** sind **Kinder** von der Steuerfestsetzung gegen ihre Eltern (BFH v. 20.12.1994, IX R 124/92, BStBl II 1995, 537), der potentielle **Haftungsschuldner** (BFH v. 06.12.1991, III R 81/89, BStBl II 1992, 303; demgegenüber kann der Steuerschuldner jedoch den an den Schuldner der Kapitalerträge gerichteten Haftungsbescheid anfechten, BFH v. 10.03.1971, I R 73/67, BStBl II 1971, 589), der **Arbeitnehmer** für Festsetzungen gegen den Arbeitgeber, es sei denn, darin wird seine Lohnsteuerpflicht beurteilt (BFH v. 29.06.1973, VI R 311/69, BStBl II 1973, 780), der **Ehegatte/Lebenspartner** bei einem KiSt-Bescheid bei konfessionsverschiedener Ehe (BFH v. 29.06.1994, I R 132/93, BStBl II 1995, 510), **ehemalige gesetzliche Vertreter** von Verwaltungsakten, die zwar Zeiträume der Vertretung betreffen, aber danach ergangen sind (BFH v. 21.11.1995, V B 52/95, BFH/NV 1996, 419).

Die **Gemeinden** sind durch die Festsetzung der Grund- 6
steuer- und Gewerbesteuermessbeträge grundsätzlich nicht beschwert. Auch für das Einspruchsverfahren gilt die Regelung des § 40 Abs. 3 FGO entsprechend, wonach dem Abgabenberechtigten nur im Falle der Interessenkollision ein Klagerecht zusteht. Das ist zu bejahen, wenn

der Abgabenschuldner gleichzeitig die Abgabe verwaltet (die Landesfinanzbehörde stellt ein dem Land gehörendes Grundstück von der Grundsteuer frei).

7 vorläufig frei

## B. Beschwer – im Einzelnen

8 Der Einspruchsführer kann durch einen Verwaltungsakt oder aber dessen Unterlassen beschwert sein (§ 350 AO).

### I. Durch Verwaltungsakt

9 Die Beschwer kann sich nur aus einem **Verwaltungsakt** ergeben, der unmittelbare rechtliche Wirkung gegen den Einspruchsführer auslöst oder zumindest den Rechtsschein der Wirksamkeit ihm gegenüber entfaltet (*Siegers* in HHSp, § 350 AO Rz. 71, 72). Der Verwaltungsakt muss noch vorhanden sein, d.h. er darf nicht durch Rücknahme, Widerruf, Aufhebung oder Erledigung wirkungslos geworden sein (§ 124 Abs. 2 AO; BFH v. 11.03.1992, X R 116/90, BFH/NV 1992, 757). Der Verwaltungsakt muss dem Steuerpflichtigen zumindest bekannt sein; einer ordnungsgemäßen Bekanntgabe an jeden Feststellungsbeteiligten bzw. Drittbetroffenen bedarf es nicht (*Seer* in Tipke/Kruse, § 350 AO Rz. 9). Fehlt es gänzlich an einer Bekanntgabe, ist zu prüfen, inwieweit zumindest der Rechtsschein einer Wirksamkeit hervorgerufen wurde.

10 Die Beschwer ergibt sich aus der Regelungsaussage des Verwaltungsaktes, i.d.R. aus seinem **Tenor**. Die Gründe der Entscheidung oder unselbstständige Besteuerungsgrundlagen beschweren nicht, auch wenn sie falsch sind, solange das Steuerergebnis richtig ist (AEAO zu § 350, Nr. 1). Dies gilt dann nicht, wenn die Feststellungen oder einzelne Bemessungsfaktoren Bindungswirkung für andere Verwaltungsakte haben. Durch die **zu niedrig festgesetzte Steuer** ist der Einspruchsführer grundsätzlich nicht beschwert, es sei denn, dieser Vorteil bewirkt, dass in späteren Besteuerungszeiträumen eine höhere Steuer mit noch größerem Nachteil festgesetzt wird (so die erhöhte Absetzung nach § 7b EStG, die zu einem Objektverbrauch führt; BFH v. 08.03.1994, IX R 12/90, BFH/NV 1994, 785; BFH v. 09.09.2005, IV B 6/04, BFH/NV 2006, 22). Auch ein sog. Nullbescheid kann eine Beschwer enthalten. So etwa, wenn der Nullbescheid eine verbindliche Entscheidungsgrundlage für andere Bescheide bildet und der Stpfl. durch diese beschwert wird (BFH v. 22.11.2016 I R 30/15, BFHE 257, 219, BStBl II 2017, 921; BFH v. 11.11.2014, I R 51/13, BFH/NV 2015, 305; *Seer* in Tipke/Kruse, § 350 AO Rz. 13).

11 **Umsatzsteuerbescheide** können auch dann zu einer Beschwer führen, wenn die Umsatzsteuer auf null festgesetzt wurde und der Einspruchsführer einen negativen Steuerbetrag begehrt bzw. die Umsatzsteuer negativ festgesetzt wurde und der Betroffene einen höheren Erstattungsbetrag verlangt. Bei der **gesonderten Feststellung** kann sich eine Ausnahme von dem Grundsatz ergeben, dass Einwendungen nur gegen den jeweiligen angegriffenen Verwaltungsakt erhoben werden können. Für die Anfechtung eines Folgebescheides kann sich eine Beschwer auch aus dem Fehlen eines Grundlagenbescheides ergeben (BFH v. 26.07.1984, IV R 13/84, BStBl II 1985, 3). Eine unterlassene gesonderte Feststellung ist ein Verfahrensfehler, der eine selbstständige Beschwer hervorruft (*Keß* in Schwarz/Pahlke, § 350 AO Rz. 25).

Die Ablehnung eines beantragten Verwaltungsaktes ist selbst Verwaltungsakt und beschwert den Antragsteller stets. 12

### II. Durch Untätigkeit

Voraussetzung des Einspruchsverfahrens ist grundsätzlich der Erlass eines Verwaltungsaktes. Davon wird dann abgewichen, wenn der Einspruchsführer geltend macht, die Finanzbehörde habe ohne zureichenden Grund über einen von ihm gestellten Antrag nicht binnen angemessener Frist entschieden. Bei **Untätigkeit** der Behörde liegt stets eine Beschwer vor, unabhängig davon, ob der Erlass eines begünstigenden oder eines belastenden Verwaltungsakts beantragt wurde. Die Beschwer für den Untätigkeitseinspruch entfällt mit **Erlass des begehrten Verwaltungsakts**, auch wenn dieser dem Begehren des Einspruchsführers nur nicht oder nur teilweise entspricht. Die Beschwer für einen nicht beschiedenen Antrag auf Aussetzung der Vollziehung entfällt nicht dadurch, dass ein entsprechender Antrag beim Finanzgericht zulässig ist (§ 69 Abs. 4 Satz 2 Nr. 1 FGO). 13

## C. Geltendmachung der Beschwer

Das Vorliegen der Beschwer ist eine Frage der Begründetheit des Rechtsbehelfs. Für die Statthaftigkeit des Einspruchs reicht es bereits aus, dass die Beschwer **geltend gemacht** wird (BFH v. 15.03.2017, III R 12/16, BFHE 259, 229). Gibt der Einspruchsführer eine **Einspruchsbegründung**, ist die Beschwer geltend gemacht. Zur Begründung des Einspruchs ist der Einspruchsführer jedoch nicht verpflichtet, da die Finanzbehörde auch im Rechtsbehelfsverfahren die Pflicht zur umfassenden Prüfung der Sach- und Rechtslage hat (§ 357 Abs. 3 Satz 3 AO). 14

Auch bei fehlender Begründung eines Einspruchs dürfen an die Geltendmachung der Beschwer **keine hohen Anforderungen** gestellt werden. Dies würde sonst im Ergebnis doch eine faktische Begründungspflicht schaffen. Ein substantiierter Vortrag ist demnach nicht erforderlich (*Seer* in Tipke/Kruse, § 350 AO Rz. 25 ff.; a. A. *Keß* in Schwarz/Pahlke, § 350 AO Rz. 8, der einen schlüssigen 15

Vortrag des Einspruchsführers verlangt, soweit eine Beschwer nicht so eindeutig ist). Für die Zulässigkeit eines Einspruchs genügt es, wenn der Einspruchsführer **behauptet**, der Verwaltungsakt verletze ihn in seinen Rechten oder benachteiligt ihn in sonstiger Weise. So kann bereits in der **bloßen Anfechtung** eines belastenden Steuerbescheides die Geltendmachung einer Beschwer zu sehen sein (BFH v. 27.11.1985, II R 90/83, BStBl II 1986, 243; BFH v. 08.11.1972, I R 257/71, BStBl II 1973, 120). Ob die behauptete Beschwer dann tatsächlich vorliegt, der Einspruchsführer also durch den Verwaltungsakt in seinen Rechten verletzt wird, ist eine Frage der Begründetheit, nicht der Zulässigkeit. Der Einspruch ist jedoch dann unzulässig, wenn entweder dem Vortrag des Einspruchsführers offensichtlich und eindeutig entnommen werden kann, dass eine Rechtsverletzung unter keinem Gesichtspunkt in Betracht kommt oder auch, wenn der Einspruch in keiner Weise die Möglichkeit einer Rechtsverletzung des Einspruchsführers zu erkennen gibt.

**16** Erfasst wird das Begehren einer Steuerbefreiung nach § 5 Abs. 1 Nr. 9 KStG (BFH v. 13.07.1994, I R 5/93, BStBl 1995 II, 134). Einsprüche, die eine Anwendung des § 10d Abs. 4 Satz 4 EStG in der Fassung des JStG 2010 ermöglichen sollen, sind statthaft (BFH v. 10.02.2015, IX R 6/14, BFH/NV 2015, 812). Liegt der Steuerfestsetzung eine Besteuerungsgrundlage zugrunde, die ein steuerliches oder außersteuerliches Verfahren bindet, ist die Beschwer gegen einen Nullbescheid zulässig. In Betracht kämen BAföG-Verfahren oder Beihilfeansprüche nach der BBhV oder vergleichbaren landesrechtlichen Regelungen hinsichtlich der Einkünfte (vgl. BFH v. 20.12.1994 IX R 124/92, BStBl 1995 II, 628, und BFH v. 19.02.2013, IX R 31/11, BFH/NV 2013, 1075). Für Wohngeldverfahren nach dem WoGG (BFH v. 24.01.1975, VI R 148/72, BStBl II, 382) und für Fälle der außergewöhnlichen Belastung (BFH v. 29.05.1996, III R 49/93, BStBl II, 654) besteht eine solche Bindung jedoch nicht.

# § 351 AO
# Bindungswirkung anderer Verwaltungsakte

**(1) Verwaltungsakte, die unanfechtbare Verwaltungsakte ändern, können nur insoweit angegriffen werden, als die Änderung reicht, es sei denn, dass sich aus den Vorschriften über die Aufhebung und Änderung von Verwaltungsakten etwas anderes ergibt.**

**(2) Entscheidungen in einem Grundlagenbescheid (§ 171 Abs. 10) können nur durch Anfechtung dieses Bescheids, nicht auch durch Anfechtung des Folgebescheids, angegriffen werden.**

**Inhaltsübersicht**



**Schrifttum**

FELDMANN, Die Anfechtbarkeit von geänderten Verwaltungsakten, NWB Fach 2, 3801; MACHER, Die beschränkte Anfechtbarkeit von Steuerverwaltungsakten. Ein Beitrag zu § 351 AO, StuW 1985, 33; VON WEDELSTÄDT, Die Aufhebung und Änderung von Steuerbescheiden, DB 1986, Beil. Nr. 20; WÜLLENKEMPER, Verwaltungsverfahren und Klageantrag bei beabsichtigter Bestandskraftdurchbrechung gemäß § 351 Abs. 1 AO, DStZ 1996, 304; KIES, Besonderheiten bei Einspruchsverfahren gegen korrigierte Steuerbescheide, DStR 2001, 1555.

## A. Bedeutung der Vorschrift

§ 351 AO ist keine selbstständige Änderungsvorschrift. Vielmehr wird die Abänderbarkeit eines bestandskräftigen Verwaltungsaktes vorausgesetzt und bezieht sich der Regelungsgehalt des § 351 AO auf den **Abänderungsbescheid.** § 351 AO **schränkt** die Einspruchsbefugnis eines beschwerten Steuerpflichtigen (§ 350 AO) **sachlich ein**, indem er den Umfang angibt, in dem abgeänderte Verwaltungsakte angefochten werden können. Die Vorschrift normiert damit die **Bindungswirkung** zuvor ergangener Verwaltungsakte aufgrund formeller Bestandskraft (BFH v. 02.09.1987, I R 162/84, BStBl II 1988, 142). Hieraus ergibt sich, dass formell bestandskräftige Verwaltungsakte nur noch aus materieller Sicht anfechtbar sind (BFH 27.10.2015 X R 44/13, BStBl II 2016, 278). § 351 AO hat lediglich **klarstellende Wirkung**, da sich die Grenzen der Anfechtbarkeit bereits aus der rechtlichen Einordnung von Änderungsbescheiden an sich ergibt. Ein Änderungsbescheid trifft nur im Umfang der Änderung eine neue Regelung, während der übrige Inhalt des ursprünglichen Bescheids lediglich wiederholt wird. Die wiederholende Verfügung ist aber nicht erneut angreifbar. Die Beschwer (§ 350 AO) beschränkt sich auf die neue Regelung und grenzt damit bereits den Umfang der Einspruchsbefugnis ein (auch *Seer* in Tipke/Kruse, § 351 AO Rz. 3). Folgt man der Auffassung des BFH, so tritt der Änderungsbescheid an die Stelle des geänderten Bescheids. § 351 AO ist dann eine eigenständige (einschränkende) Zulässigkeitsvoraussetzung (BFH v. 24.07.1984, VII R 122/80, BStBl II 1984, 791; BFH v. 25.10.1972, GrS 1/72, BStBl II 1973, 231; BFH v. 19.01.1977, I R 89/74, BStBl II 1977, 517; auch *Siegers* in HHSp, § 351 AO Rz. 10). **1**

Ähnlich ist das Verhältnis des **Grundlagenbescheides zum Folgebescheid.** Wird ein Einspruch gegen einen **2**

Folgebescheid lediglich mit Mängeln des Grundlagenbescheides begründet, ist der Einspruch unzulässig, da nicht geltend gemacht wird, durch den Folgebescheid beschwert zu sein (*Szymczak* in K/S, § 351 AO Rz. 14; *Rätke* in Klein, § 351 AO Rz. 20 ff.; *Seer* in Tipke/Kruse, § 351 AO Rz. 54; BFH v. 11.07.1996, IV R 67/95, BFH/NV 1997, 114; FG Bln v. 02.06.1986, VIII 12/85, EFG 1986, 610). Dagegen steht der BFH auf dem Standpunkt, der Einspruch sei zwar zulässig aber unbegründet, da der Einspruchsführer mit den Einwendungen gegen den Grundlagenbescheid konkludent behaupte, der Folgebescheid würde ihn in seinen Rechten verletzen (BFH v. 12.10.2011, VIII R 2/10, BFH/NV 2012, 776; BFH v. 09.11.2005, I R 10/05, BFH/NV 2006, 750; BFH v. 15.10.2003, X R 48/01, BStBl II 2004, 169).

3 Die Einschränkungen des § 351 Abs. 1 und 2 AO stehen **unabhängig** nebeneinander. D. h. bei der Anfechtung eines **Änderungsfolgebescheides** wird die Einspruchsbefugnis durch beide Absätze beschränkt. Die Voraussetzungen sind getrennt zu prüfen Der Einspruchsführer kann den geänderten Folgebescheid nur anfechten, soweit die Änderung reicht (§ 351 Abs. 1 AO); er darf dabei keine Gründe heranziehen, die die Rechtmäßigkeit des Grundlagenbescheides betreffen (§ 351 Abs. 2 AO).

## B. Anfechtung von Änderungsbescheiden (§ 351 Abs. 1 AO)

4 § 351 Abs. 1 AO setzt voraus, dass der Einspruchsführer einen Verwaltungsakt, der einen anderen **Verwaltungsakt ändert**, anfechten will. Dabei greift die einschränkende Regelung nur ein, wenn der ursprüngliche Bescheid nicht mehr angegriffen werden kann. Der Erstbescheid muss **unanfechtbar** sein. Dies ist immer dann der Fall, wenn die **Einspruchsfrist abgelaufen** ist (§ 355 AO), auf den **Einspruch verzichtet** worden ist (§ 354 AO), der Einspruch nach Ablauf der Einspruchsfrist **zurückgenommen** wurde (§ 362 AO) oder über einen Einspruch unanfechtbar entschieden worden ist.

5 Wird der Änderungsbescheid erlassen, **bevor** der Erstbescheid unanfechtbar ist, soll § 351 AO nach überwiegender Auffassung nicht gelten. Der Änderungsbescheid sei **unbeschränkt** anfechtbar (so: BFH v. 10.07.1980, IV R 11/78, BStBl II 1981, 5; *Seer* in Tipke/Kruse, § 351 AO Rz. 11; *Keß* in Schwarz/Pahlke, § 351 AO Rz. 10; a. A. *Siegers* in HHSp, § 351 AO Rz. 56). Dies gelte auch dann, wenn der Einspruch erst nach Ablauf der Einspruchsfrist für den Erstbescheid eingelegt wird (FG Mchn v. 16.04.2010, 13 K 2939/08, EFG 2010, 1574). Maßgeblich sei allein der Zeitpunkt der **Bekanntgabe** des Änderungsbescheides. Diese Auffassung lässt jedoch unberücksichtigt, dass schon der Ursprungsbescheid einen eigenen Regelungsgehalt hat und eine eigene Rechtsbehelfsfrist. Insbesondere ist die Finanzbehörde an ihren Ursprungsbescheid ab dessen Bekanntgabe gebunden und kann auch einen Änderungsbescheid innerhalb der Rechtsbehelfsfrist des Ursprungsbescheides nur ändern, wenn Korrekturvorschriften eingreifen. Aus diesem Grunde muss auch in solchen Fallkonstellationen § 351 AO in vollem Umfang Geltung haben und ein Änderungsbescheid nur dann unbeschränkt anfechtbar, wenn der Einspruch vor Ablauf der Einspruchsfrist des Ursprungsbescheides eingelegt wird. Wird der Verwaltungsakt **während** des Rechtsbehelfsverfahrens geändert, greift § 365 Abs. 3 AO, wonach der Änderungsbescheid Gegenstand des Verfahrens wird. Der Einspruch ist unbeschränkt.

### I. Geänderte Verwaltungsakte

Geändert ist ein Verwaltungsakt dann, wenn er eine **inhaltliche Änderung** in Form eines Steuermehr- oder Steuerminderbetrages erfährt. Eine Änderung ist also zugunsten und zum Nachteil des Steuerpflichtigen möglich. Umstritten ist, ob Verwaltungsakte, die den **§§ 130, 131 AO** unterfallen, d. h. zurückgenommen oder widerrufen werden, »geänderte« Verwaltungsakte i. S. von § 351 Abs. 1 AO sind. Für den BFH wird in diesen Fällen eine Neuregelung getroffen, die den alten Regelungsinhalt ersetzt. Die Anfechtungseinschränkung nach § 351 AO gelte deshalb nicht (BFH v. 24.07.1984, VII R 122/80, BStBl II 1984, 791; *Rätke* in Klein, § 351 AO Rz. 3; *Szymczak* in K/S, § 351 AO Rz. 6; *Siegers* in HHSp, § 351 AO Rz. 32; AEAO zu § 351, Nr. 3; *Keß* in Schwarz/Pahlke, § 351 AO Rz. 12a). Andererseits wird argumentiert, dass der Wortlaut des § 351 AO alle änderbaren Verwaltungsakte erfasse. Der durch die Vorschrift zu lösende Konflikt zwischen Rechtssicherheit und Gerechtigkeit durch Korrektur unrichtiger Regelungen, bestehe in gleicher Weise bei Änderungen aufgrund einer Änderungsvorschrift sowie bei Rücknahme oder Widerruf eines unanfechtbaren Verwaltungsaktes, sodass § 351 AO auch hier Anwendung finden soll (*Seer* in Tipke/Kruse, § 351 AO Rz. 7).Praktische Bedeutung hat dieser Meinungsstreit für Haftungsbescheide, die nach §§ 130, 131 AO korrigiert werden müssen, für Verspätungszuschläge, Säumniszuschläge und Abrechnungsbescheide. Betrachtet man aber gerade den Wortlaut des § 351 Abs. 1 AO in Gegenüberstellung zum § 240 Abs. 1 Satz 4 AO, so ist festzustellen, dass das Gesetz ausdrücklich unterscheidet, ob ein Verwaltungsakt – nach Korrekturvorschriften – geändert oder – nach den §§ 130, 131 AO – zurückgenommen oder widerrufen wird. Da in § 351 AO ausdrücklich nicht der Fall der Rücknahme oder des Widerrufs erwähnt ist, sondern nur der der Änderung, kann § 351 AO in diesen Fällen keine Anwendung finden. 6

Von der Regelung des § 351 AO sind jedenfalls alle nach **§ 172 ff. AO** änderbaren Verwaltungsakte erfasst. 7

Gleiches gilt für die Berichtigung nach § 129 AO, die auch dahingehend als reguläre Norm zur Änderung eines Verwaltungsaktes zu verstehen ist. Dieses sich von den §§ 130 und 131 AO unterscheidende Verständnis findet seine Grundlage in der besonderen Ausgrenzung der §§ 130, 131 AO durch § 172 Abs. 1 Nr. 2d) AO. Keine Anwendung findet § 351 AO ferner bei Änderungen von Steuerbescheiden, die unter dem **Vorbehalt der Nachprüfung** stehen oder **vorläufig** festgesetzt worden sind (§§ 164, 165 AO, BFH v. 16.01.2013, II R 66/11, BStBl II 2014, 266). **Wiederholungsbescheide** sind, da sie den Erstbescheid lediglich wiederholen, schon nicht anfechtbar und damit der Regelungsbereich des § 351 AO nicht eröffnet. § 351 Abs. 1 AO beschränkt bei der Änderung eines Antrags- oder Wahlrechts im Rahmen des Einspruchsverfahrens gegen einen Änderungsbescheid die Berücksichtigung der steuerlichen Auswirkungen der geänderten Wahlrechtsausübung (BFH v. 09.12.2015, X R 56/13, BStBl II 2016, 967 gegen FG Ddorf v. 19.11.2013, 13 K 3624/11 E).

8 vorläufig frei

## II. Anfechtungsbeschränkung

9 Die Anfechtungseinschränkung betrifft nur den **Tenor** des Verwaltungsakts, nicht die der Entscheidung zugrunde liegenden Vorgänge und Besteuerungsgrundlagen. Der Steuerpflichtige darf also **alle Gründe** vorbringen, solange das Ergebnis, bei Geld-Verwaltungsakten der Geldbetrag, des Erstbescheids nicht angetastet wird. Bei einem Steueränderungsbescheid ist er auf den Unterschiedsbetrag zwischen der ursprünglich festgesetzten und nunmehr erhöhten Steuer beschränkt. Dabei kann der Steuerpflichtige sich jedoch auf Gründe berufen, die er bereits gegen den ursprünglichen Verwaltungsakt hätte geltend machen können. Auch mit solchen Gründen, die erst nach Unanfechtbarkeit des ursprünglichen Bescheides entstanden sind, ist der Einspruchsführer nicht ausgeschlossen. Dies ist besonders interessant, wenn sich zwischenzeitlich Rechtsvorschriften, insbes. Verwaltungsvorschriften, die höchstrichterliche Rechtsprechung oder die Auffassung des BVerfG über die Verfassungswidrigkeit einer entscheidungserheblichen Norm zugunsten des Einspruchsführers geändert haben (s. den Vertrauensschutztatbestand des § 176 AO). Wurde aber die Feststellung aus einem inzwischen bestandskräftigen Feststellungsbescheid unverändert in den Änderungsbescheid übernommen, ist dieser nicht mehr anfechtbar (BFH v. 29.09.1977, VIII R 67/76, BStBl II 1978, 44). In den Fällen einer partiellen Bestandskraft des Bescheids kommt eine Änderung nur in Betracht, wenn ihre steuerlichen Folgen nicht über den durch § 351 Abs. 1 AO gesetzten Rahmen hinausgehen (BFH v. 27.10.2015, X R 44/13, BStBl II 2016, 278; BFH v. 09.12.2015, X R 56/13, BStBl II 2016, 967). Wird ein Änderungsbescheid angefochten, ist nach § 351 Abs. 1 AO die Änderung einer Antrags- oder Wahlrechtsausübung nur dann möglich, wenn die dadurch zu erzielende Steueränderung den durch die partielle Durchbrechung der Bestandskraft gesetzten Rahmen nicht verlässt (BFH v. 09.12.2015, X R 56/13, BStBl II 2016, 967 gegen FG Ddorf v. 19.11.2013, 13 K 3624/11 E, EFG 2014, 201).

vorläufig frei 10

## III. Andere Änderungs- und Aufhebungstatbestände

Die Einschränkung des Einspruchs wird durchbrochen, wenn sich aus den Vorschriften über die Korrektur von Verwaltungsakten etwas anderes ergibt (§ 351 Abs. 1 2. HS AO). Diese Regelung stellt nur klar, dass sich der Steuerpflichtige ohne Einschränkung auf die allgemeinen Änderungs- und Aufhebungsvorschriften berufen kann, die ihm einen **Anspruch auf Korrektur des ursprünglichen unanfechtbaren Bescheids** geben (§§ 172 ff., 130, 131 AO). Der Steuerpflichtige behält also auch im Einspruchsverfahren gegen den Änderungsbescheid seine Befugnisse, die ihm im Änderungsverfahren außerhalb des Rechtsbehelfsverfahrens zugestanden hätten. 11

## C. Anfechtung von Grundlagen und Folgebescheiden (§ 351 Abs. 2 AO)

Entscheidungen in einem Grundlagenbescheid (§ 171 Abs. 10 AO) können nicht durch Anfechtung des Folgebescheides (§ 182 Abs. 1 AO) angegriffen werden (§ 351 Abs. 2 AO). Dies ist die Konsequenz aus der **Bindungswirkung von Grundlagenbescheiden** für die auf ihnen beruhenden Folgebescheide (zur rechtlichen Einordnung des § 351 Abs. 2 AO s. Rz. 2). Keine Bindungswirkung besteht hinsichtlich der **Wirksamkeit von Grundlagenentscheidungen**. Die Wirksamkeit des Grundlagenbescheids ist im Einspruchsverfahren gegen den Folgebescheid selbstständig zu prüfen (*Siegers* in HHSp § 351 AO Rz. 128; BFH v. 25.03.1986, III B 6/85, BStBl II 1986, 477). Der Steuerpflichtige kann daher im Einspruchsverfahren gegen den Folgebescheid einwenden, der Grundlagenbescheid sei wegen fehlerhafter Bekanntgabe (§ 124 Abs. 1 AO) unwirksam. Einwendungen können nur gegen den Feststellungsbescheid (Grundlagenbescheid), nicht gegenüber dem Einkommensteuerbescheid (Folgebescheid) geltend gemacht werden (BFH v. 10.04.2014, III R 20/13, BStBl II 2016, 583). 12

Im Verhältnis von Grundlagenbescheid zu Folgebescheid stehen insbes. folgende Bescheide: 13

- der Gewinnfeststellungsbescheid zum ESt-Bescheid (BFH v. 29.09.1977; VIII R 67/76, BStBl II 1978, 44),

- der Einheitswertbescheid zum GewSt-Messbescheid (BFH v. 18.07.1973, I R 250/70, BStBl II 1973, 787),
- der GewSt-Messbescheid zum GewSt-Bescheid (BFH v. 11.07.1996, IV R 67/95, BFH/NV 1997, 114),
- die Steuerfestsetzung zum Duldungsbescheid (BFH v. 01.03.1988, VII R 109/86, BStBl II 1988, 408),
- die Steuerfestsetzung zum Abrechnungsbescheid (BFH v. 22.07.1986, VII R 10/82, BStBl II 1986, 776),
- die Steuerfestsetzung zum Zinsbescheid (FG Ha v. 23.09.1985, III 309/83, EFG 1986, 106),
- der Messbetragsbescheid zum Zerlegungs- und Zuteilungsbescheid (BFH v. 24.03.1992, VIII R 33/90, BStBl II 1992, 869).

§ 351 Abs. 2 AO gilt nicht im Verhältnis Steuerbescheid – Haftungsbescheid oder ESt-Bescheid zum GewSt-Messbescheid.

14 § 351 Abs. 2 AO findet erst Anwendung, wenn der Grundlagenbescheid erlassen wurde. Dies gilt insbes. für den Fall der Schätzung von Besteuerungsgrundlagen, die eigentlich über ein gesondertes Feststellungsverfahren ermittelt werden müssten (§ 155 Abs. 2 i. V. m. § 162 Abs. 5 AO). Der Einspruch gegen den Folgebescheid wird unzulässig, sobald der Grundlagenbescheid – im laufenden Einspruchsverfahren des Folgebescheids – ergeht (Rz. 2). Zum Zeitpunkt der Einspruchsentscheidung gilt dann nämlich bereits § 351 Abs. 2 AO. Der BFH ist – wohl allein vor dem Hintergrund der Ablaufhemmung des § 171 Abs. 3a Satz 2 2. HS AO – anderer Auffassung und meint – ohne dies jedoch näher zu begründen –, dass § 351 Abs. 2 AO insoweit keine Anwendung findet, weil im Moment der Einspruchseinlegung »Entscheidungen in einem Grundlagenbescheid« noch nicht vorhanden waren (BFH v. 12.02.2010, II R 38/08, BFH/NV 2010, 1236). Dies überzeugt nicht, denn in Konsequenz der Ansicht des BFH müsste nun im weiterhin zulässigen Einspruchsverfahren des Folgebescheides eine materiellrechtliche Entscheidung über den dem Grundlagenbescheid zugewiesenen Regelungsinhalt ergehen, die auch abweichend von einer Entscheidung im Verfahren gegen den nun erlassenen Grundlagenbescheid sein könnte. Dies ist systemwidrig und hätte der BFH den konkreten Fall besser über § 171 Abs. 3a Satz 2 2. HS AO dahingehend entschieden, dass es für die einmal mit Einlegung eines zu diesem Zeitpunkt zulässigen Einspruches eingetretene Ablaufhemmung verbleibt, auch wenn dieser Einspruch später, nach Erlass eines Grundlagenbescheides, unzulässig wird. Denn auch der BFH ist der Auffassung, dass sich das (nach hiesiger Auffassung unzulässig gewordene) Einspruchsverfahren gegen den Folgebescheid nicht als solches gegen den nun ergangenen Grundlagenbescheid fortsetzt, vielmehr handelt es sich um ein gesondertes Verfahren und muss auch gesondert Einspruch gegen diesen Grundlagenbescheid eingelegt werden.

## § 352 AO Einspruchsbefugnis bei der einheitlichen Feststellung

**(1) Gegen Bescheide über die einheitliche und gesonderte Feststellung von Besteuerungsgrundlagen können Einspruch einlegen:**

**1. zur Vertretung berufene Geschäftsführer oder, wenn solche nicht vorhanden sind, der Einspruchsbevollmächtigte im Sinne des Absatzes 2;**

**2. wenn Personen nach Nummer 1 nicht vorhanden sind, jeder Gesellschafter, Gemeinschafter oder Mitberechtigte, gegen den der Feststellungsbescheid ergangen ist oder zu ergehen hätte;**

**3. auch wenn Personen nach Nummer 1 vorhanden sind, ausgeschiedene Gesellschafter, Gemeinschafter oder Mitberechtigte, gegen die der Feststellungsbescheid ergangen ist oder zu ergehen hätte;**

**4. soweit es sich darum handelt, wer an dem festgestellten Betrag beteiligt ist und wie dieser sich auf die einzelnen Beteiligten verteilt, jeder der durch die Feststellungen hierzu berührt wird;**

**5. soweit es sich um die Frage handelt, die einen Beteiligten persönlich angeht, jeder, der durch die Feststellung über die Frage berührt wird.**

**(2) Einspruchsbefugt im Sinne des Absatzes 1 Nr. 1 ist der gemeinsame Empfangsbevollmächtigte im Sinne des § 183 Abs. 1 Satz 1 oder des § 6 Abs. 1 Satz 1 der Verordnung über die gesonderte Feststellung von Besteuerungsgrundlagen nach § 180 Abs. 2 der Abgabenordnung vom 19. Dezember 1986 (BGBl I S. 2663). Haben die Feststellungsbeteiligten keinen gemeinsamen Empfangsbevollmächtigten bestellt, ist einspruchsbefugt im Sinne des Absatzes 1 Nr. 1 der nach § 183 Abs. 1 Satz 2 fingierte oder der nach § 183 Abs. 1 Satz 3 bis 5 oder nach § 6 Abs. 1 Satz 3 bis 5 der Verordnung über die gesonderte Feststellung von Besteuerungsgrundlagen nach § 180 Abs. 2 der Abgabenordnung von der Finanzbehörde bestimmte Empfangsbevollmächtigte; dies gilt nicht für Feststellungsbeteiligte, die gegenüber der Finanzbehörde der Einspruchsbefugnis des Empfangsbevollmächtigten widersprechen. Die Sätze 1 und 2 sind nur anwendbar, wenn die Beteiligten in der Feststellungserklärung oder in der Aufforderung zur Benennung eines Empfangsbevollmächtigten über die Einspruchsbefugnis des Empfangsbevollmächtigten belehrt worden sind.**

**Inhaltsübersicht**



**Schrifttum**

JESTÄDT, Klagebefugnis von Treugebern, DStR 1992, 99; BRÜGGMANN, Die Rechtsbehelfsbefugnis des nichtunternehmerischen Treugeber-Kommanditisten bei gesonderter Feststellung von Sonderbetriebsausgaben, DStZ 1994, 141; SIEGERT, Die Abgabenordnung im Wandel: Das neue Einspruchsverfahren, DStZ 1995, 25; DISSARS/DISSARS, Einspruchsbefugnis bei einheitlicher Feststellung, BB 1996, 773; HEISSENBERG, Ausgeschiedene Personengesellschafter im Steuerverfahrensrecht, KÖSDI 1996, 1091; SÖFFING, Neuordnung des außergerichtlichen Rechtsbehelfsverfahrens ab 01.01.1996, DStR 1995, 1489; STEINHAUFF, Voraussetzungen und Grenzen der Klagebefugnis von im Einspruchsverfahren nicht – notwendig – Hinzugezogenen, DStR 2005, 2027; VON WEDELSTÄDT, Einspruchs- und Klagebefugnis bei einheitlichen und gesonderten Feststellungsbescheiden, AO-StB 2006, 230 (Teil I), 261 (Teil II); DISSARS, Einspruch- und Klagebefugnis bei einheitlicher und gesonderter Feststellung, HWB 2011, 1715.

## A. Bedeutung der Vorschrift

1 Einspruchs- und Klagerecht stehen grundsätzlich der Gesellschaft bzw. Gemeinschaft zu. § 352 AO trifft eine einschränkende Regelung dazu, wer befugt ist, Einspruch gegen einen Bescheid über die **einheitliche und gesonderte Feststellung** von Besteuerungsgrundlagen für das Feststellungssubjekt einzulegen. Dabei findet § 352 AO nur gegenüber Feststellungsbescheiden mit gesonderter **und** einheitlicher Feststellung Anwendung. Während ein einheitlicher Feststellungsbescheid auch immer ein gesonderter ist, ergeht eine gesonderte Feststellung nur in den gesetzlich bestimmten Fällen auch einheitlich gegenüber mehreren Personen (zur Systematik *Brandis* in Tipke/Kruse, § 48 FGO Rz. 1).

2 Gesondert und einheitlich festgestellt werden insbes.:

- Einheitswerte (§ 180 Abs. 1 Nr. 1 AO),
- Einkünfte und damit in Zusammenhang stehende Besteuerungsgrundlagen, wenn an den Einkünften mehrere Personen beteiligt sind (§ 180 Abs. 1 Nr. 2a AO),
- Der Wert der vermögenssteuerpflichtigen Wirtschaftsgüter, der Schulden und sonstigen Abzüge, wenn diese mehreren Personen zuzurechnen sind (§ 180 Abs. 1 Nr. 3 AO),
- Besteuerungsgrundlagen, die in der VO zu § 180 Abs. 2 AO genannt werden,
- Einkünfte aus Beteiligungen an ausländischen Gesellschaften (§ 18 AStG).

§ 352 AO erfasst sowohl positive als auch negative Feststellungsbescheide. Neben der Befugnis nach § 352 AO muss der einspruchsbefugten Person außerdem die allgemeine Einspruchsbefugnis nach § 350 AO, die **allgemeine Beschwer**, zustehen. Diese ist jedoch bereits dann gegeben, wenn er als Feststellungsbeteiligter in Anspruch genommen wird (*Keß* in Schwarz/Pahlke, § 352 Rz. 7a). Die Einspruchsbefugnis nach § 352 Abs. 1 Nr. 1 1. Alt. AO schließt die nach § 352 Abs. 1 Nr. 1 2. Alt. AO tatbestandsmäßig aus. Beide schließen wiederum eine Befugnis nach § 352 Abs. 1 Nr. 2 AO aus. Daneben kommt jedoch die Anwendung des § 352 Abs. 1 Nr. 3 bis 5 AO in Betracht, wobei § 352 Abs. 1 Nr. 3 AO den Vorrang vor § 352 Abs. 1 Nr. 4 und 5 AO einnimmt (anders: *Brandis* in Tipke/Kruse, § 48 FGO Rz. 17, der eine Einspruchsbefugnis des Geschäftsführers nach § 352 Abs. 1 Nr. 1 AO verneint, soweit eine Befugnis der Feststellungsbeteiligten nach § 352 Abs. 1 Nr. 4 und 5 AO besteht).

## B. Befugnis des Geschäftsführers bzw. des Einspruchsbevollmächtigten (§ 352 Abs. 1 Nr. 1 AO)

Befugt, einen Einspruch gegen einheitliche und gesonderte Feststellungsbescheide einzulegen, ist zunächst der zur Vertretung berufene Geschäftsführer oder, wenn ein solcher nicht vorhanden ist, der Einspruchsbevollmächtigte i. S. des § 352 Abs. 2 AO. 3

### I. Geschäftsführerbefugnis

Diese Einspruchsbefugnis verlangt eine **Geschäftsführerstellung** und eine **Berufung zur Vertretung**. Dabei kommt es auf die Verwendung des Begriffs »Geschäftsführer« nicht an. Die Berufung zum vertretungsbefugten Geschäftsführer wird nach den zivilrechtlichen Bestimmungen beurteilt. Sie erfolgt durch vertragliche Vereinbarung oder gesetzliche Regelungen des BGB, GmbHG oder HGB. Maßgeblich für das Vorliegen der Vertretungsbefugnis ist der Zeitpunkt der Einspruchseinlegung, nicht der der Bekanntgabe des anzufechtenden Bescheids (*Dißars*, HWB 2011, 1715). Auch auf das Streitjahr kommt es nicht an, selbst wenn die Geschäftsführerstellung zu diesem Zeitpunkt noch nicht bestand (*Keß* in Schwarz/Pahlke, § 352 AO Rz. 12). 4

Bei **Geschäftsführermehrheit** entscheidet der Inhalt des Gesellschaftervertrages oder das Gesetz, wer allein handeln darf. Unter Umständen steht die Vertretungsbefugnis allen Gesellschaftern gemeinsam zu (BFH 5

v. 04.05.1972, IV 251/64, BStBl II 1972, 672; *Brandis* in Tipke/Kruse, § 48 FGO Rz. 12 m.w.N.) für die GbR § 709 Abs. 1 BGB). Gesamtvertretungsberechtigte Geschäftsführer (Gesamtvertreter können nur gemeinsam vertreten) müssen **gemeinschaftlich** Einspruch einlegen. Sind jedoch mehrere Geschäftsführer einzeln berufen, so kann jeder von ihnen den Einspruch einlegen und auch wieder zurücknehmen. Sich widersprechende **gleichzeitig** vorgenommene Verfahrenshandlungen sind jedoch unwirksam.

6 Die Einspruchsbefugnis nach § 352 Abs. 1 AO setzt das Bestehen der Gesellschaft voraus. Bei Beendigung der Gesellschaft ist wie folgt zu differenzieren. Während des **Liquidationsstadiums** ist die Gesellschaft verfahrensrechtlich weiter vorhanden. Es erlöschen zunächst alle bestehenden Vertretungs- und Geschäftsführungsbefugnisse, die auf einen oder mehrere Liquidatoren übergehen. Liquidatoren sind grundsätzlich alle Gesellschafter (BFH v. 24.09.1982, V ZR 188/79, WM IV 1982, 1170; sog. »geborene« Liquidatoren), wenn nicht im Gesellschaftsvertrag oder durch Beschluss der Gesellschafter etwas anderes bestimmt wird. Liquidatoren haben grundsätzlich gemeinschaftlich zu handeln (§ 150 Abs. 1 HGB). Mit Abschluss der Liquidation und Auseinandersetzung des Gesellschaftsvermögens ist die Gesellschaft vollständig beendet. Nach der **Vollbeendigung** geht die Einspruchsbefugnis auf die Gesellschafter nach § 352 Abs. 1 Nr. 2 AO über (BFH v. 21.06.1994, VIII R 5/92, BStBl II 1994, 856; BFH v. 16.01.1996, VIII B 128/95, BStBl II 96, 426; BFH v. 08.10.1998, VIII B 61/98, BFH/NV 1999, 291; im Ergebnis gleich: BFH v. 27.11.1990, VIII R 206/84, BFH/NV 1991, 692, der in der Vollbeendigung ein Ausscheiden aller Gesellschafter i.S.v. § 352 Abs. 1 Nr. 3 AO sieht). Die Einspruchsbefugnis steht jedenfalls nicht den Rechtsnachfolgern der Gesellschaft zu (BFH v. 19.11.1985, VIII R 25/85, BStBl II 1986, 520). In der **Insolvenz** geht die Einspruchsbefugnis nicht auf den Insolvenzverwalter über (BFH v. 21.06.1979, 21.07.1979, IV R 131/74, BStBl II 1979, 780 für den Konkurs; *Siegers* in HHSp, § 352 AO Rz. 107). Anders ist dies, wenn die Feststellungen als Grundlagen in Steuerbescheide einfließen, die gegen die Gesellschaft als Steuerschuldnerin gerichtet sind.

7 Einspruchsbefugt ist nach herrschender Ansicht die Gesellschaft bzw. Gemeinschaft selbst. Die Personengesellschaft handelt in Prozessstandschaft für ihre Gesellschafter, da sich der Gewinnfeststellungsbescheid inhaltlich nicht an die Gesellschaft, sondern an die einzelnen Gesellschafter als Subjekte der Einkommensteuer richtet (BFH v. 22.01.2015 IV R 62/11, BFH/NV 2015, 995; BFH v. 27.05.2004, IV R 48/02, BStBl II 2004, 964). Die Personengesellschaft wird durch ihre zur Vertretung berufenen Geschäftsführer vertreten. Dieser handelt wie ein Prozessstandschafter im Namen der Gesellschaft und aller Gesellschafter. Folgt man dem Wortlaut des § 352 AO, ist allein der zur Vertretung berufene Geschäftsführer einspruchsbefugt und nicht alle Feststellungsbeteiligten oder die Gesellschaft selbst (*Brandis* in Tipke/Kruse, § 48 FGO Rz. 7 m.w.N.). In jedem Fall darf ein unzutreffend formulierter Antrag nicht zur Unzulässigkeit des Einspruchs führen, sondern ist gegebenenfalls umzudeuten.

### II. Empfangsbevollmächtigter

**Fehlt ein** zur Vertretung berufener **Geschäftsführer**, ist der Empfangsbevollmächtigte befugt, Einspruch einzulegen. Die Befugnis nach § 352 Abs. 1 Nr. 1 1. Alt. AO schließt eine Befugnis des § 352 Abs. 1 Nr. 1 2. Alt. AO also tatbestandsmäßig aus. An einem vertretungsbefugten Geschäftsführer fehlt es z.B. bei Erbengemeinschaften oder Miteigentümergemeinschaften. Steht die Geschäftsführung und Vertretung einer **GbR** gesetzlich allen Gesellschaftern zu (§§ 709, 714 BGB), ist unklar, ob damit alle Gesellschafter zur Vertretung berufene Geschäftsführer sind (dann Einspruchsbefugnis nach § 352 Abs. 1 Nr. 1 1. Alt. AO; so: *Siegers* in HHSp, § 352 AO Rz. 67) oder ein solcher gerade nicht vorhanden ist (Einspruchsbefugnis nach § 352 Abs. 1 Nr. 1 2. Alt. AO oder § 352 Abs. 1 Nr. 2 AO; so: BFH v. 15.01.1998, IX B 25/97, BFH/NV 1998, 994; *Siegert*, DStZ 1995, 25). Die Rechtsprechung ist dahingehend uneinheitlich (*Brandis* in Tipke/Kruse, § 48 FGO Rz. 12 m.w.N.). Bei einer **atypisch stillen Gesellschaft** ist nicht der Inhaber des Handelsgeschäftes der Geschäftsführer dieser Innengesellschaft (*Siegers* in HHSp, § 352 AO Rz. 80; veraltet: BFH v. 24.11.1988, VIII R 90/87, BStBl II 1989, 145). 8

Die Empfangsbevollmächtigung nach § 183 Abs. 1 Satz 1 AO (§ 6 Abs. 1 Satz 1 VO zu § 180 Abs. 2 AO) wird gesetzlich zu einer Einspruchsbefugnis erweitert. Dies gilt jedoch nur dann, wenn die Feststellungsbeteiligten entweder in der Feststellungserklärung oder in der Aufforderung zur Benennung eines Empfangsbevollmächtigten darüber belehrt worden sind (§ 352 Abs. 2 Satz 3 AO). Ob die **Belehrung** für jeden Feststellungszeitraum getrennt erfolgen muss, ist unklar. Sie sollte jedoch klar zum Ausdruck bringen, für welchen Zeitraum die Einspruchsbefugnis gelten soll (*Brandis* in Tipke/Kruse, § 48 FGO Rz. 21). Die Erteilung der Belehrung ist bei der Zulässigkeitsprüfung festzustellen. 9

Einspruchsbevollmächtigter kann danach sein 10

- der von den Feststellungsbeteiligten **benannte** Empfangsbevollmächtigte (§ 352 Abs. 2 Satz 1 AO, § 183 Abs. 1 Satz 1 AO, § 6 Abs. 1 Satz 1 VO zu § 180 Abs. 2 AO),
- der vom Finanzamt **fingierte** Empfangsbevollmächtigte (§ 352 Abs. 2 Satz 2 1. Alt. AO, § 183 Abs. 1 Satz 2 AO) und
- der vom Finanzamt **bestimmte** Empfangsbevollmächtigte (§ 352 Abs. 2 Satz 2 2. Alt. AO, § 183

Abs. 1 Satz 3 bis 5 AO, § 6 Abs. 1 Satz 3 bis 5 zu § 180 Abs. 2 AO).

Bestimmt die Finanzbehörde einen Empfangsbevollmächtigten oder fingiert sie ihn, steht diesen keine Einspruchsbefugnis zu, soweit die Feststellungsbeteiligten dem widersprechen (§ 352 Abs. 2 Satz 2 2. HS AO). Um selbst einspruchsbefugt zu werden, muss der **Widerspruch** innerhalb der Einspruchsfrist erfolgen (*Brandis* in Tipke/Kruse, § 48 FGO Rz. 23).

11 Die **Benennung zum Empfangsbevollmächtigten** erfolgt nach h.M. durch Vollmacht jedes einzelnen Feststellungsbeteiligten. Ist der Empfangsbevollmächtigte nicht von allen bestellt worden, soll die Einspruchsbefugnis des Empfangsbevollmächtigten auf die Vollmachtgeber beschränkt sein. Für die übrigen Beteiligten soll § 348 Abs. 1 Nr. 2 AO gelten (*Keß* in Schwarz/Pahlke, § 352 AO Rz. 22a; a.A. *Brandis* in Tipke/Kruse, § 48 FGO Rz. 22; BFH v. 14.12.2000, VIII B 66/00, BFH/NV 2001, 792). Der bestellte Empfangsbevollmächtigte muss nicht selbst Feststellungsbeteiligter sein und seine Bestellung kann jederzeit gegenüber der Finanzbehörde widerrufen werden. Ist der Finanzbehörde bekannt, dass die Gesellschaft nicht mehr besteht oder ernstliche Meinungsverschiedenheiten zwischen den Beteiligten bestehen, entfällt mit der Empfangsvollmacht auch die Einspruchsbefugnis (*Siegers* in HHSp, § 352 AO Rz. 135 f.; *Rätke* in Klein § 352 AO Rz. 18; a.A. *Keß* in Schwarz/Pahlke, § 352 AO Rz. 22b).

12 Ist ein Empfangsbevollmächtigter nicht gemeinsam bestellt worden, ist der **fingierte Empfangsbevollmächtigte** nach § 183 Abs. 1 Satz 2 AO einspruchsbefugt. Als fingiert gilt ein Empfangsbevollmächtigter dann, wenn er durch die Finanzbehörde in einem Feststellungsbescheid als solcher bekanntgegeben wird. Dafür kommt nur ein zur Vertretung der Gesellschaft oder der Feststellungsbeteiligten oder ein zur Verwaltung des Gegenstandes der Feststellung Berechtigter in Betracht. Nur dann, wenn es weder einen benannten noch einen fingierten Empfangsbevollmächtigten gibt, muss die Finanzbehörde unter Aufforderung, einen solchen zu benennen, einen Empfangsbevollmächtigten vorschlagen mit dem Hinweis, dass dieser damit auch die Einspruchs- und Klagebefugnis erhält.

13 vorläufig frei

## C. Befugnis der Gesellschafter, Gemeinschafter und Mitberechtigten (§ 352 Abs. 1 Nr. 2 AO)

14 Die einzelnen Feststellungsbeteiligten sind nur dann zum Einspruch berechtigt, wenn es weder einen zur Vertretung berufenen Geschäftsführer noch einen Einspruchsbevollmächtigten i.S. von § 352 Abs. 2 AO gibt. Dies ist immer dann der Fall, wenn gesetzlich die **Einzelbekanntgabe** (§ 183 Abs. 2 Nr. 1 AO) erforderlich ist, insbes. wenn der Einspruchsbefugnis des Empfangsbevollmächtigten widersprochen wurde oder nach Vollbeendigung der Gesellschaft. Letzteres gilt auch, wenn die Vollbeendigung während eines laufenden Einspruchsverfahrens eintritt (BFH v. 16.01.1996, VIII B 128/95, BStBl II 1996, 426). Einspruchsbefugt ist jeder Beteiligte, dem der Feststellungsbescheid bekanntgegeben worden ist oder hätte bekanntgegeben werden müssen (BFH v. 15.09.1994, XI B 31/94, BStBl II 1995, 39). Die Befugnis nach § 352 Abs. 1 Nr. 1 AO und nach § 352 Abs. 1 Nr. 2 AO schließen sich tatbestandsmäßig aus. Die inländischen Gesellschafter einer ausländischen Personengesellschaft sind nicht befugt, gegen den Feststellungsbescheid Einspruch einzulegen (BFH v. 18.08.2015, I R 42/14, BFH/NV 2016, 164).

## D. Befugnis der ausgeschiedenen Gesellschafter, Gemeinschafter und Mitberechtigten (§ 352 Abs. 1 Nr. 3 AO)

Wird in die Rechtssphäre der einzelnen Gesellschafter, Gemeinschafter oder Mitberechtigten eingegriffen, sind diese in den in § 352 Abs. 1 Nr. 3 bis 5 AO genannten Fällen auch dann individuell einspruchsbefugt, wenn es einen vertretungsberechtigten Geschäftsführer oder Einspruchsbevollmächtigten gibt. Nach ständiger Rechtsprechung können diese **neben** den zur Geschäftsführung berufenen Gesellschaftern Einspruch einlegen (BFH v. 04.05.1972, IV 251/64, BStBl II 1972, 672; BFH v. 26.10.1989, IV R 23/89, BStBl II 1990, 333; BFH v. 31.01.1992, VIII B 33/90, BStBl II 1992, 559; a.A. *Keß* in Schwarz/Pahlke, § 352 AO Rz. 33; *Brandis* in Tipke/Kruse, § 48 FGO Rz. 26 m.w.N.; auch Rz. 2). 15

§ 352 AO ist anzuwenden, wenn der Gesellschafter **vor Bekanntgabe** des Feststellungsbescheides, während des **Einspruchsverfahrens** oder im Laufe der **Einspruchsfrist** ausscheidet. Da auch der ausgeschiedene Gesellschafter in jedem Fall geltend machen muss, beschwert zu sein, können nur solche Feststellungsbescheide angefochten werden, die Feststellungen bis zum Ausscheiden des Gesellschafters treffen oder hätten treffen müssen. Feststellungen, die die Zeit nach seinem Ausscheiden oder andere Gesellschafter persönlich betreffen, **beschweren** ihn nicht (*Siegers* in HHSp, § 352 AO Rz. 211) Das gilt unabhängig davon, ob die einzelne Gesellschafter persönlich berührende Entscheidungen den Steuerbilanzgewinn der Gesellschaft insgesamt beeinflussen (BFH v. 23.08.1985, IV B 53/85, BFH/NV 1987, 584; *Brandis* in Tipke/Kruse, § 48 FGO Rz. 28). Eine Beschwer durch einen Feststellungsbescheid, der hätte ergehen müssen, ist denkbar in Fällen, in denen die Finanzbehörde die **Gesellschafterstellung** des Ausgeschiedenen oder seine **Beteiligung an Verlusten** der Gesellschaft verneint und 16 der Bescheid durch Bekanntgabe an andere Feststellungsbeteiligte wirksam geworden ist (BFH v. 26.04.1988, VIII R 292/82, BStBl II 1988, 856).

17 Der ausgeschiedene Gesellschafter, der zwar einspruchsbefugt ist, aber keinen Einspruch eingelegt hat oder nicht mehr zulässig einlegen kann, muss zu einem laufenden Einspruchsverfahren **hinzugezogen werden** (§ 360 Abs. 3 AO).

18 vorläufig frei

### E. Befugnis der Feststellungsbeteiligten in Fragen der Verteilung (§ 352 Abs. 1 Nr. 4 AO)

19 Jeder Gesellschafter, Gemeinschafter oder Mitberechtigter ist selbstständig einspruchsbefugt, soweit Gegenstand des Verfahrens ist, ob und wie er an dem im Feststellungsbescheid festgestellten Betrag beteiligt ist. Darüber hinaus ist er nicht einspruchsbefugt. Die Einspruchsbefugnis beschränkt sich daher auf die Frage, wer an einem festgestellten Betrag beteiligt ist, ob er überhaupt beteiligt ist und in welcher Höhe ihm Verluste und Gewinne zugerechnet werden. Die Feststellung muss zu einer **Belastung beim Gesellschafter** führen. Daraus folgt, dass der Einspruch mit dem Hinweis, die ihm zugerechneten Verluste seien zu hoch oder die **Gewinne zu niedrig**, nicht zulässig ist. Bei einer solchen Feststellung sind vielmehr die übrigen Beteiligten beschwert und einspruchsbefugt (*Siegers* in HHSp, § 352 AO Rz. 221). Von den Feststellungen betreffend die übrigen Gesellschafter kann ein Gesellschafter dann betroffen sein, wenn sich auf diese Weise das ihm zugerechnete Ergebnis verändert. Werden dem Gesellschafter so zu hohe Gewinne angerechnet, muss er den Bescheid anfechten und der bislang begünstigte Gesellschafter muss hinzugezogen werden (§ 360 Abs. 3 AO). Liegt ein **Treuhandverhältnis** vor, entfällt die Einspruchsbefugnis für den Treugeber. Nur der Treuhänder ist einspruchsbefugt (BFH v. 13.03.1986, IV R 304/84, BStBl II 1986, 509; ausführlich: *Brandis* in Tipke/Kruse, § 48 FGO Rz. 30).

20 vorläufig frei

### F. Befugnis der Feststellungsbeteiligten in persönlichen Fragen (§ 352 Abs. 1 Nr. 5 AO)

21 Ein Feststellungsbeteiligter ist immer dann einspruchsbefugt, wenn Gegenstand des Verfahrens eine Frage ist, die ihn **persönlich** angeht (BFH v. 18.08.2015, I R 42/14, BFH/NV 2016, 164). Hierzu zählen insbes. Sonderbetriebseinnahmen und -ausgaben der einzelnen Gesellschafter (BFH v. 16.01.1990, VIII R 193/85, BFH/NV 1991, 364), Sonderbetriebsgewinne oder -verluste (BFH v. 22.05.1990, VIII R 120/86, BStBl II 1990, 780), Veräußerungs- und Entnahmegewinne (BFH v. 12.11.1992, IV R 105/90, BFH/NV 1993, 315), die Zugehörigkeit von Wirtschaftsgütern zum Sonderbetriebsvermögen (BFH v. 10.11.1993, II R 2/93, BFH/NV 1994, 223) und Streitigkeiten in Bezug auf die Ergänzungsbilanz eines Gesellschafters (*Dißars*, HWB 2011, 1715). Nicht hiervon erfasst sind solche Fälle, in denen wegen Entnahmen aus dem Gesellschaftsvermögen über die Höhe des Steuerbilanzgewinns der Gesellschaft gestritten wird (BFH v. 28.09.2017, IV R 17/15, BFH/NV 2018, 182). In solchen Fällen ist nur die Personengesellschaft, vertreten durch ihren Einspruchsbevollmächtigten, einspruchsbefugt.

vorläufig frei 22

### G. Verbindung und Beteiligung anderer Feststellungsbeteiligter

Einsprüche mehrerer Einspruchsberechtigter werden zu einem gemeinsamen Einspruchsverfahren verbunden. Es ergeht eine einheitliche Einspruchsentscheidung. Da die Entscheidung über einen Rechtsbehelf gegen einen Feststellungsbescheid **nur einheitlich** gegenüber allen Feststellungsbeteiligten **ergehen kann** (§ 179 Abs. 2 Satz 2 AO), sind Beteiligte, die keinen Einspruch eingelegt haben, hinzuzuziehen (**notwendige Hinzuziehung**, § 360 Abs. 3 AO). Eine Hinzuziehung ist unzulässig, wenn der Mitberechtigte nicht nach § 352 AO einspruchsbefugt ist (§ 360 Abs. 3 Satz 2 AO). Sie ist nicht notwendig, wenn der Einspruch bereits wegen Unzulässigkeit abgewiesen wird oder wenn eine Beschwer des Hinzuzuziehenden unter keinem denkbaren Gesichtspunkt anzunehmen ist (ausführlich *Siegers* in HHSp, § 352 AO Rz. 284 ff.). 23

Zu einem Einspruchsverfahren, in dem der Einspruch vom Geschäftsführer bzw. Einspruchsbevollmächtigten nach § 352 Abs. 1 Nr. 1 AO eingelegt wurde, sind alle möglicherweise betroffenen Gesellschafter hinzuzuziehen (§ 352 Abs. 1 Nr. 3 bis 5 AO). Wird ein Einspruch nach § 352 Abs. 1 Nr. 2 AO eingelegt, sind alle übrigen Feststellungsbeteiligten, denen eine Einspruchsbefugnis nach § 352 Abs. 1 Nr. 2 AO zusteht, hinzuzuziehen. Die in § 352 Abs. 1 Nr. 1 AO bezeichneten Personen sind dann nicht vorhanden. Legt ein ausgeschiedener Gesellschafter Einspruch ein (§ 352 Abs. 1 Nr. 3 AO), sind sowohl die nach § 352 Abs. 1 Nr. 1 AO Einspruchsbefugten und alle übrigen Gesellschafter, die selbst nach § 352 Abs. 1 Nr. 2 bis 5 AO einspruchsbefugt sind, hinzuzuziehen, soweit sie von der Entscheidung betroffen sein könnten. Notwendig hinzuzuziehen ist auch die Gesellschaft. Dies gilt selbst dann, wenn diese vom Ausgang des Verfahrens unter keinem Gesichtspunkt betroffen sein kann. Die Notwendigkeit der Beiladung entfällt auch nicht deshalb, weil alle Gesellschafter ihre Anteile 24 veräußert haben, denn auch der vollständige Wechsel der Gesellschafter lässt den Fortbestand der Gesellschaft unberührt (BFH v. 30.03.1999, VIII R 15/97, BFH/NV 1999, 1468). Gleiches gilt für die Einsprüche nach § 352 Abs. 1 Nr. 4 und 5 AO.

## § 353 AO
## Einspruchsbefugnis des Rechtsnachfolgers

**Wirkt ein Feststellungsbescheid, ein Grundsteuermessbescheid oder ein Zerlegungs- oder Zuteilungsbescheid über einen Grundsteuermessbetrag gegenüber dem Rechtsnachfolger, ohne dass er diesem bekanntgegeben worden ist (§ 182 Abs. 2, § 184 Abs. 1 Satz 4, §§ 185 und 190), so kann der Rechtsnachfolger nur innerhalb der für den Rechtsvorgänger maßgebenden Einspruchsfrist Einspruch einlegen.**

### Inhaltsübersicht



### Schrifttum

Klein, Rechtsnachfolge im Steuerrecht, NWB Fach 2, 7869; Lohmeyer, Anfechtungsbefugnis des Rechtsnachfolgers, ZFK 1998, 113; Gersch, Einspruchsbefugnis des Rechtsnachfolgers, AO-StB 2002, 282.

### A. Bedeutung der Vorschrift

1 § 353 AO regelt die Einspruchsbefugnis des Rechtsnachfolgers gegen Feststellungsbescheide, Grundsteuermessbescheide sowie Zerlegungs- und Zuteilungsbescheide über einen Grundsteuermessbetrag. Es handelt sich um eine besondere Voraussetzung der Zulässigkeit, die neben die übrigen Zulässigkeitsvoraussetzungen tritt, insbes. die Beschwer (§ 350 AO). Bei den genannten Bescheiden handelt es sich um sog. **dinglich wirkende Bescheide**, die an Grundstücke und Anlagen anknüpfen. Sie wirken gegen alle Personen, denen der erfasste Gegenstand zuzurechnen ist. Feststellungsbescheide über den Einheitswert bzw. über die der Gewinnerzielung dienenden Wirtschaftsgütern, Anlagen oder Einrichtungen wirken ebenso wie Grundsteuermessbescheide und die Zerlegungs- und Zuteilungsbescheide auch gegenüber dem Rechtsnachfolger, ohne dass er ihm bekanntgegeben worden ist (§§ 182 Abs. 2 Satz 1 und 3, 184 Abs. 1 Satz 4, 185, 190 AO). Auch darin zeigt sich ihre dingliche Wirkung. Da ein Bescheid der oben bezeichneten Art auch gegen den Rechtsnachfolger wirkt, kann dieser auch beschwert sein, ohne dass ihm der Bescheid je bekannt gegeben worden ist.

vorläufig frei 2

### B. Rechtsnachfolger

Rechtsnachfolge ist als Einzelrechtsnachfolge und Gesamtrechtsnachfolge möglich. Während bei der Einzelrechtsnachfolge nur die aus dem übertragenen Rechtsverhältnis entstehenden Rechte und Pflichten auf den Nachfolger übergehen, treffen bei der Gesamtrechtsnachfolge den Nachfolger sämtliche Rechte und Pflichten des Rechtsvorgängers (§ 1922 BGB, § 45 AO). Der Zwangsverwalter ist nicht Rechtsnachfolger des Grundstückseigentümers (*Birkenfeld* in HHSp, § 353 AO Rz. 36). Bei Vor- und Nacherbschaft sind sowohl der Nacherbe als auch der Erbe des Vorerben einspruchsbefugt (FG Ha v. 23.07.1981, 23.07.1981, III 59/79, EFG 1982, 62). 3

vorläufig frei 4

### C. Eintritt der Rechtsnachfolge und Einspruchsbefugnis

Der Rechtsnachfolger tritt in die Einspruchsbefugnis des Vorgängers ein. Sie geht auf ihn in dem **verfahrensrechtlichen Zustand** über, in dem sie sich zum Zeitpunkt der Nachfolge befindet. Für den Rechtsnachfolger beginnt demnach keine selbstständige Rechtsbehelfsfrist zu laufen. Daraus ergeben sich folgende zeitlichen Anwendungsfälle: 5

Tritt die Rechtsnachfolge **ein bevor** ein dinglicher **Bescheid** i. S. von § 353 AO **ergangen** ist, wirkt der Bescheid gegen den Rechtsnachfolger nur, wenn er ihm auch **bekanntgegeben** worden ist (§ 182 Abs. 2 Satz 2 AO). Erst mit der Bekanntgabe an ihn, beginnt der Lauf der Rechtsbehelfsfrist (§ 355 Abs. 1 Satz 1 AO). Ein an den Vorgänger bekanntgegebener Bescheid ist unwirksam (§ 125 Abs. 1 AO). 6

Ist zum Zeitpunkt der Rechtsnachfolge die **Rechtsbehelfsfrist** durch Bekanntgabe an den Vorgänger in Lauf gesetzt worden aber **noch nicht abgelaufen**, kann der Nachfolger innerhalb der für seinen Rechtsvorgänger geltenden Einspruchsfrist (§ 355 Abs. 1 Satz 1 AO) Einspruch einlegen. Durch die Nachfolge verlängert sich die Frist nicht; sie ist kein Wiedereinsetzungsgrund. Der Einspruch ist auch dann zulässig, wenn der Rechtsvorgänger bereits selbst Einspruch eingelegt hat (*Birkenfeld* in HHSp, § 353 AO Rz. 69). In diesem Fall müssen beide Verfahren miteinander verbunden werden, da nur eine einheitliche Entscheidung ergehen kann. Ein Einspruch des Rechtsvorgängers innerhalb der Rechtsbehelfsfrist aber **nach Rechtsübergang** auf den Rechtsnachfolger dürfte dagegen unzulässig sein. Dem Rechtsvorgänger 7 fehlt es an einer Beschwer (§ 350 AO), da sich die Regelung des angefochtenen Verwaltungsaktes dann nur noch gegen den Rechtsnachfolger richtet. Denkbar wäre allenfalls eine Bevollmächtigung des Rechtsvorgängers durch den Rechtsnachfolger.

8 Ist zum Zeitpunkt der Rechtsnachfolge der Bescheid durch Ablauf der Einspruchsfrist bereits unanfechtbar geworden, ist er auch gegenüber dem Rechtsnachfolger bestandskräftig. Ein Einspruch des Rechtsnachfolgers wäre wegen Fristablaufes unzulässig. Die **Rechtsnachfolge allein ist kein Wiedereinsetzungsgrund**. Kommt aber eine Wiedereinsetzung aus anderen Gründen in Betracht, so hat – und kann nur – der Rechtsnachfolger die versäumte Handlung nachholen, also Einspruch einlegen. Er allein ist zu diesem Zeitpunkt einspruchsbefugt. Ein Einspruch des Rechtsvorgängers wäre wiederum unzulässig (Rz. 7).

9 Tritt die Rechtsnachfolge zwar nach Ablauf der Einspruchsfrist ein, hat der Vorgänger jedoch bereits zulässig Einspruch gegen den Bescheid eingelegt, ist wie folgt zu unterscheiden. Der Rechtsnachfolger hat zunächst keine eigene Einspruchsbefugnis, da die Monatsfrist (§ 355 Abs. 1 Satz 1 AO) auch ihm gegenüber abgelaufen ist. Das noch anhängige Einspruchsverfahren des Rechtsvorgängers wird jedoch weitergeführt. Der **Einzelrechtsnachfolger** ist an diesem Verfahren nur beteiligt, wenn er nach § 360 Abs. 1 AO hinzugezogen wird. Der **Gesamtrechtsnachfolger** hingegen tritt in die Rechtsstellung des Vorgängers als Verfahrensbeteiligter ein. Das Einspruchsverfahren wird gegen ihn fortgesetzt. Eines erneuten Einspruchs bedarf es dazu nicht.

10 Ähnliches gilt für die Rechtsnachfolge **während eines finanzgerichtlichen Verfahrens**. Bei der Gesamtrechtsnachfolge wird das Verfahren bis zur Aufnahme durch den Nachfolger unterbrochen (§ 155 FGO, § 239 ZPO), es sei denn, der Rechtsvorgänger wurde durch einen Prozessbevollmächtigten vertreten. Beim Einzelrechtsnachfolger prüft das Finanzgericht, ob dieser beigeladen wird (§ 57, 60 FGO).

11 Der Rechtsnachfolger übernimmt das laufende Einspruchsverfahren grundsätzlich in dem Stand, in dem es sich gegenüber dem Vorgänger befunden hat. Er übernimmt Auflagen zur Sachverhaltsaufklärung ebenso wie die Präklusion nach § 364 b AO, wenn der Rechtsvorgänger mit einem bestimmten Vorbringen ausgeschlossen ist. Auch hier stellt allein die Rechtsnachfolge keinen Wiedereinsetzungsgrund nach § 110 AO dar.

## § 354 AO
## Einspruchsverzicht

**(1) Auf Einlegung eines Einspruchs kann nach Erlass des Verwaltungsakts verzichtet werden. Der Verzicht kann auch bei Abgabe einer Steueranmeldung für den Fall ausgesprochen werden, dass die Steuer nicht abweichend von der Steueranmeldung festgesetzt wird. Durch den Verzicht wird der Einspruch unzulässig.**

**(1a) Soweit Besteuerungsgrundlagen für ein Verständigungs- oder ein Schiedsverfahren nach einem Vertrag im Sinne des § 2 von Bedeutung sein können, kann auf die Einlegung eines Einspruchs insoweit verzichtet werden. Die Besteuerungsgrundlage, auf die sich der Verzicht beziehen soll, ist genau zu bezeichnen.**

**(2) Der Verzicht ist gegenüber der zuständigen Finanzbehörde schriftlich oder zur Niederschrift zu erklären; er darf keine weiteren Erklärungen enthalten. Wird nachträglich die Unwirksamkeit des Verzichts geltend gemacht, so gilt § 110 Abs. 3 sinngemäß.**

**Inhaltsübersicht**



**Schrifttum**


KRAUSS, Rechtsbehelfsverzicht und -rücknahme im Steuerstreit, Diss. München 1976; RÖSSLER, Tatsächliche Verständigung und Rechtsmittelverzicht, DStZ 1988, 375.


### A. Bedeutung der Vorschrift

Während die Rücknahme (§ 362 AO) für einen bereits eingelegten Einspruch erklärt wird, bezieht sich der Verzicht auf den noch nicht eingelegten, aber einlegbaren Einspruch. § 354 AO entspricht dem § 50 FGO, der für das finanzgerichtliche Verfahren einen Verzicht auf Erhebung der Klage vorsieht. Der Einspruchsverzicht ist eine **verfahrensrechtliche Willenserklärung** dahingehend, gegen einen bestimmten Verwaltungsakt keinen Einspruch einlegen zu wollen. Sie ist bedingungsfeindlich, unwiderruflich und kann nicht wegen Irrtums über die Folgen des Verzichts angefochten werden (BFH v. 25.06.1986, II R 213/83, BStBl II 1986, 785). Ihr Widerruf kann nur dann wirksam sein, wenn er gleichzeitig mit der Verzichtserklärung bei der Finanzbehörde eingeht. An die Wirksamkeit eines Einspruchsverzichts sind wegen der damit verbundenen Beschränkung des Rechtsschutzes hohe An- 1 forderungen zu stellen (BFH v. 03.04.1984, VII R 18/80, BStBl II 1984, 513).

## B. Voraussetzungen des Verzichts

Der Einspruchsverzicht ist nur dann zulässig, wenn ein **Verwaltungsakt** erlassen oder eine **Steueranmeldung** abgegeben wurde und **kein Rechtsbehelfsverfahren** dagegen anhängig ist. Die Verzichtserklärung muss **wirksam** abgegeben worden sein, insbes. muss sie auf einer freien Willensentschließung des Erklärenden beruhen.

### I. Wirksame Verzichtserklärung

3 Auf einen Einspruch verzichten kann, wer **befugt** ist, ihn einzulegen (§§ 350, 352, 353 AO). Dabei kann sich der von dem Verwaltungsakt Betroffene auch eines Vertreters bedienen. Die Bevollmächtigung eines Steuerberaters umfasst grundsätzlich auch die Befugnis zum Rechtsbehelfs- und Klageverzicht (so bereits BFH v. 30.07.1953, IV 524/52 U, BStBl III 1953, 288). Bei zusammenveranlagten Ehegatten/Lebenspartnern wird die Auffassung vertreten, dass die Verzichtserklärung des einen Ehegatten/Lebenspartners unter Umständen auch für und gegen den anderen Ehegatten/Lebenspartner wirken kann (*Brandis* in Tipke/Kruse, § 50 FGO Rz. 4). Hier können jedoch nur Umstände gemeint sein, aus denen sich ein Einverständnis des einen Ehegatten/Lebenspartners oder die Bevollmächtigung des anderen Ehegatten/Lebenspartners zweifelsfrei ergibt. Auch bei der Zusammenveranlagung bleibt jeder Ehegatte/Lebenspartner eigenes Steuersubjekt mit eigenen Verfahrensrechten, die durch den anderen Ehegatten/Lebenspartner nicht ohne Zustimmung negiert werden können.

4 Der Einspruchsverzicht ist **schriftlich** oder **zur Niederschrift** bei der zuständigen Finanzbehörde zu erklären (§ 354 Abs. 2 Satz 1 AO). Wie bereits bei der Einspruchseinlegung (§ 357 AO) besteht dabei kein Unterschriftszwang (§ 357 AO Rz. 6; *Birkenfeld* in HHSp, § 354 AO Rz. 30; a. A. *Brandis* in Tipke/Kruse, § 354 AO Rz. 4). Eine Frist für den Eingang der Verzichtserklärung bestimmt das Gesetz zwar nicht. Aus dem Zusammenhang ergibt sich jedoch, dass der Verzicht nur zwischen dem Erlass des Verwaltungsaktes und dem Ablauf der Einspruchsfrist erklärt werden kann. Wird ein Verzicht **nach Einlegung eines Einspruchs** erklärt, ist er in eine Rücknahme des Einspruchs umzudeuten.

5 Die Erklärung darf außer dem Rechtsbehelfsverzicht **keine weitere Erklärung** enthalten (§ 354 Abs. 2 Satz 1 2. HS AO). Um den Verzichtswillen eindeutig erkennen zu können, darf die Verzichtserklärung **nicht Bestandteil eines Textes** sein. Der Gesetzeswortlaut lässt es jedoch zu, dass der Verzicht auf ein Formular gesetzt wird, auf dem sich auch andere Erklärungen befinden, solange diese voneinander getrennt sind (*Brandis* in Tipke/Kruse, § 50 FGO Rz. 7), der darüber hinaus eine gesonderte Unterschrift verlangt. Zwar brauchen weder das Wort »Verzicht« noch das Wort »Einspruch« verwendet zu werden. Aus der Erklärung muss sich jedoch **eindeutig** erkennen lassen, dass der Erklärende auf die Durchführung eines Rechtsbehelfsverfahrens endgültig und einschränkungslos verzichtet. Ein **Vorbehalt** oder eine (echte) **Bedingung** führen deshalb zur Unwirksamkeit des Verzichts. Im Zweifel ist wegen der nachteiligen Rechtsfolgen ein Einspruchsverzicht zu verneinen.

### II. Erlassener Verwaltungsakt

Der Verzicht kann nur nach der Bekanntgabe des Verwaltungsaktes erklärt werden, auf dessen Überprüfung verzichtet werden soll. Wie bei der Einspruchseinlegung kommt es auch hier auf den tatsächlichen Zugang an. Wird der Verwaltungsakt postalisch übermittelt, gilt auch hier die **Drei-Tages-Fiktion** des § 122 Abs. 2 AO insoweit, als bereits wirksam nach tatsächlichem Zugang aber noch vor Ablauf der Dreitagesfrist auf den Einspruch verzichtet werden kann. Mangels erlassenen Verwaltungsakts ist ein **Verzicht auf den Untätigkeitseinspruch** (§ 347 Abs. 1 Satz 2 AO) bereits nach dem Wortlaut des Gesetzes nicht möglich. 6

Bei Abgabe einer **Steueranmeldung** kann ein Verzicht für den Fall erklärt werden, dass die Steuer nicht abweichend von der Steueranmeldung festgesetzt wird (§ 354 Abs. 1 Satz 2 AO). Die Steueranmeldung führt dann zu einer Steuerfestsetzung unter dem Vorbehalt der Nachprüfung, **ohne** dass ein **Verwaltungsakt** ergeht. Hier kann die Verzichtserklärung bereits mit Abgabe der Steueranmeldung für den Fall ausgesprochen werden, dass die Steuer nicht abweichend festgesetzt wird. Dies ist eine **unechte Bedingung**, die die Wirksamkeit der Erklärung nicht berührt (*Birkenfeld* in HHSp, § 354 AO Rz. 40). 7

### III. Anhängiges Rechtsbehelfsverfahren

Der Einspruchsverzicht ist nicht bei laufendem Einspruchsverfahren möglich. Ein bei Anhängigkeit erklärter Verzicht ist als Rücknahme des bereits eingelegten Einspruchs auszulegen. Wird jedoch durch die Rücknahme des eingelegten Verwaltungsakts (§ 362 AO) die Anhängigkeit beseitigt und ist die Einspruchsfrist zu diesem Zeitpunkt noch nicht abgelaufen, kann vor ihrem Ablauf ein Einspruchsverzicht erklärt werden. Bei Rücknahme gilt ein Einspruch als nicht eingelegt, es ist also quasi »nichts passiert« und damit gelten die normalen »Spielregeln«. 8

### IV. Teilverzicht

9 § 354 Abs. 1a AO ermöglicht einen Teilverzicht in Bezug auf Besteuerungsgrundlagen, über die in einem zwischenstaatlichen Verfahren eine Vereinbarung getroffen werden soll. Diese Möglichkeit wurde aus verfahrensökonomischen Gründen geschaffen, um die Einleitung von Verständigungs- und Schlichtungsverfahren nicht durch Rechtsbehelfsverfahren zu verzögern, die auch wegen anderer Punkte eingeleitet worden sind (BT-Drs. 12/5630, 105).

## C. Empfänger der Verzichtserklärung

10 Die Verzichtserklärung ist gegenüber der **zuständigen Finanzbehörde** abzugeben. Zuständig ist dabei die Finanzbehörde, bei der auch der Einspruch (§ 357 AO) einzulegen wäre (so auch: *Keß* in Schwarz/Pahlke, § 354 AO Rz. 34; *Brandis* in Tipke/Kruse, § 354 AO Rz. 4; a.A. *Rätke* in Klein, § 354 AO Rz. 10). Für den Einspruchsverzicht kann nichts anderes gelten als für die Einspruchsrücknahme, für die § 362 AO die Vorschrift des § 357 Abs. 1 und 2 AO für sinngemäß anwendbar erklärt.

## D. Wirkungen des Verzichts

11 Ein trotz wirksamen Verzichts eingelegter Einspruch ist **unzulässig** (§ 354 Abs. 1 Satz 3 AO). Ist die Einspruchsfrist noch nicht abgelaufen, wird der Verwaltungsakt mit Eingang der Erklärung bestandskräftig. Der Erklärende kann auch nicht mehr geltend machen, der Steuerbescheid hätte wegen Ablauf der Festsetzungsfrist (§ 169 Abs. 1 AO) nicht mehr ergehen dürfen (*Birkenfeld* in HHSp, § 354 AO Rz. 67). Ein Einspruchsverfahren kann nicht mehr durchgeführt werden. Da dieses jedoch Voraussetzung des finanzgerichtlichen Klageverfahrens ist, bewirkt der Einspruchsverzicht zugleich auch einen **Verlust der finanzgerichtlichen Klage**. Die dennoch gegen den als unzulässig zurückgewiesenen Einspruch erhobene Klage ist unbegründet, nicht unzulässig (*Brandis* in Tipke/Kruse, § 354 AO Rz. 2; BFH v 20.10.2006, V B 19/06, Juris.

## E. Unwirksamkeit des Verzichts

12 Wird nachträglich die Unwirksamkeit des Verzichts geltend gemacht, so gilt § 110 Abs. 3 AO sinngemäß (§ 354 Abs. 2 Satz 2 AO). Die Unwirksamkeit der Verzichtserklärung muss demnach **innerhalb eines Jahres** nach Ablauf der Rechtsbehelfsfrist erklärt werden. Für die Fristberechnung ist also nicht der Tag des Einganges des Verzichts bei der Finanzbehörde maßgebend, sondern die eigentliche Frist für die Einlegung des Einspruchs. Eine Verlängerung der Jahresfrist kommt nur in Betracht, wenn die Geltendmachung der Unwirksamkeit des Verzichts infolge höherer Gewalt vor Ablauf des Jahres nicht möglich war (*Keß* in Schwarz/Pahlke, § 354 AO Rz. 53). Unwirksam ist eine Verzichtserklärung dann, wenn sie auf unlauteren Einfluss der Finanzbehörde oder andere **unzulässige Willensbeeinflussung** zurückzuführen ist. Hierzu gehören auch **Vereinbarungen** zwischen der Finanzbehörde und dem Steuerpflichtigen über die Erklärung eines Einspruchsverzichts, insbes. im Zusammenhang mit »ausgehandelten« Steuerbescheiden bzw. als Ergebnis einer Schlussbesprechung nach einer Außenprüfung, auch ein solcher »vereinbarungsgemäß« erklärter Verzicht ist unwirksam (*Birkenfeld* in HHSp, § 354 AO Rz. 76).

# Zweiter Abschnitt: Verfahrensvorschriften

# § 355 AO Einspruchsfrist

**(1) Der Einspruch nach § 347 Abs. 1 Satz 1 ist innerhalb eines Monats nach Bekanntgabe des Verwaltungsaktes einzulegen. Ein Einspruch gegen eine Steueranmeldung ist innerhalb eines Monats nach Eingang der Steueranmeldung bei der Finanzbehörde, in den Fällen des § 168 Satz 2 innerhalb eines Monats nach Bekanntwerden der Zustimmung, einzulegen.**

**(2) Der Einspruch nach § 347 Abs. 1 Satz 2 ist unbefristet.**

**Inhaltsübersicht**



**Schrifttum**


BINK, Rechtsbehelfseinlegung schon vor Bekanntgabe des Verwaltungsakts?, DB 1983, 1626; LOHMEYER, Fristen und Termine im Steuerrecht, ZKF 1988, 31; CARL, Einlegung eines Rechtsbehelfs vor Bekanntgabe des angefochtenen Bescheides, DStZ 1989, 211; SCHENKEWITZ/FINK, Die außergerichtlichen Rechtsbehelfsfristen im Steuerrecht und im allgemeinen Verwaltungsrecht, BB 1996, 2117; WEBER/ABERLE, Zur Notwendigkeit einer einheitlichen Fristberechnung beim Einlegen von Rechtsbehelfen gegen Steuerbescheide, DStR 2008, 1315.

## A. Bedeutung der Vorschrift

Die Rechtsbehelfsfrist des § 355 AO beschränkt den Einspruch gegen Verwaltungsakte der Finanzbehörden zeitlich. Sie (*Siegers* in HHSp § 110 AO Rz. 4, keine Ausschlussfrist, wenn Wiedereinsetzung möglich) kann von der Finanzbehörde weder gesetzt noch verlängert werden (§ 109 Abs. 1 AO). Zweck dieser einschränkenden Regelung ist die Schaffung von Rechtssicherheit (BFH v. 09.11.1990, III R 103/88, BStBl II 1991, 168). Die Einspruchsfrist des § 355 AO gilt nicht für Verwaltungsakte mit fehlerhafter Rechtsbehelfsbelehrung und die Anfechtung nichtiger Verwaltungsakte, die unwirksam und daher ohne fristauslösende Wirkung sind (§ 124 Abs. 3 AO). Sie gilt neben schriftlichen Verwaltungsakten auch ausnahmslos für Verwaltungsakte, die mündlich oder durch schlüssiges Verhalten ergangen sind (FG Köln v. 29.10.1990, 1 K 1275/90, StED 1991, 153).

### I. Beginn der Frist

2 Die Frist zur Einlegung des Rechtsbehelfs beginnt mit der **Bekanntgabe** (§§ 122 Abs. 1, 124 Abs. 1 AO) des Verwaltungsaktes. Die Bekanntgabe muss wirksam, insbes. an den richtigen Adressaten erfolgt sein. Unwirksam bekanntgegebene Verwaltungsakte lösen nicht den Lauf einer Rechtsbehelfsfrist aus und können zur Beseitigung des Rechtsscheins unbefristet mit dem Einspruch angefochten werden (BFH v. 17.07.1986, V R 96/85, BStBl II 1986, 834).

3 Die Bekanntgabe eines Steuerbescheides nach **Ablauf der Festsetzungsverjährung** ist zwar rechtswidrig, aber nicht unwirksam und kann daher nur innerhalb der Monatsfrist angefochten werden (FG Nbg v. 11.05.1994, I 206/90, EFG 1997, 564). Die Bekanntgabe eines **Zusammenveranlagungsbescheides** an Eheleute zu verschiedenen Zeitpunkten löst den Lauf der Einspruchsfrist dementsprechend unterschiedlich aus.

4 **Vor Bekanntgabe** ist ein Verwaltungsakt nicht anfechtbar. Der Einspruch ist unzulässig (BFH v. 08.04.1983, VI R 209/79, BStBl II 1983, 551; weiter *Seer* in Tipke/Kruse, § 355 AO Rz. 9, der einen Einspruch zumindest dann zulassen will, wenn dem Steuerpflichtigen der Inhalt des Verwaltungsaktes bekannt ist; so auch: FG Ddorf v. 29.11.1972, VIII 246/71 G, EFG 1973, 119). Dies gilt nicht für die **Zugangsfiktion** des § 122 Abs. 2 Nr. 1, 2 AO. Ist der Verwaltungsakt dem Adressaten bereits vor Ablauf der Drei-Tages-Frist zugegangen, kann er bereits zulässig Einspruch einlegen. Auf die wirksame Bekanntgabe kommt es dann nicht an (*Siegers* in HHSp, § 355 AO Rz. 57). Auch für einen Feststellungsbeteiligten, gegenüber dem ein Feststellungsbescheid hätte ergehen müssen (§ 352 Abs. 1 Nr. 2 und 3 AO), kann es auf die wirksame Bekanntgabe, die gerade nicht erfolgt ist, nicht ankommen. Ist der Feststellungsbescheid den übrigen Beteiligten bekanntgegeben worden, wirkt er auch gegen ihn. Der Einspruch ist dann zulässig.

Der Einspruch vor Bekanntgabe ist jedenfalls zulässig, wenn der Verwaltungsakt wegen fehlerhafter Bekanntgabe zwar nicht wirksam ist, aber den Rechtsschein eines wirksamen Verwaltungsaktes erzeugt (Rz. 2). 5

vorläufig frei 6

### II. Dauer der Frist

Die reguläre Rechtsbehelfsfrist für den Einspruch gegen einen Verwaltungsakt oder gegen eine Steueranmeldung beträgt **1 Monat** (§ 355 Abs. 1 Satz 1 AO). Erlässt das Finanzamt jedoch vor Ablauf der Einspruchsfrist eine (Teil-)Einspruchsentscheidung, ist ein Einspruch gegen die Steuerfestsetzung nicht statthaft (BFH v. 18.09.2014, VI R 80/13, BStBl II 2015, 115). 7

### III. Fristberechnung und Fristwahrung

Für die Berechnung der Einspruchsfrist gelten gem. § 365 Abs. 1 AO die allgemeinen Vorschriften über die Berechnung von Fristen (§ 108 Abs. 1 AO), die ihrerseits auf die Berechnungsvorschriften des BGB verweisen (§§ 187 ff. BGB). 8

Die Frist ist gewahrt, wenn der Einspruch spätestens am letzten Tag der Frist bei der zuständigen Finanzbehörde eingeht. Dabei erbringt der **Eingangsstempel** der Finanzbehörde in der Regel den Beweis für Ort und Zeitpunkt des Eingangs, soweit die behördlichen Verfahrensabläufe sichergestellt sind. Ist der Einspruch danach nicht rechtzeitig zugegangen, kann der Einspruchsführer, der die **Feststellungs- oder Beweislast** trägt (BFH v. 19.05.1999, VI B 342/98, BFH/NV 1999, 585), den Gegenbeweis führen oder anhand des Poststempels den Nachweis erbringen, dass die Verspätung durch ungewöhnlich lange Postlaufzeiten und damit außerhalb seines Verschuldens herrührt. Letzteres würde einen Grund für eine Wiedereinsetzung nach § 110 AO darstellen, welche aber einen gesonderten Antrag erfordert und nicht automatisch fristwahrend wirkt. 9

Der Rechtsbehelf kann bis **24 Uhr** des letzten Tages eingehen. Hat die Behörde keinen Nachtbriefkasten, hat sie im behördlichen Verfahrensablauf sicherzustellen, dass die nach Dienstende eines Tages eingeworfene aber erst am nächsten Tag geöffnete Post den Eingangsstempel des Vortages erhält. Gleiches gilt für Abholfächer beim Postamt und Postschließfächer auch dann, wenn nach gewöhnlichem Verlauf mit einer Kenntnisnahme an diesem Tag nicht mehr zu rechnen ist. Bei der Einlegung eines Rechtsmittels kommt es nicht darauf an, wann die Behörde von der Erklärung Kenntnis erhält, sondern da- 10 rauf, wann sie in den Machtbereich der Behörde gelangt (BVerwG v. 31.01.1964, IV C 101/63, NJW 1964, 788). Ein **elektronisches Dokument** ist zugegangen, sobald die für den Empfang bestimmte Einrichtung es in für den Empfänger bearbeitbarer Weise aufgezeichnet hat (§ 87a Abs. 1 Satz 2 AO). Die tatsächliche Kenntnisnahme ist unbeachtlich (BFH v. 03.07.2002, XI R 27/01, BFH/NV 2003, 19). Der Sendebericht eines Faxgerätes erbringt hingegen noch keinen Beweis über den Zugang des Einspruchsschreibens (BFH v. 23.11.2007, V B 118–119/06, BFH/NV 2008, 583).

11 vorläufig frei

## B. Rechtsbehelfsfrist für Steueranmeldungen

12 Eine Steueranmeldung steht nach § 168 Satz 1 AO einer Steuerfestsetzung unter dem Vorbehalt der Nachprüfung gleich. Die Festsetzungswirkung tritt mit Eingang der Steueranmeldung bei der Finanzbehörde ein, ohne dass ein Verwaltungsakt ergeht. Da es an einer Bekanntgabe i.S. von § 355 Abs. 1 Satz 1 AO fehlt, wurde in diesen Fällen der Tag des Eingangs der Steueranmeldung als Fristbeginn für einen Einspruch bestimmt.

13 Führt die Steueranmeldung zu einer Steuerherabsetzung bzw. -vergütung, so tritt die Wirkung einer Steuerfestsetzung erst mit Zustimmung der Finanzbehörde ein (§ 168 Satz 2 AO). Daran knüpft § 355 Abs. 1 Satz 2 AO an und bestimmt das **Bekanntwerden** der Zustimmung als fristauslösendes Moment. Dabei ist unerheblich, wodurch dem Steuerpflichtigen die Zustimmung bekannt wird (BFH v. 28.02.1996, XI R 42/94, BStBl II 1996, 660).

14 Wie der Eingang der Steueranmeldung und damit der Fristbeginn durch den Steuerpflichtigen festgestellt werden kann ist nicht abschließend geklärt. Die Drei-Tages-Fiktion des § 122 Abs. 2 AO findet keine Anwendung, diese gilt nur für Verwaltungsakte, die an den Steuerpflichtigen gerichtet sind. Auch gibt es keine Pflicht des Steuerpflichtigen, sich über den Zeitpunkt des Eingangs seiner Anmeldung zu erkundigen (*Seer* in Tipke/Kruse, § 355 AO Rz. 16). Zumindest wird bei Fristversäumnis Wiedereinsetzung (§ 110 AO) in Betracht kommen, wenn der Steuerpflichtige mit ausreichender Sorgfalt den Eingang für einen späteren Tag vermutet hat. Für die Bekanntgabe der Zustimmung gilt dagegen § 122 Abs. 2 AO, bei ihr handelt es sich um einen Verwaltungsakt.

## C. Frist für Untätigkeitseinspruch

15 Der in § 355 Abs. 2 AO gemeinte Untätigkeitseinspruch ist immer dann gegeben, wenn der Steuerpflichtige geltend macht, über einen von ihm gestellten Antrag sei binnen angemessener Frist nicht entschieden worden (§ 347 Abs. 1 Satz 2 AO). Der Untätigkeitseinspruch kann **unbefristet** erhoben werden. Vertreten wird die Ansicht, dass ein stillschweigendes Hinnehmen der Untätigkeit über Jahre zu einer Verwirkung führen kann (*Siegers* in HHSp, § 355 AO Rz. 85). Diese Auffassung findet jedoch keinerlei Stütze im Gesetz und ist abzulehnen (*Seer* in Tipke/Kruse, § 355 AO Rz. 19). Allerdings soll sich derjenige nicht auf Treu und Glauben berufen können, der seine Steuererklärung jenseits der Frist des § 149 Abs. 2 AO abgegeben hat und es unterlässt, einen ablaufhemmenden Untätigkeitseinspruch einzulegen (BFH v. 22.01.2013, X R 1/12, BFHE 239, 385).

# § 356 AO Rechtsbehelfsbelehrung

**(1) Ergeht ein Verwaltungsakt schriftlich oder elektronisch, so beginnt die Frist für die Einlegung des Einspruchs nur, wenn der Beteiligte über den Einspruch und die Finanzbehörde, bei der er einzulegen ist, deren Sitz und die einzuhaltende Frist in der für den Verwaltungsakt verwendeten Form belehrt worden ist.**

**(2) Ist die Belehrung unterblieben oder unrichtig erteilt, so ist die Einlegung des Einspruchs nur binnen einen Jahres seit Bekanntgabe des Verwaltungsaktes zulässig, es sei denn, dass die Einlegung vor Ablauf der Jahresfrist infolge höherer Gewalt unmöglich war oder schriftlich oder elektronisch darüber belehrt wurde, dass der Einspruch nicht gegeben sei. § 110 Abs. 2 gilt für den Fall höherer Gewalt sinngemäß.**

**Inhaltsübersicht**



**Schrifttum**


FRENKEL, Rechtsbehelfsbelehrungen in Verfügungen von Finanzbehörden, BB 1970, 1347; SPÄTH, Rechtsbehelfsbelehrung in Steuerbescheiden, BB 1975, 697; SCHOLTZ, Rechtsmittelbelehrungen bei Ausländern, DStR 1985, 205; KUTSCHKA, Die Rechtsbehelfsbelehrung zu Einheitswertbescheiden, DStR 1986, 27; STRECK/MACK, Folgen unvollständiger Rechtsmittelbelehrung der FG, Stbg. 1991, 131.

## A. Bedeutung der Vorschrift

§ 356 AO beschreibt die Rechtsbehelfsbelehrung für schriftliche Verwaltungsakte. Sie ist Ausfluss der verfahrensrechtlichen Fürsorgepflicht der Finanzbehörde und soll den Beteiligten über seine Rechte im Verfahren informieren.

## B. Erforderlichkeit der Rechtsbehelfsbelehrung

2 Die Erforderlichkeit einer Rechtsbehelfsbelehrung ist nur für **schriftliche** und **elektronische** Verwaltungsakte angeordnet. Ein Verwaltungsakt ist dann schriftlich oder elektronisch, wenn seine Bekanntgabe schriftlich oder elektronisch erfolgt. Wie der Verwaltungsakt hätte ergehen müssen ist unerheblich, ebenso ob die Form gesetzlich gefordert oder von der Finanzbehörde gewählt wurde. Ist ein grundsätzlich **formfreier Verwaltungsakt**, wie die Entscheidung über einen Antrag auf Stundung (§ 222 AO) oder Erlass (§ 227 AO) schriftlich ergangen, ist auch hier eine schriftliche Rechtsbehelfsbelehrung beizufügen. Bei **mündlich bekanntgegebenen Verwaltungsakten** gilt § 356 AO nicht. Die Rechtsbehelfsfrist beginnt auch ohne Rechtsbehelfsbelehrung (BFH v. 23.02.2005, VII R 32/04; BFHE 209, 176; FG Ha v. 08.12.1988, IV 57-59/87 S-H, EFG 1989, 331). Das gilt auch, wenn der Verwaltungsakt später schriftlich bestätigt wurde (a. A. wohl *Seer* in Tipke/Kruse, § 356 AO Rz. 3). Konnte der Steuerpflichtige nicht ohne Weiteres erkennen, dass es sich um einen mündlichen Verwaltungsakt handelt – wie bspw. die Aufforderung zur Herausgabe von Unterlagen im Zuge einer Außenprüfung – so stellt dies jedenfalls einen Wiedereinsetzungsgrund nach § 110 AO dar. Aus den Gesichtspunkt des »**fair trial**« wäre aber auch zu erwägen, ob in solchen Fällen dem Steuerpflichtigen nicht zumindest eine Jahresfrist für einen Einspruch zugebilligt werden sollte. Eine gesetzliche Regelung findet sich hierzu zwar nicht; es ist jedoch unbillig, dem Steuerpflichtigen bei unklaren Geschehnissen die Verantwortung aufzubürden, ob ein Verhalten der Finanzbehörde einen (mündlichen) Verwaltungsakt darstellt oder nicht. Solange die Finanzbehörde dies gegenüber dem Steuerpflichtigen nicht klargestellt hat, kann m. E. der Lauf einer mit einem Rechtsmittelverlust verbundenen Frist nicht beginnen.

3 **Steueranmeldungen** wirken als Steuerfestsetzungen unter dem Vorbehalt der Nachprüfung (§ 168 Satz 1 AO). Die Frist für einen Einspruch gegen die Steuerfestsetzung **ohne Zustimmung** der Finanzbehörde beginnt mit der Einlegung der Steueranmeldung bei derselben. Einer Rechtsbehelfsbelehrung bedarf es in diesem Fall nicht, da es an einem schriftlichen VA fehlt (BFH v. 25.06.1998, V B 104/97, BStBl II 1998, 649; *Seer* in Tipke/Kruse, § 356 AO Rz. 5; ausführlich *Siegers* in HHSp, § 356 AO Rz. 13 ff.). In den Fällen der Zustimmung der Finanzbehörde zur Steuerherabsetzung oder -vergütung nach § 169 Satz 2 und 3 AO gilt die spezielle Monatsfrist des § 355 Abs. 1 Satz 2 AO, deren Lauf mit Bekanntgabe der Zustimmung beginnt. Wird die Zustimmung hingegen schriftlich erteilt, ist eine Rechtsbehelfsbelehrung gem. § 356 AO zu erteilen (BFH v. 09.07.2003, V R 29/02, BStBl II 2003, 904).

## C. Inhalt der Rechtsbehelfsbelehrung

Die Rechtsbelehrung muss so beschaffen sein, dass der **rechtsunkundige Bürger** über seine Rechtsschutzmöglichkeiten hinreichend **informiert** wird. Nicht erforderlich sind zwar **zweckmäßige**, aber nicht **notwendige Ausführungen**, die den Empfänger eher verwirren als dienen (BFH v. 07.02.1977, IV B 62/76, BStBl 1977, 291). So muss nicht über die Form des Einspruchs oder die Fristberechnung informiert werden (BFH v. 28.04.2015, VI R 65/13, BFH/NV 2015, 1074; BFH v. 29.11.2013, X R 2/12, BStBl II 14, 236). Vielmehr führen erläuternde Zusätze zur Fehlerhaftigkeit der Belehrung, wenn sie irreführend sind und den Beteiligten davon abhalten können, den Einspruch überhaupt einzulegen (BFH v. 12.12.2012, I B 127/12, BFHE 239, 25; BFH v. 01.03.2000, VI R 32/99, BFH/NV 2000, 1083; BVerwG v. 27.02.1981, 6 B 19/81, HFR 1982, 181). Irreführend ist der – unrichtige – Hinweis, dass der Einspruch innerhalb der Einspruchsfrist zu begründen ist (BVerwG v. 13.12.1978, 6 C 77/78; BVerwGE 57, 188) und die Mitteilung, dass nicht gleichzeitig ein Rechtsbehelf eingelegt und der Erlass der Abgaben beantragt werden kann, sondern nur eines von beiden (BFH v. 20.12.1957, V 166/56 U, BStBl III 1958, 118). 4

Die Belehrung muss den nächsten **statthaften Rechtsbehelf** angeben. Weiterführende Informationen über sonstige Rechtsschutzmöglichkeiten, insbes. auf das spätere finanzgerichtliche Verfahren, sind nicht notwendig, ebenso wenig wie Belehrungen über die **Form**, in der der Einspruch eingelegt werden muss (BVerwG v. 27.02.1981, 6 B 19/81, HFR 1982, 181; BVerwG v. 27.02.1976, IV C 74.74, HFR 1976, 478; *Brandis* in Tipke/Kruse, § 55 FGO Rz. 8; a. A. *Keß* in Schwarz/Pahlke, § 356 AO Rz. 10). Auf die Möglichkeiten der **Wiedereinsetzung in den vorigen Stand** (§ 110 AO), der **Sprungklage** (§ 45 FGO), der **Dienstaufsichtsbeschwerde** oder der **Verfassungsbeschwerde** braucht nicht hingewiesen zu werden. 5

Die Rechtsbehelfsbelehrung muss die **Finanzbehörde** bezeichnen, bei der der Einspruch einzulegen ist. Sie hat Angaben der vollen postalischen Anschrift zu enthalten, welche nur dann entbehrlich sind, wenn die Anschrift des Gerichts/der Behörde bekannt ist und die fristwahrende 6

Einspruchseinlegung nicht erschwert wird (BFH v. 20.02.1976, VI R 150/73, BStBl II 1976, 477; BFH v. 27.03.1968, VII R 21–22/67, BStBl II 1968, 535). Es genügt auch, wenn sich die **genaue Anschrift** aus dem Briefkopf entnehmen lässt (BFH v. 07.12.1994, I B 68/94, BFH/NV 1995, 850). Nicht erforderlich ist ein Hinweis auf die Möglichkeit der Einspruchseinlegung durch E-Mail (BFH v. 12.12.2012, I B 127/12, BStBl II 2013, 272; BFH v. 12.10.2012, III B 66/12, BFH/NV 2013, 177). Ist die Einspruchseinlegung bei mehreren Behörden möglich, genügt die Angabe der Finanzbehörde, die den anzufechtenden Verwaltungsakt erlassen hat (BFH v. 07.12.1994, I B 68/94, BFH/NV 1995, 850 m.w.N.).

7 Die Rechtsbehelfsbelehrung hat die einzuhaltende **Frist** zu bezeichnen. Dazu gehört die Angabe des Fristbeginns dem Grunde nach und der Fristdauer. Der Fristbeginn muss in verständlicher Form erläutert werden (BFH v. 21.08.1980, IV R 73/80, BStBl II 1981, 70; BFH v. 20.02.2001, IX R 48/98, BFH/NV 2001, 1010). Dazu gehört auch der Hinweis, dass bei Bekanntgabe nach § 122 Abs. 2 AO durch Postübermittlung der dritte Tag dann nicht als Tag der Bekanntgabe gilt, wenn das Schriftstück nicht oder zu einem späteren Zeitpunkt zugegangen ist (BFH v. 22.01.1964, VI 94/62 S, BStBl III 1964, 201). Angaben zur Fristberechnung hingegen sind entbehrlich. Dies gilt insbes. für den Hinweis, dass sich die Frist verlängert, wenn deren Ende auf einen gesetzlichen Feiertag fällt (BVerfG v. 27.07.1971, 2 BvR 118/71, NJW 1971, 2217; BFH v. 07.03.2006, X R 18/05, BStBl II 2006, 455). Die Rechtsbehelfsbelehrung in der Einspruchsentscheidung muss – jedenfalls, wenn sie vor der im Juli 2013 in Kraft getretenen Neufassung des § 357 Abs. 1 Satz 1 AO ergangen ist – keinen Hinweis auf die Möglichkeit einer Klageerhebung auf elektronischem Weg enthalten (BFH v. 05.03.2014, VIII R 51/12, BFH/NV 2014, 1010).

## D. Bekanntgabe der Rechtsbehelfsbelehrung

8 Beginn der einmonatigen Einspruchsfrist des § 355 Abs. 1 AO ist nach § 356 AO nicht die Bekanntgabe des anzufechtenden Verwaltungsaktes, sondern die Bekanntgabe der Rechtsbehelfsbelehrung zu diesem Verwaltungsakt. Da diese nicht notwendiger Bestandteil des Verwaltungsakts ist, kann sie auch **getrennt** und unter inhaltlicher Bezugnahme auf den Verwaltungsakt zu einem späteren Zeitpunkt erfolgen (*Siegers* in HHSp § 356 AO Rz. 39). Die dann bereits ausgelöste Jahresfrist (§ 356 Abs. 2 AO) wird mit Bekanntgabe der Rechtsbehelfsbelehrung auf die Monatsfrist abgekürzt (*Keß* in Schwarz/Pahlke, § 356 AO Rz. 26). Für die Bekanntgabe der Rechtsbehelfsbelehrung gilt dann jedoch nicht **§ 122 Abs. 2 AO**, da diese Vorschrift nur die Bekanntgabe von Verwaltungsakten betrifft. Für die Fristberechnung gilt § 108 AO i.V.m. § 187 ff. BGB). Werden mehrere selbstständige Verwaltungsakte in einem Vordruck zusammengefasst (z.B. Feststellung des Grundstückseinheitswertes und die Festsetzung des Grundsteuermessbetrags), muss sich die Rechtsbehelfsbelehrung auf beide Bescheide beziehen (*Seer* in Tipke/Kruse, § 356 AO Rz. 10).

Die **Form** der Belehrung entspricht der Form des Verwaltungsaktes, d.h. sie hat schriftlich oder elektronisch zu erfolgen. Die Belehrung kann auch in gleichwertiger Form bekanntgegeben werden. So genügt die nachträgliche Zusendung durch Telefax bei einer schriftlichen Steuerfestsetzung. Gilt für den Verwaltungsakt ein Zustellungserfordernis, bezieht sich dies nicht auf die Rechtsbehelfsbelehrung. Auch für einen der deutschen Sprache nicht mächtigen **Ausländer** braucht die Belehrung nur in deutscher Sprache abgefasst zu werden (BFH v. 21.05.1997, VII S 37/96, BFH/NV 1997, 634).

vorläufig frei 10

## E. Folgen fehlerhafter oder unterlassener Belehrung

Fehlt eine Rechtsbehelfsbelehrung oder ist sie unzutref- 11
fend, so beginnt der Lauf der Monatsfrist des § 355 Abs. 1 AO nicht. Fehlerhaft ist eine Rechtsbehelfsbelehrung insbes. dann, wenn sie in wesentlichen Aussagen unzutreffend oder derart unvollständig oder missverständlich gefasst ist, dass hierdurch nach einer objektiven Betrachtungsweise die Möglichkeit zur Fristwahrung gefährdet erscheint (BFH v. 20.11.2013, X R 2/12, BStBl II 2014, 236). Gleichwohl ist der Einspruch nicht unbefristet möglich. Die Rechtsbehelfsfrist dauert abweichend von § 355 Abs. 1 AO **1 Jahr** ab Bekanntgabe des Verwaltungsakts (§ 356 Abs. 2 Satz 1 AO). Diese Beschränkung kennt zwei Ausnahmen:

- wenn die Einlegung des Rechtsbehelfs vor Ablauf der Jahresfrist infolge **höherer Gewalt** unmöglich war. Auch das Verhalten einer Behörde kann höhere Gewalt sein, wenn es den Steuerpflichtigen davon abhält, eine Frist einzuhalten (BFH v. 08.02.2001, VII R 59/99, BStBl II 2001, 506; § 110 AO),
- wenn eine unzutreffende schriftliche Belehrung dahingehend erfolgt ist, dass ein **Rechtsbehelf nicht gegeben** sei. Der Einspruch ist solange möglich, bis die durch eine ordnungsgemäße Belehrung in Gang gesetzte Rechtsbehelfsfrist abgelaufen ist. In Betracht kommt jedoch eine Verwirkung des Rechtsbehelfs.

Die Rechtsbehelfsbelehrung kann jederzeit nachgeholt 12
oder durch eine zutreffende Belehrung ersetzt werden. Mit Zugang der ordnungsgemäßen Belehrung beginnt dann der Fristlauf des § 355 Abs. 1 AO. Eine fehlerhafte Rechtsbehelfsbelehrung führt jedoch nicht dazu, dass ein gesetzlich nicht statthafter Rechtsbehelf als zulässig angesehen wird (BFH v. 14.12.2011, X B 42/11, BFH/NV

2012, 439). Die bloße Behauptung, dass durch elektronische Kontrollen eines Druck- und Versandprozesses der Versand eines unvollständigen Dokuments (Bescheids) ausgeschlossen sei, reicht nicht aus, den der Behörde obliegenden Nachweis des Zugangs eines vollständigen Dokuments zu erbringen (BFH v. 01.07.2014, IX R 31/13, DStRE 2014, 1457).

### F. Rechtsbehelfsbelehrung in Änderungsbescheiden

13 Wird während des außergerichtlichen Rechtsbehelfsverfahrens der angefochtene Verwaltungsakt geändert, berichtigt oder ersetzt, wird der neue geänderte, berichtigte oder ersetzte Verwaltungsakt Gegenstand des Einspruchsverfahrens. Ein erneuter Einspruch ist unzulässig. Einer Rechtsbehelfsbelehrung bedarf es daher nicht.

14 Wird der angefochtene Verwaltungsakt erst nach Ergehen der Einspruchsentscheidung während des finanzgerichtlichen Verfahren geändert, berichtigt oder ersetzt, wird dieser nach § 68 Abs. 1 Satz 1 FGO zum Gegenstand auch des finanzgerichtlichen Verfahrens. Ein Einspruch gegen den neuen Verwaltungsakt ist auch insoweit ausgeschlossen (§ 68 Abs. 1 Satz 2 FGO). Der Änderungsbescheid braucht keine Rechtsbehelfsbelehrung zu enthalten.

## § 357 AO
## Einlegung des Einspruchs

**(1) Der Einspruch ist schriftlich oder elektronisch einzureichen oder zur Niederschrift zu erklären. Es genügt, wenn aus dem Einspruch hervorgeht, wer ihn eingelegt hat. Unrichtige Bezeichnung des Einspruchs schadet nicht.**

**(2) Der Einspruch ist bei der Behörde anzubringen, deren Verwaltungsakt angefochten wird oder bei der ein Antrag auf Erlass eines Verwaltungsaktes gestellt worden ist. Ein Einspruch, der sich gegen die Feststellung von Besteuerungsgrundlagen oder gegen die Festsetzung eines Steuermessbetrages richtet, kann auch bei der zur Erteilung des Steuerbescheides zuständigen Behörde angebracht werden. Ein Einspruch, der sich gegen einen Verwaltungsakt richtet, den eine Behörde aufgrund gesetzlicher Vorschrift für die zuständige Finanzbehörde erlassen hat, kann auch bei der zuständigen Finanzbehörde angebracht werden. Die schriftliche oder elektronische Anbringung bei einer anderen Behörde ist unschädlich, wenn der Einspruch vor Ablauf der Einspruchsfrist einer der Behörden übermittelt wird, bei der er nach den Sätzen 1 bis 3 angebracht werden kann.**

**(3) Bei der Einlegung soll der Verwaltungsakt bezeichnet werden, gegen den der Einspruch gerichtet ist. Es soll angegeben werden, inwieweit der Verwaltungsakt angefochten und seine Aufhebung beantragt wird. Ferner sollen die Tatsachen, die zur Begründung dienen, und die Beweismittel angeführt werden.**

#### Inhaltsübersicht



#### Schrifttum


Frenkel, Die Zulässigkeitsvoraussetzungen bei außergerichtlichen Rechtsbehelfsverfahren nach der AO 1977, DStR 1977, 557; Geimer, Rechtsschutzgewährende Auslegung von Rechtsbehelfen, NWB 2009, 1664. Nöcker, Neues und Bekanntes zum E-Mail-Einspruch – Analyse der Rechtslage vor und nach der Änderung des § 357 Abs. 1 S. 1 AO, AO-StB 2016, 112.


### A. Bedeutung der Vorschrift

Durch den Einspruch wird das außergerichtliche Rechtsbehelfsverfahren eingeleitet. Er ist eine empfangsbedürftige und bedingungsfeindliche **verfahrenseinleitende Willenserklärung**, die nach den für Willenserklärungen geltenden Grundsätzen ausgelegt werden kann (§ 133 BGB). Auch Schreiben fachkundiger Bevollmächtigter sind der Auslegung zugänglich, soweit sie nicht eindeutig formuliert sind (BFH v. 19.03.2009, V R 17/06, HFR 2009, 960, DStZ 2009, 787). Die Einspruchserklärung bewirkt, sofern sie den formellen Mindestanforderungen genügt, die Anhängigkeit des Einspruchsverfahrens. Ist das Einspruchsverfahren anhängig, kann entsprechend § 17 Abs. 1 Satz 2 GVG gegen diesen Verwaltungsakt durch diesen Einspruchsführer kein weiterer Einspruch eingelegt werden. Die **Anhängigkeit des Verfahrens** tritt auch dann ein, wenn der Einspruch nicht zulässig ist (FG Bre v. 22.11.1994, 2 94 114 K 2, EFG 1995, 332). 1

Der einmal eingelegte Einspruch kann nicht **widerrufen** oder wegen **Irrtums angefochten** werden. Die Rücknahme nach § 362 AO ist jedoch jederzeit möglich. Um die notwendige prozessuale Klarheit zu schaffen, kann 2 ein Einspruch nicht unter einer **Bedingung** eingelegt werden, d. h. er kann nicht von einem zukünftigen, ungewissen Ereignis abhängig gemacht werden. Ein Einspruch unter Vorbehalt der Rücknahme hingegen ist zulässig (*Siegers* in HHSp, § 357 AO Rz. 13).

3 Mit dem Einspruch bestimmt der Einspruchsführer den Gegenstand des Einspruchsverfahrens und begrenzt damit den **Umfang der Entscheidungsbefugnis** der Finanzbehörde (BFH v. 13.04.1994, I B 212/94, BStBl II 1994, 835). Im Gegensatz zum finanzgerichtlichen Verfahren ist das außergerichtliche Rechtsbehelfsverfahren möglichst **formfrei** ausgestaltet. Der rechtsunkundige Steuerbürger soll, ohne an Formalien zu scheitern, die Überprüfung eines ihn betreffenden für unrichtig erachteten Verwaltungsakts erreichen können. Der BFH darf ein Einspruchsschreiben selbst auslegen, wenn die vom FG vorgenommene Auslegung rechtsfehlerhaft ist, das FG aber alle für die Auslegung maßgebenden Umstände festgestellt hat (BFH v. 19.08.2013, X R 44/11, BStBl II 2014, 234).

4 vorläufig frei

## B. Form des Einspruchs

5 Der Einspruch muss schriftlich eingelegt oder zur Niederschrift erklärt werden (§ 357 Abs. 1 Satz 1 AO). Durch das Gesetz zur Modernisierung des Besteuerungsverfahrens vom 22.07.2016 (BGBl. I. 2016, 1679) wurde Satz 3 des § 357 Abs. 1 AO gestrichen. Begründet wird diese Änderung mit der geringen Notwendigkeit, in der aktuellen Zeit auf Telegramme explizit zu verweisen (BT-Drs. 18/7457, 91).

### I. Schriftlichkeit

6 Ein Rechtsbehelf ist schriftlich eingereicht, wenn sich sein Inhalt aus einem vom Rechtsbehelfsführer herrührenden **Schriftstück** ergibt. **Telefonische Erklärungen** genügen auch dann nicht, wenn ein Finanzbeamter bereit ist, den Inhalt des Gespräches in einem schriftlichen Aktenvermerk aufzuzeichnen (BFH v. 10.07.1964, III 120/61 U, BStBl III 1964, 590). Eine Fotokopie, ein Telefax (BGH v. 09.03.1982, 1 StR 817/81, HFR 1983, 128) oder eine E-Mail (§ 87a Abs. 1 und 3 AO) sind Schriftstücke i. S. des § 357 Abs. 1 AO. Ein wirksamer Einspruch kann ebenfalls durch eine E-Mail eingelegt werden (*Seer* in Tipke/Kruse § 357 AO Rz. 8.). Hat die Finanzbehörde die Übermittlung für elektronische Dokumente eröffnet, so bedarf es keiner qualifizierenden Signatur in der E-Mail (BFH v. 13.05.2015, III R 26/14, BStBl II 2015, 790; *Seer* in Tipke/Kruse § 357 AO Rz. 8).

7 Die **Unterschrift** ist kein wesentliches Erfordernis des schriftlichen Einspruchs (FG Sa v. 07.05.1992, 2 K 129/88, EFG 1992, 712), jedoch dürfen über den Willen und die Person des Einspruchsführers keine Zweifel verbleiben (*Siegers* in HHSp, § 357 AO Rz. 16). Der Unterschrift kommt allenfalls Beweischarakter zu für die Frage, ob der Berechtigte Einspruch eingelegt hat. Ist aber eine Unterschrift nicht erforderlich, bedarf es auch bei einer Übermittlung per E-Mail oder anderer elektronischer Kommunikationsmittel keiner qualifizierten elektronischen Signatur (§ 87a AO). Der Einspruch ist in deutscher Sprache einzulegen.

### II. Erklärung zur Niederschrift

Die Erklärung zur Niederschrift wird von dem Einspruchsführer bei der Behörde abgegeben und vom aufnehmenden Finanzbeamten unterzeichnet. Wird eine mündliche Erklärung des Steuerpflichtigen ohne sein Verschulden **nicht protokolliert**, liegt zwar kein wirksamer Einspruch vor, es kommt jedoch **Wiedereinsetzung** in Betracht (BFH v. 19.10.2001, XI S 27/01, BFH/NV 2002, 371). Eine telefonische Erklärung kann nicht niedergeschrieben werden (Rz. 5). Ein Fax, das an »Persönlich Herrn Vorsteher Finanzamt« adressiert ist und erkennbar dienstlichen Charakter hat, geht dem FA im Zeitpunkt des Eingangs in der Faxstelle der Behörde zu und nicht erst dann, wenn es vom Vorsteher zur Kenntnis genommen und in den Geschäftsgang gegeben wird (BFH v. 28.04.2014, III B 44/13, BFH/NV 2014, 1185). 8

### III. Unrichtige Bezeichnung

Die unrichtige Bezeichnung eines Rechtsbehelfes ist nach § 357 Abs. 1 Satz 4 AO unschädlich. Die Erklärung muss nicht als »Einspruch« bezeichnet werden. Es genügt, wenn sich aus dem Vorbringen des Steuerpflichtigen ergibt, dass er eine Überprüfung und Abänderung des Verwaltungsaktes begehrt. Der Wille des Erklärenden ist im Wege der **Auslegung** (§ 133 BGB) zu ermitteln (BFH v. 29.07.1986, IX R 123/82, BFH/NV 1987, 359). Dabei ist zu beachten, was für den Erklärenden am günstigsten ist (BFH v. 26.04.1988, VIII R 292/82, BStBl II 1988, 855; BFH v. 5.7.2016, VIII B 148/14, BFH/NV 2016, 1484). Auch außerprozessuale Erklärungen hat die Finanzverwaltung im Zweifelsfall zugunsten des Steuerpflichtigen als Rechtsbehelf zu betrachten (BFH v. 28.03.2012, II R 42/11, BFH/NV 2012, 1486). Es müssen sich jedoch zumindest Anhaltspunkte für einen Einspruch in seiner Erklärung finden. So kann ein Antrag auf schlichte Änderung nach § 172 Abs. 1 Nr. 2a AO nicht in einen Einspruch **umgedeutet** werden (*Siegers* in HHSp, § 357 AO Rz. 29). Geht dagegen nach Erlass eines Schätzungsbescheides innerhalb der Einspruchsfrist beim Finanzamt eine **Steuererklärung** ohne weitere Erklärung 9 ein, ist dies als Einspruch gegen den Schätzungsbescheid zu werten (BFH v. 27.02.2003, V R 87/01, BStBl II 2003, 505). Einwendungen gegen die KiSt können nicht ohne Weiteres als Einspruch gegen den ESt-Bescheid gewertet werden (FG Ddorf v. 06.12.1978, VIII 123/77 E, EFG 1979, 267; BFH v. 08.05.2008, VI R 12/05, BStBl II 2009, 116). Gleichwohl kann in der erneuten Geltendmachung eines bereits abgelehnten Antrages ein Einspruch gegen die Ablehnung zu sehen sein (BFH v. 08.02.1974, III R 140/70. BStBl II 1974, 417). Große Unklarheiten sollten die Finanzbehörde veranlassen, durch **Rückfrage** das Gewollte zu erfahren (BFH v. 19.06.1997, IV R 51/96, BFH/NV 1998, 6).

### IV. Einspruchsführer

10 Der Urheber des Einspruchs muss aus der Erklärung erkennbar sein (§ 357 Abs. 1 Satz 2 AO). Fehlt es an der Unterschrift, kann sich seine Person aus einem Firmenbriefkopf, aus der Steuernummer oder aus der Angabe des Absenders ergeben (*Seer* in Tipke/Kruse, § 357 AO Rz. 11 ff.). Soll der Einspruch im Fall der Zusammenveranlagung auch für den anderen **Ehegatten/Lebenspartner** wirken, muss der den Einspruch einlegende Ehepartner/Lebenspartner klar zum Ausdruck bringen, dass er den Einspruch auch für den Ehepartner/Lebenspartner einlegt (BFH v. 20.12.2012, III R 59/12, BFH/NV 2013, 709; *Rätke* in Klein, § 357 AO Rz. 10; *Schneider*, HFR 2009, 223).

## C. Zuständige Behörde

11 Im finanzbehördlichen Rechtsbehelfsverfahren wird unterschieden zwischen der Finanzbehörde, die über den Einspruch zu entscheiden hat (Entscheidungsbehörde) und derjenigen Finanzbehörde, bei der der Einspruch eingelegt werden muss (Einlegungsbehörde). Nur der Zugang bei der **Einlegungsbehörde** hindert den **Ablauf der Einspruchsfrist** (*Keß* in Schwarz/Pahlke, § 357 AO Rz. 53). Das Anbringen des Einspruchs bei einer anderen Behörde ist nur dann unschädlich, wenn dieser noch vor Ablauf der Rechtsbehelfsfrist an die Einlegungsbehörde nach § 357 Abs. 2 Satz 1 bis 3 AO übermittelt wird (§ 357 Abs. 2 Satz 4 AO). Das Risiko der rechtzeitigen Übermittlung trägt der Einspruchsführer. Ist dieser unverschuldet von der Zuständigkeit der von ihm ausgewählten Finanzbehörde ausgegangen, kommt Wiedereinsetzung (§ 110 AO) in Betracht (*Seer* in Tipke/Kruse, § 357 AO Rz. 26).

12 Der Einspruch ist **grundsätzlich** bei der Finanzbehörde einzulegen, die den **angefochtenen Verwaltungsakt** erlassen hat oder für den Untätigkeitseinspruch bei der Finanzbehörde, an die der noch nicht beschiedene Antrag gerichtet wurde. Dies gilt auch dann, wenn für den Steuerfall nachträglich eine andere Finanzbehörde zuständig geworden ist und diese nunmehr über den Einspruch zu entscheiden hat (s. § 367 Abs. 2 Satz 2 AO).

Ein Einspruch, der sich gegen die Feststellung von Besteuerungsgrundlagen oder gegen die Festsetzung eines Steuermessbetrages richtet, **kann** auch bei der für die Erteilung des Steuerbescheides zuständigen Behörde eingelegt werden. § 357 Abs. 2 Satz 2 AO schafft für den Einspruch gegen Grundlagenbescheide neben der grundsätzlich zuständigen Einlegungsbehörde nach § 357 Abs. 2 Satz 1 AO (die Finanzbehörde, die den Grundlagenbescheid erlassen hat) eine **weitere** Einlegungsbehörde; die Finanzbehörde, die für den Erlass des Folgebescheides zuständig ist (*Keß* in Schwarz/Pahlke, § 357 AO Rz. 60; *Seer* in Tipke/Kruse, § 357 AO Rz. 24, der § 357 Abs. 2 Satz 2 AO über den Wortlaut hinaus auch auf Feststellungs- und Steuermessbescheide als Folgebescheide ausdehnen will). 13

Hat eine Finanzbehörde einen Verwaltungsakt in **gesetzlicher Auftragsverwaltung** für eine andere Finanzbehörde erlassen, so **kann** der Einspruch fristwahrend auch bei der zuständigen Finanzbehörde angebracht werden (§ 357 Abs. 2 Satz 3 AO). Für die örtlich zuständige Finanzbehörde handelt z.B. die mit einer Außenprüfung beauftragte andere Finanzbehörde (§ 195 Satz 2 AO). 14

vorläufig frei 15

## D. Inhalt des Einspruchs (Sollinhalt)

Verfahrenseinleitende Willenserklärungen dürfen keine Zweifel an ihrem Erklärungsinhalt zulassen. Der Einspruch »**soll**« deshalb grundsätzlich folgende Aussagen treffen: 16

### I. Bezeichnung des Verwaltungsaktes

Zunächst ist der Verwaltungsakt zu bezeichnen, gegen den der Einspruch gerichtet ist. Mit der Bezeichnung des Verwaltungsakts begrenzt der Einspruchsführer den Einspruchsgegenstand. Eine ausdrückliche Bezeichnung des Verwaltungsaktes mit Datum etc. ist nicht erforderlich, solange er aus dem Inhalt der Erklärungsschrift und dem Akteninhalt hinreichend bestimmbar ist (FG Sa v. 08.02.1994, 1 K 32/93, EFG 1994, 820). 17

Bei **nicht zweifelsfreier** Bezeichnung des Verwaltungsakts ist das Gewollte im Wege der Auslegung zu ermitteln. Auch Umstände, die außerhalb der Einspruchserklärung liegen, können herangezogen werden (BFH v. 13.11.1998, VII B 236/98, BFH/NV 1999, 591; BFH v. 28.11.2001, I R 93/00, BFH/NV 2002, 613). Es gilt grundsätzlich der Verwaltungsakt als angefochten, dessen Anfechtung das erkennbar angestrebte erreichen lässt (BFH v. 11.09.1986, IV R 11/83, BStBl II 1987, 5). Dabei 18 sollte es, wie bereits bei der Frage des Einspruchsführers, zulässig sein, durch **klärende Rückfragen** zu erfahren, welcher Verwaltungsakt angefochten werden soll (so *Seer* in Tipke/Kruse, § 357 AO Rz. 14). Ist der angefochtene Verwaltungsakt **eindeutig bezeichnet** oder wird der Steuerpflichtige von einem Rechtsanwalt oder **Steuerberater vertreten**, kann nicht gegen die Erklärung der Einspruch auf einen anderen oder weiteren Verwaltungsakt ausgedehnt werden (BFH v. 01.09.1998, VIII R 46/93, BFH/NV 1999, 596; BFH v. 15.12.1998, I B 45/98, BFH/NV 1999, 751; BFH v. 29.07.1992, IV B 44/91, BFH/NV 1993, 2).

### II. Umfang der Anfechtung

19 Der Einspruch »soll« auch erkennen lassen, inwieweit der Verwaltungsakt angefochten werden soll. Die Erklärung hat für den Umfang der Prüfung jedoch keine Bedeutung, da das Einspruchsverfahren nicht auf bestimmte Streitfragen begrenzt werden kann (§ 367 Abs. 2 Satz 1 AO). Der Antrag hat jedoch Bedeutung für die Festsetzungsverjährung (s. § 171 Abs. 3a AO).

### III. Einspruchsbegründung

20 Der Einspruchsführer »soll« die Tatsachen, die zur Begründung dienen und die Beweismittel anführen (§ 357 Abs. 3 Satz 3 AO). Diese Aufforderung bezieht sich in erster Linie auf **tatsächliche Ausführungen** und Sachverhaltsaufklärungen. Da das Einspruchsverfahren Teil des Verwaltungsverfahrens ist, kann der Einspruchsführer auch Tatsachen vortragen, die im Besteuerungsverfahren noch nicht vorgetragen wurden (*Seer* in Tipke/Kruse, § 357 AO Rz. 20). Die fehlende Begründung führt nicht zur Unzulässigkeit des Einspruchs, kann aber den Umfang der Ermittlungen der Finanzbehörde beeinflussen (*Siegers* in HHSp, § 357 AO Rz. 65 ff.). Zwar gilt auch im Einspruchsverfahren der **Amtsermittlungsrundsatz**; jedoch ist die Finanzbehörde nicht verpflichtet, den gesamten Sachverhalt ohne Anhaltspunkte erneut zu ermitteln BFH v. 30.04.1965, III 25/65, BStBl III 1965, 464).

21 Trotz des Charakters der in § 357 Abs. 3 AO getroffenen Vorschriften als Sollbestimmungen, ergibt sich eine Mitwirkungspflicht immer dann, wenn der Sachverhalt nicht hinreichend aufgeklärt ist (§ 365 Abs. 1 AO i. V. m. § 90 AO).

## § 358 AO Prüfung der Zulässigkeitsvoraussetzungen

**Die zur Entscheidung über den Einspruch berufene Finanzbehörde hat zu prüfen, ob der Einspruch zulässig, insbesondere in der vorgeschriebenen Form und Frist eingelegt ist. Mangelt es an einem dieser Erfordernisse, so ist der Einspruch als unzulässig zu verwerfen.**

**Inhaltsübersicht**



**Schrifttum**

Frenkel, Die Zulässigkeitsvoraussetzungen bei außergerichtlichen Rechtsbehelfen nach der AO 1977, DStR 1977, 557; Hein, Die Zulässigkeitsvoraussetzungen für Rechtsbehelfe im außergerichtlichen Rechtsbehelfsverfahren, StB 1979, 293 und StB 1980, 1.

### A. Bedeutung der Vorschrift

Eine Sachentscheidung über den Verfahrensgegenstand darf nur ergehen, wenn der Einspruch zulässig ist. Die Zulässigkeit ist von **Amts wegen** zu prüfen und zwar von der Finanzbehörde, die die Entscheidung über den Einspruch zu treffen hat (§ 367 AO). Gleiches gilt für die Abhilfe des Einspruchs, die nur erfolgen kann, wenn die Zulässigkeitsvoraussetzungen vorliegen. Ist der Einspruch eindeutig und offensichtlich unbegründet, hat die frühere Rechtsprechung angenommen, aus verfahrensökonomischen Gründen könne eine Zulässigkeitsprüfung unterbleiben (BFH v. 11.02.1987, II B 140/86, BStBl II 1987, 344; BFH v. 08.02.1977, VIII B 22/76, BStBl II 1977, 313; auch *Keß* in Schwarz/Pahlke, § 358 AO Rz. 5). Nach dem bloßen Wortlaut und im Hinblick auf den Grundsatz, dass ein unzulässiger Einspruch keine Entscheidung zur Sache nach sich ziehen darf, ist ein solches Verfahren abzulehnen (BFH v. 07.08.2001, I B 16/01, BStBl II 2002, 13; so wohl auch: *Siegers* in HHSp, § 358 AO Rz. 45). Dies gilt ausnahmslos, wenn die Wirkungen eines als unbegründet zurückgewiesenen Einspruchs andere sind, als die eines als unzulässig verworfenen (so *Seer* in Tipke/Kruse, § 358 AO Rz. 22, 23). Die Zulässigkeitsvoraussetzungen müssen im Zeitpunkt der Entscheidung über den Einspruch gegeben sein. Eventuelle Mängel sind bis dahin heilbar. 1

vorläufig frei 2

### B. Zulässigkeitsvoraussetzungen

§ 358 AO selbst nennt nur Form und Frist als Zulässigkeitsvoraussetzungen. Die Aufzählung ist insoweit nicht abschließend. Wesentliche Zulässigkeitsvoraussetzungen sind: 3

- die Zulässigkeit des Finanz-Einspruchswegs (§ 347 AO),

- die Statthaftigkeit des Einspruchs (§§ 347, 348 AO),
- das Vorliegen der Einspruchsbefugnis (§ 350 AO, §§ 352, 353 AO),
- die Beteiligtenfähigkeit (§ 359 AO),
- die Handlungsfähigkeit (§ 365 AO i. V. m. § 79 AO), kein Einspruchsverzicht (§ 354 AO),
- die Wahrung der Einspruchsfrist (§ 355 Abs. 1 AO),
- formelle Ordnungsmäßigkeit (§ 357 AO),
- keine Rücknahme des Einspruchs (§ 362 AO) und
- das Rechtsschutzbedürfnis.

### C. Die Entscheidung

4 Die Entscheidung über den Einspruch ist für die weiteren Rechtsfolgen von Bedeutung. Ist der Einspruch unzulässig, wird z. B. nicht der **Ablauf der Festsetzungsfrist** nach § 171 Abs. 3a Satz 2 i. V. m. Satz 1 AO gehemmt. Der **zulässige** Einspruch hindert den Eintritt der Bestandskraft des angefochtenen Verwaltungsaktes und seine Unanfechtbarkeit. Die Finanzbehörde ist verpflichtet, die Rechtmäßigkeit des Verwaltungsaktes in der Sache zu prüfen (§ 367 Abs. 2 Satz 1 AO). Der **unzulässige** Einspruch ist als solcher zu verwerfen (§ 358 Satz 2 AO). Der angefochtene Verwaltungsakt ist unanfechtbar geworden; eine Entscheidung in der Sache darf nicht mehr ergehen.

## § 359 AO Beteiligte

**Beteiligte am Verfahren sind:**

**1. wer den Einspruch eingelegt hat (Einspruchsführer),**

**2. wer zum Verfahren hinzugezogen worden ist.**

1 § 359 AO bestimmt, wer an dem außergerichtlichen Rechtsbehelfsverfahren beteiligt ist. Der Begriff wird verwendet in §§ 356 Abs. 1, 364, 364a, 365 Abs. 2 und 366 AO. Beteiligter ist,

- wer den Einspruch eingelegt hat und
- wer zum Einspruchsverfahren hinzugezogen worden ist.

2 Die Beteiligtenfähigkeit ist abzugrenzen von der **Steuerrechtsfähigkeit**, der Handlungsfähigkeit und der Einspruchsbefugnis. Personen oder Personenzusammenschlüsse, die zwar nicht steuerrechtsfähig sind, können zumindest an dem Verfahren beteiligt sein, in dem ihnen zu Unrecht die Steuerrechtsfähigkeit zuerkannt wird (ESt-Bescheid gegen eine KG; *Siegers* in HHSp, § 359 AO Rz. 7; a. A. *Keß* in Schwarz/Pahlke, § 359 AO Rz. 6; *Seer* in Tipke/Kruse, § 359 AO Rz. 2, für den nur der Steuerrechtsfähige auch beteiligtenfähig ist). Die **Handlungsfähigkeit** ist die Fähigkeit des Beteiligten, die übertragenen Rechte selbst geltend zu machen und Pflichten selbst zu erfüllen. Fehlt dem Beteiligten die Handlungsfähigkeit, so handeln die gesetzlichen Vertreter und Organe.

Der Einspruchsführer ist grundsätzlich Beteiligter. Dabei ist § 359 Nr. 1 AO dahingehend zu verstehen, dass im Fall der Vertretung derjenige Beteiligter und Einspruchsführer wird, **für den der Einspruch eingelegt worden ist.** Der Wortlaut ist insoweit missverständlich. Bei der Zusammenveranlagung von **Ehegatten** wird nur derjenige Ehegatte Beteiligter, der den Einspruch eingelegt hat. Die Einspruchseinlegung wirkt nicht auch für den andern Ehegatten (BFH v. 27.11.1984, VIII R 73/82, BStBl II 1985, 296). 3

Beteiligter am finanzbehördlichen Einspruchsverfahren ist auch, wer zum Verfahren hinzugezogen worden ist (§ 360 AO). Ebenfalls Beteiligter i. S. von § 174 Abs. 5 AO kann sein, wer durch eigene verfahrensrechtliche Initiative auf die Aufhebung oder Änderung des Bescheides hingewirkt hat (BFH v. 12.02.2015, V R 28/14, BStBl II 2017, 10). 4

Bei der Gesamtrechtsnachfolge (z. B. durch Erbanfall) kommt es zum Beteiligtenwechsel. § 359 Nr. 1 AO ist auf das Verfahren über die Aussetzung der Vollziehung entsprechend anwendbar. 5

## § 360 AO Hinzuziehung zum Verfahren

**(1) Die zur Entscheidung über den Einspruch berufene Finanzbehörde kann von Amts wegen oder auf Antrag andere hinzuziehen, deren rechtliche Interessen nach den Steuergesetzen durch die Entscheidung berührt werden, insbesondere solche, die nach den Steuergesetzen neben dem Steuerpflichtigen haften. Vor der Hinzuziehung ist derjenige zu hören, der den Einspruch eingelegt hat.**

**(2) Wird eine Abgabe für einen anderen Abgabenberechtigten verwaltet, so kann dieser nicht deshalb hinzugezogen werden, weil seine Interessen als Abgabenberechtigter von der Entscheidung berührt werden.**

**(3) Sind an dem streitigen Rechtsverhältnis Dritte derart beteiligt, dass die Entscheidung auch ihnen gegenüber nur einheitlich ergehen kann, so sind sie hinzuzuziehen. Dies gilt nicht für Mitberechtigte, die nach § 352 nicht befugt sind, Einspruch einzulegen.**

**(4) Wer zum Verfahren hinzugezogen worden ist, kann dieselben Rechte geltend machen, wie derjenige, der den Einspruch eingelegt hat.**

**(5) Kommt nach Absatz 3 die Hinzuziehung von mehr als fünfzig Personen in Betracht, kann die**

**Finanzbehörde anordnen, dass nur solche Personen hinzugezogen werden, die dies innerhalb einer bestimmten Frist beantragen. Von einer Einzelbekanntgabe der Anordnung kann abgesehen werden, wenn die Anordnung im Bundesanzeiger bekannt gemacht und außerdem in Tageszeitungen veröffentlicht wird, die in dem Bereich verbreitet sind, in dem sich die Entscheidung voraussichtlich auswirken wird. Die Frist muss mindestens 3 Monate seit Veröffentlichung im Bundesanzeiger betragen. In der Veröffentlichung in Tageszeitungen ist mitzuteilen, an welchem Tag die Frist abläuft. Für die Wiedereinsetzung in den vorigen Stand wegen Versäumung der Frist gilt § 110 entsprechend. Die Finanzbehörde soll Personen, die von der Entscheidung erkennbar in besonderem Maße betroffen werden, auch ohne Antrag hinzuziehen.**

**Inhaltsübersicht**



**Schrifttum**

Apitz, Die Hinzuziehung zum Rechtsbehelfsverfahren nach § 360 AO, NWB Fach 2, 3185; Eberl, Die Hinzuziehung von Ehegatten bei Zusammenveranlagung, DStR 1983, 418; Lohmeyer, Beiladung und Hinzuziehung Dritter im Steuerstreitverfahren, DB 1986, 201; Olbertz, Die Hinzuziehung gemäß § 360 AO, DB 1988, 1292; Meyer, Zur Frage der Hinzuziehung (Beiladung) zusammenveranlagter Ehegatten im Rechtsbehelfsverfahren, DStZ, 1993, 401; Späth, Die Rechtsposition des »nicht Hinzugezogenen« im Lichte des neuen Rechtsbehelfsverfahrens, BB 1996, 929; Steinhauff, Voraussetzungen und Grenzen der Klagebefugnis von im Einspruchsverfahren nicht – notwendig – Hinzugezogenen, DStR 2005, 2027; von Wedelstädt, Hinzuziehung und Beiladung, AO-StB 2007, 15 (Teil I), 46 (Teil II).

## A. Bedeutung der Vorschrift

1 § 360 AO bestimmt die Hinzuziehung **Dritter** zum Einspruchsverfahren, wenn deren **steuerrechtliche Interessen** durch die Entscheidung berührt werden und die gleiche Streitfrage ihnen gegenüber ebenfalls entschieden werden müsste. Die Vorschrift dient der Verfahrensvereinfachung und beseitigt die Gefahr abweichender Entscheidungen. Gerade im Hinblick auf die verfahrensrechtliche Notwendigkeit **rechtlichen Gehörs**, soll dem Dritten, dessen Interessen berührt werden, die Möglichkeit gegeben werden, sich zur Sach- und Rechtslage zu äußern. Er erlangt durch die Hinzuziehung die Rechtsstellung eines **Beteiligten im Verfahren** (§ 359 Nr. 2 AO). Seine Beteiligtenfähigkeit wird demnach vorausgesetzt (BFH v. 12.11.1985, VIII R 364/83, BStBl II 1986, 311). Die Durchbrechung des **Steuergeheimnisses** betreffend den einspruchsführenden Steuerpflichtigen ist nach § 30 Abs. 4 Nr. 1, 2 AO gerechtfertigt (BFH v. 17.08.1978, VII B 30/78, BStBl II 1979, 25). Die Hinzuziehung ist auch im Verfahren auf Aussetzung der Vollziehung möglich (§ 361 AO), wobei sie wegen der fehlenden Bindungswirkung der AdV-Entscheidung nicht notwendig ist (BFH v. 18.08.1993, II S 7/93, BFH/NV 1994, 151). Die Voraussetzungen der Hinzuziehung entsprechen denen der Beiladung nach §§ 60, 60a FGO für das finanzgerichtliche Verfahren.

vorläufig frei 2

## B. Voraussetzungen der Hinzuziehung

Die Hinzuziehung ist erst möglich, wenn das Einspruchsverfahren **anhängig** ist. Sie kann bis zur Rücknahme des Einspruchs oder Unanfechtbarkeit der Einspruchsentscheidung erfolgen. Für die Hinzuziehung sind die **Erfolgsaussichten** des Einspruchs zwar grundsätzlich unerheblich (BFH v. 13.01.1980, IV R 86/79, BStBl II 1981, 272), sie kann bei einem offensichtlich **unzulässigen Rechtsbehelf** jedoch unterbleiben (BFH v. 15.12.1997, VIII B 28/97, BFH/NV 1998, 1105). Hinzugezogen werden kann nicht der Einspruchsführer oder sein Bevollmächtigter. Demnach ist die Hinzuziehung aufzuheben, wenn der Hinzugezogene selbst Einspruch einlegt, und die Hinzuziehung anzuordnen, wenn der Einspruchsführer seinen Einspruch zurücknimmt. 3

### I. Einfache Hinzuziehung (§ 360 Abs. 1 AO)

Dritte können, wenn ihre rechtlichen Interessen durch die Entscheidung berührt werden, nach Anhörung des Einspruchsführers **auf Antrag** oder **von Amts wegen** zum Verfahren hinzugezogen werden (§ 360 Abs. 1 Satz 1, 2 AO). Es genügt bereits die Möglichkeit einer **Interessenberührung** (BFH v. 22.09.1967, VI B 10/67, BStBl II 1968, 35), wobei sich das rechtliche Interesse aus **Steuergesetzen** ergeben muss. Außersteuerliche Interessen rechtfertigen eine Hinzuziehung nicht (BFH v. 14.01.1975, VII B 10/74, BStBl II 1975, 388; BVerfG v. 24.07.1975, 2 BvR 358/75, HFR 1975, 463 zur Verfassungsmäßigkeit dieser Einschränkung). Auch die einfache präjudizielle Wirkung, die die Entscheidung auf parallele Steuerrechtsverhältnisse Dritter ausstrahlen kann, berechtigt nicht zur Hinzuziehung. Der Entscheidungsausspruch (Tenor) muss die Rechtsstellung des Dritten in irgendeiner Weise beeinflussen. Dabei ist unerheblich, ob die Rechtspositi- 4 on des Hinzugezogenen sich verbessert, verschlechtert oder bestätigt wird (BFH v. 24.06.1971, IV R 219/68, BStBl II 1971, 714).

§ 360 Abs. 1 Satz 1 2. HS AO erwähnt ausdrücklich eine Interessenberührung in den Fällen, in denen sich eine Haftung aus den Steuergesetzen ergibt. Wird der **Haftungsschuldner** hinzugezogen, kann er später keine Einwendungen mehr gegen den Steueranspruch als solchen geltend machen, sondern sich nur noch gegen die Haftungsinanspruchnahme an sich wenden. Neben der Haftung aus steuerrechtlichen Vorschriften kann auch eine Haftung aus anderen Gesetzen nicht jedoch eine vertragliche Haftungsübernahme die Hinzuziehung rechtfertigen (*Dumke* in Schwarz/Pahlke, § 360 AO Rz. 14). Die Hinzuziehung des Haftungsschuldners ist regelmäßig **ermessensgerecht** (BFH v. 14.10.1997, IV B 147/96, BFH/NV 1998, 345).

6 Die Hinzuziehung ist zulässig, wenn bei **Gesamtschuldnerschaft** nur ein Gesamtschuldner gegen den einheitlichen Steuerbescheid Einspruch einlegt (BFH v. 11.01.1994, VII B 100/93, BStBl II 1994, 405; *Birkenfeld* in HHSp, § 360 AO Rz. 72). So kann der Grundstücksverkäufer zum Einspruchsverfahren des Grundstückserwerbers gegen den GrESt-Bescheid hinzugezogen werden (§ 13 Nr. 1 GrEStG) und der Schenker zum Verfahren des Beschenkten (§ 20 Abs. 1 Satz 1 ErbStG). Ein Fall notwendiger Hinzuziehung i.S. des § 360 Abs. 3 AO ist hingegen nicht gegeben (Rz. 15).

7 Sowohl die st. Rspr. als auch die Finanzverwaltung sehen die Hinzuziehung von **zusammenveranlagten Ehegatten** nicht als notwendig an, sondern lassen die einfache Hinzuziehung genügen (AEAO zu § 360, Nr. 3; BFH v. 01.04.1989, VIII R 219/84, BFH/NV 1989, 755; *Dumke* in Schwarz/Pahlke, § 360 AO Rz. 20, 21; *Brandis* in Tipke/Kruse, § 60 FGO Rz. 57; *Rätke* in Klein, § 360 AO Rz. 20 m.w.N.; Übersicht bei *Birkenfeld* in HHSp, § 360 AO Rz. 76 ff.). Die Hinzuziehung des Ehegatten, der selbst keinen Einspruch eingelegt hat, kann nur dann notwendig sein, wenn die Entscheidung über den Einspruch ihm gegenüber nur einheitlich ergehen kann (§ 360 Abs. 3 AO, Rz. 9 ff.). Zusammenveranlagte Ehegatten sind jedoch **Gesamtschuldner**, bei denen unterschiedliche Steuerfestsetzungen möglich sind. Der Zusammenveranlagungsbescheid ist kein einheitlicher Bescheid ähnlich der einheitlichen und gesonderten Gewinnfeststellung, sondern eine **Zusammenfassung zweier Bescheide** zu einem gemeinsamen Bescheid (BFH v. 08.12.1976, I R 240/74, BStBl II 1977, 321). Diese Grundsätze gelten auch, wenn der andere Ehegatte eigene Einkünfte hat und widerstreitende Interessen der Ehegatten zu erkennen sind (BFH v. 12.05.1992, VIII R 33/88, BFH/NV 1992, 793; BFH v. 05.02.1971, VI R 301/66, BStBl II 1971, 331). Hat nur ein Ehegatte Einspruch eingelegt, ist eine einfache Hinzuziehung jedoch nicht ausgeschlossen, u.U. sogar **zweckmäßig** (BFH v. 08.12.1976, I R 240/74, BStBl II 1977, 321; AEAO zu § 360, Nr. 3). Hat der nicht als Einspruchsführer beteiligte Ehegatte eigenes Vermögen und eigene Einkünfte, wird entgegen der Rechtsprechung vereinzelt ein Fall der notwendigen Hinzuziehung angenommen (*Szymczak* in K/S, § 360 AO Rz. 12). Ein Fall der notwendigen Hinzuziehung ist aber gegeben, wenn das Einspruchsverfahren auf Änderung der Veranlagungsart des anderen Ehegatten/Lebenspartners gerichtet ist (*Birkenfeld* in HHSp, § 360 AO Rz. 82)

vorläufig frei 8

## II. Notwendige Hinzuziehung (§ 360 Abs. 3 AO)

Sind an dem streitigen Rechtsverhältnis Dritte derart beteiligt, dass die Entscheidung auch ihnen gegenüber nur einheitlich ergehen kann, so sind sie notwendig hinzuzuziehen (§ 360 Abs. 3 Satz 1 AO). Die Entscheidung muss die steuerrechtliche Lage des Dritten unmittelbar beeinflussen, d.h. bestätigend oder gestaltend in seine Rechtssphäre eingreifen (BFH v. 27.02.1969, IV R 263/66, BStBl II 1969, 343). Hierzu gehören vor allem diejenigen Fälle, in denen eine einheitliche Entscheidung bereits aus verfahrensrechtlichen Gesichtspunkten vorgeschrieben ist oder aus sachlichem Recht ergehen muss (BFH v. 11.01.1994, VII B 100/93, BStBl II 1994, 405). Eine notwendige Hinzuziehung ist auch gegen den Willen des Hinzugezogenen anzuordnen. 9

Hauptanwendungsfälle der notwendigen Hinzuziehung sind: 10

- die einheitliche und gesonderte Feststellung von Besteuerungsgrundlagen (§§ 179 Abs. 2, 180 Abs. 1 Nr. 2a, Abs. 2 AO),
- die einheitliche und gesonderte Feststellung von Einheitswerten (§§ 179 Abs. 2, 180 Abs. 1 Nr. 1 AO),
- die einheitliche und gesonderte Feststellung des Werts vermögenssteuerpflichtiger Wirtschaftsgüter und des Wertes der Schulden (§§ 179 Abs. 2, 180 Abs. 1 Nr. 3 AO),
- die Entscheidung im Zerlegungsverfahren (BFH v. 01.10.1981, I B 31/84, BStBl II 1982, 130),
- die Bewertung eines Gesellschaftsanteils für alle Gesellschafter (BFH v. 16.04.1984, III R 96/82, BStBl II 1984, 670),
- die Feststellung von Realsteuermessbeträgen (§ 184 Abs. 1 AO) bei Rechtsnachfolge hinsichtlich des Steuergegenstandes,
- die Entscheidung, ob eine Zusammenveranlagung durchgeführt werden muss (BFH v. 20.05.1992, III B 110/91, BStBl II 1992, 916).

Die Aufzählung ist nicht abschließend. Die Voraussetzungen der notwendigen Hinzuziehung sind auch gegeben, wenn der Arbeitnehmer Einspruch gegen den an den 11

Arbeitgeber gerichteten LSt-Haftungsbescheid erhebt (BFH v. 29.06.1973, VI R 311/69, BStBl II 1973, 780) oder für die Beteiligung der Steuerberaterkammer an Verfahren die Rechtsstellung des Steuerberaters betreffend (BFH v. 04.03.1997, VII B 38/97, BFH/NV 1997, 429).

12 Hinzuzuziehen sind nur Feststellungsbeteiligte, **die auch nach § 352 AO einspruchsbefugt sind** (§ 360 Abs. 3 Satz 2 AO). Anderenfalls würde die Beschränkung der Einspruchsbefugnis für bestimmte Gesellschafter nach § 352 AO unterlaufen werden, indem man ihnen als Hinzugezogene die Rechte eines Beteiligten zugesteht. Nicht hinzuzuziehen sind deshalb Gesellschafter, deren Anteile treuhänderisch verwaltet werden, da nur dem **Treuhänder** die Einspruchsbefugnis zusteht (BFH v. 12.01.1995, VIII B 43/94, BFH/NV 1995, 759; BFH v. 13.07.1999, VIII R 76/97, BStBl II 1999, 747; § 352 AO). Ähnlich sind bei einer **doppelstöckigen Personengesellschaft** zum Einspruchsverfahren der Untergesellschaft nur die Obergesellschaft und nicht deren Gesellschafter hinzuzuziehen (BFH v. 09.08.2006, II R 24/05, BStBl II 2007, 87 m. w. N.).

13 Steht einem Feststellungsbeteiligten jedoch die **Einspruchsbefugnis** zu und hat er selbst keinen Einspruch eingelegt, so ist er notwendig hinzuzuziehen (BFH v. 18.05.1998, V B 91/97, BFH/NV 1999, 48; BFH v. 02.07.1998, IX B 79/98, BFH/NV 1999, 64) und zwar auch dann, wenn die Finanzbehörde von einer einheitlichen und gesonderten Feststellung hätte absehen können (BFH v. 27.06.1995, IX R 123/92, BStBl II 1995, 763). Dies gilt vor allem für die Frage, ob überhaupt eine **Mitunternehmerschaft** vorliegt und wer an dem festgestellten Betrag beteiligt ist (§ 352 Abs. 1 Nr. 4 AO) sowie für Fragen, die die Feststellungsbeteiligten **persönlich** angehen (§ 352 Abs. 1 Nr. 5 AO). Die Beschränkung des § 360 Abs. 3 Satz 2 AO entfällt mit der **Vollbeendigung** der Gesellschaft.

14 Zum Einspruchsverfahren eines Gesellschafters ist stets die **Gesellschaft** hinzuzuziehen und zwar auch dann, wenn sie unter keinem denkbaren Gesichtspunkt vom Ausgang des Verfahrens betroffen sein kann (BFH v. 31.01.1992, VIII B 33/90, BStBl II 1992, 559; BFH v. 11.02.2002, IX B 146/01, BFH/NV 2002, 796 m. w. N.). Hat der zur Vertretung berufene Geschäftsführer Einspruch eingelegt, sind umgekehrt alle durch das Begehren der Gesellschaft berührten Gesellschafter hinzuzuziehen, und zwar auch dann, wenn sie bereits ausgeschieden sind oder einen Rechtsnachfolger haben (BFH v. 19.06.1990, VIII B 3/89, BStBl II 1990, 1068; BFH v. 18.12.1990, VIII R 134/86, BStBl II 1991, 882; BFH v. 08.10.2008, IV B 61/08, BFH/NV 2009, 353; § 352 AO).

15 Legt einer von mehreren Gesamtschuldnern gegen den an ihn gerichteten Bescheid ein Rechtsmittel ein, liegt grundsätzlich kein Fall notwendiger Hinzuziehung vor, da die Gesamtschuldnerschaft kein Verhältnis gegenseitiger Abhängigkeit begründet und daher eine Entscheidung gegenüber den Gesamtschuldnern nicht einheitlich ergehen muss (BFH v. 26.04.2010, II B 131/08, BFH/NV 2010, 1854).

## III. Hinzuziehung von Abgabenberechtigten (§ 360 Abs. 2 AO)

16 Abgabenberechtigte, die selbst **nicht Träger** des **Einspruchsverfahrens** sind, können nicht deshalb hinzugezogen werden, weil ihre Interessen als Abgabenberechtigte berührt werden (§ 360 Abs. 2 AO). Die Interessen einer anderen Behörde werden immer dann berührt, wenn **Ertragshoheit** und **Verwaltungshoheit** auseinanderfallen (z. B. GewSt). Im Hinblick darauf, dass die verschiedenen Interessen der Behörden gegenüber dem Steuerpflichtigen nur durch die Finanzbehörde selbst wahrgenommen werden sollen, wird, um das Verfahren nicht unnötig zu belasten, in diesen Fällen auf eine Hinzuziehung verzichtet (BFH v. 23.02.1962, VI 205/60, BStBl III 1962, 248; *Birkenfeld* in HHSp, § 360 AO Rz. 91). Eine etwaige Auseinandersetzung erfolgt zwischen den Behörden auf dem Dienstweg.

## IV. Hinzuziehung im Masseverfahren (§ 360 Abs. 5 AO)

17 § 360 Abs. 5 AO trifft Regelungen über die Hinzuziehung von mehr als **50 Personen**. Dabei ist der § 360 Abs. 5 AO ein besonderer Fall der **notwendigen Hinzuziehung** nach § 360 Abs. 3 AO. Die Regelung entspricht weitgehend der Vorschrift des § 60 a FGO für das finanzgerichtliche Verfahren, wobei dort die Möglichkeit einer Einzelbekanntgabe nicht besteht. Die Finanzbehörde kann ihrer Verpflichtung nach § 360 Abs. 3 AO nicht nur deshalb nicht nachkommen, weil eine Hinzuziehung einer Vielzahl von Personen den **Verfahrensablauf verzögern** und das Einspruchsverfahren erschweren würde. Es wird ihr jedoch die Möglichkeit gegeben, das Hinzuziehungsverfahren zu verkürzen und zu straffen.

18 Der Finanzbehörde bleibt es unbenommen, die notwendige Hinzuziehung durch Einzelverfügung ohne vorherige Aufforderung zu bescheiden. Die Anwendung des § 360 Abs. 3 AO bleibt durch § 360 Abs. 5 AO unberührt. Sie kann aber nach entsprechender **Aufforderung** auch nur diejenigen Beteiligten hinzuziehen, die eine Hinzuziehung zuvor **beantragt haben**. Die Vorgehensweise steht im **pflichtgemäßen Ermessen** der Finanzbehörde. Die Finanzbehörde muss sich zuvor Gewissheit darüber verschafft haben, dass für zumindest 51 Personen eine Hinzuziehung nach § 360 Abs. 3 AO in Betracht kommt (so bei Beteiligten an Publikumsgesellschaften). Die darüber hinaus gehende Zahl muss nicht exakt ermittelt

werden. Sind Mitberechtigte im besonderen Maße von der Einspruchsentscheidung betroffen, sollen diese auch ohne Antrag hinzugezogen werden (§ 360 Abs. 5 Satz 6 AO).

19 Die Anordnung, nur die Personen zum Verfahren hinzuzuziehen, die dies innerhalb einer bestimmten Frist beantragt haben, ist ein Verwaltungsakt. Er ist selbstständig mit dem Einspruch anfechtbar. Aus ihm muss hervorgehen, zu welchem Verfahren hinzugezogen werden soll, warum eine Hinzuziehung notwendig ist und in welcher Frist die Hinzuziehung zu beantragen ist (*Dumke* in Schwarz/Pahlke, § 360 AO Rz. 42). Die namentliche Bezeichnung der Hinzuzuziehenden ist nicht erforderlich. Wird die Anordnung nicht einzeln bekanntgegeben, sondern im Bundesanzeiger veröffentlicht (Rz. 20), hat die Frist mindestens drei Monate zu betragen (§ 360 Abs. 5 Satz 3 AO).

20 Von einer Einzelbekanntgabe der Anordnung kann abgesehen werden. Die Bekanntgabe hat dann im Bundesanzeiger und in mindestens zwei Tageszeitungen zu erfolgen, die dort verbreitet sind, wo sich die Entscheidung voraussichtlich auswirken wird. Um keinen Betroffenen von der Kenntnisnahme auszuschließen, empfiehlt sich wohl eine Veröffentlichung in überregionalen Tageszeitungen. Der fristgerechte Antrag eines Mitberechtigten bewirkt eine Hinzuziehungspflicht bei der Finanzbehörde. Die Frist ist dann gewahrt, wenn der Antrag innerhalb der Frist bei der Finanzbehörde eingeht. Bei Fristversäumnis kann Wiedereinsetzung in den vorigen Stand gewährt werden (§ 360 Abs. 5 Satz 5 AO i.V.m. § 110 AO). Der verfristete Antrag ist jedenfalls dann unverschuldet, wenn der Antragsteller geltend macht, die Veröffentlichung in der Tageszeitung sei ihm aus nachvollziehbaren Gründen nicht zugänglich gewesen. Angesichts der Tatsache, dass § 360 Abs. 5 AO den Zweck verfolgt, das Einspruchsverfahren zu straffen, sollte auch ein verfristeter Antrag immer dann Berücksichtigung finden, wenn dies aus zeitlichen Gründen noch in Betracht kommt und nicht zu Verzögerungen führt.

21 Nichthinzugezogene sind von der Verfahrensbeteiligung ausgeschlossen. Ihnen wird die Einspruchsentscheidung weder bekanntgegeben, noch wirkt ein etwa geänderter Feststellungsbescheid gegen sie. Für das Einspruchsverfahren mangelt es an einer § 110 Abs. 1 Satz 1 Nr. 3 FGO entsprechenden Regelung. Für sie gilt der ursprüngliche Feststellungsbescheid weiter (*Brandis* in Tipke/Kruse, § 360 AO Rz. 6; a.A. *Dumke* in Schwarz/Pahlke, § 360 AO Rz. 45).

22 vorläufig frei

## C. Verfahren der Hinzuziehung

23 Die Hinzuziehung erfolgt durch **Verwaltungsakt**, der selbstständig angefochten werden kann. Um die Wirkungen der Hinzuziehung nicht eintreten zu lassen, kann der Einspruch gegen die Hinzuziehungs-Anordnung auch mit einem Antrag auf Aussetzung der Vollziehung verbunden werden (§ 361 Abs. 2 AO). Aus ihm muss hervorgehen, dass dem Adressaten nunmehr die Stellung eines Beteiligten zukommt. Die bloße Aufforderung zur Stellungnahme genügt nicht (BFH v. 30.05.1963, III 380/61, HFR 1964, 51). Die einfache Hinzuziehung liegt im Ermessen der Finanzbehörde und wird entweder von Amts wegen oder auf Antrag angeordnet. In die Ermessenserwägungen einzubeziehen sind das Interesse an einem vereinfachten Verfahren, das Interesse des Hinzuzuziehenden am Verfahrensausgang und an der damit verbundenen Bindungswirkung für ihn und das Interesse des Steuerpflichtigen an der Wahrung seines Steuergeheimnisses (*Dumke* in Schwarz/Pahlke, § 360 AO Rz. 31). Die **notwendige Hinzuziehung** kann hingegen nur dann abgelehnt werden, wenn der Einspruch offensichtlich unzulässig ist oder aber der angefochtene Verwaltungsakt aufgehoben wird (FG Bln v. 11.09.1981, V 40/81, EFG 1982, 309).

Der Einspruchsführer ist sowohl bei der einfachen als auch bei der notwendigen Hinzuziehung vorher **anzuhören** (§ 360 Abs. 1 Satz 2 AO; AEAO zu § 360, Nr. 2). Die Hinzuziehung kann mit dem Eingang des Einspruchs und nach Bekanntgabe der Einspruchsentscheidung **bis zu deren Unanfechtbarkeit** verfügt werden. Der so Hinzugezogene hat nunmehr die Möglichkeit, als Beteiligter zu klagen (BFH v. 17.06.1993, VIII B 111/92, BFH/NV 1994, 380). 24

## D. Rechtswirkung der Hinzuziehung

Der Hinzugezogene erhält die **Stellung eines Beteiligten** im Einspruchsverfahren nach § 359 Nr. 2 AO. Er kann damit seine eigenen rechtlichen Interessen unabhängig vom Einspruchsführer geltend machen. Er erlangt alle **Verfahrensrechte** der übrigen Beteiligten, wie Anspruch auf rechtliches Gehör, auf Mitteilung der Besteuerungsgrundlagen und der Begründung der Steuerfestsetzung, sowie u.U. auf Einsicht in die Steuerakten des Einspruchsführers, deren Gewährung im pflichtgemäßen Ermessen der Finanzbehörde liegt (*Birkenfeld* in HHSp, § 360 AO Rz. 150). Dies betrifft jedoch nicht Verfahrenshandlungen, die die Anhängigkeit des Einspruchs als solchen betreffen. Der Hinzugezogene kann nicht die **Rücknahme** des Einspruchs erklären und muss die Erklärung umgekehrt gegen sich gelten lassen. Gleiches gilt für die **Erledigung** durch Aufhebung des Verwaltungsaktes. Die bis zur Hinzuziehung erfolgten Verfahrenshandlungen sind ihm gegenüber nicht zu wiederholen. 25

Die **Einspruchsentscheidung** wirkt mit Bekanntgabe an den Hinzugezogenen auch diesem gegenüber (§ 124 Abs. 1 AO). Ihm gegenüber ist, soweit er notwendig hin- 26 zugezogen wurde, auch eine verbösernde Entscheidung möglich (BFH v. 12.11.1991, IX R 31/90, BFH/NV 1992, 436; *Brandis* in Tipke/Kruse, § 360 AO Rz. 10 m.w.N.). Rechtsgrundlage für die Änderung eines gegenüber dem Hingezogenen bereits ergangenen Verwaltungsakts ist die Einspruchsentscheidung i.V.m. der Beteiligtenstellung (*Brandis* in Tipke/Kruse, § 360 AO Rz. 9). Diese Bindungswirkung hat zur Folge, dass er gegen die Entscheidung selbstständig Klage erheben kann (BFH v. 07.02.2007, IV B 210/04, BFH/NV 2007, 869).

27 Eine Abhilfeentscheidung gem. § 172 Abs. 1 Nr. 2a AO ist im Fall der notwendigen Hinzuziehung nur zulässig, wenn der Hinzugezogene zustimmt oder damit seinem Antrag entsprochen wird (*Brandis* in Tipke/Kruse, § 360 AO Rz. 8).

28 Unterbleibt die einfache Hinzuziehung, ist der Dritte an die Entscheidung nicht gebunden. Wird dagegen die notwendige Hinzuziehung unterlassen, liegt ein schwerer Verfahrensmangel vor, der allerdings nicht nach § 125 AO zur Nichtigkeit der Entscheidung führt. Der Mangel der Hinzuziehung kann durch eine Beiladung des Gesellschafters im Klageverfahren gem. § 60 Abs. 3 FGO oder durch die Klageerhebung durch den Gesellschafter selbst geheilt werden (BFH v. 14.10.2003, VIII R 32/01, BStBl II 2004, 359 m.w.N.; *Brandis* in Tipke/Kruse, § 360 AO Rz. 13; ausführlich *von Wedelstädt*, AO-StB 2007, 46, 48).

## § 361 AO
## Aussetzung der Vollziehung

**(1) Durch Einlegung des Einspruchs wird die Vollziehung des angefochtenen Verwaltungsakts vorbehaltlich des Absatzes 4 nicht gehemmt, insbesondere die Erhebung einer Abgabe nicht aufgehalten. Entsprechendes gilt bei Anfechtung von Grundlagenbescheiden für die darauf beruhenden Folgebescheide.**

**(2) Die Finanzbehörde, die den angefochtenen Verwaltungsakt erlassen hat, kann die Vollziehung ganz oder teilweise aussetzen; § 367 Abs. 1 Satz 2 gilt sinngemäß. Auf Antrag soll die Aussetzung erfolgen, wenn ernstliche Zweifel an der Rechtmäßigkeit des angefochtenen Verwaltungsakts bestehen oder wenn die Vollziehung für den Betroffenen eine unbillige, nicht durch überwiegende öffentliche Interessen gebotene Härte zur Folge hätte. Ist der Verwaltungsakt schon vollzogen, tritt an die Stelle der Aussetzung der Vollziehung die Aufhebung der Vollziehung. Bei Steuerbescheiden sind die Aussetzung und die Aufhebung der Vollziehung auf die festgesetzte Steuer, vermindert um die anzurechnenden Steuerabzugsbeträge, um die anzurechnende Körperschaftssteuer und um die festgesetzten Vorauszahlungen, beschränkt; dies gilt nicht, wenn die Aussetzung oder Aufhebung der Vollziehung zur Abwendung wesentlicher Nachteile nötig erscheint. Die Aussetzung kann von einer Sicherheitsleistung abhängig gemacht werden.**

**(3) Soweit die Vollziehung eines Grundlagenbescheids ausgesetzt wird, ist auch die Vollziehung eines Folgebescheids auszusetzen. Der Erlass eines Folgebescheids bleibt zulässig. Über eine Sicherheitsleistung ist bei der Aussetzung eines Folgebescheids zu entscheiden, es sei denn, dass bei der Aussetzung der Vollziehung des Grundlagenbescheids die Sicherheitsleistung ausdrücklich ausgeschlossen worden ist.**

**(4) Durch Einlegung eines Einspruchs gegen die Untersagung des Gewerbebetriebes oder der Berufsausübung wird die Vollziehung des angefochtenen Verwaltungsakts gehemmt. Die Finanzbehörde, die den angefochtenen Verwaltungsakt erlassen hat, kann die hemmende Wirkung durch besondere Anordnung ganz oder zum Teil beseitigen, wenn sie es im öffentlichen Interesse für geboten hält; sie hat das öffentliche Interesse schriftlich zu begründen. § 367 Abs. 1 Satz 2 gilt sinngemäß.**

**(5) Gegen die Ablehnung der Aussetzung der Vollziehung kann das Gericht nur nach § 69 Abs. 3 und 5 Satz 3 der Finanzgerichtsordnung angerufen werden.**

**Inhaltsübersicht**

**Schrifttum**

SZYMCZAK, Aussetzung der Vollziehung von Steuerverwaltungsakten, NWB Fach 2, 8145; NOMMENSEN/PINTERNAGEL/SÖFFING, Einschränkungen bei der Aussetzung der Vollziehung gemäß § 361 AO, DStR 1998, 70; BIRKENFELD, Beschränkung der Aussetzung der Vollziehung, DStZ 1999, 349; MACK, Der Streit um die Aussetzung der Vollziehung, Steuerstreit und Steuerstrafverteidigung 1999, 37; BILSDORFER, Vollstreckungsschutz während eines laufenden Aussetzungsverfahrens, FR 2000, 708; HAUNHORST, Das gerichtliche Verfahren zur Aussetzung der Vollziehung von Steuerbescheiden bei nachfolgender Einspruchsentscheidung, DStZ 2000, 325; MOHL/STÄHLER, Aussetzung der Vollziehung (AdV) von Realsteuern gemäß § 361 AO, KStZ 2000, 163; PUST, Aussetzung der Vollziehung unter Widerrufsvorbehalt, HFR 2000, 820; MACK, Aussetzung der Vollziehung, AO-StB 2001, 85; BECKER, Vollstreckung trotz rechtmäßigem AdV – Antrag – Was tun?, Information StW 2002, 166; GREITE, Kindergeld und einstweiliger Rechtsschutz, FR 2002, 1320; STÖCKER, Umfang der Aussetzung der Vollziehung – Vorauszahlungen (f), AO-StB 2002, 140; SEER, Aufgedrängte Aussetzung der Vollziehung, Ubg 2008, 249; MATUSZEWSKI, Aussetzung/Aufhebung der Vollziehung, AO-StB 2009, 216; SPILKER, Verfassungsrechtliche Grenzen für die Anordnung einer Sicherheitsleistung im steuerrechtlichen einstweiligen Rechtsschutz, DStR 2010, 731.

## A. Bedeutung der Vorschrift

1 Die Aussetzung der Vollziehung (AdV) nach § 361 AO gewährt dem Steuerpflichtigen **vorläufigen Rechtsschutz** gegen die Vollziehung von angefochtenen Verwaltungsakten, also solchen, die noch nicht in materieller Bestandskraft erwachsen sind. Dabei steht § 361 AO neben § 69 FGO, die einander hinsichtlich der materiellen Voraussetzungen der AdV entsprechen. § 361 AO findet immer dann Anwendung, wenn noch keine finanzgerichtliche Klage anhängig ist. Ist die Klage anhängig, entscheidet die Finanzbehörde nach § 69 Abs. 2 FGO bzw. das Finanzgericht oder der BFH nach § 69 Abs. 3 FGO. Im Gegensatz zur Finanzbehörde kann gerichtliche AdV nur auf Antrag gewährt werden.

2 In Abgrenzung zu den **Billigkeitsmaßnahmen** der Stundung (§ 222 AO), dem Erlass (§ 227 AO) und der einstweiligen Einstellung der Vollstreckung (§ 258 AO), die erst bei materiell bestandskräftig gewordenen Verwaltungsakten möglich sind, kann (und muss) im Verfahren über die AdV eine fehlende materielle Rechtmäßigkeit des angefochtenen Verwaltungsaktes noch gerügt werden. Wird die Aussetzung gewährt, schiebt sie die Fälligkeit des angefochtenen Verwaltungsaktes hinaus (Rz. 46), mit der Folge, dass daneben eine Stundung oder ein Vollstreckungsaufschub nicht mehr in Betracht kommt.

3 vorläufig frei

## B. Grundsatz des § 361 Abs. 1 AO

4 In § 361 Abs. 1 AO findet sich der **Grundsatz**, dass durch Einlegung des Einspruchs die Vollziehung des angefochtenen Verwaltungsaktes nicht gehemmt wird, insbes. die Erhebung einer Abgabe nicht aufgehalten wird. Anders als im allgemeinen Verwaltungsrecht ist hier die sofortige Vollziehbarkeit eines noch nicht materiell bestandskräftigen Verwaltungsaktes die Regel, die erst bei Vorliegen besonderer Aussetzungsgründe durchbrochen wird (Rz. 29). Im Abgabenrecht wird die Vollziehbarkeit der Steuerverwaltungsakte erst dann suspendiert, wenn durch einen gesonderten Verwaltungsakt ihre Aussetzung angeordnet wird. Gleiches gilt auch bei einer Anfechtungsklage im finanzgerichtlichen Verfahren (§ 69 FGO Rz. 3). Dies entspricht im Übrigen auch der Regelung des § 80 Abs. 2 Nr. 1 VwGO für das allgemeine Verwaltungsrecht, sofern es um die Anforderung von öffentlichen Abgaben und Kosten geht. Anders als im sonstigen Verwaltungsrecht hat der Gesetzgeber für das Abgabenrecht den Grundsatz vorgegeben, dass dort das öffentliche Interesse an der sofortigen Verwirklichung eines Verwaltungsaktes überwiegt.

Obsiegt der Einspruchsführer jedoch später, stellt sich dann also erst die Rechtswidrigkeit des Verwaltungsaktes heraus, auf dessen Grundlage der Adressat zunächst leisten musste, vermag die Rückgewähr der bereits erhobenen Abgabe oftmals nicht die durch die vorzeitige Leistung entstandenen Nachteile zu beheben. Dahingehend lässt § 361 Abs. 2 AO eine Interessenabwägung zu und gibt der Finanzbehörde das Rechtsinstitut der AdV in die Hand. 5

vorläufig frei 6

## C. Vollziehung und Vollziehbarkeit

Die Vollziehung eines Steuerverwaltungsaktes ist die **Verwirklichung seines Regelungsinhaltes** (Verwirklichungstheorie, BFH v. 03.07.1995, GrS 3/93, BStBl II 1995, 730; *Seer* in Tipke/Kruse, § 69 FGO Rz. 22; *Birkenfeld* in HHSp, § 361 AO Rz. 126). Damit ist die Vollziehung mehr als nur die Erhebung, Beitreibung oder sonstige zwangsweise Durchsetzung der Rechtsfolgen des Verwaltungsaktes. Vollziehung tritt auch dann ein, wenn der Steuerpflichtige ein Leistungsgebot freiwillig befolgt oder mit einer festgesetzten Forderung aufgerechnet wird (*Birkenfeld* in HHSp, § 361 AO Rz. 129). 7

Das **Verbot jeglichen Gebrauchmachens** von den Wirkungen des Verwaltungsaktes umfasst auch die gesetzlich eintretenden Nebenfolgen und andere Folgewirkungen. **Säumniszuschläge** nach § 240 Abs. 1 AO gelten als nicht entstanden. Ebenso dürfen die auf einem Verwaltungsakt beruhenden Folgefestsetzungen (bspw. die **Kirchensteuer** und der **Solidaritätszuschlag** bei AdV des Einkommensteuerbescheides) nicht vollzogen werden (*Birkenfeld* in HHSp, § 361 AO Rz. 130). 8

vorläufig frei 9

10 Die AdV kann nur gewährt werden, wenn der angefochtene Verwaltungsakt überhaupt vollziehbar ist, und nur, solange er noch vollzogen werden kann. Fehlt es am Letzteren, ist er also schon vollzogen, kommt nur eine Aufhebung der Vollziehung in Betracht (Rz. 51). Vollziehbar sind Verwaltungsakte, die eine Pflicht aus dem Steuerschuldverhältnis zur Vornahme einer Handlung, Duldung oder Unterlassung feststellen oder begründen (*Dumke* in Schwarz/Pahlke, § 361 AO Rz. 68). Vollziehbare Verwaltungsakte können auch auf Feststellung oder Festsetzung und Zahlung gerichtet sein. Auch wenn ein Verwaltungsakt lediglich die Grundlage für eine gesetzliche Folge enthält (so für Säumniszuschläge nach § 240 Abs. 1 AO), kann dadurch Vollziehbarkeit gegeben sein (*Birkenfeld* in HHSp, § 361 AO Rz. 134). Unerheblich ist, ob es sich bei der begründeten Pflicht um eine erstmalige oder eine durch Rücknahme einer günstigeren Rechtsposition geschaffene Pflichtenstellung handelt (*Dumke* in Schwarz/Pahlke, § 361 AO Rz. 68).

11 Vollziehbare Verwaltungsakte sind neben Steuerbescheiden insbes. auch:

- Widerruf einer Stundung (BFH v. 08.06.1982, VIII B 29/82, BStBl II 1982, 608),
- Anordnung einer Betriebsprüfung (BFH v. 24.10.1972, VIII R 108/72, BStBl II 1973, 542),
- Anrechnungsverfügungen (BFH v. 10.04.1992, I B 4/92, BFH/NV 1992, 683),
- Leistungsgebote nach § 254 Abs. 1 AO (BFH v. 31.10.1975, VIII B 14/74, BStBl II 1976, 258),
- Selbstständig anfechtbare Vollstreckungsmaßnahmen; wie Arrestanordnung (BFH v. 20.03.1969, V B 5/69, BStBl II 1969, 399); Pfändungsverfügung (BFH v. 16.11.1977, VII S 1/77, BStBl II 1978, 69); Antrag auf Eintragung einer Sicherungshypothek (BFH v. 29.10.1985, VII B 69/85, BStBl II 1986, 236); Antrag auf Zwangsversteigerung (BFH v. 25.01.1988, VII B 85/87, BStBl II 1988, 566); Androhung und Festsetzung von Zwangsgeld.

12 Kein vollziehbarer Verwaltungsakt ist die Ablehnung eines begünstigenden Verwaltungsaktes (BFH v. 27.07.1994, I B 246/93, BStBl II 1994, 899; *Seer* in Tipke/Kruse, § 69 FGO Rz. 24). Eine AdV gibt es daher nicht bei:

- Ablehnung einer Stundung (BFH v. 21.01.1982, VIII B 94/79, BStBl II 1982, 307),
- Ablehnung eines Billigkeitserlasses (BFH v. 24.09.1970, II B 28/70, BStBl II 1970, 813),
- Ablehnung einer abweichenden Steuerfestsetzung aus Billigkeitsgründen nach § 163 AO (BFH v. 18.03.1996, V B 131/95, BFH/NV 1996, 692),
- Ablehnung eines Antrages auf Herabsetzung bestandskräftig festgesetzter Vorauszahlungen (BFH v. 24.09.1999, XI S 17/98, BFH/NV 2000, 451),
- Ablehnung einer höheren Investitions- oder Eigenheimzulage (FG He v. 21.06.1995, 4 V 4098/94, EFG 1995, 896).

Bei »negativen Grundlagenbescheiden«, wie einem Verlustfeststellungsbescheid oder der Ablehnung der Eintragungen eines LSt-Freibetrages auf der LSt-Karte, wird dieser Grundsatz durchbrochen und die AdV als statthaftes Mittel des vorläufigen Rechtsschutzes angesehen (BFH v. 14.04.1987, GrS 2/85, BStBl II 1987, 637; BFH v. 29.04.1992, VI B 152/91, BStBl II 1992, 752; *Seer* in Tipke/Kruse, § 69 FGO Rz. 24; *Dumke* in Schwarz/Pahlke, § 361 AO Rz. 38, 71).

Die Erklärung der **Aufrechnung** durch das Finanzamt ist kein Verwaltungsakt, damit auch nicht vollziehbar und somit nicht einer AdV zugänglich. Es handelt sich vielmehr um die rechtsgeschäftliche Ausübung eines Gestaltungsrechtes (BVerwG v. 27.10.1982, 3 C 6/82, BVerwGE 66, 218). Erst der in solchen Fällen regelmäßig zu beantragende **Abrechnungsbescheid** nach § 218 Abs. 2 AO stellt einen vollziehbaren Verwaltungsakt dar, für welchen AdV gewährt werden kann. 13

Die Festsetzung einer höheren **negativen Steuer** ist nur im Wege der einstweiligen Anordnung und nicht durch AdV zu erreichen (BFH v. 28.11.1974, V B 44/74, BStBl II 1975, 240). Bei einer negativen USt-Festsetzung infolge übersteigender Vorsteuerbeträge kann deren Erhöhung nur im Wege der einstweiligen Anordnung verfolgt werden. Soll eine positive Zahllast jedoch in eine negative umgewandelt werden, ist dafür zunächst die AdV der positiven Zahllast und im Übrigen die einstweilige Anordnung zu beantragen (*Stapperfend* in Gräber, § 69 FGO Rz. 69; krit. dazu m. w. N. *Seer* in Tipke/Kruse, § 69 FGO Rz. 33, der die Vorsteuer als Steuervergütungsanspruch getrennt von der Festsetzung der USt betrachtet). 14

## D. Voraussetzungen der Aussetzung

Neben dem Vorliegen materieller Aussetzungsgründe ist zunächst zu prüfen, ob eine Aussetzung verfahrensrechtlich zulässig ist. Voraussetzung dafür ist ein schwebender Rechtsbehelf. Wird ein Antrag auf AdV gestellt, muss eine entsprechende Antragsbefugnis vorliegen. 15

### I. Einspruchsverfahren

Gegen den Verwaltungsakt, dessen Vollziehung ausgesetzt werden soll, muss ein Rechtsbehelf erhoben worden sein. Die AdV setzt also ein streitiges Verfahren in der Hauptsache voraus, dass entweder ein anhängiges Klageverfahren (§ 69 FGO) oder ein finanzbehördliches Einspruchsverfahren sein kann. Die Aussetzung ist damit unzulässig, wenn der Verwaltungsakt bereits unanfechtbar geworden ist, aber auch, wenn die Rechtsbehelfsfrist 16 zwar noch läuft, von ihr aber noch kein Gebrauch gemacht worden ist. Allein die Möglichkeit der Abänderbarkeit eines Verwaltungsaktes führt nicht zur Zulässigkeit eines AdV-Antrages (*Seer* in Tipke/Kruse, § 69 FGO Rz. 47; a. A. BFH v. 19.08.1969, VI B 51/69, BStBl II 1969, 685 zur Abänderbarkeit von Vorauszahlungsbescheiden). Ein schlichter Änderungsantrag nach § 172 Abs. 1 Nr. 2a AO ist kein förmlicher Rechtsbehelf, wenn auch mit gleicher Zielrichtung, und führt deshalb nicht zur Zulässigkeit der AdV. Gleiches gilt für Änderungsanträge nach §§ 164 Abs. 2, 165 Abs. 2 und 173 Abs. 1 Nr. 2 AO (*Birkenfeld* in HHSp, § 361 AO Rz. 151) sowie sämtliche anderen Korrekturvorschriften, die zu einer Steuerminderung führen können.

17 Der Verfahrensgegenstand im Hauptsacheverfahren und im Verfahren über die AdV muss identisch sein. Nur dann kann von der Anhängigkeit der Hauptsache gesprochen werden (BFH v. 01.04.1997, X S 3/96, BFH/NV 1997, 601). Die Zulässigkeit des Hauptsacheverfahrens ist nicht erforderlich; sie führt lediglich zur Unbegründetheit des AdV-Antrages. In welchem Stadium sich das Einspruchs- oder Klageverfahren befindet ist unerheblich. Es darf jedoch noch nicht durch Rücknahme oder Erledigungserklärung abgeschlossen sein (BFH v. 25.03.1971, II B 47/69, BStBl II 1971, 334).

18 Wird der ursprünglich angefochtene Verwaltungsakt nach § 365 Abs. 3 AO geändert, so wird der neue Verwaltungsakt auch Gegenstand des Aussetzungsverfahrens. Dies gilt nunmehr auch für die Änderung eines Verwaltungsaktes nach Bekanntgabe der Einspruchsentscheidung erst im gerichtlichen Verfahren (§ 68 n. F. FGO). Der gerichtliche Antrag auf AdV bedarf keiner Änderung mehr (*Seer* in Tipke/Kruse, § 69 FGO Rz. 49).

19 Im Verhältnis eines Folgebescheides zum Grundlagenbescheid wird der Grundsatz des Anfechtungserfordernisses durchbrochen. Hier bedarf es lediglich der Anfechtung des Grundlagenbescheides. Bei AdV des angefochtenen Grundlagenbescheides ist auch die Vollziehung des Folgebescheides auszusetzen, sodass es in der Regel am Rechtsschutzbedürfnis für einen solchen AdV-Antrag hinsichtlich des Folgebescheides fehlen wird. Wird der Folgebescheid jedoch erlassen, ohne dass vorher ein Grundlagenbescheid ergangen ist, kommt auch eine AdV des Folgebescheides in Betracht (*Dumke* in Schwarz/Pahlke, § 361 AO Rz. 69; *Seer* in Tipke/Kruse, § 69 FGO Rz. 51).

20 vorläufig frei

## II. Antragserfordernis

21 § 361 AO setzt **keinen Antrag** voraus. Die Finanzbehörde entscheidet **von Amts wegen** darüber, ob Aussetzung der Vollziehung zu gewähren ist. Dies hat insbes. immer dann zu geschehen, wenn der Einspruch offensichtlich begründet ist oder aber die Feststellung der Verfassungswidrigkeit einer entscheidungserheblichen Norm durch das BVerfG zu erwarten ist (AEAO zu § 361, Nr. 2.1.; *Seer* in Tipke/Kruse, § 361 AO Rz. 3, § 69 FGO Rz. 54). Soweit die Vollziehung eines Grundlagenbescheides ausgesetzt wird, ist von Amts wegen auch die Vollziehung des Folgebescheides auszusetzen (§ 361 Abs. 3 Satz 1 AO).

In der Praxis ist die AdV auf Antrag die Regel. Das Ermessen der Finanzbehörde ist dann bei Vorliegen der Aussetzungsgründe (Rz. 29) eingeschränkt. Im Regelfall »soll« Aussetzung gewährt werden, wenn Zweifel an der Rechtmäßigkeit des angefochtenen Verwaltungsaktes bestehen oder seine Vollziehung zu einer unbilligen Härte führt. Der Aussetzungsantrag kann zusammen mit dem Einspruch gestellt werden; kann aber noch bis zum Ende des finanzgerichtlichen Verfahrens nachgeholt werden (§ 69 Abs. 2 FGO). Wegen der anfallenden **Aussetzungszinsen** (§ 237 AO) ist gerade bei zweifelhaften Erfolgsaussichten jedoch zunächst zu prüfen, ob ein Aussetzungsantrag wirtschaftlich sinnvoll ist. Der Finanzverwaltung ist es diesbezüglich verwehrt, dem Steuerpflichtigen eine AdV mit dem Ziel aufzudrängen, dem Staat den Zinsvorteil aus § 237 AO zu verschaffen (FG Köln v. 08.09.2010, 13 K 960/08, EFG 2011, 105). 22

Selbst bei guten Erfolgsaussichten sollte aber die Einleitung jedenfalls eines gerichtlichen AdV-Verfahrens wegen des dort möglichen **Kostenerstattungsanspruches** überdacht werden. In AdV-Verfahren setzen die Finanzgerichte den Gegenstandswert noch immer regelmäßig lediglich mit 10 % des **Gegenstandswertes** des Klageverfahrens an und basieren darauf dann die vom Finanzamt dem Steuerpflichtigen zu erstattenden Kosten bei Inanspruchnahme eines Rechtsanwaltes oder Steuerberaters. Oft kommt es aber bei einem Erfolg im gerichtlichen AdV-Verfahren nicht mehr zu einem Klageverfahren, da das Finanzamt vielfach den angefochtenen Bescheid entsprechend den Vorgaben des AdV-Beschlusses des Finanzgerichtes ändert. Obgleich es sich beim AdV-Verfahren lediglich um ein »summarisches«, also vereinfachtes Verfahren handeln soll, ist in den meisten Fällen insbes. der anwaltliche, aber auch der gerichtliche Aufwand einem Klageverfahren vergleichbar und steht diese deutlich geringere Kostenerstattungsverpflichtung deshalb nicht in einem angemessenen Verhältnis. Auch für ein AdV-Verfahren sollte deshalb der volle Gegenstandswert des Klageverfahrens in Ansatz gebracht werden, durchaus unter Anrechnung auf die Kosten eines späteren Klageverfahrens, so ein solches dann überhaupt noch durchgeführt wird. In nicht wenigen Fällen unsicherer Rechtslage scheinen die Finanzbehörden bei der gegenwärtigen Praxis der Festsetzung des Gegenstandswertes ein kostengünstiges AdV-Verfahren durch Nichtgewährung beantragter AdV zu »provozieren«, um im Ergebnis der richterlichen AdV-Entscheidung dann erst die bis dahin zurückgestellte Einspruchsentscheidung zu treffen. 23

24 Antragsbefugt sind alle Beteiligten des Einspruchsverfahrens. Hinsichtlich der AdV von Feststellungsbescheiden gilt, dass nur derjenige antragsbefugt ist, der den Feststellungsbescheid selbst angefochten hat oder zum Verfahren eines anderen Beteiligten hinzugezogen oder beigeladen worden ist (§ 352 AO; BFH v. 15.03.1994, IX B 151/93; BStBl II 1994, 519).

25 Auch die Antragsbefugnis im AdV-Verfahren verlangt wie das Verfahren in der Hauptsache ein Rechtsschutzbedürfnis. Dies ist grundsätzlich zu bejahen, wenn nach Vorbringen des Antragstellers die Rechtmäßigkeit des angefochtenen Verwaltungsaktes ernstlich zweifelhaft ist (im Einzelnen: *Seer* in Tipke/Kruse, § 69 FGO Rz. 61 ff.). Der Fortfall der Antragsbefugnis wurde insbes. in folgenden Fällen angenommen:

- AdV unter einem Widerrufsvorbehalt, solange die Finanzbehörde von diesem noch keinen Gebrauch gemacht hat (BFH v. 12.05.2000, VI B 266/98, BStBl II 2000, 536),
- AdV hinsichtlich einer Insolvenzforderung, sodass im Hinblick auf das Insolvenzverfahren keine Vollstreckung erfolgen kann (BFH v. 27.11.1974, I R 185/73, BStBl II 1975, 208),
- Eintritt der aufschiebenden Wirkung kraft Gesetzes (z. B. Einspruch gegen die Aufforderung zur Abgabe der eidesstattlichen Versicherung; BFH v. 11.12.1984, VII B 41/84, BStBl II 1985, 197),
- Fehlende Antragsbegründung nach Ablauf einer angemessenen Frist (FG Ddorf v. 12.02.1990, 16 V 204/89 A, EFG 1990, 482; FG Köln v. 22.10.1998, 15 K 6377/98, EFG 1999, 127),
- Erledigung des Hauptsachestreits (kein Fortsetzungsfeststellungsverfahren analog § 100 Abs. 1 Satz 4 FGO) (BFH v. 29.04.1992, VI B 152/91, BStBl II 1992, 752),
- Hauptsacheverfahren ist ohne steuerliche Auswirkung, z. B. Antrag auf Umqualifizierung der Einkunftsarten (BFH v. 23.01.1986, VIII B 50/85, BFH/NV 1986, 357).

## III. Zuständigkeit

26 Über den Antrag auf Aussetzung der Vollziehung entscheidet die Finanzbehörde, die den angefochtenen Verwaltungsakt erlassen hat (§ 361 Abs. 2 Satz 1 1. HS AO) oder die Behörde, die nach Erlass des angefochtenen Verwaltungsaktes i. S. von § 367 Abs. 1 Satz 2 1. HS AO zuständig geworden ist. Im letzteren Fall bleibt es bei der Zuständigkeit der bisher zuständigen Behörde, wenn es der einfachen und zweckmäßigen Durchführung des Verfahrens dient (§ 361 Abs. 2 Satz 1 2. HS i. V. m. §§ 367 Abs. 1 Satz 2, 26 Satz 2 AO).

27 Die den Folgebescheid erlassende Behörde ist auch für dessen Aussetzung nach § 361 Abs. 3 Satz 1 AO zuständig, auch wenn sie dabei an die Aussetzungsentscheidung hinsichtlich des Grundlagenbescheides gebunden ist. Der Grundsatz der Zuständigkeit der handelnden Behörde gilt auch dann, wenn diese für eine andere Finanzbehörde tätig geworden ist.

vorläufig frei 28

## IV. Aussetzungsgründe

Die AdV kann immer dann gewährt werden, wenn **ernstliche Zweifel an der Rechtmäßigkeit** des angefochtenen 29
Verwaltungsaktes bestehen oder seine Vollziehung vor der Einspruchsentscheidung für den Einspruchsführer eine **unbillige**, nicht durch überwiegende öffentliche Interessen gebotene **Härte** darstellen würde. Liegt einer der beiden Aussetzungsgründe vor, reduziert sich das Ermessen der zuständigen Finanzbehörde im Regelfall auf null (»soll«). Jedoch dürfen zweifelsfrei rechtmäßige Verwaltungsakte auch nicht wegen einer möglicherweise mit der Vollziehung verbundenen Härte ausgesetzt werden. Hier überwiegt stets das öffentliche Interesse an der Vollziehung (BFH v. 31.08.1987, V B 57/86, BFH/NV 1988, 175).

### 1. Ernstliche Zweifel an der Rechtmäßigkeit (§ 361 Abs. 2 Satz 2 1. HS AO)

Die Vollziehung soll ausgesetzt werden, wenn ernstliche 30
Zweifel an der Rechtmäßigkeit des angefochtenen Verwaltungsaktes bestehen. Diese sind immer dann gegeben, wenn nach **summarischer Prüfung** des glaubhaft gemachten Sachverhaltes neben den für die Rechtmäßigkeit sprechenden Umständen **gewichtige, gegen die Rechtmäßigkeit** des angefochtenen Verwaltungsaktes **sprechende Gründe** zutage treten, die Unentschiedenheit oder Unsicherheit in der Beurteilung der Rechtsfragen oder Unklarheiten in der Beurteilung der Sachverhaltsfragen bewirken (BFH v. 27.03.1996, I B 30/95, BFHE 180, 15; BFH v. 04.06.1991, IX R 12/89, BStBl II 1991, 759).

Das Obsiegen im Einspruchsverfahren muss nicht mit 31
Sicherheit ausgeschlossen werden (BFH v. 05.06.1966, II S 23/66, BStBl III 1966, 467); es muss noch nicht einmal wahrscheinlicher sein als das Unterliegen (BFH v. 27.09.1994, VIII B 21/94, BFHE 175, 516). Vielmehr genügt es, dass der Erfolg des Rechtsbehelfs ebenso wenig auszuschließen ist wie sein Misserfolg.

**Unklarheiten bezüglich des Sachverhaltes** begründen 32
regelmäßig ernstliche Zweifel an der Rechtmäßigkeit. Diese liegen immer dann vor, wenn die Finanzbehörde von einem unrichtigen Sachverhalt ausgegangen ist. Dies gilt jedoch dann nicht, wenn die Unklarheit darauf beruht, dass der Steuerpflichtige seine Mitwirkungspflichten verletzt hat und die Finanzbehörde deshalb zur Schätzung veranlasst wurde. Die Behauptung des Steuerpflich-

tigen, die tatsächlichen Besteuerungsgrundlagen entsprechen nicht dem Schätzungsergebnis, begründet keine ernstlichen Zweifel (*Seer* in Tipke/Kruse, § 69 FGO Rz. 94). Ist aber eine Schätzung in sich unschlüssig oder nicht überzeugend begründet, so bestehen ernstliche Zweifel (*Birkenfeld* in HHSp, § 361 AO Rz. 185).

**33** Trägt das Finanzamt die Feststellungslast für alle nicht aufklärbaren steuerbegründenden und -erhöhenden Tatsachen, so genügt es für ernstliche Zweifel, dass der vom Steuerpflichtigen vorgetragene Sachverhalt als möglich erscheint und nicht nach allgemeiner Lebenserfahrung offensichtlich unrichtig ist. Die Unklarheit im Sachverhalt führt jedoch dann nicht zu ernstlichen Zweifeln, wenn der Antragsteller für steuermindernde und -befreiende Tatsachen die Feststellungslast trägt und ihr Vorliegen nicht absehbar ist (BFH v. 24.04.1985, II B 28/84, BStBl II 1985, 520; BFH v. 22.09.1993, V B 113/93, BFH/NV 1994, 282 für den Vorsteuerabzug, wenn eine Identifizierung des leistenden Unternehmers anhand der Rechnung nicht möglich ist; BFH v. 17.05.1994, XI B 81/93, BFH/NV 1995, 171 für den Vorsteuerabzug, wenn der angeblich leistende Unternehmer tatsächlich nicht in der Lage ist, die Leistung zu erbringen).

**34** **Zweifel in der Beurteilung der Rechtsfragen** können sich sowohl aus der höchstrichterlichen Rechtsprechung, als auch aus Entscheidungen der Finanzgerichte, aus Verwaltungsvorschriften und Literaturmeinungen ergeben. Damit sind Unsicherheiten aus rechtlichen Gründen nicht bereits dann ausgeschlossen, wenn sich die Finanzbehörde auf die h. M. oder auf die ständige höchstrichterliche Rechtsprechung beruft. Entscheidend ist, ob dieser Auffassung in Literatur und Lehre neue gewichtige Argumente entgegengebracht werden, die bislang noch keine Berücksichtigung gefunden haben (BFH v. 17.02.1970, II B 58/69, BStBl II 1970, 333). Zweifel bestehen insbes., wenn die Rechtsprechung der Senate des BFH uneinheitlich ist und der GrS noch nicht angerufen wurde (AEAO zu § 361, Nr. 2.5.2), die Rechtsfrage von zwei obersten Bundesgerichten unterschiedlich entschieden wurde (BFH v. 21.11.1974, IV B 39/74, BStBl II 1975, 175), eine neue Rechtsfrage noch nicht geklärt wurde (BFH v. 03.02.1993, I B 90/92, BStBl II 1993, 426), eine noch nicht höchstrichterlich geklärte Rechtsfrage im Schrifttum oder im Verhältnis zur Finanzverwaltung unterschiedlich beurteilt wird (BFH v. 19.08.1987, V B 56/85, BStBl II 1987, 830) oder die Finanzverwaltung von einer höchstrichterlich zugunsten des Steuerpflichtigen entschiedenen Auffassung abgewichen ist (BFH v. 15.12.1967, VI S 2/66, BStBl III 1967, 256).

**35** Die mögliche Verfassungswidrigkeit einer Rechtsnorm kann dann ernstliche Zweifel an der Rechtmäßigkeit hervorrufen, wenn das BVerfG sie »wahrscheinlich für verfassungswidrig erklären muss« (BFH v. 21.05.1992, X B 106/91, BFH/NV 1992, 721). Ob schwerwiegende öffentliche Interessen, insbes. das öffentliche Interesse an einer geordneten Haushaltsführung, das Aussetzungsinteresse dennoch überwiegen können (so BFH v. 10.02.1984, III B 40/83, BStBl II 1984, 454) erscheint höchst fragwürdig. Ist der Grad der wahrscheinlichen Verfassungswidrigkeit sehr hoch, so wird immer dem Aussetzungsinteresse der Vorzug zu geben sein und hat in weniger eindeutigen Fällen eine konkrete Abwägung zu erfolgen. Das öffentliche Interesse an einer geordneten Haushaltsführung kann jedoch nicht pauschalen Vorrang genießen. Die Finanzverwaltung stellt an die Zweifel hinsichtlich der Verfassungsmäßigkeit einer Rechtsnorm keine höheren Anforderungen als an die hinsichtlich einer fehlerhaften Rechtsanwendung. Sie verlangt jedoch zusätzlich ein besonderes berechtigtes Interesse an der Gewährung einstweiligen Rechtsschutzes (AEAO zu § 361, Nr. 2.5.4).

Liegen bei einer Ermessensentscheidung Begründungs- **36**
mängel vor (BFH v. 23.10.1990, VII S 22/90, BFH/NV 1991, 500) oder ist der Verwaltungsakt nicht hinreichend bestimmt und klar (BFH v. 05.07.1978, II B 50/77, BStBl II 1978, 542), bestehen immer ernstliche Zweifel. Die Frage, ob ein Verwaltungsakt noch materiell überprüfbar ist, muss in die Beurteilung der Ernsthaftigkeit der Zweifel einbezogen werden. Danach ist ein AdV-Antrag bei einem verspätet eingelegten Rechtsbehelf unter gleichzeitigem Wiedereinsetzungsantrag nur dann begründet, wenn die Wiedereinsetzungsgründe schlüssig dargelegt sind (FG BW v. 10.02.1994, 6 V 39/93, EFG 1994, 935) und deshalb – bei summarischer Prüfung – von einer Wiedereinsetzung ausgegangen werden muss. Ist die Hauptsache beim BFH anhängig, sind die eingeschränkten Prüfungsmöglichkeiten des BFH hinsichtlich des materiellen Bestandes zu beachten (*Dumke* in Schwarz/Pahlke, § 361 AO Rz. 79).

vorläufig frei **37**

## 2. Unbillige Härte (§ 361 Abs. 2 Satz 2 2. HS AO)

Die Vollziehung soll ferner ausgesetzt werden, wenn sie **38**
für den Steuerpflichtigen eine unbillige, nicht durch überwiegende öffentliche Interessen gebotene Härte zur Folge hätte. Die unbillige Härte muss gerade darin liegen, dass der Verwaltungsakt noch vor seiner Unanfechtbarkeit vollzogen werden soll (BFH v. 11.12.1968, II B 51/69, BStBl II 1970, 132). Der BFH bejaht eine solche Härte immer dann, wenn dem Steuerpflichtigen durch die Vollziehung des Verwaltungsaktes wirtschaftliche Nachteile drohen, die über die eigentliche Leistung hinausgehen und dem Steuerpflichtigen dadurch ein auch durch spätere eventuelle Rückgängigmachung nicht wieder gutzumachender Schaden zugefügt wird (BFH v. 31.01.1967, VI 9/66, BStBl III 1967, 255). Dies kann bspw. dann vorliegen, wenn durch vorzeitige Leistung die Insolvenz herbeigeführt oder sonst die wirtschaftliche Existenz gefährdet wird (BFH v. 21.02.1990, II B 98/89,

BStBl II 1990, 510). Dabei hat der Antragsteller seine wirtschaftliche Lage detailliert vorzutragen und zu belegen. Allgemeine Floskeln genügen nicht (BFH v. 31.01.1967, VI 9/66, BStBl II 1967, 255).

39 Obwohl das Vorliegen einer unbilligen Härte einen **selbstständigen Aussetzungsgrund** neben den ernstlichen Zweifeln an der Rechtmäßigkeit darstellt, können Letztere auch hier nicht unberücksichtigt bleiben. Hat der Rechtsbehelf offensichtlich keinen Erfolg, weil er zweifelsfrei rechtmäßig ist, so scheidet auch eine AdV wegen unbilliger Härte aus (BFH v. 31.08.1987, V B 57/86, BFH/NV 1988, 175; *Seer* in Tipke/Kruse, § 69 FGO Rz. 104 m. w. N.). Der Anwendungsbereich dieses zweiten Aussetzungsgrundes ist daher nur gering (so auch der Gesetzesentwurf der Bundesregierung, BT-Drs. IV/3523, 8, der ihn angesichts der Möglichkeiten der Stundung und des Vollstreckungsaufschubes für überflüssig hielt). Die zweite Aussetzungsalternative kommt jedoch dann zur Anwendung, wenn Gegenstand des Verwaltungsaktes nicht eine Geldleistung, sondern ein **sonstiges Tun, Dulden oder Unterlassen** ist, dessen nachteilige Folgen nicht wieder rückgängig zu machen sind, wie bspw. die Anordnung einer Außenprüfung. Mit dem Beginn einer Außenprüfung hat der Steuerpflichtige nicht unerhebliche Aufwendungen zu treffen, um seinen gesteigerten Mitwirkungspflichten nach § 200 AO zu genügen. Er muss eigene Zeit für Auskünfte und Vorlagen aufwenden, dem Prüfer einen Raum und Hilfsmittel unentgeltlich zur Verfügung stellen und zumeist auch seinen steuerlichen Berater bemühen, was Kosten und entgangene eigene Verdienstmöglichkeiten nach sich zieht, die der Steuerpflichtige später nicht als Schadenersatz geltend machen könnte, wenn sich später die Rechtswidrigkeit der Prüfungsanordnung herausstellen sollte.

40 vorläufig frei

## E. Verfahren

41 Auf das Verfahren über die AdV finden grundsätzlich alle Vorschriften des Steuerverfahrensrechts Anwendung. Darüber hinaus sind jedoch einige Besonderheiten zu beachten.

42 Das Aussetzungsverfahren steht selbstständig neben dem Verfahren über die Hauptsache. Es ist ein **Eilverfahren**, dessen Anträge unverzüglich zu bearbeiten sind. Vollstreckungsmaßnahmen sollen grundsätzlich bis zur Entscheidung unterbleiben. Das Verfahren über die Aussetzung ist ein **summarisches Verfahren**. Ziel dieses Verfahrens ist nur eine vorläufige Entscheidung, weshalb ein abgekürztes und vereinfachtes Verfahren gerechtfertigt erscheint. Unter einem summarischen Verfahren versteht man ein Verfahren, bei dem nur auf der Basis der vorliegenden Unterlagen, d. h. nach Aktenlage und aufgrund präsenter Beweismittel entschieden wird. Dabei kann die Prüfung beendet werden, wenn feststeht, dass ein Aussetzungsgrund vorliegt. Zwar bleibt die Verpflichtung der Finanzbehörde zur **Aufklärung des Sachverhaltes von Amts wegen** bestehen, sie kann aber auf die dargelegten Zweifel an der Rechtmäßigkeit begrenzt werden (*Birkenfeld* in HHSp, § 361 AO Rz. 727). Demgegenüber sind die Sachentscheidungsvoraussetzungen, wie die Zuständigkeit und die Anhängigkeit eines Rechtsbehelfsverfahrens, abschließend zu prüfen (BFH v. 21.04.1971, VII B 106/69, BStBl II 1971, 702). Sie entscheiden darüber, ob ein Aussetzungsverfahren überhaupt zulässig ist.

Die allgemeinen Mitwirkungspflichten des Steuerpflichtigen bestehen auch im Aussetzungsverfahren. 43
Alle Tatsachen sind vollständig und wahrheitsgemäß offenzulegen und die ihm bekannten Beweismittel anzugeben (§ 90 Abs. 1 Satz 2 AO). Wegen der Eilbedürftigkeit dieses Verfahrens ist die Glaubhaftmachung der Tatsachen, bspw. durch eidesstattliche Versicherungen, ausreichend (BFH v. 04.06.1996, VIII B 64/95, BFH/NV 1996, 895). Die Anforderungen, die an den Überzeugungsgrad zu stellen sind, hängen von der objektiven Beweislast im Hauptsacheverfahren ab. Der Antragsteller hat auch im Aussetzungsverfahren einen Anspruch auf rechtliches Gehör. Dies gilt zumindest, wenn Tatsachen verwertet werden sollen, zu denen er bislang keine Gelegenheit zur Stellungnahme hatte.

vorläufig frei 44

## F. Inhalt und Wirkung der Aussetzung

Die Aussetzung der Vollziehung berührt nicht die Wirksamkeit des Verwaltungsaktes, sondern die Möglichkeit, 45
ihn zu verwirklichen, von ihm Gebrauch zu machen. Die AdV beseitigt damit nicht die durch den Verwaltungsakt begründeten Forderungsrechte des Gläubigers und Leistungspflichten des Steuerpflichtigen. Es wird lediglich ihre Verwirklichung gehemmt.

Eine positive Aussetzungsentscheidung schiebt auch 46
die **Fälligkeit** der ausgesetzten Forderung hinaus, mit der Folge, dass mangels Aufrechnungslage auch die Aufrechnung mit einer Gegenforderung ausgeschlossen ist. Aus dem gleichen Grund entstehen auch keine **Säumniszuschläge** (§ 240 Abs. 1 AO) und zwar auch dann nicht, wenn der Antragsteller später im Hauptsacheverfahren unterliegt (BFH v. 23.11.1994, V B 166/93, BFH/NV 1995, 662). Für die Zeit der Aussetzung schuldet er dann nur **Aussetzungszinsen** (§ 237 AO). Säumniszuschläge können dann rückwirkend aufgehoben werden, wenn die Vollziehung des Verwaltungsaktes erst nach Fälligkeit ausgesetzt wird (BFH v. 30.03.1993, VII R 37/92, BFH/NV 1994, 4). Die Aussetzung unterbricht weiterhin die **Zahlungsverjährung** (§ 231 Abs. 1 AO) und verbietet (weitere) **Vollstreckungsmaßnahmen**. Bei der AdV des **Folgebescheides** werden dann keine Aussetzungszinsen

nach § 237 Abs. 1 Satz 2 AO erhoben, wenn der **Grundlagenbescheid** antragsgemäß geändert wird. Nur bei Erfolglosigkeit des Rechtsmittels gegen den Grundlagenbescheid ist der ausgesetzte Betrag des Folgebescheides zu verzinsen; die steuerlichen Auswirkungen im Folgebescheid sind dagegen nicht maßgeblich (BFH v. 22.01.2003, X B 36/03, AO-StB 2004, 4).

**47** Auch die An- und Abrechnung von Vorleistungen auf die festgesetzte Steuer ist Gebrauchmachen und damit Vollziehung des Verwaltungsaktes. Ein umfassendes Verbot jeglichen Gebrauchmachens, wie es die AdV begründet, würde demnach dazu führen, dass Vorleistungen, wie Steuerabzugsbeträge, anzurechnende Körperschaftssteuer und festgesetzte Vorauszahlungen zurückgezahlt werden müssten, da mit der AdV der Steuerfestsetzung deren Rechtsgrundlage entfallen ist (BFH v. 03.07.1995, GrS 3/93, BStBl II 1995, 730). Der Gesetzgeber hat auf diese Rechtsprechung reagiert und mit § 361 Abs. 2 Satz 4 AO die Wirkung der AdV auf den Unterschiedsbetrag zwischen festgesetzter Steuer und anzurechnender Körperschaftssteuer, festgesetzten Vorauszahlungen und Steuerabzugsbeträgen begrenzt (mit Berechnungsbeispielen AEAO zu § 361, Nr. 4.1 bis 4.5).

**48** Von der Beschränkung der AdV und der Aufhebung der Vollziehung auf den Unterschiedsbetrag zwischen der festgesetzten Steuer und den Vorleistungen macht § 361 Abs. 2 Satz 4 2. HS AO dann eine Ausnahme, wenn die Aussetzung oder Aufhebung zur Abwendung wesentlicher Nachteile nötig erscheint. Wesentliche Nachteile für den Steuerpflichtigen sind dann zu bejahen, wenn durch die Beschränkung seine wirtschaftliche oder persönliche Existenz unmittelbar und ausschließlich bedroht ist (es finden die zur Regelungsanordnung in § 114 FGO aufgestellten Grundsätze Anwendung; BFH v. 02.11.1999, I B 49/99, BStBl II 2000, 57; AEAO zu § 361, Nr. 4.6.1). Nicht ausreichend ist das Erleiden eines Zinsverlustes, die Erforderlichkeit einer Kreditaufnahme oder die Einschränkung des persönlichen Lebensstandards (AEAO zu § 361, Nr. 4.6.1). Nach großzügigerer Auffassung soll der Begriff der »wesentlichen Nachteile« weit ausgelegt bereits dann eingreifen, wenn durch die Beschränkung der Aussetzung/Aufhebung solche Nachteile für den Antragsteller zu erwarten sind, die trotz Obsiegens im Hauptsacheverfahren bestehen bleiben würden und deshalb nicht zumutbar sind (*Seer* in Tipke/Kruse, § 69 FGO Rz. 188).

**49** Die Aussetzung der Vollziehung hat rechtsgestaltende Wirkung für die Zukunft (ex nunc). Dabei wird der Beginn der Aussetzung regelmäßig auf den Tag der Fälligkeit oder aber, bei Antragstellung nach Fälligkeit, auf den Tag der Antragstellung verfügt. Eine rückwirkende Aussetzung der Vollziehung ist möglich, wenn die Zweifel an der Rechtmäßigkeit des Verwaltungsaktes bereits zu diesem Zeitpunkt vorgelegen haben (BFH v. 10.12.1986, I B 121/86, BStBl II 1987, 389). Dadurch entfallen bereits entstandene Säumniszuschläge rückwirkend (Rz. 46). Bereits durchgeführte Vollstreckungsmaßnahmen müssen jedoch ausdrücklich aufgehoben werden (§ 257 Abs. 1 Nr. 1 i. V. m. Abs. 2 Satz 3 AO). Wird der Beginn der AdV nicht ausdrücklich verfügt, so tritt ihre Wirkung erst mit Bekanntgabe der Aussetzungsverfügung ein (BFH v. 27.11.1991, X R 103/89, BStBl II 1992, 319). Die AdV gilt grundsätzlich nur für einen Verfahrensabschnitt und ihr Ende ist deshalb auf eine Frist nach Bekanntgabe der Einspruchsentscheidung bzw. nach Rücknahme des Einspruchs festzulegen. Säumniszuschläge sind in vollem Umfang zu erlassen, wenn eine rechtswidrige Steuerfestsetzung aufgehoben wird und der Steuerpflichtige zuvor alles getan hat, um eine AdV zu erreichen, und diese, obwohl möglich und geboten, abgelehnt worden ist (BFH v. 24.04.2014, V R 52/13, BStBl II 2015, 106.).

vorläufig frei **50**

## G. Aufhebung der Vollziehung

Grundsätzlich richtet sich die AdV gegen die noch bevorstehende Vollziehung. Ist ein Verwaltungsakt jedoch bereits ganz oder zum Teil vollzogen worden, kommt eine Aufhebung der Vollziehung als rückwirkende Beseitigung der Vollzugsfolgen in Betracht (§ 361 Abs. 2 Satz 3 AO). **51**

Aufhebung der Vollziehung ist unter den gleichen Voraussetzungen zu gewähren wie die AdV. Zusätzlich zum Erfordernis der Anfechtung des Verwaltungsaktes muss dieser nun auch noch vollzogen sein. Wie auch bei der AdV ist das Ermessen bei Vorliegen von ernstlichen Zweifeln an der Rechtmäßigkeit und der Befürchtung unbilliger Härten bei Vollziehung i. S. einer Aufhebungspflicht auf null reduziert. **52**

Die Aufhebung der Vollziehung wirkt im Gegensatz zur AdV ex tunc, d. h. sie richtet sich auf die einstweilige Rückgängigmachung bereits eingetretener Wirkungen des Verwaltungsaktes. Die Rückwirkung der Aufhebung ist anzuordnen auf den Zeitpunkt, zu dem erstmals ernsthafte Zweifel an der Rechtmäßigkeit des Verwaltungsaktes bestanden haben. Bereits getroffene Vollstreckungsmaßnahmen bleiben solange bestehen, bis ihre Aufhebung ausdrücklich angeordnet wurde (AEAO zu § 361, Nr. 7.4; *Birkenfeld* in HHSp, § 361 AO Rz. 246). Die Aufrechnung als eine Form der Vollziehung wird durch Aufhebung eines entsprechenden Abrechnungsbescheides wieder rückgängig gemacht (BFH v. 31.08.1995, VII R 58/94, BStBl II 1996, 55). Wird die Vollziehung eines Verwaltungsaktes mit der Maßgabe ausgesetzt, dass bisher angefallene Säumniszuschläge entfallen, ist darin eine Aufhebung der Vollziehung zu sehen. Wird die Vollziehung eines bereits vollzogenen Steuerbescheides aufgehoben, kommt eine Erstattung der geleisteten Abschlusszahlung in Betracht. Eine darü- **53** ber hinaus gehende Erstattung der Vorleistungen ist wegen § 361 Abs. 2 Satz 4 AO ausgeschlossen (Rz. 47; *Seer* in Tipke/Kruse, § 69 FGO Rz. 187 ff. mit ausführlichen Hinweisen).

54 vorläufig frei

## H. Sicherheitsleistung

55 Die Finanzbehörde kann die Aussetzung oder Aufhebung der Vollziehung von einer Sicherheitsleistung abhängig machen (§ 361 Abs. 2 Satz 5 AO). Die Anordnung der Sicherheitsleistung steht im Ermessen der Behörde (»kann«); aber auch sie setzt voraus, dass die Voraussetzungen für die Gewährung einer AdV vorliegen, also entweder ernstliche Zweifel an der Rechtmäßigkeit des angefochtenen Verwaltungsaktes bestehen oder dessen Vollziehung eine unbillige Härte darstellen würde. Das Fehlen dieser Voraussetzungen kann durch eine Sicherheitsleistung **nicht kompensiert** werden; diese darf nämlich nicht dahingehend verstanden werden, dass bei fehlender Erfolgsaussicht in der Hauptsache eine AdV »erkauft« werden kann (zur Sicherheitsleistung im finanzgerichtlichen AdV-Verfahren § 69 FGO Rz. 23).

56 Dennoch ist die Sicherheitsleistung nicht unabhängig von den **Erfolgsaussichten des Hauptsacheverfahrens** zu beurteilen. Der Grad der Erfolgsaussicht beeinflusst das Bedürfnis nach einer Sicherheitsleistung (*Seer* in Tipke/Kruse, § 69 FGO Rz. 109). Die Verknüpfung der AdV mit einer Sicherheitsanordnung soll **Steuerausfälle verhindern**, wenn das Verfahren für den Steuerpflichtigen ungünstig ausgeht. Die Gefahr eines Steuerausfalls wird jedoch geringer mit den steigenden Erfolgsaussichten in der Hauptsache. Bei sehr guten Erfolgsaussichten wäre die Anordnung einer Sicherheitsleistung deshalb ermessenswidrig.

57 Die Anordnung einer Sicherheitsleistung ist eine unselbstständige **Nebenbestimmung** zum Aussetzungs-Verwaltungsakt (BFH v. 20.06.1979, IV B 20/79, BStBl II 1979, 666). Dabei wirkt die Sicherheitsleistung als **aufschiebende Bedingung** (»abhängig gemacht werden«, § 361 Abs. 2 Satz 5 AO), mit der Folge, dass die Aussetzung erst nach Leistung der Sicherheit wirksam wird (BFH v. 20.06.1979, IV B 20/79, BStBl II 1979, 666; FG Bre v. 20.10.1995, 2 95 093 V 2, EFG 1996, 159; AEAO zu § 361, Nr. 9.2.6; *Birkenfeld* in HHSp, § 361 AO Rz. 363 m. w. N., der allerdings dem FA die Möglichkeit einräumt, nach pflichtgemäßem Ermessen die Sicherheitsleistung mit aufschiebender oder auflösender Wirkung zu verfügen (Rz. 365); a. A.: *Seer* in Tipke/Kruse, § 69 FGO Rz. 108, der die Sicherheitsleistung als auflösende Bedingung ansieht, um die Wirkung der AdV ab Bekanntgabe der Verfügung zu erreichen).

58 Sicherheit kann immer dann verlangt werden, wenn die wirtschaftliche Lage des Steuerpflichtigen die Verwirklichung der Steuerforderung gefährdet. Dabei sind die Grundsätze einer ordnungsgemäßen Ermessensausübung, insbes. das Übermaßverbot und das Gebot der Verhältnismäßigkeit zu beachten. Eine unmittelbare Gefährdung der Steueransprüche ist nicht erforderlich (*Birkenfeld* in HHSp, § 361 AO Rz. 381). Eine Anordnung kommt aber immer dann in Betracht, wenn anzunehmen ist, dass der Steuerpflichtige aufgrund seiner Liquiditätslage die Steuerforderung nach Unterliegen in der Hauptsache nicht erfüllen können wird. Die Anordnung der Sicherheitsleistung ist jedoch ermessensfehlerhaft, wenn bereits im Zeitpunkt der AdV-Entscheidung feststeht, dass eine Realisierung der Steuerforderung in absehbarer Zeit ohnehin ausgeschlossen scheint (FG BW v. 22.05.1995, 2 V 3/95, EFG 1995, 941).

Eine Sicherheitsleistung darf auch dann nicht angeordnet werden, wenn der Antragsteller im Rahmen zumutbarer Anstrengungen nicht in der Lage ist, die Sicherheit zu leisten (BFH v. 13.08.1991, VIII B 14/87, BFH/NV 1992, 688; BFH v. 31.01.1997, X S 11/96, BFH/NV 1997, 512). Dies ist oftmals der Fall, wenn die Gewährung einer AdV nach der Unbilligkeitsalternative beantragt wird. Trotz Gefährdung des Steueranspruches ist eine Sicherheitsleistung dann nicht gerechtfertigt, wenn die Entscheidung in der Hauptsache **mit Gewissheit** oder jedenfalls großer Wahrscheinlichkeit **zugunsten des Klägers** ausfallen wird (BFH v. 29.11.1995, X B 328/95, BStBl II 1996, 322; BFH v. 31.01.1997, X S 11/96, BFH/NV 1997, 512). Ein Obsiegen in der Hauptsache kann sich auch dann abzeichnen, wenn die Finanzbehörde dem Verwaltungsakt eine nicht widerspruchsfreie, unvollständige und ungeordnete Sachverhaltsdarstellung zugrunde gelegt hat, für die sie die Feststellungslast trägt (BFH v. 14.02.1984, VIII B 112/83, BStBl II 1984, 443). Bei der Prüfung, ob der Vollstreckungserfolg und damit der Steueranspruch gefährdet ist, kann auch berücksichtigt werden, ob die Vollstreckung im Ausland vorgenommen werden müsste (BFH v. 26.05.1988, V B 26/86, BFH/NV 1989, 403) oder bereits erlangte Pfandrechte im Wege der Aufhebung der Vollziehung wieder aufgegeben werden müssen (*Birkenfeld* in HHSp, § 361 AO Rz. 384). Auch solche Nachteile müsste die Finanzbehörde aber hinnehmen, wenn gute Erfolgsaussichten für den Steuerpflichtigen im Hauptsacheverfahren bestehen, denn auch eine Pfändung von Wirtschaftsgütern oder Forderungen führt zu einer Beeinträchtigung der wirtschaftlichen Betätigungsfreiheit des Steuerpflichtigen, was in solchen Fällen gerade auch in Anbetracht der Dauer finanzgerichtlicher Verfahren nicht zumutbar ist.

Die Sicherheitsleistung wird regelmäßig in Form eines 60
**Geldbetrages** bei der zuständigen Finanzbehörde hinterlegt. Es kann jedoch auch Sicherheit durch **Verpfändung** von Wertpapieren und Sparguthaben, durch **Bankbürgschaften** oder **Sicherungsübereignungen** von Warenbeständen geleistet werden. Eine Verzinsung des Geld-

betrages zugunsten des Antragstellers findet nicht statt (FG Ha v. 30.03.1982, V 190/80, EFG 1983, 56). Auch soll er allein die Kosten der Sicherheitsleistung tragen (BFH v. 19.04.1972, VII B 123/70, BStBl II 1972, 573; *Birkenfeld* in HHSp, § 361 AO Rz. 405), was bei einem späteren Obsiegen in der Hauptsache aber unbillig ist (gl. A. *Seer* in Tipke/Kruse, § 69 FGO Rz. 116, der dem Steuerpflichtigen zu Recht einen Folgenbeseitigungsanspruch zugesteht).

61 Für **Grundlagen- und Folgebescheide** wird über die Sicherheitsleistung erst bei der Aussetzung des Folgebescheides entschieden (§ 361 Abs. 3 Satz 3 AO). Die für den Erlass des Grundlagenbescheides zuständige Finanzbehörde kann eine Sicherheitsleistung jedoch auch für den Folgebescheid ausschließen. Wird die Sicherheitsleistung nicht ausgeschlossen, entscheidet die Finanzbehörde, die den Folgebescheid erlassen hat, unter Berücksichtigung der Erfolgsaussichten des Einspruchs gegen den Grundlagenbescheid. Dies gilt auch, wenn sie für letztere Entscheidung nicht zuständig ist (FG He v. 02.11.1992, 11 K 5134/88, StED 1993, 81).

62 vorläufig frei

### I. Untersagen des Gewerbebetriebes (§ 361 Abs. 4 AO)

63 Der Rechtsbehelf gegen die Untersagung des Gewerbebetriebes oder der Berufsausübung hat gem. § 361 Abs. 4 AO aufschiebende Wirkung. Die Schwere des Eingriffs in die Berufsfreiheit (Art. 12 Abs. 1 GG) führt hier zu einem überwiegenden Interesse an der Aussetzung der Untersagungsverfügung gegenüber dem öffentlichen Vollzugsinteresse. Auch der unzulässige Einspruch hat zunächst aufschiebende Wirkung, die erst durch besondere Anordnung beseitigt werden muss. Die Finanzbehörde kann die aufschiebende Wirkung beseitigen und die sofortige Vollziehung anordnen (§ 361 Abs. 4 Satz 2 AO). Die Anordnung ist verfahrensrechtliche Nebenentscheidung und kein selbstständiger Verwaltungsakt (*Seer* in Tipke/Kruse, § 69 FGO Rz. 192 m. w. N.; a. A. *Birkenfeld* in HHSp, § 361 AO Rz. 622). Besondere Voraussetzung dafür ist ein öffentliches Interesse an der Beseitigung der aufschiebenden Wirkung, welches auch das finanzielle Interesse des Staates sein kann (*Birkenfeld* in HHSp, § 361 AO Rz. 624). Das besondere Interesse muss schriftlich begründet werden.

64 Anwendungsfälle sind insbes. die Untersagungen im Rahmen des StBerG (unbefugte Hilfe in Steuersachen § 7 Abs. 1 StBerG, Widerruf der Bestellung als Steuerberater § 46 Abs. 1, 2 StBerG, Rücknahme der Anerkennung als Lohnsteuerhilfeverein § 20 Abs. 1 StBerG), Untersagung der Fiskalvertretung (§ 22e UStG) und die Untersagung der Ausübung eines Branntweingewerbebetriebes (§ 51a BranntwMonG).

vorläufig frei 65

### J. Einstweiliger Rechtsschutz gegen Grundlagenbescheide und Folgebescheide

Grundlagenbescheide werden durch Übernahme ihrer Feststellungen in den Folgebescheid vollzogen. Dies hätte die denkbare verfahrensrechtliche Konsequenz, dass Folgebescheide nach AdV des Grundlagenbescheides nicht mehr erlassen werden dürften. Der Gesetzgeber hat jedoch ausdrücklich bestimmt, dass der Erlass eines Folgebescheides auch nach AdV des Grundlagenbescheides noch zulässig ist (§ 361 Abs. 3 Satz 2 AO). Seine Wirkung wird jedoch dadurch begrenzt, dass die Vollziehung eines Folgebescheides immer auch dann auszusetzen ist, wenn ein Grundlagenbescheid ausgesetzt wird (§ 361 Abs. 3 Satz 1 AO). Damit wird eine Aussetzungsverpflichtung für die Finanzbehörde begründet, die für den Erlass des Folgebescheides zuständig ist (*Birkenfeld* in HHSp, § 361 AO Rz. 437). 66

Die **AdV des Grundlagenbescheides** ist unter den gleichen Voraussetzungen möglich, wie die aller übrigen Steuerverwaltungsakte. Erforderlich ist die Vollziehbarkeit des Bescheides, ein schwebendes Einspruchsverfahren und das Vorliegen zumindest einer der besonderen Aussetzungsgründe. 67

Wird die Vollziehung des Grundlagenbescheides ausgesetzt, muss die Finanzbehörde nunmehr von Amts wegen auch die **Vollziehung des Folgebescheides** aussetzen (**§ 361 Abs. 3 Satz 1 AO**). Dabei braucht der Folgebescheid nicht mehr isoliert angefochten werden. Vielmehr ist er sogar dann auszusetzen, wenn er bereits bestandskräftig ist. Dies beruht auf der Regelung des § 351 Abs. 2 AO, wonach der Einspruch gegen den Folgebescheid mit Einwendungen gegen den Grundlagenbescheid unzulässig ist. Der Steuerpflichtige ist also gezwungen, seinen Antrag auf AdV insoweit gegen den Grundlagenbescheid zu richten (BFH v. 13.12.1985, III B 84/85, BFH/NV 1986, 576). Die Aussetzung der Vollziehung des Folgebescheides erfolgt jedoch nur so weit, als die Regelungen des ausgesetzten Grundlagenbescheides reichen. Darüber hinaus bleibt der Folgebescheid vollziehbar, bzw. müsste ein gesonderter, allein den Folgebescheid betreffender AdV-Antrag bei dem hierfür zuständigen Finanzamt gestellt werden. Die Aussetzung des Folgebescheides endet nicht automatisch mit dem Ablauf der AdV des Grundlagenbescheides, kann aber an diese im Wege einer auflösenden Bedingung gekoppelt werden. 68

69 Bei ernstlichen Zweifeln an der Rechtmäßigkeit von Gewinnfeststellungsbescheiden kann eine AdV erfolgen. Gleiches gilt nunmehr auch für Verlustfeststellungsbescheide, wenn der Antragsteller die Feststellung eines höheren Verlustes begehrt (BFH v. 22.10.1980, I S 1/80, BStBl II 1981, 99; *Birkenfeld* in HHSp, § 361 AO Rz. 446 m. w. N.; zur früheren Rspr.: BFH v. 10.08.1978, IV B 41/77, BStBl II 1978, 584). Auch Verluste, deren Feststellung die Finanzbehörde abgelehnt hat, können im Gegensatz zu den übrigen Ablehnungsentscheidungen vorläufig durch AdV des negativen Feststellungsbescheides berücksichtigt werden (Rz. 13 m. w. N.). Gleiches gilt für die Ablehnung einer Mitunternehmerschaft, wobei die Finanzbehörde es ablehnt, Gewinne oder Verluste auf weitere Personen aufzuteilen, die geltend machen, Mitunternehmer zu sein (ausführlich *Birkenfeld* in HHSp, § 361 AO Rz. 456).

70 Ergeht aber der Folgebescheid, ohne dass bislang der Grundlagenbescheid erlassen wurde, ist eine AdV des Folgebescheides nach § 361 Abs. 2 AO möglich. Über das Aussetzungsbegehren wird vor Erlass des Grundlagenbescheides entschieden. Im Übrigen müssen die Voraussetzungen einer AdV vorliegen, insbes. muss der Folgebescheid angefochten sein. Die Finanzbehörde, die den Folgebescheid erlässt, kann darüber hinaus eine eigene Aussetzungsentscheidung nach § 361 Abs. 2 AO treffen, wenn der Antragsteller geltend macht, der Grundlagenbescheid sei unwirksam und daher nicht nach § 175 Abs. 1 Nr. 1 AO für den Folgebescheid verbindlich (BFH v. 15.04.1988, III R 26/85, BStBl II 1988, 660).

71 § 361 Abs. 1 und 3 AO gelten auch für Realsteuerbescheide. Ein Gewerbesteuermessbescheid ist Grundlagenbescheid im Verhältnis zum Gewerbesteuerbescheid. Bei AdV des Messbescheids muss die hebeberechtigte Gemeinde auch den Folgebescheid in der Vollziehung aussetzen.

72 vorläufig frei

## K. Einstweiliger Rechtsschutz gegen Verwaltungsakte von Zollbehörden

73 Der Zollkodex der Union (UZK) enthält mit Art. 45 UZK eine eigene Vorschrift über die Aussetzung der Vollziehung zollrechtlicher Entscheidungen. Art. 45 UZK geht als EG-Verordnung den nationalen Bestimmungen (§ 361 AO und § 69 FGO) vor. Das Aussetzungsverfahren richtet sich jedoch vorbehaltlich der Antragsbefugnis (Art. 44 Abs. 1 UZK) weiterhin nach den Vorschriften der AO. Nach Art. 45 Abs. 1 UZK hat das Einlegen eines Rechtsbehelfes keine aufschiebende Wirkung.

# § 362 AO Rücknahme des Einspruchs

**(1) Der Einspruch kann bis zur Bekanntgabe der Entscheidung über den Einspruch zurückgenommen werden. § 357 Abs. 1 und 2 gilt sinngemäß.**

**(1a) Soweit Besteuerungsgrundlagen für ein Verständigungs- oder ein Schiedsverfahren im Sinne von § 2 von Bedeutung sein können, kann der Einspruch hierauf begrenzt zurückgenommen werden. § 354 Abs. 1a Satz 2 gilt entsprechend.**

**(2) Die Rücknahme hat den Verlust des eingelegten Einspruchs zur Folge. Wird nachträglich die Unwirksamkeit der Rücknahme geltend gemacht, so gilt § 110 Abs. 3 sinngemäß.**

### Inhaltsübersicht



### Schrifttum


BRANDT, Klagerücknahme und Rechtsschutz im finanzgerichtlichen Verfahren, AO-StB 2003, 61; ROSENKE, Wirksamkeit einer Einspruchsrücknahme, EFG 2010, 2050.


## A. Bedeutung der Vorschrift

Das durch Einlegung des Einspruchs anhängig gewordene Einspruchsverfahren findet entweder durch Verwaltungsakt der Einspruchsbehörde oder aber durch den Einspruchsführer selbst im Wege der **Einspruchsrücknahme** bzw. der **Erledigungserklärung** seinen Verfahrensabschluss. Das Einspruchsverfahren steht in der **Dispositionsbefugnis** des Einspruchsführers. Mit seiner Rücknahmeerklärung wird der Finanzbehörde die Entscheidungsbefugnis entzogen und die Anhängigkeit des Einspruchsverfahrens beseitigt. Eine Rücknahme kommt in Betracht, wenn der Einspruch offensichtlich keinen Erfolg mehr hat oder der Einspruchsführer sonst kein Interesse mehr an der Fortführung des Verfahrens hat. Anders als beim **Verzicht** auf den Einspruch, der sich lediglich auf künftig einlegbare Einsprüche bezieht, kann ein bereits eingelegter Einspruch nur zurückgenommen werden. 1

2 Die Rücknahme des Einspruchs ist eine **prozessuale empfangsbedürftige Willenserklärung**, die mit einigen verfahrensrechtlichen Besonderheiten, insbes. den Regeln über den Zugang und die Auslegung von Willenserklärungen folgt. Als Verfahrenshandlung ist die Rücknahme jedoch bedingungsfeindlich (Rz. 14); sie kann nicht widerrufen und nach h. M. auch nicht angefochten werden (BFH v. 07.11.1990, III S 7/90, BFH/NV 1991, 337; BFH v. 08.07.1969, II R 108/66, BStBl II 1969, 733).

3 vorläufig frei

## B. Voraussetzungen der Einspruchsrücknahme

### I. Form

4 Die Form der Rücknahmeerklärung ergibt sich aus der in § 362 Abs. 1 Satz 2 AO enthaltenen Verweisung auf § 357 Abs. 1 und 2 AO. Sie kann nur **schriftlich** eingereicht oder **zur Niederschrift** erklärt werden. Die telegrafische Rücknahme ist zulässig (§ 362 Abs. 1 Satz 2 i. V. m. § 357 Abs. 1 Satz 3 AO). Vergleiche im Übrigen Bemerkungen zu § 357 AO.

### II. Frist

5 Die Rücknahme ist **bis zur Bekanntgabe** der Einspruchsentscheidung zulässig (§ 362 Abs. 1 Satz 1 AO). Eine spätere Erklärung ist unwirksam (BFH v. 10.07.1996, I R 5/96, BStBl II 1996, 5). Sie kann noch bis zur Unterzeichnung der Einspruchsentscheidung aber nicht mehr nach deren Zugang erfolgen. Dabei ist es denkbar, dass Rücknahmeerklärung und Einspruchsentscheidung sich »kreuzen«. Die Wirksamkeit der Rücknahmeerklärung bleibt davon jedoch unberührt. Für die Bekanntgabe gilt § 122 AO (BFH v. 26.02.2002, X R 44/00, BFH/NV 2002, 1409).

6 Bei Zugang der Rücknahmeerklärung muss also ein Einspruchsverfahren anhängig sein. Das setzt zunächst einmal auch den Beginn eines solchen voraus. Unerheblich ist dabei, ob das Einspruchsverfahren statthaft, zulässig oder begründet sein wird (*Birkenfeld* in HHSp, § 362 AO Rz. 95).

7 vorläufig frei

### III. Erklärungsbefugnis

8 Die Rücknahme kann vom **Einspruchsführer** oder seinem **Bevollmächtigten** erklärt werden. Gibt es mehrere Einspruchsführer, bleibt das Verfahren gegen diejenigen anhängig, die die Rücknahme nicht erklärt haben. Auch ein angemaßter Rechtsbehelfsführer, der den Einspruch für einen anderen ohne Vollmacht eingelegt hatte, darf diesen wieder zurücknehmen.

Die Rücknahme durch den Bevollmächtigten wirkt für 9
und gegen den Einspruchsführer, auch wenn er gegen seinen Willen und ohne sein Wissen handelt. Interne **Beschränkungen der Vollmacht** sind unerheblich (*Birkenfeld* in HHSp, § 362 AO Rz. 44; *Brandis* in Tipke/Kruse, § 362 AO Rz. 3; *Keß* in Schwarz/Pahlke, § 362 AO Rz. 32, die Einschränkung der Vollmacht ist der Finanzbehörde gegenüber eindeutig erkennbar zu machen).

### IV. Adressat

Die Rücknahmeerklärung ist an die Finanzbehörde zu 10
richten, die den angefochtenen Verwaltungsakt erlassen hat oder bei der ein Antrag auf Erlass eines Verwaltungsaktes gestellt worden ist. Über § 362 Abs. 1 Satz 2 AO gilt § 357 Abs. 2 AO entsprechend. Danach kann die Rücknahme eines Einspruchs der sich gegen die Feststellung von Besteuerungsgrundlagen oder gegen die Festsetzung eines Steuermessbetrages richtet, auch gegenüber der Finanzbehörde erklärt werden, die für die Erteilung des Steuerbescheides zuständig ist (§ 357 Abs. 2 Satz 2 AO). Das Gleiche gilt für die Rücknahme eines Einspruchs gegen einen Verwaltungsakt, den eine Behörde für die zuständige Finanzbehörde erlassen hat. Die Rücknahme kann gegenüber der zuständigen Finanzbehörde erklärt werden (§ 357 Abs. 2 Satz 3 AO).

In den genannten Fällen ist die **Weiterleitung der Er-** 11
**klärung** (§ 357 Abs. 2 Satz 4 AO) für den Zeitpunkt der Abgabe der Erklärung ohne Bedeutung. Wird die Rücknahme jedoch gegenüber einer beliebigen anderen Behörde erklärt, tritt ihre Wirksamkeit erst dann ein, wenn sie innerhalb der vorgeschriebenen Frist (Rz. 5) an eine der in § 357 Abs. 2 AO genannten Behörden weitergeleitet wurde (§ 357 Abs. 2 Satz 4 AO).

### V. Inhalt der Erklärung

Ob und in welchem Umfang eine Einspruchsrücknahme 12
erklärt wurde, ist nach den Regeln der Auslegung von Willenserklärungen zu ermitteln. Aus ihr muss sich ergeben, dass das Einspruchsverfahren nicht weiter verfolgt wird (BFH v. 08.06.2000, IV R 37/99, BStBl II 2001, 162). Die Erklärung soll **inhaltlich klar und eindeutig** sein. Im Zweifel wird zugunsten des Einspruchsführers angenommen werden müssen, dass er eine Rücknahme nicht gewollt habe.

Die Rücknahme kann mit anderen Ausführungen ver- 13
bunden werden, sie kann sich auf mehrere Einspruchsverfahren beziehen und von mehreren Einspruchsführern gemeinsam abgegeben werden). Da jedes Verfahren

sein eigenes rechtliches Schicksal hat, muss sich aus der Erklärung jedoch zweifelsfrei ergeben, welches Einspruchsverfahren von welchem Einspruchsführer beendet werden soll.

**14** Die Rücknahmeerklärung ist als verfahrensrechtliche Willenserklärung **bedingungsfeindlich**. Eine echte (unzulässige) Bedingung liegt dann vor, wenn die Erklärung von einem zukünftigen Ereignis abhängig gemacht wird, das außerhalb der Disposition der Finanzbehörde liegt. Eine unzulässige Bedingung ist deshalb dann nicht anzunehmen, wenn die Finanzbehörde es in der Hand hat, das Ereignis herbeizuführen (*Birkenfeld* in HHSp, § 362 AO Rz. 98). Die Erklärung, einen Einspruch unter der Bedingung zurückzunehmen, dass der angefochtene Verwaltungsakt nach § 172 Abs. 1 Satz 1 Nr. 2a AO geändert wird, kann wohl nur als Zustimmung zur Änderung und damit Erledigung gewertet werden (*Keß* in Schwarz/Pahlke, § 362 AO Rz. 16).

## C. Teilrücknahme

**15** Eine teilweise Rücknahme eines Einspruchs ist grundsätzlich unzulässig und demgemäß wirkungslos (*Brandis* in Tipke/Kruse, § 362 AO Rz. 6; *Keß* in Schwarz/Pahlke, § 362 AO Rz. 17; a. A. *Birkenfeld* in HHSp, § 362 AO Rz. 107, für den die teilweise Rücknahme eines Einspruchs möglich ist, wenn der Verfahrensgegenstand teilbar ist). Die Finanzbehörde hat die Sache in vollem Umfang erneut zu prüfen (§ 367 Abs. 2 Satz 1 AO). Die Erklärung einer Teilrücknahme kann jedoch bewirken, dass die ansonsten umfassende Ermittlungspflicht der Finanzbehörde eingeschränkt wird (BFH v. 24.01.1957, IV 696/U, BStBl II 1957, 106). Der Einspruchsführer ist in diesen Fällen aber nicht gehindert, diese »zurückgenommenen« Streitpunkte erneut aufzugreifen.

**16** Keine Teilrücknahme in diesem Sinne liegt vor, wenn zugleich **mehrere Verwaltungsakte** angefochten worden sind und nur hinsichtlich eines Verwaltungsaktes die Rücknahme erklärt worden ist.

**17** Die Teilrücknahme ist ausschließlich hinsichtlich solcher Besteuerungsgrundlagen zulässig, die für ein Verständigungs- oder ein Schiedsverfahren nach einem Doppelbesteuerungsabkommen von Bedeutung sein können (§ 362 Abs. 1a AO). Ein solches kann regelmäßig erst nach Bestandskraft des Verwaltungsaktes durchgeführt werden. Die Möglichkeit einer Teilrücknahme und damit einer Teilbestandskraft soll die Durchführung dieser Verfahren erleichtern.

**18–19** vorläufig frei

## D. Wirkung der Rücknahme

Mit der Rücknahme des Einspruchs wird das Verfahren beendet. Einer abschließenden Entscheidung bedarf es nicht; sie ist aber als rein deklaratorisch wirkende Verfügung für die Klarheit der verfahrensrechtlichen Lage möglich. **20**

Die trotz wirksamer Einspruchsrücknahme erlassene Einspruchsentscheidung ist unwirksam und unter Umständen zur Beseitigung des Rechtsscheins aufzuheben (a. A. *Birkenfeld* in HHSp, § 362 AO Rz. 71, wonach eine offenkundige Nichtigkeit nach § 125 Abs. 1 AO nicht gegeben ist und die Entscheidung angefochten werden muss). **21**

Durch die Rücknahme tritt lediglich der **Verlust des »eingelegten Rechtsbehelfs«** ein, mit der Folge, dass ein innerhalb der Frist erneut eingelegter Einspruch zulässig ist. Über diesen muss dann trotz Rücknahme des ersten Einspruchs entschieden werden. Ein trotz Anhängigkeit des ersten Einspruchs eingelegter zweiter Einspruch wächst mit Rücknahme des ersten in die Zulässigkeit hinein (*Brandis* in Tipke/Kruse, § 362 AO Rz. 9). Wird der Einspruch gegen einen Steuerbescheid erst nach Ablauf der Einspruchsfrist zurückgenommen, bewirkt dies die **Unanfechtbarkeit** des angefochtenen Steuerbescheides. Eine Änderung, auch eine Verböserung, ist nunmehr nur unter den Voraussetzungen für die Änderung von bestandskräftigen Steuerfestsetzungen möglich. Die Rücknahme des Einspruchs verstößt auch nicht gegen den Grundsatz von Treu und Glauben, soweit dem FA dadurch die alleinige Möglichkeit einer verbösernden Entscheidung genommen wird (BFH v. 05.11.2009, IV R 40/07, BStBl II 2010, 720). **22**

Haben **mehrere Personen** Einspruch gegen einen Verwaltungsakt eingelegt (Feststellungsbescheid einer Personengesellschaft, Zusammenveranlagungsbescheid von Ehegatten/Lebenspartnern), so wirkt die Rücknahme nur für und gegen denjenigen Einspruchsführer, der die Rücknahme erklärt hat, im Übrigen bleiben die Verfahren anhängig. **23**

Eine **Hinzuziehung** nach § 360 AO kommt mangels anhängigen Verfahrens nach der Rücknahme des Einspruchs nicht mehr in Betracht. **24**

Bei einer **zulässigen Teilrücknahme** (§ 362 Abs. 1a AO) wird das Verfahren nur insoweit beendet, als der Einspruch zurückgenommen wurde. **25**

vorläufig frei **26**

## E. Unwirksamkeit

Die Rücknahme ist bedingungsfeindlich, nicht widerrufbar und nicht anfechtbar. Sie kann aber nach den allgemeinen Grundsätzen unwirksam sein (§ 362 Abs. 2 Satz 2 AO). Die Rücknahme eines Rechtsbehelfes ist un- **27** wirksam, wenn sie durch bewusste Täuschung, Drohung oder bewusst falsche Auskunft veranlasst worden ist (BFH v. 17.09.2002, X S 4/02, BFH/NV 2003, 73; BFH v. 01.09.1988, V R 139/83, BFH NV 1989, 206) und darüber hinaus in allen krassen Fällen **unzulässiger Einwirkung auf die Willensbildung**, so bei grob fahrlässig falschen Belehrungen (BFH v. 31.03.1982, II R 148/80, n.v.) und bei eindeutig unrichtigen Auskünften (BFH v. 17.08.1961, IV 176/59, BStBl III 1962, 107). Da jedoch der Auffassung der Finanzverwaltung für jedermann erkennbar keine Allgemeingültigkeit und Verbindlichkeit zukommt, kann nicht bereits jede falsche Auskunft zur Unwirksamkeit der nahegelegten Rücknahme führen. Insbesondere liegt keine unzulässige Einwirkung auf die Entschließungsfreiheit durch eine unzutreffende Auskunft oder Belehrung des Einspruchsführers vor, wenn dieser selbst oder sein Bevollmächtigter rechts- oder sachkundig ist (BFH v. 29.06.2005, II R 21/04, BFH/NV 2005, 1964).

28 Für die Geltendmachung der Unwirksamkeit gilt § 110 Abs. 3 AO entsprechend. Sie kann nur **binnen eines Jahres** nach Abgabe der Rücknahmeerklärung erfolgen. Die nachträgliche Geltendmachung der Unwirksamkeit führt zur Wiederaufnahme des Einspruchsverfahrens. Im Rahmen der Einspruchsentscheidung trifft die Finanzbehörde auch die Entscheidung über die Unwirksamkeit der Rücknahmeerklärung. Sie ist als Teil der Hauptsachenentscheidung nicht gesondert anfechtbar (*Keß* in Schwarz/Pahlke, § 362 AO Rz. 74). Fehlt es nach Ansicht der Finanzbehörde an der Unwirksamkeit der Rücknahme, ist der Einspruch als unzulässig zu verwerfen.

## § 363 AO
## Aussetzung und Ruhen des Verfahrens

**(1) Hängt die Entscheidung ganz oder zum Teil von dem Bestehen oder Nichtbestehen eines Rechtsverhältnisses ab, das den Gegenstand eines anhängigen Rechtsstreits bildet oder von einem Gericht oder einer Verwaltungsbehörde festzustellen ist, kann die Finanzbehörde die Entscheidung bis zur Erledigung des anderen Rechtsstreits oder bis zur Entscheidung des Gerichts oder der Verwaltungsbehörde aussetzen.**

**(2) Die Finanzbehörde kann das Verfahren mit Zustimmung des Einspruchsführers ruhen lassen, wenn das aus wichtigen Gründen zweckmäßig erscheint. Ist wegen der Verfassungsmäßigkeit einer Rechtsnorm oder wegen einer Rechtsfrage ein Verfahren bei dem Gerichtshof der Europäischen Union, dem Bundesverfassungsgericht oder einem obersten Bundesgericht anhängig und wird der Einspruch hierauf gestützt, ruht das Einspruchsverfahren insoweit; dies gilt nicht, soweit nach § 165 Abs. 1 Satz 2 Nr. 3 oder Nr. 4 die Steuer vorläufig festgesetzt wurde. Mit Zustimmung der obersten Finanzbehörde kann durch öffentlich bekannt zu gebende Allgemeinverfügung für bestimmte Gruppen gleichgelagerter Fälle angeordnet werden, dass Einspruchsverfahren insoweit auch in anderen als den in Sätzen 1 und 2 genannten Fällen ruhen. Das Einspruchsverfahren ist fortzusetzen, wenn der Einspruchsführer dies beantragt oder die Finanzbehörde dies dem Einspruchsführer mitteilt.**

**(3) Wird ein Antrag auf Aussetzung oder Ruhen des Verfahrens abgelehnt oder die Aussetzung oder das Ruhen des Verfahrens widerrufen, kann die Rechtswidrigkeit der Ablehnung oder des Widerrufs nur durch Klage gegen die Einspruchsentscheidung geltend gemacht werden.**

**Inhaltsübersicht**



**Schrifttum**

Gast-de Haan, Ermessensschranken bei der Aussetzung des Besteuerungsverfahrens nach § 363 Abs. 2 AO, DStZ 1983, 254; Wendland, Ruhen von Rechtsbehelfsverfahren gemäß § 363 Abs. 2 AO, INF 1991, 459; Rössler, Verfahrensaussetzung bei verfassungsgerichtlichem Musterprozess vor dem Bundesverfassungsgericht, DStZ 1993, 148; Löhlein, Die »Zwangsruhe« des § 363 Abs. 2 Satz 2 AO als Steuerrechtsproblem, insbesondere im Hinblick auf die Vermögensteuer, DStR 1998, 282; Thouet, Das Ruhen des Verfahrens gemäß § 363 Abs. 2 AO, DStZ 1999, 87; Bergan/Martin, Die Verfahrensruhe nach § 363 Abs. 2 Satz 2 AO – Zwang ohne Ausweg?, DStR 2006, 1923.

### A. Bedeutung der Vorschrift

§ 363 AO gibt der Finanzbehörde die Möglichkeit in die Hand, das Verfahren vorübergehend stillzulegen und nicht fortzusetzen. Der Stillstand des Einspruchsverfahrens darf wegen des **Gebots der Verfahrensbeschleunigung** nur aufgrund besonderer gesetzlicher Ermächtigung eintreten (BFH v. 21.07.1967, VI B 8/67, BStBl III 1967, 783). Nach § 363 AO ist er gerechtfertigt, weil ansonsten die Gefahr sich widersprechender Rechtsentscheidungen besteht. § 363 Abs. 1 AO und § 363 Abs. 2 AO stehen **unabhängig nebeneinander**. Liegen jedoch die Voraussetzungen der Zwangsruhe (§ 363 Abs. 2 Satz 2 AO) vor, geht diese den übrigen Möglichkeiten der Ver- 1 fahrenseinstellung vor (*Birkenfeld* in HHSp, § 363 AO Rz. 32). Gleiches gilt für die entsprechende Anwendung der §§ 239 ff. ZPO für die Unterbrechung. Zur Unterbrechung wegen Eröffnung des Insolvenzverfahrens § 251 AO Rz. 23 ff.

## B. Aussetzung des Verfahrens (§ 363 Abs. 1 AO)

2 Gemessen am Zweck der Vorschrift (Vermeidung divergierender Sachentscheidungen), ist eine Aussetzung nur dann gerechtfertigt, wenn die Sachentscheidungsvoraussetzungen vorliegen und eine Sachentscheidung getroffen werden kann. Es muss also ein **zulässiger Einspruch** eingelegt worden sein. Ferner muss die Entscheidung von dem Bestehen oder Nichtbestehen eines **Rechtsverhältnisses**, das Gegenstand eines anderen Verfahrens ist, **abhängig sein**. Der Begriff des Rechtsverhältnisses ist weit auszulegen (FG BW v. 15.11.1968, II 905/67 Z, EFG 1969, 136). Es kann sich sowohl um ein zivilrechtliches als auch ein öffentliches, auch steuerrechtliches Verhältnis handeln (BFH v. 01.12.1992, VII B 229/91, BFH/NV 1994, 479). Das Verhältnis kann zwischen dem Steuerpflichtigen und der Finanzbehörde bestehen, zu anderen Finanzbehörden oder zu anderen natürlichen oder juristischen Personen. Eine einzelne Rechtsfrage ist kein Rechtsverhältnis in diesem Sinne (BFH v. 23.01.1974, II B 68/73, BStBl II 1974, 247 zur Verfassungsmäßigkeit einer Rechtsnorm). Ist im Einspruchsverfahren ein Steueranspruch streitig, ist ein Steuerstrafverfahren, in dem ebenfalls über diesen Anspruch entschieden werden soll, kein anhängiges Rechtsverhältnis i. S. von § 363 Abs. 1 AO (*Gast-de Haan*, DStZ 1983, 254; *Dumke* in Schwarz/Pahlke, § 363 AO Rz. 10; *Brandis* in Tipke/Kruse, § 363 AO Rz. 6; a. A. *Birkenfeld* in HHSp, § 363 AO Rz. 100 f.; *Rätke* in Klein, § 363 AO Rz. 6).

3 Das Rechtsverhältnis muss **Gegenstand eines anderen Rechtsstreits** sein bzw. von einem Gericht oder von einer Verwaltungsbehörde festzustellen sein. Ein anderes Verwaltungsverfahren muss noch nicht begonnen haben. Entgegen dem Gesetzeswortlaut lässt die Rspr. es auch genügen, wenn die aussetzende Behörde dem Einspruchsführer aufgibt, den Rechtsstreit anhängig zu machen (BFH v. 23.02.1988, VII R 52/85, BStBl II 1988, 500; BFH v. 24.04.1986, VII R 98/85, BStBl II 1986, 561; BFH v. 06.08.1985, VII B 3/85, BStBl II 1985, 672; *Birkenfeld* in HHSp, § 363 AO Rz. 93; *Brandis* in Tipke/Kruse, § 74 FGO Rz. 6; a. A. *Dumke* in Schwarz/Pahlke, § 363 AO Rz. 12).

4 Die Entscheidung über das Rechtsverhältnis muss für die Entscheidung über den anhängigen Einspruch **vorgreiflich** sein, d. h. die Einspruchsentscheidung muss ganz oder zum Teil von der im anderen Rechtsstreit **abhängig** sein. Die vorgreifliche Entscheidung muss jedoch nicht bindend sein, vielmehr genügt irgendein rechtlicher Einfluss (BFH v. 18.07.1990, I R 12/90, BStBl II 1990, 986; BFH v. 21.08.1986, VI B 91/85, BFH/NV 1987, 43). Ob das Verfahren wegen einer vorgreiflichen Entscheidung auszusetzen ist, entscheidet die berufene Finanzbehörde nach pflichtgemäßem Ermessen (*Birkenfeld* in HHSp, § 363 AO Rz. 126; *Rätke* in Klein, § 363 AO Rz. 10). Gefordert wird eine rechtliche Abhängigkeit; wirtschaftliche Abhängigkeit reicht nicht (BFH v. 02.09.1986, VII B 52/86, BFH/NV 1987, 172). **Vorgreiflich** ist der Zivilrechtsstreit über die Anfechtung eines Grundstückskauf für den Einspruch gegen den **Grunderwerbsteuerbescheid**, die Entscheidung über bestrittene Besteuerungsgrundlagen im Verfahren gegen den **Grundlagenbescheid** für das Einspruchsverfahren gegen den **Folgebescheid** (BFH v. 30.08.1994, IX R 73/93, BFH/NV 1995, 568), auch bei fehlendem Grundlagenbescheid, wenn ungewiss ist, ob ein Feststellungsverfahren durchzuführen ist (BFH v. 01.02.1992, IV R 11/89, BFH/NV 1991, 649), der Erlass eines **Jahressteuerbescheids** bei Einwendungen gegen die Rechtmäßigkeit der Vorauszahlungen für das Einspruchsverfahren gegen einen Abrechnungsbescheid (BFH v. 15.06.1999, VII R 3/97, BStBl II 2000, 46) und die Entscheidung im Billigkeitsverfahren über die Zuerkennung eines Veräußerungsfreibetrags nach § 16 Abs. 4 EStG für die Entscheidung im Verfahren gegen den **Gewinnfeststellungsbescheid** (BFH v. 12.01.1989, IV R 87/87, BStBl II 1990, 261).

Die Aussetzung liegt bei Vorliegen aller Voraussetzungen im pflichtgemäßen **Ermessen** der Behörde. Dabei ist das Interesse an einer einheitlichen Sachentscheidung gegen das an der zügigen Verfahrensdurchführung abzuwägen. Ein Antrag des Einspruchsführers ist nicht erforderlich, vielmehr kann die Aussetzung von Amts wegen auch gegen seinen Willen angeordnet werden. Die Anordnung ist ein **Verwaltungsakt** und kann selbstständig mit dem Einspruch angefochten werden (*Brandis* in Tipke/Kruse, § 363 AO Rz. 21). 5

vorläufig frei 6

## C. Ruhen des Verfahrens (§ 363 Abs. 2 AO)

In den in § 363 Abs. 2 AO genannten Fällen kann das Ruhen des Verfahrens angeordnet werden. Das Ruhen des Verfahrens kann durch Antrag des Einspruchsführers oder Mitteilung der Finanzbehörde jederzeit wieder fortgeführt werden (§ 363 Abs. 2 Satz 4 AO). Wird das nach § 361 Abs. 2 Satz 1 AO angeordnete Ruhen widerrufen, ist der Widerruf nur durch Klage gegen die Einspruchsentscheidung anzufechten. Ein isolierter Einspruch ist wegen § 363 Abs. 3 Satz 4 AO nicht zulässig. 7

### I. Mit Zustimmung

Die Finanzbehörde kann das Verfahren mit Zustimmung des Einspruchsführers ruhen lassen, wenn dies aus **wichtigen Gründen** zweckmäßig erscheint. Wichtige Gründe sind die Anhängigkeit von Verfassungsbeschwerden, Musterprozessen oder Normenkontrollklagen, die Durchführung einer Außenprüfung, die Verhandlung mit Oberbehörden, eine zu erwartende Gesetzesänderung mit Rückwirkung oder bei zeitaufwendiger Aufklärung des Sachverhalts im Ausland. Das Ruhen ist immer dann zweckmäßig, wenn Arbeitsaufwand erspart und widersprüchliche Entscheidungen vermieden werden.

9 Die Anordnung nach § 363 Abs. 2 Satz 1 AO setzt die Zustimmung des Einspruchsführers voraus. Es muss also Einvernehmlichkeit zwischen Finanzbehörde und Einspruchsführer bestehen. Die Zustimmung unterliegt keinem Formerfordernis. Sie kann ohne Angabe von Gründen verweigert werden und ist jederzeit widerrufbar, auch wenn dies missbräuchlich erscheint (FG Sa v. 03.04.1981, II 550/80, EFG 1981, 431). Der Einspruchsführer kann sich nach Abgabe der Zustimmung nicht mehr auf eine überlange Verfahrensdauer berufen (BFH v. 26.10.2011, X B 230/10, BFH/NV 2012, 174).

10 vorläufig frei

### II. Kraft Gesetzes

11 Das Ruhen des Verfahrens tritt kraft Gesetzes ein, wenn der Einspruchsführer sich ausdrücklich auf eine Rechtsbehauptung stützt, wegen der ein Verfahren beim **EuGH**, beim **BVerfG** oder bei einem sonstigen **obersten Bundesgericht** anhängig ist. Dabei ist § 363 Abs. 2 Satz 2 AO nicht auf Musterprozesse beschränkt (so aber *Birkenfeld* in HHSp, § 363 AO Rz. 181, 187), sondern gibt jeder anhängigen Rechtsfrage die Wirkung, das Ruhen des Einspruchsverfahrens auslösen zu können, soweit der Einspruch sich auf sie stützt (*Brandis* in Tipke/Kruse, § 363 AO Rz. 13).

12 Der Einspruchsführer muss sich zur Begründung seines Einspruchs auf das anhängige Verfahren **berufen**. Es genügt also nicht, dass über die Rechtsbehauptung, die der Einspruchsführer aufstellt, objektiv ein Verfahren anhängig ist. Vielmehr muss er sich ausdrücklich auf dieses Verfahren berufen, was bei der Vielzahl der anhängigen Verfahren nicht unproblematisch ist. Ein anderes Verständnis würde aber zu erheblicher Rechtsunsicherheit führen, da wohl auch von der Finanzbehörde nicht zu erwarten ist, dass sie über den Stand der anhängigen Verfahren umfassend informiert ist (so auch *Brandis* in Tipke/Kruse, § 363 AO Rz. 14; *Birkenfeld* in HHSp, § 363 AO Rz. 181 f.). Fehlt es an einer Berufung auf das Verfahren, kommt eine Aussetzung nach § 363 Abs. 1 AO oder ein Ruhen nach § 363 Abs. 1 Satz 2 AO in Betracht. Die Verfahrensruhe endet mit der Entscheidung des anhängigen Verfahrens, auf das sich der Einspruchsführer berufen hat. Durch die Erhebung einer Verfassungsbeschwerde gegen diese Entscheidung setzt sich die Zwangsruhe nicht automatisch fort. Der Einspruchsführer muss seinen Einspruch nun vielmehr auch auf die Verfassungsbeschwerde erstrecken (BFH v. 30.09.2010, III R 39/08, BStBl II 2011, 11; *Birkenfeld* in HHSp, § 363 AO Rz. 184).

Die Zwangsruhe tritt nicht ein, wenn die Steuer nach **§ 165 Abs. 1 Satz 2 Nr. 3 AO** vorläufig festgesetzt wurde. Sie ist entbehrlich, weil der Vorläufigkeitsvermerk von einer Einspruchsentscheidung nicht berührt wird. Das Einspruchsverfahren ruht nur »insoweit«, als das das anhängige Verfahren den Einspruchsbescheid beeinflussen kann. Hinsichtlich der nicht vom Ruhen des Verfahrens betroffenen Streitpunkte kann durch Erlass einer Teileinspruchsentscheidung (§ 367 Abs. 2a AO) oder durch Teilabhilfebescheid entschieden werden (FG Nds v. 16.02.2010, 12 K 119/08, DStRE 2010, 1328; AEAO zu § 363, Nr. 3 Satz 2; *Brandis* in Tipke/Kruse, § 363 AO Rz. 16). 13

vorläufig frei 14

### III. Kraft Allgemeinverfügung

Mit Zustimmung der obersten Finanzbehörde kann durch öffentlich bekanntzugebende Allgemeinverfügung für bestimmte Gruppen **gleichgelagerter** Fälle angeordnet werden, dass Einspruchsverfahren auch in anderen als den in § 363 Abs. 2 Satz 1 und 2 AO genannten Fällen ruhen zu lassen. Die Anordnung des Ruhens erfolgt hier in Form einer öffentlich bekanntzugebenden Allgemeinverfügung. Gemeint sind vornehmlich solche Fälle, in denen anhand einer an breiter Front geführten Diskussion über die Verfassungsmäßigkeit einer Rechtsnorm oder unterschiedlicher Instanzrechtsprechung abzusehen ist, dass die genannten Gerichte sich alsbald mit der Rechtsfrage auseinandersetzen werden (BT-Drs. 12/7427, 36). Zuvor ist die Zustimmung der obersten Finanzbehörde einzuholen. 15

Das Einspruchsverfahren ist gem. § 363 Abs. 2 Satz 4 AO fortzusetzen, wenn der Einspruchsführer dies beantragt oder die Finanzbehörde dies dem Einspruchsführer mitteilt. § 363 Abs. 2 Satz 4 AO bezieht sich auf die vorangegangenen Sätze von § 363 Abs. 2 AO. Die Fortsetzung kann also auch dann mitgeteilt oder beantragt werden, wenn das Ruhen des Verfahrens kraft Gesetzes eingetreten ist (so auch *Brandis* in Tipke/Kruse, § 363 AO Rz. 20; BFH v. 26.09.2006, X R 39/05, BStBl II 2007, 222; a. A. *Bergan/Martin*, DStR 2006, 1925 m. w. N.). 16

### D. Rechtsbehelfe

17 Die Anordnung der Verfahrensruhe bzw. der Aussetzung des Verfahrens sind Verwaltungsakte, die selbstständig mit dem Einspruch angefochten werden können. Für den Widerruf der Aussetzung bzw. des Ruhens sowie für die Ablehnung eines Antrags auf Aussetzung gilt dies nicht. Obgleich es sich auch hierbei um Verwaltungsakte handelt, sind diese wegen § 363 Abs. 3 AO nur mit der Klage gegen die Einspruchsentscheidung anfechtbar (BFH v. 08.06.1990, III R 41/90, BStBl II 1990, 944; *Birkenfeld* in HHSp, § 363 AO Rz. 270). Die einstweilige Anordnung der Verfahrensruhe ist nicht möglich (*Brandis* in Tipke/Kruse, § 363 AO Rz. 21).

## § 364 AO Mitteilung der Besteuerungsunterlagen

**Den Beteiligten sind, soweit es noch nicht geschehen ist, die Unterlagen der Besteuerung auf Antrag oder, wenn die Begründung des Einspruchs dazu Anlass gibt, von Amts wegen mitzuteilen.**

#### Inhaltsübersicht



#### Schrifttum


App, Mitteilung der Entscheidungsunterlagen im Beschwerdeverfahren gegen Maßnahmen der Finanzbehörden im Erhebungs- und im Vollstreckungsverfahren, DStZ 1987, 96; Carl, Das rechtliche Gehör im Besteuerungsverfahren, StW 1996, 417; Dissars, Das Recht auf Akteneinsicht der Beteiligten im Steuerrecht, NJW 1997, 481; Durst, Akteneinsicht im Besteuerungs- und Steuerstrafverfahren, PStR 2008, 185; von Wedelstädt, die Änderungen und Ergänzungen im Anwendungserlass zur Abgabenordnung durch das BMF-Schreiben vom 02.01.2009, DB 2009, 254.


### A. Bedeutung der Vorschrift

1 § 364 AO gewährt rechtliches Gehör im finanzbehördlichen Rechtsbehelfsverfahren. Das rechtliche Gehör ist ein aus rechtsstaatlichen Grundsätzen abgeleitetes Verfahrensrecht, welches unverzichtbarer Bestandteil eines jeden Verwaltungsverfahrens ist. § 364 AO ergänzt den Informationsanspruch des § 91 AO, wonach ein Beteiligter die Gelegenheit haben »soll«, sich zu entscheidungserheblichen Tatsachen zu äußern, bevor ein belastender Verwaltungsakt ergeht. Die Vorschrift verstärkt die Verpflichtung der Finanzbehörde, einen Verwaltungsakt hinreichend zu begründen, für das Einspruchsverfahren, indem sie dem Steuerpflichtigen einen Rechtsanspruch auf Mitteilung der Besteuerungsgrundlagen gewährt. § 364 AO ist eine »Mussvorschrift«. Die Berechtigung auf Einsicht ist jedoch auf die Zulässigkeit des Einspruchs begrenzt, insbes. geht sie nicht weiter als die Einspruchsbefugnis (*Birkenfeld* in HHSp, § 364 AO Rz. 32). Eine Einsichtnahme kann nur solange begehrt werden bis ein bestimmtes Besteuerungsverfahren bestandskräftig abgeschlossen ist (BFH v 15.09.2010, II B 4/10, BFH/NV 2011, 2; *Dumke* in Schwarz/Pahlke, vor § 78–133 AO Rz. 77b). Nach § 364 AO bzw. § 75 FGO sind den Beteiligten die Unterlagen der Besteuerung auf Antrag oder, wenn die Begründung des Einspruchs bzw. der Klageschrift dazu Anlass gibt, von Amts wegen mitzuteilen. Den Anforderungen dieser Regelungen ist Rechnung getragen, wenn dem Steuerpflichtigen im Verlaufe des Verfahrens – ungeachtet der bestehenden Möglichkeit zur Akteneinsicht (§ 78 FGO) – sämtliche Unterlagen, die für die Einschätzung des Sachverhalts als wertbildend anzusehen sind, zugänglich gemacht worden sind (FG Sa v. 20.12.2013, 2 V 1323/13, n.v.).

vorläufig frei 2

### B. Unterlagen der Besteuerung

Unterlagen der Besteuerung sind alle Beweismittel und Beweisergebnisse, wie Auskünfte, Gutachten, Zeugenaussagen, Bewertungs-, Berechnungs- und Schätzungsgrundlagen. Auch Amtshilfemitteilungen und Kontrollmitteilungen müssen dem Steuerpflichtigen bekanntgegeben werden (*Seer* in Tipke/Kruse, § 364 AO Rz. 4). **Besteuerung** ist grundsätzlich nicht nur die Steuerfestsetzung und -ermittlung; auch das Erhebungs- und Vollstreckungsverfahren gehört zum Besteuerungsverfahren i. w. S. Auch ein Schätzungsergebnis muss für den Steuerpflichtigen verständlich erläutert werden (*Birkenfeld* in HHSp, § 364 AO Rz. 37). Die Beteiligten müssen Gelegenheit haben, sich in angemessener Frist zu den Unterlagen zu äußern. Die Finanzbehörde muss sich mit den Einwendungen des Steuerpflichtigen sachlich auseinandersetzen. 3

### C. Besondere Auswirkungen

§ 364 AO begründet anders als § 29 VwVfG keinen Anspruch auf **Akteneinsicht**. Die Gewährung von Akteneinsicht ist jedoch nicht unzulässig, sondern steht im pflichtgemäßen Ermessen der Finanzbehörde und der Einsichtsuchende hat einen gerichtlich überprüfbaren Anspruch auf fehlerfreie Ermessensentscheidung (BFH v. 28.05.2003, VII B 119/01, AO-StB 2004, 41; FG Münster v. 20.11.2003, 12 K 6405/02 S, DStRE 2004, 479). Dabei sollte die Finanzbehörde beachten, dass dem Einspruchs- 4 führer im finanzgerichtlichen Verfahren ein Anspruch auf Akteneinsicht zusteht. Zweckmäßig ist die Akteneinsicht, wenn der Steuerpflichtige seinen Bevollmächtigten wechselt (AEAO zu § 364, Satz 4). Dabei hat die Finanzbehörde das **Steuergeheimnis von Dritten** zu wahren und betreffende Aktenauszüge zu entfernen. Die Ablehnung des Antrags auf Akteneinsicht kann mit dem Einspruch angefochten werden. Urteile, die die Finanzbehörde ihrer Entscheidung zugrunde gelegt hat bzw. Berichte und Fundstellen oder Gutachten sind dem Steuerpflichtigen zu benennen und zugänglich zu machen.

### D. Verletzungsfolgen

5 Ein Verstoß gegen § 364 AO führt zu einem **schweren Verfahrensmangel**, der nach § 100 Abs. 3 FGO zur Aufhebung der Einspruchsentscheidung führen kann. Der Verfahrensfehler kann noch während des Einspruchsverfahrens und im finanzgerichtlichen Verfahren geheilt werden. Kommt die Finanzbehörde ihrer Verpflichtung nach § 364 AO nicht nach, kann das die **Aussetzung der Vollziehung** (§ 361 AO) rechtfertigen (BFH v. 14.02.1984, VIII B 112/83, BStBl II 1984, 443).

## § 364a AO
## Erörterung des Sach- und Rechtsstands

**(1) Auf Antrag eines Einspruchsführers soll die Finanzbehörde vor Erlass einer Einspruchsentscheidung den Sach- und Rechtsstand erörtern. Weitere Beteiligte können hierzu geladen werden, wenn die Finanzbehörde dies für sachdienlich hält. Die Finanzbehörde kann auch ohne Antrag eines Einspruchsführers diesen und weitere Beteiligte zu einer Erörterung laden.**

**(2) Von einer Erörterung mit mehr als 10 Beteiligten kann die Finanzbehörde absehen. Bestellen die Beteiligten innerhalb einer von der Finanzbehörde bestimmten angemessenen Frist einen gemeinsamen Vertreter, soll der Sach- und Rechtsstand mit diesem erörtert werden.**

**(3) Die Beteiligten können sich durch einen Bevollmächtigten vertreten lassen. Sie können auch persönlich zur Erörterung geladen werden, wenn die Finanzbehörde dies für sachdienlich hält.**

**(4) Das Erscheinen kann nicht nach § 328 erzwungen werden.**

**Inhaltsübersicht**



**Schrifttum**

Harder, Die Erörterung nach § 364a AO – nicht nur aus abgabenrechtlicher Sicht, DStZ 1996, 397; Szymczak, Das außergerichtliche Rechtsbehelfsverfahren ab 1996, DB 1994, 2254; Günther, Außergerichtlicher und gerichtlicher Erörterungstermin, AO-StB 2009, 109.

### A. Bedeutung der Vorschrift

Mit § 364a AO wird nunmehr das Verfahren einer mündlichen Erörterung vor Bekanntgabe der Einspruchsentscheidung eingeführt und formalisiert. Der Gesetzgeber verspricht sich davon eine Entlastung der Finanzgerichte durch möglichst **einvernehmliche Erledigungen** der Einspruchsverfahren (BT-Drs. 12/7427, 37). Mündliche Erörterungstermine sind besonders geeignet, sich gegenseitig die Sach- und Rechtslage verständlich zu machen. 1

### B. Erörterung vor Erlass der Einspruchsentscheidung

§ 364a AO gibt dem Einspruchsführer einen Anspruch auf pflichtgemäßes Ermessensentscheidung über Anträge auf mündliche Erörterung der Sach- und Rechtslage. Die Vorschrift findet keine Anwendung im Besteuerungsverfahren. Von der mündlichen Erörterung als besondere Form des **rechtlichen Gehörs** sollte gleichwohl auch dort Gebrauch gemacht werden. Die Erörterung umfasst den gesamten Sach- und Rechtsstand des Verfahrens und damit alle mit dem Verfahren in Zusammenhang stehenden **Tatsachen und Rechtsfragen**. Das Erörterungsgespräch kann an Amtsstelle oder fernmündlich erfolgen und mit einer Beweisaufnahme verbunden werden. 2

#### I. Antrag des Einspruchsführers

Nur der Einspruchsführer (§ 359 Nr. 1 AO) kann einen Erörterungstermin beantragen. Alle übrigen Beteiligten können die Erörterung lediglich anregen. Dies gilt auch für den Hinzugezogenen, der nur berechtigt ist, an der Erörterung teilzunehmen. Der Antrag kann bis zur Bekanntgabe der Einspruchsentscheidung gestellt werden. Die Finanzbehörde entscheidet daraufhin nach pflichtgemäßem Ermessen, wobei ihr Ermessen gebunden ist und im Regelfall zur Erörterungspflicht führt (»**soll**«). Der Antrag des Einspruchsführers darf nur in **Ausnahmefällen** abgelehnt werden. Ein solcher Ausnahmefall ist wohl zu bejahen, wenn der Steuerpflichtige seiner Erklärungs- 3 pflicht (§ 149 Abs. 1 und 2 AO) noch nicht nachgekommen ist (*Szymczak*, DB 1994, 2254, 2260) oder erkennbar unerhebliche Gesichtspunkte besprochen werden sollen (*Birkenfeld* in HHSp, § 364 a AO Rz. 62 ff. mit weiteren Beispielen).

4 Die **Ablehnung des Antrags**, ohne dass ein Ausnahmefall (Rz. 3) vorliegt, ist ermessensfehlerhaft. Sie stellt einen wesentlichen Verfahrensfehler dar, der zur Aufhebung der Einspruchsentscheidung im finanzgerichtlichen Verfahren führen kann (zu den Schwierigkeiten im Vortrag zur Beschwer vgl. *Birkenfeld* in HHSp, § 364 a AO Rz. 27). Obwohl die Ablehnung eines Antrags auf Erörterung per Definition ein Verwaltungsakt ist, kann dieser **nicht selbstständig angefochten** werden (*Seer* in Tipke/Kruse, § 364 a AO Rz. 6; *Rätke* in Klein, § 364 a AO Rz. 14). Denn eine gegen die Ablehnung erhobene Klage wäre wegen fehlenden Rechtsschutzinteresses unzulässig (BFH v. 11.04.2012, I R 63/11, BFHE 237, 29). Die Finanzbehörde kann die Erörterung auch ohne Antrag von Amts wegen ansetzen (§ 364 a Abs. 1 Satz 3 AO).

5 vorläufig frei

### II. Ladung von Beteiligten

6 Die Finanzbehörde kann, soweit es sachdienlich ist, auch **weitere Beteiligte** zur Erörterung laden (§ 364 a Abs. 1 Satz 2 AO). Sachdienlich ist eine Ladung, wenn sie der Sachaufklärung oder Rechtserhellung dient und somit zu erwarten ist, das Verfahren einvernehmlich zu beenden. Dies ist dann nicht der Fall, wenn die Beteiligten bekanntermaßen im Streit über Punkte des Verfahrens sind.

7 Beteiligter ist jeder, der von der Entscheidung betroffen sein kann, insbes. **Hinzugezogene** (§ 360 AO) oder **Feststellungsbeteiligte** (§ 352 AO). Die Ladung ist nur eine Mitteilung und kein anfechtbarer Verwaltungsakt (*Seer* in Tipke/Kruse, § 364 a AO Rz. 8; *Birkenfeld* in HHSp, § 364 a AO Rz. 106, 136). Bei Nichterscheinen wird das Verfahren ohne Erörterung fortgesetzt.

### III. Erörterung mit mehr als 10 Beteiligten

8 Von einer Erörterung mit mehr als 10 Beteiligten kann die Finanzbehörde absehen (§ 364 a Abs. 2 Satz 1 AO). Es soll ausgeschlossen werden, dass durch eine zu große Zahl von Teilnehmern die einvernehmliche Erledigung behindert wird. Die Vorschrift gilt nur für die Beteiligten, die selbst eine Erörterung beantragt oder angeregt haben. Hat die Finanzbehörde selbst aus Sachdienlichkeitserwägungen mehr als 10 Beteiligte geladen, so wird sie mit diesen auch eine Erörterung durchführen können.

9 Der Gesetzgeber gibt der Finanzbehörde die Möglichkeit, den Beteiligten eine angemessene Frist zu bestimmen, in der sie einen **gemeinsamen Vertreter** bestimmen, der an ihrer Stelle an dem Erörterungstermin teilnimmt. Nicht ganz klar ist, ob sich alle Beteiligten auf nur einen Vertreter einigen müssen, oder aber mehrere Vertreter bestimmt werden können, sodass am Ende nicht mehr als 10 Beteiligte anwesend sind (so auch: *Seer* in Tipke/Kruse, § 364 a AO Rz. 9; a. A. *Szymczak* in Koch/Scholtz, § 364 a AO Rz. 9).

### C. Vertretung und persönliches Erscheinen

Die Beteiligten könne sich zwar durch einen **Bevollmächtigten** vertreten lassen (§ 364 a Abs. 3 Satz 1 AO), die Finanzbehörde kann diese dann aber auch **persönlich laden**, wenn es ihr sachdienlich erscheint (§ 364 a Abs. 3 Satz 2 AO). Das ist wohl immer dann der Fall, wenn der Termin insbes. der Erörterung von Sachverhaltsfragen dienen soll, die zumeist der Betroffene selbst aufgrund seiner Sachverhaltsnähe besser beantworten kann. Das Erscheinen kann jedoch nicht erzwungen werden (§ 364 a Abs. 4 AO). Dies gilt sowohl für die persönlich geladenen Beteiligten als auch den Einspruchsführer. Die Finanzbehörde kann bei **Nichterscheinen** eine Frist mit ausschließender Wirkung nach § 364 b AO setzen (*Seer* in Tipke/Kruse, § 364 a AO Rz. 12) oder die Glaubhaftigkeit der schriftlich erklärten Tatsachen im Lichte des Nichterscheinens bewerten. 10

## § 364b AO Fristsetzung

**(1) Die Finanzbehörde kann dem Einspruchsführer eine Frist setzen**

1. **zur Angabe der Tatsachen, durch deren Berücksichtigung oder Nichtberücksichtigung er sich beschwert fühlt,**
2. **zur Erklärung über bestimmte klärungsbedürftige Punkte,**
3. **zur Bezeichnung von Beweismitteln oder zur Vorlage von Urkunden, soweit er dazu verpflichtet ist.**

**(2) Erklärungen und Beweismittel, die erst nach Ablauf der nach Absatz 1 gesetzten Frist vorgebracht werden, sind nicht zu berücksichtigen. § 367 Abs. 2 Satz 2 bleibt unberührt. Bei Überschreitung der Frist gilt § 110 entsprechend.**

**(3) Der Einspruchsführer ist mit der Fristsetzung über die Rechtsfolgen nach Absatz 2 zu belehren.**

**Inhaltsübersicht**



**Schrifttum**

BURHOFF, Präklusionsrecht des Finanzamts gemäß § 364b AO, NWB Fach 2, 6251; GRUNE, Präklusion im Zwielicht, DStZ 1995, 463; RÖSSLER, Die Neuordnung des außergerichtlichen Rechtsbehelfsverfahrens, DStZ 1995, 270; SPAETH, Ist die Ausschlussfrist nach § 364b Abs. 1 AO n.F. auf Antrag verlängerbar?, DStZ 1995, 363; GROSSE, Die Fristsetzung gem. § 364b AO, DB 1996, 60; NACKE, Die Anfechtbarkeit der Fristsetzung nach § 364b AO, NJW 1996, 3402; K. J. WAGNER, Die Ausschlußfristen nach § 364b AO – Segen oder Last?, StuW 1996, 169; VON WEDELSTÄDT, Die Ausschlußfrist nach § 364b AO – Segen oder Last für die Finanzbehörde?, StuW 1996, 186; VON WEDELSTÄDT, Präklusion nach § 364b AO und anschließende Korrektur des Steuerbescheids mit präkludiertem Vortrag, DB 1996, 113.

## A. Bedeutung der Vorschrift

1 Die Einspruchsbehörde hat auch im Rechtsbehelfsverfahren den Sachverhalt im vollen Umfang zu überprüfen (§ 367 Abs. 2 Satz 1 AO, **Untersuchungsgrundsatz**). § 364b AO schränkt diesen Grundsatz wesentlich ein, indem er der Finanzbehörde das Recht einräumt, den Einspruchsführer mit bestimmten Erklärungen und Beweismitteln auszuschließen, wenn er sie nicht innerhalb einer gesetzten Frist vorgetragen hat. Die Vorschrift hat den Zweck, dem Missbrauch des Rechtsbehelfsverfahrens zu rechtsbehelfsfremden Zwecken entgegenzuwirken (BT-Drs. 12/77 427, 37). Die Vorschrift ist § 79b FGO nachgebildet und stellt eine wesentliche Neuerung im Einspruchsverfahren dar (in Kraft seit 01.01.1996; zur Kritik *Seer* in Tipke/Kruse, § 364b AO Rz. 2 ff.).

2 Die Fristsetzung ist ein besonderes Druckmittel der Finanzbehörde zur Beschleunigung des Einspruchsverfahrens. Sie begründet jedoch keine neuen Mitwirkungspflichten des Steuerpflichtigen (*Dumke* in Schwarz/Pahlke, § 364b AO Rz. 3; a.A. *Große*, DB 1996, 60, 61), sondern sanktioniert nur ihre Verletzung (*Birkenfeld* in HHSp, § 364b AO Rz. 3). Aufgrund der negativen Rechtsfolgen für den Steuerpflichtigen, sind strenge Anforderungen an ihre Voraussetzungen zu stellen.

## B. Fristsetzung

3 Die Fristsetzung ist ein Verwaltungsakt (§ 118 AO) und steht im pflichtgemäßen **Ermessen** der Behörde (*Seer* in Tipke/Kruse, § 364b AO Rz. 17; *Dumke* in Schwarz/Pahlke, § 364b AO Rz. 18; a.A. FG Sa v. 21.02.1997, 1 K 166/96, EFG 1997, 651). Dem Steuerpflichtigen kann aufgegeben werden, innerhalb einer gesetzten Frist

- Tatsachen anzugeben, durch deren Berücksichtigung oder Nichtberücksichtigung er sich beschwert fühlt,
- sich über klärungsbedürftige Punkte zu erklären oder
- Beweismittel vorzuzeigen oder Urkunden vorzulegen, soweit er dazu verpflichtet ist.

Die Möglichkeiten (§ 364b Abs. 1 Nr. 1 bis 3 AO) können einzeln oder kumulativ angewendet und bei Bedarf mit verschiedenen Fristen versehen werden.

### I. Voraussetzungen

Der Einspruchsführer kann aufgefordert werden, **Tatsachen** anzugeben, durch deren Berücksichtigung oder Nichtberücksichtigung im Ausgangsverfahren er sich beschwert fühlt (§ 364b Abs. 1 Nr. 1 AO). Damit soll die ohnehin geltend zu machende **Beschwer** (§ 350 AO) **spezifiziert** werden. Dies ist bei den geringen Anforderungen, die an die Geltendmachung der Beschwer gestellt werden, auch sinnvoll, da oftmals nicht klar ist, gegen welche Tatsache sich der Angriff des Steuerpflichtigen richtet. Die Ausführungen zur Beschwer dienen aber nicht nur der Klärung der Zulässigkeit (die Beschwer als Zulässigkeitsvoraussetzung, § 350 AO), sondern der **Konzentration** des Verfahrens auf den nach Ansicht des Einspruchsführers **beeinträchtigenden Streitstoff**. Auch wenn nicht ausdrücklich erwähnt, fallen nur ungeklärte **klärungsbedürftige** und relevante Tatsachen unter § 364b Abs. 1 Nr. 1 AO (*Seer* in Tipke/Kruse, § 364b AO Rz. 12). Ebenso wenig kann der Einspruchsführer zu Rechtsausführungen aufgefordert werden. Die Aufforderung zur Abgabe einer **Steuererklärung** ist keine Tatsachenerklärung und fällt nicht unter § 364b Abs. 1 Nr. 1 AO. In Betracht kommt aber § 364b Abs. 1 Nr. 3 AO, die Vorlage von Urkunden (*Rößler*, DStZ 1995, 272, 272; *Seer* in Tipke/Kruse, § 364b AO Rz. 15). 4

Vom Einspruchsführer kann eine Erklärung zu **klärungsbedürftigen Punkten** verlangt werden (§ 364b Abs. 1 Nr. 2 AO). Nach der Gesetzesbegründung sind mit »Punkten« klärungsbedürftige Vorgänge gemeint, d.h. **einzelne Sachverhalte**, die noch nicht vollständig und verständlich dargestellt worden sind. Der Vortrag muss insoweit ergänzt werden, dass die Finanzbehörde imstande ist, sich über entscheidungsrelevante Tatsachen Klarheit zu verschaffen. Auch § 364b Abs. 1 Nr. 2 AO ist auf Tatsachen beschränkt und berechtigt nicht zur Aufforderung, Rechtsausführungen abzugeben. In der Fristsetzung müssen die zu klärenden Tatsachen **genau bezeichnet** werden, um den Umfang der präkludierenden Wirkung zu beurteilen (BFH v. 25.04.1995, IX R 6/94, BStBl II 1995, 545). 5

Der Einspruchsführer kann außerdem aufgefordert werden, Beweismittel zu bezeichnen oder Urkunden vor- 6 zulegen, **soweit er dazu verpflichtet ist** (§ 364b Abs. 1 Nr. 3 AO). Die Verpflichtung zur Bezeichnung von Beweismitteln ergibt sich bereits aus den allgemeinen Mitwirkungspflichten (§ 90 Abs. 1 Satz 2 AO). Das Beweisthema muss wegen der ausschließenden Wirkung so genau wie möglich bezeichnet sein. Die Vorlage von Urkunden (als spezielles Beweismittel) unterliegt aber den Voraussetzungen des § 97 AO. Zur Abgabe der Steuererklärung ist der Steuerbürger nach § 149 Abs. 1 AO verpflichtet. Besteht keine Verpflichtung zur Vorlage der Urkunden, kann die Finanzbehörde sie auch nicht über § 364b Abs. 1 Nr. 3 1. Alt. AO (Beweismittel) herbeiführen (*Birkenfeld* in HHSp, § 364b AO Rz. 56, 60).

7 vorläufig frei

## II. Ermessen

8 Die Setzung einer **Ausschlussfrist** für die Erfüllung der Aufforderungen steht im pflichtgemäßen Ermessen der Behörde. Dabei muss die Behörde ihre Entscheidung davon abhängig machen, ob sie im Nichtbetreiben des Verfahrens seitens des Einspruchsführers **rechtsschutzfremde Motive** erkennt, die lediglich der Verschleppung des Verfahrens dienen (FG Sa v. 21.02.1997, 1 K 166/96, EFG 1997, 651). Bestehen Zweifel an der Missbrauchsabsicht des Einspruchsführers, sollte zunächst zur Erklärung **ohne Ausschlussfrist** aufgefordert werden (FG Nds v. 27.02.1997, X 128/96, EFG 1997, 939; FG Bbg v. 24.10.1997, 2 K 566/97, EFG 1998, 387, wonach eine Fristsetzung ohne vorherige Aufforderung zur Einspruchsbegründung ermessensfehlerhaft ist).

9 Die gesetzte Frist muss **angemessen** sein. Auch die Dauer steht im Ermessen der Finanzbehörde. Sie muss sich am erforderlichen Zeitaufwand orientieren. Die Fristsetzung ist aber ermessensfehlerhaft, wenn die Finanzbehörde mit der Bearbeitung des jeweiligen Einspruchs tatsächlich noch nicht begonnen hat und bis zum Ablauf der gesetzten Frist nicht in der Lage sein wird, sich mit ihm zu befassen (FG Nds v. 27.02.1997, X 128/96, EFG 1997, 939; *Seer* in Tipke/Kruse, § 364b AO Rz. 24). Die Frist ist auf Antrag nach § 109 Abs. 1 Satz 1 AO **verlängerbar**, wenn der Antrag vor Fristablauf gestellt wurde. Eine rückwirkende Verlängerung nach § 109 Abs. 1 Satz 2 AO kommt nicht in Betracht, da insoweit Wiedereinsetzung in den vorigen Stand gewährt wird (§ 364b Abs. 2 Satz 2 AO i. V. m. § 110 AO; FG Sa v. 10.04.1997, 1 K 7/97, EFG 1997, 712; *Seer* in Tipke/Kruse, § 364b AO Rz. 29; zur rückwirkenden Fristverlängerung nach Antrag innerhalb des Fristablaufs *Dumke* in Schwarz/Pahlke, § 364b AO Rz. 23 m. w. N.).

## III. Ausschlusswirkung

Hat die Finanzbehörde dem Einspruchsführer ermessensfehlerfrei eine Ausschlussfrist gesetzt, dürfen nicht fristgerecht vorgebrachte Beweismittel und Erklärungen nicht mehr zu seinen Gunsten berücksichtigt werden. Es besteht ein gesetzliches **Berücksichtigungsverbot**. Ein Verzögerungserfordernis wie in § 79b Abs. 3 FGO besteht nicht. Aus § 364b Abs. 3 AO ergibt sich, dass die Präklusionswirkung nicht eintritt, solange der Einspruchsführer nicht auf die negativen Folgen der Fristversäumung hingewiesen worden ist. Zu seinen Ungunsten können die verspätet vorgetragenen Tatsachen und Beweismittel dagegen jederzeit verwendet werden. § 364b Abs. 2 Satz 2 AO lässt § 367 Abs. 2 Satz 2 AO unberührt. Präkludierte Erklärungen oder Beweismittel können dagegen aber wieder Gegenstand späterer Änderungen des Steuerbescheides aufgrund der einschlägigen **Korrekturvorschriften** sein (AEAO zu § 364b, Nr. 3 Satz 2), wobei auch eine **Rechtsfehlersaldierung** nach § 177 AO zulässig ist, da der Steuerbescheid aufgrund der Nichtberücksichtigung verwirklichten Sachverhalts rechtsfehlerhaft ist (*von Wedelstädt* in Gosch, § 172 AO Rz. 86; *von Wedelstädt*, DB 1996, 113). Bei einer Änderung zugunsten des Steuerpflichtigen nach § 172 Abs. 1 Satz 1 Nr. 2a AO allerdings dürfen nach § 364b Abs. 2 AO präkludierte Erklärungen und Beweismittel nicht berücksichtigt werden (§ 172 Abs. 1 Satz 3 AO). Dies gilt nicht, wenn die Finanzbehörde den Abhilfebescheid während des finanzgerichtlichen Verfahrens erlässt. Legt der Steuerpflichtige die Tatsachen, Erklärungen oder Urkunden erst im finanzgerichtlichen vor, ist die Finanzbehörde am Erlass eines Abhilfebescheides nicht durch § 364b Abs. 2 Satz 1 AO gehindert. Die Präklusionswirkung von § 364b AO beschränkt sich nur auf das Verwaltungsverfahren (BFH v. 13.05.2004, IV B 230/02, BStBl II 2004, 833). 10

Wird die Frist nicht eingehalten, gilt § 110 AO sinngemäß. Dem Einspruchsführer kann **Wiedereinsetzung** in den vorigen Stand gewährt werden. Das verspätet Vorgetragene ist dann zu verwerten, wenn der Einspruchsführer **ohne Verschulden** an der Fristeinhaltung verhindert war. 11

## IV. Form und Inhalt

Eine bestimmte Form für die Fristsetzung wird von § 364b AO nicht vorgeschrieben (§ 119 Abs. 2 AO). Es empfiehlt sich jedoch, um Zweifel hinsichtlich der Ordnungsmäßigkeit auszuschließen, die **Schriftform** (*Dumke* in Schwarz/Pahlke, § 364b AO Rz. 14, der entgegen § 119 Abs. 2 AO einen Zwang zur Schriftform annimmt). Die Fristsetzung muss **inhaltlich bestimmt** sein (§ 119 Abs. 1 AO) und zwar hinsichtlich der gesetzten Frist und des Verhaltens, welches vom Einspruchsführer erwartet 12 wird. Das Ermessen muss ausreichend begründet werden. Der Einspruchsführer ist über die Wirkungen der Nichteinhaltung der Frist zu **belehren**. Die Belehrung ist notwendiger Inhalt der Fristsetzung; unterbleibt sie, entfällt die Ausschlusswirkung (*Große*, DB 1996, 60, 62; *Dumke* in Schwarz/Pahlke, § 364b AO Rz. 9). Die Belehrung sollte auch den Hinweis auf die Möglichkeit der gerichtlichen Zurückweisung (§ 76 Abs. 3 FGO) beinhalten. Die Aufforderung und die Fristsetzung sind bekanntzugeben. Für die **Bekanntgabe** gilt § 122 AO.

### C. Rechtsbehelfe

13 Die Fristsetzung nach § 364b AO ist ein Verwaltungsakt, der nach wohl h. M. selbstständig anfechtbar ist (*Rätke* in Klein, § 364b AO Rz. 27 m. w. N.; *K. J. Wagner*, StuW 1996, 169, 174; *von Wedelstädt*, StuW 1996, 186, 187 f. m. w. N.; a. A. *Birkenfeld* in HHSp, § 364b AO Rz. 79 m. w. N.; *Seer* in Tipke/Kruse, § 364b AO Rz. 38; *Rößler*, DStZ 1995, 270, 273; FG Sa v. 21.02.1997, 1 K 166/96, EFG 1997, 651, welches aber kaum vertretbar schon die Qualifizierung der Fristsetzung als Verwaltungsakt verneint). Dies ist angesichts des Fehlens einer § 363 Abs. 3 AO bzw. § 128 Abs. 2 FGO entsprechenden Regelung folgerichtig. Mangels gesetzlicher Regelungslücke ist auch eine analoge Anwendung der genannten Vorschriften ausgeschlossen (*Dumke* in Schwarz/Pahlke, § 364b AO Rz. 17; *von Wedelstädt*, StuW 1996, 186, 188).

## § 365 AO
## Anwendung von Verfahrensvorschriften

**(1) Für das Verfahren über den Einspruch gelten im Übrigen die Vorschriften sinngemäß, die für den Erlass des angefochtenen oder des begehrten Verwaltungsakts gelten.**

**(2) In den Fällen des § 93 Abs. 5, des § 93 Abs. 7 Satz 2 und der §§ 98 bis 100 ist den Beteiligten und ihren Bevollmächtigten und Beiständen (§ 80) Gelegenheit zu geben, an der Beweisaufnahme teilzunehmen.**

**(3) Wird der angefochtene Verwaltungsakt geändert oder ersetzt, so wird der neue Verwaltungsakt Gegenstand des Einspruchsverfahrens. Satz 1 gilt entsprechend, wenn**

**1. ein Verwaltungsakt nach § 129 berichtigt wird,**
**2. ein Verwaltungsakt an die Stelle eines angefochtenen unwirksamen Verwaltungsakts tritt.**

**Inhaltsübersicht**



**Schrifttum**


WINKLER-STEUER, Die Änderung von Steuerbescheiden und Einspruchsentscheidungen bei Rechtshängigkeit, DStZ 1978, 129; TIEDCHEN, Änderungen eines Steuerbescheides während des finanzgerichtlichen Verfahrens nach § 68 FGO, BB 1996, 1138.


### A. Bedeutung der Vorschrift

Das finanzbehördliche Einspruchsverfahren ist **Fortsetzung** des allgemeinen Verwaltungsverfahrens. Insofern ist es nur zweckmäßig, die dort geltenden Vorschriften auch im Einspruchsverfahren anzuwenden. § 365 Abs. 1 AO begnügt sich dabei mit einer **generellen Verweisung** auf die Vorschriften, die für den Erlass des angefochtenen bzw. begehrten Verwaltungsakts gelten. Durch den Hinweis »im Übrigen« stellt der Gesetzgeber klar, dass die Vorschriften des Besteuerungsverfahrens nur dann Anwendung finden, wenn es keine besonderen nur für das Einspruchsverfahren geltenden Verfahrensvorschriften gibt. Anwendbar sind grundsätzlich alle Vorschriften, die für den **Erlass des Verwaltungsakts** gelten. In Betracht kommen alle Vorschriften vom Beginn bis zur Bekanntgabe des Verwaltungsakts. Das sind insbes. allgemeine Verfahrensvorschriften, Vorschriften über die Sachverhaltsaufklärung, die Steuerfestsetzung sowie die Festsetzung von Besteuerungsgrundlagen und Haftungsvorschriften. Vorschriften der Sachverhaltsaufklärung für besondere Zwecke, vor allem Befugnisse der Steuerfahndung (§ 208 AO), Zollfahndung (§§ 209 ff. AO) und Außenprüfung (§§ 193 ff. AO), sind nicht sinngemäß anwendbar (zur Außenprüfung *Seer* in Tipke/Kruse, § 365 AO Rz. 13). 1

### B. Anwendbare Vorschriften im Einspruchsverfahren (§ 365 Abs. 1 AO)

#### I. Allgemeine Verfahrensvorschriften

Anwendbar sind zunächst die **allgemeinen Verfahrensvorschriften**. Gemeint sind Regelungen über die Handlungsfähigkeit (§ 79 AO), Bevollmächtigte und Beistände (§ 80 AO) und amtlich bestellte Vertreter (§ 81 AO). Für die Beteiligten (§ 78 AO) gilt jedoch § 359 AO als spezielle Verfahrensnorm des Einspruchsverfahrens. 2

## II. Sachaufklärung

3 Die Einspruchsbehörde prüft die Recht- und Zweckmäßigkeit des angefochtenen Verwaltungsakts im vollen Umfang. Auch der **Sachverhalt** unterliegt damit der vollständigen Nachprüfung. Auch im Einspruchsverfahren hat die Finanzbehörde den Sachverhalt von Amts wegen zu ermitteln (§ 88 AO, dazu § 367 Abs. 2 Satz 2 AO). Neben dem **Amtsermittlungsgrundsatz** sind die Bestimmungen über die allgemeinen Besteuerungsgrundsätze (§ 85 AO), über die Verpflichtung zur Beratung und Auskunft (§ 89 AO), soweit es um die Besonderheiten des Einspruchsverfahrens geht, über die Mitwirkungspflichten des Steuerpflichtigen (§ 90 AO) und über das Recht zur Anhörung (§ 91 AO) sinngemäß anwendbar. Der Einspruchsführer kann den Umfang der Sachverhaltsaufklärung nicht wirksam beschränken (§ 88 Abs. 1 Satz 2 AO).

Zur Sachverhaltsaufklärung kann sich die Finanzbehörde der in § 92 AO aufgeführten **Beweismittel** bedienen, die sie nach pflichtgemäßem Ermessen für erforderlich hält. Sie kann Auskünfte einholen (§ 93 AO), Sachverständige befragen (§ 96 AO), zur Abgabe einer eidesstattlichen Versicherung auffordern (§ 95 AO), die eidliche Vernehmung veranlassen (§ 94 AO), den Augenschein einnehmen (§ 98 AO) und die Vorlage von Urkunden und Wertsachen verlangen (§§ 97, 100 AO). Zu beachten sind jedoch auch hier die Auskunfts- und Vorlageverweigerungsrechte (§§ 101 bis 106 AO). Die **Mitwirkungspflichten** können nach § 328 ff. AO erzwungen werden. Anders als im Veranlagungsverfahren kann die Sachverhaltsaufklärung und Beweiswürdigung im Einspruchsverfahren nach Ablauf einer mit Ausschlusswirkung gesetzten Frist begrenzt werden (§ 364b AO). § 364a AO sieht als spezielle Regelung des Einspruchsverfahrens eine **mündliche Erörterung** zur besseren Sachaufklärung vor.

4 Für das Einspruchsverfahren haben die Beteiligten nach **§ 365 Abs. 2 AO** einen besonderen Anspruch auf **rechtliches Gehör**, wenn eine mündliche Auskunft an Amtsstelle (§ 93 Abs. 5 AO), ein mündliches Gutachten zu erstatten ist (§ 96 Abs. 7 AO), der Augenschein einzunehmen ist (§ 98 AO), Grundstücke und Räume betreten werden sollen (§ 99 AO) oder Wertsachen vorgelegt werden müssen (§ 100 AO). In diesen Fällen muss den Beteiligten und ihren Bevollmächtigten und Beiständen (§ 80 AO) die Möglichkeit gegeben werden, an der Beweisaufnahme teilzunehmen (§ 365 Abs. 2 AO) Dies geht über das nach § 91 Abs. 1 AO grundsätzlich bestehende Recht zur Äußerung hinaus.

5 Auch die Einspruchsbehörde ist zur Schätzung der Besteuerungsgrundlagen gem. § 162 AO unter den dort genannten Voraussetzungen befugt, soweit sie sie nicht ermitteln oder berechnen kann.

## III. Festsetzungsverfahren und Feststellung von Besteuerungsgrundlagen

Auch die speziellen Vorschriften über die Feststellung von Besteuerungsgrundlagen und die Festsetzung von Steuern und Steuermessbeträgen sind im Einspruchsverfahren anwendbar. Die Einspruchsentscheidung kann auch vorläufig ergehen (§ 165 AO) oder unter dem **Vorbehalt der Nachprüfung** (§ 164 AO) stehen (BFH v. 12.06.1980, IV R 23/79, BStBl II 1980, 527; BFH v. 16.10.1984, VIII R 162/80, BStBl II 1985, 448; *Seer* in Tipke/Kruse, § 365 AO Rz. 20). Wird ein Bescheid über eine einheitliche Feststellung angefochten, kann auch nur die Einspruchsentscheidung einheitlich ergehen (FG Mchn v. 16.03.1972, IV 93/71, EFG 1972, 459).

Anders als im gerichtlichen Rechtsbehelfsverfahren ist die Nachprüfung von **Ermessensentscheidungen** nicht begrenzt (§ 102 FGO). Die Einspruchsbehörde muss ihr Ermessen neu ausüben (§ 5 AO) und eigene Zweckmäßigkeitserwägungen anstellen. 7

vorläufig frei 8

## C. Änderung des angefochtenen Verwaltungsakts

Ein Verwaltungsakt kann auch während des Einspruchsverfahrens aufgehoben oder geändert werden (§ 132 AO). Wie im finanzgerichtlichen Verfahren (§ 68 FGO) wird auch hier der ändernde Verwaltungsakt kraft Gesetzes **Gegenstand des Einspruchsverfahrens** (§ 365 Abs. 3 AO). Ein Antrag ist nicht erforderlich. Dies verhindert, dass der Einspruchsführer ohne erneuten Einspruch aus dem Einspruchsverfahren gedrängt wird, wenn der ursprüngliche Verwaltungsakt geändert oder durch einen neuen Verwaltungsakt ersetzt wird (BT-Drs. 10/1636, 51). Aus dem gleichen Grund sind die Begriffe des Ersetzens und Änderns auch weit auszulegen, sodass sie auch eine lediglich betragsmäßige Änderung eines Steuerbescheids oder sonstigen Verwaltungsakts erfassen (BFH v. 09.05.2012, I R 91/10, BFH/NV 2012, 2004). Dabei regelt § 365 Abs. 3 AO nur den Fall, dass die Änderung noch **vor Bekanntgabe** der Einspruchsentscheidung erfolgt. Danach ist § 68 FGO einschlägig. 9

Die Regelung setzt zunächst ein **anhängiges Rechtsbehelfsverfahren** voraus. Der Einspruch gegen den ursprünglichen Verwaltungsakt muss also zulässig sein (BFH v. 13.04.2000, V R 56/99, BStBl II 2000, 490). Wird der Verwaltungsakt bereits vor Einlegung des Einspruchs geändert, ist § 365 Abs. 3 AO nicht anwendbar (*Szymzcak* in K/S, § 365 AO Rz. 9). 10

Der Begriff **Ersetzung** findet sich nur in § 365 Abs. 3 AO. Eine Ersetzung liegt wohl immer dann vor, wenn die Finanzbehörde den ursprünglichen Verwaltungsakt aufhebt und anstelle dessen ein neuer Verwaltungsakt mit 11 gleichem oder modifiziertem rechtlichen Regelungsinhalt erlässt (*Dumke* in Schwarz/Pahlke, § 365 AO Rz. 20; zum Begriff: BFH v. 17.04.1991, II R 142/87, BStBl II 1991, 257; a. A. *Birkenfeld* in HHSp, § 365 AO Rz. 179b f., der die Ersetzung auf den Fall beschränkt, dass ein wirksamer Verwaltungsakt an die Stelle eines **unwirksamen Verwaltungsaktes** tritt nach § 365 Abs. 3 Satz 2 Nr. 2 AO; so wohl auch: *Seer* in Tipke/Kruse, § 365 AO Rz. 33). Ersetzt wird ein USt-Vorauszahlungsbescheid durch die USt-Jahreserklärung (BFH v. 03.11.2011, V R 32/10, BStBl II 2012, 525) und eine Prüfungsanordnung durch Erlass einer neuen Prüfungsanordnung denselben Zeitraum und dieselben Steuerarten betreffend (BFH v. 22.05.1979, VIII 218/78, BStBl II 1979, 741). Dagegen lässt ein geänderter Feststellungsbescheid nach § 180 Abs. 1 Nr. 3 AO den Einheitswertbescheid nach § 180 Abs. 1 Nr. 1 AO unberührt (BFH v. 26.10.1994, II R 99/93, BFH/NV 1995, 613). Ein geänderter GewSt-Messbescheid wird auch nicht Gegenstand des Rechtsbehelfsverfahrens gegen den ESt-Bescheid (BFH v. 01.12.1976, I R 73/76, BStBl II 1977, 315).

12 Wird der Verwaltungsakt **geändert**, ist zu differenzieren. Entspricht der ändernde Verwaltungsakt dem Einspruchsantrag, so erledigt sich das Verfahren in der Hauptsache. Nach einer **Vollabhilfe** bedarf es keiner Einspruchsentscheidung mehr (BFH v. 21.12.2012, IX B 101/12, BFH/NV 2013, 510). Wird dem Einspruch nur teilweise abgeholfen (**Teilabhilfe**), wird der geänderte Verwaltungsakt Gegenstand des Verfahrens, ohne dass es einer erneuten Einspruchseinlegung bedarf. Die Einspruchsentscheidung ergeht nur insoweit dem Einspruch noch nicht abgeholfen wurde. Der **verbösernde Verwaltungsakt** wird Gegenstand des Einspruchsverfahrens. Er kann nicht erneut angefochten werden.

13 Für die Teilrücknahme bzw. den Teilwiderruf gilt § 365 Abs. 3 AO nicht, da der ursprüngliche Verwaltungsakt eingeschränkt bestehen (§ 124 Abs. 2 AO) und damit auch der Einspruch anhängig bleibt (BT-Drs. 10/1636, 51).

14 Während des Einspruchsverfahrens kann die Finanzbehörde auch **offenbare Unrichtigkeiten** nach § 129 AO korrigieren. § 365 Abs. 3 AO ist nunmehr auch auf diese Fälle erstreckt worden (§ 365 Abs. 3 Satz 2 Nr. 1 AO). Der berichtigende Verwaltungsakt wird zum Gegenstand des Verfahrens. Der Einspruchsführer braucht auch dann keinen neuen Einspruch einzulegen, wenn er geltend macht, die Voraussetzungen des § 129 AO hätten nicht vorgelegen (neue Beschwer).

15 Wird ein **unwirksamer Verwaltungsakt** angefochten, kann die Finanzbehörde ihn durch einen wirksamen ersetzen, der dann zum Gegenstand des Einspruchsverfahrens wird (**§ 365 Abs. 3 Satz 2 Nr. 2 AO**). Ein Verwaltungsakt ist auch dann anfechtbar, wenn er unwirksam ist. Zwar entfaltet weder der nichtige (§ 124 Abs. 3 AO) noch der nicht ordnungsgemäß bekannt gegebene und deshalb unwirksame Verwaltungsakt Rechtswirkungen. Sie können aber den **Rechtsschein der Wirksamkeit** für sich haben, der nur durch Aufhebung beseitigt werden kann (BFH v. 07.08.1985, I R 309/82, BStBl II 1986, 42). Eine Frist für die Anfechtung gibt es nicht. Auf die Anfechtung hin ist der unwirksame Verwaltungsakt aufzuheben und an seiner Stelle ein wirksamer zu erlassen (*Birkenfeld* in HHSp, § 365 AO Rz. 179b f., der darin eine Ersetzung des unwirksamen Verwaltungsakts sieht). Trotz »Aufhebung« des Anfechtungsgegenstandes bleibt das Einspruchsverfahren, nun über den wirksamen Verwaltungsakt, weiter anhängig. Es wird nun nicht mehr über die Wirksamkeit des bislang angefochtenen, sondern über die inhaltliche Rechtmäßigkeit des neuen Verwaltungsaktes entschieden. Hat der Einspruchsführer mit dem alten Einspruch nur die Unwirksamkeit des ursprünglichen Bescheides geltend gemacht, kann er seinen Einspruch zurücknehmen oder ihn für erledigt erklären.

## § 366 AO Form, Inhalt und Erteilung der Einspruchsentscheidung

**Die Einspruchsentscheidung ist zu begründen, mit einer Rechtsbehelfsbelehrung zu versehen und den Beteiligten schriftlich oder elektronisch zu erteilen.**

### Inhaltsübersicht



### Schrifttum


Frenkel, Form, Inhalt und Bekanntgabe außergerichtlicher Rechtsbehelfsentscheidungen (§ 366 AO), DStR 1980, 558; Schlücking, Allgemeine Grundsätze zur Bekanntgabe von schriftlichen Verwaltungsakten, insb. von Steuerbescheiden und Einspruchsentscheidungen, DStZ 1982, 165; App, Form und Inhalt von Einspruchsentscheidungen, StW 1988, 69; Streck, Mack, Schwedhelm, Unverständlichkeit der Einspruchsentscheidung, Stbg 1997, 115; Carlé, Einspruchsentscheidung per Telefax als Bekanntgabefalle, Erfolgreicher Steuer-Rechtschutz, AO-StB 2010, 117; Rosenke, Anforderungen an den elektronischen Verwaltungsakt, EFG 2010, 621.


### A. Schriftlichkeit

Die Einspruchsentscheidung ist zu begründen. Nach der Änderung durch das Gesetz zur Modernisierung des Besteuerungsverfahrens vom 18.07.2016 (BGBl. I 2016, 1679) kann die Einspruchsentscheidung auch elektronisch erteilt werden. Die Entscheidung muss weiterhin die Behörde, die die Entscheidung getroffen hat, mit Name, Anschrift, Behördenleiter und Vertreter erkennen 1 lassen (§ 365 Abs. 1 AO i. V. m. § 119 Abs. 3 AO) und das **Datum der Absendung** sowie die **Unterschrift** enthalten (zum Verzicht auf die Unterschrift bei Massen-Einspruchsentscheidungen *Seer* in Tipke/Kruse, § 366 AO Rz. 2).

### B. Begründung

2 Die Entscheidung ist zu begründen. Dies gilt auch, wenn dem Einspruch stattgegeben wird. Das Begründungserfordernis ist Ausfluss der rechtsstaatlichen Grundsätze, wonach der Einspruchsführer ein Recht darauf hat, zu erfahren, auf welchen rechtlichen und tatsächlichen Gründen eine ihn belastende Entscheidung beruht (BVerfG v. 16.01.1957, 1 BvR 253/56, BVerfGE 6, 32). Er soll in die Lage versetzt werden, die der Entscheidung zugrunde liegende Auffassung der Finanzbehörde zu erkennen. Im Falle einer Klageerhebung wird die Rechtsbehelfsentscheidung zur Grundlage der gerichtlichen Nachprüfung. Auch das FG muss demnach erkennen können, auf welchen Grundlagen die Entscheidung beruht.

3 Die Begründung muss sowohl die **tatsächlichen als auch die rechtlichen Erwägungen** darlegen. Zunächst hat eine geordnete, vollständige und verständliche Sachverhaltsdarstellung zu erfolgen, die die tatsächlichen Verhältnisse wiedergibt, von denen die Finanzbehörde ausgegangen ist. Dieser »Tatbestandsteil« hat auch die ermittelten Tatsachen und erhobenen Beweise im Rahmen einer ordnungsgemäßen Beweiswürdigung darzulegen (*Seer* in Tipke/Kruse, § 366 AO Rz. 7). Die Einspruchsentscheidung muss dann in einer für den Empfänger nachprüfbaren Weise erkennen lassen, welche rechtlichen Erwägungen zu der Entscheidung geführt haben. Die Finanzbehörde muss dabei das wesentliche tatsächliche und rechtliche **Vorbringen des Einspruchsführers** würdigen. **Formalisierte Begründungen** reichen nicht aus (*Seer* in Tipke/Kruse, § 366 AO Rz. 9; a. A. *Birkenfeld* in HHSp, § 366 AO Rz. 43, der eine formularmäßige Entscheidung zumindest dann zulässt, wenn damit eine auf den konkreten Einspruch bezogene Begründung gegeben wird). **Ermessensentscheidungen** müssen sowohl erkennen lassen, dass Ermessen überhaupt ausgeübt wurde, als auch von welchen Gesichtspunkten sich die Finanzbehörde hat leiten lassen.

4 Eine fehlende Begründung stellt einen Verfahrensfehler dar, der jedoch nicht zur Nichtigkeit der Entscheidung führt (BFH v. 09.05.1996, IV B 58/95, BFH/NV 1996, 871). Der Verfahrensfehler wird nicht dadurch geheilt, dass die Begründung im finanzgerichtlichen Verfahren nachgeholt wird (*Seer* in Tipke/Kruse, § 366 AO Rz. 16). Das Finanzgericht muss die Einspruchsentscheidung als rechtswidrig aufheben und die Sache an die Finanzbehörde zurückverweisen. Dies gilt jedoch dann nicht, wenn in der Sache keine andere Entscheidung hätte getroffen werden können (§ 127 AO; *Bartone* in Gosch, § 127 AO Rz. 20; *Keß* in Schwarz/Pahlke, § 366 AO Rz. 33; BFH v. 29.02.1996, X B 303/95, BFH/NV 1996, 606, *Seer* in Tipke/Kruse, § 366 AO Rz. 16).

vorläufig frei

### C. Rechtsbehelfsbelehrung

Die Einspruchsentscheidung ist mit einer Rechtsbehelfs- 6
belehrung zu versehen. Wegen der Anforderungen und der Folgen einer fehlenden bzw. unrichtigen Belehrung § 55 FGO.

### D. Erteilung der Einspruchsentscheidung

Die Einspruchsentscheidung ist allen Beteiligten schrift- 7
lich oder elektronisch zu erteilen (§ 366 Abs. 1, § 359 AO). Durch das Gesetz zur Modernisierung des Besteuerungsverfahrens vom 18.07.2016 (BGBl. I 2016, 1679) wurde der Wortlaut der Norm von »bekannt zu geben«, auf »den Beteiligten schriftlich oder elektronisch zu erteilen« geändert. Jedoch gilt für schriftliche Verwaltungsakte nach dieser Änderung nichts anderes als zuvor. Für die Bekanntgabe der Einspruchsentscheidung gelten die Vorschriften über die Bekanntgabe von Verwaltungsakten. Auf die Erläuterungen zu § 122 AO wird deshalb Bezug genommen.

Mit der Einführung des § 122a AO durch das Gesetz zur Modernisierung des Besteuerungsverfahrens vom 18.07.2016 (BGBl. I 2016, 1679) kann der Beteiligte, sofern er den Zugang zum Datenabruf eröffnet hat, die Einspruchsentscheidung abrufen.

## § 367 AO
## Entscheidung über den Einspruch

**(1) Über den Einspruch entscheidet die Finanzbehörde, die den Verwaltungsakt erlassen hat, durch Einspruchsentscheidung. Ist für den Steuerfall nachträglich eine andere Finanzbehörde zuständig geworden, so entscheidet diese Finanzbehörde; § 26 Satz 2 bleibt unberührt.**

**(2) Die Finanzbehörde, die über den Einspruch entscheidet, hat die Sache in vollem Umfang erneut zu prüfen. Der Verwaltungsakt kann auch zum Nachteil des Einspruchsführers geändert werden, wenn dieser auf die Möglichkeit einer verbösernden Entscheidung unter Angabe von Gründen hingewiesen und ihm Gelegenheit gegeben worden ist, sich hierzu zu äußern. Einer Einspruchsentschei-**

**dung bedarf es nur insoweit, als die Finanzbehörde dem Einspruch nicht abhilft.**

**(2a) [1]Die Finanzbehörde kann vorab über Teile des Einspruchs entscheiden, wenn dies sachdienlich ist. [2]Sie hat in dieser Entscheidung zu bestimmen hinsichtlich welcher teile Bestandskraft eintreten soll.**

**(2b) [1]Anhängige Einsprüche, die eine vom Gerichtshof der Europäischen Union, vom Bundesverfassungsgericht oder vom Bundesfinanzhof entschiedene Rechtsfrage betreffen und denen nach dem Ausgang des Verfahrens vor diesen Gerichten nicht abgeholfen werden kann, können durch Allgemeinverfügung insoweit zurückgewiesen werden. [2]Sachlich zuständig für den Erlass der Allgemeinverfügung ist die oberste Finanzbehörde. [3]Die Allgemeinverfügung ist im Bundessteuerblatt und auf den Internetseiten des Bundesministeriums der Finanzen zu veröffentlichen. [4]Sie gilt am Tag nach der Herausgabe des Bundessteuerblattes, in dem sie veröffentlicht wird, als bekannt gegeben. [5]Abweichend von § 47 Abs. 1 der Finanzgerichtordnung endet die Klagefrist mit Ablauf eines Jahres nach dem Tag der Bekanntgabe. [6]§ 63 Abs. 1 Nr. 1 der Finanzgerichtordnung gilt auch, soweit der Einspruch durch eine Allgemeinverfügung nach Satz 1 zurückgewiesen wurde.**

**(3) Richtet sich der Einspruch gegen einen Verwaltungsakt, den eine Behörde auf Grund gesetzlicher Vorschrift für die zuständige Finanzbehörde erlassen hat, so entscheidet die zuständige Finanzbehörde über den Einspruch. Auch die für die zuständige Finanzbehörde handelnde Behörde ist berechtigt, dem Einspruch abzuhelfen.**

**Inhaltsübersicht**



**Schrifttum**


MITTELBACH, Änderung angefochtener Steuerbescheide im Einspruchsverfahren, DStR 1974, 715; MENNACHER, Die Entscheidung über den Einspruch (§ 367 AO), BB 1980, 1209; APITZ, Die Möglichkeit der Änderung zum Nachteil des Steuerpflichtigen im Rahmen des Einspruchsverfahrens – Verböserung, § 367 Abs. 2 AO, DStR 1985, 101; SEITRICH, Wann ist das Finanzamt an einer Verböserung gehindert?, BB 1988, 1799; FLIES, »Verböserung« im Einspruchsverfahren, DB 1995, 950; VON WEDELSTÄDT, Teilanfechtung und ihre Folgen, DB 1997, 696; PUMP, Ist der Einspruch gegen den Abhilfebescheid statthaft?, StBp. 1998, 22; VON WEDELSTÄDT, Erlaubt § 174 Abs. 4 AO die Änderung desselben im Rechtsbehelfsverfahren geänderten Bescheids?, DB 2000, 113; SIKORSKI, Überblick über wesentliche verfahrensrechtliche Änderungen 2006/2007, DStR 2007, 183; BERGAN/MARTIN, Teileinspruchsentscheidung und Allgemeinverfügung, DStZ 2008, 518; INTEMANN, Ausgewählte Probleme der Teileinspruchsentscheidung, DB 2008, 1005; STEINGER, Zur Frage der Sachdienlichkeit von Teil-Einspruchsentscheidungen nach § 367 Abs. 2a Satz 1 AO, DStZ 2008, 674.


## A. Bedeutung der Vorschrift

Das Einspruchsverfahren ist eine Fortsetzung des allgemeinen Verwaltungsverfahrens, dass durch die Finanzbehörde einen selbstständigen Verfahrensabschluss finden muss. Das gilt zumindest solange der Einspruchsführer das Verfahren nicht selbst durch Rücknahme des Einspruchs (§ 362 AO) oder Erledigungserklärung beendet. § 367 AO trifft Regelungen zur **Zuständigkeit** der Finanzbehörde im Einspruchsverfahren, zu den **Verfahrensgrundsätzen**, insbes. den Inhalt der Entscheidungsbefugnis sowie zu den **Abschlussmaßnahmen**, mit denen die Finanzbehörde das Einspruchsverfahren beenden kann. 1

Das Einspruchsverfahren ist **gebührenfrei**. Nur im Einspruchsverfahren gegen eine **Kindergeldfestsetzung** entscheidet die Familienkasse von Amts wegen über die Erstattung der Kosten für die Rechtsverteidigung, insbes. der Auslagen für einen Rechtsbeistand (§ 77 Abs. 1 und 2 EStG). Im Übrigen ist die Erstattungsfähigkeit von einer Entscheidung des Finanzgerichts über die Notwendigkeit der Zuziehung eines Beistands abhängig (§ 139 Abs. 3 Satz 3 FGO). 2

## B. Zuständige Behörde

Zu unterscheiden ist zunächst zwischen der **Einlegungsbehörde** (§ 357 Abs. 2 AO), bei der der Einspruch anzubringen ist und der **Einspruchsbehörde** (§ 367 Abs. 1 AO), die über den eingelegten Einspruch entscheidet. 3

### I. Grundsätzliche Zuständigkeit nach § 367 Abs. 1 AO

Über den Einspruch entscheidet die Finanzbehörde, die den Verwaltungsakt erlassen hat (§ 367 Abs. 1 Satz 1 1. Alt. AO) oder nachträglich für den Steuerfall zuständig geworden ist (§ 367 Abs. 1 Satz 1 2. Alt. AO). Damit kommt dem Einspruch kein **Devolutiveffekt** zu. Hier zeigt sich der Zweck des Einspruchsverfahrens, den Finanzbehörden eine Selbstkontrolle ihrer eigenen Verwaltungstätigkeit zu ermöglichen. Über den Einspruch gegen 4 eine **Steueranmeldung** entscheidet die Finanzbehörde, die die Steuer bei Abweichungen festsetzt oder einer Steuerherabsetzung/-vergütung zuzustimmen hat (§§ 167 Abs. 1 Satz 1, 168 Satz 2 AO). Die Vorschrift gilt sinngemäß auch für die Festsetzung des Kindergelds durch die Familienkassen. Über den Einspruch entscheidet die Familienkasse, die den angefochtenen Kindergeldbescheid erlassen hat.

5 vorläufig frei

6 Ist für den Steuerfall **nachträglich** eine **andere Finanzbehörde** zuständig geworden, so entscheidet diese (§ 367 Abs. 1 Satz 2 AO). Entgegen dem Wortlaut gilt die Vorschrift sinngemäß auch für die Angelegenheiten, in denen es ausnahmsweise nicht um einen Steuerfall geht, sondern in einer anderen Sache über einen Einspruch zu entscheiden ist (*Seer* in Tipke/Kruse, § 367 AO Rz. 6). Die Zuständigkeit der Finanzbehörde ändert sich überwiegend durch **Wohnsitzwechsel** – dies gilt nicht, wenn der neue Wohnsitz des Steuerpflichtigen nicht bekannt ist (FG He v. 26.10.1987, 7 K 363/83, EFG 1988, 60) – oder seltener durch die **Verschiebung von Finanzamts – Bezirksgrenzen**, Übertragungen von Verwaltungsaufgaben oder durch Änderung gesetzlicher Zuständigkeitsregelungen (§§ 42c Abs. 2, 46 Abs. 6 EStG a. F. für die Antragsveranlagung eines Arbeitnehmers).

7 Mit dem Zuständigkeitswechsel ist grundsätzlich auch ein Übergang der Entscheidungskompetenz im Einspruchsverfahren auf die neu zuständige Finanzbehörde verbunden. Nach § 367 Abs. 1 Satz 2 2. HS AO bleibt § 26 Abs. 2 AO jedoch unberührt. Die **bislang zuständige Behörde** kann also das Einspruchsverfahren **fortführen**, wenn dies unter Wahrung der Interessen der Beteiligten der einfachen und zweckmäßigen Durchführung des Verfahrens dient. Dafür ist die **Zustimmung** der nunmehr zuständigen Finanzbehörde erforderlich. Weder die Zustimmung noch ihre Ablehnung ist ein separat anfechtbarer Verwaltungsakt (FG Nds. v. 10.02.1983, XI 536/82, EFG 1983, 530). Der Einspruchsführer kann ein solches Vorgehen lediglich anregen. Generelle Absprachen zwischen den Finanzbehörden oder gemeinsame Verfügungen der OFD – Vorsteher sind nicht zulässig (FG BW v. 23.01.1987, XIII – V 12/86, EFG 1987, 274). Vielmehr ist anhand des Einzelfalls zu entscheiden.

8 **Die Fortführung** des Einspruchsverfahrens durch die bisher zuständige Behörde ist immer dann angebracht, wenn ein Zuständigkeitswechsel zu **Verzögerungen** durch erneute Einarbeitung, insbes. bei umfangreichen Sachverhalten, zu unnützer **Doppelarbeit** oder Erschwernissen für den Einspruchsführer führen würde. Dies gilt vor allem in Anschluss an eine **Außenprüfung** oder **Steuerfahndung**.

9 vorläufig frei

## II. Besondere Zuständigkeit nach § 367 Abs. 3 AO

Wurde der angefochtene Verwaltungsakt von einer anderen Behörde aufgrund gesetzlicher Vorschriften für die zuständige Finanzbehörde erlassen, so entscheidet die zuständige Finanzbehörde über den Einspruch (§ 367 Abs. 3 Satz 1 AO). Für die zuständige Finanzbehörde handeln die **Zolldienststellen** für die Verwaltung der USt und KraftSt (§ 18 Satz 1 FVG) sowie **Kirchenbehörden** für die Verwaltung der KiSt. Die im Auftrag handelnde Behörde kann dem Einspruch jedoch nach § 367 Abs. 3 Satz 2 AO selbst abhelfen. Hat bei der Auftragsprüfung das beauftragte FA die Prüfungsanordnung erlassen, so hat auch dieses über den hiergegen gerichteten Einspruch zu entscheiden. Die Regelung des § 367 Abs. 3 Satz 1 AO ist in diesem Fall nicht anwendbar, da das beauftragte FA nicht aufgrund gesetzlicher Kompetenzzuweisung handelt, sondern auf der Grundlage eines Aktes der Ermessensausübung (§ 195 Satz 2 AO) des zuständigen FA (BFH v. 18.11.2008, VIII R 16/07, BStBl II 2009, 507; *Dumke* in Schwarz/Pahlke, § 367 AO Rz. 4a; a. A. *Seer* in Tipke/Kruse, § 367 AO Rz. 9; *Birkenfeld* in HHSp, § 367 AO Rz. 644; FG SAnh v. 24.06.2009, 2 K 297/09, EFG 2009, 1714, das die Zuständigkeit für eine Entscheidung über die Prüfungsanordnung beim zuständigen FA sieht, soweit die Beauftragung in Zweifel gezogen wird). 10

## C. Inhalt der Einspruchsentscheidung

Die für die Entscheidung zuständige Finanzbehörde **hat** über einen Einspruch dann **zu entscheiden**, wenn ein Einspruchsverfahren anhängig ist und das Einspruchsverfahren zulässig ist. Ein Einspruchsverfahren ist dann nicht mehr anhängig, wenn der Einspruch zurückgenommen wurde bzw. Erledigung erklärt wurde. 11

## I. Prüfungsumfang

Die Finanzbehörde hat die Sache ohne Bindung an Anträge in **vollem Umfang** erneut zu überprüfen (BFH v. 24.10.1995, III B 171/93, BFH/NV 1996, 289; BFH v. 10.09.1997, VIII B 55/96, BFH/NV 1998, 282; BFH v. 28.11.1989, VII R 40/84, BStBl II 1990, 561). Sie darf sich deshalb nicht darauf beschränken, den Regelungsinhalt des Verwaltungsakts auf seine Rechtmäßigkeit hin zu überprüfen, sondern muss über den **gesamten Lebenssachverhalt** neu entscheiden. Die Überprüfung findet ihre **Grenze** aber im angefochtenen Verwaltungsakt (BFH v. 19.01.1994, II R 32/90, BFH/NV 1994, 758; BFH v. 22.10.2000, IX R 62/97, BStBl II 2001, 124 zum Einspruch gegen einen Änderungsbescheid). Der Lebens- 12 sachverhalt, der dem angefochtenen Verwaltungsakt zugrunde liegt, darf nicht durch einen anderen Sachverhalt ersetzt werden; er muss also hinsichtlich der Personen, Steuern, Zeiträume und erwerbsteuerlichen Vorgänge gleichbleiben. Die Einspruchsbehörde muss den Sachverhalt jedoch nur dann umfassend neu ermitteln, wenn sich aus Aktenlage und Einspruchsbegründung Anhaltspunkte ergeben, dass der Sachverhalt bislang nicht hinreichend ermittelt worden ist (BFH v. 30.04.1965, III 25/65 U, BStBl III 1965, 464; *Seer* in Tipke/Kruse, § 367 AO Rz. 18).

13 Wird eine **Ermessensentscheidung** der Finanzbehörde angefochten, so hat die Entscheidungsbehörde ihr eigenes Ermessen auszuüben. Ihrer Begründung hat sie dabei den Sachverhalt zugrunde zu legen, der im Zeitpunkt der Einspruchsentscheidung vorliegt (*Dumke* in Schwarz/Pahlke, § 367 AO Rz. 14; BFH v. 19.11.2007, VIII B 30/07, BFH/NV 2008, 335). Auch eine fehlende Begründung einer Ermessensentscheidung kann durch die Einspruchsbehörde nachgeholt werden (*Seer* in Tipke/Kruse, § 367 AO Rz. 12).

14 Grenzen der Nachprüfung können sich aus der **Bindung** an andere Verwaltungsakte ergeben. Dabei kommen insbes. unanfechtbare Verwaltungsakte, die in einem **Änderungsverfahren** korrigiert wurden (§ 351 Abs. 1 AO) oder **Grundlagenbescheide** (§ 351 Abs. 2 AO) in Betracht. Nicht mehr erfasst sind Verwaltungsakte, deren **Festsetzungsfrist** während des Einspruchsverfahrens abgelaufen ist. Entgegen der früheren Rechtslage, hemmt der Einspruch gegen einen Verwaltungsakt nunmehr den Ablauf der Festsetzungsfrist hinsichtlich des gesamten Steueranspruchs, sodass eine Begrenzung der Nachprüfung durch bereits verjährte Teile des Verwaltungsakts nicht mehr in Betracht kommt (§ 171 Abs. 3a AO). Hier kommt es nicht mehr auf den Einspruchsantrag an. Eine Ablaufhemmung tritt auch ein, wenn der Einspruch nach Ablauf der Festsetzungsverjährung eingelegt wird. Steht der angefochtene Verwaltungsakt unter dem **Vorbehalt der Nachprüfung** (§ 164 AO) oder ist er mit **Vorläufigkeitsvermerk** ergangen (§ 165 AO), so ist die Einspruchsbehörde nicht gezwungen, eine endgültige Entscheidung zu treffen, sondern kann sowohl den Vorbehalts- als auch den Vorläufigkeitsvermerk aufrechterhalten (BFH v. 16.10.1984, VIII R 162/80, BStBl II 1985, 448).

15 Eine **Teilanfechtung** gibt es im finanzbehördlichen Verfahren grundsätzlich nicht (*Dumke* in Schwarz/Pahlke, § 367 AO Rz. 16; a. A. *Birkenfeld* in HHSp, § 367 AO Rz. 148; der eine Teilanfechtung dann zulässt, wenn sie sich auf mehrere selbstständige Regelungen bezieht oder Regelungen mit teilbarem Inhalt betreffen). Zur Besonderheit der Teilbestandskraft bei Bescheiden über die gesonderte Feststellung von Besteuerungsgrundlagen § 179 AO Rz. 7. Die Tatsache, dass der Einspruchsführer in seiner Begründung nur einzelne rechtliche oder tatsächliche Gesichtspunkte vorträgt, begrenzt nicht die Nachprüfungspflicht der Einspruchsbehörde (BFH v. 07.07.1994, XI B 3/94, BStBl II 1995, 785; BFH v. 10.09.1997, VIII B 55/96, BFH/NV 1998, 282). Zu beachten ist jedoch **§ 364 b AO**, der der Finanzbehörde die Befugnis gibt, für den Vortrag von Beweismitteln und Erklärungen eine Frist mit ausschließender Wirkung zu setzen.

vorläufig frei 16

## II. Verböserungsbefugnis

Der Verwaltungsakt **kann** auch **zum Nachteil** des Steuer- 17
pflichtigen geändert werden (§ 367 Abs. 2 Satz 2 AO). Liegen alle verfahrensrechtlichen und materiellrechtlichen Voraussetzungen vor, wird daraus eine Änderungspflicht (BFH v. 17.12.1998, IX R 45/96, BFH/NV 1998, 816). Die **fehlerhafte Rechtsanwendung** soll sowohl zugunsten als auch zuungunsten des Steuerpflichtigen korrigiert werden. Das Finanzamt ist daher auch dann noch zum Erlass einer verbösernden Einspruchsentscheidung berechtigt, wenn es zuvor einen Änderungsbescheid erlassen hat, in dem es dem Einspruchsbegehren teilweise entsprochen, jedoch nicht in voller Höhe abgeholfen hat (BFH v. 06.09.2006, XI R 51/05, BStBl II 2007, 83). § 367 Abs. 2 Satz 2 AO kommt dabei nur verfahrensregelnde Wirkung zu. Die Möglichkeit der Verböserung ergibt sich bereits aus dem Grundsatz der gleichmäßigen Steuerfestsetzung und -erhebung (*Dumke* in Schwarz/Pahlke, § 367 AO Rz. 17). Auch gegenüber dem nach § 360 Abs. 3 AO Hinzugezogenen ist eine Verböserung möglich (BFH v. 28.11.1989, VIII R 40/84, BStBl II 1990, 551). Gleiches gilt für nicht angefochtene, einer Teilbestandskraft fähige Teile eines teilbaren Verwaltungsaktes, wie bei der gesonderten Feststellung von Besteuerungsgrundlagen, hierzu § 179 AO Rz. 7.

**Verböserung** ist grundsätzlich jede nachteilige Ände- 18
rung des Regelungsinhaltes. Auch die Aufhebung eines begünstigenden Verwaltungsaktes ist eine Verböserung (mit Kritik *Seer* in Tipke/Kruse, § 367 AO Rz. 23). **Keine Verböserung** ist die Zurückweisung des Einspruchs als unbegründet oder unzulässig (BFH v. 14.03.2012, X R 50/09, BStBl II 2012, 536) oder die Änderung des Verwaltungsakts aufgrund allgemeiner Korrekturvorschriften. Dazu zählt auch die Aufhebung eines Nachprüfungsvorbehalts (BFH v. 21.08.1996, I R 75/95, BFH/NV 1997, 314; BFH v. 13.10.1999, I B 156/98, BFH/NV 2000, 545; a. A. *Seer* in Tipke/Kruse, § 367 Rz. 23).

Die Finanzbehörde muss den Einspruchsführer unter 19
Angabe von Gründen auf die Absicht einer verbösernden Entscheidung **hinweisen** (§ 367 Abs. 2 Satz 2 AO). Neben der Absicht zur Verböserung sind zudem die **steuerlichen Auswirkungen** der Verböserung darzulegen (BFH v. 21.09.1983, II R 153/82, BStBl II 1984, 177), der **Sach-**

verhalt darzustellen, der die Verböserung veranlasst und die **Gründe** für die Änderung der Rechtsauffassung aufzuzeigen (BFH v. 21.09.1983, II R 153/82, BStBl II 1984, 177). Es muss objektiv und nachprüfbar erkennbar sein, in welcher Beziehung und in welchem Umfang die Finanzbehörde ihre der Steuerfestsetzung zugrunde liegende Auffassung geändert hat (BFH v. 15.12.1992, VIII R 27/91, BFH/NV 1993, 599). Dem Einspruchsführer soll die Möglichkeit gegeben werden, die **Erfolgsaussichten** seines Rechtsbehelfs zu überprüfen, den Einspruch gegebenenfalls **zurückzunehmen** und damit die Verböserung abzuwenden. Kann dieser Zweck nicht erreicht werden, ist auch ein Hinweis auf die Verböserungsabsicht nicht erforderlich (BFH v. 10.07.1996, I R 5/96, BStBl II 1997, 5; *Birkenfeld* in HHSp, § 367 AO Rz. 450). Eines Hinweises bedarf es deshalb dann nicht, wenn die Änderung nach **allgemeinen Korrekturvorschriften** erfolgt oder erfolgen kann (Rz. 17) (FG Ha v. 06.09.1988, II 121/84, EFG 1989, 201; a. A. *Seer* in Tipke/Kruse, § 367 AO Rz. 27, der einen Hinweis zumindest dann für unverzichtbar hält, wenn eine Änderung auch nach allgemeinen Korrekturvorschriften möglich wäre). Der unterbliebene Hinweis ist auch dann unschädlich, wenn die Steuerfestsetzung unter dem **Vorbehalt der Nachprüfung** (§ 164 AO) steht und deshalb auch nach Rücknahme des Einspruchs noch zum Nachteil des Steuerpflichtigen geändert werden kann bzw. der Nachprüfungsvorbehalt aufgehoben werden soll (BFH v. 17.02.1998, IX R 45/96, BFH/NV 1998, 816; so auch *Seer* in Tipke/Kruse, § 367 AO Rz. 27). Beides gilt nicht, wenn bereits Festsetzungsverjährung eingetreten ist. Mit Rücknahme des Einspruchs würde dann die Ablaufhemmung (§ 171 Abs. 3a AO) und damit der Nachprüfungsvorbehalt entfallen (*Birkenfeld* in HHSp, § 367 AO Rz. 456; so auch BFH v. 25.02.2009, IX R 24/08, BStBl II 2009, 587, der selbst bei einer Änderung nach § 132 AO i. V. m. § 164 Abs. 2 AO im Rahmen des Einspruchsverfahrens eine Hinweispflicht unter analoger Anwendung des § 367 Abs. 2 Satz 2 AO für geboten hält, soweit nur durch den Einspruch die Festsetzungsfrist gem. § 171 Abs. 3a AO im Ablauf gehemmt ist).

**20** Hat das FA im Einspruchsverfahren eine Frist bestimmt, bis zu der es dem Stpfl. möglich sein soll, bei Vermeidung der zugleich angedrohten Verböserung den Einspruch zurückzunehmen, so kann ein Verstoß gegen Treu und Glauben vorliegen, wenn es gleichwohl vor Ablauf der selbst gesetzten Frist die verbösernde Einspruchsentscheidung erlässt. Ein solcher Verstoß stellt einen wesentlichen Verfahrensmangel dar, der zur Aufhebung der verbösernden Entscheidung führt (BFH v. 15.05.2013, VIII R 18/10, DB 2013, 1590).

## D. Abschluss des Einspruchsverfahrens

Einer **förmlichen Einspruchsentscheidung** bedarf es nur insoweit, als die Finanzbehörde dem Einspruch nicht abhilft, der Einspruch nicht zurückgenommen oder das Verfahren für erledigt erklärt wird. Abhelfen kann sowohl die zuständige Finanzbehörde, als auch die für die zuständige Finanzbehörde handelnde Behörde (§ 367 Abs. 2 Satz 3, Abs. 3 Satz 2 AO). **Abhilfe** erfolgt durch vollumfängliche oder teilweise Stattgabe im Wege des Erlasses eines dem Begehren des Einspruchsführers entsprechenden Verwaltungsakts. § 172 Abs. 1 Satz 1 Nr. 2a AO n. F. stellt nunmehr ausdrücklich klar, dass die Finanzbehörde einem Einspruch auch ohne ausdrückliche Zustimmung oder Antrag des Steuerpflichtigen abhelfen kann. Das Einspruchsverfahren ist dann in vollem Umfang oder für den abgrenzbaren Teil abgeschlossen, und zwar auch dann, wenn ein Dritter zum Verfahren hinzugezogen worden ist (BFH v. 11.04.1991, V R 40/86, BStBl II 1991, 605). Gegen den Abhilfebescheid ist der Einspruch statthaft und bei Vorliegen einer Beschwer zulässig (BFH v. 18.04.2007, XI R 47/05, BStBl II 2007, 736). Die Anfechtungsklage ist unzulässig, Letztere weil das Vorverfahren nicht erfolglos geblieben ist (§ 44 Abs. 1 FGO). Gleiches gilt für den **Teilabhilfebescheid**, der das Einspruchsverfahren nur insoweit erledigt, als der abhelfende Verwaltungsakt dem Begehren des Einspruchsführers entspricht. Eine förmliche Einspruchsentscheidung ist in diesem Umfang entbehrlich (*Seer* in Tipke/Kruse, § 367 AO Rz. 39; a. A. *Dumke* in Schwarz/Pahlke, § 367 AO Rz. 48), im Übrigen aber erforderlich. Auch bei Abhilfe ist eine förmliche Einspruchsentscheidung zulässig und z. B. auch geboten, wenn im Falle des § 174 Abs. 4 und 5 AO eine Änderung des Steuerbescheids beim Dritten erfolgen soll, der der Ausgangsänderung nicht zugestimmt hat (§ 174 AO Rz. 71 ff.; *von Wedelstädt* in Gosch, § 174 AO Rz. 126 a. E. m. w. N.). **21**

Die **förmliche Einspruchsentscheidung** bewirkt den Abschluss des anhängigen Einspruchsverfahrens. Sie ist nun grundsätzlich nicht mehr anfechtbar. Die Klage ist gegen den ursprünglichen Verwaltungsakt zu richten, in der Gestalt, die er durch die Einspruchsentscheidung gefunden hat. Ausnahmen ergeben sich für Einspruchsentscheidungen, die eine zusätzliche selbstständige Beschwer enthalten (BFH v. 04.11.1987, II R 167/81, BStBl II 1988, 377), durch die ein Dritter erstmalig beschwert ist (FG Ha v. 18.10.1968, I 244–248/67, EFG 1969, 84), die erlassen wurden, obwohl kein Einspruch eingelegt wurde (BFH v. 07.09.1995, III R 111/89, BFH/NV 1996, 521) oder obwohl das Einspruchsverfahren durch Rücknahmeerklärung abgeschlossen wurde (BFH v. 04.09.1997, IV R 27/97, BStBl II 1998, 286). **22**

3 Nach § 367 Abs. 2a AO in der Fassung des Jahressteuergesetzes 2007 vom 13.12.2006 kann die Finanzbehörde vorab über Teile des Einspruchs entscheiden. Die Teil-Einspruchsentscheidung ist mit dem Teilurteil (§ 98 FGO) vergleichbar. Sie ist ihrer Rechtsnatur nach hinsichtlich der durch sie erfassten Streitpunkte eine endgültige formelle Einspruchsentscheidung.

4 Ob die Finanzbehörde von der Möglichkeit der Teil-Einspruchsentscheidung Gebrauch macht, steht in ihrem pflichtgemäßen Ermessen. Die Teil-Einspruchsentscheidung muss der Sache dienlich sein. Daran fehlt es, wenn der Einspruch bereits unzulässig ist. In Betracht kommt die Teil-Einspruchsentscheidung, wenn ein Teil des Einspruchs entscheidungsreif ist und durch die Teil-Entscheidung des Verfahren gefördert wird, über einen anderen Teil des Einspruchs derzeit aber noch nicht entschieden werden kann, weil etwa die Voraussetzungen für eine Verfahrensaussetzung oder Verfahrensruhe gem. § 363 Abs. 2 AO erfüllt oder noch Ermittlungen zur Sach- und Rechtslage erforderlich sind (AEAO zu § 367, Nr. 6.1 Satz 2). Die Entscheidung kann sich dabei auch nur auf unstreitige Teile eines Bescheids beziehen (BFH v. 14.03.2012, X R 50/09, BStBl II 2012, 536). Sachdienlich ist eine Teileinspruchsentscheidung auch dann, wenn sie nicht allein auf den schnelleren Rechtschutz des Steuerpflichtigen gerichtet ist, sondern der Finanzverwaltung an einer zeitnahen Entscheidung über den entscheidungsreifen Teil eines Einspruchs dient, der ersichtlich nur zu dem Zweck eingelegt wurde die Steuerfestsetzung nicht bestandskräftig werden zu lassen (BFH v. 30.09.2010, III R 39/08, BStBl II 2011, 11). Ebenso, wenn eine Teileinspruchsentscheidung hinsichtlich aller nicht ausdrücklich angegriffenen Bestandteile des Bescheids ergeht (BFH v. 14.03.2012, X R 50/09, BStBl II 2012, 536). Soweit die Voraussetzungen des § 363 Abs. 2 AO vorliegen, darf eine Entscheidung nicht ergehen.

25 Aus Gründen der Rechtssicherheit hat die Finanzbehörde in der Teil-Einspruchsentscheidung ausdrücklich zu bestimmen, welche Teile des Einspruchs nicht bestandskräftig werden sollen. Die Bestimmung der Reichweite der Entscheidung ist Teil des Tenors. Bei Zweifeln über den Umfang der Vorgreiflichkeit muss die Restentscheidung insoweit offenbleiben (*Seer* in Tipke/Kruse, § 367 AO Rz. 64).

26 Teil- und End-Entscheidung müssen voneinander abgrenzbar sein und sich ohne Lücke ergänzen. Legt der Einspruchsführer gegen die Teil-Entscheidung keinen Rechtsbehelf ein, erwächst diese in Bestandskraft. Sie darf durch die End-Entscheidung nicht angetastet werden. Durch Teilentscheidung kann dem Einspruch teilweise stattgegeben oder er kann teilweise zurückgewiesen werden (*Seer* in Tipke/Kruse, § 367 AO Rz. 65).

Nach Erlass der Teil-Einspruchsentscheidung muss nicht stets eine förmliche Endeinspruchsentscheidung ergehen. Das Einspruchsverfahren kann dadurch abgeschlossen werden, dass hinsichtlich der Restentscheidung 27

- die Finanzbehörde dem Einspruch abhilft
- der Steuerpflichtige seinen Einspruch zurücknimmt
- eine Allgemeinverfügung nach § 367 Abs. 2b AO ergeht.

Die Teil-Einspruchsentscheidung ist selbstständig mit der Klage anfechtbar, sofern sich der Kläger gegen deren Rechtmäßigkeit wendet und begehrt, die verfahrensrechtliche Lage wiederherzustellen, die vor Erlass bestand (BFH v. 14.03.2012, X R 50/09, BStBl II 2012, 536).

Betreffen Einsprüche eine vom EuGH, BVerfG oder vom BFH entschiedene Rechtsfrage und kann den Einsprüchen nach dem Ausgang dieses Verfahrens nicht abgeholfen werden, können diese Einsprüche nach § 367 Abs. 2b AO durch Allgemeinverfügung der obersten Finanzbehörde insoweit zurückgewiesen werden. Es ist nicht erforderlich, dass sich der Steuerpflichtige in seinem Einspruch ausdrücklich das der Allgemeinverfügung zugrundeliegende Verfahren beruft. Anders als § 363 Abs. 2 Satz 2 AO verlangt § 367 Abs. 2b AO nicht, dass der Einspruch auf ein bestimmtes Verfahren gestützt wird. 28

Der Erlass der Allgemeinverfügung steht im Ermessen der obersten Finanzbehörde. Zuständig ist die oberste Finanzbehörde des Bundes oder der Länder. Die Allgemeinverfügung ist im Bundessteuerblatt und auf den Internetseiten des Bundesministeriums der Finanzen zu veröffentlichen. Sie gilt am Tag nach der Herausgabe des Bundessteuerblattes, in dem sie veröffentlicht wird, als bekannt gegeben. § 122 Abs. 4 AO wird insoweit von § 367 Abs. 2b AO verdrängt. 29

Gegen die Zurückweisung des Einspruchs durch Allgemeinverfügung ist die Klage zulässig. Die Klage ist gegen die Einspruchsbehörde zu richten (§ 63 Abs. 1 Nr. 1 FGO). Im Umfang der Allgemeinverfügung endet die Klagefrist abweichend von § 47 Abs. 1 FGO erst mit Ablauf eines Jahres nach dem Tag der Bekanntgabe der Allgemeinverfügung (*Seer* in Tipke/Kruse, § 367 AO Rz. 70). 30

## § 368 AO

**(aufgehoben)**

# Achter Teil. Straf- und Bußgeldvorschriften, Straf- und Bußgeldverfahren

## Vorbemerkungen zu §§ 369–412

### Schrifttum

KOHLMANN, Steuerstrafrecht, Loseblatt; ROLLETSCHKE/KEMPER, Steuerverfehlungen, Loseblatt; ROLLETSCHKE, Steuerstrafrecht, 4. Aufl. 2012; FLORE/TSAMBIKAKIS, Steuerstrafrecht, 1. Aufl. 2013; WABNITZ/JANOVSKY, Handbuch des Wirtschafts- und Steuerstrafrechts, 4. Aufl. 2013; WANNEMACHER, Steuerstrafrecht, 6. Aufl. 2013; VOLK, Verteidigung in Wirtschafts- und Steuerstrafsachen, 2. Aufl. 2014; GEHM, Kompendium Steuerstrafrecht, 2. Aufl. 2015; JESSE, Präventivberatung im Steuerstrafrecht, 2. Aufl. 1015; JOECKS/JÄGER/RANDT, Steuerstrafrecht, 8. Aufl. 2015; SCHAUMBURG/PETERS, Internationales Steuerstrafrecht, 1. Aufl. 2015; SIMON/WAGNER, Steuerstrafrecht, 4. Aufl. 2015; HÜLS/REICHLING, Steuerstrafrecht, 2016; QUEDENFELD/FÜLLSACK, Verteidigung in Steuerstrafsachen, 5 Aufl. 2016; WEBEL, Steuerfahndung – Steuerstrafverteidigung, 3. Aufl. 2016; GRAF/JÄGER/WITTIG, Wirtschafts- und Steuerstrafrecht, 2. Aufl. 2017; STRECK/SPATSCHECK/TALASKA, Die Steuerfahndung, 5. Aufl. 2017.

1 Der Achte Teil der Abgabenordnung (s. §§ 369 bis 412 AO) enthält die **Straf- und Bußgeldvorschriften** für **Zuwiderhandlungen gegen die Steuergesetze** sowie die besonderen Vorschriften für das **Straf- und Bußgeldverfahren** wegen dieser Verfehlungen. Hierbei handelt es sich nicht um selbstständige und abgeschlossene Regelungen, sondern um **Ergänzungen** des allgemeinen – materiellen und prozessualen – Straf- und Ordnungswidrigkeitenrechts. Dass dies gesetzestechnisch in der Abgabenordnung geschieht und nicht im Rahmen des StGB, des OWiG, der StPO und des GVG, erklärt sich aus dem spezifischen und eigenständigen Charakter der Steuerrechtsmaterie. Die enge Verzahnung der einschlägigen Delikte mit den Steuertatbeständen und Verfahrensregelungen der Steuergesetze und nicht zuletzt die besonderen Fachkenntnisse und Erfahrungen der Finanzbehörden, auf die bei der Erforschung solcher Taten nicht verzichtet werden kann, machen die zusammenhängende Regelung dieses Bereichs des Nebenstrafrechts in der AO sinnvoll. Hinzu kommt, dass die fließenden Übergänge zwischen Steuerstraftaten und Steuerordnungswidrigkeiten, wie sie bei den Verkürzungsdelikten (s. §§ 370, 378 AO) mit ihrer weitgehenden Übereinstimmung der objektiven Tatbestände zutage treten, eine Aufspaltung in getrennte Gesetzesmaterien nicht zulassen.

2 Verschiedene Gesetze erklären die Straf- und Bußgeldvorschriften der AO für **nichtsteuerliche Abgaben** für **entsprechend anwendbar** (z. B. für Abgaben im Bereich der EG-Marktordnungen, MarktordnungsG). Das Gleiche gilt in den Bereichen des Prämienrechts (Wohnungsbau- und Sparprämiengesetz) und der Zulagen gem. 5. VermBG. **Nichtanwendbar** sind die Regelungen für Investitionszulagen nach dem InvZulG und die Eigenheimzulage nach dem EigZulG (BGH v. 06.06.2007, 5 StR 127/07. NJW 2007, 2864). Einschlägige unwahre Angaben betreffend die Investitionszulage gelten als Subventionsbetrug im Sinne von § 264 StGB, wobei jedoch das FA als Strafverfolgungsbehörde tätig wird (s. § 14 InvZulG 2007). Die Eigenheimzulage fällt nicht in den Schutzbereich des § 264 StGB, weil sie nach Abs. 7 der Vorschrift keine Subvention ist. Sie ist durch § 263 StGB erfasst (s. § 15 Abs. 2 EigZulG).

In den **Einzelsteuergesetzen** findet sich weitere Ordnungswidrigkeitentatbestände: s. § 50e und § 50f EStG; §§ 26a und b UStG. Die gewerbs- oder bandenmäßige Schädigung Umsatzsteueraufkommens ist in § 26c UStG als Straftatbestand geregelt. 3

**Einige spezifische Delikte sind im Strafgesetzbuch** geregelt, nämlich die Steuerzeichenfälschung als Spielart der Wertzeichenfälschung im Sinne der §§ 148 ff. StGB und die Verletzung des Steuergeheimnisses nach § 355 StGB. 4

## Erster Abschnitt: Strafvorschriften

## § 369 AO Steuerstraftaten

**(1) Steuerstraftaten (Zollstraftaten) sind:**

**1. Taten, die nach den Steuergesetzen strafbar sind,**

**2. der Bannbruch,**

**3. die Wertzeichenfälschung und deren Vorbereitung, soweit die Tat Steuerzeichen betrifft,**

**4. die Begünstigung einer Person, die eine Tat nach den Nummern 1 bis 3 begangen hat.**

**(2) Für Steuerstraftaten gelten die allgemeinen Gesetze über das Strafrecht, soweit die Strafvorschriften der Steuergesetze nichts anderes bestimmen.**

### Schrifttum

JANOVSKY, Die Strafbarkeit des illegalen grenzüberschreitenden Warenverkehrs, NStZ 1998, 117; JOECKS, Steuerstrafrechtliche Risiken in der Praxis, DStR 2001, 2184; BENDER, Der EuGH und das Zollstrafrecht, wistra 2006, 41; JÄGER, Aus der Rechtsprechung des BGH zum Steuerstrafrecht, NStZ 2007, 688, NStZ 2008, 21; KLÖTZER, Modernisierung des Zollkodex – der Weg zum europäischen Zollstrafrecht?, wistra 2007, 1; BILSDORFER, Klare Strafzumessungsregeln bei Steuerhinterziehung, NJW 2009, 476; MUHLER, Die Umsatzsteuerhinterziehung, wistra 2009, 1; WESSING/BIESGEN, Der 1. Strafsenat des BGH und das Steuerstrafrecht, NJW 2010, 2689; FÜLLSACK/BACH/BÜRGER, BB-Rechtsprechungsreport Steuerstrafrecht 2011, BB 2012, 1442; WEIDEMANN, Tabaksteuerstrafrecht, wistra 2012, 1, 49; JUCHEM, § 370 AO – ein normativer Straftatbestand!, wistra 2014, 300; BÜLTE, Blankette und normative Tatbestandsmerkmale: Zur Bedeutung von Verweisungen in Strafgesetzen, JuS 2015, 769; BUSE, Aktuelle Entscheidungen zum Steuerstrafrecht, StBp 2015, 342; BILSDORFER, Die Entwicklung des Steuerstraf- und Steuerordnungswidrigkeitenrechts, NJW 2017, 1525; ESSKANDARI/BICK, Steuerstrafrecht – Rechtsprechung der Strafgerichte 2014/2015, DStZ 2017, 26; TORMÖHLEN, Aktuelle Rechtsprechung zum Steuerstrafrecht, AO-StB 2017, 14, 147.

1 § 369 Abs. 1 AO enthält eine **Legaldefinition der Steuerstraftaten** (s. § 377 AO wegen der Steuerordnungswidrigkeiten). Die Begriffsbestimmung ist deshalb von besonderer Bedeutung, weil davon die Strafverfolgungskompetenz der Finanzbehörden nach § 386 Abs. 2 AO abhängt.

2 § 369 Abs. 2 AO stellt klar, dass **die allgemeinen Gesetze** über das Strafrecht gelten, aber durch die Strafvorschriften der Steuergesetze ergänzt werden. Damit gelten die Regelungen des Strafgesetzbuches und des Jugendgerichtsgesetzes für Steuerstraftaten, soweit die §§ 370 bis 376 AO nichts anderes bestimmen. Steuerstraftaten sind also grundsätzlich nach den Regeln des allgemeinen Strafrechts zu beurteilen und stellen **kein Sonderstrafrecht** dar. Verfahrensrechtlich unterliegen sie jedoch der eingeschränkten Ermittlungskompetenz der Finanzbehörden (s. §§ 386 ff. AO, wegen der Geltung des allgemeinen Strafverfahrensrechts s. § 385 AO).

3 **Steuerstraftaten** im Sinne des § 369 Abs. 1 Ziffer 1 AO sind Taten, die nach den Steuergesetzen strafbar sind. Zu erwähnen sind in erster Linie die **Steuerhinterziehung** und die **Steuerhehlerei** (s. §§ 370, 374 AO). Steuerstraftat ist aber auch die gewerbsmäßige oder bandenmäßige Schädigung des Umsatzsteueraufkommens nach § 26c UStG. Die allgemein gehaltenen Tatbestände (**Blanketttatbestände**; a.A. *Juchem*, wistra 2014, 300; *Bülte*, JuS 2015, 769: normativer Tatbestand) erfahren die notwendige Ergänzung durch die Vorschriften des materiellen Steuerrechts (BVerfG v. 29.04.2010, 2 BvR 871/04, 2 BvR 414/08, wistra 2010, 396: Milchquote, § 12 Abs. 1 MOG i.V.m. § 370 Abs. 1 AO; BGH v. 19.04.2007, 5 StR 549/06, NStZ 2007, 595). Aus diesen Regelungen ergibt sich erst, was z.B. steuerlich erhebliche Tatsachen sind oder in welcher Höhe eine Steuer verkürzt ist. Hinzukommen vielfältigen Anzeige-, Aufzeichnungs-, Einbehaltungs-, Erklärungs-, Auskunfts-, Nachweis- und Zahlungspflichten, die den Steuerpflichtigen und ihren Vertretern in der Abgabenordnung und den Einzelsteuergesetzen auferlegt sind. Zu denken ist auch an die Gestellungspflichten nach dem UZK (BGH v. 01.02.2007, 5 StR 372/06, NJW 2007, 1294). Dass die Verwendung so allgemeiner Begriffe, wie z.B. derjenige der »Steuerverkürzung«, nicht gegen Art. 103 Abs. 2 GG verstößt, der eine **hinreichend** deutliche **Bestimmung** des staatlichen **Strafanspruchs** fordert, hat das BVerfG (BVerfG v. 08.05.1974, 2 BvR 636/72, DB 1974, 1559; BVerfG v. 26.06.2008, 2 BvR 2067/07, NJW 2008, 3346; s. auch BVerfG v. 21.09.2016, 2 BvL 1/15, NJW 2016, 3648 zur Unvereinbarkeit einer Blankettnorm mit Art. 103 Abs. 2 und 104 Abs. 1 GG) klargestellt. Die Strafbarkeit eines Verhaltens muss sich nicht unmittelbar aus dem Gesetzeswortlaut ergeben, es genügt, wenn sie sich durch Auslegung der vom Gesetz verwendeten Begriffe ergibt (BGH v. 16.05.1984, 2 StR 525/83, wistra 1984, 178; s. aber auch BVerfG v. 20.03.2002, 2 BvR 794/95, NJW 2002, 1779 zur Unvereinbarkeit Vermögensstrafe mit dem GG). Die Verkürzung von Kirchensteuer als solcher wird außer in Niedersachsen (vgl. § 6 Abs. 1 des niedersächsischen KirchensteuerrahmenG) in keinem Bundesland als Steuerhinterziehung verfolgt (BGH v. 17.04.2008, 5 StR 547/07, wistra 2008, 310).

Vereinzelt finden sich auch in **anderen Gesetzen** Straftatbestände, die auf die Vorschriften der AO über Steuerstraftaten und deren Verfolgung verweisen (z.B. §§ 119 bis 124, 128 BranntwMonG; § 12 Abs. 1 MOG, BVerfG v. 29.04.2010, 2 BvR 871/04, 2 BvR 414/08, wistra 2010, 396). Art. 83 UZK erweitert § 370 AO nicht (zur Vorgängervorschrift *Witte*, Art. 212 UZK Rz. 16). Einfuhrverbote stehen der Strafbarkeit aus § 372 nicht entgegen (s. § 370 Abs. 5 AO). 4

Wegen ihres tatbestandsmäßig engen Zusammenhangs mit Steuerstraftaten und der sich aus diesem Grunde anbietenden Ermittlungskompetenz (s. § 386 Abs. 2 AO) der Finanzbehörden sind die in § 369 Abs. 1 Ziffern 2 bis 4 AO aufgeführten Delikte den Steuerstraftaten gleichgestellt. 5

Der **Bannbruch** ist in § 372 AO geregelt. Er ist Steuerstraftat, auch wenn er nichtsteuerliche Ein-, Aus- oder Durchfuhrverbote betrifft. 6

Die **Fälschung von Steuerwertzeichen** ist als Unterfall der Wertzeichenfälschung nach § 148 StGB strafbar. Sie ist nach § 369 Abs. 1 Nr. 3 AO Steuerstraftat, soweit die Tat Steuerzeichen betrifft. Die Unterlassung ihrer Verwendung ist als Begehungsform der Steuerhinterziehung geregelt (s. § 370 Abs. 1 Nr. 3 AO). 7

Die **Begünstigung bei einer Steuerstraftat** ist nach § 369 Abs. 1 Nr. 4 AO ebenfalls Steuerstraftat. Eine Begünstigung liegt nach § 257 StGB vor, wenn jemand einem anderen, der eine rechtswidrige Tat begangen hat, in der Absicht Hilfe leistet, ihm die Vorteile der Tat zu sichern. Die Vorteile der Tat liegen auch in der Ersparnis von Abgaben (BGH v. 26.10.1998, 5 StR 746/97, wistra 1999, 103). 8

Die **Verletzung des Steuergeheimnisses**, die nach (§ 412 RAO) Steuerstraftat war, ist als § 355 in das StGB übernommen worden. Dem liegt die Absicht zugrunde, die Verfolgung des Deliktes in die Zuständigkeit der allgemeinen Strafverfolgungsorgane zu legen. 9

Auch für Steuerstraftaten ist der **Allgemeine Teil des Strafgesetzbuches** von grundlegender Bedeutung. Er enthält die Bestimmungen über den Geltungsbereich der Strafgesetze, über Begriffe und Merkmale der Straftaten, die Rechtsfolgen der Straftaten (Strafen und Nebenfol- 10 gen) sowie die Verjährung. Aus der Sicht der Steuerstraftaten sind die folgenden Vorschriften des allgemeinen Strafrechts in diesem Kommentar angesprochen:

- Vorsatz und Unrechtsbewusstsein: s. §§ 15, 17 StGB; s. § 370 AO Rz. 50 ff.;
- Fahrlässigkeit: s. § 15 StGB; s. § 378 AO Rz. 9 ff.;
- Leichtfertigkeit: s. § 378 AO Rz. 13;
- Irrtum: s. §§ 16, 17 StGB; s. § 370 AO Rz. 56 ff.;
- Versuch: s. §§ 22 bis 24, 49 StGB; s. § 370 AO Rz. 64 ff.; § 371 AO Rz. 38;
- Täterschaft und Teilnahme: s. §§ 25 bis 31 StGB; s. § 370 AO Rz. 72 ff.;
- Tateinheit und Tatmehrheit: s. §§ 52 bis 55 StGB; s. § 370 AO Rz. 84 ff.;
- Täter-Opfer-Ausgleich: s. § 46a StGB; s. § 371 AO Rz. 39 ff.;
- Einziehung: s. §§ 73 bis 76b StGB; s. § 375 AO Rz. 6 ff.;
- Verfall: s. § 73 StGB; der Verfall ist entfallen; s. § 370 AO Rz. 125;
- Verjährung: s. §§ 78 bis 78c StGB; s. § 376 AO.

11 Im Unterschied zu den Steuerordnungswidrigkeiten (s. § 377 AO) sind die Steuerstraftaten mit **krimineller Strafe** bedroht. Sie werden in das Strafregister eingetragen (s. §§ 3 ff. BZRG).

12 Gegenüber **Jugendlichen** im Sinne des Strafrechts (Personen unter 18, aber wenigstens 14 Jahren) bzw. **Heranwachsenden** (Personen unter 21, aber wenigstens 18 Jahren; s. § 1 Abs. 2 JGG), die nach ihrer Gesamtpersönlichkeit einem Jugendlichen gleichstehen oder deren Tat als Jugendverfehlung anzusehen ist (s. § 105 JGG), finden die Strafvorschriften des allgemeinen Rechts nur insoweit Anwendung, als dies das Jugendgerichtsgesetz zulässt.

13 Die **rechtspolitische Wertung** der Steuerstraftaten wird wesentlich von den Maßstäben bestimmt, die hinsichtlich des Verhältnisses zwischen dem Einzelnen und dem Staat bestehen. Zu bemerken ist, dass sich diese Beurteilung innerhalb eines Rahmens bewegt, der von der Charakterisierung der Steuerstraftaten als Kavaliersdelikte bis zu einer Qualifizierung als »schlimmste Art des Eigennutzes zum Schaden der Volksgemeinschaft« reicht, oder als »gemeinschaftsfeindliches Verhalten, in dem sich der einzelne auf besonders verwerfliche – sittenwidrige – Weise unter Verstoß gegen seine staatsbürgerlichen Pflichten durch Unredlichkeit Vorteile zulasten der Allgemeinheit erschleicht« (OLG Frankfurt/Main v. 18.10.1961, I Ss 854/61, BB 1962, 126).

14 Bei der **Einschätzung der Strafwürdigkeit** von Steuerstraftaten spielen viele verschieden Faktoren eine Rolle. So ist von Bedeutung, dass der Staat als Geschädigter anonym ist – ein Umstand, der auch dazu führt, dass viele Bürger den Versicherungsbetrug als eher hinnehmbar betrachten als einen Betrug zulasten eines konkreten Mitmenschen. Eine ausschlaggebende Bedeutung kommt sicherlich auch dem allgemeinen Zustand des Steuerrechtssystems zu, das sich vielen Menschen als undurchsichtig und manchmal ungerecht darstellt. Hier mag sich auch die Mentalität der »Heimzahler« niederschlagen, die sie bewegt, sich einer subjektiv als ungerechte empfundenen Abgabenlast zu verweigern. Dies verstärkt sich, wenn die Verwendung der Einnahmen des Staates nicht mehr transparent wird. Hält sich ein Staat – scheinbar oder tatsächlich – nicht an die von den Bürgern eingeforderten Regeln, sinkt deren Neigung, sich selbst gegenüber dem Staat regelgerecht zu verhalten. Das ist eine Ursache nicht nur für die Begehung von Steuerstraftaten, sondern auch für alle Erscheinungsformen der Schattenwirtschaft, die durch die gesamte Abgabenlast und nicht nur durch die Steuerlast verursacht ist (s. auch: Steuermoral – Das Spannungsfeld von Freiwilligkeit der Steuerzahlung und Steuerhinterziehung, Monatsbericht des BMF, März 2005 sowie den gleichnamigen IAW-Forschungsbericht, Tübingen 2006 und einen Tagungsbericht in DStG-Magazin, Mai 2006, 6). Dennoch darf nicht außer Acht gelassen werden, dass die durch die Steuerdelikte verursachten Einnahmeausfälle des Staates letztendlich von den steuerehrlichen Bürgern ausgeglichen werden müssen. Deren Last wird umso höher, als andere die Anerkennung der Regeln verweigern. Daher kann und soll der Zustand des Steuerrechtssystems nicht als Rechtfertigung für die Steuerhinterziehung dienen. Trotzdem läuft das Steuerstrafrecht Gefahr, seine innere Rechtfertigung zu verlieren, wenn hinsichtlich des Schutzgutes kein breites Einverständnis mehr besteht. Das Steuerstrafrecht kann seine Berechtigung nur aus dem Grundkonsens der Bürger über die Notwendigkeit der Besteuerung ableiten.

Auch die Motive der jeweiligen Täter sind von Bedeutung. Steuerstraftaten werden nicht immer der persönlichen Bereicherung wegen begangen. Hier spielt die Ertragslage von Unternehmen eine Rolle, die Notwendigkeit von Investitionen bei mangelnder Kapitaldeckung und die Sicherung von Arbeitsplätzen. Nicht selten sind die Verantwortlichen auch persönlich überfordert. An der objektiven Bedeutung einer Steuerstraftat können Beweggründe dieser Art nichts ändern, zumal sie auch den Wettbewerb beeinflussen. Festzuhalten ist in diesem Zusammenhang aber auch, dass es verschiedene Strukturen der Steuerkriminalität gibt. 15

Im **Ertragsteuerrecht** geht es den Tätern darum, sich der Besteuerung zu entziehen, eine Vermögensminderung zu vermeiden. Im **Umsatzsteuerrecht** gibt es neben dieser Erscheinungsform der Steuerhinterziehung auch jene, in denen die Täter durch gezieltes Ausnutzen des Mehrwertsteuersystems versuchen, sich selbst Ansprüche zu verschaffen und so das eigene Vermögen zu mehren (zu den Fallkonstellationen vgl. *Muhler*, wistra 2009, 1). Hier handelt es sich oft auch um Formen der **organisierten Kriminalität**. Die Rechtsprechung tendiert in solchen Fällen dazu, bei der Strafzumessung nicht nur 16 den durch den einzelnen Tatbeteiligten verursachten Schaden zu berücksichtigen, sondern das Umsatzsteuerkarussell als Einheit zu betrachten (BGH v. 11.07.2002, 5 StR 516/01, wistra 2002, 384; BGH v. 11.12.2002 5 StR 212/02, wistra 2003, 140; BGH v. 30.04.2009, 1 StR 342/08, BStBl II 2010, 323; BGH v. 16.12.2009, 1 StR 491/09, BFH/NV 2010, 1071). Allein die durch »Umsatzkarusselle« verursachten Schäden werden auf ca. 10 – 14 Mrd. Euro jährlich geschätzt (BT-Drs. 14/7085). Das ist ein immenser Betrag, insbes. wenn man berücksichtig, dass z. B. im Jahr 2012 das Umsatzsteueraufkommen bei 194,6 Mrd. Euro lag (insgesamt beliefen sich die Steuereinnahmen auf ca. 600 Mrd. Euro).

17 Nach dem Wechsel der Zuständigkeit in Steuerstrafsachen auf den 1. Strafsenat des BGH hat dieser grundsätzlich zur Strafzumessung Stellung genommen und sich auch zur Verhängung von Freiheitsstrafen geäußert, die nicht mehr zur Bewährung ausgesetzt werden können (BGH v. 02.12.2008, 1 StR 416/08, BStBl II 2009, 934; s. § 370 AO Rz. 107a).

## § 370 AO Steuerhinterziehung

**(1) Mit Freiheitsstrafe bis zu 5 Jahren oder mit Geldstrafe wird bestraft, wer**

**1. den Finanzbehörden oder anderen Behörden über steuerlich erhebliche Tatsachen unrichtige oder unvollständige Angaben macht,**

**2. die Finanzbehörden pflichtwidrig über steuerlich erhebliche Tatsachen in Unkenntnis lässt oder**

**3. pflichtwidrig die Verwendung von Steuerzeichen oder Steuerstemplern unterlässt**

**und dadurch Steuern verkürzt oder für sich oder einen anderen nicht gerechtfertigte Steuervorteile erlangt.**

**(2) Der Versuch ist strafbar.**

**(3) In besonders schweren Fällen ist die Strafe Freiheitsstrafe von sechs Monaten bis zu zehn Jahren. Ein besonders schwerer Fall liegt in der Regel vor, wenn der Täter**

**1. in großem Ausmaß Steuern verkürzt oder nicht gerechtfertigte Steuervorteile erlangt,**

**2. seine Befugnisse oder seine Stellung als Amtsträger oder Europäischer Amtsträger (§ 11 Absatz 1 Nummer 2a Strafgesetzbuch) missbraucht,**

**3. die Mithilfe eines Amtsträgers oder Europäischer Amtsträger (§ 11 Absatz 1 Nummer 2a Strafgesetzbuch) ausnutzt, der seine Befugnisse oder seine Stellung missbraucht,**

**4. unter Verwendung nachgemachter oder verfälschter Belege fortgesetzt Steuern verkürzt oder nicht gerechtfertigte Steuervorteile erlangt, oder**

**5. als Mitglied einer Bande, die sich zur fortgesetzten Begehung von Taten nach Absatz 1 verbunden hat, Umsatz- oder Verbrauchsteuern verkürzt oder nicht gerechtfertigte Umsatz- oder Verbrauchsteuervorteile erlangt, oder**

**6. eine Drittstaat-Gesellschaft im Sinne des § 138 Absatz 3, auf die er alleine oder zusammen mit nahestehenden Personen im Sinne des § 1 Absatz 2 des Außensteuergesetzes unmittelbar oder mittelbar einen beherrschenden oder bestimmenden Einfluss ausüben kann, zur Verschleierung steuerlich erheblicher Tatsachen nutzt und auf diese Weise fortgesetzt Steuern verkürzt oder nicht gerechtfertigte Steuervorteile erlangt.**

**(4) Steuern sind namentlich dann verkürzt, wenn sie nicht, nicht in voller Höhe oder nicht rechtzeitig festgesetzt werden; dies gilt auch dann, wenn die Steuer vorläufig oder unter Vorbehalt der Nachprüfung festgesetzt wird oder eine Steueranmeldung einer Steuerfestsetzung unter Vorbehalt der Nachprüfung gleichsteht. Steuervorteile sind auch Steuervergütungen; nicht gerechtfertigte Steuervorteile sind erlangt, soweit sie zu Unrecht gewährt oder belassen werden. Die Voraussetzungen der Sätze 1 und 2 sind auch dann erfüllt, wenn die Steuer, auf die sich die Tat bezieht, aus anderen Gründen hätte ermäßigt oder der Steuervorteil aus anderen Gründen hätte beansprucht werden können.**

**(5) Die Tat kann auch hinsichtlich solcher Waren begangen werden, deren Einfuhr, Ausfuhr oder Durchfuhr verboten ist.**

**(6) Die Absätze 1 bis 5 gelten auch dann, wenn sich die Tat auf Einfuhr- oder Ausfuhrabgaben bezieht, die von einem anderen Mitgliedstaat der Europäischen Union verwaltet werden oder die einem Mitgliedstaat der Europäischen Freihandelsassoziation oder einem mit dieser assoziierten Staat zustehen. Das Gleiche gilt, wenn sich die Tat auf Umsatzsteuern oder auf die in Artikel 1 Absatz 1 der Richtlinie 2008/118/EG des Rates vom 16. Dezember 2008 über das allgemeine Verbrauchsteuersystem und zur Aufhebung der Richtlinie 92/12/EWG (ABl. L 9 vom 14. 1. 2009, S. 12) genannten harmonisierten Verbrauchsteuern bezieht, die von ei-**

**nem anderen Mitgliedstaat der Europäischen Union verwaltet werden.**

**(7) Die Absätze 1 bis 6 gelten unabhängig von dem Recht des Tatortes auch für Taten, die außerhalb des Geltungsbereiches dieses Gesetzes begangen werden.**

**Inhaltsübersicht**



## A. Wesen, Rechtsgut, Gegenstand der Steuerhinterziehung

**Schrifttum**


GEHM, Der Tatbestand der Steuerhinterziehung im Licht des Rechts der EU, NZWiSt 2013, 53; SEER, Das Delikt der Steuerhinterziehung im Kernbereich des Steuerstrafrechts, StStud 2016, 35.


Die Steuerhinterziehung ist der **zentrale Straftatbestand des Steuerstrafrechts**. Es handelt sich um eine **abschließende Sonderregelung**, die den Betrugstatbestand (s. § 263 StGB) verdrängt (BGH v. 23.03.1994, 5 StR 91/94, wistra 1994, 194; BGH v. 27.09.2002, 5 StR 97/92, wistra 2003, 20; BGH v. 06.06.2007, 5 StR 127/07, NJW 2007, 1864: ebenso Computerbetrug nach § 263a StGB; offen gelassen wegen der landesrechtlich geregelten Nichtanwendbarkeit des § 370 AO auf die Verkürzung von Kirchensteuern s. BGH v. 17.04.2008, 5 StR 547/07, wistra 2008, 310; Anm. *Schützeberg*, wistra 2009, 31). Im Gegensatz zur Hinterziehung, die als Vergehen mit krimineller Strafe bedroht ist, steht die leichtfertige Steuerverkürzung (s. § 378 AO), die als Ordnungswidrigkeit eine Geldbuße zur Folge hat. Diese Verfehlung erfordert kein wissentliches Handeln, obwohl die vorausgesetzte Leichtfertigkeit die Grenze zum (bedingten) Vorsatz manchmal hart streift. Man kann die leichtfertige Steuerverkürzung im Verhältnis zu Steuerhinterziehung als Auffangtatbestand bezeichnen (BGH v. 13.01.1988, 3 StR 450/87, wistra 1988, 196). Zu unterscheiden von der Steuerhinterziehung sind weiter die bloßen Gefährdungsdelikte (s. §§ 379 bis 382 AO), denen ein steuerverkürzender Effekt nur tendenziell innewohnt, sodass man sie als Unrechtshandlungen im Vorfeld der Verkürzungsdelikte bezeichnen kann. Auch sie stellen nur Ordnungswidrigkeiten dar. Die schuldhafte Nichtabführung der Umsatzsteuer nach § 26b UStG ist ebenfalls eine Ordnungswidrigkeit, die anders als § 370 AO nicht das Erklärungsverhalten, sondern das Zahlungsverhalten des Steuerpflichtigen zum Gegenstand hat. Geschieht die schuldhafte Nichtabführung der USt gewerbs- oder bandenmäßig, ist sie nach § 26c UStG strafbar. 1

Das **Schutzgut** ist der **Anspruch** des Steuergläubigers **auf den vollen Ertragder einzelnen Steuer**, d.h. das öffentliche Interesse am rechtzeitigen und vollständigen Aufkommen bestimmter einzelner Steuern (st. Rspr. BGH v. 25.10.2000, 5 StR 399/00, wistra 2001, 22; BGH v. 02.12.2008, 1 StR 416/08, BStBl II 2009, 934). Objekt der Tathandlung ist der abstrakte durch Verwirklichung des gesetzlichen Steuertatbestandes ausgelöste Steueranspruch (s. § 38 AO). Durch eine der drei in § 370 Abs. 1 AO genannten Tathandlungen oder Unterlassungen muss ein Taterfolg verursacht werden (**Erfolgsdelikt**). Insoweit nimmt § 370 AO als Blankettnorm Bezug auf das formelle 2 und materielle Steuerrecht nach der AO und den anderen Steuergesetzen (s. Rz. 23 ff.).

3 **Gegenstand** der Steuerhinterziehung in ihren verschiedenen Erscheinungsformen können **nur Steuern** sein, also nicht andere Geldleistungen, die aufgrund der Steuergesetze geschuldet werden (s. § 3 Abs. 4 AO). Steuern sind **auch die Einfuhr- und Ausfuhrabgaben** nach Art. 5 Nr. 20 und 21 UZK (s. § 3 Abs. 3 AO). Die Verkürzung von Abgaben, die nicht Steuern sind, ist nur nach Maßgabe von Straftatbeständen des einschlägigen Abgabengesetzes strafbar, z.B. des Branntweinmonopolgesetzes. Die Verkürzung Zuschlägen (s. §§ 152, 240 AO), Zwangsgeldern (s. § 329 AO) und Kosten (s. §§ 89, 178, 178a, 337 bis 345 AO) fällt nicht in den Bereich der Steuerhinterziehung (BGH v. 19.12.1997, 5 StR 569/96, NJW 1998, 1568). Mangels Aufnahme der steuerlichen Nebenleistungen in den Tatbestand der Steuerhinterziehung ist ihre Verkürzung nicht strafbar. Auch eine Strafbarkeit wegen Betrugs (s. § 263 StGB) scheidet aus, sofern der Zweck der Nebenleistung über einen bloßen Vermögensanspruch hinausgeht (zu den Säumniszuschlägen als Druckmittel eigener Art: BGH v. 19.12.1997, aaO). Etwas anderes gilt für Zinsen (s. §§ 233 bis 239 AO), weil § 239 Abs. 1 Satz 1 AO für diese auf die für die Steuern geltenden Vorschriften verweist und deren Höhe gesetzlich geregelt ist (BFH v. 06.06.2007, 5 StR 127/07, NJW 2007, 2864).

4 § 370 AO ist **kein Schutzgesetz** i.S. des § 823 Abs. 2 BGB (BFH v. 24.10.1996, VII R 113/94 BStBl II 1997, 308; BFH v. 19.08.2008, VII R 6/07, BStBl II 2008, 947), doch kann ein Verstoß gegen die Vorschrift unter den Voraussetzungen der §§ 69, 71 AO die **Haftung** des Täters oder Teilnehmers auslösen.

## B. Tathandlung

5 § 370 Abs. 1 AO legt fest, welche **Handlungen oder Unterlassungen** vorliegen müssen, damit der Taterfolg der Verkürzung von Steuern oder der Erlangung von nicht gerechtfertigten Steuervorteilen tatbestandsmäßig verwirklicht wird. Es müssen den Finanzbehörden über steuerlich erhebliche Tatsachen unrichtige oder unvollständige Angaben gemacht werden (Begehungsform 1), oder es müssen diese Behörden pflichtwidrig über derartige Tatsachen in Unkenntnis gelassen werden (Begehungsform 2). Behörde in diesem Sinne sind nicht nur die Finanzbehörden, sondern auch die Finanzgerichte im Rechtsbehelfsverfahren (OLG München v. 24.07.2012, 4 St RR 099/12, wistra 2012, 490; § 11 Abs. 1 Nr. 7 StGB ist im Strafverfahren vorrangig vor § 6 AO, vgl. § 369 Abs. 2 AO). In Betracht kommt schließlich die pflichtwidrige Unterlassung der Steuerentrichtung durch Verwendung von Steuerzeichen oder Steuerstemplern (Begehungsform 3). Das strafbare Verhalten liegt in der **Verletzung gesetzlicher Erklärungspflichten** (BGH v. 15.05.1997, 5 StR 45/97, NStZ-RR 1997, 277). Tatsachen in diesem Sinn sind solche Umstände, die nach Grund und Höhe zum gesetzlichen Steuertatbestand (s. § 38 AO) gehören, d.h. alles, was Merkmal oder Teilstück eines gesetzlichen Steuertatbestandes sein kann (BFH v. 13.09.1990, V R 110/85, BStBl II 1991, 124; BGH v. 13.01.01.1988, 3 StR 450/87, wistra 1988, 196). Die Urteilsfeststellungen müssen Aussagen dazu enthalten, in welcher Weise gegen Erklärungspflichten verstoßen wurde (BGH v. 12.05.2009, 1 StR 718/08, NStZ 2009, 639).

### I. Unrichtige oder unvollständige Angaben über steuererhebliche Tatsachen

#### Schrifttum

Janovsky, Die Strafbarkeit des illegalen Warenverkehrs, NStZ 1998, 117; Spriegel, Umfang und Erklärungsinhalt von steuerlichen Tatsachenangaben, wistra 1998, 241; Dörn, Hinweispflicht bei Abweichen von der Rechtsansicht der Finanzverwaltung? wistra 2000, 334; Jarke, Zur Bedeutung des Kenntnisstandes der Finanzverwaltung für den Tatbestand der Steuerhinterziehung, wistra 2000, 350; Hellmann, Steuerstrafrechtliche Risiken umsatzsteuerfreier innergemeinschaftlicher Lieferungen, wistra 2005, 161; Rolletschke, Die Steuerhinterziehung des untreuen Finanzbeamten, wistra 2005, 250; Sidhu/Schemmel, Steuerhinterziehung bei grenzüberschreitenden Gewinnverlagerungen durch Festlegung unangemessener Konzernverrechnungspreise, BB 2005, 2549; Tormöhlen, Steuerhinterziehung mittels Manipulation von EDV-Eingaben durch einen Finanzbeamten, DStZ 2006, 262; Schwedhelm, Strafrechtliche Risiken steuerlicher Beratung, DStR 2006, 1017; Weidemann, Verdeckte Gewinnausschüttung und das Steuerstrafrecht, wistra 2007, 201; Theisen, Die Reichweite der Offenbarungspflicht aus steuerstrafrechtlicher Sicht, AO-StB 2008, 136; Muhler, Die Umsatzsteuerhinterziehung, wistra 2009, 1; Hölzle, Jetzt endgültig – keine Steuerbefreiung innergemeinschaftlicher Lieferungen bei Täuschung über den Abnehmer, DStR 2011, 1700; Koops/Gerber, Vollendete Steuerhinterziehung gem. § 370 Abs. 1 Nr. 1 AO trotz Kenntnis der Finanzverwaltung von den zutreffenden Besteuerungsrundlagen? DB 2011, 786; Peters/Pflaum, Steuerhinterziehung durch unangemessene Verrechnungspreise?, wistra 2011, 250; Schenkewitz, Aktuelles zu steuerstrafrechtlichen Behandlung fingierter Ausfuhrlieferungen gem. § 6 UStG, BB 2011, 350; Hüls, Bestimmtheitsgrundsatz, § 266 StGB und § 370 Abs. 1 Nr. 1 AO, NZWiSt 2012, 12; Sieja, Strafrechtliche Beteiligung des steuerlichen Beraters an Steuerdelikten und Sicherungsinstrumente in der Steuerberaterpraxis, DStR 2012, 991; Steinberg, Vollendung des § 370 Abs. 1 Nr. 1 AO trotz Kenntnis des zuständigen Finanzbeamten von der Fehlerhaftigkeit der gemachten Angaben? wistra 2012, 45; Walter/Lohse/Dürrer, Innergemeinschaftliche Lieferung und Mehrwertsteuerhinterziehung in Deutschland und im EU-Ausland, wistra 2012, 125; Trüg/Habetha, An den Grenzen der wirtschaftlichen Betrachtungsweise im Steuerstrafrecht, NStZ 2013, 684; Sontheimer, Steuerhinterziehung bei steuerrechtlichen Streit- und Zweifelsfragen, DStR, 2014, 357; Bülte, Blankette und normative Tatbestandsmerkmale: Zur Bedeutung von Verweisungen in Strafgesetzen, JuS 2015, 769; Madauss, Aspekte der Umsatzsteuerhinterziehung, NZWiSt 2015, 23; Madauss, Aspekte der Umsatzsteuerhinterziehung durch nicht erfasste (Bar-)Umsätze, NZWiSt 2015, 286; Heß, Steuerstrafrechtliche Aspekte bei der Manipulation von Pkw-Schadstoffmessungen, wistra 2016, 212; Peters, Steuerliche Pflichten und strafrechtliche Risiken bei der Einschaltung ausländischer Basisgesellschaften, NZWiSt 2016, 374; Kemper, Der »Missbrauch« und die Steuerhinterziehung bei der Umsatzsteuer – Die Umsetzung der »Missbrauchsrechtsprechung« des EuGH in Deutschland, UR 2017, 449.

§ 370 Abs. 1 Nr. 1 AO umschreibt die Tathandlung der **Steuerhinterziehung durch aktives Tun**. Demnach begeht die Tat, wer über steuerlich erhebliche Tatsachen unrichtige oder unvollständige Angaben macht. **Steuerlich erheblich** sind **Tatsachen**, wenn sie zur Ausfüllung eines Steuertatbestandes herangezogen werden müssen und damit Grund und Höhe des Steueranspruchs oder -vorteils beeinflussen oder wenn sie die Finanzbehörde sonst zur Einwirkung auf den Anspruch veranlassen können (BGH v. 27.09.2002, 5 StR 97/02, wistra 2003, 20, 22). **Unrichtige Angaben** macht der, der etwas behauptet, was nicht ist; also z. B. wer vorträgt, er habe einen Gegenstand für sein Unternehmen erworben, den er tatsächlich ausschließlich privat nutzt. Dies ist z. B. auch der Fall, wenn in einer USt-Vor- oder Jahresanmeldung Vorsteuerbeträge enthalten sind, hinsichtlich derer die Voraussetzungen des § 15 Abs. 1 UStG nicht erfüllt sind, weil ihnen keine Leistung zugrunde liegt, oder für die keine Rechnung mit offenem Vorsteuerausweis vorhanden ist oder wenn ein Nichtunternehmer abgerechnet hat (BGH v. 16.12.2009, 1 StR 491/09, BFH/NV 2010, 1071; BGH v. 08.02.2011, 1 StR 24/10, NJW 2011, 1616; BFH v. 29.11.2004, V B 78/04, BStBl II 2005, 535; BGH v. 01.10.2013, 1 StR 312/13, DStR 2014, 365 – Karussell; Zollkontingent: BGH v. 18.08.1993, 5 StR 550/97, NStZ 1998, 625). In Betracht kommen neben fehlerhaften Angaben zu Einnahmen und Ausgaben auch unrichtige Angaben zum nach § 8 UStDV vorgeschriebenen Ausfuhrnachweis (BGH v. 04.01.1989, 3 StR 313/88, wistra 1989, 190; BFH v. 29.11.2004, V B 78/04, BStBl II 2005, 535; s. aber auch BGH v. 19.08.2009, 1 StR 206/09, wistra 2009, 475: keine materielle Bedeutung des Ausfuhrnachweises), zur Vortäuschung einer steuerfreien innergemeinschaftlichen Lieferung nach § 6a UStG (Vorlage an den EuGH: BGH v. 07.07.2009, 1 StR 41/09, wistra 2009, 441; BVerfG v. 16.06.2011, 2 BvR 542/09, wistra 2011, 458; BGH v. 20.10.2011, 1 StR 41/09, NStZ 2012, 158) oder die Nichtberücksichtigung von Ansprüchen aus verdeckter Gewinnausschüttung (BVerfG v. 26.06.2008, 2 BvR 2067/07, NJW 2008, 3346; BGH v. 24.05.2007, 5 StR 72/07, NStZ 2008, 412; BGH v. 01.12.2015, 1 StR 154/15, NStZ 2016, 300; vGA im grenzüberschreitenden Konzern BGH v. 07.11.1988, 3 StR 258/88, wistra 1989, 72). Eine Steuerhinterziehung durch falsche Angaben begeht auch der, der trotz eines Abzugsverbots nicht abziehbare Aufwendungen (z. B. Bestechungsgelder, § 4 Abs. 5 Nr. 10 EStG) als abziehbare Betriebsausgaben verbucht hat (FG Köln v. 18.11.2011, 10 V 2432/11, EFG 2012, 286). Zur Hinterziehung einer Tourismusabgabe durch falsche Angaben zur beruflichen Veranlassung s. BFH v. 15.07.2015, II R 32/14, BStBl II 2015, 1031. Zur Hinterziehung einer Zweitwohnungssteuer s. BFH v. 21.04.2016, II B 4/16, BStBl II 2016, 576. **Unvollständige Angaben** macht der, der zwar einen Sachverhalt vorträgt, dabei aber Umstände verschweigt, denen steuerliche Bedeutung zukommt. Der typische Beispielsfall ist der, dass Einnahmen nur zum Teil erklärt werden, zu denken ist in diesem Zusammenhang aber auch an Scheingeschäfte (s. § 41 Abs. 2 AO), mit denen wie auch bei § 117 BGB etwas anderes verdeckt werden soll (BVerfG v. 26.06.2008, 2 BvR 2067/07, NJW 2008, 3346; BGH v. 11.07.2008, 5 StR 156/08, NStZ 2009, 273; BGH v. 07.10.2009, 1 StR 478/09, wistra 2010, 29: Arbeitgeber von Scheinselbstständigen; BGH v. 26.06.2012, 1 StR 492/11, wistra 2012, 477: Abgrenzung zum Umgehungsgeschäft nach § 42 AO; BGH v. 29.01.2014, 1 StR 469/13, wistra 2014, 190: Unternehmereigenschaft von Strohmanngesellschaften; BGH v. 29.01.2015, 1 StR 216/14, NStZ 2015, 283: Strohmann; BGH v. 08.07.2014, 1 StR 29/14, NStZ 2015, 287: zu den unterschiedlichen Voraussetzungen für Strohmanngeschäfte im Umsatz- und Ertragsteuerrecht).

Im Gegensatz zu § 370 Abs. 1 Nr. 2 AO verlangt die Begehungsvariante der Hinterziehung durch aktives Tun nach § 370 Abs. 1 Nr. 1 AO nicht, dass den **Täter** eine konkrete steuerliche Pflicht trifft. Täter kann also neben dem **Steuerpflichtigen** auch eine Dritter sein, wie z. B. ein **Steuerberater** (BGH v. 07.07.1993, 5 StR 212/93, wistra 1993, 302; FG Nds. v. 18.12.2006, 10 K 316/00, EFG 2007, 1840); ebenso ein **Finanzbeamter**, der sich mittels fiktiver Steuervorgänge bereichert (s. Rz. 9) oder der Steuern bewusst zu niedrig festsetzt (BFH v. 28.04.1998, IX R 49/96, BStBl II 1998, 458; zur Verantwortlichkeit eines **Geschäftsführers** einer »Strohmann-GmbH«: BGH v. 02.12.1997, 5 StR 404/97, NStZ 1998, 199). 7

Dem Steuerpflichtigen steht es frei, jeweils die ihm günstigste steuerliche Gestaltung zu wählen. Er macht dann keine unrichtigen Angaben, wenn er offen oder verdeckt eine ihm günstige **unzutreffende Rechtsansicht** vertritt, aber die steuerlich erheblichen Tatsachen richtig und vollständig vorträgt und es dem FA dadurch ermöglicht, die Steuer unter abweichender rechtlicher Beurteilung zutreffend festzusetzen. Die Grenze zur Steuerhinterziehung ist dann überschritten, wenn der Steuerpflichtige in Kenntnis der anderen Rechtsauffassung der Behörde nur die Tatsachen vorträgt, die nach seiner Auffassung relevant sind, andere Umstände aber verschweigt, deren Kenntnis die Behörde zu einer höheren Steuerfestsetzung veranlasst hätten (BGH v. 10.11.1999, 5 StR 221/99, NStZ 2000, 202). Der Steuerpflichtige hat eine abweichende Rechtsmeinung im Rechtsbehelfsverfahren durchzusetzen (BFH v. 03.11.2010, I R 98/09, BStBl II 2011, 417). 8

Bei der Alternative der aktiven Tathandlung des § 370 Abs. 1 Nr. 1 AO geht das Gesetz davon aus, dass die Ursache der Steuerverkürzung im Verhalten des Täters, also nicht in der Tätigkeit oder Untätigkeit des FA liegt. 9

Trägt zu einer Steuerverkürzung neben falschen Angaben des Pflichtigen auch eine mangelhafte Erfüllung der dem FA obliegenden Ermittlungspflicht bei, so steht dieser Umstand der Ursächlichkeit des Täterverhaltens im strafrechtlichen Sinn nicht entgegen. Die **Vorschrift stellt nicht auf den Kenntnisstand der Behörde ab**; die Unkenntnis ist nicht ungeschriebenes Tatbestandsmerkmal. Anders als beim Betrug setzt die Vorschrift keine Täuschung mit hervorgerufenem Irrtum beim zuständigen Amtsträger voraus (BGH v. 21.11.2012, 1 StR 391/12, NStZ 2013, 411). Maßgeblich ist, dass die Angaben in einem steuerlichen Verfahren Verwendung finden sollen, unabhängig davon, ob das Verfahren erst mit den falschen Angaben eingeleitet wurde oder bereits vorher in Gang gesetzt worden war (BGH v. 06.06.2007, 5 StR 127/07, NJW 2007, 2864; BGH v. 14.12.2010, 1 StR 275/10, NStZ 2011, 283; a.A. *Joecks* in JJR, § 370 AO Rz. 279; *Koops/Gerber*, DB 2011, 786; *Steinberg*, wistra 2012, 45). Dies ergibt sich auch § 370 Abs. 3 Nr. 2 und 3 AO, wonach das Gesetz gerade das Zusammenwirken mit einem Amtsträger als besonders strafwürdig erachtet (BGH v. 19.10.1999, 5 StR 178/99, NJW 2000, 528; BGH v. 06.06.2007, 5 StR 127/07, NJW 2007, 2864; BFH v. 25.10.2005, VII R 10/04, BStBl II 2006, 356: Verkürzung durch zuständigen Sachbearbeiter; kritische Anmerkungen *Tormöhlen*, DStZ 2006, 262; *Rolletschke*, wistra 2006, 249; *Weidemann*, wistra 2006, 274). U. E. kann es auch deshalb nicht auf die Kenntnis eines Amtsträgers ankommen, weil in den Fällen der Steueranmeldung kein Amtsträger eine Entscheidung treffen muss und er folglich nicht getäuscht werden kann (vgl. § 168 AO).

10 Die Tathandlungen des § 370 Abs. 1 Nr. 1 AO beziehen sich in erster Linie auf die Verletzung steuerlicher **Erklärungspflichten** im Sinne einer vollständigen und richtigen Wissenserklärung als Grundlage für das Steuerfestsetzungs- und Veranlagungsverfahren (s. §§ 149 bis 153 AO; zur Bedeutung der Unterschrift auf dem Erklärungsvordruck s. BGH v. 27.09.2002, 5 StR 97/02, wistra 2003, 20, 21) bzw. die Bewilligung des angestrebten Steuervorteils. In Betracht kommen aber auch die **Mitwirkungspflichten**, welche die Beteiligten innerhalb des Verfahrens treffen (s. § 90 AO; BGH v. 26.10.1998, 5 StR 746/97, wistra 1999, 103: unrichtige Angaben im Zusammenhang mit einer tatsächlichen Verständigung), die **Auskunftspflichten** der Beteiligten und anderer Personen (s. §§ 93 ff. AO) und schließlich die **Anzeigepflichten** allgemeiner Art (s. §§ 137 bis 139 AO). Eine Verkürzungshandlung kann bei Herabsetzungsanträgen für Steuervorauszahlungen darin liegen, dass steuererhöhender Umstände verschwiegen werden (OLG Stuttgart v. 21.05.1987, 1 Ss 221/87, wistra 1987, 263; FG Nds. v. 18.12.2006, 10 K 316/00, EFG 2007, 1840).

11 Die Schmälerung gesetzlicher Steueransprüche durch **Steuerumgehung** (s. § 42 AO) ist nicht grundsätzlich mit Strafe bedroht. Handlungen zur Umgehung oder auch nur zur Vermeidung von Steuern überschreiten aber dann die Grenze zur Strafbarkeit, wenn sie mit der Verletzung der Pflicht zur wahrheitsgemäßen bzw. vollständigen Erklärung verbunden sind. Das gilt auch in Bezug auf Auskunftsersuchen oder Rückfragen, die das FA zur Klärung des Sachverhalts stellt (aus der Rspr.: BFH v. 01.02.1983, VIII R 30/80, BStBl II 1983, 534; BGH v. 03.03.1993, 5 StR 546/92, wistra 1993, 185, zum Bereich der Kommerziellen Koordinierung; BGH v. 30.05.1990, 3 StR 55/90, wistra 1990, 307 betr. eine Steuerhinterziehung mittels Steuerumgehung durch Gewinnverlagerung auf eine sog. »Basisgesellschaft« im niedrig besteuernden Ausland). Aus § 42 AO ergibt sich keine eigenständige Anzeigepflicht i.S. des § 370 Abs. 1 Nr. 2 AO (BGH v. 11.07.2008, 5 StR 156/08, NStZ 2009, 273).

Fälle, in denen die **Existenz eines Unternehmens** nur **vorgetäuscht** wird, für das sodann ohne Bezug auf reale Vorgänge fingierte Umsätze angemeldet und Vorsteuererstattungen begehrt werden, sind strafbar als Steuerhinterziehung und nicht als Betrug (s. § 263 StGB; BGH 21.10.1997, 5 StR 328/97, NStZ 1998, 91). Das Gleiche gilt, wenn für einen nicht existierenden Stpfl. fingierte Steuererstattungsbeträge geltend gemacht werden (BGH v. 06.06.2007, 5 StR 127/07, NJW 2007, 2864). 12

Die unrichtigen oder unvollständigen Angaben müssen **gegenüber Finanzbehörden oder anderen Behörden, die mit der Feststellung von Besteuerungsgrundlagen** befasst sind, erfolgen (z.B. Behörden des Wohnungswesens, die über die Anerkennung von Wohnraum als steuerbegünstigt befinden, §§ 82, 83 II. WoBauG, oder gegenüber den Denkmalschutzbehörden, s. § 7i EStG, s. § 82i EStDV). Maßgeblich ist die sachliche Zuständigkeit, nicht die örtliche. 13

## II. Pflichtwidriges Verschweigen steuererheblicher Tatsachen

### Schrifttum

ULSAMER/MÜLLER, Strafrechtliche Konsequenzen der Entscheidung des BVerfG zur Vermögensteuer, wistra 1998, 1; JANOVSKY, Die Strafbarkeit des illegalen grenzüberschreitenden Warenverkehrs, NStZ 1998, 117; GRAMS, Strafrechtliche Beurteilung der Umsatzsteuerhinterziehung, UR 1999, 476; BENDER, Ist der Zigarettenschmuggel seit dem 4. März 2004 straffrei? wistra 2004, 368; MÜLLER, Ausgewählte Fragen zur Berichtigungspflicht nach § 153 AO, DStZ 2005, 25; SCHWEDHELM, Erben im Visier der Steuerfahndung, FR 2007, 937; MÜLLER, Die Bedeutung der Gläubiger- und Empfängerbenennung nach § 160 AO im Steuerstrafrecht, StBp 2010, 82; WEIDEMANN, Zur Anzeige- und Berichtigungspflicht nach § 153 AO, wistra 2010, 5; BÜLTE, Die neuere Rechtsprechung des BGH zur Strafbewehrung von § 153 AO: Prüfstein für Strafrechtsdogmatik und Verfassungsrecht im Steuerstrafrecht, BB 2010, 607; JESSE, Anzeige- und Berichtigungspflichten nach § 153 AO, BB 2011, 1431; PETERS/PFLAUM, Steuerhinterziehung durch unangemessene Verrechnungspreise?, wistra 2011, 250; HÖLL, Mittäterschaft bei der Steuerhinterziehung durch Unterlassen, wistra 2013, 455; KAISER/GRIMM, Ausweitung der steuerstrafrechtlichen Rechtsprechung zu § 35 AO, DStR 2014, 179; LEPLOW, Abweichungen im Zoll- und Verbrauchsteuerstrafrecht vom Besteuerungsverfahren, wistra 2014, 421; REICHLING/LANGE, Der Täterkreis der Steuerhinterziehung durch Unterlassen, NStZ 2014, 311; RINJES, Steuerhinterziehung durch Unterlassen nach § 370 Abs. 1 Nr. 2 AO – Strafbarkeitslücken und Reformbedarf, NZWiSt 2014, 455; MILATZ/WEGMANN, Risiko der Nacherklärung bei Erbfällen, wistra 2015, 417.

4 Auch bei der Steuerverkürzung und der Erlangung nicht gerechtfertigter Steuervorteile durch **Untätigkeit** (§ 370 Abs. 1 Nr. 2 AO) kommt es darauf an, ob sich **das passive Verhalten** des Täters als **pflichtwidrig** erweist (allgemein hierzu s. § 13 StGB). Es muss in der Person des Täters eine besondere Verpflichtung zur Aufklärung steuerlich erheblicher Tatsachen bestehen (BGH v. 27.11.2002, 5 StR 127/02, NJW 2003, 907; EuGH v. 04.03.2004, C-238/02 und C 246/02, wistra 2004, 376; BFH v. 14.14.12.2005, II R 63/04, wistra 2006, 433: Nichtabgabe von Vermögensteuererklärungen zu Haupt-, Neu- oder Nachveranlagungszeiträumen; BGH v. 25.07.2011, 1 StR 631/10, wistra 2011, 428: Anzeige von Schenkungen nach § 30 Abs. 1 ErbStG; BGH v. 10.02.2015, 1 StR 405/14, BFH/NV 2015, 1231: Verschweigen einer Vorschenkung in einer Erbschaftsteuererklärung; BGH v. 01.02.2007, 5 StR 372/06, NJW 2007, 1294: Gestellungspflicht bei Einfuhrabgaben; BGH v. 24.10.2002, 5 StR 600/01, NJW 2003, 446: Pflicht zur Steueranmeldung beim Entziehen von verbrauchsteuerpflichtigen Waren aus dem Steueraussetzungsverfahren; BFH v. 29.10.2002, VII R 48/01, wistra 2003, 190; BFH v. 26.06.2014, III R 21/13, BStBl II 2015, 886: Verstoß gegen Mitwirkungspflichten gem. § 68 Abs. 1 EStG im Kindergeldverfahren; EuGH v. 05.03.2015, C-175/14, wistra 2016, 19: Nichtabgabe einer Steuererklärung gem. § 23 Abs. 1 Satz 3 TabStG). Diese Pflicht kann den Täter unmittelbar als Steuerpflichtigen treffen, sie kann sich aber auch aus seiner Stellung als in §§ 34 und 35 AO angesprochene Person ergeben (BGH v. 09.04.2013, 1 StR 586/12, NJW 2013, 2449; BGH v. 02.12.1997, 5 StR 404/97, NStZ 1998, 199: Geschäftsführer einer »Strohmann-GmbH«; BGH v. 10.11.1999, 5 StR 221/99, NStZ 2000, 203: mehrere Geschäftsführer einer OHG). Der Taterfolg muss darauf zurückzuführen sein, dass der Täter die zuständige **Finanzbehörde** pflichtwidrig über **steuererhebliche Tatsachen im Unklaren gelassen** hat. Im Gegensatz zur aktiven Tathandlung (Begehungsform 1) besteht die strafbare Untätigkeit (Begehungsform 2) im pflichtwidrigen Verschweigen der Steuerpflicht (BGH v. 03.12.2013, 1 StR 579/13, wistra 2014, 144 zu § 14c Abs. 2 i. V. m. § 18 Abs. 4b UStG). Entgegen den bestehenden Verpflichtungen zur Anmeldung selbsterrechneter Steuern oder zur Erklärung der Besteuerungsgrundlagen geschieht im gegebenen Zeitpunkt nichts, mit der Folge, dass die Behörde über wesentliche Merkmale des Steueranspruches im Unklaren bleibt. Im Falle einer umsatzsteuerlichen **Organschaft** (§ 2 Abs. 2 Nr. 2 UStG) ist Stpfl. der Organträger, weswegen dieser bzw. sein Vertreter und nicht die eingegliederte Organgesellschaft die steuerlichen Pflichten zu erfüllen hat (BGH v. 19.03.2013, 1 StR 318/12, wistra 2013, 463). Die Pflichtwidrigkeit tritt ein, wenn die Frist für deren Erfüllung abgelaufen ist (vgl. dazu § 108 AO). Ist eine Frist individuell oder durch Allgemeinverfügung verlängert worden, bleibt diese begünstigende Verfügung wirksam solange sie nicht widerrufen ist (BGH v. 12.06.2013, 1 StR 6/13, wistra 2013, 430).

Anders als bei § 370 Abs. 1 Nr. 1 AO setzt § 370 Abs. 1 Nr. 2 AO die **Unkenntnis der Behörde** voraus. Maßgeblich ist der Kenntnisstand des zuständigen Beamten. Dieser muss vor Veranlagungsschluss über die positive Kenntnis aller zur Steuerfestsetzung erforderlichen Tatsachen verfügen und ggf. auch alle hierfür notwendigen Beweismittel i. S. des § 92 AO besitzen (BayObLG v. 14.14.03.2002, 4 St RR 8/2002, NStZ 2002, 552). Andernfalls scheidet eine vollendete Steuerhinterziehung durch Unterlassen aus (OLG Köln v. 31.01.2017, III-1 RVs 253/16, wistra 2017, 363). Weiterhin kommt durch die Neuregelung des § 150 Abs. 7 Satz 2 AO bei gem. § 93c AO elektronisch übermittelten Daten eine Steuerhinterziehung durch Unterlassen nicht mehr in Betracht, da diese als Angaben des Stpfl. gelten (*Häger*, wistra 2017, 369). 15

Die in § 370 Abs. 1 Nr. 2 AO angesprochene **Pflichtenstellung** ist **kein besonderes persönliches Merkmal** i. S. des § 28 Abs. 1 StGB, sodass an der Tat auch eine Person teilnehmen kann, die selbst nicht diese Pflichtenstellung innehat (BGH v. 25.01.01.1995, 5 StR 491/94, wistra 1995, 189). Eine Mittäterschaft ohne Pflichtenstellung ist hingegen ausgeschlossen, selbst wenn sie nach allgemeinen Grundsätzen vorliegen würde (BGH v. 09.04.2013, 1 StR 586/12, NJW 2013, 2449). 16

Bedeutung erlangt der Tatbestand des § 370 Abs. 1 Nr. 2 AO sowohl bei den **einmaligen Steuern**, deren Entstehung dem FA angezeigt oder angemeldet werden muss, wie auch bei den **laufenden Steuern**, über die sich der Stpfl. erklären oder die er selbst errechnen und dem FA zur Zahlung anmelden muss (s. § 150 Abs. 1 Satz 2 AO). So erfüllt die Nichtabgabe von **Steuererklärungen** wie auch von **Steueranmeldungen** entgegen den bestehenden Verpflichtungen den objektiven Tatbestand der Steuerhinterziehung. Selbst wenn das FA vermuten kann, dass von einem ihm bekannten Betrieb regelmäßig Abzüge vom Arbeitslohn einbehalten werden und abzuführen sind oder Vorauszahlungen zur Umsatzsteuer erfolgen müssen, so bleibt es doch in Unkenntnis über die Höhe der zu entrichtenden Beträge. Die Folge davon ist eine Steuerverkürzung von zumindest zeitweiligem Charakter. 17

Gibt ein Stpfl. zunächst im guten Glauben eine unvollständige oder unrichtige Steuererklärung ab, so erwächst aus § 153 AO die **Pflicht** den **Fehler zu berichtigen**, sobald er erkannt wird (AEAO zu § 153, Nr. 1; BGH 18

v. 11.09.2007, 5 StR 213/07, NStZ 2008, 411). Das gilt nicht nur in Fällen schuldlosen oder fahrlässigen Handelns, sondern auch dann, wenn der Stpfl. die Fehlerhaftigkeit seiner Angaben zwar nicht erkannt, aber billigend in Kauf genommen hat (BGH v. 17.03.2009, 1 StR 479/08, NJW 2009, 1984; Anm. *Weidemann*, wistra 2010, 5; a. A. *Bülte*, BB 2010, 607). Diese Pflicht trifft nach § 153 Abs. 1 Satz 2 AO auch einen Gesamtrechtsnachfolger (zur Problematik der Übertragung »kontaminierten« Vermögens an Erben vgl. *Schwedhelm*, FR 2007, 937; BFH v. 29.08.2017, VIII R 32/15, BStBl II 2018, 223) oder die nach §§ 34 und 35 AO für den Steuerpflichtigen oder Gesamtrechtsnachfolger handelnden Personen. Wird entgegen dieser Pflicht keine Berichtigung erklärt, liegt der objektive Tatbestand der Steuerhinterziehung durch Unterlassen vor. Einen Steuerberater trifft diese Pflicht nach § 153 AO nicht (BGH v. 20.12.1995, 5 StR 412/95, wistra 1996, 184). § 153 AO greift auch dann ein, wenn nach den tatsächlichen Feststellungen zweifelhaft bleibt, ob bereits eine bewusst wahrheitswidrige oder unvollständige Steuererklärung abgegeben wurde (BGH v. 11.11.2007, 5 StR 213/07, wistra 2008, 22). Keine Berichtigungspflicht nach § 153 AO besteht, wenn ein fehlerhafter Steuerbescheid nicht auf Falschangaben des Steuerpflichtigen beruht (BFH v. 04.12.2012, VIII R 50/10, BStBl II 2014, 222).

19 Aus strafrechtlicher Sicht entfällt die Pflicht zur Abgabe einer Steuererklärung wegen des Verbots des Zwangs zur Selbstbelastung (s. § 393 Abs. 1 AO), wenn wegen der Tat das Strafverfahren eingeleitet ist (BGH v. 28.10.1998, 5 StR 500/98, wistra 1999, 385; BGH v. 17.03.2009, 1 StR 479/08, NJW 2009, 1984). Das gilt aber nur für die Steuerart und den Besteuerungszeitraum, auf den sich die Einleitung bezieht (BGH v. 23.01.01.2001, 5 StR 540/01, NJW 2002, 1733). Die Abgabe anderer Erklärungen kann der Täter nicht verweigern, weil sonst neues Unrecht geschaffen würde. Soweit hierdurch ein Interessenskonflikt entsteht, ist dieser dadurch zu lösen, dass aus den zutreffenden Angaben für Zwecke des Strafverfahrens keine Rückschlüsse für die Steuerarten und Zeiträume gezogen werden dürfen, für die bereits das Strafverfahren eingeleitet ist (BGH v. 12.01.2005, 5 StR 191/04, NJW 2005, 763, Anm. *Rogall* NStZ 2006, 41).

### III. Pflichtwidriges Unterlassung der Verwendung von Steuerzeichen oder Steuerstemplern

**Schrifttum**

WEIDEMANN, § 370 Abs. 1 Nr. 3 AO im funktionalen Zusammenhang mit dem Erklärungsdelikt des § 370 Abs. 1 Nr. 2 AO, wistra 2017, 13620

20 Als dritte Begehungsform der Steuerhinterziehung nennt § 370 Abs. 1 **Nr. 3** AO das pflichtwidrige Unterlassen der Verwendung von Steuerzeichen oder Steuerstemplern. **Steuerzeichen sind Wertzeichen**, die bei einzelnen Steuerarten zur Entrichtung der Steuer dienen (s. § 167 Abs. 1 Satz 2 AO; Banderolen, Steuermarken, die durch Aufkleben verwendet werden). Derselbe Erfolg lässt sich durch Verwenden von **Steuerstemplern** auf Packungen erreichen. Steuerzeichen sind die **Tabaksteuerbanderolen** (s. § 17 TabStG). Diese Formen der Steuerentrichtung enthalten zugleich ein Indiz für die gesetzmäßige Tilgung der Steuerschuld; allerdings nicht mehr als das, da die Steuerzeichen gestohlen oder gefälscht sein können (zur Wertzeichenfälschung s. §§ 148, 149 StGB).

Das **pflichtwidrige Unterlassen** im Sinne des § 370 Abs. 1 Nr. 3 AO wird bewirkt durch das **in den Verkehr bringen** steuerpflichtiger Erzeugnisse (TabSt) **ohne die vorgeschriebene Verwendung** der bei den Finanzkassen erhältlichen **Steuerzeichen** bzw. behördlich zugelassenen Steuerstemplern. Das Gleiche gilt für die Verwendung von Steuerzeichen oder Stempelaufdrucken in wertmäßig unzureichender Höhe. 21

## C. Taterfolg

### I. Verkürzung von Steuern

**Schrifttum**

ULSAMER/MÜLLER, Strafrechtliche Konsequenzen der Entscheidung des BVerfG zur Vermögensteuer, wistra 1998, 1; BORNHEIM, Halbteilungsgrundsatz und Steuerhinterziehung, StuW 1998, 146; DÖRN, Steuerhinterziehung in Schätzungsfällen?, NStZ 2002, 189; BECKEMPER, Steuerhinterziehung durch Erschleichen eines unrichtigen Feststellungsbescheides, NStZ 2002, 518; SEIPL/WIESE, Strafrechtliche Folgen der Verfassungswidrigkeit der »Spekulationsbesteuerung«, NStZ 2004, 542; JOECKS, der Strafrichter und das Verfassungsrecht, wistra 2006, 401; ALLGAYER, Schutzwürdiges Vertrauen in die Verfassungswidrigkeit einer Norm? wistra 2007, 133; BUSE, Die untätige Ermittlungsbehörde, wistra 2008, 51; SCHÜTZEBERG, Die Schätzung im Besteuerungs- und im Strafverfahren, StBp 2009, 33; ROLLETSCHKE, Steuerhinterziehung trotz überschießender Anrechnungsbeträge? wistra 2009, 332; BUSE, Umsatzsteuerhinterziehung auf Zeit, UR 2010, 325; GEHM, Problemfeld Schätzung im Steuer- und Steuerstrafverfahren, NZWiSt 2012, 408; TORMÖHLEN, Schätzung im Steuerstrafrecht, AO-StB 2013, 256; WEIDEMANN, Steuerschuldnerschaft und strafrechtliche Verantwortlichkeit bei Verbringung von Tabakwaren, wistra 2013, 422; JUCHEM, § 370 AO – ein normativer Straftatbestand!, wistra 2014, 300.

Nach § 370 Abs. 1 AO müssen durch die Tathandlung ursächlich Steuern verkürzt werden (BGH v. 14.04.2011, 1 StR 112/11, wistra 2011, 269, zur Unbeachtlichkeit hypothetischer Kausalverläufe). Es handelt sich um ein **Erfolgsdelikt** (BGH v. 11.02.1989, 3 StR 450/88, wistra 1989, 184). Als Taterfolg der Hinterziehung nennt das Gesetz in erster Linie die **Verkürzung von Steuern**, wobei es keinen Unterschied macht, ob der Täter eine eigene Steuerschuld oder diejenige eines anderen verkürzt. Täter 22 einer Hinterziehung kann auch ein Dritter sein (BGH v. 18.12.1975, 4 StR 472/75, BStBl II 1976, 445; BGH v. 06.10.1989, 3 StR 80/89, wistra 1990, 100: Hintermann und Strohmann als Hinterziehungstäter; BGH v. 08.11.1989, 3 StR 249/89, wistra 1990, 97: faktischer Geschäftsführer als Hinterziehungstäter). Allerdings deutet der 1. Senat inzwischen an, dass er in § 370 AO Züge eines Gefährdungsdelikts sieht, weil auch ein steuerlich erheblicher Vorteil in der Form eines Grundlagenbescheides Taterfolg sein könne, und § 370 Abs. 3 Satz 1 AO ohnehin nicht den Steuerausfall, sondern die fehlerhafte Festsetzungslage als Schaden beschreibt (BGH v. 10.12.2008, 1 StR 322/08, wistra 2009, 114; BGH v. 22.11.2012, 1 StR 537/12, NJW 2013, 1750; zur Kritik s. § 370 AO, Rz. 41). Obwohl § 370 AO an mehreren Stellen von der Verkürzung von Steuern spricht, darf nach Auffassung des BGH die Bezeichnung »Steuerverkürzung« im Schuldspruch einer Verurteilung wegen Steuerhinterziehung nicht verwendet werden, weil sonst eine Verwechslungsgefahr mit dem Ordnungswidrigkeitentatbestand nach § 378 AO besteht (BGH v. 24.01.2012, 1 StR 630/11, BFH/NV 2012, 909).

23 Bei § 370 AO handelt es sich um ein **Blankettgesetz** (BVerfG v. 15.10.1990, 2 BvR 385/87, wistra 1991, 175; BVerfG v. 29.04.2010, 2 BvR 871/04, 2 BvR 424/08, wistra 2010, 396; a. A. z. B. *Juchem*, wistra 2014, 300; *Bülte*, JuS 2015, 300: normativer Tatbestand). § 370 AO bildet nicht allein den gesetzlichen Tatbestand, denn **unter welchen Voraussetzungen ein Steueranspruch vorliegt, ergibt sich aus den Steuergesetzen** einschließlich des UZK. Gesetzlicher Tatbestand der Steuerhinterziehung ist folglich § 370 AO i. V. m. denjenigen Merkmalen, an die die einzelnen Steuergesetze die von ihnen angeordnete Steuerpflicht knüpfen. Durch die notwendige Inkorporation des (materiellen) Steuerrechts wird der Strafrechtscharakter der Vorschrift nicht verändert (BFH v. 20.04.1983, VII R 2/82, BStBl II 1983, 482). Die **der Steuerverkürzung zugrunde liegende Steuerschuld ist allein nach dem materiellen Steuergesetz zu beurteilen** (BGH v. 25.10.2000, 5 StR 399/00, wistra 2001, 22; BGH v. 06.07.2004, 5 StR 333/03, NStZ 2005, 106 zur Bedeutung der Gewinnermittlungsart; zur Frage des Zuflusses von Arbeitslohn nach § 11 Abs. 1 EStG bei Veruntreuung des Geldes durch Dritte: BGH v. 28.10.2015, 1 StR 465/14, NStZ 2016, 292). Im Rahmen des § 370 Abs. 6 AO wird § 370 AO durch die materiellrechtlichen Vorschriften des betreffenden Staates ausgefüllt (BGH v. 25.09.1990, 3 StR 8/90, wistra 1991, 29; BGH v. 19.04.2007, 5 StR 549/06, NStZ 2007, 595; BGH v. 19.08.2009, 1 StR 314/09, wistra 2010, 30).

24 Dass sich der Tatbestand der Verkürzung von Steuern nicht unmittelbar aus § 370 AO ablesen lässt, sondern sich vielfach erst im Wege der Auslegung der materiellen Steuerrechtsnormen ergibt, steht der durch Art. 103 Abs. 2 GG geforderten **gesetzlichen Bestimmtheit des Straftatbestandes** nicht entgegen (BVerfG v. 23.06.1994, 2 BvR 1984/94, NJW 1995, 1883; BVerfG v. 26.06.2008, 2 BvR 2067/07, NJW 2008, 3346). Ausreichend ist, dass die Steuerbarkeit in dem in Bezug genommenen Gesetz hinreichend umschrieben ist (BGH v. 16.05.1984, 2 StR 525/83, wistra 1984, 179). Voraussetzung ist, dass ein Steueranspruch nach den materiellrechtlichen Vorschriften besteht (BGH v. 28.01.1987, 3 StR 373/86, wistra 1987, 139; Anwendung von DBA: BGH v. 13.10.1994, 5 StR 134/94, NStZ 1995, 93). Für die **Umsatzsteuer** ist hierbei nicht nur das nationale USt-Recht von Bedeutung, sondern zu dessen Auslegung sind auch die Regelungen der Mehrwertsteuersystemrichtlinie heranzuziehen (BGH v. 17.17.08.1998, 5 StR 59/97, wistra 1998, 344: Steuerpflicht des unerlaubten Glücksspiels; BGH v. 20.02.2001, 5 StR 544/00, wistra 2001, 220: Möglichkeit der Rechnungsberichtigung bei Scheinrechnungen; EuGH v. 07.12.2010, Rs. C-285/09 »R.«, BStBl II 2011, 847: Steuerhinterziehung durch Verschleierung des wahren Leistungsempfängers; BGH v. 19.11.2014, 1 StR 219/14, NStZ 2015, 289; BGH v. 29.01.2015, 1 StR 216/14, NStZ 2015, 283: zur Frage der Entstehung und des Fortbestands des Rechts zum Vorsteuerabzug bei Unkenntnis der Einbeziehung in eine Umsatzsteuerhinterziehung zum Zeitpunkt des Leistungsaustauschs).

Das BVerfG (BVerfG v. 22.06.1995, 2 BvL 37/91, 25
BStBl II 1995, 655) hat die Festsetzung und Erhebung der **Vermögensteuer** für nicht mit dem GG vereinbar erklärt und dem Gesetzgeber eine Frist für eine Neuregelung bis zum 31.12.1996 gesetzt. Da keine Neuregelung erfolgte, ist das VStG mit Wirkung zum 01.01.1997 als Rechtsgrundlage entfallen. Für die Veranlagungszeiträume bis 1996 konnte die VSt weiterhin festgesetzt und erhoben werden (BVerfG v. 30.03.1998, 1 BvR 1831/97, BStBl II 1998, 422; BFH v. 24.06.1998, II R 104/97, BStBl II 1998, 632). Daher ist die Strafbarkeit der Vermögensteuerhinterziehung bezüglich der Veranlagungszeiträume bis einschließlich 1996 ebenfalls nicht entfallen (BGH v. 07.11.2001, 5 StR 395/01, BStBl II 2002, 259). Mit Hinblick hierauf ist das BayObLG (BayObLG v. 11.03.2003, 4 St RR 7/2003, wistra, 2003, 315) trotz des Vorlagebeschlusses des BFH an das BVerfG (BFH v. 16.07.2002, IX R 62/99, BStBl II 2003, 74) ohne Aussetzung des Verfahrens nach § 396 AO oder erneuten Vorlagebeschluss gem. Art. 100 Abs. 1 GG von der Strafbarkeit der Steuerhinterziehung von **Spekulationsgewinnen** ausgegangen, weil nicht zu erwarten sei, dass das BVerfG die Regelung des § 23 Abs. 1 Nr. 1b EStG selbst bei bestehender Unvereinbarkeit mit dem GG für nichtig erklären werde. Dies ist inzwischen allerdings geschehen (BVerfG v. 09.03.2004, 2 BvL 17/02, BStBl II 2005, 56). Das BVerfG ist dem BayObLG nicht gefolgt, weil der Betroffene nicht auf das Wiederaufnahmeverfahren nach § 79 Abs. 1 BVerfGG i. V. m. §§ 359 ff. StPO verwiesen werden kann, wenn die verfassungsrechtliche Frage

bereits anhängig ist (BVerfG v. 08.11.2006, 2 BvR 620/03, wistra 2007, 60, 62). Ob die Möglichkeit des Kontenabrufverfahrens nach § 93 Abs. 7 und § 93b AO eine mögliche Verfassungswidrigkeit der Zins- oder Spekulationsgewinnbesteuerung wegen eines strukturellen Vollzugsdefizits für die Zeit vor seinem Inkrafttreten rückwirkend zu beseitigen vermag, ist strittig (so aber BFH v. 29.11.2005, IX R 49/04, BStBl II 2006, 718 und dem folgend BGH v. 09.10.2007, 5 StR 162/07, wistra 2008, 21 zu § 23 Abs. 1 Satz 1 Nr. 4 EStG i.d. Fassung des VZ 2002). Zweifel werden insbes. im Hinblick auf die Strafbarkeit einer Verkürzung, die nach Art. 103 Abs. 2 GG auf den Zeitpunkt der Tat zu beurteilen ist, geltend gemacht (LG Augsburg v. 26.04.2007, 10 KLs 509 Js 103192/03, wistra 2007, 272; *Joecks*, wistra 2006, 401; a. A. *Allgayer*, wistra 2007, 133). Das BVerfG hat die Strafbarkeit in solchen Fällen für mit dem GG vereinbar angesehen, weil die Einführung des Kontenabrufverfahrens nicht die Strafbarkeit der Steuerhinterziehung oder die Steuerpflicht der Gewinne als solche betreffe, sondern die Rahmenbedingungen für deren effektive Durchsetzung (BVerfG v. 07.05.2008, 2 BvR 2392/07, NJW 2008, 3205; zur Verfassungsmäßigkeit der Besteuerung von Kapitalerträgen in den VZ 1994, 1995, 2000 und 2001 s. BVerfG v. 10.03.2008, 2 BvR 2077/05, NJW 2008, 2637).

26 § 370 Abs. 4 AO konkretisiert den Eintritt des Taterfolgs. Eine **Steuer** (hierzu Rz. 3) **ist** insbes. dann **verkürzt, wenn sie nicht, nicht in voller Höhe oder nicht rechtzeitig festgesetzt wird.** Das gilt auch dann, wenn die Festsetzung nur vorläufig oder unter Vorbehalt der Nachprüfung erfolgt, desgleichen, wenn die Anmeldung einer selbsterrechneten Steuer einer Festsetzung unter Vorbehalt der Nachprüfung gleichsteht (s. § 150 Abs. 1, §§ 165, 167 AO). Der Steuerverkürzung steht die Herbeiführung einer überhöhten Erstattung gleich.

27 Der Verkürzung der Steuer kommt in zweierlei Hinsicht Bedeutung zu. Zum einen ist die Feststellung, dass eine Steuer überhaupt verkürzt wurde, Voraussetzung für die Feststellung des **Taterfolgs**. Dieser ist eingetreten, wenn die festgesetzte (Ist-)Steuer von der nach § 38 AO entstandenen (Soll-)Steuer abweicht. Die Höhe der Verkürzung ist zum anderen für die **Strafzumessung** von Bedeutung (s. § 46 Abs. 2 StGB: verschuldete Auswirkungen der Tat). Daher muss ein Urteil oder ein Strafbefehl Feststellungen dazu enthalten, in welcher Höhe die Steuer verkürzt ist. Notwendig sind Ausführungen zu den verkürzten Bemessungsgrundlagen und der Verkürzungsberechnung, also der Differenz zwischen der Ist- und der Sollsteuer (BGH v. 13.10.2005, 5 StR 368/05, wistra 2006, 66; BGH v. 12.05.2009, 1 StR 718/08, NJW 2009, 2546; BGH v. 14.12.2010, 1 StR 421/10, NStZ 2011, 284; BGH v. 28.10.2015, 1 StR 465/14, NStZ 2016, 292; zu den Voraussetzungen einer verkürzten Darstellung; BGH v. 19.08.2009, 1 StR 314/09, wistra 2010, 30: Verkürzungsrechnung bei der Tabaksteuer; BGH v. 01.12.2015, 1 StR 154/15, NStZ 2016, 300: Körperschaftsteuerverkürzung bei verdeckter Gewinnausschüttung; BGH v. 12.01.2005, 5 StR 301/04, wistra 2005, 144: zu den Auswirkungen einer verdeckten Gewinnausschüttung auf die ESt eines Anteilseigners im Anrechnungsverfahren; zur EK-Gliederung beim KSt-Anrechnungsverfahren s. BGH v. 02.12.2008, 1 StR 375/08, wistra 2009, 68). Es genügt nicht, wenn sich das Gericht die Feststellungen des FA zu eigen macht (BGH v. 15.03.2005, 5 StR 496/04, wistra 2005, 307; BGH v. 17.04.2008, 5 StR 547/07, wistra 2008, 310) oder die Berechnung der Finanzverwaltung seinem Urteil zugrunde legt (BGH v. 19.04.2007, 5 StR 549/06, NStZ 2007, 595). Bei einem Einvernehmen von Arbeitgeber und Arbeitnehmer über die Verkürzung der Lohnsteuer kann nicht zwingend davon ausgegangen werden, es läge zugleich eine Nettolohnvereinbarung vor, sodass Bezugsgröße der verkürzten Steuer nicht die Lohnsteuer auf den ausgezahlten Lohn, sondern die in ihm fiktiv enthaltene Steuer ist (BGH v. 03.03.1993, 5 StR 546/92, NJW 1993, 1604; BGH v. 10.11.2009, 1 StR 283/09, wistra 2010, 148). Eine Verkürzungsberechnung ist auch für Zwecke der Strafzumessung bei einem Tatbeteiligten erforderlich (BGH v. 24.06.2009, 1 StR 229/09, wistra 2009, 396; BGH v. 28.10.2015, 1 StR 465/14, NStZ 2016, 292).

### 1. Nichtfestsetzung

Steuern sind namentlich dann verkürzt, wenn sie nicht festgesetzt werden. Im Fall der **Veranlagungssteuern** tritt der Verkürzungserfolg ein, wenn die Veranlagungsarbeiten für den betreffenden Zeitraum im Wesentlichen abgeschlossen sind. Das ist bei einem Erledigungsstand von 90 bis 95 v. H. der Fall (FG He v. 16.09.2003, 13 K 29/00, EFG 2004, 1274: 95 v. H.). Zu diesem Zeitpunkt wäre der Täter, hätte er seine Steuererklärung ordnungsgemäß abgegeben, spätestens veranlagt worden (BGH v. 23.10.1998, 5 StR 500/98, wistra 1999, 385; BGH v. 07.11.2001, 5 StR 395/01, BStBl II 2002, 259; BGH v. 18.05.2011, 1 StR 209/11, wistra 2011, 346). Zur Feststellung dieses Zeitpunkts ist u. E. nicht auf den Veranlagungsschluss des zuständigen FA, sondern auf den Veranlagungs- bzw. Teilbezirk abzustellen, weil einerseits innerhalb einer Behörde erhebliche Schwankungen auftreten können und andererseits mit den Mitteln der Statistik der Kausalverlauf bezogen auf den einzelnen Arbeitsbereich konkret festgestellt werden kann. Im Schrifttum ist umstritten, ob bei einem dem FA bekannten Stpfl. diese Grundsätze gleichermaßen gelten, da es das FA in der Hand habe, durch eine rechtzeitige Schätzung den Erfolgseintritt zu verhindern (*Dörn*, NStZ 2002, 189; a. A. *Buse*, wistra 2008, 51). Schätzt das FA vor dem allgemeinen Veranlagungsschluss die Steuer zu niedrig, tritt mit Bekanntgabe dieses Bescheids die Tatvollendung ein. Ist die Schätzung richtig oder gar zu hoch, kommt es nicht 28 zu einer vollendeten Steuerhinterziehung (BGH v. 22.08.2012, 1 StR 317/12, wistra 2013, 65).

29 Im Fall der Fälligkeits- oder **Anmeldesteuern** tritt der Taterfolg ein, wenn die Steueranmeldung am gesetzlich vorgeschriebenen Tag nicht eingereicht ist (z. B. USt-Voranmeldung: s. § 18 Abs. 1 UStG; Jahresanmeldung s. § 18 Abs. 4 UStG i. V. m. § 149 Abs. 2 AO; LSt-Anmeldung s. § 41 a Abs. 1 EStG). Die Steueranmeldung steht einer Steuerfestsetzung unter dem Vorbehalt der Nachprüfung gleich (s. § 168 AO), sodass die Steuer mit der Anmeldung festgesetzt ist. Liegt die Anmeldung zum gesetzlich vorgeschriebenen Termin nicht vor, ist die Steuer nicht bzw. zu spät festgesetzt (BGH v. 11.02.1990, 5 StR 519/90, wistra 1991, 215; BGH v. 27.03.1991, 3 StR 358/90, wistra 1991, 222). Die Nichtanmeldung der Lohnsteuer für in Privathaushalten geringfügig Beschäftigte wird nach § 50e Abs. 2 EStG nicht als Steuerstraftat, sondern als Ordnungswidrigkeit verfolgt. Kein Verkürzungserfolg tritt trotz einer Falscherklärung ein, wenn ein Nichtunternehmer, widerspruchslos inhaltlich unzutreffende Gutschriften vermeintlicher Leistungsempfänger akzeptiert und sodann zwar nicht die nach § 14c Abs. 2 Satz 2 UStG geschuldete Steuer anmeldet, wohl aber die Umsätze aus den tatsächlich nicht steuerbaren – vermeintlichen – Leistungen an den Gutschriftaussteller (BGH v. 03.12.2013, 1 StR 579/13, wistra 2014, 144; ggf. Beihilfe zur Steuerhinterziehung wegen des nicht berechtigten Vorsteuerabzugs des Gutschriftenstellers).

29a Im Fall der **Tabaksteuerhinterziehung** durch Unterlassen tritt der Taterfolg der Nichtfestsetzung ein, wenn der Verbringer von Tabakwaren ohne Steuerzeichen in die Bundesrepublik nicht unverzüglich die in § 19 Abs. 3 TabStG vorgesehene Steuererklärung abgibt. Allein der Ankauf geschmuggelter Zigaretten im Ausland genügt nicht (BGH v. 28.08.2008, 1 StR 443/08, wistra 2008, 470). Zur Steuerschuldnerschaft des Erwerbers s. BGH v. 02.02.2010, 1 StR 635/09, NStZ 2010, 644.

30 Das Gesetz spricht mit der Nichtfestsetzung die **Hinterziehung auf Dauer** an, mit der der Täter den Verkürzungserfolg, der durch die Nichtfestsetzung einer geschuldeten Steuer bewirkt wird, endgültig anstrebt. Im Gegensatz dazu steht die **Verkürzung auf Zeit**, mit der der Täter einen nur vorübergehenden Erfolg anstrebt. Diese Variante ist mit der verspäteten Festsetzung der Steuer angesprochen. Die Differenzierung spielt für die Strafzumessung eine Rolle (s. Rz. 39 f.), nicht aber für den Umfang der verkürzten Steuer (BGH v. 17.03.2009, 1 StR 627/08, NJW 2009, 1979; kritisch: *Weidemann*, wistra 2009, 440).

## 2. Zu niedrige Festsetzung

**Schrifttum**

Schützeberg, Die Schätzung im Besteuerungs- und im Strafverfahren, StBp 2009, 33; Rübenstahl/Zinser, Die »Schwarzlohnabrede« – Lohnsteuerhinterziehung, Strafzumessung und obiter dicta, NJW 2011, 2481.

Soweit die Steuer festgesetzt wird, kommt es darauf an, ob die Steuer **niedriger festgesetzt** wird, **als** die, die tatsächlich kraft Tatbestandsverwirklichung **geschuldet** wird (s. § 38 AO). Die Ist-Steuer ist niedriger als die Soll-Steuer und in der Differenz liegt die Verkürzung. 31

Soweit es für das Vorliegen einer Verkürzung auf die Festsetzung der Steuer ankommt, macht es grundsätzlich keinen Unterschied, ob diese vorläufig, unter Vorbehalt der Nachprüfung oder endgültig erfolgt (BGH v. 31.01.1984, 5 StR 706/83, wistra 1984, 182). Der Unterschied betrifft nur die Tragweite der Tat bzw. die zeitliche Dauer des bewirkten Verkürzungserfolges. Für die Frage der Strafzumessung ist bedeutsam, ob der Täter den **Taterfolg auf Dauer oder auf Zeit** anstrebte (s. Rz. 39 f.). Auch die bloße Möglichkeit der Rücknahme einer i. S. des § 14c Abs. 2 UStG (s. § 14 Abs. 3 UStG a. F.) zu Unrecht herausgegebenen Rechnung lässt die Steuerschuld des Rechnungserstellers nicht entfallen (BGH v. 20.02.2001, 5 StR 544/00, wistra 2001, 220; BGH v. 11.07.2002, 5 StR 516/01, wistra 2002, 384). Der Verkürzungserfolg beim Einsatz von Scheinrechnungen zum Zweck des Vorsteuerabzugs entfällt auch nicht deswegen, weil der Rechnungsaussteller die nach § 14c Abs. 2 UStG (§ 14 Abs. 3 UStG a. F.) geschuldete Steuer an das FA abgeführt hat (BGH v. 20.03.2002, 5 StR 448/01, NJW 2002, 1963). Des Weiteren entfällt der Erfolg der Verkürzung der Einfuhrumsatzsteuer nicht deswegen, weil der Täter bei ordnungsgemäßer Entrichtung der Einfuhrumsatzsteuer nach § 15 Abs. 1 Nr. 2 UStG zum Vorsteuerabzug berechtigt gewesen wäre (BGH v. 04.09.2013, 1 StR 374/13, NStZ 2014, 102). 32

Ob eine Steuer verkürzt ist, entscheidet sich im Falle der Festsetzung im Zeitpunkt der Bekanntgabe des Bescheides. Dabei braucht es sich nicht notwendig um die erste Festsetzung zu handeln. Denkbar sind auch Verkürzungen im Zusammenhang mit weiteren Festsetzungen (endgültigen oder Änderungsveranlagungen). Der Taterfolg tritt bei **Veranlagungssteuern** mit der Bekanntgabe des unrichtigen Bescheides ein (s. § 124 Abs. 1 AO; BGH v. 05.04.2000, 5 StR 226/99, NStZ 2000, 427). Unterlagen die verschwiegenen Einnahmen einem Steuerabzug, entfällt der Erfolg der Steuerverkürzung nur dann, wenn die tatsächlichen Voraussetzungen für die Anrechnung der Abzugsbeträge auf die festgesetzte Steuer zur Zeit der Veranlagung vorlagen (fehlende Steuerbescheinigung bei Kapitalertragsteuer: BFH v. 29.04.2008, VIII R 28/07, BStBl II 2009, 842). 33

34 Verkürzungshandlungen im Zusammenhang mit einer ESt-Jahreserklärung können nicht nur die Verkürzung der Steuer des betreffenden Veranlagungszeitraums bewirken, sondern auch die Verkürzung der auf der Grundlage des Jahressteuerbescheides festgesetzten **Vorauszahlungen** (BFH v. 15.04.1997, VII R 74/96, BStBl II 1997, 600).

35 In den Fällen, in denen eine **Steueranmeldung** (s. § 167 Satz 1, § 168 AO) abzugeben ist oder in denen das Gesetz die Verwendung von Steuerzeichen (Stemplern, s. § 167 Satz 2 AO) vorsieht oder an tatsächliche Vorgänge anknüpft (Beispiel: Verbringung verbrauchsteuerpflichtiger Waren in den freien Verkehr), sieht das Gesetz auch Abgabe- und Fälligkeitstermine vor (s. § 41a Abs. 1 EStG für die Lohnsteuer und s. § 18 Abs. 1 UStG für die Umsatzsteuer). In diesen Fällen ist die Steuer verkürzt, wenn im Zeitpunkt der Selbsterrechnung der Steuer ein geringerer Betrag angemeldet wird, als er aufgrund der Verwirklichung des gesetzlichen Steuertatbestandes (s. § 38 AO) entstanden ist. Führt eine Steueranmeldung zu einer Herabsetzung der bisher festgesetzten Steuer oder zu einer Steuervergütung, tritt der Taterfolg erst mit Zustimmung des FA zur Steueranmeldung ein (s. § 168 Satz 2 AO; BGH v. 23.07.2014, 1 StR 196/14, wistra 2014, 486; BGH v. 07.10.2014, 1 StR 182/14, wistra 2015, 188). Da die Zustimmung keiner Form bedarf (s. § 168 Satz 3 AO), erhält der Steuerpflichtige von ihr regelmäßig durch Auszahlung Kenntnis (BGH v. 24.11.2004, 5 StR 220/04, wistra 2005, 56). Zu den notwendigen Urteilsfeststellungen im Falle einer Schwarzlohnabrede vgl. BGH v. 08.02.2011, 1 StR 651/10, NJW 2011, 2526.

36 Musste die **Steuer** im Besteuerungsverfahren **geschätzt** werden, besteht die Schwierigkeit der Übernahme des steuerlichen Ergebnisses für Zwecke des Strafverfahrens. Grundsätzlich ist auch im Strafverfahren eine Schätzung zulässig, wenn feststeht, dass eine Steuer verkürzt wurde. Die Steuerschätzung kann für das Strafverfahren nur übernommen werden, wenn sie unter Beachtung der strafrechtlichen Verfahrensgrundsätze überprüft ist und kein Zweifel besteht, dass die Steuer zumindest in dieser Höhe verkürzt ist (BGH v. 04.02.1992, 5 StR 655/91, wistra 1992, 147; BGH v. 06.04.2016, 1 StR 523/15, NStZ 2016, 728; s. vor § 385 AO Rz. 5). Der Tatrichter hat in den Urteilsgründen nachvollziehbar darzulegen, wie er zu den Schätzungsergebnissen gelangt ist. Annahmen auf der Grundlage von Vermutungen genügen nicht (BGH v. 19.07.2007, 5 StR 251/07, wistra 2007, 470). Zur Durchführung der Schätzung kommen die auch im Besteuerungsverfahren anerkannten Schätzungsmethoden in Betracht. Mehrere Methoden sind ggf. zu kombinieren und die Richtsatzsammlungen des BMF können herangezogen werden (BGH v. 24.05.2007, 5 StR 58/07, NStZ 2007, 589). Zur Schätzung bei der Zahlung von Schwarzlöhnen in Bereichen der Baubranche vgl. BGH v. 10.11.2009, 1 StR 283/09, wistra 2010, 148.

Ist die Steuer festgesetzt, so kann sie durch **bloße Nichtzahlung** bei Fälligkeit nicht mehr bzw. nicht erneut und nicht anderweitig strafbar verkürzt werden (BGH v. 15.05.1997, 5 StR 45/97, NStZ-RR 1997, 277). Eine Ausnahme gilt für die Umsatzsteuer nach §§ 26b und c UStG und für den OWi-Tatbestand der Gefährdung der Abzugsteuern (s. § 380 AO). Unberührt bleiben die gesetzlichen Säumnisfolgen. 37

### 3. Verspätete Festsetzung

**Schrifttum**

Buse, Umsatzsteuerhinterziehung auf Zeit, UR 2010, 325.

Die Steuer ist auch dann verkürzt, wenn sie nicht **rechtzeitig festgesetzt oder angemeldet** wird. Durch diese Variante ist die **Verkürzung auf Zeit** angesprochen. 38

Im Fall einer verspäteten Steuererklärung bzgl. **Veranlagungssteuern** tritt die Verkürzung in dem Zeitpunkt ein, in dem die Steuer bei rechtzeitiger Erklärung spätestens festgesetzt worden wäre (BGH v. 17.07.1979, 5 StR 410/79, HFR 1980, 27; BGH v. 10.12.1991, 5 StR 536/91, wistra 1992, 93). Zu diesem Zeitpunkt s. Rz. 28. 39

In den Fällen, in denen eine **Steueranmeldung** (s. §§ 167 Satz 1, 168 AO) abzugeben ist oder in denen das Gesetz die Verwendung von Steuerzeichen (Stemplern, s. § 167 Satz 2 AO) vorsieht, regelt das Gesetz auch, wann die Anmeldung abzugeben ist (s. § 41a Abs. 1 EStG für die Lohnsteuer und s. § 18 Abs. 1 UStG für die Umsatzsteuer). In diesen Fällen ist die Steuer verspätet festgesetzt (s. § 168 AO), wenn die Anmeldung zu einem späteren, als dem gesetzlich vorgesehenen Termin erfolgt. Gibt der Steuerpflichtige keine USt-Voranmeldungen ab, so liegt hierin grundsätzlich nur eine **Verkürzung auf Zeit**, da mit der Jahresanmeldung der eingetretene Schaden wieder beseitigt werden kann. Erst wenn die Jahresanmeldung die fehlerhaften Angaben der Voranmeldungen wiederholt, tritt die **Verkürzung auf Dauer** ein (BGH v. 04.02.1997, 5 StR 680/96, wistra 1997, 186). Auch die Nichtabgabe der Jahresanmeldung bewirkt den Verkürzungserfolg auf Dauer (BGH v. 29.04.1997, 5 StR 168/97, NStZ 1997, 451; BGH v. 21.01.1998, 5 StR 686/97, wistra 1998, 146). Sollte allerdings von Anfang an beabsichtigt gewesen sein, die zunächst bewirkte Hinterziehung auf Zeit später in eine solche auf Dauer übergehen zu lassen, so ist der gesamte jeweils monatlich erlangte Vorteil als vom Vorsatz umfasstes Handlungsziel bei der **Strafzumessung** erschwerend zu berücksichtigen und in die Gesamtabwägung einzustellen (BGH v. 20.04.1999, 5 StR 54/99, wistra 1999, 298). Nach der neueren Rechtsprechung hat die Differenzierung zwischen der Verkür- 40 zung auf Zeit und der auf Dauer ausschließlich Bedeutung für die Strafzumessung, nicht aber für die Feststellung des Umfangs der verkürzten Steuern (BGH v. 17.03.2009, 1 StR 627/08, NJW 2009, 1979; kritisch: *Weidemann*, wistra 2009, 440). Die verspätete Anmeldung der Lohnsteuer für in Privathaushalten geringfügig Beschäftigte wird nach § 50e Abs. 2 EStG nicht als Steuerstraftat, sondern als Ordnungswidrigkeit verfolgt.

## II. Erlangung nicht gerechtfertigter Steuervorteile (für sich oder einen anderen)

**Schrifttum**

Müller, Das Erlangen nicht gerechtfertigter Steuervorteile, DStZ 2001, 613; Jope, Steuerhinterziehung im Feststellungsverfahren, DStZ 2009, 247; Blesinger, Grundlagenbescheide als Gegenstand einer Steuerhinterziehung? wistra 2009, 294; Pflaum, Strafrechtliche Gesichtspunkte der Begünstigung nicht entnommener Gewinne, § 34a EStG, wistra 2012, 205; Gehm, Steuerhinterziehung bei unrichtigen Feststellungsbescheiden, NWB 2013, 2786; Langel/Betzinger, Steuerstrafrechtliche Beurteilung und Behandlung zu Unrecht zu hoch festgestellter steuerlicher Verluste, DB 2015, 1925; Langel/Stumm, Steuerverkürzung und Erlangung nicht gerechtfertigter Steuervorteile, DB 2015, 2720; Lemmer, Steuerhinterziehung durch ertragsteuerliche Verlustfeststellung – Lösungsmodelle praktisch bedeutsamer Fallkonstellationen, NZWiSt 2016, 427.

41 Unter diesen Begriff fallen **Vergünstigungen, die nicht unmittelbar aus dem Gesetz folgen,** sondern einen rechtsgestaltenden Akt des FA erfordern. In Betracht kommen in erster Linie antragsgebundene Vorteile und Erleichterungen, die bei der Erhebung der Steuer seitens des FA gewährt werden. Da das fehlerhafte Erklärungsverhalten der Stpfl. im Festsetzungsverfahren in den Taterfolg der Steuerhinterziehung mündet, kann ein Steuervorteil nur eine begünstigende Regelung sein, die außerhalb des Festsetzungsverfahrens angestrebt bzw. gewährt wird (BGH v. 06.06.2007, 5 StR 127/07, NJW 2007, 2864: Erstattung fingierter Steuerabzugsbeträge und damit zusammenhängender Erstattungszinsen nach § 233a AO; *Joecks* in JJR, § 370 AO Rz. 140). Allerdings hat der BGH wegen der Bindungswirkung von Grundlagenbescheiden jedenfalls bei der gesonderten und einheitlichen Gewinnfeststellung nach § 180 Abs. 1 Nr. 2 Buchst. a AO eine konkrete Gefährdung des Steueranspruchs gesehen, die es rechtfertige, eine fehlerhafte Feststellung als nicht gerechtfertigten Steuervorteil zu begreifen (BGH v. 10.12.2008, 1 StR 322/08, NJW 2009, 381; BFH v. 12.04.2016, VIII R 24/13, BFH/NV 2016, 1537). Das Gleiche gilt für einen Gewerbesteuermessbescheid (BGH v. 12.07.2016, 1 StR 132/16, wistra 2016, 410). Damit wandelt sich die Steuerhinterziehung vom Erfolgs- zum Gefährdungsdelikt. Das ist allerdings bereits deswegen nicht erforderlich, weil anders als bei Maßnahmen des Erhebungsverfahrens, einem Grundlagenbescheid regelmäßig ein Steuerbescheid folgt, der Gegenstand des Taterfolgs der Steuerhinterziehung ist. Durch die Auslegung des BGH wird der Eintritt des Taterfolgs der Steuerhinterziehung über den Wortlaut des § 370 Abs. 4 Satz 1 AO hinaus vorgezogen (*Jope*, DStZ 2009, 247; *Blesinger*, wistra 2009, 294; *Weidemann*, wistra 2009, 354; *Hellmann in HHSp*, § 370 AO, Rn. 168a). Der BGH hat trotz der Kritik an seinem Standpunkt festgehalten (BGH v. 02.11.2010, 1 StR 544/09, NStZ 2011, 294, Verlustvortrag gem. § 10a GewStG; BGH v. 22.11.2012, 1 StR 537/12, NJW 2013, 1750).

Den steuerlichen Vorteilen stehen nach § 370 Abs. 4 Satz 2 AO die **Steuervergütungen** gleich, die in der Anrechnung oder Auszahlung von Steuerbeträgen bestehen, die ein Dritter zur Erfüllung seiner eigenen Steuerschuld entrichtet oder noch zu entrichten hat. 41a

Als **Beispielsfälle** antragsgebundener Vergünstigungen seien die Stundung (s. § 222 AO), der Zahlungsaufschub (s. § 223 AO), die Aussetzung der Vollziehung (s. § 361 AO; § 69 FGO) und der Vollstreckungsaufschub (s. § 258 AO) erwähnt, ferner der Steuererlass (s. § 227 AO). Als bedeutsamste Fälle der Steuervergütungen im Sinne des § 370 Abs. 4 Satz 2 AO seien erwähnt: der Vorsteuerabzug der Unternehmer bei der Umsatzsteuer (s. § 15 UStG, §§ 59 ff. UStDV), die im Verbrauchsteuerrecht vorgesehenen Steuervergütungen (s. § 32 TabStG; §§ 19, 20 BierStG) und das Kindergeld (s. § 31 Satz 3 EStG – Fiktion). 42

**Nicht gerechtfertigt** ist ein Steuervorteil, wenn der gesetzliche Tatbestand, an dessen Verwirklichung seine Inanspruchnahme durch den Pflichtigen oder seine Bewilligung durch das zuständige FA anknüpft, objektiv nicht oder nicht vollständig erfüllt ist. Ein antragsgebundener Steuervorteil ist auch dann nicht gerechtfertigt, wenn er sich nicht innerhalb des Ermessensrahmens hält, den das Gesetz der bewilligenden Behörde zieht. Ob ein nicht gerechtfertigter Steuervorteil im Ergebnis aus anderen Gründen hätte beansprucht werden können, ist – entsprechend der Regelung der Verkürzung von Steuern – ohne Bedeutung (§ 370 Abs. 4 Satz 3 AO). 43

**Erlangt** ist ein nicht gerechtfertigter Steuervorteil, wenn er gewährt oder belassen wird (§ 370 Abs. 4 Satz 2 AO). Steuervorteile, die der Pflichtige durch eine Steueranmeldung erstrebt, bspw. durch Anmeldung eines Vorsteuerüberhangs, sind erlangt, wenn das FA der Steueranmeldung zustimmt (s. § 168 Satz 2 AO; Rz. 34). 44

Die Erlangung nicht gerechtfertigter Steuervorteile ist insbes. im **Erhebungs-** bzw. **Vollstreckungsverfahren** möglich, soweit sie sich auf den Zeitpunkt oder den Umfang der Zahlung beziehen (BGH v. 23.06.1992, 5 StR 74/92, NJW 1992, 2828; BGH v. 21.08.2012, 1 StR 26/12, wistra 2012, 482: Manipulationen zur Vereitelung von Beitreibungsmaßnahmen, Erschleichung von Aussetzungen). 45

**46** Klarstellend fügt das Gesetz hinzu, dass der Täter den **Steuervorteil für sich oder einen anderen** erlangt haben muss. Das ist selbstverständlich, weil es bei der Verkürzung von Steuern (s. Rz. 22) auch nicht darauf ankommt, ob der Täter die eigene oder eine fremde Steuer verkürzt.

### III. Kompensations- bzw. Vorteilsausgleichsverbot

**Schrifttum**

Lilje/Müller, Ansparrücklage versus Kompensationsverbot, wistra 2001, 205; Meine, Der Irrtum über das Kompensationsverbot, wistra 2002, 361; Menke, Die Bedeutung des sog. Kompensationsverbots in § 370 AO, wistra 2005, 125; Menke, Folgen des unterlassenen Vorsteuerabzugs bei gleichzeitiger Hinterziehung von Umsatzsteuer, wistra 2006, 167; Beyer, Steuerstrafrechtliches Kompensationsverbot – Ausnahmen und Auswirkungen, NWB 2016, 772; Bülte, Das Kompensationsverbot: ein originär strafrechtliches Rechtsinstitut des Steuerstrafrechts, 1. Teil, NZWiSt 2016, 1, 2. Teil, NZWiSt 2016, 52.

**47** Ob der Betrag, der sonst festgesetzt worden wäre, aus anderen Gründen hätte ermäßigt werden müssen, ist ohne Bedeutung (s. § 370 Abs. 4 Satz 3 AO, sog. Kompensations- oder Vorteilsausgleichsverbot). Durch diese Regelung erfährt die Aussage, dass die Steuerhinterziehung ein Erfolgsdelikt ist, eine Einschränkung. Der Täter kann sich nicht darauf berufen, dass die Steuer aus anderen, bisher nicht berücksichtigten Gründen sowieso nicht höher hätte festgesetzt werden dürfen; er **soll nicht Tatsachen, die er zu seinen Gunsten unterdrückt hat, durch andere Tatsachen ausgleichen dürfen**, die – hätte er sie dem FA vorgetragen – eine niedrigere Festsetzung der Steuer begründet haben würden (BGH v. 23.06.1976, 3 StR 45/76, HFR 1977, 35). Das trifft z. B. für Erlöse aus nicht verbuchten Umsätzen zu, soweit sie ohne Verbuchung für betriebliche Ausgaben verwendet werden (BGH v. 26.01.1990, 3 StR 472/89, wistra 1990, 232) oder für einen unterbliebenen Antrag auf Zuerkennung eines ermäßigten Steuersatzes (s. § 34 EStG), aufgrund dessen eine strafbar bewirkte Einkommensteuerminderung auf legalem Wege erreichbar gewesen wäre (BGH v. 30.06.1976, 3 StR 45/76, MDR 1976, 770). Als Folge des Abschnittsprinzips (Besteuerungszeitraum) ist keine Verrechnung von Verlusten mit Gewinnen anderer Wirtschaftsjahre nach § 10d EStG möglich (BGH v. 26.06.1984, 5 StR 322/84, wistra 1984, 183). Unterlassene Vorsteuerabzüge stellen bei der Hinterziehung von Umsatzsteuer immer einen anderen Grund dar (BGH v. 23.07.1985, 5 StR 465/85, wistra 1985, 225; BGH v. 26.06.2012, 1 StR 289/12, NStZ 2012, 639; *Menke,* wistra 2006, 167; a. A. *Joecks* in JJR, § 370 AO Rn. 100). Das Kompensationsverbot greift auch dann ein, wenn ein Vorsteuerüberhang besteht und sich deshalb eine negative Zahllast ergäbe (BGH v. 24.10.1990, 3 StR 16/90, wistra 1991, 107). Weiß der Unternehmer allerdings, dass keine Umsatzsteuerschuld entstanden ist, wird er regelmäßig keinen Verkürzungsvorsatz haben (LG Oldenburg v. 15.04.1994, IV Qs 65/94, wistra 1994, 276). Der Täter kann sich grundsätzlich auf die **Steuerfreiheit** verschwiegener Einnahmen oder Umsätze berufen. Etwas anderes gilt aber dann, wenn die Steuerfreiheit ein weiteres verwaltungsrechtliches Prüfungsverfahren voraussetzt und dies erst nach der Tat durchgeführt wird (BGH v. 05.02.2004, 5 StR 420/03, wistra 2004, 147).

**48** § 370 Abs. 4 Satz 3 AO **steht nicht der Anerkennung von Aufwendungen entgegen,** die offensichtlich im objektiven **engen wirtschaftlichen Zusammenhang** mit den Einnahmen stehen (BFH v. 17.04.1986, IV R 115/84, BStBl II 1986, 607; BGH v. 15.11.1989, 3 StR 211/89, wistra 1990, 59; BGH v. 05.02.2004, 5 StR 420/03, wistra 2004, 147). Bei der Feststellung des Verkürzungserfolgs sind z. B. Betriebsausgaben zu berücksichtigen, ohne die die verkürzten Einnahmen nicht erzielt werden konnten (Wareneinkauf, Lohnaufwendungen etc.). Insoweit besteht eine Parallelität zu § 173 Abs. 1 Nr. 2 Satz 2 AO.

**49** Unberührt bleibt die **Berücksichtigung** der vom Täter verschuldeten Tatfolgen **bei** der **Strafzumessung** (BGH v. 23.07.1985, 5 StR 465/85, wistra 1985, 225; s. Rz. 104 ff.). Das hat zur Folge, dass Umstände, die infolge des Kompensationsverbots bei der Feststellung des Taterfolgs nicht berücksichtigt werden konnten, für Zwecke der Strafzumessung dennoch ermittelt und berücksichtigt werden müssen. Hat z. B. ein Unternehmer Umsätze i. H. v. 100 000 Euro nicht angemeldet, so resultiert daraus der Verkürzungserfolg i. H. v. 19 000 Euro USt, selbst wenn er hiervon Vorsteuern i. H. v. 20 000 Euro hätte abziehen können (BGH v. 24.10.1990, 3 StR 16/90, wistra 1991, 107). Die Tatsache, dass in diesem Fall dem Fiskus tatsächlich kein Steuerausfall entstanden ist, ist erst bei der Strafzumessung zu berücksichtigen. Das setzt aber voraus, dass zum Abzug berechtigende Vorsteuern überhaupt entstanden sind (BGH v. 08.01.2008, 5 StR 582/07, wistra 2008, 153).

## D. Subjektiver Tatbestand: Vorsatz (nebst Unrechtsbewusstsein)

**Schrifttum**

Ransiek/Hüls, Zum Eventualvorsatz bei der Steuerhinterziehung, NStZ 2011, 678; Müller, Der Vorsatz im Steuerstrafverfahren, sein Beweis und seine Abgrenzung zur Leichtfertigkeit, AO-StB 2015, 292; Grötsch, Strafrechtliche Zurechnung von Fehlern eines Beraters im Steuerstrafrecht, wistra 2017, 92.

**50** Die innere Tatseite der Steuerhinterziehung verlangt **vorsätzlich-schuldhaftes Handeln** des Täters (s. § 15 StGB). Leichtfertiges Handeln kann unter den Voraussetzungen des § 378 AO als Ordnungswidrigkeit verfolgt werden.

51 Vorsätzlich handelt, wer die Tat **mit Wissen und Wollen** begeht. Der Täter muss wissen, dass durch sein Verhalten der strafbare Tatbestand in Handlung und Erfolg verwirklicht wird; dazu gehören gegebenenfalls auch die strafschärfenden Umstände des § 370 Abs. 3 AO (BGH v. 19.05.1989, 3 StR 590/88, wistra 1989, 263). Es ist nicht erforderlich, dass der Vorsatz sich auf alle Einzelheiten der Steuerberechnung bezieht (BGH v. 24.01.1990, 3 StR 290/89, wistra 1990, 193).

52 Darüber hinaus muss der Täter den strafbaren **Erfolg wollen** oder zumindest **billigen** (BGH v. 08.09.2011, 1 StR 38/11, wistra 2011, 465), selbst wenn er ihm an sich unerwünscht ist (BGH v. 22.04.1955, s StR 35/55, NJW 1955, 1688). Er muss ihn jedenfalls in Kauf nehmen, z. B. wenn Steuern hinterzogen werden, die aus dem Verkauf von Diebesgut oder veruntreuten Werten resultieren. Der Vorsatz braucht nicht unbedingt zu sein; es genügt, wenn der Täter nur mit der Möglichkeit eines strafbaren Erfolges rechnet, diesen aber für den Fall seines Eintretens billigt (in Kauf zu nehmen bereit ist, sich hiervon nicht abhalten lässt, BGH v. 16.12.2009, 1 StR 491/09, BFH/NV 2010, 1071). Der in solchen Fällen vorliegende **bedingte Vorsatz** unterscheidet sich von der **bewussten Fahrlässigkeit**, die dann gegeben ist, wenn der Täter seiner inneren Einstellung nach den möglicherweise eintretenden strafbaren Erfolg missbilligt und darauf vertraut, dass er nicht eintritt. Die Ermittlung solcher inneren Tatsachen ist zumeist schwierig. Die praktische Bedeutung der Unterscheidung ist groß, denn eine bedingt vorsätzlich bewirkte Steuerverkürzung stellt eine Straftat dar (s. § 370 AO), während eine bewusst fahrlässige Verkürzung als bloße Ordnungswidrigkeit gilt (s. § 378 AO; zur Problematik im Fall mittelbarer Parteispenden s. BFH v. 04.02.1987, I R 58/86, BStBl II 1988, 215; BGH v. 28.01.1987, 3 StR 373/86, wistra 1987, 139; zur Beauftragung eines Beraters mit der Erstellung eines Rechtsgutachtens, ohne sich mit dessen Ergebnis auseinander zu setzen s. BGH v. 10.11.1999, 5 StR 221/99, NStZ 2000, 203; instruktiv zum Vorsatz bei der Verkürzung von Kapitalerträgen: FG SchlH v. 22.11.2006, 2 K 30186/03, EFG 2008, 95, Az. d. BFH VIII R 28/07). Die Kontrollfrage muss immer lauten: »Wusste es der Täter?«. Hätte er es lediglich wissen müssen, scheidet Vorsatz aus (BGH v. 05.03.2008, 2 StR 50/08, NStZ 2008, 451).

53 Dem Wollen der Tat steht nicht entgegen, dass eine **Hinterziehungstatnicht ihrer selbst wegen**, sondern deshalb geschieht, um vorausgegangene Hinterziehungen nicht offenbar werden zu lassen. In Fällen dieser Art liegt zumeist bedingter Vorsatz vor (BGH v. 18.11.1960, 4 StR 13/60, BStBl I 1961, 495). Dasselbe gilt für Hinterziehungshandlungen **zur Ermöglichung oder Verdeckung anderer Straftaten**, z. B. von Schwarzgeschäften oder Veruntreuungen. Auch das Bestehen einer Zwangslage steht der Vorsätzlichkeit des Täterverhaltens nicht ohne Weiteres entgegen (BGH v. 20.05.1952, 1 StR 748/51, BGHSt 2, 375). Im Übrigen ist die Abgabe richtiger und vollständiger Erklärungen auch nicht unzumutbar (BGH v. 31.01.2001, 5 StR 540/01, NJW 2002, 1733). Dem Täter steht die Möglichkeit des § 371 AO offen, soweit es um Steuerstraftaten geht, im Übrigen ist er grundsätzlich durch das Steuergeheimnis geschützt (s. § 30 Abs. 4 Nr. 4 AO).

Der Vorsatz des Täters muss alle wesentlichen Tatbestandsmerkmale umfassen. Der Täter muss die Umstände kennen, die seine Steuerpflicht begründen und die, die für die Entstehung der Steuerschuld bedeutsam sind. **Kein Vorsatz** liegt vor, wenn der Täter bei der Begehung der Tat Umstände nicht kennt, die zum gesetzlichen Tatbestand gehören (**Tatbestandsirrtum**, s. § 16 StGB und s. Rz. 57 ff). 54

Zum Vorsatz muss als weitere Grundlage der Strafbarkeit der **Schuldvorwurf**, also das **Unrechtsbewusstsein** hinzutreten. Das ergibt sich aus den Bestimmungen über den Verbotsirrtum (s. § 17 StGB; BGH v. 18.03.1952, GSSt 2/51, BGHSt 2, 194; s. Rz. 61 ff.). Das Verschulden umschreibt die Fähigkeit des Täters, gemessen an seinen persönlichen Verhältnissen, insbes. dem Grad seiner Einsichtsfähigkeit (s. Rz. 56), die Tat als gemeinschaftswidriges Verhalten zu erkennen, sodass sie ihm zum Vorwurf gemacht werden kann. Diese Voraussetzung ist auch dann erfüllt, wenn das Unrechtsbewusstsein zwar nicht mit Sicherheit vorhanden ist, der Täter jedoch damit rechnet, sein Verhalten könne verboten sein, und sich dennoch zum Handeln entschließt. Die Feststellung eines »menschlichen Versagens« steht der Annahme von Vorsatz nicht grundsätzlich entgegen (BFH v. 06.04.1962, III 339/59, HFR 1963, 371). Dasselbe gilt für ein vermeintliches Widerstandsrecht wegen angeblich schädigenden Verhaltens staatlicher Stellen (OLG Frankfurt/Main v. 18.10.1972, 2 Ss 346/72 9 Ns 3/72, BB 1973, 549; zur Verweigerung von Steuerzahlungen aus Gewissensgründen s. BFH v. 06.12.1992, III R 81/89, BStBl II 1992, 303). 55

## E. Irrtum

### Schrifttum

Kirch-Heim/Samson, Vermeidung der Strafbarkeit durch Einholung juristischer Gutachten, wistra 2008, 81; Wendt/Elicker, Zur steuerstrafrechtlichen Verantwortlichkeit des steuerlich vertretenen Unternehmers oder Geschäftsführers, wistra 2009, 329; Weidemann, Vorsatz und Irrtum bei Lohnsteuerhinterziehung und Beitragsvorenthaltung, wistra 2010, 463; Ransiek, Blankettatbestand und Tatumstandsirrtum, wistra 2012, 365; Bülte, Der Irrtum über das Verbot im Wirtschaftsstrafrecht, NStZ 2013, 65; Wedler, Der Rechtsirrtum im Steuerstrafrecht, NZWiSt, 2015, 99.

Der Vorsatz und das Unrechtsbewusstsein können durch **irrige Vorstellungen des Täters** über die tatbestandlichen Folgen seines Verhaltens oder dessen Rechtswidrigkeit beeinflusst sein. Über das Vorliegen sowohl eines Tat- 56 bestandsirrtums (s. § 16 StGB) wie eines Verbotsirrtums (s. § 17 StGB) mit den Auswirkungen auf Schuld und Strafe entscheiden die **Umstände des Falles**, insbes. die **persönlichen Verhältnisse des Täters**. Es kommt darauf an, ob und inwieweit der Täter sich bewusst sein musste, mit seinem Verhalten eine strafbare Steuerverkürzung herbeizuführen. Hierbei spielen seine Erkenntnisse und Erfahrungen, sowie der Grad seiner allgemeinen Einsichtsfähigkeit, einschließlich der Fähigkeit hiernach zu handeln, eine bedeutende Rolle.

## I. Tatbestandsirrtum

57 Ein **Irrtum über** das Vorhandensein von **Umständen**, die zum **gesetzlichen Tatbestand** einer Straftat gehören, **schließt** den **Vorsatz aus**. Beruht diese Unkenntnis auf Fahrlässigkeit, so bleibt die Bestrafung des Täters wegen fahrlässiger Begehung unberührt, vorausgesetzt, dass diese strafbar (oder mit Geldbuße bedroht) ist (s. § 16 Abs. 1 StGB).

58 Der **Irrtum über das Bestehen einer Steuerschuld** ist der hauptsächliche Anwendungsfall des Tatbestandsirrtums im Bereiche der strafbaren Steuerverkürzung (BGH v. 05.03.1986, 2 StR 666/85, wistra 1986, 174; BGH v. 23.02.2000, 5 StR 570/99, NStZ 2000, 320). Hier irrt der Täter über die steuerliche Erheblichkeit von Tatsachen. Er nimmt irrtümlich die Bedeutungslosigkeit bestimmter Tatsachen an oder misst anderen Umständen eine Erheblichkeit zu, die sie tatsächlich nicht haben. So ist ein Irrtum über die steuerliche Abzugsfähigkeit von Beträgen (Schmiergeldern) Tatbestandsirrtum (BGH v. 25.05.1976, 5 StR 560/75, DB 1977, 1776), ebenso wie die irrtümliche Annahme, eine gewerbliche Tätigkeit sei freiberuflich, weswegen sie zwar in der Einkommensteuererklärung erfasst wird, aber eine Gewerbesteuererklärung unterbleibt (OLG Köln v. 04.03.2004, 2 Ws 702/03, NJW 2004, 3504). Auch die auf falschen Tatsachenannahmen beruhende Vorstellung, es bestehe keine Steuerschuld, schließt die Bestrafung wegen vorsätzlicher Steuerverkürzung aus. Beruht die Annahme, dass keine Steuerschuld bestehe, auf Fahrlässigkeit, insbes. auf der Vernachlässigung bestehender Erkundigungs- und Vergewisserungspflichten, so bleibt die Ahndung des Täterverhaltens als leichtfertige Steuerverkürzung im Sinne des § 378 AO (Ordnungswidrigkeit) unberührt (BGH v. 13.01.1988, 3 StR 450/87, wistra 1988, 196: § 378 AO stellt einen Auffangtatbestand für diejenigen Fälle dar, in denen der Vorsatz nicht festgestellt werden kann). In beiden Fällen handelt es sich um irrige Vorstellungen des Täters über Umstände, die zum gesetzlichen Tatbestand der Steuerverkürzung gehören, insbes. über das Bestehen einer Steuerschuld nach ihren Grundlagen und/oder ihrem betragsmäßigen Umfang. Hierher gehört auch der Irrtum über einschlägige Befreiungs- oder Vergünstigungsvorschriften (BGH v. 23.04.1986, 3 StR 57/86, wistra 1986, 220: Irrtum über die Berechtigung zum Vorsteuerabzug). Die Behandlung irriger Vorstellungen als Tatbestandsirrtum im Sinne des § 16 StGB geht davon aus, dass der Straftatbestand der Steuerhinterziehung – nach Art eines Blankettgesetzes – die materielle Regelung der Steuerpflicht als Ausfluss des gesetzlichen Steuertatbestandes (s. § 38 AO) jeweils einschließt, wodurch die Verletzung der Steuerpflicht zur tatbestandlichen Voraussetzung der Hinterziehung wird (BGH v. 19.05.1989, 3 StR 590/88, wistra 1989, 263; BGH v. 24.10.1990, 3 StR 16/90, wistra 1991, 107).

Als weitere Formen des Tatbestandsirrtums kommen 59
irrige Vorstellungen über das Bestehen und den Umfang von **Anmeldungs-, Erklärungs- oder Mitwirkungspflichten** in Betracht. Das folgt daraus, dass § 370 Abs. 1 Nr. 2 AO die konkrete Pflicht als Tatbestandsmerkmal normiert.

Tatbestandsirrtum ist aber auch der **Irrtum,** der sich bei 60
Kenntnis des Bestehens der Steuerpflicht, auf die **Ursächlichkeit des Täterverhaltens** für den Eintritt einer strafbaren Verkürzung bezieht. Das ist zum Beispiel der Fall, wenn der Täter sicher annimmt, das FA werde die Steuer auch ohne seine Erklärung zutreffend festsetzen (gegebenenfalls aufgrund von Schätzungen oder Durchschnittssätzen). In diesem Fall vertraut der Täter darauf, dass es nicht zu einer Verkürzung kommt. Regelmäßig wird der Täter in solchen Fällen aber eine Verkürzung billigend in Kauf nehmen – sei es durch eine zu niedrige oder verspätete Festsetzung.

## II. Verbotsirrtum

Vom Tatbestandsirrtum zu unterscheiden ist der **Verbots-** 61
**irrtum**. Er **bezieht sich auf den Unrechtsgehalt des Täterverhaltens bzw. das Verbotensein der Tat.** Das Bewusstsein des Täters, durch sein Handeln oder seine Untätigkeit etwas Verbotenes, mit Strafe Bedrohtes zu bewirken, ist ein zusätzliches Schuldelement (s. Rz. 55), auch wenn es nicht ausdrücklich in den gesetzlichen Straftatbestand Aufnahme gefunden hat (BFH v. 18.12.1986, I B 1/86, BStBl II 1988, 211). Entscheidend für das Vorliegen eines Verbotsirrtums sind die persönlichen Verhältnisse des Täters, insbes. der Grad seiner Fähigkeit, das Unrecht zu erkennen oder sich um eine einschlägige Erkenntnis zu bemühen. Ein Verbots- bzw. Gebotsirrtum liegt z. B. vor, wenn der Täter alle Umstände kennt, die eine steuerliche Handlungspflicht begründen und ihm lediglich die die Handlungspflicht begründende Vorschrift unbekannt ist (BGH v. 18.12.1985, 2 StR 461/85, wistra 1986, 219: Berichtigungspflicht nach § 17 UStG). **Fehlte** dem Täter, ohne dass ihm hieraus ein Vorwurf zu machen war, die **Einsicht Unrecht zu tun**, so **schließt** das seine **Schuld** und damit die Strafbarkeit seines Verhaltens **aus**. Ließ sich der

Täter irrigerweise davon leiten, dass sein Verhalten erlaubt oder jedenfalls nicht strafbar sei, wäre dieser Irrtum aber bei hinreichender Sorgfalt **vermeidbar** gewesen, so kann die Strafe nach den Grundsätzen des § 49 Abs. 1 StGB gemildert werden. Im Falle der Steuerhinterziehung bedeutet dies, dass sich das Höchstmaß der Freiheitsstrafe von 5 Jahren auf 45 Monate und das Höchstmaß der Geldstrafe von 360 auf 270 Tagessätze verringert.

62 Da der entschuldbare, d. h. nach den persönlichen Verhältnissen des Täters und dem Grad seiner Einsichtsfähigkeit nicht vermeidbare Irrtum über das Unrecht seines Verhaltens eine Schuld schlechthin ausschließt, kommt auch eine Ahndung wegen bloßer Ordnungswidrigkeit, d.h. leichtfertiger Steuerverkürzung, im Sinne des § 378 AO nicht in Betracht (s. § 11 Abs. 2 OWiG). Hingegen steht der vermeidbare Irrtum des Täters der Bestrafung wegen Steuerhinterziehung nicht entgegen. Im Falle fahrlässiger Begehung lässt der vermeidbare Verbotsirrtum die Ahndung als Ordnungswidrigkeit nach § 378 AO unberührt, allerdings unter angemessener Berücksichtigung bei der Festsetzung der Geldbuße.

62a Ein Verbotsirrtum ist **unvermeidbar**, wenn sich der Steuerpflichtige an einen rechtskundigen Steuerberater oder Rechtsanwalt wendet und dieser nach umfassender Prüfung der Sach- und Rechtslage eine Auskunft erteilt (BayObLG v. 08.09.1988, RReg 5 St 96/88, wistra 1989, 195); anders, wenn der Steuerpflichtige trotzdem an seiner »willkürlich anmutenden Gesetzesauslegung« festhält (OLG Düsseldorf v. 15.09.1989, 5 Ss (OWi) 257/89 – (OWi) 104/89 I, wistra 1990, 113; zum Verbotsirrtum bei ungeklärter Rechtslage s. OLG Celle 11.04.1989, 1 Ss 287/88, wistra 1989, 355; zum Verbotsirrtum im Rahmen der sog. Parteispendenaffäre: s. BGH v. 28.01.1987, 3 StR 373/86, wistra 1987, 139; BFH v. 18.12.1986, I B 1/86, BStBl II 1988, 211).

63 In den Bereich des Verbotsirrtums fallen auch die **vermeintlichen Rechtfertigungsgründe**, von denen sich die Steuerpflichtigen bei ihren mangelhaften oder unterlassenen Angaben und Erklärungen zuweilen leiten lassen und zufolge deren sie zu der Überzeugung gelangen, ihr Verhalten sei gerechtfertigt. So wird ein Verstoß gegen die Aktivierungspflicht bezüglich »schwarzer« oder veruntreuter Vermögenswerte nicht durch die Annahme gerechtfertigt, die Aktivierung sei wegen der mit ihr verbundenen Selbstbezichtigung nicht geboten oder nicht zumutbar (BGH v. 18.11.1960, 4 StR 13/60, BStBl I 1961, 495).

## F. Versuch

### Schrifttum

Sorgenfrei, Steuerhinterziehung in mittelbarer Täterschaft bei Publikumsgesellschaften, wistra 2006, 370; Spatschek/Bertrand, Rücktritt vom Versuch der Steuerhinterziehung durch Unterlassen als Alternative zur strafbefreienden Selbstanzeige, DStR 2015, 2420.

Der Versuch der Steuerhinterziehung ist nach § 370 Abs. 2 AO strafbar. Der **Versuch** einer Straftat **liegt vor, wenn der Täter** nach seiner Vorstellung zur Verwirklichung des strafbaren Tatbestandes **unmittelbar ansetzt** (s. § 22 StGB). Es kommt nicht darauf an, ob objektiv gesehen mit der Ausführung der Tat ein Anfang gemacht wird als vielmehr darauf, ob nach den subjektiven Vorstellungen des Täters mit der Tat unmittelbar begonnen wird. 64

**Vorbereitungshandlungen sind straflos**, weil sie im Vorfeld des Versuchsstadiums liegen. Es handelt sich hierbei um unmittelbar der Tatbestandserfüllung dienliche Handlungen (z. B. Belegfälschung, Buchführungsarbeiten, Fertigung unrichtiger Steuererklärungen, BGH v. 13.04.1988, 5 StR 33/88, wistra 1988, 261; BGH v. 05.02.2004, 5 StR 580/03, wistra 2004, 185). So ist die Verwendung von gefälschten Belegen in der Buchhaltung eine straflose Vorbereitungshandlung, weil der Täter mit der bloßen Eingabe der unrichtigen Belege in seine Buchhaltung noch nicht unmittelbar zur Verwirklichung des Tatbestandes i. S. des § 22 StGB ansetzt. In diesem Zusammenhang ist zu beachten, dass eine nicht ordnungsgemäße Buchführung nach anderen Straftatbeständen strafbar sein kann (z. B. § 283 b, § 266 StGB; BGH v. 22.11.1988, 1 StR 353/88, wistra 1989, 142). Eine straflose Vorbereitungshandlung ist auch die Aufstellung einer unrichtigen Bilanz oder der Versuch das FA zur Erteilung einer Steuernummer zu veranlassen, unter der später unrichtige Erklärungen eingereicht werden sollen (BGH v. 27.09.2002, 5 StR 97/02, wistra 2003, 20). 65

Die Annahme eines **unmittelbaren Ansetzens zur Verkürzung von Steuern** oder Erlangung nicht gerechtfertigter Steuervorteile erfordert ein Verhalten des Täters im Sinne der Begehungsformen des § 370 Abs. 1 Nr. 1 bis 3 AO, das nach seinem Gesamtplan eine Gefährdung des geschützten Rechtsgutes tatbestandsmäßig entweder bereits herbeiführt oder unmittelbar herbeizuführen geeignet ist (z. B. BGH v. 19.06.2003, 5 StR 160/03, NJW 2003, 3068, 3070; wegen des geschützten Rechtsgutes im Steuerstrafrecht s. Rz. 2). Ist eine Steuerschuld nicht vorhanden, kommt eine Bestrafung wegen **untauglichen Versuchs** nicht in Betracht (s. § 23 Abs. 3 StGB; BGH v. 11.04.1972, 1 StR 45/72, NJW 1972, 1287). 66

Die **Tathandlung** der Steuerhinterziehung **beginnt** regelmäßig in dem Zeitpunkt, in dem der Täter die unvollständige oder unrichtige **Steueranmeldungoder -erklärung** bei dem FA **einreicht** (BGH v. 19.06.2003, 5 StR 160/03, NJW 2003, 3068, 3070) oder die Einreichung einer Erklärung oder Anmeldung in der Absicht unterlässt, auf diese Weise Steuern zu sparen (BGH v. 30.09.1980, 5 StR 394/80, HFR 1981, 286), ferner wenn er innerhalb des Verfahrens falsche Angaben macht 67 oder die Behörde bzw. deren Organe auf sonstige Weise irrezuführen sucht. Auch mit der Einreichung einer unrichtigen Erklärung zur gesonderten und einheitlichen Gewinnfeststellung setzt der Täter zur Verkürzung der Folgesteuern an (*Sorgenfrei*, wistra 2006, 370).

68 Ein unmittelbares Ansetzen zur Tat ist dann zu bejahen, wenn unrichtige Belege bei dem FA eingereicht bzw. einem zur Prüfung erschienen Amtsträger vorgelegt werden (BGH v. 05.04.1989, 3 StR 87/89, wistra 1989, 228; BGH v. 16.08.1989, 3 StR 91/89, wistra 1990, 26).

69 Ein Versuch kann nur so lange vorliegen, als die **Straftat nicht zur Vollendung gelangt** ist. Das kann daran liegen, dass der Täter sein Tun vorzeitig abgebrochen hat (unbeendigter Versuch), oder weil der strafbare Erfolg aus einem anderen Grunde nicht eingetreten ist (beendeter Versuch), etwa deshalb, weil das FA die Hinterziehungshandlung vor der Steuerfestsetzung bemerkt hat (LG Dresden v. 14.07.1999, 8 Ns 111 Js 45761/98, NStZ-RR 2000, 90: Auffinden unversteuerter Zigaretten durch den Zoll bei der Einreise). Strebt der Täter eine Steuerverkürzung in großem Ausmaß i.S. des § 370 Abs. 3 Satz 2 Nr. 1 AO an, kann eine versuchte Steuerhinterziehung in einem besonders schweren Fall vorliegen (BGH v. 28.07.2010, 1 StR 332/10, wistra 2010, 449). **Die Annahme** eines bloßen **Versuchs entfällt** in dem Zeitpunkt, in dem die **Steuerverkürzung eintritt** oder der nicht gerechtfertigte Steuervorteil erlangt wird (s. Rz. 22 ff.). So geht eine versuchte Umsatzsteuerhinterziehung mit der Steueranmeldung bzw. der Bekanntgabe der Zustimmung nach § 168 Satz 2 AO in die Vollendung über (BGH v. 07.10.2014, 1 StR 182/14, wistra 2015, 188). Bei Veranlagungssteuern dauert das Versuchsstadium bis zur Bekanntgabe des unrichtigen Steuerbescheides an (BGH v. 31.01.1984, 5 StR 706/83, wistra 1984, 182; BGH v. 01.02.1989, 3 StR 450/88, wistra 1989, 184). Der Versuch ist fehlgeschlagen, wenn der zutreffende Steuerbescheid bestandskräftig wird (BGH v. 17.07.1991, 5 StR 225/91, HFR 1992, 567). Auch wenn der eingetretene Erfolg hinter dem erstrebten Ziel zurückbleibt, ist ein Taterfolg eingetreten. Die Tat kann nicht in einen vollendeten und versuchten Teil aufgespaltet werden. Der Täter wird wegen vollendeter Tat bestraft, wobei bei der Strafzumessung der eingetretene Taterfolg als verschuldete Auswirkung der Tat zugrunde gelegt wird und strafschärfend berücksichtigt wird, dass der Täter einen weitergehenden Taterfolg erstrebte (Gesinnung, die aus der Tat spricht; s. § 46 Abs. 2 StGB).

70 Die nur in das Stadium des **Versuchs** gelangte Hinterziehung kann **milder bestraft** werden als die vollendete Tat (s. § 23 Abs. 2 StGB). Die in Betracht kommende Milderung richtet sich nach den Bestimmungen des § 49 Abs. 1 StGB. Das Höchstmaß der Freiheitsstrafe verringert sich auf drei Viertel des für die vollendete Hinterziehung angedrohten Höchstmaßes, also auf 45 Monate. Das Höchstmaß der Geldstrafe verringert sich entsprechend auf 270 Tagessätze. In den besonders schweren Fällen des § 370 Abs. 3 AO ändert sich der Rahmen der Freiheitsstrafe auf 1 Monat bis zu 7 1/2 Jahren. Unter den besonderen Umständen des § 23 Abs. 3 StGB kann die Strafe »nach Ermessen« s. § 49 Abs. 2 StGB) gemildert, also auch auf Geldstrafe allein erkannt oder überhaupt von einer Bestrafung abgesehen werden.

Die Abgrenzung der versuchten von der vollendeten Tat ist weiter von Bedeutung für die Beurteilung eines etwaigen **Rücktritts vom Versuch** im Sinne des § 24 StGB. Allerdings hat diese allgemeine Regelung, obwohl sie einzelne Erleichterungen aufweist (s. § 371 AO Rz. 38), für das Steuerstrafrecht angesichts der hier bestehenden besonderen Möglichkeiten der strafbefreienden Selbstanzeige (s. §§ 371, 378 Abs. 3 AO) keine nennenswerte Bedeutung erlangt. 71

## G. Täterschaft und Teilnahme

### Schrifttum

Joecks, Die Stellung der Kreditwirtschaft im steuerstrafrechtlichen Ermittlungsverfahren gegen Kunden, WM Beilage 1/1998; Reichle, Ehegattenverantwortlichkeit im Steuerstrafrecht, wistra 1998, 91; Burkhard, Ehegattenverantwortlichkeit im Steuerstrafrecht, DStZ 1998, 829; Rolletschke, Die steuerstrafrechtliche Verantwortlichkeit des einen Antrag auf Zusammenveranlagung mitunterzeichnenden Ehegatten, DStZ 1999, 216; Beckemper, Steuerhinterziehung in mittelbarer Täterschaft durch Täuschung des Steuerpflichtigen, wistra 2002, 401; Weidemann, Zollhinterziehung in mittelbarer Täterschaft, wistra 2003, 241; Hendrik, Neutrale Handlung: Ein Oxymoron im Strafrecht? NStZ 2004, 312; Bender, Ist der Zigarettenschmuggel seit dem 1. März 2004 straffrei? wistra 2004, 368; Kutzner, Strafrechtliche Relevanz steuerberatender Tätigkeit, NFB F. 30, 1543; Puppe, Was ist Anstiftung? NStZ 2006, 414; Sorgenfrei, Steuerhinterziehung in mittelbarer Täterschaft bei Steuerhinterziehung, wistra 2006, 370; Samson/Langrock, Beihilfe zur Steuerhinterziehung durch Schwarzverkäufe? wistra 2007, 161; Bielefeld/Prinz, Riskante Hilfe zur Hinterziehung deutscher Steuern im Ausland, DStR 2008, 1122; R. Müller, Die steuerstraf- und bußgeldrechtliche Verantwortung des Steuerberaters, StBp 2009, 299; Wenzel, Die Beihilfe zur Steuerhinterziehung durch Berater, NWB 2011, 3449; Schaaf, Die mögliche strafrechtliche Verantwortlichkeit des steuerlichen Beraters, AO-StB 2012, 349; Wenzel, Keine Beihilfe zur Steuerhinterziehung durch Authentifizierung, NWB 2012, 905; Höll, Mittäterschaft bei der Steuerhinterziehung durch Unterlassen, wistra 2013, 455; Podewils/Hellinger, Strafrechtliche Risiken für steuerliche Berater, DStZ 2013, 662; Greco, Strafbarkeit der berufsbedingten bzw. neutralen Beihilfe erst bei hoher Wahrscheinlichkeit der Haupttat?, wistra 2015, 1; Müller, Beihilfe zur Steuerhinterziehung, AO-StB 2015, 16; Müller, Die steuerstrafrechtliche Verantwortung der beratenden Berufe, AO-StB 2015, 139; Madauss, Der steuernde Hintermann als Mittäter oder Teilnehmer einer Steuerhinterziehung des »Strohmannes« iSd § 370 Abs. 1 Nr. 2 AO, NZWiSt 2016, 268.

### I. Täterschaft

Als Täter gilt, wer die **Straftat als eigene** will. Er kann die Tat selbst oder durch einen anderen begehen, den er als 72

Werkzeug benutzt (**mittelbare Täterschaft**; § 25 Abs. 1 StGB; BFH v. 13.12.1989, I R 39/88, BStBl II 1990, 340; BGH v. 27.11.2002, 5 StR 127/02, NJW 2003, 907; BGH v. 12.10.2016, 1 StR 216/16, wistra 2017, 233). Begehen mehrere die Straftat in gemeinschaftlichem (bewussten und gewollten) sich gegenseitig fördernden Zusammenwirken, so gilt jeder als Täter (**Mittäter**; § 25 Abs. 2 StGB; BGH v. 30.10.2003, 5 StR 274/03, wistra 2004, 63; Steuerberater als Mittäter im Rahmen eines »Umsatzsteuerkarussells«, BGH v. 30.06.2005, 5 StR 12/05, wistra 2005, 380).

**73** Täter einer Steuerhinterziehung **durch aktives Tun** können neben dem **Steuerpflichtigen** auch **andere Personen** sein, da § 370 Abs. 1 Nr. 1 AO nur darauf abstellt, dass der Betroffene unrichtige oder unvollständige Angaben macht. Auf seine verfahrensrechtliche Stellung kommt es anders als bei der Nr. 2 (Unterlassen) nicht an. Eine gemeinsame strafrechtliche Mitverantwortung von **Ehegatten/Lebenspartnern** ergibt sich allerdings nicht allein daraus, dass ein Ehegatte/Lebenspartner eine gemeinsame Steuererklärung mit unterschreibt, in der allein der andere Ehegatte/Lebenspartner unrichtige oder unvollständige Angaben über seine eigenen Einkünfte macht (BGH v. 17.04.2008, 5 StR 547/07, wistra 2008, 310; BFH v. 16.04.2002, IX R 40/00, BStBl II 2002, 501; a. A. *Rolletschke*, DStZ 1999, 216). Hier müssen u. E. Umstände hinzutreten, die die strafrechtliche Mitverantwortung – wie bei fremden Dritten auch – begründen.

**74** Auch ein **Finanzbeamter** kann ein Hinterziehungstäter sein, z. B. ein Betriebsprüfer, der nicht versteuerte Werte wissentlich nicht aufdeckt (RG v. 28.01.1938, RStBl 1938, 388), oder ein Beamter, der einem verspäteten Antrag in Kenntnis der Sachlage pflichtwidrig stattgibt (BGH v. 26.11.1954, 2 StR 292/54, NJW 1955, 192), ebenso ein Buchhalter in der Finanzkasse, der zugunsten eines Steuerpflichtigen auf eine Verkürzung seiner Zahlungspflicht hinwirkt (BGH v. 07.10.1986, 1 StR 373/86, wistra 1987, 27).

**74a** Täter einer Steuerhinterziehung durch **Unterlassen** können nach § 370 Abs. 1 Nr. 2 AO nur solche Personen sein, die von einer Pflichtenstellung betroffen sind. Das sind insbes. solche, die nach den §§ 34 und 35 AO die Pflichten des Steuerpflichtigen zu erfüllen haben oder sonst steuerliche Belange des Pflichtigen wahrnehmen. In diesen Bereich fallen neben gesetzlichen Vertretern natürlicher und juristischer Personen sowie Geschäftsführern nichtrechtsfähiger Personenvereinigungen und Vermögensmassen auch Vermögensverwalter, Angestellte und sonstige Hilfspersonen des Steuerpflichtigen (zur Täter- bzw. Mittäterschaft, wenn gesetzlich keine steuerlichen Pflichten zugewiesen sind, BGH v. 06.10.1989, 3 StR 80/89, HFR 1990, 582) Beim Handeln sog. **Organpersonen** hat § 14 StGB im Steuerstrafrecht nur eine untergeordnete Bedeutung, da Täter einer Steuerhinterziehung grundsätzlich ein anderer als der Steuerpflichtige sein kann und die §§ 34 und 35 AO den dort genannten Personen die Erfüllung steuerlicher Pflichten als eigene Pflichten auferlegen.

Aus Art. 139 UZK ergibt sich die zollrechtliche **Gestellungspflicht** der Personen, die Ware in das Zollgebiet der Gemeinschaft verbracht haben. Das ist z. B. der Fahrer eines Lkw, aber auch Beifahrer im Fahrzeug, die für die Beförderung mit zuständig sind (EuGH v. 04.03.2004, C-238/02 und C C-246/02, wistra 2004, 376). Gestellungspflichtig ist aber auch derjenige, der als Organisator eines Transports kraft seiner Weisungsbefugnis die Herrschaft über das Fahrzeug hat (BGH v. 01.02.2007, 5 StR 372/06, NJW 2007, 1294; a. A. *Bender*, wistra 2004, 268, 370; *ders.*, wistra 2006, 41). Nutzt dieser das Verhalten einer anderen arglosen Person aus, kann mittelbare Täterschaft vorliegen (BGH v. 14.03.2007, 5 StR 461/06, wistra 2007, 262). **74b**

**Aus der Rechtsprechung**: BGH v. 19.12.1978, 5 StR 552/78, HFR 1979, 445: Mitwirkung bei »Verlustzuweisungen« an Kommanditisten, die aufgrund rückdatierter Erklärungen der Gesellschaft beigetreten sind; desgl. an irreführender Kommanditistenwerbung, als Beihilfe zur Steuerhinterziehung; BGH v. 19.10.1987, 3 StR 589/86, wistra 1988, 263: Strafbarkeit der Initiatoren und der nicht gutgläubigen Gesellschafter einer Abschreibungsgesellschaft; BGH v. 05.05.1981, 1 StR 80/81, wistra 1982, 28; BGH v. 05.08.1981, 1 StR 80/81, HFR 1982, 83: zur Abgrenzung zwischen Beihilfe und Mittäterschaft; BGH v. 07.07.1993, 5 StR 212/93, wistra 1993, 302; BGH v. 30.06.2005, 5 StR 12/05, wistra 2005, 380: Steuerberater als Mittäter. **75**

## II. Teilnahme

Unbeschadet der **Akzessorietät** der Teilnahme (= Abhängigkeit von einer strafbaren Haupttat, die zumindest in das Versuchsstadium gelangt sein muss) wird jeder Beteiligte – ohne Rücksicht auf die Schuld des anderen – nach seiner eigenen Schuld bestraft (s. § 29 StGB). **76**

Für die besonders schweren Fälle der Steuerhinterziehung gem. § 370 Abs. 3 AO bleibt zu beachten, dass die dort aufgeführten besonderen **persönlichen Merkmale** zur Strafschärfung nur für den Täter oder Teilnehmer führen, bei dem sie vorliegen (s. § 28 Abs. 2 StGB; BGH v. 22.09.2008, 1 StR 323/08, NJW 2009, 690). **77**

### 1. Beihilfe

Von der Mittäterschaft, bei der jeder Mittäter die Tat als eigene will (s. Rz. 72), unterscheidet sich die Beihilfe zur Tat eines anderen (BGH v. 26.11.1986, 3 StR 107/86, wistra 1987, 106; BGH v. 20.12.1989, 3 StR 276/88, wistra 1990, 149). **Als Gehilfe gilt, wer einem anderen zu dessen vorsätzlich begangener Tat wissentlich Hilfe leistet** **78**

(s. § 27 Abs. 1 StGB). Die hierzu erforderliche Handlung kann auch in einer Tätigkeit bestehen, die sich als bloße **Vorbereitung** der Haupttat darstellt, wie z. B. im Abschluss eines Scheinvertrages mit dem Täter, den der zum Zweck der Steuerhinterziehung einsetzt (BGH v. 20.03.2002, 5 StR 448/01, NJW 2002, 1963) oder in der Nichtverbuchung von Leistungen, die der Empfänger zur Ausführung von Schwarzgeschäften verwendet (BFH v. 21.01.2004, XI R 3/03, BStBl II 2004, 919), wie auch in der Herausgabe von Scheinrechnungen zum Zweck der Minderung der Steuer des Täters (BGH v. 24.06.2009, 1 StR 229/09, wistra 2009, 396) oder das Akzeptieren inhaltlich unzutreffender Gutschriften, die dem Ersteller den Vorsteuerabzug ermöglichen sollen (BGH v. 3.12.2013, 1 StR 579/13, wistra 2014, 144). Voraussetzung der Strafbarkeit der Beihilfe ist, dass die Haupttat zumindest in das Stadium einer strafbaren Versuchshandlung gelangt (Akzessorietät). Die Beihilfe kann auch in einer nur **psychischen Unterstützung** des Täters liegen. Das **bloße Dabeisein** in Kenntnis einer Straftat **reicht** jedoch selbst bei deren Billigung **nicht** aus (BGH v. 20.12.1995, 5 StR 412/95, wistra 1996, 184). Auch der Abschluss eines Werkvertrages mit einem Unternehmer, der die Steuer aus diesem Geschäft hinterziehen wird, ist keine Beihilfe (BGH v. 23.06.1992, 5 StR 75/92, wistra 1992, 299).

79 Als **Hilfeleistung** ist jede Handlung anzusehen, welche die **Herbeiführung des Taterfolgs** des Haupttäters **objektiv fördert**, ohne dass sie für den Erfolg selbst ursächlich sein muss (BGH v. 14.12.2010, 1 StR 421/10, wistra 2011, 185 zu den erforderlichen Urteilsfeststellungen; BGH v. 01.08.2000, 5 StR 624/99, NJW 2000, 3010 m. w. N.: Beihilfe zur Steuerhinterziehung durch einen Bankmitarbeiter; BGH v. 22.07.2015, 1 StR 447/14, NStZ 2016, 39 zur Beihilfe in einem auf Umsatzsteuerverkürzung angelegten System). Regelmäßig liegt dabei Tatmehrheit vor, wenn durch mehrere selbstständige Hilfeleistungen mehrere selbstständige Haupttaten gefördert werden (BGH v. 22.07.2015, 1 StR 447/14). Die laufende Förderung von Schmuggeltaten kann sich jedoch in einer Gesamtschau als nur eine dauerhafte Beihilfehandlung zu mehreren Haupttaten darstellen (BGH v. 14.03.2007, 5 StR 461/06, wistra 2007, 262). Auch **berufstypisches Verhalten** kann nicht generell aus der Gehilfenstrafbarkeit ausgeschlossen werden, wenn der Gehilfe das hohe Risiko strafbaren Verhaltens des Unterstützenden erkennt und er sich mit der Hilfeleistung die Förderung eines erkennbar tatgeneigten Täters angelegen sein lässt (BGH v. 01.08.2000, aaO, 3011; Rechtsanwalt: BGH v. 21.12.2016, 1 StR 112/16, NStZ 2017, 337). Hierbei ist auch von Bedeutung, dass die Anonymisierung des Kapitaltransfers gegen § 154 AO verstößt und daher nicht als berufstypisch angesehen werden kann.

80 Eine gemeinsame strafrechtliche Mitverantwortung von **Ehegatten** ergibt sich nicht allein daraus, dass ein Ehegatte eine gemeinsame Steuererklärung mit unterschreibt, in der allein der andere Ehegatte unrichtige oder unvollständige Angaben über seine eigenen Einkünfte macht (BFH v. 16.04.2002, IX R 40/00, BStBl II 2002, 501; a. A. *Rolletschke*, DStZ 1999, 216). Hier müssen u. E. Umstände hinzutreten, die die strafrechtliche Mitverantwortung – wie bei fremden Dritten auch – begründen (z. B. Mitwirkung in der Buchhaltung in Kenntnis aller Umstände, BFH v. 07.03.2006, X R 8/05, BStBl II 2007, 594).

**Gehilfenvorsatz** liegt vor, wenn der Gehilfe die Haupttat in ihren wesentlichen Merkmalen kennt und in dem Bewusstsein handelt, durch sein Verhalten das Verhalten des Hauttäters zu fördern. Einzelheiten braucht der Gehilfe nicht zu kennen. Der Gehilfenvorsatz wird auch dann nicht ausgeschlossen, wenn der Gehilfe dem Täter erklärt, er missbillige die Haupttat (BGH v. 01.08.2000, 5 StR 624/99, NJW 2000, 3010 m. w. N.: Beihilfe zur Steuerhinterziehung durch einen Bankmitarbeiter). Bei äußerlich neutralen Handlungen (»Alltagshandlungen«) genügt es nicht, wenn der Betreffende es nur für möglich hält, dass sein Beitrag eine Haupttat fördern könnte (BGH v. 18.06.2003, 5 StR 489/02, NJW 2003, 2996, 2999; BGH v. 21.12.2016, 1 StR 112/16, NStZ 2017, 337). 81

Die **Strafe des Gehilfen** richtet sich nach der Strafdrohung für den Täter. Sie ist jedoch nach den Grundsätzen des § 49 Abs. 1 StGB zu mildern (s. Rz. 70). Treffen Beihilfe und Mittäterschaft in einer Tat zusammen, geht die Beihilfe in der Mittäterschaft auf (BGH v. 06.10.1989, 3 StR 80/89, wistra 1990, 100). 82

### 2. Anstiftung

Als weitere Form der Teilnahme ist die Anstiftung zu erwähnen. Wer einen anderen zu dessen Tat vorsätzlich bestimmt, also seinen **Tatentschluss hervorruft**, wird gleich einem Täter bestraft (s. § 26 StGB). Die Anstiftungshandlung kann darin liegen, dass jemand für den Steuerpflichtigen ein System entwickelt, durch das dieser in die Lage versetzt wird, Steuern zu verkürzen (BGH v. 20.02.2001, 5 StR 544/00, wistra 2001, 220). Eine versuchte Anstiftung zur Steuerhinterziehung ist straflos (BGH v. 21.04.1986, 2 StR 661/85, NJW 1986, 2770). Ist es zweifelhaft, ob eine Anstiftung oder eine Beihilfe vorliegt, so ist in entspr. Anwendung des Grundsatzes in dubio pro reo wegen des geringeren Unwertgehalts eine Beihilfe anzunehmen (BGH v. 28.10.1982, 4 StR 480/82, MDR 1983, 143). 83

## H. Konkurrenzen

**Schrifttum**

Rolletschke, Die Konkurrenz zwischen Beitragsbetrug (§§ 263, 266a StGB) und Lohnsteuerhinterziehung (§ 370 Abs. 1 AO), wistra 2005,

211; BAUER, Der prozessuale Tatbegriff bei Steuerhinterziehung, wistra 2008, 374; SOMMER/KAUFMANN, Verklammerung der Steuerhinterziehung (durch aktives Tun) des Erblassers und der Steuerhinterziehung (durch Unterlassen) des Erben – ein rein fiskalisches Konstrukt contra legem? NZWiSt 2015, 63.

84 Die Frage, ob Tateinheit bzw. Tatmehrheit vorliegt, ist für jeden Täter oder Teilnehmer (s. Rz. 72 ff.) unabhängig voneinander und selbstständig zu prüfen (BGH v. 04.10.1988, 1 StR 362/85, wistra 1989, 58).

## I. Tateinheit

85 **Dieselbe Handlung** kann zugleich **gegen mehrere Strafgesetze verstoßen** (Tateinheit oder rechtliches Zusammentreffen = Idealkonkurrenz, s. § 52 StGB), sei es gegen mehrere Steuerstrafgesetze (z. B. § 370 und § 372 bzw. § 369 Abs. 1 Nr. 3 AO) oder gegen ein Steuerstrafgesetz und ein Strafgesetz anderer Art. Voraussetzung ist, dass die zur Erfüllung der verschiedenen Straftatbestände erforderlichen Handlungen oder Unterlassungen in natürlicher Betrachtung zumindest teilweise zusammenfallen und damit »rechtlich zusammentreffen«. Ein innerer Zusammenhang, wie z. B. ein gemeinsamer Zweck, genügt nicht, um verschiedene Handlungen oder Unterlassungen, die sich in tatsächlicher Hinsicht nicht wenigstens teilweise decken, zu einer Tateinheit im Rechtssinne zu verbinden. Wohl aber kann diese Tateinheit durch eine dritte Straftat hergestellt werden, die ihrerseits zu jeder der beiden anderen Straftaten im Verhältnis der Tateinheit steht (Beispiel: Ein Angestellter verfälscht die Steuererklärung des Dienstherrn – Urkundenfälschung – und unterschlägt die zur Steuerzahlung erhaltenen Mittel, zusammengefasst durch die auf solche Weise begangene Steuerhinterziehung).

86 Die **Identität** der verletzten **Rechtsgüter** (s. Rz. 2) ist **nicht Voraussetzung** für die Annahme von Tateinheit im Rechtssinne. Demnach können auch Handlungen zur Verkürzung mehrerer Steuern, die verschiedenen Steuergläubigern zufließen, tateinheitlich zusammentreffen. Das ist z. B. bei inhaltlich übereinstimmenden oder aufeinander abgestimmten Steuererklärungen, die gleichzeitig eingereicht werden der Fall (BGH v. 20.09.1995, 5 StR 197/95, wistra 1995, 62; BGH v. 05.03.1996, 5 StR 73/96, wistra 1995, 231), wenn das auch nicht in demselben Erklärungsvordruck geschieht (BayObLG v. 10.11.1972, 4 St 127/72, BB 1973, 74). Mithin können **Einkommensteuer** und **Gewerbesteuer** tateinheitlich verkürzt werden, und es kann darüber hinaus auch die **Umsatzsteuer** in die **Handlungseinheit** einbezogen sein (BGH v. 21.09.1994, 5 StR 114/94, wistra 1995, 21). Erforderlich ist jedoch ein äußerer Vorgang (z. B. gleichzeitige Aufgabe zur Post oder gleichzeitiger Einwurf in den Briefkasten des FA), in dem die Handlungen zur Verkürzung verschiedener Steuern durch übereinstimmend unrichtige Angaben zusammenfallen (BGH v. 21.03.1985, 1 StR 583/84, wistra 1985, 189; BGH v. 24.11.2004, 5 StR 220/04, wistra 2005, 56). Bei der Nichtabgabe von Steuererklärungen (Tatbegehen durch Unterlassen) kann Tateinheit vorliegen, denn auch bei Unterlassungen ist die Frage, ob Tateinheit besteht, nach § 52 StGB zu beurteilen (BGH v. 28.11.1984, 2 StR 309/84, wistra 1985, 66; a. A. OLG Köln v. 04.03.2004, 2 Ws 702/03, NJW 2004, 3504). Voraussetzung ist, dass der Täterwille dahin geht, mit der Nichtabgabe der Erklärung zu einer Steuerart zugleich seine Heranziehung zu anderen Steuern zu vermeiden (BGH v. 28.11.1984, 2 StR 309/84, wistra 1985, 66). Hinzukommen muss aber, dass die Angaben, die der Täter unterlassen hat, durch ein und dieselbe Handlung zu erbringen gewesen wären (BGH v. 28.10.2004, 5 StR 276/04, wistra 2005, 30). Bestreitet der Täter z. B. auf Anfrage des FA jegliche gewerbliche Tätigkeit, so wird die Hinterziehung von Umsatz-, Lohn-, Einkommen- und Gewerbesteuer zu einer Tat i. S. des § 52 StGB verknüpft (BGH v. 31.08.1984, 2 StR 452/84, wistra 1985, 20; BGH v. 05.09.1984, 2 StR 377/84, wistra 1985, 20). Eine **natürliche Handlungseinheit** ist anzunehmen, wenn der Täter mit dem Ziel, ein und dieselbe Steuer zu verkürzen, einen noch nicht fehlgeschlagenen Versuch der Steuerhinterziehung durch falsche Angaben fortsetzt, auch wenn die spätere Täuschungshandlung auf einen neuen Entschluss beruht (BGH v. 01.02.1989, 3 StR 450/88, wistra 1989, 184). Allein die Tatsache, dass mehrere unrichtige Steuererklärungen für verschiedene Stpfl. gleichzeitig zur Post gegeben werden, führt nicht zur Annahme einer natürlichen Handlungseinheit (BGH v. 24.11.2004, 5 StR 220/04, wistra 2005, 56).

87 Im Fall der Tateinheit ist **nur dasjenige Strafgesetz** anzuwenden, **das die schwerste Strafe**, bei ungleichen Strafarten die schwerste Strafart, **androht** (s. § 52 StGB), auch wenn das Mindestmaß niedriger ist als das des anderen Gesetzes, unter das aber nicht herabgegangen werden darf. Es ist also nicht entscheidend, welche Strafe in vergleichbaren Fällen üblicherweise in Betracht kommt, sondern welches Delikt nach Strafart und -rahmen das mildere ist (OLG Frankfurt/Main v. 16.01.1963, 1 Ss 34/63, NJW 1963, 1072). Das mildere Gesetz wird mit seiner Strafdrohung absorbiert (Verbot der Strafenhäufung). Hiervon ausgenommen sind Nebenstrafen und Nebenfolgen (s. § 375 AO; s. §§ 45, 70 StGB; BGH v. 21.09.1994, 5 StR 487/94, wistra 1995, 22: Berufsverbot), auf die auch dann erkannt werden kann, wenn sie nur das Gesetz mit der milderen Strafdrohung vorschreibt oder zulässt (s. § 52 Abs. 4 StGB).

88 Erfüllt eine Handlung zugleich den Tatbestand einer **Steuerstraftat** und den Tatbestand einer **Steuerordnungswidrigkeit** (s. §§ 377 ff. AO), löst § 21 Abs. 1 OWiG die Konkurrenz dahin, dass nur das Strafgesetz anzuwenden ist; daneben kann auf die für die Ordnungswidrigkeit angedrohten Nebenfolgen erkannt werden. Wird eine

Strafe nicht verhängt, bleibt die Ahndung als Ordnungswidrigkeit unberührt (§ 21 Abs. 2 OWiG, s. § 377 AO Rz. 17 ff.).

89 Im Verhältnis zum **Betrug** (s. § 263 BGB) ist die Steuerhinterziehung Spezialdelikt (BGH v. 01.02.1989, 3 StR 179/88, wistra 1989, 226; BGH v. 06.06.2007, 5 StR 127/07, NJW 2007, 2864;), das nicht notwendig eine Vermögensschädigung des Steuergläubigers und auch nicht eine Bereicherung des Täters voraussetzt.

90 Die **Urkundenfälschung** (s. § 267 StGB) kann zur Steuerhinterziehung in Tateinheit treten, wenn diese als Mittel dient, um das FA irrezuführen oder Hinterziehungshandlungen zu verschleiern (BGH v. 11.09.2003, 5 StR 253/03, wistra 2003, 429; Verfälschung des Vorsteuerabzugs, BGH v. 15.07.1988, 3 StR 137/88, wistra 1988, 345; BGH v. 24.11.2004, 5 StR 220/04, wistra 2005, 56). Für die Annahme einer Tateinheit ist das Gebrauchmachen der gefälschten Urkunde notwendig (BGH v. 12.05.1989, 3 StR 55/89, wistra 1989, 264).

91 Auch zur **Untreue** (s. § 266 StGB) kann Tateinheit gegeben sein (BGH v. 26.11.1954, 2 StR 292/54, NJW 1955, 192: Finanzbeamter, der sich an der Bearbeitung seiner eigenen Steuersache beteiligt; BGH v. 06.06.2007, 5 StR 127/07, NJW 2007, 2864; BFH v. 25.10.2005, VII R 10/04, BStBl II 2006, 356: fingierte Erstattungsfälle). Zeitlich nahe beieinander liegende Handlungen verknüpfen aber nicht mehrere Eingaben in das EDV-System des FA notwendig zu einer Tat, die sich aus einer Vielzahl von Hinterziehungen und Untreueakten zusammensetzt (BGH v. 08.07.2009, 1 StR 214/09, wistra 2009, 398).

92 Ob bei **Beihilfe** Tateinheit oder -mehrheit anzunehmen ist, hängt von der Anzahl der Beihilfehandlungen und der vom Gehilfen geförderten Haupttaten ab. Tatmehrheit nach § 53 StGB ist anzunehmen, wenn durch mehrere Hilfehandlungen mehrere selbstständige Taten unterstütz werden, also den Haupttaten jeweils eigenständige Beihilfehandlungen zuzuordnen sind. Dagegen liegt eine Beihilfe i. S. des § 52 StGB vor, wenn der Gehilfe mit einer einzigen Unterstützungshandlung zu mehreren Haupttaten eines Anderen Hilfe leistet. Dasselbe gilt wegen der Akzessorietät der Teilnahme, wenn sich mehrere Unterstützungshandlungen auf dieselbe Haupttat beziehen (BGH v. 04.03.2008, 5 StR 594/07, wistra 2008, 217; BGH v. 02.07.2015, 1 StR 447/14, NStZ 2016, 39). Hat ein Gehilfe sowohl bei der Anbahnung eines Gesamtgeschäfts, wie auch zu folgenden darauf beruhenden einzelnen Taten Hilfe geleistet, liegt Tatmehrheit vor (BGH v. 22.09.2008, 1 StR 323/08, NJW 2009, 690).

## II. Tatmehrheit

93 Tatmehrheit (Realkonkurrenz, s. § 53 StGB) ist gegeben, wenn der Täter durch **mehrere selbstständige Handlungen mehrere Straftaten** begeht, seien es Straftaten verschiedener Art (ungleichartige Realkonkurrenz), sei es dieselbe Straftat mehrfach (gleichartige Realkonkurrenz). Bei der Hinterziehung verschiedener Steuerarten durch mehrere Erklärungen liegen im Allgemeinen mehrere selbstständige Taten vor (BGH v. 12.05.1989, 3 StR 55/89, wistra 1989, 264; zu den Fällen der Tateinheit s. Rz. 86). Tatmehrheit liegt auch hinsichtlich der Steuererklärungen vor, die verschiedene Besteuerungszeiträume betreffen (mehrere Lohnsteueranmeldezeiträume, BGH v. 14.06.2011, 1 StR 90/11, NStZ 2011, 645) oder wenn für mehrere fingierte Unternehmen gleichzeitig inhaltlich unzutreffende Umsatzsteueranmeldungen zur Post gegeben werden (BGH v. 24.11.2004, 5 StR 220/04, wistra 2005, 56). Das gilt auch im Verhältnis zwischen der Nichtabgabe von Umsatzsteuervoranmeldungen und der Nichtabgabe der Umsatzsteuerjahresanmeldung (BGH v. 28.10.2004, 5 StR 276/04, NJW 2005, 374). Allerdings bilden die Umsatzsteuervoranmeldungen eines Jahres und die anschließende Umsatzsteuerjahreserklärung des nämlichen Jahres eine einheitliche **Tat im prozessualen Sinn** nach § 264 StPO (BGH v. 24.11.2004, 5 StR 206/04, NJW 2005, 836; BGH v. 17.03.2005, 5 StR 328/04, NStZ 2005, 517). Ebenfalls Tatmehrheit, aber eine Tat im prozessualen Sinn ist gegeben, wenn eine objektiv unrichtige oder unvollständige Steuererklärung abgegeben wird und nicht aufklärbar ist, ob dies vorsätzlich oder unbewusst geschehen ist, der Fehler aber später sicher erkannt und entgegen § 153 AO nicht berichtigt wurde (BGH v. 11.11.2007, 5 StR 213/07, wistra 2008, 22; Anm. *Leplow*, wistra 2008, 384; kritisch zum prozessualen Tatbegriff *Bauer*, wistra 2008, 374).

Bei Tatmehrheit sieht das Gesetz Strafenhäufung durch 94
Bildung einer **Gesamtstrafe** vor (s. §§ 53 bis 55 StGB). Diese wird durch die Erhöhung der verwirkten höchsten Strafe, bei Strafen verschiedener Art durch Erhöhung der ihrer Art nach schwersten Strafe gebildet. Trifft Freiheitsstrafe mit Geldstrafe zusammen, so kann auf Letztere auch gesondert, d. h. neben der Freiheitsstrafe erkannt werden. Die Gesamtstrafe darf die Summe der Einzelstrafen nicht erreichen. Auf Nebenstrafen und Nebenfolgen (s. § 375 AO; s. §§ 45, 70 StGB) kann erkannt werden, wenn eines der anwendbaren Strafgesetze sie vorschreibt oder zulässt. Bei der Bildung der Gesamtstrafe sollten u. E. die Grundsätze zum Fortsetzungszusammenhang nicht aus den Augen verloren werden, weil sonst der Wegfall dieses Instituts zu einer Verschärfung der Rechtslage führt (*Joecks* in JJR, § 369 AO Rz. 117). Durch den Fortsetzungszusammenhang wurden mehrere Handlungen zu einer Tat im Rechtssinn zusammengefasst, was zur Folge hatte, dass keine Gesamtstrafe zu bilden war. Dies führte nach den allgemein praktizierten Regeln der Strafzumessung unter Berücksichtigung des verursachten Schadens (s. Rz. 106) zu Strafen, die niedriger waren als dies im Fall der Gesamtstrafenbildung der Fall gewesen wäre. Da mit der Aufgabe des Fortsetzungszusammen-

hangs keine Verschärfung der Rechtslage beabsichtigt war (BGH v. 03.05.1994, GSSt 2 und 3/93, NJW 1994, 1663) sollte auch eine zu bildende Gesamtstrafe wegen mehrerer Steuerverkürzungen den Rahmen nicht überschreiten, der anzuwenden wäre, wenn es sich um nur eine Tat im Rechtssinn handelte.

95 Eine Gesamtstrafenbildung setzt die **gleichzeitige Aburteilung** der mehreren Straftaten voraus. Die Bildung einer Gesamtstrafe erfolgt **nachträglich**, wenn ein rechtskräftig Verurteilter, bevor die gegen ihn erkannte Strafe vollstreckt, verjährt oder erlassen ist, wegen einer anderen Straftat verurteilt wird, die er vor der früheren Verurteilung begangen hat (s. § 55 StGB).

96 **Aus der Rechtsprechung**: OLG Hamburg v. 20.12.1961, Ss 223/61, NJW 1962, 754: Tatmehrheit zwischen Hehlerei und Hinterziehung der aus Ersterer gewonnenen Einkünfte; BGH v. 24.07.1987, 3 StR 36/87, wistra 1987, 349, BGH v. 21.09.2005, 5 StR 263/05, wistra 2005, 458: Tatmehrheit zwischen Beitragsvorenthaltung (s. § 266a StGB) und Lohnsteuerhinterziehung; OLG Köln v. 24.06.1986, Ss 125/86, wistra 1986, 273: Tatmehrheit bei Lohn- und Umsatzsteuerhinterziehung; OLG Hamm v. 06.12.1962, 2 Ss 935/62, BB 1963, 459: Tatmehrheit, wenn die verkürzten Steuern verschiedenen Steuergläubigern zufließen; BGH v. 21.08.2012, 1 StR 26/12, wistra 2012, 482: Tathandlungen hinsichtlich desselben Anspruchs aus dem Steuerschuldverhältnis, die sowohl im Festsetzungs- wie auch im Beitreibungsverfahren begangen werden; BGH v. 04.09.2013, 1 StR 374/13, NStZ 2014, 102: Tatmehrheit und auch mehrere Taten im prozessualen Sinn bei der Hinterziehung von Einfuhrabgaben und anschließender Hinterziehung der Umsatzsteuer aus der Veräußerung der Waren; BGH v. 20.01.2016, 1 StR 530/15, wistra 2016, 194: durch Unterlassen begangene Hinterziehung deutscher Tabaksteuer und die zuvor im Ausland durch aktives Tun begangene Steuerhehlerei stehen im Verhältnis der Tatmehrheit nach § 53 StGB.

### III. Straflose Vor- und Nachtat

**Schrifttum**

MÜLLER, Die straflose Nachtat bei der Steuerhinterziehung, AO-StB 2012, 87

97 Eine Tatmehrheit im strafrechtlichen Sinne (s. Rz. 93 ff.) ist auch dann nicht gegeben, wenn zwei Handlungen zueinander in einer solchen Beziehung stehen, kraft deren der Unrechtsgehalt der einen in demjenigen der anderen aufgeht, sodass die Erstere in der Letzteren ihren eigentlichen und nicht mehr veränderbaren Gehalt findet und mit dieser Maßgabe von ihr konsumiert wird. Man spricht hier von strafloser Vor- bzw. Nachtat im Sinne eines besonderen Strafausschließungsgrundes. So ist z. B. die in einer Schenkungsteuererklärung enthaltene unzutreffende Angabe, vom Schenker keine Vorschenkung erhalten zu haben, sowohl für die Besteuerung der Schenkung, auf die sich die Tat bezieht, als auch für diejenige der Vorschenkung eine unrichtige Angabe über steuerlich erhebliche Tatsachen. Eine hierdurch im Hinblick auf die Vorschenkung begangene Steuerhinterziehung ist gegenüber einer zuvor durch Unterlassen für diese Schenkung begangene Hinterziehung mitbestrafte Nachtat (BGH v. 10.02.2015, 1 StR 405/14, BFH/NV 2015, 1231). In einem solchen Verhältnis steht nicht die Abgabe unrichtiger Voranmeldungen zur Umsatzsteuer (s. § 18 Abs. 1 UStG) zu der ihr nachfolgenden ebenfalls unrichtigen Jahreserklärung (s. § 18 Abs. 3 UStG). Den Voranmeldungen kommt im Verhältnis zur Jahresanmeldung ein eigenständiger Unrechtsgehalt zu (BGH v. 01.11.1995, 5 StR 535/95, BStBl II 1996, 33). Diese Rechtsprechung entwickelt der BGH dahingehend weiter, dass das Verhältnis zwischen Umsatzsteuervoranmeldung und Umsatzsteuerjahreserklärung eines der Gesetzeskonkurrenz in Form der mitbestraften Vortat ist (BGH v. 13.07.2017, 1 StR 536/16, wistra 2018, 43).

Umgekehrt gibt es Fälle strafloser Nachtat, in denen die nachfolgende Handlung keine neue Straftat begründet, sondern sich als bloße Anknüpfung an eine bereits begangene Tat darstellt, weil sie z. B. dem Ausbau oder der Sicherung der durch die Vortat erlangten Position dient (Beispiel: Verheimlichen einer unverzollten Ware, die der Täter bereits an sich gebracht hat, s. § 374 AO). Der BGH (BGH v. 23.08.1968, 5 StR 384/68, NJW 1968, 2115) will die Konsumtion durch die Haupttat nur gelten lassen, wenn für diese auf Strafe erkannt ist (»mitbestrafte Nachtat«). Die Konsumtionswirkung tritt auch nur für den an der Vortat Beteiligten ein. Hat z. B. ein Steuerberater auf die Richtigkeit falscher Angaben seines Mandanten vertraut, aber nach Beendigung der vom Mandanten begangenen Steuerhinterziehung gemeinsam mit diesem versucht, die Korrektur der Steuerfestsetzung zu verhindern, so liegt darin nur für den Steuerpflichtigen eine straflose Nachtat, nicht aber auch für den Steuerberater (BGH v. 07.07.1993, 5 StR 212/93, HFR 1994, 353). 98

**Beispiel:**

Hat ein Steuerberater auf die Richtigkeit falscher Angaben seines Mandanten vertraut, aber nach Beendigung der vom Mandanten begangenen Steuerhinterziehung gemeinsam mit diesem versucht, die Korrektur der Steuerfestsetzung zu verhindern, so liegt darin nur für den Steuerpflichtigen eine straflose Nachtat, nicht aber auch für den Steuerberater (BGH v. 07.07.1993, 5 StR 212/93, HFR 1994, 353).

## IV. Wahlfeststellung

99 Bei dem tatbestandsmäßig engen Zusammenhang der Hinterziehung von Eingangsabgaben bzw. Verbrauchsteuern und der weiteren Verwertung der steuerbaren Gegenstände lässt sich zuweilen nicht mit Sicherheit feststellen, ob und mit welcher Maßgabe sich ein Beteiligter der Hinterziehung oder der Hehlerei schuldig gemacht hat. In solchen Fällen steht oft nur fest, dass ihm eine der beiden Straftaten zur Last fällt. Angesichts der rechtsethischen und psychologischen Vergleichbarkeit der beiden Straftaten ist eine **wahlweise Tatbestandsfeststellung** und eine **Bestrafung aus dem** (gegebenenfalls) **milderen Gesetz** statthaft, ansonsten gilt der Grundsatz in dubio pro reo. Die Wahlfeststellung kommt auch in Betracht zwischen § 370 AO und §§ 26b und c UStG, wenn nicht sicher festgestellt werden kann, ob in Umsatzsteuer-Karussellfällen falsche Angaben zum Zweck der Steuerverkürzung gemacht wurden oder ob beabsichtigt war, die zutreffend angemeldete Steuer nicht zu entrichten (zur steuerlichen Auswirkung eines Karussells BFH v. 29.11.2004, V B 78/04, BStBl II 2005, 535; BGH v. 01.10.2013,1 StR 312/13, DStR 2014, 364: Buffer). Die wahlweise Feststellung kann sich auch auf die Form der Begehung erstrecken (z. B. Anstifter oder mittelbarer Täter). Eine Strafzumessung kann nicht auf eine wahlweise Feststellung gestützt werden, wenn eine wahlweise Verurteilung des Täters aus Rechtsgründen nicht möglich ist (BGH v. 09.09.1983, 2 StR 578/82, wistra 1983, 254).

100 **Aus der Rechtsprechung:** BFH v. 14.12.1951, II z 127/51 S, BStBl III 1952, 21; BFH v. 11.01.1952, II z 152/51 U, BStBl III 1952, 43; BGH v. 16.04.1953, 4 StR 377/52, BGHSt 4, 128; BGH v. 12.10.1989, 4 StR 318/89, NJW 1990, 129: Wahlfeststellung zwischen Versuch und Vollendung.

## I. Strafdrohung

### Schrifttum

GAEDE, Das Recht auf Verfahrensbeschleunigung gemäß Art. 6 I 1 EMRK in Steuer- und Wirtschaftsstrafverfahren, wistra 2004, 166; MEYER I., Erledigung von Steuerstrafverfahren außerhalb der Hauptverhandlung, DStR 2005, 1477; KREHL/EIDAM, Die überlange Dauer von Strafverfahren, NStZ 2006, 1; RICHTER, Geplante Steuerhinterziehung und ihre effiziente Bestrafung, RWI: Materialien, Heft 37, 2007; IGNOR/BERTHEAU, Die so genannte Vollstreckungslösung des Großen Senats für Strafsachen – wirklich eine Lösung? NJW 2008, 2209; SCHAEFER, Strafmaß bei Steuerhinterziehung, NJW-Spezial 2009, 88; BILSDORFER, Klare Strafzumessungsregeln bei Steuerhinterziehung, NJW 2009, 476; WULF, Die Verschärfung des Steuerstrafrechts zum Jahreswechsel 2008/2009, wistra 2009, 459; GERCKE/HEINISCH, Auswirkungen der Verzögerungsrüge auf das Strafverfahren, NStZ 2012, 300; JÄGER, Strafzumessung im Steuerstrafrecht, DStZ 2012, 737; MATSCHKE, Strafzumessung im Steuerstrafrecht, wistra 2012, 457; ROLLETSCHKE, Rechtsprechungsgrundsätze zur Strafzumessung bei Steuerhinterziehung, NZWiSt, 2012, 18; ESSKANDARI/BICK, Strafzumessung bei Steuerhinterziehung, AO-StB 2013, 154; DETTER, Zum Strafzumessungs- und Maßregelrecht, NStZ 2015, 442; NStZ 2016, 391; SCHÄFER/SANDER/VAN GEMMEREN, Praxis der Strafzumessung, 6. Aufl. 2017.

### I. Regelfälle

Als Strafe der Steuerhinterziehung ist in den Regelfällen des § 370 Abs. 1 AO wahlweise **Freiheitsstrafe** (von einem Monat bis zu fünf Jahren) oder **Geldstrafe** (von 5 bis zu 360 Tagessätzen) vorgesehen. Jedoch kann die Geldstrafe neben der Freiheitsstrafe, also zusätzlich, verhängt werden (BGH v. 11.08.1989, 2 StR 170/89, MDR 1989, 1009), wenn sich der Täter – was im Falle der Steuerhinterziehung in der Regel der Fall sein wird – bereichert oder zu bereichern versucht hat. Das gilt allerdings nur unter der weiteren Voraussetzung, dass eine solche Strafschärfung auch unter Berücksichtigung der persönlichen und wirtschaftlichen Verhältnisse des Täters angebracht ist (s. § 41 StGB). Der Täter muss über nennenswerte eigene Einkünfte verfügen (BGH v. 27.09.2002, 5 StR 97/02, wistra 2003, 20, 22). Die zusätzliche Geldstrafe verfolgt dann auch den Zweck, dem Täter die wirtschaftlichen Vorteile zu entziehen, die er durch die Hinterziehung erlangt – und nicht schon durch die Nachzahlung der Steuer wieder herausgegeben – hat. 101

Die **Geldstrafe** wird **in Tagessätzen** verhängt. Bei der Bemessung des einschlägigen Satzes innerhalb des gesetzlichen Rahmens von einem bis 5 000 Euro ist in der Regel von dem **Nettoeinkommen** auszugehen, das der Täter durchschnittlich an einem Tag hat oder haben könnte. Hierbei sind Schätzungen möglich (s. § 40 StGB). 102

Die **Mindestdauer der Freiheitsstrafe** beträgt einen Monat (s. § 38 Abs. 2 StGB), die **Höchstdauer** beträgt in den Regelfällen des § 370 Abs. 1 AO fünf Jahre (wegen der Bemessung s. § 39 StGB). Jedoch sind **kurze Freiheitsstrafen** (unter sechs Monaten) nur zu verhängen, wenn besondere Umstände, die in der Tat oder der Persönlichkeit des Täters liegen, die Verhängung einer Freiheitsstrafe »zur Einwirkung auf den Täter oder zur Verteidigung der Rechtsordnung unerlässlich machen« (s. § 47 Abs. 1 StGB; BGH v. 30.04.2009, 1 StR 342/08, BStBl II 2010, 323). Sind diese Voraussetzungen nicht erfüllt, ist anstelle einer Freiheitsstrafe unter sechs Monaten nur auf Geldstrafe zu erkennen (s. § 47 Abs. 2 StGB). Zur Aussetzung des Strafrests auf Bewährung s. § 57 StGB (BGH v. 15.02.1994, 5 StR 692/93, wistra 1994, 193). Bei einer Verurteilung zu einer Freiheitsstrafe von mindestens zwei Jahren ordnet das Gericht unter den Voraussetzungen des § 66 Abs. 1 StGB die **Maßregel der Sicherungsverwahrung** an (BGH v. 29.11.2001, 5 StR 507/01, wistra 2002, 98; BGH v. 27.09.2002, 5 StR 97/02, wistra 2003, 20, 22). 103

Für die **steuerstrafrechtliche Praxis** ist in den Regelfällen der Steuerhinterziehung auf **Geldstrafe** allein zu er- 104 kennen, und zwar innerhalb eines Rahmens von 5 bis 360 Tagessätzen (= höchstens 1,8 Mio. Euro, s. § 40 Abs. 2 Satz 3, Abs. 1 Satz 2 StGB). Für die Bemessung der Hinterziehungsstrafe hat es sich für die auf Dauer angelegten Begehungsformen eingeübt, die Strafzumessung **von der Höhe des Verkürzungserfolgs abhängig** zu machen (s. § 46 Abs. 2 StGB: verschuldete Auswirkungen der Tat). Auf die auch aus diesem Grunde erforderliche Ermittlung der objektiven Tatfolgen, insbes. der eingetretenen Steuerverkürzung (BGH v. 04.09.1979 5 StR 491/79, HFR 1980, 155), die für jede Steuerart und für jeden Steuerabschnitt festzustellen und anzugeben ist (BGH v. 17.03.1981, 1 StR 814/80, HFR 1981, 385), kann daher nicht verzichtet werden (BGH v. 13.03.1984, 1 StR 883/83, BB 1984, 2180). Dabei ist die Höhe des vom Täter aus der Hinterziehung gezogenen Gewinnes ebenso zu berücksichtigen wie ein bloßer Nutzungsschaden, den der Fiskus durch verspätete Entrichtung der Steuer oder eine erschlichene Stundung erlitten hat (sog. Steuerverkürzung auf Zeit; BGH v. 26.09.1978, 1 StR 293/78, DB 1979, 1065; BGH v. 07.12.1978, 4 StR 604/78, DB 1979, 1876; BGH v. 17.03.2009, 1 StR 627/08, NJW 2009, 1979). Das Kompensationsverbot des § 370 Abs. 4 Satz 3 AO gilt für Zwecke der Strafzumessung nicht (BGH v. 20.07.1988, 3 StR 583/87, MDR 1989, 306). Die steuermindernden Beträge, die bei der Feststellung des Verkürzungserfolgs unberücksichtigt blieben, müssen für die Zwecke der Strafzumessung ermittelt werden (BGH v. 24.10.1990, 3 StR 16/90, wistra 1991, 107; BGH v. 08.01.2008, 5 StR 582/07, wistra 2008, 153). Auch für die Strafzumessung eines Tatbeteiligten ist eine Verkürzungsberechnung erforderlich (BGH v. 24.06.2009, 1 StR 229/09, wistra 2009, 396). Der Umstand, dass die Steuer bisher nicht beglichen wurde, darf nicht strafschärfend gewertet werden. Sonst würde das Nichtvorliegen eines Strafmilderungsgrundes, nämlich einer Schadenswiedergutmachung, als Strafschärfungsgrund berücksichtigt (BGH v. 24.01.2017, 1 StR 481/16, NStZ-RR 2017, 217).

**105** Wirken in einem auf Steuerverkürzungen angelegten System mehrere Täter und Beteiligte zusammen, so ist in die Strafzumessung der einzelnen Tatbeteiligten nicht nur der durch sie selbst verursachte Schaden einzustellen, sondern der durch das System verursachte Gesamtschaden, sofern die einzelnen Beteiligten das System überschauten (**»Umsatzsteuer-Karussell«**: BGH v. 11.07.2002, 5 StR 516/01, wistra 2002, 384; BGH v. 11.12.2002, 5 StR 212/02, wistra 2003, 140; BGH v. 30.04.2009, 1 StR 342/08, BStBl II 2010, 323). Zur Strafzumessung bei Serientaten s. BGH v. 17.03.2009, 1 StR 627/08, NJW 2009, 1979.

**106** Nach einer Tabelle der OFD Rheinland (*Birmanns*, DStR 1981, 647; *Briehl/Ehlscheid*, Steuerstrafrecht, 723 ff.), soll bei einer **Schadenshöhe** bis zu 10 000 Euro für je 125 Euro Schaden als Geldstrafe in der Regel 1 Tagessatz angemessen sein. Dasselbe soll bei Schadenshöhen bis zu 50 000 Euro für je 250 Euro Schaden und bei darüber liegenden Schadenshöhen für je 500 Euro Schaden gelten. Man mag gegenüber solchem Schematismus Bedenken haben, doch bietet die Tabelle grundsätzlich eine erste Orientierung, auf deren Basis anschließend die besonderen Umstände der Tat und des Täters strafschärfend und strafmildernd berücksichtigt werden können. Die Orientierung an der Schadenshöhe kann sich auf § 46 Abs. 2 StGB stützen, wonach auch die verschuldeten Auswirkungen der Tat bei der Strafzumessung zu berücksichtigen sind. Es gibt indes keine bundeseinheitliche Handhabe (vgl. z. B. *Richter*, RWI: Materialien, Heft 37, 10). Den hessischen Finanzämtern liegt ein Katalog von Rahmensätzen vor, der von 5 bis 10 Tagessätzen bei einer verkürzten Steuer von 500 Euro bis 1 000 Euro und bis zu 360 Tagessätzen bei einem Verkürzungsvolumen von 50 000 Euro reicht. In den Fällen der Verkürzung auf Zeit ist der Strafzumessung regelmäßig nur der Zinsschaden zugrunde zu legen (BGH v. 22.10.1997, 5 StR 223/97, NJW 1998, 390; BGH v. 17.03.2009, 1 StR 627/08, NJW 2009, 1979).

Aus § 46 Abs. 2 StGB ergeben sich die **weiteren Umstände**, die bei der Strafzumessung zu berücksichtigen **107**
sind. Von Bedeutung sind: Die Beweggründe und die Ziele des Täters; die Gesinnung, die aus der Tat spricht, und der bei der Tat aufgewendete Wille; das Maß der Pflichtwidrigkeit; die Art der Ausführung und die verschuldeten Auswirkungen der Tat; das Vorleben des Täters und seine persönlichen und wirtschaftlichen Verhältnisse sowie sein Verhalten nach der Tat, besonders sein Bemühen, den Schaden wieder gutzumachen, sowie das Bemühen des Täters, einen Ausgleich mit dem Verletzen zu erreichen. Zu berücksichtigen sind auch mögliche berufsrechtliche Folgen für den Täter (Steuerberater als Beteiligter: BGH v. 27.07.2016, 1 StR 256/16, NStZ-RR 2016, 312). Allein der Tatsache, dass die Steuern mangels finanzieller Mittel auch bei pflichtgemäßer Erklärung nicht hätten gezahlt werden können, fällt kein erhebliches Gewicht zu, weil die Steuerhinterziehung nach § 370 Abs. 4 Satz 1 AO zwar Erklärungs- nicht aber notwendig Verletzungsdelikt ist (BGH v. 17.03.2009, 1 StR 479/08, wistra 2009, 315). Aus diesen Vorgaben ergibt sich eine kaum übersehbare Kasuistik. Ein umfassender Überblick kann an dieser Stelle nicht gegeben werden, stattdessen wird auf die jährlichen Zusammenstellungen von *Detter* zum Strafzumessungs- und Maßregelrecht zuletzt in NStZ 2015, 442 hingewiesen. Betreibt ein Täter Steuerhinterziehungen im Rahmen eines hochkriminellen und gut durchorganisierten, überaus profitablen Steuerhinterziehungssystems, so ist in der Regel eine Verhängung von Bewährungsstrafen nicht mehr schuldangemessen (BGH v. 29.11.2006, 5 StR 324/06, wistra 2007, 145; zu Tatserien: BGH v. 17.03.2009, 1 StR 627/08, NJW 2009, 1979). Besonders hervorzuheben ist aber die Berücksichtigung einer **überlangen Verfahrensdauer** (zur Bedeutung des

Art. 6 Abs. 1 Satz 1 EMRK – Recht auf Verfahrensbeschleunigung – EGMR v. 02.10.2003, Beschwerde Nr. 41444/98 [Hennig v. Österreich], wistra 2004, 177; allgemein zur Verfahrensdauer in Wirtschaftsstrafsachen: BGH v. 07.02.2912, 1 StR 525/11, NJW 2012, 1458; BGH v. 24.01.2012, 1 StR 551/11, BFH/NV 2012, 911: mehr als sieben Jahre zwischen Verfahrenseinleitung und Urteil ist zu lang; in Bezug auf eine Steuerhinterziehung: BGH v. 11.08.2016, 1 StR 196/16, wistra 2017, 108), die sichnach inzwischen überholter Auffassung je nach den Umständen des Einzelfalles strafmildernd auswirken oder sogar zur Einstellung des Verfahrens zwingen konnte (BVerfG v. 25.07.2003, 2 BvR 153/03, wistra 2004, 15; BGH v. 20.02.2004, 5 StR 581/03, wistra 2004, 184). Einen anderen Weg geht die Praxis seit dem Beschluss des Großen Senats vom 17.01.2008. Danach ist der Angeklagte ohne Berücksichtigung der Verfahrensverzögerung zur schuldangemessenen Strafe zu verurteilen und im Urteil ist auszusprechen, dass ein bezifferter Teil der verhängten Strafe zur Entschädigung für die überlange Verfahrensdauer als vollstreckt gilt (BGH v. 17.01.2008, GSSt 1/07, NJW 2008, 860; zum Verhältnis zu §§ 198 ff. GVG vgl. *Gercke/Heinisch,* NStZ 2012, 300).

**107a** Der 1. Strafsenat des BGH hat grundsätzlich zur Strafzumessung in Steuerstrafsachen Stellung genommen. Danach ist die Höhe der Steuerverkürzung ein maßgebliches Kriterium für die Angemessenheit der Strafe. Bis zu einer Verkürzung von 50 000 Euro kann regelmäßig eine Geldstrafe verhängt werden. Übersteigt die Verkürzung diesen Betrag, ist dies nur noch bei besonders gelagerten Ausnahmefällen möglich. Der BGH hat zu den besonders schweren Fällen nach § 370 Abs. 3 Nr. 1 AO die Differenzierung zwischen den betrügerischen Fällen (50 000 Euro) und den Verschweigensfällen (100 000 Euro) aufgegeben und nimmt nun die Grenze des großen Ausmaßes einheitlich bei 50 000 Euro an, mit der Folge, dass dann in der Regel auf Freiheitsstrafe zu erkennen ist (BGH v. 27.10.2015, 1 StR 373/15, NJW 2016, 965). Die Freiheitsstrafe kann auch nur bei Vorliegen besonderer Milderungsgründe zur Bewährung ausgesetzt werden, wenn die Millionengrenze überschritten ist (BGH v. 02.12.2008, 1 StR 416/08, BStBl II 2009, 934; kritisch: *Schaefer,* NJW-Spezial 2009, 88; *Wulf,* DStR 2009, 459). Das heißt aber nicht, dass bei geringeren Schadensvolumen Freiheitsstrafen von über zwei Jahren nie in Betracht kämen (BGH v. 26.09.2012, 1 StR 423/12, wistra 2013, 31).

**108** Wegen der **Nebenfolgen** s. § 375 AO sowie §§ 45, 70 und 74 ff. StGB (Einziehung). Wegen der **Hinterziehungszinsen** s. § 235 AO.

**109** Geldstrafen, Geldbußen und Verwarnungsgelder sind bei der Einkommensermittlung grundsätzlich nicht abzugsfähig, weil das eine teilweise Abwälzung auf die Allgemeinheit zur Folge haben würde (s. § 12 Nr. 4 und § 4 Abs. 5 Nr. 8 EStG). Aufwendungen für die Verteidigung in einem Steuerstrafverfahren sind auch keine Steuerberatungskosten (BFH v. 20.09.1989, X R 43/86, wistra 1990, 106).

## II. Besonders schwere Fälle

### Schrifttum

Tormöhlen, Der besonders schwere Fall der Steuerhinterziehung, AO-StB 2011, 153; Peters, Strafzumessung bei Steuerhinterziehung in Millionenhöhe, NZWiSt 2012, 201; Pflaum, Keine »Neujustierung der Steuerhinterziehung großen Ausmaßes«, wistra 2012, 376; Rolletschke/Roth, Neujustierung der Steuerhinterziehung »großen Ausmaßes« (§ 370 Abs. 3 S. 2 Nr. 1 AO) aufgrund des Schwarzgeldbekämpfungsgesetzes? wistra 2012, 216; Stam, Das »große Ausmaß« – ein unbestimmbarer Rechtsbegriff, NStZ 2013, 144; Radermacher, Steuerhinterziehung in großem Ausmaß durch strafrechtlich verjährte Taten? AO-StB 2016, 21; Rolletschke, Auswirkungen der Rechtsprechungsänderung zum großen Ausmaß iSd § 370 Abs. 3 Satz 2 Nr. 1 AO, NZWiSt 2016, 209; Talaska, Steuerhinterziehung großen Ausmaßes, DB 2016, 673.

§ 370 Abs. 3 AO enthält eine **Strafschärfung für besonders schwere Hinterziehungsfälle**. Die Fälle des § 370 Abs. 3 AO sind **Regelbeispiele**, die dem Richter die Rechtsanwendung erleichtern. Die Aufzählung ist **nicht abschließend** (BGH v. 23.06.1985, 4 StR 219/85, HFR 1986, 426). Je nach den Umständen des Einzelfalls kann auch ein unbenannter Fall der besonders schweren Steuerhinterziehung vorliegen (BGH v. 02.12.2008, 1 StR 416/08, BStBl II 2009, 934), nämlich wenn sich die Tat bei der Gesamtwürdigung aller Zumessungstatsachen nach dem Gewicht von Unrecht und Schuld vom Durchschnitt der erfahrungsgemäß vorkommenden Fälle so weit abhebt, dass die Anwendung des Ausnahmestrafrahmens geboten ist (BGH v. 21.08.2012, 1 StR 257/12, wistra 2013, 28). Es liegt auch nicht immer ein besonders schwerer Fall vor, wenn die Voraussetzungen eines Regelbeispiels erfüllt sind (Abwägung der Gesamtumstände: BGH v. 24.08.1993, 5 StR 229/93, wistra 1993, 297; BGH v. 02.12.2008, 1 StR 416/08, BStBl II 2009, 934). Die Beispiele verdeutlichen aber, dass dem Gesetzgeber der ordentliche Strafrahmen des § 370 Abs. 1 AO in den bezeichneten Fällen nicht ausreichend erscheint, weil die erfahrungsgemäß vorkommenden Fälle bereits im ordentlichen Strafrahmen Berücksichtigung gefunden haben. Liegt ein Regelbeispiel vor, ist die Strafverfolgungsverjährung auf zehn Jahre verlängert (s. § 376 Abs. 1 AO). **110**

Den **strafschärfenden Umständen** im Sinne des § 370 Abs. 3 AO **sind** etwa vorhandene **strafmildernde Umstände gegen zurechnen.** Umstände, welche die Strafe verschärfen, sind Stufen schwereren Unrechts und schwererer Schuld. Der Vorsatz des Täters (s. Rz. 50 ff.) muss sich auch auf solche Merkmale beziehen, welche den Tatbestand qualifizieren, insbes. die Strafbarkeit erhöhen. Ein Irrtum ist nach Maßgabe der allgemeinen Grundsätze (s. Rz. 56 ff.) von Bedeutung. Die Strafe in den Fällen des **111**

§ 370 Abs. 3 AO ist Freiheitsstrafe von sechs Monaten bis zu zehn Jahren. Zusätzlich kann unter den Voraussetzungen des § 41 StGB (s. Rz. 101) auf Geldstrafe von fünf bis zu 360 Tagessätzen erkannt werden. Zur Milderung bei Versuch s. Rz. 70. Zur versuchten Steuerhinterziehung in einem besonders schweren Fall vgl. BGH v. 28.07.2010, 1 StR 332/10, wistra 2010, 449.

12 Wegen eines besonders schweren Falles der Steuerhinterziehung im Sinne des § 370 Abs. 3 AO kann **nur derjenige Täter oder Teilnehmer** bestraft werden, **in dessen Person die strafschärfenden Tatumstände** vorliegen und von dessen Vorsatz sie umfasst werden. Der Täter, dem ein Amtsträger im Sinne der Fallgruppe 2 Hilfe leistet, ist nach § 370 Abs. 1 AO und nicht nach § 370 Abs. 3 AO strafbar, wenn keine Form des Zusammenwirkens vorliegt, während der Tatbeitrag des Amtsträgers unter § 370 Abs. 3 Nr. 2 AO fällt. Der Pflichtige hingegen, der sich mit einem Amtsträger verbindet, um dessen Mithilfe auszunutzen, unterfällt § 370 Abs. 3 Nr. 3 AO. Zur Beihilfe in einem besonders schweren Fall vgl. BGH v. 06.09.2016, 1 StR 575/15, NStZ 2017, 356.

113 Trifft die Steuerhinterziehung in der Begehungsform eines besonders schweren Falles mit einer anderen Straftat in **Tateinheit** zusammen, so ist bei der Feststellung des strengeren Gesetzes (s. Rz. 87) von der Strafdrohung des § 370 Abs. 3 AO unter Einbeziehung der kumulativen Geldstrafe nach § 41 StGB auszugehen. Im Verhältnis zur Urkundenfälschung ist die Steuerhinterziehung in der Begehungsform des § 370 Abs. 3 AO das strengere Gesetz, es sei denn, dass die Urkundenfälschung als besonders schwerer Fall unter der Höchststrafdrohung des § 267 Abs. 3 StGB steht (15 Jahre, s. § 38 Abs. 2 StGB).

### 1. Verkürzung in großem Ausmaß (§ 370 Abs. 3 Nr. 1 AO)

114 Die Verkürzung »**in großem Ausmaß**« bezieht sich auf dieVerkürzung **hoher Beträge**. Die eher qualitative Sichtweise, die § 370 Abs. 3 Nr. 1 AO a.F. bis zum 31.12.2007 enthielt, ist durch die Neufassung entfallen, denn das Merkmal des Eigennutzes spielt keine Rolle mehr (für Altfälle s. BGH v. 13.06.2013, 1 StR 226/13, NStZ 2014, 105). In Anlehnung an die Grundsätze zu § 263 Abs. 3 Satz 2 Nr. 2 Alt. 1 StGB, wo das wortgleiche Merkmal des großen Ausmaßes verwendet wird, liegt die Grenze bei 50 000 Euro, in den Fällen, in denen durch einen ungerechtfertigten Vorsteuerabzug (BGH v. 25.09.2012, 1 StR 407/12, wistra 2013, 67) oder durch fingierte Betriebsausgaben »in die Kasse des Staates gegriffen wird«. In anderen Fällen (z.B. Verschweigen von Einnahmen) sah der BGH die Grenze zunächst bei 100 000 Euro. Bei der Verkürzung eines »sechsstelligen« Hinterziehungsbetrags sollte die Verhängung einer Geldstrafe nur noch bei Vorliegen gewichtiger Milderungsgründe schuldangemessen sein; bei einer Verkürzung in Millionenhöhe kommt auch eine aussetzungsfähige Freiheitsstrafe regelmäßig nicht mehr in Betracht (BGH v. 07.02.2012, 1 StR 525/11, NJW 2012, 1458). Im Fall der tateinheitlichen Begehungsweise sind die Verkürzungsbeträge zu addieren (BGH v. 02.12.2008, 1 StR 416/08, BStBl II 2009, 934; zur Strafzumessung bei tatmehrheitlich begangenen Serienstraftaten s. BGH v. 29.11.2011, 1 StR 459/11, BFH/NV 2012, 541; BGH v. 15.12.2011, 1 StR 579/11, NJW 2012, 1015). Werden lediglich Einnahmen verschwiegen, zog der BGH die Grenze bei 100 000 Euro (BGH v. 15.12.2011, 1 StR 579/11, NJW 2012, 1015). Wegen der in § 371 Abs. 2 Nr. 3 AO eingeführten Betragsgrenze von 50 000 Euro (die aber inzwischen auf 25 000 Euro herabgesetzt ist) wird gefordert, diese müsse generell auch für § 370 Abs. 3 Nr. 1 AO gelten (*Rolletschke/Roth*, wistra 2012, 216). Dem hat sich der BGH nun angeschlossen und er sieht die Wertgrenze für das große Ausmaß einheitlich bei 50 000 Euro (BGH v. 27.10.2015, 1 StR 373/15). Die gegen den aufgehobenen § 370a AO wegen der mangelnden Bestimmtheit der verbrechensbegründenden Tatbestandsmerkmale geltend gemachten verfassungsrechtlichen Bedenken betreffen nicht die Regelung des § 370 Abs. 3 Nr. 1 AO, weil es sich um eine Strafzumessungsregelung handelt (BGH v. 18.10.2004, 5 StR 276/05, wistra 2005, 30; BGH v. 02.12.2008, 1 StR 416/08, BStBl II 2009, 934). Die Feststellung der Höhe der Verkürzung ist ein erster Prüfungsschritt. Die Besonderheiten des Einzelfalles können die Indizwirkung des Regelbeispiels entkräften (BGH v. 02.12.2008, 1 StR 416/08, BStBl II 2009, 934). Dann ist aber zu begründen, weshalb trotz Vorliegens eines Regelbeispiels ein besonders schwerer Fall nicht angenommen wird (BGH v. 05.05.2011, 1 StR 116/11, NJW 2011, 2450).

### 2. Missbrauch der Befugnisse oder Stellung eines Amtsträgers (§ 370 Abs. 3 Nr. 2 AO)

Amtsträger ist ein **Beamter oder Richter** oder wer in einem **sonstigen öffentlich-rechtlichen Amtsverhältnis** steht **oder sonst dazu bestellt ist**, bei einer Behörde oder einer sonstigen Stelle oder in deren **Auftrag Aufgaben der öffentlichen Verwaltung wahrzunehmen** (s. § 7 AO). Europäische Amtsträger sind in § 11 Abs. 1 Nr. 2a StGB umschrieben. 115

Die strafschärfenden Merkmale des § 370 Abs. 3 Nr. 2 und 3 AO zielen auf solche Fälle, in denen ein **Finanzbeamter oder ein Angestellter** der Finanzverwaltung in den Ursachenzusammenhang von **Tathandlung und Taterfolg dergestalt einbezogen** ist, dass er die Hinterziehungstat des Pflichtigen oder des für diesen Handelnden zum Erfolg bringt oder hierzu auf irgendeine Weise förderlich beiträgt. Für die **innere Tatseite** setzt dies nicht nur voraus, dass der Amtsträger die unwahren Angaben oder das pflichtwidrige Verschweigen des Täters zwar mehr oder weniger sicher erkennt, aber nicht aufdeckt, 116 sondern unter Ausnutzung seiner dienstlichen Möglichkeiten dem vom Täter angestrebten Erfolg zuführt. § 370 Abs. 3 Nr. 2 AO enthält den **Qualifikationstatbestand für den Amtsträger** selbst. Bei der Strafzumessung ist zu berücksichtigen, dass ein ggf. bestehendes Unrecht des § 266 StGB mit dem Strafrahmen des § 370 Abs. 3 AO abgegolten ist (BGH v. 21.10.1997, 5 StR 328/97, wistra 1998, 64).

**117** **Aus der Rechtsprechung** s. den Fall eines Betriebsprüfers, der nicht versteuerte Werte wissentlich nicht aufdeckt (RG v. 28.01.1938, RStBl 1938, 388), eines Beamten, der einem verspäteten Antrag pflichtwidrig stattgibt (BGH v. 26.11.1954, 2 StR 292/54, NJW 1955, 192) und eines Beamten, der die von ihm gefertigte Steuererklärung selbst veranlagt (AG Lübeck v. 24.10.2003, 750 s, 720 Js 9029/03 (106/03), wistra 2004, 77; BFH v. 25.10.2004, VII R 10/04, BStBl II 2006, 356). Kein besonders schwerer Fall liegt allein deshalb vor, weil ein Polizeibeamter Zigaretten schmuggelt (OLG Brandenburg v. 03.03.2005, 2 Ss 10/05, wistra 2005, 315). Ein Veranlagungsbeamter ist kein tauglicher Täter einer Rechtsbeugung nach § 339 StGB (BGH v. 14.03.1972, 5 StR 589/71, BStBl II 1972, 610).

### 3. Mithilfe eines Amtsträgers (§ 370 Abs. 3 Nr. 3 AO)

**118** Im Fall des § 370 Abs. 3 Nr. 3 AO legt es der Täter darauf an, die Tat im **Zusammenwirken mit einem Amtsträgerkomplizen** zu begehen, wie z. B. bei der Erlangung von Steuervergütungen (Vorsteuerabzug) aufgrund vorgespiegelter Unternehmereigenschaft und gefälschter Rechnungsbelege (§ 370 Abs. 3 Nr. 4 AO). Dabei kann sich die Mitwirkung des Amtsträgers von bloßer Beihilfe zur Mittäterschaft steigern.

### 4. Fortgesetzte Verkürzung unter Verwendung nachgemachter oder verfälschter Belege (§ 370 Abs. 3 Nr. 4 AO)

**119** Nachgemachte Belege sind rechtswidrig (fälschlich) angefertigte Belege, während die **Verfälschung** einen rechtmäßigen Beleg voraussetzt, ihm jedoch rechtswidrig einen anderen Inhalt gibt (ihn verfälscht). Der Zweck kann darin liegen, dass über die Echtheit des Beleges getäuscht werden soll, oder dass der Anschein der Übereinstimmung zwischen Inhalt und Erklärungswillen erweckt werden soll. Denkbar ist auch, dass beide Motive gleichzeitig verfolgt werden. Es liegt in diesen Fällen eine **Urkundenfälschung** im Sinne des § 267 StGB vor, die sowohl das Fälschen oder Verfälschen von Urkunden wie das Gebrauchmachen von solchen Urkunden im Rechtsverkehr umfasst. Die Fallgruppe 4 zielt auf die **Steuerhinterziehung in Tateinheit mit einer Urkundenfälschung** (zur Urkundenfälschung bei Fotokopien BayObLG v. 27.07.1990, RReg 3 St 116/90, wistra 1990, 361). **Scheinrechnungen**, die in tatsächlicher Hinsicht unrichtige Rechnungen darstellen aber lediglich eine »schriftliche Lüge« enthalten und vom Aussteller selbst stammen oder mit dessen Kenntnis und Einvernehmen hergestellt worden sind, sind keine falschen Urkunden. § 370 Abs. 3 Nr. 4 AO setzt eine Täuschung über den erkennbaren Aussteller voraus (BGH v. 24.01.1989, 3 StR 313/88, wistra 1989, 190; BGH v. 16.08.1989, 3 StR 91/89, wistra 1990, 26).

Die **unechten Belege** müssen **zur Tatbegehung verwendet**, also dazu benutzt werden, der Behörde über steuererhebliche Tatsachen falsche Angaben zu machen (BGH v. 25.01.1983, 5 StR 814/82, wistra 1983, 116). Die einmalige Verwendung von Falschbelegen genügt nicht, weil das Tatbestandsmerkmal **»fortgesetzt«** eine mehrfach wiederholte Begehungsweise voraussetzt (BGH v. 21.04.1998, 5 StR 79/98, wistra 1998, 265: mindestens zwei Mal). **120**

**Aus der Rechtsprechung** BGH v. 12.10.1988, 3 StR 194/88, wistra 1989, 107: Verwendung nachgemachter bzw. verfälschter Belege in mehrfach wiederholter Begehungsweise als »intensives« Verhalten. **121**

### 5. Bandenmäßige Verkürzung von Umsatz- oder Verbrauchsteuern (§ 370 Abs. 3 Nr. 5 AO)

**Schrifttum**

Rüping/Ende, Neue Probleme von schweren Fällen der Hinterziehung, DStR 2008, 13; Buse/Bohnert, Steuerstrafrechtliche Änderungen zur Bekämpfung des Umsatz- und Verbrauchsteuerbetrugs, NJW 2008, 618; Wulf, Telefonüberwachung und Geldwäsche im Steuerstrafrecht, wistra 2008, 321; Bittmann, Telefonüberwachung im Steuerstrafrecht und Steuerhinterziehung als Vortat der Geldwäsche seit dem 1.1.2008, wistra 2010, 125.

Mehrere Personen handeln als Mitglied einer Bande, wenn sie sich zur fortgesetzten Begehung solcher Taten verbunden hat. Der Begriff der **Bande** setzt den **Zusammenschluss von mindestens drei Personen** voraus, die sich **mit dem Willen** verbunden haben, künftig für **eine gewisse Dauer mehrere** selbstständige, im einzelnen noch ungewisse **Straftaten** des im Gesetz genannten Deliktstyps zu **begehen**. Ein gefestigter Bandenwille oder ein Tätigwerden in einem übergeordneten Bandeninteresse ist nicht erforderlich (BGH v. 22.03.2001, GSSt 1/00, NStZ 2001, 421). Nicht alle Bandenmitglieder müssen als Täter in Erscheinung treten, es genügen auch **Gehilfenbeiträge** (BGH v. 15.01.2002, 4 StR 499/01, NJW 2001, 1662). Es müssen sich auch nicht alle Mitglieder miteinander verabredet haben oder kennen. Es genügt, wenn jedes Bandenmitglied mit zwei weiteren Absprachen getroffen hat (BGH v. 16.06.2005, 3 StR 492/04, NJW 2005, 2629). Die Feststellung der Mitgliedschaft in einer Bande ersetzt aber **121a** nicht das Erfordernis des Tatbeitrags des jeweiligen Bandenmitglieds. Es genügt nicht, dass auf der Grundlage der Urteilsfeststellungen belegt ist, dass der Angeklagte Mitglied einer Bande war, nicht aber, dass er an jeder der ihm als Täter angelasteten Taten als Mittäter beteiligt war (BGH v. 23.03.2017, 1 StR 451/16, StV 2018, 39). Unter bestimmten Voraussetzungen kann eine Bande auch eine kriminelle Vereinigung i.S. des § 129 StGB darstellen (zur Abgrenzung s. BGH v. 16.03.2004, 5 StR 364/03, wistra 2004, 229; BGH v. 08.08.2006, 5 StR 273/06, NStZ 2007, 31).

121b Der **Zweck der Bande** muss in der fortgesetzten **Hinterziehung** von Umsatzsteuer oder Verbrauchsteuern bzw. der Erlangung nicht gerechtfertigter Umsatzsteuer- bzw. Verbrauchsteuervorteile liegen. Die Hinterziehung dieser Steuern muss allerdings nicht der Hauptzweck der Bande sein, es genügt, wenn sie Nebenzweck ist. Ein solcher Nebenzweck liegt vor, wenn Steuerersparnisse oder -vorteile gezielt eingesetzt werden, um einen anderen Bandenzweck zu finanzieren, um Wettbewerbsvorteile zu erlangen oder wenn sie sonst im Bandeninteresse genutzt werden sollen.

121c Eine **fortgesetzte Hinterziehung** wird man in Anlehnung an § 370 Abs. 3 Nr. 4 AO annehmen können, wenn die Steuer mindestens zweimal verkürzt wird bzw. werden soll (s. Rz. 120; BGH v. 21.04.1998, 5 StR 79/98, NStZ 1998, 413).

121d Die Regelung des § 370 Abs. 3 Satz 2 Nr. 5 AO ist durch das Gesetz zur Neureglung der Telekommunikationsüberwachung und anderer verdeckter Ermittlungsmaßnahmen sowie zur Umsetzung der Richtlinie 2006/24/EG eingefügt worden. Sie steht im Zusammenhang mit der gleichzeitigen Aufhebung des § 370a AO, der die bandenmäßige Steuerverkürzung als Verbrechen unter Strafe stellte. Im Verhältnis zu § 370a AO erweist sich § 370 Abs. 3 Satz 2 Nr. 5 StGB als milderes Gesetz i.S. des § 2 Abs. 3 StGB, sodass die Vorschrift rückwirkend auf die Zeit der Geltung des § 370a AO angewendet werden könnte. Da allerdings m.E. zu Recht erhebliche Zweifel an der Verfassungsmäßigkeit dieser Norm bestanden (BGH v. 22.07.2004, 5 StR 85/04, NJW 2004, 2990; BGH v. 28.10.2004, 5 StR 276/04, NJW 2005, 374), ist § 370 Abs. 3 Satz 2 Nr. 5 StGB nicht als mildere Norm im Verhältnis zu § 370a AO, sondern als schärfere Norm im Verhältnis zu § 370 Abs. 1 AO zu verstehen. Damit ist § 370 Abs. 3 Satz 2 Nr. 5 AO nach § 2 Abs. 2 StGB nur auf die Taten anzuwenden, die bei Inkrafttreten des Gesetzes noch nicht beendet waren.

121e Auf den Verdacht der Steuerhinterziehung in dem besonders schweren Fall nach § 370 Abs. 3 Satz 2 Nr. 5 AO kann nach § 100a Abs. 2 Nr. 2 Buchst. a StPO die **Anordnung einer Telekommunikationsüberwachungsmaßnahme** gestützt werden.

### 6. Verschleierung durch Drittstaat-Gesellschaft (§ 370 Abs. 3 Nr. 6 AO)

**Schrifttum**

Talaska, Steuerumgehungsbekämpfungsgesetz, DB 2017, 1803.

Als besonders schwerer Fall wird nun das gezielte Aus- 121f
nutzen von Auslandsgesellschaften, insbes. sog. Briefkastenfirmen, zur Verschleierung von Beteiligungsverhältnissen und der fortgesetzten Steuerhinterziehung in den Katalog der Regelbeispiele aufgenommen. Hintergrund ist die hohe kriminelle Energie, welche die Vorbereitung und Organisation derartiger Gestaltungen erfordert. Sie entspricht im Unrechtsgehalt den bestehenden Regelbeispielen. Damit wird nun auch die Zwischenschaltung von Briefkastenfirmen sanktioniert, wenn noch nicht die Grenze des § 370 Abs. 3 Satz 2 Nr. 1 AO erreicht ist.

## J. Taten mit Auslandsbezug

**Schrifttum**

Tiedemann, Europäisches Gemeinschaftsrecht und Strafrecht, NJW 1993, 23; Kemper, Umsatzsteuerkarusselle, NStZ 2006, 593; Hentschel, Braucht die Steuerfahndung noch den § 370 Abs. 6 Sätze 2, 3?, DStR 2009, 1076; Tully/Merz, Zur Strafbarkeit der Hinterziehung ausländischer Umsatz- und Verbrauchsteuern nach der Änderung des § 370 Abs. 6 AO im JStG 2010, wistra 2011, 121.

Die **Verkürzung ausländischer Steuern** ist nach deut- 122
schem Recht grundsätzlich nicht strafbar. Mangels nationalen Souveränitätsverzichts im Rahmen der Vertragsschlüsse zur Errichtung der Europäischen Union, existiert kein Gemeinschaftsstrafrecht (*Tiedemann*,NJW 1993, 23). Folglich sind die Mitgliedsstaaten mit ihrem nationalen Straf- und Bußgeldsystem befugt, Straftaten zu ahnden. Dass es dabei zu unterschiedlichen Behandlungen von Steuerstraftaten kommt, ist nicht zu vermeiden (EuGH v. 21.09.1989, Rs 68/88 Kommission/Griechenland, NJW 1990, 2245).

§ 370 Abs. 5 AO stellt klar, dass eine Steuerverkürzung 122a
im Zusammenhang mit **Einfuhr-, Ausfuhr oder Durchfuhrabgaben** auch dann strafbar ist, wenn die Einfuhr, Ausfuhr oder Durchfuhr der Waren, auf die sich die Abgaben beziehen, verboten ist.

Nach § 370 Abs. 6 Satz 1 AO ist die Hinterziehung von 122b
**Einfuhr- oder Ausfuhrabgaben** (s. § 3 Abs. 3 AO und Art. 5 Nr. 20 UZK), die von einem anderen Mitgliedsstaat der Europäischen Gemeinschaften verwaltet werden oder die einem Mitgliedsstaat der Europäischen Freihandelszone (EFTA) oder die einem mit dieser assoziierten Staat zustehen, strafbar (BGH v. 25.09.1990, 3 StR 8/90, wistra 1991, 299; BGH v. 30.10.2003, 5 StR 274/03, wistra 2004,

63). In diesen Fällen muss das Recht dieser Staaten als blankettausfüllende Norm festgestellt werden (BGH v. 19.04.2007, 5 StR 549//06, NStZ 2007, 595; BGH v. 19.08.2009, 1 StR 314/09, wistra 2010, 30). Es kommt hier nicht darauf an, ob der betroffene Staat die Tat ebenfalls als strafbare Hinterziehung ahndet (OLG Stuttgart v. 30.10.1987, 1 Ss 466/87, wistra 1988, 90).

123 Der Geltungsbereich des § 370 AO erstreckt sich auch auf Taten, die sich auf die **Umsatzsteuer** sowie die **harmonisierten Verbrauchssteuern** für die in Art. 1 Abs. 1 der Richtlinie 2008/118/EWG des Rates vom 16.12.2008 (s. ABl. Nr. 9 v. 14.1.2009 S. 12) genannten Waren beziehen, die von einem anderen Mitgliedsstaat der Europäischen Union verwaltet werden (s. § 370 Abs. 6 Satz 2 AO). Das unionsrechtliche Verbrauchsteuersystem geht davon aus, dass verbrauchsteuerpflichtige Waren im Ergebnis nicht mit den Verbrauchsteuern mehrerer Staaten belastet sein dürfen (BGH v. 02.02.2010, 1 StR 635/09, wistra 2010, 226, 227). Insoweit verbleibt bei Durchleitung von Tabakwaren durch mehrere Mitgliedsstaaten dem Erstverfolgungsstaat nach Maßgabe des § 370 Abs. 6 AO eine Wahlmöglichkeit, welche nationale Verbrauchsteuer er als Anknüpfungspunkt für die Strafverfolgung heranziehen will. Die Singularität des Erhebungsrechts schließt es aber aus, dass einem an einer Verbrauchsteuerhinterziehung Beteiligten im Erstverfolgungsstaat darüber hinaus auch die Hinterziehung von Verbrauchsteuern aller anderen betroffenen Mitgliedsstaaten vorgeworfen werden kann (BGH v. 14.10.2015, 1 StR 521/14, wistra 2016, 74).

123a Bis zum Inkrafttreten des BeitrRLUmsG v. 7.12.2011 zitierte § 370 Abs. 6 AO noch die RL 92/12/EWG obgleich diese bereits zum 01.04.2010 durch die Richtlinie 2008/118/EG vom 16.12.2008 ersetzt wurde. Dennoch soll § 370 Abs. 6 AO auch für die Zwischenzeit hinreichend bestimmt i. S. von Art 103 Abs. 2 GG sein, weil das geschützte Rechtsgut, nämlich die Verbrauchsteuern auf Waren, selbst bezeichnet wurde (BGH v. 20.11.2013, 1 StR 544/13, wistra 2014, 145; *Tully/Merz* wistra 2011, 121, 126). Voraussetzung für eine Verfolgung war bis 2010 die gegenseitige Verbürgung der Strafverfolgung und deren Feststellung in einer Rechtsverordnung. Diese in § 370 Abs. 6 Sätze 3 und 4 AO a.F. enthaltene Beschränkung ist entfallen, weil die Gegenseitigkeit mit keinem Staat verbürgt war, wodurch sich Strafbarkeitslücken ergaben (BR-Drs. 318/10, 145). Es wird vertreten, die entfallene Gegenseitigkeitsverbürgung habe Rückwirkung, weil es sich um eine Verfahrensvoraussetzung und keine objektive Bedingung der Strafbarkeit gehandelt habe (*Tully/Merz* wistra 2011, 121, 126). Eine Doppelbestrafung in mehreren Staaten (s. Verbot der Doppelbestrafung nach dem Schengener Übereinkommen v. 19.06.1990, BAnz 90 Nr. 217a) ist nicht zulässig (BGH 13.05.1997, 5 StR 596/96, HFR 1998, 131; EuGH – 1. Kammer v. 28.09.2006, C-467/04, NStZ 2007, 408; EuGH – 1. Kammer v. 18.07.2007, C-288/05, NJW 2007, 3412). Der BGH empfiehlt die Verfolgung solcher Taten nach §§ 154, 154a StPO auf die verkürzten Zölle und deutsche Verbrauchsteuern zu beschränken (BGH v. 09.07.2011, 1 StR 21/11, wistra 2011, 348).

Durch § 370 Abs. 7 AO wird der **räumliche Geltungsbereich** des § 370 AO auch auf Straftaten **ausgedehnt**, die außerhalb des Geltungsbereichs der AO begangen worden sind (BGH v. 21.02.2001, 5 StR 368/00, wistra 2001, 263; BGH v. 27.11.2002, 5 StR 127/02, NJW 2003, 907: Entzug der zollamtlichen Überwachung an unbekanntem Ort innerhalb der EU). 124

## K. Verfall und Geldwäsche

**Schrifttum**

ODENTHAL, Zur Anrechnung von Steuern beim Verfall, wistra 2002, 246; ODENTHAL, Gewinnabschöpfung und illegales Glückspiel, NStZ 2006, 14; ULF, Telefonüberwachung und Geldwäsche im Steuerstrafrecht, wistra 2008, 321; BITTMANN, Telefonüberwachung im Steuerstrafrecht und Steuerhinterziehung als Vortat der Geldwäsche seit dem 1.1.2008, wistra 2010, 125.

Der Verfall in den §§ 73 ff. StGB ist entfallen und wurde durch die Einziehung ersetzt, s. § 375 AO Rz. 6 ff. 125

Nach § 261 Abs. 1 Nr. 4 Buchst. b StGB ist die Steuerhinterziehung geeignete Vortat für die **Geldwäsche**, wenn die Tat gewerbsmäßig (s. § 373 AO Rz. 4) oder von einem Mitglied einer Bande, die sich zur fortgesetzten Begehung solcher Taten verbunden hat (s. Rz. 121a und b), begangen worden ist. 126

# § 370a AO

(aufgehoben)

# § 371 AO
# Selbstanzeige bei Steuerhinterziehung

**(1) Wer gegenüber der Finanzbehörde zu allen Steuerstraftaten einer Steuerart in vollem Umfang die unrichtigen Angaben berichtigt, die unvollständigen Angaben ergänzt oder die unterlassenen Angaben nachholt, wird wegen dieser Steuerstraftaten nicht nach § 370 bestraft. Die Angaben müssen zu allen unverjährten Steuerstraftaten einer Steuerart, mindestens aber zu allen Steuerstraftaten einer Steuerart innerhalb der letzten zehn Kalenderjahre erfolgen.**

(2) Straffreiheit tritt nicht ein, wenn

1. bei einer der zur Selbstanzeige gebrachten unverjährten Straftaten vor der Berichtigung, Ergänzung oder Nachholung
   a) dem an der Tat Beteiligten, seinem Vertreter, dem Begünstigten im Sinne des § 370 Abs. 1 oder dessen Vertreter eine Prüfungsanordnung nach § 196 bekannt gegeben worden ist, beschränkt auf den sachlichen und zeitlichen Umfang der angekündigten Außenprüfung, oder
   b) dem an der Tat Beteiligten oder seinem Vertreter die Einleitung des Straf- oder Bußgeldverfahrens bekannt gegeben worden ist oder
   c) ein Amtsträger der Finanzbehörde zur steuerlichen Prüfung erschienen ist, beschränkt auf den sachlichen und zeitlichen Umfang der Außenprüfung, oder
   d) ein Amtsträger zur Ermittlung einer Steuerstraftat oder einer Steuerordnungswidrigkeit erschienen ist, oder
   e) ein Amtsträger der Finanzbehörde zu einer Umsatzsteuer-Nachschau nach § 27b des Umsatzsteuergesetzes, einer Lohnsteuer-Nachschau nach § 42g des Einkommensteuergesetzes oder einer Nachschau nach anderen steuerrechtlichen Vorschriften erschienen ist und sich ausgewiesen hat, oder
2. eine der Steuerstraftaten im Zeitpunkt der Berichtigung, Ergänzung oder Nachholung ganz oder zum Teil bereits entdeckt war und der Täter dies wusste oder bei verständiger Würdigung der Sachlage damit rechnen musste,
3. die nach § 370 Absatz 1 verkürzte Steuer oder der für sich oder einen anderen erlangte nicht gerechtfertigte Steuervorteil einen Betrag von 25 000 Euro je Tat übersteigt, oder
4. ein in § 370 Absatz 3 Satz 2 Nummer 2 bis 6 genannter besonders schwerer Fall vorliegt.

Der Ausschluss der Straffreiheit nach Satz 1 Nummer 1 Buchstabe a und c hindert nicht die Abgabe einer Berichtigung nach Absatz 1 für die nicht unter Satz 1 Nummer 1 Buchstabe a und c fallenden Steuerstraftaten dieser Steuerart.

(2a) Soweit die Steuerhinterziehung durch Verletzung der Pflicht zur rechtzeitigen Abgabe einer vollständigen und richtigen Umsatzsteuervoranmeldung oder Lohnsteueranmeldung begangen worden ist, tritt Straffreiheit abweichend von den Absätzen 1 und 2 Nummer 3 bei Selbstanzeigen in dem Umfang ein, in dem der Täter gegenüber der Finanzbehörde die unrichtigen Angaben berichtigt, die unvollständige Angaben ergänzt oder die unterlassenen Angaben nachholt. Absatz 2 Nummer 2 gilt nicht, wenn die Entdeckung der Tat darauf beruht, dass eine Umsatzsteuervoranmeldung oder Lohnsteueranmeldung nachgeholt oder berichtigt wurde. Die Sätze 1 und 2 gelten nicht für Steueranmeldungen, die sich auf das Kalenderjahr beziehen. Für die Vollständigkeit der Selbstanzeige hinsichtlich einer auf das Kalenderjahr bezogenen Steueranmeldung ist die Berichtigung, Ergänzung oder Nachholung der Voranmeldungen, die dem Kalenderjahr nachfolgende Zeiträume betreffen, nicht erforderlich.

(3) Sind Steuerverkürzungen bereits eingetreten oder Steuervorteile erlangt, so tritt für einen an der Tat Beteiligten Straffreiheit nur ein, wenn er die aus der Tat zu seinen Gunsten hinterzogenen Steuern, die Hinterziehungszinsen nach § 235 und die Zinsen nach § 233a, soweit sie auf die Hinterziehungszinsen nach § 235 Absatz 4 angerechnet werden, innerhalb der ihm bestimmten angemessenen Frist entrichtet. In den Fällen des Absatzes 2a Satz 1 gilt Satz 1 mit der Maßgabe, dass die fristgerechte Entrichtung von Zinsen nach § 233a oder § 235 unerheblich ist.

(4) Wird die in § 153 vorgesehene Anzeige rechtzeitig und ordnungsmäßig erstattet, so wird ein Dritter, der die in § 153 bezeichneten Erklärungen abzugeben unterlassen oder unrichtig oder unvollständig abgegeben hat, strafrechtlich nicht verfolgt, es sei denn, dass ihm oder seinem Vertreter vorher die Einleitung eines Straf- oder Bußgeldverfahrens wegen der Tat bekannt gegeben worden ist. Hat der Dritte zum eigenen Vorteil gehandelt, so gilt Absatz 3 entsprechend.

**Inhaltsübersicht**

## Schrifttum


RANSIEK, Die Information der Kunden über strafprozessuale Ermittlungsmaßnahmen bei Kreditinstituten, wistra 1999, 401; RÜPING, Steuergehorsam und Straffreiheit im Recht der Selbstanzeige, BB 2000, 2554; SCHMITZ, Aktueller Leitfaden zur Selbstanzeige, DStR 2001, 1821; HEERSPINK, Selbstanzeige – Neues und Künftiges, BB 2002, 910; Burkhard, Straffreiheit bei Selbstanzeige durch Dritte (sog. Drittanzeige?), StBp 2003, 15; EIDAM Einschränkende Auslegung des Verwendungsverbotes aus § 393 II 1 AO im Falle einer Selbstanzeige gem. § 371 AO?, wistra 2004, 412; ROLLETSCHKE, Verfahrenseinleitung aufgrund einer Selbstanzeige, wistra 2007, 89; KEMPER, Die Selbstanzeige nach § 371 AO – Eine verfehlte »Brücke zur Steuerehrlichkeit«?, ZRP 2008, 105; PELZ, Neureglung der Verfolgungsverjährung für Steuerhinterziehung – Neue Herausforderungen für die Praxis, NJW 2009, 470; EIGENTAHLER, Grundprobleme der Selbstanzeige im Sinne von § 371 AO, StW 2010, 32; ROTH, Strafbefreiende Selbstanzeige? NWB 2010, 1004; STRECK, Steueranwaltliche Beratung in Fällen des illegalen Datenhandels – Handwerkszeug und Probleme, NJW 2010, 1326; KAMPS, Rechtsprechungsänderung des BGH zur Wirksamkeit einer »Teilselbstanzeige« i.S. des § 371 AO, DB 2010, 1488; KOHLER, Strafbefreiende Selbstanzeige erfordert Rückkehr zur Steuerehrlichkeit, NWB 2010, 2211; GEHM, Die Selbstanzeige nach § 371 AO im Zusammenhang mit den Kapitalanlegerfällen Schweiz, NJW 2010, 2161; WENZLER, Die Selbstanzeige, Wiesbaden 2010; HEUEL, Selbstanzeigeberatung nach dem BGH-Beschluss vom 20.5.2010 – ein Himmelfahrtskommando?, AO-StB 2010, 246; GEHM, Die strafbefreiende Selbstanzeige in der Diskussion, ZRP 2010, 169; RÜPING, Selbstanzeige und Steuermoral, DStR 2010, 1768; WULF, Auf dem Weg zur Abschaffung der strafbefreienden Selbstanzeige (§ 371 AO)? wistra 2010, 286; GEUENICH, Strafbefreiende Selbstanzeige – macht jetzt auch der Gesetzgeber »reinen Tisch«?, BB 2010, 2148; FÜLLSACK/BÜRGER, Tohuwabohu um die Selbstanzeige: Wer sich anzeigt, wird bestraft – Situationsbeschreibung und Lösungsansatz, BB 2010, 2403; HABAMMER, Die neuen Koordinaten der Selbstanzeige, DStR 2010, 2425; HUNSMANN, Die steuerstrafrechtliche Selbstanzeige (§ 371 AO) – »Rückkehr zur Steuerehrlichkeit«?, DStZ 2011, 185; HECHTNER, Die strafbefreiende Selbstanzeige nach den Änderungen durch das Schwarzgeldbekämpfungsgesetz – Strafbefreiende Selbstanzeige erster und zweiter Klasse mit Zuschlag, DStZ 2011, 265; BEYER, Neuregelung der Selbstanzeige, AO-StB 2011, 119; BECKEMPER/SCHMITZ/WEGNER/WULF, Zehn Anmerkungen zur Neuregelung der strafbefreienden Selbstanzeige durch das »Schwarzgeldbekämpfungsgesetz«, wistra 2011, 281; BEYER, Auswirkungen der Neuregelung der Selbstanzeige anhand von Beispielen, AO-StB 2011, 150; FÜLLSACK/BÜRGER, Die Neuregelung der Selbstanzeige, BB 2011, 1239; GEUENICH, Bagatellfehler bei strafbefreienden Selbstanzeigen, NWB 2011, 4024; HEUEL/BEYER, Selbstanzeige und Umsatzsteuer – ein Ritt auf der Rasierklinge?, UStB 2011, 287; HUNSMANN, Die Novellierung der Selbstanzeige durch das Schwarzgeldbekämpfungsgesetz, NJW 2011, 1482; KRANENBERG, Die Abgrenzung der berichtigenden Erklärung gem. § 153 AO von der Selbstanzeige gem. § 371 AO nach dem Schwarzgeldbekämpfungsgesetz – in dubio pro reo?, AO-StB 2011, 344; RANSIEK/HINGHAUS, Die taktische Selbstanzeige nach der Neuregelung des § 371 AO, BB 2011, 2271; TORMÖHLEN, Selbstanzeige – Problemfelder der gesetzlichen Neuregelung, AO-StB 2011, 373; WULF/KAMPS, Berichtigung von Steuererklärungen und strafbefreiende Selbstanzeige im Unternehmen nach der Reform des § 371 AO, DB 2011, 1711; ZANZIGER, Die Einschränkung der Selbstanzeige durch das Schwarzgeldbekämpfungsgesetz – Klärung erster Zweifelsfragen, DStR 2011, 1397; HEUEL/BEYER, Rettung »verunglückter« Selbstanzeigen, AO-StB 2013, 140; KEMPER, Wohin mit der Selbstanzeige nach § 371 AO? DStZ 2013, 538; REICHLING, Selbstanzeige und Verbandsgeldbuße im Steuerstrafrecht, NJW 2013, 2233; SPATSCHECK, Fallstricke bei der Selbstanzeige, DB 2013, 1073; PUMP/KRÜGER, Selbstanzeige ist kein Strafaufhebungsgrund für sämtliche Straftaten – Die Rechtsrisiken bei der Selbstanzeige, DStR 2013, 1972; DÖNMEZ, Aufklärungspflichten des Steuerberaters im Rahmen der Selbstanzeige, NWB 2014, 629; ERB/ERDEL, Der Referentenentwurf zur Neureglung der Selbstanzeige – Anmerkungen aus Beratersicht, NZWiSt 2014, 327; HABAMMER/PFLAUM, Bleibt die Selbstanzeige noch praktikabel?, DStR 2014, 2267; JOECKS, Der Regierungsentwurf eines Gesetzes zur Änderung der Abgabenordnung und des Einführungsgesetzes zur Abgabeordnung, DStR 2014, 2261; KEMPER, Wieder ein neuer § 371 AO?, DStR 2014, 928; KEMPER, Die Reform des § 371 AO im Lichte der Geschichte der strafbefreienden Selbstanzeige und der Steueramnestie in Deutschland, DStZ 2014, 832; NEUENDORF/SALIGMANN, Die geplante Neureglung der Selbstanzeige und ihre Auswirkungen auf die Praxis, DStZ 2014, 791; ROLLETSCHKE/JOPE, Bleibt die strafbefreiende Selbstanzeige nach der geplanten Reform noch handhabbar?, NZWiSt 2014, 259; SCHMOECKEL, Die strafbefreiende Selbstanzeige: Missverständnisse aus der historischen Perspektive, StuW 2014, 67; TORMÖHLEN, Neues zur Selbstanzeige, AO-StB 2014, 158; ZIPFEL/HOLZNER, Novellierung der strafbefreienden Selbstanzeige im Steuerrecht, BB 2014, 2459; BENEKE, Die Reform der strafbefreienden Selbstanzeige, BB 2015, 407; BUSE, Die Selbstanzeige ab dem 01.01.2015, DB 2015, 89; BEYER, Unwirksamkeit der Selbstanzeige bei verspäteter Erklärung zur Einkommensteuer?, NWB 2015, 2743; BILSDORFER, Gut gemeint ist nicht gleich gut gemacht – Stolpersteine bei der Selbstanzeige nach § 371 Abs. 1 AO, DStR 2015, 1660; DÖNMEZ, Worauf ist nach einer missglückten Selbstanzeige zu achten? NWB 2015, 1071; FÜLLSACK/BÜRGER, Praxis der Selbstanzeige, 1. Aufl. 2015; GEUENICH, Neue Spielregeln für die strafbefreiende Selbstanzeige, NWB 2015, 29; GRÖTSCH, Zeitlicher Anwendungsbereich der neuen Selbstanzeigeregelung, NZWiSt 2015, 409; HEUEL/BEYER, Die neue Selbstanzeige zum 1.1.2015, AO-StB 2015, 129; HUNSMANN, Neuregelung der Selbstanzeige im Steuerstrafrecht, NJW 2015, 113; JEHKE/HASELMANN, Der Schutz des Steuergeheimnisses nach einer Selbstanzeige, DStR 2015, 1036; JESSE, Selbstanzeigeregelungen nach dem AO-Änderungsgesetz (2014), FR 2015, 673; KEMPER, § 371 AO »Neu« – Ein Blick auf die seit dem 1.1.2015 geltende Regelung und die ersten erkennbaren Verwerfungen, DStZ 2015, 746; LEIBOLD, Steuersünder unter Druck – Strafbefreiende Selbstanzeige wurde verschärft – Spielräume bei der Strafzumessung werden enger, NZWiSt 2015, 74; MADAUSS, Gesetzliche Klarstellungen, fortbestehende und neue Probleme der Selbstanzeige i. S. d. § 371 AO n. F. – der Versuch einer Bestandsaufnahme, NZWiSt 2015, 41; MÜLLER, Die Selbstanzeige im Steuerstrafverfahren, 2. Aufl. 2015; MÜLLER, Verschärfung der strafbefreienden Selbstanzeige für Steuerhinterziehung, FR 2015, 19; MÜLLER, Die Selbstanzeige nach der Reform, StBp 2015, 125; ROHDE, Weitere Verschärfung der strafbefreienden Selbstanzeige, StuB 2015, 57; ROLLETSCHKE/ROTH, Die Selbstanzeige, 1. Aufl. 2015; ROLLETSCHKE/STEINHART, Die steuerstrafrechtliche Konkurrenzlehre und ihre Auswirkungen; insbesondere auf das Selbstanzeigerecht, NZWiSt 2015, 71; ROTH, Stellungnahme zum Entwurf des Gesetzes zur Änderung der Abgabenordnung ..., NZWiSt 2015, 135; TALASKA, Neues Selbstanzeigerecht: Aktuelle Beratungsschwerpunkte, DB 2015, 944; WULF, Reform der Selbstanzeige – Neue Klippen auf dem Weg zur Straffreiheit, wistra 2015, 166; BEYER, Diskussionen in der Finanzverwaltung zu Praxisfragen der Selbstanzeige gem. § 371, 398a AO, BB 2016, 987; BEYER, Anwendungserlass zu § 153 AO – Praktische Bedeutung für Berichtigungserklärungen und Selbstanzeigen, NZWiSt 2016, 234; HEUEL/MATTHEY, Die »neue« Selbstanzeige – ein kleines Update, AO-StB 2016, 161; NEISEKE, Die Selbstanzeige im Steuerrecht, 1. Aufl. 2016; RÜBENSTAHL/SCHWEBACH, Zur Vollständigkeit der Selbstanzeige des Gehilfen, wistra 2016, 97; SEIPL/GRÖTSCH, Wiederaufleben der Selbstanzeigemöglichkeit nach Wegfall von Sperrgründen und die Selbstanzeige nach der

Teil-Selbstanzeige, wistra 2016, 1; Kemper, Berichtigung oder Selbstanzeige?, DStZ 2017, 245.

## A. Bedeutung der Vorschrift

Die strafbefreiende Selbstanzeige, die über den Rücktritt vom Versuch (s. § 24 StGB) hinaus auch die **vollendete Tat** betrifft, findet verschiedene Rechtfertigungen. So gibt es **steuerpolitische Erwägungen**: Wer eine dem FA unbekannte Steuerquelle zum Fließen bringt oder – nüchterner ausgedrückt – bisher nicht oder zu wenig gezahlte Steuern offenlegt und nachentrichtet, dem gegenüber kann strafrechtlich Nachsicht gewährt werden. Daher wird die Selbstanzeige als unverzichtbar angesehen (BT-Drs. 17/2823, 29). Allein diese rein fiskalische Sicht greift jedoch zu kurz. Man darf nicht außer Acht lassen, dass die Möglichkeit der Selbstanzeige eine **Lösung langfristig angelegter Interessenkollisionen** anbietet. Wer z. B. in der Vergangenheit Steuern hinterzogen hat, könnte nicht ohne Weiteres für die Zukunft seine Besteuerungsgrundlagen offenlegen, weil er fürchten müsste, das FA könnte Rückschlüsse für die Vergangenheit ziehen. Auch wer unrichtige Umsatzsteuervoranmeldungen abgegeben hat, könnte nur um den Preis strafrechtlicher Verfolgung eine zutreffende Jahresanmeldung abgeben. Selbst die verspätete Abgabe einer Steueranmeldung wäre mit Hinblick auf den in § 370 Abs. 4 Satz 1 AO umschriebenen Taterfolg (nicht rechtzeitige Festsetzung) problematisch. Die Möglichkeit der Selbstanzeige bietet hier einen zumutbaren Weg, der den Betroffenen nicht zwingt, die **Rückkehr in die Steuerehrlichkeit** um den Preis der strafrechtlichen Selbstbelastung zu erkaufen. Einige Autoren(*Joecks in* JJR, § 371 AO Rz. 20 ff.; *Roth,* NWB 2010, 1004; *Wulf/Kamps,* DB 2011, 1711) sprechen sich daher zu Recht auch für eine strafrechtliche Begründung der Vorschrift aus. Andere Überlegungen gehen dahin, auf die »Privilegierung« zu verzichten (Gesetzesentwurf der SPD-Fraktion v. 20.04.2010, BT-Drs. 17/1411; *Eigentahler,* StW 2010, 32). Der BGH verlangt eine doppelte Rechtfertigung der Selbstanzeige, nämlich einerseits durch die Erschließung bisher verborgener Steuerquellen und andererseits durch die Rückkehr in die Steuerehrlichkeit (BGH v. 20.05.2010, 1 StR 577/09, DStR 2010, 1133). Dieses Urteil hat weitreichende Konsequenzen auf die Gesetzgebung. § 371 AO ist im Zuge des Gesetzes zur Verbesserung der Bekämpfung der Geldwäsche und Steuerhinterziehung neu geregelt mit dem Ziel die »gestufte« Selbstanzeige zu verhindern und die Ausschlussgründe des § 371 Abs. 2 AO zu verschärfen. Insbesondere schließt bereits die Bekanntgabe einer Prüfungsanordnung eine wirksame Selbstanzeige aus. Die Neufassung des Gesetzes ist nach Art. 97 § 24 EGAO auf solche Selbstanzeigen anzuwenden, die nach dem 28.04.2011 bei der Finanzbehörde eingehen. Zur Übergangsregelung vgl. BGH v. 25.07.2011, 1 StR 631/10, wistra 2011, 428. Die Selbstanzeigeregelung ist durch das Gesetz zur Änderung der Abgabenordnung und des Einführungsgesetzes zur Abgabenordnung v. 22.12.2014 (BGBl I, 2417) mit Wirkung ab dem 01.01.2015 erneut verschärft worden.

§ 371 AO lässt in den durch die Vorschrift gezogenen Grenzen den **Strafanspruch des Staates entfallen**. Das Strafverfolgungsinteresse tritt hinter dem Interesse an der vollständigen Erhebung der Steuer zurück. Die Selbstanzeige bildet einen **persönlichen Strafaufhebungsgrund**. Sie wirkt nur für solche Täter oder Teilnehmer, auf deren Veranlassung die Selbstanzeige erstattet wurde (BGH v. 02.12.2008, 1 StR 344/08, wistra 2009, 189). Vor diesem Hintergrund können Informationen an Tatbeteiligte zum Zweck der Selbstanzeige keine Strafvereitelung (§ 258 StGB) darstellen (*Ransiek,* wistra 1999, 401), es sei denn, der Informant hat seine Kenntnisse als Amtsträger erlangt (s. § 258a StGB). In der Beratungspraxis spielen Selbstanzeigeüberlegungen nur für die Besteuerungszeiträume eine Rolle, für die noch keine Strafverfolgungsverjährung eingetreten ist. Dennoch wird die Behörde in vielen Fällen Ermittlungen für den Zeitraum der längeren steuerlichen Festsetzungsfrist aufnehmen. In diesem Zusammenhang ist wichtig, dass für die benannten Strafschärfungsfälle des § 370 Abs. 3 Satz 2 AO eine doppelt so lange Frist läuft, wie für die Grundfälle der Steuerhinterziehung (s. § 376 Abs. 1 AO; *Pelz,* NJW 2009, 470). Bei der Überlegung, ob eine Selbstanzeige erstattet werden soll, ist daher zur Vermeidung von Risiken zu prüfen ob möglicherweise eine qualifizierte Form der Hinterziehung vorliegt. Dann muss die Selbstanzeige mindestens den Zehn-Jahres-Zeitraum umfassen, möglicherweise muss sie aber wegen der absoluten Verjährungsfrist weiter zurückgehen. 2

Die Regelung der strafbefreienden Selbstanzeige in § 371 AO gilt **nur für die Steuerhinterziehung** des § 370 AO und nach näherer Maßgabe des § 378 Abs. 3 AO auch für die leichtfertige Steuerverkürzung (BGH v. 20.05.2010, 1 StR 577/09, DStR 2010, 1133). Entsprechend anwendbar ist die Vorschrift für die Monopolhinterziehung (s. § 128 Abs. 1 BranntwMonG). Auf die Steuerhehlerei (s. § 374 AO) und die Steuerzeichenfälschung der §§ 148 ff. StGB findet § 371 AO keine Anwendung und auch nicht auf die Erschleichung von Investitionszulagen die aufgrund des § 15 InvZulG 2010 als Betrug nach § 263 StGB bzw. als Subventionsbetrug gem. § 264 StGB gilt. Allerdings kennt auch § 264 Abs. 5 StGB eine Regelung zur tätigen Reue. Die Strafbefreiung nach § 371 AO erstreckt sich auch nicht auf Straftaten, die mit einer Steuerhinterziehung in Tateinheit begangen werden (zu den disziplinarrechtlichen Auswirkungen s. BVerfG v. 06.05.2008, 2 BvR 336/07, NJW 2008, 3489; BVerwG v. 06.06.2000, 1 D 66/98, NJW 2001, 1151; BFH v. 15.01.2008, VII B 149/07, BStBl II 2008, 337; vgl. auch AEAO zu § 30, Nr. 11.8 wegen der Frage der Durch- 3 brechung des Steuergeheimnisses, BStBl I 2016, 490). Hier greift Nach Auffassung des BGH auch nicht das Verwendungsverbot des § 393 Abs. 2 S. 1 AO ein, da eine Selbstanzeige nicht erzwingbar ist und somit nicht in Erfüllung steuerlicher Pflichten erfolge (BGH v. 05.05.2004, 5 StR 548/03, wistra 2004, 309, 312; BVerfG v. 15.10.2004, 2 BvR 1316/04, NJW 2005, 353; s. dazu § 393 Rz. 6a). Unberührt bleibt der Strafaufhebungsgrund des Rücktritts vom Versuch gem. § 24 StGB. Das Fehlen einer entsprechenden Strafbefreiungsvorschrift für andere Strafnormen führt nicht zur Verfassungswidrigkeit des § 371 AO (BVerfG v. 28.06.1983, 1 BvL 31/82, wistra 1983, 251).

## B. Inhalt der Selbstanzeige

**Schrifttum**

Jope, Der Anknüpfungspunkt »geringfügige Abweichungen« bei der Selbstanzeige: materieller Tatbegriff contra Berichtigungsverbund, NZWiSt 2012, 59; Prowatke/Kelterborn, Zur Wirksamkeit von Selbstanzeigen bei »geringfügiger Unvollständigkeit«, DStR 2012, 640; Beyer, Wird eine Selbstanzeige mit Schätzwerten noch geduldet? AO-StB 2013, 385; Burger, Die Verjährungsregelung in § 376 Abs. 1 AO im Berichtigungsverbund der Selbstanzeige, BB 2013, 2992; Rolletschke/Roth, Selbstanzeige nach der Selbstanzeige: wirksam oder unwirksam? NZWiSt 2013, 295; Weinbrenner, Selbstanzeige gemäß § 371 AO n. F. und Einspruch gegen den Steuerbescheid, DStR 2013, 1268; Beyer, Ausschluss der Selbstanzeige bei früherer verspäteter ESt-Erklärung trotz überhöhter Vorauszahlungsbescheide (Guthaben-Fall)? AO-StB 2014, 222; Heidl/Pump, Strafbefreiende Selbstanzeige – Fallstricke bei der Nacherklärung von Einkünften, NWB 2014, 2325; Madauss, Selbstanzeige und Schätzung der Besteuerungsgrundlagen, NZWiSt 2014, 126; Bangert/Schwarz, Die Anzeige- und Berichtigungserklärung nach § 153 AO, NWB 2015, 3088; Greberth/Welling, Abgrenzung zwischen einfacher Berichtigung und strafbefreiender Selbstanzeige, DB 2015, 1742; Grötsch/Seipl, Das Vollständigkeitsgebot einer Selbstanzeige nach der Neuregelung zum 1.1.2015, NStZ 2015, 498; Heuel, Selbstanzeigefalle »Erbfall« bei der Einkommensteuer, wistra 2015, 289, 338; Rolletschke, (Dolose) Teilselbstanzeige, NZWiSt 2015, 97; Weigell/Görlich, Steuerliche Korrekturerklärungen als Widerruf der Selbstanzeige? DStR 2016, 197.

4 Eine strafbefreiende Selbstanzeige muss die **Berichtigung oder Ergänzung** der ursprünglich **unrichtigen oder unvollständigen Angaben** oder die **Nachholungunterlassener Angaben** enthalten, sofern sie steuerlich relevant sind (BGH v. 05.05.2004, 5 StR 548/03, wistra 2004, 309, 310; BGH v. 02.12.2008, 1 StR 344/08, wistra 2009, 189: keine frei erfundenen Angaben). Sie ist an **keine** besondere **Form** gebunden (s. Rz. 11). Die verschwiegenen Vermögenswerte müssen so genau bezeichnet werden, dass dem FA der Zugriff ermöglicht wird, ohne dabei entscheidend von einer weiteren Mitwirkung des Steuerpflichtigen abhängig zu sein oder über Art und Umfang der verschwiegenen Werte noch langwierige Ermittlungen anstellen zu müssen. Andererseits scheitert eine Selbstanzeige nicht daran, dass die Berechnung der nachzuentrichtenden Steuer noch gewisse eigene Aufklärungshandlungen des FA erfordert. Ebenso sind dem FA weitere Ermittlungshandlungen nicht verwehrt. Auch die Durchführung einer Fahndungs- oder Außenprüfung zum Zweck der Überprüfung der Vollständigkeit der Selbstanzeige ist zulässig (zur Zulässigkeit der Einleitung eines Strafverfahrens s. BFH v. 29.04.2008, VIII R 5/06, BStBl II 2008, 844).

Eine wirksame Selbstanzeige setzt regelmäßig voraus, dass der Steuerpflichtige seinerseits **»neues steuerliches Material«** liefert, und zwar dergestalt, dass er dem FA durch seine Eröffnungs- und Aufklärungshilfe die Möglichkeit verschafft, ohne langwierige weitere Ermittlungen die Nachveranlagung vorzunehmen (BGH v. 13.10.1992, 5 StR 253/92, wistra 1993, 66). Es reicht nicht, wenn der Anzeigende nur die Quelle seiner Einkünfte, nicht aber deren Umfang angibt. Erforderlich sind vollständige Zahlenangaben – zur Not auf Schätzungen basierend (BGH v. 20.05.2010, 1 StR 577/09, DStR 2010, 1133). Die Einreichung von Buchungsunterlagen, aus denen sich die eingetretenen Verkürzungen ergeben, reicht zur Annahme einer strafbefreienden Selbstanzeige in der Regel nicht aus; auch nicht die Anerkennung von Feststellungen des FA (BGH v. 16.06.2005, 5 StR 118/05, NJW 2005, 2723) oder gar die bloße Anregung, eine Betriebsprüfung durchzuführen. In manchen Fällen ist es schwierig konkret ermittelte Zahlen zu nennen, weil etwa Buchführungsunterlagen nicht ordnungsgemäß oder vollständig sind oder weil Erträgniszusammenstellungen von (ausländischen) Kapitalanlagen fehlen. Hier kann es sich anbieten, die Selbstanzeige dergestalt zu erstatten, dass zunächst mit Sicherheitszuschlägen geschätzte Zahlen angegeben werden und auf diesen Umstand auch hingewiesen wird. Im zweiten Schritt können dann die konkretisierten Zahlen nachgereicht werden (*Roth*, NWB 2010, 1004, 1006). Eine Teilselbstanzeige dem Grunde nach wirkt hingegen nicht strafbefreiend (BGH v. 20.05.2010, 1 StR 577/09, DStR 2010, 1133). Wegen dieser Rechtslage wird aus Beratersicht die Selbstanzeige inzwischen als nicht kalkulierbares Risiko bezeichnet (*Heuel*, AO-StB 2010, 246: »Himmelfahrtskommando«; *Wulf*, wistra 2010, 286). Legt der Steuerpflichtige gegen den seiner Selbstanzeige folgenden (geänderten) Steuerbescheid **Einspruch** ein, stellt sich die Frage, ob hierin ein schädlicher **Widerruf** der Selbstanzeige liegt. Dies ist dann nicht der Fall, wenn sich der Steuerpflichtige zunächst genötigt sah, das Ausmaß der Besteuerungsgrundlagen vorsichthalber überhöht zu schätzen und er das Rechtbehelfsverfahren nutzen muss, um konkrete Angaben nachzuliefern. Ein Widerruf der Selbstanzeige liegt auch dann nicht vor, wenn die tatsächlichen Angaben unstreitig bleiben, aber über die Rechtsfolgen gestritten wird (vgl. LG Heidelberg v. 16.11.2012, 1 Qs 62/12, wistra 2013, 78; dazu *Weigell/Görlich*, DStR 2016, 197). Ein schädlicher Widerruf ist aber jedenfalls dann anzunehmen, wenn der Steuerpflichtige von seinen Angaben in der Selbstanzeige inhaltlich abrückt (*Weinbrenner*, DStR 2013, 1268).

Enthält eine eingereichte **Umsatzsteuerjahresanmeldung** die Besteuerungsgrundlagen vollständig und richtig, so stellt sie im Verhältnis zu vorangegangenen unrichtigen oder unvollständigen Voranmeldungen eine wirksame Selbstanzeige dar (BGH v. 13.10.1998, 5 StR 392/98, NStZ 1999, 38; BGH v. 02.12.2008, 1 StR 344/08, wistra 2009, 189; bzgl. der **Einkommensteuerjahreserklärung** s. OLG Stuttgart v. 21.05.1987, 1 Ss 221/87, wistra 1987, 263). Nicht genügend ist allerdings eine stillschweigende Nachholung, etwa in der nächsten Steuererklärung zu einem folgenden Veranlagungszeitraum oder bei sonstiger Gelegenheit (z.B. durch Aktivierung eines verschwiegenen Wertes in der nächsten Bilanz).

7 Der BGH hat sich von der früheren Auffassung abgewandt, eine Selbstanzeige wirke teilweise strafbefreiend, soweit unrichtige oder unvollständige Angaben berichtigt oder nachgeholt werden (BGH v. 13.10.1998, 5 StR 392/98, NStZ 1999, 38). Soweit eine Selbstanzeige neue Unrichtigkeiten enthält, ist sie keine »Berichtigung« im Sinne des Gesetzes, was ihre Unwirksamkeit zur Folge hat (BGH v. 02.12.2008, 1 StR 344/08, wistra 2009, 189; BGH v. 20.05.2010, 1 StR 577/09, DStR 2010, 1133). Dem folgend ist in § 371 Abs. 1 AO das Wort »insoweit« gestrichen worden. Die Selbstanzeige muss auch nicht nur die Tat im materiellen oder prozessualen Sinn umfassen, sondern alle **unverjährten Steuerstraftaten** einer Steuerart, zumindest aber die letzten **zehn Kalenderjahre**. Die Zehn-Jahres-Frist berechnet sich ab dem Zeitpunkt der Abgabe der Selbstanzeige (BT-Drs. 18/3018, 10; Vollständigkeitsgebot – zu den Ausnahmen s. Rz. 25c bis 25e). Ob der Gesetzgeber sich mit dieser Verschärfung einen guten Dienst erwiesen hat, kann man bezweifeln. Die Neigung zur Erstattung einer Selbstanzeige wird zurückgehen, insbes. wenn man bedenkt, dass das latente Risiko vorhanden ist, dass wegen der Frage der Verjährung Unsicherheiten bestehen können. Im Übrigen wirft die Nacherklärung für zehn Jahre oft praktische Probleme der Rekonstruktion der Besteuerungsgrundlagen auf.

8 Ist ein **Tatbeteiligter** aus tatsächlichen Gründen nicht in der Lage, die zutreffenden Besteuerungsgrundlagen anzugeben, wird er nach Auffassung des BGH bereits dann straffrei, wenn er dem FA mitteilt, dass bestimmte Steuererklärungen unrichtig sind. Er muss aber seinen Tatbeitrag offenlegen (BGH v. 05.05.2004, 5 StR 548/03, wistra 2004, 309, 310). Ob hieran nach der Verschärfung der Rechtslage festgehalten werden kann, ist zweifelhaft

## C. Person des Anzeigeerstatters; Formfragen

**Schrifttum**

Plewka/Heerspink, Die konzertierte Selbstanzeige bei Bankenprüfungen, BB 1998, 1337; Rischar, Die Selbstanzeige im Lichte der Bankdurchsuchungen, BB 1998, 1341; Ditiges/Grass, Zur kollektiven Selbstanzeige des Hinterziehungshelfers, DB 1998, 1978; Riegel/Kruse, Befreiende Selbstanzeige nach § 371 AO durch Bankmitarbeiter, NStZ 1999, 325.

Eine **persönliche Erstattung** der Selbstanzeige durch den Steuerpflichtigen ist **nicht erforderlich**. Die Anzeige kann auch durch einen Bevollmächtigten oder durch einen gesetzlichen oder satzungsmäßigen Vertreter erfolgen (BGH v. 06.06.1990, 3 StR 183/90, HFR 1991, 367). Grundsätzlich muss bei der Erstattung einer Fremdanzeige für einen anderen dessen Person genannt werden (BGH v. 05.05.2004, 5 StR 548/03, wistra 2004, 309, 310: verdeckte Stellvertretung). Das Ergibt sich bereits aus § 371 Abs. 3 AO, wenn eine Nachentrichtungsfrist erforderlich ist. Aus § 371 Abs. 4 AO folgt, dass Fremdanzeigen im Interesse Dritter nur eingeschränkt möglich sind. Demgemäß ist auftragsloses Handeln nach den Grundsätzen der **Geschäftsführung ohne Auftrag** nur möglich, wenn eine Genehmigung bereits vorliegt (*Joecks* in JJR, § 371 AO Rz. 108). 9

Selbstanzeige kann auch erstatten, wer für einen anderen die von diesem geschuldeten Steuern verkürzt hat. In diesem Fall wirkt die Selbstanzeige unmittelbar strafbefreiend, wenn der Anzeigende selbst keinen Vorteil erlangt hat (s. Rz. 26). 10

Das Gesetz sieht für die Selbstanzeige **keine Form** vor (BGH v. 02.12.2008, 1 StR 244/08, wistra 2009, 189); sie muss nicht als solche bezeichnet werden. Sie wird in der Praxis häufig Berichtigung im Sinne des § 153 AO genannt. Selbst die stillschweigende Berichtigung unrichtiger USt-Voranmeldungen in der Jahresanmeldung ist möglich (BGH v. 13.10.1998, 5 StR 392/98, NStZ 1999, 38; OLG Hamburg v. 21.11.1985, 1 Ss 108/85, wistra 1986, 117: telefonisch). Aus Gründen der rechtlichen und tatsächlichen Klarheit empfiehlt sich aber eine schriftliche Anzeige. 11

Die Selbstanzeige muss **gegenüber** der **Finanzbehörde** erfolgen. Die örtliche Zuständigkeit ist nach dem Gesetzeswortlaut ohne Bedeutung (*Joecks* in JJR, § 371 AO Rz. 120; BFH v. 28.02.2008, VI R 62/06, BStBl II 2008, 595 zur Berichtigungserklärung nach § 153 AO; a.A. OLG Frankfurt v. 18.10.1961, 1 Ss 854/61, NJW 1962, 974: örtliche und sachliche Zuständigkeit). Die Gerichte, Staatsanwaltschaften oder Polizeidienststellen sind keine Finanzbehörden. Zwar bestehen keine Bedenken einen Zugang bei einer Finanzbehörde anzunehmen, wenn die Selbstanzeige weitergeleitet wird (*Joecks* aaO Rz. 121), zu bedenken ist jedoch, dass mit der Selbstanzeige die Tat regelmäßig nach § 371 Abs. 2 Nr. 2 AO entdeckt sein wird, bevor die Selbstanzeige bei der Finanzbehörde eingeht (s. Rz. 21). Daher kann im Ergebnis nur eine Selbstanzeige gegenüber der Finanzbehörde strafbefreiende Wirkung haben. 12

## D. Ausschlussgründe

13 **Die Selbstanzeigemöglichkeit ist nicht uneingeschränkt.** Ähnlich wie beim Rücktritt vom Versuch nach § 24 StGB soll nur die Freiwilligkeit belohnt werden, nicht aber Handeln unter Druck. Daneben gibt es typische Situationen, die in § 371 Abs. 2 AO allerdings abschließend umschrieben werden, in denen es nicht sinnvoll wäre, das Selbstanzeigeverhalten zu belohnen, weil auch ohne Zutun des Betroffenen die zutreffenden Besteuerungsgrundlagen bereits bekannt sind oder doch zumindest vor der Aufklärung stehen. Es geht um Fälle, in denen vor dem Zugang der Selbstanzeige bei der Behörde (zum Zeitpunkt des Zugangs einer Erklärung bei Einlage in ein Postfach oder per Computerfax s. BFH v. 20.12.2006, X R 38/05, BStBl II 2007, 823) ein durch Abs. 2 bestimmtes anderes Geschehen seinen Lauf nimmt, das die nachträgliche Mitwirkung unerheblich werden lassen kann. Unabhängig davon muss auch eine fehlgeschlagene Selbstanzeige als Nachtatverhalten i.S. des § 46 Abs. 2 StGB bei der **Strafzumessung** zugunsten des Anzeigenden berücksichtigt werden.

13a Durch das Gesetz zur Verbesserung der Bekämpfung der Geldwäsche und der Steuerhinterziehung sind die Ausschlussgründe in § 371 Abs. 2 AO ausgedehnt worden. Nach der neuen Nr. 1a sperrt bereits die Bekanntgabe einer Prüfungsanordnung und Nr. 3 begrenzt die Fälle einer möglichen Selbstanzeige betragsmäßig auf 50 000 Euro je Tat. Ist das Verkürzungsvolumen höher greift aber ggf. § 398 a AO als Verfolgungshindernis. Die verschärfte Rechtslage gilt nach Art. 97 § 24 EGAO für Selbstanzeigen, die nach dem 28.04.2011 bei der Finanzbehörde eingehen.

### I. Bekanntgabe einer Prüfungsanordnung (§ 371 Abs. 2 Nr. 1 Buchst. a AO)

**Schrifttum**

Kemper, Der neue Sperrtatbestand der Bekanntgabe einer Prüfungsanordnung in § 371 AO, NZWiSt 2012, 56; Pflaum, Selbstanzeige nach Prüfungsanordnung und Auswirkungen auf die Mitwirkung während einer Außenprüfung, StBp 2013, 217; Harle/Olles, Prüfungsanordnung und Selbstanzeige, NWB 2014, 170.

14 Eine wirksame Selbstanzeige kann nach § 371 Abs. 2 Nr. 1 a AO nicht mehr abgegeben werden, wenn einem Tatbeteiligten (Täter oder Teilnehmer, s. § 28 Abs. 2 StGB) oder seinem Vertreter eine Prüfungsanordnung nach § 196 AO bekannt gegeben worden ist. Die Bekanntgabe gegenüber einem Beteiligten sperrt auch die Selbstanzeige durch einen anderen Beteiligten. Die Sperrwirkung greift auch bei der Bekanntgabe der Prüfungsanordnung an einen nicht an der Tat beteiligten Begünstigten ein. Der Gesetzgeber hat für die Fälle der Außenprüfung den Ausschlusstatbestand vom Zeitpunkt des Erscheinens des Prüfers (§ 371 Abs. 2 Nr. 1c AO) auf den der Bekanntgabe der Prüfungsanordnung vorverlegt. Er geht davon aus, dass bereits damit die Entdeckungsgefahr so groß geworden ist, dass die Honorierung der Selbstanzeige nicht mehr gerechtfertigt wäre.

Für die eintretende Sperre kommt es auf den Umfang des nach §§ 196, 197 AO bekannt gegebenen **Prüfungsauftrages** an (BGH v. 15.01.1988, 3 StR 465/87, wistra 1988, 151). Er bestimmt den Umfang der Prüfung nach Steuerarten und Zeiträumen. Außerhalb dieses Umfangs ist eine Selbstanzeige nicht gesperrt. Das stellt seit 2015 § 371 Abs. 2 Satz 2 AO wieder sicher. Eine Erweiterung der Sperrwirkung tritt im Übrigen erst ein, wenn der Prüfungsauftrag förmlich erweitert wird (BayObLG v. 23.01.1985, RReg 4 St 309/84, wistra 1985, 117; FG Bre v. 06.10.2004, 2 K 152/04 (1), EFG 2005, 15). Eine rechtswidrige aber wirksame Prüfungsanordnung ist so lange maßgeblich, wie sie nicht aufgehoben ist (offen gelassen BGH v. 16.06.2005, 5 StR 118/05, NJW 2005, 2723; rechtmäßiges Erscheinen: BayObLG v. 17.09.1986, RReg 4 St 155/86, wistra, 1987, 77; a. A. *Harle/Olles*, NWB 2014, 170). Hält der Steuerpflichtige die Prüfung für rechtswidrig, muss er die Prüfungsanordnung anfechten. 1

Die Sperrwirkung wird durch die Bekanntgabe der Prüfungsanordnung gegenüber einem Tatbeteiligten (Täter oder Teilnehmer, s. § 28 Abs. 2 StGB), einem durch die Tat Begünstigten oder deren Vertreter ausgelöst. Als Vertreter i. S. von § 371 Abs. 2 Nr. 1a AO kommen die in § 34 AO genannten Personen in Betracht, ferner Verfügungsberechtigte, soweit ihnen eine rechtsgeschäftliche Vertretungsbefugnis eingeräumt ist (§ 35 AO) und Verfahrensbevollmächtigte (§ 80 AO), soweit sie für einen Tatbeteiligten oder Begünstigten tätig sind. Durch die Einbeziehung der Bekanntgabe an den durch die Tat Begünstigten bezweckt das Gesetz ausweislich der Begründung, dass auch einem Tatbeteiligten gegenüber, dem weder selbst noch über seinen Vertreter die Prüfungsanordnung bekannt gegeben wurde von der Ausschlusswirkung betroffen ist (BT-Drs 18/3018, 11). 16

Zu den Ausschlusstatbeständen des § 371 Abs. 2 AO a.F. ist die Frage diskutiert worden, ob nach Erledigung des ausschließenden Ereignisses eine Selbstanzeigemöglichkeit wieder auflebt. Nunmehr muss man davon ausgehen, dass die Selbstanzeige ausgeschlossen bleibt, solange die Prüfungsanordnung wirksam ist. Ist die Prüfung abgeschlossen (ohne die Verkürzung aufzudecken) erledigt sich die Prüfungsanordnung nach § 124 Abs. 2 AO. Damit lebt die Selbstanzeigemöglichkeit wieder auf. Nach Auffassung des BGH zu § 371 Abs. 2 Nr. 1a AO a.F. (BGH v. 15.01.1988, 2 StR 659/87, wistra 1988, 150) ist die strafbefreiende Selbstanzeige wieder möglich, wenn dem Steuerpflichtigen die berichtigten Bescheide oder eine Mitteilung nach § 202 Abs. 1 Satz 3 AO zugegangen ist. Nach AEAO zu § 201, Nr. 2, BStBl I 2016, 490, ist die 17

Prüfung i.d.R. mit der Zusendung des Berichts abgeschlossen. Wenn auch nach anderer Auffassung die Prüfung mit der Schlussbesprechung beendet ist, weil danach die Entdeckungsgefahr deutlich reduziert ist (*Joecks* in JJR, § 371 AO Rz. 360), sollte die Beratungspraxis Vorsicht walten lassen. Zu der Verjährungshemmungsvorschrift des § 171 Abs. 4 Satz 3 AO hat der BFH ausgeführt, dass die Zusammenstellung der Prüfungsergebnisse in einem Prüfungsbericht keine Ermittlungshandlung mehr darstellt, es sei denn der Stpfl. reicht nach der Übersendung des Berichts eine ausdrücklich vorbehaltene Stellungnahme und Unterlagen ein, die zum Wiedereintritt in die Ermittlungshandlungen führen (BFH v. 08.07.2009, XI R 64/07, BStBl II 2010, 4).

18 vorläufig frei

## II. Bekanntgabe der Einleitung des Straf- oder Bußgeldverfahrens (§ 371 Abs. 2 Nr. 1 Buchst. b AO)

**Schrifttum**

Burkhard/Adler, Unbestimmte Einleitungsverfügungen entfalten keine Sperrwirkung, DStZ 2000, 592; Mösbauer, Die Einleitung des Strafverfahrens als Tatbestandsmerkmal für den Ausschluss der Selbstanzeige nach § 371 AO, DB 2001, 836; Schützeberg, Der persönliche, sachliche und zeitliche Umfang der Sperrwirkung bei der Selbstanzeige nach § 371 AO, StBp 2009, 223.

19 Eine Selbstanzeige führt nicht zur Straffreiheit, wenn einem Tatbeteiligten (Täter oder Teilnehmer, s. § 28 Abs. 2 StGB) oder seinem Vertreter (s. §§ 34 bis 36 AO) die Einleitung eines Straf- oder Bußgeldverfahrens wegen der Tat bekannt gegeben worden sein. Die **Sperrwirkung** greift **wegen der Tat** ein, die **in der Einleitungsverfügung konkret umschrieben** ist (BGH v. 06.06.1990, 3 StR 183/90, wistra 1990, 308; a.A. LG Stuttgart v. 16.04.1985, 8 KLs 306/84, wistra 1985, 203; LG Hamburg v. 04.03.1987, (50) 187/86 Ns, wistra 1988, 183: es gilt der prozessuale Tatbegriff i.S. des § 264 StPO). Dabei ist konkret anzugeben, in welcher Handlungsweise die Straftat oder die Ordnungswidrigkeit erblickt wird (Bekanntgabe der Einleitung des Verfahrens »wegen der Tat«; BGH v. 06.06.1990, 3 StR 183/90, wistra 1990, 308).

20 Die Einleitung des Steuerstrafverfahrens ist in § 397 Abs. 1 AO geregelt. Die lediglich aktenmäßige Einleitung des Strafverfahrens (s. § 397 Abs. 2 AO) löst die Sperrwirkung noch nicht aus. Nach der Gesetzesbegründung ist die Straffreiheit nicht nur für den Täter oder Beteiligten ausgeschlossen, dem die **Einleitung des Verfahrens bekannt gegeben** worden ist, sondern für alle Tatbeteiligten (BT-Drs. 18/3018, 11). Die Einleitung muss nach § 397 Abs. 3 AO spätestens in dem Zeitpunkt mitgeteilt werden, in dem der Beschuldigte aufgefordert wird, Tatsachen darzulegen oder Unterlagen vorzulegen, die im Zusammenhang mit der verdächtigten Straftat stehen. Der Hinweis des Außenprüfers, dass die strafrechtliche Würdigung eines Sachverhalts einem besonderen Verfahren vorbehalten bleibt (s. § 201 Abs. 2 AO), steht der amtlichen Bekanntgabe der Einleitung des Strafverfahrens nach § 397 Abs. 3 AO nicht gleich, löst also die Sperrwirkung des § 371 Abs. 2 Nr. 1b AO nicht aus. Im Gegenteil kann eine verspätete Bekanntgabe der Einleitung zu Verwertungsverboten führen (s. § 397 AO Rz. 7 und § 10 BpO).

Den Begriff des **Vertreters** im Sinne des § 371 Abs. 2 Nr. 1b AO erfüllen alle – gesetzlichen, satzungsmäßigen oder rechtsgeschäftlichen – Vertreter im Sinne der §§ 34, 35 AO. 21

## III. Erscheinen eines Prüfers der Finanzbehörde (§ 371 Abs. 2 Nr. 1 Buchst. c AO)

**Schrifttum**

Burkhard, Die Sperrwirkung des § 371 Abs. 2 Nr. 1a AO, wistra 1998, 216, 256; Burkhard, Die Sperrwirkung des § 371 Abs. 2 AO gegenüber Bankmitarbeitern und Bankkunden bei Erscheinen der Steuerfahndung in den sogenannten Bankenfällen, DStZ 1999, 783; Braun, Sperrwirkung der Fahndungsprüfungen, DStZ 2000, 715; Rüping, Tatausgleich durch Selbstanzeige, wistra 2001, 121; Keller/Kelnhofer, Die Sperrwirkung des § 371 Abs. 2 AO unter besonderer Berücksichtigung der neueren Rechtsprechung des BGH, wistra 2001, 369; Meyer, Steuerstrafrechtliche Probleme bei Betriebsprüfungen, DStR 2001, 461; Schützeberg, Der persönliche, sachliche und zeitliche Umfang der Sperrwirkung bei der Selbstanzeige nach § 371 AO, StBp 2009, 223; Roth, Selbstanzeige-Sperrgrund: Erscheinen eines Amtsträgers zur »steuerlichen Prüfung«, StBp 2016, 102.

Damit eine Selbstanzeige zur Straffreiheit führt, darf noch kein **Amtsträger** der Finanzbehörde zur steuerlichen Prüfung erschienen sein. Bereits die Prüfungsanordnung nach § 196 AO führt zum Ausschluss der Selbstanzeigemöglichkeit (§ 371 Abs. 2 Nr. 1a AO), weswegen die praktische Bedeutung der Fälle des bloßen Erscheinens gesunken ist. Der Amtsträger, d.h. ein Beamter oder ein mit der Wahrnehmung von Aufgaben der Finanzverwaltung betrauter Angestellter (s. § 7 AO) der Finanzbehörde oder einer Dienststelle der Finanzbehörde muss erscheinen sein. **Zweck** des Erscheinens muss die **Prüfung** im Steueraufsichts-, Steuerermittlungs- oder Steuerfestsetzungsverfahren sein. Auch Vorfeldermittlungen i.S. des § 208 Abs. 1 Nr. 3 AO sind als steuerliche Prüfung anzusehen. Sie schließen eine Selbstanzeige jedoch nur insoweit aus, wie der konkrete Auftrag des Prüfers reicht (OLG Celle v. 27.03.2000, 2 Wss 33/00, wistra 2000, 277). Das Erscheinen ist auch dann zu bejahen, wenn der Amtsträger gem. § 97 AO **Einsicht in Unterlagen** nehmen will. **Steueraufsichtsmaßnahmen** sind steuerliche Prüfungen i.S. der Vorschrift (s. § 210 AO Rz. 2). Ist ein Finanzbeamter an der Steuerhinterziehung beteiligt, so 21a tritt ihm gegenüber die Sperrwirkung ein, wenn die Innenrevision innerhalb des FA die Überprüfung der Veranlagungsarbeiten aufnimmt (BGH v. 20.01.2010, 1 StR 634/09, BFH/NV 2010, 1071).

**21b** Bei der Prüfung beim Stpfl. oder dessen Berater gehört zum **Erscheinen** ein Betreten der Geschäftsräume oder der Wohnung des Steuerpflichtigen als dem allgemein nicht zugänglichen, durch Art. 13 GG geschützten Bereich. Nach anderer Auffassung soll es genügen, dass der Prüfer am Prüfungsort eingetroffen oder dort in das Blickfeld des Anzeigeerstatters getreten ist (OLG Stuttgart v. 22.05.1989, 3 Ss 21/89, MDR 1989, 1017; OLG Oldenburg v. 16.06.1953, Ss 90/53, NJW 1953, 1847 betreffend Fahndungsbeamte (Zollstreifen) im Grenzgebiet als »zur zollstrafrechtlichen Prüfung von Zollfunden erschienene Amtsträger«).

**21c** Der Prüfer muss zur Prüfung erschienen sein, sodass solche Sachverhalte nicht von der Sperrwirkung erfasst sind, auf die sich der **Prüfungswille** nicht bezieht und die auch nicht in engem sachlichen Zusammenhang zum Prüfungsgegenstand stehen. Der Prüfungswille wird durch die erkennbare ernsthafte Absicht zur Vornahme einer bestimmten Prüfungshandlung gekennzeichnet (BGH v. 05.04.2000, 5 StR 226/99, wistra 2000, 219; BGH v. 05.05.2004, 5 StR 548/03, wistra 2004, 309, 311; BFH v. 19.06.2007, VIII R 99/04, BStBl II 2008, 7).

**21d** **Beendet der Prüfer seine Tätigkeit**, ohne die Verkürzung ganz oder teilweise entdeckt zu haben, so **lebt** für den Steuerpflichtigen die Möglichkeit, strafbefreiende **Selbstanzeige** zu üben, **wieder auf**.

## IV. Erscheinen eines Amtsträgers zur Ermittlung einer Steuerstraftat oder einer Ordnungswidrigkeit (§ 371 Abs. 2 Nr. 1 d AO)

**21e** Damit eine Selbstanzeige zur Straffreiheit führt, darf noch kein **Amtsträger** der Finanzbehörde zur Ermittlung einer Steuerstraftat oder einer Steuerordnungswidrigkeit erschienen sein. **Zweck** des Erscheinens muss die **Prüfung** im Verfahren wegen einer Steuerstraftat oder einer Steuerordnungswidrigkeit sein. Hierzu gehört auch die Vornahme einer Durchsuchung, etwa seitens des Steuerfahndungsdienstes (BGH v. 19.04.1983, 1 StR 859/83, wistra 1983, 146). Das gilt auch dann, wenn ein Beamter der Steuerfahndung in einem von der Staatsanwaltschaft geführten steuerstrafrechtlichen Verfahren weisungsgebunden eingesetzt und tätig wird (LG Stuttgart v. 21.08.1989, 10 KLs 137/88, wistra 1990, 72). Im Fall einer Durchsuchung wegen des Verdachts der Hinterziehung von Mineralölsteuer hat der BGH die Sperrwirkung auch wegen der Umsatzsteuer angenommen (BGH. v. 19.04.1983, 1 StR 859/83, wistra 1983, 146). Auch bei der Fahndungsprüfung ist einerseits der Prüfungswille der Amtsträger von Bedeutung, andererseits aber auch, wie intensiv die Gefahr der Entdeckung von Zufallsfunden (s. § 108 StPO) ist. Der Umfang der Sperrwirkung betrifft nicht nur solche Taten, die vom Ermittlungswillen des erschienenen Amtsträgers erfasst sind, sondern auch auf solche, die mit dem bisherigen Ermittlungsgegenstand in sachlichem Zusammenhang stehen (BGH v. 20.05.2010, 1 StR 577/09, DStR 2010, 1133: gleicher Sachverhalt in weiteren Besteuerungszeiträumen).

## V. Erscheinen eines Amtsträgers zu einer Steuernachschau (§ 371 Abs. 2 Nr. 1 Buchst. e AO)

### Schrifttum

Beyna/Roth, Umsatzsteuer-Nachschau contra Selbstanzeige, UStB 2010, 310; Madauss, Lohnsteuer-Nachschau i.S.d. § 42g EStG, Umsatzsteuer-Nachschau i.S.d. § 27b UStG und Selbstanzeige i.S.d. § 371 AO, NZWiSt 2013, 424; Webel, Ausschluss der Straffreiheit durch das Erscheinen eines Amtsträgers zur steuerlichen Nachschau, StBp 2015, 309; Roth, Kassennachschau als Sperre für Selbstanzeigen, NZWiSt 2017, 63.

Es wird festgelegt, dass eine strafbefreiende Selbstanzeige **21f** in der Zeit nicht möglich ist, in der ein Amtsträger der Finanzbehörde zur Umsatzsteuer-Nachschau nach § 27b UStG, Lohnsteuer-Nachschau nach § 42g EStG, Kassen-Nachschau nach § 146b AO oder einer Nachschau nach anderen steuerlichen Vorschriften erschienen ist. Dieser Sperrgrund greift jedoch nur ein, wenn der Amtsträger der Finanzbehörde sich auch als solcher ausgewiesen hat, da andernfalls der betroffenen Steuerpflichtige nicht wissen kann, ob eine Nachschau stattfindet oder nicht.

Führt die Nachschau zu keinen Ergebnissen, entfällt **21g** der Sperrgrund, sobald die Nachschau beendet ist (z.B. Verlassen der Geschäftsräume). Führt die Nachschau jedoch zu Erkenntnissen, die Anlass zu weiteren Maßnahmen bieten, wird in der Regel ein anderer Sperrgrund greifen (Tatentdeckung, § 371 Abs. 2 Nr. 2 oder Übergang zu einer Außenprüfung, § 371 Abs. 1 Nr. 1 Buchst a; vgl. BT-Drs. 18/3018, 12).

## VI. Entdeckung der Tat und Kenntnis hiervon (§ 371 Abs. 2 Nr. 2 AO)

### Schrifttum

Dörn, Ausschluss der Selbstanzeige nur bei Kenntnis des Täters?, wistra 1998, 175; Randt/Schauf, Selbstanzeige und Liechtenstein-Affäre, DStR 2008, 489; Buse, Verwertungsverbot und Tatendeckung, DStR 2008, 2100; Fehling/Rothbächer, Ausschluss der strafbefreienden Selbstanzeige durch Medienberichte? DStZ 2008, 821; Heerspink, Die Ermittlungen zur Liechtenstein-Affäre, AO-StB 2009, 25; Schützeberg, Der persönliche, sachliche und zeitliche Umfang der Sperrwirkung bei der Selbstanzeige nach § 371 AO, StBp 2009, 223;

SCHWARTZ, Praxisprobleme mit der zweiten Selbstanzeige: Tatentdeckung durch die Abgabe einer (unwirksamen) Teilselbstanzeige, wistra 2011, 81; MÜCKENBERGER/IANNONE, Steuerliche Selbstanzeige trotz Berichterstattung über den Ankauf von Steuer-CDs, NJW 2012, 3481; BEYER, Argumentationshilfen betreffend Tatentdeckung gem. § 371 Abs. 2 Nr. 2 AO bei Steuerdaten-CD, AO-StB 2014, 186; WEBEL, Die Un-Entdeckung der entdeckten Steuerhinterziehung – Zugleich ein Beitrag zur Wirksamkeit der Selbstanzeige nach der (Teil-)Selbstanzeige, NZWiSt 2016, 337.

22 Eine Entdeckung der Tat, liegt vor, wenn die Finanzbehörde von der Tat »so viel erfahren« hat, dass sie bei **vorläufiger Bewertung** der Erkenntnisse zu dem Ergebnis kommt, dass eine Steuerhinterziehung vorliegt. Erforderlich ist eine Konkretisierung des Tatverdachtes in Richtung auf die **Wahrscheinlichkeit eines Straferkenntnisses**, sodass ein bloßes Verdachtschöpfen nicht ausreicht (BGH v. 05.04.2000, 5 StR 226/99, wistra 2000, 219; BGH v. 05.05.2004, 5 StR 548/03, wistra 2004, 309, 311; BGH v. 20.05.2010, 1 StR 577/09, DStR 2010, 1133BFH v. 26.11.2008, X R 20/07, BStBl II 2009, 388). Nicht erforderlich ist die sichere Überzeugung von der Tat im Sinne von hinreichendem Tatverdacht (BGH v. 20.05.2010, 1 StR 577/09, DStR 2010, 1133). Auch die Tatbeteiligten müssen noch nicht identifiziert sein (BGH v. 05.05.2004, 5 StR 548/03, wistra 2004, 309, 311), ebenso, wie noch die Frage des Verschuldensgrades offen sein kann (BGH v. 20.05.2010, 1 StR 577/09, DStR 2010, 1133). Zur Frage der Tatentdeckung durch **Kontrollmitteilungen** s. BGH v. 13.05.1983, 3 StR 82/83, HFR 1983, 533; BGH v. 24.10.1984, 3 StR 315/84, wistra 1985, 74. Die Durchführung eines Kontenabrufs führt nicht zu einer Sperrwirkung für eine Selbstanzeige, da allein aufgrund des Kontenabrufs keine Tat i. S. des § 371 Abs. 2 Nr. 2 AO entdeckt worden ist (*Seer* in Tipke/Kruse, § 93 AO Rz. 56; *v. Wedelstädt*, AO-StB 2006, 118, 121). Ist aber die Sanktionswahrscheinlichkeit Voraussetzung der Tatentdeckung, dann kann diese noch nicht gegeben sein, wenn zwar Erkenntnisse vorliegen, diese aber allesamt einem Verwertungsverbot unterliegen. Hierauf könnte bei vorläufiger Tatbewertung zur Zeit der Einreichung der Selbstanzeige keine Verurteilungsprognose gestützt werden (*Buse*, DStR 2008, 2100).

23 Eine Entdeckung ist auch durch eine andere als die zuständige **Finanzbehörde** möglich, ebenso wie durch die **Staatsanwaltschaft** oder die **Polizei**, andere Behörden oder **Gerichte** (s. § 116 AO, §§ 160, 163 StPO). Im Übrigen kann die Tat auch durch **andere Personen** entdeckt werden, die nicht zum Vertrauenskreis des Täters gehören (OLG Frankfurt v. 18.10.1961, 1 Ss 854/61, NJW 1962, 974; *Joecks* in JJR, § 371 AO Rz. 317).

24 Die **Tat** i. S. der Vorschrift **sind die einzelnen Handlungen der Nichtabgabe** bzw. **Abgabe unrichtiger** Erklärungen; sie bestimmt sich somit nach **Steuerart**, **Besteuerungszeitraum** und **Steuerpflichtigem** (BGH v. 05.04.2000, 5 StR 226/99, wistra 2000, 219). Da lediglich die Verkürzung als solche, nicht aber deren **Höhe** normatives Merkmal des § 370 AO ist, genügt für die Tatentdeckung die Erkenntnis, dass eine Verkürzung vorliegt. Die vermeintlich verkürzte Steuer muss noch nicht konkret beziffert sein (a. A. *Randt/Schauf*, DStR 2008, 189, 490).

Die Ausschlusswirkung der Tatendeckung tritt nur dann ein, wenn der **Täter** im Zeitpunkt seiner Selbstanzeige **von der Entdeckung wussteoder** bei verständiger Würdigung der Sachlage **mit ihr rechnen musste**. Entscheidend kommt es hierbei auf sein persönliches Urteilsvermögen an (BayObLG v. 24.02.1972, 4 St 135/71, BB 1972, 524). Maßgeblich ist, ob der Betroffene von einer bereits objektiv vorliegenden Entdeckung der Tat, nach den ihm tatsächlich bekannten Umständen »nichts zu wissen braucht«, ohne dass ihm dabei ein wesentlicher Sorgfaltsmangel zur Last fällt (OLG Hamm v. 26.10.1962, 1 Ss 913/62, BB 1963, 459). Die Handhabung dieses subjektiven Korrektivs kann deshalb Schwierigkeiten bereiten, weil sie eine Erforschung der Bewusstseinslage und der Urteilsfähigkeit des Anzeigenden erfordert. Als hilfreich dürfte sich auch insoweit der rechtspolitische Zweck der strafbefreienden Selbstanzeige erweisen: Begünstigt werden soll derjenige, der ohne grobe Vernachlässigung der ihm verfügbaren Urteilskraft überzeugt ist, der Finanzbehörde durch seine Eröffnungen den Zutritt zu einer ihr bis dahin unbekannten Steuerquelle zu verschaffen. Auf die Beweggründe des Anzeigenden kommt es nicht an. Zweifel dürfen nicht zulasten des Anzeigenden gehen. Nimmt der Betroffene irrtümlich an, die Tat sei entdeckt, ist die Selbstanzeige nicht ausgeschlossen (*Buse*, DStR 2008, 1200). 25

## VII. Betragsbegrenzung (§ 371 Abs. 2 Nr. 3 AO)

### Schrifttum

HECHTNER, Die strafbefreiende Selbstanzeige nach den Änderungen durch das Schwarzgeldbekämpfungsgesetz – Strafbefreiende Selbstanzeige erster und zweiter Klasse mit Zuschlag, DStZ 2011, 265; WAGNER, Umgang mit der strafbefreienden Selbstanzeige »zweiter Klasse«, DStZ 2011, 875; Roth, Die 50 000-Euro-Grenze gem. § 371 Abs. 2 Nr. 3 AO: Nominalbetrag der Steuerhinterziehung oder strafzumessungsrelevanter Schaden? NZWiSt 2012, 174; MADAUSS, Kompensationsverbot bei Vorsteuern und die gesetzliche Neuregelung der Selbstanzeige §§ 371 Abs. 2 Nr. 3, 398a AO, NZWiSt 2012, 456.

Durch § 371 Abs. 2 Nr. 3 AO wird die Möglichkeit der Selbstanzeige betragsmäßig begrenzt. Beträgt die Verkürzung bzw. der Steuervorteil je Tat nicht mehr als 25 000 Euro (bis 2014 50 000 Euro) führt die auch im Übrigen wirksame Selbstanzeige zum Wegfall des Strafanspruchs. Ist der verursachte Schaden höher, führt die Selbstanzeigehandlung nicht zur Strafaufhebung. Im Zusammenhang mit dieser Einschränkung steht § 398a AO, welcher in diesen Fällen unter der weiteren Voraussetzung der Nachzahlung des Verkürzungsbetrags nebst 25a

Zinsen und eines Zuschlags von 10 bis 20 v. H. ein Strafverfolgungshindernis vorsieht. Der Ausschlussgrund des § 371 Abs. 2 Nr. 3 AO ist gekennzeichnet durch die Steuerart und den Besteuerungszeitraum auf den sich die Handlung oder das Unterlassen bezieht. Insoweit besteht ein Unterschied zu § 371 Abs. 1 AO, denn dort muss die Selbstanzeige alle Besteuerungszeiträume umfassen, für die noch keine Strafverfolgungsverjährung eingetreten ist. Das kann in der Summe den Betrag von 25 000 Euro deutlich übersteigen, ohne dass das für die Wirksamkeit der Selbstanzeige schädlich wäre, solange nicht eine einzelne Verkürzung diese Grenze überschreitet.

### VIII. Besonders schwere Fälle (§ 371 Abs. 2 Nr. 4 AO)

25b In den besonders schweren Fällen des § 370 Abs. 3 Nr. 2 bis 6 AO sieht der Gesetzgeber eine besondere Strafwürdigkeit gegeben, die seit 2015 die Möglichkeit der strafbefreienden Selbstanzeige ausschließt. Der besonders schwere Fall der Verkürzung in großem Ausmaß nach § 370 Abs. 3 Nr. 1 AO fällt unter den Ausschlussgrund des § 371 Abs. 2 Nr. 3 AO. In beiden Fällen ist ein Absehen von Verfolgung nach § 398 a AO möglich.

## E. Ausnahmen vom Vollständigkeitsgebot des § 371 Abs. 1 AO

25c § 371 Abs. 1 AO postuliert das Vollständigkeitsgebot, indem dort angeordnet wird, dass die Selbstanzeige vollumfänglich zu allen unverjährten Steuerstraftaten einer Steuerart, zumindest aber für die letzten zehn Kalenderjahre zu erfolgen hat. Von diesem Vollständigkeitsgebot machen die Vorschriften des § 371 Abs. 2 Satz 2 und Abs. 2a AO Ausnahmen. Diese Regelungen treten nach Art. 3 des Gesetzes zur Änderung der Abgabenordnung und des Einführungsgesetzes zur Abgabenordnung zum 01.01.2015 in Kraft. Da hierdurch der Strafaufhebungsgrund der Selbstanzeige in den dort genannten Fällen unangetastet bleibt, sind die Regeln als milderes Gesetz nach § 3 Abs. 3 StGB auch auf Taten anzuwenden, die vor dem 01.01.2015 beendet wurden.

### I. § 371 Abs. 2 Satz 2 AO

25d Durch § 371 Abs. 2 Satz 2 AO wird ermöglicht, dass trotz Bekanntgabe der **Prüfungsanordnung** oder des Erscheinens eines Amtsträgers zur steuerlichen Prüfung eine strafbefreiende Selbstanzeige für Zeiträume abgegeben werden kann, die nicht der Sperrwirkung des § 371 Abs. 2 Nummer 1 Buchst. a und c AO unterliegen. Das Vollständigkeitsgebot nach § 371 Abs. 1 AO wird dadurch auf die Steuerstraftaten einer Steuerart begrenzt, die nicht Gegenstand des sachlichen und zeitlichen Umfangs einer Prüfung sind. Hat z. B. ein Stpfl. die Einkommen-, Gewerbe- und Umsatzsteuer aller Veranlagungszeiträume seit 01 verkürzt und wird ihm am 01.06.10 eine Prüfungsanordnung wegen dieser Steuerarten für die Jahre 06 bis 08 bekanntgegeben, so tritt für die Jahre 06 bis 08 die Sperrwirkung nach § 371 Abs. 2 Nr. 1 Buchst. a AO ein. Wegen § 371 Abs. 2 Satz 2 AO kann der Stpfl. für die Jahre 01 bis 05 eine wirksame strafbefreiende Selbstanzeige abgeben, das Vollständigkeitsverbot des § 371 Abs. 1 Satz 2 AO ist suspendiert. Der Stpfl. muss sich wegen der Jahre 06 bis 08 nicht selbst belasten ohne eine wirksame Selbstanzeige erstatten zu können.

### II. § 371 Abs. 2a AO

**Schrifttum**

Erdbrügger/Jehke, Die Erleichterungen bei der strafbefreienden Selbstanzeige im Bereich der Umsatz- und Lohnsteuer zum 1.1.2015, DStR 2015, 385.

§ § 371 Abs. 2a AO stellt für **Steueranmeldungen** die Rechtslage wieder her, wie sie vor dem Schwarzgeldbekämpfungsgesetz galt. Das ist eine Folge des praktischen Bedürfnisses nach Rechtssicherheit. Satz 1 führt wieder die Möglichkeit der Teilselbstanzeige ein. Wird eine unvollständige oder unrichtige Lohnsteueranmeldung oder Umsatzsteuervoranmeldung verspätet abgegeben, so bewirkt das Straffreiheit, soweit die Angaben richtig sind. Auch eine korrigierte Steueranmeldung (Lohnsteuer- oder Umsatzsteuervoranmeldung), die nach Satz 1 eine wirksame Selbstanzeige darstellt, kann erneut durch eine geänderte Voranmeldung oder Jahresanmeldung korrigiert werden. Satz 2 lässt in diesem Fall den Ausschlussgrund der Tatentdeckung des § 371 Abs. 2 Nr. 2 AO zurücktreten. Das gilt aber nicht in den Fällen des § 18 Abs. 2 Satz 3 UStG, in denen keine Umsatzsteuervoranmeldung abgegeben werde muss (Satz 3). Wird eine Steuerjahresanmeldung korrigiert, macht Satz 4 vom Vollständigkeitsgebot des § 371 Abs. 1 AO insoweit eine Ausnahme, als nicht auch die Voranmeldezeiträume nachfolgender Zeiträume korrigiert werden müssen. 25e

## F. Nachentrichtung der Steuer und der Zinsen hierauf

**Schrifttum**

Albrecht, Strafbefreiende Selbstanzeige – Höhe der Nachzahlungspflicht bei einer Steuerverkürzung auf Zeit, DB 2006, 1696; Blesinger/Schwabe, Strafbefreiende Selbstanzeige – Höhe der Nachzahlungspflicht bei einer Steuerverkürzung auf Zeit, DB 2007, 485;

HÜLS/REICHLING, Die Selbstanzeige nach § 371 AO im Spannungsfeld zum Insolvenzrecht, wistra 2010, 327; WOLLMANN, Straffreiheit nach den §§ 371, 398a AO zum Nulltarif? Zur (nicht) strafbefreienden Wirkung einer angefochtenen Steuernachzahlung, ZInsO 2011, 1521; HUNSMANN, Rechtsschutz im Rahmen des Absehens von Strafverfolgung gemäß § 398a AO, NZWiSt 2012, 102; WEIDEMANN, Gesonderte Anfechtbarkeit der Fristsetzung nach § 371 Abs. 3 AO? wistra 2012, 332.

26 Sind Steuerverkürzungen bereits eingetreten oder nicht gerechtfertigte Steuervorteile bereits erlangt, macht § 371 Abs. 3 AO die **Straffreiheit** eines Beteiligten, zu dessen Gunsten hinterzogen worden ist, zusätzlich davon abhängig, dass er die **Steuer** und Zinsen hierauf **innerhalb der** bestimmten **angemessenen Frist nachentrichtet**. § 171 Abs. 9 AO enthält zur Festsetzungsverjährung eine Ablaufhemmung von einem Jahr, die mit Abgabe der Selbstanzeige beginnt, die die Behörde in die Lage versetzt, die Steuer zutreffend festzusetzen (BFH v. 21.04.2010, X R 1/08, BStBl II 2010, 771; BFH v. 17.11.2015, VIII R 68/13, BStBl II 2016, 571). Ist eine – im Übrigen wirksame – Selbstanzeige erstattet, ist der Strafanspruch des Staates bis zum Ablauf der Nachzahlungsfrist auflösend bedingt. Mit der Zahlung entfällt die Strafbarkeit und sie kann wegen späterer Ereignisse nicht wieder aufleben (*Hüls/Reichling*, wistra 2010, 327 zur späteren Anfechtung der Zahlung in der Insolvenz des Stpfl.; a.A. *Wollmann*, ZInsO 2011, 1521). Dem Steuerpflichtigen, der die verkürzte Steuer zahlt, ist es unbenommen, in einem Rechtsbehelfsverfahren die Richtigkeit der Steuerfestsetzung dem Grunde und der Höhe nach überprüfen zu lassen (LG Heidelberg v. 16.11.2012, 1 Qs 62/12, wistra 2013, 78: Einwendungen gegen die Voraussetzungen des § 169 Abs. 2 Satz 2 AO).

26a Die Nachentrichtungspflicht bezieht sich der Höhe nach auf den tatsächlich geschuldeten **Nominalbetrag der Steuerhinterziehung**, ohne dass es eine Rolle spielt, ob eine Hinterziehung auf Dauer oder auf Zeit erstrebt war. Würde man bei einer Verkürzung auf Zeit den Ausgleich des Zinsschadens genügen lassen (so *Albrecht*, DB 2006, 1696), könnte dadurch der Täter den Differenzbetrag zwischen Zinsschaden und Nominalbetrag der Steuer behalten und würde dennoch straffrei. Das widerspricht dem Normzweck der §§ 370 und 371 AO (*Schwabe*, DB 2007, 488), deren Schutzgut doch der Anspruch des Steuergläubigers auf den vollen Ertrag der einzelnen Steuer ist (s. § 370 AO Rz. 2). Die Höhe des Verkürzungserfolges hat für die Frage der Strafbarkeit keine Bedeutung. Auf diese nimmt aber § 371 Abs. 1 AO Bezug. Bedeutsam wird die Höhe des angestrebten Verkürzungserfolges erst für die Strafzumessung nach § 46 Abs. 2 StGB (Ziele des Täters und verschuldete Auswirkung der Tat; BGH v. 17.03.2009, 1 StR 627/08, NJW 2009, 1979). Daher spielt die Differenzierung zwischen der Verkürzung auf Dauer und der auf Zeit nur für die Strafzumessung eine Rolle, nicht aber für die Höhe des Nachzahlungsbetrags nach § 370 Abs. 3 AO (*Blesinger*, DB 2007, 485).

Hinterzogene Steuern sind nach § 235 AO zu verzinsen. Hinzu kommt die allgemeine Verzinsungsregelung des § 233a AO. Ab 2015 bestimmt § 371 Abs. 3 AO, dass auch die Zahlung der Zinsen auf die Steuernachforderung des Hinterziehungsbetrags Voraussetzung für die Straffreiheit ist. Dies betrifft die Hinterziehungszinsen nach § 325 AO und die Nachzahlungszinsen nach § 233a AO, soweit sie nach § 235 Abs. 4 AO auf die Hinterziehungszinsen angerechnet werden. Nach Satz 2 hängt die Straffreiheit im Fall von Umsatzsteuervoranmeldungen und Lohnsteueranmeldungen (§ 371 Abs. 2a Satz 1 AO) nicht von der Zinszahlung ab. 26b

Die Entrichtung der hinterzogenen Steuern und Zinsen ist – vom Täter abgesehen – auch Straffreiheitsvoraussetzung für alle an der Tat Beteiligten, zu deren **unmittelbarem wirtschaftlichen Vorteil** Steuern hinterzogen worden sind (BGH v. 04.07.1979, 3 StR 130/79, HFR 1979, 537). Ein mittelbarer wirtschaftlicher Vorteil reicht nicht aus (BGH v. 22.07.1987, 3 StR 224/87, HFR 1988, 244; a.A. OLG Stuttgart v. 04.05.1984, Ss (23) 205/84, wistra 1984, 239: Erhalt des Arbeitsplatzes). Ein Gesellschafter-Geschäftsführer erlangt mittels seiner Beteiligung an der Gesellschaft zu deren Gunsten die Steuer hinterzogen wurde einen wirtschaftlichen Vorteil. Die gegenüber einem Geschäftsführer einer GmbH gesetzte Frist muss ein an der Tat Beteiligter gegen sich gelten lassen, wenn seine Beteiligung nicht bekannt war (BGH v. 21.06.1994, 5 StR 105/94, HFR 1995, 225). 27

Die Zahlungsfrist für die Nachentrichtung der verkürzten Steuer muss **angemessen** sein, also den wirtschaftlichen Verhältnissen des Täters Rechnung tragen, weil andernfalls die Selbstanzeige eine unbillige Einschränkung erfahren würde. Andererseits ist eine angemessene Frist auch dem zahlungsunfähigen Täter zu setzen, damit er die Chance erhält, sich zur Nachentrichtung der Steuer Fremdmittel zu verschaffen (OLG Karlsruhe v. 18.04.1974, 1 Ss 8/74, BB 1974, 1514). Die Zahlungsfrist ist derart zu bemessen, dass eine realisierbare Begleichung der Steuerschuld nicht infrage gestellt wird (OLG Köln v. 12.06.1987, Ss 141/87-154, wistra 1988, 274; LG Koblenz v. 13.12.1985, Js (Wi) 17301/83 - 10 KLs, wistra 1986, 79). Die angemessene Frist beträgt i.d.R. einen Monat, sie soll sechs Monate nicht überschreiten (AG Saarbrücken v. 21.06.1983, 9 As 86/83, wistra 1983, 268). Für den Fristbeginn ist auf den Zeitpunkt der Selbstanzeige abzustellen (LG Hamburg v. 04.03.1987, (50) 187/86 Ns, wistra 1988, 317). 28

Die Fristsetzung ist eine **strafprozessuale Maßnahme** (OLG Karlsruhe v. 22.12.2006, 3 Ss 129/06, wistra 2007, 159; a.A. *Rüping*, BB 2000, 2553). Damit ist spätestens mit der Fristsetzung das Strafverfahren eingeleitet (§ 397 Abs. 1 AO; zur Zulässigkeit der Einleitung durch eine andere Maßnahme s. BFH v. 29.04.2008, VIII R 5/06, 29

BStBl II 2008, 844). Da auch die Veranlagungs-Finanzämter nach § 399 Abs. 2 AO strafprozessuale Kompetenzen haben, ist auch eine durch ihre Angehörigen gesetzte Frist wirksam (LG Hamburg v. 18.06.1986, (50) 187/86 Ns, wistra 1988, 317; a. A. AG Berlin-Tiergarten v. 29.01.1986, 328 1 St Js 3286 Ls 251/85, DB 1986, 2210). Fristen des steuerlichen Erhebungsverfahrens sind ohne Bedeutung (OLG Karlsruhe v. 22.12.2006, 3 Ss 129/06, wistra 2007, 159). Das FA muss auf die Rechtsfolgen einer nicht rechtzeitigen Zahlung ausdrücklich hinweisen. Fehlt der Hinweis, wird der Lauf der Frist nicht ausgelöst (s. Rz. 31).

30 Einen **Rechtsbehelf** zur gesonderten Überprüfung der Nachzahlungsfrist auf Einhaltung der gesetzlichen Ermessensgrenzen sieht das Gesetz nicht vor. Der BFH hat die Zulässigkeit des Finanzrechtsweges verneint (BFH v. 17.12.1981, IV R 94/77, BStBl II 1982, 352; a. A. *Rüping* in HHSp, § 371 AO Rz. 113 f.). Die fristgemäße Entrichtung der geschuldeten Steuern ist eine Voraussetzung für die Wirksamkeit der Selbstanzeige, deren Prüfung in die ausschließliche Zuständigkeit des Strafgerichts fällt, das die Frist auch verlängern kann. Demjenigen, der Selbstanzeige erstattet hat, kann aber nicht alleine wegen der Frage, ob die Frist angemessen gesetzt wurde, ein Strafverfahren »aufgezwungen« werden (so aber *Weidemann*, wistra 2012, 332). Angesichts des strafverfahrensrechtlichen Charakters der Fristsetzung bietet sich ihre gesonderte Anfechtbarkeit mit dem Antrag an das nach § 162 StPO zuständige Gericht analog § 98 Abs. 2 Satz 2 StPO (*Hunsmann*, NZWiSt 2012, 102, 104 zu § 398 a AO) oder (unmittelbar) der Beschwerde des § 304 StPO an (*Joecks* in JJR, § 371 AO Rz. 166). Folgt man der ersten Auffassung, ist gegen die Entscheidung des Gerichts die Beschwerde nach §§ 304 ff. StPO statthaft.

31 Der fruchtlose **Ablauf der Frist** ist **Voraussetzung für die Bestrafung** des Beteiligten, der die Selbstanzeige erstattet hat. Stellt sich erst im Laufe des Strafverfahrens heraus, dass noch keine wirksame Frist gesetzt war, muss dies notfalls noch in der Hauptverhandlung oder im Berufungsverfahren nachgeholt werden (OLG Karlsruhe v. 22.12.2006, 3 Ss 129/06, wistra 2007, 159). Wird innerhalb der Frist die Steuer gezahlt ergeht ein Freispruch, andernfalls darf erst nach Ablauf der Frist eine Verurteilung erfolgen (BayObLG v. 03.11.1989, RReg 4 St 135/89, wistra 1990, 159). Reichen die gezahlten Beträge nicht aus, so sind sie zunächst auf diejenigen Steuerschulden zu verrechnen, deren Verkürzung die schwerere Strafe nach sich zieht (BGH v. 03.06.1954, 3 StR 302/53, BStBl I 1955, 359). Die Unmöglichkeit einer Nachzahlung geht zulasten des Täters (BayObLG v. 03.11.1989, RReg 4 St 135/89, wistra 1990, 159; OLG Karlsruhe v. 22.12.2006, 3 Ss 129/06, wistra 2007, 159), insbes. wenn er sein Unvermögen selbst verschuldet hat (LG Hamburg v. 04.03.1987, (50) 187/Ns, wistra 1988, 317).

## G. Wirkung der Selbstanzeige

Eine **Selbstanzeige**, die den Voraussetzungen des § 371 AO entspricht, **schließt die Bestrafung** des Anzeigenden **aus** – der Strafanspruch des Staates entfällt. Entgegen der überholten Rechtsprechung wirkt nur eine vollständige und zutreffende Selbstanzeige strafbefreiend, eine teilweise Straffreiheit kommt nicht mehr in Betracht (BGH v. 20.05.2010, 1 StR 577/09, DStR 2010, 1133 anders noch z. B. BGH v. 13.10.1998, 5 StR 392/98, NStZ 1999, 38). Weicht die Selbstanzeige nur geringfügig von den tatsächlich verwirklichten Besteuerungsgrundlagen ab, wirkt die Anzeige in vollem Umfang (OLG Frankfurt v. 18.10.1961, 1 Ss 854/61, NJW 1962, 974, die Abweichung betrug 6 v. H.; BGH v. 05.09.1974, 4 StR 369/74, NJW 1974, 2293). Auch nach der Verschärfung der Rechtslage hält der BGH eine Abweichung bis zu 5 v. H. für unschädlich (BGH v. 25.07.2011, 1 StR 631/10, wistra 2011, 428). 32

Die wirksame Selbstanzeige stellt einen **persönlichen Strafaufhebungsgrund** dar. Sie wirkt nur für den Anzeigenden und nicht ohne Weiteres auch für etwaige Mittäter oder Teilnehmer. Bei jedem Beteiligten sind die Voraussetzungen daher selbstständig zu prüfen. Diese müssen, wenn sie straffrei werden wollen, eine eigene Anzeige erstatten oder es muss die Anzeige wenigstens mit ihrer Zustimmung durch einen Beteiligten erstattet und auf sie mitbezogen sein (BGH v. 02.12.2008, 1 StR 344/08, wistra 2009, 189; s. Rz. 9). 33

Da die Selbstanzeige die Tat in objektiver und subjektiver Hinsicht unberührt lässt, bleiben die verkürzten Beträge »hinterzogene« Beträge i. S. der §§ 71, 169 Abs. 2 Satz 2 und § 235 AO, sodass die steuerlichen Folgen der Steuerhinterziehung bestehen bleiben. 34

## H. Ausdehnung der Straffreiheit auf bestimmte Nichtanzeigende (§ 371 Abs. 4 AO)

**Schrifttum**

Jarke, Strafbefreiende Drittanzeige nach § 371 Abs. 4 AO bei vorsätzlicher falscher Steuererklärung? wistra 1999, 286; Müller, Die strafbefreiende Selbstanzeige für einen Dritten, AO-StB 2007, 276.

§ 153 AO legt dem Steuerpflichtigen eine **Berichtigungspflicht** auf, wenn er nachträglich von unrichtigen oder unvollständigen Erklärungen steuerlicher Art Kenntnis erlangt. Dies gilt auch für die Gesamtrechtsnachfolger, die gesetzlichen, satzungsmäßigen oder letztwilligen Vertreter oder Vermögensverwalter sowie die als verfügungsberechtigt auftretenden Bevollmächtigten des Steuerpflichtigen (AEAO zu § 153, Nr. 4). Diese Pflicht besteht auch, wenn der Steuerpflichtige vorsätzlich keine Steu- 35 ererklärung abgegeben hat (OLG Hamburg v. 02.06.1992, 1 Ss 119/91, wistra 1993, 274). Die Erfüllung der genannten Berichtigungspflicht hat anders als in § 371 Abs. 1 AO keine strafbefreiende Wirkung, sondern wirkte für diejenigen (§ 371 Abs. 4 AO), denen die ursprüngliche Unrichtigkeit oder Unvollständigkeit der Erklärungen zur Last fällt, als **Strafverfolgungshindernis** (OLG Stuttgart v. 31.01.1996, 1 Ws 1/96, wistra 1996, 190), es sei denn, dass ihnen oder ihren Vertretern (s. §§ 34 bis 36 AO) die Eröffnung des strafrechtlichen oder bußgeldrechtlichen Verfahrens wegen der Tat bekannt gegeben worden ist.

36 Das Strafverfolgungshindernis erfasstnach anderer Auffassung nicht die **Steuerhinterziehung** desjenigen, der die Tat **durch** die **Abgabe unrichtiger oder unvollständiger Erklärungen** begangen hat. Dritter i. S. von § 371 Abs. 4 AO sei nur derjenige, der seine Anzeige- oder Berichtigungspflicht nach § 153 AO verletzt hat (OLG Stuttgart v. 31.01.1996, 1 Ws 1/96, wistra 1996, 190, a. A. AG Bremen v. 17.02.1998, 84b Ds 860 Js 22051/97, wistra 1998, 316 und LG Bre v. 26.06.1998, 42 Qs 84b Ds 860 Js 22051/97, wistra 1998, 317). Diese Auffassung steht aber im Widerspruch zum Wortlaut des § 371 Abs. 4 AO, denn das Gesetzt spricht nicht von der Berichtigungserklärung, sondern der in § 153 AO bezeichneten (ursprünglichen) Erklärung. Allerdings erfasst die Dritterklärung nach dem Sinn und Zweck des § 371 Abs. 4 AO auch vorangegangene Verletzungen der Berichtigungspflicht des § 153 AO, da es sonst zu Interessenskonflikten kommen kann, die die Vorschrift gerade vermeiden soll.

37 Die **Nachentrichtung der verkürzten Steuern** binnen angemessener Frist ist für die Straffreiheit der durch § 371 Abs. 4 AO begünstigten Personen nur dann Voraussetzung, wenn sie zum eigenen Vorteil gehandelt haben (§ 371 Abs. 4 Satz 2 AO; s. Rz. 26).

## I. Abgrenzung gegenüber anderen Regelungen

### I. Rücktritt vom Versuch

**Schrifttum**

KOTTKE, Verhältnis der Selbstanzeige bei Steuerhinterziehung zum Rücktritt vom Versuch, DStZ 1998, 151; SPATSCHEK/BERTRAND, Rücktritt vom Versuch der Steuerhinterziehung durch Unterlassen als Alternative zur strafbefreienden Selbstanzeige, DStR 2015, 2420.

38 Die strafbefreiende **Selbstanzeige** des § 371 AO **lässt** den persönlichen Strafaufhebungsgrund des **Rücktritts vom Versuch** (s. §§ 24, 31 StGB) **unberührt** (BGH v. 19.03.1991, 5 StR 516/90, wistra 1991, 223). Im Unterschied zu § 371 AO ist dieser jedoch ausgeschlossen, wenn der strafbare Erfolg eingetreten, also die Steuer verkürzt oder der nicht gerechtfertigte Steuervorteil erlangt ist. Andererseits kommt der Strafaufhebungsgrund des § 24 StGB auch dann noch zum Zuge, wenn der Täter den Eintritt des strafbaren Erfolges noch verhindert oder sich freiwillig und ernsthaft hierum bemüht hat, nachdem bereits ein Amtsträger der Finanzbehörde zur steuerlichen Prüfung erschienen war und die Anwendung des § 371 AO aus diesem Grund entfällt. Zu beachten ist ferner, dass § 24 StGB im Unterschied zu § 371 AO keine Offenbarung gegenüber dem FA voraussetzt, sodass eine stillschweigende Wiedergutmachung möglich ist. Der Gehilfe einer Steuerhinterziehung kann die Straffreiheit wegen Rücktritts aber nicht durch bloße Untätigkeit erlangen (BGH v. 25.09.1985, 3 StR 209/85, HFR 1987, 208).

### II. Täter-Opfer-Ausgleich

**Schrifttum**

FRANKE, Die Rechtsprechung des BGH zum Täter-Opfer-Ausgleich, NStZ 2003, 410; SCHÄDLER, Nicht ohne das Opfer? Der Täter-Opfer-Ausgleich und die Rechtsprechung des BGH, NStZ 2005, 366.

Nach § 46a StGB kann das Gericht die **Strafe** nach § 49 Abs. 1 StGB **mildern** (s. § 370 AO Rz. 70) **oder ganz von Strafe absehen**, wenn der Täter durch Wiedergutmachung des Schadens einen Ausgleich mit dem Verletzten sucht (Nr. 1) oder unter erheblichem persönlichen Verzicht das Opfer ganz oder überwiegend entschädigt (Nr. 2). 39

§ 46a Nr. 1 StGB zielt vor allem auf die **immateriellen Folgen** einer Straftat ab. Solche sind zwar auch bei Vermögensdelikten denkbar, doch verlangt die Vorschrift einen **kommunikativen Prozess zwischen Täter und Opfer**, der auf einen umfassenden Ausgleich der verursachten Folgen gerichtet sein muss. Da Schutzgut der Steuerhinterziehung allein die Sicherung des staatlichen Steueranspruchs ist (s. § 370 AO Rz. 2), kann § 46a Nr. 1 StGB nicht eingreifen (BGH v. 25.10.2000, 5 StR 399/00, wistra 2001, 22). 40

Auch § 46a Nr. 2 StGB ist im Steuerstrafrecht nicht anwendbar. Die **Nachzahlung hinterzogener Steuern** stellt keine Wiedergutmachung im Sinne des Täter-Opfer-Ausgleichs dar (BayObLG v. 28.02.1996, 4 St RR 33/96, DStR 1996, 667). Der Täter leistet mit der Steuerzahlung nur das, was er ohnehin auch ohne die Straftat hätte tun müssen. Er erbringt **kein besonderes Opfer**, das ihm sonst nicht auch abverlangt worden wäre. § 46a Nr. 2 StGB verlangt aber einen über die rein rechnerische Kompensation hinausgehenden Beitrag des Täters (BGH v. 25.10.2000, 5 StR 399/00, wistra 2001, 22). Im Schrifttum wird dagegen die Meinung vertreten, § 46a Nr. 2 StGB sei im Steuerstrafrecht dann anwendbar, wenn die Nachzahlung der Steuer für den Täter eine erhebliche persönliche Leistung oder einen persönlichen Verzicht 41 darstelle (BGH v. 20.01.2010, 1 StR 634/09, BFH/NV 2010, 1070: auf Ausnahmefälle beschränkt).

## § 372 AO Bannbruch

**(1) Bannbruch begeht, wer Gegenstände entgegen einem Verbot einführt, ausführt oder durchführt.**

**(2) Der Täter wird nach § 370 Absatz 1, 2 bestraft, wenn die Tat nicht in anderen Vorschriften als Zuwiderhandlung gegen ein Einfuhr-, Ausfuhr- oder Durchfuhrverbot mit Strafe oder mit Geldbuße bedroht ist.**

**Schrifttum**

Janovski, Die Strafbarkeit des illegalen grenzüberschreitenden Warenverkehrs, NStZ 1998, 117.

1 Die Begriffe der Ein-, Aus- und Durchfuhr, sowie die einschlägigen Verbote und Genehmigungen sind in den §§ 4 Abs. 2 und 8 bis 14 des Außenwirtschaftsgesetzes (AWG) verbunden mit der Außenwirtschaftsverordnung (AWV) geregelt. Die Gestellungspflicht ergibt sich aus Art. 41f UZK und den ergänzenden Bestimmungen in § 4 ZollVG und §§ 6, 7 ZollV. Der Hauptanwendungsbereich des § 372 AO liegt wegen der in Abs. 2 enthaltenen Subsidiaritätsklausel auf dem Gebiet des **Branntweinmonopols**.

2 Der einfache **Bannbruch** im Sinne des § 372 Abs. 1 AO ist mit der Strafe der einfachen Steuerhinterziehung (s. § 370 Abs. 1 AO) bedroht. Das gilt auch für den Versuch (s. § 370 Abs. 2 AO). Die Vorschriften des § 370 Abs. 3 bis 7 AO finden keine Anwendung. Die qualifizierten Begehungsformen des Bannbruchs erfasst § 373 AO. Die Strafdrohung des § 370 Abs. 1 und 2 AO kommt nicht zur Anwendung, wenn die Tat in anderen Vorschriften als Zuwiderhandlung gegen ein Einfuhr-, Ausfuhr- oder Durchfuhrverbot mit Strafe oder mit Geldbuße bedroht ist (§ 372 Abs. 2 AO, **Subsidiaritätsklausel**). Damit bleiben insbes. die Tatbestände der §§ 33, 34 AWG, 70 AWV unberührt. Eine »andere« Vorschrift im Sinne des § 372 Abs. 2 AO ist jedoch auch der § 373 AO, dessen Strafdrohung immer unberührt bleibt (s. § 373 AO Rz. 1). Strafbewehrte Einfuhrverbote enthalten z.B. das BetäubungsmittelG, das WaffenG, das ArtenschutzG, das MarkenG und das StGB in §§ 86 ff., 130, 184, 275 und 328.

3 Die Subsidiarität kommt auch dann zum Zuge, wenn eine **Versuchshandlung** nach § 372 AO vorliegt, eine einschlägige Bußgeldvorschrift den Versuch aber nicht mit Bußgeld bedroht (*Jäger* in JJR, § 372 AO Rz. 84). Zwar ist nach dem Gesetzeswortlaut Voraussetzung, dass die konkrete Tat mit Strafe oder Geldbuße bedroht ist (*Jäger* in Klein, § 372 AO Anm. 20), dennoch muss aus systematischen Erwägungen heraus die Subsidiarität eingreifen, weil sonst Konstellationen denkbar wären, in denen der Versuch als Straftat, die vollendete Tat aber nur als Ordnungswidrigkeit verfolgt werden könnte.

Wird der Bannbruch in Bezug auf Gegenstände begangen, für die Einfuhrabgaben zu entrichten sind, so liegt regelmäßig Tateinheit mit der Hinterziehung dieser Abgaben vor. Für die Bestrafung gilt dann § 52 StGB (s. § 370 AO Rz. 85).

Die Nebenfolgen der Tat ergeben sich aus § 375 AO. 5

Keine Anwendung auf den Bannbruch findet die strafbefreiende Selbstanzeige gem. § 371 AO. Unberührt bleibt jedoch der allgemeine Strafaufhebungsgrund des Rücktritts vom Versuch gem. § 24 StGB (s. § 371 AO Rz. 38). 6

Die fahrlässige Begehung eines Bannbruchs ist nicht strafbar. Jedoch können Ordnungswidrigkeiten im Sinne der §§ 33 AWG, 70 AWV auch fahrlässig begangen werden. 7

## § 373 AO Gewerbsmäßiger, gewaltsamer und bandenmäßiger Schmuggel

**(1) Wer gewerbsmäßig Einfuhr- oder Ausfuhrabgaben hinterzieht oder gewerbsmäßig durch Zuwiderhandlungen gegen Monopolvorschriften Bannbruch begeht, wird mit Freiheitsstrafe von sechs Monaten bis zu zehn Jahren bestraft. In minder schweren Fällen ist die Strafe Freiheitsstrafe bis zu fünf Jahren oder Geldstrafe.**

**(2) Ebenso wird bestraft, wer**

**1. eine Hinterziehung von Einfuhr- oder Ausfuhrabgaben oder einen Bannbruch begeht, bei denen er oder ein anderer Beteiligter eine Schusswaffe bei sich führt,**

**2. eine Hinterziehung von Einfuhr- oder Ausfuhrabgaben oder einen Bannbruch begeht, bei denen er oder ein anderer Beteiligter eine Waffe oder sonst ein Werkzeug oder Mittel bei sich führt, um den Widerstand eines anderen durch Gewalt oder Drohung mit Gewalt zu verhindern oder zu überwinden, oder**

**3. als Mitglied einer Bande, die sich zur fortgesetzten Begehung der Hinterziehung von Einfuhr- oder Ausfuhrabgaben oder des Bannbruchs verbunden hat, eine solche Tat begeht.**

**(3) Der Versuch ist strafbar.**

**(4) § 370 Abs. 6 Satz 1 und Abs. 7 gilt entsprechend.**

**Schrifttum**

Janovski, Die Strafbarkeit des illegalen grenzüberschreitenden Warenverkehrs, NStZ 1998, 117; Weidemann, Steuerschuldnerschaft und strafrechtliche Verantwortlichkeit bei Verbringung von Tabakwaren, wistra 2013, 422; Leplow, Abweichungen im Zoll- und Verbrauchsteuerstrafrecht vom Besteuerungsverfahren, wistra 2014, 421.

Die Vorschrift enthält eine **Strafschärfung** für qualifizierte Formen der **Hinterziehung von Einfuhr und Ausfuhrabgaben** (s. § 370 AO; § 3 Abs. 3 AO; Art. 5 Nr. 20 und 21 UZK) einerseits und der Begehung von **Bannbruch** (s. § 372 AO) durch Zuwiderhandlungen gegen Monopolvorschriften (also des Branntweinmonopolgesetzes) andererseits. Sie bildet keinen selbstständigen Straftatbestand. Für die übrigen Fälle des gewerbsmäßigen Bannbruchs gilt keine Strafverschärfung, weil es hierfür kein Bedürfnis gibt. Die Strafandrohung der Grunddelikte der § 370 Absätze 1 und 2 AO und § 372 AO, die hinsichtlich ihrer Tatbestandsmerkmale anwendbar bleiben, ist durch Freiheitsstrafe von drei Monaten bis zu fünf Jahren ersetzt (Strafverschärfung, BGH v. 10.09.1986, 3 StR 292/86, wistra 1987, 30). Der in § 373 AO vorgesehene Strafrahmen entspricht dem der besonders schweren Fälle nach § 370 Abs. 3 AO und verdrängt daher dessen Anwendung (BGH v. 05.11.2014, 1 StR 267/14, NStZ 2015, 285; BGH v. 02.09.2015, 1 StR 11/15, NStZ 2016, 47). Auch bei § 373 AO kommt die Verhängung einer Freiheitsstrafe von unter zwei Jahren nur bei Vorliegen besonders gewichtiger Milderungsgründe in Betracht, wenn durch die Tat ein Schaden in Millionenhöhe verursacht worden ist. Dabei soll es keine Rolle spielen, ob diese Schadenshöhe durch eine einzelne Tat oder erst durch mehrere gleichgelagerte Einzeltaten erreicht worden ist (BGH v. 22.05.2012, 1 StR 103/123, wistra 2012, 350). § 373 Abs. 1 Satz 2 AO sieht einen reduzierten Strafrahmen für minderschwere Fälle vor. Dies ermöglicht eine angemessene Bestrafung des bandenmäßigen Schmuggels z.B. in Fällen, die nicht der typischen organisierten Kriminalität zuzurechnen sind (Gesetzesbegründung).

2 Der in der Überschrift verwendete Begriff des Schmuggels zielt auf die typische Begehungsform der Hinterziehung von Eingangsabgaben bzw. des Bannbruchs zollbaren bzw. einfuhrverbotenen Gutes über die Grenze. Als Einfuhr- und Ausfuhrabgaben kommen auch die EG-Abschöpfungen in Betracht. Einfuhr ist das unmittelbare Verbringen von Ware aus dem Drittlandsgebiet in das Gebiet der EU (BGH v. 18.01.2011, 1 StR 561/10, NStZ 2011, 410). Zur Bedeutung des fehlenden Nachweises der Verzollung s. BGH v. 22.04.1999, 5 StR 117/99, NStZ-RR 1999, 280. Einfuhrabgaben i.S. des § 373 AO sind die Zölle, die von Deutschland für die EG verwaltet werden (s. § 3 Abs. 3 AO), die deutsche Einfuhrumsatzsteuer und die Tabaksteuer (BGH v. 01.02.2007, 5 StR 372/06, NJW 2007, 1294). Die Tabaksteuer wird aber nur dann als Einfuhrabgabe erfasst, wenn die Tabakwaren unmittelbar aus einem Nicht-EU-Staat in die Bundesrepublik eingeführt werden (BGH v. 14.03.2007, 5 StR 461/06, wistra 2007, 262; BGH v. 19.08.2009, 1 StR 314/09, wistra 2010, 30; BGH v. 27.01.2015, 1 StR 613/14, wistra 2015, 236).

Im Fall des Schmuggels können Unterstützungshandlungen grundsätzlich auch noch im Stadium zwischen Vollendung und Beendigung Beihilfe oder mittäterschaftliches Handeln darstellen, wenn sie die erfolgreiche Beendigung des Schmuggels fördern sollen. Der **Schmuggel ist** erst dann **beendet**, wenn das **geschmuggelte Gut in Sicherheit** gebracht und zur »Ruhe gekommen«, d.h. seinem Bestimmungsort zugeführt ist (BGH v. 18.07.2000, 5 StR 245/00, NStZ 2000, 594; BGH v. 14.03.2007, 5 StR 461/06, wistra 2007, 262). 3

**Gewerbsmäßig** (§ 373 Abs. 1 AO) handelt, wer sich durch wiederholtes Tätigwerden eine auf Dauer angelegte, also nicht nur vorübergehende, Einnahmequelle verschaffen will (BGH v. 10.09.1986, 3 StR 292, 86, wistra 1987, 30). Ein wiederholtes Tätigwerden setzt nicht voraus, dass mehrere Einzelhandlungen vorliegen. Es genügt die Absicht der Wiederholung bei sich bietender günstiger Gelegenheit (BGH v. 10.09.1986, 3 StR 292/86, wistra 1987, 30). Voraussetzung für die Annahme der Gewerbsmäßigkeit ist ein zumindest mittelbares eigennütziges Handeln, weil ein mittelbarer Vermögensvorteil ausreicht (BGH v. 10.09.1986, 3 StR 292/86, wistra 1987, 30). Liegt diese Eigennützigkeit nicht vor, kommt u.U. Beihilfe in Betracht (BGH v. 10.09.1986, aaO). Dabei kommt es wesentlich auf die subjektive Seite des Täterverhaltens an; Gewinnsucht wird nicht gefordert. Die Gewerbsmäßigkeit ist ein besonderes persönliches Merkmal der Strafbarkeit im Sinne des § 28 StGB, d.h. § 373 Abs. 1 AO ist auf den Gehilfen nur anzuwenden, wenn er selbst gewerbsmäßig handelt (s. § 28 Abs. 2 StGB), also gewerbsmäßig Beihilfe leistet. Sonst liegt Beihilfe zu gewerbsmäßigen Handeln vor. 4

**Gewaltsamen** Schmuggel im Sinne des § 373 Abs. 2 Nr. 1 und 2 AO stellt das Gesetz dem gewerbsmäßigen Schmuggel gleich. Nach § 373 Abs. 2 Nr. 1 AO gilt der Schmuggel, bei dem der Täter oder ein anderer Beteiligter eine **Schusswaffe** (zum Begriff s. § 1 Abs. 1 WaffG) bei sich führt (LG Dresden v. 12.12.1997, 8 Ns 101 Js 44995/95, NStZ 1998, 576: Schusswaffe auf der zweiten Rückbank eines Kleinbusses, den der Täter führt), ohne weitere Voraussetzung als qualifizierte Begehung im Sinne des § 373 AO. Zugrunde liegt die Erwägung, dass schon das bloße Mitführen einer Schusswaffe besonders gefährlich ist, ohne dass es noch auf die Absicht ankommt, von dieser Waffe Gebrauch zu machen. Das Mitführen sonstiger **Waffen, Werkzeuge oder Mittel** (zum Begriff s. BGH v. 30.08.1968, BGHSt 22, 230; BGHSt 30, 375) wirkt gem. § 373 Abs. 2 Nr. 2 AO nur dann strafschärfend, wenn die mitgeführten Gegenstände der Überwindung des Widerstandes eines anderen durch Gewalt oder Drohung mit Gewalt dienen sollen. Da der 5 gewaltsame Schmuggel im Sinne des § 373 Abs. 2 Nr. 1 und 2 AO das Verhalten eines Beteiligten den übrigen Beteiligten zurechnet, handelt es sich nicht um besondere persönliche Merkmale im Sinne des § 28 StGB.

6 Bandenmäßige Begehung (§ 373 Abs. 1 Nr. 3 AO) liegt vor, wenn der Täter als Mitglied einer Bande handelt. Hierunter ist ein Zusammenschluss von mindestens drei Personen (BGH v. 22.03.2001, GSSt 1/00, NStZ 2001, 421) zu verstehen, die sich gegenseitig zur Ausübung von Schmuggeltaten verabredet haben. Dabei müssen sich nicht alle Bandenmitglieder miteinander verabredet haben oder kennen. Es genügt, wenn jeder Beteiligte mit zwei weiteren Absprachen getroffen hat (BGH v. 16.06.2005, 3 StR 492/04, NJW 2005, 2629). Die bandenmäßige Begehung ist als persönliches Täterverhalten i. S. des § 28 StGB anzusehen (a. A. BGH v. 13.07.1954, 1 StR 464/53, NJW 1954, 1695), da das Gesetz die Mitgliedschaft in der Bande voraussetzt. Nicht alle Bandenmitglieder müssen als Täter in Erscheinung treten, es genügen auch Gehilfenbeiträge (BGH v. 15.01.2002, 4 StR 499/01, NJW 2002, 1662). Die bandenmäßige Begehung der Tat verbindet die Bandenmitglieder nicht zwangsläufig zu einer kriminellen Vereinigung nach § 129 StGB. Diese setzt nämlich die Unterordnung des Einzelnen unter einen Gruppenwillen voraus, der auch dann noch nicht gegeben sein muss, wenn die Gruppe einen Anführer hat, nach dem sich die anderen richten (BGH v. 08.08.2006, 5 StR 273/06, NStZ 2007, 31).

7 Die Versuchsstrafbarkeit ergibt sich aus § 373 Abs. 3 AO (zum Versuchsbeginn s. BGH v. 19.06.2003, 5 StR 160/03, NJW 2003, 3068).

7a § 373 Abs. 4 AO erweitert den Anwendungsbereich des § 373 AO auf Einfuhr- und Ausfuhrabgaben, die von anderen Mitgliedstaaten der Europäischen Union verwaltet werden oder einem Mitgliedstaat der Europäischen Freihandelsassoziation oder einem mit dieser assoziierten Staat zustehen (s. § 370 AO Rz. 122 ff.; zur Problematik des Verbots der Mehrfachverfolgung nach Art. 54 SDÜ – Schengener Durchführungsübereinkommen – s. BGH v. 09.06.2008, 5 StR 324/04, NJW 2008, 2931).

8 Konnte die Tat nur deswegen durchgeführt werden, weil ein Zollfahndungsamt den Tätern über Informanten zu einer Lagermöglichkeit und zum Absatz der geschmuggelten Ware verhalf, ist dieser doppelte **Lockspitzeleinsatz** strafmildernd zu berücksichtigen (BGH v. 19.04.2000, 5 StR 644/99, HFR 2001, 292).

9 Auf den Verdacht des gewerbsmäßigen, gewaltsamen und bandenmäßigen Schmuggels kann nach § 100a Abs. 2 Nr. 2 Buchst. b StPO die **Anordnung einer Telekommunikationsüberwachungsmaßnahme** gestützt werden. Die Tat ist geeignete Vortat für die Geldwäsche (§ 261 Abs. 1 Satz 2 StGB).

# § 374 AO Steuerhehlerei

**(1) Wer Erzeugnisse oder Waren, hinsichtlich deren Verbrauchsteuern oder Einfuhr- und Ausfuhrabgaben im Sinne des Art. 5 Nummer 20 und 21 des Zollkodex der Union hinterzogen oder Bannbruch nach § 372 Abs. 2, § 373 begangen worden ist, ankauft oder sonst sich oder einem Dritten verschafft, sie absetzt oder abzusetzen hilft, um sich oder einen Dritten zu bereichern, wird mit Freiheitsstrafe bis zu fünf Jahren oder mit Geldstrafe bestraft.**

**(2) Handelt der Täter gewerbsmäßig oder als Mitglied einer Bande, die sich zur fortgesetzten Begehung von Straftaten nach Absatz 1 verbunden hat, so ist die Strafe Freiheitsstrafe von sechs Monaten bis zu zehn Jahren. In minder schweren Fällen ist die Strafe Freiheitsstrafe bis zu fünf Jahren oder Geldstrafe.**

**(3) Der Versuch ist strafbar.**

**(4) § 370 Absatz 6 und 7 gilt entsprechend.**

### Schrifttum

Janovski, Die Strafbarkeit des illegalen grenzüberschreitenden Warenverkehrs, NStZ 1998, 117; Rönnau, Moderne Probleme der Steuerhehlerei, NStZ 2000, 513; Kretschmer, Der Versuchsbeginn bei der Steuerhehlerei (§ 374 AO), NStZ 2008, 379; Leplow, Abweichungen im Zoll- und Verbrauchsteuerstrafrecht vom Besteuerungsverfahren, wistra 2014, 421; Dehne-Niemann, Die Rechtsprechungsänderung zum »Absatzerfolg« – zugleich Entscheidung über die Erfolgsbezogenheit der Absatzhilfe? wistra 2016, 216.

Die im Tatbestand vorausgesetzte **Vortat** zur Steuerhehlerei ist eine Hinterziehung von Verbrauchsteuern, Einfuhr- oder Ausfuhrabgaben oder ein Bannbruch. Die Vortat muss **vollendet** aber nicht notwendigerweise beendet sein (OLG Düsseldorf v. 18.10.1989, 5 Ss 306/89–118/89 I, wistra 1990, 108; zur Abgrenzung zwischen Absatzhilfe und Beihilfe zur Steuerhehlerei s. BGH v. 11.06.2008, 5 StR 145/08, wistra 2008, 386), weil es sonst zu unbefriedigenden Ergebnissen kommt (*Beckemper* in HHSp, § 374 AO Rz. 13 ff.; BGH v. 09.02.2012, 1 StR 438/11, NJW 2012, 1746 entgegen BGH v. 24.06.1952, 1 StR 316/51, BGHSt 3, 41, 44). Ob sie vom rechtmäßigen Besitzer der Sache begangen worden ist oder von einem Dieb oder Unterschlagungstäter, macht keinen Unterschied. Die Vortat muss im objektiven und subjektiven Tatbestand verwirklicht zu sein (BGH v. 26.02.1953, 5 StR 753/52, BGHSt 4, 76, 78), einer Schuldfeststellung bedarf es nicht (BGH v. 29.11.1951, 4 StR 578/51, NJW 1951, 945). Mangelndes Unrechtsbewusstsein (Verbotsirrtum) des Vortäters schließt die Annahme der strafbaren Hehlerei nicht aus (BFH 1

v. 08.11.1988, VII R 78/85, BStBl II 1989, 118). Die Ersatzhehlerei wird vom Wortlaut der Vorschrift nicht erfasst. Wahlweise Tatfeststellung mit Steuerhinterziehung ist möglich (s. § 370 AO Rz. 99 f.).

Eine Sache hat jemand dann **angekauft** oder sonst sich oder einem Dritten **verschafft**, wenn er im Zusammenwirken mit ihrem Vorbesitzer, der bezüglich der Sache Abgaben hinterzogen oder einen Bannbruch begangen hat, die **tatsächliche Möglichkeit** erlangt (oder den Dritten dazu befähigt) hat, über die Sache im eigenen Interesse (auch nur mittelbar) **zu verfügen** (BGH v. 07.11.2007, 5 StR 371/07, wistra 2008, 105). Bloßes Verwahren der Sache reicht dazu nicht aus (BVerfG v. 08.11.1995, 2 BvR 1885/94, NStZ-RR 1996, 82), wohl aber das Mitverzehren der Sache.

3 **Absetzen** der Sache heißt Übertragung der tatsächlichen Verfügungsmacht über die Sache auf einen anderen, mit oder ohne Entgelt (BGH v. 28.06.2011, 1 StR 37/11, wistra 2011, 394). Beim Absetzen **hilft**, wer den Vorbesitzer, der hinsichtlich der Sache Abgaben hinterzogen oder Bannbruch begangen hat, beim Absetzen unmittelbar unterstützt. Die Absatzhilfe geschieht im Interesse des Vortäters oder Zwischenhehlers auf dessen Weisung (BGH v. 07.11.2007, 5 StR 371/07, wistra 2008, 105) und führt zur Bestrafung wegen Steuerhehlerei. In beiden Fällen ist das Eintreten des Absatzerfolges erforderlich. Was nachher geschieht, ist straflose Nachtat (s. § 370 AO Rz. 98). Dagegen begeht Beihilfe zur Steuerhehlerei eines anderen, wer im Lager des Erwerbers steht und bei dessen Hehlerei behilflich ist (BGH v. 11.06.2008, 5 StR 145/08, wistra 2008, 386).

4 Der **Täter** oder **Mittäterder Vortat** kann – obwohl im Gegensatz zu § 259 StGB nicht ausdrücklich erwähnt – nach Sinn und Zweck des § 374 AO **nicht Steuerhehler** sein (*Beckemper* in HHSp, § 374 AO Rz. 66; a.A. BayObLG v. 18.03.2003, 4 StRR 19/03, wistra 2003, 316). Für den Vortäter als Anstifter (s. § 26 StGB) zur Steuerhehlerei ist diese mitbestrafte Nachtat (BayObLG v. 12.06.1958, RReg 4 St 121/58, NJW 1958, 1597).

5 Der subjektive Tatbestand erfordert **Vorsatz** (s. § 370 AO Rz. 50 ff.). Der Täter muss wissen, zumindest die Umstände kennen, aus denen sich nach allgemeiner Erfahrung ergibt (auffällig niedriger Preis, heimliches Angebot u. Ä.), dass hinsichtlich der Gegenstände Abgaben hinterzogen oder Bannbruch begangen ist. Bedingter Vorsatz genügt, nicht aber »wissen müssen« (OLG Hamm v. 26.02.2003, 2 Ss 144/03, wistra, 2003, 237: Der Täter muss eine Vorstellung von der Vortat haben).

6 Darüber hinaus muss der Täter in der **Absicht** handeln, sich oder einen Dritten zu **bereichern**. Es müssen materielle (nicht ideelle) Vorteile erstrebt werden, die z.B. im Weiterverkauf der Ware mit Gewinn liegen (BGH v. 09.12.2010, 1 StR 167/09, wistra 2010, 154). Das OLG Neustadt (OLG Neustadt v. 13.02.1957, Ss 128/56, NJW 1957, 554) lässt das Streben nach Befriedigung eines besonderen Genusses genügen, z.B. beim Erwerb geschmuggelter Betäubungsmittel. Der BGH (BGH v. 24.04.1979, 1 StR 98/79, DB 1980, 56: Erwerb geschmuggelten Heroins zum persönlichen Bedarf) verlangt auch ein wirtschaftliches Interesse des Täters, wie es etwa bei Hamsterkäufen zutage tritt. Im Rahmen der **Beihilfe** reicht bereits die bloße Kenntnis von der Absicht aus, um das Bereicherungsstreben zu bejahen. Problematisch ist aber die Abgrenzung der Beihilfe zur Mittäterschaft bei der Begehungsform der Absatzhilfe (BGH v. 03.04.1989, 4 StR 120/89, StGB § 259 Abs. 1 Absatzhilfe 2).

7 Der **Versuch** der Steuerhehlerei ist nach § 374 Abs. 3 AO strafbar. Zur Strafmilderung des Versuchs s. § 370 AO Rz. 70. Das unmittelbare Ansetzen zur Verwirklichung des Tatbestandsmerkmals des Ankaufens liegt erst dann vor, wenn die Übergabe der Erzeugnisse oder Waren unmittelbar bevorsteht. Werden Vertragsverhandlungen geführt, ist das Versuchsstadium erreicht, wenn sich die Übergabe sofort anschließen kann oder zumindest eine (telefonische) Einigung über Zeit und Ort der Lieferung erfolgt ist (BGH v. 07.11.2007, 5 StR 371/07, wistra 2008, 105).

8 Die Sanktion der Steuerhehlerei in allen ihren Erscheinungsformen (einschl. Beihilfe und Anstiftung) ist im Grundfall des Abs. 1 Freiheitsstrafe bis zu fünf Jahren oder Geldstrafe. Bei gewerbs- oder bandenmäßiger (s. § 373 AO Rz. 6) Begehung wird die Freiheitsstrafe von sechs Monaten bis zehn Jahre angedroht. Der vorgesehene Strafrahmen entspricht dem der besonders schweren Fälle nach § 370 Abs. 3 AO. § 374 Abs. 2 Satz 2 AO sieht einen reduzierten Strafrahmen für minderschwere Fälle vor. Dies ermöglicht eine angemessene Bestrafung des bandenmäßigen Schmuggels z.B. in Fällen, die nicht der typischen organisierten Kriminalität zuzurechnen sind (Gesetzesbegründung). Die Nebenfolgen des § 375 AO finden Anwendung. Die **Gewerbsmäßigkeit** der Steuerhehlerei liegt beim Ankauf von Genussmittel zum eigenen Konsum nur dann vor, wenn der Täter auch ohne die billige illegale Bezugsquelle dieselbe Menge des Genussmittels zu einem höheren Preis legal erworben hätte (OLG Stuttgart v. 10.06.2002, 1 Ss 185/02, NStZ 2003, 40). Zur Gewerbsmäßigkeit im Übrigen s. § 373 AO Rz. 4.

9 Die Möglichkeit der strafbefreienden **Selbstanzeige** gem. § 371 AO ist für die Steuerhehlerei nicht vorgesehen; unberührt bleibt der allgemeine Strafaufhebungsgrund des Rücktritts vom Versuch gem. § 24 StGB (s. § 371 AO Rz. 38).

10 § 374 Abs. 4 AO erweitert den Anwendungsbereich des § 374 AO auf Einfuhr- und Ausfuhrabgaben, die von anderen Mitgliedstaaten der Europäischen Union verwaltet werden oder einem Mitgliedstaat der Europäischen Freihandelsassoziation oder einem mit dieser assoziierten Staat zustehen (s. § 370 AO Rz. 122 ff.; BGH

v. 01.02.2007, 5 StR 372/06, wistra 2007, 224, 226). Der BGH empfiehlt allerdings die Verfolgung solcher Taten nach §§ 154, 154a StPO auf die verkürzten Zölle und deutschen Verbrauchsteuern zu beschränken (BGH v. 09.07.2011, 1 StR 21/11, wistra 2011, 348).

11 Aus der Rechtsprechung: BGH v. 02.02.1983, 2 StR 682/82, MDR 1983, 449: Steuerhehlerei durch Weiterverkauf von Heizöl, das auf nicht ordnungsmäßige Weise aus einem Herstellungsbetrieb, einem Steuerlager oder einem genehmigten Verteilerverkehr entfernt war; BGH v. 28.04.1981, 5 StR 125/81, MDR 1981, 811: Steuerhehlerei im Falle gestohlenen Heizöls; BGH v. 02.10.1984, 2 StR 112/84, wistra 1985, 72: RG v. 29.01.1943, RStBl 1943, 250: rechtliches Zusammentreffen (Tateinheit, s. § 370 AO Rz. 85 ff.) mit Begünstigung gem. § 257 StGB; OLG Hamburg v. 20.12.1961, Ss 223/61, NJW 1962, 754: keine Tateinheit von Hehlerei und anschließender Steuerhinterziehung wegen der erlangten Einkünfte (Tatmehrheit); BGH v. 19.08.2009, 1 StR 314/09, NStZ 2010, 338: zur Feststellung des Zollwerts bei geschmuggelten Zigaretten, für die es innerhalb der Europäischen Union keinen legalen Markt gibt.

12 Auf den Verdacht der Steuerhehlerei nach § 374 Abs. 2 AO kann nach § 100a Abs. 2 Nr. 1 Buchst. c StPO die **Anordnung einer Telekommunikationsüberwachungsmaßnahme** gestützt werden. Die Tat ist geeignete Vortat für die Geldwäsche (§ 261 Abs. 1 Satz 2 StGB).

## § 375 AO
## Nebenfolgen

**(1) Neben einer Freiheitsstrafe von mindestens einem Jahr wegen**

**1. Steuerhinterziehung,**
**2. Bannbruchs nach § 372 Abs. 2, § 373,**
**3. Steuerhehlerei oder**
**4. Begünstigung einer Person, die eine Tat nach den Nummern 1 bis 3 begangen hat,**

**kann das Gericht die Fähigkeit, öffentliche Ämter zu bekleiden, und die Fähigkeit, Rechte aus öffentlichen Wahlen zu erlangen, aberkennen (§ 45 Abs. 2 des Strafgesetzbuches).**

**(2) Ist eine Steuerhinterziehung, ein Bannbruch nach § 372 Abs. 2, § 373 oder eine Steuerhehlerei begangen worden, so können**

**1. die Erzeugnisse, Waren und andere Sachen, auf die sich die Hinterziehung von Verbrauchsteuer oder Einfuhr- und Ausfuhrabgaben im Sinne des Artikels 5 Nummer 20 und 21 des Zollkodex der Union, der Bannbruch oder die Steuerhehlerei bezieht, und**
**2. die Beförderungsmittel, die zur Tat benutzt worden sind,**

**eingezogen werden. § 74a des Strafgesetzbuches ist anzuwenden.**

**Inhaltsübersicht**



### A. Einführung

Die in § 375 Abs. 1 AO vorgesehenen **Ehrenstrafen** setzen – wie sich aus der Hauptstrafe von mindestens einem Jahr Freiheitsentzug ergibt – eine Steuerstraftat voraus, die im **Unrechtsgehalt** einem **Verbrechen gleichkommt** (s. § 12 Abs. 1 StGB), ohne dass es sich um ein Verbrechen handeln muss. Betroffen werden die schwereren Fälle der in § 375 Abs. 1 AO genannten Straftaten. Ein besonders schwerer Fall muss nicht vorliegen. Demgegenüber ist die in § 375 Abs. 2 AO vorgesehene **Einziehung** nicht von einer Bestrafung und demnach auch nicht von einer Bestrafung in bestimmter Mindesthöhe abhängig. Sie kann auch selbstständig im objektiven Verfahren angeordnet werden, wenn aus tatsächlichen Gründen die Ermittlung und Strafverfolgung des Täters nicht möglich ist. 1

Sowohl den Ehrenstrafen des § 375 Abs. 1 AO wie der Einziehung gem. § 375 Abs. 2 AO ist gemeinsam, dass sie in das pflichtmäßige **Ermessen** des Gerichts gestellt sind (Kann-Vorschrift). Beide Nebenfolgen sind dem Strafregister zur Eintragung mitzuteilen, und zwar eine Einziehung auch dann, wenn sie neben einem Freispruch oder selbstständig angeordnet wird (s. § 5 Abs. 1 Nr. 7 BZRG). 2

### B. Nebenstrafen an der Ehre

Als Nebenstrafen an der Ehre sieht § 375 Abs. 1 AO unter den dort bezeichneten Voraussetzungen die zeitliche Aberkennung der Fähigkeit vor, öffentliche Ämter zu bekleiden oder Rechte aus öffentlichen Wahlen zu erlangen. Ob es sich um Ämter oder Positionen handelt, die besoldet sind oder Ehrenfunktionen darstellen, macht keinen Unterschied. Das aktive Wahlrecht wird wegen Steuerstraftaten nicht entzogen, weil § 375 Abs. 1 AO nicht auf § 45 Abs. 5 StGB verweist. 3

§ 375 Abs. 1 AO findet aufgrund von Verweisungen bspw. auf folgende nichtsteuerliche Straftaten Anwen- 4 dung: § 14 Abs. 3 Satz 1 5. VermBG, § 8 Abs. 2 Satz 1 WoPG. Gemäß § 6 JGG findet § 375 Abs. 1 AO keine Anwendung auf Jugendliche; bei Heranwachsenden s. § 1 Abs. 2 Satz 2, § 106 Abs. 2 Satz 2 JGG.

5 Die **Dauer** der vorgesehenen Ehrenstrafe bestimmt das Gericht innerhalb des in § 45 Abs. 2 StGB vorgesehenen Rahmens von 2 bis 5 Jahren. Mit dem Verlust der Fähigkeit, öffentliche Ämter zu bekleiden, verliert der Verurteilte zugleich die entsprechenden Rechtsstellungen und Rechte, die er innehat (s. § 45 Abs. 3 StGB). Entsprechendes gilt für den Verlust der Fähigkeit, Rechte aus öffentlichen Wahlen zu erlangen (s. § 45 Abs. 4 StGB). Wegen des Eintritts und der Berechnung des Verlustes s. § 45 a StGB. Eine Wiederverleihung von Fähigkeiten und Rechten vor dem Fristablauf sieht § 45 b StGB vor.

## C. Einziehung

### I. Allgemeines

6 Der in § 375 Abs. 2 AO behandelten Einziehung von Gegenständen, auf die sich die Tat bezieht, und von Beförderungsmitteln, die zur Tat benutzt worden sind, kommt im Bereich der Einfuhr- und Ausfuhrabgaben (s. § 3 Abs. 3 AO und Art. 5 Nr. 20 und 21 UZK; Zölle, EWG-Abschöpfungen, Einfuhrumsatzsteuer) und der Verbrauchsteuern erhebliche Bedeutung zu. Die maßgeblichen Rechtsvorschriften für die Einziehung sind in den §§ 73 ff. StGB geregelt; zur Neuregelung der Einziehung s. *Rettke*, wistra 2017, 417; *Korte*, wistra 2018, 1. Die auf § 375 Abs. 2 AO gestützte Einziehung hat den Charakter einer Nebenstrafe und stellt damit eine Strafzumessungsentscheidung dar. Wird dem Täter auf diese Weise eine ihm gehörende Sache von nicht unerheblichem Wert entzogen, ist dies ein bestimmender Gesichtspunkt für die Bemessung der daneben zu verhängenden Strafe und insoweit im Wege einer Gesamtbetrachtung der den Täter treffenden Rechtsfolgen angemessen zu berücksichtigen (BGH v. 23.08.2016, 1 StR 204/16, NStZ 2017, 361).

7 Die **Einziehungsvorschrift** des § 375 Abs. 2 AO ergänzt die allgemeine Einziehungsregelung der §§ 73 ff. StGB (BGH v. 11.05.2016, 1 StR 118/16, NStZ 2016, 731). Die Einziehung erstreckt sich auf Gegenstände, die durch eine vorsätzliche Tat hervorgebracht (Tatprodukte) oder zu ihrer Begehung oder Vorbereitung gebraucht worden oder bestimmt gewesen sind (Tatmittel) (s. § 74 Abs. 1 StGB). § 375 Abs. 2 AO ermöglicht die Einziehung von **Schmuggelware und Beförderungsmitteln**. Auch vorausfahrende oder nachfolgende Begleitfahrzeuge, die einen Transport unversteuerter Zigaretten lotsen oder absichern sollen, sind Beförderungsmittel im Sinne des § 375 Abs. 2 Satz 1 Nr. 2 AO (BGH v. 11.05.2016, 1 StR 118/16, NStZ 2016, 731). Die Verweisung auf § 74 a StGB ermöglicht die in den Fällen des Schmuggels besonders bedeutsame Anordnung der Einziehung gegen Hinter- oder Mittelsmänner des Täters (BGH v. 31.10.1994, 5 StR 608/94, wistra 1995, 30).

Die Regelungen des Verfalls in den §§ 73 ff. StGB sind entfallen. 8

Die Einziehung bei **Steuerordnungswidrigkeiten** ist in der AO nicht gesondert geregelt. Es gelten die §§ 22 bis 29a, § 87 OWiG. Im Gegensatz zu den §§ 73 ff. StGB kommt eine Einziehung nur in Betracht, soweit das Gesetz sie ausdrücklich zulässt (s. § 22 Abs. 1 OWiG; z. B. § 36 Abs. 7 MOG, § 18 Abs. 3 BierStG). Mit der Neuregelung in den §§ 73 ff. StGB wurden auch die §§ 22 ff. OWiG geändert, s. *Korte*, wistra 2018, 1. 9

### II. Einzelheiten

Voraussetzung der Einziehung ist das Vorliegen einer der in § 375 Abs. 2 AO bezeichneten **Steuerstraftaten**, deren objektiver und subjektiver Tatbestand verwirklicht – und festgestellt – sein muss. Es müssen aber auch die sonstigen Voraussetzungen der Strafbarkeit gegeben sein, insbes. darf die Tat nicht verjährt sein (s. die Erläuterungen zu § 376 AO), im Fall des § 370 AO darf keine strafbefreiende Selbstanzeige (s. § 371 AO) vorliegen und der Täter muss noch am Leben sein. Auf die Art der Tatbegehung (Eigentäterschaft, Beihilfe oder Anstiftung) kommt es ebenso wenig an wie darauf, ob der Taterfolg eingetreten oder die Tat nur in das Stadium des Versuchs gelangt ist. Mithin unterliegen der Einziehung Gegenstände, hinsichtlich derer vorsätzlich Eingangsabgaben oder Verbrauchsteuern verkürzt worden sind (s. § 370 AO) oder ein Bannbruch begangen (s. §§ 372, 373 AO) bzw. eine dieser Straftaten versucht worden ist. Ihr unterliegen ferner Gegenstände der genannten Art, die jemand vorsätzlich in hehlerischer Weise angekauft oder sonst sich oder einem Dritten verschafft oder abgesetzt oder hierzu Hilfe geleistet hat (s. § 374 AO). Der Einziehung unterliegen auch (nicht öffentliche) Beförderungsmittel, die bei Ausführung der Tat benutzt worden sind, z. B. der Kraftwagen beim Schmuggel, auch wenn er nur zur Sicherung vorausgefahren ist (BGH v. 14.10.1952, 2 StR 354/52, NJW 1953, 75). 10

Die der Einziehung unterliegenden Gegenstände müssen **dem Täter oder Teilnehmer** der Straftat **gehören** bzw. zustehen (s. § 74 Abs. 3 StGB). Unter Vorbehalt erworbenes Eigentum (s. § 449 BGB) reicht aus, nicht jedoch bloßes Sicherungs- oder Treuhandeigentum des Täters (Teilnehmers). Bei zugunsten Dritter bestelltem Sicherungseigentum kann die Anwartschaft auf den (Rück-)Erwerb der vom Täter einem Dritten sicherungsübereigneten Sache zum Gegenstand der Einziehung gemacht werden (BGH v. 24.08.1972, 4 StR 308/72, NJW 1972, 2053). 11

**Rechte Dritter**, insbes. Pfandrechte oder Sicherungseigentum, stehen der Einziehung nicht entgegen und bleiben bestehen. Allerdings kann das Gericht unter be- 12 stimmten Voraussetzungen das Erlöschen dieser Rechte anordnen (s. § 75 Abs. 2 StGB, s. Rz. 22).

13 Handlungen vertretungsberechtigter Organe oder Gesellschafter von juristischen Personen und nichtrechtsfähigen **Personenvereinigungen** werden diesen zugerechnet, wodurch die Einziehung ihnen gehöriger Gegenstände wie Eigentum des Täters ermöglicht wird (s. § 74e StGB).

14 Gegenstände, die zur Zeit der Entscheidung einem **Dritten** und nicht dem Täter, Teilnehmer oder Begünstigten (s. § 257 StGB) gehören bzw. zustehen, können unter den Voraussetzungen des § 74a StGB eingezogen werden. Hat der Dritte nur Miteigentum, kommt teilweise Einziehung in Betracht (s. Rz. 15). Damit er sich die Einziehung einer ihm gehörigen, jedoch von der Steuerstraftat eines anderen betroffenen Sache gleichsam selbst zuzuschreiben hat, darf der Dritte an der Tat **»nicht ganz unschuldig«** sein (keine Einziehung bei einem Tatunbeteiligten, OLG Karlsruhe v. 19.10.1973, 1 Ws 177/73, NJW 1974, 710). Er muss etwas getan haben, was einen Eingriff in seine Rechtssphäre rechtfertigt, obwohl er an der Tat nicht mitgewirkt hat. Das zielt insbes. auf **Hinter-** oder **Mittelsmänner**, wie sie in Fällen der Abgabenhinterziehung – vor allem bei den Schmuggeldelikten – häufig in die Begehung der Tat eingebunden sind, ohne dass ihnen selbst ein strafbares Verhalten zur Last fällt. Der **Tatbeitrag** eines Dritten im Sinne des § 74a Nr. 1 StGB kann z. B. darin bestehen, dass er durch Verletzung der Aufsichtspflicht leichtfertig die Benutzung seines Kraftwagens für Schmuggelfahrten ermöglicht (BGH v. 29.04.1952, 1 StR 615/51, NJW 1952, 948). Gemäß § 74a Nr. 2 StGB hat die betreffenden Gegenstände z. B. derjenige in **verwerflicher Weise** erworben, der sich an dem erzielten Nutzen in ausbeuterischer oder erpresserischer Weise bereichert. In Betracht kommt ferner, wer Sachen, für die Abgaben hinterzogen sind, in Ausnutzung einer Zwangs- oder Notlage des Täters **hehlerisch** an sich bringt.

15 Die Einziehung kann auf einen **Teil** der ihr unterliegenden Gegenstände beschränkt werden (§ 74f Abs. 1 Satz 5 StGB). Voraussetzung ist jedoch, dass es sich um mehrere selbstständige Sachen oder um eine real teilbare Sache handelt (z. B. um Quantitäten von Spirituosen oder Tabakwaren s. OLG Karlsruhe v. 19.10.1973, 1 Ws 177/73, NJW 1974, 710). Zusammengesetzte Sachen, wie z. B. ein Kraftwagen, können nicht teilweise eingezogen werden (BayObLG v. 09.11.1961, RReg 4 St 76/61, DStZ (B) 1962, 62). Ideelle Teilung durch Begründung von Miteigentum kommt nicht in Betracht. Eine teilweise Einziehung kann sich auch daraus rechtfertigen, dass an einer (teilbaren) Sache Miteigentum eines Dritten besteht, dem kein schuldhafter Tatbeitrag zur Last fällt (s. Rz. 14).

16 Ist die der Einziehung unterliegende Sache im Zeitpunkt der Entscheidung infolge Veräußerung, Verbrauchs oder aus sonstigen Gründen **nicht** mehr **vorhanden** oder nicht mehr greifbar oder mit dem Recht eines Dritten belastet worden, so kann gegen den Täter oder Teilnehmer, dem die Sache zur Zeit der Tat gehörte und deren Einziehung zulässig gewesen wäre (s. Rz. 10), auf die Einziehung des **Wertersatzes** in Geld erkannt werden (s. § 74c StGB). Der Wert des Gegenstandes ist erforderlichenfalls zu schätzen. Mehrere Täter oder Teilnehmer haften als Gesamtschuldner (BGH v. 26.02.1954, 5 StR 720/53, NJW 1954, 685).

Die Einziehung des Wertersatzes kann, wenn sich die Einziehung der betreffenden Sache als nicht durchführbar erweist, auch **nachträglich** angeordnet werden (s. § 76 StGB). 17

Die bislang in § 74f StGB vorgesehene **Entschädigung dritter Personen** ist durch die Neuregelung entfallen. 18

Die Einziehung wie auch die weiteren Maßnahmen (Wertersatz, Entschädigung) können nur vom **Gericht** angeordnet bzw. getroffen werden, sei es in einem Urteil, einem Strafbefehl (s. § 438 StPO) oder einem selbstständigen Beschluss (s. § 440 StPO). Das FA kann die Einziehung nur beantragen (s. §§ 400, 401 AO). Eine sicherungsweise Beschlagnahme der Sachen kommt nach § 399 Abs. 2 Satz 2 AO i. V. m. §§ 111b und c StPO in Betracht. Die von der Einziehung betroffenen Dritten (s. Rz. 12 und 14) sind am Verfahren zu beteiligen (s. § 431 StPO). Im Fall der Einziehung eines Gegenstandes von erheblichem Wert ist dies im Urteil strafmildernd zu berücksichtigen (BGH v. 12.10.1993, 1 StR 585/93, StrVert 1994, 76: Sattelzug). 19

Die Einziehung wie auch die weiteren Maßnahmen liegen im pflichtmäßigen **Ermessen** des Gerichts. Von einer Einziehung kann auch ganz abgesehen werden. Nach § 74f Abs. 1 StGB ist von der Einziehung abzusehen, wenn sie zur Bedeutung der begangenen Tat oder zu dem Vorwurf, der die Betroffenen trifft, außer Verhältnis steht (BGH v. 11.05.2016, 1 StR 118/16, NStZ 2016, 731). 20

Die **Rechtsfolgen** der Einziehung regelt § 75 StGB. Hiernach geht das Eigentum an der Sache bzw. das eingezogene Recht mit der Rechtskraft der Entscheidung auf den Staat über. Begünstigt ist der Träger der Strafhoheit, nicht derjenige der Steuerhoheit (BFH v. 20.11.1952, V z D 2/52 S, BStBl III 1953, 42). Maßgeblich ist das Verfahren erster Instanz. Da Steuerstrafsachen erstinstanzlich durchweg in die Zuständigkeit der ordentlichen Gerichte gehören, die Gerichte der Länder sind, geht das Eigentum an den eingezogenen Gegenständen regelmäßig auf das Land des erstinstanzlich zuständigen Gerichts über. 21

**Rechte Dritter** an den eingezogenen Gegenständen bleiben bestehen, wie § 75 Abs. 2 Satz 1 StGB als Grundsatz feststellt. Jedoch kann das Gericht das Erlöschen des Rechtes eines Dritten anordnen, wenn der Dritte in die Tat eingebunden ist (s. Rz. 14). 22

Der Verlust der eingezogenen Gegenstände darf bei der Gewinnermittlung im Bereich der Steuern vom Einkom- 23 men nicht gewinnmindernd behandelt werden (s. § 12 Nr. 4 EStG, R 12.3 amtliches Einkommensteuer-Handbuch 2016), es sei denn, dass die Einziehung lediglich als Sicherungsmaßnahme angeordnet worden ist (BFH v. 14.01.1965, IV 49/63 U, BStBl III 1965, 278).

### III. Selbstständige Einziehung

4 Die Bestrafung einer bestimmten Person wegen der Tat, welche die Einziehung des Gegenstandes oder des Wertersatzes begründet (s. Rz. 10 und 16), ist keine notwendige Voraussetzung der Einziehung. Die Maßnahme kann auch **selbstständig** angeordnet werden, wenn die Voraussetzungen im Übrigen erfüllt sind (s. § 76a StGB). Diese Art der Einziehung im **objektiven**, d.h. nicht gegen eine bestimmte Person gerichteten (subjektiven) **Verfahren** kommt in Betracht, wenn der **Täter aus tatsächlichen Gründen nicht verfolgt** werden kann, insbes. weil er unbekannt oder unerreichbar ist. Aber auch eine selbstständige Einziehung setzt die Feststellung voraus (BGH v. 03.11.1954, 5 StR 192/54, NJW 1955, 71), dass der betreffende Gegenstand in eine Straftat der in § 375 Abs. 2 AO genannten Art verstrickt ist, deren Tatbestandsmerkmale verwirklicht sind und deren Strafbarkeit auch nicht am Vorliegen eines persönlichen Strafausschließungsgrundes (s. Rz. 10) scheitert. Dass der Täter als Jugendlicher hinsichtlich seiner Bestrafung den Schutz der § 1 Abs. 2, § 3 JGG genießt, steht der selbstständigen Anordnung der Einziehung nicht entgegen. Das Gleiche gilt für den Umstand, dass das Verfahren wegen geringer Schuld (s. § 398 AO) oder aus einem der in §§ 153 ff. StPO genannten Gründe eingestellt worden ist.

# § 376 AO Verfolgungsverjährung

**(1) In den in § 370 Abs. 3 Satz 2 Nr. 1 bis 6 genannten Fällen besonders schwerer Steuerhinterziehung beträgt die Verjährungsfrist zehn Jahre.**

**(2) Die Verjährung der Verfolgung einer Steuerstraftat wird auch dadurch unterbrochen, dass dem Beschuldigten die Einleitung des Bußgeldverfahrens bekannt gegeben oder diese Bekanntgabe angeordnet wird.**

### Inhaltsübersicht



### Schrifttum


Hardtke, Die strafrechtliche Gleichstellung von Festsetzungs- und Feststellungsbescheiden als Taterfolg der Steuerhinterziehung, insbesondere bei der Feststellung des verwendbaren Eigenkapitals nach § 47 KStG in FS 50 Jahre Arbeitsgemeinschaft der Fachanwälte für Steuerrechts e. V., Herne/Berlin 1999, S. 629; Pelz, Wann verjährt die Beihilfe zur Steuerhinterziehung? wistra 2001, 11; Müller, Wann beginnt die Strafverfolgungsverjährung bei Steuerhinterziehung?, wistra 2004, 11; Sorgenfrei, Steuerhinterziehung in mittelbarer Täterschaft bei Publikumsgesellschaften, wistra 2006, 370; Schaefer, Geplante Verfolgungsverjährung bei Steuerstraftaten, NJW-Spezial 2008, 408; Bender, Die Verfolgungsverjährung für Steuerhinterziehung nach dem JahressteuerG 2009, wistra 2009, 215; Pelz, Neuregelung der Verfolgungsverjährung für Steuerhinterziehung – Neue Herausforderungen für die Praxis, NJW 2009, 470; Wulf, Die Verschärfung des Steuerstrafrechts zum Jahreswechsel 2008/2009, DStR 2009, 459; Samson/Brüning, Die Verjährung der besonders schweren Fälle der Steuerhinterziehung, wistra 2010, 1; Haas/Wilke, Steuerhinterziehung und Rechtsstaat, NStZ 2010, 297; Hess, Die Strafverfolgungsverjährung bei Steuerhinterziehung und ihre Wechselwirkungen mit der steuerlichen Festsetzungsverjährung, StW 2010, 145; Tormöhlen, Verjährung im Steuerstrafrecht, AO-StB 2010, 27; Haumann, Verfassungsmäßigkeit der Verjährung der Steuerhinterziehung nach § 376 Abs. 1 AO?, AO-StB 2012, 157; Burger, Die Verjährungsregelung in § 376 Abs. 1 AO im Berichtigungsverbund der Selbstanzeige, BB 2013, 2992; Dannecker, Zur Verfassungsmäßigkeit der verjährungsrechtlichen Anknüpfung an strafrechtliche Regelbeispiele der Steuerhinterziehung, NZWiSt 2014,6; Grötsch, Strafrechtliche Verjährung der Hinterziehung von Ertragsteuern, wistra 2015, 249; Mitsch, Verjährungsvielfalt bei der Steuerhinterziehung, NZWiSt 2015, 8; Baumhöfener/Madauss, Besondere Aspekte der Verjährung, NZWiSt 2017, 27.


## A. Bedeutung der Vorschrift – Verjährungsfristen

Für die **Verjährung** von Steuerstraftaten (Verfolgungsverjährung) gelten die allgemeinen Vorschriften der §§ 78 bis 78c StGB. Die **Verjährungsfrist** beträgt **fünf** Jahre (s. § 78 Abs. 3 Nr. 4 StGB). In den Fällen des § 370 Abs. 3 Satz 2 Nr. 1 bis 6 AO verlängert § 376 Abs. 1 AO die Frist auf zehn Jahre. Der Vorschrift kommt im Übrigen insoweit eine eigenständige Bedeutung zu, als der Katalog der Unterbrechungshandlungen nach § 78c StGB auch für den Fall der Bekanntgabe der Einleitung eines Bußgeldverfahrens erweitert wird. 1

Die Verlängerung der Verjährungsfrist für die Steuerhinterziehung bei Vorliegen eines Regelbeispiels nach § 370 Abs. 3 Satz 2 Nr. 1 bis 5 AO auf zehn Jahre ist durch das JStG 2009 eingeführt worden. Sie gilt nach Art. 97 § 23 EGAO für alle Fälle, in denen bei Inkrafttreten der Neuregelung am 25.12.2008 (Art. 39 Abs. 1 JStG 2009) noch keine Strafverfolgungsverjährung eingetreten war. Hierin liegt kein Verstoß gegen Art. 103 Abs. 2 GG, weil die Verjährung nicht die Strafbarkeit der Tat berührt (BVerfG v. 26.02.1969, 2 BvL 15/68, 2 BvL 23/68, NJW 1969, 199; BGH v. 13.06.2013, 1 StR 226/13, wistra 2013, 471; BGH v. 08.12.2016, 1 StR 389/16, wistra 2017, 234). Im Schrifttum wird geltend gemacht, die Verlängerung 1a der Frist auf zehn Jahre verstoße gegen Art. 3 GG, weil sie ohne vernünftigen Grund nur für die Regelbeispiele der Steuerhinterziehung in einem besonders schweren Fall gelte, nicht aber für den unbenannten Fall des § 370 Abs. 3 Satz 1 AO. Im Übrigen sei sie nicht hinreichend Bestimmt, weil bei der Anwendung der Regelbeispiele ein Beurteilungsspielraum bestehe (*Haas/Wilke*, NStZ 2010, 297; *Haumann*, AO-StB 2012, 157). U. E. ist dem nicht zu folgen, weil die Regelbeispiele gesetzlich umschrieben sind (BGH v. 05.03.2013, 1 StR 73/13, NStZ 2013, 415: verfassungsrechtlich unbedenklich). Zur Anwendung des § 78b Abs. 4 StGB auf § 376 AO s. BGH v. 07.12.2016, 1 StR 185/16, wistra 2017, 321. Die Einbeziehung der unbestimmten Fälle hätte die Unsicherheit erst geschaffen. Streitig ist ferner, ob die Verlängerung der Verjährung allein vom Vorliegen eines Regelbeispielfalles abhängig ist, oder ob der Fall nach Abwägung aller Umstände als besonders schwerer Fall gewertet werden muss. U. E. ist die zweite Auslegung vorzugswürdig, weil sich sonst Wertungswidersprüche ergeben. Den kritischen Stimmen ist aber grundsätzlich darin zu folgen, dass diese Regelung der Beratungspraxis in Selbstanzeigefällen eine erhebliche Verantwortung aufgebürdet hat. Sie bewegt sich nun im Konflikt zwischen unnötig langer Ausdehnung der Selbstanzeige in die Vergangenheit einerseits und strafrechtlicher Gefährdung des Mandanten andererseits, sollte die Selbstanzeige doch nicht alle strafrechtlich unverjährte Zeiträume erfassen.

## B. Beginn der Verfolgungsverjährung

2 Die Verjährung beginnt, sobald das strafbare Verhalten **beendet** ist (s. § 78a Satz 1 StGB). Tritt jedoch ein zum Tatbestand gehörender **Erfolg** erst später ein, wie z. B. die Verkürzung einer Steuer, die der Festsetzung bedarf, so beginnt die Verjährung mit diesem Zeitpunkt (s. § 78a Satz 2 StGB), also mit Bekanntgabe des unrichtigen Bescheides (BGH v. 16.05.1984, 2 StR 525/83, HFR 1984, 439). Hierbei findet die Bekanntgabefiktion des § 122 Abs. 2 AO keine Anwendung, es kommt vielmehr auf die tatsächliche Bekanntgabe an, die ggf. früher stattgefunden hat (*Müller*, wistra 2004, 11). Schließen sich Verschleierungsmaßnahmen an, beginnt die Verjährung erst mit dem Ende derselben, weil erst damit die Tat »zum Ruhen gekommen« und beendet ist (BGH v. 19.04.1983, 1 StR 2859/82, DB 1983, 2289; Schmuggel von Tabakwaren vgl. BGH v. 08.07.2014, 1 StR 240/14, wistra 2014, 486).

3 Im Fall der **Nichtabgabe einer Steuererklärung** zu einer **Veranlagungsteuer** fallen die Tatbeendigung und Vollendung regelmäßig zusammen. Die Verfolgungsverjährung beginnt somit erst, wenn das zuständige FA die Veranlagungsarbeiten für den maßgeblichen Zeitraum allgemein abgeschlossen hat (s. § 370 AO Rz. 28; BGH v. 07.11.2001, 5 StR 395/01, BStBl II 2002, 259; BGH v, 19.01.2011, 1 StR 640/10, wistra 2012, 484). Nach anderer Ansicht des OLG Hamm (OLG Hamm v. 02.08.2001, 2 Ws 156/01, wistra 2001, 474) ist hingegen zugunsten des Täters auf den Beginn der Veranlagungsarbeiten abzustellen. Werden in einem **Feststellungsverfahren** unrichtige oder unvollständige Angaben gemacht, so wirkt sich dies auf die Steuerfestsetzung im Folgebescheid aus.

Bei einer gesonderten und ggf. einheitlichen Gewinnfeststellung hat der BGH wegen der Bindungswirkung des Feststellungsbescheides für den Folgebescheid angenommen, dass bereits mit Erlass des Grundlagenbescheids unter dem Gesichtspunkt der schadensgleichen Vermögensgefährdung eine vollendete Steuerhinterziehung vorliegen kann. Der unrichtige Feststellungsbescheid ist ein nicht gerechtfertigter Steuervorteil i. S. des § 370 Abs. 1 AO. Die durch die Umsetzung der festgestellten unrichtigen Bemessungsgrundlagen bei der Steuerfestsetzung in den Folgebescheiden bewirkte Steuerverkürzung stellt einen weiteren Taterfolg dar, der für den Zeitpunkt der Tatbeendigung und damit für den Verjährungsbeginn von Bedeutung ist (BGH v. 10.12.2008, 1 StR 322/08, NJW 2009, 381). Damit beginnt auch im Fall einer Abschreibungsgesellschaft oder Publikumsgesellschaft die Verjährung erst, wenn der letzte unrichtige Folgesteuerbescheid bekannt gegeben wird (BGH v. 02.07.1986, 3 StR 87/86, wistra 1986, 257; BGH v. 01.02.1989, wistra 1989, 184; a. A. *Hardtke*, FS 50 Jahre Arbeitsgemeinschaft der Fachanwälte für Steuerrecht e. V., 629 ff.).

Im Fall der Abgabe unrichtiger **Umsatzsteuervoranmeldungen** und einer unrichtigen Jahresanmeldung ist die Hinterziehung erst mit Abgabe der unrichtigen **Jahresanmeldung** beendet (§ 168 Satz 1 AO) es sei denn, die Jahresanmeldung führt zu einer Steuerherabsetzung oder -vergütung. Dann ist die Tat erst mit der Zustimmung des FA nach § 168 Satz 2 AO beendet (BGH v. 23.07.2014, 1 StR 196/14, wistra 2014, 486; BGH v. 07.10.2014, 1 StR 182/14, wistra 2015, 188). Im Fall der Nichtabgabe der Anmeldungen ist die Tat mit fruchtlosem Ablauf der Voranmelde- bzw. Jahresanmeldungsfrist beendet (BGH v. 10.12.1991, aaO; BGH v. 02.12.2008, 1 StR 344/08, wistra 2009, 189). 4

Bei **versuchter Steuerhinterziehung** (s. § 370 AO Rz. 64 ff.) beginnt die Verjährung mit dem Ende der Tätigkeit, die der Tatvollendung dienen soll (BGH v. 26.02.1988, 3 StR 477/87, wistra 1988, 185; BGH v. 19.10.1987, 3 StR 589/86, wistra 1988, 263). Liegt eine Mittäterschaft vor (s. § 370 AO Rz. 72), so ist die letzte von mehreren Versuchshandlungen maßgeblich (BGH v. 27.09.1983, 5 StR 379/83, wistra 1984, 21; BGH v. 20.12.1989 3 StR 276/88, wistra 1990, 149). 5

Bei **tateinheitlichemZusammentreffen** ist die Verjährung für jede Gesetzesverletzung gesondert zu bestimmen (BGH v. 15.05.1982, 5 StR 660/81, wistra 1982, 188). 6

Für **Teilnehmer** beginnt die Verjährung erst mit der der Haupttat (BGH v. 02.12.2008, 1 StR 344/08, wistra 2009, 7

189; LG Oldenburg v. 18.11.2004, 13 Ns 436/04, wistra 2005, 69).

### C. Ruhen der Verjährung

8 Die Verjährung **ruht** nach näherer Maßgabe des § 78b StGB. Sie ruht nach § 396 Abs. 3 AO auch im Fall der **Aussetzung des Verfahrens**. Im Fall des § 396 AO ruht auch die absolute Verjährung (s. Rz. 9 und § 396 AO Rz. 7).

### D. Unterbrechung der Verjährung

9 Die **Unterbrechung der Verjährung** regelt § 78c StGB. Nach Beendigung der Unterbrechungshandlung beginnt die Verjährung von neuem. Sie endet für Steuerstraftaten regelmäßig spätestens, wenn nach der Begehung der Tat bzw. dem späteren Eintritt des Verkürzungserfolges (s. § 78a StGB) zehn Jahre verstrichen sind (s. § 78c Abs. 3 Satz 2 StGB).

10 Eine **Unterbrechung** der Verjährungsfrist tritt durch die in § 78c StGB aufgeführten **richterlichen** und diesen gleichgestellten **staatsanwaltlichen Handlungen** ein. Dazu gehören in erster Linie die Einleitung des Strafverfahrens, verbunden mit der Bekanntgabe dieser Einleitung an den Beschuldigten, ferner Ermittlungshandlungen verschiedenster Art sowie die Anordnung von Beschlagnahme und Durchsuchungen. Ergänzend zu dem Katalog des § 78c StGB bestimmt § 376 AO, dass die Verfolgungsverjährung von Steuerstraftaten auch dadurch unterbrochen wird, dass dem Beschuldigten die Einleitung eines Bußgeldverfahrens wegen der Tat bekannt gegeben wird.

11 Die verjährungsunterbrechende Wirkung der Bekanntgabe der Einleitung des Straf- oder Bußgeldverfahrens (zur Unterbrechungswirkung der elektronischen Anordnung der Versendung eines Anhörungsbogens durch den Sachbearbeiter der Verwaltungsbehörde, BGH v. 22.05.2006, 5 StR 578/05, NStZ 2007, 177) kann auch von der für das Ermittlungsverfahren zuständigen **Finanzbehörde** (s. §§ 387 bis 390 AO) oder von einer der sonstigen in § 397 AO genannten Stellen ausgehen. Dies Unterbricht den Fristlauf nicht nur wegen der Steuerstraftat, sondern auch wegen anderer Delikte, wenn es sich um dieselbe Tat i. S. des § 264 StPO handelt (OLG Braunschweig v. 24.11.1997, Ss (S) 70/97, NStZ-RR 1998, 212; OLG Frankfurt v. 05.09.1986, 1 Ws 136/86, wistra 1987, 542: Tateinheit). Die Verfassungsmäßigkeit dieser nichtrichterlichen Unterbrechungshandlungen hat das BVerfG (BVerfG v. 06.10.1970, 2 BvL 17/68, BB 1970, 1425) bejaht. Eine Unterbrechung der Verjährung durch das FA verliert ihre Wirksamkeit nicht durch die Abgabe der Sache an die Staatsanwaltschaft gem. § 386 Abs. 4 AO (BGH v. 03.07.1958, 4 StR 1340/58, BStBl I 1958, 710).

Der Katalog der Unterbrechungshandlungen des § 78c StGB enthält eine abschließende Aufzählung, sieht man von der Erweiterung ab, die er durch § 376 AO erfährt. 12

Die **Unterbrechung** der Verjährung **wirkt** nur **gegen denjenigen**, gegen den **sich** die **Maßnahmerichtet** (weitergehend OLG Hamburg v. 26.05.1993, 1 Ss 8/93, wistra 1993, 272: richterliche Anordnung dienen in der Regel der umfassenden Sachaufklärung und richten sich deshalb gegen jeden Tatverdächtigen, auch wenn im Rubrum nur ein bestimmter Beschuldigter genannt worden ist; ablehnende Anm. *Hess*, wistra 1994, 81; a. A. auch LG Dortmund v. 07.11.1990, 14 (III) K 5/88, wistra 1991, 186). Bei Tateinheit mit außersteuerlichen Delikten muss sich die Unterbrechungshandlung ersichtlich auch auf die Steuerstraftat beziehen (BGH v. 26.06.1987, 3 StR 216/87, HFR 1988, 300). Alle in § 78c Abs. 1 Satz 1 Nr. 1 StGB aufgeführten Handlungen sind lediglich zur einmaligen Unterbrechung geeignet und haben diese Wirkung insgesamt nur einmal (BGH v. 07.08.2014, 1 StR 198/14, NStZ-RR 2014, 340). 13

### E. Folgen der Verjährung

Nach h. M. bewirkt die Strafverfolgungsverjährung ein **Verfahrenshindernis** (BGH v. 22.04.1952, 1 StR 176/53, BGHSt 4, 135), das die Tat insgesamt betrifft (BGH v. 27.05.2009, 1 StR 665/08, wistra 2009, 465). Sie ist in jedem Stadium des Verfahrens von Amts wegen zu beachten (BGH v. 26.06.1958, 4 StR 145/58, BGHSt 11, 394). Die Verjährung steht somit der Einleitung eines Strafverfahrens wegen der Tat entgegen. Ein gleichwohl eingeleitetes Verfahren ist einzustellen, selbst wenn das Hauptverfahren eröffnet ist (BGH v. 09.11.1960, 4 StR 407/60, BGHSt 15, 203: kein Freispruch). Bei der **Strafzumessung wegen nicht verjährter Tatteile** können verjährte Tatteile strafschärfend berücksichtigt werden (BGH v. 23.03.1994, 4 StR 117/94, wistra 1994, 223). 14

Ist hinsichtlich einer Tat Verjährung eingetreten, nicht aber wegen einer an sich straflosen **Nachtat** (s. § 370 AO Rz. 98), so ist die Nachtat nach Auffassung des BGH (BGH v. 17.10.1992, 5 StR 517/92, HFR 1993, 676; BGH v. 10.02.2015, 1 StR 405/14, BFH/NV 2015, 1231) wieder strafbar. Das Gleiche gilt, wenn die Haupttat aus einem anderen Grund straffrei bleibt (BGH v. 26.05.1993, 5 StR 190/93, UR 1993, 393). 15

Da die Strafverfolgungsverjährung die Strafbarkeit der Tat als solche nicht berührt, bleiben die verkürzten Beträge »hinterzogene« Beträge i. S. der §§ 71, 169 Abs. 2 Satz 2 und § 235 AO. Die **steuerlichen Folgen der Steuerhinterziehung** bleiben unter den Voraussetzungen der einschlägigen Tatbestände bestehen. Die strafrechtliche Verjährung hat aber nach Maßgabe des § 171 Abs. 7 AO 16

Bedeutung für den Eintritt der steuerlichen Festsetzungsverjährung (Ablaufhemmung).

## Zweiter Abschnitt: Bußgeldvorschriften

### § 377 AO Steuerordnungswidrigkeiten

**(1) Steuerordnungswidrigkeiten (Zollordnungswidrigkeiten) sind Zuwiderhandlungen, die nach diesem Gesetz oder den Steuergesetzen mit Geldbuße geahndet werden können.**

**(2) Für Steuerordnungswidrigkeiten gelten die Vorschriften des Ersten Teils des Gesetzes über Ordnungswidrigkeiten, soweit die Bußgeldvorschriften dieses Gesetzes oder der Steuergesetze nichts anderes bestimmen.**

**Inhaltsübersicht**



**Schrifttum**

Brenner, Gewinnabschöpfung, das unbekannte Wesen im Ordnungswidrigkeitenrecht, NStZ 1998, 557; Többens, Die Bekämpfung der Wirtschaftskriminalität durch die Troika der §§ 9, 130 und 30 des Gesetzes über Ordnungswidrigkeiten, NStZ 1999, 1; Duttge, Zur Verantwortlichkeit des gutgläubigen Steuerberaters, wistra 2000, 201; Brenner, Geldbuße und Abschöpfung des wirtschaftlichen Vorteils nach dem Bruttoprinzip jetzt auch gegen die Gesellschaft bürgerlichen Rechts (GbR) – Änderung des § 30 OWiG, ZfZ 2003, 185; Korte, Aus der Rechtsprechung zum Gesetz über Ordnungswidrigkeiten, NStZ 2010, 22; NStZ 2011, 23; Gehm, Der Verfall eines Vermögensvorteils im steuerlichen Bußgeldverfahren, NWB 2012, 2149.

#### A. Steuerordnungswidrigkeiten: Begriff und Wesen

1 Im Unterschied zu den Steuerstraftaten (s. § 369 AO) betreffen die **Steuerordnungswidrigkeiten** Zuwiderhandlungen gegen Vorschriften der AO oder der Steuergesetze, die bloßes **Ordnungsunrecht** darstellen und aus diesem Grund nicht mit krimineller Strafe (Freiheitsstrafe oder Geldstrafe oder beides), sondern nur mit einer Geldbuße bedroht sind. § 377 AO ist mit Wirkung vom 25.05.2018 geändert worden durch Gesetz vom 17.07.2017 (BGBl. I 2017, 2541). Im Unterschied zur Kriminalstrafe werden Geldbußen nicht in das Strafregister eingetragen (s. §§ 3 und 10 BZRG). Für Steuerordnungswidrigkeiten ist auch die Nebenfolge der Einziehung (s. § 375 Abs. 2 AO) nicht vorgesehen.

Welche **Verhaltensweisen** (Tathandlungen) als Steuerordnungswidrigkeiten mit Geldbuße geahndet werden, ergibt sich in erster Linie aus den §§ 378 bis 383 AO. Im Vordergrund steht die **leichtfertige Steuerverkürzung** des § 378 AO, die sich von der Steuerhinterziehung des § 370 AO im Wesentlichen durch den subjektiven Tatbestand unterscheidet. Die übereinstimmenden objektiven Tatbestände der beiden Delikte werden durch die vielfältigen Pflichten konkretisiert und ausgefüllt, die den Steuerpflichtigen und ihren Vertretern in der Abgabenordnung und den Einzelsteuergesetzen auferlegt sind. Die Bußgeldvorschriften der §§ 379 bis 382 AO betreffen Zuwiderhandlungen gegen Bestimmungen, die zur Vorbereitung und Sicherung der Besteuerung erlassen sind. Als **Gefährdungsdelikte** sind diese Bußgeldtatbestände gleichsam in das Vorfeld der Verkürzungsdelikte der §§ 370 und 378 AO verlegt. 2

**Spezielle Bußgeldtatbestände** (Ordnungswidrigkeiten), die auf die AO verweisen, finden sich in einer Reihe von Verbrauchsteuergesetzen (s. § 24 BierStG, § 29 SchaumwZwStG und § 43 SchaumwZwStV, § 18 KaffeeStG i. d. F. 21.12.1992 und § 28 KaffeeStV, §§ 125, 126, 128 BranntwMonG und § 51 BrStV, § 64 EnergieStG und § 111 EnergieStV, § 36 TabStG und § 60 TabStV und im § 31 ZollVG und § 30 ZollV). Wegen weiterer OWi-Tatbestände, die in den **Einzelsteuergesetzen** geregelt sind s. vor § 369 AO Rz. 3. 3

Eine Ordnungswidrigkeit eigener Art, die im Zusammenhang mit Steuerstraftaten oder Ordnungswidrigkeiten in Betrieben oder Unternehmen Bedeutung gewinnt, enthält § 130 OWiG. Hiernach können wegen **Verletzung der Aufsichtspflicht** Geldbußen gegen Inhaber oder deren Vertreter, gegen vertretungsberechtigte Gesellschafter oder Organpersonen sowie gegen Betriebsleiter verhängt werden, wenn in dem Betrieb oder Unternehmen Zuwiderhandlungen gegen Pflichten begangen werden, die den Geschäftsherrn als solchen treffen und die bei gehöriger Erfüllung der Aufsichtspflicht hätten verhindert werden können. Diese Bußgelddrohung kann insbes. im Bereich der Lohnsteuer, der Umsatzsteuer, der Verbrauchsteuern und der Eingangsabgaben Bedeutung gewinnen, deren Bearbeitung häufig auf Angestellte übertragen ist. 4

**Entsprechend anwendbar** sind die Bußgeldvorschriften der AO für nichtsteuerliche Abgaben nach Maßgabe 5 des einschlägigen Gesetzes, z. B. der EG-Marktordnungen (s. §§ 8, 17, 31 EG MarktordnungsG).

## B. Allgemeine Regelung der Ordnungswidrigkeiten

6 Auf Steuerordnungswidrigkeiten finden gem. § 377 Abs. 2 AO und § 410 Abs. 1 AO die Vorschriften des **Gesetzes über Ordnungswidrigkeiten** (OWiG) Anwendung, soweit die Bußgeldvorschriften der Steuergesetze nichts anderes bestimmen. Das sind die §§ 1 bis 34 OWiG (Erster Teil) betreffend das materielle Recht und die §§ 35 bis 110 OWiG (Zweiter Teil) betreffend das Verfahrensrecht.

### I. Tatbestandsmäßigkeit; Opportunitätsprinzip

7 Auch für Ordnungswidrigkeiten gilt der rechtsstaatliche Grundsatz »Keine Ahndung ohne Gesetz« (s. Art. 103 Abs. 2 GG). **Keine Handlung kann mit einer Geldbuße geahndet werden, die nicht vor ihrer Begehung gesetzlich geregelt war** (s. § 3 OWiG). Die Vorschriften über die zeitliche Geltung der Bußgeldvorschriften finden sich in § 4 OWiG.

8 Im Unterschied zu den Steuerstraftaten, für die der (eingeschränkte) Grundsatz des Verfolgungszwanges gilt (Legalitätsprinzip, s. § 152 Abs. 2 StPO), liegt die Verfolgung von Ordnungswidrigkeiten im pflichtmäßigen Ermessen der zuständigen Verwaltungsbehörde (**Opportunitätsprinzip**, s. § 47 Abs. 1 OWiG). Die Handhabung dieses Grundsatzes ermöglicht es, von der Verfolgung von Bagatellfällen abzusehen.

### II. Schuldfähigkeit; Verschulden

9 Handlungen von Kindern (bis zum vollendeten 14. Lebensjahr) können mangels **Schuldfähigkeit** nicht geahndet werden (s. § 12 Abs. 1 Satz 1 OWiG). Geldbußen gegen Jugendliche (zwischen dem vollendeten 14. und dem vollendeten 18. Lebensjahr) sind zulässig, wenn der Jugendliche zur Zeit der Tat den Reifegrad des § 3 Satz 1 JGG besaß, d. h. nach seiner sittlichen und geistigen Entwicklung fähig war, das Unrecht der Tat einzusehen und nach dieser Einsicht zu handeln (s. § 12 Abs. 1 Satz 1 OWiG). Für Heranwachsende (zwischen dem vollendeten 18. und dem vollendeten 21. Lebensjahr) gelten im Ordnungswidrigkeitenrecht keine Besonderheiten. Die Unzurechnungsfähigkeit ist in § 12 Abs. 2 OWiG geregelt. Besondere Vorschriften über verminderte Zurechnungsfähigkeit (s. § 21 StGB) bestehen nicht, weil das OWiG keine von dem absoluten Mindestbetrag von 5 Euro abweichenden Mindestbußen kennt. Dies gestattet die Berücksichtigung verminderter Zurechnungsfähigkeit bei der Bemessung der Geldbuße.

Was den Grad des Verschuldens anlangt, so kann als Ordnungswidrigkeit grundsätzlich **nur vorsätzliches** Handeln (s. § 370 AO Rz. 50 ff.) geahndet werden (Beispiel: s. § 383 AO; § 26b UStG), wenn das Gesetz nicht **fahrlässiges Handeln** ausdrücklich einbezieht (s. § 10 OWiG). 10

Das Verkürzungsdelikt des § 378 AO betrifft ausschließlich leichtfertiges Verhalten (s. § 378 AO Rz. 13). Die Gefährdungsdelikte der §§ 379 bis 381 AO betreffen ebenso wie § 24 BierStG, § 29 SchaumwZwStG und § 43, § 18 KaffeeStG und § 28 KaffeeStV, § 125 BranntwMonG und § 51 BrStV, § 64 EnergieStG und § 111 EnergieStV, § 36 TabStG und § 60 TabStV vorsätzliches und leichtfertiges Verhalten, während die Gefährdungsdelikte des § 382 AO, § 31 ZollVG, § 30 ZollV und § 126 BranntwMonG neben dem Vorsatz auch jede Art von Fahrlässigkeit umfassen (zu den Begriffen Vorsatz s. § 370 AO Rz. 50 ff; zur Fahrlässigkeit und Leichtfertigkeit s. § 378 AO Rz. 8 ff.). 11

### III. Irrtum; Unrechtsbewusstsein

Ein **Tatbestandsirrtum** im Sinne von § 11 Abs. 1 OWiG (s. § 16 StGB und dazu § 370 AO Rz. 57 ff.) schließt den Vorsatz auch bei Ordnungswidrigkeiten aus. Er kann jedoch zu einer Geldbuße wegen fahrlässiger (bzw. leichtfertiger) Begehung führen, sofern die betreffende Vorschrift nicht nur vorsätzliche Begehung mit Geldbuße bedroht. 12

Handelte der Täter ohne das Bewusstsein, Unrecht zu tun (s. § 11 Abs. 2 OWiG, **Verbotsirrtum**, s. § 17 StGB und dazu § 370 AO Rz. 61 ff.), so ist von Bedeutung, ob ihm dieser Irrtum nach seinen persönlichen Verhältnissen, insbes. dem Grad seiner Einsichtsfähigkeit, »vorzuwerfen« war. War der Irrtum dem Täter vorzuwerfen, so bleibt die Ahndung als vorsätzliche Ordnungswidrigkeit unberührt. Allerdings kann die Geldbuße gemildert werden. Lag ein unverschuldeter Verbotsirrtum vor, sodass dem Täter der Irrtum nicht vorzuwerfen ist, kommt eine Ahndung nicht in Betracht. 13

### IV. Versuch

Der Versuch einer Ordnungswidrigkeit, der ohnehin nur im Falle vorsätzlicher Begehung denkbar ist, kann gem. § 13 Abs. 2 OWiG nur dann geahndet werden, wenn es das Gesetz ausdrücklich bestimmt. Für die Ordnungswidrigkeiten der §§ 378 bis 383 AO, ebenso für § 26b UStG, § 24 BierStG, § 30 TabStG, § 64 EnergieStG, §§ 125, 126 BranntwMonG trifft das nicht zu. Der Versuch einer Zu- 14 widerhandlung dieser Art, also das »unmittelbare Ansetzen« des Täters zur Verwirklichung des Tatbestandes (s. § 13 Abs. 1 OWiG), begründet in der Regel noch keine nennenswerte Gefährdung des geschützten Rechtsguts, daher besteht kein Bedürfnis, ein solches Verhalten zu ahnden. Den Rücktritt vom Versuch regelt § 13 Abs. 3 OWiG (s. § 371 AO Rz. 38).

## V. Teilnahme; Handeln für einen anderen

15 Abweichend vom allgemeinen Strafrecht wird bei der Beteiligung mehrerer Personen an einer Ordnungswidrigkeit nicht zwischen dem eigentlichen Täter und den verschiedenen Formen der Teilnahme unterschieden. Vielmehr handelt nach § 14 OWiG jeder ordnungswidrig, der sich an der Begehung einer Ordnungswidrigkeit beteiligt, gleichgültig, in welcher Weise er zur Bewirkung der Tat beiträgt (**Einheitstäter**). Voraussetzung jeder Beteiligung ist das Vorliegen einer mit Geldbuße bedrohten Handlung (»Haupttat«). Gemeinschaftlich einverständliches Handeln der Beteiligten ist nicht erforderlich. Der Tatbeitrag muss eine Ursache (Mitursache) für die tatbestandsmäßige Verwirklichung der Haupttat gesetzt haben und – ggf. wie diese – vorsätzlich geleistet sein (BGH v. 06.04.1983, 2 StR 547/82, DB 1983, 2395).

16 Mit Rücksicht darauf, dass die durch eine Bußgelddrohung geschützten Rechtspflichten häufig an die Stellung als Unternehmer, Gewerbetreibender, Arbeitgeber, Betriebsleiter und ähnliche Funktionen anknüpfen, deren Erfüllung vielfach Vertretern (insbes. Organpersonen oder Angestellten) überlassen ist, sieht § 9 OWiG (für Straftaten s. § 14 StGB) vor, dass die erwähnten besonderen persönlichen Merkmale, welche die Bußgeldvorschrift voraussetzt, auch dem Vertreter zugerechnet werden, dessen sich der Adressat der Bußgelddrohung zur Erfüllung seiner Verpflichtung bedient (**Handeln für einen anderen**). Auf diese Weise erfahren die einschlägigen Bußgeldtatbestände eine Erweiterung. Unabhängig davon ergibt sich eine persönliche Verantwortlichkeit auch aus den §§ 34 und 35 AO.

## VI. Zusammentreffen mit Straftaten

17 Erfüllt **eine Handlung** zugleich den Tatbestand einer **Straftat** und einer **Ordnungswidrigkeit**, wie z. B. eine leichtfertige Steuerverkürzung (s. § 378 AO), die mittels Einreichung gefälschter Belege (s. § 267 StGB) begangen wird, so ist – von etwaigen Nebenfolgen abgesehen – gem. § 21 Abs. 1 OWiG nur das Strafgesetz anzuwenden. Die Bußgeldvorschrift wird verdrängt (**Gesetzeskonkurrenz**). Eine Umkehrung dieses Grundsatzes enthält aber § 50e EStG, wonach im Zusammenhang mit der geringfügigen Beschäftigung in Privathaushalten begangene Steuerverkürzungen auch bei vorsätzlicher Begehungsweise nicht nach § 370 AO, sondern nach § 378 AO verfolgt werden.

Nach § 21 Abs. 2 OWiG kann bei rechtlichem Zusammentreffen (Tateinheit) einer Ordnungswidrigkeit mit einer Straftat dennoch eine Geldbuße für die Ordnungswidrigkeit festgesetzt werden, wenn eine **Strafe nicht verhängt** wird. Das trifft aber nur zu, wenn für die Verfolgung der Straftat eine Verfahrensvoraussetzung fehlt oder ihr ein Verfahrenshindernis (z. B. Verjährung) entgegensteht oder das Verfahren wegen anderen verfahrensrechtlichen Gründen eingestellt wird. Ist jedoch hinsichtlich der Straftat ein Freispruch erfolgt oder das Verfahren mangels Tatverdachts eingestellt oder nicht eröffnet worden, bleibt es bei der Regel des § 21 Abs. 1 OWiG, wonach die Ordnungswidrigkeit durch die Straftat konsumiert wird (als verbraucht gilt). 18

Besteht zwischen einer Straftat und einer Ordnungswidrigkeit **Tatmehrheit** – wie im Falle einer falschen Verbuchung (§ 379 AO) und einer auf der unrichtigen Buchführung aufbauenden Hinterziehungshandlung (§ 370 AO) –, so ist auf Strafe und Geldbuße gesondert zu erkennen, ohne dass die Möglichkeit einer Gesamtstrafenbildung (entsprechend § 54 StGB) besteht. 19

## VII. Ahndung

Der in § 17 OWiG bestimmte Regelrahmen der **Geldbuße** von mindestens 5 Euro und höchstens 1 000 Euro ist für die Ahndung von Steuerordnungswidrigkeiten wegen der mit diesen vielfach verbundenen beträchtlichen Größenordnungen nicht ausreichend. Der genannte Höchstbetrag gilt nur, wenn die maßgebende Bußgeldvorschrift »nichts anderes bestimmt«. So ist die leichtfertige Steuerverkürzung (s. § 378 AO) mit Geldbuße bis zu 50 000 Euro bedroht. Dasselbe gilt für den unzulässigen Erwerb von Steuererstattungs- und -vergütungsansprüchen (s. § 383 AO) und die Schädigung des Umsatzsteueraufkommens (s. § 26b UStG). Die Gefährdungstatbestände der §§ 379 und 381 bis 382 AO begnügen sich mit Geldbußen bis zu 5 000 Euro. § 380 AO sieht eine Geldbuße bis 25 000 Euro vor. Der gesetzliche Höchstbetrag kann unter den Voraussetzungen des § 17 Abs. 4 OWiG überschritten werden. 20

In jedem Fall gestattet der weite Rahmen der Bußgelddrohung eine **angemessene Berücksichtigung aller Umstände**, insbes. des Schuldgrades. 21

Bedroht eine Bußgeldvorschrift vorsätzliches und leichtfertiges oder fahrlässiges Handeln mit Geldbuße, ohne im Höchstmaß zu unterscheiden, wie z. B. in den Fällen der §§ 379 bis 382 AO, so kann fahrlässiges Handeln im Höchstmaß nur mit der Hälfte des angedrohten Höchstbetrages der Geldbuße geahndet werden (s. § 17 Abs. 2 OWiG). 22

23 Mit der Gewährung von Zahlungserleichterungen befasst sich § 18 OWiG. Zur Problematik der Abwälzung von Bußgeldern auf schadensersatzpflichtige Personen s. LG München v. 23.12.1976 10 O 13 799/76, DStR 1978, 51 und LG Hannover v. 13.03.1990, 17 O 415/89, DStR 678.

### VIII. Geldbuße gegen juristische Personen und Personenvereinigungen

24 Wird eine Steuerstraftat oder Steuerordnungswidrigkeit von vertretungsberechtigten Organen oder Gesellschaftern einer juristischen Person (AG, GmbH, KGaA, Genossenschaft, rechtsfähiger Verein), eines nichtrechtsfähigen Vereins oder einer (teil-)rechtsfähigen Personengesellschaft (OHG, KG und GbR; *Brenner*, ZfZ 2003, 185) in der Weise begangen, dass Verpflichtungen verletzt werden, die der Personenvereinigung obliegen und dass diese durch die Zuwiderhandlung bereichert worden ist oder werden sollte, kann gegen sie nach § 30 OWiG als Nebenfolge der Straftat oder Ordnungswidrigkeit eine Geldbuße festgesetzt werden. Hierfür ist insbes. dann Raum, wenn es darauf ankommt, die Personenvereinigung für Ordnungswidrigkeiten der genannten Organpersonen oder Gesellschafter (nicht hingegen von Prokuristen und Handlungsbevollmächtigten!) haftbar zu machen oder ihnen die wirtschaftlichen Vorteile wieder zu entziehen, die sie durch das Verhalten ihrer Vertreter erlangt haben.

25 Wenn aus tatsächlichen Gründen keine natürliche Person verfolgt oder verurteilt werden kann, lässt § 30 Abs. 4 OWiG eine selbstständige Festsetzung der Geldbuße gegen die Personenvereinigung zu.

### IX. Verjährung

26 Mit der Besonderheit des § 384 AO (Fünfjahresfrist) gelten für die Verfolgungsverjährung die Vorschriften des OWiG (s. §§ 31 bis 33). Die Vollstreckungsverjährung ist in § 34 OWiG geregelt.

## § 378 AO
## Leichtfertige Steuerverkürzung

**(1) Ordnungswidrig handelt, wer als Steuerpflichtiger oder bei Wahrnehmung der Angelegenheiten eines Steuerpflichtigen eine der in § 370 Abs. 1 bezeichneten Taten leichtfertig begeht. § 370 Abs. 4 bis 7 gilt entsprechend.**

**(2) Die Ordnungswidrigkeit kann mit einer Geldbuße bis zu fünfzigtausend Euro geahndet werden.**

**(3) Eine Geldbuße wird nicht festgesetzt, soweit der Täter gegenüber der Finanzbehörde die unrichtigen Angaben berichtigt, die unvollständigen Angaben ergänzt oder die unterlassenen Angaben nachholt, bevor ihm oder seinem Vertreter die Einleitung eines Straf- oder Bußgeldverfahrens wegen der Tat bekannt gegeben worden ist. Sind Steuerverkürzungen bereits eingetreten oder Steuervorteile erlangt, so wird eine Geldbuße nicht festgesetzt, wenn der Täter die aus der Tat zu seinen Gunsten verkürzten Steuern innerhalb der ihm bestimmten angemessenen Frist entrichtet. § 371 Absatz 4 gilt entsprechend.**

#### Inhaltsübersicht



#### Schrifttum

Duttge, Zur Verantwortlichkeit des gutgläubigen Steuerberaters nach § 378 AO, wistra 2000, 201; Rolletschke, Steuerliche Berater als Täter einer leichtfertigen Steuerverkürzung, wistra 2004, 49; Müller, Die steuerstraf- und bußgeldrechtliche Verantwortung des Steuerberaters, StBp 2009, 299; Andresen/Kiesel, Weiße Einkünfte begründen keinen Tatbestand der Steuerordnungswidrigkeit, DStR 2011, 745; Werth, Kann der Steuerberater Täter einer leichtfertigen Steuerverkürzung sein?, DStZ 2014, 131; Müller, Der Vorsatz im Steuerstrafverfahren, sein Beweis und seine Abgrenzung zur Leichtfertigkeit, AO-StB 2015, 292; Tormöhlen, Problemfelder der leichtfertigen Steuerverkürzung, AO-StB 2015, 324.

### A. Wesen der Verfehlung; Verhältnis zur Steuerhinterziehung

Von der vorsätzlichen Steuerverkürzung (Steuerhinterziehung, s. § 370 AO) unterscheidet sich die leichtfertige Steuerverkürzung des § 378 AO hinsichtlich des subjektiven Tatbestands. Im objektiven Tatbestand besteht kein Unterschied. Es ist allein der geringere Verschuldensgrad (Leichtfertigkeit statt Vorsatz), den der Gesetzgeber zum Anlass genommen hat, die beiden Delikte so unterschiedlich zu qualifizieren (Stufenverhältnis, BGH v. 28.01.1987, 3 StR 373/86, DStR 1987, 209; Auffangtatbestand, BGH v. 13.01.1988, 3 StR 450/87, wistra 1988, 196). Denn als bloße Ordnungswidrigkeit stellt die leichtfertig herbeigeführte Steuerverkürzung keine mit Strafe bedrohte Tat dar, sondern lediglich ein Ordnungsunrecht, das nur mit Geldbuße belegt wird. 1

2 Vergleicht man die Strafdrohung der Steuerhinterziehung mit der wesentlich milderen Ahndung der leichtfertigen Steuerverkürzung und stellt man dem die Unterscheidung gegenüber, die den für eine Bestrafung erforderlichen Vorsatz in seiner Erscheinungsform des nur bedingten Vorsatzes von der Leichtfertigkeit bzw. groben Fahrlässigkeit abhebt, so verdeutlicht das die **Problematik**, der sich die **Rechtsanwendung** bei der Unterscheidung zwischen diesen beiden in Handlung und Erfolg übereinstimmenden Taten gegenüber sieht. In der Praxis ist die Tendenz unverkennbar, § 378 AO auf jene Fälle anzuwenden, in denen der für § 370 AO erforderliche Nachweis des Vorsatzes nicht gelingt. Das belegt auch die vom BMF erstellte Strafsachenstatistik, die deutlich mehr Verfahren wegen Steuerhinterziehung ausweist als solche wegen leichtfertiger Steuerverkürzung (wistra 2004, 135). Wegen der geringeren subjektiven Anforderungen des § 378 AO möchte man meinen, dass es umgekehrt sein müsste.

3 Wegen der Erstreckung auf die Hinterziehung von Einfuhr- und Ausfuhrabgaben sowie der Umsatzsteuer über den nationalen Bereich hinaus s. § 370 AO Rz. 122 ff.

## B. Objektiver Tatbestand

4 Den objektiven Tatbestand der Bußgeldvorschrift des § 378 AO bildet die Verkürzung von Steuern oder die Erlangung nicht gerechtfertigter Steuervorteile, entweder durch unrichtige oder unvollständige Angaben über steuererhebliche Tatsachen gegenüber Finanz- oder anderen Behörden (**aktive Tathandlung**) oder durch pflichtwidriges In-Unkenntnis-Lassen der Finanzbehörden über steuererhebliche Tatsachen (**Unterlassung**). Eine dieser in § 370 Abs. 1 AO beschriebenen Taten muss der Steuerpflichtige oder eine andere Person bei Wahrnehmung der Angelegenheit eines Steuerpflichtigen begangen haben. Durch die Handlung oder das Unterlassen muss der Verkürzungserfolg eintreten. Zu den Einzelheiten des Tatbestandes des § 370 Abs. 1 AO s. § 370 AO Rz. 5 bis 50. Zur leichtfertigen Steuerverkürzung durch Nichtabgabe der erforderlichen Steuererklärung s. den instruktiven Fall des OLG Karlsruhe v. 03.03.1978, (3 Ss (B) 333/77, DStR 1978, 343).

5 Im Unterschied zur Steuerhinterziehung kommt eine Geldbuße wegen **Versuches** einer leichtfertigen Steuerverkürzung nicht in Betracht, weil es dazu einer – in § 378 AO nicht enthaltenen – ausdrücklichen Gesetzesbestimmung bedürfte (s. § 13 Abs. 2 OWiG). Mithin muss die Verkürzung der Steuer eingetreten oder der nicht gerechtfertigte Steuervorteil erlangt sein (s. § 370 AO Rz. 22 bis 50).

6 Während eine Steuerhinterziehung durch aktives Tun von jedermann als **Täter** oder Teilnehmer begangen werden kann, nennt die leichtfertige Steuerverkürzung als Täter nur den Steuerpflichtigen und Personen, die bei Wahrnehmung der Angelegenheiten eines Steuerpflichtigen den Taterfolg bewirken. Dies folgt aus der leichtfertigen Begehungsform des Deliktes, die in Gestalt der vorausgesetzten **Vernachlässigung** eines bestimmten **Pflichtenkreises** einen personalen Bezugspunkt benötigt. Unbeschadet dieser Eingrenzung liegt der leichtfertigen Steuerverkürzung ein **einheitlicher Täterbegriff** zugrunde, der zum Zwecke der leichteren Rechtsanwendung nicht zwischen dem eigentlichen Täter und den verschiedenen Formen der Teilnahme unterscheidet. Tragen zu einer leichtfertigen Steuerverkürzung **mehrere Personen** bei, so handelt bzw. verhält sich jeder Beteiligte im Sinne des Gesetzes ordnungswidrig (s. § 14 OWiG; § 377 AO Rz. 15 f.).

Der Begriff des **Steuerpflichtigen** im Sinne der Vorschrift ergibt sich aus § 33 AO. Hiernach ist Stpfl. nicht 7
nur der Steuerschuldner oder der für eine Steuer Haftende, sondern darüber hinaus jeder, dem durch die Steuergesetze steuerliche Pflichten auferlegt werden. Damit sind auch alle diejenigen Personen als Steuerpflichtige anzusehen, die als **Vertreter** (Geschäftsführer, Vorstände) oder **Verwalter** von Vermögenswerten steuergesetzliche Verpflichtungen der von ihnen Vertretenen zu erfüllen haben (s. § 34 AO). Einem Steuerpflichtigen steht gleich, wer in fremdem Namen als **Verfügungsberechtigter** auftritt (s. § 35 AO). Zu den einschlägigen steuergesetzlichen Pflichten gehören insbes. die in Betracht kommenden Anzeige-, Anmeldungs-, Erklärungs- und sonstigen Mitwirkungspflichten (s. § 90 AO). Voraussetzung ist jedoch, dass es sich um **Pflichten** handelt, die in einem **Steuergesetz** auferlegt sind. Sind Pflichten dieser Art rechtsgeschäftlich (kraft Auftrags oder Vertrages) übernommen, kommt ihre Verletzung nur in der Alternativform der **Wahrnehmung** von Angelegenheiten eines Steuerpflichtigen in Betracht. Diese zielt in erster Linie auf die Begehung durch **Angestellte** oder sonstige **Hilfspersonen** des Steuerpflichtigen. Täter einer leichtfertigen Steuerverkürzung kann aber nur der sein, der in Wahrnehmung der Angelegenheiten des Steuerpflichtigen selbst gegenüber dem FA handelt bzw. handeln müsste. Dies ist auch bei einem **Steuerberater**, der eine durch den Steuerpflichtigen einzureichende Erklärung vorbereitet, der Fall (BFH v. 19.12.2002, IV R 37/01, BStBl II 2003, 385; OLG Karlsruhe v. 09.03.1986, 3 Ws 147/85, wistra 1986, 257; *Joecks* in JJR, § 378 AO Rz. 52 ff.; a. A. BFH v. 29.10.2013, VIII R 27/10, BStBl II 2014, 295: keine eigenen Angaben des Beraters; OLG Zweibrücken v. 23.10.2008, 1 Ss 140/08, wistra 2009, 127). Die Wahrnehmung von Angelegenheiten eines Steuerpflichtigen ist auch in Gestalt eigenmächtigen bzw. vollmachtslosen Handelns denkbar. Der **Notar** handelt bei der Anzeigeerstattung nach § 18 GrEStG auch nicht in »Wahrnehmung der Angelegenheiten eines Stpfl.« i. S. des § 378 Abs. 1 Satz 1 AO, da es sich hier nicht um eine rechts-

geschäftliche Beauftragung durch den Stpfl. handelt, sondern um eine gesetzliche Pflicht (BFH v. 03.03.2015, II R 30/13, BStBl II 2015, 777).

## C. Subjektiver Tatbestand (Leichtfertigkeit)

8 Die Bußgeldvorschrift des § 378 AO verlangt das Vorliegen eines erhöhten Grades von Fahrlässigkeit. Die Verfolgung leichterer Grade fahrlässiger Verhaltensweisen wäre rechtspolitisch nicht wünschenswert und auch nicht praktikabel.

9 **Fahrlässig** verhält sich, wer schuldhaft nicht erkennt, dass sein Tun oder Lassen ursächlich für den Eintritt eines Taterfolges ist, sei es, dass ihm diese Möglichkeit nicht zum Bewusstsein gekommen ist (**unbewusste Fahrlässigkeit**), sei es, dass er an diese Möglichkeit zwar gedacht, jedoch im Vertrauen darauf gehandelt hat, sie werde nicht Wirklichkeit werden (**bewusste Fahrlässigkeit**). Ist der Täter seiner inneren Einstellung nach bereit, den Erfolg, wenn er eintreten sollte, billigend in Kauf zu nehmen, wird regelmäßig schon die Schwelle des bedingten Vorsatzes überschritten sein (s. § 370 AO Rz. 52). Häufig besteht die Fahrlässigkeit in einem **Irrtum** über das Vorhandensein von Merkmalen des gesetzlichen Steuer- oder Straf- bzw. Bußgeldtatbestandes (**Tatbestandsirrtum**, s. § 11 Abs. 1 OWiG; s. § 377 AO Rz. 12; s. § 370 AO Rz. 57 ff.). Ein solcher Irrtum schließt den Vorsatz aus, lässt aber die fahrlässige Begehung unberührt. Irrte der Täter hingegen – bei Kenntnis der von ihm verwirklichten Tatbestandsmerkmale – über die Widerrechtlichkeit seines Verhaltens (**Verbotsirrtum**), so steht dies der vorsätzlichen Begehung nicht entgegen, es sei denn, dass der Irrtum dem Täter nicht »vorzuwerfen« war (unverschuldeter Verbotsirrtum). Beim unverschuldeten Verbotsirrtum kommt eine Ahndung nicht in Betracht (s. § 11 Abs. 2 OWiG; s. § 377 AO Rz. 13).

10 Die Fahrlässigkeit setzt voraus, dass der Täter den Umständen und seinen **persönlichen Verhältnissen** nach, gemessen am Grad seiner **Urteilskraft** und seiner **Einsichtsfähigkeit**, diejenige Sorgfalt außer Acht gelassen hat, deren er fähig war und bei deren Beachtung der Erfolg nicht eingetreten wäre (BFH v. 25.06.1997, VIII B 35/96, BFH/NV 1998, 8). Dabei sind gegenüber einem Kaufmann bei Obliegenheiten die zu seiner kaufmännischen Tätigkeit gehören, höhere Anforderungen zu stellen als bei anderen Steuerpflichtigen (BFH v. 19.02.2009, II R 49/07, BStBl II 2009, 932). Leichtfertig handelt wer solche Umstände nicht berücksichtigt, die sich ihm aufdrängen mussten (BGH v. 16.12.2009, 1 StR 491/09, BFH/NV 2010, 1071; BFH v. 24.07.2014, V R 44/13, BStBl II 2014, 955: Verstoß gegen beleg- und buchmäßige Nachweispflichten bei § 6a UStG).

11 Angesichts der Kompliziertheit der Steuergesetze dürfen die **Anforderungen**, die **an dieSorgfaltspflicht** in steuerlichen Angelegenheiten zu stellen sind, weder zu weit noch zu eng gezogen werden. Der Steuerpflichtige muss sich über seine steuerlichen Verpflichtungen unterrichten, die ihn im Rahmen seines Lebenskreises treffen (**Erkundigungspflicht**: BFH v. 24.04.1996, II R 73/93, BFH/NV 1996, 731; BGH v. 17.12.2014, 1 StR 324/14, wistra 2015, 191: Kaufmann). **Überlässt** er die Erledigung seiner steuerlichen Obliegenheiten einem **Angestellten** (z. B. Buchhalter), so muss er sich durch gelegentliche **Kontrollen** davon überzeugen, ob dieser die einschlägigen Bestimmungen kennt und seine Arbeit gewissenhaft verrichtet (BGH v. 03.06.1954, 3 StR 302/53, BStBl I 1955, 359, 364). In Zweifelsfällen ist Rat von qualifizierter sachkundiger Seite einzuholen (OLG Celle v. 01.10.1997, 22 Ss 198/97, wistra 1998, 196; BFH v. 19.02.2009, II R 49/07, BStBl II 2009, 932; BFH v. 21.04.2016, II B 4/16, BStBl II 2016, 576: auch bezüglich Verfahrenspflichten). Die **Zuziehung** eines **Steuerberaters** wird jedenfalls dann genügen, wenn gegen dessen Zuverlässigkeit keine Bedenken bestehen. Der BGH (BGH v. 20.12.1954, 3 StR 833/53, BStBl I 1955, 365) fordert, dass auch Steuerberater im Rahmen des Möglichen zu beaufsichtigen sind, insbes. dahin, dass die dem Auftraggeber zur Unterschrift vorgelegten Steuererklärungen keine Fehler und Irrtümer enthalten. Das geht insofern zu weit, als der Steuerpflichtige den Berater gerade wegen seiner Sachkunde beauftragt hat und ihm nicht zuzumuten ist, ohne besonderen Anlass diesen fachkundigen Rat in Zweifel zu ziehen. Richtig ist allerdings, dass der Steuerpflichtige selbst eher als der Berater in der Lage ist, festzustellen, ob alle relevanten Lebenssachverhalte vollständig und richtig erfasst sind. Bei der Aushändigung von Unterlagen, beispielsweise zur Fertigung des Bücherabschlusses, muss der Berater auf mögliche Zweifel oder Fehlerquellen hingewiesen werden. In die Bilanz oder Steuererklärung eingesetzte Schätzungsbeträge müssen als solche gekennzeichnet werden. Eine unterschriftsreif vorgelegte Erklärung darf nicht blindlings unterzeichnet werden (FG BW v. 22.01.1988, IX K 237/84, EFG 1988, 546). Ein Stpfl. ist aber nicht verpflichtet, die von einem Steuerberater vorbereitete Steuererklärung in allen Einzelheiten nachzuprüfen. Er darf vielmehr im Regelfall darauf vertrauen, dass der Steuerberater die Steuererklärung richtig und vollständig vorbereitet, wenn er diesem die für die Erstellung der Steuererklärung erforderlichen Informationen vollständig verschafft hat (BFH v. 17.11.2015, X R 35/14, BFH/NV 2016, 728). Leichtfertig handelt jedenfalls derjenige Stpfl., der seinem Berater ein blanko unterschriebenes Erklärungsformular überlässt und die von diesem erstellte Erklärung ungeprüft beim FA einreicht (BayObLG v. 01.03.2002, 4 St RR 2/2002, wistra 2002, 355).

Die in Steuersachen je nach dem Lebenskreis, in dem 12
sich der Pflichtige bewegt, mehr oder weniger weit reichende **Erkundigungspflicht** trifft **auch** den **Steuerfach-**

**mann.** Er muss sich über die Entwicklung des Rechts unterrichten. Über die herrschende Meinung kann er nicht ohne Weiteres hinweggehen (s. § 370 AO Rz. 8 zur Problematik der abweichenden Rechtsauffassung). Vertritt man die Auffassung, dass ein vom Steuerpflichtigen beauftragter Steuerberater grundsätzlich bei Wahrnehmung der Angelegenheiten des Steuerpflichtigen tätig wird (s. Rz. 7), stellt sich auch mit Hinblick auf seine Person die Frage nach dem leichtfertigen Verhalten. Der Steuerberater hat nach Auffassung des RG (RG v. 12.10.1936, RStBl 1937, 483) nach den ihm gegebenen Möglichkeiten dafür Sorge zu tragen, dass die Steuern in der gesetzlichen Höhe entrichtet werden. Erforderlichenfalls muss er den Auftraggeber auf seine Verpflichtungen hinweisen. Die Verantwortlichkeit des Steuerberaters kann aber nicht weiter gezogen werden, als Art und Umfang des ihm erteilten Auftrages reichen (*Jäger* in Klein, § 378 AO Anm. 10). Ist er mit der Prüfung der Besteuerungsgrundlagen nicht beauftragt, dann braucht er sie von sich aus nicht auf steuerliche Ordnungsmäßigkeit nachzuprüfen. Auch wenn der Berater nicht Sachwalter der Behörde ist, darf er einer von ihm vorgefertigten Steuererklärung nicht Unterlagen zugrunde zu legen, deren Mängel offenkundig sind (*Jäger* aaO). **Aus der Rechtsprechung** RG v. 04.07.1938, StuW 1939 Nr. 206: fahrlässiges Verhalten eines Bücherrevisors bei der Inventuraufstellung; BayObLG v. 24.09.1958 RR 1 St 626/56, BB 1158: besondere Verantwortlichkeit des Beraters bei Beantwortung behördlicher Anfragen; BFH v. 23.07.2013, VIII R 32/11, BStBl II 2016, 503: unterschiedliche Angabe des Gewinns in zeitgleich abgegebener Feststellungs- und Einkommensteuererklärung.

13 Für den Tatbestand des § 378 AO ist nur ein solcher Grad an Fahrlässigkeit ausreichend, die sich nach den Umständen des Falles und des dem Täter eigenen Grades an Einsicht in die Notwendigkeiten der Besteuerung als **Leichtfertigkeit** darstellt (BFH v. 14.12.2000, II B 123/99, BFH/NV 2001, 138). In der Rechtsprechung ist die Tendenz erkennbar, die Leichtfertigkeit mit grober Fahrlässigkeit gleichzusetzen (BGH v. 29.04.1959, 2 StR 123/59, DStR 1959, 372; BGH v. 18.11.1960, BStBl I 1961, 495, 498; OLG Karlsruhe v. 17.11.1960, 1 Js 171/60, BB 1961, 438; OLG Hamm v. 28.02.1964, 1 Ss 1576/63, BB 1964, 871) bzw., dass sie an eine solche grenzt (BGH v. 13.01.1988, 3 StR 450/87, MDR 1988, 454). Die Schuldform der Leichtfertigkeit enthält Elemente, die sich nicht ohne **Würdigung der Gesamtpersönlichkeit** des Täters feststellen lassen (BFH v. 19.12.2002, IV R 37/01, BStBl II 2003, 385, 388). Als Faustregel wird man formulieren können, dass leichtfertig derjenige handelt, der aus besonderem Leichtsinn oder besonderer Gleichgültigkeit fahrlässig handelt (*Joecks* in JJR, § 378 AO Rz. 37). Das ist dann der Fall, wenn sich die Gefahr der Tatbestandsverwirklichung dem Täter hätte aufdrängen müssen (BGH v. 16.12.2009, 1 StR 491/09, BFH/NV 2010, 1071; *Kohlmann* § 378 AO Rz. 61).

Bei der Verkürzung von Lohnsteuer oder einheitlicher Pauschsteuer im Zusammenhang mit der **geringfügigen Beschäftigung in Privathaushalten** werden diese Taten nach § 50e Abs. 2 EStG auch bei vorsätzlicher Begehungsweise nicht nach § 370 AO, sondern nach § 378 AO verfolgt. 13a

## D. Rechtswidrigkeitszusammenhang

Zwischen dem Erfolg und dem leichtfertigen Verhalten muss **Kausalität** und ein **Rechtswidrigkeitszusammenhang** bestehen (*Joecks* JJR, § 378 AO Rz. 49 ff.). Kausalität besteht, wenn die konkrete leichtfertige Handlung den Erfolg verursacht hat. Der Rechtswidrigkeitszusammenhang besteht, wenn bei sorgfältigem Verhalten der Erfolg nicht eingetreten wäre. Dieser Zusammenhang liegt z. B. nicht vor, wenn der Steuerpflichtige die Ausführung der steuerlichen Angelegenheiten auf Mitarbeiter übertragen hat und Überwachungsmaßnahmen unterlassen hat. Wären die nach den Umständen des Einzelfalles erforderlichen und aussichtsreichen Überwachungsmaßnahmen nicht geeignet gewesen, die Fehlerhaftigkeit der Steuererklärung aufzudecken, besteht kein Rechtswidrigkeitszusammenhang (BFH v. 27.11.1990, VII R 20/89, BStBl II 1991, 284). Es bleibt dann nur die Möglichkeit einer Ahndung des Verhaltens des Steuerpflichtigen nach § 130 OWiG. 14

## E. Ahndung

Die **Verfolgung** leichtfertiger Steuerverkürzungen liegt im pflichtmäßigem **Ermessen** des FA (Opportunitätsprinzip, s. § 47 OWiG). Die Ahndung erfolgt durch Geldbuße, die im Mindestfall fünf Euro (s. § 17 OWiG) und im Höchstfall 50 000 Euro (s. § 378 Abs. 2 AO) beträgt. Das für Geldstrafen eingeführte System der Tagessätze (s. § 370 AO Rz. 102) findet keine Anwendung. Nebenfolgen, wie sie § 375 AO für die Steuerhinterziehung vorsieht, kommen bei leichtfertiger Verkürzung nicht in Betracht. 15

Für die **Bemessung** der **Geldbuße** im konkreten Einzelfall gilt § 17 Abs. 3 und 4 OWiG. Grundlage für die Höhe sind die **objektive Bedeutung** der Ordnungswidrigkeit und der **Grad** des **Vorwurfs**, der den Täter in subjektiver Hinsicht trifft. Die wirtschaftlichen Verhältnisse des Täters sind zu berücksichtigen, es sei denn, dass es sich nur um einen geringfügigen Verstoß handelt. Die Geldbuße soll die Vorteile übersteigen, die der Täter aus der Ordnungswidrigkeit gezogen hat. Reicht das gesetzliche Höchstmaß der Geldbuße von 50 000 Euro hierfür nicht aus, so kann es sogar überschritten werden (s. § 17 Abs. 4 Satz 2 OWiG). 16

17 Die **wirtschaftlichen Verhältnisse** des Täters, insbes. seine finanzielle Leistungsfähigkeit, sind bei Geldbußen wegen Ordnungswidrigkeiten nur dann zu berücksichtigen, wenn es sich um Verstöße handelt, die nicht nur geringfügige Bedeutung besitzen. Die Gesetzesbegründung (BT-Drs. V/1269) führt hierzu aus: »Kommt allerdings nach der Bedeutung der Tat eine hohe Geldbuße in Betracht, weil der Täter, z. B. wegen der Schwere des ihn treffenden Vorwurfs oder des Ausmaßes der Tat, zur Abschreckung eine empfindliche Vermögenseinbuße verdient, dann muss seine Leistungsfähigkeit berücksichtigt werden. Eine abschreckende Wirkung, die der Geldbuße zukommen soll, muss daran gemessen werden, wie empfindlich den Täter die Geldbuße trifft. Das hängt vor allem von seinen wirtschaftlichen Verhältnissen ab …«

18 Eine Berücksichtigung der **Vorteile**, die der Täter aus der Ordnungswidrigkeit gezogen hat, setzt voraus, dass diese dem Täter nicht bereits anderweitig wieder entzogen worden sind, z. B. durch die Tilgung der verkürzten Steuer. Als Vorteil kommt auch der gezogene Zinsgewinn in Betracht, da § 235 AO nur für hinterzogene Beträge gilt und § 233a AO nicht immer den gesamten Vorteil abschöpft. Die Gewährung von **Zahlungserleichterungen**, sieht § 14 OWiG vor, falls dem Betroffenen nach seinen wirtschaftlichen Verhältnissen die sofortige Zahlung der Buße nicht zuzumuten ist.

19 Wegen der Vollstreckung von Bußgeldentscheidungen s. §§ 89 ff. OWiG. Die Erzwingungshaft regelt § 96 OWiG.

20 Zur Abzugsfähigkeit von Geldbußen bei der Einkommensermittlung s. § 370 AO Rz. 109.

## F. Bußgeldbefreiende Selbstanzeige

### Schrifttum

Jestädt, Ist die »kleine Selbstanzeige« gem. § 378 Abs. 3 AO nach einer Außenprüfung sinnvoll? BB 1998, 1394; Reichling, Selbstanzeige und Verbandsgeldbuße im Steuerstrafrecht, NJW 2013, 2233.

21 Der Täter kann nach näherer Maßgabe des § 378 Abs. 3 AO Bußgeldfreiheit erlangen. Die Voraussetzungen der strafbefreienden Selbstanzeige nach § 371 AO sind für die leichtfertige Steuerverkürzung gemildert. Die Bußgeldfreiheit kann auch dann noch erlangt werden, wenn eine Steuerprüfung bereits im Gange ist oder die Tat schon ganz oder teilweise entdeckt war. Nur darf dem Täter oder seinem Vertreter (im Sinne der §§ 34, 35 AO) nicht bereits die Einleitung eines Straf- oder Bußgeldverfahrens eröffnet worden sein (s. § 397 Abs. 3 AO).

22 Wie bei der strafbefreienden Selbstanzeige (s. § 371 AO) muss der Täter seine unterbliebenen oder unzutreffenden Angaben nachholen, ergänzen oder berichtigen (s. § 371 AO Rz. 4 ff.). Das OLG Celle (OLG Celle v. 19.12.1963, 1 Ss 402/63, NJW 1964, 989, 1735) lässt dazu eine bloße Anbahnung der Berichtigung bzw. Nachholung genügen. An den erforderlichen eigenen **Aufdeckungsbeitrag** des Täters sind im Fall einer leichtfertigen Steuerverkürzung geringere Anforderungen zu stellen als im Fall einer vorsätzlichen Tat (OLG Hamburg v. 12.02.1985, 1 Ss 191/84, BB 1985, 1779), weil es einem nur fahrlässig handelnden Täter häufig an der Kenntnis seines Verstoßes fehlt. Die Rechtsprechung (BayObLG v. 02.12.1980, 4 St 168/80, DB 1981, 874) lässt die erforderliche Nachholung bzw. Berichtigung sogar gegenüber dem Betriebsprüfer zu. Oft erkennt der Stpfl. erst während der Prüfung seinen Fehler, sodass er ihn erst jetzt berichtigen kann. Die bloße Anerkennung der Prüfungsergebnisse erfüllt die Voraussetzungen einer bußgeldbefreienden Selbstanzeige im Zweifel nicht (OLG Oldenburg v. 18.09.1997, Ss 335/97, wistra 1998, 71; *Joecks* in JJR, § 378 AO Rz. 72; a. A. OLG Karlsruhe v. 30.11.1995, 2 Ss 158/95, wistra 1996, 117).

Die Selbstanzeige kann durch einen Vertreter erstattet 23
werden (s. § 371 AO Rz. 9).

Zur Wirkung der Selbstanzeige (§ 378 Abs. 3 AO) 24
s. § 371 AO Rz. 32 ff. Wie im Falle der vorsätzlichen Hinterziehung hängt auch die bußgeldbefreiende Wirkung der Selbstanzeige davon ab, dass der Tatbeteiligte die zu seinen Gunsten verkürzten Beträge innerhalb der ihm hierfür bestimmten Frist **nachentrichtet** (§ 378 Abs. 3 Satz 2 AO). Diese Voraussetzung entfällt für solche Beteiligte, die aus der Tat keinen Steuervorteil gezogen haben (s. § 371 AO Rz. 26 ff.). Da Hinterziehungszinsen nach § 235 AO eine vorsätzliche Tat voraussetzen, ist anders als bei § 371 Abs. 3 AO für deren Einbeziehung in die Nachentrichtungspflicht bei § 378 Abs. 3 AO kein Raum.

Die Unterscheidung zwischen der Straftat der Steuer- 25
hinterziehung und der Ordnungswidrigkeit der leichtfertigen Steuerverkürzung hat unterschiedliche Konsequenzen hinsichtlich der Ausschlusstatbestände der straf- bzw. bußgeldbefreienden Selbstanzeige zur Folge. Wie die Frage des Vorsatzes oder der Leichtfertigkeit über die Qualifizierung einer Steuerverkürzung als Straftat (s. § 370 AO) oder als Ordnungswidrigkeit (§ 378 AO) entscheidet, kann auch die Wirksamkeit einer Selbstanzeige von diesem Kriterium abhängen. Hat der Täter die Anzeige beispielsweise erst nach dem Erscheinen eines Prüfers der Finanzbehörde erstattet, so hängt ihre Wirkung davon ab, wie die zugrunde liegende Steuerverkürzung hinsichtlich des subjektiven Tatbestands zu beurteilen ist. Wird vorsätzliche Begehung festgestellt, wirkt die Anzeige wegen Nichterfüllung der Voraussetzung des § 371 Abs. 2 Nr. 1a AO nicht strafbefreiend. Ergibt sich hingegen, dass die Verkürzung nur leichtfertig bewirkt war, tritt die Bußgeldfreiheit ein, weil den Erfordernissen des § 378 Abs. 3 AO entsprochen ist.

Die Bußgeldfreiheit kommt aufgrund der Verweisung 26
in § 378 Abs. 3 Satz 2 AO auf § 371 Abs. 4 AO auch denjenigen zugute, denen in Fällen des § 153 AO die

ursprüngliche Unrichtigkeit oder Unvollständigkeit der berichtigten bzw. nachgeholten Erklärung zur Last fällt (s. § 371 AO Rz. 35 ff.).

27 Im Zusammenhang mit § 378 Abs. 3 AO ist die **Berichtigungspflicht** nach § 153AO auchunter einem anderen Blickwinkel von Bedeutung. Nach dieser Vorschrift ist der Steuerpflichtige oder dessen Vertreter verpflichtet, unrichtige oder unvollständige Erklärungen zu berichtigen oder zu vervollständigen, wenn er die Unrichtigkeit oder Unvollständigkeit nachträglich erkennt und wenn es zu einer Verkürzung bereits gekommen ist oder kommen kann. Ein Verstoß gegen diese Pflicht wird durch § 370 Abs. 1 Nr. 2 AO als Steuerhinterziehung durch Unterlassen erfasst (s. § 370 AO Rz. 18). Daraus folgt für § 378 Abs. 3 AO die **Pflicht zur Selbstanzeige**. Umgekehrt muss diese aber bußgeldbefreiende Wirkung haben, weil es sonst eine Pflicht zur Selbstbelastung gäbe (AEAO zu § 153, Nr. 2.7; s. § 371 AO Rz. 1).

28 Die Selbstanzeige wirkt nur für den Tatbestand des § 378AO bußgeldbefreiend. Das ist von Verfassungs wegen nicht zu beanstanden. Sie führt bei konkurrierenden Tatbeständen auch nicht zwingend zur Einstellung des Verfahrens nach § 47 OWiG, doch ist sie bei der Gesamtwürdigung der Umstände zu berücksichtigen (BVerfG v. 11.07.1997, 2 BvR 997/92, wistra 1997, 297).

## § 379 AO Steuergefährdung

**(1) Ordnungswidrig handelt, wer vorsätzlich oder leichtfertig**

**1. Belege ausstellt, die in tatsächlicher Hinsicht unrichtig sind,**

**2. Belege gegen Entgelt in den Verkehr bringt oder**

**3. nach Gesetz buchungs- oder aufzeichnungspflichtige Geschäftsvorfälle oder Betriebsvorgänge nicht oder in tatsächlicher Hinsicht unrichtig [ab 01.01.2020:] aufzeichnet oder aufzeichnen lässt, verbucht oder verbuchen lässt,**

**[Fassung Abs. 4 bis 6 ab 01.01.2020:]**

**4. entgegen § 146a Absatz 1 Satz 1 ein dort genanntes System nicht oder nicht richtig verwendet,**

**5. entgegen § 146a Absatz 1 Satz 2 ein dort genanntes System nicht oder nicht richtig schützt oder**

**6. entgegen § 146a Absatz 1 Satz 5 gewerbsmäßig ein dort genanntes System oder eine dort genannte Software bewirbt oder in Verkehr bringt**

**und dadurch ermöglicht, Steuern zu verkürzen oder nicht gerechtfertigte Steuervorteile zu erlangen. Satz 1 Nr. 1 gilt auch dann, wenn Einfuhr- und Ausfuhrabgaben verkürzt werden können, die von einem anderen Mitgliedstaat der Europäischen Union verwaltet werden oder die einem Staat zustehen, der für Waren aus der Europäischen Union auf Grund eines Assoziations- oder Präferenzabkommens eine Vorzugsbehandlung gewährt; § 370 Abs. 7 gilt entsprechend. Das Gleiche gilt, wenn sich die Tat auf Umsatzsteuern bezieht, die von einem anderen Mitgliedstaat der Europäischen Union verwaltet werden.**

**(2) Ordnungswidrig handelt, wer vorsätzlich oder leichtfertig**

**1. der Mitteilungspflicht nach § 138 Abs. 2 Satz 1 nicht, nicht vollständig oder nicht rechtzeitig nachkommt,**

**1a. entgegen § 144 Absatz 1 oder Absatz 2 Satz 1, jeweils auch in Verbindung mit Absatz 5, eine Aufzeichnung nicht, nicht richtig oder nicht vollständig erstellt,**

**1b. einer Rechtsverordnung nach § 117 c Absatz 1 oder einer vollziehbaren Anordnung auf Grund einer solchen Rechtsverordnung zuwiderhandelt, soweit die Rechtsverordnung für einen bestimmten Tatbestand auf diese Bußgeldvorschrift verweist,**

**1c. entgegen § 138a Absatz 1, 3 oder 4 eine Übermittlung des länderbezogenen Berichts oder entgegen § 138a Absatz 4 Satz 3 eine Mitteilung nicht, nicht vollständig oder nicht rechtzeitig (§ 138a Absatz 6) macht,**

**1d. der Mitteilungspflicht nach § 138b Absatz 1 bis 3 nicht, nicht vollständig oder nicht rechtzeitig nachkommt,**

**2. die Pflichten nach § 154 Absatz 1 bis 2c verletzt.**

**(3) Ordnungswidrig handelt, wer vorsätzlich oder fahrlässig einer Auflage nach § 120 Abs. 2 Nr. 4 zuwiderhandelt, die einem Verwaltungsakt für Zwecke der besonderen Steueraufsicht (§§ 209 bis 217) beigefügt worden ist.**

***[Fassung bis 31.12.2019:]***

**(4) Die Ordnungswidrigkeit nach Absatz 1, Absatz 2 Nummer 1 bis 1b und Nummer 2 sowie Absatz 3 kann mit einer Geldbuße bis zu 5 000 Euro und die Ordnungswidrigkeit nach Absatz 2 Nummer 1c mit einer Geldbuße bis zu 10 000 Euro geahndet werden, wenn die Handlung nicht nach § 378 geahndet werden kann.**

**[Fassung Abs. 4 bis 7 ab 01.01.2020:]**

**(4) Die Ordnungswidrigkeit nach Absatz 1 Satz 1 Nummer 1 und 2, Absatz 2 Nummer 1a, 1b und 2 sowie Absatz 3 kann mit einer Geldbuße bis zu 5 000 Euro geahndet werden, wenn die Handlung nicht nach § 378 geahndet werden kann.**

**(5) Die Ordnungswidrigkeit nach Absatz 2 Nummer 1c kann mit einer Geldbuße bis zu 10 000 Euro geahndet werden, wenn die Handlung nicht nach § 378 geahndet werden kann.**

**(6) Die Ordnungswidrigkeit nach Absatz 1 Satz 1 Nummer 3 bis 6 kann mit einer Geldbuße bis zu 25 000 Euro geahndet werden, wenn die Handlung nicht nach § 378 geahndet werden kann.**

**(7) Die Ordnungswidrigkeit nach Absatz 2 Nummer 1 und 1d kann mit einer Geldbuße bis zu 25 000 Euro geahndet werden, wenn die Handlung nicht nach § 378 geahndet werden kann.**

**Inhaltsübersicht**



**Schrifttum**

Langrock/Samson, Steuergefährdung durch Verletzung der Aufzeichnungspflichten nach § 144 AO? DStR 2007, 700; Gehm, Bußgeldbewehrung der Meldepflicht nach § 138 Abs. 2 AO, NWB 2012, 1072.

## A. Begriff der Steuergefährdung

1 Die Vorschrift verlegt die Abwehr von Steuerverkürzungen durch einen besonderen **Gefährdungstatbestand** in das Stadium von Handlungen, die im Hinblick auf die Verkürzungsdelikte der §§ 370 und 378 AO zumeist straflose **Vorbereitungshandlungen** darstellen. Es handelt sich um eine zum selbstständigen Bußgeldtatbestand erhobene Vorbereitungshandlung zur vorsätzlichen bzw. leichtfertigen Steuerhinterziehung (OLG Celle v. 17.07.1979, 2 Ss (OWi) 313/78, MDR 1980, 77). Die durch § 379 Abs. 1 AO betroffenen Handlungen haben die Tendenz, dass sie zu Steuerverkürzungen führen. Diese Folge muss jedoch nicht eintreten, weil die Möglichkeit offenbleibt, dass sich der Handelnde bis zur Abgabe der Steuererklärung oder Entrichtung der Steuer eines Besseren besinnt oder aus anderen Gründen kein Steueranspruch entsteht. Dennoch bedeutet die Ausstellung falscher Belege bzw. die Nicht- oder Falschbuchung von Geschäftsvorfällen eine sanktionswürdige Gefährdung der Besteuerung. Wegen des rechtlichen Verhältnisses zu den Verkürzungstatbeständen s. Rz. 15 f.

## B. Verletzung der Beleg- und Buchungswahrheit

Eine Gefährdung der Besteuerung durch Verletzung der Beleg- und Buchungswahrheit erkennt das Gesetz in zweifacher Hinsicht, nämlich durch das Ausstellen unrichtiger Belege und das unrichtige Verbuchen von Geschäftsvorfällen. In beiden Fällen ist nur die vollendete Handlung mit Geldbuße bedroht. 2

Betroffen ist das **Ausstellen** von sachlich **unrichtigen Belegen**, d.h. von Rechnungen, Quittungen, Liefer- und Leistungsscheinen, Spesenabrechnungen, Schulderklärungen oder sonstigen Urkunden, die Aussagen über wirtschaftliche Vorgänge enthalten, jedoch zu den tatsächlichen Verhältnissen ganz oder teilweise in Widerspruch stehen (BGH v. 04.01.1989, 3 StR 415/88, wistra 1989, 190), sei es auch nur in nebensächlichen Punkten, wie der Angabe von Ort oder Datum. Die wirtschaftlichen Vorgänge müssen Gegenstand des **rechtsgeschäftlichen Verkehrs** mit Dritten oder des innerbetrieblichen Werteflusses sein (s. Rz. 7; s. und die Sondervorschrift des § 381 AO). 3

Ordnungswidrig handelt **derjenige**, der den **Beleg** mit dem **unrichtigen Inhalt versieht**, sei es, dass er als Aussteller jemanden angibt, der in Wirklichkeit nicht der Aussteller ist (unechte Urkunde), sei es, dass er dem Beleg einen sachlich unrichtigen Inhalt gibt (falsche oder verfälschte Urkunde), sei es, dass beide Merkmale zusammentreffen. Täuscht der Aussteller über den Urheber der Urkunde, so liegt wegen des subsidiären Charakters des § 379 AO lediglich eine Urkundenfälschung vor (s. § 267 StGB; s. § 21 OWiG). Vollendet ist die Handlung mit der Ausstellung des unrichtigen Belegs und – erforderlichenfalls – seiner Aushändigung an denjenigen, der von ihm Gebrauch machen soll. Ob die Urkunde auch zu dem vorgesehenen Zweck genutzt wird, ist für den Tatbestand des § 379 Abs. 1 Nr. 1 AO bedeutungslos, ebenso wie die Frage, zu wessen Steuerverkürzung der falsche Beleg dienen kann. Eine falsche Spesenabrechnung führt regelmäßig zu einer eigenen, ein fingierter Darlehensschein oder ein unrichtiger USt-Ausweis auf einer Rechnung zu einer fremden Steuerverkürzung. 4

Verboten ist weiter das **Nicht**- oder **Unrichtig-Verbuchen** oder Verbuchen lassen von buchungs- oder aufzeichnungspflichtigen Geschäftsvorfällen oder Betriebsvorgängen. Durch die Vorschrift sind die Fälle lediglich unvollständiger Buchungen (z.B. fehlende Angaben nach § 143 Abs. 3 AO) nicht erfasst (AG Münster v. 15.10.1998, 5

14 OWi 44 Js 385/98, wistra 1999, 114). Eine erweiternde Auslegung der Vorschrift scheitert am Bestimmtheitsgebot des Art. 103 Abs. 2 GG bzw. an § 3 OWiG, es sei denn, die Unvollständigkeit führt zu einer Abweichung von der Wirklichkeit und damit zur unrichtigen Verbuchung (*Jäger* in JJR, § 379 AO Rz. 44).

**6** Die Verbuchungs- oder Aufzeichnungspflicht (s. §§ 140 bis 146 AO oder z. B. § 22 Abs. 1, Abs. 2 Nr. 1, 2, 5, 6, 7 UStG) muss sich auf **Vorgänge des rechtsgeschäftlichen Liefer- oder Leistungsverkehrs** des Unternehmers mit Dritten beziehen. Die Verbuchung oder Aufzeichnung muss sich auf die Höhe der Einnahmen oder Ausgaben bzw. den Umfang von Vermögenswerten oder Verbindlichkeiten auswirken. Verstöße gegen die Verbuchungspflicht liegen regelmäßig in den Fällen der so genannten OR-Geschäfte (Ohne-Rechnungs-Geschäfte) vor, d. h. von Lieferungen oder Leistungen, über die zur Absicherung der Nichtverbuchung Rechnungen oder sonstige Belege nicht erteilt werden.

**7** **Betriebsvorgänge** betreffen den **Wertefluss innerhalb des Unternehmens** (Betriebes) oder zwischen mehreren zu einem Unternehmen gehörigen Betrieben. Einen wichtigen Anwendungsfall bilden die aufgrund der Verbrauchsteuergesetze aufzeichnungspflichtigen Vorgänge, an welche die Besteuerung anknüpft oder die zur Sicherung der Besteuerung festzuhalten sind (s. § 381 AO). Es kommen aber auch Vorgänge im Bereiche anderer Steuern, insbes. der Umsatzsteuer, in Betracht, wie z. B. die der Leistung gleichgestellten Verbrauchsvorgängen (s. § 3 Abs. 1b und 9a UStG), die Einfuhren von ausländischen Betriebsstätten, die Einfuhr-USt auslösen (s. § 1 Abs. 1 Nr. 4 UStG), die innergemeinschaftliche Verbringung (s. § 3 Abs. 1a UStG) und das Verhältnis zwischen Vorsteuern und Umsätzen im Rahmen des Vorsteuerabzuges (s. § 15 Abs. 2 bis 4 UStG). Zu allem s. § 22 Abs. 2 Nr. 3, 4, 6 UStG.

**8** Ordnungswidrig im vorbezeichneten Sinne handelt derjenige, der zur Buchführung oder Aufzeichnung gesetzlich verpflichtet ist, sei es in seiner Person (als Unternehmer), sei es als Organ oder Vertreter im Sinne der §§ 34, 35 AO. Die Ausführungsform des Verbuchenlassens zielt auf mittelbare Täterschaft über weisungsgebundene oder in Unkenntnis der Zusammenhänge handelnde Arbeitnehmer oder sonstige Erfüllungspersonen. Bei Beteiligung mehrerer handelt jeder ordnungswidrig (s. § 9 OWiG, s. § 377 AO Rz. 15).

## C. In den Verkehr bringen von Belegen

**8a** Seit einiger Zeit wird beobachtet, dass insbes. in Internet-Auktionen z. B. Tankbelege o. Ä. zum Kauf angeboten werden. Der Veräußerer, der für diese Belege keine Verwendung hat, überlässt sie anderen Personen, die sie steuermindernd einsetzen wollen. Solche Fälle konnten vor der Neufassung des § 379 AO nicht verfolgte werden, wenn dem Verbreitenden kein Gehilfenvorsatz zu einer Steuerhinterziehung des Erwerbenden nachgewiesen werden konnte und nicht die Voraussetzungen eines Urkundsdelikts i. S. des § 267 StGB vorlagen. Diese Lücke soll Abs. 1 Nr. 2 schließen, indem auch die Weitergabe von echten und inhaltlich richtigen Belegen an Dritte, die an dem belegten Geschäftsvorfall nicht beteiligt waren, als Ordnungswidrigkeit geahndet werden kann (BT-Drs. 15/5605, 7). Nur die entgeltliche Weitergabe von Belegen wird erfasst, nicht aber die unbeabsichtigte Verschaffung der Verfügungsmacht, wie z. B. das Liegenlassen oder Wegwerfen von Belegen, die dann ein anderer an sich nimmt (BT-Drs. 16/520, 7). Sollte im Einzelfall ein Beleg unentgeltlich aber in Kenntnis der beabsichtigten Nutzung für steuerliche Zwecke weitergegeben werden, kann dies zwar nicht nach § 379 AO aber ggf. als Beihilfe zu einer Steuerhinterziehung verfolgt werden.

## D. Ordnungswidrigkeiten im Zusammenhang mit Aufzeichnungssystemen

Nach § 379 Abs. 1 Nr. 4 AO handelt ordnungswidrig, wer **8b** ein technisches System verwendet, das nicht den Anforderungen des § 146 a Abs. 1 Satz 1 AO entspricht, d. h. nicht jeden aufzeichnungspflichtigen Geschäftsvorfall oder anderen Vorgang einzeln, vollständig, richtig, zeitgerecht und geordnet aufzeichnet. Nach Nr. 5 wird ein weiterer Steuergefährdungstatbestand für das Fehlen einer zertifizierten technischen Sicherheitseinrichtung für elektronische Aufzeichnungssysteme bzw. deren Unzulänglichkeit geschaffen. Nach Nr. 6 handelt derjenige ordnungswidrig, der vorsätzlich oder leichtfertig elektronische Aufzeichnungssysteme i. S. der KassenSichV, technische Sicherheitseinrichtungen oder sonstige Hard- oder Software in Verkehr bringt oder bewirbt, die nicht jeden Geschäftsvorfall vollständig, richtig, zeitgerecht und geordnet erfasst bzw. nachträglich unprotokolliert steuerrelevante Daten verändert, löscht oder unterdrückt, wenn er dabei gewerbsmäßig handelt. Die Handlung ist gewerbsmäßig, wenn wiederholt Manipulationssoftware etc. im vorstehenden Sinn beworben oder in Verkehr gebracht werden, um sich eine nicht nur vorübergehende Einnahmequelle zu verschaffen. Diese Vorschriften gelten ab 01.01.2020 (Art. 97 § 30 Abs. 1 EGAO), Art. 97 § 30 Abs. 3 EGAO sieht eine Übergangszeit für nach dem 25.11.2010 und vor dem 01.01.2020 angeschaffte, § 146 a AO nicht genügende Registrierkassen vor.

### E. Ermöglichung einer Steuerverkürzung

Die Handlungen des § 379 Abs. 1 AO müssen geeignet sein, eine Verkürzung von Steuern (s. § 370 AO Rz. 22 ff.) oder eine Erlangung nicht gerechtfertigter Steuervorteile (s. § 370 AO Rz. 41 ff.) zu ermöglichen, sie müssen nicht ursächlich sein (so aber *Langrock/Samson,* DStR 2007, 700 zu Abs. 1 Nr. 3). Damit sind von der Bußgelddrohung Zuwiderhandlungen gegen solche Aufzeichnungspflichten ausgenommen, die für die Besteuerung nicht von Bedeutung sind (BT-Drs. V/I 812, 2). Soweit es sich um Aufzeichnungspflichten nach anderen Gesetzen als den Steuergesetzen handelt, kommt es gem. § 140 AO darauf an, ob an der Erfüllung ein steuerliches Interesse besteht.

**10** Keinen Unterschied macht es, ob der ordnungswidrig Handelnde die Verkürzung seiner **eigenen Steuer** (Beispiel: falsche Spesenabrechnung) oder der Steuer eines **anderen** (Beispiele: falscher Darlehensschein; unberechtigter oder überhöhter USt-Ausweis) ermöglicht. Es genügt, dass seine Handlung zur Verkürzung **irgendeiner Steuer** führen oder dazu wesentlich beitragen kann. Hierzu gehören auch Einfuhr- und Ausfuhrabgaben, die von einem anderen Mitgliedstaat der **Europäischen Union** (EU) verwaltet werden oder einem Staat zustehen, der für Waren aus der EG eine Vorzugsbehandlung gewährt (§ 379 Abs. 1 Satz 2, 1. HS AO). § 379 Abs. 1 Satz 3 AO dehnt den Schutz auf Umsatzsteuern, die von einem anderen Mitgliedstaat der Europäischen Union verwaltet werden, aus.

**11** Dass tatsächlich eine Steuer verkürzt oder ein nicht gerechtfertigter Steuervorteil erlangt ist, ist nicht Voraussetzung der Ahndung. Im Gegenteil entfällt die Ahndung nach § 379 Abs. 4 AO häufig, wenn ein Verkürzungstatbestand erfüllt ist. Es genügt somit die **Gefährdung des Steueraufkommens** als tendenzielle Folge der mit Geldbuße bedrohten Handlungen. Der Ahndung steht auch nicht entgegen, dass als Folge einer Steuerverkürzung beim Geschäftspartner möglicherweise eine eigene Steuerpflicht ausgelöst wird (Beispiel: § 160 AO), für die ohne die Ordnungswidrigkeit kein Raum wäre.

### F. Subjektiver Tatbestand

**12** Die Ahndung der Ordnungswidrigkeiten des § 379 Abs. 1 AO setzt **Vorsatz** oder **Leichtfertigkeit** voraus. Der Handelnde muss wissen oder leichtfertig nicht erkennen, dass er sich einer Ordnungswidrigkeit der in § 379 Abs. 1 AO bezeichneten Art schuldig macht oder an einer solchen beteiligt ist (s. § 9 OWiG, s. § 377 AO Rz. 15), und dass er damit eine Verkürzung von Steuereinnahmen ermöglicht. Wegen der Bedeutung eines Irrtums über Tatbestandsmerkmale oder eines fehlenden Unrechtsbewusstseins s. § 370 AO Rz. 57 ff. Zum Begriff der Leichtfertigkeit s. § 378 AO Rz. 13.

### G. § 379 Abs. 2 und 3 AO

§ 379 Abs. 2 AO stellt Verstöße gegen die Mitwirkungs- bzw. **Meldepflichten** wegen bestimmter **Auslandsbeziehungen** (s. § 117 c Abs. 1 AO; § 138 Abs. 2 AO und § 138 a AO), Aufzeichnungspflichten (s. § 144 AO) und gegen die Verpflichtung zur formalen **Kontenwahrheit** (s. § 154 Abs. 1 AO) unter die Bußgelddrohung des § 379 Abs. 4, 5 und 7 AO. Geahndet wird neben der vorsätzlichen auch die leichtfertige Begehung (s. Rz. 12). **13**

Die durch § 144 geforderten Aufzeichnungen sind von Bedeutung um Schwarzein- und -verkäufe zu unterbinden bzw. aufzudecken. § 379 Abs. 2 Nr. 1a AO soll einer Gefährdung des Steueraufkommens entgegenwirken, die dadurch entstehen können, dass Aufzeichnungen nicht den Anforderungen des § 144 AO entsprechen (BT-Drs. 17/2823, 31). **13a**

§ 379 Abs. 3 AO erstreckt die Bußgelddrohung auf Zuwiderhandlungen gegen **Auflagen**, welche die Finanzbehörde für Zwecke der **besonderen Steueraufsicht** (s. §§ 209 bis 217 AO) mit einem Verwaltungsakt verbindet, der dem Begünstigten ein Tun, Dulden oder Unterlassen vorschreibt (s. § 120 Abs. 1 Nr. 4 AO). Geahndet wird auch die nur fahrlässige Begehung (s. Rz. 9 ff). **14**

### H. Verhältnis zu den Verkürzungsdelikten

Gegenüber den Verkürzungsdelikten der §§ 370 und 378 AO ist die Ordnungswidrigkeit des § 379 AO in all ihren Erscheinungsformen **subsidiär**. Dies folgt hinsichtlich der leichtfertigen Steuerverkürzung unmittelbar aus § 379 Abs. 4 letzter HS AO und somit mittelbar auch hinsichtlich der Steuerhinterziehung. § 379 AO kommt z. B. dann zum Zuge, wenn eine Verfolgung wegen der Steuerhinterziehung bzw. leichtfertigen Steuerverkürzung nach einer Selbstanzeige nicht mehr möglich ist. Allerdings ist die Tatsache der Selbstanzeige im Rahmen der Opportunitätserwägungen des § 47 OWiG angemessen zu berücksichtigen (BVerfG v. 11.07.1997, 2 BvR 997/92, wistra 1997, 297). Die Anwendung des § 379 AO kommt auch dann in Betracht, wenn dem Betroffenen eine Beteiligung an anderen Verkürzungsdelikten nicht vorgeworfen oder nachgewiesen werden kann. **15**

Voraussetzung der Subsidiarität ist jedoch, dass nicht zwei selbstständige Zuwiderhandlungen gegen § 379 AO einerseits und gegen § 370 oder § 378 AO andererseits vorliegen. Das Verhalten des Täters muss in natürlicher Handlungseinheit ein Ganzes bildet, in dem die Gefährdungshandlung des § 379 AO als Delikt minderen Un- **16** rechtsgehalts aufgeht. Dabei kann von Bedeutung sein, ob der Täter die Gefährdung als Teil seiner damit ermöglichten Verkürzungshandlung betrachtet hat. Trifft das zu, so erfolgt eine Bestrafung nur aus § 370 AO (Täterschaft oder Teilnahme) und der Verstoß gegen § 379 AO wird konsumiert. Zur selbstständigen Ahndung einer tateinheitlich mit einer Steuerhinterziehung (s. § 370 AO) zusammentreffenden Ordnungswidrigkeit, wenn für die Hinterziehung eine Strafe nicht verhängt wird (s. § 21 Abs. 2 OWiG) s. § 377 AO Rz. 17 ff. Ohne einen Zusammenhang der geschilderten Art ist zumeist Tatmehrheit (s. § 370 AO Rz. 93 ff.) gegeben, sodass neben der Strafe aus § 370 AO für die Ordnungswidrigkeit eine Geldbuße aus § 379 AO festgesetzt werden kann (BT-Drs. V/1269, 56).

### I. Ahndung

17 Die Gefährdungshandlungen des § 379 AO sind mit **Geldbuße** bedroht, die im Mindestfall fünf und im Höchstfall 25 000 Euro beträgt; § 379 Abs. 4 bis 7 AO regelt dies detailliert für die einzelnen Gefährdungshandlungen. Zur Bemessung der Geldbuße sei auf die Ausführungen in Rz 15 ff. zu § 378 verwiesen. Soweit leichtfertige oder fahrlässige Begehung geahndet wird, ermäßigt sich der Höchstbetrag des Bußgeldes auf die Hälfte (s. § 17 Abs. 2 OWiG). Für § 379 Abs. 1 Satz 1 und Abs. 4 bestehen Übergangsregelungen bis zum 31.12.2022, s. Art. 97 § 30 Abs. 3 EGAO.

## § 380 AO
## Gefährdung der Abzugsteuern

**(1) Ordnungswidrig handelt, wer vorsätzlich oder leichtfertig seiner Verpflichtung, Steuerabzugsbeträge einzubehalten und abzuführen, nicht, nicht vollständig oder nicht rechtzeitig nachkommt.**

**(2) Die Ordnungswidrigkeit kann mit einer Geldbuße bis zu fünfundzwanzigtausend Euro geahndet werden, wenn die Handlung nicht nach § 378 geahndet werden kann.**

1 Die Ordnungswidrigkeit des § 380 AO besteht darin, dass der gesetzlichen Verpflichtung, **Steuerabzugsbeträge einzubehalten und abzuführen**, nicht, nicht vollständig oder nicht rechtzeitig entsprochen wird. Geschütztes Rechtsgut ist die **Doppelverpflichtung** zur **Einbehaltung** und **Abführung** der Abzugsbeträge. Wegen des Verhältnisses zu den Verkürzungsdelikten der §§ 370, 378 AO s. Rz. 7.

2 Um Steuerabzugsbeträge (sog. **Quellensteuern**) handelt es sich bei den Steuerabzügen vom Arbeitslohn (s. §§ 38 bis 42f EStG i.V.m. der LStDV), vom Kapitalertrag (s. §§ 43 bis 45d EStG), von Bauleistungen (s. §§ 48 bis 48d EStG) und von bestimmten Einkünften beschränkt steuerpflichtiger Personen (s. § 50a EStG). Es muss sich um Steuern eines anderen handeln, die von Beträgen einzubehalten und abzuführen sind, welche diesem geschuldet bzw. an ihn gezahlt werden.

Die Verpflichtung zur Einbehaltung und Abführung der Steuerabzugsbeträge trifft den **Schuldner** von Geld oder Sachleistungen, deren Zufluss beim Gläubiger dem Steuerabzug unterliegt. Das ist der Arbeitgeber hinsichtlich des dem Arbeitnehmer geschuldeten Arbeitslohns, das Kreditinstitut hinsichtlich der Zinserträge oder die Kapitalgesellschaft hinsichtlich der den Gesellschaftern geschuldeten Gewinnanteile (Dividenden). Die Verpflichtung zur Vornahme und Abführung besteht anteilig auch dann, wenn die dem Schuldner zur Verfügung stehenden Mittel zur Zahlung seiner vollen Schuld nicht ausreichen. Für diesen Fall schreibt z.B. § 38 Abs. 4 EStG vor, dass der Arbeitnehmer dem Arbeitgeber den Fehlbetrag zur Verfügung zu stellen hat.

Ordnungswidrig handelt sowohl, wer Steuerabzugsbeträge zwar einbehält, aber nicht abführt, wie auch derjenige, der Steuerabzugsbeträge abführt, die er nicht einbehalten hat, sondern aus eigenen Mitteln bestreitet, ohne die mit einer derartigen Nettozuwendung verbundene Erhöhung der Steuer zu berücksichtigen. Eine Ordnungswidrigkeit liegt schon dann vor, wenn nur eine der in § 380 Abs. 1 AO genannten Verhaltensweisen verwirklicht ist. 4

Bei **Tilgungsleistungen** des Entrichtungspflichtigen an die Finanzkasse ist die sachliche Reihenfolge des § 225 Abs. 2 AO zu berücksichtigen, wenn die eingehenden Zahlungen nicht zur Tilgung sämtlicher fälligen Rückstände genügen. Verbucht das FA entgegen dieser Regelung eingehende Zahlungen so, dass Rückstände von Steuerabzugsbeträgen verbleiben, so kann dies dem Betroffenen nicht angelastet werden (OLG Köln v. 11.02.1983, Ss 18/83 B, wistra 1983, 163). 5

Der subjektive Tatbestand der Ordnungswidrigkeiten des § 380 AO erfordert **Vorsatz** oder **Leichtfertigkeit** (s. § 370 AO Rz. 50 ff. und § 379 AO Rz. 12). Sind mehrere Geschäftsführer einer GmbH bestellt und ist einem von ihnen die Verantwortung für die Abführung von Steuerabzugsbeträgen zugewiesen, so handeln auch die anderen Geschäftsführer im Falle der Nichtabführung leichtfertig, wenn sie den verantwortlichen Geschäftsführer im Vertrauen auf dessen Zuverlässigkeit ungenügend kontrollieren (OLG Hamburg v. 16.09.1986, 3 Ss 26/86 OW, DB 1986, 2173). 6

Für das **Verhältnis** der Gefährdungshandlungen des § 380 AO zu den **Verkürzungsdelikten** der §§ 370, 378 AO gilt entsprechend, was in § 379 AO (s. § 379 AO Rz. 15 f.) ausgeführt ist. Jedoch tritt für die Fälle des § 380 AO als Besonderheit hinzu, dass eine Verkürzung 7 von Abzugsteuern (s. § 370 AO Rz. 29, 35 und 40) regelmäßig auch mit der Ordnungswidrigkeit der nicht vorschriftsmäßigen »Abführung« von Steuerabzugsbeträgen verbunden ist. In diesem Fall ist die Pflichtverletzung nach § 380 AO gegenüber der leichtfertigen Steuerverkürzung und damit auch gegenüber der Steuerhinterziehung **subsidiär** (§ 380 Abs. 2 letzter HS AO). Eine Ahndung aus § 380 AO kommt insbes. dann nicht in Betracht, wenn die einschlägige Handlung als Ausführungsbestandteil einer vollendeten oder versuchten Hinterziehung anzusehen ist (BGH v. 03.09.1970, 3 StR 155/69, BGHSt 23, 319). Entsprechendes gilt, wenn sich leichtfertige Verstöße gegen § 380 AO (Nichteinbehaltung der Steuer) in leichtfertigen Verkürzungshandlungen im Sinne von § 378 AO fortsetzen (Nichtanmeldung der Steuer). Fälle von Tatmehrheit (s. § 370 AO Rz. 93 ff.) zwischen Verstößen gegen § 380 AO einerseits und Verkürzungshandlungen im Sinne des § 370 AO oder des § 378 AO andererseits dürften infolge der regelmäßig engen Verzahnung der Ausführungshandlungen selten sein. Eine wirksame Selbstanzeige (s. §§ 371, 378 Abs. 3 AO) führt zwar zur Straf- bzw. Bußgeldfreiheit wegen der Verkürzungstat, lässt damit aber Raum für eine bußgeldrechtliche Ahndung nach § 380 AO (BayObLG v. 03.03.1980, RReg 166/79, NJW 1981, 1055; s. § 378 AO Rz. 28).

8 Unberührt bleibt die Ahndung aus § 380 AO, wenn eine Strafe aus § 370 AO »nicht verhängt« wird (s. § 21 Abs. 2 OWiG; § 379 AO Rz. 16).

9 Wegen der **Ahndung** gem. § 380 Abs. 2 AO gelten die Erläuterung zu § 379 AO entsprechend (s. § 379 AO Rz. 17). Die Geldbuße beträgt jedoch im Höchstmaß 25 000 Euro.

## § 381 AO Verbrauchsteuergefährdung

**(1) Ordnungswidrig handelt, wer vorsätzlich oder leichtfertig Vorschriften der Verbrauchsteuergesetze oder der dazu erlassenen Rechtsverordnungen**

1. **über die zur Vorbereitung, Sicherung oder Nachprüfung der Besteuerung auferlegten Pflichten,**
2. **über Verpackung und Kennzeichnung verbrauchsteuerpflichtiger Erzeugnisse oder Waren, die solche Erzeugnisse enthalten, oder über Verkehrs- oder Verwendungsbeschränkungen für solche Erzeugnisse oder Waren oder**
3. **über den Verbrauch unversteuerter Waren in den Freihäfen**

**zuwiderhandelt, soweit die Verbrauchsteuergesetze oder die dazu erlassenen Rechtsverordnungen für einen bestimmten Tatbestand auf diese Bußgeldvorschrift verweisen.**

**(2) Die Ordnungswidrigkeit kann mit einer Geldbuße bis zu fünftausend Euro geahndet werden, wenn die Handlung nicht nach § 378 geahndet werden kann.**

Die Verbrauchsteuergefährdung des § 381 AO ist ein **Blankettgesetz**, das der Ausfüllung durch die Verbrauchsteuergesetze und die dazu erlassenen Rechtsverordnungen bedarf, die dabei für einen bestimmten Tatbestand auf die Bußgeldvorschrift des § 381 AO verweisen müssen. § 381 Abs. 1 Nr. 1 bis 3 AO definiert den allgemeinen Handlungsrahmen, der durch die Blankettausfüllung konkretisiert wird. Die ausfüllende Regelung muss vor Begehung der Ordnungswidrigkeit Geltung erlangt haben, weil nur solche Handlungen mit Geldbuße geahndet werden können, deren Ahndung vor ihrer Begehung gesetzlich bestimmt war (s. § 3 OWiG). 1

Als **Beispiele** seien § 30 BierStG, § 35 SchaumwZwStG und § 53 SchaumwZwStV, § 24 KaffeeStG und § 44 KaffeeStV, § 158 BranntwMonG und § 51, § 64 EnergieStG und § 111 EnergieStV, § 36 TabStG und § 60 TabStV erwähnt, die Verwendungsge- und -verbote, Verpackungsvorschriften und Verkehrsbeschränkungen enthalten und im Falle vorsätzlicher und leichtfertiger Zuwiderhandlung auf eine der Alternativen des § 381 Abs. 1 AO verweisen. Zum Verhältnis des § 381 AO zu § 62 BImSchG s. BFH v. 02.11.2015, VII B 68/15, BFH/NV 2016, 173. 2

Der subjektive Tatbestand erfordert **Vorsatz** oder **Leichtfertigkeit** (s. § 379 AO Rz. 12). 3

Die Verbrauchsteuergefährdung des § 381 AO geht der allgemeinen Steuergefährdung des § 379 AO als **Sondervorschrift** vor. Soweit Verbrauchsteuern als Einfuhrabgaben (s. § 3 Abs. 3 AO; Art. 5 Nr. 20 UZK) anzusehen sind (Einfuhrtatbestände der Verbrauchsteuergesetze), tritt § 381 AO hinter § 382 AO zurück (BT-Drs. V/1812, 28). 4

Zum Verhältnis der Verbrauchsteuergefährdung zu den Verkürzungsdelikten der §§ 370 und 378 AO s. § 379 AO Rz. 15 f. 5

Wegen der **Ahndung** gem. § 381 Abs. 2 AO s. § 379 AO Rz. 17. 6

Eine Ordnungswidrigkeit eigener Art enthält § 37 TabStG. Schwarzhandel mit Zigaretten ist dann ausschließlich als Ordnungswidrigkeit zu ahnden, wenn der einzelnen Tat nicht mehr als 1000 Zigaretten zugrunde liegen. Zur Möglichkeit der Verwarnung in einem solchen Fall s. § 37 TabStG i. V. m. § 56 OWiG. 7

## § 382 AO Gefährdung der Einfuhr- und Ausfuhrabgaben

**(1) Ordnungswidrig handelt, wer als Pflichtiger oder bei der Wahrnehmung der Angelegenheiten eines Pflichtigen vorsätzlich oder fahrlässig Zollvorschriften, den dazu erlassenen Rechtsverord-**

**nungen oder der Verordnungen des Rates der Europäischen Union oder der Europäischen Kommission zuwiderhandelt, die**

**1. für die zollamtliche Erfassung des Warenverkehrs über die Grenze des Zollgebiets der Europäischen Union sowie über die Freizonengrenzen,**

**2. für die Überführung von Waren in ein Zollverfahren und dessen Durchführung oder für die Erlangung einer sonstigen zollrechtlichen Bestimmung von Waren,**

**3. für die Freizonen, den grenznahen Raum sowie die darüber hinaus die Grenzaufsicht unterworfenen Gebiete**

**gelten, soweit die Zollvorschriften, die dazu oder die auf Grund von Absatz 4 erlassenen Rechtsverordnungen für einen bestimmten Tatbestand auf diese Bußgeldvorschrift verweisen.**

**(2) Absatz 1 ist auch anzuwenden, soweit die Zollvorschriften und die dazu erlassenen Rechtsverordnungen für Verbrauchsteuern sinngemäß gelten.**

**(3) Die Ordnungswidrigkeit kann mit einer Geldbuße bis zu fünftausend Euro geahndet werden, wenn die Handlung nicht nach § 378 geahndet werden kann.**

**(4) Das Bundesministerium der Finanzen kann durch Rechtsverordnungen die Tatbestände der Verordnungen des Rates der Europäischen Union oder der Europäischen Kommission, die nach den Absätzen 1 bis 3 als Ordnungswidrigkeiten mit Geldbuße geahndet werden können, bezeichnen, soweit dies zur Durchführung dieser Rechtsvorschriften erforderlich ist und die Tatbestände Pflichten zur Gestellung, Vorführung, Lagerung oder Behandlung von Waren, zur Abgabe von Erklärungen oder Anzeigen, zur Aufnahme von Niederschriften sowie zur Ausfüllung oder Vorlage von Zolldokumenten oder zur Aufnahme von Vermerken in solchen Dokumenten betreffen.**

1 Einfuhr- und **Ausfuhrabgaben** (s. § 3 Abs. 3 AO; Art. 5 Nr. 20 und 21 UZK) im Sinne der Vorschrift sind die Zölle und die diesen in der Wirkung gleichstehenden Abgaben der EG, ferner die Einfuhrumsatzsteuer und die Verbrauchsteuern, soweit sie Einfuhrtatbestände enthalten. Die Gefährdung der Eingangsabgaben gem. § 382 AO ist ein **Blankettgesetz**, das der Ausfüllung durch die in § 382 Abs. 1 AO aufgeführten Gesetze und Rechtsverordnungen bedarf, die dabei für einen bestimmten Tatbestand auf die Bußgeldvorschrift des § 382 AO verweisen müssen. Den allgemeinen Handlungsrahmen, den diese Vorschriften ausfüllen und konkretisieren, bezeichnet § 382 Abs. 1 Nr. 1 und 2, sowie Abs. 2 AO. Die ausfüllende Regelung muss vor Begehung der Ordnungswidrigkeit Geltung erlangt haben, weil nur solche Handlungen mit Geldbuße geahndet werden können, deren Ahndung vor ihrer Begehung gesetzlich bestimmt war (s. § 3 OWiG).

Als **Beispiele** einer blankettausfüllenden Norm seien die § 31 ZollVG und § 30 ZollV erwähnt. 2

**Täter** kann sowohl der Abgabepflichtige sein wie auch derjenige, der dessen Angelegenheiten – sei es im Anstellungsverhältnis oder als selbstständiger Berufsträger – wahrnimmt (s. § 378 AO Rz. 7). 3

Der subjektive Tatbestand erfordert **Vorsatz** oder **Fahrlässigkeit**. Der Handelnde muss wissen oder fahrlässig nicht erkennen, dass er eine Zuwiderhandlung der in § 382 Abs. 1 (bzw. 2) AO in Verbindung mit den einschlägigen Vorschriften genannten Art begeht oder an einer solchen beteiligt ist (wegen des Vorsatzes s. § 370 AO Rz. 51 ff.). Während die Gefährdungsdelikte der §§ 379 bis 381 AO grundsätzlich Leichtfertigkeit fordern, genügt für die Gefährdung der Eingangsabgaben gem. § 382 einfache Fahrlässigkeit (s. § 378 AO Rz. 9 ff.). Zur Begründung verweist die BT-Drs. V/1812, 28 darauf, dass eine Beschränkung auf leichtfertiges Verhalten im Falle der Gefährdung von Eingangsabgaben verfehlt wäre, weil als Täter von Zuwiderhandlungen gegen zollrechtliche Gestellungs- und Anmeldungspflichten und gegen die Beschränkungen in Zollfreigebieten jedermann in Betracht kommen kann. Aus diesem Grunde seien die Eingangsabgaben stärker gefährdet als die Verbrauchsteuern. Zuwiderhandlungen gegen die Zollvorschriften seien deshalb schon bei einfacher Fahrlässigkeit zu ahnden. Zur Bedeutung eines **Irrtums** über Tatbestandsmerkmale oder eines fehlenden **Unrechtsbewusstseins**, s. § 370 AO Rz. 56 ff. und § 377 AO Rz. 12 f. 4

Wegen der **Beteiligung** an der Zuwiderhandlung eines anderen s. § 14 OWiG und § 377 AO Rz. 15 f. 5

Zum **Verhältnis** der Gefährdungsvorschrift des § 382 AO zu der allgemeinen Steuergefährdung des § 379 AO sowie zu den Verkürzungsdelikten der §§ 370 und 378 AO s. § 381 AO Rz. 4. 6

Wegen der **Ahndung** gem. § 382 Abs. 3 AO s. § 379 AO Rz. 17. Eine Ahndung erfolgt nach § 32 Abs. 1 ZollVG nicht, wenn die bußgeldbewehrte Handlung im Reiseverkehr über die Grenze begangen wird, es sei denn die Voraussetzungen des § 32 Abs. 2 ZollVG liegen vor. Es kann aber ein Zuschlag von höchstens 130 Euro nach § 32 Abs. 3 ZollVG erhoben werden. 7

Die Ermächtigung des § 382 Abs. 4 AO war notwendig, weil die Verweisung in § 382 Abs. 1 AO auf die dort genannten Verordnungen, die keine eigenen Bußgeldbestimmungen enthalten, der Konkretisierung bedarf. 8

## § 383 AO
## Unzulässiger Erwerb von Steuererstattungs- und Vergütungsansprüchen

**(1) Ordnungswidrig handelt, wer entgegen § 46 Abs. 4 Satz 1 Erstattungs- oder Vergütungsansprüche erwirbt.**

**(2) Die Ordnungswidrigkeit kann mit einer Geldbuße bis zu fünfzigtausend Euro geahndet werden.**

1 § 46 Abs. 1 bis 3 AO regelt die Voraussetzungen, von denen die Rechtswirksamkeit der Abtretung oder Verpfändung von Ansprüchen auf Erstattung oder Vergütung von Steuerbeträgen abhängig ist. § 46 Abs. 4 AO erklärt den **geschäftsmäßigen Erwerb** solcher Ansprüche zum Zweck der Einziehung oder Verwertung auf eigene Rechnung für unzulässig. Eine Ausnahme gilt, wenn die zu erwerbenden Ansprüche als Sicherheit für die Erfüllung von Verbindlichkeiten des Anspruchsinhabers gegenüber dem Anspruchserwerber dienen sollen. Zum geschäftsmäßigen Erwerb und zur geschäftsmäßigen Einziehung von zur Sicherung abgetretener Erstattungs- oder Vergütungsansprüche sind nur Unternehmen befugt, denen das Betreiben von Bankgeschäften erlaubt ist (s. § 32 Abs. 1 KreditwesenG).

2 Geschäftsmäßig erfolgt ein Erwerb, wenn er planmäßig (mit Wiederholungsabsicht) und entgeltlich geschieht. Ein Gewinnstreben ist nicht erforderlich (s. § 46 AO Rz. 17 f.). Zweck des Verbotes, das die rechtliche Unwirksamkeit des Erwerbsvorgangs zur Folge hat (s. § 134 BGB), ist es, Missbräuche zu verhüten, insbes. durch Übervorteilung geschäftsunkundiger Personen.

3 § 383 AO erklärt geschäftsmäßig vorgenommene Handlungen, die darauf abzielen, sich Erstattungs- oder Vergütungsansprüche zum Zwecke ihrer Einziehung oder sonstigen Verwertung auf eigene Rechnung zu verschaffen, zur Ordnungswidrigkeit. Der subjektive Tatbestand erfordert gem. § 10 OWiG Vorsatz (s. § 11 OWiG; s. § 370 AO Rz. 51 ff.).

4 Zur Ahndung (§ 383 Abs. 2 AO) s. § 378 AO Rz. 15 ff., ferner § 17 Abs. 4 OWiG.

## § 383a AO
## Zweckwidrige Verwendung des Identifikationsmerkmals nach § 139a
(aufgehoben)

## § 383b AO
## Pflichtverletzung bei Übermittlung von Vollmachtsdaten

**(1) Ordnungswidrig handelt, wer den Finanzbehörden vorsätzlich oder leichtfertig**

**1. entgegen § 80a Absatz 1 Satz 3 unzutreffende Vollmachtsdaten übermittelt oder**
**2. entgegen § 80a Absatz 1 Satz 4 den Widerruf einer nach § 80a Absatz 1 übermittelten Vollmacht durch den Vollmachtgeber nicht unverzüglich mitteilt.**

**(2) Die Ordnungswidrigkeit kann mit einer Geldbuße bis zu zehntausend Euro geahndet werden.**

Nach § 383b AO handelt ordnungswidrig, wer entgegen § 80a Absatz 1 Satz 3 AO vorsätzlich oder leichtfertig unzutreffende Vollmachtsdaten elektronisch an die Finanzbehörden übermittelt (§ 383b Abs. 1 Nr. 1 AO) oder entgegen § 80a Absatz 1 Satz 4 AO den Widerruf einer elektronisch an die Finanzbehörden übermittelten Vollmacht durch den Vollmachtgeber nicht unverzüglich anzeigt (§ 383b Abs. 1 Nr. 2 AO). Diese Regelung soll sicherstellen, dass nur solche Personen auf der Grundlage der nach Maßgabe des neuen § 80a AO an die Finanzbehörden übermittelten Vollmachtsdaten einen Abruf steuerlicher Daten veranlassen können, die hierzu auch befugt sind. 1

Die Ordnungswidrigkeit kann nach Absatz 2 mit einer Geldbuße bis zu 10 000 Euro geahndet werden. 2

## § 384 AO
## Verfolgungsverjährung

**Die Verfolgung von Steuerordnungswidrigkeiten nach den §§ 378 bis 380 verjährt in fünf Jahren.**

Abweichend von § 31 OWiG bestimmt § 384 AO die **Verjährungsfrist** für die Steuerordnungswidrigkeiten der **§§ 378 bis 380 AO auf fünf Jahre**. Für die rechtspolitisch weniger bedeutsamen Ordnungswidrigkeiten der §§ 381 und 382 AO bleibt es bei der zweijährigen Frist des § 31 Abs. 2 Nr. 2 OWiG. Zuwiderhandlungen gegen § 383 AO verjähren in drei Jahren (s. § 31 Abs. 2 Nr. 1 OWiG). 1

Die Verjährung **beginnt**, sobald die Tathandlung beendet ist. Tritt jedoch ein zum Tatbestand gehörender Erfolg erst später ein, wie z.B. die Verkürzung bei Veranlagungssteuern, so beginnt die Verjährung mit diesem Zeitpunkt (s. § 31 Abs. 3 OWiG; s. § 376 AO Rz. 2 f.; zur Verfolgungsverjährung bei Verwaltungsakten mit Dauerwirkung wie z.B. der Kindergeldfestsetzung s. BFH v. 26.06.2014, III R 21/13, BStBl II 2015, 886). Die Frist ruht nach § 32 Abs. 1 OWiG und auch bei der Aussetzung 2 des Verfahrens (s. § 410 Abs. 1 Nr. 5 AO, § 396 AO). Eine **Unterbrechung** der Verjährung haben die in § 33 Abs. 1 OWiG bezeichneten Maßnahmen zur Folge. Das sind insbes. die Bekanntgabe der Einleitung des Ermittlungsverfahrens (s. § 397 Abs. 3 AO), die Vernehmung des Betroffenen oder von Zeugen, Beschlagnahme- oder Durchsuchungsanordnungen, der Erlass eines Bußgeldbescheides u. a. m. Nach dem Ende der Unterbrechung beginnt die Verjährungsfrist von neuem zu laufen. Die Verjährung tritt im Fall der Unterbrechung jedoch spätestens ein, wenn seit dem erstmaligen Fristbeginn das Doppelte der gesetzlichen Verjährungsfrist verstrichen ist (s. § 33 Abs. 3 OWiG). Beim Ruhen des Verfahrens gilt diese Beschränkung nicht (s. § 34 Abs. 3 Satz 4 OWiG).

## § 384a AO Verstöße nach Artikel 83 Absatz 4 bis 6 der Verordnung (EU) 2016/679

**(1) Vorschriften dieses Gesetzes und der Steuergesetze über Steuerordnungswidrigkeiten finden keine Anwendung, soweit für eine Zuwiderhandlung zugleich Artikel 83 der Verordnung (EU) 2016/679 unmittelbar oder nach § 2a Absatz 5 entsprechend gilt.**

**(2) Für Verstöße nach Artikel 83 Absatz 4 bis 6 der Verordnung (EU) 2016/679 im Anwendungsbereich dieses Gesetzes gilt § 41 des Bundesdatenschutzgesetzes entsprechend.**

**(3) Eine Meldung nach Artikel 33 der Verordnung (EU) 2016/679 und eine Benachrichtigung nach Artikel 34 Absatz 1 der Verordnung (EU) 2016/679 dürfen in einem Straf- oder Bußgeldverfahren gegen die meldepflichtige Person oder einen ihrer in § 52 Absatz 1 der Strafprozessordnung bezeichneten Angehörigen nur mit Zustimmung der meldepflichtigen Person verwertet werden.**

**(4) Gegen Finanzbehörden und andere öffentliche Stellen werden im Anwendungsbereich dieses Gesetzes keine Geldbußen nach Artikel 83 Absatz 4 bis 6 der Verordnung (EU) 2016/679 verhängt.**

1 § 384a Abs. 1 AO ist mit Wirkung vom 25.05.2018 eingefügt worden durch Gesetz vom 17.07.2017 (BGBl. I 2017, 2541) und stellt klar, dass Art. 83 der Verordnung (EU) 2016/679 Regelungen in der AO oder den Steuergesetzen vorgeht, wenn eine rechtswidrige Verarbeitung personenbezogener Daten, die nach dieser Norm mit einer Geldbuße geahndet werden kann, gleichzeitig auch eine Steuerordnungswidrigkeit darstellt, vgl. BT-Drs. 18/12611, 95.

Durch den Verweis in § 384a Abs. 2 AO auf § 41 BDSG ist das OWiG auch auf Verstöße nach Art. 83 Absatz 4 bis 6 der Verordnung (EU) 2016/679 anwendbar.

§ 384a Abs. 3 AO dient dem Schutz des Rechts, sich nicht selbst einer Straftat oder Ordnungswidrigkeit bezichtigen zu müssen.

Durch § 384a Abs. 4 AO wird von der Öffnungsklausel des Art. 83 Absatz 7 der Verordnung (EU) 2016/679 Gebrauch gemacht, im Anwendungsbereich der AO national zu regeln, ob und in welchem Umfang gegen Finanzbehörden und andere öffentliche Stellen Geldbußen verhängt werden können.

# Dritter Abschnitt: Strafverfahren

## Vorbemerkungen zu §§ 385–412

**Inhaltsübersicht**



### A. Allgemeines

Wie bereits in der Vorbemerkung zum materiellen Steuerstrafrecht (s. vor § 369 AO) dargelegt, enthalten auch die Vorschriften der Abgabenordnung über das **Straf- und Bußgeldverfahren** keine selbstständigen und abgeschlossenen Regelungen, sondern nur **Ergänzungen** des allgemein geltenden Verfahrensrechts für den Bereich der Steuerstraftaten. Soweit die §§ 385 ff. AO nichts Abweichendes bestimmen, finden die **Strafprozessordnung**, das **Gerichtsverfassungsgesetz** und das **Jugendgerichtsgesetz** auch für das Steuerstrafverfahren Anwendung. Das Verfahren wegen Steuerordnungswidrigkeiten (Bußgeldverfahren) regelt der zweite Teil des **Gesetzes über Ordnungswidrigkeiten**. Die Ergänzungen dieser allgemeinen Verfahrensvorschriften betreffen in erster Linie die Einzelheiten der den Finanzbehörden vorbehaltenen Kompetenz zur **Ermittlung** von Steuerstraftaten bzw. -ordnungswidrigkeiten, die ihnen dabei zustehenden Rechte und obliegenden Pflichten, die Abgrenzung ihrer Funktion gegenüber der Staatsanwaltschaft und die Stellung der Finanzbehörden im gerichtlichen Verfahren wegen der Taten. 1

Aufgrund der Urt. des BVerfG vom 06.06.1967 (BVerfG 2 BvR 375/60, 2 BvR 53/60, 2 BvR 18/65, BStBl III 1967, 2

443) verloren die Finanzämter das Recht, Strafbescheide zu erlassen und Unterwerfungsverhandlungen abzuschließen (s. §§ 445, 447 AO 1931). Das Gericht hatte befunden, dass das Recht, auf **Kriminalstrafe** zu erkennen, **ausschließlich den Richtern** anvertraut ist und niemand seinem gesetzlichen Richter entzogen werden darf. Die Finanzämter wurden auf die **Ermittlung** der Steuervergehen beschränkt, erhielten aber auch die Befugnis, den Erlass eines **Strafbefehls** zu beantragen, wenn sie sich nicht für eine Abgabe der Sache an die Staatsanwaltschaft zur Erhebung der öffentlichen Klage entscheiden. Im gerichtlichen Verfahren verloren die Finanzämter ihre bisherige Stellung als Nebenkläger. Sie wurden auf ein Anhörungsrecht beschränkt.

3 Bei den **Landgerichten** bestehen besondere **Wirtschaftsstrafkammern**, die auch für Steuer- und Zollstraftaten zuständig sind (s. § 74c GVG). Für die **Amtsgerichte** sieht § 391 AO eine **Konzentration der örtlichen Zuständigkeit** vor.

4 Die Finanzämter können als sachlich zuständige Verwaltungsbehörde Steuerordnungswidrigkeiten durch Erlass von **Bußgeldbescheiden** in eigener Zuständigkeit ahnden (s. § 36 OWiG).

## B. Beweisgrundsätze im Steuerstrafverfahren

**Schrifttum**

Schützeberg, Die Schätzung im Besteuerungs- und im Strafverfahren, StBp 2009, 33; Coen, Ankauf und Verwertung deliktisch beschaffter Beweismittel in Steuerstrafverfahren aus völkerrechtlicher Sicht, NStZ 2011, 433; Kaiser, Zulässigkeit des Ankaufs deliktisch erlangter Steuerdaten, NStZ 2011, 383; Schenkewitz, Aktuelles zu steuerstrafrechtlichen Behandlung fingierter Ausfuhrlieferungen gem. § 6 UStG, BB 2011, 350; Gehm, Problemfeld Schätzung im Steuer- und Steuerstrafverfahren, NZWiSt 2012, 408; Höring, Die Verwertung einer angekauften Steuerdaten-CD im strafrechtlichen Ermittlungsverfahren, DStZ 2015, 341; Wähnert, Verteilungsbasierte Schätzung im Steuer(straf)recht, StBp 2015, 92.

5 Steuerliche und strafrechtliche Ermittlungen laufen in der Praxis häufig parallel (s. § 208 Abs. 1 Nr. 1 und 2 AO). Das Verhältnis dieser Verfahren zueinander regelt § 393 Abs. 1 AO. Danach gelten für das Besteuerungsverfahren die Vorschriften der AO, für das Strafverfahren gelten hingegen die strafprozessualen Regelungen. Damit finden für Besteuerungszwecke die **Beweisregelungen** der §§ 92 ff. AO und auch die Möglichkeit der Schätzung der Besteuerungsgrundlagen nach § 162 AO Anwendung. Eine Verurteilung zu einer Strafe kann hingegen nur insoweit erfolgen, als die objektiven und subjektiven Merkmale des Tatbestands und der eingetretene Taterfolg ausreichend sicher festgestellt sind. Die StPO spricht von **»für erwiesen erachteten Tatsachen«** (s. § 267 Abs. 1 StPO). Es gilt der Grundsatz **»in dubio pro reo«**. Eine Verurteilung ist nur möglich, wenn die Voraussetzungen der Strafbarkeit mit an Sicherheit grenzender Wahrscheinlichkeit festgestellt sind und es hieran keine vernünftigen Zweifel gibt (BGH v. 06.12.1994, 5 StR 491/94, HFR 1995, 603). Die tatsächlichen Schlussfolgerungen aus den Tatsachenfeststellungen müssen möglich, nicht aber unbedingt zwingend sein (BGH v. 24.10.2002, 5 StR 600/01, NJW 2003, 446, 450). Eine Beweiswürdigung darf nicht lückenhaft oder widersprüchlich sein. Es muss dargelegt werden, dass sich die Entscheidung mit allen wesentlichen – nicht zu fernliegenden – Gesichtspunkten auseinandergesetzt hat, die geeignet sind, das Beweisergebnis zu beeinflussen (BGH v. 11.11.2007, 5 StR 213/07, wistra 2008, 22: fehlerhafter Freispruch). Die Beweiswürdigung muss sich mit den einzelnen Indizien auseinandersetzen und ihren jeweiligen Beweiswert prüfen, sie muss aber auch eine Gesamtabwägung aller für und wider eine Täterschaft sprechenden Umstände vornehmen (BGH v.27.04.2010, 1 StR 454/09, NStZ 2011, 108).

Von Verfassungs wegen besteht kein Rechtssatz des Inhalts, dass im Fall einer rechtsfehlerhaften Beweiserhebung die Verwertung der gewonnenen Beweise stets unzulässig wäre (BVerfG v. 02.07.2009, 2 BvR 2225/08, NJW 2009, 3225). Ein **Beweisverwertungsverbot** stellt unter Abwägung der Interessen – nämlich auf der einen Seite des unantastbaren Kernbereichs der privaten Lebensgestaltung und auf der anderen Seite der Pflicht zur Erforschung des Sachverhalts von Amts wegen – die Ausnahme dar, die entweder ausdrücklich gesetzlich geregelt sein muss oder aus übergeordneten wichtigen Gründen im Einzelfall folgt (BVerfG v. 16.03.2006, 2 BvR 954/02, NJW 1006, 2684). Die Möglichkeit, dass sich der Staat Daten verschafft hat, die Dritte in rechtswidriger Weise erworben haben, führt nicht zu einem Beweisverwertungsverbot in Bezug auf solche Daten (BVerfG v. 09.11.2010, 2 BvR 2101/09, wistra 2011, 61, zum Ankauf einer CD, auf der Kundendaten einer Liechtensteiner Bank gespeichert waren; s. auch VGH RP v. 24.02.2014, B 26/13, NJW 2014, 1434). 5a

Für eine **Schätzung** von Besteuerungsgrundlagen, wie sie § 162 AO für das Besteuerungsverfahren zulässt, ist im Strafverfahren nur eingeschränkt Raum. Eine Bestrafung wegen einer Steuerverkürzung kann nur insoweit erfolgen, als sicher feststeht, dass eine der Tatbestandsalternativen des § 370 Abs. 1 AO erfüllt ist und dass dadurch ein Verkürzungserfolg i.S. des § 370 Abs. 4 AO bewirkt ist. Auf Schätzungen, die im Steuerinteresse gerechtfertigt sein mögen, und die sich der Pflichtige besonders dann gefallen lassen muss, wenn er Aufzeichnungs- und Nachweispflichten missachtet und dadurch die sichere Feststellung der Besteuerungsgrundlagen vereitelt hat, kann eine strafrechtliche Tatbestandsfeststellung nicht gegründet werden. Ist allerdings auch nur ein minimaler Erfolg nach dem allgemeinen Grundsatz des »in 6 dubio pro reo« sicher festgestellt, steht objektiv das Vorliegen einer Steuerhinterziehung dem Grunde nach fest (BGH v. 29.01.2014, 1 StR 561/13, NStZ 2014, 337; BGH v. 10.11.2009, 1 StR 283/09, wistra 2010, 148 zur Schätzung bei der Zahlung von Schwarzlöhnen in Bereichen der Baubranche).

7 Die Beweisgrundsätze des ordentlichen Strafverfahrens gehen nicht so weit, dass nur solche Steuerverkürzungen geahndet werden können, die sich in einer jeden Zweifel ausschließenden Weise betragsmäßig genau feststellen lassen. Es ist aber ein beträchtlich höherer **Grad von Wahrscheinlichkeit** erforderlich, nämlich ein solcher, der an Sicherheit grenzt. Damit ist gesagt, dass freie oder griffweise Schätzungen, wie sie im Besteuerungsverfahren möglich sind, im Strafverfahren nicht zulässig sind. Ein strafrechtlicher Schuldspruch kann nicht auf gedachte Annahmen gestützt werden. Die **Möglichkeit der Schätzung ist** aber dann **eröffnet**, wenn dem Grunde nach mit an Sicherheit grenzender Wahrscheinlichkeit vom Vorliegen einer Steuerhinterziehung ausgegangen werden muss und es hieran keine vernünftigen Zweifel gibt. In diesem Fall ist dem Richter die Notwendigkeit genommen, den exakt definierten **Verkürzungsbetrag** zu ermitteln und stattdessen der Verurteilung einen Betrag zugrunde zu legen, der wahrscheinlich unter dem tatsächlichen Verkürzungserfolg liegt, der aber zur sicheren Überzeugung des Richters in jedem Fall verkürzt ist (BGH v. 04.02.1992, 5 StR 655/91, wistra 1992, 147; BGH v. 06.04.2016, 1 StR 523/15, NStZ 2016, 728; zur Anwendung einer Geldverkehrsrechnung s. BGH v. 28.02.1986, 3 StR 541/85, wistra 1986, 173 und sonstiger Schätzungsmethoden s. BGH v. 29.01.2014, 1 StR 561/13, NStZ 2014, 337; BGH v. 06.10.2014, 1 StR 214/14, wistra 2015, 63). In diesem Fall hat die Höhe der hinterzogenen Steuer keine Bedeutung für den Schuldspruch, sondern für die Strafzumessung bzw. den **Schuldumfang** (BGH v. 06.12.1994, 5 StR 305/94, HFR 1995, 603). Hierbei kann es statthaft sein, im Einzelfall aus dem Nichtbestreiten der Höhe der vom FA ermittelten Steuer ein »glaubhaftes Geständnis« des strafbar verkürzten Umfanges der Steuerschuld zu erblicken (BGH v. 03.06.1959, 2 StR 196/59, BB 1960, 928). Grundsätzlich muss der Tatrichter aber nachvollziehbar darlegen, wie er zu den Steuerbeträgen gelangt ist, deren Verkürzung er seinem Urteil zugrunde gelegt hat (BGH v. 06.10.2014, 1 StR 214/14, wistra 2014, 63). Dabei können unter Verwertung von Erfahrungstatsachen Schätzungen jedenfalls dann vorgenommen werden, wenn sie eine an Sicherheit grenzende Wahrscheinlichkeit ergeben (OLG Düsseldorf v. 14.07.1987, 2 Ss 227/86 – 134/86 III, wistra 1988, 123 zur Schätzung des Lohnaufwandes bei Arbeitnehmerüberlassung). Zur Durchführung der Schätzung kommen die auch im Besteuerungsverfahren anerkannten Schätzungsmethoden in Betracht. Mehrere Methoden sind ggf. zu kombinieren und die Richtsatzsammlungen des BMF können herangezogen werden (BGH v. 06.10.2014, 1 StR 214/14, wistra 2015, 63). Eine Übernahme rechtskräftiger Veranlagungsergebnisse in die strafrechtliche Tatbestandsfeststellung hält der BGH nur bei einem einfach gestalteten Sachverhalt für denkbar und auch nur dann, wenn der Tatrichter von der Richtigkeit dieser Schätzung überzeugt ist (BGH v. 10.09.1985, 4 StR 487/85, wistra 1986, 65). Betriebsprüfungs- und Steuerfahndungsberichte dürfen auch bei geständigen Angeklagten nicht unbesehen auf das Strafverfahren übertragen werden (BGH v. 05.02.2004, 5 StR 580/03, wistra 2004, 185; BGH v. 09.06.2004, 5 StR 579/03, wistra 2004, 424; BGH v. 13.12.2005, 5 StR 427/05, wistra 2006, 110).

## C. Vereinbarungen im Strafverfahren

### Schrifttum

BITTMANN, Das Gesetz zur Regelung der Verständigung im Strafverfahren, wistra 2009, 414; FEZER, Inquisitionsprozess ohne Ende, NStZ 2010, 177; TORMÖHLEN, Verständigung im (Steuer-)Strafverfahren, AO-StB 2010, 176; BEYER, Prozessprobleme beim steuerstrafrechtlichen Deal, AO-StB 2012, 185; KNAUER/LICKLEDER, Die obergerichtliche Rechtsprechung zu Verfahrensabsprachen nach der gesetzlichen Regelung – ein kritischer Überblick, NStZ 2012, 366; KRANENBERG, Verständigung im Steuerstrafverfahren, AO-StB 2012, 92; BITTMANN, Die kommunikative Hauptverhandlung im Strafprozess, NJW 2013, 3017; SAUER, Absprachen im Strafprozess, 2014; SAUER, Absprachen im Strafprozess, 2014; SCHNEIDER, Überblick über die höchstrichterliche Rechtsprechung zur Verfahrensverständigung im Anschluss an das Urteil des BVerfG vom 19. März 2013 – Teil 1, NStZ 2014, 192; Teil 2, NStZ 2014, 252; SEER, Verständigungen an der Schnittstelle von Steuer- und Steuerstrafverfahren, BB 2015, 214; TORMÖHLEN, Neues zur Verständigung im Steuerstrafverfahren, AO-StB 2016, 287.

Ebenso wie im Besteuerungsverfahren (zur tatsächlichen Verständigung s. vor §§ 204 – 207 AO Rz. 15 ff.) besteht im Strafverfahren ein praktisches Bedürfnis für **Vereinbarungen über den Verfahrensgegenstand.** Vereinbarungen werden im Strafverfahren praktiziert und sind rechtlich zulässig. Eine Vereinbarung über den Schuldspruch, d.h. die Strafbarkeit der Tat selbst, ist aber unzulässig (BGH v. 03.03.2005, Gsst 1/04, NJW 2005, 1440). 7a

Der Große Senat des BGH hatte die Standards der Rechtsprechung zusammenfasst und viele Zweifelsfragen geklärt, aber auch beim Gesetzgeber eine gesetzliche Regelung gefordert (BGH v. 03.03.2005, Gsst 1/04, NJW 2005, 1440; zur Kritik an den Vorschlägen *Meyer-Goßner,* NStZ 2007, 425; *Fischer,* NStZ 2007, 433). Seit dem 04.08.2009 sind die Vorgaben des Gesetzes zur Regelung der Verständigung im Strafverfahren (BGBl I, 2353) zu beachten, die weitgehend, die durch die Rechtsprechung entwickelten Grundsätze aufnehmen aber auch modifizieren. Die Urteilsabsprache ist nun in § 257c StPO geregelt. Absprachen müssen an den Grundsätzen des **fairen Verfahrens** gemessen werden (BGH v. 09.06.2004, 5 StR 579/03, wistra 2004, 424, 427) und dürfen nicht 7b außerhalb des prozessförmigen Geschehens getroffen werden (BGH v. 15.05.1997, 1 StR 142/97, NStZ 1997, 561). Das BVerfG hat die gesetzlichen Regelungen als verfassungsgemäß bestätigt und ihre strikte Einhaltung angemahnt (BVerfG v. 19.03.2013, 2 BvR 2628/10, 2 BvR 2883/10, 2 BvR 2155/11, NJW 2013, 1058; EGMR v. 29.04.2014, 9043/05 – Natsvlishvili u. Togonidze/Georgien, NJE 2015, 1745 zur Vereinbarkeit von Verständigungen mit der EMRK). Vereinbarungen sind in jedem Stadium des Verfahrens zu protokollieren (§§ 160b, 202a Satz 2 und § 212 StPO). Die Grenze der Zulässigkeit liegt in § 136a StPO, denn durch ein Vereinbarungsangebot darf der Beschuldigte nicht in seiner Freiheit der Willensbetätigung oder seiner Entschlusskraft beeinträchtigt werden (BVerfG v. 27.01.1987, 2 BvR 1133/86, wistra 1987, 134). Ein von einem Absprachеangebot immer ausgehender Druck, ist nur dann hinzunehmen, wenn dem Angeklagten ein Verhalten angesonnen wird, das mit dem Gegenstand des Strafverfahrens im Zusammenhang steht (BGH v. 19.02.2004, 4 StR 371/03, NStZ 2004, 338). Eine Verständigung, die ein **Geständnis** des Angeklagten und das Obermaß der zu verhängende Strafe zum Gegenstand hat, ist zulässig (BGH v. 10.06.1998, 2 StR 156/98, NStZ 1999, 92), sie muss aber unter Mitwirkung aller Verfahrensbeteiligten in öffentlicher Hauptverhandlung stattfinden (BGH 30.10.1991, 2 StR 200/91, NJW 1992, 519) und protokolliert werden (§ 273 Abs. 1a StPO; BGH v. 05.08.2003, 3 StR 231/03, NStZ 2004, 342). Die Übergehung eines Verfahrensbeteiligten kann bei Vorliegen weiterer Umstände die Besorgnis der Befangenheit der beteiligten Richter begründen (BGH v. 15.02.2005, 5 StR 536/04, wistra 2005, 268; zur Pflicht der Belehrung des Angeklagten nach § 257c Abs. 5 StPO vgl. BVerfG v. 15.08.2014, 2 BvR 2048/13, NJW 2014, 3506). Das alles schließt Vorgespräche nicht aus (BGH v. 26.08.1997, 4 StR 240/97, NJW 1998, 86). In diesem Gespräch darf das Gericht nur eine Strafobergrenze angeben, die es im Falle des Geständnisses nicht überschreiten werde. In jedem Fall muss die vereinbarte Strafe schuldangemessen und das Gericht von der Richtigkeit des Geständnisses überzeugt sein (BGH v. 10.06.1998, 2 StR 156/98, NJW 1999, 370). Dass ein Geständnis im Rahmen einer Vereinbarung abgelegt wurde, steht seiner strafmildernden Berücksichtigung nicht entgegen (BGH v. 03.03.2005, Gsst 1/04, NJW 2005, 1440). Zur Pflicht der Negativmitteilung nach § 243 Abs. 4 Satz 1 StPO des Inhalts, dass keine Gespräche über die Möglichkeit einer Verständigung stattgefunden haben, vgl. BVerfG v. 26.08.2014, 2 BvR 2400/13, NJW 2014, 3504.

7c An die Vereinbarung ist das Gericht dann nicht **gebunden**, wenn rechtlich oder tatsächlich bedeutsame Umstände übersehen worden sind oder sich neu ergeben und deswegen der in Aussicht gestellt Strafrahmen sich nicht mehr als schuldangemessen erweist. Sie kann ferner aufgrund des weiteren Prozessverhaltens des Angeklagten entfallen (§ 257c Abs. 4 StPO). Beabsichtigt das Gericht wegen dieser Umstände von der Vereinbarung abzuweichen, muss es dies in der Hauptverhandlung mitteilen (§ 257c Abs. 5 StPO). Entfällt die Bindungswirkung der Vereinbarung darf ein Geständnis nicht mehr verwertet werden (§ 257c Abs. 4 Satz 3 StPO).

7d Die Vereinbarung eines **Rechtsmittelverzichts** mit dem Angeklagten vor der Urteilsverkündung ist unzulässig, das Gericht darf in keiner Weise auf einen Rechtsmittelverzicht hinwirken (§ 302 Abs. 1 Satz 2 StPO; BGH v. 03.03.2005, Gsst 1/04, NJW 2005, 1440). Ein Verstoß gegen diesen Grundsatz führt zur Unwirksamkeit des Rechtsmittelverzichts, nicht aber zur Unwirksamkeit der Absprache insgesamt (BGH v. 12.03.2008, 3 StR 433/07, NJW 2008, 1752). Ein nach Urteilverkündung erklärter Rechtsmittelverzicht ist hingegen wirksam, wenn der Angeklagte qualifiziert über seine Rechtsmittelbefugnis, die ungeachtet der Absprache besteht, belehrt wurde und die qualifizierte Belehrung protokolliert ist (BGH v. 03.03.2005, Gsst 1/04, NJW 2005, 1440; BGH v. 23.02.2006, 5 StR 457/05, NStZ 2006, 465). Selbstverständlich darf der unmittelbar nach der Urteilverkündung erklärte Rechtsmittelverzicht nicht durch unlautere Mittel erzwungen sein (BGH v. 20.04.2004, 5 StR 11/04, NJW 2004, 1885: Ankündigung eines unsachgemäßen Haftantrags).

7e Die von der Rechtsprechung für die Hauptverhandlung gefundenen Grundsätze können nur mit Vorsicht auf das **Ermittlungsverfahren** übertragen werden (*Randt* in JJR, § 404 AO Rz. 181). Mit den §§ 160b, 202a und 212 StPO strebt der Gesetzgeber eine frühzeitige Verständigung im Ermittlungs-, Zwischen- und Hauptverfahren an. Die Steuerfahndung kann eine Vereinbarung, die z.B. eine Einstellung als Verfahrensabschluss zum Gegenstand haben soll, lediglich vorbereiten. Je nach Zuständigkeit (s. § 386 AO) muss die Strafsachenstelle oder die Staatsanwaltschaft beteiligt werden. Wegen § 407 AO muss die Strafsachenstelle auch im Verfahren der Staatsanwaltschaft Gelegenheit zur Stellungnahme haben. Da die Vereinbarung regelmäßig auch die steuerliche Behandlung im Rahmen einer tatsächlichen Verständigung mit einschließt, muss mit Hinblick auf diese ein zuständiger Beamter der Festsetzungsbehörde beteiligt sein (s. vor §§ 204 – 207 AO Rz. 23). Ist für den Verfahrensabschluss die Zustimmung des Gerichts erforderlich, muss auch dieses eingebunden sein, denn für den Beschuldigten ist es regelmäßig nicht zumutbar, sich auf eine hypothetische Einigung für den Fall der späteren Zustimmung des Gerichts einzulassen. Ist gar eine Hauptverhandlung unumgänglich, kann die Vereinbarung wirksam nur in dieser getroffen werden (s. Rz. 7b).

### D. Anweisungen für das Straf- und Bußgeldverfahren (Steuer) – AStBV

8 Das Bundesfinanzministerium hat gemeinsam mit den Ländern erstmals 1984 die »Anweisungen für das Straf- und Bußgeldverfahren (Steuer)« erlassen, die – wegen deren überwiegender Zuständigkeit – als Dienstanweisungen der Länder bekannt gegeben worden sind. Die Anweisungen für das Straf- und Bußgeldverfahren wurden mehrfach überarbeitet (gleich lautende Erlasse der obersten Finanzbehörden der Länder v. 01.12.2016, BStBl I 2016, 1338 – AStBV (St) 2017, s. auch AO-Handbuch 2018, Anh. 73).

9 Die Richtlinien enthalten nach einleitenden Ausführungen in der Paragraphenfolge des Steuerstrafverfahrens (385 ff. AO) und des Bußgeldverfahrens (409 ff. AO) verwaltungsinterne Weisungen für die Angehörigen der Finanzverwaltung, insbes. zur Belehrung der in den Strafsachenstellen und Fahndungsstellen tätigen Beamten. Eine allgemeinverbindliche Außenwirkung kommt den Richtlinien mithin nicht zu. Ihnen wird auch entgegengehalten, dass eine Rechtsgrundlage für ihren Erlass fehlt (*Randt* in JJR, § 385 AO Rz. 17). Zweifelhaft ist auch, ob der Erlass der AStBV nicht ebenso wie der Erlass der Richtlinien für das Strafverfahren und das Bußgeldverfahren (RiStBV) in den Zuständigkeitsbereich der Justizminister fällt. Gleichwohl sollten sie, auch von Steuerberatern und Verteidigern in Steuerstrafsachen, zur Kenntnis genommen und gegebenenfalls genutzt werden, etwa dann, wenn im Einzelfall zuungunsten eines Beschuldigten über die gezogenen Anwendungsgrenzen hinausgegangen werden sollte (*Randt,* aaO).

## 1. Unterabschnitt Allgemeine Vorschriften

## § 385 AO Geltung von Verfahrensvorschriften

**(1) Für das Strafverfahren wegen Steuerstraftaten gelten, soweit die folgenden Vorschriften nichts anderes bestimmen, die allgemeinen Gesetze über das Strafverfahren, namentlich die Strafprozessordnung, das Gerichtsverfassungsgesetz und das Jugendgerichtsgesetz.**

**(2) Die für Steuerstraftaten geltenden Vorschriften dieses Abschnitts, mit Ausnahme des § 386 Abs. 2 sowi8 der §§ 399 bis 401, sind bei dem Verdacht einer Straftat, die unter Vorspiegelung eines steuerlich erheblichen Sachverhaltes gegenüber der Finanzbehörde oder einer anderen Behörde auf die Erlangung von Vermögensvorteilen gerichtet ist und kein Steuerstrafgesetz verletzt, entsprechend anzuwenden.**

**Schrifttum**

Webel, Rückgewinnungshilfe in Steuerstrafsachen – unzulässig oder unverzichtbar zwingend? wistra 2004, 249; Hofmann/Riedel Verteidigungsmöglichkeiten gegen den im Ermittlungsverfahren angeordneten dinglichen Arrest, wistra 2005, 405; Kunz, Sicherung von Steuererstattungsansprüchen durch dinglichen Arrest nach Einleitung eines Strafverfahrens – Voraussetzungen und Anwendungsbereich der sog. Rückgewinnungshilfe, BB 2006, 1198; Frank, Der strafprozessuale dingliche Arrest in der steuerstrafrechtlichen Praxis, StBp 2010, 318; Roth, Der StPO-Arrest in Steuerstrafverfahren – Ausschluss des Steuerfiskus von der Rückgewinnungshilfe nach § 111b Abs. 2 und 5 StPO? wistra 2010, 335.

§ 385 Abs. 1 AO stellt klar, dass die allgemeinen Gesetze über das Strafverfahren auch für das Steuerstrafverfahren gelten, soweit die §§ 386 bis 408 AO keine abweichenden Bestimmungen enthalten. Wegen des Näheren sei auf die Vorbemerkung §§ 385 – 412 AO verwiesen. 1

§ 111b Abs. 2 und Abs. 5 i.V.m. § 111d Abs. 1 S. 1 StPO ermöglicht es der Staatsanwaltschaft zur Sicherung einer Rückgewinnungshilfe i.S. des § 73 Abs. 1 Satz 2 StGB im Steuerstrafverfahren einen dinglichen Arrest beim Amtsgericht (zum Richtervorbehalt BVerfG v. 03.05.2005, 2 BvR 1378/04, NJW 2005, 3630) zu beantragen, denn der Fiskus ist bei einer Steuerhinterziehung Geschädigter. Bei Gefahr im Verzug kann die Staatsanwaltschaft den Arrest auch selbst anordnen, der dann gerichtlich bestätigt werden muss. § 385 Abs. 1 AO eröffnet diese Möglichkeit auch in den Fällen, in denen die Finanzbehörde in den Grenzen des § 386 AO an Stelle der Staatsanwaltschaft die Ermittlungen führt. Die Finanzbehörde hat daneben auch die Möglichkeit ihre Ansprüche durch den dinglichen Arrest nach § 324 AO zu sichern. Zuständig hierfür ist das für die Besteuerung des Stpfl. zuständige FA. Ob in den Fällen, in denen das FA die Ermittlungen führt, ein Rechtsschutzbedürfnis für einen Antrag an das Amtsgericht besteht, ist umstritten (verneinend: LG Landshut v. 04.11.2002, 3 Qs 364/02, wistra 2003, 199; LG Berlin v. 06.03.2006, 526/Qs 47 – 49/2006, wistra 2006, 358; OLG Oldenburg v. 26.11.2007, 1 Ws 554/07, wistra 2008, 119; LG Bochum v. 05.12.2007, 12 Qs 20/07, wistra 2008, 237; LG Saarbrücken v. 19.03.2008, 2 Qs 5/08, wistra 2008, 240: die Möglichkeit des Vorgehens nach § 324 AO ist bei der Abwägung zwischen Eigentumsrecht und Sicherungsbedürfnis zu berücksichtigen; a.A. LG Hamburg v. 13.11.2003, 620 Qs 99/103, wistra 2004, 116; *Webel,* wistra 2004, 249; *Roth,* wistra 2010, 335). Das Sicherungsbedürfnis entfällt sicherlich dann, wenn das FA tatsächlich nach § 324 AO vorgegangen ist (LG Hamburg v. 13.11.2003, aaO; OLG Köln v. 30.03.2004, 2 Ws 105/04, NJW 2004, 2397 zum Verhältnis zum zivilprozessualen Arrest; LG Halle v. 20.08.2008, 22 Qs 15/08, wistra 2009, 39). M. E. ist 1a das eine Frage des Einzelfalles, weil die Arrestvoraussetzungen nicht identisch sind und das Sicherungsbedürfnis u.U. erst während einer Durchsuchungsmaßnahme zutage treten kann. Zu beachten ist auch, dass der Vollzug des Arrestes nach § 324 AO den Regelungen der AO folgt, während sich der Vollzug eines Arrestes nach § 111d StPO nach den Vorschriften der StPO richtet (BGH v. 01.09.2004, 5 ARs 55/04, wistra 2005, 35) und nicht dazu führt, dass die Finanzbehörde i.S. des § 327 AO Sicherheiten erlangt (s. §§ 111g und 111h StPO). Bei der Anordnung des dinglichen Arrests im Strafverfahren ist zu berücksichtigen, dass gegen den Beschuldigten lediglich ein Verdacht vorliegen muss und noch nicht über die Strafbarkeit entschieden ist. Daher gebietet der Verhältnismäßigkeitsgrundsatz eine sorgfältige Abwägung zwischen dem Sicherungsbedürfnis und den Belangen des Betroffenen (BVerfG v. 14.06.2004, 2 BvR 1136/03, wistra 2004, 378; BVerfG v. 29.05.2006, 2 BvR 820/06, wistra 2006, 337; zur Frage des rechtlichen Gehörs s. BVerfG v. 05.05.2004, 2 BvR 1012/02, NJW 2004, 2443; zum Recht auf Akteneinsicht vor einer Letztentscheidung s. BVerfG v. 19.01.2006, 2 BvR 1075/05, NJW 2006, 1048). Je tiefer der Eingriff reicht, umso höher sind die Anforderungen an die Begründung der Maßnahme (OLG Karlsruhe v. 16.10.2007, 3 Ws 308/07, NJW 2008, 162). Der Auffassung, dass der steuerrechtliche Arrest in bestimmten Situation grundsätzlich vorrangig gegenüber dem strafprozessualen Arrest anzuordnen ist (so KG vom 03.05.2017, 4 Ws 61/17, wistra 2017, 501), ist durch die Neuregelung in § 111e Abs. 6 StPO der Boden entzogen. Danach stehen die beiden Arrestarten gleichberechtigt nebeneinander. Alles Weitere ist eine Frage der Ermessensausübung.

**1b** Internationale Rechtshilfe wird nach Maßgabe des Gesetzes über die internationale Rechtshilfe in Strafsachen (IRG) gewährt (zur Rechts- und Amtshilfe im Besteuerungsverfahren s. § 117 AO). Daneben gilt das Europäische Übereinkommen über die Rechtshilfe in Strafsachen v. 20.04.1959 (EU-RhÜbk) mit seinen Zusatzprotokollen v. 17.03.1978 und vom 08.11.2001. Innerhalb der EU gilt das Übereinkommen über die Rechtshilfe in Strafsachen zwischen den Mitgliedstaaten der Europäischen Union vom 29.05.2000 (EU-RhÜbk) mit dem Protokoll vom 16.10.2001 (s. dazu BMF v. 16.11.2006, BStBl I 2006, 699).

**2** § 385 Abs. 2 AO läuft weitgehend leer. Die Vorschrift soll sicherstellen, dass die Finanzbehörden auch in den Fällen, in denen jemand unter Vortäuschung eines steuerlich erheblichen Sachverhalts gegenüber den Finanzbehörden Vermögensvorteile erlangt oder zu erlangen versucht hat, strafrechtliche Ermittlungen durchführen können. Dies spielte insbes. in den Fällen des umsatzsteuerlichen Vorsteuerabzuges eine Rolle, sofern der gesamte Steuerfall fingiert war, da der BGH diese Fälle früher nicht als Steuerhinterziehung, sondern als Betrug einstufte (BGH v. 28.01.1986, 1 StR 611/85, UR 1986, 329). Zwischenzeitlich würdigt der BGH auch diese Fälle als Steuerhinterziehung (BGH v. 21.10.1997, 5 StR 328/97, NStZ 1998, 91). Als Anwendungsbereich verbleiben die Fälle des Betrugs zum Nachteil der Bundesmonopolverwaltung bei der Ablieferung von Branntwein gegen Erschleichung eines überhöhten Übernahmegeldes (*Randt* in JJR, § 385 AO Rz. 36). Wie jedoch die Nichtanwendbarkeit von § 386 Abs. 2 AO und § 399 AO sowie auch der §§ 400 und 401 AO verdeutlicht, soll den Finanzbehörden bei der Verfolgung derartiger Betrugshandlungen keine selbstständige Ermittlungsbefugnis gegeben werden. Das Verfahren ist von der Staatsanwaltschaft zu führen.

## § 386 AO
## Zuständigkeit der Finanzbehörde bei Steuerstraftaten

**(1) Bei dem Verdacht einer Steuerstraftat ermittelt die Finanzbehörde den Sachverhalt. Finanzbehörde im Sinne dieses Abschnitts ist das Hauptzollamt, das Finanzamt, das Bundeszentralamt für Steuern und die Familienkasse.**

**(2) Die Finanzbehörde führt das Ermittlungsverfahren in den Grenzen des § 399 Abs. 1 und der §§ 400, 401 selbständig durch, wenn die Tat**

**1. ausschließlich eine Steuerstraftat darstellt oder**

**2. zugleich andere Strafgesetze verletzt und deren Verletzung Kirchensteuern oder andere öffentlich-rechtliche Abgaben betrifft, die an Besteuerungsgrundlagen, Steuermessbeträge oder Steuerbeträge anknüpfen.**

**(3) Absatz 2 gilt nicht, sobald gegen einen Beschuldigten wegen der Tat ein Haftbefehl oder ein Unterbringungsbefehl erlassen ist.**

**(4) Die Finanzbehörde kann die Strafsache jederzeit an die Staatsanwaltschaft abgeben. Die Staatsanwaltschaft kann die Strafsache jederzeit an sich ziehen. In beiden Fällen kann die Staatsanwaltschaft im Einvernehmen mit der Finanzbehörde die Strafsache wieder an die Finanzbehörde abgeben.**

### Schrifttum

Bender, Erweiterte Ermittlungsbefugnis der Finanzbehörde im allgemeinstrafrechtlichen Bereich, wistra 1998, 93; Mösbauer, Finanzbehördliche Sachverhaltsermittlung bei Verdacht einer Steuerstraftat, DStZ 2000, 512; Fehn, Grenzpolizeiliche und allgemein-polizeiliche Eilkompetenz sowie zollrechtliche Zuständigkeit der Finanzkontrolle Schwarzarbeit?, ZfZ 2005, 362; Hentschel, Staatsanwalt und Polizist in Personalunion? NJW 2006, 2300; Mössmer/Mosburger, Gesetzliche oder gefühlte Ermittlungskompetenz der FKS-Dienststellen in Steuerstrafsachen? wistra 2007, 55; WEBEL, Staatsanwalt und Polizist in einer Person? AO-StB 2007, 137; DUSCH, Vermischung von SteuFa und BuStra als rechtswidrige Konstruktion? wistra 2013, 129; TORMÖHLEN, Die Stellung der BuStra im Steuerstraf- und Ordnungswidrigkeitenverfahren, AO-StB 2013, 316; BEYER, Das Evokationsrecht der Staatsanwaltschaft gem. § 386 Abs. 4 Satz 2 AO, AO-StB 2014, 58.

1 § 386 Abs. 1 AO enthält den Grundsatz, dass zur **Ermittlung von Steuerstraftaten** (s. § 369 AO) die **Finanzbehörden** zuständig sind. Das sind die Finanzämter, die Hauptzollämter und das Bundeszentralamt für Steuern (§ 5 FVG). Zur Durchführung des Familienleistungsausgleichs stellt die Bundesagentur für Arbeit ihre Dienststellen dem Bundeszentralamt für Steuern zur Verfügung (§ 5 Abs. 1 Nr. 11 Satz 2 FVG). Familienkassen sind auch die in § 72 Abs. 1 und 2 EStG genannten juristischen Personen. Die Familienkassen sind Finanzbehörden nach § 6 Abs. 2 Nr. 6 AO und nach § 386 Abs. 1 AO.

2 Innerhalb der Finanzbehörde ist die **Bußgeld- und Strafsachenstelle** als »Staatsanwaltschaft der Finanzverwaltung« (*Klos/Weyand*, DStZ 1988, 615) tätig, welche durch die ihr zugewiesenen gesetzlichen Befugnisse an die Stelle der Staatsanwaltschaft tritt (OLG Stuttgart v. 04.02.1991, 3 Ws 21/91, wistra 1991, 190), wenn sie diese auch nicht zu verdrängen vermag (s. § 386 Abs. 4 Satz 2 AO). Die Steuerfahndung besitzt keine originäre Ermittlungszuständigkeit (LG Freiburg v. 16.07.1986, IV Qs 25/86, wistra 1987, 155; LG Berlin v. 08.02.1988, 514 Qs 1/88, wistra 1988, 203; LG Stuttgart v. 25.06.1987 6 Qs 57/87, wistra 1988, 328). Ihre Beamten sind nach § 404 AO Ermittlungspersonen der Staatsanwaltschaft (§ 152 GVG). Für diese Kompetenz der Finanzbehörden sprechen gewichtige Gründe. Die Ermittlungen von Steuerstraftaten lassen sich von der Ermittlung der Grundlagen für die Festsetzung und Erhebung der Steuern nicht trennen. Eine Übertragung der steuerstrafrechtlichen Ermittlungskompetenz auf die Staatsanwaltschaften würde ein unwirtschaftliches Nebeneinander und eine kaum tragbare Mehrbelastung der Staatsanwaltschaften verursachen. Verfahrensverzögerungen wären die Folge. Einige Bundesländer haben die Funktionen der Bußgeld- und Strafsachenstalle einerseits und die der Steuerfahndung andererseits in gemeinsamen Sachgebieten zusammengefasst. Hiergegen bestehen Bedenken, wenn die gesetzlich vorgesehene Trennung zwischen staatsanwaltschaftlicher und polizeilicher Funktion aufgehoben und die Ermittlungspersonen der Staatsanwaltschaft faktisch zur Staatsanwaltschaft werden (*Hentschel*, NJW 2006, 2300). Soweit allerdings nach den Landesausführungsbestimmungen zu § 152 Abs. 2 GVG die allein zeichnungsberechtigten Sachgebietsleiter dieser Stellen keine Hilfspersonen der Staatsanwaltschaft sind, ist diese Organisationsform m. E. zulässig, sofern kein Sachbearbeiter Befugnisse für sich in Anspruch nimmt, die über die des § 404 AO hinausgehen (zur Organisation im Hamburg s. *Webel*, AO-StB 2007, 137; *Dusch*, wistra 2013, 129 hält auch die Kompetenzhäufung beim Sachbearbeiter für zulässig aber nicht empfehlenswert).

Die Aufdeckung von Steuerstraftaten, die zumeist im Besteuerungsverfahren erfolgt, begegnet wegen der Eigenart dieser Delikte besonderen Schwierigkeiten. Tathandlungen, wie etwa die Abgabe einer unrichtigen Steuererklärung, erlauben ohne hinreichende Prüfung der Besteuerungsgrundlagen nicht ohne Weiteres Schlussfolgerungen auf den objektiven Tatbestand oder die innere Tatseite einer Steuerhinterziehung. Da insbes. die Verkürzungsdelikte der §§ 370 und 378 AO sehr allgemein gehaltene Tatbestandsbeschreibungen aufweisen und der ergänzenden Ausfüllung durch die Steuertatbestände und Verfahrensvorschriften der Steuergesetze bedürfen, ist eine hinreichende Kenntnis des Steuerrechts für eine zielsichere Verfolgung von Steuerstraftaten unerlässlich.

Eine notwendige Ergänzung findet die Ermittlungskompetenz der Finanzbehörden für Steuerstraftaten in der Zuständigkeit dieser Behörden auch für Verfolgung von **Steuerordnungswidrigkeiten** (s. § 409 AO). Diese Verknüpfung ist auch deshalb geboten, weil sich bei der Verfolgung von Steuerzuwiderhandlungen häufig nicht übersehen lässt, ob eine Straftat oder eine Ordnungswidrigkeit begangen worden ist. Die fließenden Übergänge bei den Verkürzungsdelikten der §§ 370 und 378 AO, deren objektive Tatbestände weitgehend übereinstimmen, machen dies deutlich. 4

Für die Ermittlungskompetenz der Finanzbehörden gilt das **Legalitätsprinzip** des § 152 Abs. 2 StPO. Wenn zureichende tatsächliche Anhaltspunkte für eine Steuerstraftat vorliegen, ist die Finanzbehörde zum Einschreiten verpflichtet. Grundsätzlich ist es nicht ihrem Ermessen überlassen, ob sie tätig werden will, soweit nicht § 398 AO oder die §§ 153 und 153a StPO eine Einstellung des Verfahrens (ggf. nach Erfüllung einer Auflage) rechtfertigen. Gelangt die Finanzbehörde jedoch zu der Überzeugung, dass kein hinreichender Verdacht für das Vorliegen einer Steuerstraftat, sondern allenfalls einer **Steuerordnungswidrigkeit** besteht (Hauptbeispiel: keine vorsätzliche, sondern allenfalls eine leichtfertige Steuerverkürzung), greift das **Opportunitätsprinzip** des § 47 Abs. 1 OWiG ein. Hiernach liegt die Verfolgung von Ordnungswidrigkeiten im pflichtgemäßen Ermessen der Finanzbehörden; sie können das Verfahren, solange es anhängig ist, auch jederzeit wieder einstellen. 5

Ungeachtet der Ermittlungskompetenz der Finanzbehörden kann die **Staatsanwaltschaft** die Ermittlung von Steuerstraftaten jederzeit an sich ziehen (§ 386 Abs. 4 Satz 2 AO). Hiervon wird allerdings nur in besonderen Fällen Gebrauch gemacht. Ein Grund hierfür kann in der Bedeutung der Tat liegen, die eine Anklageerhebung erforderlich macht oder in anderen Umständen, die eine frühzeitige Einschaltung der Staatsanwaltschaft angezeigt erscheinen lassen, z. B. wegen der Schwierigkeit 6 der Beweislage oder bereits bei der Staatsanwaltschaft anhängiger anderer Verfahren gegen denselben Beschuldigten. Um der Staatsanwaltschaft diese Prüfung zu ermöglichen, hat die Finanzbehörde sie über alle bei ihr anhängigen Ermittlungsverfahren frühzeitig zu unterrichten, bei denen eine Evokation nicht fernliegt (BGH v. 30.04.2009, 1 StR 90/09, BStBl II 2010, 835). Eine Sachaufsicht der Staatsanwaltschaft gegenüber den Finanzbehörden wird durch diese Befugnis nicht begründet. In dem ihnen gezogenen – sachlich und verfahrensrechtlich begrenzten – Bereich führen die Finanzbehörden ihre Ermittlungen eigenständig.

7 § 386 Abs. 2 Nr. 1 AO beschränkt die **Ermittlungskompetenz** der Finanzbehörden auf **Taten**, die **ausschließlichSteuerstrafgesetze** verletzen, d.h. Tatbestände erfüllen, die in der Abgabenordnung oder einem anderen Steuergesetz mit Strafe bedroht oder sonst in § 369 Abs. 1 AO erwähnt sind. Verletzt die Tat zugleich ein anderes Strafgesetz (s. § 370 AO Rz. 85 ff.), entfällt die eigenständige Ermittlungskompetenz der Finanzbehörden. Dies gilt auch, wenn zwar keine Tateinheit aber (ausnahmsweise) eine Tat i.S. des § 264 Abs. 1 StPO vorliegt, weil sonst ein Verfahrensabschluss durch die Behörde (z.B. nach § 153a StPO) auch wegen des Allgemeindelikts den Strafklageverbrauch des Art. 103 Abs. 3 GG nach sich ziehen kann. Die Kompetenz kann, soweit ein anderes Strafgesetz verletzt ist, auch nicht auf § 386 Abs. 4 Satz 3 AO gegründet werden. Die Finanzbehörden dürfen nur wegen Steuerstraftaten ermitteln. Eine Befassung mit Straftaten anderer Art ist ihnen nicht gestattet (zu den Folgen LG Freiburg v. 04.09.2000, VIII Qs 9/00, StrVert 2000, 268), es sei denn, es handelt sich um eine einem Steuervergehen gleichgestellte Straftat (s. § 8 Abs. 2 WoPG, § 14 Abs. 2 5. VermBG; s. vor § 369 AO Rz. 2.). Allerdings hat nach Auffassung des OLG Braunschweig (OLG Braunschweig v. 24.11.1997, Ss (S) 70/97, wistra 1998, 71) die Bekanntgabe der Einleitung eines Strafverfahrens wegen des Verdachts der Urkundenfälschung durch die Strafverfolgungsbehörde auch wegen dieses Vorwurf verjährungsunterbrechende Wirkung, wenn es sich bei der Steuerhinterziehung und dem Urkundsdelikt um eine Tat i.S. des § 264 StPO handelt. Die Staatsanwaltschaft kann beim Zusammentreffen der Steuerhinterziehung mit einem allgemeinen Strafdelikt, wenn sie die Ermittlungen führt, die Finanzbehörde um Vornahme von Ermittlungen ersuchen, wenn die verfolgte Steuerstraftat mit der allgemeinen Straftat tateinheitlich zusammentrifft (BGH v. 24.10.1989, 5 StR 238 – 239/89, wistra 1990, 59; a.A. OLG Frankfurt v. 05.09.1986, 1 Ws 163/86, wistra 1987, 32; *Klos/Weyand*, DStZ 1988, 615).

8 § 386 Abs. 2 Nr. 2 AO begründet eine **Ermittlungskompetenz** der Finanzbehörden für die Fälle des **nichtsteuerlichen Abgabenbetruges**. Dies zielt auf gesetzliche Regelungen, welche die Verkürzung von Kirchensteuern oder öffentlich-rechtlichen Abgaben oder Beiträgen anderer Art (z.B. zu Industrie- und Handelskammern, Handwerkskammern u.a.) als Betrug im strafrechtlichen Sinne qualifizieren. Die Verkürzung der genannten Abgaben ist zumeist eine mittelbare Folge der Verkürzung von Einkommen- oder Ertragsteuern bzw. von Grundlagen dieser Steuern, an welche die Abgaben anknüpfen (s. § 51a EStG). Die Erstreckung der finanzbehördlichen Ermittlungskompetenz auf einschlägige Abgabenverkürzungen ist zweckmäßig. Die Verkürzung von Kirchensteuer als solcher wird außer in Niedersachsen (vgl. § 6 Abs. 1 des niedersächsischen KirchensteuerrahmenG) in keinem Bundesland als Steuerhinterziehung verfolgt (BGH v. 17.04.2008, 5 StR 547/07, wistra 2008, 310; Anm. *Schützeberg*, wistra 2009, 31).

§ 386 Abs. 3 AO lässt die Ermittlungskompetenz der 9
Finanzbehörden entfallen, sobald gegen den Beschuldigten wegen der Tat ein **Haftbefehl** oder ein **Unterbringungsbefehl** erlassen ist. In diesen Fällen hat die Finanzbehörde die Sache an die Staatsanwaltschaft abzugeben, die über die notwendigen Erfahrungen in Haft- und Unterbringungssachen verfügt.

§ 386 Abs. 4 AO enthält die nach den besonderen Um- 10
ständen des Falles gebotenen **Abweichungen** von der allgemeinen Zuständigkeitsregelung des § 386 Abs. 2 AO.

Von der in § 386 Abs. 4 **Satz 1** AO gegebenen Möglich- 11
keit, die Sache jederzeit **an die Staatsanwaltschaft abzugeben**, wird die Finanzbehörde Gebrauch machen, wenn besondere Umstände es angezeigt erscheinen lassen, die Staatsanwaltschaft möglichst frühzeitig einzuschalten. Das kann sich insbes. aus der Schwere oder der sonstigen Tragweite der vorliegenden Verdachtsgründe rechtfertigen. Zu denken ist auch an bestehende Zusammenhänge mit Straftaten nichtsteuerlicher Art, sei es in tateinheitlichem Zusammentreffen (s. § 370 AO Rz. 85 ff.), sei es in Tatmehrheit (s. § 370 AO Rz. 93 ff.) oder wenn ein Zusammenhang i.S. des § 264 Abs. 1 StPO besteht. Wegen Straftaten nichtsteuerlicher Art darf die Finanzbehörde nicht ermitteln (§ 386 Abs. 2 Nr. 1 AO; Ausnahme: § 386 Abs. 2 Nr. 2 AO). Ein Rechtsweg gegen die Abgabe der Sache an die Staatsanwaltschaft besteht nicht (BFH v. 25.01.1972, VII R 109/68, BStBl II 1972, 286).

Auch bei der Abgabe eines Verfahrens an die Staats- 12
anwaltschaft ist das **Steuergeheimnis** (s. § 30 AO) zu beachten. Verdachtsgründe über Straftaten nichtsteuerlicher Art, die der Finanzbehörde zu Kenntnis kommen, dürfen der Staatsanwaltschaft nur unter den besonderen Voraussetzungen des § 30 Abs. 4 und 5 AO oder bei Vorliegen einer anderen Offenbarungsbefugnis mitgeteilt werden (z.B. § 31b AO). Auch wenn grundsätzlich eine Weitergabebefugnis besteht, ist diese nur so weit erlaubt, als sie – bezogen auf einzelne Tatsachen – erforderlich ist. Gelangen geschützte Verhältnisse dennoch zur Kenntnis der Staatsanwaltschaft, greift das Verwendungsverbot des § 393 Abs. 2 AO ein. Nur wegen der Steuerstraftat kann die Behörde die Sache gestützt auf § 386 Abs. 4

Satz 1 AO i.V.m. § 30 Abs. 4 Nr. 1 AO an die Staatsanwaltschaft abgeben. Die Durchbrechung des Steuergeheimnisses ist zulässig. Dies gilt auch, sofern sich im Einzelfall Hinweise auf nichtsteuerliche Delikte nicht vermeiden lassen. Dann empfiehlt sich bei der Abgabe dringend ein Hinweis darauf, dass insoweit die Verwendungsbefugnis i.S. des § 393 Abs. 2 AO nicht besteht oder zweifelhaft ist, denn die Zulässigkeit der Information bewirkt keineswegs die Zulässigkeit der Verwertung. Dies versetzt die Staatsanwaltschaft in die Lage, in eigener Zuständigkeit zu prüfen, ob eine Weitergabebefugnis z.B. auch nach § 30 Abs. 4 Nr. 4 AO oder § 30 Abs. 5 AO vorliegt, bzw. ob das Verwendungsverbot eingreift. Gerade in Zweifelsfällen scheint dieses Verfahren u.E. sinnvoll, weil die Finanzbehörde sonst wegen des Allgemeindelikts strafprozessuale Vorfragen abschließend entscheiden müsste, die gerade auch für die Anwendung des § 386 Abs. 2 AO von Bedeutung sein können (a.A. *Randt* in JJRJ, § 386 AO Rz. 62 ff., soweit die Erkenntnisse aus dem Besteuerungsverfahren stammen).

13 § 386 Abs. 4 Satz 2 AO ermächtigt die **Staatsanwaltschaft**, eine Steuerstrafsache jederzeit **an sich zu ziehen** (Evokation), also auch dann, wenn aufgrund § 386 Abs. 1 und 2 AO die Ermittlungskompetenz der Finanzbehörden gegeben ist. Von ihrer Befugnis wird die Staatsanwaltschaft Gebrauch machen, wenn die Tragweite der Verdachtsgründe oder sonstige Umstände besonderer Art ihre frühestmögliche Einschaltung zweckmäßig erscheinen lassen (s. Rz. 6). Eine ausdrückliche Übernahmeerklärung ist sicherlich sinnvoll, aber nicht erforderlich (LG Frankfurt v. 15.02.1993, 5/29 Qs 2/93, wistra 1993, 154). Wegen der Beachtung des Steuergeheimnisses bei der Auswertung von Steuerakten s. § 393 AO Rz. 7.

14 Im gegenseitigen Einvernehmen kann die Staatsanwaltschaft die Sache auch wieder an die Finanzbehörde zurückgeben (§ 386 Abs. 4 **Satz 3** AO), wenn sich das als zweckmäßig erweist, etwa deshalb, weil die Gründe, die zur Abgabe oder Evokation geführt haben entfallen sind. Entsprechend seiner Stellung ist § 386 Abs. 4 Satz 3 AO nur auf die Fälle der Abgabe oder Evokation nach § 386 Abs. 4 Sätze 1 und 2 AO anwendbar. Erfolgte die Abgabe an die Staatsanwaltschaft aufgrund der § 386 Abs. 2 und 3 AO ist die Ermittlungskompetenz der Behörde erloschen und die Staatsanwaltschaft bleibt originär zuständig.

## § 387 AO Sachlich zuständige Finanzbehörde

**(1) Sachlich zuständig ist die Finanzbehörde, welche die betroffene Steuer verwaltet.**

**(2) Die Zuständigkeit nach Absatz 1 kann durch Rechtsverordnung einer Finanzbehörde für den Bereich mehrerer Finanzbehörden übertragen werden, soweit dies mit Rücksicht auf die Wirtschafts- oder Verkehrsverhältnisse, den Aufbau der Verwaltungsbehörden oder andere örtliche Bedürfnisse zweckmäßig erscheint. Die Rechtsverordnung erlässt, soweit die Finanzbehörde eine Landesbehörde ist, die Landesregierung, im Übrigen das Bundesministerium der Finanzen. Die Rechtsverordnung des Bundesministeriums der Finanzen bedarf nicht der Zustimmung des Bundesrates. Das Bundesministerium der Finanzen kann die Ermächtigung nach Satz 1 durch Rechtsverordnung, die nicht der Zustimmung des Bundesrates bedarf, auf eine Bundesoberbehörde übertragen. Die Landesregierung kann die Ermächtigung auf die für die Finanzverwaltung zuständige oberste Landesbehörde übertragen.**

Die Vorschrift regelt in **sachlicher** Hinsicht, welcher Art von Finanzbehörde die Rechte und Pflichten zustehen, die mit der Ermittlungskompetenz des § 386 AO verbunden sind. Mit der örtlichen Zuständigkeit sowie weiteren Zuständigkeitsfragen befassen sich die §§ 388 bis 390 AO und auch § 399 Abs. 2 AO. Für die sachliche Zuständigkeit kommt es darauf an, welche Finanzbehörde die von der Tat betroffene Steuer **verwaltet**, d.h. ermittelt und festsetzt, bzw. bei der eine Anmeldung abzugeben ist (s. § 150 Abs. 1 AO, § 167 AO). Diese Aufgabe teilen sich die **Finanzämter** und die **Hauptzollämter**. Die Verwaltung der Steuern vom Einkommen, Ertrag sowie der Umsatzsteuer und der Verkehrsteuern obliegt den Finanzämtern, während die Hauptzollämter die Einfuhr- und Ausfuhrabgaben (s. § 3 Abs. 3 AO und Art 5 Nr. 20 und 21 UZK) und die bundesgesetzlich geregelten Verbrauchsteuern verwalten. Zu beachten sind die besonderen Zuständigkeiten des **Bundeszentralamtes für Steuern** nach § 5 FVG. Sachlich zuständig für die Verwaltung des Kindergeldes sind die **Familienkassen** (s. § 386 AO Rz. 1). 1

Von dieser grundsätzlichen Aufgabenteilung abgesehen, zielt die Zuständigkeitsregelung des § 387 Abs. 1 AO auf die **funktionelle Zuständigkeit**. Insbesondere verwaltet nicht jedes FA sämtliche Besitz- und Verkehrsteuern seines Bezirks. Es gibt Steuerarten, die bei einzelnen Ämtern für den Bereich mehrerer Ämter zusammengefasst sind, was in erster Linie für die Verkehrsteuern, die Erbschaftsteuer und – in manchen großen Städten – auch für die Veranlagung der Körperschaften zutrifft. 2

Um die Ermittlung von Steuerstraftaten schlagkräftiger zu gestalten, hat es sich als zweckmäßig erwiesen, die Zuständigkeiten im Steuerstrafverfahren für die Bereiche mehrerer Finanzbehörden bei einem Amt zusammenzufassen (sog. **Gemeinsame Strafsachenstellen**). In den Ländern Berlin, Niedersachsen und Nordrhein-Westfalen sind besondere Finanzämter für Steuerstrafsachen und 3

Steuerfahndung eingerichtet. In jedem Fall bedarf es nach § 387 Abs. 2 AO einer Rechtsverordnung (BT-Drs. V/1269, 73). Aus Zweckmäßigkeitsgründen sind die Strafsachenstellen i.d.R. an dem Ort angesiedelt, an dem sich das nach § 391 Abs. 1 AO örtlich zuständige Amtsgericht befindet.

4 Auch wenn die vorrangige Zuständigkeit der Strafsachenstellen nach § 387 Abs. 2 AO besteht, verbleibt bei den Finanzämtern, für deren Bezirk sie bestellt sind, nach § 399 Abs. 2 AO ein Rest sachlicher Zuständigkeit, den man als Eil- oder Notkompetenz bezeichnen kann. Zu den Kompetenzen der Steuerfahndungsstellen im Steuerstrafverfahren s. §§ 208, 404 AO. In Zusammenhang mit der Zollfahndung s. § 208 AO.

5 Maßnahmen einer im Einzelfall sachlich unzuständigen Finanzbehörde sind unwirksam, soweit es sich um Prozesshandlungen handelt (LG Freiburg v. 04.09.2000, VIII Qs 9/00 StrVert 2000, 268). Das hat allerdings keine große praktische Bedeutung, da die Finanzbehörden im Strafverfahren regelmäßig keine abschließenden Entscheidungen treffen (*Randt* in JJR, § 387 AO Rz. 23). Ermittelt eine sachlich unzuständige Finanzbehörde so sind diese Ermittlungshandlungen nicht unwirksam und führen auch nicht zu einem Verwertungsverbot (*Rüping* in HHSp, § 387 AO Rz. 29).

## § 388 AO
## Örtlich zuständige Finanzbehörde

**(1) Örtlich zuständig ist die Finanzbehörde,**

**1. in deren Bezirk die Steuerstraftat begangen oder entdeckt worden ist,**

**2. die zur Zeit der Einleitung des Strafverfahrens für die Abgabenangelegenheiten zuständig ist oder**

**3. in deren Bezirk der Beschuldigte zur Zeit der Einleitung des Strafverfahrens seinen Wohnsitz hat.**

**(2) Ändert sich der Wohnsitz des Beschuldigten nach Einleitung des Strafverfahrens, so ist auch die Finanzbehörde örtlich zuständig, in deren Bezirk der neue Wohnsitz liegt. Entsprechendes gilt, wenn sich die Zuständigkeit der Finanzbehörde für die Abgabenangelegenheit ändert.**

**(3) Hat der Beschuldigte im räumlichen Geltungsbereich dieses Gesetzes keinen Wohnsitz, so wird die Zuständigkeit auch durch den gewöhnlichen Aufenthaltsort bestimmt.**

1 Die Vorschrift befasst sich damit, welche nach § 387 AO sachlich zuständige Finanzbehörde für die Ausübung der mit der Ermittlungskompetenz des § 386 AO verbundenen Befugnisse örtlich zuständig ist. § 388 Abs. 1 AO bestimmt alternativ drei Anknüpfungspunkte während § 388 Abs. 2 und 3 AO zusätzliche Besonderheiten regeln.

Eine Tat ist dort begangen im Sinne der örtlichen Zuständigkeit (§ 388 **Abs. 1 Nr. 1** AO), wo der **Täter gehandelt** hat bzw. wo er hätte handeln müssen. Das ist die Amtsstelle der Behörde als Erklärungsadressat aber auch der Ort der Aufgabe zur Post. Die Zuständigkeit des Ortes der Entdeckung berücksichtigt die besonderen Begebenheiten in der Zollverwaltung. Eine Tat ist auch dann entdeckt, wenn für eine der in § 116 AO genannten Stellen eine Mitteilungspflicht entsteht. 2

Örtlich zuständig ist nach § 388 **Abs. 1 Nr. 2** AO aber auch diejenige Finanzbehörde, in deren örtliche Zuständigkeit die **Verwaltung** der **betroffenen Steuer** bzw. die Wahrnehmung der einschlägigen Abgabenangelegenheiten fällt (s. §§ 17 bis 23 AO). Es entscheiden die Verhältnisse zur Zeit der Einleitung des Strafverfahrens (s. § 397 AO). Mithin kann die im Einzelfall mit dem Besteuerungsverfahren befasste Finanzbehörde auch das strafrechtliche Ermittlungsverfahren durchführen. Wegen der Besonderheiten bei den gemeinsamen Strafsachenstellen s. § 399 Abs. 2 AO. 3

§ 388 **Abs. 1 Nr. 3** AO begründet eine weitere örtliche Zuständigkeit indem die Vorschrift auch auf den **Wohnsitz** (s. § 8 AO) des Beschuldigten abstellt. Hierbei ist nicht von den allgemeinen steuerlichen Begriffsbestimmungen der einleitenden Vorschriften der AO auszugehen, sondern von den §§ 7 ff. BGB (s. § 8 StPO). Das folgt aus § 385 Abs. 1 AO (*Randt* in JJR, § 388 AO Rz. 27). Besteht kein Wohnsitz im Inland, kann hilfsweise ein inländischer **gewöhnlicher Aufenthaltsort** (s. § 8 Abs. 2 StPO) eine örtliche Zuständigkeit für das Ermittlungsverfahren begründen (§ 388 Abs. 3 AO). Maßgebend ist der Zeitpunkt der Einleitung des Strafverfahrens (s. § 397 AO). 4

§ 388 **Abs. 2** AO enthält eine elastische Regelung für die Fälle, in denen sich die **Zuständigkeitsvoraussetzungen** des § 388 Abs. 1 Nr. 2 und 3 AO nachträglich **ändern**. Hier kann es – je nach dem Stand des Verfahrens – zweckmäßig sein, dass das ursprünglich zuständige Amt entweder die Ermittlungen fortsetzt oder das später zuständig gewordene Amt ersucht, die Ermittlungen zu übernehmen (s. § 390 Abs. 2 AO). 5

Für Mängel der örtlichen Zuständigkeit gilt das zu § 387 AO gesagte (s. § 387 AO Rz. 5). 6

## § 389 AO
## Zusammenhängende Strafsachen

**Für zusammenhängende Strafsachen, die einzeln nach § 388 zur Zuständigkeit verschiedener Finanzbehörden gehören würden, ist jede dieser Finanzbehörden zuständig. § 3 der Strafprozessordnung gilt entsprechend.**

1 Die Vorschrift erstreckt die **örtliche** Zuständigkeit (s. § 388 AO) auf personell oder der Sache nach **zusammenhängende Strafsachen.** Ein solcher Zusammenhang ist gegeben, wenn jemand mehrerer Steuerstraftaten beschuldigt wird oder wenn bei einer Steuerstraftat mehrere Personen als Täter, Teilnehmer oder der Begünstigung, Strafvereitelung oder der Hehlerei beschuldigt werden (s. § 3 StPO). Eine entsprechende Regelung für den Fall verschiedener sachlicher Zuständigkeiten (s. § 387 AO) hat das Gesetz nicht getroffen, weil die einheitliche Verfolgung z.B. von Ertragsteuervergehen sowie Zoll- und Verbrauchsteuervergehen in der Praxis Schwierigkeiten verursachen würde, denen keine nennenswerten Vorteile gegenüberstünden.

## § 390 AO
## Mehrfache Zuständigkeit

**(1) Sind nach den §§ 387 bis 389 mehrere Finanzbehörden zuständig, so gebührt der Vorzug der Finanzbehörde, die wegen der Tat zuerst ein Strafverfahren eingeleitet hat.**

**(2) Auf Ersuchen dieser Finanzbehörde hat eine andere zuständige Finanzbehörde die Strafsache zu übernehmen, wenn dies für die Ermittlungen sachdienlich erscheint. In Zweifelsfällen entscheidet die Behörde, der die ersuchte Finanzbehörde untersteht.**

1 Bei mehrfacher sachlicher oder örtlicher Zuständigkeit entscheidet nach § 390 Abs. 1 AO in erster Linie die **zeitliche Priorität.** Welche von mehreren Finanzbehörden ein Strafverfahren zuerst eingeleitet hat, lässt sich regelmäßig anhand der Akten feststellen (s. § 397 Abs. 2 AO). Für eine Zuständigkeitsbegründung i.S. des § 390 Abs. 1 AO reicht nach dem Wortlaut die Einleitung eines Bußgeldverfahrens nicht aus. Ggf. kommt dann aber eine Übernahme nach § 390 Abs. 2 AO in Betracht.

2 Aus Gründen der **Effizienz** kann es im Einzelfall zweckmäßig sein, dass anstelle der gem. § 390 Abs. 1 AO in erster Linie zuständigen Finanzbehörde eine **andere** sachlich oder örtlich zuständige **Finanzbehörde** die Sache zur Fortsetzung der Ermittlung **übernimmt.** Kompetenzstreitigkeiten zwischen Finanz- oder Zollämtern entscheidet regelmäßig die Oberfinanzdirektion oder das Landesamt für Steuern bzw. die Bundesfinanzdirektion, der die ersuchte Finanzbehörde untersteht. Bei ersuchten Finanzämtern in Ländern, in denen keine Oberfinanzdirektion bzw. eine andere Mittelbehörde, die an deren Stelle getreten ist, besteht, entscheidet der Landesfinanzminister bzw. -senator. Im Fall des Bundeszentralamtes für Steuern entscheidet der BdF. Bei Zweifelsfällen zwischen Familienkassen entscheidet das Bundeszentralamt für Steuern (§ 5 Abs. 1 Nr. 11 Satz 2 FVG für die Arbeitsverwaltung und Satz 10 für die Familienkassen i.S. des § 72 Abs. 1 EStG).

## § 391 AO
## Zuständiges Gericht

**(1) Ist das Amtsgericht sachlich zuständig, so ist örtlich zuständig das Amtsgericht, in dessen Bezirk das Landgericht seinen Sitz hat. Im vorbereitenden Verfahren gilt dies, unbeschadet einer weitergehenden Regelung nach § 58 Abs. 1 des Gerichtsverfassungsgesetzes, nur für die Zustimmung des Gerichts nach § 153 Abs. 1 und § 153a Abs. 1 der Strafprozessordnung.**

**(2) Die Landesregierung kann durch Rechtsverordnung die Zuständigkeit abweichend von Absatz 1 Satz 1 regeln, soweit dies mit Rücksicht auf die Wirtschafts- oder Verkehrsverhältnisse, den Aufbau der Verwaltungsbehörden oder andere örtliche Bedürfnisse zweckmäßig erscheint. Die Landesregierung kann diese Ermächtigung auf die Landesjustizverwaltung übertragen.**

**(3) Strafsachen wegen Steuerstraftaten sollen beim Amtsgericht einer bestimmten Abteilung zugewiesen werden.**

**(4) Die Absätze 1 bis 3 gelten auch, wenn das Verfahren nicht nur Steuerstraftaten zum Gegenstand hat; sie gelten jedoch nicht, wenn dieselbe Handlung eine Straftat nach dem Betäubungsmittelgesetz darstellt, und nicht für Steuerstraftaten, welche die Kraftfahrzeugsteuer betreffen.**

Die sachliche Zuständigkeit der **Amtsgerichte** in Strafsachen ergibt sich aus § 24 GVG. Sie hängt davon ab, dass die Staatsanwaltschaft nicht wegen der besonderen Bedeutung des Falles die Anklage beim **Landgericht** erhebt. 1

Die Vorschrift des § 391 Abs. 1 AO dient der **Konzentration** und **Straffung.** Sie ist sinnvoll, weil die Behandlung von Steuerstrafsachen auch spezielle Sachkenntnisse des Strafrichters erfordert. Daher begründet das Gesetz die zentrale örtliche Zuständigkeit des am Sitz eines Landgerichts bestehenden Amtsgerichts für den gesamten Landgerichtsbezirk. 2

§ 391 Abs. 1 Satz 2 AO überträgt auch die **gerichtliche Zustimmung** auf das gem. § 391 Abs. 1 Satz 1 AO örtlich zuständige Amtsgericht, soweit diese zur Einstellung des Verfahrens wegen Geringfügigkeit (s. § 153 Abs. 1 StPO) oder in Verbindung mit Auflagen und Weisungen (s. § 153 a Abs. 1 StPO) erforderlich ist. Im Übrigen bleibt es für das Vorverfahren bei der allgemeinen Zuständigkeitsregelung, so z.B. für Beschlagnahmen (s. §§ 94 bis 3

100, §§ 101, 111 c, e, f, g StPO), Sicherstellungen (s. § 111 b StPO), dingliche Arreste (s. § 111 d, e StPO), Notveräußerungen (s. § 111 l StPO), Durchsuchungen (s. §§ 102 bis 110 StPO), Haftbefehle (s. §§ 114, 125 StPO) und gerichtliche Untersuchungshandlungen (s. § 162 StPO), falls nicht die Landesregierung auch insoweit gem. § 58 Abs. 1 GVG eine Konzentration angeordnet hat. Die besonderen Zuständigkeiten in Jugendstrafsachen (s. §§ 39 bis 42, 108 JGG) bleiben unberührt.

4 § 391 Abs. 2 AO ermächtigt die Landesregierungen, den regionalen Besonderheiten durch Regelungen der gerichtlichen **Zuständigkeit abweichend** von § 391 Abs. 1 AO Rechnung zu tragen. Das kann auch in der Weise geschehen, dass nur einzelne Gruppen von Steuerstrafsachen (z. B. Zolldelikte) einem bestimmten Amtsgericht zugewiesen werden. Die Vereinbarkeit dieser Regelung mit dem Grundgesetz hat das BVerfG bejaht (BVerfG v. 12.01.1971, 2 BvR 520/70, NJW 1971, 795; BVerfG v. 12.01.1971, 2 BvL 18/70, BB 1971, 295).

5 Der notwendigen Straffung und **Konzentration** bei der Entscheidung von Steuerstrafsachen dient auch die Regelung des § 391 Abs. 3 AO, indem Steuerstrafsachen besonderen Abteilungen der nach § 391 Abs. 1 AO zuständigen Amtsgerichte zugewiesen werden.

6 Zur obligatorischen Einrichtung von **Wirtschaftsstrafkammern** bei den Landgerichten s. § 74 c GVG.

7 Die Konzentrationsbestimmungen des § 391 Abs. 1 bis 3 AO erstreckt § 391 Abs. 4 1. HS AO auf die Fälle, in denen ein Strafverfahren außer Steuerstraftaten auch Delikte anderer Art zum Gegenstand hat, wie z. B. Betrug, Untreue, Urkundenfälschung. Das gilt nach § 391 Abs. 4 2. HS AO nicht für die dort genannten Straftaten, deren Verbreitung, Bedeutung oder Begehungszusammenhänge besondere Zuständigkeitsregelungen für die steuerlichen Aspekte nach Art des § 391 Abs. 1 bis 3 AO unzweckmäßig erscheinen lassen. Es bleibt insoweit beim allgemeinen Gerichtsstand der §§ 7 bis 9 StPO.

## § 392 AO
## Verteidigung

**(1) Abweichend von § 138 Abs. 1 der Strafprozessordnung können auch Steuerberater, Steuerbevollmächtigte, Wirtschaftsprüfer und vereidigte Buchprüfer zu Verteidigern gewählt werden, soweit die Finanzbehörde das Strafverfahren selbständig durchführt; im Übrigen können sie die Verteidigung nur in Gemeinschaft mit einem Rechtsanwalt oder einem Rechtslehrer an einer deutschen Hochschule im Sinne des Hochschulrahmengesetzes mit Befähigung zum Richteramt führen.**

**(2) § 138 Abs. 2 der Strafprozessordnung bleibt unberührt.**

**Schrifttum**

Hild/Hild, Verteidigung in Steuerstrafverfahren, BB 1999, 343; Burkhard, Akteneinsichtsrecht des Strafverteidigers im Steuerstrafverfahren, DStZ 2000, 850; Burkhard, Probleme mit dem Akteneinsichtsrecht im Steuerstrafverfahren, DStR 2002, 1794; Viertelhausen, Akteneinsicht in das Fallheft im Besteuerungs- und im Steuerstrafverfahren? wistra 2003, 409; Müller, Akteneinsicht in das Fallheft der Steuerfahndung, StBp 2004, 79; Frank, Antrag auf Akteneinsicht in Steuerfahndungsakten; Überprüfung durch das Finanzgericht, StBp 2005, 309; Frye, Die Ausschließung des Verteidigers, wistra 2005, 86; Börner, Akteneinsicht nach Durchsuchung und Beschlagnahme, NStZ 2007, 680; Donath/Mehle, Akteneinsichtsrecht und Unterrichtung des Mandanten durch den Verteidiger, NJW 2009, 1399; Müller/Schmidt, Aus der Rechtsprechung zum Recht der Strafverteidigung 2009, NStZ 2010, 375; Müller-Jacobsen/Peters, Schwarzmalerei in Steuerakten, wistra 2009, 458; Mack, Erscheinen der Steuerfahndung in der Beraterpraxis, DStR 2010, 53; Jesse, Präventivberatung im Steuerstrafrecht, 2012; Tormöhlen, Pflichtverteidigung im Steuerstrafverfahren, AP-StB 2015, 2017; Tormöhlen, Akteneinsicht im Steuerstrafverfahren, AO-StB 2017, 53.

Nach § 138 Abs. 1 StPO können **Rechtsanwälte** und **Rechtslehrer** an deutschen Hochschulen mit der Befähigung zum Richteramt (s. §§ 137, 138 StPO; wozu auch Fachhochschullehrer gehören, die deutsches Recht hauptberuflich selbstständig lehren; BGH v. 28.08.2003, 5 StR 232/03, wistra 2004, 64) als Verteidiger auftreten (§ 392 Abs. 1 AO). Aus dem Verweis auf das Hochschulrahmengesetz (HRG) ergibt sich, dass nur die Lehrer angesprochen sind, die an nach Landesrecht staatlichen oder staatlich anerkannten Hochschulen lehren (s. § 1 HRG). Im Bereich der finanzbehördlichen Ermittlungskompetenz für Steuerstrafsachen (s. § 386 AO) können nach § 392 AO darüber hinaus auch Angehörige der steuerberatenden Berufe die Verteidigung übernehmen. Soweit das Ermittlungsverfahren von der Staatsanwaltschaft geführt wird und im gesamten gerichtlichen Verfahren, sind Angehörige dieser Berufsgruppen als Verteidiger nur in Gemeinschaft mit einem Rechtsanwalt oder einem Hochschullehrer zugelassen (OLG Hamburg v. 21.01.1981, 2 Ss 246/80 OWi, BB 1981, 658). Der Grund der Vorschrift liegt darin, dass im Steuerstrafverfahren neben strafrechtlichen und strafprozessualen Kenntnissen auch steuerrechtliches Wissen erforderlich ist. 1

§ 392 Abs. 2 AO stellt klar, dass das Gericht entsprechend § 138 Abs. 2 StPO in hierfür geeigneten Fällen auch Personen, die nicht Rechtsanwälte oder Rechtslehrer (s. Rz. 1) sind, zur selbstständigen Führung der Verteidigung zulassen kann. Angehörige der steuerberatenden Berufe werden allerdings in Sachen, in denen sie zuvor in dieser Eigenschaft tätig waren, häufig wegen zu erwartender Zeugeneigenschaft von der Führung der Verteidigung ausgeschlossen sein (BVerfG v. 11.06.1963, 1 BvR 156/63, NJW 1963, 1771). 2

Die Vorschriften der Strafprozessordnung über die Verteidigung (s. §§ 137 ff. StPO) gelten auch für das **finanzbehördliche Ermittlungsverfahren** (s. § 385 AO). 3

4 In besonderen Fällen kann es angezeigt sein einen **Pflichtverteidiger** zu bestellen. Das ist nach § 140 Abs. 2 StPO immer der Fall, wenn das Strafmaß § 370 Abs. 3 AO entnommen wird (OLG Celle v. 20.12.1985, 1 Ss 461/233, wistra 1986, 223). Nach Auffassung des LG Essen macht das Zusammenspiel von Steuerrecht und Strafrecht in Steuerstrafsachen die Beiordnung eines Verteidigers grundsätzlich notwendig (LG Essen v. 02.09.2015, 56 Qs 1/15, NJW-Spezial 2016, 90).

5 Es gilt das **Verbot der Doppelverteidigung** (§ 146 StPO), sodass der Verteidiger nicht gleichzeitig mehrere Tatbeteiligte verteidigen darf. Die Erstattung einer Selbstanzeige ist noch keine Strafverteidigung, sodass hierfür § 146 StPO nicht gilt (*Randt* in JJR, § 392 AO Rz. 63).

6 Dem Verteidiger steht nach näherer Maßgabe des § 147 StPO das Recht auf **Akteneinsicht** zu (zum Umfang des Akteneinsichtsrechts s. BGH v. 10.10.1990, 1 StE 8/89 StB 14/90, NJW 1991, 435). Es bezieht sich auch auf amtlich verwahrte Beweisstücke (M-G/S § 147 StPO Rz. 19) und auf die Steuerakten, soweit diese Vorgänge betreffen, die zum Gegenstand des Strafverfahrens gehören oder in diesem verwertet werden (Grundsatz der Aktenvollständigkeit, OLG Karlsruhe v. 15.09.1981, 4 Ws 79/81, NStZ 1982, 299; BVerfG v. 07.12.1982, 2 BvR 900/82, wistra 1983, 105). Ein Einsichtsrecht in die Fallakten der Steuerfahndung besteht nur dann, wenn konkrete Anhaltspunkte für dort niedergelegte verfahrensrelevante Erkenntnisse bestehen (OLG Frankfurt v. 10.06.2003, 2 Ws 01/01, NStZ 2003, 566). Abgelehnt wird das Recht des Verteidigers auf Akteneinsicht nur während des sog. »ersten Zugriffs« (s. § 402 AO Rz. 2; zum Akteneinsichtsrecht Dritter im Ermittlungsverfahren s. OLG Celle v. 20.11.1989, 1 VAs 10/89, NJW 1990, 1802; s. auch § 406e Abs. 2 StPO).

7 Allerdings kann die Finanzbehörde in entsprechender Anwendung von § 147 Abs. 2 StPO dem Verteidiger die Einsicht in die Akten oder einzelne Aktenstücke und die Besichtigung amtlich verwahrter Beweisstücke versagen (OLG Frankfurt v. 10.06.2003, 2 Ws 01/03, NStZ 2003, 566), wenn sie geeignet ist, den Untersuchungszweck zu gefährden (kein Verstoß gegen Art. 5 Abs. 4 MRK, KG v. 09.03.1993, 3 Ws 59/93, wistra 1994, 38). Das kann z.B. der Fall sein, wenn sich aus den Akten Ermittlungsabsichten der Behörde ergeben, die den Verteidiger in einen Pflichtenkonflikt bringen können (M-G/S § 147 StPO Rz 24 ff.). Dies gilt allerdings nur, so lange der Abschluss der Ermittlungen noch nicht in den Akten vermerkt ist. Die Akteneinsicht ist ggf. zu beschränken, wenn durch sie dem Steuergeheimnis unterliegende Umstände offenbart würden. Zur Problematik des Informantenschutzes s. § 30 AO Rz. 40 ff.

8 Erst **nach Abschluss des Steuerstraf- bzw. Bußgeldverfahrens** (rechtskräftige Entscheidung, Einstellung) ist der **Finanzrechtsweg** gegeben, soweit die Einsicht in die Akten als Abgabeangelegenheit zu betrachten ist (s. § 33 Abs. 2 Satz 1 FGO; BFH v. 06.05.1997, VII B 4/97; BStBl II 1997, 543). Grundsätzlich hat die Gewährung der Akteneinsicht durch die jeweils im Rahmen ihrer Aufgabe zuständigen Stelle zu erfolgen (s. § 33 Abs. 3 FGO). Die Frage nach dem Rechtsweg ist aufgrund des Sachvortrags des Rechtssuchenden nach der Rechtsnatur des Begehrens zu entscheiden (BFH v. 06.02.2001, VII B 277/00, BStBl II 2001, 306 m. w. N.).

Was die **Teilnahme** des Verteidigers an **Ermittlungshandlungen** der Finanzbehörde anlangt, so besteht ein Recht zur Anwesenheit und zur Stellung von Fragen sowohl bei der Vernehmung des Beschuldigten wie bei der Vernehmung von Auskunftspersonen (s. § 168c StPO; s. § 163a StPO, s. M-G/S § 163a StPO Rz. 20). Es folgt dem Recht aus § 137 Abs. 1 StPO, wonach sich der Beschuldigte »in jeder« Lage des Verfahrens eines Verteidigers bedienen kann, also auch in vorbereitenden Verfahren (M-G/S § 137 StPO Rz. 3; zu der Notwendigkeit, das rechtliche Gehör auf den Verteidiger zu erstrecken, s. OLG Karlsruhe v. 15.03.1968, 3 Ws (B) 3/68, BB 1968, 570). Auf sein Recht zur Befragung eines Verteidigers (s. § 136 Abs. 1 Satz 2 StPO) muss der Beschuldigte in jedem Fall hingewiesen werden. 9

Für eine **Ausschließung** von Verteidigern nach § 138a Abs. 1 StPO ist in Steuerstrafverfahren nur in besonders gelagerten Ausnahmefällen Raum. In erster Linie kommt § 138a Abs. 1 Nr. 1 StPO in Betracht (Verdacht der Tatbeteiligung, BGH v. 27.05.1991, Anw St (B) 2/91, BGHSt 37, 395) und § 138a Abs. 1 Nr. 3 StPO (Verdacht der Begünstigung und Strafvereitelung, BGH v. 16.05.1983, 2 ARs 129/83, MDR 1983, 773; zur Wirkung der Ausschließung M-G/S § 138a StPO Rz. 21 ff.). Das Ausschließungsverfahren ist in §§ 138c, 138d StPO geregelt. Es setzt ein Ausschließungsbegehren der StA bzw. Strafsachenstelle voraus, über die das Oberlandesgericht entscheidet. In diesem Antrag müssen die objektiven und subjektiven Tatsachen substantiiert dargelegt werden, die die Voraussetzung der Ausschließung sind (KG v. 03.06.2005, 2 AR 63/05-5 ARs 31/05, NJW 2006, 1537). Im gerichtlichen Verfahren legt das zuständige Gericht die Sache dem Oberlandesgericht zur Entscheidung vor. Die Regelung über den Ausschluss des Verteidigers findet auch im Bußgeldverfahren Anwendung (BGH v. 06.05.1992, 2 ARs 3/92, wistra 1992, 228). 10

## § 393 AO Verhältnis des Strafverfahrens zum Besteuerungsverfahren

**(1) Die Rechte und Pflichten der Steuerpflichtigen und der Finanzbehörde im Besteuerungsverfahren und im Strafverfahren richten sich nach den für das jeweilige Verfahren geltenden Vorschriften. Im Besteuerungsverfahren sind jedoch Zwangsmittel (§ 328) gegen den Steuerpflichtigen unzulässig,**

**wenn er dadurch gezwungen würde, sich selbst wegen einer von ihm begangenen Steuerstraftat oder Steuerordnungswidrigkeit zu belasten. Dies gilt stets, soweit gegen ihn wegen einer solchen Tat das Strafverfahren eingeleitet worden ist. Der Steuerpflichtige ist hierüber zu belehren, soweit dazu Anlass besteht.**

**(2) Soweit der Staatsanwaltschaft oder dem Gericht in einem Strafverfahren aus den Steuerakten Tatsachen oder Beweismittel bekannt werden, die der Steuerpflichtige der Finanzbehörde vor Einleitung des Strafverfahrens oder in Unkenntnis der Einleitung des Strafverfahrens in Erfüllung steuerrechtlicher Pflichten offenbart hat, dürfen diese Kenntnisse gegen ihn nicht für die Verfolgung einer Tat verwendet werden, die keine Steuerstraftat ist. Dies gilt nicht für Straftaten, an deren Verfolgung ein zwingendes öffentliches Interesse (§ 30 Abs. 4 Nr. 5) besteht.**

**(3) Erkenntnisse, die die Finanzbehörde oder die Staatsanwaltschaft rechtmäßig im Rahmen strafrechtlicher Ermittlungen gewonnen hat, dürfen im Besteuerungsverfahren verwendet werden. Dies gilt auch für Erkenntnisse, die dem Brief- Post- und Fernmeldegeheimnis unterliegen, soweit die Finanzbehörde diese rechtmäßig im Rahmen eigener strafrechtlicher Ermittlungen gewonnen hat oder soweit nach den Vorschriften der Strafprozessordnung Auskunft an die Finanzbehörden erteilt werden darf.**

### Inhaltsübersicht



### Schrifttum


Blesinger, Das Steuergeheimnis im Strafverfahren, wistra 1991, 239, 294; Maier, Reichweite des Verwertungsverbotes nach § 393 Abs. 2 Satz 1 AO, wistra 1997, 53; Jarke, Das Verwertungsverbot des § 393 Abs. 2 Satz 1 AO, wistra 1997, 325; Joecks, Urkundenfälschung in Erfüllung steuerlicher Pflichten? wistra 1998, 86; Streck/Spatschek, Steuerliche Mitwirkungspflichten trotz Steuerstrafverfahren? wistra 1998, 334; Dörn, Praxisfragen im Grenzbereich von Besteuerungs- und Strafverfahren, DStZ 1999, 245; Braun, Rechte und Pflichten des Steuerbürgers im Steuerstraf- und Besteuerungsverfahren, DStZ 1999, 570; Aselmann, Die Selbstbelastungsfreiheit im Steuerrecht im Lichte der aktuellen Rechtsprechung des Bundesgerichtshofs, NStZ 2003, 71; Böse, Die Strafbarkeit wegen Steuerhinterziehung und der Nemo-tenetur-Grundsatz, wistra 2003, 47; Rolletschke, Die Abgabe einer unrichtigen Umsatzsteuerjahreserklärung und das Nemo-tenetur-Prinzip, wistra 2004, 246; Eidam, Einschränkende Auslegung des Verwendungsverbots aus § 393 II 1 AO im Falle einer Selbstanzeige gem. § 371 AO?, wistra 2004, 412; Eidam, Neuere Entwicklungen um den Grundsatz der Selbstbelastungsfreiheit und das Rechtsinstitut der Selbstanzeige im Steuerstrafverfahren, wistra 2006, 11; List, Das Verhältnis von Strafverfahren und Besteuerungsverfahren (§ 393 AO) in verfassungsrechtlicher Sicht, DB 2006, 469; Wulf, Steuererklärungspflichten und »nemo tenetur«, wistra 2006, 89; Geuenich, Steuerliches Verwertungsverbot analog § 136a StPO bei Zusammentreffen von Außenprüfung und steuerstrafrechtlichen Ermittlungen? DStZ 2006, 295; Allgayer, Die Verwendung von Zufallserkenntnissen aus Überwachungen der Telekommunikation gem. §§ 100a f. StPO (und anderen Ermittlungsmaßnahmen), NStZ 2006, 603; Buse/Bohnert, Steuerstrafrechtliche Änderungen zur Bekämpfung des Umsatz- und Verbrauchsteuerbetrugs, NJW 2008, 618; Müller, Kein Zwang zur Selbstbelastung im Steuerstrafverfahren, AO-StB 2008, 285; Wulf, Telefonüberwachung und Geldwäsche im Steuerstrafrecht, wistra 2008, 321; Bittmann, Telefonüberwachung im Steuerstrafrecht und Steuerhinterziehung als Vortat der Geldwäsche seit dem 1.1.2008, wistra 2010, 125; Allgayer/Klein, Verwendung und Verwertung von Zufallserkenntnissen, wistra 2010, 130; Müller, Die Grenzen der Auskunftspflicht im Steuerstrafverfahren, AO-StB 2011, 378; Friedenhagen, Verwertung von Erkenntnissen aus Telekommunikationsüberwachung im Besteuerungsverfahren, AO-StB. 2013, 289; Jesse, Das Nebeneinander von Besteuerungs- und Steuerstrafverfahren, DB 2013, 1803; Roth, § 393 Abs. 3 Satz 2 AO: Nutzung strafrechtlicher TKÜ-Daten im Besteuerungsverfahren, DStZ 2014, 880; Hiéramente, Die Verwertbarkeit von Zufallsfunden bei der (Email-)Telekommunikationsüberwachung in Straf- und Zivilverfahren, wistra 2015, 9; Leimkuhl-Schulz/Modrzejwski, Verwirklichung des Nemo-tenetur-Grundsatzes trotz steuerlicher Erklärungs- und Mitwirkungspflichten, wistra 2015, 378; Meyer-Mews, Die Verwendung im Strafverfahren erlangter Erkenntnisse aus der Telekommunikationsüberwachung im Besteuerungsverfahren, DStR 2015, 204; Spilker, Abgabenrechtliches Mitwirkungssystem im Spannungsverhältnis mit dem Nemo-tenetur-Grundsatz, DB 2016, 1842; Pflaum, Steuerstrafrechtliche Belehrungen, Mitteilungen und Hinweise nach der Abgabenordnung in der Außenprüfung, StBp 2017, 163.


## A. Das Verhältnis zwischen Besteuerungs- und Steuerstrafverfahren (§ 393 Abs. 1 AO)

Die unterschiedlichen Grundsätze des **Besteuerungsverfahrens** und des **Strafverfahrens** erfordern im Fall des Nebeneinanders beider Verfahrensarten eine klare **Grenzziehung**. Die Rechte und Pflichten der Beteiligten im Besteuerungsverfahren werden durch ein gleichzeitig schwebendes straf- oder bußgeldrechtliches Ermittlungsverfahren nicht berührt. Der weit gespannte Fächer von Erklärungs-, Auskunft- und Einsichtsgewährungspflichten der als Steuerpflichtige in Betracht kommenden Personen bleibt grundsätzlich bestehen. Diese Verpflichtungen dürfen aber nicht dazu führen, dass der Steuerpflichtige genötigt wird, sich in Erfüllung seiner steuerlichen Mitwirkungspflichten selbst einer Steuerstraftat oder Steuerordnungswidrigkeit zu bezichtigen (BVerfG v. 13.01.1981, 1 BvR 116/77, BVerfGE 56, 37, 49; zu Art. 6 EMRK s. EGMR – Zweite Sektion – v. 03.05.2001, 31 827/96 J. B./Schweiz, NJW 2002, 499). Mit Rücksicht auf dieses **rechtsstaatliche Gebot** wird dem Pflichtigen zwar kein Aussageverweigerungsrecht zugestanden, jedoch bestimmt § 393 Abs. 1 Satz 2 AO, dass die Finanz- 1 behörde von den ihr im Besteuerungsverfahren zustehenden **Zwangsmitteln** (s. § 328 ff. AO) insoweit **keinen Gebrauch** machen darf, als sich der Betroffene damit eines steuerstrafrechtlich relevanten Verhaltens selbst bezichtigen würde. Das gilt immer, wenn gegen den Steuerpflichtigen in dem einschlägigen Sachzusammenhang ein Strafverfahren eingeleitet ist (§ 393 Abs. 1 Satz 3 AO). Der Einsatz von Zwangsmitteln zur Wahrheitsfindung ist dann ohne Weiteres unzulässig, während es mangels der Einleitung eines Strafverfahrens in jedem Fall der Prüfung bedarf, ob durch den Einsatz eines Zwangsmittels zur Ermittlung von Besteuerungsgrundlagen zugleich etwa ein Zwang zur Selbstbezichtigung in strafrechtlicher Hinsicht ausgeübt wird. Hierbei ist von Bedeutung, dass die Schwelle zum strafrechtlichen Anfangsverdacht eher niedrig zu legen ist, um die Beschuldigtenschutzrechte nicht in ihrem Bestand zu gefährden (BVerfG v. 06.02.2002, 2 BvR 1249/01, wistra 2002, 135). Unter diesen Voraussetzungen gilt das Zwangsmittelverbot nicht nur im Strafverfahren, sondern auch im Besteuerungsverfahren. Der BFH vertritt hierzu den Standpunkt, dass es zu einer strafrechtlichen Selbstbezichtigung nicht kommen kann, wenn und solange dem Stpfl. die Möglichkeit der Abgabe einer strafbefreienden Selbstanzeige nach § 371 AO offen steht (BFH v. 01.02.2012, VII B 234/11, BFH/NV 2012, 913).

2 Die **Grenze** zwischen den **Befugnissen** der Finanzbehörde gegenüber dem Beschuldigten im Besteuerungsverfahren und im straf- oder bußgeldrechtlichen Ermittlungsverfahren verläuft mithin dort, wo es darum geht, das zur Erhärtung des Verdachts einer Steuerverfehlung erforderliche Beweismaterial zu beschaffen, also Spuren einer Straftat oder Ordnungswidrigkeit zu verfolgen. Das Gesetz verbietet einen »Zwang gegen die Person des Beschuldigten, um Beweismaterial von ihm zu erpressen« (*Becker*, § 406 AO 1919 Bem. 4). Zur zwangsweisen Beschaffung von Beweismitteln stehen nur die strafprozessuale Durchsuchung (s. §§ 102 ff. StPO) und die sich gegebenenfalls anschließende Beschlagnahme (s. §§ 94 ff., 111b ff. StPO) zur Verfügung (s. § 399 AO Rz. 7 ff.). Da die Befugnisse im Besteuerungsverfahren und im Strafverfahren bei ein und derselben Behörde zusammenfallen, »setzt die Einhaltung der Grenzen bei den beteiligten Beamten ein hohes Maß von Pflichtgefühl voraus«, denn es geht nicht an, »unter dem Vorwand der Steuerermittlung oder der Steueraufsicht Belastungsmaterial zu beschaffen« (*Becker*, § 403 AO 1919). Wird einem nach Satz 3 belehrten Stpfl. ein formularmäßiges Erinnerungsschreiben zur Abgabe der Steuererklärung übersandt, liegt darin selbst dann kein Verstoß gegen § 393 Abs. 1 AO, wenn in diesem Formular allgemein auf die Möglichkeit des Einsatzes von Zwangsmitteln hingewiesen wird, ohne diese konkret anzudrohen. Dieses Erinnerungsschreiben stellt keine Ausübung unzulässigen Zwangs dar; der automatisierte Formularversand ist nicht als beabsichtigte Irreführung i. S. des § 136 a StPO zu werten (BGH v. 17.03.2005, 5 StR 328/04, NStZ 2005, 517). Zur Bitte der Steuerfahndung an den Beschuldigten, bei der Aufklärung des Sachverhalts mitzuwirken, s. BFH v 15.04.2015, VIII R 1/13, wistra 2015, 479.

Vorsorglich sieht das Gesetz auch eine ausdrückliche **Belehrung** des Beschuldigten dahin vor, dass ihm im steuerrechtlichen Ermittlungsverfahren zwar kein allgemeines Recht zur Aussageverweigerung zusteht, er jedoch nicht verpflichtet ist, sich einer Steuerverfehlung selbst zu bezichtigen, und dass demgemäß gegen ihn auch keine Zwangsmittel statthaft sind. Die Bedeutung dieser Belehrungspflicht wird in der Gesetzesbegründung besonders betont (s. BT-Drs. 7/4292, 46; s. auch Nr. 3 des Merkblatts des BMF v. 13.11.2013, BStBl I 2013, 1458). 3

Die Verwertung erzwungener Aussagen ist im Strafverfahren unzulässig (BVerfG v. 13.01.1981, 1 BvR 116/77; BVerfGE 56, 37, 49). Als **Folge** der Einleitung eines Strafverfahrens entfällt aus strafrechtlicher Sicht die Pflicht zur Abgabe der Steuererklärung wegen der Besteuerungszeiträume, wegen der die Einleitung des Strafverfahrens bekannt gegeben wird (BGH v. 26.04.2001, 5 StR 587/00, NStZ 2001, 432; BGH v. 31.01.2002, 5 StR 540/01, NJW 2002, 1733). Die Abgabe anderer Erklärungen kann der Täter nicht verweigern, weil sonst neues Unrecht geschaffen würde. Soweit hierdurch ein Interessenskonflikt entsteht, ist dieser dadurch zu lösen, dass aus den zutreffenden Angaben für Zwecke des Strafverfahrens keine Rückschlüsse für die Steuerarten und Zeiträume gezogen werden dürfen, für die bereits das Strafverfahren eingeleitet ist (BGH v. 12.01.2005, 5 StR 191/04, NJW 2005, 763). Das gilt auch im Verhältnis zwischen Umsatzsteuervor- und Jahresanmeldungen (BGH v. 17.03.2005, 5 StR 328/04, NStZ 2005, 517). Ein Verstoß gegen die Belehrungspflicht nach Satz 4 führt nicht zu einem Verwertungsverbot im Besteuerungsverfahren (BFH v. 23.01.2002, XI R 10, 11/01, BStBl II 2002, 328; BFH v. 30.05.2008, V B 76/07, BFH/NV 2008, 1441; a. A. für den Fall einer Täuschung: *Geuenich*, DStZ 2006, 295), wohl aber im Strafverfahren (BGH v. 16.06.2005, 5 StR 118/05, NJW 2005, 2723). Das Nebeneinander von Besteuerungs- und Steuerstrafverfahren hat auch zur Folge, dass die Schätzung von Besteuerungsgrundlagen unter den Voraussetzungen des § 162 AO auch nach Einleitung eines Steuerstrafverfahrens für Zwecke des Besteuerungsverfahrens zulässig bleibt (BFH v. 19.09.2001, XI B 6/01, BStBl II 2002, 4; BFH v. 19.10.2005, X B 88/05, BFH/NV 2006, 15; BFH v. 29.11.2005, X B 111/05, BFH/NV 2006, 484). 4

## B. Die Bedeutung des Steuergeheimnisses im Strafverfahren – Verwendungsverbot (§ 393 Abs. 2 AO)

5 Mit den **Folgewirkungen** des **Steuergeheimnisses** (s. § 30 AO) für das Strafverfahren befasst sich § 393 Abs. 2 AO. Angesichts der umfassenden Offenbarungspflichten hinsichtlich sämtlicher Tatsachen und Verhältnisse, die für die Besteuerung von Bedeutung sind und des Umstandes, dass die Steuerpflicht dort nicht halt macht, wo ein steuerlich relevantes Verhalten gegen die guten Sitten oder gegen ein gesetzliches Ge- oder Verbot verstößt (s. § 40 AO; BGH v. 02.12.2005, 5 StR 119/05, NJW 2006, 925), bedarf es auch für den Fall eines Geheimnisschutzes, dass die Staatsanwaltschaft oder das Gericht bei Erfüllung ihrer Aufgaben in einem Strafverfahren Kenntnis von steuerlich erheblichen Tatsachen und Verhältnissen erhalten (Vorrang des Steuergeheimnisses gegenüber dem Legalitätsprinzip, s. § 152 Abs. 2 StGB). Der Steuerpflichtige muss darauf vertrauen können, dass Tatsachen oder Beweismittel, die er der Finanzbehörde im Besteuerungsverfahren offenbart hat, nicht gegen ihn für die Verfolgung einer Tat verwendet werden, die kein Steuergesetz verletzt. Mit Rücksicht hierauf sieht § 393 Abs. 2 AO für bestimmte Tatsachen und Beweismittel (OLG Stuttgart v. 16.04.1986, 2 Ss 772/86, wistra 1986, 191) ein ausdrückliches **Verwendungsverbot** für das Strafverfahren wegen einer Tat vor, die keine Steuerstraftat im Sinne des § 369 AO ist. Auf verbotswidrig verwertete Tatsachen oder Beweismittel darf weder eine Verurteilung noch eine Strafschärfung gestützt werden. Nach anderer Auffassung folgt ein Verwertungsverbot bereits unmittelbar aus der Verfassung, wenn es sich bei dem Strafverfahren, in dem die Steuerakten gesichtet werden, um kein Steuerstrafverfahren handelt (so z.B. *Hellmann* in HHSp § 393 AO, Rn. 156, offengelassen BVerfG v. 27.04.2010, 2 BvL 13/07, wistra 2010, 341). Das Gesetz spricht nicht von der Verwertung, sondern von der Verwendung der Kenntnisse, sodass die Folge mehr als ein Verwertungsverbot ist (*Blesinger*, wistra 1991, 239, 244; *Joecks* in JJR § 393 AO Rz. 64 ff. zur Frage der Fernwirkung). Dies bewirkt, dass z.B. eine Verdachtsanzeige nach § 31b AO dazu genutzt werden kann, ein Strafverfahren wegen des Verdachts der **Geldwäsche** einzuleiten, nicht aber wegen des Verdachts einer Vortat, sofern für diese keine eigene Offenbarungsbefugnis besteht (s. § 31b AO Rz. 7). Werden allerdings in dem Verfahren wegen des Verdachts nach § 261 StGB Hinweise gefunden, die den Verdacht einer Vortat begründen, können diese im Strafverfahren rechtmäßig gewonnenen Zufallsfunde für Zwecke eines Strafverfahrens wegen der Vortat verwendet werden (BVerfG v. 29.06.2005, 2 BvR 866/05, NJW 2005, 2766 zur Verwertung von Zufallserkenntnissen aus einer rechtmäßigen Telefonüberwachung wegen einer nicht im Katalog des § 100a StPO enthaltenen Tat; s. dazu jetzt § 393 Abs. 3 AO; s. auch *Allgayer*, NStZ 2006, 603) und als Begründung für den Erlass eines Durchsuchungsbeschlusses dienen (OLG München v. 21.08.2006, 4 St RR 148/06, wistra 2006, 472).

Das **Verwendungsverbot gilt nicht**, wenn ein nichtsteuerliches Delikt in **Tateinheit** zu einer Steuerstraftat steht(BGH v. 11.09.2003, 5 StR 253/03, wistra 2003, 429). 6
Nach a.A. des BayObLG (BayObLG v. 18.02.1998, 4 St RR 2/98 wistra 1998, 197) soll das Verwendungsverbot bei tateinheitlicher Begehung von Steuerhinterziehung und dem Gebrauchmachen von gefälschten Belegen (§ 267 StGB) nur dann nicht eingreifen, wenn die Belege ohne Aufforderung der Behörde vorgelegt werden, weil dann keine steuerliche Pflicht i.S. des § 30 Abs. 4 Nr. 4b AO bestehe (BayObLG v. 06.08.1996, 4 St RR 104/96, wistra 1996, 353). Fordert das FA die Belege hingegen an (s. §§ 97, 200 Abs. 1 AO), so geschehe die Vorlage der verfälschten Belege in Erfüllung steuerlicher Pflichten, sodass keine Offenbarungsbefugnis nach § 30 Abs. 4 Nr. 4 AO gegeben sei. Somit bestehe das Verwendungsverbot nach § 393 Abs. 2 AO. Auch eine mögliche Offenbarungsbefugnis nach § 30 Abs. 5 AO ändere hieran nichts, da § 393 Abs. 2 AO nur die nach § 30 Abs. 4 Nr. 4 und 5 AO erlangten Erkenntnisse für verwertbar erklärt, nicht aber die nach § 30 Abs. 5 AO mitgeteilten Umstände (BayObLG v. 06.08.1996, 4 St RR 104/96, wistra 1996, 353; BayObLG v. 18.11.1997, 3 St RR 227/97, wistra 1998, 117). Der BGH (BGH v. 14.06.1999, 5 StR 159/99, wistra 1999, 341) hat zu Recht erhebliche Bedenken an der Richtigkeit dieser Auffassung. Bedenklich ist zum einen die Annahme, die Vorlage verfälschter Belege könne in Erfüllung steuerlicher Pflichten erfolgen (BGH v. 11.09.2003, 5 StR 253/03, wistra 2003, 429; BGH v. 05.05.2004, 5 StR 548/03, wistra 2004, 309, 312; *Maier*, wistra 1997, 53; *Jarke*, wistra 1997, 325; *Joecks*, wistra 1998, 86). Zum anderen stellt sich aber auch die Frage, welchen Zweck die in § 30 Abs. 5 AO gegenüber den Strafverfolgungsbehörden bestehende Offenbarungsbefugnis bezüglich vorsätzlich falscher Angaben des Betroffenen haben soll, wenn nicht den der Strafverfolgung (*Blesinger*, wistra 1991, 239, 245).

Nach Auffassung des BGH gilt das Verwendungsverbot dann nicht, wenn der Stpfl. eine **strafbefreiende Selbstanzeige** nach § 371 AO erstattet und damit zugleich notwendigerweise nichtsteuerliche Straftaten offenbart (BGH v. 05.05.2004, 5 StR 548/03, wistra 2004, 309, 312: Tateinheit mit einem Urkundsdelikt; die hiergegen gerichtete Verfassungsbeschwerde hat das BVerfG nicht zur Entscheidung angenommen, BVerfG v. 15.10.2004, 2 BvR 1316/04, NJW 2005, 352; zustimmend: *Wulf*, wistra 2006, 89, 91). Zur Begründung seiner einschränkenden Auslegung beruft sich der BGH auf die ratio legis des § 393 Abs. 2 AO. Die Vorschrift solle es dem Stpfl. ermöglichen, auch bemakelte Einkünfte anzugeben, ohne deswegen eine Strafverfolgung befürchten zu müssen. Der 6a

Straftäter, der im Rahmen einer Selbstanzeige ein mit der Steuerhinterziehung gleichzeitig begangenes Allgemeindelikt aufdeckt, offenbare damit keine weiteren Steuerquellen für den Staat, insbes. wenn der Täter einen angeblichen Steuererstattungsanspruch auf einen völlig frei erfundenen Sachverhalt gestützt hat, und dazu gefälschte Urkunden vorlegte. Außerdem könne der Täter einer Steuerhinterziehung nach § 393 Abs. 1 AO wegen des dort angeordneten Zwangsmittelverbots nicht zu einer Selbstanzeige gezwungen werden, weswegen er nicht auf den Schutz des Beweisverwendungsverbots des Abs. 2 angewiesen sei. Das Gericht geht mit anderen Worten davon aus, dass eine Selbstanzeige nicht in Erfüllung steuerlicher Pflichten erfolgt und stützt sich dabei auch auf den Wortlaut des § 153 AO, der nur im Fall des nachträglichen Erkennens zu einer Berichtigung der Erklärung verpflichtet. Diese Auffassung des BGH bedarf m. E. einer kritischen Würdigung. Auch wenn ein Täter zu Unrecht Steuererstattungen oder Steuervergütungen beansprucht hat, steht ihm die Möglichkeit der Selbstanzeige offen (BGH v. 05.05.2004, 5 StR 548/03, wistra 2004, 309), die eine Steuerquelle zum »Sprudeln« bringt, denn auch eine zurückgezahlte Steuererstattung spült Geld in die Kasse des Fiskus. Es spricht daher einiges dafür, dass der Schutzbereich des § 393 Abs. 2 AO gerade auch die Fälle erfassen soll, in denen ein Steuerdelikt hinsichtlich dessen Selbstanzeige erstattet wurde, in Tateinheit zu einem Allgemeindelikt steht (s. auch *Eidam*, wistra 2006, 11). Das Argument, eine strafbefreiende Selbstanzeige erfolge nicht in Erfüllung steuerlicher Pflichten, berücksichtigt nicht, dass § 393 AO mit seinen ersten beiden Absätzen die Schnittstellenprobleme zwischen Steuer- und Strafverfahren vermeiden soll. Das Zwangsmittelverbot des § 393 Abs. 1 S. 2 AO setzt den Fortbestand der steuerlichen Pflichten voraus, denn nur eine bestehende Pflicht kann erzwungen werden (*Eidam*, wistra 2004, 412). Die Pflichten, um die es hier geht, sind in den §§ 149 und 150 AO normiert. § 149 Abs. 1 AO regelt im Zusammenwirken mit den Einzelsteuergesetzen die Erklärungspflichten und stellt in Satz 3 ausdrücklich klar, dass eine Steuererklärungspflicht auch dann bestehen bleibt, wenn das FA die Besteuerungsgrundlagen bereits geschätzt hat. § 150 Abs. 2 AO ordnet schließlich an, dass die Angaben in den Steuererklärungen wahrheitsgemäß nach bestem Wissen und Gewissen zu machen sind. Daraus folgt, dass die Steuererklärungspflicht grundsätzlich so lange besteht, bis sie auf Veranlassung des Stpfl. erfüllt oder der Steueranspruch verjährt ist. Inhaltlich ist der Pflicht erst dann genügt, wenn der Stpfl. eine vollständige und richtige Erklärung abgegeben hat. Wer also seine Steuererklärung – wenn auch verspätet – abgibt, handelt immer noch in Erfüllung steuerlicher Pflichten. Wer eine inhaltlich fehlerhafte oder unvollständige Erklärung korrigiert, ist ebenfalls in Erfüllung steuerlicher Pflichten tätig (*Joecks* in JJR, § 393 AO Rz. 76; *Hellmann* in HHSp, § 393 AO Rz 140). Dem § 153 AO kommt in diesem Zusammenhang für die ursprüngliche – nicht vorsätzliche – Falscherklärung nur insoweit eine eigenständige Bedeutung zu, als die Berichtigung zum Zweck der Korrektur der Steuerfestsetzung ggf. erzwungen werden kann (s. § 153 AO Rz. 17) und ein bewusster Verstoß gegen die Korrekturpflicht die Strafbarkeit als Steuerhinterziehung durch Unterlassen begründet (s. § 370 AO Rz. 18). In diesem Zusammenhang sollte auch nicht unberücksichtigt bleiben, dass die §§ 101 ff. AO in keinem Fall ein Mitwirkungsverweigerungsrecht des Stpfl. vorsehen. Dies alles spricht dafür, dass auch eine Selbstanzeige in Erfüllung steuerlicher Pflichten erfolgt. Das hat weiter zur Folge, dass ein im Zusammenhang mit der Selbstanzeige offenbartes Allgemeindelikt nicht nach § 30 Abs. 4 Nr. 4b AO offenbart bzw. dass die Erkenntnis nicht nach § 393 Abs. 2 AO verwendet werden darf, es sei denn, es läge eine andere Offenbarungsbefugnis vor, die ihrerseits die Verwendungsbefugnis nach § 393 Abs. 2 AO eröffnet.

7 Geschützt werden **Tatsachen** oder **Beweismittel**, die der Staatsanwaltschaft oder dem Gericht im Hinblick auf nichtsteuerliche Straftatbestände aus den Steuerakten bekannt werden. Hiervon betroffen sind nicht nur solche Tatsachen oder Beweismittel, die der Steuerpflichtige der Finanzbehörde in Erfüllung steuerrechtlicher Pflichten vor Einleitung des Strafverfahrens offenbart hat, sondern auch solche Tatsachen oder Beweismittel, die er der Finanzbehörde in Unkenntnis der Einleitung des Strafverfahrens offenbart hat. In den zuletzt genannten Fällen liegt regelmäßig ein Verstoß gegen die Belehrungspflicht nach § 136 StPO vor (BGH v. 27.02.1992, 5 StR 190/91, NJW 1992, 1463). Entsprechend dem Zweck der Vorschrift muss man auch solche einschlägigen Tatsachen oder Beweismittel einzubeziehen, die der Staatsanwaltschaft oder dem Gericht auf sonstige Weise, jedoch unter Verletzung des Steuergeheimnisses, von der Finanzbehörde oder einem ihrer Amtsträger zur Kenntnis gebracht worden sind. Maßgeblich ist, ob die Quelle der Erkenntnis von § 30 Abs. 2 AO erfasst ist. Nicht geschützt sind Unterlagen des Steuerpflichtigen, die diesem nur zur Erfüllung steuerlicher Offenbarungsverpflichtungen geeignet erscheinen (BGH v. 23.10.1992, 5 StR 253/92, NStZ 1993, 87).

8 Das Verwendungsverbot ist **von Amts wegen** zu beachten. Nur durch die Regelung des § 393 Abs. 2 AO lässt sich der Fortbestand der steuerlichen Mitwirkungspflichten auch für den Fall rechtfertigen, dass der Steuerpflichtige dadurch nichtsteuerliche Straftaten offenbaren muss (BVerfG v. 21.04.1988, 2 BvR 330/88, wistra 1988, 302; s. Rz. 6).

9 **Ausnahmen** von dem Verwendungsverbot enthält § 393 Abs. 2 Satz 2 AO. Die der Staatsanwaltschaft oder dem Gericht auf die geschilderte Weise bekannt gewordenen Tatsachen oder Beweismittel dürfen insoweit ver-

wertet werden, als sie sich auf Straftaten beziehen, an deren Verfolgung ein zwingendes öffentliches Interesse besteht. Eine Definition dieses Kriteriums enthält § 30 Abs. 4 Nr. 5 AO. In Betracht kommen insbes. schwere Bestechungs- und Veruntreuungsfälle, Subventionsschwindel und sonstige Delikte gemeinschädlicher Wirtschaftskriminalität (OLG Stuttgart v. 16.04.1986, 2 Ss 772/86, wistra 1986, 191). Gegen diese Ausnahmeregelung bestehen **verfassungsrechtliche Bedenken**, weil durch sie der Grundsatz durchbrochen wird, dass niemand verpflichtet ist, sich selbst einer Straftat zu bezichtigen (BVerfG v. 13.01.1981, 1 BvR 116/77, BVerfGE 56, 37, 49). Wenn die Steuergesetze anordnen, dass auch strafbare Vorgänge steuerlich relevant sein können und sich der Steuerpflichtige auch hierüber zu erklären hat, wenn er sich nicht auch noch wegen Steuerhinterziehung strafbar machen will, dann muss er entweder auf das Steuergeheimnis vertrauen können (BVerfG v. 21.04.1988, 2 BvR 330/88, wistra 1988, 302) oder die strafrechtliche Sanktion der Verletzung der Erklärungspflicht kann nicht aufrechterhalten werden (s. § 31b AO Rz. 5; *Joecks* in JJR, § 393 AO Rz. 93 ff.; zum verfassungsrechtlichen Hintergrund s. § 30 AO Rz. 2; *Blesinger*, wistra 1991, 239). Unabhängig hiervon ist § 393 Abs. 2 Satz 2 AO von den Gerichten oder Staatsanwaltschaften immer eigenständig zu prüfen, wenn sie von den Finanzbehörden aufgrund einer gesetzlichen Erlaubnis oder Verpflichtung Informationen über Allgemeinstraftaten erhalten. Beispielsweise verpflichten § 31b AO und § 4 Abs. 5 Nr. 10 EStG die Finanzbehörden Verdachtsmomente bezüglich Geldwäsche- oder Korruptionsdelikten weiterzuleiten. § 393 Abs. 2 AO sagt aber nicht ausdrücklich, was die Strafverfolgungsorgane mit diesen Informationen tun dürfen. Also müssen auch hier die allgemeinen Grundsätze gelten. Entweder handelt es sich um Erkenntnisse aus einem Steuerstrafverfahren, die nach Satz 1 verwendet werden dürfen, oder aber es ist zu prüfen ob ein zwingendes öffentliches Interesse nach § 30 Abs. 4 Nr. 5 AO an der Verfolgung der entsprechenden Taten besteht. Jedenfalls folgt aus einer Offenbarungsbefugnis nicht auch zwingen die Verwendungserlaubnis.

## C. Verwertung strafrechtlicher Ermittlungserkenntnisse im Besteuerungsverfahren

10 § 393 Abs. 3 Satz 1 AO stellt klar, dass Erkenntnisse, die die Finanzbehörde oder die Staatsanwaltschaft im Rahmen strafrechtlicher Ermittlungen rechtmäßig gewonnen hat, auch im Besteuerungsverfahren verwendet werden dürfen. Personen, die ihren steuerlichen Pflichten nicht ordnungsgemäß nachgekommen sind, sollen steuerlich nicht besser stehen wie steuerehrliche Personen. Die Rechtswidrigkeit z.B. eines Einkommenserwerbs rechtfertigt keine Entlastung von der Einkommensteuer (BR-Drs. 544/07, 108 unter Bezugnahme auf BVerfG v. 12.04.1996, 2 BvL 18/93, wistra 1996, 227).

§ 393 Abs. 3 Satz 2 AO bestimmt in Verbindung mit 11
§ 413 AO, dass der in Satz 1 niedergelegte Grundsatz auch dann gilt, wenn die Erkenntnisse dem **Brief-, Post- und Fernmeldegeheimnis** nach Art. 10 GG unterliegen. Voraussetzung ist aber, dass nach der StPO Auskunft an die Finanzbehörden erteilt werden darf. Entsprechendes gilt, wenn die Finanzbehörde die Erkenntnisse selbst im Rahmen einer strafrechtlichen Ermittlungsmaßnahme gewonnen hat (z.B. durch eine **Telekommunikationsüberwachung**, vgl. BT-Drs 16/7036, 25). Verwendungsbeschränkungen, wie sie sich z.B. aus § 161 Abs. 2 StPO für Telekommunikationsüberwachungsmaßnahmen nach § 100a StPO ergeben, sind zu beachten und bewirken ein Verwertungsverbot im Besteuerungsverfahren (BFH v. 26.02.2001, VII B 265/00, BStBl II 2001, 464; FG Ddorf v. 25.07.2007, 4 K 1174/06 VTa, Z, EU, EFG 2007, 1624: auch mittelbar z.B. durch Vorhalt in Befragung).

Die Gesetzesbegründung weist darauf hin, dass bei 12
Steuerstraftaten und Steuerordnungswidrigkeiten Verletzter i.S. strafprozessualer Vorschriften der Fiskus ist (s. § 385 AO Rz. 1a). Die Verwertbarkeit der im Rahmen strafrechtlicher Ermittlungen gewonnenen Erkenntnisse durch die zuständige Finanzbehörde dient der zutreffenden Steuerfestsetzung und -erhebung. Das bedeutet, dass die Erkenntnisse auch im Besteuerungsverfahren verwendet werden dürfen, deren steuerliche Erheblichkeit im Strafverfahren und Besteuerungsverfahren gleichermaßen gegeben ist. Steuerliche Erkenntnisse aus der **Telekommunikationsüberwachungsmaßnahme**, die mit der Straftat, wegen der diese angeordnet wurde, nicht im Zusammenhang stehen und die auch selbst keine solche Maßnahme rechtfertigen würden, sind unverwertbar (s. § 477 Abs. 2 StPO; BFH v. 24.04.2013, VII B 202/12, BStBl II 2013, 987). Wird z.B. eine Telekommunikationsüberwachung wegen der Verkürzung von Umsatzsteuer (s. § 100a Abs. 2 Nr. 2 Buchst. a StPO i.V.m. § 370 Abs. 3 Nr. 5 AO) angeordnet, können die gewonnen Erkenntnisse für die Festsetzung der verkürzten Umsatzsteuer verwendet werden. Ergeben sich aus den Erkenntnissen auch Hinweise auf die Verkürzung von Ertragsteuern, so könnte wegen dieser keine Telekommunikationsüberwachung angeordnet werden und es handelt sich auch nicht unbedingt um dieselbe Tat wie die Umsatzsteuerhinterziehung mit der weiteren Konsequenz, dass die Erkenntnisse für die Festsetzung dieser Steuer nicht verwendet werden dürfen (s. § 477 Abs. 2 StPO). Handelt es sich aber um eine prozessuale Tat können die Beweismittel dagegen auch wegen Nichtkatalogtaten verwertet werden (*Wulf*, wistra 2008, 321, 325). Nach anderer Ansicht ergibt sich ein Auskunftsanspruch gegenüber

den Strafverfolgungsbehörden aus § 474 Abs. 1 und Abs. 2 Satz 1 Nr. 1 StPO. Dem folge die Verwendungsbefugnis (*Hellmann* in HHSp, § 393 AO, Rz. 194, 199).

13 Straftaten nach der Abgabenordnung deretwegen die Telekommunikationsüberwachung angeordnet werden kann, sind nach § 100a Abs. 2 Nr. 2 Buchst a bis c StPO die Steuerhinterziehung unter den in § 370 Abs. 3 Satz 2 Nr. 5 AO genannten Voraussetzungen, der gewerbsmäßige, gewaltsame und bandenmäßige Schmuggel nach § 373 AO und die Steuerhehlerei im Falle des § 374 Abs. 2 AO.

## § 394 AO Übergang des Eigentums

**Hat ein Unbekannter, der bei einer Steuerstraftat auf frischer Tat betroffen wurde, aber entkommen ist, Sachen zurückgelassen und sind diese Sachen beschlagnahmt oder sonst sichergestellt worden, weil sie eingezogen werden können, so gehen sie nach Ablauf eines Jahres in das Eigentum des Staates über, wenn der Eigentümer der Sachen unbekannt ist und die Finanzbehörde durch eine öffentliche Bekanntmachung auf den drohenden Verlust des Eigentums hingewiesen hat. § 10 Abs. 2 Satz 1 des Verwaltungszustellungsgesetzes ist mit der Maßgabe anzuwenden, dass anstelle einer Benachrichtigung der Hinweis nach Satz 1 bekannt gemacht oder veröffentlicht wird. Die Frist beginnt mit dem Aushang der Bekanntmachung.**

1 Die Vorschrift dient der Vereinfachung in den Fällen, in denen ein auf frischer Tat betroffener Schmuggler sich dem Zugriff der Zollbeamten entzogen hat und dabei Schmuggelgut bzw. Gegenstände (z. B. Fahrzeugen) zurückgelassen hat, die zur Begehung der Tat gebraucht worden oder bestimmt gewesen sind. Zur Anordnung des Eigentumsübergangs bedarf es keiner Einziehung im Sinne der §§ 73 ff. StGB im subjektiven Verfahren gegenüber einer bestimmten Person oder objektiven (selbstständigen) Einziehungsverfahren (s. § 375 AO Rz. 6 ff.). Es ist ein vereinfachtes Verfahren vorgesehen, das die Finanzbehörde selbst durchführt. Nach erfolglosem Ablauf der Jahresfrist steht der Verwertung der Sachen (s. § 327 AO) nichts entgegen.

2 Meldet sich der Täter innerhalb der Jahresfrist, so ist für das vereinfachte Verfahren des § 394 AO kein Raum. Es ist das Strafverfahren durchzuführen und dabei auch über die Einziehung der zurückgelassenen Gegenstände zu befinden. Meldet sich ein Dritter, der als Täter oder Teilnehmer nicht in Betracht kommt, so ist die Entscheidung über die Einziehung davon abhängig, ob ihm gegenüber die Voraussetzungen des § 74a StGB vorliegen (s. § 375 AO Rz. 14). Hierüber wird im selbstständigen Verfahren befunden (s. § 76a StGB).

Unberührt bleiben die Bestimmungen des § 111l StPO über die Notveräußerung verderblicher oder sonst von Wertminderung bedrohter Gegenstände. 3

## § 395 AO Akteneinsicht der Finanzbehörde

**Die Finanzbehörde ist befugt, die Akten, die dem Gericht vorliegen oder im Falle der Erhebung der Anklage vorzulegen wären, einzusehen sowie beschlagnahmte oder sonst sichergestellte Gegenstände zu besichtigen. Die Akten werden der Finanzbehörde auf Antrag zur Einsichtnahme übersandt.**

Die Einsicht der Finanzbehörde in die Akten der Ermittlungsbehörden (Staatsanwaltschaft und Polizei), ist im Interesse der Erhebung der verkürzten Steuern geboten, auch wenn die Akten bereits dem Gericht vorliegen. Die Finanzbehörde muss in der Lage sein, sich über die Ermittlungsergebnisse der Staatsanwaltschaft möglichst früh zu unterrichten. Die Akteneinsicht dient aber auch der angemessenen Wahrnehmung der Befugnisse, die der Finanzbehörde im staatsanwaltschaftlichen Ermittlungsverfahren (s. § 403 AO) und im gerichtlichen Strafverfahren (s. § 407 AO) zustehen. Das Recht, sichergestellte oder beschlagnahmte Gegenstände zu besichtigen, ist auch wegen der Sachhaftung zoll- oder verbrauchsteuerpflichtiger Waren von Bedeutung (s. § 76 AO). 1

Im Bußgeldverfahren gilt § 49 OWiG, der mit § 395 AO übereinstimmt. 2

## § 396 AO Aussetzung des Verfahrens

**(1) Hängt die Beurteilung der Tat als Steuerhinterziehung davon ab, ob ein Steueranspruch besteht, ob Steuern verkürzt oder ob nicht gerechtfertigte Steuervorteile erlangt sind, so kann das Strafverfahren ausgesetzt werden, bis das Besteuerungsverfahren rechtskräftig abgeschlossen ist.**

**(2) Über die Aussetzung entscheidet im Ermittlungsverfahren die Staatsanwaltschaft, im Verfahren nach Erhebung der öffentlichen Klage das Gericht, das mit der Sache befasst ist.**

**(3) Während der Aussetzung des Verfahrens ruht die Verjährung.**

**Schrifttum**

GEHM, Die Aussetzung des Steuerstrafverfahrens gemäß § 396 AO, NZWiSt 2012, 244; ECKART, Zu divergierenden Entscheidungen in streitidentischen Straf- und Steuerverfahren, wistra 2016, 59; TORMÖHLEN, Aussetzung des Strafverfahrens nach § 396 AO – Ermessensentscheidung bei steuerrechtlich ungeklärten bzw. höchstrichterlich noch nicht entschiedenen Fragen, AO-StB 2016, 238.

1 Zur **Vermeidung widersprüchlicher Entscheidungen** im Besteuerungsverfahren einerseits und im Steuerstrafverfahren andererseits kann das Strafverfahren ausgesetzt werden, bis das Besteuerungsverfahren rechtskräftig abgeschlossen ist, d.h. eine mit ordentlichen Rechtsbehelfen nicht mehr anfechtbare Entscheidung vorliegt. Voraussetzung ist, dass die Beurteilung der Tat unter dem rechtlichen Gesichtspunkt einer **Steuerhinterziehung** (s. § 370 AO) dem **Grunde** nach davon abhängt, ob ein Steueranspruch besteht, ob Steuern verkürzt (s. § 370 AO Rz. 22 ff.) oder nicht gerechtfertigte Steuervorteile erlangt worden sind (s. § 370 AO Rz. 41 ff.). Hingegen kommt eine Aussetzung nicht in Betracht, soweit die Beurteilung der Tat von der **Höhe** der Steuerverkürzung bzw. des nicht gerechtfertigten Steuervorteils abhängt. Diese Regelung erklärt sich aus den unterschiedlichen Beweisgrundsätzen der beiden Verfahrensarten. Da die im Strafverfahren zu treffenden Feststellungen (in dubio pro reo) Sicherheit oder wenigstens einen an Sicherheit grenzenden hohen Grad von Wahrscheinlichkeit erfordern, ist insbes. für die Übernahme von im Besteuerungsverfahren zulässigen Schätzungen von Mengen und Werten im Strafverfahren nur bedingt Raum (s. vor § 385 AO Rz. 5 ff.). Daher hat der Strafrichter über den Umfang einer Steuerverkürzung bzw. eines nicht gerechtfertigten Steuervorteils selbstständig zu entscheiden. Er darf seiner Entscheidung als verkürzt nur einen solchen Betrag zugrunde legen, zu dem er in Anwendung der Beweisgrundsätze des ordentlichen Strafverfahrens gelangt ist. Ist das geschehen, ist eine später ergehende abweichende Entscheidung im Besteuerungsverfahren kein Wiederaufnahmegrund für das Strafverfahren wegen neuer Tatsachen oder Beweismittel i.S. des § 359 Nr. 5 StPO (OLG Zweibrücken v. 14.09.2009, 1 Ws 108/09, wistra 2009, 488, Anm. *Weidemann*, wistra 2010, 198).

2 Die Tatsache, dass wegen der Verfassungsmäßigkeit des Steueranspruchs ein **Normenkontrollverfahren** beim BVerfG anhängig ist, hindert an der Entscheidung in der Sache (a.A. BayObLG v. 11.03.2003, 4 St RR 7/2003, wistra 2003, 315, m.w.N.). Für den Fall der später festgestellten Nichtigkeit der Norm kann der Betroffene nicht auf den Weg des Wiederaufnahmeverfahrens verwiesen werden (BVerfG v. 08.11.2006, 2 BvR 620/03, wistra 2007, 60, 62; s. auch § 370 AO Rz. 25). Das Strafgericht muss die Sache entweder ebenfalls nach Art. 100 GG dem BVerfG zur Entscheidung vorlegen oder das Verfahren nach § 396 AO aussetzen. Die Staatsanwaltschaft bzw. Strafsachenstelle hat nur die Möglichkeit der Verfahrensaussetzung, weil Art. 100 Abs. 1 GG nur die Gerichte anspricht.

Ungewissheiten hinsichtlich des Umfanges einer Steuerverkürzung können nicht zum Anlass für eine Aussetzung des Strafverfahrens genommen werden. Auch wenn die Finanzbehörde im Besteuerungsverfahren erklärt, dass sie ihrerseits den Ausgang des Strafverfahrens abwarten wolle, kommt eine Aussetzung nicht in Betracht (BGH v. 01.08.1962, 4 StR 209/62, NJW 1962 2070). Damit hat eine Aussetzung des Einspruchsverfahrens nach § 363 AO oder des Klageverfahrens nach § 74 FGO Vorrang, weil mit einer Entscheidung im Besteuerungsverfahren zunächst nicht zu rechnen ist (zur Übernahme strafrichterlicher Feststellungen in das Besteuerungsverfahren s. BFH v. 13.07.1994, I R 112/93, BStBl II 1995, 198). Ebenso kommt eine Aussetzung nicht in Betracht, wenn unterschiedliche Auffassungen in der steuerlichen Literatur bestehen (BVerfG v. 15.10.1990, 2 BvR 385/86, INF 1991, 45). 3

Die Aussetzung kann schon im Ermittlungsverfahren angeordnet werden. Damit will das Gesetz verhindern, dass das Strafverfahren trotz bestehender Ungewissheiten über die ihm zugrunde liegenden Besteuerungsmerkmale durch das Ermittlungsverfahren hindurchgeschleppt wird und eine Aussetzung erst nach Erhebung der öffentlichen Klage durch das Gericht erfolgt. Diese Befugnis hat auch die Finanzbehörde, wenn sie das Ermittlungsverfahren selbstständig führt (s. § 399 AO). 4

Die Entscheidung über die Aussetzung des Strafverfahrens liegt im pflichtmäßigen **Ermessen** des Gerichts bzw. der zuständigen Behörde (BVerfG v. 04.04.1985, 2 BvR 107/85, HFR 1986, 381; BVerfG v. 15.04.1985, 2 BvR 405/85, wistra 1985, 147). Abzuwägen ist das Interesse des Beschuldigten an einer raschen Entscheidung seines Falles mit dem Interesse der Allgemeinheit an größtmöglicher Richtigkeit der Entscheidung und an der Vermeidung widersprüchlicher Entscheidungen verschiedener Staatsorgane. Eine förmliche Entscheidung über die Nichtaussetzung ist nur auf Antrag erforderlich (BGH v. 07.08.1987, 3 StR 166/87, HFR 1988, 185). Eine Aufhebung des Aussetzungsbeschlusses – etwa deshalb, weil sich die Erledigung des Besteuerungsverfahrens für nichtabsehbare Zeit verzögert – schließt das Gesetz nicht aus. 5

Als **Rechtsbehelf** – sei es gegen die Anordnung, sei es gegen die Ablehnung oder Aufhebung der Aussetzung – kommt nur die Aufsichtsbeschwerde an die vorgesetzte Dienstbehörde in Betracht (s. § 147 GVG, § 3 FVG). Im Fall der Entscheidung des Gerichts ist die Beschwerde nicht gegeben, weil es sich um eine der Urteilsfindung vorausgehende Entscheidung handelt (s. § 305 Satz 1 StPO; OLG Karlsruhe v. 14.12.1984, 3 Ws 138/84, wistra 1985, 165; *Jäger* in JJR, § 396 AO Rz. 49). Das ist im Fall der Aussetzung misslich, weil dies zu einer Verfahrensverlängerung führt, gegen die sich der Betroffene nicht zur Wehr setzen kann, denn solange die Aussetzung 6 andauert, ist auch keine Überprüfung der Entscheidung im Urteil möglich. Eine unangemessene Verfahrensverzögerung durch eine fehlerhafte Aussetzungsentscheidung kann sich demnach nur strafmildernd auswirken (s. § 370 AO Rz. 107).

7 Solange die Aussetzung besteht, **ruht** die **Verjährung** der Strafverfolgung (s. § 396 Abs. 3 AO; § 78b StGB) und zwar auch die sog. »absolute« Verjährung (BayObLG v. 22.02.1990, RReg 4 St 216/89, wistra 1990, 203; OLG Karlsruhe v. 08.03.1990, 2 Ss 222/89, wistra 1990, 205; a. A. im Falle einer ermessensfehlerhaften Verfahrensaussetzung AG Münster, v. 12.06.2003, 14 Cs 45 Js 1141/01 – AK 471/02, wistra 2003, 298, mit ablehnender Anmerkung *Weidemann*, wistra 2004, 195).

## 2. Unterabschnitt Ermittlungsverfahren

## I. Allgemeines

## § 397 AO Einleitung des Strafverfahrens

**(1) Das Strafverfahren ist eingeleitet, sobald die Finanzbehörde, die Polizei, die Staatsanwaltschaft, eine ihrer Hilfspersonen oder der Strafrichter eine Maßnahme trifft, die erkennbar darauf abzielt, gegen jemanden wegen einer Steuerstraftat strafrechtlich vorzugehen.**

**(2) Die Maßnahme ist unter Angabe des Zeitpunktes unverzüglich in den Akten zu vermerken.**

**(3) Die Einleitung des Strafverfahrens ist dem Beschuldigten spätestens mitzuteilen, wenn er dazu aufgefordert wird, Tatsachen darzulegen oder Unterlagen vorzulegen, die im Zusammenhang mit der Straftat stehen, derer er verdächtig ist.**

**Inhaltsübersicht**



**Schrifttum**

BLESINGER, Die Einleitung des Steuerstrafverfahrens, wistra 1994, 48; BRAUN, Betriebsprüfung und Steuerstrafverfahren; der neue § 10 BpO, DStZ 2001, 320; ROLLETSCHKE, Verfahrenseinleitung auf Grund einer Selbstanzeige, wistra 2007, 89; KEMPER, Der Anfangsverdacht in der Außenprüfung, StBp 2007, 263; MÜLLER, Die Belehrung des Beschuldigten, AO-StB 2008, 305; HENTSCHEL, Die Steuerfahndung zwischen Strafvereitelung im Amt (§ 258a StGB) und Verfolgung Unschuldiger (§ 344 StGB)? DStZ 2010, 421; BUSE, Der steuerstrafrechtliche Verdacht des Außenprüfers, DB 2011, 1942; MÜLLER, Die Stufen des Tatverdachts bei der Hinterziehungstat und deren Konsequenzen, AO-StB 2011, 257; BEYER, Wann besteht der Verdacht einer Steuerstraftat bei einer Außenprüfung?, AO-StB 2015, 77; PETERS, Der strafrechtliche Anfangsverdacht im Steuerrecht, DStR 2015, 2583; PFLAUM, Steuerstrafrechtliche Belehrungen, Mitteilungen und Hinweise nach der Abgabenordnung in der Außenprüfung, StBp 2017, 163.

### A. Bedeutung der Vorschrift

Die Einleitung des Strafverfahrens ist ein **prozessualer Vorgang**, der die Rechtsstellung des Beschuldigten ändert (s. § 393 Abs. 1 AO; keine Selbstbezichtigung, keine Anwendung von Zwangsmitteln) und den Lauf der Verfolgungsverjährung unterbricht (s. § 78c Abs. 1 Nr. 1 StGB). Eine Mitteilung mittels Formblatt, welches lediglich pauschale und zeitlich unpräzise Vorwürfe beinhaltet, führt nicht zu einer Verjährungsunterbrechung (OLG Hamburg v. 24.03.1987, 2 Ss 134/86, wistra 1987, 189; BayObLG v. 26.10.1987, RReg 4 St 106/87, wistra 1988, 81). Auch für den Schutzbereich des Steuergeheimnisses ist die Bekanntgabe der Einleitung des Steuerstrafverfahrens nach § 30 Abs. 4 Nr. 4a AO bedeutsam. Darüber hinaus hat die Einleitung der strafrechtlichen Untersuchung auch materiellrechtliche Bedeutung, denn deren Bekanntgabe schließt nach § 371 Abs. 2 Nr. 1b AO die strafbefreiende Wirkung einer Selbstanzeige aus. Umgekehrt führt eine Selbstanzeige oft zur Verfahrenseinleitung, um sodann deren Wirksamkeit zu prüfen (BFH v. 29.04.2008, VIII R 5/06, BStBl II 2008, 844). 1

§ 397 AO ergänzt § 152 StPO, wonach ein Strafverfahren einzuleiten ist, sobald **zureichende tatsächliche Anhaltspunkte** für eine Straftat vorliegen. Damit ist der **Anfangsverdacht** umschrieben. Es müssen konkrete Anhaltspunkte vorliegen, bloße Vermutungen reichen nicht aus. Dennoch liegt die Schwelle des Anfangsverdachts niedrig (BVerfG v. 06.02.2002, 2 BvR 1249/01, wistra 2002, 135). Die **Rechtsprechung** hat einen Anfangsverdacht angenommen bei anonymisierten Kapitaltransfers in das Ausland (LG Bielefeld v. 09.03.1999, Qs 109/99 I, 148/99 I, NStZ-RR 2000, 21; BVerfG v. 23.03.1994, 2 BvR 396/94, Inf. 1994, 284). Ein Anfangsverdacht besteht auch dann, wenn Kunden, die ein Konto bei einer Bank unterhalten, Tafelgeschäfte außerhalb dieser Konten anonymisiert in der Art von Bargeschäften abwickeln (BFH v. 02.08.2001, VII B 290/99, BStBl II 2001, 665; BVerfG v. 01.03.2002, 2 BvR 972/00, wistra 2002, 298). Die Rechtsprechung hat einen Anfangsverdacht dagegen abgelehnt, wenn in banküblicher Weise Kapitaltransfers von Kunden durchgeführt werden (BFH v. 06.02.2001, VII B 277/00, BStBl II 2001, 306). Auch die Inhaberschaft von Tafelpapieren, verbunden mit der Einlieferung solcher Papiere in die legitimationsgeprüfte (s. § 154 Abs. 2 AO) Sammeldepotverwahrung eines Kreditinstituts, be- 2 gründet keinen strafrechtlichen Anfangsverdacht (BFH v. 25.07.2000, VII B 28/99, BStBl II 2000, 643).

## B. Die Einleitung des Strafverfahrens (§ 397 Abs. 1 AO)

3 § 397 Abs. 1 AO bestimmt, welche **Maßnahmen** welcher Behörden die Einleitung des Strafverfahrens bewirken. Erforderlich ist ein Verhalten, durch das der Entschluss äußerlich erkennbar betätigt wird, wegen des Verdachts einer Steuerstraftat gegen eine Person strafrechtlich einzuschreiten. Dazu bedarf es regelmäßig einer **Ermittlungshandlung**, die aus dem Bereich der Behörde nach außen wirkt, wie das z.B. für Durchsuchungen oder für Vernehmungen und ein Auskunftsersuchen zutrifft, dessen Gegenstand objektiv strafrechtlich bedeutsame Umstände sind. Die Maßnahme muss erkennen lassen, dass sie der strafrechtlichen Ermittlung dient, wozu ausreichen soll, dass mittels einer Außenprüfung festgestellt werden soll, ob Steuerverkürzungen vorliegen (BFH v. 04.11.1987, II R 102/85, DStR 1988, 142). Keine Einleitungsmaßnahme liegt in der internen Vorermittlung, bei der die Unterlagen daraufhin überprüft werden, ob zureichende Verdachtsgründe vorliegen.

4 In der Praxis geht die Einleitung des Steuerstrafverfahrens zumeist von der Finanzbehörde (Strafsachenstelle) aus. Im Rahmen ihrer Zuständigkeit (s. § 404 AO) können aber auch Maßnahmen der Zollfahndungsämter oder der Beamten des Steuerfahndungsdienstes die Einleitung eines Steuerstrafverfahrens bedeuten. Aus § 399 Abs. 2 AO folgt, dass das Strafverfahren auch durch die anderen Stellen der Finanzämter, Hauptzollämter, des Bundeszentralamtes für Steuern und der Familienkassen eingeleitet werden kann. Dem **strafrechtlichen Hinweis**, den der Außenprüfer ggf. dem Pflichtigen gem. § 201 Abs. 2 AO in der Schlussbesprechung gibt, kommt die Wirkung einer Einleitung des Steuerstrafverfahrens nicht zu. Wird allerdings nach einem solchen Hinweis ein Strafverfahren eingeleitet, gibt er mit Hinblick auf mögliche Verwertungsverbote Anlass zu prüfen ab wann ein Anfangsverdacht vorgelegen hat (s. Rz. 7).

## C. Vermerk über die Verfahrenseinleitung (§ 397 Abs. 2 AO)

5 Der in § 397 Abs. 2 AO vorgeschriebene **Aktenvermerk** dient der Rechtssicherheit, er hat grundsätzlich nur deklaratorische Bedeutung. Er bildet ein **Beweiszeichen** dafür, wann die strafrechtliche Untersuchung spätestens begonnen hat. Eine rechtsbegründende Wirkung kommt dem Vermerk regelmäßig nicht zu. Ist allerdings keine andere Einleitungsmaßnahme erkennbar, dann ist das Strafverfahren spätestens mit der Fertigung des Vermerks eingeleitet. Die versehentliche Unterlassung des Aktenvermerks ändert nichts daran, dass mit einer eindeutigen Maßnahme im Sinne des § 397 Abs. 1 AO auch die strafrechtliche Untersuchung begonnen hat.

## D. Bekanntgabe der Verfahrenseinleitung (§ 397 Abs. 3 AO)

§ 397 Abs. 3 AO nennt den spätesten Zeitpunkt, in dem die **Einleitung** des Strafverfahrens dem Beschuldigten **mitzuteilen** ist. Nach § 136 StPO hat dies bei Beginn der ersten Vernehmung des Beschuldigten zu geschehen. Diese wiederum muss spätestens vor dem Abschluss der Ermittlungen stattfinden (s. § 163a Abs. 1 Satz 1 StPO). Wird auf eine Vernehmung verzichtet und dem Beschuldigten Gelegenheit gegeben, sich schriftlich zu äußern (s. § 163a Abs. 1 Satz 2 StPO), so ist ihm dabei die Einleitung des Strafverfahrens bekannt zu geben. Der Steuerpflichtige hat einen Anspruch zu wissen, in welcher der in § 208 Abs. 1 AO genannten Funktionen die Fahndung nach außen tätig wird (BFH v. 29.10.1986, I B 28/86, BStBl II 1987, 440). Das ist für ihn auch mit Hinblick auf die Reichweite des Steuergeheimnisses wichtig (s. § 30 Abs. 4 Nr. 4 AO und s. § 393 Abs. 2 AO; BVerfG v. 13.01.1981, 1 BvR 116/77, wistra 1982, 25; BGH v. 15.12.1989, 2 StR 167/89, wistra 1990, 151). 6

Die Mitteilungspflicht des § 397 Abs. 3 AO ist nicht nur für strafprozessuale Maßnahmen von Bedeutung, sondern in gleichem Maße für **Ermittlungsmaßnahmen im Besteuerungsverfahren**. Andernfalls stünde es zur Disposition der Behörde, ab wann die Beschuldigtenschutzrechte der StPO zu beachten sind. Das bedeutet, dass ein Strafverfahren eingeleitet werden muss, wenn ein Anfangsverdacht vorliegt (s. § 152 Abs. 2 StPO). Bevor der Beschuldigte zur Mitwirkung – sei es im Besteuerungsverfahren oder Strafverfahren – aufgefordert wird, ist ihm die Einleitung des Strafverfahrens mitzuteilen und er ist nach § 136 StPO zu belehren (s. § 10 BpO). Nur so wird der Beschuldigte in die Lage versetzt, zu entscheiden, ob er von den ihm strafprozessual zustehenden Mitwirkungsverweigerungsrechten Gebrauch machen will. Vor diesem Hintergrund sind auch die Belehrungspflichten nach § 393 Abs. 1 Satz 4 AO und § 136 StPO zu sehen. Insbes. ein Verstoß gegen die Belehrungspflichten des § 136 StPO bewirkt ein strafprozessuales **Verwertungsverbot** hinsichtlich der Selbstbelastungshandlungen des Beschuldigten, wenn er seine Mitwirkungsverweigerungsrechte nicht kannte (BGH v. 27.02.1992, 5 StR 190/91, NJW 1992, 1463). Daraus muss in letzter Konsequenz folgen, dass ein Verstoß gegen die Mitteilungspflicht des § 397 Abs. 3 AO ebenfalls ein strafrechtliches Verwertungsverbot begründet (BGH v. 16.06.2005, 5 StR 118/05, NJW 2005, 2723), weil selbst ein Beschuldigter, der § 136 StPO kennt, so lange keinen Anlass hat, über 7 seine strafprozessualen Rechte nachzudenken, solange er nicht weiß, dass gegen ihn wegen des Verdachts einer Straftat ermittelt wird (*Blesinger*, wistra 1994, 48). Aus diesem Grund liegt auch die Schwelle des Anfangsverdachts niedrig, um die Beschuldigtenschutzrechte nicht gegenstandslos werden zu lassen (BVerfG v. 06.02.2002, 2 BvR 1249/01, wistra 2002, 135).

8 Ein wegen eines Verstoßes gegen § 397 Abs. 3 AO bestehendes Verwertungsverbot wirkt sich nur für das Strafverfahren aus. Steuerlich können die unter Verstoß gegen § 397 Abs. 3 AO erlangten Ermittlungsergebnisse genutzt werden (s. § 393 AO Rz. 4).

## § 398 AO
## Einstellung wegen Geringfügigkeit

**Die Staatsanwaltschaft kann von der Verfolgung einer Steuerhinterziehung, bei der nur eine geringwertige Steuerverkürzung eingetreten ist oder nur geringwertige Steuervorteile erlangt sind, auch ohne Zustimmung des für die Eröffnung des Hauptverfahrens zuständigen Gerichts absehen, wenn die Schuld des Täters als gering anzusehen wäre und kein öffentliches Interesse an der Verfolgung besteht. Dies gilt für das Verfahren wegen einer Steuerhehlerei nach § 374 und einer Begünstigung einer Person, die eine der in § 375 Abs. 1 Nr. 1 bis 3 genannten Taten begangen hat, entsprechend.**

### Schrifttum

Meyer I., Erledigung von Steuerstrafverfahren außerhalb der Hauptverhandlung, DStR 2005, 1477; Hild, Zu divergierenden Entscheidungen in streitidentischen Straf- und Steuerverfahren, wistra 2016, 59.

1 § 398 AO ergänzt die Bestimmungen des § 153 Abs. 1 StPO über die Einstellung des Strafverfahrens durch die Staatsanwaltschaft aus **Opportunitätsgründen**. Die Einstellung ist möglich in Fällen der Steuerhinterziehung (s. § 370 AO), einschl. der Hinterziehung gem. § 373 AO (*Hellmann* in HHSp, § 398 AO Rz. 17), der Steuerhehlerei (s. § 374 AO) und der Begünstigung (s. § 257 StGB) von Personen, die eines dieser Delikte begangen haben. Dabei wird auf die Zustimmung des für die Eröffnung des Hauptverfahrens zuständigen Gerichts verzichtet.

2 Die Einstellungsbefugnis hat neben der Staatsanwaltschaft auch die **Finanzbehörde** im Rahmen ihrer Zuständigkeit im Sinne des § 386 AO (s. § 399 AO).

3 Objektive Voraussetzung für die Einstellung des Strafverfahrens wegen **Geringfügigkeit** ist, dass die Tat nur eine geringwertige Steuerverkürzung (s. § 370 AO Rz. 22 ff.) zur Folge gehabt hat oder dass nur geringwertige Steuervorteile (s. § 370 AO Rz. 41 ff.) erlangt worden sind. Diese Kriterien sind in hohem Maße ausfüllungsbedürftig. Entscheidend ist regelmäßig der Umfang der eingetretenen Verkürzung bzw. der Geldwert des erlangten Steuervorteils. Das Merkmal der Geringwertigkeit ist absolut zu bestimmen. Das Verhältnis zwischen Verkürzungserfolg und der tatsächlich geschuldeten Steuer spielt keine Rolle. Zu den Beträgen lassen sich jedoch keine sichern Aussagen machen, da die Praxis sehr starke regionale Abweichungen aufweist. Im Schrifttum werden Beträge zwischen 50 und 1 000 Euro diskutiert (*Joecks* in JJR, § 398 AO Rz. 16 ff.; *Hellmann* in HHSp, § 398 AO Rz. 24). In der Praxis kann man aber auch beobachten, dass Einstellungen bei Beträgen von 1 500 Euro auf § 398 AO gestützt werden. Der Hinweis darauf, dass zu § 153 Abs. 1 Satz StPO die Wertgrenze bei 50 Euro gezogen wird, überzeugt nicht, denn dann wäre § 398 AO ohne eigene Bedeutung. Außerdem würde eine derart niedrige Grenze bewirken, dass nicht nur die Besteuerungsverfahren, sondern auch die bagatellisierten Steuerstrafverfahren zu Massenverfahren würden. Die Folge wäre, dass deutlich mehr Fälle aufgegriffen werden müssten – und zwar auch solche, die dann doch auf die eine oder andere Weise sanktionslos eingestellt würden. Unter dem Gesichtspunkt der Verhältnismäßigkeit und der Verfahrensökonomie spricht daher mehr dafür, die Grenze bei 1 000 Euro zu suchen.

Die Einstellung setzt ferner voraus, dass kein **öffentliches Interesse** an der Durchführung des Strafverfahrens besteht. Maßgeblich sind hierbei general- und spezialpräventive Erwägungen. Potentielle Täter sollen ebenso abgeschreckt werden, wie der Betroffene selbst von der Wiederholung der Tat. Besteht das öffentliche Interesse an der Verfolgung der Tat, so kann dies ggf. unter den Voraussetzungen des § 153 a StPO beseitigt werden. Auch diese Einstellungsmöglichkeit steht den Finanzbehörden zur Verfügung (s. § 399 AO), jedoch ist abhängig vom Einzelfall die Zustimmung des Gerichts erforderlich (s. § 153 a Abs. 1 Satz 7 i. V. m. § 153 Abs. 1 Satz 2 StPO; zur Anfechtbarkeit der Auflagenerfüllung nach §§ 129 ff. InsO s. BGH v. 05.06.2008, IX ZR 17/07, NJW 2008, 2506). 4

In subjektiver Hinsicht muss die **Schuld** des Täters **geringfügig** sein. Geringfügigkeit liegt nur dann vor, wenn die Schuld des Täters deutlich hinter der Schuld anderer Täter in vergleichbaren Fällen zurückbleibt. Hier spielen die Beweggründe des Täters eine wesentliche Rolle. Eine geringe Schuld kann z. B. bei einem Irrtum des Beschuldigten gegeben sein oder wenn eine verunglückte Selbstanzeige vorliegt. 5

Liegen die Voraussetzungen für die Verfahrenseinstellung bereits vor Einleitung des Verfahrens erkennbar vor, so kann m. E. auch von der Einleitung des Strafverfahrens abgesehen werden. Das folgt aus dem Grundsatz der Verhältnismäßigkeit der Mittel. 6

## § 398a AO
## Absehen von Verfolgung in besonderen Fällen

**(1) In Fällen, in denen Straffreiheit nur wegen § 371 Absatz 2 Nummer 3 oder 4 nicht eintritt, wird von der Verfolgung einer Steuerstraftat abgesehen, wenn der an der Tat Beteiligte innerhalb einer bestimmten angemessenen Frist**

**1. die aus der Tat zu seinen Gunsten hinterzogenen Steuern, die Hinterziehungszinsen nach § 235 und die Zinsen nach § 233a, soweit sie auf die Hinterziehungszinsen nach § 235 Absatz 4 angerechnet werden, entrichtet und**

**2. einen Geldbetrag in folgender Höhe zugunsten der Staatskasse zahlt:**

**a) 10 Prozent der hinterzogenen Steuer, wenn der Hinterziehungsbetrag 100 000 Euro nicht übersteigt,**

**b) 15 Prozent der hinterzogenen Steuer, wenn der Hinterziehungsbetrag 100 000 Euro übersteigt und 1 000 000 Euro nicht übersteigt,**

**c) 20 Prozent der hinterzogenen Steuer, wenn der Hinterziehungsbetrag 1 000 000 Euro übersteigt.**

**(2) Die Bemessung des Hinterziehungsbetrags richtet sich nach den Grundsätzen in § 370 Absatz 4.**

**(3) Die Wiederaufnahme eines nach Absatz 1 abgeschlossenen Verfahrens ist zulässig, wenn die Finanzbehörde erkennt, dass die Angaben im Rahmen einer Selbstanzeige unvollständig oder unrichtig waren.**

**(4) Der nach Absatz 1 Nummer 2 gezahlte Geldbetrag wird nicht erstattet, wenn die Rechtsfolge das Absatzes 1 nicht eintritt. Das Gericht kann diesen Betrag jedoch auf eine wegen Steuerhinterziehung verhängte Geldstrafe anrechnen.**

### Inhaltsübersicht



### Schrifttum

BECKEMPER/SCHMITZ/WEGNER/WULF, Zehn Anmerkungen zur Neuregelung der strafbefreienden Selbstanzeige durch das »Schwarzgeldbekämpfungsgesetz«, wistra 2011, 281; HECHTNER, Die strafbefreiende Selbstanzeige nach den Änderungen durch das Schwarzgeldbekämpfungsgesetz – Strafbefreiende Selbstanzeige erster und zweiter Klasse mit Zuschlag, DStZ 2011, 265; HUNSMANN, Das Absehen von Strafverfolgung nach § 398a AI in der Verfahrenspraxis, BB 2011, 2519; ROTH, Steuerliche Abziehbarkeit des Strafzuschlags i.S. des § 398a Nr. 2 AO?, DStR 2011, 1410; WAGNER, Umgang mit der strafbefreienden Selbstanzeige »zweiter Klasse«, DStZ 2011, 875; HUNSMANN, Rechtsschutz im Rahmen des Absehens von Strafverfolgung gemäß § 398a AO, NZWiSt 2012, 102; ROTH, Der persönliche Anwendungsbereich des § 398a AO bei Selbstanzeige des Teilnehmers, NZWiSt, 2012, 23; MADAUSS, Kompensationsverbot bei Vorsteuern und die gesetzliche Neuregelung der Selbstanzeige §§ 371 Abs. 2 Nr. 3, 398a AO, NZWiSt 2012, 456; BÜLTE, § 398a AO im Licht des europäischen Grundsatzes ne bis in idem, NZWiSt 2014, 321; HABAMMER/Pflaum, Bleibt die Selbstanzeige noch praktikabel?, DStR 2014, 2267; JOECKS, Der Regierungsentwurf eines Gesetzes zur Änderung der Abgabenordnung und des Einführungsgesetzes zur Abgabeordnung, DStR 2014, 2261; MADAUSS, Selbstanzeige und Berechnung des Zuschlages nach § 398a Nr. 2 AO, NZWiSt 2014, 21; NEUENDORF/SALIGMANN, Die geplante Neureglung der Selbstanzeige und ihre Auswirkungen auf die Praxis, DStZ 2014, 791; HUNSMANN, Zur Bestimmung des Geldbetrages, der hinterzogenen Steuer und des Hinterziehungsbetrages in § 398a Abs. 1 Nr. 2 AO, NZWiSt 2915, 130; ROTH, § 398a Abs. 4 AO – Verfall »wirkungsloser« Strafzuschläge und Anrechnung auf Geldstrafen in Selbstanzeigefällen, wistra 2015, 295; GRÖTSCH, Die verunglückte Regelung des § 398a AO, wistra 2016, 341; NOTH, Bemessungsgrundlage für den Strafzuschlag-Prozentsatz des § 398a Abs. 1 Nr. 2 AO: »hinterzogene Steuer« oder »Hinterziehungsbetrag«?, wistra 2017, 289.

### A. Bedeutung der Vorschrift

§ 398a AO steht im Zusammenhang mit § 371 Abs. 2 Nr. 3 und Nr. 4 AO. Danach wirkt eine Selbstanzeige dann nicht strafbefreiend, wenn die Steuerverkürzung oder der Steuervorteil je Steuer und Besteuerungszeitraum 25 000 Euro übersteigt oder es sich um einen besonders schweren Fall der Steuerhinterziehung nach § 370 Abs. 3 Nr. 2 bis 6 AO handelt. In diesen Fällen kann aber das Strafverfahren nach der besonderen Einstellungsnorm des § 398a AO eingestellt werden. Die betragsmäßige Grenze von 25 000 Euro in § 371 Abs. 2 Nr. 3 AO wäre jedenfalls dann willkürlich, wenn sie allein für die Frage der Bestrafung entscheidend wäre. Um dem zu entgehen hat der Gesetzgeber für die Fälle mit höherem Verkürzungsvolumen ein Strafverfolgungshindernis vorgesehen, wenn die verkürzte Steuer nachentrichtet wird und zusätzlich ein Zuschlag von zunächst fünf v. H. und seit 2015 zwischen 10 und 20 v. H. bezahlt wird. Das Erfordernis der Nachentrichtung entspricht dem des § 371 Abs. 3 AO (s. § 371 AO Rz. 26 ff.), einbezogen sind daher auch die Hinterziehungszinsen nach § 235 AO und Nachzahlungszinsen nach § 233a AO, soweit sie nach § 235 Abs. 4 AO auf die Hinterziehungszinsen angerechnet werden. Bemessungsgrundlage für den Zuschlag ist der vom Vorsatz des Täters umfasste volle Hinterziehungsbetrag nach § 370 Abs. 4 AO. 1

Der Entwurf des JStG 2010 sah in § 371 Abs. 3 zusätzlich zur Zahlung der verkürzten Steuer einen Zuschlag von 5 v. H. auf den Hinterziehungsbetrag vor, dessen 2

Zahlung zusätzliche Voraussetzung für die Straffreiheit sein sollte. Der Zuschlag sollte generalpräventiv zur Abgabe richtiger und vollständiger Erklärungen veranlassen und er sollte auch ein Entgelt für den durch die Steuerhinterziehung und ihre spätere Anzeige veranlassten Zusatzaufwand der Verwaltung darstellen. (BT-Drs. 17/2823, 29). Im Regierungsentwurf des Gesetzes zur Verbesserung der Bekämpfung der Geldwäsche und Steuerhinterziehung war dies zunächst nicht mehr vorgesehen, wurde dann aber wieder aufgenommen (BT-Drs. 17/4802, 7). Die Einführung des Zuschlages war auch innerhalb der damaligen Regierungskoalition strittig. In § 371 Abs. 3 AO hat man auf den Zuschlag verzichtet, ihn aber in § 398a AO als zusätzliche Voraussetzung des Strafverfolgungshindernisses in den Fällen aufgenommen, in denen der Schaden 50 000 Euro (a.F.) übersteigt. M.E. überzeugt die Gesetzesbegründung nicht, denn die Aufdeckung von Steuerhinterziehungen verursacht regelmäßig einen erheblichen Verwaltungsaufwand. Warum nur der Selbstanzeigende einen Beitrag zum Ausgleich des Mehraufwandes leisten soll, leuchtet nicht ein, ist doch der Aufwand im Fall der Selbstanzeige regelmäßig geringer als beim nicht geständigen Täter. Die Betragsgrenze ist im Übrigen auch insoweit problematisch, als das Überschreiten der Betragsgrenze den Zuschlag auf den vollen Hinterziehungsbetrag auslöst. Bei einer Verkürzung von 25 001 Euro kostet der eine die Grenze überschreitende Euro 2 500 Euro Zuschlag.

## B. Nachzahlung der verkürzten Steuer nebst Zinsen (§ 398a Abs. 1 Nr. 1 AO)

3 Zur Nachentrichtung der verkürzten Steuer ist nach § 398a Abs. 1 Nr. 1 AO seit 2015 jeder Beteiligte (Täter oder Teilnehmer, s. § 28 Abs. 2 StGB) verpflichtet, zu dessen Gunsten die Steuer verkürzt wurde. Insoweit entspricht die Vorschrift § 371 Abs. 3 AO. Da nach § 235 Abs. 1 Satz 2 AO Zinsschuldner derjenige ist, zu dessen Vorteil Steuern hinterzogen worden sind, trifft die Zahlungsverpflichtung bzgl. der Hinterziehungszinsen nach § 398a Abs. 1 Nr. 1 AO ebenfalls nur den begünstigten Tatbeteiligten.

## C. Zuschlag (§ 398a Abs. 1 Nr. 2 und Abs. 2 AO)

4 § 398a Abs. 1 Nr. 2 AO macht die Verfahrenseinstellung von der Zahlung eines Zuschlages an die Staatskasse abhängig. Den Zuschlag hat jeder an der Tat Beteiligte (Täter oder Teilnehmer, s. § 28 Abs. 2 StGB) zu zahlen, damit ihm gegenüber das Strafverfahren eingestellt werden kann. D. h. bei mehreren Tatbeteiligten fällt der Zuschlag mehrmals an.

Der Zuschlag betrug bis 2014 ab einem Verkürzungsbetrag von 50 000 Euro 5 v.H. Seit 2015 ist Nachzahlungsbetrag abhängig von der Höhe der Verkürzung gestaffelt. Aus dem Verweis auf § 371 Abs. 2 Nummer 3 AO folgt, dass in diesen Fällen der Zuschlag erst ab einer Verkürzung von 25 000 Euro erhoben wird. Er beträgt bei einer Verkürzung bis 100 000 Euro 10 v.H., bei einer Verkürzung von 100 001 bis 1 000 000 Euro 15 v.H. und ab einem Verkürzungsbetrag von 1 000 001 Euro an 20 v.H.

In den besonders schweren Fällen des § 370 Abs. 3 6
Nr. 2 bis 6 AO, in denen eine Selbstanzeige nach § 371 Abs. 2 Nr. 4 AO nicht strafbefreiend wirkt, kann nach dem Wortlaut des § 398a Abs. 1 Nr. 2 AO der Zuschlag auch auf einen Verkürzungsbetrag unter den Schwellenwert von 25 000 Euro mit 10 v.H. festgesetzt werden. § 398a Abs. 1 Nr. 2 AO nennt keine Untergrenze des Verkürzungsbetrags.

Die Bemessungsgrundlage bezieht sich auf die jeweili- 7
ge noch nicht verjährte Straftat (Steuerart und Besteuerungszeitraum, BT-Drs. 18/3018, 15). § 398a Abs. 2 AO stellt klar, dass der Hinterziehungsbetrag für die Errechnung des Zuschlags nach den gleichen Grundsätzen zu bemessen ist, wie bei § 370 Abs. 4 AO, sodass auch das Kompensationsverbot nach § 370 Abs. 4 Satz 3 AO (s. § 370 AO Rz. 47 ff.) zu beachten ist. Damit ist es für die Bemessung des Zuschlags unerheblich, ob die Steuer aus anderen Gründen hätte ermäßigt oder der Steuervorteil aus anderen Gründen hätte beansprucht werden können. Es ist also denkbar, dass der Zuschlag aus einem Verkürzungsbetrag errechnet wird, der nach steuerlichen Vorschriften nicht oder nicht in dieser Höhe geschuldet wird. Das spielt insbes. bei der Umsatzsteuer eine Rolle, bei der die Vorsteuer regelmäßig als anderer Grund angesehen wird (s. § 370 AO Rz. 47). Hat also ein Unternehmer im Besteuerungszeitraum zu 19 v.H. stpfl. Umsätze i.H.v. 150 000 Euro nicht erklärt, hat er 28 500 Euro Umsatzteuer verkürzt, selbst wenn ihm im selben Besteuerungszeitraum ebenfalls nicht erklärte Vorsteuern i.H.v. 20 000 Euro entstanden sind, ihn also nur eine Zahllast von 3 500 Euro trifft. Der Zuschlag beträgt mithin 2 850 Euro.

## D. § 398a Abs. 3 und 4 AO

Die mit Wirkung ab dem Jahr 2015 in das Gesetz einge- 8
fügte Regelung des § 398a Abs. 3 AO regelt eine Wiederaufnahmemöglichkeit des Strafverfahrens. Andernfalls bestünde die Gefahr, dass eine Wiederaufnahme des Verfahrens ausgeschlossen ist, wenn der betroffene Steuerpflichtige keine vollständige und richtige Selbstanzeige abgegeben hat, dies aber erst nach der Einstellung des Verfahrens nach § 398a Abs. 1 bekannt wird. Werden z.B. 30 000 Euro nacherklärt und stellt sich nach der

Einstellung des Verfahrens nach § 398a Abs. 1 AO heraus, dass 300 000 Euro hinterzogen wurden, kann das Strafverfahren nach § 398a Abs. 3 AO wieder aufgenommen werden. Die Einstellung des Verfahrens nach § 398a AO bewirkt keinen Strafklageverbrauch.

§ 398a Abs. 4 stellt sicher, dass in Fällen, in denen das Strafverfahren trotz Zahlung des Zuschlages nicht eingestellt wird oder es zu einer Wiederaufnahme des Verfahrens nach § 398a Abs. 3 AO kommt, das mit einer Verurteilung endet, der gezahlte Zuschlag vom Gericht auf eine Geldstrafe angerechnet werden kann. Eine Erstattung des Zuschlags erfolgt nicht.

### E. Rechtsweg

10 § 398a AO hat strafrechtlichen Charakter (vgl. auch die Nichterwähnung in § 3 Abs. 4 AO und § 37 AO). Damit ist gegen Maßnahmen nach dieser Vorschrift wegen § 33 Abs. 1 FGO der Finanzrechtsweg verschlossen (s. § 371 AO, Rz. 30). Gegen die Festsetzung des Zuschlages durch die Straf- und Bußgeldsachenstellen oder die Staatsanwaltschaft muss man – da Rechtsschutz sonst nicht oder nicht rechtzeitig erlangt werden kann – einen Antrag auf gerichtliche Entscheidung analog § 98 Abs. 2 Satz 2 StPO bei dem nach § 162 StPO zuständigen Gericht zulassen. Gegen dessen Entscheidung ist dann die Beschwerde nach §§ 304 ff. StPO statthaft. Ist das Verfahren bereits bei Gericht anhängig, ergeben sich die Rechtsschutzmöglichkeiten entsprechend dem jeweiligen Verfahrensstadium aus der StPO (*Hunsmann*, NZWiSt 2012, 102; *Beckemper* in HHSp, § 398a AO Rz. 85).

## II. Verfahren der Finanzbehörde bei Steuerstraftaten

## § 399 AO Rechte und Pflichten der Finanzbehörde

**(1) Führt die Finanzbehörde das Ermittlungsverfahren auf Grund des § 386 Abs. 2 selbständig durch, so nimmt sie die Rechte und Pflichten wahr, die der Staatsanwaltschaft im Ermittlungsverfahren zustehen.**

**(2) Ist einer Finanzbehörde nach § 387 Abs. 2 die Zuständigkeit für den Bereich mehrerer Finanzbehörden übertragen, so bleiben das Recht und die Pflicht dieser Finanzbehörden unberührt, bei dem Verdacht einer Steuerstraftat den Sachverhalt zu erforschen und alle unaufschiebbaren Anordnungen zu treffen, um die Verdunkelung der Sache zu verhüten. Sie können Beschlagnahmen, Notveräußerungen, Durchsuchungen, Untersuchungen und sonstige Maßnahmen nach den für Ermittlungspersonen der Staatsanwaltschaft geltenden Vorschriften der Strafprozessordnung anordnen.**

**Inhaltsübersicht**



### A. Finanzbehörde als Staatsanwaltschaft

Im Rahmen der ihr durch § 386 Abs. 2 AO eingeräumten Ermittlungskompetenz hat die **Finanzbehörde** die Rechte und Pflichten, die der **Staatsanwaltschaft** im strafrechtlichen **Ermittlungsverfahren** zustehen. Das heißt, dass die Finanzbehörde im steuerstrafrechtlichen Ermittlungsverfahren die Aufgaben der Staatsanwaltschaft wahrnimmt. Damit ist immer da, wo das Gesetz die Staatsanwaltschaft anspricht, auch die Finanzbehörde gemeint. § 400 AO erlaubt auch die Beantragung eines **Strafbefehls** durch die Behörde. Muss im konkreten Einzelfall Anklage erhoben werden, muss die Behörde das Verfahren spätestens nach dem Abschluss der Ermittlungen, der in den Akten zu vermerken ist (s. § 169a StPO) zur Anklageerhebung an die Staatsanwaltschaft abgeben, da diese nicht mehr zum Ermittlungsverfahren gehört. 1

Soweit aufgrund von § 387 Abs. 2 AO für die Bereiche mehrerer Finanzbehörden **gemeinsame Strafsachenstellen** gebildet worden sind (s. § 387 AO Rz. 3), stehen die Rechte und Pflichten der Staatsanwaltschaft diesen Stellen zu. Jedoch behalten die Finanzbehörden, für deren Bereich eine gemeinsame Strafsachenstelle besteht, sowohl das Recht wie auch die Pflicht, bei dem Verdacht einer Steuerstraftat den Sachverhalt zu erforschen und alle unaufschiebbaren Anordnungen zu treffen, um eine Verdunkelung der Sache zu verhindern (§ 399 Abs. 2 AO). Dazu gehören – Gefahr im Verzug vorausgesetzt – insbes. Beschlagnahmen, Durchsuchungen und Notveräußerungen. Die Finanzbehörde wird dabei im Rahmen der Vorschriften tätig, die für Ermittlungspersonen der Staatsanwaltschaft (§ 152 GVG) gelten (s. §§ 98, 105, 111 e, f, l StPO). Über die Fortdauer einer nach § 399 Abs. 2 AO getroffenen Maßnahme befindet die Strafsachenstelle, die erforderlichenfalls die Bestätigung des Gerichts einholt. 2

## B. Legalitätsprinzip und Opportunitätsprinzip

3 Die Tätigkeit der Finanzbehörde bei der Ermittlung von **Steuerstraftaten** unterliegt dem Legalitätsprinzip (s. § 152 StPO). Das bedeutet, dass die Finanzbehörden wegen der in ihren Zuständigkeitsbereich fallenden Steuerstraftaten ausnahmslos **zum Einschreiten gesetzlich verpflichtet** sind. Die Finanzbehörde muss einschreiten, sobald sie von dem Verdacht einer Steuerstraftat Kenntnis erhält (s. § 160 StPO; s. § 397 AO Rz. 2), gleichgültig auf welche Weise dies geschieht. In Betracht kommen eingehende Anzeigen oder eigene Wahrnehmungen. Vage Vermutungen reichen nicht aus. Es müssen Tatsachen bekannt werden, die das Vorliegen einer Steuerstraftat hinreichend konkretisieren. Die Person des Täters braucht noch nicht festzustehen. § 398 AO erlaubt jedoch die Einstellung des Verfahrens aus **Opportunitätsgründen**. Weitere **Einschränkungen des Legalitätsprinzips** ergeben sich aus den §§ 153, 153 a, § 154 Abs. 1, § 154a Abs. 1 und § 154c StPO.

4 Das Legalitätsprinzip hat keine Geltung, soweit es sich um die Ermittlung von **Steuerordnungswidrigkeiten** handelt. Ihre Verfolgung liegt grundsätzlich im pflichtgemäßen Ermessen der Finanzbehörde (**Opportunitätsprinzip**, s. § 47 OWiG). Dasselbe gilt für Zollstraftaten im Reiseverkehr über die Grenze (s. § 32 ZollVG).

## C. Art der Ermittlungen

5 Zur Erforschung des Sachverhaltes kann die Finanzbehörde gegen Tatverdächtige **Ermittlungen** entweder selbst anstellen oder durch die Angehörigen des Steuer- und Zollfahndungsdienstes (s. § 404 AO) sowie in Ausnahmefällen durch die Behörden und Beamten des Polizeidienstes ausführen lassen (s. § 161 StPO). Die Finanzbehörde kann Personen, die als Zeugen und Sachverständige in Betracht kommen, vernehmen sowie **Auskünfte** von Behörden, Banken und sonstigen Stellen einholen (s. §§ 161a, 163a StPO). Die Behörde kann auch das zuständige Gericht um die Vornahme von Vernehmungen und von Vereidigungen ersuchen (s. § 162 StPO), was in Anbetracht der nur dem Richter zustehenden Zwangsbefugnisse zweckmäßig sein kann (s. §§ 51, 70, 133, 134 StPO) oder auch mit Hinblick auf die Unterbrechung der Verjährung (s. § 78c Abs. 1 Nr. 2 StGB). Eigene Zwangsmittel hat die Finanzbehörde im strafrechtlichen Ermittlungsverfahren nicht. Bezüglich des Beschuldigten unterstreicht das § 393 Abs. 1 Sätze 2 und 3 AO. Auch Zwang gegenüber Dritten, die nicht als Täter oder Teilnehmer in Betracht kommen, kann nur der Richter anordnen.

6 Eine **vorläufige Festnahme** von Personen durch die Finanzbehörde ist nach Maßgabe des § 127 StPO möglich, also wenn jemand auf frischer Tat betroffen oder verfolgt wird. Diese Möglichkeit ist in der Praxis allenfalls in den Fällen der §§ 372 bis 374 AO von Bedeutung. Eher denkbar sind Fälle, bei denen Gefahr in Verzug gegeben ist und die Voraussetzungen eines Haftbefehls vorliegen (s. §§ 112, 127 Abs. 2 StPO). Erwähnt sei noch § 164 StPO, wonach eine vorübergehende Festnahme von Personen statthaft ist, die Amtshandlungen stören.

## D. Beschlagnahme und Durchsuchung

### Schrifttum

Joecks, Die Stellung der Kreditwirtschaft im steuerstrafrechtlichen Ermittlungsverfahren, WM Beilage 1/98 zu Heft 20, 1998; Dittges/Grass, EG-Rechtswidrigkeit der Fahndungswelle bei deutschen Banken, BB 1998, 1390; Dörn, Vernichtung beschlagnahmter Beweisunterlagen bei fehlender Rückgabemöglichkeit, wistra 1999, 175; Kunz, Durchsuchung und Beschlagnahme im Steuerstrafverfahren, BB 2000, 438; Park, Der Anwendungsbereich des § 110 StPO bei Durchsuchungen in Wirtschafts- und Steuerstrafverfahren, wistra 2000, 453; Kemper, Die Beschlagnahmefähigkeit von Daten und E-Mails, NStZ 2005, 539; Kemper, Rückgabe beschlagnahmter Gegenstände – Bringschuld oder Holschuld, NJW 2005, 3679; Rüping, Steuerberatung, Steuerhinterziehung und Durchsuchung, DStR 2006, 1249; Kutzner, Die berufliche Stellung des Steuerberaters im Lichte des Strafprozessrechts, DStZ 2006, 781; Rau, Durchsuchungs- und Beschlagnahmemaßnahmen im Zusammenhang mit Rechtsanwalts- und Notaranderkonten, wistra 2006, 410; Kemper, Die Voraussetzungen einer Wohnungsdurchsuchung in Steuerstrafsachen, wistra 2007, 249; Roxin, Zum Beweisverwertungsverbot bei bewusster Missachtung des Richtervorbehalts nach § 105 I 1 StPO, NStZ 2007, 616; Matthes, Zwischen Durchsuchung und Rasterfahndung – Verdachtsbegründung und Ermittlungsmöglichkeiten der Steuerfahndung, wistra 2008, 10; Kemper, Das Beschlagnahmeverzeichnis nach § 109 StPO in Wirtschafts- und Steuerstrafverfahren, wistra 2008, 96; Michalke, Wenn der Staatsanwalt klingelt – Verhalten bei Durchsuchung und Beschlagnahme, NJW 2008, 1490; Müller, Die Beschlagnahme von Buchführungsunterlagen beim Steuerberater, StBp 2008, 159; Graulich, Die Sicherstellung von während einer Durchsuchung aufgefundenen Gegenständen – Beispiel Steuerstrafverfahren, wistra 2009, 299; Gusy, Grundgesetzliche Anforderungen an Durchsuchungsbeschlüsse i.S.d. Art 13 II GG, NStZ 2010, 353; Weitbrecht/Weidenbach, Achtung Dawn Raid! Die Rolle des Anwalts bei Durchsuchungen, NJW 2010, 2328; Tormöhlen, Durchsuchungen beim Verdächtigen und Unverdächtigten, AO-StB 2010, 282, 341; Kemper, Die »Mitnahme zur Durchsicht« – Ein vom Gesetz nicht vorgesehenes Instrument zur Sicherstellung von Beweismitteln, wistra 2010, 295; Mack, Erscheinen der Steuerfahndung in der Beraterpraxis, DStR 2010, 53; Beyer, Sicherstellung und Beschlagnahme von Daten auf einem ausländischen Server, AO-StB 2013, 29; Schwarz, Die Durchsuchung bei Steuerberatern, wistra 2017, 4.

Beschlagnahme- (s. § 98 Abs. 1 StPO) und Durchsuchungsanordnungen (s. § 105 Abs. 1 StPO) sind dem **Gericht vorbehalten**. Die entsprechenden **Anträge** stellt die **Staatsanwaltschaft** bzw. die **Strafsachenstelle**, nicht aber die Steuerfahndung (s. Rz. 15). Das Gericht darf eine Durchsuchung nur anordnen, wenn er sich aufgrund eigenverantwortlicher Prüfung der Ermittlungen davon überzeugt hat, dass die Maßnahme verhältnismäßig ist (BVerfG v. 29.11.2004, 2 BvR 1034/02, wistra 2005, 135; 7

zum Begründungserfordernis BVerfG v. 17.03.2009, 2 BvR 1940/05, NJW 2009, 1516; zur Durchsuchung bei einem Anwalt als Beschuldigten s. BVerfG v. 06.05.2008, 2 BvR 384/07, NJW 2008, 1937; Durchsuchung bei einem Notar wegen Urkunden, die dem FA vorzulegen sind, BVerfG v. 29.02.2012, 2 BvR 1954/11, NJW 2012, 2096). Seine Anordnung hat die Grundlage der konkreten Maßnahme zu schaffen und muss Rahmen, Grenzen und Ziel der Durchbrechung definieren (BVerfG v. 27.05.1997, 2 BvR 1992/92, NJW 1997, 2165; BVerfG v. 06.03.2002, 2 BvR 1619/00, NJW 2002, 1941). Der Beschluss muss auch Angaben zum Tatvorwurf enthalten (BVerfG v. 21.06.1994, 2 BvR 2559/93, NJW 1994, 3281; BVerfG v. 30.03.2004, 2 BvR 152/01, wistra 2004, 295; BVerfG v. 03.07.2006, 2 BvR 2030/04, wistra 2006, 377), wenn auch die Mitteilung von Verdachtsgründen nicht zwingend erforderlich ist (BVerfG v. 24.03.2003, 2 BvR 180/03, NStZ 2004, 160). Selbst wenn die Durchsuchung im durch Art. 13 GG geschützten Bereich stattfindet (z.B. in einer Wohnung), ist für die Durchsuchung kein höherer Verdachtsgrad als der Anfangsverdacht erforderlich (BVerfG v. 20.04.2004, 2 BvR 2043/04, NJW 2004, 3171). Mängel der Umschreibung des Tatvorwurfs und der zu suchenden Beweismittel können im Beschwerdeverfahren nicht geheilt werden, wenn die Maßnahme bereits vollzogen ist (BVerfG v. 20.04.2004, 2 BvR 2043/04, NJW 2004, 3171). Der Zweck des Richtervorbehalts hat auch Auswirkungen auf den **Zeitraum**, innerhalb dessen die gerichtliche Durchsuchungsanordnung **vollzogen** werden darf. Spätestens nach Ablauf eines halben Jahres verliert ein Durchsuchungsbeschluss seine rechtfertigende Kraft (BVerfG v. 27.05.1997 aaO; zur Dauer einer Durchsuchung s. LG Frankfurt/M. v. 04.09.1996, 5/29 Qs 16/96, NJW 1997, 1170). Ordnet das Gericht die Beschlagnahme von Gegenständen an, bevor diese von den Strafverfolgungsbehörden in amtlichen Gewahrsam genommen worden sind, so muss der Beschluss die Gegenstände so genau bezeichnen, dass keine Zweifel darüber entstehen, ob sie von der Beschlagnahmeanordnung erfasst sind. Das gilt jedenfalls dann, wenn die Kennzeichnung nach dem bisherigen Ergebnis der Ermittlungen ohne Weiteres möglich und den Zwecken der Strafverfolgung nicht abträglich ist (BVerfG v. 30.03.2004, 2 BvR 152/01, wistra 2004, 295). Die pauschale Anordnung der Beschlagnahme, aller aufgefundenen Gegenstände als Beweismittel ist nicht zulässig (BVerfG v. 03.09.1991, 2 BvR 279/90, NJW 1992, 551).

8 Das Gesetz unterscheidet zwischen der **Durchsuchung beim Verdächtigen** (s. § 102 StPO) und der bei **anderen Personen** (s. § 103 StPO). Erstere erstreckt sich auf die gesamte Wohnung und andere Räume, sowie die Person des Beschuldigten und der ihm gehörenden Gegenstände (z.B. Fahrzeuge oder Schließfächer). Hier dient die Durchsuchung auch dem Auffinden noch nicht bekannter Beweismittel. Im Fall des § 103 StPO sind die Voraussetzungen enger und der Beschlagnahme unterliegen nur bestimmte Gegenstände (zur Durchsuchung von Kreditinstituten im Steuerstrafverfahren s. BGH v. 23.01.1963, 2 StR 534/62, NJW 1963, 870, LG Bonn v. 01.07.1980, 37 Qs 57/80, NJW 1981, 292; BVerfG v. 18.03.2009, 2 BvR 1036/08, NJW 2009, 2518, Suche nach steuerlichen Beratungsunterlagen in einer Anwaltskanzlei; BVerfG v. 09.10.1989, 2 BvR 1558/89, wistra 1990, 97 zur Beschlagnahme von Kontounterlagen über ein Rechtsanwaltskonto bei einem Kreditinstitut; bzgl. der Durchsuchung von Bankräumen wegen Verdachts auf Beihilfe zur Steuerhinterziehung s. BVerfG v. 23.03.1994, 2 BvR 396/94, BB 1994, 850; LG Oldenburg v. 28.12.2000, 2 Qs 25/00, PStR 2001, 143: externes Rechenzentrum). Grundsätzlich fehlt im Anwendungsbereich des § 103 StPO für die Anordnung einer Durchsuchung das Rechtsschutzbedürfnis, wenn die Strafverfolgungsbehörde in der Lage ist, die Urkunden, von der sie sich einen Erkenntnisgewinn verspricht, genau zu bezeichnen (LG Bonn v. 02.06.1995, 37 Qs 10/95, WM 1995, 1974). Unzulässig ist auch die Beschlagnahme von Urkunden, die für die Untersuchung nicht mehr von Bedeutung sind, weil sich die Erkenntnisse bereits aus den der Steuerfahndung vorliegenden anderen Urkunden ergeben (LG Bonn v. 02.06.1995, aaO).

Anstelle des Beschlagnahmebeschlusses kann nach § 95 StPO ein zwangsweise durchsetzbares **Herausgabeverlangen** ergehen. Auch hierfür ist grundsätzlich eine gerichtliche Anordnung erforderlich (LG Stuttgart v. 19.11.1991, 14 Qs 61/91, NJW 1992, 2646; LG Düsseldorf v. 08.01.1993, X Qs 142/92, wistra 1993, 199). In der Praxis hat sich ein Verfahren etabliert, bei dem in Vollzug einer Durchsuchungsanordnung Papiere zur Durchsicht (s. § 404 Satz 2 AO) mitgenommen aber (noch) nicht beschlagnahmt werden. Dieses Verfahren darf aber nicht zu einer Sicherstellung von Beweismitteln ohne die richterliche Beschlagnahmeanordnung führen (*Kemper*, wistra 2010, 295). 9

Ohne vorherige gerichtliche Anordnung kann die Finanzbehörde Beschlagnahme- und Durchsuchungsmaßnahmen nur bei **Gefahr im Verzug** vornehmen (s. §§ 94 bis 111f StPO; BVerfG v. 20.02.2001, 2 BvR 1444/00, NJW 2001, 1121). Diese Maßnahme bedarf der **gerichtlichen Bestätigung** (s. § 98 Abs. 2 StPO). Ob Gefahr im Verzug vorliegt, ist keine Ermessensfrage, sondern eine Prognoseentscheidung, die vom Gericht im Freibeweisverfahren überprüft wird (BVerfG v. 03.12.2002, 2 BvR 1845/00, NStZ 2003, 319) und die der besonderen Begründung bedarf (BVerfG v. 08.03.2006, 2 BvR 1114/05, NJW 2006, 3267). Die Sicherstellung der in Betracht kommenden Gegenstände muss mangels sofortigen Zugriffs ernsthaft gefährdet sein, z.B. durch drohende Wegschaffung, Verheimlichung, Beseitigung oder sonstige Vereitelung. Wurde bewusst gegen den Richtervorbehalt verstoßen und zu Unrecht Gefahr im Verzuge angenommen, so 10 resultiert daraus ein Verbot der Verwertung der gewonnenen Beweismittel (BGH v. 18.04.2007, 5 StR 546/06, NStZ 2007, 601, m. Anm. *Roxin*, NStZ 2007, 616).

11 Der Inhaber der zu durchsuchenden Räume oder Gegenstände hat nach § 106 StPO ein **Recht auf Anwesenheit** bei der Durchsuchung. Ist er nicht anwesend, sieht § 105 Abs. 2 StPO die Zuziehung neutraler Zeugen vor. Der Betroffene hat nach § 107 StPO nach Beendigung der Durchsuchung ein Recht auf schriftliche Mitteilung des Grundes und er kann ein Verzeichnis der in Verwahrung genommenen Gegenstände verlangen, das am Tag der Durchsuchung zu fertigen ist (OLG Stuttgart v. 26.10.1992, 4 VAs 5/92, wistra 1993, 120; *Kemper*, wistra 2008, 96).

12 Nach § 97 StPO unterliegen Aufzeichnungen, Mitteilungen und anderen Schriftstücken im Gewahrsam von Personen, denen hinsichtlich des Inhalts der Schriftstücke ein **Zeugnisverweigerungsrecht** zusteht nicht der Beschlagnahme. Für Mandantenunterlagen im Gewahrsam von Rechtsanwälten, Steuerberatern ergibt sich das **Beschlagnahmeverbot** aus § 97 i. V.m. § 53 Abs. 1 Nr. 3 StPO (zum Zeugnisverweigerungsrecht der Berufshelfer nach § 53 a StPO s. OLG Köln v. 01.03.1991, 2 Ws 100/91, StrVert 1991, 506; eingeschränktes Zeugnisverweigerungsrecht von Syndikusanwälten: LG Berlin v. 30.11.2005, 505 Qs 185,05, NStZ 2006, 470; s. auch LG Bonn v. 29.09.2005, 37 Qs 27/05, wistra 2006, 396). Beschlagnahmefrei sind nicht nur solche Gegenstände und Beweismittel, die das besondere Vertrauensverhältnis zwischen dem Berater und seinem Mandanten berühren, sondern alle übergebenen Dinge. Nicht beschlagnahmefrei sind solche Unterlagen, die dem Geheimnisträger nicht im Rahmen des Beratungsverhältnisses, sondern nur zur Aufbewahrung übergeben sind (*Joecks* in JJR, § 399 AO Rz. 48). Der Beschuldigte soll seine Unterlagen nicht dadurch dem Zugriff entziehen können, dass er sie einem Zeugnisverweigerungsberechtigten übergibt. **Einschränkungen** der Beschlagnahmefreiheit ergeben sich aus § 97 Abs. 2 Satz 3 StPO für den Fall, dass der Geheimnisträger einer Teilnahme an der Tat, oder einer Begünstigung, Strafvereitelung oder Hehlerei verdächtig ist. Ferner, wenn der Gegenstand ein Tatwerkzeug ist. Auf rechtswidrig erlangte Beweismittel dürfen Straferkenntnisse nicht gestützt werden (**Verwertungsverbot**). Das gilt auch für Unterlagen, die sich ein Beschuldigter erkennbar zu seiner Verteidigung in dem gegen ihn laufenden Strafverfahren angefertigt hat (BGH v. 25.02.1998, 3 StR 490/97, NJW 1998, 1963). Aus der **Rechtsprechung**: LG München v. 22.04.1988, 19 Qs 3/88, wistra 1988, 326, LG München I v. 03.08.1984, 27 Qs 8/84, wistra 1985, 41; LG Hildesheim v. 21.04.1988, 22 Qs 1/88, wistra 1988, 328, LG Stuttgart v. 14.09.1987, 10 Qs 53/87, wistra 1988, 40: dem Steuerberater überlassene Geschäfts- und **Buchführungsunterlagen** sind nicht nach § 97 Abs. 1 StPO beschlagnahmefrei, weil sie nicht dem Steuerberater »anvertraut« sind; LG München v. 22.04.1988, 19 Qs 3/88, wistra 1988, 326; a. A. für die Zeit bis zur Freigabe des Jahresabschlusses LG Hamburg v. 04.07.2005, 608 Qs 3/05, wistra 2005, 394; LG Dresden v. 22.01.2007, 5 Qs 34/06, NJW 2007, 2709; LG Darmstadt v. 18.03.1988, 9 Qs 1188/87, NJW 1988, 1862: Beschlagnahme von **Jahresabschlüssen** und **Steuererklärungen**; LG Stade v. 27.10.1983, 12 Qs 5/83, wistra 1986, 41: **Bilanzentwürfe** ähneln Aufzeichnungen i. S. des § 97 Abs. 1 Nr. 2 StPO und unterliegen nicht der Beschlagnahme; LG München v. 22.04.1988, 19 Qs 3/88, wistra 1988, 326; LG Stuttgart v. 21.04.1988, 8 Qs 28/88, wistra 1988, 245: Beschlagnahmeverbot solcher Unterlagen, die in engem Zusammenhang mit der Beratertätigkeit stehen, z. B. **Handakten, Gesprächsnotizen, Schriftverkehr**; BGH v. 13.11.1989, 1 BGs 351/89 GBA – 1 Bjs 33/89, NJW 1990, 722: dies gilt auch dann, wenn sich die Unterlagen bei dem Beschuldigten befinden; OLG München v. 30.11.2004, 3 Ws 720-722/04, NStZ 2006, 300: ebenso bei früheren Mitbeschuldigten; BVerfG v. 12.04.2005, 2 BvR 1027/02, NJW 2005, 1917: Beschlagnahme von **Datenträgern** in einer Anwaltskanzlei; LG Stuttgart v. 20.02.1997, 13 Qs 2/97, DStR 1997, 1449: Beschlagnahmefreiheit von **übergebene Bankunterlagen**; LG Berlin v. 01.03.1989, 520 Qs 22/89, NJW 1990, 1058; AG Hanau v. 24.02.1989, 6 Js 4691/87 – 52 Gs, NJW 1989, 1493: Beschlagnahme von **Patientenkarteien** bei einer Steuerhinterziehung des Arztes; LG Hildesheim v. 29.10.1981, 12 Qs 192/81, NStZ 1982, 394: Beschlagnahme von Patientenkarteien in einem Strafverfahren gegen den beschuldigten Patienten; LG Aachen v. 23.01.1998, 86 Qs 94/97, NStZ-RR 1999, 216: Unterlagen zu **Notaranderkonten** beim Notar; LG Aachen v. 16.10.1998, 86 Qs 63/98, NJW 1999, 2381: Unterlagen zu Notaranderkonten bei der Bank.

Nach § 108 StPO unterliegen auch sog. **Zufallsfunde** 13
beim Beschuldigten der einstweiligen Beschlagnahme. Das sind Gegenstände, die bei Gelegenheit einer Durchsuchung gefunden werden, die zwar in keiner Beziehung zur Untersuchung stehen, aber auf die Verübung einer anderen Straftat hindeuten (BGH v. 11.05.1979, 2 StR 63/79, BGHSt 29, 13; LG Baden-Baden v. 16.05.1989, 1 Qs 312/88, wistra 1990, 118).

Wenn der Grund der Beschlagnahme weggefallen ist, 14
z. B. durch Aufhebung der Beschlagnahme durch die Strafverfolgungsbehörde oder das Gericht, durch Einstellung des Verfahrens (s. §§ 153 ff. StPO) oder durch rechtskräftiges Strafurteil (OLG Hamm v. 11.05.1989, 2 Ws 237/89, wistra 1989, 359), sind die beschlagnahmten Unterlagen an den letzten Gewahrsamsinhaber oder Empfangsberechtigten zurückzugeben (OLG Düsseldorf v. 13.12.1989, 5 Ss (OWi) 348/89 – (OWi) 146/89, NJW 1990, 723). Die Rückgabe erfolgt an dem Ort, an welchem die beschlagnahmten Gegenstände aufzubewahren waren (BGH v. 03.02.2005, III ZR 271/04, NStZ 2005, 391;

zustimmend nur für den Fall der Beschlagnahme beim Beschuldigten, *Kemper*, NJW 2005, 3679).

### E. Telekommunikationsüberwachung

**Schrifttum**

BUSE/BOHNERT, Steuerstrafrechtliche Änderungen zur Bekämpfung des Umsatz- und Verbrauchsteuerbetrugs, NJW 2008, 618

**14a** Durch das Gesetz zur Neuregelung der Telekommunikationsüberwachung und anderer Ermittlungsmaßnahmen sowie zur Umsetzung der Richtlinie 2006/24/EG v. 21.12.2007 (BGBl I 2007, 3150) sind die Straftaten nach § 370 Abs. 3 Satz 2 Nr. 5, § 373 Abs. 2 und § 374 Abs. 2 AO in den Katalog der Taten aufgenommen worden, wegen deren nach § 100a StPO eine Telekommunikationsüberwachungsmaßnahme angeordnet werden kann (s. § 100a Abs. 2 Nr. 2 StPO). Diese Maßnahme kann von der Finanzbehörde im eigenständigen Verfahren beantragt und durchgeführt werden (§ 100b StPO, § 386 Abs. 1 i.V.m. § 399 AO). Mit der Verwertbarkeit der erlangten Kenntnisse auch für Zwecke der Besteuerung beschäftigt sich § 393 Abs. 3 AO.

### F. Zuständiger Amtsträger

**15** Welcher Amtsträger der Finanzbehörde die Ermittlungsbefugnisse im Einzelfall auszuüben hat, richtet sich nach der behördlichen Organisation und den Dienstvorschriften (AG Kempten v. 24.03.1986, 2 Gs 517/86, wistra 1986, 271). In erster Linie sind die Angehörigen der **Strafsachenstellen** angesprochen. Wegen der Amtsträger, denen kraft Gesetzes die Stellung von Ermittlungspersonen der Staatsanwaltschaft (s. § 152 GVG) mit den Funktionen der Kriminalpolizei zukommt s. § 404 AO. Das sind in erster Linie die Angehörigen des **Zoll- und Steuerfahndungsdienstes**. § 399 Abs. 2 Satz 2 AO dehnt unter bestimmten Voraussetzungen deren Befugnisse auch auf andere Angehörige der Finanzverwaltung (z.B. Außenprüfer) aus. Anträge auf Anordnung der Durchsuchung können grundsätzlich nur die Angehörigen der Strafsachenstellen stellen, nicht aber Fahndungsbeamte (LG Berlin v. 08.02.1988, 514 Qs 1/88, wistra 1988, 245; LG Stuttgart v. 26.06.1987, 6 Qs 57/87, wistra 1988, 328). Ob es sich bei dem zeichnenden Sachgebietsleiter um einen Beamten des höheren oder gehobenen Dienstes handelt, ist unerheblich (BVerfG v. 14.03.1996, 2 BvL 19/94, wistra 1996, 225 zum Strafbefehlsantrag).

### G. Verfahren nach Ermittlungsabschluss

**Schrifttum**

BRETE/THOMSEN, Anspruch auf Beendigung des steuerstrafrechtlichen Ermittlungsverfahrens, wistra 2008, 367

Erweist sich der Verdacht, aufgrund dessen das Strafverfahren eingeleitet worden ist, als **unbegründet**, stellt die Finanzbehörde das Verfahren mangels Tatverdachts ein (s. § 170 Abs. 2 StPO). Der Beschuldigte ist in Kenntnis zu setzen, wenn er als solcher vernommen oder Haftbefehl gegen ihn erlassen war, desgleichen, wenn er um Nachricht ersucht hatte oder sonst ein Interesse an der Benachrichtigung ersichtlich ist. Ein Beweismittel, welches aufgrund einer zulässigen Beschlagnahme gewonnen wurde, ist verwertbar, auch wenn der in § 97 StPO vorausgesetzte Tatverdacht entfallen ist (BGH v. 20.10.1982, 2 StR 43/82, NStZ 1983, 85). **16**

Erweist sich, dass der Verdacht zwar begründet, jedoch die **Schuld des Täters gering** ist, und besteht an der Verfolgung kein öffentliches Interesse, kann die Finanzbehörde – im Rahmen ihrer Zuständigkeit (s. § 386 AO) – das Verfahren einstellen, wenn nur eine geringwertige Steuerverkürzung eingetreten ist oder nur geringwertige Steuervorteile erlangt sind (s. § 398 AO). Ggf. kommt auch eine Einstellung nach § 153a StPO in Betracht. **17**

Im Falle bloßer **Steuerordnungswidrigkeiten**, deren Verfolgung durchweg dem pflichtgemäßen Ermessen der Finanzbehörde überlassen ist (s. § 47 OWiG), gehört sowohl die Einleitung eines Bußgeldverfahrens wie die Einstellung eins bei ihr anhängigen Verfahrens, zur alleinigen Zuständigkeit der Finanzbehörde. **18**

Erhärtet sich der Verdacht einer Steuerstraftat, gibt die Finanzbehörde – falls sie keinen Antrag auf Erlass eines **Strafbefehls** stellen will (s. § 400 AO) – die Sache zur Erhebung der **öffentlichen Klage** an die Staatsanwaltschaft ab. Die Abgabe kann nach § 386 Abs. 4 AO bereits vor Abschluss der Ermittlungen erfolgen. Sie muss erfolgen, wenn sich ergibt, dass nach § 386 Abs. 2 und 3 AO die Verfolgungskompetenz der Behörde nicht (mehr) besteht. **19**

### H. Rechtsbehelfe

**Schrifttum**

MEYER/RETTENMAIER, Die Praxis des nachträglichen Rechtsschutzes gegen strafprozessuale Zwangsmaßnahmen – Rückkehr der prozessualen Überholung? NJW 2009, 1238.

Der Rechtsbehelf gegen Maßnahmen der Finanzbehörde im strafrechtlichen Ermittlungsverfahren ist die **Aufsichtsbeschwerde** gegenüber dem Dienstvorgesetzten **20** oder der nächsthöheren Behörde. Sie kann die Behandlung der Sache oder auch das Verhalten des ausführenden Beamten rügen. Unberührt bleibt die Gegenvorstellung bei dem ausführenden Beamten, soweit dieser noch Abhilfe schaffen kann. Die außergerichtlichen Rechtsbehelfe der AO mit anschließender Klage zum Finanzgericht sind im Strafverfahren nicht gegeben (s. § 347 Abs. 3 AO und § 33 Abs. 3 FGO).

21 Gegen Durchsuchungs- und Beschlagnahmeanordnungen des Richters ist nach § 304 StPO die **Beschwerde** gegeben. Diese darf nicht unter dem Gesichtspunkt der prozessualen Überholung allein deshalb verworfen werden, weil sie vollzogen ist und sich deshalb erledigt hat (BVerfG v. 30.04.1997, 2 BvR 817/90 u.a., NJW 1997, 2163 m.w.N. unter Aufgabe der anderslautenden Rechtsauffassung in BVerfG v. 11.10.1978, 2 BvR 1055/76, NJW 1979, 154). Allerdings kann das Rechtsschutzbedürfnis entfallen, wenn seit dem Vollzug der Maßnahme lange Zeit vergangen ist und die eingelegte Beschwerde deshalb gegen Treu und Glauben verstößt (BVerfG v. 18.12.2002, 2 BvR 1660/02, NJW 2003, 1514). Im **Revisionsverfahren** kann geltend gemacht werden, dass eine die Verurteilung tragende Tatsachenfeststellung unter Verstoß gegen die Beschlagnahmefreiheit zustande gekommen ist (BGH v. 28.11.1990, 3 StR 170/90, wistra 1991, 145).

22 Hat die Finanzbehörde wegen Gefahr im Verzug eine Beschlagnahme ohne gerichtliche Anordnung vorgenommen, so beantragt sie die **richterliche Bestätigung** (s. § 98 Abs. 2 StPO). Das Antragsrecht steht auch dem Betroffenen zu. Gegen die Entscheidung des Gerichts ist wiederum die Beschwerde gegeben. Im Fall der Anordnung der Durchsuchung durch die Staatsanwaltschaft bzw. die Strafsachenstelle nach § 105 StPO wegen Gefahr im Verzug sieht das Gesetz die Erforderlichkeit der richterlichen Bestätigung nicht vor; ein Antrag ist gleichwohl zulässig (BGH v. 16.12.1977, 1 BJs 93/77, NJW 1978, 1013).

23 Erwähnt sei noch die für **Justizverwaltungsakte** vorgesehene Rechtskontrolle gem. den §§ 23 ff. EGGVG, die einen Antragsweg zum Oberlandesgericht (Strafsenat) eröffnet. Da anderenorts vorgesehene Rechtsbehelfe nach § 23 Abs. 3 EGGVG vorrangig sind, kann mit diesem Rechtsbehelf im Ergebnis nur die Art und Weise der Durchführung der Ermittlungen durch die Finanzbehörde, die im Rahmen ihrer strafrechtlichen Ermittlungskompetenz den Justizbehörden gleichgestellt ist, gerügt werden (OLG Stuttgart v. 07.02.1972, 2 VAs 158/71, NJW 1972, 2146; M-G/S § 23 EGGVG Anm. 9 f.; zur Verweigerung des Verzeichnisses der beschlagnahmten Gegenstände nach § 107 Satz 2 StPO LG Gießen v. 12.08.1999, 2 Qs 200/99, 2 Qs 201/99, wistra 2000, 76).

# § 400 AO
# Antrag auf Erlass eines Strafbefehls

**Bieten die Ermittlungen genügenden Anlass zur Erhebung der öffentlichen Klage, so beantragt die Finanzbehörde beim Richter den Erlass eines Strafbefehls, wenn die Strafsache zur Behandlung im Strafbefehlsverfahren geeignet erscheint; ist dies nicht der Fall, so legt die Finanzbehörde die Akten der Staatsanwaltschaft vor.**

### Schrifttum

Meyer I., Erledigung von Steuerstrafverfahren außerhalb der Hauptverhandlung, DStR 2005, 1477.

Der Antrag auf Erlass eines richterlichen **Strafbefehls,** zu dem § 400 AO die **Finanzbehörde** ermächtigt, setzt voraus, dass die Sache zur Zuständigkeit des Strafrichters oder des Schöffengerichts gehört. Der Fall soll in tatsächlicher und rechtlicher Hinsicht keine besonderen Schwierigkeiten aufweisen, sodass eine Hauptverhandlung nicht erforderlich ist (s. § 407 Abs. 1 Satz 2 StPO). Das Strafbefehlsverfahren dient der Beschleunigung. Gegen Jugendliche ist das Strafbefehlsverfahren nicht zulässig (s. § 79 Abs. 1 JGG). 1

Als **Antrag** der Finanzbehörde auf Erlass eines Strafbefehls dient regelmäßig ein **vorbereitender Entwurf** (Nr. 176 der Richtlinien für das Strafverfahren; zur Person des zeichnungsbefugten Amtsträgers s. § 399 AO Rz. 15), was eine beträchtliche Arbeitsentlastung für die Gerichte bedeutet. Auch dem Interesse des Beschuldigten wird die Erledigung seiner Sache im Strafbefehlsverfahren gerecht, weil mangels Einspruchs gegen den Strafbefehl die Hauptverhandlung entfällt, die grundsätzlich öffentlich stattfindet (s. § 169 GVG). 2

Zuständig für den **Erlass** eines Strafbefehls ist der **Strafrichter** beim **Amtsgericht** oder der **Vorsitzende des Schöffengerichts** (s. § 407 Abs. 1 StPO). Durch den Strafbefehl darf eine **Geldstrafe** festgesetzt werden. Auch auf **Freiheitsstrafe** bis zu einem Jahr auf **Bewährung** kann erkannt werden, wenn der Beschuldigte einen Verteidiger hat (s. § 407 Abs. 2 Satz 2 StPO) oder wenn dieser nach § 408b StPO bestellt ist (AG Höxter v. 26.07.1994, 4 Cs 486/94, NJW 1994, 2842). Auch im Strafbefehlswege ist die Gesamtstrafenbildung möglich (s. § 54 Abs. 2 StGB). Für Steuerstraftaten ist von Bedeutung, dass nach § 407 Abs. 2 Nr. 1 StPO durch Strafbefehl auch auf Einziehung oder Wertersatz (s. § 375 Abs. 2 AO) erkannt werden kann. Darüber hinaus kann eine Geldbuße gegen juristische Personen oder Personenvereinigungen bei Straftaten ihrer Organpersonen festgesetzt werden (s. § 30 OWiG). Eine vorherige Anhörung des Beschuldigten durch das Gericht ist nicht vorgesehen (s. § 407 Abs. 3 StPO). 3

Der **Antrag** der Finanzbehörde auf Erlass eines Strafbefehls ist auf eine bestimmte Strafe oder Nebenfolge zu richten (s. § 407 Abs. 1 Satz 3 StPO). Der Antrag hat den Beschuldigten, die Tat, die ihm zur Last gelegt wird, die Zeit und den Ort ihrer Begehung, die gesetzlichen Merkmale der strafbaren Handlung, die Beweismittel und die anzuwendenden Strafvorschriften zu enthalten (s. §§ 200 Abs. 1, 407 Abs. 1 Satz 4 StPO; zum Inhalt des Strafbefehls s. Rz. 9). Eine Darstellung des »wesentlichen Ergebnisses der Ermittlungen«, wie sie für die Anklageschrift vorgesehen ist (s. § 200 Abs. 2 Satz 1 StPO), ist im Antrag auf Erlass eines Strafbefehls nicht erforderlich, es sei denn, er fällt in die Zuständigkeit des Schöffengerichts (s. § 200 Abs. 2 Satz 2 StPO).

5 Der **Strafrichter** bzw. **Vorsitzende des Schöffengerichts** hat dem Antrag zu entsprechen, wenn dem Erlass des Strafbefehls **keine Bedenken** entgegenstehen (s. § 408 Abs. 3 Satz 1 StPO). Andernfalls hat das Gericht seine **Bedenken** der **Finanzbehördemitzuteilen**, worauf eine Verständigung zu suchen ist. Dies kann die Finanzbehörde zu einer Änderung, u. U. auch zur Rücknahme des Strafbefehlsantrages oder zur Abgabe der Sache an die Staatsanwaltschaft veranlassen.

6 Kommt es zu keiner Einigung mit der Finanzbehörde und bleiben die Bedenken des Gerichts gegenüber dem Strafbefehlsantrag bestehen, so beraumt es die **Hauptverhandlung** an (s. § 408 Abs. 3 Satz 2 StPO). Dasselbe gilt, wenn das Gericht eine andere als die beantragte Strafe oder Nebenfolge festsetzen will und die Finanzbehörde auf ihrem Antrag beharrt.

7 Gegen die **Zurückweisung** ihres Antrages auf Erlass des Strafbefehls steht der Finanzbehörde die **sofortige Beschwerde** zu (s. § 408 Abs. 2 i. V. m. § 210 Abs. 2 StPO), über die das Landgericht entscheidet. Dieses kann den Beschluss des Strafrichters aufheben, nicht aber den Strafbefehl selbst erlassen, womit der Strafrichter bzw. Vorsitzende des Schöffengerichts die Möglichkeit behält, die Sache gem. § 408 Abs. 2 StPO zur Hauptverhandlung zu bringen.

8 Kommt es zur Hauptverhandlung, so endet die Zuständigkeit der Finanzbehörde. Anklagebehörde im ordentlichen Verfahren ist die Staatsanwaltschaft (s. § 400 2. HS AO und § 406 Abs. 1 AO). Der Strafbefehlsantrag ersetzt jedoch die Anklageschrift (s. § 407 Abs. 1 Satz 4 StPO). Die Finanzbehörde hat in der Hauptverhandlung nur ein Anhörungsrecht (s. § 403 AO).

9 Was den **Inhalt des** durch das Gericht erlassenen **Strafbefehls** anlangt, so sind außer der Person des Beschuldigten und der Festsetzung der Strafe zuzüglich etwaiger Nebenfolgen, die strafbare Handlung in tatsächlicher und rechtlicher Hinsicht, das angewendete Strafgesetz und die Beweismittel anzugeben (s. § 409 Abs. 1 StPO). Der Entscheidungsgegenstand muss so genau und vollständig bezeichnet werden, dass der historische Ablauf des Tatgeschehens und der Umfang des Schuldvorwurfs mit genügender Deutlichkeit zu erkennen ist (zu den Mindestanforderungen s. OLG Düsseldorf v. 26.05.1988, 3 Ws 85/87, wistra 1988, 365; BGH v. 08.08.2012, 1 StR 296/12, NStZ 2013, 409). Der Strafbefehl muss die **Belehrung** enthalten, dass er vollstreckbar wird, wenn der Beschuldigte nicht binnen einer Woche nach Zustellung bei dem Amtsgericht schriftlich oder zu Protokoll der Geschäftsstelle Einspruch erhebt. Im Fall der Verhängung einer Freiheitsstrafe zur Bewährung ist der Angeklagte auch über die Bedeutung der Aussetzung der Strafe zu belehren (s. § 409 Satz 2 i. V. m. § 268 a Abs. 3 StPO). Der Strafbefehl wird auch dem gesetzlichen Vertreter des Beschuldigten mitgeteilt (s. § 409 Abs. 2 StPO). Ein Strafbefehl, gegen den nicht rechtzeitig Einspruch erhoben wird, erlangt die **Wirkung eines rechtskräftigen Urteils** (s. § 410 StPO).

Bei **rechtzeitigem Einspruch** wird die **Hauptverhandlung** anberaumt (s. § 411 Abs. 1 StPO). Ist jedoch der Einspruch auf die Höhe der Tagessätze beschränkt, kann das Gericht mit Zustimmung aller Verfahrensbeteiligten ohne Hauptverhandlung durch Beschluss entscheiden (s. § 411 Abs. 1 Satz 3 StPO). Wegen § 406 Abs. 1 AO ist die Zustimmung der Staatsanwaltschaft und nicht die der Behörde maßgeblich. 10

Im Urteil ist das Gericht an den im Strafbefehl enthaltenen Ausspruch nicht gebunden (s. § 411 Abs. 4 StPO). Dies bedeutet, dass eine Verböserung zulässig ist; das Verbot der reformatio in peius findet keine Anwendung (M-G/S § 411 StPO Rz. 11). 11

Die **Rechtskraft** des Strafbefehls steht einer erneuten Verfolgung wegen der Tat entgegen. Es tritt **Strafklageverbrauch** ein. Dies folgt aus § 410 Abs. 3 StPO i. V. m. Art. 103 Abs. 3 GG (ne bis in idem). Durch die Neufassung des § 410 StPO ist die ältere, anderslautende Rechtsprechung gegenstandslos geworden 12

## § 401 AO
## Antrag auf Anordnung von Nebenfolgen im selbständigen Verfahren

**Die Finanzbehörde kann den Antrag stellen, die Einziehung selbständig anzuordnen oder eine Geldbuße gegen eine juristische Person oder eine Personenvereinigung selbständig festzusetzen (§§ 435, 444 Abs. 3 der Strafprozessordnung).**

Ihren Antrag auf Erlass eines **Strafbefehls** kann die Finanzbehörde auch auf die **Nebenfolgen** der Bestrafung nämlich die Anordnung der Einziehung einer Sache oder des Wertersatzes für diese (s. § 375 AO Rz. 6 ff.) erstrecken. Sie kann auch die Festsetzung einer Geldbuße gegen juristische Personen oder Personenvereinigungen im Falle von Steuerstraftaten von Organpersonen (s. § 400 AO Rz. 3) beantragen. 1

2 Nach § 401 AO kann die Finanzbehörde die genannten Anträge im **selbstständigen Verfahren** stellen, wenn wegen der Straftat aus tatsächlichen Gründen keine bestimmte Person verfolgt oder verurteilt werden kann (§ 76a StGB; s. § 375 AO Rz. 24). Der **Antrag** ist entweder an das Gericht zu richten, das im Falle der Strafverfolgung einer bestimmten Person zuständig wäre, oder an das Gericht, in dessen Bezirk die der Einziehung unterliegende Sache sichergestellt worden ist (§ 441 StPO).

## III. Stellung der Finanzbehörde im Verfahren der Staatsanwaltschaft

### § 402 AO Allgemeine Rechte und Pflichten der Finanzbehörde

**(1) Führt die Staatsanwaltschaft das Ermittlungsverfahren durch, so hat die sonst zuständige Finanzbehörde dieselben Rechte und Pflichten wie die Behörden des Polizeidienstes nach der Strafprozessordnung sowie die Befugnisse nach § 399 Abs. 2 Satz 2.**

**(2) Ist einer Finanzbehörde nach § 387 Abs. 2 die Zuständigkeit für den Bereich mehrerer Finanzbehörden übertragen, so gilt Absatz 1 für jede dieser Finanzbehörden.**

1 § 386 AO regelt unter welchen Voraussetzungen die Finanzbehörde das Ermittlungsverfahren selbstständig führen kann. Liegen diese Voraussetzungen nicht vor oder ist das hat Verfahren nach § 386 Abs. 4 AO an die Staatsanwaltschaft übergegangen, hat die sonst zuständige Finanzbehörde die Rechte und Pflichten, die den Behörden des Polizeidienstes nach der Strafprozessordnung zustehen. Darüber hinaus hat sie die in § 399 Abs. 2 Satz 2 AO genannten Befugnisse. Im Falle des § 387 Abs. 2 AO ist »sonst zuständige« Finanzbehörde die für den Bereich mehrerer Finanzbehörden bestellte gemeinsame Strafsachenstelle. Daneben bleiben aber nach § 402 Abs. 2 AO auch die Befugnisse der anderen Finanzbehörde bestehen (s. § 399 Abs. 2 AO), deren sachliche Zuständigkeit auf die gemeinsame Strafsachenstelle übergegangen ist.

2 Praktisch beschränken sich die Rechte und Pflichten der sonst zuständigen Finanzbehörde im Ermittlungsverfahren der Staatsanwaltschaft auf die Funktionen des **ersten Zugriffs** (s. § 163 Abs. 1 StPO). Hiernach haben die Behörden und Beamten des Polizeidienstes strafbare Handlungen zu erforschen und alle keinen Aufschub gestattenden Anordnungen zu treffen, um die Verdunkelung der Sache zu verhüten. Dazu gehören insbes. Maßnahmen der **Beweissicherung**, wie notwendige Vernehmungen, bei Gefahr im Verzug Durchsuchungen, Beschlagnahme von Beweismitteln oder der Einziehung unterliegenden Gegenständen sowie Notveräußerungen (s. §§ 102 bis 110, 94 bis 100, 101, 111 Abs. 1 und §§ 111b bis 111k StPO). Auch eine vorläufige Festnahme des Beschuldigten ist denkbar (s. §§ 127, 127a StPO).

Die Finanzbehörde muss die Verhandlungen (die Akten mit den Protokollen, Vermerken und Beweisstücken) ohne Verzug der Staatsanwaltschaft zuleiten. Sind schleunige richterliche Untersuchungshandlungen erforderlich, wendet sie sich an das zuständige Amtsgericht (s. § 163 Abs. 2 StPO). 3

### § 403 AO Beteiligung der Finanzbehörde

**(1) Führt die Staatsanwaltschaft oder die Polizei Ermittlungen durch, die Steuerstraftaten betreffen, so ist die sonst zuständige Finanzbehörde befugt, daran teilzunehmen. Ort und Zeit der Ermittlungshandlungen sollen ihr rechtzeitig mitgeteilt werden. Dem Vertreter der Finanzbehörde ist zu gestatten, Fragen an Beschuldigte, Zeugen und Sachverständige zu stellen.**

**(2) Absatz 1 gilt sinngemäß für solche richterlichen Verhandlungen, bei denen auch der Staatsanwaltschaft die Anwesenheit gestattet ist.**

**(3) Der sonst zuständigen Finanzbehörde sind die Anklageschrift und der Antrag auf Erlass eines Strafbefehls mitzuteilen.**

**(4) Erwägt die Staatsanwaltschaft, das Verfahren einzustellen, so hat sie die sonst zuständige Finanzbehörde zu hören.**

Die Vorschrift verfolgt den Zweck, die steuerliche Sach- und Rechtskunde der Finanzbehörde möglichst frühzeitig in dem von einer anderen Behörde betriebenen Steuerstrafverfahren nutzbar zu machen. Auch soll die Finanzbehörde in die Lage versetzt werden, verkürzte Steuerbeträge alsbald festzusetzen und nachzuerheben, wozu auch das Recht dient, die Akten der anderen Behörde einzusehen (s. § 395 AO). 1

Die in § 403 Abs. 1 AO getroffene Regelung des Teilnahme- und Fragerechts der Finanzbehörde bei den Ermittlungen der Staatsanwaltschaft oder der Polizei verfolgt den Zweck, etwaigen Einwendungen von Beschuldigten, Zeugen oder Sachverständigen gegen die Anwesenheit und Mitwirkung von Finanzbeamten vorzubeugen und ein sachkundiges Gegengewicht gegenüber der 2

Mitwirkung steuerrechtlich sachverständiger Verteidiger und Steuerberater zu schaffen.

Der Staatsanwaltschaft (und dem Verteidiger) ist die **Anwesenheit bei richterlichen Vernehmungen** nach § 168c StPO stets gestattet. Das einschlägige Teilnahmerecht der Staatsanwaltschaft gilt nach § 403 **Abs. 2** AO auch für die Finanzbehörde.

Nach § 403 **Abs. 3** AO hat die Staatsanwaltschaft der sonst zuständigen Finanzbehörde die Anklageschrift und einen Antrag auf Erlass eines Strafbefehls mitzuteilen. Sie hat nach § 403 **Abs. 4** AO die Finanzbehörde zu hören, wenn sie beabsichtigt, das Verfahren einzustellen. Dies gilt entsprechend für die Fälle des Absehens von der Strafverfolgung oder der Erhebung der öffentlichen Klage oder der Beschränkung der Strafverfolgung nach § 154a StPO.

## IV. Steuer- und Zollfahndung

### § 404 AO
### Steuer- und Zollfahndung

**Die Zollfahndungsämter und die mit der Steuerfahndung betrauten Dienststellen der Landesfinanzbehörden sowie ihre Beamten haben im Strafverfahren wegen Steuerstraftaten dieselben Rechte und Pflichten wie die Behörden und Beamten des Polizeidienstes nach den Vorschriften der Strafprozessordnung. Die in Satz 1 bezeichneten Stellen haben die Befugnisse nach § 399 Abs. 2 Satz 2 sowie die Befugnis zur Durchsicht der Papiere des von der Durchsuchung Betroffenen (§ 110 Abs. 1 der Strafprozessordnung); ihre Beamten sind Ermittlungspersonen der Staatsanwaltschaft.**

#### Schrifttum

Tipke, Zur Steuerfahndung bei Banken und Bankkunden, BB 1998, 241; Weidemann, Zur Zulässigkeit des Sammelauskunftsersuchens nach § 208 I 1 Nr. 3 AO, wistra 2006, 452; Kemper, Die »Mitnahme zur Durchsicht« – Ein vom Gesetz nicht vorgesehenes Instrument zur Sicherung von Beweismitteln? wistra 2010, 295; Schwedhelm, Der Eingriff der Steuerfahndung: Sieben regeln zum richtigen verhalten von Mandant und Berater, DStR 2014, 2.

1 Die Zollfahndungsämter sind ebenso wie die Hauptzollämter selbstständige (örtliche) Bundesfinanzbehörden (§ 1 Abs. 1 Nr. 4 FVG). Die Dienststellen der Steuerfahndung hingegen sind nicht als selbstständige Behörden organisiert, sondern in die Landesfinanzbehörden (Finanzämter) eingegliedert (s. § 208 Abs. 1 Satz 2 AO und § 2 Abs. 1 Nr. 4 FVG). Ausnahmen bestehen in Berlin, Niedersachsen und Nordrhein-Westfalen, wo besondere Finanzämter für Steuerstrafsachen und Steuerfahndung eingerichtet wurden. Die **Aufgaben** der Zoll- und Steuerfahndung **regelt § 208 AO.** Die **Befugnisse** der Zoll- und Steuerfahndung **ergeben sich aus** § 404 AO (a. A. *Weidemann*, wistra 2006, 452, wonach § 208 AO neben § 404 AO keine eigenständige Bedeutung hat). Diese Stellen haben im Strafverfahren dieselben Rechte und Pflichten wie die Ermittlungspersonen der Staatsanwaltschaft.

Da die Beamten des Zoll- und Steuerfahndungsdienstes 2
**Ermittlungspersonen der Staatsanwaltschaft** sind, haben sie deren Anordnungen Folge zu leisten (s. § 152 GVG; s. § 386 AO Rz. 2). Bei der Verfolgung von Zoll- und Steuerstraftaten stehen ihnen dieselben Rechte und Pflichten zu, wie den Beamten der Kriminalpolizei (s. § 163 Abs. 1 StPO). Sie haben Zoll- und Steuerstraftaten zu erforschen und alle keinen Aufschub gestattenden Maßnahmen zu treffen, um die Verdunkelung der Sache zu verhüten. Dazu gehören insbes. Maßnahmen der Beweissicherung (s. § 402 AO Rz. 2). Zwangsmittel gegen Personen, die als Beschuldigte oder Zeugen in Betracht kommen, stehen ihnen nicht zu (s. § 399 AO Rz. 5). Zeugen und Sachverständige sind nicht verpflichtet, zu erscheinen und auszusagen. Das Anordnungsrecht nach § 161a StPO steht nur der Staatsanwaltschaft bzw. der Strafsachenstelle (s. § 399 Abs. 1 AO) zu.

Zur **Durchsicht von Papieren** des von einer Durch- 3
suchung Betroffenen sind die Fahndungsbeamten nach § 404 Abs. 1 Satz 2 AO unmittelbar berechtigt. Dieses Recht steht sonst nur der Staatsanwaltschaft zu. Ihre Ermittlungspersonen sind sonst nur auf Anordnung der Staatsanwaltschaft (§ 110 Abs. 1 StPO) oder mit Genehmigung des Inhabers (§ 110 Abs. 2 StPO) zur Durchsicht berechtigt. Beschlagnahmeanordnungen sind grundsätzlich dem Gericht vorbehalten. Daher ist die Mitnahme von Papieren zur Durchsicht von der Sicherstellung schwer abgrenzbar (*Kemper*, wistra 2010, 295). Beamte der Zoll- oder Steuerfahndung können sie in eigener Zuständigkeit nur bei Gefahr im Verzug vornehmen (s. § 399 AO Rz. 7 ff.).

Soweit Fahndungsbeamte im Steuerstrafverfahren tätig 4
sind, ist der **Finanzrechtsweg nicht gegeben** (s. § 347 Abs. 3 AO; § 33 Abs. 3 FGO; BFH v. 20.04.1982, VII R 2/82, BStBl II, 482; BFH v. 21.08.1990, V B 46/90, BFH/NV 1991, 142). Ist die Fahndung hingegen (nur) im Besteuerungsverfahren tätig (s. § 208 Abs. 1 Nr. 3 und Abs. 2 AO), ist der Finanzrechtsweg eröffnet (BFH v. 06.02.2001 VII B 277/00, BStBl II 2001, 306). Grundsätzlich sind Fahndungsbeamte verpflichtet, eindeutig zu erkennen zu geben, ob sie innerhalb des Besteuerungsverfahrens oder eines Strafverfahrens tätig werden (BFH v. 29.10.1986, I B 28/86, BStBl II 1987, 440).

Entsprechend ihren Funktionen des ersten Zugriffs ha- 5
ben die Beamten des Zoll- und Steuerfahndungsdienstes die Ergebnisse ihrer Ermittlungstätigkeit der Staatsanwaltschaft (s. § 163 Abs. 2 Satz 1 StPO) bzw. der zu-

ständigen Finanzbehörde (s. § 399 Abs. 1 AO i.V.m. § 386 AO: Hauptzollamt, Strafsachenstelle) zuzuleiten.

## V. Entschädigung der Zeugen und der Sachverständigen

### § 405 AO Entschädigung der Zeugen und der Sachverständigen

**Werden Zeugen und Sachverständige von der Finanzbehörde zu Beweiszwecken herangezogen, so erhalten sie eine Entschädigung oder Vergütung nach dem Justizvergütungs- und -entschädigungsgesetz. Dies gilt auch in den Fällen des § 404.**

1 Die Vorschrift verweist auf das Justizvergütungs- und -entschädigungsgesetz. Diese Regelungen gelten auch für Verfahren der Steuer- und Zollfahndung (s. § 404 AO). Der Vorschrift entspricht § 107 AO für das Besteuerungsverfahren (zum Umfang der Entschädigungspflicht s. BFH v. 24.03.1987, VII R 113/84, BStBl II 1988, 163; OLG Karlsruhe v. 04.09.1987, 3 Ws 233/87, BB 1987, 2188).

## 3. Unterabschnitt Gerichtliches Verfahren

### § 406 AO Mitwirkung der Finanzbehörde im Strafbefehlsverfahren und im selbständigen Verfahren

**(1) Hat die Finanzbehörde den Erlass eines Strafbefehls beantragt, so nimmt sie die Rechte und Pflichten der Staatsanwaltschaft wahr, solange nicht nach § 408 Abs. 3 Satz 2 der Strafprozessordnung Hauptverhandlung anberaumt oder Einspruch gegen den Strafbefehl erhoben wird.**

**(2) Hat die Finanzbehörde den Antrag gestellt, die Einziehung selbständig anzuordnen oder eine Geldbuße gegen eine juristische Person oder eine Personenvereinigung selbständig festzusetzen (§ 401), so nimmt sie die Rechte und Pflichten der Staatsanwaltschaft wahr, solange nicht mündliche Verhandlung beantragt oder vom Gericht angeordnet wird.**

Die Vorschrift regelt, bis zu welchem Stadium des gerichtlichen Strafverfahrens der Finanzbehörde die Rechte und Pflichten der Staatsanwaltschaft gem. § 399 AO zustehen, wenn die Behörde nach § 400 AO einen Strafbefehl oder nach § 401 AO die Einziehung im selbstständigen Verfahren beantragt hat.

Hat die Finanzbehörde einen Antrag auf Erlass eines **Strafbefehls** gestellt, so endet ihre Zuständigkeit, sobald der Angeschuldigte gegen den ergangenen Strafbefehl Einspruch einlegt. Hat das Gericht gegen den Erlass des beantragten Strafbefehls Bedenken, so endet die Kompetenz der Finanzbehörde mit der dann erforderlichen Anberaumung der Hauptverhandlung. 2

Hat die Finanzbehörde einen Antrag auf Anordnung von **Nebenfolgen im selbstständigen Verfahren** gestellt, so endet ihre Kompetenz, wenn die Staatsanwaltschaft oder ein Beteiligter mündliche Verhandlung beantragt oder das Gericht diese anordnet (s. § 441 Abs. 3 StPO). Wird ohne mündliche Verhandlung durch Beschluss entschieden (s. § 441 Abs. 2 StPO), bleibt es bei der Zuständigkeit der Finanzbehörde, es sei denn, dass auf die sofortige Beschwerde hin (s. § 411 Abs. 3 StPO) in dieser Instanz mündlich verhandelt wird. 3

Endet die Kompetenz der Finanzbehörde, hat sie die bei ihr entstandenen **Ermittlungsakten** und die ihr vorliegenden **Beweisstücke** der Staatsanwaltschaft zuzuleiten (s. § 163 Abs. 2 StPO). 4

### § 407 AO Beteiligung der Finanzbehörde in sonstigen Fällen

**(1) Das Gericht gibt der Finanzbehörde Gelegenheit, die Gesichtspunkte vorzubringen, die von ihrem Standpunkt für die Entscheidung von Bedeutung sind. Dies gilt auch, wenn das Gericht erwägt, das Verfahren einzustellen. Der Termin zur Hauptverhandlung und der Termin zur Vernehmung durch einen beauftragten oder ersuchten Richter (§§ 223, 233 der Strafprozessordnung) werden der Finanzbehörde mitgeteilt. Ihr Vertreter erhält in der Hauptverhandlung auf Verlangen das Wort. Ihm ist zu gestatten, Fragen an Angeklagte, Zeugen und Sachverständige zu richten.**

**(2) Das Urteil und andere das Verfahren abschließende Entscheidungen sind der Finanzbehörde mitzuteilen.**

Die Vorschrift befasst sich mit der **Rechtsstellung** der Finanzbehörde in den Fällen des gerichtlichen Steuerstrafverfahrens nach Anklageerhebung (s. §§ 151 ff. StPO) oder wenn im Strafbefehlsverfahren Hauptverhandlung anberaumt oder Einspruch erhoben ist. Die 1

Befugnisse der Finanzbehörde sind nun auf ein bloßes Anhörungs- und Fragerecht beschränkt. Nach Auffassung des Gesetzgebers ist im Verfahren der ordentlichen Strafgerichte die Staatsanwaltschaft die berufene Vertreterin des öffentlichen Interesses, sodass keine Notwendigkeit besteht, der Finanzbehörde die prozessualen Befugnisse eines Nebenklägers einzuräumen (Gesetzesbegründung).

2 Die **Beteiligung** der Finanzbehörde am gerichtlichen Steuerstrafverfahren besteht darin, dass ihr das Gericht **Gelegenheit** geben muss, die **tatsächlichen und rechtlichen Gesichtspunkte vorzubringen**, die ihr für die Entscheidung des Gerichts bedeutungsvoll erscheinen. Auf welchem Wege das geschehen soll, ist der Finanzbehörde überlassen. Sie kann sich schriftlich oder mündlich äußern. Sie kann anlässlich der Vernehmung des Angeklagten, von Zeugen oder Sachverständigen Fragen stellen. Das gilt sowohl in der Hauptverhandlung, wie bei der Vernehmung durch einen beauftragten oder ersuchten Richter (s. §§ 223, 233 StPO). Beweisanträge kann die Finanzbehörde nicht stellen. Sie kann gegen die Entscheidung des Gerichts auch kein Rechtsmittel erheben. Diese Rechte stehen der Staatsanwaltschaft zu, mit der sich die Finanzbehörde ggf. ins Einvernehmen setzen muss.

3 Das Anhörungsrecht der Finanzbehörde besteht auch, wenn das Gericht erwägt, das Verfahren einzustellen, z.B. weil die Schuld des Täters gering ist und an der Verfolgung kein öffentliches Interesse besteht (s. § 153 StPO) oder durch Erfüllung einer Auflage beseitigt werden kann (s. § 153a StPO; für das Verfahren der Staatsanwaltschaft s. § 403 Abs. 4 AO).

4 Weitere Informationsrechte regelt § 407 Abs. 2 AO, wonach die das gerichtliche Verfahren **abschließenden Entscheidungen** der Finanzbehörde **mitzuteilen** sind (Urteile und Einstellungsbeschlüsse). Damit können die Erkenntnisse des Strafverfahrens für das Besteuerungsverfahren nutzbar gemacht werden. Im Übrigen kann die Behörde so bei der Staatsanwaltschaft die Einlegung von Rechtsmitteln anregen, die ihr selbst nicht zur Verfügung stehen.

## 4. Unterabschnitt Kosten des Verfahrens

## § 408 AO
## Kosten des Verfahrens

**Notwendige Auslagen eines Beteiligten im Sinne des § 464a Abs. 2 Nr. 2 der Strafprozessordnung sind im Strafverfahren wegen einer Steuerstraftat auch die gesetzlichen Gebühren und Auslagen eines Steuerberaters, Steuerbevollmächtigten, Wirtschaftsprüfers oder vereidigten Buchprüfers. Sind Gebühren und Auslagen gesetzlich nicht geregelt, so können sie bis zur Höhe der gesetzlichen Gebühren und Auslagen eines Rechtsanwalts erstattet werden.**

**Schrifttum**

Sterzinger, Erstattung der Kosten des Rechtsbehelfsverfahrens in Steuerstrafsachen, NZWiSt 2012, 207.

§ 408 AO ergänzt die Kostenvorschriften der §§ 464 ff. StPO. Die Vorschrift steht im Zusammenhang mit § 392 AO, wonach auch Angehörige der steuerberatenden Berufe mit der Verteidigung in Steuerstrafverfahren beauftragt werden können. Dementsprechend gehören neben den Gebühren und Auslagen eines Rechtsanwalts (s. § 464a Abs. 2 Nr. 2 StPO) auch die Gebühren und Auslagen eines Steuerberaters, Steuerbevollmächtigten, Wirtschaftsprüfers oder vereidigten Buchprüfers zu den notwendigen Auslagen eines Beteiligten. Nach § 45 StBGebV sind auf die Vergütungen des Steuerberaters im Straf- und im Bußgeldverfahren die Vorschriften des RVG sinngemäß anzuwenden. 1

## Vierter Abschnitt:
## Bußgeldverfahren

## § 409 AO
## Zuständige Verwaltungsbehörde

**Bei Steuerordnungswidrigkeiten ist zuständige Verwaltungsbehörde im Sinne des § 36 Abs. 1 Nr. 1 des Gesetzes über Ordnungswidrigkeiten die nach § 387 Abs. 1 sachlich zuständige Finanzbehörde. § 387 Abs. 2 gilt entsprechend.**

**Schrifttum**

Tormöhlen, Die Stellung der BuStra im Steuerstraf- und Ordnungswidrigkeitenverfahren, AO-StB 2013, 316

Für die Verfolgung und Ahndung von Steuerordnungswidrigkeiten (s. § 377 AO) ist sachlich zuständige Verwaltungsbehörde im Sinne des § 36 OWiG die nach § 387 Abs. 1 AO sachlich zuständige Finanzbehörde. Besteht für den Bereich mehrerer Finanzbehörden nach § 387 Abs. 2 AO eine **gemeinsame Strafsachenstelle**, so erfüllt diese die Funktionen der sachlich zuständigen Verwaltungsbehörde. 1

Steht die Steuerordnungswidrigkeit mit einer **Steuerstraftat** im Zusammenhang oder erweist sich, dass die Tat nicht als Ordnungswidrigkeit, sondern als Straftat zu ahnden ist, bleibt die Zuständigkeit der Behörde nach 2

Maßgabe des § 386 Abs. 2 AO bestehen (s. § 410 Abs. 2 AO; zu den Konkurrenzen s. § 377 AO Rz. 17 ff.).

3 Die Befugnis der **Staatsanwaltschaft**, die Tat als Straftat zu verfolgen, bleibt unberührt. Ihre Entscheidung ist nach § 44 OWiG für das FA bindend. Will die Staatsanwaltschaft die Tat als Steuerstraftat verfolgen, ergibt sich ihr Evokationsrecht aus § 386 Abs. 4 Satz 2 AO.

## § 410 AO Ergänzende Vorschriften für das Bußgeldverfahren

**(1) Für das Bußgeldverfahren gelten außer den verfahrensrechtlichen Vorschriften des Gesetzes über Ordnungswidrigkeiten entsprechend:**

**1. die §§ 388 bis 390 über die Zuständigkeit der Finanzbehörde,**
**2. § 391 über die Zuständigkeit des Gerichts,**
**3. § 392 über die Verteidigung,**
**4. § 393 über das Verhältnis des Strafverfahrens zum Besteuerungsverfahren,**
**5. § 396 über die Aussetzung des Verfahrens,**
**6. § 397 über die Einleitung des Strafverfahrens,**
**7. § 399 Abs. 2 über die Rechte und Pflichten der Finanzbehörde,**
**8. die §§ 402, 403 Abs. 1, 3 und 4 über die Stellung der Finanzbehörde im Verfahren der Staatsanwaltschaft,**
**9. § 404 Satz 1 und Satz 2 erster Halbsatz über die Steuer- und Zollfahndung,**
**10. § 405 über die Entschädigung der Zeugen und der Sachverständigen,**
**11. § 407 über die Beteiligung der Finanzbehörde und**
**12. § 408 über die Kosten des Verfahrens.**

**(2) Verfolgt die Finanzbehörde eine Steuerstraftat, die mit einer Steuerordnungswidrigkeit zusammenhängt (§ 42 Abs. 1 Satz 2 des Gesetzes über Ordnungswidrigkeiten), so kann sie in den Fällen des § 400 beantragen, den Strafbefehl auf die Steuerordnungswidrigkeit zu erstrecken.**

1 Das Verfahren bei der Verfolgung und Ahndung von Steuerordnungswidrigkeiten ist im Zweiten Teil (s. §§ 35 bis 110) des Gesetzes über Ordnungswidrigkeiten (OWiG; s. § 377 AO Rz. 6 ff.) geregelt. Soweit dort nichts anderes bestimmt ist, gelten für das Bußgeldverfahren sinngemäß die Strafprozessordnung, das Gerichtsverfassungsgesetz und das Jugendgerichtsgesetz (s. § 46 OWiG). Die zuständige **Verwaltungsbehörde** (s. § 409 AO) hat bei der Verfolgung von Ordnungswidrigkeiten im Wesentlichen dieselben Befugnisse, wie sie der **Staatsanwaltschaft** bei der Verfolgung von Steuerstraftaten zustehen. Die Verfolgung von Ordnungswidrigkeiten liegt im pflichtgemäßen Ermessen der Verwaltungsbehörde (s. § 47 OWiG, **Opportunitätsprinzip**), während bei Straftaten grundsätzlich das **Legalitätsprinzip** gilt (s. § 152 Abs. 2 StPO).

Über ihre Ermittlungsbefugnisse hinaus räumt das OWiG der zuständigen Verwaltungsbehörde das Recht ein, nach Abschluss ihrer Ermittlungen eine Entscheidung über die Ahndung der Sache durch **Bußgeldbescheid** zu treffen. Neben einer Geldbuße kann sie gegebenenfalls auch Nebenfolgen, insbes. die Einziehung anzuordnen (s. §§ 65, 66 OWiG) oder durch selbstständigen Bescheid auf Einziehung (s. §§ 22 ff. OWiG) erkennen (s. § 87 Abs. 3 OWiG). Der Inhalt des Bußgeldbescheides ergibt sich aus § 66 OWiG (OLG Schleswig v. 10.09.1969, 1 Ss OWi 296/69, NJW 1970, 158; OLG Hamm v. 23.12.1969, 2 Ws OWi 292/69, NJW 1970, 579). Die Beweiswürdigung und die maßgebenden Gründe müssen erkennbar sein, die geschuldeten Abgabenbeträge sind festzustellen (OLG Köln v. 01.09.1970, Ss 104/70, BB 1970, 1335). Die Kostentragungspflicht ergibt sich aus § 105 OWiG i. V. m. den Vorschriften der StPO.

Gegen den Bescheid der Verwaltungsbehörde kann der Betroffene innerhalb einer Frist von zwei Wochen auch fernmündlich (BGH v. 20.12.1979, 1 StR 164/79, MDR 19980, 332) **Einspruch** einlegen (s. §§ 67, 68 OWiG). Über den Einspruch entscheidet das **Amtsgericht**, wenn es eine öffentliche Hauptverhandlung nicht für geboten hält, durch Beschluss, sonst durch Urteil (s. §§ 71 ff. OWiG, § 260 StPO). Es gilt der Amtsermittlungsgrundsatz, daher besteht keine Mitwirkungspflicht des Betroffenen, etwa im Sinne einer Darlegungs- und Beweislast (OLG Koblenz v. 10.06.1987, 1 Ss 239/87, MDR 1988, 168). Das Gericht kann selbst keinen Bußgeldbescheid erlassen, auch wenn die Staatsanwaltschaft dies beantragt (OLG Hamm v. 07.04.1970, 3 Ws OWi 88/70, NJW 1970, 1805). 3

Ergänzend zu den Regelungen des Zweiten Teils des OWiG (s. §§ 35 bis 110) sieht § 410 Abs. 1 AO die **entsprechende Anwendbarkeit** einer Vielzahl von VorschriftenderAO zum **Steuerstrafverfahren** vor. Die tragenden Zweckmäßigkeitsgründe sind dieselben. 4

Für die **örtliche Zuständigkeit der Behörde** gelten in erster Linie die Vorschriften der §§ 388 bis 390 AO (§ 410 Abs. 1Nr. 1 AO). Die allgemeinen Regelungen der §§ 37 bis 39 OWiG kommen nur subsidiär zum Zug (BGH v. 05.08.1983, 2 ARs 157/83, wistra 1983, 260). 5

**Die örtliche Zuständigkeit des Amtsgerichts** ist in § 391 AO geregelt. Die dort enthaltene Konzentrationsregelung gilt auch für das gerichtliche Verfahren in Bußgeldsachen (§ 410 **Abs. 1 Nr. 2** AO). 6

Auch in Bußgeldsachen können die in § 392 AO genannten Personen als **Verteidiger** auftreten (§ 410 **Abs. 1 Nr. 3** AO). 7

Die in § 393 AO enthaltenen Grundsätze über die **Abgrenzung** der Rechte und Pflichten des Steuerpflichtigen und der Befugnisse der Finanzbehörde im **Besteuerungsverfahren** einerseitsund im **Steuerstrafverfahren** andererseits, sowie über die Sicherung des **Steuergeheimnisses** im Verfahren der Staatsanwaltschaft und des Gerichts, gelten für das Bußgeldverfahren entsprechend (§ 410 **Abs. 1 Nr. 4** AO).

Entsprechend § 396 AO kann die Behörde, die Staatsanwaltschaft oder das Gericht auch in Bußgeldsachen wegen Steuerordnungswidrigkeiten das **Verfahren aussetzen**, bis das Besteuerungsverfahren rechtskräftig abgeschlossen ist (§ 410 **Abs. 1 Nr. 5** AO).

10 Zur **Einleitung** des Strafverfahrens finden sich in § 397 AO wichtige Grundsätze und Verfahrensvorschriften, die auch für das materielle Recht (s. §§ 371, 378 Abs. 3 AO) von Bedeutung sind. Sie gelten entsprechend für die Einleitung **des Bußgeldverfahrens** bzw. des Straf- oder Bußgeldverfahrens, denn häufig erweist sich erst später, ob das zu untersuchende Verhalten eine Straftat oder eine Ordnungswidrigkeit darstellt. Das gilt insbes. für die Verkürzungsdelikte der §§ 370, 378 AO, die sich im Wesentlichen nur hinsichtlich der inneren Tatseite unterscheiden (§ 410 **Abs. 1 Nr. 6** AO).

11 Die nach § 387 Abs. 2 AO für den Bereich mehrerer Finanzbehörden gebildeten **gemeinsamen Strafsachenstellen** erfüllen für diese Finanzbehörden zugleich die Funktionen der für die Verfolgung von Steuerordnungswidrigkeiten »sachlich zuständigen Verwaltungsbehörde« (s. § 36 OWiG). Die Kompetenz zur Vornahme unaufschiebbarer Maßnahmen der sonst zuständigen Behörde bleibt bestehen (§ 410 **Abs. 1 Nr. 7** AO).

12 Die in den §§ 402, 403 AO enthaltenen Kompetenzabgrenzungen für die **Stellung der Finanzbehörde im Verfahren der Staatsanwaltschaft** gelten für das Bußgeldverfahren entsprechend (§ 410 **Abs. 1 Nr. 8** AO).

13 Die in § 404 AO geregelten Funktionen der **Zollfahndungsämter** und der mit der **Steuerfahndung** betrauten Dienststellen der Landesfinanzbehörden gelten entsprechend für das Bußgeldverfahren (§ 410 **Abs. 1 Nr. 9** AO; s. § 208 AO Rz. 4 ff.).

14 Wie im Strafverfahren sind die Entschädigungsgrundsätze über die **Entschädigung von Zeugen und Sachverständigen** (s. § 405 AO) auch im Bußgeldverfahren anzuwenden (§ 410 **Abs. 1 Nr. 10** AO).

15 Für die **Stellung der Finanzbehörde im gerichtlichen Bußgeldverfahren** gilt die Regelung des § 407 AO entsprechend (§ 410 **Abs. 1 Nr. 11** AO). Abweichend von § 76 Abs. 2 OWiG ist das Gericht nicht befugt, von einer Beteiligung der Finanzbehörde an der Hauptverhandlung, oder Vernehmungsterminen des beauftragten oder ersuchten Richters, abzusehen.

16 Die in § 408 AO für das Steuerstrafverfahren enthaltenen ergänzenden Bestimmungen über die **Gebühren und Auslagen** von Angehörigen der steuerberatenden Berufe gelten entsprechend auch für das Bußgeldverfahren (§ 410 **Abs. 1 Nr. 12** AO).

§ 410 **Abs. 2** AO betrifft **Steuerordnungswidrigkeiten** (§ 377 AO), die mit einer von der Finanzbehörde verfolgten **Steuerstraftat** (§ 369 AO) **zusammenhängen.** Das trifft zu, wenn jemand sowohl einer Steuerstraftat wie auch einer Steuerordnungswidrigkeit beschuldigt wird, oder wenn hinsichtlich derselben Tat eine Person einer Steuerstraftat und eine andere Person einer Steuerordnungswidrigkeit beschuldigt wird (s. § 42 Abs. 1 Satz 2 OWiG). In diesen Fällen kann die Finanzbehörde die Steuerordnungswidrigkeit in ihren Antrag auf Erlass eines Strafbefehls (§ 384 AO) einbeziehen (beachte § 21 OWiG). 17

## § 411 AO
## Bußgeldverfahren gegen Rechtsanwälte, Steuerberater, Steuerbevollmächtigte, Wirtschaftsprüfer oder vereidigte Buchprüfer

**Bevor gegen einen Rechtsanwalt, Steuerberater, Steuerbevollmächtigten, Wirtschaftsprüfer oder vereidigten Buchprüfer wegen einer Steuerordnungswidrigkeit, die er in Ausübung seines Berufs bei der Beratung in Steuersachen begangen hat, ein Bußgeldbescheid erlassen wird, gibt die Finanzbehörde der zuständigen Berufskammer Gelegenheit, die Gesichtspunkte vorzubringen, die von ihrem Standpunkt für die Entscheidung von Bedeutung sind.**

Zwischen der öffentlich-rechtlichen Aufgabe des Steuerberaters, zu der »richtigen« Erhebung der Steuer beizutragen, und seiner privatrechtlichen Verpflichtung gegenüber dem Auftraggeber, dessen Steuerlast nach Möglichkeit zu verringern, können sich **Kollisionen** ergeben. Soweit diese zu einem strafbaren Verhalten des Berufsträgers führen, müssen die Finanzbehörden das Verfahren nach dem im Strafverfahren geltenden Legalitätsprinzip betreiben. Soweit sie aber dem Berufsträger lediglich eine Steuerordnungswidrigkeit vorhalten, hat die Finanzbehörde die zuständigen Berufskammern anzuhören, bevor sie einen Bußgeldbescheid erlässt. Auf diese Weise soll der einschlägige **Sachverstand der Berufskammern** nutzbar gemacht werden. Die Abwägung zwischen den Verpflichtungen des Berufsträgers gegenüber seinem Auftraggeber einerseits und der öffentlich-rechtlichen Verantwortlichkeit des Berufsträgers im Interesse der richtigen Steuererhebung andererseits, kann ein Verhalten aus der Sicht der Standesauffassung, über welche die Berufskammern zu wachen haben, in einem anderen Licht erscheinen lassen als aus der Sicht der Finanzbehörden. Die vorgesehene Anhörung der Berufskammern 1 stellt eine Maßnahme dar, die das gegenseitige Verständnis zwischen der Finanzverwaltung und den Berufsvertretungen fördert, unnötigen Verhärtungen vorbeugt und zu einer Verbesserung der Steuerrechtspflege beitragen kann. In diesem Sinn dient das **Ergebnis der Anhörung** als **Grundlage** der nach § 47 OWiG zu treffenden **Opportunitätsentscheidung**, ob die Ordnungswidrigkeit des Berufsträgers verfolgt werden soll (s. § 191 Abs. 2 AO für den Fall der Haftung).

2 Eine **unterlassene Anhörung** berührt die Wirksamkeit eines ergangenen Bußgeldbescheides nicht. Sie kann im Rechtsbehelfsverfahren nachgeholt werden.

3 Auf das **Bußgeldverfahren derGerichte** findet die Regelung des § 411 AO keine Anwendung, was das Gericht jedoch nicht hindert, aus eigenem Entschluss eine Stellungnahme der Berufskammer beizuziehen, insbes. wenn die Anhörung durch die Behörde unterlassen wurde.

## § 412 AO
## Zustellung, Vollstreckung, Kosten

**(1) Für das Zustellungsverfahren gelten abweichend von § 51 Abs. 1 Satz 1 des Gesetzes über Ordnungswidrigkeiten die Vorschriften des Verwaltungszustellungsgesetzes auch dann, wenn eine Landesfinanzbehörde den Bescheid erlassen hat. § 51 Abs. 1 Satz 2 und Absatz 2 bis 5 des Gesetzes über Ordnungswidrigkeiten bleibt unberührt.**

**(2) Für die Vollstreckung von Bescheiden der Finanzbehörden in Bußgeldverfahren gelten abweichend von § 90 Abs. 1 und 4, § 108 Abs. 2 des Gesetzes über Ordnungswidrigkeiten die Vorschriften des Sechsten Teils dieses Gesetzes. Die übrigen Vorschriften des Neunten Abschnitts des Zweiten Teils des Gesetzes über Ordnungswidrigkeiten bleiben unberührt.**

**(3) Für die Kosten des Bußgeldverfahrens gilt § 107 Abs. 4 des Gesetzes über Ordnungswidrigkeiten auch dann, wenn eine Landesfinanzbehörde den Bußgeldbescheid erlassen hat; an Stelle des § 19 des Verwaltungskostengesetzes in der bis zum 14. August 2013 geltenden Fassung gelten § 227 und § 261 dieses Gesetzes.**

Die **Zustellung** eines **Bußgeldbescheides** erfolgt nach den Regelungen des Verwaltungszustellungsgesetzes und zwar auch dann, wenn eine Landesfinanzbehörde den Bescheid erlassen hat. Die Ersatzzustellung ist statthaft (BVerfG v. 21.01.1969, 2 BvR 724/67, NJW 1969, 1103). 1

Die **Vollstreckung** rechtskräftiger Bußgeldbescheide der **Finanzbehörden** erfolgt nach den Bestimmungen der AO über die Zwangsvollstreckung wegen Geldforderungen (s. §§ 249 bis 346 AO). Von den entgegenstehenden Regelungen des § 90 Abs. 1 und des § 108 Abs. 2 OWiG abgesehen, bleiben die Vorschriften der §§ 89, 90 sowie 93 bis 104 OWiG unberührt. Die Gewährung von Zahlungserleichterungen regelt § 93 OWiG. Eine Ersatzhaft ist nicht vorgesehen. Für die Anwendung der Beugehaft (s. § 96 OWiG) gegen zahlungsfähige, jedoch zahlungsunwillige Schuldner dürfte wohl nur in besonders gelagerten Ausnahmefällen Raum sein. 2

**Bußgeldentscheidungen der Gerichte** werden nach den Vorschriften der Justizbeitreibungsordnung vollstreckt, und zwar in der Regel von der Staatsanwaltschaft (s. § 91 OWiG, § 451, 459 StPO). 3

Die **Kosten des Bußgeldverfahrens** sind in den §§ 105 bis 109 OWiG geregelt. Nach § 412 Abs. 3 AO gilt § 107 Abs. 4 OWiG auch im Verfahren der Landesfinanzbehörden. Für den Erlass der Forderung gilt hier jedoch § 227 AO und für die Niederschlagung § 261 AO. 4

# Neunter Teil.
# Schlussvorschriften

## § 413 AO
## Einschränkung von Grundrechten

**Die Grundrechte auf körperliche Unversehrtheit und Freiheit der Person (Artikel 2 Abs. 2 des Grundgesetzes), des Briefgeheimnisses sowie des Post- und Fernmeldegeheimnisses (Artikel 10 des Grundgesetzes) und der Unverletzlichkeit der Wohnung (Artikel 13 des Grundgesetzes) werden nach Maßgabe dieses Gesetzes eingeschränkt.**

**Schrifttum**

Haep, Umsatzsteuer-Nachschau und Unverletzlichkeit der Wohnung, UR 2008, 445; Sterzinger, Rechtsfolgen einer möglichen Verletzung des Zitiergebotes nach Art. 19 Abs. 1 Satz 1 GG durch die Regelung des § 27b UStG, DStR 2010, 471; Roth, Verfassungswidrigkeit des § 26c UStG wegen Verstoßes gegen das Zitiergebot, wistra 2017, 1.

1 Die Vorschrift ist erforderlich, weil Art. 19 Abs. 1 Satz 2 GG vorschreibt, dass Gesetze, die Grundrechte einschränken, diese unter Angabe des Artikels nennen müssen.

2 Die in § 413 AO enthaltenen Zitate erstrecken sich nur auf die Vorschriften der AO, nicht aber auf Grundrechtseinschränkungen, die sich aus den Regelungen der Einzelsteuergesetze ergeben. So ist z.B. zweifelhaft, ob § 27b UStG zur Umsatzsteuer-Nachschau verfassungsgemäß ist, weil im UStG nicht auf die Einschränkung des Art. 13 GG hingewiesen wird (*Küffner*, DStR-Aktuell 23/2002, IV; *Drüen* in Tipke/Kruse, § 413 AO Rz. 5; *Sterzinger*, DStR 2010, 471; so auch zu § 26c UStG *Roth*, wistra 2017, 1; offengelassen: BFH v. 16.12.2009, V B 23/08, BFH/NV 2010, 1866). Im Übrigen wird auch § 413 AO dem Sinn des Zitiergebots nur unvollkommen gerecht, weil nur die betroffenen Grundrechte genannt werden, nicht aber die Vorschriften, durch die der Grundrechtseinschränkung geschieht (gl.A. *Engelhardt* in HHSp, § 413 AO Rz. 1; *Drüen* in Tipke/Kruse, § 413 AO Rz. 3). Das Zitiergebot soll den Gesetzgeber veranlassen, sich der Tragweite der von ihm geschaffenen Regelungen bewusst zu sein und sich Rechenschaft darüber zu geben, ob die konkrete Grundrechtseinschränkung wirklich erforderlich ist (*Haep*, UR 2008, 445, 449).

3 Das Grundrecht auf **körperliche Unversehrtheit** und **Freiheit der Person** (s. Art. 2 Abs. 2 GG) wird eingeschränkt durch die §§ 284, 326, 334 und 404 AO. Das **Brief-, Post- und Fernmeldegeheimnis** (Art. 10 GG) wird eingeschränkt durch § 105 AO. Die **Unverletzlichkeit der Wohnung** (Art. 13 GG) wird eingeschränkt durch die §§ 99, 200 Abs. 2 Satz 3, § 287 Abs. 1, § 399 Abs. 2 Satz 2 und durch § 404 AO.

## § 414 AO
## Berlin-Klausel

(gegenstandslos)

## § 415 AO
## Inkrafttreten

Die Neufassung der Abgabenordnung vom 01.10.2002 ist im BGBl I 2002, 3866 vom 10.10.2002 in der ab dem 01.09.2002 geltenden Fassung bekannt gemacht worden (s. BStBl I 2002, 1056). Die Neufassung berücksichtigt die bis zu diesem Zeitpunkt eingetretenen Änderungen der AO. Wegen des Inkrafttretens der früheren Änderungen wird auf Art. 97 § 1 Abs. 2, §§ 1a bis 1e sowie § 15 Abs. 4 EGAO hingewiesen. 1

Der zeitliche Geltungsbereich späterer Änderungen der AO ist durch das EGAO geregelt. Auf diese Bestimmungen wird – soweit erforderlich – im Zuge der Erörterungen der einzelnen Vorschriften der AO eingegangen. 2

# Vorbemerkungen über die Rechtsentwicklung und die Grundzüge des ab 01.01.1966 geltenden Rechts

### Inhaltsübersicht



### Schrifttum


Sunder-Plassmann in HHSp, Einf. FGO, Rz. 8 ff.; Lüke, Grundsätze des Verwaltungsprozesses, JuS 1961, 41; Tipke, Die Steuerrechtsordnung Band I, 2. Aufl. 2000; Bartone, Gesellschafterfremdfinanzierung, Bielefeld 2001; Brandt, Steuerrechtsschutz durch den EuGH, AO-StB 2002, 236 (Teil 1) und 281 (Teil 2); Brandt, Steuerrechtsschutz durch Verfassungsbeschwerde, AO-StB 2002, 123 (Teil 1) und 166 (Teil 2); Calliess, Kohärenz und Konvergenz beim europäischen Individualrechtsschutz, NJW 2002, 3577; Bartone, Die Aufrechnung im Steuerrecht, AO-StB 2003, 122; Bartone, Die Niederschlagung von Ansprüchen aus dem Steuerschuldverhältnis, AO-StB 2003, 420; Seer, Rechtsmittel und Rechtsschutz nach der FGO-Reform, StuW 2003, 193; Umbach/Clemens/Dollinger, BVerfGG, 2. Aufl. 2005; Klein/Sennekamp, Aktuelle Zulässigkeitsprobleme der Verfassungsbeschwerde, NJW 2007, 945; Werth, Verfassungsbeschwerde gegen letztinstanzliche Entscheidungen des BFH, AO-StB 2007, 24; Bartone, Grundrechte und grundrechtsgleiche Rechte im Verfassungsbeschwerdeverfahren gegen letztinstanzliche Entscheidungen des BFH, AO-StB 2008, 224; Werth, Die Anhörungsrüge nach § 133a FGO im Kontext der Verfassungsbeschwerde, DStZ 2008, 534; Bartone, Die Prozessführungsbefugnis des Insolvenzverwalters in der Insolvenz des Steuerpflichtigen, AO-StB 2014, 247; Burkiczak/Dollinger/Schorkopf, BVerfGG, 1. Aufl. 2015; Gräber, FGO, 8. Aufl. 2015; Tipke/Lang, Steuerrecht, 22. Aufl. 2015; Jarass, EUGrCh, 3. Aufl. 2016; Jarass/Pieroth, GG, 14. Aufl. 2016; Sauer, Staatsrecht III, 4. Aufl. 2016; Oppermann/Classen/Nettesheim, Europarecht, 7. Aufl. 2016; Geiger/Khan/Kotzur, EUV/AEUV, 6. Aufl. 2017; Kopp/Schenke, VwGO, 23. Aufl. 2017; Pieroth/Schlink, Staatsrecht II – Grundrechte, 33. Aufl. 2017.


## A. Rechtsentwicklung

### I. Das Rechtsmittelverfahren der RAO 1919/1931

Das Rechtsmittelverfahren der RAO vom 13.12.1919, auch i. d. F. v. 22.05.1931, war dreifach gegliedert. Gegen Steuerbescheide und diesen gleichstehende Bescheide in Besitz- und Verkehrsteuersachen fand das Berufungsverfahren statt; dieses führte vom Einspruch an das FA über die Berufung an das FG als Tatsacheninstanz zur Rechtsbeschwerde an den RFH als Rechtsinstanz. Im Bereiche der Zölle und Verbrauchsteuern galt das Anfechtungsverfahren, in dem über die Anfechtung das Landesfinanzamt – der Vorläufer der OFD – entschied und nur eine einzige Gerichtsinstanz, nämlich die Rechtsbeschwerde zum RFH, eröffnet war, die sich auf die Nachprüfung auf Rechtsfehler und wesentliche Verfahrensmängel beschränkte. Gegen sonstige Verfügungen der Finanzverwaltungsbehörden war die Beschwerde zur nächsthöheren Behörde eröffnet. Mit Ausnahme von Zwangsmittelsachen, in denen die Rechtsbeschwerde zum RFH stattfand, entschied die Beschwerdebehörde endgültig. 1

Das Anfechtungsverfahren, dessen Schwerpunkt in einer Überprüfung der angefochtenen Bescheide durch das Landesfinanzamt lag, und das mit der Rechtsbeschwerde zum RFH nur eine einzige Gerichtsinstanz vorsah, war durch Art. 4 des Erlasses des »Führers und Reichskanzlers« zur Vereinfachung der Verwaltung vom 28.08.1939 (RGBl I 1939, 1535) unmittelbar vor Kriegsausbruch als einheitliches Rechtsmittelverfahren gegen Steuerbescheide jeder Art bestimmt worden. Berücksichtigt man, dass die Rechtsbeschwerde noch durchweg von einer besonderen Zulassung durch den Oberfinanzpräsidenten abhängig gemacht wurde, so wird deutlich, dass diese Maßnahmen im Grunde auf eine Beseitigung der Finanzgerichtsbarkeit zielten. Wegen der Kette von Durchführungsverordnungen, die dem erwähnten Erlass vom 28.08.1939 im Laufe des Krieges nachfolgten und eine immer weitergehende Einengung des Rechtsschutzes zur Folge hatten, auf die Darstellung in Vorbem. A vor § 228 RAO in der zweiten bis sechsten Auflage dieses Kommentars verwiesen. Vgl. im Übrigen auch *Sunder-Plassmann* in HHSp, Einf. FGO Rz. 53 ff. 2

### II. Wiederherstellung der Finanzgerichtsbarkeit nach dem Kriege

Die Wiederherstellung der Finanzgerichtsbarkeit nach Kriegsende wurde durch das Gesetz Nr. 36 des Alliierten Kontrollrates 10.10.1946 (ABl. 1946, 183) über die Verwaltungsgerichte eingeleitet. Art. V dieses Gesetzes hob den Erlass des »Führers und Reichskanzlers« über die Vereinfachung der Verwaltung 28.08.1939 auf, desglei- 3 chen die hierzu ergangene Zweite Verordnung v. 06.11.1939 (RGBl I 1939, 2168). Durch diese Maßnahme wurden die durch den aufgehobenen Erlass suspendierten und abgeänderten Gesetzesvorschriften, namentlich der §§ 228 Nr. 1, 229, 259 bis 286 RAO wieder in Kraft gesetzt. Des Weiteren verloren die auf den Erlass gegründeten Durchführungsvorschriften ihre Grundlage, soweit sie der Wiederherstellung einer rechtsstaatlichen Verwaltungsgerichtsbarkeit entgegenstanden. Die Unterschiedlichkeiten der danach ergangenen Zonen- und Länderregelungen beruhen letzten Endes auf dem Blankettcharakter des Kontrollratsgesetzes Nr. 36.

4 Eine besondere Finanzgerichtsbarkeit ist in den westlichen Besatzungszonen unterschiedlich erst in den Jahren 1947 bis 1949 wieder eingeführt worden. In West-Berlin entschied in Steuersachen noch bis zum 31.12.1965 das Verwaltungsgericht. Die erste bundeseinheitliche Regelung nach Errichtung der Bundesrepublik Deutschland brachte das Gesetz über den BFH v. 29.06.1950 (BGBl 1950, 257). Dieser erste Schritt auf dem Wege zu einer bundeseinheitlichen Finanzgerichtsbarkeit stellte die Einheitlichkeit der höchstrichterlichen Rechtsprechung in Steuer- und Zollsachen für das Bundesgebiet und West-Berlin wieder her.

5 Der zweite Schritt war das Gesetz über Maßnahmen auf dem Gebiet der Finanzgerichtsbarkeit v. 22.10.1957 (BGBl I 1957, 1746; sog. VorschaltG), durch das ab 01.01.1958 das finanzgerichtliche Berufungsverfahren als einheitliches Rechtsmittelverfahren gegen Steuerbescheide und diesen gleichgestellte Bescheide bestimmt worden ist. Zugleich sicherte das Gesetz die Unabhängigkeit der FG und der Finanzrichter.

6 Die durch Art. 108 Abs. 6 GG geforderte bundeseinheitliche Regelung der Finanzgerichtsbarkeit wurde erst durch die am 01.01.1966 in Kraft getretene FGO verwirklicht, die weitgehende Parallelen zur VwGO enthält. Durch sie wurde der Finanzrechtsweg aus noch vorhandenen Bindungen an das Verwaltungsverfahren gelöst, die Finanzgerichtsbarkeit zu einem selbstständigen Gerichtszweig ausgestaltet (§ 33 FGO) und der Ausbau des rechtsstaatlichen Rechtsschutzes – insbes. gegen behördliche Untätigkeit – vollendet. Die Regelung des § 33 FGO stellt seitdem eine Sonderzuweisung i.S. von § 40 Abs. 1 Satz 1 VwGO dar, die den Rechtsweg zu den allgemeinen Verwaltungsgerichten ausschließt (vgl. die Kommentierung zu § 33 FGO).

### III. Weitere Entwicklungen

7 Aufgrund der im ersten Jahrzehnt der praktischen Bewährung der FGO gemachten Erfahrungen hat sich das Bedürfnis nach einer Entlastung des BFH ergeben. Der Gesetzgeber hat daher durch das BFHEntlG v. 08.07.1975 (BGBl I 1975, 1861) Abhilfe zu schaffen versucht. Das BFHEntlG war mehrmals verlängert worden und galt bis 31.12.2000; es suspendierte weitgehend die Beschwerde gegen Beschlüsse des FG. Darüber hinaus wurde die Vertretung vor dem BFH durch bestimmte Berufsträger allgemein vorgeschrieben. Die Revisionssumme wurde zunächst grundsätzlich auf 10 000 DM angehoben und das förmliche Verfahren für das Gericht erleichtert. Durch das Gesetz zur Beschleunigung verwaltungsgerichtlicher und finanzgerichtlicher Verfahren v. 04.07.1985 (BGBl I 1985, 1274) wurde die Streitwertrevision schlechthin suspendiert.

Mit dem VGFGEntlG v. 31.03.1978 hat der Gesetzgeber versucht, die Überlastung der FG zu mindern und die Verfahrensdauer zu verringern. Mit dem Inkrafttreten des Gesetzes zur Änderung der FGO v. 21.12.1992 (BGBl I 1992, 2109), das weitgehend die Regelungen des für die Finanzgerichtsbarkeit einschlägigen Art. 3 VGFGEntlG in die FGO übernahm, zum 01.01.1993 wurde das VGFGEntlG endgültig aufgehoben und damit wenigstens insoweit die Rechtszersplitterung beseitigt. 8

Durch das Gesetz zur Änderung der FGO v. 21.12.1992 (BGBl I 1992, 2109) wurden die das Beschwerdeverfahren betreffenden Vorschriften des BFHEntlG in die FGO übernommen (Rz. 7). Gleichzeitig wurde die Zulassungsbedürftigkeit der Beschwerde auf Entscheidungen über einstweilige Anordnungen (§ 114 FGO) ausgedehnt (§ 128 Abs. 3 und Abs. 4 FGO). Darüber hinaus wurde das erstinstanzliche Verfahren gestrafft, indem den Gerichten die Möglichkeit zur Setzung von Ausschlussfristen zum Nachweis der Prozessvollmacht (§ 62 Abs. 3 FGO), zur Ergänzung des unabdingbaren Mindestinhalts der Klage (§ 65 Abs. 2 Satz 2 FGO) und zu übrigem Vorbringen (§ 79b FGO) gegeben wurde. Außerdem wurde die Übertragung eines Rechtsstreits auf den Einzelrichter ermöglicht (§ 6 FGO) und die Entscheidungsbefugnisse des Vorsitzenden bzw. des Berichterstatters bis hin zur Entscheidung durch Gerichtsbescheid (§ 79a FGO) erweitert. 9

Durch Gesetz v. 24.06.1994 (BGBl I 1994, 1395) wurde mit Wirkung ab 01.01.1996 das außergerichtliche Rechtsbehelfsverfahren einschneidenden Änderungen unterworfen. Einzelne dieser Änderungen fanden auch in der Änderung von Vorschriften der FGO ihren Niederschlag, sei es als bloße Anpassung an die ab 01.01.1996 geltende Einspurigkeit des außergerichtlichen Rechtsbehelfsverfahrens, sei es in der § 352 AO n.F. entsprechenden Neuordnung der Klagebefugnis bei einheitlichen und gesonderten Feststellungsbescheiden aller Art (§ 48 FGO). 10

Durch das 2. FGO-ÄnderungsG v. 19.12.2000 (BGBl I 2000, 1757) wurde die FGO in wesentlichen Punkten geändert. So wurden die Regelungen des bisherigen BFHEntlG in die FGO aufgenommen. Damit gibt es seit dem 01.01.2001 **keine zulassungsfreie Revision mehr**, und die streitwertabhängige Revision wurde endgültig abgeschafft. § 115 Abs. 2 FGO n.F. enthält nunmehr 11 drei Zulassungsgründe. Nunmehr ist die Revision auch dann zulassen, wenn die Fortbildung des Rechts oder die Sicherung einer einheitlichen Rechtsprechung eine Entscheidung des BFH erforderlich macht (§ 115 Abs. 2 Nr. 2 FGO). Dieser Revisionsgrund ersetzt die frühere Divergenzrevision.

12 Das **Revisionszulassungsverfahren** wurde ebenfalls **reformiert**. Nach § 116 FGO n.F. ist die NZB nunmehr nur noch unmittelbar beim BFH einzulegen und innerhalb von zwei Monaten zu begründen (hierzu *Seer*, StuW 2003, 193; im Einzelnen die Kommentierung zu § 116 FGO).

13 Weitere wesentliche Änderungen waren die Einführung des § 62 a FGO zur Regelung des Vertretungszwangs vor dem BFH und die Neufassung des § 68 FGO. Danach wird ein während des finanzgerichtlichen Verfahrens geänderter oder ersetzter Verwaltungsakt automatisch Gegenstand des Verfahrens, ohne dass es eines Antrags bedürfte. Darüber hinaus hat der Gesetzgeber mit der Einführung der §§ 91 a und 93a FGO der technischen Entwicklung und der Möglichkeit des **Einsatzes neuer Medien** Rechnung getragen. Gegen Gerichtsbescheide ist nunmehr in jedem Fall der Antrag auf mündliche Verhandlung zulässig (§ 90 a Abs. 2 FGO). Die Beschwerdemöglichkeiten wurden nach § 128 Abs. 2 FGO weiter eingeschränkt.

14 Weitere Änderungen der neu gefassten und am 28.03.2001 neu bekannt gemachten FGO (BGBl I 2001, 442) betrafen insbes. die Änderung des § 53 Abs. 2 FGO durch das ZustellungsreformG v. 25.06.2001 (BGBl I 2001, 1206), die Einführung des § 77 a FGO, der nunmehr für Schriftsätze auch die elektronische Form an Stelle der Schriftform zulässt, und die Änderung des § 78 Abs. 1 Satz 2 FGO (Gesetz v. 13.07.2001, BGBl I 2001, 1542, 1546). Von erheblicher praktischer Bedeutung ist der seinerzeit eingeführte § 102 Satz 2 FGO, der inhaltlich der Regelung des § 114 Satz 2 VwGO entspricht. An § 137 FGO wurde ein Satz 3 angefügt, nach dem nunmehr die Kosten dem Kläger auferlegt werden, wenn das Gericht nach § 76 Abs. 3 FGO Erklärungen und Beweismittel berücksichtigt, die nach § 364 b AO rechtmäßig präkludiert worden waren (Art. 5 StVBG v. 19.12.2001, BGBl I 2001, 3922).

14a Durch das JuMoG 1 v. 24.08.2004 (BGBl I 2004, 2198 [2300]) wurde die Frist zur Stellung eines Antrags auf Wiedereinsetzung in den vorigen Stand (§ 56 Abs. 1 Satz 1 FGO) auf einen Monat verlängert, wenn die Frist zur Einlegung der Revision oder NZB versäumt wurde. Außerdem wurde, soweit nach § 72 Abs. 1 Satz 2 FGO die Zustimmung des Beklagten zur Klagerücknahme erforderlich ist, der Norm ein Satz 3 angefügt, nach dem die Zustimmung unter bestimmten Voraussetzungen fingiert werden kann. Der Katalog der Entscheidungen des § 79 a Abs. 1 FGO, die der Vorsitzende bzw. der Berichterstatter (§ 79 a Abs. 4 FGO) treffen kann, wurde erweitert. Schließlich wurde dem § 138 FGO – in Anlehnung an die Neuregelung des § 72 Abs. 2 Satz 3 FGO – ein Abs. 3 angefügt, bei dessen Voraussetzungen die Hauptsachenerledigungserklärung des Beklagten fingiert wird. Die Einführung des § 72 Abs. 1 Satz 3 FGO und des § 138 Abs. 3 FGO hat indessen einen fragwürdigen Nutzen, da in der finanzgerichtlichen Praxis nicht die (ausbleibenden) Prozesserklärungen der beklagten Finanzbehörde Probleme bereiten, sondern vielmehr das Schweigen des Klägers einen höheren Arbeitsaufwand verursacht.

Das AnhRüG brachte neben entsprechenden Änderungen in den anderen Prozessordnungen (§§ 321 a ZPO, 152a VwGO, 178a SGG, 78a ArbGG) den neuen § 133 a FGO, der dem Kläger die Rüge, sein Anspruch auf rechtliches Gehör (Art. 103 Abs. 1 GG) sei verletzt, im fachgerichtlichen Verfahren gegen endgültige Entscheidungen ermöglicht. Der Gesetzgeber hat mit Einführung dieser Vorschrift den Vorgaben des BVerfG zur Rechtsmittelklarheit Rechnung getragen (BVerfG v. 30.04.2003, 1 PBvU 1/02, BVerfGE 107, 395; s. § 133 a FGO Rz. 1 ff.). 14b

Die nächsten Änderungen der FGO erfolgten mit Wirkung vom 01.01.2005 durch das EhrRiVerfVereinfG v. 21.12.2004, BGBl I 2004, 3599: Geändert wurden im Wesentlichen die Vorschriften über die Voraussetzungen für die Berufung, die Amtsdauer und die Vorschlagsliste für die Wahl der ehrenamtlichen Richter bei den FG. Ergänzend dazu wurde in § 156 FGO ein Verweis auf § 6 EGGVG eingefügt, der die Anwendung der neuen Vorschriften für die Wahl, Ernennung und Amtsperiode der ehrenamtlichen Richter regelt (dazu die Kommentierung zu § 156 FGO). 14c

Zahlreiche Änderungen ergaben sich aus dem JKomG v. 22.03.2005, BGBl I 2005, 837, durch das in erster Linie eine Vielzahl von Normen an die Erfordernisse der elektronischen Kommunikation angepasst wurden, um einerseits dem Bürger die Übermittlung elektronischer Dokumente an das FG und den BFH und andererseits den Gerichten das Anlegen und die Bearbeitung elektronischer Akten zu ermöglichen. Die zentralen Normen bilden dabei die §§ 52 a, 52b FGO (vgl. die jeweilige Kommentierung dazu). 14d

Eine weitere Änderung der FGO erfolgte zum 12.09.2006 durch das FödRefBeglG v. 05.09.2006, BGBl I 2006, 2098, durch das § 76 Abs. 4 FGO geändert wurde. Es handelt sich um eine Folgeänderung zur Einfügung des § 89 Abs. 2 AO durch das FödRefBeglG. 14e

Durch das Gesetz zur Neuregelung des Rechtsberatungsrechts vom 12.12.2007, BGBl I 2007, 2840, wurde § 62 FGO grundlegend neu gestaltet. Die Vorschrift regelt nun umfassend die Vertretung durch Bevollmächtigte vor den FG und dem BFH. Die §§ 62 a und 133a Abs. 2 Satz 5 FGO wurden aufgehoben. 14f

Eine weitere Änderung der FGO erfolgte durch das Gesetz zur Modernisierung von Verfahren im anwaltlichen und notariellen Berufsrecht, zur Errichtung einer 14g

Schlichtungsstelle der Rechtsanwaltschaft sowie zur Änderung sonstiger Vorschriften vom 30.07.2009, BGBl I 2009, 2449: Aus der Einführung des § 3a StBerG durch das 8. Gesetz zur Änderung des StBerG vom 08.04.2008, BGBl. I 2008, 1666, ergab sich für § 62 Abs. 2 Nr. 3 FGO eine Folgeänderung. Daneben wurde § 20 Abs. 1 Nr. 6 FGO an die Änderungen hinsichtlich der Regelaltersgrenze für die gesetzliche Rentenversicherung nach dem SGB VI angepasst.

**14h** Durch das Gesetz über den Rechtsschutz bei überlangen Gerichtsverfahren und strafrechtlichen Ermittlungsverfahren v. 24.11.2011 (BGBl I 2011, 2302) erhielt § 155 FGO einen Satz 2, der die entsprechende Anwendung des 17. Titels des GVG (§§ 198 ff. GVG) anordnet. Die Neuregelung erfolgte unter dem Druck der EGMR-Rspr. zu Art. 6 Abs. 1 EMRK (*Brandis* in Tipke/Kruse, § 155 FGO Rz. 9), obwohl diese Norm nicht für steuerrechtliche Streitigkeiten gilt (s. Rz. 56). Sodann wurde § 60a Sätze 3 und 6 FGO durch das Gesetz zur Änderung von Vorschriften über Verkündung und Bekanntmachungen sowie der Zivilprozessordnung, des Gesetzes betreffend die Einführung der Zivilprozessordnung und der Abgabenordnung (Verk/BekuaÄndG) v. 22.12.2011 (BGBl I 2011, 3044) m. W. v. 01.04.2012 geändert.

**14i** Eine jüngere Änderung der FGO betrifft die Einführung der gerichtsnahen Mediation auch für die Finanzgerichtsbarkeit. Sie erfolgte durch das Gesetz zur Förderung der Mediation und anderer Verfahren der außergerichtlichen Konfliktbeilegung v. 21.07.2012 (BGBl I 2012, 1577). Das Gesetz brachte eine Änderung des § 155 Satz 1 FGO, der die §§ 278 Abs. 5 und 278a ZPO im Finanzprozess für entsprechend anwendbar erklärt. Während der Entwurf der Bundesregierung eines Gesetzes zur Förderung der Mediation und anderer Verfahren der außergerichtlichen Streitbeilegung vom 04.02.2011 (BR-Drs. 60/11) keine entsprechenden Regelungen enthielt, gaben die damit befassten BR-Ausschüsse am 08.03.2011 die Empfehlung ab, die Mediation auch auf die Finanzgerichtsbarkeit zu erstrecken (BR-Drs. 60/1/11), welcher der Gesetzgeber folgte. Anders als die Arbeitsgemeinschaft der FG-Präsidenten sahen die Ausschüsse auch für die Streitigkeiten, für welche der Finanzrechtsweg eröffnet ist, ein Bedürfnis für die Ermöglichung der gerichtsnahen bzw. gerichtsinternen Mediation bzw. anderer Formen der außergerichtlichen Streitbeilegung (BR-Drs. 60/1/11, 19).

**14j** Durch das Gesetz zur Einführung von Kostenhilfe für Drittbetroffene in Verfahren vor dem Europäischen Gerichtshof für Menschenrechte sowie zur Änderung der Finanzgerichtsordnung v. 20.04.2013 (BGBl I 2013, 829) wurde § 38 Abs. 2a FGO m. W. v. 01.05.2013 eingeführt (s. § 38 FGO Rz. 2a).

**14k** Unaufhaltsam dringt der elektronische Rechtsverkehr immer weiter in den Finanzprozess ein: Durch Art. 6 Nr. 1 des Gesetzes zur Förderung des elektronischen Rechtsverkehrs v. 10.10.2013 (BGBl I 2013, 3786) wurde § 52a FGO m. W. v. 01.01.2018 geändert. Das Gesetz sieht für den finanzgerichtlichen Bereich eine Änderung der §§ 52a und 52b FGO (m. W. v. 01.01.2018) sowie die Einführung der §§ 52c FGO (m. W. v. 01.07.2014) und 52d FGO (m. W. v. 01.01.2022) vor. Von Bedeutung ist dabei insbes. die künftige **grundsätzliche Pflicht** für Rechtsanwälte, Behörden und vertretungsberechtigte Personen (§ 62 Abs. 2 FGO), vorbereitende Schriftsätze und deren Anlagen sowie schriftlich einzureichende Anträge und Erklärungen als **elektronische Dokumente** an das FG zu übermitteln (§ 52d Satz 1 FGO n. F.; hierzu s. § 52a FGO Rz. 1a, s. § 52b FGO Rz. 1). Gleichzeitig wurden §§ 65 Abs. 1 Satz 4 und 77 Abs. 2 Satz 1 FGO m. W. v. 01.07.2014 geändert. Mit diesen Neuregelungen sollen »das Potential der jüngeren technischen Entwicklungen mit gesetzlichen Maßnahmen zur Förderung des elektronischen Rechtsverkehrs auf prozessualem Gebiet genutzt, die Zugangshürden für die elektronische Kommunikation mit der Justiz bedeutend gesenkt und das Nutzervertrauen im Umgang mit dem neuen Kommunikationsweg« gestärkt werden (BR-Drs. 818/12).

Darüber hinaus wurde § 93a FGO m. W. v. 01.11.2013 **14l**
durch Art. 3 Nr. 2 des Gesetzes zur Intensivierung des Einsatzes von Videokonferenztechnik in gerichtlichen und staatsanwaltschaftlichen Verfahren v. 25.4.2013 (BGBl 2013 I, 935) aufgehoben; der Regelungsgehalt wird vom gleichzeitig geänderten § 91a FGO in seiner seit 01.11.2013 geltenden Fassung aufgenommen. Das Amtshilferichtlinie-Umsetzungsgesetz (AmtshilfeRLUmsG) v. 26.06.2013 (BGBl I 2013, 1809) brachte Änderungen der §§ 76 Abs. 1 Satz 4 und 85 Satz 2 FGO mit sich, die ab dem 30.06.2013 gelten.

Die Regelungen des § 142 FGO über die PKH im Fi- **14m**
nanzprozess haben durch Gesetz zur Änderung des Prozesskostenhilfe- und Beratungshilferechts (PKH/BerHRÄndG) v. 31.8.2013 (BGBl I 2013, 3533) m. W. v. 01.01.2014 einige wesentlichen Änderungen erfahren. Zusätzlich wurde durch das Gesetz zur Durchführung der Verordnung (EU) Nr. 1215/2012 sowie zur Änderung sonstiger Vorschriften (EUV1215/2012DGuaÄndG) v. 08.07.2014 (BGBl I 2014, 890) § 142 Abs. 3 FGO m. W. v. 16.07.2014 geändert.

Durch Art. 172 der Zehnten Zuständigkeitsanpassungs- **14n**
verordnung v. 31.08.2015 (BGBl I 2015, 1474) wurde § 52c Satz 1 FGO insoweit geändert, als die Bezeichnung des Ministeriums von »Bundesministerium der Justiz« in »Bundesministerium der Justiz und für Verbraucherschutz« geändert wurde.

Durch Art. 3 des Gesetzes zur Neuordnung des Rechts **14o**
der Syndikusanwälte und zur Änderung der Finanzgerichtsordnung v. 21.12.2015 (BGBl I 2015, 2517) wurde Art. 38 Abs. 2a Satz 3 FGO aufgehoben, sodass damit die zeitliche Begrenzung für die Bestimmung der örtlichen Zuständigkeit insbes. in Kindergeldsachen, die ursprünglich nur für Verfahren galt, die vor dem 01.05.2016 an-

hängig wurden, entfiel (s. § 38 FGO Rz. 2a). Die besondere Zuständigkeit für diese Verfahren gilt nunmehr zeitlich unbegrenzt.

**4p** Durch das PKH/BerHRÄndGBer v. 26.01.2016 (BGBl I 2016, 121) erfolgte keine inhaltliche Änderung, sondern es wurde lediglich § 142 Abs. 6 FGO in § 142 Abs. 5 FGO geändert, da dieser Absatz der Norm in der ursprünglichen Fassung (s. Rz. 14m) versehentlich als Abs. 6 bezeichnet worden war, sodass § 142 FGO über zwei Abs. 6 verfügte.

**14q** Art. 15 des Gesetzes zur Modernisierung des Besteuerungsverfahrens v. 18.07.2016 (BGBl I 2016, 1679) brachte eine Erweiterung des § 86 Abs. 2 FGO um einen Satz 2. Damit wurde der Anwendungsbereich des § 86 Abs. 2 FGO auf die Fälle des § 88 Abs. 3 Satz 3 und Abs. 5 Satz 4 sowie des § 156 Abs. 2 Satz 3 AO erstreckt.

**14r** Durch Art. 8 des Gesetzes zur Änderung des Sachverständigenrechts und zur weiteren Änderung des Gesetzes über das Verfahren in Familiensachen und in den Angelegenheiten der freiwilligen Gerichtsbarkeit sowie zur Änderung des Sozialgerichtsgesetzes, der Verwaltungsgerichtsordnung, der Finanzgerichtsordnung und des Gerichtskostengesetzes v. 11.10.2016 (BGBl I 2016, 2222) wurde § 66 Satz 2 FGO neu eingefügt. Damit wird für Verfahren nach § 155 Satz 2 FGO i. V. m. §§ 198 ff. GVG (s. § 155 FGO Rz. 7 ff.) wegen eines überlangen Gerichtsverfahrens, für die der BFH im Bereich der Finanzgerichtsbarkeit ausschließlich zuständig ist (s. § 155 FGO Rz. 12), die Streitsache – wie im Zivilprozess (§§ 253 Abs. 1, 261 Abs. 1 ZPO) und abweichend vom Grundsatz des § 66 Satz 1 FGO – erst mit Zustellung der Klage rechtshängig.

**14s** Umfangreiche Änderungen brachte Art. 22 des Gesetzes zur Einführung der elektronischen Akte in der Justiz und zur weiteren Förderung des elektronischen Rechtsverkehrs v. 05.07.2017 (BGBl I 2017, 2208), durch den eine Reihe von Vorschriften geändert wurden, insbes. um sie den Anforderungen an den elektronischen Rechtsverkehr anzupassen. Geändert wurden § 47 Abs. 1 Satz 2, § 50 Abs. 2 Satz 1, § 52b Abs. 1 Satz 5, § 64 Abs. 1, § 71 Abs. 1 Satz 2, § 77 Abs. 2 Satz 1, § 94, § 129 Abs. 2, § 133 Abs. 1 Satz 2 und § 133a Abs. 2 Satz 4. Neu eingefügt wurden § 52a Abs. 7 Satz 2, § 52b Abs. 1a, § 78 Abs. 1 Satz 2 und § 116 Abs. 2 Satz 4 FGO. § 78 Abs. 2 FGO wurde zu § 78 Abs. 2 und Abs. 3 FGO. Eine Neuregelung erfuhr § 52b Abs. 6 FGO. Schließlich wurde der bisherige § 52b Abs. 1 aufgehoben. Gleichzeitig wurde der bisherige § 52b Abs. 1a zu Abs. 1 FGO, während ein neuer Abs. 1a eingefügt wurde.

**14t** Art. 11 Abs. 26 eIDAS-Durchführungsgesetz (eIDASDG) v. 18.07.2017 (BGBl I 2017, 2745) brachte Änderungen des § 52a Abs. 1 Satz 3 und Abs. 3 FGO sowie des § 78 Abs. 2 Satz 5 FGO im Zusammenhang mit der Einführung des elektronischen Rechtsverkehrs. Das eIDASDG dient der Durchführung der Verordnung (EU) Nr. 910/2014 des Europäischen Parlaments und des Rates v. 23.07.2014 über elektronische Identifizierung und Vertrauensdienste für elektronische Transaktionen im Binnenmarkt und zur Aufhebung der Richtlinie 1999/93/EG.

Durch Art. 5 Abs. 3 EMöGG v. 08.10.2017 (BGBl I 2017, **14u**
3546) wurde § 159 FGO neu eingefügt und damit die entsprechende Anwendung des § 43 EGGVG angeordnet. Dabei handelt es sich um eine Anwendungsvorschrift für § 169 Abs. 2 GVG, der in seiner neuen Fassung keine Anwendung auf Verfahren findet, die am 18.04.2018 bereits anhängig sind. Danach sind Ton- und Fernseh-Rundfunkaufnahmen sowie Ton- und Filmaufnahmen zum Zwecke der öffentlichen Vorführung oder Veröffentlichung ihres Inhalts unzulässig.

## B. Grundzüge und Grundsätze des Finanzprozessrechts

Die FGO sieht die Funktionen der FG und des BFH in **15**
erster Linie als Einrichtungen des Rechtsschutzes des Staatsbürgers gegenüber der durch die Finanzverwaltungsbehörden verkörperten öffentlichen Gewalt (Art. 19 Abs. 4 GG). Daher stellt das finanzgerichtliche Verfahren nicht die Fortsetzung des Besteuerungsverfahrens dar. Diesem Gesetzeszweck entsprechen die Verfahrensgrundsätze der FGO, die weitgehend an die den Rechtsschutz gegen Maßnahmen der allgemeinen Verwaltung regelnde VwGO angelehnt sind.

### I. Aufbau der Finanzgerichtsbarkeit

Im Gegensatz zur allgemeinen Verwaltungsgerichtsbar- **16**
keit und zur Sozialgerichtsbarkeit ist die **Finanzgerichtsbarkeit nur zweistufig**. Die FG bilden die einzige Tatsacheninstanz, während der BFH als Revisionsgericht auf eine reine Rechtskontrolle beschränkt ist (§§ 35, 36 FGO).

Die Spruchkörper der FG sind die Senate, die bei Ent- **17**
scheidungen aufgrund mündlicher Verhandlung grds. mit drei Berufsrichtern und zwei ehrenamtlichen Richter besetzt sind (§ 5 Abs. 3 Satz 1 FGO). Die FG sind besondere Verwaltungsgerichte (§ 1 FGO) und stehen als **obere Landesgerichte** (§ 2 FGO) auf derselben Ebene wie die OLG, OVG, LAG und LSG.

### II. Das Klagensystem der FGO

Die FGO kennt ebenso wie die anderen Prozessordnun- **18**
gen Gestaltungsklagen, Leistungsklagen und Feststellungsklagen, und ihr Klagensystem entspricht dem der VwGO.

Die **Anfechtungsklage** (§ 40 Abs. 1 1. Alt. FGO) ist **19**
verwaltungsaktsbezogen und stellt ihrer Art nach eine

**Gestaltungsklage** dar, da mit ihr eine rechtsändernde Wirkung durch Aufhebung oder Änderung des angefochtenen Verwaltungsakts angestrebt wird. Sie stellt die häufigste Klageart dar. Die FG **überprüfen** die mit der Klage angefochtenen Verwaltungsakte **auf Rechtmäßigkeit, nicht auf Zweckmäßigkeit.** Das FG ist daher grundsätzlichen auf Prüfung der Rechtmäßigkeit beschränkt, sodass es bei Feststellung der Unrechtmäßigkeit die angefochtene Verfügung nur aufheben kann (**Kassationsprinzip;** § 100 Abs. 1 Satz 1 FGO). Dies ist Ausdruck des Prinzips der Gewaltenteilung (Art. 20 Abs. 2 Satz 2 GG). Hieran ändert auch die Regelung des § 100 Abs. 2 FGO (vgl. § 113 Abs. 2 VwGO, § 131 SGG) nichts, die es dem FG aus Gründen der Verfahrensökonomie ausnahmsweise erlaubt, anstelle eines als ungerechtfertigt erachteten Betrages einen anderen Betrag selbst festzusetzen. Eine besondere Form der Anfechtungsklage ist die **Fortsetzungsfeststellungsklage** (§ 100 Abs. 1 Satz 4 FGO), mit der die Feststellung der Rechtswidrigkeit eines erledigten Verwaltungsaktes begehrt werden kann.

20 Die **Verpflichtungsklage** (§ 40 Abs. 1 2. Alt. FGO) ist eine verwaltungsaktsbezogene **Leistungsklage,** die dann Erfolg hat, wenn die Finanzverwaltung den Erlass eines Verwaltungsaktes zu Unrecht abgelehnt hat. Steht der Erlass des begehrten Verwaltungsaktes im Ermessen der Behörde, ist dem FG verwehrt, sein eigenes Ermessen an die Stelle des Ermessens der Finanzverwaltung zu setzen. Auch hier überprüft das Gericht lediglich die Rechtmäßigkeit der behördlichen Entscheidung.

21 Die **allgemeine Leistungsklage** ist in der FGO – ebenso wie in der VwGO – nicht ausdrücklich als solche bezeichnet, wird dort jedoch der Sache nach genannt. Dies folgt aus der Formulierung der §§ 40 Abs. 1 3. Alt., 41 Abs. 2 Satz 1 FGO. Mit der Leistungsklage kann eine behördliche Leistung begehrt werden, die **nicht** im Erlass eines **Verwaltungsaktes** besteht (»andere Leistung«, § 40 Abs. 1 3. Alt. FGO).

22 Die **Feststellungsklage** (§ 41 FGO) schließlich ermöglicht die **Feststellung,** ob ein konkretes **Rechtsverhältnis** zwischen dem Kläger und dem Fiskus besteht oder nicht besteht, bzw. die Feststellung der Nichtigkeit eines Verwaltungsaktes. Sie ist gegenüber allen anderen Klagearten subsidiär (§ 41 Abs. 2 Satz 1 FGO).

23 **Keine besondere Klageart** ist die **Untätigkeitsklage** (§ 46 FGO). Sie ermöglicht dem Kläger abweichend von § 44 Abs. 1 FGO ausnahmsweise auch dann den Zugang zum FG, ohne dass ein Einspruchsverfahren (§§ 347 ff. AO) abgeschlossen wurde. Die Untätigkeitsklage bietet also Rechtsschutz im Falle behördlicher Untätigkeit.

24 Die **Sprungklage** (§ 45 FGO) stellt **ebenso wenig** eine **eigene Klageart** dar. Sie befreit den Kläger unter bestimmten Voraussetzungen ebenfalls vom grundsätzlichen Erfordernis eines erfolglos durchgeführten und abgeschlossenen außergerichtlichen Rechtsbehelfsverfahrens.

**Einstweiligen (vorläufigen) Rechtsschutz** kann der 25
Bürger mit einem gerichtlichen Antrag auf Aussetzung der Vollziehung (§ 69 Abs. 3 FGO) bzw. mit einem Antrag auf Erlass einer einstweiligen Anordnung (§ 114 FGO) erlangen. Grundsätzlich ist der Antrag auf Aussetzung der Vollziehung gegeben, wenn die statthafte Klageart in der Hauptsache eine Anfechtungsklage ist (Rz. 17), im Übrigen die einstweilige Anordnung.

## III. Sachentscheidungsvoraussetzungen

### 1. Vorbemerkung

Um eine Entscheidung in der Sache zu erlangen, muss der 26
Kläger bestimmte formelle Voraussetzungen, die sog. **Sachentscheidungsvoraussetzungen** (Prozessvoraussetzungen) erfüllen. Sie haben eine Filterfunktion und sollen der Entlastung der FG dienen. Es soll vermieden werden, dass die FG mit unnötigen Verfahren belastet werden. Erst wenn die Sachentscheidungsvoraussetzungen gegeben sind, ist die Klage zulässig. Über eine Klage darf das Gericht erst dann in der Sache entscheiden, wenn geklärt ist, dass alle Prozessvoraussetzungen vorliegen. Das Gericht darf die Zulässigkeit einer Klage **nicht dahingestellt sein lassen,** sondern muss die Klage grds. (zur Ausnahme s. Rz. 26) durch sog. **Prozessurteil** als unzulässig abweisen, wenn diese Voraussetzungen nicht erfüllt sind (BFH v. 07.08.2001, I B 16/01, BStBl II 2002, 13 m. w. N.). Der Grund hierfür ist, dass die Rechtskraftwirkung gem. § 110 FGO vom Inhalt der Entscheidung abhängt und bei Prozess- und Sachurteilen unterschiedlich ist (BFH v. 07.08.2001, I B 16/01, BStBl II 2002, 13 m. w. N.; auch *von Groll* in Gräber, § 110 FGO, Rz. 15).

Da Gericht hat die Sachurteilsvoraussetzungen stets 27
und jederzeit während des Verfahrens **von Amts wegen zu prüfen** (BFH v. 08.03.1990, IV R 34/89, BStBl II 1990, 673) Sie können **bis zum Schluss der letzten mündlichen Verhandlung** nachgeholt werden, ansonsten bei einer Entscheidung ohne mündliche Verhandlung bis zur Entscheidung (BFH v. 19.06.1990, VIII B 3/89, BStBl II 1990, 1068; *Seer* in Tipke/Kruse, Vor § 40 FGO, Rz. 27). Dies hat z. B. Auswirkungen für die Beurteilung der Zulässigkeit von gerichtlichen Anträgen auf Aussetzung der Vollziehung (s. § 69 FGO Rz. 10). Auch der BFH als Revisionsinstanz (§ 36 Nr. 1 FGO) hat von Amts wegen auch noch im Revisionsverfahren in jeder Verfahrenslage das Vorliegen der Sachentscheidungsvoraussetzungen im finanzgerichtlichen Klageverfahren zu prüfen (z. B. BFH v. 24.08.2017, V R 11/17, BFH/NV 2018, 14; BFH v. 06.09.2017, IV R 1/16, BFH/NV 2018, 206; BFH v. 19.10.2017, III R 25/15, BFH/NV 2018, 546).

### 2. Die einzelnen Sachentscheidungsvoraussetzungen

28 – Zulässigkeit des **Finanzrechtswegs** (§ 33 FGO); ist der Finanzrechtsweg nicht gegeben, erlässt das FG indessen kein Prozessurteil, sondern verweist den Rechtsstreit gem. § 155 Satz 1 FGO i. V. m. § 17a Abs. 2 GVG an das zuständige Gericht;
– örtliche und sachliche **Zuständigkeit** des angerufenen Gerichts (§§ 35 f., 38 f. FGO)
29 – **statthafte Klageart** (zu den Klagearten Rz. 16 ff.)
30 – bei Anfechtungs- und Verpflichtungsklagen: abgeschlossenes erfolgloses **Einspruchsverfahren** i. S. von §§ 347 ff. AO (§ 44 Abs. 1 FGO); **ausnahmsweise** ist das Vorverfahren **nicht erforderlich**, wenn die Voraussetzungen für eine Sprungklage (§ 45 FGO; s. Rz. 22), für eine Untätigkeitsklage (§ 46 FGO; s. Rz. 21) vorliegen, wenn das Einspruchsverfahren nicht statthaft ist (§ 348 AO) oder wenn die Rechtswidrigkeit der Anordnung eines dinglichen Arrestes geltend gemacht werden (§ 45 Abs. 4 FGO)
31 – **Beteiligtenfähigkeit** des Klägers (Steuerrechtsfähigkeit; s. § 57 FGO Rz. 8)
32 – **Prozessfähigkeit** des Klägers (§ 58 FGO)
33 – **Postulationsfähigkeit** (§ 62 FGO)
34 – bei Anfechtungs- und Verpflichtungsklagen: **Klagebefugnis** des Klägers (§ 40 Abs. 2 FGO; bei Feststellungsbescheiden gilt § 48 FGO; aber auch § 42 FGO i. V. m. § 351 AO)
34a – die **Prozessführungsbefugnis**, also das Recht des Klägers, seine Rechte im eigenen Namen als richtiger Beteiligter vor dem FG geltend zu machen; diese Befugnis geht z. B. mit Eröffnung des Insolvenzverfahrens über das Vermögen des Stpfl. auf den Insolvenzverwalter über (vgl. hierzu z. B. *Bartone*, AO-StB 2014, 247; s. § 40 FGO Rz. 10)
35 – bei Feststellungsklagen: besonderes Feststellungsinteresse (§ 41 Abs. 1 FGO)
36 – Vorlage einer schriftlichen Original**vollmacht** bei Klageerhebung durch einen Prozessbevollmächtigten (§ 62 Abs. 6 Satz 1 FGO)
37 – **Form** (§§ 64, 65 FGO) **und** bei Anfechtungs- und Verpflichtungsklagen auch **Frist** der Klage (§ 47 FGO)
38 – **richtiger Klagegegner** (§ 63 FGO)
39 – negative Sachentscheidungsvoraussetzungen: **kein Klageverzicht** (pactum de non petendo), **keine** vorherige **Klagerücknahme** (§ 72 Abs. 2 Satz 1 FGO), **keine entgegenstehende Rechtskraft** (§ 110 FGO), **keine anderweitige Rechtshängigkeit** bei demselben FG oder einem anderen Gericht (§ 155 Satz 1 FGO i. V. m. § 17 Abs. 1 Satz 2 GVG)
40 – allgemeines **Rechtsschutzbedürfnis** (Rechtsschutzinteresse): Es handelt sich dabei um eine ungeschriebene Sachurteilsvoraussetzung für alle Verfahrensarten des Finanzprozesses (und auch des allgemeinen Verwaltungsprozesses), die fehlt, wenn das Gericht für unnütze, sinnlose oder unlautere Zwecke in Anspruch genommen wird (FG Bbg v. 17.08.2005, 4 K 1739/04, juris; *Seer* in Tipke/Kruse, Vor § 40 FGO, Rz. 18; auch *Kopp/Schenke*, Vor § 40 VwGO, Rz. 30). Dies gilt zum einen für Klagen, die **rechtsmissbräuchlich** sind, weil sie anderen Zwecken dienen als dem Rechtsschutz (BFH v. 08.07.1994, III R 78/92, BStBl II 1994, 859). Zum anderen sind auch solche Klagen mangels Rechtsschutzbedürfnisses unzulässig, mit denen der Kläger das damit verfolgte Rechtsschutzziel unter keinen Umständen erreichen kann. Das Rechtsschutzinteresse fehlt immer auch dann, wenn der Kläger sein mit der Klage verfolgtes Ziel auch ohne die Inanspruchnahme des Gerichts auf einfachere Art und Weise erreichen kann.

**Beispiele** für fehlendes oder weggefallenes Rechtsschutzbedürfnis:

– Klagen, mit denen die Verfassungswidrigkeit einer Steuerrechtsnorm geltend gemacht wird, obwohl der darauf beruhende Steuerbescheid wegen der geltend gemachten Verfassungswidrigkeit gem. § 165 Abs. 1 Nr. 3 AO für vorläufig erklärt wurde (z. B. BFH v. 18.02.1994, VI B 123/93, BFH/NV 1994, 548; BFH v. 09.08.1994, X B 26/94, BStBl II 1994, 805); 41
– Anfechtung der mit einem Steuerbescheid verbundenen Anrechnungsverfügung statt Antrag auf Erlass eines Abrechnungsbescheides (§ 218 Abs. 2 AO) bei der Finanzbehörde (BFH v. 28.04.1993, I R 100/92, BStBl II 1993, 836; BFH v. 17.09.1998, I B 2/98, BFH/NV 1999, 440; BFH v. 18.07.2002, V R 56/01, BStBl II 2002, 705; hierzu auch *Bartone*, AO-StB 2003, 340); 42
– Feststellungsklagen, gerichtet auf die Feststellung, dass Säumniszuschläge (§ 240 AO) nicht entstanden seien, statt Antrag bei der Finanzbehörde auf Erteilung eines Abrechnungsbescheides (FG Sa. v. 06.07.1995, 2 K 192/93, EFG 1996, 46; dazu *Bartone*, AO-StB 2003, 340). 43
– Verpflichtungsklage gerichtet auf die Niederschlagung von Ansprüchen aus dem Steuerschuldverhältnis gem. § 261 AO (*Bartone*, AO-StB 2003, 420). 44
– Wegfall des Rechtsschutzinteresses, wenn das beklagte FA in der mündlichen Verhandlung vor dem FG den Erlass eines Änderungsbescheids zusagt, der dem Klagebegehren entspricht (BFH v. 31.08.2010, III B 95/09, BFH/NV 2010, 2294).

## IV. Justizförmliches Verfahren

Das Verfahren der FGO gliedert sich in die Klage zum FG, der im Regelfall ein außergerichtliches Rechtsbehelfsverfahren der Finanzverwaltung (§§ 347 ff. AO) vorausgeht, und die gegen finanzgerichtliche Urteile stattfindende 45

Revision zum BFH. Gegen Entscheidungen der FG, die nicht Urteile oder diesen gleichstehende Gerichtsbescheide (§ 90a FGO) sind, findet die Beschwerde zum BFH statt (§ 128 FGO). Zum Klagensystem s. Rz. 18 ff.

46 Im Verfahren streiten gleichstehende Beteiligte – der Stpfl. als Kläger, die Finanzbehörde als Beklagter – vor dem unabhängigen und nur dem Gesetz unterworfenen Gericht, das auch in seiner organisatorischen Gestaltung von den Verwaltungsbehörden getrennt und deren Einfluss institutionell entzogen ist (§§ 1, 3 FGO).

47 Der **gesetzliche Richter** i. S. von Art. 97, 98, 101 Abs. 1 Satz 2 GG wird u. a. durch die Regelungen in §§ 4, 27 FGO gewährleistet. Die Mitwirkung des Laienelementes bei den FG wurde beibehalten, daher entscheiden die Senate grundsätzlich in der Besetzung mit drei Berufs- und zwei ehrenamtlichen Richtern (§ 5 Abs. 3 FGO). Ausschließung und Ablehnung von Gerichtspersonen bestimmen sich vorwiegend nach den Vorschriften des Zivilprozesses (§ 51 FGO). Die Beteiligung anderer Personen am Verfahren, deren steuerliche Interessen von der Entscheidung berührt werden, ist als Beiladung, die Prozessführung mehrerer Personen in Anlehnung an die Streitgenossenschaft der ZPO geregelt (§§ 59, 60 FGO).

48 Das Verfahren entfaltet sich im Rahmen der von den Beteiligten gestellten »Anträge« (§§ 65 bis 68, 96 Abs. 1 Satz 2 FGO) nach dem Grundsatz des Amtsbetriebes (§ 77 Abs. 1 Satz 4 FGO); auf Stellung sachdienlicher Anträge hat das FG hinzuwirken. Die mündliche Verhandlung ist der vom Gesetz vorgesehene Regelfall (§ 90 FGO); in ihr werden auch die Beweise erhoben, soweit das nicht ausnahmsweise schon vorher durch beauftragte oder ersuchte Richter geschieht (§ 81 FGO). Die Beweisaufnahme erfolgt nach den Regeln des Zivilprozesses (§ 82 FGO), soweit nicht die Besonderheiten des Verfahrensgegenstandes – Ermittlung von Rechtsverhältnissen des öffentlichen Rechtes – Ausnahmen bedingen; auf die Verpflichtung dritter Personen zur Erteilung von Auskünften und Gewährung von Einsicht, insbes. in Bücher und Schriftstücke, kann auch im finanzgerichtlichen Verfahren nicht verzichtet werden (§§ 83 bis 89 FGO).

49 Der äußere Gang des Verfahrens – Klageerhebung (§§ 64, 65 FGO), Schriftsätze (§ 77 FGO), Akteneinsicht (§ 78 FGO), öffentliche mündliche Verhandlung (§§ 79, 91 bis 94 FGO), Beweiserhebung (§§ 82 bis 89 FGO) und Urteilsfindung (§§ 103 bis 109 FGO) – trägt die justizförmlichen Züge der ordentlichen Gerichtsbarkeit.

## V. Verfahrensgrundsätze

### 1. Amtliche Ermittlungspflicht; Bindung an das Klagebegehren (Dispositionsmaxime)

50 Das Verfahren vor den FG wird vom **Amtsermittlungsgrundsatz** (Untersuchungsgrundsatz) getragen. Die Untersuchung der für die Entscheidung maßgeblichen tatsächlichen und rechtlichen Verhältnisse ist Aufgabe des Gerichtes (§ 76 FGO); dieses bestimmt auch, ob und welche Beweise zu erheben sind; eine materielle Beweislast (entsprechend § 282 ZPO) besteht grds. nicht, sondern im Fall der Nichterweislichkeit von entscheidungserheblichen Tatsachen eine **objektive Feststellungslast** also Folge den Verfahrensbeteiligten durch § 76 Abs. 1 Satz 2 FGO auferlegten **Mitwirkungspflicht** (dazu s. § 76 FGO Rz. 6 ff.).

Im Finanzprozess gilt die **Dispositionsmaxime** (der Verfügungsgrundsatz). Das bedeutet, das FG wird nicht von Amts wegen tätig, sondern der Kläger bestimmt das »Streitprogramm« (*Lüke*, JuS 1961, 41, 43) mit der Klageerhebung; er kann die Klage auch wieder zurücknehmen (§ 72 FGO). Dabei ist das Gericht an das Klagebegehren gebunden. Der Kläger braucht einerseits nicht damit zu rechnen, dass er nicht mit einer Änderung der angefochtenen Verfügung zu seinem Nachteil (**keine Verböserung**). Andererseits kann er nicht erwarten, dass ihm – selbst wenn das gerechtfertigt wäre – vom Gericht mehr zugesprochen wird, als er mit der Klage begehrt (§ 96 Abs. 2 Satz 2 FGO: **ne ultra petita partium**). Dies schließt nach der st. Rspr. des BFH nicht aus, dass das FG innerhalb des durch den festgesetzten Steuerbetrag und den Klageantrag gesteckten Rahmens einzelne Besteuerungsgrundlagen gemessen am angefochtenen Steuerbescheid ungünstiger beurteilt (sog. Saldierungstheorie; grundlegend BFH v. 17.07.1967, GrS 1/66, BStBl II 1968, 344; im Übrigen z. B. BFH v. 13.05.1989, III R 184/86, BStBl II 1989, 846). 51

### 2. Grundsatz des rechtlichen Gehörs, der Mündlichkeit und der Öffentlichkeit

Das Verfahren vor den FG und dem BFH, wie es in der FGO geregelt ist, enthält eine lückenlose Durchführung des Grundsatzes der **Gewährung rechtlichen Gehörs** (Art. 103 Abs. 1 GG) in allen Verfahrensstadien (§§ 60, 71, 75, 76, 78, 83 FGO u. a. m.). Die **Entscheidung aufgrund mündlicher Verhandlung** ist – von Beschlüssen (§ 113 FGO) und Gerichtsbescheiden abgesehen – obligatorisch (§ 90 Abs. 1 FGO). Eine Entscheidung ohne mündliche Verhandlung ist nur im Einverständnis aller Beteiligten möglich (§ 90 Abs. 2 FGO). Die Verhandlungen sind **grds. öffentlich** (§ 52 Abs. 1 FGO i. V. m. § 169 FGO). 52

### 3. Unmittelbarkeitsgrundsatz

Die **Unmittelbarkeit der Beweiserhebung** vor dem erkennenden Gericht in der mündlichen Verhandlung ist die Regel (§ 81 Abs. 1 FGO). Das Beweisverfahren ist formalisiert und den Vorschriften des Zivilprozesses angepasst (§ 82 FGO); nur der Urkundenbeweis ist in einer dem öffentlich-rechtlichen Charakter des Abgabenverfahrens 53 entsprechenden Weise geregelt (§§ 76 Abs. 1 Satz 3; 85 Satz 2; 86 FGO).

#### 4. Konzentrationsmaxime und Beschleunigungsgrundsatz

54 Die FGO geht im Regelfall davon aus, dass ein finanzgerichtliches Verfahren nach einer umfassend vorbereiteten mündlichen Verhandlung mit Beweisaufnahme abschließend entschieden werden kann (sog. **Konzentrationsmaxime**; vgl. für den Zivilprozess *Greger* in Zöller, Vor § 128 ZPO, Rz. 13). Diesem Zweck dienen eine Reihe von Vorschriften, wie z. B. § 79b FGO.

55 Im engen Zusammenhang mit der Konzentrationsmaxime steht der **Beschleunigungsgrundsatz**. Er besagt, dass Prozesse in überschaubarer Zeit abgeschlossen werden sollen. Denn verzögerte Rechtsgewährung kann auch eine gewisse Rechtsverweigerung bedeuten (iustitiae dilatio est quaedam negatio). Eine beschleunigte Erledigung des Verfahrens soll z. B. durch die Setzung von Ausschlussfristen nach §§ 65 Abs. 2 Satz 2 FGO oder 79b Abs. 2 FGO erreicht werden. Ein Beschleunigungseffekt kann auch durch die Übertragung eines Rechtsstreits auf den Einzelrichter (§ 6 FGO) erreicht werden.

## C. Steuerrechtsschutz durch das BVerfG und den EuGH

### I. Vorbemerkungen

56 Das **Steuerrecht** steht als staatliches Eingriffsrecht in engem Zusammenhang mit dem Verfassungsrecht, denn das Rechtsstaatsprinzip erfordert, dass **Eingriffe in die Grundrechte der Bürger** (Art. 1 bis 19 GG) verfassungsrechtlich gerechtfertigt sein müssen. Dies gilt insbes. auch für das Steuerrecht, da jede Steuererhebung jedenfalls einen Eingriff in das Grundrecht der allgemeinen Handlungsfreiheit (Art. 2 Abs. 1 GG) darstellt (vgl. aber BVerfG v. 18.01.2006, 2 BvR 2194/99, BVerfGE 115, 97). Dies bedingt, dass dem von einem Eingriff betroffenen Bürger auch die Möglichkeit gegeben werden muss, eine verfassungsrechtliche Überprüfung zu erreichen, wenn der fachgerichtliche Rechtsschutz durch die FG ausgeschöpft ist oder diese die in einem Streitfall aufgeworfenen verfassungsrechtlichen Fragen nicht abschließend beantworten können. Demzufolge wird Steuerrechtsschutz durch das BVerfG gewährt, und zwar aufgrund der Initiative des Stpfl. (s. Rz. 57) als auch auf Initiative des FG oder BFH (s. Rz. 59 f.).

57 Entsprechendes gilt für das **europäische Unionsrecht**: Das primäre Europarecht (das Vertragsrecht) enthält nur wenige Regelungen für das Steuerrecht. Art. 113 AEUV regelt lediglich die Harmonisierung der indirekten Steuern (*Khan* in Geiger/Khan/Kotzur, Art. 113 AEUV, Rz. 5). Jedoch ist das nationale Steuerrecht der EU-Mitgliedstaaten insbes. durch die Grundfreiheiten des AEUV (Art. 45, 49, 56, 63 AEUV) auf vielfältige Weise beeinflusst (z. B. EuGH v. 12.12.2002, Rs. C-324/00 »Lankhorst-Hohorst«, EuGHE I 2002, 11779; auch *Bartone*, Gesellschafterfremdfinanzierung, S. 106 ff.; *Oppermann/Classen/Nettesheim*, § 35 Rz. 8 ff. m. w. N.). Die Normen des nationalen Steuerrechts müssen – auch soweit sie die direkten Steuern betreffen – sich daher auch am europäischen Gemeinschaftsrecht messen lassen. Dazu bedarf es einer Möglichkeit zur gerichtlichen Überprüfung der Hoheitsakte, die von den EU-Organen ausgehen. Nach Art. 6 Abs. 1 EUV beruht die Europäische Union auch auf den Grundsätzen der Rechtsstaatlichkeit. Zu deren Kernelement gehört – ebenso wie nach deutschem Rechtsverständnis – auch das Bestehen einer wirksamen Kontrollmöglichkeit gegenüber der gemeinschaftsrechtlichen Hoheitsgewalt (*Calliess*, NJW 2002, 3577). Daher hat auch der EuGH schon früh das **Gebot des effektiven gerichtlichen Rechtsschutzes als allgemeinen Rechtsgrundsatz des europäischen Gemeinschaftsrechts** (EuGH v. 23.04.1986, Rs 294/83 »Les Verts«, EuGHE 1986, 3577; v. 23.03.1993, Rs. C-314/91, ABl. EG 1993, Nr. C 123, 10; hierzu *Calliess*, NJW 2002, 3577; *Oppermann/Classen/Nettesheim*, § 13 Rz. 2 ff.). Gewährt wird der europarechtliche Rechtsschutz durch den EuGH, dessen Aufgabe darin besteht, die Wahrung des Gemeinschaftsrechts bei der Auslegung und Anwendung des EUV und des AEUV zu sichern (Art. 19 Abs. 1 Satz 2 EUV).

Mit Inkrafttreten des Vertrags von Lissabon wurde auch die **EUGrCh** verbindliches, unmittelbar geltendes EU-Recht, das dem primären Europarecht zuzuordnen ist (Art. 6 Abs. 1 EUV; vgl. *Jarass*, Einl EUGrCh, Rz. 4, 6 ff., Art. 51 EUGrCh Rz. 13; *Sauer*, § 8 Rz. 3). Die dort geregelten Grundrechte gelten u. a. für die EU-Mitgliedstaaten bei der Durchführung des Unionsrechts (»implementing Union law« bzw. »mettent en œuvre le droit de l'Union«, Art. 51 Abs. 1 Satz 1 EUGrCh), z. B. im Bereich des USt-Rechts. Im Hinblick auf Art. 53 EUGrCh dürften die Grundrechte aus Art. 1 ff. GG regelmäßig einen weitergehenden Schutz bewirken, sodass die europäischen Grundrechte im Einzelfall nur ausnahmsweise zum Tragen kommen dürften (vgl. auch *Sauer*, § 9 Rz. 56a). 57a

Während im nationalen Verfassungsrecht und im Europarecht Möglichkeiten des Steuerrechtsschutzes verankert sind, gilt dies nicht in gleichem Maße für die EMRK. Insbes. **Art. 6 Abs. 1 EMRK**, der dem Einzelnen das Recht auf ein faires gerichtliches Verfahren gewährt und auch gegen überlange Gerichtsverfahren schützt, ist **nicht auf rein steuerrechtliche Streitigkeiten** anwendbar, denn die Vorschrift gilt nur für zivilrechtliche Ansprüche und Verpflichtungen (»civil rights and obligations«/»droits et obligations de caractère civil«; EGMR v. 12.07.2001, 44759/98 »Ferrazzini/Italien«, NJW 2002, 3453; vgl. auch EGMR v. 16.03.2006, 77792/01, juris; EGMR v. 13.01.2005, 62023/00, EUGRZ 2005, 234; BFH 58

v. 15.11.2006, XI B 17/06, BFH/NV 2007, 474; BFH v. 01.03.2016, I B 32/15, BFH/NV 2016, 1141; FG Ha v. 28.10.2010, 3 K 81/10, EFG 2011, 1082). Dabei ist aber zu beachten, dass die europäischen Grundrechte gem. Art. 52 Abs. 3 EUGrCh im Einklang mit der EMRK auszulegen sind (*Jarass*, Art. 52 EUGrCh Rz. 64; vgl. auch Art. 6 Abs. 3 EUV).

## II. Der Zugang zum BVerfG

### 1. Verfassungsbeschwerde (Art. 93 Abs. 1 Nr. 4a GG i.V.m. §§ 13 Nr. 8a, 90 ff. BVerfGG)

59 Nach § 90 Abs. 1 BVerfGG ist jedermann berechtigt, gegen Grundrechtsverletzungen oder Verletzung der grundrechtsgleichen Rechte aus Art. 20 Abs. 4, 33, 38, 101, 103, 104 GG durch Akte der öffentlichen Gewalt nach Erschöpfung des vorgesehenen Rechtsweges binnen Monatsfrist Verfassungsbeschwerde zum BVerfG zu erheben. **Akte der öffentlichen Gewalt** sind solche der Legislative (Gesetze), Exekutive (Verwaltungsakte und sonstige behördliche Akte) sowie die Judikative (Gerichtsentscheidungen). Der Beschwerdeführer muss **substantiiert darlegen**, dass durch den angegriffenen Akt **möglicherweise** ein **Grundrecht oder grundrechtsgleiches Recht verletzt** sein kann. Bei einer Gesetzesverfassungsbeschwerde muss er darlegen, dass er durch das Gesetz selbst, gegenwärtig und unmittelbar betroffen ist. Die **Begründung** jeder Verfassungsbeschwerde muss unter Angabe der erforderlichen Beweismittel erfolgen (§ 23 Abs. 1 Satz 2 BVerfGG). In der Begründung der Beschwerde sind das Recht, das verletzt sein soll, und die Handlung oder Unterlassung des Organs oder der Behörde, durch die der Beschwerdeführer verletzt fühlt, zu bezeichnen (§ 92 BVerfGG). Werden Verfahrensrechte oder verfahrensrechtliche Gehalte materieller Grundrecht gerügt, muss der Beschwerdeführer substantiiert darlegen, dass die angegriffenen Gerichtsentscheidungen auf der behaupteten Grundrechtsverletzung beruht oder zumindest beruhen kann (st. Rspr. des BVerfG; z. B. BVerfG v. 23.06.1993, 1 BvR 133/89, BVerfGE 89, 48; *Magen* in Umbach/Clemens/Dollinger, § 92 BVerfGG, Rz. 18 mit zahlreichen Nachweisen der BVerfG-Rspr.). Außerdem ist z. B. bei Urteilsverfassungsbeschwerden die **Vorlage der angegriffenen Entscheidung(en)** Zulässigkeitsvoraussetzung einer hinreichend substantiierten Verfassungsbeschwerde, wobei es auch genügt, wenn der wesentliche Inhalt der angegriffenen Entscheidungen in einer der Beurteilung zugänglichen Weise wiedergegeben wird (vgl. BVerfG v. 12.07.2000, 1 BvR 2260/97, NJW 2000, 3413).

59a Nach § 90 Abs. 2 Satz 1 BVerfGG kann die Verfassungsbeschwerde erst nach **Erschöpfung des Rechtswegs** erhoben werden, wenn der Rechtsweg zu den **Fachgerichten** zulässig ist. Daraus folgt nicht nur, dass der Rechtsweg formell erschöpft wird und der Beschwerdeführer von allen gesetzlich zugelassenen Rechtsbehelfen rechtzeitig Gebrauch gemacht hat (z. B. BVerfG v. 30.06.1976, 2 BvR 212/76, BVerfGE 42, 252). Darüber hinaus folgt aus § 90 Abs. 2 BVerfGG der Grundsatz der **Subsidiarität** (vgl. *Sperlich* in Umbach/Clemens/Dollinger, § 90 BVerfGG, Rz. 127 ff.). Dieser verlangt, dass der Beschwerdeführer bereits im Verfahren vor den Fachgerichten die behauptete Grundrechtsverletzung mit allen dort statthaften Rechtsbehelfen (unter Einhaltung der dafür bestehenden Formerfordernisse) geltend macht, wenn er sich im Falle der Erfolglosigkeit den Weg der Verfassungsbeschwerde offenhalten will (vgl. BVerfG v. 17.10.1967, 1 BvR 760/64, BVerfGE 22, 287). Daher genügt nicht das bloß formelle Durchlaufen des Rechtswegs, vielmehr muss der Betroffene die Zulässigkeitsvoraussetzung der gebotenen Rechtsbehelfe und Rechtsmittel beachten (**materielle Subsidiarität**; z. B. *Werth*, AO-StB 2007, 24). Der Rechtsweg ist daher z. B. nicht erschöpft und die Verfassungsbeschwerde unzulässig, wenn gegen einen Gerichtsbescheid des BFH nicht Antrag auf mündliche Verhandlung gestellt wurde (BVerfG v. 30.10.1969, 1 BvR 547/69, HFR 1970, 41). Dies gilt grds. auch, wenn ein Rechtsmittel des Beschwerdeführers als unzulässig verworfen wurde. Einen Rechtsweg i. S. von § 90 Abs. 1 Satz 2 BVerfGG eröffnet auch § 69 Abs. 6 FGO, wonach die Entscheidung über einen Antrag auf Aussetzung der Vollziehung vom Gericht jederzeit geändert oder aufgehoben werden kann (BVerfG v. 11.10.1978, 2 BvR 214/76, BVerfGE 49, 325; v. 28. 3. 85, 1 BvR 245/85, HFR 1986, 597). Der Grundsatz der Subsidiarität verlangt auch die **Erhebung einer Anhörungsrüge** (§ 133 a FGO), wenn der Beschwerdeführer geltend macht, durch die Zurückweisung eines Rechtsmittels – z. B. der Nichtzulassungsbeschwerde nach § 116 Abs. 1 FGO – in seinem Anspruch auf rechtliches Gehör (Art. 103 Abs. 1 GG) verletzt worden zu sein. Nur **ausnahmsweise** kann die Verfassungsbeschwerde auch **ohne Rechtswegerschöpfung** erhoben werden, wenn dem Beschwerdeführer andernfalls ein schwerer und unabwendbarer Nachteil entstünde (BVerfG v. 18.12.1985, 2 BvR 1167/84, BVerfGE 71, 305).

Die Verfassungsbeschwerde ist binnen **Monatsfrist** einzulegen und zu begründen (§ 93 Abs. 1 Satz 1 BVerfGG). 59b
Richtet sich diese Beschwerde **gegen** ein **Gesetz** oder einen Hoheitsakt, gegen den kein Rechtsweg gegeben ist, so gilt eine **Frist von einem Jahr** nach Inkrafttreten (§ 93 Abs. 3 BVerfGG). Diese Fristen sind nur gewahrt, wenn der Beschwerdeschriftsatz einschließlich aller Anlagen, insbes. der angegriffenen Entscheidung vollständig vor Fristablauf eingegangen ist. Zu den weiteren Einzelheiten z. B. *Brandt*, AO-StB 2002, 123 und 166; *Desens*, NJW 2006, 1243; *Klein/Sennekamp*, NJW 2007, 945; *Kreuder*, NJW 2001, 1243; *Lübbe-Wolff*, AnwBl 2005,

509; *O'Sullivan*, DVBl 2005, 880; *Seegmüller*, DVBl 1999, 738; *Werth*, AO-StB 2007, 24.

60 **Begründet** ist die **Verfassungsbeschwerde**, wenn der durch den angegriffenen Hoheitsakt erfolgte **Eingriff in den Schutzbereich des betreffenden Grundrechts oder grundrechtsgleichen Rechts nicht verfassungsrechtlich gerechtfertigt** ist. Wendet der Beschwerdeführer gegen das letztinstanzliche Urteil eines Gerichts, so muss er beachten, dass das BVerfG keine »Superrevisionsinstanz« ist (vgl. z.B. BVerfG v. 12.01.2011, 1 BvR 3132/08, WM 2011, 857), sondern lediglich überprüft, ob das Fachgericht spezifisches Verfassungsrecht verletzt hat. Eine solche Verletzung liegt nur dann vor, wenn das Gericht eine einschlägige Verfassungsnorm ganz übersehen oder grds. falsch angewendet hat und die Entscheidung auf diesem Fehler beruht. Besteht kein solcher spezifischer Verfassungsverstoß, so bleibt das angegriffene Urteil bestehen, mag es auch gegen einfaches Recht verstoßen (hierzu *Pieroth* in Jarass/Pieroth, Art. 93 GG, Rz. 73 m.w.N.; *Pieroth/Schlink*, Rz. 1175 f.).

61 Die Grundrechte, die im materiellen Steuerrecht zuvörderst betroffen sind, sind Art. 3 Abs. 1, 6 Abs. 1 und Abs. 2, 12 Abs. 1, 14 Abs. 1 GG. Wegen der Einzelheiten wird auf die Darstellung bei *Tipke/Lang*, Steuerrecht, § 4 Rz. 70 ff.; *Tipke*, Steuerrechtsordnung, Band I, § 8, 6, § 9, 4 ff. verwiesen (vgl. auch zur Vereinbarkeit des § 8a KStG mit den genannten Grundrechten eingehend *Bartone*, Gesellschafterfremdfinanzierung, S. 52 ff.). Einen Verstoß gegen das Rechtsstaatsprinzip (Art. 20 Abs. 3 GG) kann vom einzelnen Steuerpflichtigen nicht isoliert, sondern nur i.V.m. Art. 2 Abs. 1 GG geltend gemacht werden, wenn ein Gesetz z.B. wegen Unverständlichkeit gegen das Rechtsstaatsprinzip verstößt (*Bartone*, Gesellschafterfremdfinanzierung, S. 78 ff.).

61a In der verfassungsgerichtlichen Praxis spielen bei Urteilsverfassungsbeschwerden die Rügen der Verletzung von **Verfahrensgrundrechten** eine sehr bedeutende Rolle (z.B. *Bartone*, AO-StB 2008, 224). Dies betrifft insbes. Art. 3 Abs. 1 GG: Verfassungsrechtliche Grenze für die Fachgerichte bei der Anwendung und Auslegung des einfachen Rechts ist das in **Art. 3 Abs. 1 GG** verankerte **Willkürverbot**. Willkürlich ist ein Urteilsspruch nicht schon dann, wenn die angegriffene Rechtsanwendung oder das dazu einschlägige Verfahren Fehler enthalten. Hinzukommen muss vielmehr, dass diese Fehler unter Berücksichtigung der das Grundgesetz beherrschenden Wertungen nicht mehr verständlich, unter keinem denkbaren Gesichtspunkt mehr rechtlich vertretbar sind und sich der Schluss aufdrängt, dass die Entscheidung auf sachfremden und damit willkürlichen Erwägungen beruht (BVerfG v. 01.07.1954, 1 BvR 361/52, BVerfGE 4, 1; BVerfG v. 15.03.1989, 1 BvR 1428/88, BVerfGE 80, 48; BVerfG v. 29.11.1989, 2 BvR 1491/87, 2 BvR 1492/87, BVerfGE 81, 132). Dabei kann auch die richterliche Auslegung und Anwendung von Verfahrensrecht – wenn sie willkürlich gehandhabt wird – gegen Art. 3 Abs. 1 GG verstoßen (BVerfGE v. 24.03.1976, 2 BvR 804/75, BVerfGE 42, 64).

Daneben ist **Art. 19 Abs. 4 GG** von Bedeutung: Art. 19 61b
Abs 4 GG, der Rechtsschutz gegen die öffentliche Gewalt vorsieht, gewährleistet Rechtsschutz durch den Richter, nicht aber gegen den Richter (BVerfG, v. 12.07.1983, 1 BvR 1470/82, BVerfGE 65, 76). Die hierdurch entstehende Lücke im Rechtsschutz wird dadurch behoben, dass nach der Rspr. des BVerfG der **allgemeine Justizgewährungsanspruch** Rechtsschutz auch in den von GG Art 19 Abs 4 nicht erfassten Fällen ermöglicht, soweit dies rechtsstaatlich geboten ist. Demnach ist die **Rechtsschutzgarantie** des Grundgesetzes nicht auf Rechtsschutz gegen Akte der vollziehenden Gewalt i.S. von Art. 19 Abs. 4 GG beschränkt, sondern umfassend angelegt. Sie sichert allerdings keinen Rechtsmittelzug. Die Garantie wirkungsvollen Rechtsschutzes ist ein wesentlicher Bestandteil des Rechtsstaates (BVerfG v. 02.03.1993, 1 BvR 249/92, BVerfGE 88, 118; BVerfG v. 30.04.1997, 2 BvR 817/90, 2 BvR 728/92, 2 BvR 802/95, 2 BvR 1065/95, BVerfGE 96, 27). Das Grundgesetz garantiert Rechtsschutz vor den Gerichten nicht nur gem. Art. 19 Abs. 4 GG, sondern darüber hinaus im Rahmen des **allgemeinen Justizgewährungsanspruchs**. Dieser ist **Bestandteil des Rechtsstaatsprinzips in Verbindung mit den Grundrechten, insbes. Art. 2 Abs. 1 GG** (BVerfG v. 20.06.1995, 1 BvR 166/93, BVerfGE 93, 99). Die grundgesetzliche Garantie des Rechtsschutzes umfasst den Zugang zu den Gerichten, die Prüfung des Streitbegehrens in einem förmlichen Verfahren sowie die verbindliche gerichtliche Entscheidung (BVerfG v. 30.04.2003, 1 PBvU 1/02, BVerfGE 107, 397).

Im engen Zusammenhang damit steht der grundrechts- 61c
gleiche Anspruch des Bürgers auf den **gesetzlichen Richter aus Art. 101 Abs. 1 Satz 2 GG**. Dieses grundrechtsgleiche Recht hat nicht nur Bedeutung für die richterliche Geschäftsverteilung (s. § 4 FGO Rz. 3 ff.), sondern auch für das finanzgerichtliche Verfahren. Denn das Recht aus Art. 101 Abs. 1 Satz 2 GG ist verletzt, wenn ein Gericht die Verpflichtung zur Vorlage an ein anderes Gericht willkürlich außer Acht lässt (BVerfG v. 29.06.1976, 2 BvR 948/75, BVerfGE 42, 237; BVerfG v. 15.05.1984, BvR 967/83, BVerfGE 67, 90). Dies kann (theoretisch) die Vorlage an das BVerfG nach Art. 100 Abs. 1 GG (s. Rz. 62), aber insbes. an den **EuGH** (s. Rz. 64) betreffen.

Schließlich spielt der Anspruch auf **Gewährung recht-** 61d
**lichen Gehörs aus Art. 103 Abs. 1 GG** eine zentrale Rolle in jedem gerichtlichen Verfahren und bei der Urteilsverfassungsbeschwerde: In der verfassungsgerichtlichen Rspr. ist geklärt, dass die Gewährleistung des rechtlichen Gehörs (Art. 103 Abs. 1 GG) die Gerichte verpflichtet, die Ausführungen von Verfahrensbeteiligten zur Kenntnis zu nehmen und in Erwägung zu ziehen (BVerfG

v. 14.06.1960, 2 BvR 96/60, BVerfGE 11, 218; BVerfG v. 30.01.1985, 1 BvR 876/84, BVerfGE 69, 145; BVerfG v. 08.10.1985, 1 BvR 33/83, BVerfGE 70, 288). Eine Gehörsverletzung kann allerdings nur dann festgestellt werden, wenn im Einzelfall besondere Umstände deutlich machen, dass tatsächliches Vorbringen des Beschwerdeführers entweder überhaupt nicht zur Kenntnis genommen oder bei der Entscheidung nicht erwogen worden ist; grundsätzlich geht das BVerfG davon aus, dass die Gerichte das Vorbringen der Prozessbeteiligten berücksichtigen (BVerfG v. 01.02.1978, 1 BvR 426/77, BVerfGE 47, 182; BVerfGE 65, 293; BVerfGE 70, 288). Die wesentlichen, der Rechtsverfolgung und Rechtsverteidigung dienenden Tatsachen müssen jedoch in den Entscheidungsgründen verarbeitet werden (BVerfG v. 01.02.1978, 1 BvR 426/77, BVerfGE 47, 182; BVerfG v. 21.10.1981, 1 BvR 1024/79, BVerfGE 58, 353). Beweisanträge, auf die es für die Entscheidung ankommt, müssen vom Gericht berücksichtigt werden (vgl. BVerfG v. 20.04.1982, 1 BvR 1242/81, BVerfGE 60, 247; BVerfG v. 30.01.1985, 1 BvR 876/84, BVerfGE 69, 145), sofern nicht Gründe des Prozessrechts es gestatten oder dazu zwingen, sie unbeachtet zu lassen (BVerfG v. 07.12.2006, 2 BvR 2228/06, n. v.; zum Ganzen z. B. *Bartone*, AO-StB 2008, 224).

### 2. Konkrete Normenkontrolle (Art. 100 Abs. 1 GG i.V.m. §§ 13 Nr. 11, 80 ff. BVerfGG)

62 Nach Art. 100 Abs. 1 GG hat jedes Gericht, das ein **förmliches Gesetz**, auf das es bei seiner Entscheidung ankommt, für verfassungswidrig hält, nach näherer Maßgabe des § 80 BVerfGG unter Aussetzung des Verfahrens die Entscheidung des Bundesverfassungsgerichtes einzuholen. Voraussetzungen für einen solchen Vorlagebeschluss ist, dass es sich um ein **nachkonstitutionelles** Bundesgesetz handelt, welches für den konkreten Rechtsstreit eine **entscheidungserhebliche Rolle** spielt, und dass das **vorlegende Gericht** von dessen **Verfassungswidrigkeit überzeugt** ist (*Pieroth* in Jarass/Pieroth, Art. 100 GG, Rz. 6 ff. m. w. N.). Die **Zulässigkeit** einer Richtervorlage setzt voraus, dass das vorlegende Gericht darlegt, inwiefern seine Entscheidung von der Gültigkeit der zur Prüfung gestellten Rechtsnorm abhängt und mit welcher übergeordneten Rechtsnorm diese unvereinbar sein soll. Dabei ist für die Beurteilung der Entscheidungserheblichkeit die Rechtsauffassung des vorlegenden Gerichts maßgebend, sofern diese nicht auf offensichtlich unhaltbaren rechtlichen Überlegungen oder tatsächlichen Würdigungen beruht (BVerfG v. 28.01.1981, 1 BvL 131/78, BVerfGE 56, 128 m. w. N.). Im Einzelnen bedeutet das für die **Zulässigkeit der Richtervorlage** folgendes: Ein Gericht kann eine Entscheidung des BVerfG über die Verfassungsmäßigkeit gesetzlicher Vorschriften nach Art. 100 Abs. 1 GG nur einholen, wenn es zuvor sowohl die Entscheidungserheblichkeit der Vorschriften als auch ihre Verfassungsmäßigkeit sorgfältig geprüft hat (BVerfG v. 12.05.1992, 1 BvL 7/89, BVerfGE 86, 71). Nach § 80 Abs. 2 Satz 1 BVerfGG muss das vorlegende Gericht angeben, inwiefern seine Entscheidung von der Gültigkeit der zu prüfenden Norm abhängig ist und mit welcher übergeordneten Rechtsnorm sie unvereinbar ist. Diesem Begründungserfordernis genügt ein Vorlagebeschluss nur dann, wenn die Ausführungen des vorlegenden Gerichts auch erkennen lassen, dass es eine eingehende Prüfung vorgenommen hat. Wenngleich die Verfahrensakten nach § 80 Abs. 2 Satz 2 BVerfGG dem Vorlagebeschluss beizufügen und dem BVerfG vorzulegen sind, muss der Vorlagebeschluss aus sich heraus, ohne Beiziehung der Akten verständlich sein und mit hinreichender Deutlichkeit erkennen lassen, dass das vorlegende Gericht bei Gültigkeit der Regelung zu einem anderen Ergebnis kommen würde als im Falle ihrer Ungültigkeit und wie es dieses Ergebnis begründen würde (BVerfG v. 24.02.1987, 2 BvL 7/85, BVerfGE 74, 236; BVerfG v. 12.01.1993, 1 BvL 7/92, 1 BvL 27/92, 1 BvL 49/92, BVerfGE 88, 70). Zur eingehenden Darlegung der Entscheidungserheblichkeit muss der Vorlagebeschluss den entscheidungserheblichen Sachverhalt und eine umfassende Darlegung der die rechtliche Würdigung tragenden Erwägungen enthalten. Aus § 80 Abs. 2 Satz 1 BVerfGG folgt insoweit, dass sich das vorlegende Gericht eingehend mit der einfachrechtlichen Rechtslage auseinandersetzt, die in Rspr. und Lit. entwickelten Rechtsauffassungen berücksichtigt (BVerfG v. 17.01.1978, 1 BvL 13/76, BVerfGE 47, 109; BVerfG v. 20.02.2002, 2 BvL 5/99, BVerfGE 105, 61) und auf unterschiedliche Auslegungsmöglichkeiten eingeht (z. B. BVerfG v. 02.12.1997, 2 BvL 55/92, 2 BvL 56/92, BVerfGE 97, 49; BVerfG v. 20.02.2002, 1 BvL 19/97, 1 BvL 20/97, 1 BvL 21/97, 1 BvL 11/98, BVerfGE 105, 48).

Darüber hinaus muss das Gericht seine **Überzeugung von der Verfassungswidrigkeit der Norm** näher darlegen und deutlich machen, mit welchem verfassungsrechtlichen Grundsatz die zur Prüfung gestellte Regelung seiner Ansicht nach unvereinbar ist. Auch insoweit muss sich das vorlegende Gericht mit naheliegenden tatsächlichen und rechtlichen Gesichtspunkten sowie der dazu ergangenen Rspr. und Lit. eingehend auseinandersetzen (BVerfG v. 12.05.1992, 1 BvL 7/89, BVerfGE 86, 71; BVerfG v. 02.12.1997, 2 BvL 55/92, 2 BvL 56/92, BVerfGE 97, 49). Die Darlegungen zur Verfassungswidrigkeit der zur Prüfung gestellten Norm müssen den verfassungsrechtlichen Prüfungsmaßstab nicht nur benennen, sondern auch die für die Überzeugung des Gerichts maßgebenden Erwägungen nachvollziehbar darlegen. Insoweit kann es auch erforderlich sein, die maßgeblichen Gesetzgebungsgründe zu erörtern (BVerfG v. 10.05.1988, 1 BvL 16/87, BVerfGE 78, 201; BVerfG v. 06.03.1990, 2 BvL 10/89, BVerfGE 81, 275; BVerfG v. 12.05.1992,

1 BvL 7/89, BVerfGE 86, 71). Rspr. und Lit. sind in die Argumentation einzubeziehen (BVerfG v. 10.05.1988, 1 BvL 8/82, 1 BvL 9/82, 1 BvL 8, 9/82, BVerfGE 78, 165; BVerfG v. 14.12.1993, 1 BvL 25/88, BVerfGE 89, 329). Dazu gehört auch, dass das vorlegende Gericht den Versuch einer **verfassungskonformen Auslegung** macht und darlegt, dass eine solche nicht möglich ist. Ansonsten ist die Vorlage unzulässig (vgl. z.B. BVerfG v. 16.12.2010, 2 BvL 16/09, FamRZ 2011, 453). Der **Aussetzungsbeschluss** beruht unmittelbar auf Art. 100 Abs. 1 GG, der § 74 FGO vorgeht. Das Verfahren wird wieder aufgenommen, wenn die Entscheidung des BVerfG ergangen ist (zur Aussetzung s. § 74 Rz. 3 ff.). Art. 100 Abs. 1 GG begründet die **Pflicht** eines jeden Richters zur Vorlage an das BVerfGG, selbst wenn andere Gerichte die Norm bereits vorgelegt haben, da ein Verstoß gegen diese Pflicht Art. 101 Abs. 1 Satz 2 GG verletzt (*Pieroth* in Jarass/Pieroth, Art. 100 GG Rz. 3). Verletzt ein Gericht seine Vorlagepflicht, führt dies zu einem Verstoß gegen Art. 101 Abs. 1 Satz 2 GG.

63 FG und BFH sind nicht befugt, in eigener Kompetenz die Verfassungswidrigkeit einer nachkonstitutionellen Norm festzustellen und die Norm zu verwerfen, da **nur** das **BVerfGG** insoweit die **Verwerfungskompetenz** hat – dies folgt aus Art. 100 Abs. 1 GG. Das Verwerfungsmonopol des BVerfGG erstreckt sich nicht auf vorkonstitutionelle Gesetze, jedoch dürften auf dem Gebiet des Steuerrechts keine Gesetze dieser Art mehr bestehen. Soweit Art. 100 Abs. 1 GG auch die Vorlage an Landesverfassungsgerichte bzw. -gerichtshöfe regelt, dürfte die Anwendung auf steuerrechtliche Normen, die im finanzgerichtlichen Verfahren entscheidungserheblich sind, praktisch kaum in Betracht kommen.

### III. Der Zugang zum EuGH

64 Der EuGH entscheidet im Wege der **Vorabentscheidung** unter anderem über die Auslegung der europäischen Verträge, Art. 267 Abs. 1 Buchst. a AEUV (ex-Art. 234 Abs. 1 Buchst. a EGV). Hält ein nationales Gericht eine innerstaatliche Norm für europarechtswidrig, so eröffnet dies noch nicht den Weg zum EuGH, da dieser nur den EGV auszulegen hat. Denn der EuGH entscheidet nicht über streitige Sachverhaltsfragen, sondern ausschließlich über die Auslegung der Norm des europäischen Gemeinschaftsrechts (*Brandt*, AO-StB 2002, 281). Das Gericht hat daher sein Vorabentscheidungsersuchen so zu formulieren, dass dem EuGH die **Frage** zur Vorabentscheidung gem. Art. 267 Abs. 1 AEUV vorgelegt wird, **ob der EUV oder der AEUV dahingehend auszulegen** ist, **dass** die entscheidungserhebliche **innerstaatliche Norm mit den Regelungen des EUV** oder des AEUV (z.B. mit den Grundfreiheiten) **nicht vereinbar** ist.

Jedes FG kann bei Zweifeln über die Auslegung des EUV/AEUV im vorgenannten Sinn das finanzgerichtliche Verfahren nach Art. 267 Abs. 3 AEUV aussetzen und die Rechtsfrage dem EuGH zur Vorabentscheidung vorlegen (Art. 267 Abs. 2 AEUV). Eine **Verpflichtung** hierzu besteht nicht. Etwas anderes gilt für den **BFH**, da die nationalen letztinstanzlichen Gerichte gem. Art. 267 Abs. 3 AEUV zur Anrufung des EuGH verpflichtet sind. Die **Vorlagepflicht** erstreckt sich indessen **nicht** auf das Verfahren des **einstweiligen Rechtsschutzes** (§§ 69 Abs. 3, 114 FGO). In dem Vorlagebeschluss muss das vorlegende Gericht darlegen, dass die Vorlagefrage im konkreten Rechtsstreit entscheidungserheblich ist, ansonsten ist die Vorabentscheidungsersuchen unzulässig (*Brandt*, AO-StB 2002, 281 m.w.N.). Insoweit besteht eine gewisse Parallelität zum Verfahren der konkreten Normenkontrolle nach Art. 100 Abs. 1 GG (s. Rz. 61). 65

**Unterlässt** ein Gericht die **Durchführung eines Vorabentscheidungsverfahrens** nach Art 267 AEUV, **kann** dies zu einer **Verletzung** des sich aus **Art 101 Abs 1 Satz 2 GG** ergebenden Rechts auf den gesetzlichen Richter führen. Eine solche Verletzung liegt in diesem Fall jedoch nur dann vor, wenn zu einer entscheidungserheblichen Frage des Gemeinschaftsrechts einschlägige Rspr des EuGH nicht vorliegt oder hat der EuGH die entscheidungserhebliche Frage möglicherweise noch nicht erschöpfend beantwortet hat oder eine Fortentwicklung der Rspr des EuGH nicht nur als entfernte Möglichkeit erscheint und das letztinstanzliche Hauptsachengericht den ihm in solchen Fällen notwendig zukommenden Beurteilungsrahmen in unvertretbarer Weise überschritten hat (z.B. BVerfG v. 14.05.2007, 1 BvR 2036/05, BVerfGK 11, 189; BVerfG v. 19.12.2017, 2 BvR 424/17, NJW 2018, 686; ferner z.B. auch *Bartone*, AO-StB 2008, 224, 227). 65a

Einen **unmittelbaren steuerrechtlichen Individualrechtsschutz gegen innerstaatliche Rechtsakte** kennt das **Europarecht grds. nicht**. Denn die im AEUV vorgesehenen Maßnahmen des Individualrechtsschutzes (Untätigkeitsklage nach Art. 263 AEUV; Nichtigkeitsklage nach Art. 265 AEUV) richten sich ausnahmslos gegen die EU-Organe und – im Fall der Nichtigkeitsklage – die EZB (Art. 263 Abs. 1, 265 Abs. 1 AEUV). Dem Stpfl. als »nichtprivilegiertem Kläger« (Art. 263 Abs. 4, 265 Abs. 4 AEUV) steht allenfalls der Umweg über eine Beschwerde an die EU-Kommission wegen einer Vertragsverletzung durch die Bundesrepublik Deutschland zur Verfügung mit dem Ziel, dass die Kommission ihrerseits gegen die Bundesrepublik nach Art. 263 Abs. 1 AEUV vorgeht und eine Nichtigkeitsklage vor dem EuGH erhebt. Im Falle ihrer Untätigkeit kann der Stpfl. dann seinerseits gem. Art. 263 Abs. 4 AEUV eine **Nichtigkeitsklage** gegen die Kommission erheben (dazu *Brandt*, AO-StB, 2002, 236). Im Übrigen kann er Verfassungsbeschwerde zum BVerfG we- 66 gen Verletzung von Art. 101 Abs. 1 Satz 2 GG erheben, wenn der BFH gegen seine Vorlagepflicht aus Art. 267 Abs. 3 AEUV verstößt, da auch die Richter des EuGH gesetzliche Richter i.S. von Art. 101 Abs. 1 Satz 2 GG sind (s. Rz. 61c, 65a).

# Erster Teil. Gerichtsverfassung

## Abschnitt I. Gerichte

### § 1 FGO Unabhängigkeit der Gerichte

**Die Finanzgerichtsbarkeit wird durch unabhängige, von den Verwaltungsbehörden getrennte, besondere Verwaltungsgerichte ausgeübt.**

FGO in der Fassung der Bekanntmachung vom 28. März 2001 (BGBl. I S. 442, 2262; 2002 I S. 679), **zuletzt geändert durch Gesetz v. 8. Oktober 2017, BGBl. I 2017, 3546.**

**S. § 1 VwGO; § 1 SGG; § 1 GVG.**

**Schrifttum**

Lorenz, Richterliche Unabhängigkeit und frühere Tätigkeit in der Finanzverwaltung, StuW 1980, 325; P. Fischer, Innere Unabhängigkeit und Fiskalinteresse, StuW 1992, 121; Heyde in Benda/Maihofer/Vogel, Handbuch des Verfassungsrechts Band 2, 2. Aufl. 1995; Von Bargen, Die Rechtsstellung der Richterinnen und Richter in Deutschland, DRiZ 2010, 100, 133; Weber, Richterliche Unabhängigkeit in menschenrechtlicher Perspektive, DRiZ 2012, 16, 59; Rennert, Was ist ein guter Richter? – Fünfzehn Thesen für eine Annäherung, DRiZ 2013, 214; Birk, Die Finanzgerichtsbarkeit – Erwartungen, Bedeutung, Einfluss, DStR 2014, 65; Drüen, Richterseminar K: Effektiver Rechtsschutz für Steuerpflichtige – Garantie und Herausforderungen, IStR 2015, 609.

1 Aus § 1 FGO folgt, dass die Finanzgerichtsbarkeit **Gerichtsbarkeit i.S. von Art. 92 GG** ist, d.h. für die Beteiligten die verbindliche Beurteilung von festzustellenden Sachverhalten in Fällen bestrittenen, verletzten oder bedrohten Rechts mit dem Ziel möglichst richtiger Rechtserkenntnis vornimmt (vgl. *Heyde*, Rz. 15), in Rechtsstreitigkeiten über öffentlich-rechtliche Abgabenangelegenheiten und in den übrigen in § 33 FGO bezeichneten Rechtsstreitigkeiten (dazu s. § 33 FGO Rz. 1 ff.). Die **Finanzrichter** sind daher **sachlich und persönlich unabhängige staatliche Organe**, die zur Entscheidung über fremde Rechtsangelegenheiten berufen sind (*Heyde*, Rz. 15). Die ausschließliche Gesetzgebungskompetenz des Bundes für die Finanzgerichtsbarkeit folgt aus der speziellen Kompetenzzuweisung in Art. 108 Abs. 6 GG. Zur Rechtsentwicklung s. Vor FGO Rz. 1 ff.

Von Verfassungs wegen ist es nicht geboten, **Finanzrichter** allein deshalb von der richterlichen Tätigkeit auszuschließen, weil sie **früher** der **Finanzverwaltung** angehört haben. Allein die frühere Verbindung zur Exekutive begründet nach der Rspr. des BVerfG **keine Vermutung mangelnder Unabhängigkeit** (BVerfG v. 09.12.1987, 1 BvR 1271/87, HFR 1989, 272; BFH v. 03.08.2000, VIII B 80/99, BFH/NV 2001, 783; BFH v. 20.08.2012, III B 33/12, BFH/NV 2012, 1991; BFH v. 23.06.2014, X R 13/14, BFH/NV 2014, 1758; *Brandis* in Tipke/Kruse, § 1 FGO Rz. 9; *Fischer*, StuW 1992, 127; *Lorenz*, StuW 1980, 325). Beachte jedoch § 51 Abs. 2 FGO. Verfassungsrechtlich unbedenklich – wenn auch nicht sehr glücklich – ist auch die in Bayern bestehende Besonderheit, dass die FG zum Staatsministerium der Finanzen gehören und die bayerischen Finanzrichter vom Bayerischen Staatsminister der Finanzen ernannt werden (BFH v. 20.11.1997, VI R 70/97, BFH/NV 1998, 609; BFH v. 11.12.2012, IX R 68/10, BStBl II 2013, 367).

Finanzgerichtsbarkeit ist ein Teil der Verwaltungsgerichtsbarkeit. Die FG sind wie die SG **besondere Verwaltungsgerichte** und als solche von den allgemeinen Verwaltungsgerichten getrennt. Gemeinsam mit diesen ist ihre Befassung mit öffentlich-rechtlichen Streitigkeiten nichtverfassungsrechtlicher Art. Die Abgrenzung zur allgemeinen Verwaltungsgerichtsbarkeit erfolgt nach § 33 FGO, d.h. die FG entscheiden in Abgabenangelegenheiten (§ 33 Abs. 2 FGO) oder den in § 33 Abs. 1 Nr. 2 bis 4 FGO bezeichneten Angelegenheiten. § 33 FGO stellt daher eine abdrängende bundesgesetzliche **Sonderzuweisung i.S. von § 40 Abs. 1 Satz 1 VwGO** (s. § 33 FGO Rz. 1) 2

Die in § 1 FGO normierte **Unabhängigkeit der FG** bedeutet, dass diese von der gesetzgebenden und vollziehenden Gewalt unabhängig sind, und entspricht damit dem Grundsatz der **Gewaltenteilung** (Art. 20 Abs. 2 Satz 2 GG). Sie zeigt sich einmal in organisatorischer und personeller Hinsicht in Gestalt organisatorischer Trennung von der Finanzverwaltung, der Beseitigung der Dienstaufsicht durch Finanzverwaltungsbehörden (s. § 31 FGO) und das Verbot der Übertragung von Geschäften der Verwaltungsbehörden auf die FG (§ 32 FGO), des Weiteren in der Ausstattung der hauptamtlichen Richter mit der verfassungsmäßig garantierten vollen richterlichen Unabhängigkeit i.S. des Art. 97 GG, §§ 25 bis 37 DRiG. Dass die Richterernennung und die organisatorische Ressortierung der Gerichtsbarkeit bei einem Justizministerium geregelt ist, führt nicht zu einem Verstoß gegen das Gewaltenteilungsprinzip (BVerfG v. 10.06.1953, 1 BvF 1/53, BVerfGE 2, 307; FG Ha v. 04.02.2014, 3 KO 28/14, EFG 2014, 1019). Die richterliche Unabhängigkeit besteht darin, dass der **Richter** bei 3

Ausübung seiner Spruchtätigkeit an Weisungen nicht gebunden und nur dem Gesetz unterworfen ist (Art. 97 Abs. 1 GG) und dass er – vorbehaltlich der Erreichung gesetzlich bestimmter Altersgrenzen – auf Lebenszeit ernannt wird und gegen seinen Willen nur kraft richterlicher Entscheidung und in den gesetzlich bestimmten Formen aus seinem Amte entlassen, seines Amts dauernd oder zeitweise enthoben oder an eine andere Stelle oder in den Ruhestand versetzt werden kann. Die für Richter auf Probe oder kraft Auftrags (§ 15 FGO; §§ 12, 14 DRiG) und für ehrenamtliche Richter (§§ 21, 22 FGO, § 45 DRiG) geltenden Einschränkungen der vollen richterlichen Unabhängigkeit in persönlicher Hinsicht ergeben sich aus der Besonderheit ihrer Funktionen; unberührt bleibt jedoch auch hier die Weisungsfreiheit bei Ausübung der Spruchtätigkeit und die alleinige Bindung an das Gesetz.

## § 2 FGO
## Arten der Gerichte

**Gerichte der Finanzgerichtsbarkeit sind in den Ländern die Finanzgerichte als obere Landesgerichte, im Bund der Bundesfinanzhof mit dem Sitz in München.**

1 Aus der Regelung des § 2 FGO folgt der **zweistufige Aufbau der Finanzgerichtsbarkeit** mit den FG als einzige Tatsacheninstanz und dem BFH als Rechtsmittelgericht.

2 Die FG sind »entsprechend dem Übergewicht der Länder auf dem Gebiet der Finanzverwaltung gem. Art. 108 Abs. 3 GG« (vgl. die Gesetzesbegründung BT-Drs. IV/127, 31) **Gerichte der Länder**. Aus der Formulierung der Vorschrift folgt, dass grds. in jedem Bundesland (mindestens) ein FG errichtet werden muss (Ausnahme: § 3 Abs. 2 FGO). Entsprechend ihrer Bedeutung als erster und letzter gerichtlicher Tatsacheninstanz (s. Rz. 1) sind sie zu oberen Landesgerichten aufgewertet und den OLG, OVG, LSG und LAG gleichgestellt.

3 Der BFH ist einer der fünf **obersten Gerichtshöfe des Bundes**, die gem. Art. 95 Abs. 1 GG zwingend einzurichten sind. Die Richter stehen im Bundesdienst und werden nach Art. 95 Abs. 2 GG berufen, der seine einfachgesetzliche Konkretisierung im RichterwahlG gefunden hat. Seinen Sitz hat der BFH in München, Ismaninger Straße 109, im Dienstgebäude des ehemaligen RFH.

## § 3 FGO
## Errichtung und Aufhebung von Finanzgerichten

**(1) Durch Gesetz werden angeordnet**

**1. die Errichtung und Aufhebung eines Finanzgerichts,**

**2. die Verlegung eines Gerichtssitzes,**

**3. Änderungen in der Abgrenzung der Gerichtsbezirke,**

**4. die Zuweisung einzelner Sachgebiete an ein Finanzgericht für die Bezirke mehrerer Finanzgerichte,**

**5. die Errichtung einzelner Senate des Finanzgerichts an anderen Orten,**

**6. der Übergang anhängiger Verfahren auf ein anderes Gericht bei Maßnahmen nach den Nummern 1, 3 und 4, wenn sich die Zuständigkeit nicht nach den bisher geltenden Vorschriften richten soll.**

**(2) Mehrere Länder können die Errichtung eines gemeinsamen Finanzgerichts oder gemeinsamer Senate eines Finanzgerichts oder die Ausdehnung von Gerichtsbezirken über die Landesgrenzen hinaus, auch für einzelne Sachgebiete, vereinbaren.**

**S. § 3 VwGO; §§ 7, 28 SGG**

§ 3 Abs. 1 FGO bestimmt, dass die in § 3 Abs. 1 Nr. 1 bis 6 FGO genannten organisatorischen Maßnahmen nur durch ein förmliches Gesetz geregelt werden können (vgl. zu § 3 Abs. 1 Nr. 6 FGO z. B. BFH v. 14.08.1980, V R 142/75, BStBl II 1981, 71); untergesetzliche Normen, z. B. Rechtsverordnungen reichen daher nicht aus. Die Vorschrift trägt der Rspr. des BVerfG Rechnung, wonach zur Errichtung, Aufhebung oder Stilllegung von Gerichten ein förmliches Gesetz erforderlich ist (BVerfG v. 10.06.1953, 1 BvF 1/53, BVerfGE 2, 307). Für die Errichtung eines FG ist ein Gesetz des Landes, für dessen Gebiet die auf seiner Gerichtshoheit (§ 2 FGO) beruhenden organisatorischen Maßnahmen getroffen werden sollen. Die Länder haben dementsprechende AGFGO erlassen. Für die Errichtung des BFH gilt Art. 95 Abs. 1 GG (auch s. § 2 FGO Rz. 3). 1

Zurzeit gibt es im Bundesgebiet 18 FG, die ihren Sitz in Bremen, Cottbus, Dessau, Düsseldorf, Gotha, Greifswald, Hamburg, Hannover, Stuttgart, Kassel, Kiel, Köln, Leipzig, München, Münster, Neustadt (Weinstraße), Nürnberg und Saarbrücken haben. Die Gerichtsbezirke der FG lehnten sich ursprünglich überwiegend an die Bezirke der OFD an. Detachierte Senate von FG (Abs. 1 Nr. 5), die eine größere Ortsnähe ermöglichen, bilden einen Teil des FG. Es gibt solche abgesetzten Senate (Außensenate) z. B. bei dem FG Stuttgart in Freiburg. 2

§ 3 Abs. 2 FGO bildet eine Ausnahme von dem Grundsatz, wonach möglichst in jedem Bundesland ein FG errichtet werden soll (s. § 2 FGO Rz. 2). Damit soll für die Länder die Möglichkeit geschaffen werden, FG oder einzelne Senate – ohne Rücksicht auf die Ländergrenzen – allein nach den tatsächlichen Bedürfnissen zu errichten. Die erforderliche Regelung bedarf der Form eines Staatsvertrages zwischen den beteiligten Ländern. Derartige 3

Staatsverträge bestehen zwischen der Hansestadt Hamburg und den Ländern Niedersachsen und Schleswig-Holstein hinsichtlich der Errichtung eines gemeinsamen Zollsenats beim FG Hamburg (Zoll- und Verbrauchsteuersachen, Finanzmonopolsachen, andere Angelegenheiten, die der Zollverwaltung aufgrund von Rechtsvorschriften übertragen sind, und Angelegenheiten aus der Durchführung der Agrarmarktordnung der EU; *Sunder-Plassmann* in HHSp, § 3 FGO Rz. 50; *Herbert* in Gräber, § 3 FGO Rz. 6) sowie zwischen den Ländern Berlin und Brandenburg hinsichtlich eines gemeinsamen FG (dazu BVerfG v. 14.07.2006, 2 BvR 1058/05, BFH/NV 2006, Beilage 4, 493).

## § 4 FGO Anwendung des Gerichtsverfassungsgesetzes

**Für die Gerichte der Finanzgerichtsbarkeit gelten die Vorschriften des Zweiten Titels des Gerichtsverfassungsgesetzes entsprechend.**

**S. § 4 VwGO; § 6 SGG**

**Schrifttum**

Bartone, Grundrechte und grundrechtsgleiche Rechte im Verfassungsbeschwerdeverfahren gegen letztinstanzliche Entscheidungen des BFH, AO-StB 2008, 224.

1 § 4 FGO verweist auf die §§ 21 a bis 21i GVG betreffend die allgemeinen Vorschriften über das Präsidium und die Geschäftsverteilung, die unmittelbar nur für die ordentlichen Gerichte (§ 12 GVG) gelten.

§ 21a GVG

(1) Bei jedem Gericht wird ein Präsidium gebildet.

(2) Das Präsidium besteht aus dem Präsidenten oder aufsichtsführenden Richter als Vorsitzenden und

1. bei Gerichten mit mindestens achtzig Richterplanstellen aus zehn gewählten Richtern,
2. bei Gerichten mit mindestens vierzig Richterplanstellen aus acht gewählten Richtern,
3. bei Gerichten mit mindestens zwanzig Richterplanstellen aus sechs gewählten Richtern,
4. bei Gerichten mit mindestens acht Richterplanstellen aus vier gewählten Richtern,
5. bei den anderen Gerichten aus den nach § 21 b Abs. 1 wählbaren Richtern.

§ 21b GVG

(1) Wahlberechtigt sind die Richter auf Lebenszeit und die Richter auf Zeit, denen bei dem Gericht ein Richteramt übertragen ist, sowie die bei dem Gericht tätigen Richter auf Probe, die Richter kraft Auftrags und die für eine Dauer von mindestens drei Monaten abgeordneten Richter, die Aufgaben der Rechtsprechung wahrnehmen. Wählbar sind die Richter auf Lebenszeit und die Richter auf Zeit, denen bei dem Gericht ein Richteramt übertragen ist. Nicht wahlberechtigt und nicht wählbar sind Richter, die für mehr als drei Monate an ein anderes Gericht abgeordnet, für mehr als drei Monate beurlaubt oder an eine Verwaltungsbehörde abgeordnet sind.

(2) Jeder Wahlberechtigte wählt höchstens die vorgeschriebene Zahl von Richtern.

(3) Die Wahl ist unmittelbar und geheim. Gewählt ist, wer die meisten Stimmen auf sich vereint. Durch Landesgesetz können andere Wahlverfahren für die Wahl zum Präsidium bestimmt werden; in diesem Fall erlässt die Landesregierung durch Rechtsverordnung die erforderlichen Wahlordnungsvorschriften; sie kann die Ermächtigung hierzu auf die Landesjustizverwaltung übertragen. Bei Stimmengleichheit entscheidet das Los.

(4) Die Mitglieder werden für vier Jahre gewählt. Alle zwei Jahre scheidet die Hälfte aus. Die zum ersten Mal ausscheidenden Mitglieder werden durch das Los bestimmt.

(5) Das Wahlverfahren wird durch eine Rechtsverordnung geregelt, die von der Bundesregierung mit Zustimmung des Bundesrates erlassen wird.

(6) Ist bei der Wahl ein Gesetz verletzt worden, so kann die Wahl von den in Abs. 1 Satz 1 bezeichneten Richtern angefochten werden. Über die Wahlanfechtung entscheidet ein Senat des zuständigen Oberlandesgerichts, bei dem Bundesgerichtshof ein Senat dieses Gerichts. Wird die Anfechtung für begründet erklärt, so kann ein Rechtsmittel gegen eine gerichtliche Entscheidung nicht darauf gestützt werden, das Präsidium sei deswegen nicht ordnungsgemäß zusammengesetzt gewesen. Im Übrigen sind auf das Verfahren die Vorschriften des Gesetzes über das Verfahren in Familiensachen und die Angelegenheiten der freiwilligen Gerichtsbarkeit sinngemäß anzuwenden.

§ 21c GVG

(1) Bei einer Verhinderung des Präsidenten oder aufsichtsführenden Richters tritt sein Vertreter (§ 21h) an seine Stelle. Ist der Präsident oder aufsichtsführende Richter anwesend, so kann sein Vertreter, wenn er nicht selbst gewählt ist, an den Sitzungen des Präsidiums mit beratender Stimme teilnehmen. Die gewählten Mitglieder des Präsidiums werden nicht vertreten.

(2) Scheidet ein gewähltes Mitglied des Präsidiums aus dem Gericht aus, wird es für mehr als drei Monate an ein anderes Gericht abgeordnet oder für mehr als drei Monate beurlaubt, wird es an eine Verwaltungsbehörde abgeordnet oder wird es kraft Gesetzes Mitglied des Präsidiums, so tritt an seine Stelle der durch die letzte Wahl Nächstberufene.

§ 21 d GVG

(1) Für die Größe des Präsidiums ist die Zahl der Richterplanstellen am Ablauf des Tages maßgebend, der dem Tage, an dem das Geschäftsjahr beginnt, um sechs Monate vorhergeht.

(2) Ist die Zahl der Richterplanstellen bei einem Gericht mit einem Präsidenten nach § 21 a Abs. 2 Nr. 1 bis 3 unter die jeweils genannte Mindestzahl gefallen, so ist bei der nächsten Wahl, die nach § 21 b Abs. 4 stattfindet, die folgende Zahl von Richtern zu wählen:

1. bei einem Gericht mit einem Präsidium nach § 21 a Abs. 2 Nr. 1 vier Richter,
2. bei einem Gericht mit einem Präsidium nach § 21 a Abs. 2 Nr. 2 drei Richter,
3. bei einem Gericht mit einem Präsidium nach § 21 a Abs. 2 Nr. 3 zwei Richter.

Neben den nach § 21 b Abs. 4 ausscheidenden Mitgliedern scheidet jeweils ein weiteres Mitglied, das durch das Los bestimmt wird, aus.

(3) Ist die Zahl der Richterplanstellen bei einem Gericht mit einem Präsidium nach § 21 a Abs. 2 Nr. 2 bis 4 über die für die bisherige Größe des Präsidiums maßgebende Höchstzahl gestiegen, so ist bei der nächsten Wahl, die nach § 21 b Abs. 4 stattfindet, die folgende Zahl von Richtern zu wählen:

1. bei einem Gericht mit einem Präsidium nach § 21 a Abs. 2 Nr. 2 sechs Richter,
2. bei einem Gericht mit einem Präsidium nach § 21 a Abs. 2 Nr. 3 fünf Richter,
3. bei einem Gericht mit einem Präsidium nach § 21 a Abs. 2 Nr. 4 vier Richter.

Hiervon scheidet jeweils ein Mitglied, das durch das Los bestimmt wird, nach zwei Jahren aus.

§ 21 e GVG

(1) Das Präsidium bestimmt die Besetzung der Spruchkörper, bestellt die Ermittlungsrichter, regelt die Vertretung und verteilt die Geschäfte. Es trifft diese Anordnungen vor dem Beginn des Geschäftsjahres für dessen Dauer. Der Präsident bestimmt, welche richterlichen Aufgaben er wahrnimmt. Jeder Richter kann mehreren Spruchkörpern angehören.

(2) Vor der Geschäftsverteilung ist den Richtern, die nicht Mitglied des Präsidiums sind, Gelegenheit zur Äußerung zu geben.

(3) Die Anordnungen nach Abs. 1 dürfen im Laufe des Geschäftsjahres nur geändert werden, wenn dies wegen Überlastung oder ungenügender Auslastung eines Richters oder Spruchkörpers oder infolge Wechsels oder dauernder Verhinderung einzelner Richter nötig wird. Vor der Änderung ist den Vorsitzenden Richtern, deren Spruchkörper von der Änderung berührt wird, Gelegenheit zu einer Äußerung zu geben.

(4) Das Präsidium kann anordnen, dass ein Richter oder Spruchkörper, der in einer Sache tätig geworden ist, für diese nach einer Änderung der Geschäftsverteilung zuständig bleibt.

(5) Soll ein Richter einem anderen Spruchkörper zugeteilt oder soll sein Zuständigkeitsbereich geändert werden, so ist das Präsidium vorher zu hören.

(6) Soll ein Richter für Aufgaben der Justizverwaltung ganz oder teilweise freigestellt werden, so ist das Präsidium vorher zu hören.

(7) Das Präsidium entscheidet mit Stimmenmehrheit. § 21 i Abs. 2 gilt entsprechend.

(8) Das Präsidium kann beschließen, dass Richter des Gerichts bei den Beratungen und Abstimmungen des Präsidiums für die gesamte Dauer oder zeitweise zugegen sein können. § 171 b gilt entsprechend.

(9) Der Geschäftsverteilungsplan des Gerichts ist in der von dem Präsidenten oder aufsichtsführenden Richter bestimmten Geschäftsstelle zur Einsichtnahme auszulegen; einer Veröffentlichung bedarf es nicht.

§ 21 f GVG

(1) Den Vorsitz in den Spruchkörpern bei den Landgerichten, bei den Oberlandesgerichten sowie bei dem Bundesgerichtshof führen der Präsident und die Vorsitzenden Richter.

(2) Bei Verhinderung des Vorsitzenden führt den Vorsitz das vom Präsidium bestimmte Mitglied des Spruchkörpers. Ist auch dieser Vertreter verhindert, führt das dienstälteste, bei gleichem Dienstalter das lebensälteste Mitglied des Spruchkörpers den Vorsitz.

§ 21 g GVG

(1) Innerhalb des mit mehreren Richtern besetzten Spruchkörpers werden die Geschäfte durch Beschluss aller dem Spruchkörper angehörenden Berufsrichter auf die Mitglieder verteilt. Bei Stimmengleichheit entscheidet das Präsidium.

(2) Der Beschluss bestimmt vor Beginn des Geschäftsjahres für dessen Dauer, nach welchen Grundsätzen die Mitglieder an den Verfahren mitwirken; er kann nur geändert werden, wenn es wegen Überlastung, ungenügender Auslastung, Wechsels oder dauernder Verhinderung einzelner Mitglieder des Spruchkörpers nötig wird.

(3) Abs. 2 gilt entsprechend, soweit nach den Vorschriften der Prozessordnungen die Verfahren durch den Spruchkörper einem seiner Mitglieder zur Entscheidung als Einzelrichter übertragen werden können.

(4) Ist ein Berufsrichter an der Beschlussfassung verhindert, tritt der durch den Geschäftsverteilungsplan bestimmte Vertreter an seine Stelle.

(5) § 21 i Abs. 2 findet mit der Maßgabe entsprechende Anwendung, dass die Bestimmung durch den Vorsitzenden getroffen wird.

(6) Vor der Beschlussfassung ist den Berufsrichtern, die von dem Beschluss betroffen werden, Gelegenheit zur Äußerung zu geben.

(7) § 21e Abs. 2 findet entsprechende Anwendung.

§ 21h GVG

Der Präsident oder aufsichtsführende Richter wird in seinen durch dieses Gesetz bestimmten Geschäften, die nicht durch das Präsidium zu verteilen sind, durch seinen ständigen Vertreter, bei mehreren ständigen Vertretern durch den dienstältesten, bei gleichem Dienstalter durch den lebensältesten von ihnen vertreten. Ist ein ständiger Vertreter nicht bestellt oder ist er verhindert, wird der Präsident oder aufsichtsführende Richter durch den dienstältesten, bei gleichem Dienstalter durch den lebensältesten Richter vertreten.

§ 21i GVG

(1) Das Präsidium ist beschlussfähig, wenn mindestens die Hälfte seiner gewählten Mitglieder anwesend ist.

(2) Sofern eine Entscheidung des Präsidiums nicht rechtzeitig ergehen kann, werden die in § 21e bezeichneten Anordnungen von dem Präsidenten oder aufsichtsführenden Richter getroffen. Die Gründe für die getroffene Anordnung sind schriftlich niederzulegen. Die Anordnung ist dem Präsidium unverzüglich zur Genehmigung vorzulegen. Sie bleibt in Kraft, solange das Präsidium nicht anderweit beschließt.

§ 21j GVG

(1) Wird ein Gericht errichtet und ist das Präsidium nach *§ 21a* Abs. 2 Nr. 1 bis 4 zu bilden, so werden die in *§ 21e* bezeichneten Anordnungen bis zur Bildung des Präsidiums von dem Präsidenten oder aufsichtführenden Richter getroffen. *§ 21i* Abs. 2 Satz 2 bis 4 gilt entsprechend.

(2) Ein Präsidium nach *§ 21a* Abs. 2 Nr. 1 bis 4 ist innerhalb von drei Monaten nach der Errichtung des Gerichts zu bilden. Die in *§ 21b* Abs. 4 Satz 1 bestimmte Frist beginnt mit dem auf die Bildung des Präsidiums folgenden Geschäftsjahr, wenn das Präsidium nicht zu Beginn eines Geschäftsjahres gebildet wird.

(3) An die Stelle des in *§ 21d* Abs. 1 bezeichneten Zeitpunkts tritt der Tag der Errichtung des Gerichts.

(4) Die Aufgaben nach § 1 Abs. 2 Satz 2 und 3 und Abs. 3 der Wahlordnung für die Präsidien der Gerichte vom 19. September 1972 (BGBl. I, 1821) nimmt bei der erstmaligen Bestellung des Wahlvorstandes der Präsident oder aufsichtführende Richter wahr. Als Ablauf des Geschäftsjahres in § 1 Abs. 2 Satz 2 und § 3 Satz 1 der Wahlordnung für die Präsidien der Gerichte gilt der Ablauf der in Absatz 2 Satz 1 genannten Frist.

2 Das Präsidium, das gem. § 21a Abs. 1 GVG ausnahmslos bei jedem Gericht zu bilden ist, ist das zentrale **Organ der richterlichen Selbstverwaltung**. Es ist unabhängig. Das Präsidium besteht aus dem Präsidenten als Vorsitzenden und der je nach Größe des Gerichts festgelegten Anzahl von gewählten Richtern (§ 21a Abs. 2 Nr. 1 bis 4 GVG), im Übrigen aus den wählbaren Richtern (§ 21a Abs. 2 Nr. 5 Satz 2 i.V.m. § 21b Abs. 1 Satz 2 GVG). Die Wahl erfolgt für vier Jahre, alle zwei Jahre scheidet die Hälfte aus (§ 21b Abs. 4 GVG). Wahlberechtigt sind alle an der Rechtsprechung mitwirkenden Richter des Gerichts (§ 21b Abs. 1 Satz 1 GVG). Zum Wahlverfahren vgl. die Wahlordnung für die Präsidien der Gerichte – GerPräsWO – v. 19.09.1972 (BGBl I 1972, 1821), die aufgrund der Ermächtigung in § 21b Abs. 5 GVG erlassen wurde. Das Präsidium ist beschlussfähig, wenn mindestens die Hälfte der gewählten Mitglieder anwesend ist (§ 21i Abs. 1 GVG).

**Wesentliche Aufgabe** des Präsidiums ist die **Geschäftsverteilung** (§ 21e Abs. 1 Satz 1 GVG). Diese hat eine verfassungsrechtliche Bedeutung, denn sie dient der **Festlegung und Konkretisierung des gesetzlichen Richters**, wie ihn Art. 101 Abs. 1 Satz 2 GG fordert. Mit der Garantie des gesetzlichen Richters will Art 101 Abs. 1 Satz 2 GG der Gefahr vorbeugen, dass die Justiz durch eine Manipulation der rechtsprechenden Organe sachfremden Einflüssen ausgesetzt wird und durch die auf den Einzelfall bezogene Auswahl der zur Entscheidung berufenen Richter das Ergebnis der Entscheidung beeinflusst werden kann (BVerfG v. 10.07.1990, 1 BvR 984/87, BVerfGE 82, 286). Aus diesem Zweck folgt, dass es einen Bestand an abstrakt- generellen Regelungen geben muss, die für jeden Streitfall den Richter bezeichnen, der für die Entscheidung zuständig ist. Dem genügt es, wenn die Festlegung der Zuständigkeitsregeln durch die Gerichte selbst erfolgt, die dabei den Bindungen des Art. 101 Abs. 1 Satz 2 GG unterliegen (BVerfG v. 08.04.1997, 1 PBvU 1/95, BVerfGE 95, 322; BFH v. 12.11.2009, IV B 66/08, BFH/NV 2010, 671). Das Gebot des gesetzlichen Richters ist schon durch das **Fehlen einer abstrakt-generellen und hinreichend klaren Regelung**, aus der sich der im Einzelfall zur Entscheidung berufene Richter möglichst eindeutig ablesen lässt, verletzt. Der **Verfassungsverstoß** liegt dann nicht erst in der normativ nicht genügend vorherbestimmten Einzelfallentscheidung, sondern schon in der unzulänglichen Regelung von Geschäftsverteilung und Richtermitwirkung, die eine derartige Einzelfallentscheidung unnötigerweise erforderlich gemacht hat (vgl. BVerfG v. 03.02.1965, 2 BvR 166/64, BVerfGE 18, 65; BVerfG v. 08.04.1997, 1 PBvU 1/95, BVerfGE 95, 322). Mit Rücksicht auf dieses Verfassungsgebot ist der Geschäftsverteilungsplan vor Beginn des Geschäftsjahrs für dessen Dauer aufzustellen (§ 21e Abs. 1 Satz 2 GVG, zur beschränkten Abänderbarkeit während des Geschäftsjahrs s. § 21e Abs. 3 GVG). Für die Geschäftsverteilung innerhalb der Senate gilt § 21g GVG (s. Rz. 7). Wegen der verfassungsrechtlichen Bedeutung der gerichtlichen Geschäftsverteilung muss der Geschäftsverteilungsplan – auch der senatsinterne – für die Kläger zugänglich sein und zur Einsichtnahme ausliegen (§§ 21e Abs. 9, 21g Abs. 7 GVG; s. zum Vorstehenden z.B. *Bartone*, AO-StB 2008, 224, 285 f.; vgl. auch BFH v. 17.03.2010, X S 25/09, BFH/NV 2010, 1293). Da der von dem Präsidium beschlossene Geschäftsverteilungs- 3 plan nicht von den Mitgliedern des Präsidiums unterschrieben werden muss, genügt es, zur Einsicht die Abschriften und nicht die Urschriften des Geschäftsverteilungsplans oder der Protokolle, aus denen sich das Datum der Beschlussfassung ergibt, offenzulegen (BFH v. 13.01.2016, IX B 94/15, BFH/NV 2016, 581). Allerdings kann aus berechtigtem Anlass vom Präsidenten des FG auf Antrag Einsicht in die Urschriften gewährt werden (BFH v. 13.01.2016, IX B 94/15, BFH/NV 2016, 581).

4 Die Verteilung der Geschäfte auf die Senate ist in einem **schriftlichen** Geschäftsverteilungsplan niederzulegen. In diesem erfolgt die **sachliche** Zuweisung aller Geschäfte an die Senate und daneben auch den Einsatz der Richter in den Senaten, also die **persönliche** Geschäftsverteilung (s. Rz. 5). Die Geschäftsverteilung muss nach allgemein abstrakten sachlich-rechtlichen Merkmalen und generell erfolgen (z. B. nach Steuerarten, Anfangsbuchstabe des Klägers, Finanzamtsbezirke und dergl.). Der Geschäftsverteilungsplan darf deshalb keinen vermeidbaren Spielraum bei der Heranziehung des einzelnen Richters und damit keine unnötige Unbestimmtheit bzgl. des gesetzlichen Richters lassen (BVerfG v. 24.03.1964, 2 BvR 24/63, BVerfGE 17, 294) Üblich ist eine Kombination der Zuweisungskriterien, insbes. bei kleineren Finanzgerichten, wo dies unumgänglich ist. **Zoll-, Verbrauchsteuer- und Monopolsachen** dürfen nur dem entsprechenden besonderen Senat zugewiesen werden, denn § 5 Abs. 2 Satz 2 FGO geht der Regelung des § 21e GVG vor. Es ist nicht ausgeschlossen, dass dem Zollsenat weitere Sachen zugewiesen werden, was bei kleineren FG unvermeidbar ist. Bei gerichtsinternen Meinungsverschiedenheiten über die Auslegung des Geschäftsverteilungsplans entscheidet das Präsidium (BFH v. 18.02.1986, VII S 39/85, BStBl II 1986, 357; BFH v. 20.12.2012, IV B 93/12, BFH/NV 2013, 575; BFH v. 20.08.2014, I R 83/11, BFH/NV 2015, 20). Andere Inhalte als die Geschäftsverteilung (z. B. »Grundsätze für die Bearbeitung von Akten« o. Ä.) sind unzulässig.

5 Zur Geschäftsverteilung gehört auch die **Besetzung der Senate** (§ 21e Abs. 1 Satz 1 GVG). Das Präsidium hat jedem Senat eines FG einen Vorsitzenden Richter (§ 21g GVG) sowie **mindestens die gesetzlich vorgeschriebene** Zahl von weiteren Richtern, d. h. gem. § 5 Abs. 3 FGO zwei Berufsrichter, für die Dauer des Geschäftsjahres zuzuweisen (allg. M.; BFH v. 12.03.2014, X B 126/13, BFH/NV 2014, 1060; *Brandis* in Tipke/Kruse, § 4 FGO Rz. 19; *Sunder-Plassmann* in HHSp, § 4 FGO Rz. 82; *Müller-Horn* in Gosch, § 4 FGO Rz. 12). Dabei können nur so viele Senate berücksichtigt werden, als Vorsitzendenstellen vorhanden sind. Umgekehrt kommt die Besetzung einer Vorsitzendenstelle nur dann in Betracht, wenn eine Senatsbesetzung mit der gesetzlich vorgeschriebenen Mindestzahl von weiteren Richtern gegeben ist. Die personelle **Überbesetzung**, d. h. die Zuweisung von mehr Richtern, als für die Bildung eines Senats erforderlich sind (§ 5 Abs. 2 FGO), ist nach h. M. zur Gewährleistung ordnungsgemäßer Rspr. zulässig (BVerfG v. 24.03.1964, 2 BvR 42/63, 2 BvR 83/63, 2 BvR 89/63, BVerfGE 17, 294; BVerfG v. 03.02.1965, 2 BvR 166/64, BVerfGE 18, 344; BFH v. 11.12.1991, II R 49/89, BStBl II 1992, 260, bestätigt durch BVerfG v. 20.05.1997, 2 BvR 287/92 StEd 1997, 460; BFH v. 29.01.1992, VIII K 4/91, BStBl II 1992, 252). Für einen überbesetzten Spruchkörper muss im Hinblick auf Art. 101 Abs. 1 Satz 2 GG in einem **Mitwirkungsplan** geregelt werden, welche Berufsrichter bei der Entscheidung welcher Verfahren mitwirken. Den Anforderungen an die Bestimmung des gesetzlichen Richters genügt es nicht, wenn ein Mitwirkungsplan lediglich regelt, welcher Richter an welchen Tagen mitzuwirken hat, und erst die Terminierung der einzelnen Sachen zur Bestimmung der konkreten Richterpersonen führt (BVerfG v. 08.04.1997, 1 PBvU 1/95, BVerfGE 95, 322). Demgegenüber ist eine **dauerhafte Unterbesetzung** nicht zulässig und führt zu einer Verletzung des Art. 101 Abs. 1 Satz 2 GG, die mit der Revision als absoluter Revisionsgrund (§ 119 Nr. 1 FGO) geltend gemacht werden kann. Bei einer **Vakanz** von mehr als acht Monaten ist das Gericht/der Senat nicht mehr ordnungsgemäß besetzt (BFH v. 07.12.1988, I R 15/85, BStBl II 1989, 424; BFH v. 12.03.2014, X B 126/13, BFH/NV 2014, 1060: 17 Monate). Dies gilt für Beisitzer und Vorsitzende gleichermaßen (s. Rz. 7). Wird einem Spruchkörper dauerhaft ein namentlich noch unbekannter Richter (»N. N.«) zugewiesen, liegt darin ein Verstoß gegen den gesetzlichen Richter (BFH v. 12.03.2014, X B 126/13, BFH/NV 2014, 1060).

Der Geschäftsverteilungsplan eines Gerichts kann von 6
den Verfahrensbeteiligten **nicht isoliert angegriffen** werden, insbes. nicht mit einer (Feststellungs-)Klage vor dem VG (vgl. VG Münster v. 12.06.2009, 1 K 193/09, juris). Daher besteht auch keine Möglichkeit, vorab über die Zuständigkeit nach dem gerichtsinternen Geschäftsverteilungsplan zu entscheiden; insbes. ergibt sich dies nicht aus § 155 Satz 1 FGO i. V. m. § 17a Abs. 3 Sätze 1 und 2 GVG oder § 155 Satz 1 FGO i. V. m. § 17a Abs. 4 Satz 5 GVG, denn diese Normen erfassen nur die Frage des zulässigen Rechtswegs, nicht aber die Frage, welcher Spruchkörper eines Gerichts als gesetzlicher Richter zuständig ist (BFH v. 20.12.2012, IV B 93/12, BFH/NV 2013, 575). Die Rechtmäßigkeit, formelle und inhaltliche Ordnungsmäßigkeit des Geschäftsverteilungsplans eines FG kann von einem Kläger jedoch **revisionsrechtlich** angegriffen werden, und zwar im Wege der Besetzungsrüge (§ 119 Nr. 1 FGO; s. § 119 FGO Rz. 8) zur Überprüfung gebracht werden. Ein Verfahrensfehler i. S. von §§ 115 Abs. 2 Nr. 3, 119 Nr. 1 FGO liegt jedoch nur dann vor, wenn der Verstoß gegen den gerichtlichen Geschäftsverteilungsplan willkürlich erfolgt ist und deshalb eine Verletzung des grundrechtsgleichen Rechts aus Art. 101 Abs. 1 Satz 2 GG darstellt (BFH v. 19.05.2008, V B 29/07, BFH/NV 2008, 1501; BFH v. 13.01.2016, IX B 94/15,

BFH/NV 2016, 581; vgl. auch *Bartone*, AO-StB 2008, 224, 225 f.). Maßgeblich ist der Geschäftsverteilungsplan, der im Zeitpunkt der Entscheidung gilt (BFH v. 12.11.2009, IV B 66/08, BFH/NV 2010, 671). Allerdings gehört die Besetzungsrüge nach § 119 Nr. 1 FGO zu den verzichtbaren Verfahrensmängeln, die nicht mehr geltend gemacht werden können, wenn sie nicht in der mündlichen Verhandlung vor dem FG ausdrücklich gerügt werden, was sich aus dem Sitzungsprotokoll ergeben muss (vgl. BFH v. 29.02.2008, V B 202/07, juris). Die im finanzgerichtlichen Verfahren unterlassene Rüge führt auch zur Unzulässigkeit einer auf die Besetzungsrüge gestützten Verfassungsbeschwerde (vgl. *Bartone*, AO-StB 2008, 224, 226). Die fehlerhafte Besetzung der Richterbank kann auch einen **Wiederaufnahmegrund** darstellen (§ 134 FGO i. V. m. § 579 Abs. 1 Nr. 1 ZPO; dazu s. § 134 FGO Rz. 5). Im Übrigen kann eine **Urteilsverfassungsbeschwerde** zum BVerfG auf die Verletzung von Art. 101 Abs. 1 Satz 2 GG gestützt werden, da es sich bei dem Anspruch auf den gesetzlichen Richter um ein grundrechtsgleiches Recht i. S. von Art. 93 Abs. 1 Nr. 4a GG handelt (s. Vor FGO Rz. 59 f.; dazu z. B. *Bartone*, AO-StB 2008, 224, 225 f.).

7 Den **Vorsitz in den Senaten** führen der Präsident sowie die Vorsitzenden Richter (§ 21f Abs. 1 GVG). Ein **Doppelvorsitz**, d. h. der Vorsitz in zwei Senaten desselben Gerichts, ist grds. verfassungsrechtlich unbedenklich (vgl. BVerfG v. 23.05.2012, 2 BvR 610/12, 2 BvR 625/12, BVerfGK 19, 407; auch s. § 5 FGO Rz. 1). Zur Vertretung des ordentlichen Vorsitzenden bei tatsächlicher oder rechtlicher Verhinderung ist sein vom Präsidium aus den Mitgliedern des Senats bestimmter (»ständiger«) Vertreter berufen, bei dessen Verhinderung das dienstälteste Senatsmitglied (§ 21f Abs. 2 GVG). Wer die Vertretung übernimmt, bestimmt der Geschäftsverteilungsplan (§ 21e Abs. 1 Satz 1 GVG). Die Vertretung des Vorsitzenden darf kein Dauerzustand sein (s. Rz. 5). Ist der Vorsitzende nicht nur vorübergehend verhindert (infolge Todes, Dienstunfähigkeit, Erreichens der Altersgrenze, Versetzung in ein anderes Amt oder dauerhafte Stellenstreichung aus Haushaltsgründen), kommt seine Vertretung begrifflich nicht in Betracht (BFH v. 07.12.1988, I R 15/85, BStBl II 1989, 424; BFH v. 21.10.1999, VII R 15/99, BStBl II 2000, 88; BFH v. 12.03.2014, X B 126/13, BFH/NV 2014, 1060). § 21f Abs. 2 Satz 1 GVG ist jedoch selbst bei **vorhersehbarer Vakanz im Senatsvorsitz** und nicht rechtzeitiger (Wieder-)Besetzung der Stelle eines Vorsitzenden Richters entsprechend solange anwendbar, wie durch die Vakanz im Vorsitz keine wesentlich gewichtigere Beeinträchtigung der bei ordnungsgemäßer Besetzung der Spruchkörpers zu erwartenden Arbeitsweise zu erwarten ist als bei einem längeren Urlaub oder einer länger dauernden Krankheit (BFH v. 21.10.1999, VII R 15/99, BStBl II 2000, 88; BFH v. 08.09.2006, II B 42/05, BFH/NV 2007, 77).

Nach § 21g Abs. 1 Satz 1 GVG legen die Berufsrichter die **Geschäftsverteilung innerhalb des Senats** durch Mehrheitsbeschluss **schriftlich** fest. Andere Inhalte (z. B. Vorgaben für die Bearbeitung von Fällen oder »Arbeitsgrundsätze« etc.) sind unzulässig. An der Festlegung der senatsinternen Geschäftsverteilung nehmen nur die planmäßigen Senatsmitglieder teil, nicht die nur für den Vertretungsfall mitwirkenden Richter. Dies ist entgegen der früheren Rechtslage nicht mehr die alleinige Aufgabe des Senatsvorsitzenden. Bei Stimmengleichheit entscheidet das Präsidium (§ 21g Abs. 1 Satz 2 GVG). Auch die senatsinterne Geschäftsverteilung dient der konkreten Bestimmung des gesetzlichen Richters (Art. 101 Abs. 1 Satz 2 GG), insbes. in den Fällen der Überbesetzung von Senaten und bei Entscheidungen durch den Berichterstatter (§ 79a Abs. 3 und Abs. 4 FGO), aber auch für den Fall der Vertretung von Senatsmitgliedern durch Richter anderer Senate (s. § 21g Abs. 4 GVG). Vor allem bei überbesetzten Senaten (also solchen, die mit mehr als der erforderlichen Zahl von Richtern besetzt sind) muss nach abstrakt-generellen Merkmalen bestimmt werden, welche Richter an den jeweiligen konkreten Verfahren mitwirken. Die Kriterien müssen geeignet sein, subjektive Wertungen weitgehend auszuschließen (BVerfGE v. 08.04.1997, 1 PBvU 1/95, BVerfGE 95, 322). Zulässige Kriterien sind demnach Aktenzeichen, Eingangsdatum, Rechtsgebiet oder Herkunftsgerichtsbezirk, nicht aber z. B. Sitzungstage (*Brandis* in Tipke/Kruse, § 4 FGO Rz. 41). Unzulässig dürfte es sein, die Mitwirkung eines Richters an den Entscheidungen des Senats auf die Fälle zu beschränken, in denen er gleichzeitig Berichterstatter ist. Ansonsten wäre es dem Senat möglich, »unliebsame« oder als »schwierig« empfundene Kollegen in großem Umfang von der Senatsrechtsprechung abzukoppeln. Hierin dürfte eine Verletzung von Art. 101 Abs. 1 Satz 2 GG liegen (s. Rz. 10). Die **Ablehnung eines Richters** (§ 51 FGO) kann allerdings auf vermeintliche Mängel des Mitwirkungsplans für die Verteilung der Geschäfte innerhalb des Senats (§ 21g GVG) nicht gestützt werden, wenn die konkrete Senatsbesetzung dem Mitwirkungsplan sowie seiner ständigen Auslegung und Anwendung entspricht und daher willkürfrei zustande gekommen ist (BFH v. 12.09.2013, X S 30, 31/13, BFH/NV 2014, 51).

§ 21g Abs. 3 GVG verweist hinsichtlich der Bestimmtheitsanforderungen bezüglich des **Einzelrichters** aus einem größeren Spruchkörper auf § 21g Abs. 2 GVG. Für den Fall des § 6 FGO muss der senatsinterne Mitwirkungsplan vor Beginn des Geschäftsjahrs eine allgemeine, abstrakte und objektiv-sachliche Bestimmung der Person des möglichen Einzelrichters enthalten. Er wird auch für dessen vorübergehende Verhinderung eine Vertretung vorzusehen haben. Denn der Senat des FG ist jedenfalls nicht befugt, im Übertragungsbeschluss nach § 6 FGO die Person des streitentscheidenden Einzelrichters zu bestimmen (so auch OVG Hamburg v. 24.09.1993, 9

Bs IV 177/93, NJW 1994, 274). Im Hinblick auf § 79a Abs. 3 und Abs. 4 FGO gebietet sich auch eine Festlegung hinsichtlich der Person des **Berichterstatters** (ebenso *Brandis* in Tipke/Kruse, § 4 Rz. 44; *Herbert* in Gräber, § 4 FGO Rz. 52; s. Rz. 10).

0 **Berichterstatter** ist der nach § 4 FGO i. V. m. § 21g GVG (§ 65 Abs. 2 FGO) zuständige Richter, der die Hauptlast der Bearbeitung eines Falles und die Vorbereitung eines Verfahrens trägt. Der verfassungsrechtliche Anspruch auf den gesetzlichen Richter (Art. 101 Abs. 1 Satz 2 GG) umfasst die Frage der Berichterstatterbestellung regelmäßig nicht (BVerfG v. 08.04.1997, 1 PBvU 1/95, BVerfGE 95, 322, 331); anders ist es nur dann, wenn von der Person des Berichterstatters die Besetzung der Richterbank bzw. die Zusammensetzung der jeweiligen Sitzgruppe in einem überbesetzten Senat abhängt (s. Rz. 8 a.E.; vgl. auch BFH v. 25.11.2009, I R 18/08, BFH/NV 2010, 941). Insbes. im zuletzt genannten Fall muss die Person des Berichterstatters aufgrund einer abstrakt-generellen und hinreichen klaren Regelung vorherbestimmt sein (s. Rz. 8). Demzufolge haben die Verfahrensbeteiligten keinen Anspruch darauf, dass ihnen vorab der jeweilige Berichterstatter bekanntgegeben wird, da dies gesetzlich nicht vorgesehen ist (BFH v. 17.03.2010, X S 25/09, BFH/NV 2010/1293).

## § 5 FGO
## Verfassung der Finanzgerichte

**(1) Das Finanzgericht besteht aus dem Präsidenten, den Vorsitzenden Richtern und weiteren Richtern in erforderlicher Anzahl. Von der Ernennung eines Vorsitzenden Richters kann abgesehen werden, wenn bei einem Gericht nur ein Senat besteht.**

**(2) Bei den Finanzgerichten werden Senate gebildet. Zoll-, Verbrauchsteuer- und Finanzmonopolsachen sind in besonderen Senaten zusammenzufassen.**

**(3) Die Senate entscheiden in der Besetzung mit drei Richtern und zwei ehrenamtlichen Richtern, soweit nicht ein Einzelrichter entscheidet. Bei Beschlüssen außerhalb der mündlichen Verhandlung und bei Gerichtsbescheiden (§ 90a) wirken die ehrenamtlichen Richter nicht mit.**

**(4) Die Länder können durch Gesetz die Mitwirkung von zwei ehrenamtlichen Richtern an den Entscheidungen des Einzelrichters vorsehen. Absatz 3 Satz 2 bleibt unberührt.**

**S. § 5 VwGO; §§ 9 Abs. 1, 10, 12 SGG**

1 Aus § 5 Abs. 1 bis Abs. 3 FGO folgt, dass die FG in Senate gegliederte **Kollegialgerichte** sind. Die Zahl der Senate wird durch das Land bestimmt, welches das FG errichtet hat. Eines gesetzgeberischen Aktes (entsprechend § 3 FGO) bedarf es dazu nach h. M. nicht. Eine Mindestanzahl von Senaten ist durch das Gesetz nicht vorgegeben (FG Sa v. 25.02.1966, 17/66, EFG 1966, 279). Die Zahl der Vorsitzenden und übrigen Richter (einschließlich der ehrenamtlichen Richter und der Richter kraft Auftrags oder auf Probe) ergibt sich aus dem Haushalts- und Organisationsplan des Gerichts, m. a. W. aus Regelungen der Gerichtsverwaltung des Landes. Einem Vorsitzenden Richter kann auch der Vorsitz in mehreren Senaten übertragen werden (*Brandis* in Tipke/Kruse, § 5 FGO Rz. 3; s. § 4 FGO Rz. 7). Der Vorsitzende muss Richter auf Lebenszeit sein (§ 28 Abs. 2 Satz 2 DRiG).

Nach § 5 Abs. 2 Satz 2 FGO werden bei den FG zwin- 2
gend besondere Senate gebildet, denen die Zoll-, Verbrauchsteuer- und Finanzmonopolsachen zugewiesen sind (»**Zollsenate**«). Ihre Richter sollen in den einschlägigen wirtschaftlichen und technischen Fragen sachkundig sein. Den Zollsenaten können, wo in einem Finanzgerichtsbezirk wenig Zoll-, Verbrauchsteuer- und Finanzmonopolsachen anfallen, auch andere Angelegenheiten übertragen werden (s. § 4 FGO Rz. 4). Es kommt aber auch die Bildung gemeinsamer Zollsenate für mehrere FG oder die Übernahme der Zoll-, Verbrauchsteuer- und Finanzmonopolsachen aus anderen Finanzgerichtsbezirken in Betracht (§ 3 Abs. 1 Nr. 3, 4 und Abs. 2 FGO). Die Vorschrift gilt gem. § 10 Abs. 2 Satz 2 FGO gilt auch für den BFH.

Die FG entscheiden nach § 5 Abs. 3 Satz 1 FGO grds. in 3
der Besetzung mit drei (Berufs-)Richtern und zwei ehrenamtlichen Richtern. Daraus folgt, dass einem FG-Senat mindestens ein Vorsitzender und zwei Beisitzer (Berufsrichter) zugewiesen sein müssen (s. § 4 FGO Rz. 5). Entscheidet der Senat das FG als Kollegialgericht nach § 5 Abs. 3 FGO, obgleich der Rechtsstreit einem Einzelrichter nach § 6 Abs. 1 FGO zur Entscheidung übertragen ist, fehlt es an einer ordnungsgemäßen Besetzung des Gerichts i. S. des § 119 Nr. 1 FGO (BFH v. 06.11.2006, II B 45/05, BFH/NV 2007, 466; s. § 119 FGO Rz. 5 ff.). Die ehrenamtlichen Richter wirken bei Senatsurteilen aufgrund mündlicher Verhandlung (§ 90 Abs. 1 Satz 1 FGO) und ohne mündliche Verhandlung (§§ 90 Abs. 2, 94a FGO) mit. Ohne ihre Mitwirkung ergehen Beschlüsse außerhalb der mündlichen Verhandlung und Gerichtsbescheide (§ 90a FGO). Zur Entschädigung der ehrenamtlichen Richter vgl. § 29 FGO.

Als **Beschlüsse außerhalb der mündlichen Verhand-** 4
**lung**, bei denen die ehrenamtlichen Richter nicht mitwirken, kommen neben prozessleitenden Beschlüssen und Aufklärungsanordnungen, insbes. Beiladungen (§ 60 FGO), Aussetzungsbeschlüsse (§ 69 Abs. 3, 74 FGO), Verbindungs- und Trennungsbeschlüsse (§ 73 FGO), Verweisungsbeschlüsse (§ 70 FGO), Beweisbeschlüsse (§ 82 FGO), Beschlüsse im Prozesskostenhilfeverfahren (§ 142

FGO) und einstweilige Anordnungen (§ 114 FGO) in Betracht. Der **Vorlagebeschluss zum BVerfG** gem. Art. 100 Abs. 1 GG ist grds. in der für Urteile maßgebenden Besetzung des Spruchkörpers zu fassen; sonst ist die Vorlage unzulässig (BVerfG v. 05.06.1998, 2 BvL 2/97, BVerfGE 98, 145; BVerfG v. 15.04.2005, 1 BvL 6/03, 1 BvL 8/04, BVerfGK 5, 172). Das Gleiche gilt für **Vorlagebeschlüsse an den EuGH** (Art. 267 AEUV). Zu Vorlagen zum BVerfG und EuGH s. Vor FGO Rz. 62 ff.

5 Obwohl **Gerichtsbescheide** (§ 90a FGO) der Urteilsfindung dienen und urteilsgleiche Wirkung erlangen können, ergehen sie trotz § 16 FGO **ohne** Mitwirkung der **ehrenamtlichen Richter**. Dies lässt sich dadurch rechtfertigen, dass die Beteiligten es ohne Rücksicht auf eine eventuelle Beschwer durch den Gerichtsbescheid in der Hand haben, diesen durch einen Antrag auf Durchführung der mündlichen Verhandlung zu vernichten (§ 90a Abs. 2 FGO) und eine Urteilsentscheidung nach mündlicher Verhandlung unter Mitwirkung der ehrenamtlichen Richter zu erzwingen.

6 Zur Einzelrichterentscheidung §§ 6, 79a Abs. 3 und Abs. 4 FGO. Bezüglich der ehrenamtlichen Richter §§ 16 ff. FGO. Zur Besetzung bei Wiedereröffnung der mündlichen Verhandlung s. § 93 FGO Rz. 2.

7 § 5 Abs. 5 FGO eröffnet den Ländern die Möglichkeit, die Mitwirkung von zwei ehrenamtlichen Richtern an den Entscheidungen des Einzelrichters, die nicht Gerichtsbescheide oder Beschlüsse außerhalb der mündlichen Verhandlung sind, vorzuschreiben. Von dieser Möglichkeit hat derzeit kein Land Gebrauch gemacht.

## § 6 FGO Übertragung des Rechtsstreits auf Einzelrichter

**(1) Der Senat kann den Rechtsstreit einem seiner Mitglieder als Einzelrichter zur Entscheidung übertragen, wenn**

**1. die Sache keine besonderen Schwierigkeiten tatsächlicher oder rechtlicher Art aufweist und**

**2. die Rechtssache keine grundsätzliche Bedeutung hat.**

**(2) Der Rechtsstreit darf dem Einzelrichter nicht übertragen werden, wenn bereits vor dem Senat mündlich verhandelt worden ist, es sei denn, dass inzwischen ein Vorbehalts-, Teil- oder Zwischenurteil ergangen ist.**

**(3) Der Einzelrichter kann nach Anhörung der Beteiligten den Rechtsstreit auf den Senat zurückübertragen, wenn sich aus einer wesentlichen Änderung der Prozesslage ergibt, dass die Rechtssache grundsätzliche Bedeutung hat oder die Sache besondere Schwierigkeiten tatsächlicher oder rechtlicher Art aufweist. Eine erneute Übertragung auf den Einzelrichter ist ausgeschlossen.**

**(4) Beschlüsse nach den Absätzen 1 und 3 sind unanfechtbar. Auf eine unterlassene Übertragung kann die Revision nicht gestützt werden.**

**S. § 6 VwGO**

**Schrifttum**

Loose, Der Einzelrichter im finanzgerichtlichen Verfahren, StuW 2006, 376; Loose, Der Einzelrichter im finanzgerichtlichen Verfahren, AO-StB 2009, 52.

§ 6 FGO soll dazu dienen, die Senate der FG von nicht so bedeutsamen Verfahren zu entlasten und letztendlich eine Verkürzung der Verfahrensdauer vor den FG bewirken. Sie birgt eine gewisse Gefahr einer Zersplitterung der Rspr. in sich, wobei auch noch zu beachten ist, dass das Kollegialprinzip auch durch § 79a Abs. 2 bis 4 FGO eingeschränkt ist. Dem trägt das Gesetz dadurch Rechnung, dass die Übertragung durch Senatsbeschluss erfolgt (s. Rz. 2). Verfassungsrechtliche Bedenken bestehen gegen die Norm indessen nicht (s. BVerfG v. 15.08.1997, 2 BvR 1272/97, StEd 1997, 735). Zur Kritik an § 6 FGO *Brandis* in Tipke/Kruse, § 6 FGO Rz. 1 ff.; auch *Kopp/Schenke*, § 6 VwGO Rz. 1. 1

Die Übertragung auf den Einzelrichter erfolgt durch **Beschluss des Senats** in der für den Streitfall nach den Mitwirkungsgrundsätzen (§ 21e Abs. 2 GVG, s. § 4 FGO Rz. 9) zuständigen Besetzung. Zu übertragen ist stets der Rechtsstreit als Ganzes. Der Beschluss kann wegen der Voraussetzungen für die Übertragung (s. Rz. 3) erst ergehen, wenn Klagevortrag, Erwiderung der Finanzbehörde und deren Akten (§ 71 Abs. 2 FGO) dem Gericht vorliegen. Für die Übertragung auf den Einzelrichter schreibt das Gesetz – anders als im Falle der Rückübertragung auf den Senat (§ 6 Abs. 3 Satz 1 FGO) – keine Anhörung der Beteiligten vor. Entgegen der Rechtslage nach der ZPO (§§ 253 Abs. 3, 277 Abs. 1 Satz 2 ZPO) verlangt die FGO auch keine Äußerung der Beteiligten darüber, ob einer Übertragung auf den Einzelrichter Gründe entgegenstehen. **Unterbleibt eine – wenngleich stets zweckmäßige – Anhörung** der Beteiligten vor Erlass des Beschlusses, führt dies **nicht zu einer Verletzung des rechtlichen Gehörs**, und ein späteres Rechtsmittelverfahren kann auf diese Unterlassung nicht gestützt werden (BFH v. 22.01.2009, VIII B 78/08, BFH/NV 2009, 779; BFH v. 03.05.2017, II B 110/16, BFH/NV 2017, 1012). Ein Einverständnis der Beteiligten mit der Übertragung ist gesetzlich nicht vorgesehen (vgl. BFH v. 25.07.2003, XI B 202/02, BFH/NV 2003, 1541; BFH v. 03.05.2017, II B 110/16, BFH/NV 2017, 101). 2

Der **Übertragungsbeschluss** ist **unanfechtbar** (§ 6 Abs. 4 Satz 1 FGO) daher ist die Beschwerde nicht statthaft (z.B. BFH v. 11.01.2011, VI B 60/10, BFH/NV 2011, 876). Der Beschluss unterliegt nach § 124 Abs. 2 FGO auch nicht der Beurteilung der Revision. Eine Ausnahme hiervon kommt nur in Betracht, wenn sich die Übertragung auf den Einzelrichter als »greifbar gesetzeswidrig« erweist, wenn sie also mit der geltenden Rechtsordnung schlechthin unvereinbar ist, weil sie jeder Grundlage entbehrt und inhaltlich dem Gesetz fremd ist (vgl. z.B. BFH v. 12.12.2013, III B 55/12, BFH/NV 2014, 575; BFH v. 15.04.2014, V S 5/14 [PKH], BFH/NV 2014, 1381 m.w.N.; BFH v. 17.01.2017, III B 20/16, BFH/NV 2017, 740). Demzufolge ist der Beschluss den Beteiligten nicht nach § 53 FGO zuzustellen. Er ist diesen aber formlos mitzuteilen (§ 155 Satz 1 FGO i.V.m. § 329 Abs. 2 Satz 1 ZPO; vgl. BFH v. 11.11.2010, X B 159/09, BFH/NV 2011, 610; BFH v. 03.03.2011, II B 110/10, BFH/NV 2011, 833). Der Beschluss, der keiner Begründung bedarf (§ 113 Abs. 2 Satz 1 FGO), wird mit der Unterzeichnung durch die beteiligten Richter zwar existent, seine Wirksamkeit erhält er erst mit Zugang an die Beteiligten. Fehlt es an einer wirksamen Bekanntgabe und damit an einem wirksamen Übertragungsbeschluss, liegt in der gleichwohl ergehenden Entscheidung des Einzelrichters eine Verletzung des Rechts auf den gesetzlichen Richter (BFH v. 03.03.2011, II B 110/10, BFH/NV 2011, 833). Der **Einzelrichter** ist in dem Beschluss **nicht namentlich** zu benennen, da die Übertragung nicht personenbezogen erfolgt; die Person des Einzelrichters hat sich vielmehr aus dem Senatsgeschäftsverteilungsplan zu ergeben (§ 21e Abs. 3 GVG, s. § 4 FGO Rz. 9; vgl. BFH v. 14.05.2013, IX B 6/13, BFH/NV 2013, 1418). Fehlt eine entsprechende Regelung im Geschäftsverteilungsplan, ist die Übertragung auf den Einzelrichter unwirksam (BFH v. 08.01.2013, X B 118/12, BFH/NV 2013, 750). Die Sache bleibt Einzelrichtersache auch dann, wenn der im Zeitpunkt der Übertragung zuständige Einzelrichter aus dem Senat ausscheidet.

4 Die Übertragung des Rechtsstreits auf den Einzelrichter steht im Ermessen des Senats (»kann«). Sie kann nur unter den Voraussetzungen des § 6 Abs. 1 und Abs. 2 FGO erfolgen. Die Sache darf demnach **keine besonderen Schwierigkeiten tatsächlicher oder rechtlicher** Art aufweisen (§ 6 Abs. 1 Nr. 1 FGO; Rz. 5) und sie darf **keine grundsätzliche Bedeutung** haben (§ 6 Abs. 1 Nr. 2 FGO). Außerdem ist die Übertragung auf den Einzelrichter ausgeschlossen, wenn bereits **vor dem Senat mündlich verhandelt** wurde, es sei denn, inzwischen ist ein Vorbehalts-, Teil- oder Zwischenurteil erlassen worden (§ 6 Abs. 2 FGO; Rz. 6). Schließlich kommt die Übertragung auf den Einzelrichter nicht mehr in Betracht, wenn dieser den Rechtsstreit auf den Senat zurückübertragen hat (§ 6 Abs. 3 Satz 2 FGO).

5 **Besondere Schwierigkeiten tatsächlicher Art** liegen vor, wenn die Vielschichtigkeit des Sachverhalts erwarten lässt, dass umfangreiche Ermittlungen angestellt werden müssen und dass widersprüchliche Beweise zu werten und zu würdigen sind. **Besondere Schwierigkeiten rechtlicher Art** können sich aus der besonderen Gestaltung des Einzelfalles ergeben, der gerade deswegen die Rechtssache nicht zu einer solchen von grundsätzlicher Bedeutung macht. Allein der Umfang der Streitpunkte macht eine Sache ebenso wenig zu einer besonders schwierigen Sache wie allein die Anzahl der Beteiligten (zu Beteiligenden).

Das Merkmal der **grundsätzlichen Bedeutung** entspricht weitestgehend § 115 Abs. 2 Nr. 1 FGO (dazu s. § 115 FGO Rz. 10). Darüber hinaus ist allgemein davon auszugehen, dass Übertragung auf den Einzelrichter auch **bei bekannter divergierender Rechtsauffassung der einzelnen Senatsmitglieder** nicht in Betracht kommt. Eine grundsätzliche Bedeutung i.S. von § 6 Abs. 1 Nr. 2 FGO ist außerdem zu bejahen, wenn eine Vorlage an das BVerfG gem. Art. 100 Abs. 1 GG (BVerfG v. 05.05.1998, 1 BvL 23/97, NJW 1999, 274; v. 05.05.1998, 1 BvL 24/97, HFR 1998, 682) oder an den EuGH gem. Art. 267 AEUV in Betracht kommt. 6

Der Erlass eines **Vorbehaltsurteils** (§ 302 ZPO) kommt im finanzgerichtlichen Verfahren nicht in Betracht, insoweit läuft die Vorschrift leer. In Frage steht nur der zwischenzeitliche Erlass eines **Teilurteils** (§ 98 FGO) oder eines **Zwischenurteils** (§§ 97, 99 FGO). Nicht ausgeschlossen ist die Übertragung auf den Einzelrichter zu Beginn einer mündlichen Verhandlung oder nach Erlass eines **Gerichtsbescheids** (§ 90a FGO) durch den Senat, wenn der Kläger die Durchführung einer mündlichen Verhandlung beantragt. 7

Der Senat kann über die Übertragung schon dann entscheiden, wenn er sich ein hinreichendes Urteil über den Fall bilden kann. Hierfür genügt nach allgemeiner Auffassung der Eingang von Klagebegründung, Klageerwiderung und Steuerakten (BFH v. 27.12.2004, IV B 16/03, BFH/NV 2005, 1078; BFH v. 21.07.2016, V B 66/15, BFH/NV 2016, 1574). Die Einzelrichterübertragung liegt im **Ermessen** des Senats. Bei der Ermessensentscheidung wird auch auf die Berufserfahrung des präsumtiven Einzelrichters abzustellen sein. § 6 Abs. 1 Satz 2 VwGO schließt immerhin die Übertragung auf einen Richter auf Probe im ersten Jahr nach seiner Ernennung ausdrücklich aus. Soweit bei einzelnen FG die Anwendung gänzlich ausgeschlossen wird, ist dies mit dem Gesetzeszweck unvereinbar und liegt ebenso neben der Sache wie eine ausufernde Anwendung der Norm. 8

Mit der Übertragung tritt der **Einzelrichter** mit allen sich daraus ergebenden Befugnissen an die Stelle des Senats; er ist **gesetzlicher Richter** und damit erkennendes **Gericht** (BFH v. 01.09.2016, VI B 26/16, BFH/NV 2017, 50). Entscheidet der Senat das FG als Kollegialgericht, obgleich der Rechtsstreit einem Einzelrichter nach § 6 Abs. 1 FGO zur Entscheidung übertragen ist, fehlt es 9 demnach an einer vorschriftsmäßigen Besetzung des Gerichts i. S. des § 119 Abs. 1 FGO (BFH v. 06.11.2006, II B 45/05, BFH/NV 2007, 466; s. § 119 FGO Rz. 5 ff.). Ihm wachsen auch die Befugnisse des Vorsitzenden eines Kollegialgerichts zu (Ausnahme: § 79a Abs. 2 und 4 FGO). Er ist von der Übertragung an Gericht der Hauptsache i. S. von § 69 Abs. 3, Abs. 5 Satz 3, Abs. 6 und 7 FGO, soweit solche Verfahren nach der Übertragung anhängig werden. M. E. gehen deshalb auch bereits anhängige selbstständige Nebenverfahren (§§ 69, 114 FGO) auf den Einzelrichter über; § 69 Abs. 3 Satz 5 FGO steht dem nicht entgegen. Die Übertragung des Rechtsstreits zur Entscheidung beinhaltet den Übergang aller Befugnisse zu deren Vorbereitung. Die Übertragung führt auch dazu, dass der Einzelrichter über die Beiladung Dritter zu dem ihm übertragenen Rechtsstreit entscheidet und erstreckt sich selbstverständlich **auch** auf **Prozesskostenhilfeverfahren, Kostenbeschlüsse** nach Erledigung der Hauptsache usw. (wie hier FG Ha v. 02.12.2010, 3 KO 194/10, StEd 2011, 202). Die Sache bleibt Einzelrichtersache auch nach Aufhebung und Zurückverweisung durch den BFH im Revisionsverfahren, es sei denn der Übertragungsbeschluss wurde ausnahmsweise von der Aufhebung mit erfasst.

**10** Das **Urteil des Einzelrichters** ist mit **denselben Rechtsmitteln** angreifbar **wie die Urteile des Senats**, also mit der Revision bzw. der NZB. Eine auf § 119 Nr. 1 FGO (**Besetzungsrüge**) gestützte Revision kann im Hinblick auf §§ 6 Abs. 4 Satz 1, 124 Abs. 2 FGO nur dann Erfolg haben, wenn der gesetzliche Richter entzogen wurde, weil gegen § 6 Abs. 2 bzw. Abs. 3 Satz 2 FGO verstoßen wurde. Auf Verletzung der Übertragungsvoraussetzungen des § 6 Abs. 1 FGO kann grds. nicht schlüssig eine Besetzungsrüge gestützt werden (BFH v. 19.01.1994, II R 69/93, BFH/NV 1994, 725; BFH v. 22.01.2009, VIII B 78/08, BFH/NV 2009, 779). Ausnahmsweise kann der Übertragungsbeschluss jedoch zu einer fehlerhaften Besetzung des Gerichts (§ 119 Nr. 1 FGO) und damit zu einem Verfahrensmangel gem. § 115 Abs. 2 Nr. 3 FGO wegen Verstoßes gegen das Gebot des gesetzlichen Richters (Art. 101 Abs. 1 Satz 2 des Grundgesetzes) führen, wenn der Beschluss »greifbar gesetzwidrig«, d. h. unter keinem Gesichtspunkt mehr zu rechtfertigen ist (BFH v. 11.01.2011, VI B 60/10, BFH/NV 2011, 876), z. B. wenn überhaupt kein Übertragungsbeschluss vorliegt, der Einzelrichter aber gleichwohl anstelle des Senats entscheidet (BFH v. 30.01.2009, IV B 24/08, juris; v. 30.01.2009, IV B 39/08, juris; s. Rz. 3). Hat der Einzelrichter sich selbst bestellt oder hat ihm der Vorsitzende durch Verfügung den Rechtsstreit übertragen, so liegt schon kein unanfechtbarer Beschluss i. S. von § 6 Abs. 4 Satz 1 FGO vor, sodass die Besetzungsrüge Erfolg haben muss. Gegen Gerichtsbescheide des Einzelrichters sind die nach § 90a Abs. 2 FGO statthaften Rechtsbehelfe gegeben (zu Gerichtsbescheiden des Vorsitzenden bzw. des Berichterstatters s. § 79a Abs. 2 FGO; § 79a FGO Rz. 3). Wird Antrag auf mündliche Verhandlung gestellt, bleibt er auch dafür zuständig. Auf die erfolgte Übertragung allein, d. h. nur darauf, dass der Rechtsstreit auf den Einzelrichter übertragen wurde, kann die Revision ebenso wenig gestützt werden, wie sie gegen eine Entscheidung des Senats auf unterlassene Übertragung gestützt werden kann (§ 6 Abs. 4 Satz 2 FGO); im erstgenannten Fall ergibt sich das aus § 6 Abs. 4 Satz 1 FGO i. V. m. § 124 Abs. 2 FGO. Hat eine Besetzungsrüge Erfolg, weil die Voraussetzungen für eine Übertragung auf den Einzelrichter nicht vorliegen, hebt der BFH die Einzelrichterentscheidung und den Beschluss auf und verweist den Rechtsstreit auf den Vollsenat zurück (BFH v. 30.11.2010, VIII R 19/07, BFH/NV 2011, 449). Wird das Urteil des Einzelrichters hingegen aus anderen Gründen aufgehoben und die Sache zur anderweitigen Verhandlung und Entscheidung zurückverwiesen (vgl. § 126 Abs. 3 Satz 1 Nr. 2 FGO), **kann** der BFH den Rechtsstreit, der auf die NZB eines Beteiligten zur Zurückverweisung an das FG führt, **an den Vollsenat zurückverweisen** (BFH v. 21.07.2016, V B 66/15, BFH/NV 2016, 1574). Geschieht dies, ohne dass der BFH ausdrücklich eine Zurückverweisung an den Vollsenat ausspricht, so ist im zweiten Rechtsgang ohne Weiteres erneut der Einzelrichter zuständig (BFH v. 01.09.2016, VI B 26/16, BFH/NV 2017, 50).

Die **Rückübertragung des Rechtsstreits auf den Senat** **11**
durch Beschluss des Einzelrichters steht in dessen **Ermessen** und kann nur nach **Anhörung der Beteiligten** erfolgen. Sie setzt eine wesentliche Änderung der Prozesslage voraus, aus der sich ergibt, dass die Rechtssache grundsätzliche Bedeutung hat oder die Sache besondere Schwierigkeiten tatsächlicher oder rechtlicher Art aufweist (§ 6 Abs. 3 Satz 1 FGO). Allein die spätere Erkenntnis, die bei der Übertragung bekannten Umstände seien falsch gewichtet worden, erlaubt die Rückübertragung nicht. Eine wesentliche Änderung der Prozesslage kann durch Klageänderung (einschließlich einer Änderung des angefochtenen Verwaltungsakts mit der Folge des § 68 FGO) sowie damit verbunden gänzlich neuem bzw. weiterreichendem zusätzlichem Sach- oder Rechtsvortrag angenommen werden. Aus ihr muss sich – nunmehr – ergeben, dass eine der beiden Voraussetzungen des § 6 Abs. 1 Nr. 1 und 2 FGO nicht mehr erfüllt ist. Im Gegensatz zur Übertragung auf den Einzelrichter bedarf es für die Rückübertragung nicht des kumulativen Nichtvorliegens beider Voraussetzungen. Auch dieser Beschluss ist **unanfechtbar** (§ 6 Abs. 4 Satz 1 FGO). Er bedarf keiner Begründung (§ 113 Abs. 2 FGO) und ist ebenfalls den Beteiligten formlos bekannt zu geben. Die Rückübertragung bindet den Senat. Eine Besetzungsrüge in einem späteren Rechtsmittelverfahren ist entsprechend § 6 Abs. 4 Satz 1 FGO i. V. m. § 124 Abs. 2 FGO ausgeschlossen (z. B. BFH v. 06.11.2008, IX B 144/08, BFH/NV 2009,

195; aber s. Rz. 9), es sei denn die Rückübertragung ist greifbar gesetzwidrig (BFH v. 05.01.2009, I B 105/08, ZSteu 2009, R 735). Die **Ablehnung der Rückübertragung** ist ebenfalls – abgesehen vom Fall der greifbaren Gesetzeswidrigkeit – **unanfechtbar** (BFH v. 14.05.2013, X B 43/13, BFH/NV 2013, 1260).

2 Überträgt der Einzelrichter den Rechtsstreit auf den Senat zurück, bleiben die **zwischenzeitlich** durch ihn **getroffene Entscheidungen**, z.B. vorgenommene Beiladungen (§ 60 FGO), von der Rückübertragung **unberührt**. Bei bereits durchgeführter Beweisaufnahme ergeben sich indessen Schwierigkeiten, weil der Grundsatz der Unmittelbarkeit der Beweisaufnahme (§ 81 Abs. 1 FGO) verletzt sein könnte. Zwar sieht § 81 Abs. 2 FGO vor, dass das Gericht »in geeigneten Fällen schon vor der mündlichen Verhandlung durch eines seiner Mitglieder als beauftragten Richter« Beweis erheben lassen kann, doch handelt es sich dabei um eine Entscheidung des Senats, die in einer anderen Prozesslage zu treffen ist. Auch § 79 Abs. 3 FGO sieht unter bestimmten Voraussetzungen die Erhebung einzelner Beweise durch den Vorsitzenden oder den Berichterstatter (§§ 65 Abs. 2 Satz 1, 79a Abs. 3 und Abs. 4 FGO) im vorbereitenden Verfahren vor. Vermag der Senat nach Rückübertragung der Sache das Beweisergebnis nicht ohne unmittelbaren Eindruck vom Verlauf der Beweisaufnahme sachgemäß zu würdigen, muss die **Beweisaufnahme wiederholt** werden. Dies gilt auch, wenn ein Beteiligter dies beantragt, es sei denn, die Wiederholung ist unzumutbar, unzulässig oder gar unmöglich.

## §§ 7 bis 9

**(aufgehoben durch Gesetz v. 26.05.1972, BGBl I 1972, 841)**

## § 10 FGO
## Verfassung des Bundesfinanzhofs

**(1) Der Bundesfinanzhof besteht aus dem Präsidenten und aus den Vorsitzenden Richtern und weiteren Richtern in erforderlicher Anzahl.**

**(2) Beim Bundesfinanzhof werden Senate gebildet. § 5 Abs. 2 Satz 2 gilt sinngemäß.**

**(3) Die Senate des Bundesfinanzhofs entscheiden in der Besetzung von fünf Richtern, bei Beschlüssen außerhalb der mündlichen Verhandlung in der Besetzung von drei Richtern.**

**S. § 10 VwGO**

1 § 10 Abs. 1 und Abs. 2 FGO legt fest, dass der BFH ebenso wie die FG ein in Senate gegliedertes Kollegialgericht ist. Die Bildung der Senate – zurzeit sind es elf – erfolgt durch die Justizverwaltung (BMJV; so auch *Brandis* in Tipke/Kruse, § 10 FGO Rz. 2; *Sunder-Plassmann* in HHSp, § 10 FGO Rz. 27). Dies ist kein Akt der Geschäftsverteilung, der nach § 21 e Abs. 1 GVG, der dem Präsidium obläge (s. § 4 FGO Rz. 3 ff.). Zur Bildung von besonderen Senaten für Zoll-, Verbrauchsteuer- und Finanzmonopolsachen gem. § 10 Abs. 2 Satz 2 FGO i. V. m. § 5 Abs. 2 Satz 2 FGO s. § 5 FGO Rz. 2.

Die Senate des BFH entscheiden grds. in der Besetzung mit fünf Richtern, soweit es sich nicht um Beschlüsse außerhalb der mündlichen Verhandlung handelt; diese werden in der Besetzung von drei Richtern gefasst (§ 10 Abs. 3 FGO; vgl. BFH v. 13.04.2016, III B 16/15, BFH/NV 2016, 1302). Als solche kommen insbes. Verbindungs- und Trennungsbeschlüsse (§ 73 FGO), Aussetzungsbeschlüsse (§§ 69 Abs. 3, 74 FGO) und Verwerfungsbeschlüsse (§ 126 Abs. 1 FGO) in Betracht, ferner Entscheidungen in Beschwerdesachen (§§ 115 Abs. 5, 128 ff. FGO), ebenso über Erinnerungen gegen den Kostenansatz nach § 66 Abs. 1 GKG (dazu s. Vor § 135 FGO Rz. 34; BFH v. 28.06.2005, X E 1/05, BStBl II 2005, 646; BFH v. 12.12.2008, IV E 1/08, juris) und Wertfestsetzungen gem. § 33 RVG (BFH v. 11.12.2012, X S 25/12, BFH/NV 2013, 741), Anhörungsrügen nach § 133 a FGO (BFH v. 22.04.2009, VI S 4/09, juris) sowie Beschlüsse, mit denen über den Fortgang eines Entschädigungsklageverfahrens (§ 155 Satz 2 FGO i. V. m. §§ 198 ff. GVG ohne vorherige Zahlung der Kosten entschieden wird (BFH v. 12.06.2013, X K 2/13, BFH/NV 2013, 1442); nicht jedoch **Gerichtsbescheide** (§§ 90 a, 121 FGO), die der Urteilsfindung dienen und urteilsgleiche Wirkung erlangen können. Beiladungsbeschlüsse ergehen in der Vollbesetzung mit fünf Richtern, wenn die Beiladung auf der Grundlage der Revisionsverhandlung in der Sitzung erfolgt (BFH v. 22.11.2006, IX R 53/04, BFH/NV 2007, 1845). Beschlüsse über die **Anrufung des Großen Senats** (§ 11 Abs. 2 und Abs. 4 FGO) sind ebenfalls in der vollen Besetzung (fünf Richter) zu fassen (BFH v. 10.03.1969, GrS 4/68, BStBl II 1969, 435). Dies gilt auch bei Anrufung des Großen Senats in einer Beschlusssache (BFH v. 26.11.1979, GrS 2/79, BStBl II 1980, 156). Hat der Große Senat entschieden, ist über die Beschwerdesache selbst wieder grundsätzlich (Ausnahme: mündliche Verhandlung) in der Besetzung mit drei Richtern zu befinden (BFH v. 29.08.1969, III B 39/67, BStBl II 1969, 710). Stellt sich die Unzulässigkeit einer Revision während der Beratung über die zu fällende Entscheidung heraus, so können Beschlüsse, mit denen Revisionen gem. § 126 Abs. 1 FGO als unzulässig verworfen werden, in der Besetzung von fünf Richtern gefällt werden (BFH v. 24.01.1978, VII R 118/74, BStBl II 1978, 228; BFH v. 14.02.1978, VII R 91/77, BStBl II 1978, 312). Zwar entspricht das nicht dem Gesetzeswortlaut, doch würde es dem Vereinfachungszweck des § 10 Abs. 3 FGO widersprechen, müsste zum Zwecke der Verwerfung der Revision als unzulässig 2

(§ 126 Abs. 1 FGO) mündliche Verhandlung erfolgen. In einheitlicher Besetzung muss auch über eine teils unzulässige teils unbegründete oder begründete Revision entschieden werden (z. B. Anfechtung eines finanzgerichtlichen Urteils, mit dem über mehrere Anfechtungsgegenstände entschieden wurde, Revisionen mehrerer Beteiligter). Stets in der Besetzung von fünf Richtern zu fällen ist auch die Entscheidung nach Art. 100 Abs. 1 GG über die Anrufung des BVerfG im Normenkontrollverfahren (auch s. § 5 FGO Rz. 5) und über ein Vorabentscheidungsersuchen an den EuGH (s. Vor FGO Rz. 62 ff.).

## § 11 FGO
## Zuständigkeit des Großen Senats

**(1) Bei dem Bundesfinanzhof wird ein Großer Senat gebildet.**

**(2) Der Große Senat entscheidet, wenn ein Senat in einer Rechtsfrage von der Entscheidung eines anderen Senats oder des Großen Senats abweichen will.**

**(3) Eine Vorlage an den Großen Senat ist nur zulässig, wenn der Senat, von dessen Entscheidung abgewichen werden soll, auf Anfrage des erkennenden Senats erklärt hat, dass er an seiner Rechtsauffassung festhält. Kann der Senat, von dessen Entscheidung abgewichen werden soll, wegen einer Änderung des Geschäftsverteilungsplanes mit der Rechtsfrage nicht mehr befaßt werden, tritt der Senat an seine Stelle, der nach dem Geschäftsverteilungsplan für den Fall, in dem abweichend entschieden wurde, nunmehr zuständig wäre. Über die Anfrage und die Antwort entscheidet der jeweilige Senat durch Beschluss in der für Urteile erforderlichen Besetzung.**

**(4) Der erkennende Senat kann eine Frage von grundsätzlicher Bedeutung dem Großen Senat zur Entscheidung vorlegen, wenn das nach seiner Auffassung zur Fortbildung des Rechts oder zur Sicherung einer einheitlichen Rechtsprechung erforderlich ist.**

**(5) Der Große Senat besteht aus dem Präsidenten und je einem Richter der Senate, in denen der Präsident nicht den Vorsitz führt. Bei einer Verhinderung des Präsidenten tritt ein Richter aus dem Senat, dem er angehört, an seine Stelle.**

**(6) Die Mitglieder und die Vertreter werden durch das Präsidium für ein Geschäftsjahr bestellt. Den Vorsitz im Großen Senat führt der Präsident, bei Verhinderung das dienstälteste Mitglied. Bei Stimmengleichheit gibt die Stimme des Vorsitzenden den Ausschlag.**

**(7) Der Große Senat entscheidet nur über die Rechtsfrage. Er kann ohne mündliche Verhandlung entscheiden. Seine Entscheidung ist in der vorliegenden Sache für den erkennenden Senat bindend.**

**S. § 11 VwGO; § 41 SGG**

1 § 11 Abs. 1 FGO bestimmt die Bildung eines Großen Senats beim BFH. Dem Großen Senat fällt die Aufgabe zu, die **Einheitlichkeit der höchstrichterlichen Steuerrechtsprechung** zu sichern. Darüber hinaus eröffnet § 11 Abs. 4 FGO die Möglichkeit der erkennenden Senate, den Großen Senat zur Entscheidung einer grundsätzlichen Rechtsfrage anzurufen.

2 Die **Zusammensetzung** des Großen Senats ist in § 11 Abs. 5 FGO geregelt. Er besteht aus dem Präsidenten und je einem Mitglied jedes Senates, dem dieser nicht angehört. Die Mitglieder des Großen Senats – mit Ausnahme des Präsidenten – sowie ihre Stellvertreter werden durch das Präsidium für ein Geschäftsjahr bestellt (§ 11 Abs. 6 Satz 1 FGO).

3 Der Große Senat ist für Divergenzanrufungen (Rz. 4 ff.) und für Grundsatzanrufungen (Rz. 10 ff.) zuständig.

4 Jeder Senat, der in einer entscheidungserheblichen **Rechtsfrage von der Entscheidung eines anderen Senats oder des Großen Senats abweichen will**, muss eine Entscheidung des Großen Senats herbeiführen (§ 11 Abs. 2 FGO). Es kommt nicht darauf an, ob diese Rechtsfrage in einem zur amtlichen Veröffentlichung bestimmten Urteil oder in irgendeiner anderen Entscheidung (Urteil, Beschluss, vgl. BFH v. 06.05.2014, GrS 2/13, BFH/NV 2014, 1307) behandelt worden ist oder werden soll. Maßgeblich ist, dass mit der betreffenden Entscheidung das seinerzeitige Verfahren abgeschlossen und die nach Meinung des anfragenden Senats nun abweichend zu beantwortende Rechtsfrage endgültig entschieden wurde, z. B. auch in einem Beschluss über die Zurückweisung einer NZB (BFH v. 06.05.2014, GrS 2/13, BFH/NV 2014, 1307). § 11 Abs. 2 FGO greift auch ein, wenn der vorlegende Senat von einer Entscheidung eines Senats abweichen will, von der ein anderer Senat bereits abgewichen ist, der vorlegende Senat aber dem abgewichenen Senat folgen will (BFH v. 22.11.1976, GrS 1/76, BStBl II 1977, 247). Das Gleiche gilt, wenn der erkennende Senat sich der Entscheidung desjenigen Senats anschließen will, der bereits selbst abgewichen ist. Ein Fall des § 11 Abs. 2 FGO liegt auch dann vor, wenn ein in verschiedenen Gesetzen verwendeter gleicher Rechtsbegriff (z. B. Pflegekind) unterschiedlich ausgelegt wird (BFH v. 25.01.1971, GrS 6/70, BStBl II 1971, 274). Von eigenen Entscheidungen kann der Senat **ohne Anrufung des Großen Senats abweichen**. Ist seit der Entscheidung, von der abgewichen werden soll, die Zuständigkeit für den Fall auf-

grund Änderung des Geschäftsverteilungsplans auf den erkennenden Senat übergegangen, braucht der Große Senat dann nicht angerufen zu werden, wenn der Senat, von dessen Entscheidung abgewichen werden soll, mit der Rechtsfrage nicht mehr befasst werden kann (auch § 11 Abs. 3 Satz 2 FGO). Soll **von einer Entscheidung des Großen Senats abgewichen** werden, so soll die Vorlage an den Großen Senat nur zulässig sein, wenn in der Zwischenzeit neue rechtliche Gesichtspunkte aufgetreten sind, die bei der ursprünglichen Entscheidung des Großen Senats nicht berücksichtigt werden konnten und/oder neue Rechtserkenntnisse eine andere Beurteilung der entschiedenen Rechtsfrage rechtfertigen könnten (BFH v. 18.01.1971, GrS 4/70, BStBl II 1971, 207; BFH v. 20.02.2013, GrS 1/12, BFH/NV 2013, 1029). Diese Auffassung ist mit Rücksicht auf § 11 Abs. 7 Satz 3 FGO nicht unbedenklich (gl. A. *Brandis* in Tipke/Kruse, § 11 FGO Rz. 11 m. w. N.). Nach BFH v. 10.11.1971, I B 14/70, BStBl II 1972, 222 liegt kein Fall des § 11 Abs. 3 FGO vor, soweit das Gericht im Rahmen des ihm durch § 138 Abs. 1 FGO eingeräumten Spielraums auf der Grundlage zur Ermessensentscheidung tauglicher Gesichtspunkte befindet. Ebenso bedarf es keiner Anrufung des Großen Senats, wenn die frühere Entscheidung eines anderen Senats kumulativ mehrfach begründet ist und die spätere Entscheidung auf einer abweichenden Rechtsauffassung zu nur einer der Begründungen beruht (BFH 22.07.1977, III B 34/74, BStBl II 1977, 838).

5 Die vorgelegte **Rechtsfrage** muss für den erkennenden Senat von **sachentscheidender Bedeutung** sein (BFH v. 18.01.1971, GrS 5/70, BStBl II 1971, 244), aber auch für die Entscheidung des Senats, von der der anrufende Senat abweichen will (z. B. BFH v. 09.10.2014, GrS 1/13, BStBl II 2015, 345; BFH v. 14.04.2015, GrS 2/12, BStBl II 2015, 1007; s. Rz. 8). Bestehen in Bezug auf die Rechtsfrage lediglich Unterschiede in der Begründung, nicht aber im Ergebnis der beiden Urteile, liegt keine Abweichung i. S. des § 11 Abs. 2 FGO vor (z. B. BFH v. 19.01.2016, XI R 38/12, BStBl II 2017, 567; BFH v. 01.06.2016, XI R 17/11, BStBl II 2017, 581). Dies ist nicht deshalb zu verneinen, weil der erkennende Senat mit einer anderen rechtlichen Begründung und dann ohne Anrufung des Großen Senats zum gleichen Ergebnis gelangen könnte (BFH v. 26.11.1973, GrS 5/71, BStBl II 1974, 132; BFH v. 21.10.1985, GrS 2/84, BStBl II 1986, 207).

6 Eine **Sonderregelung** zu § 11 Abs. 2 FGO enthielt die Überleitungsvorschrift des § 184 Abs. 2 Nr. 5 FGO, wonach der Große Senat, sofern in einer Rechtsfrage ein Senat des BFH von einer vor dem Inkrafttreten des Gesetzes ergangenen Entscheidung eines anderen Senats oder des Großen Senats oder von einer Entscheidung des ehemaligen obersten Finanzgerichtshofs in München abweichen will, nur entscheidet, wenn die frühere Entscheidung gem. § 64 RAO veröffentlicht worden ist (BFH v. 21.03.1989, IX R 58/86, BStBl II 1989, 778).

Nach § 11 Abs. 3 Sätze 1 und 2 FGO ist eine Vorlage an den Großen Senat wegen Abweichung nur zulässig, wenn der Senat, von dessen Entscheidung abgewichen werden soll, bzw. der infolge Änderung des Geschäftsverteilungsplans an dessen Stelle getretene Senat auf **Anfrage** erklärt, dass er an seiner Rechtsauffassung festhalte. Die Anfrage hat auch dann zu erfolgen, wenn der erkennende Senat zwar nach dem GVP für die Rechtsfrage zuständig geworden ist, der andere Senat aber weiterhin mit der Rechtsfrage befasst werden kann (BFH v. 09.10.2014, GrS 1/13, BStBl II 2015, 345). Sowohl die entsprechende Anfrage als auch die Antwort hierauf haben in voller Besetzung (§ 10 Abs. 3 1. Alt. FGO) zu erfolgen (§ 11 Abs. 3 Satz 3 FGO). Die Anrufungspflicht entfällt, wenn der andere Senat auf die Anfrage hin mitteilt, er halte an seiner Auffassung nicht mehr fest. 7

Eine **Ausnahme von der Pflicht zur Anrufung** des Großen Senats **trotz Divergenz** besteht dann, wenn die Rechtsfrage inzwischen durch den Großen Senat oder den Gemeinsamen Senat der obersten Gerichtshöfe des Bundes entschieden wurde und der nunmehr erkennende Senat sich der späteren Entscheidung (der zwischenzeitlich ergangenen) anschließt. Ebenfalls keine Vorlagepflicht besteht, wenn die Abweichung eine **verfassungsrechtliche Frage** betrifft (BFH v. 16.12.1969, II R 90/69, BStBl II 1970, 408), denn in diesem Fall, in welchem dem Großen Senat die Entscheidungskompetenz fehlt, ist das Verfahren auszusetzen und die Entscheidung des BVerfG nach Art. 100 Abs. 1 GG, § 80 BVerfGG einzuholen (s. Vor FGO Rz. 62 f.; auch s. Rz. 8a). Keine Anrufungspflicht besteht, wenn die maßgebliche Rechtsfrage zwischenzeitlich durch den **EuGH** entschieden worden ist und sich der später erkennende Senat dieser Rechtsansicht anschließt (BFH v. 13.07.2016, VIII K 1/16, BStBl II 2017, 198). Entsprechendes gilt, wenn die Entscheidung des BFH, von der abgewichen werden soll, aufgrund der Rspr. des **BVerfG** zwischenzeitlich überholt ist (BFH v. 06.06.2016, III B 92/15, BStBl II 2016, 844). Schließlich besteht auch keine Anrufungspflicht, wenn ein Senat von beiläufigen, die Entscheidung nicht tragenden Äußerungen (**obiter dicta**) eines anderen Senats abweichen will (z. B. BFH v. 21.02.2013, V R 27/11, BFH/NV 2013, 1138; BFH v. 28.08.2014, V R 22/14, BFH/NV 2015, 17; BFH v. 07.09.2016, I R 9/15, BFH/NV 2017, 485 m. w. N.). Dies gilt auch für Empfehlungen zur weiteren Sachbehandlung anlässlich der Zurückverweisung an das FG nach § 126 Abs. 3 Nr. 2 FGO und Ausführungen im Leitsatz oder in den Gründen, die verallgemeinernd über den entschiedenen Fall hinausgehen (BFH v. 26.05.1993, X R 72/90, BStBl II 1993, 855; *Herbert* in Gräber, § 11 FGO Rz. 11). Keine Pflicht zur Anrufung des Großen Senats besteht, wenn ein **AdV-Verfahren** o. Ä. betroffen ist, in 8 dem über die Rechtsfrage ja nicht endgültig zu entscheiden ist. In diesem Fall kommt demzufolge eine Anfrage nach § 11 Abs. 3 FGO grds. nicht in Betracht (BFH v. 15.04.2010, IV B 105/09, BStBl II 2010; *Herbert* in Gräber, § 11 FGO Rz. 5; krit. *Brandis* in Tipke/Kruse, § 11 FGO Rz. 4). Etwas anderes gilt, wenn es um Rechtsfragen geht, die speziell diese summarischen Verfahren betreffen und durch den GrS abschließend geklärt werden können (BFH v. 03.07.1995, GrS 3/93, BStBl II 1995, 730; BFH v. 15.04.2010, IV B 105/09, BStBl II 2010, 971; BFH v. 16.10.2012, I B 128/12, BStBl II 2013, 30; *Herbert* in Gräber, § 11 FGO Rz. 5).

**8a** Abweichend von § 11 Abs. 2 und Abs. 3 FGO kann im Fall der Divergenz vorrangig ein Vorabentscheidungsersuchen gem. Art. 267 Abs. 3 AEUV an den EuGH geboten sein, jedenfalls dann, wenn es um die (authentische) Interpretation einer – von mehreren Senaten des BFH unterschiedlich verstandenen – Rspr. des EuGH geht (BFH v. 21.09.2016, XI R 44/14, BFH/NV 2017, 248). Denn nach Art. 267 Abs. 3 AEUV sind die letztinstanzlichen nationalen Gerichte von Amts wegen gehalten, den EuGH anzurufen (z.B. BVerfG v. 06.09.2016, 1 BvR 1305/13, NVwZ 2017, 53). Entsprechendes gilt für eine Richtervorlage an das BVerfG nach Art. 100 Abs. 1 GG (*Herbert* in Gräber, § 11 FGO Rz. 19; s. Rz. 8). Allerdings wird bei divergierenden Auffassungen zur Verfassungsmäßigkeit einer streitentscheidenden Steuernorm in verfassungsprozessualer Hinsicht zu überlegen sein, ob eine verfassungskonforme Auslegung der Norm möglich ist (s. Vor FGO Rz. 62).

**9** Das **Unterbleiben der Anrufung** des Großen Senats lässt die Rechtsgültigkeit der Entscheidung im Allgemeinen unberührt; indessen wird die willkürliche Unterlassung der Anrufung als **Verstoß gegen das Gebot des gesetzlichen Richters** (Art. 101 Abs. 1 Satz 2 GG; dazu s. Vor FGO Rz. 61c, § 4 FGO Rz. 3) zu qualifizieren sein.

**10** Jeder Senat kann die Entscheidung des Großen Senates außer im Fall der Abweichung (Rz. 4 ff.) auch dann herbeiführen, wenn es sich seiner Auffassung nach um eine Rechtsfrage von grundsätzlicher Bedeutung handelt, die im Interesse der Rechtsentwicklung oder der Einheitlichkeit der Rechtsprechung eine Klärung durch den Großen Senat erforderlich macht (§ 11 Abs. 4 FGO). Diese Rechtsfrage darf nicht abstrakt gestellt werden, sondern muss in einer beim Bundesfinanzhof anhängigen Streitsache aktuell geworden sein. Dies folgt daraus, dass das Anrufungsrecht des § 11 Abs. 4 FGO nur dem »erkennenden« Senat zusteht. Die Anrufung liegt im pflichtgemäßen Ermessen des Senats. Sie kommt regelmäßig dann nicht in Betracht, wenn es sich um eine Rechtsfrage handelt, zu deren Entscheidung lediglich ein Fachsenat berufen ist (BFH v. 12.04.1989, II R 37/87, BStBl II 1989, 524). Über § 11 Abs. 4 FGO kann nicht die Erstattung von Rechtsgutachten erzwungen werden (BFH v. 17.07.1967, GrS 3/66, BStBl II 1968, 285). Ist bereits ein Vorlageverfahren mit einer gleichen oder ähnlichen Rechtsfrage anhängig, schließt dies eine weitere Vorlage nicht aus (BFH v. 25.06.1984, GrS 4/82, BStBl II 1984, 751). Wird die Anrufung durch den anrufenden Senat in erster Linie auf grundsätzliche Bedeutung und hilfsweise auch auf Divergenz gestützt, so geht die Anrufung wegen Divergenz vor (st. Rspr., z.B. BFH v. 21.10.1985, GrS 2/84, BStBl II 1986, 207); das Anfrageverfahren (§ 11 Abs. 3 FGO) ist auch bei hilfsweiser Divergenzanrufung durchzuführen. An einer Vorlage wegen grundsätzlicher Bedeutung (§ 11 Abs. 4 FGO) ist der vorlegende Senat aber nicht wegen einer vorrangigen Divergenzvorlage (§ 11 Abs. 2 FGO; s. Rz. 4 ff.) gehindert (BFH v. 21.11.2013, IX R 23/12, BStBl II 2014, 312; *Sunder-Plassmann* in HHSp, § 11 FGO Rz. 24). Auch eine Anrufung des Großen Senats des BFH gem. § 11 Abs. 4 FGO wegen grundsätzlicher Bedeutung einer Rechtsfrage setzt deren Entscheidungserheblichkeit voraus (BFH v. 19.01.2016, XI R 38/12, BStBl II 2017, 567; BFH v. 01.06.2016, XI R 17/11, BStBl II 2017, 581).

Der Große Senat prüft zunächst die Zulässigkeit der Anrufung unter den formellen Gesichtspunkten des § 11 Abs. 3 FGO und entscheidet (nur) über die **vorgelegte Rechtsfrage** (§ 11 Abs. 7 Satz 1 FGO). Die Durchführung einer mündlichen Verhandlung ist freigestellt (§ 11 Abs. 7 Satz 2 FGO). Der Große Senat prüft etwa dann nach § 11 Abs. 7 Satz 2 FGO ohne mündliche Verhandlung, wenn eine weitere Förderung der Entscheidung durch eine mündliche Verhandlung nicht zu erwarten ist (BFH v. 28.11.2016, GrS 1/15, BStBl II 2017, 393). Der Große Senat entscheidet stets durch **Beschluss**, weil die auf die Rechtsfrage beschränkte Entscheidungsbefugnis die Entscheidung durch Urteil verbietet. Der Beschluss ist **schriftlich** abzufassen und **zu begründen**. Er ist den Beteiligten zuzustellen. Den Beteiligten ist auch bezüglich des Vorlagebeschlusses rechtliches Gehör zu gewähren ist – u.E. auch im Anfrageverfahren nach § 11 Abs. 3 FGO. Der Beschluss des Großen Senats **bindet den vorlegenden Senat** (§ 11 Abs. 7 Satz 3 FGO), der sein Verfahren nach der Entscheidung der Rechtsfrage fortzusetzen hat. Eine **weitergehende Bindungswirkung** kommt der Entscheidung des Großen Senats **nicht** zu (aber s. Rz. 4 zur Auffassung des Großen Senats zur erneuten Anrufung). **11**

Während die Einheitlichkeit der Rspr. auf dem Gebiet der Finanzgerichtsbarkeit nach § 11 FGO dem Großen Senat des BFH obliegt, ist die **Einheitlichkeit der Rechtsprechung der obersten Gerichtshöfe des Bundes** (Art. 95 Abs. 1 GG) die Aufgabe des **Gemeinsamen Senats** dieser obersten Gerichtshöfe (Art. 93 Abs. 3 GG und das RsprEinhG). Aufgrund des durch Gesetz v. 18.06.1968 (BGBl I 1968, 657) neu gefassten Art. 95 GG wurde am 19.06.1968 das RsprEinhG erlassen (BGBl I 1968, 661). Oberste Gerichtshöfe des Bundes sind nach Art. 95 Abs. 1 GG der BGH (für das Gebiet der ordentlichen Gerichts- **12** barkeit; Sitz: Karlsruhe), das BVerwG (für das Gebiet der Verwaltungsgerichtsbarkeit; Sitz: Leipzig), das BAG (für das Gebiet der Arbeitsgerichtsbarkeit; Sitz: Erfurt), das BSG (für das Gebiet der Sozialgerichtsbarkeit; Sitz: Kassel) und der BFH (für das Gebiet der Finanzgerichtsbarkeit). Gemäß § 1 RsprEinhG wird für die genannten obersten Gerichtshöfe des Bundes ein Gemeinsamer Senat dieser obersten Gerichtshöfe mit Sitz in Karlsruhe gebildet. Er entscheidet, wenn ein oberster Gerichtshof in einer Rechtsfrage von der Entscheidung eines anderen obersten Gerichtshofs oder des Gemeinsamen Senats abweichen will (§ 2 Abs. 1 RsprEinhG). Soweit der Große Senat nach § 11 FGO anzurufen ist, entscheidet der Gemeinsame Senat erst, wenn der Große Senat oder die Vereinigten Großen Senate von der Entscheidung eines anderen obersten Gerichtshofs oder des Gemeinsamen Senats abweichen wollen (§ 2 Abs. 2 RsprEinhG). Der Gemeinsame Senat entscheidet aufgrund mündlicher Verhandlung nur über die Rechtsfrage. Mit Einverständnis der Beteiligten (§ 13 RsprEinhG) kann der Gemeinsame Senat ohne mündliche Verhandlung entscheiden (§ 15 RsprEinhG). Ist die Divergenz, die Anlass für das Ersuchen war, inzwischen entfallen, kann ein Entscheidungsersuchen an den Gemeinsamen Senat der obersten Gerichtshöfe des Bundes zurückgenommen werden (BFH v. 29.08.1978, VII R 17/77, BStBl II 1978, 604). Die Entscheidung des Gemeinsamen Senats ist für das erkennende Gericht bindend (§ 16 RsprEinhG). Für das Gebiet der Finanzgerichtsbarkeit erweitert § 18 RsprEinhG § 115 Abs. 2 Nr. 2 FGO dahingehend, dass die Revision auch zuzulassen ist, wenn das FG von einer Entscheidung des Gemeinsamen Senats abweicht (s. § 115 FGO Rz. 16).

## § 12 FGO Geschäftsstelle

**Bei jedem Gericht wird eine Geschäftsstelle eingerichtet. Sie wird mit der erforderlichen Anzahl von Urkundsbeamten besetzt.**

**S. § 13 VwGO; § 4 SGG**

1 Die Aufgaben der Geschäftsstelle – oder auch mehrerer Geschäftsstellen desselben Gerichts – regeln die Geschäftsordnung sowie ergänzende Dienstanweisungen, die vom Gerichtspräsidenten oder von den Vorsitzenden der Senate erlassen werden.

2 Urkundsbeamte sind mit öffentlichem Glauben ausgestattete Beamte der Gerichtsverwaltung, die Anträge und Erklärungen zu Protokoll nehmen, in den Sitzungen des Gerichts, in Erörterungsterminen oder Beweiserhebungen außerhalb der mündlichen Verhandlung das Protokoll führen, von Entscheidungen des Gerichts Ausfertigungen erteilen und Abschriften beglaubigen u. a. m. **Entscheidungsfunktionen** haben die Urkundsbeamten im Bereich der Finanzgerichtsbarkeit **nur ausnahmsweise**, so als Kostenbeamte bei der Kostenfestsetzung (§ 149 FGO). Eine Übertragung von richterlichen Aufgaben auf Urkundsbeamte ist – abgesehen von § 142 Abs. 3 FGO hinsichtlich der Prüfung der persönlichen und wirtschaftlichen Verhältnisse des Klägers im PKH-Verfahren – im finanzgerichtlichen Verfahren ausgeschlossen.

## § 13 FGO Rechts- und Amtshilfe

**Alle Gerichte und Verwaltungsbehörden leisten den Gerichten der Finanzgerichtsbarkeit Rechts- und Amtshilfe.**

**S. § 14 VwGO; § 5 Abs. 1 SGG**

**Schrifttum**

SACHS (Hrsg.), GG, 8. Aufl. 2018.

§ 13 FGO stellt eine einfachgesetzliche Konkretisierung des verfassungsrechtlichen Rechts- und Amtshilfegebotes dar (Art. 35 Abs. 1 GG), wonach sich alle Behörden des Bundes und der Länder gegenseitig Rechts- und Amtshilfe leisten. **Rechtshilfe** betrifft Akte der Gerichtsbarkeit, z. B. richterliche Zeugenvernehmungen und Eidesabnahmen (z. B. § 81 Abs. 2, § 82 FGO i. V. m. § 362 ZPO), während unter **Amtshilfe** solche Maßnahmen zu verstehen sind, die dem Bereich der Verwaltung im weitesten Sinne zugehören (zum Begriff der Rechts- und Amtshilfe im Übrigen auch s. § 111 AO Rz. 2 und s. § 117 AO Rz. 2). Ein Unterordnungsverhältnis wird durch die Verpflichtung einer anderen Behörde, auf Ersuchen Rechts- oder Amtshilfe zu leisten, nicht begründet. Ebenso wenig kann Art. 35 GG zur Erweiterung von Kompetenzbereichen benutzt werden (*Erbguth* in Sachs, Art. 35 GG Rz. 19 ff.). § 13 FGO führt das in Art. 35 GG verankerte Prinzip näher aus, indem klargestellt wird, dass die Verpflichtung zur Leistung von **Rechts- und Amtshilfe auch gegenüber den Gerichten der Finanzgerichtsbarkeit** besteht. 1

Dem Inhalt nach können sich Rechtshilfe- oder Amtshilfeersuchen der Finanzgerichte auf **Handlungen jeglicher Art** beziehen, deren es im Rahmen der amtlichen Ermittlungspflicht (Untersuchungsgrundsatz, § 76 FGO) zur Vorbereitung der Entscheidung bedarf (§ 79 FGO). In Betracht kommen insbes. Auskunfts- und Ermittlungsersuchen an Verwaltungsbehörden (einschließlich der Polizeibehörden) und an Organisationen der Wirtschaft (Kammern) sowie Ersuchen an auswärtigen Gerichte (§ 157 GVG) um richterliche Vernehmung von Zeugen oder Sachverständigen (§ 81 Abs. 2 FGO). Das Rechtshilfeersuchen muss einen **deutlichen Inhalt** haben, z. B. bei einem Ersuchen um Zeugenvernehmung konkret die Tatsachen bezeichnen, über die Beweis erhoben werden soll (BFH v. 11.09.1984, VIII B 23/84, BStBl II 1984, 836). 2

3 Eine **Erzwingung von Rechtshilfe- oder Amtshilfeersuchen** im Falle der Ablehnung oder Verschleppung durch die ersuchte Behörde ist **nicht möglich**. Es bleibt **nur** der Weg der **Aufsichtsbeschwerde** zur nächsthöheren Behörde, im Falle gerichtlicher Handlungen zu der die Dienstaufsicht führenden Stelle der Gerichtsverwaltung. Besteht **zwischen zwei FG Streit** über die Rechtmäßigkeit eines Rechtshilfeersuchens, so entscheidet in sinngemäßer Anwendung des § 159 Abs. 1 Satz 1 GVG der BFH (BFH v. 11.09.1984, VIII B 23/84, BStBl II 1984, 836).

4 Die **Kosten** der Gewährung von Rechts- oder Amtshilfe sind grundsätzlich nicht erstattungsfähig (s. § 164 GVG). Sie sind eigener Aufwand der ersuchten Behörde bzw. des ersuchten Gerichts, denn sie erwachsen bei Wahrnehmung von Obliegenheiten, die kraft gesetzlicher Verpflichtung gegenüber einer anderen Behörde bestehen.

5 § 13 FGO regelt lediglich die innerstaatliche Rechts- und Amtshilfe und gilt demzufolge **nicht** für die **zwischenstaatliche Rechts- und Amtshilfe**. Diese kann nur aufgrund besonderer völkerrechtlicher Rechtsgrundlagen erfolgen (s. BFH v. 16.09.1993, IV B 50/93, BFH/NV 1994, 449). Die Rechts- und Amtshilfe des EuGH und der EU-Organe findet ihre Rechtsgrundlage in Art. 4 Abs. 3 EUV (ex Art. 10 Abs. 1 EGV; EuGH v. 13.07.1990, C-2/88, EuGHE I 1990, 3365 »Imm«). Vgl. auch *Brandis* in Tipke/Kruse, § 13 FGO Rz. 5; *Schmieszek* in HHSp, § 13 FGO Rz. 54 ff.; *Kopp/Schenke*, § 14 VwGO Rz. 5 ff.

## Abschnitt II. Richter

## § 14 FGO Richter auf Lebenszeit

**(1) Die Richter werden auf Lebenszeit ernannt, soweit nicht in § 15 Abweichendes bestimmt ist.**

**(2) Die Richter des Bundesfinanzhofs müssen das fünfunddreißigste Lebensjahr vollendet haben.**

**S. § 15 VwGO; §§ 11, 32, 38 Abs. 2 Satz 2 SGG**

1 § 14 Abs. 1 FGO regelt, dass auch bei den FG Richter auf Lebenszeit ernannt werden (§§ 10, 28 Abs. 1 DRiG). Die Vorschrift steht im Zusammenhang mit Art. 97 GG, der die Unabhängigkeit der Richter verfassungsrechtlich verankert und der in den §§ 8 ff. DRiG einfachgesetzlich konkretisiert wird. Zur Verwendung von Richtern auf Probe und Richtern kraft Auftrags bei den FG vgl. § 15 FGO.

2 Wegen der Befähigung zum Richteramt vgl. die §§ 5 bis 7 DRiG. Erforderlich ist auch für Richter der Finanzgerichtsbarkeit eine allgemeine theoretische und praktische rechtswissenschaftliche Ausbildung an einer Universität und bei Gerichten, Staatsanwaltschaften, Rechtsanwälten und Verwaltungsbehörden. Das Universitätsstudium und die praktische Ausbildungszeit werden durch die erste und zweite Staatsprüfung (§ 5 Abs. 1 DRiG; seit 01.07.2003: erste Prüfung und zweite Staatsprüfung) abgeschlossen. Für die Richter des BFH gilt darüber hinaus, dass sie das 35. Lebensjahr vollendet haben müssen.

Nähere Einzelheiten zur persönlichen Rechtsstellung der hauptamtlichen Richter ergeben sich aus den §§ 8 bis 43 DRiG. Diese Regelungen werden ergänzt durch die LandesrichterG. 3

## § 15 FGO Richter auf Probe

**Bei den Finanzgerichten können Richter auf Probe oder Richter kraft Auftrags verwendet werden.**

**S. § 17 VwGO; § 11 Abs. 3 SGG**

**Richter auf Probe** sind solche Richter, die später als Richter auf Lebenszeit oder als Staatsanwalt verwendet werden sollen, und dazu in einer mindestens dreijährigen Probezeit erprobt werden (§§ 10 Abs. 1, 12 DRiG). Sie führen die Dienstbezeichnung »Richter« (§ 19a Abs. 3 DRiG). Zum **Richterkraft Auftrags** können Beamte auf Lebenszeit ernannt werden, die die Befähigung zum Richteramt besitzen (§ 5 DRiG) und die später als Richter auf Lebenszeit verwendet werden sollen (§ 14 DRiG; vgl. im Übrigen §§ 15 f. DRiG). Sie führen die Dienstbezeichnung »Richter am Finanzgericht« (§ 19a Abs. 2 DRiG). Richter auf Zeit (§ 11 DRiG) können bei den FG nicht verwendet werden. Zur Tätigkeit von Universitätsprofessoren des Rechts als »Richter im Nebenamt« an FG, vgl. *Brandis* in Tipke/Kruse, § 15 FGO Rz. 4. 1

Die Vorschrift gilt **nicht für den BFH**. Dies folgt aus ihrem unmissverständlichen Wortlaut, der sich ausdrücklich nur auf die FG bezieht. 2

Bei den **Entscheidungen des Senats** müssen **mindestens zwei Berufsrichter** (Lebenszeitrichter) und es darf höchstens ein Richter auf Probe oder kraft Auftrags mitwirken. Dies folgt aus § 29 Satz 1 DRiG. Dies schließt nicht aus, dass Proberichter oder Richter kraft Auftrags als Einzelrichter (§ 6 FGO) oder als Berichterstatter (§ 79a Abs. 3 und Abs. 4 FGO) allein entscheiden. § 29a Satz 2 DRiG schreibt vor, dass die Richter kraft Auftrags und die Richter auf Probe im Geschäftsverteilungsplan (§ 21e Abs. 1 Satz 1 GVG; s. § 4 FGO Rz. 4 ff.) als solche kenntlich gemacht werden. 3

Ein **Verstoß** gegen § 15 FGO (wie auch gegen § 14 FGO) kann revisionsrechtlich als Besetzungsrüge (§ 119 Nr. 1 FGO) angegriffen werden. In Betracht kommt auch eine Wiederaufnahmeklage (§ 134 FGO i.V.m. § 579 Abs. 1 4

Nr. 1 ZPO) und u. U. eine Urteilsverfassungsbeschwerde, die auf die Verletzung des grundrechtsgleichen Rechts auf den gesetzlichen Richter (Art. 101 Abs. 1 Satz 2 GG) zu stützen ist (*Brandis* in Tipke/Kruse, § 15 FGO Rz. 5; *Herbert* in Gräber, § 14 FGO Rz. 3; zur Verfassungsbeschwerde s. Vor FGO Rz. 59 ff.).

## Abschnitt III.
## Ehrenamtliche Richter

### § 16 FGO
### Stellung

**Der ehrenamtliche Richter wirkt bei der mündlichen Verhandlung und der Urteilsfindung mit gleichen Rechten wie der Richter mit.**

**S. § 19 VwGO; § 19 Abs. 1 SGG**

1 Ehrenamtliche Richter wirken bei den Urteilen des Senats mit den **gleichen Rechten wie die Berufsrichter** bei den **FG** mit (s. § 5 FGO Rz. 3 f.). Beim BFH gibt es keine ehrenamtlichen Richter – dies folgt unmittelbar aus § 10 Abs. 3 FGO –, was sich daraus erklärt, dass der BFH als Revisionsinstanz lediglich über Rechtsfragen zu entscheiden hat. Sie werden nach den Vorschriften der §§ 17 ff. FGO bestellt und dürfen nur in dem von § 5 Abs. 3 FGO bestimmten Rahmen tätig werden. Ihre vorzeitige Abberufung kann nur unter gesetzlich bestimmten Voraussetzungen und gegen ihren Willen nur durch gerichtliche Entscheidung erfolgen (§ 44 DRiG). Der ehrenamtliche Richter ist in gleichem Maße unabhängig wie der Berufsrichter (§§ 43, 45 Abs. 1 Satz 1 DRiG); er hat – wie der Berufsrichter – das Beratungsgeheimnis zu wahren (§ 45 Abs. 1 Satz 2 DRiG). Im Übrigen bestimmen sich die Rechte und Pflichten der ehrenamtlichen Richter nach §§ 17 ff. FGO.

2 Die **Mitwirkung der ehrenamtlichen Richter** beschränkt sich auf die **mündliche Verhandlung und** die **Urteilsfindung**. Das erfordert, dass die ehrenamtlichen Richter Gelegenheit haben, sich ausreichend über den Streitstoff zu informieren. Eine Einsichtnahme der ehrenamtlichen Richter in die Prozessakten vor Eintritt in die mündliche Verhandlung u. Ä. ist verfahrensrechtlich jedoch nicht vorgesehen (aber auch nicht ausgeschlossen). Im Regelfall ist der Sachvortrag in der mündlichen Verhandlung, ggf. verbunden mit Ergänzungen in einem Gespräch vor der Sitzung oder während der Beratung eine ausreichende Grundlage für die Sachinformation der ehrenamtlichen Richter (BFH v. 27.10.2003, VII B 196/03, BFH/NV 2004, 232; BFH v. 01.08.2006, XI B 7/06, juris). Beim Erlass eines Gerichtsbescheids (§ 90a FGO) wirken die ehrenamtlichen Richter nicht mit (§ 5 Abs. 3 Satz 2 FGO; s. § 5 FGO Rz. 5). Zur Urteilsfindung gehört nicht die Funktion des Berichterstatters (s. § 4 FGO Rz. 10), also desjenigen Richters, der die Entscheidung des Kollegiums aktenmäßig vorbereitet, die Sache in der Beratung vorträgt und in der Regel auch das Urteil absetzt (Tatbestand und Entscheidungsgründe formuliert). An den Vorerörterungen (§ 79 FGO) sowie in Beschlussangelegenheiten (s. § 5 FGO Rz. 4), nehmen die ehrenamtlichen Richter nicht teil; an der Beweisaufnahme nur, wenn sie – was allerdings der Regel entsprechen soll – in der mündlichen Verhandlung erfolgt (§ 81 FGO).

### § 17 FGO
### Voraussetzungen für die Berufung

**Der ehrenamtliche Richter muss Deutscher sein. Er soll das fünfundzwanzigste Lebensjahr vollendet und seinen Wohnsitz oder seine gewerbliche oder berufliche Niederlassung innerhalb des Gerichtsbezirks gehabt haben.**

**S. § 20 VwGO; § 16 Abs. 1 SGG**

§ 17 FGO, der durch die §§ 18 ff. FGO ergänzt wird, 1
nennt die **persönlichen Voraussetzungen** für das Amt des ehrenamtlichen Richters. Aus der Unterscheidung von Muss- und Sollvoraussetzungen folgt, dass die **deutsche Staatsangehörigkeit** (Art. 116 GG) **unerlässlich** ist (§ 17 Satz 1 FGO). Der Besitz einer weiteren Staatsangehörigkeit ist unschädlich. Eine EU-Staatsangehörigkeit reicht nicht aus (*Brandis* in Tipke/Kruse, § 17 FGO Rz. 2). Von den Voraussetzungen des § 17 Satz 2 FGO (Mindestalter und räumliche Nähe) kann demgegenüber abgewichen werden. Die **Abweichung** von den Sollvoraussetzungen stellt nur dann einen Revisionsgrund oder einen Grund für eine Nichtigkeitsklage (§ 134 FGO i. V. m. § 579 ZPO; s. § 134 FGO Rz. 5) dar, wenn sie auf sachfremden Erwägungen oder Willkür beruht.

Wurden Personen unter **Verstoß** gegen § 17 Satz 1 FGO 2
berufen oder entfallen die Voraussetzungen nachträglich, sind diese Personen von ihrem Amt zu entbinden (§ 21 Abs. 1 Nr. 1 FGO). Die Mitwirkung eines entgegen § 17 Satz 1 FGO berufenen ehrenamtlichen Finanzrichters ist absoluter Revisionsgrund (§ 119 Nr. 1 FGO) und begründet die Nichtigkeitsklage (§ 134 FGO i. V. m. § 579 ZPO; s. § 134 FGO Rz. 3).

## § 18 FGO Ausschlussgründe

**(1) Vom Amt des ehrenamtlichen Richters sind ausgeschlossen**

1. **Personen, die infolge Richterspruchs die Fähigkeit zur Bekleidung öffentlicher Ämter nicht besitzen oder wegen einer vorsätzlichen Tat zu einer Freiheitsstrafe von mehr als sechs Monaten oder innerhalb der letzten zehn Jahre wegen einer Steuer- oder Monopolstraftat verurteilt worden sind, soweit es sich nicht um eine Tat handelt, für die das nach der Verurteilung geltende Gesetz nur noch Geldbuße androht,**
2. **Personen, gegen die Anklage wegen einer Tat erhoben ist, die den Verlust der Fähigkeit zur Bekleidung öffentlicher Ämter zur Folge haben kann,**
3. **Personen, die nicht das Wahlrecht zu den gesetzgebenden Körperschaften des Landes besitzen.**

**(2) Personen, die in Vermögensverfall geraten sind, sollen nicht zu ehrenamtlichen Richtern berufen werden.**

**S. § 21 VwGO; § 17 Abs. 1 SGG**

1 § 18 FGO ergänzt § 17 FGO und nennt persönliche Ausschlussgründe, die einer Berufung in das Amt des ehrenamtlichen Richters entgegenstehen. Die Regelung enthält – abschließend aufgezählte – zwingende Ausschlussgründe (§ 18 Abs. 1 FGO) und solche die im Regelfall zur Ablehnung der Berufung führen (»Soll-Ausschlussgründe«, § 18 Abs. 2 FGO; *Brandis* in Tipke/Kruse, § 18 FGO Rz. 1).

2 Für den in § 18 Abs. 1 Nr. 1 FGO erwähnten Verlust der Fähigkeit zur Bekleidung öffentlicher Ämter gelten die §§ 45 ff. StGB. Der Ausschlussgrund entfällt mit Fristablauf (§ 45 Abs. 2 StGB) oder mit Tilgung im Bundeszentralregister (§§ 45 ff. BZRG; *Brandis* in Tipke/Kruse, § 18 FGO Rz. 2). Für den Ausschluss nach § 18 Abs. 1 Nr. 2 FGO genügt bereits die Anklageerhebung (§ 170 Abs. 1 StPO), der Eröffnung des Hauptverfahrens (§ 203 StPO) bedarf es nicht. Die Vorschrift ist verfassungsgemäß (*Brandis* in Tipke/Kruse, § 18 FGO Rz. 2; *Schmid* in HHSp, § 18 FGO Rz. 11). Die Beurteilung der Frage, ob ein Ausschlussgrund i. S. von § 18 Abs. 1 Nr. 3 FGO vorliegt, beurteilt sich nach dem jeweiligen Landesrecht. Hierfür reicht es aber nicht, wenn das Wahlrecht wegen bloß formeller Umstände (z. B. fehlender Wohnsitz) ausgeschlossen ist (FG Ha v. 22.07.1971, AR 22/71 (II), EFG 1972, 29). Wer zu den in § 18 Abs. 1 FGO bezeichneten Personenkreisen gehört, kann nicht ehrenamtlicher Richter sein; der ihm anhaftende Mangel macht ihn für dieses Amt ungeeignet. Ist er gleichwohl berufen, muss er von seinem Amt entbunden werden (§ 21 Abs. 1 Nr. 1 FGO).

Während § 18 Abs. 1 FGO den zwingenden Ausschluss vom Amt des ehrenamtlichen Richters anordnet, führt der Vermögensverfall nach § 18 Abs. 2 FGO nur im Regelfall zu einem Ausschluss, sodass im Einzelfall Ausnahmen möglich sind. Vermögensverfall liegt vor, wenn der Schuldner in ungeordnete, schlechte finanzielle Verhältnisse geraten ist, die er in absehbarer Zeit nicht ordnen kann, und außerstande ist, seinen Verpflichtungen nachzukommen (BFH v. 22.08.1995, VII 63/94, BStBl II 1995, 909). Bei Personen, die im Schuldnerverzeichnis eingetragen sind (§ 915 ZPO; § 284 Abs. 8 Satz 2 AO; § 26 Abs. 2 InsO) oder über deren Vermögen das Insolvenzverfahren eröffnet wurde, ist regelmäßig Vermögensverfall anzunehmen (vgl. auch *Brandis* in Tipke/Kruse, § 18 FGO Rz. 4; *Herbert* in Gräber, § 18 FGO Rz. 5; *Müller-Horn* in Gosch, § 18 FGO Rz. 7; *Schmid* in HHSp, § 18 FGO Rz. 20).

Nach § 18 Abs. 2 FGO sollen Personen, die in Vermögensverfall geraten sind, nicht zu ehrenamtlichen Richtern berufen werden. Als bloße Sollvorschrift lässt § 18 Abs. 2 FGO die Berücksichtigung besonderer Umstände des Einzelfalls zu (*Schmid* in HHSp, § 18 FGO Rz. 20; *Herbert* in Gräber, § 18 FGO Rz. 6). Wenn aber ein ehrenamtlicher Richter nach der Eröffnung des Insolvenzverfahrens über sein Vermögen (§ 16 InsO) die Entbindung von seinem Amt beantragt, ist das in § 18 Abs. 2 FGO eingeräumte Ermessen regelmäßig derart auf null reduziert, dass die Amtsentbindung als einzig sachgerechte Lösung erscheint (*Schmid* in HHSp, § 18 FGO Rz. 21; *Brandis* in Tipke/Kruse, § 18 FGO Rz. 4) und dem Antrag stattzugeben ist (BFH 09.03.2015, II B 98/14, BFH/NV 2015, 998). 3a

Die Mitwirkung eines entgegen § 18 FGO berufenen ehrenamtlichen Richters ist absoluter Revisionsgrund (§ 119 Nr. 1 FGO; s. § 119 FGO Rz. 8) und begründet die Nichtigkeitsklage (§ 134 FGO i. V. m. § 579 ZPO, s. § 134 FGO Rz. 5). 4

## § 19 FGO Unvereinbarkeit

**Zum ehrenamtlichen Richter können nicht berufen werden**

1. **Mitglieder des Bundestages, des Europäischen Parlaments, der gesetzgebenden Körperschaften eines Landes, der Bundesregierung oder einer Landesregierung,**
2. **Richter,**
3. **Beamte und Angestellte der Steuerverwaltungen des Bundes und der Länder,**

4. Berufssoldaten und Soldaten auf Zeit,
5. Rechtsanwälte, Notare, Patentanwälte, Steuerberater, Vorstandsmitglieder von Steuerberatungsgesellschaften, die nicht Steuerberater sind, ferner Steuerbevollmächtigte, Wirtschaftsprüfer, vereidigte Buchprüfer und Personen, die fremde Rechtsangelegenheiten geschäftsmäßig besorgen.

S. §22 VwGO; §17 Abs.2 bis Abs.4 SGG

In Ergänzung zu § 17 FGO nennt § 19 FGO Gründe für die **Unvereinbarkeit** bestimmter Ämter oder bestimmter Tätigkeiten mit dem Amt des ehrenamtlichen Richters. Wer zu den bezeichneten Personenkreisen gehört, kann nicht ehrenamtlicher Richter sein. In den Fällen des § 19 Nr. 1 und 3 FGO stehen die angeführten Funktionen des öffentlichen Dienstes der gleichzeitigen Ausübung einer richterlichen Tätigkeit wegen des Grundsatzes der Gewaltenteilung (Art. 20 Abs. 2 Satz 2 GG) entgegen, während in den Fällen von § 19 Nr. 2, 4 und 5 FGO die Gefahr von Pflichten- oder Interessenkollisionen besteht. **Beratungsstellenleiter eines LSt-Hilfevereins** sind von § 19 Nr. 5 FGO nicht ausdrücklich erfasst. Sie können jedoch auch dann, wenn sie nicht unter einen der ausgeschlossenen Personenkreise des § 19 FGO fallen, **nicht** zum ehrenamtlichen Richter am FG berufen werden. Das gilt jedenfalls dann, wenn sie die Beratungsstelle selbstständig führen (FG Mchn v. 02.03.1998, 1 S 481/98, EFG 1998, 891). Entgegen § 19 FGO berufene Personen sind von ihrem Amte zu entbinden (§ 21 Abs. 1 Nr. 1 FGO).

2 Die Folgen einer Mitwirkung der entgegen § 19 FGO zum ehrenamtlichen Richter bestellten Person sind dieselben wie im Falle von § 18 FGO (s. § 18 FGO Rz. 4).

## § 20 FGO
## Recht zur Ablehnung der Berufung

**(1) Die Berufung zum Amt des ehrenamtlichen Richters dürfen ablehnen**

1. **Geistliche und Religionsdiener,**
2. **Schöffen und andere ehrenamtliche Richter,**
3. **Personen, die zwei Amtsperioden lang als ehrenamtliche Richter beim Finanzgericht tätig gewesen sind,**
4. **Ärzte, Krankenpfleger, Hebammen,**
5. **Apothekenleiter, die kein pharmazeutisches Personal beschäftigen,**
6. **Personen, die die Regelaltersgrenze nach dem Sechsten Buch Sozialgesetzbuch erreicht haben.**

**(2) In besonderen Härtefällen kann außerdem auf Antrag von der Übernahme des Amtes befreit werden.**

S. §23 VwGO; §18 Abs.1 SGG

§ 20 FGO begründet die Möglichkeit, ausnahmsweise die Berufung zum Amt des ehrenamtlichen Richters abzulehnen. Die Vorschrift geht davon aus, dass die Übernahme des Amtes als ehrenamtlicher Richter zu den **staatsbürgerlichen Pflichten** gehört, deren Erfüllung grundsätzlich nicht abgelehnt werden kann. Ob die Berufung eines Widerstrebenden zweckmäßig ist, steht allerdings dahin. 1

Angehörige der in § 20 Abs. 1 FGO bezeichneten Personenkreise können die Berufung als ehrenamtliche Richter ablehnen, ohne dass es darauf ankommt, ob die Übernahme des Amtes im Einzelfalle tatsächlich nicht zumutbar ist; in diesem Sinne sind die Ablehnungsgründe des § 20 Abs. 1 FGO absoluter Natur. 2

Andere Personen als die in § 20 Abs. 1 FGO genannten können **in besonderen Härtefällen** (§ 20 Abs. 2 FGO) von der Übernahme des Amtes als ehrenamtlicher Richter nur befreit werden, wenn persönliche Hinderungsgründe besonderer Art der Erfüllung dieser staatsbürgerlichen Pflicht entgegenstehen, wie z.B. Krankheit oder unabweisbare Pflichten anderer Art (BFH v. 17.01.1989, VII B 152/88, BFH/NV 1989, 529; SächsOVG v. 09.06.2000, 3 F 4/00, SächsVBl 2000, 221), auch die Zugehörigkeit zu den Zeugen Jehovas wurde anerkannt (HessVGH v. 05.09.1986, 1 Y 2402/86, NVwZ 1988, 161). Berufliche oder geschäftliche Überlastung allein vermag einen besonderen Härtefall im diesem Sinn grds. nicht zu begründen (BFH v. 17.01.1989, VII B 152/88, BFH/NV 1989, 529; FG Bre v. 09.08.1988, II 196/88 S, EFG 1988, 643). 3

Ist jemand zum ehrenamtlichen Richter gewählt (zur Wahl s. §§ 22 ff. FGO), der zur Ablehnung der Amtsübernahme berechtigt ist, hat er bis zu seiner Entbindung vom Amt (§ 21 FGO) bei den Entscheidungen mitzuwirken. Das Gericht ist i.S. von § 119 Nr. 1 FGO jedoch dann nicht vorschriftsmäßig besetzt, wenn von der geschäftsverteilungsplanmäßigen Reihenfolge (§ 27 FGO) wegen eines Antrags auf Amtsentbindung (§ 21 Abs. 1 Nr. 2 und Abs. 3 Satz 1 FGO) abgewichen wird. Bei solchem Vorgehen kommt auch Nichtigkeitsklage in Betracht (§ 134 FGO i.V.m. § 579 ZPO; s. § 134 FGO Rz. 5). Hierdurch wird außerdem eine Verletzung von Art. 101 Abs. 1 Satz 2 GG begründet. 4

## § 21 FGO
## Gründe für Amtsentbindung

**(1) Ein ehrenamtlicher Richter ist von seinem Amt zu entbinden, wenn er**

1. **nach den §§17 bis 19 nicht berufen werden konnte oder nicht mehr berufen werden kann oder**

2. einen Ablehnungsgrund nach § 20 Abs. 1 geltend macht oder
3. seine Amtspflichten gröblich verletzt hat oder
4. die zur Ausübung seines Amtes erforderlichen geistigen oder körperlichen Fähigkeiten nicht mehr besitzt oder
5. seinen Wohnsitz oder seine gewerbliche oder berufliche Niederlassung im Gerichtsbezirk aufgibt.

**(2) In besonderen Härtefällen kann außerdem auf Antrag von der weiteren Ausübung des Amtes entbunden werden.**

**(3) Die Entscheidung trifft der vom Präsidium für jedes Geschäftsjahr im voraus bestimmte Senat in den Fällen des Absatzes 1 Nr. 1, 3 und 4 auf Antrag des Präsidenten des Finanzgerichts, in den Fällen des Absatzes 1 Nr. 2 und 5 und des Absatzes 2 auf Antrag des ehrenamtlichen Richters. Die Entscheidung ergeht durch Beschluss nach Anhörung des ehrenamtlichen Richters.**

**(4) Absatz 3 gilt sinngemäß in den Fällen des § 20 Abs. 2.**

**(5) Auf Antrag des ehrenamtlichen Richters ist die Entscheidung nach Absatz 3 aufzuheben, wenn Anklage nach § 18 Nr. 2 erhoben war und der Angeschuldigte rechtskräftig außer Verfolgung gesetzt oder freigesprochen worden ist.**

**S. § 24 VwGO; § 22 SGG; § 27 ArbGG**

**Schrifttum**

Albers, Die Abberufung des ehrenamtlichen Verwaltungsrichters, MDR 1984, 888; App, Abberufung ehrenamtlicher Finanzrichter wegen Eröffnung eines Konkursverfahrens über ihr Vermögen, DStZ 1987, 464.

1 In § 21 FGO ist geregelt unter welchen Voraussetzungen berufene ehrenamtliche Richter von ihrem Amt entbunden werden können, während die §§ 17 bis 19 FGO bereits die Berufung betreffen. Die Entbindungsgründe des **§ 21 Abs. 1 Nr. 1 und 2 FGO** ermöglichen die Korrektur von Berufungen, die entgegen den §§ 17 bis 19 FGO bzw. ohne Berücksichtigung eines Ablehnungsgrundes i. S. des § 20 Abs. 1 FGO erfolgt waren. **§ 21 Abs. 1 Nr. 3 FGO** greift in den Fällen **gröblicher Pflichtverletzung**, die z. B. dann anzunehmen ist, wenn der ehrenamtliche Richter sich schroff und beharrlich weigert, sein Richteramt auszuüben (OVG Berlin v. 31.08.1978, II L 13.78, NJW 1979, 1175; OVG Berlin v. 14.11.1978, IV E 11.78, DRiZ 1979, 190). Da auch ehrenamtliche Richter – ebenso wie Beamte und Berufsrichter – zur **Verfassungstreue** verpflichtet sind, verletzen diese ihre Amtspflichten gröblich i. S. von § 21 Abs. 1 Nr. 3 FGO, wenn sie sich nicht eindeutig von Gruppen und Bestrebungen distanzieren, welche diesen Staat, seine verfassungsmäßigen Organe und die geltende Verfassungsordnung angreifen, bekämpfen oder diffamieren (BVerfG v. 06.05.2008, 2 BvR 337/08, BVerfGK 13, 531). Daher ist ein ehrenamtlicher Richter von seinem Amt zu entbinden, wenn er z. B. in seiner Freizeit in einer rechtsextremen Rockband mitspielt (vgl. BVerfG v. 06.05.2008, 2 BvR 337/08, BVerfGK 13, 531). Dies gilt auch für ehrenamtliche Richter, die als sog. **»Reichsbürger«** u. Ä. die Existenz der Bundesrepublik Deutschland als Staat, die Geltung des GG und des einfachen Rechts sowie die Legitimität der handelnden Gerichte und Behörden bestreiten (OLG Dresden v. 08.12.2014, 2 (S) AR 37/14, NStZ-RR 2015, 121; OLG Hamm v. 14.06.2017, 1 Ws 258/17, NStZ-RR 2017, 354). **§ 21 Abs. 1 Nr. 4 FGO** dürfte entsprechend anwendbar sein, wenn sich erweist, dass der Berufene die zur Ausübung des Amtes als ehrenamtlicher Richter erforderlichen geistigen oder körperlichen Fähigkeiten von Anfang an nicht besessen hat. **§ 21 Abs. 1 Nr. 5 FGO** ermöglicht die Amtsentbindung auf Antrag des ehrenamtlichen Richters, wenn die räumliche Nähe zum Gerichtsbezirk (§ 17 Satz 2 FGO) von Anfang an nicht bestand oder nachträglich entfällt (*Brandis* in Tipke/Kruse, § 21 FGO Rz. 2; a. A. *Müller-Horn* in Gosch, § 21 FGO Rz. 9; *Schmid* in HHSp, § 21 FGO Rz. 11). § 21 Abs. 2 FGO ermöglicht die Berücksichtigung **besonderer Härtefälle** i. S. des § 20 Abs. 2 FGO (s. § 20 FGO Rz. 3), wobei es nicht darauf ankommt, ob die maßgeblichen Verhältnisse schon im Zeitpunkt der Berufung vorgelegen haben oder erst nachträglich eingetreten sind.

Nach § 21 Abs. 2 FGO kann ein ehrenamtlicher Richter in besonderen Härtefällen auf Antrag von der weiteren Ausübung des Amtes entbunden werden. Ein solcher Härtefall kann darin liegen, dass ein ehrenamtlicher Richter **nach seiner Wahl in Vermögensverfall** gerät (BFH v. 09.03.2015, II B 98/14, BFH/NV 2015, 998). Für diesen Fall trifft die FGO keine Regelung. Denn in § 18 Abs. 2 FGO ist lediglich bestimmt, dass Personen, die in Vermögensverfall geraten sind, nicht zu ehrenamtlichen Richtern berufen werden sollen (s. § 18 FGO Rz. 3a). Beantragt ein ehrenamtlicher Richter aufgrund eines nach seiner Wahl eingetretenen Vermögensverfalls seine Entbindung vom Amt, kann diesem Antrag unter Berücksichtigung des sich aus § 18 Abs. 2 FGO ergebenden Rechtsgedankens nach § 21 Abs. 2 FGO wegen Vorliegen eines besonderen Härtefalls stattzugeben sein (*Schmid* in HHSp, § 18 FGO Rz. 21). Bei der Ausübung der nach § 21 Abs. 2 FGO zu treffenden Ermessensentscheidung ist der Regelungsgehalt des als Sollvorschrift ausgestalteten § 18 Abs. 2 FGO zu beachten (BFH v. 09.03.2015, II B 98/14, BFH/NV 2015, 998). Im Regelfall dürfte nur eine dem Antrag stattgebende Entscheidung ermessensgerecht sein (*Schmid* in HHSp, § 21 FGO Rz. 13). 1a

Über die vorzeitige Amtsenthebung **entscheidet** nach Maßgabe von § 21 Abs. 3 und Abs. 4 FGO der für die einschlägigen Fälle **vom Präsidium im Voraus bestimmte Senat durch Beschluss** (ohne mündliche Verhandlung und unter Mitwirkung nur der Berufsrichter, § 5 Abs. 3 Satz 2 FGO). Beantragt der ehrenamtliche Richter selbst seine Entbindung vom Amt, so wird dem Gebot, ihn anzuhören (§ 21 Abs. 3 Satz 2 FGO), dadurch genüge getan, dass der zuständige Senat die im Antragsschreiben vorgetragenen Gründe zur Kenntnis nimmt (BFH v. 17.01.1989, VII B 152/88, BFH/NV 1989, 529). Gegen den Beschluss findet Beschwerde statt (§ 128 FGO). Beschwerdebefugt ist im Ablehnungsfall der Antragsteller, also entweder der Präsident des FG oder der ehrenamtliche Richter. Ist dem Antrag des Präsidenten des FG stattgegeben worden, ist der »entbundene« ehrenamtliche Richter beschwerdebefugt.

3 Nach § 21 Abs. 5 FGO ist die Amtsentbindung (s. Rz. 2) auf Antrag des ehrenamtlichen Richters aufzuheben, wenn dieser, nachdem er wegen einer Tat i.S. des § 18 Abs. 1 Nr. 2 FGO angeklagt worden war, rechtskräftig freigesprochen wurde oder rechtkräftig »außer Verfolgung gesetzt« wurde. Letzteres ist der Fall, wenn die Eröffnung des Hauptverfahrens abgelehnt (§ 204 StPO), wenn das Verfahren außerhalb der Hauptverhandlung endgültig (§§ 206a, 206b StPO) – nicht nur vorläufig (§ 205 StPO) – eingestellt oder wenn das Verfahren durch Urteil eingestellt wird (§ 260 Abs. 3 StPO; *Schmid* in HHSp, § 21 FGO Rz. 21).

## § 22 FGO
## Wahl

**Die ehrenamtlichen Richter werden für jedes Finanzgericht auf fünf Jahre durch einen Wahlausschuss nach Vorschlagslisten (§ 25) gewählt.**

**S. § 25 VwGO; § 13 Abs. 1 SGG**

1 Gem. § 22 FGO beträgt die Amtszeit der ehrenamtlichen Richter fünf Jahre. Die erforderliche Zahl der für das Gericht zu wählenden ehrenamtlichen Richter beurteilt sich nach der Zahl der vorhandenen Senate und der in § 24 FGO gesetzten Maßgabe. Zum Ende der Amtszeit § 26 Abs. 2 FGO. Zum Wahlausschuss s. § 23 FGO.

## § 23 FGO
## Wahlausschuss

**(1) Bei jedem Finanzgericht wird ein Ausschuss zur Wahl der ehrenamtlichen Richter bestellt.**

**(2) Der Ausschuss besteht aus dem Präsidenten des Finanzgerichts als Vorsitzendem, einem durch die Oberfinanzdirektion zu bestimmenden Beamten der Landesfinanzverwaltung und sieben Vertrauensleuten, die die Voraussetzungen zur Berufung als ehrenamtlicher Richter erfüllen. Die Vertrauensleute, ferner sieben Vertreter werden auf fünf Jahre vom Landtag oder von einem durch ihn bestimmten Landtagsausschuss oder nach Maßgabe der Landesgesetze gewählt. In den Fällen des § 3 Abs. 2 und bei Bestehen eines Finanzgerichts für die Bezirke mehrerer Oberfinanzdirektionen innerhalb eines Landes richtet sich die Zuständigkeit der Oberfinanzdirektion für die Bestellung des Beamten der Landesfinanzverwaltung sowie des Landes für die Wahl der Vertrauensleute nach dem Sitz des Finanzgerichts. Die Landesgesetzgebung kann in diesen Fällen vorsehen, dass jede beteiligte Oberfinanzdirektion einen Beamten der Finanzverwaltung in den Ausschuss entsendet und dass jedes beteiligte Land mindestens zwei Vertrauensleute bestellt. In Fällen, in denen ein Land nach § 2a Abs. 1 des Finanzverwaltungsgesetzes auf Mittelbehörden verzichtet hat, ist für die Bestellung des Beamten der Landesfinanzverwaltung die oberste Landesbehörde im Sinne des § 2 Abs. 1 Nr. 1 des Finanzverwaltungsgesetzes zuständig.**

**(3) Der Ausschuss ist beschlussfähig, wenn wenigstens der Vorsitzende, ein Vertreter der Finanzverwaltung und drei Vertrauensleute anwesend sind.**

**S. § 26 VwGO**

§ 23 FGO bestimmt, dass bei jedem FG ein Wahlausschuss zur Wahl der ehrenamtlichen Richter zu bilden ist (§ 23 Abs. 1 FGO), und regelt die Zusammensetzung des Ausschusses (§ 23 Abs. 2 FGO) sowie die Beschlussfähigkeit (§ 23 Abs. 3 FGO). Politische Einflüsse auf die Wahl der ehrenamtlichen Richter kommen über die sieben Vertrauensleute und ihre Vertreter zur Wirkung. Recht auf Gehör bei der Aufstellung der Vorschlagslisten (§ 25 FGO) haben nur die Berufsvertretungen. § 23 Abs. 2 Satz 5 FGO trägt der Änderung des FVG und der den Ländern eingeräumten Möglichkeit Rechnung, auf die Einrichtung einer OFD zu verzichten. 1

## § 24 FGO
## Bestimmung der Anzahl

**Die für jedes Finanzgericht erforderliche Anzahl von ehrenamtlichen Richtern wird durch den Präsidenten so bestimmt, dass voraussichtlich jeder zu höchstens zwölf ordentlichen Sitzungstagen im Jahr herangezogen wird.**

**S. § 27 VwGO**

1 Aus § 24 FGO folgt, dass die Bestimmung der Anzahl der ehrenamtlichen Richter im **Ermessen** des FG-Präsidenten liegt. Neben der Zahl der bei dem Gericht vorhandenen Senate entscheidet über die erforderliche Zahl der ehrenamtlichen Richter die Zahl der jährlichen Sitzungstage jedes einzelnen Senates. Es ist dabei sinnvoll, über die sich aus §§ 24, 27 Abs. 1 Satz 2 FGO ergebende Mindestzahl von ehrenamtlichen Richtern je Senat auch eine gewisse »Reserve« vorzusehen. Die Heranziehung der ehrenamtlichen Richter zu mehr als zwölf Sitzungen ist zulässig (*Brandis* in Tipke/Kruse, § 24 FGO; *Herbert* in Gräber, § 24 FGO; *Kopp/Schenke*, § 27 VwGO Rz. 2). Beachte § 27 Abs. 1 Satz 2 FGO.

## § 25 FGO Vorschlagsliste

**Die Vorschlagsliste der ehrenamtlichen Richter wird in jedem fünften Jahr durch den Präsidenten des Finanzgerichts aufgestellt. Er soll zuvor die Berufsvertretungen hören. In die Vorschlagsliste soll die doppelte Anzahl der nach §24 zu wählenden ehrenamtlichen Richter aufgenommen werden.**

**S. §28 VwGO; §14 SGG**

1 Die Aufstellung der Vorschlagsliste, die als Grundlage für die Wahl durch den Wahlausschuss (§ 23 FGO) dient, obliegt dem FG-Präsidenten. Da § 25 Satz 2 FGO als Sollvorschrift formuliert ist, steht es im **Ermessen** des Gerichtspräsidenten, welche Berufsvertretungen er anhören will. Als **Berufsvertretungen** kommen in erster Linie die Industrie- und Handelskammern, Handwerks- und Landwirtschaftskammern sowie der Deutsche Gewerkschaftsbund (DGB) und der Deutsche Beamtenbund (DBB), die Ärzte-, Zahnärzte-, Tierärztekammern, Apothekerkammern sowie die Architektenkammern in Betracht. Wenn einzelne Berufsvertretungen nicht gehört werden, führt dies nicht zur Nichtigkeit der Wahl, wohl aber das vollständige Übergehen aller Berufsvertretungen (*Schmid* in HHSp, § 25 FGO Rz. 6). In die Vorschlagsliste soll mindestens die doppelte Anzahl der nach § 24 FGO zu wählenden ehrenamtlichen Richter aufgenommen werden.

2 Ein **Verstoß** gegen § 25 Sätze 2 und 3 FGO macht die Wahl regelmäßig nicht nichtig (Ausnahme: Rz. 1). Daher kann regelmäßig keine Revision (§ 119 Nr. 1 FGO) bzw. eine Nichtigkeitsklage (§ 134 FGO i. V. m. § 579 Abs. 1 Nr. 1 ZPO) auf einen solchen Verstoß gestützt werden (z. B. BFH v. 26.07.1994, VII R 78/93, BFH/NV 1995, 403; BFH v. 26.07.1994, VII R 87/93, BFH/NV 1995, 406; *Herbert* in Gräber, § 25 FGO Rz. 4).

## § 26 FGO Wahlverfahren

**(1) Der Ausschuss wählt aus den Vorschlagslisten mit einer Mehrheit von mindestens zwei Dritteln der Stimmen die erforderliche Anzahl von ehrenamtlichen Richtern.**

**(2) Bis zur Neuwahl bleiben die bisherigen ehrenamtlichen Richter im Amt.**

**S. §29 VwGO; §13 Abs. 2 SGG**

§ 26 FGO betrifft das **Wahlverfahren**. Die Vorschrift bestimmt, dass die ehrenamtlichen Richter ausschließlich aus den Vorschlagslisten zu wählen sind. Es ist nicht erforderlich, dass eine geheime Wahl mit Stimmzetteln durchgeführt wird, jedoch darf keine Auslosung erfolgen (z. B. BFH v. 04.03.1987, II R 47/86, BStBl II 1987, 438, und dazu BVerfG v. 25.04.1989, 1 BvR 7/88, HFR 1989, 443; BFH v. 06.05.1992, IX R 52/91, BFH/NV 1992, 761; BFH v. 20.04.2001, IV R 32/00, BStBl II 2001, 651). Nur schwerwiegende **Fehler** bei der Wahl führen zu verfahrensfehlerhaften Urteilen, an denen die betroffenen ehrenamtlichen Richter mitgewirkt haben und die mit der Revision (§ 115 Abs. 2 Nr. 3 FGO) oder einer Nichtigkeitsklage (§ 134 FGO i. V. m. § 579 Abs. 1 Nr. 1 ZPO) angegriffen werden könnten (z. B. BFH v. 06.05.1992, IX R 52/91, BFH/NV 1992, 761; BFH v. 20.04.2001, IV R 32/00, BStBl II 2001, 651; auch *Brandis* in Tipke/Kruse, § 26 FGO Rz. 2; *Herbert* in Gräber, § 26 FGO Rz. 3 f.).

Die ehrenamtlichen Richter werden für vier Jahre gewählt (§ 22 FGO). Die **Wahlperiode** endet aber erst mit der Neuwahl der neuen ehrenamtlichen Richter (§ 26 Abs. 2 FGO), damit die FG kontinuierlich in der gesetzlich vorgesehenen Besetzung (§ 5 Abs. 3 Satz 1 FGO) entscheiden können. Die Gerichtspräsidenten haben es dabei in der Hand, durch vorausschauende Planung dafür zu sorgen, dass die Wahlperiode der bisherigen ehrenamtlichen Richter nicht (über Gebühr) verlängert wird. 2

## § 27 FGO Liste und Hilfsliste

**(1) Das Präsidium des Finanzgerichts bestimmt vor Beginn des Geschäftsjahres durch Aufstellung einer Liste die Reihenfolge, in der die ehrenamtlichen Richter heranzuziehen sind. Für jeden Senat ist eine Liste aufzustellen, die mindestens zwölf Namen enthalten muss.**

**(2) Für die Heranziehung von Vertretern bei unvorhergesehener Verhinderung kann eine Hilfsliste ehrenamtlicher Richter aufgestellt werden, die am Gerichtssitz oder in seiner Nähe wohnen.**

**S. §30 VwGO; §6 SGG**

Das Präsidium des FG (§ 4 FGO i. V. m. § 21 a GVG; s. § 4 FGO Rz. 2) erstellt vor Beginn des Geschäftsjahres auch die **Liste**, aus der sich die **Reihenfolge** der ehrenamtlichen Richter ergibt (§ 27 Abs. 1 Satz 1 FGO). **Für jeden Senat** ist eine **gesonderte Liste** aufzustellen, die mindestens zwölf Namen enthalten muss (§ 27 Abs. 1 Satz 2 FGO). Von der listenmäßigen Reihenfolge darf nicht willkürlich abgewichen werden, da es sich um einen Ausfluss des Verfassungsgrundsatzes vom **gesetzlichen Richter** (Art. 101 Abs. 1 Satz 2 GG) handelt, der die **ehrenamtlichen Richter** erfasst. Möglich ist die Heranziehung in der zeitlichen Reihenfolge der Sitzungstage oder nach der zeitlichen Reihenfolge der Ladung (BFH v. 06.11.1980, IV R 181/79, BStBl II 1981, 400). Im letztgenannten Fall braucht – anders als im Fall des § 49 Abs. 3 GVG – die Uhrzeit der Ladung nicht festgehalten zu werden (BFH v. 06.11.1980, IV R 181/79, BStBl II 1981, 400). Der aus Art. 101 Abs. 1 Satz 2 GG abgeleitete Grundsatz, dass die zur Entscheidung im Einzelfall berufenen Richter ihrer Person nach aufgrund allgemeiner Regeln im Voraus so eindeutig wie möglich feststehen müssen (s. § 4 FGO Rz. 4), gilt auch für die ehrenamtlichen Finanzrichter. Alle zur Entscheidung berufenen Richter müssen daher hinsichtlich ihrer Person aufgrund allgemeiner Regeln im Voraus so eindeutig wie möglich feststehen. Die **ordnungsmäßige Besetzung der Richterbank** muss anhand von Unterlagen des Gerichts **nachprüfbar** sein (BFH v. 23.08.1966, I 94/65, BStBl III 1966, 655).

2 Finden in einer Sache mehrere Verhandlungen statt, so ist bei einer **Vertagung** (Bestimmung eines neuen Termins; § 155 Satz 1 FGO i. V. m. § 227 ZPO) die Heranziehung anderer als im ersten Termin mitwirkender ehrenamtlicher Richter nach dem Geschäftsverteilungsplan und der dazugehörigen Liste, in der die Reihenfolge der Teilnahme ehrenamtlicher Richter an den mündlichen Verhandlungen des Senats geregelt ist, geboten (BFH v. 01.10.1998, VII R 1/98, BFH/NV 1999, 933). Dies gilt **nicht** für die bloße **Unterbrechung** einer mehrtägigen, einheitlichen mündlichen Verhandlung (dazu *Brandis* in Tipke/Kruse, § 27 FGO Rz. 4; *Herbert* in Gräber, § 27 FGO Rz. 5; *Müller-Horn* in Gosch, § 27 FGO Rz. 10). Demgegenüber muss bei einer Wiedereröffnung der mündlichen Verhandlung (§ 93 Abs. 3 Satz 2 FGO) der Senat in der bisherigen Besetzung einschließlich der ehrenamtlichen Richter entscheiden, da im Gegensatz zum Fall der Vertagung die bislang im Prozess gewonnenen Ergebnisse weiterhin Grundlage der Entscheidung bilden sollen (s. § 93 FGO Rz. 2).

3 § 27 Abs. 2 FGO erlaubt es, eine **Hilfsliste** ehrenamtlicher Richter aufzustellen, die **(nur) bei unvorhergesehener Verhinderung** der turnusmäßig berufenen ehrenamtlichen Richter herangezogen werden können. Daher ist der Rückgriff auf die Hilfsliste im Einzelfall z. B. dann zulässig, wenn im Falle der Verhinderung der nächstberufene ehrenamtliche Richter der Hauptliste nicht mehr innerhalb einer Woche vor Sitzungsbeginn geladen werden kann (BFH v. 10.07.2001, VIII R 45/99, BFH/NV 2001, 1594). Bei **kurzfristiger Verhinderung** eines zunächst berufenen ehrenamtlichen Richters muss das FG nicht zeitlich unbegrenzt auf dessen Erscheinen warten und braucht die angesetzten Termine auch nicht zu vertagen, sondern kann nach den dafür vorgesehenen Regeln einen anderen ehrenamtlichen Richter heranziehen. Dabei ist es zulässig, in der Reihenfolge der Hilfsliste denjenigen ehrenamtlichen Richter heranzuziehen, der an der Sitzung teilnehmen kann und als Erster telefonisch erreichbar ist (BFH v. 22.12.2004, II B 166/03, BFH/NV 2005, 705). Die Aufstellung einer Hilfsliste ist nicht zwingend, empfiehlt sich jedoch auch naheliegenden Gründen. Angesichts der Regelung in § 27 Abs. 1 Satz 2 FGO kommt eine gegenseitige »Vertretung« der ehrenamtlichen Richter unterschiedlicher Senate nicht in Betracht.

Wird die durch die Liste bestimmte Reihenfolge ohne sachlichen Grund (willkürlich) nicht eingehalten, ist das **Gericht nicht ordnungsgemäß besetzt** ist, was zu einem absoluten Revisionsgrund führt (§ 119 Nr. 1 FGO; s. § 119 FGO Rz. 8). Auch Nichtigkeitsklage (§ 134 FGO i. V. m. § 579 Abs. 1 Nr. 1 ZPO) kommt in Betracht. 4

## § 28 FGO

**(aufgehoben durch Art. 9 Gesetz zur Ergänzung des Ersten Gesetzes zur Reform des Strafverfahrensrechts v. 20.12.1974, BGBl I 1974, 3686; nunmehr § 45 Abs. 2 bis 8 DRiG; dazu *Brandis* in Tipke/Kruse, § 28 FGO Rz. 1 f.; *Herbert* in Gräber, § 28 FGO Rz. 1 ff.; *Schmid* in HHSp, § 28 FGO Rz. 1 ff.)**

## § 29 FGO Entschädigung

**Der ehrenamtliche Richter und der Vertrauensmann (§ 23) erhalten eine Entschädigung nach dem Justizvergütungs- und -entschädigungsgesetz.**

**S. § 32 VwGO; § 19 Abs. 2 SGG**

### Schrifttum

Hartmann, Kostengesetze, 48. Aufl. 2018.

Die ehrenamtlichen Richter erhalten gem. § 1 Abs. 1 Satz 1 Nr. 2 JVEG für ihre Mitwirkung an den Senatsurteilen (s. § 5 FGO Rz. 3 f.) nach Maßgabe des § 15 JVEG insbes. eine Entschädigung für Zeitversäumnis 1

(§ 16 JVEG), für Verdienstausfall (§ 18 JVEG), für Aufwand (§ 6 JVEG) sowie Fahrtkostenersatz (§ 5 JVEG). Die Entschädigung wird vom Urkundsbeamten der Geschäftsstelle festgesetzt und zählt **nicht** zu den von den Beteiligten zu tragenden gerichtlichen Auslagen (*Brandis* in Tipke/Kruse, § 29 FGO; KV 9005 Abs. 1, s. Vor § 135 FGO Rz. 42).

## § 30 FGO Ordnungsstrafen

**(1) Gegen einen ehrenamtlichen Richter, der sich ohne genügende Entschuldigung zu einer Sitzung nicht rechtzeitig einfindet oder der sich seinen Pflichten auf andere Weise entzieht, kann ein Ordnungsgeld festgesetzt werden. Zugleich können ihm die durch sein Verhalten verursachten Kosten auferlegt werden.**

**(2) Die Entscheidung trifft der Vorsitzende. Er kann sie bei nachträglicher Entschuldigung ganz oder zum Teil aufheben.**

**S. § 33 VwGO; § 21 SGG**

1 § 30 Abs. 1 FGO regelt die gegen einen ehrenamtlichen Richter zulässige Ordnungsmaßnahme. In Betracht kommt nach der unmissverständlichen Regelung der Vorschrift lediglich die Festsetzung eines Ordnungsgelds, die Androhung – und erst recht die Verhängung – von Ordnungshaft (Art. 8 EGStGB) ist mangels gesetzlicher Regelung nicht zulässig (wie hier *Koch* in Gräber, § 30 FGO; *Schmid* in HHSp, § 30 FGO Rz. 7; *Müller-Horn* in Gosch, § 30 FGO Rz. 5). Die Verhängung eines Ordnungsgeldes setzt eine **schuldhafte Pflichtverletzung** (»ohne genügende Entschuldigung«) voraus und stellt gegenüber einer Amtsentbindung (§ 21 Abs. 1 Nr. 3 FGO) die mildere Maßnahme dar (*Brandis* in Tipke/Kruse, § 30 FGO Rz. 1).

2 Die **Höhe des Ordnungsgeldes** ergibt sich aus Art. 6 Abs. 1 Satz 1 EGStGB (mindestens fünf Euro, höchstens 1 000 Euro). Für die **Zahlungserleichterungen** gelten Art. 7 EGStGB.

3 Neben dem Ordnungsgeld kann dem säumigen ehrenamtlichen Richter die durch sein Verhalten verursachten **Kosten** auferlegt werden (§ 30 Abs. 1 Satz 2 FGO). Dazu gehören die außergerichtlichen Kosten der Verfahrensbeteiligten sowie die Gerichtskosten einschließlich der Entschädigungen für Zeugen und Sachverständige, soweit sie nicht ohnehin angefallen wären (*Brandis* in Tipke/Kruse, § 30 FGO Tz. 1; *Herbert* in Gräber, § 30 FGO).

4 Gegen die Entscheidung des Vorsitzenden (§ 30 Abs. 2 FGO) bzw. des Einzelrichters für den Fall, dass das Land von § 5 Abs. 4 FGO Gebrauch gemacht hat (s. § 5 FGO Rz. 7), findet die **Beschwerde** statt (§ 128 Abs. 1 FGO).

# Abschnitt IV. Gerichtsverwaltung

## § 31 FGO Dienstaufsicht

**Der Präsident des Gerichts übt die Dienstaufsicht über die Richter, Beamten, Angestellten und Arbeiter aus.**

**S. § 28 Abs. 1 VwGO; §§ 9 Abs. 3, 30 Abs. 2, 38 Abs. 3 SGG**

**Schrifttum**

Schmidt-Räntsch, DRiG, 7. Aufl. 2018.

Nach § 31 FGO obliegt die **Dienstaufsicht** über die Berufsrichter, Beamten, Angestellten und Arbeiter des FG bzw. des BFH dem **Gerichtspräsidenten**. Nicht erfasst sind die ehrenamtlichen Richter (§ 2 DRiG). Die Dienstaufsicht gehört zur **Gerichtsverwaltung** und betrifft daher »die Verwaltung der für die Rechtsprechungstätigkeit erforderlichen personellen und sachlichen Mittel« (*Brandis* in Tipke/Kruse, § 31 FGO Rz. 1). Davon zu unterscheiden ist der Bereich der Rspr., der eigentliche richterliche Bereich. Die aus der Dienstaufsicht resultierende Weisungsbefugnis des Gerichtspräsidenten ist hinsichtlich der Beamten, Angestellten und Arbeiter unproblematisch. Deren Pflicht, diesen Weisungen zu folgen, ergibt sich aus den BeamtenG des Bundes und der Länder bzw. aus den Arbeitsverträgen i. V. m. mit den einschlägigen Tarifverträgen. 1

Wegen Art. 97 Abs. 1 GG, der durch § 26 DRiG konkretisiert wird, gelten besondere Regelungen für Richter. Richter unterstehen der Dienstaufsicht nur, soweit nicht ihre **richterliche Unabhängigkeit** beeinträchtigt wird (§ 26 Abs. 1 DRiG). Weisungen, die über den Bereich der äußeren Ordnung des Verfahrens hinausgehen, sind unzulässig (z. B. BGH v. 14.04.1997, RiZ (R) 1/96, DRiZ 1997, 467; *Brandis* in Tipke/Kruse, § 31 FGO Rz. 5; *Herbert* in Gräber, § 31 FGO Rz. 3; *Schmid* in HHSp, § 31 FGO Rz. 7; *Schmidt-Troje* in Gosch, § 31 FGO, Rz. 8 ff.). Die vorbehaltlich des § 26 Abs. 1 DRiG zulässig Dienstaufsicht umfasst auch die Befugnis, die ordnungswidrige Art der Ausführung eines Amtsgeschäfts vorzuhalten und zu ordnungsgemäßer, unverzögerter Erledigung der Amtsgeschäfte zu ermahnen (§ 26 Abs. 2 DRiG). Unzulässig sind daher z. B. alle Maßnahmen des Gerichtspräsidenten, die darauf abzielen, den Richter zur Erledigung bestimmter Fälle oder einer bestimmten Reihenfolge der Bearbeitung anzuweisen bzw. auch nur zu beeinflussen (vgl. *Schmidt-Räntsch*, § 26 DRiG Rz. 17 ff.). Auch die 2 dienstliche Beurteilung von Richtern gehört dazu. Die **Ausbildung von Rechtsreferendaren** gehört zur Gerichtsverwaltung; hierzu kann der Richter angewiesen werden (z.B. BGH v. 21.10.1982, RiZ (R) 6/81, BGHZ 85, 145).Gegen Maßnahmen der Dienstaufsicht, welche die richterliche Unabhängigkeit beeinträchtigen, so entscheidet auf Antrag des betroffenen Richters das Richterdienstgericht (§§ 26 Abs. 3, 61, 62 Abs. 1 Nr. 4e DRiG betreffend Bundesrichter; vgl. für Richter im Landesdienst die entsprechenden Regelungen der LandesrichterG).

3 Der Gerichtspräsident untersteht wiederum der weiteren **Dienstaufsicht** der zuständigen **Justizbehörde**. Das ist hinsichtlich der FG das nach den AGFGO der Länder zuständige Landesministerium, hinsichtlich des BFH das BMJV. Diese weitere Dienstaufsicht bezieht sich jedoch lediglich auf die Erfüllung der dem Präsidenten im obigen Rahmen obliegenden Verpflichtungen, sodass eine unmittelbare Weisungsbefugnis im konkreten Einzelfall nicht besteht.

## § 32 FGO Verbot der Übertragung von Verwaltungsgeschäften

**Dem Gericht dürfen keine Verwaltungsgeschäfte außerhalb der Gerichtsverwaltung übertragen werden.**

**S. § 39 VwGO; §§ 9, 30, 38 SGG**

1 Nach § 32 FGO dürfen dem Gericht keine Verwaltungsgeschäfte außerhalb der Gerichtsverwaltung (§ 31 FGO Rz. 1) übertragen werden. Dieses Verbot ist Ausdruck des **Gewaltenteilungsprinzips** (Art. 20 Abs. 2 Satz 2 GG, der in § 1 FGO konkretisiert wird; s. § 1 FGO Rz. 3). Was für das Gericht gilt, trifft auch für den einzelnen Richter zu (§§ 4, 42 DRiG; dazu *Schmidt-Troje* in Gosch, § 32 FGO Rz. 6 ff.; *Schmid* in HHSp, § 32 FGO Rz. 5 ff.). Unter das Verbot fallen auch Rechtsgutachten, sei es für Zwecke der Gesetzgebung, sei es in Angelegenheiten der Verwaltung (*Herbert* in Gräber, § 32 FGO). Im Übrigen verbietet § 41 Abs. 1 DRiG dem Richter die außerdienstliche Erstattung von Rechtsgutachten.

# Abschnitt V. Finanzrechtsweg und Zuständigkeit

## Unterabschnitt 1 Finanzrechtsweg

## § 33 FGO Zulässigkeit des Rechtswegs

**(1) Der Finanzrechtsweg ist gegeben**

**1. in öffentlich-rechtlichen Streitigkeiten über Abgabenangelegenheiten, soweit die Abgaben der Gesetzgebung des Bundes unterliegen und durch Bundesfinanzbehörden oder Landesfinanzbehörden verwaltet werden,**

**2. in öffentlich-rechtlichen Streitigkeiten über die Vollziehung von Verwaltungsakten in anderen als den in Nummer 1 bezeichneten Angelegenheiten, soweit die Verwaltungsakte durch Bundesfinanzbehörden oder Landesfinanzbehörden nach den Vorschriften der Abgabenordnung zu vollziehen sind,**

**3. in öffentlich-rechtlichen und berufsrechtlichen Streitigkeiten über Angelegenheiten, die durch den Ersten Teil, den Zweiten und den Sechsten Abschnitt des Zweiten Teils und den Ersten Abschnitt des Dritten Teils des Steuerberatungsgesetzes geregelt werden,**

**4. in anderen als den in den Nummern 1 bis 3 bezeichneten öffentlich-rechtlichen Streitigkeiten, soweit für diese durch Bundesgesetz oder Landesgesetz der Finanzrechtsweg eröffnet ist.**

**(2) Abgabenangelegenheiten im Sinne dieses Gesetzes sind alle mit der Verwaltung der Abgaben oder sonst mit der Anwendung der abgabenrechtlichen Vorschriften durch die Finanzbehörden zusammenhängenden Angelegenheiten einschließlich der Maßnahmen der Bundesfinanzbehörden zur Beachtung der Verbote und Beschränkungen für den Warenverkehr über die Grenze; den Abgabenangelegenheiten stehen die Angelegenheiten der Verwaltung der Finanzmonopole gleich. Die Vorschriften des Absatzes 1 finden auf das Straf- und Bußgeldverfahren keine Anwendung.**

**(3) Die Vorschriften dieses Gesetzes finden auf das Straf- und Bußgeldverfahren keine Anwendung.**

**S. § 40 VwGO; § 51 SGG**

**Inhaltsübersicht**



**Schrifttum**


BARTONE, Der Rechtsweg zu den Finanzgerichten, AO-StB 2008, 55; GÄRDITZ, Die Rechtswegspaltung in öffentlich-rechtlichen Streitigkeiten nichtverfassungsrechtlicher Art, Verw 43 (2010), 309; SCHMITTMANN, Ansprüche des Insolvenzverwalters gegen die Finanzverwaltung aus dem Informationsfreiheitsrecht, NZI 2012, 633.


## A. Bedeutung der Vorschrift

1 § 33 FGO regelt, dass für die in Abs. 1 **abschließend** aufgeführten öffentlich-rechtlichen Streitigkeiten der **Finanzrechtsweg** eröffnet ist. Die Vorschrift steht im unmittelbaren Zusammenhang mit § 40 Abs. 1 Satz 1 VwGO, wonach in allen **öffentlich-rechtlichen Streitigkeiten nichtverfassungsrechtlicher Art** der Rechtsweg zu den allgemeinen VG zulässig ist, soweit nicht durch Bundesgesetz die Zuständigkeit besonderer VG begründet ist. § 33 FGO begründet eine solche **Sonderzuweisung** für die FG (Entsprechendes gilt nach § 51 SGG für die SG; s. § 1 FGO Rz. 2). Die Regelung ist darüber hinaus im Zusammenhang mit allen anderen Normen zu sehen, die für die Bestimmung eines bestimmten Rechtswegs gelten. Dies gilt neben § 40 VwGO auch für § 13 GVG (ordentlicher Rechtsweg), § 51 SGG (Sozialrechtsweg) und §§ 2 ff., 48 ArbGG (Arbeitsrechtsweg). Ist ein anderer als der Finanzrechtsweg eröffnet, so ist dies auch bei **Vorfragen**, die im **Finanzprozess** von **entscheidungserheblicher Bedeutung** sind, zu beachten. Ist z.B. für eine Steuervergünstigung in die Finanzbehörde bindender Weise das Vorliegen einer Bescheinigung einer nicht zur Finanzverwaltung gehörenden anderen Behörde Voraussetzung, so kann die Weigerung dieser anderen Behörde, die erforderliche Bescheinigung zu erteilen, nicht im Finanzprozess incidenter auf ihre Rechtmäßigkeit überprüft werden (BFH v. 20.06.2005, IX B 146/04 juris; BFH v. 26.06.2006, IX B 77/06, BFH/NV 2006, 2095; FG RP v. 02.11.1973, IV 64/71, EFG 1974, 164; a.A. BVerwG v. 26.09.1969, VII C 67.67, BVerwGE 34, 65). Nur wenn im Finanzprozess z.B. über strafrechtliche, zivilrechtliche oder sozialrechtliche Vorfragen zu entscheiden ist, ist die Zuständigkeit des FG gegeben (BFH v. 01.09.2006, X B 108/06, juris). Die FG dürfen jedoch nicht über **rechtswegfremde Gegenforderungen** (z.B. Forderungen bürgerlich-rechtlicher Natur) nicht entscheiden, mit denen im Finanzprozess die **Aufrechnung** gegen eine Steuerforderung erklärt wird (BFH v. 31.05.2005, VII R 56/04, BFH/NV 2005, 1759; BFH v. 19.02.2007, VII B 253/06, BFH/NV 2007, 968; dazu auch s. Anh. zu § 33 FGO § 17 GVG Rz. 3, s. § 74 FGO Rz. 3).

## B. Öffentlich-rechtliche Streitigkeiten über Abgabenangelegenheiten (§ 33 Abs. 1 Nr. 1 FGO)

### I. Öffentlich-rechtliche Streitigkeiten

Die Zuständigkeit der FG erstreckt sich ausschließlich auf öffentlich-rechtliche Streitigkeiten. Dadurch wird ihre Zuständigkeit zu derjenigen der ordentlichen Gerichte abgegrenzt. Die Abgrenzung erfolgt – abgesehen von ausdrücklich angeordneten Zuweisungen – danach, ob es sich um eine **öffentlich-rechtliche** oder bürgerliche, also zivilrechtliche **Streitigkeit** handelt. Öffentlich-rechtlich ist eine Rechtsstreitigkeit dann, wenn sie sich als Folge eines **Sachverhaltes** darstellen, der nach **öffentlichem Recht** zu beurteilen ist (*Brandis* in Tipke/Kruse, § 33 FGO Rz. 5 ff.; *Kopp/Schenke*, § 40 VwGO Rz. 6). Öffentliches Recht ist gegeben, wenn der Sachverhalt – die Richtigkeit des klägerischen Sachvortrags unterstellt – einem **Sonderrecht des Staates** oder sonstiger Träger öffentlicher Aufgaben unterliegt (sog. modifizierte Subjektstheorie; *Kopp/Schenke*, § 40 VwGO Rz. 11 auch zu den übrigen Abgrenzungstheorien). Der Streit über einen **Antrag der Finanzbehörde** an das Insolvenzgericht, das **Insolvenzverfahren** über das Vermögen eines Vollstreckungsschuldners zu eröffnen, ist daher als **öffentlich-rechtlich** zu beurteilen, da die Behörde sich auf §§ 249 ff., 251 Abs. 2 Satz 1 AO stützt; hierfür ist der Finanzrechtsweg (§ 33 Abs. 1 Nr. 1 FGO) gegeben (z.B. FG Münster 2

v. 15.03.2000, 12 V 1054/00 AO, EFG 2000, 634; FG Ha v. 14.04.2003, VI 136/03, juris; FG Köln v. 09.11.2004, 15 K 4934/04, EFG 2005, 298; FG SAnh v. 24.09.2015, 3 V 916/15, EFG 2015, 2194). Gleiches gilt für den Streit zwischen einem Pfändungsgläubiger und einem Träger öffentlicher Gewalt, wenn der gepfändete Anspruch öffentlich-rechtlich ist (z. B. ein Steuererstattungsanspruch; z. B. BFH v. 14.07.1987, VII R 116/86, BStBl II 1987, 863). Für Klagen auf Erteilung einer Lohnsteuerbescheinigung und auf zutreffende Eintragungen von Daten in der Lohnsteuerbescheinigung oder auf **Berichtigung** unrichtiger Eintragungen in der **LSt-Bescheinigung** (§ 41 b EStG) ist der Rechtsweg zu den Arbeitsgerichten (§ 2 Abs. 1 Nr. 3e ArbGG), nicht aber der Finanzrechtsweg gegeben (BFH v. 29.06.1993, VI B 108/92, BStBl II 1993, 760; BFH v. 04.09.2008, VI B 108/07, BFH/NV 2009, 175 m. Anm. *Bartone*, juris PR-SteuerR 6/2009; gl. A. *Braun* in HHSp, § 33 FGO Rz. 35; a. A. BAG v. 11.06.2003, 5 AZB 1/03, NJW 2003, 2629 m. w. N. zur Abgrenzung von Arbeitsrechtsweg und Finanzrechtsweg; BAG v. 07.05.2013, 10 AZB 8/13, DStR 2013, 1345; a. A. auch für die Klage eines Beamten gegen seines Dienstherrn auf Berichtigung der LSt-Bescheinigung VG München v. 08.11.2005, M 12 K 04, 3677, BayVBl 2006, 545: Finanzrechtsweg). Für eine Klage auf **Freigabe einer Bürgschaft**, die mit einer Zollbehörde vereinbart wurde, um die Überlassung oder die Aufhebung der Zurückhaltung von Waren zu erwirken, ist der ordentliche Rechtsweg (§ 13 GVG) gegeben (BFH v. 18.11.2003, VII R 2877/03, BFH/NV 2004, 288). Für die Einziehung einer vom FA/HZA gem. §§ 309, 314 AO **gepfändeten bürgerlich-rechtlichen Forderung** ist der Zivilrechtsweg (§ 13 GVG) eröffnet. Zahlt der Drittschuldner einen den Anspruch des Vollstreckungsschuldners übersteigenden Betrag, erlangt das FA/HZA also mehr, als es aufgrund seines Pfändungspfandrechts beanspruchen darf, so entsteht ein Bereicherungsanspruch des Drittschuldners gegen den Vollstreckungsgläubiger aus § 812 Abs. 1 Satz 1 Alt. 1 BGB (BGH v. 13.06.2002, IX ZR 242/01, BGHZ 151, 127). Dieser ist vom Drittschuldner gegen das Land, dessen FA gehandelt hat, bzw. gegen den Bund auf dem Zivilrechtsweg geltend zu machen (*Braun* in HHSp, § 33 FGO Rz. 158; vgl. BFH v. 11.12.2012, VII R 13/12, BFH/NV 2013, 897 m. Anm. *Bartone*, jurisPR-SteuerR 13/2014).

Eine **Sonderzuweisung** an die ordentlichen Gerichte enthält § 262 AO für **Drittwiderspruchsklagen** (§ 771 ZPO; s. § 262 AO Rz. 14), ebenso Art. 14 Abs. 3 Satz 4 GG und Art. 34 Satz 3 GG für **Amtshaftungsklagen** (§ 839 BGB; z. B. FG BW v. 22.06.2009, 4 K 2089/09, EFG 2009, 1582). Daher ist der Finanzrechtsweg für die Geltendmachung eines allgemeinen öffentlich-rechtlichen Folgenbeseitigungsanspruchs nicht eröffnet (BFH v. 08.04.1987, VII B 142/86, BFH/NV 1988, 94). Für Schadenersatzansprüche, die auf sonstige zivilrechtlichen Anspruchsgrundlagen gestützt werden, ist der ordentliche Rechtsweg gegeben (FG BB v. 01.06.2010, 12 K 12053/10, EFG 2010, 1625). Nach der Rspr. des BGH folgt aus dem Wesen der Ehe für beide **Ehegatten** die – aus § 1353 Abs. 1 Satz 2 BGB abzuleitende – Verpflichtung, die finanziellen Lasten des anderen Teils nach Möglichkeit zu vermindern, soweit dies ohne eine Verletzung eigener Interessen möglich ist. Ein Ehegatte ist daher dem anderen gegenüber verpflichtet, in eine von diesem gewünschte Zusammenveranlagung zur ESt einzuwilligen, wenn dadurch die Steuerschuld des anderen verringert, der auf Zustimmung in Anspruch genommene Ehegatte aber keiner zusätzlichen steuerlichen Belastung ausgesetzt wird (st. Rspr., z. B. BGH v. 18.11.2009, XII ZR 173/06, NJW 2010, 1879). Für die Durchsetzung dieses **familienrechtlichen Anspruchs auf Zusammenveranlagung zur ESt** ist der **Finanzrechtsweg nicht** eröffnet, sondern der Weg zu den ordentlichen Gerichten (§ 13 GVG). Entsprechendes gilt für eine Klage, mit der der unterhaltsleistende Ehegatte die (bisher nur eingeschränkt erteilte) **Zustimmung des unterhaltsempfangenden Ehegatten zum begrenzten Realsplitting** i. S. des § 10 Abs. 1 Nr. 1 EStG und im Nebenstreitpunkt Schadenersatz wegen eines möglicherweise nicht mehr zu vermeidenden »Steuerschadens« erreichen will. Auch hierfür ist nicht der Finanzrechtsweg gem. § 33 FGO gegeben, sondern es handelt sich dabei um bürgerlich-rechtliche Streitigkeiten i. S. des § 13 GVG, für die die Zuständigkeit der ordentlichen Gerichte begründet ist (FG Mchn v. 31.03.2005, 1 K 619/05, EFG 2005, 1627).

Macht ein **Insolvenzverwalters** einen **Auskunftsanspruch** auf Erteilung von Klartextauszügen durch das FA nach dem **IFG** des betreffenden Landes geltend oder begehrt er beim FA **Einsicht** in die Vollstreckungsakten oder sonstigen **Steuerakten** des Insolvenzschuldners, ist hierfür der Finanzrechtsweg nach § 33 Abs. 1 Nr. 1 FGO eröffnet, nicht der allgemeine Verwaltungsrechtsweg nach § 40 Abs. 1 VwGO (FG Sa v. 17.12.2009, 1 K 1598/08, EFG 2010, 616; FG Ha v. 02.07.2010, 6 K 75/09, EFG 2010, 2018; a. A. BVerwG v. 14.05.2012, 7 B 53/11, NVwZ 2012, 824; BVerwG v. 15.10.2012, 7 B 2/12, ZInsO 2012, 2140 m. w. N.; OVG Münster v. 26.08.2009, 8 E 1044/09, ZInsO 2009, 2401 m. Anm. *Nöcker*, juris PR-SteuerR 6/2010, Anm. 4; OVG Ha v. 21.12.2011, 5 So 111/11, ZInsO 2012, 222 m. Anm. *Bartone*, juris PR-SteuerR 13/2012 Anm. 4; OVG Bln-Bbg v. 09.03.2012, OVG 12 L 67.11, ZInsO 2012, 988; OVG Lüneburg v. 14.11.2016, 11 OB 232/16, NordÖR 2017, 103). Der BFH hat sich der Auffassung des BVerwG angeschlossen (BFH v. 8.1.2013, VII ER-S 1/12; dazu BVerwG v. 17.04.2013, 7 B 6/13, ZIP 2013, 1252; *Herbert* in Gräber, § 33 FGO Rz. 30; *von Beckerath* in Gosch, § 33 FGO Rz. 178.1; vgl. auch *Schmittmann*, NZI 2012, 633, 636). Diese Auffassung ist abzulehnen, denn Auskunftsersuchen, die an Finanzbehörden gerichtet werden und über die von den Finanzbehörden auf der Grundlage der AO entschieden wird, sind 2a

Abgabenangelegenheiten i.S. des § 33 Abs. 2 FGO. Maßgeblich ist hierfür, dass das Auskunftsersuchen im Steuerrechtsverhältnis des betreffenden Steuerpflichtigen wurzelt, mag die Anspruchsgrundlage für den Auskunftsanspruch im Einzelfall (zusätzlich) aus dem IFG abgeleitet werden. Dies gilt auch, wenn ein Insolvenzverwalter im Insolvenzverfahren über das Vermögen des betroffenen Steuerpflichtigen ein Auskunftsbegehren an die Finanzbehörde richtet, um entweder gem. § 34 Abs. 3 AO die steuerlichen Pflichten des Insolvenzschuldners zu erfüllen oder um Insolvenzanfechtungsgründe (§§ 129 ff. InsO) zu ermitteln (wie hier: VG Ha v. 04.11.2010, 11 K 2221/10, juris; a.A. zur zuletzt genannten Konstellation: BFH v. 26.04.2010, VII B 229/09, BFH/NV 2010, 1637; FG MV v. 22.06.2010, 2 K 41/10, DStRE 2011, 185; FG Münster v. 25.06.2012, 15 K 874/10 AO, ZInsO 2012, 1270; ebenfalls für den allgemeinen Verwaltungsrechtsweg, wenn das Auskunftsersuchen auf das IFG gestützt wird: VG Ha v. 17.05.2010, 7 K 429/09, ZInsO 2010, 1097; VG Trier v. 26.06.2012, 5 K 504/12.TR, juris; zu Recht krit. *Seer* in Tipke/Kruse, § 33 FGO Rz. 24, 45; vgl. auch *Braun* in HHSp, § 33 FGO Rz. 92). Die Gegenauffassung verkennt, dass auch das Insolvenzverfahren, in dem Ansprüche aus dem Steuerschuldverhältnis geltend gemacht werden, aus Sicht des FA eine Vollstreckungsmaßnahme i.S. der §§ 249 ff. AO darstellt (§ 251 Abs. 2 Satz 1 AO). Dass das Gesamtvollstreckungsverfahren auch von Ansprüchen aus dem Steuerschuldverhältnis in zivilrechtliche Form gekleidet ist, lässt den ausschließlich öffentlich-rechtlichen Charakter des geltend gemachten (Steuer- oder Haftungs-) Anspruchs und damit auch denjenigen des Steuerschuldverhältnisses (§ 37 Abs. 1 AO) unberührt. Erfolgt das Auskunftsersuchen indessen nach Abschluss des Besteuerungsverfahrens zur **Vorbereitung einer Amtshaftungsklage** (s. Rz. 2), dient es außersteuerlichen Zwecken, sodass der allgemeine Verwaltungsrechtsweg (§ 40 Abs. 1 VwGO) eröffnet ist (FG SchlH v. 08.11.2011, 5 K 113/11, EFG 2012, 343).

**2b** Für die Geltendmachung von **Anfechtungsansprüchen aus §§ 129 ff. InsO** durch den Insolvenzverwalter soll nach der geänderten Rspr. des BFH auch dann der **Zivilrechtsweg** (§ 13 GVG) gegeben sein, wenn es sich um Ansprüche aus dem Steuerschuldverhältnis i.S. von § 37 Abs. 1 AO handelt, die gegenüber dem FA geltend gemacht werden (BFH v. 05.09.2012, VII B 95/12, BStBl II 2012, 854; BFH v. 27.09.2012, VII B 190/11, BStBl II 2013, 109; BFH v. 12.11.2013, VII R 15/13, BStBl II 2014, 359; zutr. a.A. noch BFH v. 23.09.2009, VII R 43/08, BStBl II 2010, 215). Begründet wird dies mit der zivilrechtlichen Natur des Anfechtungsanspruchs (dazu BGH v. 24.03.2011, IX ZB 36/09, NJW 2011, 1365). Dabei wird indessen verkannt, dass die Finanzbehörden ausschließlich auf öffentlich-rechtlicher Grundlage handeln (§§ 85, 249 ff. AO), sich das Insolvenzverfahren aus ihrer Sicht als Teil des Vollstreckungsverfahrens wegen öffentlich-rechtlicher Ansprüche aus dem Steuerschuldverhältnis (§ 37 Abs. 1 AO) darstellt und die Finanzbehörden nur aufgrund der gesetzlichen Verweisung in § 251 Abs. 2 Satz 1 AO am Insolvenzverfahren teilnehmen, ohne dass sich dadurch der ausschließlich öffentlich-rechtliche Charakter der Ermächtigungsgrundlage ihres Handelns oder der geltend gemachten Forderungen änderte.

### II. Abgabenangelegenheiten (§ 33 Abs. 2 FGO)

§ 33 Abs. 2 FGO enthält eine **Legaldefinition** des **finanzprozessualen Begriffs** »Abgabenangelegenheiten«. Abgabenangelegenheiten in diesem Sinne sind alle mit der Verwaltung der Abgaben einschließlich der Abgabenvergütungen oder sonst mit der Anwendung der abgabenrechtlichen Vorschriften durch die Finanzbehörden zusammenhängende Angelegenheiten einschließlich der Maßnahmen der Bundesfinanzbehörden zur Beachtung der Verbote und Beschränkungen für den Warenverkehr über die Grenze; den Abgabenangelegenheiten stehen die Angelegenheiten der Verwaltung der Finanzmonopole gleich. Es handelt sich dabei im Wesentlichen um **Steuern**, einschließlich **Steuervergütungen** (wozu auch das Kindergeld gem. §§ 62 ff. EStG und **Ein-/Ausfuhrabgaben** i.S. von Art. 5 Nr. 21, 21 UZK gehören). Zu den öffentlichen Abgaben zählen neben den Steuern insbes. auch Beiträge, Gebühren und Sonderabgaben (hierzu z.B. *Bartone*, Jura 1997, 322 m.w.N.). Diese werden aber regelmäßig nicht von Finanzbehörden i.S. des FVG verwaltet, sodass insoweit nicht der Finanzrechtsweg gegeben ist (*Seer* in Tipke/Kruse, § 33 FGO Rz. 13). Das einzige derzeit noch bestehende Finanzmonopol ist das **Branntweinmonopol**, das gem. Art. 108 Abs. 1 Satz 1 GG durch die Bundesfinanzbehörden (§ 1 FVG) verwaltet wird; auch hierbei handelt es sich um eine Abgabenangelegenheit i.S. von § 33 Abs. 2 FGO. Zur Verwaltung einer Abgabe gehört **auch** die **Vollziehung**, also die zwangsweise Einziehung (BFH v. 16.11.1965, VII 176/60 U, BStBl III 1965, 735). Die Frage, ob das FA im Rahmen des Vollstreckungsverfahrens Auskunft über das steuerliche Verhalten des Schuldners geben bzw. die Durchführung eines Gewerbeuntersagungsverfahren anregen darf, fällt in die Zuständigkeit der FG (BFH v. 23.11.1993, VII R 56/93, BStBl II 1994, 356; FG Nbg v. 12.12.2006, II 141/2006, DStRE 2007, 981 rkr. nach Verwerfung NZB). Für Rechtsbehelfe gegen einen auf Antrag des FA vom AG erlassenen Durchsuchungsbeschluss (vgl. § 287 Abs. 4 Satz 3 AO) ist der ordentliche Rechtsweg (§ 13 GVG), nicht der Finanzrechtsweg gegeben (FG Mchn v. 10.11.2010, 3 K 76/07, StEd 2011, 73). Hinsichtlich der Ein- und Ausfuhrbeschränkungen sind Abgabenangelegenheiten nur die Maßnahmen der Finanzbehörden

(Zollverwaltung), nicht hingegen der Behörden der Außenwirtschaftsverwaltung; für Streitigkeiten über Entscheidungen dieser Behörden gilt der allgemeine Verwaltungsrechtsweg (§ 40 Abs. 1 Satz 1 VwGO). Die Vorschrift entspricht ihrem Inhalt nach im Wesentlichen der Legaldefinition des § 347 Abs. 2 AO; daher auch s. § 347 AO Rz. 4. Hinsichtlich einer begehrten **Löschung der Steueridentifikationsnummer** und der hierunter bei der Finanzverwaltung gespeicherten Daten ist der Finanzrechtsweg eröffnet, da deren Vergabe auf § 139b AO beruht und die begehrte Löschung sich als actus contrarius darstellt (z.B. FG Köln v. 07.07.2010, 2 K 3093/08, EFG 2010, 1860; v. 07.07.2010, 2 K 3265/08, BB 2010, 2334). In einer Streitigkeit über die Rechtmäßigkeit eines gem. § 22a Abs. 5 EStG festgesetzten **Verspätungsgeldes** wegen verspäteter Übermittlung der Rentenbezugsmitteilung ist der Finanzrechtsweg gegeben (FG BB v. 17.05.2017, 5 K 10070/15, juris). Macht der Stpfl. einen **Herausgabeanspruch** hinsichtlich seiner beim FA eingereichten **Originalbelege** geltend, ist hierfür der Finanzrechtsweg gegeben (FG Nds v. 21.04.2010, 7 K 228/08, EFG 2010, 1852). Für die Klage einer steuerlichen Unbedenklichkeitsbescheinigung als Voraussetzung für die Erteilung einer Gaststättenerlaubnis ist der Finanzrechtsweg nach § 33 Abs. 1 Nr. 1 FGO eröffnet (FG Ha v. 04.09.2006, 2 K 33/06, EFG 2007, 234). Für den Antrag auf **Akteneinsicht**, der außerhalb des Besteuerungsverfahrens zur Vorbereitung eines Amtshaftungsanspruchs (Art. 34 GG, § 839 BGB) gestellt wird, ist der allgemeine Verwaltungsrechtsweg (§ 40 Abs. 1 Satz 1 VwGO), nicht der Finanzrechtsweg (§ 33 Abs. 1 Nr. 1 FGO) eröffnet, da es sich nicht um eine Abgabenangelegenheit handelt (FG Bbg v. 20.04.2005, 1 K 250/05, EFG 2005, 1281). Für Rechtsbehelfe gegen die Ablehnung der Akteneinsicht nach Abschluss des finanzgerichtlichen Verfahrens ist nicht der Finanzrechtsweg eröffnet, sondern der allgemeine Verwaltungsrechtsweg (§ 40 Abs. 1 VwGO), da es sich um eine Maßnahme der Justizverwaltung handelt (BFH v. 24.02.2009, I B 172/08, juris). Zum Auskunftsanspruch des Insolvenzverwalters s. Rz. 2 a. Für Klagen gegen ein **Hausverbot**, das der FA-Vorsteher gegenüber einem Stpfl. erteilt hat, ist der allgemeine Verwaltungsrechtsweg (§ 40 Abs. 1 VwGO) eröffnet (FG Münster v. 30.08.2010 14 K 3004/10, EFG 2011, 351). Denn es handelt sich nicht um eine spezifische Maßnahme der Abgabenverwaltung, sondern um eine allgemeine (Gefahrenabwehr-)Maßnahme zum Schutz des behördlichen Hausrechts, die jeder Behörde unabhängig von ihrer speziellen Zuständigkeit, zusteht. Maßnahmen der Bundesfinanzbehörden zur Beachtung der Verbote und Beschränkungen für den Warenverkehr über die Grenze sind z.B. solche zur Einhaltung der **Artenschutzbestimmungen** (insbes. die EU-ArtenschutzVO). Daher ist für eine Anfechtungsklage gegen eine auf § 51 BNatSchG gestützte Beschlagnahme von artengeschützten Waren durch das HZA der Finanzrechtsweg eröffnet (VG Augsburg v. 08.11.2017, Au 2 K 17.1240, juris).

**Keine Abgabenangelegenheit** ist das Begehren eines Mitglieds einer Landesregierung, gerichtet auf Untersagung der Auskunftserteilung durch die Landesregierung über die persönlichen Daten in Form von Name und (melderechtlicher/ladungsfähiger) Anschrift auf der Basis von oder im Zusammenhang mit sog. **Steuer-CD**-Datensätzen (OVG Sa v. 20.05.2016, 2 E 113/16, juris: allgemeiner Verwaltungsrechtsweg nach § 40 Abs. 1 VwGO). Ebenso ist für eine Klage einer Privatperson, mit der diese u.a. unter Berufung auf das Steuergeheimnis begehrt, ein Auskunftsverlangen des Finanzausschusses des Landtags gegenüber dem Finanzministerium im Zusammenhang mit sie betreffenden, auf einer sog. Steuer-CD enthaltenen Daten zu untersagen, der Verwaltungsrechtsweg eröffnet (OVG Sa v. 20.05.2016, 2 E 112/16, NVwZ 2016, 1582). Dies gilt m.E. auch für die Entscheidung einer Finanzbehörde über die Erteilung von Auskünften über steuerliche Angelegenheiten eines Bürgers/einer Bürgerin auf Auskunftsersuchen des Finanzausschusses des Landtags (a.A. OVG Sa v. 20.05.2016, 2 E 113/16, juris; FG Sa v. 27.04.2016, 2 V 1088/16, 2 V 1089/16, 2 V 1091/16, EFG 2016, 969, BB 2016, 1174; wohl auch *von Beckerath* in Gosch, § 33 FGO Rz. 181).

## III. Gesetzgebungskompetenz des Bundes hinsichtlich der Abgaben

Hinsichtlich der von der Streitigkeit betroffenen Abgaben 3a
muss die Gesetzgebungskompetenz des Bundes gegeben sein. Diese richtet sich nach Art. 105 GG. Erfasst sind daher **Zoll- und Monopolsachen**, für der Bund die ausschließliche Gesetzgebungskompetenz hat (für den Zoll hat dies wegen des UZK nur noch für das Truppenzollrecht Bedeutung), ebenso alle auf der Grundlage von Art. 105 Abs. 2 GG **bundesgesetzlich geregelten Steuern**. Auf die Ertragshoheit (Art. 106 GG kommt es nicht an, wohl aber die Verwaltungszuständigkeit (Rz. 4). Nicht erfasst werden demzufolge die landesgesetzlich geregelten Steuern, insbes. die örtlichen Aufwand- und Verbrauchsteuern. Zu den KiSt s. Rz. 14.

## IV. Verwaltung durch Bundesfinanzbehörden oder Landesfinanzbehörden

Die Eröffnung des Finanzrechtswegs nach § 33 Abs. 1 4
Nr. 1 FGO hängt außerdem davon ab, dass die bundesgesetzlich geregelten Steuern durch Bundes- oder Landesfinanzbehörden verwaltet werden; die Rechtsgrundlage hierfür ist Art. 108 Abs. 1 und Abs. 2 GG i.V.m. den Vorschriften des FVG. Dies gilt allerdings nur, soweit die

Verwaltung durch die Bundes- oder Landesfinanzbehörden reicht. Am Beispiel der **GewSt** und der **GrSt** zeigt sich, dass der **Rechtsweg** aufgrund der unterschiedlichen Verwaltungszuständigkeiten **unterschiedlich** sein kann: Klagen gegen **GewSt-Messbescheide** (bei der GrSt: Einheitswertbescheide) sind auf dem **Finanzrechtsweg** (§ 33 Abs. 1 Nr. 1 FGO) zu verfolgen, Klagen gegen **GewSt-Bescheide** (GrSt-Bescheide) auf dem **allgemeinen Verwaltungsrechtsweg** nach § 40 Abs. 1 Satz 1 VwGO. Dies folgt aus der Zuständigkeit der Landesfinanzbehörden für die Festsetzung des GewSt-Messbetrags (§ 14 GewStG) bzw. des Einheitswertes einerseits (§ 13 Abs. 1 GrSt; Landesfinanzbehörden und der Zuständigkeit der Gemeinden für Steuerfestsetzung sowie der Erhebung andererseits (Gemeinden). Zu den **Bundesfinanzbehörden** zählen **auch** die **Familienkassen**, soweit sie den Familienleistungsausgleich (§§ 31, 62 ff. EStG) durchführen. Für Klagen gegen kommunale Steuerbescheide (z. B. HundeSt, JagdSt) ist der allgemeine Verwaltungsrechtsweg eröffnet (§ 40 Abs. 1 Satz 1 VwGO).

## C. Öffentlich-rechtliche Streitigkeiten über Verwaltungsakte, die nach der AO vollzogen werden (§ 33 Abs. 1 Nr. 2 FGO)

### I. Verwaltungsakte in sonstigen Angelegenheiten

5 § 33 Abs. 1 Nr. 2 FGO betrifft die Vollziehung von Verwaltungsakten in Angelegenheiten, die nicht von § 33 Abs. 1 Nr. 1 FGO erfasst werden. Es handelt sich um Fälle, in denen die Finanzverwaltung in Bund oder Ländern der ertragsberechtigten Körperschaft zur Durchsetzung von im Übrigen selbst verwalteten Abgaben Vollziehungshilfe gewährt, und zwar nur diese, also nicht auch Verwaltungsgeschäfte im Bereiche der Abgabenfestsetzung wahrnimmt. Zu denken ist an die Vollziehung von Abgaben mit örtlich bedingtem Wirkungskreis (kleine Gemeindeabgaben) oder von Beiträgen der Industrie- und Handels-, Handwerks- sowie Landwirtschaftskammern. Der Finanzrechtsweg ist daher z. B. auch in den Fällen eröffnet, in denen die **Bundesfinanzbehörden als Vollstreckungsbehörden** i. S. von § 4 Buchst. b VwVG tätig werden und öffentlich-rechtliche **Geldforderungen des Bundes sowie der bundesunmittelbaren Körperschaften** vollstrecken (§ 1 Abs. 1 VwVG; z. B. BayLSG v. 14.07.2014, L 11 AS 293/14 B ER, juris: Vollstreckung eines Rückforderungsbescheids betreffend Leistungen nach dem SGB II); § 5 Abs. 1 VwVG verweist für die Vollstreckung auf die Vorschriften der AO (s. Vor §§ 249–346 AO Rz. 11). Dies gilt auch, soweit § 66 Abs. 1 Satz 1 SGB X auf das VwVG verweist (OVG Münster v. 29.07.2015, 12 E 667/15, juris). Gleiches gilt für die Vollstreckung solcher öffentlich-rechtlichen Abgaben, die nicht Steuerforderungen sind, die von den FA aufgrund einer Regelung im jeweiligen LandesVwVG im Wege der **Vollstreckungshilfe** beigetrieben werden (z. B. § 3 Abs. 2 SaarlVwVG). Dies betrifft z. B. Eichgebühren oder andere **Verwaltungsgebühren. Bußgeldbescheide** von Bundesbehörden werden gem. § 90 Abs. 1 OWiG nach § 4 Buchst. b VwVG durch die HZA vollstreckt. Für die Vollstreckung von Bußgeldbescheiden, die von Landesbehörden erlassen wurden, bestimmen die LandesVwVG, welche Behörden die Vollstreckung vornehmen (z. B. § 29 SaarlVwVG). Soweit danach die FA tätig werden, ist der Finanzrechtsweg eröffnet.

Die Anwendung des § 33 Abs. 2 Nr. 2 FGO in den vorgenannten Fällen (s. Rz. 5) setzt voraus, dass **Verwaltungsakte** (§ 118 AO; dazu s. § 118 AO Rz. 2) vollstreckt werden. Die Vorschrift gilt **nur** für die **Vollziehung** des Verwaltungsaktes **als solche**; Einwendungen gegen die Rechtmäßigkeit des zu vollziehenden Verwaltungsakts sind auf dem dafür jeweils vorgesehenen Rechtsweg geltend zu machen (BFH v. 03.02.1976, VII B 7/74, BStBl II 1976, 296; *Seer* in Tipke/Kruse, § 33 FGO Rz. 68). 6

### II. Vollziehung durch Bundes- oder Landesfinanzbehörden nach den Vorschriften der AO

In den in Rz. 5 genannten Fällen ist der Finanzrechtsweg dann eröffnet, wenn die (Bundes- oder Landes-) Finanzbehörden im Wege der Vollstreckungshilfe tätig werden und – kraft besonderer gesetzlicher Anordnung –, die Vollstreckung **nach den Vorschriften der AO** (§§ 249 ff. AO) durchführen. Entsprechende Regelungen enthalten z. B. § 5 Abs. 1 VwVG (hierzu FG Bbg v. 25.07.2001, 4 K 3172/00, StEd 2001, 634), § 2 Abs. 1 EG-BeitreibungsG und die LandesVwVG (z. B. § 29 Abs. 2 SaarlVwVG betreffend die Vollstreckung von Leistungsbescheiden; vgl. auch FG Ha v. 16.03.2010, 1 V 289/09, EFG 2010, 977). Weitere Beispiele bei *von Beckerath* in Gosch, § 33 FGO Rz. 193 ff.; *Braun* in HHSp, § 33 FGO Rz. 191 ff. 7

## D. Öffentlich-rechtliche und berufsrechtliche Angelegenheiten nach dem StBerG (§ 33 Abs. 1 Nr. 3 FGO)

§ 33 Abs. 1 Nr. 3 FGO betrifft bestimmte, abschließend aufgezählte berufsrechtliche Streitigkeiten der steuerberatenden Berufe. Daraus folgt, dass die FG insoweit nicht umfassend zuständig sind. Vielmehr ist für **Streitigkeiten zwischen Steuerberater und Steuerberaterkammer** der **allgemeine Verwaltungsrechtsweg** (§ 40 Abs. 1 Satz 1 VwGO) gegeben (z. B. VGH BW v. 01.09.1999, 9 S 769/99, DÖV 2000, 786). Dies gilt z. B. für Streitigkeiten über die Erteilung der Fachberaterbezeichnung (VG Ansbach v. 26.10.2009, AN 4 K 08.01857, AN 4 K 08.01858, 8

DStRE 2010, 575). **Streitigkeiten** zwischen einem Steuerberater und einem Mandanten z.B. **wegen Honorarforderungen oder Schadenersatzforderungen** sind keine Streitigkeiten öffentlich-rechtlicher Art, da sie aus einem privaten schuldrechtlichen Vertrag (regelmäßig ein entgeltlicher Geschäftsbesorgungsvertrag i.S. von § 675 BGB) resultieren; hierfür ist der Rechtsweg zu den **ordentlichen Gerichten** eröffnet (je nach Streitwert ist das AG oder das LG erstinstanzlich zuständig, s. §§ 13, 23 Nr. 1, 71 Abs. 1 GVG). Das **Berufsgericht** (Kammer für Steuerberater- und Steuerbevollmächtigtensachen beim LG, § 95 StBerG) ist auf die disziplinarrechtliche Ahndung von schuldhaften Verstößen gegen die Berufspflichten beschränkt (hierzu auch FG Münster v. 19.12.1984, VII 1873/84 StB, EFG 1985, 368). § 33 Abs. 1 Nr. 3 entspricht der Regelung des § 347 AO (s. § 347 AO Rz. 18 f.).

### I. Streitigkeiten über die Hilfeleistung in Steuersachen (Erster Teil des StBerG)

9 Streitigkeiten dieser Art betreffen die §§ 1 bis 31 StBerG, insbes. also die Befugnis zur geschäftsmäßigen Hilfeleistung in Steuersachen (§§ 2 ff., 12 StBerG), Verbot und Untersagung der Hilfeleistung (§§ 4 ff. StBerG) sowie die Mitteilungen an die Steuerberaterkammer über Pflichtverletzungen von Kammerangehörigen (§ 10 StBerG). Zum Umfang der Befugnis von Lohnsteuerhilfevereinen BFH v. 13.10.1994, VII R 37/94, BStBl II 1995, 10. S. zu weiteren Beispielen *Seer* in Tipke/Kruse, § 33 FGO Rz. 72; eingehend *von Beckerath* in Gosch, § 33 FGO Rz. 201 ff.; *Braun* in HHSp, § 33 FGO Rz. 213 ff.).

### II. Streitigkeiten über die Voraussetzungen der Berufsausübung (Zweiter Abschnitt des Zweiten Teils des StBerG)

10 Die Voraussetzungen der Berufsausübung als Steuerberater usw. sind in §§ 35 bis 55 StBerG geregelt, insbes. das persönlichen Voraussetzungen für die Zulassung als Steuerberater (§§ 35 bis 39a StBerG). Von erheblicher praktischer Bedeutung sind die Streitigkeiten über das Vorliegen der Voraussetzungen für die Zulassung zur Steuerberaterprüfung (§ 36 StBerG). Vgl. dazu die zahlreichen Beispiele bei *Seer* in Tipke/Kruse, § 33 FGO Rz. 73.

10a § 33 Abs. 1 Nr. 3 FGO erfasst auch die praktisch bedeutsamen Fälle der **Rücknahme** und des **Widerrufs der Bestellung** zum Steuerberater (§ 46 StBerG). Im Zusammenhang mit dem Widerruf der Bestellung (§ 46 Abs. 2 StBerG) kann die Frage des Rechtswegs Probleme aufwerfen: Wird z.B. die Bestellung gem. § 46 Abs. 2 Nr. 1 StBerG widerrufen, weil der Steuerberater eine gewerbliche Tätigkeit oder eine Tätigkeit als Arbeitnehmer ausübt, die mit seinem Beruf nicht vereinbar ist (§ 57 Abs. 4 StBerG), ist für die Klage gegen den Widerruf der Finanzrechtsweg nach § 33 Abs. 1 Nr. 3 FGO eröffnet. Für die Klage auf **Erteilung einer Ausnahmegenehmigung** (§ 57 Abs. 4 Satz 1 Nr. 1 StBerG) ist demgegenüber der allgemeine Verwaltungsrechtsweg (§ 40 Abs. 1 VwGO) gegeben. Werden Widerruf und Versagung der Ausnahmegenehmigung – beides sind selbstständige VA (§ 118 Satz 1 AO bzw. § 35 Satz 1 VwVfG) – in einem Bescheid zusammengefasst, sind nach hier vertretener Auffassung diese beiden Verwaltungsentscheidungen getrennt auf dem jeweils eröffneten Rechtsweg einer gerichtlichen Prüfung zuzuführen (BVerwG v. 26.09.2012, 8 C 6/12, NJW 2013, 330; BVerwG v. 26.09.2012, 8 C 26/11, BVerwGE 144, 211; anders wohl BFH v. 17.05.2011, VII R 47/10, BStBl II 2012, 49; BFH v. 29.11.2011, VII B 110/09, BFH/NV 2012, 797; offengelassen: BFH v. 11.04.2013, VII B 172/12, BFH/NV 2013, 1230).

### III. Streitigkeiten betreffend die Übergangsvorschriften (Sechster Abschnitt des Zweiten Teils des StBerG) und über die Vollstreckung wegen Handlungen und Unterlassungen (Erster Abschnitt des Dritten Teils des StBerG)

Die **Übergangsvorschriften** der §§ 154 bis 157b StBerG 11
betreffen die Anwendung des StBerG im Falle von Gesetzesänderungen. Der Finanzrechtsweg ist daher z.B. für Streitigkeiten eröffnet, die sich aus der weiteren Tätigkeit früher zugelassener Steuerberatungsgesellschaften ergeben (FG Nds v. 19.08.1997, VI 622/93, EFG 1998, 244; *Braun* in HHSp, § 33 FGO Rz. 234). Die **Vollstreckung wegen Handlungen und Unterlassungen** ist in § 159 StBerG geregelt. Dies gilt insbes. für Zwangsgelder, die von FA wegen unerlaubter Hilfe in Steuersachen (§ 5 StBerG) festgesetzt werden (z.B. BFH v. 27.10.1981, VII R 2/80, BStBl II 1982, 141; FG Ha v. 23.02.2000, VII 3/00, EFG 2000, 706; *Braun* in HHSp, § 33 FGO Rz. 235).

## E. Sonstige durch Bundes- oder durch Landesgesetz zugewiesene öffentlich-rechtliche Streitigkeiten (§ 33 Abs. 1 Nr. 4 FGO)

Nach § 33 Abs. 1 Nr. 4 FGO kann der Finanzrechtsweg 12
durch Gesetz des Bundes oder eines Landes auch für öffentlich-rechtliche Streitigkeiten eröffnet werden, die nicht schon durch eine der Fallgruppen des § 33 Abs. 1 Nr. 1, 2 oder 3 FGO erfasst sind. Es braucht sich dabei **nicht notwendig** um **Abgabenangelegenheiten** (§ 33 Abs. 2 FGO; s. Rz. 3) zu handeln. Die nachfolgenden Ausführungen enthalten Beispiele für bundes- und landesgesetzliche Regelungen.

### I. Zuweisungen durch Bundesgesetz

13 Durch Bundesgesetz ist der Finanzrechtsrechtsweg z.B. eröffnet für Streitigkeiten über die Zerlegung von KSt, LSt und Zinsabschlag (§ 11 ZerlG), über die Wohnungsbauprämie (§ 8 Abs. 3 WoPG), über die Eigenheimzulage (§ 15 Abs. 1 Satz 2 EigZulG), über die Investitionszulage (§ 7 Abs. 1 Satz 3 InvZulG 1996, § 6 Abs. 1 Satz 3 InvZulG 1999; a.A. BFH v. 09.04.2014, III S 4/14, BFH/NV 2014, 1077: § 33 Abs. 1 Nr. 1, Abs. 2 FGO), über die Altersversorgungszulage (§ 98 EStG; hierzu BFH v. 08.07.2015, X R 41/13, BStBl II 2016, 525), über Verwaltungshandeln der Behörden der Zollverwaltung (§ 23 SchwarzArG; hierzu FG Münster v. 23.01.2018, 10 V 3258/17 S, BB 2018, 469), über Maßnahmen zur Durchführung einer gemeinsamen Marktorganisation (§ 34 Abs. 1 Satz 1 MOG; hierzu z.B. FG Ha v. 17.01.2017, 4 K 42/15, juris). Zu weiteren Beispielen *von Beckerath* in Gosch, § 33 FGO Rz. 217 ff.; *Braun* in HHSp, § 33 FGO Rz. 242 ff.; *Herbert* in Gräber, § 33 FGO Rz. 40; *Seer* in Tipke/Kruse, § 33 FGO Rz. 77 ff.

### II. Zuweisungen durch Landesgesetz

14 Die **Länder** haben in ihren **AGFGO** die Zulässigkeit des Finanzrechtswegs für Streitigkeiten Abgabenangelegenheiten geregelt, soweit die Abgaben der Gesetzgebung des Landes unterliegen und durch Landesfinanzbehörden verwaltet werden (z.B. § 4 SaarlAGFGO; zu den Übrigen AGFGO *Seer* in Tipke/Kruse, § 33 FGO Rz. 81). Für **kommunale Steuern** treffen die KAG der Länder regelmäßig keine Regelung, sodass hierfür der **allgemeine Verwaltungsrechtsweg** (§ 40 Abs. 1 Satz 1 VwGO) gegeben ist; dies folgt als umgekehrter Schluss aus § 33 Abs. 1 Nr. 1 FGO. Besonderheiten gelten für Bremen (dazu *Seer* in Tipke/Kruse, § 33 FGO Rz. 83). In einigen Ländern ist auch für die **KiSt** der **Finanzrechtsweg** eröffnet (die Übersicht bei *von Beckerath* in Gosch, § 33 FGO Rz. 232 ff.; *Braun* in HHSp, § 33 FGO Rz. 269 ff.; *Herbert* in Gräber, § 33 FGO Rz. 42 ff.; *Seer* in Tipke/Kruse, § 33 FGO Rz. 87 ff.). Für die KiSt haben die Länder gem. Art. 140 GG i.V.m. Art. 137 Abs. 6 WRV die Gesetzgebungskompetenz. In manchen KiStG sind die Streitigkeiten über die KiSt dem Finanzrechtsweg zugewiesen (z.B. § 16 Abs. 1 SaarlKiStG; *Seer* in Tipke/Kruse, § 33 FGO Rz. 88); in den übrigen Ländern ist für die Streitigkeiten der **allgemeine Verwaltungsrechtsweg** gegeben (*Seer* in Tipke/Kruse, § 33 FGO Rz. 89).

## F. Keine Zuständigkeit für Bußgeld- und Strafsachen (§ 33 Abs. 3 FGO)

15 In Angelegenheiten des **Straf- und Bußgeldverfahrens** ist der Finanzrechtsweg nicht eröffnet (§ 33 Abs. 3 FGO). Dies gilt zum einen für die Durchführung des Strafverfahrens (§ 385 Abs. 1 AO i.V.m. §§ 199 ff. StPO) bzw. des Bußgeldverfahrens (§ 410 Abs. 1 Nr. 2 AO i.V.m. § 391 Abs. 1 AO). Auch die Weitergabe von Erkenntnissen, welche die Steuerfahndung im strafrechtlichen Ermittlungsverfahren gewonnen haben, ist eine Maßnahme der Steuerfahndung im Steuerstrafverfahren; für die rechtliche Überprüfung der Weitergabe ist deshalb der ordentliche Rechtsweg gegeben (FG Nds v. 24.06.2003, 6 V 142/01, EFG 2003, 1799). Darüber hinaus gilt dies für **alle strafprozessualen Maßnahmen** nach AO bzw. StPO, sodass z.B. eine Klage zum FG, mit der sich der Kläger dagegen wendet, dass ihm das Finanzamt während eines beim Amtsgericht gegen ihn anhängigen Steuerstrafverfahrens eine unangemessene Frist gem. § 371 Abs. 3 AO gesetzt habe, unzulässig ist (FG He v. 08.02.1973, VI 137/71, EFG 1973, 389;) wie für den Streit darüber, ob im Rahmen einer Steuerfahndungsprüfung nach § 208 Abs. 1 Satz 1 Nr. 1 und 2 AO eine Schlussbesprechung abzuhalten ist (BFH v. 04.09.1989, IV B 54/89, BFH/NV 1990, 151). Wegen der in diesen Verfahren gegen Maßnahmen der Verwaltungsbehörde zulässigen Rechtsbehelfe § 399 AO Rz. 20 ff., § 410 AO Rz. 3. Nach Abschluss eines Straf- oder Bußgeldverfahrens stellt jedoch das Begehren, Einblick in die Akten der Steuerfahndung nehmen zu dürfen, eine Abgabenangelegenheit dar, für die der Finanzrechtsweg gegeben ist (BFH v. 02.12.1976, IV R 2/76, BStBl II 1977, 318). Die Eröffnung des Finanzrechtswegs hängt bei Maßnahmen der Steuerfahndung (Zollfahndung) davon ab, ob diese dem Besteuerungsverfahren (§ 208 Abs. 1 Satz 1 Nr. 2 AO) zuzuordnen sind. Sind sie im Steuerstrafverfahren (§ 208 Abs. 1 Satz 1 Nr. 1 AO) ergangen, sind die ordentlichen Gerichte zuständig (§ 13 GVG). Wurde das Strafverfahren gem. § 397 Abs. 1 AO eingeleitet, so besteht eine Vermutung dafür, dass die **Steuerfahndung** als **Strafverfolgungsbehörde** handelt (z.B. BFH v. 20.04.1983, VII R 2/82, BStBl II 1983, 482; FG Sa v. 23.05.1990, 2 K 33/90, EFG 1990, 641; auch *Seer* in Tipke/Kruse, § 33 FGO Rz. 64). Dient das Auskunftsersuchen der Aufdeckung unbekannter Steuerfälle (§ 208 Abs. 1 Satz 1 Nr. 3 AO), ist für eine Klage hiergegen der Finanzrechtsweg eröffnet (BFH v. 05.10.2006, VII R 63/05, BStBl II 2007, 155; FG Sachsen v. 21.06.2005, 3 K 2294/04, EFG 2006, 82; FG RP v. 28.02.2007, 2 K 2455/05, StE 2007, 293). Der für die Frage der Rechtmäßigkeit von Steuerbescheiden nach § 33 Abs. 1 Nr. 1, Abs. 2 FGO eröffnete Finanzrechtsweg bleibt auch dann zulässig, wenn und solange hinsichtlich der betroffenen Steuerforderungen ein Straf- bzw. Bußgeldverfahren anhängig ist, in dessen Rahmen noch Anträge gestellt werden können (BFH v. 01.08.2005, X S 16/05, BFH/NV 2005, 2040). § 33 Abs. 3 FGO steht dem nicht entgegen. Wendet sich demnach ein »Beschuldigter« gegen die **aufgrund einer Steuerfahndung festgesetzten Steuern**, handelt es sich um eine Abgabenange-

legenheit i.S. des § 33 Abs. 2 FGO, über die gem. § 393 Abs. 1 Satz 1 AO unabhängig vom Strafverfahren zu entscheiden ist (BFH v. 04.05.2005, XI B 230/03, BFH/NV 2005, 1485).

## Anhang zu § 33 FGO

## §§ 17 bis 17b GVG

## § 17 GVG

**(1) Die Zulässigkeit des beschrittenen Rechtsweges wird durch eine nach Rechtshängigkeit eintretende Veränderung der sie begründenden Umstände nicht berührt. Während der Rechtshängigkeit kann die Sache von keiner Partei anderweitig anhängig gemacht werden.**

**(2) Das Gericht des zulässigen Rechtsweges entscheidet den Rechtsstreit unter allen in Betracht kommenden rechtlichen Gesichtspunkten. Artikel 14 Abs. 3 Satz 4 und Artikel 34 Satz 3 des Grundgesetzes bleiben unberührt.**

1 Aufgrund des Verweises in § 155 Satz 1 FGO gelten die §§ 17 bis 17b GVG auch für die Finanzgerichtsbarkeit. Zur Anwendung der §§ 17 bis 17b GVG bei örtlicher und/oder sachlicher Unzuständigkeit des angerufenen FG s. § 70 FGO. § 17 Abs. 1 Satz 1 GVG regelt, dass die Zulässigkeit des konkret beschrittenen Rechtswegs (auch in sachlicher und örtlicher Hinsicht) nicht durch nach Rechtshängigkeit (§ 66 FGO) eintretende Veränderungen der sie begründenden Umstände berührt wird (**perpetuatio fori**; z.B. BFH v. 19.05.2008, V B 29/07, BFH/NV 2008, 1501). Unerheblich ist, ob die Veränderung auf Umstände tatsächlicher oder rechtlicher Art beruht. Die Fortdauer der Zuständigkeit des Gerichts wird folglich auch nicht durch gesetzliche Änderungen (Eröffnung eines anderen Rechtswegs nach Rechtshängigkeit) berührt (BFH v. 12.11.1980, VII B 8/80, BStBl II 1981, 136; BFH v. 21.07.1981, VII B 61/80, juris), es sei denn, das Gesetz selbst trifft abweichende Regelungen. Abweichungen können kraft Gesetzes (§ 3 Abs. 1 Nr. 6 FGO) in den Fällen des § 3 Abs. 1 Nr. 1, 3 und 4 FGO angeordnet werden (s. § 3 FGO Rz. 1). Da die Rechtswegzuständigkeit streitgegenstandbezogen ist, ist bei einer Klageänderung (§ 67 FGO) die Zulässigkeit neu zu überprüfen. Zum Begriff des Streitgegenstands s. § 65 FGO Rz. 4. Allerdings kann ein Verweisungsbeschluss i.S. des § 17a Abs. 4 GVG i.V.m. § 155 Satz 1 FGO wegen Verstoßes gegen den Grundsatz der perpetuatio fori bei offensichtlicher Fehlerhaftigkeit unwirksam sein (BFH v. 20.12.2004, VI S 7/03, BStBl II 2005, 573; s. Anh. zu § 33 FGO § 17a GVG Rz. 1).

§ 17 Abs. 1 Satz 2 GVG ordnet die Sperrwirkung der **Rechtshängigkeit** für eine **denselben Streitgegenstand** betreffende Klage an (z.B. *von Beckerath* in Gosch, § 33 FGO Rz. 363; *Lückemann* in Zöller, § 17 GVG Rz. 1). Eine **weitere** derartige **Klage**, vor welchem Gericht auch immer sie erhoben wird, ist **unzulässig** (auch BFH v. 08.10.1985, VIII R 78/82, BStBl II 1986, 302). Die Sperrwirkung wegen anderweitiger Rechtshängigkeit bewirkt eine von Amts wegen zu beachtende negative Sachentscheidungsvoraussetzung (s. Vor FGO Rz. 39). Auch unzulässige Klagen lösen die Sperrwirkung aus. 2

Nach § 17 Abs. 2 GVG entscheidet das Gericht – soweit nicht die grundgesetzliche Rechtswegzuweisung an die ordentlichen Gerichte eingreift (§ 17 Abs. 2 Satz 2 GVG, Art. 34 Satz 3 GG i.V.m. § 839 BGB, Art. 14 Abs. 3 Satz 4 GG) – den Rechtsstreit unter **allen in Betracht kommenden rechtlichen Gesichtspunkten**. Es hat nicht nur über alle bürgerlich-rechtlichen, verwaltungsrechtlichen etc. Vorfragen zu entscheiden, sondern ist auch dann, wenn der Klageanspruch auf mehrere, verschiedenen Rechtswegen zugeordnete Gründe gestützt wird, zur Entscheidung über sämtliche Gründe verpflichtet, sofern der Rechtsweg (§ 33 FGO) jedenfalls für einen von ihnen gegeben ist (sog. gemischte Rechtsverhältnisse; dazu auch BVerwG v. 15.12.1992, 5 B 144/91, NVwZ 1993, 358). Eine Grenze findet die Kompetenz dort, wo Bindung an die Entscheidung anderer Gerichte oder von Behörden besteht (auch s. § 74 FGO). Die erweiterte Entscheidungskompetenz greift nicht ein bei objektiver Klagehäufung mit unterschiedlicher Rechtswegzuweisung sowie bei entsprechenden selbständigen Hilfsanträgen (Anträge des vorläufigen Rechtsschutzes und Prozesskostenhilfeanträge). Grds. **nicht** in Betracht kommt die Entscheidung über eine **rechtswegfremde Gegenforderung**, die bestritten und noch nicht rechtskräftig festgestellt ist, wenn im Finanzrechtsstreit vom Kläger eine Aufrechnung geltend gemacht wird; § 17 Abs. 1 Satz 2 GVG gilt zwar grds. auch für die Aufrechnung, aber nicht uneingeschränkt (z.B. BFH v. 19.02.2007, VII B 253/06, BFH/NV 2007, 968; BFH v. 01.08.2017, VII R 12/16, BFH/NV 2018, 263; *Lückemann* in Zöller, § 17 GVG Rz. 10, auch s. § 33 FGO Rz. 1, s. § 74 FGO Rz. 3). Wenn die Entscheidung über die zur Aufrechnung gestellte (rechtswegfremde) Forderung aber in die Zuständigkeit eines Gerichts eines anderen Rechtswegs fällt, darf das FG grds. nicht darüber entscheiden. Dies gilt ausnahmsweise nur dann nicht, wenn bei der Entscheidung des FG über die Aufrechnung die Gefahr ausgeschlossen ist, dass das FG als an sich nicht zuständiges Gericht mit Bindungswirkung gegenüber den nach der Rechtswegzuweisung entscheidungsbefugten Gerichten über das Nichtbestehen der zur Aufrechnung gestellten Forderung entscheidet. Hat die Entscheidung des FG in Bezug auf das Bestehen 3 oder Nichtbestehen der rechtswegfremden Forderung keine Bindungswirkung, darf das FG darüber entscheiden (BGH v. 01.08.2017, VII R 12/16, BFH/NV 2018, 263).

## § 17a GVG

**(1) Hat ein Gericht den zu ihm beschrittenen Rechtsweg rechtskräftig für zulässig erklärt, sind andere Gerichte an diese Entscheidung gebunden.**

**(2) Ist der beschrittene Rechtsweg unzulässig, spricht das Gericht dies nach Anhörung der Parteien von Amts wegen aus und verweist den Rechtsstreit zugleich an das zuständige Gericht des zulässigen Rechtsweges. Sind mehrere Gerichte zuständig, wird an das vom Kläger oder Antragsteller auszuwählende Gericht verwiesen oder, wenn die Wahl unterbleibt, an das vom Gericht bestimmte. Der Beschluss ist für das Gericht, an das der Rechtsstreit verwiesen worden ist, hinsichtlich des Rechtsweges bindend.**

**(3) Ist der beschrittene Rechtsweg zulässig, kann das Gericht dies vorab aussprechen. Es hat vorab zu entscheiden, wenn eine Partei die Zulässigkeit des Rechtsweges rügt.**

**(4) Der Beschluss nach den Absätzen 2 und 3 kann ohne mündliche Verhandlung ergehen. Er ist zu begründen. Gegen den Beschluss ist die sofortige Beschwerde nach den Vorschriften der jeweils anzuwendenden Verfahrensordnung gegeben. Den Beteiligten steht die Beschwerde gegen einen Beschluss des oberen Landesgerichts an den obersten Gerichtshof des Bundes nur zu, wenn sie in dem Beschluss zugelassen worden ist. Die Beschwerde ist zuzulassen, wenn die Rechtsfrage grundsätzliche Bedeutung hat oder wenn das Gericht von der Entscheidung eines obersten Gerichtshofes des Bundes oder des Gemeinsamen Senats der obersten Gerichtshöfe des Bundes abweicht. Der oberste Gerichtshof des Bundes ist an die Zulassung der Beschwerde gebunden.**

**(5) Das Gericht, das über ein Rechtsmittel gegen eine Entscheidung in der Hauptsache entscheidet, prüft nicht, ob der beschrittene Rechtsweg zulässig ist.**

1 § 17a GVG regelt allgemein **Kompetenzkonflikte** zwischen den Gerichtszweigen (ordentliche Gerichtsbarkeit, Verwaltungs-, Finanz-, Arbeits- und Sozialgerichtsbarkeit). Sie gilt nicht nur für das Klageverfahren, sondern auch für die selbständigen Verfahren des vorläufigen Rechtsschutzes (§§ 69, 114 FGO) und für das PKH-Verfahren (§ 142 FGO). Hat ein Gericht in einem solchen Verfahren den beschrittenen Rechtsweg rechtskräftig für zulässig erklärt, so sind alle anderen Gerichte in Bezug auf denselben Streitgegenstand daran gebunden (§ 17 Abs. 1 GVG), auch wenn die Entscheidung unzutreffend sein mag, sofern sie nicht offensichtlich unhaltbar ist (BFH v. 14.10.2005, VI S 17/05, BFH/NV 2006, 329; BFH v. 30.06.2005, VI S 7/05, BFH/NV 2005, 1849).

Ist der **beschrittene Rechtsweg** im Streitfall **nicht eröffnet**, so ist die **Klage unzulässig**, da eine Sachentscheidungsvoraussetzung nicht erfüllt ist. **Allerdings** führt dies **nicht** zu einer **Klageabweisung** durch Prozessurteil, sondern das FG hat den Rechtsstreit an das zuständige Gericht des zulässigen Rechtswegs zu verweisen (§ 17 Abs. 2 GVG; auch s. Vor FGO Rz. 27). Die nach § 17a Abs. 2 Satz 1 GVG erforderliche Anhörung kann – jedenfalls im Eilverfahren – telefonisch erfolgen (BFH v. 25.11.2003, IV S 15/03, BStBl II 2004, 84). Ist die Zuständigkeit mehrerer Gerichte gegeben, so wählt in erster Linie der Kläger (Antragsteller) das Gericht aus, an welches der Rechtsstreit verwiesen werden soll. Unterbleibt eine Wahl, so entscheidet diese Frage das verweisende Gericht (§ 17a Abs. 2 Satz 3 GVG). Der **Beschluss** ist für das Gericht, an welches der Rechtsstreit verwiesen wird, **mit Eintritt der Rechtskraft hinsichtlich des Rechtswegs bindend** (§ 17a Abs. 2 Satz 3 GVG), so dass eine Klageabweisung wegen Unzulässigkeit des Rechtswegs nicht in Betracht kommt, selbst wenn der Verweisungsbeschluss inhaltlich unzutreffend sein sollte (aber s. Rz. 1). Damit wird vermieden, dass Rechtsstreitigkeiten hin- und herverwiesen werden. Eine **Weiterverweisung** kommt **danach nur noch** innerhalb desselben **Rechtsweges wegen sachlicher bzw. örtlicher Zuständigkeit** in Frage (vgl. § 70 FGO). 2

§ 17a Abs. 3 GVG ermöglicht eine **Vorabentscheidung** über die Zulässigkeit des Rechtswegs. Einer Entscheidung hierüber bedarf es nur dann einer **vor der Entscheidung der Hauptsache**, wenn entweder die Rechtslage objektiv zweifelhaft ist (in diesem Fall kann das Gericht vorab entscheiden, § 17a Abs. 3 Satz 1 GVG) oder falls ein Beteiligter die Zulässigkeit des Rechtswegs rügt (in diesem Fall hat das Gericht eine Vorabentscheidung zu treffen, § 17a Abs. 3 Satz 2 GVG). 3

Das FG entscheidet durch **Beschluss** (§ 17a Abs. 4 Satz 1 GVG, § 128 Abs. 1 FGO), auch im Fall der Vorabentscheidung nach § 17a Abs. 3 GVG. Die Durchführung einer mündlichen Verhandlung ist freigestellt (§ 17a Abs. 4 Satz 1 GVG). Gegen den Beschluss, der einer Begründung bedarf (§ 17a Abs. 4 Satz 2 GVG), ist die **Beschwerde** zum BFH **nur bei** ausdrücklicher **Zulassung**, die für den BFH bindend ist, gegeben (§ 17a Abs. 4 Sätze 4 und 6 GVG BFH v. 26.07.2005, VII S 37/05, BFH/NV 2005, 1863; BFH v. 05.04.2007, X B 47/07, BFH/NV 2007, 1344; BFH v. 06.11.2006, VII B 282/06, BFH/NV 2007, 4

264). Wegen der Zulassungsgründe § 17a Abs. 4 Satz 5 GVG; NZB ist nicht statthaft (s. auch BAG v. 22.02.1994, 10 AZB 4/94, NJW 1994, 2110). Der Beschluss ist nur zwingend zuzustellen, wenn die Beschwerde zugelassen ist (§ 53 Abs. 1 FGO). Im Zuge der Rechtsmittelentscheidung über die Hauptsache ist dem BFH die Prüfung der Zulässigkeit verwehrt (§ 17a Abs. 5 GVG). Die Bindung erstreckt § 17a Abs. 5 GVG auch auf das mit der Hauptsache befasste Rechtsmittelgericht.

## § 17b GVG

**(1) Nach Eintritt der Rechtskraft des Verweisungsbeschlusses wird der Rechtsstreit mit Eingang der Akten bei dem im Beschluss bezeichneten Gericht anhängig. Die Wirkungen der Rechtshängigkeit bleiben bestehen.**

**(2) Wird ein Rechtsstreit an ein anderes Gericht verwiesen, so werden die Kosten im Verfahren vor dem angegangenen Gericht als Teil der Kosten behandelt, die bei dem Gericht erwachsen, an das der Rechtsstreit verwiesen wurde. Dem Kläger sind die entstandenen Mehrkosten auch dann aufzuerlegen, wenn er in der Hauptsache obsiegt.**

1 § 17b regelt die **Folgen einer Verweisung** nach § 17a GVG. Ohne Einfluss auf die mit der Erhebung der Klage eingetretene Rechtshängigkeit (§ 66 FGO) wird der Rechtsstreit nach Unanfechtbarkeit des Verweisungsbeschlusses mit Eingang der Akten bei dem im Verweisungsbeschluss genannten Gericht **anhängig** (§ 17b Abs. 1 GVG). Das bisherige Verfahren bildet mit dem weiteren Verfahren vor dem Gericht, an das verwiesen wurde, eine Einheit, und zwar auch kostenrechtlich (§ 17b Abs. 2 Satz 1 GVG; BFH v. 14.10.2003, VIII S 15/03, BFH/NV 2004, 81). Die dem Kläger in jedem Fall aufzuerlegenden **Mehrkosten** (§ 17b Abs. 2 Satz 2 GVG) belaufen sich auf die Differenz zwischen den Kosten, die bei ursprünglicher Anrufung des i.S. des Rechtswegs »richtigen« Gerichts entstanden wären, zu den tatsächlichen Kosten.

## § 34 FGO

**(aufgehoben durch Art. 4 Nr. 1 des 4. VwGOÄndG v. 17.12.1990, BGBl I 1990, 2809 mit Wirkung ab 01.01.1991)**

## Unterabschnitt 2
## Sachliche Zuständigkeit

## § 35 FGO
## Zuständigkeit der Finanzgerichte

**Das Finanzgericht entscheidet im ersten Rechtszug über alle Streitigkeiten, für die der Finanzrechtsweg gegeben ist.**

**S. § 45 VwGO; § 8 SGG**

§ 35 FGO begründet die sachliche Zuständigkeit des FG für alle erstinstanzlichen Streitigkeiten, für die nach § 33 FGO der Finanzrechtsweg eröffnet ist. Die sachliche Zuständigkeit betrifft zum einen die Frage, welchem Gericht der Rechtsstreit der Art nach übertragen ist und welches Gericht instanziell zuständig ist (*Brandis* in Tipke/Kruse, Vorbem. § 35 FGO Rz. 2). Die sachliche Zuständigkeit des FG bezieht sich auf **alle Klageverfahren** (Hauptsacheverfahren) **und Nebenverfahren** (z. B. Verfahren im vorläufigen Rechtsschutz oder betreffend die Gewährung von PKH) und besteht ohne Rücksicht darauf, von welcher Behörde der Verwaltungsakt erlassen ist, welchen Gegenstand bzw. Wert er hat und wem die strittigen Abgaben zufließen. Sie **endet** mit Eintritt der Rechtskraft oder Zuständigkeit des BFH nach Einlegung eines Rechtsmittels (§ 36 FGO). 1

## § 36 FGO
## Zuständigkeit des Bundesfinanzhofs

**Der Bundesfinanzhof entscheidet über das Rechtsmittel**

1. **der Revision gegen Urteile des Finanzgerichts und gegen Entscheidungen, die Urteilen des Finanzgerichts gleichstehen,**
2. **der Beschwerde gegen andere Entscheidungen des Finanzgerichts, des Vorsitzenden oder des Berichterstatters.**

**S. § 49 VwGO; § 39 Abs. 1 SGG**

Aus § 36 FGO folgt, dass der BFH ausschließlich Rechtsmittelgericht ist, und zwar **Revisionsgericht** (§ 36 Nr. 1 FGO), soweit Urteile oder Gerichtsbescheide (§ 90a FGO) der FG betroffen sind, und **Beschwerdegericht** (§ 36 Nr. 2 FGO) hinsichtlich der Entscheidungen des FG, die keine Urteile oder Gerichtsbescheide sind (§ 128 Abs. 1 1

FGO). Zur Anhörungsrüge und zur außerordentlichen Beschwerde bzw. Gegenvorstellung BVerfG v. 30.04.2003, 18 BV U 1/02, BVerfGE 107, 395; dazu die Kommentierung zu § 133a FGO. Eine Ausnahme von § 36 FGO ergibt sich aus § 155 Satz 2 FGO (s. § 155 FGO Rz. 12).

2 Ist der BFH als Rechtsmittelgericht zuständig, so ist er auch für die mit der Hauptsache zusammenhängenden Nebenverfahren (insoweit erst- und letztinstanzlich) zuständig, z.B. für das Verfahren betr. Aussetzung der Vollziehung (§ 69 Abs. 3 FGO; z.B. BFH v. 10.12.1999, XI S 13/99, BFH/NV 2000, 481; BFH v. 07.12.1999, IV S 13/99, BFH/NV 2000, 481) und für die Entscheidung bezüglich Gewährung von PKH (§ 142 FGO i.V.m. §§ 114 ff. ZPO) für das Rechtsmittelverfahren.

## § 37 FGO

**(aufgehoben durch Art. 1 Nr. 5 FGOÄndG v. 21.12.1992 BGBl I 1992, 2109 mit Wirkung zum 01.01.1993)**

## Unterabschnitt 3
## Örtliche Zuständigkeit

## § 38 FGO
## Örtliche Zuständigkeit des Finanzgerichts

**(1) Örtlich zuständig ist das Finanzgericht, in dessen Bezirk die Behörde, gegen welche die Klage gerichtet ist, ihren Sitz hat.**

**(2) Ist die in Absatz 1 bezeichnete Behörde eine oberste Finanzbehörde, so ist das Finanzgericht zuständig, in dessen Bezirk der Kläger seinen Wohnsitz, seine Geschäftsleitung oder seinen gewöhnlichen Aufenthalt hat; bei Zöllen, Verbrauchsteuern und Monopolabgaben ist das Finanzgericht zuständig, in dessen Bezirk ein Tatbestand verwirklicht wird, an den das Gesetz die Abgabe knüpft. Hat der Kläger im Bezirk der obersten Finanzbehörde keinen Wohnsitz, keine Geschäftsleitung und keinen gewöhnlichen Aufenthalt, so findet Absatz 1 Anwendung.**

**(2a) In Angelegenheiten des Familienleistungsausgleichs nach Maßgabe der §§ 62 bis 78 des Einkommensteuergesetzes ist das Finanzgericht zuständig, in dessen Bezirk der Kläger seinen Wohnsitz oder seinen gewöhnlichen Aufenthalt hat. Hat der Kläger im Inland keinen Wohnsitz und keinen gewöhnlichen Aufenthalt, ist das Finanzgericht zuständig, in dessen Bezirk die Behörde, gegen welche die Klage gerichtet ist, ihren Sitz hat.**

**(3) Befindet sich der Sitz einer Finanzbehörde außerhalb ihres Bezirks, so richtet sich die örtliche Zuständigkeit abweichend von Absatz 1 nach der Lage des Bezirks.**

**S. § 52 VwGO; § 57 SGG**

§ 38 FGO bestimmt die örtliche Zuständigkeit des FG, den Gerichtsstand, regelt damit, welches der sachlich zuständigen FG (§ 35 FGO) den konkreten Rechtstreit zu entscheiden hat. Die Vorschrift gilt für das Klageverfahren. Für Anträge auf AdV ist das »Gericht der Hauptsache« zuständig (§ 69 Abs. 3 Satz 1 FGO). Dies gilt auch für die örtliche Zuständigkeit, sodass sich die örtliche Zuständigkeit für AdV-Verfahren nach der örtlichen Zuständigkeit in der Hauptsache richtet (*Steinhauff* in HHSp, § 38 FGO Rz. 12). Eine analoge Anwendung des § 38 FGO auf diese Verfahren ist daher nicht erforderlich (vgl. *von Beckerath* in Gosch, § 38 FGO Rz. 3; a. A. *Herbert* in Gräber, § 38 FGO Rz. 2, jedoch einschränkend für den Fall der anhängigen Hauptsache Rz. 20; *Brandis* in Tipke/Kruse, § 38 FGO Rz. 1; bislang offengelassen vom BFH, z.B. BFH v. 27.01.2009, X S 42/08, BFH/NV 2009, 780; BFH v. 29.06.2015, III S 12/15, BFH/NV 2015, 1421). Entsprechendes gilt gem. § 114 Abs. 2 Satz 1 FGO für den Erlass einer einstweiligen Anordnung. 1

Die örtliche Zuständigkeit richtet grundsätzlich nach dem **Sitz der verklagten Behörde** (§ 38 Abs. 1 FGO). Dabei kommt es nicht auf den Sitz der nach § 63 FGO richtigen Behörde, sondern ausschließlich nach dem Sitz der Behörde an, gegen welche die **Klage tatsächlich** gerichtet ist. Wenn die Klage gegen einen von einer örtlich unzuständigen Behörde erlassenen Steuerbescheid gerichtet ist, ist gleichwohl das FG nach § 38 Abs. 1 FGO örtlich zuständig, in dessen Bezirk die örtlich unzuständige Behörde ihren Sitz hat (BFH v. 24.08.2017, V R 11/17, BFH/NV 2018, 14). Mangelt es der tatsächlich verklagten Behörde an der Passivlegitimation gem. § 63 FGO, ist also die Klage gegen die falsche Behörde gerichtet, lässt dies die örtliche Zuständigkeit gem. § 38 Abs. 1 FGO unberührt. § 38 Abs. 2 Satz 1 FGO stellt im Interesse des betroffenen Steuerpflichtigen primär auf dessen Wohnsitz usw., wenn die Klage sich gegen eine oberste (Landes- oder Bundes-) Finanzbehörde richtet (§§ 1 Nr. 1, 2 Abs. 1 Nr. 1 FVG). Andererseits bestehen keine Bedenken im Hinblick auf Art. 19 Abs. 4 GG gegen die aus § 38 Abs. 1 FGO begründete örtliche Zuständigkeit des FG BB für alle Streitigkeiten über die Gewährung der Altersvorsorgezulage, die der Deutschen Rentenversicherung Bund – ZfA – mit Sitz Brandenburg/Havel zentral übertragen wurde (BFH v. 08.07.2015, X R 41/13, BStBl II 2016, 525). Bei Zöllen, Verbrauchsteuern und Monopol- 2 abgaben kommt es auf den Bezirk der Tatbestandsverwirklichung an, es sei denn der Kläger hat in dem betreffenden Bezirk keinen Wohnsitz etc.; dann greift § 38 Abs. 1 FGO (§ 38 Abs. 2 Satz 2 FGO). Ändert sich die Zuständigkeit des FA, führt dies zu einem Beklagtenwechsel und hat einen Wechsel in der Zuständigkeit des FG zur Folge, wenn infolge des Beklagtenwechsels ein anderes FG nach § 38 Abs. 1 FGO zuständig ist (BFH v. 09.11.2004, V S 21/04, BStBl II 2005, 101). Die Wohnsitzverlegung des Klägers nach Rechtshängigkeit lässt die örtliche Zuständigkeit des FG jedoch unberührt (BFH v. 26.11.2009, III B 10/08, BFH/NV 2010, 658). Aus der – als verfehlt abzulehnenden – Rspr. des BFH, nach der z.B. in Streitigkeiten über die Feststellung eines Anspruchs aus dem Steuerschuldverhältnis zur Insolvenztabelle das FA in die Rolle des Klägers und der Insolvenzverwalter in die des Beklagten wechseln soll (BFH v. 13.11.2007, VII R 61/06, BStBl II 2008, 790 m. krit. Anm. *Bartone*, jurisPR SteuerR 3/2009), ergibt sich das hierdurch überflüssigerweise geschaffene Problem, dass § 38 FGO nicht für die Konstellation gilt, in denen eine natürliche Person – der Insolvenzverwalter – Beklagter ist (BFH v. 09.04.2014, III S 4/14, BFH/NV 2014, 1077). Zur Bestimmung des örtlich zuständigen FG in diesem Fall s. § 39 FGO Rz. 2.

2a Abweichend von § 38 Abs. 1 und Abs. 2 FGO (s. Rz. 2) enthält § 38 Abs. 2a FGO eine Sonderregelung für Verfahren des Familienleistungsausgleichs (§§ 62 bis 78 EStG), also v.a. Kindergeldsachen. Hiernach ist nicht in **erster Linie** der Sitz der beklagten Behörde, sondern der **Wohnsitz des Klägers** für die Bestimmung des zuständigen FG maßgeblich (§ 38 Abs. 2a Satz 1 FGO). Nur wenn der Kläger im Inland keinen Wohnsitz (§ 8 AO) oder gewöhnlichen Aufenthalt (§ 9 AO) hat, richtet sich die örtliche Zuständigkeit des FG nach dem Sitz der beklagten Behörde (§ 38 Abs. 2a Satz 2 FGO). Hintergrund der Neuregelung war die Neuorganisation der Bundesagentur für Arbeit, die zu einer drastischen Reduzierung der Zahl der örtlichen Familienkassen geführt hat. Bei unveränderter Fortgeltung des § 38 Abs. 1 FGO hätte dies zu einer Konzentration der Kindergeldverfahren bei wenigen FG geführt (*Brandis* in Tipke/Kruse, § 38 FGO Rz. 4). Hierzu auch s. Vor FGO Rz. 140.

3 Wie die sachliche Zuständigkeit des angerufenen Gerichts ist auch dessen örtliche Zuständigkeit **Sachurteilsvoraussetzung** (s. Vor FGO Rz. 28). Die bei dem örtlich (oder sachlich) unzuständigen Gericht erhobene Klage ist daher unzulässig (s. Vor FGO Rz. 26). Allerdings führt die Anrufung des örtlich unzuständigen Gerichts nicht zu einem Prozessurteil, sondern der Rechtsstreit ist an das örtlich zuständige Gericht zu **verweisen**; hierfür gilt § 70 FGO i.V.m. §§ 17 ff. GVG (auch s. Vor FGO Rz. 26 ff.). Die örtliche Zuständigkeit des angerufenen FG besteht bei Veränderung der sie begründenden Umstände gem. § 70 FGO i.V.m. § 17 Abs. 1 Satz 1 GVG fort (**perpetuatio fori**; BFH v. 29.01.2014, XI R 29/13, BFH/NV 2014, 724; BFH v. 29.06.2015, III S 12/15, BFH/NV 2015, 1421; s. Anh. zu § 33 FGO § 17 GVG Rz. 1). Ob die örtliche Zuständigkeit des FG vorliegt, prüft der BFH im Rechtsmittelverfahren nicht (§ 70 Satz 1 FGO i.V.m. § 17a Abs. 5 GVG; BFH v. 12.02.2014, V B 39/13, BFH/NV 2014, 725).

## § 39 FGO Bestimmung des Gerichts durch den Bundesfinanzhof

**(1) Das zuständige Finanzgericht wird durch den Bundesfinanzhof bestimmt,**

1. **wenn das an sich zuständige Finanzgericht in einem einzelnen Fall an der Ausübung der Gerichtsbarkeit rechtlich oder tatsächlich verhindert ist,**
2. **wenn es wegen der Grenzen verschiedener Gerichtsbezirke ungewiss ist, welches Finanzgericht für den Rechtsstreit zuständig ist,**
3. **wenn verschiedene Finanzgerichte sich rechtskräftig für zuständig erklärt haben,**
4. **wenn verschiedene Finanzgerichte, von denen eines für den Rechtsstreit zuständig ist, sich rechtskräftig für unzuständig erklärt haben,**
5. **wenn eine örtliche Zuständigkeit nach § 38 nicht gegeben ist.**

**(2) Jeder am Rechtsstreit Beteiligte und jedes mit dem Rechtsstreit befasste Finanzgericht kann den Bundesfinanzhof anrufen. Dieser kann ohne mündliche Verhandlung entscheiden.**

S. § 53 VwGO; § 58 SGG

Gem. § 39 FGO hat der BFH das örtlich zuständige FG in den in § 39 Abs. 1 FGO abschließend aufgeführten Fällen zu bestimmen. Die Vorschrift gilt **nur** für die **örtliche Zuständigkeit** (Gerichtsstand) der FG; dies folgt aus dem Wortlaut der Vorschrift (insbes. § 39 Abs. 1 Nr. 2 FGO: »Gerichtsbezirk«) und aus der systematischen Stellung der Norm im Unterabschnitt 3, der sich ausdrücklich auf die örtliche Zuständigkeit der FG bezieht (a.A. *Brandis* in Tipke/Kruse, § 39 FGO Rz. 1; *Herbert* in Gräber, § 39 FGO Rz. 1; *Steinhauff* in HHSp, § 39 FGO Rz. 11). Mit der Bestimmung des zuständigen Gerichts wird die Sache bei diesem anhängig; und zwar in dem augenblicklichen Stand. Voraussetzung für die Anwendung des § 39 FGO ist die **Zulässigkeit des Finanzrechtswegs** (§ 33 Abs. 1 FGO), sei es auch aufgrund einer bindenden Verweisung nach § 17a Abs. 2 Satz 3 GVG (s. Anh. zu § 33 FGO § 17a GVG Rz. 2; BFH v. 10.02.2012, VI S 10/11, BFH/NV 2012, 771; BFH v. 09.04.2014, III S 4/14, BFH/NV 2014, 1077). 1

2 § 39 Abs. 1 Nr. 1 FGO betrifft die Fälle, in denen am an sich zuständigen FG aus rechtlichen oder tatsächlichen Gründen trotz geschäftsplanmäßiger Vertretung überhaupt kein entscheidungsfähiger Spruchkörper mehr vorhanden ist (BFH v. 19.10.2006, VII S 30/06, BFH/NV 2007, 96). **Rechtliche Gründe** können z. B. in der Ausschließung oder der erfolgreichen Ablehnung aller in Betracht kommenden Richtern (s. § 51 FGO; dies gilt insbes. für kleinere FG) bestehen. **Tatsächliche Gründe** liegen z. B. vor, wenn die zur Entscheidung berufenen Richter durch Krankheit, Tod oder anderweitig länger verhindert sind; auch dies dürfte im Allgemeinen nur bei kleineren FG in Betracht kommen (*Brandis* in Tipke/Kruse, § 39 FGO Rz. 3). **§ 39 Abs. 1 Nr. 2 FGO** betrifft die tatsächliche Ungewissheit über die Grenze verschiedener Gerichte. **§ 39 Abs. 1 Nr. 3 und Nr. 4 FGO** betrifft die Fälle des **positiven** und des **negativen Kompetenzkonflikts** mehrerer FG. § 39 Abs. 1 Nr. 4 FGO kann bei einem negativen Kompetenzkonflikt zwischen Gerichten verschiedener Gerichtszweige, die jeweils rechtskräftig entschieden haben, dass der zu ihnen beschrittene Rechtsweg unzulässig ist, entsprechend angewandt werden, wenn ein FG beteiligt ist und der BFH als oberstes Bundesgericht zuerst angerufen wird (BFH v. 26.02.2004, VII B 341/03, BFH/NV 2004, 728). Das Bestimmungsverfahren nach § 39 Abs. 1 Nr. 4 FGO dient dazu, die Zuständigkeit eines erkennenden Gerichts für ein **noch nicht abgeschlossenes gerichtliches Verfahren** zu begründen (BFH v. 29.06.2015, III S 12/15, BFH/NV 2015, 1421; vgl. *Steinhauff* in HHSp, § 39 FGO Rz. 133). Besteht Streit darüber, ob das betreffende gerichtliche Verfahren beendet wurde, ist dies von dem als zuständig erkannten Gericht zu entscheiden (vgl. BFH v. 29.06.2015, III S 12/15, BFH/NV 2015, 1421; *Steinhauff* in HHSp, § 39 FGO Rz. 151). **§ 39 Abs. 1 Nr. 5 FGO** dient dazu, ein zuständiges FG zu bestimmen, wenn sich aus § 38 FGO kein Gerichtsstand ergibt. Dies gilt auch, wenn – nach der als verfehlt abzulehnenden – Rspr. des BFH ausnahmsweise eine natürliche Person (Insolvenzverwalter) Beklagter ist (BFH v. 09.04.2014, III S 4/14, BFH/NV 2014, 1077; s. § 38 FGO Rz. 2).

3 Das Verfahren ist von der Stellung eines entsprechenden Antrags abhängig. Der **Antrag** kann von jedem Beteiligten (s. § 57 FGO), oder vom FG gestellt werden (§ 39 Abs. 2 Satz 1 FGO). Für den Antrag gilt der Vertretungszwang des § 62 a FGO (BFH v. 22.02.2007, VI S 11/06, BFH/NV 2007, 1162). Soweit das FG die Entscheidung des BFH beantragt, muss es (der Senat) über den Antrag durch **Beschluss** befinden. Der BFH entscheidet durch **unanfechtbaren Beschluss** (§ 155 Satz 1 FGO i. V. m. § 37 Abs. 2 ZPO), und zwar auch, wenn er aufgrund mündlicher Verhandlung (§ 39 Abs. 2 Satz 2 FGO) entscheidet. Der Beschluss ist für das FG, dessen Zuständigkeit er bestimmt, **bindend**.

# Zweiter Teil.
# Verfahren

## Abschnitt I.
## Klagearten, Klagebefugnis, Klagevoraussetzungen, Klageverzicht

## Vorbemerkungen zu § 40 Prozesshandlungen

**Inhaltsübersicht**



### A. Begriff

1 Unter Prozesshandlungen versteht man (**unmittelbar oder mittelbar) prozessgestaltende Betätigungen**, die in Voraussetzungen und Wirkung dem Prozessrecht unterstehen. Im Finanzprozess sind sie dem Gericht gegenüber vorzunehmen. Prozesshandlungen in diesem Sinne sind nicht nur diejenigen **Handlungen**, die ein **gerichtliches Verfahren in Gang setzen**, wie die Einlegung von Klagen oder Rechtsmitteln, die Stellung von Anträgen nach §§ 69 Abs. 3, 114 FGO, Ablehnungsversuche (§ 51 Abs. 1 Satz 1 FGO i.V.m. § 44 Abs. 1 ZPO bzw. § 82 FGO i.V.m. § 406 ZPO) und dergleichen mehr, sondern auch die **Rücknahme von Rechtsbehelfen bzw. Anträgen**, die **Hauptsachenerledigungserklärung**, die **Klageänderung** (§§ 67, 68, 100 Abs. 1 Satz 4 FGO), die **Erklärung** über das Einverständnis mit einer Entscheidung ohne mündliche Verhandlung (§ 90 Abs. 2 FGO), Verweisungsanträge (§§ 34, 70 FGO), **Anträge** auf Beiladung Dritter bzw. Dritter auf Beiladung (§ 60 Abs. 1 FGO), auf Aussetzung des Verfahrens (§ 74 FGO) bzw. Ruhen des Verfahrens (§ 155 Satz 1 FGO i.V.m. § 251 ZPO) und schließlich auch Anträge auf Gewährung von Prozesskostenhilfe (§ 142 FGO i.V.m. § 114 ZPO), auf Fertigung von Abschriften (§ 78 FGO) oder im Kostenfestsetzungsverfahren (§ 149 Abs. 1 FGO), ebenso die Ablehnung einer Gerichtsperson (§ 51 FGO; z.B. BFH v. 12.09.2013, X S 30, 31/13, BFH/NV 2014, 51). Die Aufzählung ist nicht erschöpfend. Die Nachprüfung von Prozesshandlungen gehört zu den Aufgaben des Revisionsgerichts (BFH v. 08.10.2012, I B 76, 77/12, I B 76/12, I B 77/12, BFH/NV 2013, 219; *Ratschow* in Gräber, § 118 FGO Rz. 48, m.w.N.).

### B. Erfordernisse fehlerfreier Prozesshandlungen

#### I. Persönliche Voraussetzungen

Voraussetzungen zur Vornahme von Prozesshandlungen in persönlicher Hinsicht sind die **Beteiligtenfähigkeit** (§ 57 FGO), die **Prozessfähigkeit** (§ 58 FGO), die in jeder Lage des Verfahrens von Amts wegen zu prüfen ist (§ 58 Abs. 2 Satz 2 FGO i.V.m. § 56 Abs. 1 ZPO; (BFH v. 15.04.2014, V S 5/14 [PKH], BFH/NV 2014, 1381), die Klagebefugnis (§§ 40 Abs. 2, 48 Abs. 1 FGO) bzw. Prozessführungsbefugnis und – soweit Vertretung geboten ist (§ 62 Abs. 4 FGO) – die **Postulationsfähigkeit.** Legt der Prozessbevollmächtigte sein Mandat nieder, lässt dies die Rechtswirksamkeit der bisherigen Prozesshandlungen unberührt (BFH v. 08.10.2014, I B 197/13, BFH/NV 2015, 224). Bei gewillkürter Vertretung gehört dazu die Legitimation durch **Prozessvollmacht** (§ 62 Abs. 6 FGO); naturgemäß bedarf es auch der Legitimation bei gesetzlicher Vertretung. Zu den in der Person liegenden Voraussetzungen für eine fehlerfreie Prozesshandlung gehört auch, dass sie sich **gegen den richtigen Beklagten** richtet (§ 63 FGO). 2

#### II. Formelle und inhaltliche Voraussetzungen

Die Vornahme der Prozesshandlung muss in der **im Gesetz bestimmten Form** vorgenommen werden, damit sie wirksam ist z.B. Schriftform für die Klage (§ 64 FGO), Revision und Revisionsbegründung (§ 120 Abs. 1 Satz 1 FGO), NZB (§ 116 Abs. 2 FGO) und Beschwerde (§ 129 FGO). In Einzelfällen gehört dazu die Beifügung von (ausgefüllten) Formblättern (§ 142 FGO i.V.m. § 117 ZPO). Soweit ein **bestimmter Inhalt** für Prozesshandlungen vorgeschrieben ist z.B. für Klagen, s. § 65 Abs. 1 FGO (s. auch § 40 Abs. 2 FGO), für die NZB (§ 116 Abs. 3 FGO), für die Revisionseinlegung (§ 120 Abs. 2 Satz 1 FGO), für die Revisionsbegründung (§ 120 Abs. 3 FGO), muss die Prozesshandlung diesen Inhaltserfordernissen entsprechen. 3

#### III. Fristwahrung

Bestimmte Prozesshandlungen müssen **innerhalb gesetzlicher oder vom Gericht gesetzter Fristen** vorzunehmen (z.B. Klagefrist § 47 Abs. 1 FGO, Antrag auf Wiedereinsetzung, § 56 Abs. 2 FGO, Revision und Revisionsbegründung, § 120 Abs. 1 Satz 1 und Abs. 2 Satz 1 FGO, Beschwerdefrist, § 129 Abs. 1 FGO). Damit sie wirksam werden, müssen sie fristwahrend vorgenommen sein. 4

### IV. Bedingungsfeindlichkeit

5 Prozesshandlungen müssen klar, eindeutig und vorbehaltlos erklärt werden und dürfen **nicht unter** einer **Bedingung** (i. S. von § 158 BGB) stehen (st. Rspr., z. B. BFH 23.082017, X R 9/15, BFH/NV 2018, 42; BFH v. 12.10.2017, III B 32/17, BFH/NV 2018, 211). Dies gilt z. B. auch für einen Antrag auf Ergänzung des Protokolls nach § 94 FGO i. V. m. § 160 Abs. 4 Satz 1 ZPO (BFH v. 16.01.2007, II S 18/06, BFH/NV 2007, 939). Das schließt allerdings nicht aus, neben einen unbedingten Hauptantrag einen Hilfsantrag für den Fall von dessen Erfolglosigkeit zu stellen; insoweit liegt lediglich ein innerprozessuales Bedingungsverhältnis vor. Zur Klageerhebung unter der Bedingung, dass PKH gewährt wird BFH v. 26.06.2009, III B 32/09, BFH/NV 2009, 1818 (s. § 142 FGO Rz. 12 f.). Ebenso wenig handelt es sich um eine unzulässige Bedingung oder Vorbehalt, wenn ein Beteiligter den Rechtsstreit in der Hauptsache unter der Voraussetzung für erledigt erklärte, dass die Klage bzw. das Rechtsmittel zulässig sei, da er nur die Rechtslage wiedergibt (BFH v. 01.08.2012, V B 59/11, BFH/NV 2012, 2013; insoweit s. § 138 FGO Rz. 5). Darüber hinaus kann ein Beteiligter seine Prozesshandlung grds. **gegenständlich beschränken** (BFH 20.06.2016, VI B 115/15, BFH/NV 2016, 1482). So kann etwa sein Einverständnis mit einer Entscheidung ohne mündliche Verhandlung nach § 90 Abs. 2 FGO daran anknüpfen, dass eine Entscheidung durch den Vorsitzenden bzw. den Berichterstatter anstelle des Senats oder aber allein eine Entscheidung durch den Senat ergeht (BFH 20.06.2016, VI B 115/15, BFH/NV 2016, 1482; *Schallmoser* in HHSp, § 90 FGO Rz. 46, 72).

### C. Fehlerhafte Verfahrenshandlungen

6 Entspricht eine Prozesshandlung nicht den persönlichen, formellen oder inhaltlichen Erfordernissen (Rz. 2 ff.) und verstößt deshalb gegen die Verfahrensvorschriften, so ist sie deshalb nicht unwirksam oder nichtig, sondern lediglich **fehlerhaft**. Dabei ist zwischen **heilbaren und unheilbaren Fehlern** zu unterscheiden. So kann die Unzulässigkeit einer Klage **geheilt** werden, wenn die betreffende Sachurteilsvoraussetzung bis zum Schluss der letzten mündlichen Verhandlung nachgeholt wird (s. Vor FGO Rz. 26). So wird z. B. ein zunächst mangels Unterschrift des Prozessbevollmächtigten unzulässiges Rechtsmittel rückwirkend fehlerfrei, wenn die eigenhändige Unterschrift des Prozessbevollmächtigten auf der Rechtsmittelschrift rechtzeitig nachgeholt wird (BFH v. 25.04.2005, VIII R 83/04, juris). Ist eine Prozesshandlung nicht innerhalb der für sie vorgesehenen gesetzlichen Frist vorgenommen worden, so kann dieser Fehler bei unverschuldeter Fristversäumnis durch Wiedereinsetzung in den vorigen Stand (§ 56 FGO) geheilt werden. Fehler in der Form oder im Inhalt können innerhalb offener Frist durch formgerechte Wiederholung bzw. Inhaltsergänzung geheilt werden (vgl. auch § 65 Abs. 2 FGO). Wenn der Fehler **nicht geheilt** werden kann, darf das Gericht die fehlerhafte Verfahrenshandlung zwar nicht berücksichtigen, sie muss aber beschieden werden, je nachdem ist eine Klage als unzulässig abzuweisen bzw. ein Rechtsmittel zu verwerfen.

Darüber hinaus dürfen Prozesshandlungen **nicht rechtsmissbräuchlich** sein. Gelangt das Gericht zur Überzeugung, dass die Prozesshandlung rechtsmissbräuchlich ist, so ist sie als unheilbar fehlerhafte Prozesshandlungen vom Gericht nicht zu berücksichtigen (s. Rz. 6). 7

Prozesshandlungen **während der Unterbrechung oder Aussetzung eines Verfahrens** – z. B. infolge der Eröffnung des Insolvenzverfahrens über das Vermögen des Klägers (§ 155 Satz 1 FGO i. V. m. § 240 ZPO) – sind gem. § 155 Satz 1 FGO i. V. m. § 249 Abs. 2 ZPO **unwirksam** (z. B. BFH v. 17.07.2012, X S 24/12, BFH/NV 2012, 1638; BFH v. 10.05.2013, IX B 145/12, BFH/NV 2013, 1452). Dies gilt auch für das **Ruhen des Verfahrens** (BFH v. 08.01.2013, V B 23/12, BFH/NV 2013, 748). 7a

### D. Rücknahme

Prozesshandlungen sind ihrem Wesen nach **grundsätzlich unwiderruflich** und können **nicht analog §§ 119 ff. BGB angefochten** werden (z. B. BFH v. 19.04.2016, IX B 110/15, BFH/NV 2016, 1060). Demnach ist z. B. ein Verzicht auf die mündliche Verhandlung (§ 90 Abs. 2 FGO) nicht frei widerrufbar, sondern nur dann, wenn sich die Prozesslage nach Abgabe der Einverständniserklärung wesentlich geändert hat (z. B. BFH v. 19.04.2016, IX B 110/15, BFH/NV 2016, 1060; BFH v. 04.08.2016, X B 145/15, BFH/NV 2016, 1744). Sie können aber zurückgenommen werden, ggf. nur mit Einwilligung des Prozessgegners (§§ 72 Abs. 1 Satz 2, 125 Abs. 1 Satz 2 FGO). Auch die Rücknahme eines Rechtsbehelfs ist Prozesshandlung und damit grundsätzlich unwiderruflich. Ausnahmsweise ist jedoch der Widerruf der Rücknahmeerklärung dann zulässig, wenn ein Wiederaufnahmegrund (§ 134 FGO i. V. m. §§ 579, 580 ZPO) gegeben ist (BFH v. 08.08.1991, VI B 134/90, BFH/NV 1992, 49; BFH v. 17.09.2002, X S 4/02 [PKH], BFH/NV 2003, 73). Außerdem ist eine Klagerücknahme unwirksam, wenn sie durch den unzutreffenden Hinweis des Vorsitzenden veranlasst worden ist (BFH v. 06.07.2005, XI R 15/04, BStBl II 2005, 644). Bei Fristversäumnissen ist u. U. Wiedereinsetzung in den vorigen Stand ohne Berücksichtigung des § 110 Abs. 3 AO zu gewähren, wenn der Stpfl. durch ein – über die fehlerhafte Rechtsmittelbelehrung hinausgehendes – Verhalten eines Gerichts oder einer Behörde von einer Prozesshandlung abgehalten wird (BFH v. 08.08.2013, V R 3/11, BStBl II 2014, 46). 8

## E. Auslegung von Prozesshandlungen

Prozesshandlungen sind der **Auslegung (entsprechend § 133 BGB)** zugänglich (z.B. BFH v. 21.05.2014, III B 3/14, BFH/NV 2014, 1389). Die für die Auslegung bürgerlich- rechtlicher Willenserklärungen entwickelten Grundsätze sind dabei anzuwenden (z.B. BFH v. 31.08.1999, VIII B 29/99, BFH/NV 2000, 442; BFH v. 15.05.2002, I B 8/02, I S 13/01, BFH/NV 2002, 1317; BFH v. 17.08.2005, IX R 35/04, HFR 2006, 575). Auf einen verborgen gebliebenen inneren Willen des Beteiligten kann es nicht ankommen; abzustellen ist vielmehr darauf, wie die Erklärung im Augenblick ihrer Abgabe unter Berücksichtigung der dem Erklärungsempfänger bekannten oder erkennbaren Umständen verstanden werden muss. Die Auslegung obliegt dem Gericht, das über die Prozesshandlung zu befinden hat; an die Auslegung durch das FG ist der BFH als Revisions- bzw. Beschwerdegericht nicht gebunden (z.B. BGH v. 06.03.1985, VIII ZR 123/84, NJW 1985, 2335; BFH v. 28.07.1987, VII R 14/84, BFH/NV 1988, 241; BFH v. 23. April 2003, IX R 28/00, BFH/NV 2003, 1140). Bei der Auslegung einer Prozesshandlung ist nicht am buchstäblichen Sinn des Ausdrucks der Beteiligtenerklärung zu haften, es ist vielmehr der in der Erklärung verkörperte Wille anhand der erkennbaren Umstände zu ermitteln, das **wahre Prozessziel zu erforschen** (BFH v. 09.04.1987, IV R 213/84, BFH/NV 1988, 158; BFH v. 03.04.2000, VII B 254/99, juris). Dies erfordert im Interesse eines effektiven Rechtsschutzes (Art. 19 Abs. 4 GG) eine Auslegung, die dem wirklichen Rechtsschutzbegehren sachgerecht Rechnung trägt (BFH v. 28.10.1992, VIII B 85/92, BFH/NV 1994, 332). Daher kommt es nicht entscheidend auf die Wortwahl und die Bezeichnung an, sondern auf den gesamten Inhalt der Willenserklärung (z.B. BFH v. 07.11.2007, I B 104/07, BFH/NV 2008, 799). Dabei sind sämtliche – also auch außerhalb der Erklärung liegende – dem FG erkennbare Umstände tatsächlicher und rechtlicher Art zu berücksichtigen; hierzu hat das FG auch auf die Steuerakten zurückzugreifen (z.B. BFH v. 29.07.2009, VI B 44/09, BFH/NV 2009, 1822). Demnach ist grds. davon auszugehen, dass der Rechtsbehelfsführer den Rechtsbehelf einlegen wollte, der seinen Belangen entspricht und zu dem von ihm angestrebten Erfolg führen kann (BFH v. 17.08.2005, IX R 35/04, HFR 2006, 575 m.w.N.). Jedoch darf die Auslegung **nicht zur Annahme eines Erklärungsinhalts** führen, für den sich **in der Erklärung selbst keine Anhaltspunkte** finden (BFH v. 10.05.1989, II R 196/85, BStBl II 1989, 822; BFH v. 13.11.1998, VII B 236/98, BFH/NV 1999, 591). In der Auslegung prozessualer Willenserklärungen, die im erstinstanzlichen Klageverfahren abgegeben worden sind, ist das Revisionsgericht frei; es ist insoweit nicht an die Auslegung durch die Vorinstanz gebunden (BFH v. 20.09.1996, VI R 43/93, BFH/NV 1997, 249; BFH v. 19.10.2016, II R 44/12, BStBl II 2017, 797). Lässt sich ein klarer und eindeutiger Inhalt der Erklärung nicht durch Auslegung ermitteln, hat der Vorsitzende gem. § 76 Abs. 2 FGO – etwa durch Rückfrage – darauf hinzuwirken, dass der unklare Antrag erläutert bzw. berichtigt wird (BFH v. 21.05.2014, III B 3/14, BFH/NV 2014, 1389).

# § 40 FGO Anfechtungs- und Verpflichtungsklage

**(1) Durch Klage kann die Aufhebung, in den Fällen des § 100 Abs. 2 auch die Änderung eines Verwaltungsaktes (Anfechtungsklage) sowie die Verurteilung zum Erlass eines abgelehnten oder unterlassenen Verwaltungsaktes (Verpflichtungsklage) oder zu einer anderen Leistung begehrt werden.**

**(2) Soweit gesetzlich nichts anderes bestimmt ist, ist die Klage nur zulässig, wenn der Kläger geltend macht, durch den Verwaltungsakt oder durch die Ablehnung oder Unterlassung eines Verwaltungsaktes oder einer anderen Leistung in seinen Rechten verletzt zu sein.**

**(3) Verwaltet eine Finanzbehörde des Bundes oder eines Landes eine Abgabe ganz oder teilweise für andere Abgabenberechtigte, so können diese in den Fällen Klage erheben, in denen der Bund oder das Land die Abgabe oder einen Teil der Abgabe unmittelbar oder mittelbar schulden würde.**

**S. § 42 VwGO; §§ 53, 54 SGG**

**Inhaltsübersicht**



**Schrifttum**


Bartone, Verfahrensrechtliche Fragen beim Insolvenzverfahren, AO-StB 2004, 142; Bartone, Auswirkungen des Insolvenzverfahrens auf das finanzgerichtliche Verfahren, AO-StB 2007, 49; Werth, Rechtsschutz gegen Insolvenzanträge des Finanzamts, AO-StB 2007, 210; von Wedelstädt, Neuerungen und Änderungen im Umkreis der Abgabenordnung, BB 2008, 16; Nöcker, Das Drama um den Nullbescheid – Auslegung des fehlerhaft bezeichneten Einspruchsschreibens eines Beraters, AO-StB 2014, 54; Bartone/von Wedelstädt, Korrektur von Steuerverwaltungsakten, 2. Aufl. 2017.

## A. Bedeutung der Vorschrift

1 Der Finanzprozess ist wie das allgemeine verwaltungsgerichtliche Verfahren als Streitverfahren ausgestaltet, in dem sich einander gleichgeordnete Beteiligte als Kläger und Beklagter vor dem unabhängigen und als reine Rechtsschutzeinrichtung fungierenden FG gegenüberstehen. Der Rechtsweg zum FG wird mit der Klage gegen die Finanzbehörde beschritten (§ 63 FGO). Die FGO gewährt nicht die Klage schlechthin, sondern übernimmt das Klagensystem der VwGO (dazu s. Vor FGO Rz. 18 ff.). § 40 Abs. 1 FGO regelt mit der Anfechtungsklage und der Verpflichtungsklage die beiden Klagearten, die im Finanzprozess die größte praktische Bedeutung haben. Mit der **Anfechtungsklage**, der häufigsten Klageart, wird die Aufhebung, unter Umständen auch Änderung eines Verwaltungsaktes angestrebt (Einzelheiten s. § 100 FGO Rz. 1 ff.). Die Anfechtungsklage gehört zu den Gestaltungsklagen (vgl. die Gesetzesbegründung, BT-Drs. IV/1446, 45/46). Die **Verpflichtungsklage**, ein Unterfall der Leistungsklage (s. § 41 Abs. 2 FGO), mit der die Verurteilung einer Behörde zur Vornahme eines abgelehnten oder unterlassenen Verwaltungsaktes begehrt werden kann, ist gleichsam das Gegenstück zur Anfechtungsklage. Die **allgemeine Leistungsklage** ist demgegenüber nicht ausdrücklich als solche bezeichnet, aber in der FGO der Sache nach genannt (§ 40 Abs. 1 3. Alt., § 41 Abs. 2 FGO und s. Vor FGO Rz. 21). Die Feststellungsklage ist in § 41 FGO geregelt (s. § 41 FGO). Steht nicht eindeutig fest, welche Klageart der Kläger gewählt hat, bedarf es einer (rechtsschutzgewährenden) Auslegung nach dem Inhalt des Klagebegehrens, ohne dass es auf die vom Kläger gewählte Bezeichnung ankäme (BFH v. 29.04. 2009, X R 35/08, BFH/NV 2009, 1777; BFH v. 19.10.2016, II R 44/12, BStBl II 2017, 797).

## B. Anfechtungsklage (§ 40 Abs. 1 1. Alt. FGO)

2 Nach § 40 Abs. 1 1. Alt. FGO ist die Anfechtungsklage auf die Aufhebung oder auf die Änderung (§ 100 Abs. 2 FGO) des angefochtenen Verwaltungsaktes gerichtet. Da durch ein stattgebendes Urteil die Rechtslage unmittelbar verändert wird, ist sie Gestaltungsklage (s. Vor FGO Rz. 19). Die Anfechtungsklage ist verwaltungsaktsbezogen, setzt also zwingend das Vorliegen eines Verwaltungsaktes oder zumindest den Rechtsschein eines solchen (z.B. BFH v. 25.02.1999, IV B 36/98, BFH/NV 1999, 1117; BFH v. 28.11.2017, VII R 30/15, BFH/NV 2018, 405) voraus. Die FGO verwendet dabei den Begriff des Verwaltungsaktes i.S. von § 118 AO (s. § 118 AO Rz. 2 ff.).

3 Die Zulässigkeit der Anfechtungsklage setzt das Vorliegen eines Verwaltungsakts (§ 118 AO) voraus. Dies kann auch ein nach § 100 Abs. 2 Satz 3 2. Halbs. FGO neu bekannt gegebener Steuerbescheid sein (BFH v. 08.03.2017, IX R 47/15, BFH/NV 2017, 1044). Fehlt ein solcher, ist die Klage grds. unzulässig und durch Prozessurteil abzuweisen. Ausnahmen sind geboten, wenn durch einen nicht wirksam bekannt gegebenen Verwaltungsakt, der zwar wegen des Bekanntgabefehlers keine Wirksamkeit erlangt (§ 124 Abs. 3 AO), aber den **Rechtsschein eines wirksamen Verwaltungsakts** erzeugt (BFH v. 10.07.1997, V R 56/95, BFH/NV 1998, 232; FG Sa v. 28.04.1994, 2 K 3/92, EFG 1995, 157; FG Ha v. 29.04.2004, I 134/03, juris). Dies gilt auch für einen nach § 125 AO **nichtigen Verwaltungsakt** (BFH v. 27.02.1997, IV R 38/96, BFH/NV 1997, 388). Daneben kann die Nichtigkeit eines Verwaltungsaktes mit der Feststellungsklage (§ 41 Abs. 1 FGO) geltend gemacht werden. Die Zulassung der Anfechtungsklage anstelle der Feststellungsklage rechtfertigt sich aus dem Interesse des Betroffenen an der Beseitigung des Rechtsscheins, der von einem nichtigen Verwaltungsakt ausgeht. Die Unsicherheit, ob der Bescheid nur rechtsfehlerhaft oder aber nichtig ist, soll nicht zulasten des Stpfl. gehen (BFH v. 07.08.1985, I R 309/82, BStBl II 1986, 42; BFH v. 24.05.2006, I R 9/05, BFH/NV 2006, 2019). Für den Kläger empfiehlt es sich daher neben einer **Feststellungsklage hilfsweise Anfechtungsklage** zu erheben, um zu verhindern, dass bei fehlender Nichtigkeit (die zur Abweisung der Feststellungsklage als unbegründet führt) die Anfechtungsklage wegen Ablaufs der Klagefrist (§ 47 FGO) unzulässig ist (hierzu auch *Seer* in Tipke/Kruse, § 40 FGO Rz. 9). Hat sich der Verwaltungsakt erledigt, kommt eine **Fortsetzungsfeststellungsklage** in Betracht (dazu s. § 100 FGO Rz. 22 ff.).

Zur isolierten Anfechtung von Einspruchsentscheidungen s. § 44 FGO Rz. 7. Die (isolierte) Anfechtung von **Nebenbestimmungen** i.S. von § 120 AO kommt nach der Rspr. des BFH nur insoweit in Betracht, als es sich dabei um Verwaltungsakte handelt. Dies gilt hiernach lediglich für Auflagen (§ 120 Abs. 2 Nr. 4 AO) und für den Auflagenvorbehalt (§ 120 Abs. 2 Nr. 5 AO; s. BFH v. 13.08.1991, VIII B 14/87, BFH/NV 1992, 688; BFH v. 20.05.1997, VIII B 108/96, BFH/NV 1997, 462). Diese Auffassung ist jedoch abzulehnen: Bei allen Nebenbestimmungen i.S. des § 120 AO handelt es sich um unselbstständige Ergänzungen (»funktionelle Bestandteile«) eines Verwaltungsakts (§ 118 AO). Sie sind nur denkbar im Zusammenhang mit einem Verwaltungsakt und haben deshalb keinen eigenständigen Regelungsgehalt. Daher sind sie auch – unterschiedslos – nicht selbstständig anfechtbar, sondern können nur im Rahmen eines Rechtsbehelfs gegen den Verwaltungsakt angegriffen werden (zutr. *Seer* in Tipke/Kruse, § 40 FGO Rz. 10; a.A. *Fritsch* in Koenig, § 120 AO Rz. 47; *Ratschow* in Klein, § 120 AO Rz. 11; *Güroff* in Gosch, § 120 AO Rz. 15 f.; *Levedag* in Gräber, § 40 FGO Rz. 58; *Kopp/Ramsauer*, § 36 VwVfG Rz. 61 ff.; zum Streitstand auch *Söhn* in HHSp, § 120 AO Rz. 192 f.; s. § 120 AO Rz. 10 f.). 4

Mitunter bereitet die **Abgrenzung** von Anfechtungs- und **Verpflichtungsklage** Schwierigkeiten, insbes. wenn der Kläger die Entscheidung über die Gewährung einer Steuervergütung oder ähnlicher Leistungen begehrt. Da die Ablehnung, einen beantragten Verwaltungsakt zu erlassen, selbst einen Verwaltungsakt darstellt, kann dieser mit der Anfechtungsklage angefochten werden, jedoch erreicht der Kläger damit noch nicht sein eigentliches Ziel, nämlich den Erlass des begehrten Verwaltungsakts. Daher hilft hier nur die Verpflichtungsklage weiter. Ob für eine in diesem Fall erhobene Anfechtungsklage das Rechtsschutzbedürfnis fehlt, entscheidet sich nach den Umständen des Einzelfalls (auch *von Beckerath* in Gosch, § 40 FGO Rz. 77 ff.; *Levedag* in Gräber, § 40 FGO Rz. 18 f.; *Seer* in Tipke/Kruse, § 40 FGO Rz. 16). Nach der Rspr. des BFH ist bei der **Ablehnung eines InvZul-Antrags** aus formellen Gründen die Verpflichtungsklage gegeben, während bei einer Ablehnung aus sachlichen Gründen die Anfechtungsklage in Form der Abänderungsanfechtungsklage (§§ 40 Abs. 1 1. Alt., 100 Abs. 2 FGO) gegeben ist (BFH v. 20.12.2000, III R 17/97, BFH/NV 2001, 914; BFH v. 21.03.2002, III R 30/99, BStBl II 2002, 547). Entsprechendes gilt für die **Ablehnung eines EigZul-Antrags** (a.A. wohl BFH v. 29.03.2007, IX R 21/05, BFH/NV 2007, 2077). Ob es Konstellationen gibt, in denen **gleichzeitig Anfechtungs- und Verpflichtungsklage** zu erheben ist (vgl. die Vorauflage unter Hinweis auf die Gesetzesbegründung, BT-Drs. IV/446, 45 f.), ist höchst zweifelhaft; hierfür dürfte regelmäßig das **Rechtsschutzinteresse fehlen** (so wohl auch *Seer* in Tipke/Kruse, § 40 FGO Rz. 16). Für eine neben der Anfechtungsklage erhobene **Leistungsklage**, mit der die Rückzahlung des Betrages begehrt wird, der aufgrund des angefochtenen Verwaltungsaktes entrichtet worden ist, fehlt jedoch in der Regel das Rechtsschutzbedürfnis, sofern nicht aus konkreten Gründen damit zu rechnen ist, dass die Behörde nicht die Konsequenzen aus der Aufhebung des Verwaltungsaktes ziehen werde (BFH v. 16.07.1980, VII R 24/77, BStBl II 1980, 632; vgl. auch BFH v. 29.01.1991, VII R 45/90, BFH/NV 1991, 791). Wird die Erteilung einer **verbindlichen Auskunft** (§ 89 Abs. 2 AO) abgelehnt, ist die Verpflichtungsklage die statthafte Klageart. Wird die Rechtswidrigkeit einer erteilten verbindlichen Auskunft geltend gemacht, ist ebenfalls die Verpflichtungsklage gegeben (s. § 118 AO Rz. 14; auch s. § 89 AO Rz. 16, 17). Denn das Rechtsschutzbegehren des Stpfl. ist nicht auf die bloße Kassation der erteilten rechtswidrigen verbindlichen Auskunft, sondern auf die Erteilung der gewünschten verbindlichen Auskunft gerichtet; jedenfalls dürfte dies in der überwiegenden Mehrzahl der Fälle gelten (*von Wedelstädt*, DB 2008, 16). Entsprechendes gilt für die LSt-Anrufungsauskunft (BFH v. 30.04.2009, VI R 54/07, BStBl II 210, 996).

## C. Verpflichtungsklage (§ 40 Abs. 1 2. Alt. FGO)

Die Verpflichtungsklage ist auf die Vornahme eines abgelehnten oder unterlassenen Verwaltungsaktes gerichtet, wie § 40 Abs. 1 2. Alt. FGO regelt. Ihre Zulässigkeit setzt zunächst voraus, dass der Kläger zuvor im Verwaltungsverfahren vor der FinBeh einen Antrag auf Erlass des begehrten Verwaltungsakts gestellt hat (BFH v. 12.01.2012, II B 49/11, BFH/NV 2012, 757). Ob die beklagte Behörde materiellrechtlich verpflichtet ist, dem Klagebegehren zu entsprechen, ist eine Frage der Begründetheit. Begehrt der Kläger die **Änderung eines bestandskräftigen Steuerbescheids** nach den §§ 164 Abs. 2, 165 Abs. 2, 172 ff. AO, ist hierfür die Verpflichtungsklage die statthafte Klageart (z.B. BFH 11.11.2008, IX R 53/07, BFH/NV 2009, 364). Die Korrekturvorschriften für Steuerbescheide begründen für die Finanzbehörde eine Änderungspflicht, mit der ein Änderungsanspruch des Stpfl. korrespondiert. Für die Änderung eines noch nicht (formell) bestandskräftigen Steuer- oder Haftungsbescheids ist demgegenüber nur die Änderungsanfechtungsklage (§§ 40 Abs. 1 1. Alt., 100 Abs. 2 FGO) statthaft. Zum Verhältnis von Anfechtungs- und Verpflichtungsklage s. Rz. 5. 6

Begehrt der Kläger die Leistung in Form der **Zahlung eines Geldbetrages**, insbes. als Steuererstattung oder Steuervergütung, gilt Folgendes (beachte hierzu auch Rz. 5): Da die genannten Zahlungen in einer geordneten Verwaltung nicht isoliert, sondern **aufgrund eines Verwaltungsaktes** geleistet werden, der die Zahlung anordnet oder den Anspruch des Berechtigten auf die Zahlung feststellt. Daher ist in diesen Fällen die **Verpflichtungsklage** die statthafte Klageart (BFH v. 12.06.1986, VII R 103/83, BStBl II 1986, 702). Dagegen scheidet eine allgemeine Leistungsklage in diesen Fällen aus. Eine auf Steuererstattung gerichtete Leistungsklage ist nur gegeben, wenn der Erstattungsanspruch durch einen Abrechnungsbescheid i.S. von § 218 Abs. 2 AO festgesetzt worden ist (BFH v. 12.06.1986, VII R 103/83, BStBl II 1986, 702; BFH v. 29.01.1991, VII R 45/90, BFH/NV 1991, 791; hierzu auch s. § 218 AO Rz. 14 ff.; *Bartone*, AO-StB 2003, 340). In dem Verlangen auf Bekanntgabe eines Steuerbescheids kann entweder eine auf den Erlass eines Verwaltungsakts gerichtete Verpflichtungsklage liegen (BFH v. 21.02.1975, III B 10/74, BStBl II 1975, 673), wenn das Vorhandensein eines Steuerbescheids in Abrede gestellt wird, oder eine (sonstige) Leistungsklage auf Bekanntgabe (förmliche Verlautbarung) eines vorhandenen Verwaltungsakts (BFH v. 13.03.1986, IV R 304/84, BStBl II 1986, 509). Im letztgenannten Fall kann es möglicherweise am Rechtsschutzbedürfnis fehlen, wenn nämlich das Klageziel durch Anfechtung des – hier notwendig 7 dem Kläger inhaltlich bekannten – Verwaltungsakts erreicht werden kann (BFH v. 13.03.1986, IV R 304/84, BStBl II 1986, 509) Ein Rechtsschutzbedürfnis für eine **Leistungsklage** ist nicht gegeben, wenn der Kläger sein Ziel auf wesentlich einfacherem Wege, insbes. im Wege der Anfechtungsklage erreichen kann, der gegenüber die allgemeine Leistungsklage ohnehin subsidiär ist (BFH v. 13.03.1986, IV R 304/84, BStBl II 1986, 509).

## D. Allgemeine Leistungsklage

8 Im Unterschied zur Verpflichtungsklage ist die sonstige (allgemeine) **Leistungsklage** nicht auf den Erlass eines Verwaltungsakts gerichtet, sondern auf ein **sonstiges Tun, Dulden oder Unterlassen** (BFH v. 07.11.1990, II R 56/85, BStBl II 1991, 183). Auch eine auf ermessensfehlerfreie Bescheidung gerichtete Leistungsklage ist zulässig, wenn das Klagevorbringen erkennen lässt, dass der Kläger sein subjektives Recht auf fehlerfreie Ermessensausübung durch Versagung oder Unterlassung einer (anderen) Leistung als verletzt sieht (BFH v. 12.04.1994, VII R 67/93, BFH/NV 1995, 77). Die Leistungsklage ist – weil nicht verwaltungsaktbezogen – unbefristet und ohne Durchführung eines außergerichtlichen Rechtsbehelfsverfahrens zulässig (vgl. §§ 44 Abs. 1, 47 FGO). Sie ist der Verpflichtungsklage gegenüber subsidiär in der Weise, dass sie unzulässig ist, wenn der Kläger sein Ziel mit der Verpflichtungsklage verfolgen kann (BFH v. 07.11.1987, I R 66/84, BFH/NV 1988, 319; FG Köln v. 15.05.2002, 2 K 1781/99, EFG 2002, 1150). Die **Entscheidung über die Gewährung einer tatsächlichen Handlung**, insbes. in deren Ablehnung (z. B. Herausgabe von Schriftstücken, Abbruch der Schlussbesprechung, Gewährung von Akteneinsicht) ist Verwaltungsakt, wenn auch das begehrte Tun keinen Verwaltungsakt darstellt (z. B. BFH v. 07.11.1987, BFH/NV 1988, 319). Daher sind solche Begehren mit der **Verpflichtungsklage** zu verfolgen (BFH v. 07.11.1987, I R 66/84, BFH/NV 1988, 319; FG Köln v. 15.05.2002, 2 K 1781/99, EFG 2002, 1150; a. A. für die Akteneinsicht FG Sa v. 04.11.1994, 1 K 151/94, EFG 1995, 156). Der Anwendungsbereich der allgemeinen Leistungsklage ist daher erheblich eingeschränkt und verengt sich im Wesentlichen auf Klagen, mit denen der Behörde ein bestimmtes Verhalten untersagt werden soll (z. B. BFH v. 02.04.1984, I R 269/81, BStBl II 1984, 563: Unterlassen der Verwertung von Unterlagen). **Zahlungsansprüche** können mit der Leistungsklage nur dann verfolgt werden, wenn sie in einem entsprechenden Verwaltungsakt festgesetzt oder in einem Abrechnungsbescheid (§ 218 Abs. 2 Satz 1 AO; s. Rz. 7) festgestellt sind und es nur noch am Vollzug, an der tatsächlichen Auszahlung fehlt (z. B. BFH v. 12.06.1986, VII R 103/83, BStBl II 1986, 702; BFH v. 29.01.1991, VII R 45/90, BFH/NV 1991, 791; s. Rz. 7). Dies gilt insbes. für **Erstattungsansprüche** i. S. von § 37 Abs. 2 AO, für die zunächst ein Abrechnungsbescheid beantragt und ggf. mit Einspruch und Anfechtungsklage angefochten werden muss, sodass eine stattdessen unmittelbar erhobene **Leistungsklage unzulässig** ist (BFH v. 12.06.1986, VII R 103/83, BStBl II 1983, 702; BFH v. 10.05.2007, VII B 195/06, juris). Die Leistungsklage ist nicht gegen das Kassen-FA, sondern gegen das für die Veranlagung und Vollstreckung zuständige FA zu richten (FG RP v. 15.08.1988, 5 K 106/88, EFG 1989, 65). Eine **vorbeugende Unterlassungsklage** ist zulässig, wenn substantiiert und in sich schlüssig Umstände vorgetragen werden, wonach ein weiteres Abwarten unzumutbar ist, weil ein bestimmtes, künftig zu erwartendes Handeln der Finanzbehörde zu einer nicht oder nur schwerlich wiedergutzumachenden Rechtsverletzung führen würde, die über die reine Geldleistung hinausgehende einschneidende Beeinträchtigungen mit sich brächte. Dies ist z. B. der Fall, wenn einem Vollstreckungsschuldner erhebliche Nachteile drohen, die seine persönliche oder wirtschaftliche Existenz gefährden und die nicht oder nur unter erschwerten Bedingungen wiedergutzumachen sind (z. B. BFH v. 24.02.2015, VII R 1/14, BFH/NV 2015, 801; BFH v. 16.03.2016, VII R 36/13, BFH/NV 2016, 1189; BFH v. 28.11.2017, VII R 30/15, BFH/NV 2018, 405).

## E. Klagebefugnis

Die Zulässigkeit sowohl der Anfechtungsklage als auch der Verpflichtungsklage und der allgemeinen Leistungsklage hängt gem. § 40 Abs. 2 FGO davon ab, dass der Kläger geltend macht, durch den angefochtenen Verwaltungsakt oder durch die Ablehnung bzw. Unterlassung eines Verwaltungsakts oder einer anderen Leistung in seinen Rechten verletzt zu sein. Dies wird regelmäßig mit dem Begriff der Klagebefugnis umschrieben. Diese ist **Sachentscheidungsvoraussetzung** (s. Vor FGO Rz. 33) und gilt auch im Verfahren des einstweiligen Rechtsschutzes (§§ 69 Abs. 3, 114 FGO). Zur Beschwer im außergerichtlichen Rechtsbehelfsverfahren § 350 AO (§ 350 AO Rz. 1 ff.). Wegen der besonderen Zulässigkeitsvoraussetzungen der Feststellungsklage s. § 41 FGO. Der Kläger ist i. S. des § 40 Abs. 2 FGO bei einer **Anfechtungsklage** klagebefugt, wenn sein Klagevorbringen es als zumindest möglich erscheinen lässt, dass die angefochtene Entscheidung seine eigenen Rechte verletzt (BVerwG 7 C 102.82, NVwZ 1983, 610; 11 C 35.92 BVerwGE 92, 32; Kopp/Schenke, § 42 VwGO Rz. 65). Diese Möglichkeit ist immer zu bejahen, wenn der Kläger sich gegen einen belastenden Verwaltungsakt wendet, dessen Adressat er ist. Ob die Rechtsverletzung tatsächlich besteht, ist keine Frage der Zulässigkeit, sondern der Begründetheit der Klage (vgl. BFH VIII B 53/80, BStBl II 1981, 696). Die Klagebefugnis fehlt nur dann, wenn of- 9 fensichtlich und eindeutig nach keiner Betrachtungsweise die vom Kläger geltend gemachten Rechte bestehen oder ihm zustehen können (z.B. BFH v. VII B 243/05, BFH/NV 2007, 597; VII R 36/06, BFH/NV 2008, 181; IV R 33/12, BFH/NV 2013, 1120; *Levedag* in Gräber, § 40 FGO Rz. 83; *von Beckerath* in Gosch, § 40 FGO Rz. 139 f.; *Braun* in HHSp, § 40 FGO Rz. 176; *Seer* in Tipke/Kruse, § 40 FGO Rz. 92). Für die **Verpflichtungsklage** besteht eine Klagebefugnis, wenn der Kläger substantiiert vorträgt, dass ihm aus einem subjektiven öffentlichen Recht ein Anspruch auf den Erlass des beantragten Verwaltungsakts zustehen kann (vgl. *Levedag* in Gräber, § 40 FGO Rz. 89). Auch für die Zulässigkeit der **Leistungsklage** bedarf es einer Klagebefugnis, s. Rz. 15a. Die Klagebefugnis ist **in gesetzlich bestimmten Fällen ausnahmsweise nicht erforderlich**. Grds. entscheidet das FG aber verfahrensfehlerhaft, wenn es zu Unrecht eine Klagebefugnis des Klägers annimmt und der Klage in der Sache stattgibt (BFH v. 12.11.2013, VI B 94/13, BFH/NV 2014, 176). Eine Ausnahme vom § 40 Abs. 2 FGO gilt z.B. für die Fälle des § 48 Abs. 1 Nr. 1 und Abs. 2 FGO (dazu s. § 48 FGO Rz. 2; s. § 352 AO Rz. 2).

### I. Klagebefugnis im Allgemeinen (§ 40 Abs. 2 FGO)

10 § 40 Abs. 2 FGO schließt nicht nur die Popularklage aus. Die grds. Beschränkung auf den unmittelbar Betroffenen (»Klage nur zulässig, wenn der Kläger geltend macht, ... in seinen Rechten verletzt zu sein«) schließt sowohl eine gewillkürte Prozessstandschaft aus (BFH v. 31.03.1981, VIII B 53/80, BStBl II 1981, 696) als auch die Wahrnehmung fremder Rechte. So ist der **Zessionar** eines Erstattungsanspruchs nicht befugt, einen Verwaltungsakt, aus dem der Erstattungsanspruch folgen soll, anzufechten (BFH v. 21.03.1975, VI R 238/71, BStBl II 1975, 669; BFH v. 25.04.1978, VII R 2/75, BStBl II 1978, 464). Dies gilt auch für **Pfändungsgläubiger** (z.B. BFH v. 18.08.1998, VII R 114/97, BStBl II 1999, 84). Hebt indessen die Familienkasse festgesetztes **Kindergeld** auf, das an einen **Sozialleistungsträger** ausbezahlt wurde, so ist Letzterer klagebefugt (BFH v. 02.01.2001, VI R 181/97, BFH/NV 2001, 863). Es ist durch § 40 Abs. 2 FGO nicht ausgeschlossen, dass der **Insolvenzverwalter** als »Beteiligter kraft Amtes« einen Finanzgerichtsprozess des Schuldners nach den insolvenzrechtlichen Vorschriften aufnimmt und in eigenem Namen fortführt (*Bartone*, AO-StB 2004, 142; *Bartone*, AO-StB 2007, 49). Demgegenüber ist der **Testamentsvollstrecker** im Finanzprozess nicht ohne Weiteres klagebefugt (z.B. BFH v. 29.11.1995, X B 328/94, BStBl II 1996, 322); klagebefugt ist er ausnahmsweise dann, wenn das FA ihm gegenüber Steuerschulden entsprechend § 2213 BGB geltend macht (BFH v. 16.07.2003, X R 37/99, BB 2003, 2498). Zur formellen Klagebefugnis von Personen, die zum Verfahren **hinzugezogen** worden sind, vgl. § 360 Abs. 4 AO (s. § 360 AO Rz. 25). Entsprechendes gilt für den **Beigeladenen** (s. § 60 FGO Rz. 6). Bei Erhebung der **KapErtrSt** kann sich der **Vergütungsgläubiger** im Wege der sog. Drittanfechtung gegen die Steueranmeldung (§ 45a EStG) wenden, obwohl sich die damit verbundene Steuerfestsetzung gegen den Vergütungsschuldner als Entrichtungspflichtigen (vgl. § 33 Abs. 1 AO) richtet. Im Rahmen der Klage des Vergütungsschuldners kann die Steuerfestsetzung aber darauf überprüft werden, ob der Vergütungsschuldner die Steueranmeldung vornehmen durfte (BFH v. 12.12.2012, I R 27/12, BFH/NV 2013, 916; BFH v. 19.07.2017, I R 96/15, BFH/NV 2018, 237).

Für die **Klagebefugnis von Ehegatten** gilt folgendes: 11
Ehegatten sind auch im Fall der Zusammenveranlagung (§§ 26, 26b EStG) **jeder für sich klagebefugt** (z.B. BFH v. 20.05.1992, III B 110/91, BStBl II 1992, 916; auch *Levedag* in Gräber, § 40 FGO Rz. 128). Eine notwendige Beiladung (§ 60 Abs. 3 FGO) ist jedoch nur dann gegeben, wenn ein Ehegatte die nachträgliche Änderung der Veranlagungsart begehrt (BFH v. 20.05.1992, III B 110/91, BStBl II 1992, 916). Der keiner kirchensteuererhebungsberechtigten Religionsgemeinschaft angehörige Ehemann einer kirchenangehörigen Frau ist grds. nicht durch den gegenüber seiner Ehefrau ergangenen KiSt-Bescheid beschwert (BFH v. 27.09.1996, I B 22/96, BFH/NV 1997, 311). Die Ablehnung eines Erlassantrages gegenüber der Ehefrau beeinträchtigt den Ehemann zwar wirtschaftlich, rechtfertigt aber nicht dessen Klagebefugnis nach § 40 Abs. 2 FGO (BFH v. 11.10.1995, II S 13/95, BFH/NV 1996, 254).

Der Kläger muss sein Rechtsschutzinteresse **schlüssig** 12
**vorbringen**. Er hat präzise Behauptungen aufzustellen, die die Annahme gerechtfertigt erscheinen lassen, dass eine **Verletzung seiner eigenen Rechte** vorliege (BFH 04.04.1984, I R 269/81, BStBl II 1984, 563). Ein etwaiger wirtschaftlicher Nachteil oder ein lediglich wirtschaftliches Interesse am Ausgang des Prozesses genügt nicht, sondern es muss eine **rechtliche Betroffenheit** gegeben sein (BFH v. 05.01.2012, III B 42/11, BFH/NV 2012, 978; BFH v. 05.01.2012, III B 42/11, BFH/NV 2012, 978; BFH v. 06.12.2016, III B 25/16, BFH/NV 2017, 469). Erweist sich im Prozess, dass eine Rechtsverletzung tatsächlich nicht vorliegt, so wird die (zulässige) Klage ganz oder teilweise als unbegründet abgewiesen. Die Geltendmachung einer Rechtsverletzung beinhaltet bei der Anfechtung von Ermessensentscheidungen die schlüssige Darlegung, dass die Entscheidung der Verwaltung anders ausgefallen wäre, falls die Finanzbehörde rechtmäßig gehandelt hätte (so in Bezug auf die Rüge der Verletzung des rechtlichen Gehörs BFH v. 06.12.1978, VII R 98/77, BStBl II 1979, 170). Wer allerdings nicht Beteiligter sein

kann, ist auch nicht klagebefugt (zur atypisch stillen Gesellschaft BFH v. 11.01.2001, VIII B 83/00, BFH/NV 2001, 578).

13 Für die Klagebefugnis bei **Steuerbescheiden** gilt: Eine Rechtsverletzung i. S. von § 40 Abs. 2 FGO kann grds. nur wegen einer zu hohen Steuerfestsetzung geltend gemacht werden kann. Eine Rechtsverletzung durch einen Steuerverwaltungsakt ist aufgrund des Entscheidungssatzes (Tenors) zu beurteilen, d. h. ob der Verwaltungsakt den Kläger durch seinen Ausspruch (Steuerfestsetzung) in seinen Rechten verletzt (z. B. BFH v. 07.11.2000, III R 23/98, BStBl II 2001, 338). Beträgt die **Steuerfestsetzung 0 EUR**, so fehlt es grds. an einer Rechtsverletzung, sodass die **Klage unzulässig** ist (s. z. B. BFH v. 31.01.2007, X B 175/06, juris; BFH v. 15.04.2010, V R 11/09, BFH/NV 2010, 1830). Für die Feststellung eines höheren Verlustes oder höherer Werbungskosten (**Verlustfeststellung** nach § 10 d Abs. 4 Satz 1 EStG) gelten Besonderheiten: Wegen der Bindungswirkung des ESt-Bescheids für die Verlustfeststellung als »Quasi-Grundlagenbescheid« muss dieser auch dann angefochten werden, wenn die Steuerfestsetzung auf 0 EUR lautet (BFH v. 10.08.2016, I R 25/15, BFH/NV 2017, 155). Daher besteht in diesem Fall gleichwohl eine Klagebefugnis. Denn die Verluste dürfen nur dann abweichend von dem ESt-Bescheid festgestellt werden, soweit sich keine Auswirkung auf die festgesetzte ESt ergibt (§ 10 d Abs. 4 Satz 5 EStG). Allerdings muss auch in diesem Fall eine Änderung des betreffenden ESt-Bescheids verfahrensrechtlich zulässig sein (BFH v. 13.01.2015, IX R 22/14, BStBl II 2015, 829; BFH v. 10.02.2015, IX R 6/14, BFH/NV 2015, 812). Dies begründet die Beschwer i. S. von § 40 Abs. 2 FGO für die Anfechtung des ESt-Bescheids (BFH v. 12.07.2016, IX R 21/15, BFH/NV 2017, 100; zu alledem z. B. *Bartone* in Bartone/von Wedelstädt, Rz. 1731, 1737).

14 Hiervon (Rz. 13) gibt es **Ausnahmen** (vgl. dazu AEAO zu§ 350, Nr. 3): Der Stpfl. ist der Auffassung, dass überhaupt **keine Steuerpflicht** besteht (z. B. BFH v. 15.03.1995, II R 24/91, BStBl II 1995, 653; BFH v. 13.07.1994, I R 5/93, BStBl II 1995, 134; BFH v. 22.06.2016, V R 49/15, BFH/NV 2016, 1754). Auch dann, wenn die ESt auf 0 EUR festgesetzt ist, kann der Stpfl. wegen der **Tatbestandswirkung** der im Einkommensteuerbescheid getroffenen Entscheidung zur Höhe des »zu versteuernden Einkommens« für den Kindergeldzuschlag nach § 11 a BKGG begehren, das zu versteuernde Einkommen niedriger festzusetzen. (BFH v. 14.02.1996, X R 80/93, BFH/NV 1996, 669). Auch wenn der Kläger den Eintritt der Bestandskraft verhindern will, um ein steuerliches Wahlrecht auszuüben oder zu ändern, kann dies die Klagebefugnis begründen (BFH v. 03.01.2011, III B 204/09, BFH/NV 2011, 638). Eine Beschwer fehlt grds., wenn sich die Klage gegen eine aus Sicht des Klägers **zu niedrige Steuerfestsetzung** richtet (z. B. BFH v. 10.01.2007, I R 75/05, BFH/NV 2007, 1506; BFH v. 23.10.2013, I R 55/12, BFH/NV 2014, 903). **Ausnahmsweise** kann ein Kläger aber auch durch eine zu niedrige Steuerfestsetzung in seinen Rechten verletzt sein, und zwar dann, wenn sich die **Festsetzung in späteren Veranlagungszeiträumen zu seinen Ungunsten** auswirken kann (BFH v. 17.06.2009, VI R 46/07, BStBl II 2010, 72; BFH v. 23.10.2013, I R 55/12, BFH/NV 2014, 903). Entsprechendes gilt für die Anfechtung von Feststellungsbescheiden (BFH v. 27.08.2008, I B 221/07, BFH/NV 2008, 2037; BFH v. 23.10.2013, I R 55/12, BFH/NV 2014, 903; a. A. *Levedag* in Gräber, § 40 FGO Rz. 92). Eine Klage mit dem Ziel, einen höheren nachversteuerungspflichtigen Betrag nach § 34 a Abs. 3 Satz 2 EStG zu erreichen, ist unzulässig (BFH v. 13.02.2017, X B 72/16, BFH/NV 2017, 765). Nach einer **Verschmelzung** einer GmbH auf eine Personengesellschaft sind weder die übertragende noch die aufnehmende Gesellschaft (als »Drittbetroffene«) dadurch beschwert, dass das FA im Rahmen der Schlussbesteuerung der GmbH einen aus deren Sicht zu hohen Verlustabzug zur KSt festgestellt hat (BFH v. 21.10.2014, I R 1/13, BFH/NV 2015, 690).

Die Klagebefugnis (§ 40 Abs. 2 FGO) entfällt nicht dadurch, dass sich aufgrund der Rechtsauffassung zu einem 14a
mit der Klage geltend gemachten Streitpunkt im Obsiegensfall in einem anderen Streitpunkt eine **gegenläufige Steuerfestsetzung** ergäbe (BFH v. 27.09.2017, I R 53/15, BFH/NV 2018, 476). Anders verhält es sich, wenn zwei Streitpunkte inhaltlich in einer Weise miteinander verknüpft sind, dass ein Obsiegen in dem ersten Streitpunkt zwangsläufig auch zu einem Obsiegen im zweiten Streitpunkt führen muss (BFH v. 27.09.2017, I R 53/15, BFH/NV 2018, 476).

Entsprechendes (Rz. 13 f.) gilt für die Anfechtung von 15
Feststellungs- oder Steuermessbescheide. Durch die Erfassung (BFH v. 14.07.1966, IV 46/64, BStBl III 1966, 609) oder Nichterfassung (BFH v. 24.02.1977, VIII R 178/74, BStBl II 1978, 510) als **Mitunternehmer** wird die Klagebefugnis des Betroffenen begründet (auch *Seer* in Tipke/Kruse, § 40 FGO Rz. 63). Auch die gesonderte Feststellung einer unzutreffenden Einkunftsart stellt eine Rechtsverletzung i. S. von § 40 Abs. 2 FGO dar. (BFH v. 24.01.1985, IV R 249/82, BStBl II 1985, 676). Wird ein der gesondert festzustellende Gewinn zu hoch oder der Verlust zu niedrig festgestellt, liegt eine Rechtsverletzung vor (z. B. FG Sa v. 07.05.1971, 1/70, EFG 1971, 494), es sei denn, es steht fest, dass diese Feststellungen keine steuerlichen Auswirkungen haben (z. B. FG Ha v. 30.09.1999, I 1189/97, EFG 2000, 140). Ist der Gewinn zu niedrig oder der Verlust zu hoch festgestellt, so begründet dies eine Rechtsverletzung, wenn sich die Feststellung in späteren Jahren zu seinen Ungunsten auswirken kann (z. B. BFH v. 11.03.2003, IX R 76/99, BFH/NV 2003, 1162), insbes. wenn sich daraus besondere rechtliche Bindungen oder Bindungen kraft Bilanzidentität ergeben (*Seer* in Tipke/Kruse, § 40 FGO Rz. 65; z. B.

auch BFH v. 07.11.1989, IX R 190/85, BStBl 1990, 460; FG Ha v. 30.09.1999, I 1189/97, EFG 2000, 140). Etwas anderes gilt, wenn ein einzelner (angeblicher) Mitunternehmer geltend macht, die (angebliche) Gesellschaft (Mitunternehmerschaft) habe nicht bestanden: Der **Einwand des Nichtbestehens einer Personengesellschaft** kann von einem einzelnen Gesellschafter nicht persönlich im Rahmen des Rechtsbehelfsverfahrens gegen den gegen die Gesellschaft gerichteten USt-Bescheid, sondern erst in dem gegen ihn erlassenen Bescheids wegen der Haftung für die gegen die Gesellschaft festgesetzte Umsatzsteuer geltend gemacht werden (BFH v. 05.03.2010, V B 56/09, BFH/NV 2010, 1111) bzw. in einem Klageverfahren gegen einen Freistellungsbescheid nach Maßgabe des § 48 FGO. Richtet sich ein USt-Bescheid gegen eine Personengesellschaft, so besteht demnach **keine Klagebefugnis** i.S. des § 40 Abs. 2 FGO **für den einzelnen Gesellschafter**, und zwar auch nicht nach einer Kündigung des Gesellschaftsverhältnisses (z.B. BFH v. 19.10.2001, V B 54/01, BFH/NV 2002, 370; BFH v. 30.04.2007, V B 194/06, BFH/NV 2007, 1523; BFH v. 23.08.2016, V B 32/16, BFH/NV 2016, 1757). Denn er kann nicht geltend machen, durch einen **gegenüber der Gesellschaft erlassenen Steuerbescheid** in eigenen Rechten verletzt zu sein (BFH v. 30.04.2007, V B 194/06, BFH/NV 2007, 1523). Richtet sich z.B. ein Steuerbescheid gegen eine GbR als Steuerschuldnerin, muss eine Klage gegen diesen Bescheid grds. im Namen der Gesellschaft durch alle Gesellschafter gemeinschaftlich erhoben werden (z.B. BFH v. 13.11.2003, V B 49/03, BFH/NV 2004, 360; BFH v. 01.09.2010, XI S 6/10, BFH/NV 2010, 2140). Dies gilt nur ausnahmsweise dann nicht, wenn der Gesellschafter geltend macht, dass er als Gesamtrechtsnachfolger der GbR angesehen werden könnte und daher der an die GbR gerichtete Bescheid trotz seiner Unwirksamkeit einen Rechtsschein gegen ihn zu entfalten vermag (BFH v. 25.07.2000, VIII R 32/99, BFH/NV 2001, 178; s. auch BFH v. 16.12.2009, IV R 49/07, BFH/NV 2010, 945).

**15a** **Auch** für die Zulässigkeit einer **allgemeinen Leistungsklage** (§ 40 Abs. 1 3. Alt. FGO) muss eine Klagebefugnis gegeben sein (BFH v. 25.11.2015, I R 85/13, BStBl II 2016, 479). Der Kläger muss geltend machen, durch die Ablehnung oder Unterlassung einer anderen Leistung in seinen Rechten verletzt zu sein, sodass sein Klagevorbringen es als zumindest möglich erscheinen lässt, dass die angefochtene Entscheidung dessen eigene subjektiv-öffentliche Rechte verletzt (BFH v. 25.11.2015, I R 85/13, BStBl II 2016, 479).

## II. Klagebefugnis ertragsberechtigter Körperschaften (§ 40 Abs. 3 FGO)

**16** § 40 Abs. 3 FGO betrifft die Fälle, in denen Abgaben ganz oder zum Teil für Rechnung einer anderen öffentlich-rechtlichen Körperschaft erhoben werden als derjenigen, der die verwaltende Behörde angehört, was im Falle der FA für das jeweilige Land und im Falle der HZA für den Bund zutrifft. In Betracht kommen die ESt und KSt sowie die USt, soweit ihr Aufkommen dem Bunde gebührt, und die Lastenausgleichsabgaben, die dem Bunde zufließen, die Verwaltungsgeschäfte im Bereiche der Realsteuern zugunsten der Gemeinden, die für die Religionsgemeinschaften verwalteten KiSt, die für berufsständische Vertretungen verwalteten Beiträge und – im Falle der HZA – die den Ländern zufließende BierSt. Die Vorschrift stellt eine Ausnahme vom grundsätzlichen Verbot von In-Sich-Prozessen der öffentlichen Gewalt dar (z.B. *Kopp/Schenke*, § 40 VwGO Rz. 172 und § 63 VwGO Rz. 7) und verdrängt als spezielle Regelung § 40 Abs. 2 FGO (*Seer* in Tipke/Kruse, § 40 FGO Rz. 98). Wenn die Voraussetzungen des § 40 Abs. 3 FGO vorliegen, ist eine Feststellungsklage der betreffenden Körperschaft (§ 41 FGO) wegen ihrer Subsidiarität unzulässig (FG Bln v. 21.02.2000, 6 B 6488/99, EFG 2000, 634).

Nach der Rspr. des BFH wurden durch die in den vorbezeichneten Fällen ergehenden Abgabenbescheide grds. nicht die Rechte, sondern nur die Interessen der öffentlich-rechtlichen Körperschaft berührt, für deren Rechnung die Abgabe verwaltet wird (Gesetzesbegründung, BT-Drs. IV/1446, 46 unter Hinweis auf BFH v. 10.10.1961, III 279/58 S, BStBl III 1962, 145). Daher steht der ertragsberechtigten Körperschaft ein Klagerecht gegen die ergehenden Abgabebescheide nicht schon aufgrund von § 40 Abs. 2 FGO zu. Meinungsverschiedenheiten sind grds. intern zu bereinigen (Gesetzesbegründung, IV/1446, 46 unter Hinweis auf Art. 108 Abs. 4 Satz 2 GG a.F., jetzt Art. 108 Abs. 3 Satz 2 GG). In **offenbaren Fällen des Interessenkonflikts** soll § 40 Abs. 3 FGO jedoch den ertragsberechtigten Körperschaften eine **Rechtsschutzmöglichkeit** eröffnen. Nach Auffassung des BFH. ist § 40 Abs. 3 FGO **verfassungsgemäß** und verstößt insbes. nicht gegen Art. 19 Abs. 4 GG (BFH v. 30.01.1976, III R 60/74 BStBl II 1976, 426). § 40 Abs. 3 FGO gilt für alle in § 40 Abs. 1 FGO genannten Klagearten und ist auch im **einstweiligen Rechtsschutzverfahren** nach §§ 69 Abs. 3, 114 FGO zu beachten (zum Ganzen auch *von Beckerath* in Gosch, § 40 FGO Rz. 241 ff.; *Seer* in Tipke/Kruse, § 40 FGO Rz. 99). **17**

§ 40 Abs. 3 FGO gilt insbes. für die Klagen von Gemeinden gegen festgesetzten oder festzusetzenden **GewSt-Messbeträge und begründet ausnahmsweise eine Klagebefugnis**. Gemeinden haben als Träger von Hoheitsrechten keine allgemeine Klagebefugnis gegen Bescheide der FÄ, also auch nicht gegen GrSt- und GewSt-Messbescheide (st. Rspr., z.B. BFH v. 30.01.1976, III R 60/74, BStBl II 1976, 426; BFH v. 21.06.2017, IV B 8/16, BFH/NV 2017, 1323). Die Klagebefugnis nach § 40 Abs. 3 FGO besteht, wenn das betreffende FA als Landesfinanzbehörde die GewSt ganz oder teilweise für die Gemeinde ver- **18** waltet und das Land die GewSt ganz oder teilweise unmittelbar oder mittelbar schulden würde. Mittelbar i. S. des § 40 Abs. 3 FGO schuldet ein Land eine Abgabe, wenn es öffentlich-rechtlich verpflichtet ist, die Abgabenschuld eines Dritten zu erfüllen. Der Begriff »schulden« wird in § 40 Abs. 3 FGO als Rechtsbegriff in Bezug auf einen Abgabenanspruch verwendet. Ein Schulden im Rechtssinne setzt voraus, dass eine rechtliche Verpflichtung gegenüber einem Dritten besteht. Eine faktische Verpflichtung aus wirtschaftlichen, politischen oder moralischen Gründen reicht nicht aus. Insbes. genügt es nicht, dass das betreffende Land als Gesellschafter an einer Kapitalgesellschaft beteiligt ist, welche die GewSt schuldet (BFH v. 17.10.2001, I B 6/01, BStBl II 2002, 91; BFH v. 21.06.2017, IV B 8/16, BFH/NV 2017, 1323). Einer Gemeinde steht das Klagerecht gegen die Herabsetzung des GewSt-Messbetrags durch das FA dann nicht zu, wenn der Anspruch des Stpfl. auf Erstattung der GewSt vom FA gepfändet worden ist (FG Mchn v. 20.09.1999, 7 K 2012/97, EFG 2000, 28). Die Klagebefugnis der Gemeinden als Beteiligte im Zerlegungs- und Zuteilungsverfahren (§§ 186 Nr. 2, 190 AO) folgt unmittelbar aus § 40 Abs. 2 FGO (BFH v. 20.04.1999, VIII R 13/97, BStBl II 1999, 542; *Levedag* in Gräber, § 40 FGO Rz. 140).

# § 41 FGO Feststellungsklage

**(1) Durch Klage kann die Feststellung des Bestehens oder Nichtbestehens eines Rechtsverhältnisses oder der Nichtigkeit eines Verwaltungsaktes begehrt werden, wenn der Kläger ein berechtigtes Interesse an der baldigen Feststellung hat (Feststellungsklage).**

**(2) Die Feststellung kann nicht begehrt werden, soweit der Kläger seine Rechte durch Gestaltungs- oder Leistungsklage verfolgen kann oder hätte verfolgen können. Dies gilt nicht, wenn die Feststellung der Nichtigkeit eines Verwaltungsaktes begehrt wird.**

**S. §43 VwGO; §55 SGG**

### Inhaltsübersicht



## A. Bedeutung der Vorschrift

Die Feststellungsklage bildet neben den Gestaltungsklagen und den Leistungsklagen eine dritte, eigenständige Klageart. Mit ihr wird allgemein die verbindliche Feststellung des Bestehens (positive Feststellung) oder des Nichtbestehens (negative Feststellung) eines Rechtsverhältnisses angestrebt. Im Klagensystem der FGO ergänzt sie die Anfechtungsklage und die Leistungsklagen (dazu s. Vor FGO Rz. 18 ff.; s. § 40 FGO Rz. 1). Die in § 41 FGO geregelte Feststellungsklage erfordert kein außergerichtliches Rechtsbehelfsverfahren (s. § 44 Abs. 1 FGO) und ist nicht fristgebunden (s. § 47 Abs. 1 FGO), auch wenn die Feststellung der Nichtigkeit eines Verwaltungsakts begehrt wird (BFH v. 25.09.1990, IX R 84/88, BStBl II 1991, 120). Andererseits ist sie nur zulässig, wenn ein besonderes Feststellungsinteresse besteht (Rz. 6) und wenn der Kläger sein Klagebegehren nicht mit einer Anfechtungs-, Verpflichtungs- oder allgemeinen Leistungsklage verfolgen kann (Rz. 8 ff.; *Levedag* in Gräber, § 41 FGO Rz. 5). Zur Fortsetzungsfeststellungsklage s. § 100 FGO Rz. 22 ff.

## B. Gegenstand der Feststellungsklage (§ 41 Abs. 1 FGO)

Nach § 41 Abs. 1 FGO kann mit der Feststellungsklage die Feststellung des Bestehens oder Nichtbestehens eines Rechtsverhältnisses oder der Nichtigkeit eines Verwaltungsaktes begehrt werden. Diese Aufzählung ist abschließend. Daher kommt im Prozess keine Zwischenfeststellungsklage wegen Vorgreiflichkeit eines Rechtsverhältnisses für die Endentscheidung in Betracht, insbes. auch nicht aufgrund entsprechender Anwendung von § 256 Abs. 2 ZPO über § 155 Satz 1 FGO (*von Beckerath* in Gosch, § 41 FGO Rz. 5; *Levedag* in Gräber, § 41 FGO Rz. 44; *Steinhauff* in HHSp, § 41 FGO Rz. 88; a. A. für den allgemeinen Verwaltungsprozess *Kopp/Schenke*, § 43 VwGO Rz. 33). Grds. ist ebenso die Feststellung der (Un-)Gültigkeit von Rechtsnormen oder Verwaltungsvorschriften ausgeschlossen (z. B. BFH v. 23.09.1999, XI R 66/98, BStBl II 2000, 533; *Steinhauff* in HHSp, § 41 FGO Rz. 122), es sei denn, aus der betreffenden Norm ergibt sich ein feststellungsfähiges Rechtsverhältnis (z. B. BFH v. 11.11.2010, VII B 36/10, BFH/NV 2011, 1036; *Steinhauff* in HHSp, § 41 FGO Rz. 112). 2

### I. Bestehen oder Nichtbestehen eines Rechtsverhältnisses

Gegenstand der Feststellungsklage sind Steuerrechtsverhältnisse (s. § 33 AO), die ihrem Rechtsgrunde nach be- 3 stehen, ihrem Inhalte nach jedoch streitig sind. Gegenstand der Klage können jedoch auch Rechtsverhältnisse sein, über deren Bestehen dem Grunde nach Streit herrscht, sei es, dass sich ein Beteiligter ihres Bestehens berühmt, sei es, dass er ihr Bestehen in Abrede stellt. **Rechtsverhältnis** i. S. von § 41 Abs. 1 FGO ist jede auf eine bestimmte, aus einem konkreten Sachverhalt resultierende, aufgrund von Rechtsnormen geordnete rechtliche Beziehung zwischen Personen oder zwischen Personen und Sachen (BFH v. 10.11.2010, XI R 25/08, BFH/NV 2011, 839; *Steinhauff* in HHSp, § 41 FGO Rz. 107). Ein solches (Steuer-) Rechtsverhältnis besteht auch zwischen dem FA und dem Steuerpflichtigen, welches allein dadurch begründet wird, dass der Steuerpflichtige dem FA gegenüber seine wirtschaftlichen Verhältnisse offenbart hat und das FA verpflichtet ist, die ihm dadurch oder im Wege der Amtsermittlung über den Kläger bekannt gewordenen Tatsachen geheim zu halten. (BFH v. 29.07.2003, VII R 39, 43/02, BStBl II 2003, 828 [833]). Wegen **künftiger Rechtsverhältnisse**, die möglicherweise entstehen können, kann **nur ausnahmsweise** eine **vorbeugende Feststellungsklage** erhoben werden (z. B. BFH v. 28.11.2017, VII R 30/15, BFH/NV 2018, 405). Dies ist nur dann ausnahmsweise zulässig, wenn bspw. einem Vollstreckungsschuldner erhebliche Nachteile drohen, die seine persönliche oder wirtschaftliche Existenz gefährden und die nicht oder nur unter erschwerten Bedingungen wiedergutzumachen sind (s. § 40 FGO Rz. 8). Unzulässig ist eine Klage insbes. dann, wenn sie auf eine rechtsgutachterliche Stellungnahme abzielt oder wenn lediglich die hypothetische Möglichkeit einer späteren Rechtsverletzung oder eines späteren Schadens geltend gemacht wird (BFH v. 28.11.2017, VII R 30/15, BFH/NV 2018, 405; vgl. *von Beckerath* in Gosch, § 41 FGO Rz. 65; *Levedag* in Gräber, § 41 FGO Rz. 12 ff.; *Seer* in Tipke/Kruse, § 41 FGO Rz. 4a). Denn angesichts des Rechtsschutzsystems der FGO ist für vorbeugenden Rechtsschutz ein besonders intensives Rechtsschutzinteresse erforderlich (*Braun* in HHSp, § 40 FGO Rz. 146). Wegen gedachter (abstrakter) Rechtsfragen oder wegen tatsächlicher Verhältnisse, ist die Erhebung einer Feststellungsklage **nicht** statthaft. (BFH v. 11.05.2009, II S 6/09 [PKH], juris). Soweit sie aber in Betracht kommt, kann sich eine Feststellungsklage gleichermaßen auf Rechtsverhältnisse beziehen, aus denen Ansprüche oder Verpflichtungen zur Erbringung von Geldleistungen erwachsen (Steuerschuldverhältnis), wie auf Rechtsverhältnisse, die Leistungen anderer Art zum Gegenstand haben (Steuerpflichtverhältnis). Sie muss sich nicht zwingend auf das gesamte Rechtsverhältnis beziehen, sondern es genügt jedes einzelne Recht und jede einzelne Pflicht, die sich aus dem Gesamtrechtsverhältnis ergeben (*von Beckerath* in Gosch, § 41 FGO Rz. 16; *Seer* in Tipke/Kruse, § 41 FGO Rz. 4). Feststellungsklagen wegen Feststellung privatrechtlicher Rechtsverhältnisse oder wegen Steuerrechtsverhältnissen Dritter sind unzulässig (BFH v. 10.11.2010, XI R 25/08, BFH/NV 2011, 839). Unzulässig ist auch eine Feststellungsklage, mit der bloß eine (unionsrechtliche oder sonstige) Vorfrage geklärt werden soll (BFH v. 17.12.2009, V B 113/08, BFH/NV 2010, 939; BFH v. 11.11.2013, XI B 99/12, BFH/NV 2014, 366). Weitere Beispiele bei *Steinhauff* in HHSp, § 41 FGO Rz. 112, 114 ff.

Eine Klage auf **Feststellung eines Bruchs des Steuergeheimnisses** (§ 30 AO) gegenüber den Gewerbeaufsichtsbehörden ist aufgrund des Genugtuungsinteresses des Steuerpflichtigen **zulässig**; das Feststellungsinteresse hängt nicht davon ab, dass die Feststellung, das Steuergeheimnis sei verletzt worden, die rechtliche und tatsächliche Position des Klägers gegenüber der Gewerbeaufsichtsbehörde verbessern könnte (BFH v. 29.07.2003, VII R 39, 43/02, BStBl II 2003, 828). Zum Steuergeheimnis s. § 30 AO Rz. 9 ff. 4

## II. Nichtigkeit von Verwaltungsakten

Gegenstand der Feststellungsklage als sog. **Nichtigkeitsfeststellungsklage** kann auch die Nichtigkeit von Verwaltungsakten sein. Die Frage der Nichtigkeit richtet sich nach § 125 AO (s. § 125 AO). Statt der Feststellungsklage kann der (möglicherweise nichtige) Verwaltungsakt auch mit der Anfechtungsklage angefochten werden (s. § 40 FGO Rz. 3). Über den Wortlaut hinaus kann außerdem die Feststellung begehrt werden, dass ein »Nichtakt« vorliegt, wenn ein behördlicher Akt infolge Bekanntgabefehlers nicht **wirksam** geworden ist (s. § 124 AO Rz. 3). Unbeschadet der Möglichkeit der Anfechtung zur **Beseitigung des Rechtsscheins** (z. B. BFH v. 27.02.1997, IV R 38/96, BFH/NV 1997, 388) kann die Unwirksamkeit wie auch im Fall des nichtigen Verwaltungsakts durch Feststellungsklage geltend gemacht werden (BFH v. 10.07.1997, V R 56/95, BFH/NV 1998, 232; FG Sa v. 28.04.1994, 2 K 3/92, EFG 1995, 157; s. § 40 FGO Rz. 3). Die (Nichtigkeits-)Feststellungsklage gem. § 41 Abs. 1 FGO ist nur dann zulässig, wenn der Kläger schlüssig behauptet, durch den angeblich nichtigen Verwaltungsakt in seinen Rechten gefährdet zu sein (BFH v. 11.04.1991, V R 86/85, BStBl II 1991, 729). Die Subsidiaritätsklausel des § 41 Abs. 2 Satz 1 FGO gilt hier wie beim Begehren auf Feststellung der Nichtigkeit eines Verwaltungsakts nicht (§ 41 Abs. 2 Satz 2 FGO). Ein außergerichtliches Rechtsbehelfsverfahren oder die Einhaltung der Klagefrist (§ 47 FGO) ist nicht erforderlich (s. Rz. 1; auch § 125 AO Rz. 23 f.). Insbes. ist es nicht erforderlich, zuvor beim FA einen Nichtigkeitsfeststellungsantrag (§ 125 Abs. 5 AO) zu stellen (BFH v. 24.01.2008, V R 36/06, BStBl II 2008, 68). Dem vermeintlichen Gesellschafter einer nicht existenten Personengesellschaft fehlt das Feststellungsinteresse für eine Nichtigkeitsfeststel- 5 lungsklage gegen GewSt-, GewSt-Mess- und USt-Bescheide, welche an die Personengesellschaft gerichtet sind (BFH v. 06.09.2017, IV R 1/16, BFH/NV 2018, 206). Denn auch zur Beseitigung des Rechtsscheins eines gegen eine angebliche Personengesellschaft gerichteten Steuerbescheids können nur die (angeblichen) Gesellschafter im Namen der Personengesellschaft Klage erheben (BFH v. 05.03.2010, V B 56/09, BFH/NV 2010, 1111; BFH v. 06.09.2017, IV R 1/16, BFH/NV 2018, 206.

5a Das Rechtsschutzbedürfnis für eine Nichtigkeitsfeststellungsklage fehlt, wenn über die Rechtmäßigkeit des betreffenden Steuerbescheids bereits rechtskräftig entschieden worden ist und die zur Begründung der Nichtigkeit angeführten Erwägungen den identischen Streitgegenstand betreffen (FG Ha v. 23.02.2005, II 354/04, juris). Ebenso fehlt das Rechtsschutzinteresse für eine Feststellungsklage, mit der die **Nichtigkeit einer Einspruchsentscheidung** (§ 366 AO) geltend gemacht werden soll, im Hinblick auf § 44 Abs. 2 FGO; nimmt der Kläger die Anfechtungsklage gegen den ursprünglichen Verwaltungsakt in der Gestalt der Einspruchsentscheidung zurück (§ 72 Abs. 1 Satz 1 FGO), hat er sich der Möglichkeit begeben, isolierte Einwendungen gegen die Einspruchsentscheidung zu erheben (FG Mchn v. 14.10.2013, 8 K 3858/12, EFG 2014, 567).

## C. Feststellungsinteresse

6 Gem. § 41 Abs. 1 FGO muss der Kläger an der Feststellung des Bestehens oder Nichtbestehens des Rechtsverhältnisses oder der Nichtigkeit des Verwaltungsaktes ein eigenes berechtigtes Interesse (Feststellungsinteresse, Rechtsschutzinteresse) haben. Das Interesse braucht kein rechtliches zu sein, insbes. kein abgabenrechtliches (ebenso *Seer* in Tipke/Kruse, § 41 FGO Rz. 8; **a. A.** BFH v. 11.04.1991, V R 86/85, BStBl II 1991, 729; *von Beckerath* in Gosch, § 41 FGO Rz. 27). Die Rechtsstellung des Klägers, sei es auf dem Abgabengebiet oder in sonstiger Hinsicht, braucht nicht berührt zu sein. Für ein **berechtigtes Interesse** i. S. von § 41 Abs. 1 FGO genügt nach st. Rspr. des BFH jedes konkrete, vernünftigerweise anzuerkennende schutzwürdige Interesse **rechtlicher, wirtschaftlicher oder ideeller Art**, sofern die begehrte Feststellung geeignet ist, in einem der genannten Bereiche zu einer Verbesserung der Position des Klägers zu führen (z. B. BFH v. 29.07.2003 VII R 39, 43/02, BStBl II 2003, 828 [833]). Ferner kann ein Feststellungsinteresse unabhängig von einer solchen Verbesserung der Position des Klägers in Fällen tiefgreifender Grundrechtseingriffe in Betracht gezogen werden, vor allem bei Anordnungen, die das GG dem Richter vorbehalten hat (BVerfG v. 15.07.1998, 2 BvR 446/98, NJW 1999, 273). Das berechtigte Interesse muss sich auf **alsbaldige Klarstellung** richten; die nachteiligen Wirkungen der bestehenden Rechtsungewissheit müssen sich in der Gegenwart oder in absehbarer Zeit bemerkbar machen (BFH v. 02.02.1972, I R 181/70, BStBl II 1972, 353). Die Vorbereitung eines Amtshaftungsprozesses begründet kein berechtigtes Interesse i. S. des § 41 Abs. 2 FGO (BFH v. 22.07.2010, VII B 227/09, BFH/NV 2010, 2238; anders: s. § 100 FGO Rz. 24). Bei einer Einbringung nach § 20 UmwStG und einem Anteilstausch nach § 21 UmwStG kann der nur Einbringende geltend machen, die in der Steuerfestsetzung gegen die aufnehmende Kapitalgesellschaft zugrunde gelegten Werte des eingebrachten Vermögens seien zu hoch (z. B. BFH vom 08.06.2011, I R 79/10, BStBl II 2012, 421). Daher hat die aufnehmende Kapitalgesellschaft weder eine Klagebefugnis in Bezug auf den Steuerbescheid, noch besteht für sie ein Feststellungsinteresse hinsichtlich der Werte des eingebrachten Vermögens (z. B. BFH v. 30.09.2015, I R 77/13, BFH/NV 2016, 959).

Das **Rechtsschutzinteresse** an der Feststellung eines Steuerrechtsverhältnisses **fehlt** – von den Fällen der Subsidiarität (§ 41 Abs. 2 Satz 1 FGO) abgesehen – namentlich dann, wenn dessen Regelung durch Verwaltungsakt und damit die Klärung im Anfechtungsprozess in naher Zukunft bevorsteht. Das Feststellungsinteresse bei einer Feststellungsklage, mit der künftigen nachteiligen Verwaltungsakten vorgebeugt werden soll, ist **jedoch ausnahmsweise zu bejahen**, wenn der Kläger besondere Gründe hat, die es rechtfertigen, die Verwaltungsakte nicht abzuwarten (z. B. BFH v. 27.02.1973, VII R 100/70, BStBl II 1973, 536: Klage einer Vereinigung der Lohnsteuerzahler bei Streit über die Art und Weise der den Mitgliedern zu erbringenden Hilfe in Lohnsteuersachen; BFH v. 10.05.1977, VII R 69/76, BStBl II 1977, 785: Unzumutbarkeit des Abwartens eines ablehnenden Verwaltungsakts, wenn der voraussichtlich eintretende Zeitverlust das mit der Klage geltend zu machende Klagebegehren hinfällig werden ließe; s. Rz. 3). Wenngleich im Regelfall an der Feststellung der Nichtigkeit bzw. Unwirksamkeit eines Verwaltungsakts ein berechtigtes Interesse besteht (BFH v. 10.11.1987, VIII R 94/87, BFH/NV 1988, 214; Rz. 5), kann es im Einzelfall zu verneinen sein: Unzulässig ist die Feststellungsklage, soweit die begehrte Feststellung eine Prüfungsanordnung (§ 196 AO) betrifft, denn die Nichtigkeit bzw. Unwirksamkeit einer Prüfungsanordnung ist incidenter im Rechtsbehelfsverfahren gegen den Steuer- bzw. Feststellungsbescheid zu prüfen (BFH v. 10.02.1990, IX R 83/88, BStBl II 1990, 789). Zur Feststellung der Nichtigkeit von Unbedenklichkeitsbescheinigungen BFH v. 27.01.2000, VII B 42/99, BFH/NV 2000, 1105. 7

## D. Subsidiarität der Feststellungsklage (§ 41 Abs. 2 FGO)

Nach § 41 Abs. 2 Satz 1 FGO kann auf Feststellung des Bestehens oder Nichtbestehens eines Steuerrechtsverhältnisses nicht geklagt werden, wenn der Kläger sein Begehren durch Erhebung einer Anfechtungs- oder Verpflichtungsklage i. S. des § 40 Abs. 1 FGO verfolgen kann oder hätte verfolgen können (sog. Subsidiarität der Feststellungsklage; BFH v. 13.10.1999, IV B 8/99, BFH/NV 2000, 458; BFH v. 09.12.2009, X R 54/06, BStBl II 2010, 732). Dies gilt auch dann, wenn der **zu erwartende Steuerbescheid** allenfalls **erst nach erheblich langer Zeit** ergehen wird (BFH v. 08.04.1981 BStBl II 1981, 581 im Falle einer Klage auf Feststellung, dass die zukünftige Erhebung der Erbschaftsteuer vom Vermögen einer Familienstiftung rechtswidrig sei; BFH v. 10.11.1998, VIII R 3/98, BStBl II 1999, 199). Dehnt das FA eine **Außenprüfung** über den ursprünglich festgelegten Prüfungszeitraum aus, **ohne eine** entsprechende **Prüfungsanordnung** zu erlassen, so kann der Steuerpflichtige die Rechtswidrigkeit der Prüfungserweiterung in der Regel nur mit einer Anfechtungsklage geltend machen, die sich gegen die aufgrund der Außenprüfung zu erlassenden Änderungsbescheide richtet; erhebt der Steuerpflichtige stattdessen eine Feststellungsklage, so ist diese unzulässig (BFH v. 14.08.1985, I R 188/82, BStBl II 1986, 2).

9 Wegen § 41 Abs. 1 Satz 1 FGO müssen Einwendungen im Zusammenhang mit Rechtsverhältnissen, hinsichtlich deren ein Verwaltungsakt ergangen ist, durch **Anfechtung** dieses **Verwaltungsaktes** geltend gemacht werden, und zwar auch insoweit, als das Interesse des Klägers primär nur auf die Klarstellung einzelner Elemente (Besteuerungsgrundlagen) geht. So ist z. B. eine Feststellungsklage auf Ungültigerklärung der Ausübung des Wahlrechts nach dem WoPG unzulässig (FG He v. 10.12.1968, I 1181/67, EFG 1969, 385). Entsprechendes gilt, wenn dem Kläger nach dem Abgabenrecht aufgrund gegebenen Sachverhaltes ein materieller oder formeller Anspruch auf Regelung durch einen Verwaltungsakt zusteht; hier muss **Verpflichtungsklage** erhoben werden. Dementsprechend kann bei einem Streit darüber, ob eine Abgabenforderung durch Aufrechnung erloschen ist, Klärung nur durch einen Antrag auf Erlass eines **Abrechnungsbescheids** (§ 218 Abs. 2 AO) und ggf. nachfolgender Anfechtungsklage, nicht im Wege der Feststellungsklage, erreicht werden (BFH v. 21.01.1977 BStBl II 1977, 396; BFH v. 25.10.2004, VII B 4/04, BFH; FG Sa v. 06.07.1995, 2 K 192/93, EFG 1996, 46; auch *Bartone*, AO-StB 2003, 340; *Werth*, AO-StB 2007, 70). Wegen Subsidiarität unzulässig ist auch eine auf Feststellung der Rechtswidrigkeit bereits erlassener **Vollstreckungsmaßnahmen** gerichtete Klage (BFH v. 11.12.2012, VII R 69/11, BFH/NV 2013, 739). Zur Frage, ob die Feststellungsklage auch dann subsidiär ist, wenn eine Leistungs- oder Gestaltungsklage auf einem anderen als dem finanzgerichtlichen Rechtsweg möglich ist, zweifelnd BFH v. 23.11.1993 BStBl II 1994, 356; dafür *von Beckerath* in Gosch, § 41 FGO Rz. 48; *Steinhauff* in HHSp, § 41 FGO Rz. 457; ablehnend FG Sa v. 14.10.1998, 1 K 318/97, EFG 1999, 146 *Levedag* in Gräber, § 41 FGO Rz. 34; *Seer* in Tipke/Kruse, § 41 FGO Rz. 14. Der letztgenannten Auffassung ist zu folgen, da § 41 Abs. 2 FGO nicht über den Anwendungsbereich des § 33 FGO hinausgehen kann. Mit der (Nichtigkeits-)Feststellungsklage kann nicht die Unwirksamkeit einer **tatsächlichen Verständigung** geltend gemacht werden. Dabei handelt es sich zwar nicht um einen Verwaltungsakt i. S. des § 118 Satz 1 AO, jedoch ist die Wirksamkeit einer tatsächlichen Verständigung im Verfahren über die Anfechtung des betroffenen Festsetzungs- oder Feststellungsbescheids inzident zu prüfen, sodass dieses gegenüber der Feststellungsklage Vorrang hat (z. B. BFH v. 12.06.2017, III B 144/16, BStBl II 2017, 1165 m. w. N.).

Diese **Subsidiarität** der Feststellungsklage gilt nach § 41 10
Abs. 2 Satz 2 FGO **nicht**, soweit es sich um die Feststellung der **Nichtigkeit (oder Unwirksamkeit**, s. Rz. 5) eines Verwaltungsaktes handelt. Dies erklärt sich daraus, dass Mängel geringen Grades nur die Anfechtbarkeit eines Verwaltungsaktes begründen; angesichts solcher Ungewissheit kann dem Kläger andererseits nicht zugemutet werden, zwischen Feststellungs- und Anfechtungsklage zu wählen. Er kann daher beide Klagen miteinander verbinden, aber auch nachträglich von der einen Klage zur anderen übergehen (s. Rz. 11 und s. § 40 FGO Rz. 3). Schließlich kann die Feststellungsklage noch erhoben werden, wenn die Frist für die Anfechtungsklage (§ 47 FGO) verstrichen ist.

## E. Übergang zu einer anderen Klageart

Der Übergang von der Feststellungs- zur Anfechtungs- 11
klage oder Verpflichtungsklage und umgekehrt – Statthaftigkeit der jeweils anderen Klageart vorausgesetzt – stellt in jedem Fall eine **Klageänderung** i. S. von § 67 FGO dar (gl. A. *Seer* in Tipke/Kruse, § 67 FGO Rz. 2; *Levedag* in Gräber, § 41 FGO Rz. 36; differenzierend *Schallmoser* in HHSp, § 67 FGO Rz. 11 ff.). Im Übrigen s. § 67 FGO Rz. 2. Einen gesetzlich zulässigen Fall des Übergangs von der Anfechtungs- zur Feststellungsklage sieht § 100 Abs. 1 Satz 4 FGO vor, wenn sich der angefochtene Verwaltungsakt vor der Entscheidung über die Klage durch Zurücknahme oder anders erledigt hat (s. § 100 FGO Rz. 22 ff.). Unberührt bleibt im Übrigen die Durchführung des für die Anfechtungsklage im Regelfalle erforderlichen außergerichtlichen Vorverfahrens (§ 44 FGO). Parallel laufende Verfahren können zur gemeinsamen Entscheidung verbunden werden (§ 73 FGO).

### F. Rechtskraftwirkung

12 Materielle Rechtskraftwirkung in Bezug auf das Rechtsverhältnis, dessen Bestehen oder Nichtbestehen entschieden wird, kommt nur **Sachentscheidungen** zu. Die Abweisung einer Feststellungsklage durch **Prozessurteil** (s. Vor FGO Rz. 26) entfaltet nur hinsichtlich der fehlenden Sachurteilsvoraussetzung Rechtskraft, sodass einer erneuten Klage aufgrund neuer Tatsachen die Rechtskraft nicht entgegensteht. Die Feststellung der Nichtigkeit eines Verwaltungsaktes wirkt nicht nur zwischen den Beteiligten, sondern auch im Verhältnis zu Dritten, also inter omnes (*Steinhauff* in HHSp, § 41 FGO Rz. 628).

## § 42 FGO Umfang der Anfechtbarkeit

**Auf Grund der Abgabenordnung erlassene Änderungs- und Folgebescheide können nicht in weiterem Umfang angegriffen werden, als sie in dem außergerichtlichen Vorverfahren angefochten werden können.**

**Schrifttum**

Von Wedelstädt, Ressortfremde Verwaltungsakte als Grundlagenbescheide – Wann liegen sie vor und welche Rechtsfolgen bewirken sie?, AO-StB 2014, 150; Bartone/von Wedelstädt, Korrektur von Steuerverwaltungsakten, 2. Aufl. 2017.

1 Nach § 42 FGO können Verwaltungsakte, die unanfechtbare Verwaltungsakte ändern, grds. nur insoweit angegriffen werden, als die Änderung reicht. Für Verpflichtungsklagen gilt § 42 FGO entsprechend (BFH v. 31.01.2013, III R 15/10, BFH/NV 2013, 1071). Damit entspricht § 42 FGO seinem Inhalt nach der Regelung in § 351 AO, auf den in § 42 FGO verwiesen wird (*von Beckerath* in Gosch, § 42 FGO Rz. 1). § 351 AO, dessen Anwendungsbereich auf das Einspruchsverfahren (§§ 347 ff. AO) beschränkt ist, wird durch die Regelung des § 42 FGO für das finanzgerichtliche Klageverfahren ergänzt. Es wird daher auf die Erläuterungen zu s. § 351 AO in diesem Kommentar verwiesen; im Übrigen *von Wedelstädt* in Bartone/von Wedelstädt, Rz. 120 ff.

2 Demnach gilt über § 42 FGO zum einen § 351 Abs. 1 AO. Mit dieser Regelung wird sichergestellt, dass der **bestandskräftig geregelte, unveränderte Teil des VA im Interesse der Rechtssicherheit unberührt** bleibt (vgl. *Levedag* in Gräber, § 42 FGO Rz. 8). Hinsichtlich des Anfechtungsrahmens kommt es auf den jeweiligen Tenor (Ausspruch) des Erstbescheids einerseits und des nach §§ 129, 172 ff. AO oder z. B. nach § 189 AO geänderten Steuerbescheids bzw. des gleichgestellten Verwaltungsakts andererseits an. Hinsichtlich dieser Beschwer ist der Kläger berechtigt, den geänderten Bescheid anzufechten. Dabei kann der Kläger nach st. Rspr. und h. M. innerhalb des Änderungsrahmens nicht nur sämtliche Einwendungen, die sich nach Erlass des ursprünglichen Bescheids ergeben haben, geltend machen; vielmehr ist er auch berechtigt, solche Einwendungen vorzubringen, die er bereits gegen den ursprünglichen Bescheid hätte vorbringen können (vgl. z. B. *Steinhauff* in HHSp, § 42 FGO Rz. 37 und 103, m. w. N.). Dies ist eine Konsequenz daraus, dass bei der Steuerfestsetzung nur die festgesetzten Beträge, nicht jedoch die rechtlichen Begründungen in Bestandskraft erwachsen (BFH v. 19.12.2006, VI R 63/02, BFH/NV 2007, 924; BFH v. 12.10.2011, VIII R 2/10, BFH/NV 2012, 776). Die Anfechtungsbeschränkung greift daher nicht ein, wenn ein Steuerbescheid angefochten wird, durch den ein unter dem Vorbehalt der Nachprüfung stehender Bescheid geändert wurde, denn wegen § 164 Abs. 2 AO erwuchs der geänderte Bescheid nicht in materielle Bestandskraft (s. § 164 AO Rz. 1). Innerhalb der durch § 42 FGO i. V. m. § 351 Abs. 1 AO gezogenen Grenze ist die Berücksichtigung gegenläufiger Steuerauswirkungen auch möglich, soweit diese aus der Ausübung eines Wahlrechts resultieren (BFH v. 27.10.2015, X R 44/13, BStBl II 2016, 278; BFH v. 14.09.2017, IV R 28/14, BFH/NV 2018, 1; *von Wedelstädt* in Bartone/von Wedelstädt, Rz. 82).

§ 42 FGO i. V. m. § 351 Abs. 2 AO bestimmt, dass **Einwendungen gegen einen Grundlagenbescheid** (s. § 171 AO Rz. 94 ff.) nur durch Anfechtung dieses Bescheids, nicht aber durch Anfechtung des Folgebescheids geltend gemacht werden. Die hierdurch bewirkte Anfechtungsbeschränkung wird durch die Reichweite der Bindungswirkung des Grundlagenbescheids bestimmt (z. B. *Bartone* in Gosch, § 351 AO Rz. 17, 20). Diese Anfechtungsbeschränkung gilt nur dann nicht, wenn entweder der Folgebescheid vor dem Grundlagenbescheid erlassen wurde (§ 155 Abs. 2 AO) oder geltend gemacht wird, es liege kein wirksamer Grundlagenbescheid vor (*Bartone* in Gosch, § 351 AO Rz. 21 m. w. N.; s. § 351 AO Rz. 14). 3

## § 43 FGO Verbindung von Klagen

**Mehrere Klagebegehren können vom Kläger in einer Klage zusammen verfolgt werden, wenn sie sich gegen denselben Beklagten richten, im Zusammenhang stehen und dasselbe Gericht zuständig ist.**

S. § 44 VwGO; § 56 SGG

**Schrifttum**

Rosenberg/Schwab/Gottwald, Zivilprozessrecht, 18. Aufl. 2018.

§ 43 FGO betrifft die **objektive Klagenhäufung**, im Unterschied zur subjektiven Klagenhäufung des § 59 FGO (Streitgenossenschaft). Zwar muss jeder Verwaltungsakt gesondert angefochten werden, gleichwohl dürfen mehrere Klagebegehren in einer Klage zusammen verfolgt werden. Klagebegehren (vgl. § 96 Abs. 1 Satz 2 FGO) ist das vom Kläger mit der Anrufung des FG verfolgte Prozessziel, das je nach der Klageart auf die Aufhebung oder Änderung eines Verwaltungsaktes (Anfechtungsklage, §§ 40 Abs. 1 Alt., 100 FGO), die Verurteilung der beklagten Behörde (Verpflichtungsklage, §§ 40 Abs. 1 2. Alt., 101 FGO) oder die Feststellung eines Rechtsverhältnisses u. a. (Feststellungsklage, § 41 FGO) geht.

Von der kumulativen ist die **alternative Klagehäufung** zu unterscheiden, die dem Gericht die Wahl zwischen zwei gleichrangigen Anträgen überlässt. Betreffen die alternativ gestellten Anträge unterschiedliche Anfechtungsgegenstände, sind die Klagen mangels Bestimmtheit unzulässig (BFH v. 17.11.1987, VII R 68/85, BFH/NV 1988, 457). Stellt der Kläger einen Hauptantrag und für den Fall, dass diese abgewiesen wird, einen Hilfsantrag (der den Hauptantrag ausschließt), so liegt keine objektive Klagehäufung vor, sondern nur eine sog. **Eventualhäufung**. Sie kann stets nur denselben Anfechtungsgegenstand betreffen, weil eine bedingte Anfechtung unzulässig ist. Indessen sind innerprozessuale Bedingungen zulässig, wenn keine Unsicherheit in das Verfahren getragen wird (s. Vor § 40 FGO Rz. 5). Es entspricht daher der st. Rspr. des BFH, dass ein Begehren auch hilfsweise, d. h. nur für den Fall des Misserfolgs des Hauptantrags gestellt werden kann. Zwar wird auch bei dieser eventuellen Klagehäufung der Hilfsanspruch mit Einreichung der Klage rechtshängig, sodass sofort über ihn verhandelt werden darf und in der Regel auch verhandelt wird (Rosenberg/Schwab/Gottwald, S. 408 f. und S. 649). Hat jedoch der Hauptantrag Erfolg und tritt somit die innerprozessuale Bedingung, an die das Hilfsbegehren gebunden ist, nicht ein, so entfällt hiermit zugleich auch rückwirkend dessen Rechtshängigkeit mit der Folge, dass über den Hilfsantrag nicht mehr zu entscheiden ist (BFH v. 23.01.2001, VIII R 30/99, BStBl II 2001, 621; BFH v. 23.06.2004, VI B 107/04, BFH/NV 2004, 1421; *von Beckerath* in Gosch, § 43 FGO Rz. 59; *Levedag* in Gräber, § 43 FGO Rz. 16). Dabei müssen sowohl der Hauptantrag als auch der Hilfsanträge wirtschaftlich auf ein gleichartiges Ziel gerichtet sein, z. B. darauf, eine aus einer Zuschätzung resultierende Steuerforderung rückgängig zu machen (BFH v. 23.06.2004, VI B 107/04, BFH/NV 2004, 1421; *Seer* in Tipke/Kruse, § 43 FGO Rz. 8, m. w. N.). Lässt das Gericht den Hauptantrag und den einen anderen Anfechtungsgegenstand betreffenden »Hilfsantrag« zu (so BFH v. 24.08.1972, VIII R 21/69, BStBl II 1973, 55), so muss es in jedem Fall über beide Anträge entscheiden.

Mehrere Klagebegehren, sei es innerhalb derselben Klageart, sei es in Gestalt verschiedener Klagearten, können in einer Klage zusammengefasst werden, wenn sie sich bei gegebener sachlicher und örtlicher Zuständigkeit des Gerichts gegen dieselbe Behörde (§ 63 FGO) richten und miteinander in sachlichem Zusammenhang stehen. Das kann auch bei verschiedenen Steuerarten zutreffen, wenn sie sich auf denselben Sachverhalt oder Tatsachenkomplex gründen (Bsp.: Geschäftsveräußerung, Umwandlung). Im Wege der objektiven Klagehäufung kann auch eine Klage auf eine **abweichende Festsetzung aus Billigkeitsgründen** (§ 163 Satz 1 AO) mit einer Anfechtungsklage gegen einen Steuerbescheid verbunden werden (BFH v. 18.03.2010, IV R 23/07, BStBl II 2011, 654; BFH v. 12.07.2012, I R 32/11, BFH/NV 2012, 1853). Zwar können die FG im Anfechtungsverfahren gegen die Steuerfestsetzung grds. nicht über einen Billigkeitsantrag (§ 163 AO) entscheiden, weil dieser Gegenstand eines besonderen Verwaltungsverfahrens ist, mag die Billigkeitsmaßnahme nach § 163 Satz 3 AO auch mit der Steuerfestsetzung äußerlich verbunden werden können (s. § 163 AO Rz. 23, 27). Von einer Verbindung beider Verfahren im Wege einer objektiven Klagehäufung (§ 43 FGO) ist jedoch auszugehen, wenn der Kläger im Einspruchs- und im Klageverfahren ausdrücklich auch einen Anspruch auf eine abweichende Steuerfestsetzung aus Billigkeitsgründen geltend gemacht und das FA darüber entschieden hat (BFH v. 12.07.2012, I R 32/11, BFH/NV 2012, 1853; auch s. § 163 AO Rz. 30). 3

Maßgebend sind sowohl das Interesse des Klägers an baldmöglicher und einheitlicher Entscheidung wie der Grundsatz der Verfahrensökonomie. Die Zusammenfassung mehrerer Klagebegehren in einer Klage hat **dieselbe Wirkung wie die Verbindung** mehrerer bereits schwebender Verfahren durch Gerichtsbeschluss nach § 73 Abs. 1 FGO (BFH v. 24.10.1973, VII B 47/72, BStBl II 1974, 137).

**Für jedes Klagebegehren** müssen die **Sachentscheidungsvoraussetzungen** vorliegen (§§ 40 Abs. 2, 41, 42, 44 bis 46 FGO); dasselbe gilt für den Fristenlauf (§ 47 FGO). Betrifft der (unechte) Hilfsantrag einen anderen Streitgegenstand mit anderem Sachverhalt, führt dieser zu einer objektiven Klagehäufung (BFH v. 24.08.1972 VIII R 21/69, BStBl II 1973, 55). Dies hat zur Folge, dass jedes der beiden Klagebegehren auf seine Zulässigkeit hin zu untersuchen ist (BFH-Urteil vom 29.10.1981 I R 89/80; BFH v. 05.02.2002, VIII R 31/01, BStBl II 2002, 464). Eine **Häufung von Anfechtungs- und Verpflichtungsklage** kommt in Betracht, wenn die Ablehnung eines beantragten Verwaltungsaktes mit Ersterer und die Verurteilung der Behörde zur Vornahme des Aktes mit Letzterer verfolgt werden soll. Einen praktischen Anwendungsfall enthält § 100 Abs. 4 FGO (s. § 100 FGO Rz. 25). Im Fall der objektiven Klagehäufung ist eine Beschränkung der **Bei-** 4

**ladung** auf einzelne Klagebegehren grds. zulässig (z. B. BFH v. 13.02.2018, IV R 37/15, BFH/NV 2018, 539; *Brandis* in Tipke/Kruse, § 60 FGO Rz. 95; *Levedag* in Gräber, § 60 FGO Rz. 16). Die Beiladung zu einem der Klagebegehren erfordert keine Trennung der Verfahren. Allerdings darf in diesem Fall durch die Beiladung das Steuergeheimnis (§ 30 AO) nicht verletzt werden (BFH v. 13.02.2018, IV R 37/15, BFH/NV 2018, 539).

## § 44 FGO Außergerichtlicher Rechtsbehelf

**(1) In den Fällen, in denen ein außergerichtlicher Rechtsbehelf gegeben ist, ist die Klage vorbehaltlich der §§ 45 und 46 nur zulässig, wenn das Vorverfahren über den außergerichtlichen Rechtsbehelf ganz oder zum Teil erfolglos geblieben ist.**

**(2) Gegenstand der Anfechtungsklage nach einem Vorverfahren ist der ursprüngliche Verwaltungsakt in der Gestalt, die er durch die Entscheidung über den außergerichtlichen Rechtsbehelf gefunden hat.**

**S. §§ 68, 79 Abs. 1 Nr. 1 VwGO**

### Schrifttum

BARTONE, Verfahrensrechtliche Fragen beim Insolvenzverfahren, AO-StB 2004, 142; PUMP/KRÜGER, Die isolierte Anfechtung der Einspruchsentscheidung in der finanzgerichtlichen Klage – Ein prozessualer Verfahrensfehler mit Konsequenzen, DStR 2013, 891.

1 § 44 Abs. 1 FGO bestimmt (nur) für **Anfechtungs- und Verpflichtungsklagen**, dass die Durchführung eines außergerichtlichen Rechtsbehelfsverfahrens vor den Finanzbehörden (Einspruchsverfahren) eine notwendige Verfahrensvoraussetzung ( **Sachentscheidungsvoraussetzung**) für die Erhebung der Klage zum FG, die auch vom BFH als Revisionsgericht in jeder Lage des Verfahrens von Amts wegen zu prüfen ist (BFH v. 15.01.2015, I R 69/12, BFH/NV 2015, 1037; s. Vor FGO Rz. 30). **Vorverfahren** ist das **Einspruchsverfahren** nach §§ 347 ff. AO. Nur **ausnahmsweise** ist dies **nicht** erforderlich (s. Rz. 2). Fehlt es an einem Vorverfahren und dessen Abschluss durch eine Einspruchsentscheidung (§§ 366, 367 Abs. 2 Satz 3 AO), ist die Klage grds. unzulässig und durch Prozessurteil abzuweisen (vgl. z. B. BFH v. 27.06.2014, IV B 12/14, BFH/NV 2014, 1570; s. Vor FGO Rz. 26 und unten s. Rz. 4). Wird eine Klage vor Abschluss des außergerichtlichen Vorverfahrens erhoben und ergeht die Einspruchsentscheidung noch vor der Abweisung der Klage, so wird die Klage zulässig werden, wenn das Vorverfahren nach dem Inhalt der ergangenen Verwaltungsentscheidung ganz oder zum Teil erfolglos geblieben ist, weil die **Klage »in die Zulässigkeit hineinwächst«** (*Seer* in Tipke/Kruse, § 44 FGO Rz. 13; BFH v. 29.03.2001, III R 1/99, BStBl II 2001, 432; BFH v. 20.01.2009, IX B 178/08, juris; *Steinhauff* in HHSp, § 44 FGO Rz. 245; zur gleichlautenden h. M. im allgemeinen Verwaltungsprozessrecht *Kopp/Schenke*, § 68 VwGO Rz. 3 ff.; *Levedag* in Gräber, § 44 FGO Rz. 33). Fehlt es indessen bereits an der Entscheidung einer Behörde über einen bei ihr gestellten Antrag oder an einem anzufechtenden Verwaltungsakt, so kommt ein »Hineinwachsen« der Klage in die Zulässigkeit nicht in Betracht, wenn die angefochtene Verwaltungsentscheidung nachträglich ergeht (BFH v. 05.02.2003, VII B 268/02, BFH/NV 2003, 651), denn dann fehlt immer noch die Einspruchsentscheidung. Dies gilt auch, wenn das FA einem Einspruch in vollem Umfang abhilft; auch in diesem Fall fehlt es an den Voraussetzungen des § 44 Abs. 1 FGO (BFH v. 18.04.2007, XI R 47/05, BStBl II 2007, 736; *Bartone* in Gosch, § 348 AO Rz. 8). **Nicht entbehrlich** ist ein **Vorverfahren** aber schon deshalb, weil sich die beklagte Behörde auf die Klage eingelassen hat und ihre Abweisung aus materiellen Gründen begehrt (BFH v. 16.11.1984, VI R 176/82, BStBl II 1985, 266); die Behörde kann auf die Sachentscheidungsvoraussetzung nicht »verzichten« (BFH v. 20.12.2006, X R 38/05, BFH/NV 2007, 1016; BFH v. 01.03.2010, XI B 34/09, BFH/NV 2010, 1142; auch *Kopp/Schenke*, § 68 VwGO Rz. 1). Für die **allgemeine Leistungsklage** (§ 40 Abs. 1 3. Alt. FGO) sowie für die **Feststellungsklage** (§ 41 Abs. 1 FGO) gilt § 44 Abs. 1 FGO **nicht.**

Wollen sich **Ehegatten**, die **zusammen zur Einkommensteuer veranlagt** werden (§ 26b EStG), gegen einen ESt-Bescheid wenden, gilt Folgendes: **Beide Ehegatten** müssen die **Voraussetzungen des § 44 Abs. 1 FGO** jeweils in eigener Person erfüllen. Ein von dem einen Ehegatten eingelegter Rechtsbehelf hat nicht ohne Weiteres die Wirkung eines auch von dem anderen Ehegatten eingelegten Rechtsbehelfs. Daher ist für die wirksame Rechtsbehelfseinlegung des einen Ehegatten auch für den anderen erforderlich, dass der das Rechtsmittel führende Ehegatte unmissverständlich zum Ausdruck bringt, er lege den Rechtsbehelf auch für den anderen Ehegatten ein. Liegt danach ein Einspruch eines Ehegatten nicht vor, sind die Sachentscheidungsvoraussetzungen des § 44 Abs. 1 FGO nicht etwa schon deshalb erfüllt, weil das FA die Einspruchsentscheidung unzutreffend auch gegen diesen Ehegatten gerichtet hat (BFH v. 20.12.2006, X R 38/05, BFH/NV 2007, 1016). Die Einspruchsentscheidung ist vielmehr rechtswidrig und (isoliert) aufzuheben (dazu s. Rz. 7). Hat ein Ehegatte keinen Einspruch eingelegt, so ist seine Klage demnach unzulässig (BFH v. 20.12.2012, III R 59/12, BFH/NV 2013, 709).

Die Zulässigkeit einer Anfechtungsklage hängt ausnahmsweise nicht von der erfolglosen Durchführung eines Einspruchsverfahrens ab, wenn der **Kläger durch die Einspruchsentscheidung erstmals beschwert** ist (BFH v. 04.11.1987, II R 167/81, BStBl II 1988, 377; BFH 2

v. 08.07.1998, I R 123/97, BFH/NV 1999, 269). Ist zum Einspruchsverfahren ein Dritter gem. § 360 Abs. 1, Abs. 3 AO hinzugezogen worden, so ist für seine Klage dem Erfordernis des § 44 Abs. 1 FGO Genüge getan. Die Klage eines Kommanditisten gegen einen Verlustfeststellungsbescheid nach § 15a EStG ist aber auch dann zulässig, wenn die Einspruchsentscheidung an die KG gerichtet und der Kommanditist nicht zum Einspruchsverfahren hinzugezogen worden ist (BFH v. 14.10.2003, VIII R 32/01, BStBl II 2004, 359; BFH v. 27.05.2004, IV R 48/02, BStBl II 2004, 964). Hat das FA – rechtswidrig (s. § 367 AO Rz. 12) – den Lebenssachverhalt in der Einspruchsentscheidung ausgetauscht, gleichwohl aber den angefochtenen Verwaltungsakt im Tenor zum Gegenstand der Einspruchsentscheidung gemacht, ist dem Gebot des § 44 Abs. 1 FGO genügt (BFH v. 28.07.1993, II R 50/90, BFH/NV 1993, 712). Das Einspruchsverfahren ist auch entbehrlich, wenn der **Einspruch** gegen einen Verwaltungsakt **nicht statthaft** ist (s. § 348 AO) **oder** wenn die Voraussetzungen der **§§ 45, 46 FGO** gegeben sind. Der (erneuten) Durchführung eines Einspruchsverfahrens bedarf es darüber hinaus nicht, wenn der angefochtene Steuerbescheid in der Einspruchsentscheidung für endgültig erklärt wird (§ 165 Abs. 2 Satz 2 AO; BFH v. 18.12.1974, I R 14/74, BStBl II 1975, 592). Entsprechendes gilt, wenn in der Einspruchsentscheidung der Vorbehalt der Nachprüfung (§ 164 AO) aufgehoben wird (BFH v. 04.08.1983, IV R 216/82, BStBl II 1984, 85; BFH v. 03.09.2009, IV R 17/07, BStBl II 2010, 631).

3 Das Erfordernis der Durchführung des außergerichtlichen Rechtsbehelfsverfahrens vor Erhebung der Klage gilt für die **Anfechtungsklage** (§ 40 Abs. 1 1. Alt. FGO) **und** die **Verpflichtungsklage** (§ 40 Abs. 1 2. Alt. FGO) gleichermaßen (z. B. BFH v. 05.05.1999, II R 44/96, BFH/NV 2000, 8; *Steinhauff* in HHSp, § 44 FGO Rz. 32). Denn auch die Ablehnung eines beantragten Verwaltungsaktes ist zunächst mit dem Einspruch anzufechten; die Ablehnung selbst stellt ebenfalls einen Verwaltungsakt i. S. von § 118 Satz 1 AO dar. Kein Vorverfahren i. S. von § 44 Abs. 1 FGO bildet bei einem auf Einspruch hin geänderten Bescheid das dem Änderungsbescheid vorangegangene Einspruchsverfahren, wenn dieses nicht abgeschlossen, sondern der Änderungsbescheid zum Gegenstand einer Sprungklage (§ 45 FGO) gemacht wurde (BFH 08.10.1971, II B 32/69, BStBl II 1972, 92).

4 Nach § 44 Abs. 1 FGO muss der außergerichtliche Rechtsbehelf ganz oder zum Teil ohne Erfolg geblieben sein. Das heißt, dass das Vorverfahren nur »durchgeführt« worden ist, wenn über den Einspruch – jedenfalls bis zum Ergehen der Gerichtsentscheidung über die Klage (s. Rz. 1) – förmlich entschieden wurde. Dies ist der Fall, wenn der Verfahrensgegenstand des außergerichtlichen Rechtsbehelfsverfahrens und der Streitgegenstand des Klageverfahrens in objektiver und subjektiver Hinsicht übereinstimmen (BFH v. 25.09.2014, III R 56/13, BFH/NV 2015, 206; BFH v. 15.03.2017, III R 12/16, BFH/NV 2018, 140). Es **muss** also in den Fällen, in denen die Durchführung des Einspruchsverfahrens nicht ausnahmsweise entbehrlich ist (s. Rz. 2), eine **Einspruchsentscheidung** (§ 367 Abs. 1 AO) vorliegen (z. B. *Bartone* in Gosch, § 357 AO Rz. 82 ff.). Diese Voraussetzung ist auch dann erfüllt, wenn das FA eine Einspruchsentscheidung erlassen hat, obwohl (möglicherweise) kein Einspruch eingelegt worden ist (BFH v. 16.10.2013, IX B 73/13, BFH/NV 2014, 178; auch s. Rz. 7). Die Frage nach dem »richtigen Vorverfahren« hat sich mit Inkrafttreten des § 347 AO in der nunmehrigen Fassung zum 01.01.1996 erledigt, weil nur noch der Einspruch statthaft ist. Ergeht keine Entscheidung zur Hauptsache, weil die zuständige Behörde dem Einspruchsantrag durch Rücknahme oder Änderung des angefochtenen Verwaltungsakts entsprochen hat (§ 367 Abs. 2 Satz 3 AO), kommt eine Anrufung des FG nicht in Betracht (s. Rz. 1.

Auf den Tenor der Einspruchsentscheidung kommt es im Rahmen des § 44 Abs. 1 FGO nicht an. Es ist daher **unerheblich, ob** der **Einspruch** als **unzulässig** verworfen **oder** als **unbegründet** zurückgewiesen wurde. Das Einspruchsverfahren ist in jedem Fall durchgeführt und die Klage daher insoweit zulässig (BFH v. 26.09.2000, VII B 104/00, BFH/NV 2001, 459). Auch eine unvollständige Einspruchsentscheidung, die einzelne Begehren des Stpfl. unberücksichtigt lässt, kann die Voraussetzungen des § 44 Abs. 1 FGO erfüllen (BFH v. 19.05.2004, III R 36/02, BFH/NV 2004, 1655). Hat die Finanzbehörde einen verspäteten **Einspruch** als **unzulässig** verworfen (§ 358 Satz 2 AO), so kommt weitere Sachprüfung nicht in Betracht, wenn der Einspruch zutreffend verworfen wurde (BFH v. 24.07.1984 BStBl II 1984, 791). Die **Klage** ist daher (sofern alle sonstigen Sachentscheidungsvoraussetzungen gegeben sind) als **unbegründet** abzuweisen, weil der Verwaltungsakt unanfechtbar ist. Erweist sich, dass der Einspruch zu Unrecht als unzulässig verworfen wurde, so ist die Einspruchsentscheidung (isoliert) aufzuheben (s. BFH v. 11.10.1977, VII R 73/74, BStBl II 1978, 154; BFH v. 26.10.1989, BStBl II 1990, 277; BFH v. 26.09.2000, VII B 104/00, BFH/NV 2001, 459). Der Aufhebung der Entscheidung über den außergerichtlichen Rechtsbehelf kommt die Wirkung einer Zurückverweisung zu, weil das außergerichtliche Rechtsbehelfsverfahren fortzusetzen ist. Eine Zurückverweisung an die Finanzbehörde kommt nicht in Betracht, da dies in der FGO nicht vorgesehen ist und deshalb auch vom FG nicht tenoriert werden darf. Ebenso wenig darf im Fall der isolierten Aufhebung der Einspruchsentscheidung im Hinblick auf § 96 Abs. 1 Satz 2 FGO eine Verpflichtung des beklagten FA zu einer Entscheidung in der Sache o. Ä. tenoriert werden – nicht zuletzt auch wegen der grds. unterschiedlichen Rechtskraftwirkung von Anfechtungs- und Verpflichtungsurteilen. 5

6 **Gegenstand der Anfechtungsklage** ist nach § 44 Abs. 2 FGO grds. der Verwaltungsakt in der Gestalt, die er durch die Einspruchsentscheidung gefunden hat. Verfahrensrechtlich bilden der ursprüngliche Verwaltungsakt und die Einspruchsentscheidung einen Rechtsverbund (BFH v. 29.06.1999, VII B 303/98, BFH/NV 1999, 1585), eine Verfahrenseinheit (BFH v. 19.05.1998, I R 44/97, BFH/NV 1999, 314) in der Weise, dass der ursprüngliche Verwaltungsakt »in der Gestalt« (mit dem Inhalt) zu beurteilen ist, die er durch die Entscheidung über den außergerichtlichen Rechtsbehelf gefunden hat (BFH v. 18.09.2014, VI R 80/13, BStBl II 2015, 115). § 44 Abs. 2 FGO legt somit fest, gegen welche Einzelfallregelung die Klage zu richten ist und mit welchem Inhalt die angefochtene Einzelfallregelung in das Verfahren eingeht (BFH v. 18.09.2014, VI R 80/13, BStBl II 2015, 115; *Levedag* in Gräber, § 44 Rz. 31 f.). Wird ein **Verwaltungsakt während des Einspruchsverfahrens geändert**, sodass er gem. § 365 Abs. 3 Satz 1 AO zum Gegenstand des Einspruchsverfahrens wird, bezieht sich die Einspruchsentscheidung (nur) auf diesen geänderten Verwaltungsakt. Dies hat zur Folge, dass er zum »ursprünglichen Verwaltungsakt« i. S. von § 44 Abs. 2 FGO wird (BFH v. 02.07.2008, VII B 67/08, BFH/NV 2008, 1901; *von Beckerath* in Gosch, § 44 FGO Rz. 177; *Levedag* in Gräber, § 44 FGO Rz. 32; vgl. auch *Bartone* in Gosch, § 365 AO Rz. 24). Darin kommt zum Ausdruck, dass die Einspruchsentscheidung gleichfalls eine Behördenentscheidung darstellt und mit dem angefochtenen Ausgangsverwaltungsakt eine Einheit bildet (BFH v. 10.11.1987, VII R 50/84, BFH/NV 1988, 600). Infolgedessen ist ein erneuter Einspruch gegen die nämliche Steuerfestsetzung nach dem Ergehen einer Einspruchsentscheidung ausgeschlossen (BFH v. 18.09.2014, VI R 80/13, BStBl II 2015, 115). Freilich kann der ursprüngliche Verwaltungsakt nur insoweit angegriffen werden, als nach Maßgabe der Einspruchsentscheidung noch eine Beschwer besteht (BFH v. 13.01.1966, IV 329/61, BStBl III 1966, 199). Andererseits ist der den Gegenstand der Klage bildende Steuerbescheid in Gestalt der Einspruchsentscheidung dann nicht rechtswidrig, wenn die ursprüngliche Rechtswidrigkeit vor Erlass der Einspruchsentscheidung geheilt wurde, z. B. die festgesetzte Steuer inzwischen entstanden ist (BFH v. 20.05.1981, II R 52/79, BStBl II 1981, 737; BFH v. 20.05.1981, II R 161/79, juris). Allerdings ist in einem solchen Fall erforderlich, die zeitliche Wirkung der Steuerfestsetzung mit Rücksicht auf die ggf. hieran anknüpfenden Folgen klarzustellen. Zur Anfechtung eines im Einspruchsverfahren ergangenen Vollabhilfebescheids BFH v. 18.04.2007, XI R 47/05, BStBl II 2007, 736; *Bartone* in Gosch, § 367 AO Rz. 83.

7 Aus § 44 Abs. 2 FGO (s. Rz. 6) folgt, dass eine nur gegen die Einspruchsentscheidung gerichtete **isolierte Anfechtungsklage regelmäßig unzulässig** ist (BFH v. 30.01.1976, III R 61/74, BStBl II 1976, 428; BFH v. 16.07.1992, VII R 61/91 BFH/NV 1993, 39), denn dieser Entscheidung kommt – von Ausnahmen abgesehen – keine eigene Wirkung zu; sie stellt vielmehr für das finanzgerichtliche Verfahren mit dem angefochtenen Verwaltungsakt eine Einheit dar (s. Rz. 6). Die isolierte Anfechtung der Einspruchsentscheidung ist **ausnahmsweise** jedoch in allen Fällen zulässig, in denen das FG die **Einspruchsentscheidung** bei Klagestattgabe **isoliert** aufhebt (s. Rz. 5). Dies kommt nur in Betracht, wenn der Kläger lediglich durch diese Einspruchsentscheidung beschwert ist und einen entsprechend eingeschränkten Antrag gestellt hat (BFH v. 08.03.2017, IX R 47/15, BFH/NV 2017, 1044). Dies gilt, wenn eine Einspruchsentscheidung ohne vorherigen Einspruch des Stpfl. erging (BFH v. 26.08.2004, IV R 68/02, BFH/NV 2005, 553; BFH v. 16.10.2013, IX B 73/13, BFH/NV 2014, 178; *Steinhauff* in HHSp, § 44 FGO Rz. 212), wenn der Rechtsbehelf zu Unrecht als unzulässig verworfen wurde, wenn in sonstiger Weise entweder der Rechtsbehelfsführer zusätzlich beschwert ist (z. B. verbösernde Einspruchsentscheidung ohne vorherigen Hinweis, § 367 Abs. 2 Satz 2 AO), ein Dritter erstmals beschwert wird (BFH v. 04.11.1987, II R 167/81, BStBl II 1988, 377; BFH v. 08.07.1998, I R 123/97, BFH/NV 1999, 269) oder ein rechtlich geschütztes Interesse an der Aufhebung der Rechtsbehelfsentscheidung und der Wiederholung des außergerichtlichen Rechtsbehelfsverfahrens besteht (z. B. BFH v. 07.09.1995, III R 111/89, BFH/NV 1996, 521; BFH v. 19.12.1995, III R 64/90, BFH/NV 1996, 729; BFH v. 19.05.1998, I R 44/97, BFH/NV 1999, 314). Dies gilt auch, wenn die Einspruchsentscheidung zum betreffenden Zeitpunkt oder in der betreffenden Form nicht ergehen durfte, etwa, weil das Einspruchsverfahren kraft Gesetzes ruhte (§ 363 Abs. 2 Satz 2 AO; hierzu BFH v. 26.09.2006, X R 39/05, BStBl II 2007, 222) oder unterbrochen war (analog § 240 ZPO bei Insolvenz des Einspruchsführers). Zulässig ist auch die isolierte Anfechtung einer Teileinspruchsentscheidung (§ 367 Abs. 2a AO), mit welcher der Kläger geltend macht, diese sei nicht sachdienlich i. S. von § 367 Abs. 2a Satz 1 AO (BFH v. 14.03.2012, X R 50/09, BFH/NV 2012, 1344). Zur Aufnahme eines analog § 240 ZPO unterbrochenen Einspruchsverfahrens bzw. eines gem. § 155 Satz 1 FGO i. V. m. § 240 ZPO unterbrochenen Klageverfahrens z. B. BFH v. 13.11.2003, V B 131/01, BFH/NV 2004, 642; *Bartone*, AO-StB 2004, 142. Eine Einspruchsentscheidung ist auch dann rechtswidrig und kann isoliert aufgehoben werden, wenn sie insoweit über den Gegenstand des Einspruchsverfahrens hinausgeht, als darin erstmals ein Verwaltungsakt erlassen wird (BFH v. 04.07.2013, X B 91/13, BFH/NV 2013, 1540; auch s. § 45 FGO Rz. 12).

In Fällen, in denen ausnahmsweise die isolierte Aufhebung der Einspruchsentscheidung in Betracht kommt 7a
(s. Rz. 7), darf das Gericht seine Entscheidung nicht von sich auf die Aufhebung der Einspruchsentscheidung be-

schränken, sondern darf dies nur bei einem entsprechenden ausdrücklichen Antrag des Klägers (z.B. BFH v. 19.03.2009, V R 17/06, HFR 2009, 960; BFH v. 08.03.2017, IX R 47/15, BFH/NV 2017, 1044; *Levedag* in Gräber, § 44 FGO Rz. 45 f.; *Seer* in Tipke/Kruse, § 44 FGO Rz. 17).

# § 45 FGO Sprungklage

**(1) Die Klage ist ohne Vorverfahren zulässig, wenn die Behörde, die über den außergerichtlichen Rechtsbehelf zu entscheiden hat, innerhalb eines Monats nach Zustellung der Klageschrift dem Gericht gegenüber zustimmt. Hat von mehreren Berechtigten einer einen außergerichtlichen Rechtsbehelf eingelegt, ein anderer unmittelbar Klage erhoben, ist zunächst über den außergerichtlichen Rechtsbehelf zu entscheiden.**

**(2) Das Gericht kann eine Klage, die nach Absatz 1 ohne Vorverfahren erhoben worden ist, innerhalb von drei Monaten nach Eingang der Akten der Behörde bei Gericht, spätestens innerhalb von sechs Monaten nach Klagezustellung, durch Beschluss an die zuständige Behörde zur Durchführung des Vorverfahrens abgeben, wenn eine weitere Sachaufklärung notwendig ist, die nach Art oder Umfang erhebliche Ermittlungen erfordert, und die Abgabe auch unter Berücksichtigung der Belange der Beteiligten sachdienlich ist. Der Beschluss ist unanfechtbar.**

**(3) Stimmt die Behörde im Falle des Absatzes 1 nicht zu oder gibt das Gericht die Klage nach Absatz 2 ab, ist die Klage als außergerichtlicher Rechtsbehelf zu behandeln.**

**(4) Die Klage ist außerdem ohne Vorverfahren zulässig, wenn die Rechtswidrigkeit der Anordnung eines dinglichen Arrests geltend gemacht wird.**

**Inhaltsübersicht**



**Schrifttum**


BARTONE, Die Sprungklage (§ 45 FGO), AO-StB 2010, 275.


## A. Bedeutung der Vorschrift

1 Grundsätzlich muss vor Erhebung einer Anfechtungs- oder Verpflichtungsklage (§ 40 Abs. 1 FGO) ein außergerichtliches Rechtsbehelfsverfahren (Einspruchsverfahren) durchgeführt werden (§ 44 Abs. 1 FGO). § 45 FGO begründet eine Ausnahme vom Vorliegen dieser Sachentscheidungsvoraussetzung (s. § 44 FGO Rz. 1 f.; s. Vor FGO Rz. 30). Die Sprungklage stellt dabei keine eigene Klageart dar, sondern wird je nach Klagebegehren als Anfechtungsklage oder Verpflichtungsklage erhoben. § 45 FGO gilt nicht nur für alle Anfechtungs- und Verpflichtungsklagen gegen das FA, sondern auch gegen das HZA wegen Zollsachen, wenn diese auch im UZK geregelt sind. Zwar schreibt Art. 44 Abs. 2 UZK ein Verwaltungs- und ein gerichtliches Verfahren vor, doch stehen dem Recht des Betroffenen, auf das außergerichtliche Rechtsbehelfsverfahren zu verzichten, keine gemeinschaftsrechtlichen Regelungen entgegen. Die Sprungklage hat keine Entsprechung in der VwGO und im SGG. Da § 45 FGO seinem Wortlaut nach und aufgrund des Regelungszusammenhangs mit § 44 Abs. 1 FGO ausschließlich für Klagen gilt, kommt eine analoge Anwendung auf die AdV dergestalt, dass AdV beim Gericht der Hauptsache mit Zustimmung des FA unmittelbar beantragt werden könnte, ohne dass die Voraussetzungen des § 69 Abs. 4 FGO erfüllt wären, nicht in Betracht (*Bartone*, AO-StB 2010, 275, 27; *Levedag* in Gräber, § 45 FGO Rz. 4).

## B. Statthaftigkeit der Sprungklage

2 § 45 Abs. 1 Satz 1 FGO lässt in allen Fällen, in denen ein außergerichtliches Vorverfahren gegeben ist (§ 44 Abs. 1 FGO; vorstehend s. Rz. 1), die unmittelbare Anrufung des FG ohne Durchführung des Einspruchsverfahrens zu (sog. Sprungklage), wenn die Behörde, die zur Entscheidung über den außergerichtlichen Rechtsbehelf berufen ist, dieser zustimmt. Begrifflich kommt eine Sprungklage damit nicht in Betracht bei sonstigen Leistungsklagen (s. § 40 FGO Rz. 8), bei Feststellungsklagen und in den Fällen des § 348 AO (dazu auch s. § 46 FGO Rz. 1). Auf die Art des angefochtenen Verwaltungsakts bzw. desjenigen, dessen Vornahme begehrt wird, kommt es nicht an. Der anzufechtende VA muss jedoch erlassen sein; eine zu dessen Erlass erhobene Sprungklage ist unzulässig, da § 45 FGO durch § 46 FGO verdrängt wird. Das Gesetz kennt keine Untätigkeitssprungklage (BFH v. 19.05.2004, III R 36/02, BFH/NV 2004, 1655). Daher setzt eine zulässige Sprungklage bei einem Verpflich-

tungsbegehren voraus, dass die Finanzbehörde zuvor einen Antrag auf Erlass des begehrten Verwaltungsaktes mindestens durch einen Verwaltungsakt abgelehnt hat (BFH v. 19.05.2004, III R 36/02, BFH/NV 2004, 1655; BFH v. 05.07.2012, V R 58/10, BFH/NV 2012, 1953). Die unmittelbare Klage ist auch gegeben, soweit es sich um Ermessenssachen handelt, und zwar trotz der insoweit durch § 102 Satz 1 FGO eingeschränkten Überprüfbarkeit. Im Hinblick darauf, dass einerseits die Erhebung der Sprungklage nur zur Disposition des Rechtssuchenden gestellt ist und andererseits die Zustimmung der zur Entscheidung über den außergerichtlichen Rechtsbehelf berufenen Behörde erforderlich ist, besteht u. E. kein Anlass, den Anwendungsbereich der Vorschrift in Bezug auf Ermessensentscheidungen generell oder wenigstens soweit es sich um Billigkeitsmaßnahmen handelt (Stundung, Erlass usw.) durch teleologische Reduktion einzuschränken (*Bartone*, AO-StB 2010, 275, 276; gl. A. *Seer* in Tipke/Kruse, § 45 FGO Rz. 1; *von Beckerath* in Gosch, § 45 FGO Rz. 12, 32; *Levedag* in Gräber, § 45 FGO Rz. 8; a. A. *Steinhauff* in HHSp, § 45 FGO Rz. 11). Im Übrigen kommt nach Einlegung des Einspruchs (§ 347 AO) grds. keine Sprungklage in Betracht (BFH v. 04.08.2005, II B 80/04, BFH/NV 2006, 74); aber s. Rz. 3.

## C. Klagefrist

3 Die Erhebung der Sprungklage ist **fristgebunden**. Die Frist von einem Monat beginnt nach § 47 Abs. 1 FGO mit der (wirksamen) Bekanntgabe (§ 122 AO) des Verwaltungsakts. Bei unverschuldeter Versäumung der Frist kommt Wiedereinsetzung in den vorigen Stand in Betracht (§ 56 FGO; auch BFH v. 16.11.1984, VI R 176/82, BStBl II 1985, 266). Die Klage ist bei dem FG schriftlich oder zur Niederschrift des Urkundsbeamten der Geschäftsstelle zu erheben (§ 64 Abs. 1 FGO; vgl. aber auch § 52a FGO); zur Fristwahrung im Falle der Anbringung der Klage bei der Behörde (§ 47 Abs. 2 FGO). Die Klageschrift muss den Mindestanforderungen jeder Klage genügen. Die **Umdeutung** eines außergerichtlichen Rechtsbehelfs in eine Sprungklage und umgekehrt ist wegen der Unterschiede des Rechtsschutzbegehrens nach Inhalt und Ziel **nicht möglich** (gl. A. *Levedag* in Gräber § 45 FGO Rz. 16; *Steinhauff* in HHSp, § 45 FGO Rz. 13). Zwar kann eine **Sprungklage nicht neben** einem **Einspruch** erhoben werden und umgekehrt (BFH v. 27.09.1994, VIII R 36/89, BStBl II 1995, 353; BFH v. 04.08.2005, II B 80/04, BFH/NV 2006, 74). Jedoch begegnet die Erhebung der unmittelbaren Klage nach Einlegung eines Einspruchs innerhalb der Rechtsbehelfsfrist keinen Bedenken, wenn der Kläger diese ausschließlich verfolgen will. Denn es handelt sich dabei um den **zulässigen Übergang** von einem statthaften Rechtsbehelf zu einem anderen (BFH v. 16.08.1961, I 267/60 U, BStBl III 1961, 524; BFH v. 11.08.1973, VII B 39/72, BStBl II 1973, 852; BFH v. 04.09.1997, IV R 27/96, BStBl II 1998, 286). Ebenso ist der Übergang von der Sprungklage zum Einspruch innerhalb der Rechtsbehelfsfrist zulässig (BFH v. 14.02.1962, II 36/59 U, BStBl III 1962, 203; *Levedag* in Gräber, § 45 FGO Rz. 17; *Steinhauff* in HHSp § 45 FGO Rz. 21; ebenso *Seer* in Tipke/Kruse, § 45 FGO Rz. 4; *von Beckerath* in Gosch, § 45 FGO Rz. 35 f.). Legt der Stpfl. also nach Erhebung einer Sprungklage und noch vor dem Ergehen der behördlichen Zustimmungserklärung Einspruch ein, führt dies zur Umwandlung der Sprungklage in einen Einspruch, ohne dass es dazu einer ausdrücklichen »Umwandlungserklärung« bedürfte (BFH v. 08.11.2016, I R 1/15, BStBl II 2017, 720).

## D. Zustimmung der Behörde

Die Zulässigkeit der Sprungklage ist gem. § 45 Abs. 1 Satz 1 FGO von der (rechtzeitigen) Zustimmung der zuständigen Behörde abhängig. 4

### I. Rechtsnatur der Zustimmung

Die Zustimmungserklärung ist **Prozesshandlung**, d. h. sie ist bedingungsfeindlich und unwiderruflich (s. Vor § 40 FGO Rz. 5 und 8). Ob die Behörde die Zustimmung erteilt, ist in ihr Ermessen gestellt. Die Erteilung bzw. Versagung der Zustimmung zur unmittelbaren Klage unterliegt nicht der gerichtlichen Nachprüfung (BFH v. 10.10.1988, III B 30/87, BFH/NV 1989, 443). Zwar sieht das Gesetz keine bestimmte Form für die Erteilung der Zustimmung vor; im Hinblick auf die in § 45 Abs. 3 FGO angeordnete Rechtsfolge nicht (fristgerecht) erteilter Zustimmung muss sie jedoch **ausdrücklich** (regelmäßig schriftlich) dem Gericht gegenüber erteilt werden und kann nicht stillschweigend erfolgen. Die **rügelose Einlassung** zur Sache ist **keine Zustimmung** zur Sprungklage (BFH v. 16.11.1984, VI R 176/82, BStBl II 1985, 266; BFH v. 28.10.1987, I R 35/83, juris; BFH v. 16.12.1987, I R 66/84, BFH/NV 1988, 319). 5

### II. Frist

Das beklagte FA muss seine **Zustimmung innerhalb eines Monats nach Zustellung der Klageschrift** erteilen (§ 45 Abs. 1 Satz 1 FGO). Die Frist beginnt mit der Zustellung der Klage (§ 71 Abs. 1 FGO). Sie ist Ausschlussfrist, d. h. keiner Verlängerung (§ 54 Abs. 2 FGO, § 224 Abs. 2 ZPO) zugänglich. Wiedereinsetzung in den vorigen Stand gem. § 56 FGO kann nach Sinn und Zweck dieses Rechtsinstituts nicht in Frage kommen, weil die Fristversäumung 6 nicht zu einem Rechtsverlust führt. Die Frist ist lediglich eine äußerste Grenze. Daher kann die Zustimmung schon vor Fristbeginn, also vor Zustellung der Klage dem FG gegenüber erklärt werden (BFH v. 18.09.1969, VI R 261/67, BStBl II 1970, 11; BFH v. 23.07.1986, I R 173/82, BFH/NV 1987, 178), nicht aber vor Kenntnis des Inhalts der Klageschrift und schon gar nicht vor Erlass des zu erwartenden Verwaltungsakts (BFH v. 08.04.1983, VI R 209/79, BStBl II 1983, 551; *Seer* in Tipke/Kruse, § 45 FGO Rz. 10a; a.A. *Levedag* in Gräber, § 45 FGO Rz. 15; *von Beckerath* in Gosch, § 45 FGO Rz. 58).

### III. Zuständige Behörde

7 Zuständig für die Erteilung der Zustimmung ist allein diejenige Behörde, die über den außergerichtlichen Rechtsbehelf zu entscheiden hat. Dies folgt unmittelbar aus § 45 Abs. 1 Satz 1 FGO. Bei einspruchsfähigen Verwaltungsakten ist das grundsätzlich die Behörde, die den Verwaltungsakt erlassen hat (§ 367 Abs. 1 AO).

## E. Sprungklage bei mehreren Berechtigten (§ 45 Abs. 1 Satz 2 FGO)

8 Hat von mehreren Berechtigten gegen denselben Verwaltungsakt einer einen außergerichtlichen Rechtsbehelf eingelegt, ein anderer aber unmittelbare Klage erhoben, so ist nach § 45 Abs. 1 Satz 2 FGO zunächst über den außergerichtlichen Rechtsbehelf zu entscheiden. Die Vorschrift soll einheitliche Entscheidungen ermöglichen und setzt damit voraus, dass die Rechtsbehelfe eine einheitlich zu treffende Regelung – insbes. einheitliche Feststellung (§§ 179, 180 AO) oder deren (ganze oder teilweise) Ablehnung – betreffen. Der Umstand, dass gegen mehrere Gesamtschuldner ein zusammengefasster Bescheid (§ 155 Abs. 3 AO) ergangen ist, genügt nicht (ebenso *von Beckerath* in Gosch, § 45 FGO Rz. 50; *Levedag* in Gräber, § 45 FGO Rz. 18; *Seer* in Tipke/Kruse, § 45 FGO Rz. 17); maßgebend ist nur die Notwendigkeit einer einheitlich zu treffenden Einspruchsentscheidung. In derartigen Fällen wäre es natürlich sinnvoll, dass die zuständige Behörde ihre Zustimmung versagte und dadurch die Rechtsfolge des § 45 Abs. 3 FGO (s. Rz. 12 ff.) auslöste. Hat die Behörde jedoch der Sprungklage des einen Berechtigten zugestimmt, so bewirkt die Regelung in § 45 Abs. 1 Satz 2 FGO eine (**nicht ausdrücklich anzuordnende) Aussetzung des Klageverfahrens** bis über den Einspruch des anderen Mitberechtigten entschieden ist. Das gilt auch, wenn der andere Berechtigte – etwa wegen des unterschiedlichen Fristlaufs bei notwendiger Einzelbekanntgabe – erst zu einem erheblich späteren Zeitpunkt Einspruch einlegt. Hieraus entspringt eine Informationspflicht der Finanzbehörde gegenüber dem Gericht. Zum Einspruchsverfahren des anderen Berechtigten ist der Kläger notwendig hinzuziehen (§ 360 Abs. 3 AO). Wird dem auf dasselbe Ziel gerichteten **Einspruch stattgegeben**, so **erledigt** sich die **Hauptsache** des (Sprung)Klageverfahrens (ebenso *Levedag* in Gräber, § 45 FGO Rz. 20; *Steinhauff* in HHSp, § 45 FGO Rz. 42). Bleibt das Einspruchsverfahren ganz oder teilweise erfolglos, so sind, wenn auch vom anderen Berechtigten Klage erhoben wird, die Klageverfahren zu verbinden (§ 73 Abs. 2 FGO), anderenfalls ist er zum Klageverfahren notwendig beizuladen (§ 60 Abs. 3 FGO).

## F. Abgabe an die Behörde (§ 45 Abs. 2 FGO)

Nach § 45 Abs. 2 Satz 1 FGO kann das Gericht durch 9
**Beschluss** eine unmittelbar erhobene Klage trotz Vorliegens der (fristgerechten und wirksamen) Zustimmung der zuständigen Behörde (Rz. 5 ff.) an diese zur Durchführung des Vorverfahrens abgeben. Die Entscheidung steht im **Ermessen** des FG. In zeitlicher Hinsicht ist die Abgabe an die Finanzbehörde nur zulässig innerhalb von drei Monaten nach Eingang der Akten der Behörde bei Gericht (zur Aktenvorlage bzw. -übermittlung s. § 71 Abs. 2 FGO), längstens innerhalb von sechs Monaten nach Zustellung der Klage (dazu § 71 Abs. 1 FGO). Die Frist ist nicht verlängerungsfähig und nicht der Wiedereinsetzung in den vorigen Stand zugänglich.

Die Abgabe an die Behörde ist davon unabhängig, dass 10
eine weitere Sachaufklärung notwendig ist, die nach Art und Umfang erhebliche Ermittlungen erfordert und außerdem die Abgabe auch unter Berücksichtigung der Belange der Beteiligten sachdienlich ist. Die Voraussetzungen ähneln denen, die das Gericht zur Aufhebung der Entscheidung über den außergerichtlichen Rechtsbehelf nach § 100 Abs. 3 Satz 1 FGO berechtigen (dazu s. § 100 FGO Rz. 16 ff.). Zweck der Abgaberegelung ist es, die FG vor unzureichend aufgeklärten Fällen zu bewahren. Die Notwendigkeit weiterer Sachaufklärung unter erheblichen Ermittlungen kann innerhalb der zur Verfügung stehenden Frist nur aufgrund **summarischer Prüfung** der Klageschrift, der Klageerwiderung und der Akten festgestellt werden (ebenso *Levedag* in Gräber § 45 FGO Rz. 25; *Steinhauff* in HHSp, § 45 FGO Rz. 52). Da es in **Ermessensentscheidungen** grds. auf die Sachlage (und die Rechtslage) im Zeitpunkt der letzten Verwaltungsentscheidung ankommt (s. § 102 FGO Rz. 3), das Gericht also grds. nicht zur eigenen Tatsachenermittlung berufen ist, ist die Abgabevoraussetzung unter Berücksichtigung des Zwecks der Vorschrift regelmäßig in solchen Fällen nicht erfüllt (a.A. *Levedag* in Gräber § 45 FGO Rz. 25). Liegen die Voraussetzungen des § 45 Abs. 2 FGO zur Abgabe an das FA vor, weil weitere umfangreiche Ermittlungen zur Sachverhaltsaufklärung notwendig sind, kön-

nen die Belange der Beteiligten der Sachdienlichkeit einer Abgabe kaum je entgegenstehen.

11 Über die Abgabe der Klage an die zuständige Behörde entscheidet das Gericht, d.h. der **Senat oder der Einzelrichter** kraft Übertragung (§ 6 FGO), durch **Beschluss**. Der Beschluss ist **unanfechtbar** (§ 45 Abs. 2 Satz 2 FGO); er bedarf keiner Begründung (s. § 113 Abs. 2 FGO). Auch der Umstand, dass das Gericht den Abgabebeschluss erst nach Ablauf der Frist erlassen hat, führt nicht zur Statthaftigkeit der Beschwerde (a. A. *Steinhauff* in HHSp, § 45 FGO Rz. 63). Allerdings wird es der Finanzbehörde in Fällen offensichtlicher Fristüberschreitung nicht verwehrt sein, die Durchführung des Vorverfahrens gegenüber dem Rechtssuchenden ausdrücklich abzulehnen und derart die Voraussetzungen des § 46 Abs. 1 Satz 2 2. Halbsatz FGO für die Erhebung der sog. Untätigkeitsklage zu setzen.

## G. Fehlgeschlagene Sprungklage (§ 45 Abs. 3 FGO)

12 Die Klage ist als außergerichtlicher Rechtsbehelf zu behandeln, wenn die zuständige Behörde nicht oder nicht fristgerecht wirksam ihre Zustimmung erteilt oder das Gericht die Klage nach § 45 Abs. 2 FGO abgibt (§ 45 Abs. 3 FGO; vgl. dazu BFH v. 14.07.2009, VIII R 22/08, BFH/NV 2010, 44). Im erstgenannten Fall kommt einer »Abgabe« der Sache an die Finanzbehörde nur deklaratorische Bedeutung zu, sie kann also **formlos** erfolgen (BFH v. 27.07.2016, VII B 107/15, BFH/NV 2017, 145). Diese stellt keine beschwerdefähige Entscheidung des FG dar (BFH v. 10.09.1996, II B 78/96, BFH/NV 1997, 56; BFH v. 31.01.2002, VII B 307/01, juris). Eine ohne Zustimmung des FA erhobene Sprungklage ist jedoch dann nicht zur Behandlung als Einspruch an das FA abzugeben, wenn feststeht, dass die Einspruchsfrist ebenso wenig wie die Sprungklagefrist gewahrt ist und keine Wiedereinsetzung in Betracht kommt (FG Ha v. 02.11.1994, V 259/9, EFG 1995, 464; FG Ha v. 04.06.2002, III 16/02, EFG 2002, 1394, 1469). Außerdem kann ein Kläger, der mit seiner Klage geltend macht, einem Einspruch sei nicht durch einen Änderungsbescheid abgeholfen worden, nicht rügen, das FG habe die Klage nicht nach § 45 Abs. 3 FGO an das FA abgegeben; denn seine Klage ist eine Untätigkeitsklage i.S. des § 46 FGO, keinesfalls aber eine Sprungklage (BFH v. 04.08.2005, II B 80/04, BFH/NV 2006, 74). Das Verfahren nach § 45 Abs. 3 FGO ist auch dann ausgeschlossen, wenn eine Einspruchsentscheidung insoweit über den Gegenstand des Einspruchsverfahrens hinausgeht, als darin erstmals ein Verwaltungsakt erlassen wird; es liegt in diesem Fall gleichwohl ein abgeschlossenes Vorverfahren (§ 44 Abs. 1 FGO) vor (BFH v. 04.07.2013, X B 91/13, BFH/NV 2013, 1540; auch s. § 44 FGO Rz. 7).

Spricht das Gericht die Rechtsfolge des § 45 Abs. 3 FGO allerdings durch Beschluss aus, so soll dieser anfechtbar sein (st. Rspr. z.B. BFH v. 28.10.1975, VIII R 103/72, BStBl II 1976, 216; BFH v. 18.12.1987, VI B 111/87, BFH/NV 1988, 508; BFH v. 06.12.2002, IV B 144/01, BFH/NV 2003, 629), ein angesichts der Rechtslage bei Abgabe nach § 45 Abs. 2 Satz 2 FGO paradoxes Ergebnis. Es würde der Sache besser entsprechen, in einer »Beschwerde« des Klägers ein Begehren auf Fortsetzung des Klageverfahrens zu sehen. In diesem Fall ist dann die Klage wegen Fehlens der Sachentscheidungsvoraussetzung der Zustimmung der Behörde durch Prozessurteil abzuweisen (so im Ergebnis auch *Levedag* in Gräber, § 45 FGO Rz. 34; *Seer* in Tipke/Kruse, § 45 FGO Rz. 12; in diesem Sinne auch BFH v. 06.12.2002, IV B 144/01, BFH/NV 2003, 629). Denn wenn der Kläger auch nach Verweigerung der Zustimmung durch die Finanzbehörde auf der Zulässigkeit seiner Klage beharrt, ist die Klage unzulässig und daher abzuweisen (BFH v. 27.07.2016, VII B 107/15, BFH/NV 2017, 145).

Stimmt das FA einer Sprungklage nicht zu, ist diese gem. § 45 Abs. 3 FGO als Einspruch zu behandeln und damit nicht mehr anhängig gem. § 66 Satz 1 FGO. Die Anhängigkeit wird rückwirkend beseitigt. Entscheidet das FG gleichwohl über die Klage, liegt hierin ein Verstoß gegen § 66 Satz 1 FGO, der im Revisionsverfahren von Amts wegen zu beachten ist (BFH v. 27.05.2009, X R 34/06, BFH/NV 2009, 1826; BFH v. 14.07.2009, VIII R 22/08, BFH/NV 2010, 44). 13a

Tritt die Rechtsfolge des § 45 Abs. 3 FGO ein, entstehen **keine Gerichtsgebühren** (Anl. 1 zu § 11 Abs. 2 GKG a.F. Nr. 3110; Nr. 6110 Anl. 1 zu § 3 Abs. 2 GKG; hierzu s. Vor § 135 FGO Rz. 42). Über die Kosten des finanzgerichtlichen Verfahrens ist nicht zu entscheiden, da die Anhängigkeit rückwirkend entfällt und daher die Klage nie beim FG rechtshängig war (BFH v. 14.07.2009, VIII R 22/08, BFH/NV 2010, 44). Dies gilt auch, wenn sich die Sprungklage durch rechtzeitige Einlegung eines Einspruchs »umwandelt« (BFH v. 08.11.2016, I R 1/15, BStBl II 2017, 720). 14

## H. Unmittelbare Klage gegen Arrestanordnung (§ 45 Abs. 4 FGO)

§ 45 Abs. 4 FGO eröffnet dem Betroffenen die Möglichkeit, gegen die Anordnung eines **dinglichen Arrestes** (§ 324 AO), gegen die an sich ein außergerichtlicher Rechtsbehelf gegeben ist, unmittelbar das Gericht anzurufen, ohne dass es weiterer Voraussetzungen bedarf. In einem solchen Fall ist das Gericht **nicht** berechtigt, die Klage nach **§ 45 Abs. 2 FGO** an die zuständige Behörde abzugeben (FG Bre v. 05.12.1995, 2 95 237 K 2, EFG 1996, 307). Auf **andere Vollstreckungsmaßnahmen** des FA ist § 45 Abs. 4 FGO **nicht** (entsprechend) anwendbar (BFH 15

v. 15.03.1999, VII B 182/98, BFH/NV 1999, 1229). Die zulässigerweise gegen die Arrestanordnung erhobene Sprungklage erledigt sich allerdings mit dem Ergehen des Leistungsgebots (§ 254 Abs. 1 Satz 1 AO), denn damit wird das Arrestverfahren in das normale Vollstreckungsverfahren übergeleitet (BFH v. 20.09.2000, VIII B 33/00, BFH/NV 2001, 458; außerdem s. § 324 AO Rz. 8). Die Rechtswidrigkeit der Arrestanordnung kann dann nur noch im Wege der Festsetzungsfeststellungsklage (§ 100 Abs. 1 Satz 4 FGO; s. § 100 FGO Rz. 22 ff.) geltend gemacht werden (BFH v. 20.09.2000, VII B 33/00, BFH/NV 2001, 458). Gegen die Anordnung des dinglichen Arrests i.S. von § 324 Abs. 1 AO ist ungeachtet des § 45 Abs. 4 FGO ein AdV-Antrag nach § 69 Abs. 3 Satz 3 FGO statthaft; das AdV-Verfahren wird nicht durch § 45 Abs. 4 FGO verdrängt (BFH v. 06.02.2013, XI B 125/12, BStBl II 2013, 983).

## § 46 FGO
## Untätigkeitsklage

**(1) Ist über einen außergerichtlichen Rechtsbehelf ohne Mitteilung eines zureichenden Grundes in angemessener Frist sachlich nicht entschieden worden, so ist die Klage abweichend von § 44 ohne vorherigen Abschluss des Vorverfahrens zulässig. Die Klage kann nicht vor Ablauf von sechs Monaten seit Einlegung des außergerichtlichen Rechtsbehelfs erhoben werden, es sei denn, dass wegen besonderer Umstände des Falles eine kürzere Frist geboten ist. Das Gericht kann das Verfahren bis zum Ablauf einer von ihm bestimmten Frist, die verlängert werden kann, aussetzen; wird dem außergerichtlichen Rechtsbehelf innerhalb dieser Frist stattgegeben oder der beantragte Verwaltungsakt innerhalb dieser Frist erlassen, so ist der Rechtsstreit in der Hauptsache als erledigt anzusehen.**

**(2) Absatz 1 Satz 2 und 3 gilt für die Fälle sinngemäß, in denen geltend gemacht wird, dass eine der in § 348 Nr. 3 und 4 der Abgabenordnung genannten Stellen über einen Antrag auf Vornahme eines Verwaltungsaktes ohne Mitteilung eines zureichenden Grundes in angemessener Frist sachlich nicht entschieden hat.**

**S. § 75 VwGO; § 88 SGG**

**Inhaltsübersicht**



**Schrifttum**

BARTONE, Die Untätigkeitsklage, AO-StB 2004, 68.

### A. Bedeutung der Vorschrift

1 Grundsätzlich muss vor Erhebung einer Anfechtungs- oder Verpflichtungsklage (§ 40 Abs. 1 FGO) ein außergerichtliches Rechtsbehelfsverfahren (Einspruchsverfahren) durchgeführt werden (§ 44 Abs. 1 FGO). § 46 FGO begründet eine Ausnahme vom Vorliegen dieser Sachentscheidungsvoraussetzung (s. § 44 FGO Rz. 1 f.; s. Vor FGO Rz. 30). Die **Untätigkeitsklage** stellt dabei keine eigene Klageart dar (z.B. BFH v. 18.11.2015, XI R 24-25/14, BFH/NV 2016, 418), sondern wird je nach Klagebegehren als **Anfechtungsklage oder Verpflichtungsklage** erhoben, die ausnahmsweise abweichend von § 44 Abs. 1 FGO auch ohne abgeschlossenes Einspruchsverfahren zulässig ist. Zweck des § 46 FGO ist es, Rechtsschutz gegen eine unangemessene Verzögerung der Entscheidung über einen außergerichtlichen Rechtsbehelf zu bieten. Dem entspricht im Verwaltungsverfahren der Untätigkeitseinspruch nach § 347 Abs. 1 Satz 2 AO. Jedoch zielt die Klage nicht auf die Verurteilung der Finanzbehörde zum Erlass der bisher verzögerten Rechtsbehelfsentscheidung oder zum Tätigwerden überhaupt, sondern ist – je nach Klagebegehren – eine Anfechtungs- bzw. Verpflichtungsklage (BFH v. 05.05.1970, II B 19/67, BStBl II 1970, 551; BFH v. 03.08.2005, I R 74/02, BFH/NV 2006, 19; BFH v. 02.07.2012, III B 101/11, BFH/NV 2012, 1628). Der besondere Rechtsschutz des § 46 FGO besteht darin, dass das FG mit der Klage unter bestimmten Voraussetzungen schon vor der Beendigung des außergerichtlichen Rechtsbehelfsverfahrens angerufen werden kann. Es bedarf dann keines Abschlusses dieses Verfahrens durch eine förmliche Entscheidung über den außergerichtlichen Rechtsbehelf. Für allgemeine Leistungsklagen und Feststellungsklagen gilt § 46 FGO nicht, da in diesen Fällen kein Einspruchsverfahren gegeben ist.

### B. Voraussetzungen (§ 46 Abs. 1 FGO)

2 Die Untätigkeitsklage ist (grds.) zulässig, wenn das FA in angemessener Frist, von der Einlegung des Rechtsbehelfs an gerechnet, über den Rechtsbehelf ohne Mitteilung eines zureichenden Grundes sachlich nicht entschieden

hat (§ 46 Abs. 1 Satz 1 FGO), wobei die Klage nicht vor Ablauf von sechs Monaten erhoben werden kann (§ 46 Abs. 1 Satz 2 FGO). Zwingende Voraussetzung ist, dass der Kläger überhaupt einen Einspruch eingelegt hat (vgl. BFH v. 20.04.2012, III B 36/11, BFH/NV 2012, 1169).

### I. Keine Einspruchsentscheidung

3 Eine Entscheidung über den außergerichtlichen Rechtsbehelf i.S. von § 46 Abs. 1 Satz 1 FGO liegt erst mit der Bekanntgabe an den Rechtsbehelfsführer, nicht schon mit abschließender Zeichnung vor (BFH v. 25.05.1973, VI B 95/72, BStBl II 1973, 665). Auch die Verwerfung des Einspruchs als unzulässig ist eine Entscheidung in diesem Sinn und steht der Erhebung einer Untätigkeitsklage entgegen (zur Anfechtbarkeit der Einspruchsentscheidung in solchen Fällen s. § 44 FGO Rz. 7). Allerdings können besondere Umstände des Falles, z.B. ein dringliches Rechtsschutzinteresse des Steuerpflichtigen, die Untätigkeitsklage schon nach Verstreichen einer kürzeren Frist als der gesetzlich vorgesehenen sechs Monate zulässig machen. Solche besonderen Umstände, die die Person des Klägers betreffen (z.B. Auswanderung, Wehrdienst) oder in der Natur der Sache liegen (z.B. Vollstreckungsmaßnahmen) können, unterliegen voll der Nachprüfung durch das Gericht. Sie sind z.B. nicht allein darin zu sehen, dass es sich bei dem angefochtenen Verwaltungsakt um einen Haftungsbescheid handelt (BFH v. 06.12.1972, I R 177/72, BStBl II 1973, 228; BFH v. 13.10.1977, V R 57/74, BStBl II 1978, 154). Besteht **objektiv keine Möglichkeit zur Entscheidung** der Sache durch die Behörde (und damit auch durch das Gericht), weil das BVerfG eine im Streitfall anzuwendende Norm für verfassungswidrig erklärt und der Gesetzgeber die erforderliche gesetzliche Neuregelung noch nicht getroffen hat, so ist die **Untätigkeitsklage** stets **unzulässig, weil rechtsmissbräuchlich** (BFH v. 11.08.1992, III B 143/92, BFH/NV 1993, 310; BFH v. 30.06.1995, III B 187/94, BFH/NV 1996, 412). Eine rechtsmissbräuchlich erhobene Untätigkeitsklage kann nicht in die Zulässigkeit hineinwachsen. Eine Aussetzung des Verfahrens gem. § 46 Abs. 1 Satz 3 FGO durch das FG kommt dann nicht in Betracht (BFH v. 08.07.1994, III R 78/92, BStBl II 1994, 859; s. Rz. 8).

### II. Ablauf einer angemessenen Frist seit Einspruchseinlegung

4 § 46 Abs. 1 Satz 1 FGO enthält keine Aussage darüber, was eine angemessene Frist seit Einlegung des Einspruchs darstellt. Die Angemessenheit bestimmt sich nach den **jeweiligen Umständen des Einzelfalles**, also z.B. nach dem Umfang des Falles, Umfang und Schwierigkeiten der gebotenen Sachverhaltsermittlung (*Levedag* in Gräber, § 46 FGO Rz. 11 ff.; *Steinhauff* in HHSp, § 46 FGO Rz. 110 ff. *Seer* in Tipke/Kruse, § 46 FGO Rz. 7). Aufgrund der Regelung des § 46 Abs. 1 Satz 2 FGO kann allerdings davon ausgegangen werden, dass die Frist von **sechs Monaten** vom Gesetzgeber für **den Regelfall als angemessen** angesehen wird (BGH v. 27.04.2004, IV R 18/04, BFH/NV 2006, 2017; BFH v. 27.06.2012, XI B 8/12, BFH/NV 2012, 1809). Sie kann aber im Einzelfall auch länger sein (FG Köln v. 05.06.2014, 15 K 1958/13, EFG 2014, 1605). Eine **vorzeitig** erhobene Untätigkeitsklage ist unzulässig, sodass über sie sachlich nicht entschieden werden kann (BFH v. 13.10.1977, V R 57/74, BStBl II 1978, 154). Dabei kommt es nicht auf den Zeitpunkt der Klageerhebung, sondern den der Entscheidung (bzw. Hauptsachenerledigung) an (BFH v. 13.05.1971, V B 61/70, BStBl II 1971, 492; BFH v. 28.09.1990, VI R 98/89, 100/89, VI R 98/89, VI R 100/89, BStBl II 1991, 363 m.w.N.; Ausnahme: missbräuchliche Untätigkeitsklage, BFH 08.05.1992, III B 138/92, BStBl II 1992, 673): eine zunächst unzulässige (weil »verfrühte«) Klage kann auch durch den Wegfall des zunächst vorhandenen und mitgeteilten »zureichenden Grundes« **in die Zulässigkeit »hineinwachsen«** (BVerwG v. 20.01.1966, I C 24.63, BVerwGE 23, 135; BFH v. 07.03.2006, IV B 78/04, BStBl II 2006, 430; auch *Seer* in Tipke/Kruse, § 46 FGO Rz. 8; *Steinhauff* in HHSp, § 46 FGO Rz. 70; *Levedag* in Gräber, § 46 FGO Rz. 9). Damit die Klage in die Zulässigkeit hineinwachsen kann, hat das FG die Klage nach § 46 Abs. 1 Satz 3 FGO grds. auszusetzen. Insoweit besteht zwar ein Ermessen des Gerichts. Aber gerade im Hinblick darauf, dass die verfrüht erhobene Untätigkeitsklage in die Zulässigkeit hineinwachsen kann, ist unter Beachtung des Art. 19 Abs. 4 GG eine Aussetzung des Verfahrens nach § 46 Abs. 1 Satz 3 FGO regelmäßig geboten (BFH v. 30.09.2015, V B 135/14, BFH/NV 2016, 51; BFH v. 13.09.2016, V B 26/16, BFH/NV 2017, 53; vgl. auch BVerwG v. 20.01.1966, I C 24.63, BVerwGE 23, 135; *Kopp/Schenke*, § 75 VwGO Rz. 16).

### III. Keine Mitteilung eines zureichenden Grundes

Voraussetzung für die Untätigkeitsklage ist, dass das FA die Entscheidung über den außergerichtlichen Rechtsbehelf ohne Mitteilung eines zureichenden Grundes verzögert. Diese Mitteilung kann formlos erfolgen (BFH v. 09.04.1968, I B 48/67, BStBl II 1968, 471). Hat die Behörde den Grund für die Verzögerung mitgeteilt, ist die Klage nur dann zulässig, wenn es sich nicht um einen zureichenden Grund handelt. Ob ein zureichender Grund vorliegt, richtet sich nach den Umständen des Einzelfalles. **Ein zureichender Grund** (*Levedag* in Gräber, § 46 FGO Rz. 22) ist z.B. das Fehlen der Verwaltungsakten 5 oder die Anweisung einer vorgesetzten Behörde (BFH v. 13.05.1971, V B 61/70, BStBl II 1971, 492), »Arbeitsüberlastung« (FG BW v. 20.09.1999, 9 K 216/99, EFG 2000, 1021) oder »Personalmangel« und dergl., also Umstände, welche die FinVerw, nicht aber der Bürger zu vertreten hat. Desgleichen liegt kein zureichender Grund vor, wenn das FA sich auf noch nicht abgeschlossene steuerstrafrechtliche Ermittlungen stützt, die jedoch keinen Einfluss auf das Rechtsbehelfsverfahren haben können (BFH v. 27.06.2012, XI B 8/12, BFH/NV 2012, 1809).

5a Von einem **zureichenden Grund** für eine Verzögerung kann nur dann die Rede sein, wenn die (Sach-)Entscheidung von dem die Erledigung verzögernden (noch ausstehenden) Umstand abhängt bzw. dieser Umstand tatsächlich eine wesentliche (Mit-)Ursache für die ausbleibende Entscheidung ist (BFH 25.07.2012, I R 74/11, BFH/NV 2013, 82). Regelmäßig ist das der Fall, wenn das **Verfahren** mit Zustimmung des Einspruchsführers (§ 363 Abs. 2 Satz 1 AO), kraft Gesetzes (§ 363 Abs. 2 Satz 2 AO) oder aufgrund einer Allgemeinverfügung **ruht** (§ 363 Abs. 2 Satz 3 AO). Das Abwarten eines finanzgerichtlichen »Musterverfahrens« stellt einen zureichenden Grund dar (BFH v. 07.10.2010, V R 43/08, BFH/NV 2011, 989; BFH v. 27.06.2012, XI B 8/12, BFH/NV 2012, 1809). Dies gilt auch, wenn das FA zunächst die Entscheidung des FG in einem Klageverfahren abwarten will, weil sich für das Rechtsbehelfsverfahren im Wesentlichen dieselben Rechtsfragen für andere Veranlagungszeiträume stellen (BFH v. 06.03.2013, III B 113/12, BFH/NV 2013, 976). Solange der Einspruchsführer nicht nach § 363 Abs. 2 Satz 4 AO die Fortsetzung des Verfahrens beantragt hat, ist u.E. die Untätigkeitsklage missbräuchlich erhoben und damit unzulässig, weil es der Rechtsbehelfsführer selbst in der Hand hat, die Fortsetzung des Einspruchsverfahrens zu betreiben. Auch die **Aussetzung des Verfahrens** nach § 363 Abs. 1 AO bildet grundsätzlich einen zureichenden Grund (BFH v. 11.08.1992, III B 147/92, BFH/NV 1993, 311), wobei allerdings deren Voraussetzungen voll nachprüfbar sind, weil die Aussetzungsverfügung keinen Verwaltungsakt darstellt (aber s. § 363 AO Rz. 17; gl. A. *von Groll* in Gräber, § 46 FGO Rz. 20; *Seer* in Tipke/Kruse, § 46 FGO Rz. 11, § 363 AO Rz. 30; a. A. *Brockmeyer* in Klein, § 363 AO Rz. 28; unklar *Birkenfeld* in HHSp, § 363 AO Rz. 15).

6 **Neben** der **Untätigkeitsklage** nach § 46 FGO ist **weder** eine **Verpflichtungsklage** auf Erlass der von der Finanzbehörde nach § 363 Abs. 1 AO ausgesetzten Entscheidung über den außergerichtlichen Rechtsbehelf **noch** eine **Anfechtungsklage** gegen den die Aussetzung des außergerichtlichen Rechtsbehelfsverfahrens anordnenden Verwaltungsakt **zulässig** (FG Ha v. 21.12.1970, EFG 1971, 188; BFH v. 25.10.1973, VII R 15/71, BStBl II 1974, 116; auch s. Rz. 9).

7 Hat die Finanzbehörde das Einspruchsverfahren nach § 363 Abs. 1 AO ausgesetzt oder ruht es nach § 363 Abs. 2 Satz 2 AO kraft Gesetzes, so darf die Behörde andererseits keine Einspruchsentscheidung erlassen, bis der Ruhensgrund entfallen ist. Verstößt sie dagegen, ist die Einspruchsentscheidung rechtswidrig und kann isoliert mit der Anfechtungsklage angefochten werden. Sie ist dann vom Gericht aufzuheben (s. § 44 FGO Rz. 7).

### C. Aussetzung des Klageverfahrens

Nach § 46 Abs. 1 Satz 3 FGO kann das Gericht das **Verfahren aussetzen**. Die Möglichkeit zur Aussetzung des Verfahrens soll den Bedürfnissen der Finanzverwaltung Rechnung tragen und gleichzeitig zur Entlastung der FG verhindern, dass noch nicht ausreichend ermittelte Fälle zum Gericht gebracht werden. Durch die Verfahrensaussetzung erhält die beklagte Behörde Gelegenheit, die Entscheidung über den außergerichtlichen Rechtsbehelf zu erlassen. Dabei kann das FG der Behörde eine Frist setzen und diese auch verlängern. Gegen den **Beschluss**, mit dem das Verfahren ausgesetzt wird, ist das Rechtsmittel der Beschwerde gegeben (§ 128 Abs. 2 FGO; z. B. BFH v. 17.10.2002, VI B 58/02, BFH/NV 2003, 79), auch s. Rz. 5. 8

### D. Entscheidung der Finanzbehörde über den außergerichtlichen Rechtsbehelf trotz anhängiger Untätigkeitsklage

Durch die Erhebung der Klage des § 46 FGO wird das FA oder die zur Entscheidung sonst zuständige Behörde nicht daran gehindert, über den außergerichtlichen Rechtsbehelf zu entscheiden. Eine **weitere (gesonderte)** Klage gegen eine derartige Rechtsbehelfsentscheidung ist jedoch **unzulässig** (BFH v. 30.01.1976, III R 61/74, BStBl II 1976, 428; BFH v. 28.10.1988, III B 184/86, BStBl II 1989, 107). Gibt die Finanzbehörde dem außergerichtlichen Rechtsbehelf innerhalb der vom Gericht gesetzten Frist statt, so **erledigt** sich die **Hauptsache** kraft Gesetzes (§ 46 Abs. 1 Satz 3 FGO); die **Kosten** sind in diesem Fall nach § 138 Abs. 2 Satz 1 FGO der **beklagten Behörde** aufzuerlegen. Im Fall der Verpflichtungsklage kommt es nur dann zu einer Hauptsachenerledigung nach § 46 Abs. 1 Satz 3 FGO, wenn das FA einen **Verwaltungsakt mit dem vom Kläger gewünschten Inhalt** ergeht. Nicht zur Hauptsachenerledigung kraft Gesetzes kommt es, wenn dem mit dem außergerichtlichen Rechtsbehelf verfolgten Begehren von der Behörde nach Ablauf der gesetzten Frist oder ohne Fristsetzung stattgegeben wird. Eintritt der Hauptsachenerledigung erfolgt hier nur durch übereinstimmende Erledigungserklärung (auch s. § 138 FGO Rz. 15); die Kostenentscheidung ist gem. § 138 Abs. 1 FGO zu treffen (BFH v. 28.12.2005, V B 25/05, BFH/NV 2006, 791). Entscheidet die Finanzbehör- 9 de nicht dem Antrag entsprechend, so nimmt das Klageverfahren vor dem FG erforderlichenfalls (bei Abänderung des Verwaltungsakts durch die Einspruchsentscheidung nach Grund oder Höhe) durch Benennung des neuen Klagegegenstandes (§ 65 Abs. 1 FGO) als Anfechtungsklage gegen den zugrunde liegenden Verwaltungsakt in der Fassung der Einspruchsentscheidung seinen Fortgang (BFH v. 28.10.1988, III B 184/86, BStBl II 1989, 107; BFH v. 19.04.2007, V R 48/04, BFH/NV 2007, 1524; BFH v. 20.10.2010, I R 54/09, BFH/NV 2011, 641).

## E. Sonderfall der »Untätigkeitsverpflichtungsklage« (§ 46 Abs. 2 FGO)

10 § 46 Abs. 2 FGO dehnt den Rechtsschutz des § 46 Abs. 1 FGO auf die Fälle aus, in denen eine oberste Finanzbehörde des Bundes oder der Länder, desgleichen eine der anderen der in § 348 Nr. 3 und 4 AO bezeichneten Stellen die Entscheidung über den bei ihr beantragten Erlass eines Verwaltungsaktes hinauszögert und somit die Verpflichtungsklage die statthafte Klageart darstellt. In diesen Fällen ist gem. § 348 AO kein außergerichtlicher Rechtsbehelf gegeben, sodass das FG ohne außergerichtliches Vorverfahren angerufen werden kann. Die Klage, die hier eine **echte Verpflichtungsklage** darstellt, kann nicht vor Ablauf von sechs Monaten seit Antragstellung erhoben werden, wenn nicht wegen besonderer Umstände des Falles eine kürzere Frist geboten ist. Wie bei der Untätigkeitsklage nach § 46 Abs. 1 FGO kann auch hier das Gericht im Wege der Aussetzung des Verfahrens der Finanzbehörde Gelegenheit geben, den beantragten Verwaltungsakt noch nachträglich zu erlassen oder anderweitig über den gestellten Antrag zu entscheiden (s. Rz. 5 und 8).

11 **Nicht von § 46 Abs. 2 FGO** erfasst sind die Fälle, in denen das FA (HZA) die Entscheidung über den Erlass eines beantragten VA hinauszögert. Dies ist die Fallkonstellation, die von § 347 Abs. 1 Satz 2 AO geregelt wird (**Untätigkeitseinspruch**; s. § 347 AO Rz. 27 ff.; vgl. BFH v. 19.05.2004, III R 36/02, BFH/NV 2004, 1655; BFH v. 05.07.2012, V R 58/10, BFH/NV 2012, 1953). Erst wenn über diesen Untätigkeitseinspruch nicht in angemessener Frist und ohne Mitteilung eines hinreichenden Grundes nicht entschieden wird, ist in diesem Fall der **doppelten Untätigkeit** der Weg für die Verpflichtungsklage in Form der Untätigkeitsklage i. S. des § 46 Abs. 1 FGO frei (gerichtet auf Erlass des ursprünglich beantragten Verwaltungsakts; z. B. BFH v. 07.09.2017, X B 52/17, BFH/NV 2018, 221; s. Rz. 1; vgl. BFH v. 12.10.2010, V B 134/09, BFH/NV 2011, 326). Eine **Untätigkeitssprungklage** ist im Gesetz nicht vorgesehen und daher **unzulässig** (BFH v. 19.05.2004, III R 36/02, BFH/NV 2004, 1655; BFH v. 25.09.2014, III R 54/11, BFH/NV 2015, 477). Dementsprechend ist auch eine Untätigkeitsklage, die der Kläger nach Einlegung eines nicht beschiedenen Einspruchs gegen einen Steuerbescheid einlegt, mit dem Antrag, das FA **zur Bescheidung des Einspruchs zu verpflichten**, gesetzlich nicht vorgesehen und daher **unzulässig** (BFH v. 09.09.2014, VIII B 133/13, BFH/NV 2015, 45).

Die Untätigkeit der Behörde ist nach § 46 FGO nur die Zulässigkeitsvoraussetzung, nicht aber der Gegenstand der Klage. Das Rechtsschutzbegehren des Klägers ist daher auch in den Fällen des § 46 FGO auf Aufhebung oder Änderung eines Verwaltungsaktes oder auf Verurteilung zum Erlass eines abgelehnten oder unterlassenen Verwaltungsaktes gerichtet und nicht auf ein Tätigwerden der Behörde überhaupt, also eine »irgendwie geartete« Reaktion des beklagten FA (vgl. BFH v. 27.06.2006, VII R 43/05, BFH/NV 2007, 396; BFH v. 18.11.2015, XI R 24-25/14, BFH/NV 2016, 418; vgl. auch *von Beckerath* in Gosch, § 46 FGO Rz. 217; *Seer* in Tipke/Kruse, § 46 AO Rz. 16; *Steinhauff* in HHSp, § 46 FGO Rz. 396). Denn dem Kläger kommt es nicht auf irgendeine Entscheidung der Behörde an, sondern letztlich auf den Erlass des von ihm beantragten Verwaltungsakts. Auch in der vorgenannten Konstellation bleibt die Untätigkeitsklage eine Verpflichtungsklage, die lediglich – ausnahmsweise abweichend von § 44 Abs. 1 FGO – nicht den erfolglosen Abschluss des Einspruchsverfahrens voraussetzt (Rz. 1). Erlässt das FA im Fall der »doppelten Untätigkeit« den begehrten Verwaltungsakt, so ist folglich der Rechtsstreit in der Hauptsache erledigt, da der Kläger sein mit der (Untätigkeits-)Klage verfolgtes Ziel letztlich erreicht hat (*Levedag* in Gräber, § 46 FGO Rz. 1; *Steinhauff* in HHSp, § 46 FGO Rz. 390). Auf eine Entscheidung des Untätigkeitseinspruchs kommt es nicht mehr an. Dementsprechend erledigt sich eine ursprünglich erhobene Untätigkeitsklage nach Erlass der Einspruchsentscheidung, mit der dem Einspruch **ganz oder teilweise nicht stattgegeben** wird, nicht; denn dadurch hat die Finanzbehörde nicht, wie § 46 Abs. 1 Satz 3 FGO dies voraussetzt, den »beantragten« Verwaltungsakt erlassen. In einem solchen Fall ist das **ursprüngliche Klageverfahren** als Verpflichtungsklage **fortzusetzen** (BFH v. 19.04.2007, V R 48/04, BStBl II 2009, 315; BFH v. 18.11.2015, XI R 24-25/14, BFH/NV 2016, 418; *Steinhauff* in HHSp, § 46 FGO Rz. 390; *Levedag* in Gräber, § 46 FGO Rz. 28, 31; *Seer* in Tipke/Kruse, § 46 FGO Rz. 20). Dies gilt auch, wenn das FA eine (negative) Einspruchsentscheidung erlässt: Auch in diesem Fall ist das bereits anhängige Klageverfahren fortzuführen (BFH v. 18.11.2015, XI R 24-25/14, BFH/NV 2016, 418; *von Beckerath* in Gosch, § 46 FGO Rz. 191). Denn das Ziel des Klägers ist es – wie bereits ausgeführt –, eine Entscheidung in der Sache (Erlass des begehrten Verwaltungsakts) zu erlangen. Diesem Begehren wird es am ehesten gerecht, wenn eine anhängige Untätigkeitsklage auch dann fortgeführt wird, wenn dem Antrag des Klägers auf Erlass des Verwaltungsakts nicht oder nur teilweise stattgegeben wird. Dabei kommt es auf die Entscheidung über den Untätigkeitseinspruch nicht mehr an. Denn § 46 FGO soll dem Stpfl. gerade den Zugang zum FG eröffnen, ohne dass es eines abgeschlossenen Einspruchsverfahrens bedarf. Für eine Aussetzung des Verfahrens zur Herbeiführung einer Rechtsbehelfsentscheidung (vgl. BVerwG v. 23.03.1973, IV C 2.71, BVerwGE 42, 108; BVerwG v. 13.01.1983, 5 C 114.81, BVerwGE 66, 342) besteht daher kein Bedürfnis. Wird aber eine Einspruchsentscheidung erlassen, so ist damit die Sachentscheidungsvoraussetzung des § 44 Abs. 1 FGO gegeben und es besteht erst recht kein Grund mehr, ein (weiteres) außergerichtliches Rechtsbehelfsverfahren durchzuführen (*von Beckerath* in Gosch, § 46 FGO Rz. 191). Die in der Vorauflage vertretene Auffassung, wonach dem Kläger die Möglichkeit zuzubilligen sei, entweder das Klageverfahren gegen den zwischenzeitlich erlassenen Verwaltungsakt fortzusetzen oder aber gegen den Bescheid Einspruch einzulegen und das Klageverfahren in der Hauptsache für erledigt zu erklären, wird aufgegeben.

## § 47 FGO
## Frist zur Erhebung der Anfechtungsklage

**(1) Die Frist für die Erhebung der Anfechtungsklage beträgt einen Monat; sie beginnt mit der Bekanntgabe der Entscheidung über den außergerichtlichen Rechtsbehelf, in den Fällen des §45 und in den Fällen, in denen ein außergerichtlicher Rechtsbehelf nicht gegeben ist, mit der Bekanntgabe des Verwaltungsaktes. Dies gilt für die Verpflichtungsklage sinngemäß, wenn der Antrag auf Vornahme des Verwaltungsaktes abgelehnt worden ist.**

**(2) Die Frist für die Erhebung der Klage gilt als gewahrt, wenn die Klage bei der Behörde, die den angefochtenen Verwaltungsakt oder die angefochtene Entscheidung erlassen oder den Beteiligten bekannt gegeben hat oder die nachträglich für den Steuerfall zuständig geworden ist, innerhalb der Frist angebracht oder zu Protokoll gegeben wird. Die Behörde hat die Klageschrift in diesem Fall unverzüglich dem Gericht zu übermitteln.**

**(3) Absatz 2 gilt sinngemäß bei einer Klage, die sich gegen die Feststellung von Besteuerungsgrundlagen oder gegen die Festsetzung eines Steuermessbetrages richtet, wenn sie bei der Stelle angebracht wird, die zur Erteilung des Steuerbescheides zuständig ist.**

**S. §74 VwGO; §87 SGG**

§ 47 FGO ordnet für die **Anfechtungs- und Verpflichtungsklage** an, dass die Klage innerhalb eines Monats nach der letzten Behördenentscheidung zu erheben ist. Eine spezielle Klagefrist enthält § 367 Abs. 2b Satz 5 AO (s. § 367 AO Rz. 30). Die Einhaltung der Klagefrist ist **Sachentscheidungsvoraussetzung**, die auch in der Revisionsinstanz ohne entsprechende Verfahrensrüge zu überprüfen ist (z. B BFH v. 24.09.1985, IX R 47/83, BStBl II 1986, 268; BFH v. 19.02.1993, VI R 70/92, BFH/NV 1993, 552, BFH v. 08.02.1996, III R 127/93, BFH/NV 1996, 850; s. Vor FGO Rz. 36). Aus § 47 Abs. 1 FGO folgt unmittelbar, dass die Klagefrist für die **allgemeine Leistungsklage und die Feststellungsklage nicht** gilt. 1

Die Monatsfrist für die Erhebung der Klage **beginnt** grds. mit der **Bekanntgabe** der Entscheidung über den außergerichtlichen Rechtsbehelf (§§ 124 Abs. 1, 366 AO; s. § 54 Abs. 1 FGO). Demnach läuft die Klagefrist nicht an, wenn die Einspruchsentscheidung nicht wirksam bekannt gegeben wird (BFH v. 20.10.1987, VII R 19/87, BStBl II 1988, 97) und dieser Mangel auch nicht geheilt wird (z. B. BFH v. 18.03.2014, VIII R 9/10, BStBl II 2014, 748; BFH v. 28.07.2015, VIII R 50/13, juris). Jedoch muss eine sog. Sprungklage (§ 45 FGO) binnen Monatsfrist nach der Bekanntgabe des anzufechtenden Verwaltungsaktes erhoben werden (§ 45 FGO Rz. 3). Entsprechendes gilt, wenn ein außergerichtlicher Rechtsbehelf nicht vorgesehen ist (s. § 348 Nr. 3 und 4 AO). Bei Ablehnung der Vornahme eines Verwaltungsaktes beginnt hier die Monatsfrist im Zeitpunkt der Ablehnung; bei Untätigkeit der Finanzbehörde insbes. im außergerichtlichen Rechtsbehelfsverfahren gilt die Fristenregelung des § 46 FGO. Zur Einhaltung der Klagefrist bei Klageerweiterungen s. § 67 FGO Rz. 8. Für die **Fristberechnung** gelten nach § 54 Abs. 2 FGO die Vorschriften der §§ 222, 224 Abs. 2 und Abs. 3, 225, 226 ZPO (dazu z. B. BFH v. 28.07.2016, X B 205/15, BFH/NV 2016, 1742; *Steinhauff* in HHSp, § 47 FGO Rz. 92). Zur Bedeutung der **Rechtsbehelfsbelehrung** für den Lauf der Klagefrist s. § 55 FGO. 2

Eine Anfechtungsklage, die vor Bekanntgabe des maßgeblichen **Verwaltungsakts** erhoben wird, ist – sofern kein Fall des § 46 FGO gegeben ist – und bleibt unzulässig (Levedag in Gräber, § 47 FGO Rz. 11), und zwar auch dann, wenn der Stpfl. von dem Inhalt des Verwaltungsakts bereits zuvor sichere Kenntnis erlangt hatte (z. B. BFH v. 01.07.2010, V B 108/09, BFH/NV 2010, 2014; *Steinhauff* in HHSp, § 47 FGO Rz. 118 f.; *Brandis* in Tipke/Kruse, § 47 FGO Rz. 4). 2a

Die Klagefrist ist **gewahrt**, wenn die den Formerfordernissen entsprechende (§ 64 Abs. 1 FGO) Klageschrift, die die Mindestvoraussetzungen erfüllt (§§ 40 Abs. 2, 65 Abs. 1 FGO, aber auch § 65 Abs. 2 FGO), vor 24 Uhr des letzten Tags der Klagefrist in die **tatsächliche Verfügungsgewalt** des nach §§ 35, 38 FGO zuständigen FG (§ 64 3

FGO) oder einer der in den § 47 Abs. 2 und Abs. 3 FGO genannten Behörde gelangt. Im Hinblick auf den Grundsatz der **rechtsschutzgewährenden Auslegung** von Verfahrensvorschriften kann die Klagefrist auch dann gewahrt sein, wenn ein Schriftsatz zwar nicht als Klageschrift bezeichnet wird oder der Klageantrag nicht technisch zutreffend formuliert wurde, aber als Klageerhebung auszulegen ist (BFH v. 20.05.2014, III B 82/13, BFH/NV 2014, 1505). Da der Bürger diese Frist buchstäblich bis zur letzten Minute ausnutzen darf, müssen die FG und die Finanzbehörden **geeignete Vorkehrungen** treffen, um dies zu ermöglichen. Insbesondere muss ein auffindbarer Nachtbriefkasten vorhanden sein (*Brandis* in Tipke/Kruse, § 47 FGO Rz. 7). Wer den fristgerechten Einwurf eines Schriftstücks in den Nachtbriefkasten des Gerichts behauptet, obwohl sich aus dem gerichtlichen Eingangsstempel, der den vollen Beweis für den Tag des Eingangs begründet, muss den Zeitpunkt des Einwurfs zur vollen Überzeugung des Gerichts nachweisen. Die **Feststellungslast** für Unregelmäßigkeiten bei der Leerung des Nachtbriefkastens trägt der Kläger bzw. Rechtsmittelführer (BFH v. 08.07.2003, VIII B 3/03, BFH/NV 2003, 1441). Zur elektronischen Übermittlung der Klageschrift s. § 52a FGO.

4 Wird die Klagefrist versäumt, ist die Klage **unzulässig** und somit durch Prozessurteil abzuweisen. Denn es fehlt dann an einer Sachentscheidungsvoraussetzung (s. Rz. 1). Dies kommt nur dann nicht in Betracht, wenn die Voraussetzungen für eine **Wiedereinsetzung in den vorigen Stand** bei unverschuldeter Versäumung (§ 56 FGO). S. dazu die Kommentierung zu s. § 56 FGO. Dies gilt auch für die **Klageänderung** (§ 67 FGO) und die **Klageerweiterung** (§ 155 Satz 1 FGO i. V. m. § 264 Nr. 2 ZPO): Diese sind bei fristgebundenen Klagen (s. Rz. 1) nach Ablauf der Klagefrist unzulässig (z. B. *Levedag* in Gräber, § 47 FGO Rz. 28; *von Beckerath* in Gosch, § 47 FGO Rz. 127; *Steinhauff* in HHSp, § 47 FGO Rz. 123 f.).

5 Die Klage ist grds. bei dem zuständigen FG zu erheben (s. Rz. 2). Darüber hinaus eröffnet § 47 Abs. 2 FGO die Möglichkeit, die Klage anderswo zur Wahrung der Klagefrist anzubringen. Eine **fristwahrende Anbringung** erfolgt bei der Behörde, die den angefochtenen Verwaltungsakt oder die angefochtene Rechtsbehelfsentscheidung erlassen oder bekannt gegeben hat oder die nachträglich für den Steuerfall zuständig geworden ist, (§ 47 Abs. 2 FGO). In den Fällen des § 47 Abs. 3 FGO kann die Anfechtungsklage gegen einen Grundlagenbescheid auch bei der Behörde angebracht werden, die den darauf beruhenden Steuerbescheid (Folgebescheid) erlassen hat.

6 Für das Anbringen einer Klage beim FA genügt es, wenn dieselbe in einem verschlossenen und postalisch an das FG adressierten Briefumschlag in den Briefkasten des FA eingeworfen oder beim FA abgegeben wird. Die Klageschrift muss nicht derart in den Verfügungsbereich des FA gelangen, dass es von ihrem Inhalt Kenntnis nehmen kann. Umgekehrt schadet es aber auch nicht, wenn die Klageschrift statt an das FG an das FA adressiert ist und von diesem zur Kenntnis genommen wird. **Maßgebend ist allein**, dass die **Klage als solche erkannt** wird **und an das zuständige FG weitergeleitet** werden kann (BFH v. 26.04.1995, I R 22/94, BStBl II 1995, 601; auch BFH v. 14.02.1997, I B 80/96, BFH/NV 1997, 675). Der Briefumschlag kann dabei fristwahrend auch mit anderen, für das FA bestimmten Schriftstücken in einem an das FA adressierten sog. »Sammelumschlag« in dessen Briefkasten eingeworfen werden (BFH v. 16.01.1997, III R 99/96, BFH/NV 1997, 508). Das FA muss allerdings den Eingangstag z. B. dadurch zu dokumentieren, dass es auf dem an das FG gerichteten Briefumschlag einen Eingangsstempel anbringt (BFH v. 26.04.1995, I R 22/94, BStBl II 1995, 601). Mit seinen vorgenannten Urteilen hat der BFH seine langandauernde Rspr. zur Auslegung des Tatbestandsmerkmals »anbringen« geändert und damit eine langanhaltende Diskussion beendet (dazu noch in der Vorauflage § 47 FGO Bem. 2; hierzu auch *von Beckerath* in Gosch, § 47 FGO Rz. 164; *Brandis* in Tipke/Kruse, § 47 FGO Rz. 8). Das Anbringen der Klage beim FA kann auch durch Übermittlung der elektronischen Klageschrift nach § 52a FGO erfolgen, da § 47 Abs. 2 Satz 2 FGO gerade auch die Übermittlung elektronischer Dokumente durch die Behörde an das FG regelt (*Brandis* in Tipke/Kruse, § 47 FGO Rz. 8; *von Beckerath* in Gosch, § 47 Rz. 165; nachfolgend s. Rz. 7).

Nach Anbringung der Klage hat die Behörde die Klage 7
gem. § 47 Abs. 2 Satz 2 FGO an das FG weiterzuleiten. Ist die Klage innerhalb der Klagefrist i. S. von § 47 Abs. 2 FGO bei der (zuständigen) Finanzbehörde angebracht worden, so bleibt die Rechtsbehelfsfrist auch dann gewahrt, wenn die Klageschrift (später) abhandengekommen ist, bevor sie dem FG übersandt wurde (BFH v. 24.09.1985, BStBl II 1986, 268). Die Rechtshängigkeit (§ 66 Satz 1 FGO) tritt jedoch erst mit dem Eingang der Klage beim FG ein (BFH v. 09.02.2001, II B 10/99, BFH/NV 2001, 935). Die Weiterleitung kann auch durch Übermittlung einer elektronisch angebrachten Klageschrift an das FG erfolgen (vorstehend s. Rz. 6).

## § 48 FGO
## Klagebefugnis

**(1) Gegen Bescheide über die einheitliche und gesonderte Feststellung von Besteuerungsgrundlagen können Klage erheben:**

1. **zur Vertretung berufene Geschäftsführer oder, wenn solche nicht vorhanden sind, der Klagebevollmächtigte im Sinne des Absatzes 2;**
2. **wenn Personen nach Nummer 1 nicht vorhanden sind, jeder Gesellschafter, Gemeinschafter**

**oder Mitberechtigte, gegen den der Feststellungsbescheid ergangen ist oder zu ergehen hätte;**

**3. auch wenn Personen nach Nummer 1 vorhanden sind, ausgeschiedene Gesellschafter, Gemeinschafter oder Mitberechtigte, gegen die der Feststellungsbescheid ergangen ist oder zu ergehen hätte;**

**4. soweit es sich darum handelt, wer an dem festgestellten Betrag beteiligt ist und wie dieser sich auf die einzelnen Beteiligten verteilt, jeder, der durch die Feststellungen hierzu berührt wird;**

**5. soweit es sich um eine Frage handelt, die einen Beteiligten persönlich angeht, jeder, der durch die Feststellungen über die Frage berührt wird.**

**(2) Klagebefugt im Sinne des Absatzes 1 Nr. 1 ist der gemeinsame Empfangsbevollmächtigte im Sinne des § 183 Abs. 1 Satz 1 der Abgabenordnung oder des § 6 Abs. 1 Satz 1 der Verordnung über die gesonderte Feststellung von Besteuerungsgrundlagen nach § 180 Abs. 2 der Abgabenordnung vom 19. Dezember 1986 (BGBl I S. 2663). Haben die Feststellungsbeteiligten keinen gemeinsamen Empfangsbevollmächtigten bestellt, ist klagebefugt im Sinne des Absatzes 1 Nr. 1 der nach § 183 Abs. 1 Satz 2 der Abgabenordnung fingierte oder der nach § 183 Abs. 1 Satz 3 bis 5 der Abgabenordnung oder nach § 6 Abs. 1 Satz 3 bis 5 der Verordnung über die gesonderte Feststellung von Besteuerungsgrundlagen nach § 180 Abs. 2 der Abgabenordnung von der Finanzbehörde bestimmte Empfangsbevollmächtigte; dies gilt nicht für Feststellungsbeteiligte, die gegenüber der Finanzbehörde der Klagebefugnis des Empfangsbevollmächtigten widersprechen. Die Sätze 1 und 2 sind nur anwendbar, wenn die Beteiligten spätestens bei Erlass der Einspruchsentscheidung über die Klagebefugnis des Empfangsbevollmächtigten belehrt worden sind.**

### Inhaltsübersicht



### Schrifttum

JAROSCH, Die GbR im Finanzgerichts-Prozess, AO-StB 2001, 82; VOIGT, Einspruchsbefugnis bei einheitlicher und gesonderter Gewinnfeststellung, AO-StB 2002, 127; VON WEDELSTÄDT, Einspruchs- und Klagebefugnis bei einheitlichen und gesonderten Feststellungsbescheiden, AO-StB 2006, 230 (Teil 1) und 261 (Teil 2); STEINHAUFF, Systemwidrige Erstreckung der Ewigkeitstheorie auf Rechtsbehelfsverfahren wegen einheitlicher und gesonderter Feststellungsbescheide, AO-StB 2010, 182.

## A. Inhalt der Vorschrift

§ 48 FGO regelt die Klagebefugnis als Sachentscheidungsvoraussetzung für die Fälle, in denen nach §§ 179 ff. AO oder den Einzelsteuergesetzen eine **einheitliche und gesonderte Feststellung von Besteuerungsgrundlagen** vorzunehmen ist (s. § 179 AO Rz. 2 ff.). § 48 FGO gilt, wie aus dem systematischen Zusammenhang mit § 40 Abs. 2 FGO folgt, grds. nur für **Anfechtungs- und Verpflichtungsklagen**, nicht aber für allgemeine Leistungsklagen und Feststellungsklagen. Eine **Ausnahme** besteht für **Feststellungklagen**, die auf die Feststellung der Nichtigkeit eines Gewinnfeststellungsbescheids gerichtet sind; in diesem Fall ist § 48 FGO ebenfalls anzuwenden (BFH v. 06.09.2017, IV R 1/16, BFH/NV 2018, 206; *Brandis* in Tipke/Kruse, § 48 FGO Rz. 6; *Steinhauff* in HHSp, § 48 FGO Rz. 32). Aufbau und Inhalt der Vorschrift entsprechen weitgehend § 352 AO. Daher kann auf die Kommentierung zu § 352 AO verwiesen werden. § 48 FGO gilt **auch** im Verfahren des **einstweiligen Rechtsschutzes** nach §§ 69, 114 FGO. § 48 FGO greift indessen nach dem klaren Wortlaut nicht bei Bescheiden, die gegenüber der Personengesellschaft als selbständigem Steuerrechtssubjekt ergehen (z. B. USt-Bescheide, GrESt-Bescheide oder GewSt-Messbescheide). In diesen Fällen richtet sich die Klagebefugnis der Gesellschaft, die von dem oder den geschäftsführenden Gesellschaftern vertreten wird (vgl. §§ 714 BGB, 125 HGB), allgemein nach § 40 Abs. 2 FGO (*Brandis* in Tipke/Kruse, § 48 FGO Rz. 6). 1

## B. Klagebefugnis des zur Vertretung berufenen Geschäftsführers oder Klagebevollmächtigten (§ 48 Abs. 1 Nr. 1 und Abs. 2 FGO)

Gemäß § 48 Abs. 1 Nr. 1 FGO kann gegen Bescheide über die einheitliche und gesonderte Feststellung von Besteuerungsgrundlagen grds. nur der **zur Vertretung berufene Gesellschafter** oder der Klagebevollmächtigte i. S. des § 48 Abs. 2 FGO Klage erheben. Diese Regelung ist nach der neueren Rspr. des BFH dahin zu verstehen, dass die **Personengesellschaft** als **Prozessstandschafterin** für ihre Gesellschafter und ihrerseits vertreten durch ihre(n) Geschäftsführer Klage gegen den Gewinnfeststellungsbescheid erheben kann, der sich inhaltlich nicht an die Gesellschaft, sondern an die einzelnen Gesellschafter als Subjekte der ESt richtet (vgl. z. B. BFH v. 27.05.2004, IV R 2

48/02, BStBl II 2004, 964; BFH v. 29.01.2007, IX B 181/05, BFH/NV 2007, 1511; BFH v. 29.11.2012, IV R 37/10, BFH/NV 2013, 910; BFH v. 18.08.2015, I R 42/14, BFH/NV 2016, 164). Den Gesellschaftern (Feststellungsbeteiligten) steht daneben eine eigene Klagebefugnis nur zu, soweit in ihrer Person die Voraussetzungen des § 48 Abs. 1 Nr. 2 bis 5 FGO erfüllt sind, obwohl sich ein Gewinnfeststellungsbescheid letztlich seinem Inhalte nach an die Mitunternehmer (Gesellschafter) richtet (BFH v. 27.05.2004, IV R 48/02, BStBl II 2004, 964), ansonsten ist ihre Klage unzulässig. Abweichend hiervon sind bei einem **negativen Feststellungsbescheid** neben der Gesellschaft nach § 48 Abs. 1 Nr. 1 FGO **ausnahmsweise** auch die Gesellschafter nach § 48 Abs. 1 Nr. 4 und 5 FGO selbst klagebefugt (z. B. BFH v. 11.07.2017, I R 34/14, juris; BFH v. 19.01.2017, IV R 50/13, BFH/NV 2017, 751; BFH v. 24.01.2018, I B 81/17, BFH/NV 2018, 515). Dies gilt z. B., wenn die Finanzbehörde die Durchführung eines Feststellungsverfahrens nach § 180 Abs. 1 Satz 1 Nr. 2 Buchst. a AO mit der Begründung verneint, auf der Ebene der Gesellschaft fehle eine Gewinnerzielungsabsicht (BFH v. 19.01.2017, IV R 5/16, BFH/NV 2017, 755). Eine Klagebefugnis der Gesellschafter nach diesen Grundsätzen besteht auch dann, wenn darüber gestritten wird, ob ein negativer oder positiver Feststellungsbescheid vorliegt (BFH v. 11.11.2014, VIII R 37/11, juris). Klagt ein solchermaßen klagebefugter Gesellschafter nicht selbst, ist er gem. § 60 Abs. 3 FGO notwendig beizuladen (BFH v. 24.01.2018, I B 81/17, BFH/NV 2018, 515). Wer zur Vertretung der Gesellschaft nach außen hin – und damit auch vor Gericht – berufen ist, richtet sich nach den zivilrechtlichen Regelungen (§§ 709, 710, 714 BGB, §§ 125, 170 HGB). Dies gilt auch für eine im Ausland ansässige Personengesellschaft, an der im Inland ansässige Gesellschafter beteiligt sind, und den Fall, dass der Feststellungsbescheid auf § 180 Abs. 5 Nr. 1 AO beruht (BFH v. 11.09.2013, I B 79/13, BFH/NV 2014, 161; BFH v. 24.01.2018, I B 81/17, BFH/NV 2018, 515). Der **Klagebefugte** ist berechtigt, fremde Rechte (die der Feststellungsbeteiligten) im Namen der Gesellschaft geltend zu machen. Ein ausdrücklicher Nachweis der Zustimmung aller Gesellschafter ist daher nicht generell erforderlich (BFH v. 29.01.2007, IX B 181/05, BFH/NV 2007, 1511). Es handelt sich um einen Fall der **gesetzlichen Prozessstandschaft** (BFH v. 29.01.2010, II B 143/09, BFH/NV 2010, 842), die in der FGO nur ausnahmsweise zulässig ist (s. § 40 FGO Rz. 9 f.). So ist z. B. anerkannt, dass allein die **Feststellung des Gesamtgewinns** der Mitunternehmerschaft angefochten werden kann, ohne dass zugleich auch dessen Verteilung zum Streitgegenstand und damit ein eigenes Klagerecht der Mitunternehmer eröffnet wird (BFH v. 19.02.2009, IV R 83/06, BStBl II 2009, 798). Ein Klagerecht nur des Mitunternehmers besteht z. B. auch dann, wenn streitig ist, ob die Übertragung eines Wirtschaftsguts aus seinem Einzelunternehmen auf die Mitunternehmerschaft zur Aufdeckung stiller Reserven im Einzelunternehmen geführt hat (BFH v. 07.02.2013, IV R 33/12, BFH/NV 2013, 1120). Die Befugnis der Personengesellschaft, in Prozessstandschaft für ihre Gesellschafter Rechtsbehelfe gegen Gewinnfeststellungsbescheide einzulegen, erlischt allerdings mit deren Vollbeendigung (BFH v. 11.04.2013, IV R 20/10, BStBl II 2013, 705; s. Rz. 8 ff.).

Der gemeinsam bestellte bzw. der fingierte bzw. der von der Finanzbehörde bestimmte Empfangsbevollmächtigte (s. § 183 AO Rz. 1 ff.) ist nur dann als **Klagebevollmächtigter** i. S. von § 48 Abs. 1 Nr. 1 FGO klagebefugt, wenn die Feststellungsbeteiligten spätestens bei Erlass der Einspruchsentscheidung über die Klagebefugnis des Empfangsbevollmächtigten belehrt wurden (§ 48 Abs. 2 Satz 3 FGO). Darüber, wie sich der späteste Zeitpunkt dieser Belehrung mit dem Widerspruchsrecht in § 48 Abs. 2 Satz 2 FGO letzter Satzteil verträgt, hat sich der Gesetzgeber offenbar keine Gedanken gemacht, während die Belehrung über die Einspruchsbefugnis des Empfangsbevollmächtigten nach § 352 Abs. 2 Satz 3 AO stets vor Erlass des – möglicherweise anzufechtenden – Verwaltungsakts vorgeschrieben ist. Das erscheint deswegen so gravierend, weil der Widerspruch gegen die Klagebefugnis des Empfangsbevollmächtigten gegenüber dem Widerspruch gegen dessen Einspruchsbefugnis ein aliud ist. Denn das Unterlassen eines Widerspruchs gegen die Einspruchsbefugnis des Empfangsbevollmächtigten schließt den Widerspruch gegen dessen Klagebefugnis nicht aus. Es handelt sich vielmehr um ein eigenes auf das finanzgerichtliche Verfahren gerichtetes Widerspruchsrecht. Fehlt es an der (rechtzeitigen) Belehrung, ist jeder Feststellungsbeteiligte nach § 48 Abs. 1 Nr. 2 FGO klagebefugt (vgl. BFH v. 07.12.2010, VIII R 37/08, BFH/NV 2011, 776; s. Rz. 4). 3

## C. Klagebefugnis der Gesellschafter (§ 48 Abs. 1 Nr. 2 FGO)

Nach § 48 Abs. 1 Nr. 2 FGO sind, sofern es keinen Geschäftsführer oder Klagebevollmächtigten (s. Rz. 2 f.) gibt, **alle Feststellungsbeteiligten** klagebefugt. Dies gilt auch, wenn es zwar einen Klagebevollmächtigten gibt, aber eine nach § 48 Abs. 2 Satz 3 FGO erforderliche (rechtzeitige) Belehrung fehlt (Rz. 3). Dabei kann der einzelne Gesellschafter jedoch der Gesellschafter nur diejenigen Feststellungen angreifen, die ihn selbst betreffen und – ihre Rechtswidrigkeit unterstellt – ihn in seinen eigenen Rechten (§ 40 Abs. 2 FGO) verletzen (BFH v. 19.03.2009, IV R 20/08, BStBl II 2010, 528; BFH v. 17.10.2013, IV R 25/10, BFH/NV 2014, 170). Darüber hinaus ist ein Feststellungsbeteiligter selbst klagebefugt, wenn ihm der Feststellungsbescheid § 183 Abs. 2 AO 4 bekannt gegeben wird (BFH v. 19.12.2013, IV B 73/13, BFH/NV 2014, 555; s. § 183 AO Rz. 11 ff.).

## D. Klagebefugnis von bestimmten Gesellschaftern (§ 48 Abs. 1 Nr. 3 bis 5 FGO)

5 § 48 Abs. 1 Nr. 3 FGO stellt klar, dass auch **ausgeschiedene Feststellungsbeteiligte** klagebefugt sind, wenn sie von dem angefochtenen Feststellungsbescheid betroffen sind. Dies gilt auch, wenn die betreffende Personengesellschaft handelsrechtlich voll beendet ist (FG He v. 30.04.2003, 13 K 1481/00, EFG 2004, 129). Auch wenn § 48 Abs. 1 Nr. 3 FGO nach seinem Wortlaut lediglich voraussetzt, dass gegen den Gesellschafter ein Feststellungsbescheid ergangen ist oder zu ergehen hätte, vermittelt die Norm nur ein beschränktes Klagerecht, weshalb der Gesellschafter nur die Feststellungen angreifen kann, die ihn selbst betreffen und – die Rechtswidrigkeit des Feststellungsbescheid unterstellt – ihn in seinen eigenen Rechten (§ 40 Abs. 2 FGO) verletzen (z. B. BFH v. 17.10.2013, IV R 25/10, BFH/NV 2014, 170; BFH v. 16.03.2017, IV R 31/14, BFH/NV 2017, 1093). Scheidet ein Gesellschafter während eines bereits in Gang gesetzten Klageverfahrens aus, ist er nach § 60 Abs. 3 FGO notwendig beizuladen, weil er als ehemaliger Gesellschafter nach § 48 Abs. 1 Nr. 3 FGO selbst klagebefugt wäre (BFH v. 01.10.2010, IV R 32/07, BFH/NV 2011, 271; BFH v. 04.09.2014, IV R 44/13, BFH/NV 2015, 209; s. Rz. 8). Dies gilt auch, wenn die Personengesellschaft während des finanzgerichtlichen Verfahrens vollbeendet wird (s. Rz. 8).

6 § 48 Abs. 1 Nr. 4 und Nr. 5 FGO beschränkt die Klagebefugnis in den Fällen, in denen **bestimmte Einzelfragen** betroffen sind (vor allem Fragen des Sonderbetriebsvermögens), auf die **unmittelbar hiervon berührten Feststellungsbeteiligten**. D. h. die Gesellschafter können nur diejenigen Feststellungen angreifen, die sie selbst betreffen und – ihre Rechtswidrigkeit unterstellt – sie in ihren eigenen Rechten (§ 40 Abs. 2 FGO) verletzen (BFH v. 19.03.2009, IV R 20/08, BStBl II 2010, 528). So sind z. B., wenn ein Bescheid Einkünfte im Zusammenhang mit einem Wirtschaftsgut des Sonderbetriebsvermögens betrifft, diejenigen Mitunternehmer persönlich betroffen, in deren Eigentum das betreffende Wirtschaftsgut steht (BFH v. 20.02.2009, IV R 61/06, BFH/NV 2010, 404; BFH v. 13.07.2017, IV R 34/14, BFH/NV 2017, 1426). Dementsprechend ist ein Mitunternehmer nach § 48 Abs. 1 Nr. 5 FGO klagebefugt, wenn streitig ist, ob und ggf. in welcher Höhe ein auf ihn entfallender Sonderbetriebsgewinn festzustellen ist (BFH v. 13.04.2017, IV R 25/15, BFH/NV 2017, 1182). Die Beschränkung betrifft nicht die Klage gegen eine Einspruchsentscheidung, in der die Einspruchsbefugnis nach § 352 AO verneint wurde. Der Gesellschafter einer Personengesellschaft, der gegen den Gewinnfeststellungsbescheid der Gesellschaft keinen Einspruch eingelegt hat und auch nicht zum Einspruchsverfahren der Personengesellschaft hinzugezogen worden ist, kann gleichwohl Klage erheben, wenn ihm gem. § 48 Abs. 1 Nr. 5 FGO ein eigenes Klagerecht zusteht (BFH v. 30.12.2003, IV B 21/01, BStBl II 2004, 239). Klagebefugt ist z. B. der Gesellschafter bzgl. der Feststellung des Veräußerungsgewinns aus der Veräußerung seines Kommanditanteils an einer KG. Die Ermittlung und die Feststellung der Höhe des Veräußerungsgewinns betreffen ihn in eigenen Rechten i. S. des § 40 Abs. 2 FGO, und er ist deshalb auch persönlich betroffen i. S. des § 48 Abs. 1 Nr. 5 FGO (BFH v. 28.09.2017, IV R 51/15, BFH/NV 2018, 246). Demgegenüber ist der Erwerber eines Mitunternehmeranteils nicht nach § 48 Abs. 1 Nr. 5 FGO klagebefugt, wenn Streit über die Höhe des Veräußerungspreises besteht (BFH v. 25.06.2009, IV R 3/07, BStBl II 2010, 182). Die Klagebefugnis eines Gesellschafters nach § 48 Abs. 1 Nr. 5 FGO besteht auch bei der Gewinnhinzurechnung nach § 15 a Abs. 3 EStG im Rahmen der gesonderten und einheitlichen Feststellung der Einkünfte sowie bei der Verlustverwertungsbeschränkung des § 15 a Abs. 1 EStG im Rahmen des Feststellungsverfahrens nach § 15 a Abs. 4 Sätze 1 und 5 EStG (vgl. BFH v. 22.06.2006, IV R 31, 32/05, BStBl II 2007, 687; BFH v. 20.11.2014, IV R 47/11, BStBl II 2015, 532).

## E. Einzelfragen

Im Falle der einheitlichen und gesonderten Feststellung von Einkünften sind grds. **alle nach § 48 FGO Klagebefugten**, die den Feststellungsbescheid nicht angefochten haben, **notwendig beizuladen** (§ 60 Abs. 3 FGO; BFH v. 30.04.2010, VIII B 75/09, BFH/NV 2010, 1474). Ausnahmsweise gilt dies nicht, wenn die grds. nach § 48 Abs. 1 Nr. 2 ff. FGO klagebefugten Personen vom Ausgang des Verfahrens unter keinem denkbaren Gesichtspunkt steuerrechtlich betroffen sind (BFH v. 15.04.2010, IV R 5/08, BStBl II 2010, 912; BFH v. 30.04.2010, VIII B 75/09, BFH/NV 2010, 1474; s. § 60 FGO Rz. 5). Umgekehrt ist auch eine **Personengesellschaft** gem. § 48 Abs. 1 Nr. 1 HS 1 FGO klagebefugt und damit notwendig **beizuladen** (§ 60 Abs. 3 FGO), wenn ein Gesellschafter i. S. von § 48 Abs. 1 Nr. 5 FGO persönlich klagt, und zwar auch, wenn über ihr Vermögen das Insolvenzverfahren eröffnet wurde (BFH v. 03.09.2009, IV R 17/07, BStBl II 2010, 631; vgl. auch BFH v. 27.08.2009, IV R 49/08, juris). Haben mehrere klagebefugte Gesellschafter Klage erhoben, so ist die notwendige Beiladung dadurch zu ersetzen, dass alle Verfahren zu gemeinsamer Verhandlung und einheitlicher Entscheidung verbunden werden (§ 73 Abs. 2 FGO; s. § 73 FGO Rz. 3). Dies gilt z. B. auch dann, wenn streitig ist, ob die Voraussetzungen 7 für eine einheitliche und gesonderte Gewinnfeststellung dem Grunde nach überhaupt gegeben sind (BFH vom 14.10.1997 IV B 147/96, BFH/NV 1998, 345).

8 **Scheidet ein Gesellschafter** während des Klageverfahrens aus einer Personengesellschaft, die Klage gegen einen Feststellungsbescheid erhoben hat, **aus**, so ist er nach § 60 Abs. 3 FGO notwendig zu dem Verfahren **beizuladen**, wenn ihm ein Gewinnanteil zugerechnet wurde; dies gilt auch für das Revisionsverfahren (BFH v. 01.10.2010, IV R 32/07, BFH/NV 2011, 271; s. Rz. 5). Die Klagebefugnis der Gesellschaft aus § 48 Abs. 1 Nr. 1 FGO besteht in diesem Fall fort. Scheiden **alle Gesellschafter bis auf einen aus** einer **mehrgliedrigen Personengesellschaft** aus, erlischt die Gesellschaft. Der verbleibende Gesellschafter wird ihr Gesamtrechtsnachfolger (st. Rspr. z. B. BFH v. 16.12.2009, IV R 48/07, BStBl II 2010, 799; BFH v. 27.09.2012, III R 31/09, BStBl II 2013, 179; BFH v. 23.10.2013, IV B 104/13, BFH/NV 2014, 70). Die **Klagebefugnis** geht jedoch **nicht** auf den **Rechtsnachfolger** der vollbeendeten Personengesellschaft über, vielmehr lebt die bis dahin überlagerte Klagebefugnis der einzelnen Gesellschafter auf (BFH v. 11.04.2013, IV R 20/10, BStBl II 2013, 705). Demnach ist auch der **Gesellschafter einer zweigliedrigen GbR** nach § 48 Abs. 1 Nr. 3 FGO klagebefugt und ggf. notwendig beizuladen, wenn die GbR durch sein Ausscheiden ohne Liquidation vollbeendet worden ist und die Einkunftsart der von der GbR erzielten Einkünfte streitig ist (BFH v. 23.10.2013, IV B 104/13, BFH/NV 2014, 70). Die **Vollbeendigung** einer Personengesellschaft – z. B. auch durch Umwandlung in eine Kapitalgesellschaft – stellt eine qualifizierte Form des Ausscheidens sämtlicher Mitglieder der Personengesellschaft dar und hat zur Folge, dass alle gem. § 48 Abs. 1 Nr. 3 FGO klagebefugten ehemaligen Gesellschafter, die nicht selbst Klage erhoben haben, nach den vorstehenden Grundsätzen gem. § 60 Abs. 3 FGO notwendig beizuladen sind (BFH v. 23.01.2009, IV B 149/07, juris; BFH v. 05.01.2010, IV R 43/07, BFH/NV 2010, 1104). Dies gilt nicht für einen Komplementär, der Kommanditist wird (BFH v. 29.10.2009 IV B 5/09, BFH/NV 2010, 445). Tritt die **Vollbeendigung während des Klageverfahrens** ein, sind die durch den angefochtenen Gewinnfeststellungsbescheid beschwerten Gesellschafter, die im Streitzeitraum an der Gesellschaft beteiligt waren, als deren prozessuale Rechtsnachfolger anzusehen und führen den Prozess aufgrund eigener Klagebefugnis fort (BFH v. 17.10.2013, IV R 25/10, BFH/NV 2014, 170). Verfahrensrechtlich handelt es sich um einen Fall der Gesamtrechtsnachfolge i. S. von § 239 ZPO i. V. m. § 155 Satz 1 FGO (s. § 74 FGO Rz. 12). Die Gesellschafter, die zu diesem Zeitpunkt nicht mehr beteiligt waren, sind nach § 48 Abs. 1 Nr. 3 FGO klagebefugt (s. Rz. 5). Im **Liquidationsstadium** – also im Zeitraum zwischen dem Auflösungsbeschluss und der Vollbeendigung der Gesellschaft – bleibt es bei der Klagebefugnis nach § 48 Abs. 1 Nr. 1 FGO (s. Rz. 2 f.), die Gesellschaft wird dann aber durch die Liquidatoren vertreten (BFH v. 24.03.2011, IV B 115/06, juris; BFH v. 02.11.2016, VIII B 57/16, BFH/NV 2017, 266). Liquidatoren z. B. einer GbR sind nach § 730 Abs. 2 Satz 2 2. Halbs. BGB grds. gemeinschaftlich deren Gesellschafter, vorbehaltlich einer abweichenden Regelung im Gesellschaftsvertrag oder eines anderslautenden Gesellschafterbeschlusses (BFH v. 12.04.2007, IV B 69/05, BFH/NV 2007, 1923; BFH v. 02.11.2016, VIII B 57/16, BFH/NV 2017, 266).

Die **Vollbeendigung** der Personengesellschaft (s. Rz. 8) 8a
hat grds. zur Folge, dass sie sowohl ihre Beteiligtenfähigkeit (s. § 57 FGO Rz. 8) als auch ihre Prozessfähigkeit verliert. Mit der Vollbeendigung endet daher grds. die Befugnis der Personengesellschaft, nach § 48 Abs. 1 Nr. 1 FGO für ihre Gesellschafter Klage zu erheben (BFH v. 13.02.2018, IV R 37/15, juris). Die bis zum Zeitpunkt der Vollbeendigung überlagerte Klagebefugnis der einzelnen i. S. des § 48 Abs. 2 FGO betroffenen Gesellschafter, deren Mitgliedschaft die Zeit berührt, die der maßgebliche Gewinnfeststellungsbescheid betrifft, gegenüber **Bescheiden über die gesonderte und einheitliche Feststellung von Besteuerungsgrundlagen** steht folglich wieder diesen zu (z. B. BFH v. 04.12.2012, VIII R 42/09, BStBl II 2013, 365 m. w. N.; BFH v. 22.01.2015, IV R 62/11, BFH/NV 2015, 995; BFH v. 13.02.2018, IV R 37/15, BFH/NV 2018, 539). Die Klagebefugnis geht deshalb auch nicht auf den Gesamtrechtsnachfolger der Personengesellschaft über (z. B. BFH v. 17.10.2013, IV R 25/10, BFH/NV 2014, 170; BFH v. 26.04.2017, IV B 75/16, BFH/NV 2017, 1056; BFH v. 30.05.2017, IV B 20/17, BFH/NV 2017, 1188). Das gilt indessen nur für Verfahren betreffend die genannten Feststellungsbescheide. Im Übrigen gilt die Personengesellschaft – sofern kein Fall der Gesamtrechtsnachfolge vorliegt – trotz ihrer zivilrechtlichen Vollbeendigung so lange als steuerrechtlich existent, bis alle das Gesellschaftsverhältnis betreffenden Ansprüche aus dem Steuerschuldverhältnis (§§ 33, 37 AO), z. B. strittige USt-Festsetzungen abgewickelt sind (st. Rspr., z. B. BFH v. 09.12.1987, V B 61/85, BFH/NV 1988, 576; BFH v. 04.12.2012, VIII R 42/09, BStBl II 2013, 365 m. w. N.; *Steinhauff* in HHSp, § 48 FGO Rz. 101, 108). Hierfür gelten die allgemeinen Grundsätze (s. Rz. 1). Dies gilt insbes. für alle Steueransprüche, die gegen sie oder von ihr geltend gemacht werden (z. B. BFH v. 22.01.2015, IV R 62/11, BFH/NV 2015, 995; BFH v. 13.02.2018, IV R 37/15, BFH/NV 2018, 539). Gilt die zivilrechtlich vollbeendete Personengesellschaft nach dieser Maßgabe als steuerrechtlich fortbestehend, weil noch Steuerverfahren anhängig sind, bei denen sie selbst Steuerschuldnerin ist, so steht ihr indessen nach der Rspr. des BFH – abweichend von dem eingangs dargestellten Grundsatz – auch die Klagebefugnis gegen die Gewinnfeststellungsbescheide nach § 48 Abs. 1 Nr. 1 FGO weiterhin zu (BFH v. 12.04.2007, IV B 69/05, BFH/NV 2007, 1923; BFH

v. 16.12.2009, IV B 103/07, BFH/NV 2010, 865; BFH, v. 13.02.2018, IV R 37/15, BFH/NV 2018, 539). Geht jedoch mit der Vollbeendigung auch eine **Gesamtrechtsnachfolge** einher (s. Rz. 8), so geht auch die Klagebefugnis **außerhalb** des Anwendungsbereichs von § 48 FGO –bei Klagen der Personengesellschaft als eigenes Steuersubjekt (s. Rz. 1) – auf den Rechtsnachfolger über, ohne dass hierin eine Klageänderung i. S. des § 67 FGO läge (BFH v. 16.12.2009, IV R 48/07, BStBl II 2010, 799; BFH v. 16.12.2009, IV B 103/07, BFH/NV 2010, 865; BFH v. 27.09.2012, III R 31/09, BStBl II 2013, 179; *Steinhauff* in HHSp, § 48 FGO Rz. 114).

9 Die Eröffnung eines **Insolvenzverfahrens über das Vermögen eines Gesellschafters** einer Personengesellschaft hat die Unterbrechung eines Klageverfahrens gegen den Gewinnfeststellungsbescheid gem. § 155 Satz 1 FGO i. V. m. § 240 Satz 1 ZPO zur Folge (BFH v. 30.09.2004, IV B 42/03, BFH/NV 2005, 365; BFH v. 31.05.2007, IV B 127/06, BFH/NV 2007, 1908; BFH v. 09.06.2010, IX R 53/09, BFH/NV 2011, 263; s. § 74 FGO Rz. 13).

10 Auch eine **ausländische Personengesellschaft** ist gem. § 48 Abs. 1 Nr. 1 FGO klagebefugt, und zwar in Bezug auf sowohl positive wie auch negative Feststellungsbescheide (z. B. BFH v. 18.08.2015, I R 42/14, BFH/NV 2016, 164; BFH v. 19.01.2017, IV R 50/13, BFH/NV 2017, 751; BFH v. 27.09.2017, I R 62/15, BFH/NV 2018, 620). Eine eigene Klagebefugnis der Gesellschafter besteht nur nach Maßgabe des § 48 Abs. 1 Nrn. 2 bis 5 FGO (BFH v. 11.07.2017, I R 34/14, juris).

11 Ergeht ein Gewinnfeststellungsbescheid, mit dem Einkünfte einer **nicht existenten Personengesellschaft** festgestellt werden, so ist jeder vermeintliche Gesellschafter nach § 48 Abs. 1 Nr. 2 FGO klagebefugt (BFH v. 06.09.2017, IV R 1/16, BFH/NV 2018, 206). Zur Beseitigung des Rechtsscheins eines gegen die angebliche Personengesellschaft gerichteten Steuerbescheids (z. B. GewSt-Messbescheid, USt-Bescheid) können nur die (angeblichen) Gesellschafter im Namen der Gesellschaft Klage erheben (BFH v. 06.09.2017, IV R 1/16, BFH/NV 2018, 206).

## § 49 FGO

**(aufgehoben durch Art. 54 Nr. 7 EGAO v. 14.12.1976, BGBl I 1976, 3341)**

## § 50 FGO
## Klageverzicht

**(1) Auf die Erhebung der Klage kann nach Erlass des Verwaltungsaktes verzichtet werden. Der Verzicht kann auch bei Abgabe einer Steueranmeldung ausgesprochen werden, wenn er auf den Fall beschränkt wird, dass die Steuer nicht abweichend von der Steueranmeldung festgesetzt wird. Eine trotz des Verzichts erhobene Klage ist unzulässig.**

**(1a) Soweit Besteuerungsgrundlagen für ein Verständigungs- oder Schiedsverfahren nach einem Vertrag im Sinne des § 2 der Abgabenordnung von Bedeutung sein können, kann auf die Erhebung der Klage insoweit verzichtet werden. Die Besteuerungsgrundlage, auf die sich der Verzicht beziehen soll, ist genau zu bezeichnen.**

**(2) Der Verzicht ist gegenüber der zuständigen Behörde schriftlich oder zu Protokoll zu erklären; er darf keine weiteren Erklärungen enthalten. Wird nachträglich die Unwirksamkeit des Verzichts geltend gemacht, so gilt § 56 Abs. 3 sinngemäß.**

Gem. § 50 FGO kann nach Erlass des Verwaltungsaktes 1
auf die Klageerhebung verzichtet werden. Die Möglichkeit, auf die Erhebung der Klage zu verzichten, besteht bei allen Verwaltungsakten. Sie ist Ausdruck der auch im finanzgerichtlichen Verfahren geltenden Dispositionsmaxime (s. Vor FGO Rz. 51). Der Verzicht begründet eine (**negative**) **Sachurteilsvoraussetzung**, sodass eine entgegen dem Verzicht erhobene Klage unzulässig ist (§ 50 Abs. 1 Satz 3 FGO; s. Vor FGO Rz. 39). Sie gilt auch für die Verfahren des vorläufigen Rechtsschutzes (§§ 69, 114 FGO; *Braun* in HHSp, § 50 FGO Rz. 14). Auch ohne ausdrückliche Bezugnahme in § 121 Satz 1 FGO kann auf ein Rechtsmittel verzichtet werden, jedenfalls gem. § 155 Satz 1 FGO i. V. m. §§ 565, 515 ZPO, und zwar auch durch die Finanzbehörde (BFH v. 15.06.1983, II R 30/81, BStBl II 1983, 680; *Braun* in HHSp, § 50 FGO Rz. 13). Die Verzichtserklärung ist eine **Prozesshandlung**, die grds. unwiderruflich und unanfechtbar ist (s. Vor § 40 FGO Rz. 1 ff.). Der Klageverzicht muss gem. § 50 Abs. 2 Satz 1 FGO gegenüber der zuständigen Finanzbehörde erklärt werden; eine Erklärung gegenüber dem FG scheidet daher aus. Anders verhält es sich mit dem Rechtsmittelverzicht: Dieser kann sowohl gegenüber dem anderen Beteiligten als auch gegenüber dem FG erklärt werden (BFH v. 15.06.1983, II R 30/81, BStBl II 1983, 680; *Braun* in HHSp, § 50 FGO Rz. 13). Eine Hauptsachenerledigungserklärung (s. § 138 FGO Rz. 5 ff.) enthält nicht gleichzeitig eine Verzichtserklärung i. S. des § 50 FGO, sodass auch gegen einen Änderungsbescheid, der die Veranlassung zur Hauptsachenerledigungserklärung gab, nach Auffassung des BFH eine zulässige Klage erhoben werden kann (BFH v. 10.07.1980, IV R 11/78, BStBl II 1981, 5). Der Regelung des § 50 FGO entspricht der inhaltsgleiche § 354 AO für das Einspruchsverfahren. Auf die dortigen Erläuterungen wird daher wegen der weiteren Einzelheiten verwiesen.

## Abschnitt II. Allgemeine Verfahrensvorschriften

### § 51 FGO Ausschließung und Ablehnung der Gerichtspersonen

**(1) Für die Ausschließung und Ablehnung der Gerichtspersonen gelten §§ 41 bis 49 der Zivilprozessordnung sinngemäß. Gerichtspersonen können auch abgelehnt werden, wenn von ihrer Mitwirkung die Verletzung eines Geschäfts- oder Betriebsgeheimnisses oder Schaden für die geschäftliche Tätigkeit eines Beteiligten zu besorgen ist.**

**(2) Von der Ausübung des Amtes als Richter, als ehrenamtlicher Richter oder als Urkundsbeamter ist auch ausgeschlossen, wer bei dem vorausgegangenen Verwaltungsverfahren mitgewirkt hat.**

**(3) Besorgnis der Befangenheit nach § 42 der Zivilprozessordnung ist stets dann begründet, wenn der Richter oder ehrenamtliche Richter der Vertretung einer Körperschaft angehört oder angehört hat, deren Interessen durch das Verfahren berührt werden.**

**S. § 54 VwGO; § 60 SGG**

**Schrifttum**

Jarosch, Die GbR im Finanzgerichts-Prozess, AO-StB 2001, 82; Voigt, Einspruchsbefugnis bei einheitlicher und gesonderter Gewinnfeststellung, AO-StB 2002, 127; von Wedelstädt, Einspruchs- und Klagebefugnis bei einheitlichen und gesonderten Feststellungsbescheiden, AO-StB 2006, 230 (Teil 1) und 261 (Teil 2); Steinhauff, Systemwidrige Erstreckung der Ewigkeitstheorie auf Rechtsbehelfsverfahren wegen einheitlicher und gesonderter Feststellungsbescheide, AO-StB 2010, 182.

1 Die Ausschaltung von Gerichtspersonen – Berufsrichter, ehrenamtliche Richter, Urkundsbeamte (s. § 51 Abs. 2 FGO) –, die am Gegenstand des Verfahrens entweder selbst oder durch ihre Beziehung zu nahen Angehörigen, um deren Sache es sich handelt, ein Interesse haben, ist eine elementare **Voraussetzung für eine unabhängige und objektive Rechtsfindung** (*Brandis* in Tipke/Kruse, § 51 FGO Rz. 1). Ohne strenge Gewährleistung ihrer Unparteilichkeit können die FG die ihnen im Rechtsstaat obliegende Aufgabe, den Bürgern gegenüber Rechtsverletzungen der Finanzbehörden Rechtsschutz zu gewähren, nicht hinreichend erfüllen. Daher hat § 51 FGO eine verfassungsrechtliche Dimension. Denn »das grundrechtsgleiche Recht auf den gesetzlichen Richter (Art. 101 Abs. 1 Satz 2 GG) verpflichtet den Gesetzgeber und die Gerichte, dafür zu sorgen, dass parteiliche Richter ihr Amt nicht ausüben dürfen und befangene Richter abgelehnt werden können« (BVerfG v. 23.09.1997, 1 BvR 116/94, NJW 1998, 369). Ein ausgeschlossener bzw. befangener Richter ist nicht unabhängig i. S. von Art. 97 Abs. 1 GG (BVerfG v. 26.05.1976, 2 BvL 13/75, BVerfGE 42, 206) und kann daher nicht gesetzlicher Richter i. S. von Art. 101 Abs. 1 Satz 2 GG sein (z. B. BVerfG v. 08.06.1993, 1 BvR 878/90, BVerfGE 89, 28; zu alledem *Brandis* in Tipke/Kruse, § 51 FGO Rz. 1; *Stapperfend* in Gräber, § 51 FGO Rz. 1). Daher soll das Ablehnungsverfahren die Beteiligten davor bewahren, dass ein Richter an einer Entscheidung mitwirkt, an dessen Unparteilichkeit begründete Zweifel bestehen (z. B. BFH v. 08.01.2010, V B 99/09, BFH/NV 2010, 911).

Die §§ 82, 84 AO enthalten ähnliche Vorschriften für die Ausschließung bzw. Ablehnung von Amtsträgern und Ausschussmitgliedern (vgl. die Erläuterungen zu den §§ 82, 84 AO). Für das Gerichtsverfahren wird nicht nur die umfassende Regelung der ZPO sinngemäß übernommen (§ 51 Abs. 1 Satz 1 FGO), sondern darüber hinaus durch die Möglichkeit der Ablehnung wegen der Gefahr der Verletzung eines Geschäfts- oder Betriebsgeheimnisses oder der Schädigung der geschäftlichen Tätigkeit eines Beteiligten (§ 51 Abs. 1 Satz 2 FGO) den besonderen Gegebenheiten des Finanzprozesses Rechnung getragen. Die damit geschaffene Grundlage erfährt durch die Anwendbarkeit der Vorschriften der ZPO über die Wiederaufnahme rechtskräftig beendeter Verfahren (§ 134 FGO) eine Untermauerung. **Verstöße** gegen die Vorschriften über die Ausschließung und Ablehnung von Richtern bilden einen **absoluten Revisionsgrund** (§ 119 Nr. 2 FGO) und heilen auch mit dem Eintritt der Rechtskraft nicht, sondern können – wenn sie nicht schon erfolglos geltend gemacht worden sind – noch innerhalb weiterer fünf Jahre mit der **Nichtigkeitsklage** des § 134 FGO i. V. m. § 578 Abs. 1 Nr. 2 ZPO geltend gemacht werden (s. § 134 FGO Rz. 5). 2

Die maßgebenden Vorschriften der ZPO, auf die § 51 Abs. 1 Satz 1 FGO verweist, haben den folgenden Wortlaut: 3

**§ 41 ZPO Ausschluss von der Ausübung des Richteramtes**

Ein Richter ist von der Ausübung des Richteramtes kraft Gesetzes ausgeschlossen:

1. in Sachen, in denen er selbst Partei ist oder bei denen er zu einer Partei in dem Verhältnis eines Mitberechtigten, Mitverpflichteten oder Regresspflichtigen steht;
2. in Sachen seines Ehegatten, auch wenn die Ehe nicht mehr besteht;

2a. in Sachen seines Lebenspartners, auch wenn die Lebenspartnerschaft nicht mehr besteht;

3. in Sachen einer Person, mit der er in gerader Linie verwandt oder verschwägert, in der Seitenlinie bis zum dritten Grad verwandt oder bis zum zweiten Grad verschwägert ist oder war;

4. in Sachen, in denen er als Prozessbevollmächtigter oder Beistand einer Partei bestellt oder als gesetzlicher Vertreter einer Partei aufzutreten berechtigt ist oder gewesen ist;
5. in Sachen, in denen er als Zeuge oder Sachverständiger vernommen ist;
6. in Sachen, in denen er in einem früheren Rechtszuge oder im schiedsrichterlichen Verfahren bei dem Erlass der angefochtenen Entscheidung mitgewirkt hat, sofern es sich nicht um die Tätigkeit eines beauftragten oder ersuchten Richters handelt.
7. in Sachen wegen überlanger Gerichtsverfahren, wenn er in dem beanstandeten Verfahren in einem Rechtszug mitgewirkt hat, auf dessen Dauer der Entschädigungsanspruch gestützt wird;
8. in Sachen, in denen er an einem Mediationsverfahren oder einem anderen Verfahren der außergerichtlichen Konfliktbeilegung mitgewirkt hat.

**§ 42 ZPO Ablehnung eines Richters**

(1) Ein Richter kann sowohl in den Fällen, in denen er von der Ausübung des Richteramtes kraft Gesetzes ausgeschlossen ist, als auch wegen Besorgnis der Befangenheit abgelehnt werden.

(2) Wegen Besorgnis der Befangenheit findet die Ablehnung statt, wenn ein Grund vorliegt, der geeignet ist, Misstrauen gegen die Unparteilichkeit eines Richters zu rechtfertigen.

(3) Das Ablehnungsrecht steht in jedem Falle beiden Parteien zu.

**§ 43 ZPO Verlust des Ablehnungsrechts**

Eine Partei kann einen Richter wegen Besorgnis der Befangenheit nicht mehr ablehnen, wenn sie sich bei ihm, ohne den ihr bekannten Ablehnungsgrund geltend zu machen, in eine Verhandlung eingelassen oder Anträge gestellt hat.

**§ 44 ZPO Ablehnungsgesuch**

(1) Das Ablehnungsgesuch ist bei dem Gericht, dem der Richter angehört, anzubringen; es kann vor der Geschäftsstelle zu Protokoll erklärt werden.

(2) Der Ablehnungsgrund ist glaubhaft zu machen; zur Versicherung an Eides Statt darf die Partei nicht zugelassen werden. Zur Glaubhaftmachung kann auf das Zeugnis des abgelehnten Richters Bezug genommen werden.

(3) Der abgelehnte Richter hat sich über den Ablehnungsgrund dienstlich zu äußern.

(4) Wird ein Richter, bei dem die Partei sich in eine Verhandlung eingelassen oder Anträge gestellt hat, wegen Besorgnis der Befangenheit abgelehnt, so ist glaubhaft zu machen, dass der Ablehnungsgrund erst später entstanden oder der Partei bekannt geworden sei.

**§ 45 ZPO Entscheidung über das Ablehnungsgesuch**

(1) Über das Ablehnungsgesuch entscheidet das Gericht, dem der Abgelehnte angehört, ohne dessen Mitwirkung.

(2) [vom Abdruck wird abgesehen, da die Regelung ausschließlich Richter beim AG betrifft und auf Kollegialgerichte nicht anwendbar ist (*Hartmann* in B/L/A/H, § 45 ZPO Rz. 14)].

(3) Wird über das zur Entscheidung berufene Gericht durch Ausscheiden des abgelehnten Mitglieds beschlussunfähig, so entscheidet das im Rechtszug zunächst höhere Gericht.

**§ 46 ZPO Entscheidung und Rechtsmittel**

(1) Die Entscheidung über das Ablehnungsgesuch ergeht durch Beschluss.

(2) Gegen den Beschluss, durch den das Gesuch für begründet erklärt wird, findet kein Rechtsmittel, gegen den Beschluss, durch den das Gesuch für unbegründet erklärt wird, findet sofortige Beschwerde statt.

**§ 47 ZPO Unaufschiebbare Amtshandlungen**

(1) Ein abgelehnter Richter hat vor Erledigung des Ablehnungsgesuchs nur solche Handlungen vorzunehmen, die keinen Aufschub gestatten.

(2) Wird ein Richter während der Verhandlung abgelehnt und würde die Entscheidung über die Ablehnung eine Vertagung der Verhandlung erfordern, so kann der Termin unter Mitwirkung des abgelehnten Richters fortgesetzt werden. Wird die Ablehnung für begründet erklärt, so ist der nach Anbringung des Ablehnungsgesuchs liegende Teil der Verhandlung zu wiederholen.

**§ 48 ZPO Selbstablehnung; Ablehnung von Amts wegen**

Das für die Erledigung eines Ablehnungsgesuchs zuständige Gericht hat auch dann zu entscheiden, wenn ein solches Gesuch nicht angebracht ist, ein Richter aber von einem Verhältnis Anzeige macht, das seine Ablehnung rechtfertigen könnte, oder wenn aus anderer Veranlassung Zweifel darüber entstehen, ob ein Richter kraft Gesetzes ausgeschlossen sei.

**§ 49 ZPO Urkundsbeamte**

Die Vorschriften dieses Titels sind auf den Urkundsbeamten der Geschäftsstelle entsprechend anzuwenden; die Entscheidung ergeht durch das Gericht, bei dem er angestellt ist.

§ 51 FGO i. V. m. §§ 41 ff. ZPO unterscheidet zwischen Ausschließung und Ablehnung der in § 51 Abs. 2 FGO genannten Gerichtspersonen (zur Ablehnung eines Urkundsbeamten VG Mchn v. 13.11.1996, M 6 K 96.1826, juris). Die **Ausschließung** (§ 51 Abs. 1 Satz 1 FGO i. V. m. § 41 ZPO, § 51 Abs. 2 FGO) wirkt **kraft Gesetzes**, während die **Ablehnung** wegen Besorgnis der Befangenheit (§ 51 Abs. 1 Satz 1 FGO i. V. m. § 42 ZPO) von einem Prozessbeteiligten in einem entsprechenden **Gesuch** (§ 51 Abs. 1 Satz 1 FGO i. V. m. § 44 ZPO) oder – bei Selbstablehnung – von einem Richter mit einer entsprechenden **Anzeige** (§ 51 Abs. 1 Satz 1 FGO i. V. m. § 48 ZPO) geltend gemacht werden muss. Eine **Überprüfung von Amts wegen** ist vor dem Hintergrund des Art. 97 4

Abs. 1 GG **ausgeschlossen** (BVerfG v. 05.10.1977, 2 BvL 10/75, BVerfGE 46, 34).

5 Die **Ablehnung** von Gerichtspersonen muss durch Vortrag geeigneter Tatsachen **substantiiert** werden; pauschale Behauptungen reichen nicht aus. Die Ablehnung eines ganzen Gerichts (Senat) ohne Angabe ernstlicher Umstände in der Person einzelner, namentlich zu nennender Richter ist grds. missbräuchlich und unzulässig (BFH v. 10.06.2003, XI R 25/03, BFH/NV 2003, 1342; BFH v. 25.10.2005, I B 47/04, BFH/NV 2006, 746; BFH v. 20.11.2009, III S 20/09, BFH/NV 2010, 454; BFH v. 20.06.2016, X B 167/15, BFH/NV 2016, 1577). Das Gericht entscheidet in diesem Fall über das Ablehnungsgesuch, ohne dass es einer vorherigen dienstlichen Äußerung des abgelehnten Richters nach § 51 FGO i. V. m. § 44 Abs. 3 ZPO bedarf (BFH v. 22.05.2017, V B 133/16, BFH/NV 2017, 1199). Das Ablehnungsgesuch kann nur hinsichtlich eines oder mehrerer individuell bestimmter Richter auf deren individuelle Besonderheiten gestützt werden (**Grundsatz der Individualablehnung**; z. B. BFH v. 29.03.2000, I B 90/99, BFH/NV 2000, 1221). Rechtsmissbräuchliche Ablehnungsgesuche sind unzulässig. Ein Befangenheitsantrag ist z. B. **rechtsmissbräuchlich**, wenn der Antragsteller immer wieder ohne ausreichenden Grund Richter ablehnt, die ihm nachteilige Entscheidungen fällen (BFH v. 27.01.2004, X S 22/03, juris). Der abgelehnte Richter braucht im Ablehnungsgesuch dann nicht namentlich bezeichnet zu sein, wenn er auf andere Weise zweifelsfrei bestimmt werden kann (BFH v. 31.05.1972, II B 34/71, BStBl II 1972, 576). Die Ablehnung wegen Befangenheit kann nicht erfolgreich auf die Tatsache gestützt werden, dass die Richter der Dienstaufsicht des Landesfinanzministers unterliegen (BFH v. 21.07.1967, III B 37/67, HFR 1968, 117).

5a An die Zurückweisung eines Ablehnungsgesuchs stellt der BFH im Anschluss an das BVerfG strenge Anforderungen. Grds. kommt danach eine Verwerfung des Ablehnungsgesuchs als **unzulässig** – abgesehen von den Fällen des Rechtsmissbrauchs (s. Rz. 5) – nur dann in Betracht, wenn das Ablehnungsgesuch für sich allein – ohne jede weitere Aktenkenntnis – offenkundig die Ablehnung nicht zu begründen vermag; ist hingegen ein – wenn auch nur geringfügiges – Eingehen auf den Verfahrensgegenstand erforderlich, scheidet die Ablehnung als unzulässig aus (BVerfG v. 11.03.2013, 1 BvR 2853/11, NJW 2013, 1665; BFH v. 05.04.2017, III B 122/16, BFH/NV 2017, 1047).

6 Die Ablehnung wegen »Besorgnis der Befangenheit« hat nicht zur Voraussetzung, dass die Gerichtsperson in der Tat »parteilich« oder »befangen« ist oder sich selbst für befangen hält. Entscheidend ist ausschließlich, ob ein am Verfahren Beteiligter bei **vernünftiger Würdigung aller Umstände Anlass hat, an der Unvoreingenommenheit und objektiven Einstellung der Gerichtsperson zu zweifeln**, wenn also ein Beteiligter von seinem Standpunkt aus, jedoch nach Maßgabe einer vernünftigen, **objektiven Betrachtung**, davon ausgehen kann, der Richter werde nicht unvoreingenommen entscheiden (st. Rspr.; z. B. BFH v. 30.09.1998, XI B 22/98, BFH/NV 1999, 348; BFH v. 11.03.2010, V S 20/09, BFH/NV 2010, 1289). Die rein subjektive Besorgnis, die nicht auf konkreten Tatsachen beruht oder für die bei Würdigung der Tatsachen vernünftigerweise kein Grund ersichtlich ist, reicht zur Ablehnung nicht aus (BVerwG v. 06.12.1974, III C 81.70, HFR 1975, 464; BFH v. 07.11.1995, VIII B 31/95, BFH/NV 1996, 344).

**Einzelfälle: Ungünstige Rechtsauffassung, Verfahrensverstöße, Rechtsfehler**: Eine etwa unrichtige, für einen Beteiligten **ungünstige Rechtsauffassung oder Verfahrensverstöße** des Richters sind im Allgemeinen kein Grund für dessen Ablehnung wegen Befangenheit (BFH v. 24.11.2000, II B 44/00, BFH/NV 2001, 621; BFH v. 29.08.2001, IX B 3/01, BFH/NV 2002, 64; BFH v. 14.08.2013, III B 13/13, BFH/NV 2013, 1795; *Brandis* in Tipke/Kruse, § 51 FGO Rz. 21), es sei denn, es liegen Anhaltspunkte für unsachliche Erwägungen vor (BFH v. 12.09.1996, IV B 8/96, BFH/NV 1997, 243; BFH v. 29.08.2001, IX B 3/01, BFH/NV 2002, 64; BFH v. 10.06.2003, XI R 25/03, BFH/NV 2003, 1342). Die angeblich fehlerhafte Entscheidung in einem Parallelverfahren kann die Ausschließung oder Ablehnung eines Richters wegen Befangenheit daher grds. nicht rechtfertigen (BFH v. 26.03.2014, IX B 83/13, BFH/NV 2014, 1070; BFH v. 04.05.2016, V B 108/15, BFH/NV 2016, 1289). **Rechtsfehler** bzw. eine (angeblich) fehlerhafte Rechtsanwendung begründen eine Besorgnis der Befangenheit erst, wenn die mögliche Fehlerhaftigkeit auf einer unsachlichen Einstellung des Richters gegen den ablehnenden Beteiligten beruht (BFH v. 26.05.2009, X B 124/08, ZSteu 2009, R 682; BFH v. 14.08.2013, III B 13/13, BFH/NV 2013, 1795), der Kläger also bewusst und damit willkürlich benachteiligt wird (*Brandis* in Tipke/Kruse, § 51 FGO Rz. 22). Es ist dem Richter nicht verwehrt, Beteiligte auf einen Rechtsirrtum aufmerksam zu machen, ihnen z. B. anheim zu stellen, ihre Ausführungen zur Rechtslage nochmals zu überdenken (BFH v. 06.05.1989, V B 119/88, BFH/NV 1990, 45). Ebenso wenig rechtfertigt die Tatsache, dass das FG einen Antrag des Klägers auf Aussetzung der Vollziehung als sachlich unbegründet zurückgewiesen hat, die Ausschließung oder Ablehnung des Gerichts in der gleichen Zusammensetzung für die spätere Entscheidung in der Hauptsache. Aus der Anfrage eines Mitglieds des FG, ob der Kläger im Hinblick auf eine Entscheidung des BVerfG die Klage zurücknehmen wolle, kann nicht ohne Weiteres auf eine Befangenheit des Richters geschlossen werden (BFH v. 27.06.1996, X B 84/96, BFH/NV 1997, 122; BFH v. 10.12.1997, IX B 85/97, BFH/NV 1998, 718; BFH

v. 28.05.2003, III B 87/02, BFH/NV 2003, 1218). **Äußerungen über die Erfolgsaussichten der Klage**: Hat sich jedoch ein Richter über die Erfolgsaussichten der Klage in einer Weise geäußert, die Grund für die Befürchtung bietet, der Richter werde Gegengründen nicht mehr aufgeschlossen gegenüberstehen, kann Besorgnis der Befangenheit gerechtfertigt sein (BFH v. 04.07.1985, V B 3/85, BStBl II 1985, 555). Es müssen Anhaltspunkte dafür vorliegen, das Verhalten des Richters beruhe auf dessen unsachlicher Einstellung oder auf Willkür. Daher können regelmäßig keine Ablehnungsgründe darin gesehen werden, dass sich ein Richter vor Abschluss des Verfahrens eine vorläufige Meinung über die Sachlage und Rechtslage gebildet hat, diese kundtut und damit die Bitte verbindet, eine Klagerücknahme zu erwägen (BFH v. 19.02.2009, VIII B 52/08, juris). Besorgnis der Befangenheit kann sich allenfalls aus der Art und Weise ergeben, wie ein Richter seine vorläufige Meinung vorträgt, etwa wenn er in ungewöhnlicher, nach der Prozesslage nicht verständlicher Weise subjektive Gewissheit erkennen lässt. Um keine Besorgnis der Befangenheit zu begründen, bedarf es aber bei Meinungsäußerungen nicht stets eines ausdrücklichen Hinweises darauf, dass es sich um eine lediglich vorläufige, persönliche Meinung handelt. Dabei kann jedoch selbst eine besonders freimütige oder saloppe Ausdrucksweise des Richters nicht Anlass für die Besorgnis seiner Befangenheit sein, wenn der Richter sich dabei nicht z. B. einer evident unsachlichen, unangemessenen oder gar beleidigenden Sprache bedient hat (BFH v. 08.12.1998, VII B 227/98, BFH/NV 1999, 661; BFH v. 08.10.2010, II B 18/10, BFH/NV 2011, 64). Freimütige oder saloppe Formulierungen geben grds. keinen Anlass zur Besorgnis der Befangenheit (BFH v. 28.05.2001, IV B 118/00, BFH/NV 2001, 1431; BFH v. 08.10.2010, II B 18/10, BFH/NV 2010, 64), jedenfalls dann, wenn sie sogleich relativiert werden (BFH v. 10.03.2015, V B 108/14, BFH/NV 2015, 849). Erst recht begründen wissenschaftliche Äußerungen eines Richters außerhalb eines anhängigen Verfahrens in Aufsätzen, Kommentaren etc. im Allgemeinen nicht dessen Befangenheit (BFH v. 21.12.2009, V R 10/09, BFH/NV 2010, 1574). **Mitwirkung an vorherigem Verfahren**: Die Mitwirkung beim Erlass des einem Urteil vorausgegangenen Gerichtsbescheids ist kein Ablehnungsgrund (BFH v. 25.10.1973, IV R 80/72, BStBl II 1974, 142). Unschädlich ist, wenn ein Richter des BFH als früherer Richter des FG an der auf Art. 267 Abs. 2 AEUV beruhenden Einholung einer Vorabentscheidung des EuGH, nicht aber an der angefochtenen Entscheidung des FG beteiligt war (BFH v. 22.01.1980, VII R 97/76, BStBl II 1980, 158). Richter der Finanzgerichtsbarkeit können nicht – auch nicht unter Hinweis auf § 51 Abs. 3 FGO – allein mit der Begründung als befangen abgelehnt werden, sie hätten zu irgendeinem Zeitpunkt der Finanzverwaltung als Beamte angehört (BFH v. 07.05.1974, IV S 5–6/74, BStBl II 1974, 385; BVerfG v. 09.12.1987, 1 BvR 1271/87, HFR 1989, 272). Dies dürfte für die überwiegende Mehrzahl der Finanzrichter gelten, ohne dass deshalb eine in erster Linie profiskalische Rspr. zu besorgen wäre. Rechtsmissbräuchlich ist die Ablehnung der an einem Gerichtsbescheid mitwirkenden Richter mit der Begründung, sie hätten trotz des Antrags auf mündliche Verhandlung deshalb einen Gerichtsbescheid erlassen, weil sie einer streitigen mündlichen Verhandlung ausweichen wollten (BFH v. 02.07.1976, III R 24/74, BStBl II 1976, 627). Für die Entscheidung ist daher das Gericht in der normalen Besetzung zuständig (s. Rz. 14). **Verhältnis zu Beteiligten und deren Bevollmächtigten**: Der Umstand, dass der Richter einen Prozessbevollmächtigten auf die Möglichkeit der Auferlegung einer Verzögerungsgebühr hinweist oder von dieser Möglichkeit Gebrauch macht, ist nicht geeignet, Misstrauen gegen die Unparteilichkeit des Richters zu rechtfertigen (BFH v. 27.01.1977, IV S 15–20/76, BStBl II 1977, 350). Dagegen kann ein gespanntes Verhältnis zwischen Richter und Prozessbevollmächtigtem bei einer Prozesspartei die Besorgnis der Befangenheit begründen (BFH v. 21.09.1977, I B 32/77, BStBl II 1978, 12). Dabei ist darauf abzuheben, ob dieses gespannte Verhältnis im Beteiligten Anlass zu der Besorgnis erwecken könnte, der Richter werde sein persönliches Verhältnis zu dem Prozessbevollmächtigten nicht hinreichend von dem konkreten Rechtsstreit trennen können (BFH v. 05.06.1986, IX B 30/83, BFH/NV 1986, 551). Jedenfalls können Äußerungen eines mit der Vorbereitung der mündlichen Verhandlung beauftragten Richters, die Schlussfolgerungen des Prozessbevollmächtigten seien völlig verfehlt und beruhten wohl auf unzureichender Einsicht, es mangele dem Prozessbevollmächtigten an juristischer Einsicht u. Ä. die Besorgnis der Befangenheit begründen, weil die Partei bei objektiver und vernünftiger Betrachtung davon ausgehen kann, dass dieser Richter von diesem Prozessbevollmächtigten vorgetragene Argumente nicht mehr unvoreingenommen würdigen werde, weil er sie von vornherein als fragwürdig ansieht (BFH v. 06.02.1989, V B 119/88, BFH/NV 1990, 45). Die Besorgnis der Befangenheit besteht, wenn evident unsachliche und unangemessene Äußerungen des Richters deutlich machen, dass ihm »der Geduldsfaden gerissen« und ein gespanntes persönliches Verhältnis zwischen ihm und dem Kläger entstanden ist, selbst wenn den Richter an dieser Entwicklung kein Verschulden trifft und der Kläger seine Pflicht zur Prozessförderung wiederholt grob verletzt hat (BFH v. 29.08.2001, IX B 117/00, BFH/NV 2002, 63). Andererseits begründet die enge Freundschaft eines Richters mit dem in der Sache tätigen Verfahrensbevollmächtigten nicht schon als solche die Besorgnis der Befangenheit (offengelassen in BFH v. 23.09.2004, IX B 98/04, BFH/NV 2005, 234; a. A. wohl *Kopp/Schenke*, § 54 VwGO Rz. 11). **Nichtbearbeitung der Sache**: Soll sich die unsachliche Einstellung eines Richters in der langandauernden Nichtbearbeitung der Sache zeigen, so muss dieser Vorwurf substantiiert begründet werden (BFH v. 13.05.1998 IV B 104/97, BFH/NV 1999, 46; BFH v. 24.02.2000, IV S 16/99, BFH/NV 2000, 1208). **Ehrenamtliche Richter**: Die Ablehnung eines ehrenamtlichen Richters ist unzulässig, wenn dieser erstmals in der mündlichen Verhandlung mit der Sache des Ablehnenden befasst ist und keine konkreten Ablehnungsgründe geltend gemacht werden (BFH v. 24.02.2000, IV S 16/99, BFH/NV 2000, 1208).

8 § 51 Abs. 1 Satz 2 FGO gewährt einen zusätzlichen Ablehnungsgrund insbes. in Fällen, in denen die Vertraulichkeit geschäftlicher Verhältnisse auf dem Spiel steht. Die Regelung wird insbes. für die ehrenamtlichen Mitglieder der FG (§§ 16 ff. FGO) bedeutsam, gilt aber auch für Berufsrichter, z.B. dann, wenn die bezeichneten Voraussetzungen in der Person von Angehörigen (§ 41 Nr. 3 ZPO) erfüllt werden.

9 § 51 Abs. 2 FGO gibt dem Ausschließungsgrund des § 41 Nr. 6 ZPO (s. Rz. 7) eine dem Abgabenverfahren entsprechende Ausdehnung. Wer **im vorausgegangenen Verwaltungsverfahren einschließlich des außergerichtlichen Rechtsbehelfsverfahrens** bei der Behandlung der Sache **mitgewirkt** hat, ist von der Ausübung des Richteramtes ausgeschlossen. Die Regelung trägt dem Umstand Rechnung, dass die überwiegende Mehrzahl der Finanzrichter zuvor als Finanzbeamte tätig war. Es kommt daher nicht selten vor, dass ein Richter mit einer Sache befasst wird, die er zuvor als Finanzbeamter (auch in der Funktion des Sachgebietsleiters oder Vorstehers) befasst war. Diese eindeutige Bestimmung, die den Unvollkommenheiten der menschlichen Natur – bei Unterstellung subjektiv besten Willens – Genüge tut, ist zu begrüßen. Ihrem Zwecke entsprechend dürfte eine enge Auslegung nicht am Platze sein. Mitgewirkt hat nicht nur derjenige, der im Verwaltungsverfahren die Entscheidung gefällt hat oder an dieser beteiligt war, sondern auch derjenige, der mit der Ermittlung der tatsächlichen Verhältnisse befasst oder beratend tätig (BFH v. 25.04.1978, VII R 7/78, BStBl II 1978, 401) gewesen ist. Ein Richter ist aber dann nicht ausgeschlossen, wenn er zuvor als Finanzbeamter die von einem anderen angeordnete Prüfungsanordnung (§ 196 AO) auf Jahre erweitert hat, die im konkreten FG-Verfahren nicht betroffen sind (BFH v. 25.02.2009, X B 44/08, BFH/NV 2909, 771). Keinesfalls begründet die Mitwirkung bei der Urteilsfindung in einem früheren Rechtsstreit des Pflichtigen, der zu dessen Ungunsten entschieden wurde, keine Ablehnung wegen Befangenheit (BFH v. 20.09.1966, VI B 8/66, BStBl III 1966, 652), erst recht natürlich nicht die Unterstellung der FG unter die Dienstaufsicht des zuständigen Landesministers (s. § 31 FGO Rz. 3). Anders verhält es sich, wenn ein BFH-Richter bereits als Instanzrichter am FG an der vor dem BFH angefochtenen Entscheidung mitgewirkt hat. Er ist dann im Rechtsmittelverfahren wegen Vorbefassung ausgeschlossen, wenn er an der Urteilsfindung der unteren Instanz teilgenommen hat, d.h. in richterlicher Funktion an den tatsächlichen Feststellungen und rechtlichen Folgerungen unmittelbar beteiligt ist (BFH v. 07.06.2016, VIII R 23/14, BFH/NV 2016, 1684). Unter der engeren Voraussetzung des § 51 Abs. 1 Satz 1 FGO i.V.m. § 41 Nr. 4 ZPO ist ein Richter ausgeschlossen, der ohne i.S. des § 51 Abs. 2 FGO tatsächlich im vorausgegangenen Verwaltungsverfahren mitgewirkt zu haben, als Vorsteher (im Zeitpunkt des Erlasses des angefochtenen Verwaltungsakts oder in dem des Erlasses der Einspruchsentscheidung) kraft Gesetzes oder aufgrund erteilten generellen oder einzelnen Auftrags Vertreter der Finanzbehörde war (BFH v. 04.07.1990, II R 65/89, BStBl II 1990, 787). Nach § 51 Abs. 1 FGO i.V.m. § 41 Nr. 4 ZPO kommt es nicht auf ein tatsächliches Auftreten als Vertreter an, vielmehr erstreckt sich der Ausschluss des Richters auf alle Sachen, in denen diese Behörde, deren Vertreter er als Finanzbeamter war, Beteiligte ist und die bereits vor seiner Übernahme in das Richterverhältnis anhängig waren und somit von ihm hätten vertreten werden können (z.B. BFH v. 07.09.2016, I R 14/15, BFH/NV 2017, 313).

§ 51 Abs. 3 FGO enthält einen absoluten Ablehnungsgrund (§ 42 ZPO) für Richter, die Mitglieder der Vertretung der öffentlich-rechtlichen Körperschaft sind, deren Interessen durch das finanzgerichtliche Verfahren berührt werden. Damit ist nicht nur die Ertragsberechtigung am Aufkommen der Abgabe gemeint, um die es geht; auch Verwaltungsbelange sind Interessen. Vertretung der Körperschaft zielt auf die Organe ihrer Willensbildung, insbes. die Parlamente von Bund, Ländern und Gemeinden; es dürften aber auch die Verwaltungsspitzen dazu gehören, also die Regierungen, Magistrate und Gemeindevorstände. 10

Ablehnungsgründe wegen Besorgnis der Befangenheit einer Gerichtsperson (§ 42 ZPO) können seitens beider Beteiligter vorgebracht werden. Ein **Ablehnungsgesuch**, das beim betreffenden Senat des FG, dem der abgelehnte Richter angehört, geltend zu machen ist (BFH v. 18.02.2014, XI B 140/13, BFH/NV 2014, 879), kann schriftlich oder zu Protokoll der Geschäftsstelle angebracht werden (§ 44 Abs. 1 ZPO). Für das Gesuch gilt § 62 FGO (zur Ausnahme s. § 142 FGO Rz. 8). Das Ablehnungsgesuch muss als Prozesshandlung (s. Vor § 40 FGO Rz. 5) klar und eindeutig erklärt werden; die bloße Ankündigung eines solchen führt daher nicht zum Ausschluss eines Richters (BFH v. 13.11.2012, V S 11/12, BFH/NV 2013, 237; BFH v. 14.11.2012, V B 41/11, BFH/NV 2013, 239). Die Gerichtsperson kann einen Ablehnungsgrund auch selbst vorbringen, wenn sie sich für befangen hält (sog. **Selbstablehnung**, § 48 ZPO; zur Gewährung rechtlichen Gehörs in einem solchen Falle BVerfG v. 08.06.1993, 1 BvR 878/90, HFR 1993, 670). Über den **Ablehnungsgrund**, den der Beteiligte i.S. von 11

§ 155 Satz 1 FGO i. V. m. § 294 ZPO **glaubhaft** machen muss (§ 44 Abs. 2 ZPO). Hierüber hat sich der abgelehnte Richter **dienstlich** zu **äußern** (§ 44 Abs. 3 ZPO). Eine dienstliche Äußerung ist allerdings nicht erforderlich, wenn die Ablehnung missbräuchlich ist (z. B. BFH v. 28.10.2009, VIII R 78/05, BStBl II 2010, 455; BFH v. 20.06.2013, IX S 12/13, BFH/NV 2013, 1444; s. Rz. 5). Grds. **entscheidet** über das Ablehnungsgesuch das Gericht, dem der abgelehnte Richter angehört, ohne dessen Mitwirkung, also der **Senat** (grds. ohne Mitwirkung der ehrenamtlichen Richter, s. §§ 5 Abs. 3 Satz 2 FGO, § 46 Abs. 1 ZPO; aber s. Rz. 13). Bei einer missbräuchlichen oder offensichtlich unzulässigen Ablehnung von Richtern entscheidet abweichend von § 45 ZPO das Gericht in der normalen Besetzung, also ggf. unter Einschluss der abgelehnten Richter (BFH v. 27.01.2004, X S 22/03, juris; BFH v. 14.08.2013III B 13/13, BFH/NV 2013, 1795). Davon ist grds. auszugehen, wenn der **gesamte Spruchkörper pauschal abgelehnt** wird (BFH v. 25.08.2009, V S 10/07, BStBl II 2009, 1900; BFH v. 04.03.2014, VII B 131/13 BFH/NV 2014, 1055), es sei denn, es werden konkrete Anhaltspunkte im Hinblick auf eine Kollegialentscheidung vorgebracht werden, die auf eine Befangenheit aller Mitglieder des Spruchkörpers deuten (BFH v. 20.06.2013, IX S 12/13, BFH/NV 2013, 1444; s. Rz. 5).

12 Eine **Ablehnung** ist **nicht mehr möglich**, wenn sich der ablehnende Beteiligte bei der abzulehnenden Gerichtsperson in Kenntnis des Ablehnungsgrundes ohne dessen Geltendmachung in eine Verhandlung (auch anlässlich eines Erörterungstermins, BFH v. 13.03.1992, IV B 172/90, BFH/NV 1992, 679; BFH v. 04.04.1996, IV R 55/94, BFH/NV 1996, 801; BFH v. 02.03.2017, XI B 81/16, BFH/NV 2017, 748) eingelassen oder Anträge (auch schriftlich, BFH v. 21.07.1993 BFH/NV 1994, 50) gestellt hat (§ 43 ZPO; BFH v. 29.03.2000, I B 96/99, BFH/NV 2000, 1130 BFH v. 06.07.2005, II R 28/02, BFH/NV 2005, 2027; BFH v. 18.03.2013, VII B 134/12, BFH/NV 2013, 1102). Daher ist ein **Befangenheitsgesuch unzulässig**, wenn es **nachträglich** angebracht wird, obwohl der behauptete Ablehnungsgrund noch im Verhandlungstermin entstanden ist (BFH v. 04.04.1996, IV R 55/94, BFH/NV 1996, 801). Mit einer Anhörungsrüge (§ 133a FGO) können diese Vorgaben nicht umgangen werden (BFH v. 04.05.2006, VI S 5/06, BFH/NV 2006, 1337). Ebenso wenig kann ein Ablehnungsgesuch auf Gründe gestützt werden, die in einer früheren mündlichen Verhandlung entstanden sein sollen (BFH v. 24.02.2000, IV S 16/99, BFH/NV 2000, 1208). Der **Verlust des Rügerechts** gilt auch für ein unmittelbar anschließendes Verfahren (z. B. eine zweite, unmittelbar auf die erste folgende mündliche Verhandlung), wenn beide Verfahren tatsächlich und rechtlich zusammenhängen (BFH v. 15.04.1987, IX B 99/85, BStBl II 1987, 577; BFH v. 12.03.1997, I B 117/96, BFH/NV 1997, 684). Etwas anderes gilt nur, wenn neue Ablehnungsgründe oder Beweismittel geltend gemacht oder die bisherigen Ablehnungsgründe zumindest ergänzt werden (BFH v. 18.12.1998, III S 7/98, BFH/NV 1999, 945). **Ablehnungsgesuche** sind daher **unverzüglich geltend zu machen**, sonst geht das Ablehnungsrecht verloren. **Ausnahmen** sind jedoch bei einschüchterndem Verhalten des Richters denkbar (BFH v. 17.10.1979, I R 247/78, BStBl II 1980, 299). Ein Ablehnungsgesuch, das unter der Bedingung einer für den Antragsteller ungünstigen Entscheidung gestellt wird, ist unzulässig (BFH v. 25.10.2005, I B 47/04, BFH/NV 2006, 746).

**Zeitlich endet** die **Ablehnungsmöglichkeit** endgültig 13
dann, wenn der Richter, der abgelehnt werden soll, die Entscheidung nicht mehr abändern kann (BFH v. 04.04.1990 BFH/NV 1990, 724; BFH v. 27.07.1992, VIII B 100/91, BFH/NV 1993, 113), er also seine richterliche Tätigkeit im konkreten Verfahren einschließlich aller Nebenentscheidungen beendet hat (BFH v. 14.05.1996, VII B 257/95, BFH/NV 1996, 904; BFH v. 10.11.2011, IV B 60/11, BFH/NV 2012, 426; BFH v. 12.09.2013, X S 30, 31/13, BFH/NV 2014, 51). Demnach fehlt für ein Ablehnungsgesuch, das in einem abgeschlossenen Verfahren nach Beendigung der Instanz gestellt wird, das Rechtsschutzbedürfnis (BFH v. 27.01.2016, IX B 6/16, BFH/NV 2016, 585). Dies gilt erst recht, wenn der abgelehnte Richter (z. B. wegen seines Eintritts in den Ruhestand) nicht mehr mit der Sache befasst werden kann (BFH v. 12.09.2013, X S 30, 31/13, BFH/NV 2014, 51). In diesem Fall ist das Ablehnungsgesuch unzulässig (BFH v. 17.08.1989, VII B 70/89, BStBl II 1989, 899). Daher genügt es nicht, wenn ein Beteiligter erstmals mit der NZB die Befangenheit der Mitglieder des erkennenden Senats des FG geltend macht (BFH v. 08.10.2008, II B 42/08, BFH/NV 2009, 46). Vielmehr muss die Besorgnis der Befangenheit bis zum Schluss der mündlichen Verhandlung innerhalb des dafür vorgesehenen Zwischenverfahrens (§ 51 FGO i. V. m. §§ 42 ff. ZPO) geltend gemacht werden (z. B. BFH v. 05.03.2012, III B 236/11, BFH/NV 2012, 973 m. w. N.). Soweit sich ein Berichtigungsverfahren (§ 108 FGO) anschließt, ist ein Ablehnungsantrag auch für diesen Verfahrensabschnitt zulässig (s. BFH v. 14.05.1996, VII B 257/95, BFH/NV 1996, 904); es fehlt jedoch dafür das Rechtsschutzbedürfnis, wenn bei Begründetheit des Antrags jede weitere richterliche Tätigkeit im Berichtigungsverfahren ausgeschlossen wäre (BFH v. 17.08.1989, VII B 70/89, BStBl II 1989, 899; BFH v. 14.05.1996, VII B 257/95, BFH/NV 1996, 904).

Die Entscheidung ergeht durch **Beschluss** (§ 46 Abs. 1 14
ZPO), an dem der abgelehnte Richter grds. nicht mitwirkt (§ 47 ZPO). Denn ein abgelehnter Richter darf vor Erledigung des Ablehnungsgesuchs gem. § 47 ZPO nur solche Handlungen vornehmen, die keinen Aufschub gestatten (BFH. v. 04.12.2017, X B 91/17, BFH/NV 2018, 342). Von der Mitwirkung ist er allerdings nicht ausgeschlossen, wenn das Ablehnungsgesuch rechtsmissbräuchlich

(Rz. 5) oder offensichtlich unzulässig ist wegen mangelnder Substantiierung oder Glaubhaftmachung (s. Rz. 5, s. Rz. 11; BFH v. 17.03.2010, X S 25/09, BFH/NV 2010, 1293; BFH v. 02.03.2017, XI B 81/16, BFH/NV 2017, 748) ist oder wenn das Ablehnungsgesuch offenbar grundlos oder nur der Verschleppung dient (BFH v. 12.11.2009, IV B 66/08, BFH/NV 2010, 671; BFH v. 12.11.2009, IV B 29/08, BFH/NV 2010, 669). Dies gilt auch, wenn sich das Ablehnungsgesuch pauschal gegen den gesamten Spruchkörper richtet (s. Rz. 11). Hat das FG zulässigerweise aufgrund mündlicher Verhandlung über das Ablehnungsgesuch entschieden, müssen die ehrenamtlichen Richter mitwirken (§ 5 Abs. 3 Satz 2 FGO; auch BFH v. 21.05.1992, V B 232/91, BStBl II 1992, 845; vgl. auch BFH v. 26.05.2006, IV B 150/05, juris). Der Beschluss, durch den das **Ablehnungsgesuch für begründet** erklärt wird, ist **unanfechtbar** (§ 46 Abs. 2 ZPO). In diesem Fall entscheidet anstelle des nach § 51 Abs. 1 FGO i. V. m. § 41 Nr. 4 ZPO ausgeschlossenen Richters der Senat in der geschäftsplanmäßigen Besetzung mit dem nach dem Geschäftsverteilungsplan für dessen Vertretung zuständigen Richter (BFH v. 29.01.2015, V R 5/14, BStBl II 2015, 567). Wird das Ablehnungsgesuch demgegenüber zurückgewiesen, darf (muss) der **erfolglos abgelehnte Richter** an dem Endurteil mitwirken und ist **gesetzlicher Richter** i. S. des Art. 101 Abs. 1 Satz 2 GG (BFH v. 30.11.1981, GrS 1/80, BStBl II 1982, 217). In diesem Fall wird ein eventueller Verstoß des abgelehnten Richters gegen die Wartepflicht (§ 47 ZPO) geheilt (BFH. v. 04.12.2017, X B 91/17, BFH/NV 2018, 342). Dies gilt auch für die Entscheidung über eine Anhörungsrüge gem. § 133a FGO (BFH v. 12.03.2009, XI S 17–21/08, ZSteu 2009, R 536). Richtet sich die Anhörungsrüge gegen die Zurückweisung des Ablehnungsgesuchs, kann dieses gleichwohl i. S. des § 47 Abs. 1 ZPO erledigt werden; ob insoweit eine Anhörungsrüge überhaupt statthaft ist, hat der BFH bislang offengelassen (BFH v. 08.07.2013, III B 149/12, BFH/NV 2013, 1602).

**14a** Die **Selbstentscheidung** des abgelehnten Richters über das Ablehnungsgesuch ist **grds. ausgeschlossen** (s. Rz. 14). Daher darf der abgelehnte Richter vor dem Hintergrund der Garantie des gesetzlichen Richters in Art. 101 Abs. 1 Satz 2 GG nur dann und insoweit an der Entscheidung mitwirken, wie die durch den gestellten Ablehnungsantrag erforderliche Entscheidung keine Beurteilung des eigenen Verhaltens des abgelehnten Richters und damit keine Entscheidung in eigener Sache voraussetzt. Eine solche Sachentscheidung liegt nicht vor, wenn das Ablehnungsgesuch rechtsmissbräuchlich ist (BFH v. 20.06.2016, X B 167/15, BFH/NV 2016, 1577; s. Rz. 5). Über eine bloß formale Prüfung hinaus darf sich der abgelehnte Richter nicht durch Mitwirkung an einer näheren inhaltlichen Prüfung der Ablehnungsgründe zum Richter in eigener Sache machen (z. B. BFH v. 29.12.2015, IV B 68/14, BFH/NV 2016, 575, BVerfG v. 02.06.2005, 2 BvR 625/01, 2 BvR 638/01, BVerfGK 5, 269). Eine gleichwohl erfolgte Zurückweisung des Gesuchs durch den abgelehnten Richter selbst oder unter dessen Mitwirkung ist dann willkürlich. Überschreitet das Gericht bei Anwendung dieses Prüfungsmaßstabs die ihm gezogenen Grenzen, kann dies seinerseits die Besorgnis der Befangenheit begründen (z. B. BVerfG v. 20.07.2007, 1 BvR 3084/06, BVerfGK 11, 434; BVerfG v. 18.12.2007, 1 BvR 1273/07, BVerfGK 13, 72, Rz. 21; BVerfG v. 15.06.2015, 1 BvR 1288/14, ZAP EN-Nr. 610/2015; BFH v. 05.04.2017, III B 122/16, BFH/NV 2017, 1047).

Nach § 128 Abs. 2 FGO, der dem § 46 Abs. 2 FGO als speziellere Norm vorgeht, sind Beschlüsse über die Ablehnung von Gerichtspersonen unanfechtbar (s. § 128 FGO Rz. 3). Die Beschwerde ist daher unzulässig (BFH v. 05.09.2001, XI B 40/01, BFH/NV 2002, 67; BFH v. 10.10.2001, VI B 175/01, BFH/NV 2002, 68). Daher ist die **Zurückweisung des Ablehnungsgesuchs** mit der **Revision** zu rügen (§ 119 Nr. 1 FGO; *Brandis* in Tipke/Kruse, § 51 FGO Rz. 42; *Spindler*, DB 2001, 61). Ebenso kann mit der Revision nach § 119 Nr. 1 FGO geltend gemacht werden, ein **Befangenheitsantrag** sei **übergangen** worden und das Gericht daher nicht vorschriftsmäßig besetzt gewesen; dies erfordert aber – in Zweifelsfällen – substantiierte Erläuterungen dazu, dass ein klares und eindeutiges Ablehnungsgesuch i. S. von § 51 Abs. 1 Satz 1 FGO i. V. m. § 44 Abs. 1 ZPO gestellt worden ist (BFH v. 22.07.2013, I B 189/12, BFH/NV 2013, 1789). Bei Ablehnung eines Befangenheitsgesuchs ist ein Zulassungsgrund i. S. des § 115 Abs. 2 Nr. 3 FGO jedoch nur dann gegeben, wenn die Ablehnung gegen das Willkürverbot (Art. 3 Abs. 1 GG) verstößt oder ein Verfahrensgrundrecht verletzt (BFH v. 25.09.2006, V B 215/05, BFH/NV 2007, 249; BFH v. 15.12.2009, VIII B 211/08, BFH/NV 2010, 663; BFH v. 18.11.2013, X B 237/12, BFH/NV 2014, 369). Dabei hat eine Besetzungsrüge (§ 119 Nr. 1 FGO; s. § 119 FGO Rz. 11) nur dann Aussicht auf Erfolg, wenn sich dem Beschwerdevorbringen entnehmen lässt, dass der Beschluss über die Zurückweisung des Ablehnungsgesuchs greifbar gesetzwidrig und damit willkürlich war (z. B. BFH v. 25.09.2006, V B 215/05, BFH/NV 2007, 249; BFH v. 10.02.2009, VII B 265/08, BFH/NV 2009, 888; BFH v. 04.09.2017, IX B 34/17, BFH/NV 2017, 1627; BFH. v. 04.12.2017, X B 91/17, BFH/NV 2018, 342). Bestätigt sich die Besorgnis der Befangenheit, so führt dies zu einem Verfahrensfehler, aufgrund dessen das FG-Urteil aufzuheben ist (*Brandis* in Tipke/Kruse, § 51 FGO Rz. 42). Führt das FG ein Verfahren fort, ohne über die wiederholten Ablehnungsgesuche gegen die Angehörigen des Spruchkörpers zu entscheiden, liegt darin keine beschwerdefähige Entscheidung i. S. des § 128 Abs. 1 FGO (BFH v. 28.07.2009, I B 64–66 u. a., BFH/NV 2010, 46). **15**

## § 52 FGO
## Sitzungspolizei usw.

**(1) §§ 169, 171b bis 197 des Gerichtsverfassungsgesetzes über die Öffentlichkeit, Sitzungspolizei, Gerichtssprache, Beratung und Abstimmung gelten sinngemäß.**

**(2) Die Öffentlichkeit ist auch auszuschließen, wenn ein Beteiligter, der nicht Finanzbehörde ist, es beantragt.**

**(3) Bei der Abstimmung und Beratung dürfen auch die zu ihrer steuerrechtlichen Ausbildung beschäftigten Personen zugegen sein, soweit sie die Befähigung zum Richteramt besitzen und soweit der Vorsitzende ihre Anwesenheit gestattet.**

**S. § 55 VwGO; § 61 SGG**

**Inhaltsübersicht**



**Schrifttum**


BRITZ, Fernsehaufnahmen im Gerichtssaal, 1999.


### A. Bedeutung der Vorschrift

1 § 52 Abs. 1 FGO verweist hinsichtlich der Regelungen über die Öffentlichkeit, die Sitzungspolizei, die Gerichtssprache und über die Abstimmungen auf die Vorschriften des GVG. Diese technischen Verfahrensfragen gelten somit für alle Gerichtszweige – von einzelnen spezifischen Abweichungen abgesehen – im Wesentlichen einheitlich (*Stapperfend* in Gräber, § 52 FGO Rz. 1; *Brandis* in Tipke/Kruse, § 52 FGO Rz. 1). Die sinngemäße Anwendung der §§ 169 ff. GVG wirkt »dynamisch« (*Brandis* in Tipke/Kruse, § 52 FGO Rz. 1), d.h. die genannten Normen sind nicht starr, sondern unter Berücksichtigung der Besonderheiten des Finanzprozesses ihrem Inhalt nach anzuwenden.

### B. Öffentlichkeit

2 § 52 Abs. 1 FGO betrifft den **Grundsatz der Öffentlichkeit**, der zu den wesentlichen Verfahrensmaximen auch des Finanzprozesses gehört (s. Vor FGO Rz. 51). Die Norm verweist wegen der Öffentlichkeit generell auf die §§ 169 bis 175 GVG. Diese Vorschriften finden indessen nicht in ihrer Gesamtheit im Finanzprozess Anwendung. So scheidet die Anwendung des § 170 GVG, der die nicht öffentliche Verhandlung in bestimmten Familiensachen (zum Begriff s. § 23b Abs. 1 Satz 2 GVG) regelt, sowie des § 171b GVG aus, der den Ausschluss der Öffentlichkeit in Unterbringungssachen (§§ 63 ff. StGB) betrifft. Nachfolgend werden nur diejenigen Vorschriften wiedergegeben, die im Finanzprozess von Bedeutung sind.

§ 169 GVG

(1) Die Verhandlung vor dem erkennenden Gericht einschließlich der Verkündung der Urteile und Beschlüsse ist öffentlich. Ton- und Fernseh-Rundfunkaufnahmen sowie Ton- und Filmaufnahmen zum Zwecke der öffentlichen Vorführung oder Veröffentlichung ihres Inhalts sind unzulässig. Die Tonübertragung in einen Arbeitsraum für Personen, die für Presse, Hörfunk, Fernsehen oder für andere Medien berichten, kann von dem Gericht zugelassen werden. Die Tonübertragung kann zur Wahrung schutzwürdiger Interessen der Beteiligten oder Dritter oder zur Wahrung eines ordnungsgemäßen Ablaufs des Verfahrens teilweise untersagt werden. Im Übrigen gilt für den in den Arbeitsraum übertragenen Ton Satz 2 entsprechend.

(2) Tonaufnahmen der Verhandlung einschließlich der Verkündung der Urteile und Beschlüsse können zu wissenschaftlichen und historischen Zwecken von dem Gericht zugelassen werden, wenn es sich um ein Verfahren von herausragender zeitgeschichtlicher Bedeutung für die Bundesrepublik Deutschland handelt. Zur Wahrung schutzwürdiger Interessen der Beteiligten oder Dritter oder zur Wahrung eines ordnungsgemäßen Ablaufs des Verfahrens können die Aufnahmen teilweise untersagt werden. Die Aufnahmen sind nicht zu den Akten zu nehmen und dürfen weder herausgegeben noch für Zwecke des aufgenommenen oder eines anderen Verfahrens genutzt oder verwertet werden. Sie sind vom Gericht nach Abschluss des Verfahrens demjenigen zuständigen Bundes- oder Landesarchiv zur Übernahme anzubieten, das nach dem Bundesarchivgesetz oder einem Landesarchivgesetz festzustellen hat, ob den Aufnahmen ein bleibender Wert zukommt. Nimmt das Bundesarchiv oder das jeweilige Landesarchiv die Aufnahmen nicht an, sind die Aufnahmen durch das Gericht zu löschen.

(3) Abweichend von Absatz 1 Satz 2 kann das Gericht für die Verkündung von Entscheidungen des Bundesgerichtshofs in besonderen Fällen Ton- und Fernseh-Rundfunkaufnahmen sowie Ton- und Filmaufnahmen zum Zwecke der öffentlichen Vorführung oder der Veröffentlichung ihres Inhalts zulassen. Zur Wahrung schutzwürdiger Interessen der Beteiligten oder Dritter sowie eines ordnungsgemäßen Ablaufs des Verfahrens können die Aufnahmen oder deren Übertragung teilweise untersagt oder von der Einhaltung von Auflagen abhängig gemacht werden.

(4) Die Beschlüsse des Gerichts nach den Absätzen 1 bis 3 sind unanfechtbar.

§ 171 b GVG

(1) Die Öffentlichkeit kann ausgeschlossen werden, soweit Umstände aus dem persönlichen Lebensbereich eines Prozessbeteiligten, eines Zeugen oder eines durch eine rechtswidrige Tat (§ 11 Absatz 1 Nummer 5 des Strafgesetzbuchs) Verletzten zur Sprache kommen, deren öffentliche Erörterung schutzwürdige Interessen verletzen würde. Das gilt nicht, soweit das Interesse an der öffentlichen Erörterung dieser Umstände überwiegt. Die besonderen Belastungen, die für Kinder und Jugendliche mit einer öffentlichen Hauptverhandlung verbunden sein können, sind dabei zu berücksichtigen. Entsprechendes gilt bei volljährigen Personen, die als Kinder oder Jugendliche durch die Straftat verletzt worden sind.

(2) Die Öffentlichkeit soll ausgeschlossen werden, soweit in Verfahren wegen Straftaten gegen die sexuelle Selbstbestimmung (§§ 174 bis 184j des Strafgesetzbuchs) oder gegen das Leben (§§ 211 bis 222 des Strafgesetzbuchs), wegen Misshandlung von Schutzbefohlenen (§ 225 des Strafgesetzbuchs) oder wegen Straftaten gegen die persönliche Freiheit nach den §§ 232 bis 233a des Strafgesetzbuchs ein Zeuge unter 18 Jahren vernommen wird. Absatz 1 Satz 4 gilt entsprechend.

(3) Die Öffentlichkeit ist auszuschließen, wenn die Voraussetzungen der Absätze 1 oder 2 vorliegen und der Ausschluss von der Person, deren Lebensbereich betroffen ist, beantragt wird. Für die Schlussanträge in Verfahren wegen der in Absatz 2 genannten Straftaten ist die Öffentlichkeit auszuschließen, ohne dass es eines hierauf gerichteten Antrags bedarf, wenn die Verhandlung unter den Voraussetzungen der Absätze 1 oder 2 oder des § 172 Nummer 4 ganz oder zum Teil unter Ausschluss der Öffentlichkeit stattgefunden hat.

(4) Abweichend von den Absätzen 1 und 2 darf die Öffentlichkeit nicht ausgeschlossen werden, soweit die Personen, deren Lebensbereiche betroffen sind, dem Ausschluss der Öffentlichkeit widersprechen.

(5) Die Entscheidungen nach den Absätzen 1 bis 4 sind unanfechtbar.

§ 172 GVG

Das Gericht kann für die Verhandlung oder für einen Teil davon die Öffentlichkeit ausschließen; wenn

1. eine Gefährdung der Staatssicherheit, der öffentlichen Ordnung oder der Sittlichkeit zu besorgen ist,

1a. eine Gefährdung des Lebens, des Leibes oder der Freiheit eines Zeugen oder einer anderen Person zu besorgen ist,

2. ein wichtiges Geschäfts-, Betriebs-, Erfindungs- oder Steuergeheimnis zur Sprache kommt, durch dessen öffentliche Erörterung überwiegende schutzwürdige Interessen verletzt würden,

3. ein privates Geheimnis erörtert wird, dessen unbefugte Offenbarung durch den Zeugen oder Sachverständigen mit Strafe bedroht ist,

4. eine Person unter 18 Jahren vernommen wird.

§ 173 GVG

(1) Die Verkündung des Urteils sowie der Endentscheidung in Ehesachen und Familienstreitsachen erfolgt in jedem Falle öffentlich.

(2) Durch einen besonderen Beschluss des Gerichts kann unter den Voraussetzungen der §§ 171 b und 172 auch für die Verkündung der Entscheidungsgründe oder eines Teiles davon die Öffentlichkeit ausgeschlossen werden.

§ 174 GVG

(1) Über die Ausschließung der Öffentlichkeit ist in nicht öffentlicher Sitzung zu verhandeln, wenn ein Beteiligter es beantragt oder das Gericht es für angemessen erachtet. Der Beschluss, der die Öffentlichkeit ausschließt, muss öffentlich verkündet werden; er kann in nicht öffentlicher Sitzung verkündet werden, wenn zu befürchten ist, dass seine öffentliche Verkündung eine erhebliche Störung der Ordnung in der Sitzung zur Folge haben würde. Bei der Verkündung ist in den Fällen der §§ 171 b, 172 und 173 anzugeben, aus welchem Grunde die Öffentlichkeit ausgeschlossen wurde.

(2) Soweit die Öffentlichkeit wegen Gefährdung der Staatssicherheit ausgeschlossen wird, dürfen Presse, Rundfunk und Fernsehen keine Berichte über die Verhandlung und den Inhalt eines die Sache betreffenden amtlichen Schriftstücks veröffentlichen.

(3) Ist die Öffentlichkeit wegen Gefährdung der Staatssicherheit oder aus den in §§ 171 b und 172 Nr. 2 und 3 bezeichneten Gründen ausgeschlossen, so kann das Gericht den anwesenden Personen die Geheimhaltung von Tatsachen, die durch die Verhandlung oder durch ein die Sache betreffendes amtliches Schriftstück zu ihrer Kenntnis gelangen, zur Pflicht machen. Der Beschluss ist in das Sitzungsprotokoll aufzunehmen. Er ist anfechtbar. Die Beschwerde hat keine aufschiebende Wirkung.

§ 175 GVG

(1) Der Zutritt zu öffentlichen Verhandlungen kann unerwachsenen und solchen Personen versagt werden, die in einer der Würde des Gerichts nicht entsprechenden Weise erscheinen.

(2) Zu nicht öffentlichen Verhandlungen kann der Zutritt einzelnen Personen vom Gericht gestattet werden. In Strafsachen soll dem Verletzten der Zutritt gestattet werden. Eine Anhörung der Beteiligten bedarf es nicht.

(3) Die Ausschließung der Öffentlichkeit steht der Anwesenheit der die Dienstaufsicht führenden Beamten der Justizverwaltung bei den Verhandlungen vor dem erkennenden Gericht nicht entgegen.

3 Der **Grundsatz der Öffentlichkeit** soll eine Kontrolle des Verfahrensgangs durch die Allgemeinheit gewährleisten und dem Verdacht einer Geheimjustiz entgegenwirken. Darüber hinaus soll das Vertrauen der Rechtsgemeinschaft in die Unabhängigkeit der gerichtlichen Entscheidung gestärkt werden (z.B. BFH v. 30.09.1992, IV R 52/92, BFH/NV 1993, 543; auch *Brandis* in Tipke/Kruse, § 52 FGO Rz. 2 m.w.N.). **Öffentliche Verhandlungen** i.S. des § 169 Satz 1 GVG sind die mündliche Verhandlung (§ 90 Abs. 1 FGO), die Beweisaufnahme (§ 81 Abs. 1 FGO) in der mündlichen Verhandlung und die Urteilsverkündung (§ 104 Abs. 1 FGO, § 173 Abs. 1 GVG). **Nicht öffentlich** sind die Entscheidungen, die nicht aufgrund mündlicher Verhandlung ergehen (s. §§ 90 Abs. 1 Satz 2, 90 Abs. 2, 90a FGO), Erörterungstermine (§ 79 Abs. 1 Satz 2 Nr. 1 FGO; BFH v. 07.11.2012, V S 26/11 [PKH], BFH/NV 2013, 581; s. § 79 FGO Rz. 3) sowie Beweisaufnahmen durch den Berichterstatter (§§ 79 Abs. 3 Satz 1, 81 Abs. 2 FGO).

4 **Öffentlichkeit** ist gewährleistet, wenn »jedermann die Möglichkeit hat, sich ohne besondere Schwierigkeiten davon Kenntnis zu verschaffen, wann und wo ein erkennendes Gericht eine Verhandlung abhält und ein im Rahmen der zu Verfügung stehenden Räumlichkeiten unbestimmter Personenkreis der Verhandlung beiwohnen kann« (z.B. BVerfG v. 30.10.2002, 1 BvR 1932/02, NJW 2003, 500; *Brandis* in Tipke/Kruse, § 52 FGO Rz. 4; *Lückemann* in Zöller, § 169 GVG Rz. 2 ff.). Das Gericht muss eine Mindestzahl von Sitzplätzen und Stehplätzen bereithalten, damit von dem **Zutrittsrecht** auch tatsächlich Gebrauch gemacht werden kann (BFH v. 11.09.1997, IV R 53/96, BFH/NV 1998, 340), ist jedoch nicht verpflichtet, zusätzliche Raumkapazitäten zu schaffen. Daher führt die räumliche Beschränkung eines Gerichtssaales allein noch nicht zur Verletzung des Grundsatzes der Öffentlichkeit (BFH v. 10.12.1997, IX R 54/97, BFH/NV 1998, 719; im Übrigen *Brandis* in Tipke/Kruse, § 52 FGO Rz. 4). **Rundfunk- und Fernsehaufnahmen** zur öffentlichen Vorführung oder Veröffentlichung sind gem. § 169 Abs. 2 GVG **grds. unzulässig** (vgl. allerdings eingehend zum Strafprozess *Britz*, S. 231 ff.). Abweichend von § 169 Abs. 1 Satz 2 GVG kann das Gericht für die Verkündung von Entscheidungen des BGH **in besonderen Fällen** Ton- und Fernseh-Rundfunkaufnahmen sowie Ton- und Filmaufnahmen zum Zwecke der öffentlichen Vorführung oder der Veröffentlichung ihres Inhalts zulassen. Dabei müssen jedoch die schutzwürdigen Interessen der Beteiligten oder Dritter sowie der ordnungsgemäße Ablauf des Verfahrens gewährleistet werden, z.B. durch die teilweise Untersagung von Aufnahmen oder deren Übertragung oder durch Auflagen (§ 169 Abs. 3 Satz 2 GVG). Dies gilt auch für den BFH – nicht für die FG –, da § 52 Abs. 1 GVG eine uneingeschränkte Verweisung auf § 169 GVG enthält (*Brandis* in Tipke/Kruse, § 52 FGO Rz. 7). Für das Verfahren vor den FG bleibt es beim Verbot von Rundfunk- und Fernsehaufnahmen. **Beschlüsse** nach § 52 FGO i.V.m. § 169 Abs. 3 GVG sind nach § 128 Abs. 2 FGO **unanfechtbar** (*Brandis* in Tipke/Kruse, § 52 FGO Rz. 7).

Nach Maßgabe des § 169 Abs. 2 Satz 1 GVG können **Tonaufnahmen** der Verhandlung einschließlich der Verkündung der Urteile und Beschlüsse zu wissenschaftlichen und historischen Zwecken von dem Gericht – also BFH und FG – zugelassen werden, wenn es sich um ein Verfahren von herausragender zeitgeschichtlicher Bedeutung für die Bundesrepublik Deutschland handelt. Die Vorschrift wurde durch das Gesetz zur Erweiterung der Medienöffentlichkeit in Gerichtsverfahren und zur Verbesserung der Kommunikationshilfen für Menschen mit Sprach- und Hörbehinderungen (Gesetz über die Erweiterung der Medienöffentlichkeit in Gerichtsverfahren – EmöGG) vom 08.10.2017, BGBl I 2017, 3546, eingeführt. Um die schutzwürdigen Interessen der Beteiligten oder Dritter zu wahren oder zur Wahrung eines ordnungsgemäßen Ablaufs des Verfahrens können die Aufnahmen teilweise untersagt werden (§ 169 Abs. 2 Satz 2 GVG). Insoweit hat das Gericht eine Ermessensentscheidung unter Abwägung der genannten Belange und des Informationsinteresses der Öffentlichkeit zu treffen. Die Aufnahmen sind nicht zu den Akten zu nehmen und dürfen weder herausgegeben noch für Zwecke des aufgenommenen oder eines anderen Verfahrens genutzt oder verwertet werden. Daher scheidet auch eine Herausgabe an die Medien aus (*Wendl* in Gosch, § 159 FGO Rz. 6). Die Tonaufnahmen sind vom Gericht nach Abschluss des Verfahrens demjenigen zuständigen Bundes- oder Landesarchiv zur Übernahme anzubieten, das nach dem BArchG oder dem jeweiligen LandesArchG festzustellen hat, ob den Aufnahmen ein bleibender Wert zukommt (§ 169 Abs. 2 Satz 4 GVG). Nimmt das Bundesarchiv oder das jeweilige Landesarchiv die Aufnahmen nicht an, sind die Aufnahmen gem. § 169 Abs. 3 Satz 5 GVG durch das Gericht zu löschen. Die **Beschlüsse**, die nach § 52 FGO i.V.m. § 169 Abs. 3 GVG getroffen werden, sind gem. § 128 Abs. 2 FGO **unanfechtbar** (*Brandis* in Tipke/Kruse, § 52 FGO Rz. 7). 4a

Die **Verletzung** des Öffentlichkeitsgrundsatzes stellt einen **absoluten Revisionsgrund** dar (§ 119 Nr. 5 FGO). Nach der Rspr. des BFH sollen die Beteiligten auf die Einhaltung des Öffentlichkeitsgrundsatzes **verzichten** können (BFH v. 24.08.1990, X R 45–46/90, BStBl II 1990, 1032; BFH v. 30.09.1992, IV R 52/92, BFH/NV 1993). Angesichts der Funktion des Öffentlichkeitsgrundsatzes (s. Rz. 3) ist dies **höchst fraglich** (krit. *Brandis* in Tipke/Kruse, § 52 FGO Rz. 6; *Lückemann* in Zöller, § 169 GVG Rz. 15, der insoweit die Anwendung des § 295 Abs. 2 ZPO bejaht). M. E. ist der Öffentlichkeitsgrundsatz der Verfügungsbefugnis der Verfahrensbeteiligten entzogen, da er dem Allgemeininteresse und nicht ausschließlich dem Interesse einzelner Verfahrensbeteiligter dient, sodass auf dessen Einhaltung nicht verzichtet werden kann. 5

6 Nach Maßgabe des § 52 Abs. 1 FGO i. V. m. §§ 171b, 172, 173 GVG sowie des § 52 Abs. 2 FGO kann die **Öffentlichkeit ausgeschlossen** werden. In den dort geregelten Fällen überwiegt das Interesse des Einzelnen am Schutz seines persönlichen Lebensbereichs das Interesse der Allgemeinheit an der Sitzungsöffentlichkeit. § 52 Abs. 2 FGO erklärt sich dabei aus dem besonderen Schutz, den das Steuergeheimnis genießt (§ 30 AO). Der Ausschluss der Öffentlichkeit dient hingegen nicht dazu, die Unbefangenheit von Zeugen zu gewährleisten. Daher kann ein als Beistand des Beklagten erschienener Außenprüfer bis zum Beginn der Beweisaufnahme dem Verfahren beiwohnen, mag er auch als Zeuge in Betracht kommen (BFH v. 03.04.2008, I B 77/07, BFH/NV 2008, 1445). Der auf § 52 Abs. 2 FGO gestützte Antrag, der ausschließlich vom Kläger oder einem Beigeladenen gestellt werden kann, bedarf keinerlei Begründung. Das Verfahren und die Wirkung der Ausschließung ergeben sich aus §§ 174 und 175 GVG (dazu *Brandis* in Tipke/Kruse, § 52 FGO Rz. 14 ff.). Das FG kann auf Antrag eines Beteiligten den anderen Beteiligten – nicht nur den nach § 30 AO verpflichteten Amtsträgern – die Geheimhaltung seines schriftlichen und mündlichen Vortrags in Hinblick auf die in § 172 Nr. 2 GVG genannten Geheimnisse zur Pflicht machen (FG Ha v. 16.04.1998, II 22/97, EFG 1998, 1113). § 52 Abs. 1 FGO i. V. m. § 173 Abs. 1 GVG gehört nicht zu den Vorschriften über die Öffentlichkeit des Verfahrens i. S. des § 119 Nr. 5 FGO, auf deren Verletzung ein Urteil beruhen kann; denn die Entscheidungsfindung kann durch die nicht öffentliche Verkündung eines Urteils nicht beeinflusst worden sein (BFH v. 13.05.2013, I R 39/11, BFH/NV 2013, 1284).

## C. Sitzungspolizei

7 Mit Sitzungspolizei sind alle Maßnahmen gemeint, die der **Aufrechterhaltung der Ordnung** in der Sitzung, d. h. der äußeren Ordnung des Verfahrensablaufs und dem Schutz der Verfahrensbeteiligten, im Interesse einer ordnungsgemäßen Prozessführung dienen (BVerfG v. 14.07.1994, 1 BvR 1595/92, 1 BvR 1606/92, BVerfGE 91, 125; *Brandis* in Tipke/Kruse, § 52 FGO Rz. 13; *Leipold* in HHSp, § 52 FGO Rz. 44; *Lückemann* in Zöller, § 176 GVG Rz. 5). Der Verweis in § 52 Abs. 1 FGO betrifft die §§ 176 bis 183 GVG.

§ 176 GVG

Die Aufrechterhaltung der Ordnung in der Sitzung obliegt dem Vorsitzenden.

§ 177 GVG

Parteien, Beschuldigte, Zeugen, Sachverständige oder bei der Verhandlung nicht beteiligte Personen, die den zur Aufrechterhaltung der Ordnung getroffenen Anordnungen nicht Folge leisten, können aus dem Sitzungszimmer entfernt sowie zur Ordnungshaft abgeführt und während einer zu bestimmenden Zeit, die vierundzwanzig Stunden nicht übersteigen darf, festgehalten werden. Über Maßnahmen nach Satz 1 entscheidet gegenüber Personen, die bei der Verhandlung nicht beteiligt sind, der Vorsitzende, in den übrigen Fällen das Gericht.

§ 178 GVG

(1) Gegen Parteien, Beschuldigte, Zeugen, Sachverständige oder bei der Verhandlung nicht beteiligte Personen, die sich in der Sitzung einer Ungebühr schuldig machen, kann vorbehaltlich der strafgerichtlichen Verfolgung ein Ordnungsgeld bis zu eintausend Euro oder Ordnungshaft bis zu einer Woche festgesetzt und sofort vollstreckt werden. Bei der Festsetzung von Ordnungsgeld ist zugleich für den Fall, dass dieses nicht beigetrieben werden kann, zu bestimmen, in welchem Maße Ordnungshaft an seine Stelle tritt.

(2) Über die Festsetzung von Ordnungsmitteln entscheidet gegenüber Personen, die bei der Verhandlung nicht beteiligt sind, der Vorsitzende, in den übrigen Fällen das Gericht.

(3) Wird wegen derselben Tat später auf Strafe erkannt, so sind das Ordnungsgeld oder die Ordnungshaft auf die Strafe anzurechnen.

§ 179 GVG

Die Vollstreckung der vorstehend bezeichneten Ordnungsmittel hat der Vorsitzende unmittelbar zu veranlassen.

§ 180 GVG

Die in den §§ 176 bis 179 bezeichneten Befugnisse stehen auch einem einzelnen Richter bei der Vornahme von Amtshandlungen außerhalb der Sitzung zu.

§ 181 GVG

(1) Ist in den Fällen der §§ 178, 180 ein Ordnungsmittel festgesetzt, so kann gegen die Entscheidung binnen einer Frist von einer Woche nach ihrer Bekanntmachung Beschwerde eingelegt werden, sofern sie nicht von dem Bundesgerichtshof oder einem Oberlandesgericht getroffen ist.

(2) Die Beschwerde hat in dem Falle des § 178 keine aufschiebende Wirkung, in dem Falle des § 180 aufschiebende Wirkung.

(3) Über die Beschwerde entscheidet das Oberlandesgericht.

§ 182 GVG

Ist ein Ordnungsmittel wegen Ungebühr festgesetzt oder eine Person zur Ordnungshaft abgeführt oder eine bei der Verhandlung beteiligte Person entfernt worden, so ist der Beschluss des Gerichts und dessen Veranlassung in das Protokoll aufzunehmen.

§ 183 GVG

Wird eine Straftat in der Sitzung begangen, so hat das Gericht den Tatbestand festzustellen und der zuständigen Behörde das darüber aufgenommene Protokoll mitzuteilen. In geeigneten Fällen ist die vorläufige Festnahme des Täters zu verfügen.

Dem Vorsitzenden (bei Einzelrichtersachen auch dem Einzelrichter, §§ 176, 177 Satz 2 GVG) stehen bei Ungehorsam von Beteiligten, Zeugen, Sachverständigen oder bei der Verhandlung nicht beteiligten Personen zwei Ordnungsmittel zur Verfügung, nämlich die Entfernung aus dem Sitzungszimmer als milderes Mittel und Ordnungshaft bis zu einer Dauer von 24 Stunden zur Verfügung (§ 177 Satz 1 GVG). Nicht erfasst sind Rechtsanwälte und Steuerberater, soweit sie als Prozessbevollmächtigte auftreten (*Brandis* in Tipke/Kruse, § 52 FGO Rz. 18 m. w. N.). **Ungehorsam** bedeutet die Nichtbefolgung einer Anordnung durch den Vorsitzenden nach § 176 GVG, die mit den Mitteln des § 177 GVG durchgesetzt wird (*Lückemann* in Zöller, § 177 GVG Rz. 1). Die Ordnungsmittel werden nach Anhörung des Betroffenen durch **Beschluss** verhängt (§ 181 GVG), gegen den die Beschwerde statthaft ist (§§ 128 Abs. 1, 129 FGO). Dabei ist § 181 Abs. 1 und Abs. 3 GVG im Hinblick auf § 2 Abs. 1 FGO nicht anwendbar (*Brandis* in Tipke/Kruse, § 52 FGO Rz. 23; *Leipold* in HHSp, § 52 FGO Rz. 65; *Stapperfend* in Gräber, § 52 FGO Rz. 28; *Schoenfeld* in Gosch, § 52 FGO Rz. 54 f.). Die Verhängung des Ordnungsmittels ist zu protokollieren (§ 182 GVG).

9 Macht sich ein Beteiligter, Zeuge, Sachverständiger oder eine bei der Verhandlung nicht beteiligte Person in der Sitzung einer Ungebühr schuldig, so kann ein **Ordnungsgeld von 5 bis 1 000 EUR oder Ordnungshaft von einem Tag bis einer** Woche verhängt werden (§ 178 Abs. 1 Satz 1 GVG, Art. 6 Abs. 1 und Abs. 2 EGStGB). **Ungebühr** ist die vorsätzliche grobe Verletzung der Ordnung der Gerichtsverhandlung, insbes. die Missachtung der Aufgaben des Gerichts (*Brandis* in Tipke/Kruse, § 52 FGO Rz. 21 m. w. N.), z. B. Tätlichkeiten oder grobe Beleidigungen des Gerichts oder eines anderen, Beifalls- oder Missfallensbekundungen, Entgegennahme und Führen eines Telefongesprächs auf einem mitgeführten eingeschalteten Mobiltelefon, Sitzen bleiben während der Urteilsverkündung oder Beeidigung, Erscheinen in unangemessener Bekleidung (*Lückemann* in Zöller, § 178 GVG Rz. 3 mit weiteren Bsp.). Das Gericht hat die **Höhe eines Ordnungsgelds** innerhalb des Betragsrahmens des Art. 6 Abs. 1 EGStGB nach pflichtgemäßem Ermessen zu bestimmen. Maßgebend sind dabei insbes. die Bedeutung der Rechtssache und der Aussage für die Entscheidung (bei Ungebühr eines Zeugen) sowie die Schwere der Pflichtverletzung und die wirtschaftlichen Verhältnisse des Betreffenden (BFH v. 11.08.1992, VII B 80/92, BFH/NV 1993, 115). Liegt die Höhe des Ordnungsgeldes im unteren Bereich des in Art. 6 Abs. 1 EGStGB vorgegebenen Rahmens, bedarf sie keiner besonderen Begründung (BFH v. 25.01.1994, XI B 60/93, BFH/NV 1994, 733; BFH v. 17.03.2011, III B 46/11, BFH/NV 2011, 1004: 50 EUR); demgegenüber bedarf es einer Begründung, wenn das Gericht die Höhe des Ordnungsgeldes dem oberen Betragsrahmen des Art. 6 Abs. 1 EGStGB entnimmt (BFH v. 01.06.1988, X B 41/88, BStBl II 1988, 838; auch FG BW v. 20.01.1997, 14 K 498/91, EFG 1998, 386). Bei der Festsetzung des Ordnungsgeldes ist zugleich **Ersatzordnungshaft** zu verhängen und zu bestimmen, in welchem Maß Ordnungshaft an die Stelle des Ordnungsgeldes tritt, falls dieses nicht beigetrieben werden kann (§ 178 Abs. 1 Satz 2 GVG). Richtwerte gibt es hierfür nicht (in dem Fall des BFH v. 01.06.1988, X B 41/88, BStBl II 1988, 838, wurde ein Ordnungsgeld in Höhe von 800 DM, ersatzweise zwei Tage Ordnungshaft verhängt). Bei wiederholter Ungebühr kann Ordnungsstrafe im Höchstmaß in der gleichen Sitzung wiederholt verhängt werden (OLG Koblenz v. 28.01.2013, 4 W 669/12, Rpfleger 2013, 565; *Lückemann* in Zöller, § 178 GVG Rz. 4). Der Vorsitzende hat unmittelbar die Vollstreckung der Ordnungsmittel zu veranlassen (§ 179 GVG). Wegen des Verfahrens s. Rz. 8. Wird in der Sitzung eine Straftat begangen, so hat das Gericht dies festzustellen, in das Protokoll aufzunehmen und die zuständige Staatsanwaltschaft zu unterrichten, gegebenenfalls die vorläufige Festnahme des Täters zu veranlassen (§ 183 GVG).

## D. Gerichtssprache

Wegen der Gerichtssprache verweist § 52 Abs. 1 FGO auf die §§ 184 bis 191 GVG. 10

**§ 184 GVG**

Die Gerichtssprache ist deutsch. Das Recht der Sorben, in den Heimatkreisen der sorbischen Bevölkerung vor Gericht sorbisch zu sprechen, ist gewährleistet.

**§ 185 GVG**

(1) Wird unter Beteiligung von Personen verhandelt, die der deutschen Sprache nicht mächtig sind, so ist ein Dolmetscher zuzuziehen. Ein Nebenprotokoll in der fremden Sprache wird nicht geführt; jedoch sollen Aussagen und Erklärungen in fremder Sprache, wenn und soweit der Richter dies mit Rücksicht auf die Wichtigkeit der Sache für erforderlich erachtet, auch in der fremden Sprache in das Protokoll oder in eine Anlage niedergeschrieben werden. In den dazu geeigneten Fällen soll dem Protokoll eine durch den Dolmetscher zu beglaubigende Übersetzung beigefügt werden.

(1a) Das Gericht kann gestatten, dass sich der Dolmetscher während der Verhandlung, Anhörung oder Vernehmung an einem anderen Ort aufhält. Die Verhandlung, Anhörung oder Vernehmung wird zeitgleich in Bild und Ton an diesen Ort und in das Sitzungszimmer übertragen.

(2) Die Zuziehung eines Dolmetschers kann unterbleiben, wenn die beteiligten Personen sämtlich der fremden Sprache mächtig sind.

(3) In Familiensachen und in Angelegenheiten der freiwilligen Gerichtsbarkeit bedarf es der Zuziehung eines Dolmetschers nicht, wenn der Richter der Sprache, in der sich die beteiligten Personen erklären, mächtig ist.

§ 186 GVG

(1) Die Verständigung mit einer hör- oder sprachbehinderten Person erfolgt nach ihrer Wahl mündlich, schriftlich oder mit Hilfe einer die Verständigung ermöglichenden Person, die vom Gericht hinzuzuziehen ist. Für die mündliche und schriftliche Verständigung hat das Gericht die geeigneten technischen Hilfsmittel bereitzustellen. Die hör- oder sprachbehinderte Person ist auf ihr Wahlrecht hinzuweisen.

(2) Das Gericht kann eine schriftliche Verständigung verlangen oder die Hinzuziehung einer Person als Dolmetscher anordnen, wenn die hör- oder sprachbehinderte Person von ihrem Wahlrecht nach Absatz 1 keinen Gebrauch gemacht hat oder eine ausreichende Verständigung in der nach Absatz 1 gewählten Form nicht oder nur mit unverhältnismäßigem Aufwand möglich ist.

(3) Das Bundesministerium der Justiz und für Verbraucherschutz bestimmt durch Rechtsverordnung, die der Zustimmung des Bundesrates bedarf,

1. den Umfang des Anspruchs auf Bereitstellung von geeigneten Kommunikationshilfen gemäß den Absätzen 1 und 2,

2. die Grundsätze einer angemessenen Vergütung für den Einsatz von Kommunikationshilfen gemäß den Absätzen 1 und 2,

3. die geeigneten Kommunikationshilfen, mit Hilfe derer die in den Absätzen 1 und 2 genannte Verständigung zu gewährleisten ist, und

4. ob und wie die Person mit Hör- oder Sprachbehinderung mitzuwirken hat.

§ 188 GVG

Personen, die der deutschen Sprache nicht mächtig sind, leisten Eide in der ihnen geläufigen Sprache.

§ 189 GVG

(1) Der Dolmetscher hat einen Eid dahin zu leisten, daß er treu und gewissenhaft übertragen werde. Gibt der Dolmetscher an, daß er aus Glaubens- oder Gewissensgründen keinen Eid leisten wolle, so hat er eine Bekräftigung abzugeben. Diese Bekräftigung steht dem Eid gleich; hierauf ist der Dolmetscher hinzuweisen.

(2) Ist der Dolmetscher für Übertragungen der betreffenden Art in einem Land nach den landesrechtlichen Vorschriften allgemein beeidigt, so genügt vor allen Gerichten des Bundes und der Länder die Berufung auf diesen Eid.

(3) In Familiensachen und in Angelegenheiten der freiwilligen Gerichtsbarkeit ist die Beeidigung des Dolmetschers nicht erforderlich, wenn die beteiligten Personen darauf verzichten.

(4) Der Dolmetscher oder Übersetzer soll über Umstände, die ihm bei seiner Tätigkeit zur Kenntnis gelangen, Verschwiegenheit wahren. Hierauf weist ihn das Gericht hin.

§ 190 GVG

Der Dienst des Dolmetschers kann von dem Urkundsbeamten der Geschäftsstelle wahrgenommen werden. Einer besonderen Beeidigung bedarf es nicht.

§ 191 GVG

Auf den Dolmetscher sind die Vorschriften über Ausschließung und Ablehnung der Sachverständigen entsprechend anzuwenden. Es entscheidet das Gericht oder der Richter, von dem der Dolmetscher zugezogen ist.

§ 191 a GVG

(1) Eine blinde oder sehbehinderte Person kann Schriftsätze und andere Dokumente in einer für sie wahrnehmbaren Form bei Gericht einreichen. Sie kann nach Maßgabe der Rechtsverordnung nach Absatz 2 verlangen, dass ihr Schriftsätze und andere Dokumente eines gerichtlichen Verfahrens barrierefrei zugänglich gemacht werden. Ist der blinden oder sehbehinderten Person Akteneinsicht zu gewähren, kann sie verlangen, dass ihr die Akteneinsicht nach Maßgabe der Rechtsverordnung nach Absatz 2 barrierefrei gewährt wird. Ein Anspruch im Sinne der Sätze 1 bis 3 steht auch einer blinden oder sehbehinderten Person zu, die von einer anderen Person mit der Wahrnehmung ihrer Rechte beauftragt oder hierfür bestellt worden ist. Auslagen für die barrierefreie Zugänglichmachung nach diesen Vorschriften werden nicht erhoben.

(2) Das Bundesministerium der Justiz und für Verbraucherschutz bestimmt durch Rechtsverordnung, die der Zustimmung des Bundesrates bedarf, unter welchen Voraussetzungen und in welcher Weise die in Absatz 1 genannten Dokumente und Dokumente, die von den Parteien zur Akte gereicht werden, einer blinden oder sehbehinderten Person zugänglich gemacht werden, sowie ob und wie diese Person bei der Wahrnehmung ihrer Rechte mitzuwirken hat.

(3) Elektronische Dokumente sind für blinde oder sehbehinderte Personen barrierefrei zu gestalten, soweit sie in Schriftzeichen wiedergegeben werden. Erfolgt die Übermittlung eines elektronischen Dokuments auf einem sicheren Übermittlungsweg, ist dieser barrierefrei auszugestalten. Sind elektronische Formulare eingeführt (§ 130c der Zivilprozessordnung, § 14a des Gesetzes über das Verfahren in Familiensachen und in den Angelegenheiten der freiwilligen Gerichtsbarkeit, § 46f des Arbeitsgerichtsgesetzes, § 65c des Sozialgerichtsgesetzes, § 55c der Verwaltungsgerichtsordnung, § 52c der Finanzgerichtsordnung), sind diese blinden oder sehbehinderten Personen barrierefrei zugänglich zu machen. Dabei sind die Standards von § 3 der Barrierefreie-Informationstechnik-Verordnung vom 12. September 2011 (BGBl. I S. 1843) in der jeweils geltenden Fassung maßgebend.

11 Grundsätzlich ist die **Gerichtssprache deutsch** (§ 184 GVG). Das bedeutet, dass Prozesshandlungen und auch Maßnahmen des Gerichts (z.B. Ladungen, mündliche Verhandlungen, Gerichtsentscheidungen, Rechtsmittelbelehrungen) in deutscher Sprache zu erfolgen haben. Werden fremdsprachliche Urkunden in den Prozess eingeführt, so sind diese nicht unbeachtlich, vielmehr hat der vorlegende Beteiligte auf Verlangen des Gerichts eine **Übersetzung** beizubringen (§ 155 Satz 1 FGO i.V.m. § 142 Abs. 3 ZPO). Zu Recht verweist *Brandis* in Tipke/Kruse, § 52 FGO Rz. 26, darauf, dass auch ein elektronisches Dokument, das nicht den Vorgaben des § 52a FGO entspricht und daher vom Gericht nicht gelesen oder bearbeitet werden kann, wie ein fremdsprachlicher Text zu behandeln ist. Fremdsprachliche Prozesshandlungen, insbes. Klageschriften und fristwahrende Schriftsätze, denen **keine Übersetzung** beigefügt ist, entfalten **keine Rechtswirkung** (z.B. BGH v. 14.01.1981, 1 StR 815/80, BGHSt 30, 182; BSG v. 22.10.1986, 9a RV 43/85, MDR 1987, 436; *Brandis* in Tipke/Kruse, § 52 FGO Rz. 27; *Lückemann* in Zöller, § 184 GVG Rz. 4: *Leipold* in HHSp, § 52 FGO Rz. 74), selbst wenn Mitglieder des Gerichts der entsprechenden Sprache mächtig sind. Gegebenenfalls ist jedoch Wiedereinsetzung in den vorigen Stand (§ 56 FGO) zu gewähren, wenn der Betreffende die Frist wegen Sprachschwierigkeiten versäumt hat (BVerfGE v. 23.04.1991, 2 BvR 150/91, BVerfGE 40, 95; FG Mchn v. 05.04.2001, 3 V 5378/00, ZfZ 2001, 246). Allerdings ist die Wiedereinsetzung in den vorigen Stand hinsichtlich einer versäumten Klagefrist (§ 56 FGO) einem ausländischen Kläger nicht zu gewähren, wenn er eine Klage in seiner Muttersprache erhebt, obwohl er zuvor darauf hingewiesen wurde, dass er mit deutschen Behörden und Gerichten auf Deutsch korrespondieren muss (FG Ha v. 24.11.2016, 4 K 143/16, juris). Unter Umständen muss das Gericht von Amts wegen einen **Dolmetscher** hinzuziehen, um angemessenes rechtliches Gehör zu gewähren (BVerfG v. 02.06.1992, 2 BvR 1401/91, 2 BvR 254/92, BVerfGE 86/280; *Leipold* in HHSp, § 52 FGO Rz. 75). Insoweit besteht grds. ein Anspruch auf Hinzuziehung eines Dolmetschers (§ 52 Abs. 1 FGO i.V.m. § 185 GVG) für die mündliche Verhandlung, nicht jedoch für die Vorbereitung der mündlichen Verhandlung und zur Überprüfung von Entscheidungen eines Gerichts außerhalb der mündlichen Verhandlung (BFH v. 11.01.2013, V S 27/12 [PKH], BFH/NV 2013, 945). Über die Zuziehung eines Dolmetschers entscheidet das FG nach pflichtgemäßem Ermessen; es besteht kein Anspruch eines Beteiligten darauf, dass das FG bis zu einem bestimmten Zeitpunkt über die Bestellung eines Dolmetschers entscheidet (BFH v. 11.01.2013, V S 27/12 [PKH], BFH/NV 2013, 945). Nach Auffassung des BFH ist die Ablehnung eines erstmals in der mündlichen Verhandlung gestellten Antrags auf Hinzuziehung eines Dolmetschers gleichwohl in der Regel nicht verfahrensfehlerhaft, wenn der Kläger im gesamten Verfahrensverlauf weder vor noch nach Klageerhebung Sprachschwierigkeiten geltend gemacht oder auch nur zu erkennen gegeben hat (BFH v. 02.11.2000, X B 39/00, BFH/NV 2001, 610). Im Hinblick auf § 190 GVG dürfte es auch zulässig sein, dass ein **Richter**, der über hinreichende Sprachkenntnisse verfügt, die **Funktion des Dolmetschers** übernimmt. Wird durch einen Richter aufgrund eigener Sprachkenntnisse in der mündlichen Verhandlung eine fremdsprachige Urkunde ins Deutsche übertragen, so wird der Richter lediglich als Übersetzer tätig, sodass es der Hinzuziehung eines vereidigten Dolmetschers nicht bedarf. Auch ist es nicht erforderlich, dass der Senatsvorsitzende zuvor als Dolmetscher vereidigt worden ist (Hessisches LSG v. 18.02.1981, L 8 Kr 761/80, juris).

§ 191a GVG wurde durch Art. 19 Nr. 2 des Gesetzes zur Förderung des elektronischen Rechtsverkehrs v. 10.10.2013 (BGBl I 2013, 3786) m.W.v. 01.07.2014 geändert, wobei § 191a Abs. 3 GVG erst ab dem 01.01.2018 gilt (Art. 26 Abs. 1 und Abs. 4 des Gesetzes zur Förderung des elektronischen Rechtsverkehrs). Die Verordnung, auf die § 191a Abs. 2 GVG Bezug nimmt, ist die ZugänglichmachungsVO v. 26.02.2007, BGBl I 2007, 215 – ZMV – in der seit dem 01.07.2014 geltenden Fassung gem. dem Gesetz zur Förderung des elektronischen Rechtsverkehrs mit den Gerichten (BGBl I 2014, 3786, 3797; s. § 52c FGO Rz. 1). 11a

## E. Abstimmungen

Der vierte Komplex, der in § 52 Abs. 1 FGO geregelt ist, betrifft die Beratung und Abstimmung des Gerichts. Insoweit verweist das Gesetz auf die §§ 192 bis 197 GVG. 12

§ 192 GVG

(1) Bei Entscheidungen dürfen Richter nur in der gesetzlich bestimmten Anzahl mitwirken.

(2) Bei Verhandlungen von längerer Dauer kann der Vorsitzende die Zuziehung von Ergänzungsrichtern anordnen, die der Verhandlung beizuwohnen und im Falle der Verhinderung eines Richters für ihn einzutreten haben.

(3) Diese Vorschriften sind auch auf Schöffen anzuwenden.

§ 193 GVG

(1) Bei der Beratung und Abstimmung dürfen außer den zur Entscheidung berufenen Richtern nur die bei demselben Gericht zu ihrer juristischen Ausbildung beschäftigten Personen und die dort beschäftigten wissenschaftlichen Hilfskräfte zugegen sein, soweit der Vorsitzende deren Anwesenheit gestattet.

(2) Ausländische Berufsrichter, Staatsanwälte und Anwälte, die einem Gericht zur Ableistung eines Studienaufenthaltes zugewiesen worden sind, können bei demselben Gericht bei der Beratung und Abstimmung zuge-

gen sein, soweit der Vorsitzende deren Anwesenheit gestattet und sie gemäß den Absätzen 3 und 4 verpflichtet sind. Satz 1 gilt entsprechend für ausländische Juristen, die im Entsendestaat in einem Ausbildungsverhältnis stehen.

(3) Die in Absatz 2 genannten Personen sind auf ihren Antrag zur Geheimhaltung besonders zu verpflichten. § 1 Abs. 2 und 3 des Verpflichtungsgesetzes vom 2. März 1974 (BGBl. I S. 469, 547 – Artikel 42) gilt entsprechend. Personen, die nach Satz 1 besonders verpflichtet worden sind, stehen für die Anwendung der Vorschriften des Strafgesetzbuches über die Verletzung von Privatgeheimnissen (§ 203 Absatz 2 Satz 1 Nummer 2, Satz 2, Absatz 5 und 6, § 205), Verwertung fremder Geheimnisse (§§ 204, 205), Verletzung des Dienstgeheimnisses (§ 353 b Abs. 1 Satz 1 Nr. 2, Satz 2, Abs. 3 und 4) sowie Verletzung des Steuergeheimnisses (§ 355) den für den öffentlichen Dienst besonders Verpflichteten gleich.

(4) Die Verpflichtung wird vom Präsidenten oder vom aufsichtsführenden Richter des Gerichts vorgenommen. Er kann diese Befugnis auf den Vorsitzenden des Spruchkörpers oder auf den Richter übertragen, dem die in Absatz 2 genannten Personen zugewiesen sind. Einer erneuten Verpflichtung bedarf es während der Dauer des Studienaufenthaltes nicht. In den Fällen des § 355 des Strafgesetzbuches ist der Richter, der die Verpflichtung vorgenommen hat, neben dem Verletzten antragsberechtigt.

§ 194 GVG

(1) Der Vorsitzende leitet die Beratung, stellt die Fragen und sammelt die Stimmen.

(2) Meinungsverschiedenheiten über den Gegenstand, die Fassung und die Reihenfolge der Fragen oder über das Ergebnis der Abstimmung entscheidet das Gericht.

§ 195 GVG

Kein Richter oder Schöffe darf die Abstimmung über eine Frage verweigern, weil er bei der Abstimmung über eine vorhergegangene Frage in der Minderheit geblieben ist.

§ 196 GVG

(1) Das Gericht entscheidet, soweit das Gesetz nicht ein anderes bestimmt, mit der absoluten Mehrheit der Stimmen.

(2) Bilden sich in Beziehung auf Summen, über die zu entscheiden ist, mehr als zwei Meinungen, deren keine die Mehrheit für sich hat, so werden die für die größte Summe abgegebenen Stimmen den für die zunächst geringere abgegebenen solange hinzugerechnet, bis sich eine Mehrheit ergibt.

(3) und (4) [betreffen das Strafverfahren, so dass von einem Abdruck abgesehen wird].

§ 197 GVG

Die Richter stimmen nach dem Dienstalter, bei gleichem Dienstalter nach dem Lebensalter, ehrenamtliche Richter und Schöffen nach dem Lebensalter; der jüngere stimmt vor dem älteren. Die Schöffen stimmen vor den Richtern. Wenn ein Berichterstatter ernannt ist, so stimmt er zuerst. Zuletzt stimmt der Vorsitzende.

§ 52 Abs. 1 FGO i. V. m. §§ 192 ff. GVG gelten für die Beratung und Abstimmung bei **Kollegialgerichten**, also für Entscheidungen durch den Senat, nicht jedoch für den Einzelrichter (so auch *Brandis* in Tipke/Kruse, § 52 FGO Rz. 31). 13

Bei der Entscheidung dürfen nur die Richter in der gesetzlich bestimmten Zahl (§ 5 Abs. 3 FGO) mitwirken (§ 192 Abs. 1 GVG). Eine Über- oder Unterbesetzung des Senats bei einer Entscheidung stellt einen **Verstoß** gegen das Gebot des gesetzlichen Richters (Art. 101 Abs. 1 Satz 2 GG) und damit einen **absoluten Revisionsgrund** (§ 119 Nr. 1 FGO) dar (*Brandis* in Tipke/Kruse, § 52 FGO Rz. 32; *Leipold* in HHSp, § 52 FGO Rz. 88). Jedoch müssen die Richter, die das Urteil gefällt haben, nicht notwendigerweise mit den Richtern identisch sein, die dieses verkündet haben (BFH v. 13.12.2000, X R 67/99, BFH/NV 2001, 635; BFH v. 30.01.2003, XI B 144/02, BFH/NV 2003, 797; BFH v. 09.05.2006, XI B 104/05, BFH/NV 2006, 1801). 14

Bei der Beratung und Abstimmung dürfen Dritte nur anwesend sein, soweit dies § 193 GVG und ergänzend § 52 Abs. 3 FGO gestatten. Danach dürfen **Referendare** (§ 5 b DRiG) anwesend sein, während **Studenten**, die bei dem Gericht eine praktische Studienzeit ableisten (§ 5 a Abs. 3 Satz 2 DRiG) hiervon ausgenommen sind (BGH v. 30.03.1995, 4 StR 33/95, BGHSt 41, 119; *Leipold* in HHSp, § 52 FGO Rz. 97). § 52 Abs. 3 FGO, der sich auf die Assessoren in höheren Dienst der Finanzverwaltung bezieht, welche während ihrer Einweisungszeit eine Stage beim FG abzuleisten hatten, hat an Bedeutung verloren, da eine solche Stage wohl nicht mehr vorgesehen ist. **Wissenschaftliche Mitarbeiter** des BFH dürfen nach § 193 Abs. 1 GVG ebenfalls anwesend sein. **Ausländischen Juristen**, die einen Studienaufenthalt in Deutschland absolvieren, ist die Anwesenheit nach Maßgabe des § 193 Abs. 2 bis Abs. 4 GVG gestattet. 15

Die **Beratung** setzt voraus, dass alle dem Senat angehörenden und zur Entscheidung berufenen Richter (Berufsrichter und ehrenamtliche Richter) gleichzeitig anwesend sind (*Brandis* in Tipke/Kruse, § 52 FGO Rz. 35). Eine Mindestdauer der Beratung lässt sich dem Gesetz nicht entnehmen (BFH v. 13.11.2008, VII B 192/07, BFH/NV 2009, 594). Die **Abstimmung** erfolgt in der Reihenfolge des § 197 GVG. Die Beratung ist **geheim**. Daher haben die Richter das Beratungsgeheimnis zu wahren (§§ 43, 45 Abs. 1 Satz 2 DRiG). Dies betrifft insbes. auch das Verhältnis der abgegebenen Stimmen oder abweichende Meinungen einzelner Richter (BVerfG v. 05.08.1966, 1 BvR 586/62, 1 BvR 610/63, 1 BvR 512/64, BVerfGE 20, 162; *Brandis* in Tipke/Kruse, § 52 FGO Rz. 38). Ein **Verstoß** gegen die Abstimmungsreihenfolge des § 197 GVG führt nur dann zu einem Verfahrens- 16 fehler, wenn die Entscheidung auf diesem Verstoß beruht und die Entscheidung dies erkennen lässt (*Leipold* in HHSp, § 52 FGO Rz. 102).

## § 52a FGO
## Elektronische Dokumente

**(1) Vorbereitende Schriftsätze und deren Anlagen, schriftlich einzureichende Anträge und Erklärungen der Beteiligten sowie schriftlich einzureichende Auskünfte, Aussagen, Gutachten, Übersetzungen und Erklärungen Dritter können nach Maßgabe der Absätze 2 bis 6 als elektronisches Dokument bei Gericht eingereicht werden.**

**(2) Das elektronische Dokument muss für die Bearbeitung durch das Gericht geeignet sein. Die Bundesregierung bestimmt durch Rechtsverordnung mit Zustimmung des Bundesrates die für die Übermittlung und Bearbeitung geeigneten technischen Rahmenbedingungen.**

**(3) Das elektronische Dokument muss mit einer qualifizierten elektronischen Signatur der verantwortenden Person versehen sein oder von der verantwortenden Person signiert und auf einem sicheren Übermittlungsweg eingereicht werden.**

**(4) Sichere Übermittlungswege sind**

1. **der Postfach- und Versanddienst eines De-Mail-Kontos, wenn der Absender bei Versand der Nachricht sicher im Sinne des § 4 Absatz 1 Satz 2 des De-Mail-Gesetzes angemeldet ist und er sich die sichere Anmeldung gemäß § 5 Absatz 5 des De-Mail-Gesetzes bestätigen lässt,**
2. **der Übermittlungsweg zwischen dem besonderen elektronischen Anwaltspostfach nach § 31a der Bundesrechtsanwaltsordnung oder einem entsprechenden, auf gesetzlicher Grundlage errichteten elektronischen Postfach und der elektronischen Poststelle des Gerichts,**
3. **der Übermittlungsweg zwischen einem nach Durchführung eines Identifizierungsverfahrens eingerichteten Postfach einer Behörde oder einer juristischen Person des öffentlichen Rechts und der elektronischen Poststelle des Gerichts; das Nähere regelt die Verordnung nach Absatz 2 Satz 2,**
4. **sonstige bundeseinheitliche Übermittlungswege, die durch Rechtsverordnung der Bundesregierung mit Zustimmung des Bundesrates festgelegt werden, bei denen die Authentizität und Integrität der Daten sowie die Barrierefreiheit gewährleistet sind.**

**(5) Ein elektronisches Dokument ist eingegangen, sobald es auf der für den Empfang bestimmten Einrichtung des Gerichts gespeichert ist. Dem Absender ist eine automatisierte Bestätigung über den Zeitpunkt des Eingangs zu erteilen. Die Vorschriften dieses Gesetzes über die Beifügung von Abschriften für die übrigen Beteiligten finden keine Anwendung.**

**(6) Ist ein elektronisches Dokument für das Gericht zur Bearbeitung nicht geeignet, ist dies dem Absender unter Hinweis auf die Unwirksamkeit des Eingangs und die geltenden technischen Rahmenbedingungen unverzüglich mitzuteilen. Das Dokument gilt als zum Zeitpunkt der früheren Einreichung eingegangen, sofern der Absender es unverzüglich in einer für das Gericht zur Bearbeitung geeigneten Form nachreicht und glaubhaft macht, dass es mit dem zuerst eingereichten Dokument inhaltlich übereinstimmt.**

**(7) Soweit eine handschriftliche Unterzeichnung durch den Richter oder den Urkundsbeamten der Geschäftsstelle vorgeschrieben ist, genügt dieser Form die Aufzeichnung als elektronisches Dokument, wenn die verantwortenden Personen am Ende des Dokuments ihren Namen hinzufügen und das Dokument mit einer qualifizierten elektronischen Signatur versehen. Der in Satz 1 genannten Form genügt auch ein elektronisches Dokument, in welches das handschriftlich unterzeichnete Schriftstück gemäß § 52b Absatz 6 Satz 4 übertragen worden ist.**

**S. § 55a VwGO, § 65a SGG**

#### Schrifttum

Schoenfeld, Klageeinreichung in elektronischer Form, DB 2002, 1629; Weigel, Bestimmende elektronische Schriftsätze und der neue § 77a FGO, DStR 2002, 1841; Brandis, Elektronische Kommunikation im Steuerverfahren und im Steuerprozess, StuW 2003, 349; Schwoerer, Die elektronische Justiz, Diss. Tübingen 2005; Viefhues, Das Gesetz über die Verwendung elektronischer Kommunikationsformen in der Justiz, NJW 2005, 1009; Viefhues, Verwendung elektronischer Kommunikationsformen in der Justiz – Auswirkungen auf das finanzgerichtliche Verfahren, NWB Fach 19, 3315 (Heft 21/2005); Loose, Die elektronische Klageerhebung, AO-StB 2006, 206; Scherf/Schmieszek/Viefhues (Hrsg.), Elektronischer Rechtsverkehr, Heidelberg 2006; Nöcker, Die E-Mail im Einspruchs- und Klageverfahren, AO-StB 2007, 267; Schmittmann, Verwendung moderner Kommunikationsmittel im finanzgerichtlichen Verfahren, StuB 2007, 43 Zedler, Das besondere elektronische Anwaltspostfach (beA), MDR 2015, 1163; Ulrich/Schmieder, Elektronische Aktenführung und elektronischer Rechtsverkehr jenseits der ZPO, jM 2017, 398; Mardorf, Das Recht der elektronischen Einreichung, jM 2018, 140.

§ 52a FGO wurde durch Art. 3 des JKomG v. 22.03.2005 (BGBl I 2005, 837) eingeführt und ersetzt 1 mit Wirkung vom 01.04.2005 § 77a FGO a.F., der selbst erst durch Art. 9 Nr. 1 FormVorAnpG v. 13.07.2001 (BGBl I 2001, 1542) eingefügt worden war (dazu die Kommentierung zu § 77a FGO in der Vorauflage). Ziel des JKomG ist es, eine **vollständige elektronische Prozessführung** zu ermöglichen, d.h. neben der rechtsverbindlichen elektronischen Kommunikation zwischen den Verfahrensbeteiligten und dem Gericht (§ 52a FGO) auch die elektronische Aktenverwaltung, die elektronische Vorgangsbearbeitung und die abschließende elektronische Archivierung (zu den letzten Punkten s. § 52b FGO; zum Vorstehenden Viefhues, NWB Fach 19, 3315). Demzufolge erfasst § 52a FGO die gesamte elektronische Kommunikation mit dem Gericht, also (bestimmende) Schriftsätze, Auskünfte, Aussagen und Erklärungen (*Thürmer* in HHSp, § 52a FGO Rz. 10; s. Rz. 2).

1a Durch Art. 6 Nr. 1 des Gesetzes zur Förderung des elektronischen Rechtsverkehrs v. 10.10.2013 (BGBl I 2013, 3786) wurde § 52a FGO m.W.v. 01.01.2018 geändert. Das Gesetz sieht für den finanzgerichtlichen Bereich eine Änderung der §§ 52a und 52b FGO (m.W.v. 01.01.2018) sowie die Einführung der §§ 52c FGO (m.W.v. 01.07.2014) und 52d FGO (m.W.v. 01.01.2022) vor. Von Bedeutung ist dabei insbes. die grundsätzliche Pflicht für Rechtsanwälte, Behörden und vertretungsberechtigte Personen (§ 62 Abs. 2 FGO), vorbereitende Schriftsätze und deren Anlagen sowie schriftlich einzureichende Anträge und Erklärungen als elektronische Dokumente an das FG zu übermitteln (§ 52d Satz 1 FGO n.F.).

2 Nach § 52a Abs. 1 FGO können die Beteiligten vorbereitende Schriftsätze und deren Anlagen, schriftlich einzureichende Anträge und Erklärungen der Beteiligten sowie schriftlich einzureichende Auskünfte, Aussagen, Gutachten, Übersetzungen und Erklärungen Dritter nach Maßgabe des § 52a Abs. 2 bis Abs. 6 FGO als elektronisches Dokument bei Gericht einreichen. Für bestimmende Schriftsätze gilt § 155 Satz 1 FGO i.V.m. § 253 Abs. 4 ZPO (Schmieszek in Gosch, § 52a FGO Rz. 12). **Elektronische Dokumente** in diesem Sinne sind alle Dateien, die auf einem Datenträger aufgezeichnet werden können und in dieser Form maßgeblich sind (*Thürmer* in HHSp, § 52a FGO Rz. 50). Sie können gem. § 155 Satz 1 FGO i.V.m. § 253 Abs. 4 ZPO demnach auch bestimmende Schriftsätze (z.B. betreffend die **Klageerhebung oder Klagerücknahme, Rechtsmitteleinlegung**; hierzu BFH v. 26.10.2006, V R 40/05, BStBl II 2007, 271; FG RP v. 27.10.2010, 2 K 2298/10, EFG 2011, 473; auch *Stapperfend* in Gräber, § 52a FGO Rz. 5), vorbereitende Schriftsätze, Auskünfte (tatsächliche Angaben Dritter), schriftliche Zeugenaussagen oder ein schriftlich erstattetes Sachverständigengutachten und sonstige Willenserklärungen Dritter (*Brandis* in Tipke/Kruse, § 52a FGO Rz. 1; *Thürmer* in HHSp, § 52a FGO Rz. 40 ff.) sein. **Abschriften** (§§ 64 Abs. 2, 77 Abs. 2 FGO) brauchen **nicht** beigefügt zu werden (§ 52a Abs. 5 Satz 3 FGO; vgl. insoweit z.B. auch § 253 Abs. 5 Satz 2 ZPO).

Die elektronischen Dokumente (s. Rz. 2) müssen nach § 52a Abs. 2 Satz 1 FGO **für die Bearbeitung durch das FG geeignet** sein. Für den Fall, dass dies nicht gegeben ist, gilt § 52a Abs. 6 FGO (s. Rz. 6). Das bedeutet, dass die Dokumente insbes. in einem entsprechenden Dateiformat übermittelt werden müssen. Die technischen Einzelheiten regelt die auf der Ermächtigung in § 52a Abs. 2 Satz 2 FGO beruhende Verordnung über die technischen Rahmenbedingungen des elektronischen Rechtsverkehrs und über das besondere elektronische Behördenpostfach (Elektronischer-Rechtsverkehr-Verordnung – ERVV) v. 24.11.2017, BGBl I 2017, 3803. Nach § 2 Abs. 1 ERVV ist grds. nur das Dateiformat PDF, soweit die Dateien druckbar, kopierbar und, soweit technisch möglich, durchsuchbar sind, sowie – in zweiter Linie – TIFF zulässig. Auf TIFF darf zugegriffen werden, wenn Bilder auf PDF nicht verlustfrei wiedergegeben werden können (*Mardorf*, jM 2018, 140, 141).

Nach § 52a Abs. 3 FGO muss das elektronische Dokument mit einer qualifizierten elektronischen Signatur der verantwortenden Person versehen sein oder von der verantwortenden Person signiert und auf einem **sicheren Übermittlungsweg** i.S. des § 52a Abs. 4 FGO eingereicht werden. Es muss sich dabei um eine **qualifizierte elektronische Signatur** i.S. des § 2 Nr. 3 SigG handeln. Diese tritt bei elektronischer Übermittlung per E-Mail an die Stelle der eigenhändigen, handschriftlichen Unterschrift (BFH v. 19.02.2009, IV R 97/06, BStBl II 2009, 542) und dient der Überprüfung von Authentizität und Integrität des Dokuments (*Loose*, AO-StB 2006, 207; *Schmieszek* in Gosch, § 52a FGO Rz. 22) und ist nunmehr zwingende Voraussetzung dafür, dass ein elektronisch übermitteltes Dokument vom Gericht beachtet werden müssen und im Prozess Wirksamkeit erlangen (anders noch § 77a FGO a.F.; BFH v. 26.10.2006, V R 40/05, BStBl II 2007, 271; *Heckmann*, jurisPR-ITR 1/2007, Anm. 3; *Nöcker*, jurisPR-SteuerR 13/2007, Anm. 4). **Fehlt** demnach eine qualifizierte elektronische Signatur und wird z.B. eine Klage oder ein Rechtsmittel nur mit einfacher E-Mail übermittelt, ist der Rechtsbehelf **unzulässig** (z.B. BFH v. 26.07.2011, VII R 30/10, BStBl II 2011, 925; BFH v. 19.05.2016, I E 2/16, BFH/NV 2016, 1303; FG Köln v. 25.01.2018, 10 K 2732/17, EFG 2018, 761). Denn die elektronische Signatur tritt als Funktionsäquivalent im elektronischen Rechtsverkehr an die Stelle der eigenhändigen Unterschrift (vgl. BFH v. 19.02.2009, IV R 97/06, BStBl II 2009, 542). Die **monetäre Beschränkung** einer elektronischen Signatur, bei denen lediglich der Wert der mit ihnen auszuführenden Geschäfte auf einen bestimmten Geldbetrag begrenzt ist, steht der **Wirksamkeit** einer **Prozesshandlung** (z.B. Klageerhebung) nicht entgegen (BFH v. 18.10.2006, XI R 22/06, BStBl II 2007, 276; BFH v. 19.02.2009, IV R 97/06, BStBl II 2009, 542; *Loose*,

AO-StB 2006, 206; *Viefhues*, jurisPR-ITR 2/2007, Anm. 5), Denn die monetäre Beschränkung kann sich allenfalls auf die Frage der im Voraus fälligen Gerichtskosten (§§ 6 Abs. 1 Nr. 4, 52 Abs. 4 GKG) auswirken, wodurch die Wirksamkeit der Prozesshandlung oder der Fortgang des finanzgerichtlichen Verfahrens indessen nicht berührt werden (zutr. *Loose*, AO-StB 2006, 206; im Übrigen s. Vor § 135 FGO Rz. 29).

§ 52 Abs. 4 FGO schreibt die **sicheren Übermittlungswege** vor, die alternativ zur elektronischen Signatur zu einer wirksamen Übermittlung von elektronischen Dokumenten an das Gericht beschritten werden können. Damit werden die neben der E-Mail mit qualifizierter elektronischer Signatur (s. Rz. 3) zulässigen Kommunikationswege für die wirksame Übermittlung an das FG abschließend geregelt. Es handelt sich um die absenderbestätigte De-Mail (§ 52a Abs. 4 Nr. 1 FGO), die Übermittlung über das besondere elektronische Anwaltspostfach nach § 31 BRAO (beA; § 52a Abs. 4 Nr. 2 FGO), das besondere elektronische Behördenpostfach (§ 52a Abs. 4 Nr. 3 FGO) sowie weitere Übermittlungswege, die indessen durch eine besondere Rechtsverordnung festzulegen sind (§ 52a Abs. 4 Nr. 4 FGO). Eine solche existiert derzeit noch nicht.

5 § 52a Abs. 5 FGO regelt den **Eingang** des elektronischen Dokuments beim Gericht. Danach ist das elektronische Dokument eingegangen, sobald es auf der für den Empfang bestimmten Einrichtung des Gerichts gespeichert ist. Genügt das Dokument nicht den Anforderungen, gilt § 52a Abs. 6 FGO (s. Rz. 6). Dem Absender ist gem. § 52a Abs. 5 Satz 2 FGO durch das Gericht zwingend eine automatisierte Bestätigung über den Zeitpunkt des Eingangs zu erteilen.

6 § 52a Abs. 6 Satz 1 FGO schreibt vor, dass, wenn ein elektronisches Dokument für das Gericht zur Bearbeitung nicht geeignet ist, dies dem Absender unter Hinweis auf die Unwirksamkeit des Eingangs und die geltenden technischen Rahmenbedingungen unverzüglich mitzuteilen ist. Das bedeutet, dass der Hinweis nach § 52 Abs. 6 Satz 2 FGO spätestens mit der Eingangsbestätigung (§ 523a Abs. 5 Satz 2 FGO; s. Rz. 5) erfolgen muss, sodass der Absender das elektronische Dokument in der geeigneten Form übermitteln kann. Dabei gilt das Dokument als zum Zeitpunkt der früheren Einreichung eingegangen, sofern der Absender es **unverzüglich** (vgl. § 121 Abs. 1 BGB) in einer für das Gericht zur Bearbeitung geeigneten Form (s. Rz. 2a) nachreicht und glaubhaft macht, dass es mit dem zuerst eingereichten Dokument inhaltlich übereinstimmt.

7 Gem. § 52a Abs. 7 FGO genügt die Aufzeichnung als elektronisches Dokument, soweit eine handschriftliche Unterzeichnung durch den Richter oder den Urkundsbeamten der Geschäftsstelle vorgeschrieben ist, wenn die verantwortenden Personen am Ende des Dokuments ihren Namen hinzufügen und das Dokument mit einer **qualifizierten elektronischen Signatur** nach § 2 Nr. 3 des SigG (s. Rz. 3) versehen. Diese Regelung behandelt ausschließlich die Behandlung von **elektronischen Dokumenten des Gerichts**, also **Urteile, Beschlüsse** und **gerichtliche Protokolle**, die vom Richter oder Urkundsbeamten handschriftlich zu unterzeichnen sind (*Brandis* Tipke/Kruse, § 52a FGO Rz. 4; *Schmieszek* in Gosch, § 52a FGO Rz. 46).

## § 52b FGO Elektronisch geführte Prozessakten

**(1) Die Prozessakten können elektronisch geführt werden. Die Bundesregierung und die Landesregierungen bestimmen jeweils für ihren Bereich durch Rechtsverordnung den Zeitpunkt, von dem an die Prozessakten elektronisch geführt werden. In der Rechtsverordnung sind die organisatorisch-technischen Rahmenbedingungen für die Bildung, Führung und Verwahrung der elektronischen Akten festzulegen. Die Landesregierungen können die Ermächtigung auf die für die Finanzgerichtsbarkeit zuständigen obersten Landesbehörden übertragen. Die Zulassung der elektronischen Akte kann auf einzelne Gerichte oder Verfahren beschränkt werden; wird von dieser Möglichkeit Gebrauch gemacht, kann in der Rechtsverordnung bestimmt werden, dass durch Verwaltungsvorschrift, die öffentlich bekanntzumachen ist, geregelt wird, in welchen Verfahren die Prozessakten elektronisch zu führen sind. Die Rechtsverordnung der Bundesregierung bedarf nicht der Zustimmung des Bundesrates.**

**(1a) Die Prozessakten werden ab dem 1. Januar 2026 elektronisch geführt. Die Bundesregierung und die Landesregierungen bestimmen jeweils für ihren Bereich durch Rechtsverordnung die organisatorischen und dem Stand der Technik entsprechenden technischen Rahmenbedingungen für die Bildung, Führung und Verwahrung der elektronischen Akten einschließlich der einzuhaltenden Anforderungen der Barrierefreiheit. Die Bundesregierung und die Landesregierungen können jeweils für ihren Bereich durch Rechtsverordnung bestimmen, dass Akten, die in Papierform angelegt wurden, in Papierform weitergeführt werden. Die Landesregierungen können die Ermächtigungen nach den Sätzen 2 und 3 auf die für die Finanzgerichtsbarkeit zuständigen obersten Landesbehörden übertragen. Die Rechtsverordnungen der**

**Bundesregierung bedürfen nicht der Zustimmung des Bundesrates.**

**(2) Werden die Akten in Papierform geführt, ist von einem elektronischen Dokument ein Ausdruck für die Akten zu fertigen. Kann dies bei Anlagen zu vorbereitenden Schriftsätzen nicht oder nur mit unverhältnismäßigem Aufwand erfolgen, so kann ein Ausdruck unterbleiben. Die Daten sind in diesem Fall dauerhaft zu speichern; der Speicherort ist aktenkundig zu machen.**

**(3) Ist das elektronische Dokument auf einem sicheren Übermittlungsweg eingereicht, so ist dies aktenkundig zu machen.**

**(4) Wird das elektronische Dokument mit einer qualifizierten elektronischen Signatur versehen und nicht auf einem sicheren Übermittlungsweg eingereicht, muss der Ausdruck einen Vermerk darüber enthalten,**

1. **welches Ergebnis die Integritätsprüfung des Dokumentes ausweist,**
2. **wen die Signaturprüfung als Inhaber der Signatur ausweist,**
3. **welchen Zeitpunkt die Signaturprüfung für die Anbringung der Signatur ausweist.**

**(5) Ein eingereichtes elektronisches Dokument kann im Falle von Absatz 2 nach Ablauf von sechs Monaten gelöscht werden.**

**(6) Werden die Prozessakten elektronisch geführt, sind in Papierform vorliegende Schriftstücke und sonstige Unterlagen nach dem Stand der Technik zur Ersetzung der Urschrift in ein elektronisches Dokument zu übertragen. Es ist sicherzustellen, dass das elektronische Dokument mit den vorliegenden Schriftstücken und sonstigen Unterlagen bildlich und inhaltlich übereinstimmt. Das elektronische Dokument ist mit einem Übertragungsnachweis zu versehen, der das bei der Übertragung angewandte Verfahren und die bildliche und inhaltliche Übereinstimmung dokumentiert. Wird ein von den verantwortenden Personen handschriftlich unterzeichnetes gerichtliches Schriftstück übertragen, ist der Übertragungsnachweis mit einer qualifizierten elektronischen Signatur des Urkundsbeamten der Geschäftsstelle zu versehen. Die in Papierform vorliegenden Schriftstücke und sonstigen Unterlagen können sechs Monate nach der Übertragung vernichtet werden, sofern sie nicht rückgabepflichtig sind.**

**Schrifttum**

N. Fischer, Justiz-Kommunikation – Reform der Form?, DRiZ 2005, 90; Schwoerer, Die elektronische Justiz, Diss. Tübingen 2005; Viefhues, Das Gesetz über die Verwendung elektronischer Kommunikationsformen in der Justiz, NJW 2005, 1009; Viefhues, Verwendung elektronischer Kommunikationsformen in der Justiz – Auswirkungen auf das finanzgerichtliche Verfahren, NWB Fach 19, 3315 (Heft 21/2005); Scherf/Schmieszek/Viefhues (Hrsg.), Elektronischer Rechtsverkehr, Heidelberg 2006; Schmittmann, Verwendung moderner Kommunikationsmittel im finanzgerichtlichen Verfahren, StuB 2007, 43; Ulrich/Schmieder, Elektronische Aktenführung und elektronischer Rechtsverkehr jenseits der ZPO, jM 2017, 398; Mardorf, Das Recht der elektronischen Einreichung, jM 2018, 140.

§ 52b FGO wurde durch Art. 3 des JKomG v. 22.03.2005 (BGBl I 2005, 837) mit Wirkung vom 01.04.2005 eingeführt und hatte keine Vorgängerregelung in der FGO. Gegenstand der Regelung ist die elektronische Aktenführung bei den FG (auch s. § 52a FGO Rz. 1). Durch Art. 6 Nr. 2 des Gesetzes zur Förderung des elektronischen Rechtsverkehrs v. 10.10.2013 (BGBl I 2013, 3786) wurde § 52b FGO m. W. v. 01.01.2018 geändert (vgl. *Brandis* in Tipke/Kruse, § 52b FGO Rz. 2). Solange keine entsprechenden RechtsVO bestehen, sind die Gerichtsakten in der herkömmlichen Form zu führen (*Brandis* in Tipke/Kruse, § 52b FGO Rz. 1 m. w. N.). In der derzeitigen Fassung eröffnet § 52b Abs. 1 Satz 1 FGO die **Möglichkeit der elektronischen Aktenführung**, der Erlass der genannten RechtsVO führt also zunächst nicht zu einer **zwingenden elektronischen Aktenführung** (so *Brandis* in Tipke/Kruse, § 52b FGO Rz. 1; *Schmieszek* in Gosch, § 52b FGO Rz. 15; *Thürmer* in HHSp, § 52b FGO Rz. 31). Die Formulierung in § 52b Abs. 1 Satz 2 FGO: »den Zeitpunkt, von dem an ... geführt werden« spricht eher für die zwingende elektronische Form (aber s. Rz. 1a). Demgegenüber dürfte § 52b Abs. 1 Satz 1 FGO jedenfalls nicht i. S. einer Ermessensvorschrift zu verstehen sein, sondern dahingehend, dass die grundsätzliche Möglichkeit zur Aktenführung in elektronischer Form nach Maßgabe der jeweils zu erlassenden RechtsVO zugelassen ist. Ein Angriff auf die richterliche Unabhängigkeit (Art. 97 Abs. 1 GG) dürfte in der elektronischen Prozessaktenführung jedoch nicht zu sehen sein (*Schwoerer*, S. 96 ff. m. w. N.; a. A. wohl *N. Fischer*, DRiZ 2005, 90). Die vorstehende Frage wird sich ab dem 01.01.2026 nicht mehr stellen, da die ab diesem Datum geltende Fassung des § 52b Abs. 1 Satz 1 FGO, die derzeit noch in § 52b Abs. 1a Satz 1 FGO enthalten ist, eine zwingende elektronische Aktenführung vorschreibt (»Die Prozessakten werden elektronisch geführt«). 1

Nach § 52b Abs. 1a Satz 1 FGO werden die Prozessakten werden ab dem **01.01.2026 zwingend elektronisch** geführt (s. Rz. 1). Die Bundesregierung und die Landesregierungen bestimmen jeweils für ihren Bereich durch Rechtsverordnung, die nicht der Zustimmung des BR bedürfen (§ 52b Abs. 1a Satz 5 FGO) die organisatori- 1a schen und dem Stand der Technik entsprechenden technischen Rahmenbedingungen für die Bildung, Führung und Verwahrung der elektronischen Akten einschließlich der einzuhaltenden Anforderungen der Barrierefreiheit (§ 52b Abs. 1a Satz 1 FGO). Die Bundesregierung und die Landesregierungen können jeweils für ihren Bereich durch Rechtsverordnung bestimmen, dass Akten, die in Papierform angelegt wurden, in Papierform weitergeführt werden. Die Landesregierungen können die Ermächtigungen nach § 52b Abs. 1a Sätze 2 und 3 FGO auf die für die Finanzgerichtsbarkeit zuständigen obersten Landesbehörden (in den Bundesländern auf das Justizministerium) übertragen.

2 Gem. § 52b Abs. 2 Satz 1 FGO ist in der Übergangszeit, während der die Prozessakten in Papierform geführt werden, von einem elektronischen Dokument, das zu den Akten gereicht wird, ein Ausdruck für die Akten zu fertigen. Dadurch wird erreicht, dass die Akte grds. vollständig in Papierform geführt wird und keine »Hybridakte« vorliegt. Kann dies bei Anlagen zu vorbereitenden Schriftsätzen nicht oder nur mit unverhältnismäßigem Aufwand erfolgen, so kann abweichend hiervon ausnahmsweise ein Ausdruck unterbleiben (§ 52b Abs. 2 Satz 2 FGO). Die Daten sind in diesem Fall dauerhaft zu speichern, und der Speicherort ist aktenkundig zu machen (§ 52b Abs. 2 Satz 3 FGO), da diese Daten **Bestandteil der Prozessakte** sind. Dadurch wird gewährleistet, dass auch in diesem Fall die Akte immer **vollständig** ist.

3 § 52b Abs. 2 FGO wird ergänzt durch § 52b Abs. 3 und Abs. 4 FGO. Dort wird geregelt, wie mit elektronischen Dokumenten zu verfahren ist, solange die Prozessakte in Papierform geführt wird. Sofern das elektronische Dokument »auf einem sicheren Übermittlungsweg« übermittelt wird (s. § 52a FGO Rz. 3), ist dies aktenkundig zu machen. Wird ein Dokument mit qualifizierter elektronischer Signatur und nicht auf einem sicheren Übermittlungsweg eingereicht, wird das Dokument ausgedruckt (§ 52 Abs. 4 FGO). Auf dem Ausdruck muss vermerkt werden, welches Ergebnis die Integritätsprüfung des Dokuments ausweist, wen die Signaturprüfung als Inhaber der Signatur ausweist und welchen Zeitpunkt die Signaturprüfung für die Anbringung der Signatur ausweist. Die Nichtbeachtung dieser Vorgaben durch das Gericht lassen die **Wirksamkeit von Prozesshandlungen unberührt** (*Brandis* in Tipke/Kruse, § 52b FGO Rz. 1). Nach Ablauf von sechs Monaten können die elektronischen Dokumente, für die ein Ausdruck vorliegt (s. Rz. 2), sodass sie nicht Bestandteil der Prozessakten geworden sind, gem. § 52b FGO gelöscht werden.

4 Sofern von der Möglichkeit des § 52b Abs. 1 Satz 1 FGO Gebrauch gemacht wird und die Prozessakten elektronisch geführt werden, müssen die in Papierform eingereichten Schriftstücke und sonstigen Unterlagen nach dem Stand der Technik in ein elektronisches Dokument übertragen werden (§ 52b Abs. 6 Satz 1 FGO). Damit wird sichergestellt, dass keine »Hybridakte«, sondern eine vollständige, einheitlich elektronische vorhanden ist. Dabei muss sichergestellt werden, dass die Papierform der Schriftstücke und Unterlagen mit der elektronischen Form bildlich und inhaltlich übereinstimmt (§ 52b Abs. 6 Satz 2 FGO). Dies dürfte nach dem derzeitigen Stand der Technik mittels eines Scanners erreicht werden, der die Papierunterlagen in Dokumente im PDF-Format umwandelt. Ist dies gewährleistet, können die Papierunterlagen nach Ablauf von sechs Monaten vernichtet werden, sofern sie nicht an die Beteiligten zurückzugeben sind (§ 52b Abs. 6 Satz 3 FGO).

## § 52c FGO
## Formulare; Verordnungsermächtigung

**Das Bundesministerium der Justiz und für Verbraucherschutz kann durch Rechtsverordnung mit Zustimmung des Bundesrates elektronische Formulare einführen. Die Rechtsverordnung kann bestimmen, dass die in den Formularen enthaltenen Angaben ganz oder teilweise in strukturierter maschinenlesbarer Form zu übermitteln sind. Die Formulare sind auf einer in der Rechtsverordnung zu bestimmenden Kommunikationsplattform im Internet zur Nutzung bereitzustellen. Die Rechtsverordnung kann bestimmen, dass eine Identifikation des Formularverwenders abweichend von § 52a Absatz 3 auch durch Nutzung des elektronischen Identitätsnachweises nach § 18 des Personalausweisgesetzes oder § 78 Absatz 5 des Aufenthaltsgesetzes erfolgen kann.**

**S. § 55c VwGO, § 65c SGG**

§ 52c FGO wurde durch Art. 6 Nr. 3 des Gesetzes zur Förderung des elektronischen Rechtsverkehrs v. 10.10.2013 (BGBl I 2013, 3786) m. W. v. 01.07.2014 eingeführt. Darin wird das BMJV bereits jetzt ermächtigt, zur Förderung des elektronischen Rechtsverkehrs mit den FG eine RechtsVO zur Einführung elektronischer Formulare zu erlassen. Aus § 52c Satz 3 folgt die Pflicht des BMJV, die eingeführten elektronischen Formulare auf einer Kommunikationsplattform im Internet kostenlos für jedermann zugänglich zu machen (*Brandis* in Tipke/Kruse, § 52c FGO Rz. 1; *Schmieszek* in Gosch, § 52c FGO Rz. 9). Diese noch zu erlassende RechtsVO kann eine Benutzungspflicht dieser Formulare vorsehen (*Brandis* in Tipke/Kruse, § 52c FGO Rz. 1). Damit soll eine Vereinfachung und eine Standardisierung der Verfahrensabläufe erreicht werden (*Brandis* in Tipke/Kruse, § 52c FGO Rz. 1). Für die Zugänglichmachung der Formulare gilt § 52 FGO i. V. m. § 191a GVG (s. § 52 FGO Rz. 11a). 1

## § 52d FGO Nutzungspflicht für Rechtsanwälte, Behörden und vertretungsberechtigte Personen

**Vorbereitende Schriftsätze und deren Anlagen sowie schriftlich einzureichende Anträge und Erklärungen, die durch einen Rechtsanwalt, durch eine Behörde oder durch eine juristische Person des öffentlichen Rechts einschließlich der von ihr zur Erfüllung ihrer öffentlichen Aufgaben gebildeten Zusammenschlüsse eingereicht werden, sind als elektronisches Dokument zu übermitteln. Gleiches gilt für die nach diesem Gesetz vertretungsberechtigten Personen, für die ein sicherer Übermittlungsweg nach § 52a Absatz 4 Nummer 2 zur Verfügung steht. Ist eine Übermittlung aus technischen Gründen vorübergehend nicht möglich, bleibt die Übermittlung nach den allgemeinen Vorschriften zulässig. Die vorübergehende Unmöglichkeit ist bei der Ersatzeinreichung oder unverzüglich danach glaubhaft zu machen; auf Anforderung ist ein elektronisches Dokument nachzureichen.**

§ 52d eingef. mWv 1.1.2022 durch G.v. 10.10.2013 (BGBl. I S. 3768)

1 § 52d FGO wurde durch Art. 6 Nr. 4 des Gesetzes zur Förderung des elektronischen Rechtsverkehrs v. 10.10.2013 (BGBl I 2013, 3786) mit Wirkung vom 01.01.2022 eingeführt. Zentraler Inhalt ist die durch § 52d Satz 1 FGO begründete **Pflicht** für Rechtsanwälte und Behörden, vorbereitende Schriftsätze und deren Anlagen sowie schriftlich einzureichende Anträge und Erklärungen als **elektronische Dokumente** zu übermitteln. Diese Pflicht wird durch § 52d Satz 2 FGO auf sonstige vertretungsberechtigte Personen (§ 62 Abs. 2 und Abs. 5 FGO; s. § 62 FGO Rz. 3 ff.) ausgedehnt, für die ein sicherer Übermittlungsweg (§ 52a Abs. 4 FGO) zur Verfügung steht. Von dieser Pflicht sind letztlich nur »Naturalbeteiligte«, also nicht durch einen Prozessbevollmächtigten vertretene Beteiligte, ausgenommen, die folglich Prozesshandlungen wie bisher in Papierform vornehmen können (*Brandis* in Tipke/Kruse, § 52d FGO Rz. 1).

2 Die Pflicht aus § 52d Satz 1 FGO betrifft vorbereitende Schriftsätze und deren Anlagen sowie schriftlich einzureichende Anträge und Erklärungen. Über den Wortlaut des § 52d Satz 1 FGO hinaus erfasst die grds. **zwingende elektronische Form** (zu den Ausnahmen s. Rz. 3) – erst recht – **auch sog. bestimmende Schriftsätze**, also solche, die Prozesshandlungen betreffen. Dies ergibt sich aus § 155 Satz 1 FGO i. V. m. § 253 Abs. 4 ZPO, der die Anwendung der allgemeinen Vorschriften über die vorbereitenden Schriftsätze auch auf die Klageschrift erstreckt (zutr. *Brandis* in Tipke/Kruse, § 52d FGO Rz. 2; *Kopp/Schenke*, § 55d VwGO Rz. 4 und Rz. 6). Für andere als vorbereitende und bestimmende Schriftsätze etc., die von § 52d Satz 1 FGO nicht ausdrücklich erfasst werden, gilt die zwingende elektronische Form nicht (*Schmieszek* in Gosch, § 52d FGO Rz. 7).

3 Gem. § 52d Satz 3 FGO ist die Übermittlung der von § 52d Satz 1 FGO erfassten Dokumente (s. Rz. 2) ausnahmsweise nach den allgemeinen Vorschriften zulässig, wenn eine Übermittlung **aus technischen Gründen vorübergehend nicht möglich** ist (»Ersatzeinreichung«, vgl. *Schmieszek* in Gosch, § 52d FGO Rz. 10). Diese Regelung bildet eine Ausnahme zur grundsätzlichen Pflicht der elektronischen Übermittlung. Voraussetzung ist hierfür, dass eine elektronische Übermittlung aus technischen Gründen nicht möglich ist (z. B. weil der Internetzugang wegen eines Serverausfalls gestört ist). Diese technische Störung darf indessen nur vorübergehend bestehen, sodass aus § 52d Satz 3 FGO für die zur elektronischen Übermittlung verpflichteten Personen die Pflicht abgeleitet werden kann, die technische Störung unverzüglich (vgl. § 121 Abs. 1 Satz 1 BGB) zu beseitigen bzw. beseitigen zu lassen, soweit ihnen dies möglich ist (vgl. *Schmieszek* in Gosch § 52d FGO Rz. 10). Die vorübergehende Unmöglichkeit ist bei der Ersatzeinreichung oder unverzüglich danach **glaubhaft zu machen** (§ 155 Satz 1 FGO i. V. m. § 294 Abs. 1 ZPO); auf Anforderung ist ein elektronisches Dokument nachzureichen (§ 52d Satz 4 FGO).

Aus dem zwingenden Charakter der in § 52d FGO getroffenen Regelungen folgt, dass die elektronische Form grds. eine Voraussetzung für die **Wirksamkeit** der betroffenen Prozesshandlungen darstellt (vgl. *Brandis* in Tipke/Kruse, § 52d FGO Rz. 2). Ein Verstoß dagegen, führt dazu, dass die Dokumente, die pflichtwidrig in Papierform – auch als Telefax – beim Gericht eingereicht werden, als nicht übermittelt zu betrachten sind. Daher sind die entsprechenden Prozesshandlungen unwirksam oder Fristen (z. B. § 47 Abs. 1, § 65 Abs. 2 Satz 2, § 79b FGO) werden nicht gewahrt (*Schmieszek* in Gosch, § 52d FGO Rz. 8). Dies gilt nur dann nicht, wenn zulässigerweise nach Maßgabe des § 52d Satz 3 und Satz 4 FGO von der elektronischen Übermittlung abgesehen werden darf (s. Rz. 3). 4

## § 53 FGO Zustellung

**(1) Anordnungen und Entscheidungen, durch die eine Frist in Lauf gesetzt wird, sowie Terminbestimmungen und Ladungen sind den Beteiligten**

**zuzustellen, bei Verkündung jedoch nur, wenn es ausdrücklich vorgeschrieben ist.**

**(2) Zugestellt wird von Amts wegen nach den Vorschriften der Zivilprozessordnung.**

**(3) Wer seinen Wohnsitz oder seinen Sitz nicht im Geltungsbereich dieses Gesetzes hat, hat auf Verlangen einen Zustellungsbevollmächtigten zu bestellen. Geschieht dies nicht, so gilt eine Sendung mit der Aufgabe zur Post als zugestellt, selbst wenn sie als unbestellbar zurückkommt.**

**S. § 56 VwGO; § 63 SGG**

**Schrifttum**

WERTH, F., Völkerrechtliche Zulässigkeit von Auslandszustellungen im finanzgerichtlichen Verfahren unter besonderer Berücksichtigung der Zustellung in die Schweiz, DStZ 2006, 647.

1 Die Zustellung ist eine – formalisierte – Unterart der Bekanntgabe (§ 122 Abs. 5 AO, § 166 Abs. 1 ZPO). § 53 Abs. 1 FGO schreibt sie für bestimmte Fälle vor, insbes. für beschwerdefähige Entscheidungen (§§ 128, 133 FGO), Gerichtsbescheide (§ 90a FGO) und Urteile (§ 104 FGO), des Weiteren für Ladungen zur mündlichen Verhandlung (§ 91 FGO) sowie zu Erörterungs- und Beweisterminen (§§ 79, 81, 82 FGO i. V. m. §§ 361, 362 ZPO). Auch die Klage ist zuzustellen (s. § 71 FGO Rz. 1). Zustellungen im finanzgerichtlichen Verfahren erfolgen im **Amtsbetrieb**, also nicht durch die Beteiligten (§ 53 Abs. 2 FGO i. V. m. § 166 Abs. 2 ZPO).

2 Aufgrund des ZustRG v. 25.06.2001 (BGBl I 2001, 1206) sieht § 53 Abs. 2 FGO seit dem 01.07.2002 vor, dass die Zustellungen im Finanzprozess nach den Vorschriften der §§ 166 bis 190 ZPO erfolgen und nicht mehr nach dem VwZG. Soweit die Vorschriften keine Bedeutung im Finanzprozess haben, wurde vom Abdruck abgesehen.

**§ 166 ZPO Zustellung**

(1) Zustellung ist die Bekanntgabe eines Schriftstücks an eine Person in der in diesem Titel bestimmten Form.

(2) Dokumente, deren Zustellung vorgeschrieben oder vom Gericht angeordnet ist, sind von Amts wegen zuzustellen, soweit nichts anderes bestimmt ist.

**§ 168 ZPO Aufgaben der Geschäftsstelle**

(1) Die Geschäftsstelle führt die Zustellung nach §§ 173 bis 175 aus. Die kann einen nach § 33 Abs. 1 des Postgesetzes beliehenen Unternehmer (Post) oder einen Justizbediensteten mit der Ausführung der Zustellung beauftragen. Den Auftrag an die Post erteilt die Geschäftsstelle auf dem dafür vorgesehenen Vordruck.

(2) Der Vorsitzende des Prozessgerichts oder ein von ihm bestimmtes Mitglied können einen Gerichtsvollzieher oder eine andere Behörde mit der Ausführung der Zustellung beauftragen, wenn eine Zustellung nach Absatz 1 keinen Erfolg verspricht.

**§ 169 ZPO Bescheinigung des Zeitpunktes der Zustellung; Beglaubigung**

(1) Die Geschäftsstelle bescheinigt auf Antrag den Zeitpunkt der Zustellung.

(2) Die Beglaubigung der zuzustellenden Schriftstücke wird von der Geschäftsstelle vorgenommen. Dies gilt auch, soweit von einem Anwalt eingereichte Schriftstücke nicht bereits von diesem beglaubigt wurden.

(3) Eine in Papierform zuzustellende Abschrift kann auch durch maschinelle Bearbeitung beglaubigt werden. Anstelle der handschriftlichen Unterzeichnung ist die Abschrift mit dem Gerichtssiegel zu versehen. Dasselbe gilt, wenn eine Abschrift per Telekopie zugestellt wird.

(4) Ein Schriftstück kann in beglaubigter elektronischer Abschrift zugestellt werden. Die Beglaubigung erfolgt mit einer qualifizierten elektronischen Signatur des Urkundsbeamten der Geschäftsstelle.

(5) Ein elektronisches Dokument kann ohne Beglaubigung elektronisch zugestellt werden, wenn es

1. nach § 130a oder § 130b Satz 1 mit einer qualifizierten elektronischen Signatur der verantwortenden Personen versehen ist,

2. nach § 130a auf einem sicheren Übermittlungsweg eingereicht wurde und mit einem Authentizitäts- und Integritätsnachweis versehen ist oder

3. nach Maßgabe des § 298a errichtet wurde und mit einem Übertragungsnachweis nach § 298a Absatz 2 Satz 3 oder 4 versehen ist.

Den Beteiligten im Finanzgerichtsprozess kann gem. §§ 105 Abs. 1, 104 Abs. 1, 53 Abs. 2 FGO i. V. m. § 166, § 169 Abs. 2 ZPO eine **Ausfertigung** der gerichtlichen Entscheidung übermittelt werden. Die Ausfertigung ersetzt die Übergabe einer beglaubigten Abschrift i. S. v. § 169 Abs. 2 ZPO und vertritt die (bei den Akten verbleibende) Urschrift der Entscheidung (BFH v. 01.07.2003, IX B 13/03, BFH/NV 2003, 1203).

**§ 170 ZPO Zustellung an Vertreter**

(1) Bei nicht prozessfähigen Personen ist an ihren gesetzlichen Vertreter zuzustellen. Die Zustellung an die nicht prozessfähige Person ist unwirksam.

(2) Ist der Zustellungsadressat keine natürliche Person, genügt die Zustellung an den Leiter.

(3) Bei mehreren gesetzlichen Vertretern oder Leitern genügt die Zustellung an einen von ihnen.

**§ 171 ZPO Zustellung an Bevollmächtigte**

An den rechtsgeschäftlich bestellten Vertreter kann mit gleicher Wirkung wie an den Vertretenen zugestellt werden. Der Vertreter hat eine schriftliche Vollmacht vorzulegen.

**§ 172 ZPO Zustellung durch Aushändigung an Amtsstelle an Prozessbevollmächtigte**

(1) In einem anhängigen Verfahren hat die Zustellung an den für den Rechtszug bestellten Prozessbevollmäch-

tigten zu erfolgen. Das gilt auch für die Prozesshandlungen, die das Verfahren vor diesem Gericht infolge eines Einspruchs, einer Aufhebung des Urteils dieses Gerichts, einer Wiederaufnahme des Verfahrens, einer Rüge nach § 321 a oder eines neuen Vorbringens in dem Verfahren der Zwangsvollstreckung betreffen. Das Verfahren vor dem Vollstreckungsgericht gehört zum ersten Rechtszug.

(2) Ein Schriftsatz, durch den ein Rechtsmittel eingelegt wird, ist dem Prozessbevollmächtigten des Rechtszugs zuzustellen, dessen Entscheidung angefochten wird. Wenn bereits ein Prozessbevollmächtigter für den höheren Rechtszug bestellt ist, ist der Schriftsatz diesem zuzustellen. Der Partei ist selbst zuzustellen, wenn sie einen Prozessbevollmächtigten nicht bestellt hat.

**§ 173 ZPO Zustellung gegen Empfangsbekenntnis durch Aushändigung an Amtsstelle**

Ein Schriftstück kann dem Adressaten oder seinem rechtsgeschäftlich bestellten Vertreter durch Aushändigung an der Amtsstelle zugestellt werden. Zum Nachweis der Zustellung ist auf dem Schriftstück und in den Akten zu vermerken, dass es zum Zwecke der Zustellung ausgehändigt wurde und wann das geschehen ist; bei Aushändigung an den Vertreter ist dies mit dem Zusatz zu vermerken, an wen das Schriftstück ausgehändigt wurde und dass die Vollmacht nach § 171 Satz 2 vorgelegt wurde. Der Vermerk ist von dem Bediensteten zu unterschreiben, der die Aushändigung vorgenommen hat.

**§ 174 ZPO Zustellung gegen Empfangsbekenntnis oder automatisierte Empfangsbestätigung**

(1) Ein Schriftstück kann an einen Anwalt, einen Notar, einen Gerichtsvollzieher, einen Steuerberater oder an eine sonstige Person, bei der aufgrund ihres Berufes von einer erhöhten Zuverlässigkeit ausgegangen werden kann, eine Behörde, eine Körperschaft oder eine Anstalt des öffentlichen Rechts gegen Empfangsbekenntnis zugestellt werden.

(2) An die in Absatz 1 Genannten kann das Schriftstück auch durch Telekopie zugestellt werde. Die Übermittlung soll mit dem Hinweis »Zustellung gegen Empfangsbekenntnis« eingeleitet werden und die absendende Stelle, den Namen und die Anschrift des Zustellungsadressaten sowie den Namen des Justizbediensteten erkennen lassen, der das Schriftstück zur Übermittlung aufgegeben hat.

(3) An die in Absatz 1 Genannten kann auch ein elektronisches Dokument zugestellt werden. Gleiches gilt für andere Verfahrensbeteiligte, wenn sie der Übermittlung elektronischer Dokumente ausdrücklich zugestimmt haben. Das Dokument ist auf einem sicheren Übermittlungsweg im Sinne des § 130a Absatz 4 zu übermitteln und gegen unbefugte Kenntnisnahme Dritter zu schützen. Die in Absatz 1 Genannten haben einen sicheren Übermittlungsweg für die Zustellung elektronischer Dokumente zu eröffnen.

(4) Zum Nachweis der Zustellung nach den Absätzen 1 und 2 genügt das mit Datum und Unterschrift des Adressaten versehene Empfangsbekenntnis, das an das Gericht zurückzusenden ist. Das Empfangsbekenntnis kann schriftlich, durch Telekopie oder als elektronisches Dokument (§ 130a) zurückgesandt werden. Die Zustellung nach Absatz 3 wird durch ein elektronisches Empfangsbekenntnis nachgewiesen. Das elektronische Empfangsbekenntnis ist in strukturierter maschinenlesbarer Form zu übermitteln. Hierfür ist ein vom Gericht mit der Zustellung zur Verfügung gestellter strukturierter Datensatz zu nutzen.

Gemäß § 104 Abs. 1 Satz 2 FGO i.V.m. § 53 Abs. 2 FGO, § 174 Abs. 1 und 2 ZPO kann ein **Urteil** per Telefax (gegen Empfangsbekenntnis) nur an einen Anwalt, einen Notar, einen Gerichtsvollzieher, einen Steuerberater oder an eine sonstige Person, bei der aufgrund ihres Berufes von einer erhöhten Zuverlässigkeit ausgegangen werden kann, eine Behörde, eine Körperschaft oder eine Anstalt des öffentlichen Rechts zugestellt werden, nicht aber an andere Personen. Wird hiergegen verstoßen, muss der Zustellungsmangel geheilt werden, bevor der BFH über eine vom Kläger erhobene NZB (§ 116 Abs. 1 FGO entscheiden kann (BFH v. 09.10.2013, V B 54/13, BFH/NV 2014, 169). Die Zustellung eines Urteils gegen Empfangsbekenntnis nach § 53 Abs. 1 FGO i.V.m. § 174 ZPO ist nicht bereits mit der Einlegung in ein **Postfach des Anwalts** oder mit dem Eingang in der Kanzlei des Bevollmächtigten bewirkt, sondern erst dann, wenn der Anwalt es entgegengenommen und seinen Willen dahin gebildet hat, die Übersendung des Urteils mit der Post als Zustellung gelten zu lassen (BFH v. 21.02.2007, VII B 84/06, BStBl II 2007, 583; BFH v. 15.12.2009, VII R 46/08, BFH/NV 2010, 1315). Für das Datum der Entgegennahme erbringt das Empfangsbekenntnis grds. den vollen Beweis (BFH v. 15.12.2009, VII R 46/08, BFH/NV 2010, 1315; BFH v. 22.09.2015, V B 20/15, BFH/NV 2016, 50). Der Gegenbeweis der Unrichtigkeit des Empfangsbekenntnisses ist zwar zulässig (§ 418 Abs. 2 ZPO). Er ist allerdings nicht schon dann erbracht, wenn lediglich die Möglichkeit der Unrichtigkeit besteht; vielmehr sind an einen solchen Gegenbeweis in dem Sinne »strenge Anforderungen« zu stellen, dass – zur Überzeugung des Gerichts – die Beweiswirkung des Empfangsbekenntnisses vollständig entkräftet und damit jede Möglichkeit seiner Richtigkeit ausgeschlossen sein muss (BFH v. 22.09.2015, V B 20/15, BFH/NV 2016, 50). Erklärt der Rechtsanwalt, dass ihm ein Urteil nicht oder erst zu einem bestimmten Tag zugegangen sei, so besteht in der Regel kein Grund, dem zu misstrauen. Die Verletzung einer allenfalls standesrechtlich bestehenden Pflicht, ein für den Rechtsanwalt eingerichtetes Postfach werktäglich zu leeren und an diesen Tagen dort eingelegte Post ggf. mit dem Ergebnis, dass eine Rechtsmittelfrist zu laufen beginnt, entgegenzunehmen, wirkt sich **nicht** dahin aus, dass die Zustellung als an dem Tag bewirkt anzusehen ist, an dem das **Urteil in das Postfach eingelegt** worden ist (BFH v. 21.02.2007, VII B 84/06, BFH/NV 2007, 1035). Verweigert der Prozessbevollmächtigte allerdings die Rücksendung des Empfangsbekenntnisses, ist der Tag als Zustellungstag anzusehen, an dem das Urteil entsprechend § 122 Abs. 2 Nr. 1 AO in seine Hände gelangt sein könnte (BFH v. 04.03.2008, IV B 119/07, ZSteu 2008, R 934).

**§ 175 ZPO Zustellung durch Einschreiben mit Rückschein**

Ein Schriftstück kann durch Einschreiben mit Rückschein zugestellt werden. Zum Nachweis der Zustellung genügt der Rückschein.

Eine Zustellung per Einschreiben mit Rückschein nach § 53 Abs. 1 FGO i. V. m. § 175 ZPO wird bereits am Rückscheindatum wirksam (FG Ha v. 23.08.2004, III 358/01, EFG 2005, 465).

**§ 176 ZPO Zustellungsauftrag**

(1) Wird der Post, einem Justizbediensteten oder einem Gerichtsvollzieher ein Zustellungsauftrag erteilt oder wird eine andere Behörde um die Ausführung der Zustellung ersucht, übergibt die Geschäftsstelle das zuzustellende Schriftstück in einem verschlossenen Umschlag und einem vorbereiteten Vordruck einer Zustellungsurkunde.

(2) Die Ausführung der Zustellung erfolgt nach §§ 177 bis 181.

**§ 177 ZPO Ort der Zustellung**

Das Schriftstück kann der Person, der zugestellt werden soll, an jedem Ort übergeben werden, an dem sie angetroffen wird.

**§ 178 ZPO Ersatzzustellung in der Wohnung, in Geschäftsräumen und Einrichtungen**

(1) Wird die Person, der zugestellt werden soll, in ihrer Wohnung, in dem Geschäftsraum oder in einer Gemeinschaftseinrichtung, in der sie wohnt, nicht angetroffen, kann das Schriftstück zugestellt werden.

1. in der Wohnung einem erwachsenen Familienangehörigen, einer in der Familie beschäftigten Person oder einem erwachsenen ständigen Mitbewohner,
2. in Geschäftsräumen einer dort beschäftigten Person,
3. in Gemeinschaftseinrichtungen dem Leiter der Einrichtung oder einem dazu ermächtigten Vertreter.

(2) Eine Zustellung an eine der in Absatz 1 bezeichneten Personen ist unwirksam, wenn diese an dem Rechtsstreit als Gegner der Person, der zugestellt werden soll, beteiligt ist.

Das Schriftstück kann nach § 53 Abs. 2 ZPO i. V. m. § 178 ZPO in der Wohnung u. a. auch einem **erwachsenen Familienangehörigen** zugestellt werden. Familienangehörige sind u. a. auch die Kinder des Zustelladressaten. Erwachsensein setzt lediglich eine körperliche und geistige Reife voraus, die die Ersatzperson befähigt, die Bedeutung der Zustellung zu erkennen und sich entsprechend zu verhalten. Volljährigkeit ist dabei nicht erforderlich. Erwachsen ist danach auch ein Minderjähriger, der nach seiner körperlichen Entwicklung – der äußeren Erscheinung nach – als erwachsen und einsichtsfähig zu gelten hat, weil der Zusteller regelmäßig keine anderen Erkenntnismöglichkeiten hat. Die Zustellung ist danach wirksam, wenn der Postbedienstete von einer erwachsenen und einsichtsfähigen Person ausgehen darf. Auf die **tatsächliche Kenntnisnahme** durch den Zustelladressaten kommt es hinsichtlich des Bekanntgabezeitpunkts **nicht** an (FG Mchn v. 08.11.2006, 10 K 3509/06, juris).

**§ 179 ZPO Zustellung bei verweigerter Annahme**

Wird die Annahme des zuzustellenden Schriftstücks unberechtigt verweigert, so ist das Schriftstück in der Wohnung oder in dem Geschäftsraum zurückzulassen. Hat der Zustellungsadressat keine Wohnung oder ist kein Geschäftsraum vorhanden, ist das zuzustellende Schriftstück zurückzusenden. Mit der Annahmeverweigerung gilt das Schriftstück als zugestellt.

**§ 180 ZPO Ersatzzustellung durch Einlegung in den Briefkasten**

Ist die Zustellung nach § 178 Abs. 1 Nr. 1 oder 2 nicht ausführbar, kann das Schriftstück in einem zu der Wohnung oder dem Geschäftsraum gehörenden Briefkasten oder in eine ähnliche Vorrichtung eingelegt werden, die der Adressat für den Postempfang eingerichtet hat und die in der allgemein üblichen Art für eine sichere Aufbewahrung geeignet ist. Mit der Einlegung gilt das Schriftstück als zugestellt. Der Zusteller vermerkt auf dem Umschlag des zuzustellenden Schriftstücks das Datum der Zustellung.

Eine Ersatzzustellung nach § 53 FGO i. V. m. § 180 ZPO durch Einlagen in den **Briefkasten einer Gemeinschaftseinrichtung** i. S. v. § 178 Nr. 3 ZPO ist nach dem Wortlaut des § 180 Satz 1 ZPO nicht vorgesehen. Dies gilt aber dann nicht, wenn der Zustellungsadressat in der Gemeinschaftseinrichtung einen eigenen Briefkasten hat (BFH v. 17.06.2009, II B 33/08, BFH/NV 2010, 42). Eine Ersatzzustellung nach § 53 FGO i. V. m. § 180 Satz 3 ZPO erfordert lediglich, dass das Datum der Zustellung auf dem Umschlag vermerkt wird; die Unterschrift des Zustellers ist dagegen nicht erforderlich (BFH v. 04.07.2008, IV R 78/05, BFH/NV 2008, 1860). Vgl. dazu im Übrigen z. B. BFH v. 24.01.2005, III B 34/04, BFH/NV 2005, 720; BFH v. 10.08.2005, XI B 237/03, BFH/NV 2005, 2232. Verstößt eine Ersatzzustellung durch Einlegen in den Briefkasten gegen zwingende Zustellungsvorschriften, weil der Zusteller entgegen § 180 Satz 3 ZPO auf dem Umschlag des zuzustellenden Schriftstücks das **Datum der Zustellung** nicht vermerkt hat, ist das zuzustellende Dokument i. S. des § 189 ZPO in dem Zeitpunkt dem Empfänger tatsächlich zugegangen, in dem er das Schriftstück in die Hand bekommt (BFH v. 06.05.2014, GrS 2/13, BFH/NV 2014, 1307).

**§ 181 ZPO Ersatzzustellung durch Niederlegung**

(1) Ist die Zustellung nach § 178 Abs. 1 Nr. 3 oder § 180 nicht ausführbar, kann das zuzustellende Schriftstück

1. auf der Geschäftsstelle des Amtsgerichts, in dessen Bezirk der Ort der Zustellung liegt oder
2. an diesem Ort, wenn die Post mit der Ausführung der Zustellung beauftragt ist, bei einer von der Post dafür bestimmten Stelle niedergelegt werden. Über die Niederlegung ist eine schriftliche Mitteilung auf dem vorgesehenen Vordruck unter der Anschrift der Person, der zugestellt werden soll, in der bei gewöhnlichen Briefen üblichen Weise abzugeben oder, wenn das nicht möglich ist, an der Tür der Wohnung, des Geschäftsraums oder der Gemeinschaftseinrichtung anzuheften. Das Schriftstück gilt mit der Abgabe der schriftlichen Mitteilung als zugestellt. Der Zusteller vermerkt auf dem Umschlag des zuzustellenden Schriftstücks das Datum der Zustellung.

(2) Das niedergelegte Schriftstück ist drei Monate zur Abholung bereitzuhalten. Nicht abgeholte Schriftstücke sind danach dem Absender zurückzusenden.

Eine Ersatzzustellung durch Niederlegung bei der Post (§ 181 Abs. 1 Satz 2 ZPO) ist regelmäßig unwirksam, wenn die Mitteilung über die Niederlegung in den Briefkasten eingeworfen wird. Denn ist ein solcher vorhanden, muss das zuzustellende Schriftstück selbst in den Briefkasten eingelegt werden (§ 180 Satz 1 ZPO); die Ersatzzustellung durch Niederlegung scheidet dann aus (BFH v. 23.11.2016, IV B 39/16, BFH/NV 2017, 333). Verstößt eine Ersatzzustellung durch Einlegen in den Briefkasten dagegen gegen andere zwingende Zustellungsvorschriften, weil der Zusteller z. B. entgegen § 180 Satz 3 ZPO auf dem Umschlag des zuzustellenden Schriftstücks das Datum der Zustellung nicht vermerkt hat, wird der Zustellungsmangel gem. § 189 ZPO geheilt, sobald der Empfänger das Schriftstück tatsächlich in die Hand bekommt (BFH v. 28.07.2015, VIII R 2/09, BStBl II 2016, 447).

**§ 182 ZPO Zustellungsurkunde**

(1) Zum Nachweis der Zustellung nach §§ 171, 177 bis 181 ist eine Urkunde auf dem dafür vorgesehenen Vordruck anzufertigen. Für diese Zustellungsurkunde gilt § 418.

(2) Die Zustellungsurkunde muss enthalten:

1. die Bezeichnung der Person, der zugestellt werden soll,
2. die Bezeichnung der Person, an die der Brief oder das Schriftstück übergeben wurde,
3. im Fall des § 171 die Angabe, dass die Vollmachtsurkunde vorgelegen hat,
4. im Falle der §§ 178, 180 die Angabe des Grundes, der diese Zustellung rechtfertigt und wenn nach § 181 verfahren wurde, die Bemerkung, wie die schriftliche Mitteilung abgegeben wurde,
5. im Falle des § 179 die Erwähnung, wer die Annahme verweigert hat und dass der Brief am Ort der Zustellung zurückgelassen oder an den Absender zurückgesandt wurde,
6. die Bemerkung, dass der Tag der Zustellung auf dem Umschlag, der das zuzustellende Schriftstück enthält, vermerkt ist,
7. den Ort, das Datum und auf Anordnung der Geschäftsstelle auch die Uhrzeit der Zustellung,
8. Name, Vorname und Unterschrift des Zustellers sowie die Angabe des beauftragten Unternehmens oder der ersuchten Behörde.

(3) Die Zustellungsurkunde ist der Geschäftsstelle in Urschrift oder als elektronisches Dokument unverzüglich zurückzuleiten.

In der vorliegenden Fassung gilt § 182 ZPO nur noch bis zum 31.12.2017 (Art. 1 Nr. 8 des Gesetzes zur Förderung des elektronischen Rechtsverkehrs mit den Gerichten v. 10.10.2013, BGBl. I 2013, 3786). Nach § 182 Abs. 1 Satz 2 ZPO gilt für **Postzustellungsurkunden** § 418 ZPO, d.h., es handelt sich um eine **öffentliche Urkunde**, die den **vollen Beweis** der in ihr bezeugten Tatsachen (die Beachtung der gesetzlichen Zustellungsvorschriften) begründet (BFH v. 23.11.2016, IV B 39/16, BFH/NV 2017, 333). Ihre Beweiskraft kann nur durch den Beweis der Unrichtigkeit der in der Zustellungsurkunde bezeugten Tatsachen (**Gegenbeweis** nach § 418 Abs. 2 ZPO) geführt werden (BFH v. 16.12.2010, IX B 146/10, BFH/NV 2011, 622; BFH v. 18.01.2011, IV B 53/09, juris; BFH v. 14.03.2012, V B 89/11, BFH/NV 2012, 1157). Gefordert wird in der Rspr. des BFH der **volle Gegenbeweis** in der Weise, dass die Beweiswirkung der Zustellungsurkunde vollständig entkräftet und jede Möglichkeit der Richtigkeit der in ihr bezeugten Tatsachen ausgeschlossen wird. Zulässig sind Beweismittel aller Art (BFH v. 13.05.2009, V B 37/08, BFH/NV 2009, 1656). Der Gegenbeweis ist danach erst erbracht, wenn nach dem Ergebnis einer Beweisaufnahme über die Tatsachenbehauptungen des Zustellungsempfängers, wonach der Zustellungsvorgang falsch beurkundet worden sei, diesen Behauptungen bei der Beweiswürdigung mehr Glauben zu schenken ist als der Zustellungsurkunde. **Nicht ausreichend** ist es, wenn das Ergebnis einer Beweisaufnahme lediglich **Zweifel** an **Richtigkeit der Zustellungsurkunde** begründet (BFH v. 10.11.2003, VII B 366/02, BFH/NV 2004, 509). Insbes. ist für den Gegenbeweis i. S. des § 418 Abs. 2 ZPO i. V. m. § 82 FGO der in der Zustellungsurkunde bekundeten Tatsachen die bloße Behauptung, das Schriftstück nicht oder (z. B. wegen eines Nachsendeauftrags) später erhalten zu haben, nicht ausreichend (BFH v. 21.09.2009, I B 48, 49/09, BFH/NV 2010, 439; BFH v. 18.01.2011, IV B 53/09, BFH/NV 2011, 812; BFH v. 14.03.2012, V B 89/11, BFH/NV 2012, 1157). Ebenso wenig genügt die schlichte Behauptung einer Falschbeurkundung durch den Zusteller (BFH v. 25.03.2010, V B 151/09, BFH/NV 2010, 1113). Der Gegenbeweis der Unrichtigkeit der in der Zustellungsurkunde bezeugten Tatsachen erfordert vielmehr den Beweis eines anderen als des beurkundeten Geschehensablaufs, der damit ein Fehlverhalten des Zustellers und eine Falschbeurkundung in der Zustellungsurkunde belegt. Hat der Postbedienstete die Zustellungsurkunde nachträglich berichtigt, entscheidet das Gericht gem. § 419 ZPO nach freier Überzeugung, ob die Beweiskraft der Urkunde dadurch ganz oder teilweise aufgehoben oder gemindert ist (BFH v. 23.11.2016, IV B 39/16, BFH/NV 2017, 333).

**§ 183 ZPO Zustellung im Ausland**

(1) Soweit nicht unmittelbar anwendbare Regelungen der Europäischen Union in ihrer jeweils geltenden Fassung, insbesondere

1. die Verordnung (EG) Nr. 1393/2007 des Europäischen Parlaments und des Rates vom 13. November 2007 über die Zustellung gerichtlicher und außergerichtlicher Schriftstücke in Zivil- oder Handelssachen in den Mitgliedstaaten (»Zustellung von Schriftstücken«) und zur Aufhebung der Verordnung (EG) Nr. 1348/2000 des Rates (ABl. L 324 vom 10.12.2007, S. 79), die durch die Verordnung (EU) Nr. 517/2013 (ABl. L 158 vom 10.06.2013, S. 1) geändert worden ist, sowie

2. das Abkommen zwischen der Europäischen Gemeinschaft und dem Königreich Dänemark vom 19. Oktober 2005 über die Zustellung gerichtlicher und außergerichtlicher Schriftstücke in Zivil- oder Handelssachen (ABl. L 300 vom 17.11.2005, S. 55)

maßgeblich sind, gelten für die Zustellung im Ausland die nachfolgenden Absätze 2 bis 5. Für die Durchführung der in Satz 1 genannten Regelungen gelten § 1067 Absatz 1, § 1068 Absatz 1 und § 1069 Absatz 1.

(2) Eine Zustellung im Ausland ist nach den bestehenden völkerrechtlichen Vereinbarungen vorzunehmen. Wenn Schriftstücke auf Grund völkerrechtlicher Vereinbarungen unmittelbar durch die Post übersandt werden dürfen, so soll durch Einschreiben mit Rückschein zugestellt werden, anderenfalls die Zustellung auf Ersuchen des Vorsitzenden des Prozessgerichts unmittelbar durch die Behörden des fremden Staates erfolgen.

(3) Ist eine Zustellung nach Absatz 2 nicht möglich, ist durch die zuständige diplomatische oder konsularische Vertretung des Bundes oder die sonstige zuständige Behörde zuzustellen. Nach Satz 1 ist insbesondere zu verfahren, wenn völkerrechtliche Vereinbarungen nicht bestehen, die zuständigen Stellen des betreffenden Staates zur Rechtshilfe nicht bereit sind oder besondere Gründe eine solche Zustellung rechtfertigen.

(4) An entsandte Beschäftigte einer deutschen Auslandsvertretung, und die in ihrer Privatwohnung lebenden Personen, erfolgt die Zustellung auf Ersuchen des Vorsitzenden des Prozessgerichts durch die zuständige Auslandsvertretung.

(5) Zum Nachweis der Zustellung nach Absatz 2 Satz 2 erster Halbsatz genügt der Rückschein. Die Zustellung nach Absatz 2 Satz 2 zweiter Halbsatz und den Absätzen 3 und 4 wird durch das Zeugnis der ersuchten Behörde nachgewiesen.

(5) Die Vorschriften der Verordnung (EG) Nr. 1393/2007 des Europäischen Parlaments und des Rates vom 13. November 2007 über die Zustellung gerichtlicher und außergerichtlicher Schriftstücke in Zivil- oder Handelssachen in den Mitgliedstaaten und zur Aufhebung der Verordnung (EG) Nr. 1348/2000 (ABl. EU Nr. L 324 S. 79) bleiben unberührt. Für die Durchführung gelten § 1068 Abs. 1 und § 1069 Abs. 1.

**§ 184 ZPO Zustellungsbevollmächtigter; Zustellung durch Aufgabe zur Post**

(1) Das Gericht kann bei der Zustellung nach § 183 Absatz 2 bis 5 anordnen, dass die Partei innerhalb einer angemessenen Frist einen Zustellungsbevollmächtigten benennt, der im Inland wohnt oder dort einen Geschäftsraum hat, falls sie nicht einen Prozessbevollmächtigten bestellt hat. Wird kein Zustellungsbevollmächtigter benannt, so können spätere Zustellungen bis zur nachträglichen Benennung dadurch bewirkt werden, dass das Schriftstück unter der Anschrift der Partei zur Post gegeben wird.

(2) Das Schriftstück gilt zwei Wochen nach Aufgabe zur Post als zugestellt. Das Gericht kann eine längere Frist bestimmen. In der Anordnung nach Absatz 1 ist auf diese Rechtsfolgen hinzuweisen. Zum Nachweis der Zustellung ist in den Akten zu vermerken, zu welcher Zeit und unter welcher Anschrift das Schriftstück zur Post gegeben wurde.

**§ 185 ZPO Öffentliche Zustellung**

Die Zustellung kann durch öffentliche Bekanntmachung (öffentliche Zustellung) erfolgen, wenn

1. der Aufenthaltsort einer Person unbekannt und eine Zustellung an einen Vertreter oder Zustellungsbevollmächtigten nicht möglich ist,

2. bei juristischen Personen, die zur Anmeldung einer inländischen Geschäftsanschrift zum Handelsregister verpflichtet sind, eine Zustellung weder unter der eingetragenen Anschrift noch unter einer im Handelsregister eingetragenen Anschrift einer für Zustellungen empfangsberechtigten Person oder einer ohne Ermittlungen bekannten anderen inländischen Anschrift möglich ist,

3. eine Zustellung im Ausland nicht möglich ist oder keinen Erfolg verspricht oder

4. die Zustellung nicht erfolgen kann, weil der Ort der Zustellung die Wohnung einer Person ist, die nach den §§ 18 bis 20 des Gerichtsverfassungsgesetzes der Gerichtsbarkeit nicht unterliegt.

**§ 186 ZPO Bewilligung und Ausführung der öffentlichen Zustellung**

(1) Über die Bewilligung der öffentlichen Zustellung entscheidet das Prozessgericht. Die Entscheidung kann ohne mündliche Verhandlung ergehen.

(2) Die öffentliche Zustellung erfolgt durch Aushang einer Benachrichtigung an der Gerichtstafel. Die Benachrichtigung muss erkennen lassen

1. die Person, für die zugestellt wird,
2. den Namen und die letzte bekannte Anschrift des Zustellungsadressaten,
3. das Datum, das Aktenzeichen des Schriftstücks und die Bezeichnung des Prozessgegenstandes sowie
4. die Stelle, wo das Schriftstück eingesehen werden kann.

Die Benachrichtigung muss den Hinweis enthalten, dass ein Schriftstück öffentlich zugestellt wird und Fristen in Gang gesetzt werden können, nach deren Ablauf Rechtsverluste drohen können. Bei der Zustellung einer Ladung muss die Benachrichtigung den Hinweis enthalten, dass das Schriftstück eine Ladung zu einem Termin enthält, dessen Versäumung Rechtsnachteile zur Folge haben kann.

(3) In den Akten ist zu vermerken, wann die Benachrichtigung ausgehängt und wann sie abgenommen wurde.

**§ 187 ZPO Veröffentlichung der Benachrichtigung**

Das Prozessgericht kann zusätzlich anordnen, dass die Benachrichtigung einmal oder mehrfach im elektronischen Bundesanzeiger oder in anderen Blättern zu veröffentlichen ist.

**§ 188 ZPO Zeitpunkt der öffentlichen Zustellung**

Das Schriftstück gilt als zugestellt, wenn seit dem Aushang der Benachrichtigung ein Monat vergangen ist. Das Prozessgericht kann eine längere Frist bestimmen.

§ 53 Abs. 2 FGO i. V. m. §§ 185 bis 188 ZPO regelt die Einzelheiten der **öffentlichen Zustellung**. Ein Schriftstück kann durch öffentliche Bekanntmachung u. a. dann zugestellt werden, wenn der Aufenthaltsort des Empfängers unbekannt ist (§ 53 Abs. 2 FGO i. V. m. § 185 Nr. 1 ZPO). Dies ist der Fall, wenn der **Aufenthaltsort allgemein unbekannt** ist. Die Zustellungsfiktion des § 188 ZPO tritt unabhängig davon ein, ob der Zustellungsadressat von der Benachrichtigung oder von dem zuzustellenden Schriftstück tatsächlich Kenntnis nimmt (FG Mchn v. 22.05.2015, 7 K 952/15, juris). Eine öffentliche Zustellung ist daher nur als letztes Mittel zulässig. Sie ist nur zu rechtfertigen, wenn eine andere Form der Zustellung nicht oder nur schwer durchführbar ist (BFH v. 25.02.2016, X S 23/15 [PKH], BFH/NV 2016, 945). Es reicht nicht aus, dass nur das zustellende Gericht die Anschrift nicht kennt. Ob diese Voraussetzung der öffentlichen Zustellung vorliegt, ist im Einzelfall sorgfältig zu prüfen (vgl. BFH v. 06.06.2000, VII R 55/99, BStBl II 2000, 560 m. w. N.). Hierfür sind gründliche und sachdienliche Bemühungen um Aufklärung des gegenwärtigen Aufenthaltsorts erforderlich (z. B. BVerwG v. 18.04.1997, 8 C 43.95, BVerwGE 104, 301), denn die Zustellungsvorschriften dienen auch der Verwirklichung des Anspruchs auf rechtliches Gehör nach Art. 103 Abs. 1 GG. Sie sollen gewährleisten, dass der Adressat Kenntnis von dem zuzustellenden Schriftstück nehmen und seine Rechtsverteidigung oder Rechtsverfolgung darauf einrichten kann. Der Erfüllung der Zustellungsvoraussetzungen des § 53 Abs. 2 FGO i. V. m. § 185 Nr. 1 ZPO kommt insbesondere deshalb eine besondere Bedeutung zu, weil das öffentlich ausgehängte Schriftstück nach dem Ablauf einer bestimmten Frist als zugestellt »gilt« oder »anzusehen« ist (§ 53 Abs. 2 FGO i. V. m. § 188 Satz 1 ZPO), dem Empfänger also nicht übergeben und regelmäßig auch inhaltlich nicht bekannt wird. Die Zustellungsfiktion ist verfassungsrechtlich nur zu rechtfertigen, wenn eine andere Form der Zustellung aus sachlichen Gründen nicht oder nur schwer durchführbar ist (BVerfG v. 26.10.1987, 1 BvR 198/87, NJW 1988, 2361). Sie ist nur als **»letztes Mittel« der Bekanntgabe** zulässig, wenn alle Möglichkeiten erschöpft sind, das Schriftstück dem Empfänger in anderer Weise zu übermitteln (zum Vorstehenden BFH v. 06.06.2000, VII R 55/99, BStBl II 2000, 560 m. w. N.). Sie ist daher z. B. zulässig, wenn die Handlungsweise des Zustelladressaten darauf gerichtet ist, seinen Aufenthaltsort zu verheimlichen, weil er sich auf der Flucht befindet, um sich der Strafverfolgung wegen Steuerhinterziehung zu entziehen (BFH v. 13.01.2005, V R 44/03, BFH/NV 2005, 998).

Ist der Kläger **obdachlos**, kommt eine öffentliche Zustellung nicht ohne Weiteres in Betracht. Ist der Obdachlose postalisch lediglich über die Anschrift einer Beratungsstelle erreichbar ist, nimmt diese aber keine förmlichen Zustellungen entgegen, muss das FG förmlich zuzustellende Schriftstücke zumindest zusätzlich auch mit einfachem Brief an die Anschrift der Beratungsstelle übersenden, damit der Obdachlose die Möglichkeit hat, tatsächlich von dem Schriftstück Kenntnis zu nehmen (BFH v. 25.02.2016, X S 23/15 [PKH], BFH/NV 2016, 945).

**§ 189 ZPO Heilung von Zustellungsmängeln**

Lässt sich die formgerechte Zustellung eines Dokuments nicht nachweisen oder ist das Dokument unter Verletzung zwingender Zustellungsvorschriften zugegangen, so gilt es in dem Zeitpunkt als zugestellt, in dem das Dokument der Person, an die die Zustellung dem Gesetz gemäß gerichtet war oder gerichtet werden konnte, tatsächlich zugegangen ist.

Die Folge einer fehlerhaft vorgenommenen Zustellung ist grds., dass die mit der Zustellung beabsichtigte Rechtsfolge nicht eintritt. Allerdings ordnet § 53 Abs. 2 FGO i. V. m. § 189 ZPO eine Heilungsmöglichkeit mit dem tatsächlichen Zugang des Dokuments an. Das bedeutet, dass ein Schriftstück, selbst wenn es **unter Verletzung zwingender Zustellungsvorschriften** zugegangen ist, in dem

Zeitpunkt als zugestellt gilt, in dem es der Person, an welche die Zustellung dem Gesetz gemäß gerichtet war oder gerichtet werden konnte, **tatsächlich zugegangen** ist. Dies setzt voraus, dass das Dokument zugestellt werden sollte, seitens des FG also ein Zustellungswille bestand (BFH v. 17.11.2008, VII B 148/08, BFH/NV 2009, 777; BFH v. 18.08.2009, X B 14/09, ZSteu 2009, R1144). Mit der nach § 53 FGO i.V.m. § 189 ZPO fingierten Zustellung beginnen die **prozessualen Fristen zu laufen**. Durch die ordnungsgemäße Wiederholung der Zustellung des Urteils werden die Fristen daher nicht erneut in Lauf gesetzt (BFH v. 17.11.2008, VII B 148/08, BFH/NV 2009, 777). Die Norm gilt für alle Formen der Zustellung nach § 53 Abs. 2 FGO i.V.m. §§ 166 ff. ZPO. Kann der tatsächliche Zugang nicht nachgewiesen werden, bleibt es bei der Unwirksamkeit der Zustellung, sodass dieser wiederholt werden muss (*Neumann* in Gosch, § 53 FGO Rz. 51).

**§ 190 ZPO Einheitliche Zustellungsformulare**

Das Bundesministerium der Justiz und für Verbraucherschutz wird ermächtigt, durch Rechtsverordnung mit Zustimmung des Bundesrates zur Vereinfachung und Vereinheitlichung der Zustellung Formulare einzuführen.

Das BMJV hat von der VO-Ermächtigung in § 190 ZPO in Form der ZustellungsvordruckeVO v. 12.02.2002 (BGBl I 2002, 671; ber. BGBl. I 2002, 1019; zuletzt geänd. durch VO v. 31.08.2015 (BGBl I 2015, 1474) Gebrauch gemacht. Die Verwendung eines alten Vordrucks macht die Zustellung jedoch nicht unwirksam (VG Bln v. 15.09.2003, 33 X 371.02, juris).

3 § 53 Abs. 3 Satz 1 FGO gibt dem Gericht die Möglichkeit, einem **im Ausland ansässigen Beteiligten** aufzugeben, einen inländischen Zustellungsbevollmächtigten zu bestimmen. Eines Beschlusses bedarf es dazu nicht (BFH v. 24.05.1984, VIII R 77/82, juris), vielmehr handelt es sich um eine nach § 128 Abs. 2 FGO unanfechtbare prozessleitende Verfügung (*Brandis* in Tipke/Kruse, § 53 FGO Rz. 33). Dadurch sollen sich Auslandszustellungen erübrigen, die nach § 183 ZPO erfolgen müssten (hierzu eingehend *F. Werth*, DStZ 2006, 647). Kommt der Betreffende der gerichtlichen Aufforderung nicht nach, so gilt die Zustellung bereits mit Aufgabe der Aufgabe zur Post als erfolgt, selbst wenn sie als unzustellbar zurückkommt (§ 53 Abs. 3 Satz 2 FGO). Die Regelung ist verfassungsrechtlich unbedenklich (BVerfG v. 19.02.1997, 1 BvR 1353/95, NJW 1997, 1772; BFH v. 30.11.2011, VI B 22/11, BFH/NV 2012, 436). Angesichts dessen darf das Verlangen nicht missbräuchlich sein; im Zweifel setzt es voraus, dass im Inland zwar nicht Wohnsitz oder Sitz, jedoch Vorkehrungen anderer Art bestehen, welche die Bestellung eines Zustellungsbevollmächtigten angebracht und zumutbar erscheinen lassen. Beachte die Abweichungen gegenüber § 123 AO (s. § 123 AO Rz. 5 ff.). Die Aufforderung an den Beteiligten muss ihrerseits nicht zugestellt werden, da kein Fristenlauf i.S. des § 53 Abs. 1 FGO ausgelöst wird, auch wenn eine Fristbestimmung beigefügt wird, denn auch nach dem Ablauf dieser Frist kann noch ein inländischer Bevollmächtigter wirksam benannt werden (zutr. *Brandis* in Tipke/Kruse, § 53 FGO Rz. 33; wohl auch *Neumann* in Gosch, § 53 FGO Rz. 54; a.A. *Spindler* in HHSp, § 53 FGO Rz. 39: Zustellung nach Maßgabe des § 53 Abs. 1 FGO bei Fristbestimmung).

## § 54 FGO
## Beginn des Laufs von Fristen

**(1) Der Lauf einer Frist beginnt, soweit nichts anderes bestimmt ist, mit der Bekanntgabe des Verwaltungsaktes oder der Entscheidung oder mit dem Zeitpunkt, an dem die Bekanntgabe als bewirkt gilt.**

**(2) Für die Fristen gelten die Vorschriften der §§222, 224 Abs.2 und 3, §§225 und 226 der Zivilprozessordnung.**

**S. §57 VwGO; §§64, 65 SGG**

§ 54 FGO bestimmt den Beginn des Fristlaufs (§ 54 Abs. 1 FGO) und die Fristberechnung unter Verweis auf die entsprechenden Vorschriften der ZPO (§ 54 Abs. 2 FGO). Die Vorschrift gilt **ausschließlich für prozessuale Fristen**, während für die Fristen im Verwaltungsverfahren die §§ 108 ff., 355 AO gelten (BFH v. 18.01.1974, VI R 252/70, BStBl II 1974, 226). 1

Nach § 54 Abs. 1 FGO beginnt der Lauf einer (prozessualen) Frist mit Bekanntgabe des Verwaltungsakts oder – bei Rechtsmitteln – der vollständigen FG-Entscheidung oder in dem Zeitpunkt, in dem die Bekanntgabe als bewirkt gilt. Die Bekanntgabe ist entweder die mündliche Mitteilung (Verkündung) oder Übergabe einer Ausfertigung oder beglaubigten Abschrift der Entscheidung mittels einer der im VwZG geregelten Zustellungsarten (s. § 122 AO Rz. 24 ff.; dazu BFH v. 11.03.2004, VII R 13/03, BFH/NV 2004, 1065), soweit es sich um die Bekanntgabe eines Verwaltungsaktes handelt, bzw. mittels einer in § 53 Abs. 2 FGO i.V.m. §§ 166 ff. ZPO (s. § 53 FGO Rz. 1 ff.) geregelten Zustellungsart, wenn es um Entscheidungen des Gerichts geht. Nicht auf die tatsächliche Bekanntgabe, sondern auf den Zeitpunkt, in dem die Bekanntgabe als bewirkt gilt, kommt es z.B. im Fall der der öffentlichen Zustellung gem. § 15 Abs. 3 VwZG bzw. § 53 Abs. 2 FGO i.V.m. §§ 185 ff. ZPO an; vgl. ferner die Fälle des § 53 Abs. 3 Satz 2 FGO. Ob der **Fristbeginn** auf einen **Sonntag**, allgemeinen Feiertag oder Sonnabend (Samstag) fällt, ist unerheblich, denn das Gesetz sieht in § 54 Abs. 2 FGO i.V.m. § 222 Abs. 2 ZPO diesen Umstand lediglich für das Ende der Frist als bedeutsam an (z.B. BFH v. 29.04.2010, II R 56/09, BFH/NV 2010, 1833; 2

BFH v. 30.11.2010, IV B 39/10, BFH/NV 2011, 613; BFH v. 13.09.2012, XI R 40/11, BFH/NV 2013, 213).

3 § 54 Abs. 2 FGO verweist wegen der Fristberechnung auf die §§ 222, 224 Abs. 2 und Abs. 3, 225 226 ZPO, die ihrerseits auf §§ 186 bis 193 BGB verweisen (dazu z. B. FG Ha 18.04.2013, 3 K 39/13, EFG 2013, 1466).

**§ 222 ZPO Fristberechnung**

(1) Für die Berechnung der Fristen gelten die Vorschriften des Bürgerlichen Gesetzbuches.

(2) Fällt das Ende einer Frist auf einen Sonntag, einen allgemeinen Feiertag oder einen Sonnabend, so endet die Frist mit dem Ablauf des nächsten Werktages.

(3) Bei der Berechnung einer Frist, die nach Stunden bestimmt ist, werden Sonntage, allgemeine Feiertage und Sonnabende nicht mitgerechnet.

**§ 224 ZPO Fristkürzung; Fristverlängerung**

(1) ...

(2) Auf Antrag können richterliche und gesetzliche Fristen abgekürzt oder verlängert werden, wenn erhebliche Gründe glaubhaft gemacht sind, gesetzliche Fristen jedoch nur in den besonders bestimmten Fällen.

(3) Im Falle der Verlängerung wird die neue Frist von dem Ablauf der vorigen Frist an berechnet, wenn nicht im einzelnen Falle ein anderes bestimmt ist.

**§ 225 ZPO Verfahren bei Friständerung**

(1) Über das Gesuch um Abkürzung oder Verlängerung einer Frist kann ohne mündliche Verhandlung entschieden werden.

(2) Die Abkürzung oder wiederholte Verlängerung darf nur nach Anhörung des Gegners bewilligt werden.

(3) Eine Anfechtung des Beschlusses, durch den das Gesuch um Verlängerung einer Frist zurückgewiesen ist, findet nicht statt.

**§ 226 ZPO Abkürzung von Zwischenfristen**

(1) Einlassungsfristen, Ladungsfristen sowie diejenigen Fristen, die für die Zustellung vorbereitender Schriftsätze bestimmt sind, können auf Antrag abgekürzt werden.

(2) Die Abkürzungen der Einlassungs- und der Ladungsfristen wird dadurch nicht ausgeschlossen, dass infolge der Abkürzung die mündliche Verhandlung durch Schriftsätze nicht vorbereitet werden kann.

(3) Der Vorsitzende kann bei Bestimmung des Termins die Abkürzung ohne Anhörung des Gegners und des sonst Beteiligten verfügen; diese Verfügung ist dem Beteiligten abschriftlich mitzuteilen.

4 Wegen der §§ 186 bis 193 BGB s. § 108 AO Rz. 5.

**Fristen** i. S. der Vorschrift sind solche, die **unmittelbar aus dem Gesetz** folgen (Bsp.: §§ 47 Abs. 1; 55 Abs. 2; 56 Abs. 2, 3; 90 Abs. 3; 108 Abs. 1; 115 Abs. 3; 120 Abs. 1; 129 Abs. 1; 149 Abs. 2 FGO). Sie sind Ausschlussfristen, die einer Verlängerung nicht zugänglich sind, sofern nicht durch das Gesetz ausnahmsweise eine Fristverlängerung zugelassen ist. Auch die verlängerte (selbst die wiederholt verlängerte) Frist bleibt gesetzliche Frist. Im Bereich der FGO ist nur die Revisionsbegründungsfrist verlängerungsfähig (§ 120 Abs. 1 Satz 2 FGO). Für **richterliche Fristen** gilt nicht § 54 Abs. 1 FGO, sondern § 155 Satz 1 FGO i. V. m. § 221 ZPO (vgl. BFH v. 26.02.2010, IV B 6/10, BFH/NV 2010, 1109).

## § 55 FGO
## Belehrung über Frist

**(1) Die Frist für einen Rechtsbehelf beginnt nur zu laufen, wenn der Beteiligte über den Rechtsbehelf, die Behörde oder das Gericht, bei denen der Rechtsbehelf anzubringen ist, den Sitz und die einzuhaltende Frist schriftlich oder elektronisch belehrt worden ist.**

**(2) Ist die Belehrung unterblieben oder unrichtig erteilt, so ist die Einlegung des Rechtsbehelfs nur innerhalb eines Jahres seit Bekanntgabe im Sinne des § 54 Abs. 1 zulässig, es sei denn, dass die Einlegung vor Ablauf der Jahresfrist infolge höherer Gewalt unmöglich war oder eine schriftliche oder elektronische Belehrung dahin erfolgt ist, dass ein Rechtsbehelf nicht gegeben sei. § 56 Abs. 2 gilt für den Fall höherer Gewalt sinngemäß.**

S. §§ 58, 59 VwGO; § 66 SGG

**Schrifttum**

BÖWING-SCHMALENBROCK, Steuerbescheide wegen unrichtiger Rechtsbehelfsbelehrung erst nach einem Jahr bestandskräftig?, DStR 2012, 444; RUFF, Zur Angabe des Behörden- oder Gerichtssitzes in der Rechtsbehelfsbelehrung, KStZ 2012, 112.

§ 55 FGO stellt den Zusammenhang zwischen der Rechtsbehelfs- bzw. Rechtsmittelbelehrung und der Klage- bzw. Rechtsmittelfrist her und regelt zudem die Folgen einer fehlenden oder unrichtigen Rechtsbehelfs- bzw. Rechtsmittelbelehrung. Rechtsbehelf i. S. der Norm ist auch jeder gerichtliche Rechtsbehelf, darunter die prozessualen Mittel zur Rechtsverwirklichung im Wege gerichtlicher Verfahren einschließlich Antrag, Klage und Rechtsmittel (BFH v. 01.08.2012, II R 28/11, BStBl II 2013, 131 m. w. N.). 1

§ 55 Abs. 1 FGO hat folgende Bedeutung: Nach § 47 Abs. 1 Satz 1 FGO beträgt die Frist zur Erhebung einer **Anfechtungsklage** (§ 40 Abs. 1 1. Alt. FGO) einen Monat; die Frist beginnt mit der Bekanntgabe der Einspruchsentscheidung. § 55 Abs. 1 FGO lässt die Frist für die Erhebung der Klage jedoch dann nicht anlaufen, wenn ein **Verwaltungsakt** keine Rechtsbehelfsbelehrung enthält. Ein Verwaltungsakt in diesem Sinn ist auch die Einspruchsentscheidung (s. §§ 366 Satz 1, 367 Abs. 1 Satz 1 AO). Ob der anzufechtende Verwaltungsakt für den Be- 2 troffenen große Bedeutung hat, ist dabei unerheblich (BFH v. 28.11.1978, VII R 48/78, BStBl II 1979, 185). § 55 FGO gilt auch für **Verpflichtungsklagen** (BFH v. 23.03.2000, VII R 48/99, BFH/NV 2000, 1169; *Brandis* in Tipke/Kruse, § 55 FGO Rz. 3 m.w.N.).

Die Vorschrift erstreckt die in § 356 AO enthaltene Regelung für den Beginn und den Lauf der Rechtsbehelfsfrist bei fehlender oder unrichtiger Rechtsbehelfsbelehrung auf Beginn und Lauf der Frist für die Erhebung der Anfechtungsklage und der Verpflichtungsklage, die als einzige fristgebunden sind (s. § 47 FGO Rz. 1). Das ist folgerichtig, wenn man sich vor Augen hält, dass der zugrunde liegende Verwaltungsakt, gegen den der außergerichtliche Rechtsbehelf des Einspruches oder der Beschwerde stattfindet, auch Gegenstand der Anfechtungsklage ist, wenn auch in der Gestalt, die er durch das außergerichtliche Vorverfahren erhalten hat (§ 44 Abs. 2 FGO). Indessen beginnt die Frist für die Erhebung der Anfechtungsklage nur in den Fällen des § 45 FGO (sog. Sprungklage) und in den Fällen, in denen ein außergerichtlicher Rechtsbehelf nicht gegeben ist (§ 348 Nr. 3 und 4 AO), mit der Bekanntgabe des Verwaltungsaktes. Diese Fälle bilden aber die Ausnahme; in der Regel beginnt die Frist für die Erhebung der Klage erst mit der Bekanntgabe der Entscheidung über den außergerichtlichen Rechtsbehelf (§ 47 Abs. 1 FGO). Diese Entscheidung muss in jedem Falle eine **schriftliche oder elektronische Belehrung** über die Erhebung der Klage enthalten (§ 366 Satz 2 AO).

4 Die **Rechtsbehelfsbelehrung** in der Einspruchsentscheidung muss grds. folgenden **Mindestinhalt** haben, wenn die Klagefrist in Gang gesetzt werden soll: die **Art des Rechtsbehelfs** (hier: die Klage), die Angabe des FG mit Sitz und genauer Anschrift einschließlich der Fax-Nummer (aber s. Rz. 7), bei dem die Klage erhoben werden kann, sowie die Angabe der **einzuhaltenden Frist**. Ausreichend ist insoweit die in der Praxis übliche Angabe »innerhalb eines Monats nach Bekanntgabe«. Weitere Einzelheiten zur Fristberechnung müssen nicht mitgeteilt werden (BFH v. 07.03.2006, X R 18/05, BFH/NV 2006, 113; *Brandis* in Tipke/Kruse, § 55 FGO Rz. 21). **Nicht erforderlich** sind Angaben zum **Inhalt und** der **Form** der Klage, wenngleich es in der Praxis üblich und u.E. auch sinnvoll ist, über den Mussinhalt (§ 65 Abs. 1 Satz 1 FGO) und den Sollinhalt (§ 65 Abs. 1 Satz 2 FGO) einer Klage zu belehren (BFH v. 09.04.1997, IV B 96/96, BFH/NV 1997, 784). Insbesondere ist es nach derzeitigem Stand nicht erforderlich, darüber zu belehren, dass eine Klageerhebung auch in elektronischer Form erfolgen kann (BFH v. 05.03.2014, VIII R 51/12, BFH/NV 2014, 1010: »... jedenfalls wenn [die Einspruchsentscheidung] vor der im Juli 2013 in Kraft getretenen Neufassung des § 357 Abs. 1 Satz 1 AO ergangen ist ...«; vgl. aber OVG RP v. 26.01.2012, 10 A 11293/11, DÖV 2012, 368 m. Anm. *Skrobotz*, jurisPR-ITR 7/2012; auch s. Rz. 7). Bei mehrfacher Zustellung muss darüber belehrt werden, welche für den Lauf der Rechtsmittelfrist maßgeblich ist (BFH v. 27.08.2008, II R 27/06, BFH/NV 2008, 2056). Letztlich genügt es, wenn die Rechtsbehelfsbelehrung den Gesetzeswortlaut der einschlägigen Bestimmung wiedergibt und verständlich über die allgemeinen Merkmale des Fristbeginns unterrichtet (BFH v. 26.05.2010, VIII B 228/09, BFH/NV 2010, 2080; BFH v. 13.05.2015, III R 8/14, BStBl II 2015, 844).

§ 55 Abs. 1 FGO betrifft auch die Belehrungspflicht über den statthaften Rechtsbehelf der ersten Instanz und die Rechtsmittel (§§ 115, 128 FGO). Sie wird hier vorausgesetzt, während sich die Rechtsgrundlage für die Belehrung für finanzgerichtliche Urteile und Beschlüsse aus den Vorschriften der §§ 105 Abs. 2 Nr. 6 und 113 Abs. 1 FGO ergibt. § 55 Abs. 1 FGO gilt demnach für die Rechtsmittel der Revision und der Beschwerde einschließlich der NZB (z.B. BFH v. 12.01.2011, IV B 73/10, BFH/NV 2011, 811), darüber hinaus auch für den außerordentlichen Rechtsbehelf des Antrags auf mündliche Verhandlung nach Ergehen eines Gerichtsbescheids (§§ 79a Abs. 2 Satz 2 und Abs. 4, 90a Abs. 2 FGO; s. auch *Stapperfend* in Gräber, § 55 FGO Rz. 12; *Brandis* in Tipke/Kruse, § 55 FGO Rz. 3). Die schriftliche Rechtsmittelbelehrung muss – über die Angaben nach Rz. 4 hinaus – wegen des **Vertretungszwangs** vor dem BFH einen Hinweis auf § 62 Abs. 4 FGO enthalten und Angaben darüber machen, welche Personen postulationsfähig (§ 62 Abs. 2 FGO) sind (BFH v. 24.04.2009, XI B 114/08, BFH/NV 2009, 1271). Ob die Rechtsmittelbelehrung unmittelbar an das Rubrum angefügt oder erst nach den Entscheidungsgründen abgedruckt, wird ist m.E. unerheblich (s. § 105 Abs. 2 Nr. 6 FGO). 5

§ 55 Abs. 1 FGO regelt die Folgen einer unrichtigen Rechtsbehelfs- bzw. Rechtsmittelbelehrung: Die Klagefrist (und dementsprechend auch die Revisionsfrist, die Frist für die Einlegung einer Nichtzulassungsbeschwerde und die Frist für einen Antrag auf Durchführung der mündlichen Verhandlung bei einem Gerichtsbescheid) beginnt nicht zu laufen. Gleichzeitig stellt die Vorschrift klar, dass eine fehlende oder fehlerhafte Rechtsbehelfsbelehrung jedenfalls einen Verwaltungsakt nicht (formell) rechtswidrig macht, sondern lediglich dazu führt, dass die **Klagefrist sich auf ein Jahr verlängert**, wie aus § 55 Abs. 2 Satz 1 FGO folgt (BFH v. 12.03.2015, III R 14/14, BStBl II 2015, 850). Dies gilt entsprechend für die fehlende Rechtsmittelbelehrung in einem Urteil (BFH v. 16.08.2010, I B 132/09, BFH/NV 2010, 2108). Es handelt sich dabei um die Höchstfrist, denn der Betroffene soll seinen Rechtsbehelf bzw. seine Rechtsmittel nicht zeitlich unbegrenzt einlegen können (*Brandis* in Tipke/Kruse, § 55 FGO Rz. 29). Die unrichtige Belehrung führt aber nicht dazu, dass ein ansonsten unzulässiges Rechtsmittel als zulässiges behandelt wird (BFH v. 29.01.2010, II B 143/09, BFH/NV 2010, 842). 6

7 **Unrichtig** i.S. von § 55 Abs. 2 Satz 1 FGO ist eine Rechtsbehelfsbelehrung, wenn sie in einer der gem. § 55 Abs. 1 Satz 1 FGO wesentlichen Aussagen unzutreffend bzw. derart unvollständig oder missverständlich gefasst ist, dass hierdurch – bei objektiver Betrachtung – die Möglichkeit zur Fristwahrung gefährdet erscheint (BFH v. 29.07.1998, X R 3/96, BStBl II 1998, 742), wenn sie also **inhaltlich nicht dem Gesetz entspricht oder mit im Gesetz nicht vorgesehenen einschränkenden, irreführenden oder erschwerenden Zusätzen versehen** ist (BFH v. 19.09.1997, VI R 273/94, BFH/NV 1998, 592; BFH v. 07.03.2006, X R 18/05, BStBl II 2006, 455; BFH v. 09.11.2009, IV B 54/09, BFH/NV 2010, 448; *Brandis* in Tipke/Kruse, § 55 FGO Rz. 18), z.B. wenn ein Beteiligter entgegen § 120 Abs. 1 Satz 1 FGO darüber belehrt wird, dass die Revision beim FG einzulegen sei (BFH v. 01.08.2012, II R 28/11, BStBl II 2013, 131). Dies gilt auch, wenn die Rechtsbehelfsbelehrung Informationen enthält, die über den gesetzlich vorgeschriebenen Mindestinhalt (s. Rz. 4) hinausgehen und diese Informationen bei objektiver Betrachtung geeignet sind, die Möglichkeit der Fristwahrung zu gefährden (BFH v. 26.05.2010, VIII B 228/09, BFH/NV 2010, 2080). In diesem Fall müssen die zusätzlichen Angaben auch richtig, vollständig und unmissverständlich sein. Die Beurteilung dieser Frage bestimmt sich danach, wie der Erklärungsempfänger die Rechtsbehelfsbelehrung nach Treu und Glauben (§ 242 BGB) und unter Berücksichtigung der ihm bekannten Umstände verstehen musste. Unerheblich ist, ob eine unrichtige Belehrung für die Fristversäumung ursächlich war (BFH v. 04.09.2017, XI B 107/16, BFH/NV 2017, 1412). Die **Rechtsbehelfsbelehrung in einer Einspruchsentscheidung** ist nicht »unrichtig« i.S. von § 55 Abs. 2 FGO, wenn dort zwar das anzurufende FG nicht konkret angegeben, jedoch auf die Möglichkeit des Anbringens der Klage beim FA hingewiesen und das hierfür zuständige FA zutreffend bezeichnet worden ist (BFH v. 17.05.2000, I R 4/00, BStBl II 2000, 539). Die Rechtsbehelfsbelehrung in den Einspruchsentscheidungen ist außerdem nicht unrichtig oder irreführend i.S. des § 55 Abs. 2 FGO, weil darin im Einleitungssatz nicht der der Einspruchsentscheidung zugrunde liegende Verwaltungsakt zusätzlich erwähnt wird (FG BW v. 26.01.2001, 6 K 308/00, juris). Ebenso wenig ist eine Rechtsbehelfsbelehrung in einer Einspruchsentscheidung »unrichtig« i.S. des § 55 Abs. 2 FGO, wenn dort das anzurufende FG ohne dessen Faxnummer und ohne dessen Internetverbindung angegeben ist (BFH v. 18.01.2017, VII B 158/16, BFH/NV 2017, 603). Das Fehlen eines Verweises auf § 52a FGO (Übermittlung elektronischer Dokumente) führt derzeit ebenfalls nicht dazu, dass die Rechtsbehelfsbelehrung unrichtig i.S. des § 55 Abs. 2 FGO erteilt worden ist (BFH v. 05.03.2014, VIII R 51/12, BFH/NV 2014, 1010; BFH v. 18.06.2015, IV R 18/13, BFH/NV 2015, 1349; *Leipold* in HHSp, § 55 FGO Rz. 34a). Selbst eine unterlassene Angabe des Gerichts ist dann unschädlich, wenn in der Rechtsbehelfsbelehrung auf die Möglichkeit hingewiesen wird, dass die Klageschrift fristwahrend bei der Finanzbehörde eingereicht werden kann (BFH v. 18.01.2017, VII B 158/16, BFH/NV 2017, 603).

Die **Rechtsmittelbelehrung des FG-Urteils** braucht keinen Hinweis darauf zu enthalten, dass mit der Revision nur Rechtsverletzungen gerügt werden können (BFH v. 27.03.1968, VII R 21–22/67, BStBl II 1968, 535). Die Rechtsmittelbelehrung des FG-Urteils ist indessen unrichtig erteilt, wenn sie nicht über den Lauf der Revisionsbegründungsfrist belehrt (BFH v. 12.02.1987, V R 116/86, BStBl II 1987, 438). Nennt die finanzgerichtliche Entscheidung in der Rechtsmittelbelehrung nicht das richtige Rechtsmittel, ist sie ebenfalls fehlerhaft i.S. des § 55 FGO (BFH v. 17.07.2013, X R 37/10, BFH/NV 2014, 347; BFH v. 17.07.2013, X R 28/13, BFH/NV 2014, 351); wenn z.B. das FG die Revision ausdrücklich nicht zulässt, aber in der Rechtsmittelbelehrung ausführt, die Revision sei gegeben, ohne auf die Zulassungsbedürftigkeit (§ 115 Abs. 1 FGO) hinzuweisen (BFH v. 18.02.2013, XI B 117/11, BFH/NV 2013, 981). Eine Belehrung über die Möglichkeit, die Verlängerung der Revisionsbegründung zu beantragen (s. § 120 Abs. 1 Satz 2 FGO), ist nicht erforderlich. Soweit Vertretungszwang besteht, ist u.E. auch Belehrung darüber unabdingbar erforderlich, desgleichen über die postulationsfähigen Vertreter (a.A. BFH v. 20.06.2012, VII B 221/11, BFH/NV 2012, 1805). Dies entspricht auch der Praxis bei den FG. Eine Belehrung über die Möglichkeit einer Wiedereinsetzung in den vorigen Stand (§ 56 FGO) ist nicht erforderlich (BFH v. 06.03.2006, X B 104/05, BFH/NV 2006, 1136). Die Rechtsfolge des § 55 Abs. 2 Satz 1 FGO tritt im Fall einer unrichtigen Rechtsbehelfsbelehrung auch dann ein, wenn der Adressat – z.B. aufgrund eigener Sachkunde – die Unrichtigkeit erkannte (BFH v. 12.02.1987, V R 116/86, BStBl II 1987, 438; BSG v. 21.05.2003, B 6 KA 20/03 B, juris). Eine **entsprechende Anwendung** des § 55 FGO kommt in Betracht, wenn der schriftliche Verwaltungsakt oder das FG-Urteil eine **im Gesetz nicht vorgesehene Belehrung** enthält und diese zudem **falsch** ist (*Leipold* in HHSp, § 55 FGO Rz. 42).

8 § 55 Abs. 2 Satz 1 FGO macht von dem Grundsatz, dass die Klage- bzw. Rechtsmittelfrist bei fehlender oder unrichtiger Belehrung **ein Jahr** beträgt, zwei **Ausnahmen**. Zum einen gilt die Jahresfrist nicht, wenn der Betroffene infolge höherer Gewalt gehindert war, den Rechtsbehelf oder das Rechtsmittel einzulegen. Unter **höherer Gewalt** ist ein außergewöhnliches Ereignis zu verstehen, das unter den gegebenen Umständen auch durch äußerste, nach Lage der Sache vom Betroffenen zu erwartende Sorgfalt nicht abgewendet werden kann (z.B. BFH v. 08.02.2001, VII R 59/99, BFH/NV 2001, 986; auch *Brandis* in Tipke/Kruse, § 55 FGO Rz. 30). Das gilt insbes.

für Naturgewalten, aber auch dann, wenn ein Bürger durch das Verhalten einer Behörde davon abgehalten wird, eine Frist einzuhalten (BFH v. 08.02.2001, VII R 59/99, BFH/NV 2001, 986). Das bloße Vertrauen des Beteiligten auf die richtige Sachbehandlung durch die Behörde und der darauf beruhende Verzicht auf die Einlegung eines Rechtsbehelfs, der an sich notwendig gewesen wäre, rechtfertigen die Annahme von höherer Gewalt indessen regelmäßig nicht (BFH v. 08.02.2001, VII R 59/99, BFH/NV 2001, 986). Eine Verhinderung wegen höherer Gewalt liegt ebenso wenig vor, wenn dem Prozessbevollmächtigten, dessen Rechtsmittelschrift nicht beim Gericht eingegangen ist, innerhalb der Jahresfrist Zweifel am Eingang des Schriftsatzes hätten kommen müssen und er gleichwohl keinen Wiedereinsetzungsantrag gestellt hat (BFH v. 28.10.2002, III B 126/01, BFH/NV 2003, 326). Zum anderen gilt die Jahresfrist nicht, wenn die Belehrung dahin geht, dass **ein Rechtsbehelf überhaupt nicht gegeben sei.** In diesen beiden Fällen ist dem Bürger nach § 55 Abs. 2 Satz 2 FGO i. V. m. § 56 Abs. 2 FGO **Wiedereinsetzung in den vorigen Stand** zu gewähren, und zwar zeitlich unbegrenzt; denn auf § 56 Abs. 3 FGO wird nicht verwiesen.

## § 56 FGO
## Wiedereinsetzung in den vorigen Stand

**(1) Wenn jemand ohne Verschulden verhindert war, eine gesetzliche Frist einzuhalten, so ist ihm auf Antrag Wiedereinsetzung in den vorigen Stand zu gewähren.**

**(2) Der Antrag ist binnen zwei Wochen nach Wegfall des Hindernisses zu stellen; bei Versäumung der Frist zur Begründung der Revision oder der Nichtzulassungsbeschwerde beträgt die Frist einen Monat. Die Tatsachen zur Begründung des Antrags sind bei der Antragstellung oder im Verfahren über den Antrag glaubhaft zu machen. Innerhalb der Antragsfrist ist die versäumte Rechtshandlung nachzuholen. Ist dies geschehen, so kann Wiedereinsetzung auch ohne Antrag gewährt werden.**

**(3) Nach einem Jahr seit dem Ende der versäumten Frist kann Wiedereinsetzung nicht mehr beantragt oder ohne Antrag bewilligt werden, außer wenn der Antrag vor Ablauf der Jahresfrist infolge höherer Gewalt unmöglich war.**

**(4) Über den Antrag auf Wiedereinsetzung entscheidet das Gericht, das über die versäumte Rechtshandlung zu befinden hat.**

**(5) Die Wiedereinsetzung ist unanfechtbar.**

S. §60 VwGO; §67 SGG

**Inhaltsübersicht**



### A. Inhalt und Bedeutung der Vorschrift

§ 56 FGO regelt die Wiedereinsetzung in den vorigen Stand (nur) für das finanzgerichtliche Verfahren, also für prozessuale Fristen (s. Rz. 2). Für das Verwaltungsverfahren, also auch das Einspruchsverfahren, gilt § 110 AO (s. Rz. 19). Die Wiedereinsetzung in den vorigen Stand ist ein Rechtsbehelf eigener Art gegen die rechtlichen Folgen, die mit dem **Ablauf gesetzlicher Verfahrensfristen** verbunden sind, insbes. den Verlust von Rechtsbehelfen oder rechtsbehelfsähnlichen Anträgen. Durch ihre Gewährung wird der Begünstigte in die verfahrensmäßige Rechtsstellung wiedereingesetzt, in der er sich vor dem Ablauf der Frist befand. Das Institut der Wiedereinsetzung in den vorigen Stand dient aber nicht dazu, inhaltliche Unvollständigkeiten einer an sich fristgerecht eingereichten Rechtsmittelbegründung zu heilen (BFH v. 29.10.2012, I S 11/12, BFH/NV 2013, 394; BFH v. 14.11.2012, V B 41/11, BFH/NV 2013, 239). Die Vorschrift stimmt weitgehend mit § 110 AO überein; jedoch ist im Gegensatz zur Wiedereinsetzung nach § 110 AO der **Wiedereinsetzungsantrag binnen zwei Wochen nach Wegfall des Hindernisses** (§ 110 AO: innerhalb eines Monats) zu stellen (§ 56 Abs. 2 Satz 1 FGO). Eine Ausnahme hiervon besteht für die Frist zur Begründung der Revision bzw. der NZB (§§ 116 Abs. 3 Satz 1, 120 Abs. 2 FGO): Hier beträgt die Frist für den Wiedereinsetzungsantrag einen Monat (s. § 116 FGO Rz. 8 und s. § 120 FGO Rz. 4 ff.). 1

### B. Voraussetzungen (§ 56 Abs. 1 FGO)

Wiedereinsetzung in den vorigen Stand ist zu gewähren, wenn ein Beteiligter eine gesetzliche Frist versäumt hat, dies ohne sein Verschulden geschehen ist, er einen entsprechenden **Antrag** binnen zwei Wochen nach Wegfall des Hindernisses durch die entsprechenden Tatsachen glaubhaft macht und die versäumte Rechtshandlung innerhalb der Antragsfrist nachholt (§ 56 Abs. 1 und Abs. 2 FGO; z.B. BFH v. 10.10.2003, VII B 236/03, BFH/NV 2004, 220). Dies gilt für alle Verfahrensbeteiligten; daher kann auch der Finanzbehörde Wiedereinsetzung bewilligt werden (BFH v. 28.03.1969, III R 2/67, BStBl II 1969, 548; s. Rz. 8). Eine Wiedereinsetzung in den vorigen Stand ist unter den gesetzlichen Voraussetzungen auch dann noch möglich, wenn ein Rechtsmittel oder ein An- 2 trag bereits als unzulässig verworfen worden ist (BFH v. 17.09.2012, II B 87/12, BFH/NV 2012, 2003).

### I. Versäumen einer gesetzlichen Frist

3 **Gesetzliche Fristen** bestehen in der FGO für die Erhebung der Klage (§ 47 Abs. 1 FGO), den Antrag auf mündliche Verhandlung nach Ergehen eines Gerichtsbescheids (§ 79a Abs. 2 Satz 2 FGO und § 79a Abs. 4 FGO, § 90a Abs. 2 Satz 1 FGO), den Antrag auf Urteilsberichtigung (§ 108 Abs. 1 FGO) und -ergänzung (§ 109 Abs. 2 Satz 1 FGO), die Einlegung und Begründung der NZB (§ 116 Abs. 2 Satz 1 FGO), die Einlegung und Begründung der Revision (§ 120 Abs. 1 FGO), die Einlegung der Beschwerde (§ 129 FGO), die Erinnerung (§ 149 Abs. 2 Satz 1 FGO). Die **Wiedereinsetzungsfrist** (§ 56 Abs. 2 FGO) selbst ist ebenfalls wiedereinsetzungsfähig (*Söhn* in HHSp, § 56 FGO Rz. 28 m. w. N.; vgl. z. B. BFH v. 31.05.2016, V B 26/16, BFH/NV 2016, 1479).

4 **Ausnahmsweise** sieht das Gesetz die sinngemäße Anwendung der Vorschrift auf **richterliche Ausschlussfristen** vor, nämlich für den Antrag auf Beiladung (§ 60a Satz 7 FGO), für die Frist mit ausschließender Wirkung zur Vorlage der Prozessvollmacht (§ 62 Abs. 3 Satz 4 FGO) und für die Klageergänzungsfrist mit ausschließender Wirkung (§ 65 Abs. 2 Satz 3 FGO).

### II. Verhinderung ohne Verschulden

5 Die Wiedereinsetzung in den vorigen Stand ist nur dann zu gewähren, wenn der Beteiligte an der Einhaltung der Frist (s. Rz. 2 f.) ohne Verschulden verhindert war. **Ohne Verschulden** verhindert, eine gesetzliche Frist einzuhalten, ist jemand dann, wenn er die für einen gewissenhaft und sachgemäß handelnden Verfahrensbeteiligten gebotene und ihm nach den Umständen zumutbare Sorgfalt beachtet hat (vgl. z. B. BFH v. 09.08.2000, I R 33/99, BFH/NV 2001, 410; BFH v. 13.09.2017, V B 64/17, BFH/NV 2018, 45). Es gilt also ein subjektiver Verschuldensmaßstab. Jedes Verschulden – also auch **einfache Fahrlässigkeit** – schließt daher die Wiedereinsetzung in den vorigen Stand aus (z. B. BFH v. 30.11.2010, IV B 39/10, BFH/NV 2011, 613; BFH v. 26.02.2014, IX R 41/13, BFH/NV 2014, 881; BFH v. 28.07.2017, X S 2/17 [PKH], BFH/NV 2017, 1629). Dabei kommt es in erster Linie auf das Verschulden des Beteiligten selbst an, in zweiter Linie muss er sich das **Verschulden des Bevollmächtigten** zurechnen lassen (z. B. BFH v. 27.01.1967, VI R 155/66, BStBl III 1967, 290; BFH v. 28.07.2017, X S 2/17 [PKH], BFH/NV 2017, 1629), dies folgt aus § 155 Satz 1 FGO i. V. m. § 85 Abs. 2 ZPO. Allerdings endet die Zurechnung aus § 85 Abs. 2 ZPO bereits mit Kündigung des Vollmachtsverhältnisses im Innenverhältnis (BGH v. 10.07.1985, IVb ZB 102/84, HFR 1987, 270). Ein angestellter verantwortlich tätiger qualifizierter Berufsträger, der nicht nur unselbständige Hilfs- und Bürotätigkeiten ausübt, ist einem Bevollmächtigten i. S. des § 85 Abs. 2 ZPO gleichgestellt (BFH v. 13.09. 2012, XI R 13/12, BFH/NV 2013, 60; BFH v. 26.02.2014, IX R 41/13, BFH/NV 2014, 881). Das Vorstehende gilt auch für das Verschulden eines Zustellungsbevollmächtigten (BFH v. 08.09.1971, BStBl II 1971, 810).

Wegen der einzelnen Fälle des Verschuldens wird auf die ausführlichen Erläuterungen zu § 110 AO verwiesen (s. § 110 AO Rz. 8 ff.). Aus der speziell zu § 56 FGO ergangenen Rspr. seien folgende Fälle zitiert: 6

Ein **Prozessbevollmächtigter** ist verpflichtet, seinen Bürobetrieb so zu organisieren, dass Fristversäumnisse ausgeschlossen sind (BFH v. 28.03.2014, IX B 115/13, BFH/NV 2014, 896). Wird Wiedereinsetzung in den vorigen Stand wegen eines **entschuldbaren Büroversehens** begehrt, so muss substantiiert und schlüssig vorgetragen werden, dass kein Organisationsfehler vorliegt (BFH v. 23.08.2016, IX R 15/16, BFH/NV 2017, 47; s. Rz. 7). Bei Angehörigen der rechtsberatenden und steuerberatenden Berufe ist eine **Erkrankung** nur dann ein Grund für die Wiedereinsetzung in den vorigen Stand, wenn sie entweder plötzlich und unvorhersehbar aufgetreten oder so schwer ist, dass weder die Fristwahrung noch die Bestellung eines Vertreters möglich gewesen ist (z. B. BFH v. 10.05.2013, II R 5/13, BFH/NV 2013, 1428; BFH v. 06.11.2014, VI R 39/14, BFH/NV 2015, 339). Im Fall der Erkrankung des Bevollmächtigten genügt es für die schlüssige Begründung des Wiedereinsetzungsantrags nicht, allein den Umstand der Erkrankung darzulegen; vielmehr muss substantiiert dargelegt werden, welche Vorkehrungen der Bevollmächtigte getroffen hat (Büroorganisation, Bestellung eines Vertreters), um eine Fristversäumnis zu vermeiden, oder aus welchen Gründen (z. B. plötzlicher Ausbruch der Krankheit) Maßnahmen dieser Art nicht ergriffen werden konnten (BFH v. 20.01.2004, V R 40/03, BFH/NV 2004, 657). Im Übrigen muss der Rechtsanwalt oder Steuerberater für den Fall seiner Erkrankung seiner individuellen Arbeitsweise angepasste **Vorkehrungen** zur Vermeidung einer Fristversäumnis treffen (BFH v. 27.07.2015, X B 107/14, BFH/NV 2015, 1431; BFH v. 06.08.2015, III B 46/15, BFH/NV 2015, 1593). Eine **Erkrankung des Mandanten** begründet demgegenüber grds. keine Wiedereinsetzung, da der Bevollmächtigte ungeachtet dessen einen fristwahrenden Antrag stellen kann (BFH v. 06.05.2013, VI B 167/12, BFH/NV 2013, 1427).

Keine Wiedereinsetzung kann bei **mangelhafter Fristenkontrolle** im Bürobetrieb **des Prozessbevollmächtigten** gewährt werden (BFH v. 23.09.2010, II R 64/09, BFH/NV 2011, 54). Die Fristenkontrolle ist so zu organisieren, dass sie einen **gestuften Schutz** gegen Fristversäumungen sicherstellt (z. B. BFH v. 15.05.2015, II R 28/14, BFH/NV 7

2015, 1262 m. w. N.). Ein Organisationsverschulden liegt hier vor, wenn im Bürobetrieb des Prozessbevollmächtigten eine abendliche Kontrolle der in dem elektronischen Fristenkontrollbuch eingetragenen Fristen nicht vorgesehen ist (BFH v. 18.06.2015, IV R 18/13, BFH/NV 2015, 1349). Schuldhaft ist die Fristversäumnis auch, wenn der Prozessbevollmächtigte des Revisionsklägers es unterlassen hat, in dem geführten Fristenkontrollbuch besondere Spalten für die Überwachung von Revisionsbegründungsfristen und der Verlängerung vorzusehen, wenn nicht sichergestellt ist, dass die zunächst vermerkte Revisionsbegründungsfrist erst dann gelöscht wird, wenn zugleich eine vom Vorsitzenden verlängerte mitgeteilte Frist eingetragen wird (BFH v. 26.01.1977, II R 40/72, BStBl II 1977, 290; BFH v. 25.01.1993, IX R 73/89, BFH/NV 1993, 550). Der Prozessbevollmächtigte muss alle Vorkehrungen getroffen haben, die nach vernünftigem Ermessen die Nichtbeachtung von Fristen auszuschließen geeignet sind, und muss durch regelmäßige Belehrung und Überwachung seiner Bürokräfte für die Einhaltung seiner Anordnungen Sorge getragen haben. Bei Bevollmächtigten, die die Rechts- und Steuerberatung berufsmäßig ausüben, ist u. a. die Schilderung der Fristenkontrolle nach Art und Umfang erforderlich und diese durch Vorlage des Fristenkontrollbuchs und des Postausgangsbuchs glaubhaft zu machen (st. BFH-Rspr., z. B. BFH v. 17.11.2015, V B 56/15, BFH/NV 2016, 222; BFH v. 23.08.2016, IX R 15/16, BFH/NV 2017, 47). Ein Rechtsanwalt oder Steuerberater hat den Ablauf von Rechtsmittel- bzw. -begründungsfristen eigenverantwortlich zu prüfen, wenn ihm die Akten im Zusammenhang mit einer fristgebundenen Prozesshandlung vorgelegt werden oder sich sonst die Notwendigkeit einer Überprüfung aufdrängt (BFH v. 29.12.2010, IV B 50/10, BFH/NV 2011, 627; BFH v. 03.04.2013, V R 24/12, BFH/NV 2013, 970; BFH v. 20.07.2016, I R 6/16, BFH/NV 2016, 1733). Ein Organisationsverschulden ist anzunehmen, wenn ein Prozessbevollmächtigter einen **EDV-gestützten Fristenkalender** verwendet und die dort vorgenommenen Eintragungen nicht durch Ausgabe der eingegebenen Einzelvorgänge über den Drucker oder durch Ausgabe eines Fehlerprotokolls durch das Programm auf etwaige Programm- oder Eingabefehler kontrolliert werden (BFH v. 30.04.2013; IV R 38/11, BFH/NV 2013, 1117; BFH v. 09.01.2014, X R 14/13, BFH/NV 2014, 567). Bei einer Versendung von fristwahrenden Schriftsätzen durch die Post gehört zu einem zuverlässigen Kontrollsystem, dass **zwischen dem Fristenkalender und dem Postausgangsbuch eine Übereinstimmung** in der Weise **sichergestellt** wird, dass die Fristen im Kalender erst auf der Grundlage der Eintragungen im Postausgangsbuch gelöscht werden (z. B. BFH v. 25.03.2003, I B 166/02, BFH/NV 2003, 1193, BFH v. 17.11.2015, V B 56/15, BFH/NV 2016, 222). Bei Übermittlung durch Telefax darf die Frist erst gelöscht werden, wenn ein von dem Telefaxgerät des Absenders ausgedruckter Einzelnachweis (Sendebericht) vorliegt, der die ordnungsgemäße Übermittlung belegt (z. B. BFH v. 18.03.2014, VIII R 33/12, BStBl II 2014, 922; BFH v. 28.07.2015, II B 150/14, BFH/NV 2015, 1434). Hinsichtlich der **Berechnung von Rechtsmittelfristen** sieht die Rechtsprechung nur dann ein Verschulden in der Überlassung dieser Tätigkeit an Angestellte, wenn die Angestellten nicht als geschult anzusehen sind oder ihre Zuverlässigkeit noch nicht erprobt ist oder wenn die Fristberechnung nicht als einfach (Routinesache) bezeichnet werden kann (BGH v. 11.02.1992, VI ZB 2/92, NJW 1992, 1632; BGH v. 10.07.1975, VII ZB 8/75, VersR 1975, 1049; BGH v. 09.07.1975, VIII ZB 28/75, DB 1975, 1844). Der Prozessbevollmächtigte darf sich nicht darauf verlassen, dass einer beantragten Fristverlängerung entsprochen wird; versäumt er die schließlich gewährte Frist, kann er sich nicht darauf berufen, dass ihm die Mitteilung über die Verlängerung nicht zugegangen sei (BFH v. 20.12.1966, I R 120/66, BStBl III 1967, 145). Er muss gewährleisten, dass das Büropersonal Einlegung und Begründung von NZB differenziert aufzeichnet (BFH v. 28.03.2014, IX B 115/13, BFH/NV 2014, 896). Wenn ein Kläger Rechtsmittelbelehrungen nicht beachtet, handelt er regelmäßig schuldhaft. Gleiches gilt, wenn der Prozessbevollmächtigte des Klägers Rechtsmittelbelehrungen nicht beachtet oder bei der Fristberechnung Fehler macht (BFH v. 29.03.2007, VIII R 52/06, BFH/NV 2007, 1515). Das **Fehlen eines Nachtbriefkastens** und eines zur Entgegennahme einer Rechtsbehelfsschrift befugten und bereiten Gerichtsbediensteten ist ein **Wiedereinsetzungsgrund** (BFH v. 09.03.1971, II R 94/67, BStBl II 1971, 597).

Ein Rechtsanwalt oder Steuerberater darf sich grds. darauf verlassen, dass entsprechend **ausgebildete und bisher zuverlässig arbeitende Büroangestellte** eine konkrete Einzelanweisung betreffend die Fristerfassung, auch wenn sie nur mündlich erteilt wurde, befolgen und ordnungsgemäß ausführen (vgl. BFH v. 13.03.2013, X R 16/11, BFH/NV 2013, 962). Er ist daher im Allgemeinen auch nicht verpflichtet, sich anschließend über die Ausführung seiner Weisung zu vergewissern. Etwas anderes gilt aber, wenn der Prozessbevollmächtigte anlässlich der wiederholten Bearbeitung des betreffenden Vorgangs bemerkt hat, dass diese – trotz zweier vorangehender Einzelanweisungen – nicht fristgemäß erfasst war (BFH v. 27.07.2010, IX B 174/09, BFH/NV 2010, 2097). Wenn mit der Fristenüberwachung keine ausgebildete und bewährte Fachkraft, sondern eine **Auszubildende** betraut wird, treffen den Prozessbevollmächtigten besonders hohe Prüfungs- und Überwachungspflichten (BFH v. 17.11.2015, V B 56/15, BFH/NV 2016, 222). 8

Treten beim Prozessbevollmächtigten **EDV-Probleme** auf, erfordert es eine ordnungsgemäße Büroorganisation, dass jedenfalls die Fristenkontrolle in einer Weise sichergestellt wird, dass sich die technischen Probleme hierauf 9 nicht auswirken können. Ein »Crash« der Computer-Festplatte rechtfertigt demnach nur dann eine Wiedereinsetzung, wenn der Bevollmächtigte entsprechende Vorkehrungen getroffen hat, diese aber im Einzelfall die Fristversäumnis nicht verhindern konnten und es ausgeschlossen ist, dass die Fristversäumnis auf einer fehlerhaften Berechnung des Bevollmächtigten beruht (BFH v. 31.01.2011, III B 98/09, BFH/NV 2011, 823). Allein das Vorbringen, Probleme mit der EDV-Anlage und den IT-basierten Telekommunikationseinrichtungen hätten eine fristgerechte Übermittlung eines Schriftsatzes verhindert, rechtfertigt daher eine Wiedereinsetzung nicht (BFH v. 01.12.2009, VI B 75/09, BFH/NV 2010, 659). Die Pflicht zur **Ausgangskontrolle** trifft **auch** die **Finanzbehörden** (BFH v. 14.05.2013, IV R 24/10, BFH/NV 2013, 1251).

10 Einen Verfahrensbeteiligten trifft kein Verschulden an dem verspäteten Eingang eines fristgebundenen Schriftsatzes, wenn die **Telefaxübermittlung** – etwa wegen technischer Störungen am Empfangsgerät oder wegen Leistungsstörungen – einen Zeitraum beansprucht, mit dem er nicht rechnen musste (BFH v. 10.03.2014, X B 230/12, BFH/NV 2014, 888). Allerdings muss der Prozessbevollmächtigte bei der Übersendung von fristwahrenden Schriftstücken quasi in letzter Minute mittels Telefax das Funktionieren des Telefaxgeräts so rechtzeitig sicherstellen, dass er bei einer eventuellen Störung der Telefaxverbindung andere noch mögliche und zumutbare Maßnahmen für einen sicheren Zugang des fristwahrenden Schriftsatzes beim zuständigen Gericht ergreifen kann (BFH v. 15.11.2012, XI B 70/12, BFH/NV 2013, 401). Generell muss mit der Übermittlung eines fristgebundenen Schriftsatzes per Telefax so rechtzeitig begonnen werden, dass unter gewöhnlichen Umständen mit dem Abschluss des Übermittlungsvorganges noch vor Fristablauf gerechnet werden kann (BFH v. 09.01.2012, I B 66/11, BFH/NV 2012, 957). Daher muss für die Übermittlungszeit ein Sicherheitszuschlag von 20 Minuten für den Fall einer etwaigen Belegung des Empfangsgeräts berücksichtigt werden (BFH v. 08.10.2015, VII B 147/14, BFH/NV 2016, 214).

11 Ein **Rechtsirrtum** über Verfahrensfragen rechtfertigt bei einem Angehörigen der rechtsberatenden und steuerberatenden Berufe im Allgemeinen keine Wiedereinsetzung (BFH v. 16.06.2009, X B 2/09, juris; BFH v. 08.11.2012, VI R 25/12, BFH/NV 2013, 235). Wer sich nicht informiert, obwohl dies möglich und zumutbar wäre, und deshalb eine Frist versäumt, ist nicht ohne Verschulden an einem rechtzeitigen Handeln gehindert. Deshalb entschuldigen nur solche Tatsachenirrtümer eine Fristversäumnis, die selbst bei Wahrung der möglichen und zumutbaren Sorgfalt nicht zu vermeiden waren (z. B. BFH v. 12.06.2007, VI B 14/07, BFH/NV 2007, 1626; BFH v. 13.09.2017, V B 64/17, BFH/NV 2018, 45). Daher versäumt ein Prozessbevollmächtigter nicht ohne Verschulden die Revisionsbegründungsfrist (§ 120 Abs. 2 Satz 1 FGO), wenn die Rechtsmittelbelehrung des FG-Urteils insoweit eindeutig und unmissverständlich ist (BFH v. 13.09.2017, V B 64/17, BFH/NV 2018, 45). Dem Bevollmächtigten ist es dann möglich und zumutbar, die für die Revisionseinlegung geltenden Voraussetzungen sorgfältig zu lesen und zu beachten.

Unterläuft einem Prozessbeteiligten ein **offensichtliches Versehen**, wie etwa das Fehlen einer zur Fristwahrung erforderlichen Unterschrift, so kann er erwarten, dass dies von dem angerufenen Gericht in angemessener Zeit bemerkt und als Folge der prozessualen Fürsorgepflicht innerhalb eines ordnungsgemäßen Geschäftsgangs (spätestens innerhalb von fünf Arbeitstagen) die notwendigen Maßnahmen getroffen werden, um eine drohende Fristversäumung zu vermeiden (BVerfG v. 22.10.2004, 1 BvR 894/04, NJW 2005, 814; BFH v. 12.07.2017, X B 16/17, BFH/NV 2017, 1204). Dementsprechend ist ein **Gericht verpflichtet**, einen Schriftsatz, der eindeutig als fehlgeleitet erkennbar ist, im Rahmen des ordnungsgemäßen Geschäftsgangs **ohne schuldhaftes Zögern** an die zuständige Stelle **weiterzuleiten**. Bei einer schuldhaft verzögerten Weiterleitung ist dem Verfahrensbeteiligten Wiedereinsetzung in den vorigen Stand zu gewähren (BVerfG v. 20.06.1995, 1 BvR 166/93, BVerfGE 93, 99). Dies gilt unabhängig davon, auf welchen Gründen der Fehler bei der Einreichung des bestimmenden Schriftsatzes beruht (BVerfG v. 20.06.1995, 1 BvR 166/93, BVerfGE 93, 99; BVerfG v. 02.09.2002, 1 BvR 476/01, BStBl II 2002, 835; BFH v. 12.07.2017, X B 16/17, BFH/NV 2017, 1204). 11

Von grundlegender und richtungweisender allgemeiner Bedeutung ist BVerfG v. 08.07.1975, 2 BvR 1099/74, BVerfGE 40, 182: In den Fällen, in denen ein befristeter Rechtsbehelf den ersten Zugang zum Gericht eröffnet, **verbietet** die verfassungsrechtlich gesicherte Rechtsschutzgarantie (Art. 19 Abs. 4 GG) eine **Überspannung der Anforderungen**, die an den Antrag auf Wiedereinsetzung in den vorigen Stand zu stellen sind. Dem steht aber z. B. nicht entgegen, dass als Mittel der Glaubhaftmachung (§ 56 Abs. 2 Satz 2 FGO) die eigene **eidesstattliche Versicherung des Prozessbevollmächtigten** des Klägers dann nicht genügt, wenn weitere Mittel der Glaubhaftmachung zur Verfügung stehen, diese aber nicht vorgelegt werden (BFH v. 10.10.2003, VI B 95/03, BFH/NV 2004, 210). Eine Überspannung der Anforderungen liegt ebenso wenig vor, wenn Wiedereinsetzung begehrt wird, weil ein zur Post gegebenes Schriftstück den Adressaten nicht erreicht habe, und vom Kläger die lückenlose und schlüssige **Darstellung des Absendevorgangs** dahingehend verlangt wird, welche Person zu welcher Zeit in welcher Weise den Brief, in dem sich das betreffende Schriftstück befunden haben soll, aufgegeben hat; die bloße Vorlage des Postausgangsbuchs genügt nicht (BFH v. 16.12.2002, VII B 99/02, BStBl II 2003, 316; 12

BFH v. 13.01.2004, VII B 127/03, BFH/NV 2004, 655). Der Prozessbevollmächtigte muss im Einzelnen unter Vorlage von präsenten Beweismitteln dartun, ob er die Rechtshandlung überhaupt rechtzeitig vorgenommen hat und substantiiert die Tatsachen zur Begründung des Wiedereinsetzungsantrags darlegen, z.B. vorschriftsmäßige Führung des Fristenkontrollbuchs, die Kontrolle der Fristen und die näheren Einzelheiten des Versehens von Büroangestellten (BFH v. 17.08.2010, X B 190/09, BFH/NV 2010, 2285; BFH v. 08.12.2010, IX R 12/10, BFH/NV 2011, 445). Soll ein Fristenkontrollbuch den normalerweise nur durch ein Postausgangsbuch möglichen Beweis der rechtzeitigen Absendung eines Schriftsatzes erbringen, so muss es den an das Postausgangsbuch gestellten Anforderungen genügen. Die Aufgabe eines Briefes zur Post kann im Regelfall nicht allein mit einer eidesstattlichen Versicherung einer Rechtsanwaltsfachangestellten glaubhaft gemacht werden, sondern es bedarf eines **ordnungsgemäßen Postausgangsbuchs**. Eine Wiedereinsetzung kommt nicht in Betracht, wenn eidesstattliche Versicherungen und das Fristenkontrollbuch einander widersprechen (BFH v. 16.02.2011, X B 48/10, BFH/NV 2011, 993). Ebenso ist die Person, der der Fehler unterlaufen ist, namentlich zu benennen und deren behauptete Erfahrung und Zuverlässigkeit zu begründen (FG Mchn v. 25.01.2007, 7 K 1155/04, juris).

13 Stellt die beklagte **Finanzbehörde** einen **Antrag auf Wiedereinsetzung** in den vorigen Stand, gelten bei der Beurteilung der Frage, ob eine Behörde sich die Versäumung einer gesetzlichen Frist als schuldhaft anrechnen lassen muss, nach der Rspr. des BFH grds. die gleichen Maßstäbe, wie sie von der Rspr. für das Wiedereinsetzungsgesuch eines Stpfl. entwickelt worden sind (z.B. BFH v. 11.05.2010, XI R 24/08, BFH/NV 2010, 1834; BFH v. 06.11.2012, VIII R 40/10, BFH/NV 2013, 397; BFH v. 16.09.2014, II B 46/14, BFH/NV 2015, 49). Danach ist auch eine Behörde zu einer wirksamen Postausgangskontrolle verpflichtet (BFH v. 07.12.1982, VIII R 77/79, BStBl II 1983, 229; BFH v. 15.02.2011, VI R 69/10, BFH/NV 2011, 830; s. Rz. 9). Dabei muss die Kontrolle der Erledigung und tatsächlichen Absendung, d.h. der tatsächlichen Übergabe des Schriftstücks an die Post, durch jemanden erfolgen, der den gesamten Bearbeitungsvorgang überwachen kann (z.B. BFH v. 06.11.1997, VII 113/97, BFH/NV 1998, 709, m.w.N.; BFH v. 11.09.2014, VI R 68/13, BFH/NV 2015, 47). Die einfache Zuleitung oder kommentarlose Übergabe des jeweiligen Schriftstücks an die amtsinterne Postausgangsstelle reichen hierfür ebenso wenig aus wie ein bloßer Abgangsvermerk der Stelle, die das Schriftstück an diese Postausgangsstelle weiterleitet, weil dadurch noch nicht ausreichend sichergestellt ist, dass das Schriftstück auch tatsächlich unmittelbar zur Weiterbeförderung an die Post gelangt (BFH v. 08.09.1998, VII R 136/97, BFH/NV 1999, 73, m.w.N.). Vielmehr ist erforderlich, dass die ordnungsgemäße Absendung eines fristwahrenden Steuerbescheides durch einen **Absendevermerk der Poststelle in den Akten** festgehalten wird. Liegt ein solcher Vermerk vor, ist der Finanzbehörde die Beweiserleichterung des Anscheinsbeweises für die ordnungsgemäße Absendung von die Festsetzungsfrist wahrenden Steuerbescheiden zuzubilligen; anderenfalls muss das FG nach seiner freien, aus dem Gesamtergebnis des Verfahrens gewonnenen Überzeugung beurteilen, ob es die rechtzeitige Absendung für nachgewiesen hält oder nicht (vgl. BFH v. 19.08.2002, IX B 179/01, BFH/NV 2003, 138, m.w.N.); die Regeln des Anscheinsbeweises sind insoweit nicht anwendbar (BFH v. 28.09.2000, III R 43/97, BStBl II 2001, 211; zum Ganzen BFH v. 16.01.2007, IX R 41/05, BFH/NV 2007, 1508). Auch das FA muss sich demnach »**Organisationsverschulden**« entgegenhalten lassen. Versäumt das FA die Frist zur Revisionsbegründung, weil durch organisatorische Maßnahmen nicht sichergestellt wurde, dass die Überwachung und Einhaltung der Frist unter normalen Umständen gewährleistet und wer für die Fristkontrolle verantwortlich ist, kommt eine Wiedereinsetzung nicht in Betracht (z.B. BFH v. 16.03.1989, VII R 82/88, BStBl II 1989, 569). Dies gilt z.B. auch dann, wenn das FA die Revisionsbegründungsfrist wegen des Verschuldens eines Beamten der OFD beim Weiterleiten des Schriftsatzes an den BFH versäumt. Denn dessen Verschulden ist dem FA zuzurechnen (BFH v. 15.02.2011, VI R 69/10, BFH/NV 2011, 830). Innerdienstliche Schwierigkeiten durch **Personalmangel** können eine Wiedereinsetzung ebenso wenig rechtfertigen (BFH v. 02.10.1969, I R 71/69, BStBl II 1970, 14).

Zu Wiedereinsetzungsfragen im Zusammenhang mit **PKH-Anträgen** s. § 142 FGO Rz. 13. 14

### III. Antrag (§ 56 Abs. 2 FGO)

Grundsätzlich ist Wiedereinsetzung in den vorigen Stand auf Antrag des Beteiligten zu gewähren (aber s. Rz. 11). Der Antrag ist fristgebunden: Er ist binnen **zwei Wochen** nach Wegfall des Hindernisses zu stellen. Abweichend davon beträgt die Frist bei Versäumung der Frist zur Begründung der Revision (§ 120 Abs. 2 Satz 1 FGO) oder der NZB (§ 116 Abs. 3 Satz 1 FGO) einen Monat (§ 56 Abs. 2 Satz 1 FGO). Innerhalb dieser Frist ist auch die versäumte Handlung vorzunehmen (§ 56 Abs. 2 Satz 3 FGO). Sie ist **nicht verlängerbar** (z.B. BFH v. 21.07.2005, X B 66/05, BFH/NV 2005, 1862; BFH v. 16.03.2015, XI B 1/15, BFH/NV 2015, 860; *Söhn* in HHSp, § 56 FGO Rz. 460; *Brandis* in Tipke/Kruse, § 56 FGO Rz. 16). Außerdem müssen alle den Wiedereinsetzungsantrag begründenden Tatsachen innerhalb der Wiedereinsetzungsfrist vorgetragen und **glaubhaft gemacht** werden; nur die Glaubhaftmachung kann noch später im Laufe des Verfahrens nachgeholt werden 15

(BFH v. 17.06.2010, IX B 32/10, BFH/NV 2010, 1655; BFH v. 10.12.2010, V R 60/09, BFH/NV 2011, 617). Zur hinreichenden Glaubhaftmachung gehört eine vollständige, substantiierte und in sich schlüssige Darlegung der Tatsachen, die eine Wiedereinsetzung rechtfertigen können (z. B. BFH v. 15.12.2010, IV R 5/10, BFH/NV 2011, 809; BFH v. 28.07.2017, X S 2/17 [PKH], BFH/NV 2017, 1629). Einer Glaubhaftmachung bedarf es nicht, wenn aus Gründen, die aktenkundig und damit amtsbekannt sind, Wiedereinsetzung zu gewähren ist (z. B. BFH v. 12.07.2017, X B 16/17, BFH/NV 2017, 1204).

16 Die **Wiedereinsetzungsfrist beginnt** mit Wegfall des Hindernisses, grds. also dann, wenn der Beteiligte Kenntnis von der Fristversäumnis erlangt (dazu s. § 110 AO Rz. 33), z. B. mit dem Vorliegen der gerichtlichen Mitteilung über den Zeitpunkt des Klageeingangs (BFH v. 16.12.1988, III R 13/85, BStBl II 1989, 328). Dies bestimmt sich nach den jeweiligen Umständen des Einzelfalls. Unterlässt beispielsweise ein Verfahrensbevollmächtigter, sich nach Übermittlung eines Schriftsatzes mittels Telefax unverzüglich bei dem Empfangsgericht zu vergewissern, ob der Schriftsatz rechtzeitig eingegangen ist, wenn ausweislich des Übersendungsprotokolls feststeht, dass ein mehrseitiger, fristwahrender Schriftsatz in der Nacht des Fristablaufs erst nach 24.00 Uhr versandt worden ist, beginnt die Wiedereinsetzungsfrist am Tag nach dem Fristablauf, da die gebotene Nachfrage bei Gericht die Fristversäumung offenbart hätte (BFH v. 28.02.2014, V B 32/13, BFH/NV 2014, 885). Die Pflicht zur Überprüfung der Rechtzeitigkeit des Klageeingangs bzw. Revisions- oder Beschwerdeeingangs anhand der Eingangsmitteilung des Gerichts hängt nicht davon ab, dass schon ohnehin Anhaltspunkte für eine mögliche Fristversäumnis vorlagen, sondern besteht in jedem Falle (BFH v. 20.12.2000, I B 116/00, BFH/NV 2001, 481; auch BAG v. 14.07.1994, 2 AZR 122/94, juris). Die Verletzung dieser Pflicht steht einem erfolgreichen Antrag auf Wiedereinsetzung in den vorigen Stand entgegen.

17 Ist die versäumte Rechtshandlung rechtzeitig nachgeholt, kann die Wiedereinsetzung **auch ohne Antrag** von Amts wegen gewährt werden (§ 56 Abs. 2 Satz 3 FGO). Die Wiedereinsetzung von Amts wegen kommt nicht in Betracht bei einer Abweichung der Uhren der Telefax-Geräte von Sender und Empfänger (BFH v. 01.10.2003, X B 96/03, juris).

18 Gem. § 56 Abs. 3 FGO kann grds. nach **einem Jahr seit dem Ende der versäumten Frist** keine Wiedereinsetzung mehr beantragt oder bewilligt werden. Damit besteht eine grundsätzliche absolute zeitliche Grenze. Diese gilt nur dann nicht, wenn ein Antrag vor Ablauf der Jahresfrist infolge höherer Gewalt unmöglich war (s. § 110 AO Rz. 41). Dies dürfte nur äußerst selten der Fall sein.

## C. Entscheidung über den Antrag auf Wiedereinsetzung

Die **Entscheidung über** den **Antrag** auf Gewährung von 19
Wiedereinsetzung in den vorigen Stand obliegt dem Gericht, das über die versäumte Rechtshandlung zu befinden hat (§ 56 Abs. 4 FGO), und zwar in der hierfür erforderlichen **Besetzung** (BFH v. 11.05.2009, VIII R 81/05, BFH/NV 2009, 1447). Die Entscheidung ergeht in Verbindung mit der Entscheidung über die Hauptsache (§ 155 Satz 1 FGO i. V. m. § 238 Abs. 1 ZPO) und der Form, die für die Entscheidung der Hauptsache gilt (§ 155 Satz 1 FGO i. V. m. § 238 Abs. 2 Satz 1 ZPO). Das bedeutet, dass über den Antrag im Klageverfahren stets durch Urteil (ggf. durch Zwischenurteil [§ 97 FGO] bei Stattgabe) zu entscheiden ist. Ist der Antrag unzulässig oder unbegründet, so ist etwa eine verfristete Klage durch Prozessurteil als unzulässig abzuweisen, ohne dass es im Tenor (wohl aber in den Entscheidungsgründen) eines ausdrücklichen Ausspruchs über die Wiedereinsetzung bedürfte (*Greger* in Zöller, § 238 ZPO Rz. 2). Der BFH entscheidet in Beschwerdesachen durch Beschluss, in Revisionssachen bei Stattgabe durch Urteil, Zwischenurteil oder Beschluss nach § 126a FGO, bei Ablehnung durch Beschluss, in dem zugleich die Revision als unzulässig zu verwerfen ist (§ 126 Abs. 1 FGO). Zu beachten ist jedoch, dass § 56 FGO ausschließlich Fristen im Finanzprozess betrifft. Dem FG ist es daher verwehrt, Wiedereinsetzung in eine Frist im Verwaltungsverfahren nach § 110 AO zu gewähren. Hat die Behörde einen Einspruch zu Unrecht wegen Verfristung als unzulässig verworfen und zu Unrecht die Wiedereinsetzung (§ 110 AO) versagt, so muss das FG die **Einspruchsentscheidung isoliert aufheben** (dazu s. § 44 FGO Rz. 7).

Nach § 56 Abs. 5 FGO ist die **gewährte Wiedereinsetzung unanfechtbar**. Die Vorschrift bezieht sich nur auf die Gewährung von Wiedereinsetzung in den vorigen Stand durch das FG, und zwar bezüglich der Versäumung von Fristen, die das finanzgerichtliche Verfahren betreffen. Dadurch kommt weder eine isolierte Anfechtung der Entscheidung über den Wiedereinsetzungsantrag noch eine Überprüfung im Rahmen der gegen das FG-Urteil gerichteten Revision in Betracht (z. B. BFH v. 23.02.1994, IV B 124/93, BFH/NV 1994, 729; BFH v. 14.11.1995, IX R 36/94, BFH/NV 1996, 347). Demgegenüber ist die Anfechtung einer finanzgerichtlichen Entscheidung dahingehend, dass das FA einen Wiedereinsetzungsantrag zu Unrecht abgelehnt habe, nicht eingeschränkt (z. B. BFH v. 10.09.1986, II R 175/84, BStBl II 1986, 908; auch *Stapperfend* in Gräber, § 56 FGO Rz. 66). 20

Die **Ablehnung des Wiedereinsetzungsantrags** durch das FG ist **mit dem gegen die Hauptsachenentscheidung** 21 zulässigen Rechtsmittel **zusammen** mit dieser **anzufechten**. Dabei kann der **BFH** die vom FG zu Unrecht versagte **Wiedereinsetzung selbst** gewähren (BFH v. 06.11.1969, IV R 127/68, BStBl II 1970, 214; BFH v. 11.01.1983, VII R 92/80, BStBl II 1983, 334). Es ist insoweit an Feststellungen der Vorinstanz nicht gebunden und kann eigene Feststellungen treffen und Beweise würdigen. Auch der Ablauf der Jahresfrist gem. § 56 Abs. 5 FGO steht einer positiven Entscheidung nicht entgegen, wenn zu der Zeit, als das FG über eine Wiedereinsetzung ohne Antrag hätte entscheiden können, die Jahresfrist noch nicht abgelaufen war (BFH v. 28.02.1978, VII R 92/74, BStBl II 1978, 390). Hat das FG über einen Antrag auf Wiedereinsetzung in den vorigen Stand wegen Versäumung der Klagefrist deshalb nicht entschieden, weil es hierauf nach seiner Auffassung nicht ankam, so ist der BFH, wenn er anderer Auffassung ist, jedenfalls berechtigt, die Sache an das FG zurückzuverweisen, wenn die Wiedereinsetzungsfrist offensichtlich nicht versäumt worden und die Wiedereinsetzung in den vorigen Stand nach Aktenlage nicht ohne Weiteres zu gewähren ist (s. BFH v. 09.02.1983, II R 10/79, BStBl II 1983, 698, wobei offenblieb, ob der BFH in Übereinstimmung mit der hier vertretenen Auffassung berechtigt wäre, über den Wiedereinsetzungsantrag selbst erstmals zu entscheiden). Eine Verpflichtungsklage, gerichtet auf die Wiedereinsetzung in den vorigen Stand, ist mangels Rechtsschutzinteresses unzulässig.

22 Die Entscheidung über den Wiedereinsetzungsantrag ist der **materiellen Rechtskraft** fähig, d. h. ein erneuter Antrag ist nur dann zulässig, wenn er auf andere Gründe gestützt wird (BFH v. 09.03.1989, X B 71/88, BFH/NV 1990, 508 m. w. N.). Zu beachten ist § 136 Abs. 3 FGO, wonach Kosten, die durch einen Antrag auf Wiedereinsetzung in den vorigen Stand entstehen, dem Antragsteller zur Last fallen, ohne dass es darauf ankommt, wer im Übrigen die Prozesskosten zu tragen hat (s. § 136 FGO Rz. 6).

## § 57 FGO Am Verfahren Beteiligte

**Beteiligte am Verfahren sind**

1. **der Kläger,**
2. **der Beklagte,**
3. **der Beigeladene,**
4. **die Behörde, die dem Verfahren beigetreten ist (§ 122 Abs. 2).**

**S. §§ 61, 63 VwGO; §§ 69, 70 SGG**

1 Die Vorschrift befasst sich nur mit der Beteiligteneigenschaft im finanzgerichtlichen Verfahren erster Instanz und zählt abschließend die Beteiligten auf. Sie gilt über § 121 Satz 1 FGO auch für das Revisionsverfahren. Dort kann Beteiligter aber nur sein, wer bereits am Verfahren über die Klage beteiligt war (BFH v. 20.12.2013, IX R 33/12, BFH/NV 2014, 557). Dementsprechend kann eine NZB (§ 116 FGO) nur einlegen, wer zuvor am Klageverfahren tatsächlich beteiligt war (z. B. BFH v. 04.12.2012, I B 72/12, BFH/NV 2013, 565; BFH v. 31.07.2013, V B 66/12, BFH/NV 2013, 1933). Besteht allerdings Streit gerade darüber, wer am Klageverfahren tatsächlich beteiligt war, gebietet es der Grundsatz effektiven Rechtsschutzes aus Art. 19 Abs. 4 GG, auch denjenigen als zur Einlegung eines Rechtsmittels berechtigt anzusehen, der geltend macht, tatsächlich am Klageverfahren beteiligt gewesen zu sein (BFH v. 20.12.2012, IV B 141/11, BFH/NV 2013, 574).

§ 57 FGO gilt ebenfalls im Beschwerdeverfahren (BFH v. 10.05.2010, IV B 15/10, BFH/NV 2010, 1477). Sie betrifft **nicht** die **Beteiligtenfähigkeit**, die mit der Steuerrechtsfähigkeit korrespondiert (s. Rz. 8 und s. § 33 AO Rz. 15 ff.) und ebenfalls eine Prozessvoraussetzung darstellt (s. Vor FGO Rz. 31). Spezielle Regelungen zu den Beteiligten im Zusammenhang mit finanzgerichtlichen Verfahren betreffend den steuerrechtlichen Datenschutz enthält § 32i AO (s. Rz. 2a).

**Kläger** ist, wer vor dem FG Klage erhebt. Für die Begründung des prozessualen Rechtsverhältnisses als Kläger genügt die Klageerhebung. Die Frage, ob die Klage im Übrigen zulässig und begründet ist, ist davon unabhängig. Wer Kläger ist, kann nicht gleichzeitig Beigeladener sein, und umgekehrt (BFH v. 07.03.2006, VII R 11/05, BStBl II 2006, 573; BFH v. 11.01.2018, X R 21/17, BFH/NV 2018, 529; *Brandis* in Tipke/Kruse, § 60 FGO Rz. 10). 2

Kläger sind grds. nur natürliche und juristische Personen und Personenvereinigungen, die als Stpfl. von ihrem Grundrecht aus Art. 19 Abs. 4 GG (vgl. auch Art. 19 Abs. 3 GG) Gebrauch machen. Denn darauf ist der verwaltungsgerichtliche (und damit auch der finanzgerichtliche) Rechtsschutz ausgelegt. Allerdings soll nach der Rspr. des BFH das FA zum Kläger werden, wenn ein wegen Insolvenzeröffnung über das Vermögen des Klägers (Stpfl.) unterbrochenes finanzgerichtliches Verfahren (§ 155 Satz 1 FGO i. V. m. § 240 Satz 1 ZPO) vom FA nach § 184 Satz 2 InsO wiederaufgenommen wurde (grundlegend BFH v. 13.11.2007, VII R 61/06, BStBl II 2008, 790). Das ursprüngliche Anfechtungsverfahren wandelt sich dann zwar zum Feststellungsverfahren, jedoch ist die Annahme des BFH, dass sich dann auch die Beteiligtenrollen umkehren sollen, unzutreffend und auch nicht durch die insolvenzrechtlichen Gegebenheiten geboten. Der Irrtum beruht möglicherweise darauf, dass unbesehen zivilprozessuale Grundsätze auf den Verwaltungsprozess übertragen werden, ohne dass dessen Prägung durch Art. 19 Abs. 4 GG hinreichend berücksichtigt wird. Ebenso **systemwidrig** ist die auf § 160 FGO beruhende Neuregelung des § 32i Abs. 6 Nr. 1 und Abs. 8 Nr. 2 AO, wonach in Verfahren nach § 32i Abs. 1 Satz 1 2a

AO sowie nach § 32i Abs. 3 Satz 1 AO auch Finanzbehörden Kläger in einem finanzgerichtlichen Verfahren gegen den Bundesbeauftragten für den Datenschutz und die Informationsfreiheit nach § 8 BDSG (vgl. § 32h Abs. 1 AO) sein können. Zumindest im Bereich der Bundesfinanzverwaltung (§ 1 FVG) kann dies folglich zu – unserer Rechtsordnung prinzipiell fremden – Insichprozessen auf der Ebene des Bundes führen, da der Bundesbeauftragte für den Datenschutz und die Informationsfreiheit eine oberste Bundesbehörde ist (§ 8 Abs. 1 Satz 1 BDSG).

3 **Beklagte** ist diejenige Behörde, die in vom Klägerin in der Klageschrift – ungeachtet der materiellen Rechtslage – als solche bezeichnet ist. Davon zu unterscheiden ist die Frage, welche Behörde richtiger Beklagter ist. Eine Sonderregelung enthält § 32i Abs. 7 Nr. 2 AO. Dies richtet sich nach § 63 FGO (s. § 63 FGO Rz. 1).

4 **Beigeladener** ist, wer durch einen Beschluss des FG gem. § 60 FGO zum Verfahren beigeladen wurde. Erst durch den Beiladungsbeschluss erhält der Beigeladene die Stellung eines Beteiligten i.S. des § 57 Nr. 3 FGO (BFH v. 13.02.2018, IV R 37/15, BFH/NV 2018, 539; s. § 60 FGO Rz. 3). Der Beigeladene kann den Beiladungsbeschluss gem. § 128 Abs. 1 i.V.m. § 57 FGO mit der Beschwerde anfechten (BFH v. 02.12.1999, II B 17/99, BFH/NV 2000, 679; BFH v. 26.04.2017, IV B 75/16, BFH/NV 2017, 1056). Es kommt nicht darauf an, ob dies zu Recht geschehen oder zu Unrecht unterlassen wurde (BFH v. 18.09.1974, II R 129/73, BStBl II 1975, 40). Demnach ist der zu Unrecht nicht Beigeladene nicht Verfahrensbeteiligter (BFH v. 04.09.2014, IV R 44/13, BFH/NV 2015, 209). Die Fähigkeit, zu einem finanzgerichtlichen Verfahren beigeladen zu werden (§ 60 FGO) kommt jedem zu, der in einem solchen Verfahren Kläger oder Beklagter sein kann.

5 Fällt ein Beteiligter nach Klageerhebung durch Tod oder aus sonstigem Grunde (Auflösung, Umwandlung, Verschmelzung) weg, so tritt eine Unterbrechung des Verfahrens ein; wegen des Näheren s. § 74 FGO Rz. 12.

6 Wegen des **Beitrittsrechts von Behörden**, auf das § 57 Nr. 4 FGO verweist, s. § 122 FGO (§ 122 FGO Rz. 2).

7 Die Anschließung an die Klage eines anderen (vgl. § 247 AO a.F.) hat die FGO nicht übernommen, daher gibt es **keine Nebenintervention** im Finanzprozess (BFH v. 18.09.1974, II R 129/73, BStBl II 1975, 40). Unberührt bleiben die Streitgenossenschaft (§ 59 FGO) und die Beiladung zum Prozess (§ 60 FGO). Wegen der Anschließung an ein Rechtsmittel s. Vor §§ 115–134 FGO Rz. 15 ff.

8 Während § 57 FGO lediglich regelt, wer aufgrund seiner prozessualen Rolle im Finanzprozess beteiligt ist, enthält das Gesetz anders als § 61 VwGO und § 70 SGG keine Bestimmung über die **Beteiligtenfähigkeit**, also die prozessuale Rechtsfähigkeit, der im Zivilprozess die Parteifähigkeit (§ 51 Abs. 1 ZPO) entspricht. Es handelt sich um eine vom FG zu prüfende Sachentscheidungsvoraussetzung (s. Rz. 1), deren Fehlen die Klage unzulässig macht. Die FGO kann hierüber auch keine Regelung enthalten, da sich die Beteiligtenfähigkeit nach der **Steuerrechtsfähigkeit** auf dem Gebiet der Steuer voraus, die Gegenstand des Rechtsstreits ist, richtet; sie ergibt sich aus den Einzelsteuergesetzen und kann je nach Steuerart unterschiedlich sein, und ist weiter als die Rechtsfähigkeit i.S. des bürgerlichen Rechts. Die Fähigkeit, Beteiligter eines finanzgerichtlichen Verfahrens zu sein, kommt daher nicht nur natürlichen und juristischen Personen sowie OHG und KG zu, die unter ihrer Firma Rechte und Pflichten erwerben können (§§ 124, 161 Abs. 2 HGB), sondern auch nichtrechtsfähigen Vereinen und Gesellschaften (Gemeinschaften) des bürgerlichen Rechts und anderen nichtrechtsfähigen Gebilden, die als solche am wirtschaftlichen Verkehr teilnehmen, soweit sie Steuerpflichtiger i.S. von § 33 AO sein können (s. § 33 AO Rz. 15). Daher kann eine **atypische stille Gesellschaft** z.B. nicht Beteiligte eines finanzgerichtlichen Verfahrens betreffend die GewSt des gewerblichen Betriebs sein, da sie nicht Steuerschuldner (§ 33 AO) der GewSt ist (BFH v. 12.11.1985, VIII R 364/83, BStBl II 1986, 311). Sie kann als Innengesellschaft auch nicht Beteiligte eines finanzgerichtlichen Verfahrens sein, das die gesonderte und einheitliche Gewinnfeststellung betrifft (z.B. BFH v. 21.12.2011, IV B 101/10, BFH/NV 2012, 598; BFH v. 12.05.2016, IV R 27/13, BFH/NV 2016, 1559). Gleiches gilt, wenn nach einem negativen Feststellungsbescheid eine gesonderte und einheitliche Gewinnfeststellung begehrt wird (BFH v. 13.07.2017, IV R 41/14, BStBl II 2017, 1133). Demgegenüber ist eine GbR als solche beteiligtenfähig, wenn sie selbst GrESt-Schuldnerin ist und sich gegen einen ihr gegenüber ergangenen GrESt-Bescheid wenden will (BFH v. 27.08.2003, II R 18/02, BFH/NV 2004, 203). Dies gilt auch im Verfahren der einheitlichen und gesonderten Feststellung der Einkünfte aus VuV, welche die GbR erzielt (BFH v. 16.10.2006, IX B 7/05, BFH/NV 2007, 238). Die Beteiligtenfähigkeit einer – nicht liquidationslos beendeten – **Personengesellschaft** endet nicht vor ihrer vollständigen Abwicklung. Sie ist nicht beendet, solange ein die Gesellschaft betreffendes finanzgerichtliches Verfahren noch schwebt (z.B. BFH v. 12.05.2010, IV B 19/09, BFH/NV 2010, 1480; BFH v. 18.05.2017, XI B 1/17, BFH/NV 2017, 1187; im Übrigen s. § 48 FGO Rz. 8 f.). Scheiden während des finanzgerichtlichen Verfahrens, das eine Klage gegen einen Gewinnfeststellungsbescheid betrifft, alle Gesellschafter bis auf einen aus wird der verbleibende Gesellschafter **Gesamtrechtsnachfolger** und als ehemaliger Gesellschafter Beteiligter eines anschließenden Rechtsmittelverfahrens. Durch die Rechtsnachfolge tritt auch steuerrechtlich die sofortige Vollbeendigung und damit eine Beendigung der Klagebefugnis der Personengesellschaft als Prozessstandschafterin nach § 48 Abs. 1 Nr. 1 FGO ein. Die Klagebefugnis als Prozessstandschafterin geht nicht auf den

Rechtsnachfolger über. Sie steht uneingeschränkt den ehemaligen Gesellschaftern zu. Zugleich geht die Beteiligtenstellung auf die betreffenden Gesellschafter über (BFH v. 16.12.2009, IV B 103/07, BFH/NV 2010, 865; auch s. § 48 FGO Rz. 8 f.).

Hinsichtlich der Beteiligtenfähigkeit einer **Kapitalgesellschaft** hat die Löschung im Handelsregister lediglich deklaratorischen Charakter. Die Kapitalgesellschaft bleibt daher so lange steuerrechtsfähig und damit beteiligungsfähig, als ein ihr zuzurechnendes Vermögen vorhanden ist, z. B. ein möglicher Kostenerstattungsanspruch gegen den Gegner aus dem vor der Löschung anhängig gewordenen Prozess besteht, oder noch steuerrechtliche Pflichten zu erfüllen hat oder gegen sie ergangene Bescheide angreift (FG Ha v. 23.03.2007, 2 K 265/05, juris). Allerdings wird das Verfahren, soweit nicht Vertretung durch einen Prozessbevollmächtigten stattfindet, wegen Beendigung der Vertretungsbefugnisse unterbrochen (§ 155 FGO Satz 1 i. V. m. §§ 241, 246 ZPO). In einem die GewSt-Messbetragsfestsetzung für eine **Erbengemeinschaft** betreffenden finanzgerichtlichen Verfahren können grundsätzlich nicht die Testamentsvollstrecker, sondern nur die Erben Beteiligte sein (BFH v. 16.02.1977, I R 53/74, BStBl II 1977, 481; BFH v. 10.07.1991, VIII R 16/90, BFH/NV 1992, 223). Zur Klagebefugnis bei Testamentsvollstreckung allgemein §§ 2212, 2213 BGB; auch BFH 08.06.1988, II R 14/85, BStBl II 1988, 946. Eine als Vermieterin auftretende Erbengemeinschaft ist auch in einem Verfahren der einheitlichen und gesonderten Feststellung von Einkünften aus Vermietung und Verpachtung beteiligtenfähig (BFH v. 10.11.2010, IX B 31/10, BFH/NV 2011, 288). Dies gilt auch für eine **Wohnungseigentümergemeinschaft** (BFH v. 25.06.2009, IX R 56/08, BStBl II 2010, 202).

## § 58 FGO
## Prozessfähigkeit

**(1) Fähig zur Vornahme von Verfahrenshandlungen sind**

**1. die nach dem bürgerlichen Recht Geschäftsfähigen,**

**2. die nach dem bürgerlichen Recht in der Geschäftsfähigkeit Beschränkten, soweit sie durch Vorschriften des bürgerlichen oder öffentlichen Rechts für den Gegenstand des Verfahrens als geschäftsfähig anerkannt sind.**

**(2) Für rechtsfähige und nichtrechtsfähige Personenvereinigungen, für Personen, die geschäftsunfähig oder in der Geschäftsfähigkeit beschränkt sind, für alle Fälle der Vermögensverwaltung und für andere einer juristischen Person ähnliche Gebilde, die als solche der Besteuerung unterliegen, sowie bei Wegfall eines Steuerpflichtigen handeln die nach dem bürgerlichen Recht dazu befugten Personen. §§ 53 bis 58 der Zivilprozessordnung gelten sinngemäß.**

**(3) Betrifft ein Einwilligungsvorbehalt nach § 1903 des Bürgerlichen Gesetzbuchs den Gegenstand des Verfahrens, so ist ein geschäftsfähiger Betreuter nur insoweit zur Vornahme von Verfahrenshandlungen fähig, als er nach den Vorschriften des bürgerlichen Rechts ohne Einwilligung des Betreuers handeln kann oder durch Vorschriften des öffentlichen Rechts als handlungsfähig anerkannt ist.**

S. § 62 VwGO; §§ 71, 72 SGG

§ 58 FGO regelt die prozessuale Geschäftsfähigkeit (Prozessfähigkeit) und knüpft insoweit an die Geschäftsfähigkeit nach bürgerlichem Recht an (§ 58 Abs. 1 FGO). Das gilt gem. § 79 AO auch für die Fähigkeit, gegenüber den Finanzbehörden im Verwaltungsverfahren Willens- und Wissenserklärungen rechtswirksam abzugeben und entgegenzunehmen. Zur Geschäftsfähigkeit nach bürgerlichem Recht s. § 79 AO Rz. 2 f. Die Prozessfähigkeit ist Sachentscheidungsvoraussetzung und zugleich Prozesshandlungsvoraussetzung, deren Fehlen die Klage unzulässig macht und zu einem Prozessurteil führt (s. Vor FGO Rz. 32). Wirksame Prozesshandlungen können demnach nur bei vorliegender Prozessfähigkeit wahrgenommen werden (BFH v. 14.12.2004, III B 115/03, BFH/BNV 2005, 713). Wird die Prozessunfähigkeit eines Beteiligten, die bereits im finanzgerichtlichen Verfahren vorlag, erst im Revisionsverfahren festgestellt, darf die Revision nicht als unzulässig verworfen werden. Die Sache ist vielmehr durch Prozessurteil zur erneuten Verhandlung und Entscheidung an das FG zurückzuverweisen (BFH v. 03.12.1971 III R 44/68, BStBl II 1972, 541; BFH v. 10.04.2003, III B 86/01, BFH/NV 2003, 1197). 1

§ 58 Abs. 2 Satz 1 FGO regelt die Vertretung prozessunfähiger Beteiligter und schließt mit seiner generellen Verweisung auf die Handlungsbefugnis nach bürgerlichem Recht auch die Regelung der Prozessfähigkeit für Verfahrensbeteiligte ein, die nach bürgerlichem Recht nicht rechtsfähig sind (s. § 57 FGO Rz. 8). Sie können nur durch ihre gesetzlichen Vertreter handeln (insoweit auch § 34 AO). Fehlt ein solcher (z. B. ein GmbH-Geschäftsführer), ist die Klage einer juristischen Person (z. B. GmbH) unzulässig (vgl. BFH v. 04.09.2008, XI B 188/07, BFH/NV 2008, 2043). Aus § 35 AO kann eine Vertretungsmacht, wenn sie tatsächlich nicht besteht, für das finanzgerichtliche Verfahren nicht hergeleitet werden. § 58 Abs. 3 FGO entspricht § 79 Abs. 2 AO (dazu s. § 79 AO Rz. 13 ff.). Zur **Unterbrechung** des Verfahrens bei Beendigung der Vertretungsbefugnis s. §§ 241, 246 ZPO; dazu s. § 74 FGO Rz. 14. 2

3 § 58 Abs. 2 Satz 2 FGO verweist auf die §§ 53 bis 58 ZPO.

**§ 53 ZPO Prozessfähigkeit bei Betreuung und Pflegschaft**

Wird in einem Rechtsstreit eine prozessfähige Person durch einen Betreuer oder Pfleger vertreten, so steht sie für den Rechtsstreit einer nicht prozessfähigen Person gleich.

**§ 53a ZPO Vertretung eines Kindes durch Beistand**

Wird in einem Rechtsstreit ein Kind durch einen Beistand vertreten, so ist die Vertretung durch den sorgeberechtigten Elternteil ausgeschlossen.

**§ 54 ZPO Besondere Ermächtigung zu Prozesshandlungen**

Einzelne Prozesshandlungen, zu denen nach den Vorschriften des bürgerlichen Rechts eine besondere Ermächtigung erforderlich ist, sind ohne sie gültig, wenn die Ermächtigung zur Prozessführung im Allgemeinen erteilt oder die Prozessführung auch ohne eine solche Ermächtigung im Allgemeinen statthaft ist.

**§ 55 ZPO Prozessfähigkeit von Ausländern**

Ein Ausländer, dem nach dem Recht seines Landes die Prozessfähigkeit mangelt, gilt als prozessfähig, wenn ihm nach dem Recht des Prozessgerichts die Prozessfähigkeit zusteht.

**§ 56 ZPO Prüfung von Amts wegen**

(1) Das Gericht hat den Mangel der Parteifähigkeit, der Prozessfähigkeit, der Legitimation eines gesetzlichen Vertreters und der erforderlichen Ermächtigung zur Prozessführung von Amts wegen zu berücksichtigen.

(2) Die Partei oder deren gesetzlicher Vertreter kann zur Prozessführung mit Vorbehalt der Beseitigung des Mangels zugelassen werden, wenn mit dem Verzug Gefahr für die Partei verbunden ist. Das Endurteil darf erst erlassen werden, nachdem die für die Beseitigung des Mangels zu bestimmende Frist abgelaufen ist.

**§ 57 ZPO Prozesspfleger**

(1) Soll eine nicht prozessfähige Partei verklagt werden, die ohne gesetzlichen Vertreter ist, so hat ihr der Vorsitzende des Prozessgerichts, falls mit dem Verzug Gefahr verbunden ist, auf Antrag bis zu dem Eintritt des gesetzlichen Vertreters einen besonderen Vertreter zu bestellen.

(2) Der Vorsitzende kann einen solchen Vertreter auch bestellen, wenn in den Fällen des § 20 eine nicht prozessfähige Person bei dem Gericht ihres Aufenthaltsortes verklagt werden soll.

§ 58 ZPO betrifft die Bestellung eines Prozesspflegers die klageweise Geltendmachung von Rechten an herrenlosen Grundstücken und Schiffen. Da die Vorschrift für den Finanzprozess ohne Bedeutung sein dürfte, wurde vom Abdruck abgesehen.

4 Ein **Mangel der Prozessfähigkeit** der am Verfahren teilnehmenden Personen ist in jeder Lage des Verfahrens **von Amts wegen zu berücksichtigen** (§ 58 Abs. 2 Satz 2 FGO i. V.m. § 56 Abs. 1 ZPO; z. B. BFH v. 01.09.2005, IX B 87/05, BFH/NV 2006, 94; BFH v. 15.04.2014, V S 5/14 [PKH], BFH/NV 2014, 1381; Verfahrensweise: BVerwG v. 03.12.1965, VII C 90.61, BVerwGE 23, 15); dasselbe gilt für einen Mangel der Legitimation eines gesetzlichen Vertreters bzw. der erforderlichen Ermächtigung zur Prozessführung von Amts wegen (z. B. als Insolvenzverwalter; § 58 Abs. 2 Satz 2 FGO i. V. m. § 56 Abs. 1 ZPO). Daher ist die Klageerhebung durch einen Geschäftsunfähigen unzulässig, sofern nicht der Betreuer eine Einwilligung hierzu erteilt (vgl. FG Mchn v. 23.04.2010, 14 K 2827/09, juris). Einzelne Prozesshandlungen, zu denen nach den Vorschriften des bürgerlichen Rechtes eine besondere Ermächtigung erforderlich ist, sind ohne sie gültig, wenn die Ermächtigung zur Prozessführung im Allgemeinen erteilt oder die Prozessführung auch ohne eine solche Ermächtigung im Allgemeinen statthaft ist (§ 54 ZPO). Ein Ausländer, dem nach dem Recht seines Landes die Prozessfähigkeit fehlt, gilt als prozessfähig, wenn ihm nach inländischem Recht die Prozessfähigkeit zusteht (§ 55 ZPO). Die vorläufige Zulassung zur Prozessführung durch **nicht anfechtbaren Beschluss des FG** (*Drüen* in Tipke/Kruse, § 58 FGO Rz. 32) erfolgt nach § 56 Abs. 2 ZPO. Wegen der Prozessführungsbefugnis des Vorerben vgl. BFH v. 25.04.1969 BStBl II 1969, 622. § 57 ZPO kommt im Finanzprozess nur sehr eingeschränkt zur Anwendung. Die Vorschrift erschöpft sich nach Wortlaut und Zweck darin, dem Kläger einen prozessfähigen Gegner gegenüberzustellen, damit er seinen Anspruch geltend machen kann. Deshalb ist sie im Steuerrecht regelmäßig nur dann anzuwenden, wenn eine mangels Vertretung prozessunfähige GmbH beigeladen werden muss, nicht aber, wenn z. B. eine nicht prozessfähige GmbH ihrerseits klagen will (BFH v. 12.07.1999, IX S 8/99, BFH/NV 1999, 1631).

Gem. § 58 Abs. 2 Satz 2 FGO i. V. m. § 53 ZPO gilt auch im Finanzprozess, dass die Anordnung einer **Betreuung** (§ 1896 BGB) oder Pflegschaft (§§ 1909, 1911, 1913, 1660 BGB) für eine prozessfähige Person und ihre Vertretung durch einen Betreuer oder Pfleger die Gleichstellung des Vertretenen für den betreffenden Rechtsstreit mit einem Prozessunfähigen zur Folge hat (§ 53 ZPO). Ab Vorlage der Bestallungsurkunde sind Zustellungen an den Pfleger bzw. an den Betreuer zu richten (BFH v. 21.10.1982, IV R 113/82, BStBl II 1983, 239). Steht eine Person in allen von ihr und gegen sie betriebenen gerichtlichen Verfahren und behördlichen Ermittlungsverfahren unter Betreuung und ist für Willenserklärungen im vorgenannten Aufgabenkreis die Einwilligung des Betreuers notwendig (Einwilligungsvorbehalt, § 1903 BGB), kann daher eine ohne Einwilligung vorgenommene Prozesshandlung (z. B. Einlegung einer NZB, § 116 Abs. 1 FGO) grundsätzlich nicht wirksam erhoben werden (BFH v. 08.02.2012, V B 3/12, BFH/NV 2012, 770; BFH v. 10.02.2012, VI B 130/11, BFH/NV 2012, 771). 5

Legt der Geschäftsführer einer **GmbH** sein Amt nieder, verliert die GmbH trotz der Regelung des § 35 Abs. 1 Satz 2 GmbHG ihre Prozessfähigkeit; es bedarf dann der Bestellung eines neuen Geschäftsführers zur Aktivvertretung der GmbH (BFH v. 28.08.2012, I B 69/12, BFH/NV 2013, 50). Ergeht gegen eine GmbH nach ihrer Löschung im Handelsregister ein Steuerbescheid zu Händen ihres früheren Liquidators, so ist sie, vertreten durch diesen Liquidator, insoweit prozessfähig, als die Frage ihrer Prozessfähigkeit zu prüfen ist (BFH v. 02.07.1969, I R 190/67, BStBl II 1969, 656; BFH v. 27.04.2000, I R 65/98, BStBl II 2000, 500); das Erlöschen der Vertretungsbefugnis muss insoweit unbeachtet bleiben, weil der Rechtsschein eines wirksam bekannt gegebenen Verwaltungsakts beseitigt werden muss (auch s. § 122 AO Rz. 13). Legt der Liquidator einer GmbH i. L. das Amt nieder, ist deren NZB unzulässig (BFH v. 10.03.2016, IX B 135/15, BFH/NV 2016, 939). Eine **GbR** besteht nach ihrer Auflösung so lange fort, bis alle – auch die umsatzsteuerrechtlichen – Ansprüche und Verpflichtungen, die das Gesellschaftsverhältnis betreffen, abgewickelt sind (st. Rspr., z. B. BFH v. 04.12.2012, VIII R 42/09, BStBl II 2013, 365; auch s. § 48 FGO Rz. 8 f.).

6a Die Bestellung eines Prozesspflegers nach § 58 Abs. 2 Satz 2 FGO i. V. m. § 57 Abs. 1 ZPO scheidet im Finanzprozess (Verwaltungsprozess) grds. aus. Denn die Norm gilt nur für die Prozessunfähigkeit des Beklagten (*Althammer* in Zöller, § 57 ZPO Rz. 1). Sie soll sicherstellen, dass dem Kläger ein prozessfähiger Gegner gegenübersteht, damit er seinen Anspruch geltend machen kann (vgl. BVerwG v. 05.06.1968, V C 147.67, BVerwGE 30, 24; BFH v. 10.03.2016, X S 47/15, BFH/NV 2016, 1044).

7 Allgemein ist für den Streit über die Prozessfähigkeit eines Beteiligten (sog. **Zulassungsstreit**) dieser immer als prozessfähig zu behandeln (s. z. B. BFH v. 11.12.2001, VI R 19/01, BFH/NV 2002, 651). Daher ist eine prozessunfähige Partei, die sich dagegen wehrt, dass sie als prozessunfähig angesehen wird, insoweit für das Rechtsmittelverfahren ebenso prozessfähig wie eine Partei, die als prozessfähig behandelt worden ist und geltend macht, dass dies zu Unrecht geschehen ist, selbst wenn ihre Ansicht sich als richtig erweist (BGH v. 09.04.1986 IV b ZR 10/85 NJW-RR 1987, 1119).

## § 59 FGO Streitgenossenschaft

**Die Vorschriften der §§ 59 bis 63 der Zivilprozessordnung über die Streitgenossenschaft sind sinngemäß anzuwenden.**

**S. § 64 VwGO; § 74 SGG**

### Schrifttum

BARTONE, Auswirkungen des Insolvenzverfahrens auf das finanzgerichtliche Verfahren, AO-StB 2007, 49.

**§ 59 ZPO Streitgenossenschaft bei Rechtsgemeinschaft oder Identität des Grundes** 1

Mehrere Personen können als Streitgenossen gemeinschaftlich klagen oder verklagt werden, wenn sie hinsichtlich des Streitgegenstands in Rechtsgemeinschaft stehen oder wenn sie aus demselben tatsächlichen und rechtlichen Grunde berechtigt oder verpflichtet sind.

**§ 60 ZPO Streitgenossenschaft bei Gleichartigkeit der Ansprüche**

Mehrere Personen können auch dann als Streitgenossen gemeinschaftlich klagen oder verklagt werden, wenn gleichartige und auf einem im Wesentlichen gleichartigen tatsächlichen und rechtlichen Grund beruhende Ansprüche oder Verpflichtungen den Gegenstand des Rechtsstreits bilden.

**§ 61 ZPO Wirkung der Streitgenossenschaft**

Streitgenossen stehen, soweit nicht aus den Vorschriften des bürgerlichen Rechts oder dieses Gesetzes sich ein anderes ergibt, dem Gegner dergestalt als einzelne gegenüber, dass die Handlungen des einen Streitgenossen dem anderen weder zum Vorteil noch zum Nachteil gereichen.

**§ 62 ZPO Notwendige Streitgenossenschaft**

(1) Kann das streitige Rechtsverhältnis allen Streitgenossen gegenüber nur einheitlich festgestellt werden oder ist die Streitgenossenschaft aus einem sonstigen Grunde eine notwendige, so werden, wenn ein Termin oder eine Frist nur von einzelnen Streitgenossen versäumt wird, die säumigen Streitgenossen als durch die nicht säumigen vertreten angesehen.

(2) Die säumigen Streitgenossen sind auch in dem späteren Verfahren zuzuziehen.

**§ 63 ZPO Prozessbetrieb; Ladungen**

Das Recht zur Betreibung des Prozesses steht jedem Streitgenossen zu; zu allen Terminen sind sämtliche Streitgenossen zu laden.

§ 59 FGO verweist auf die §§ 59 bis 63 ZPO, deren Gegenstand die **Streitgenossenschaft** ist. Streitgenossenschaft i. S. der genannten Vorschriften der ZPO entsteht durch gemeinschaftliche Klageerhebung (subjektive Klagehäufung) oder durch gemeinschaftliches Verklagtwerden. Voraussetzung ist eine Rechtsgemeinschaft hinsichtlich des Streitgegenstandes oder eine gemeinsame Berechtigung oder Verpflichtung aus demselben rechtlichen und tatsächlichen Grund (§ 59 ZPO). Rechtsgemeinschaft dieser Art kann auch durch Rechtsnachfolge mehrerer Personen in die Rechtsstellung einer Person entstehen (vgl. FG Nds v. 28.07.2010, 3 K 215/09, EFG 2010, 1805). Mehrere Personen können auch dann als Streitgenossen gemeinschaftlich klagen, wenn den Gegenstand des Rechtsstreits gleichartige oder auf einem im Wesentlichen gleichartigen tatsächlichen und rechtlichen Grund beruhende Ansprüche oder Verpflichtungen bilden (§ 60 ZPO). In diesen Fällen handelt es sich um die **einfache Streitgenossenschaft**. Sie setzt voraus, dass jeder der mehreren Kläger nach materiellem Recht allein handeln kann. Da in solchen Fällen stets neben der subjektiven auch eine objektive Klagehäufung (§ 43 FGO) vorliegt, ist weitere Voraussetzung, dass die mehreren Klagen im Zusammenhang stehen und dass dasselbe Gericht für die Verfahren zuständig ist. Kann das streitige Rechtsverhältnis allen Streitgenossen gegenüber nur einheitlich festgestellt werden (aus prozessualen Gründen) oder ist die Streitgenossenschaft aus einem sonstigen (materiellrechtlichen) Grund eine notwendige (§ 62 Abs. 1 ZPO), so liegt **notwendige Streitgenossenschaft** vor. Streitgenossenschaft kann in Fällen der vorbezeichneten Art auch durch nachträgliche Verbindung von Prozessen geschaffen werden (§ 73 FGO).

2 **Einfache Streitgenossenschaft** ist im Steuerrecht primär denkbar bei Anfechtungsklagen mehrerer Gesamtschuldner (zur Gesamtschuld s. § 44 AO), z.B. zusammen veranlagte **Ehegatten** (§§ 26, 26b EStG), die gemeinsam Klage erheben (vgl. z.B. BFH v. 12.12.2008, IV E 1/08, juris). Es können aber auch mehrere Personen, die als Miterben je zur Erbschaftsteuer herangezogen sind oder die als Erwerber von Miteigentumsanteilen an einem Grundstück je zur GrESt herangezogen sind, als einfache Streitgenossen klagen.

3 **Notwendige Streitgenossenschaft** besteht im Steuerrecht jedenfalls unter mehreren (klagebefugten) Klägern, die gemeinschaftlich Klage erhoben haben, wenn ihnen gegenüber nur einheitlich entschieden werden kann (insbes. in Fällen einheitlicher und gesonderter Feststellung, wenn mehrere nach § 48 Abs. 1 FGO klagebefugte Feststellungsbeteiligte Klage erheben; z.B. BFH v. 30.09.2004, IV B 42/03, BFH/NV 2005, 365; FG Mchn v. 08.08.2014, 8 K 2943, juris; *Levedag* in Gräber, § 59 FGO Rz. 8 m.w.N., s. § 48 FGO Rz. 1), und zwar aus prozessrechtlichen Gründen. Erheben die Betreffenden Klage, so behalten die nur äußerlich zusammengefassten Verfahren ihre Selbstständigkeit. Fristen etwa laufen für jeden Streitgenossen gesondert (FG Mchn v. 08.08.2014, 8 K 2943, juris). Ein Fall der notwendigen Streitgenossenschaft liegt auch vor, wenn der im Einspruchsverfahren gem. § 360 AO Hinzugezogene neben dem Einspruchsführer selbstständig Klage erhebt (BFH v. 07.02.2007, IV B 210/04, BFH/NV 2007, 869). Demgegenüber bilden im Fall eines Zuständigkeitswechsels während des Prozesses des bisher örtlich zuständige FA und das örtlich neu zuständige FA keine notwendige Streitgenossenschaft (BFH v. 07.02.2007, V B 110/06, BFH/NV 2007, 870).

4 Die mehreren **Verfahren** behalten trotz äußerlicher Verbindung ihre **Selbständigkeit**, und zwar im Grunde auch bei notwendiger Streitgenossenschaft. Daraus folgt z.B., dass die Sachentscheidungsvoraussetzungen für das Verfahren jedes Streitgenossen eigenständig zu überprüfen sind. Bei einfacher Streitgenossenschaft kann jeder Streitgenosse seine Klage zurücknehmen oder den Rechtsstreit für erledigt erklären. Ein Teilurteil gegenüber nur einem Streitgenossen scheidet aber aus (BFH v. 15.07.2010, VIII B 39/09, BFH/NV 2010, 2089). Nimmt ein notwendiger Streitgenosse seine Klage zurück, so ist er zum Verfahren des/der anderen Streitgenossen ebenso notwendig beizuladen (§ 60 Abs. 3 FGO) wie wenn seine Klage als unzulässig abgewiesen wurde. **Einseitige Erklärung zur Erledigung der Hauptsache** nur eines **notwendigen Streitgenossen** kann aus prozessualen Gründen keine Wirkung haben. Daher ist im Fall der Hauptsachenerledigungserklärung nur durch einen notwendigen Streitgenossen dieser beizuladen (§ 60 FGO) und über die Klage des/der anderen Streitgenossen in der Sache zu entscheiden (BFH v. 07.02.2007, IV B 210/04, BFH/NV 2007, 869). Zur Unterbrechung des Verfahrens bei **Insolvenz eines Streitgenossen** s. § 74 FGO Rz. 13.

Der sinngemäßen Anwendung von § 62 ZPO stehen weitgehend die Besonderheiten des finanzgerichtlichen Verfahrens entgegen. Die Vertretungsfunktion kommt zivilprozessrechtlich in zwei Fällen in Betracht, einmal dann, wenn das streitige Rechtsverhältnis allen Streitgenossen gegenüber nur einheitlich festgestellt werden kann und zum andern, wenn die Streitgenossenschaft »aus einem sonstigen Grunde« notwendig ist, also in Fällen, in denen aus materiellrechtlichen Gründen mehrere Personen nur gemeinsam klagebefugt sind (instruktiv BFH v. 19.01.1989 V R 98/83, BStBl II 1989, 360). Hinsichtlich der ersten Alternative ist für die Anwendung der Vertretungsfiktion in Hinblick auf § 60 Abs. 3 FGO im finanzgerichtlichen Verfahren kein Raum (BFH v. 07.08.1986 IV R 137/83 BStBl II 1986, 910). 5

Hinsichtlich der Rechtsstellung der Streitgenossen gehen die §§ 61, 63 ZPO davon aus, dass jeder Streitgenosse den Prozess selbstständig führt. Abweichende Angriffs- oder Verteidigungsmittel sind zulässig, desgl. abweichende Sachanträge (§ 60 Abs. 6 Satz 2 FGO); jedoch wird das Gericht angesichts § 96 Abs. 2 Satz 2 FGO auf einheitliche Antragstellung hinzuwirken haben (§ 76 Abs. 2 FGO). **Rechtsmittel** kann **jeder Streitgenosse selbstständig** einlegen. Zur Rücknahme einer Revision im Fall der notwendigen Streitgenossenschaft BFH v. 06.07.1977 BStBl II 1977, 696. Die Rechtskraft des Urteils müssen alle Streitgenossen gegen sich gelten lassen (§ 110 FGO). 6

## § 60 FGO Beiladungen

**(1) Das Finanzgericht kann von Amts wegen oder auf Antrag andere beiladen, deren rechtliche Interessen nach den Steuergesetzen durch die Entscheidung berührt werden, insbesondere solche, die**

**nach den Steuergesetzen neben dem Steuerpflichtigen haften. Vor der Beiladung ist der Steuerpflichtige zu hören, wenn er am Verfahren beteiligt ist.**

**(2) Wird eine Abgabe für einen anderen Abgabenberechtigten verwaltet, so kann dieser nicht deshalb beigeladen werden, weil seine Interessen als Abgabenberechtigter durch die Entscheidung berührt werden.**

**(3) Sind an dem streitigen Rechtsverhältnis Dritte derart beteiligt, dass die Entscheidung auch ihnen gegenüber nur einheitlich ergehen kann, so sind sie beizuladen (notwendige Beiladung). Dies gilt nicht für Mitberechtigte, die nach §48 nicht klagebefugt sind.**

**(4) Der Beiladungsbeschluss ist allen Beteiligten zuzustellen. Dabei sollen der Stand der Sache und der Grund der Beiladung angegeben werden.**

**(5) Die als Mitberechtigte Beigeladenen können aufgefordert werden, einen gemeinsamen Zustellungsbevollmächtigten zu benennen.**

**(6) Der Beigeladene kann innerhalb der Anträge eines als Kläger oder Beklagter Beteiligten selbständig Angriffs- und Verteidigungsmittel geltend machen und alle Verfahrenshandlungen wirksam vornehmen. Abweichende Sachanträge kann er nur stellen, wenn eine notwendige Beiladung vorliegt.**

**S. §§65, 66 VwGO; §75 SGG**

**Schrifttum**

Fischer, Die prozessuale Stellung der Gemeinden nach § 40 Abs. 3, § 60 Abs. 2 FGO, StuW 1972, 63; Bartone, Auswirkungen des Insolvenzverfahrens auf das finanzgerichtliche Verfahren, AO-StB 2007, 49; von Wedelstädt, Hinzuziehung und Beiladung, AO-StB 2007, 15 (Teil 1) und 46 (Teil 2).

1 Die Beiladung im Verfahren vor dem FG entspricht im Wesentlichen der Hinzuziehung von Beteiligten zum außergerichtlichen Rechtsbehelfsverfahren gem. § 360 AO, in gewissem Sinne auch der sog. Nebenintervention der §§ 66, 69 ZPO, die im Finanzprozess indessen nicht in Betracht kommt (z.B. BFH v. 23.05.1997, IX S 12/96, BFH/NV 1997, 792; auch *Leipold* in HHSp, § 60 FGO Rz. 19). Finanzbehörden können nicht beigeladen werden (BFH v. 23.11.1972, VIII R 42/67, BStBl II 1973, 198). Die Absätze 1 bis 3 der §§ 60 FGO und 360 AO stimmen, von redaktionellen Abweichungen abgesehen, miteinander überein. Zur Vermeidung von Wiederholungen wird auf die ausführlichen Erläuterungen zu § 360 AO verwiesen (s. § 360 AO Rz. 3 ff.). Auch im finanzgerichtlichen Verfahren ist zwischen **einfacher Beiladung** (s. § 60 Abs. 1 FGO Rz. 4) und notwendiger Beiladung zu unterscheiden. Für die Fälle, in denen die Entscheidung in der Sache nur einheitlich ergehen kann, die Beiladung demnach zwingend geboten ist, spricht § 60 Abs. 3 FGO von **notwendiger Beiladung** (s. Rz. 5). Im Übrigen muss das FG eine beantragte Beiladung vornehmen, wenn auch nur die Möglichkeit besteht, dass die rechtlichen Interessen des Antragstellers nach den Steuergesetzen durch die Entscheidung berührt werden (BFH v. 08.06.1966, III B 5/66, BStBl III 1966, 466). Dies ist nach Unanfechtbarkeit eines Urteils nicht mehr möglich (BFH v. 07.02.1980, VI B 97/79, BStBl II 1980, 210). Für eine – entsprechende – Anwendung der auf die unbeschränkte Verfügung der Parteien über den Streitgegenstand zugeschnittenen Vorschriften der ZPO über die sog. Streitverkündung (§§ 72 bis 74 ZPO) ist angesichts der weitgespannten Regelung der Beiladung kein Raum (so auch BFH v. 20.02.1970, III R 75/66, BStBl II 1970, 484); beachte auch die Bestimmungen der §§ 61, 122 Abs. 2, 110 Abs. 1 Satz 2 FGO. Jede Beiladung setzt – selbstverständlich – ein noch anhängiges finanzgerichtliches Verfahren voraus (BFH v. 29.05.2008, V S 43/07, juris).

Beiladung kommt grds. **auch in Beschlussverfahren** in Betracht. Bei einem Verfahren wegen Aussetzung der Vollziehung (§ 69 Abs. 3 FGO) ist nach der st. Rspr. des BFH auch notwendige Beiladung (§ 60 Abs. 3 FGO) nicht erforderlich, und zwar im Hinblick auf die jederzeitige Abänderbarkeit (§ 69 Abs. 3 Satz 5 FGO) eines in diesem Verfahren ergehenden Beschlusses (z.B. BFH v. 22.10.1980, I S 1/80, BStBl II 1981, 99). § 60 Abs. 2 FGO schließt die Beiladung in den Fällen aus, in denen die Verwaltungshoheit und die Ertragshoheit bei verschiedenen Körperschaften liegt (z.B. KiSt und – teilweise – GewSt). Wegen der hieraus resultierenden verfassungsrechtlichen Bedenken im Hinblick auf Art. 103 Abs. 1 GG (rechtliches Gehör) *P. Fischer*, StuW 1972, 63; *Leipold* in HHSp, § 60 FGO Rz. 40. 2

Zur Durchführung der Beiladung § 60 Abs. 4 und Abs. 5 FGO. Erforderlich ist ein förmlicher Beschluss (§ 113 FGO; BFH v. 15.11.1967, IV R 281/66, BStBl II 1968, 122), der allen Beteiligten zuzustellen ist (§ 60 Abs. 4 Satz 1 FGO) und gem. § 128 FGO mit der **Beschwerde** angefochten werden kann (BFH v. 27.05.1981, I R 112/79, BStBl II 1982, 192; BFH v. 14.01.1987, II B 108/86, BStBl II 1987, 267). Demgegenüber ist die Unterlassung einer Beiladung nicht selbstständig mit der Beschwerde anfechtbar (BFH v. 28.07.2009, I B 64–66/09 u.a., BFH/NV 2010, 46). Erst mit dem gerichtlichen Beiladungsbeschluss wird der Dritte Beteiligter i.S. von § 57 Nr. 3 FGO (BFH v. 18.09.1974, II R 129/73, BStBl II 1975, 40; s. § 57 FGO Rz. 4). Zur Wirksamkeit des Beiladungsbeschlusses schon durch Verkündung während der mündlichen Verhandlung infolge Anwesenheit der Beizuladenden BFH v. 03.12.1986, II R 59/86, BStBl II 1987, 302. Der Beiladungsbeschluss kann vom FG auch noch nach Ergehen des erstinstanzlichen Urteils erlassen wer- 3 den; dies führt jedoch dann zur Urteilsaufhebung und Zurückverweisung, wenn die Beiladung erst nach Durchführung einer mündlichen Verhandlung ausgesprochen wird und das FG die mündliche Verhandlung nicht wiedereröffnet hat (BFH v. 04.08.1983, IV R 222/80, BStBl II 1983, 762). Die verfahrensmäßige Rechtsstellung der Beigeladenen regelt § 60 Abs. 6 FGO. Im Unterschied zum außergerichtlichen Rechtsbehelfsverfahren, in dem die Behörde an die Anträge der Beteiligten nicht gebunden ist (§ 367 AO Rz. 12), wirkt sich im finanzgerichtlichen Verfahren die Bindung des Gerichtes an das Klagebegehren aus (§ 96 Abs. 1 Satz 2 FGO). Das erklärt die besonderen Vorschriften über die Anträge, die der Beigeladene stellen kann. § 60 Abs. 6 Satz 1 FGO entspricht dem Grundsatz, dass sich die Beiladung nicht gegen das Interesse des betreffenden Beteiligten auswirken soll; in den Fällen der notwendigen Beiladung (s. Rz. 5) ist hierfür kein Raum (§ 60 Abs. 6 Satz 2 FGO).

3a § 174 Abs. 5 Satz 2 AO enthält einen **selbständigen Beiladungsgrund**; danach ist eine Beiladung unabhängig davon zulässig, ob auch die tatbestandlichen Voraussetzungen des § 60 FGO erfüllt sind (z. B. BFH v. 25.03.2014, XI B 127/13, BFH/NV 2014, 1012). Der gem. § 174 Abs. 5 Satz 2 AO auf Antrag der beklagten Behörde Beigeladene hat die Rechtsstellung eines notwendig Beigeladenen (BFH v. 25.08.1987, IX R 98/82, BStBl II 1988, 344; BFH v. 24.11.2010, II B 48/10, BFH/NV 2011, 408). Zur Beiladung nach § 174 Abs. 5 AO s. § 174 AO Rz. 73 ff.; *von Wedelstädt* in Bartone/von Wedelstädt, Rz. 1160 ff.

4 Die **einfache Beiladung** (§ 60 Abs. 1 Satz 1 FGO) steht im **Ermessen** des Gerichts (z. B. BFH v. 19.09.2013, V B 78/12, BFH/NV 2014, 72). Die Entscheidung des FG hierüber kann der BFH vollinhaltlich überprüfen und eigenes Ermessen ausüben (BFH v. 13.07.2009, II B 10/09, BFH/NV 2009, 1663). Das Erfordernis für den einfach Beigeladenen (§ 60 Abs. 1 FGO), innerhalb der Anträge eines als Kläger oder Beklagten Beteiligten zu bleiben, besagt nicht, dass er sich notwendig stets deren Anträgen anschließen muss. Vielmehr muss sich der einfach Beigeladene innerhalb des Rahmens halten, den Kläger und Beklagter durch ihre Anträge gesteckt haben. Der einfach Beigeladene bleibt im Gegensatz zum notwendig Beigeladenen (s. Rz. 5 ff.) Dritter in einem fremden Rechtsstreit (BFH v. 22.07.1980, VIII R 114/78, BStBl II 1981, 101). Die Unterlassung der einfachen Beiladung stellt demnach keinen Verfahrensfehler dar (BFH v. 28.01.2010, VIII B 129/09, BFH/NV 2010, 877).

5 Besondere Bedeutung kommt der **notwendigen Beiladung** (§ 60 Abs. 3 FGO) zu. Sie liegt nur vor, wenn die Entscheidung notwendigerweise und unmittelbar Rechte Dritter gestaltet, verändert oder zum Erlöschen bringt, insbes. in Fällen, in denen das, was einen Prozessbeteiligten begünstigt oder benachteiligt, zwangsläufig umgekehrt den Dritten benachteiligen oder begünstigen muss; dies gilt insbes. in Fällen, in denen das, was einen Prozessbeteiligten begünstigt oder benachteiligt, notwendigerweise umgekehrt den Dritten benachteiligen oder begünstigen muss (z. B. BFH v. 08.05.2014, X B 105/13, BFH/NV 2014, 1213; BFH v. 11.01.2018, X R 21/17, BFH/NV 2018, 529). Ein sachlogischer oder rechnerischer Zusammenhang genügt nicht (BFH v. 04.07.2001, VI B 301/98, BStBl II 2001, 729; BFH v. 11.01.2018, X R 21/17, BFH/NV 2018, 529). Sie entspricht der notwendigen Hinzuziehung zum Verwaltungsverfahren gem. § 360 Abs. 3 AO und ist grds. ebenso **zwingend** (*von Wedelstädt*, AO-StB 2007, 18). Allerdings räumt § 123 Abs. 1 Satz 2 FGO dem BFH das Ermessen ein, eine notwendige Beiladung im Revisionsverfahren nachzuholen oder die Sache zur erneuten Verhandlung und Entscheidung an das FG zurückzuverweisen (z. B. BFH v. 23.04.2009, IV R 24/08, BFH/NV 2009, 1427; BFH v. 29.04.2009, X R 16/06, BStBl II 2009, 732; BFH v. 21.02.2017, VIII R 24/16, BFH/NV 2017, 899; auch s. Rz. 7). Während der Hinzugezogene jedoch Einwendungen unabhängig vom Verbringen des Einspruchsführers geltend machen kann (*Brandis* in Tipke/Kruse, § 360 AO Rz. 7), kann der notwendig Beigeladene abweichende Sachanträge nur innerhalb der Grenzen des durch das Klagebegehren bestimmten Verfahrens- und Streitgegenstands stellen (BFH v. 07.02.2007, IV B 210/04, BFH/NV 2007, 869; *Brandis* in Tipke/Kruse, § 60 FGO Rz. 104; s. Rz. 6). Von einer notwendigen Beiladung gem. § 60 Abs. 3 FGO kann abgesehen werden, wenn die **Klage offensichtlich unzulässig** ist (z. B. BFH v. 07.05.2014, II B 117/13, BFH/NV 2014, 1232). Die notwendige Beiladung kann durch eine **Verbindung** der Verfahren nach § 73 Abs. 2 FGO ersetzt werden (s. § 73 FGO Rz. 2). Einen speziell geregelten Fall der notwendigen Beiladung regelt § 174 Abs. 5 AO (s. § 174 AO Rz. 86).

**Einzelfälle**: Bei Klagen gegen **einheitliche und gesonderte Feststellungen** von Besteuerungsgrundlagen sind grds. alle nach § 48 FGO klagebefugten Mitberechtigten notwendig beizuladen (z. B. BFH v. 13.04.2017, IV R 25/15, BFH/NV 2017, 1182; BFH v. 28.09.2017, IV R 51/15, BFH/NV 2018, 246). Umgekehrt ist z. B. auch eine ausländische Personengesellschaft zu einer Klage eines Gesellschafters notwendig beizuladen (BFH v. 27.09.2017, I R 62/15, BFH/NV 2018, 620). Denn eine solche Gesellschaft ist gem. § 48 Abs. 1 Nr. 1 FGO sowohl gegen positive wie gegen negative Feststellungsbescheide klagebefugt (z. B. BFH v. 19.01.2017, IV R 50/13, BFH/NV 2017, 751; BFH v. 27.09.2017, I R 62/15, BFH/NV 2018, 620; s. § 48 FGO Rz. 10). Diese Grundsätze gelten auch für eine nie zur Eintragung gelangte, faktisch beendete GmbH i.G. (vgl. BFH v. 21.10.2014, VIII R 22/11, BStBl II 2015, 687). Keine notwendige Beiladung erfolgt von solchen Personen, die nach § 48 FGO nicht klagebefugt sind (§ 60 Abs. 3 Satz 2 FGO; z. B. BFH v. 13.02.2018, IV R 37/15, BFH/NV 2018, 539). Demnach sind die Gesellschafter einer KG in einem Verfahren we- 5a gen der gesonderten und einheitlichen Feststellung des gesamten Gewerbesteuermessbetrags (§ 35 Abs. 2 Satz 1 EStG) der Gesellschaft nicht nach § 60 Abs. 3 FGO notwendig beizuladen (BFH v. 04.12.2014, IV R 27/11, BStBl II 2015, 278). Eine Beiladung hat auch zu unterbleiben, wenn der Beteiligte unter keinem denkbaren steuerrechtlichen Gesichtspunkt durch die angefochtene Feststellung betroffen sein kann (BFH v. 15.04.2010, IV R 5/08, BStBl II 2010, 912). Dies gilt z. B. für eine atypisch stille Gesellschaft, die als Innengesellschaft nicht Beteiligte eines finanzgerichtlichen Verfahrens sein kann, das die gesonderte und einheitliche Gewinnfeststellung betrifft (z. B. BFH v. 13.07.2017, IV R 41/14, BStBl II 2017, 1133; s. § 57 FGO Rz. 8). Zu weiteren Einzelheiten s. § 48 FGO Rz. 7 f. Klagt einer von mehreren **Gesamtschuldnern** gegen den an ihn gerichteten Bescheid, liegt grds. kein Fall notwendiger Beiladung vor. Die Gesamtschuldnerschaft begründet kein Verhältnis gegenseitiger Abhängigkeit; die Entscheidung gegenüber den Gesamtschuldnern muss nicht einheitlich ergehen. Daher muss im Fall der Zusammenveranlagung (§§ 26, 26b EStG) ein **Ehegatte** nicht notwendig zum Verfahren des anderen gegen den ESt-Bescheid beigeladen werden (BFH v. 20.02.2017, VII R 22/15, BFH/NV 2017, 906). Auch der im Inland keine steuerpflichtigen Einkünfte erzielende und im Ausland wohnende Ehegatte eines beschränkt Stpfl. ist nicht notwendig zum Klageverfahren des Ehegatten wegen Ablehnung des Antrags auf Zusammenveranlagung gem. § 1 Abs. 3 EStG i. V. m. § 1a Abs. 1 Nr. 2 EStG beizuladen (BFH v. 01.10.2014, I R 18/13, BStBl II 2015, 474; BFH v. 06.05.2015, I R 16/14, BStBl II 2015, 957). Dies gilt auch für die Entscheidung über die Aufteilung eines Erstattungsbetrags (BFH v. 20.02.2017, VII R 22/15, BFH/NV 2017, 906). Etwas anderes gilt nach § 218 Abs. 3 AO i. V. m. § 174 Abs. 5 AO, wenn das FA im Einspruchsverfahren eine Hinzuziehung veranlasst oder im Klageverfahren einen entsprechenden Beiladungsantrag stellt (BFH v. 20.02.2017, VII R 22/15, BFH/NV 2017, 906). Allerdings kann eine Entscheidung über die **Aufteilung einer Gesamtschuld** (§§ 268 ff. AO) nur einheitlich ergehen (vgl. § 279 Abs. 1 Satz 1 AO), sodass hier eine Beiladung notwendig ist (vgl. BFH v. 10.03.2005, VII B 214/04, BFH/NV 2005, 1222; s. § 279 AO Rz. 5). Dies gilt auch im Falle der Inanspruchnahme des **Schenkers**, der neben dem Beschenkten auch Steuerschuldner ist (BFH v. 26.04.2010, II B 131/08, BFH/NV 2010, 1854). Ebenso wenig ist ein möglicher **Haftungsschuldner** im Klageverfahren des Steuerschuldners notwendig beizuladen (BFH 04.11.2009, X B 117/09, BFH/NV 2010, 229; BFH v. 05.09.2012, II B 61/12, BFH/NV 2012, 1995). Zum Verfahren des **Arbeitgebers** wegen Anfechtung der Anordnung einer **LSt-Außenprüfung** sind weder die Arbeitnehmer noch die Rentenversicherungsträger (auch nicht im Hinblick auf § 42f Abs. 4 EStG) notwendig beizuladen (z. B. BFH v. 31.08.2015, VI B 13/15, BFH/NV 2015, 1672). Klagt der **Insolvenzverwalter** im Rahmen des auf ihn übergegangenen alleinigen Klagerechts wegen einer Steuerfestsetzung gegenüber dem Insolvenzschuldner, kommt eine notwendige Beiladung des Insolvenzschuldners nicht in Betracht (BFH v. 12.05.2009, VIII B 27/09, BFH/NV 2009, 1449; BFH v. 25.11.2009, X R 27/05, BFH/NV 2010, 1090; s. § 74 FGO Rz. 13). In **Kindergeldsachen** ist die Mutter zu dem Verfahren, in dem der Sozialleistungsträger die Auszahlung des zugunsten der Mutter festgesetzten Kindergelds an sich begehrt (Abzweigung nach § 74 EStG), notwendig beizuladen (BFH v. 09.02.2004, VIII R 21/03, BFH/NV 2004, 662). Klagt das Kind, an das das Kindergeld abgezweigt ist, gegen die dem Kindergeldberechtigten gegenüber verfügte Aufhebung der Kindergeldfestsetzung, so ist der Kindergeldberechtigte zu diesem Verfahren ebenfalls notwendig beizuladen (BFH v. 30.10.2008, III R 105/07, BFH/NV 2009, 193; BFH v. 17.03.2010, III R 71/09, BFH/NV 2010, 1291). Der Ehegatte (leiblicher Elternteil) ist bei einer Klage des Stiefelternteils auf Berücksichtigung des Stiefkindes als Zählkind nicht notwendig beizuladen (BFH v. 02.03.2009, III B 4/07, BFH/NV 2009, 1109; vgl. auch BFH v. 16.08.2012, III B 73/11, BFH/NV 2012, 1825). Hat die Familienkasse das Kindergeld aufgrund eines geltend gemachten Erstattungsanspruchs an einen Sozialleistungsträger ausgezahlt, ist dieser zu einer Klage des Kindergeldberechtigten grds. notwendig beizuladen (BFH v. 01.04.2014, XI B 145/13, BFH/NV 2014, 1223). **Miterben** sind – abgesehen von Fällen der einheitlichen und gesonderten Feststellung von Besteuerungsgrundlagen (s. § 48 FGO Rz. 7 f.) – grds. nicht notwendig beizuladen, es sei denn es geht um die Haftung für ErbSt (§ 20 Abs. 3 und 5 ErbStG; BFH v. 18.12.2009, II B 165/09, BFH/NV 2010, 677). Bei einem Streit darüber, ob eine Gesellschaft in das Unternehmen eines **Organträgers** eingegliedert ist, ist zwar eine Beiladung des Organträgers nach § 174 Abs. 5 Satz 2 AO möglich, aber nicht i. S. von § 60 Abs. 3 FGO notwendig (BFH v. 01.12.2010, XI R 43/08, BStBl II 2011, 600; *Levedag* in Gräber, § 60 FGO Rz. 107; *Brandis* in Tipke/Kruse, § 60 FGO Rz. 74). In **Umwandlungsfällen** ist der übernehmende Rechtsträger nicht notwendig beizuladen, wenn der Rechtsstreit nicht unmittelbar gestaltend in die Rechte dieses Rechtsträgers eingreifen kann und es vielmehr ihm gegenüber eines weiteren Steuerbescheids bedarf (BFH v. 07.04.2010, I R 96/08, BFH/NV 2010, 1749; BFH v. 22.06.2010, I R 77/09, BFH/NV 2011, 10). Wird eine **Personengesellschaft** in eine Kapitalgesellschaft umgewandelt, kann ein Gewinnfeststellungsbescheid nur von den früheren Gesellschaftern der Personengesellschaft angefochten werden, deren Mitgliedschaft die Zeit berührt, die den Gewinnfeststellungsbescheid betrifft. Frühere klagebefugte Gesellschafter, die nicht selbst Klage erhoben haben, sind notwendig beizuladen (BFH v. 23.01.2009, IV B 149/07, BFH/NV 2014, 170). Ansonsten sind zu einer Klage, die ein ehemaliger Gesellschafter gegen einen Gewinnfeststellungsbescheid für eine Personengesellschaft erhebt, grundsätzlich alle anderen in dem Streitzeitraum beteiligten Gesellschafter beizuladen. Eine Ausnahme gilt nur für solche Gesellschafter, die unter keinem denkbaren Gesichtspunkt von dem Rechtsstreit betroffen sein können (z. B. BFH v. 23.10.2013, IV B 104/13, BFH/NV 2014, 70; vgl. für die Vollbeendigung einer Personengesellschaft BFH v. 26.08.2013, IV B 62/13, BFH/NV 2013, 1940; im Übrigen s. § 48 FGO Rz. 7). Zum Rechtsstreit des **Gesellschafters einer Kapitalgesellschaft** gegen die Annahme von **vGA** (§ 20 Abs. 1 Nr. 1 Satz 2 EStG) ist die Kapitalgesellschaft auch im Hinblick auf § 32 a KStG nicht nach § 60 Abs. 3 FGO notwendig beizuladen (BFH v. 14.10.2008, I B 48/08, BFH/NV 2009, 213; BFH v. 02.12.2014, VIII R 45/11, BFH/NV 2015, 683). In einem gerichtlichen Rechtsstreit über einen **Zuteilungsbescheid** (§ 190 Satz 1 AO) ist die Gemeinde notwendig beizuladen, der entweder der Gewerbesteuermessbetrag zugeteilt worden ist oder die eine solche Zuteilung beansprucht (BFH v. 14.02.2012, I B 50/11, BFH/NV 2012, 920). Wegen weiterer in Betracht kommender Fälle s. § 360 AO Rz. 10.

6 Der **notwendig Beigeladene** kann **selbstständig Sachanträge** – auch abweichende – stellen und **Rechtsmittel** einlegen (§ 60 Abs. 6 Satz 2 FGO; z. B. BFH v. 10.10.2012, VIII R 56/10, BStBl II 2013, 107). Verfahrenshandlungen kann er nur innerhalb der Anträge der Hauptbeteiligten vornehmen. Er muss daher die Klagerücknahme oder auch die Erledigungserklärung durch die Hauptbeteiligten hinnehmen (BFH v. 16.09.2009, X R 17/06, BFH/NV 2010, 459). Zur Frage der Unterbrechung des Verfahrens durch **Insolvenz** eines notwendig Beigeladenen BFH v. 07.10.1987, II R 187/80, BStBl II 1988, 23; *Bartone*, AO-StB 2007, 49; zur Unterbrechung auch s. § 74 FGO Rz. 6, 13. Die Beiladung kann bis zur Rechtskraft des finanzgerichtlichen Urteils erfolgen (BFH v. 07.02.1980, VI B 97/79, BStBl II 1980, 210), also auch nach Ergehen des Urteils (BFH v. 04.08.1983, IV R 222/80, BStBl II 1983, 762). Die **Unterlassung** einer notwendigen – und im gegebenen Falle auch ausführbaren – Beiladung ist **absoluter Revisionsgrund** (§ 119 Nr. 3 FGO) und rechtfertigt die Zulassung der Revision nach § 115 Abs. 2 Nr. 3 FGO (z. B. BFH v. 17.04.2013, VI R 15/12, BFH/NV 2013, 1242, *von Wedelstädt*, AO-StB 2007, 48). Die Unterlassung einer einfachen Beiladung stellt demgegenüber grds. keinen entscheidungserheblichen Verfahrensmangel dar (BFH v. 06.03.2013, X B 93/11, BFH/NV 2013, 903). Dabei ist zu beachten, dass die notwendige Beiladung auch noch durch den BFH im Revisionsverfahren erfolgen kann (§ 123 Abs. 1 Satz 2 FGO; BFH v. 08.05.2008, IV B 138/07, BFH/NV 2008, 1499; s. Rz. 5). Eine Heilung ist nicht möglich (BFH v. 28.10.1999, I R 8/98, BFH/NV 2000, 579), jedenfalls dann nicht, wenn aufgrund der Beiladung weitere Feststellungen durch das FG zu treffen sind (BFH v. 18.12.2002, I R 12/02, BFH/NV 2003, 636; *von Wedelstädt*, AO-StB 2007, 46 [48]). Ein **Verzicht** auf notwendige Beiladung ist **nicht möglich** (BFH v. 10.02.1966, IV 258/63, BStBl III 1966, 423). Allerdings kann die unterbliebene notwendige Beiladung nach Ablauf der Begründungsfrist des § 116 Abs. 3 Satz 1 FGO nicht mehr wirksam als Verfahrensmangel geltend gemacht werden (BFH v. 28.11.2008, VII B 59/08, BFH/NV 2009, 249). Umgekehrt kann eine vom FG **zu Unrecht beschlossene notwendige Beiladung** im Revisionsverfahren nicht aufgehoben werden, sodass auch ein vom FG zu Unrecht Beigeladener am Revisionsverfahren beteiligt ist (BFH v. 17.04.2013, VI R 15/12, BFH/NV 2013, 1242).

Die **Voraussetzungen** der notwendigen Beiladung sind 6a
**von Amts wegen zu prüfen** (BFH v. 17.04.2013, VI R 15/12, BFH/NV 2013, 1242; BVerwG v. 14.01.1966, IV C 111.65, NJW 1966, 610). Auch wenn die Klage gegen den ausdrücklichen Willen des Beigeladenen erhoben wurde, kann er sich nicht gegen die notwendige Beiladung wenden (BFH v. 15.11.1968, VI B 82/68, BStBl II 1969, 112). Im Falle des § 73 Abs. 2 FGO wird die notwendige Beiladung durch Verbindung der beiden Klageverfahren ersetzt. Die notwendige Beiladung wird jedoch nur insoweit i. S. des § 73 Abs. 2 FGO durch Verfahrensverbindung bzw. subjektive Klagehäufung ersetzt, soweit die mehreren Klagen zulässig sind (BFH v. 30.07.1986, II R 246/83, BStBl II 1986, 820), denn nur dann ist die gebotene Einheitlichkeit der Entscheidung gewährleistet (vgl. BFH v. 07.08.1986, IV R 137/83, BStBl II 1986, 910). Erweist sich eine der mehreren Klagen als unzulässig, ist zu trennen, diese Klage abzuweisen und deren Kläger zum Verfahren des anderen beizuladen. Die zeitlich vorhergehende Entscheidung über die (unzulässige) Klage ist zur Beseitigung von deren Rechtshängigkeit (§ 66 FGO) erforderlich. Dies hat zur Auswirkung, dass dann, wenn ein Streitgenosse nach Ergehen des finanzgerichtlichen Urteils die Klage zurücknimmt, sich die Rechtskraft des auch gegen den anderen Streitgenossen ergangenen Urteils auf denjenigen Streitgenossen erstreckt, der die Klage zurückgenommen hat, weil er infolge dieser Rücknahme wie ein im Klageverfahren notwendig Beigeladener zu beurteilen ist (BFH v. 06.07.1977, I R 182/76, BStBl II 1977, 696). Im Übrigen kann ein Beigeladener dann, wenn der Kläger die Klage zurücknimmt, das Klageverfahren nicht selbstständig fortführen.

In der **Revisionsinstanz** sind einfache Beiladungen 7
nicht vorgesehen (§ 123 Abs. 1 Satz 1 FGO), wohl aber notwendige Beiladungen (§ 123 Abs. 1 Satz 2 FGO). Daher kann der BFH nach § 123 Abs. 1 Satz 2 FGO die notwendige Beiladung nach § 60 Abs. 3 Satz 1 FGO im Revisionsverfahren mit heilender Wirkung für das finanzgerichtliche Verfahren nachholen (s. Rz. 5); dies gilt hingegen **nicht** für das **NZB**-Verfahren (BFH v. 08.10.2002, III B 74/02, BFH/NV 2003, 195; BFH v. 21.12.2011, IV B 101/10, BFH/NV 2012, 598; BFH v. 24.01.2018, I B 81/17,

BFH/NV 2018, 515). Der vor dem FG Beigeladene wird eo ipso Beteiligter im Revisionsverfahren (§ 122 Abs. 1 FGO). Ist vor dem FG eine notwendige Beiladung unterblieben, kommt regelmäßig nur Aufhebung und Zurückverweisung in Betracht (§ 126 Abs. 3 Nr. 2 FGO; zu den Einzelheiten s. § 123 FGO Rz. 3; s. § 126 FGO Rz. 14). Ist der Rechtsstreit in der Hauptsache erledigt, ist eine Beiladung stets unzulässig (FG Bln v. 24.11.1967, III 58/64, EFG 1968, 311). Eine vom FG zu Unrecht beschlossene Beiladung kann im Revisionsverfahren nicht aufgehoben werden (BFH v. 27.05.1981, I R 112/79, BStBl II 1982, 192). Andererseits kann eine bewusst **unterlassene notwendige Hinzuziehung** gem. § 360 Abs. 3 Satz 1 AO im Klageverfahren **durch** eine **Beiladung** gem. § 60 Abs. 3 Satz 1 FGO **geheilt** werden (BFH v. 28.10.1999, I R 8/98, BFH/NV 2000, 579).

8 Die **Rechtskraft des Urteils** erstreckt sich **auch auf** die **Beigeladenen** (§§ 110, 57 Nr. 3 FGO; BFH v. 16.09.2009 X R 17/06, BFH/NV 2010, 459). Der Beigeladene ist daher ebenso wie die übrigen Beteiligten (§ 57 FGO) befugt, gegen die Entscheidung die zulässigen Rechtsmittel einzulegen (§ 115 Abs. 1 FGO bzw. § 128 Abs. 1 FGO), gleichgültig, ob es sich um eine notwendige oder eine einfache Beiladung handelt (BFH v. 22.07.1980, VIII R 114/78, BStBl II 1981, 101); dies wirkt sich ggf. im zulässigen Revisionsbegehren aus (BFH v. 25.08.1987, IX R 98/82, BStBl II 1988, 344). Denn für den einfach Beigeladenen folgt aus § 60 Abs. 6 Satz 2 FGO, dass er sich im Rahmen der erstinstanzlichen Anträge der Hauptbeteiligten des finanzgerichtlichen Verfahrens halten muss, wenn er allein Revision einlegt.

9 Wegen der außergerichtlichen Kosten des Beigeladenen s. § 139 Abs. 4 FGO. Im Übrigen wird keine **Kostenentscheidung** getroffen, wenn die Entscheidung über eine Beiladung in einem unselbständigen Zwischenverfahren – also im Rahmen des Rechtsstreits, zu dem beigeladen wird – ergeht und die Kosten dieses (Neben-)Verfahrens mit denen des Hauptverfahrens eine Einheit bilden (BFH v. 24.11.2010, II B 48/10, BFH/NV 2011, 408).

## § 60a FGO
## Begrenzung der Beiladung

**Kommt nach § 60 Abs. 3 die Beiladung von mehr als 50 Personen in Betracht, kann das Gericht durch Beschluss anordnen, dass nur solche Personen beigeladen werden, die dies innerhalb einer bestimmten Frist beantragen. Der Beschluss ist unanfechtbar. Er ist im Bundesanzeiger bekannt zu machen. Er muss außerdem in Tageszeitungen veröffentlicht werden, die in dem Bereich verbreitet sind, in dem sich die Entscheidung voraussichtlich auswirken wird. Die Bekanntmachung kann zusätzlich in einem von dem Gericht für Bekanntmachungen bestimmten Informations- und Kommunikationssystem erfolgen Die Frist muss mindestens drei Monate seit Veröffentlichung im Bundesanzeiger betragen. In der Veröffentlichung in Tageszeitungen ist mitzuteilen, an welchem Tage die Frist abläuft. Für die Wiedereinsetzung in den vorigen Stand wegen Versäumung der Frist gilt § 56 entsprechend. Das Gericht soll Personen, die von der Entscheidung erkennbar in besonderem Maße betroffen werden, auch ohne Antrag beiladen.**

**S. §§ 56a, 65 Abs. 3 VwGO**

### Schrifttum

VON WEDELSTÄDT, Hinzuziehung und Beiladung, AO-StB 2007, 15 (Teil 1) und 46 (Teil 2).

§ 60a FGO regelt ein vereinfachtes Beiladungsverfahren für die Fälle, in denen mehr als 50 Personen **notwendig beizuladen** sind (§ 60 Abs. 3 FGO). Die Vorschrift hat in § 360 Abs. 5 AO ein Gegenstück für das Einspruchsverfahren. § 60a FGO dient der Abkürzung und Straffung des Beiladungsverfahrens und damit auch der Straffung des gerichtlichen Verfahrens selbst und der Verkürzung der Verfahrensdauer, denn hier betroffenen Fällen ergeben sich häufig fast unüberwindliche Schwierigkeiten, und zwar auch schon hinsichtlich der Personen, die beizuladen sind (insbesondere in Erbfällen). sowie hinsichtlich deren Auffindbarkeit, die sich zumindest als erheblicher Verzögerungsfaktor erweisen. 1

Das FG kann das vereinfachte Beiladungsverfahren dann einleiten, wenn die notwendige Beiladung von mehr als 50 Personen in Betracht kommt; insoweit muss es sich aus den ihm vorliegenden Akten der Behörde ggf. unter Einschaltung der bisherigen Verfahrensbeteiligten hinsichtlich der Anzahl der notwendig Beizuladenden Gewissheit verschaffen. Ehegatten sind in jedem Fall – auch bei Zusammenveranlagung (§§ 26, 26b EStG) – als zwei Personen bei der Ermittlung der Grenze zu zählen (FG Ddorf v. 12.05.2004, 16 K 4416/01F, EFG 2004, 1381). Kommt das Gericht zu dem Ergebnis, die zahlenmäßige Voraussetzung für das Vorgehen nach § 60a FGO sei erfüllt, so steht es in seinem Ermessen, durch Beschluss anzuordnen, dass nur diejenigen Personen beizuladen sind, die dies innerhalb einer bestimmten Frist beantragen (§ 60a Satz 1 FGO). Bei der Ausübung des Ermessens hat es die Interessen der notwendig Beizuladenden gegen die des Klägers bzw. der bisherigen Verfahrensbeteiligten abzuwägen, wobei es aber auch der Verfahrensökonomie Rechnung tragen sollte. Fraglich ist, ob die Anwendung des § 60a FGO im Einzelfall eingeschränkt ist, wenn feststeht, dass ein erheblicher beiladungsbezogener Ermittlungsaufwand nicht zu besorgen ist (so *Brandis* in Tipke/Kruse, § 60a 2

FGO Rz. 2; *Levedag* in Gräber, § 60a FGO Rz. 11; a.A. wohl BFH v. 22.09.1999, I B 66/98, BFH/NV 2000, 334; *Spindler* in HHSp, § 60a FGO Rz. 6).

3 Die Anordnung erfolgt gem. § 60a Satz 1 FGO durch Beschluss (des Senats oder des Einzelrichters kraft Übertragung, nicht des Vorsitzenden oder Berichterstatters gem. § 79a Abs. 3 und Abs. 4 FGO; *Brandis* in Tipke/Kruse, § 60a FGO Rz. 4). Der **Beschluss** ist nach § 60a Satz 2 FGO **unanfechtbar**; er ist insoweit auch in einem späteren Revisionsverfahren nicht nachprüfbar (§ 124 Abs. 2 FGO). In dem Beschluss hat das FG die Frist zu bestimmen, wobei es sich an § 60a Satz 5 FGO orientieren muss. Die Setzung einer »Frist von drei Monaten nach Veröffentlichung des Beschlusses im Bundesanzeiger« genügt dem Erfordernis bestimmter Fristsetzung; die Frist ist aus dem Erscheinungsdatum des Bundesanzeigers unschwer abzulesen (§ 60a Satz 3 FGO einerseits und § 60a Satz 6 FGO andererseits; gl.A. *Brandis* in Tipke/Kruse, § 60a FGO Rz. 5). Der Inhalt des Beschlusses ergibt sich aus dem Zweck, der mit ihm verfolgt wird. Insoweit wird auf s. § 360 AO Rz. 23 f. verwiesen.

4 Der Beschluss, mit dem angeordnet wird, dass nur solche Personen zu dem Verfahren notwendig beigeladen werden, die das innerhalb der gesetzten Frist beantragen, ist zu publizieren. Er muss im Bundesanzeiger bekannt gemacht werden (§ 60a Satz 3 FGO) und ist außerdem in Tageszeitungen zu veröffentlichen, die in dem Bereich verbreitet sind, in dem sich die Entscheidung voraussichtlich auswirken kann (§ 60a Satz 4 FGO), wobei in der Veröffentlichung in den Tageszeitungen mitzuteilen ist, an welchem Tag die Frist abläuft (§ 60a Satz 7 FGO). Darüber hinaus kann das Gericht optional eine Veröffentlichung in einem von ihm bestimmten Informations- und Kommunikationssystem im Rahmen des elektronischen Rechtsverkehrs (s. § 52a FGO) vornehmen. Zur Auswahl der Tageszeitungen wird auf § 360 AO Rz. 20 Bezug genommen (dazu auch BFH v. 22.09.1999, I B 66/98, BFH/NV 2000, 334 *von Wedelstädt*, AO-StB 2007, 46).

5 Die im Beschluss bestimmte Antragsfrist ist gewahrt, wenn der Antrag beim Gericht vor ihrem Ablauf (letzter Tag vor Mitternacht) eingeht. Wenngleich die Vorschrift für den Antrag keine Form vorsieht, ist vom Erfordernis der Schriftform auszugehen, weil es sich um eine bestimmende Prozesserklärung handelt (*Brandis* in Tipke/Kruse, § 60a FGO Rz. 9). Die Anträge hat das Gericht auf ihre Zulässigkeit zu prüfen und dann ggf. die notwendige Beiladung durch Beschluss auszusprechen. Bei Versäumung der Antragsfrist gilt nach § 60a Satz 7 FGO § 56 FGO entsprechend. Zur Wiedereinsetzung in die Antragsfrist s. § 360 AO Rz. 20 (dort auch zur Berücksichtigung verspäteter Anträge).

6 Nach § 60a Satz 9 FGO soll das Gericht Personen, die von der Entscheidung erkennbar in besonderem Maße betroffen werden, auch **ohne Antrag** beiladen. Zu der Voraussetzung hierfür s. § 360 AO Rz. 18.

Unterläuft dem Gericht, das sich des vereinfachten Beiladungsverfahrens bedient, ein **Fehler** in Bezug auf die Fristsetzung oder in Bezug auf die Veröffentlichung, hat es also eine zu kurze Frist (§ 60a Satz 6 FGO) gesetzt, die Veröffentlichungsgebote nicht beachtet oder in den Veröffentlichungen in den Tageszeitungen nicht den Tag des Fristablaufs mitgeteilt, kann die durch den Beschluss bezweckte Ausschließung von der Beiladung nicht eintreten. In einem solchen Fall ist folglich notwendige Beiladung unterblieben, sodass ein Verfahrensfehler, ein Verstoß gegen die Grundordnung des Verfahrens, vorliegt (s. § 60 FGO Rz. 6, 7).

Die Rechtskraft des Urteils erstreckt sich – soweit über den Streitgegenstand entschieden wurde – auf die Personen, die den Antrag auf Beiladung entweder nicht oder verspätet gestellt haben (§ 110 Abs. 1 Satz 1 Nr. 3 FGO). Personen, die sich am Verfahren hätten beteiligen können, sich aber nicht beteiligt haben, sind zur Einlegung von Rechtsmitteln nicht berechtigt, haben aber die Rechtskraftwirkung hinzunehmen (BFH v. 23.12.2005, VIII B 61/05, BFH/NV 2006, 788; *Brandt* in Gosch, § 60a FGO Rz. 31). 8

## § 61 FGO

**(aufgehoben durch Gesetz v. 24.06.1994, BGBl. I 1994, 1395, 1403)**

## § 62 FGO
## Bevollmächtigte und Beistände

**(1) Die Beteiligten können vor dem Finanzgericht den Rechtsstreit selbst führen.**

**(2) Die Beteiligten können sich durch einen Rechtsanwalt, Steuerberater, Steuerbevollmächtigten, Wirtschaftsprüfer oder vereidigten Buchprüfer als Bevollmächtigten vertreten lassen; zur Vertretung berechtigt sind auch Gesellschaften im Sinne des § 3 Nr. 2 und 3 des Steuerberatungsgesetzes, die durch solche Personen handeln. Darüber hinaus sind als Bevollmächtigte vor dem Finanzgericht vertretungsbefugt nur**

**1. Beschäftigte des Beteiligten oder eines mit ihm verbundenen Unternehmens (§ 15 des Aktiengesetzes); Behörden und juristische Personen des öffentlichen Rechts einschließlich der von ihnen zur Erfüllung ihrer öffentlichen Aufgaben gebildeten Zusammenschlüsse können sich auch durch Beschäftigte anderer Behörden oder juris-**

tischer Personen des öffentlichen Rechts einschließlich der von ihnen zur Erfüllung ihrer öffentlichen Aufgaben gebildeten Zusammenschlüsse vertreten lassen,

2. volljährige Familienangehörige (§ 15 der Abgabenordnung, § 11 des Lebenspartnerschaftsgesetzes), Personen mit Befähigung zum Richteramt und Streitgenossen, wenn die Vertretung nicht im Zusammenhang mit einer entgeltlichen Tätigkeit steht,
3. Personen und Vereinigungen im Sinne des § 3a des Steuerberatungsgesetzes im Rahmen ihrer Befugnisse nach § 3a des Steuerberatungsgesetzes,
4. landwirtschaftliche Buchstellen im Rahmen ihrer Befugnisse nach § 4 Nr. 8 des Steuerberatungsgesetzes,
5. Lohnsteuerhilfevereine im Rahmen ihrer Befugnisse nach § 4 Nr. 11 des Steuerberatungsgesetzes,
6. Gewerkschaften und Vereinigungen von Arbeitgebern sowie Zusammenschlüsse solcher Verbände für ihre Mitglieder oder für andere Verbände oder Zusammenschlüsse mit vergleichbarer Ausrichtung und deren Mitglieder,
7. juristische Personen, deren Anteile sämtlich im wirtschaftlichen Eigentum einer der in Nummer 6 bezeichneten Organisationen stehen, wenn die juristische Person ausschließlich die Rechtsberatung und Prozessvertretung dieser Organisation und ihrer Mitglieder oder anderer Verbände oder Zusammenschlüsse mit vergleichbarer Ausrichtung und deren Mitglieder entsprechend deren Satzung durchführt, und wenn die Organisation für die Tätigkeit der Bevollmächtigten haftet.

Bevollmächtigte, die keine natürlichen Personen sind, handeln durch ihre Organe und mit der Prozessvertretung beauftragten Vertreter.

(3) Das Gericht weist Bevollmächtigte, die nicht nach Maßgabe des Absatzes 2 vertretungsbefugt sind, durch unanfechtbaren Beschluss zurück. Prozesshandlungen eines nicht vertretungsbefugten Bevollmächtigten und Zustellungen oder Mitteilungen an diesen Bevollmächtigten sind bis zu seiner Zurückweisung wirksam. Das Gericht kann den in Absatz 2 Satz 2 bezeichneten Bevollmächtigten durch unanfechtbaren Beschluss die weitere Vertretung untersagen, wenn sie nicht in der Lage sind, das Sach- und Streitverhältnis sachgerecht darzustellen.

(4) Vor dem Bundesfinanzhof müssen sich die Beteiligten durch Prozessbevollmächtigte vertreten lassen. Dies gilt auch für Prozesshandlungen, durch die ein Verfahren vor dem Bundesfinanzhof eingeleitet wird. Als Bevollmächtigte sind nur die in Absatz 2 Satz 1 bezeichneten Personen und Gesellschaften zugelassen. Behörden und juristische Personen des öffentlichen Rechts einschließlich der von ihnen zur Erfüllung ihrer öffentlichen Aufgaben gebildeten Zusammenschlüsse können sich durch eigene Beschäftigte mit Befähigung zum Richteramt oder durch Beschäftigte mit Befähigung zum Richteramt anderer Behörden oder juristischer Personen des öffentlichen Rechts einschließlich der von ihnen zur Erfüllung ihrer öffentlichen Aufgaben gebildeten Zusammenschlüsse vertreten lassen. Ein Beteiligter, der nach Maßgabe des Satzes 3 zur Vertretung berechtigt ist, kann sich selbst vertreten.

(5) Richter dürfen nicht als Bevollmächtigte vor dem Gericht auftreten, dem sie angehören. Ehrenamtliche Richter dürfen, außer in den Fällen des Absatzes 2 Satz 2 Nr. 1, nicht vor einem Spruchkörper auftreten, dem sie angehören. Absatz 3 Satz 1 und 2 gilt entsprechend.

(6) Die Vollmacht ist schriftlich zu den Gerichtsakten einzureichen. Sie kann nachgereicht werden; hierfür kann das Gericht eine Frist bestimmen. Der Mangel der Vollmacht kann in jeder Lage des Verfahrens geltend gemacht werden. Das Gericht hat den Mangel der Vollmacht von Amts wegen zu berücksichtigen, wenn nicht als Bevollmächtigter eine in Absatz 2 Satz 1 bezeichnete Person oder Gesellschaft auftritt. Ist ein Bevollmächtigter bestellt, sind die Zustellungen oder Mitteilungen des Gerichts an ihn zu richten.

(7) In der Verhandlung können die Beteiligten mit Beiständen erscheinen. Beistand kann sein, wer in Verfahren, in denen die Beteiligten den Rechtsstreit selbst führen können, als Bevollmächtigter zur Vertretung in der Verhandlung befugt ist. Das Gericht kann andere Personen als Beistand zulassen, wenn dies sachdienlich ist und hierfür nach den Umständen des Einzelfalls ein Bedürfnis besteht. Absatz 3 Satz 1 und 3 und Absatz 5 gelten entsprechend. Das von dem Beistand Vorgetragene gilt als von dem Beteiligten vorgebracht, soweit es nicht von diesem sofort widerrufen oder berichtigt wird.

**Inhaltsübersicht**



**Schrifttum**


LOOSE, Die Vertretung im finanzgerichtlichen Verfahren, AO-StB 2008, 252; SPINDLER, Die Neuregelung der Vertretungsmacht im finanzgerichtlichen Verfahren, DB 2008, 1283.


## A. Selbstvertretungsrecht vor dem FG (§ 62 Abs. 1 FGO)

1 Gemäß § 62 Abs. 1 FGO können die Beteiligten (§ 57 FGO) vor dem Finanzgericht den Rechtsstreit selbst führen. Es besteht – anders als vor dem BFH (§ 62 Abs. 4 FGO) – vor dem FG **grds. kein Vertretungszwang**. Demnach besitzt jeder Beteiligte die **Postulationsfähigkeit**, d.h. die Fähigkeit, wirksame Prozesshandlungen vorzunehmen. Den Beteiligten steht es daher frei, sich im finanzgerichtlichen Verfahren durch Bevollmächtigte vertreten zu lassen und sich in der mündlichen Verhandlung eines Beistands zu bedienen, oder selbst vor dem FG aufzutreten. Die Postulationsfähigkeit stellt eine Sachentscheidungsvoraussetzung dar (s. Vor FGO Rz. 33).

## B. Vertretung durch Bevollmächtigte (§ 62 Abs. 2 und Abs. 5 FGO)

2 Bevollmächtigte sind **gewillkürte Vertreter** des Verfahrensbeteiligten, die **im Namen des Vertretenen** handeln. Vom Bevollmächtigten vorgenommene Prozesshandlungen wirken unmittelbar für und gegen den vertretenen Beteiligten (§ 155 Satz 1 FGO i.V.m. § 85 Abs. 1 Satz 1 ZPO). Daher muss sich der Vertretene ein etwaiges **Verschulden** seines Prozessbevollmächtigten **zurechnen** lassen, solange das Vertretungsverhältnis besteht (§ 155 Satz 1 FGO i.V.m. § 85 Abs. 2 ZPO; BFH v. 01.12.2010, IV S 10/10 (PKH), BFH/NV 2011, 444). Der Bevollmächtigte muss prozessfähig (§ 155 Satz 1 FGO i.V.m. §§ 79, 90 Abs. 1 ZPO), also prozesshandlungsfähig i.S. von § 58 FGO sein (*Loose* in Tipke/Kruse, § 62 FGO Rz. 2; *Stapperfend* in Gräber, § 62 FGO Rz. 5; *Brandt* in Gosch, § 62 FGO Rz. 48). Dies setzt bei Bevollmächtigten, die keine natürlichen Personen sind, voraus, dass sie durch ihre Organe und mit der Prozessvertretung beauftragte Bevollmächtigte handeln (§ 62 Abs. 2 Satz 3 FGO).

Wer im Einzelnen als **Bevollmächtigter** im Finanzprozess auftreten darf ergibt sich **abschließend** aus § 62 Abs. 2 FGO, der durch § 62 Abs. 5 FGO ergänzt wird. Vertretungsberechtigt i.S. von § 62 Abs. 2 Satz 1 FGO sind in erster Linie Rechtsanwälte, Steuerberater, Steuerbevollmächtigte, Wirtschaftsprüfer und vereidigte Buchprüfer. Dies gilt auch für niedergelassene europäische Rechtsanwälte, die in § 3 Nr. 1 StBerG ausdrücklich genannten sind (auch § 2 Abs. 1 EuRAG; *Stapperfend* in Gräber, § 62 FGO Rz. 22). Diese müssen jedoch in die für den Ort ihrer Niederlassung zuständige Rechtsanwaltskammer aufgenommen worden sein (BFH v. 21.07.2017, X B 92/17, BFH/NV 2017, 1463). Hiervon nicht erfasst sind Belastingsadviseure (BFH v. 10.06.2014, II R 53/13, BFH/NV 2014, 1557; BFH v. 14.03.2016, X B 101/14, BFH/NV 2016, 1046; s. Rz. 4). Ebenso wenig ausländische Rechtsanwalts-, Steuerberatungs- oder Wirtschaftsprüfergesellschaften, die nicht nach der jeweiligen Berufsordnung als solche anerkannt und zugelassen wurden, und Advocates nach dem Recht Großbritanniens, die keine niedergelassenen europäischen Rechtsanwälte i.S. der §§ 2, 3 EuRAG sind (BFH v. 18.01.2017, II R 33/16, BStBl II 2017, 663; BFH v. 08.08.2017, V B 12/17, BFH/NV 2017, 1464). Nach § 62 Abs. 4 Satz 1 2. Halbs. FGO sind überdies Rechtsanwalts-, Steuerberatungs-, Wirtschaftsprüfungs- und Buchführungsgesellschaften i.S. von § 3 Nr. 3 StBerG sowie Partnerschaftsgesellschaften i.S. von § 3 Nr. 2 StBerG, die durch natürliche Personen, welche nach § 3 Nr. 1 StBerG zur geschäftsmäßigen Hilfe in Steuersachen befugt sind, vertreten werden. Dies gilt grds. auch für eine Rechtsanwalts-AG, (BFH v. 22.10.2003, I B 168/03, BFH/NV 2004, 224), jedenfalls dann, wenn sie die Befugnis zur geschäftsmäßigen Hilfeleistung in Steuersachen besitzt, weil sie nach deutschem Recht zugelassen ist und die Zulassung im Zeitpunkt der Vornahme der betreffenden Prozesshandlung vorliegt (BFH v. 21.07.2005, IV B 7, 8/04, juris). Ein Rechtsbeistand (§ 4 Abs. 1 2. RberV a.F.; vgl. nunmehr § 1 Abs. 2 Satz 1 RDGEG) ist nicht vertretungsberechtigt, selbst wenn er der zuständigen Rechtsanwaltskammer beitreten könnte (BFH v. 28.05.2003, IV B 60/02, IV B 72/03, BFH/NV 2003, 1427; bestätigt durch BVerfG v. 26.08.2003, 1 BvR 1668/03, StEd 2003, 762). **Behörden** als solche können nicht bevollmächtigt werden (gl.A. *Loose* in Tipke/Kruse, § 62 FGO Rz. 10; *Stapperfend* in Gräber, § 62 FGO Rz. 30), da es sich bei Behörden weder um natürliche noch juristische Personen, sondern um Organe einer Körperschaft des öffentlichen Rechts handelt. Anderer Ansicht ist der BFH (z.B. BFH v. 10.03.1969, GrS 4/68, BStBl II 1969, 435) Die Praxis, die dem BFH folgte, indem mitunter Landesarbeitsämter in Kindergeldsachen durch die Arbeitsämter – Familienkassen – bevollmächtigt werden (hierzu BFH v. 25.08.1997, VI B 94/97, BStBl II 1998, 118; BFH v. 11.02.2002, VIII R 81/97 BFH/NV 2002, 939; *Brandt* in Gosch, § 62 FGO Rz. 45), kann sich nun auf § 62 Abs. 2 Nr. 1 2. Halbs. FGO stützen, wonach sie sich auch durch Beschäftigte anderer Behörden oder juristischer Personen des öffentlichen Rechts einschließlich der von ihnen zur Erfüllung ihrer öffentlichen Aufgaben gebildeten Zusammenschlüsse vertreten lassen können (*Stapperfend* in Gräber, § 62 FGO Rz. 30).

Über die vorstehend aufgeführten Personen (s. Rz. 3) hinaus, sind nur folgende Bevollmächtigte zur Vertretung vor dem FG befugt:

- volljährige **Familienangehörige** (§§ 15 AO, 11 LebensPG), Personen mit **Befähigung zum Richteramt** (§ 5 DRiG) und **Streitgenossen** (§ 59 FGO), wenn die Vertretung nicht im Zusammenhang mit einer entgeltlichen Tätigkeit steht (§ 62 Abs. 2 Satz 2 Nr. 2 FGO);
- Personen und Vereinigungen i. S. des § 3 a StBerG, welche zur vorübergehenden oder gelegentlichen Hilfeleistung in Steuersachen befugt sind, im Rahmen ihrer Befugnisse nach § 3 a StBerG (§ 62 Abs. 2 Satz 2 Nr. 3 FGO). Dies betrifft insbes. **Steuerberater aus dem EU-Ausland oder der Schweiz.** Diese sind allerdings nach § 62 Abs. 3 Satz 1 FGO zurückzuweisen, wenn sie entgegen § 3 a StBerG nicht nur vorübergehend tätig werden (BFH v. 11.02.2003, VII B 330/02, VII S 41/02, VII B 330/02, VII S 41/02, BStBl II 2003, 422). Dies gilt auch für einen in den Niederlanden oder Belgien zugelassener Belastingsadviseur oder Belastingsconsulent, wenn er im Inland wegen Widerrufs seiner Bestellung als Steuerberater nicht zur Hilfe in Steuersachen befugt ist (BFH v. 15.10.2003, X B 82/03, BFH/NV 2004, 671);
- **landwirtschaftliche Buchstellen** im Rahmen ihrer Befugnisse nach § 4 Nr. 8 StBerG (§ 62 Abs. 2 Satz 2 Nr. 4 FGO);
- **Lohnsteuerhilfevereine** im Rahmen ihrer Befugnisse nach § 4 Nr. 11 StBerG (§ 62 Abs. 2 Satz 2 Nr. 5 FGO);
- **Gewerkschaften und Arbeitgeberverbände** sowie Zusammenschlüsse solcher Verbände für ihre Mitglieder oder für andere Verbände oder Zusammenschlüsse mit vergleichbarer Ausrichtung und deren Mitglieder (§ 4 Nr. 7 StBerG; § 62 Abs. 2 Satz 2 Nr. 6 FGO);
- juristische Personen, die von Gewerkschaften und Arbeitgeberverbänden eigens für die Beratung zur Vermeidung von Haftungsrisiken gegründet wurden (§ 62 Abs. 2 Satz 2 Nr. 7 FGO; *Loose* in Tipke/Kruse, § 62 FGO Rz. 13; *Spindler* in HHSp, § 62 FGO Rz. 53).

5 § 62 Abs. 5 FGO enthält eine Sonderregelung für **Richter**: Berufsrichter (§ 14 f. FGO) und ehrenamtliche Richter (§§ 16 ff. FGO) dürfen unter den Voraussetzungen des § 62 Abs. 2 Satz 2 FGO als Bevollmächtigte vor dem FG auftreten, z. B. als Familienangehörige (§ 62 Abs. 2 Satz 2 Nr. 2 FGO; *Loose* in Tipke/Kruse, § 62 FGO Rz. 14). Die Vertretung vor dem FG, dem sie angehören, ist Berufsrichtern gem. § 62 Abs. 5 Satz 1 FGO nicht gestattet. Für ehrenamtliche Richter beschränkt sich das Vertretungsverbot auf den Senat, dem sie angehören (§ 62 Abs. 5 Satz 2 FGO). Ein Verstoß gegen diese Regelungen führt zur Zurückweisung des Bevollmächtigten (§ 62 Abs. 5 Satz 3 FGO i. V. m. § 62 Abs. 3 Sätze 2 und 3 FGO). Zur fehlenden Vertretungsbefugnis pensionierter Richter vor dem BFH s. Rz. 11).

## C. Zurückweisung von Bevollmächtigten (§ 62 Abs. 3 FGO)

§ 62 Abs. 3 FGO regelt die Zurückweisung von Bevollmächtigten. Eine Zurückweisung muss dabei **zwingend** erfolgen, wenn ein Bevollmächtigter nicht die Voraussetzungen des § 62 Abs. 2 FGO erfüllt (§ 62 Abs. 3 Satz 1 FGO; s. Rz. 2 ff.), also z. B. ein (früherer) Steuerberater, dessen Bestellung bestandskräftig widerrufen worden ist (BFH v. 15.10.2003, X B 82/03, BFH/NV 2004, 671) oder eine Gesellschaft i. S. von § 3 Nr. 2 und Nr. 3 StBerG, die nicht durch Rechtsanwälte usw. vertreten werden (s. Rz. 3). Das FG hat in diesem Fall **kein Ermessen** (*Loose* in Tipke/Kruse, § 62 FGO Rz. 27). Umgekehrt dürfen die in § 62 Abs. 2 Satz 1 FGO genannten Personen in ihrer Eigenschaft als Prozessbevollmächtigte nicht zurückgewiesen werden, solange sie die Befugnis nicht verloren haben (arg. e § 62 Abs. 3 Satz 3 FGO; BFH v. 14.12.1992, X B 55/92, BFH/NV 1994, 32). 6

Demgegenüber liegt die Zurückweisung von anderen als den in § 62 Abs. 2 Satz 1 FGO genannten Bevollmächtigten (Rz. 6), d. h. den in § 62 Abs. 2 Satz 2 FGO aufgeführten Bevollmächtigten im **Ermessen** des Gerichts, wenn diese Personen nicht in der Lage sind, das Sach- und Streitverhältnis sachgerecht darzustellen (§ 62 Abs. 3 Satz 2 FGO), wenn ihnen also die Fähigkeit zum geeigneten schriftlichen, elektronischen oder mündlichen Vortrag fehlt (s. § 80 AO Rz. 24 f.; Bsp.: BFH v. 16.10.1984, IX B 49/84, BStBl II 1985, 215; BFH v. 02.12.1992, X B 12/92, BStBl II 1993, 243; *Loose* in Tipke/Kruse, § 62 FGO Rz. 34). 7

Notwendige Folge jeder Zurückweisung ist, dass der Bevollmächtigte **keine wirksamen Prozesshandlungen mehr** vornehmen kann (BFH v. 16.10.1984, IX B 49/84, BStBl II 1985, 215). Allerdings bleiben Prozesshandlungen, die er vor seiner Zurückweisung, d. h. bis zur Bekanntgabe der Zurückweisung vorgenommen hat, nach § 62 Abs. 3 Satz 2 FGO wirksam, da der Zurückweisungsbeschluss ex nunc wirkt (BFH v. 17.05.2010, VII B 254/09, BFH/NV 2010, 1835; BFH v. 22.07.2015, V R 8

49/14, BFH/NV 2015, 1692). Die Zurückweisung erfolgt durch einen **unanfechtbaren Beschluss** (§ 62 Abs. 3 Satz 1 FGO; BFH v. 26.03.2009, V B 111/08, BFH/NV 2009, 1269) des Senats oder des Einzelrichters (§ 6 FGO) bzw. des Vorsitzenden/Berichterstatters (§ 79a Abs. 3 und Abs. 4 FGO). Die vermeintliche Fehlerhaftigkeit dieses Beschlusses ist daher im Wege der NZB oder Revision als Verfahrensmangel geltend zu machen (BFH v. 09.04.2014, III B 32/13, BFH/NV 2014, 1076). Ebenso wie die Zurückweisung eines Bevollmächtigten durch das FG steht die Zurückweisung durch das FA im Verwaltungsverfahren (§ 80 Abs. 3 AO) einer wirksamen Klageerhebung jedenfalls dann nicht entgegen, wenn die Zurückweisungsverfügung erst nach Klageerhebung bekannt gegeben wird (BFH v. 22.07.2015, V R 50/14, BFH/NV 2015, 1694).

## D. Vertretungszwang vor dem BFH (§ 62 Abs. 4 FGO)

9 Während sich jeder Kläger Beteiligte vor dem FG selbst vertreten kann (Rz. 1), besteht vor dem BFH gem. § 62 Abs. 4 Satz 1 FGO Vertretungszwang, und zwar auch für solche Prozesshandlungen, durch die ein Verfahren vor dem BFH eingeleitet wird (§ 62 Abs. 4 Satz 2 FGO), z.B. die Einlegung einer Beschwerde (§ 128 FGO). Hiergegen bestehen **keine verfassungsrechtlichen Bedenken**, insbes. liegt darin kein Verstoß gegen den Anspruch auf rechtliches Gehör (Art. 103 Abs. 1 GG) oder die Rechtsschutzgarantie des Art. 19 Abs. 4 GG (BVerfG v. 20.08.1992, 2 BvR 1000/92, HFR 1992, 729; BFH v. 22.07.2010, V S 8/10, BFH/NV 2010, 2095; BFH v. 19.01.2012, VI B 98/11, BFH/NV 2012, 759; BFH v. 06.02.2013, X K 11/12, BFH/NV 2013, 849). Ebenso wenig begründet § 62 Abs. 4 FGO einen Verstoß gegen Art. 47 Abs. 2 EUGrCh: Danach kann sich jede Person beraten, verteidigen und – auch vor Gericht – vertreten lassen. Dieses Recht nimmt den Mitgliedstaaten aber nicht die Möglichkeit, aus verfahrensökonomischen Gründen vor bestimmten Gerichten einen Vertretungszwang vorzusehen (BFH v. 22.07.2010, V S 8/10, BFH/NV 2010, 2095; BFH v. 07.10.2010, II S 8/09, ZSteu 2011, R158; BFH v. 19.01.2012, VI B 98/11, BFH/NV 2012, 759; BFH v. 06.02.2013, X K 11/12, BFH/NV 2013, 849). Schließlich verletzt § 62 Abs. 4 FGO ebenso wenig Art. 6 Abs. 1 EMRK (BFH v. 06.02.2013, X K 11/12, BFH/NV 2013, 849).

10 Der Vertretungszwang vor dem BFH gilt für **alle Verfahrenshandlungen** und für alle Verfahrensarten (BFH v. 04.03.2009, X B 13/09, juris; *Spindler* in HHSp, § 62 FGO Rz. 91 ff.), z.B. auch für einen Antrag auf Verlängerung der Revisionsbegründungsfrist (§ 120 Abs. 2 Satz 3 FGO; BFH v. 24.06.2015, I R 13/13, BStBl II 2016, 97: Eine ohne Beachtung des Vertretungszwangs gewährte Fristverlängerung ist gleichwohl wirksam). **Postulationsfähig** sind vor dem BFH nur die in § 62 Abs. 2 FGO abschließend aufgeführten Personen. Fehlt die Postulationsfähigkeit, ist das **Rechtsmittel** (Revision, NZB, Beschwerde) oder der sonstige Rechtsbehelf unzulässig (z.B. BFH v. 17.10.2017, IX B 98/17, BFH/NV 2018, 49; s. Rz. 1). Eine Ausnahme hiervon nimmt der BFH an, wenn bei Fehlen der erneuten Bestellung eines Prozessbevollmächtigten nach Fortführung des zuvor wegen der Insolvenzeröffnung unterbrochenen Revisionsverfahrens (§ 155 Satz 1 FGO i.V.m. § 240 Satz 1 ZPO) weitere Handlungen eines Beteiligten nicht mehr erforderlich sind (BFH v. 19.02.2014, XI R 1/12, BFH/NV 2014, 804). Der Vertretungszwang gilt auch für die Erhebung einer **Anhörungsrüge**, wenn für die beanstandete Entscheidung ihrerseits Vertretungszwang galt (z.B. BFH v. 03.02.2014, I S 3/14, BFH/NV 2014, 872; BFH v. 16.08.2016, II S 16/16, BFH/NV 2016, 1746; BFH v. 09.01.2018, IX S 26/17, BFH/NV 2018, 450; aber s. Rz. 12). Die **Gegenvorstellung**, die neben der Anhörungsrüge gegen änderbare Gerichtsentscheidungen als statthaft betrachtet wird (BFH v. 11.09.2013, I S 14, 15/13, BFH/NV 2014, 50), unterliegt – wie auch die Anhörungsrüge – dem Vertretungszwang des § 62 Abs. 4 Satz 1 FGO, wenn dieser auch für die mit der Gegenvorstellung angegriffene Entscheidung gilt (z.B. BFH v. 19.07.2012, X B 62/12, BFH/NV 2012, 1820; vgl. auch BFH v. 08.05.2014, II S 18/14, BFH/NV 2014, 1220). Der Vertretungszwang im Verfahren der NZB erstreckt sich auch auf ein dort gestelltes **Befangenheitsgesuch** (BFH v. 30.03.2009, VIII S 5/09, juris). Ebenso unterliegt die nach § 128 Abs. 1 FGO statthafte **Beschwerde gegen die Festsetzung eines Ordnungsgelds** gegen einen nicht erschienenen Zeugen gem. § 82 FGO i.V.m. § 380 Abs. 3 ZPO (BFH v. 12.01.2011, IV B 73/10, BFH/NV 2011, 811; BFH v. 13.04.2016, V B 42/16, BFH/NV 2016, 1057) oder gegen einen Aussetzungsbeschluss des FG dem Vertretungszwang vor dem BFH (BFH v. 15.12.2017, IX B 130/17, BFH/NV 2018, 346). Der Vertretungszwang gilt auch für einen Antrag auf ein **Incamera-Verfahren** gem. § 86 Abs. 3 FGO (BFH v. 06.04.2011, IX S 15/10, BFH/NV 2011, 1177; BFH v. 07.02.2013, IV S 23/12, BFH/NV 2013, 761) und einen Antrag auf **Tatbestandsberichtigung** (§ 108 FGO) vor dem BFH (BFH v. 10.07.2002, IX K 1/02, BFH/NV 2002, 1341; BFH v. 01.03.2013, IX R 10/11, BFH/NV 2013, 1239), ebenso für einen Antrag auf **Aussetzung des Verfahrens** nach § 74 FGO (BFH v. 03.01.2014, VII B 193/13, BFH/NV 2014, 700; BFH v. 15.12.2017, IX B 130/17, BFH/NV 2018, 346; s. § 74 FGO Rz. 7). Auch bei **Entschädigungsklagen wegen überlanger Verfahrensdauer** nach § 155 Satz 2 FGO i.V.m. § 198 GVG, für die in Bezug auf finanzgerichtliche Verfahren ausschließlich der BFH zuständig ist, gilt ebenfalls Vertretungszwang (BFH v. 06.02.2013, X K 11/12, BFH/NV 2013, 849). Demgegenüber besteht für die Einlegung der **Kostenerinne-**

**rung** (§ 66 Abs. 1 GKG; s. Vor § 135 FGO Rz. 34) beim BFH gem. § 66 Abs. 5 Satz 1 GKG **kein Vertretungszwang** (z. B. BFH v. 15.10.2014, X E 23/14, BFH/NV 2015, 219; BFH v. 09.02.2015, X E 25/14, BFH/NV 2015, 697; BFH v. 13.04.2016, III B 16/15, BFH/NV 2016, 1302). Auch die **Rücknahme** eines durch einen Prozessbevollmächtigten eingelegten Rechtsmittels unterliegt dem Vertretungszwang nach § 62 Abs. 4 FGO und ist ohne dessen Mitwirkung rechtsunwirksam (BFH v. 22.05.2017, X R 4/17, BFH/NV 2017, 1060). **Kein Vertretungszwang** besteht für den innerhalb der Rechtsmittelfrist zu stellenden und zu begründenden **Antrag auf Beiordnung eines Notanwalts** nach § 155 Satz 1 FGO i. V. m. § 78b ZPO (BFH v. 05.01.2015, VI S 10/14, BFH/NV 2015, 694).

11 Dem Vertretungszwang unterliegen grds. **alle Rechtsmittelführer**, die nicht selbst die Voraussetzungen des § 62 Abs. 2 FGO erfüllen (arg. e § 62 Abs. 4 Satz 5 FGO; s. Rz. 13 f.). Der Vertretungszwang gilt also **auch** für eine **prozessunfähige Person**. Daher ist eine Beschwerde, die ein nach § 62 Abs. 4 FGO nicht postulationsfähiger Kläger persönlich einlegt, selbst dann als unzulässig zu verwerfen, wenn Zweifel an seiner Prozessfähigkeit bestehen (BFH v. 21.10.2010, V B 67/10, BFH/NV 2011, 282). Der Vertretungszwang erfasst darüber hinaus auch **Zeugen** und **Sachverständige**, die sich mit der Beschwerde (§ 128 Abs. 1 FGO) gegen die Auferlegung eines Ordnungsmittels an den BFH wenden, auch wenn sie keine Verfahrensbeteiligten i. S. von § 57 FGO sind (s. Rz. 10).

12 Den Vertretungszwang muss grds. auch ein mittelloser Beteiligter beachten (BFH v. 11.05.2009, II B 13/09, ZSteu 2009, R636). Ihm steht jedoch die Möglichkeit offen, innerhalb der Rechtsmittelfrist gem. § 142 Abs. 1 FGO i. V. m. §§ 114 ff. ZPO PKH zu beantragen und nach deren Gewährung gem. § 56 FGO Wiedereinsetzung in den vorigen Stand wegen des Versäumens der Rechtsmittelfrist zu erhalten (s. § 142 FGO Rz. 8). Allerdings muss der Antragsteller innerhalb der Rechtsmittelfrist alle erforderlichen Voraussetzungen für eine positive Entscheidung über seinen Antrag schaffen. Insbesondere muss er das Streitverhältnis unter Angabe der Beweismittel – in zumindest laienhafter Weise – darstellen und darlegen, dass die Zulassungsvoraussetzungen gem. § 115 Abs. 2 FGO gegeben sein könnten (z. B. BFH v. 21.07.2016, V S 20/16 [PKH]; BFH v. 07.12.2016, V S 34/16 [PKH], BFH/NV 2017, 470). Denn nach nunmehr st. Rspr. des BFH besteht auch unter Geltung des § 62 Abs. 4 FGO für den **Antrag auf PKH kein Vertretungszwang** (BFH v. 20.09.2012, X S 26/12 [PKH], BFH/NV 2013, 69; BFH v. 29.04.2013, III S 29/12 [PKH], BFH/NV 2013, 1116; BFH v. 02.04.2014, XI S 5/14 [PKH], juris). Weil der Vertretungszwang nicht für den beim BFH als Prozessgericht zu stellenden Antrag auf Bewilligung von PKH gilt, gilt er ausnahmsweise auch nicht für das auf die Fortführung dieses Verfahrens gerichtete Begehren nach § 133a Abs. 1 i. V. m. Abs. 5 Satz 2 FGO im Wege der **Anhörungsrüge** (BFH v. 15.12.2010, II S 31/10, BFH/NV 2011, 619; vgl. auch BFH v. 11.03.2015, IX S 6/15, BFH/NV 2015, 850; BFH v. 25.07.2016, X S 10/16, BFH/NV 2016, 1739; im Übrigen s. Rz. 10). **Ebenso wenig** gilt der Vertretungszwang m. E. für den **Antrag auf Beiordnung einer postulationsfähigen Person oder Gesellschaft** nach § 155 Satz 1 FGO i. V. m. § 78b ZPO (BFH v. 24.06.2009, IX S 11/09, juris zu § 62a FGO a. F.; offengelassen für § 62 Abs. 4 FGO BFH v. 11.10.2012, VIII S 21/12, BFH/NV 2013, 734; für Vertretungszwang *Loose* in Tipke/Kruse, § 62 FGO Rz. 44; *Stapperfend* in Gräber, § 62 FGO Rz. 64). Denn ungeachtet des Wortlauts des § 62 Abs. 4 FGO gebietet es der Zweck des § 155 Satz 1 FGO i. V. m. § 78b ZPO und die Rechtsschutzgarantie des Art. 19 Abs. 4 GG, dass der Beteiligte, der ja gerade keine postulationsfähige Person gefunden hat, den Antrag als Naturalbeteiligter stellen kann. Die vorstehenden Grundsätze gelten auch, wenn PKH für die Durchführung eines Wiederaufnahmeverfahrens nach § 134 FGO i. V. m. §§ 578 ff. ZPO beantragt wird (BFH v. 10.12.2014, V S 32/14 [PKH], BFH/NV 2015, 506).

Als Bevollmächtigte vor dem BFH sind nur die in § 62 Abs. 2 Satz 1 FGO (Rechtsanwälte, Steuerberater, Wirtschaftsprüfer, vereidigte Buchprüfer usw.; s. Rz. 3) zugelassen (§ 62 Abs. 4 Satz 3 FGO). **Behörden** und juristische Personen des öffentlichen Rechts einschließlich der von ihnen zur Erfüllung ihrer öffentlichen Aufgaben gebildeten Zusammenschlüsse können sich durch eigene Beschäftigte mit Befähigung zum Richteramt oder durch Beschäftigte mit Befähigung zum Richteramt anderer Behörden oder juristischer Personen des öffentlichen Rechts einschließlich der von ihnen zur Erfüllung ihrer öffentlichen Aufgaben gebildeten Zusammenschlüsse vertreten lassen. 13

Ein Beteiligter, der selbst die Voraussetzungen des § 62 Abs. 2 Satz 1 FGO erfüllt, darf sich abweichend von dem Grundsatz des § 62 Abs. 4 Satz 1 FGO selbst vor dem BFH vertreten (§ 62 Abs. 4 Satz 5 FGO). Mangelt es indessen an den Voraussetzungen des § 62 Abs. 2 Satz 1 FGO, entbindet auch eine langjährige Tätigkeit in der Finanzverwaltung nicht vom Vertretungszwang (BFH v. 06.02.2009, III B 273/08, ZSteu 2009, R740). Auch ein **Richter im Ruhestand** ist als solcher vor dem BFH nicht vertretungsberechtigt, es sei denn, er verfügt über eine Zulassung als Rechtsanwalt und/oder Steuerberater, sodass er die Voraussetzungen des § 62 Abs. 2 Satz 1 FGO erfüllt (BFH v. 01.04.2009, II B 153/08, ZSteu 2009, R567). 14

Grds. setzen alle Prozesshandlungen vor dem BFH nach § 62 Abs. 4 Satz 1 FGO eine **ordnungsgemäße Vertretung** voraus. Daher muss die Begründung des Rechtsmittels vom Prozessbevollmächtigten selbst stammen (z. B. BFH v. 03.08.2010, XI B 104/09, BFH/NV 2010, 2308; BFH v. 21.09.2017, XI B 49/17, BFH/NV 2018, 46); es genügt deshalb nicht, dass ein Bevollmächtigter 15 lediglich einen von dem – nicht postulationsfähigen – Beteiligten selbst verfassten Schriftsatz unterschreibt und weiterleitet (BFH v. 21.09.2017, XI B 49/17, BFH/NV 2018, 46). Das gilt auch im Verfahren der Anhörungsrüge (§ 133 a FGO; s. Rz. 5). Eine ordnungsgemäße Vertretung i. S. von § 62 Abs. 4 Satz 1 FGO ist demnach nicht gegeben, wenn ein Kläger persönlich und sein Bevollmächtigter jeweils Schriftsätze einreichen, die zeitgleich beim BFH eingehen und – abgesehen vom Briefkopf – wörtlich übereinstimmen und der Schriftsatz des Bevollmächtigten offensichtlich eine Kopie des Schriftsatzes des Klägers ist (BFH v. 01.04.2009, VIII S 6/09, ZSteu 2009, R628). Da die Wirksamkeit von Prozesshandlungen von der Postulationsfähigkeit abhängen, kann ein von einem nicht vertretungsberechtigten Bevollmächtigten unterzeichnetes Rechtsmittel zum BFH durch einen postulationsfähigen Bevollmächtigten genehmigt, sondern nur wiederholt werden (BFH v. 01.04.2009, II B 153/08, ZSteu 2009, R567).

## E. Vollmacht (§ 62 Abs. 6 FGO)

### I. Form

16 § 62 Abs. 6 FGO regelt in erster Linie die Frage des Nachweises der Vollmacht und die Folgen eines Mangels. Nicht erfasst sind die Erteilung, die Form und der Inhalt einer Vollmacht. Die Erteilung kann formlos erfolgen – sie beruht auf einem Auftrag (§§ 662 ff. BGB) oder einem Geschäftsbesorgungsvertrag (§§ 675 ff. BGB) und kann **formlos erteilt** werden (BFH v. 20.12.2006, III E 7/06, juris; *Stapperfend* in Gräber, § 62 FGO Rz. 6; *Spindler* in HHSp, § 62 FGO Rz. 40; *Loose* in Tipke/Kruse, § 62 FGO Rz. 17). Dies gilt auch für eine Untervollmacht (BFH v. 23.03.2010, IV B 28/09, BFH/NV 2010, 1242). Erteilt wird die Prozessvollmacht durch einseitige, empfangsbedürftige Willenserklärung gegenüber demjenigen, der bevollmächtigt werden soll, oder dem Gericht oder dem Prozessgegner gegenüber (BFH v. 20.07.1991, BStBl II 1991, 848). Wirksam wird die Erklärung mit ihrem Zugang beim Erklärungsgegner. Die Erteilung der Vollmacht ist **Verfahrenshandlung**; sie setzt Beteiligten- und Prozesshandlungsfähigkeit (§§ 57, 58 FGO) voraus.

### II. Nachweis (§ 62 Abs. 6 Satz 1 FGO) und Inhalt

17 Während die Erteilung der Vollmacht formlos erfolgen kann (Rz. 14), muss der **Nachweis gegenüber dem Gericht schriftlich** erfolgen, wie § 62 Abs. 6 Satz 1 FGO anordnet (auch § 80 ZPO; *Loose* in Tipke/Kruse, § 62 FGO Rz. 17). Grds. muss die Vollmacht vom Vollmachtgeber deshalb eigenhändig unterzeichnet sein (BFH v. 19.01.1989, IV R 21 – 23/87, BStBl II 1989, 567). Dem Unterschriftserfordernis genügt nur ein individueller Schriftzug, der sich als voller bürgerlicher Name darstellt; eine Paraphe oder eine Unterschrift, bei der nur ein Buchstabe oder überhaupt kein Buchstabe leserlich ist, genügt nicht (BFH 20.09.1991, III R 36/90, BStBl II 1992, 300). Der Nachweis der Bevollmächtigung ist grds. durch Vorlage der **Originalvollmacht** zu führen (z. B. BFH v. 05.06.2003, III R 38/01, HFR 2003, 1064 m. Anm. Jäger). Die – nicht widerspruchsfreie – Rspr. hat in Übereinstimmung mit der zu § 64 FGO ergangenen jedoch Ausnahmen davon zugelassen, nämlich dann, wenn die Vollmacht durch **Telegramm** dem Gericht gegenüber erteilt wird (BFH v. 23.06.1987, IX R 77/83, BStBl II 1987, 717) sowie bei Übermittlung im **Telebrief**verfahren der Deutschen Post (BFH v. 19.01.1989, IV R 21 – 23/87, BStBl II 1989, 567) und durch **Telefax** (BFH v. 19.05.1999, VI R 185/98, BFH/NV 1999, 1604). Damit ist der Weg eröffnet, auch im Übrigen den Nachweis durch Kopie zu führen, sei es durch eine von einem privaten Telefaxanschluss übermittelte (so für bestimmende Schriftsätze BFH v. 26.03.1991, VIII B 83/90, BStBl II 1991, 463; ablehnend für die Vollmacht BFH v. 28.07.1999, X B 166/98, BFH/NV 2000, 68 BFH v. 05.06.2003, III R 38/01, BFH/NV 2004, 489; BFH v. 29.11.2005, II S 15/05, BFH/NV 2006, 593) oder schlicht durch Vorlage einer Fotokopie der Vollmacht (a. A. z. B. BFH v. 29.11.2005, II S 15/05, BFH/NV 2006, 593), denn in jedem Falle des Verzichts auf die Vorlage der Originalvollmacht bestehen Manipulationsmöglichkeiten. Nachdem der GmSOBG entschieden hat, dass bestimmende Schriftsätze auch durch **Computerfax mit eingescannter Unterschrift** des Absenders wirksam an das Gericht gesandt werden können, sollte die Rspr. dies auch für den Nachweis der Vollmacht ausreichen lassen (gl. A. *Loose* in Tipke/Kruse, § 62 FGO Rz. 35a; *Spindler* in HHSp, § 62 FGO Rz. 142 ff.; ablehnend BFH v. 05.06.2003, III R 38/01, HFR 2003, 1064; a. A. ebenfalls *Stapperfend* in Gräber, § 62 FGO Rz. 57). Nach Ergehen der Rechtsverordnungen gem. § 52 a Abs. 1 FGO (s. § 52 a FGO Rz. 4) dürfte auch ein Nachweis der Bevollmächtigung durch ein **elektronisches Dokument**, das den Anforderungen der Verordnungen entspricht, zulässig sein (*Stöcker*, AO-StB 2003, 367), mag auch das Gesetz zwischen Schriftform und elektronischer Form unterscheiden (gl. A. *Loose* in Tipke/Kruse, § 62 FGO Rz. 58). Dazu müsste der Vollmachtgeber allerdings die erforderliche qualifizierte elektronische Signatur selbst erstellen (*Loose* in Tipke/Kruse, § 62 FGO Rz. 58; *Spindler* in HHSp, § 62 FGO Rz. 145). Angesichts all dessen empfiehlt es sich nach wie vor, dem Gericht die Vollmacht frühzeitig im Original vorzulegen (*Spindler* in HHSp, § 62 FGO Rz. 143).

Die **Erklärung zu Protokoll des Gerichts** ersetzt die 18
Schriftform (BFH v. 24.11.1971, I R 116/71, BStBl II 1972, 95). Der schriftliche Nachweis kann auch durch eine

blanko erteilte und vorgelegte Vollmacht geführt werden, wenn vom Prozessbevollmächtigten der notwendige Bezug zum Finanzstreitverfahren entweder dadurch hergestellt wird, dass er das unvollständig ausgefüllte Exemplar selbst ergänzt (BVerwG v. 16.08.1983, 1 CB 18/81, HFR 1984, 493; BFH v. 10.03.1988, IV R 218/85, BStBl II 1988, 731), oder dass er es einem eingereichten Schriftsatz anheftet (BFH v. 15.03.1991, V R 86/85, BStBl II 1991, 729). Berechtigten Zweifeln, ob eine derartige Vollmacht sich auf das konkrete Verfahren bezieht bzw. der Bevollmächtigte sie auf es beziehen durfte, muss das Gericht jedoch nachgehen und u.U. die Vorlage einer (neuen) vollständigen Vollmacht verlangen; ggf. kommt Anordnung der öffentlichen Beglaubigung der Vollmachtsurkunde in sinngemäßer Anwendung von § 80 Abs. 2 Satz 1 ZPO von Amts wegen in Betracht (*Spindler* in HHSp, § 62 FGO Rz. 153).

19 Ergibt sich die **Prozessführungsbefugnis aus materiellem Recht** (Rz. 25), bedarf es nicht der Vorlage einer Vollmachtsurkunde, jedoch ist der Nachweis der Prozessführungsbefugnis durch Vorlage der Urkunden zu führen, aus denen sich dies erweist (Handelsregisterauszüge, Gesellschaftsverträge, Satzungen, Bestallungen usw.). Da die Vollmacht auf den konkreten Verfahrensbeteiligten zurückgehen muss, muss in Fällen abgeleiteter Vollmacht (Untervollmacht) auch die Vertretungsmacht desjenigen nachgewiesen werden, der die ausgestellte Prozessvollmacht unterzeichnet hat.

20 Hinsichtlich des **Inhalts** der dem Gericht vorzulegenden Vollmachtsurkunde macht das Gesetz keine Vorgaben. Das zum Nachweis der Vollmacht erforderliche Schriftstück muss aber erkennen lassen, **wer bevollmächtigt** ist, **wozu** dieser bevollmächtigt ist – welche Prozesshandlungen der Bevollmächtigte vornehmen darf – und **wer Vollmachtgeber** ist (z.B. BFH v. 07.05.2014, II B 117/13, BFH/NV 2014, 1232; *Loose* in Tipke/Kruse, § 62 FGO Rz. 17). Einen Anhaltspunkt für die Formulierung enthalten §§ 81, 82 ZPO.

## III. Umfang

21 Die Vollmacht berechtigt ihrem Umfang nach zu allen den Rechtsstreit betreffenden Prozesshandlungen mit Wirkung für und gegen den vertretenen Verfahrensbeteiligten einschließlich der Einlegung eines Rechtsmittels und eines Wiederaufnahmeverfahrens (§ 155 Satz 1 FGO i.V.m. § 81 ZPO). Sie umfasst die Vollmacht für Nebenverfahren (§ 155 Satz 1 FGO i.V.m. § 82 ZPO). Im Verfahren vor den FG, für das kein Vertretungszwang gilt (Rz. 1), kann nach außen der gesetzliche Umfang der Prozessvollmacht auf einzelne Prozesshandlungen (§ 155 Satz 1 FGO i.V.m. § 83 Abs. 2 ZPO; BFH v. 16.05.1989, BFH/NV 1990, 644, BFH/NV 1990, 644) oder auf das Verfahren erster Instanz (BFH v. 27.07.1983, II B 68/82, BStBl II 1983, 644) beschränkt werden. Wirksam wird die Beschränkung nur, wenn sie schriftlich dem Gericht zugeht; insoweit gilt dasselbe wie für die Prozessvollmacht (s. Rz. 16 ff.). Demgegenüber ist in Verfahren **vor dem** BFH eine **Beschränkung** des gesetzlichen Umfangs der Prozessvollmacht wegen des nach § 62 Abs. 4 FGO bestehenden Vertretungszwangs **unzulässig** (BFH v. 07.11.2012, XI E 4/12, BFH/NV 2013, 398).

Außerdem ermächtigt die (Prozess-)Vollmacht, sofern dies nicht ausdrücklich ausgeschlossen ist, auch zur Erteilung einer **Untervollmacht** (BFH v. 23.03.2010, IV B 28/09, BFH/NV 2010, 1242). Ein Beteiligter, der einer Steuerberatungssozietät ein Mandat überträgt, erteilt den Vertretungsauftrag im Zweifel allen der Sozietät angehörenden Steuerberatern. Demnach sind alle der Sozietät angehörenden Mitglieder regelmäßig bevollmächtigt (BFH v. 24.06.2009, X B 240/08, juris). Liegt eine ordnungsgemäße Bevollmächtigung vor, ist eine Ladung des Klägers persönlich zur mündlichen Verhandlung nach § 62 Abs. 2 Satz 1 und Abs. 6 Satz 4 FGO entbehrlich, da dieser in der mündlichen Verhandlung vor dem FG ordnungsgemäß vertreten ist (BFH v. 16.04.2009, IX B 213/08, juris). 22

## IV. Erlöschen der Vollmacht

Die Vollmacht, die wirksam erteilt ist, erlischt weder durch den Tod des Vollmachtgebers noch durch Verlust seiner Prozessfähigkeit oder seiner gesetzlichen Vertretung (§ 155 Satz 1 FGO i.V.m. § 86 ZPO; s. BFH v. 26.02.2002, X B 79/01, BFH/NV 2002, 1035; zur Aussetzung des Verfahrens nach § 246 ZPO s. § 74 FGO Rz. 19). Durch den **Tod des Bevollmächtigten** erlischt die Vollmacht ebenso wie durch **Widerruf** (da Prozesshandlung nur mit Wirkung ex nunc), durch **Kündigung** (Mandatsniederlegung) und durch die Eröffnung des **Insolvenzverfahrens über das Vermögen des Vollmachtgebers** (§ 117 InsO; *Bartone*, AO-StB 2007, 49). Dem Prozessgegner sowie dem Gericht gegenüber wird das Erlöschen der Prozessvollmacht durch Widerruf oder Kündigung erst mit der Anzeige an das Gericht wirksam (§ 155 Satz 1 FGO i.V.m. § 87 Abs. 1 ZPO; dazu z.B. BFH v. 27.04.1971, II 59/65, BStBl II 1971, 403; BFH v. 16.07.1992, III B 29/92, BFH/NV 1993, 307; BFH v. 12.12.2001, XI R 88/98, BFH/NV 2002, 922). Im Verfahren vor dem BFH erlangt die Kündigung der Vollmacht wegen des Vertretungszwangs gem. § 62 Abs. 4 FGO, § 155 Satz 1 FGO i.V.m. § 87 ZPO erst Wirksamkeit durch die Anzeige der Bestellung eines anderen – postulationsfähigen – Prozessbevollmächtigten vor dem BFH, auch wenn der Prozessbevollmächtigte mitteilt, dass er den Kläger nicht mehr vertrete (z.B. BFH v. 20.12.2010, V B 9/09, BFH/NV 2011, 623; BFH v. 08.10.2014, I B 197/13, 23

BFH/NV 2015, 224; BFH v. 10.11.2015, VII B 91/15, BFH/NV 2016, 219).

## V. Vorlage der Vollmacht und Mangel der Vollmacht (§ 62 Abs. 6 Sätze 2 bis 5 FGO)

24 Der Mangel der Vollmacht kann von den Beteiligten in jeder Lage des Verfahrens geltend gemacht werden (§ 62 Abs. 6 Satz 2 FGO). Das Gericht hat den Mangel der Vollmacht vom Amts wegen zu berücksichtigen, wenn nicht die in § 62 Abs. 2 Satz 1 FGO genannten Personen (Rechtsanwälte, Steuerberater usw.; s. Rz. 3) als Bevollmächtigte auftreten (§ 62 Abs. 6 Satz 4 FGO). In den Übrigen Fällen steht die Anforderung der Vollmacht im Ermessen des Gerichts. Die Anforderung einer Prozessvollmacht für einen für die Kläger auftretenden Rechtsanwalt oder anderer in § 62 Abs. 6 Satz 4 FGO bezeichneten Personen ist nicht ausgeschlossen. Die Anforderung einer schriftlichen Prozessvollmacht solcher Personen steht ebenfalls im Ermessen des FG und ist ermessensgerecht, wenn konkrete Anhaltspunkte dafür vorliegen, dass die betreffende Person oder Gesellschaft tatsächlich nicht oder nicht wirksam bevollmächtigt ist, wenn also **begründete Zweifel** an der **Bevollmächtigung** bestehen (z. B. BFH v. 07.05.2014, II B 117/13, BFH/NV 2014, 1232; BFH v. 11.02.2015, V B 107/14, BFH/NV 2015). Solche Zweifel sind zu bejahen, wenn in einer Vielzahl von Fällen klagenden Eheleute nur noch unter getrennten Adressen erreichbar sind und für beide werden in großer Zahl unzulässige Rechtsbehelfe eingelegt werden. In derartigen Fällen ist das Gericht wegen des damit verbundenen Prozesskostenrisikos gehalten, sich zu vergewissern, ob tatsächlich eine Prozessvollmacht erteilt worden ist (BFH v. 12.11.2009, VIII B 167/09, ZSteu 2010, R167). So kann in der Weigerung zur Vorlage der Vollmacht nach § 62 Abs. 6 Satz 1 FGO ein Indiz (!) für das Fehlen der Bevollmächtigung zu sehen sein (BFH v. 19.01.2017, IV B 84/16, BFH/NV 2017, 605). Die Anforderung der Vollmacht durch das Gericht ist als prozessleitende Verfügung nicht mit der Beschwerde und auch **nicht** mit anderen gesonderten Rechtsbehelfen **anfechtbar** (BFH v. 12.11.2009, VIII B 167/09, ZSteu 2010, R167). Ein Rechtsanwalt darf zur **Vorlage einer schriftlichen Prozessvollmacht aufgefordert** werden, wenn konkrete Anhaltspunkte dafür vorliegen, dass er tatsächlich nicht oder nicht wirksam bevollmächtigt ist. Wird daraufhin eine Vollmachtsurkunde nicht vorgelegt, so ist der Mangel der Vollmacht bei der Entscheidung zu berücksichtigen (BFH v. 11.11.2009, I B 152/09, BFH/NV 2010, 449). Legt ein als Prozessvertreter auftretender Rechtsanwalt im Rahmen eines Beschwerdeverfahrens trotz Aufforderung keine Prozessvollmacht vor, so ist der **Mangel der Vollmacht beachtlich**, wenn dem Rechtsanwalt im erstinstanzlichen Verfahren das Mandat entzogen worden war und er daraufhin in jenem Verfahren nicht mehr aufgetreten ist (BFH v. 11.11.2009, I B 153/09, BFH/NV 2010, 904). Im Rechtsmittelverfahren kann der Mangel der vorschriftsmäßigen Vertretung nur vom nichtvertretenen Beteiligten gerügt werden (BFH v. 01.09.2010, V S 26/09, BFH/NV 2011, 51; BFH v. 11.02.2011, V K 2/09, BFH/NV 2011, 828).

Zur Vorlage der Vollmacht, die im Verfahren nachgereicht werden kann, kann das Gericht eine **Frist** setzen (§ 62 Abs. 6 Satz 2 FGO). Seit der Neuregelung des § 62 FGO ab dem 01.07.2008 kann diese jedoch nicht mehr mit ausschließender Wirkung gesetzt werden (s. zur vorherigen Regelung die Vorauflage, § 62 FGO Rz. 17 ff.). 25

**Keiner Prozessvollmacht** bedarf es, wenn sich die Befugnis zur **Prozessführung kraft Gesetzes** aus einer weitergespannten Ermächtigung ergibt, wie z. B. im Falle gesetzlicher Vertretung, der Vertretungsorgane juristischer Personen (s. § 34 Abs. 1 AO), bei Prokuristen (§ 49 HGB), Handlungs- und Generalbevollmächtigte (§ 54 HGB), bei Vermögensverwaltern (s. § 34 Abs. 3 AO), insbes. Insolvenzverwalter als »Beteiligter kraft Amtes« (dazu s. § 40 FGO Rz. 10; *Bartone*, AO-StB 2007, 49, 51; *Bartone*, AO-StB 2014, 247) usw. (auch *Spindler* in HHSp, § 62 FGO Rz. 158 mit weiteren Beispielen). Wer ohne Legitimation durch schriftliche Vollmacht, ohne den schriftlichen Nachweis der Vollmacht zu führen als Bevollmächtigter auftritt, handelt als Vertreter ohne Vertretungsmacht in fremdem Namen (dazu s. Rz. 27). Beteiligter ist der (angeblich) Vertretene, für den er handelt, denn der Handelnde wird nicht wegen des Fehlens der Vollmacht zum Beteiligten (st. Rspr., z. B. BFH v. 10.11.1966, V R 46/66, BStBl III 1967, 5; BFH v. 11.11.1981, I B 37/81, BStBl II 1982, 167). Der derart Handelnde kann vom Gericht (auch konkludent) zur Prozessführung einstweilen zugelassen werden (§ 155 Satz 1 FGO i. V. m. § 89 ZPO; BFH v. 11.01.1980, VI R 11/79, BStBl II 1980, 229). Wird der Prozessbevollmächtigte ohne Vorlage einer Vollmacht einstweilen zur Prozessführung zugelassen, so kann ein Endurteil erst nach Ablauf der für die Beibringung der Vollmacht (bzw. Beibringung der Genehmigungen betreffend die bisherige Prozessführung) zu setzenden angemessenen Frist ergehen (BFH v. 15.07.2010, IV B 55/09, BFH/NV 2010, 2089). 26

Der **vollmachtlose Vertreter** kann den Rechtsbehelf (Antrag) zurücknehmen, es sei denn, der angeblich Vertretene widerspricht der weiteren Prozessführung ausdrücklich (z. B. BFH v. 21.05.2014, IX B 153/13, BFH/NV 2014, 1391), oder die Hauptsache für erledigt erklären (BFH 13.12.1972, I B 42/72, BStBl II 1973, 532). Wird die Prozessführung durch den Vertretenen nicht genehmigt, so ist die **Klage** durch Prozessurteil als **unzulässig** abzuweisen (BFH v. 11.01.1980, VI R 11/79, BStBl II 1980, 27

229; BFH v. 21.07.1989, VIII R 16/85, BFH/NV 1990, 252); die **Kosten** trägt der **vollmachtlose Vertreter** (st. Rspr., BFH v. 19.04.1968, III B 85/67, BStBl II 1968, 473; BFH v. 12.07.1988, VII B 21/88, BFH/NV 1990, 48; BFH v. 20.02.2001, III R 35/00, BFH/NV 2001, 813; auch s. Rz. 17 und s. Vor § 135 FGO Rz. 24). Hat ein Kläger die Prozessvollmacht erst nach Erlass des Prozessurteils ausgestellt, hat dies nicht zur Folge, dass die Klage des Klägers rückwirkend zulässig wird (BFH v. 21.05.2014, IX B 153/13, BFH/NV 2014, 1391).

### VI. Zustellungen an den Bevollmächtigten (§ 62 Abs. 6 Satz 5 FGO)

28 Nach § 62 Abs. 6 Satz 5 FGO sind die **Zustellungen** (§ 91 FGO) oder Mitteilungen des Gerichts **zwingend** an den **Bevollmächtigten** zu richten, wenn ein solcher bestellt ist. Dies gilt nach Entzug der Zulassung des Prozessbevollmächtigten zur Rechtsanwaltschaft wirksam, solange das FG den Zustellungsempfänger nicht gem. § 62 Abs. 3 Satz 1 FGO als Prozessbevollmächtigten zurückgewiesen hat (s. Rz. 6; BFH v. 02.03.2015, VI B 125/14, BFH/NV 2015, 848). Die Regelung bezweckt das Übergehen des Bevollmächtigten zu vermeiden; sie entspricht § 176 ZPO. Bestellt i. S. der Vorschrift ist ein Bevollmächtigter nicht erst, wenn seine Bevollmächtigung schriftlich nachgewiesen ist. Es genügt vielmehr, dass die Bevollmächtigung dem Gericht angezeigt ist (gl. A. *Loose* in Tipke/Kruse, § 62 FGO Rz. 46). Bei **mehreren Prozessbevollmächtigten** genügt Zustellung an einen von ihnen (BFH v. 07.07.1998, III R 87/97, BFH/NV 1999, 191; BFH v. 28.01.2005, VIII B 117/03, BFH/NV 2005, 1110). Erfolgt **mehrfache Zustellung**, so ist für den Beginn der Rechtsmittelfrist die erste Zustellung maßgebend (BFH v. 28.01.1991, IX B 46/90, BFH/NV 1991, 612). Die Zustellung an den **Unterbevollmächtigten** ersetzt die Zustellung an den Bevollmächtigten (BFH v. 23.03.2010, IV B 28/09, BFH/NV 2010, 1242). Die Zustellung an den Kläger unter Missachtung des § 62 Abs. 6 Satz 5 FGO ist **unwirksam** (BFH v. 17.03.2009, IV B 102/08, juris; BFH v. 18.08.2009, X B 14/09, ZSteu 2009, R1144), sodass hierdurch keine Rechtsmittelfrist in Gang gesetzt werden kann (z. B. BFH v. 11.07.2007, XI R 1/07, BStBl II 2007, 833). Der **Zustellungsmangel** wird aber mit dem tatsächlichen Zugang des Urteils beim Prozessbevollmächtigten **geheilt**. Es genügt hierfür der tatsächliche Zugang einer Urteilskopie (BFH v. 17.03.2009, IV B 102/08, juris; BFH v. 18.08.2009, X B 14/09, ZSteu 2009, R1144; *Brandt* in Gosch, § 62 FGO Rz. 267 *Spindler* in HHSp, § 62 FGO Rz. 135). Ergeht nach Erlöschen der Vollmacht eine Entscheidung, ist diese in Ermangelung eines Prozessbevollmächtigten dem Kläger selbst zuzustellen (vgl. z. B. BFH v. 28.02.1991, V R 117/85, BStBl II 1991, 466; BFH v. 27.05.2015, X B 72/14, BFH/NV 2015, 1252); zur Zustellung bei Mandatsniederlegung im Übrigen s. § 91 FGO Rz. 1.

### F. Beistände (§ 62 Abs. 7 FGO)

Den Beteiligten steht es frei, sich in der mündlichen Verhandlung eines Beistands zu bedienen (§ 62 Abs. 7 Satz 1 FGO). Der Beistand handelt – anders als der Bevollmächtigte (Rz. 2) – nicht für den Verfahrensbeteiligten, sondern neben ihm. Erklärungen (einschließlich der Prozesshandlungen) des Beistands in der mündlichen Verhandlung gelten als Vortrag des Verfahrensbeteiligten, soweit dieser sie nicht sofort widerruft oder berichtigt (§ 62 Abs. 7 Satz 5 FGO; vgl. auch § 90 Abs. 2 ZPO). 29

Als Beistand können alle Personen fungieren, die vor dem FG als Bevollmächtigte auftreten können, also alle gem. § 62 Abs. 2 FGO **vertretungsbefugten** Personen (§ 62 Abs. 7 Satz 2 FGO; s. Rz. 3 ff.). **Andere Personen** können vom Gericht als Beistand zugelassen werden, wenn dies sachdienlich ist und nach den Umständen des Einzelfalls ein Bedürfnis besteht (§ 62 Abs. 7 Satz 3 FGO). Daher kann z. B. das beklagte FA sich des Außenprüfers eines Prüfungs-FA als Beistand bedienen, auch wenn dessen Vernehmung als Zeuge in Betracht gezogen wird. Ungeeignete Beistände können ebenso wie Bevollmächtigte durch unanfechtbaren Beschluss zurückgewiesen werden (§ 62 Abs. 7 Satz 4 FGO i. V. m. § 62 Abs. 3 Sätze 1 und 3 FGO; s. Rz. 6 ff.). Richter können nur insoweit als Beistand herangezogen werden, als sie auch als Bevollmächtigte tätig werden könnten (§ 62 Abs. 7 Satz 4 FGO i. V. m. § 62 Abs. 5 FGO; s. Rz. 5). 30

Auch vor dem **BFH** können sich die Beteiligten eines Beistands bedienen (*Loose* in Tipke/Kruse, § 62 FGO Rz. 72). Allerdings kann dieser nicht anstelle eines nach § 62 Abs. 4 FGO zwingend erforderlichen Bevollmächtigten treten. Daher kann der Beistand im Verfahren vor dem BFH nur neben dem Bevollmächtigten herangezogen werden. 31

## § 62a FGO
## Vertretung vor dem Bundesfinanzhof

**(aufgehoben durch Gesetz v. 12.12.2007, BGBl I 2007, 2840)**

## Abschnitt III. Verfahren im ersten Rechtszug

## § 63 FGO Passivlegitimation

(1) Die Klage ist gegen die Behörde zu richten,

1. die den ursprünglichen Verwaltungsakt erlassen oder
2. die den beantragten Verwaltungsakt oder die andere Leistung unterlassen oder abgelehnt hat oder
3. der gegenüber die Feststellung des Bestehens oder Nichtbestehens eines Rechtsverhältnisses oder der Nichtigkeit eines Verwaltungsaktes begehrt wird.

(2) Ist vor Erlass der Entscheidung über den Einspruch eine andere als die ursprünglich zuständige Behörde für den Steuerfall örtlich zuständig geworden, so ist die Klage zu richten

1. gegen die Behörde, welche die Einspruchsentscheidung erlassen hat,
2. wenn über den Einspruch ohne Mitteilung eines zureichenden Grundes in angemessener Frist sachlich nicht entschieden worden ist (§ 46), gegen die Behörde, die im Zeitpunkt der Klageerhebung für den Steuerfall örtlich zuständig ist.

(3) Hat eine Behörde, die auf Grund gesetzlicher Vorschrift berechtigt ist, für die zuständige Behörde zu handeln, den ursprünglichen Verwaltungsakt erlassen oder den beantragten Verwaltungsakt oder die andere Leistung unterlassen oder abgelehnt, so ist die Klage gegen die zuständige Behörde zu richten.

S. § 78 VwGO

### Schrifttum

Rozek, Verwirrspiel um § 78 VwGO? – Richtiger Klagegegner, passive Prozessführungsbefugnis und Passivlegitimation, JuS 2007, 601; Schellhammer, Zivilprozess, 15. Aufl. 2016.

1 § 63 FGO stellt klar, wer im Klagensystem der FGO (§§ 40, 41 FGO) **richtiger Beklagter** i. S. von § 57 Nr. 2 FGO ist, und zwar ohne Rücksicht darauf, welche öffentlich-rechtliche Körperschaft innerhalb des zugrunde liegenden Steuerrechtsverhältnisses Träger der streitigen Rechte und Pflichten ist (gl. A. *Brandis* in Tipke/Kruse, § 63 FGO Rz. 1; *Paetsch* in Gosch, § 63 FGO Rz. 3; *Herbert* in Gräber, § 63 FGO Rz. 2; *Schallmoser* in HHSp, § 63 FGO Rz. 5; BFH v. 21.07.2009, VIII R 52/08, BStBl II 2010, 51; BFH v. 27.01.2009, X S 43/08, juris; a. A. *Rozek*, JuS 2007, 601 für den Verwaltungsprozess). Die Beklagtenstellung kommt im finanzgerichtlichen Verfahren daher nicht der öffentlich-rechtlichen Körperschaft zu, bei der die Verwaltungshoheit oder gar die Ertragshoheit der Abgabe liegt, um die gestritten wird, sondern gem. § 63 Abs. 1 FGO der Finanzbehörde – regelmäßig FA oder HZA –, die den angefochtenen Verwaltungsakt erlassen oder den beantragten Verwaltungsakt oder die andere Leistung unterlassen oder abgelehnt hat. Dies gilt auch dann, wenn die organisatorische Zuständigkeit für die Gewährung des Erlasses einer mittleren oder obersten Finanzbehörde zusteht (so auch FG BW v. 28.09.1979, IX 193/78 [V 210/75], EFG 1980, 135). Die Feststellung der Nichtigkeit eines Verwaltungsaktes nur gegenüber der Steuerbehörde begehrt werden, die den angeblich nichtigen Verwaltungsakt erlassen hat (BFH v. 10.03.2000, II B 103/99, BFH/NV 2000, 1116). Damit gilt in der FGO das **Behördenprinzip** und nicht das für den allgemeinen Verwaltungsprozess (vgl. § 78 VwGO) und im Sozialprozess geltende Rechtsträgerprinzip (vgl. *Littmann* in Lüdtke/Berchtold, § 70 SGG Rz. 4). § 63 FGO gilt auch in Verfahren des **einstweiligen Rechtsschutzes** (§§ 69, 114 FGO; BFH v. 17.07.2008, VI B 40/08, BFH/NV 2008, 1874).

Wegen der örtlichen Zuständigkeit der Finanzbehörden vgl. § 17 ff. AO, insbes. zum Zuständigkeitswechsel s. § 26 AO und die dortigen Erläuterungen. 2

Die Frage des richtigen Beklagten bzw. die Prozessführungsbefugnis der beklagten Behörde ist eine – von Amts wegen zu beachtende – **Sachentscheidungsvoraussetzung**, bei deren Fehlen die Klage durch Prozessurteil als unzulässig abzuweisen ist (BFH v. 19.05.2008, V B 29/07, BFH/NV 2008, 1501; BFH v. 13.05.2014, XI B 129-132/13, BFH/NV 2014, 1385; BFH v. 02.12.2015, I R 3/15, BFH/NV 2016, 939; s. Vor FGO Rz. 37). Daher stellt die fehlerhafte Beurteilung der Prozessführungsbefugnis ungeachtet der Tatsache, dass sie den Inhalt der angefochtenen Entscheidung bildet, einen Verfahrensmangel i. S. von § 115 Abs. 2 Nr. 3 FGO dar (BFH v. 10.03.2000, II B 103/99, BFH/NV 2000, 1116; BFH v. 09.02.2007, XI B 103/06, BFH/NV 2007, 965. 3

Soweit hinsichtlich der zu verwaltenden Abgaben Gläubiger nicht die öffentlich-rechtliche Körperschaft ist, der das FA oder HZA verwaltungsorganisatorisch zugehört (Land bzw. Bund), sondern eine andere öffentlich-rechtliche Körperschaft, der die Abgabe ganz oder teilweise zufließt (Art. 106, 107 GG), charakterisiert sich die Beteiligtenstellung der verwaltenden Behörde als sog. **Prozessstandschaft** (BGH v. 29.05.1958, VII ZR 50/57, BStBl I 1958, 710 betreffend die Stellung der FA bei der Verwaltung der damals allein dem Bund zufließenden USt). Prozessstandschaft in diesem Sinne liegt vor, wenn jemand ermächtigt ist, ein fremdes materielles Recht im eigenen Namen prozessual geltend zu machen 4 bzw. für die mit diesem Recht verbundenen Verpflichtungen als Prozesspartei einzustehen (z. B. *Schellhammer*, Rz. 1203). Wegen der Erfüllung dieser Verpflichtungen im Rahmen der Zwangsvollstreckung s. § 151 FGO Rz. 1.

5 Richtet der Kläger seine Klage gegen die falsche Behörde, ist seine Klage unzulässig (s. Rz. 3). Dies gilt auch dann, wenn die ursprüngliche Zuständigkeit falsch beurteilt worden war (BFH v. 09.02.2007, XI B 103/06 BFH/NV 2007, 965) und auch für den Fall, dass dem Kläger ein Zuständigkeitswechsel auf Behördenseite zunächst unbekannt bleibt und er deshalb seine Klage gegen eine nach der Vorschrift nicht passiv legitimierte Behörde richtet, was wegen der Konstruktion des § 26 AO möglich ist. Nach Gewährung des notwendigen rechtlichen Gehörs (vgl. insbes. auch § 76 Abs. 2 FGO) wird der Kläger seine Klage zur Vermeidung ihrer Abweisung durch Prozessurteil auf die richtige beklagte Behörde gem. § 67 FGO umstellen müssen. Eine solche **Klageänderung** ist **sachdienlich** i. S. von § 67 Abs. 1 FGO (gl. A. *Paetsch* in Gosch, § 63 FGO Rz. 42). In solchen Fällen ist im Hinblick auf die im Regelfall abgelaufene Klagefrist (zur Notwendigkeit ihrer Einhaltung bei Wechsel eines Beteiligten BFH v. 26.02.1980 BStBl II 1980, 331; BFH v. 31.01.2005, VII R 33/04, BFH/NV 2005, 819) Wiedereinsetzung in den vorigen Stand (§ 56 FGO) zu gewähren, wenn der Irrtum über den richtigen Beklagten unvermeidbar war (vgl. *Paetsch* in Gosch, § 63 FGO Rz. 43; s. § 67 FGO Rz. 3). Außerdem kommt nach BFH v. 03.04.2008, IV R 54/04; BStBl II 2008, 742, eine **Heilung** der mangelnden passiven Prozessführungsbefugnis durch ausdrückliche oder stillschweigende Zustimmung des sachlich richtigen Beklagten – auch noch im Revisionsverfahren – in Betracht.

6 Die Klage gegen die Ausgangsbehörde ist daher unzulässig, wenn die Tatbestandsvoraussetzungen des § 63 Abs. 2 Nr. 1 FGO vorliegen. Denn der Ausgangsbehörde fehlt es an der erforderlichen passiven Prozessführungsbefugnis. Ist der Bescheid allerdings von einem **örtlich unzuständigen FA** erlassen worden, ist die Klage in analoger Anwendung des § 63 Abs. 2 Nr. 1 FGO gleichwohl gegen das FA zu richten, das die Einspruchsentscheidung erlassen hat (BFH v. 28.01.2002, VII B 83/01, BFH/NV 2002, 934). Dies gilt auch bei einem Wegzug des Stpfl. in ein anderes Bundesland (BFH v. 16.03.2005, VIII B 87/03, BFH/NV 2005, 1579).

7 In § 63 Abs. 2 FGO ist die Folge eines **Wechsels der örtlichen Zuständigkeit** auf Seiten des Beklagten **nach Klageerhebung** nicht angesprochen. Beruht ein solcher Zuständigkeitswechsel auf einer Veränderung der die örtlichen Zuständigkeit begründenden tatsächlichen Umstände i. S. von § 26 AO, die in der Sphäre des Klägers liegen (z. B. Wohnsitzwechsel), bleibt die beklagte Behörde, deren passiven Prozessführungsbefugnis sich bei Klageerhebung aus § 63 Abs. 1 FGO ergab, **weiterhin richtiger Beklagter** (z. B. BFH v. 20.12.2013, IX R 33/12, BFH/NV 2014, 557; BFH v. 02.12.2015, I R 3/15, BFH/NV 2016, 939). Dies gilt auch, wenn das bisher zuständige FA bei einem Zuständigkeitswechsel das Besteuerungsverfahren nach § 26 Abs. 2 AO fortführt. Ändern dich während des Finanzprozesses die Voraussetzungen für die örtliche Zuständigkeit dieses FA, bleibt dessen passive Prozessführungsbefugnis unberührt, sodass es weiterhin richtiger Beklagter ist (BFH v. 24.01.2006, VI B 98/05, BFH/NV 2006, 805). Demgegenüber tritt ein **gesetzlicher Beteiligtenwechsel auf Beklagtenseite** ein, wenn entweder das neu zuständig gewordene FA einen Änderungsbescheid erlässt und dieser zum Gegenstand des anhängigen Verfahrens wird (BFH v. 17.04.1969, V R 5/66, BStBl II 1969, 593) oder wenn der Zuständigkeitswechsel auf einem Organisationsakt der Verwaltung beruht (z. B. BFH v. 03.04.2008, IV R 54/04, BStBl II 2008, 742; BFH v. 02.12.2015, I R 3/15, BFH/NV 2016, 939); im letztgenannten Fall tritt das neu zuständig gewordene FA auf der Beklagtenseite in den anhängigen Rechtsstreit ein. Organisationsakte in diesem Sinne sind gesetzliche oder durch die Verwaltung getroffene Maßnahmen, durch die der bisherige Zuständigkeitsbereich der ursprünglich beklagten Behörde geändert wird (BFH v. 07.01.1978, VIII R 183/75, BStBl II 1979, 169; BFH v. 13.03.1979, VII R 11/77, BStBl II 1979, 591; BFH v. 01.08.1979, VII R 115/76, BStBl II 1979, 714; BFH v. 24.02.1987, VII R 23/85, BFH/NV 1987, 283). Dies gilt auch für die Beteiligung im Revisionsverfahren (BFH v. 19.11.1974, VIII R 192/72, BStBl II 1975, 210; BFH v. 18.12.2008, V R 73/07, BStBl II 2009, 612). Mit der Zuständigkeitsänderung hat die ursprünglich beklagte Finanzbehörde ihre Eigenschaft als Pflichtsubjekt des öffentlichen Rechts (BFH v. 16.12.1969, II R 55/66, BStBl II 1970, 383) verloren (ebenso BFH v. 10.11.1977, V R 67/75, BStBl II 1978, 310; BFH v. 01.08.1979, VII R 115/76, BStBl II 1979, 714). Einer Klageänderung i. S. des § 67 FGO bedarf es daher nicht. Im Fall der Untätigkeitsklage (§ 46 FGO) ist die Klage gegen die Behörde zu richten, die im Zeitpunkt der Klageerhebung örtlich zuständig ist (§ 63 Abs. 2 Nr. 2 FGO). Das im Zeitpunkt der Klageerhebung nicht mehr örtlich zuständige FA ist demzufolge der falsche Beklagte für die Untätigkeitsklage; diese ist daher unzulässig (BFH v. 07.02.2007, V 108, 109, 110/06, BFH/NV 2007, 870).

Wegen des Anwendungsbereichs des § 63 Abs. 3 FGO 8
vgl. BFH v. 17.07.2008, VI B 40/08, BFH/NV 2008, 1874; BFH v. 18.11.2008, VIII R 16/07, BStBl II 2009, 507; s. § 367 AO Rz. 4 ff.

## § 64 FGO
## Form der Klageerhebung

**(1) Die Klage ist bei dem Gericht schriftlich oder zu Protokoll des Urkundsbeamten der Geschäftsstelle zu erheben.**

**(2) Der Klage sollen Abschriften für die übrigen Beteiligten beigefügt werden; § 77 Abs. 2 gilt sinngemäß.**

**S. § 81 VwGO; §§ 90, 92 SGG**

1 § 64 FGO regelt die **(äußere) Form der Klageerhebung.** Sie stellt eine **Sachentscheidungsvoraussetzung** dar, deren Fehlen die Klage unzulässig macht, sodass sie durch Prozessurteil abzuweisen ist (s. Vor FGO Rz. 33). Die Vorschrift ist nicht abschließend, da eine elektronische Klageerhebung nach Maßgabe des § 52 a FGO möglich ist (s. § 52 a FGO Rz. 2). Die Regelung gilt auch im Verfahren des einstweiligen Rechtsschutzes (§§ 69, 114 FGO). Die Erhebung der Klage geschieht durch Einreichung einer Schrift bei dem Gericht oder durch Erklärung zu Protokoll des Urkundsbeamten der Geschäftsstelle des FG. Anbringung bei der Finanzbehörde, die den angefochtenen Verwaltungsakt erlassen oder den Beteiligten bekannt gegeben hat oder nachträglich für den Steuerfall zuständig geworden ist (sachlich und örtlich), genügt zur Fristwahrung (§ 47 Abs. 2 und 3 FGO). Wesentlich ist, ob die Willensrichtung des Steuerpflichtigen auf gerichtlichen Rechtsschutz gerichtet ist. Daher kann ein Schreiben, mit dem lediglich Überprüfung durch eine Verwaltungsbehörde begehrt und billigkeitsähnliche Maßnahmen angeregt werden, nicht als Klage angesehen werden (BFH v. 07.12.1977, II R 96/75, BStBl II 1978, 70). Desgleichen kann in der Übersendung von Steuererklärungen ohne jegliche Erläuterung nach Ergehen der Einspruchsentscheidung in einem Schätzungsfall keine Klageerhebung gesehen werden (BFH v. 28.06.1989, I R 67/85, BStBl II 1989, 848; BFH v. 21.02.1991, V R 2/87, BFH/NV 1992, 44; s. auch BFH v. 27.02.2003, V R 87/01, BStBl II 2003, 505). § 64 FGO gilt auch für Anträge im Verfahren des einstweiligen Rechtsschutzes (§§ 69, 114 FGO).

2 Nach § 64 Abs. 1 FGO ist die Klage **schriftlich** einzureichen, wenn sie nicht mündlich zu Protokoll des Urkundsbeamten der Geschäftsstelle (dazu s. Rz. 6) erhoben wird. Die Schriftform soll gewährleisten, dass aus dem Schriftstück der Inhalt der Erklärung, die abgegeben werden soll, und die Person, von der diese ausgeht, hinreichend zuverlässig entnommen werden können; zusätzlich muss feststehen, dass es sich nicht nur um einen Entwurf handelt, sondern dass das Schriftstück mit Wissen und Willen des Berechtigten dem Gericht zugeleitet worden ist (GmS-OBG v. 30.04.1979, GmS-OGB 1/78, NJW 1980, 172; auch BFH v. 22.06.2010, VIII R 38/08, BStBl II 2010, 1017). Die so verstandene Schriftform erfüllt auch ein **Telegramm**, ein **Fernschreiben** (BGH 28.10.1965, Ia ZB 11/65, NJW 1966, 1077) und eine **Telekopie** (**Telefax**; BGH v. 08.10.1997, XII ZB 124/97, NJW 1998, 762; BFH v. 31.03.2000, VII B 87/99, BFH/NV 2000, 1224; BFH v. 04.07.2002, V R 31/01, BStBl II 2003, 45; BVerfG v. 19.11.1999, 2 BvR 565/98, HFR 2000, 302), auch wenn sie von dem privaten Faxgerät eines Dritten abgesandt wird (BFH v. 26.03.1991, VIII B 83/90, BStBl II 1991, 463). Nachdem der GmS-OBG die Wirksamkeit von bestimmenden Schriftsätzen durch sog. **Computerfax** zugelassen hat, bei dem die Unterschrift bloß eingescannt ist (GmS-OBG v. 05.04.2000, GmS-OBG 1/98, NJW 2000, 2340), kann die Klage auch in dieser Form wirksam erhoben werden (krit. zur vom GmS-OBG getroffenen Unterscheidung zwischen Prozessen mit und ohne Vertretungszwang *Schallmoser* in HHSp, § 64 FGO Rz. 52 ff.). Die Klageerhebung in **elektronischer Form**, d.h. durch Übermittlung einer entsprechenden Datei per E-Mail oder Übersendung von Disketten bzw. CD-ROM ist nach Maßgabe des § 52 a FGO zulässig (dazu die Erläuterungen dort; auch s. § 62 FGO Rz. 11).

**Die Unterschrift des Klägers oder seines Prozessbevoll-** 3
**mächtigten** (und zwar die eigenhändige – nicht Faksimile: BFH v. 29.08.1969, III R 86/68, BStBl II 1970, 89) ist erforderlich, sonst ist die Klage unzulässig (BFH v. 29.07.1969, VII R 92/68, BStBl II 1969, 659). Die Unterzeichnung unter fremdem Namen genügt nicht (BFH v. 03.05.2005, X B 190/03, BFH/NV 2005, 1824). Bei juristischen Personen ist die Unterschrift des gesetzlichen Vertreters erforderlich (BFH v. 24.07.1973, VII R 92/68, BStBl II 1973, 823). Eigenhändige Unterschrift auf Begleitschriftsatz reicht aus (BFH v. 29.08.1969, III R 86/68, BStBl II 1970, 89; BGH v. 30.03.1986, VII ZB 21/85, BGHZ 97, 251). BFH v. 03.10.1986, III R 207/81, BStBl II 1987, 131, bejaht ausnahmsweise schriftliche Klageerhebung ohne eigenhändige Unterzeichnung der Klageschrift, wenn aus dem Schriftsatz (ggf. einschließlich weiterer Unterlagen) hinreichend sicher auf die Urheberschaft geschlossen werden kann und der Briefumschlag vom Verfasser handschriftlich mit dessen Absenderangabe versehen ist (auch BFH v. 31.03.2000, VII B 87/99, BFH/NV 2000, 1224; BVerwG v. 07.11.1973, VI C 124.73, HFR 1974, 174). Unschädlich ist, wenn zwar nicht die »Erstschrift«, aber das am selben Tag beim FG eingegangene, als »Zweitschrift« bezeichnete Schriftstück die eigenhändige Unterschrift trägt (BFH v. 27.07.1977, I R 207/75, BStBl II 1978, 11; BGH v. 26.03.1986, V ZB 3/85, VersR 1986, 686: beigefügte beglaubigte Abschrift). Das Erfordernis der eigenhändigen Unterschrift wird nicht durch die Unterschrift eines nicht bevollmächtigten Kanzleiangestellten erfüllt (BFH v. 18.12.1970, III R 32/70, BStBl II 1971, 329), es sei denn, dass der Prozessbeteiligte schriftlich oder zu Protokoll des Gerichts die Prozesshandlung des Angestellten genehmigt (BFH v. 24.11.1971, I R 116/71, BStBl II 1972, 95; BFH v. 19.09.1989, IV R 136/88, BFH/NV 1990, 379; BFH v. 28.02.2000, IX B 145/99, BFH/NV 2000, 982). Eine solche heilende Genehmigung kommt auch dann in Betracht, wenn durch die Unterschrift des Kanzleiangestellten nicht die Klageerhebung gedeckt wurde, sondern lediglich die Richtigkeit der Übertragung des Wortlauts

der Klageschrift aus einem Stenogramm o. Ä. bestätigt wird (BFH v. 23.04.1991, VII R 63/90, BFH/NV 1992, 180; auch *Brandis* in Tipke/Kruse, § 64 FGO Rz. 5). Bei Behörden sowie Körperschaften und Anstalten des öffentlichen Rechts ist dem Schriftformerfordernis genüge getan, wenn der in Maschinenschrift wiedergegebene Name des Verfassers mit einem Beglaubigungsvermerk – auch ohne Dienstsiegel – versehen ist (GmS-OBG v. 30.04.1979, GmS-OGB 1/78, BGHZ 75, 340 = BVerwGE 58, 359; BFH v. 22.06.2010, VIII R 38/08, BStBl II 2010, 1017).

3a **Keiner eigenhändigen Unterschrift** bedarf es, wenn der jeweilige bestimmende Schriftsatz durch Telegramm, Fernschreiber, Telebrief, Telekopie, Bildschirmtextmitteilung oder Computerfax übermittelt wird (BFH v. 22.06.2010, VIII R 38/08, BStBl II 2010, 1017). Wird die Klage per **Telefax** erhoben, muss sie zwar grds. eigenhändig unterschrieben sein. Das Fehlen der Unterschrift ist indessen unschädlich, wenn das Telefaxformblatt unterschrieben ist, mit der Klageschrift eine Einheit bildet, die Person des Absenders vollständig bezeichnet und kein Zweifel daran besteht, dass die Kopiervorlage ordnungsgemäß eigenhändig unterzeichnet wurde (BFH v. 22.06.2010, VIII R 38/08, BStBl II 2010, 1017). Im Übrigen erachtet der BFH – entsprechend dem Zweck des § 64 Abs. 1 FGO (s. Rz. 2) im Anschluss an die Rspr. des BVerwG (BVerwG v. 26.06.1980, 7 B 160.79, juris) eine eigenhändige Unterzeichnung des maßgebenden Schriftstückes durch den Verfasser als entbehrlich, wenn feststeht, dass das **Schriftstück** keinen Entwurf betrifft, sondern dem Gericht **mit Wissen und Wollen des Berechtigten** zugeleitet worden ist (BFH v. 22.06.2010, VIII R 38/08, BStBl II 2010, 1017). Der Mangel der fehlenden Unterschrift auf der Klageschrift wird dadurch geheilt, dass der Klage eine vom Kläger zeitnah **unterschriebene** und mit seiner Steuernummer versehene **Vollmacht** beigefügt ist (BFH v. 17.08.2009, VI B 40/09, BFH/NV 2009, 2000).

4 Dem Erfordernis einer **eigenhändigen Unterschrift** wird durch eine bloße »gekrümmte Linie« nicht genügt (BGH v. 21.03.1974, VII ZB 2/74, BB 1974, 717); auch nicht durch einen »Haken«, (BFH v. 08.03.1984, I R 50/81, BStBl II 1984, 445) oder durch eine willkürliche Linie (BFH v. 30.05.1984, I R 2/84, BStBl II 1984, 669). Andererseits braucht die Unterschrift nicht leserlich zu sein. Es genügt vielmehr ein individueller Schriftzug mit charakteristischen Merkmalen (BFH v. 23.06.1999, X R 113/96, BStBl II 1999, 668), ein die Identität des Unterschreibenden ausreichend kennzeichnender Schriftzug, der sich nach dem gesamten Schriftbild als Unterschrift eines Namens darstellt (BFH v. 25.03.1983, III R 64/82, BStBl II 1983, 479). Wird die Klageschrift zunächst auf Matrize geschrieben, dort vom Prozessbevollmächtigten unterschrieben und dann ein Matrizenabzug dem Gericht eingereicht, so fehlt dieser Klage nicht das Merkmal der Schriftlichkeit (BFH v. 19.09.1974, IV R 24/74, BStBl II 1975, 199); Fotokopie der Klageschrift genügt nicht (BFH v. 07.03.1985, V R 128/83, BFH/NV 1986, 737). Ebenso wenig soll die übermittelte Telekopie einer Abschrift des Originalschriftsatzes, die nur mit dem Zusatz »gez. Rechtsanwalt« versehen ist, genügen (BFH v. 10.07.2002, VII B 6/02, BFH/NV 2002, 1597). Zum Erfordernis der Schriftform vgl. auch die zur Revisionsbegründungsschrift ergangene Entscheidung BFH v. 05.11.1973, GrS 2/72, BStBl II 1974, 242. Ob es immer noch gerechtfertigt erscheint, im Hinblick auf die Unterschrift zwischen einer »konventionell« übermittelten Klageschrift und einer solchen, die mit modernen Kommunikationsmitteln übermittelt wird, zu unterscheiden (wie es in BFH v. 10.07.2002, VII B 6/02, BFH/NV 2002, 1597 geschieht) erscheint höchst fraglich (zur Kritik an dieser Rspr. *Schallmoser* in HHSp, § 64 FGO Rz. 52 ff.; *Brandis* in Tipke/Kruse, § 64 FGO Rz. 5 ff.). Die **Empfehlung an Prozessbevollmächtigte** kann angesichts der dargestellten Unklarheiten derzeit nur dahin gehen, die Klageschrift (und alle bestimmenden Schriftsätze) auf dem an das Gericht übermittelten **Original mit dem vollen Namen zu unterschreiben** und dabei auf eine **einigermaßen leserliche Unterschrift** zu achten (gl. A. *Herbert* in Gräber, § 64 FGO Rz. 24 f.).

Das **Fehlen der erforderlichen eigenhändigen Unterschrift** kann **nur innerhalb der Klagefrist geheilt** werden; 5
§ 65 Abs. 2 FGO ist nicht einschlägig (BFH v. 29.08.1969, III R 86/68, BStBl II 1970, 89; BFH v. 15.01.1971, III R 127/69, BStBl II 1971, 397; a. A. *Brandis* in Tipke/Kruse, § 64 FGO Rz. 9). Im Unterschied zu § 253 ZPO, jedoch in Übereinstimmung mit § 81 VwGO, genügt die Einreichung im eingangs bezeichneten Sinne; Zustellung an den Beklagten (§ 71 FGO) ist kein Bestandteil der Klageerhebung: Der Fristenlauf des § 55 FGO würde sonst unübersichtlich. Fehlt eine ordnungsgemäße Unterschrift (s. Rz. 3 f.), so muss das Gericht unverzüglich auf eine Heilung des Mangels hinwirken (BFH v. 30.01.1996, V B 89/95, BFH/NV 1996, 683).

Neben der Klageerhebung durch Einreichung eines 6
Klageschriftsatzes lässt § 64 Abs. 1 FGO auch die Klageerhebung zu Protokoll des **Urkundsbeamten der Geschäftsstelle** des FG zu. Das Merkmal »zu Protokoll« ist durch Gesetz zur Einführung der elektronischen Akte in der Justiz und zur weiteren Förderung des elektronischen Rechtsverkehrs v. 05.07.2017 (BGBl I 2017, 2208) mit Wirkung vom 01.01.2018 an die Stelle des zuvor in § 64 Abs. 1 FGO enthaltenen Merkmals »zur Niederschrift« getreten, ohne dass dies zu einer inhaltlichen Änderung der Norm geführt hat (*Paetsch* in Gosch, § 64 FGO Rz. 50; vgl. BT-Drs. 18/12203, 89; BT-Drs. 18/9416, 59). Diese Form der Klageerhebung erfordert deshalb wie bisher die **persönliche Anwesenheit** des Klägers oder eines Bevollmächtigten. Eine fernmündliche Erklärung genügt nicht (*Brandis* in Tipke/Kruse, § 64 FGO Rz. 10). Die Protokol-

lierung der Klage durch einen Richter des FG ist (erst recht) wirksam (BVerwG v. 16.02.1972, V C 6.71, BVerwGE 39, 314 [316]; BFH v. 20.07.2012, VII R 12/10, BFH/NV 2012, 1845; ebenso *Herbert* in Gräber, § 64 FGO Rz. 28; *Kopp/Schenke*, § 81 VwGO Rz. 12; *Brandis* in Tipke/Kruse, § 64 FGO Rz. 10). Dies folgt aus dem Rechtsgedanken des § 8 Abs. 1 und Abs. 5 RPflG. Bei elektronischer Aktenführung kann das Protokoll auch in elektronischer Form erstellt werden (*Paetsch* in Gosch, § 64 FGO Rz. 53.1).

7 Nach § 64 Abs. 2 FGO sollen der Klage Abschriften für die übrigen Beteiligten beigefügt werden. Da es sich um eine Sollvorschrift handelt, steht ein Verstoß dagegen der Wirksamkeit der Klageerhebung nicht entgegen. Jedoch wird der Fortgang des Verfahrens (Zustellung der Klage an die beklagte Behörde) durch die Nichterfüllung dieser Förderungspflicht verzögert. Das Gericht ist notfalls auch berechtigt, auf Kosten des Klägers Klageabschriften bzw. -ablichtungen anzufertigen (wegen der hierdurch entstehenden Auslagen KV 9000; s. Vor §§ 135 ff. FGO Rz. 7 f.). Ein Anspruch des Klägers hierauf besteht nicht. Gem. § 52a Abs. 5 Satz 3 FGO ist die Beifügung von Abschriften im Fall der elektronischen Klageerhebung nicht erforderlich (s. § 52a FGO Rz. 2).

## § 65 FGO
## Notwendiger Inhalt der Klage

**(1) Die Klage muss den Kläger, den Beklagten, den Gegenstand des Klagebegehrens, bei Anfechtungsklagen auch den Verwaltungsakt und die Entscheidung über den außergerichtlichen Rechtsbehelf bezeichnen. Sie soll einen bestimmten Antrag enthalten. Die zur Begründung dienenden Tatsachen und Beweismittel sollen angegeben werden. Der Klage soll eine Abschrift des angefochtenen Verwaltungsakts und der Einspruchsentscheidung beigefügt werden.**

**(2) Entspricht die Klage diesen Anforderungen nicht, hat der Vorsitzende oder der nach § 12g des Gerichtsverfassungsgesetzes zuständige Berufsrichter (Berichterstatter) den Kläger zu den erforderlichen Ergänzungen innerhalb einer bestimmten Frist aufzufordern. Er kann dem Kläger für die Ergänzung eine Frist mit ausschließender Wirkung setzen, wenn es an einem der in Absatz 1 Satz 1 genannten Erfordernisse fehlt. Für die Wiedereinsetzung in den vorigen Stand wegen Versäumung der Frist gilt § 56 entsprechend.**

**S. § 82 VwGO; § 92 SGG**

### Schrifttum

VON WEDELSTÄDT, Teilanfechtung und ihre Folgen, DB 1997, 696; BARTONE, Notwendiger Klageinhalt und Ausschlussfristen – Der Umgang mit § 65 FGO in der finanzgerichtlichen Praxis, AO-StB 2018, 49.

Während § 64 Abs. 1 FGO das Formerfordernis der Schriftlichkeit für die Klageerhebung aufstellt, betrifft § 65 Abs. 1 FGO – insbes. § 65 Abs. 1 Satz 1 FGO – die an eine Klage zu stellenden **inhaltlichen Anforderungen**, für die die Form einzuhalten ist.

§ 65 Abs. 1 Satz 1 FGO betrifft den absoluten unabdingbaren Mindestinhalt (**Mussinhalt**) einer Klage; er knüpft dabei an die Grundelemente von § 40 Abs. 1 und Abs. 2 FGO sowie von § 41 FGO an. Dieser Mindestinhalt ist in der Klageschrift (in der Niederschrift) zu bezeichnen. 2

Das betrifft zunächst die **Bezeichnung der Beteiligten**, also die Angabe, wer gegen wen Klage erhebt. Diese Grundvoraussetzung jeder Klage muss bei fristgebundenen (also verwaltungsaktbezogenen) Klagen bis zum Ablauf der Klagefrist derart erfüllt sein, dass kein Zweifel an der Identität der Beteiligten bestehen kann. Bei nicht fristgebundenen Klagen müssen die Beteiligten mit Ablauf der nach § 65 Abs. 2 Satz 2 FGO gesetzten Frist, spätestens im Zeitpunkt der letzten mündlichen Verhandlung feststehen. Hinsichtlich der Bezeichnung der **Person des Klägers** bedeutet das dessen genaue Bezeichnung mit seinem Namen, bei natürlichen Personen einschließlich des Vornamens, bei juristischen Personen und sonst beteiligtenfähigen Gebilden unter Darlegung der (gesetzlichen) Vertretungsverhältnisse (namentliche Bezeichnung des gesetzlichen Vertreters bejahend z.B. *Schallmoser* in HHSp, § 65 FGO Rz. 42; *Brandis* in Tipke/Kruse, § 65 FGO Rz. 7; offengelassen in BFH v. 14.01.2015, I B 42/14, BFH/NV 2015, 517), und einer **ladungsfähigen Anschrift**, d.h. des tatsächlichen Wohnorts (z.B. BFH v. 17.06.2010, III R 53/07, BFH/NV 2011, 264; BFH v. 20.12.2012, I B 38/12, BFH/NV 2013, 746; bloße Benennung einer Postanstalt mit dem Zusatz »postlagernd« reicht nicht aus, FG He v. 19.08.1985, 12 K 13–15/85, EFG 1985, 621; ebenso wenig eine Postfachanschrift, z.B. BVerwG v. 13.04.1999, 1 C 24/97, HFR 2000, 382; unzureichend auch eine »c/o-Adresse«: z.B. BFH v. 18.08.2011, V B 44/10, BFH/NV 2011, 2084; OLG Frankfurt/Main v. 15.05.2014, 16 U 4/14, IBR 2014, 517). Dies gilt auch dann, wenn der Kläger durch einen Prozessbevollmächtigten vertreten ist (z.B. BFH v. 30.06.2015, X B 28/15, BFH/NV 2015, 1423; BFH v. 04.05.2016, V B 108/15, BFH/NV 2016, 1289; BFH v. 29.01.2018, X B 122/17, BFH/NV 2018, 630). Fehlt die Angabe des Wohnorts des Klägers und wird die Angabe nicht bis zum Schluss der mündlichen Verhandlung nachgeholt, ist die Klage unzulässig (BFH v. 17.06.2010, III R 53/07, BFH/NV 2011, 264). Die Pflicht zur Angabe 3 der Anschrift entfällt nur, wenn ihre Erfüllung **ausnahmsweise unmöglich oder unzumutbar** ist. Sie ist unmöglich, wenn der Kläger glaubhaft über eine solche Anschrift nicht verfügt (BFH v. 29.01.2018, X B 122/17, BFH/NV 2018, 630). Der Mitteilung einer ladungsfähigen Anschrift bedarf es ausnahmsweise auch dann nicht, wenn der Kläger sich dadurch der konkreten Gefahr einer Verhaftung aussetzen würde, seine Identität feststeht und die Möglichkeit der Zustellung durch einen Prozessbevollmächtigten sichergestellt ist (BFH v. 11.12.2001, VI R 19/01, BFH/NV 2002, 651). Damit das Gericht prüfen kann, ob ausnahmsweise auf die Mitteilung der ladungsfähigen Anschrift des Klägers verzichtet werden kann, bedarf es eines entsprechenden substantiierten Vortrags (BFH v. 29.01.2018, X B 122/17, juris; BVerwG v. 13.04.1999, 1 C 24/97, NJW 1999, 2608). Eine Berichtigung der Klägerbezeichnung ist dann zulässig, wenn die Beteiligtenbezeichnung erkennbar (aus der Sicht des Gerichts) unzutreffend war (BFH v. 14.11.1986, III R 12/81, BStBl II 1987, 178; BFH v. 23.10.1990, VIII R 142/85, BStBl II 1991, 401). Da andererseits die Bezeichnung des Klägers als prozessuale Willenserklärung auslegungsfähig ist, ist eine unklare Bezeichnung seiner Person unter Berücksichtigung des Grundsatzes rechtsschutzgewährender Auslegung (s. Vor § 40 FGO Rz. 9) auslegungsfähig (so BFH v. 08.01.1991, VII R 61/88, BFH/NV 1991, 795). Die Pflicht zur Angabe einer ladungsfähigen Anschrift erstreckt sich im Finanzprozess auf das **gesamte Verfahren**; wird eine Anschrift nachträglich unrichtig, so kann das FG auch noch im Laufe des Verfahrens eine Ausschlussfrist zur Angabe der aktuellen ladungsfähigen Anschrift setzen (BFH v. 30.06.2015, X B 28/15, BFH/NV 2015, 1423).

**3a** Hinsichtlich der **Bezeichnung des Beklagten** geht BFH v. 11.12.1992, VI R 162/88, BStBl II 1993, 306 davon aus, dass die Angabe des angefochtenen Verwaltungsakts bzw. der Einspruchsentscheidung die beklagte Behörde leicht und eindeutig bestimmbar machen könne. Abgesehen davon, dass dem Erfordernis der Bezeichnung des Beklagten nur durch die Benennung eines Verwaltungsakts, ohne dabei die erlassene Behörde zu erwähnen, nicht gut Genüge getan sein kann, ist der Entscheidung jedoch insofern beizupflichten, als in einem solchen Fall die unabänderliche Fixierung der beklagten Behörde (wenn auch mittelbar) erfolgt und nur noch eine nach Maßgabe des § 67 FGO zulässige Auswechslung des Beklagten (subjektive Klageänderung) möglich ist (vgl. BFH v. 13.05.2014, XI B 129-132/13, BFH/NV 2014, 1385). Lässt sich einer Klageschrift nicht eindeutig entnehmen, gegen welche Finanzbehörde sich die Klage richtet, ist die Klageschrift auszulegen, wobei als Auslegungshilfe der Gesichtspunkt dienen kann, dass die Klage im Zweifel nicht gegen den falschen, sondern gegen den nach dem Inhalt der Klage richtigen Beklagten gerichtet sein soll (BFH v. 13.05.2014, XI B 129-132/13, BFH/NV 2014, 1385).

Weiteres Musserfordernis ist die Bezeichnung des Gegenstands des Klagebegehrens. 4

Weiteres Musserfordernis ist die Bezeichnung des **Gegenstands des Klagebegehrens.** Die Umformulierung von »**Streitgegenstand**« in »Gegenstand des Klagebegehrens« bringt keine sachliche Änderung mit sich und auch nicht etwa ein größeres Maß an Klarheit. Mit Streitgegenstand ist die inhaltliche Komponente des Klagebegehrens gemeint, der das »Streitprogramm« des Finanzprozesses bestimmt. Von Bedeutung ist der Streitgegenstand nicht nur im Rahmen des § 65 FGO, sondern z. B. auch bei der Frage, ob dieselbe Sache bereits rechtskräftig entschieden wurde (s. § 110 FGO) oder ob dieselbe Sache bereits anderweitig rechtshängig ist (§ 155 Satz 1 FGO i. V. m. § 17 Abs. 1 Satz 2 GVG; hierzu s. Vor FGO Rz. 38; auch s. § 66 FGO Rz. 2 und s. Anh. zu § 33 FGO § 17 GVG Rz. 1 f.). Nach der herrschenden **Saldierungstheorie** wird der Streitgegenstand (bei Anfechtungsklagen) durch den dem Streitfall zugrunde liegenden Lebenssachverhalt und dem Tenor des angefochtenen Verwaltungsaktes bestimmt. Es kommt daher darauf an, dass der **angefochtene Verwaltungsakt im Ergebnis rechtswidrig** ist. Auf einzelne Besteuerungsgrundlagen kommt es demgegenüber nicht an (§ 157 Abs. 2 FGO). Daher können unrichtige Würdigungen einzelner Besteuerungsgrundlagen mit zutreffenden »saldiert« werden (st. Rspr., z. B. BFH v. 14.03.1989, I R 8/85, BStBl II 1989, 633; vgl. *Schallmoser* in HHSp, § 65 FGO Rz. 68). Demgegenüber soll nach der **Individualisierungstheorie** nur ein Ausschnitt aus dem Gesamtsachverhalt zur Prüfung und Entscheidung vorliegen, wenn der Kläger sich nur gegen einzelne Besteuerungsgrundlagen wende (vgl. die Darstellung bei *Sunder-Plassmann* in HHSp, § 65 FGO Rz. 129). Die von den Vertretern dieser Auffassung geäußerte Kritik an der Saldierungstheorie greifen letztlich nicht durch. Es lässt sich zwar nicht leugnen, dass die vom BFH für zulässig gehaltene Saldierung mit der reinen Rechtsschutzfunktion der FG nicht uneingeschränkt in Einklang zu bringen ist, weil sie ermöglicht, dass das Gericht einen mit seinem Klagevorbringen obsiegenden Kläger durch Saldierung um seinen Erfolg bringt, indem es Punkte aufgreift, über die zwischen den Beteiligten kein Streit besteht. Insoweit gewährt das Gericht somit keinen Rechtsschutz, sondern führt wie ein FA die Besteuerung durch, und zwar unter Umständen gegen den ausdrücklichen oder stillschweigenden Willen der beklagten Behörde. Der Individualisierungstheorie ist dennoch nicht zu folgen, da sie mit § 157 Abs. 2 AO, wonach einzelne Besteuerungsgrundlagen lediglich unselbständige Bestandteile eines Steuerbescheids darstellen und gerade nicht selbstständig angefochten werden können, unvereinbar ist (vgl. *Sunder-Plassmann* in HHSp, § 65 FGO Rz. 133).

Der Kläger muss das **Ziel seines Rechtsschutzbegehrens** deutlich machen. Die den zwingenden inhaltlichen 5

Erfordernissen entsprechende Klageschrift muss das Gericht in die Lage versetzen, Art und Umfang der von ihm geforderten Entscheidung sowie die geltend gemachte Verletzung eigener Rechte und damit seine Entscheidungsbefugnis zu erkennen (z. B. BFH v. 18.11.2013, X B 130/13, BFH/NV 2014, 371; BFH v. 15.07.2015, VIII B 56/15, BFH/NV 2015, 1429). Wie weit das **Klagebegehren zu substantiieren** ist, hängt von den Umständen des Einzelfalls (insbes. vom Inhalt des Verwaltungsakts, der Steuerart und der Klageart) ab und kann nicht abstrakt-generell vorab definiert werden. Entscheidend ist, ob das Gericht in die Lage versetzt worden ist, zu erkennen, worin nach Ansicht des Klägers die streitgegenständliche Rechtsverletzung liegt (grundlegend BFH v. 26.11.1979, GrS 1/78, BStBl II 1980, 99; i. Ü. z. B. BFH v. 29.06.2017, X B 170/16, BFH/NV 2017, 1613; BFH v. 25.07.2017, XI B 29/17, BFH/NV 2017, 1715). Dazu genügt grds. bereits eine **schlagwortartige Grobbegründung**. Wenn das Gericht meint, der Kläger müsse noch weitere Tatsachen vortragen, muss es nach § 79b FGO verfahren. Es ist es jedoch **nicht Aufgabe des FG**, den Gegenstand der Klage selbst zu ermitteln (BFH v. 23.10.2008, X B 138/08, juris). Allerdings hat das FG zur Bestimmung des Gegenstandes des Klagebegehrens alle ihm und dem FA bekannten und vernünftigerweise erkennbaren Umstände tatsächlicher und rechtlicher Art zu berücksichtigen, wobei insbes. auf den Inhalt der Klageschrift und die hierin bezeichneten Bescheide und Einspruchsentscheidungen zurückzugreifen ist. Nur diese Auslegung des § 65 Abs. 1 Satz 1 FGO trägt dem Grundsatz der Rechtsschutz gewährenden Auslegung von Verfahrensvorschriften (Art. 19 Abs. 4 GG) Rechnung (z. B. BFH v. 16.04.2007, VII B 98/04, BFH/NV 2007, 1345; BFH v. 29.06.2017, X B 170/16, BFH/NV 2017, 1613). Daher kann eine hinreichende Bestimmung des Klagebegehrens grds. dadurch erfolgen, dass die angefochtenen Bescheide bezeichnet und die Einspruchsentscheidung beigefügt werden, wenn sich die konkreten Streitpunkte der Einspruchsentscheidung entnehmen lassen (z. B. BFH v. 29.09.2015, I B 37/14, BFH/NV 2016, 415; BFH v. 14.11.2017, IX B 66/17, BFH/NV 2018, 216). Dabei muss das FG auch dann die Bescheide und Einspruchsentscheidungen, welche in der bei ihm eingereichten Klageschrift bezeichnet wurden, zur **Auslegung des Klagebegehrens** heranziehen, wenn der Kläger diese seiner Klageschrift nicht beigefügt hat, sondern die betreffenden Verwaltungsakte nur dem FA vorliegen (BFH v. 12.03.2014, III B 65/13, BFH/NV 2014, 1059; BFH v. 26.03.2014, III B 133/13, BFH/NV 2014, 894). Daraus folgt m. E. die grundsätzliche Pflicht des FG, die Steuerakten beizuziehen, zumindest jedoch die Einspruchsentscheidung beim Beklagten anzufordern, um sich in die Lage zu versetzen, das Klagebegehren durch Auslegung zu ermitteln (vgl. BFH v. 13.06.1996, III R 93/95, BStBl II 1996, 483; BFH v. 08.06.2004, XI B 46/02, BFH/NV 2004, 1417; BFH v. 25.07.2017, XI B 29/17, BFH/NV 2017, 1715). Denn nach der zutreffenden Rspr. des BFH erlegt § 65 Abs. 2 Satz 2 FGO dem Kläger keine zusätzlichen, weitergehenden Obliegenheiten auf als § 65 Abs. 1 Satz 1 FGO und begründet keinen Anspruch des FG, dass ihm eine ohne Hinzuziehung noch nicht vorliegender Steuerakten aus sich heraus verständliche Darstellung des nach Ansicht des Klägers maßgeblichen steuerlichen Sachverhalts vorgelegt wird (BFH v. 25.07.2017, XI B 29/17, BFH/NV 2017, 1715). Dies gilt nur dann nicht, wenn der Stpfl. lediglich die Aufhebung des im Anschluss an eine Schätzung ergangenen Änderungsbescheids beantragt, bei dem das FA im Veranlagungsverfahren und zusätzlich verbösernd im Einspruchsverfahren in einer Reihe von Punkten von der eingereichten Steuererklärung abgewichen ist, er aber den Einspruch schon nicht begründet hat (BFH v. 13.03.2014, X B 158/13, BFH/NV 2014, 892). Andererseits wird der Gegenstand des Klagebegehrens bei einer Klage gegen einen **Schätzungsbescheid** hinreichend bezeichnet, wenn ein Kläger innerhalb einer gesetzten Ausschlussfrist zwar keine Steuererklärung, wohl aber betragsmäßig eindeutige Einkünfteermittlungen einreicht und aus seinem Vorbringen hervorgeht, dass er keine weiteren Änderungen des Schätzungsbescheids begehrt (BFH v. 23.06.2017, X B 11/17, BFH/NV 2017, 1440; ferner BFH v. 15.01.2015, I B 45/14, BFH/NV 2015, 696). Dies vorausgesetzt, hat der Kläger **substantiiert und schlüssig darzulegen**, worin er die durch die angefochtenen Verwaltungsentscheidungen (vorgeblich) begründeten Rechtsverletzungen erblickt, insbes. ausführen, inwieweit der angegriffenen Verwaltungsakt rechtswidrig sein und den Kläger in seinen Rechten verletzen soll, weil entweder der angefochtene Verwaltungsakt oder die Ablehnung eines begehrten Verwaltungsakts ganz oder teilweise rechtswidrig sei (Anfechtungs- und Verpflichtungsklage) bzw. weil die Nichterbringung einer Leistung oder ein bestimmtes Verhalten rechtswidrig sei (sonstige Leistungsklage). Bei der Feststellungsklage ist geltend zu machen, ein bestimmtes Rechtsverhältnis bestehe bzw. bestehe nicht oder ein bestimmter Verwaltungsakt sei nichtig. Wie weit das Klagebegehren zu substantiieren ist, hängt von den Umständen des Einzelfalles ab, insbes. vom Inhalt der angefochtenen Verwaltungsakte sowie von der einschlägigen Steuerart und Klageart. Eine solche Konkretisierung erweist sich schon deswegen als unentbehrlich, weil das Gericht nach § 96 Abs. 1 Satz 2 FGO nicht über das Klagebegehren hinausgehen darf (BFH v. 02.05.2008, X B 237/07, ZSteu 2008, R647). Der BFH kann das Klagebegehren ohne Bindung an das FG auslegen (z. B. BFH v. 23.02.2012, IV R 32/09, BFH/NV 2012, 1479).

Im Einzelnen gilt Folgendes: Bei einer **Anfechtungsklage** genügt es zur Bestimmung des Gegenstands des Klagebegehrens i. S. des § 65 Abs. 1 FGO nicht, dass der Kläger lediglich den angefochtenen Verwaltungsakt be- **5a** zeichnet und den Antrag stellt, diesen aufzuheben sowie die Zwangsvollstreckung einzustellen, ohne darzulegen, inwiefern der Verwaltungsakt nach seiner Meinung rechtswidrig ist und ihn in seinen Rechten verletzt (BFH v. 25.09.2006, IV B 58/05, juris; BFH v. 23.10.2008, X B 138/08, juris; BFH v. 31.03.2010, VII B 233/09, BFH/NV 2010, 1464). Der bloße Aufhebungsantrag kann ausnahmsweise dann ausreichen, wenn sich das Begehren des Klägers aus der beigefügten Einspruchsentscheidung erschließt (BFH v. 24.02.2006, II B 97/05, BFH/NV 2006, 1129). Wird z. B. ein auf einer **Schätzung** (§ 162 AO) beruhender Steuerbescheid angegriffen, so ist der Gegenstand des Klagebegehrens nur dann hinreichend bezeichnet, wenn konkret die nach Auffassung des Klägers unzutreffenden Ansatzpunkte der Schätzung benannt werden oder dargelegt wird, aus welchem Grund eine Schätzung überhaupt nicht hätte erfolgen dürfen (BFH v. 15.10.2008, I B 133/08, juris; BFH v. 14.08.2013, III B 13/13, BFH/NV 2013, 1795; vgl. auch BFH v. 13.03.2014, X B 158/13, BFH/NV 2014, 892; s. Rz. 5). Es genügt nicht, lediglich anzugeben, welche von mehreren einem Steuerbescheid zugrunde liegenden Schätzungen angegriffen wird (BFH v. 08.02.2012, IV B 68/11, BFH/NV 2012, 769). Die bloße Ankündigung einer noch einzureichenden Steuererklärung zur Bezeichnung des Gegenstandes des Klagebegehrens reicht nicht aus; das gilt auch für die pauschale Behauptung, die Besteuerungsgrundlagen seien zu hoch geschätzt worden (BFH v. 16.08.2005, XI B 235/03, BFH/NV 2005, 2239; BFH v. 11.08.2008, III B 56/08, juris). Bei **teilweisem Aufhebungsbegehren oder sonstigem Änderungsbegehren** i. S. des § 100 Abs. 2 FGO muss grundsätzlich bis zum Ablauf der Klagefrist der Umfang des Rechtsschutzverlangens aus der Bezeichnung des Gegenstands des Klagebegehrens ablesbar sein (nicht i. S. eines »bezifferten« oder sonst bestimmten Klageantrags!), um den Umfang bestimmen zu können, in dem der angefochtene Verwaltungsakt (in der Gestalt der Einspruchsentscheidung) unanfechtbar geworden ggf. auch, in welchem Umfang der Ablauf der Festsetzungsfrist (Feststellungsfrist) gehemmt ist (§ 171 Abs. 3 AO). In Fällen **objektiver Klagehäufung** einschließlich der Anfechtung eines zusammengefassten Bescheids (§ 155 Abs. 3 AO) gilt das Erfordernis der Bezeichnung des Klagebegehrens hinsichtlich jedes der mehreren (ggf. äußerlich zusammengefassten) Verwaltungsakte. Bei Bescheiden über die **gesonderte (ggf. und einheitliche) Feststellung von Besteuerungsgrundlagen** ist deren Verselbständigung bei der Bezeichnung des Gegenstands des Klagebegehrens zu beachten (z. B. die der vom Kläger erzielte Gewinn als laufender Gewinn oder als Veräußerungsgewinn i. S. von §§ 16, 34 EStG zu beurteilen ist): es muss dementsprechend schlüssig und substantiiert dargetan werden, die Feststellung (Nichtfeststellung) welcher Besteuerungsgrundlagen in welchem Ausmaß den Kläger in eigenen Rechten verletzend rechtswidrig sei (BFH v. 06.12.2000, VIII R 21/00, BStBl II 2003, 194; auch *von Wedelstädt*, DB 1997, 696). Zur Bezeichnung der Einspruchsentscheidung, in der über mehrere zusammengefasste Einsprüche entschieden wurde: BFH v. 24.07.2012, XI B 87/11, BFH/NV 2012, 1981.

Bei der **Verpflichtungsklage** gehört es zur ordnungsgemäßen Bezeichnung des Klagegegenstandes, dass der Ablehnungsbescheid und die Entscheidung über den Einspruch benannt werden. Bei einer Untätigkeitsklage (§ 46 FGO) sind der Ablehnungsbescheid und der Einspruch zu bezeichnen, über den die Behörde nicht in angemessener Frist entschieden hat. Hat das FA über den Antrag auf Erlass eines Verwaltungsakts nicht entschieden, muss der Kläger darlegen, dass er einen sog. Untätigkeitseinspruch erhoben hat, der Voraussetzung für die Zulässigkeit der Verpflichtungsklage ist (BFH v. 30.06.2006, III B 193/04, BFH/NV 2006, 2101). **5b**

Bei **Anfechtungsklagen** muss die Klage auch den Verwaltungsakt und die Entscheidung über den außergerichtlichen Rechtsbehelf bezeichnen. Gemeint ist der angefochtene Verwaltungsakt sowie die angefochtene Entscheidung über den dagegen (ganz oder teilweise) erfolglos eingelegten Rechtsbehelf (§ 44 Abs. 1 FGO), also der Anfechtungsgegenstand. Sofern ausnahmsweise die Entscheidung über den außergerichtlichen Rechtsbehelf alleiniger Gegenstand der Anfechtungsklage ist (s. § 44 FGO Rz. 7), genügt deren Bezeichnung (diese Möglichkeit ist vom Gesetzgeber offenbar übersehen worden) ebenso wie bei unmittelbarer Klage (§ 45 FGO) die Bezeichnung nur des Verwaltungsakts. Zu bezeichnen sind nämlich nur die Akte hoheitlicher Gewalt, die Anfechtungsgegenstand sind. Das ist bei Anfechtungsklagen (und dasselbe gilt für den Anfechtungsteil einer Verpflichtungsklage, also den das Begehren ablehnenden Verwaltungsakt und die diesen bestätigende Entscheidung über den außergerichtlichen Rechtsbehelf) eben in der Regel der Verwaltungsakt in der Gestalt der Entscheidung über den außergerichtlichen Rechtsbehelf (§ 44 Abs. 2 FGO). Überholt ist durch das Verlangen nach Bezeichnung sowohl des Verwaltungsakts als auch der Rechtsbehelfsentscheidung die Rechtsprechung, die in der Bezeichnung der angefochtenen Einspruchsentscheidung zugleich die eindeutige Bezeichnung des angefochtenen Verwaltungsakts sah (so z. B. BFH v. 19.05.1992, VIII R 87/90, BFH/NV 1993, 31; BFH v. 21.04.1993, XI R 37–54/92, BFH/NV 1994, 45; BFH v. 07.10.1997, VIII R 7–8/96, BFH/NV 1998, 1099; wie hier: FG RP v. 18.11.1993, 5 K 2037/92, EFG 1994, 360; FG H v. 04.10.1995, V 186/93, EFG 1996, 147). Bezeichnen heißt auch in diesem Zusammenhang unverwechselbar individualisieren. War bei Ablauf der Klagefrist bereits ein Verwaltungsakt (und eine Rechtsbehelfsentscheidung) bezeichnet, so ist die nachträgliche Bezeichnung eines (anderen oder) weiteren Verwaltungsakts als Anfechtungsgegenstand nicht mehr zulässig, zumindest **6** dann nicht, wenn das bis zu diesem Zeitpunkt vorliegende Vorbringen nicht erkennen lässt, dass die Klage weitere Anfechtungsgegenstände haben könnte (BFH v. 01.04.1981, II R 38/79, BStBl II 1981, 532; BFH v. 05.09.1989, VII R 15/87, BFH/NV 1990, 580).

7 § 65 Abs. 1 Sätze 2 bis 4 FGO zählen auf, welchen weiteren Inhalt die Klageschrift haben soll (**Sollerfordernisse**). Die Klage soll einen bestimmten Antrag enthalten (§ 65 Abs. 1 Satz 2). Dies gilt auch für eine Entschädigungsklage gem. § 155 Satz 2 FGO i. V. m. § 198 GVG (BFH v. 02.12.2015, X K 7/14, BStBl II 2016, 405 m. w. N.). Dieser mag zwar das Klagebegehren präzisieren, er bezeichnet aber nicht dessen Inhalt und Umfang (vgl. § 96 Abs. 1 Satz 2 FGO). Der Antrag muss grds. nicht beziffert sein, es genügt auch die Bezeichnung der Besteuerungsgrundlage, die rechtswidrig berücksichtigt bzw. nicht berücksichtigt wurde (anders bei einer Entschädigungsklage: z. B. BFH v. 02.12.2015, X K 4/14, BFH/NV 2016, 758; BFH v. 02.12.2015, X K 7/14, BStBl II 2016, 405). Weiter sollen die zur Begründung dienenden Tatsachen und Beweismittel angegeben werden (§ 65 Abs. 2 Satz 3 FGO). Dieses Sollerfordernis ist im Finanzprozess, der vom Untersuchungsgrundsatz (§ 76 Abs. 1 Satz 1 FGO) beherrscht wird, als deutlicher Hinweis auf die verfahrensrechtliche Mitwirkungspflicht zu verstehen (s. auch § 76 Abs. 1 Satz 2 ff. FGO und insbes. § 79b Abs. 2 FGO). Schließlich soll der Klage eine Abschrift des angefochtenen Verwaltungsakts und der Einspruchsentscheidung beigefügt werden (§ 65 Abs. 1 Satz 4 FGO; s. Rz. 5). Ein Verstoß hiergegen lässt die Zulässigkeit und die Begründetheit der Klage unberührt, da das FG ohnedies die Steuer- und Rechtsbehelfsakten der beklagten Finanzbehörde anfordert. Durch die Beifügung werden jedoch Zweifel hinsichtlich des Klagebegehrens vermieden (*Brandis* in Tipke/Kruse, § 65 FGO Rz. 21).

8 § 65 Abs. 2 FGO regelt die Ergänzung der Klage. Danach hat der Vorsitzende oder der Berichterstatter (dort definiert als ein vom Vorsitzenden bestimmter Richter) den Kläger zu der erforderlichen Ergänzung innerhalb einer bestimmten Frist aufzufordern, wenn die Klage nicht den Anforderungen des § 65 Abs. 1 FGO genügt. Insoweit besteht eine Pflicht des Gerichts (BFH v. 01.02.2018, X B 136/17, BFH/NV 2018, 534). Aus einem Vergleich mit § 65 Abs. 2 Satz 2 FGO ist zu entnehmen, dass die Setzung einer **einfachen Frist** zur Ergänzung des Klageinhalts sich nicht nur auf die Musserfordernisse (§ 65 Abs. 1 Satz 1 FGO) beschränkt, sondern sich auch auf die **Sollerfordernisse** (§ 65 Abs. 1 Satz 2 und 3 FGO) beziehen kann, und das, obwohl § 65 Abs. 2 Satz 1 FGO von der »erforderlichen Ergänzung« spricht. Das fruchtlose Verstreichenlassen der nach § 65 Abs. 2 Satz 1 FGO gesetzten Frist ist **sanktionslos**, d. h. die Ergänzung kann auch bis zur mündlichen Verhandlung vorgenommen werden (BFH v. 01.02.2018, X B 136/17, BFH/NV 2018, 534).

Fehlt es an einem der **Musserfordernisse** des § 65 Abs. 1 Satz 1 FGO, ist also die Klage diesbezüglich ergänzungsbedürftig, so kann der Vorsitzende oder der Berichterstatter nach § 65 Abs. 2 Satz 2 FGO eine **Frist mit ausschließender Wirkung** zur diesbezüglichen Ergänzung der Klage setzen, sofern eine entsprechende Auslegung nicht möglich ist (s. Rz. 5). Stillschweigende Voraussetzung ist, dass die Klage ergänzungsfähig ist, dass – insbes. bei fristgebundenen Klagen – hinsichtlich der einzelnen Musserfordernisse ein der Ergänzung zugänglicher Ansatz in der Klageschrift enthalten ist. Das gilt jedenfalls hinsichtlich der Beteiligten sowie des Anfechtungsgegenstandes, wobei u. E. Ergänzungsfähigkeit auch vorliegt, wenn entweder nur der Verwaltungsakt oder nur die Entscheidung über den außergerichtlichen Rechtsbehelf sich aus der Klage entnehmen lassen, wobei sich hieraus u. U. der Klagegegenstand erkennen lässt, sodass dann eine Ergänzung nicht erforderlich ist (vgl. BFH v. 26.03.2014, III B 133/13, BFH/NV 2014, 894; s. Rz. 5). Daher darf eine Frist zur Bezeichnung des Klagebegehrens mit ausschließender Wirkung nicht gesetzt werden, wenn dem FG die Einspruchsentscheidung vorliegt, aus der eine überschaubare Zahl abgegrenzter Streitpunkte hervorgehen (BFH v. 12.03.2014, III B 65/13, BFH/NV 2014, 1059 m. Anm. *Bartone*, jurisPR-SteuerR 25/2014). Das FG verletzt den Anspruch auf rechtliches Gehör, wenn es gleichwohl eine Ausschlussfrist nach § 65 Abs. 2 Satz 2 FGO setzt und hierauf gestützt ein Prozessurteil statt eines Sachurteils erlässt (BFH v. 26.03.2014, III B 133/13, BFH/NV 2014, 894). Als einer Ergänzung zugänglich anzusehen ist auch die Benennung (Bezeichnung) des gesetzlichen Vertreters bzw. des sonst zur Vertretung Berufenen.

Dem klaren Wortlaut nach ist die Setzung einer qualifizierten Frist (Ausschlussfrist) in das **Ermessen** des Vorsitzenden bzw. des Berichterstatters gestellt; es besteht keine Pflicht dazu (z. B. BFH v. 01.02.2018, X B 136/17, BFH/NV 2018, 534). M.E. wird es im Regelfall unter Beachtung des Art. 19 Abs. 4 GG und des Verhältnismäßigkeitsprinzips ermessensgerecht sein, zunächst eine einfache Frist nach § 65 Abs. 2 Satz 1 FGO zur Ergänzung der Klage zu setzen (s. Rz. 8) und erst nach deren fruchtlosem Ablauf die Ausschlussfrist zu wählen (in diesem Sinne wohl auch *Schallmoser* in HHSp, § 65 FGO Rz. 114 f.). Allerdings braucht der Ausschlussfrist nach § 65 Abs. 2 Satz 2 FGO nicht zwingend eine einfache Frist gem. § 65 Abs. 2 Satz 1 FGO vorauszugehen (*Paetsch* in Gosch, § 65 FGO Rz. 119). Der Richter muss aber überlegen, ob es sachgerecht ist, in einem frühen Verfahrensstadium eine Ausschlussfrist zur Ergänzung der Klage zu setzen, obwohl es absehbar ist, dass die Sache nicht sofort bearbeitet wird, sondern bis zur abschließenden Bearbeitung Monate oder gar Jahre vergehen (insoweit krit. *Brandis* in Tipke/Kruse, § 65 FGO Rz. 24 unter Hinweis auf BFH v. 09.02.2006, VIII B 47/05, BFH/NV

2006, 1119). Entspricht die Klage indes den Erfordernissen des § 65 Abs. 1 Satz 1 FGO, ist eine gleichwohl verfügte Ausschlussfrist hinfällig und wirkungslos (BFH v. 16.04.2007, VII B 98/04, BFH/NV 2007, 1345; BFH v. 12.03.2014, III B 65/13, BFH/NV 2014, 1059).

1 Bei der **Bemessung der Frist** sind die erkennbaren Umstände des Falles ebenso zu berücksichtigen wie diejenigen Umstände, die hinsichtlich des »Ob« der Fristsetzung zur Ermessensreduzierung führen. Sie darf jedoch nicht zu knapp bemessen sein; sie sollte **in der Regel mindestens zwei, eher vier Wochen** betragen (*Herbert* in Gräber, § 65 FGO Rz. 60; vgl. aus der Rspr. BFH v. 14.06.1999, I B 174/98; BFH/NV 1999, 1502; BFH v. 10.09.2002, X B 46/02, BFH/NV 2003, 71; FG Ha v. 09.01.2003, VI 24/02, juris). Eine Ausschlussfrist von nur fünf – zudem noch in die Schulferien fallenden – Arbeitstagen ist jedenfalls unzumutbar kurz und damit unwirksam (BFH v. 23.06.2017, X B 11/17, BFH/NV 2017, 1440). Grds. ist bei der Fristbemessung im Hinblick darauf, dass die FG gem. Art. 19 Abs. 4 GG Rechtsschutz zu gewähren, nicht aber zu verhindern haben, Kleinlichkeit nicht angebracht, zumal bei Naturalbeteiligten. Die Verfügung betreffend die Ausschlussfristsetzung ist vom Vorsitzenden/Einzelrichter bzw. Berichterstatter im Volltext zu unterschreiben; ein Namenskürzel (Paraphe) genügt nicht (BFH v. 25.01.2016, VII B 97/15, BFH/NV 2016, 764). Insoweit gilt dasselbe wie für die Fristsetzung nach § 62 Abs. 3 Satz 3, s. § 62 FGO Rz. 17). Sie ist zuzustellen (§ 53 FGO). Die Verfügung muss inhaltlich eindeutig und klar die zu ergänzenden Angaben bezeichnen und einen Hinweis auf die Folgen der Fristversäumnis enthalten. Die **Frist** ist, obwohl Ausschlussfrist, **grundsätzlich verlängerbar** (§ 54 Abs. 2 FGO i. V. m. § 114 Abs. 2 ZPO; BFH v. 16.06.2009, X B 11/09, juris), aber – weil Ausschlussfrist – **nur auf** einen vor ihrem Ablauf gestellten **Antrag**. Die Notwendigkeit, Verlängerung der Frist vor ihrem Ablauf zu beantragen, zeigt § 65 Abs. 2 Satz 3 FGO: ist die gesetzte Frist mit ausschließender Wirkung versäumt, gilt § 56 FGO für die Wiedereinsetzung in diese entsprechend (s. § 56 FGO Rz. 4). Verlängerung setzt erhebliche für diese sprechende Gründe voraus, die glaubhaft zu machen sind; der bloße Hinweis auf die Beanspruchung durch andere Verfahren reicht allerdings nicht aus (BFH v. 13.03.2008, III S 48/07 [PKH]; zur Glaubhaftmachung s. § 155 FGO i. V. m. § 294 ZPO). Außerdem muss der Antrag so rechtzeitig gestellt werden, dass über ihn vor Fristablauf entschieden werden kann (vgl. BFH v. 16.06.2009, X B 11/09, juris). Die Setzung einer qualifizierten Frist nach § 65 Abs. 2 Satz 2 FGO gilt auch für nicht fristgebundene Klagen beschränkt.

12 Die Ausschlussfrist ist gewahrt, wenn die Ergänzung vor Fristablauf gegenüber dem Gericht schriftlich (§ 64 Abs. 1 FGO) vorgenommen wird; § 47 Abs. 2 und Abs. 3 FGO ist nicht anwendbar (ebenso FG K v. 16.09.1993, 4 K 4172/92, EFG 1994, 303: keine Wahrung der Ausschlussfrist durch Einreichung der Steuererklärung beim FA; FG Ha v. 10.09.1993, VII 5/93, EFG 1994, 160; BFH v. 28.07.1999, X R 122/98, BStBl II 1999, 662). Ist die Ausschlussfrist abgelaufen, so steht fest, ob die Klage in Bezug auf den notwendigen Inhalt zulässig erhoben wurde. Sind **nicht alle Mängel behoben,** so ist die **Klage** durch Prozessurteil als **unzulässig** abzuweisen (z. B. BFH v. 18.06.2013, III B 83/12, BFH/NV 2013, 1596; BFH v. 01.02.2018, X B 136/17, BFH/NV 2018, 534). Sind die Mängel restlos behoben, so nimmt das Verfahren seinen Fortgang. Das Klagebegehren ist dann festgelegt, und jedenfalls bei fristgebundenen Klagen nicht mehr erweiterungsfähig.

Im Regelfall wird es angezeigt sein, von der in § 79b Abs. 1 FGO eröffneten Möglichkeit, zugleich mit der Fristsetzung nach § 65 Abs. 2 Satz 2 FGO den Kläger zur Angabe der Tatsachen, durch deren Berücksichtigung oder Nichtberücksichtigung im Verwaltungsverfahren er sich beschwert fühlt, Gebrauch zu machen (s. Rz. 5). 13

Die fehlerhafte Anwendung des § 65 Abs. 2 Satz 2 im finanzgerichtlichen Verfahren kann einen **Verfahrensmangel** (§ 115 Abs. 2 Nr. 3 FGO) enthalten, insbes. durch eine sachlich nicht gerechtfertigte Einschränkung des Anspruchs auf **rechtliches Gehör** (Art. 103 Abs. 1 GG; BFH v. 22.02.2005, III S 17/04 [PKH], BFH/NV 2005, 1124). 14

## § 66 FGO Rechtshängigkeit

**Durch Erhebung der Klage wird die Streitsache rechtshängig. In Verfahren nach dem Siebzehnten Titel des Gerichtsverfassungsgesetzes wegen eines überlangen Gerichtsverfahrens wird die Streitsache erst mit Zustellung der Klage rechtshängig.**

**S. § 90 VwGO; § 94 SGG**

Die in § 66 FGO geregelte **Rechtshängigkeit** bedeutet das Schweben einer Rechtssache in einem auf Erlass eines Urteils gerichteten Verfahren; **Anhängigkeit** bedeutet Schweben jeglichen anderen gerichtlichen Verfahrens. Die Rechtshängigkeit beginnt im Finanzprozess gem. § 66 Satz 1 FGO grds. bereits mit Klageerhebung (§ 64 Abs. 1 FGO), d. h. mit Eingang der Klage beim FG und – anders als im Bereich der ZPO (dort § 253 Abs. 1 ZPO) – nicht erst mit der Zustellung der Klage. Letzteres gilt nach § 66 Satz 2 FGO nur für Entschädigungsklagen (s. Rz. 1a). Wird die Klage fristwahrend bei der Behörde angebracht (§ 47 Abs. 2 und Abs. 3 FGO), so tritt Rechtshängigkeit erst mit Eingang bei Gericht ein (BFH v. 24.09.1985, IX R 47/83, BStBl II 1986, 268; BFH v. 09.02.2001, II B 10/99, BFH/NB 2001, 935). Die Rechtshängigkeit endet durch rechtskräftiges Urteil, durch Klagerücknahme (§ 72 1

Abs. 1 FGO; nicht erst durch Einstellungsbeschluss nach § 72 Abs. 2 Satz 2 FGO) sowie durch übereinstimmende Hauptsachenerledigungserklärung (§ 138 FGO; nicht erst durch den Kostenbeschluss). Eine gerichtliche Entscheidung über eine Klage, die nicht rechtshängig ist, kommt nicht in Betracht (BFH v. 28.01.2010, IV B 56/08, BFH/NV 2010, 1108; BFH v. 20.08.2014, I R 43/12, BFH/NV 2015, 306; vgl. auch BFH v. 27.05.2009, X R 34/06, BFH/NV 2009, 1826; BFH v. 08.11.2016, I R 1/15, BStBl II 2017, 720: Urteil trotz fehlender Zustimmung des FA zur Sprungklage).

1a Gem. § 66 Satz 2 FGO wird eine **Entschädigungsklage** i. S. des § 155 Satz 2 FGO i. V. m. §§ 198 ff. GVG – wie im Zivilprozess (§ 253 Abs. 1 ZPO) – erst mit Zustellung der Klage rechtshängig. Damit trägt der Gesetzgeber dem Umstand Rechnung, dass die Entschädigungsklage – wie der Verweis in § 155 Satz 2 FGO zeigt – eher einen dem Zivilprozess ähnlichen Charakter hat. Allerdings kommt es für die nach § 155 Satz 2 FGO i. V. m. § 198 Abs. 5 Satz 2 GVG zu wahrende Klagefrist nicht auf den Eintritt der Rechtshängigkeit gem. § 66 Satz 2 FGO, sondern auf den Zeitpunkt der »Klageerhebung« an. Für die Klageerhebung ist der Zeitpunkt der formgerechten Einreichung der Klage bei Gericht (§ 64 Abs. 1 FGO) maßgeblich, während in § 253 Abs. 1 ZPO erst die Zustellung der Klageschrift an den Beklagten die Klageerhebung bewirkt (BFH v. 12.07.2017, X K 3-7/16, BStBl II 2018, 103). Die Bedeutung des § 66 Satz 2 FGO beschränkt sich im Wesentlichen auf die Hinausschiebung des Beginns des Laufs der Prozesszinsen (BFH v. 25.10.2016, X K 3/15, BFH/NV 2017, 159; s. Rz. 4) und darauf, dass der BFH als Entschädigungsgericht (§ 155 Satz 2 FGO i. V. m. § 201 Abs. 1 Satz 2 GVG) nunmehr erst nach Einzahlung des erforderlichen Gerichtskostenvorschusses tätig werden muss (BFH v. 12.07.2017, X K 3-7/16, BStBl II 2018, 103).

2 Dem Umfang nach bezieht sich die Rechtshängigkeit auf die Streitsache, das ist der **Streitgegenstand**, der Gegenstand des Klagebegehrens i. S. des § 65 Abs. 1 Satz 1 FGO (s. § 65 FGO Rz. 4). Durch Klageänderung (§ 67 FGO) ändert sich zufolge Änderung des Streitgegenstands auch die Streitsache; eine Veränderung findet auch im Falle des § 68 FGO statt.

3 Die Rechtshängigkeit bewirkt eine **Klagesperre** bei demselben Gericht (§ 155 Satz 1 FGO i. V. m. § 17 Abs. 1 Satz 2 GVG) und bei jedem anderen Gericht (§ 70 FGO i. V. m. § 17 Abs. 1 Satz 2 GVG), d. h. die Unzulässigkeit einer neuen Klage mit dem nämlichen Streitgegenstand. Diese **negative Sachentscheidungsvoraussetzung** ist zwingend von Amts wegen zu berücksichtigen (s. Vor FGO Rz. 38) und führt zur Abweisung der Klage als unzulässig (BFH v. 27.06.2006, VII R 43/05, BFH/NV 2007, 396 m. w. N.) Demgegenüber soll teilweise nach der neuen Rspr. des BFH (BFH v. 26.05.2006, IV B 151/04, BFH/NV 2006, 2086) in Fällen, in denen zwei Klagen bzgl. desselben Streitgegenstands bei ein und demselben Senat eines FG erhoben wurden, das **Prozesshindernis der anderweitigen Rechtshängigkeit durch Verbindung der beiden Sachen zu beseitigen** sein (BFH v. 26.05.2006, IV B 151/04, BFH/NV 2006, 2086; BFH v. 18.11.2015, XI R 24-25/14, BFH/NV 2016, 418; gl. A. *Paetsch* in Gosch, § 66 FGO Rz. 20). Die dem zugrunde liegende Auffassung stützt sich auf eine Abwägung des Anspruchs des Klägers auf effektiven gerichtlichen Rechtsschutz gegen den Zweck der Klagesperre. Letzterer besteht darin, unnötige Doppelarbeit der Gerichte und des Beklagten zu verhindern und der Gefahr sich widersprechender Entscheidungen vorzubeugen (vgl. *Brandis* in Tipke/Kruse, § 66 FGO Rz. 3). Da formfehlerhafte Klagen zum Verlust des Rechtsbehelfs führen können, wenn nicht innerhalb der Klagefrist eine formgültige Klage nachgeschoben wird, soll der Gesichtspunkt der Mehrbelastung des Gerichts oder des Beklagten sowie die Gefahr divergierender Entscheidungen in den Fällen doppelter Rechtshängigkeit bei ein und demselben Senat dahinter zurücktreten (FG Mchn v. 18.12.2006, 13 K 1356/02, 13 K 1042/04, juris). Das soll jedenfalls dann gelten, wenn der Kläger nicht auf zwei Entscheidungen beharrt (BFH v. 26.05.2006, IV B 151/04, BFH/NV 2006, 2086; *Paetsch* in Gosch, § 66 FGO Rz. 20). Dieser Auffassung ist nicht zu folgen, da sie zum einen die zwingenden Vorgaben von § 155 Satz 1 FGO i. V. m. § 17 Abs. 1 Satz 2 GVG nicht hinreichend berücksichtigt und zum anderen dem Kläger keinen besonderen Vorteil bringt, sofern die zuerst erhobene Klage zulässig ist. Ist dies nicht der Fall, muss der Kläger die Folgen tragen (a. A. *Schallmoser* in HHSp, § 66 FGO Rz. 31). Auf die Zulässigkeit der zuerst rechtshängig gewordenen Klage kommt es nicht an. Die doppelte Rechtshängigkeit kann der Kläger allerdings durch Rücknahme einer der beiden Klagen beseitigen (in diesem Sinn *Brandis* in Tipke/Kruse, § 66 FGO Rz. 3; *Paetsch* in Gosch, § 66 FGO Rz. 18).

Weiter hat die Rechtshängigkeit die Fortdauer der Zuständigkeit des Gerichts (**perpetuatio fori**) zur Folge (§ 155 FGO i. V. m. § 17 Abs. 1 Satz 1 GVG). Zu beidem s. Anh. zu § 33 FGO § 17 GVG Rz. 1 f.

Materiellrechtliche Auswirkungen ergeben sich für die 4
**Zinsen** aus § 236 AO (der Zinslauf knüpft an die Rechtshängigkeit an; z. B. BFH v. 18.07.2012, II B 49/12, BFH/NV 2012, 1578) und – mittelbar – hinsichtlich der **Anlaufhemmung** nach § 171 Abs. 3a AO in Bezug auf die Festsetzungsfrist bzw. Feststellungsfrist (§ 181 Abs. 1 AO).

## § 67 FGO
## Klageänderung

**(1) Eine Änderung der Klage ist zulässig, wenn die übrigen Beteiligten einwilligen oder das Gericht die**

**Änderung für sachdienlich hält; § 68 bleibt unberührt.**

**(2) Die Einwilligung des Beklagten in die Änderung der Klage ist anzunehmen, wenn er sich, ohne ihr zu widersprechen, in einem Schriftsatz oder in einer mündlichen Verhandlung auf die geänderte Klage eingelassen hat.**

**(3) Die Entscheidung, dass eine Änderung der Klage nicht vorliegt oder zuzulassen ist, ist nicht selbständig anfechtbar.**

**S. § 91 VwGO; § 99 SGG**

1 Die in § 67 FGO geregelte Klageänderung betrifft die Änderung der Klageart, der Beteiligten, des Anfechtungsgegenstands sowie des Streitgegenstands während der Rechtshängigkeit (s. § 65 FGO Rz. 4; s. § 66 FGO Rz. 1 ff.). § 67 FGO betrifft nur die **gewillkürte**, d. h. von einem Beteiligten beantragte **Klageänderung**, während die Klageänderung kraft Gesetzes (z. B. § 68 FGO) hiervon nicht erfasst wird.

2 Im **Übergang von der Feststellungs- zur Anfechtungs- oder Verpflichtungsklage** und umgekehrt liegt im Finanzprozess stets eine Klageänderung (BFH v. 11.02.2009, X R 51/06, BStBl II 2009, 1273). Nicht zuletzt wird dies durch die ausdrückliche Zulassung der sog. Fortsetzungsfeststellungsklage (§ 100 Abs. 1 Satz 4 FGO) bestätigt. Mit dem Wechsel der Klageart wird ein gänzlich anderer Urteilsausspruch begehrt, als er ursprünglich angestrebt wurde, dem unterschiedliche Rechtskraftwirkung zukommen kann, und dessen Sachurteilsvoraussetzungen sich voneinander unterscheiden (z. B. hinsichtlich der Klagefrist, der Notwendigkeit der Durchführung eines außergerichtlichen Vorverfahrens). Im Übrigen s. § 41 FGO Rz. 11.

3 Auch der **Wechsel in der Person des Klägers oder des Beklagten** ist Klageänderung. § 67 FGO gilt aber nicht im Falle der Rechtsnachfolge bzw. des Übergangs von Aufgaben auf eine andere Finanzbehörde, da hier eine gesetzliche Klageänderung eintritt (s. § 63 FGO Rz. 7 und Rz. 1), sehr wohl aber im Fall der Ausgliederung (§ 123 Abs. 3 Nr. 1 UmwG) bzgl. des übernehmenden Rechtsträgers (BFH v. 23.03.2005, III R 20/03, BStBl II 2006, 432). Keine Klageänderung wird aber angenommen, wenn eine Personengesellschaft während eines Prozesses, in dem sie selbst Klägerin ist – also außerhalb des Anwendungsbereichs des § 48 FGO (z. B. wegen GewSt oder USt) – durch Ausscheiden aller Gesellschafter bis auf einen erlischt. Der verbleibende Gesellschafter ist dann als Gesamtrechtsnachfolger klagebefugt (BFH v. 16.12.2009, IV R 49/07, BFH/NV 2010, 945; BFH v. 16.12.2009, IV R 48/07, BStBl II 2010, 799; BFH v. 27.09.2012, III R 31/09, BStBl II 2013, 179; s. § 48 FGO Rz. 8). Wurde die falsche Behörde verklagt, stellt die Änderung der Beklagtenbezeichnung eine subjektive Klageänderung dar, die nur statthaft ist, wenn sowohl das ursprüngliche als auch das geänderte Klagebegehren alle Sachentscheidungsvoraussetzungen erfüllt (BFH v. 31.01.2005, VII R 33/04, BFH/NV 2005, 819; BFH v. 13.05.2014, XI B 129-132/13, BFH/NV 2014, 1385; s. Rz. 8; auch s. § 63 FGO Rz. 5).

Klageänderung ist auch die **Auswechslung des Anfechtungsgegenstandes** (des angefochtenen Verwaltungsakts), die Einführung eines weiteren Klagegegenstands im Wege der Klagenhäufung (§ 43 FGO; z. B. BFH v. 26.08.2009, IV B 95/09, BFH/NV 2010, 47; auch s. Rz. 8) sowie die Umstellung des Verpflichtungsbegehrens auf eine andere als die ursprünglich begehrte Regelung (z. B. Erlass statt Stundung). Einen speziellen Fall der Änderung des Anfechtungsgegenstands regelt für Anfechtungsklagen § 68 FGO, der einen Fall der Klageänderung kraft Gesetzes regelt. Auch die Einführung eines weiteren Klagegegenstands i. S. der eventuellen Klagehäufung ist Klageänderung (BFH v. 09.08.1989 BStBl II 1989, 981). 4

Klageänderung ist schließlich auch die **Änderung des Streitgegenstands**, des »Klagegrundes«, verstanden als Konkretisierung der Rechtsverletzungsbehauptung, als dasjenige aus einem – im Abgabenrecht meist komplexen – Regelungsgehalt eines Verwaltungsakts, wodurch sich der Kläger i. S. des § 40 Abs. 2 FGO in seinen Rechten verletzt sieht. Soweit die Saldierungstheorie (s. grundlegend BFH v. 17.07.1967, GrS 1/66, BStBl II 1968, 344; BFH v. 10.09.1997, VIII B 55/96, BFH/NV 1998, 282; dazu s. § 65 FGO Rz. 4) reicht, spielt diese Form der Klageänderung keine Rolle. Denn insoweit kann es wegen der Unselbständigkeit der Besteuerungsgrundlagen (§ 157 Abs. 2 AO) zu einem Klageerfolg nur kommen, soweit sich der angefochtene Verwaltungsakt im Ergebnis als rechtswidrig erweist (s. § 65 FGO Rz. 4). 5

Im Hinblick auf diesen Streitgegenstandsbegriff kann Änderung des Streitgegenstands in diesem Sinn nie Klageänderung sein, soweit der angegriffene Verwaltungsakt saldierungsfähige Regelungen enthält. Dementsprechend hat die von BFH v. 17.07.1967, GrS 1/66, BStBl II 1968, 344 gegebene Streitgegenstandsdefinition geringere Auswirkungen in denjenigen Fällen, in denen abweichend von § 157 Abs. 2 AO Besteuerungsgrundlagen gesondert (oder gesondert und einheitlich) festgestellt werden (insbes. s. §§ 179 ff. AO). Denn hier werden diese Besteuerungsgrundlagen selbst Regelungsgegenstand des Steuerverwaltungsakts. Das gilt z. B. für Aussagen zur Qualifikation der Einkünfte (BFH v. 29.09.1977, VIII R 67/76, BStBl II 1978, 44), zur Mitunternehmerschaft (BFH v. 09.05.1984, I R 25/81, BStBl II 1984, 726), auch für die Feststellung der Höhe des Gesamtgewinns, des laufenden Gewinns, eines Veräußerungsgewinns oder eines Sondergewinns (BFH v. 20.01.1977, IV R 3/75, BStBl II 1977, 509; BFH v. 16.10.2012, VIII B 42/12, BFH/NV 6

2013, 381), sowie – im Rahmen der Grundbesitzbewertung – hinsichtlich der Feststellungen zum Wert, zur Art oder zur Zurechnung (BFH v. 13.11.1981, III R 116/78, BStBl II 1983, 88). Der **Feststellungsbescheid** stellt sich demnach als Zusammenfassung einzelner Feststellungen von selbstständig anfechtbaren Besteuerungsgrundlagen dar, die – soweit sie eines rechtlich selbständigen Schicksals fähig sind (*Levedag* in Gräber, § 40 FGO Rz. 102 ff.) – somit jeweils auch als selbständiger Gegenstand eines Klageverfahrens (dazu auch § 48 Abs. 1 Nr. 1 und 2 FGO) in Betracht kommen (z.B. BFH v. 16.10.2012, VIII B 42/12, BFH/NV 2013, 381; BFH v. 16.07.2015, IV B 72/14, BFH/NV 2015, 1351; BFH v. 19.09.2017, IV B 85/16, BFH/NV 2018, 51; auch s. § 65 FGO Rz. 5). Saldierung kommt hier nur innerhalb der Besteuerungsgrundlage, die Gegenstand der Klage ist, in Betracht. Die Auswechslung des auf eine derartig selbständige Besteuerungsgrundlage gerichteten Klageziels durch ein auf eine andere derartige Besteuerungsgrundlage gerichtetes Klageziels ist daher eine Klageänderung (wie hier FG Ha v. 10.11.2006, 1 K 138/02, EFG 2007, 429; FG Münster v. 08.06.2005, 1 K 2550/03, EFG 2005, 1847); dies gilt auch, wenn zunächst nur die Höhe eines Veräußerungsgewinns im Streit war, später aber der gesamte Feststellungsbescheid angefochten wird (BFH v. 16.10.2012, VIII B 42/12, BFH/NV 2013, 381). Eine Klageänderung liegt demnach auch vor, wenn im Rahmen einer Verpflichtungsklage ein Erlassbegehren nach Ergehen der Einspruchsentscheidung um trennbar, selbständige Bestandteile (z.B. Teilerlass von USt-Schulden für bestimmte Jahre) erweitert wird (BFH v. 13.01.2011, V R 43/09, BFH/NV 2011, 1049).

7 Keine Klageänderung ist die Erweiterung oder Einschränkung des Klagebegehrens dem geltend gemachten Betrage nach. In der Letzteren liegt lediglich eine Antragsbeschränkung (keine »Teilrücknahme«), die Auswirkungen auf den Entscheidungsrahmen des Gerichts (§ 96 Abs. 1 Satz 2 FGO) hat. Zur Ersteren s. § 155 Satz 1 FGO i.V.m. § 264 ZPO.

8 Unabhängig davon, ob eine Klageänderung prozessual zulässig ist (s. Rz. 11) oder keine Klageänderung vorliegt (s. Rz. 7), ist die Frage, die **Sachentscheidungsvoraussetzungen für die geänderte oder erweiterte Klage** erfüllt sind (z.B. BFH v. 13.05.2014, XI B 129-132/13, BFH/NV 2014, 1385; BFH v. 19.09.2017, IV B 85/16, BFH/NV 2018, 51). Dabei genügt es – nach den allgemeinen Grundsätzen (s. Vor FGO Rz. 27) –, wenn diese bis zum Schluss der letzten mündlichen Verhandlung vorliegen (vgl. BFH v. 24.05.2012, III R 95/08, BFH/NV 2012, 1658). Beim Übergang von der Feststellungsklage zur Anfechtungs- oder Verpflichtungsklage kann die prozessual zulässig geänderte Klage nur dann Erfolg haben, wenn sowohl das erforderliche außergerichtliche Vorverfahren (§ 44 Abs. 2 FGO) als auch die Klagefrist eingehalten ist. Dasselbe gilt bei der Auswechslung des Anfechtungsgegenstands sowie bei der Einführung eines weiteren Klagegegenstands im Wege der Klagenhäufung (dazu auch BFH v. 09.08.1989 BStBl II 1989, 981; BFH v. 10.09.1997, VIII B 55/96, BFH/NV 1998, 282; vgl. auch BFH v. 20.07.2012, VII R 12/10, BFH/NV 2012, 1845; BFH v. 25.04.2017, VIII R 64/13, BFH/NV 2017, 1325) sowie für eine Auswechslung des Klägers oder des Beklagten (subjektive Klageänderung auf Klägerseite: BFH v. 22.01.2004, III R 26/02, BFH/NV 2004, 792; auf Beklagtenseite: BFH v. 13.05.2014, XI B 129-132/13, BFH/NV 2014, 1385; s. Rz. 3). Soweit eine Verpflichtungsklage auf ein anderes Regelungsbegehren umgestellt wird, kann die geänderte Klage nur dann Erfolg haben, wenn die Vornahme gerade dieser Regelung schließlich überhaupt von der Behörde, die zu ihr verpflichtet werden soll, abgelehnt wurde, denn nur dann kann Rechtsschutzbedürfnis bestehen. Kann diese Frage bejaht werden, so muss der geänderten Klage der Erfolg versagt bleiben, wenn entweder das außergerichtliche Vorverfahren nicht durchgeführt oder die Klagefrist versäumt wurde. Sie ist dann als unzulässig abzuweisen.

9 Die Frage der **Wahrung der Klagefrist** ist von besonderer Bedeutung **im Falle der Klageerweiterung**. Ob und inwieweit der Kläger einen Steuerbescheid anficht, steht in seiner Disposition. Beschränkt er sich auf eine Teilanfechtung, so wird der Steuerbescheid im Übrigen unanfechtbar, kann also die Klage nicht mehr betragsmäßig erweitert werden (BFH v. 26. 01. 82, VII R 85/77, BStBl II 1982, 358). Nach Auffassung des BFH gilt das bei der Anfechtung eines ESt-Bescheids nur dann, wenn bis zum Ablauf der Klagefrist endgültig feststeht, in welchem Umfang der Steuerbescheid angefochten ist, also der Kläger eindeutig zu erkennen gegeben hat, dass er von einem weiteren Klagebegehren absieht (BFH v. 23.10.1989, GrS 2/87, BStBl II 1990, 327). In der Regel sei jedoch davon auszugehen, dass der Kläger mit der Nennung eines bestimmten Teilbetrags nicht eine Teilbestandskraft herbeiführen wolle. Deshalb ist hiernach die Anfechtungsklage gegen einen ESt-Bescheid regelmäßig auch insoweit zulässig, als sie nach Ablauf der Klagefrist betragsmäßig erweitert wird (BFH v. 23.10.1989, GrS 2/87, BStBl II 1990, 327).

10 Vorweg bleibt festzustellen, dass der Kläger mit der Klage zwar den Gegenstand des Klagebegehrens notwendig bezeichnen muss, einen Antrag i.S. einer betragsmäßigen Auswirkung seines Rechtsschutzbegehrens aber nicht zu stellen braucht (§ 65 Abs. 1 Satz 1 und 2 FGO; s. § 65 FGO Rz. 7). Die Frage nach der **»betragsmäßigen Erweiterung«** ist damit eigentlich ein Scheinproblem. Denn das Klagebegehren, das den Rahmen für die gerichtliche Entscheidung steckt, wird nicht durch die Fassung der Anträge geprägt (§ 96 Abs. 1 Satz 2 FGO), sondern entspricht dem vom Gericht verlangten Rechtsschutz. Das Gericht darf Rechtsschutz nur insoweit gewähren, als es darum durch die Klage gebeten wird.

Erweiterung der Klage ist damit Erweiterung des Rechtsschutzbegehrens über das zunächst anhängig gemachte hinaus. Dieses ursprüngliche Rechtsschutzbegehren, das sich in der Bezeichnung des Gegenstands des Klagebegehrens i. S. von § 65 Abs. 1 FGO verkörpert, ist seinem Umfang nach durch Auslegung zu ermitteln, denn auch Prozesshandlungen – wie die Klageerhebung – sind der Auslegung zugänglich (s. Vor § 40 FGO Rz. 9 und die dortigen Nachweise). Wenn man annimmt, der Kläger wolle einen Steuerbescheid grds. voll anfechten, auch wenn er sich (zunächst) nicht durch den Verwaltungsakt in seinen Rechten verletzt sieht, bürdet man ihm immer das entsprechende Kostenrisiko auf und missachtet die Grenzen möglicher Auslegung des Rechtsschutzbegehrens. Eine auf Änderung des Verwaltungsakts gerichtete – stets fristgebundene (§ 47 Abs. 1 Satz 1 FGO) – Anfechtungsklage (Teilanfechtung; s. § 40 Abs. 1 FGO) beinhaltet vielmehr auch die Erklärung des Klägers, im Übrigen werde der Verwaltungsakt nicht angefochten. Dementsprechend wird der Verwaltungsakt – unabhängig von einem nicht zum Ausdruck gelangten Vorbehalt des Klägers – im Übrigen unanfechtbar, und der Ablauf der Festsetzungsfrist wird durch die Anfechtung nicht gehemmt. Diese Rechtsfolgen können nicht wieder beseitigt werden, weil sie weder zur Disposition des Klägers noch zur Disposition der Finanzbehörde stehen. Sie hängen – solange die Festsetzungsfrist auch im Übrigen noch nicht abgelaufen ist – auch nicht etwa mit der Frage zusammen, ob und ggf. in welchem Ausmaß der Verwaltungsakt noch abänderbar ist (s. §§ 172 ff. AO). Sie haben aber sehr wohl Auswirkungen auf den Umfang der Anfechtbarkeit eines Änderungsbescheids (s. § 351 Abs. 1 AO und § 42 FGO; auch s. § 68 FGO Rz. 7). Das Gericht kann diesen Unsicherheiten entgegenwirken, indem es dem Kläger zur Bezeichnung des Gegenstands des Klagebegehrens nach § 65 Abs. 2 Satz 2 FGO Frist mit ausschließender Wirkung gesetzt, sodass der Umfang des Klagebegehrens fixiert ist.

11 Eine **Klageänderung** ist **zulässig**, wenn die übrigen Beteiligten (§ 57 FGO) **einwilligen oder** wenn das Gericht die Änderung für **sachdienlich** hält (§ 67 Abs. 1 FGO). Erforderlich ist die **Einwilligung aller übrigen Beteiligten** i. S. von § 57 FGO, also auch etwaiger Beigeladener (§ 60 FGO). Widerspricht auch nur einer der übrigen Beteiligten ist die Klageänderung mangels Einwilligung unzulässig. Auf die Zustimmung von Beteiligten, die nach der Klageänderung in den Prozess eintreten, kommt es nicht an. In den Fällen des § 67 Abs. 2 FGO gilt die Einwilligung als erteilt, und zwar unwiderruflich und unwiderleglich, denn es handelt sich um ein (fingierte) Prozesshandlung (allgemein dazu s. Vor § 40 FGO Rz. 8).

12 Auf die Einwilligung der Beteiligten (s. Rz. 11) kommt es nicht an, wenn das Gericht die Klageänderung für **sachdienlich** erklärt und somit die Klageänderung durch prozessleitende Anordnung zulässt. Sachdienlich ist eine Klageänderung, wenn ein sachlicher Zusammenhang mit dem ursprünglichen Klagebegehren besteht, der Streit alsbald und endgültig erledigt und ein neuer Rechtsstreit vermieden werden kann. Anders verhält es sich bei willkürlicher Verknüpfung, Verschleppungsabsicht oder dann, wenn das Verfahren infolge der Klageänderung für längere Zeit nicht zur Spruchreife gebracht werden könnte. Eine infolge der Klageänderung erforderliche Beweisaufnahme und weitere Verhandlung steht der Sachdienlichkeit jedoch nicht prinzipiell entgegen (*Schallmoser* in HHSp, § 67 FGO Rz. 52). Bejaht das FG die Sachdienlichkeit der Klageänderung, ist damit nur die Frage beantwortet, ob sie prozessual zulässig ist. Daneben müssen die Sachentscheidungsvoraussetzungen für eine Entscheidung in der Sache selbst hinsichtlich der geänderten Klage vorliegen (s. Rz. 8).

Für die **Entscheidung des Gerichts** bei Klageänderung gilt folgendes: Liegt keine Klageänderung i. S. von § 67 FGO vor (s. Rz. 1 ff.) geht das Verfahren über die ursprüngliche Klage weiter. Handelt es sich zwar um eine Klageänderung i. S. der Vorschrift, fehlen jedoch die prozessualen Voraussetzungen hierfür (s. Rz. 11), ist die geänderte Klage als unzulässig abzuweisen (gl. A. FG Mchn v. 14.03.2007, 10 K 1933/05, juris; *Schallmoser* in HHSp, § 67 FGO Rz. 58, 61). Dies gilt auch für eine prozessual zulässige Klageänderung, wenn der geänderten Klage eine sonstige Sachurteilsvoraussetzung (s. Vor FGO Rz. 26 ff.) fehlt (BFH v. 19.05.2004, II R 35/02, BFH/NV 2005, 60). 13

Nach § 67 Abs. 3 FGO kann die **Entscheidung**, dass eine **Klageänderung** nicht vorliegt oder als sachdienlich zuzulassen ist, **nicht selbstständig angefochten** werden, denn es handelt sich lediglich um eine prozessleitende Anordnung. Daher müssen diese Rügen im Rahmen des in der Hauptsache eingelegten Rechtsmittels gerügt werden. Dementsprechend ist auch ein Zwischenurteil, mit dem das Vorliegen einer Klageänderung verneint wird, nicht revisibel (BFH v. 14.12.1988, I R 24/85, BStBl II 1989, 369). Wird mit der NZB (§ 116 Abs. 1 FGO) gerügt, das FG habe eine Klageänderung fälschlicherweise für (un-)zulässig erachtet, ist dies nicht für sich Revisionszulassungsgrund nach § 115 Abs. 2 Nr. 3 FGO, sondern kann nur in einem Revisionsverfahren geprüft werden, das aus anderen Gründen zugelassen wurde (BFH v. 04.12.2012, X B 151/11, BFH/NV 2013, 534; BFH v. 10.12.2012, X B 39/11, BFH/NV 2013, 737). 14

## § 68 FGO
## Änderung des angefochtenen Verwaltungsakts

**Wird der angefochtene Verwaltungsakt nach Bekanntgabe der Einspruchsentscheidung geändert oder ersetzt, so wird der neue Verwaltungsakt Ge-**

**genstand des Verfahrens. Der Einspruch gegen den neuen Verwaltungsakt ist insoweit ausgeschlossen. Die Finanzbehörde hat dem Gericht, bei dem das Verfahren anhängig ist, eine Abschrift des neuen Verwaltungsakts zu übermitteln. Satz 1 gilt entsprechend, wenn**

**1. ein Verwaltungsakt nach § 129 der Abgabenordnung berichtigt wird**

**oder**

**2. ein Verwaltungsakt an die Stelle eines angefochtenen unwirksamen Verwaltungsakts tritt.**

**S. § 96 SGG**

**Schrifttum**

Bartone, Änderung von Steuerbescheiden im FG-Verfahren, AO-StB 2001, 56; Drüen, Der Automatismus der Klageänderung nach Änderung des Bescheids, AO-StB 2001, 87; Leingang-Ludolph/Wiese, Automatische Klageänderung bei Änderungs- und Erstattungsbescheiden durch § 68 FGO n.F., DStR 2001, 775; Lemaire, Die Reform der FGO – Praktische Konsequenzen für den Rechtsschutz ab 2001, AO-StB 2001, 23; Mack, Folgen der FGO-Reform für die Beratungspraxis, AO-StB 2001, 55; Seer, Defizite im finanzgerichtlichen Rechtsschutz, StuW 2001, 3; Spindler, Das 2. FGO-Änderungsgesetz, DB 2001, 61; Nacke, Zur Änderung von Haftungsbescheiden im Klageverfahren – Zur Geltung des § 68 FGO für Haftungsbescheide, AO-StB 2007, 106; Steinhauff, Wie aus einer rechtschützenden eine rechtschutzverkürzende Regelung wurde – Beispiele aus der Rechtsprechung zur Regelung in § 68 Satz 1 FGO, AO-StB 2010, 119; Nöcker, Änderung des angefochtenen Verwaltungsakts nach § 68 FGO, AO-StB 2014, 180.

1 § 68 FGO entspricht nach dem Wegfall des Antragserfordernisses (§ 68 Satz 1 FGO a.F.) seit 01.01.2001 inhaltlich der Regelung des § 365 Abs. 3 AO. Wegen der in einzelnen Übergangsfällen (s. Rz. 11) noch anzuwendenden alten Fassung des § 68 FGO wird auf die Erläuterungen zu § 68 FGO in der 18. Aufl. dieses Kommentars verwiesen.

2 § 68 FGO betrifft den Fall, dass der streitgegenständliche Verwaltungsakt nach Bekanntgabe der Einspruchsentscheidung geändert oder ersetzt wird, insbes. also während des finanzgerichtlichen Verfahrens. Es handelt sich um den Fall der **Klageänderung kraft Gesetzes** (s. § 67 FGO Rz. 1). Die zwingende Vorschrift (vgl. BFH v. 11.07.2012, XI R 17/09, BFH/NV 2013, 266) entspricht inhaltlich der Regelung des § 365 Abs. 3 Satz 1 AO, sodass die Begriffe des Änderns und Ersetzens in gleicher Weise auszulegen sind (BFH v. 09.05.2012, I R 91/10, BFH/NV 2012, 2004; s. § 365 AO Rz. 9; *Bartone* in Gosch, § 365 AO Rz. 24 f.). Die Rechtshängigkeit der Sache (§ 66 Satz 1 FGO), sei es beim FG oder beim BFH, hindert die Finanzbehörden nicht, den angefochtenen Verwaltungsakt im Rahmen der Verfahrensvorschriften der AO (insbes. der §§ 129 f., 172 ff. AO) zurückzunehmen oder zu ändern oder durch einen anderen Verwaltungsakt zu ersetzen und auf diese Weise – gleichsam von außen her – auf den Gegenstand des Prozesses einzuwirken. Die Regelung ist die logische Konsequenz aus der Tatsache, dass das finanzgerichtliche Verfahren ein Rechtsschutzverfahren darstellt, das losgelöst vom Verwaltungsverfahren stattfindet. Die Anhängigkeit eines Finanzprozesses lässt die der Finanzbehörde im Verwaltungsverfahren eingeräumte Stellung im Wesentlichen unberührt; d.h. die Finanzbehörde bleibt Herrin des Verwaltungsverfahrens. Nach § 76 Abs. 3 FGO bleibt die Verpflichtung der Finanzbehörde zur Ermittlung des Sachverhalts durch das finanzgerichtliche Verfahren unberührt, sodass z.B. auch hinsichtlich eines Sachverhalts, dessen steuerrechtliche Würdigung Gegenstand eines Finanzprozesses ist, im Wege der Durchführung einer Außenprüfung neue Erkenntnisse gewonnen und über § 173 AO durch Änderung des angefochtenen Verwaltungsakts ausgewertet werden können. Diese Stellung der Finanzbehörde wird in § 132 AO ausdrücklich herausgestellt. Sie ist im Übrigen eine notwendige Folge des mit dem Inkrafttreten der FGO eingetretenen Wegfalls der Verböserungsmöglichkeit im Finanzprozess und ist auch im Zusammenhang mit der Bindung des Gerichts an das Klagebegehren zu sehen (s. § 96 FGO Rz. 15).

Für den **Anwendungsbereich** gilt: § 68 FGO gilt zunächst für Anfechtungsklagen im erstinstanzlichen Verfahren. § 68 FGO greift bis zum Abschluss der Instanz. Ergeht ein Änderungsbescheid nach geschlossener mündlicher Verhandlung, aber vor Verkündung des Urteils (hier durch Zustellung nach § 104 Abs. 2 FGO) durch das FG, so wird dieser Änderungsbescheid demnach Gegenstand des nach wie vor anhängigen (§ 66 FGO) finanzgerichtlichen Verfahrens. Übersieht das FG den Änderungsbescheid, liegt seinem Urteil ein nicht (mehr) existierender (Erst-)Bescheid zugrunde mit der Folge, dass auch das FG-Urteil aufzuheben ist (BFH v. 22.01.2013, IX R 18/12, BFH/NV 2013, 1094). 3

Der Anwendungsbereich der Norm gilt darüber hinaus auch in folgenden Verfahren: Gem. § 121 Satz 1 FGO gilt § 68 FGO auch im **Revisionsverfahren**, und zwar mit einigen Besonderheiten. Ist während des Revisionsverfahrens ein Änderungsbescheid ergangen, der nach § 121 Satz 1 FGO i.V.m. § 68 Satz 1 FGO Gegenstand des Verfahrens geworden ist, ist das Urteil des FG gegenstandslos geworden und aufzuheben (z.B. BFH v. 16.05.2013, IV R 15/10, BStBl II 2013, 858; BFH v. 26.02.2014, I R 56/12, BFH/NV 2014, 1297), und zwar auch im Fall eines verbösernden Änderungsbescheids (BFH v. 11.11.2013, VI B 140/12, BFH/NV 2014, 176). Dies gilt auch, wenn der angefochtene Steuerbescheid lediglich um einen Vorläufigkeitsvermerk (§ 165 AO) ergänzt wird (BFH v. 16.01.2013, II R 66/11, BStBl II 2014, 266). Es erfolgt regelmäßig eine **Zurückverweisung** der Sache an das FG nach § 127 FGO (z.B. BFH v. 06.10.2009, IX R 5/09, BFH/NV 2010, 654; BFH 3a

v. 14.04.2015, VI R 71/13, juris). Einer **Zurückverweisung** der Sache bedarf es **ausnahmsweise nicht**, wenn der Änderungsbescheid **keine neuen Streitpunkte** enthält und sich der Streitstoff daher nicht verändert hat (z.B. BFH v. 26.02.2014, I R 56/12, BStBl II 2014, 703; BFH v. 22.12.2015, I R 43/13, BFH/NV 2016, 1034). Die vom FG getroffenen tatsächlichen Feststellungen bilden dann nach wie vor die Grundlage für die Entscheidung des BFH; sie fallen durch die Aufhebung der Vorentscheidung nicht weg, weil das finanzgerichtliche Verfahren nicht an einem Verfahrensmangel leidet (BFH v. 16.12.2009, I R 56/08, BStBl II 2010, 492; BFH v. 15.12.2010, II R 45/08, BFH/NV 2011, 709). Dies gilt selbst dann, wenn der Änderungsbescheid während des Klageverfahrens erging, das Urteil des FG aber, obwohl es darüber unterrichtet worden war, zu den zum Zeitpunkt der Entscheidung nicht mehr existenten (ursprünglichen) Bescheid ergangen ist, ungeachtet des dadurch begründenden Verstoßes gegen die Grundordnung des Verfahrens (BFH v. 14.08.2009, II B 43/09, BFH/NV 2009, 2012). Wird dabei der Änderungsbescheid von einem anderen FA erlassen als der ursprüngliche Bescheid und wird der Änderungsbescheid gem. § 68 FGO Gegenstand des Revisionsverfahrens, so richtet sich die Revision nunmehr gegen das FA, das den Änderungsbescheid erlassen hat (BFH v. 10.11.2010, XI R 79/07, BStBl II 2011, 311), sodass mit der objektiven eine subjektive Klageänderung einhergeht. Umgekehrt ist die Sache regelmäßig nach § 127 FGO an des FG zurückzuverweisen, wenn der nach §§ 68, 121 FGO zum Gegenstand des Revisionsverfahrens gewordener Änderungsbescheid eine neue materiellrechtliche Bewertung enthält, die im ursprünglich angefochtenen Bescheid, über den das FG entschieden hat, nicht berücksichtigt war (BFH v. 06.10.2009, IX R 5/09, BFH/NV 2010, 654).

3b § 68 FGO gilt auch im Verfahren der **NZB** (§ 116 FGO), jedenfalls wenn diese zulässig ist (z.B. BFH v. 06.02.2014, VIII B 43/13, BFH/NV 2014, 711): Ergeht nach Erhebung einer NZB ein geänderter Bescheid, so wird dieser Gegenstand des Beschwerdeverfahrens. Handelt es sich dabei um einen USt-Jahresbescheid, der einen USt-Vorauszahlungsbescheid, führt dies zur Aufhebung des FG-Urteils und Zurückverweisung, wenn der Jahresbescheid zusätzliche Belastungen enthält und die Entscheidung von weiteren, bisher nicht getroffenen Tatsachenfeststellungen abhängig ist (BFH v. 12.04.2010, V B 115/09, BFH/NV 2010, 1829), ansonsten wird das NZB-Verfahren fortgeführt. Der Anwendungsbereich der Vorschrift ist auf Anfechtungsklagen zugeschnitten. Sie gilt jedoch auch bei **Verpflichtungsklagen** (z.B. BFH v. 16.12.2009, V B 23/08, BFH/NV 2010, 1866; BFH v. 18.12.2003, II B 31/00, BStBl II 2004, 237; BFH v. 09.08.2016, VIII R 27/14, BStBl II 2017, 821). § 68 FGO ist auch dann anzuwenden, wenn der Kläger sich nicht mit einer Anfechtungsklage (§ 40 Abs. 1 1. Alt. FGO), sondern mit einer **Feststellungsklage** gegen den Rechtsschein eines (mangels ordnungsgemäßer Bekanntgabe) unwirksamen »Verwaltungsakts« wendet (BFH v. 25.02.1999, IV R 36/98, BFH/NV 1999, 1117). Im **Aussetzungsverfahren** (§ 69 FGO) ist § 68 FGO entsprechend anwendbar (BFH v. 05.03.2001, IX B 90/00, BStBl II 2001, 405; BFH v. 17.03.2009, X S 11/09, juris). In jedem Fall setzt die Anwendung des § 68 FGO voraus, dass die Klage oder der AdV-Antrag zulässig sind (BFH v. 10.01.2007, I R 75/05, BFH/NV 2007, 1506; BFH v. 16.12.1008, I R 29/08, BStBl II 2009, 539; *Herbert* in Gräber, § 68 FGO Rz. 60; *Seer* in Tipke/Kruse, § 68 FGO Rz. 18; *Schallmoser* in HHSp, § 68 FGO Rz. 66; *Paetsch* in/Gosch, § 68 FGO Rz. 39).

Eine **Änderung oder Ersetzung i.S. von § 68 Satz 1** 4
**FGO** liegt vor, wenn der Bestand des Verwaltungsakts in seinem materiellen Sinne betroffen ist. Die bloße Änderung der Begründung (z.B. Nachschieben einer weiteren Rechtsgrundlage für einen Haftungsanspruch, einer anderen Rechtsgrundlage für die Änderung usw.) ist keine Änderung des Verwaltungsakts i.S. der Vorschrift (z.B. BFH v. 09.11.1966, I 238/65, BStBl III 1967, 129). Eine Änderung oder Ersetzung i.S. von § 68 FGO setzt voraus, dass der mit der Klage angefochtene Verwaltungsakt nach den Korrekturvorschriften der AO für Steuerbescheide einerseits und für sonstige Verwaltungsakte andererseits partiell oder seinem ganzen Inhalt nach durch Erlass eines anderen Verwaltungsakts geändert oder aus formellen Gründen aufgehoben und inhaltsgleich wiederholt wird (BFH v. 24.07.1990, VII R 75/89, BFH/NV 1991, 604; BFH v. 16.10.2006, X B 135/06, juris; BFH v. 16.12.2008, I R 29/08, BStBl II 2009, 539). Der **Begriff des »Ersetzens«** i.S. des § 68 Satz 1 FGO wird vom BFH weit ausgelegt und daher auch der Fall erfasst, dass der neue Bescheid unter partiell-inhaltlicher Umgestaltung den ursprünglichen Bescheid in seinem Regelungsgehalt mit aufnimmt (BFH v. 08.02.2017, III B 66/16, BFH/NV 2017, 743). Eine Änderung oder ein Ersetzen liegt demnach auch vor, wenn ein Steuerbescheid oder sonstiger Verwaltungsakt nur betragsmäßig geändert wird (BFH v. 09.05.2012, I R 91/10, BFH/NV 2012, 2004). § 68 Satz 1 FGO auch, wenn ein **unwirksamer Verwaltungsakt** angefochten ist und nach Klageerhebung durch einen wirksamen, dieselbe Steuersache betreffenden Verwaltungsakt ersetzt wird (so nunmehr ausdrücklich § 68 Satz 4 Nr. 2 FGO). Auch folgt daraus, dass die Vorschrift dann ebenfalls anzuwenden ist, wenn der sachliche Regelungsgehalt unverändert bleibt und lediglich eine Nebenbestimmung (§ 120 AO) hinzugefügt, aufgehoben oder geändert wird (BFH v. 23.02.2010, VII R 1/09, BFH/NV 2010, 1556). Daher ist ein Bescheid über die Aufhebung des **Vorbehalts der Nachprüfung** ein Änderungsbescheid i.S. von § 68 FGO (z.B. BFH v. 20.03.2001, VIII R 44/99, BFH/NV 2001, 1133; BFH v. 25.02.2009, IX R 24/08, BStBl II 2009, 587; BFH

v. 30.06.2015, VIII B 5/14, BFH/NV 2015, 1387). Die gilt auch, wenn ein **vorläufiger Bescheid** für endgültig erklärt wird (BFH v. 20.07.1988, II R 164/85, BStBl II 1988, 955; BFH v. 09.08.1991, III R 41/88, BStBl II 1992, 219) und umgekehrt (BFH v. 23.12.2005, XI B 98/04, BFH/NV 2006, 952). § 68 FGO kann im selben Prozess mehrfach zur Anwendung gelangen, wenn der angefochtene VA mehrfach geändert wird (vgl. BFH v. 13.02.2007, XI B 90/06, BFH/NV 2007, 1154; BFH v. 15.04.2010, IV R 5/08, BFH/NV 2010, 1926). Zum anderen folgt daraus, dass eine sachliche Beziehung zwischen dem angefochtenen und dem ihn ändernden oder ersetzenden Verwaltungsakt i. S. eines zumindest teilweise identischen Regelungsbereichs bestehen muss (BFH v. 24.07.1990, VII R 75/89, BFH/NV 1991, 604; BFH v. 08.02.2017, III B 66/16, BFH/NV 2017, 743; BFH v. 20.03.2017, X R 13/15, BStBl II 2017, 1110). Nach § 68 Satz 4 Nr. 1 FGO gilt § 68 Satz 1 FGO auch, wenn der angefochtene Verwaltungsakt nach **§ 129 AO** berichtigt wird. Dazu genügt es, dass das FA den neuen Verwaltungsakt auf § 129 AO stützt (BFH v. 25.02.2010, IV R 49/08, BStBl II 2010, 726; BFH v. 09.12.2014, I B 43/14, BFH/NV 2015, 345). Der ersetzende neue Steuerbescheid muss dieselbe Steuersache, dasselbe Steuerschuldverhältnis betreffen wie der abgelöste (BFH v. 23.02.2010, VII R 1/09, BFH/NV 2010, 1566). In persönlicher Hinsicht auf Seiten des Betroffenen sowie in Bezug auf den dem Verwaltungsakt abstrakt zugewiesenen Regelungsbereich muss Identität bestehen. Diese Voraussetzung ist erfüllt, wenn ein vorläufiger Bescheid für endgültig erklärt wird usw., nach der Rspr. des BFH auch dann, wenn während des Rechtsstreits über einen **Vorauszahlungsbescheid** der **Jahressteuerbescheid** ergeht (**GewSt-Messbetrag:** BFH v. 23.04.2009, IV R 73/06, BStBl II 2009, 1534 ; **ESt**: z. B. BFH v. 26.11.2008, X B 3/08, BFH/NV 2009, 410; BFH v. 08.11.2013, X B 58/13, BFH/NV 2014, 361; vgl. aber BFH v. 20.08.2014, I R 43/12, BFH/NV 2015, 306; **USt**: z. B. BFH v. 04.11.1999, V R 35/98, BStBl II 2000, 454; BFH v. 26.07.2006, V B 198/05, BFH/NV 2006, 2112; BFH v. 29.06.2010, XI E 1/10, BFH/NV 2010, 2087; BFH v. 16.12.2009, V B 23/08, BFH/NV 2010, 1866). Diese Rspr. hat Kritik erfahren: Bei der Festsetzung des GewSt-Messbetrags für Zwecke der Vorauszahlungen sowie beim ESt-Vorauszahlungsbescheid wird im Gegensatz zur Festsetzung des GewSt-Messbetrags bzw. der ESt nicht der im Veranlagungszeitraum verwirklichte Steueranspruch zugrunde gelegt, der mit dessen Ablauf erst entsteht, bei der USt fehlt es regelmäßig an der zeitraumbezogenen Identität, in allen Fällen damit an der Identität der dem Regelungsbereich der Verwaltungsakte zugewiesenen Materie und an der Zielidentität. Vorauszahlungsbescheide gehen nicht im Steuerbescheid auf und werden nicht durch diesen ersetzt; sie finden sich nur in der Abrechnung wieder. Andererseits erledigen sich Vorauszahlungsbescheide ihrer Natur nach infolge der Bekanntgabe des Jahressteuerbescheids und verlieren damit nach § 124 Abs. 2 AO ihre Wirksamkeit. Unter Zugrundelegung des vom BFH favorisierten weiten Begriffs spricht vieles dafür, dass der Jahressteuerbescheid den Vorauszahlungsbescheid ersetzt, denn er betrifft denselben Stpfl. und jedenfalls teilweise denselben Regelungsbereich (*Herbert* in Gräber, § 68 FGO Rz. 30).

Nach der Rspr. des BFH soll § 68 Satz 1 FGO auch dann eingreifen, wenn der ursprüngliche Bescheid keine hinreichenden Ausführungen zur **Ermessensausübung** enthielt und diese in dem »ersetzenden« Bescheid nachgeholt werden, dort also erstmals Ausführungen zur Ermessensausübung angestellt werden (BFH v. BFH v. 16.12.2008, I R 29/08, BStBl II 2009, 539; BFH v. 15.05.2013, VI R 28/12, BStBl II 2013, 737; BFH v. 12.05.2016, II R 17/14, BStBl II 2016, 822). Praktische Relevanz hat dies **insbes.** für **Haftungsbescheide**. Der BFH beruft sich dabei – m. E. zu Unrecht – auf die bereits zu § 68 FGO a. F. geltenden Rechtsprechung (BFH v. 26.11.1986, I R 256/83, BFH/NV 1988, 82). In dem zitierten Urteil wurden allerdings lediglich bereits angestellte Ermessenserwägungen ergänzt. Den Widerspruch zu § 102 Satz 2 FGO versucht der BFH durch den Hinweis auszuräumen, dass beide Vorschriften selbstständig und gleichrangig nebeneinanderstünden. Dem kann nicht beigepflichtet werden. Denn der BFH beachtet nicht hinreichend die **rechtsschutzverkürzende Auswirkung** seiner Auffassung. Unter Zugrundelegung seiner Rechtsprechung wird das Risiko der Finanzbehörden, im Finanzprozess wegen Ermessensfehlern zu unterliegen, minimiert. Die Vorschrift des § 102 Satz 2 FGO gestattet es der Finanzbehörde nämlich nur, bereits angestellte oder dargestellte Ermessenserwägungen zu vertiefen, zu verbreitern oder zu verdeutlichen. Sie ist dagegen nicht befugt, Ermessenserwägungen im finanzgerichtlichen Verfahren erstmals anzustellen, die Ermessensgründe auszuwechseln oder vollständig nachzuholen (z. B. BFH v. 01.07.2008, II R 2/07, BStBl II 2008, 897). Führt demnach ein Ermessensausfall eigentlich zwingend zur Aufhebung des Ermessensverwaltungsakts, kann die Finanzbehörde ein Unterliegen im Prozess dadurch abwenden, dass es z. B. den angefochtenen – wegen Ermessensausfalls rechtswidrigen – Haftungsbescheid aufhebt und durch einen mit Ermessenserwägungen versehenen – nunmehr möglicherweise rechtmäßigen – ersetzt. Dies begegnet erheblichen Bedenken, insbes. im Hinblick auf den Anspruch auf effektiven Rechtsschutz aus Art. 19 Abs. 4 GG (gl. A.; *Seer* in Tipke/Kruse, § 68 FGO Rz. 6; *Steinhauff*, jurisPR-SteuerR 24/2009 Anm. 3; *ders.*, AO-StB 2010, 119; etwas anders – keine Wirksamkeit der nachgeholten Ermessenserwägungen – *Nacke*, AO-StB 2007, 106; a. A. *Herbert* in Gräber, § 68 FGO Rz. 10; *Schallmoser* in HHSp, § 68 FGO Rz. 16; *Paetsch* in Gosch, § 68 FGO Rz. 25, 27). 4

Weitere **Einzelfälle**: Auch ein Richtigstellungsbescheid (§ 182 Abs. 3 AO) kann nach § 68 FGO Gegenstand des Verfahrens werden (BFH v. 20.10.2009, IV B 63/09, BFH/NV 2010, 178). § 68 FGO greift aber nicht ein, wenn eine Einspruchsentscheidung isoliert angefochten wird (s. § 44 FGO Rz. 7) und danach ein geänderter Steuerbescheid ergeht (BFH v. 19.03.2009, V R 17/06, HFR 2009, 960). Wird ein **teilbarer (Kindergeld-)Bescheid** nur teilweise angefochten und wird der Bescheid während des Klageverfahrens nur hinsichtlich des nicht angefochtenen Teils geändert, kann der Änderungsbescheid nicht nach § 68 FGO zum Gegenstand des Verfahrens werden (BFH v. 29.01.2003, VIII R 60/00, BFH/NV 2003, 927). Ein Kindergeldbescheid, der auf einen während des Klageverfahrens gestellten Antrag auf Kindergeld für einen Zeitraum nach Ergehen der Einspruchsentscheidung ergeht, wird nicht gem. § 68 FGO zum Verfahrensgegenstand; § 68 FGO kann nur dann eingreifen, wenn sich der Änderungsbescheid auf Zeiträume bis zum Ende des Monats der Bekanntgabe der Einspruchsentscheidung bezieht (BFH v. 07.03.2013, V R 61/10, BStBl II 2014, 475). Bei der Frage, ob die **Aufforderung, Zinseinkünfte zu erklären**, einen Verwaltungsakt darstellt, ist insbes. der Umstand von Bedeutung, ob die Aufforderung nach ihrem objektiven Erklärungsinhalt als Maßnahme zur Einleitung eines Erzwingungsverfahrens zu verstehen war. Ist hiernach ein Verwaltungsakt zu bejahen, so wird dieser nicht durch den Erlass eines ESt-Schätzungsbescheids i. S. von § 68 FGO geändert oder ersetzt (BFH v. 04.09.2001, VIII B 119/00, BFH/NV 2002, 157). Lehnt die Behörde einen **Antrag auf Freistellung von der KraftSt** durch Verwaltungsakt ab und erhebt der Steuerpflichtige dagegen Klage, wird dieser Bescheid durch einen im Laufe des Klageverfahrens erlassenen KraftSt-Bescheid i. S. von § 68 FGO geändert (BFH v. 08.02.2001, VII R 59/99, BStBl II 2001, 506). Ein während des finanzgerichtlichen Verfahrens geänderter **Gewinnfeststellungsbescheid** wird nach § 68 FGO nur hinsichtlich der bereits zulässig mit der Klage angefochtenen Besteuerungsgrundlagen (partiell) Gegenstand des anhängigen Verfahrens. Gegen die übrigen im Änderungsbescheid korrigierten Besteuerungsgrundlagen kann der Steuerpflichtige Einspruch einlegen (BFH v. 23.02.2012, IV R 31/09, BFH/NV 2012, 1448; BFH v. 27.03.2013, IV B 81/11, BFH/NV 2013, 1108); dies folgt aus dem Umstand, dass sich der Feststellungsbescheid als Zusammenfassung einzelner Feststellungen von selbstständig anfechtbaren Besteuerungsgrundlagen darstellt, die jeweils auch selbständiger Gegenstand eines Klageverfahrens sein können (s. § 67 FGO Rz. 6). Ein **Verlustfeststellungsbescheid** (§ 10d Abs. 4 Satz 1 EStG) kann nur gem. § 68 FGO zum Gegenstand des Klageverfahrens werden, wenn die Einkunftsart, die Gegenstand der Änderung ist, bereits Gegenstand des Klageverfahrens war (BFH v. 20.12.2013, X B 160/12, BFH/NV 2014, 558). Anders ist der Fall zu beurteilen, in dem die angefochtene ESt-, KSt- oder GewSt-Messbetragsfestsetzung während des gerichtlichen Verfahrens auf 0 Euro herabgesetzt und zugleich ein Verlustfeststellungsbescheid (§ 10d EStG) bzw. Bescheide über die gesonderte Feststellung des verbleibenden Verlustvortrags zur KSt bzw. des vortragsfähigen Gewerbeverlustes auf den 31.12. des betroffenen Streitjahrs ergehen: Nehmen diese Bescheide die ursprünglich im KSt- bzw. GewSt-Messbescheid enthaltene Beschwer auf, so werden sie gem. § 68 Satz 1 FGO zum Gegenstand des Klageverfahrens (BFH v. 16.12.2014, X B 113/14, BFH/NV 2015, 510; BFH v. 08.11.2016, I R 35/15, BStBl II 2017, 768). Der BFH wendet § 68 FGO auch auf **wiederholende Verfügungen** an (BFH v. 20.03.2017, X R 65/14, BStBl II 2017, 958; BFH v. 14.09.2017, IV R 34/15, BFH/NV 2018, 24). § 68 FGO gilt uneingeschränkt auch dann, wenn der ändernde oder ersetzende Bescheid gegenüber dem ursprünglichen eine **Verböserung** enthält. Die Norm kollidiert nicht mit dem Verböserungsverbot (reformatio in peius), das nur für die Gerichte gilt, aber nicht ausschließt, dass die FinBeh den angefochtenen Verwaltungsakt zum Nachteil des Klägers ändert (*Seer* in Tipke/Kruse, § 68 FGO Rz. 28). Da § 367 Abs. 2 Satz 2 AO ausdrücklich nur für das Einspruchsverfahren gilt, muss das beklagte FA keinen Verböserungshinweis geben, da sich der Rechtsschutz des Klägers dadurch nicht verkürzt. Ergeht im Revisions- bzw. NZB-Verfahren ein verbösernder Verwaltungsakt, ist die Sache nach § 127 FGO an das FG zurückzuverweisen (s. Rz. 3a).

**Rechtsfolge** des § 68 Satz 1 FGO: Anstelle des geänder- 6
ten oder ersetzten Verwaltungsaktes wird der inhaltlich geänderte oder neue Verwaltungsakt Gegenstand des Verfahrens. Es erfolgt kraft Gesetzes eine Klageänderung (s. Rz. 2). Der Prozess bleibt derselbe (**Identität des Verfahrens**), nur sein **Gegenstand** wird **ein anderer**. Hinsichtlich der Kosten wird der Wert des bisherigen mit dem Wert des veränderten Streitgegenstandes verrechnet. Wird ein Änderungsbescheid von einem anderen FA erlassen als der ursprüngliche Bescheid, so wird nach § 68 Satz 1 FGO das FA beteiligt, das den Änderungsbescheid erlassen hat (BFH v. 17.07.1969, V R 5/66, BStBl II 1969, 593). Die Anwendung des § 68 FGO schließt grds. eine Fortsetzungsfeststellungsklage (§ 100 Abs. 1 Satz 4 FGO) gegen den ersetzten VA aus. Dies gilt aber nicht, wenn sich der ersetzte VA durch den neuen VA erledigt hat, jedoch Grundlage für Vollstreckungsmaßnahmen war (FG Thür v. 08.11.2006, II 410/05, EFG 2007, 534).

War der angefochtene Verwaltungsakt, weil er einen 7
unanfechtbaren Verwaltungsakt änderte, gem. § 351 Abs. 1 AO bzw. § 42 FGO nur in eingeschränktem Umfang zulässig anfechtbar, so wirkt sich diese Beschränkung auch § 68 FGO aus. Denn die grundsätzlich zulässige Einführung eines geänderten Anfechtungsgegenstands in den Finanzprozess hebt die durch die **Unan-**

fechtbarkeit eines früher einmal erlassenen Verwaltungsakts eintretende Anfechtungsschranke nicht auf. Soweit der ursprünglich angefochtene Verwaltungsakt nur teilweise angefochten, er somit teilweise unanfechtbar geworden war, gilt die »Erweiterung« jedoch nur in dem durch § 351 Abs. 1 AO bzw. § 42 gesteckten Rahmen, also regelmäßig uneingeschränkt nur bei Anfechtung eines unter dem Vorbehalt der Nachprüfung (§ 164 AO) stehenden oder vollumfänglich für vorläufig erklärten (§ 165 AO) Verwaltungsakts und für solche Verwaltungsakte, die Zölle oder Verbrauchsteuern betreffen (s. § 172 Abs. 1 Nr. 1 AO).

8 Die Einführung des neuen Verwaltungsakts in das Klageverfahren ist nicht von der Korrekturvorschrift abhängig, auf die der Beklagte die Änderung stützt. § 68 FGO ist also – unter Beachtung der in § 42 FGO i. V. m. § 351 AO gesetzten Schranken – auch dann anwendbar, wenn nur eine Folgeänderung (§ 175 Abs. 1 Satz 1 Nr. 1 AO) vorgenommen wurde. § 68 FGO eröffnet **keine weitere aber auch keine geringere Anfechtbarkeit des neuen Verwaltungsakts.** Allerdings kann der Kläger, wenn er sich gegen die Änderung als solche wendet, seine Klage entsprechend erweitern (*Seer* in Tipke/Kruse, § 68 FGO Rz. 23).

9 § 68 Satz 1 FGO gilt nicht nur für die Änderung oder Ersetzung des streitgegenständlichen Verwaltungsaktes, sondern greift ausweislich des klaren Wortlauts der Norm bereits für den Zeitraum nach Bekanntgabe der Einspruchsentscheidung, aber vor Klageerhebung. Je nach Zeitpunkt der Änderung oder Ersetzung ergeben sich folgende Unterschiede: Wird der Verwaltungsakt **nach Klageerhebung** geändert oder ersetzt, wird der Prozess mit neuem Streitgegenstand fortgesetzt; der Einspruch gegen den neuen Verwaltungsakt ist durch § 68 Satz 3 FGO ausgeschlossen. Der **Einspruch** ist nicht statthaft und ist als **unzulässig** zu verwerfen (z. B. BFH v. 02.12.2013, III B 157/12, BFH/NV 2014, 545; BFH v. 29.09.2017, I B 61/16, BFH/NV 2018, 210; *Seer* in Tipke/Kruse, § 68 FGO Rz. 19). Ist die rechtshängige Klage jedoch unzulässig, so kann der Kläger durchaus Einspruch gegen den neuen Verwaltungsakt einlegen. Dies folgt aus der Formulierung »insoweit« (gl. A. *Leingang-Ludolph/Wiese*, DStR 2001, 775 f.; *Seer* in Tipke/Kruse, § 68 FGO Rz. 20). Ändert oder ersetzt das FA den Ausgangsverwaltungsakt nach Bekanntgabe der Einspruchsentscheidung, jedoch **vor Klageerhebung**, hat der Stpfl. (und potentielle Kläger) bis zur Klageerhebung ein **Wahlrecht**, ob er gegen den neuen Verwaltungsakt Einspruch einlegen oder Klage erheben will (z. B. BFH v. 16.12.2008, I R 29/08, BStBl II 2009, 539; gl. A. *Drüen*, AO-StB 2001, 87; *Paetsch* in Gosch, § 68 FGO Rz. 37; *Seer* in Tipke/Kruse, § 68 FGO Rz. 21; *Schallmoser* in HHSp, § 68 FGO Rz. 62). Der Einspruch ist nach § 68 Satz 2 FGO erst dann unstatthaft, wenn der Stpfl. die Klage erhebt, denn die Anwendung des § 68 FGO setzt die Klageerhebung voraus. Legt er also Einspruch ein und erhebt zusätzlich Klage, so wird der Einspruch unstatthaft, da es nach § 68 Satz 2 FGO kein Nebeneinander von Klage und Einspruch geben soll und dem Klageverfahren – dies folgt aus dieser Norm – der Vorrang gebührt (gl. A. *Drüen*, AO-StB 2001, 87; *Seer* in Tipke/Kruse, § 68 FGO Rz. 21). Wird der angefochtene Verwaltungsakt nach Bekanntgabe der Einspruchsentscheidung geändert oder ersetzt und erhebt der Stpfl. Klage, so wird der neue Verwaltungsakt jedoch dann nicht nach § 68 Satz 1 FGO Gegenstand des finanzgerichtlichen Verfahrens, wenn gegen den ursprüngliche Bescheid kein Einspruch eingelegt worden war und daher die Klage im Hinblick auf § 44 Abs. 1 FGO als unzulässig abzuweisen ist (BFH v. 11.07.2017, IX R 41/15, BFH/NV 2018, 185). Einen Sonderfall bildet die Änderung eines Verwaltungsaktes während eines gerichtlichen Verfahrens über die Aussetzung der Vollziehung (§ 69 FGO; s. Rz. 3): Ergeht ein Änderungsbescheid während eines gerichtlichen Verfahrens, aber vor Ergehen der Einspruchsentscheidung, ist der Änderungsbescheid auch als Gegenstand des finanzgerichtlichen Aussetzungsverfahrens zu behandeln (BFH v. 29.08.2003, II B 70/03, BFH/NV 2003, 1660). Im Übrigen auch s. Rz. 5).

Die beklagte Finanzbehörde hat dem FG eine Abschrift 10
des neuen Verwaltungsaktes zu übersenden (§ 68 Satz 3 FGO), um sicher zu stellen, dass das Gericht von der Klageänderung Kenntnis erlangt. Entscheidet das FG in Unkenntnis des neuen Verwaltungsakts, liegt ein Verfahrensfehler i. S. von § 115 Abs. 3 Nr. 3 FGO vor. Ein Verfahrensfehler ist jedoch nicht gegeben, wenn der Änderungsbescheid keinen neuen Streitpunkt in das Verfahren eingeführt hat (BFH v. 29.08.2003, II B 70/03, BFH/NV 2003, 1660). Der Fehler ist entsprechend § 109 Abs. 1 FGO durch ein Ergänzungsurteil zu korrigieren (BFH v. 12.01.2011, II R 37/09, BFH/NV 2011, 629); *Drüen*, AO-StB 2001, 87; *Leingang-Ludolph/Wiese*, DStR 2001, 775; *Spindler*, DB 2001, 61.

vorläufig frei 11

## § 69 FGO
## Aussetzung der Vollziehung

**(1) Durch Erhebung der Klage wird die Vollziehung des angefochtenen Verwaltungsaktes vorbehaltlich des Absatzes 5 nicht gehemmt, insbesondere die Erhebung einer Abgabe nicht aufgehalten. Entsprechendes gilt bei Anfechtung von Grundlagenbescheiden für die darauf beruhenden Folgebescheide.**

**(2) Die zuständige Finanzbehörde kann die Vollziehung ganz oder teilweise aussetzen. Auf Antrag soll die Aussetzung erfolgen, wenn ernstliche Zweifel an der Rechtmäßigkeit des angefochtenen Verwaltungsaktes bestehen oder wenn die Vollziehung**

für den Betroffenen eine unbillige, nicht durch überwiegende öffentliche Interessen gebotene Härte zur Folge hätte. Die Aussetzung kann von einer Sicherheitsleistung abhängig gemacht werden. Soweit die Vollziehung eines Grundlagenbescheides ausgesetzt wird, ist auch die Vollziehung eines Folgebescheides auszusetzen. Der Erlass eines Folgebescheides bleibt zulässig. Über eine Sicherheitsleistung ist bei der Aussetzung eines Folgebescheides zu entscheiden, es sei denn, dass bei der Aussetzung der Vollziehung des Grundlagenbescheides die Sicherheitsleistung ausdrücklich ausgeschlossen worden ist. Ist der Verwaltungsakt schon vollzogen, tritt an die Stelle der Aussetzung der Vollziehung die Aufhebung der Vollziehung. Bei Steuerbescheiden sind die Aussetzung und die Aufhebung der Vollziehung auf die festgesetzte Steuer, vermindert um die anzurechnenden Steuerabzugsbeträge, um die anzurechnende Körperschaftsteuer und um die festgesetzten Vorauszahlungen, beschränkt; dies gilt nicht, wenn die Aussetzung oder Aufhebung der Vollziehung zur Abwendung wesentlicher Nachteile nötig erscheint.

(3) Auf Antrag kann das Gericht der Hauptsache die Vollziehung ganz oder teilweise aussetzen; Absatz 2 Satz 2 bis 6 und § 100 Abs. 2 Satz 2 gelten sinngemäß. Der Antrag kann schon vor Erhebung der Anfechtungsklage gestellt werden. Ist der Verwaltungsakt im Zeitpunkt der Entscheidung schon vollzogen, kann das Gericht ganz oder teilweise die Aufhebung der Vollziehung, auch gegen Sicherheitsleistung, anordnen. Absatz 2 Satz 8 gilt entsprechend. In dringenden Fällen kann der Vorsitzende entscheiden.

(4) Der Antrag nach Absatz 3 ist nur zulässig, wenn die Behörde einen Antrag auf Aussetzung der Vollziehung ganz oder teilweise abgelehnt hat. Das gilt nicht, wenn

1. die Finanzbehörde über den Antrag ohne Mitteilung eines zureichenden Grundes in angemessener Frist sachlich nicht entschieden hat oder
2. eine Vollstreckung droht.

(5) Durch Erhebung der Klage gegen die Untersagung des Gewerbebetriebes oder der Berufsausübung wird die Vollziehung des angefochtenen Verwaltungsaktes gehemmt. Die Behörde, die den Verwaltungsakt erlassen hat, kann die hemmende Wirkung durch besondere Anordnung ganz oder zum Teil beseitigen, wenn sie es im öffentlichen Interesse für geboten hält; sie hat das öffentliche Interesse schriftlich zu begründen. Auf Antrag kann das Gericht der Hauptsache die hemmende Wirkung wiederherstellen, wenn ernstliche Zweifel an der Rechtmäßigkeit des Verwaltungsaktes bestehen. In dringenden Fällen kann der Vorsitzende entscheiden.

(6) Das Gericht der Hauptsache kann Beschlüsse über Anträge nach den Absätzen 3 und 5 Satz 3 jederzeit ändern oder aufheben. Jeder Beteiligte kann die Änderung oder Aufhebung wegen veränderter oder im ursprünglichen Verfahren ohne Verschulden nicht geltend gemachter Umstände beantragen.

(7) Lehnt die Behörde die Aussetzung der Vollziehung ab, kann das Gericht nur nach den Absätzen 3 und 5 Satz 3 angerufen werden.

**S. § 80 VwGO; § 97 SGG**

**Inhaltsübersicht**



**Schrifttum**


K.J. Wagner, Über effektiven vorläufigen Rechtsschutz im finanzgerichtlichen Verfahren, Kruse-FS, S. 735; Lemaire, Der vorläufige Rechtsschutz im Steuerrecht, Diss. Köln 1997; Drüen, Haushaltsvorbehalt bei der Verwerfung verfassungswidriger Steuergesetze?, FR 1999, 289; Mack, Aussetzung der Vollziehung, AO-StB 2001, 85; Saar,

Defizite im finanzgerichtlichen Rechtsschutz, StuW 2001, 3; Loschelder, Sicherheitsleistung im AdV-Verfahren, AO-StB 2002, 284; Bartone, Gerichtlicher Antrag auf Aussetzung der Vollziehung (§ 69 Abs. 2 und Abs. 3 FGO), AO-StB 2018, 126.

## A. Bedeutung der Vorschrift

1 § 69 FGO bietet dem Antragsteller die Möglichkeit, einstweiligen (vorläufigen) Rechtsschutz zu erlangen. Die Norm dient dazu, dem Bürger **effektiven Rechtsschutz** i.S. von Art. 19 Abs. 4 GG gegen Maßnahmen der Finanzbehörden zu gewähren, indem sie es ermöglicht, eine – grds. nicht vorgesehene (s. Rz. 2) – suspendierende Wirkung der Klage herbeizuführen (insoweit z.B. BVerfG v. 20.12.2002, 1 BvR 2305/02, NJW 2003, 418). § 69 FGO entspricht inhaltlich weitgehend der Regelung des § 361 AO, der (nur) für das Einspruchsverfahren gilt (s. § 361 AO Rz. 1). Dabei gilt § 69 FGO ausschließlich für die Fälle, in denen in der Hauptsache die Anfechtungsklage (§ 40 Abs. 1 1. Alt. FGO) als statthafte Klageart gegeben ist, während für den vorläufigen Rechtsschutz in allen übrigen Fällen § 114 FGO gilt (dazu auch s. § 114 FGO Rz. 2). Für den einstweiligen Rechtsschutz gegen **Einfuhrabgabenbescheide der Zollbehörden** gilt Art. 45 Abs. 2 UZK (davor bis zum 31.05.2016 Art. 244 Abs. 2 ZK; vgl. z.B. *Rüsken* in Dorsch, Zollrecht, Art. 244 Rz. 32; *Beermann* in HHSp, Art. 244 ZK Rz. 16 ff.). Insoweit entspricht der Begriff der »begründeten Zweifel an der Rechtmäßigkeit der angefochtenen Entscheidung« (Art 244 Abs. 2 ZK bzw. nunmehr Art 45 Abs. 2 UZK) dem Begriff der ernstlichen Zweifel i.S. der §§ 361 Abs. 2 AO, 69 Abs. 2 Satz 2 und Abs. 3 Satz 1 FGO (BFH v. 11.07.2000, VII B 41/00 BFH/NV 2000, 1512, 1513; *Alexander* in Witte, Art. 244 ZK Rz. 17 ff.; *Schoenfeld* in Krenzler/Herrmann/Niestedt, Art. 45 UZK Rz. 18; *Stapperfend* in Gräber, § 69 FGO Rz. 166). Im Übrigen s. § 361 AO Rz. 73.

2 § 69 FGO kommt immer dann zur Anwendung, wenn das Einspruchsverfahren (§§ 347 ff. AO) abgeschlossen ist; dann kann die Finanzbehörde die Aussetzung – auch vor Klageerhebung – nur noch nach § 69 Abs. 2 FGO gewähren. Nach Klageerhebung kann somit ausschließlich über § 69 FGO erlangt werden. Andererseits gilt § 69 FGO für den einstweiligen Rechtsschutz durch das FG bereits vor Abschluss des Einspruchsverfahrens (s. § 69 Abs. 3 Satz 2 FGO), wenn die Finanzbehörde die Vollziehungsaussetzung ganz oder teilweise abgelehnt hat (s. § 69 Abs. 4 Satz 1 FGO) bzw. bei Untätigkeit oder wenn die Zwangsvollstreckung droht (§ 69 Abs. 4 Satz 2 FGO). Dann ist das FG für die Aussetzung zuständig (§ 69 Abs. 7 FGO).

## B. Grundsatz des § 69 Abs. 1 FGO

§ 69 Abs. 1 FGO stellt – ebenso wie § 361 Abs. 1 AO für das außergerichtliche Rechtsbehelfsverfahren – den **Grundsatz** auf, dass der Klage (und dasselbe gilt über § 121 FGO für die Revision) abgesehen von § 69 Abs. 5 FGO (dazu s. Rz. 31; vgl. auch § 361 Abs. 4 AO und dazu s. § 361 AO Rz. 63 f.) **keine aufschiebende Wirkung** zukommt, also durch die Erhebung gerichtlicher Rechtsbehelfe die Vollziehung des angefochtenen Verwaltungsaktes nicht gehemmt, insbes. die Erhebung einer Abgabe nicht aufgehalten wird (vgl. auch Art. 244 Abs. 1 ZK). Dies hat seinen Grund darin, dass dem Staat die zur Erfüllung seiner Aufgaben erforderlichen Mittel laufend zufließen (s. BT-Drs. IV/1446; *Stapperfend* in Gräber, § 69 FGO Rz. 1 m.w.N.). Dem trägt z.B. auch § 80 Abs. 2 Nr. 1 VwGO Rechnung, während im allgemeinen Verwaltungsprozess der Grundsatz gilt, dass Widerspruch (§§ 68 ff. VwGO) und Anfechtungsklage (§ 42 Abs. 1 1. Alt. VwGO) aufschiebende Wirkung haben (§ 80 Abs. 1 Satz 1 VwGO). Dies erklärt sich daraus, dass es im allgemeinen Verwaltungsprozess anders als im Finanzprozess, regelmäßig nicht um Verwaltungsakte geht, die dem Bürger Geldzahlungspflichten auferlegen. Das aus Gründen effektiven Rechtsschutzes (Art. 19 Abs. 4 GG) notwendige Korrelat der Gewährung vorläufigen Rechtsschutzes (s. Rz. 1) bietet § 69 Abs. 2 und Abs. 3 FGO (vgl. auch § 361 Abs. 2 AO), wonach unter bestimmten Voraussetzungen die AdV, ggf. deren Aufhebung, ermöglicht wird.

## C. Vollziehungsaussetzung durch die Finanzbehörde (§ 69 Abs. 2 FGO)

Grds. fällt die Gewährung von Vollziehungsaussetzung 4
auch während des gerichtlichen Verfahrens in die Kompetenz der (zuständigen) Finanzbehörde (§ 69 Abs. 2 FGO). AdV setzt voraus, dass ein der Vollziehung zugänglicher Verwaltungsakt angefochten ist. Zu den vollziehbaren Verwaltungsakten sowie zum Begriff der Vollziehung s. § 361 AO Rz. 7 ff.). Im Umfang der Anfechtung kann die zuständige Finanzbehörde die Vollziehung ganz oder teilweise aussetzen (§ 69 Abs. 2 Satz 1 FGO). Auf Antrag soll sie Vollziehungsaussetzung gewähren, wenn ernstliche Zweifel an der Rechtmäßigkeit des angefochtenen Verwaltungsakts bestehen oder wenn die Vollziehung für den Betroffenen eine unbillige, nicht durch überwiegende öffentliche Interessen gebotene Härte zur Folge hätte (§ 69 Abs. 2 Satz 2 FGO; hierzu s. § 361 AO Rz. 30 ff.). Anders als das FG kann die **Finanzbehörde** die

Vollziehung **auch von Amts wegen** aussetzen. Dies folgt aus der unterschiedlichen Formulierung von § 69 Abs. 2 Satz 1 FGO und § 69 Abs. 3 Satz 1 FGO (dazu s. § 361 AO Rz. 21 f.). Die Vollziehungsaussetzung kann von der Leistung einer Sicherheit abhängig gemacht werden (§ 69 Abs. 2 Satz 3 FGO; dazu s. § 361 AO Rz. 55 ff.). Zur Aussetzung der Vollziehung von Grundlagenbescheiden und deren Folgewirkung sowie zur Entscheidung über das Verlangen nach Sicherheitsleistung in solchen Fällen s. § 361 AO Rz. 61, 66 ff.). **Lehnt** die **Finanzbehörde** die begehrte Vollziehungsaussetzung **ab**, kann der Bürger hiergegen Einspruch (§ 347 Abs. 1 Nr. 1 AO) einlegen; gegen die hiernach ergehende Einspruchsentscheidung besteht aber keine Klagemöglichkeit, sondern es ist nur der Antrag nach § 69 Abs. 3 FGO gegeben (§ 69 Abs. 7 FGO). Die Umdeutung einer gleichwohl erhobenen Klage in einen gerichtlichen Aussetzungsantrag kommt jedenfalls für anwaltlich vertretene Kläger nicht in Betracht (BFH v. 19.07.2010, I B 207/09, BFH/NV 2011, 48). Der Antragsteller kann aber auch unmittelbar das FG nach § 69 Abs. 3 FGO anrufen (§ 69 Abs. 7 FGO). Er hat aber auch die Möglichkeit neben dem Einspruch einen Antrag auf AdV beim FG anzubringen (FG Sa v. 19.03.1997, 2 V 33/97, juris).

## D. Gerichtlicher Antrag nach § 69 Abs. 3 FGO

5 Nach § 69 Abs. 3 FGO kann das Gericht der Hauptsache die **Vollziehung** eines angefochtenen Verwaltungsaktes aussetzen – und das auch schon vor Erhebung der Klage (§ 69 Abs. 3 Satz 2 FGO) – bzw., wenn der Verwaltungsakt im Zeitpunkt der Entscheidung schon vollzogen ist, die **Aufhebung der Vollziehung** anordnen (§ 69 Abs. 3 Satz 1 1. HS FGO und § 69 Abs. 3 Satz 3 FGO). Das gerichtliche Aussetzungsverfahren ist nach Auffassung des BFH kein Rechtsbehelfsverfahren und kein Rechtsmittelverfahren. Die materielle Entscheidung durch das FG ist nach den gleichen Voraussetzungen wie im behördlichen Aussetzungsverfahren zu treffen. Das FG überprüft nicht die im finanzbehördlichen Aussetzungsverfahren getroffene Entscheidung, sondern hat nach Maßgabe des § 69 Abs. 3 Satz 1, 2. HS, Abs. 2 Satz 2 FGO eine eigenständige Entscheidung zu treffen (BFH v. 12.05.2000, VI B 266/98, BStBl II 2000, 536).

### I. Gericht der Hauptsache

6 Gericht der Hauptsache ist während des ersten Rechtszugs (§ 35 FGO) das nach § 38 FGO örtlich zuständige FG; wird der Antrag vor Klageerhebung gestellt (s. § 69 Abs. 3 Satz 2 FGO), so ist dasjenige FG Gericht der Hauptsache, das im Zeitpunkt der Antragstellung für das Hauptsacheverfahren örtlich zuständig ist. Gericht in diesem Sinn ist der geschäftsverteilungsplanmäßig zuständige Senat des FG bzw. der Einzelrichter nach Übertragung (§ 6 FGO). In dringenden Fällen kann nach § 69 Abs. 3 Satz 4 FGO der Vorsitzende entscheiden. Wird der Antrag im Revisionsverfahren gestellt, so ist der **BFH** Gericht der Hauptsache, im Fall der NZB (§ 116 FGO) ab deren Einlegung (z. B. BFH v. 21.11.2008, III S 58/08, juris; BFH v. 06.03.2006, X S 3/06, BFH/NV 2006, 1138; BFH v. 03.02.2016, V S 39/15, BFH/NV 2016, 1036). Da die Einlegung der NZB die Rechtskraft des angefochtenen finanzgerichtlichen Urteils hemmt (§ 116 Abs. 4 FGO), sind Verwaltungsakte auch während dieses Verfahrens angefochten i. S. von § 69 Abs. 2 Satz 2 FGO. Ist bei Eintritt der Zuständigkeit des BFH beim FG ein Verfahren betreffend die Aussetzung/Aufhebung der Vollziehung anhängig, so ist es durch Beschluss nach § 70 FGO i. V. m. §§ 17 ff. GVG an den BFH zu verweisen (z. B. BFH v. 06.11.1996, IV S 5/96, BFH/NV 1997, 252 BFH v. 12.04.2000, III S 4/00, juris). Umgekehrt kann der BFH, wenn er unzulässigerweise angerufen wurde, den Rechtsstreit jedenfalls dann an das zuständige FG verweisen, wenn für den Antrag auf Aussetzung der Vollziehung die besonderen Zugangsvoraussetzungen des § 69 Abs. 4 FGO (dazu s. Rz. 12) erfüllt sind (BFH v. 25.11.2003, IV S 15/03, BStBl II 2004, 84; vgl. auch BFH v. 10.02.2011, X S 1/11[PKH], BFH/NV 2011, 827). Dies gilt auch dann, wenn nach Hauptsachenerledigung der Aussetzungssache gem. § 138 FGO über die Gerichtskosten zu entscheiden ist, wenn die AdV während eines Einspruchsverfahrens begehrt wird; auch hierfür ist nur das FG instanziell zuständig (BFH v. 10.12.2012, VIII S 23/12, BFH/NV 2013, 570). Wird ein Rechtsstreit gem. § 126 Abs. 3 Nr. 2 FGO an das FG zur anderweitigen Verhandlung und Entscheidung **zurückverwiesen**, wird das FG zum Gericht der Hauptsache i. S. des § 69 Abs. 3 Satz 1 FGO und ist damit für die Entscheidung über den beim BFH im Rahmen eines NZB-Verfahrens gestellten AdV-Antrag zuständig (BFH v. 25.10.2012, X S 21/12, BFH/NV 2013, 229).

### II. Antrag

Das Gericht kann **nur auf Antrag** tätig werden (auch s. Rz. 3). Der Antrag muss den Verwaltungsakt, hinsichtlich dessen Aussetzung bzw. Aufhebung der Vollziehung begehrt wird, bezeichnen. Aus ihm muss hervorgehen, dass und in welchem Umfang der Verwaltungsakt angefochten ist. Im Antrag ist darzulegen, dass entweder ernstliche Zweifel an der Rechtmäßigkeit des angefochtenen Verwaltungsakts bestehen oder dass und warum dessen Vollziehung eine unbillige Härte mit sich brächte. Auch Ausführungen zur Frage der Sicherheitsleistung sind geboten und glaubhaft zu machen (z. B. BFH v. 14.06.2006, VII B 317/05, BFH/NV 2006, 1894; auch s. Rz. 23). Bezugnahme auf die Ausführungen in der 7

Klage- bzw. Revisionsbegründungsschrift ist möglich (BFH v. 05.10.2010, X S 27/10, BFH/NV 2011, 274). Ist ein AdV-Antrag auch auf die Beseitigung der Säumnisfolgen gerichtet, kann er insoweit als Antrag auf Aufhebung der Vollziehung nach § 69 Abs. 3 Satz 3 FGO auszulegen sein (BFH v. 19.03.2014, III S 22/13, BFH/NV 2014, 856).

7a Wenn das FA zwischen der Stellung des gerichtlichen AdV-Antrags und der Entscheidung des Gerichts den angefochtenen Verwaltungsakt gleichwohl (weiter) vollzieht, kann der Antragsteller die einstweilige Einstellung der Vollstreckung mit einem Antrag auf Erlass einer **einstweiligen Anordnung** (§ 114 Abs. 1 Satz 1 FGO) erreichen. Allerdings ist der Antrag mangels Rechtsschutzinteresses unzulässig, wenn damit lediglich dem FA aufgegeben werden soll, bis zur rechtskräftigen Entscheidung über den anhängigen Antrag auf AdV die Vollstreckung einzustellen (BFH v. 11.01.1984, II B 35/83, BStBl II 1984, 210; BFH v. 06.05.1986, VII B 10/86, BFH/NV 1987, 96; BFH v. 21.10.1987, I B 2/87, juris). Denn ein »wesentlicher Nachteil« oder »anderer Grund« i.S. des § 114 Abs. 1 FGO ist nicht bereits in dem Umstand zu sehen, dass über einen Antrag auf AdV des angefochtenen Verwaltungsakts gerichtlich noch nicht entschieden ist (z.B. BFH v. 06.05.1986, VII B 10/86, BFH/NV 1987, 96; BFH v. 21.07.1992, VII B 64/92, BFH/NV 1994, 323). Insbesondere gibt es kein Recht auf »ungestörte Durchführung des AdV-Verfahrens« o.Ä. Der bloße Umstand, dass ein gerichtlicher Aussetzungsantrag anhängig ist und hierüber noch nicht entschieden wurde, begründet für sich genommen keinen Anordnungsgrund i.S. des § 114 Abs. 1 Satz 1 FGO. Der Anordnungsanspruch für die einstweilige Anordnung ergibt sich vielmehr aus § 258 AO. Demnach muss die **Vollstreckung bis zur Entscheidung über den Aussetzungsantrag unbillig** sein. Dies ist der Fall, wenn der AdV-Antrag mit hoher Wahrscheinlichkeit Aussicht auf Erfolg hat, also ernstliche Zweifel an der Rechtmäßigkeit des angefochtenen Verwaltungsakts bestehen oder – sofern die summarische Prüfung im Rahmen des Anordnungsverfahrens weder eine überwiegende Erfolgsaussicht noch die Erfolglosigkeit des Aussetzungsantrags ergibt – eine Folgenabwägung zugunsten des Stpfl. ausfällt. In dem zuletzt genannten Fall muss die Folge, dass die einstweilige Anordnung nicht erlassen wird, der AdV-Antrag aber letztlich Erfolg hat, gegenüber der Folge, dass die einstweilige Anordnung erlassen wird, der Antrag auf AdV hingegen zurückgewiesen wird, aus Sicht des Stpfl. in ihrer Auswirkung schwerwiegender sein (vgl. zum Vorstehenden z.B. *Bartone*, AO-StB 2018, 126; *Stapperfend* in Gräber, § 69 FGO Rz. 232; *Lange* in HHSp, § 114 FGO Rz. 69). Abgesehen davon kann der Vorsitzende bzw. der Einzelrichter (§ 6 FGO) in dringenden Fällen gem. § 69 Abs. 3 Satz 5 FGO eine (vorläufige) AdV-Entscheidung treffen.

## III. Zulässigkeit

Für die Zulässigkeit eines gerichtlichen Aussetzungsantrags gelten grds. die **allgemeinen Sachentscheidungsvoraussetzungen** (dazu s. Vor FGO Rz. 26 ff.). Daher ist z.B. die **Antragsbefugnis** mit der Klagebefugnis (§ 40 Abs. 2, § 48 FGO) verknüpft. Hat ein Feststellungsbeteiligter, obwohl er klagebefugt ist, den einheitlichen Feststellungsbescheid nicht selbst angefochten, ist er solange nicht antragsbefugt, als er nicht zum Klageverfahren eines anderen Feststellungsbeteiligten beigeladen ist (BFH v. 15.03.1994, IX B 151/93, BStBl II 1994, 519, dazu s. § 48 FGO Rz. 4 ff.). Bedient sich der Antragsteller eines **Bevollmächtigten**, so gilt hinsichtlich der Vollmacht § 62 Abs. 6 FGO, s. § 62 FGO Rz. 16 ff.). Der Antrag ist gegen die Finanzbehörde zu richten, die den angefochtenen Verwaltungsakt erlassen hat; es gilt § 63 FGO (s. § 63 FGO Rz. 1 ff.; vgl. z.B. BFH v. 17.07.2008, VI B 40/08, BFH/NV 2008, 1874). Vor dem BFH muss sich der Antragsteller durch einen postulationsfähigen Bevollmächtigten vertreten lassen (§ 62 Abs. 4 FGO).

Da die AdV einen **vollziehbaren Verwaltungsakt** voraussetzt, muss in der Hauptsache die **Anfechtungsklage** (§ 40 Abs. 1 1. Alt. FGO) als statthafte Klageart gegeben sein; dies folgt aus § 114 Abs. 5 FGO (s. § 114 FGO Rz. 2; s. Rz. 1). Dabei ist ein AdV-Antrag auch gegen die Anordnung des **dinglichen Arrests** (§ 324 Abs. 1 AO) statthaft, denn § 69 FGO wird nicht durch § 45 Abs. 4 FGO verdrängt (BFH v. 06.02.2013, XI B 125/12, BFH/NV 2013, 615). Vorläufiger Rechtsschutz bei Ablehnung eines Begehrens auf **Fortschreibung oder Aufhebung eines Einheitswerts** auf einen späteren Stichtag wird im Wege der AdV (§ 361 AO, § 69 FGO) gewährt (BFH v. 10.04.1991, II B 66/89, BStBl II 1991, 549; BFH v. 24.04.1991, II B 185/90, BFH/NV 1991, 697; BFH v. 02.03.2017, II B 33/16, BStBl II 2017, 646). An dem Erfordernis eines (vollziehbaren) Verwaltungsakts fehlt es z.B. bei **Säumniszuschlägen**, die gem. § 240 AO kraft Gesetzes entstehen und daher als solche nicht Gegenstand einer AdV sein können (BFH v. 30.09.2015, I B 86/15, BFH/NV 2016, 569). Der Widerruf einer dem Arbeitgeber erteilten **LSt-Anrufungsauskunft** (§ 42e EStG) ist ein feststellender, aber nicht vollziehbarer Verwaltungsakt, sodass insoweit die AdV nicht statthaft ist (BFH v. 30.04.2009, VI R 54/07, BStBl II 2010, 996; BFH v. 15.01.2015, VI B 103/14, BStBl II 2015, 447). Das Verfahren z.B. betreffend die Aufhebung der Vollziehung eines Duldungsbescheids (§ 191 Abs. 1 Satz 1 AO) wird mit **Eröffnung des Insolvenzverfahrens** über das Vermögen des Steuerschuldners mangels **Rechtsschutzinteresses** unzulässig: Mit der Eröffnung des Insolvenzverfahrens über das Vermögen des Antragstellers tritt zwar keine Unterbrechung des AdV-Verfahrens gem. § 155 Satz 1 FGO i.V.m. § 240 ZPO (dazu s. § 74 FGO Rz. 13) 9 ein, jedoch entfällt das Rechtsschutzbedürfnis, da eine Vollziehung des angefochtenen Steuerbescheids nicht mehr zulässig ist (BFH v. 27.08.2014, VII B 37/14, BFH/NV 2015, 3; BFH v. 31.01.2017, V B 14/16, BFH/NV 2017, 611).

10 Es muss grds. ein **Rechtsbehelf in der Hauptsache** eingelegt sein. Das kann ein **Einspruch** (§ 347 AO) sein, wenn das Einspruchsverfahren noch schwebt (s. Rz. 2) oder – nach dessen Abschluss – eine **Anfechtungsklage** beim FG erhoben worden sein. Eine Ausnahme gilt für die Fälle, in denen das Gericht im Zeitraum zwischen der Bekanntgabe der Einspruchsentscheidung und der Klageerhebung angerufen wird (s. § 69 Abs. 3 Satz 2 FGO). Dieser Rechtsbehelf muss nicht notwendigerweise zulässig sein. Denn für die Klage gilt, dass die Sachentscheidungsvoraussetzungen bis zum Schluss der letzten mündlichen Verhandlung bzw. bei einer Entscheidung ohne mündliche Verhandlung bis zur Entscheidung vorliegen müssen (s. Vor FGO Rz. 26). Eine Einschränkung dieses Grundsatzes besteht aber dann, wenn der Zulässigkeitsmangel der Klage nicht mehr geheilt werden kann, z. B. bei einer Verfristung der Klage ohne Möglichkeit der Wiedereinsetzung in den vorigen Stand nach § 56 FGO. Wenn also feststeht, dass die Klage unheilbar unzulässig ist, so besteht für den Antrag kein Rechtsschutzbedürfnis; er ist dann unzulässig. Wurde z. B. der im Hauptsacheverfahren angefochtene Verwaltungsakt durch Zurückweisung der NZB oder der Revision unanfechtbar, ist der Antrag auf AdV ebenfalls unzulässig (BFH v. 24.06.2008, IV S 15/08, juris; BFH v. 25.01.2011, IV B 35/09, BFH/NV 2011, 820). Ein AdV-Antrag ist folglich auch unzulässig, wenn die Klage oder das Rechtsmittel zurückgenommen wurde (BFH v. 22.01.2013, IX S 16/12, BFH/NV 2013, 757). Eine Verfassungsbeschwerde (s. Vor FGO Rz. 59 ff.) rechtfertigt keinen Antrag auf AdV an das FG, da in diesem Fall einstweiliger Rechtsschutz nur durch das BVerfG (§ 32 BVerfGG) gewährt werden kann (BFH v. 15.07.2009, VIII S 14/09, juris). Andererseits gilt § 69 FGO auch, wenn der Antrag auf AdV erstmals oder erneut während der Anhängigkeit einer Nichtigkeits- und Restitutionsklage gestellt wird, mit der der Antragsteller die Beseitigung des Urteils, mit dem die zur Vollstreckung anstehenden Steuerbescheide gerichtlich bestätigt worden sind, begehrt (BFH v. 26.09.2017, IV B 57/17, BFH/NV 2018, 48). Eine Besonderheit gilt aufgrund von § 35b GewStG für die AdV eines **GewSt-Messbescheids**: Der Antrag ist auch dann zulässig, wenn lediglich ein Hauptsacheverfahren wegen des weiteren in § 35b GewStG genannten Bescheids (ESt-, KSt- oder Feststellungsbescheid), nicht aber wegen des GewSt-Messbescheids selbst anhängig ist (BFH v. 05.02.2014X S 49, 56/13, BFH/NV 2014, 728).

11 Ein Rechtsschutzbedürfnis für die gerichtliche Vollziehungsaussetzung besteht auch dann nicht, wenn der angefochtene **Verwaltungsakt** bereits **bestandskräftig** geworden ist (z. B. BFH v. 15.03.2004, IX S 6/03, BFH/NV 2004, 978; BFH v. 03.05.2007, XI S 2/07, juris; BFH v. 11.07.2007, XI S 14/07, juris; BFH v. 20.01.2008, V S 110/06, juris; BFH v. 12.03.2008, I S 35/07, juris). Dann kommt die AdV ungeachtet der materiellrechtlichen Fragen nicht in Betracht. Wird der angefochtene Verwaltungsakt unanfechtbar, bevor das Vollziehungsaussetzungsverfahren abgeschlossen ist, entfällt das Rechtsschutzbedürfnis und der Antrag wird unzulässig (BFH v. 22.03.2007, XI S 21/06, juris; BFH v. 21.02.2007, X S 3/07, juris). Dies ist denkbar in den Fällen des § 69 Abs. 2 Satz 2 FGO (s. Rz. 9).

12 Nach § 69 Abs. 4 Satz 1 FGO ist der Antrag an das Gericht grundsätzlich nur zulässig, wenn die **Behörde** einen **Antrag** auf AdV **ganz oder teilweise abgelehnt** hat. Dies gilt **auch** für einen Antrag auf **Aufhebung der Vollziehung** (BFH v. 12.03.2013, XI B 14/13, BStBl II 2013, 390). Dabei handelt es sich nicht um eine bloße Sachentscheidungsvoraussetzung, sondern um eine **besondere Zugangsvoraussetzung**, mit der Folge, dass sie bereits im Zeitpunkt der Antragstellung erfüllt sein muss, wenn der Antrag zulässig sein soll (z. B. BFH v. 16.12.2003, IX B 203/02, BFH/NV 2004, 650; BFH v. 20.09.2006, V S 21/06, juris; BFH v. 06.03.2013, X S 28/12, BFH/NV 2013, 959). Liegt sie nicht vor, ist der AdV-Antrag unheilbar unzulässig. Eine nachträgliche Heilung ist nicht möglich (BFH v. 28.05.2008, IX S 4/08 [PKH], BFH/NV 2008, 1489; BFH v. 06.02.2012, IX S 29/11, BFH/NV 2012, 769). Das gilt auch für die Aufhebung der Vollziehung (§ 69 Abs. 3 Satz 3 FGO). Die einmalige Ablehnung des Aussetzungsantrags durch die Finanzbehörde genügt, unabhängig davon, in welchem Verfahrensstadium sie erfolgte (z. B. BFH v. 11.07.2000, VII B 41/00, BFH/NV 2000, 1512, BFH v. 18.09.2002, IV S 3/02, BFH/NV 2003, 187; BFH v. 24.09.2010, IV B 34/10, BFH/NV 2011, 241). Wird AdV für das Klageverfahren begehrt, genügt es nicht, dass die ohnehin nur für die Dauer des außergerichtlichen Rechtsbehelfsverfahrens ausgesprochene AdV wegen der mit ihr verbundenen Befristung endete oder wegen Abschluss des Verfahrens widerrufen wird (z. B. BFH v. 04.08.2000, VIII S 2/00, BFH/NV 2001, 317; BFH v. 20.09.2006, V S 21/06, BFH/NV 2007, 82). Es bedarf vielmehr des Vorliegens der negativen Entscheidung der Behörde für das gerichtliche AdV-Verfahren Dazu genügt es, dass das FA einen bei ihm gestellten, jedoch nicht näher begründeten Antrag auf AdV ohne weitere Sachprüfung abgelehnt hat (BFH v. 20.06.2007, VIII B 50/07, BStBl II 2007, 789). erfahren. **Teilweise Ablehnung** schafft die Zugangsvoraussetzung insoweit, als dem Antrag nicht stattgegeben worden ist (BFH v. 18.08.1998, XI S 7/98, BFH/NV 1999, 210), es sei denn, einem Antrag auf Gewährung von AdV ohne Sicherheitsleistung werde nur gegen Sicherheitsleistung entsprochen. In diesem Fall ist die Zugangsvoraussetzung für den gesamten Antrag erfüllt (s. BFH v. 28.10.1981, I B 69/80, BStBl II 1982, 135;

BFH v. 24.03.1999, I B 113/98, BFH/NV 1999, 1314; BFH v. 27.05.2008, IX S 26/07, BFH/NV 2008, 1498). Wird die AdV »bis zur Rechtskraft«, also für die gesamte Dauer des Rechtsbehelfsverfahrens begehrt, so liegt in der Beschränkung der Gewährung von AdV nur auf den konkreten Verfahrensabschnitt keine (Teil-)Ablehnung des Antrags für weitere Verfahrensabschnitte. Darin, dass das FA die AdV nur unter dem Vorbehalt des Widerrufs gewährt hat, liegt ebenfalls keine teilweise Ablehnung des Aussetzungsantrags i. S. des § 69 Abs. 4 Satz 1 FGO (BFH v. 12.05.2000, VI B 266/98, BStBl II 2000, 536; a. A. wohl BFH v. 11.06.2010, IV S 1/10, BFH/NV 2010, 1851). In diesen Fällen muss vor Anrufung des FG zunächst ein erneuter Antrag beim FA gestellt werden (BFH v. 05.02.2009, VIII S 33/08, ZSteu 2009, R 739). Eine teilweise Ablehnung ist erst gegeben, wenn das FA von seinem vorbehaltenen Widerrufsrecht Gebrauch macht (BFH v. 12.05.2000, VI B 266/98, BStBl II 2000, 536).

13 Von der Zugangsvoraussetzung des § 69 Abs. 4 Satz 1 FGO (s. Rz. 11) lässt § 69 Abs. 4 Satz 2 FGO zwei abschließende **Ausnahmen** zu: Nach § 69 Abs. 4 Satz 2 Nr. 1 FGO ist der Antrag an das Gericht dann zulässig, wenn die Behörde über den bei ihr gestellten Antrag **ohne Mitteilung eines zureichenden Grundes in angemessener Frist sachlich nicht entschieden** hat. Welche Frist angemessen ist, ist Frage des Einzelfalles. Eine entsprechende Anwendung der Sechsmonatsfrist des § 46 Abs. 1 Satz 2 FGO kommt nicht in Betracht. Dabei sind einerseits der Umfang der notwendigen Ermittlungen und andererseits die Erfüllung der Mitwirkungspflichten zu berücksichtigen.

14 Nach § 69 Abs. 4 Satz 2 Nr. 2 FGO ist Anrufung des Gerichts ohne vorgängige Ablehnung eines Antrags durch die Behörde zulässig, wenn **Vollstreckung droht**. Vollstreckung droht, wenn die Finanzbehörde konkrete Vorbereitungshandlungen für die Durchführung der Vollstreckung getroffen hat und aus der Sicht eines objektiven Beobachters die Vollstreckung zeitlich so unmittelbar bevorsteht, dass dem Antragsteller nicht zuzumuten ist, zunächst bei der Finanzbehörde Aussetzung der Vollziehung zu beantragen (BFH v. 05.06.1985, II S 3/85, BStBl II 1985, 469). Er ist in diesem Fall aber nicht gehindert, gleichwohl – auch neben dem gerichtlichen Antrag – einen AdV-Antrag bei der Behörde zu stellen (BFH v. 19.03.2014, III S 22/13, BFH/NV 2014, 856). Dies ist nicht schon dann der Fall, wenn ein angefochtener Steuerbescheid eine Zahlungsaufforderung hinsichtlich der noch nicht getilgten Steuerschuld enthält (BFH v. 06.03.2013, X S 28/12, BFH/NV 2013, 959). Hat die Vollstreckung bereits begonnen, ist die Zugangsvoraussetzung erst recht erfüllt (BFH v. 15.02.2002, XI S 32/01, BFH/NV 2002, 940; BFH v. 24.10.2006, X B 91/06, BFH/NV 2007, 460). Zu beachten ist, dass im letztgenannten Fall mit Rücksicht auf § 257 Abs. 2 Satz 2 AO der Antrag ggf. auf Aufhebung bereits getroffener Vollstreckungsmaßnahmen erweitert werden muss, da die AdV lediglich für die Zukunft wirkt (auch s. Rz. 22).

## IV. Verfahren

### 1. Entscheidungsmaßstab und gerichtliches Ermessen

15 Die Gründe, die das Gericht zur Aussetzung der Vollziehung berechtigen, entsprechen denen des § 69 Abs. 2 Satz 2 FGO. **Ernstliche Zweifel** an der Rechtmäßigkeit eines Verwaltungsakts können in tatsächlicher oder rechtlicher Hinsicht bestehen. Ernstliche Zweifel i. S. von § 69 Abs. 2 Satz 2 FGO liegen demnach vor, wenn bei summarischer Prüfung des angefochtenen Bescheides neben für seine Rechtmäßigkeit sprechenden Umständen gewichtige Gründe zutage treten, die Unentschiedenheit oder Unsicherheit in der Beurteilung von Rechtsfragen oder Unklarheit in der Beurteilung entscheidungserheblicher Tatfragen bewirken (st. Rspr., z. B. BFH v. 02.01.2014, XI B 48/13, BFH/NV 2014, 733; im Einzelnen s. § 361 AO Rz. 29 ff.). Eine überwiegende Erfolgsaussicht der Klage oder des Rechtsmittels ist dabei nicht erforderlich (z. B. BFH v. 26.05.2010, V B 80/09, BFH/NV 2010, 2079). Bei der Entscheidung des BFH über einen Vollziehungsaussetzungsantrag kommt es auf den möglichen Erfolg der Revision unter Berücksichtigung des grundsätzlich auf Rechtsfragen beschränkten Überprüfungsrechts des BFH an (BFH v. 13.06.2007, X S 11/06, juris; BFH v. 22.04.2008, I S 3/08, juris; § 118 Abs. 2 FGO). Ernstliche Zweifel bestehen in diesem Fall dann, wenn ernstlich mit der Zulassung der Revision und der Aufhebung des Bescheids zu rechnen ist (BFH v. 25.10.2012, X S 29/12, BFH/NV 2013, 230). Jedoch ergeben sich aus der bloßen Zulassung der Revision durch das FG noch keine ernstlichen Zweifel an der Rechtmäßigkeit des angefochtenen Steuerbescheides (BFH v. 24.05.2016, V B 123/15, BFH/NV 2016, 1253).

15a Aus den ernstlichen **verfassungsrechtlichen Bedenken** gegen eine entscheidungserhebliche Rechtsnorm folgen auch ernstliche Zweifel an der Rechtmäßigkeit der angefochtenen Steuerbescheide, die auf dieser Norm beruhen (zuletzt z. B. BFH v. 21.07.2016, V B 37/16, BStBl II 2017, 28 mit zahlreichen Nachweisen). Wegen des grundsätzlichen Geltungsanspruchs jedes formell verfassungsgemäß zustande gekommenen Gesetzes hält der BFH in st. Rspr. in Fällen, in denen die ernstlichen Zweifel an der Rechtmäßigkeit des Verwaltungsaktes auf Bedenken gegen die Verfassungsmäßigkeit einer dem Verwaltungsakt zugrunde liegenden Gesetzesvorschrift beruhen, bei ernstlichen Zweifeln an der Verfassungsmäßigkeit einer Rechtsnorm ein **berechtigtes Interesse des Antragstellers** an der Gewährung vorläufigen Rechtsschutzes für erforderlich. Geboten ist danach eine **Interessenabwägung zwischen der einer AdV entgegenstehenden konkreten**

Gefährdung der öffentlichen Haushaltsführung und den für eine AdV sprechenden individuellen Interessen des Steuerpflichtigen (z.B. BFH v. 21.07.2016, V B 37/16, BStBl II 2017, 28 m.w.N.; *Stapperfend* in Gräber, § 69 FGO Rz. 186 ff.). Diese Rspr. wird vom BVerfG gebilligt (z.B. BVerfG v. 03.04.1992, 2 BvR 283/92, HFR 1992, 726; krit. *Seer*, StuW 2001, 3, 17 f.; *Seer* in Tipke/Kruse, § 69 FGO Rz. 97; *Drüen*, FR 1999, 289; a.A. *Klaus J. Wagner*, Kruse-FS, 735, 751 ff.; *Gosch* in Gosch, § 69 FGO Rz. 132, 180, m.w.N.; *Birkenfeld* in HHSp, § 69 FGO Rz. 335). Überwiegende **öffentliche Belange**, die es rechtfertigen könnten, den Rechtsschutzanspruch des Antragstellers zurückzustellen, bestehen insbes. im öffentlichen Interesse an einer geordneten und verlässlichen Haushaltswirtschaft (BFH v. 31.01.2007, VIII B 219/06, BFH/NV 2007, 914; BFH v. 23.08.2007, VI B 42/07, BStBl II 2007, 799). Bislang hat der BFH zudem die Gewährung der AdV davon abhängig gemacht, ob das BVerfG in einem Normenkontrollverfahren nach Art. 100 Abs. 1 GG die entscheidungserhebliche Norm voraussichtlich (rückwirkend) für nichtig erklären werde (§ 82 Abs. 1 BVerfGG i.V.m. § 78 BVerfGG). Dem lag die Erwägung zugrunde, im AdV-Verfahren könne keine weitergehende Entscheidung getroffen werden, als vom BVerfG zu erwarten sei (z.B. BFH v. 05.04.2011, II B 153/10, BStBl II 2011, 942). Diese Rspr. wurde aufgegeben (BFH v. 21.11.2013, II B 46/13, BStBl II 2014, 263; BFH v. 18.12.2013, I B 85/13, BFH/NV 2014, 970). Jedenfalls führt allein die Anrufung des BVerfG durch ein FG im Wege der konkreten Normenkontrolle (Art. 100 Abs. 1 GG) nicht dazu, dass im AdV-Verfahren von ernstlichen Zweifeln an der Rechtmäßigkeit eines auf die vorgelegte Norm gestützten Verwaltungsakts auszugehen ist (BFH v. 15.06.2016, II B 91/15, BStBl II 2016, 846).

**15b** Ernstliche Zweifel an der Rechtmäßigkeit können auch durch Zweifel an der Auslegung einer entscheidungserheblichen Norm des **Europarechts** i.S. von Art. 267 AEUV begründet werden (BFH v. 25.09.2008, XI S 4/08, BFH/NV 2009, 232), und zwar dann, wenn die Möglichkeit besteht, dass der EuGH die ihm vorgelegte Rechtsfrage, auf die es im Streitfall ankommt, anders als der BFH beantwortet (BFH v. 14.02.2006, VIII B 107/04, BStBl II 2006, 523; BFH v. 19.12.2012, V S 30/12, BFH/NV 2013, 779). Das Erfordernis eines besonderen Aussetzungsinteresses wie bei verfassungsrechtlichen Zweifeln (s. Rz. 15a) wird nicht für erforderlich gehalten (z.B. BFH v. 31.03.2016, XI B 13/16, BFH/NV 2016, 1187; *Seer* in Tipke/Kruse, § 69 FGO Rz. 98).

**15c** Eine Aussetzung kommt auch wegen unbilliger Härte. Eine **unbillige Härte**, nicht durch überwiegende öffentliche Interessen gebotene Härte liegt vor, wenn dem Steuerpflichtigen durch die Vollziehung des angefochtenen Verwaltungsakts wirtschaftliche Nachteile drohen, die nicht oder nur schwer wieder gutzumachen sind, oder wenn die Vollziehung zu einer Gefährdung seiner wirtschaftlichen Existenz führen würde (z.B. BFH v. 08.01.2007, XI S 2/06, BFH/NV 2007, 868 m.w.N.). Die Unbilligkeit muss sich dabei gerade aus der Vollziehbarkeit vor Unanfechtbarkeit des angefochtenen Verwaltungsakts ergeben (BFH v. 29.10.2008, I B 160/08, BFH/NV 2009, 377). Nach der Rspr. des BFH sind jedoch auch im Fall der AdV wegen unbilliger Härte die **Erfolgsaussichten** des Rechtsbehelfs **in der Hauptsache** zu berücksichtigen (z.B. BFH v. 30.03.2001, V S 2/01, juris). Hat der Rechtsbehelf in der Hauptsache keine Aussicht auf Erfolg, weil Rechtmäßigkeitszweifel fast ausgeschlossen sind, kommt eine AdV auch nicht wegen unbilliger Härte in Betracht (z.B. BFH v. 27.02.2009, VII B 186/08, BFH/NV 2009, 942; BFH v. 26.10.2011, I S 7/11, BFH/NV 2012, 583). M.E. ist jedoch eine Vollziehung des angefochtenen Verwaltungsakts auch dann unbillig, wenn z.B. aufrechenbare Gegenansprüche des Antragstellers nicht ausgeschlossen werden können, die Finanzbehörde deren Überprüfung aber verzögert, und zwar unabhängig von den Erfolgsaussichten des Rechtsbehelfs in der Hauptsache.

Das gerichtliche Aussetzungsverfahren ist eine **summarisches Verfahren**. Die Entscheidung über die AdV ergeht daher aufgrund des Sachverhalts, der sich aus dem Vortrag der Beteiligten und der Aktenlage ergibt (st. Rspr, z.B. BFH v. 19.03.2014, V B 14/14, BFH/NV 2014, 999). Das bedeutet, dass das Gericht sich hinsichtlich der **entscheidungserheblichen Tatsachen** (des »Prozessstoffs«) auf die vorliegenden Unterlagen, insbes. die Akten des Antragsgegners sowie die präsenten Beweismittel beschränken darf (*Stapperfend* in Gräber, § 69 FGO Rz. 195). Der Antragsteller hat die entscheidungserheblichen Tatsachen entsprechend dem Umfang seiner **Mitwirkungspflicht** (dazu s. § 76 FGO Rz. 6 ff.) darzulegen und ggf. glaubhaft zu machen (§ 155 Satz 1 FGO i.V.m. § 294 ZPO). Die Regeln der **objektiven Feststellungslast** sind dabei auch im Aussetzungsverfahren zu beachten (z.B. BFH v. 15.01.1998, IX B 25/97, BFH/NV 1998, 997). Weitergehende Sachverhaltsermittlungen braucht das FG nicht anzustellen (z.B. BFH v. 22.03.1988, VII R 39/84, BFH/NV 1990, 133). Die summarische, also eine nur oberflächliche Prüfung betrifft entgegen einem gelegentlich anzutreffenden Irrtum **nicht die Rechtslage**. Diese muss eindeutig festgestellt werden (z.B. BFH v. 23.07.1968, II B 17/68 BStBl II 1968, 589; *Stapperfend* in Gräber, § 69 FGO Rz. 198), d.h. das FG muss klar erkennen lassen, welche Normen es anwendet. Dies schließt aber nicht aus, dass das FG die Aussetzung gewährt, weil es in der Beurteilung der Rechtsfragen ernstliche Zweifel hat, weil z.B. die höchstrichterliche Rspr. uneinheitlich ist (s. § 361 AO Rz. 34). § 96 Abs. 1 Satz 2 FGO, wonach das Gericht über das (Klage-)Begehren nicht hinausgehen darf, gilt auch im AdV-Verfahren (BFH v. 28.11.2006, X S 2/06, BFH/NV 2007, 484); s. allg. § 96 FGO Rz. 14). Es ist aber nicht erforderlich, dass die 16 für die Rechtswidrigkeit sprechenden Gründe i.S. einer Erfolgswahrscheinlichkeit überwiegen (st. Rspr., z.B. BFH v. 19.03.2014, V B 14/14, BFH/NV 2014, 999).

17 Das Gericht trifft eine **Ermessensentscheidung**, wobei der Ermessensspielraum dadurch reduziert ist, dass Vollziehungsaussetzung erfolgen soll, wenn die in § 69 Abs. 2 Satz 2 FGO genannten Voraussetzungen vorliegen (§ 69 Abs. 3 Satz 1 2. HS FGO; auch s. § 361 AO Rz. 29). Auch für das gerichtliche Verfahren gilt der Prüfungsmaßstab des Art. 244 ZK (s. § 361 AO Rz. 73).

### 2. Entsprechende Anwendung des § 68 FGO

18 § 68 FGO ist auch im Verfahren über die Aussetzung der Vollziehung (entsprechend) anzuwenden (BFH v. 17.03.2009, X S 11/09, juris; s. § 68 FGO Rz. 3). Der neue Verwaltungsakt wird daher automatisch zum Gegenstand des gerichtlichen Aussetzungsverfahrens. Ergeht der ändernde oder ersetzende Verwaltungsakt nach Entscheidung über den Antrag auf Aussetzung der Vollziehung, so ist hinsichtlich eines etwa erweiterten Anfechtungsbegehrens ein neuer Antrag unter Berücksichtigung von § 69 Abs. 4 FGO zu stellen.

### 3. Keine Beiladung

19 Im Verfahren der AdV ist (ebenso wie im Verfahren nach § 114 FGO) die Beiladung Dritter gem. § 60 FGO entbehrlich (BFH v. 22.10.1980, I S 1/80, BStBl II 1981, 99). Dies gilt auch für den Fall der notwendigen Beiladung nach § 60 Abs. 3 FGO (BFH v. 22.10.1980, I S 1/80, BStBl II 1981, 99; BFH v. 18.05.1994, I B 169/93, juris.

## V. Form, Inhalt und Wirkung der Entscheidung

### 1. Entscheidung durch Beschluss

20 Die Entscheidung ergeht durch **Beschluss**, den das Gericht **begründen** muss (§ 113 Abs. 2 Satz 2 FGO). Für die Entscheidung des Gerichts gelten § 69 Absatz 2 Satz 2 bis 6 FGO und § 100 Abs. 2 Satz 2 FGO entsprechend (§ 69 Abs. 3 Satz 1 2. HS FGO). Die entsprechende Geltung des § 100 Abs. 2 Satz 2 FGO bedeutet, dass das Gericht unter den dort bestimmten Voraussetzungen den Betrag, hinsichtlich dessen es Aussetzung bzw. Aufhebung der Vollziehung aussprechen will, durch Angabe der vorläufig zu berücksichtigenden bzw. nicht zu berücksichtigenden Umstände tatsächlicher und rechtlicher Art so bestimmt, dass die Behörde ihn aufgrund der Entscheidung errechnen kann (im Einzelnen s. § 100 FGO Rz. 12 ff.).

### 2. Inhalt der Entscheidung

#### a) Aussetzung der Vollziehung

Ist die Vollziehung ausgesetzt, so bleibt der angefochtene Verwaltungsakt zwar wirksam i.S. von § 124 Abs. 1 AO, jedoch darf der Antragsgegner keine rechtlichen Folgen daraus ziehen. Insbesondere darf er keine Zwangsvollstreckungsmaßnahmen ergreifen, und **auch die Aufrechnung ist ausgeschlossen** (hierzu und wegen der weiteren Wirkungen s. § 361 AO Rz. 45 ff.). 2

#### b) Aufhebung der Vollziehung

Der Antragsteller kann die Aufhebung der Vollziehung des angefochtenen Verwaltungsaktes beantragen, wenn dieser bereits vollzogen wurde. Sie ist unter den gleichen Voraussetzungen zu gewähren wie die Aussetzung der Vollziehung (BFH v. 10.05.1968, III B 55/67, BStBl II 1968, 610), wirkt jedoch – anders als die AdV (s. Rz. 14) – ex tunc, sodass bereits getroffene Vollziehungsmaßnahmen, insbes. Zwangsvollstreckungsmaßnahmen, wieder rückgängig zu machen sind. Zum Begriff der Vollziehung s. § 361 AO Rz. 7 f.). Eine Aufhebung der Vollziehung wegen verfassungsrechtlicher Bedenken kommt erst dann in Betracht, wenn das Gericht das BVerfG in dieser Sache gem. Art. 100 Abs. 1 GG anruft (dazu s. Vor FGO Rz. 62 ff.; BFH v. 26.01.2010, VI B 115/09, BFH/NV 2010, 935). Wird die Vollziehung eines Jahres-USt-Bescheids oder ein ESt-Bescheids aufgehoben, so wären an sich die geleisteten Vorauszahlungen zu erstatten. Dem steht jedoch § 69 Abs. 2 Satz 8 FGO, der auch für das gerichtliche Aussetzungsverfahren gilt (§ 69 Abs. 3 Satz 1 FGO) entgegen (zur inhaltlich entsprechenden Vorschrift des § 361 Abs. 2 Satz 4 AO s. § 361 AO Rz. 47 f.). In Erstattungsfällen kommt daher eine Aufhebung der Vollziehung (und auch eine Aussetzung der Vollziehung) nicht in Betracht (s. Rz. 22a). 22

### 3. Beschränkung der AdV auf den Unterschiedsbetrag (§ 69 Abs. 2 Satz 8 FGO)

Nach § 69 Abs. 2 Satz 8 FGO ist die AdV/Aufhebung der Vollziehung bzgl. **Steuerbescheiden** grds. beschränkt auf den Unterschiedsbetrag, der sich aus festgesetzter Steuer und den anzurechnenden Steuerabzugsbeträgen, die anzurechnende KSt und die festgesetzten Vorauszahlungen ergibt. Mit der Vorschrift werden rein fiskalische Zwecke verfolgt, indem in **Erstattungsfällen** eine Aussetzung oder eine Aufhebung der Vollziehung **grds. ausgeschlossen** wird, um Steuerausfälle durch vorläufige Steuererstattungen zu vermeiden (krit. *Stapperfend* in Gräber, § 69 FGO Rz. 257 ff.; *Seer* in Tipke/Kruse, § 69 FGO Rz. 181 ff.; a.A. *Gosch* in Gosch, § 69 FGO Rz. 197 ff.; zum Ganzen eingehend *Birkenfeld* in HHSp, § 69 FGO Rz. 541 ff.). Dies gilt 22a gem. § 69 Abs. 3 Satz 4 FGO auch für das gerichtliche AdV-Verfahren.

**22b** Eine **Ausnahme** von diesem Grundsatz (Rz. 22a) besteht in den Fällen, in denen die AdV/Aufhebung der Vollziehung zur **Abwendung wesentlicher Nachteile** nötig erscheint (§ 69 Abs. 2 Satz 8 Halbsatz 2 FGO). Wesentliche Nachteile in diesem Sinn liegen nach der Rechtsprechung des BFH vor, wenn durch die Vollziehung der angefochtenen Steuerbescheide die wirtschaftliche oder persönliche Existenz des Steuerpflichtigen unmittelbar und ausschließlich bedroht sein würde (z. B. BFH v. 22.12.2003, IX B 177/02, BStBl II 2004, 367 m. w. N.). Darüber hinaus gewährleistet § 69 Abs. 2 Satz 8 FGO aufgrund des Gebots eines effektiven Rechtsschutzes, dass wegen wesentlicher Nachteile zugunsten des Bürgers von den allgemeinen Grundsätzen abgewichen werden kann, wenn ein **unabweisbares Interesse** dies gebietet (BVerfG v. 07.12.1997, 2 BvF 1, 2, 4, 5/77, BVerfGE 46, 337, 340), um eine erhebliche, über Randbereiche hinausgehende Verletzung von Grundrechten zu vermeiden, die durch eine Entscheidung in der Hauptsache nicht mehr beseitigt werden kann (vgl. BVerfG v. 15.08.2002, 1 BvR 179/00, NJW 2002, 3691; BVerfG v. 16.05.1995, 1 BvR 1087/91, BVerfGE 93, 1, 14; BVerfG v. 25.10.1988, 2 BvR 745/88, BVerfGE 79, 69, 74 f.; BFH v. 22.12.2003, IX B 177/02, BStBl II 2004, 367).

### 4. Sicherheitsleistung

**23** AdV und deren Aufhebung können von **Sicherheitsleistung** abhängig gemacht werden (§ 69 Abs. 3 Satz 1 2. HS i. V. m. Abs. 2 Satz 3, Abs. 3 Satz 3 FGO). Dies gilt auch dann, wenn die Gewährung der AdV wegen ernstlicher Zweifel an der Rechtmäßigkeit des angefochtenen Verwaltungsakts erfolgt, ohne dass ein für den Antragsteller günstiger Prozessausgang weder mit Gewissheit noch mit großer Wahrscheinlichkeit zu erwarten ist. Vom Erfordernis einer Sicherheitsleistung ist allerdings abzusehen, wenn die Anordnung der Sicherheitsleistung mit Rücksicht auf die wirtschaftlichen Verhältnisse des Stpfl. zu einer unbilligen Härte führen würde, da er im Rahmen zumutbarer Anstrengungen nicht in der Lage ist, Sicherheit zu leisten. Dies ist vom Antragsteller glaubhaft zu machen (BFH v. 25.11.2014, V B 62/14, BFH/NV 2015, 342). Die Erbringung der Sicherheitsleistung ist eine aufschiebende Bedingung für die AdV (s. § 361 AO Rz. 55 ff.). Wegen der Leistung einer Sicherheit, von der die Aussetzung/Aufhebung der Vollziehung abhängig gemacht werden kann (s. § 361 AO Rz. 55 ff.; zur Berechnung auch BFH v. 03.02.1993, I B 90/92, BStBl II 1993, 426). Dabei gelten bei der AdV durch die Finanzbehörde die §§ 241 ff. AO. Für die durch das Gericht angeordnete Sicherheitsleistung gilt demgegenüber § 155 Satz 1 FGO i. V. m. §§ 108 ff. ZPO (FG RP v. 02.01.1985, 6 V 45/84, EFG 1985, 187; *Stapperfend* in Gräber, § 69 FGO Rz. 233). Beantragt der Antragsteller AdV ohne Sicherheitsleistung und gewährt das beklagte FA nach Rechtshängigkeit AdV gegen Sicherheitsleistung bzw. das FG AdV gegen Sicherheitsleistung, so liegt darin kein kostenrechtlich relevantes Teilunterliegen (z. B. BFH v. 06.04.2009, IX B 204/08, BFH/NV 2009, 1262; *Stapperfend* in Gräber, § 69 FGO Rz. 239).

### 5. Wirkung der Entscheidung

Die AdV verbietet mit Wirkung für die Zukunft jegliches **24**
Gebrauchmachen vom materiellen Inhalt des angefochtenen Verwaltungsaktes (grundlegend BFH v. 03.07.1995, GrS 3/93, BStBl II 1995, 730; s. § 361 AO Rz. 7). Die **Aufhebung** der Vollziehung wirkt auf Vergangenheit zurück, und zwar auch mit Rücksicht auf verwirkte Säumniszuschläge, die zwar kraft Gesetzes entstehen, jedoch als Folge der Vollziehbarkeit eines Steuerbescheids (BFH v. 10.12.1986, BStBl II 1987, 389; BFH v. 20.05.2010, V R 42/08, BStBl II 2010, 955; auch s. § 361 AO Rz. 46). Im Übrigen ist zu beachten, dass § 69 Abs. 3 FGO lediglich die verfahrensrechtlichen Formen bestimmt, während die materiellen Voraussetzungen für den einstweiligen Rechtsschutz im § 69 Abs. 2 FGO geregelt sind. Die Berechtigung des Gerichts, die Aufhebung der Vollziehung bei Vorliegen der materiellen Voraussetzungen anzuordnen, ist nach § 69 Abs. 3 Satz 3 FGO nur davon abhängig, dass der Verwaltungsakt im Zeitpunkt der Entscheidung schon vollzogen ist. Da dem Rechtsschutzsuchenden kein Nachteil aus der zeitlich verspäteten Entscheidung des Gerichts über seinen Vollziehungsaussetzungsantrag erwachsen soll, wird normalerweise über Aussetzung und Aufhebung der Vollziehung in einem einheitlichen Verfahren entschieden. Deshalb kann auch im Beschwerdeverfahren gegen einen Beschluss, mit dem das FG die begehrte Vollziehungsaussetzung abgelehnt hat, nach Ablauf der Beschwerdefrist anstelle des Aussetzungsantrags Aufhebung der Vollziehung beantragt werden (BFH v. 23.02.1989, V B 60/88, BStBl II 1989, 396; BFH v. 17.12.1996, VIII B 71/96, BStBl II 1997, 290). Die Wirkung der gerichtlichen Aussetzung ist auf die Zeit der Rechtshängigkeit der Hauptsache bei dem die Aussetzung anordnenden Gericht zu beschränken. Diese Beschränkung ist zu unterstellen, wenn das Gericht über die zeitliche Geltung des Aussetzungsbeschlusses schweigt (BFH v. 03.01.1978, VII S 13/77, BStBl II 1978, 157). Eine Erstreckung über die Instanz hinaus ist nicht zulässig, weil sie den Zuständigkeitsbereich des Gerichts überschreiten würde. Mit dem Urteil in der Hauptsache ist die Entscheidung über die AdV überholt (BFH v. 20.10.2010, II B 23/10, BFH/NV 2011, 63).

vorläufig frei **25**

## E. Anfechtbarkeit und Abänderbarkeit der gerichtlichen Entscheidung

### I. Anfechtbarkeit

26 Der Beschluss des FG ist gem. § 128 Abs. 3 Satz 1 FGO nur anfechtbar, wenn das FG die **Beschwerde** im Beschluss **ausdrücklich zulässt** (z. B. BFH v. 18.02.2014, XI B 140/13, BFH/NV 2014, 879; BFH v. 27.01.2016, IX B 6/16, BFH/NV 2016, 585). Dies gilt für die Aussetzung und die Aufhebung der Vollziehung gleichermaßen (BFH v. 02.07.1999, X B 15/99, BFH/NV 1999, 1622). Dazu bedarf es keiner bestimmten Form, die Zulassung muss aber ausdrücklich erfolgen (BFH v. 16.12.2010, V B 83/10, BFH/NV 2011, 621). Die Beschwerde kann nur durch das FG zugelassen werden, auch wenn ein Verfahrensfehler gerügt werden soll. Auch bei der Rüge eines Verfahrensfehlers kann nur das FG, nicht aber der BFH, die Beschwerde gegen einen AdV-Beschluss zulassen (BFH v. 19.02.2016, IX B 26/16, BFH/NV 2016, 775; s. Rz. 26a). Wird die Beschwerde nicht zugelassen, ergeht der Beschluss endgültig und unanfechtbar. Eine Änderung des Beschlusses kommt dann nur noch nach § 69 Abs. 6 FGO in Betracht (s. Rz. 28 ff.). Für die Zulassung gilt § 115 Abs. 2 FGO entsprechend. Die Zulassung der Beschwerde erfolgt daher unter denselben Voraussetzungen wie die Zulassung der Revision (s. § 115 FGO Rz. 9 ff.). Die Beschwerde kann im Verfahren nach § 69 Abs. 6 FGO auch nachträglich zugelassen werden (BFH v. 20.05.1998, III B 9/98, BStBl II 1998, 721; BFH v. 06.11.2006, VII B 282/06, BFH/NV 2007, 264; BFH v. 13.02.2008, II B 59/07, BFH/NV 2008, 1121; 06.05.2008, IV B 151/07, BFH/NV 2008, 1452). Im Beschwerdeverfahren kann der Beschwerdeführer zwar auch neue Tatsachen vortragen, jedoch begründet dies eine unzulässige Änderung bzw. Erweiterung seines AdV-Antrags, wenn es dadurch zu einer wesentlichen Veränderung des Streitgegenstands kommt (BFH v. 11.01.2018, VIII B 67/17, BFH/NV 2018, 553).

26a Ein anderes Rechtsmittel als die zulassungsabhängige Beschwerde ist gegen Beschluss über die Aussetzung (oder deren Ablehnung) nicht gegeben; es gibt also **keine NZB** (BFH v. 29.01.2007, VIII S 31/06, BFH/NV 2007, 952; BFH v. 02.04.2007, VIII B 17/07, BFH/NV 2007, 1516; BFH v. 18.02.2014, XI B 140/13, BFH/NV 2014, 879). § 133 a FGO findet auf AdV-Beschlüsse im Hinblick auf § 69 Abs. 6 Satz 2 FGO keine Anwendung (FG Sa v. 24.04.2006, 2 S 46/06, n. v.; vgl. auch BFH v. 18.02.2014, XI B 140/13, BFH/NV 2014, 879). Eine außerordentliche Beschwerde ist generell unstatthaft (BFH v. 27.05.2008, X B 93/08, juris; BFH v. v. 18.02.2014, XI B 140/13, BFH/NV 2014, 879).

27 Legt der Antragsteller die zugelassene Beschwerde gegen die Ablehnung der AdV beim BFH ein, wird sie nicht dadurch gegenstandslos, dass auch die Hauptsache beim BFH anhängig ist. Die Beschwerde gegen die Versagung der AdV kann auch noch nach Einlegung der Revision erhoben werden (BFH v. 06.08.1970, IV B 13/69, BStBl II 1970, 786). Der BFH ist insoweit ausnahmsweise Tatsacheninstanz (BFH v. 30.09.2008, XI B 74/08, BFH/NV 2008, 1517). Die Beschwerde ist unbegründet, wenn der Beschwerdeführer nach ihrer Einlegung die Revision gegen das Hauptsacheurteil zurücknimmt (BFH v. 29.03.1974, III B 43/73, BStBl II 1974, 463). Dasselbe gilt, wenn er nach Einlegung der Beschwerde die Klage zurücknimmt. Hat das FG die AdV abgelehnt, so ist es nicht rechtsmissbräuchlich, wenn der Antragsteller von der Anfechtung dieses Beschlusses absieht und nach Einlegung der Revision gegen das am gleichen Tag ergangene Urteil des FG in der Hauptsache unmittelbar beim BFH einen Aussetzungsantrag stellt (BFH v. 31.10.1973, II S 9/73, BStBl II 1974, 59). Ist die Beschwerde begründet, kann der BFH das AdV-Verfahren nach seinem Ermessen entweder selbst entscheiden oder an das FG zurückverweisen (BFH v. 26.01.2006, VI B 89/05, BFH/NV 2006, 964; BFH v. 22.02.2007, IX B 221/06, BFH/NV 2007, 1714; BFH v. 14.07.2008, VIII B 176/07, BStBl II 2009, 117; BFH v. 19.05.2010, I B 191/09, BStBl II 2011, 156).

### II. Abänderbarkeit (§ 69 Abs. 6 FGO)

§ 69 Abs. 6 FGO lässt die Änderung von Beschlüssen im Aussetzungsverfahren zu, auch wenn sie unanfechtbar geworden sind. Das Gesetz unterscheidet zwischen Änderungen von Amts wegen (s. Rz. 28) und auf Antrag eines Beteiligten (s. Rz. 29). Damit soll verhindert werden, dass sich das Gericht wiederholt mit demselben Aussetzungsbegehren befassen muss (BFH v. 17.03.2009, X S 11/09, juris). 28

#### 1. Änderung von Amts wegen (§ 69 Abs. 6 Satz 1 FGO)

Nach § 69 Abs. 6 Satz 1 FGO kann der Beschluss vom Gericht, das den Beschluss erlassen hat (Senat oder Einzelrichter, s. Rz. 6) jederzeit von Amts wegen, also ohne Antrag eines Beteiligten, geändert oder aufgehoben werden. Das gilt sowohl für Beschlüsse über die Aussetzung und über die Aufhebung der Vollziehung gleichermaßen. Anders als es der Wortlaut der Vorschrift nahelegt, darf das Gericht den Beschluss nur aufheben oder ändern, wenn entweder **neue Umstände tatsächlicher Art** eingetreten bzw. bekannt geworden sind oder dass sich die **rechtliche Beurteilung inzwischen signifikant geändert** hat. Dies kann durch Einführung neuer Tatsachen oder Beweismittel in der Hauptsache geschehen (BFH v. 18.09.1996, I B 39/96, BFH/NV 1997, 247), durch eine Gesetzesänderung (FG He v. 11.10.1990, 10 V 3789/88, EFG 1991, 141), durch eine klärende höchstrich- 29 terliche Rspr. (BFH v. 21.10.2013, V B 68/13, BFH/NV 2014, 173), durch einen die entscheidungserhebliche Rechtsfrage betreffenden Vorlagebeschluss an das BVerfG nach Art. 100 Abs. 1 GG (BFH v. 21.10.2013, V B 68/13, BFH/NV 2014, 173; *Seer* in Tipke/Kruse, § 69 FGO Rz. 166) oder gar durch eine Entscheidung des BVerfG (*Birkenfeld* in HHSp, § 69 FGO Rz. 1219; *Gosch* in Gosch, § 69 FGO Rz. 330 f.). Keine veränderten Umstände, die eine erneute Entscheidung rechtfertigen, liegen vor, wenn das FG die Klage abweist und dabei lediglich die Revision zum BFH wegen grundsätzlicher Bedeutung der Rechtssache gem. § 115 Abs. 1 und Abs. 2 Nr. 1 FGO zulässt (BFH v. 21.10.2013, V B 68/13, BFH/NV 2014, 173).

### 2. Änderung auf Antrag eines Beteiligten (§ 69 Abs. 6 Satz 2 FGO)

30 Da die Entscheidung des Gerichts über einen Antrag nach § 69 Abs. 3 FGO nicht in materieller Rechtskraft erwächst, steht es dem Antragsteller frei, jederzeit einen neuen Antrag zu stellen (BFH v. 21.10.2013, V B 68/13, BFH/NV 2014, 173). Nach § 69 Abs. 6 Satz 2 FGO können die Beteiligten die Änderung oder Aufhebung der Entscheidung über die Vollziehungsaussetzung bzw. -aufhebung aber nur wegen veränderter Umstände oder wegen im ursprünglichen Verfahren **ohne Verschulden** nicht geltend gemachter Umstände beantragen. Die Geltendmachung veränderter Umstände ist Zulässigkeitsvoraussetzung für den Antrag nach § 69 Abs. 6 Satz 2 FGO (BFH v. 14.03.2007, IV B 4/04 [PKH], IV S 3/07 [PKH], juris). Veränderte Umstände liegen auch dann vor, wenn die maßgebliche Rechtsfrage inzwischen höchstrichterlich geklärt ist (BFH v. 15.02.1991, IX S 6/90, BFH/NV 1991, 535) oder inzwischen eine Gesetzesänderung eingetreten ist (auch s. Rz. 29). Ohne Verschulden nicht geltend gemachte Umstände sind gegeben, wenn Beweismittel nachträglich bekannt bzw. erreichbar geworden (BFH v. 24.03.1987, I B 156/86, BFH/NV 1988, 208 BFH v. 25.10.1994, VIII B 101/94, BFH/NV 1995, 611) oder Tatsachen nachträglich bekannt geworden sind. Hierbei schadet bereits (einfache) **Fahrlässigkeit**. Für die Entscheidung über einen Antrag (oder eine Anregung) ist stets das Gericht der Hauptsache zuständig. Das ist das FG während der Anhängigkeit des Klageverfahrens auch dann, wenn auf Beschwerde gegen den ursprünglichen Beschluss des FG der BFH im Beschwerdeverfahren abweichend vom FG entschieden hat (BFH v. 25.03.1993, I S 5/93, BStBl II 1993, 515). Ist nach dem AdV-Beschluss des FG der BFH in der Hauptsache zuständig geworden, so ist der Änderungsantrag beim BFH zu stellen (BFH v. 21.02.2007, XI S 1/07, BFH/NV 2007, 1116; vgl. auch BFH v. 15.09.2010, I B 27/10, BStBl II 2010, 935). Dabei ist zu beachten, dass für den Folgeantrag vor dem BFH die Voraussetzungen des § 69 Abs. 6 Satz 2 FGO einzuhalten sind (BFH v. 08.05.2008, IX S 30/07, BFH/NV 2008, 1499; BFH v. 13.05.2008, VI S 7/08, BFH/NV 2008, 1352; BFH v. 08.03.2013, III S 2/12, BFH/NV 2013, 960 m. Anm. *Bartone*, jurisPR-SteuerR 20/2013; BFH v. 21.10.2013, V B 68/13, BFH/NV 2014, 173; BFH v. 13.05.2015, X S 9/15, BFH/NV 2015, 1099).

## F. Vorläufiger Rechtsschutz gegen die Gewerbeuntersagung oder Berufsausübung (§ 69 Abs. 5 FGO)

§ 69 Abs. 5 FGO wiederholt inhaltlich § 361 Abs. 4 Sätze 1 31
und 2 AO (s. § 361 AO Rz. 63 f.). § 69 Abs. 5 Satz 1 FGO gilt insbes. für Klagen gegen Bescheide der Steuerberaterkammer über den Widerruf der Bestellung als Steuerberater (§ 164 a Abs. 2 Satz 1 StBerG) und regelt abweichend von § 69 Abs. 1 FGO, dass solche **Klagen aufschiebende Wirkung** haben und demzufolge die Vollziehung eines Widerrufsbescheids hemmen. Die Steuerberaterkammer kann die hemmende Wirkung der Klage durch besondere Anordnung beseitigen, wenn sie es im öffentlichen Interesse für geboten hält. Die Anordnung der sofortigen Vollziehung ist eine Ermessensentscheidung der Behörde, die gerichtlich im Rahmen des § 102 FGO überprüfbar ist (BFH v. 09.04.2002, VII B 287/01, BFH/NV 2002, 955). Für den Fall, dass die Behörde von der ihr dort eingeräumten Befugnis, die hemmende Wirkung des Rechtsbehelfs ganz oder zum Teil zu beseitigen, Gebrauch gemacht hat, wird in § 69 Abs. 5 Satz 3 FGO das Gericht der Hauptsache (s. Rz. 6) ermächtigt, auf Antrag des Betroffenen die hemmende Wirkung wieder herzustellen, wenn ernstliche Zweifel an der Rechtmäßigkeit des Verwaltungsaktes bestehen. Dabei ist auf die Rechtmäßigkeit des die Berufsausübung untersagenden Verwaltungsakts abzustellen. Der Antrag ist, wie sich aus § 361 Abs. 5 AO ergibt, auch schon vor Klageerhebung zulässig, auch wenn das in § 69 Abs. 5 FGO nicht ausdrücklich erwähnt ist. Im Verfahren über die Wiederherstellung der hemmenden Wirkung hat das Gericht **ausschließlich** darauf abzustellen, ob **ernstliche Zweifel i.S. von § 69 Abs. 2 Satz 2 FGO an der Rechtmäßigkeit der angefochtenen Untersagungsverfügung** bestehen. Die Steuerberaterkammer hat die Anordnung der sofortigen Vollziehung unter Abwägung des öffentlichen Interesses an der sofortigen Vollziehung und des Interesses des Antragstellers an der Aufrechterhaltung der hemmenden Wirkung hinreichend zu begründen. In der Regel reicht es nicht aus, dass die Behörde das öffentliche Interesse lediglich mit den Gründen rechtfertigt, die auch für den Widerruf der Bestellung als Steuerberater maßgebend sind (BFH v. 08.08.1989, VII B 69/89, BFH/NV 1990, 275; BFH v. 09.04.2002, VII B 287/01, BFH/NV 2002, 955). Indessen braucht das Gericht nicht zu überprüfen, ob die Verwaltungsbehörde zutreffend ein öffent-

liches Interesse an der Anordnung der sofortigen Vollziehbarkeit bejaht hat (FG Mchn v. 23.12.1981, IV 261/81 – Aus StB –, EFG 1982, 526; FG Nds v. 20.10.1999, VI 623/98 V, EFG 2000, 515). § 69 Abs. 5 FGO enthält keine über den grundsätzlichen Regelungsgehalt der Gesamtvorschrift hinausgehende Spezialregelung für die Entscheidung des Gerichts. Das Gericht hat nicht die Rechtmäßigkeit der durch die Behörde angeordneten Beseitigung der hemmenden Wirkung zu überprüfen. Bis zur Entscheidung über den Antrag nach § 69 Abs. 5 Satz 3 FGO kann die Behörde ihre Anordnung nach § 131 AO zurücknehmen. Hat das Gericht die hemmende Wirkung wiederhergestellt, so kann die Behörde diese auch bei veränderter Sachlage nicht wieder beseitigen; das kann sie nur durch Antrag nach § 69 Abs. 6 Satz 2 FGO erreichen. Hinsichtlich der Entscheidung, deren Abänderbarkeit und Anfechtbarkeit auf die Ausführungen, die gleichermaßen gelten, s. Rz. 26 ff.

## G. Einzelfragen

32 Grundsätzlich ist die Frage der AdV für jeden Verfahrensabschnitt gesondert zu prüfen, jedoch kann in den Fällen der Zurückweisung der Hauptsache zur weiteren Sachaufklärung die Entscheidung des Revisionsgerichts über die **AdV** sich auch auf die Zeit **nach der Zustellung des Revisionsurteils im Hauptsacheverfahren** erstrecken (BFH v. 19.06.1968, I S 4/68, BStBl II 1968, 540). Ist beim FG das Verfahren über die Hauptsache und über die AdV anhängig und **entscheidet das Gericht zuerst über die Hauptsache**, so bleibt es trotzdem noch für eine sachliche Entscheidung über die Aussetzung zuständig, solange die Entscheidung über die Hauptsache weder angefochten noch rechtskräftig ist (BFH v. 06.08.1970, IV B 13/69, BStBl II 1970, 786). Der Beschluss des BFH über die AdV bleibt bis zur Aufhebung oder Änderung, längstens bis zur rechtskräftigen Entscheidung in der Hauptsache gültig. Nach **Zurückweisung der Hauptsache an das FG** (§ 126 Abs. 3 Satz 1 Nr. 2 FGO) ist jedoch das FG als Gericht der Hauptsache zur Entscheidung über einen Antrag auf Aufhebung oder Abänderung des Aussetzungsbeschlusses zuständig (BFH v. 26.01.1973, III S 2/72, BStBl II 1973, 456; BFH v. 02.03.2004, III S 15/03, juris). Bei der Aussetzungsentscheidung des **BFH** kommt es für die Beurteilung der Zweifel an der Rechtmäßigkeit des angefochtenen Verwaltungsakts auf den **möglichen Erfolg der Revision** unter Berücksichtigung des auf Rechtsfragen beschränkten Überprüfungsrechts des BFH an (BFH v. 13.06.2007, X S 11/06, juris; BFH v. 07.05.2008, X S 24/07, juris). Zu beachten ist auch, dass für die Aussetzungsentscheidung des BFH im Zusammenhang mit einem Revisionsverfahren die Bindung des BFH an die im FG-Urteil getroffenen tatsächlichen Feststellungen i.S. von **§ 118 Abs. 2 FGO** ebenfalls den Beurteilungsspielraum des BFH einengt. Der BFH als Gericht der Hauptsache ist auch dann nicht befugt, die Vollziehung von angefochtenen **GewSt-Messbescheiden**, die spätere Jahre betreffen, auszusetzen, wenn die Entscheidung in der bei ihm anhängigen, ein früheres Jahr betreffenden GewSt-Messbetragsache Auswirkungen auf die späteren Jahre hat (BFH v. 03.10.1968, IV S 6/67, BStBl II 1968, 781). Dementsprechend ist der BFH für einen AdV-Antrag bzgl. eines Bescheides über die Festsetzung von **Aussetzungszinsen** (vgl. § 237 AO) nicht zuständig, wenn bei ihm nur das NZB-Verfahren betreffend eine einheitliche Gewinnfeststellung anhängig ist, auch wenn die Entscheidung im Beschwerdeverfahren Auswirkungen auf den Zinsbescheid haben kann (BFH v. 30.04.1987, VIII S 2/87, BFH/NV 1987, 796).

## H. Kosten

Der das Aussetzungsverfahren beendende Beschluss muss eine **Kostenentscheidung** enthalten. Dabei beträgt der **Streitwert** normalerweise 10 % des streitigen Steuerbetrages (BFH v. 26.04.2001, V S 24/00, BStBl II 2001, 498; vgl. auch *Hartmann*, Anh. II § 13 GKG Rz. 3; zur Anwendung des Mindeststreitwerts gem. § 52 Abs. 4 GKG s. Vor § 135 FGO Rz. 45, 92; BFH v. 14.12.2007, IX E 17/07, juris). Zu erwägen ist indessen, ob es im Einzelfall nicht auch gerechtfertigt sein kann, einen höheren Streitwert anzusetzen. Denn oftmals leisten die Prozessbevollmächtigten in umfangreichen Aussetzungsverfahren die eigentliche Arbeit, während das Hauptsacheverfahren mitunter einen erheblichen geringeren Aufwand bereitet. Ansonsten besteht für den Antragsteller die Gefahr, trotz Obsiegens im gerichtlichen Aussetzungsverfahren den überwiegenden Teil der außergerichtlichen Kosten selbst tragen zu müssen. Die Sicherheitsleistung begründet keine Erhöhung des Streitwerts, da es sich lediglich um eine Modalität der Aussetzung handelt (BFH v. 22.07.1980, VII B 43/79, BStBl II 1980, 658). **Gerichtsgebühren** entstehen in Höhe von 0,5 Gebühren (Nr. 3210 KV = Anl. 1 zu § 11 Abs. 1 GKG a.F.); seit 01.07.2004 in Höhe von 2,0 Gebühren (Nr. 6210 KV = Anl. 1 zu § 3 Abs. 2 GKG). Bei einer Rücknahme des Antrags fielen nach der bis 30.06.2004 geltenden Rechtslage unter den Voraussetzungen der Nr. 3110 KV, die entsprechend anzuwenden ist, keine Gerichtsgebühren an (FG Sa v. 17.07.1985, II 70/83, EFG 1985, 577; FG BW v. 22.01.1999, 14 V 1/98, EFG 1999, 343; a.A. BFH v. 09.05.1996, VII E 4/96, BFH/NV 1996, 845; *Hartmann*, KV Nr. 3210 Rz. 1). Seit 01.07.2004 ist eine **gebührenfreie Antragsrücknahme nicht mehr möglich**; es fallen 0,75 Gebühren an (Nr. 6211 Nr. 1 KV = Anl. 1 zu § 3 Abs. 2 GKG). Für die (zugelassene) Beschwerde entstand nach bisherigem Kostenrecht eine volle Gebühr (Nrn. 3210, 3402 KV), seit 01.07.2004 2,0 Gebühren (Nr. 6220 KV). 33

Wird die Beschwerde zurückgenommen, fällt 1,0 Gebühr an (Nr. 6221 KV). Die Kosten einer Bürgschaft, die als Sicherheit zur Erlangung eines Vollstreckungsaufschubs im Hinblick auf ein schwebendes Vollziehungsaussetzungsverfahren dient, sind Aufwendungen des Vollziehungsaussetzungsverfahrens (BFH v. 08.06.1982, VIII R 68/79, BStBl II 1982, 602; FG Köln v. 18.12.2000, 10 Ko 5325/00, EFG 2001, 654).

34 Wegen der Verzinsung des ausgesetzten Steuerbetrages bei gänzlicher oder teilweiser Erfolglosigkeit der Klage s. § 237 AO.

## § 70 FGO Wirkung der Rechtshändigkeit; Entscheidung über die Zulässigkeit des Rechtsweges

**Für die sachliche und örtliche Zuständigkeit gelten die §§ 17 bis 17b des Gerichtsverfassungsgesetzes entsprechend. Beschlüsse entsprechend § 17a Abs. 2 und 3 des Gerichtsverfassungsgesetzes sind unanfechtbar.**

S. § 83 VwGO; § 98 SGG

1 § 70 FGO verweist auf die §§ 17 bis 17b GVG (zum Wortlaut s. Anh. zu § 33 FGO), jedoch nur wegen der sachlichen (s. § 35 FGO) und örtlichen (s. § 38 FGO) **Zuständigkeit** innerhalb des Finanzrechtswegs, **nicht** wegen des **Rechtswegs** (vgl. z. B. BFH v. 19.07.2012, X B 62/12, BFH/NV 2012, 1820). Insoweit kommen diese Normen über § 155 Satz 1 FGO im Finanzprozess zur Anwendung. § 70 FGO gilt ebenso wenig für die Frage, welches Rechtspflegeorgan zuständig ist (funktionelle Zuständigkeit) oder für die Frage, welcher Senat innerhalb desselben Gerichts aufgrund des Geschäftsverteilungsplans (s. § 4 FGO i. V. m. §§ 21 a ff. GVG) zuständig ist. In diesem Fällen erfolgt eine formlose Abgabe ohne Anhörung der Beteiligten (*Herbert* in Gräber, § 70 FGO Rz. 5). Eine **entsprechende Anwendung** von § 70 Satz 1 FGO i. V. m. § 17a Abs. 2 Satz 1 GVG kommt in Betracht, wenn der BFH mit einem Antrag befasst wird (z. B. § 114 FGO), für den er sachlich nicht zuständig ist, sodass das Verfahren von Amts wegen an das zuständige FG zu verweisen ist (BFH v. 05.06.2008, IX S 5/08, BFH/NV 2008, 1513). Dies gilt z. B., wenn der BFH im Wege einer Wiederaufnahmeklage (§ 134 FGO i. V. m. § 578 ff. ZPO) angerufen wird, obwohl seine sachliche Zuständigkeit gem. § 134 FGO i. V. m. § 584 ZPO bzw. seine **instanzielle Zuständigkeit** als Unterfall der sachlichen Zuständigkeit im Einzelfall nicht gegeben ist (BFH v. 22.07.2002, VII S 24/02, BFH/NV 2002, 1486; BFH v. 16.12.2014, X K 5/14, BFH/NV 2015, 515).

2 In Bezug auf die örtliche bzw. sachliche Zuständigkeit gelten der Grundsatz der **perpetuatio fori** sowie der Eintritt der Klagesperre mit Rechtshängigkeit (s. § 66 FGO). Wurde die örtliche Zuständigkeit des FG wirksam begründet, fällt diese demnach nicht allein deshalb weg, weil auf Verwaltungsebene ein **anderes FA zuständig** geworden ist oder das ursprünglich zuständige FA mit dem nunmehr zuständigen FA während des Klageverfahrens zusammengelegt wurde (BFH v. 19.05.2008, V B 29/07, BFH/NV 2008, 1501; BFH v. 27.01.2009, X S 42/08, FH/NV 2009, 780; BFH v. 18.08.2010, IX B 36/10, juris). Ebenso lässt eine **Wohnsitzverlegung des Klägers** nach Rechtshängigkeit die örtliche Zuständigkeit des FG unberührt (BFH v. 26.11.2009, III B 10/08, BFH/NV 2010, 658). Daher ist nach Eintritt der Rechtshängigkeit die Erhebung einer Klage mit demselben Streitgegenstand bei einem anderen FG unzulässig. Demgegenüber ist eine entsprechende Anwendung des § 17 Abs. 2 GVG kaum denkbar (dazu s. Anh. zu § 33 FGO § 17 GVG Rz. 3).

Hält sich das Gericht (also der Senat bzw. der Einzelrichter gem. § 6 FGO) für zuständig, kommt eine **Vorabentscheidung durch Beschluss** (§ 70 Satz 1 FGO i. V. m. § 17 a Abs. 3 GVG) bei objektiv unklarer Rechtslage bzw. bei Rüge der Beteiligten in Betracht. Der Beschluss ist **unanfechtbar** (§ 70 Satz 2 FGO). Bei Unzuständigkeit ist – nach Anhörung der Beteiligten – diese von Amts wegen auszusprechen und der Rechtsstreit zugleich an das zuständige FG zu verweisen (§ 70 Satz 1 FGO i. V. m. § 17 a Abs. 2 GVG). im Einzelnen s. Anh. zu § 33 FGO, § 17 a GVG Rz. 1 ff. Der Verweisungsbeschluss ist bindend (§ 70 Satz 1 FGO i. V. m. § 17 a Abs. 2 Satz 3 GVG), es sei denn, der Verweisungsbeschluss ist offensichtlich fehlerhaft und bedeutet im Ergebnis eine willkürliche Verlagerung des gesetzlichen Richters (BFH v. 25.03.1992, VII B 6/92, BFH/NV 1992, 677; BFH v. 27.01.2009, X S 43/08, juris). In diesem Fall kann auch das Gericht, an das verwiesen wurde, sich für örtlich unzuständig erklären und den BFH zur Bestimmung des zuständigen FG anrufen (§ 39 Abs. 1 Nr. 4 und Abs. 2 FGO; vgl. BFH v. 29.06.2015, III S 12/15, BFH/NV 2015, 1421). Verweist das angerufene FG den Rechtsstreit wegen örtlicher Unzuständigkeit indessen **formell ordnungsgemäß und auch der Sache nicht willkürlich** an das zuständige FG, so wird dieses mit Eingang der Akten gesetzlicher Richter und bleibt es wegen der **Bindungswirkung der Verweisung** (§ 70 Satz 1 FGO i. V. m. § 17 a Abs. 2 Satz 3 GVG) auch, wenn sich später infolge einer Klarstellung des klägerischen Begehrens ergibt, dass doch das ursprünglich angerufene FG örtlich zuständig gewesen wäre (BFH v. 05.10.2006, VII B 202/05, BFH/NV 2007, 251; BFH v. 11.01.2013, V S 27/12 [PKH], BFH/NV 2013, 945; *Brandis* in Tipke/Kruse, § 70 FGO Rz. 7; *Koch* in Gräber, § 70 FGO Rz. 6 ff.; *Schallmoser* in HHSp, § 70 FGO Rz. 22 ff.; *Schoenfeld* in Gosch, § 70 FGO Rz. 30). 3

Nach § 70 Satz 1 FGO i. V. m. § 17 a Abs. 5 GVG prüft der BFH bei der Entscheidung über eine Revision oder 4 eine NZB gegen ein finanzgerichtliches Urteil nicht, ob das FG sachlich und örtlich zuständig war (BFH v. 26.01.2012, V S 29/11 [PKH], BFH/NV 2012, 763; BFH v. 12.02.2014, V B 39/13, BFH/NV 2014, 715).

5 § 70 FGO erfasst **nicht die gerichtsinterne Verweisung** eines Verfahrens an einen anderen Senat. Ein entsprechender Antrag und die gegen eine Ablehnung der gerichtsinternen Verweisung erhobene Beschwerde ist (erst recht) unzulässig (BFH v. 13.08.2009, X B 111/09, BFH/NV 2009, 1825; vgl. auch BFH v. 20.12.2012, IV B 93/12, BFH/NV 2013, 575).

## § 71 FGO
## Zustellung der Klageschrift

**(1) Die Klageschrift ist dem Beklagten von Amts wegen zuzustellen. Zugleich mit der Zustellung der Klage ist der Beklagte aufzufordern, sich schriftlich oder zu Protokoll des Urkundsbeamten der Geschäftsstelle zu äußern. Hierfür kann eine Frist gesetzt werden.**

**(2) Die beteiligte Finanzbehörde hat die den Streitfall betreffenden Akten nach Empfang der Klageschrift an das Gericht zu übermitteln.**

**S. § 85 VwGO; § 104 SGG**

1 Nach § 71 Abs. 1 Satz 1 FGO ist die **Klageschrift** (§§ 65, 64 Abs. 2 FGO) dem Beklagten (§ 63 FGO) **von Amts wegen zuzustellen**. Die Zustellung erfolgt nach den Vorschriften der ZPO (§ 53 Abs. 2 FGO i. V. m. §§ 166 ff. ZPO). Die Zustellung ist vom Vorsitzenden zu verfügen (§ 155 Satz 1 FGO i. V. m. § 209 ZPO), weil sie – ebenso wie die Aufforderung zur Äußerung und die Fristsetzung – zu den obliegenden prozessleitenden Anordnungen gehört (gl. A. *Brandis* in Tipke/Kruse, § 71 FGO Rz. 2; weitergehend *Herbert* in Gräber, § 71 FGO Rz. 3; *Schallmoser* in HHSp, § 71 FGO Rz. 12; *Schoenfeld* in Gosch, § 71 FGO Rz. 19: auch Berichterstatter; *Nöcker*, jurisPR-SteuerR 43/2013; vgl. auch § 85 Satz 1 VwGO).

2 § 71 Abs. 1 FGO sieht vor, dass der Beklagte mit Zustellung der Klageschrift aufgefordert wird, sich zur Klage zu äußern. Die Verpflichtung des Beklagten, sich auf die Klage schriftlich oder zu Protokoll des Urkundsbeamten der Geschäftsstelle zu äußern, ist ein Ausfluss der die Beteiligten treffenden Prozessförderungspflicht. Erzwungen werden kann die Äußerung nicht. Es treffen ihn allenfalls Kostennachteile (§ 137 FGO) und gegebenenfalls nachteilige Schlussfolgerungen im Bereiche der Tatsachenfeststellung (§ 76 FGO). Zur Stellungnahme kann (und wird normalerweise) eine Frist gesetzt werden (§ 71 Abs. 1 Satz 3 FGO). Diese muss zur Gewährung des rechtlichen Gehörs ausreichend lang bemessen sein. Die Frist kann verlängert werden.

3 Die Verpflichtung der beklagten Finanzbehörde zur **Aktenübermittlung** (§§ 52a, 52b FGO) ergibt sich aus § 71 Abs. 2 FGO. Hierzu gehört jedes Aktenstück, das für die Beurteilung der Sach- und Rechtslage erheblich und für die Entscheidung des Rechtsstreits von Bedeutung sein kann (BFH v. 16.01.2013, III S 38/11, BFH/NV 2013, 701). Die Aktenübermittlung betrifft demnach sämtliche in der Sache erwachsenen Akten einschließlich beigezogener Auskünfte und Gutachten sowie vorliegender Außenprüfungsberichte, ebenso die Prüferhandakte, wenn darin ein offensichtlich entscheidungsrelevantes Schriftstück enthalten ist (BFH v. 24.05.2012, IV B 58/11, BFH/NV 2012, 1466), nicht jedoch etwaige Aktenvorgänge der Strafsachenstelle (BFH v. 29.09.1967, III B 31/67, BStBl II 1968, 82). In aller Regel handelt es sich nur um diejenigen Akten der beklagten Finanzbehörde, welche die Vorgänge des dem finanzgerichtlichen Verfahren unmittelbar vorausgegangenen Verwaltungsverfahrens einschließlich des außergerichtlichen Rechtsbehelfsverfahrens beinhalten (BFH v. 03.06.2015, VII S 11/15, BFH/NV 2015, 1100). Soweit das FG es erforderlich hält, ist es berechtigt, weitere Behördenakten beizuziehen (BFH v. 03.06.2015, VII S 11/15, BFH/NV 2015, 1100). Zu den nach § 71 Abs. 2 FGO dem FG zu übermittelnden, »den Streitfall betreffenden« Akten gehören bei einer Klage auf Gewährung von Akteneinsicht grds. nicht die Akten oder Aktenteile, um deren Einsichtnahme gerade durch den Kläger in dem finanzgerichtlichen Verfahren gestritten wird (BFH v. 03.06.2015, VII S 11/15, BFH/NV 2015, 1100; BFH v. 19.12.2016, XI B 57/16, BFH/NV 2017, 599). Die Akten sind, soweit sie – wenn auch nur entfernt – zur tatsächlichen oder rechtlichen Beurteilung des Klagebegehrens beizutragen vermögen, **vollständig und unverändert** zu übermitteln, ohne Rücksicht darauf, ob und inwieweit ihr Inhalt nach Auffassung des FA dienstlichen oder sonst vertraulichen Charakter trägt, soweit sie nicht nach § 86 Abs. 1 und Abs. 2 FGO berechtigt ist, die Vorlage zu verweigern. Wurden die vorgelegten Akten der Behörde dem äußeren Anschein nach ordnungsgemäß geführt, ist grds. davon auszugehen, dass sie vollständig sind (BFH v. 18.03.2008, V B 243/07, BFH/NV 2008, 1334). Das Fehlen einer durchlaufenden Paginierung der vorgelegten Akten ist nicht zu beanstanden, wenn sie durch andere nachvollziehbare Ordnungsprinzipien, wie das Einheften nach der zeitlichen Reihenfolge der Vorgänge, ersetzt wird (BFH v. 18.03.2008, V B 243/07, BFH/NV 2008, 1334). Für den Fall, dass sich das FA weigert, stehen dem Gericht keine Zwangsmittel zur Verfügung (BFH v. 13.12.1972, VII B 71/72, BStBl II 1973, 253); im Einzelnen s. § 86 FGO Rz. 5. Die Verpflichtung zur Übersendung der in der Sache angefallenen Akten trifft nicht die dem Verfahren gem. den §§ 61 und 122 Abs. 1 FGO beigetretenen Behörde. Für die Akteneinsicht gilt § 78 FGO.

Weil die beklagten Finanzbehörden gesetzlich verpflichtet sind, die Steuerakten nach Empfang der Klageschrift von Amts wegen an das FG zu übermitteln (§ 71 Abs. 2 FGO), wird der Anspruch des Klägers auf **rechtliches Gehör** nicht verletzt, wenn das FG nicht ausdrücklich mitteilt, dass die Finanzbehörde ihrer gesetzlichen Verpflichtung nachgekommen ist und die Steuerakten übersandt hat (BFH v. 19.01.2011, X B 204/10, BFH/NV 2011, 819). Nach ständiger höchstrichterlicher Rspr. ist auf die Beiziehung von Akten vielmehr nur dann hinzuweisen, wenn deren Verwertung ohne einen solchen Hinweis die Beteiligten überraschen würde, wie es z. B. bei Akten eines fremden Verfahrens oder – je nach Lage des einzelnen Falles – auch bei den Handakten eines Außenprüfers geboten sein kann (BFH v. 19.01.2011, X B 204/10, BFH/NV 2011, 819 m. w. N.). In der Praxis ist es indessen die Regel, dass dem Kläger der Akteneingang mitgeteilt wird. Wenn das FG dem Antrag eines Beteiligten auf Beiziehung bestimmter Akten nicht vollständig nachkommt, liegt darin jedenfalls keine Verletzung des Anspruchs auf rechtliches Gehör (BFH v. 19.01.2011, X B 204/10, BFH/NV 2011, 819). Ebenso wenig wird der Anspruch eines Beteiligten auf rechtliches Gehör dadurch verletzt, dass das FG sein Urteil auf Tatsachen gestützt hat, die sich aus den nach § 71 Abs. 2 FGO übermittelten Steuerakten ergeben (BFH v. 09.02.2009, VIII B 53/08, DStRE 2009, 962). Schließlich unterläuft dem FG kein Verfahrensfehler, wenn das FA Akten nicht vorlegt, weil es sie erklärtermaßen nicht mehr besitzt und deswegen nicht mehr vorlegen kann (BFH v. 30.08.2012, X B 27/11, BFH/NV 2013, 180).

## § 72 FGO Zurücknahme der Klage

**(1) Der Kläger kann seine Klage bis zur Rechtskraft des Urteils zurücknehmen. Nach Schluss der mündlichen Verhandlung, bei Verzicht auf die mündliche Verhandlung und nach Ergehen eines Gerichtsbescheides ist die Rücknahme nur mit Einwilligung des Beklagten möglich. Die Einwilligung gilt als erteilt, wenn der Klagerücknahme nicht innerhalb von zwei Wochen seit Zustellung des die Rücknahme enthaltenden Schriftsatzes widersprochen wird; das Gericht hat auf diese Folge hinzuweisen.**

**(1a) Soweit Besteuerungsgrundlagen für ein Verständigungs- oder Schiedsverfahren nach einem Vertrag im Sinne des § 2 der Abgabenordnung von Bedeutung sein können, kann die Klage hierauf beschränkt zurückgenommen werden. § 50 Abs. 1a Satz 2 gilt entsprechend.**

**(2) Die Rücknahme hat bei Klagen, deren Erhebung an eine Frist gebunden ist, den Verlust der Klage zur Folge. Wird die Klage zurückgenommen, so stellt das Gericht das Verfahren durch Beschluss ein. Wird nachträglich die Unwirksamkeit der Klagerücknahme geltend gemacht, so gilt § 56 Abs. 3 sinngemäß.**

**S. § 92 VwGO; § 102 SGG**

### Schrifttum

Bartone, Änderung von Steuerbescheiden im FG-Verfahren, AO-StB 2001, 56.

§ 72 FGO regelt die **Klagerücknahme**, die sich als Ausdruck der Dispositionsmaxime darstellt (s. Vor FGO Rz. 50). Ihrer Rechtsnatur nach ist sie eine prozessuale Willenserklärung, also eine **Prozesshandlung**, die einen eindeutigen Inhalt haben muss und bedingungsfeindlich sowie grds. unwiderruflich und nicht anfechtbar ist (BFH v. 26.10.2006, V R 40/05, BStBl II 2007, 271; BFH v. 12.08.2009, X S 47/08 [PKH], BFH/NV 2009, 1997; BFH v. 12.06.2015, III B 81/14, BFH/NV 2015, 1268; s. Vor § 40 FGO Rz. 3, 5, 8). Dies gilt ausnahmsweise dann nicht, wenn ein rechtskundiger Prozessvertreter die Rücknahme eines Rechtsmittels erklärt und ein Wiederaufnahmegrund i. S. des § 134 FGO i. V. m. §§ 579, 580 ZPO gegeben ist oder die Rücknahme auf einem offenkundigen Versehen beruht (BFH v. 12.06.2015, III B 81/14, BFH/NV 2015, 1268). Die Vorschrift gilt für Anträge im einstweiligen Rechtsschutz (§§ 69, 114 FGO) entsprechend. 1

Über die **Form** der Klagerücknahme sagt das Gesetz nichts. Da die Klagerücknahme sich aber – aus Sicht des Klägers – gleichsam als actus contrarius zur Klageerhebung darstellt, ist dieselbe Form zu fordern, die für die Klageerhebung gilt (§ 64 Abs. 1 FGO). Die Klagerücknahme muss daher schriftlich erfolgen oder mündlich zu Protokoll des Urkundsbeamten der Geschäftsstelle erklärt werden. Im Rahmen des elektronischen Rechtsverkehrs kann sie nach Maßgabe des § 52a FGO auch elektronisch übermittelt werden (s. § 52a FGO Rz. 2; BFH v. 26.10.2006, V R 40/05, BStBl II 2007, 271). Da sie eine Prozesshandlung ist, muss sie **gegenüber dem Gericht** abgegeben werden. § 62 Abs. 4 FGO gilt für die Klagerücknahme nicht. Jedoch gilt **§ 47 Abs. 2 FGO** entsprechend (BFH v. 05.03.1971, VI R 184/68, BStBl II 1971, 461). Die schriftliche Erklärung gegenüber der Verwaltungsbehörde, der Kläger betrachte seine Klage als gegenstandslos, wird nur dann als Klagerücknahme wirksam, wenn sich aus ihr eindeutig erkennen lässt, dass der Kläger die Klage gegenüber dem Gericht zurücknimmt, und die Erklärung mit seinem Wissen und Wollen dem 2

Gericht vorgelegt wird (BFH 08.12.1970, VI R 184/68, BStBl II 1971, 204). Eine **»teilweise Klagerücknahme«** ist grds. nur möglich, wenn der Streitgegenstand teilbar ist (BFH v. 19.12.2012, XI B 111/11, BFH/NV 2013, 785). Abgesehen davon ist sie – außer in den Fällen der objektiven und subjektiven Klagehäufung (§§ 43, 59 FGO; vgl. BFH v. 24.09.2008, I B 178/07, juris) – entweder als jederzeit zulässige Einschränkung des Klageantrags oder als zustimmungsbedürftige (§ 67 FGO) Änderung des Streitgegenstandes anzusehen (s. § 67 FGO Rz. 11). Erlässt das beklagte FA während des Prozesses einen Änderungsbescheid, mit welchem dem Klagebegehren teilweise entsprochen wird, so soll die Erledigterklärung der Hauptsache eine teilweise Klagerücknahme bedeuten (BFH v. 12.10.1967, V B 33/67, BStBl II 1968, 98; s. aber BFH v. 13.11.1986, V R 26/76, juris; vgl. auch BFH v. 19.03.2009, IV R 27/08, juris; BFH v. 19.03.2009, IV R 26/08, BFH/NV 2009, 1405). Auch hier liegt aber u. E. entweder eine Klageänderung (§ 67 FGO) oder eine Einschränkung des Klageantrags vor. Daher muss gem. § 138 Abs. 1 FGO über die Kosten entschieden werden, soweit der Rechtsstreit sich nicht dadurch erledigt hat, dass die Behörde dem Klagebegehren stattgegeben hat; im letztgenannten Fall greift § 138 Abs. 2 FGO.

3 Nach § 72 Abs. 1a FGO ist ausnahmsweise eine **Teilrücknahme** der Klage zulässig. Die teilweise Rücknahme bewirkt, dass der angefochtene Verwaltungsakt hinsichtlich der Besteuerungsgrundlagen, auf die sich die Teilrücknahme erstreckt, teilweise bestandskräftig (*Herbert* in Gräber, § 72 FGO Rz. 12). Die Vorschrift entspricht inhaltlich der Regelung des § 362 Abs. 1a AO, die im Einspruchsverfahren gilt. Daher wegen der Einzelheiten s. § 362 AO Rz. 15 ff. und s. § 354 AO Rz. 11.

4 **Einwilligung des Beklagten** ist in den Fällen des § 72 Abs. 1 Satz 2 FGO erforderlich. Die Einwilligung eines anderen Beteiligten als des Beklagten ist nicht erforderlich, auch nicht im Fall der notwendigen Beiladung (§ 60 Abs. 3 FGO). Nach Schluss der mündlichen Verhandlung, bei Verzicht auf die mündliche Verhandlung (§ 90 Abs. 2 FGO) und nach Ergehen eines Gerichtsbescheids (§ 90a FGO) ist der Prozess soweit vorangeschritten, dass das Gesetz ein schutzwürdiges Interesse des Beklagten an einer Sachentscheidung unterstellt. Die Einwilligung ist auch erforderlich, wenn nach Ergehen eines Gerichtsbescheids mündliche Verhandlung beantragt wird (BFH v. 08.05.1990, VII R 116–117/87, BStBl II 1990, 695). In einem weiteren Rechtsgang (nach Rückverweisung des Rechtsstreits vom BFH an das FG, § 126 Abs. 2 Satz 1 Nr. 2 FGO) ist die Einwilligung nicht schon deshalb geboten, weil im ersten Rechtsgang vor dem FG auf mündliche Verhandlung verzichtet worden war (BFH v. 26.04.1972, IV R 156/71, BStBl II 1972, 625). Die Einwilligung ist grds. **schriftlich oder zu Protokoll des Urkundsbeamten** der Geschäftsstelle zu erklären; sie kann nach Maßgabe des § 52a FGO auch elektronisch übermittelt werden (vgl. BFH v. 26.10.2006, V R 40/05, BStBl II 2007, 271; s. Rz. 2) Einwilligung ist gleichbedeutend mit Zustimmung und kann **auch nachträglich** erfolgen; § 183 BGB ist nicht anwendbar, da es sich um eine Prozesshandlung handelt. Jedoch wird die Klagerücknahme erst wirksam, wenn die Einwilligung dem Gericht zugegangen ist (gl. A. *Herbert* in Gräber, § 72 FGO Rz. 22). Soweit die Klagerücknahme nach § 72 Abs. 1 Satz 2 FGO der Einwilligung des Beklagten bedarf, ist dieser nicht verpflichtet, eine Erklärung darüber abzugeben, ob er einwillige oder nicht. Gibt er, nachdem ihm Gelegenheit zur Äußerung gegeben wurde, eine **Erklärung nicht** ab, so wird die Erklärung nach § 72 Abs. 1 Satz 3 FGO fingiert, sodass die Klagerücknahme gleichwohl wirksam ist.

Zeitlich ist die **Klagerücknahme bis zur Rechtskraft des Urteils möglich**, also noch nach der Verkündung (bzw. Zustellung) des Urteils (§ 104 FGO). Wenn die Beteiligten hierüber einig sind, können sie demnach auch einen entschiedenen Prozess noch nachträglich hinfällig machen. Die Möglichkeit der Klagerücknahme entfällt auch nicht durch die Einlegung der Revision, sodass bis zur Bekanntgabe der Entscheidung des BFH über die Revision die Verwaltungsentscheidung rechtskräftig werden kann. Die Rücknahme der Revision (§ 125 FGO) schließt die Möglichkeit, die Klage zurückzunehmen, aus. Bei einer unzulässigen Revision ist zu unterscheiden: Folgt die Unzulässigkeit daraus, dass das Rechtsmittel nicht statthaft (nicht gegeben) ist oder dass die Revisionseinlegungs- bzw. -begründungsfrist (s. § 120 FGO) versäumt wurde, kommt wegen Eintritts oder Rechtskraft des finanzgerichtlichen Urteils Klagerücknahme nicht in Betracht. Im Übrigen aber kann der Kläger auch bei einer unzulässigen Revision die Klage mit Zustimmung des Beklagten zurücknehmen (BFH v. 26.11.1986, VII R 2–3/86, BFH/NV 1987, 195). Werden sowohl die Klage als auch die Revision zurückgenommen, nimmt der BFH regelmäßig an, dass in erster Linie die Rücknahme der Klage als Prozesserklärung mit den weiterreichenden Folgen (Verlust der Klage gem. § 72 Abs. 2 Satz 1 FGO und Wegfall des erstinstanzlichen Urteils) erklärt wurde (BFH v. 02.07.1998, III B 45/98, BFH/NV 1999, 318; BFH v. 10.01.2018, I R 45/16, BFH/NV 2018, 450). 5

Die Rücknahme hat bei fristgebundenen Klagen (Anfechtungs- und Verpflichtungsklagen, § 47 FGO) den Verlust der Klage, also **Verlust der Klagebefugnis schlechthin** für den Rücknehmer zur Folge (§ 72 Abs. 2 Satz 1 FGO). Die Klagerücknahme beseitigt die Wirkungen der Rechtshängigkeit von Anfang an (BFH v. 06.11.2000, III R 72/97, juris; BFH v. 03.03.2009, IV S 13/08, juris). Der Kläger muss den angefochtenen Verwaltungsakt gegen sich gelten lassen. Eine neue Klage kann der Rücknehmer – selbst wenn die Frist noch läuft – nicht erheben. Im Revisionsverfahren macht eine wirksame Klagerücknahme ohne Weiteres das angefochtene Urteil unwirksam 6 und die Revision gegenstandslos (BFH v. 14.10.1992, IV R 123/92, BFH/NV 1993, 488; BFH v. 06.11.2000, III R 72/97, juris BFH v. 08.07.2005, V R 17/05, juris). Die Rücknahme sowohl der Klage wie der Revision – wobei Letztere als hilfsweise zurückgenommen gilt – ist daher nur so lange sinnvoll, als nicht feststeht, ob der Beklagte der Klagerücknahme zustimmt (BFH v. 03.03.1967, III R 136/66, BStBl III 1967, 225). Die vorstehenden Ausführungen gelten allerdings nicht für die Rücknahme einer verfrüht eingelegten Untätigkeitsklage (§ 46 FGO). Sie kann erneut erhoben werden, wenn die »angemessene Frist« verstrichen und der »ausreichende Grund« weggefallen ist (dazu s. § 46 FGO Rz. 4 f.).

7 Hat von mehreren Klägern (§ 59 FGO) nur einer die Klage zurückgenommen, so bleibt die Sache gegenüber den übrigen Beteiligten anhängig. Denkbar ist auch die Beiladung des Rücknehmers zum Prozess eines anderen Berechtigten, allerdings ohne das Recht, Sachanträge zu stellen, sofern es sich nicht um einen Fall der notwendigen Beiladung i. S. von § 60 Abs. 3 FGO handelt (§ 60 Abs. 6 Satz 2 FGO).

8 Das Verfahren wird durch **Beschluss** eingestellt (§ 72 Abs. 2 Satz 2 FGO; Tenor: »Das Verfahren wird eingestellt.«). Dieser hat – da die Klagerücknahme ipso iure wirkt (Rz. 6) – nur deklaratorische Wirkung (BFH v. 11.07.2007, XI R 1/07, BStBl II 2007, 833; BFH v. 03.03.2009, IV S 13/08, juris). Beim FG wird der Beschluss im vorbereitenden Verfahren durch den Vorsitzenden bzw. den Berichterstatter (§ 79a Abs. 1 Nr. 2, Abs. 4 FGO) erlassen, ansonsten durch den Senat oder den Einzelrichter (§ 6 FGO). Der BFH entscheidet in der Besetzung von drei Richtern (§ 10 Abs. 3 FGO; BFH v. 10.01.2018, I R 45/16, BFH/NV 2018, 450). Der Beschluss ist **unanfechtbar** (§ 128 Abs. 2 FGO). Wegen der **Kosten der Klagerücknahme**, über die nur auf Antrag entschieden wird, vgl. §§ 136 Abs. 2, 144 FGO (BFH v. 24.02.1967, VI R 314/66, BStBl III 1967, 294; BFH v. 06.11.2000, III R 72/97, juris; BFH v. 10.06.2005, V B 103/04, juris; BFH v. 29.11.2005, IX R 71/02, BFH/NV 2006, 759). Zum Anspruch auf **Prozesszinsen** (§ 236 AO) bei Klagerücknahme nach Bescheidänderung BFH v. 11.04.2013, III R 11/12, BStBl II 2013, 665 m. Anm. *Dötsch*, jurisPR-StR 35/2013; s. § 236 AO Rz. 8).

9 Entsteht schon vor Ergehen eines Einstellungsbeschlusses **Streit über die Wirksamkeit der Klagerücknahme**, so hat das Gericht durch **Urteil** zu entscheiden. Hält es die Klagerücknahme für wirksam, so stellt es dies im Tenor seines Urteils fest, d. h. der Ausspruch lautet: »Die Klage ist wirksam zurückgenommen worden« (gl. A. BFH v. 07.02.2005, VIII B 156/03, juris; *Herbert* in Gräber, § 72 FGO Rz. 37 f., *Brandis* in Tipke/Kruse, § 72 FGO Rz. 28). Hält das Gericht die Klagerücknahme für unwirksam, so hat es das Verfahren fortzusetzen (BFH v. 13.01.2010, IX B 109/09, BFH/NV 2010, 917; vgl. auch BFH v. 12.06.2015, III B 81/14, BFH/NV 2015, 1268). Es kann über die Unwirksamkeit der Klagerücknahme durch **Zwischenurteil** entscheiden (§ 97 FGO, BFH v. 19.01.1972, VIII R 84/71, BStBl II 1972, 452; zulässig ist auch ein selbständiges Zwischenurteil nach § 155 Satz 1 FGO i. V. m. § 303 ZPO; gl. A. *Herbert* in Gräber, § 72 FGO Rz. 39) oder im **Urteil** (Gerichtsbescheid) zusammen mit der Entscheidung über die Hauptsache darüber entscheiden.

Nach § 72 Abs. 2 Satz 3 FGO ist die Unwirksamkeit einer Klagerücknahme (z. B. wegen rechtswidriger Willensbeeinflussung oder mangelnder Zustimmung des Beklagten oder unzutreffenden Hinweises des Vorsitzenden Richters am FG, BFH v. 06.07.2005, XI R 15/04, BStBl II 2005, 644; weisungswidriges Verhalten des Bevollmächtigten, Versehen, Drohung, Druck, Täuschung, unbemerkte Irreführung: BFH v. 12.08.2009, X S 47/08 [PKH], BFH/NV 2009, 1997; BFH v. 12.12.2017, X B 106/17, BFH/NV 2018, 446) entsprechend § 56 Abs. 3 FGO innerhalb eines Jahres nach der Rücknahmeerklärung geltend zu machen. Die Frist beginnt mit der Bekanntgabe des Einstellungsbeschlusses zu laufen (BFH v. 11.07.2007, XI R 1/07, BFH/NV 2007, 2019). Wegen der Verlängerung dieser Frist in Fällen höherer Gewalt s. entsprechend § 354 AO Rz. 12. Die Unwirksamkeit der Klagerücknahme kann nur mit einem Fortsetzungsantrag geltend gemacht werden; eine Anfechtung des Einstellungsbeschlusses (s. Rz. 8) ist nach § 128 FGO ausdrücklich ausgeschlossen (BFH v. 29.07.2008, III S 35/08 [PKH], juris; s. Rz. 8). 10

Von der Rücknahme der Klage zu **unterscheiden** ist die **Erledigung der Hauptsache**. Dies gilt insbes., wenn die Erledigung durch Rücknahme oder Änderung des angefochtenen Verwaltungsaktes eingetreten ist (s. § 172 AO). Das Verfahren wird im Fall der Klagerücknahme nicht eingestellt, vielmehr beschränkt sich die Entscheidung auf den Kostenpunkt (§§ 138, 143 FGO). Besteht Streit darüber, ob eine Sachentscheidung durch Klagerücknahme oder durch Hauptsachenerledigung überflüssig geworden ist, ist über diesen Streit durch Beschluss zu entscheiden (BFH v. 21.05.1987, IV R 101/86, BFH/NV 1988, 258). 11

## § 73 FGO Verbindung/Trennung mehrerer Verfahren

**(1) Das Gericht kann durch Beschluss mehrere bei ihm anhängige Verfahren zu gemeinsamer Verhandlung und Entscheidung verbinden und wieder trennen. Es kann anordnen, dass mehrere in einem Verfahren zusammengefasste Klagegegenstände in getrennten Verfahren verhandelt und entschieden werden.**

**(2) Ist die Klage von jemandem erhoben, der wegen dieses Klagegegenstandes nach § 60 Abs. 3 zu**

**einem anderen Verfahren beizuladen wäre, so wird die notwendige Beiladung des Klägers dadurch ersetzt, dass die beiden Verfahren zu gemeinsamer Verhandlung und einheitlicher Entscheidung verbunden werden.**

**S. §93 VwGO; §113 SGG**

1 Die in § 73 FGO geregelte Verbindung und die Trennung von Verfahren ist eine Maßnahme der Prozessleitung, die grundsätzlich im pflichtmäßigen **Ermessen** des Gerichtes steht (BFH v. 06.02.1957, II 186/55 S, BStBl III 1957, 118; BFH v. 21.01.2009, X B 125/08, juris; aber s. Rz. 2). Die Verbindung oder Trennung wird grundsätzlich durch **Beschluss** des Senats bzw. des Einzelrichters (§ 6 FGO) ausgesprochen. Ausnahmsweise kann der Beschluss vom Vorsitzenden bzw. Berichterstatter im vorbereitenden Verfahren (§ 79a Abs. 1, Abs. 3 und Abs. 4 FGO) gefasst werden, wenn einer von mehreren Klägern die Klage zurücknimmt oder ein Kläger seine Klage im Fall der objektiven Klagehäufung »teilweise« zurücknimmt (dazu s. § 72 FGO Rz. 2).

2 Im Fall der **notwendigen Beiladung** (§ 60 Abs. 3 FGO) kann diese durch eine Verbindung der beiden Verfahren zur gemeinsamen Verhandlung und einheitlichen Entscheidung nach § 73 Abs. 2 FGO ersetzt werden. Kann die Entscheidung demnach nur einheitlich ergehen (s. § 60 FGO Rz. 5), ist die Verbindung zwingend (BFH v. 01.10.1981, I B 31/81 und I B 32/81, BStBl II 1982, 130). Dabei ist zu beachten, dass die Verbindung nur dann die notwendige Beiladung (§ 60 Abs. 3 FGO) ersetzt, wenn die betroffenen Klagen zulässig sind, weil nur dann die gebotene Einheitlichkeit der Entscheidung gewährleistet ist (BFH v. 30.07.1986, II R 246/83, BStBl II 1986, 820; BFH v. 07.08.1986, IV R 137/83, BStBl II 1986, 910, BFH v. 07.07.1998, VIII R 16/96, BFH/NV 1999, 471). Ist eine der Klagen unzulässig, muss das unzulässige Verfahren abgetrennt und die Beiladung ausgesprochen werden (dazu im Übrigen s. § 60 FGO). Demgegenüber besteht keine Verpflichtung zur Verbindung, wenn kein Fall der notwendigen Beiladung gegeben ist, und zwar auch dann, wenn von der Beiladung abgesehen werden kann, weil die Klage (offensichtlich) unzulässig ist (z. B. BFH v. 07.05.2014, II B 117/13, BFH/NV 2014, 1232; *Thürmer* in HHSp, § 73 FGO Rz. 24).

3 Im Übrigen gilt: Eine **Verbindung** kommt in Betracht, wenn die Verfahren verschiedene Gegenstände haben, diese jedoch miteinander – sei es in sachlicher, sei es in rechtlicher Hinsicht – in einem Zusammenhange stehen, der die einheitliche Verhandlung und Entscheidung zweckmäßig macht. Der BFH kann mehrere Rechtsmittelverfahren zur gemeinsamen Entscheidung verbinden (BFH v. 29.02.2008, XI B 208/07 u.a., BFH/NV 2008, 1174). Allerdings setzt die Verbindung voraus, dass beide Verfahren mit einer einheitlichen Entscheidung abgeschlossen werden können und dass diese Entscheidung – soweit ein Rechtsmittel gegeben ist – mit einem einheitlichen Rechtsmittel angefochten werden kann (BFH v. 25.05.1976, VIII R 74/75, BStBl II 1976, 573). Daher ist eine Verbindung gem. § 73 Abs. 1 Satz 1 FGO nicht **zweckmäßig**, wenn eines der Verfahren bereits entscheidungsreif ist, sodass die Verbindung zu unterbleiben hat (BFH v. 19.04.2017, IX B 62/16, HFR 2017, 1054). Senatsübergreifende Verfahren, die bei unterschiedlichen Senaten (desselben Gerichts) anhängig sind, können verbunden werden, wenn diese Möglichkeit im Geschäftsverteilungsplan vorgesehen ist (BFH v. 06.02.2007, X B 97/06, BFH/NV 2007, 961; BFH v. 22.02.2008, V B 13/08, juris; *Herbert* in Gräber, § 73 FGO Rz. 6). Verhandelt das Gericht in der mündlichen Verhandlung mehrere Verfahren gleichzeitig, liegt darin keine (konkludente) Verbindung der Verfahren (BFH v. 11.05.2010, X B 192, 193/08, BFH/NV 2010, 1645; vgl. auch BFH v. 10.09.2015, V R 17/14, BFH/NV 2016, 80). Zur Verbindung von Verfahren zur Beseitigung einer doppelten Rechtshängigkeit s. § 66 FGO Rz. 3. Identität der Beteiligten, insbes. auf beiden Seiten, ist nicht erforderlich; zu beachten ist dabei § 30 AO. Im Verhältnis zueinander sind die Kläger bzw. die Beklagten Streitgenossen (§ 59 FGO). Hinsichtlich der Sachanträge, desgleichen der Angriffs- und Verteidigungsmittel, bleiben die verbundenen Verfahren selbständig; dasselbe gilt für die Rücknahme der Klage. Nimmt also einer der Kläger die Klage zurück, so ist das Verfahren abzutrennen und einzustellen (s. Rz. 3). Dies gilt auch, wenn sich das Verfahren eines Klägers in der Hauptsache erledigt hat. Die **Rechtskraft** der Entscheidung über die verbundenen Verfahren (§ 110 FGO) wirkt gegen sämtliche Beteiligten. Die Verbindung wirkt sich auf den **Streitwert** aus (Vor § 135 FGO Rz. 25; BFH v. 13.12.2006, XI E 5/06, BFH/NV 2007, 493).

Erweist sich, dass miteinander verbundene Verfahren, 4
insbes. wegen unterschiedlicher Spruchreife, bei Berücksichtigung der Interessen der Beteiligten nicht einheitlich entschieden werden können, so ordnet das Gericht die **Trennung** an. Dies kommt insbes. in Betracht, wenn die Klage eines der Kläger unzulässig (geworden) ist, wenn einer der Kläger seine Klage zurücknimmt oder sich nur eine der Klagen in der Hauptsache erledigt hat (s. Rz. 2). Entsprechendes gilt, wenn es die Belange der Beteiligten, insbes. das Interesse an baldmöglicher Entscheidung gerechtfertigt erscheinen lassen, dass über mehrere in einer Klage zusammengefasste Begehren (§ 43 FGO) getrennt verhandelt und entschieden wird. Wird über das Vermögen eines der **(einfachen) Streitgenossen** (subjektive Klagehäufung auf Klägerseite, § 59 FGO i. V. m. §§ 59 ff. ZPO) das **Insolvenzverfahren** eröffnet, so ist dessen Verfahren nach den vorgenannten Vorschriften unterbrochen, bis es wieder aufgenommen wird. Denn trotz der äußerlichen Verbindung der Verfahren behalten diese ihre Selbständigkeit. In diesem Fall ist die **Trennung** der

Verfahren **zweckmäßig**, da über das Verfahren des nicht von der Insolvenz betroffenen Klägers entschieden werden kann (BFH v. 16.01.2007, X B 47/06, BFH/NV 2007, 942 m. Anm. *Bartone*, jurisPR-SteuerR 18/2007, Anm. 4; BFH v. 26.06.2009, V B 23/08, BFH/NV 2009, 1819; vgl. auch BFH v. 05.11.2013, IV B 119/12, BFH/NV 2014, 540). Handelt es sich indessen um einen Fall der notwendigen Streitgenossenschaft (§ 59 FGO i. V. m. § 62 Abs. 1 ZPO), wirkt die Unterbrechung infolge Insolvenzverfahrenseröffnung auch für den oder die übrigen notwendigen Streitgenossen, da infolge der Unterbrechung keine einheitliche Entscheidung über den Streitgegenstand mehr getroffen werden kann (vgl. *z. B. Althammer* in Zöller, § 62 ZPO Rz. 29; *Gehrlein* in Prütting/Gehrlein, § 62 ZPO Rz. 22). Zur Trennung im Revisionsverfahren, wenn hinsichtlich einzelner Klagegegenstände eine Zurückverweisung nach § 127 FGO in Betracht kommt: BFH v. 14.10.2003, IX R 60/02, BFH/NV 2004, 348. Die Trennung ist in jedem Verfahrensstadium zulässig. Vor der Trennung vorgenommene Prozesshandlungen bleiben wirksam, ungeachtet des Umstands, dass nach der Trennung grundsätzlich in getrennten Verfahren zu verhandeln und zu entscheiden ist (BFH v. 22.03.1993, XI R 23, 24/92, BStBl II 1993, 514).

5 Die Trennung erfolgt wie die Verbindung durch unanfechtbaren **Beschluss** (s. Rz. 6). Eine Anhörung der Beteiligten ist dabei nur erforderlich, wenn ihre prozessualen Rechte durch die Trennung beeinträchtigt werden können (BFH v. 03.04.2008, I B 77/07, BFH/NV 2008, 1445). Eine stillschweigende Trennung durch konkludente Entscheidung ist nicht möglich (BFH v. 22.03.1993, XI R 23–24/92, BStBl II 1993, 514; BFH v. 15.07.2010, VIII B 39/09, BFH/NV 2010, 2089). Im Fall der subjektiven Klagehäufung darf daher im ungetrennten Verfahren nicht durch Teilurteil gegenüber einem der Kläger entschieden werden (BFH v. 15.07.2010, VIII B 39/09, BFH/VN 2010, 2089). Die Trennung wirkt sich auf den Streitwert aus (BFH v. 19.12.2006, VII E 27/05, BFH/NV 2007, 926; BFH v. 22.09.2008, II E 14/07, juris).

6 Der Verbindungs- bzw. Trennungsbeschluss ist als prozessleitende Verfügung **nicht selbstständig anfechtbar** (§ 128 Abs. 2 FGO; dazu z. B. BFH v. 08.12.2006, VII B 240/05, BFH/NV 2007, 922; BFH v. 04.11.2009, V S 18/09 [PKH], BFH/NV 2010, 228). Daher kann auch eine NZB grds. nicht auf eine angeblich fehlerhafte Verfahrenstrennung gestützt werden (vgl. BFH v. 09.02.2006, X B 138/05, BFH/NV 2006, 972; BFH v. 27.04.2012, III B 241/11, BFH/NV 2012, 1322). Nur wenn das FG willkürlich gehandelt hat oder der Stpfl. dadurch prozessual in der Wahrnehmung seiner Rechte behindert wird, kann der BFH im Rahmen der Überprüfung der Hauptsache in der Revision auch diese Fehler berücksichtigen (z. B. BFH v. 18.05.2010, IX B 33/10, BFH/NV 2010, 1647; BFH v. 27.04.2012, III B 241/11, BFH/NV 2012, 1322).

Zulässig und unter Umständen zweckmäßig kann es auch sein, mehrere Streitsachen nur zu gemeinsamer Verhandlung, nicht auch zur gemeinsamen Entscheidung zu verbinden. Es ist dann Auslegungsfrage, ob ein solcher Beschluss zu einer echten Prozessverbindung führen soll, sodass sich auch eine gemeinschaftliche Entscheidung anschließen muss, oder ob es sich nur um eine zur tatsächlichen Vereinfachung dienliche vorübergehende Maßnahme handeln soll (BFH v. 24.10.1979, VII R 95/78, BStBl II 1980, 105; BFH v. 10.11.1983, IV R 229/83, juris). 7

## § 74 FGO Aussetzung der Verhandlung

**Das Gericht kann, wenn die Entscheidung des Rechtsstreits ganz oder zum Teil von dem Bestehen oder Nichtbestehen eines Rechtsverhältnisses abhängt, das den Gegenstand eines anderen anhängigen Rechtsstreits bildet oder von einer Verwaltungsbehörde festzustellen ist, anordnen, dass die Verhandlung bis zur Erledigung des anderen Rechtsstreits oder bis zur Entscheidung der Verwaltungsbehörde auszusetzen sei.**

S. § 94 VwGO; § 114 Abs. 2 SGG

**Inhaltsübersicht**



**Schrifttum**


Bartone, Verfahrensrechtliche Fragen beim Insolvenzverfahren, AO-StB 2004, 142; Bartone, Auswirkungen des Insolvenzverfahrens auf das finanzgerichtliche Verfahren, AO-StB 2007, 49.


### A. Aussetzung des Verfahrens (§ 74 FGO)

#### I. Zweck und Bedeutung

§ 74 FGO regelt die Aussetzung des Verfahrens (s. Rz. 2 ff.) und nur diese. Die Aussetzung des Verfahrens bewirkt den Stillstand des Verfahrens auf alleinige Initiative des Gerichts ohne Mitwirkung der Beteiligten. Darüber hinaus können die Beteiligten übereinstimmend den Stillstand des Verfahrens herbeiführen; man spricht dann vom Ruhen des Verfahrens; hierfür gilt § 155 Satz 1 1

FGO i. V. m. § 251 ZPO (s. Rz. 9 ff.). Schließlich kann der Stillstand des Verfahrens auch auf gesetzlich geregelten Gründen beruhen (§ 155 Satz 1 FGO i. V. m. §§ 239 ff. ZPO), die dem Einfluss der Beteiligten entzogen sind; in diesen Fällen tritt die **Unterbrechung** des Verfahrens kraft Gesetzes ein (s. Rz. 11 ff.).

2 Die Aussetzung des Verfahrens, die einen zeitweisen Stillstand zur Folge hat, ist eine prozessleitende Maßnahme von einigermaßen schwerwiegender Bedeutung. Sie läuft darauf hinaus, den Beteiligten die Prozessentscheidung für einen Zeitraum von zumeist ungewisser Dauer vorzuenthalten. Der Regelungsgrund (ratio legis) – nicht die Voraussetzung für die Anwendung der Norm – ist die Prozessökonomie (a. A. *Thürmer* in HHSp, § 74 FGO Rz. 12). Durch die Aussetzung des Verfahrens soll verhindert werden, dass der BFH und das BVerfG mit einer Vielzahl gleichgelagerter Fälle überschwemmt werden sollen (*Brandis* in Tipke/Kruse, § 74 FGO Rz. 3). Gleichzeitig soll eine Entlastung der FG herbeigeführt werden, indem diese in Fällen, in denen Fragen zur höchstrichterlichen Klärung anstehen, vorläufig keine Entscheidungen zu treffen brauchen. Schließlich ist auch den Beteiligten damit gedient, dass bei gleichgelagerten Sachverhalten keine divergierenden Entscheidungen getroffen werden, sondern zunächst die vorgreifliche Entscheidung abgewartet wird.

## II. Voraussetzungen und Verfahren

3 § 74 FGO gestattet die Aussetzung wegen tatsächlicher oder rechtlicher Abhängigkeit von der Entscheidung über ein **Rechtsverhältnis**, das den Gegenstand eines anderen, bei einem FG oder einem Gericht eines anderen Gerichtszweigs anhängigen Rechtsstreites bildet oder von einer Verwaltungsbehörde festzustellen ist (z. B. Erteilung einer Ausnahmegenehmigung nach § 57 Abs. 4 Nr. 1 StBerG: BFH v. 24.11.2010, VII R 26/10, BFH/NV 2011, 291). Der Begriff des Rechtsverhältnisses ist weit zu fassen: Er umfasst jede konkrete rechtliche Beziehung zwischen Personen untereinander oder zwischen einer Person und einer Sache, wobei die Rechtsbeziehung nicht notwendigerweise zwischen den Beteiligten des auszusetzenden Verfahrens bestehen muss (*Herbert* in Gräber, § 74 FGO Rz. 3; *Thürmer* in HHSp, § 74 FGO Rz. 41). Eine künftige, mit Rückwirkung versehene Gesetzesänderung stellt kein Rechtsverhältnis in diesem Sinn dar (BFH v. 29.11.2006, VI R 14/06, BStBl II 2007, 129). Vorgreiflich ist ein solches Rechtsverhältnis, wenn es einen rechtlichen Einfluss auf das auszusetzende finanzgerichtliche Verfahren hat (BFH v. 14.02.2007, XI B 151/06, BFH/NV 2007, 967; BFH v. 16.05.2013, V R 23/12, BStBl II 2014, 325). Eine Aussetzung des Verfahrens kommt aber nicht mehr in Betracht, wenn das vorgreifliche (Verwaltungs-)Verfahren abgeschlossen ist (BFH v. 06.10.2016, IX B 81/16, BStBl II 2017, 196; BFH v. 02.10.2017, VI B 9/17, BFH/NV 2018, 200). Der Ausgang eines anhängigen **Strafverfahrens** (BFH v. 02.08.2006, VI B 6/06, BFH/NV 2006, 2039) oder die strafprozessuale Beschlagnahme von Unterlagen (BFH v. 05.10.2006, VIII B 276/05, BFH/NV 2007, 458) ist nicht vorgreiflich i. S. von § 74 FGO für ein wegen des gleichen Vorgangs anhängiges finanzgerichtliches Verfahren (s. § 76 FGO Rz. 2). Der BFH nimmt gleichwohl an, dass eine Aussetzung nicht ausgeschlossen sei (BFH v. 23.01.2013, VII B 135/12, BFH/NV 2013, 948; *Thürmer* in HHSp, § 74 FGO Rz. 51). Auch Fragen des Abrechnungsverfahrens (§ 218 AO) sind für die Steuerfestsetzung nicht vorgreiflich (BFH v. 16.05.2007, V B 75/06, juris). Ein Rechtsstreit darf **nicht** allein deshalb nach § 74 FGO ausgesetzt werden, weil beim BFH ein Revisionsverfahren anhängig ist, das eine vergleichbare Rechtsfrage betrifft oder als Musterverfahren geführt wird (BFH v. 24.09.2012, VI B 79/12, BFH/NV 2013, 70). In einem solchen Fall können bei FG anhängige Parallelverfahren nur gem. § 155 Satz 1 FGO i. V. m. § 251 ZPO zum Ruhen gebracht werden (s. Rz. 9 f.). Im Übrigen s. § 363 AO Rz. 4.

Folgende **Einzelfälle** sind hervorzuheben: 3a

- Ist ein **Grundlagenbescheid** (Feststellungsbescheid) noch nicht ergangen, ist ein Klageverfahren gegen den Folgebescheid zwingend auszusetzen, und zwar auch dann, wenn das Erfordernis einer gesonderten Feststellung behauptet wird oder es möglich erscheint, dass ein Gewinnfeststellungsbescheid zu erlassen ist (z. B. BFH v. 22.08.2013, X B 16-17/13, BFH/NV 2013, 1763; BFH v. 09.06.2015, X R 38/12, BFH/NV 2015, 1588). Dabei spielt es grds. keine Rolle, ob der Grundlagenbescheid bereits ergangen und angefochten ist oder ob ein solcher erst noch ergehen muss (vgl. z. B. BFH v. 15.03.2017, I R 41/16, BFH/NV 2017, 1548). Ist ein Grundlagenbescheid bereits ergangen, aber angefochten worden, steht die – regelmäßig erfolgende – Aussetzung des Klageverfahrens gegen einen Folgebescheid im Ermessen des Gerichts (BFH v. 08.01.2013, X B 203/12, BFH/NV 2013, 511; BFH v. 06.03.2013, X B 14/13, BFH/NV 2013, 956; auch s. Rz. 3b). Eine **Ausnahme** hiervon besteht dann, wenn die Feststellung der Besteuerungsgrundlagen mit vor Abschluss des Klageverfahrens ergangenem geändertem Bescheid im Streitpunkt für **vorläufig** erklärt worden (§ 165 Abs. 1 AO), sodass damit das Rechtsschutzbegehren des Steuerpflichtigen insoweit regelmäßig hinreichend gewahrt ist (BFH v. 27.08.2008, IX B 207/07, BFH/NV 2008, 2022; BFH v. 08.11.2010, I R 106/09, BFH/NV 2011, 365; BFH v. 11.03.2011, II B 152/10, BFH/NV 2011, 1008). Außerdem ist im Verfahren über den Folgebescheid zu prüfen, ob überhaupt ein wirksamer und damit bindender Grundlagenbescheid existiert, da die Wirksamkeit der Bekanntgabe nicht

Gegenstand der Entscheidung des Grundlagenbescheids ist; eine Aussetzung des den Folgebescheid betreffenden Verfahrens kommt dann nicht in Betracht (vgl. BFH 06.12.1995, I R 131/94, BFH/NV 1996, 592; BFH v. 25.07.2016, X B 20/16, BFH/NV 2016, 1736).

- Der Rechtsstreit betreffend die **ausgleichsfähigen Verluste von Kommanditisten** (§ 15 a Abs. 1 EStG) ist gem. § 74 FGO auszusetzen, bis die verrechenbaren Verluste gem. § 15 a Abs. 4 EStG festgestellt worden sind (BFH v. 20.08.2015, IV R 41/12, BFH/NV 2016, 227).
- Die Entscheidung über eine **Billigkeitsmaßnahme nach § 163 AO** oder § 227 AO hat als Grundlagenbescheid für die Steuerfestsetzung grds. rechtlichen Einfluss auf die Entscheidung über die Anfechtung eines Steuerbescheides und ermöglicht die Aussetzung des Verfahrens gem. § 74 FGO (BFH v. 10.09.2015, V R 17/14, BFH/NV 2016, 80); die Aussetzung ist aber nicht zwingend geboten (BFH v. 11.05.2010, IX R 26/09, BFH/NV 2010, 2067; BFH v. 28.02.2013, III R 94/10, BStBl II 2013, 725).
- Das Klageverfahren wegen **ErbSt** ist nach § 74 FGO auszusetzen, wenn zum Nachlass Grundstücke gehören und die für die Festsetzung der ErbSt maßgebenden Bescheide über die Feststellung der Grundbesitzwerte dem Erben gegenüber nicht wirksam sind (BFH v. 30.10.2009, II B 95/09, BFH/NV 2010, 236). Von einer Aussetzung des den Folgebescheid betreffenden Verfahrens gem. § 74 FGO kann ausnahmsweise abgesehen werden, wenn eine Entscheidung in einem Verfahren über den Grundlagenbescheid nicht zu erwarten ist (BFH v. 01.07.2010, IV R 100/06, BFH/NV 2010, 2056).
- Wird über das Vermögen eines **Steuerberaters** das Insolvenzverfahren eröffnet, wird die gesetzliche Vermutung eines Vermögensverfalls gem. § 46 Abs. 2 Nr. 4 StBerG nicht durch die Möglichkeit eines Insolvenzplanverfahrens (§§ 217 ff. InsO) beeinflusst. Daher kommt für das finanzgerichtliche Verfahren betreffend den Widerruf der Bestellung keine Aussetzung nach § 74 FGO in Betracht (BFH v. 18.12.2013, VII B 40/13, BFH/NV 2014, 732). Das gilt auch für den Ausgang eines Streitverfahrens über die ESt-Veranlagung und USt-Veranlagung des Klägers (BFH v. 28.09.1998, VII B 173/98, BFH/NV 1999, 341).
- Ein **NZB-Verfahren** (§ 116 Abs. 1 FGO) ist entsprechend § 74 FGO auszusetzen, wenn das verkündete **FG-Urteil nicht wirksam zugestellt** worden ist (BFH v. 09.10.2013, V B 54/13, BFH/NV 2014, 169).
- Das Verfahren über die **Erhebung der festgesetzten Steuer** ist für die Entscheidung in dem Rechtsstreit über die Steuerfestsetzung nicht vorgreiflich i. S. des § 74 FGO (BFH v. 16.05.2007, V B 75/06, BFH/NV 2007, 1688; BFH v. 01.04.2015, V B 121/14, BFH/NV 2015, 1003; zum umgekehrten Fall der Vorgreiflichkeit des Festsetzungsverfahrens gegenüber dem Erhebungsverfahren vgl. BFH v. 08.03.2012, V R 24/11, BStBl II 2012, 466).
- **Vollstreckungsmaßnahmen** (§§ 249 ff. AO) sind im Hinblick auf einen noch unbeschiedenen Erlassantrag (§ 227 AO) nur dann unbillig und eine Verfahrensaussetzung kann dementsprechend nur dann geboten sein, wenn mit einer gewissen Wahrscheinlichkeit mit dem beantragten Erlass zu rechnen ist (BFH v. 12.06.2013, VII B 211/12, BFH/NV 2013, 1591).

Die Entscheidung über die Aussetzung des Verfahrens ist grds. eine **Ermessensentscheidung**, bei der insbes. prozessökonomische Gesichtspunkte und grds. die Interessen der Beteiligten abzuwägen sind (z. B. BFH v. 26.04.2013, VIII B 134/11, BFH/NV 2013, 1246, zu den Ausnahmen s. Rz. 3c). Ein durch das BMF mittels Allgemeinverfügung angeordnetes Ruhen des Einspruchsverfahrens nach § 363 Abs. 2 AO nimmt den FG nicht den Ermessensspielraum für die Entscheidung des Ruhens beziehungsweise der Aussetzung des Verfahrens (BFH v. 03.02.2010, VI B 126/09, BFH/NV 2010, 924). Soweit die Aussetzung des Verfahrens **ermessensfehlerhaft** ist, wird hierdurch ein **Verfahrensmangel** begründet, der allerdings **verzichtbar** ist und bei unterlassener rechtzeitiger Rüge nicht mehr vor dem BFH geltend gemacht werden kann (vgl. BFH v. 14.04.2010, VIII B 91/08, ZSteu 2010, R743; aber s. Rz. 3c). Entsprechend kann ein Verfahrensfehler nicht im NZB-Verfahren geltend gemacht werden, wenn das FG durch gesonderten Beschluss einen nach § 74 FGO ergangenen Aussetzungsbeschluss aufhebt und danach über die Klage entscheidet, wenn der Aufhebungsbeschluss nicht mit der Beschwerde angefochten worden ist (BFH v. 10.05.2013, X B 90/12, BFH/NV 2013, 1249). Zu den Darlegungserfordernissen eines Verfahrensmangels wegen unterlassener Aussetzung z. B. BFH v. 29.10.2012, V B 85/11, BFH/NV 2013, 561; BFH v. 12.12.2012, VI B 50/12, BFH/NV 2013, 1618. Verfahrensfehlerhaft handelt ein Gericht, wenn das Klageverfahren gegen einen Steuerbescheid durch Zwischenurteil gem. § 99 Abs. 2 FGO hinsichtlich der einfachrechtlichen (Vor-)Fragen der Auslegung einer Vorschrift zulasten des Klägers entschieden wird, während das Klageverfahren zugleich wegen Fragen der Verfassungsmäßigkeit der entscheidungserheblichen Norm gem. § 74 FGO ausgesetzt wird (BFH v. 28.10.2015, I R 41/14, BFH/NV 2016, 570; auch s. Rz. 5). 3b

Eine **Pflicht** wegen Ermessensreduzierung auf null zur Aussetzung des Verfahrens besteht **nur in Ausnahmefällen** (BFH v. 08.05.1991, I B 132, 134/90, BStBl II 1991, 641; BFH v. 09.12.2009, IV B 101/09, BFH/NV 2010, 661). Dies gilt dann, wenn dem Gericht für die Entscheidung der Vorfrage die Kompetenz fehlt, z. B. bei einer Aufrechnung mit einer rechtswegfremden Gegenforderung (BFH 3c

v. 09.04.2002, VII B 73/01, BStBl II 2002, 509; BFH v. 19.02.2007, VII B 253/06, BFH/NV 2007, 968; s. § 33 FGO Rz. 1). Eine solche Pflicht besteht allerdings nicht in einem Verfahren wegen der Anfechtung von Steuerbescheiden, wenn gegen die Verurteilung des Klägers wegen Steuerhinterziehung durch ein Strafgericht Berufung eingelegt worden ist (BFH v. 04.04.2003, V B 199/02, BFH/NV 2003, 1081). Besteht eine Verpflichtung zur Aussetzung, so ist die **Nichtbeachtung** dieser Pflicht ein **Verfahrensfehler** wegen **Verstoßes gegen die Grundordnung des Verfahrens**, der auch im Verfahren der NZB ohne Rüge von Amts wegen zu berücksichtigen ist, wenn die Revision aus anderen Zulassungsgründen zuzulassen ist (z. B. BFH v. 22.09.2010, IV B 120/09, BFH/NV 2011, 257; BFH v. 16.05.2013, V R 23/12, BStBl II 2014, 325; auch s. Rz. 7).

4 Die Aussetzungsgründe des § 74 FGO lassen sich nicht willkürlich ausdehnen, insbes. nicht auf Tat- oder Rechtsfragen, die das FG selbst zu entscheiden hat, aber aus irgendwelchen Gründen noch nicht entscheiden will (s. BFH v. 21.07.1967, VI B 8/67, BStBl III 1967, 783). Die Vorschrift ist jedoch einer **entsprechenden Anwendung** zugänglich. In entsprechender Anwendung von § 74 FGO ist das Verfahren auch auszusetzen, um der Finanzbehörde die Gelegenheit zu geben, entweder einen einheitlichen Feststellungsbescheid denjenigen Personen bekannt zu geben, denen gegenüber er mangels Bekanntgabe nicht wirksam geworden war (BFH v. 30.03.1978, IV R 72/74, BStBl II 1978, 503; BFH v. 20.06.1989, VIII R 366/83, BFH/NV 1990, 208) oder um die einheitliche Wirkung der Einspruchsentscheidung bei unterlassener notwendiger Hinzuziehung (§ 360 Abs. 3 AO) durch deren Bekanntgabe unter gleichzeitiger Anordnung der Hinzuziehung herzustellen (BFH v. 17.07.1985, II R 228/82, BStBl II 1985, 675; BFH v. 13.03.1991, VIII R 123/85, BFH/NV 1992, 46).

5 Nach der Rspr. des BFH ist das Klageverfahren entsprechend § 74 FGO auszusetzen, wenn vor dem **BVerfG** ein nicht als aussichtslos erscheinendes **Musterverfahren** gegen eine im Streitfall anzuwendende Norm anhängig ist, den FG zahlreiche Parallelverfahren (**Massenverfahren**) vorliegen und keiner der Beteiligten ein besonderes Interesse an einer Entscheidung des FG über die Verfassungsmäßigkeit der umstrittenen gesetzlichen Regelung des beim BVerfG anhängigen Verfahrens hat (z. B. BFH v. 01.08.2012, IV R 55/11, BFH/NV 2012, 1826; BFH v. 24.09.2012, VI B 79/12, BFH/NV 2013, 70); die Einlegung einer Verfassungsbeschwerde genügt nicht: BFH v. 17.01.2006, XI B 97/05, BFH/NV 2006, 1109; vgl. aber auch BFH v. 02.03.2017, II B 33/16, BStBl II 2017, 646). Voraussetzung hierfür ist, dass es sich um im Wesentlichen gleich gelagerte Fälle handelt (BFH v. 05.02.2015, III R 19/14, BStBl II 2015, 840). Insbesondere kann eine Aussetzung von Klageverfahren berechtigt und auch geboten sein, wenn ein anhängiges Verfahren vor dem BVerfG unmittelbar die **Verfassungsmäßigkeit einer gesetzlichen Regelung** und nicht nur den Vorwurf der verfassungswidrigen Anwendung einer an sich verfassungsgemäßen Norm durch die Gerichte betrifft (BFH v. 03.02.2010, VI B 119/09, BFH/NV 2010, 923). In den vorgenannten Fällen wird das Ermessen auf null regelmäßig reduziert sein. Es ist jedoch nicht ermessensfehlerhaft, ein gerichtliches Verfahren trotz Anhängigkeit eines solchen Musterverfahrens fortzusetzen, wenn von der Entscheidung in diesem Verfahren keine neue entscheidungserhebliche Rechtserkenntnis zu erwarten ist (BFH v. 04.08.2009, VII B 43/09, ZSteu 2010, R 223). Eine Forstsetzung des Verfahrens ist auch ermessensgerecht, wenn der angefochtene Steuerbescheid vorläufig i. S. des § 165 Abs. 1 Satz 2 Nr. 3 AO ergangen ist; denn der **Vorläufigkeitsvermerk** bietet einen der Verfahrensruhe gleichwertigen Rechtsschutz (BFH v. 23.01.2013, X R 32/08, BStBl II 2013, 423). Das gilt auch im Falle der Anhängigkeit eines nicht offensichtlich aussichtslosen konkreten Normenkontrollverfahrens (Vorlage durch ein FG) beim BVerfG (BFH v. 08.07.1994, III R 93/93, BStBl II 1994, 758). Das »Musterverfahren« und das finanzgerichtliche Verfahren müssen hinsichtlich der verfassungsrechtlichen Streitfrage naturgemäß im Wesentlichen gleichgelagert sein (BFH v. 27.11.1992, III B 133/91, BStBl II 1993, 240; BFH v. 24.03.2005, XI B 24/04, BFH/NV 2005, 1347). Ausgangspunkt für diese Entscheidungen ist die Bindungswirkung der Entscheidung des BVerfG in solchen Fällen nach § 31 BVerfG. Ziel dieser Rspr. ist die Eindämmung von Massenverfahren. Zu beachten ist, dass nach § 363 Abs. 2 Satz 2 AO in einem solchen Fall das Einspruchsverfahren kraft Gesetzes ruht. Die Anhängigkeit eines bloßen Parallelfalls bei einem anderen Senat desselben FG oder beim BFH begründet keine Vorgreiflichkeit i. S. des § 74 FGO und rechtfertigt damit grds. nicht die Aussetzung des Verfahrens (s. Rz. 3 und 9 f.; zutr. *Brandis* in Tipke/Kruse, § 74 FGO Rz. 14; a. A. *Dumke* in Schwarz/Pahlke, § 74 FGO Rz. 61). Demnach kann ein anderer Senat, der eine vom aussetzenden Senat abweichende Auffassung vertritt, im Verfahren des einstweiligen Rechtsschutzes gleichwohl durcherkennen (BFH v. 16.10.2012, I B 128/12, BStBl II 2013, 30; BFH v. 16.10.2012, I B 125/12, BFH/NV 2013, 249). Im Übrigen gelten diese vorstehenden Grundsätze auch für Verfahren vor dem **EuGH** (z. B. BFH v. 12.01.2012, V R 7/11, BFH/NV 2012, 817; BFH v. 19.07.2012, V R 25/11, BFH/NV 2012, 2032; *Brandis* in Tipke/Kruse, § 74 FGO Rz. 14; *Dumke* in Schwarz, § 74 FGO Rz. 61), nicht aber für eine Individualbeschwerde vor dem **EGMR** (Art. 33 ff. EMRK; BFH v. 10.05.2012, X B 183/11, BFH/NV 2012, 1570; vgl. auch BFH v. 16.11.2011, X R 15/09, BStBl II 2012, 325). Allerdings ist ein NZB-Verfahren nicht auszusetzen, wenn ein Vorabentscheidungsersuchen an den EuGH (Art. 267 AEUV) durchgeführt werden soll, da es im NZB-Verfahren lediglich um den Zugang zum Revisionsver-

fahren geht, während dort erst über das Vorabentscheidungsersuchen zu entscheiden ist (BFH v. 08.09.2015, V B 5/15, BFH/NV 2016, 7). Zu den **Prozesszinsen** (§ 236 Abs. 1 bzw. Abs. 2 Nr. 1 AO) bei Aussetzung wegen eines beim BVerfG anhängigen Musterverfahrens: BFH v. 29.08.2012, II R 49/11, BStBl II 2013, 104.

Die Entscheidung nach § 74 FGO trifft der Senat bzw. der Einzelrichter kraft Übertragung (§ 6 FGO), im vorbereitenden Verfahren (§ 79 Abs. 1 FGO) der Vorsitzende bzw. der Berichterstatter (§ 79a Abs. 4 FGO), durch **Beschluss**, der zu begründen ist (§ 113 Abs. 2 Satz 1 FGO). Der Aussetzungsbeschluss ist zu befristen, erforderlichenfalls zu erneuern, ggf. mit einer Auflage zu versehen (BFH v. 06.08.1985 BStBl II 1985, 672; vgl. auch BFH v. 23.02.1988 BStBl II 1988, 500; BFH v. 09.04.2002, VII B 73/01, BStBl II 2002, 509) Erfolgt Aussetzung im Hinblick auf ein Verfahren vor einem anderen Gericht, so endet die Aussetzung erst mit dem Erlass der Entscheidung. Die Aufnahme des Rechtsstreits steht nicht zur Disposition der Prozessbeteiligten (s. BFH v. 27.09.1990, I R 143/87, BStBl II 1991, 101; BFH v. 23.10.2003, II B 131/00, BFH/NV 2004, 237 BFH v. 26.01.2005, VII B 290/04, BFH/NV 2005, 904).

7 Der Aussetzungsbeschluss kann mit der **Beschwerde** angefochten werden (§ 128 Abs. 1 FGO), auch nachdem § 128 Abs. 2 2. HS FGO durch das 2. FGOÄndG weggefallen ist (gl. A. *Bergkemper* in HHSp, § 128 FGO Rz. 35; *Brandis* in Tipke/Kruse, § 74 FGO Rz. 17; *Raschow* in Gräber, § 128 FGO Rz. 5; *Thürmer* in HHSp, § 74 FGO Rz. 212; *Schoenfeld* in Gosch, § 74 FGO Rz. 32). Die Beschwerde ist jedoch nicht gegeben, soweit Aussetzung im konkreten Normenkontrollverfahren (Art. 100 Abs. 1 GG, § 80 BVerfGG) oder im Vorabentscheidungsverfahren (Art. 267 AEUV) erfolgt (auch BFH v. 27.01.1981, VII B 56/80, BStBl II 1981, 324; s. Rz. 8). Für die (statthafte) Beschwerde fehlt nicht deshalb das Rechtsschutzbedürfnis, weil das FG in zeitlichem Zusammenhang mit dem Beschluss über die Ablehnung der Verfahrensaussetzung zur Hauptsache entschieden hat. Stellt der BFH fest, dass die Aussetzung im Zeitpunkt der Beschwerdeentscheidung (vgl. BFH v. 20.11.2014, V B 80/14, BFH/NV 2015, 341) zu Unrecht abgelehnt wurde, liegt ein Verstoß gegen die Grundordnung des Verfahrens vor (BFH v. 08.05.1991, I B 132, 134/90, BStBl II 1991, 641; BFH v. 18.09.1992, III B 43/92, BStBl II 1993, 123), der auf entsprechende NZB zur Zulassung der Revision gem. § 115 Abs. 2 Nr. 3 FGO führen muss. Zu den Anforderungen an die Begründung des Verfahrensmangels z. B. BFH v. 17.04.2009, IX B 219/08, BFH/NV 2009, 1123; BFH v. 22.02.2017, V B 122/16, BFH/NV 2017, 772. Weder im Beschluss über die Aussetzung des Verfahrens noch in der i. S. des Beschwerdeantrags ergehenden Beschwerdeentscheidung ist eine Kostenentscheidung zu treffen (z. B. BFH v. 15.07.2003, VII E 13/03, BFH/NV 2003, 1593). Gleiches gilt, wenn der Streit über die Aussetzungssache im Beschwerdeverfahren übereinstimmend für erledigt erklärt wird (BFH v. 04.08.1988, VIII B 83/87, BStBl II 1988, 947). Für die Beschwerde gilt nach § 62 Abs. 4 FGO Vertretungszwang (z. B. BFH v. 15.12.2017, IX B 130/17, BFH/NV 2018, 346; s. § 62 FGO Rz. 10).

### III. Konkrete Normenkontrolle (Art. 100 Abs. 1 GG) und Vorabentscheidung (Art. 267 AEUV)

§ 74 FGO gilt nicht die Aussetzung des Verfahrens aufgrund von Art. 100 Abs. 1 GG i. V. m. §§ 13 Nr. 11, 80 ff. BVerfGG, wenn das Gericht ein (förmliches, nachkonstitutionelles) Gesetz, auf dessen Gültigkeit es bei der Entscheidung ankommt, für verfassungswidrig hält (**konkrete Normenkontrolle**). In diesem Falle beruht die Aussetzung unmittelbar auf Art. 100 Abs. 1 GG und das Gericht muss das Verfahren nach dieser Norm aussetzen; zugleich hat es die Vorlage an das BVerfG oder – wenn die Verletzung von Landesverfassungsrecht angenommen wird – an das als Verfassungsgericht fungierende Gericht des betreffenden Landes zu beschließen (**Vorlagebeschluss**). Auch s. Vor FGO Rz. 61 f. Die Aussetzung des Verfahrens endet mit der Entscheidung des BVerfG über die Vorlage (vgl. BFH v. 26.01.2005, VII B 290/04, BFH/NV 2005, 904; BFH v. 20.01.2015, II R 9/11, BFH/NV 2015, 693). 8

Ebenso wenig gilt § 74 FGO für die Aussetzung des Verfahrens zur Herbeiführung einer **Vorabentscheidung** des EuGH nach Art. 267 AEUV (ex Art. 234 EGV). Dazu s. Vor FGO Rz. 63 f.

## B. Ruhen des Verfahrens (§ 155 Satz 1 FGO i. V. m. § 251 ZPO)

Das Ruhen des Verfahrens wird durch übereinstimmende Anträge der Beteiligten herbeigeführt und vom Gericht beschlossen. Für das Ruhen des Verfahrens gilt § 155 FGO i. V. m. § 251 ZPO: 9

**§ 251 ZPO Ruhen des Verfahrens**

Das Gericht hat das Ruhen des Verfahrens anzuordnen, wenn beide Parteien dies beantragen und anzunehmen ist, dass wegen Schwebens von Vergleichsverhandlungen oder aus sonstigen wichtigen Gründen diese Anordnung zweckmäßig ist. Die Anordnung hat auf den Lauf der im § 233 bezeichneten Fristen keinen Einfluss.

Erforderlich ist ausschließlich der **übereinstimmende Antrag des Klägers und des Beklagten**, nicht etwa aller oder nur anderer Beteiligter (BFH v. 21.02.1989, IV B 39/87, BFH/NV 1990, 375; BFH v. 29.11.1991, III R 207/90, BFH/NV 1992, 610; BFH v. 18.03.2002, I B 48/01, BFH/NV 2002, 1163; BFH v. 16.06.2009, V B 154/08, BFH/NV 2009, 1597; BFH v. 30.11.2009, I B 171/09, 10

BFH/NV 2010, 908; BFH v. 28.06.2010, III B 73/10, BFH/NV 2010, 1847) hat das Gericht gem. § 155 Satz 1 FGO i. V. m. § 251 Abs. 1 ZPO das Ruhen des Verfahrens anzuordnen, wenn dies aus wichtigen Gründen zweckmäßig ist. Auch das NZB-Verfahren kann zum Ruhen gebracht werden (z. B. BFH v. 23.08.2016, V B 32/16, BFH/NV 2016, 1757). Die Anordnung der Verfahrensruhe setzt voraus, dass die Klage oder das Rechtsmittel zulässig ist (BFH v. 30.07.2009, II B 170/08, ZSteu 2009, R1021). Trotz des Wortlauts des § 251 ZPO, schließt der BFH aus der Verwendung des Wortes »zweckmäßig«, dass das FG einen Ermessensspielraum bei seiner Entscheidung über die Anordnung des Ruhens des Verfahrens hat (BFH v. 20.03.2009, III B 219/08, juris). Die Entscheidung, das Ruhen des Verfahrens für beendet zu erklären und das Verfahren wieder aufzunehmen, ist ebenfalls eine Ermessensentscheidung, die das Gericht jederzeit erlassen kann, wenn es ihm zweckmäßig erscheint (BFH v. 20.03.2009, III B 219/08, juris). Die Anordnung des Ruhens des Verfahrens kann zweckmäßig sein, wenn eine Billigkeitsmaßnahme der (vorgesetzten) Finanzbehörde zu erwarten ist. Dies gilt jedoch nicht, wenn die Billigkeitsmaßnahme erst während oder nach Schluss der mündlichen Verhandlung beantragt worden ist (BFH v. 11.02.2009, I R 67/07, BStBl II 2010, 57). Soweit ein Klageverfahren nicht wegen eines Parallelfalls gem. § 74 FGO ausgesetzt werden darf (s. Rz. 5), kommt das Ruhen des Verfahrens gem. § 251 ZPO i. V. m. § 155 Satz 1 FGO in Betracht, allerdings bedarf es dazu der Zustimmung des Klägers und des Beklagten (BFH v. 28.06.2010, III B 73/10, BFH/NV 2010, 1847, BFH v. 24.09.2012, VI B 79/12, BFH/NV 2013, 70; s. Rz. 3).

**10a** Die Entscheidung über die Anordnung der Verfahrensruhe trifft der Senat bzw. Einzelrichter, im vorbereitenden Verfahren der Vorsitzende oder der Berichterstatter, durch mit der Beschwerde (§ 128 Abs. 1 FGO) **anfechtbaren Beschluss** (BFH v. 28.09.1998, VII B 155/98, BFH/NV 1999, 341). Das Ruhen des Verfahrens kommt auch bei Anhängigkeit eines Musterprozesses vor dem BFH in Betracht; das FG ist dazu aber nicht verpflichtet (auch BFH v. 18.09.2002, XI B 126/01, BFH/NV 2003, 189; für das Einspruchsverfahren gilt § 363 Abs. 2 Satz 2 AO; s. dazu BFH v. 29.04.2003, VI R 140/90, BStBl II 2003, 719). Die **Wiederaufnahme** des Verfahrens kann zum einen von Amts wegen durch Beschluss erfolgen, und zwar z. B. dann, wenn infolge der Entscheidung des BFH über Musterverfahren keine wichtigen Gründe (mehr) vorliegen, die ein weiteres Ruhen zweckmäßig erscheinen lassen (BFH v. 27.10.1993, X B 136/93, BFH/NV 1994, 389). Zum anderen durch Antrag eines Beteiligten entsprechend § 155 Satz 1 FGO i. V. m. § 250 ZPO.

## C. Unterbrechung und Aussetzung nach § 155 Satz 1 FGO i. V. m. §§ 239 ff. ZPO

Von der Aussetzung bzw. dem Ruhen des Verfahrens, die **1** beide durch Beschluss des Gerichts angeordnet werden müssen, ist die kraft Gesetzes eintretende Unterbrechung des Verfahrens zu unterscheiden. Gem. § 155 Satz 1 FGO gelten für die Unterbrechung des Verfahrens die §§ 239 bis 245 ZPO. Daneben enthalten die §§ 246 und 247 FGO Regelungen bestimmter Aussetzungsgründe; die hiernach mögliche Aussetzung deckt sich nicht mit derjenigen i. S. von § 74 FGO, da sie vom Antrag eines Beteiligten abhängig ist (§ 155 Satz 1 FGO i. V. m. § 248 ZPO). §§ 249 und 250 ZPO betreffen die Wirkung von Unterbrechung und Aussetzung sowie die Wiederaufnahme von unterbrochenen bzw. ausgesetzten Verfahren.

**§ 239 ZPO Unterbrechung durch Tod der Partei**

(1) Im Falle des Todes einer Partei tritt eine Unterbrechung des Verfahrens bis zu dessen Aufnahme durch die Rechtsnachfolger ein.

(2) Wird die Aufnahme verzögert, so sind auf Antrag des Gegners die Rechtsnachfolger zur Aufnahme und zugleich zur Verhandlung der Hauptsache zu laden.

(3) Die Ladung ist mit dem den Antrag enthaltenden Schriftsatz den Rechtsnachfolgern selbst zuzustellen. Die Ladungsfrist wird von dem Vorsitzenden bestimmt.

(4) Erscheinen die Rechtsnachfolger in dem Termin nicht, so ist auf Antrag die behauptete Rechtsnachfolge als zugestanden anzunehmen und zur Hauptsache zu verhandeln.

(5) Der Erbe ist vor der Annahme der Erbschaft zur Fortsetzung des Rechtsstreits nicht verpflichtet.

**§ 240 ZPO Unterbrechung durch Insolvenzverfahren**

Im Falle der Eröffnung des Insolvenzverfahrens über das Vermögen einer Partei wird das Verfahren, wenn es die Insolvenzmasse betrifft, unterbrochen, bis es nach den für das Insolvenzverfahren geltenden Vorschriften aufgenommen oder das Insolvenzverfahren beendet wird. Entsprechendes gilt, wenn die Verwaltungs- und Verfügungsbefugnis über das Vermögen des Schuldners auf einen vorläufigen Insolvenzverwalter übergeht.

**§ 241 ZPO Unterbrechung durch Prozessunfähigkeit**

(1) Verliert eine Partei die Prozessfähigkeit oder stirbt der gesetzliche Vertreter einer Partei oder hört seine Vertretungsbefugnis auf, ohne dass die Partei Prozessfähig geworden ist, so wird das Verfahren unterbrochen, bis der gesetzliche Vertreter oder der neue gesetzliche Vertreter von seiner Bestellung dem Gericht Anzeige macht oder der Gegner seine Absicht, das Verfahren fortzusetzen, dem Gericht angezeigt und das Gericht diese Anzeige von Amts wegen zugestellt hat.

(2) Die Anzeige des gesetzlichen Vertreters ist dem Gegner der durch ihn vertretenen Partei, die Anzeige des Gegners ist dem Vertreter zuzustellen.

(3) Diese Vorschriften sind entsprechend anzuwenden, wenn eine Nachlassverwaltung angeordnet wird.

**§ 242 ZPO Unterbrechung durch Nacherbfolge**

Tritt während des Rechtsstreits zwischen einem Vorerben und einem Dritten über einen der Nacherbfolge unterliegenden Gegenstand der Fall der Nacherbfolge ein, so gelten, sofern der Vorerbe befugt war, ohne Zustimmung des Nacherben über den Gegenstand zu verfügen, hinsichtlich der Unterbrechung und der Aufnahme des Verfahrens die Vorschriften des § 239 entsprechend.

**§ 243 ZPO Unterbrechung bei Nachlasspflegschaft und Testamentsvollstreckung**

Wird im Falle der Unterbrechung des Verfahrens durch den Tod einer Partei ein Nachlasspfleger bestellt oder ist ein zur Führung des Rechtsstreits berechtigter Testamentsvollstrecker vorhanden, so sind die Vorschriften des § 241 und, wenn über den Nachlass das Insolvenzverfahren eröffnet wird, die Vorschriften des § 240 bei der Aufnahme des Verfahrens anzuwenden.

**§ 244 ZPO Unterbrechung durch Anwaltsverlust**

(1) Stirbt in Anwaltsprozessen der Anwalt einer Partei oder wird er unfähig, die Vertretung der Partei fortzuführen, so tritt eine Unterbrechung des Verfahrens ein, bis der bestellte neue Anwalt seine Bestellung dem Gericht angezeigt und das Gericht die Anzeige dem Gegner von Amts wegen zugestellt hat.

(2) Wird diese Anzeige verzögert, so ist auf Antrag des Gegners die Partei selbst zur Verhandlung der Hauptsache zu laden oder zur Bestellung eines neuen Anwalts binnen einer von dem Vorsitzenden zu bestimmenden Frist aufzufordern. Wird dieser Aufforderung nicht Folge geleistet, so ist das Verfahren als aufgenommen anzusehen. Bis zur nachträglichen Anzeige der Bestellung eines neuen Anwalts erfolgen alle Zustellungen an die zur Anzeige verpflichtete Partei.

**§ 245 ZPO Unterbrechung durch Stillstand der Rechtspflege**

Hört infolge eines Krieges oder eines anderen Ereignisses die Tätigkeit des Gerichts auf, so wird für die Dauer dieses Zustandes das Verfahren unterbrochen.

**§ 246 ZPO Aussetzung bei Vertretung durch Prozessbevollmächtigten**

(1) Fand in den Fällen des Todes, des Verlustes der Prozessfähigkeit, des Wegfalls des gesetzlichen Vertreters, der Anordnung einer Nachlassverwaltung oder des Eintritts der Nacherbfolge (§§ 239, 241, 242) eine Vertretung durch einen Prozessbevollmächtigten statt, so tritt eine Unterbrechung des Verfahrens nicht ein; das Prozessgericht hat jedoch auf Antrag des Bevollmächtigten, in den Fällen des Todes und der Nacherbfolge auch auf Antrag des Gegners die Aussetzung des Verfahrens anzuordnen.

(2) Die Dauer der Aussetzung und die Aufnahme des Verfahrens richten sich nach den Vorschriften der §§ 239, 241 bis 243; in den Fällen des Todes und der Nacherbfolge ist die Ladung mit dem Schriftsatz, in dem sie beantragt ist, auch dem Bevollmächtigten zuzustellen.

**§ 247 ZPO Aussetzung bei abgeschnittenem Verkehr**

Hält sich eine Partei an einem Ort auf, der durch obrigkeitliche Anordnung oder durch Krieg oder durch andere Zufälle von dem Verkehr mit dem Prozessgericht abgeschnitten ist, so kann das Gericht auch von Amts wegen die Aussetzung des Verfahrens bis zur Beseitigung des Hindernisses anordnen.

**§ 248 ZPO (Verfahren bei Aussetzung)**

(1) Das Gesuch um Aussetzung des Verfahrens ist bei dem Prozessgericht anzubringen; es kann vor der Geschäftsstelle zu Protokoll erklärt werden.

(2) Die Entscheidung kann ohne mündliche Verhandlung ergehen.

**§ 249 ZPO (Wirkung von Unterbrechung und Aussetzung)**

(1) Die Unterbrechung und Aussetzung des Verfahrens hat die Wirkung, dass der Lauf einer jeden Frist aufhört und nach Beendigung der Unterbrechung oder Aussetzung die volle Frist von neuem zu laufen beginnt.

(2) Die während der Unterbrechung oder Aussetzung von einer Partei in Ansehung der Hauptsache vorgenommenen Prozesshandlungen sind der anderen Partei gegenüber ohne rechtliche Wirkung.

(3) Durch die nach dem Schluss einer mündlichen Verhandlung eintretende Unterbrechung wird die Verkündung der auf Grund dieser Verhandlung zu erlassenden Entscheidung nicht gehindert.

**§ 250 ZPO (Form von Aufnahme und Anzeige)**

Die Aufnahme eines unterbrochenen oder ausgesetzten Verfahrens und die in diesem Titel erwähnten Anzeigen erfolgen durch Zustellung eines bei Gericht einzureichenden Schriftsatzes.

Der Finanzprozess – auch das Rechtsmittelverfahren (BFH v. 27.08.2008, II R 23/06, BFH/NV 2008, 2038) – wird gem. § 155 Satz 1 FGO i. V. m. § 239 ZPO unterbrochen, wenn ein Hauptbeteiligter durch **Tod**, bei juristischen Personen oder Personengesellschaften z. B. durch **Verschmelzung** (insbes. § 20 Abs. 1 Nr. 2 Satz 1 UmwG; BFH v. 27.04.1988, II R 201/84, BStBl II 1988, 681; BFH v. 03.07.2000, VIII R 68/95, juris), bei Personengesellschaften auch durch **liquidationslose Beendigung** (gem. oder entsprechend § 142 HGB oder in sonstiger Weise, BFH v. 21.10.1985, GrS 4/84, BStBl II 1986, 230) wegfällt. Beachte aber § 155 Satz 1 FGO i. V. m. § 246 Abs. 1 ZPO (s. Rz. 19). Dies gilt auch beim Tod »zwischen den Instanzen« (BFH v. 02.08.2004, V B 96/04, BFH/NV 2004, 1665). Desgleichen wird das Verfahren unterbrochen, wenn ein notwendig Beigeladener (§ 60 Abs. 3 FGO) verstirbt. Hinsichtlich des nach § 60 Abs. 1 FGO einfach Beigeladenen tritt u. E. nicht notwendig Unterbrechung ein, weil das Erfordernis einheitlicher Entscheidung nur im Fall der notwendigen Beiladung nach § 60 Abs. 3 FGO gegeben ist. Die Fortsetzung des Verfahrens hat aller- **12** dings zur Folge, dass die Bindungswirkungen (§ 110 Abs. 1 FGO) dem Rechtsnachfolger des einfach Beigeladenen gegenüber nicht eintreten können (ähnlich wohl *Brandis* in Tipke/Kruse, § 74 FGO Rz. 23). Keine Unterbrechung nach § 239 Abs. 1 ZPO, wohl aber Unterbrechung nach § 241 ZPO tritt ein, wenn eine Kapitalgesellschaft im Handelsregister lediglich gelöscht wird, wenn ihr noch Ansprüche zustehen oder sie noch steuerliche Pflichten zu erfüllen hat (BFH v. 26.03.1980, I R 111/79, BStBl II 1980, 587; BFH v. Urteil vom 27.04.2000, I R 65/98, BStBl II 2000, 500). Desgleichen tritt keine Unterbrechung ein, wenn eine Personengesellschaft aufgelöst wird (BFH v. 10.05.1974, III 284/64, BStBl II 1974, 620; BFH v. 24.03.1987 BStBl II 1988, 316; FG BW v. 16.10.1998, 9 K 71/96, juris), wohl aber bei deren Vollbeendigung (BFH v. 25.04.2006, VIII R 52/04, BStBl II 2006, 847; BFH v. 28.10.2008, VIII R 69/06, BStBl II 2009, 642). Der Tod des Liquidators einer Personengesellschaft führt nicht zur Unterbrechung des Verfahrens (BFH v. 06.08.2010, IV B 52/10, BFH/NV 2010, 2106). Zum Sonderproblem der Prozessstandschaft in den Fällen des § 48 Abs. 1 Nr. 1 FGO s. § 352 AO Rz. 6 f. Beachte aber stets **§ 246 ZPO** (Rz. 19). Eine trotz Unterbrechung ergehende Entscheidung ist unwirksam und aufzuheben (BFH v. 22.05.2003, B 19/03, juris). Die Aufnahme des Verfahrens erfolgt entsprechend § 239 Abs. 2, Abs. 3 und Abs. 5 ZPO. § 239 Abs. 2 ZPO ist allerdings wegen des Untersuchungsgrundsatzes (§ 76 Abs. 1 Satz 1 FGO) nur bedingt anwendbar: Statt des Antrags eines Gegners ergeht eine Aufforderung durch das Gericht. § 239 Abs. 4 ZPO ist wegen Untersuchungsgrundsatzes unanwendbar (vgl. auch BFH v. 02.10.1986, V R 99/78, BStBl II 1987, 147). Nimmt keiner der Beteiligten trotz Aufforderung durch das Gericht das Verfahren auf, so ist die Sache im Prozessregister zu löschen; eine spätere Fortsetzung des Verfahrens durch die Rechtsnachfolger wird dadurch nicht verhindert (s. auch BFH v. 28.03.1985, VII R 141/84, BFH/NV 1987, 248).

**13** Zu **§ 240 ZPO**: Wird das **Insolvenzverfahren** über das Vermögen des **Klägers** im Finanzprozess **eröffnet**, nachdem dieser Klage erhoben hatte, besteht die wesentliche Auswirkung der Insolvenzverfahrenseröffnung auf den Finanzprozess darin, dass das finanzgerichtliche Verfahren, wenn es die Insolvenzmasse betrifft, unterbrochen wird, bis es nach den für das Insolvenzverfahren geltenden Vorschriften aufgenommen oder das Insolvenzverfahren beendet wird (§ 155 Satz 1 FGO i. V. m. § 240 Satz 1 ZPO; dazu BFH v. 23.05.2000, IX S 5/00, BFH/NV 2000, 1134; BFH v. 20.10.2003, V B 67/03, BFH/NV 2004, 349; BFH v. 19.04.2005, IV B 181/03, BFH/NV 2005, 1360; BFH, Beschluss v. 07.03.2006, VII R 11/05, BStBl II 2006, 573. m. Anm. *Bartone*, jurisPR-SteuerR 23/2006 Anm. 4; *Bartone*, AO-StB 2004, 144; *Herbert* in Gräber, § 74 FGO Rz. 36; *Loose* in Tipke/Kruse, § 251 AO Rz. 51), auch bei Klagen gegen Gewinnfeststellungsbescheide bei Insolvenz eines Mitunternehmers (BFH v. 31.05.2007, IV B 127/06, BFH/NV 2007, 1908). Dies gilt jedoch dann nicht, wenn der Mitunternehmer nicht selbst Klage erhoben hat und auch nicht nach § 60 Abs. 3 FGO notwendig oder § 60 Abs. 3 Satz 2 FGO einfach zum Verfahren beizuladen ist. Daran ändert ein eventuelles Ausscheiden des Gesellschafters aus der Gesellschaft aufgrund der Insolvenzeröffnung nichts, wenn seine rechtlichen oder wirtschaftlichen Interessen durch den Ausgang des Rechtsstreits nicht berührt werden (BFH v. 26.06.2007, IV R 75/05, DStRE 2008, 341). Auch das Verfahren einer (Außen-)Personengesellschaft wegen GewSt-Messbetrags wird bei Eröffnung des Insolvenzverfahrens über das Vermögen eines Gesellschafters nicht unterbrochen, da die Gesellschaft selbst als solche Schuldnerin der GewSt ist, sodass der Gesellschafter weder selbst Kläger noch nach § 60 Abs. 3 FGO beizuladen ist (BFH v. 26.06.2007, IV R 75/05, DStRE 2008, 341). Das Feststellungsverfahren und nachfolgend das Einkommensteuerfestsetzungsverfahren werden nicht gem. § 155 Satz 1 FGO i. V. m. § 240 ZPO unterbrochen, wenn es sich bei der Einkommensteuer auf den Gewinnanteil nicht um eine Insolvenzforderung (§ 38 InsO) handelt (BFH v. 01.06.2016, X R 26/14, BStBl II 2016, 848). Dies gilt auch bei Bestellung eines sog. **starken vorläufigen Insolvenzverwalters** (§§ 21 Abs. 2 Satz 1 Nr. 1 und Nr. 2, 22 Abs. 1 Satz 1 InsO) im **Insolvenzeröffnungsverfahren** (§ 155 Satz 1 FGO i. V. m. § 240 Satz 2 ZPO). Das Verfahren wird indessen nicht unterbrochen, wenn das AG im Rahmen eines Insolvenzeröffnungsverfahrens lediglich Maßnahmen zur Sicherung der künftigen Insolvenzmasse nach §§ 21 Abs. 2 Nr. 3, 88 InsO an, ohne ein allgemeines Verfügungsverbot zu verhängen (§ 22 Abs. 1 Satz 1 InsO i. V. m. § 21 Abs. 2 Nr. 1, 2 InsO; BFH v. 15.02.2008, X S 27/07 [PKH], BFH/NV 2008, 818; BFH v. 30.04.2008, X S 14/07 [PKH], BFH/NV 2008, 1351). Dies bewirkt u. a., dass eine trotz Unterbrechung des Verfahrens ergehende gerichtliche Entscheidung wirkungslos und – aus Gründen der Rechtsklarheit – aufzuheben ist (BFH v. 27.11.2003, VII B 236/02, BFH/NV 2004, 366; *Herbert* in: Gräber, FGO, § 74, Rz. 36). Dies gilt auch dann, wenn das Gericht nichts von der Eröffnung des Insolvenzverfahrens wusste, da die Unterbrechung nach § 155 Satz 1 FGO i. V. m. § 240 Satz 1 ZPO nicht von der Kenntnis des FG abhängt (BFH v. 31.05.2007, IV B 127/06, BFH/NV 2007, 1908; BFH v. 26.06.2009, V B 23/08, BFH/NV 2009, 1819). Die Unterbrechung des Verfahrens tritt auch dann ein, wenn eine gerichtliche Entscheidung zwar vor Eröffnung des Insolvenzverfahrens von dem erkennenden Gericht gefasst, aber erst nach Eröffnung des Insolvenzverfahrens bekannt gegeben wurde (BFH v. 19.10.2010, I B 18/10, BFH/NV 2011, 282). Das unterbrochene **Verfahren** wird aus dem Prozessregister **gelöscht** (BFH v. 03.09.2008, VIII B 98/07 u. a., juris). Hat das FG ein Urteil verkündet, aber dem Kläger noch nicht zugestellt, kann das Urteil erst wirksam zugestellt werden, wenn der gem. § 155 Satz 1 FGO i.V.m. § 240 Satz 1 ZPO unterbrochene Prozess wieder aufgenommen wird (BFH, Urt. v. 17.11.1977 – IV R 131 bis 134/77, IV R 131/77, IV R 132/77, IV R 133/77, IV R 134/77 – BStBl II 1978, 165; *Bartone*, AO-StB 2007, 49). Die vorstehenden Grundsätze gelten auch für das PKH-Verfahren (BFH v. 27.09.2006, IV S 11/05 (PKH), BStBl II 2007, 130 m. Anm. *Bartone*, jurisPR-SteuerR 51/2006, Anm. 5). Wird über das Vermögen eines **notwendig Beigeladenen** (§ 60 Abs. 3 FGO) das Insolvenzverfahren eröffnet, führt dies ebenfalls zur Unterbrechung des Verfahrens nach § 155 Satz 1 FGO i.V.m. § 240 Satz 1 ZPO (BFH v. 07.10.1987, II R 187/80, BStBl II 1988, 23; *Bartone*, AO-StB 2007, 49; *Thürmer* in HHSp, § 74 FGO Rz. 133). Ist ein einfacher Beigeladener von der Insolvenzeröffnung betroffen, führt dies nicht zur Verfahrensunterbrechung. Bei **Streitgenossenschaft** (§ 59 FGO) ist zu unterscheiden: Wird über das Vermögen eines der (einfachen) Streitgenossen das Insolvenzverfahren eröffnet, so ist nur dessen Verfahren nach den vorgenannten Vorschriften unterbrochen, bis es wieder aufgenommen wird. Denn trotz der äußerlichen Verbindung der Verfahren behalten diese ihre Selbständigkeit (zur Abtrennung in diesen Fällen s. § 73 FGO Rz. 3). Handelt es sich indessen um einen Fall der notwendigen Streitgenossenschaft (§ 59 FGO i.V.m. § 62 Abs. 1 ZPO), wirkt die Unterbrechung infolge Insolvenzverfahrenseröffnung auch für den oder die übrigen notwendigen Streitgenossen, da infolge der Unterbrechung keine einheitliche Entscheidung über den Streitgegenstand mehr getroffen werden kann (BFH v. 16.01.2007, X B 47/06, BFH/NV 2007, 942 m. Anm. *Bartone*, jurisPR-SteuerR 18/2007, Anm. 4). Zur **Aufnahme des Verfahrens** nach den Vorschriften der InsO: BFH v. 07.03.2006, VII R 11/05, BStBl II 2006, 573 m. Anm. *Bartone*, jurisPR-SteuerR 26/2007, Anm. 6; *Bartone*, AO-StB 2007, 49; *Loose* in Tipke/Kruse, § 251 AO Rz. 32, 51). Der Schuldner kann den Rechtsstreit nicht aufnehmen. Eine von ihm in Verkennung der wahren Rechtslage abgegebene entsprechende Erklärung ist unzulässig und entfaltet infolgedessen keine Rechtswirkungen (BFH v. 19.03.2009, X B 224/08, BFH/NV 2009, 1149). Wird der Schuldner in der irrigen Annahme einer eigenen Prozessführungsbefugnis in einem vom Insolvenzverwalter nicht aufgenommenen Prozess gleichwohl tätig, so ist er während der Dauer des Insolvenzverfahrens durch Beschluss aus dem Prozess zu weisen (BFH v. 19.03.2009, X B 224/08, BFH/NV 2009, 1149). Die Unterbrechung eines gerichtlichen Verfahrens durch Eröffnung eines Insolvenzverfahrens nach § 240 ZPO endet – außer im Fall der Aufnahme insbes. durch den Insolvenzverwalter –, wenn der Insolvenzverwalter oder ein ihm – im vereinfachten Insolvenzverfahren gleichgestellter – Treuhänder die streitige Forderung anerkennt (BFH v. 23.06.2008, VIII B 12/08, BFH/NV 2008, 1691) bzw. – nach früherer Auffassung des BFH – wenn die streitige Steuerforderung (Insolvenzforderung i.S. des § 38 InsO) widerspruchslos zur Insolvenztabelle festgestellt wird (BFH v. 10.11.2010, IV B 18/09, BFH/NV 2011, 650; BFH v. 10.11.2010, IV B 11/09, BFH/NV 2011, 649). Diese Auffassung hat der BFH ausdrücklich aufgegeben; nach nunmehr vertretener Auffassung soll sich in diesem Fall zwar die Hauptsache erledigen (§ 138 Abs. 1 FGO), die Verfahrensunterbrechung soll aber im Hinblick auf die noch zu treffende Kostenentscheidung fortdauern (BFH v. 17.07.2012, X S 24/12, BFH/NV 2012, 1638 m. krit. Anm. *Bartone*, jurisPR-SteuerR 47/2012; BFH v. 14.05.2013, X B 134/12, BStBl II 2013, 585).

**§ 241 ZPO** gilt uneingeschränkt für den Finanzprozess. 14
Beachte aber § 246 ZPO (Rz. 19). Zum Fall der Löschung einer GmbH wegen Vermögenslosigkeit (früher § 2 LöschG, nunmehr § 141a FGG) vgl. BFH v. 18.10.1967, I R 144/66, I R 145/66, BStBl 1968 II 1968, 95; BFH v. 27.04.2000, I R 65/98, BStBl II 2000, 500. Mit der Löschung einer GmbH und ihrer dadurch eintretenden Prozessunfähigkeit wird auch ein finanzgerichtliches Verfahren, das eine KG betrifft, deren einziger persönlich haftender Gesellschafter sie war, unterbrochen (BFH v. 19.09.1985, V R 129/79, BFH/NV 1987, 515).

**§ 242 ZPO** gilt im Finanzprozess uneingeschränkt. Hin- 15
sichtlich der Aufnahme des Verfahrens s. Rz. 12 zu § 239 ZPO.

Bezüglich der Verweisung auf § 240 ZPO gilt **§ 243 ZPO** 16
uneingeschränkt im Finanzprozess (vgl. auch § 45 Abs. 2 AO). Zur Prozessführungsbefugnis des Testamentsvollstreckers s. § 57 FGO Rz. 9.

**§ 244 ZPO** hat wegen § 62 Abs. 4 FGO nur Bedeutung 17
im Verfahren vor dem BFH. Im Verfahren vor dem FG kann ihr allenfalls dann Bedeutung zukommen, wenn der Beteiligte auf entsprechende Anordnung des Gerichts (§ 62 Abs. 1 Satz 2 FGO) einen Bevollmächtigten bestellt hat und in dessen Person die Voraussetzungen des § 244 ZPO eintreten. Trotz Todes des Prozessbevollmächtigten während des Revisionsverfahrens kann im Hinblick auf § 249 Abs. 3 ZPO ein Urteil noch ergehen und zugestellt werden, wenn die Beteiligten sich mit einer Entscheidung ohne mündliche Verhandlung einverstanden erklärt haben (BFH v. 28.02.1991, V R 117/85, BStBl II 1991, 466; BFH v. 21.11.2002, VII B 58/02, BFH/NV 2003, 485). Eine Unterbrechung nach § 155 Satz 1 FGO i.V.m. § 244 Abs. 1 ZPO tritt dann nicht ein, wenn zwar der Prozessbevollmächtigte seine Postulationsfähigkeit vor dem BFH verliert, jedoch keine Fristen mehr laufen, alle erforderlichen Prozesshandlungen vor Eintritt der Unterbrechung vorgenommen sind und durch die Zustellung der BFH-Entscheidung keine Frist in Lauf gesetzt wird (BFH v. 21.11.2002, VII B 58/02, BFH/NV 2003, 485). Die Aufnahme eines NZB-Verfahrens nach § 155 FGO i.V.m. § 244 Abs. 2 Satz 2 ZPO kann auch durch eine Rücknahmeerklärung erfolgen (BFH v. 19.04.2005, IV B 60/05, BFH/NV 2005, 1819).

18 § 245 ZPO gilt uneingeschränkt im Finanzprozess. Neben dem Krieg gelten auch Naturkatastrophen und Revolutionen (!) als Unterbrechungsgründe. Die Unterbrechung endet in diesen Fällen, wenn das Gericht seine Tätigkeit wieder aufnimmt (*Putzo* in Thomas/Putzo, § 245 ZPO Rz. 1).

19 Nach **§ 246** Abs. 1 1. **HS ZPO**, der im Finanzprozess uneingeschränkt gilt, tritt in den Fällen der §§ 239, 241, 242 ZPO (s. Rz. 12, 14, 15) **keine Unterbrechung** des Verfahrens ein, wenn der **Kläger durch einen Prozessbevollmächtigten vertreten** ist, selbst wenn dieser später das Mandat niederlegt (BFH v. 29.09.2005, III B 104/05, BFH/NV 2006, 314). Dies gilt vor dem BFH im Hinblick auf § 62 Abs. 4 FGO (s. § 62 FGO Rz. 9 ff.) nur, wenn ein postulationsfähiger Bevollmächtigter (s. § 62 FGO Rz. 10) vorhanden ist (BFH v. 27.08.2008, II R 23/06, BFH/NV 2008, 2038). Vertretung durch einen Prozessbevollmächtigten i. S. von § 246 ZPO findet auch statt, wenn eine als Prozessbevollmächtigte auftretende Person ihre Vollmacht bei Gericht nicht eingereicht hat (BFH v. 26.10.1970, IV 101/65, BStBl II 1971, 105). Der Bevollmächtigte kann auf dessen Antrag, bei Tod (§ 239 ZPO) oder Eintritt der Nacherbfolge (§ 242 ZPO) auch auf Antrag des Beklagten die Aussetzung des Verfahrens anordnen (§ 246 Abs. 1 2. HS ZPO). Der Antrag auf Aussetzung des Verfahrens kann auch dann noch gestellt werden, wenn der Bevollmächtigte zunächst weitergehandelt hat (BFH v. 14.07.1971, I B 57/70, BStBl II 1971, 774). Auch die Rücknahme eines zunächst gestellten Antrags auf Aussetzung des Verfahrens steht nicht ohne Weiteres dem Recht des Bevollmächtigten, in einem späteren Verfahrensabschnitt erneut Aussetzung zu beantragen, entgegen (BFH 14.07.1971, I B 57/70, BStBl II 1971, 774).

20 **§ 247 ZPO** gilt im Finanzprozess uneingeschränkt. Die Regelung kann jedoch nur den Kläger betreffen. Eine Verhinderung tritt aus von ihm nicht zu vertretenen objektiven Umständen ein, z.B. Krieg, Kriegsnachwirkung, Hochwasser etc. (*Greger* in Zöller, § 247 ZPO Rz. 2). Sie kommt z.B. auch dann in Betracht, wenn der Kläger als Angehöriger der Streitkräfte an einem Einsatz im Ausland teilnimmt (a. A. OLG Zweibrücken v. 10.08.1999, 5 WF 72/99, NJW 1999, 2907 mit sehr zweifelhafter Argumentation).

21 Gem. **§ 248 ZPO**, der im Finanzprozess ebenfalls gilt, ist der Antrag auf Aussetzung nach den §§ 246 und 247 ZPO schriftlich oder mündlich zur Niederschrift beim Urkundsbeamten der Geschäftsstelle zu stellen (§ 248 Abs. 1 ZPO). Die Entscheidung des Gerichts erfolgt durch Beschluss, der mit der Beschwerde (§ 128 Abs. 1 FGO) angefochten werden kann.

22 **§ 249 ZPO** gilt ebenso im Finanzprozess, allerdings nur für die Unterbrechung des Verfahrens (§§ 239 bis 245 ZPO) und die Aussetzung des Verfahrens (§§ 246, 247 ZPO), nicht für das Ruhen des Verfahrens (§ 251 ZPO). Nach § 249 Abs. 2 ZPO sind nicht nur Prozesshandlungen der Beteiligten unwirksam, sondern auch Zustellungen des, mit denen die Frist zur Einlegung oder Begründung eines Rechtsmittels in Lauf gesetzt werden sollen, sind ohne Wirkung (BFH v. 17.11.1977, IV R 131–134/77, BStBl II 1978, 165). Eine Ladung zum Termin ist unwirksam, zumindest gegenüber demjenigen, in dessen Person die Voraussetzungen der Unterbrechung vorliegen. Wird die mündliche Verhandlung in Unkenntnis der Unterbrechung durchgeführt, so liegt darin ein Revisionsgrund i.S. von § 119 Abs. 1 Nr. 3 FGO). Auch eine Beiladung (§ 60 FGO) scheidet während der Unterbrechung aus (BFH v. 06.12.2005, XI B 116/04, BFH/NV 2006, 951).

**§ 250 ZPO**, der im Finanzprozess ebenfalls gilt, regelt die Wiederaufnahme eines nach § 155 Satz 1 FGO i. V. m. §§ 239 bis 245 ZPO unterbrochenen oder nach § 155 Satz 1 FGO i. V. m. §§ 246, 247 ZPO ausgesetzten Verfahrens. Die **Wiederaufnahme** erfolgt **durch die Einreichung eines Schriftsatzes** des aufnehmenden Beteiligten, der zweifelsfrei den Willen zur Verfahrensfortsetzung erkennen lassen muss (BGH v. 09.05.1995, XI ZB 7/95, NJW 1995, 2171; *Brandis* in Tipke/Kruse, § 74 FGO Rz. 38; auch s. Rz. 17). Verzögern die Beteiligten die Wiederaufnahme grundlos, so nimmt das Gericht das Verfahren wieder auf (FG He v. 12.04.1972, II 1300/68, EFG 1972, 498; gl. A. *Brandis* in Tipke/Kruse, § 74 FGO Rz. 38; *Herbert* in Gräber, § 74 FGO Rz. 51). 23

## § 75 FGO
## Mitteilung der Besteuerungsgrundlagen

**Den Beteiligten sind, soweit es noch nicht geschehen ist, die Unterlagen der Besteuerung auf Antrag oder, wenn der Inhalt der Klageschrift dazu Anlass gibt, von Amts wegen mitzuteilen.**

§ 75 FGO stimmt inhaltlich mit § 364 AO überein. Die Vorschrift ist Ausdruck des Grundsatzes der Gewährung rechtlichen Gehörs (BFH v. 25.02.2010, V B 14/09, BFH/NV 2010, 1286; BFH v. 29.08.2013, IX B 17/13, BFH/NV 2013, 1942; *Stöcker* in Gosch, § 75 FGO Rz. 1.1; *Thürmer* in HHSp, § 75 FGO Rz. 4). Da dieser verfassungsrechtliche Grundsatz (Art. 103 Abs. 1 GG) eine einfachgesetzliche Ausprägung in § 96 Abs. 2 FGO erhalten hat, hat § 75 FGO lediglich deklaratorische Bedeutung (*Seer* in Tipke/Kruse, § 75 FGO Rz. 1). Zweck der Norm ist es, Überraschungsentscheidungen zu vermeiden (BFH v. 25.02.2010, V B 14/09, BFH/NV 2010, 1286; BFH v. 22.05.2007, X R 26/05, BFH/NV 2007, 1817; BFH v. 29.08.2013, IX B 17/13, BFH/NV 2013, 1942). Ob man die Vorschrift daher für überflüssig hält (so *Herbert* in Gräber, § 75 FGO; a.A. wohl *Seer* in Tipke/Kruse, § 75 FGO, Rz. 1), mag dahinstehen; jedenfalls ist die praktische Bedeutung außerordentlich gering. Vgl. im Übrigen die Erläuterungen zu s. § 364 AO. 1

Der Anspruch auf rechtliches Gehör besteht im Wesentlichen darin, dass den an einem gerichtlichen Verfahren Beteiligten Gelegenheit gegeben werden muss, sich zu den Tatsachen und Beweisergebnissen, die der gerichtlichen Entscheidung zugrunde gelegt werden sollen, vorher zu äußern (s. Vor FGO Rz. 61a). Das FG verstößt jedoch nur dann gegen Art. 103 Abs. 1 GG i.V.m. § 96 Abs. 2 FGO bzw. § 75 FGO, wenn es einem Beteiligten Tatsachen, Beweismittel oder Beweisergebnisse vorenthält, die das Ergebnis des Verfahrens beeinflussen können (BFH v. 12.03.2004, VII B 239/02, BFH/NV 2004, 1114). Eine Verletzung von § 75 FGO liegt indessen nicht vor, wenn die der Entscheidung des FG (und der Finanzbehörde) zugrunde liegenden Besteuerungsgrundlagen dem Kläger bereits bekannt waren (BFH v. 29.08.2013, IX B 17/13, BFH/NV 2013, 1942), z.B. gerade auch dann, wenn die Besteuerungsunterlagen bereits im Einspruchsverfahren gem. § 364 AO mitgeteilt worden waren (vgl. *Stöcker* in Gosch, § 75 FGO Rz. 8). Abgesehen davon ist es dem Kläger grds. zumutbar, durch Akteneinsicht gem. § 78 FGO selbst Einsicht in die vom Gericht beizuziehenden Akten des Beklagten sowie in etwaige vorhandene weitere Beweismittel zu nehmen und sich ggf. gem. § 78 Abs. 2 FGO Abschriften erteilen zu lassen. Die Pflicht des FA und des Gerichts, dem Kläger nach § 75 FGO die Besteuerungsunterlagen mitzuteilen, hat den Zweck, dem Kläger die Kenntnis zu verschaffen, wogegen er sich verteidigen soll. Sie hat nicht den Zweck, ihm in Klageverfahren mit komplexen Sachverhalten, wie insbes. nach Fahndungs- und Betriebsprüfungen, die ergänzende Akteneinsicht nach § 78 FGO zu ersparen (BFH v. 25.02.2010, V B 14/09, BFH/NV 2010, 1286).

## § 76 FGO
## Erforschung des Sachverhalts durch das Gericht

**(1) Das Gericht erforscht den Sachverhalt von Amts wegen. Die Beteiligten sind dabei heranzuziehen. Sie haben ihre Erklärungen über tatsächliche Umstände vollständig und der Wahrheit gemäß abzugeben und sich auf Anforderung des Gerichts zu den von den anderen Beteiligten vorgebrachten Tatsachen zu erklären. §90 Abs.2, §93 Abs.3 Satz 2, §97, §§99, 100 der Abgabenordnung gelten sinngemäß. Das Gericht ist an das Vorbringen und an die Beweisanträge der Beteiligten nicht gebunden.**

**(2) Der Vorsitzende hat darauf hinzuwirken, dass Formfehler beseitigt, sachdienliche Anträge gestellt, unklare Anträge erläutert, ungenügende tatsächliche Angaben ergänzt, ferner alle für die Feststellung und Beurteilung des Sachverhalts wesentlichen Erklärungen abgegeben werden.**

**(3) Erklärungen und Beweismittel, die erst nach Ablauf der von der Finanzbehörde nach §364b der Abgabenordnung gesetzten Frist im Einspruchsverfahren oder im finanzgerichtlichen Verfahren vorgebracht werden, kann das Gericht zurückweisen und ohne weitere Ermittlungen entscheiden. §79b gilt entsprechend.**

**(4) Die Verpflichtung der Finanzbehörde zur Ermittlung des Sachverhaltes (§§88, 89 Abs.1 der Abgabenordnung) wird durch das finanzgerichtliche Verfahren nicht berührt.**

**S. §86 VwGO; §§103, 106 SGG**

**Inhaltsübersicht**



**Schrifttum**


Tipke, Die Untersuchungsmaxime im Steuerprozeß und ihre Auswirkungen, DStR 1962/63, 234; J. Martens, Informationsbeschaffung im Steuerprozess, Felix-FS 1989; Seer, Der Einsatz von Prüfungsbeamten durch das Finanzgericht, Diss. Köln, Berlin 1993; Köhler-Rott, Der Untersuchungsgrundsatz im Verwaltungsprozess und die Mitwirkungspflicht der Beteiligten, Diss. München 1997; Manssen, Untersuchungsgrundsatz, Aufklärungspflicht und Mitwirkungsobliegenheiten im Verwaltungsprozeß, Haack-FS 1997; Jarosch, Darlegungspflichten im FG-Verfahren – Umfang der Mitwirkungspflichten des Klägers, AO-StB 2001, 199; Kaufmann, Untersuchungsgrundsatz und Verwaltungsgerichtsbarkeit, Habil. Göttingen, Tübingen 2002; von Wedelstädt. Die präkludierende Fristsetzung durch die Finanzbehörde, AO-StB 2002, 200; Loschelder, Die Beweislast im finanzgerichtlichen Verfahren, AO-StB 2003, 23.


### A. Bedeutung und Inhalt der Vorschrift

Wie im Steuerermittlungsverfahren der Finanzbehörden und entsprechend dem zwingenden Charakter der dem öffentlichen Recht zugehörigen Steueransprüche, der den Beteiligten die Verfügung über das Steuerschuldverhältnis entzieht, gilt auch im finanzgerichtlichen Verfahren der Grundsatz der amtlichen Ermittlung der für die Entscheidung maßgebenden tatsächlichen und rechtlichen 1

Verhältnisse (**Untersuchungsgrundsatz** oder **Amtsermittlungsgrundsatz**). § 76 FGO stellt somit eine zentrale Norm des Finanzprozessrechts dar, das sich wie das übrige Verwaltungsprozessrecht vom Zivilprozess grundlegend dadurch unterscheidet, dass dort die Prozessparteien, die Tatsachengrundlagen für die Entscheidung liefern müssen (»da mihi factum, dabo tibi ius«; Beibringungsgrundsatz). Dies gilt umso mehr, als das FG grds. die einzige Tatsacheninstanz im Finanzprozess ist. Eingeschränkt wird die gerichtliche Amtsermittlungspflicht durch die Mitwirkungspflicht der Beteiligten (§ 76 Abs. 1 Sätze 2 bis 4 FGO; dazu s. Rz. 6 ff.). Ungeachtet dessen bleibt die beklagte Finanzbehörde auch während des Gerichtsverfahrens zu eigenen Ermittlungen berechtigt und verpflichtet (§ 76 Abs. 4 FGO; s. Rz. 17). Damit Stpfl., die ihrer Mitwirkungspflicht im Verwaltungsverfahren vor der Finanzbehörde nicht nachkommen, aus ihren Verstößen keine Vorteile erwachsen, sieht § 76 Abs. 3 FGO eine bedingte Fortwirkung der Präklusion aus dem Einspruchsverfahren vor (Rz. 17).

## B. Amtliche Ermittlungspflicht (§ 76 Abs. 1 Satz 1 FGO)

2 Das FG hat nach § 76 FGO ein selbständiges Ermittlungsrecht und eine selbständige Ermittlungspflicht, und zwar unabhängig davon, ob und welche Ermittlungen die Finanzbehörde bereits angestellt hat. Das FG ist daher z. B. an die Feststellungen eines Strafgerichts nicht gebunden (BFH v. 07.07.1995, III B 8/95, BFH/NV 1996, 150; BFH v. 12.04.1994, I B 75, 77, 79/93, BFH/NV 1995, 40; auch BFH v. 09.12.2004, VII B 17/04, BFH/NV 2005, 935; aber s. Rz. 5). Der gerichtlichen Ermittlungspflicht entspricht diejenige der Finanzbehörden im Verwaltungsverfahren aufgrund § 88 AO; wegen der Einzelheiten s. § 88 AO Rz. 3 ff. Das FG hat das Verfahren zur Entscheidungsreife zu führen (BFH v. 29.03.1995, II R 13/94, BStBl II 1995, 542) und muss dazu den entscheidungserheblichen Sachverhalt so vollständig wie möglich und unter Ausnutzung aller verfügbaren Beweismittel aufklären (z. B. BFH v. 15.12.1999, X R 151/97, BFH/NV 2000, 1097; BFH v. 05.01.2000, II B 16/99, BFH/NV 2000, 1098; sehr ausführlich *Krumm* in Tipke/Kruse, § 76 FGO Rz. 20 ff.). § 76 FGO steht daher im engen Zusammenhang mit §§ 81 ff. FGO über die Beweiserhebung. Die Entscheidung aufgrund eines bloß fiktiven Sachverhalts ist daher ausgeschlossen (*Krumm* in Tipke/Kruse, § 76 FGO, Rz. 18). **Verletzt** das Gericht seine **Aufklärungspflicht**, liegt ein **Verfahrensverstoß** i. S. von § 115 Abs. 2 Nr. 3 FGO vor. Zu den Darlegungserfordernissen einer Sachaufklärungsrüge z. B. BFH v. 29.01.2014, III B 106/13, BFH/NV 2014, 705; BFH v. 18.03.2014, V B 24/13, BFH/NV 2014, 1101; BFH v. 03.05.2014, III B 25/13, BFH/NV 2014, 1235. Zu beachten ist, dass § 79b FGO es dem Vorsitzenden bzw. dem Berichterstatter ermöglicht, die Beteiligten unter Setzung einer Frist zum Sachvortrag, zur Benennung von Beweismitteln sowie zur Vorlage von bestimmten Beweismitteln anzuhalten, wobei die Nichteinhaltung der Frist zur Begrenzung der Ermittlungspflicht des Gerichts unter Ausschluss nachträglicher Erklärungen und Beweismittel führen kann. Im Einzelnen s. § 79b FGO Rz. 10. Erstreckt sich die Amtsermittlungspflicht in allererster Linie auf den entscheidungserheblichen Sachverhalt, so hat das FG als Tatsacheninstanz auch die Aufgabe, eventuell maßgebendes **ausländisches Recht** gem. § 155 Satz 1 FGO i. V. m. § 293 ZPO von Amts wegen zu ermitteln. Wie das FG das ausländische Recht ermittelt, steht in seinem pflichtgemäßen Ermessen (BFH v. 19.01.2017, IV R 50/14, BStBl II 2017, 456).

Das FG muss nur die **zumutbaren Aufklärungsmaßnahmen** ergreifen. Die Verpflichtung des FG zur Erforschung des Sachverhalts von Amts wegen bedeutet nicht, dass jeder fernliegenden Erwägung nachzugehen ist. Allerdings muss das FG die sich im Einzelfall aufdrängenden Überlegungen auch ohne ausdrücklichen Hinweis der Beteiligten anstellen und entsprechende Beweise erheben (z. B. BFH v. 11.01.2017, X B 104/16, BFH/NV 2017, 561; BFH v. 21.07.2017, X B 167/16, BFH/NV 2017, 1447). Generell ist das FG nicht verpflichtet, im Rahmen des Klagebegehrens alle Besteuerungsgrundlagen daraufhin zu prüfen, ob sie geeignet sind, der Klage ganz oder zum Teil zum Erfolg zu verhelfen, insbes. jedem denkbaren Gesichtspunkt nachzugehen, wenn Beteiligtenvortrag und Akteninhalt oder sonstige Umstände keinen Anhalt dafür geben (vgl. aber BFH v. 11.11.2010, X B 159/09, BFH/NV 2011, 610). Das gilt um so mehr, wenn der Kläger ausdrücklich erklärt hat, einen Punkt, der Gegenstand des Einspruchsverfahrens gewesen ist, im Verfahren vor dem FG nicht mehr aufgreifen zu wollen. Ein derartiges Verhalten des Klägers kann auch im Revisionsverfahren nicht mehr über die Rüge der mangelnden Sachaufklärung durch das FG rückgängig gemacht werden (BFH v. 30.01.1980, I R 194/77, BStBl II 1980, 449). Zum Umfang der gerichtlichen Aufklärungspflicht vgl. folgende Beispiele aus der Rspr.: Das FG darf keine eigene Vertragsauslegung vornehmen, sondern muss den wirklichen Willen der Vertragsparteien erforschen, wenn sich dieser durch eine Beweiserhebung feststellen lässt (BFH v. 21.12.1966, II 149/63, BStBl III 1967, 189). Das FG muss alle entscheidungserheblichen Akten beiziehen (z. B. BFH v. 04.12.2013, X B 120/13, BFH/NV 2014, 546; BFH v. 21.06.2016, III B 29/16, BFH/NV 2016, 1483), es braucht aber nicht ohne bestimmten Anlass (Beteiligtenvortrag, Akteninhalt oder sonstige Umstände) allen Posten der Steuererklärung und ihrer Anlagen nachzugehen (BFH v. 16.12.1970, I R 137/68, BStBl II 1971, 200). Es kann in aller Regel unterstellen, dass die Beteiligten, d. h. das FA und der Stpfl., auf die Wahrung ihrer Interessen bedacht sind, sodass im Allgemeinen besondere Nachforschungen zugunsten eines Beteiligten sich erübrigen, wenn nicht den Verhältnissen nach ein besonderer Anlass dazu besteht (BFH v. 10.05.1968, VI R 7/66, BStBl II 1968, 589; BFH v. 09.12.1969, I B 50/69, BStBl II 1970, 96). Wird der **Vortrag eines Beteiligten** über tatsächliche Gegebenheiten vom Gegner **nicht bestritten**, kann das Gericht nach Lage der Umstände von der **Richtigkeit des Vorbringens** ausgehen, wenngleich § 138 Abs. 3 ZPO wegen des Amtsermittlungsgrundsatzes im finanzgerichtlichen Verfahren nicht entsprechend anwendbar ist (BFH v. 02.02.2016, X B 38/15, BFH/NV 2016, 930). Das gilt besonders für das Vorbringen des Stpfl., weil angenommen werden muss, dass das im Bereich des Steuerrechts sachkundige FA die Teile der Behauptungen des Stpfl. besonders herausstellen und angreifen wird, die es für unrichtig oder zweifelhaft hält (BFH v. 10.03.1970, VI B 69/69, BStBl II 1970, 458). Eine mangelhafte Sachaufklärung liegt dann nicht vor, wenn keine Gründe ersichtlich sind, aus denen sich dem FG die Notwendigkeit einer weiteren Aufklärung des Sachverhalts oder einer Beweiserhebung auch ohne einen entsprechenden Antrag hätte aufdrängen müssen, ein steuerlich beratener oder von einem Rechtsanwalt vertretener Kläger nicht von sich aus entsprechende Beweisanträge gestellt hat und eine weitere Aufklärung des Sachverhalts nach der insoweit maßgebenden materiellrechtlichen Auffassung des FG nicht zu einer anderen Entscheidung geführt hätte (z. B. BFH v. 22.03.1999, X B 142/98, BFH/NV 1999, 1236; BFH v. 09.12.2002, III B 61/02, BFH/NV 2003, 470; BFH v. 10.03.2016, X B 198/15, BFH/NV 2016, 1042).

4 Der Untersuchungsgrundsatz bringt es mit sich, dass das Finanzprozessrecht anders als das Zivilprozessrecht **grds. keine subjektive Beweislast** kennt. Daher sollte der Begriff der Beweislast im Verwaltungsprozess nicht verwendet werden. Führen die gebotenen und zumutbaren Aufklärungsmaßnahmen des Gerichts nicht zum Erfolg, bleiben also bestimmte entscheidungserhebliche Tatsachen unaufgeklärt, so muss der Fall dennoch entschieden werden. Es greifen dann die Grundsätze der **objektiven Feststellungslast**. Diese Grundsätze regeln, wer die **Folgen der Nichterweislichkeit von entscheidungserheblichen Tatsachen** zu tragen hat, wenn das FG diese Tatsachen trotz aller zumutbaren Aufklärungsmaßnahmen nicht aufklären konnte. Danach gilt unter Berücksichtigung der sog. **Normenbegünstigungstheorie** (*Seer* in Tipke/Kruse, § 96 FGO Rz. 83 f.) folgendes: Die **Finanzbehörde** trägt grundsätzlich die objektive Feststellungslast für alle steuerbegründenden und -erhöhenden Tatsachen (z. B. BFH v. 05.11.1970, V R 71/67, BStBl II 1971, 220; BFH v. 30.03.2010, VII B 182/09, BFH/NV 2010, 1507; BFH v. 27.05.2015, X B 47/15, BFH/NV 2015, 1356). Behauptet die Finanzbehörde z. B. bei der Wertermittlung eines gewerblichen Betriebs einen über die Summe der Werte der einzelnen substantiellen Wirtschaftsgüter hinausgehenden Wert, trifft insoweit die Feststellungslast in vollem Umfang die Finanzbehörde (BFH v. 16.06.1970, II 95–96/64, BStBl II 1970, 690). Umgekehrt trifft den **Kläger** die Feststellungslast für alle steuersteuerausschließenden, -befreienden und -mindernden Tatsachen (z. B. BFH v. 19.01.1994, I R 40/92, BFH/NV 1995, 181; BFH v. 13.04.2010, VIII R 27/08, BFH/NV 2010, 2038; BFH v. 27.05. 2015, X B 47/15, BFH/NV 2015, 1356). Zu den Einzelheiten s. § 96 FGO Rz. 13.

Das FG verletzt seine Sachaufklärungspflicht nicht, 5
indem es sich – ohne die Strafakten beizuziehen – die in einem **rechtskräftigen Strafurteil** des LG getroffenen Feststellungen ohne eigene Beweisaufnahme zu eigen macht, wenn gegen die Entscheidung des BGH, mit der dieser die gegen das Urteil des LG eingelegte Revision als unbegründet zurückgewiesen hat, keine substantiierten Einwendungen erhoben worden sind (z. B. BFH v. 23.04.2014, VII R 41/12, BFH/NV 2014, 1459; BFH v. 12.07.2016, III B 33/16, BFH/NV 2016, 1750; dazu auch s. § 81 FGO Rz. 5 ff.). Demgegenüber verletzt das FG seine Pflicht aus § 76 Abs. 1 Satz 1 FGO, wenn es einerseits in einzelnen Streitpunkten die Feststellungen eines zum selben Sachverhalt ergangenen rechtskräftigen Strafurteils übernimmt, andererseits aber in einem anderen Streitpunkt den – auf einer umfangreichen Beweisaufnahme beruhenden – Feststellungen im Strafurteil nicht folgt, sondern ohne eigene Beweisaufnahme und ohne neuen Sachverhaltsvortrag der Beteiligten eine abweichende Würdigung allein mit der Begründung vornimmt, für die Beweiswürdigung des Strafgerichts gebe es »keine Anhaltspunkte« (BFH v. 20.11.2013, X B 164/13, BFH/NV 2014, 374).

## C. Mitwirkungspflichten der Beteiligten (§ 76 Abs. 1 Sätze 2 bis 4 FGO)

Die **Pflicht** des FG zur Aufklärung des entscheidungs- 6
erheblichen Sachverhalts (§ 76 Abs. 1 Satz 1 FGO) wird **eingeschränkt durch die Mitwirkungspflicht** der Beteiligten, die in § 76 Abs. 1 Satz 2 FGO gesetzlich statuiert ist, wobei dem Gedanken der Beweisnähe besondere Bedeutung zukommt (BFH v. 21.07.2017, X B 167/16, BFH/NV 2017, 1447). Diese gesetzliche Pflicht der Beteiligten geht umso weiter, je weniger die aufzuklärenden Tatsachen dem Gericht zugänglich sind und im Wesentlichen oder gar ausschließlich in deren Sphäre liegen (BFH v. 11.12.2003, V B 102/03, BFH/NV 2004, 649). Die Ermittlungspflicht des Gerichts bleibt dabei vorrangig, jedoch entbindet der Untersuchungsgrundsatz die Beteiligten (Kläger und Finanzbehörde) nicht von ihren prozessualen Mitwirkungspflichten, insbes. ihrer Darlegungs- und Erklärungslast einschließlich aller entscheidungserheblicher Tatsachen (BVerfG v. 26.11.1985, 1 BvR 274/85, HFR 1986, 424). Das FG verletzt daher seine

Amtsermittlungspflicht nicht, wenn es Aufklärungsmaßnahmen unterlässt, welche der fachkundig vertretene Beteiligte selbst in zumutbarer Weise hätte treffen bzw. erbringen können, diese jedoch unterlassen hat (BFH v. 22.07.2010, VII B 126/09, BFH/NV 2010, 2227). Ist vollständige Aufklärung des Sachverhalts wegen **Verletzung der Mitwirkungspflichten** nicht möglich, so führt das zu einer Verringerung der dem FG obliegenden Sachaufklärungspflicht und zu einer **Minderung des Beweismaßes**, nicht jedoch zu einer Entscheidung nach den Regeln der (objektiven) Feststellungslast (BFH v. 22.05.2007, X B 143/06, BFH/NV 2007, 1692; BFH v. 25.03.2010, X B 96/09, BFH/NV 2010, 1459; BFH v. 04.12.2013, X B 120/13, BFH/NV 2014, 546). Je weniger die Beteiligten ihrer Mitwirkungspflicht nachkommen, ist das FG umso weniger zur Sachaufklärung verpflichtet; dies gilt jedoch nicht, wenn sich der entscheidungserhebliche Sachverhalt größtenteils aus den Steuerakten ergibt (BFH v. 30.07.2003, X R 28/99, BFH/NV 2004, 201). Das bedeutet, dass das FG in diesen Fällen mit einem geringeren Grad an Überzeugung entscheiden kann (*Krumm* in Tipke/Kruse, § 76 FGO Rz. 92; BFH v. 02.02.2010, VI B 117/09, BFH/NV 2010, 879). Soweit die Verletzung von Mitwirkungspflichten auch die von abgabenrechtlichen Mitwirkungspflichten umfasst, kann – sofern Tatsachen aus dem Bereich des Steuerpflichtigen betroffen sind – dies sogar dazu führen, dass aus seinem Verhalten für ihn nachteilige Schlüsse im Rahmen der Beweiswürdigung gezogen werden, denn dem »Beweisverderber« darf aus seinem Verhalten kein Vorteil entstehen (BFH v. 16.12.1992, X R 77/91, BFH/NV 1993, 547; BFH v. 07.04.2003, V B 28/02, BFH/NV 2003, 1195). Kommt z.B. ein Beteiligter der Auflage eines Aufklärungsbeschlusses zur Vorlegung einer Urkunde pflichtwidrig nicht nach, so kann das FG davon ausgehen, dass der vom Gegner behauptete Inhalt der Urkunde wahr sei (BFH v. 12.06.1969, V 12/65, BStBl II 1969, 531).

7 Auch die beklagte **Behörde** ist zur angemessenen Mitwirkung verpflichtet. Der Grundsatz der Amtsermittlung entbindet sie nicht davon, Beweisanträge oder Beweisermittlungsanträge zu stellen (BFH v. 26.02.1975, II R 120/73, BStBl II 1975, 489); diesbezügliche Unterlassungen können sich im Rechtsmittelverfahren gravierend auswirken. Bestimmte Sachverhaltsgestaltungen können nach höchstrichterlicher Rechtsprechung einen Beweis des ersten Anscheins (Prima-facie-Beweis) für das Erfüllen bestimmter Gesetzestatbestände erzeugen (z.B. BFH v. 12.06.1978, GrS 1/77, BStBl II 1978, 620). Für die Entkräftung des Anscheinsbeweises ist nicht der Beweis des Gegenteils, sondern nur Gegenbeweis erforderlich und ausreichend, also die Darlegung der ernstlichen Möglichkeit einer anderen Schlussfolgerung (BFH v. 13.11.1979, VIII R 93/73, BStBl II 1980, 69). Wird der Beweis des ersten Anscheins durch den Steuerpflichtigen dergestalt entkräftet, so trifft die Finanzbehörde (wieder) die objektive Feststellungslast für ihre Behauptung. Nicht nach den Regeln des Anscheinsbeweises kann die Finanzbehörde den ihr obliegenden Nachweis des Zugangs des Verwaltungsakts im Falle des § 122 Abs. 2 letzter HS AO erbringen (BFH v. 14.03.1989, VII R 75/85, BStBl II 1989, 534); es gelten vielmehr die allgemeinen Beweisregeln, insbes. die des Indizienbeweises. Dabei darf das Gericht, sofern der Kläger behauptet, er habe einen Steuerbescheid erst an einem späteren Tag als dem dritten Tag nach Aufgabe zur Post erhalten, nicht allein aufgrund der denkbaren Möglichkeit, Bescheiddatum und Absendetag könnten auseinanderfallen, davon ausgehen, der Kläger habe den Bescheid erst an dem von ihm behaupteten Tag erhalten. Vielmehr muss es zunächst den maßgeblichen Sachverhalt angemessen aufklären und darf erst dann nach seiner freien, aus dem Gesamtergebnis des Verfahrens gewonnenen Überzeugung entscheiden, ob Zweifel am Zugang innerhalb des Dreitageszeitraums bestehen mit der Folge, dass dann die Behörde den Zeitpunkt des Zugangs nachzuweisen hat (BFH v. 06.09.1989, II R 233/85, BStBl II 1990, 108).

Die **allgemeinen Mitwirkungspflichten** der Beteiligten 8
bestehen auch darin, Erklärungen über tatsächliche Umstände vollständig und wahrheitsgemäß abzugeben und sich auf Aufforderung des FG zu den vom Gegner vorgebrachten Tatsachen zu erklären (§ 76 Abs. 1 Satz 3 FGO). Darüber hinaus werden durch § 76 Abs. 1 Satz 4 FGO **besondere Mitwirkungspflichten** begründet, indem die Norm auf §§ 90 Abs. 2, 93 Abs. 3 Satz 2 AO, § 97 AO, §§ 99, 100 AO verweist. Diese ausdrücklich zitierten Verpflichtungen des Klägers zur Sachaufklärung und Beweismittelbeschaffung betreffen Vorgänge außerhalb des Geltungsbereichs der AO (§ 90 Abs. 2 AO), die Erteilung von Auskunft (§ 93 Abs. 3 Satz 2 AO), die Vorlage von Urkunden und Wertsachen (§§ 97, 100 AO) und die Duldung des Betretens von Grundstücken usw. (§ 99 AO). Dies bedeutet z.B., dass ausländische Zeugen vom Kläger zu stellen sind (BFH v. 12.02.2010, VIII B 192/09, BFH/NV 2010, 839; BFH v. 21.06.2010, VII B 247/09, BFH/NV 2010, 2113; BFH v. 17.11.2010, III B 158/09, BFH/NV 2011, 299; BFH v. 18.12.2010, V B 78/09, BFH/NV 2011, 622). Wegen der Einzelheiten wird auf die entsprechenden Erläuterungen verwiesen.

## D. Keine Bindung des Gerichts an Vorbringen und Beweisanträge (§ 76 Abs. 1 Satz 5 FGO)

Nach § 76 Abs. 1 Satz 5 FGO ist das Gericht nicht an das 9
Vorbringen und die Beweisanträge der Beteiligten gebunden. Dies ergibt sich als unmittelbare Folge des Untersuchungsgrundsatzes. Die Vorschrift ist allerdings dahingehend zu verstehen, dass das FG nicht auf die von den Beteiligten angebotenen Beweise beschränkt ist, sondern

darüber hinaus gerade wegen seiner Ermittlungspflicht alle im Einzelfall gebotenen Beweise auch ohne Beweisanträge erheben muss, bis der Sachverhalt so vollständig wie möglich aufgeklärt ist (z.B. BFH v. 12.01.2011, VI B 97/10, BFH/NV 2011, 640). Der Stellung eines förmlichen »Antrags« bedarf es daher nicht (BFH v. 29.08.2001, XI R 26/99, BFH/NV 2002, 625; zur Gleichstellung von Antrag und Anregung BFH v. 11.07.1996, IV R 71/95, BFH/NV 1997, 103). Die Sachaufklärungspflicht nach § 76 Abs. 1 FGO erfordert vielmehr, dass das FG Tatsachen und Beweismitteln nachgeht, die sich ihm in Anbetracht der Umstände des Einzelfalles hätten aufdrängen müssen (st. Rspr., vgl. z.B. BFH v. 27.07.2016, V B 4/16, BFH/NV 2016, 1740). Es darf substantiierte Beweisanträge, die den entscheidungserheblichen Sachverhalt betreffen, grds. weder ablehnen noch übergehen (BFH v. 15.12.2016, VI B 50/16, BFH/NV 2017, 598; BFH v. 17.05.2017, II R 35/15, BStBl II 2017, 966). Auf eine beantragte Beweiserhebung darf das FG ausnahmsweise **nur verzichten**, wenn es nach der vom FG vertretenen Rechtsauffassung **auf das Beweismittel nicht ankommt** oder es die Richtigkeit **der zu beweisenden Tatsache zugunsten des betreffenden Beteiligten unterstellt**, das **Beweismittel unerreichbar** oder **völlig ungeeignet** ist (z.B. BFH v. 18.03.2013, III B 143/12, BFH/NV 2013, 963; BFH v. 02.10.2013, III B 56/13, BFH/NV 2014, 62; BFH v. 05.11.2013, VI B 86/13, BFH/NV 2014, 360) oder das **Beweismittel unzulässig** ist (Bsp.: kein Ersatz des Buchnachweises durch Zeugenbeweis, z.B. für private Pkw-Nutzung: BFH v. 01.12.2015, X B 29/15, BFH/NV 2016, 395; zum Ganzen z.B. BFH v. 12.02.2018, X B 64/17, BFH/NV 2018, 538; *Seer* in Tipke/Kruse, § 81 FGO Rz. 48). Des Weiteren ist das FG nicht verpflichtet, **unsubstantiierten Beweisanträgen** nachzugehen (BFH v. 13.03.1996, II R 39/94, BFH/NV 1996, 757; BFH v. 29.08.2001, XI R 26/99, BFH/NV 2002, 625). Ein Beweisantrag ist unsubstantiiert, wenn er insbes. nicht angibt, welche konkrete Tatsache durch welches Beweismittel nachgewiesen werden soll (z.B. BFH v. 01.03.2016, V B 44/15, BFH/NV 2016, 934; BFH v. 17.05.2017, II R 35/15, BStBl II 2017, 966). Unzulässig und daher vom FG abzulehnen ist auch ein Beweisantrag, der auf einen Ausforschungsbeweis gerichtet ist (z.B. BFH v. 27.04.2010, X B 163/08, BFH/NV 2010, 1639; BFH v. 17.11.2010, III B 158/09, BFH/NV 2011, 299; BFH v. 14.03.2017, VIII R 32/14, BFH/NV 2017, 1174), der »ins Blaue hinein« gestellt wird (BFH v. 02.10.2012, IX B 11/12, BFH/NV 2013, 218) oder der die unter Beweis gestellte Tatsache so ungenau bezeichnet, dass ihre Erheblichkeit nicht beurteilt werden kann (BFH v. 16.05.2013, X B 131/12, BFH/NV 2013, 1260). Allerdings ist das FG bei ungenügender Konkretisierung des Beweisantrages nach § 76 Abs. 2 FGO gehalten, auf eine Erläuterung und Klarstellung des Beweisthemas und des Beweisangebotes hinzuwirken, bevor es von der Beweiserhebung absieht (BFH v. 06.05.1999, VII R 59/98, BFH/NV 2000, 49). Es muss dabei beachten, dass § 155 Satz 1 FGO i.V.m. § 373 ZPO nicht gebietet, dass der Beweisantragsteller den gesamten Inhalt der künftigen Zeugenaussage durch detaillierte Angaben in seinem Beweisantrag vorwegzunehmen hätte (BFH v. 16.05.2013, X B 131/12, BFH/NV 2013, 1260). Das FG ist jedoch nicht verpflichtet, die Beteiligten zu einer Substantiierung ihres Sachvortrags zu veranlassen, wenn die rechtliche Bedeutung der vorzutragenden Tatsachen für den Ausgang des Klageverfahrens auf der Hand liegt; das gilt insbes. dann, wenn der Kläger steuerlich bzw. anwaltlich beraten und im Prozess entsprechend vertreten ist (BFH v. 16.10.2012, VIII B 42/12, BFH/NV 2013, 381; BFH v. 17.04.2013, VIII B 161/11, BFH/NV 2013, 1266). Beweise werden nur über **Tatsachen** erhoben. Daher ist ein Beweisantrag, der überwiegend **Rechtsfragen** betrifft, einer Beweiserhebung nicht zugänglich und darf vom FG rechtsfehlerfrei zurückgewiesen werden (BFH v. 06.12.2012, I B 8/12, BFH/NV 2013, 703). Die Zurückweisung eines Beweisantrags bedarf keines besonderen Beschlusses; vielmehr ist das FG befugt, das Absehen von einer Beweisaufnahme in dem Urteil selbst zu begründen (BFH v. 09.12.2002, III B 61/02, BFH/NV 2003, 470). Der Verzicht auf die Durchführung einer mündlichen Verhandlung bedeutet nicht, dass das Gericht von der gebotenen Sachverhaltsermittlung und Beweiserhebung absehen kann (BFH v. 04.04.2002, I B 140/01, BFH/NV 2002, 1179; vgl. aber BFH v. 29.06.2010, III B 168/09, BFH/NV 2010, 1847; BFH v. 16.02.2011, X B 133/10, BFH/NV 2011, 995).

Daher liegt ein **Verfahrensfehler** vor, wenn das Gericht **10**
Tatsachen, für die Beweis angeboten wurde, ohne Beweisaufnahme nicht als zutreffend unterstellt (BFH v. 27.10.2004, XI B 182/02, BFH/NV 2005, 564). Außerdem darf das **Ergebnis der Beweisaufnahme** nicht **in unzulässiger Weise vorweggenommen** werden, z.B. darf nicht die Einvernahme eines Zeugen mit der Begründung abgelehnt werden, das Gegenteil der behaupteten Tatsachen sei bereits aus anderen Gründen erwiesen oder der Zeuge werde vermutlich keine Auskunft geben können oder das Gericht werde den Umständen nach seine Überzeugung auch durch die Aussage nicht ändern (BFH v. 30.05.1967, II 120/63, BStBl III 1967, 520; BFH v. 21.01.1993, XI R 35/92, BFH/NV 1993, 671). Eine unzulässige Vorwegnahme der Beweiswürdigung liegt auch vor, wenn das Gericht die Zeugeneinvernahme unterlässt, weil der Zeuge wegen seiner Abhängigkeit vom Kläger kaum die Wahrheit sagen werde. Zur Ablehnung von Beweisanträgen s. Rz. 9. Die vorweggenommene Beweiswürdigung beinhaltet immer einen Verfahrensverstoß i.S. von § 115 Abs. 2 Nr. 3 FGO (BFH v. 26.01.2001, VI B 156/00, BFH/NV 2001, 808; s. § 115 FGO Rz. 26). Demgegenüber betrifft die Frage der Beweiswürdigung nicht die Sachaufklärung durch das FG (BFH

v. 23.02.2010, X B 139/09, BFH/NV 2010, 1284). Einen Sachverständigenbeweis braucht das FG nicht zu erheben, wenn es selbst über die erforderliche Sachkunde verfügt (BFH v. 10.06.2010, I B 194/09, BFH/NV 2010, 1823).

11 Das FG muss das von den Beteiligten Vorgetragene würdigen und sich insbes. mit den Einwendungen des Klägers gegen den angefochtenen Verwaltungsakt auseinandersetzen. Auch hier besteht grundsätzlich dieselbe Lage wie im Besteuerungsverfahren (s. § 88 AO). Anerkenntnisurteile sind dem Finanzprozess wesensgemäß fremd (auch s. § 155 FGO Rz. 2). Neue Tatsachen und Beweismittel können die Beteiligten ohne Einschränkung vorbringen; aber zur Präklusion § 79b FGO, zur Auswirkung von im Einspruchsverfahren eingetretener Präklusion § 76 Abs. 3 FGO und s. Rz. 14. Auch muss das Gericht dafür Sorge tragen, dass jeder Beteiligte sich zum Vorbringen der anderen Beteiligten hinreichend äußern kann (**rechtliches Gehör**, § 96 Abs. 2 FGO; auch § 91 AO). Der Anspruch auf rechtliches Gehör ist verletzt, wenn sich aus den besonderen Umständen des Einzelfalles deutlich ergibt, dass ein Tatsachenvortrag entweder überhaupt nicht zur Kenntnis genommen oder bei der Entscheidung nicht erwogen worden ist (BFH v. 27.02.2001, X B 65/00, BFH/NV 2001, 1034).

## E. Hinweis- und Fürsorgepflicht des Gerichts (§ 76 Abs. 2 FGO)

12 § 76 Abs. 2 FGO überträgt dem Vorsitzenden ausdrücklich eine **allgemeine Fürsorgepflicht gegenüber den Prozessbeteiligten**. Er hat dafür Sorge zu tragen, dass auch Beteiligte, die in der Prozessführung weniger geübt und erfahren sind, nicht an »Fallstricken« des formellen Rechts scheitern oder durch sie Nachteile erleiden. Deshalb hat er darauf hinzuwirken, dass (heilbare) Formfehler beseitigt, sachdienliche Anträge gestellt – und zwar nicht etwa nur hinsichtlich des Verfahrensganges, sondern auch hinsichtlich des mit der Klage verfolgten Zieles –, unklare Anträge verdeutlicht, ungenügende tatsächliche Angaben vervollständigt und auch allgemein die für die Feststellung und Beurteilung des Sachverhalts wesentlichen Erklärungen abgegeben werden. Die Bedeutung dieser richterlichen Pflicht wird durch § 96 Abs. 1 Satz 2 FGO noch aufgehellt, wonach das Gericht bei seiner Entscheidung nicht über das Klagebegehren hinausgehen, also dem Kläger in der Sache nicht mehr zusprechen darf als er selbst beantragt; Näheres s. § 96 FGO Rz. 14. § 76 Abs. 2 FGO begründet keine umfassende Hinweispflicht. § 76 Abs. 2 FGO verpflichtet das FG daher grds. nicht, vor seiner Entscheidungsfindung seine Rechtsansicht mündlich oder schriftlich mitzuteilen bzw. die für die Entscheidung maßgeblichen Gesichtspunkte und Rechtsfragen im Voraus anzudeuten oder sogar umfassend zu erörtern (BFH v. 14.05.2014, VII B 117/13, juris) oder auch nur vorab auf seine Einschätzung der Sachlage und Rechtslage hinzuweisen (BFH v. 05.03.2013, X B 179/11, BFH/NV 2013, 926; vgl. auch BFH v. 18.11.2013, X B 237/12, BFH/NV 2014, 369; BFH v. 05.12.2013, XI B 1/13, BFH/NV 2014, 547). Vielmehr stehen der Umfang und die Intensität der Fürsorgepflicht in Wechselbeziehung zur fachlichen Qualifikation des Klägers bzw. seines Prozessbevollmächtigten (vgl. BFH v. 17.03.2010, X B 120/09, BFH/NV 2010, 1240; BFH v. 04.05.2010 X B 16/10, BFH/NV 2010, 1643). Eine Hinweispflicht besteht insbes. nur dann, wenn das FG auf einen Gesichtspunkt abstellen will, mit dessen Berücksichtigung ein Beteiligter schlechterdings nicht rechnen konnte. Dementsprechend ist bei einem rechtskundig vertretenen Beteiligten ein richterlicher Hinweis auf die fehlende Erfolgsaussicht des Begehrens des Beteiligten regelmäßig jedenfalls dann entbehrlich, wenn hierauf bereits der Prozessgegner hingewiesen hat (BFH v. 02.04.2014, XI B 2/14, BFH/NV 2014, 1049; vgl. auch BFH v. 08.01.2014, X B 245/12, BFH/NV 2014, 564; BFH v. 27.01.2014, III B 86/13, BFH/NV 2014, 703). Die dem Vorsitzenden auferlegte Fürsorgepflicht gilt gem. § 121 FGO im Revisionsverfahren sinngemäß. Sie hat dort jedoch einen anderen Inhalt als im Klageverfahren, z. B. weil gem. § 65 Abs. 1 FGO die Klage lediglich einen bestimmten Antrag enthalten »soll«, während nach § 120 FGO mit der Revision bzw. deren Begründung fristgebunden ein solcher gestellt werden muss (BFH v. 14.12.1977, II R 75/72, BStBl II 1978, 196).

Die **Finanzbehörde** hat im Gegensatz zum außergerichtlichen Vorverfahren im steuergerichtlichen Verfahren keinen Einfluss mehr auf die Bestimmung des Streitgegenstands. Sie kann lediglich die Angriffe des Klägers gegen den Verwaltungsakt abwehren. Es bleibt ihr überlassen und ist insoweit **prozessual unwesentlich, ob** sie umfangreiche **Sach- und Rechtsausführungen macht und welche Anträge sie stellt** oder ob sie sich überhaupt nicht gegen die Ausführungen des Klägers wendet. Selbst ein völliges Schweigen der Finanzbehörde ist nicht als Anerkenntnis mit der Folge zu werten, dass der Klage vom FG stattzugeben ist (BFH v. 15.11.1971, GrS 7/70, BStBl II 1972, 120). Entsprechend § 96 Abs. 1 FGO wird das FG zwar u. U. aus dem Schweigen oder der Einlassung der Finanzbehörde Folgerungen ziehen, die Ausführungen der Finanzbehörde bzw. ihr Schweigen entbinden das FG jedoch nicht von der Verpflichtung zur Prüfung der Sach- und Rechtslage von Amts wegen (s. Rz. 7). Die Ausführungen der Finanzbehörde zur Sache und ihre Anträge haben, selbst wenn sie auf Klageabweisung gerichtet sind, lediglich die Bedeutung einer Anregung an das FG, bei der Prüfung des angefochtenen Verwaltungsakts auf diesen oder jenen Gesichtspunkt besonderen Wert zu legen (BFH v. 15.11.1971, GrS 7/70, BStBl II 1972, 120). 13

### F. Zurückweisung von Erklärungen und Beweismitteln (§ 76 Abs. 3 FGO)

14 Nach § 76 Abs. 3 FGO kann das FG nach seinem Ermessen Erklärungen und Beweismittel, die erst nach Ablauf der von der Finanzbehörde nach § 364b AO der Abgabenordnung gesetzten Frist im Einspruchsverfahren oder im finanzgerichtlichen Verfahren vorgebracht werden, zurückweisen und ohne weitere Ermittlungen entscheiden. Die Vorschrift bietet eine zwiespältige Lösung bezüglich der Fortwirkung von im Einspruchsverfahren eingetretener Präklusion, die dort nach § 364b AO zwingend wirkt (s. § 364b AO Rz. 10; *Bartone* in Gosch, § 364b AO Rz. 64 ff.). Diese für das Einspruchsverfahren klare Präklusion wird durch § 76 Abs. 3 Satz 1 FGO dahingehend aufgelöst, dass das Gericht die verspätet – sei es noch im Einspruchsverfahren oder erst im Klageverfahren – vorgebrachten Erklärungen und Beweismittel zurückweisen und ohne weitere Ermittlungen entscheiden kann und letztlich verwässert. Die Zurückweisung erfolgt unter den Voraussetzungen des § 79b FGO, auf den § 76 Abs. 3 Satz 2 FGO verweist.

15 Die Zurückweisung von Erklärungen und Beweismitteln nach § 76 Abs. 3 FGO setzt voraus, dass der Beklagte **§ 364b AO in rechtsfehlerfreier Weise angewandt** hat (z.B. BFH v. 19.03.1998, V R 7/97, BStBl II 1998, 399; BFH v. 10.06.1999, IV R 23/98, BStBl II 1999, 664). Das FG kann gem. § 76 Abs. 3 FGO i.V.m. § 79b Abs. 3 Satz 1 FGO Erklärungen und Beweismittel, die erst nach Ablauf der von der Finanzbehörde nach § 364b Abs. 1 AO wirksam gesetzten Frist im Einspruchsverfahren oder im finanzgerichtlichen Verfahren vorgebracht werden, zurückweisen und ohne weitere Ermittlungen entscheiden, wenn ihre Zulassung nach der freien Überzeugung des Gerichts die Erledigung des Rechtsstreits verzögern würde, der Beteiligte die Verspätung nicht genügend entschuldigt und der Beteiligte über die Folgen einer Fristversäumung belehrt worden ist (BFH v. 19.03.1998, V R 7/97, BStBl II 1998, 399; BFH v. 09.09.1998; I R 31/98, BStBl II 1999, 26). Das FG überprüft daher im Einzelnen, ob diese Voraussetzungen erfüllt sind, und darüber hinaus z.B. ggf. auch, ob die Behörde zutreffend Wiedereinsetzung in den vorigen Stand (§ 364b Abs. 2 Satz 3, § 110 AO) versagt hat und ob das Vorbringen des Einspruchsführers verspätet war. Darüber hinaus hat das Gericht zu prüfen, ob die im Einspruchsverfahren gesetzte Ausschlussfrist angemessen war. Die **Präklusion** wirkt sich außerdem **nicht** aus, wenn die Finanzbehörde den angefochtenen Verwaltungsakt in der Einspruchsentscheidung verbösert hat, da die **Verböserung** die Ausschlussfrist verbraucht (*Krumm* in Tipke/Kruse, § 76 FGO Rz. 116). Liegen die Voraussetzungen des § 364b FGO vor, hat das FG hat bei der Zurückweisung von Erklärungen und Beweismitteln, die erst nach Ablauf der von der Finanzbehörde nach § 364b Abs. 1 AO wirksam gesetzten Frist vorgebracht werden, von seinem ihm durch § 76 Abs. 3 Satz 1 FGO eingeräumten Ermessen Gebrauch zu machen (BFH v. 18.12.2002, XI B 130/00, juris).

In einem zweiten Schritt überprüft das FG gem. § 76 Abs. 3 Satz 2 FGO i.V.m. § 79b Abs. 3 Satz 1 Nr. 1 FGO, ob die Berücksichtigung des verspätet Vorgebrachten seiner freien Überzeugung nach die **Erledigung des Rechtsstreits verzögern** würde. Auf die Voraussetzungen des § 79b Abs. 3 Satz 1 Nr. 2 und Nr. 3 FGO kommt es nicht mehr gesondert an, da das FG bei der Prüfung des § 364b AO sich bereits davon überzeugt haben muss (s. Rz. 15), dass der Kläger die Verspätung nicht genügend entschuldigt hat (§ 79b Abs. 3 Satz 1 Nr. 2 FGO) und er über die Folgen der Fristversäumnis belehrt worden war (§ 79b Abs. 3 Satz 1 Nr. 3 FGO; auch § 364b Abs. 3 AO). Das FG kann dann nicht von eigenen Ermittlungen Abstand nehmen kann, wenn es ohnehin möglich ist, den Sachverhalt mit geringem Aufwand zu ermitteln (§ 79b Abs. 3 Satz 3 FGO). Eine **Zurückweisung** kommt auch dann **nicht** mehr in Betracht, wenn das FG zwischen Klageerhebung und Entscheidung über die Rechtssache so viel Zeit vergehen lässt, dass es **ausreichende Zeit zur Ermittlung** hatte und daher dem Kläger eine Verzögerung des Rechtsstreits nicht entgegengehalten werden kann. Dies gilt z.B. wenn das FG es unterlässt, schon vor der mündlichen Verhandlung geeignete vorbereitende Maßnahmen gem. § 79 Abs. 1 FGO zu ergreifen, obwohl ihm dies möglich gewesen wäre und obwohl hierzu Anlass bestand (BFH v. 09.09.1998, I R 31/98, BStBl II 1999, 26 m. krit. Anm. Lange, DStZ 1999, 176). Ergänzend wird zu § 79b Abs. 3 Satz 1 und Satz 3 auf § 79b FGO Rz. 6 ff. verwiesen. Zur Kostenfolge der Berücksichtigung verspäteten Vorbringens vgl. § 137 Satz 3 FGO (s. § 137 FGO Rz. 6). 16

### G. Ermittlungspflicht des Beklagten im Finanzprozess (§ 76 Abs. 4 FGO)

Aus § 76 Abs. 4 FGO folgt, dass die Pflicht der Finanzbehörde zur objektiven Aufklärung des steuerlich bedeutsamen Sachverhalts und zur Beratung und Unterrichtung des Stpfl. (§§ 88, 89 AO) auch während des finanzgerichtlichen Verfahrens fortbesteht. Dies betrifft auch die Tatsachen, die sich zugunsten des Klägers auswirken (§ 88 Abs. 2 AO). Dementsprechend kann und muss die beklagte Finanzbehörde den angefochtenen Verwaltungsakt auch während des Gerichtsverfahrens zurücknehmen oder mit der Folge des § 68 FGO ändern (§ 132 AO), und zwar auch noch in der Revisionsinstanz (FG Mchn v. 11.10.2000, 1 K 4131/99 EFG 2001, 156). Da das FG jedoch eine eigene Ermittlungspflicht hat, können die Ermittlungshandlungen des FA solche des FG nicht ersetzen. 17

## § 77 FGO
## Schriftsätze

**(1) Die Beteiligten sollen zur Vorbereitung der mündlichen Verhandlung Schriftsätze einreichen. Hierzu kann der Vorsitzende sie unter Fristsetzung auffordern. Den Schriftsätzen sollen Abschriften für die übrigen Beteiligten beigefügt werden. Die Schriftsätze sind den Beteiligten von Amts wegen zu übermitteln.**

**(2) Den Schriftsätzen sind die Urkunden oder elektronischen Dokumente, auf die Bezug genommen wird, in Abschrift ganz oder im Auszug beizufügen. Sind die Urkunden dem Gegner bereits bekannt oder sehr umfangreich, so genügt die genaue Bezeichnung mit dem Anerbieten, Einsicht bei Gericht zu gewähren.**

**S. § 86 Abs. 4 und Abs. 5 VwGO; § 108 SGG**

1 § 77 Abs. 1 Satz 1 FGO bestimmt, dass die Beteiligten vorbereitende Schriftsätze mit Abschriften für die übrigen Beteiligten (§ 77 Abs. 1 Satz 3 FGO) einreichen (aber s. Rz. 4). Soweit sich ein Beteiligter in einem Schriftsatz darauf beruft, sind die Urkunden oder elektronischen Dokumente, auf die Bezug genommen wird, in Abschrift ganz oder im Auszug beizufügen (s. Rz. 4). Ungeachtet dessen können in Dateiform vorgehaltene Texte oder Tabellen etc. in ausgedruckter Form zum Gegenstand eines Schriftsatzes gemacht werden (vgl. BFH v. 21.08.2012, X B 5/12, BFH/NV 2013, 35). Diese Bestimmung ist ein Ausfluss der die Verfahrensbeteiligten treffenden Prozessförderungspflicht. Die vorgeschriebene Vorbereitung der mündlichen Verhandlung durch Schriftsätze lässt die Verpflichtungen des Klägers aus den §§ 64, 65 FGO und des Beklagten aus § 71 FGO unberührt. Erzwungen werden können Schriftsätze nicht; auch kann das Gericht die Anberaumung eines Termins zur mündlichen Verhandlung oder gar die Verhandlung selbst nicht davon abhängig machen, dass bis zu einem bestimmten Zeitpunkt vorbereitende Schriftsätze eingereicht werden. Die Folgen von Versäumnissen zeigen sich überall dort, wo ein rechtzeitiger und ausreichender Sachvortrag auf tatsächlichem oder rechtlichem Gebiet geeignet ist, den Beteiligten seinem Prozessziel näherzubringen. Zu beachten bleiben auch § 137 und § 38 GKG (dazu s. Vor § 135 FGO Rz. 33).

2 Die aufgrund § 77 Abs. 1 Satz 2 FGO beruhende Aufforderung – bzw. das Unterlassen der Aufforderung – des Vorsitzenden, Schriftsätze einzureichen, ist eine Maßnahme der Prozessleitung. Sie ist für sich nicht anfechtbar, kann jedoch u. U. im Zusammenhang mit der Rüge anderer Verfahrensmängel (z. B. mangelndes rechtliches Gehör, ungenügende Sachaufklärung) beanstandet werden. Die Frist beginnt, sofern nichts anderes bestimmt ist, mit Bekanntgabe des Schriftstücks, in dem die Frist bestimmt ist (BFH v. 15.05.2009, III B 99/08, juris).

Die vorbereitenden Schriftsätze sind den Beteiligten nach § 77 Abs. 1 Satz 4 FGO formlos zu übersenden bzw. nach Maßgabe des § 52 a FGO elektronisch zu übermitteln. Einer Fristsetzung zur Erwiderung bedarf es nicht, das Gericht muss lediglich eine angemessene Zeitlang abwarten, bevor es entscheidet, um dem Anspruch auf rechtliches Gehör Rechnung zu tragen (BFH v. 01.02.2007, IX S 17/06, BFH/NV 2007, 957). Wird ein Schriftsatz dem Prozessgegner nicht von Amts wegen übersandt, verletzt dies das Recht auf rechtliches Gehör des Prozessgegners (BFH v. 24.02.2005, IX B 179/03, BFH/NV 2005, 1128; BFH v. 08.05.2017, X B 150/16, BFH/NV 2017, 1185).

Gem. § 77 Abs. 2 Satz 1 FGO sind den Schriftsätzen die Urkunden oder elektronischen Dokumente, auf die Bezug genommen wird, in Abschrift ganz oder im Auszug beizufügen. Sind die Urkunden dem Prozessgegner bereits bekannt oder sehr umfangreich, so genügt die genaue Bezeichnung mit dem Anerbieten, Einsicht bei Gericht zu gewähren (§ 77 Abs. 2 Satz 2 FGO). Werden Schriftsätze elektronisch übermittelt, bedarf es keiner Beifügung von Abschriften (§ 52 a Abs. 5 Satz 3 FGO; vgl. insoweit z. B. auch § 253 Abs. 5 Satz 2 ZPO; s. § 52 a FGO Rz. 2). 4

## § 77a FGO

**(aufgehoben durch Art. 3 Nr. 8 IKomG v. 22.03.2005, BGBl I 2005, 837 und ersetzt durch § 52a FGO, s. § 52a FGO Rz. 1).**

## § 78 FGO
## Akteneinsicht

**(1) Die Beteiligten können die Gerichtsakte und die dem Gericht vorgelegten Akten einsehen. Beteiligte können sich auf ihre Kosten durch die Geschäftsstelle Ausfertigungen, Auszüge, Ausdrucke und Abschriften erteilen lassen.**

**(2) Werden die Prozessakten elektronisch geführt, wird Akteneinsicht durch Bereitstellung des Inhalts der Akten zum Abruf gewährt. Auf besonderen Antrag wird Akteneinsicht durch Einsichtnahme in die Akten in Diensträumen gewährt. Ein Aktenausdruck oder ein Datenträger mit dem Inhalt der Akten wird auf besonders zu begründenden Antrag nur übermittelt, wenn der Antragsteller hieran ein berechtigtes Interesse darlegt. Stehen der Akteneinsicht in der nach Satz 1 vorgesehenen Form wichtige Gründe entgegen, kann die Akteneinsicht in**

**der nach den Sätzen 2 und 3 vorgesehenen Form auch ohne Antrag gewährt werden. Über einen Antrag nach Satz 3 entscheidet der Vorsitzende; die Entscheidung ist unanfechtbar. § 79a Absatz 4 gilt entsprechend.**

**(3) Werden die Prozessakten in Papierform geführt, wird Akteneinsicht durch Einsichtnahme in die Akten in Diensträumen gewährt. Die Akteneinsicht kann, soweit nicht wichtige Gründe entgegenstehen, auch durch Bereitstellung des Inhalts der Akten zum Abruf gewährt werden.**

**(4) Die Entwürfe zu Urteilen, Beschlüssen und Verfügungen, die Arbeiten zu ihrer Vorbereitung, ferner die Dokumente, die Abstimmungen oder Ordnungsstrafen des Gerichts betreffen, werden weder vorgelegt noch abschriftlich mitgeteilt.**

**S. § 100 VwGO; § 120 SGG**

**Schrifttum**

Paetsch, Persönliche Akteneinsicht durch die Beteiligten im Revisionsverfahren?, DStZ 2007, 79; Bartone, Der Anspruch auf Gewährung rechtlichen Gehörs im Finanzprozess – Eine Zusammenstellung der jüngeren BFH-Rechtsprechung, AO-StB 2011, 179.

1 § 78 FGO regelt das Akteneinsichtsrecht der Beteiligten. Es ist Ausfluss des grundrechtsgleichen Rechts auf **rechtliches Gehör** aus Art. 103 Abs. 1 GG (s. Rz. 5). Der Anspruch auf Akteneinsicht aus § 78 Abs. 1 FGO bezieht sich **ausschließlich auf das finanzgerichtliche Verfahren**. Die AO kennt demgegenüber – anders als § 29 VwVfG und § 25 SGB X – keinen solchen allgemeinen Anspruch (s. § 91 AO Rz. 6). Im Verwaltungsverfahren vor den Finanzbehörden (Besteuerungsverfahren) besteht daher allenfalls ein Anspruch auf fehlerfreie Ermessensentscheidung über einen Antrag auf Akteneinsicht (BFH v. 10.02.2011, VII B 183/10, BFH/NV 2011, 992). Ein Anspruch auf Akteneinsicht im Finanzprozess gem. § 78 FGO setzt voraus, dass die Klage und das Rechtsmittel **zulässig** sind. Denn bei einem unzulässigen Rechtsmittel ist die beantragte Akteneinsicht ungeeignet, der Verwirklichung des Rechtsschutzes zu dienen (z. B. BFH v. 08.04.2009, V S 1/09, BFH/NV 2009, 1442; BFH v. 26.05.2009, X B 124/08, ZSteu 2009, R682; BFH v. 26.04.2016, I B 12/16, BFH/NV 2016, 1288). Das Akteneinsichtsrecht nach § 78 FGO dient demnach allein der Prozessführung und erlischt folglich, sobald das betreffende Verfahren endgültig abgeschlossen ist (BFH v. 01.03.2016, VI B 89/15, BFH/NV 2016, 936; auch s. Rz. 10).

2 Den Anspruch auf Akteneinsicht haben grds. nur die **Beteiligten** (§ 57 FGO) im finanzgerichtlichen Verfahren. Am Rechtsstreit nicht Beteiligten steht das Akteneinsichtsrecht des § 78 FGO demzufolge nicht zu (BFH v. 24.02.2009, I B 172/08, juris). Wurde über das Verfahren des Klägers das Insolvenzverfahren eröffnet, steht dem **Insolvenzverwalter** das Akteneinsichtsrecht zu, und zwar bereits vor Aufnahme des Verfahrens (BFH v. 28.03.2007, III B 10/07, BFH/NV 2007, 1182; *Bartone*, AO-StB 2007, 49). Dies gilt auch für den vorläufigen »starken« Insolvenzverwalter (s. § 74 FGO Rz. 13), wenn das Insolvenzgericht während eines anhängigen finanzgerichtlichen Verfahrens die Verwaltungsbefugnis und Verfügungsbefugnis über das Vermögen des Klägers auf einen vorläufigen Insolvenzverwalter übertragen hat. Der Kläger nicht dann nicht mehr befugt, ohne Zustimmung des Insolvenzverwalters im finanzgerichtlichen Verfahren einen Antrag zur Einsichtnahme in die Gerichtsakte zu stellen (BFH v. 16.10.2009, VIII B 346/04, BFH/NV 2010, 56 m. Anm. *Bartone*, jurisPR-StR 8/2010; *Bartone*, AO-StB 2007, 49).

**Gegenstand des Akteneinsichtsrechts** sind zum einen auf die bei dem Gericht erwachsenden Akten (Prozessakten, mit Ausnahme der in § 78 Abs. 4 FGO bezeichneten Schriftstücke. Gerichtsakten i. S. des § 78 Abs. 1 Satz 1 FGO sind die Akten, die alle das gerichtliche Verfahren betreffenden Schriftstücke enthalten; dazu gehören auch Beiakten, z. B. Akten betreffend die AdV oder die an die Verfahrensbeteiligten übermittelten Aufhebungsschreiben des Termins zur mündlichen Verhandlung, auch beigezogene Akten eines anderen Gerichts (BFH v. 30.06.1998, IX B 142/97, BFH/NV 1999, 61; BFH v. 03.08.2017, IX B 63/17, BFH/NV 2017, 1451). Zum anderen haben die Beteiligten (s. Rz. 2) nur Anspruch auf Einsicht in die dem Gericht **tatsächlich vorliegenden Akten** (z. B. BFH v. 16.04.2015, XI S 7/15, BFH/NV 2015, 1096; BFH v. 27.01.2016, IV B 128/15, BFH/NV 2016, 767; BFH v. 30.09.2016, X B 27/16, BFH/NV 2017, 162). Um solche Akten handelt es sich, wenn sie von der aktenführenden Behörde dem FG gem. § 71 Abs. 2 FGO vorgelegt worden sind, weil sie nach deren Ansicht den Streitfall betreffen oder weil sie von dem Gericht beigezogen worden sind (§ 71 Abs. 2 FGO; § 71 FGO Rz. 3; z. B. BFH v. 18.03.2008, V B 243/07, BFH/NV 2008, 1334; BFH v. 12.12.2012, XI B 70/11, BFH/NV 2013, 705). Dabei ist die **Aktenvorlagepflicht des FA** aus § 71 Abs. 2 FGO **nicht erzwingbar**. Auch soweit Urkundenbeweis in Betracht kommt (§ 86 FGO), können Zwangsmittel gegen die beklagte Finanzbehörde nicht angewendet werden (§ 89 FGO). Hingegen besteht kein Anspruch auf Einsicht in die dem Gericht tatsächlich nicht vorliegenden Akten (z. B. BFH v. 11.09.2013, I B 179/12, BFH/NV 2014, 48; BFH v. 05.03.2014, V B 14/13, BFH/NV 2014, 918). Ebenso wenig besteht ein Anspruch darauf, dass sich das Gericht zum Zwecke der Gewährung von Akteneinsicht Akten vorlegen lässt, die es aus seiner Sicht für seine Entscheidungsfindung nicht benötigt (BFH v. 22.01.2008, VIII B 92/07, juris; BFH 3

v. 14.01.2011, VIII B 56/10, BFH/NV 2011, 630). Bei einer **Klage auf Akteneinsicht** umfasst das durch § 78 FGO gewährleistete Akteneinsichtsrecht indessen nur die Akten, die für die Frage eines etwaigen Anspruchs auf Akteneinsicht von Bedeutung sind; dazu gehören nicht die Akten, um deren Kenntnisgabe gerade gestritten wird (BFH v. 27.03.2014, II B 68/13, BFH/NV 2014, 1072). Gem. § 78 Abs. 4 FGO ist die Einsicht in den **gerichtsinternen Schriftverkehr und andere gerichtsinterne Vorgänge**, wie z. B. Entwürfe zu Beschlüssen und Verfügung und Arbeiten zu deren Vorbereitung, vom Recht auf Akteneinsicht **nicht** umfasst (BFH v. 14.11.2012, V B 41/11, BFH/NV 2013, 239).

4 Das Akteneinsichtsrecht kann bestimmten **Beschränkungen** unterliegen. So beschränkt sich die Akteneinsicht im Verfahren der Beschwerde gegen eine **Beiladung** auf diejenigen Akten, die die Grundlage für die Entscheidung des Gerichts über die Beiladung bilden (BFH v. 10.05.2010, IV B 15/10, BFH/NV 2010, 1477). Außerdem kann die Finanzbehörde solche Teile ihrer Akten von der Einsicht ausnehmen, die verwaltungsinterner Natur sind, und sie wird das tun müssen, soweit das **Steuergeheimnis** (§ 30 AO) zu wahren ist (vgl. BFH v. 10.04.2015, III B 42/14, BFH/NV 2015, 1102). Sie kann solche Teile der Akten aber nicht einseitig dem FG zur Kenntnis bringen und die Einsicht des Klägers (Stpfl.) ausschließen. In einem solchem Falle wird das Gericht diese Teile der Akten, um die Chancengleichheit zu sichern, vor der Bearbeitung wieder zurückzusenden haben (BFH v. 16.11.1965, I 302/61 S, BStBl III 1966, 97). Begehrt eine in § 62 Abs. 2 Satz 1 FGO bezeichnete Person oder Gesellschaft als Bevollmächtigte des Klägers Akteneinsicht, ohne zugleich eine schriftliche Vollmacht vorzulegen, hat das Gericht nach pflichtgemäßem Ermessen zu entscheiden, ob die Gewährung der Akteneinsicht von der Vorlage einer Vollmacht abhängig gemacht wird (BFH v. 19.01.2017, IV B 84/16, BFH/NV 2017, 605; auch s. § 62 FGO Rz. 24 ff.).

5 Zur **Art und Weise**, wie das Akteinsichtsrecht auszuüben ist, insbes. wo die Akteneinsicht zu gewähren ist, sagt das Gesetz nichts aus. § 78 Abs. 2 Satz 1 FGO trägt dem **elektronischen Rechtsverkehr** (§ 52a FGO) und insbes. der **elektronischen Aktenführung** (§ 52b FGO) Rechnung. Sofern die Gerichtsakten in elektronischer Form geführt werden, wird die Akteneinsicht durch **Bereitstellung des Akteninhalts zum Abruf** gewährt. Der Gesetzgeber geht davon aus, dass die elektronische Aktenführung künftig den Regelfall darstellen wird (*Stalbold* in Gosch, § 78 FGO Rz. 20). Soweit die Prozessakten noch in Papierform geführt werden, erfolgt die Akteneinsicht – wie bisher – nach Maßgabe des § 78 Abs. 3 FGO (s. Rz. 6). Für die Gewährung der Akteneinsicht in die elektronischen Akten müssen diese mittels einer besonders gesicherten Verbindung über ein öffentliches Telekommunikationsnetz (insbes. das Internet) bereitgestellt werden, sodass die berechtigte Person den Akteninhalt abrufen kann (*Stalbold* in Gosch, § 78 FGO Rz. 22). Dies beinhaltet auch die Möglichkeit, das entsprechende Datenpaket unter Übertragung der Akten in einem anderen Dateiformat herunterzuladen (z. B. PDF; *Stalbold* in Gosch, § 78 FGO Rz. 22).

Auf besonderen Antrag wird Akteneinsicht durch **Einsichtnahme in die Akten in den Diensträumen des FG** gewährt (§ 78 Abs. 2 Satz 2 FGO). Dies erfordert, dass das FG eine technische Vorrichtung vorhält, vermittels derer die elektronischen Akten in der Geschäftsstelle des FG eingesehen werden können (»Einsichtsterminal«; *Stalbold* in Gosch, § 78 FGO Rz. 23). Aus dem Antragserfordernis sowie aus der Regelung des § 78 Abs. 2 Satz 4 FGO folgt, dass diese Art der Akteneinsicht eine Ausnahme vom Regelfall des § 78 Abs. 2 Satz 1 FGO (S. Rz. 5) darstellt. Nur wenn wichtige Gründe einem Abruf der Akten entgegenstehen (z. B. vorübergehende technische Probleme, s. Rz. 5b), bedarf es für die Akteneinsicht in den Diensträumen des FG keines Antrags, vielmehr ist diese dann von Amts wegen zu gewähren, um dem Anspruch des Beteiligten auf Gewährung rechtlichen Gehörs Rechnung zu tragen (s. Rz. 1). 5a

Ebenfalls nur auf einen besonders zu begründenden Antrag hin wird zur Gewährung der Akteneinsicht ein **Aktenausdruck oder ein Datenträger** mit dem Inhalt der Akten übermittelt, wenn der Antragsteller hieran ein **berechtigtes Interesse** darlegt (§ 78 Abs. 3 Satz 3 FGO). Auch diese Art der Akteneinsicht bildet eine Ausnahme vom Regelfall des § 78 Abs. 2 Satz 1 FGO. Sie wird allerdings nur gewährt, wenn der Beteiligte einen entsprechenden Antrag stellt, diesen besonders begründet und ein berechtigtes Interesse darlegt. Ein solches berechtigtes Interesse ist insbes. gegeben, wenn der Beteiligte aufgrund vorübergehender technischer Probleme die Akten nicht gem. § 78 Abs. 2 Satz 1 FGO abrufen kann (vgl. *Stalbold* in Gosch, § 78 FGO Rz. 24). 5b

Über den Antrag auf Gewährung der Akteneinsicht in den alternativen, von § 78 Abs. 2 Satz 1 FGO abweichenden Formen (s. Rz. 5a und 5b) entscheidet gem. § 78 Abs. 2 Satz 5 FGO der Senatsvorsitzende (bzw. der Einzelrichter nach § 6 FGO) bzw. der Berichterstatter (§ 78 Abs. 2 Satz 6 FGO i. V. m. § 79a Abs. 4 FGO). Die Entscheidung steht grds. im pflichtgemäßen Ermessen des Vorsitzenden etc. Bei der Ausübung des Ermessens ist einerseits zu beachten, dass der Gesetzgeber in § 78 Abs. 2 Satz 1 FGO den Regelfall für die Art der Akteneinsicht vorgeschrieben hat und Abweichungen hiervon einer besonderen Begründung bedürfen. Andererseits dürfte das Ermessen im Regelfall auf null reduziert sein, wenn wichtige Gründe i. S. von § 78 Abs. 2 Satz 2 und 3 FGO vorliegen. Denn in diesem Fall ist die alternative Form der Akteneinsicht sogar von Amts wegen zu gewähren. 5c

Solange die Prozessakten noch in Papierform geführt werden, wird Akteneinsicht durch Einsichtnahme in die Akten in Diensträumen des angerufenen oder eines anderen FG oder einer Behörde gewährt (§ 78 Abs. 3 Satz 1 FGO). Nach dieser Grundentscheidung des Gesetzes erfolgt die Akteneinsicht **regelmäßig bei der Geschäftsstelle des FG** (BFH v. 04.02.2008, VIII B 149/07, BFH/NV 2008, 1167; BFH v. 14.03.2008, II B 51/07, juris; BFH v. 15.07.2008, X B 5/08, BFH/NV 2008, 1695; BFH v. 12.11.2009, IV B 66/08, BFH/NV 2010, 671). Dadurch wird grds. keine Verletzung des Anspruchs auf rechtliches Gehör begründet (BVerfG v. 26.08.1981, 2 BvR 637/81, HFR 1982, 77; BFH v. 13.02.2008, XI B 200/07 BFH/NV 2008, 1208; BFH v. 09.06.2010, II B 47/10, BFH/NV 2010, 1653). Dies gilt für alle Beteiligten (also auch für die beklagte Behörde). Der Anspruch auf Akteneinsicht begründet daher – dies folgt aus § 78 Abs. 3 Satz 1 FGO – nicht gleichzeitig einen Anspruch auf Aktenüberlassung oder -übersendung (z. B. BFH v. 02.12.2008, VII B 122/08, BFH/NV 2009, 602). Auch Rechtsanwälte haben demnach keinen Anspruch darauf, die Gerichts- und Beiakten in ihrer Wohnung oder in ihren Geschäftsräumen einzusehen (BFH v. 10.08.1978, IV B 20/77, BStBl II 1978, 677; BVerfG v. 17.12.1993, 2 BvR 2622/93, StEd 1994, 50). Es ist Sache des Prozessbevollmächtigten, eine Übersendung der Akten an das nächstgelegene Amtsgericht, FG (ggf. FA oder eine andere Behörde) zu beantragen (BFH v. 22.04.1986, I B 11/86, BFH/NV 1987, 36). Die Entscheidung darüber, ob die Akten an ein Gericht oder an eine Behörde am Wohnsitz des Klägers zur dortigen Akteneinsicht versendet werden, steht im pflichtgemäßen **Ermessen** des Gerichts (z. B. BFH v. 02.09.2009, III B 246/08, BFH/NV 2010, 49; BFH v. 26.07.2012, III R 70/10, BFH/NV 2012, 1971). Das Gericht hat bei seiner Entscheidung hierüber die für und gegen eine Aktenversendung sprechenden Interessen gegeneinander abzuwägen. Dabei ist zu beachten, dass die Einsichtnahme der Akten bei Gericht die Regel ist, die **Übersendung** hingegen die **Ausnahme**, die demzufolge auf eng begrenzte Sonderfälle zu beschränken ist (z. B. BFH v. 29.10.2008, III B 176/07, BFH/NV 2009, 192; BFH v. 31.10.2008, V B 29/08, BFH/NV 2009, 194; BFH v. 14.01.2015, V B 146/14, BFH/NV 2015, 517). Aus der teilweise abweichenden rechtlichen Regelung und Verwaltungspraxis zur Akteneinsicht in anderen Gerichtszweigen können für das finanzgerichtliche Verfahren keine Rechte hergeleitet werden (BFH v. 28.08.2009, III B 89/09, ZSteu 2009, R1095). Ebenso kann und muss das Gericht berücksichtigen, wenn die Akten im Zeitpunkt der Entscheidung über ihre Versendung für den Fortgang einer Betriebsprüfung beim FA/HZA benötigt werden (BFH v. 17.03.2008, IV B 100 u. a., BFH/NV 2008, 1177). Regelmäßig wird es wohl ermessensgemäß sein, die Akten bei größerer Entfernung vom Gerichtssitz an das nähergelegene Amtsgericht usw. zu versenden (BFH v. 21.11.1991, VII B 55/91, BFH/NV 1992, 403), es sei denn, die rechtzeitige Rücksendung der Akten bei bevorstehender mündlicher Verhandlung ist nicht gewährleistet (s. BFH v. 08.05.1992, III B 138/92, BFH/NV 1993, 106). Nach § 78 Abs. 3 Satz 2 FGO kann die Akteneinsicht auch durch Bereitstellung des Akteninhalts zum Abruf gewährt werden, soweit nicht wichtige Gründe entgegenstehen. Dies ermöglicht es dem Gericht, die Papierakten einzuscannen, sodass den Beteiligten die entsprechenden Dateien für die Akteneinsicht zur Verfügung gestellt werden können. Allerdings lässt sich aus § 78 Abs. 3 Satz 2 FGO keine Verpflichtung des Gerichts ableiten, jeweils eine elektronische Fassung der Papierakten herzustellen (*Stalbold* in Gosch, § 78 FGO Rz. 28). In der elektronischen Form kann der Akteninhalt wie nach dem Grundsatz des § 78 Abs. 2 Satz 1 FGO (s. Rz. 5) zum Abruf bereitgestellt werden. Ergänzend gilt § 155 Satz 1 FGO i. V. m. § 299a ZPO, der es den Gerichten ermöglicht, anstelle der Originalakten deren Mikroverfilmungen oder sie als elektronische Dokumente auf Disketten, CD-ROM oder Festplatten, Magnetbändern etc. aufzubewahren (*Greger/Feskorn* in Zöller, § 299a ZPO Rz. 1 ff.). Für die Einsichtnahme in die Akten müssen diese anhand eines Lesegerätes (entsprechend § 261 HGB) auf der Geschäftsstelle lesbar gemacht werden (*Greger*/Feskorn in Zöller, § 299a ZPO Rz. 6; auch *Bartone* in Baetge/Kirsch/Thiele, § 261 HGB Rz. 31 ff.).

Nach § 78 Abs. 1 Satz 1 FGO können sich die Beteiligten auf ihre Kosten durch die Geschäftsstelle Ausfertigungen, Auszüge, Ausdrucke und Abschriften erteilen lassen. Dieses Recht besteht aber nur, soweit die Abschriften usw. geeignet und erforderlich sind, die Prozessführung zu erleichtern. Ein Anspruch auf Überlassung von **Fotokopien der gesamten** Gerichtsakten und der gesamten dem Gericht vorgelegten **Akten** besteht **nicht** (z. B. BFH v. 05.05.2017, X B 36/17, BFH/NV 2017, 1183; BFH v. 12.02.2018, X B 8/18, BFH/NV 2018, 635), es sei denn, der Beteiligte legt substantiiert dar, weshalb dies seine Prozessführung erleichtert (BFH v. 05.05.2017, X B 36/17, BFH/NV 2017, 1183; BFH v. 12.02.2018, X B 8/18, BFH/NV 2018, 635). Ein Rechtsschutzbedürfnis, bereits vorliegende Dokumente ein zweites Mal in Kopie zu erhalten, besteht grds. nicht (BFH v. 05.05.2017, X B 36/17, BFH/NV 2017, 1183). Grds. hat die Anfertigung der Kopien **durch den Geschäftsstellenbeamten** zu erfolgen (BFH v. 18.02.2008, VII S 1/08 [PKH], BFH/NV 2008, 1169). Die Beteiligten haben keinen Anspruch, den gesamten Akteninhalt unter Benutzung eines gerichtseigenen oder eines selbst mitgebrachten Kopiergeräts zu kopieren (BFH v. 18.02.2008, VII S 1/08 [PKH], BFH/NV 2008, 1169). 7

Für den **Rechtsschutz** gegen die Ablehnung der Akteneinsicht ist zu unterscheiden: Soweit der Urkundsbeamte der Geschäftsstelle die Entscheidung über die Akteneinsicht auf der Geschäftsstelle. Versagt er die Akteneinsicht, so ist die Erinnerung (§ 133 FGO) gegeben. An seiner 8

Stelle kann auch der Vorsitzende, der Berichterstatter (§ 79a FGO), der Einzelrichter (§ 6 FGO) oder der Senat tätig werden. Das gilt stets bei Versendung der Akten. Gegen die Verweigerung der Akteneinsicht bzw. -versendung durch den Vorsitzenden usw. ist die **Beschwerde** gegeben (§ 128 Abs. 1 FGO), denn die Entscheidung stellt **keine unanfechtbare prozessleitende Verfügung** i.S. von § 128 Abs. 2 FGO dar (z.B. BFH v. 11.09.2013, I B 179/12, BFH/NV 2014, 48; *Brandis* in Tipke/Kruse, § 78 FGO Rz. 21). Für die Beschwerde fehlt jedoch dann das Rechtsschutzbedürfnis, wenn das Verfahren beim FG durch Entscheidung abgeschlossen ist und die Akten wegen eines dagegen erhobenen Rechtsmittels dem BFH vorliegen (BFH v. 11.08.1992, III B 198/92, BFH/NV 1993, 312 m.w.N.; BFH v. 09.09.2003, VI B 63/02, BFH/NV 2004, 207). Dies gilt auch, wenn die Akten während des Beschwerdeverfahrens durch den Prozessbevollmächtigten eingesehen werden (BFH v. 09.07.2007, I B 58/07, juris). Legt der Bevollmächtigte, insbes. ein Rechtsanwalt, gegen die Verweigerung der Akteneinsichtnahme in seiner Kanzlei Beschwerde ein, so ist die Beschwerde regelmäßig als aus eigenem Recht eingelegt zu betrachten (BFH v. 20.02.1991, II B 182/90, BFH/NV 1991, 696; BFH v. 09.09.2003, VI B 63/02, BFH/NV 2004, 207).

9 Die Beeinträchtigung des Rechtes auf Akteneinsicht kann zu einer Verletzung des **Anspruchs auf rechtliches Gehör** führen (§§ 115 Abs. 2 Nr. 3, 119 Nr. 3 FGO; ausführlich *Thürmer* in HHSp, § 78 FGO Rz. 170 ff.; auch s. § 119 FGO Rz. 12 ff.), der mit der NZB (§ 116 Abs. 1 FGO; a.A. wohl BFH v. 18.07.2013, IX B 27/13, BFH/NV 2013, 1788; nur Beschwerde – s. Rz. 8 – und Anhörungsrüge), ggf. mit der Revision (§ 118 Abs. 1 FGO) geltend zu machen ist. Allerdings kann der Kläger sein Rügerecht verlieren, wenn er es nicht rechtzeitig geltend macht, da grds. auch die Verletzungen rechtlichen Gehörs und damit auch eine Verletzung des Rechts auf Akteneinsicht zu den verzichtbaren Verfahrensmängeln gehören (BFH v. 25.05.2011, VI B 3/11, BFH/NV 2012, 46), denn die Gewährung von Akteneinsicht setzt naturgemäß einen Antrag und die entsprechende Mitwirkung des Beteiligten oder seines Vertreters voraus und ist daher disponibel (BFH v. 03.04.2013, X B 8/12, BFH/NV 2013, 1065). Ein FG ist nicht gehalten, den Beteiligten mitzuteilen, welche Tatsachen die vorgelegten Akten enthalten und wie es sie zu verwerten gedenkt (z.B. BFH v. 07.10.2015, VI B 49/15, BFH/NV 2016, 38). Denn der Kläger hat immer die Möglichkeit, gem. § 78 Abs. 1 FGO Akteneinsicht zu nehmen und ggf. zum Akteninhalt Stellung zu beziehen (z.B. BFH v. 18.04.2017, III B 76/16, BFH/NV 2017, 1050). Ist die gehörsverletzende Entscheidung unanfechtbar, ist die **Anhörungsrüge** (§ 133a FGO) gegeben. Eine Verletzung des Anspruches auf rechtliches Gehör liegt nur dann vor, wenn einem Beteiligten die Akteneinsicht (in die Akten, die der gerichtlichen Entscheidungen zugrunde gelegt werden) ausdrücklich verwehrt worden ist (z.B. BFH v. 29.08.2013, IX B 17/13, BFH/NV 2013, 1942; BFH v. 05.03.2014, V B 14/13, BFH/NV 2014, 918). Wer allerdings von seinem Recht, in die beim FG befindlichen Akten der Finanzbehörde Einsicht zu nehmen, nicht Gebrauch macht, kann sich im Allgemeinen nicht mit Erfolg darauf berufen, ihm sei das rechtliche Gehör verweigert worden, wenn das FG in den Akten der Finanzbehörde befindliche Schriftstücke seiner Entscheidung zugrunde legt (z.B. BFH v. 21.12.2012, III B 118/12, BFH/NV 2013, 577, BFH v. 14.08.2014, X B 5/14, X B 6/14, BFH/NV 2015, 40). Das FG muss den Kläger – insbes., wenn er im Verfahren durch einen fachkundigen Prozessbevollmächtigten vertreten ist – nicht auf das Recht zur Akteneinsicht besonders hinweisen (BFH v. 25.01.2011, V B 154/09, BFH/NV 2011, 822; BFH v. 18.04.2017, III B 76/16, BFH/NV 2017, 1050; *Lange* in HHSp, § 96 FGO Rz. 243).

10 Gegen die Verweigerung der Einsichtnahme in die Akten eines **abgeschlossenen finanzgerichtlichen Verfahrens** ist der **Finanzrechtsweg** (§ 33 Abs. 1 FGO) indessen nicht eröffnet (BFH v. 24.02.2009, I B 172/08, juris; BFH v. 01.03.2016, VI B 89/15, BFH/NV 2016, 936). Vielmehr ist gegen eine entsprechende (Ermessens-)Entscheidung des Gerichtspräsidenten oder des von diesem beauftragten Richters (vgl. § 155 Satz 1 FGO i.V.m. § 299 Abs. 2 ZPO) der öffentlich-rechtliche Rechtsweg nach § 40 VwGO gegeben (BFH v. 01.03.2016, VI B 89/15, BFH/NV 2016, 936). Beim **Akteneinsichtsrecht des Insolvenzverwalters** unterscheidet der BFH: Zumindest in den Fällen, in denen der Insolvenzverwalter **allgemeine Einsicht** in die beim FA über den Schuldner geführten Vollstreckungsakten begehrt, handelt es sich um eine Streitigkeit nach § 33 Abs. 1 FGO, sodass der Finanzrechtsweg eröffnet ist (BFH v. 10.02.2011, VII B 183/10, BFH/NV 2011, 992). Dagegen soll der **Rechtsweg zu den Zivilgerichten** (§ 13 GVG) eröffnet sein, wenn der Insolvenzverwalter ausdrücklich zur Prüfung der Voraussetzungen eines dem Grunde nach bestehenden **Anfechtungsrechts nach §§ 129 ff. InsO** Einsicht in die Vollstreckungsakten nehmen will (BFH v. 10.02.2011, VII B 183/10, BFH/NV 2011, 992; s. § 33 FGO Rz. 2a).

## § 79 FGO Vorbereitung der mündlichen Verhandlung

**(1) Der Vorsitzende oder der Berichterstatter hat schon vor der mündlichen Verhandlung alle Anordnungen zu treffen, die notwendig sind, um den Rechtsstreit möglichst in einer mündlichen Verhandlung zu erledigen. Er kann insbesondere**

**1. die Beteiligten zur Erörterung des Sach- und Streitstandes und zur gütlichen Beilegung des Rechtsstreits laden;**

**2. den Beteiligten die Ergänzung oder Erläuterung ihrer vorbereitenden Schriftsätze, die Vorlegung von Urkunden die Übermittlung von elektronischen Dokumenten und von anderen zur Niederlegung bei Gericht geeigneten Gegenständen aufgeben, insbesondere eine Frist zur Erklärung über bestimmte klärungsbedürftige Punkte setzen;**
**3. Auskünfte einholen;**
**4. die Vorlage von Urkunden oder die Übermittlung von elektronischen Dokumenten anordnen;**
**5. das persönliche Erscheinen der Beteiligten anordnen; § 80 gilt entsprechend;**
**6. Zeugen und Sachverständige zur mündlichen Verhandlung laden.**

**(2) Die Beteiligten sind von jeder Anordnung zu benachrichtigen.**

**(3) Der Vorsitzende oder der Berichterstatter kann einzelne Beweise erheben. Dies darf nur insoweit geschehen, als es zur Vereinfachung der Verhandlung vor dem Gericht sachdienlich und von vornherein anzunehmen ist, dass das Gericht das Beweisergebnis auch ohne unmittelbaren Eindruck von dem Verlauf der Beweisaufnahme sachgemäß zu würdigen vermag.**

**S. § 87 VwGO; § 106 Abs. 2 und Abs. 3 SGG**

**Inhaltsübersicht**



## A. Zweck der Vorschrift

1 Zweck der Vorschrift ist die Verwirklichung der **Konzentrationsmaxime** (vgl. BFH v. 10.12.2012, VI B 135/12, BFH/NV 2013, 569), der auch § 76 Abs. 2 und § 77 FGO dienen. Danach ist immer anzustreben, die Sache ist in tatsächlicher (und in rechtlicher) Hinsicht soweit vorzubereiten, dass in einem Verhandlungstermin bzw. in einem Beratungstermin (bei Einverständnis der Beteiligten mit einer Entscheidung ohne mündliche Verhandlung (§ 90 Abs. 2 FGO) entschieden werden kann (§ 79 Abs. 1 Satz 1 FGO). Um dieses Ziel zu erreichen, bedarf es sorgfältiger und vor allem auch rechtzeitiger Vorbereitung des Termins.

## B. Zuständigkeit des Vorsitzenden bzw. Berichterstatters

Die zur Vorbereitung erforderlichen prozessleitenden Anordnungen überträgt das Gesetz dem **Vorsitzenden** oder dem **Berichterstatter** (§ 65 Abs. 2 Satz 1 FGO); ist die Sache nach § 6 FGO dem **Einzelrichter** übertragen, sind auch die vorbereitenden Maßnahmen durch ihn zu treffen. Das gilt auch für den **konsentierten Einzelrichter** (§ 79a Abs. 3 und Abs. 4 FGO). Der Berichterstatter wird – ebenso wie der Vorsitzende – als Mitglied des Senats tätig, soweit er nicht nach § 158 Satz 1 FGO originär zuständig (s. § 158 FGO Rz. 2) ist; er ist nicht etwa beauftragter Richter i. S. von § 81 Abs. 2 FGO. Dem Senat vorbehaltene Angelegenheiten, wie z. B. die Beauftragung eines Senatsmitglieds oder eines anderen Gerichts mit der Beweisaufnahme (§ 81 Abs. 2 FGO), der Erlass eines Beweisbeschlusses (§ 82 FGO i. V. m. § 358 ZPO, aber auch § 79 Abs. 3 FGO und s. Rz. 10) oder eines Beiladungsbeschlusses (§ 60 FGO), können der Vorsitzende bzw. der Berichterstatter grds. nicht anordnen (aber s. Rz. 7). Gegen die vom zuständigen Richter im vorläufigen Verfahren getroffenen **prozessleitenden Maßnahmen** ist kein Rechtsmittel gegeben (§ 128 Abs. 2 FGO). 2

## C. Anordnungen im vorbereitenden Verfahren (§ 79 Abs. 1 Satz 2 FGO)

Die Vorschrift enthält **keine abschließende Aufzählung** der möglichen vorbereitenden Anordnungen. Zulässig sind insbes. folgende Maßnahmen: Nach § 79 Abs. 1 Satz 2 Nr. 1 FGO können die Beteiligten (§ 57 FGO) zur **Erörterung des Sach- und Rechtsstands** und zur gütlichen Beilegung des Rechtsstreits geladen werden. Die mündliche Erörterung ist nicht nur besonders geeignet, zum Kern der Streitsache zu gelangen, klärungsbedürftige Punkte herauszufiltern sowie beweisbedürftige Tatsachen nebst Beweismittel festzustellen, ihr kommt auch wegen der Möglichkeit einer umfassenden, den Streitstoff abdeckenden Aussprache eine nicht zu unterschätzende Befriedigungsfunktion zu. Häufig führt sie zur Erledigung des Rechtsstreits, sei es durch Zurücknahme der Klage, sei es durch Abhilfezusage der Finanzbehörde (bezüglich der Entscheidungsbefugnis des zuständigen Richters im vorbereitenden Verfahren in solchen Fällen s. § 79a Abs. 1 Nr. 2 und 3 FGO). Erörterungstermine sind **nicht öffentlich** (BFH 21.04.1986, IV R 190/85, BStBl II 1986, 568; BFH v. 27.10.2008, II B 15/08, BFH/NV 2009, 189). Die sitzungspolizeilichen Befugnisse nach § 52 FGO i. V. m. §§ 176, 179 GVG stehen dem im vorbereitenden Verfahren zuständigen Richter (s. Rz. 2) zu. Für das Protokoll gilt § 94 FGO i. V. m. § 159 Abs. 2 ZPO (s. § 94 FGO 3

Rz. 2). Durch die Anberaumung eines Erörterungstermins kommt eine Verletzung des Anspruchs auf rechtliches Gehör grds. nicht in Betracht (BFH v. 15.07.2010, VIII B 117/09, BFH/NV 2010, 2091).

4 Es darf den Beteiligten im vorbereitenden Verfahren aufgegeben werden, ihre vorbereitenden Schriftsätze zu ergänzen und zu erläutern, Urkunden und sonst zur Niederlegung geeignete Gegenstände vorzulegen und insbes. eine Frist zur Erklärung über bestimmte klärungsbedürftige Punkte gesetzt werden (§ 79 Abs. 1 Satz 2 Nr. 2 FGO). Die Frist, deren Setzung sich auch im Übrigen anbietet, ist verlängerbar. Die Nichteinhaltung der Frist zieht keine unmittelbaren Sanktionen nach; das Gericht wird dann aber regelmäßig die Setzung einer Ausschlussfrist nach § 79b Abs. 2 FGO in Betracht ziehen. Im Rahmen des elektronischen Rechtsverkehrs (§ 52a FGO) kann auch die Übermittlung elektronischer Dokumente verlangt werden.

5 § 79 Abs. 1 Satz 2 Nr. 3 FGO gestattet die Einholung von informatorischen **Auskünften** im vorbereitenden Verfahren. Die Befugnis ist nicht auf amtliche Auskünfte (s. § 86 FGO) beschränkt, sondern umfasst auch die Auskunftseinholung bei dritten Personen, z. B. zur Beweisvorbereitung. Die Auskünfte werden i. d. R. schriftlich eingeholt, können u. E. aber auch telefonisch eingeholt werden, müssen dann aber in der Prozessakte in Form eines Aktenvermerks festgehalten werden, damit sie den Beteiligten zugänglich sind (§ 79 Abs. 2 FGO; s. Rz. 9).

6 Die Anordnung der Vorlage von **Urkunden** und der Übermittlung elektronischer Dokumente im Rahmen des elektronischen Rechtsverkehrs (§ 52a FGO) gestattet § 79 Abs. 1 Satz 2 Nr. 4 FGO. Die Befugnis bezieht sich zunächst einmal auf die Vorlage von Urkunden durch den Kläger (§ 76 Abs. 1 Satz 3 FGO i. V. m. § 97 Abs. 1 und Abs. 3 AO und ggf. § 93 Abs. 3 Satz 2 AO); sie beschränkt sich jedoch nicht darauf. Urkunden können auch von Behörden angefordert werden, wohl auch von Dritten. Das Vorlageverlangen verpflichtet jedenfalls den Beteiligten zur Urkundenvorlage und kann die Setzung einer qualifizierten Frist (§ 79b Abs. 2 Nr. 2 FGO) vorbereiten.

7 Die **Anordnung des persönlichen Erscheinens** (§ 79 Abs. 1 Satz 2 Nr. 5 FGO i. V. m. § 80 FGO) gebietet sich häufig zu Erörterungsterminen, weil der Kläger aus seiner Sachnähe in einem Maße Aufklärung zu geben vermag, wie es auch einem von ihm bevollmächtigten Vertreter nicht möglich ist. Zur Effizienz eines Erörterungstermins dient es auch, der Behörde die Entsendung eines Vertreters gem. § 80 Abs. 3 FGO aufzugeben. Zur Ladung beachte § 53 Abs. 1 FGO. Wegen der entsprechenden Anwendung von § 80 FGO kann der im vorbereitenden Verfahren tätige Richter Ordnungsgeld androhen und festsetzen (BFH v. 14.12.2010, X B 103/10, BFH/NV 2011, 618; dazu s. § 80 FGO Rz. 3).

8 § 79 Abs. 1 Satz 2 Nr. 6 FGO ermöglicht schließlich die **vorsorgliche Ladung von Zeugen und Sachverständigen** zur mündlichen Verhandlung. Das bedingt vorweg die Prüfung der Erheblichkeit des Beweismittels. Obwohl die Beweisaufnahme erst beginnt, wenn in der mündlichen Verhandlung der Beweisbeschluss (§ 82 FGO i. V. m. § 358 ZPO) durch den Senat ergangen ist, ist bereits in der Zeugenladung der Gegenstand der Vernehmung anzugeben (§ 82 FGO i. V. m. § 377 Abs. 2 Nr. 2 ZPO). Erweist sich die Ladung als überflüssig, weil kein Beweisbeschluss ergeht, so muss das von den Zeugen bzw. Sachverständigen hingenommen werden, wenn das Ergebnis auch äußerst unbefriedigend ist. Allerdings muss das FG dann aber gegenüber den Beteiligten klar und unmissverständlich zum Ausdruck bringen, dass es von einer Beweisaufnahme absieht, da die Beteiligten ansonsten grds. annehmen dürfen, dass das Gericht die Zeugenvernehmung als erforderlich ansieht und kein Urteil erlässt, bevor diese durchgeführt wurde (z. B. BFH v. 19.09.2014, IX B 101/13, BFH/NV 2015, 214; BFH v. 11.10.2016, III B 21/16, BFH/NV 2017, 315). Deshalb sollte besonders sorgfältig geprüft werden, ob wirklich vorsorgliche Ladung in Betracht kommt; regelmäßig kann nämlich auch schon vor der mündlichen Verhandlung Beweisbeschluss ergehen (§ 82 FGO i. V. m. § 358a Satz 1 ZPO).

## D. Rechtliches Gehör (§ 79 Abs. 2 FGO)

Alle Beteiligten (§ 57 FGO) sind von jeder Anordnung zu benachrichtigen (§ 79 Abs. 2 FGO). Ihnen ist auch vom Ergebnis einer Anordnung nach § 79 Abs. 1 Satz 2 Nr. 2, 3 und 4 FGO Kenntnis zu geben. Daher sind die Beteiligten z. B. von Beiziehung von Akten eines anderen Verfahrens zu benachrichtigen (§ 79 Abs. 2, § 155 i. V. m. § 273 Abs. 4 ZPO), auch wenn ihnen der Inhalt der Akten vollständig bekannt ist (BFH v. 26.07.2012, IX B 164/11, BFH/NV 2012, 1643). Wird die Benachrichtigung unterlassen bzw. in sonstiger Weise der **Grundsatz des rechtlichen Gehörs** verletzt, liegt Verfahrensfehler i. S. von § 115 Abs. 2 Nr. 3 FGO vor, soweit nicht die Beteiligten im Einzelfall verzichtet haben oder ein Rügeverzicht vorliegt (§ 155 Satz 1 FGO i. V. m. § 295 ZPO). 9

## E. Beweiserhebung im vorbereitenden Verfahren (§ 79 Abs. 3 FGO)

§ 79 Abs. 3 Satz 1 FGO räumt dem im vorbereitenden Verfahren zuständigen Richter (s. Rz. 2) das Recht ein, **einzelne (nicht alle!) Beweise** zu erheben (s. § 81 FGO Rz. 4). Es ist daher unzulässig, die Beweiserhebung vollständig in das Verfahren nach § 79 Abs. 3 FGO zu verlagern (BFH v. 04.08.2015, IX B 95/15, BFH/NV 2015, 1436). Von der durch § 79 Abs. 3 FGO eingeräumten Befugnis darf der Richter nur insoweit Gebrauch machen, 10 als es zur Vereinfachung der Verhandlung vor dem Gericht sachdienlich ist, denn die Beweiserhebung hat grds. in der mündlichen Verhandlung vor dem Senat zu erfolgen (§ 81 Abs. 1 Satz 1 FGO). Die Vorschrift stellt neben § 82 Abs. 2 FGO eine Ausnahme vom Grundsatz der Unmittelbarkeit der Beweisaufnahme dar. Außerdem muss von vornherein anzunehmen sein, dass das Gericht das Beweisergebnis auch ohne Eindruck vom Verlauf der Beweisaufnahme sachgemäß zu würdigen im Stande ist (§ 79 Abs. 3 Satz 2 FGO). Auch für die Beweisaufnahme nach § 79 Abs. 3 FGO im vorbereitenden Verfahren gilt § 82 FGO i. V. m. §§ 358 ff. ZPO. Der zuständige Richter muss daher einen Beweisbeschluss erlassen (wie hier: BFH v. 04.08.2015, IX B 95/15, BFH/NV 2015, 1436; gl. A. *Seer* in Tipke/Kruse, § 79 FGO Rz. 16; *Fu* in Schwarz/Pahlke, § 79 FGO Rz. 20; *Thürmer* in HHSp, § 79 FGO Rz. 112; *Stalbold* in Gosch, § 79 FGO Rz. 32; a. A. *Stapperfend* in Gräber, § 79 FGO Rz. 11). Bei der Beweisaufnahme ist der Grundsatz der **Beteiligtenöffentlichkeit** (§ 83 FGO) zu beachten (s. § 83 FGO Rz. 1).

## § 79a FGO Entscheidung im vorbereitenden Verfahren

**(1) Der Vorsitzende entscheidet, wenn die Entscheidung im vorbereitenden Verfahren ergeht,**

1. **über die Aussetzung und das Ruhen des Verfahrens;**
2. **bei Zurücknahme der Klage, auch über einen Antrag auf Prozesskostenhilfe;**
3. **bei Erledigung des Rechtsstreits in der Hauptsache, auch über einen Antrag auf Prozesskostenhilfe;**
4. **über den Streitwert;**
5. **über Kosten;**
6. **über die Beiladung.**

**(2) Der Vorsitzende kann ohne mündliche Verhandlung durch Gerichtsbescheid (§ 90a) entscheiden. Dagegen ist nur der Antrag auf mündliche Verhandlung innerhalb eines Monats nach Zustellung des Gerichtsbescheides gegeben.**

**(3) Im Einverständnis der Beteiligten kann der Vorsitzende auch sonst anstelle des Senats entscheiden.**

**(4) Ist ein Berichterstatter bestellt, so entscheidet dieser anstelle des Vorsitzenden.**

S. § 87a VwGO

**Inhaltsübersicht**



**Schrifttum**

Loose, Der Einzelrichter im finanzgerichtlichen Verfahren, StuW 2006, 376.

### A. Bedeutung der Vorschrift

Die Vorschrift dient der Straffung des Verfahrens und der Entlastung des Senats, indem bestimmte Nebenentscheidungen im vorbereitenden Verfahren dem Vorsitzenden bzw. dem Berichterstatter (§ 79a Abs. 4 FGO) übertragen werden (§ 79a Abs. 1 FGO), es diesen Richtern ermöglicht wird, anstelle des Senats durch Gerichtsbescheid (§ 90a FGO) zu entscheiden (§ 79a Abs. 2 und Abs. 4 FGO) und ihnen bei vorliegendem Einverständnis der Beteiligten auch sonst ermöglicht wird, anstelle des Senats zu entscheiden (§ 79a Abs. 3 und Abs. 4 FGO). Die Möglichkeit einer Senatsentscheidung bleibt davon unberührt (BFH v. 18.08.2005, XI B 151/04, BFH/NV 2006, 82). 1

§ 79a FGO ist (mit Ausnahme des § 79a Abs. 2 FGO) in selbstständigen Antragsverfahren (§§ 69, 114 FGO) anwendbar; eine Beschränkung auf Urteilssachen wäre sinnwidrig. Für den Einzelrichter kraft Übertragung (§ 6 FGO) hat die Vorschrift keine Bedeutung; er ist zum Erlass der Hauptsachenentscheidung ebenso berufen wie zum Erlass von Nebenentscheidungen. Zum sog. konsentierten Einzelrichter s. Rz. 4. Im Verfahren vor dem BFH ist § 79a FGO nicht anwendbar (§ 121 Satz 2 FGO). Dies gilt aber nicht für Entschädigungsklagen (§ 155 Satz 2 FGO i. V. m. §§ 198 ff. GVG), da der BFH insoweit »erstinstanzlich« tätig wird und § 155 Satz 2 FGO eine besondere Verweisung auf die Vorschriften des erstinstanzlichen Verfahrens enthält (vgl. BFH v. 05.03.2013, X K 10/12, BFH/NV 2013, 953; BFH v. 28.05.2013, X S 20-23/13, BFH/NV 2013, 1437; *Brandis* in Tipke/Kruse, § 155 FGO Rz. 17; *Stiepel* in Gosch, § 155 FGO Rz. 125).

Vorausgesetzt wird für § 79a FGO im Hinblick auf Art. 101 Abs. 1 Satz 2 GG (ebenso wie für § 6 FGO) ein **senatsinterner Geschäftsverteilungsplan** (§ 4 FGO i. V. m. § 21g GVG; s. § 4 FGO Rz. 8), der im Voraus für das Geschäftsjahr festlegt, wer in welchen (abstrakt beschriebenen) Sachen Berichterstatter ist und in welchen Verfahren der Vorsitzende bzw. der Berichterstatter nach § 79a FGO zuständig ist (s. § 4 FGO Rz. 8).

## B. Entscheidungen im vorbereitenden Verfahren (§ 79a Abs. 1 FGO)

2 Voraussetzung für die Zuständigkeit des Vorsitzenden bzw. des Berichterstatters zu den in § 79a Abs. 1 FGO aufgeführten (Neben-)Entscheidungen ist, dass sie im vorbereitenden Verfahren zu treffen sind. Das **vorbereitende Verfahren** beginnt mit Eingang der Klage beim FG und **endet mit Beginn der mündlichen Verhandlung** (BFH v. 20.02.2013, X E 8/12, BFH/NV 2013, 763). Wird in der mündlichen Verhandlung keine Sachentscheidung getroffen oder die mündliche Verhandlung aufgehoben bzw. das Verfahren vertagt, befindet sich die Sache wieder im vorbereitenden Verfahren (z. B. BFH v. 04.05.1995, VII B 193/94, BFH/NV 1995, 1021; *Seer* in Tipke/Kruse, § 79a FGO Rz. 6; *Thürmer* in HHSp, § 79a FGO Rz. 53; *Stalbold* in Gosch, § 79a FGO Rz. 14; *Fu* in Schwarz/Pahlke, § 79a FGO Rz. 8). Der Senat bleibt also für die in § 79a Abs. 1 FGO genannten Entscheidungen zuständig, wenn sie in oder aufgrund mündlicher Verhandlung vor dem Senat ergehen, bzw., bei Entscheidungen ohne mündliche Verhandlung (§§ 90 Abs. 2, 90a FGO), wenn sich der Senat in solcher Weise mit der Sache befasst hat, dass er bei normalem Fortgang durch Erlass eines Urteils oder eines Gerichtsbescheids (bei selbständigen Antragsverfahren eines Beschlusses) entschieden hätte. Im Übrigen ist in den Fällen des § 79a Abs. 1 FGO allein der Vorsitzende bzw. der Berichterstatter der gesetzliche Richter i. S. von Art. 101 Abs. 1 Satz 2 GG. Ein Wahlrecht, die Entscheidung stattdessen durch den Senat zu treffen, besteht nicht (BFH v. 08.01.2013, X B 101/12, BFH/NV 2013, 749; *Thürmer* in HHSp, § 79a FGO Rz. 35). Eine mit Erlass eines Beiladungsbeschlusses oder eines Beschlusses nach § 60a FGO erfolgte Befassung des Senats steht daher der Anwendung des § 79a Abs. 1 FGO nicht entgegen.

So entscheidet der Vorsitzende bzw. der Berichterstatter bei **Zurücknahme der Klage** (§ 79a Abs. 1 Nr. 2 FGO) auch dann, wenn diese erst nach Terminierung der mündlichen Verhandlung durch den Vorsitzenden (§ 155 Satz 1 FGO i. V. m. § 216 ZPO) oder gar erst nach Zustellung der Ladung erfolgte (FG BW v. 29.11.1993, 6 K 41/93, EFG 1994, 578, a. A. FG RP v. 24.05.1993, 5 K 1274/93, EFG 1993, 674; FG RP v. 03.08.1993, 5 K 1581/92, EFG 1994, 52). Bei Teilrücknahmen entscheidet der Vorsitzende bzw. der Berichterstatter auch über die Abtrennung (s. § 73 FGO Rz. 3). Bei **übereinstimmender Hauptsachenerledigungserklärung** während sich die Sache noch im vorbereitenden Verfahren befindet, entscheidet ebenfalls der Vorsitzende bzw. der Berichterstatter (§ 79a Abs. 1 Nr. 3 FGO; a. A. FG RP v. 28.07.1993, 5 K 1397/93, EFG 1994, 52), der Senat jedoch, wenn diese in der mündlichen Verhandlung abgebeben werden (a. A. FG Münster v. 08.11.1993, 6 K 5398/90 E, EFG 1994, 258: Vorsitzender bzw. Berichterstatter). Zur **Entscheidung über den Streitwert** (§ 79a Abs. 1 Satz 4 FGO) ist der Vorsitzende bzw. Berichterstatter nur berufen, wenn sich das finanzgerichtliche Verfahren im vorbereitenden Verfahren i. S. von § 25 Abs. 2 GKG »anderweitig« erledigt, d. h. bei Klagerücknahme bzw. Hauptsachenerledigung. Dasselbe gilt naturgemäß hinsichtlich der **Kostenentscheidung** (§ 79a Abs. 1 Nr. 5 FGO) als solcher. Soweit der Vorsitzende bzw. der Berichterstatter zur Entscheidung über die Kosten berufen ist, muss er auch als zuständig angesehen werden für die Entscheidung über die **Erinnerung** gegen eine daraufhin ergehende Kostenfestsetzung bzw. einen Kostenansatz (a. A. FG Bre v. 03.11.1993, 2 93 079 E 2, EFG 1994, 162; FG Bre v. 08.12.1993, 2 93 322 E 2, EFG 1994, 305). Im Übrigen, d. h. insbes. nach Ergehen eines Urteils (eines zum Urteil gewordenen Gerichtsbescheids) entscheidet der Senat auch über Erinnerungen im Kostenfestsetzungs- und Kostenansatzverfahren ohnehin nur nach Maßgabe des § 66 Abs. 6 Satz 2 GKG. Die Entscheidungen ergehen wie die des Senats an dessen Stelle der Vorsitzende bzw. der Berichterstatter tritt, durch Beschluss, gegen den die nämlichen Rechtsbehelfe gegeben sind, wie sie gegen die Senatsentscheidung statthaft wären. Nach § 79a Abs. 1 FGO entscheidet der Vorsitzende bzw. der Berichterstatter über die Beiladung (§ 60 FGO) im vorbereitenden Verfahren.

## C. Gerichtsbescheid nach § 79a Abs. 2 FGO

§ 79a Abs. 2 Satz 1 FGO stellt es in das Ermessen des Vorsitzenden, ohne mündliche Verhandlung durch Gerichtsbescheid zu entscheiden. Dies gilt nach § 79a Abs. 4 FGO auch für den Berichterstatter. Dabei hat sich der zuständige Richter an § 90a Abs. 1 FGO und auch an § 6 Abs. 1 FGO (s. § 6 FGO Rz. 4 ff.) zu orientieren, seine Befugnis beschränkt sich auf »geeignete Fälle« (dazu s. § 90a FGO Rz. 2). Es ist davon auszugehen, dass im Übrigen eine Entscheidung nach § 79a Abs. 2 FGO nur in Betracht kommt, wenn der Vorsitzende bzw. der Berichterstatter den Fall selbst vorbereitet hat. Dafür spricht auch die im Übrigen sonst nicht verständliche Aufnahme der Regelung in § 79a FGO anstatt in § 90a FGO (ebenso *Seer* in Tipke/Kruse, § 79a FGO Rz. 14). 3

Gegen die Entscheidung des FG durch Gerichtsbescheid des Vorsitzenden bzw. des Berichterstatters nach § 79a Abs. 2 FGO ist **ausschließlich** der **Antrag auf mündliche Verhandlung** gegeben, der innerhalb eines Monats nach Zustellung des Gerichtsbescheids zu stellen ist (§ 79a Abs. 2 Satz 2 FGO); Revision oder NZB sind nicht statthaft (BFH v. 27.01.2006, II B 116/04, BFH/NV 2006, 908; BFH v. 17.03.2009, X R 3/09, juris; BFH v. 17.03.2009, X S 5/09 [PKH], juris). Lässt der Gerichtsbescheid des Berichterstatters oder des Vorsitzenden nicht unmissverständlich erkennen, auf welcher verfahrensrechtlichen Grundlage der Richter entschieden hat, besteht also insoweit objektiv eine Unklarheit, so ist dagegen nicht nur der Antrag auf mündliche Verhandlung gegeben (BFH v. 08.03.1994, IX R 58/93, BStBl II 1994, 571), weil sonst der Rechtsschutz verkürzt werden würde. Der Gerichtsbescheid wirkt als Urteil, wenn Antrag auf mündliche Verhandlung nicht rechtzeitig gestellt wird (§ 90a Abs. 3 FGO); wird der Antrag rechtzeitig gestellt, so gilt er als nicht ergangen.

## D. Der sog. konsentierte Einzelrichter (§ 79a Abs. 3 und Abs. 4 FGO)

Mit **Einverständnis der Beteiligten** kann der Vorsitzende bzw. der Berichterstatter (§ 79a Abs. 4 FGO) auch sonst anstelle des Senats entscheiden (§ 79a Abs. 3 FGO). Die Einverständniserklärung, die von allen Beteiligten (§ 57 FGO) vorliegen muss, ist **Prozesshandlung**, die dem Gericht gegenüber vorzunehmen ist. Sie ist unwiderruflich und der Anfechtung (§§ 119, 123 BGB) nicht zugänglich (vgl. BFH v. 26.04.2005, VII B 83/04, BFH/NV 2005, 1592). Der BFH hat bislang offengelassen, ob der Widerruf einer dahingehenden Einverständniserklärung überhaupt zulässig ist (z.B. BFH v. 06.12.2016, III B 25/16, BFH/NV 2017, 469 m. Anm. *Bartone*, juris-PR SteuerR 49/2017). Nach seiner Rspr. ist die Erklärung eines Beteiligten, mit einer Entscheidung durch den konsentierten Einzelrichter einverstanden zu sein, eine Prozesshandlung, die dem Gericht gegenüber unmissverständlich abzugeben ist (BFH v. 13.11.2008, IX B 119/08, juris). Er stellt aber die Frage, ob ein Widerruf einer Einverständniserklärung grds. möglich ist – bejahendenfalls, müsste der Widerruf jedenfalls klar, eindeutig und vorbehaltlos gegenüber dem Gericht erklärt werden (BFH v. 13.11.2008, IX B 119/08, juris). Er hält den Widerruf einer Einverständniserklärung mit einer Entscheidung durch den Berichterstatter nach § 79a Abs. 3 und 4 FGO jedenfalls dann für ausgeschlossen, soweit sich die Prozesslage bei objektiver Betrachtung nachträglich nicht wesentlich geändert hat (BFH v. 10.02.2011, II S 39/10 [PKH], BStBl II 2011, 657 m. Anm. *Steinhauff*, AO-StB 2011, 107; BFH v. 12.01.2016, X B 79/15, BFH/NV 2016, 763; BFH v. 12.01.2016, X B 79/15, BFH/NV 2016, 763; BFH v. 06.12.2016, III B 25/16, BFH/NV 2017, 469 m. Anm. *Bartone*, juris-PR SteuerR 49/2017). Dies impliziert, dass er den Widerruf bei einer wesentlichen Änderung der Prozesslage entgegen der hier vertretenen Auffassung für prinzipiell möglich hält. Sie ist unwirksam, wenn sie an eine Bedingung geknüpft wird. Als eine solche Bedingung ist auch die Einschränkung anzusehen, das Einverständnis gelte nur für den Fall der Entscheidung durch Gerichtsbescheid (a.A. *Seer* in Tipke/Kruse, § 79a FGO Rz. 22). M. E. bedarf sie grds. der Schriftform (Schriftsatz oder Protokoll des Urkundsbeamten). Sie kann aber bspw. in einem Erörterungstermin (§ 79 Abs. 1 Satz 2 Nr. 1 FGO) zu Protokoll erklärt werden, aber auch schon in einem frühen Zeitpunkt des Verfahrens; spätestens muss sie in der mündlichen Verhandlung bzw. vor Ergehen einer Entscheidung im schriftlichen Verfahren vorliegen. Sie kann auch verbunden werden mit der weiteren Prozesshandlung des Verzichts auf mündliche Verhandlung (§ 90 Abs. 2 FGO). Sobald die übereinstimmenden Einverständniserklärungen vorliegen, tritt der Vorsitzende bzw. der Berichterstatter an die Stelle des Senats, er ist dann in seiner Eigenschaft als konsentierter Einzelrichter auch zu den in § 79a Abs. 1 FGO genannten Entscheidungen zuständig. Gleichwohl kann der Senat entscheiden (BFH v. 18.08.2005, VI R 7/03, BFH/NV 2006, 271; s. Rz. 5).

An die **Einverständniserklärung** der Beteiligten ist der Vorsitzende bzw. der Berichterstatter **nicht gebunden**; er braucht nicht von der ihm damit eröffneten Möglichkeit, als Einzelrichter zu entscheiden, Gebrauch zu machen, sollte es aber, weil weitere Voraussetzungen (anders als für die Übertragung nach § 6 FGO) nicht erfüllt sein müssen. Allerdings sollte der Berichterstatter/Vorsitzende sich von den Wertungen des § 6 Abs. 1 FGO leiten lassen, mag § 79a Abs. 3 FGO auch Ausdruck der prozessualen Dispositionsbefugnis der Beteiligten sein (vgl. auch *Seer* in Tipke/Kruse, § 79a FGO Rz. 17). Der konsentierte Einzelrichter tritt auch in Bezug auf die Beweiserhebung an die Stelle des Senats. 5

Das Einverständnis der Beteiligten umfasst nicht nur die nächste anstehende oder eine solche vorbereitende (Sach-)Entscheidung des Einzelrichters, sondern reicht bis zur Endentscheidung (h.M., vgl. z.B. *Stalbold* in Gosch, FGO § 79a Rz. 61; *Stapperfend* in Gräber, § 79a FGO Rz. 26; *Thürmer* in HHSp, § 79a FGO Rz. 117; einschränkend *Fu* in Schwarz, § 79a FGO Rz. 23; offengelassen in BFH v. 06.12.2016, III B 25/16, BFH/NV 2017, 469 m. Anm. *Bartone*, juris-PR SteuerR 49/2017). Der konsentierte Einzelrichter kann daher durch **Urteil** entscheiden aber auch durch **Gerichtsbescheid**. Entscheidet er durch Urteil, sind dagegen die nämlichen Rechtsmittel gegeben wie gegen ein Urteil des Senats, also Revision bzw. NZB. Zu beachten ist, dass eine auf § 119 Nr. 1 FGO gestützte Revision nur dann Erfolg haben kann, wenn dargetan wird, der Vorsitzende bzw. der Berichterstatter habe ohne Einverständnis der Beteiligten als Einzelrichter entschieden; ein Vortrag dahingehend, zwar habe das Einverständnis vorgelegen, doch hätte der Vorsitzende bzw. der Berichterstatter davon keinen Gebrauch machen dürfen, genügt nicht. Gegen einen Gerichtsbescheid des Vorsitzenden oder des Berichterstatters als konsentiertem Einzelrichter sind die Rechtsmittel des § 90a Abs. 2 FGO gegeben; die Einschränkung des § 79a Abs. 2 Satz 2 FGO gilt hier nicht. 6

Hat über eine Klage nicht der gesetzlich vorgesehene Spruchkörper, sondern ein einzelner Richter dieses Kol- 7 legiums entschieden, ohne dass die Tatbestandsvoraussetzungen einer Einzelrichterentscheidung nach § 6 FGO noch diejenigen gem. § 79a Abs. 3 und Abs. 4 FGO erfüllt waren, liegt hierin ein schwerwiegender Verfahrensfehler i.S. des § 119 Nr. 1 FGO, der dazu führt, dass der Kläger seinem gesetzlichen Richter (Art. 101 Abs. 1 Satz 2 GG) entzogen wird (z.B. BFH v. 26.04.2005, VII B 83/04, BFH/NV 2005, 1592; BFH v. 16.10.2009, IV B 7/09, BFH/NV 2010, 903; *Ratschow* in Gräber, § 119 FGO Rz. 8; s. § 119 FGO Rz. 8).

## § 79b FGO Fristsetzung

**(1) Der Vorsitzende oder der Berichterstatter kann dem Kläger eine Frist setzen zur Angabe der Tatsachen, durch deren Berücksichtigung oder Nichtberücksichtigung im Verwaltungsverfahren er sich beschwert fühlt. Die Fristsetzung nach Satz 1 kann mit der Fristsetzung nach §65 Abs.2 Satz 2 verbunden werden.**

**(2) Der Vorsitzende oder der Berichterstatter kann einem Beteiligten unter Fristsetzung aufgeben, zu bestimmten Vorgängen**

**1. Tatsachen anzugeben oder Beweismittel zu bezeichnen,**

**2. Urkunden oder andere bewegliche Sachen vorzulegen oder elektronische Dokumente zu übermitteln, soweit der Beteiligte dazu verpflichtet ist.**

**(3) Das Gericht kann Erklärungen und Beweismittel, die erst nach Ablauf einer nach den Absätzen 1 und 2 gesetzten Frist vorgebracht werden, zurückweisen und ohne weitere Ermittlungen entscheiden, wenn**

**1. ihre Zulassung nach der freien Überzeugung des Gerichts die Erledigung des Rechtsstreits verzögern würde und**

**2. der Beteiligte die Verspätung nicht genügend entschuldigt und**

**3. der Beteiligte über die Folgen einer Fristversäumung belehrt worden ist.**

**Der Entschuldigungsgrund ist auf Verlangen des Gerichts glaubhaft zu machen. Satz 1 gilt nicht, wenn es mit geringem Aufwand möglich ist, den Sachverhalt auch ohne Mitwirkung des Beteiligten zu ermitteln.**

**S. §87b VwGO**

**Inhaltsübersicht**



### A. Bedeutung der Vorschrift

1 § 79b FGO ist eine Präklusionsvorschrift, die dem Gericht die Möglichkeit gibt, Erklärungen und Beweismittel, die zu spät vorgebracht werden, bei seiner Entscheidung unberücksichtigt zu lassen. Anders als in § 364b AO sind die Fristen jedoch nicht als echte Ausschlussfristen konzipiert, sondern dem Gericht ist bei Vorliegen der Präklusionsvoraussetzungen ein Ermessen eingeräumt. Die Vorschrift dient der Beschleunigung, Straffung und Konzentration des gerichtlichen Verfahrens; sie steht im Kontext mit § 79 Abs. 1 Satz 1 FGO. Im Grundsatz verletzt § 79b FGO nicht das Recht auf Gehör, wenn ausreichend Gelegenheit zur Äußerung geboten wurde, also insbes. keine zu kurze Frist gesetzt worden war (BVerfG v. 21.02.1990, 1 BvR 1117/89, BVerfGE 81, 264). Von § 79b FGO kann der Vorsitzende bzw. der Berichterstatter Gebrauch machen (s. § 65 Abs. 2 Satz 1 FGO), aber auch der Einzelrichter nach § 6 FGO sowie der konsentierte Einzelrichter (§ 79a Abs. 3 und Abs. 4 FGO; s. § 79a FGO Rz. 4). Ihre Anwendung im Verfahren vor dem BFH ist in § 121 FGO nicht ausdrücklich ausgeschlossen, kommt aber aus rechtlichen Gründen nicht in Betracht, da der BFH grundsätzlich keine Tatsachen zu ermitteln hat. Zur Abgrenzung des § 79b FGO von anderen Präklusionsvorschriften s. Rz. 2.

### B. Fristsetzung nach § 79b Abs. 1 FGO

2 Der Vorsitzende oder der Berichterstatter (§ 79b Abs. 1 Satz 1 FGO) kann dem Kläger nach § 79b Abs. 1 FGO eine Frist setzen zur Angabe von Tatsachen, durch deren Berücksichtigung oder Nichtberücksichtigung im Verwaltungsverfahren er sich beschwert fühlt. § 79b Abs. 1 FGO ergänzt § 65 FGO (z.B. BFH v. 14.08.2008, X B 212/07, juris), wie aus § 79b Abs. 1 Satz 2 FGO folgt, und überschneidet sich auch damit, denn eine zulässige Klage

muss auch die behauptete Rechtsverletzung (§ 40 Abs. 2 FGO) schlüssig erkennen lassen, sodass der Vortrag zur »Beschwer« nicht bloß zur Klagebegründung sondern zu den Musserfordernissen der Klage, der Bezeichnung des Gegenstands des Klagebegehrens gehört (vgl. *Fu* in Schwarz, § 79b FGO Rz. 7; a.A. *Seer* in Tipke/Kruse, § 79b FGO Rz. 2; *Stalbold* in Gosch, § 79b FGO Rz. 11; auch BFH v. 23.01.1997, IV R 84/95, BStBl II 1997, 462). Verlangt man im Rahmen des § 65 Abs. 1 Satz 1 FGO lediglich eine »schlagwortartige Grobbegründung« (s. § 65 FGO Rz. 5), so gilt § 79b FGO immer dann, wenn das Gericht noch weitere Tatsachen und Erklärungen über die Mindestbegründung hinaus für erforderlich hält (BFH v. 19.01.2007, VII B 50/06, BFH/NV 2007, 946). Andererseits ist für eine Fristsetzung nach § 79b Abs. 1 FGO kein Raum, wenn der Kläger in hinreichendem Umfang Tatsachen vorgetragen hat, auf die er sein Klagebegehren stützt (BFH v. 14.08.2008, X B 212/07, juris). Eine klare und eindeutige Festlegung, inwieweit Tatsachenvortrag zum schlüssigen Vortrag behaupteter Rechtsverletzung gehört (Rechtsverletzung kann auch in »bloßer« unrichtiger Anwendung bestehenden Rechts liegen), dürfte kaum möglich sein. Jedenfalls ist der entsprechende Vortrag auch geeignet, in Fällen eingeschränkter Anfechtungsbefugnis (§ 42 Abs. 2 FGO) bzw. eingeschränkter Klagebefugnis (§ 48 Abs. 1 Nr. 4 und 5 FGO) Klarheit zu schaffen. Die Fristsetzung nach § 79b Abs. 1 Satz 1 FGO sollte daher stets mit der Fristsetzung nach § 65 Abs. 2 Satz 2 FGO (s. § 79b Abs. 1 Satz 2 FGO) verbunden werden, betreffen doch beide Anordnungen die Zulässigkeit der Klage. Auf die Anordnung ist innerhalb der in ihr gesetzten Frist vorzutragen, welche Tatsachen, obwohl rechtlich unerheblich, berücksichtigt bzw. welche Tatsachen, obwohl rechtserheblich, nicht berücksichtigt wurden (*Seer* in Tipke/Kruse, § 79b FGO Rz. 3). Die Fristsetzung ist **prozessleitende Maßnahme** und als solche **unanfechtbar** (§ 128 Abs. 2 FGO; st. Rspr., z. B. BFH v. 30.04.2009, VII B 93/09, juris).

3 vorläufig frei

## C. Fristsetzung nach § 79b Abs. 2 FGO

4 Nach § 79b Abs. 2 FGO kann der Vorsitzende oder der Berichterstatter einem Beteiligten i. S. von § 57 FGO, also nicht nur dem Kläger, unter Fristsetzung aufgeben, zu bestimmten Vorgängen (also nicht »ins Blaue« hinein), die sich aus dem bisherigen Vorbringen oder aus den Streitfall betreffenden Akten ergeben haben, zum einen **Tatsachen** anzugeben **oder Beweismittel** zu bezeichnen (§ 79b Abs. 2 Satz 1 Nr. 1 FGO). Zum Begriff der Tatsache s. § 173 AO Rz. 3 ff.; zum Begriff des Beweismittels s. § 173 AO Rz. 11. Die Anordnung muss genau angeben, was vom Beteiligten erwartet wird. Eine Fristsetzung nach § 79b Abs. 2 FGO ist demnach nur dann hinreichend bestimmt, wenn die für aufklärungsbedürftig und beweisdürftig erachteten Punkte so genau bezeichnet werden, dass es dem Beteiligten möglich ist, die Anordnung ohne Weiteres zu befolgen. Unzureichend ist es, wenn dem Kläger lediglich aufgegeben wird, »Tatsachen anzugeben, durch deren Berücksichtigung oder Nichtberücksichtigung er sich beschwert fühlt« (BFH v. 14.08.2008, X B 212/07, juris). Rechtsausführungen oder schlicht »die Klagebegründung« können nicht verlangt werden (BFH v. 09.01.2014, I B 5/13, BFH/NV 2014, 700; *Thürmer* in HHSp, § 79b FGO Rz. 43). Zum anderen kann angeordnet werden, dass **Urkunden oder andere bewegliche Sachen** vorgelegt oder – im Rahmen des elektronischen Rechtsverkehrs (§ 52a FGO) – elektronische Dokumente übermittelt werden soweit der Beteiligte dazu verpflichtet ist (§ 79b Abs. 2 Nr. 2 FGO). Die Verpflichtung besteht jedenfalls dann, wenn der Beteiligte bereits zur Vorlage aufgefordert wurde (s. § 79 Abs. 1 Satz 2 Nr. 2 und Nr. 4 FGO), denn § 97 Abs. 1 und Abs. 3 sowie § 100 AO gelten nach § 76 Abs. 1 Satz 4 FGO entsprechend. Zur Vorlage durch die Behörde s. § 86 FGO. Wegen der Formalia der Anordnung, der Belehrung über die Folgen der Fristversäumung sowie der Zustellung s. Rz. 5. Die Frist muss angemessen sein, wobei hier eine Orientierung an der Klagefrist (s. § 65 FGO Rz. 9) nicht im Vordergrund steht, vielmehr zu bedenken ist, welche Zeitspanne der Betroffene benötigen wird.

## D. Die Präklusionsvoraussetzungen

### I. Formell ordnungsgemäße Fristsetzung

Ungeschrieben Voraussetzung für die Präklusion ist, dass die Fristsetzung formell ordnungsgemäß erfolgt sein muss. Dazu gehört folgendes: Die entsprechende Verfügung muss vom Vorsitzenden bzw. vom Berichterstatter im Volltext unterschrieben werden (s. BFH v. 09.04.1991, IX R 57/90, BFH/NV 1992, 51) hinsichtlich der Formalia gelten die Ausführungen in § 62 FGO Rz. 17 entsprechend). Die Frist muss angemessen sein; dazu schreibt das Gesetz keine Mindestfrist vor, maßgebend sind vielmehr die Umstände des Einzelfalls (BFH v. 23.02.2004, VII B 162/03, BFH/NV 2004, 1063; dazu s. § 65 FGO Rz. 9). Wichtig ist, dass der Beteiligte über die **Folgen der Fristversäumung ausdrücklich belehrt** wird (s. § 79b Abs. 3 Satz 1 Nr. 3 FGO; s. Rz. 8). Die Anordnung ist zuzustellen (§ 53 FGO; s. BFH v. 24.06.1999, V R 1/99, BFH/NV 1999, 1616). 5

### II. Kein nur geringer Ermittlungsaufwand (§ 79b Abs. 3 Satz 3 FGO)

Das Gericht hat zu prüfen, ob es mit geringem Aufwand möglich ist, den Sachverhalt auch ohne Mitwirkung der 6

Beteiligten zu ermitteln (§ 79b Abs. 3 Satz 3 FGO). Diese Negativvoraussetzung für die Präklusion kann begrifflich nicht vorliegen, soweit der Kläger einer Anordnung unter Fristsetzung nach § 79b Abs. 1 FGO nicht nachgekommen ist (auch *Stapperfend* in Gräber, § 79b FGO Rz. 45). Denn insoweit sollte die von ihm abzugebende Erklärung es ihm ermöglichen, seiner prozessualen Darlegungspflicht ergänzend nachzukommen, ganz abgesehen davon, dass es dem Gericht nicht möglich ist, die subjektive Vorstellung des Klägers, in welcher Beziehung er sich beschwert fühlt, ohne ihn zu klären. Anders verhält es sich bei Fristsetzung nach § 79b Abs. 2 FGO, zumal dann, wenn sich die Maßnahme aus nachträglicher Sicht als überflüssig erweist.

### III. Verzögerung der Erledigung des Rechtsstreits (§ 79b Abs. 3 Satz 1 Nr. 1 FGO)

7 Das Gericht darf das verspätet Vorgebrachte nur dann zurückweisen und ohne weitere Ermittlungen entscheiden, wenn die **Zulassung der Erklärungen und Beweismittel** nach seiner **freien Überzeugung**, d.h. ohne an starre Regeln gebunden zu sein, die Erledigung des Rechtsstreits verzögern würde. Streitig ist, ob die letztgenannte Voraussetzung aus einem Vergleich der Prozessdauer bei Zulassung und ohne Zulassung abzulesen ist (in diesem Sinn BGH v. 12.07.1979, VII ZR 284/78, BGHZ 75, 138; BGH v. 31.01.1980, VII ZR 96/79, BGHZ 76, 133) oder ob auf die vermutliche Prozessdauer bei rechtzeitigem Vorbringen als Vergleichsposten abzuheben ist. Im Lichte der Rspr. des BVerfG (BVerfG v. 05.05.1987, 1 BvR 903/85, BVerfGE 75, 302; BVerfG v. 21.02.1990, 1 BvR 1117/89, BVerfGE 81, 264) erscheint nur die letztgenannte Auffassung wirklich vertretbar, denn § 79b Abs. 3 FGO kann nicht den Zweck haben, das Verfahren schneller abschließen zu können, als es bei rechtzeitigem Vortrag der Fall gewesen wäre. Ist die Sache ohnehin (aus anderen Gründen) noch nicht entscheidungsreif, dürfte die Zulassung der Erklärungen usw. die Erledigung des Rechtsstreits kaum verzögern können. Werden die Erklärungen usw. erst in der mündlichen Verhandlung vorgebracht und müsste der Senat, weil es dem Gegner nicht zumutbar ist, sofort Stellung zu nehmen, die **Sache vertagen**, ist jedenfalls die **Erledigung des Rechtsstreits verzögert**. Im Übrigen kann nur auf die Umstände des Einzelfalles abgehoben werden. Bei der Ausübung des Ermessens nach § 79b Abs. 3 Satz 1 FGO müssen die Grundsätze rechtsstaatlicher Verfahrensgestaltung berücksichtigt werden. Die Anwendung von § 79b Abs. 1 Satz 1 FGO kommt insbes. nicht in Betracht, wenn richterliches Fehlverhalten, namentlich eine unzulängliche Verfahrensleitung oder eine Verletzung der gerichtlichen Fürsorgepflicht die Verzögerung mitverursacht hat (BVerfG v. 21.02.1990, 1 BvR 1117/89, BVerfGE 81, 264, m.w.N.).

### IV. Belehrung über die Folgen der Fristversäumung (§ 79b Abs. 3 Satz 1 Nr. 3 FGO)

8 Hinzutreten muss, dass der Beteiligte über die Folgen der Fristversäumnis in der Anordnung **eindeutig und in verständlicher Weise belehrt** worden war. Es bietet sich z.B. folgender Text an: »Ich weise Sie ausdrücklich darauf hin, dass das Gericht Beweismittel, die erst nach Ablauf dieser Frist vorgebracht werden, zurückweisen und ohne weitere Ermittlungen entscheiden kann, wenn die Zulassung dieser Beweismittel nach der freien Überzeugung des Gerichts die Erledigung des Rechtsstreits verzögern würde und die Kläger die Verspätung nicht genügend entschuldigen (§ 79b Abs. 3 Satz 1 FGO)«. Eine weitergehende Belehrung über die gesetzlichen Voraussetzungen der Präklusion oder der Hinweis auf die Möglichkeit, Entschuldigungsgründe vorzutragen, ist nicht erforderlich (BFH v. 17.01.2006, VIII B 35/05, BFH/NV 2006, 957). Die bloße Aufforderung des FG zu ergänzenden Ausführungen ohne einen solchen Hinweis ist keine Aufforderung nach § 79b FGO, sodass die Anwendung des § 79b Abs. 3 Satz 1 FGO (s. Rz. 10) ausgeschlossen ist (BFH v. 15.04.2015, VIII R 65/13, juris).

### V. Keine genügende Entschuldigung im Fall der Fristversäumung (§ 79b Abs. 3 Satz 1 Nr. 2 und Satz 2 FGO)

Die Präklusion tritt bei Vorliegen der bereits genannten Voraussetzungen ein, wenn der Kläger die geforderten Tatsachen oder Beweismittel nicht beibringt oder wenn er der Aufforderung erst nach Ablauf der Ausschlussfrist nachkommt. Im letztgenannten Fall muss das Gericht prüfen, ob die Verspätung genügend entschuldigt war, und ggf. die Glaubhaftmachung des Entschuldigungsgrunds verlangen (§ 79b Abs. 3 Satz 1 Nr. 2 und Satz 2 FGO). Für die Glaubhaftmachung gilt § 155 FGO i.V.m. § 294 ZPO. Zum Verschuldensmaßstab s. § 110 AO Rz. 8 ff. Die Vorschriften über die Wiedereinsetzung in den vorigen Stand (§ 56 FGO) wird durch die Spezialregelungen in § 79b Abs. 3 Satz 2 Nr. 2 und Satz 2 FGO verdrängt. 9

## E. Die Folgen der Präklusion (§ 79b Abs. 3 Satz 1 FGO)

Sind die Voraussetzungen für die Präklusion gegeben, sieht § 79b Abs. 3 Satz 1 FGO vor, dass Erklärungen 10

**oder Beweismittel**, die erst nach Ablauf der nach § 79b Abs. 1 oder Abs. 2 FGO gesetzten Frist vorgebracht werden, vom Gericht zurückgewiesen, d.h. **bei der Entscheidungsfindung nicht berücksichtigt** werden können und das **Gericht ohne weitere Ermittlungen in der Sache entscheiden** kann. Insoweit wird der Amtsermittlungsgrundsatz (§ 76 Abs. 1 Satz 1 FGO) eingeschränkt (vgl. BFH v. 10.12.2012, VI B 135/12, BFH/NV 2013, 569). Die Zurückweisung verspäteter Erklärungen und Beweismittel erfolgt nicht gesondert durch Beschluss, sondern im Urteil als Teil der Sachentscheidung innerhalb der Prüfung der Begründetheit der Klage; die Entscheidung muss auf die Voraussetzungen für die Zurückweisung eingehen (BFH v. 17.10.1990, I R 118/88, BStBl II 1991, 242). Dabei ist die **Klage** entgegen der Rspr. des BFH (BFH v. 08.03.1995, X B 243, 244/94 BStBl II 1995, 417) nicht als unzulässig, sondern als **unbegründet** abzuweisen, wie auch aus dem Wortlaut des § 79b Abs. 1 Satz 1 FGO hervorgeht (gl. A. *Seer* in Tipke/Kruse, § 79b FGO Rz. 14). Demgegenüber soll die Versäumnis der nach § 79b Abs. 1 FGO gesetzten Frist alternativ zur Abweisung der Klage durch Prozessurteil berechtigen (z.B. BFH v. 08.03.1995, X B 243 244/94, BStBl II 1995, 417; BFH v. 19.01.2000, II B 112/99, BFH/NV 2000, 1103; *Stapperfend* in Gräber, § 79b FGO Rz. 50), »obwohl diese Rechtsfolge in § 79b Abs. 3 FGO nicht ausdrücklich genannt wird« (z.B. BFH v. 28.06.2017, III B 90/16, BFH/NV 2017, 1324). Die Präklusion erstreckt sich auf das **Revisionsverfahren**, soweit Erklärungen und Beweismittel zu Recht zurückgewiesen wurden (§ 121 Satz 3 FGO). Die **Präklusion** verspäteten Vorbringens steht **im Ermessen des FG** (BFH v. 16.06.2016, X B 110/15, BFH/NV 2016, 1481). Weist das Gericht das Vorbringen zu Unrecht (insbes. wegen Ermessensausfalls) als verspätet zurück, so liegt darin regelmäßig ein Verfahrensmangel, nämlich die Verletzung des Rechts auf Gehör (§ 119 Nr. 3 FGO; auch BFH v. 30.05.1990, I R 50/86, BFH/NV 1991, 549; BFH v. 14.12.2006, II B 23/06, BFH/NV 2007, 495). Die Folgen der Präklusion vermeidet der Kläger, wenn er innerhalb der gesetzten Frist die maßgebenden Tatsachen vorträgt bzw. die geforderten Urkunden vorlegt oder die geforderten elektronischen Dokumente übermittelt; ein Hinweis auf die rechtliche Bedeutung der Tatsachen etc. ist nicht erforderlich (BFH v. 15.09.2005, II B 147/04, BFH/NV 2006, 106).

11 Eine **Verletzung des Anspruchs auf rechtliches Gehör** (Art. 103 Abs. 1 GG) und der **Sachaufklärungspflicht** nach § 76 Abs. 1 FGO kann gegeben sein, wenn das FG das Vorbringen eines Klägers zu Unrecht gem. § 79b Abs. 3 FGO zurückweist (z.B. BFH v. 01.08.2005, X B 28/05, BFH/NV 2005, 2038; BFH v. 15.04.2015, VIII R 65/13, juris). Fordert der Berichterstatter den Kläger indessen z.B. nach § 79b Abs. 2 FGO vergeblich auf, seine geltend gemachten Aufwendungen zu belegen und nimmt der Kläger auch nicht an der mündlichen Verhandlung teil, so kann er sich nicht auf eine Verletzung der Sachaufklärungspflicht oder eine Gehörsverletzung berufen (BFH v. 09.07.2008, IX B 56/08, juris). Daher wird durch Setzen einer Ausschlussfrist nach § 79b Abs. 2 FGO der **Anspruch auf rechtliches Gehör** jedenfalls dann nicht verletzt, wenn der Kläger in der mündlichen Verhandlung Gelegenheit hatte, die geforderten Angaben zu machen bzw. die Unterlagen vorzulegen (BFH v. 13.01.2009, VII B 166/08, ZSteu 2009, R253). Der Anspruch auf rechtliches Gehör gebietet nicht keine wiederholte Fristsetzung, wenn die erste Fristsetzung wirksam war, und der Kläger die Gelegenheit zum Vortrag innerhalb der gesetzten Frist nicht genutzt hat (BFH v. 03.05.2010, VIII B 72/09, BFH/NV 2010, 1474). Ohnehin führt die Nichtberücksichtigung von nach § 79b Abs. 3 Satz 2 FGO grds. nicht zu einer Verletzung des Anspruchs auf rechtliches Gehör, da das Gericht das **Vorbringen eines Beteiligten** im Gerichtsverfahren aus Gründen des formellen oder materiellen Rechts, also **zulässigerweise unberücksichtigt** lassen darf (BVerfG v. 15.11.1982, 1 BvR 585/80, BVerfGE 62, 249; BVerfG v. 20.03.1984, 1 BvR 763/82, BVerfGE 66, 260; BVerfG v. 12.10.1988, 1 BvR 818/88, BVerfGE 79, 51; vgl. auch BFH v. 03.05.2010, VIII B 72/09, BFH/NV 2010, 1474; BFH v. 19.05.2009, II B 183/08, juris; BFH v. 03.05.2010, VIII B 72/09, BFH/NV 2010, 1474). Daher kann der Kläger mit einem entsprechenden Vorbringen auch nicht in einem etwaigen Verfassungsbeschwerdeverfahren durchdringen (auch s. Vor FGO Rz. 61d).

## § 80 FGO Persönliches Erscheinen

**(1) Das Gericht kann das persönliche Erscheinen eines Beteiligten anordnen. Für den Fall des Ausbleibens kann es Ordnungsgeld wie gegen einen im Vernehmungstermin nicht erschienenen Zeugen androhen. Bei schuldhaftem Ausbleiben setzt das Gericht durch Beschluss das angedrohte Ordnungsgeld fest. Androhung und Festsetzung des Ordnungsgeldes können wiederholt werden.**

**(2) Ist Beteiligter eine juristische Person oder eine Vereinigung, so ist das Ordnungsgeld dem nach Gesetz oder Satzung Vertretungsberechtigten anzudrohen und gegen ihn festzusetzen.**

**(3) Das Gericht kann einer beteiligten öffentlich-rechtlichen Körperschaft oder Behörde aufgeben, zur mündlichen Verhandlung einen Beamten oder Angestellten zu entsenden, der mit einem schriftlichen Nachweis über die Vertretungsbefugnis versehen und über die Sach- und Rechtslage ausreichend unterrichtet ist.**

**S. § 95 VwGO; § 111 SGG**

**Schrifttum**

MITTELBACH, Zur Zulässigkeit der Anordnung des persönlichen Erscheinens vor den Finanzgerichten, DStZ 1977, 468.

1 § 80 FGO gibt dem Gericht die Möglichkeit, nach seinem Ermessen das persönliche Erscheinen eines Beteiligten in der mündlichen Verhandlung anzuordnen. Daher handelt das FG nicht verfahrensfehlerhaft, wenn es nicht das persönliche Erscheinen eines durch einen Prozessbevollmächtigten Beteiligten anordnet (BFH v. 05.12.2006, VIII B 4/06, BFH/NV 2007, 490). Die Vorschrift gilt gem. § 79 Abs. 1 Satz 1 Nr. 5 FGO auch für das vorbereitende Verfahren (s. § 79 FGO Rz. 7). Im Falle notwendiger Sachaufklärung ist die Anordnung des persönlichen Erscheinens regelmäßig sachdienlich. Das gilt auch, wenn der Kläger im Vorfeld erklärt, er werde keine Angaben machen (BFH v. 14.12.2010, X B 103/10, BFH/NV 2011, 618). Die Anordnung kommt für einzelne Tatsachenfeststellungen in Betracht, soweit hierfür die persönliche Glaubwürdigkeit eines Beteiligten von Bedeutung ist, aber auch zur Erforschung sonstiger Umstände, die für die Beurteilung des Sach- und Streitstandes, seiner Entwicklung und seiner zweckmäßigen Behandlung von Bedeutung sind (hierzu *Mittelbach*, DStZ 1977, 468). Die Anordnung des persönlichen Erscheinens kommt in Betracht, wenn der betreffende Beteiligt **angehört** werden soll, aber **auch**, wenn das Gericht eine Beweiserhebung durch verantwortliche **Beteiligtenvernehmung** (§ 82 FGO i. V. m. §§ 445 ff. ZPO) angeordnet hat (zum Unterschied s. § 82 FGO Rz. 9). Denn bleibt der zu vernehmende Beteiligte in dem zu seiner Vernehmung bestimmten Termin aus, so kann allein deswegen ein Ordnungsgeld nicht festgesetzt werden, es sei denn, es wurde entsprechend § 80 Abs. 1 Satz 1 FGO das persönliche Erscheinen angeordnet und gem. § 80 Abs. 1 Satz 2 FGO Ordnungsgeld für den Fall des schuldhaften Ausbleibens angedroht (dazu s. Rz. 3). Die nach § 82 FGO i. V. m. §§ 454 Abs. 1, 453 Abs. 2, 446 ZPO im Übrigen eröffneten Möglichkeiten dürften im Regelfall im Offizialverfahren (§ 76 Abs. 1 Satz 1 FGO) nicht ausreichen.

2 Ist gem. § 80 Abs. 1 Satz 1 FGO das persönliche Erscheinen eines Beteiligten angeordnet worden, muss dieser persönlich erscheinen und kann entgegen § 141 Abs. 3 Satz 2 ZPO nicht deshalb ausbleiben, weil er an seiner Stelle einen bevollmächtigten Vertreter zur mündlichen Verhandlung entsendet. Dies beruht darauf, dass für den Finanzprozess die Grundsätze des Offizialverfahrens gelten (§ 76 Abs. 1 Satz 1 FGO) und das Gericht deshalb ausschließlich Art und Umfang der notwendigen Sachaufklärung bestimmt. Ist der Beteiligte eine **juristische Person oder eine Vereinigung**, so kann das Gericht das persönliche Erscheinen des Vertretungsberechtigten anordnen, ggf. hat es unter mehreren Vertretungsberechtigten auszuwählen. Ist der Beteiligte **prozessunfähig**, kann sein persönliches Erscheinen jedenfalls dann angeordnet werden, wenn er aufgrund seiner kognitiven Fähigkeiten zur Sachverhaltsaufklärung beitragen kann; das persönliche Erscheinen seines gesetzlichen Vertreters kann zusätzlich oder stattdessen angeordnet werden (vgl. *Seer* in Tipke/Kruse, § 80 FGO Rz. 2; *Thürmer* in HHSp, § 80 FGO Rz. 31; *Stiepel* in Gosch, § 80 FGO Rz. 14; die bis zur Vorauflage vertretene gegenteilige Auffassung wird aufgegeben).

Zur entsprechenden Anwendung von § 80 im vorbereitenden Verfahren § 79 Abs. 1 Satz 2 Nr. 5 FGO (s. § 79 FGO Rz. 7).

Nach Maßgabe von § 80 Abs. 1 Sätze 2 bis 4 FGO kann das FG einem Beteiligten die **Androhung eines Ordnungsgeldes** für den Fall des Fernbleibens androhen und bei schuldhaftem Ausbleiben festsetzen, und zwar auch wiederholt. Nach hier vertretener Auffassung steht dies im **Ermessen** des FG (*Thürmer* in HHSp, § 80 FGO Rz. 70; a. A. *Stiepel* in Gosch, § 80 FGO Rz. 32; *Seer* in Tipke/Kruse, § 80 FGO Rz. 3; *Herbert* in Gräber, § 80 FGO Rz. 10; offengelassen von BFH v. 17.09.2012, V B 77/12, BStBl II 2013, 28). Die Androhung und Festsetzung des Ordnungsgeldes dient – ebenso wie die Anordnung des persönlichen Erscheinens – der Sachverhaltsaufklärung und der Verfahrensbeschleunigung (s. Rz. 1); daher darf Ordnungsgeld im Regelfall nur festgesetzt werden, wenn das unentschuldigte Ausbleiben zu einer Verfahrensverzögerung führt (BFH v. 17.09.2012, V B 77/12, BStBl II 2013, 28). Wird die Klage im Laufe der mündlichen Verhandlung zurückgenommen (§ 72 FGO), kann ein Ordnungsgeld nicht verhängt werden, da eine Verfahrensverzögerung dann nicht mehr zu besorgen ist (BFH v. 17.09.2012, V B 77/12, BStBl II 2013, 28). Für Androhung und Festsetzung des im Falle schuldhaften Ausbleibens in Betracht kommenden Ordnungsgelds von 5 bis 1 000 EUR (§ 80 Abs. 1 Satz 2 und Satz 3 FGO) gilt Art. 6 Abs. 1 EGStGB (auch s. § 52 FGO Rz. 9). Die Androhung muss auf einen **zahlenmäßig bestimmten Betrag** lauten (BFH v. 22.03.1968, VI B 99/67, BStBl II 1968, 443). Wegen der **Höhe** des Ordnungsgeldes s. § 52 FGO Rz. 9. Die Festsetzung des Ordnungsgeldes erfolgt durch **Beschluss**, der zu begründen ist (§ 113 Abs. 2 FGO) und – im Gegensatz zum Androhungsbeschluss – mit der Beschwerde (§ 128 Abs. 1 FGO) angefochten werden kann. Auch dieser Beschluss ist demjenigen, gegen den das Ordnungsgeld festgesetzt wird, zuzustellen. Die Androhung und Festsetzung kann wiederholt werden (§ 80 Abs. 1 Satz 4 FGO). Bei juristischen Personen oder Personenvereinigungen ist das Ordnungsgeld gegen den Vertretungsberechtigten anzudrohen und festzusetzen (§ 80 Abs. 2 FGO). Da in § 80 Abs. 1 Sätze 2 bis 4 FGO ausschließlich das Ordnungsgeld als Zwangsmittel genannt ist, ist die Anordnung von **(Ersatz-)Ordnungshaft ausgeschlossen**.

Das unentschuldigte Fernbleiben kann neben der Festsetzung des Ordnungsgeldes auch als Verletzung der Mitwirkungspflicht (§ 76 Abs. 1 Satz 2 FGO) gewertet werden (BFH v. 29.06.1972, V R 9/71, BStBl II 1972, 952). Das alles kommt allerdings nur in Betracht, wenn der Betreffende ordnungsgemäß geladen wurde. Diese Feststellung ist im Termin in das Protokoll aufzunehmen.

Nach § 80 Abs. 3 FGO kann das Gericht das Erscheinen von **Behördenvertretern** bzw. Vertretern von öffentlich-rechtlichen Körperschaften anordnen. Die Vertreter haben ihre Vollmacht schriftlich nachzuweisen und müssen mit der Sach- und Rechtslage des Falles vertraut sein. Während § 80 Abs. 1 und Abs. 2 FGO auch für Vorerörterungen (§ 79 FGO) angewandt werden kann, gilt § 80 Abs. 3 FGO **nur** für die **mündliche Verhandlung** (§ 90 Abs. 1 FGO). Als beteiligt i.S. der Vorschrift gelten auch beigeladene oder beigetretene Körperschaften (§ 57 Nr. 3 und Nr. 4 FGO; §§ 60, 61, 122 Abs. 2 FGO).

5 Die Anordnung des persönlichen Erscheinens sowie die Androhung von Ordnungsgeld für den Fall des Ausbleibens erfolgt durch **Beschluss** des Senats oder des Einzelrichters (§ 6 FGO), der als **prozessleitende Verfügung nicht anfechtbar** ist (§ 128 Abs. 2 FGO; BFH v. 26.03.1997, II B 2/97, BStBl II 1997, 411). Der Beschluss ist demjenigen, dessen Erscheinen angeordnet ist, persönlich nach § 53 FGO **zuzustellen**; § 62 Abs. 3 Satz 3 FGO gilt nicht. Allerdings ist der Prozessbevollmächtigte zu benachrichtigen.

6 Hat das Gericht in Abwesenheit des Klägers verhandelt und entschieden, obwohl es sein persönliches Erscheinen angeordnet hatte, kann darin eine **Verletzung des rechtlichen Gehörs** nur liegen, wenn das FG das Ausbleiben als Verletzung der Mitwirkungspflicht ansieht und die Klageabweisung gerade darauf stützt (BFH v. 02.06.2008, VII S 66/07 [PKH], BFH/NV 2008, 1853; BFH v. 26.11.2008, VII B 129/08, juris; 26.04.2010, VII B 84/09, BFH/NV 2010, 1637).

## § 81 FGO Beweiserhebung

**(1) Das Gericht erhebt Beweis in der mündlichen Verhandlung. Es kann insbesondere Augenschein einnehmen, Zeugen, Sachverständige und Beteiligte vernehmen und Urkunden heranziehen.**

**(2) Das Gericht kann in geeigneten Fällen schon vor der mündlichen Verhandlung durch eines seiner Mitglieder als beauftragten Richter Beweis erheben lassen oder durch Bezeichnung der einzelnen Beweisfragen ein anderes Gericht um die Beweisaufnahme ersuchen.**

**S. § 96 VwGO; § 117 SGG**

**Inhaltsübersicht**



**Schrifttum**

SEER, Der Einsatz von Prüfungsbeamten durch das FG – Zulässigkeit und Grenzen der Delegation richterlicher Sachaufklärung auf nichtrichterliche Personen, Diss. Köln 1992, Berlin 1993; SCHELLHAMMER, Zivilprozess, 15. Aufl. 2016.

### A. Sachverhaltserforschung und Beweis

§ 81 FGO regelt die Grundsätze der Beweiserhebung und ergänzt daher § 76 FGO. Das Fällen eines Urteils ist Rechtsanwendung und setzt mithin die zutreffende Ermittlung des für die Entscheidung maßgeblichen Lebenssachverhalts voraus. Das Gericht ist nach § 76 Abs. 1 Sätze 1 und 2 FGO zur Erforschung des Sachverhalts unter Mitwirkung der Beteiligten von Amts wegen verpflichtet. Insoweit ist primär die Herausarbeitung des feststehenden Sachverhalts aufgrund des Vorbringens und der Erklärungen der Beteiligten (§ 76 Abs. 1 Satz 3 und Abs. 2 FGO) sowie der nach Maßnahmen i.S. von § 79 Abs. 1 Satz 2 Nr. 1 bis 4 FGO bzw. der aufgrund der behördlichen Akten (§ 71 Abs. 2 FGO) gewonnenen Erkenntnisse angesprochen. Soweit zur Überzeugungsbildung (§ 96 Abs. 1 Satz 1 FGO) die Erhebung von Beweisen erforderlich ist, regeln §§ 81 ff. das Beweisverfahren i.S. eines **Strengbeweises**. Dieser ist insbes. gekennzeichnet durch die Grundsätze der **Unmittelbarkeit** (s. Rz. 5) und der **Beteiligtenöffentlichkeit** (§ 83 FGO). Im Finanzprozess gilt der Strengbeweis **auch für die die Prüfung der Sachentscheidungsvoraussetzungen** betroffen ist (ebenso *Herbert* in Gräber, § 81 FGO Rz. 2; *Seer* in Tipke/Kruse, § 81 FGO Rz. 4). Nach anderslautender Auffassung soll insoweit der Freibeweis gelten, nach dem die Beweismittel und das Beweisverfahren im Ermessen des Gerichts stehen (z.B. BGH v. 04.11.1999, III ZR 306/98, BGHZ 143, 122; dazu *Vollkommer* in Zöller, § 56 ZPO Rz. 8; krit. *Schellhammer*, Rz. 510; auch BVerwG v. 24.04.1975, VIII A 1.73, BVerwGE 48, 201. 1

## B. Gegenstand des Beweises

2 Gegenstand des Beweises sind in erster Linie **Tatsachen und Erfahrungssätze** (Verkehrsanschauung, insbes. der beteiligten Wirtschaftskreise); daneben kommt die Beweiserhebung über **ausländisches Recht**, ggf. auch über inländisches Gewohnheitsrecht in Betracht (dazu s. § 155 Satz 1 FGO i. V. m. § 293 ZPO). Inländisches gesetztes Recht ist als dem Richter bekannt nicht beweisbedürftig (iura novit curia; BFH v. 06.12.2012, I B 8/12, BFH/NV 2013, 703).

3 Beweisbedürftig sind **nur beweiserhebliche Tatsachen** und Indizien (Hilfstatsachen), die mittelbare Schlüsse auf erhebliche (meist innere) Tatsachen zulassen, soweit sie nicht offenkundig oder gerichtskundig (s. § 155 Satz 1 FGO i. V. m. § 291 ZPO) sind; nur privates Wissen eines Richters ist nicht verwertbar. Wenngleich gerichtsbekannte (**offenkundige**) **Tatsachen** keines Beweises bedürfen, sind sie doch in das Verfahren einzuführen und zum Gegenstand der Verhandlung zu machen (BFH v. 03.08.1993, VII B 29/93, BFH/NV 1994, 326; BFH v. 05.11.2001, VIII B 16/01, BFH/NV 2002, 312). Eine Tatsache ist offenkundig und bedarf deshalb nicht des Beweises, wenn man sich über sie aus allgemein zugänglichen und zuverlässigen Quellen (z. B. Zeitungen, Zeitschriften) ohne besondere Fachkunde unterrichten kann (BFH v. 05.11.2001, VIII B 16/01, BFH/NV 2002, 312). Gerichtsbekannt ist eine Tatsache, wenn sie zumindest der Mehrheit des zur Entscheidung berufenen Senats aus der gegenwärtigen oder früheren Tätigkeit bekannt ist und nicht erst durch Beiziehung von Akten oder durch Einholung von Auskünften ermittelt werden muss (BFH v. 25.11.2005, V B 16/04, BFH/NV 2006, 756). Im Zusammenhang damit darf ein ordnungsgemäß gestellter Beweisantrag nur dann unberücksichtigt bleiben, wenn das Beweismittel für die zu treffende Entscheidung unerheblich, das Beweismittel unerreichbar bzw. unzulässig oder absolut untauglich ist oder wenn die infrage stehende Tatsache zugunsten des Beweisführenden als wahr unterstellt werden kann (z. B. BFH v. 12.02.2018, X B 64/17, BFH/NV 2018, 538; zum zulässigen **Absehen von einer Beweisaufnahme** im Übrigen s. Rz. 8 ff. und s. § 76 FGO Rz. 9, dort auch zur Ablehnung unsubstantiierter Beweisanträge).

## C. Beweismittel

4 § 81 Abs. 1 Satz 2 FGO zählt eine Reihe von **Beweismitteln** auf, die im finanzgerichtlichen Verfahren zugelassen sind. Die Aufzählung ist jedoch **nicht abschließend**. Die ausdrücklich genannten Beweismittel sind der **Augenschein** (§ 82 FGO i. V. m. §§ 371 f. ZPO; s. § 82 FGO Rz. 3), der **Zeuge** (§§ 82 FGO i. V. m. §§ 373 bis 401 ZPO, §§ 83,84, 87 FGO; s. § 82 FGO Rz. 4), der **Sachverständige** (§ 82 FGO i. V. m. §§ 402 bis 414 ZPO, § 88 FGO; s. § 82 FGO Rz. 6), die **Beteiligtenvernehmung** (§ 82 FGO i. V. m. §§ 450 bis 455 ZPO; s. § 82 FGO Rz. 8) und die **Urkunden** (§§ 85, 86, 89, 76 Abs. 1 Satz 4 FGO i. V. m. § 97 Abs. 1 und Abs. 3 AO). Daneben kommt die **Einholung amtlicher Auskünfte von Behörden** in Betracht (§ 86 FGO).

## D. Unmittelbarkeit der Beweisaufnahme

### I. Allgemeine Grundsätze

5 Nach § 81 Abs. 1 Satz 1 FGO erhebt das Gericht Beweis in der mündlichen Verhandlung. Der daraus folgende Grundsatz der **Unmittelbarkeit der Beweisaufnahme** besagt, dass das – voll besetzte – Gericht (§ 5 FGO) grds. den Beweis in der mündlichen Verhandlung erheben muss. Das FG muss sich die Kenntnis der entscheidungserheblichen Tatsachen also grds. selbst verschaffen (z. B. BFH v. 01.10.2012, V B 9/12, BFH/NV 2013, 387; zu den Ausnahmen s. Rz. 8 ff.). Außerdem folgt aus § 81 Abs. 1 Satz 1 FGO, dass das Gericht die für die Entscheidung notwendigen Tatsachen in weitestmöglichem Umfang aus der Quelle selbst schöpfen muss, d. h. bei mehreren in Betracht kommenden Beweismitteln die Beweisaufnahme mit demjenigen Beweismittel durchführen, das ihm den unmittelbarsten Eindruck von dem streitigen Sachverhalt vermittelt (BFH v. 08.11.2016, X B 28/16, BFH/NV 2017, 307). Der Sinn des Grundsatzes der Unmittelbarkeit der Beweisaufnahme und des aus ihm folgenden Gebots, Zeugen grundsätzlich selbst zu hören und sich nicht mit nur schriftlich übermittelten Bekundungen derselben zu begnügen, besteht darin, es dem Gericht zu ermöglichen, aufgrund des persönlichen Eindrucks von den Zeugen und durch kritische Nachfrage die Glaubhaftigkeit ihrer Aussagen zu überprüfen (z. B. BFH v. 26.07.2010, VIII B 198/09, BFH/NV 2010, 2096). Dazu gehört es auch, einem Zeugen den Inhalt beigezogener Akten vorzuhalten und insoweit eventuell auftretende Widersprüche mit seiner Aussage im Rahmen der Beweiswürdigung zu berücksichtigen (BFH v. 18.05.2012, III B 203/11, BFH/NV 2012, 1464). Daher ist es ihm verboten, anstelle des erreichbaren unmittelbaren Beweismittels ein bloß mittelbares heranzuziehen (BFH v. 28.07.2008, IX B 13/08, BFH/NV 2008, 2029). Das gilt namentlich bei schwieriger Beweislage (s. BFH v. 13.10.1960, IV 302/59 U, BStBl III 1960, 526) oder bei maßgeblicher Bedeutung des persönlichen Eindrucks (Glaubwürdigkeit) von Zeugen oder zu vernehmenden Beteiligten, etwa des Steuerpflichtigen selbst (BFH v. 17.08.1961, IV 50/59, HFR 1962, 139; BFH v. 18.11.1971, VIII 21/65, BStBl II 1972, 399). Der Grundsatz der Unmittelbarkeit verbietet daher regelmäßig für die gegen den Widerspruch des Klägers erfolgte Beiziehung und Verwertung von Akten, obwohl die Erhebung

unmittelbarer Beweise möglich ist und sich dies dem FG aufdrängen muss (BFH v. 12.06.1991, III R 106/87, BStBl II 1991, 806 betr. familiengerichtliche Akten; auch BFH v. 26.09.2003, III B 112/02, BFH/NV 2004, 210; BFH v. 17.05.2005, VI B 162/04, BFH/NV 2005, 1613). Die Vernehmung als **Zeuge vom Hörensagen** ist grds. zulässig (BFH v. 06.10.2005, IV B 28/04, BFH/NV 2006, 322). Ein **im Ausland ansässiger Zeuge** ist von dem Beteiligten, der die Vernehmung dieses Zeugen beantragt, dem Gericht zu stellen (§ 76 Abs. 1 Satz 4 FGO i. V. m. § 90 Abs. 2 AO; BFH v. 26.10.1998, I B 48/97, BFH/NV 1998, 506; BFH v. 03.04.2007, VIII B 60/06, BFH/NV 2007, 1341).

§ 81 FGO stellt auch klar, dass die **Beweisaufnahme** eine **richterliche Aufgabe** ist. Feststellungen anderer Behörden, insbes. von Orts- oder Polizeibehörden, können die Beweiserhebung vor dem erkennenden Gericht, dem beauftragten Richter oder einem anderen Gericht nicht ersetzen. Der Inhalt von polizeilichen Vernehmungsniederschriften darf nur mit Einverständnis der Beteiligten gleich einem Zeugenbeweis gewürdigt werden (BFH v. 18.11.1971, BStBl II 1972, 399). Das beteiligte FA darf mit der Erhebung von Beweisen keinesfalls betraut werden; seine Feststellungen sind ebenso Beteiligtenvorbringen wie das, was der Kläger vorträgt. Der Einsatz von **gerichtlichen Prüfungsbeamten** ist daher kritisch zu betrachten. Keine Bedenken bestehen jedoch, wenn die Ergebnisse ihrer Feststellungen im Rahmen einer Vernehmung des Prüfungsbeamten als sachverständigen Zeugen in den Prozess eingeführt werden (gl. A. *Schallmoser* in HHSp, § 81 FGO Rz. 31; eingehend zu dieser Problematik *Seer*, Der Einsatz von Prüfungsbeamten durch das FG). Der BFH betrachtet den Prüfungsbeamten als Sachverständigen, der als solcher in der mündlichen Verhandlung ohne die Verletzung des Unmittelbarkeitsgrundsatzes gehört werden kann (BFH v. 02.08.2005, IV B 185/03, BFH/NV 2005, 2224).

7 Grds. erfolgt die Beweisaufnahme aufgrund eines **Beweisbeschlusses**, den der Senat oder der Einzelrichter (§ 6 FGO oder § 79a Abs. 3 und Abs. 4 FGO) erlässt (§ 82 FGO i. V. m. §§ 358, 359 ZPO); in den Fällen des § 79 Abs. 3 FGO erlässt ihn der Vorsitzende/Berichterstatter (s. § 79 FGO Rz. 10). Die Anordnung der Beweisaufnahme durch förmlichen Beweisbeschluss ist nur erforderlich, wenn der Beweis nicht sofort in Anwesenheit der Beteiligten – insbes. in der mündlichen Verhandlung – erhoben wird, was Präsenz des Beweismittels voraussetzt. Beweisanträge der Beteiligten sind zwar zweckmäßig, jedoch nicht geboten; das Gericht ist an sie nicht gebunden (§ 76 Abs. 1 Satz 4 FGO). Das FG entscheidet selbst, welche Beweise es erheben will; dies folgt aus dem Amtsermittlungsgrundsatz des § 76 Abs. 1 Satz 1 FGO (s. § 76 FGO Rz. 9). Beweisbeschlüsse und die Maßnahmen der Beweiserhebung sind nicht selbständig, sondern als prozessleitende Anordnungen nur mit dem in der Hauptsache gegebenen Rechtsbehelf anfechtbar. Zur Erhebung des Beweises durch **Sachverständige** genügt die Anordnung schriftlicher Begutachtung. Will jedoch ein Beteiligter dem Sachverständigen Fragen stellen und verlangt er zu diesem Zweck dessen Ladung zur mündlichen Verhandlung, so muss das FG diesem Antrag entsprechen (BFH v. 12.03.1970, V R 158/66, BStBl II 1970, 460; BFH v. 27.05.1998, V B 21/98, BFH/NV 1998, 1505).

## II. Durchbrechungen des Grundsatzes der Unmittelbarkeit

### 1. Verwertung von Ergebnissen aus anderen Prozessen

Für die **Verwertung der Ergebnisse aus anderen Prozessen** gilt im Hinblick auf den Grundsatz der Unmittelbarkeit der Beweisaufnahme Folgendes: **Zeugenprotokolle aus anderen Verfahren** können im Finanzprozess grds. als **Urkundsbeweis** im finanzgerichtlichen Verfahren verwertet werden, wenn die Beteiligten damit einverstanden sind (st. Rspr., z. B. BFH v. 27.07.2009, I B 219/08, BFH/NV 2010, 45; BFH v. 26.07.2010, VIII B 198/09, BFH/NV 2010, 2096; *Seer* in Tipke/Kruse, § 81 FGO Rz. 27, m. w. N.; zur Verwertung eines in einem anderen Gerichtsverfahren eingeholten **Sachverständigengutachtens** s. § 82 FGO Rz. 8). Das FG muss dabei aber deutlich machen, dass es sich einen Urkundsbeweis handelt. Das FG begeht daher einen Verfahrensfehler, wenn es Vernehmungsprotokolle aus anderen Verfahren als Zeugenbeweis bezeichnet und daher im Urteil nicht zum Ausdruck kommt, dass der unterschiedliche Beweiswert von Urkunden- und Zeugenbeweis vom FG gesehen und berücksichtigt wurde (BFH v. 26.07.2010, VIII B 198/09, BFH/NV 2010, 2096). Darüber hinaus dürfen auch andere Beweismittel, z. B. ein Gutachten aus einem vorangegangenen Prozess der finanzgerichtlichen Entscheidung zugrunde gelegt werden, wenn der Kläger in der Klageschrift und in der mündlichen Verhandlung seiner Verwertung widersprochen hat (BFH v. 23.01.1985, I R 30/81, BStBl II 1985, 305). Maßgeblich ist daher grds. die Zustimmung bzw. der fehlende Widerspruch der Beteiligten, d. h., eine **Verwertung gegen den Willen der Beteiligten** ist **ausgeschlossen**. Die Verwertung der Aussage eines zwischenzeitlich **verstorbenen Zeugen** aus einem anderen Rechtsverfahren stellt keine das rechtliche Gehör des Klägers verletzende Überraschung dar, wenn das FG die betreffenden Akten zum Verfahren beigezogen hatte und sich das damalige Gericht in seiner für den Kläger maßgeblichen Entscheidung auf diese Aussage gestützt hatte (BFH v. 15.02.2002, XI B 100/01, BFH/NV 2002, 909). Der Grundsatz der Unmittelbarkeit der Beweisaufnahme ist aber nicht verletzt, wenn das FG den ehemaligen Prozessbevollmächtigten des Klägers zu dessen eigenen Darlegungen und Äußerungen, die als Betei- 8 ligtenvorbringen zu werten sind, nicht selbst hört (BFH v. 01.03.2013, IX B 48/12, BFH/NV 2013, 1238).

9 Von erheblicher praktischer Bedeutung ist die Verwertung von Ergebnissen, die in einem Strafverfahren insbes. die vor allem für Haftungsverfahren relevante Ergebnisse, die in einem Strafverfahren gewonnen wurden. Das FG kann sich die Feststellungen aus einem in das Verfahren eingeführten rechtskräftigen Strafbefehl oder **Strafurteil** zu eigen machen, d.h. es darf die tatsächlichen Feststellungen, Beweiswürdigungen und rechtlichen Beurteilungen des Strafverfahrens zu eigen machen, wenn und soweit es zu der Überzeugung gelangt ist, dass diese zutreffend sind. Voraussetzung ist hierfür aber, dass die Verfahrensbeteiligten gegen die strafgerichtlichen Feststellungen weder substantiierte Einwendungen vortragen noch entsprechende Beweisanträge stellen (z.B. BFH v. 04.11.2010, X S 23/10 [PKH], BFH/NV 2011, 286; BFH v. 01.10.2012, V B 9/12, BFH/NV 2013, 387). Selbst ohne die Strafakten beizuziehen kann sich das FG die in einem rechtskräftigen Strafurteil des LG getroffenen Feststellungen zu eigen machen, wenn gegen die Entscheidung des **BGH**, mit der dieser die gegen das Strafurteil des LG eingelegte **Revision** als **unbegründet** zurückgewiesen hat, keine substantiierten Einwendungen erhoben worden sind (BFH v. 23.04.2014, VII R 41/12, BStBl II 2015, 117; BFH v. 23.04.2014, VII R 42/12, juris). Dies gilt auch für den Fall, dass Strafurteile andere Tatbeteiligte betreffen (BFH v. 24.05.2013, VII B 155/12, BFH/NV 2013, 1613; BFH v. 12.01.2016, VII B 148/15, BFH/NV 2016, 762 m. Anm. *Bartone*, jurisPR-SteuerR 23/2016). Diese Rechtsprechungsgrundsätze sind auch auf die Verwertung von Vernehmungsprotokollen des Steuerfahndungs- bzw. Zollfahndungsdienstes und anderer Dokumente zu übertragen (BFH v. 19.01.2012, VII B 88/11, BFH/NV 2012, 761; BFH v. 24.05.2013, VII B 163/12, BFH/NV 2013, 1615).

9a Die **substantiierten Einwendungen** des Klägers müssen sich dabei mit der letztinstanzlichen strafgerichtlichen Entscheidung auseinandersetzen: Wendet sich der Kläger z.B. mit einer Revision gegen das Strafurteil eines LG (Wirtschaftsstrafkammer) an den BGH und weist dieser das Rechtsmittel zurück, genügt es nicht, wenn der Kläger lediglich Einwendungen gegen die Feststellungen des LG erhebt bzw. vor dem FG die vor dem BGH erhobenen Einwendungen (die letztlich rechtskräftig zurückgewiesen wurden) wiederholt (vgl. BFH v. 23.04.2014, VII R 41/12, BStBl II 2015, 117; BFH v. 23.04.2014, VII R 42/12, juris). Der pauschale Hinweis auf die Revisionsbegründung und die Behauptung, der BGH habe die im angefochtenen Strafurteil enthaltenen Widersprüche nicht vollständig behandelt, genügt demnach nicht, insbes. wenn der Kläger die Ermittlung derjenigen Tatsachen rügt, auf die das LG die Verurteilung gestützt hat – und darin vom BGH rechtskräftig bestätigt wurde – und die auch im Verfahren vor dem FG maßgeblich sind. Die bloße Angabe einer abweichenden rechtlichen Würdigung oder schlichtes Bestreiten nicht von strafgerichtlichen Feststellungen stellen keine substantiierten Einwendungen dar (BFH v. 24.09.2013, XI B 75/12, BFH/NV 2014, 164). Beruhen die vom FG übernommenen strafgerichtlichen Feststellungen auf **Geständnissen** mehrerer an einem Umsatzsteuerkarussell Beteiligter, so bedarf es einer Erklärung, weshalb zu erwarten sei, dass diese ihre Aussagen ändern werden (BFH v. 24.09.2013, XI B 75/12, BFH/NV 2014, 164). Das FG ist an einer Berücksichtigung der Feststellungen der Strafurteile nicht deswegen gehindert, weil der im finanzgerichtlichen Verfahren Betroffene am Strafverfahren nicht beteiligt war (BFH v. 24.09.2013, XI B 75/12, BFH/NV 2014, 164).

Werden indessen **substantiierte Einwendungen** erhoben und die Vernehmung eines Zeugen aus dem Strafverfahren beantragt, ist die Verwertung der im Strafverfahren protokollierten Aussage unzulässig (BGH v. 06.02.1992, VI ZR 215/91, NJW-RR 1992, 1214). Das Gericht verletzt daher den Grundsatz der Unmittelbarkeit der Beweisaufnahme wenn es seiner Entscheidung allein den Inhalt schriftlicher Bekundungen zugrunde legt, obwohl die Erhebung des unmittelbaren Beweises durch Zeugeneinvernahme möglich und von einem Beteiligten beantragt ist (BFH v. 06.05.1999, VII R 59/98, BFH/NV 2000, 49; BFH v. 27.07.2009, I B 219/08, BFH/NV 2010, 45). Bislang offengelassen hat der BFH, ob die vorgenannten Grundsätze der Rspr. zur Verwertung von Feststellungen eines Strafgerichts auf die Verwertung einer im Strafverfahren abgegebenen Einlassung übertragen werden können (BFH v. 19.07.2010, I B 174/09, BFH/NV 2011, 47).

### 2. Übertragung der Beweisaufnahme (§ 81 Abs. 2 FGO)

§ 81 Abs. 2 FGO erlaubt es, vom Regelfalle der Beweiserhebung vor dem erkennenden Gericht in geeigneten Fällen abzusehen. Dies gilt vor allem dann, wenn die unmittelbare Überzeugung sämtlicher zur Urteilsfindung berufenen Gerichtsmitglieder hinsichtlich des Beweisgegenstandes nicht unerlässlich erscheint, sodass den an der Beweiserhebung nicht beteiligten Gerichtsmitgliedern deren Ergebnis vermittelt werden kann (vgl. § 82 FGO i.V.m. § 375 ZPO). § 81 Abs. 2 FGO stellt daher eine Durchbrechung des Grundsatzes der Unmittelbarkeit der Beweisaufnahme dar. Die Durchführung der Beweiserhebung kann in diesen Fällen einem Gerichtsmitglied als **beauftragtem Richter** überlassen werden. Bei genauer Bezeichnung der Beweisfrage kann die Beweisaufnahme u.U. auch einem anderen – auswärtigen – Gericht, auch eines anderen Zweiges der Gerichtsbarkeit (z.B. Amtsgericht, § 13 FGO; **ersuchter Richter**), wenn es einem Mitglied des erkennenden Gerichtes nicht zuzumuten oder mit Rücksicht auf die dadurch verursachten Kosten 10 geboten ist, die notwendig außerhalb des Gerichtssitzes vorzunehmenden Beweiserhebungen selbst durchzuführen. Die Beweiserhebung nach § 81 Abs. 2 FGO muss durch **Beweisbeschluss** (§ 82 FGO i.V.m. §§ 358, 358a, 359 ZPO) angeordnet werden; dieser kann den Richter zur Eidesabnahme ermächtigen (§ 82 FGO i.V.m. § 479 ZPO). Zur Änderung des Beweisbeschlusses s. § 82 FGO i.V.m. § 360 ZPO.

### 3. Weitere Fälle

11 Eine weitere Durchbrechung des Grundsatzes der Unmittelbarkeit der Beweisaufnahme enthält § 79 Abs. 3 FGO. Anders als § 81 Abs. 2 FGO ermächtigt § 79 Abs. 3 FGO den Vorsitzenden/Berichterstatter jedoch nur zur Erhebung einzelner Beweise (s. § 79 FGO Rz. 10).

12 Darüber hinaus lässt die Rspr. beim **Wechsel der Richterbank** zwischen Durchführung und Protokollierung der Beweisaufnahme und Erlass des Urteils eine Ausnahme zu: Grds. soll es nicht erforderlich sein, die Beweiserhebung beim Zeugenbeweis zu wiederholen, könne sie doch im Wege des Urkundenbeweises durch Verlesung in den Prozess eingeführt werden, es sei denn, es komme für die Entscheidung maßgeblich auf den persönlichen Eindruck vom Zeugen zur Beurteilung seiner Glaubwürdigkeit an (BFH v. 23.01.1985, I R 30/81, BStBl II 1985, 305; BFH v. 01.10.1998, VII R 1/98, BFH/NV 1999, 933; BFH v. 01.04.2015, V B 63/14, BFH/NV 2015, 1001; auch BVerwG v. 02.04.1971, IV B 5.71, DÖV 1971, 711; BGH v. 02.03.1979, V ZR 146/77, NJW 1979, 2518). M.E. kann dieser Auffassung nicht uneingeschränkt gefolgt werden (auch s. § 92 FGO Rz. 1). Jedenfalls muss die Beweiserhebung dann wiederholt werden, wenn ein Beteiligter das beantragt, weil stets das unmittelbare Beweismittel vor einem mittelbaren zu benutzen ist. Das gilt in derartigen Fällen ebenso wie bei der Verwertung von in anderen Verfahren gewonnener Beweisergebnissen im Wege des Urkundenbeweises (BFH v. 23.01.1985, I R 30/81, BStBl II 305), es sei denn, die (wiederholte) Erhebung des unmittelbaren Beweises sei unmöglich, unzulässig oder unzumutbar. Allerdings ist nach der Rspr. des BFH das Gebot der Unmittelbarkeit der Beweisaufnahme nicht verletzt, wenn nach Durchführung der Beweisaufnahme durch den **Einzelrichter** ein Richterwechsel stattfindet und der nunmehr zuständige Richter das Ergebnis der Beweiserhebung seiner Entscheidung zugrunde legt (BFH v. 28.08.2012, VII B 181/11, BFH/NV 2013, 210). Eine Verletzung des Grundsatzes der Unmittelbarkeit der Beweisaufnahme liegt jedenfalls vor, wenn das FG ein Protokoll über eine – in anderer Besetzung durchgeführte – Zeugenvernehmung aus einem anderen Verfahren verwertet, in dem der dortige Senat den Zeugenaussagen »nach dem in der mündlichen Verhandlung gewonnenen Eindruck« ohne nähere Beschreibung dieses Eindrucks nicht gefolgt ist und sich der anders besetzte Senat nunmehr ohne eigene Beweisaufnahme dieser Würdigung anschließt (BFH v. 16.12.2014, X B 114/14, BFH/NV 2015, 511).

## III. Verletzung des Grundsatzes der Beweisaufnahme

Der Grundsatz der Unmittelbarkeit der Beweisaufnahme (§ 81 Abs. 1 FGO) ist ein **Verfahrensgrundsatz**, dessen Missachtung einen Verfahrensfehler begründet und der, wenn das Urteil auf ihr beruht (s. § 118 FGO Rz. 12), d.h. ohne den Mangel möglicherweise anders ausgefallen wäre, zur Aufhebung des Urteils führt. Ein Verfahrensfehler liegt immer vor, wenn das Gericht eine gebotene Beweisaufnahme unterlässt. Dies gilt u.a. dann, wenn das FG auf die Vernehmung eines geladenen Zeugen, ohne gegenüber den Beteiligten zu erkennen zu geben, auf welchen Erwägungen der Verzicht beruht (BFH v. 12.06.2012, V B 128/11, BFH/NV 2012, 1804). Das Gericht verletzt diesen Grundsatz auch dann, wenn es die **Beweiswürdigung vorwegnimmt** (z.B. BFH v. 23.12.2002, III B 77/02, BFH/NV 2003, 502; BFH v. 29.06.2011, X B 242/10, BFH/NV 2011, 1715; eingehend *Seer* in Tipke/Kruse, § 81 FGO Rz. 38 ff.); dies ist z.B. der Fall, wenn das FG eine Beweiserhebung mit der Begründung unterlässt oder ablehnt, ihr zu erwartendes Ergebnis könne die Überzeugung des Gerichts nicht ändern (z.B. BFH v. 24.09.2013, XI B 75/12, BFH/NV 2014, 164). Ein Verstoß gegen das Verbot der vorweggenommenen Beweiswürdigung liegt aber dann nicht vor, wenn kein ordnungsgemäßer Beweisantrag (vgl. z.B. § 82 FGO i.V.m. § 373 FGO für den Zeugenbeweis; s. § 82 FGO Rz. 6a) gestellt wurde (BFH v. 22.11.2013, X B 35/13, juris). 13

Allerdings können die Beteiligten auf dessen Einhaltung– ausdrücklich oder durch Unterlassen einer Rüge bzw. rügeloses Verhandeln – **verzichten** (§ 155 Satz 1 FGO i.V.m. § 295 ZPO; BFH v. 20.08.2010, IX B 41/10, BFH/NV 2010, 2239; BFH v. 11.01.2011, I B 87/10, BFH/NV 2011, 836; vgl. auch z.B. *Ratschow* in Gräber, § 115 FGO Rz. 103); eine unterlassene rechtzeitige Rüge hat den **endgültigen Rügeverlust** zur Folge (st. Rspr., vgl. z.B. BFH v. 01.03.2013, IX B 48/12, BFH/NV 2013, 1238). Stützt daher das FG seine Entscheidung z.B. auf von den Beteiligten als Beweismittel vorgelegte Protokolle eines AG über die Vernehmung von Zeugen in einem gegen den Stpfl. geführten Strafverfahren (s. Rz. 9) und hat der Stpfl. in der mündlichen Verhandlung vor dem FG ein Unterlassen der Zeugenvernehmung nicht gerügt, obwohl im dies möglich gewesen wäre, liegt kein Verfahrensfehler eines Verstoßes gegen den Grundsatz der Unmittelbarkeit der Beweisaufnahme vor (BFH v. 19.05.2009, VI B 8/08, BFH/NV 2009, 1454). Verzichtet ein Verfahrensbeteiligter auf die Vernehmung eines erkrankten Zeugen, dessen schriftliche Zeugenaussage in 14 der mündlichen Verhandlung verlesen wird, ist er im NZB-Verfahren mit der Rüge ausgeschlossen, das Gericht habe gegen den Grundsatz der Unmittelbarkeit der Beweisaufnahme verstoßen (BFH v. 12.01.2016, VII B 111/15, BFH/NV 2016, 579). Von einem Verzicht auf die Unmittelbarkeit der Beweisaufnahme ist z.B. dann auszugehen, wenn die Beteiligten im Rahmen eines Erörterungstermins erklären, dass die Beweisaufnahme durch den Berichterstatter erfolgen soll (BFH v. 08.07.2009, XI R 64/07, BStBl II 2010, 4).

## § 82 FGO Verfahren bei der Beweisaufnahme

**Soweit §§ 83 bis 89 nicht abweichende Vorschriften enthalten, sind auf die Beweisaufnahme §§ 358 bis 371; 372 bis 377, 380 bis 382, 386 bis 414 und 450 bis 494 der Zivilprozessordnung sinngemäß anzuwenden.**

**S. § 98 VwGO; § 118 SGG**

**Inhaltsübersicht**



### A. Grundsätzliche Anwendung der zivilprozessualen Vorschriften

1 § 82 FGO verweist hinsichtlich der allgemeinen Bestimmungen über die Beweisaufnahme und die einzelnen Beweisarten wie auch § 98 VwGO und § 118 SGG auf die Vorschriften der 358 bis 371; 372 bis 377, 380 bis 382, 386 bis 414 und 450 bis 494 ZPO. Der Verweis gilt nicht für den Urkundsbeweis, für den jedoch einzelne Vorschriften der ZPO über § 155 Satz 1 FGO zur Anwendung kommen (Rz. 10).

### B. Verfahren

2 Wegen des Verfahrens, d.h. mit der Anordnung der Beweisaufnahme durch förmlichen Beweisbeschluss, dem äußeren Beweisverfahren und den Beweisterminen verweist § 82 FGO auf §§ 358 bis 370 ZPO, die den folgenden Wortlaut haben:

**§ 358 ZPO Notwendigkeit eines Beweisbeschlusses**

Erfordert die Beweisaufnahme ein besonderes Verfahren, so ist es durch Beweisbeschluss anzuordnen.

**§ 358a ZPO Beweisbeschluss und Beweisaufnahme vor der mündlichen Verhandlung**

Das Gericht kann schon vor der mündlichen Verhandlung einen Beweisbeschluss erlassen. Der Beschluss kann vor der mündlichen Verhandlung ausgeführt werden, soweit er anordnet

1. eine Beweisaufnahme vor dem beauftragen oder ersuchten Richter
2. die Einholung amtlicher Auskünfte,
3. die Einholung schriftlicher Auskünfte von Zeugen nach § 377 Abs. 3
4. die Begutachtung durch Sachverständige,
5. die Einnahme eines Augenscheins.

**§ 359 ZPO Inhalt des Beweisbeschlusses**

Der Beweisbeschluss enthält:

1. die Bezeichnung der streitigen Tatsachen, über die der Beweis zu erheben ist;
2. die Bezeichnung der Beweismittel unter Benennung der zu vernehmenden Zeugen und Sachverständigen oder der zu vernehmenden Partei;
3. die Bezeichnung der Partei, die sich auf das Beweismittel berufen hat.

**§ 360 ZPO Änderung des Beweisbeschlusses**

Vor der Erledigung des Beweisbeschlusses kann keine Partei dessen Änderung auf Grund der früheren Verhandlungen verlangen. Das Gericht kann jedoch auf Antrag einer Partei oder von Amts wegen den Beweisbeschluss auch ohne erneute mündliche Verhandlung insoweit ändern, als der Gegner zustimmt oder es sich nur um die Berichtigung oder Ergänzung der im Beschluss angegebenen Beweistatsachen oder um die Vernehmung anderer als der im Beschluss angegebenen Zeugen oder Sachverständigen handelt. Die gleiche Befugnis hat der beauftragte oder ersuchte Richter. Die Parteien sind tunlichst vorher zu hören und in jedem Falle von der Änderung unverzüglich zu benachrichtigen.

Ein **Verfahrensfehler** im Zusammenhang mit der Anwendung des § 82 FGO i.V.m. § 360 ZPO ist gemäß § 155 FGO i.V.m. § 295 ZPO **heilbar** (BFH v. 14.01.2009, II B 79/08, ZSteu 2009, R 480). 2a

**§ 361 ZPO Beweisaufnahme durch beauftragten Richter**

(1) Soll die Beweisaufnahme durch ein Mitglied des Prozessgerichts erfolgen, so wird bei der Verkündung des Beweisbeschlusses durch den Vorsitzenden der beauftragte Richter bezeichnet und der Termin zur Beweisaufnahme bestimmt.

(2) Ist die Terminbestimmung unterblieben, so erfolgt sie durch den beauftragten Richter, wird er verhindert, den Auftrag zu vollziehen, so ernennt der Vorsitzende ein anderes Mitglied.

**§ 362 ZPO Beweisaufnahme durch ersuchten Richter**

(1) Soll die Beweisaufnahme durch ein anderes Gericht erfolgen, so ist das Ersuchungsschreiben von dem Vorsitzenden zu erlassen.

(2) Die auf die Beweisaufnahme sich beziehenden Verhandlungen übersendet der ersuchte Richter der Geschäftsstelle des Prozessgerichts in Urschrift, die Geschäftsstelle benachrichtigt die Parteien von dem Eingang.

**§ 363 ZPO Beweisaufnahme im Ausland**

(1) Soll die Beweisaufnahme im Ausland erfolgen, so hat der Vorsitzende die zuständige Behörde um Aufnahme des Beweises zu ersuchen.

(2) Kann die Beweisaufnahme durch einen Konsularbeamten erfolgen, so ist das Ersuchen an diesen zu richten.

(3) Die Vorschriften der Verordnung (EG) Nr. 1206/2001 des Rates vom 28. Mai 2001 über die Zusammenarbeit zwischen den Gerichten der Mitgliedstaaten auf dem Gebiet der Beweisaufnahme in Zivil- und Handelssachen (ABl. EG Nr. L 174 S. 1) bleiben unberührt. Für die Durchführung gelten die §§ 1072 und 1073.

**§ 364 ZPO Parteimitwirkung bei Beweisaufnahme im Ausland**

(1) Wird eine ausländische Behörde ersucht, den Beweis aufzunehmen, so kann das Gericht anordnen, dass der Beweisführer das Ersuchungsschreiben zu besorgen und die Erledigung des Ersuchens zu betreiben habe.

(2) Das Gericht kann sich auf die Anordnung beschränken, dass der Beweisführer eine den Gesetzen des fremden Staates entsprechende öffentliche Urkunde über die Beweisaufnahme beizubringen habe.

(3) In beiden Fällen ist in dem Beweisbeschluss eine Frist zu bestimmen, binnen der von dem Beweisführer die Urkunde auf der Geschäftsstelle niederzulegen ist. Nach fruchtlosem Ablauf dieser Frist kann die Urkunde nur benutzt werden, wenn dadurch das Verfahren nicht verzögert wird.

(4) Der Beweisführer hat den Gegner, wenn möglich, von dem Ort und der Zeit der Beweisaufnahme so zeitig in Kenntnis zu setzen, dass dieser seine Rechte in geeigneter Weise wahrzunehmen vermag. Ist die Benachrichtigung unterblieben, so hat das Gericht zu ermessen, ob und inwieweit der Beweisführer zur Benutzung der Beweisverhandlung berechtigt ist.

**§ 365 ZPO Abgabe durch beauftragen oder ersuchten Richter**

Der beauftragte oder ersuchte Richter ist ermächtigt, falls sich später Gründe ergeben, welche die Beweisaufnahme durch ein anderes Gericht sachgemäß erscheinen lassen, dieses Gericht um die Aufnahme des Beweises zu ersuchen. Die Parteien sind von dieser Verfügung in Kenntnis zu setzen.

**§ 366 ZPO Zwischenstreit**

(1) Erhebt sich bei der Beweisaufnahme vor einem beauftragten oder ersuchten Richter ein Streit, von dessen Erledigung die Fortsetzung der Beweisaufnahme abhängig und zu dessen Entscheidung der Richter nicht berechtigt ist, so erfolgt die Erledigung durch das Prozessgericht.

(2) Der Termin zur mündlichen Verhandlung über den Zwischenstreit ist von Amts wegen zu bestimmen und den Parteien bekannt zu machen.

**§ 367 ZPO Ausbleiben der Partei**

(1) Erscheint eine Partei oder erscheinen beide Parteien in dem Termin zur Beweisaufnahme nicht, so ist die Beweisaufnahme gleichwohl insoweit zu bewirken, als dies nach Lage der Sache geschehen kann.

(2) Eine nachträgliche Beweisaufnahme oder eine Vervollständigung der Beweisaufnahme ist bis zum Schluss derjenigen mündlichen Verhandlung, auf die das Urteil ergeht, auf Antrag anzuordnen, wenn das Verfahren dadurch nicht verzögert wird oder wenn die Partei glaubhaft macht, dass sie ohne ihr Verschulden außerstande gewesen sei, in dem früheren Termin zu erscheinen, und im Falle des Antrags auf Vervollständigung, dass durch ihr Nichterscheinen eine wesentliche Unvollständigkeit der Beweisaufnahme veranlasst sei.

**§ 368 ZPO Neuer Beweistermin**

Wird ein neuer Termin zur Beweisaufnahme oder zu ihrer Fortsetzung erforderlich, so ist dieser Termin, auch wenn der Beweisführer oder beide Parteien in dem früheren Termin nicht erschienen waren, von Amts wegen zu bestimmen.

**§ 369 ZPO Ausländische Beweisaufnahme**

Entspricht die von einer ausländischen Behörde vorgenommene Beweisaufnahme den für das Prozessgericht geltenden Gesetzen, so kann daraus, dass sie nach den ausländischen Gesetzen mangelhaft ist, kein Einwand entnommen werden.

**§ 370 ZPO Fortsetzung der mündlichen Verhandlung**

(1) Erfolgt die Beweisaufnahme vor dem Prozessgericht, so ist der Termin, in dem die Beweisaufnahme stattfindet, zugleich zur Fortsetzung der mündlichen Verhandlung bestimmt.

(2) In dem Beweisbeschluss, der anordnet, dass die Beweisaufnahme vor einem beauftragten oder ersuchten Richter erfolgen solle, kann zugleich der Termin zur Fortsetzung der mündlichen Verhandlung vor dem Prozessgericht bestimmt werden. Ist dies nicht geschehen, so wird nach Beendigung der Beweisaufnahme dieser Termin von Amts wegen bestimmt und den Parteien bekannt gemacht.

Nach § 82 FGO i. V. m. § 358 ZPO ist die Beweisaufnahme durch Beweisbeschluss anzuordnen, wenn sie ein besonderes Verfahren erfordert. Daher erfolgt die Beweisaufnahme grds. aufgrund eines **förmlichen Beweis-** 3

**beschlusses** (s. § 81 FGO Rz. 9), der mit dem Inhalt des § 359 ZPO ergeht. An einem »besonderen Verfahren« fehlt es, wenn die Beweisaufnahme in der mündlichen Verhandlung stattfinden soll (BFH v. 11.09.2013, XI B 111/12, BFH/NV 2013, 1944; BFH v. 04.08.2015, IX B 95/15, BFH/NV 2015, 1436). Dies gilt jedoch nicht, wenn ein zusätzlicher Termin für die Beweisaufnahme erforderlich wird (BFH v. 04.08.2015, IX B 95/15, BFH/NV 2015, 1436; *Stalbold* in Gosch, § 79 FGO Rz. 32). Wird der Beweisbeschluss in der mündlichen Verhandlung erlassen, ist er in das Protokoll aufzunehmen (§ 94 FGO i.V.m. § 160 Abs. 3 Nr. 6 ZPO). § 358a Satz 2 Nr. 1 ZPO wird für den Finanzprozess durch § 81 Abs. 2 FGO verdrängt.

## C. Beweismittel

### I. Augenscheinsbeweis

4 Für den Beweis durch Augenschein gelten die §§ 371 bis 372a ZPO.

§ 371 ZPO Beweis durch Augenschein

(1) Der Beweis durch Augenschein wird durch Bezeichnung des Gegenstandes des Augenscheins und durch die Angabe der zu beweisenden Tatsachen angetreten. Ist ein elektronisches Dokument Gegenstand des Beweises, wird der Beweis durch Vorlegung oder Übermittlung der Datei angetreten.

(2) Befindet sich der Gegenstand nach der Behauptung des Beweisführers nicht in seinem Besitz, so wird der Beweis außerdem durch den Antrag angetreten, zur Herbeischaffung des Gegenstandes eine Frist zu setzen oder eine Anordnung nach § 144 zu erlassen. Die §§ 422 bis 432 gelten entsprechend.

(3) Vereitelt eine Partei die ihr zumutbare Einnahme des Augenscheins, so können die Behauptungen des Gegners über die Beschaffenheit des Gegenstandes als bewiesen angesehen werden.

**§ 371 a Beweiskraft elektronischer Dokumente**

(1) Auf private elektronische Dokumente, die mit einer qualifizierten elektronischen Signatur versehen sind, finden die Vorschriften über die Beweiskraft privater Urkunden entsprechende Anwendung. Der Anschein der Echtheit einer in elektronischer Form vorliegenden Erklärung, der sich auf Grund der Prüfung der qualifizierten elektronischen Signatur nach Artikel 32 der Verordnung (EU) Nr. 910/2014 des Europäischen Parlaments und des Rates vom 23. Juli 2014 über elektronische Identifizierung und Vertrauensdienste für elektronische Transaktionen im Binnenmarkt und zur Aufhebung der Richtlinie 1999/93/EG (ABl. L 257 vom 28.8.2014, S. 73) ergibt, kann nur durch Tatsachen erschüttert werden, die ernstliche Zweifel daran begründen, dass die Erklärung von der verantwortenden Person abgegeben worden ist.

(2) Hat sich eine natürliche Person bei einem ihr allein zugeordneten De-Mail-Konto sicher angemeldet (§ 4 Absatz 1 Satz 2 des De-Mail-Gesetzes), so kann für eine von diesem De-Mail-Konto versandte elektronische Nachricht der Anschein der Echtheit, der sich aus der Überprüfung der Absenderbestätigung gemäß § 5 Absatz 5 des De-Mail-Gesetzes ergibt, nur durch Tatsachen erschüttert werden, die ernstliche Zweifel daran begründen, dass die Nachricht von dieser Person mit diesem Inhalt versandt wurde.

(3) Auf elektronische Dokumente, die von einer öffentlichen Behörde innerhalb der Grenzen ihrer Amtsbefugnisse oder von einer mit öffentlichem Glauben versehenen Person innerhalb des ihr zugewiesenen Geschäftskreises in der vorgeschriebenen Form erstellt worden sind (öffentliche elektronische Dokumente), finden die Vorschriften über die Beweiskraft öffentlicher Urkunden entsprechende Anwendung. Ist das Dokument von der erstellenden öffentlichen Behörde oder von der mit öffentlichem Glauben versehenen Person mit einer qualifizierten elektronischen Signatur versehen, gilt § 437 entsprechend. Das Gleiche gilt, wenn das Dokument im Auftrag der erstellenden öffentlichen Behörde oder der mit öffentlichem Glauben versehenen Person durch einen akkreditierten Diensteanbieter mit seiner qualifizierten elektronischen Signatur gemäß § 5 Absatz 5 des De-Mail-Gesetzes versehen ist und die Absenderbestätigung die erstellende öffentliche Behörde oder die mit öffentlichem Glauben versehene Person als Nutzer des De-Mail-Kontos ausweist.

**§ 371 b Beweiskraft gescannter öffentlicher Urkunden**

Wird eine öffentliche Urkunde nach dem Stand der Technik von einer öffentlichen Behörde oder von einer mit öffentlichem Glauben versehenen Person in ein elektronisches Dokument übertragen und liegt die Bestätigung vor, dass das elektronische Dokument mit der Urschrift bildlich und inhaltlich übereinstimmt, finden auf das elektronische Dokument die Vorschriften über die Beweiskraft öffentlicher Urkunden entsprechende Anwendung. Sind das Dokument und die Bestätigung mit einer qualifizierten elektronischen Signatur versehen, gilt § 437 entsprechend.

**§ 372 ZPO Beweisaufnahme**

(1) Das Prozessgericht kann anordnen, dass bei der Einnahme des Augenscheins ein oder mehrere Sachverständige zuzuziehen seien.

(2) Es kann einem Mitglied des Prozessgerichts oder einem anderen Gericht die Einnahme des Augenscheins übertragen, auch die Ernennung der zuzuziehenden Sachverständigen überlassen.

§ 372a ZPO betrifft Untersuchungen zur Feststellung der Abstammung und hat für den Finanzprozess keine Bedeutung. Vom Abdruck wurde daher abgesehen.

4a Im Hinblick auf den Untersuchungsgrundsatz (§ 76 Abs. 1 FGO) bedarf es abweichend von § 371 Abs. 1 Satz 1 FGO) grds. keines Beweisantritts eines Beteiligten (vgl. Koch in Gräber, § 82 FGO Rz. 15). Jedoch kann eine **Ortsbesichtigung** auf Anregung des Steuerpflichtigen kann nur durchgeführt werden, wenn er den in Augenschein zu nehmenden Gegenstand bezeichnet (BFH v. 23.05.2008, IX B 17/08, BFH/NV 2008, 1509).

4b § 371 a ZPO knüpft unmittelbar an § 371 Abs. 1 Satz 2 ZPO an, wonach elektronische Dokumente Gegenstand des Augenscheinsbeweises sein können. Ihr Beweiswert unterliegt grds. der freien Würdigung durch das Gericht (§ 96 Abs. 1 Satz 2 FGO). Nach § 371 a ZPO kommt elektronischen Dokumenten bei Erfüllung bestimmter Anforderungen – wie bei Urkunden – eine gesteigerte Beweiskraft zu, wobei für private und öffentliche Dokumente unterschiedliche Regelungen gelten. Hinzu kommen weitere Beweisregeln aufgrund des EU-Rechts in Form der eIDAS-VO, auf die § 371 a Abs. 2 Satz 2 ZPO verweist (*Greger* in Zöller, § 371 a ZPO, Rz. 1). Nach § 371 a Abs. 1 Satz 1 ZPO i. V. m. § 416 ZPO begründen private elektronische Dokumente, die mit einer elektronischen Signatur versehen sind, den vollen Beweis dafür, dass die in enthaltenen Erklärungen von den verantwortenden Personen abgegeben wurden. Eine entsprechende Vermutungsregelung gilt für die von einem De-Mail-Konto versendete Nachricht, sofern der Absender der Nachricht sich von seinem Provider bestätigen lässt, dass er zum Zeitpunkt des Versands dieser De-Mail sicher angemeldet war (*Greger* in Zöller, § 371 a ZPO, Rz. 3). Die Beweiskraft öffentlicher elektronischer Dokumente richtet sich auch ohne Signatur nach §§ 415, 417 ff. ZPO, sofern ihre Echtheit feststeht (*Greger* in Zöller, § 371 a ZPO, Rz. 4). Dies gilt ungeachtet des Umstands, dass § 82 FGO nicht auf die Vorschriften der ZPO über den Urkundsbeweis verweist (s. Rz. 11). Gem. § 371 a Abs. 1 Satz 2 ZPO i. V. m. Art 35 Abs. 2, 41 Abs. 2, 43 Abs. 2 eIDAS-VO begründen bei privaten elektronischen Dokumenten auch das qualifizierte Siegel, der elektronische Zeitstempel und das qualifiziert signierte Einschreiben die Vermutung für das Vorliegen von Tatsachen (*Greger* in Zöller, § 371 a ZPO, Rz. 5). Zur Beweiskraft von Urkunden im Übrigen s. Rz. 11.

4c Nach § 371 b ZPO haben die von einer öffentlichen Stelle eingescannten Dokumente dieselbe Beweiskraft wie öffentliche Urkunden (§§ 415, 417, 418 ZPO). Bei Vorliegen einer qualifizierten elektronischen Signatur gilt die Echtheitsvermutung des § 437 ZPO. Gescannte Privaturkunden sind hiervon ausgenommen (vgl. zum Vorstehenden *Greger* in Zöller, § 371 b ZPO Rz. 1).

## II. Zeugenbeweis

Wegen des Zeugenbeweises verweist § 82 FGO auf die §§ 373 bis 377, 380 bis 382 und 386 bis 401 ZPO. Darüber hinaus gelten die §§ 85 und 87 FGO. 5

**§ 373 ZPO Beweisantritt**

Der Zeugenbeweis wird durch die Benennung der Zeugen und die Bezeichnung der Tatsachen, über welche die Vernehmung der Zeugen stattfinden soll, angetreten.

**§ 375 ZPO Beweisaufnahme durch beauftragten oder ersuchten Richter**

(1) Die Aufnahme des Zeugenbeweises darf einem Mitglied des Prozessgerichts oder einem anderen Gericht nur übertragen werden, wenn von vornherein anzunehmen ist, dass das Prozessgericht das Beweisergebnis auch ohne unmittelbaren Eindruck von dem Verlauf der Beweisaufnahme sachgemäß zu würdigen vermag, und

1. wenn zur Ausmittlung der Wahrheit die Vernehmung des Zeugen an Ort und Stelle dienlich erscheint oder nach gesetzlicher Vorschrift der Zeuge nicht an der Gerichtsstelle, sondern an einem anderen Ort zu vernehmen ist;
2. wenn der Zeuge verhindert ist, vor dem Prozessgericht zu erscheinen und eine Zeugenvernehmung nach § 128 a Abs. 2 nicht stattfindet;
3. wenn dem Zeugen das Erscheinen vor dem Prozessgericht wegen großer Entfernung unter Berücksichtigung der Bedeutung seiner Aussage nicht zugemutet werden kann und eine Zeugenvernehmung nach § 128 a Abs. 2 nicht stattfindet.

(1a) Einem Mitglied des Prozessgerichts darf die Aufnahme des Zeugenbeweises auch denn übertragen werden, wenn dies zur Vereinfachung der Verhandlung vor dem Prozessgericht zweckmäßig erscheint und wenn von vornherein anzunehmen ist, dass das Prozessgericht das Beweisergebnis auch ohne unmittelbaren Eindruck von dem Verlauf der Beweisaufnahme sachgemäß zu würdigen vermag.

(2) Der Bundespräsident ist in seiner Wohnung zu vernehmen.

**§ 376 ZPO Vernehmung bei Amtsverschwiegenheit**

(1) Für die Vernehmung von Richtern, Beamten und anderen Personen des öffentlichen Dienstes als Zeugen über Umstände, auf die sich ihre Pflicht zur Amtsverschwiegenheit bezieht, und für die Genehmigung zur Aussage gelten die besonderen beamtenrechtlichen Vorschriften.

(2) Für die Mitglieder der Bundes- oder einer Landesregierung gelten die für sie maßgebenden besonderen Vorschriften.

(3) Eine Genehmigung in den Fällen der Absätze 1, 2 ist durch das Prozessgericht einzuholen und dem Zeugen bekannt zu machen.

(4) Der Bundespräsident kann das Zeugnis verweigern, wenn die Ablegung des Zeugnisses dem Wohl des Bundes oder eines deutschen Landes Nachteile bereiten würde.

(5) Diese Vorschriften gelten auch, wenn die vorgenannten Personen nicht mehr im öffentlichen Dienst sind, soweit es sich um Tatsachen handelt, die sich während ihrer Dienstzeit ereignet haben oder ihnen während ihrer Dienstzeit zur Kenntnis gelangt sind.

**§ 377 ZPO Zeugenladung**

(1) Die Ladung der Zeugen ist von der Geschäftsstelle unter Bezugnahme auf den Beweisbeschluss auszufertigen und von Amts wegen mitzuteilen. Sie wird, sofern nicht das Gericht die Zustellung anordnet, formlos übersandt.

(2) Die Ladung muss enthalten:
1. die Bezeichnung der Parteien;
2. den Gegenstand der Vernehmung;
3. die Anweisung, zur Ablegung des Zeugnisses bei Vermeidung der durch das Gesetz angedrohten Ordnungsmittel in dem nach Zeit und Ort zu bezeichnenden Termin zu erscheinen.

(3) Das Gericht kann eine schriftliche Beantwortung der Beweisfrage anordnen, wenn es dies im Hinblick auf den Inhalt der Beweisfrage und die Person des Zeugen für ausreichend erachtet. Der Zeuge ist darauf hinzuweisen, dass er zur Vernehmung geladen werden kann. Das Gericht ordnet die Ladung des Zeugen an, wenn es dies zur weiteren Klärung der Beweisfrage für notwendig erachtet.

**§ 380 ZPO Folgen des Ausbleibens des Zeugen**

(1) Einem ordnungsgemäß geladenen Zeugen, der nicht erscheint, werden, ohne dass es eines Antrages bedarf, die durch das Ausbleiben verursachten Kosten auferlegt. Zugleich wird gegen ihn ein Ordnungsgeld und für den Fall, dass dieses nicht beigetrieben werden kann, Ordnungshaft festgesetzt.

(2) Im Falle wiederholten Ausbleibens wird das Ordnungsmittel noch einmal festgesetzt; auch kann die zwangsweise Vorführung des Zeugen angeordnet werden.

(3) Gegen diese Beschlüsse findet die sofortige Beschwerde statt.

**§ 381 ZPO Genügende Entschuldigung des Ausbleibens**

(1) Die Auferlegung der Kosten und die Festsetzung eines Ordnungsmittels unterbleiben, wenn das Ausbleiben des Zeugen rechtzeitig genügend entschuldigt wird. Erfolgt die Entschuldigung nach Satz 1 nicht rechtzeitig, so unterbleiben die Auferlegung der Kosten und die Festsetzung eines Ordnungsmittels nur dann, wenn glaubhaft gemacht wird, dass den Zeugen an der Verspätung der Entschuldigung kein Verschulden trifft. Erfolgt die genügende Entschuldigung oder die Glaubhaftmachung nachträglich, so werden die getroffenen Anordnungen unter den Voraussetzungen des Satzes 2 aufgehoben.

(2) Die Anzeigen und Gesuche des Zeugen können schriftlich oder zum Protokoll der Geschäftsstelle oder mündlich in dem zur Vernehmung bestimmten neuen Termin angebracht werden.

**§ 382 ZPO Vernehmung an bestimmten Orten**

(1) Die Mitglieder der Bundesregierung oder einer Landesregierung sind an ihrem Amtssitz oder, wenn sie sich außerhalb ihres Amtssitzes aufhalten, an ihrem Aufenthaltsort zu vernehmen.

(2) Die Mitglieder des Bundestages, des Bundesrates, eines Landtages oder einer zweiten Kammer sind während ihres Aufenthaltes am Sitz der Versammlung dort zu vernehmen.

(3) Zu einer Abweichung von den vorstehenden Vorschriften bedarf es:

für die Mitglieder der Bundesregierung der Genehmigung der Bundesregierung,

für die Mitglieder einer Landesregierung der Genehmigung der Landesregierung,

für die Mitglieder einer der im Absatz 2 genannten Versammlungen der Genehmigung dieser Versammlung.

**§ 386 ZPO Erklärung der Zeugnisverweigerung**

(1) Der Zeuge, der das Zeugnis verweigert, hat vor dem zu seiner Vernehmung bestimmten Termin schriftlich oder zum Protokoll der Geschäftsstelle oder in diesem Termin die Tatsachen, auf die er die Weigerung gründet, anzugeben und glaubhaft zu machen.

(2) Zur Glaubhaftmachung genügt in den Fällen des § 383 Nr. 4, 6) die mit Berufung auf einen geleisteten Diensteid abgegebene Versicherung.

(3) Hat der Zeuge seine Weigerung schriftlich oder zum Protokoll der Geschäftsstelle erklärt, so ist er nicht verpflichtet, in dem zu seiner Vernehmung bestimmten Termin zu erscheinen.

(4) Von dem Eingang einer Erklärung des Zeugen oder von der Aufnahme einer solchen zum Protokoll hat die Geschäftsstelle die Parteien zu benachrichtigen.

**§ 387 ZPO Zwischenstreit über Zeugnisverweigerung**

(1) Über die Rechtmäßigkeit der Weigerung wird von dem Prozessgericht nach Anhörung der Parteien entschieden.

(2) Der Zeuge ist nicht verpflichtet, sich durch einen Anwalt vertreten zu lassen.

(3) Gegen das Zwischenurteil findet sofortige Beschwerde statt.

**§ 388 ZPO Zwischenstreit über Zeugnisverweigerung**

Hat der Zeuge seine Weigerung schriftlich oder zum Protokoll der Geschäftsstelle erklärt und ist er in dem Termin nicht erschienen, so hat auf Grund seiner Erklärungen ein Mitglied des Prozessgerichts Bericht zu erstatten.

**§ 389 ZPO Zeugnisverweigerung vor beauftragtem oder ersuchtem Richter**

(1) Erfolgt die Weigerung vor einem beauftragten oder ersuchten Richter, so sind die Erklärungen des Zeugen, wenn sie nicht schriftlich oder zum Protokoll der Geschäftsstelle abgegeben sind, nebst den Erklärungen der Parteien in das Protokoll aufzunehmen.

(2) Zur mündlichen Verhandlung vor dem Prozessgericht werden der Zeuge und die Parteien von Amts wegen geladen.

(3) Auf Grund der von dem Zeugen und den Parteien abgegebenen Erklärungen hat ein Mitglied des Prozessgerichts Bericht zu erstatten. Nach dem Vortrag des Berichterstatters können der Zeuge und die Parteien zur Begründung ihrer Anträge das Wort nehmen, neue Tatsachen oder Beweismittel dürfen nicht geltend gemacht werden.

**§ 390 ZPO Folgen der Zeugnisverweigerung**

(1) Wird das Zeugnis oder die Eidesleistung ohne Angabe eines Grundes oder aus einem rechtskräftig für unerheblich erklärten Grund verweigert, so werden dem Zeugen, ohne dass es eines Antrages bedarf, die durch die Weigerung verursachten Kosten auferlegt. Zugleich wird gegen ihn ein Ordnungsgeld und für den Fall, dass dieses nicht beigetrieben werden kann, Ordnungshaft festgesetzt.

(2) Im Falle wiederholter Weigerung ist auf Antrag zur Erzwingung des Zeugnisses die Haft anzuordnen, jedoch nicht über den Zeitpunkt der Beendigung des Prozesses in dem Rechtszuge hinaus. Die Vorschriften über die Haft im Zwangsvollstreckungsverfahren gelten entsprechend.

(3) Gegen die Beschlüsse findet die Beschwerde statt.

**§ 391 ZPO Zeugenbeeidigung**

Ein Zeuge ist, vorbehaltlich der sich aus § 393 ergebenden Ausnahmen, zu beeidigen, wenn das Gericht dies mit Rücksicht auf die Bedeutung der Aussage oder zur Herbeiführung einer wahrheitsgemäßen Aussage für geboten erachtet und die Parteien auf die Beeidigung nicht verzichten.

**§ 392 ZPO Nacheid; Eidesnorm**

Die Beeidigung erfolgt nach der Vernehmung. Mehrere Zeugen können gleichzeitig beeidigt werden. Die Eidesnorm geht dahin, dass der Zeuge nach bestem Wissen die reine Wahrheit gesagt und nichts verschwiegen habe.

**§ 393 ZPO Uneidliche Vernehmung**

Personen, die zur Zeit der Vernehmung das sechzehnte Lebensjahr noch nicht vollendet oder wegen mangelnder Verstandesreife oder wegen Verstandesschwäche von dem Wesen und der Bedeutung des Eides keine genügende Vorstellung haben, sind unbeeidigt zu vernehmen.

**§ 394 ZPO Einzelvernehmung**

(1) Jeder Zeuge ist einzeln und in Abwesenheit der später abzuhörenden Zeugen zu vernehmen.

(2) Zeugen, deren Aussagen sich widersprechen, können einander gegenübergestellt werden.

**§ 395 ZPO Wahrheitsermahnung; Vernehmung zur Person**

(1) Vor der Vernehmung wird der Zeuge zur Wahrheit ermahnt und darauf hingewiesen, dass er in den vom Gesetz vorgesehenen Fällen unter Umständen seine Aussage zu beeidigen habe.

(2) Die Vernehmung beginnt damit, dass der Zeuge über Vornamen und Zunamen, Alter, Stand oder Gewerbe und Wohnort befragt wird. Erforderlichenfalls sind ihm Fragen über solche Umstände, die seine Glaubwürdigkeit in der vorliegenden Sache betreffen, insbesondere über seine Beziehungen zu den Parteien vorzulegen.

**§ 396 ZPO Vernehmung zur Sache**

(1) Der Zeuge ist zu veranlassen, dasjenige, was ihm von dem Gegenstand seiner Vernehmung bekannt ist, im Zusammenhang anzugeben.

(2) Zur Aufklärung und zur Vervollständigung der Aussage sowie zur Erforschung des Grundes, auf dem die Wissenschaft des Zeugen beruht, sind nötigenfalls weitere Fragen zu stellen.

(3) Der Vorsitzende hat jedem Mitglied des Gerichts auf Verlangen zu gestatten, Fragen zu stellen.

**§ 397 ZPO Fragerecht der Parteien**

(1) Die Parteien sind berechtigt, dem Zeugen diejenigen Fragen vorlegen zu lassen, die sie zur Aufklärung der Sache oder der Verhältnisse des Zeugen für dienlich erachten.

(2) Der Vorsitzende kann den Parteien gestatten und hat ihren Anwälten auf Verlangen zu gestatten, an den Zeugen unmittelbar Fragen zu richten.

(3) Zweifel über die Zulässigkeit einer Frage entscheidet das Gericht.

**§ 398 ZPO Wiederholte und nachträgliche Vernehmung**

(1) Das Prozessgericht kann nach seinem Ermessen die wiederholte Vernehmung eines Zeugen anordnen.

(2) Hat ein beauftragter oder ersuchter Richter bei der Vernehmung die Stellung der von einer Partei angeregten Frage verweigert, so kann das Prozessgericht die nachträgliche Vernehmung des Zeugen über diese Frage anordnen.

(3) Bei der wiederholten oder der nachträglichen Vernehmung kann der Richter statt der nochmaligen Beeidigung den Zeugen die Richtigkeit seiner Aussage unter Berufung auf den früher geleisteten Eid versichern lassen.

**§ 399 ZPO Verzicht auf Zeugen**

Die Partei kann auf einen Zeugen, den sie vorgeschlagen hat, verzichten; der Gegner kann aber verlangen, dass der erschienene Zeuge vernommen und, wenn die Vernehmung bereits begonnen hat, dass sie fortgesetzt werde.

**§ 400 ZPO Befugnisse des mit der Beweisaufnahme betrauten Richters**

Der mit der Beweisaufnahme betraute Richter ist ermächtigt, im Falle des Nichterscheinens oder der Zeugnisverweigerung die gesetzlichen Verfügungen zu treffen, auch sie, soweit dies überhaupt zulässig ist, selbst nach Erledigung des Auftrages wieder aufzuheben, über die Zulässigkeit einer dem Zeugen vorgelegten Frage vorläufig zu entscheiden und die nochmalige Vernehmung eines Zeugen vorzunehmen.

**§ 401 ZPO Zeugenentschädigung**

Der Zeuge wird nach dem Justizvergütungs- und -entschädigungsgesetz entschädigt.

**6** **Zeuge** kann nur eine **natürliche Person** sein, die **nicht selbst Beteiligte** des Verfahrens oder gesetzlicher Vertreter eines am Verfahren Beteiligten ist (BFH v. 19.05.2008, IV B 88/07, BFH/NV 2008, 1685). Ein **gesetzlicher Vertreter** des Prozessbeteiligten (§ 34 Abs. 1 AO) kann ebenso wenig als Zeuge einvernommen werden wie der Vorsteher der beklagten Behörde; für sie kommt nur die verantwortliche Einvernahme als Beteiligter (§§ 450 bis 455 ZPO) in Betracht.

**6a** Die Beweiserhebung durch Zeugenvernehmung erfolgt grds. wegen § 76 Abs. 1 Satz 1 FGO von Amts wegen. Begehrt ein Beteiligter die Vernehmung eines Zeugen, muss er dies mit einem ordnungsgemäßen Beweisantritt (§ 82 FGO i. V. m. § 373 ZPO). Hierzu gehört die individualisierende Benennung eines Zeugen unter Bezeichnung einer ladungsfähigen Anschrift. Allerdings geht der BFH auch dann von einem den Anforderungen des § 82 FGO i. V. m. § 373 ZPO genügenden **Beweisantritt** aus, wenn die **ladungsfähige Anschrift des Zeugen** nicht mitgeteilt wurde, der Zeuge aber individualisierbar ist (BFH v. 19.10.2011, X R 65/09, BStBl II 2012, 345). Von einer Beweiserhebung darf das FG erst dann absehen, wenn das Gericht zur Behebung dieses Hindernisses fruchtlos eine Frist gesetzt hat (BFH v. 05.03.2009, XI B 40/08, juris). Ein **Beweisantrag** muss im Übrigen hinreichend **substantiiert** sein. Dies ist nicht der Fall, wenn der Beweisantrag keine entscheidungserheblichen Tatsachen in das Wissen des Zeugen stellt (BFH v. 05.03.2009, XI B 40/08, juris).

**6b** Gemäß § 82 FGO i. V. m. § 380 Abs. 1 ZPO werden einem ordnungsgemäß geladenen Zeugen, der nicht erscheint, die durch sein Ausbleiben verursachten Kosten auferlegt, ohne dass es eines Antrages bedarf. Zugleich wird gegen ihn ein Ordnungsgeld festgesetzt. Dies ist grds. auch dann geboten, wenn sich seine Vernehmung als entbehrlich erweist (BFH v. 27.08.2010, III B 104/09, BFH/NV 2010, 2291). Die **Festsetzung eines Ordnungsgeldes** gegen einen ordnungsgemäß geladenen, aber nicht erschienenen Zeugen steht nicht im Ermessen des Gerichts, sondern ist **zwingend** (BFH v. 19.01.2012, X B 37/10, BFH/NV 2012, 961). Lediglich die Entscheidung über die **Höhe des Ordnungsgeldes** ist eine Ermessensentscheidung (BFH v. 19.08.2008, II B 67/08, BFH/NV 2008, 1870). Überschreitet das FG nicht das untere Viertel des Ordnungsgeldrahmens von 5 bis 1 000 EUR, bedarf die Höhe des Ordnungsgeldes keiner weiteren Begründung (BFH v. 19.08.2008, II B 67/08, BFH/NV 2008, 1870). Die Festsetzung eines Ordnungsgeldes von 100 EUR und ersatzweise einer Ordnungshaft von 5 Tagen gegen den nicht erschienenen Zeugen ist nicht unangemessen, wenn das Nichterscheinen des aus Sicht des FG für die Entscheidung des Verfahrens wesentlichen Zeugen eine Vertagung des Rechtsstreits erforderlich machte (BFH v. 29.08.2008, III B 43/07, juris). Auch die Bemessung des Ordnungsgeldes in Höhe von lediglich 50 EUR bedarf keiner besonderen Begründung; ein Ordnungsgeld in dieser Höhe braucht auch nicht herabgesetzt zu werden, wenn die Klage nach seiner Festsetzung zurückgenommen wird (BFH v. 17.03.2011, III B 46/11, BFH/NV 2011, 1004). Das Ordnungsgeld darf auch dann festgesetzt werden, wenn es der Zeugenaussage infolge **Verfahrensbeendigung** nicht mehr bedurfte (BFH v. 11.09.2013, XI B 111/12, BFH/NV 2013, 1944).

Die Auferlegung der Kosten und die Festsetzung eines Ordnungsmittels unterbleiben nach § 82 FGO i. V. m. § 381 Abs. 1 Satz 1 ZPO aber, wenn das Ausbleiben des Zeugen **rechtzeitig genügend entschuldigt** wird. Es muss sich dabei prinzipiell um schwerwiegende Gründe handeln (§ 82 FGO i. V. m. § 381 ZPO; BFH v. 29.08.2008, III B 43/07, juris). Eine genügende Entschuldigung setzt voraus, dass das Entschuldigungsschreiben Angaben über die Art und Schwere der behaupteten Krankheit enthält (BFH v. 07.10.2008, VI B 90/08, juris). Allein durch Vorlage eines privatärztlichen, nur die Arbeitsunfähigkeit bescheinigenden Attests wird jedoch die Reise- bzw. Verhandlungsunfähigkeit eines Zeugen noch nicht ausreichend dargetan (BFH v. 27.08.2010, III B 104/09, BFH/NV 2010, 2291; BFH v. 17.03.2011, III B 46/11, BFH/NV 2011, 1004; BFH v. 10.05.2012, III B 223/11, BFH/NV 2012, 1460). Die Dauererkrankung eines Zeugen vermag sein Ausbleiben nur dann genügend zu entschuldigen, wenn ihm dadurch ein Erscheinen vor Gericht unzumutbar wird (BFH v. 17.03.2011, III B 46/11, BFH/NV 2011, 1004). Erfolgt eine solche Entschuldigung nicht rechtzeitig, so unterbleiben nach § 381 Abs. 1 Satz 2 ZPO i. V. m. § 82 FGO die Auferlegung der Kosten und die Festsetzung eines Ordnungsmittels nur dann, wenn glaubhaft gemacht wird, dass den Zeugen an der Verspätung der Entschuldigung kein Verschulden trifft. Die gegen den Zeugen bereits getroffenen Anordnungen werden nach § 381 Abs. 1 Satz 3 ZPO i. V. m. § 82 FGO wieder aufgehoben, wenn die genügende Entschuldigung nachträglich erfolgt. Das Vorbringen eines geladenen Zeugen, »wegen einer dringend gebotenen Auslandsreise« den Termin nicht einhalten zu können, reicht als floskelhafte, unsubstantiierte Begründung für eine Entschuldigung nicht aus (BFH v. 28.08.2008, VI B 59/08, BFH/NV 2009, 34). Selbst eine krankheitsbedingte Arbeitsunfähigkeit allein ist nicht geeignet, ein Fernbleiben des Zeugen zu entschuldigen, wenn diese Arbeitsunfähigkeit keine Reiseunfähigkeit, Verhandlungsunfähigkeit oder Aussageunfähigkeit bedingt (BFH v. 28.08.2008, VI B 59/08, BFH/NV 2009, 34). Ebenfalls nicht ausreichend ist z.B. das Vorbringen des Zeugen, er habe den Termintag mit einem anderen Tag verwechselt, ein guter Bekannter sei gestorben, es sei offenbar geworden, dass der Vater an einer ernsthaften Krankheit leide, der Sohn habe das Abitur gemacht (BFH v. 03.08.1977, I B 41/77, BStBl II 1977, 842). Gegen die Festsetzung des Ordnungsgelds ist nach § 128 Abs. 1 FGO die **Beschwerde** statthaft, für die auch der Vertretungszwang vor dem BFH (§ 62 Abs. 4 Satz 1 FGO) gilt (BFH v. 12.01.2011, IV B 73/10, BFH/NV 2011, 811; BFH v. 13.04.2016, V B 42/16, BFH/NV 2016, 1057).

6c § 82 FGO i.V.m. § 394 Abs. 1 ZPO ordnet an, dass jeder Zeuge einzeln und in Abwesenheit des später anzuhörenden Zeugen zu vernehmen ist. Dies verbietet jedoch nicht die Anwesenheit von Zeugen vor dem Beginn der Vernehmung des ersten von ihnen. § 243 Abs. 2 StPO, demzufolge die Zeugen unmittelbar nach der Feststellung ihres Erscheinens durch den Vorsitzenden den Sitzungssaal verlassen, findet im finanzgerichtlichen Verfahren keine entsprechende Anwendung (BFH v. 15.10.2008, X B 120/08, BFH/NV 2009, 41). Das **Gebot der Einzelvernehmung** ist nur eine Ordnungsvorschrift, deren Verletzung die Revision nicht begründen könnte (BFH v. 15.10.2008, X B 120/08, BFH/NV 2009, 41). Bei der Vernehmung ist der Zeuge zu veranlassen, dasjenige, was ihm vom Gegenstand seiner Vernehmung bekannt ist, im Zusammenhang anzugeben. Es ist unzulässig, ihm bereits zuvor frühere Aussagen vorzuhalten (BFH v. 19.12.1967, II R 41/67, BStBl II 1968, 349).

6d Der Zeuge kann das Zeugnis verweigern, wenn ihm ein **Zeugnisverweigerungsrecht** nach Maßgabe des § 84 Abs. 1 FGO i.V.m. §§ 101 bis 103 AO zusteht (s. § 84 FGO Rz. 1). Entsteht Zwischenstreit über die Berechtigung des Zeugen zur Verweigerung des Zeugnisses, ist hierüber durch ein **Zwischenurteil** zu entscheiden (§ 82 FGO i.V.m. § 387 Abs. 1 ZPO; BFH v. 07.05.2007, X B 167/06, BFH/NV 2007, 1524). Gegen ein solches Zwischenurteil des FG ist nach § 82 FGO i.V.m. § 387 Abs. 3 ZPO die **Beschwerde** gegeben (BFH v. 20.03.1997, XI B 135/95, BFH/NV 1997, 638; BFH v. 17.03.1997, VIII B 41/96 BFH/NV 1997, 736), der das FG entsprechend § 577 Abs. 3 ZPO nicht abhelfen kann. Das Zwischenurteil bedarf einer Kostenentscheidung (BFH v. 14.07.1971, I R 9/71, BStBl II 1971, 808). Ist der Zeuge, der sich auf ein Zeugenverweigerungsrecht beruft, der Prozessbevollmächtigte des Klägers, so hat das FG den Kläger persönlich zu hören und zum Termin zu laden. Das Zwischenurteil ist sowohl dem Zeugen als auch den Beteiligten des (Haupt-)Prozesses zuzustellen (BFH v. 05.04.1978, II B 43/77, BStBl II 1978, 377).

6e Die **Beeidigung eines Zeugen** ist im Rahmen einer gerichtlichen Ermessensentscheidung (§ 82 FGO i.V.m. § 391 ZPO) nur dann vorzunehmen, wenn das Urteil von der Aussage abhängt bzw. ohne die Aussage anders ausfallen würde (BFH v. 07.10.2008, I B 110/08, juris). Nach § 82 FGO i.V.m. § 391 ZPO ist ein Zeuge, vorbehaltlich der sich aus § 393 ZPO ergangenen Ausnahmen, zu beeidigen, wenn das Gericht dies mit Rücksicht auf die Bedeutung der Aussage oder zur Herbeiführung einer wahrheitsgemäßen Aussage für geboten erachtet und die Beteiligten auf die Beeidigung nicht verzichten (BFH v. 17.02.2012, V B 77/11, BFH/NV 2012, 1315). Bei der Frage, ob das Gericht die Beeidigung für geboten erachtet, handelt es sich um eine Ermessensentscheidung. Diese kann vom BFH nur daraufhin überprüft werden, ob das FG die Grenzen seines Ermessens verkannt oder missbräuchlich außer Acht gelassen hat (z.B. BFH v. 17.02.2012, V B 77/11, BFH/NV 2012, 1315; BFH v. 31.12.2012, III B 95/12, BFH/NV 2013, 768; BFH v. 22.11.2013, X B 35/13, juris). Erweist sich die unterbliebene Zeugenbeeidigung als ermessensfehlerhaft, handelt es sich um einen Verfahrensfehler (§§ 115 Abs. 2 Nr. 3, 119 Abs. 3 Satz 1 FGO), der allerdings verzichtbar ist (§ 155 Satz 1 FGO i.V.m. § 295 Abs. 1 ZPO). Angehörige, denen ein Zeugnisverweigerungsrecht zusteht (s. Rz. 6d), dürfen die Ableistung des Eides verweigern (s. § 84 FGO Rz. 2).

### III. Sachverständigenbeweis

Für die Erhebung des Sachverständigenbeweises gilt § 82 FGO i.V.m. §§ 402 bis 414 ZPO. Ergänzt werden diese Regelungen durch § 88 FGO. 7

**§ 402 ZPO Anwendbarkeit der Vorschriften über Zeugen**

Für den Beweis durch Sachverständige gelten die Vorschriften über den Beweis durch Zeugen entsprechend, insoweit nicht in den nachfolgenden Paragraphen abweichende Vorschriften enthalten sind.

**§ 403 ZPO Beweisantritt**

Der Beweis wird durch die Bezeichnung der zu begutachtenden Punkte angetreten.

**§ 404 ZPO Sachverständigenauswahl**

(1) Die Auswahl der zuzuziehenden Sachverständigen und die Bestimmung ihrer Anzahl erfolgt durch das Prozessgericht. Es kann sich auf die Ernennung eines einzigen Sachverständigen beschränken. An Stelle der zuerst ernannten Sachverständigen kann es andere ernennen.

(2) Vor der Ernennung können die Parteien zur Person des Sachverständigen gehört werden.

(3) Sind für gewisse Arten von Gutachten Sachverständige öffentlich bestellt, so sollen andere Personen nur dann gewählt werden, wenn besondere Umstände es erfordern.

(4) Das Gericht kann die Parteien auffordern, Personen zu bezeichnen, die geeignet sind, als Sachverständige vernommen zu werden.

(5) Einigen sich die Parteien über bestimmte Personen als Sachverständige, so hat das Gericht dieser Einigung Folge zu geben; das Gericht kann jedoch die Wahl der Parteien auf eine bestimmte Anzahl beschränken.

**§ 404 a ZPO Leitung der Tätigkeit des Sachverständigen**

(1) Das Gericht hat die Tätigkeit des Sachverständigen zu leiten und kann ihm für Art und Umfang seiner Tätigkeit Weisungen erteilen.

(2) Soweit es die Besonderheit des Falles erfordert, soll das Gericht den Sachverständigen vor Abfassung der Beweisfrage hören, ihn in seine Aufgabe einweisen und ihm auf Verlangen den Auftrag erläutern.

(3) Bei streitigem Sachverhalt bestimmt das Gericht, welche Tatsachen der Sachverständige der Begutachtung zugrunde legen soll.

(4) Soweit es erforderlich ist, bestimmt das Gericht, in welchem Umfang der Sachverständige zur Aufklärung der Beweisfrage befugt ist, inwieweit er mit den Parteien in Verbindung treten darf und wann er ihnen die Teilnahme an seinen Ermittlungen zu gestatten hat.

(5) Weisungen an den Sachverständigen sind den Parteien mitzuteilen. Findet ein besonderer Termin zur Einweisung des Sachverständigen statt, so ist den Parteien die Teilnahme zu gestatten.

**§ 405 ZPO Auswahl durch den mit der Beweisaufnahme betrauten Richter**

Das Prozessgericht kann den mit der Beweisaufnahme betrauten Richter zur Ernennung der Sachverständigen ermächtigen. Er hat in diesem Falle die Befugnisse und Pflichten des Prozessgerichts nach den §§ 404, 404a.

**§ 406 ZPO Ablehnung eines Sachverständigen**

(1) Ein Sachverständiger kann aus denselben Gründen, die zur Ablehnung eines Richters berechtigen, abgelehnt werden. Ein Ablehnungsgrund kann jedoch nicht daraus entnommen werden, dass der Sachverständige als Zeuge vernommen worden ist.

(2) Der Ablehnungsantrag ist bei dem Gericht oder Richter, von dem der Sachverständige ernannt ist, vor seiner Vernehmung zu stellen, spätestens jedoch binnen zwei Wochen nach Verkündigung oder Zustellung des Beschlusses über die Ernennung. Zu einem späteren Zeitpunkt ist die Ablehnung nur zulässig, wenn der Antragsteller glaubhaft macht, dass er ohne sein Verschulden verhindert war, den Ablehnungsgrund früher geltend zu machen. Der Antrag kann vor der Geschäftsstelle zu Protokoll erklärt werden.

(3) Der Ablehnungsgrund ist glaubhaft zu machen; zur Versicherung an Eides Statt darf die Partei nicht zugelassen werden.

(4) Die Entscheidung ergeht von dem im zweiten Absatz bezeichneten Gericht oder Richter durch Beschluss.

(5) Gegen den Beschluss, durch den die Ablehnung für begründet erklärt wird, findet kein Rechtsmittel, gegen den Beschluss, durch den sie für unbegründet erklärt wird, findet sofortige Beschwerde statt.

**§ 407 ZPO Pflicht zur Erstattung des Gutachtens**

(1) Der zum Sachverständigen Ernannte hat der Ernennung Folge zu leisten, wenn er zur Erstattung von Gutachten der erforderten Art öffentlich bestellt ist oder wenn er die Wissenschaft, die Kunst oder das Gewerbe, deren Kenntnis Voraussetzung der Begutachtung ist, öffentlich zum Erwerb ausübt oder wenn er zur Ausübung derselben öffentlich bestellt oder ermächtigt ist.

(2) Zur Erstattung des Gutachtens ist auch derjenige verpflichtet, der sich hierzu vor Gericht bereit erklärt hat.

**§ 407 a ZPO Weitere Pflichten des Sachverständigen**

(1) Der Sachverständige hat unverzüglich zu prüfen, ob der Auftrag in sein Fachgebiet fällt und ohne die Hinzuziehung weiterer Sachverständiger sowie innerhalb der vom Gericht gesetzten Frist erledigt werden kann. Ist das nicht der Fall, so hat der Sachverständige das Gericht unverzüglich zu verständigen.

(2) Der Sachverständige hat unverzüglich zu prüfen, ob ein Grund vorliegt, der geeignet ist, Misstrauen gegen seine Unparteilichkeit zu rechtfertigen. Der Sachverständige hat dem Gericht solche Gründe unverzüglich mitzuteilen. Unterlässt er dies, kann gegen ihn ein Ordnungsgeld festgesetzt werden.

(3) Der Sachverständige ist nicht befugt, den Auftrag auf einen anderen zu übertragen. Soweit er sich der Mitarbeit einer anderen Person bedient, hat er diese namhaft zu machen und den Umfang ihrer Tätigkeit anzugeben, falls es sich nicht um Hilfsdienste von untergeordneter Bedeutung handelt.

(4) Hat der Sachverständige Zweifel an Inhalt und Umfang des Auftrages, so hat er unverzüglich eine Klärung durch das Gericht herbeizuführen. Erwachsen voraussichtlich Kosten, die erkennbar außer Verhältnis zum Wert des Streitgegenstandes stehen oder einen angeforderten Kostenvorschuss erheblich übersteigen, so hat der Sachverständige rechtzeitig hierauf hinzuweisen.

(5) Der Sachverständige hat auf Verlangen des Gerichts die Akten und sonstige für die Begutachtung beigezogene Unterlagen sowie Untersuchungsergebnisse unverzüglich herauszugeben oder mitzuteilen. Kommt er dieser Pflicht nicht nach, so ordnet das Gericht die Herausgabe an.

(6) Das Gericht soll den Sachverständigen auf seine Pflichten hinweisen.

**§ 408 ZPO Gutachtenverweigerungsrecht**

(1) Dieselben Gründe, die einen Zeugen berechtigen, das Zeugnis zu verweigern, berechtigen einen Sachverständigen zur Verweigerung des Gutachtens. Das Gericht kann auch aus anderen Gründen einen Sachverständigen von der Verpflichtung zur Erstattung des Gutachtens entbinden.

(2) Für die Vernehmung eines Richters, Beamten oder einer anderen Person des öffentlichen Dienstes als Sach-

verständigen gelten die besonderen beamtenrechtlichen Vorschriften. Für die Mitglieder der Bundes- oder einer Landesregierung gelten die für sie maßgebenden besonderen Vorschriften.

(3) Wer bei einer richterlichen Entscheidung mitgewirkt hat, soll über Fragen, die den Gegenstand der Entscheidung gebildet haben, nicht als Sachverständiger vernommen werden.

**§ 409 ZPO Folgen des Ausbleibens oder der Gutachtenverweigerung**

(1) Wenn ein Sachverständiger nicht erscheint oder sich weigert, ein Gutachten zu erstatten, obgleich er dazu verpflichtet ist, oder wenn er Akten oder sonstige Unterlagen zurückbehält, werden ihm die dadurch verursachten Kosten auferlegt. Zugleich wird gegen ihn ein Ordnungsgeld festgesetzt. Im Falle wiederholten Ungehorsams kann das Ordnungsgeld noch einmal festgesetzt werden.

(2) Gegen den Beschluss findet die sofortige Beschwerde statt.

**§ 410 ZPO Sachverständigenbeeidigung**

(1) Der Sachverständige wird vor oder nach Erstattung des Gutachtens beeidigt. Die Eidesnorm geht dahin, dass der Sachverständige das von ihm erforderte Gutachten unparteiisch und nach bestem Wissen und Gewissen erstatten werde oder erstattet habe.

(2) Ist der Sachverständige für die Erstattung von Gutachten der betreffenden Art im Allgemeinen beeidigt, so genügt die Berufung auf den geleisteten Eid; sie kann auch in einem schriftlichen Gutachten erklärt werden.

**§ 411 ZPO Schriftliches Gutachten**

(1) Wird schriftliche Begutachtung angeordnet, setzt das Gericht dem Sachverständigen eine Frist, innerhalb derer er das von ihm unterschriebene Gutachten zu übermitteln hat.

(2) Versäumt ein zur Erstattung des Gutachtens verpflichteter Sachverständiger die Frist, so soll gegen ihn ein Ordnungsgeld festgesetzt werden. Das Ordnungsgeld muss vorher unter Setzung einer Nachfrist angedroht werden. Im Falle wiederholter Fristversäumnis kann das Ordnungsgeld in der gleichen Weise noch einmal festgesetzt werden. Das einzelne Ordnungsgeld darf 3000 Euro nicht übersteigen. § 409 Abs. 2 gilt entsprechend.

(3) Das Gericht kann das Erscheinen des Sachverständigen anordnen, damit er das schriftliche Gutachten erläutere. Das Gericht kann auch eine schriftliche Erläuterung oder Ergänzung des Gutachtens anordnen.

(4) Die Parteien haben dem Gericht innerhalb eines angemessenen Zeitraums ihre Einwendungen gegen das Gutachten, die Begutachtung betreffende Anträge und Ergänzungsfragen zu dem schriftlichen Gutachten mitzuteilen. Das Gericht kann ihnen hierfür eine Frist setzen; § 296 Abs. 1, 4 gilt entsprechend.

**§ 411 a ZPO Verwertung von Sachverständigengutachten aus anderen Verfahren**

Die schriftliche Begutachtung kann durch die Verwertung eines gerichtlich oder staatsanwaltschaftlich eingeholten Sachverständigengutachtens aus einem anderen Verfahren ersetzt werden.

**§ 412 ZPO Neues Gutachten**

(1) Das Gericht kann eine neue Begutachtung durch dieselben oder durch andere Sachverständige anordnen, wenn es das Gutachten für ungenügend erachtet.

(2) Das Gericht kann die Begutachtung durch einen anderen Sachverständigen anordnen, wenn ein Sachverständiger nach Erstattung des Gutachtens mit Erfolg abgelehnt ist.

**§ 413 ZPO Sachverständigenentschädigung**

Der Sachverständige wird nach dem Justizvergütungs- und -entschädigungsgesetz entschädigt.

**§ 414 ZPO Sachverständige Zeugen**

Insoweit zum Beweise vergangener Tatsachen oder Zustände, zu deren Wahrnehmung eine besondere Sachkunde erforderlich war, sachkundige Personen zu vernehmen sind, kommen die Vorschriften über den Zeugenbeweis zur Anwendung.

Nach der Regelung des § 82 FGO i. V. m. § 404 Abs. 1 8 Satz 1 ZPO erfolgt die Auswahl des zuzuziehenden Sachverständigen durch das FG. Dabei gilt § 404 Abs. 4 ZPO wegen des Amtsermittlungsgrundsatzes (§ 76 Abs. 1 Satz 1 FGO) nicht (*Herbert* in Gräber, § 82 FGO Rz. 34). Gleichwohl ist es ratsam und empfiehlt sich, die Beteiligten vor der Bestellung des Sachverständigen anzuhören (vgl. § 404 Abs. 2 ZPO). Auch Angehörige von Behörden können zu Sachverständigen bestellt werden, z. B. der gerichtliche Prüfbeamte (z. B. BFH v. 02.08.2005, IV B 185/03, BFH/NV 2005, 2224; s. § 81 FGO Rz. 4). Die Zuziehung eines **Sachverständigen** steht im pflichtgemäßen **Ermessen** des Gerichts (§ 82 FGO i. V. m. §§ 404, 412 ZPO; vgl. z. B. BFH v. 02.08.2016, IX B 46/16, BFH/NV 2016, 1744; BFH v. 07.02.2018, V B 105/17, BFH/NV 2018, 536). Hat es die **nötige Sachkunde** selbst, braucht es einen Sachverständigen – auch wenn dies von einem Beteiligten beantragt wird – nicht hinzuziehen (z. B. BFH v. 10.06.2010, I B 194/09, BFH/NV 2010, 1823; BFH v. 07.01.2015, I B 42/13, BFH/NV 2015, 1093; BFH v. 01.03.2016, V B 44/15, BFH/NV 2016, 934). Dieses Ermessen des Tatsachengerichts wird nur dann verfahrensfehlerhaft ausgeübt, wenn das Gericht von der Einholung einer gutachterlichen Stellungnahme absieht, obwohl sich ihm die Notwendigkeit dieser zusätzlichen Beweiserhebung hätte aufdrängen müssen (z. B. BFH v. 27.10.2010, VIII B 64/10, BFH/NV 2011, 284; BFH v. 16.12.2015, IV R 18/12, BStBl II 2016, 346; BFH v. 07.02.2018, V B 105/17, BFH/NV 2018, 536).

Liegt zu einer streitigen Tatsachenfrage ein Sachverständigengutachten vor, steht es im **Ermessen** des Tatrichters, von der **Einholung eines weiteren Gutachtens** abzusehen (BFH v. 05.08.2010, VII B 259/09, BFH/NV 2010, 2103), und zwar auch dann, wenn das Gutachten in einem anderen gerichtlichen Verfahren (z. B. in einem sozialgerichtlichen) eingeholt wurde (BFH v. 29.06.2012, III S 35/11 [PKH], BFH/NV 2012, 1596; BFH v. 13.09.2012, III B 140/11, BFH/NV 2013, 38). Dies gilt auch dann, wenn sich widersprechende Gutachten vorliegen, das FG aber davon überzeugt ist, dass ein weiteres Gutachten keine besseren Erkenntnisse bringen würde (BFH v. 15.01.2004, XI B 203/02, BFH/NV 2004, 657). Das Ermessen wird allerdings fehlerhaft ausgeübt, wenn sich die Notwendigkeit einer weiteren Beweiserhebung aufdrängen müsste. Dies ist der Fall, wenn die Grundvoraussetzungen für die Verwertbarkeit bereits vorliegender Gutachten insbes. deswegen nicht gegeben sind, weil sie offen erkennbare Mängel aufweisen, von unzutreffenden tatsächlichen Voraussetzungen ausgehen oder unlösbare Widersprüche enthalten, wenn ferner Zweifel an der Sachkunde oder Unparteilichkeit der Gutachter bestehen oder ihnen das einschlägige spezielle Fachwissen fehlt (BFH v. 05.08.2010, VII B 259/09, BFH/NV 2010, 2103).

**8a** Beauftragt das FG einen Sachverständigen, so hat es ihm zumindest diejenigen **Anknüpfungstatsachen** vorzugeben, für deren Feststellung eine besondere Fachkunde nicht erforderlich ist (BFH v. 26.05.2010, VIII B 224/09, BFH/NV 2010, 1650). Gemäß § 82 FGO i. V. m. § 404 a Abs. 3 ZPO hat das FG zu bestimmen, welche (streitigen) Tatsachen der Sachverständige der Begutachtung zugrunde legen soll. Danach ist es grds. die Aufgabe des Tatrichters, dem Sachverständigen die notwendigen Anknüpfungstatsachen vorzugeben (BFH v. 26.05.2010, VIII B 224/09, BFH/NV 2010, 1650; BGH v. 21.01.1997, VI ZR 86/96, NJW 1997, 1446). Mit eigenen Ermittlungen von Anknüpfungstatsachen ist der Sachverständige allenfalls ausnahmsweise, nämlich nur »soweit es erforderlich ist« (§ 82 FGO i. V. m. § 404 a Abs. 4 ZPO) zu beauftragen, wenn bereits hierfür eine dem Gericht fehlende Sachkunde erforderlich ist (BFH v. 26.05.2010, VIII B 224/09, BFH/NV 2010, 1650). Stützt das FG sein Urteil auf die Bewertung von Tatfragen durch den Sachverständigen, die es selbst hätte feststellen müssen, kann darin ein Verfahrensmangel liegen (BFH v. 26.05.2010, VIII B 224/09, BFH/NV 2010, 1650).

**8b** Die **Ablehnung eines Sachverständigen** durch einen Beteiligten gem. § 82 FGO i. V. m. § 406 ZPO kommt nur bei einem vom Gericht ernannten Sachverständigen in Betracht, nicht bei einem von einem Beteiligten beigebrachten Sachverständigen, der im Auftrag des betreffenden Beteiligten tätig geworden ist und ein »Partei«-Gutachten erstellt hat (z. B. land- und fortwirtschaftlicher Sachverständiger der Finanzbehörde; BFH v. 13.03.2009, IV B 17/08, juris). Hat das FG den Antrag auf Ablehnung eines Sachverständigen wegen Besorgnis der Befangenheit zurückgewiesen und vor Ablauf der hierfür geltenden Beschwerdefrist über die Hauptsache entschieden, so kann gegen die Zurückweisung des Ablehnungsgesuchs noch zulässig Beschwerde eingelegt werden (BFH v. 07.04.1976, VII B 7/76, BStBl II 1976, 387). Ungeachtet der noch nicht erledigten Beschwerde ist die Hauptsachenentscheidung zulässig; dem Beteiligten bleibt es unbenommen, gegen das Urteil eine Verfahrensrüge zu erheben, mit der er die ungerechtfertigte Zurückweisung seines Ablehnungsgesuchs geltend macht (BFH v. 23.06.1978, VI B 35/78, BStBl II 1978, 602). Solange das Gericht selbst allerdings nicht über das Gesuch, einen Sachverständigen abzulehnen, entschieden hat, darf es bei der Urteilsfindung das Gutachten des Sachverständigen nicht verwerten (BFH v. 17.02.1987, IX R 172/84, BStBl II 1987, 501). Über die Androhung eines **Zwangsgeldes** gegen einen vom FG bestellten Gutachter entscheidet der Senat. Sie muss eine Nachfrist für die Erstellung des Gutachtens enthalten, die nur durch eine wirksame Zustellung in Gang gesetzt wird (BFH v. 26.02.2010, IV B 6/10, BFH/NV 2010, 1109). Hiergegen ist die **Beschwerde** gegeben. Obsiegt der Gutachter hiermit, fallen die Kosten des Beschwerdeverfahrens gegen ihn in sinngemäßer Anwendung des § 46 Abs. 1 OWiG i. V. m. § 467 StPO insoweit der Staatskasse zur Last, als der Beschwerdeführer obsiegt hat (BFH v. 26.02.2010, IV B 6/10, BFH/NV 2010, 1109).

## IV. Beteiligtenvernehmung

Für den Beweis durch Vernehmung der Beteiligten verweist § 82 FGO lediglich auf die §§ 450 bis 455 ZPO. Anstelle der §§ 445 bis 449 ZPO gilt im finanzgerichtlichen Verfahren § 81 Abs. 1 FGO. **9**

**§ 450 ZPO Beweisbeschluss**

(1) Die Vernehmung einer Partei wird durch Beweisbeschluss angeordnet. Die Partei ist, wenn sie bei der Verkündung des Beschlusses nicht persönlich anwesend ist, zu der Vernehmung unter Mitteilung des Beweisbeschlusses persönlich durch Zustellung von Amts wegen zu laden. Die Ladung ist der Partei selbst mitzuteilen, auch wenn sie einen Prozessbevollmächtigten bestellt hat; der Zustellung bedarf die Ladung nicht.

(2) Die Ausführung des Beschlusses kann ausgesetzt werden, wenn nach einem Erlass über die zu beweisende Tatsache neue Beweismittel vorgebracht werden. Nach Erhebung der neuen Beweise ist von der Parteivernehmung abzusehen, wenn das Gericht die Beweisfrage für geklärt erachtet.

**§ 451 ZPO Ausführung der Vernehmung**

Für die Vernehmung einer Partei gelten die Vorschriften der §§ 375, 376, 395 Abs. 1, Abs. 2 Satz 1 und der §§ 396, 397, 398 entsprechend.

**§ 452 ZPO Beeidigung der Partei**

(1) Reicht das Ergebnis der unbeeidigten Aussage einer Partei nicht aus, um das Gericht von der Wahrheit oder Unwahrheit der zu erweisenden Tatsache zu überzeugen,

so kann es anordnen, dass die Partei ihre Aussage zu beeidigen habe. Waren beide Parteien vernommen, so kann die Beeidigung der Aussage über dieselben Tatsachen nur von einer Partei gefordert werden.

(2) Die Eidesnorm geht dahin, dass die Partei nach bestem Wissen die reine Wahrheit gesagt und nichts verschwiegen habe.

(3) Der Gegner kann auf die Beeidigung verzichten.

(4) Die Beeidigung einer Partei, die wegen wissentlicher Verletzung der Eidespflicht rechtskräftig verurteilt ist, ist unzulässig.

**§ 453 ZPO Beweiswürdigung bei Parteivernehmung**

(1) Das Gericht hat die Aussage der Partei nach § 286 frei zu würdigen.

(2) Verweigert die Partei die Aussage oder den Eid, so gilt § 446 entsprechend.

**§ 454 ZPO Ausbleiben der Partei**

(1) Bleibt die Partei in dem zu ihrer Vernehmung oder Beeidigung bestimmten Termin aus, so entscheidet das Gericht unter Berücksichtigung aller Umstände, insbesondere auch etwaiger von der Partei für ihr Ausbleiben angegebener Gründe, nach freiem Ermessen, ob die Aussage als verweigert anzusehen ist.

(2) War der Termin zur Vernehmung oder Beeidigung der Partei vor dem Prozessgericht bestimmt, so ist im Falle ihres Ausbleibens, wenn nicht das Gericht die Anberaumung eines neuen Vernehmungstermins für geboten erachtet, zur Hauptsache zu verhandeln.

**§ 455 ZPO Prozessunfähige**

(1) Ist eine Partei nicht prozessfähig, so ist vorbehaltlich der Vorschrift im Absatz 2 ihr gesetzlicher Vertreter zu vernehmen. Sind mehrere gesetzliche Vertreter vorhanden, so gilt § 449 entsprechend.

(2) Minderjährige, die das sechzehnte Lebensjahr vollendet haben, können über Tatsachen, die in ihren eigenen Handlungen bestehen oder Gegenstand ihrer Wahrnehmung gewesen sind, vernommen und auch nach § 452 beeidigt werden, wenn das Gericht dies nach den Umständen des Falles für angemessen erachtet. Das Gleiche gilt von einer prozessfähigen Person, die in dem Rechtsstreit durch einen Betreuer oder Pfleger vertreten wird.

10 § 82 FGO i. V. m. §§ 450 bis 455 ZPO gilt nicht für die Anhörung der Beteiligten. Die **Beteiligtenvernehmung** ist nur ein **letztes Hilfsmittel** zur Aufklärung des Sachverhalts und kommt nur dann in Betracht, wenn kein anderes Beweismittel zur Verfügung steht. Sie stellt nur ausnahmsweise ein taugliches Beweismittel dar (z. B. BFH v. 04.06.2012, VI B 10/12, BFH/NV 2012, 1475; BFH v. 17.08.2012, III B 38/12, BFH/NV 2012, 1988). Die Beteiligtenvernehmung dient nicht dazu, dem Beteiligten Gelegenheit zu geben, seine eigenen Behauptungen zu bestätigen und ggf. zu beeiden. Sie kann unterbleiben, wenn sich das Gericht mit Hilfe anderer Beweismittel eine Überzeugung bilden kann oder wenn keine Wahrscheinlichkeit für die Richtigkeit des Vorbringens spricht (z. B. BFH v. 04.06.2012, VI B 10/12, BFH/NV 2012, 1475; BFH v. 17.08.2012, III B 38/12, BFH/NV 2012, 1988). Eine beantragte **Vernehmung als Beteiligter** kann der Sache nach unterbleiben, wenn die Richtigkeit des Vorbringens des Beteiligten unwahrscheinlich ist (BFH v. 04.11.2009, IX B 166/09, BFH/NV 2010, 234). Zudem ist eine Beteiligtenvernehmung regelmäßig kein sich aufdrängendes Beweismittel, weil ein Beteiligter ohnehin im Verfahren alle ihm bekannten Umstände darlegen kann und sie im Rahmen seiner Mitwirkungspflicht auch darzulegen hat (BFH v. 21.10.2010, VIII B 107/09, BFH/NV 2011, 282). In der unterlassenen Beteiligtenvernehmung liegt regelmäßig kein die Revisionszulassung begründender Verfahrensmangel (BFH v. 21.10.2010, VIII B 107/09, BFH/NV 2011, 282).

## V. Urkundsbeweis

Für den Urkundsbeweis gelten grds. **nicht** die Vorschriften der **§§ 415 bis 444 ZPO**, da § 82 FGO nicht auf diese Vorschriften verweist. Stattdessen gelten für den Stpfl. die Vorlagepflichten der §§ 97, 100 AO (§ 76 Abs. 1 Satz 3 FGO), für Dritte (Zeugen) die Verpflichtungen der § 97 Abs. 1 und Abs. 3, §§ 99, 100, 104 AO (§ 85 FGO) und für die Aktenvorlage durch Behörden § 86 FGO. Für die Erzwingung der Urkundsvorlage gilt § 89 FGO, Behörden sind allerdings ausgenommen (s. § 89 FGO). Angesichts ihres aus der Sache folgenden Inhalts sind die Regeln der **§§ 415 bis 419 ZPO** über die **Beweiskraft öffentlicher und privater Urkunden** aber auch für das finanzgerichtliche Verfahren von Bedeutung; dasselbe gilt für die Beweisvermutungen von Büchern und Aufzeichnungen gem. § 158 AO. Daher wendet die Rspr. des BFH § 418 Abs. 1 ZPO auf **Eingangsstempel** ebenso an (BFH v. 08.07.2003, VIII B 3/03, BFH/NV 2003, 1441; BFH v. 29.03.2005, IX B 236/02, juris) wie auf **Postzustellungsurkunden** (z. B. BFH v. 12.11.2003, X B 57/03, juris; BFH v. 18.01.2011, IV B 53/09, BFH/NV 2011, 812). Nach § 418 ZPO, der im finanzgerichtlichen Verfahren entsprechend anwendbar ist, begründen bestimmte öffentliche Urkunden vollen Beweis der darin bezeugten Tatsachen. Insoweit kann der Gegenbeweis gem. § 418 Abs. 2 ZPO für die in der Postzustellungsurkunde enthaltene Angabe, die Benachrichtigung wie bei gewöhnlichen Briefen üblich in den Hausbriefkasten eingelegt zu haben, nicht mit einer eidesstattlichen Versicherung des Inhalts, die Mitteilung nicht erhalten zu haben, geführt werden (BFH v. 12.11.2003, X B 57/03, BFH/NV 2004, 602). Dies gilt auch für die in der Postzustellungsurkunde bezeugte Tatsache, dass der Postbedienstete unter der angegebenen Anschrift weder den Adressaten persönlich noch eine zur Entgegennahme einer Ersatzzustellung in Betracht kommende Person angetroffen hat (BFH v. 03.11.2010, 11

I B 104/10, BFH/NV 2011, 809). Vielmehr ist der volle Gegenbeweis der Unrichtigkeit der Urkunden über einen anderen Geschehensablauf entsprechend § 418 Abs. 2 ZPO zu erbringen (BFH v. 09.08.2004, VI B 79/02, BFH/NV 2004, 1548; BFH v. 18.01.2011, IV B 53/09, BFH/NV 2011, 812). Die schlichte Behauptung der Falschbeurkundung genügt nicht (BFH v. 25.03.2010, V B 151/09, BFH/NV 2010, 1113). Ein notariell beurkundeter Kaufvertrag ist keine öffentliche Urkunde i.S. dieser Vorschrift. Öffentliche Urkunden, die über eine abgegebene Erklärung errichtet worden sind, begründen nach § 415 ZPO vollen Beweis des beurkundeten Vorgangs. Abgesehen davon, dass diese Vorschrift im finanzgerichtlichen Verfahren nicht – auch nicht sinngemäß – gilt, beweist die notarielle Beurkundung eines Kaufvertrages nur, dass die beurkundeten Erklärungen abgegeben wurden, nicht hingegen, dass der angegebene Kaufpreis auch tatsächlich bezahlt worden ist (BFH v. 27.02.2001, X B 65/00, BFH/NV 2001, 1034).

## D. Verfahren der Eidesabnahme

12 Die Verpflichtung zur Eidesleistung folgt für Zeugen aus § 391 f. ZPO und für Sachverständige aus § 410 ZPO. Das Verfahren der Eidesabnahme ist demgegenüber in § 82 FGO i.V.m. §§ 478 bis 484 ZPO.

**§ 478 ZPO Eidesleistung in Person**

Der Eid muss von dem Schwurpflichtigen in Person geleistet werden.

**§ 479 ZPO Eidesleistung vor beauftragtem oder ersuchtem Richter**

(1) Das Prozessgericht kann anordnen, dass der Eid vor einem seiner Mitglieder oder vor einem anderen Gericht geleistet werde, wenn der Schwurpflichtige am Erscheinen vor dem Prozessgericht verhindert ist oder sich in großer Entfernung von dessen Sitz aufhält und die Leistung des Eides nach § 128a Abs. 2 nicht stattfindet.

(2) Der Bundespräsident leistet den Eid in seiner Wohnung vor einem Mitglied des Prozessgerichts oder vor einem anderen Gericht.

**§ 480 ZPO Eidesbelehrung**

Vor der Leistung des Eides hat der Richter den Schwurpflichtigen in angemessener Weise über die Bedeutung des Eides sowie darüber zu belehren. dass er den Eid mit religiöser oder ohne religiöse Beteuerung leisten kann.

**§ 481 ZPO Eidesleistung; Eidesformel**

(1) Der Eid mit religiöser Beteuerung wird in der Weise geleistet, dass der Richter die Eidesnorm mit der Eingangsformel:

»Sie schwören bei Gott dem Allmächtigen und Allwissenden«

vorspricht und der Schwurpflichtige darauf die Worte spricht (Eidesformel):

»Ich schwöre es, so wahr mir Gott helfe.«

(2) Der Eid ohne religiöse Beteuerung wird in der Weise geleistet, dass der Richter die Eidesnorm mit der Eingangsformel:

»Sie schwören« vorspricht und der Schwurpflichtige darauf die Worte spricht (Eidesformel):

»Ich schwöre es.«

(3) Gibt der Schwurpflichtige an, dass er als Mitglied einer Religions- oder Bekenntnisgemeinschaft eine Beteuerungsformel dieser Gemeinschaft verwenden wolle, so kann er diese dem Eid anfügen.

(4) Der Schwörende soll bei der Eidesleistung die rechte Hand erheben.

(5) Sollen mehrere Personen gleichzeitig einen Eid leisten, so wird die Eidesformel von jedem Schwurpflichtigen einzeln gesprochen.

**§ 483 ZPO Eidesleistung sprach- oder hörbehinderter Personen**

(1) Eine hör- oder sprachbehinderte Person leistet den Eid nach ihrer Wahl mittels Nachsprechens der Eidesformel, mittels Abschreibens und Unterschreibens der Eidesformel oder mit Hilfe einer die Verständigung ermöglichenden Person, die vom Gericht hinzuzuziehen ist. Das Gericht hat die geeigneten technischen Hilfsmittel bereitzustellen. Die hör- oder sprachbehinderte Person ist auf ihr Wahlrecht hinzuweisen.

(2) Das Gericht kann eine schriftliche Eidesleistung verlangen oder die Hinzuziehung einer die Verständigung ermöglichenden Person anordnen, wenn die hör- oder sprachbehinderte Person von ihrem Wahlrecht nach Absatz 1 keinen Gebrauch gemacht hat oder eine Eidesleistung in der nach Absatz 1 gewählten Form nicht oder nur mit unverhältnismäßigem Aufwand möglich ist.

**§ 484 ZPO Eidesgleiche Bekräftigung**

(1) Gibt der Schwurpflichtige an, dass er aus Glaubens- oder Gewissensgründen keinen Eid leisten wolle, so hat er eine Bekräftigung abzugeben. Diese Bekräftigung steht dem Eid gleich; hierauf ist der Verpflichtete hinzuweisen.

(2) Die Bekräftigung wird in der Weise abgegeben, dass der Richter die Eidesnorm als Bekräftigungsnorm mit der Eingangsformel:

»Sie bekräftigen im Bewusstsein Ihrer Verantwortung vor Gericht.«

vorspricht und der Verpflichtete darauf spricht:

»Ja.«

(3) § 481 Abs. 3, 5, § 483 gelten entsprechend.

## E. Selbständiges Beweisverfahren

Für das selbständige Beweisverfahren (Beweissicherungsverfahren) durch Augenscheinseinnahme und Vernehmung von Zeugen oder Sachverständigen gilt § 82 FGO i.V.m. §§ 485 bis 487, 490 bis 494 ZPO. 13

§ 485 ZPO Zulässigkeit

(1) Während oder außerhalb eines Streitverfahrens kann auf Antrag einer Partei die Einnahme des Augenscheins, die Vernehmung von Zeugen oder die Begutachtung durch einen Sachverständigen angeordnet werden, wenn der Gegner zustimmt oder zu besorgen ist, dass das Beweismittel verloren geht oder seine Benutzung erschwert wird.

(2) Ist ein Rechtsstreit noch nicht abhängig, kann eine Partei die schriftliche Begutachtung durch einen Sachverständigen beantragen, wenn sie ein rechtliches Interesse daran hat, dass

1. der Zustand einer Person oder der Zustand oder Wert einer Sache,
2. die Ursache eines Personenschadens, Sachschadens oder Sachmangels,
3. der Aufwand für die Beseitigung eines Personenschadens, Sachschadens oder Sachmangels

festgestellt wird. Ein rechtliches Interesse ist anzunehmen, wenn die Feststellung der Vermeidung eines Rechtsstreits dienen kann.

(3) Soweit eine Begutachtung bereits gerichtlich angeordnet worden ist, findet eine neue Begutachtung nur statt, wenn die Voraussetzungen des § 412 erfüllt sind.

§ 486 ZPO Zuständiges Gericht

(1) Ist ein Rechtsstreit anhängig, so ist der Antrag bei dem Prozessgericht zu stellen.

(2) Ist ein Rechtsstreit noch nicht anhängig, so ist der Antrag bei dem Gericht zu stellen, das nach dem Vortrag des Antragstellers zur Entscheidung in der Hauptsache berufen wäre. In dem nachfolgenden Streitverfahren kann sich der Antragsteller auf die Unzuständigkeit des Gerichts nicht berufen.

(3) In Fällen dringender Gefahr kann der Antrag auch bei dem Amtsgericht gestellt werden, in dessen Bezirk die zu vernehmende oder zu begutachtende Person sich aufhält oder die in Augenschein zu nehmende oder zu begutachtende Sache sich befindet.

(4) Der Antrag kann vor der Geschäftsstelle zu Protokoll erklärt werden.

§ 487 ZPO Inhalt des Antrags

Der Antrag muss enthalten:

1. die Bezeichnung des Gegners;
2. die Bezeichnung der Tatsachen, über die Beweis erhoben werden soll;
3. die Benennung der Zeugen oder die Bezeichnung der übrigen nach § 485 zulässigen Beweismittel;
4. die Glaubhaftmachung der Tatsachen, die die Zulässigkeit des selbständigen Beweisverfahrens und die Zuständigkeit des Gerichts begründen sollen.

§ 490 ZPO Entscheidung über den Antrag

(1) Über den Antrag entscheidet das Gericht durch Beschluss.

(2) In dem Beschluss, durch welchen dem Antrag stattgegeben wird, sind die Tatsachen, über die der Beweis zu erheben ist, und die Beweismittel unter Benennung der zu vernehmenden Zeugen und Sachverständigen zu bezeichnen. Der Beschluss ist nicht anfechtbar.

§ 491 ZPO Ladung des Gegners

(1) Der Gegner ist, sofern es nach den Umständen des Falles geschehen kann, unter Zustellung des Beschlusses und einer Abschrift des Antrags zu dem für die Beweisaufnahme bestimmten Termin so zeitig zu laden, dass er in diesem Termin seine Rechte wahrzunehmen vermag.

(2) Die Nichtbefolgung dieser Vorschrift steht der Beweisaufnahme nicht entgegen.

§ 492 ZPO Beweisaufnahme

(1) Die Beweisaufnahme erfolgt nach den für die Aufnahme des betreffenden Beweismittels überhaupt geltenden Vorschriften.

(2) Das Protokoll über die Beweisaufnahme ist bei dem Gericht, das sie angeordnet hat, aufzubewahren.

(3) Das Gericht kann die Parteien zur mündlichen Erörterung laden, wenn eine Einigung zu erwarten ist; ein Vergleich ist zu gerichtlichem Protokoll zu nehmen.

§ 493 ZPO Benutzung im Prozess

(1) Beruft sich eine Partei im Prozess auf Tatsachen, über die selbständig Beweis erhoben worden ist, so steht die selbständige Beweiserhebung einer Beweisaufnahme vor dem Prozessgericht gleich.

(2) War der Gegner in einem Termin im selbständigen Beweisverfahren nicht erschienen, so kann das Ergebnis nur benutzt werden, wenn der Gegner rechtzeitig geladen war.

§ 494 ZPO Unbekannter Gegner

(1) Wird von dem Beweisführer ein Gegner nicht bezeichnet, so ist der Antrag nur dann zulässig, wenn der Beweisführer glaubhaft macht, dass er ohne sein Verschulden außerstande sei, den Gegner zu bezeichnen.

(2) Wird dem Antrag stattgegeben, so kann das Gericht dem unbekannten Gegner zur Wahrnehmung seiner Rechte bei der Beweisaufnahme einen Vertreter bestellen.

Das Amtsermittlungsprinzip rechtfertigt keine Besonderheiten, sodass einem **Antrag auf Beweissicherung** nur unter den Voraussetzungen der §§ 485 bis 487 ZPO entsprochen werden kann (BFH v. 20.11.1969, I B 50/69, BStBl II 1970, 96; BFH v. 28.02.1997, I B 7/97, juris). Hohes Alter einer zu vernehmenden Person kann die Zulässigkeit des Antrags auf Beweissicherung begründen, weil dann, wenn diese Person nicht mehr besonders rüstig ist, die Gefahr des Beweismittelverlustes besteht. Die Besorgnis, dass das Beweismittel durch alsbaldigen Tod des Zeugen verloren gehen könnte, ist jedoch nur bei dessen entsprechend reduziertem Gesundheitszustand gegeben. Eine derartige lebensbedrohliche Situation besteht nicht bereits deswegen, weil ein möglicher Zeuge im Alter zwischen 65 und 75 Jahren gesundheitlich beeinträchtigt ist und sich in ärztlicher Behandlung befindet (BFH v. 28.02.1997, I B 7/97, juris). Für den Urkunds- 14 beweis ist das Beweissicherungsverfahren nicht vorgesehen (BFH v. 03.12.2004, VII B 146/04, juris). § 494a ZPO gilt im finanzgerichtlichen Verfahren nicht, da § 82 FGO nicht auf diese Vorschrift verweist (gl. A. *Seer* in Tipke/Kruse, § 82 FGO Rz. 104; *Fu* in Schwarz/Pahlke, § 82 FGO Rz. 98; *Stiepel* in Gosch, § 82 FGO Rz. 226; a. A. *Herbert* in Gräber, § 82 FGO Rz. 49; *Schallmoser* in HHSp, § 82 FGO Rz. 259: Anwendung gem. § 155 Satz 1 FGO), auch nicht nach den Änderungen, die mit dem 2. FGOÄndG einhergingen, obwohl der Gesetzgeber die Verweisung hätte ändern können. Der **Streitwert** des selbständigen Beweisverfahrens ist im Finanzprozess mit dem Wert des Hauptverfahrens anzusetzen (BFH v. 09.08.1997, I B 7/97, BFH/NV 1998, 736).

## § 83 FGO Beweistermin; Teilnahme

**Die Beteiligten werden von allen Beweisterminen benachrichtigt und können der Beweisaufnahme beiwohnen. Sie können an Zeugen und Sachverständige sachdienliche Fragen richten. Wird eine Frage beanstandet, so entscheidet das Gericht.**

S. §97 VwGO; §116 SGG

1 Nach § 83 Satz 1 FGO sind die Beteiligten von allen Beweisterminen zu benachrichtigen und können der Beweisaufnahme beiwohnen. Beweistermin ist entweder die mündliche Verhandlung (§ 90 Abs. 1 FGO) oder der Termin vor dem beauftragten Richter (§ 81 Abs. 2 FGO) oder dem um Rechtshilfe ersuchten (auswärtigen) Gericht (§ 81 Abs. 2 FGO) und schließlich auch der vor dem Vorsitzenden bzw. dem Berichterstatter im vorbereitenden Verfahren (§ 79 Abs. 3 FGO). Für die Beweisaufnahmen außerhalb der mündlichen Verhandlung, die ihrerseits grundsätzlich öffentlich ist (§ 52 FGO i. V. m. § 169 GVG; s. § 52 FGO Rz. 2 ff.), gilt gem. § 83 Satz 1 FGO der Grundsatz der **Beteiligtenöffentlichkeit**: Den Beteiligten steht das Recht zu, der Beweisaufnahme beizuwohnen und an ihr durch sachdienliche Fragen an Zeugen und Sachverständigen mitzuwirken (§ 83 Satz 2 FGO; BFH v. 07.03.1957, IV 305/55 U, BStBl III 1957, 197); das folgt aus dem Grundsatz der **Gewährung rechtlichen Gehörs** (Art. 103 Abs. 1 GG). Gleichwohl ist die Beweiserhebung nicht davon abhängig, dass ein ordnungsgemäß benachrichtigter (§ 53 FGO) Beteiligter zum Termin auch erscheint, es sei denn, dass sein persönliches Erscheinen gem. § 80 FGO notwendig ist.

2 § 83 Satz 1 FGO betrifft nur Beweisaufnahmen des Gerichts betrifft, jedoch haben die Beteiligten auch in Bezug auf außergerichtliche Informationsmaßnahmen eines Sachverständigen grds. ein Recht auf ausreichend frühzeitige Benachrichtigung und auf Anwesenheit (BFH v. 26.03.1980, II R 67/79, BStBl II 1980, 515). Die Verletzung dieses Rechts kann als fehlerhafte Erhebung des Sachverständigenbeweises anzusehen sein. Soll in der mündlichen Verhandlung ein Sachverständiger das von ihm schriftlich erstattete Gutachten erläutern (§ 82 FGO i. V. m. § 411 Abs. 3 ZPO), wird die mündliche Verhandlung damit zu einem Beweistermin, von dem die Beteiligten entsprechend benachrichtigt werden müssen (BFH v. 26.01.1979, III R 99/76, BStBl II 1979, 254).

Die Beteiligten haben gem. § 83 Satz 2 FGO das Recht, an Zeugen und Sachverständige sachdienliche Fragen zu richten. Sachdienlich ist jede Frage, die geeignet ist, die Sachaufklärung im Rahmen des Beweisthemas unmittelbar oder mittelbar zu fördern (*Herbert* in Gräber, § 83 FGO Rz. 4). Dem den Beteiligten eröffneten Fragerecht (§ 83 Satz 2 FGO) entspricht im Rahmen der Prozessverantwortung auf der anderen Seite die Pflicht, selbst Fragen zu stellen (vgl. z. B. BFH v. 29.01.2014, III B 106/13, BFH/NV 2014/705). Wird ausdrücklich oder stillschweigend auf das Fragerecht oder Rüge der Verletzung des Fragerechts verzichtet, führt dies regelmäßig zum Verlust des Rügerechts vor dem BFH (§ 155 Satz 1 FGO i. V. m. § 295 ZPO; BFH v. 14.01.2009, II B 79/08, ZSteu 2009, R 480; BFH v. 29.01.2014, III B 106/13, BFH/NV 2014, 705); denn auch im Zusammenhang mit einer Beweisaufnahme gilt der Grundsatz der Prozessförderungspflicht (in diesem Zusammenhang auch BFH v. 28.01.1993, X B 80/92, BFH/NV 1994, 108). Die Beteiligten, der Zeuge, der Sachverständige und das Gericht (auch der einzelne Richter im Senat) haben das Recht, einzelne **Fragen als nicht sachdienlich zu beanstanden**. Über die Zulässigkeit einer Frage ist durch **Beschluss** zu entscheiden (*Herbert* in Gräber, § 83 FGO Rz. 5), der aber als prozessleitende Verfügung gem. § 128 Abs. 2 FGO nicht gesondert anfechtbar ist. Weist das FG eine sachdienliche Frage zu Unrecht zurück, liegt darin ein Verfahrensmangel i. S. des § 119 Nr. 3 FGO, der mit der NZB (§§ 115 Abs. 2 Nr. 3, 116 Abs. 1 FGO) gerügt werden kann (BFH v. 29.01.2014, III B 106/13, BFH/NV 2014, 705).

## § 84 FGO Zeugnisverweigerungsrecht

**(1) Für das Recht zur Verweigerung des Zeugnisses und die Pflicht zur Belehrung über das Zeugnisverweigerungsrecht gelten die §§ 101 bis 103 der Abgabenordnung sinngemäß.**

**(2) Wer als Angehöriger zur Verweigerung des Zeugnisses berechtigt ist, kann die Ableistung des Eides verweigern.**

Auch im Finanzprozess haben die Zeugen das Recht in den gesetzlich bestimmten Fällen (§§ 101 bis 103 AO) das **Zeugnis zu verweigern** und sind vor der Vernehmung hierüber zu **belehren** (§ 84 Abs. 1 FGO i. V. m. § 101 1

Abs. 1 Satz 2 AO). Die sinngemäße Geltung der §§ 101 bis 103 AO – und nicht der Regelung in den §§ 383 bis 385 ZPO – erklärt sich daraus, dass das Zeugnisverweigerungsrecht im finanzgerichtlichen Verfahren sachbedingt notwendig an die Regelung anknüpfen muss, die das Auskunftsverweigerungsrecht dritter Personen im Besteuerungsverfahren gefunden hat. Auf die Erläuterungen zu §§ 101 bis 103 AO wird verwiesen. Für das Verfahren bei Zeugnisverweigerung gilt § 82 FGO i.V.m. §§ 386 bis 390 ZPO (vgl. auch *Schallmoser* in HHSp, § 84 FGO Rz. 38; *Seer* in Tipke/Kruse, § 84 FGO Rz. 5). Wer als Zeuge das Zeugnis verweigert, muss dem Gericht die Tatsachen, auf die er seine **Weigerung** gründet, angeben und **glaubhaft** machen. Die Angaben müssen so weit ins Einzelne gehen, dass sie dem Gericht im Wege der Nachprüfung eine Entscheidung darüber ermöglichen, inwieweit die Weigerung der Sache nach berechtigt ist (BFH v. 07.05.2007, X B 167/06, BFH/NV 2007, 1524 m.w.N.). Der Glaubhaftmachung der Tatsachen bedarf es nur dann nicht, wenn schon der Inhalt der Beweisfrage den Weigerungsgrund glaubhaft macht (BFH v. 07.05.2007, X B 167/06, BFH/NV 2007, 1524 m.w.N.). Will der Zeuge unter Berufung auf sein Aussageverweigerungsrechts dem Beweistermin fernbleiben, ist sein **Ausbleiben** nur dann entschuldigt, wenn er seine Weigerung zuvor schriftlich oder zum Protokoll der Geschäftsstelle erklärt hat (§ 82 FGO i.V.m. § 386 Abs. 3 ZPO; BFH v. 27.01.2004, II B 120/02, BFH/NV 2004, 658; BFH v. 07.03.2007, X B 76/06, BStBl II 2007, 463). Wegen der Verpflichtung, als Zeuge auszusagen und den Zeugeneid zu leisten, soweit kein Zeugnisverweigerungsrecht besteht, § 82 FGO i.V.m. § 390 ZPO. Zur Erzwingung der Zeugenaussage § 82 FGO i.V.m. § 380 ZPO. Danach kann ein **Ordnungsgeld** zwischen 5 und 1 000 Euro, ersatzweise Ordnungshaft von einem Tag bis zu 6 Wochen; insoweit gilt Art. 6 Abs. 1 EGStGB (s. § 52 FGO Rz. 9). Rechtsmittel ist die **Beschwerde** (§ 128 Abs. 1 FGO). Juristische Personen, Gesellschaften und sonstige nichtrechtsfähige Gebilde kommen zwar nicht als Zeugen, jedoch als Adressaten von – nicht erzwingbaren – Auskunftsersuchen (§ 87 FGO) in Betracht.

2 Ob ein Zeuge von seinem Zeugnisverweigerungsrecht Gebrauch machen will, ist seine persönliche Entscheidung. Er kann unter Verzicht auf sein Recht auch aussagen. Ist der Zeuge ein **Angehöriger** eines Beteiligten gibt ihm § 84 Abs. 2 FGO das Recht, die Leistung des Zeugeneides zu verweigern (§ 82 FGO i.V.m. § 391 ZPO). Die Belehrung hat sich auch hierauf zu erstrecken (§ 84 Abs. 1 FGO i.V.m. § 101 Abs. 2 Satz 2 AO).

## § 85 FGO Hilfspflichten der Zeugen

**Zeugen, die nicht aus dem Gedächtnis aussagen können, haben Dokumente und Geschäftsbücher, die ihnen zur Verfügung stehen, einzusehen und, soweit nötig, Aufzeichnungen daraus zu entnehmen. Die Vorschriften der §97, §§99, 100, 104 der Abgabenordnung gelten sinngemäß.**

Die Vorschrift ergänzt die Verpflichtung, als Zeuge auszusagen und den Zeugeneid zu leisten, durch sachbedingte Hilfspflichten und koordiniert den Finanzprozess mit dem steuerlichen Verwaltungsverfahren (*Herbert* in Gräber, § 85 FGO Rz. 1; *Seer* in Tipke/Kruse, § 85 FGO Rz. 1). Dazu verweist § 85 FGO auf §§ 97, 99, 100, 104 AO; wegen der Einzelheiten wird auf die Erläuterungen zu diesen Vorschriften verwiesen. Aus dem Verweis folgt z.B., dass das FG auch **von Dritten** die Vorlage, von Büchern, Aufzeichnungen und Geschäftspapieren sowie elektronischen Dokumenten verlangen kann (§ 85 FGO i.V.m. § 97 AO). Für die Vorlage von entsprechenden Unterlagen der Beteiligten gilt § 76 Abs. 1 Satz 4 FGO. Wegen der Erzwingung der Zeugenaussage s. § 84 FGO Rz. 1. Gegen die Ordnungsmaßnahmen ist die **Beschwerde** gem. § 128 Abs. 1 FGO gegeben. 1

## § 86 FGO Aktenvorlage und Auskunftserteilung

**(1) Behörden sind zur Vorlage von Urkunden und Akten, zur Übermittlung elektronischer Dokumente und zu Auskünften verpflichtet, soweit nicht durch das Steuergeheimnis (§30 der Abgabenordnung) geschützte Verhältnisse Dritter unbefugt offenbart werden.**

**(2) Wenn das Bekanntwerden von Urkunden, elektronischer Dokumente oder Akten oder von Auskünften dem Wohle des Bundes oder eines deutschen Landes Nachteile bereiten würde oder wenn die Vorgänge aus anderen Gründen als nach Absatz 1 nach einem Gesetz oder ihrem Wesen nach geheimgehalten werden müssen, kann die zuständige oberste Aufsichtsbehörde die Vorlage von Urkunden oder Akten, die Übermittlung elektronischer Dokumente und die Erteilung der Auskünfte verweigern. Satz 1 gilt in den Fällen des § 88 Absatz 3 Satz 3 und Absatz 5 Satz 4 sowie des § 156 Absatz 2 Satz 3 der Abgabenordnung entsprechend.**

**(3) Auf Antrag eines Beteiligten stellt der Bundesfinanzhof in den Fällen der Absätze 1 und 2 ohne mündliche Verhandlung durch Beschluss fest, ob die Verweigerung der Vorlage der Urkunden oder Akten, der Übermittlung elektronischer Dokumente oder die Verweigerung der Erteilung von Auskünften rechtmäßig ist. Der Antrag ist bei dem für**

**die Hauptsache zuständigen Gericht zu stellen. Auf Aufforderung des Bundesfinanzhofs hat die oberste Aufsichtsbehörde die verweigerten Dokumente oder Akten vorzulegen oder zu übermitteln oder ihm die verweigerten Auskünfte zu erteilen. Sie ist zu diesem Verfahren beizuladen. Das Verfahren unterliegt den Vorschriften des materiellen Geheimschutzes. Können diese nicht eingehalten werden oder macht die zuständige oberste Aufsichtsbehörde geltend, dass besondere Gründe der Geheimhaltung oder des Geheimschutzes einer Übergabe oder Übermittlung der Dokumente oder der Akten an den Bundesfinanzhof entgegenstehen, wird die Vorlage nach Satz 3 dadurch bewirkt, dass die Dokumente oder Akten dem Bundesfinanzhof in von der obersten Aufsichtsbehörde bestimmten Räumlichkeiten zur Verfügung gestellt werden. Für die nach Satz 3 vorgelegten oder übermittelten Dokumente oder Akten und für die gemäß Satz 6 geltend gemachten besonderen Gründe gilt § 78 nicht. Die Mitglieder des Bundesfinanzhofs sind zur Geheimhaltung verpflichtet; die Entscheidungsgründe dürfen Art und Inhalt der geheim gehaltenen Dokumente oder Akten und Auskünfte nicht erkennen lassen. Für das nichtrichterliche Personal gelten die Regelungen des personellen Geheimschutzes.**

**S. § 99 VwGO; § 119 SGG**

**Schrifttum**

NÖCKER, Das In-camera-Verfahren im Finanzgerichtsprozess, AO-StB 2009, 214.

1 § 86 Abs. 1 FGO ergänzt § 82 FGO im Hinblick auf den Urkundsbeweis, soweit Behörden zur Vorlage von Urkunden und Akten verpflichtet sowie zur Übermittlung elektronischer Dokumente im Rahmen des elektronischen Rechtsverkehrs (§ 52a FGO) sind (s. § 82 FGO Rz. 10) und erstreckt sich auch auf Auskünfte, die gegenüber dem FG zu erteilen sind. Gleichzeitig stellt die Vorschrift sicher, dass auch im finanzgerichtlichen Verfahren das **Steuergeheimnis** gewahrt wird (§ 30 AO; BFH v. 07.12.2006, V B 163/05, BStBl II 2007, 275). Denn das finanzgerichtliche Verfahren darf nicht dazu führen, dass einem Beteiligten die Kenntnis von Umständen verschafft werden, auf die er nach dem Privatrecht keinen Anspruch hat, also beispielsweise einem nichtgeschäftsführenden Gesellschafter unterschiedslos Einblick in den Außenprüfungsbericht zu gewähren. Wegen der Einzelheiten s. § 352 AO Rz. 2. Auch bei Erteilung von Informationen an Verfahrensbeteiligte ist das Steuergeheimnis zu beachten. Soweit das Steuergeheimnis Dritte schützt, hat die beteiligte Behörde die in Betracht kommenden Teile der Akten vor der Übersendung an das Gericht zu entnehmen. Im Streitfalle entscheidet das Gericht (§ 86 Abs. 3 FGO). Die Vorlage- und Auskunftspflicht betrifft alle Behörden, nicht nur die beklagte Finanzbehörde; daher konkretisiert § 86 Abs. 1 FGO auch den Grundsatz der **Amtshilfe** (§ 13 FGO). Für die beklagte Behörde ist indessen § 71 Abs. 2 FGO zu beachten.

2 Die ersuchte Behörde muss die angeforderten **Akten grds. vollständig** vorlegen, es sei denn es liegt ein Verweigerungsgrund vor (s. Rz. 1 und 4). Dazu gehören auch Prüferhandakten, z. B. die Handakte eines Fahndungsprüfers. Zu den Dritten, deren Verhältnisse durch das Steuergeheimnis geschützt werden und deren Verhältnisse durch die Vorlage der Akten nicht unbefugt offenbart werden dürfen, zählen auch die Informationspersonen wie Anzeigenerstatter oder Gewährsleute (BFH v. 08.02.1994, VII R 88/92, BStBl II 1994, 552; BFH v. 07.05.2001, VII B 199/00, BFH/NV 2001, 1366).

3 Nach § 86 Abs. 2 Satz 1 FGO kann die **oberste Aufsichtsbehörde** die Vorlage von Urkunden und Akten in bestimmten Fällen verweigern (sog. **Sperrerklärung**). Die Entscheidung muss der Behördenleiter oder sein ständiger Vertreter treffen (s. BVerwG v. 19.08.1964, VI B 15.62, BVerwGE 19, 179; *Seer* in Tipke/Kruse, § 86 FGO Rz. 15). Auch s. § 106 AO.

4 § 86 Abs. 1 und 2 FGO enthält **vier Gründe**, bei deren Vorliegen die betroffene Behörde die Vorlage von Urkunden und Akten sowie die Übermittlung elektronischer Dokumente und die Erteilung von Auskünften **verweigern darf**: Schutz des Steuergeheimnisses Dritter (§ 86 Abs. 1 2. Halbs. FGO, Abwehr von Nachteilen für das Wohl des Bundes oder eines Landes (§ 86 Abs. 2 Satz 1 1. Alt. FGO), Schutz eines gesetzlichen Amtsgeheimnisses (z. B. Sozialgeheimnis i. S. des § 35 SBG I, § 86 Abs. 2 Satz 1 2. Alt. FGO) sowie Schutz von Vorgängen, die ihrem Wesen nach geheim sind (z. B. Akten des Verfassungsschutzes oder der Geheimdienste, § 86 Abs. 2 Satz 1 3. Alt. FGO; zum Ganzen *Herbert* in Gräber, § 86 FGO Rz. 8 ff; *Schallmoser* in HHSp, § 86 FGO Rz. 31 ff.; *Seer* in Tipke/Kruse, § 86 FGO Rz. 8 ff.; eingehend *Stiepel* in Gosch, § 86 FGO Rz. 27 ff.). Der Verweigerung zur Urkundenvorlage etc. stehen die Regelungen des **IFG nicht entgegen**. Dieses gilt nach § 1 Abs. 1 IFG zum einen nur gegenüber Behörden des Bundes, nicht gegenüber dem FA als Landesbehörde –, zum anderen besteht ein Anspruch auf Informationszugang nach § 3 Nr. 4 IFG dann nicht, wenn die Information einer durch Rechtsvorschrift geregelten Geheimhaltungs- oder Vertraulichkeitspflicht unterliegt; eine solche Rechtsvorschrift stellt § 30 AO dar (BFH v. 07.12.2006, V B 163/05, BStBl II 2006, 275). Darüber hinaus gilt die Beschränkung der Aktenvorlage (§ 86 Abs. 2 Satz 1 FGO) gem. § 86 Abs. 2 Satz 2 FGO in den Fällen des § 88 Abs. 3 Satz 3 AO und Abs. 5 Satz 4 AO (Weisungen zur Art und zum Umfang von Ermittlungen), § 88 Abs. 5 Satz 4 AO (Einzelheiten der sog. Risikoma-

nagementsysteme) und des § 156 Abs. 2 Satz 3 AO (Weisungen zum Absehen von der Steuerfestsetzung) entsprechend (vgl. eingehend *Stiepel* in Gosch, § 86 FGO Rz. 39.1 ff.).

§ 86 Abs. 3 FGO regelt das Verfahren für den Fall, dass die Aktenvorlage verweigert wird. Nach § 86 Abs. 3 Satz 1 FGO in der seit dem 01.05.2005 geltenden Fassung ist für alle nach diesem Zeitpunkt vorgenommenen Verfahrenshandlung **ausschließlich** der **BFH** in den Fällen des § 86 Abs. 1 und 2 FGO für Feststellung – auf Antrag eines Beteiligten – **zuständig**, ob die Verweigerung der Aktenvorlage oder die der Erteilung von Auskünften rechtmäßig ist (BFH v. 07.12.2006, V B 163/05, BStBl II 2007, 275). Die Ablehnung der **Erteilung einer Bescheinigung** nach § 7h EStG kann daher **nicht** in einem Verfahren nach § 86 Abs. 3 FGO auf ihre Rechtmäßigkeit überprüft werden (BVerfG v. 19.12.2006, 2 BvR 2357/06, 2 BvR 2389/06, juris; BFH v. 24.01.2007, II B 77/06, BFH/NV 2007, 950). Der Antrag ist beim Gericht der Hauptsache zu stellen (§ 86 Abs. 3 Satz 2 FGO; dies dürfte im Regelfall das FG sein, da der BFH grds. keine Tatsacheninstanz darstellt; gl. A. *Seer* in Tipke/Kruse, § 86 FGO Rz. 17), und setzt voraus, dass das FG im finanzgerichtlichen Verfahren die Vorlage der betreffenden und bereits vorhandenen Urkunden und Akten, die Übermittlung elektronischer Dokumente oder Erteilung von Auskünften angeordnet und die ersuchte Behörde sich daraufhin geweigert hat, dieser Aufforderung nachzukommen (z. B. BFH v. 07.02.2013, IV S 23/12, BFH/NV 2013, 761; BFH v. 06.03.2013, X B 14/13, BFH/NV 2013, 956; BFH v. 25.02.2014, V B 60/12, BStBl II 2014, 478). Es versteht sich von selbst, dass der Antrag nur so lange gestellt werden kann, als das **Hauptsacheverfahren noch nicht rechtskräftig abgeschlossen** ist, also bis zum Schluss der mündlichen Verhandlung vor dem FG (dazu BFH v. 03.04.2006, II E 1/06, juris; BFH v. 07.02.2013, IV S 23/12, BFH/NV 2013, 761). Ein Antrag auf Feststellung der Rechtmäßigkeit der Verweigerung einer Aktenvorlage nach § 86 Abs. 3 Satz 1 FGO setzt eine konkrete Anordnung des FG nach § 86 Abs. 1 oder 2 FGO an die betreffende Behörde voraus, deren Befolgung von der Behörde verweigert wird (z. B. BFH v. 17.09.2007, I B 93/07, BFH/NV 2008, 387; BFH v. 15.05.2008, III S 18/08, juris). Das Verfahren nach § 86 Abs. 3 FGO vor dem BFH dient nicht dazu, allgemein zu klären, ob die vom FA vorgelegten Akten vollständig sind, oder die im Hauptsacheverfahren streitigen Rechtsfragen zu klären (BFH v. 16.01.2013, III S 38/11, BFH/NV 2013, 701). Der Beteiligte ist daher dadurch, dass der BFH keine Entscheidung zur Verpflichtung des FG, bestimmte Akten beim FA anzufordern, getroffen hat, nicht in seinem Recht auf Gehör beeinträchtigt (BFH v. 19.08.2008, III S 38/08, juris). Die oberste Aufsichtsbehörde ist zu dem Verfahren gem. § 86 Abs. 3 FGO beizuladen (§ 86 Abs. 3 Satz 4 FGO; BFH v. 13.08.2009, X S 9/09, ZSteu 2010, R 225). Dies setzt aber einen zulässigen Antrag nach § 86 Abs. 3 FGO voraus (BFH v. 25.02.2014, V B 60/12, BStBl II 2014, 478).

## § 87 FGO Zeugnis von Behörden

**Wenn von Behörden, von Verbänden und Vertretungen, von Betriebs- oder Berufszweigen, von geschäftlichen oder gewerblichen Unternehmungen, Gesellschaften oder Anstalten Zeugnis begehrt wird, ist das Ersuchen, falls nicht bestimmte Personen als Zeugen in Betracht kommen, an den Vorstand oder an die Geschäfts- oder Betriebsleitung zu richten.**

§ 87 FGO ergänzt die Vorschriften über den Zeugenbeweis (§ 82 FGO i. V. m. §§ 373 bis 377, 380 bis 382, 386 bis 401; s. § 82 FGO Rz. 4; Herbert in Gräber, § 87 FGO Rz. 1). Eine Auskunftspflicht wird durch § 87 FGO nicht begründet, sondern vorausgesetzt (*Schallmoser* in HHSp, § 87 FGO Rz. 5; *Herbert* in Gräber, § 87 FGO Rz. 2; *Seer* in Tipke/Kruse, § 87 FGO Rz. 1; *Stiepel* in Gosch, § 87 FGO Rz. 2). Als aussage- und eidespflichtige Zeugen im Rechtssinne kommen nur natürliche Personen in Betracht (*Fu* in Schwarz, § 87 FGO Rz. 1). Dem steht es nicht entgegen, Auskunftsersuchen auch an juristische Personen, Personenvereinigungen, Gesellschaften und andere nichtrechtsfähige Gebilde zu richten. Allerdings kann die Erfüllung eines derartigen Ersuchens vom Gericht **nicht erzwungen** werden; § 82 FGO i. V. m. § 380 ZPO gilt nur gegenüber natürlichen Personen und die §§ 328 ff. AO sind im finanzgerichtlichen Verfahren nicht anwendbar. Die Ladung des Zeugen erfolgt, sofern seine Namen und seine ladungsfähige Anschrift bekannt sind, unter dieser, im Übrigen über die Behörde, den Verband etc. (*Schallmoser* in HHSp, § 87 FGO Rz. 9 ff.; *Stiepel* in Gosch, § 87 FGO Rz. 4 ff.; a. A. *Seer* in Tipke/Kruse, § 87 FGO Rz. 2: Ladung zwingend an die zur Vertretung der Behörde etc. berufene Person, die den Zeugen ggf. namentlich feststellt und die Ladung weitergibt). 1

Kommt der BFH zum Ergebnis, dass kein Verweigerungsgrund vorliegt, dürfen die Urkunden etc. im Finanzprozess verwertet werden. Legt die betroffene Behörde dennoch die Urkunden, Akten oder Dokumente nicht vor oder verweigert sie die begehrte Auskunft, ist die **unterlassene Handlung nicht erzwingbar** (§ 89 FGO i. V. m. § 255 AO). Die Weigerung der Behörde ist dann im Rahmen der allgemeinen Regelungen über die **Feststellungslast** nach § 96 Abs. 1 Satz 1 FGO zu würdigen (*Koch* in Gräber, § 86 FGO Rz. 17; *Schallmoser* in HHSp, § 86 FGO Rz. 62; *Seer* in Tipke/Kruse, § 86 FGO Rz. 28). Ist die **Verweigerung** nach der Entscheidung des BFH demgegenüber **rechtmäßig**, darf das FG aus der Verweigerung **keine nachteiligen Schlüsse für die beklagte Behörde** ziehen (*Herbert* in Gräber, § 86 FGO Rz. 23; *Schallmoser* in HHSp, § 86 FGO Rz. 62; *Seer* in Tipke/Kruse, § 86 FGO Rz. 28).

2 Der BFH entscheidet durch **unanfechtbaren Beschluss** ohne mündliche Verhandlung. Ausnahmsweise kann eine isolierte Beschwerdemöglichkeit bestehen, wenn der Beteiligte sein Rechtsschutzbegehren ohne entsprechende Akteneinsicht nicht effektiv formulieren könnte (BFH v. 19.08.2008, III S 38/08, juris). Der Beschluss ist so zu **begründen**, dass – sofern die Verweigerung rechtmäßig ist – Art und Inhalt der geheim gehaltenen Dokumente, Akten oder Auskünfte nicht erkennbar werden (§ 86 Abs. 3 Satz 8 FGO). Der Zwischenstreit gem. § 86 Abs. 3 FGO ist grds. ein selbstständiges Nebenverfahren, sodass eine Kostenentscheidung notwendig ist (BFH v. 17.09.2007, I B 93/07, BFH/NV 2008, 387; BFH v. 15.10.2009, X S 9/09, BFH/NV 2010, 54; BFH v. 03.06.2015, VII S 11/15, BFH/NV 2015, 1100; *Fu* in Schwarz, § 86 FGO Rz. 31; a.A. BFH v. 16.01.2013, III S 38/11, BFH/NV 2013, 701; *Seer* in Tipke/Kruse, § 86 FGO Rz. 19; *Stiepel* in Gosch, § 86 FGO Rz. 80). Es handelt sich aber dann um ein unselbständiges Zwischenverfahren ohne eigenständige Kostenentscheidung, wenn der Antrag nach § 86 Abs. 3 FGO erfolglos geblieben und/oder die im Rahmen des § 86 Abs. 3 FGO in Anspruch genommene Behörde Beteiligte auch des Hauptsacheverfahrens ist (BFH v. 25.02.2014, V B 60/12, BStBl II 2014, 478; auch s. § 143 FGO Rz. 2).

## § 88 FGO
## Weiterer Grund für Ablehnung von Sachverständigen

**Die Beteiligten können Sachverständige auch ablehnen, wenn von deren Heranziehung eine Verletzung eines Geschäfts- oder Betriebsgeheimnisses oder Schaden für ihre geschäftliche Tätigkeit zu befürchten ist.**

1 Der Sachverständige muss – wie der Richter – unparteiisch sein. Daher lässt § 82 FGO i. V. m. § 406 ZPO seine Ablehnung unter denselben Voraussetzungen zu, wie sie § 51 Abs. 1 Satz 1 FGO i. V. m. §§ 41 ff. ZPO für Richter vorsehen (s. § 51 FGO Rz. 2 ff.). § 88 FGO ergänzt die Vorschriften über die Sachverständigenablehnung (auch § 51 Abs. 1 Satz 2 FGO für Richter; dazu s. § 51 FGO Rz. 8) um das spezielle Ablehnungsrecht, wenn ein **Geschäfts- oder Betriebsgeheimnis** oder Schaden für die geschäftliche Tätigkeit des Klägers zu befürchten ist. Der Begriff des »Geschäfts- oder Betriebsgeheimnisses« ist nicht gesetzlich definiert, jedoch lassen sich darunter »alle Tatsachen [verstehen], die im Zusammenhang mit einem Geschäftsbetrieb stehen, nur einem eng begrenzten Personenkreis bekannt und nicht offenkundig sind sowie nach dem Willen und einem berechtigten Interesse des Unternehmers geheim gehalten werden sollen« (z. B. BGH v. 07.11.2002, I ZR 64/00, GRUR 2003, 356, 358; BGH v. 10.05.1995, 1 StR 764/94, BGHSt 41, 140; *Ernst* in Ullmann, jurisPK-UWG, § 17 UWG Rz. 12 f.; *Fu* in Schwarz/Pahlke, § 88 FGO Rz. 3; *Kunz* in Gosch, § 88 FGO Rz. 5).

Besonderheiten gelten nach der BFH-Rspr. für den **Gutachterausschuss für Grundstückswerte** (§§ 192 ff. BauGB): Dieser kann als solcher **nicht** gem. § 82 FGO i. V. m. § 406 Abs. 1 ZPO wegen Besorgnis der Befangenheit **abgelehnt** werden (BFH v. 13.08.1996, IX B 71/96, BFH/NV 1997, 236; *Schallmoser* in HHSp, § 82 FGO Rz. 164). Ebenso wenig ist seine Ablehnung nach § 88 FGO mit der Behauptung möglich, es sei eine Verletzung eines Geschäfts- oder Betriebsgeheimnisses oder Schaden für die geschäftliche Tätigkeit zu befürchten. Zwar handelt es sich bei dem vom Ausschuss gem. § 193 Abs. 1 Nr. 4 BauGB zu erstattenden Gutachten **der Sache nach** um ein **Sachverständigengutachten**. Da das Gutachten jedoch von einer durch Gesetz speziell zur Ermittlung von Grundstückswerten geschaffenen kollegialen Behörde zu erstatten ist, können die Vorschriften der §§ 82 ff. FGO i. V. m. §§ 402 ff. ZPO über den Sachverständigenbeweis auf dieses Beweismittel nicht so angewandt werden, wie sie anzuwenden sind, wenn das Gericht nach diesen Vorschriften eine bestimmte Person als Sachverständigen bestellt hat (BFH v. 13.08.1996, IX B 71/96, BFH/NV 1997, 236).

Für das Verfahren der Sachverständigenablehnung gilt 3
§ 82 FGO i. V. m. § 406 Abs. 2 bis 5 ZPO (s. § 82 FGO Rz. 7). Gegen die Ablehnung ist **kein Rechtsmittel** gegeben, da die Beschwerde gem. § 128 Abs. 2 FGO ausdrücklich ausgeschlossen ist.

## § 89 FGO
## Erzwingung der Vorlage von Urkunden

**Für die Erzwingung einer gesetzlich vorgeschriebenen Vorlage von Urkunden und elektronischen Dokumenten gelten § 380 der Zivilprozessordnung und § 255 der Abgabenordnung sinngemäß.**

Nach § 89 FGO gelten die zur Herbeiführung von Zeu- 1
genaussagen zulässigen Ordnungsmittel (Ordnungsgeld; s. § 84 FGO Rz. 1) auch für **Erzwingung** (genauer: zur Ahndung der Nichtbefolgung) **der Urkundenvorlage** und der Vorlage von elektronischen Dokumenten im elektronischen Rechtsverkehr (§ 52a FGO) in den Fällen der §§ 85 und 86 FGO. Dies gilt nur gegenüber **Privatpersonen** (s. § 82 FGO Rz. 6b), nicht jedoch gegenüber Behörden (§ 89 FGO i. V. m. § 255 Abs. 1 AO; *Herbert* in Gräber, § 89 FGO Rz. 2; krit. hierzu *Fu* in Schwarz/Pahlke, § 89 FGO Rz. 4). Da § 89 FGO in Bezug auf § 380 ZPO

nur eine Rechtsfolgenverweisung enthält, kommt Erzwingung der Urkundenvorlage auch gegenüber juristischen Personen anderer Art in Betracht (*Stiepel* in Gosch, § 89 FGO Rz. 7; *Schallmoser* in HHSp, § 89 FGO Rz. 15). Gegen die Auferlegung eines Ordnungsgeldes wegen Nichtvorlage der maßgeblichen Urkunde (dazu s. § 82 FGO Rz. 6b) ist die **Beschwerde** (§ 128 Abs. 1 FGO) gegeben (*Seer* in Tipke/Kruse, § 89 FGO Rz. 3; auch s. § 83 FGO Rz. 6b).

## § 90 FGO Entscheidung grundsätzlich auf Grund mündlicher Verhandlung

**(1) Das Gericht entscheidet, soweit nicht anderes bestimmt ist, auf Grund mündlicher Verhandlung. Entscheidungen des Gerichts, die nicht Urteile sind, können ohne mündliche Verhandlung ergehen.**

**(2) Mit Einverständnis der Beteiligten kann das Gericht ohne mündliche Verhandlung entscheiden.**

**S. § 101 VwGO; §§ 105, 124 SGG**

### Schrifttum

Rudloff, Die mündliche Verhandlung im Steuerprozeß, DStR 1984, 392; Lemaire, Die drei Phasen der mündlichen Verhandlung – Hinweise und Tipps zum Ablauf, AO-StB 2002, 348.

1 § 90 Abs. 1 Satz 1 FGO regelt den **Grundsatz der Mündlichkeit** des finanzgerichtlichen Verfahrens (s. Vor FGO Rz. 51). Die mündliche Verhandlung des Rechtsstreites vor dem Gericht (Senat, § 5 Abs. 3 Satz 1 FGO oder Einzelrichter, §§ 6, 79a Abs. 3 und Abs. 4 FGO) ist auch im finanzgerichtlichen Verfahren die Regel; sie dient der Verwirklichung des Rechts auf Gehör (Art. 103 Abs. 1 GG). Die persönliche Verhandlung des Gerichtes mit den Beteiligten bildet sowohl in Tatbestands- und Beweisfragen (§§ 92 Abs. 2, 81 FGO) wie hinsichtlich der rechtlichen Durchdringung der Streitsache erfahrungsgemäß eine unersetzliche Erkenntnisquelle. Die Unmittelbarkeit des Austausches von Tatsachen und Ansichten schafft eine Erörterungsdichte, wie sie das papierene oder elektronische Nebeneinander von Schriftsätzen nicht erzielen kann (*Rudloff*, DStR 1984, 392). Allerdings sind die Beteiligten, wie sich aus § 91 Abs. 2 FGO ergibt, nicht verpflichtet, an der mündlichen Verhandlung teilzunehmen (beachte aber § 80 FGO). In derartigen Fällen ist der Grundsatz der Mündlichkeit gewahrt, wenn die ordnungsgemäße Ladung der Beteiligten festgestellt und entsprechend § 92 Abs. 2 FGO der wesentliche Inhalt der Akten vorgetragen wird.

2 Nicht obligatorisch ist die mündliche Verhandlung in Beschlusssachen (§ 90 Abs. 1 Satz 2 FGO; § 5 FGO Rz. 4; § 113 FGO; auch § 101 Abs. 3 VwGO; BFH v. 02.09.2008, X S 40/08, juris), so z.B. bei Entscheidungen über die Ablehnung von Gerichtspersonen (§ 51 FGO), die Verweisung an das zuständige Gericht (§ 70 FGO), die AdV (§ 69 Abs. 3 FGO) oder Anträge auf einstweilige Anordnungen (§ 114 FGO) und – vor dem BFH – über die Verwerfung der Revision als unzulässig (§ 126 Abs. 1 FGO; BFH v. 16.02.1967, V R 177/66, BStBl III 1967, 368) sowie über Beschwerden (§§ 128 ff., 132 FGO) und NZB (§ 116 FGO; BFH v. 03.11.2010, X S 28/10, BFH/NV 2011, 203). Jedoch ist die Durchführung einer mündlichen Verhandlung in all diesen Fällen zulässig (BFH v. 21.02.1979, VII B 28/78, BStBl II 1979, 392).

**Ohne mündliche Verhandlung** kann das Gericht – abweichend vom Grundsatz des § 90 Abs. 1 FGO – gem. 3
§ 90 Abs. 2 FGO entscheiden, wenn sämtliche Beteiligten (§ 57 FGO) zustimmen; es muss aber nicht. Im Revisionsverfahren vor dem BFH bedarf es nur des Einverständnisses der originär Beteiligten, nicht des beigetretenen BMF (BFH v. 11.11.2010, VI R 17/09, BFH/NV 2011, 503; BFH v. 11.11.2010, VI R 16/09, BFH/NV 2011, 501). Das geforderte »**Einverständnis**« muss vorher erteilt werden; es ist **Prozesshandlung** und daher bedingungsfeindlich und unwiderruflich (z.B. BFH v. 26.10.1970, III R 122/66, BStBl II 1971, 201; BFH v. 09.01.2006, XI B 176/04, BFH/NV 2006, 1105; BFH v. 19.04.2016, IX B 110/15, BFH/NV 2016, 1060) und muss ausdrücklich, klar, eindeutig und vorbehaltlos erklärt werden (z.B. BFH v. 21.05.2014, III B 3/14, BFH/NV 2014, 1389; BFH v. 12.10.2017, III B 32/17, BFH/NV 2018, 211; s. Vor § 40 FGO Rz. 5); deshalb ist ein unter Vorbehalt des Widerrufs erklärtes Einverständnis unwirksam (BFH v. 05.11.1991 BStBl II 1991, 425; BFH v. 09.08.1996, VI R 37/96, BStBl II 1997, 77). Dies gilt auch dann, wenn die Einverständniserklärung wegen (noch) fehlenden Einverständnisses anderer Beteiligter noch nicht »relevant« geworden ist (BFH v. 12.02.2007, XI B 123/06, BFH/NV 2007, 1152: Verzicht gilt nur für den Ehegatten, der ihn erklärt hat). Demnach ist der Verzicht unter ausdrücklicher Aufrechterhaltung eines zuvor gestellten Beweisantrags unwirksam (BFH v. 12.06.2013, X B 37/12, BFH/NV 2013, 1592). Dem steht nicht entgegen, dass ein Beteiligter sein Einverständnis mit einer Entscheidung ohne mündliche Verhandlung **grds. gegenständlich beschränken** kann, z.B. indem er den Verzicht auf eine Entscheidung durch den Vorsitzenden bzw. den Berichterstatter anstelle des Senats (§ 79 a Abs. 3 und Abs. 4 FGO) oder aber allein auf eine Entscheidung durch den Senat beschränkt, sodass eine Entscheidung durch den Einzelrichter (§ 6 FGO) nicht ohne mündliche Verhandlung ergehen darf (BFH v. 20.06.2016, VI B 115/15, BFH/NV 2016, 1482). Nach den allgemeinen Grundsätzen ist auch die Erklärung einer Auslegung zugänglich (BFH v. 21.05.2014, III B 3/14, BFH/NV 2014, 1389; s. Vor § 40 FGO Rz. 9). So ist z.B. die Erklärung, »ein schriftliches Verfahren« durchführen zu wollen, als Einverständnis i.S. des § 90 Abs. 2 FGO

auszulegen (BFH v. 09.09.2013, III B 26/13, BFH/NV 2014, 46). Die Verzichtserklärung setzt Postulationsfähigkeit voraus (BFH v. 14.05.2007, III B 98/06, BFH/NV 2007, 1528). Unwirksam ist auch ein Verzicht, der unter der Bedingung erteilt wird, dass eine außergerichtliche Einigung in bestimmten Streitpunkten erzielt wird (BFH v. 12.10.2017, III B 32/17, BFH/NV 2018, 211). Der Verzicht auf die mündliche Verhandlung kann schriftlich oder zu Protokoll des Urkundsbeamten der Geschäftsstelle erklärt werden, unter den Voraussetzungen des § 52a FGO auch elektronisch. Ein mündlich (fernmündlich) abgegebener Verzicht, der lediglich durch Aktenvermerk des Gesprächspartners festgehalten wurde, ist zumindest im Konfliktfall unwirksam (BVerwG v. 20.02.1981, 7 C 78/80, BVerwGE 62, 6; BVerwG v. 22.06.1982, 2 C 83/81, HFR 1984, 180; BFH v. 15.12.1998, VIII R 74/97, BStBl II 1999, 300). Im Verzicht auf mündliche Verhandlung ist der Verzicht auf eine zuvor beantragte Beweiserhebung zu sehen (BFH v. 29.06.2010, III B 168/09, BFH/NV 2010, 1847). Ein Wechsel in der Besetzung des Gerichts lässt die Wirksamkeit eines zuvor erklärten Verzichts auf mündliche Verhandlung grds. unberührt (BFH v. 19.05.2010, IX B 16/10, BFH/NV 2010, 1836). Der einmal wirksam erklärte Verzicht bleibt grds. während des gesamten Verfahrens in der Instanz wirksam (aber s. Rz. 3a), insbes. tritt ein »Verbrauch« der Verzichtserklärung grds. weder durch Zeitablauf noch durch die Aussetzung des Verfahrens (§ 74 FGO) ein (BFH v. 15.03.2012, III R 87/03, BFH/NV 2012, 1603).

**3a** Ein vom Kläger erklärter Verzicht auf mündliche Verhandlung wird indessen **wirkungslos**, wenn das FG einen Erörterungstermin anberaumt und das persönliche Erscheinen des Klägers anordnet und damit zum Ausdruck bringt, dass es ungeachtet der Verzichtserklärungen aufgrund mündlicher Verhandlung entscheiden werde. Dies gilt z.B. auch, wenn nach der Verzichtserklärung noch ein Beweisbeschluss ergeht und Beweis erhoben wird (BFH v. 03.08.2015, III B 154/14, BFH/NV 2015, 1593) oder den Beteiligten Auflagen erteilt werden (BFH v. 05.02.2014, XI B 7/13, BFH/NV 2014, 708), eine Aufklärungsanordnung ergeht (BFH v. 04.08.2016, X B 145/15, BFH/NV 2016, 1744) oder gar eine mündliche Verhandlung anberaumt wird (BFH v. 10.03.2011, VI B 147/10, BStBl II 2011, 556; vgl. in Abgrenzung dazu BFH v. 24.01.2012, I B 101/11, BFH/NV 2012, 1002). Insbes. folgt aus dem Verzicht auf die Durchführung einer mündlichen Verhandlung nicht, dass im Krankheitsfall auf die Teilnahme an einer trotz des Verzichts durchgeführten mündlichen Verhandlung verzichtet wird (BFH v. 28.11.2016, VIII B 47/16, BFH/NV 2017, 468). Das FG hat in den genannten Fällen eine neue prozessuale Situation geschaffen, durch die der **Verzicht auf die mündliche Verhandlung verbraucht** wurde. Ein Verbrauch tritt auch mit der Durchführung eines Erörterungstermins ein (§ 79 Abs. 1 Nr. 1 FGO; vgl. BFH v. 05.02.2014, XI B 7/13, BFH/NV 2014, 708; BFH v. 19.04.2016, IX B 110/15, BFH/NV 2016, 1060, BFH v. 04.08.2016, X B 145/15, BFH/NV 2016, 1744). Daher darf es nur dann ohne mündliche Verhandlung entscheiden, wenn die Beteiligten erneut darauf verzichten (BFH v. 31.08.2010, VIII R 36/08, BStBl II 2011, 126; BFH v. 10.03.2011, VI B 147/10, BStBl II 2011, 556; vgl. auch BVerwG v. 24.10.1968, III C 83.67, NJW 1969, 252; BVerwG v. 24.05.1984, 3 C 49/82, HFR 1985, 46; *Kopp/Schenke*, § 101 VwGO Rz. 7; a.A. – kein Verbrauch des Verzichts – *Schallmoser* in HHSp, § 90 FGO Rz. 64; *Brandis* in Tipke/Kruse, § 90 FGO Rz. 11; *Herbert* in Gräber, § 90 FGO Rz. 15; *Wendl* in Gosch, § 90 FGO Rz. 40). Wenn sich nach dem Verzicht die **Prozesslage wesentlich verändert** hat – z.B. beim Wechsel des Prozessbevollmächtigten –, dürfte **ausnahmsweise** ein **Widerruf** der Verzichtserklärung zuzulassen sein (z.B. BFH v. 22.10.2003, I B 39/03, BFH/NV 2004, 350; BFH v. 11.05.2010, IX R 28/09, BFH/NV 2011, 2076; BFH v. 19.04.2016, IX B 110/15, BFH/NV 2016, 1060; *Schallmoser* in HHSp, § 90 FGO Rz. 57; ebenso *Herbert* in Gräber, § 90 FGO Rz. 14; *Brandis* in Tipke/Kruse, § 90 FGO Rz. 13; vgl. zum Zivilprozess § 128 Abs. 2 Satz 1 ZPO). Außerdem kann der Verzicht auf Durchführung einer mündlichen Verhandlung **ausnahmsweise unwirksam** sein, wenn er durch bewusste Täuschung, Drohung, eine bewusst falsche Auskunft oder mittels unzutreffender Erwägungen – insbes. gegenüber rechtskundigen Personen – veranlasst worden ist (BFH v. 08.06.2004, IV B 180/02, BFH/NV 2004, 1634). Schließlich darf das FG trotz Verzichts der Beteiligten nicht ohne mündliche Verhandlung entscheiden, wenn das FG zu dem Ergebnis gelangt, dass es zur **Gewährung rechtlichen Gehörs und/oder zur ausreichenden Erforschung des Sachverhalts** der Durchführung einer mündlichen Verhandlung bedarf (BFH v. 20.12.1988, VIII R 121/83, BStBl II 1989, 585; BFH v. 11.05.2017, IX B 23/17, BFH/NV 2017, 1059; *Schallmoser* in HHSp, § 90 FGO Rz. 70). Das Einverständnis kann hinsichtlich des Entscheidungsgegenstandes insoweit eingeschränkt werden, als das Gericht nach den §§ 97 bis 99 FGO durch **Zwischen- oder Teilurteil** entscheiden kann.

Auch wenn gem. § 90a Abs. 2 FGO ein Gerichtsbescheid durch Antrag auf mündliche Verhandlung »vernichtet« wurde, kann für die Fortsetzung des Verfahrens Einverständnis mit einer Entscheidung ohne mündliche Verhandlung nach § 90 Abs. 2 FGO erklärt werden (BFH v. 06.12.1978, VII R 98/77, BStBl II 1979, 170; BFH v. 06.10.2005, V R 64/00, BStBl II 2006, 212), und zwar auch gleichzeitig mit der Stellung des Antrags auf mündliche Verhandlung (BFH v. 17.12.1980, II R 38/77, BStBl II 1981, 322). Der Antrag auf mündliche Verhandlung i.S. von § 90a Abs. 2 FGO ist nämlich nur ein besonderer Rechtsbehelf, mit dem der Eintritt der urteilsgleichen Wirkung (§ 90a Abs. 3 2. HS FGO) verhindert wird. Im Verfahren vor dem FG bringt er für den Betei- **4** ligten vor allem die Möglichkeit zu weiterem tatsächlichen Vorbringen, mit dem er in der Revisionsinstanz ausgeschlossen ist (§ 118 Abs. 2 FGO). Ein so formulierter Antrag ist allerdings als **Rügeverzicht** gleichzusetzen (BFH v. 03.12.1997, IV B 120/96, BFH/NV 1998, 713). Wird die Sache zur erneuten Verhandlung und Entscheidung an das FG zurückverwiesen, so **verliert die im ersten Rechtszug erklärte Einwilligung** in eine Entscheidung ohne mündliche Verhandlung ihre **Wirksamkeit** (BFH v. 26.04.1972, IV R 156/71, BStBl II 1972, 625). Bringt ein Beteiligter in Verbindung mit einem Verzicht auf mündliche Verhandlung zum Ausdruck, dass ein Gerichtsbescheid erlassen werden soll, dann liegt in Wahrheit keine Einverständniserklärung gem. § 90 Abs. 2 FGO vor (BFH v. 01.10.1970, V R 115/67, BStBl II 1971, 113; BFH v. 09.01.2006, XI B 176/04, BFH/NV 2006, 1105).

4a Haben die Beteiligten gem. § 90 Abs. 2 FGO ihr Einverständnis mit einer Entscheidung ohne mündliche Verhandlung erklärt, so findet auf die Entscheidung des FG ohne mündliche Verhandlung die Regelung des § 155 Satz 1 FGO i. V. m. § 128 Abs. 2 Satz 2 ZPO (Schriftsatzfrist, Bestimmung des Verkündungstermins, Entscheidungsfrist) keine Anwendung. Für das FG besteht daher weder die Verpflichtung zur Bestimmung eines Zeitpunkts, bis zu dem Schriftsätze eingereicht werden können, noch zur Bekanntgabe des Zeitpunkts seiner bevorstehenden Entscheidung. Es entscheidet vielmehr **ohne vorherige Ankündigung** im schriftlichen Verfahren (BFH v. 15.12.2008, VII B 24/08, BFH/NV 2009, 1124; BFH v. 23.05.2012, III B 209/11, BFH/NV 2012, 1477; *Herbert* in Gräber, § 90 FGO Rz. 20). Bei Entscheidungen ohne mündliche Verhandlung ist der Zeitpunkt, der dem Schluss der mündlichen Verhandlung entspricht, die Absendung der Urteilsausfertigungen (z. B. BFH v. 30.12.2002, IV B 167/01, BFH/NV 2003, 751; BFH v. 28.10.2004, V B 244/03, BFH/NV 2005, 376; BFH v. 16.06.2016, X B 110/15, BFH/NV 2016, 1481). Daher muss das FG Schriftsätze, die bis zur Absendung der Urteilsausfertigungen beim FG eingehen, grds. berücksichtigen, auch wenn das Urteil ohne mündliche Verhandlung bereits gefällt ist (BFH v. 16.06.2016, X B 110/15, BFH/NV 2016, 1481).

5 **Weitere Ausnahmen vom Grundsatz der Mündlichkeit** enthalten §§ 90a, 91a, 94a und § 126a FGO.

6 Nimmt das Gericht **irrig** das Einverständnis mit einer Entscheidung **ohne mündliche Verhandlung** an oder ist eine Verzichtserklärung wirkungslos (geworden), wird durch eine gleichwohl ohne mündliche Verhandlung ergehende Entscheidung das Recht auf Gehör aus Art. 103 Abs. 1 GG, § 96 Abs. 2 FGO (§ 119 Nr. 3 FGO) verletzt, der Beteiligte ist außerdem nicht nach den Vorschriften des Gesetzes vertreten (§ 119 Nr. 4 FGO; z. B. BFH v. 12.06.2013, X B 37/12, BFH/NV 2013, 1592; BFH v. 21.05.2014, III B 3/14, BFH/NV 2014, 1389; BFH v. 12.10.2017, III B 32/17, BFH/NV 2018, 211). Einem Urteil, das trotz ausgebliebenen Einverständnisses ohne mündliche Verhandlung ergeht, fehlt mithin jede materiellrechtliche Grundlage (BVerwG v. 26.02.2003, 8 C 1/02, HFR 2003, 1104; BFH v. 27.10.2003, III B 19/03, BFH/NV 2004, 504). Der darin liegende **absolute Revisionsgrund** kann von allen Beteiligten – bei einseitigem Verzicht auf mündliche Verhandlung also auch von dem, der den Verzicht erklärt hatte – geltend gemacht werden (BFH v. 08.02.2008, XI B 190/07, juris; BFH v. 08.10.2012, I B 76, 77/12, BFH/NV 2013, 219).

## § 90a FGO Entscheidung ohne mündliche Verhandlung; Gerichtsbescheid

**(1) Das Gericht kann in geeigneten Fällen ohne mündliche Verhandlung durch Gerichtsbescheid entscheiden.**

**(2) Die Beteiligten können innerhalb eines Monats nach Zustellung des Gerichtsbescheides mündliche Verhandlung beantragen. Hat das Finanzgericht in dem Gerichtsbescheid die Revision zugelassen, können sie auch Revision einlegen. Wird von beiden Rechtsbehelfen Gebrauch gemacht, findet mündliche Verhandlung statt.**

**(3) Der Gerichtsbescheid wirkt als Urteil; wird rechtzeitig mündliche Verhandlung beantragt, gilt er als nicht ergangen.**

**(4) Wird mündliche Verhandlung beantragt, kann das Gericht in dem Urteil von einer weiteren Darstellung des Tatbestands und der Entscheidungsgründe absehen, soweit es der Begründung des Gerichtsbescheides folgt und dies in seiner Entscheidung feststellt.**

**S. § 84 VwGO; § 105 SGG**

Nach § 90a Abs. 1 FGO kann das Gericht in geeigneten Fällen durch Gerichtsbescheid (früher: Vorbescheid) entscheiden. Die Entscheidung, an der die ehrenamtlichen Richter gem. § 5 Abs. 3 Satz 2 FGO nicht mitwirken, ergeht **ohne mündliche Verhandlung**. § 90a FGO stellt daher eine Ausnahme vom Grundsatz der mündlichen Verhandlung dar (s. § 90 FGO Rz. 5). Der Erlass eines Gerichtsbescheids kommt nur in Betracht, wenn in der Sache durch Urteil entschieden werden müsste (§ 90a Abs. 3 1. HS FGO). Zulässig ist es deshalb auch in den Fällen der §§ 97 bis 99 durch Gerichtsbescheid zu entscheiden. Da der Einzelrichter (§§ 6, 79a Abs. 3 und Abs. 4 FGO) anstelle des Senats entscheidet, kann er auch durch Gerichtsbescheid entscheiden. Für den Ge- 1 richtsbescheid des Vorsitzenden bzw. des Berichterstatters, ohne dass die Beteiligten sich mit einer Entscheidung damit einverstanden erklärt haben gilt § 79a Abs. 2 und Abs. 4 FGO. Soweit der Einzelrichter kraft Übertragung (§ 6 FGO) bzw. der konsentierte Einzelrichter (§ 79a Abs. 3 und Abs. 4 FGO) durch Gerichtsbescheid entschieden haben, sind sie auch im Falle eines Antrags auf mündliche Verhandlung zur Entscheidung durch Urteil berufen. § 90a gilt **auch im Revisionsverfahren** (§ 121 Satz 1 FGO); der BFH-Senat entscheidet in der Besetzung mit fünf Richtern (§ 10 Abs. 3 1. HS FGO).

2 Ein geeigneter Fall i.S. von § 90a Abs. 1 FGO liegt vor, wenn das Gericht (Senat, Einzelrichter) der Auffassung ist, der **Sachverhalt** sei **geklärt und** eine **zutreffende Entscheidung** könne **auch ohne mündliche Verhandlung** getroffen werden. Abweichend von § 84 Abs. 1 Satz 1 VwGO setzt § 90a Abs. 1 FGO nicht voraus, dass die Sache keine besonderen Schwierigkeiten tatsächlicher oder rechtlicher Art aufweist. Dementsprechend muss das Gericht auch nicht besonders entscheiden und begründen, warum es durch Gerichtsbescheid entscheidet (*Herbert* in Gräber, § 90a FGO Rz. 10; anders im allgemeinen Verwaltungsprozess; *Kopp/Schenke*, § 84 VwGO Rz. 18). Eines Einverständnisses der Beteiligten zur Entscheidung durch Gerichtsbescheid bedarf es nicht (BFH v. 31.08.2006, II E 4/06, juris). Die Beteiligten müssen auch nicht vor Ergehen eines Gerichtsbescheids gehört werden (anders: § 84 Abs. 1 Satz 2 VwGO; wie hier: BFH v. 02.04.2014, V R 62/10, BFH/NV 2014, 1210; *Brandis* in Tipke/Kruse, § 90a FGO Rz. 4; *Fu* in Schwarz/Pahlke, § 90a FGO Rz. 6; *Schallmoser* in HHSp, § 90a FGO Rz. 39; *Herbert* in Gräber, § 90a FGO Rz. 6). Ratsam ist es für die Beteiligten, bereits im Vorfeld darzutun, warum sich ihrer Ansicht nach der Streitfall nicht für eine Entscheidung durch Gerichtsbescheid eignet. Für die Form des Gerichtsbescheids gelten gem. § 106 FGO die §§ 104, 105 FGO wie für Urteile. Auch der Entscheidungsausspruch (Tenor) des Gerichtsbescheids unterscheidet sich nicht von der Urteilsformel. Die Rechtsmittelbelehrung (§ 105 Abs. 2 Nr. 6, § 55 Abs. 1 Satz 2 FGO) muss auf den nach § 90a Abs. 2 FGO statthaften Rechtsbehelf hinweisen.

3 Nach § 90a Abs. 2 Satz 1 FGO ist gegen einen Gerichtsbescheid **immer** der **Antrag auf mündliche Verhandlung gegeben**, unabhängig davon, ob das Gericht die Revision zugelassen hat (§ 115 Abs. 1 FGO) oder nicht (vgl. BFH v. 22.04.2008, X B 261/07, juris). Allerdings bedarf es eines **Rechtsschutzinteresses,** das grds. dann fehlt, wenn dem Antrag des Beteiligten durch den Gerichtsbescheid in vollem Umfang entsprochen worden ist (BFH v. 27.03.2013, IV R 51/10, BFH/NV 2013, 1110 [allerdings auf mangelnde Beschwer abstellend]; BFH v. 06.06.2013, VII R 16/12, BFH/NV 2013, 1440; auch s. Rz. 5). Hat das FG die Revision gem. § 155 Abs. 1 und Abs. 2 FGO zugelassen, können die Beteiligten entweder Revision einlegen oder die mündliche Verhandlung vor dem FG beantragen (§ 90a Abs. 2 Satz 2 FGO). Wird sowohl Revision eingelegt als auch die mündliche Verhandlung beantragt, so findet gem. § 90a Abs. 2 Satz 3 FGO die mündliche Verhandlung vor dem FG statt. Selbst in den Fällen der Revisionszulassung sollte jeder Beteiligte prüfen, ob der Tatsachenvortrag zu ergänzen ist und daher im Hinblick auf § 118 Abs. 2 FGO der Antrag auf Durchführung der mündlichen Verhandlung vorzugswürdig ist. Wurde die Revision nicht ausdrücklich zugelassen, ist der Antrag auf mündliche Verhandlung der einzige statthafte Rechtsbehelf gegen den Gerichtsbescheid (vgl. BFH v. 01.01.2009, XI B 104/08, ZSteu 2009, R 1187). Der Antrag auf mündliche Verhandlung kann in jedem Fall nur von demjenigen gestellt werden, der durch den Gerichtsbescheid beschwert ist (BFH v. 01.07.2009, VII R 3/08, ZSteu 2009, R 855). Eine **NZB** (§ 116 FGO) gegen einen Gerichtsbescheid ist nicht statthaft (BFH v. 25.01.2006, III B 97/05, juris; BFH v. 25.02.2008, IV R 4/08, juris; BFH v. 25.09.2008, X B 184/08, juris).

Der Antrag auf mündliche Verhandlung ist Rechtsbehelf und damit **Prozesshandlung** (s. Vor § 40 FGO Rz. 1 ff.). Er ist **innerhalb eines Monats nach Zustellung des Gerichtsbescheids schriftlich oder zu Protokoll** des Urkundsbeamten der Geschäftsstelle (s. § 64 Abs. 1 FGO) zu stellen; für das Verfahren vor dem BFH ist der Vertretungszwang (§ 62 Abs. 4 FGO) zu beachten (vgl. BFH v. 10.01.2008, VIII R 49/06, juris). Dort ist das dem Revisionsverfahren gem. § 122 Abs. 2 Satz 4 beigetretene BMF – mag es auch Beteiligter i.S. des § 57 Nr. 4 FGO geworden sein – zur Stellung eines Antrags auf mündliche Verhandlung gegen einen Gerichtsbescheid indessen nicht berechtigt (BFH v. 16.12.2015, IV R 15/14, BStBl II 2016, 284). Nach Maßgabe des § 52a FGO kann der Antrag auch in elektronischer Form übermittelt werden. Zu den Auswirkungen fehlender oder unrichtiger Rechtsmittelbelehrung § 55 Abs. 2 FGO. Ist die Antragsfrist versäumt, ist bei Vorliegen der tatbestandsmäßigen Voraussetzungen Wiedereinsetzung in den vorigen Stand (§ 56 FGO) zu gewähren. Einer **Begründung** bedarf der Antrag auf mündliche Verhandlung **nicht**; er ist jedoch nur zulässig, wenn der Antragsteller beschwert ist, und zwar nach dem Entscheidungsausspruch (Tenor). Der Zulässigkeit des Antrags steht nicht entgegen, dass der Beteiligte sich zuvor mit einer Entscheidung ohne mündliche Verhandlung einverstanden erklärt hatte (§ 90 Abs. 2 FGO; auch s. § 90 FGO Rz. 4). Betrifft der Gerichtsbescheid mehrere Veranlagungszeiträume, so kann der Antrag auf einen (einige) von ihnen beschränkt werden (BFH v. 25.11.1970, I R 7/69, BStBl II 1971, 181; BFH v. 05.06.2003, I R 38/01, BStBl II 2003, 822). Die Beschränkung des Antrags auf einen sonst abtrennbaren Teil der im Gerichtsbescheid enthaltenen Entscheidung ist ebenfalls zulässig (BFH v. 17.07.1979, VII R 27/74, BStBl II 1979, 652). Der Antrag auf mündliche Verhandlung kann (schon wegen der unterschiedlichen Besetzung der Richterbank (§ 5 Abs. 3 Satz 1 bzw. Satz 2 FGO) verbunden werden mit der Erklärung, es bestehe Einverständnis mit einer Entscheidung ohne mündliche Verhandlung (§ 90 Abs. 2 FGO; BFH v. 06.12.1978, VII R 98/77, BStBl II 1979, 170; BFH v. 17.12.1980, II R 38/77, BStBl II 1981, 322; *Brandis* in Tipke/Kruse, § 90a FGO Rz. 10; s. § 90 FGO Rz. 4). Unter Umständen ist der Antrag **rechtsmissbräuchlich** und daher unbeachtlich (s. Vor § 40 FGO Rz. 7). Es liegt aber kein Rechtsmissbrauch vor, wenn das FA nach Ergehen des Gerichtsbescheids die Durchführung der mündlichen Verhandlung beantragt und gleichzeitig den Rechtsstreit in der Hauptsache für erledigt erklärt, nachdem es einen Abhilfebescheid entsprechend dem Gerichtsbescheid erlassen hat (BFH v. 30.03.2006, V R 12/04, BStBl II 2006, 542).

Der **Antrag auf mündliche Verhandlung** kann **zurückgenommen** werden (BFH v. 22.10.1971, VI R 191/68, BStBl II 1972, 93), und zwar auch noch in der mündlichen Verhandlung (BFH v. 09.05.1990, I R 102/85, BStBl II 1990, 548), allerdings nur, wenn die Rücknahmeerklärung den Senat (Einzelrichter) nicht erst zum Zeitpunkt der nahezu abgeschlossenen mündlichen Verhandlung erreicht (BFH v. 24.01.1989, VIII R 91/83, BStBl II 1989, 416); nach Schließung der mündlichen Verhandlung kommt der Antragsrücknahme ohnehin keine Bedeutung mehr zu. Durch die Rücknahme des Antrags lebt der Gerichtsbescheid wieder auf (BFH v. 22.10.1971, VI R 191/68, BStBl II 1972, 93) und **wirkt als Urteil**. Wird der Antrag auf mündliche Verhandlung rechtzeitig gestellt (und nicht wieder zurückgenommen), geht das Verfahren weiter. Vor Erlass des Gerichtsbescheids vorgenommene Prozesshandlungen bleiben wirksam. Die Klage kann noch zurückgenommen werden (allerdings nur mit Einwilligung des Beklagten, § 72 Abs. 1 Satz 2 FGO); die Beteiligten können auch übereinstimmend die Hauptsache für erledigt erklären (BFH v. 28.06.2005, I R 35/03, BFH/NV 2005, 1847; BFH v. 19.11.2008, VI R 80/06, BStBl II 2009, 547). Erledigt sich das Verfahren nicht solcherart auf andere Weise, so ist durch Urteil (vgl. auch § 90a Abs. 4 FGO) zu entscheiden; eine **erneute Entscheidung durch Gerichtsbescheid** ist **unzulässig**. Wegen der Erleichterungen hinsichtlich der Begründung für dieses Urteil gilt § 90a Abs. 4 FGO. Ist der Antrag auf mündliche Verhandlung nicht rechtzeitig gestellt (und ist wegen der Versäumung der Frist auch nicht Wiedereinsetzung nach § 56 FGO zu gewähren), so ist im erstinstanzlichen Verfahren nach mündlicher Verhandlung durch Urteil festzustellen, dass der Gerichtsbescheid als Urteil wirkt (BFH v. 12.08.1981, I B 72/80, BStBl II 1982, 128; BFH v. 30.03.2006, V R 12/04, BStBl II 2006, 542; *Wendl* in Gosch, § 90a FGO Rz. 75); der BFH entscheidet im Hinblick auf § 126 Abs. 1 FGO durch Beschluss (z. B. BFH v. 06.11.2012, VIII R 40/10, BFH/NV 2013, 397). Unterlässt es ein Beteiligter, die Durchführung der mündlichen Verhandlung zu beantragen, steht dies einem Verzicht auf die Sachaufklärungsrüge nach § 155 Satz 1 FGO i. V. m. § 295 ZPO gleich (BFH v. 28.05.2004, VIII B 63/04, BFH/NV 2004, 1526; BFH v. 13.11.2014, III R 38/12, HFR 2015, 584).

## § 91 FGO Ladung der Beteiligten

**(1) Sobald der Termin zur mündlichen Verhandlung bestimmt ist, sind die Beteiligten mit einer Ladungsfrist von mindestens zwei Wochen, beim Bundesfinanzhof von mindestens vier Wochen, zu laden. In dringenden Fällen kann der Vorsitzende die Frist abkürzen.**

**(2) Bei der Ladung ist darauf hinzuweisen, dass beim Ausbleiben eines Beteiligten auch ohne ihn verhandelt und entschieden werden kann.**

**(3) Das Gericht kann Sitzungen auch außerhalb des Gerichtssitzes abhalten, wenn dies zur sachdienlichen Erledigung notwendig ist.**

**(4) § 227 Abs. 3 Satz 1 der Zivilprozeßordnung ist nicht anzuwenden.**

**S. § 102 VwGO; § 110 SGG**

### Schrifttum

Loschelder, Aufhebung, Verlegung und Vertagung von Gerichtsterminen, AO-StB 2004, 259.

§ 91 FGO regelt die Ladungsfrist und weitere Formalia zur Ladung sowie zum Sitzungsort. Für die Terminsladung gilt außerdem § 53 FGO. Ist ein Prozessbevollmächtigter bestellt, ist die Ladung gem. § 62 Abs. 6 Satz 5 FGO an ihn zu richten (s. § 62 FGO Rz. 28). Dies gilt so lange, bis die Mandatsniederlegung dem Gericht angezeigt wird. Wenn sie erst nach Absendung der Ladung angezeigt wird, berührt dies nicht die Wirksamkeit der Ladung (BFH v. 08.11.2013, X B 118/13, BFH/NV 2014, 364). Die Garantie des **rechtlichen Gehörs** (Art. 103 Abs. 1 GG, § 96 Abs. 2 FGO; s. § 96 FGO Rz. 4) gebietet u. a., die Beteiligten zu einer mündlichen Verhandlung ordnungsgemäß zu laden; dabei genügt es, wenn der Prozessbevollmächtigte geladen wird (BFH v. 08.10.2012, I B 22/12, BFH/NV 2013, 389; *Schallmoser* in HHSp, § 91 FGO Rz. 40). 1

Aus § 91 Abs. 2 FGO folgt, dass **grds. auch ohne die Teilnahme eines Beteiligten verhandelt** werden. Voraussetzung hierfür ist, dass der Betreffende ordnungsgemäß geladen war. Dies gilt nach der Rspr. des BFH sogar auch bei Abwesenheit aller Beteiligten (BFH v. 15.04.2015, I B 101/14, BFH/NV 2015, 1095). War die Ladung ordnungs- 1a gemäß, kann auch dann verfahrensfehlerfrei ohne den Beteiligten verhandelt und entschieden werden, wenn dieser unverschuldet nicht am Termin teilnehmen konnte (z. B. BFH v. 11.01.2007, VI S 10/06 [PKH], BFH/NV 2007, 936; vgl. auch BFH v. 25.09.2008, VII B 49/08, BFH/NV 2009, 212; BFH v. 01.02.2010, XI B 50/09, BFH/NV 2010, 921; BFH v. 26.04.2010, VII B 84/09, BFH/NV 2010, 1637; BFH v. 15.04.2015, I B 101/14, BFH/NV 2015, 1095; BFH v. 15.11.2016, VI R 48/15, BFH/NV 2017, 284). Dabei ist jedoch auch im Übrigen dessen Anspruch auf rechtliches Gehör (Art. 103 Abs. 1 GG) zu beachten (BFH v. 04.12.2017, X B 91/17, BFH/NV 2018, 342). Eine Wiedereinsetzung (§ 56 FGO) wegen unverschuldeter Versäumung des Termins kommt nicht in Betracht (BFH v. 11.01.2007, VI S 10/06 [PKH], BFH/NV 2007, 936). Das Ausbleiben des Beteiligten ist keine Verletzung der Mitwirkungspflicht zur Sachaufklärung (BFH v. 29.06.1972, V R 9/71, BStBl II 1972, 952). Das FG ist aber nicht verpflichtet, nach ordnungsgemäß erfolgter Ladung auf die Rechtsfolgen des Ausbleibens eines Beteiligten besonders hinzuweisen (BFH v. 28.02.2001, I B 163/00, juris). § 91 Abs. 2 FGO gilt nicht, wenn das persönliche Erscheinen der Beteiligten angeordnet ist (§ 80 FGO); ohne ihn kann dann nicht verhandelt werden (s. § 80 FGO Rz. 1 ff.). Andererseits ist das Gericht nicht verpflichtet, von sich aus dafür zu sorgen, dass der Beteiligte in die Lage versetzt wird, in der mündlichen Verhandlung persönlich zu erscheinen, wenn ein in Haft befindlicher, fristgerecht geladener Beteiligter gegen den Termin keine Einwendungen erhoben hat (BFH v. 22.03.1977, VII R 110/74, BStBl II 1977, 650). Wird der Kläger von einem Prozessbevollmächtigten vertreten, ist § 62 Abs. 6 Satz 5 FGO zu beachten (s. § 62 FGO Rz. 28). Eine Beschwerde gegen die Ladung als solche ist unstatthaft (BFH v. 21.06.2006, III B 94/06, juris; BFH v. 08.04.2009, V S 1/09, BFH/NV 2009, 1442), da es sich um eine prozessleitende Verfügung i. S. von § 128 Abs. 2 FGO handelt.

2 Die **Ladungsfrist** beträgt in den Verfahren vor den FG grundsätzlich zwei Wochen (nicht 14 Tage!) und vor dem BFH vier Wochen (§ 91 Abs. 1 Satz 1 FGO). Bei der Berechnung der Ladungsfrist sind weder der Tag der Zustellung der Ladung noch der Sitzungstag einzubeziehen (§ 155 Satz 1 FGO i. V. m. § 217 ZPO). Wird die Ladungsfrist nicht eingehalten, so liegt ein Verfahrensmangel vor, und zwar grds. die Versagung rechtlichen Gehörs (§ 119 Nr. 3 FGO; z. B. BFH v. 07.10.2010, II S 26/10 [PKH], BFH/NV 2011, 59; BFH v. 17.09.2014, IX B 37/14, BFH/NV 2015, 52). Ein Fall der mangelnden Vertretung i. S. von § 119 Nr. 4 FGO liegt bei Nichteinhaltung der Ladungsfrist jedenfalls dann nicht vor, wenn der nicht ordnungsgemäß geladene Verfahrensbeteiligte nachweislich vor dem Termin von dessen Anberaumung Kenntnis erhalten sowie einen Schriftsatz zur Begründung der Klage nach Zugang der Ladung gefertigt und noch vor dem Termin zur mündlichen Verhandlung bei Gericht eingereicht hat (BFH v. 25.07.1979, VI R 3/79, BStBl II 1979, 654). Außerdem wird ein Verstoß gegen § 91 Abs. 1 FGO geheilt, wenn für den nicht ordnungsgemäß geladenen Beteiligten ein Prozessbevollmächtigter auftritt und den Verstoß nicht rügt (BFH v. 13.06.2005, I B 155/03, juris).

Für die **Terminverlegung bzw. -aufhebung** gilt § 155 Satz 1 FGO i. V. m. § 227 ZPO; jedoch ist die Anwendung des § 227 Abs. 3 Satz 1 ZPO durch § 91 Abs. 4 FGO ausdrücklich ausgeschlossen. **Terminsaufhebung** meint die Absetzung des Termins vor seinem Beginn ohne gleichzeitige Bestimmung eines neuen gleichartigen Termins (*Feskorn* in Zöller, § 227 ZPO Rz. 1). **Terminverlegung** bedeutet die Aufhebung des anberaumten Termins vor dessen Beginn unter gleichzeitiger Bestimmung eines (früheren oder späteren) anderen Termins (*Feskorn* in Zöller, § 227 ZPO Rz. 2). **Vertagung** meint die Beendigung eines bereits begonnenen Termins vor dessen Schluss unter gleichzeitiger Bestimmung des neuen (Fortsetzungs-)Termins (*Feskorn* in Zöller, § 227 ZPO Rz. 3; vgl. zum Vorstehenden auch *Loschelder*, AO-StB 2004, 259, 260). S. § 93 FGO Rz. 5. In der bloßen Verschiebung eines Termins zur mündlichen Verhandlung auf eine spätere Uhrzeit am selben Tag liegt keine Aufhebung des Termins, sodass keine neue Ladung erforderlich ist (BFH v. 09.05.2012, VII B 3/12, BFH/NV 2012, 1324; BFH v. 16.07.2012, III B 1/12, BFH/NV 2012, 1636). Die Entscheidung obliegt jeweils dem Vorsitzenden. § 227 ZPO lautet:

**§ 227 ZPO Terminsänderung**

(1) Aus erheblichen Gründen kann ein Termin aufgehoben oder verlegt sowie eine Verhandlung vertagt werden. Erhebliche Gründe sind insbes. nicht

1. das Ausbleiben einer Partei oder die Ankündigung, nicht zu erscheinen, wenn nicht das Gericht dafür hält, dass die Partei ohne ihr Verschulden am Erscheinen verhindert ist;
2. die mangelnde Vorbereitung einer Partei, wenn nicht die Partei dies genügend entschuldigt;
3. das Einvernehmen der Parteien allein.

(2) Die erheblichen Gründe sind auf Verlangen des Vorsitzenden, für eine Vertagung auf Verlangen des Gerichts glaubhaft zu machen.

(3) ...

(4) Über die Aufhebung sowie Verlegung eines Termins entscheidet der Vorsitzende ohne mündliche Verhandlung; über die Vertagung einer Verhandlung entscheidet das Gericht. Die Entscheidung ist kurz zu begründen. Sie ist unanfechtbar.

§ 227 Abs. 3 Satz 2 ZPO betrifft ausschließlich die dort ausdrücklich genannten Zivilverfahren; eine Anwendung im Finanzprozess ist ausgeschlossen. Daher wurde vom Abdruck abgesehen.

§ 227 Abs. 1 Satz 1 ZPO lässt die Terminsaufhebung 4
oder -verlegung im Einzelfall wegen **erheblicher Gründe**

zu. § 227 Abs. 1 Satz 2 ZPO zählt Gründe auf, die von Gesetzes wegen nicht als erheblich anzusehen sind. Erhebliche Gründe sind z.B. **kollidierende Gerichtstermine** des Prozessbevollmächtigten, die vorher anberaumt waren (z.B. BFH v. 14.10.1975, VII R 150/71, BStBl II 1976, 48) oder akute **Erkrankung**. Das FG ist berechtigt, im Falle eines Antrags auf Vertagung der mündlichen Verhandlung ein aktuelles Attest über die Erkrankung des Klägers anzufordern, wenn das ursprüngliche Attest nicht unverzüglich vorgelegt wurde und zum Zeitpunkt der mündlichen Verhandlung bereits über zwei Wochen alt war (BFH v. 15.02.2002, XI B 100/01, BFH/NV 2002, 909). Das Attest muss hinreichend substantiiert sein, um die Terminverlegung zu rechtfertigen (BFH 22.07.2005, V S 7/05 [PKH], BFH/NV 2005, 2219). Das bedeutet, dass zumindest bei unmittelbar vor dem Termin zur mündlichen Verhandlung eingereichten ärztlichen Attesten diese die Diagnose unverschlüsselt ausweisen oder aber der Schlüssel zu einem verwendeten Code beigefügt wird, sodass das FG in die Lage versetzt wird, sofort über die Verhandlungsunfähigkeit zu entscheiden (BFH v. 29.09.2011, IV B 122/09, BFH/NV 2012, 419). Eine Erkrankung des Prozessbevollmächtigten verpflichtet das Gericht regelmäßig nur dann zu einer Vertagung der mündlichen Verhandlung, wenn er überraschend krank wird (BFH v. 19.08.2003, IX B 36/03, DStRE 2004, 540; BFH v. 10.04.2007, XI B 58/06, BFH/NV 2007, 1672; BFH v. 07.11.2017, III B 31/17, BFH/NV 2018, 214); bei einer länger dauernden Erkrankung muss sich der Prozessbevollmächtigte indes rechtzeitig um einen Vertreter bemühen (BFH v. 03.11.2003, III B 55/03, BFH/NV 2004, 506). Ob die Ablehnung eines gestellten Antrags auf Terminverlegung (§ 155 Satz 1 FGO i.V.m. § 227 Abs. 1 ZPO) den Anspruch auf rechtliches Gehör verletzt, hängt von den jeweils gegebenen Umständen ab (s. BFH v. 20.06.1974, IV B 55–56/73, BStBl II 1974, 637; BFH v. 14.10.1975, VII R 150/71, BStBl II 1976, 48; BFH v. 26.04.1991, III R 87/89, BFH/NV 1991, 830; BFH v. 26.10.1998, I B 3/98, BFH/NV 1999, 626). Wurde das persönliche Erscheinen des Klägers angeordnet, so kann der Kläger davon ausgehen, dass ohne seine Anhörung keine Entscheidung ergehen werde (BVerwG v. 13.05.1971, I CB 4.69, HFR 1972, 46). Hat der Kläger dagegen eine ihm viele Monate lang gebotene Gelegenheit, sich zum Prozess zu äußern, nicht genutzt und wurde ihm gem. § 91 Abs. 2 FGO mitgeteilt, dass auch ohne ihn verhandelt werden könne, kann er nicht mit Erfolg Verletzung des rechtlichen Gehörs nur deshalb geltend machen, weil er an der mündlichen Verhandlung nicht hat teilnehmen können (BFH v. 20.06.1974, IV B 55–56/73, BStBl II 1974, 637). **Mangelnde Vorbereitung eines Beteiligten** rechtfertigt grds. keine Terminverlegung (BFH v. 09.09.2005, IV B 6/04, BFH/NV 2006, 22). Die Entscheidung über einen Terminverlegungsantrag darf jedoch die berechtigten Interessen des Antragstellers nicht völlig außer Acht lassen. Insbesondere wird man bei Prozessbeteiligten, die durch Rechtsanwälte, Steuerberater usw. vertreten sind, auf die beruflichen Belange dieser Vertreter soweit wie möglich Rücksicht nehmen müssen. Ist z.B. ein Prozessbevollmächtigter zu dem in der Ladung bezeichneten Zeitpunkt bei Gericht anwesend und beantragt er nach angemessener Wartezeit im Hinblick auf andere noch unerledigte, zeitlich vorgehende Termine des Gerichts die Verlegung des Termins zur mündlichen Verhandlung wegen Wahrnehmung anderer eigener Termine, so stellt die Durchführung der mündlichen Verhandlung mehrere Stunden nach dem vorgesehenen Zeitpunkt in Abwesenheit des Prozessbevollmächtigten eine Verletzung des rechtlichen Gehörs dar (BFH v. 24.11.1976, II R 28/76, BStBl II 1977, 293). Desgleichen ist eine vor einem anderen Gericht stattfindende mündliche Verhandlung über einen Antrag auf Erlass einer einstweiligen Verfügung für das FG ein erheblicher Grund für eine Terminverlegung (BFH v. 05.12.1979, II R 56/76, BStBl II 1980, 208); grds. ist jedoch zu prüfen, ob nicht die Verlegung eines anderen angesetzten Gerichtstermins oder die Vertretung durch einen anderen Prozessbevollmächtigten zumutbar ist (BFH v. 30.11.1992, X B 18/92, BFH/NV 1993, 732). Dagegen ist die Durchführung der mündlichen Verhandlung ohne Anwesenheit des ordnungsgemäß geladenen Prozessvertreters nach Ablehnung eines Vertagungsantrags kein Fall der mangelnden Vertretung des Klägers i.S. von § 119 Nr. 4 FGO (BFH v. 11.04.1978, VIII R 215/77, BStBl II 1978, 401). Auch bei einem kurz vor der mündlichen Verhandlung stattfindenden, vom Kläger nicht verschuldeten **Wechsel des Prozessbevollmächtigten** muss dem Antrag des neuen Prozessvertreters auf Terminverlegung oder Vertagung der in tatsächlicher oder rechtlicher Hinsicht nicht einfachen Sache entsprochen werden (BFH v. 26.01.1977, I R 163/74, BStBl II 1977, 348; BFH v. 17.03.1992, XI B 38/91, BFH/NV 1992, 679; BFH v. 01.08.2008, VIII S 22/08 [PKH], DStRE 2009, 571). Jedoch genügt es in der Regel, wenn dem neuen Prozessbevollmächtigten noch eine Vorbereitungszeit von mindestens zwei Wochen verbleibt, sodass keine Terminverlegung zu erfolgen braucht (BFH v. 28.09.2005, X S 15/05 [PKH], BFH/NV 2005, 2249; BFH v. 25.11.2008, IX S 22/08 [PKH], DStRE 2009, 571; BFH v. 22.12.2008, IX B 143/08, BFH/NV 2009, 547). Ebenso kann es geboten sein, einem Vertagungsantrag zu entsprechen, der sich darauf stützt, dass der Kläger seinem Prozessbevollmächtigten das Mandat wegen Erschütterung des Vertrauensverhältnisses entzogen hat (BVerwG v. 27.03.1985, 4 C 79/84, HFR 1986, 479). Das Gericht kann die Verlegung eines Termins dann ablehnen, wenn die Absicht einer **Prozessverschleppung** offensichtlich ist oder wenn die prozessualen Mitwirkungspflichten in anderer Weise erheblich verletzt worden sind (BFH v. 03.11.2003, III B 55/03, BFH/NV 2004, 506; BFH v. 29.10.2008, VI B 41/08, juris; BFH

v. 29.04.2009, IX B 214/08, juris), und zwar auch bei Vorliegen erheblicher Gründe (BFH v. 19.08.2003, IX B 36/03, DStRE 2004, 540). Vgl. im Übrigen auch die Erläuterungen zu § 119 Nr. 3 FGO. In jedem Fall sind die **Gründe für die Terminverlegung substantiiert darzulegen und glaubhaft zu machen** (BFH v. 31.03.2006, IV B 138/04, BFH/NV 2006, 1490), und zwar unaufgefordert (BFH v. 03.04.2008, VII B 138/07, juris).

5 Wenngleich grundsätzlich mündliche Verhandlungen am Sitz des Gerichts im Gerichtsgebäude durchzuführen sind, gestattet § 91 Abs. 3 FGO jedoch die Abhaltung von **Sitzungen außerhalb des Gerichtssitzes**, wenn dies zur sachdienlichen Erledigung notwendig ist. Angesichts der Größe der Gerichtsbezirke der FG kann durch auswärtige Termine eine wesentliche Beschleunigung bzw. auch Vereinfachung des Verfahrens herbeigeführt werden, sodass Sachdienlichkeit nicht zu verneinen ist.

## § 91a FGO
## Übertragung der mündlichen Verhandlung

**(1) Das Gericht kann den Beteiligten, ihren Bevollmächtigten und Beiständen auf Antrag oder von Amts wegen gestatten, sich während einer mündlichen Verhandlung an einem anderen Ort aufzuhalten und dort Verfahrenshandlungen vorzunehmen. Die Verhandlung wird zeitgleich in Bild und Ton an diesen Ort und in das Sitzungszimmer übertragen.**

**(2) Das Gericht kann auf Antrag gestatten, dass sich ein Zeuge, ein Sachverständiger oder ein Beteiligter während einer Vernehmung an einem anderen Ort aufhält. Die Vernehmung wird zeitgleich in Bild und Ton an diesen Ort und in das Sitzungszimmer übertragen. Ist Beteiligten, Bevollmächtigten und Beiständen nach Absatz 1 Satz 1 gestattet worden, sich an einem anderen Ort aufzuhalten, so wird die Vernehmung auch an diesen Ort übertragen.**

**(3) Die Übertragung wird nicht aufgezeichnet. Entscheidungen nach Absatz 1 Satz 1 und Absatz 2 Satz 1 sind unanfechtbar.**

**(4) Die Absätze 1 und 3 gelten entsprechend für Erörterungstermine (§ 79 Absatz 1 Satz 2 Nummer 1).**

### Schrifttum

LEMAIRE, Die Reform der FGO, AO-StB 2001, 23; SEIBEL, Die Videokonferenz im FG-Verfahren, AO-StB 2001, 147; SEIBEL, Videokonferenz und Datenschutz, AO-StB 2001, 184; EHMCKE, Neuregelungen zum Verfahren vor den Finanzgerichten, Stbg. 2002, 49; SCHAUMBURG, Mündliche Verhandlungen durch Videokonferenz, ZRP 2002, 313; BRANDIS, Elektronische Kommunikation im Steuerverfahren und im Steuerprozess, StuW 2003, 349; SCHULTZKY, Videokonferenzen im Zivilprozess, NJW 2003, 313; PRÜTTING, Auf dem Weg von der mündlichen Verhandlung zur Videokonferenz, AnwBl 2013, 330.

§ 91a FGO wurde durch das 2. FGOÄndG eingefügt. Während die mündliche Verhandlung normalerweise die persönliche Anwesenheit voraussetzt, ermöglicht die Vorschrift die Durchführung einer **mündlichen Verhandlung** sowie eines **Erörterungstermins** (§ 91a Abs. 4, § 79 Abs. 1 Satz 2 Nr. 1 FGO), bei der einzelne Beteiligte bzw. deren Bevollmächtigte oder Beistände **per Videokonferenz** teilnehmen. In der seit 01.11.2013 geltenden Fassung nimmt § 91a FGO den wesentlichen Regelungsgehalt des mit Wirkung vom 01.11.2013 außer Kraft tretenden § 93a FGO auf (Art. 3 Nr. 2 und Art. 10 Abs. 1 des Gesetzes zur Intensivierung des Einsatzes von Videokonferenztechnik im gerichtlichen und staatsanwaltschaftlichen Verfahren v. 24.04.2013, BGBl I 2013, 935). Eine wesentliche Änderung im Vergleich zur bisherigen Regelung in § 93a Abs. 1 Satz 4 und Abs. 2 FGO a.F. enthält § 91a Abs. 3 Satz 1 FGO n.F., wonach die **Übertragung generell nicht aufgezeichnet** wird (s. Rz. 3). Die praktische Bedeutung der Vorschrift ist derzeit immer noch gering, da nicht alle FG über entsprechende technische Voraussetzungen verfügen. Die Vorschrift gilt für **mündliche Verhandlungen** vor dem Senat bzw. Einzelrichter (§§ 6, 79a Abs. 3 und Abs. 4 FGO) und für **Erörterungstermine** vor dem Berichterstatter i.S. von § 79a Abs. 1 Satz 2 Nr. 1 FGO (§ 91a Abs. 4 FGO) sowie für die **Beweisaufnahme**, wie aus § 91a Abs. 2 Satz 1 FGO folgt.

Grundlegende Voraussetzung für eine Verhandlung per Videokonferenz ist, dass sowohl das FG als auch die Beteiligten bzw. deren Bevollmächtigte oder Beistände über eine entsprechende technische Ausstattung verfügen (*Herbert* in Gräber, § 91a FGO Rz. 4). Eine Videokonferenz über »Skype« erfüllt hinsichtlich der technischen Qualität, Sicherheit und Stabilität nicht die Voraussetzungen der Videokonferenz des § 91a Abs. 1 FGO und kommt daher nicht in Betracht (FG Nbg v. 29.01.2014, 3 K 861/13, juris). Nach § 91a Abs. 1 Satz 1 FGO kann eine Videokonferenz von Amts wegen oder auf **Antrag** eines Beteiligten durchgeführt werden. Der Antrag ist **Prozesshandlung** und deshalb grundsätzlich unanfechtbar und unwiderruflich (s. Vor § 40 FGO Rz. 1 ff.). Er ist schriftlich oder mündlich zu Protokoll des Urkundsbeamten der Geschäftsstelle zu stellen. Das FG entscheidet hierüber nach pflichtgemäßem **Ermessen** (*Schallmoser* in HHSp, § 91a FGO Rz. 53). § 91a FGO begründet lediglich eine Befugnis der Gerichte, eine vorhandene Videotechnik einzusetzen, um die Prozessbeteiligten von Reise- und Zeitaufwand zu entlasten. Es besteht aber keine Verpflichtung des Gerichts, für eine Zuschaltung per Videokonferenz in einem anderen Bundesland zu sorgen (BFH v. 18.07.2016, VI B 128/15, BFH/NV 2016, 1752). Daher sieht es der BFH als Aufgabe des Beteiligten an, sich um eine geeignete Videokonferenz- 2 anlage zu kümmern, wenn er von der Gestattung nach § 91 a FGO Gebrauch machen will (BFH v. 18.07.2016, VI B 128/15, BFH/NV 2016, 1752). Der Beschluss ist gem. § 91 a Abs. 3 Satz 2 FGO **unanfechtbar** (*Herbert* in Gräber, § 91 a FGO Rz. 18). Gibt das Gericht dem Antrag statt, werden die Beteiligten gem. § 91 Abs. 1 FGO geladen. § 91 Abs. 2 FGO ist im Verfahren per Videokonferenz – entgegen der in der Vorauflage vertretenen Auffassung – anwendbar (*Herbert* in Gräber, § 91 a FGO Rz. 6; *Brandis* in Tipke/Kruse, § 91 a FGO Rz. 7; *Schmieszek* in Gosch, § 91 a FGO Rz. 12). Die von den Beteiligten im Laufe der Videokonferenz vorgenommenen Prozesshandlungen sind wirksam. Der Ort, an dem sich der zugeschaltete Beteiligte oder Prozessbevollmächtigte befindet, ist unerheblich; jedenfalls muss dieser Raum nicht der Öffentlichkeit (§ 52 FGO i. V. m. § 169 GVG) zugänglich sein. Treten **technische Probleme** auf, sodass die laufende Verbindung zwischen dem Gericht und den zugeschalteten Beteiligten gestört ist, ist die Verhandlung zu unterbrechen oder zu vertagen. Der Vertagungsbeschluss ist den Beteiligten schriftlich bekannt zu machen (*Brandis* in Tipke/Kruse, § 91 a FGO Rz. 10; *Herbert* in Gräber, § 91 a FGO Rz. 7).

3 Nach § 91 a Abs. 3 Satz 1 FGO darf die Verhandlung **nicht** auf Video oder andere Datenträger **aufgezeichnet** werden. Damit wird sichergestellt, dass die Aufzeichnung nicht entgegen § 52 FGO i. V. m. § 169 Satz 2 GVG veröffentlicht wird (*Brandis* in Tipke/Kruse, § 91 a FGO Rz. 9; *Herbert* in Gräber, § 91 a FGO Rz. 4). Abgesehen davon ist auch der Grundsatz der **Öffentlichkeit** bei der Durchführung einer mündlichen Verhandlung per Videokonferenz zu beachten: Die Öffentlichkeit darf an der Teilnahme an der mündlichen Verhandlung im Sitzungssaal des FG nicht gehindert werden und muss dort das gesamte Prozessgeschehen anhand der Bild- und Tonübertragung mitverfolgen können (BFH v. 21.02.2017, IX B 126/16, BFH/NV 2017, 613; *Herbert* in Gräber, § 91 a FGO Rz. 7).

## § 92 FGO
## Gang der Verhandlung

**(1) Der Vorsitzende eröffnet und leitet die mündliche Verhandlung.**

**(2) Nach Aufruf der Sache trägt der Vorsitzende oder der Berichterstatter den wesentlichen Inhalt der Akten vor.**

**(3) Hierauf erhalten die Beteiligten das Wort, um ihre Anträge zu stellen und zu begründen.**

S. § 103 VwGO; § 112 SGG

**Schrifttum**

Bilsdorfer, Der Rechtsanwalt und die mündliche Verhandlung vor dem Finanzgericht, NJW 2001, 331; Lemaire, Die drei Phasen der mündlichen Verhandlung, AO-StB 2002, 348; Redeker, Mündliche Verhandlung – Sinn und Wirklichkeit, NJW 2002, 192; Mack, Die mündliche Verhandlung, AO-StB 2004, 443.

Die mündliche Verhandlung des Rechtsstreites vor dem erkennenden Gericht bildet eine Einheit, auch wenn zu ihrer Durchführung mehrere Termine (Sitzungstage) benötigt werden. Sie kann »vertagt« oder – nach ihrem Schluss (§ 93 Abs. 3 FGO) – wieder eröffnet werden, ohne dass es eines erneuten Sachvortrages und erneuter Stellung der Anträge bedarf. Eine solche »Vertagung« ist als **bloße Unterbrechung** der mündlichen Verhandlung zu werten. Von einer solchen, die Einheit der Verhandlung nicht berührenden Unterbrechung ist im Zweifel auszugehen, wenn in der mündlichen Verhandlung bereits Beweise erhoben worden sind (BFH v. 15.03.1977, VII R 122/73, BStBl II 1977, 431). Die mündliche Verhandlung kann **ohne Wiederholung der bisherigen prozessualen Vorgänge vor denselben Richtern** in einem weiteren Termin fortgesetzt werden. Anders hingegen bei Wechsel auf der Richterbank (§ 103 FGO): Hier muss die Sache neu vorgetragen und ohne Rücksicht auf die frühere Verhandlung neu verhandelt werden. Frühere Beweisaufnahmen müssen nach der hier vertretenen Auffassung grds. wiederholt werden, sofern nicht alle Beteiligten ihr Einverständnis damit erklären, dass der Inhalt der entsprechenden Niederschriften lediglich verlesen und zum Gegenstand der nunmehrigen mündlichen Verhandlung gemacht wird (s. § 81 FGO Rz. 4). 1

Durch § 92 Abs. 3 FGO wird der **Hauptzweck** der mündlichen Verhandlung, die **Gewährung des rechtlichen Gehörs**, dokumentiert. Zur Leitung der mündlichen Verhandlung durch den Vorsitzenden bzw. Einzelrichter (§ 92 Abs. 1 FGO) gehört auch die Worterteilung an die Beteiligten. Sie reicht zur Gewährung des rechtlichen Gehörs aus, wenn sichergestellt ist, dass ausreichend Gelegenheit gegeben wird, sich zum Streitstoff in tatsächlicher und rechtlicher Hinsicht zu äußern (BFH v. 16.11.1971, VIII R 4/69, BStBl II 1973, 825). Eine straffe Verhandlungsführung mit dem Ziel, überflüssige Äußerungen zu unterbinden, enthält keinen Verstoß gegen den Grundsatz des rechtlichen Gehörs. Unterbrechungen, die für unberechtigt gehalten werden, müssen noch in der Instanz gerügt werden, sonst wird ein (zulässiger) Verzicht auf das rechtliche Gehör unterstellt (BFH v. 05.10.1967, V B 29/67, BStBl II 1968, 179). Es müssen die vorhandenen prozessualen Möglichkeiten, sich ausreichendes rechtliches Gehör zu verschaffen, ausgenutzt werden, insbes. ggf. Antrag auf Ablehnung wegen Besorgnis der Befangenheit wegen eines Wortentzugs oder einer Unterbrechung gestellt werden (BVerwG v. 03.12.1979, 2 B 16/78, HFR 1981, 289). 2

3 Die mündliche Verhandlung beginnt mit dem Aufruf der Sache (§ 92 Abs. 2 FGO). Danach trägt der Vorsitzende oder der Berichterstatter den wesentlichen Inhalt der Akten vor, damit zwischen den Beteiligten und dem Gericht, insbes. auch den ehrenamtlichen Richtern, feststeht, welcher Tatsachenstoff verhandelt wird. Die Verpflichtung des FG zum Vortrag des wesentlichen Akteninhalts (bzw. seiner vorherigen schriftlichen Übersendung) gibt den Beteiligten indessen kein Einsichtsrecht in das Manuskript des Sachvortrags bzw. in sonstige Aufzeichnungen des Berichterstatters (vgl. BFH v. 26.05.2010, V B 70/09, BFH/NV 2010, 1873; auch s. § 78 FGO Rz. 3). Die Praxis bei manchen FG, den **späteren Urteilstatbestand** mehrere Tage vor der mündlichen Verhandlung den Beteiligten und den ehrenamtlichen Richter zu übersenden, begegnet keinen Bedenken. Die Beteiligten erhalten in diesem Fall in der mündlichen Verhandlung Gelegenheit, die Ergänzung des Tatbestands zu beantragen, und verzichten in der Regel auf den mündlichen Vortrag des wesentlichen Inhalts der Akten. Diese Verfahrensweise ist im Hinblick auf die Gewährung rechtlichen Gehörs ohne Weiteres zulässig (vgl. BFH v. 25.10.2000, I B 117/00, BFH/NV 2001, 470; *Brandis*, in Tipke/Kruse, § 92 FGO Rz. 6; *Herbert* in Gräber, § 92 FGO Rz. 8; *Schallmoser* in HHSp, § 92 FGO Rz. 47; *Wendl* in Gosch, § 93 FGO Rz. 58). Dass der Berichterstatter »während des informellen Vorgespräches der Verfahrensbeteiligten mit dem Vorsitzenden bzw. diesem und den anderen Richtern« noch nicht zugegen war, begründet im Hinblick auf § 92 Abs. 2 FGO keinen Verfahrensfehler (BFH v. 05.02.2015, X B 117/14, BFH/NV 2015, 659).

4 Für die Beurteilung des Klagebegehrens und der Frage, ob sich das Gericht an das Klagebegehren hält, sind die in der mündlichen Verhandlung gem. § 92 Abs. 3 FGO gestellten und protokollierten (§ 94 FGO i. V. m. § 160 Abs. 3 Nr. 2 ZPO) **Anträge maßgeblich** (vgl. z. B. BFH v. 10.06.2014, IX B 157/13, BFH/NV 2014, 1559). Das bedeutet, das FG darf über das zuletzt in der mündlichen Verhandlung eingegrenzte Klagebegehren nicht hinausgehen; zuvor schriftlich gestellte, aber in der mündlichen Verhandlung nicht aufrechterhaltene Anträge haben keine Bedeutung (BFH v. 12.01.2012, II S 9/11 [PKH], BFH/NV 2012, 709; BFH v. 09.04.2013, IX B 16/13, BFH/NV 2013, 1114).

5 Für die **Sitzungspolizei**, d. h. die Aufrechterhaltung der Ordnung in der Sitzung gilt § 52 FGO i. V. m. §§ 176 bis 183 GVG (s. § 52 FGO Rz. 8 f.).

## § 93 FGO
## Erörterung der Streitsache

**(1) Der Vorsitzende hat die Streitsache mit den Beteiligten tatsächlich und rechtlich zu erörtern.**

**(2) Der Vorsitzende hat jedem Mitglied des Gerichts auf Verlangen zu gestatten, Fragen zu stellen. Wird eine Frage beanstandet, so entscheidet das Gericht.**

**(3) Nach Erörterung der Streitsache erklärt der Vorsitzende die mündliche Verhandlung für geschlossen. Das Gericht kann die Wiedereröffnung beschließen.**

**S. § 104 VwGO; §§ 112, 121 SGG**

### Schrifttum

LOSCHELDER, Aufhebung, Verlegung und Vertagung von Gerichtsterminen, AO-StB 2004, 259.

1 § 93 Abs. 1 FGO ordnet an, dass der Vorsitzende (bzw. der Einzelrichter) den **Sach- und Streitstand mit den Beteiligten erörtert**. Ein Verstoß hiergegen begründet eine Gehörsverletzung (Art. 103 Abs. 1 GG, § 96 Abs. 2 FGO), jedoch ist dieser Verfahrensfehler nach § 155 Satz 1 FGO i. V. m. § 295 ZPO verzichtbar (BFH v. 01.04.2008, X B 135/07, juris; BFH v. 15.02.2012, IV B 126/10, BFH/NV 2012, 774; auch BFH v. 01.04.2008, X B 101/07, ZSteu 2008, R700; BFH v. 19.08.2008, II B 1/07, juris). Der Grundsatz des **rechtlichen Gehörs** und die Verpflichtung des Vorsitzenden zur Erörterung der Streitsache mit den Beteiligten verpflichten den Vorsitzenden indessen nicht, bereits in der mündlichen Verhandlung das erst in der Beratung zu findende Ergebnis mitzuteilen (BFH v. 04.12.2008, XI B 186/07, juris). Auch das Unterlassen von abstrakten rechtlichen Erörterungen stellt keinen Verstoß gegen § 93 Abs. 1 FGO dar. Es genügt, wenn das FG seine auf der höchstrichterlichen Rspr. beruhende Rechtsansicht darlegt (BFH v. 25.04.2016, X B 134/15, BFH/NV 2016, 1286). Bei der Erörterung muss der Vorsitzende Richter so laut und deutlich sprechen, dass die Beteiligten seiner Verfahrensführung gut folgen können (BFH v. 25.04.2016, X B 134/15, BFH/NV 2016, 1286).

Der Vorsitzende muss nach § 93 Abs. 2 Satz 1 FGO 2
jedem Mitglied, d. h. auch den ehrenamtlichen Richtern, auf Verlangen gestatten, **Fragen** zu stellen. Aus § 93 Abs. 2 Satz 2 FGO folgt, dass **nicht sachdienliche Fragen beanstandet** werden können, allerdings nur von den Beteiligten, nicht jedoch vom Vorsitzenden oder den Beisitzern (*Herbert* in Gräber, § 93 FGO Rz. 5; *Brandis* in Tipke/Kruse, § 93 FGO Rz. 5; *Schallmoser* in HHSp, § 93 FGO Rz. 32; *Fu* in Schwarz/Pahlke, § 93 FGO Rz. 33). Das Gericht entscheidet nach § 93 Abs. 2 Satz 2 FGO darüber, ob die Frage zu Recht beanstandet und demnach als nicht gestellt zu behandeln ist. Die Entscheidung ist als prozessleitende Verfügung i. S. von § 128 Abs. 2 FGO nicht gesondert anfechtbar.

Nach Erörterung der Streitsache schließt der Vorsitzen- 3
de die mündliche Verhandlung (§ 93 Abs. 3 Satz 1 FGO).

Der **Schluss der mündlichen Verhandlung** bewirkt, dass danach keine Prozesshandlungen mehr vorgenommen, neue Angriffs- oder Verteidigungsmittel nicht mehr vorgebracht (§ 155 Satz 1 FGO i. V. m. § 296a Satz 1 ZPO) und die Beteiligten keine Verfahrensrügen mehr geltend machen können (*Brandis* in Tipke/Kruse, § 93 FGO Rz. 6; *Schallmoser* in HHSp, § 93 FGO Rz. 39; *Wendl* in Gosch, § 93 FGO Rz. 65). Bei Entscheidungen ohne mündliche Verhandlung ist der Zeitpunkt, der dem Schluss der mündlichen Verhandlung entspricht, die Absendung der Urteilsausfertigungen (BFH v. 16.06.2016, X B 110/15, BFH/NV 2016, 1481; s. § 90 FGO Rz. 4a). Zur Wiedereröffnung der mündlichen Verhandlung (§ 93 Abs. 3 Satz 2 FGO) s. Rz. 4.

Nach Schluss der mündlichen Verhandlung kann das Gericht die **Wiedereröffnung** der mündlichen Verhandlung beschließen (§ 93 Abs. 3 Satz 2 FGO). Sie ist ebenso wie ihre Ablehnung eine **prozessleitende Verfügung**, die gem. § 128 Abs. 2 FGO nicht gesondert angefochten werden kann (BFH v. 26.09.2008, VIII B 23/08, juris; BFH v. 18.08.2009, VIII B 95/09, BFH/NV 2010, 217; BFH v. 17.09.2009, IV B 33/08, BFH/NV 2010, 219). Die Wiedereröffnung steht im **Ermessen** des Gerichts (z. B. BFH v. 30.05.2012, III B 239/11, BFH/NV 2012, 1470; BFH v. 31.05.2017, XI R 2/14, BStBl II 2017, 1024). Das Ermessen ist dann auf null reduziert, wenn durch die Ablehnung der Wiedereröffnung wesentliche Prozessgrundsätze verletzt würden, z. B. weil andernfalls der Anspruch der Beteiligten auf rechtliches Gehör verletzt würde oder die Sachaufklärung nicht ausreicht (z. B. BFH v. 05.11.2014, IV R 30/11, BStBl II 2015, 601; BFH v. 31.05.2017, XI R 2/14, BStBl II 2017, 1024; vgl. auch BFH v. 23.03.2015, VII B 167/14, BFH/NV 2015, 999). Eine Wiedereröffnung kann z. B. geboten sein, wenn ein Beteiligter in der mündlichen Verhandlung mit Hinweisen oder Fragen des Gerichts überrascht wurde, zu denen er nicht sofort Stellung nehmen konnte, und das Gericht ihm keine Möglichkeit mehr zur Stellungnahme gegeben hat (BFH v. 07.07.2006, IV B 94/05, BFH/NV 2006, 2266; BFH v. 15.10.2008, X B 106/08, BFH/NV 2009, 40). Ob bei nachträglichem Eingang eines Schriftsatzes mit neuem tatsächlichem Vorbringen die mündliche Verhandlung wiedereröffnet werden muss, hängt davon ab, ob die vorgetragenen Tatsachen schon nach dem bisherigen Vorbringen den Vorwurf mangelnder Sachaufklärung rechtfertigen würden (BFH v. 29.11.1973, IV R 221/69, BStBl II 1974, 115). Zum Problem des nachgereichten Schriftsatzes im Zusammenhang mit der Verletzung des Rechts auf Gehör BFH v. 16.10.1970, VI B 24/70, BStBl II 1971, 25 einerseits sowie s. § 104 FGO Rz. 4).Das Gericht muss das Für und Wider eines nochmaligen Eintritts in die mündliche Verhandlung abwägen; dies muss in dem Urteil zum Ausdruck gebracht werden, damit die Ermessensausübung nachgeprüft werden kann (BFH v. 29.04.2004, III B 73/03, juris; BFH v. 05.09.2005, IV B 155/03, BFH/NV 2006, 98). Nach Zustellung des Urteils scheidet eine Wiedereröffnung der mündlichen Verhandlung aus (BFH v. 14.01.2016, III B 48/15, juris).

Hinsichtlich der Frage, in welcher Besetzung das Gericht zu entscheiden hat, muss die Wiedereröffnung der mündlichen Verhandlung (§ 93 Abs. 3 Satz 2 FGO) von der Vertagung (§ 91 Abs. 4 FGO, § 155 FGO i. V. m. § 227 ZPO). Das **wiedereröffnete Verfahren** ist grds. **mit den bisherigen Richtern** – einschließlich der ehrenamtlichen Richter – fortzusetzen (s. § 27 FGO Rz. 2); das gilt auch dann, wenn jene Entscheidung im Einverständnis mit den Beteiligten ohne eine weitere mündliche Verhandlung ergeht (BFH v. 15.07.2005, I B 19/05, BFH/NV 2006, 68; *Herbert* in Gräber, § 93 FGO Rz. 12a; a. A. *Brandis* in Tipke/Kruse, § 93 FGO Rz. 12; *Wendl* in Gosch, § 93 FGO Rz. 118). Demgegenüber ist die (bloße) **Vertagung** die Beendigung eines bereits begonnenen Termins, bevor die Sache entscheidungsreif ist (s. § 91 FGO Rz. 3). Die Vertagung kann unter gleichzeitiger Bestimmung eines neuen Termins vorgenommen werden, der neue Termin kann aber auch später bestimmt werden (zum Vorstehenden *Loschelder*, AO-StB 2004, 259, 260; s. § 91 FGO Rz. 3). Der neue Termin wird mit den an diesem Tag geschäftsplanmäßigen (Berufs- und ehrenamtlichen) Richtern durchgeführt, wobei es sich nicht um die bisherigen Richter handeln muss. 5

Wird die Wiedereröffnung der mündlichen Verhandlung **zu Unrecht abgelehnt**, so liegt darin ein Verstoß gegen die Gewährung des rechtlichen Gehörs (§ 119 Nr. 3 FGO), der ggf. mit der Beschwerde wegen Nichtzulassung der Revision als **Verfahrensmangel** geltend gemacht werden kann (BFH v. 26.09.2008, VIII B 23/08, juris; BFH v. 18.08.2009, VIII B 95/09, BFH/NV 2010, 217). Andererseits kann die Wiedereröffnung grds. nicht das rechtliche Gehör beeinträchtigen (BFH v. 17.09.2009, IV B 33/08, BFH/NV 2010, 219). Lehnt das Gericht einen nach Verkündung des Urteils gestellten Antrag auf Wiedereröffnung der mündlichen Verhandlung ab, so kann darin kein Verfahrensfehler liegen (BFH v. 25.10.2000, VII B 198/00, BFH/NV 2001, 471; BFH v. 26.09.2008, VIII B 23/08, juris; BFH v. 18.12.2009, III B 118/08, BFH/NV 2010, 665; s. Rz. 4). 6

## § 93a FGO
## Übertragung und Aufzeichnung einer Aussage

**(aufgehoben m. W. v. 01.11.2013 durch Art. 3 Nr. 2 des Gesetzes zur Intensivierung des Einsatzes von Videokonferenztechnik in gerichtlichen und staatsanwaltschaftlichen Verfahren v. 25.4.2013, BGBl 2013 I, 935)**

## § 94 FGO Niederschrift

**Für das Protokoll gelten die §§ 159 bis 165 der Zivilprozessordnung entsprechend.**

S. § 105 VwGO; § 122 SGG

1 Die FGO enthält keine eigenen Vorschriften über die Protokollierung von **mündlichen Verhandlungen** (auch **Erörterungsterminen**, § 159 Abs. 2 ZPO) und **Beweisterminen**, sondern verweist auf die §§ 159 bis 165 ZPO.

**§ 159 ZPO Protokollaufnahme**

(1) Über die Verhandlung und jede Beweisaufnahme ist ein Protokoll aufzunehmen. Für die Protokollführung kann ein Urkundsbeamter der Geschäftsstelle zugezogen werden, wenn dies auf Grund des zu erwartenden Umfangs des Protokolls, in Anbetracht der besonderen Schwierigkeit der Sache oder aus einem sonstigen wichtigen Grund erforderlich ist.

(2) Absatz 1 gilt entsprechend für Verhandlungen, die außerhalb der Sitzung vor Richtern beim Amtsgericht oder vor beauftragten oder ersuchten Richtern stattfinden. Ein Protokoll über eine Güteverhandlung oder weitere Güteversuche vor einem Güterichter nach § 278 Abs. 5 wird nur auf übereinstimmenden Antrag der Parteien aufgenommen.

**§ 160 ZPO Inhalt des Protokolls**

(1) Das Protokoll enthält

1. den Ort und den Tag der Verhandlung;
2. die Namen der Richter, des Urkundsbeamten der Geschäftsstelle und des etwa zugezogenen Dolmetschers;
3. die Bezeichnung des Rechtsstreits;
4. die Namen der erschienenen Parteien, Nebenintervenienten, Vertreter, Bevollmächtigten, Beistände, Zeugen und Sachverständigen und im Falle des § 128a der Ort, von dem aus sie an der Verhandlung teilnehmen;
5. die Angabe, dass öffentlich verhandelt oder die Öffentlichkeit ausgeschlossen worden ist.

(2) Die wesentlichen Vorgänge der Verhandlung sind aufzunehmen.

(3) Im Protokoll sind festzustellen

1. Anerkenntnis, Anspruchsverzicht und Vergleich;
2. die Anträge;
3. Geständnis und Erklärung über einen Antrag auf Parteivernehmung sowie sonstige Erklärungen, wenn ihre Feststellung vorgeschrieben ist;
4. die Aussagen der Zeugen, Sachverständigen und vernommenen Parteien; bei einer wiederholten Vernehmung braucht die Aussage nur insoweit in das Protokoll aufgenommen zu werden, als sie von der früheren abweicht;
5. das Ergebnis eines Augenscheins;
6. die Entscheidungen (Urteile, Beschlüsse und Verfügungen) des Gerichts;
7. die Verkündung der Entscheidungen;
8. die Zurücknahme der Klage oder eines Rechtsmittels;
9. der Verzicht auf Rechtsmittel;
10. das Ergebnis der Güteverhandlung.

(4) Die Beteiligten können beantragen, dass bestimmte Vorgänge oder Äußerungen in das Protokoll aufgenommen werden. Das Gericht kann von der Aufnahme absehen, wenn es auf die Feststellung des Vorgangs oder der Äußerung nicht ankommt. Dieser Beschluss ist unanfechtbar; er ist in das Protokoll aufzunehmen.

(5) Der Aufnahme in das Protokoll steht die Aufnahme in eine Schrift gleich, die dem Protokoll als Anlage beigefügt und in ihm als solche bezeichnet ist.

**§ 160a ZPO Vorläufige Protokollaufzeichnung**

(1) Der Inhalt des Protokolls kann in einer gebräuchlichen Kurzschrift, durch verständliche Abkürzungen oder auf einem Ton- oder Datenträger vorläufig aufgezeichnet werden.

(2) Das Protokoll ist in diesem Fall unverzüglich nach der Sitzung herzustellen. Soweit Feststellungen nach § 160 Abs. 3 Nr. 4 und 5 mit einem Tonaufnahmegerät vorläufig aufgezeichnet worden sind, braucht lediglich dies in dem Protokoll vermerkt zu werden. Das Protokoll ist um die Feststellungen zu ergänzen, wenn eine Partei dies bis zum rechtskräftigen Abschluss des Verfahrens beantragt oder das Rechtsmittelgericht die Ergänzung anfordert. Sind Feststellungen nach § 160 Abs. 3 Nr. 4 unmittelbar aufgenommen und ist zugleich das wesentliche Ergebnis der Aussagen vorläufig aufgezeichnet worden, so kann eine Ergänzung des Protokolls nur um das wesentliche Ergebnis der Aussagen verlangt werden.

(3) Die vorläufigen Aufzeichnungen sind zu den Prozessakten zu nehmen oder, wenn sie sich nicht dazu eignen, bei der Geschäftsstelle mit den Prozessakten aufzubewahren. Aufzeichnungen auf Ton- oder Datenträgern können gelöscht werden,

1. soweit das Protokoll nach der Sitzung hergestellt oder um die vorläufig aufgezeichneten Feststellungen ergänzt ist, wenn die Parteien innerhalb eines Monats nach Mitteilung der Abschrift keine Einwendungen erhoben haben;
2. nach rechtskräftigem Abschluss des Verfahrens.

Soweit das Gericht über eine zentrale Datenspeichereinrichtung verfügt, können die vorläufigen Aufzeichnungen an Stelle der Aufbewahrung nach Satz 1 auf der zentralen Datenspeichereinrichtung gespeichert werden.

(4) Die endgültige Herstellung durch Aufzeichnung auf Datenträger in der Form des § 130b ist möglich.

**§ 161 ZPO Entbehrliche Feststellungen**

(1) Feststellungen nach § 160 Abs. 3 Nr. 4 und 5 brauchen nicht in das Protokoll aufgenommen zu werden,

1. wenn das Prozessgericht die Vernehmung oder den Augenschein durchführt und das Endurteil der Berufung oder der Revision nicht unterliegt;
2. soweit die Klage zurückgenommen, der geltend gemachte Anspruch anerkannt oder auf ihn verzichtet wird, auf ein Rechtsmittel verzichtet oder der Rechtsstreit durch einen Vergleich beendet wird.

(2) In dem Protokoll ist zu vermerken, dass die Vernehmung oder der Augenschein durchgeführt worden ist. § 160a Abs. 3 gilt entsprechend.

**§ 162 ZPO Genehmigung des Protokolls**

(1) Das Protokoll ist insoweit, als es Feststellungen nach § 160 Abs. 3 Nr. 1, 3, 4, 5, 8, 9 oder zu Protokoll erklärte Anträge enthält, den Beteiligten vorzulesen oder zur Durchsicht vorzulegen. Ist der Inhalt des Protokolls nur vorläufig aufgezeichnet worden, so genügt es, wenn die Aufzeichnungen vorgelesen oder abgespielt werden. In dem Protokoll ist zu vermerken, dass dies geschehen und die Genehmigung erteilt ist oder welche Einwendungen erhoben worden sind.

(2) Feststellungen nach § 160 Abs. 3 Nr. 4 brauchen nicht abgespielt zu werden, wenn sie in Gegenwart der Beteiligten unmittelbar aufgezeichnet worden sind; der Beteiligte, dessen Aussage aufgezeichnet ist, kann das Abspielen verlangen. Soweit Feststellungen nach § 160 Abs. 3 Nr. 4 und 5 in Gegenwart der Beteiligten diktiert worden sind, kann das Abspielen, das Vorlesen oder die Vorlage zur Durchsicht unterbleiben, wenn die Beteiligten nach der Aufzeichnung darauf verzichten; in dem Protokoll ist zu vermerken, dass der Verzicht ausgesprochen worden ist.

**§ 163 ZPO Unterschreiben des Protokolls**

(1) Das Protokoll ist von dem Vorsitzenden und von dem Urkundsbeamten der Geschäftsstelle zu unterschreiben. Ist der Inhalt des Protokolls ganz oder teilweise mit einem Tonaufnahmegerät vorläufig aufgezeichnet worden, so hat der Urkundsbeamte der Geschäftsstelle die Richtigkeit der Übertragung zu prüfen und durch seine Unterschrift zu bestätigen; dies gilt auch dann, wenn der Urkundsbeamte der Geschäftsstelle zur Sitzung nicht zugezogen war.

(2) Ist der Vorsitzende verhindert, so unterschreibt für ihn der älteste beisitzende Richter; war nur ein Richter tätig und ist dieser verhindert, so genügt die Unterschrift des zur Protokollführung zugezogenen Urkundsbeamten der Geschäftsstelle. Ist dieser verhindert, so genügt die Unterschrift des Richters. Der Grund der Verhinderung soll im Protokoll vermerkt werden.

**§ 164 ZPO Protokollberichtigung**

(1) Unrichtigkeiten des Protokolls können jederzeit berichtigt werden.

(2) Vor der Berichtigung sind die Parteien und, soweit es die in § 160 Abs. 3 Nr. 4 genannten Feststellungen betrifft, auch die anderen Beteiligten zu hören.

(3) Die Berichtigung wird auf dem Protokoll vermerkt; dabei kann auf eine mit dem Protokoll zu verbindende Anlage verwiesen werden. Der Vermerk ist von dem Richter, der das Protokoll unterschrieben hat, oder von dem allein tätig gewesenen Richter, selbst wenn dieser an der Unterschrift verhindert war, und von dem Urkundsbeamten der Geschäftsstelle, soweit er zur Protokollführung zugezogen war, zu unterschreiben.

(4) Erfolgt der Berichtigungsvermerk in der Form des § 103b, ist er in einem gesonderten elektronischen Dokument festzuhalten. Das Dokument ist mit dem Protokoll untrennbar zu verbinden.

**§ 165 ZPO Beweiskraft des Protokolls**

Die Beachtung der für die Verhandlung vorgeschriebenen Förmlichkeiten kann nur durch das Protokoll bewiesen werden. Gegen seinen diese Förmlichkeiten betreffenden Inhalt ist nur der Nachweis der Fälschung zulässig.

Das ordnungsgemäß abgefasste und unterzeichnete (§ 163 ZPO) Sitzungsprotokoll liefert den **Beweis** dafür, ob die für den äußeren Hergang der Verhandlung maßgebenden Vorschriften – die sog. Förmlichkeiten – beachtet worden sind (§ 165 Satz 1 ZPO). Ist im Protokoll über die mündliche Verhandlung ausgeführt, dass die Beteiligten die Gelegenheit erhalten haben, zum Sach- und Streitstand unter Berücksichtigung des Ergebnisses der Beweisaufnahme Stellung zu nehmen, steht infolge der Beweiskraft des Protokolls fest, dass das FG den Beteiligten diese Möglichkeit nicht unter Verstoß gegen § 155 Satz 1 FGO i. V. m. § 285 Abs. 1, § 279 Abs. 3 ZPO versagt hat (BFH v. 18.08.2015, III B 112/14, BFH/NV 2015, 1595). Schweigt das Protokoll zu behaupteten Verfahrensverstößen, dann liefert es den Beweis dafür (vgl. § 94 FGO i. V. m. § 165 ZPO), dass ein bestimmter Antrag von einem Beteiligten nicht gestellt wurde oder ein bestimmter Vorgang (z. B. eine Rüge) nicht stattgefunden hat; ein diesbezüglicher Verfahrensmangel kann dann im Verfahren der NZB nicht mehr geltend gemacht werden (BFH v. 05.10.2010, IX S 7/10, BFH/NV 2011, 57). Der – für eine schlüssige Verfahrensrüge erforderliche – Vortrag, dass die Protokollierung des Beweisantrags oder der Rüge verlangt und vom FG verweigert oder erfolglos die Protokollberichtigung beantragt worden sei (BFH v. 09.11.1999, II B 14/99, BFH/NV 2000, 582; BFH v. 06.02.2002, VIII B 146/00, juris), ist im Streitfall nicht erfolgt. Hiergegen ist **nur der Gegenbeweis der Fälschung zulässig** (§ 165 Satz 2 ZPO; vgl. BFH v. 15.04.2015, VIII R 1/13, wistra 2015, 479). Die Protokollfälschung setzt aber die wissentlich falsche Beurkundung oder die nachträgliche Verfälschung voraus (BFH v. 17.03.2008, X B 93/07, BFH/NV 2008, 1181). Die vom FG vorzunehmende Protokollierung über die mündliche Verhandlung dient außerdem dem Zweck, den von ihm ermittelten Tatsachenstoff zu sichern und dadurch die Überprüfung des darauf 2 beruhenden Urteils durch den BFH zu ermöglichen. Das Fehlen jeglicher Aufzeichnungen ist insoweit rechtserheblich. Eine in wesentlichen Teilen unvollständige Protokollierung steht einer fehlenden Niederschrift gleich und begründet einen Verfahrensverstoß i. S. von § 115 Abs. 2 Nr. 3 FGO (BFH v. 20.12.2000, III R 63/98, BFH/NV 2001, 1098).

3 § 160 ZPO regelt den **Inhalt des Protokolls.** Das Protokoll braucht nur den äußeren Ablauf der Verhandlung wiederzugeben, nicht deren gesamten Inhalt. Hierzu gehören die in § 160 Abs. 1 ZPO bezeichneten Formalien, die in § 160 Abs. 3 ZPO benannten Vorgänge sowie die wesentlichen Vorgänge der Verhandlung i. S. von § 160 Abs. 2 ZPO (BFH v. 17.03.2008, X B 93/07, BFH/NV 2008, 1181).

4 Nach § 160 Abs. 2 ZPO sind die **wesentlichen Vorgänge der Verhandlung** in das Protokoll aufzunehmen. Wesentlich i. S. von § 94 FGO i. V. m. § 160 Abs. 2 ZPO sind alle entscheidungs- und ergebniserheblichen Vorgänge, damit sich die Rechtsmittelinstanz im Einzelfall von der Ordnungsmäßigkeit des Verfahrens effektiv überzeugen kann. Hingegen ist nicht notwendig die Aufnahme dessen, was nur theoretisch möglicherweise von Bedeutung werden könnte, zumal die Beteiligten es gem. § 160 Abs. 4 Satz 1 ZPO in der Hand haben, bis zum Schluss der Verhandlung den Antrag zu stellen, bestimmte Vorgänge oder Äußerungen in das Protokoll aufzunehmen (BFH v. 17.03.2008, X B 93/07, BFH/NV 2008, 1181). Wesentliche Vorgänge in diesem Sinn sind insbes. auch die zur Ergänzung der Klage i. S. von § 65 Abs. 1 FGO gemachten Angaben, Klageänderungen (einschließlich des Antrags gem. § 100 Abs. 1 Satz 4 FGO), Zusicherungen der Finanzbehörde, den angefochtenen Verwaltungsakt zurückzunehmen (aufzuheben) oder zu ändern, und Erklärungen über die Hauptsachenerledigung, ebenso ein vom FG erteilter rechtlicher Hinweis (z. B. BFH v. 12.12.2013, X R 39/10, BFH/NV 2014, 670; BFH v. 19.09.2014, IX B 101/13, BFH/NV 2015, 214; BFH v. 25.11.2014, X B 98/14, BFH/NV 2015, 504). Weiter gehört zu den nach § 160 Abs. 2 ZPO in das Protokoll aufzunehmenden wesentlichen Vorgängen, dass die Beteiligten über das Ergebnis der Beweisaufnahme verhandelt haben (vgl. BGH v. 26.04.1989, I ZR 220/87, NJW 1990, 121; BFH v. 18.08.2015, III B 112/14, BFH/NV 2015, 1595; auch s. Rz. 2). Zu den wesentlichen Vorgängen gehört auch, dass das Gericht die Vernehmung eines Zeugen nicht für erforderlich hält (BFH v. 19.09.2014, IX B 101/13, BFH/NV 2015, 214; BFH v. 11.10.2016, III B 21/16, BFH/NV 2017, 315). Der Tatsachenvortrag der Beteiligten gehört grds. nicht dazu (BFH v. 16.05.2007, V B 169/06, BFH/NV 2007, 1454). Die Protokollierung kann nach Maßgabe des § 94 FGO i. V. m. § 160a ZPO vorläufig auf einem Tonträger erfolgen (vgl. dazu z. B. BFH v. 01.10.2012, IX B 104/12, BFH/NV 2013, 75).

Zu den wesentlichen Vorgängen der Verhandlung, die zwingend zu protokollieren sind, gehört insbes. die **Beweisaufnahme**, vor allem die Vernehmung von Zeugen. Ist bei der **Zeugenvernehmung** – etwa infolge eines technischen Defekts des Tonaufnahmegeräts – eine Aufzeichnung unterblieben, so kann den Vorschriften über das Protokoll nicht dadurch genügt werden, dass die Wiedergabe der Zeugenaussage im Urteil selbst erfolgt (BFH v. 13.05.2015, I B 64/14, BFH/NV 2015, 1259). Allerdings kann in diesem Fall auf einen während der Beweisaufnahme gefertigten Vermerk des Berichterstatters zulässigerweise Bezug genommen werden (BFH v. 13.05.2015, I B 64/14, BFH/NV 2015, 1259). Es kommt auch nicht in Betracht, die unterbliebenen Feststellungen aus dem Gedächtnis nachzuholen. Denn eine (nachträgliche) Protokollierung aus dem Gedächtnis ist unzulässig, sodass ein Aufzeichnungsmangel dadurch nicht geheilt werden kann (BFH v. 13.05.2015, I B 64/14, BFH/NV 2015, 1259.) 4

Das Protokoll hat entscheidende Bedeutung für die **Geltendmachung von Verfahrensfehlern** – insbes. solchen, die verzichtbar sind (§ 155 Satz 1 FGO i. V. m. § 295 Abs. 1 ZPO) im Rechtsmittelverfahren. Schweigt das Protokoll zu behaupteten Verfahrensverstößen, dann liefert es den Beweis dafür (§ 94 FGO i. V. m. § 165 ZPO), dass der Verfahrensmangel nicht besteht und im Verfahren der NZB nicht mehr geltend gemacht werden kann (BFH v. 05.10.2010, IX S 7/10, BFH/NV 2011, 57; BFH v. 05.06.2013, III B 47/12, BFH/NV 2013, 1438). Für eine schlüssige Verfahrensrüge ist dann der Vortrag erforderlich, dass die Protokollierung z. B. des Beweisantrags oder der Rüge verlangt und vom FG verweigert oder erfolglos die Protokollberichtigung beantragt worden sei (z. B. BFH v. 12.10.2012, III B 212/11, BFH/NV 2013, 78; BFH v. 05.06.2013, III B 47/12, BFH/NV 2013, 1438). Um den Verlust des Rügerechts (§ 155 Satz 1 FGO i. V. m. § 295 Abs. 1 ZPO) zu vermeiden, ist es zweckmäßig, z. B. Beweisanregungen, die nach Auffassung eines der Beteiligten übergangen sind, zu wiederholen und die Aufnahme dieser Erklärung in das Protokoll zu beantragen (§ 160 Abs. 4 Satz 1 ZPO). Verweigert das Gericht die Aufnahme in das Protokoll, so erscheint wenigstens der »Streit« darüber in diesem, weil der entsprechende Beschluss des Gerichts nach § 160 Abs. 4 Satz 3 ZPO in das Protokoll aufzunehmen ist (auch BFH v. 04.03.1992, II B 201/91, BStBl II 1992, 562). Der Antrag auf **Protokollergänzung** (§ 160 Abs. 4 Satz 1 ZPO) kann nur bis zum Schluss der mündlichen Verhandlung gestellt werden, später ist er unzulässig (BFH v. 16.01.2007, II S 16/06, juris; BFH v. 18.01.2008, VII S 56/07 [PKH]. BFH/NV 2008, 809; BFH v. 11.02.2009, III B 32/08, ZSteu 2009, R 745). Er darf nicht unter einer Bedingung stehen (BFH v. 16.01.2007, II S 16/06, juris). Allerdings kann ein nachträglich gestellter Ergänzungsantrag als Anregung einer 5

Protokollberichtigung nach § 164 ZPO ausgelegt werden (BFH v. 22.09.1992, VIII S 10/92, BFH/NV 1993, 543). Das Rechtsschutzbedürfnis für eine Protokollberichtigung ist entfallen, wenn das Urteil des FG rechtskräftig geworden ist (BFH v. 11.02.2009, III B 32/08, ZSteu 2009, R 745).

Die **Berichtigung des Protokolls** ist jederzeit möglich (§ 164 Abs. 1 ZPO). Die Entscheidung hierüber, insbes. auch die Ablehnung steht dem Vorsitzenden bzw. dem Einzelrichter (§ 6 FGO) bzw. dem Vorsitzenden (Einzelrichter) und dem hinzugezogenen Urkundsbeamten (§ 159 Abs. 1 Satz 2 ZPO) zu (s. z.B. BFH v. 28.09.2010, IX B 65/10, BFH/NV 2011, 43; BFH v. 22.03.2011, X B 198/10, juris; BFH v. 24.08.2010, VII R 10/10, BFH/NV 2011, 322; *Herbert* in Gräber, § 94 FGO Rz. 20). Die **Beschwerde** gegen die Ablehnung des Antrags auf Protokollberichtigung ist **grds. unstatthaft** (z.B. BFH v. 15.07.2010, VIII B 90/09, BFH/NV 2010, 2090; BFH v. 22.03.2011, X B 198/10, juris; BFH v. 31.07.2012, VIII B 53/12, BFH/NV 2012, 1984; vgl. auch BFH v. 23.10.2013, IX B 68/13, BFH/NV 2014, 174). Nur ausnahmsweise ist die Beschwerde zulässig, und zwar, wenn geltend gemacht wird, die Berichtigung sei zu Unrecht als verfahrensrechtlich unzulässig abgelehnt oder die Entscheidung über den Berichtigungsantrag sei von einer hierzu nicht berechtigten Person getroffen worden oder sonst an einem schwerwiegenden Verfahrensmangel leide (BFH v. 05.09.2001, XI B 41/01 BFH/NV 2002, 206; BFH v. 26.09.2005, VIII B 6/04, BFH/NV 2006, 109). Mit der NZB kann eine Protokollberichtigung i.S. von § 94 FGO i.V.m. § 164 Abs. 1 ZPO nicht erreicht werden (BFH v. 14.04.2008, V B 205/07 ZSteu 2008, R 604; BFH v. 12.01.2012, II S 9/11 [PKH], BFH/NV 2012, 709; auch s. Rz. 8).

7 Ein **unterlassener Antrag auf Protokollergänzung oder Protokollberichtigung** kann verfassungsprozessuale Bedeutung erlangen: Die Unterlassung kann zur **Unzulässigkeit einer Verfassungsbeschwerde** führen, mit welcher die Verletzung prozessualer Grundrechte oder grundrechtsgleicher Rechte gerügt wird, wenn der Kläger (und nachmalige Beschwerdeführer vor dem BVerfG) sich dadurch der Möglichkeit begibt, seine Rüge bereits im fachgerichtlichen Rechtsmittelverfahren vorzubringen. Dies stellte einen Verstoß gegen den Grundsatz der (materiellen) Subsidiarität der Verfassungsbeschwerde dar, der aus § 90 Abs. 2 BVerfGG abgeleitet wird (dazu *Sperlich* in Umbach/Clemens/Dollinger, § 90 BVerfGG Rz. 127 ff. mit Nachweisen der BVerfG-Rspr.).

8 **Verstöße gegen die Protokollierungsvorschriften** stellen Verfahrensfehler i.S. von § 115 Abs. 2 Nr. 3 FGO dar, die mit der Revision bzw. NZB gerügt werden können. Dazu ist erforderlich, dass sich die Verstöße entweder aus dem Protokoll ergeben oder durch den Nachweis der Fälschung des Protokolls unter Beweis gestellt werden (§ 165 Satz 2 ZPO; s. Rz. 2), und substantiiert vorgetragen wird, dass das angefochtene Urteil auf dem Mangel beruht (BFH v. 26.02.1975, II R 120/73, BStBl II 1975, 489, 490), d.h. dass bei Beachtung der Vorschriften die Entscheidung möglicherweise anders ausgefallen wäre. Solange der Nachweis der Fälschung (§ 165 ZPO) nicht erbracht und eine Protokollberichtigung (§ 164 ZPO) nicht zumindest beantragt oder vorgenommen wurde, ist davon auszugehen, dass das Protokoll richtig ist (BFH v. 17.05.1999, VII B 44/98, BFH/NV 1999, 1490; BFH v. 14.04.2008 V B ZSteu 2008, R 604; s. Rz. 7). Die bloße Behauptung, das Protokoll sei unrichtig oder unvollständig, ist unzureichend (BFH v. 14.11.2006, V B 100/06, juris; BFH v. 14.04.2008 V B ZSteu 2008, R 604). Die Art und Weise der Protokollierung sowie der Inhalt des Protokolls können nicht selbstständig angefochten werden (BFH v. 28.07.2009, I B 64–66/09 u.a., BFH/NV 2010, 46; s. Rz. 6); der Inhalt des Protokolls gehört nämlich zu den tatsächlichen Feststellungen des FG, die revisionsrechtlich überprüft werden (BFH v. 18.03.2010, V R 12/09, BFH/NV 2010, 1500).

## § 94a FGO
## Verfahren nach billigem Ermessen

**Das Gericht kann sein Verfahren nach billigem Ermessen bestimmen, wenn der Streitwert bei einer Klage, die eine Geldleistung oder einen hierauf gerichteten Verwaltungsakt betrifft, fünfhundert Euro nicht übersteigt. Auf Antrag eines Beteiligten muss mündlich verhandelt werden. Das Gericht entscheidet über die Klage durch Urteil; § 76 über den Untersuchungsgrundsatz und § 79a Abs. 2, § 90a über den Gerichtsbescheid bleiben unberührt.**

### Schrifttum

Loschelder, Das vereinfachte FG-Verfahren ohne mündliche Verhandlung, AO-StB 2003, 310; Bartone, Das neue Gerichtskostengesetz in der Beratungspraxis, AO-StB 2005, 22; Loschelder, Kein Urteil im vereinfachten Verfahren nach § 94 a FGO ohne vorherigen richterlichen Hinweis, AO-StB 2009, 272.

§ 94 a FGO erlaubt es dem Gericht, das Verfahren unter bestimmten Voraussetzungen (s. Rz. 2) nach billigem Ermessen zu bestimmen, um eine Entlastung herbeizuführen. Die Vorschrift gilt auch in den Verfahren, die dem Einzelrichter nach § 6 FGO zur Entscheidung zu übertragen sind, auch für den Berichterstatter als konsentierten Einzelrichter (§ 79 a Abs. 3 und Abs. 4 FGO). § 94 a FGO gilt **nicht im Revisionsverfahren** (§ 121 Satz 2 FGO). 1

§ 94 a FGO gilt nur für Klagen, die eine Geldleistung oder einen darauf gerichteten Verwaltungsakt betreffen, und nur dann, wenn der Streitwert 500 EUR nicht übersteigt. Dies gilt z. B. sowohl für Anfechtungsklagen gegen Steuerbescheide als auch für Haftungsbescheide oder 2

GewSt-Messbescheide (BFH v. 22.02.2000, X B 116/99, juris). Unter dieser Voraussetzung lässt § 94a Satz 1 FGO es zu, das Verfahren nach billigem Ermessen zu bestimmen, und zwar ungeachtet des Mindeststreitwerts in Höhe von 1 500 EUR (§ 52 Abs. 4 Nr. 1 GKG; *Bartone*, AO-StB 2005, 22). Denn hierbei handelt es sich lediglich um den Gebührenstreitwert (auch s. Vor § 135 FGO Rz. 96; wie hier BFH v. 28.07.2008, IX B 131/08, BFH/NV 2008, 1696). Die Bestimmung des Verfahrens nach billigem Ermessen ist jedoch in den Fällen **ausgeschlossen**, in denen der **Wert des Streitgegenstandes** nicht zuverlässig nach einer konkreten Geldleistung bestimmt werden kann, sondern **zu schätzen** ist (BFH v. 21.01.2000, II B 15/99, BFH/NV 2000, 864; BFH v. 06.06.2001, II R 25/00, BFH/NV 2001, 1575). Abweichungen vom Untersuchungsgrundsatz (§ 76 Abs. 1 Satz 1 FGO) lässt § 94a Satz 3 FGO nicht zu. Das Recht auf Gehör (Art. 103 Abs. 1 GG, § 96 Abs. 2 FGO) darf durch das Verfahren nicht tangiert werden (BFH v. 23.03.1983, II R 111/81, BStBl II 1983, 432). In erster Linie wird der Grundsatz der Entscheidung aufgrund mündlicher Verhandlung (§ 90 Abs. 1 FGO) modifiziert, denn das Gericht kann entgegen § 90 Abs. 2 FGO auch dann ohne mündliche Verhandlung durch Urteil entscheiden, wenn die Beteiligten sich nicht ausdrücklich damit einverstanden erklärt haben. Allerdings muss das FG, sofern es im vereinfachten Verfahren gem. § 94a Satz 1 FGO ohne mündliche Verhandlung entscheiden will, nicht nur darauf **hinweisen**, dass es so **verfahren** will, sondern es muss den Beteiligten **auch** den **Zeitpunkt** mitteilen, bis zu dem sie ihr Vorbringen in den Prozess einführen können (BVerfG v. 18.11.2008, 2 BvR 290/08, NJW-RR 2009, 562; BVerfG v. 04.08.1993, 1 BvR 279/93, NJW-RR 1994, 254; BVerfG v. 14.06.1983, 1 BvR 545/82, BVerfGE 64, 203, jeweils zu § 495a ZPO; BFH v. 06.06.2016, III B 92/15, BStBl II 2016, 844). Diese Pflicht des Gerichts folgt unmittelbar aus Art. 103 Abs. 1 GG, damit die Beteiligten ggf. auf der Durchführung einer mündlichen Verhandlung bestehen können (§ 94a Satz 2 FGO; s. Rz. 3). Dazu genügt es nicht, wenn das FG nur darauf hinweist, »alsbald ein Urteil nach billigem Ermessen gem. § 94a FGO« fällen zu wollen und eine Frist ohne weitere Erläuterung (»Frist: 4 Wochen«) einräumt (BFH v. 06.06.2016, III B 92/15, BStBl II 2016, 844). Vielmehr ist ein **konkretes Datum** mitzuteilen, bis zu dem sich die Beteiligten äußern können (gl. A. *Wendl* in Gosch, § 94a FGO Rz. 19). Die bislang in st. Rspr. vom BFH vertretene andere Auffassung (z. B. BFH v. 03.11.2004, X B 121/03, BFH/NV 2005, 350) ist aufgrund der vorstehend dargestellten Rspr. des BVerfG überholt BFH v. 06.06.2016, III B 92/15, BStBl II 2016, 844). Der BFH hat bislang offengelassen, ob bei **grundsätzlicher Bedeutung einer Rechtssache** (§ 115 Abs. 2 Nr. 1 FGO) eine Entscheidung im vereinfachten Verfahren nach § 94a FGO ohne mündliche Verhandlung **ermessensfehlerhaft** wäre (BFH v. 25.03.2008, VIII B 148/07, BFH/NV 2008, 1148; für Ermessensfehler: *Wendl* in Gosch, § 94a FGO Rz. 12; *Schallmoser* in HHSp, § 94a FGO Rz. 19; *Brandis* in Tipke/Kruse, § 94a FGO Rz. 2).

Nach § 94a Satz 2 FGO muss auf **Antrag eines Beteiligten** mündlich verhandelt werden. Jeder Beteiligte kann also die Durchführung einer mündlichen Verhandlung durch einen darauf gerichteten Antrag erzwingen. Auf diese Antragsmöglichkeit braucht das FG indessen nicht hinzuweisen, wenn der Kläger durch einen Prozessbevollmächtigten vertreten ist (BFH v. 03.11.2004, X B 121/03, BFH/NV 2005, 350). Ansonsten besteht auch in Bezug auf § 94a Satz 2 FGO eine Hinweispflicht (*Herbert* in Gräber, § 94a FGO Rz. 5). Ein Antrag nach § 94a Satz 2 FGO kann auch konkludent gestellt werden (BFH v. 18.01.2011, VI B 136/10, BFH/NV 2011, 813; BFH v. 10.03.2011, VI B 147/10, BFH/NV 2011, 1073). Er liegt z. B. auch in der Absichtserklärung, die Sachanträge in der mündlichen Verhandlung stellen oder konkretisieren zu wollen (BFH v. 09.06.1986, IX B 90/85, BStBl II 1986, 679; BFH v. 10.07.1990, I R 12/90, BStBl II 1990, 986; BFH v. 09.10.2000, VII R 34/00, BFH/NV 2001, 462). Erklärt ein Beteiligter, er sei »zunächst« nicht mit einer Entscheidung ohne mündliche Verhandlung einverstanden (und sei es nur auf Routineanfrage), so liegt ein Antrag nach § 94a Satz 2 FGO vor (BFH v. 11.08.1987, IX R 135/83, BStBl II 1988, 141), der auch dann beachtlich ist, wenn auf eine zwischenzeitliche Mitteilung, das Gericht beabsichtige, ohne mündliche Verhandlung zu entscheiden, keine Reaktion erfolgte (BFH v. 26.07.1991, VI R 100/90, BFH/NV 1992, 53). Auch der Antrag auf Erhebung eines Zeugenbeweises enthält den Antrag auf Durchführung der mündlichen Verhandlung; auf die Erheblichkeit des Zeugenbeweises kommt es nicht an (z. B. BFH v. 29.01.2011, VII B 15/10, BFH/NV 2011, 630; BFH v. 14.04.2015, VI B 15/15, juris). Ein Antrag i. S. von § 94a Satz 2 FGO kann auch in der Bitte eines Beteiligten gesehen werden, zwei Streitsachen – wegen des damit verbundenen Terminaufwands – in nur einer Verhandlung durchzuführen (BFH v. 26.09.2000, VI R 16/98, BFH/NV 2001, 325). Der **Antrag** ist **Prozesshandlung** und damit **unwiderruflich und bedingungsfeindlich**. Er kann bis zum Ergehen der Gerichtsentscheidung gestellt werden (BFH v. 22.07.1983 BStBl II 1983, 762). Die Verletzung des § 94a Satz 2 FGO stellt einen Verfahrensmangel dar und führt zur Aufhebung des angefochtenen Urteils und zur Zurückverweisung der Sache an das FG (BFH v. 11.02.2003, XI B 72/02, BFH/NV 2003, 803; BFH v. 29.01.2010, IX B 157/09, BFH/NV 2010, 920; BFH v. 12.01.2011, VIII B 15/10, BFH/NV 2011, 630).

Nach § 94a Satz 3 FGO bleiben § 79a Abs. 2 FGO und 4
§ 90a FGO über den Gerichtsbescheid unberührt. Daraus folgt, dass auf einen Antrag nach § 94a Satz 2 FGO nicht notwendig ein Urteil aufgrund mündlicher Verhandlung ergehen muss, sondern auch durch Gerichtsbescheid entschieden werden kann, sei es durch den insoweit ohne

Einverständnis der Beteiligten agierenden Vorsitzenden oder Berichterstatter (§ 79a Abs. 2, 4), sei es durch den Einzelrichter (§§ 6, 79a Abs. 3 und Abs. 4) oder den Senat (ebenso *Herbert* in Gräber, § 94a FGO Rz. 10; *Wendl* in Gosch, § 94a FGO Rz. 26). Allerdings dürfte ein Gerichtsbescheid in den Fällen des § 94a FGO selten erlassen werden, da dies angesichts der Möglichkeit, ein Urteil ohne mündliche Verhandlung zu erlassen, im Hinblick auf § 90a Abs. 2 FGO grds. kaum sinnvoll erscheint (gl. A. *Brandis* in Tipke/Kruse, § 94a FGO Rz. 6; *Schallmoser* in HHSp, § 94a FGO Rz. 34; etwas anders *Wendl* in Gosch, § 94a FGO Rz. 26).

§ 94a FGO betrifft nur das Gerichtsverfahren; die Vorschrift hat keine Auswirkungen auf die bezüglich der zu treffenden Entscheidung bestehenden Vorschriften. Allerdings können insoweit nach § 105 Abs. 5 FGO Erleichterungen infrage kommen. Hinsichtlich der **Rechtsmittel** gegen ein Urteil nach § 94a FGO bestehen **keine Besonderheiten**.

## Abschnitt IV. Urteile und andere Entscheidungen

### § 95 FGO Urteil

**Über die Klage wird, soweit nichts anderes bestimmt ist, durch Urteil entschieden.**

1 Das Urteil ist die »klassische« Entscheidung des Gerichts. Deshalb stellt § 95 FGO die Entscheidung durch Urteil als Grundsatz dar. In der Praxis kommt es jedoch in der Mehrzahl der Fälle nicht zu einer Entscheidung durch Urteil. Dem trägt die Vorschrift durch die Öffnungsklausel für andere Entscheidungen Rechnung. »Etwas anderes bestimmt« ist bezüglich der Form der Entscheidung über die Klage für Gerichtsbescheide in § 90a FGO. Bei Klagerücknahme (§ 72 FGO) wird über die Klage nicht entschieden. Im – häufigen – Fall der Erledigung der Hauptsache infolge einer einvernehmlichen Einigung im Rechtsstreit (§ 79 Abs. 2 Nr. 1 FGO) wird nur noch durch Beschluss über die Kosten entschieden, § 138 FGO.

2 Das Urteil ist **Sachurteil**, wenn über das Klagebegehren entschieden wird, **Prozessurteil**, wenn ggf. auch durch Zwischenstreit (§ 97 FGO) über Prozessvoraussetzungen entschieden oder wenn die Klage mangels Erfüllung von Prozessvoraussetzungen, genauer: prozessrechtlicher Voraussetzungen einer Sachentscheidung, abgewiesen wird. Prozessvoraussetzungen sind: Unterwerfung unter die deutsche Gerichtsbarkeit, Eröffnung des Finanzrechtsweges (§ 33 FGO), sachliche und örtliche Zuständigkeit des Gerichts (§§ 35 ff. FGO, 38 ff. FGO), keine anderweitige Rechtshängigkeit der Sache (§ 66 FGO), Beteiligtenfähigkeit (§§ 57, 63 FGO), Prozessfähigkeit, gegebenenfalls gesetzliche Vertretung (§ 58 FGO), Vollmacht des rechtsgeschäftlichen Vertreters, sofern nicht der Mangel der Vollmacht als unbeachtlich angesehen werden kann (§ 62 FGO), Beiladung, soweit notwendig (§ 60 Abs. 3 FGO), ordnungsmäßige Klageerhebung (§§ 64, 65 FGO), die Einhaltung der Klagefrist (§ 47 FGO), regelmäßig nach außergerichtlichem Vorverfahren (§§ 44 bis 46 FGO), und Feststellungsinteresse im Falle der Feststellungsklage nach § 41 FGO.

Prozessvoraussetzungen sind in jeder Instanz von Amts wegen zu berücksichtigen. Die Unterscheidung von Sachurteilen und Prozessurteilen ist deshalb bedeutsam, weil nur von Ersteren eine Rechtskraftwirkung (§ 110 FGO) ausgeht. Wirksam wird das Urteil mit seiner Verkündung oder Zustellung. Erst zu diesem Zeitpunkt ist das Urteil erlassen. Gelangt den Beteiligten ein Urteilsentwurf zur Kenntnis, ist noch kein Urteil erlassen, das Bindungs- oder Rechtswirkungen für die Beteiligten auslösen kann. Trotz der Unwirksamkeit ist aber ein Rechtsmittel (Revision) zulässig, um den Rechtsschein der unwirksamen Entscheidung zu beseitigen.

Bezüglich der Möglichkeit, ein Zwischenurteil (auch über den Grund) bzw. ein Teilurteil zu erlassen, s. §§ 97 bis 99 FGO. Versäumnisurteile (§§ 330 ff. ZPO) sind ebenso wie Verzichts- und Anerkenntnisurteile (§§ 306, 307 ZPO) im Finanzprozess unzulässig. Auch ein Prozessvergleich ist nicht zulässig, da die Beteiligten des finanzgerichtlichen Prozesses nicht über die Höhe des Kraft Gesetzes entstehenden Steueranspruchs verfügen können. Zulässig ist aber eine »tatsächliche Verständigung« über den der Besteuerung zugrunde zu legenden Sachverhalt, die in der Praxis nicht selten einen Vergleich ersetzt.

### § 96 FGO Freie Beweiswürdigung, notwendiger Inhalt des Urteils

**(1) Das Gericht entscheidet nach seiner freien, aus dem Gesamtergebnis des Verfahrens gewonnenen Überzeugung; §§ 158, 160, 162 der Abgabenordnung gelten sinngemäß. Das Gericht darf über das Klagebegehren nicht hinausgehen, ist aber an die Fassung der Anträge nicht gebunden. In dem Urteil sind die Gründe anzugeben, die für die richterliche Überzeugung leitend gewesen sind.**

**(2) Das Urteil darf nur auf Tatsachen und Beweisergebnisse gestützt werden, zu denen die Beteiligten sich äußern konnten.**

**Inhaltsübersicht**



**Schrifttum**

WEBER-GRELLET, In dubio pro quo? – Zur Beweislast im Steuerrecht, StuW 1981, 48; MARTIN, Wechselwirkung zwischen Mitwirkungspflichten und Untersuchungsgrundsatz im finanzgerichtlichen Verfahren, BB 1986, 1021; KOTTKE, Beweislast im Besteuerungsverfahren und im Steuerprozess, Inf. 1993, 462; VÖLLMEKE, Überlegungen zur tatsächlichen Vermutung und zum Anscheinsbeweis im finanzgerichtlichen Verfahren, DStR 1996, 1070; LANGE, Die richterliche Überzeugung und ihre Begründung, DStZ 1997, 174; LOSCHELDER, Die Beweislast im finanzgerichtlichen Verfahren, AO-StB 2003, 25; SCHARPENBERG, Typische Fehler im finanzgerichtlichen Verfahren vermeiden, Stbg 2008, 277; SCHAUMBURG, Die mündliche Verhandlung vor dem Finanzgericht, FS H. Schaumburg, 2009, 111; BARTONE, Der Anspruch auf Gewährung rechtlichen Gehörs im Finanzprozess, AO-StB 2011, 179; GRUBE, Zum übergangenen Beweisantrag und zur gerichtlichen Hinweispflicht im Steuerprozess, DStZ 2013, 591; KRÜGER, Beweiswürdigung, Beweislast und Beweismaß im Rahmen von Amtsermittlung und Mitwirkungspflicht, DStZ 2017, 761.

## A. Allgemeines

1 Die Vorschrift regelt in § 96 Abs. 1 Satz 1 FGO das Prinzip der **freien Beweiswürdigung**. Sie verpflichtet das Gericht, über die während des Verfahrens ermittelten oder anderweitig bekannt gewordenen Tatsachen nach dem Gesamtergebnis des Verfahrens zu entscheiden. Anders als im Parteiprozess ist das Gericht also nicht an den Sachvortrag der Beteiligten gebunden. Die Vorschrift bezieht sich nur auf die erste Stufe der richterlichen Entscheidungsfindung, die **Sachaufklärung**. In der zweiten Stufe hat das Gericht auf der Grundlage des so ermittelten Sachverhalts die rechtliche Würdigung vorzunehmen. Beide Vorgänge vollziehen sich aber nicht streng hintereinander, sondern in einer ständigen Wechselwirkung, die vom jeweiligen Erkenntnisstand abhängt. § 96 **Abs. 1 Satz 2** FGO beschränkt die Entscheidungsbefugnis des Gerichts und trägt dem Umstand Rechnung, dass das Streitprogramm durch den rechtsschutzsuchenden Kläger bestimmt wird. § 96 Abs. 1 Satz 3 FGO statuiert eine Begründungspflicht für das Urteil.

§ 96 **Abs. 2** FGO normiert den Grundsatz, dass den Beteiligten vor der Entscheidung Gelegenheit gegeben werden muss sich zu den Entscheidungserheblichen Tatsachen und Beweisergebnissen zu äußern; dies ist im Hinblick auf den Anspruch auf rechtliches Gehör eine Selbstverständlichkeit und insoweit deklaratorisch.

## B. Bedeutung und Anwendungsbereich der Vorschrift

2 Als zentraler Beweiswürdigungsvorschrift kommt ihr hohe Bedeutung zu. Es handelt sich um eine der wesentlichen Grundlagen des finanzgerichtlichen Verfahrens. Die Vorschrift gilt entgegen ihrem Wortlaut nicht nur für Urteile (§ 95, §§ 97 bis 99 FGO), sondern auch für Gerichtsbescheide (§§ 79a Abs. 2 bis 4, § 90a FGO). Für Beschlüsse ordnet § 113 Abs. 1 FGO ausdrücklich nur die Anwendung von § 96 Abs. 1 Satz 1 und 2 FGO an. Für die Begründung von Beschlüssen enthält § 113 Abs. 2 FGO eine eigenständige Regelung. Auch wenn § 113 FGO nicht auf § 96 Abs. 2 FGO Bezug nimmt, gilt das Recht auf Gehör auch bei Beschlüssen. Auch für das Revisionsverfahren gilt § 96 FGO, wobei der BFH aber nach § 118 Abs. 2 FGO grundsätzlich an die tatsächlichen Feststellungen des FG gebunden ist (s. § 118 FGO Rz. 2). Ergänzt wird § 96 FGO im Revisionsverfahren durch §§ 124, 126 und 127 FGO hinsichtlich der Besonderheiten revisionsgerichtlicher Entscheidungen.

## C. Tatbestandliche Voraussetzungen

### I. Gerichtsentscheidung nach freier Überzeugung

Über den der Anwendung der Steuergesetze zugrunde zu legenden Sachverhalt – wozu nicht nur tatsächliche Verhältnisse, sondern auch rechtliche Beziehungen gehören, soweit sie Merkmale des Steuertatbestandes sind (§ 38 AO) – entscheidet das Gericht nach freier, durch bindende Regeln nicht eingeengter Überzeugung, die es aus dem Gesamtergebnis des Verfahrens, d. h. dem Vorbringen der Beteiligten, der Beweisaufnahme und der mündlichen Verhandlung, gewinnt (§ 96 **Abs. 1 Satz 1** FGO). Die Vorschrift verpflichtet das FG, auch den Inhalt der ihm vorliegenden Akten (Gerichtsakten, Verwaltungsvorgänge des Finanzamts, beigezogene Akten anderer Behörden) vollständig und einwandfrei zu berücksichtigen (st. Rspr., u. a. BFH v. 06.12.1978, I R 131/75, BStBl II 1979, 162; BFH v. 16.12.2013, III S 23/13, BFH/NV 2014, 553; BFH v. 02.11.2016, V B 72/16, BFH/NV 2017, 329). 3

### II. Rechtliches Gehör

Allerdings dürfen der Entscheidung nur solche Tatsachen und Beweisergebnisse zugrunde gelegt werden, zu denen 4 sich die Beteiligten hinreichend äußern konnten (**rechtliches Gehör**, § 96 **Abs.** 2 FGO; siehe die Erläuterungen zu s. § 91 AO). Das Gericht darf seine Entscheidung auf einen Gesichtspunkt, den ein Beteiligter erkennbar übersehen oder für unerheblich gehalten hat, nur stützen, wenn es Gelegenheit zur Äußerung dazu gegeben hat. Dies setzt vor allem voraus, dass das Gericht entscheidungserhebliche Tatsachen, Unterlagen und Beweisangebote zur **Kenntnis nimmt** (BVerfG v. 05.12.1995, 1 BvR 1463/89, HFR 1996, 153; BFH v. 22.11.2012, XI B 113/11, BFH/NV 2013, 564; BFH v. 04.03.2013, IX S 12/12, BFH/NV 2013, 1265; BFH v. 21.02.2017, VIII R 45/13, BFH/NV 2017, 1116) und bei seiner Entscheidung in die Erwägungen einbezieht. Allerdings ist nicht erforderlich, dass sämtliche Erwägungen des Gerichts ihren Niederschlag in den Entscheidungsgründen finden müssen (st. Rspr., u. a. BFH v. 11.10.2010, IX B 54/10, BFH/NV 2011, 289; BFH v. 15.12.2010, XI B 46/10, BFH/NV 2011, 448) oder allen Beweisangeboten nachgegangen werden muss (BFH v. 07.11.2012 I B 172/11, BFH/NV 2013, 561). Vielmehr ist der Anspruch auf rechtliches Gehör erst verletzt, wenn sich aus den besonderen Umständen des Einzelfalles ergibt, dass das Gericht tatsächliches Vorbringen überhaupt nicht zur Kenntnis genommen und ersichtlich nicht in seine Erwägungen aufgenommen hat (BFH v. 06.12.2011, IX S 19/11, BFH/NV 2012, 438). Die Gewährung rechtlichen Gehörs bedeutet jedoch nicht, dass das Gericht den Kläger »erhören«, sich also seinen Ansichten anschließen müsste (BFH v. 27.04.2015, X B 47/15, BFH/NV 2015, 1356). Noch weitergehend kann das Gericht verpflichtet sein, die Beteiligten – auch durch **richterliche Hinweise** – über den Stand des Verfahrens zu **informieren** (BFH v. 28.07.1998, VIII B 68/96, BFH/NV 1998, 29; BFH v. 12.09.1997, XI B 72/96, BFH/NV 1998, 468). Allerdings ergibt sich aus § 96 Abs. 2 FGO keine Verpflichtung zum Rechtsgespräch (BFH v. 03.03.1998, VIII R 66/96, BStBl II 1998, 383; BFH v. 25.05.2000, VI B 100/00, BFH/NV 2000, 1235; BFH v. 26.04.2000, III B 47/99, BFH/NV 2000, 1451); diese ergibt sich aber aus § 93 Abs. 1 FGO. Unter Umständen kann auch die Gewährung von Akteneinsicht geboten sein (BFH v. 07.09.1999, IX B 96/99, BFH/NV 2000, 218; zur Abgrenzung: BFH v. 09.09.2011, VII B 73/11, BFH/NV 2012, 56). Auch die rechtlich einwandfreie Handhabung verfahrensrechtlicher Vorschriften dient dem Recht auf Gehör; dies ist vor allem bei **Vertagungsanträgen** zu beachten (BFH v. 29.04.2010, VII B 159/09, BFH/NV 2011, 300; BFH v. 29.09.2011, IV B 122/09, BFH/NV 2012, 419). Dem Beteiligten obliegt es aber Vertragsansprüche, auch bei Erkrankungen, schlüssig darzutun (BFH v. 07.12.2012 IX B 121/12, BFH/NV 2013, 568). Dazu gehören auch Angaben zur Schwere der Erkrankung. Wird die Terminsverlegung erst kurz vor der mündlichen Verhandlung beantragt, sind die geltend gemachten Gründe mit der Antragstellung glaubhaft zu machen (BFH v. 10.04.2015, III B 42/14, BFH/NV 2015, 1102). Der Anspruch auf Gehör gebietet zudem, dass den Beteiligten nicht nur die Möglichkeit einer Äußerung eingeräumt wird, sondern auch **angemessene und hinreichend bestimmte Fristen** für die Einlassungen eingeräumt werden (BFH v. 06.02.1992, V R 38/85, BFH/NV 1993, 102; BFH v. 01.01.2005, IX B 44/05, BFH/NV 2005, 2245; BFH v. 07.10.2010, IX B 83/10, BFH/NV 2011, 61). Ist ein Bevollmächtigter bestellt, genügt grundsätzlich die Beteiligung des Bevollmächtigten (BFH v. 27.12.2011, III B 14/10, BFH/NV 2012, 555; BFH v. 05.04.2016, III B 137/15, BFH/NV 2016, 1170) und zwar auch dann, wenn er nur zu dem Termin nicht erscheint (BFH v. 13.12.2012 III B 102/12, BFH/NV 2013, 573). Zu einem Ausnahmefall s. BFH v. 07.03.1995, X R 145/93, BFH/NV 1995, 713. In allen Fallgestaltungen kann das Rügerecht wegen Verletzung rechtlichen Gehörs durch rügelose Verhandlung zur Sache verloren gehen (BFH v. 07.10.2010, IX B 83/10, BFH/NV 2011, 61; BFH v. 23.08.2011, IX B 63/11, BFH/NV 2012, 53; BFH v. 18.07.2013, IX S 15/13, BFH/NV 2013, 1624). Legt der Bevollmächtigte das Mandat kurz vor der mündlichen Verhandlung nieder, kann ein Anspruch auf Vertagung des Termins und Einräumung einer Schriftsatzfrist nur bestehen, wenn die Mandatsniederlegung nicht durch den Kläger verschuldet worden ist (BFH v. 08.11.2013, X B 118/13, BFH/NV 2014, 364).

Die Entscheidung, ob der Anspruch auf rechtliches 5
Gehör verletzt ist, lässt sich nur anhand der Umstände des **Einzelfalls** bestimmen: Das FG versagt z. B. das rechtliche Gehör, wenn es vor der vollständigen Ausführung eines Beweisbeschlusses ein Urteil verkündet, ohne die Beteiligten darauf hingewiesen zu haben, dass es die angeordnete Beweisaufnahme (ganz oder teilweise) nicht mehr durchführen werde (BFH v. 06.10.1971, I R 46/69, BStBl II 1972, 20). Die Nichtberücksichtigung eines vor der Beschlussfassung des Gerichts über die zu treffende Entscheidung bei der Geschäftsstelle des Gerichts eingegangenen Schriftsatzes, der den Richtern fälschlich nicht vorgelegt worden ist, oder eines Schriftsatzes, der zwar nach der Beschlussfassung über das Urteil, aber vor dessen Verkündung oder Zustellung eingeht, ist sowohl ein Verstoß gegen § 96 FGO als auch eine Verletzung des Rechts auf Gehör (BFH v. 30.05.1984, I R 218/80, BStBl II 1984, 668; BFH v. 21.01.2002, I B 93/01, BFH/NV 2002, 671; BFH v. 07.05.2015, VI R 44/13, BStBl II 2015, 890). Der Anspruch eines Beteiligten auf rechtliches Gehör wird auch verletzt, wenn das Finanzgerichtgegenüber dem Prozessbevollmächtigten des Beteiligten den Eindruck erweckt, es werde einen Termin nicht ohne ihn beginnen, und dann doch ohne ihn die Verhandlung durchführt und Beweis erhebt (BFH v. 22.05.1979, VII R 93/76, BStBl II 1979, 702). Auch eine entgegen einem Beweisbeschluss unterlassene Beweisaufnahme kann den Anspruch auf rechtliches Gehör verletzen (BFH

v. 27.08.2010, III B 113/09, BFH/NV 2010, 2292; BFH v. 30.09.2013, XI B 69/13, BFH/NV 2014, 166). Auch dürfen die Beteiligten nicht mit einer Entscheidung überrascht werden, zu deren Begründung sie sich weder in tatsächlicher noch in rechtlicher Hinsicht zu äußern Anlass hatten oder äußern konnten: **Verbot der Überraschungsentscheidung**. Eine Überraschungsentscheidung kann vorliegen, wenn das Gericht seine Entscheidung auf einen in der Verhandlung nicht erörterten rechtlichen oder tatsächlichen Gesichtspunkt stützt und der Rechtsstreit dadurch eine Wendung erhält, mit der auch ein kundiger und gewissenhafter Prozessvertreter nach dem bisherigen Ablauf des Verfahrens nicht rechnen musste (BFH v. 27.09.2001, V R 17/99, BStBl II 2002, 169; BFH v. 16.12.2010, IX B 75/10 BFH/NV 2011, 448; BFH v.10.08.2016, VI B 10/16, BFH/NV 2017, 45; BFH v. 23.02.2017, IX B 2/17, BFH/NV 2017, 746); eine umfassende Erörterung jeglicher Gesichtspunkte ist jedoch nicht erforderlich, es reicht aus, wenn die entscheidungserheblichen Gesichtspunkte zumindest am Rande angesprochen werden (BFH v. 20.05.2016, III B 62/15, BFH/NV 2016, 1293). Das Gericht ist aber an eine während der mündlichen Verhandlung geäußerte Rechtsansicht nicht gebunden (BFH v. 19.04.2005, XI B 243/03, BFH/NV 2005, 1586 m.w.N.) und erst recht nicht verpflichtet, der Rechtsansicht eines Beteiligten zu folgen (so auch BVerfG v. 11.06.2008, 2 BvR 2062/07, DVBL 2008, 1056). Auch eine vom Berichterstatter im Rahmen eines Erörterungstermins geäußerte Rechtsansicht bindet das Gericht nicht (BFH v. 22.10.2008, X B 246/07, BFH/NV 2009, 186; BFH v. 18.09.2009, IV B 140/08, BFH/NV 2010, 220; BFH v. 12.12.2012, XI B 70/11, BFH/NV 2013, 705). Das rechtliche Gehör wird jedoch im Hinblick auf das den Prozessbeteiligten auferlegte gewisse Maß an Prozessverantwortung dann nicht verweigert, wenn ein Schriftsatz so kurz vor der mündlichen Verhandlung und Urteilsverkündung beim FG eingereicht wird, dass er vom Spruchkörper nicht mehr berücksichtigt werden kann (BFH v. 27.06.1985, I B 28/85, BStBl II 1985, 626); in diesen Fällen kann jedoch – wenn nicht zuvor eine Ausschlussfrist nach § 79b FGO gesetzt wurde – eine Vertagung geboten sein. Ein allgemeiner Anspruch auf Einräumung einer Schriftsatzfrist nach Durchführung einer mündlichen Verhandlung gibt es nicht. Dementsprechend kann in der Verweigerung einer Schriftsatzfrist auf Nichtvertagung nur dann die Verletzung rechtliches Gehör kriegen, wenn der Beteiligte auf überraschendes Vorbringen des anderen Beteiligten nicht mehr reagieren kann (BFH v. 10.12.2012, VI B 135/12, BFH/NV 2013, 569). Das Gebot des rechtlichen Gehörs verlangt nicht, dass das Finanzgericht dem Steuerpflichtigen mitteilt, welche Steuerakten ihm vorliegen und welche Teile aus den Akten es voraussichtlich verwerten wird (BFH v. 10.01.1968, I R 47/86, BStBl II 1968, 349), nicht einmal, dass der Kläger über die Anforderung der den Streitfall betreffenden Akten der beteiligten Finanzbehörde unterrichtet wird (BFH v. 18.04.1975, III R 159/72, BStBl II 1975, 741). Dies ist im Hinblick auf die Tendenz der Rspr., den Gerichten weitergehende Informationspflicht aufzuerlegen (s. BFH v. 28.07.1997, VIII B 68/96, BFH/NV 1998, 29), nicht frei von Bedenken; abgesehen davon hat auch das Gericht regelmäßig ein eigenes Interesse an einer umfassenden Information der Beteiligten, um diesen ein sachgerechte Vorbereitung auf die mündliche Verhandlung zu ermöglichen. Nicht erforderlich ist aber, dass das Gericht über die Inhalte der Akten informiert; dies wird durch die nach § 78 FGO gegebene Möglichkeit der Akteneinsicht ausgeglichen (BFH v. 19.06.1998, IX B 13/98, BFH/NV 1999, 58; BFH v. 02.03.1999, VII B 198/98, BFH/NV 1999, 1183). Eine vom FG bisher nicht erörterte **Schätzungsmethode** muss den Beteiligten unter dem Gesichtspunkt der Gewährung des rechtlichen Gehörs nur dann vorweg mitgeteilt werden, wenn die neue Schätzungsmethode den bereits erörterten nicht mehr ähnlich ist oder die Einführung neuen Tatsachenstoffs erforderlich ist (BFH v. 02.02.1982, VIII R 65/80, BStBl II 1982, 409; BFH v. 18.09.2013, XI B 114/12, BFH/NV 2013, 1947). Auch verletzt eine **straffe Verhandlungsführung** nicht ohne Weiteres das rechtliche Gehör. **Wortentzug und Unterbrechung** können eine erfolgreiche Verfahrensrüge nur dann rechtfertigen, wenn alle vorhandenen prozessualen Möglichkeiten ausgeschöpft wurden, um sich das notwendige rechtliche Gehör zu verschaffen. Hierzu gehört z.B. ein vorheriger erfolgloser Antrag auf Ablehnung des Vorsitzenden wegen Besorgnis der Befangenheit (BVerwG v. 03.12.1979, 2 B 16/78, HFR 1981, 289). Ist der ordnungsmäßig geladene Beteiligte oder sein Prozessbevollmächtigter unentschuldigt ausgeblieben, wird der Anspruch auf rechtliches Gehör nicht dadurch verletzt, dass das Gericht bei seiner Entscheidung in der mündlichen Verhandlung erstmals vorgetragene Tatsachen berücksichtigt (BFH v. 23.11.1978, I R 144/76, BStBl II 1979, 191); dies folgt schon aus § 91 Abs. 2 FGO.

## III. Anwendung von Beweisregeln der Abgabenordnung

Auch im finanzgerichtlichen Verfahren besteht ein Interesse an einer effizienten Sachaufklärung. Deshalb verweist § 96 Abs. 1 Satz 1 FGO auf einige Beweisregeln der AO. Allerdings beschränkt sich die Verweisung auf eine sinngemäße Anwendung auf die § 158 AO (Beweiskraft der Buchführung), § 160 AO (Empfängernachweis) und § 162 AO (Schätzung). 6

Nach **§ 158 AO** begründet eine formell ordnungsgemäße Buchführung die Vermutung der sachlichen Richtigkeit, sodass deren Ergebnisse auch vom Gericht zugrunde zu legen sind. Erst wenn konkreter Anlass zu Zweifeln an der Richtigkeit bestehen, darf das Gericht die Buchführung »verwerfen« und besteht ggf. Anlass zu einer Schätzung.

**§ 160 AO** macht die steuerliche Berücksichtigung typischerweise steuermindernder Sachverhalte davon abhängig, dass der Stpfl. einer besonderen Nachweispflicht nachkommt, er nämlich den Empfänger bestimmter steuermindernder Leistungen benennt. Wegen der Verweisung auf die Vorschrift ist das Gericht also nicht nur zur Prüfung verpflichtet, ob die Finanzbehörde im Rahmen der angefochtenen Steuerfestsetzung § 160 AO zutreffend angewandt hat, sondern zugleich berechtigt, auch im finanzgerichtlichen Verfahren von der Möglichkeit des Benennungsverlangens Gebrauch zu machen und im Falle der Nichterfüllung die Folgen bei seiner Entscheidung zugrunde zu legen. Macht das FG von der Möglichkeit Gebrauch, muss es – wie auch die Finanzbehörde – eine **zweistufige Ermessensentscheidung** treffen, nämlich zum einen, ob überhaupt eine Empfängerbenennung verlangt wird, zum anderen welche Rechtsfolgen aus der Nichtbenennung zu ziehen sind (auch s. § 160 AO Rz. 9). Die Ermessensausübung ist nicht durch § 102 FGO beschränkt, weil es sich um eine originäre Ermessensentscheidung des Gerichts handelt.

Die Bezugnahme auf **§ 162 AO** eröffnet dem FG eine eigenständige Schätzungsbefugnis, wenn sich die Besteuerungsgrundlagen auch nach Ausschöpfung der zur Verfügung stehenden Erkenntnisquellen nicht ermitteln lassen. Dabei stehen dem FG die gleichen Schätzungsbefugnisse wie der Finanzbehörde zu. Dies ist erforderlich, um in den Fällen, in denen eine sichere Feststellung der Besteuerungsgrundlagen nicht möglich ist, Vorteile für den nicht mitwirkenden Stpfl. oder den Beweisverderber zu vermeiden. Das FG kann auch seine eigene Schätzung an die der Finanzbehörde setzen (BFH v. 28.10.2015, X R 47/13, BFH/NV 2016, 171). Als Tatsachenfeststellung ist der BFH im Revisionsverfahren an die Feststellungen gebunden (§ 118 Abs. 2 FGO); ihm steht keine eigene Schätzungsbefugnis zu.

7 Mangels Verweisung finden § 159 AO, § 161 AO im gerichtlichen Verfahren keine sinngemäße Anwendung (BFH v. 17.12.1997, IX R 30/94, BStBl II 1997, 406; a. A. *Seer* in Tipke/Kruse, § 96 FGO Rz. 53: redaktionelles Versehen). Abgesehen davon ergeben sich weitere Begrenzungen der Sachaufklärungspflicht und damit Einschränkungen des entscheidungserheblichen Prozessstoffs aus einer Verletzung sonstiger Mitwirkungs- und Nachweispflichten, die sich sowohl aus der AO als auch aus den Einzelsteuergesetzen ergeben können. In diesem Zusammenhang können auch die nicht von der Verweisung erfassten Normen von § 159 AO und § 161 AO Bedeutung gewinnen. Zwischen Sachaufklärungspflicht und Verletzung der Mitwirkungspflicht besteht eine Wechselwirkung. So kommt es nach dem Grad der Verletzung der Mitwirkungspflicht zu einer stufenweisen Verminderung der Sachaufklärungspflicht (BFH v. 01.12.1998, III B 78/97, BFH/NV 1999, 741; BFH v. 18.09.2013, X B 38/13, BFH/NV 2014, 54).

## D. Grundsätze der Beweiswürdigung

### I. Allgemeines

Bei der Beweiswürdigung sind die allgemeinen Denkgesetze, die anerkannten Regeln und Maßstäbe für die 8
Beurteilung und Wertung tatsächlicher Verhältnisse und die Erkenntnismöglichkeiten zu beachten, die sich aus der Erfahrung des Lebens ergeben. Verstöße hiergegen machen die Tatsachenfeststellung fehlerhaft und stellen sich als Rechtsverletzung dar. Die sog. freie Überzeugung, zu der das Gericht gelangen soll, ist keine bindungslose; sie erlaubt nicht, aus Tatsachen Folgerungen zu ziehen, die allgemeinen Erfahrungssätzen widersprechen (Verdacht begründet noch keine Tatsache), wohl aber, allgemeine Erfahrungen zu berücksichtigen und gerichtsbekannte Tatsachen als wahr zu unterstellen oder aus einer Auskunftsverweigerung, die nach den Umständen naheliegenden Schlüsse zu ziehen. Anerkannte Natur- und Denkgesetze (anerkannte Sätze der Logik) sind zu beachten (BFH v. 25.05.1998, I R 225/82, BStBl II 1988, 944; BFH v. 29.02.2008, IV B 21/07, BFH/NV 2008, 974). Die Beweiswürdigung muss für Dritte, insbes. für das Revisionsgericht, nachvollziehbar sein. Diesem Erfordernis genügt das Gericht nicht, wenn es nicht die Gründe darstellt, die für seine Überzeugung leitend gewesen sind (BFH v. 05.03.1980, II R 148/76, BStBl II 1980, 402; BFH v. 20.06.2012, X R 20/11, BFH/NV 2012, 1778). Deshalb sind die Ergebnisse der Beweiswürdigung im Urteil darzustellen. Willkürliche Feststellungen, wie z. B. die Verwerfung von Schätzungsunterlagen des Finanzamts ohne hinreichende Begründung und ihre Ersetzung durch einen eigenen Schätzungsbetrag unter Berufung auf das Recht der freien Beweiswürdigung können die Schätzung rechtsfehlerhaft machen, wenn das FG seine eigene Schätzungsbefugnis überschreitet. Andererseits bleibt dem Gericht stets ein gewisser Beurteilungsspielraum bei der Würdigung der Beweise. Allerdings müssen stets alle Umstände gewürdigt werden, die sich aus den Akten und ggf. einer Beweisaufnahme ergeben. Kommt das Gericht nach dieser Würdigung auch angesichts zweier theoretisch einander ausschließender Möglichkeiten zu dem Ergebnis, dass aufgrund der bekannten Tatsachen eine der Möglichkeiten als bewiesen angesehen werden kann und gibt es für diese eine hinreichende Begründung, so braucht nicht noch dargetan zu werden, warum sich das Gericht nicht für die andere Möglichkeit entschieden hat. Hält das Gericht ein Gutachten für ausreichend, dann braucht es in der Regel kein weiteres Gutachten einzuholen; bei mehreren Gutachten braucht es keinen Obergutachter zu hören: Es kann dem Gutachten folgen, dem nach

schlüssig zu begründender Überzeugung des Gerichts der Vorzug zukommt, sofern es nur von zutreffenden (tatsächlichen oder rechtlichen) Erwägungen ausgeht. Abweichungen von Sachverständigengutachten müssen aber begründet werden.

### II. Beweismaß

#### 1. Richterliche Überzeugung

9 Das Gericht entscheidet nach der von ihm gewonnenen Überzeugung (§ 96 Abs. 1 Satz 1 FGO). Damit macht das Gesetz die **richterliche Überzeugung** zum Maß der Beweiswürdigung (zur Überzeugungsbildung vgl. BFH v. 24.03.2009, VI B 106/08, BFH/NV 2009, 1122; BFH v. 03.05.2016, VIII R 4/13, BFH/NV 2016, 1275). Die Überzeugung muss sich auf die beweiserheblichen Tatsachen beziehen, davon unabhängig ist die rechtliche Würdigung dieser Tatsachen. Eine willkürliche Beweiswürdigung, die so schwerwiegende Fehler aufweist, dass sie unter keinem rechtlichen Aspekt vertretbar erscheint, ist verfahrensfehlerhaft (BFH v. 09.11.2011, II B 105/10, BFH/NV 2012, 254). Überzeugung ist weniger als Gewissheit, aber ein so hoher Grad an Wahrscheinlichkeit, dass er nach der Lebenserfahrung annähernd der Gewissheit gleichkommt. Teilweise wird die Formel verwendet, dass es ausreichend ist, wenn sich der Sachverhalt mit an **Sicherheit grenzender Wahrscheinlichkeit** feststellen lässt (s. nur BFH v. 18.02.2000, V B 149/99, BFH/NV 2000, 974). Auch andere Begriffsbestimmungen (s. Nachweis bei *Seer* in Tipke/Kruse, § 96 FGO Rz. 65 ff.) gehen davon aus, dass es zur Wahrheitsfindung ohne Zweifel des Beweiswürdigenden nur selten kommen kann, sodass die Überzeugungsbildung i.d.R. bei einer sehr hohen Wahrscheinlichkeit der Richtigkeit gegeben ist. Stets bedarf es einer Gesamtwürdigung aller Umstände, wobei bei **inneren Tatsachen** (z.B. Gewinnerzielungsabsicht) auf die für die Überzeugungsbildung maßgeblichen Indizien abzustellen ist. Dieser Maßstab gilt auch bei der Feststellung, ob Straftatbestände (z.B. für Haftungs- oder Verjährungsfragen) erfüllt sind; der strafrechtliche Grundsatz »in dubio pro reo« findet im finanzgerichtlichen Prozess keine Anwendung.

10 Der Grundsatz der **Unmittelbarkeit der Beweisaufnahme** (§ 81 FGO; hierzu BFH v. 17.09.1997, II R 44/95, BFH/NV 1998, 590; BFH v. 26.07.2010, VIII B 198/09, BFH/NV 2010, 2096 m.w.N.) besagt, dass die Überzeugung grundsätzlich aufgrund eigener Anschauung des erkennenden Gerichts (Senat oder Einzelrichter) beruhen muss. Dass nicht alle erkennenden Richter an der Zeugenvernehmung teilgenommen haben, führt nicht automatisch zu einem Verstoß gegen den Unmittelbarkeitsgrundsatz. Das Gericht kann allerdings auf den persönlichen Eindruck des Zeugen nur abstellen, wenn er in den Akten festgehalten ist und die Beteiligten Gelegenheit zur Stellungnahme hatten (BFH v. 16.12.2014, X B 114/14, BFH/NV 2015, 511). Allerdings ist es dem Gericht nicht verwehrt, auch fremde Beweisergebnisse zu verwerten. Dies gilt z.B. für die Beweiserhebung durch den verordneten Richter (§ 81 Abs. 2 FGO), aber auch für die Übernahme von Erkenntnissen aus Strafverfahren (s. BFH v. 20.08.1999, VII B 6/99, BFH/NV 2000, 215; BFH v. 19.12.2011, VII B 28/11, BFH/NV 2012, 752 m.w.N.), es sei denn, dass die Beteiligten gegen die strafgerichtlichen Feststellungen substantiierte Einwendungen erheben und entsprechende Beweisanträge stellen, die das FG nicht nach den allgemeinen für die Beweiserhebung geltenden Grundsätzen unbeachtet lassen kann. Im Übrigen ist die Frage, inwieweit das Gericht bei Erlass des Urteils an Entscheidungen anderer Behörden, desgl. an Entscheidungen von Gerichten anderer Zweige der Gerichtsbarkeit gebunden ist, prinzipiell nicht anders zu beantworten als für die Finanzverwaltungsbehörden beim Erlass des Steuerbescheides (s. § 88 AO Rz. 13). Entscheidungen von rechtsgestaltender Wirkung sind im Zweifel auch für das Gericht verbindlich, es sei denn, dass es sich um eine offenbare Fehlentscheidung handelt, oder dass veränderte tatsächliche Verhältnisse eine Abweichung rechtfertigen. Entscheidungen anderer Behörden von rechtsfeststellendem Inhalt sind für die Finanzgerichte zwar nicht rechtsverbindlich, sollten aber – wenn sie von der funktionell und sachlich zuständigen Stelle herrühren – schon um der rechtsstaatlichen Ordnung willen respektiert werden. Jedenfalls ist das Gericht im Rahmen der freien Beweiswürdigung nicht gehindert, sich die ihm zutreffend erscheinenden tatsächlichen Feststellungen, Beweiswürdigungen Dritter zu eigen zu machen (BFH v. 13.06.1973, VII R 58/71, BStBl II 1973, 666).

#### 2. Anscheinsbeweis

Der Anscheinsbeweis (Prima-facie-Beweis) ist weder eine 11
Minderung des Beweismaßes noch eine eigenständige Beweisform, sondern eine Form des mittelbaren Beweises. Es handelt sich vielmehr um die Anwendung **allgemeiner Erfahrungssätze** im Rahmen der freien Beweiswürdigung. Er beruht auf der Erfahrung, dass gewisse typische Sachverhalte typische Folgen auslösen und umgekehrt gewisse Folgen auf einen typischen Geschehensablauf hindeuten (st. Rspr. s. BFH v. 14.03.1989, VII R 75/85, BStBl II 1989, 534; BFH v. 28.09.2000, III R 43/97, BStBl II 2001, 211). Dieser typische Geschehensablauf, der voraussetzt, dass die Erfahrung auf einer gewissen Menge vorhergehender vergleichbarer Sachverhalte beruht (statistisches Element) muss geeignet sein, die volle Überzeugung des Gerichts von dem Vorhandensein oder Nichtvorhandensein der beweiserheblichen Tatsache zu begründen. Damit unterscheidet sich der Anscheinsbeweis vom bloßen Vorurteil, dem in der Regel eine gesicherte Erkenntnisgrundlage fehlt. Wegen der Vielzahl

der möglichen Sachverhalte hat sich zum Anscheinsbeweis eine umfassende Judikatur entwickelt (Nachweise bei *Seer* in Tipke/Kruse, § 96 FGO, Rz. 45). Wichtige Beispiele sind die Annahme von Gewinnerzielungsabsicht bei typisch gewerblichen oder freiberuflichen Tätigkeiten oder die Annahme des Umfangs einer privaten Nutzung betrieblicher Pkw.

Der Anscheinsbeweis muss nicht durch einen Gegenbeweis widerlegt werden, es reicht aus, wenn er **erschüttert** wird. Hierzu muss der Prozessgegner substantiiert einen Sachverhalt darlegen, der die ernsthafte Möglichkeit eines vom typischen abweichenden Geschehensablaufs ergibt (BFH v. 04.06.2004, VI B 256/01, BFH/NV 2004, 1416; BFH v. 27.12.2010, XI B 7/10, BFH/NV 2011, 463; BFH v. 14.11.2013, VI R 25/13, BFH/NV 2014, 678 zur privaten Kfz-Nutzung). Wird dadurch die Überzeugung des Gerichts erschüttert, verliert der Anscheinsbeweis seine Wirkung; das Gericht muss hinsichtlich der nunmehr nicht erwiesenen Tatsache weitere Ermittlungen anstellen. Gelingt dem Prozessgegner der volle Gegenbeweis, d.h. gewinnt das Gericht die volle Überzeugung, dass die Voraussetzungen eines atypischen Geschehensablaufs erfüllt sind, ist der Anscheinsbeweis widerlegt (s. BFH v. 07.11.1990, I R 116/86, BStBl II 1991, 342; BFH v. 28.01.1992, VIII R 7/88, BStBl 1993, 84). Ob es einem Prozessbeteiligten gelungen ist, einen Anscheinsbeweis zu erschüttern bzw. zu entkräften, hat das Gericht im Rahmen seiner Tatsachenwürdigung zu klären, die grundsätzlich als nicht revisible Beweiswürdigung anzusehen ist (BFH v. 27.12.2010, XI B 7/10, BFH/NV 2011, 463; BFH v. 21.10.2009, VI B 74/08, BFH/NV 2010, 197).

Dem Anscheinsbeweis entspricht auch der gelegentliche Begriff der »**tatsächlichen Vermutung**«, für den eine eigenständige dogmatische Grundlage fehlt (zur Kritik *Seer* in Tipke/Kruse, § 96 FGO Rz. 48 ff.). Ebenso wie der Anscheinsbeweis beruht die tatsächliche Vermutung auf der Annahme typischer Geschehensabläufe, sodass eine sinnvolle Abgrenzung ohnehin nicht möglich ist.

### 3. Indizienbeweis

12 Anders als der Anscheinsbeweis beruht der **Indizienbeweis** nicht auf Typisierungen, sondern lässt aufgrund erwiesener Hilfstatsachen (= Indizien) mit Hilfe der Logik, Lebenserfahrung sowie Sach- und Fachkunde unmittelbar den Schluss auf die zu erweisende Haupttasche zu. Der Indizienbeweis ist auch im Steuerrecht zulässig (BFH v. 12.09.1995, X B 233/94, BFH/NV 1996, 393). Da die Hilfstatsachen für sich jeweils nicht ausreichen, die fragliche Tatsache zu verifizieren, ergibt sich die Überzeugung des Gerichts aus der Gesamtwürdigung mehrerer Hilfstatsachen, die in ihrer Gesamtheit nur den Rückschluss auf einen bestimmten Geschehensablauf zulassen. Praktische Bedeutung hat der Indizienbeweis vor allem bei der Beurteilung subjektiver Tatbestandsmerkmale (z.B. Gewinnerzielungsabsicht; BFH v. 18.01.2006, IX R 18/04, BFH/NV 2006, 1078), da bei diesen keine unmittelbare Beweisführung möglich ist und nur an Hand der äußeren Merkmale Rückschlüsse auf die inneren Tatsachen gezogen werden können.

## III. Beweislast

Kommt das FG bei der Beweiswürdigung zu dem Ergebnis, dass eine für die Entscheidung des Streitfalls erhebliche Tatbestandsvoraussetzung nicht als nachgewiesen anzusehen ist, stellt sich die Frage zu wessen Lasten sich die Unerweislichkeit der maßgeblichen Tatsache auswirkt, da auch bei einem »non-liquet« eine Entscheidung getroffen werden muss. Die Frage der Beweislast stellt sich damit erst, wenn das Gericht eine entscheidungserhebliche Tatsache als nicht erwiesen ansieht. Die Anwendung der Beweislastregelungen stellt lediglich die »ultima ratio« dar; vorrangig muss sich das FG um die Aufklärung des Sachverhalts, ggf. auch unter Einbeziehung der Beteiligten, bemühen (BFH v. 18.09.2013, X B 38/13, BFH/NV 2014, 54). Da das Recht des finanzgerichtlichen Verfahrens keine gesetzlich geregelte Beweislastverteilung vorsieht und es wegen des Amtsermittlungsgrundsatzes keine subjektive Beweislast für einen der Beteiligten gibt, beantwortet sich die Frage nach den Grundsätzen der **objektiven Beweislast (Feststellungslast)**, die dem Gericht die Möglichkeit einer Entscheidung gibt. Dies ist erforderlich, weil das Gericht auch bei einer unklaren Sachlage zu einer Entscheidung verpflichtet ist. Im Grundsatz gilt, dass jeder der Beteiligten die Beweislast für die Tatbestandsvoraussetzungen der für ihn günstigen Normen trifft. Im Steuerrecht bedeutet dies, dass den Steuergläubiger die Feststellungslast für die steuerbegründenden Tatsachen, den Steuerschuldner für die steuermindernden Tatsachen trifft (BFH v. 30.12.2011, IX B 66/11, BFH/NV 2012, 738). Dies gilt naturgemäß nicht uneingeschränkt, denn die Frage, welcher der Parteien des Rechtsstreits die Nichtfeststellbarkeit rechtserheblicher Tatsachen zum Vorteil gereicht, kann nur von Fall zu Fall unter Würdigung der einschlägigen Rechtsnormen und ihrer Zweckbestimmung beantwortet werden (s. BFH v. 20.03.1987, III R 172/82, BStBl II 1987, 679; BFH v. 15.02.1989, X R 16/86, BStBl II 1989, 462). Von besonderer Bedeutung sind die Fallgestaltungen in denen dem Feststellungsbelasteten die erforderlichen Informationen und/oder Beweismittel nicht zur Verfügung stehen, aber der Prozessgegner über sie verfügen kann. Bei derartigen Konstellationen weicht die Rspr. zutreffend von der normbezogenen Beweislastverteilung ab und stellt darauf ab, ob die zu erweisenden Tatsachen im **Verantwortungsbereich** eines der Beteiligten liegen (BFH v. 09.07.1986, I B 36/86, BStBl II 1987, 487), ferner 13 auf die **Beweisnähe** (BFH v. 19.06.1985, I R 109/82, BFH/NV 1986, 249) oder ob sie allgemein in der **Einflusssphäre** eines der Beteiligten liegen (BFH v. 28.05.1986, I R 265/83, BStBl II 1986, 732; BFH v. 09.06.2005, IX R 75/03, BFH/NV 2005, 1765; *Seer* in Tipke/Kruse § 96 FGO, Rz. 89 ff.). Verweigert ein Beteiligter die Mitwirkung an der Sachaufklärung, kann dies zu einer Reduzierung des Beweismaßes auf eine »größtmögliche Wahrscheinlichkeit« führen (BFH v. 18.09.2013, X B 38/10, BFH/NV 2014, 54).

## E. Bindung an das Klagebegehren

14 Nach § 96 **Abs. 1 Satz 2** FGO darf das Gericht über das Klagebegehren nicht hinausgehen. Die Bindung an das Klagebegehren gehört als wesentlicher Verfahrensgrundsatz zur Grundordnung des Verfahrens (BFH v. 20.11.2003, X B 65/03, BFH/NV 2004, 362; BFH v. 13.07.2009, IX B 33/09, BFH/NV 2009, 1821). Es darf dem Kläger in der Sache also nicht mehr zusprechen, als seinem Prozessziel (= Klagebegehren) entspricht. Das Gericht ist danach in seiner Entscheidung trotz des Amtsermittlungsgrundsatzes nicht völlig frei. Vielmehr bestimmt ausschließlich der Kläger das Streitprogramm (**Dispositionsmaxime**; s. BFH v. 22.09.1999, VII B 210/99, BFH/NV 2000, 166). Um dieses Streitprogramm bestimmen zu können, muss das Klagebegehren eindeutig bestimmt werden (BFH v. 02.05.2008, X B 237/07, n.v.). Dafür kommt der Antrag des Klägers in Betracht, den die Klageschrift enthalten soll (§ 65 FGO). Maßgebend ist indes der zuletzt in der mündlichen Verhandlung gestellte Antrag (BFH v. 09.04.2013, IX B 16/13, BFH/NV 2013, 1114). In der Praxis ist jedoch der Klageantrag oftmals unpräzise, wenn nicht gar unbrauchbar. In diesen Fällen ist das Klagebegehren durch Auslegung des gesamten Vorbringens zu ermitteln. Korrespondierend bestimmt § 96 Abs. 1 Satz 2 FGO dazu, dass das Gericht an die Fassung der Anträge nicht gebunden ist. Dies verpflichtet das Gericht zugleich, auf eine sachdienliche Antragstellung hinzuwirken. Dabei ist aber das zuvor gefundene Ergebnis der Auslegung des Klagebegehrens zu beachten. Würdigt das Gericht das Klagebegehren falsch und unterschreitet es in seiner Entscheidung deshalb das vom Kläger vorgegebene Streitprogramm, indem es nur über einen Teil des Klagebegehrens entscheidet, führt dies zu einem Verfahrensfehler und zur Aufhebung der Entscheidung (BFH v. 18.08.2005, II R 68/03, BFH/NV 2006, 360; BFH v. 19.02.2009, II R 49/07, BStBl II 2009, 932; BFH v. 11.04.2017, IX R 50/15, BFH/NV 2017, 1300). Gleiches gilt, wenn das Gericht über einen entgegen dem Wortlaut ausgelegten Antrag entscheidet (BFH v. 20.11.2003, X B 65/03, BFH/NV 2004, 362).

Ist der Verwaltungsakt **unwirksam oder nichtig**, muss das Gericht diesen ungeachtet des Antrags aufheben, da bei einer Bindung an das Klagebegehren eine rechtstaatliche Entscheidung nicht möglich wäre, sog. **Entscheidungsnotstand** (BFH v. 19.06.2001, X B 18/01, BFH/NV 2001, 1582). Es muss sich aber um einen schwerwiegenden Verstoß handeln, bei dem ein Aufrechterhalten der Verwaltungsentscheidung als Verstoß gegen die Grundordnung des Verfahrens anzusehen wäre. Ein »nur« rechtswidriger Verwaltungsakt reicht nicht aus.

Auf der anderen Seite darf das Gericht den Kläger nicht schlechter stellen als vor dem Klageverfahren; eine Verböserung durch das Gericht ist ausgeschlossen (keine »reformatio in peius«). Allerdings folgt dies nicht aus § 96 Abs. 1 FGO, aber aus der Rechtsschutzfunktion des finanzgerichtlichen Verfahrens. Das Gericht ist aber nicht gehindert, bei der Gesamtprüfung des Steuerfalles im Rahmen der Saldierung steuerliche Folgen zulasten des Rechtsschutzsuchenden zu ziehen; der Saldierungsrahmen ist aber durch das Verböserungsverbot begrenzt (BFH v. 19.11.2013, XI B 9/13, BFH/NV 2014, 373). 15

## F. Urteilsbegründung

§ 96 **Abs. 1 Satz 3** FGO betrifft die Begründung des Urteils. Durch die Angabe der Gründe, die für die richterliche Überzeugung leitend gewesen sind, muss die Nachprüfbarkeit der richterlichen Überlegungen, ihr Nachvollzug und die Möglichkeit, die Logik der getroffenen Schlussfolgerungen zu untersuchen, gewährleistet sein (BFH v. 30.11.1976, VII R 121/75, BStBl II 1977, 215; BFH v. 02.03.2004, III B 114/03, BFH/NV 2004, 1109; BFH v. 24.06.2008, X B 138/07, BFH/NV 2008, 1516). Wie die Zuordnung der Vorschrift zu § 96 FGO zeigt, müssen die Gründe auch die wesentlichen Angaben zur Beweiswürdigung enthalten, also die Erwägungen wie die Beweismittel verwertet wurden; deshalb sind z.B. auch bei Zeugenaussagen Angaben zu den Folgerungen aus den Angaben der Zeugen in die Begründung einzubeziehen. Nur formelhafte Wendungen reichen nicht aus. Zum Inhalt der Entscheidungsgründe auch s. § 105 FGO Rz. 8. 16

§ 96 **Abs. 2** FGO stellt klar, dass das Urteil – und damit auch dessen Begründung – nur auf Tatsachen und Beweisergebnisse gestützt werden darf, zu denen sich die Beteiligten äußern konnten, ihnen also rechtliches Gehör gewährt wurde (s. Rz. 4).

# § 97 FGO
# Zwischenurteil über Zulässigkeit der Klage

**Über die Zulässigkeit der Klage kann durch Zwischenurteil vorab entschieden werden.**

Der Erlass eines Zwischenurteils (auch als Gerichtsbescheid, § 90 a FGO) kommt nicht nur in dem genannten Fall, sondern allgemein dann in Betracht, wenn ein Streit über Prozessvoraussetzungen (s. § 95 FGO Rz. 2) **positiv** zu entscheiden ist und es den Umständen nach angebracht erscheint, dies mittels eines selbstständig anfechtbaren Urteils zu tun. Dies ist sinnvoll, wenn der Streit in der Sache noch nicht spruchreif ist (Aspekt der Prozessökonomie). Ob es ein Zwischenurteil erlassen will, entscheidet das Gericht – unter Berücksichtigung der Belange der Beteiligten – nach pflichtmäßigem Ermessen. Zustimmung der Beteiligten ist nicht erforderlich. Die Vorabentscheidung über die Zulässigkeit setzt nicht voraus, dass sämtliche Zulässigkeitsvoraussetzungen geprüft worden sind (BFH v. 14.03.1985, IV R 1/81, BStBl II 1985, 368; BFH v. 22.07.2015, V R 50/14, BFH/NV 2015, 1694).

Das Zwischenurteil bindet das Gericht. Ist es rechtskräftig, so bindet es auch das Revisionsgericht.

Verneint das Gericht das Vorliegen von Prozessvoraussetzungen, ergeht ein die Instanz abschließendes klageabweisendes Endurteil mit Kostenentscheidung.

2 Gegen das Zwischenurteil ist unter den Voraussetzungen der §§ 115, 116 FGO die **Revision** oder **NZB** gegeben. Der Streitwert entspricht dem der Hauptsache. Für die Zulässigkeit der Revision ist außerdem § 56 Abs. 5 FGO zu beachten, sodass für den Fall eines Zwischenurteils, das ausschließlich über die Gewährung der **Wiedereinsetzung in den vorigen Stand** entschieden hat, Revision nicht in Frage kommt.

Die Entscheidung des BFH im Zwischenstreit ist selbst kein Zwischenurteil. Gegenstand des Revisionsverfahrens ist nur die durch das Zwischenurteil entschiedene Frage. Der BFH darf also nicht über den materiellen Streitgegenstand mit entscheiden.

3 Hinsichtlich der Kostenentscheidung gilt:

Das Zwischenurteil des Finanzgerichts kann keine Kostenentscheidung treffen; sie bleibt dem Endurteil vorbehalten.

Die Entscheidung des BFH auf die Revision gegen das Zwischenurteil schließt die Kostenentscheidung (zulasten des Revisionsklägers) mit ein, wenn die Revision keinen Erfolg hat. Hebt der BFH das Zwischenurteil unter Abweisung der Klage auf, so bedeutet diese Entscheidung die Entscheidung über den gesamten Rechtsstreit, sodass Kostenentscheidung erforderlich ist. Anders, wenn der BFH sich auf die Aufhebung des Zwischenurteils beschränkt (mit der Wirkung einer Zurückverweisung). Nach BFH v. 14.05.1976 (III R 22/74, BStBl II 1976, 545) bleibt die Entscheidung über die Kosten des Zwischenstreits der Endentscheidung des Finanzgerichts vorbehalten, wenn die Beteiligten den Zwischenstreit in der Revisionsinstanz in der Hauptsache für erledigt erklären.

4 Über den Gesetzeswortlaut hinaus kann auch über die Zulässigkeit einer Beschwerde durch Zwischenbeschluss entschieden werden. § 97 FGO findet auf das Beschwerdeverfahren sinngemäße Anwendung (BFH v. 11.01.2012, VII B 171/11, BFH/NV 2012, 756).

## § 98 FGO Teilurteil

**Ist nur ein Teil des Streitgegenstandes zur Entscheidung reif, so kann das Gericht ein Teilurteil erlassen.**

Der Erlass eines – selbstständig anfechtbaren – **Teilurteils** (auch als Gerichtsbescheid, § 90 a FGO) ist statthaft, wenn bei mehreren Klagebegehren (§ 43 FGO) eines oder bei teilbarem Streitgegenstand ein Teil spruchreif ist, während für den übrigen Streitstoff in absehbarer Zeit nicht mit dem Eintritt der Spruchreife zu rechnen ist. Schließen bei einer eventuellen Klagehäufung Haupt- und Hilfsantrag einander aus, so kann der Hauptantrag durch Teilurteil abgewiesen werden (BFH v. 22.11.1968, III R 37/68, BStBl II 1969, 260). Ein nicht statthaftes Teilurteil kann nicht in ein Zwischenurteil umgedeutet werden (BFH v. 25.02.2010, IV R 24/07, BFH/NV 2010, 1491). 1

Ein Teilurteil ist nur dann zulässig, wenn die durch dieses getroffene Entscheidung durch die noch ausstehende Restentscheidung nicht berührt werden kann. Dies setzt eine **Teilbarkeit des Streitgegenstandes** voraus, z. B. in den Fällen der subjektiven oder objektiven Klagehäufung. Ob der Streitgegenstand teilbar ist, bestimmt sich nach den Umständen des Einzelfalles. Eine selbstständige Entscheidung über einzelne Besteuerungsgrundlagen durch Teilurteil scheidet demnach aus. Ein Teilurteil kann ggf. in den Fällen ergehen, in denen der betreffende Streitpunkt auch gem. § 73 Abs. 1 FGO zu gesonderter Verhandlung und Entscheidung abgetrennt werden könnte. Bei subjektiver Klagehäufung scheidet jedoch ein Teilurteil in der Regel aus; soll unterschiedlich entschieden werden, bedarf es stets eines Trennungsbeschlusses. Bei zusammenveranlagten Ehegatten ist ein Teilurteil schon dem Grunde nach ausgeschlossen, wenn beide Ehegatten ein gemeinsames Klageziel verfolgen und dies auch im Verfahren deutlich wird (BFH v. 09.12.2003, VI R 148/01, BFH/NV 2004, 527; BFH v. 15.07.2010, VIII B 39/09, BFH/NV 2010, 2089). Ein Erlass eines Teilurteils kommt auch dann nicht in Betracht, wenn die Gefahr widersprüchlicher Entscheidungen besteht oder die Streitgegenstände insgesamt entscheidungsreif sind (BFH v. 30.11.1993, IX R 92/91, BStBl II 1994, 403). Einen Sonderfall eines Teilurteils regelt § 99 FGO.

Ob das Gericht ein Teilurteil erlassen will, hat es – unter Berücksichtigung der Belange der Beteiligten – nach pflichtmäßigem Ermessen zu entscheiden. Eines Antrages bedarf es nicht, obwohl das Fehlen eines sol- 2 chen nicht eben für ein Parteiinteresse an einer – selbstständig anfechtbaren – Teilentscheidung spricht. Andererseits ist auch keine Zustimmung der Beteiligten erforderlich.

3 Hinsichtlich der Kostenentscheidung gilt Folgendes:

Das Teilurteil des FG kann wegen des Grundsatzes der Einheitlichkeit der Kostenentscheidung keine Teilkostenentscheidung treffen, vielmehr bleibt die Kostenentscheidung dem Schlussurteil vorbehalten. Dies folgt daraus, dass erst in diesem Zeitpunkt endgültig das Verhältnis des Obsiegens/Unterliegens bestimmt werden kann. Kommt es nicht mehr zu einem Schlussurteil, weil der Kläger nach Ergehen des Teilurteils die Klage im Übrigen zurücknimmt oder der Rechtsstreit in der Hauptsache für erledigt erklärt wird, ergeht Kostenentscheidung durch Beschluss (§ 143 Abs. 1 FGO), weil kein Fall des § 144 FGO vorliegt.

Ist die Revision gegen das Teilurteil erfolglos, ist vom BFH eine Kostenentscheidung (§ 135 Abs. 2 FGO) hinsichtlich der Kosten der Revision zu treffen; hinsichtlich der Kosten des finanzgerichtlichen Verfahrens ist einheitlich zu entscheiden. Hebt der BFH das Teilurteil auf, bleibt die Kostenentscheidung der Endentscheidung vorbehalten. Erledigt sich die Hauptsache des durch Teilurteil entschiedenen Streits in der Revisionsinstanz, so hat der BFH durch Beschluss lediglich die Wirkungslosigkeit des Teilurteils festzustellen; die Kostenentscheidung bleibt der Restentscheidung durch das Finanzgericht vorbehalten.

## § 99 FGO Vorabentscheidung über den Grund

**(1) Ist bei einer Leistungsklage oder einer Anfechtungsklage gegen einen Verwaltungsakt ein Anspruch nach Grund und Betrag strittig, so kann das Gericht durch Zwischenurteil über den Grund vorab entscheiden.**

**(2) Das Gericht kann durch Zwischenurteil über eine entscheidungserhebliche Sach- oder Rechtsfrage vorab entscheiden, wenn dies sachdienlich ist und nicht der Kläger oder der Beklagte widerspricht.**

**Inhaltsübersicht**



**Schrifttum**

Rössler, Teilurteile und Zwischenurteile im finanzgerichtlichen Verfahren, BB 1984, 204; Rössler, Das Zwischenfeststellungsurteil nach § 99 Abs. 2 AO, StB 1994, 181; Arnold, Das Grundurteil, Diss. Passau, 1995.

### A. Allgemeines, Bedeutung der Vorschrift

Die Vorschrift erlaubt eine **Vorabentscheidung** über einzelne Streitpunkte durch Zwischenurteil nicht nur bei bestimmten Klagearten, sofern Grund und Betrag streitig sind, durch Grundurteil (§ 99 **Abs. 1** FGO), sondern auch über entscheidungserhebliche Sach- oder Rechtsfragen (§ 99 **Abs. 2** FGO). Die Umdeutung eines nicht statthaften Grundurteils nach Abs. 1 in ein statthaftes Zwischenurteil nach Abs. 2 ist möglich, wenn sich erkennen lässt, dass das Gericht eine Zwischenentscheidung treffen wollte (BFH v. 17.12.2008, III R 22/06, BFH/NV 2009, 1087). Die Vorschrift soll der **Prozessökonomie** dienen, indem aufwändige Beweisaufnahmen z.B. über die Höhe des Steueranspruchs vermieden werden, wenn der Anspruch bereits dem Grunde nach streitig ist. Gleichwohl wird von dieser Möglichkeit in der Praxis nur selten Gebrauch gemacht.

Ob das Gericht von der Möglichkeit der Vorabentscheidung durch Zwischenurteil Gebrauch macht, steht in seinem **Ermessen**. Zulässigkeit der Klage ist stets Voraussetzung. Für den Erlass eines Grundurteils hat es im Hinblick auf die Prozessökonomie insbes. abzuwägen, welcher Ermittlungsaufwand hinsichtlich des strittigen Betrages nach Art und Umfang erforderlich sein wird und ob die durch den Erlass eines Zwischenurteils aufgeschobenen Ermittlungen ohne wesentliche Erschwerung auch später angestellt werden können. Hinsichtlich der zu treffenden Ermessensentscheidung, ob ein Zwischenurteil nach § 99 Abs. 2 FGO in Betracht kommt, wird der Ermessensspielraum durch die Vorschrift selbst eingeschränkt auf die **Sachdienlichkeit**. 2

### B. Tatbestandliche Voraussetzungen

#### I. Vorabentscheidung über den Grund

Vorabentscheidungen über den Grund des Klageanspruchs können nach § 99 Abs. 1 FGO – ohne dass es der Zustimmung der Beteiligten bedarf – ergehen, wenn sowohl über den Grund wie über den Betrag gestritten wird, der Streit über den Grund, nicht aber auch über den Betrag, spruchreif ist und ein Interesse besteht, hinsichtlich des Grundes zu einer selbstständig anfechtbaren Entscheidung zu gelangen. Voraussetzung ist aber, 3 dass sich der Streit über den Grund des Anspruchs von demjenigen über die Höhe des Anspruchs trennen lässt (BFH v. 27.07.2010, I B 61/10, BFH/NV 2010, 2119 m. w. N.). Ob das Gericht hiernach verfahren will, hat es – unter Berücksichtigung der Belange der Beteiligten – nach pflichtmäßigem Ermessen zu entscheiden (s. Rz. 2). Ist nur der Grund oder nur der Betrag streitig, ergeht Endurteil (BFH v. 20.01.1988, II R 105/87, BFH/NV 1989, 311). Die Möglichkeit, nach § 99 Abs. 1 FGO durch Zwischenurteil über den Grund des Anspruchs zu befinden, ist auf Leistungsklagen einschließlich der Verpflichtungsklage, sofern der begehrte Verwaltungsakt eine Geldleistung betrifft, und auf Anfechtungsklagen gegen Verwaltungsakte, die einen bezifferten Anspruch betreffen, begrenzt.

**Anspruch** i. S. der Vorschrift ist nicht der verfahrensrechtliche Anspruch, der mit der Klage geltend gemachte Anspruch auf Festsetzung (Herabsetzung eines festgesetzten) Anspruchs aus dem Steuerschuldverhältnis in einem bestimmten Ausmaß, sondern der materiellrechtliche Anspruch aus dem Steuerschuldverhältnis (BFH v. 30.03.1989, IV R 71/88, BFH/NV 1990, 228). Da bei Nichtbestehen des Anspruchsgrunds kein Urteil nach § 99 Abs. 1 FGO ergehen kann, sondern Endurteil ergehen muss, liegt der prozessökonomische Zweck des Grundurteils darin, umfangreiche Ermittlungen zur Betragshöhe zu ersparen, die sich erübrigen, wenn das Revisionsgericht die Rechtsauffassung des FG zum Anspruchsgrund nicht teilt (s. BFH v. 14.07.1982, II R 1/81, BStBl II 1983, 25). Die Rechtsprechung hat jedoch den Anwendungsbereich sehr verengt: ein Grundurteil komme nur in Betracht, wenn die Möglichkeit bestehe, den Prozess endgültig zu erledigen (BFH v. 20.06.1968, IV R 222/66, BStBl II 1968, 804; BFH v. 30.05.1975, III R 72/74, BStBl II 1975, 714). Im Übrigen hat die Rechtsprechung des BFH (abgesehen vom Gebiet der Einzelsteuern, s. BFH v. 14.07.1982, II R 1/81, BStBl II 1983, 25) den Anwendungsbereich des § 99 Abs. 1 FGO einerseits durch Rückgriff auf die Entscheidung des Großen Senats v. 17.07.1967 GrS 1/66, BStBl II 1968, 344 zum Streitgegenstandsbegriff eingrenzt (s. BFH v. 20.06.1968, IV R 222/66, BStBl II 1968, 804; BFH v. 06.11.1969, IV R 209/67, BStBl II 1970, 188; BFH v. 14.05.1980, I R 135/77, BStBl II 1980, 695) und andererseits klargestellt, dass einzelne Besteuerungsgrundlagen nicht Ansprüche i. S. des § 99 Abs. 1 FGO sind, weil Anspruch in diesem Sinn stets der gesamte Steueranspruch ist (vgl. BFH v. 25.02.2010, IV R 24/07, BFH/NV 2010, 1491). Deshalb ist in Streitsachen wegen (einheitlicher und) gesonderter Gewinnfeststellung der Erlass eines Grundurteils schlechthin unzulässig (BFH v. 17.10.1979, I R 157/76, BStBl II 1980, 252; BFH v. 15.11.1992, VIII R 35/91, BFH/NV 1993, 316; BFH v. 09.09.1993, IV R 14/91, BStBl II 1994, 250). Die Ausgrenzung der gesonderten Feststellung von Besteuerungsgrundlagen aus dem Anwendungsbereich des § 99 Abs. 1 FGO allein aufgrund der rechtstechnischen Besonderheit ihrer verselbstständigten Feststellung, erscheint nicht unbedenklich und wird daher kritisiert (so *Brandis* in Tipke/Kruse, § 99 FGO Rz. 5; *von Groll* in Gräber, § 99 FGO Rz. 6). Ein Grundurteil kann aber z. B. über die Frage ergehen, ob eine verdeckte Gewinnausschüttung vorliegt (BFH v. 27.07.2010, I B 61/10, BFH/NV 2010, 2119).

Zum Grund eines nach Grund und Höhe bestrittenen Anspruchs gehört auch die Frage nach dessen Durchsetzbarkeit in abgabenverfahrensrechtlicher Hinsicht. Deshalb kann jedenfalls über die Frage, ob der Festsetzung des Anspruchs bzw. dem Begehren auf Änderung usw., sofern auch die Höhe des Anspruchs strittig ist, der Ablauf der Festsetzungsfrist entgegenstand bzw. -steht, ob die Voraussetzungen für die erhöhende Änderung einer Steuerfestsetzung vorlagen usw. vorab durch Zwischenurteil über den Grund entschieden werden. Hat das Grundurteil im Revisionsverfahren keinen Bestand, so ist in solchen Fällen sogar dem Postulat des BFH genügt, dass der Rechtsstreit dann vollumfänglich erledigt ist. 5

## II. Vorabentscheidung über andere Streitpunkte

§ 99 Abs. 2 FGO gestattet Vorabentscheidung über eine entscheidungserhebliche Sach- oder Rechtsfrage, wenn dies **sachdienlich** ist und **weder der Kläger noch der Beklagte widerspricht**. Auf den Widerspruch anderer Beteiligter (§ 57 FGO), insbes. Beigeladener, kommt es nicht an. Die Negativvoraussetzung (kein Widerspruch) kann nur durch (zumindest vorsorglichen) Hinweis darauf, dass das Gericht den Erlass eines Zwischenurteils nach § 99 Abs. 2 FGO erwäge (erwägen könnte) festgestellt werden (BFH v. 17.11.2015, XI B 52/15, BFH/NV 2016, 431); u. E. ist insoweit rechtliches Gehör zu gewähren und die Initiative (z. B. »vorsorglich wird dem Erlass eines Zwischenurteils nach § 99 Abs. 2 FGO widersprochen«) nicht den Beteiligten zu überlassen (s. auch BFH v. 09.09.1993, IV R 14/91, BStBl II 1994, 250). 6

Sachdienlich ist eine derartige Vorabentscheidung – so die Gesetzesbegründung (BT-Drs. 12/1061) –, »wenn erkennbar nur über eine bestimmte Sach- oder Rechtsfrage gestritten wird und zu erwarten ist, dass die Beteiligten nach der verbindlichen Klärung dieser Frage den Rechtsstreit im Übrigen rasch beilegen werden« (s. auch BFH v. 27.10.1993, XI R 17/93, BStBl II 1994, 439; BFH v. 02.06.2016, IV R 23/13, BFH/NV 2016, 1433).

Die Entscheidung kann über eine oder mehrere Vorfragen ergehen. Die Vorfragen müssen **entscheidungserheblich** und vorgreiflich sein (BFH v. 28.10.2015, I R 41/14, BFH/NV 2016, 570). Ferner ist erforderlich, dass die Vorabentscheidung sachdienlich ist. Dieses Tatbestandsmerkmal verdeutlicht, dass das Gericht bei sei- 7 ner Entscheidung zu berücksichtigen hat, ob der Erlass einer Vorabentscheidung der Prozessökonomie dient. Dazu gehört auch die Überlegung, ob nach Erlass der Entscheidung damit zu rechnen ist, dass es zu einer baldigen – unstreitigen – Erledigung des Rechtsstreits kommt.

### III. Rechtsmittel, Kosten

8 Gegen Zwischenurteile nach § 99 Abs. 1 und Abs. 2 FGO sind die gegen Urteile statthaften Rechtsmittel gegeben. Die Zulässigkeit eines Zwischenurteils ist von Amts wegen und nicht nur aufgrund einer Rüge zu prüfen (BFH v. 14.05.1980, I R 135/77, BStBl II 1980, 695; BFH v. 15.11.1992, VIII R 35/91, BFH/NV 1993, 316); dasselbe gilt hinsichtlich der Vorabentscheidung nach § 99 Abs. 2 FGO (s. BFH v. 27.10.1993, XI R 17/93, BStBl II 1994, 439). Wird ein Zwischenurteil aufgehoben, befindet sich das Klageverfahren wieder in dem Stadium, das vor Erlass des Zwischenurteils bestanden hat. Einer Zurückverweisung durch den BFH bedarf es nicht (BFH v. 14.06.2016, IX R 11/15, BFH/NV 2016, 1676).

9 Die Kostenentscheidung ist grundsätzlich dem Endurteil vorzubehalten. Hat ein Rechtsmittel vor dem BFH endgültig keinen Erfolg, muss der BFH dem Revisionskläger die Kosten der Revision auferlegen (§ 135 Abs. 2 FGO). Hat die Revision Erfolg, bleibt die Kostenentscheidung dem Endurteil vorbehalten.

## § 100 FGO Aufhebung angefochtener Verwaltungsakte durch Urteil

**(1) Soweit ein angefochtener Verwaltungsakt rechtswidrig und der Kläger dadurch in seinen Rechten verletzt ist, hebt das Gericht den Verwaltungsakt und die etwaige Entscheidung über den außergerichtlichen Rechtsbehelf auf; die Finanzbehörde ist an die rechtliche Beurteilung gebunden, die der Aufhebung zugrunde liegt, an die tatsächliche so weit, als nicht neu bekannt werdende Tatsachen und Beweismittel eine andere Beurteilung rechtfertigen. Ist der Verwaltungsakt schon vollzogen, so kann das Gericht auf Antrag auch aussprechen, dass und wie die Finanzbehörde die Vollziehung rückgängig zu machen hat. Dieser Ausspruch ist nur zulässig, wenn die Behörde dazu in der Lage und diese Frage spruchreif ist. Hat sich der Verwaltungsakt vorher durch Zurücknahme oder anders erledigt, so spricht das Gericht auf Antrag durch Urteil aus, dass der Verwaltungsakt rechtswidrig gewesen ist, wenn der Kläger ein berechtigtes Interesse an dieser Feststellung hat.**

**(2) Begehrt der Kläger die Änderung eines Verwaltungsaktes, der einen Geldbetrag festsetzt oder eine darauf bezogene Feststellung trifft, kann das Gericht den Betrag in anderer Höhe festsetzen oder die Feststellung durch eine andere ersetzen. Erfordert die Ermittlung des festzusetzenden oder festzustellenden Betrags einen nicht unerheblichen Aufwand, kann das Gericht die Änderung der zu Unrecht berücksichtigten oder nicht berücksichtigten tatsächlichen oder rechtlichen Verhältnisse so bestimmen, dass die Behörde den Betrag auf Grund der Entscheidung errechnen kann. Die Behörde teilt den Beteiligten das Ergebnis der Neuberechnung unverzüglich formlos mit; nach Rechtskraft der Entscheidung ist der Verwaltungsakt mit dem geänderten Inhalt neu bekannt zu geben.**

**(3) Hält das Gericht eine weitere Sachaufklärung für erforderlich, kann es, ohne in der Sache selbst zu entscheiden, den Verwaltungsakt und die Entscheidung über den außergerichtlichen Rechtsbehelf aufheben, soweit nach Art und Umfang die noch erforderlichen Ermittlungen erheblich sind und die Aufhebung auch unter Berücksichtigung der Belange der Beteiligten sachdienlich ist. Satz 1 gilt nicht, soweit der Steuerpflichtige seiner Erklärungspflicht nicht nachgekommen ist und deshalb die Besteuerungsgrundlagen geschätzt worden sind. Auf Antrag kann das Gericht bis zum Erlass des neuen Verwaltungsaktes eine einstweilige Regelung treffen, insbesondere bestimmen, dass Sicherheiten geleistet werden oder ganz oder zum Teil bestehen bleiben und Leistungen zunächst nicht zurückgewährt werden müssen. Der Beschluss kann jederzeit geändert oder aufgehoben werden. Eine Entscheidung nach Satz 1 kann nur binnen sechs Monaten seit Eingang der Akten der Behörde bei Gericht ergehen.**

**(4) Kann neben der Aufhebung eines Verwaltungsaktes eine Leistung verlangt werden, so ist im gleichen Verfahren auch die Verurteilung zur Leistung zulässig.**

**Inhaltsübersicht**

**1 Schrifttum**

Bettermann, Kassation, Reformation und Zurückverweisung im Finanzprozess, StuW 1987, 139; Martens, Teilkassation und Steuerfestsetzung, StVj 1993, 32; Rössler, Lauf der Frist gemäß § 100 Abs. 3 S 5 FGO i. d. F. vom 21.12.1992, DStZ 1997, 307; Rössler, Anwendung des § 100 Abs 3 FGO im zweiten Rechtsgang, DStZ 1997, 655; Albert, Rechtsschutzbedürfnis und vorläufige Vollstreckbarkeit von Anträgen und Urteilen nach § 100 Abs. 1 Satz 2 FGO und § 100 Abs. 4 FGO, DStZ 1998, 503; Wüllenkemper, Auswirkungen der Bekanntgabe eines Jahressteuerbescheides auf einen Rechtsstreit um einen Vorauszahlungsbescheid, DStZ 1998, 458; Albert, Fortsetzungsfeststellungsklage nach Erledigung eines Vorauszahlungsbescheides durch Erlass eines Jahressteuerbescheides – Anmerkung zu: Wüllenkemper »Auswirkungen der Bekanntgabe eines Jahressteuerbescheides auf einen Rechtsstreit um einen Vorauszahlungsbescheid« DStZ 1998, 458, DStZ 1999, 205; Bartone, Änderung von Steuerbescheiden im FG-Verfahren – Rechtliche und taktische Handlungsalternativen des Beraters, AO-StB 2001, 56; Eichborn, Fortsetzungsfeststellungsklage bei Ermessensentscheidungen, HFR 2003, 847; Kühnen, Zulässigkeit der Festsetzungsfeststellungsklage gegen einen nach § 68 FGO n. F. ersetzten Bescheid, EFG 2007, 536; Lühn, Das Klageverfahren vor dem Finanzgericht, SteuerStud 2009, 418; Menkert/Naczinsky, Gerichtliche Rechtsbehelfs-/-mittelverfahren, DStR Beihefter 2009, Nr. 7; Müller, Ermittlungsfehler der Finanzverwaltung, AO-StB 2009, 20; Mössner, Der Antrag im Finanzprozess, FS Streck, 2011, 355.

## A. Allgemeines, Anwendungsbereich

1 Korrespondierend mit dem in § 40 Abs. 1 FGO umrissenen möglichen Inhalts des Klagebegehrens in Anfechtungssachen regelt § 100 FGO den Inhalt der Entscheidung einer **Anfechtungsklage** (§ 100 Abs. 1 bis 3 FGO), vorausgesetzt, die Klage ist zulässig und wenigstens teilweise begründet. Ist die Klage unzulässig oder vollumfänglich unbegründet, so ist die Klage abzuweisen. Daneben trifft die Vorschrift Regelungen für gewisse ergänzende Entscheidungen (§ 100 Abs. 1 Satz 2 und 3, Abs. 3 Satz 3 und 4 und Abs. 4 FGO) und bietet einen Ersatz für diejenigen Fälle an, in denen auf eine zulässige Anfechtungsklage deshalb keine Entscheidung zur ursprünglichen Hauptsache mehr ergehen kann, weil der Verwaltungsakt davor zurückgenommen oder sich anderweitig erledigt hat (§ 100 Abs. 1 Satz 4 FGO; sog. **Fortsetzungsfeststellungsklage**). § 100 FGO gilt auch für Entscheidungen im Revisionsverfahren, wenn unter Aufhebung des angefochtenen Urteils über die Klage entschieden wird. Den möglichen Inhalt des Entscheidungsausspruchs auf Verpflichtungsklagen hin regelt § 101 FGO.

## B. Tatbestandliche Voraussetzungen

### I. Erfolgreiche Anfechtungsklage

Erfolgreich ist eine Anfechtungsklage nur, wenn das Gericht zu der Überzeugung gelangt (s. § 96 Abs. 1 Satz 1 FGO), dass der angefochtene **Verwaltungsakt** (ganz oder teilweise) **rechtswidrig** ist und den Kläger in seinen Rechten verletzt (s. § 40 Abs. 2 FGO). Diese Grundvoraussetzungen für eine erfolgreiche Anfechtungsklage stellt § 100 Abs. 1 Satz 1 1. HS FGO auf. 2

#### 1. Rechtswidriger Verwaltungsakt

Rechtswidrig ist ein Verwaltungsakt, wenn 3

- entweder die von ihm getroffene, in seinem Tenor ausgesprochene Regelung mit Verfassungsrecht, nationalem oder gemeinschaftsrechtlich gesetztem Recht oder mit geltendem Gewohnheitsrecht bzw. allgemeinen Rechtsgrundsätzen (grds. nicht Verwaltungsvorschriften!) unvereinbar ist oder
- der Verwaltungsakt, wenngleich mit geltendem materiellem Recht vereinbar, unter Verletzung von Vorschriften über das Verfahren, die Zuständigkeit oder die Form zustande gekommen ist, es sei denn, der Fehler sei wegen Heilung nach § 126 AO unbeachtlich oder (bei gebundenen Verwaltungsakten) der Verwaltungsakt bedarf nach § 127 AO keiner Aufhebung (auch s. § 127 AO Rz. 7).

Hinzutreten muss, dass der objektiv rechtswidrige Verwaltungsakt den Kläger in seinen Rechten verletzt, also auch eine **subjektive Rechtsverletzung** vorliegt.

Ob ein **gebundener Verwaltungsakt** (s. § 118 AO Rz. 10) mit dem Gesetz (§ 4 AO) in Einklang steht, ist an seinem Ausspruch (Tenor) zu messen. Der Inhalt des Tenors ist ggf. durch Auslegung zu ermitteln. Die von der Finanzbehörde für ihre Entscheidung angegebenen Gründe sind regelmäßig insoweit unerheblich, können aber zur Auslegung des Tenors herangezogen werden. Der angefochtene Verwaltungsakt unterliegt danach – im Rahmen des Klagebegehrens (§ 65 Abs. 1 Satz 1 FGO, § 96 Abs. 1 Satz 2 FGO) – einer in tatsächlicher und rechtlicher Hinsicht – uneingeschränkten Nachprüfung auf Rechtmäßigkeit. Es kommt darauf an, ob die Feststellung des dem Verwaltungsakt zugrunde liegenden Sachverhalts (einschließlich der Ergebnisse der Beweisaufnahme und deren Würdigung) wie er sich am Schlusse der mündlichen Verhandlung (bei abschließender Beratung im schriftlichen Verfahren) der Tatsacheninstanz darstellt und die Anwendung des (Steuer-)Rechts auf diesem 4

Sachverhalt im Einklang mit den maßgebenden Vorschriften steht. Wegen des Amtsermittlungsgrundsatzes ist das Gericht berechtigt, im Rahmen der Rechtmäßigkeitsprüfung weitere, bei Erlass des angefochtenen Verwaltungsakts vorhandene Tatsachen zu berücksichtigen und auch eine andere rechtliche Begründung für den angefochtenen Verwaltungsakt zu geben, soweit er dadurch nicht in seinem Wesen verändert wird (BFH v. 11.07.1984, II R 87/82, BStBl II 1984, 840 m.w.N.). Insoweit ist auch der Finanzbehörde das Nachschieben von Gründen gestattet, allerdings nur mit der notwendigen Einschränkung, dass verfahrensrechtlich erhebliche Verstöße, z.B. gegen das Bestimmtheitsgebot (§ 119 Abs. 1, § 157 Abs. 1 AO) nicht durch nachträgliche »Aufklärung« seitens der Behörde etwa »geheilt« werden könnten. Die Nichtberücksichtigung von während des Verfahrens vorgebrachten Tatsachen oder Beweismitteln kann sich zudem aus Präklusionsregelungen ergeben (s. §§ 76 Abs. 3, 79b FGO). Eine Wesensänderung eines Verwaltungsaktes liegt vor, wenn bei Einzelsteuern der Lebenssachverhalt, der mit dem angefochtenen Verwaltungsakt der Steuer unterworfen wurde, ausgetauscht wird (s. BFH v. 06.04.1977, II R 87/75, BStBl II 1977, 616; BFH v. 07.06.1978, II R 97/77, BStBl II 1978, 568) oder z.B. die einem Arrest zugrunde liegende (notwendig bestimmte) Forderung ausgetauscht wird (BFH v. 10.03.1983, V R 143/76, BStBl II 1983, 401).

5 Bei **Ermessensverwaltungsakten** kommt ein Nachschieben von Gründen grds. nicht in Betracht, allerdings können die Ermessenserwägungen noch bis Abschluss der Tatsacheninstanz ergänzt werden (s. § 102 FGO). Das FG darf den dem Verwaltungsakt zugrunde liegenden Sachverhalt nicht ergänzen, insbes. nicht seine Ermessenserwägungen an die Stelle der behördlichen setzen (s. BFH v. 24.11.1987, VII R 138/84, BStBl II 1988, 364; BFH v. 16.09.1992, X R 169/90, BFH/NV 1993, 510).

### 2. Nachträgliche Veränderung der Sach- und Rechtslage

6 Die Berücksichtigung von derartigen Veränderungen bei **gebundenen Verwaltungsakten** spielt bei Anfechtungsklagen im Steuerprozess in der Regel keine Rolle, weil der typische Fall des steuerrechtlichen Verwaltungsakts, der Steuerbescheid, im Grunde nur deklaratorische Natur ist, weil er nur über bereits verwirklichte Sachverhalte befindet (*Brandis* in Tipke/Kruse, § 100 FGO Rz. 7; *von Groll* in Gräber, § 100 FGO Rz. 11). Damit beschränkt sich die Frage im Wesentlichen auf die Fälle zulässiger rückwirkender Gesetzesänderungen (dazu s. § 4 AO Rz. 14) sowie die Fälle zulässiger Ausübung von Gestaltungsrechten (Wahlrechten, Anträgen), die auf das Steuerschuldverhältnis einwirken. Die Berücksichtigung des Eintritts eines Ereignisses, dem i.S. von § 175 Abs. 1 Satz 1 Nr. 2 AO Wirkung für die Vergangenheit zukommt, bedarf eines eigenständigen Verwaltungsakts (BFH v. 27.01.1982, II R 119/80, BStBl II 1982, 425). Zum Sonderfall der Klage auf Zulassung zur Steuerberaterprüfung s. BFH v. 17.05.1977, VII R 101/76, BStBl II 1977, 706.

Bei der Überprüfung von **Ermessensentscheidungen** können vom FG nur diejenigen Tatsachen (soweit sie in dem Verwaltungsakt berücksichtigt wurden) zugrunde gelegt werden, die zur Zeit der letzten Verwaltungsentscheidung gegeben waren (BFH v. 16.09.2014, X R 30/13, BFH/NV 2015, 150).) Zum Nachschieben von Ermessenswägungen (s. § 102 FGO Rz. 4).

## II. Entscheidungsformen

Die im Prinzip dem gerichtlichen Rechtsschutzverfahren entsprechende Entscheidung auf eine begründete Anfechtungsklage ist die **Aufhebung** (Kassation) bzw. **Teilaufhebung** (»soweit«) des angefochtenen Verwaltungsakts und der etwa ergangenen Entscheidung über den außergerichtlichen Rechtsbehelf (§ 100 **Abs. 1 Satz 1** FGO). Zu unterscheiden sind

- die echte Aufhebung des Verwaltungsakts, durch die dieser seine Wirkung verliert und die Sache (in subjektiver Hinsicht gekennzeichnet durch die Person des Betroffenen und die zuständige Finanzbehörde) damit einer erneuten Entscheidung durch die Behörde zugänglich gemacht wird. Die Behörde muss nun wiederum über die Regelungsbedürftigkeit befinden und – sofern sie diese Frage bejaht – unter Beachtung der Rechtsauffassung des Gerichts (§ 100 Abs. 1 Satz 1 FGO letzter HS) einen neuen Verwaltungsakt erlassen, und
- diejenige Aufhebung, mit der das Gericht selbst abschließend befindet, nämlich den Verwaltungsakt aufhebt, weil z.B. der durch ihn erfasste Lebenssachverhalt entweder der Steuer nicht unterliegt oder steuerfrei ist bzw. der Betroffene nicht Steuerschuldner ist oder weil die Steuer im Zeitpunkt ihrer Festsetzung schon erloschen war (§§ 47, 169 AO) u. Ä.

Welche Art der Aufhebung das Gericht ausgesprochen hat, ergibt sich nur aus den Gründen seiner Entscheidung. Ist **nicht ein gebundener Verwaltungsakt** Anfechtungsgegenstand, kommt regelmäßig (Ausnahme: Ermessensreduzierung auf null; s. § 102 FGO Rz. 5) nur echte Aufhebung in Betracht. Ausnahmsweise ist Gegenstand der Aufhebung allein die Entscheidung über den außergerichtlichen Rechtsbehelf, wenn diese nämlich zutreffend einziger Gegenstand der Anfechtungsklage war (s. § 44 FGO Rz. 7).

Aufhebung des Verwaltungsakts steht dem Gericht nur zu, **soweit** dieser rechtswidrig und rechtsverletzend ist. Teilweise Aufhebung setzt Teilbarkeit des Verwaltungsakts voraus (s. auch BFH v. 25.01.1989, X R 158/87, BStBl II 1989, 483; BFH v. 08.02.1989, II R 85/86, BStBl II 9

1990, 587) in der Weise, dass der »Restverwaltungsakt« für sich Bestand haben kann. Steuerbescheide sind stets teilbar hinsichtlich des festgesetzten Betrags. Das wird in § 351 AO, § 42 FGO vorausgesetzt. Dasselbe gilt für Steuermessbetragsbescheide (s. auch BFH v. 23.11.1988, X R 1/86, BStBl II 1989, 327). Feststellungsbescheide sind sowohl hinsichtlich der einzelnen Besteuerungsgrundlagen (BFH v. 10.02.1988, VIII R 352/82, BStBl II 1988, 544 und BFH v. 10.02.1988, VIII R 352/82, BFH/NV 1988, 791) als auch innerhalb derselben teilbar, soweit es sich um betragsmäßige Feststellungen handelt. Insoweit steht allerdings einer teilweisen Kassation regelmäßig § 100 Abs. 2 Satz 1 FGO entgegen.

## III. Abändernde Betragsfestsetzung

### 1. Grundsatz: eigene Festsetzung durch das Gericht

10 Abweichend vom Kassationsprinzip kann das Gericht, sofern der Kläger mit der Anfechtungsklage die Änderung eines Verwaltungsakts, der einen Geldbetrag festsetzt oder eine darauf bezogene Feststellung trifft, begehrt, nach § 100 **Abs. 2 Satz 1** FGO (zu Ausnahmen § 100 Abs. 2 Satz 2, Abs. 3 FGO) den Betrag in anderer Höhe festsetzen oder die Feststellung durch eine andere ersetzen. Die derartige Änderung dem Betrage nach erfasst zwar, rein wörtlich genommen, auch diejenigen einen Geldbetrag festsetzenden Verwaltungsakte betreffende Anfechtungsklagen, die Ermessensentscheidungen (Verspätungszuschläge, § 152 AO, Zwangsgelder, §§ 328, 329 AO) zum Gegenstand haben. Da das Gericht sein Ermessen nicht an die Stelle des Ermessens der Behörde setzen kann (s. § 102 FGO Rz. 5), kommt die Anwendung dieser Vorschrift auf solche Verwaltungsakte nicht in Betracht (Ermessensreduzierung auf null hinsichtlich des Betrages ist nicht denkbar).

11 Die Betragsfestsetzung durch das Gericht kann immer nur zu einem für den Kläger im Vergleich zum angefochtenen Verwaltungsakt **günstigeren Ergebnis** führen. Dies kann eine Herabsetzung der Steuer oder z. B. auch die Feststellung höherer Verluste oder eine weitere Herabsetzung der Umsatzteuer sein.

§ 100 **Abs. 2 Satz 1** FGO stellt die Betragsfestsetzung in das Ermessen des Gerichts. Dies bedeutet aber nicht, dass das Gericht den angefochtenen Steuerbescheid nach § 100 Abs. 1 Satz 1 FGO lediglich aufheben kann. Vielmehr hat das Gericht den Bescheid zu ändern, sei es, indem es den als zutreffend ermittelten Steuerbetrag gem. § 100 Abs. 2 Satz 1 FGO selbst festsetzt oder gem. § 100 Abs. 2 Satz 2 FGO der Finanzbehörde die Berechnung überträgt (st. Rspr., s. BFH v. 23.11.1988, X R 1/86, BStBl II 1989, 376; BFH v. 18.05.1999, I R 102/98, BFH/NV 1999, 1492). Dies gilt auch für einen **teilweisen Erfolg** der Klage.

### 2. Betragsberechnung durch die Finanzbehörde

Die Möglichkeit des Gerichts, der Finanzbehörde die Steuerberechnung nach § 100 **Abs. 2 Satz 2** FGO zu übertragen, beinhaltet keine Rückverweisung auf das in § 100 Abs. 1 Satz 1 FGO normierte Kassationsprinzip. Das Gericht hat auch in den Fällen des § 100 Abs. 2 Satz 2 FGO die inhaltliche Änderung des Verwaltungsakts selbst vorzunehmen und kann nur die reine Berechnung der Behörde überlassen. Das Gericht muss also aufgrund der ihm obliegenden Verpflichtung zur Sachaufklärung zu der Überzeugung gekommen sein, dass das klägerische Anfechtungsbegehren (zumindest teilweise) deshalb begründet ist, weil der angefochtene Verwaltungsakt (teilweise) dem Grunde nach mit Bestimmtheit und der Höhe nach in einem nach allgemeinen Kriterien bestimmbaren Umfang rechtswidrig ist (so zutreffend *von Groll* in Gräber, § 100 FGO Rz. 34). Der Umfang der Entscheidung muss derart bestimmt sein, dass nur die bloße Berechnung offen ist. Alle entscheidungserheblichen Rechtsfragen müssen behandelt worden sein (BFH v. 06.03.1990, II R 63/87, BStBl II 1990, 504; BFH v. 24.04.1991, I R 15/90, BFH/NV 1992, 273). 12

Die noch erforderliche Berechnung (die rechnerische Ermittlung des Betrags) kann das Gericht dann unterlassen, wenn die auf den festzusetzenden bzw. festzustellenden Betrag bezogenen Ermittlungen einen nicht unerheblichen Aufwand erfordern. Nach der Gesetzesbegründung (BT-Drs. 12/1061) soll das Gericht (nur) einfache Berechnungen selbst vornehmen. Dies entspricht der rein prozessökonomischen Zielsetzung der Vorschrift. 13

Hat das Gericht eine Entscheidung nach § 100 Abs. 2 Satz 2 FGO gefällt, so hat die Behörde nach § 100 Abs. 2 Satz 3 1. HS FGO den Beteiligten das Ergebnis unverzüglich formlos mitzuteilen und erst nach Rechtskraft den Verwaltungsakt mit dem geänderten Inhalt bekannt zu geben (§ 100 Abs. 2 Satz 3 FGO letzter HS). Damit ist nunmehr klargestellt, dass die (formlos mitzuteilende) Berechnung selbst jedenfalls keinen Verwaltungsakt darstellt (BFH v. 18.11.2004, V R 37/03, BStBl II 2005, 217). Daraus folgt, dass die Finanzbehörde die Berechnung nicht mit einem Verwaltungsakt verbinden darf. Der nach Rechtskraft des Urteils mit dem geänderten Inhalt bekannt zu gebende Verwaltungsakt ist nach Ansicht des BFH ein erneut anfechtbarer Verwaltungsakt (BFH v. 04.05.2011, I R 67/10, BFH/NV 2012, 6; BFH v. 08.03.2017, IX R 47/15, BFH/NV 2017, 737), auch wenn der Inhalt und das Ausmaß der Änderung grundsätzlich durch die gerichtliche Entscheidung bestimmt ist. Denn die Tätigkeit der Behörde ist inhaltlich nicht nur auf die Ausführung der Berechnung (insoweit können ihr eigentlich nur Rechenfehler unterlaufen) und formal auf die förmliche Bekanntgabe (nach Eintritt der Rechtskraft) begrenzt. Vielmehr ist im Rahmen des Bescheids und 14 eines ggf. dagegen gerichteten Rechtsbehelfs- und Klageverfahrens auch zu prüfen, ob nach Erlass des Urteils Umstände eingetreten sind, die eine Änderung des neu bekannt zu gebenden VA erfordern. Insoweit hindert die Rechtskraftwirkung des Urteils eine nachträgliche Änderung nicht (BFH v. 08.03.2017, IX R 47/15, BFH/NV 2017, 737).

Kraft ausdrücklicher Verweisung gilt § 100 Abs. 2 Satz 2 FGO auch im gerichtlichen Vollziehungsaussetzungsverfahren (§ 69 Abs. 3 Satz 1 FGO letzter HS).

15 Kommt die Finanzbehörde ihrer Verpflichtung zur Berechnung – was in der Praxis kaum denkbar ist – nicht nach, kann die Berechnung mit der allgemeinen Leistungsklage durchgesetzt werden. Weicht die Behörde von der Berechnung ab, weil sie diese in unzulässiger Weise mit einer erneuten Änderung verbindet, entfaltet die Berechnung die Wirkungen eines neuen Verwaltungsaktes, gegen den wiederum die Anfechtungsklage gegeben ist. Im Rahmen des »neuen« Verfahrens kann der Stpfl. mit Einwendungen gegen die vorherige Entscheidung des FG nicht mehr gehört werden.

Bloße Rechenfehler im neuen Bescheid werden in der Regel auf einfachen Antrag oder einen Hinweis des Gerichts korrigiert.

## IV. Kassation ohne Selbstentscheidung

### 1. Isolierte Aufhebung von Verwaltungsakt und Einspruchsentscheidung

#### a) Allgemeines

16 Eine gegenüber § 100 Abs. 2 FGO vorrangige Rückkehr zum Kassationsprinzip enthält § 100 Abs. 3 FGO. Die Vorschrift soll dem Finanzgericht die Möglichkeit eröffnen, einer Finanzbehörde, die ihrer Ermittlungspflicht nicht nachkommt, weitere Ermittlungen aufzuerlegen und auf diese Weise die Gerichte entlasten. § 100 Abs. 3 FGO gilt für alle Anfechtungsklagen; der Anwendungsbereich ist nicht auf die in § 100 Abs. 2 Satz 1 FGO beschriebenen Verwaltungsakte beschränkt. Bei Verpflichtungsklage findet § 100 Abs. 3 FGO keine Anwendung (BFH v. 09.08.2011, VII R 46/10, BFH/NV 2012, 1078). Hält das Gericht eine weitere Sachaufklärung für erforderlich, kann es nach § 100 Abs. 3 Satz 1 FGO, ohne in der Sache selbst zu entscheiden, den Verwaltungsakt und die Entscheidung über den außergerichtlichen Rechtsbehelf aufheben, soweit die noch erforderlichen Ermittlungen erheblich sind und die Aufhebung auch unter Berücksichtigung der Belange der Beteiligten sachdienlich ist. Eine solche Entscheidung darf das Gericht nur binnen sechs Monaten nach Eingang der Akten der Behörde treffen (§ 100 Abs. 3 Satz 5 FGO) nicht aber, wenn der Steuerpflichtige seiner Erklärungspflicht nicht nachgekommen ist und deshalb die Besteuerungsgrundlagen geschätzt worden sind (§ 100 Abs. 3 Satz 2 FGO). Die praktische Bedeutung dieser Vorschrift ist gering.

#### b) Keine Kassation in Schätzungsfällen

Nach § 100 Abs. 3 Satz 2 AO besteht die Kassationsmöglichkeit nach § 100 Abs. 3 Satz 1 FGO nicht, soweit der 17
Steuerpflichtige seiner Erklärungspflicht nicht nachgekommen ist und deshalb die Besteuerungsgrundlagen geschätzt worden sind (BFH v. 18.05.1999, I R 102/98, BFH/NV 1999, 1492). Daraus ergibt sich, dass es auf die Verhältnisse im Zeitpunkt der Klageerhebung ankommt, die Ermittlungslast also auch dann voll dem Gericht aufgebürdet wird, wenn, wie das häufig der Fall ist, die Steuererklärungen der Klageschrift beigefügt oder nachgereicht werden. Die Einschränkung ist nicht so ganz nachvollziehbar. § 100 Abs. 3 Satz 2 FGO schließt die Kassation auch in den Fällen der Teilschätzung aus (»soweit«).

#### c) Sechs-Monats-Frist

Die Kassationsmöglichkeit nach § 100 Abs. 3 Satz 1 FGO 18
setzt zusätzlich voraus, dass eine derartige Entscheidung binnen sechs Monaten nach Eingang der Akten bei Gericht (zur Verpflichtung der Behörde zur Aktenvorlage, § 71 Abs. 2 FGO) ergeht. Die Sechsmonatsfrist beginnt mit dem Akteneingang. Warum der Vorsitzende oder der Berichterstatter dadurch gezwungen wird – soll dem Gericht die Entlastungsmöglichkeit, die § 100 Abs. 3 Satz 1 FGO gewährt, überhaupt zugute kommen – sämtliche Streitsachen unverzüglich nach Akteneingang darauf zu prüfen, ob die weiteren Voraussetzungen, die § 100 Abs. 3 Satz 1 FGO selbst gegeben sind, ist schwer einsichtig und führt dazu, dass die Vorschrift wenig angewandt wird.

#### d) Weitere Voraussetzungen

Ist § 100 Abs. 3 Satz 1 FGO danach überhaupt anzuwen- 19
den, so hat das Gericht zu prüfen,

- ob die für die Spruchreife noch erforderlichen Ermittlungen nach Art und Umfang erheblich sind, was eine auf den Aufklärungsumfang und die Entscheidungserheblichkeit von weiteren Sachaufklärungsmaßnahmen bezogene Rechtmäßigkeitsprüfung umfasst, und
- ob die Aufhebung des Verwaltungsakts (und der etwa ergangenen außergerichtlichen Rechtsbehelfsentscheidung) auch unter Berücksichtigung der Belange der Beteiligten sachdienlich ist (s. zur Sachdienlichkeit FG Sachsen v. 09.03.2017, 6 K 1201/16, BB 2017, 1891).

In beiderlei Hinsicht wird dem Gericht eine in sein pflichtgemäßes Ermessen gestellte nach seiner materiellrechtlichen Sicht (auf Verfahrensfehler der Behörde kommt es nicht mehr an, sodass deren Sicht unerheblich ist) ausgerichtete Gewichtung verlangt. Im Rahmen dieser Abwägung wird für die Sachdienlichkeit insbes. auch zu berücksichtigen sein, dass einerseits Sachaufklärung durch das Gericht im Regelfall mit größerem Aufwand und höheren Kosten verbunden ist, als Ermittlungsmaßnahmen der Finanzbehörde und andererseits dem Kläger die Möglichkeit der gründlichen Sachaufklärung im außergerichtlichen Rechtsbehelfsverfahren verloren gehen würde.

### 2. Vorläufige Regelungen

20 Da die Aufhebung des Verwaltungsakts den Rechtsgrund für geleistete Zahlungen auf die Steuerschuld beseitigt und damit einen Erstattungsanspruch entstehen lässt bzw. zur Einstellung der Vollstreckung (§ 257 Abs. 1 Nr. 2 AO), nicht aber zur Aufhebung von Vollstreckungsmaßnahmen (§ 257 Abs. 2 AO), führt und die Voraussetzungen für eine Vollziehungsaussetzung gegen Sicherheitsleistung entfallen lässt, kann das Gericht auf Antrag bis zum Erlass des neuen Verwaltungsakts eine einstweilige Regelung treffen. Es kann dabei insbes. die Leistung bzw. das gänzliche oder teilweise Bestehen bleiben von Sicherheiten und die vorläufige Sistierung des Erstattungsanspruchs anordnen, denn bei Aufhebung nach § 100 Abs. 3 Satz 1 FGO ist häufig davon auszugehen, dass die Steuer geschuldet wird, zumal die Klage oft schon nur auf Abänderung gerichtet sein wird.

Die entsprechende Entscheidung erfolgt durch Beschluss, gegen den die Beschwerde (§ 128 Abs. 1 FGO) gegeben ist. Der Beschluss kann jederzeit geändert oder aufgehoben werden (§ 100 Abs. 3 Satz 4 FGO).

## C. Besondere Entscheidungsformen

### I. Vollzogene Verwaltungsakte

21 Ist der angefochtene Verwaltungsakt schon vollzogen, kann das Gericht nach **§ 100 Abs. 1 Satz 2 FGO auf Antrag** aussprechen, dass und wie die Finanzbehörde die Vollziehung rückgängig zu machen hat, und zwar unter der Voraussetzung, dass die Behörde dazu in der Lage und diese Frage spruchreif ist (**§ 100 Abs. 1 Satz 3** FGO). Rückgängig gemacht werden können nur die unmittelbaren Folgen der Vollziehung (Befolgung) des Verwaltungsakts. Die praktische Bedeutung dieser Vorschrift ist gering, da erfahrungsgemäß die Finanzbehörden aus rechtskräftigen Urteilen, die einen Steuerbescheid aufheben oder ändern, umgehend die Folgen zu ziehen pflegen, ohne gesondert zur Erstattung verurteilt zu sein. Deshalb fehlt einem entsprechenden förmlichen Begehren regelmäßig so lange das Rechtsschutzbedürfnis, bis erkennbar wird, dass das FA von sich aus nicht die sich aus der Entscheidung ergebenden Folgen ziehen wird (s. BFH v. 16.07.1980, VII R 24/77, BStBl II 1980, 632; a. A. *Brandis* in Tipke/Kruse, § 100 FGO Rz. 45).

### II. Fortsetzungsfeststellungsklage

Hat sich der **Verwaltungsakt vor Entscheidung** durch das Gericht über die Klage durch Rücknahme oder auf sonstige Weise erledigt (zum Erledigungsbegriff s. § 138 FGO Rz. 3), kann der Kläger beantragen, dass das Gericht durch Urteil ausspricht, dass der Verwaltungsakt rechtswidrig gewesen ist, sofern der Kläger ein berechtigtes (nicht nur rechtliches) Interesse an dieser Entscheidung hat (§ 100 Abs. 1 Satz 4 FGO). Fehlt es an einer Erledigung des VA, ist eine Fortsetzungsfeststellungsklage nicht statthaft (BFH v. 27.07.2010, VII B 227/09, BFH/NV 2010, 2238). Für diesen Übergang von der Anfechtungsklage zur Feststellungsklage hat sich der Ausdruck Fortsetzungsfeststellungsklage eingebürgert. Der Antrag setzt eine verwaltungsaktbezogene Klage voraus, sodass eine Fortsetzungsfeststellungsklage bei Leistungs- und Feststellungsklagen nicht möglich ist. Obwohl § 100 Abs. 1 Satz 4 FGO die Entscheidung in Anfechtungssachen betrifft, ist die Fortsetzungsfeststellungsklage auf Verpflichtungsklagen entsprechend anwendbar, die ja meist auch ein Anfechtungsbegehren umfassen (st. Rspr., u. a. BFH v. 19.06.1991, I R 37/90, BStBl II 1991, 914; BFH v. 28.06.2000, X R 24/95, BStBl II 2000, 514). Im vorläufigen Rechtsschutzverfahren (§§ 69, 114 FGO) ist § 100 Abs. 1 Satz 4 FGO nicht entsprechend anwendbar (BFH v. 29.04.1992, VI B 152/91, BStBl II 1992, 752 m. w. N.; BFH v. 17.07.2013, III B 30/13, BFH/NV 2013, 1625). Der Antrag, der auch im Revisionsverfahren, ungeachtet dessen, ob der Kläger oder die beklagte Behörde Revisionskläger ist, möglich ist (BFH v. 16.12.1986, VIII R 123/83, BStBl II 1987, 248; BFH v. 12.01.1988, VII R 55/84, BFH/NV 1988, 453; BFH v. 19.04.2016, II B 66/15, BFH/NV 2016, 1059), muss ausdrücklich gestellt werden; dies kann auch hilfsweise geschehen (BFH v. 16.04.1986, I R 32/84, BStBl II 1986, 736). 22

Hat sich der **Verwaltungsakt vor Klageerhebung** erledigt, ist eine Klage, mit der von Anfang an die Feststellung der Rechtswidrigkeit dieses Verwaltungsakts begehrt wird, als zulässig anzusehen, denn da die Erhebung einer eigenständigen Feststellungsklage in einem derartigen Fall nicht unter § 41 Abs. 1 FGO subsumiert werden kann, würde der Rechtsschutz des Klägers in Abhängigkeit von zeitlichen Zufälligkeiten ausgehöhlt werden. Der Fortsetzungszusammenhang mit der Anfechtungsklage dokumentiert sich in der Forderung, dass diese »uneigentliche Fortsetzungsfeststellungsklage« in ihrer Zulässigkeit insoweit von der Zulässigkeit der Anfechtungs- 23 klage unter der fiktiven Voraussetzung abhängig ist, dass sich der angefochtene Verwaltungsakt nicht zwischenzeitlich erledigt hätte. Zur Zulässigkeit der Fortsetzungsfeststellungsklage in solchen Fällen s. auch BFH v. 07.08.1979, VII R 14/77, BStBl II 1979, 708; BFH v. 05.04.1984, IV R 244/83, BStBl II 1984, 790 und (betr. Vorauszahlungsbescheide) BFH v. 21.06.1990, V R 97/84, BStBl II 1990, 804. Unberührt bleibt das Erfordernis der Erfüllung aller im Gesetz für die Erhebung der Anfechtungsklage vorgeschriebenen Prozess- (Sachurteils-)Voraussetzungen.

24 Die Fortsetzungsfeststellungsklage ist nur zulässig, wenn der Kläger ein **berechtigtes Interesse** (= besondere Sachentscheidungsvoraussetzung) an der Feststellung der Rechtswidrigkeit hat. Die begehrte Festsetzung muss geeignet sein, zu einer Positionsverbesserung des Stpfl. zu führen. Daran fehlt es, wenn der Kläger nur ein allgemeines Interesse an der Klärung einer Rechtsfrage geltend macht (BFH v. 10.02.2010, XI R 3/09, BFH/NV 2010, 1450; BFH v. 22.07.2008, VIII R 8/07, BStBl II 2008, 941). Ein berechtigtes Interesse ist ein durch die Sachlage vernünftigerweise gerechtfertigtes Interesse, das rechtlicher, wirtschaftlicher oder ideeller Natur sein kann. kann (BFH v. 16.12.1986, VIII R 123/86, BStBl II 1987, 249; BFH v. 19.04.2016, II B 66/15, BFH/NV 2016, 1059). Das besondere Interesse kann auch darin liegen, dass unter den gegebenen Umständen sich gleichartige Sachverhalte auch bei künftigen Besteuerungsverfahren des Klägers mit großer Wahrscheinlichkeit wiederholen werden (**Wiederholungsgefahr**) und anzunehmen ist, dass die Finanzbehörde dabei zu ihrer ursprünglichen, dem Steuerpflichtigen ungünstigen Rechtsauffassung zurückkehren will (BFH v. 16.12.1971, IV R 221/67, BStBl II 1972, 182). Dies gilt ungeachtet der Tatsache, dass eine rechtliche Bindung der Finanzbehörde an die Feststellung des Finanzgerichts für andere Verfahren des Klägers nicht gegeben ist. So hat BFH v. 29.05.1979, VI R 21/77, BStBl II 1979, 650, ein berechtigtes Interesse bejaht, wenn ein Antrag auf Erhöhung eines im Lohnsteuerermäßigungsverfahren eingetragenen Freibetrags sich wegen Zeitablaufs im Lohnsteuerabzugsverfahren nicht mehr auswirken kann, die begehrte Feststellung aber aus prozessökonomischen Gründen für das nachfolgende Veranlagungsverfahren beachtlich ist (s. auch BFH v. 07.06.1989, X R 12/84, BStBl II 1989, 976; BFH v. 16.09.2004, X R 54/99, BFH/NV 2005, 677; zur Abgrenzung BFH v. 02.11.2000, X R 158/97, BFH/NV 2001, 476). Hat sich ein Auskunftsverlangen erledigt, ist eine Wiederholungsgefahr nicht schon allein deshalb begründet, weil ein erneutes Auskunftsverlangen in der Zukunft nicht ausgeschlossen werden kann; insoweit fehlt es an einer konkreten Wiederholungsgefahr (BFH v. 16.02.2009, VII B 175/08, BFH/NV 2009, 1128). Bei einer Klage gegen **Vorauszahlungsbescheide** ist eine Fortsetzungsfeststellungsklage in der Regel nicht zulässig, wenn die Finanzbehörde einen Jahressteuerbescheid erlässt und dieser wegen § 68 FGO automatisch zum Gegenstand des Klageverfahrens wird; insoweit fehlt einer Umstellung auf die Fortsetzungsfeststellungsklage das Rechtsschutzbedürfnis. Eine Ausnahme kann indes vorliegen, wenn die streitige Frage nur in einem Verfahren gegen die Vorauszahlungsbescheide geklärt werden kann und insoweit für künftige Vorauszahlungsbescheide Wiederholungsgefahr besteht (BFH v. 08.11.2013, X B 58/13, BFH/NV 2014, 361). Ein berechtigtes Interesse auf die Feststellung der Rechtswidrigkeit einer **Prüfungsanordnung** ist nicht generell zu bejahen, kann aber gegeben sein, wenn von der Rechtmäßigkeit der angefochtenen Prüfungsanordnung die Hemmung der Verjährungsfrist abhängig ist (BFH v. 21.1989, X R 158/87, BStBl II 1989, 483; BFH v. 10.05.1991, V R 51/90, BStBl II 1991, 825). Die Rspr. bejaht das Feststellungsinteresse ferner dann, wenn sich aus der Rechtwidrigkeit der Prüfungsanordnung ein **Verwertungsverbot** ergeben soll (st. Rspr., u. a. BFH v. 12.01.1995, IV R 83/92, BStBl II 1995, 488; BFH v. 15.12.1999, X B 86/99, BFH/NV 2000, 681; BFH v. 04.12.2012, VIII R 5/10, BFH/NV 2013, 431 m. w. N.). Erledigt sich die Hauptsache in einem Verfahren betreffend die Anfechtung der Prüfungsanordnung, ohne dass die Prüfung durchgeführt wird, kann ein berechtigtes Interesse an der Feststellung der Rechtswidrigkeit im Hinblick auf § 171 Abs. 4 AO zu bejahen sein (so BFH v. 25.01.1989, X R 158/87, BStBl II 1989, 483). Andere Fälle des anzuerkennenden Interesses sind denkbar, wenn der Kläger die Feststellung wegen eines anhängigen oder in Aussicht genommenen (nicht offensichtlich aussichtslosen – BFH v. 18.05.1976, VII R 108/73, BStBl II 1976, 566; BFH v. 17.05.2001, I S 2/01, BFH/NV 2001, 1426; BFH v. 05.03.2013, VII R 24/11, BFH/NV 2013, 1423) **Schadensersatzprozesses** (z. B. § 839 BGB) begehrt. Ein bloßer Hinweis auf die Erleichterung eines Schadenersatzprozesses genügt jedoch nicht (BFH v. 30.07.1975, I R 153/73, BStBl II 1975, 857; BFH v. 22.07.2010, VII B 227/09, BFH/NV 2010, 2238; BVerwG v. 03.05.1989, 4 C 33/88, NVwZ 1989, 1156) Der Ersatz von Kosten, die durch den Rechtsstreit verursacht sind, kann grds. nicht Gegenstand eines Schadensersatzprozesses sein (BFH v. 04.08.2004, VII B 240 + 241/03, BFH/NV 2005, 218; BFH v. 22.07.2008, VIII R 8/07, BStBl II 2008, 941). Ein berechtigtes Interesse kommt auch in Betracht, wenn bei der Prüfung der Rechtswidrigkeit des erledigten Verwaltungsakts Umstände zu prüfen sind, die auch für eine Verweisung nach § 233a AO Bedeutung haben können (BFH v. 12.03.2009, X B 265/07, BFH/NV 2009, 1083). Hat sich der Rechtsstreit über eine **verbindliche Zolltarifauskunft** (vZTA) wegen Änderung der in ihr angewendeten Rechtsvorschriften erledigt, kann ein berechtigtes Interesse des Klägers an der Feststellung der Rechtswidrigkeit der verbindlichen Zolltarifauskunft weder aus der Ab-

sicht des Klägers hergeleitet werden, die Erstattung von Zollbeträgen zu beantragen, noch aus seiner Absicht, für die weitere entsprechende Wareneinfuhr eine neue vZTA zu beantragen (BFH v. 04.04.1978, VII K 4/77, BStBl II 1978, 407). Ein Feststellungsinteresse besteht jedoch, wenn eindeutig feststeht, dass eine materielle Rechtsänderung der Tariflage nicht eingetreten und daher mit Sicherheit anzunehmen ist, dass die Zollverwaltung an der von ihr im erledigten Verfahren vertretenen Auffassung bei der Erteilung einer neuen vZTA festhalten wird (BFH v. 31.05.2016, VII R 47/14, BFH/NV 2016, 1759). Ein berechtigtes Interesse ist zu bejahen, wenn der zurückgenommene Verwaltungsakt **diskriminierende Feststellungen** enthält, sog. **Rehabilitationsinteresse** (BFH v. 27.05.1975, VII R 80/74, BStBl II 1975, 860); dies kann z. B. gegeben sein, wenn der erledigte Verwaltungsakt den Vorwurf einer Steuerhinterziehung beinhaltet (BFH v. 12.06.2008, VI B 62/07, BFH/NV 2008, 1514; BFH v. 04.12.2012, VIII R 5/10, BFH/NV 2013, 431 zu einem Auskunftsersuchen). Eine ungerechtfertigte Nichtzulassung zur Steuerberaterprüfung ist ein so erheblicher Eingriff in die Persönlichkeitssphäre des Bewerbers, dass stets ein berechtigtes Interesse an einer Rehabilitierung durch die Feststellung der Rechtswidrigkeit der Nichtzulassung besteht (BFH v. 23.03.1976, VII R 106/73, BStBl II 1976, 459).

### III. Verurteilung zu einer Leistung

25 § 100 Abs. 4 FGO betrifft neben den Fällen der Verbindung von Anfechtungs- und Verpflichtungsklagen (§ 43 Rz. 1) beispielsweise den Fall der Erteilung von Erlaubnisscheinen oder der Genehmigung von Buchnachweiserleichterungen im Zusammenhang mit der Aufhebung von einschlägigen Abgabebescheiden. Es handelt sich um eine objektive Klagehäufung i.S. des § 43 FGO. Zulässig ist die Verbindung des Antrags auf Zahlung von Prozesszinsen sowohl mit der Anfechtungsklage gegen einen Steuerbescheid als auch mit der Verpflichtungsklage wegen eines Vergütungsanspruches (BFH v. 29.06.1971, VII K 31/67, BStBl II 1971, 740; BFH v. 29.10.1981, I R 89/90, BStBl II 1982, 150). Wenngleich die Vorschrift ihrem Wortlaut und ihrer Stellung nach vom Fall der Entscheidung durch Urteil ausgeht, ist sie auch dann entsprechend anzuwenden, wenn dem Anfechtungsbegehren abgeholfen wird (BFH v. 13.07.1989, IV B 44/88, BFH/NV 1990, 247). Auch wenn die Vorschrift in der Praxis nahezu ohne Bedeutung ist, ist ein Rechtschutzbedürfnis für Begehren nach § 100 Abs. 4 FGO grds. gegeben (*Albert*, DStZ 1998, 504; a. A. *von Groll* in Gräber, § 100 FGO Rz. 66).

# § 101 FGO
# Urteil auf Erlass eines Verwaltungsakts

**Soweit die Ablehnung oder Unterlassung eines Verwaltungsaktes rechtswidrig und der Kläger dadurch in seinen Rechten verletzt ist, spricht das Gericht die Verpflichtung der Finanzbehörde aus, den begehrten Verwaltungsakt zu erlassen, wenn die Sache spruchreif ist. Andernfalls spricht es die Verpflichtung aus, den Kläger unter Beachtung der Rechtsauffassung des Gerichts zu bescheiden.**

**Inhaltsübersicht**



## A. Allgemeines, Anwendungsbereich

Während § 100 FGO den Inhalt der Entscheidung bei Anfechtungsklagen regelt, bestimmt § 101 FGO, welchen Inhalt die Entscheidung über eine **Verpflichtungsklage** hat. Auf andere Klagearten (allgemeine Leistungsklage, Feststellungsklage) findet § 101 FGO keine Anwendung, da die Vorschrift ausdrücklich auf die Unterlassung eines **Verwaltungsaktes** abstellt. Für die nicht erfassten Klagearten enthält die FGO keine Regelungen; der Entscheidungsinhalt richtet sich nach dem Gegenstand des jeweiligen Klagebegehrens. 1

## B. Tatbestandliche Voraussetzungen

### I. Rechtswidrigkeit der Ablehnung oder Unterlassung eines Verwaltungsaktes

Die Ablehnung oder Unterlassung eines vom Kläger beantragten Verwaltungsaktes ist rechtswidrig, wenn der Kläger entweder einen **materiellen Rechtsanspruch** auf die Vornahme eines bestimmten Verwaltungsaktes hat oder ihm ein **formeller Anspruch** darauf zusteht, dass über seinen Antrag auf Vornahme eines Verwaltungsaktes aufgrund **fehlerfreier Ermessensübung** entschieden wird. 2

Ersteres trifft in der Regel für solche Verwaltungsakte zu, welche die Regelung von Zahlungsansprüchen zum Gegenstand haben, sei es, dass diese kraft Gesetzes entstanden sind (wie im Falle von Steuerbescheiden und zumeist auch von Erstattungs- oder Vergütungsbescheiden), sei es, dass sie aufgrund gesetzlicher Ermächtigung durch konstitutiven Verwaltungsakt begründet worden sind; ferner für Verwaltungsakte anderer Art, deren Vornahme bei Erfüllung bestimmter Voraussetzungen gesetzlich vorgeschrieben ist, wie z. B. die Eintragung eines steuerfreien Betrages in der LSt-Karte oder die Änderung/Aufhebung eines Verwaltungsakts.

Letzteres gilt hauptsächlich für alle diejenigen – insbes. begünstigenden – Verwaltungsakte, zu deren Vornahme die Finanzbehörde bei Erfüllung bestimmter Voraussetzungen gesetzlich ermächtigt ist (**Ermessensentscheidungen**, § 5 AO). Beispiele: Billigkeitsmaßnahmen gem. den §§ 163, 227 AO, Zustimmung zu einer Bilanzänderung (§ 4 Abs. 2 Satz 2 EStG), Gestattung einer Buchführungserleichterung (§ 148 AO; § 22 Abs. 4 UStG).

3 Die Rechtswidrigkeit der Ablehnung oder Unterlassung des begehrten Verwaltungsaktes muss, wenn es zur Verurteilung der Behörde zur Vornahme eines **gebundenen Verwaltungsaktes** kommen soll, noch im Zeitpunkt der letztinstanzlichen gerichtlichen Sachentscheidung bestehen. Die zu diesem Zeitpunkt bestehende Sach- und Rechtslage muss den geltend gemachten Anspruch noch tragen. Folglich kann der Anspruch durch nachträgliche Rechtsänderung entfallen. Es ist aber auch denkbar, dass die Anspruchsvoraussetzungen erst während des Prozesses erfüllt sind. Soweit die Vornahme eines Verwaltungsakts, dessen Erlass im **Ermessen** der Finanzbehörde steht, abgelehnt wurde, kommt es grds. auf die Sach- und Rechtslage im Zeitpunkt der letzten Verwaltungsentscheidung an; allerdings kann die Finanzbehörde nach § 102 Satz FGO ihrer Ermessenerwägungen noch bis zum Ende des finanzgerichtlichen Verfahrens ergänzen (s. § 102 FGO Rz. 4).

## II. Beschwer und Rechtsschutzbedürfnis des Klägers

4 Weiter ist erforderlich, dass der Kläger durch die Ablehnung oder Unterlassung des begehrten Verwaltungsaktes, also die Untätigkeit der Behörde, **in seinen Rechten** verletzt worden ist (**Beschwer**); hierzu s. § 40 FGO Rz. 9. Darüber hinaus muss ein **Rechtsschutzbedürfnis** bestehen; dies fehlt insbes., wenn der Kläger sich gegen einzelne Verfahrenshandlungen wehrt, obwohl das Verwaltungsverfahren noch nicht abgeschlossen ist. Deshalb kann ein Anspruch auf eine Erörterung nach § 364 a AO nicht mit der Verpflichtungsklage geltend gemacht werden (BFH v. 11.04.2012, I R 63/11, BStBl II 2012, 539).

Soll es zur Verurteilung der Behörde kommen, muss die Beschwer noch im Zeitpunkt der letztinstanzlichen Sachentscheidung erfüllt sein. Lässt sich zu diesem Zeitpunkt die Beschwer nicht feststellen, führt dies zur Klageabweisung (BFH v. 08.02.2000, VII R 52/99, BFH/NV 2000, 755).

## III. Spruchreife

Die Verurteilung der beklagten Behörde zum Erlass des begehrten gebundenen Verwaltungsaktes setzt voraus, dass die Sache spruchreif ist (vgl. BFH v. 26.08.2010, III R 80/07, BFH/NV 2011, 401). Da das Gericht nur die Verpflichtung der Behörde aussprechen darf, ist es ihm verwehrt, den begehrten Verwaltungsakt selbst zu erlassen. Spruchreife bedeutet, dass der Tatbestand feststehen muss, der die Voraussetzungen der Anspruchsnorm erfüllt und der den Erlass des Verwaltungsaktes rechtfertigt; dazu gehören auch die Tatsachen, aus denen sich die Rechtsverletzung durch die Nichtvornahme des Verwaltungsaktes ergeben. Zu Ermessensentscheidungen s. § 102 FGO.

Grds. ist das FG nicht verpflichtet, die Sache durch eigene Ermittlungen zur Spruchreife zu bringen (BFH v. 07.04.1987, IX R 103/85, BStBl II 1987, 707; BFH v. 09.06.2015, III B 96/14, BFH/NV 2015, 1269), obwohl es hieran nicht gehindert ist. Die amtliche Ermittlungspflicht (§ 76 FGO) in Verbindung mit dem Rechtsschutzinteresse des Klägers, aber auch die Verfahrensökonomie, können gebieten, dass das FG eine Sachaufklärung, der es in einzelnen Punkten noch bedarf, selbst vornimmt. Grundsätzlich aber ist festzuhalten, dass es nicht Sache der Gerichte ist, den Verwaltungsbehörden zustehende Funktionen auszuüben, sondern dass ihre Aufgabe darin besteht, das bisher Geschehene bzw. Unterlassene auf seine Rechtmäßigkeit zu überprüfen. Deshalb muss das Gericht auch nur insoweit Spruchreife herstellen, wie dies zu einer Aufhebung des ablehnenden Verwaltungsaktes erforderlich ist (s. auch BFH v. 09.11.1983, II R 71/82, BStBl II 1984, 446). Das bedeutet: Das Gericht darf grds. von der Finanzverwaltung noch nicht geprüfte Sachverhalte aufgreifen und durch eigene Ermittlungen klären – es ist aber nicht dazu verpflichtet; ihm obliegt nur die Pflicht, den Sachverhalt bis zur Entscheidungsreife über ein Bescheidungsurteil aufzuklären (s. auch BFH v. 31.01.2013, III R 15/10, BFH/NV 2013, 1071). Der gegenteiligen Auffassung des BVerwG und des BSG sowie die Kommentarliteratur zur VwGO, die meinen, die Verpflichtung des Gerichts, die Spruchreife durch Sachaufklärung herbeizuführen, entfalle nur ausnahmsweise, ist nicht zu folgen (Nachweise bei *Brandis* in Tipke/Kruse, § 101 FGO Rz. 2, 3). 6

## IV. Inhalt der gerichtlichen Entscheidung

### 1. Spruchkompetenz

Der Spruch in Verpflichtungssachen betrifft die Entscheidung sowohl über die **Rechtswidrigkeit** der erfolgten Ablehnung bzw. Unterlassung des Verwaltungsaktes (unselbstständige Anfechtungsklage) wie über die **Verpflichtung** der Behörde, den **Verwaltungsakt vorzunehmen** (mit der Anfechtungsklage verbundene Verpflichtungsklage). Letzteres setzt die Bestimmbarkeit des Verwaltungsaktes nach Gegenstand und – gegebenenfalls – auch nach seinem Betrage voraus. Soweit es hierzu einer Ermessensentscheidung (§ 5 AO) bedarf, bleibt zu beachten, dass das FG grundsätzlich nicht berechtigt ist, das der Finanzbehörde zustehende Verwaltungsermessen auszuüben (s. § 102 FGO Rz. 5). Eine Ausnahme gilt, wenn der Spielraum für die Ermessensentscheidung den Umständen nach so eingeengt ist, dass sich keine Alternativen ergeben und nur eine Entscheidung in Betracht kommt, Ermessensreduzierung auf »null« (s. BFH v. 11.07.1996, V R 18/95, BStBl II 1997, 259). Bei Verwaltungsakten, die den Billigkeitserlass oder die Stundung von Steuerbeträgen betreffen, wird diese Voraussetzung in der Regel nicht erfüllt sein; das gilt auch für begünstigende Verwaltungsakte anderer Art. Es handelt sich in einem solchen Falle nicht um eine Frage fehlender Spruchreife, sondern um einen **Mangel der Spruchkompetenz**, der seinen Grund in der Gewaltenteilung hat. Die Verurteilung erfolgt mit entsprechender Einschränkung, d.h. unter Angabe des Rahmens, innerhalb dessen die Finanzbehörde bei Vornahme des Verwaltungsaktes das ergänzende Verwaltungsermessen auszuüben hat. Es handelt sich um ein sog. Bescheidungsurteil, s. Rz. 9.

### 2. Urteilsformel bei spruchreifer Sache

8 Ist die Sache **spruchreif** und besteht **Spruchkompetenz** (zu Ermessensentscheidungen s. Rz. 7), lautet die Urteilsformel auf Aufhebung des ablehnenden Verwaltungsakts und der ihn bestätigenden Entscheidung über den außergerichtlichen Rechtsbehelf und Verpflichtung der beklagten Behörde, einen bestimmten Verwaltungsakt vorzunehmen, z.B. den begehrten Änderungsbescheid zu erlassen, eine Fortschreibung vorzunehmen usw. (**Verpflichtungsurteil im engeren Sinn**). Spruchkompetenz besteht stets in den Fällen, in denen das Begehren dahin geht, die Finanzbehörde zum Erlass eines gebundenen Verwaltungsaktes zu verpflichten.

### 3. Urteilsformel bei fehlender Spruchreife

9 Ist der Rechtsstreit nicht spruchreif, geht die stattgebende Entscheidung dahin, dass die Ablehnung oder Unterlassung des begehrten Verwaltungsaktes oder eines Verwaltungsaktes der begehrten Art **rechtswidrig** ist und den Kläger in seinen **Rechten verletzt**, des Weiteren auf die **Verpflichtung** der beklagten Behörde, den Kläger auf seinen der Klage zugrunde liegenden Antrag unter Beachtung der Rechtsauffassung des Gerichtes zu bescheiden (BFH v. 29.03.2007, IX R 9/05, BFH/NV 2007, 1617; 27.09.2001, X R 134/98, BStBl II 2002, 176; BFH v. 14.03.2012, XI R 33/09, BFH/NV 2012, 893). Die näheren Einzelheiten gehören in die Urteilsgründe. In diesen wird sich auch das Gericht darüber zu äußern haben, in Ansehung welcher Umstände es die Sache als noch nicht spruchreif betrachtet und was demgemäß zu geschehen hat, um dem Antrag auf Erlass des begehrten Verwaltungsaktes oder eines Verwaltungsaktes der begehrten Art die notwendige Erfolgsaussicht zu sichern, ferner unter Beachtung welcher rechtlichen Gesichtspunkte die beklagte Behörde über diesen erneuten Antrag zu entscheiden hat.

Hat der Kläger mit seiner Klage den Erlass eines Verpflichtungsurteils im engeren Sinn begehrt und erstreitet er nur ein Bescheidungsurteil, bleibt die Entscheidung hinter dem Antrag zurück, sodass ein Teilunterliegen vorliegt. Dies ist im Tenor der Entscheidung zu berücksichtigen, in dem die Klage im Übrigen abgewiesen wird. Bei der Kostenentscheidung können der Behörde in entsprechender Anwendung von § 136 Abs. 1 Satz 3 FGO die gesamten Kosten des Verfahrens auferlegt werden (BFH v. 02.06.2005, III R 66/04, BStBl II 2006, 184; BFH v. 24.02.2010, III R 73/07, BFH/NV 2010, 1429).

# § 102 FGO
# Nachprüfung des Ermessensgebrauchs

**Soweit die Finanzbehörde ermächtigt ist, nach ihrem Ermessen zu handeln oder zu entscheiden, prüft das Gericht auch, ob der Verwaltungsakt oder die Ablehnung oder Unterlassung des Verwaltungsaktes rechtswidrig ist, weil die gesetzlichen Grenzen des Ermessens überschritten sind oder von dem Ermessen in einer dem Zweck der Ermächtigung nicht entsprechenden Weise Gebrauch gemacht ist. Die Finanzbehörde kann ihre Ermessenserwägungen hinsichtlich des Verwaltungsaktes bis zum Abschluss der Tatsacheninstanz eines finanzgerichtlichen Verfahrens ergänzen.**

**Inhaltsübersicht**

**Schrifttum**

Spanner, Die Prüfung von Ermessensentscheidungen in der Rechtsprechung des Bundesfinanzhofes, FS v. Wallis, 1985, 215; Lange, Ergänzung der Ermessenserwägungen im finanzgerichtlichen Verfahren, DB 2001, 2680; Wiese/Leingang-Ludolph, Kritische Anmerkungen zur Ergänzung des § 102 FGO im Gesetzentwurf zum StÄndG 2001, DB 2001, 2469; Müller, Anfechtung von Ermessensentscheidungen, AO-StB 2006, 184; Intemann, Ausgewählte Probleme der Teileinspruchsentscheidung, DB 2008, 1005; Dauven, Ermessensentscheidungen und ihre gerichtliche Überprüfung im Steuerrecht, SteuerStud 2009, 254; von Streit, Anspruch auf einen bestimmten rechtmäßigen Inhalt einer verbindlichen Auskunft bei umsatzsteuerlichen Sachverhalten, DStR 2012, 1847.

## A. Allgemeines

1 Zum Begriff des Ermessens und der Ermessensentscheidungen siehe § 5 AO und die dort gegebenen Erläuterungen; dort auch zur Unterscheidung zwischen Ermessensübung und Anwendung unbestimmter Rechtsbegriffe.

Entsprechend dem Grundsatz der Gewaltenteilung (Art. 20 Abs. 2 Satz 2 GG) und in mit Rücksicht ihrer auf Gewährung von Rechtsschutz beschränkten Aufgabe haben die Gerichte der Finanzgerichtsbarkeit Ermessensentscheidungen nur auf Rechtmäßigkeit, nicht auch auf Zweckmäßigkeit nachzuprüfen. Der Kläger kann nur in seinem Recht auf fehlerfreien Ermessensgebrauch verletzt sein (s. § 100 Abs. 1 Satz 1 FGO). Deshalb steht den FG nur eine eingeschränkte Überprüfungsmöglichkeit von Ermessensentscheidungen zu, die sich auf die Fragen der Ermessensüberschreitung, -unterschreitung, -fehlgebrauch beschränken. Das Gericht darf sein Ermessen nicht an die Stelle des behördlichen Ermessens setzen. Nur in Ausnahmefällen kann (Ermessensreduzierung auf »null«) Spruchreife entstehen (st. Rspr., u. a. BFH v. 17.02.2004, VIII R 58/03, BStBl II 2006, 130; BFH v. 11.12.2013, XI R 22/11, BStBl II 2014, 332). Kein Fall des § 102 FGO liegt vor, wenn die Finanzbehörde nur irrtümlich von einem Ermessensspielraum ausgeht (BFH v. 12.06.1986, V R 75/78, BStBl II 1986, 721; BFH v. 09.08.2011, VII R 46/10, BFH/NV 2012, 1078).

## B. Tatbestandliche Voraussetzungen

### I. Rechtswidrige Ermessensentscheidung

2 Eine Ermessensentscheidung ist rechtswidrig,

- wenn die im Gesetz oder in einer tatsächlich angewandten, gesetzeskonformen Ermessensrichtlinie (s. dazu BFH v. 28.11.2016, GrS 1/15, BStBl II 2017, 393) gezogenen Grenzen verletzt bzw. die Voraussetzungen nicht beachtet sind, von deren Gegebensein das Gesetz die Ermessensentscheidung abhängig macht (**Ermessensüberschreitung oder -unterschreitung**), oder
- wenn von dem Ermessen in sachfremder, insbes. willkürlicher Weise Gebrauch gemacht worden ist (BFH v. 28.09.2011, VIII R 8/09, BStBl II 2012, 395), d. h. so, wie entschieden worden ist, ohne Verletzung der allgemeinen Ermessensmaßstäbe (Billigkeit und Zweckmäßigkeit) nicht entschieden werden durfte, die Behörde die Grenzen ihres Handels absichtlich oder irrtümlich nicht erkennt (**Ermessensfehlgebrauch**), oder
- bei der Entscheidung nicht beachtet worden ist, dass aufgrund der gegebenen Sachlage nur eine einzige Entscheidung möglich ist, die nicht zu einem Ermessensfehler führt (**Ermessensreduzierung auf »null«**).

Zu beachten ist, dass Ermessenfehler nicht nur bei Erlass einer Ermessensentscheidung, sondern auch bei der Ablehnung eines begehrten Verwaltungsaktes oder bei Untätigkeit vorliegen können. Ist eine Verletzung der gesetzlichen Ermessensgrenzen nach den obigen Grundsätzen nicht festzustellen, so hat das Finanzgericht nicht zusätzlich nachzuprüfen, ob die getroffene Ermessensentscheidung inhaltlich richtig und angemessen ist bzw. auch noch andere ermessensgerechte Entscheidungen möglich gewesen wären; diese Entscheidung steht ausschließlich der Finanzbehörde zu.

### II. Maßgeblicher Zeitpunkt

Maßgeblich für die gerichtliche Überprüfung ist grds. die Sach- und Rechtslage im **Zeitpunkt der letzten Verwaltungsentscheidung** (BFH v. 16.09.2014, X R 30/13, BFH/NV 2015, 150). Daran hat auch die nach § 102 Satz 2 FGO eröffnete Möglichkeit, Ermessenserwägungen bis zum Abschluss des finanzgerichtlichen Verfahrens zu ergänzen, nichts geändert. Das Gericht darf nur diejenigen Tatsachen bei der Überprüfung einer Ermessensentscheidung zugrunde legen, die im Zeitpunkt der Bekanntgabe der Einspruchsentscheidung gegeben waren (st. Rspr., s. z. B. BFH v. 19.12.2016, XI B 57/16, BFH/NV 2017, 599). Dies gilt selbst dann, wenn der Verwaltungsakt im Zeitpunkt der gerichtlichen Entscheidung noch nicht vollzogen war (BFH v. 15.03.2013 VII B 201/12, BFH/NV 2013, 972). Zu eigenen Tatsachenermittlungen ist das Gericht nicht berufen. Fehlerfreie Ermessensausübung setzt aber ihrerseits voraus, dass die Ermessensentscheidung aufgrund einwandfreier und alle Möglichkeiten ausschöpfender Ermittlung des entscheidungserheblichen Sachverhalts getroffen wurde (BFH v. 15.06.1983, I R 76/82, BStBl II 1983, 672; BFH v. 16.09.1992, X R 169/90, BFH/NV 1993, 510) und dabei die Gesichtspunkte tatsächlicher und rechtlicher Art berücksichtigt wurden, die nach Sinn und Zweck der Norm, die das Ermessen einräumt, maßgeblich sind (BFH v. 23.05.1985, V R 124/79, BStBl II 1985, 489). Mangelt es an diesen Erfordernissen, ist schon deshalb das Recht des Betroffenen auf fehler- 3 freie Ermessensausübung verletzt. Die Fehlerhaftigkeit einer einzelnen Ermessenserwägung stellt jedoch keinen Ermessensfehler dar, wenn die Finanzbehörde ihre Entscheidung auf mehrere Ermessenserwägungen gestützt und zum Ausdruck gebracht hat, dass bereits jede einzelne der Ermessenserwägungen sie dazu veranlasst hat, die getroffene Entscheidung vorzunehmen (BFH v. 18.02.2016, V R 62/14, BStBl II 2016, 589).

Nach § 102 **Satz 2** FGO kann die Finanzbehörde ihre **Ermessenserwägungen** hinsichtlich des Verwaltungsaktes bis zum Abschluss der Tatsacheninstanz eines finanzgerichtlichen Verfahrens **ergänzen**. Die Vorschrift ermöglicht also nur eine Nachbesserung, nicht aber eine Nachholung von Ermessenserwägungen. Dies bedeutet, dass weder der der Entscheidung zugrunde liegende Sachverhalt noch die Ermessenserwägungen ganz oder teilweise ausgetauscht werden dürfen. Da es sich nur um eine Ergänzung handelt, dürfen nur solche Erwägungen ergänzt werden, die bereits bei Erlass der Entscheidung vorhanden waren. Hat die Finanzbehörde keine Entscheidung getroffen oder ist sie zu Unrecht von einer gebundenen Entscheidung ausgegangen (»Ermessensnichtgebrauch«), scheidet eine Nachbesserung nach § 102 Satz 2 FGO aus, da keine ergänzungsfähige Ermessensentscheidung vorliegt. Denn das FA darf nur bereits an- und dargestellte Erwägungen vertiefen, verbreitern oder verdeutlichen. Ihm ist es verwehrt, Ermessenserwägungen im finanzgerichtlichen Verfahren erstmals anzustellen, die Ermessensgründe auszuwechseln oder vollständig nachzuholen (BFH v. 01.07.2008, II R 2/07, BStBl II 2008, 897 m. w. N.). Die Ergänzung ist nur bis zum Abschluss der Tatsacheninstanz, also noch bis in der mündlichen Verhandlung, aber nicht mehr im Revisionsverfahren, möglich (BFH v. 26.07.2011, VII B 3/11, BFH/NV 2011, 2097; BFH v. 15.05.2013, VI R 28/12, BStBl II 2013, 737). Hierdurch dürfen dem Kläger keine unvorhersehbaren Rechtsnachteile entstehen; ggf. ist ihm nochmals Gelegenheit zur Stellungnahme einzuräumen. Führt erst das nachträglich Ergänzen der Erwägung zur Abweisung der Klage, stellt sich u. E. die Frage, ob nicht der Finanzbehörde in – ggf. entsprechender – Anwendung des § 137 FGO (teilweise) die Kosten des Verfahrens aufzuerlegen sind.

### C. Entscheidung des Gerichts

5 Eine eigene Ermessensentscheidung, also die Ausübung eigenen Ermessens ist dem Gericht nicht gestattet, sodass die Feststellung von Ermessensfehlern in aller Regel im Falle einer Anfechtungsklage zur Aufhebung des angefochtenen Verwaltungsaktes führt, während die Behörde im Falle einer Verpflichtungsklage vom Gericht zur Neubescheidung verpflichtet wird (BFH v. 28.11.2016, GrS 1/15, BStBl II 2017, 393). Das FG oder der BFH dürfen fehlende Begründungen der behördlichen Ermessensentscheidung nicht durch eigene Ermessenserwägungen ersetzen (BFH v. 29.09.1987, VII R 54/84, BStBl II 1988, 176; BFH v. 13.06.1997, VII R 96/96, BFH/NV 1998, 4). Werden allerdings durch die Sachlage die Ermessensgrenzen so eingeengt, dass nur eine bestimmte Entscheidung möglich ist, während jede andere notwendig zu einem Ermessensfehler führen müsste (BFH v. 17.04.1951, GrS 1/51 S, BStBl III 1951, 107; BFH v. 06.09.2011, VIII R 55/10, BFH/NV 2012, 221), so darf das Gericht diese eine allein rechtmäßige Ermessensentscheidung unter Aufhebung bzw. Änderung der Vorentscheidung selbst treffen (Ermessensreduzierung auf »null«). In den Fällen des § 101 FGO ist unter diesen Umständen die Sache »spruchreif«. In der Praxis ist ein Fall von Ermessensreduzierung auf »null« eher selten.

Zur Ermessensentscheidung bei einstweiligen Anordnungsverfahren s. § 114 FGO Rz. 13.

## § 103 FGO
## Am Urteil beteiligte Richter

**Das Urteil kann nur von den Richtern und ehrenamtlichen Richtern gefällt werden, die an der dem Urteil zugrunde liegenden Verhandlung teilgenommen haben.**

Wegen der Geschäftsverteilung und des Sitzungsplanes der Senate siehe die §§ 4 und 27 FGO; im Hintergrund steht der Grundsatz vom gesetzlichen Richter (Art. 101 Abs. 1 Satz 2 GG). 1

Das Prinzip der **Einheit der mündlichen Verhandlung** (s. § 92 FGO Rz. 1) bedeutet grundsätzlich, dass das Urteil nur von denjenigen Richtern gefällt werden kann, die der Verhandlung von Anfang bis Ende beigewohnt haben. Die Vorschrift steht in unmittelbarem Zusammenhang mit den Verfahrensgrundsätzen der Mündlichkeit (§ 90 Abs. 1 Satz 1 FGO) und der Unmittelbarkeit der Beweisaufnahme (§ 81 Abs. 1 Satz 1 FGO) und mit § 96 Abs. 1 Satz 1 FGO. Dies ist in der Regel unproblematisch, da finanzgerichtliche Verfahren in aller Regel am gleichen Tage verhandelt und entschieden werden. Erstreckt sich eine Verhandlung ausnahmsweise über mehrere Tage ist zu unterscheiden. Wird die mündliche Verhandlung unterbrochen und an einem anderen Tag fortgesetzt, handelt es sich prozessual um eine mündliche Verhandlung, sodass die Identität der Richterbank (auch der ehrenamtlichen Richter) gewährleistet sein muss. Wird hingegen eine Sache nach einer mündlichen Verhandlung vertagt und ein neuer Termin anberaumt, handelt es sich bei dem neuen Termin um eine »neue« mündliche Verhandlung, die auch in neuer Besetzung durchzuführen ist, die sich aus dem für den neuen Termin geltenden Geschäftsverteilungsplan ergibt. Das Urteil beruht dann auf dieser 2

»neuen« letzten Verhandlung; ein Verstoß gegen § 103 FGO liegt nicht vor (BFH v. 18.05.2017, III R 20/14, BFH/NV 2017, 1675). Dies gilt auch, wenn in einem früheren Termin eine Beweisaufnahme durchgeführt worden ist. Das Ergebnis der Beweisaufnahme kann durch Verlesung des Protokolls in die »neue« Verhandlung eingeführt werden (BFH v. 18.04.2017, III B 76/16, BFH/NV 2017, 1050). Dies gilt auch bei einem Wechsel des Einzelrichters (BFH v. 28.08.2012, VII B 181/11, BFH/NV 2013, 210). Soweit von einer Verhandlung auszugehen ist, bildet sie eine Einheit, da das Urteil erst mit Abschluss der mündlichen Verhandlung nach Beratung und Abstimmung beschlossen (= gefällt) wird. Ein Richterwechsel in der Verhandlung vor der Beratung und Abstimmung über das Urteil wird also stets die Wiedereröffnung der mündlichen Verhandlung erforderlich machen. Der Beschluss über die Wiedereröffnung der mündlichen Verhandlung ist nicht anfechtbare prozessleitende Verfügung (BFH v. 24.11.2005, II B 48/05, BFH/NV 2006, 589). Allerdings können die Beteiligten auf erneute mündliche Verhandlung verzichten. Es handelt sich dann aber nicht um eine Entscheidung aufgrund mündlicher Verhandlung (BFH v. 20.06.1967, II 73/63, BStBl III 1967, 794). Denn findet mündliche Verhandlung nicht statt (§ 90 Abs. 2, § 90 a FGO), wird also im schriftlichen Verfahren entschieden, folgt aus dem Grundsatz des § 103 FGO, dass das Urteil dann von den Richtern gefällt wird, die an der (nicht öffentlichen) Beratung teilgenommen haben (BFH v. 22.11.2006, VI B 22/06, BFH/NV 2007, 478). Diese Vorgehensweise dürfte jedoch in Fällen einer Beweisaufnahme untunlich sein, da das Ergebnis der Beweisaufnahme nicht verwertet werden kann und – sofern die Beweisaufnahme tatsächlich notwendig ist – das Urteil dann auf einer unzutreffenden Tatsachengrundlage basiert. Wie eine Vertagung sind die Fälle zu behandeln, in denen ein Verfahren nach erfolgreicher Anhörungsrüge (§ 133 a FGO) fortgeführt wird. Auch dann findet also eine »neue« mündliche Verhandlung statt.

3 § 103 FGO gilt entsprechend, wenn in **Beschlusssachen** (§ 113 FGO) fakultativ aufgrund mündlicher Verhandlung entschieden wird.

4 Ist das Urteil gefällt und der Urteilstenor (nur von den Berufsrichtern) unterzeichnet, kann es bis zu seiner Verkündung oder Zustellung **geändert** werden. Dies kann dadurch geschehen, dass die mündliche Verhandlung wieder eröffnet wird und – in neuer Besetzung – erneut verhandelt, beraten und abgestimmt wird. Alternativ kann auch eine erneute Beratung und Beschlussfassung erfolgen; dies kann jedoch nur durch die Richter erfolgen, die an der vorherigen Entscheidungsfindung teilgenommen haben und zwar u. E. einschließlich der ehrenamtlichen Richter (auch s. § 104 FGO Rz. 4; s. auch *Brandis* in Tipke/Kruse, § 103 FGO Rz. 7).

Die Verletzung der Vorschrift ist absoluter Revisionsgrund (§ 119 Nr. 1 FGO) und rechtfertigt im Zweifel auch eine Wiederaufnahme des Verfahrens (§ 579 Abs. 1 Nr. 1 ZPO i. V. m. § 134 FGO). Für die Revisionsbegründung ist § 120 Abs. 3 Nr. 2a FGO zu beachten.

## § 104 FGO
## Verkündung und Zustellung des Urteils

**(1) Das Urteil wird, wenn eine mündliche Verhandlung stattgefunden hat, in der Regel in dem Termin, in dem die mündliche Verhandlung geschlossen wird, verkündet, in besonderen Fällen in einem sofort anzuberaumenden Termin, der nicht über zwei Wochen hinaus angesetzt werden soll. Das Urteil wird durch Verlesung der Formel verkündet; es ist den Beteiligten zuzustellen.**

**(2) Statt der Verkündung ist die Zustellung des Urteils zulässig; dann ist das Urteil binnen zwei Wochen nach der mündlichen Verhandlung der Geschäftsstelle zu übermitteln.**

**(3) Entscheidet das Gericht ohne mündliche Verhandlung, so wird die Verkündung durch Zustellung an die Beteiligten ersetzt.**

Die Verkündung des Urteils durch Verlesen der Formel am Schluss der mündlichen Verhandlung oder in einem besonderen Verkündungstermin soll die Regel bilden; die Beteiligten, mit denen mündlich verhandelt wird, können und müssen (BFH v. 17.08.2011, X B 122/10, BFH/NV 2011, 1912) erwarten, dass ihnen auch das Urteil mündlich bekannt gegeben und – in seinen Grundzügen – erläutert wird (s. auch § 311 Abs. 3 ZPO). Allerdings sind die Beteiligten in der Praxis nur selten an einer Verkündung interessiert. Die Verkündung erfolgt in **öffentlicher Sitzung** nach **erneutem Aufruf** der Sache bei Senatssachen durch den Vorsitzenden des Senats in Anwesenheit der übrigen an der Sitzung beteiligten Richter, einschließlich der ehrenamtlichen Richter, in Einzelrichtersachen durch den Einzelrichter. Die Verkündung kann unmittelbar nach der Beratung über das Urteil oder am Schluss der Sitzung erfolgen (BFH v. 25.09.2007, I B 72/07, BFH/NV 2008, 86; BFH v. 18.12.2007, XI B 178/06, BFH/NV 2008, 562; BFH v. 25.10.2012, X B 130/12, BFH/NV 2013, 228). Die Beteiligten müssen nicht anwesend sein. Nach § 104 Abs. 1 Satz 2 FGO kann die Verkündung auch in einem besonderen **Verkündungstermin** (§ 155 FGO i. V. m. § 311 Abs. 4 Satz 1 ZPO) erfolgen, der am Verhandlungstermin festgesetzt werden und nicht später als zwei Wochen nach der Verhandlung anberaumt werden soll. In diesem Termin bedarf es der Anwesenheit aller Senatsmitglieder nicht mehr. Von der Möglichkeit der Verkündung am Terminstage machen die FG gelegentlich, von der Anberaumung eines Verkündungstermins nur äußerst selten Gebrauch. Auch bei Verkündung ist das Urteil selbstverständlich zuzustellen; insoweit regelt § 104 Abs. 1 Satz 2 FGO an sich eine Selbstverständlichkeit.

In der Regel machen die FG jedoch von der Ausnahmeregelung des § 104 Abs. 2 FGO Gebrauch. Danach ist statt der Verkündung die Zustellung des Urteils zulässig. In einem solchen Fall verkündet das Gericht am Schluss der mündlichen Verhandlung regelmäßig einen entsprechenden Beschluss. Ergeht ein solcher Beschluss nicht, kann darin nicht eine Verletzung des Öffentlichkeitsgrundsatzes gesehen werden (BFH v. 01.08.1990, II B 36/60, BStBl II 1990, 987; BFH v. 15.07.2015, II R 33/14, BFH/NV 2015, 1697). Nach § 104 Abs. 2 FGO ist das Urteil binnen **zwei Wochen** nach der mündlichen Verhandlung der Geschäftsstelle zu übermitteln. Die Zwei-Wochen-Frist entspricht der des § 105 Abs. 4 Satz 2 FGO. Wie dort genügt für die Einhaltung die **Niederlegung der Urteilsformel**, während die Niederlegung des vollständigen Urteils alsbald nachgeholt werden kann (st. Rspr., u. a. BFH v. 22.02.1980, VI R 132/79, BStBl II 1980, 398; BFH v. 26.01.2010, X B 147/09, BFH/NV 2010, 1081). Die Übermittlung kann grds. auch in elektronischer Form erfolgen; wegen des Unterschriftserfordernisses in § 105 Abs. 4 FGO dürfte aber Schriftform erforderlich sein. Bei **Entscheidung ohne mündliche Verhandlung** (§ 90 Abs. 2 FGO, § 90a FGO) bleibt zur Bekanntgabe durch Zustellung ohnehin keine Alternative. Dies stellt § 104 Abs. 3 FGO klar. Die Zustellung des verkündeten Urteils erfolgt nach **vollständiger Abfassung** in den Fristen des § 105 Abs. 4 FGO (s. § 105 FGO Rz. 15). Etwaige Mängel der Verkündung eines Urteils werden durch dessen nachfolgende fehlerfreie Zustellung geheilt (BFH v. 22.03.1993, XI R 23, 24/92, BStBl II 1993, 514; BFH v. 15.02.2012, IV B 126/10, BFH/NV 2012, 774). Die Überschreitung der Zwei-Wochen-Frist für sich allein ist kein in der Revision beachtlicher Verfahrensmangel. Aber auch s. § 116 FGO Rz. 20 ff. Zur Frist für die Übergabe des vollständigen Urteils s. § 105 FGO Rz. 15.

3 Erlassen bzw. ergangen ist das Urteil mit der Verkündung (BFH v. 06.12.2011, XI B 64/11, BFH/NV 2012, 747), bei Bekanntgabe durch Zustellung mit der Zustellung. Damit wird das Urteil wirksam und löst die Bindungswirkung nach § 318 ZPO i. V. mit § 155 FGO aus. Der Zustellung des vollständigen Urteils (einschl. Tatbestand und Entscheidungsgründe) bedarf es zur Ingangsetzung der Revisionsfrist (§ 120 Abs. 1 FGO). Vor der Bekanntgabe ist das Urteil zwar gefällt bzw. beschlossen, jedoch noch ein Internum des Gerichts; wer das Urteil fällen muss, ergibt sich bei Entscheidung aufgrund mündlicher Verhandlung aus § 103 FGO. Erneute Beratung und Abstimmung, wenn Bedenken auftreten, ist so lange möglich, als das Urteil noch nicht verkündet oder zugestellt ist (aber auch s. § 103 FGO Rz. 4). Die Möglichkeit zur Änderung entfällt, sobald die Entscheidung verkündet ist (BFH v. 09.06.2011, XI B 67/11, BFH/NV 2011, 1714) oder der Tenor oder das vollständige Urteil der Geschäftsstelle übergeben ist (BFH v. 28.11.1995, IX R 16/93, BStBl II 1996, 142; BFH v. 30.12.2008, I B 171/08, BFH/NV 2009, 949; BFH v. 08.03.2011, IV S 14/10, BFH/NV 2011, 1161).

Die Nichtberücksichtigung eines nach der Beschluss- 4
fassung über das Urteil, aber vor dessen Verkündung oder Zustellung eingehenden Schriftsatzes kann nach BFH v. 16.10.1970, VI B 24/70, BStBl II 1971, 25 grundsätzlich eine Verletzung des rechtlichen Gehörs i. S. des § 119 Nr. 3 FGO darstellen. Das Gericht muss also stets prüfen, ob das Schriftstück Einfluss auf die Entscheidungsfindung des Gerichts haben kann. Ist dies der Fall, kann nach erneuter Beratung unter Einbeziehung der betroffenen ehrenamtlichen Richter eine neue Beschlussfassung erfolgen. Eine neue Beratung mit anderer Besetzung ist nicht zulässig. In Betracht kommt auch eine Wiedereröffnung der mündlichen Verhandlung s. BFH v. 29.11.1973, IV R 221/69, BStBl II 1974, 115; s. § 93 FGO Rz. 2. Spätestens mit der Zustellung an einen der Beteiligten sind nachträgliche Änderungen ausgeschlossen. Zur Berichtigung und Ergänzung des Urteils: §§ 108, 109 FGO.

Die Zustellung erfolgt von Amts wegen nach den Vor- 5
schriften der Zivilprozessordnung (§ 53 Abs. 2 FGO). Eine Zustellung per Telefax gegen Empfangsbekenntnis ist nur an den in § 174 Abs. 1, 2 ZPO genannten Personenkreis zulässig, also z. B. an Anwälte, Steuerberater oder Behörden (BFH v. 09.10.2013, V B 54/13, BFH/NV 2014, 169). Das ausgefüllte Empfangsbekenntnis erbringt den vollen Beweis über die Zustellung (BFH v. 22.09.2015, V B 20/15, BFH/NV 2016, 50). Ist ein Prozessbevollmächtigter bestellt, muss diesem zugestellt werden (§ 62 Abs. 3 Satz 5 FGO). Mit einer fehlerfreien Zustellung werden etwaige Mängel bei der Verkündung des Urteils geheilt (BFH v. 15.02.2012, IV B 126/10, BFH/NV 2012, 774).

## § 105 FGO Urteilsform

**(1) Das Urteil ergeht im Namen des Volkes. Es ist schriftlich abzufassen und von den Richtern, die bei der Entscheidung mitgewirkt haben, zu unterzeichnen. Ist ein Richter verhindert, seine Unterschrift beizufügen, so wird dies mit dem Hinderungsgrund vom Vorsitzenden oder, wenn er verhindert ist, vom dienstältesten beisitzenden Richter unter dem Urteil vermerkt. Der Unterschrift der ehrenamtlichen Richter bedarf es nicht.**

**(2) Das Urteil enthält**

**1. die Bezeichnung der Beteiligten, ihrer gesetzlichen Vertreter und der Bevollmächtigten nach Namen, Beruf, Wohnort und ihrer Stellung im Verfahren,**

**2. die Bezeichnung des Gerichts und die Namen der Mitglieder, die bei der Entscheidung mitgewirkt haben,**

**3. die Urteilsformel,**

**4. den Tatbestand,**

**5. die Entscheidungsgründe,**

**6. die Rechtsmittelbelehrung.**

**(3) Im Tatbestand ist der Sach- und Streitstand unter Hervorhebung der gestellten Anträge seinem wesentlichen Inhalt nach gedrängt darzustellen. Wegen der Einzelheiten soll auf Schriftsätze, Protokolle und andere Unterlagen verwiesen werden, soweit sich aus ihnen der Sach- und Streitstand ausreichend ergibt.**

**(4) Ein Urteil, das bei der Verkündung noch nicht vollständig abgefasst war, ist vor Ablauf von zwei Wochen, vom Tag der Verkündung an gerechnet, vollständig abgefasst der Geschäftsstelle zu übermitteln. Kann dies ausnahmsweise nicht geschehen, so ist innerhalb dieser zwei Wochen das von den Richtern unterschriebene Urteil ohne Tatbestand, Entscheidungsgründe und Rechtsmittelbelehrung der Geschäftsstelle zu übermitteln. Tatbestand, Entscheidungsgründe und Rechtsmittelbelehrung sind alsbald nachträglich niederzulegen, von den Richtern besonders zu unterschreiben und der Geschäftsstelle zu übergeben.**

**(5) Das Gericht kann von einer weiteren Darstellung der Entscheidungsgründe absehen, soweit es der Begründung des Verwaltungsaktes oder der Entscheidung über den außergerichtlichen Rechtsbehelf folgt und dies in seiner Entscheidung feststellt.**

**(6) Der Urkundsbeamte der Geschäftsstelle hat auf dem Urteil den Tag der Zustellung und im Fall des § 104 Abs. 1 Satz 1 den Tag der Verkündung zu vermerken und diesen Vermerk zu unterschreiben. Werden die Akten elektronisch geführt, hat der Urkundsbeamte der Geschäftsstelle den Vermerk in einem gesonderten Dokument festzuhalten. Das Dokument ist mit dem Urteil untrennbar zu verbinden.**

**Inhaltsübersicht**



**Schrifttum**

Gräber, Zeitpunkt der Abfassung und Bekanntgabe nicht im Anschluss an die mündliche Verhandlung verkündeter Urteile, DStZ 1972, 21; von Groll, Mehr Methode! – Eine Antwort auf die Misere der Steuerrechtsprechung, StuW 1977, 197; Kapp, Der Tatbestand im Steuerprozess-Urteil, DStZ 1987, 271; P. Fischer, Innere Unabhängigkeit und Fiskalinteresse, StuW 1992, 121; Lange, Die richterliche Überzeugung und ihrer Begründung, DStZ 1997, 174; Rössler, Versäumung der Frist, innerhalb der ein verkündetes Urteil der Geschäftsstelle übergeben werden muss, DStZ 1997, 200; Rössler, An Urteile gemäß § 105 Abs. 5 FGO zu stellende Anforderungen, DStZ 1999, 109; Brandt, Begründungsmängel finanzgerichtlicher Urteile – Chancen für eine Nichtzulassungsbeschwerde?, AO-StB 2001, 270; Herlinghaus, Fehlen einer Entscheidungsbegründung, AO-StB 2001, 259; Steinhauff, Urteilsinhalt: Bezugnahme auf eine unvollständige Einspruchsentscheidung, AO-StB 2010, 13.

## A. Allgemeines, Bedeutung

1 § 105 FGO ist die maßgebliche Vorschrift für das Abfassen des Urteils. Zur sinngemäßen Anwendung der Vorschrift für Gerichtsbescheide s. § 106 FGO. Im Grundsatz gilt für Beschlüsse (§ 113 FGO) der gleiche Aufbau. Dasselbe gilt für Entscheidungen des BFH.

Neben den rein formalen Angaben (§ 105 Abs. 1 und Abs. 2 Nr. 1 bis 3 FGO) sind vor allem die inhaltlichen Anforderungen in § 105 Abs. 2 bis Nr. 5, Abs. 3 FGO von Bedeutung. Auf diese Weise wird nicht nur sichergestellt, dass die Beteiligten des Prozesses das Ergebnis des Verfahrens erfahren, sondern ihnen ermöglicht, sich mit den Argumenten zu befassen, die für das Gericht bei seiner Entscheidung leitend waren. Erst dies ermöglicht die weitere Prüfung, ob gegen die Entscheidung ggf. ein Rechtsmittel eingelegt werden soll. Zugleich ist die Darstellung von Tatbestand und Entscheidungsgründen der Ausgangspunkt und die Grundlage für die obergerichtliche Überprüfung der Entscheidung. Dem Gericht selbst legt die Vorschrift die Notwendigkeit auf, die Gedankengänge in strukturierter Form darzulegen und dient somit mittelbar der Selbstkontrolle. § 105 Abs. 4 FGO stellt sicher, dass zwischen dem Zeitpunkt der Entscheidung und ihrer Bekanntgabe an die Beteiligten nicht mehr als ein angemessener Zeitraum liegt, der jedoch nicht konkret bestimmt wird. § 105 **Abs.** 5 FGO sieht Begründungserleichterungen vor; weitere Begründungserleichterungen finden sich in § 90a Abs. 4 FGO. **§ 105 Abs.** 6 FGO bestimmt die Dokumentationspflichten des Urkundsbeamten der Geschäftsstelle.

## B. Form und Inhalt der Entscheidung

### I. Äußere Form

2 Das schriftlich abzufassende Urteil (§ 105 Abs. 1 Satz 2 1. HS FGO) beginnt mit der **Eingangsformel.** »Im Namen des Volkes« (§ 105 Abs. 1 Satz 1 FGO). Ihr Fehlen ist allerdings für die Wirksamkeit des Urteils unerheblich. Bei besonderen Urteilsformen folgt die nähere Entscheidungsform (z. B. Zwischenurteil, Teilurteil oder nur Urteil).

3 Das nachfolgende **Rubrum** bezeichnet die Beteiligten in ihrer Parteirolle als Kläger bzw. Beklagter bzw. sonstiger Beteiligter (§ 57 FGO) nach Namen, Beruf und Wohnort (§ 105 Abs. 2 Nr. 1 FGO); bei nicht natürlichen Personen tritt der Sitz an die Stelle des Wohnorts. Auch die gesetzlichen Vertreter sowie die Bevollmächtigten sind namentlich und in gleicher Weise zu bezeichnen; fehlen Angaben hierüber, so ist das Urteil deshalb nicht unvollständig i. S. des § 120 Abs. 1 FGO (BFH v. 27.03.1968, VII R 21, 22/67, BStBl II 1968, 535). Aus der Funktion des Urteils als Titel folgt, dass die Bezeichnung der Beteiligten so eindeutig wie möglich sein muss; bei Parteien kraft Amtes (z. B. Insolvenzverwalter, Testamentsvollstrecker), die selbst in ihrer Eigenschaft Beteiligte sind, muss das Rubrum auch diese erkennen lassen (z. B. als Insolvenzverwalter im Insolvenzverfahren über das Vermögen des Insolvenzschuldners). Anschließend ist das Gericht sowohl wie der Spruchkörper aufzuführen (Angabe der Ordnungsnummer des Senats) sowie die Namen der Mitglieder, die an der Entscheidung mitgewirkt haben (§ 105 Abs. 2 Nr. 2 FGO); bzw. des Einzelrichters (§§ 6, 79a Abs. 2 bis 4 FGO), u. E. unter Angabe der Befugnisnorm. Üblicherweise wird auch der Gegenstand des Verfahrens angegeben (z. B. »wegen Einkommensteuer 2015«); gesetzlich vorgesehen ist dies aber nicht. Ebenfalls nicht vorgesehen ist die Angabe des Entscheidungsdatums; auch dieses wird aber regelmäßig aufgenommen. Dies ermöglicht den Beteiligten ebenso wie die Nennung der Richter, zu prüfen, ob das Gericht entsprechend den Regelungen des Geschäftsverteilungsplans besetzt war.

### II. Tenor

4 Unerlässlicher und wohl wichtigster Bestandteil eines Urteils ist weiter die eindeutige **Urteilsformel**, auch Tenor genannt (§ 105 Abs. 2 Nr. 3 FGO), worunter der – der Vollstreckung zugängliche – Rechtsausspruch zu verstehen ist. Der Tenor ist grundsätzlich maßgebend für die Reichweite eines Urteils. Ergibt sich aus der Urteilsformel – erforderlichenfalls unter Heranziehung des weiteren Entscheidungsinhalts (s. dazu BFH v. 17.11.1992, VIII R 35/91, BFH/NV 1993, 316 m. w. N.) – nicht eindeutig, wie über die Anträge der Beteiligten entschieden worden ist, ist das Urteil wegen Unbestimmtheit unwirksam (BFH v. 22.07.1993, VIII R 67/91, BStBl II 1994, 469; BFH v. 16.09.2015, I R 20/13, BFH/NV 2016, 586). Steht ein eindeutig formulierter Tenor in Widerspruch zu den Ausführungen in den Entscheidungsgründen, ist grundsätzlich der Tenor maßgeblich (BFH v. 15.05.2006, VII B 70/06, BFH/NV 2006, 1678); der Tenor kann jedoch im Falle eines erkennbaren Widerspruchs nach § 107 FGO berichtigt werden (BFH v. 19.08.2015, V B 26/15, BFH/NV 2015, 1599).

Die Urteilsformel muss auch die Entscheidung über die Kostentragungspflicht umfassen (§ 143 Abs. 1 FGO), und zwar als Nebenentscheidung (wegen der Ausnahmen bei Teil- und Zwischenurteilen s. § 97 FGO Rz. 2, s. § 98 FGO Rz. 3 und s. § 99 FGO Rz. 9). Desgleichen ist im Tenor über die vorläufige Vollstreckbarkeit (§ 151 FGO) – was in der Praxis häufig fehlt – sowie über eine etwaige Revisionszulassung (§ 115 Abs. 2 FGO) zu befinden. Die Nichtzulassung der Revision muss nicht im Tenor ausgesprochen werden. Auch die Entscheidung, dass die Hinzuziehung eines Bevollmächtigten notwendig war (§ 139 Abs. 3 Satz 3 FGO) muss nicht in den Tenor aufgenommen werden; dies empfiehlt sich aber, wenn der Kläger bereits einen entsprechenden Antrag gestellt hat.

### III. Tatbestand

Der **Tatbestand** (§ 105 Abs. 2 Nr. 4, Abs. 3 FGO), der 5
zumindest inhaltlich von den Entscheidungsgründen getrennt werden muss, hat in sich verständlich zu sein und in knapper (nicht verknappter) Darstellung ein klares, vollständiges und in sich abgeschlossenes Bild des Streitstoffs (der Entscheidungsgrundlage) unter Hervorhebung der Anträge der Beteiligten zu enthalten (BFH v. 05.09.1989, VII R 61/87, BStBl II 1989, 979; BFH v. 24.07.1996, X R 45/94, BFH/NV 1997, 295). Er muss in sich geordnet sein, sei es unter dem Gesichtspunkt der zeitlichen Abfolge (einschließlich der »Prozessgeschichte«), sei es in logischer Folge (so BFH v. 05.09.1989, VII R 61/87, BStBl II 1989, 979). Sowohl Beweiserhebungen wie auch die Beiziehung von Akten, die zum Gegenstand des Verfahrens gemacht worden sind, müssen sich aus ihm ergeben. Das wesentliche Vorbringen der Beteiligten zu ihren Anträgen ist in straffer Form wiederzugeben. Auch die von den Beteiligten in der mündlichen Verhandlung gestellten Anträge sind in den Tatbestand aufzuneh-

men. Mit ihm bestimmen die Beteiligten den Entscheidungsrahmen des Gerichts (BFH v. 12.01.2012, II S 9/11, BFH/NV 2012, 709). Denn aus dem Tatbestand müssen die Beteiligten entnehmen können, wie weit ihr Vorbringen – insbes. tatsächlicher Art – vom Gericht zur Kenntnis genommen wurde. Außerdem dient der Tatbestand dazu, den Umfang der für das Revisionsverfahren bindenden Tatsachenfeststellungen festzulegen. Daher dürfen Bezugnahmen die Feststellung der entscheidungserheblichen Tatsachen nicht ersetzen (BFH v. 14.01.2010, IV R 13/06, BFH/NV 2010, 1483). Für das mündliche Vorbringen der Beteiligten kommt dem Tatbestand Beweisfunktion zu; der Beweis kann nur durch das Sitzungsprotokoll entkräftet werden (§ 155 FGO i. V. m. § 314 ZPO).

6 Bezugnahme auf **Schriftstücke** (Schriftsätze, Protokolle, sonstige Unterlagen) ist nach § 105 **Abs. 3 Satz 2** FGO nur wegen der »Einzelheiten« möglich, wenn sich aus ihnen der Sach- und Streitstand ausreichend ergibt. Verweisungen dieser Art dürfen nur ergänzenden Charakter haben; entscheidungserhebliche Feststellungen können nicht durch sie ersetzt werden (BFH v. 21.01.1981, I R 153/77, BStBl II 1981, 517; BFH v. 19.10.2011, XI R 40/09, BFH/NV 2012, 798) und schon gar nicht durch eine pauschale Bezugnahme auf die Prozessakten und die Beiakten (BFH v. 21.05.1992, V R 41/87, BFH/NV 1993, 282). Die jeweilige Bezugnahme muss präzise erfolgen; die Wendung »im Übrigen wird auf die gewechselten Schriftsätze und die von der Behörde vorgelegten Akten Bezug genommen« ist zwar üblich, aber ebenso ungeeignet, diese zum Bestandteil des Tatbestands zu machen, wie die lapidare Mitteilung, »dem Gericht haben die Steuerakten des FA vorgelegen«. Fehlt der Tatbestand gänzlich oder gibt der Tatbestand eines angefochtenen Urteils einschließlich der (ordnungsgemäß) in Bezug genommenen Schriftstücke den zum Verständnis des Urteils erforderlichen Sach- und Streitstand nicht hinreichend wieder, so ist das Urteil, weil es keine Grundlage für seine sachliche Nachprüfung bildet, von Amts wegen im Revisionsverfahren aufzuheben und die Sache an das FG zurückzuverweisen (BFH v. 23.04.1998, IV R 30/97, BStBl II 1998, 626; BFH v. 11.05.2015, XI B 29/15, BFH/NV 2015, 1257).

7 **Absehen** kann das Gericht von einer (weiteren) **Darstellung des Tatbestands** nur in einem auf Antrag auf mündliche Verhandlung gegen einen Gerichtsbescheid ergehenden Urteil nach Maßgabe des § 90a Abs. 4 FGO; § 105 Abs. 5 FGO erfasst nur die Entscheidungsgründe. Nicht erforderlich ist, dass das Gericht bereits vor der mündlichen Verhandlung einen Tatbestand gefertigt hat und dieser in der mündlichen Verhandlung verlesen bzw. vorgetragen wird (BFH v. 02.06.2010, V B 139/08, BFH/NV 2010, 2085).

Zur Tatbestandsberichtigung s. § 108 FGO. Zur grundsätzlichen Bindung des BFH an den festgestellten Tatbestand s. § 118 Abs. 2 FGO.

## IV. Entscheidungsgründe

Die Entscheidungsgründe (§ 105 Abs. 2 Nr. 5 FGO), deren Fehlen einen absoluten Revisionsgrund bildet (§ 119 Nr. 6 FGO), müssen die das Urteil tragenden Erwägungen darstellen, und zwar sowohl in tatsächlicher Hinsicht (§ 96 Abs. 1 Satz 3 FGO; s. BFH v. 25.05.1988, I R 225/82, BStBl II 1988, 944: nachvollziehbare Ableitung der tatrichterlichen Überzeugung aus den festgestellten Tatsachen und Umständen) wie in rechtlicher Hinsicht (Subsumtion). Die Beteiligten müssen in die Lage versetzt werden, die Entscheidung auf ihre Richtigkeit und Rechtmäßigkeit zu überprüfen (BFH v. 02.03.2004, III B 114/03, BFH/NV 2004, 1109; BFH v. 05.08.2004, II B 159/02, BFH/NV 2004, 1665; BFH v. 30.07.2013, IV B 107/12, BFH/NV 2013, 1928 m. w. N.). Eine zu kurze, lücken- oder fehlerhafte Begründung stellt aber noch keinen Begründungsmangel dar, der revisionsrechtlich als Verfahrensfehler zu werten ist (BFH v. 11.05.2015, XI B 29/15, BFH/NV 2015, 1257). Die gesamten Erwägungen müssen die Entscheidung des Gerichts stützen. Alle wesentlichen prozessualen Fragen, auch die Gründe für eine Zurückweisung von Erklärungen und Beweismitteln (§§ 76 Abs. 3, 79b FGO) bzw. die Gründe, warum eine von den Beteiligten angeregte Beweisaufnahme vom Gericht nicht für erforderlich gehalten wurde, müssen ebenso in den Entscheidungsgründen abgehandelt werden wie die wesentlichen materiellrechtlichen Fragen. In den Entscheidungsgründen ist insbes. eine etwaige Beweiswürdigung vorzunehmen. Fehlen nach Durchführung einer Beweisaufnahme jegliche Ausführungen zur Beweiswürdigung, ist das Urteil »nicht mit Gründen versehen«, es liegt ein absoluter Revisionsgrund i. S. von § 119 Nr. 6 FGO vor (BFH v. 20.05.1994, VI R 10/94, BStBl II 1994, 707; BFH v. 04.07.2006, X B 135/05, BFH/NV 2006, 1797; BFH v. 11.07.2012, X B 41/11, BFH/NV 2012, 1634). Die Begründungserfordernisse sind also letztlich ein Ausfluss des Rechts auf Gehör. Eine Bezugnahme auf die Einspruchsentscheidung ist möglich, wenn das FA zu allen vom Kläger im Klageverfahren vorgebrachten entscheidungserheblichen Einwendungen Stellung genommen hat (BFH v. 21.07.2017, X B 167/16, BFH/NV 2017, 1447).

Zur Begründung gehört allgemein auch die Angabe der entscheidungserheblichen **Rechtsgrundlagen**, das Fehlen begründet aber u. U. keinen Revisionsgrund, wenn die Entscheidung die maßgeblichen rechtlichen Ansätze wiedergibt. Eine Verpflichtung zu **Zitaten** aus Rspr. oder Literatur besteht nicht; sie können aber hilfreich sei, die Akzeptanz der Entscheidung zu fördern oder ggf. auch verdeutlichen, dass die Entscheidung von anderen Ansichten abweicht. Dies gilt insbes. bei Abweichungen von höchstrichterlicher Rspr. 9

Auch in den Entscheidungsgründen ist eine Bezugnahme nicht ausgeschlossen. So kann Bezug genommen 10 werden auf ein zwischen den Beteiligten ergangenes Urteil, wenn dieses entweder bei Zustellung des Urteils bereits zugestellt war (BFH v. 26.06.1990, VII R 124/89, BFH/NV 1991, 463) oder gleichzeitig zugestellt wird (BFH v. 16.10.1986, II R 233/82, BFH/NV 1988, 425). Gleiches gilt für einen Beschluss über die Aussetzung der Vollziehung (BFH v. 24.10.2012, I B 140/12, BFH/NV 2013, 226). Wird auf eine nicht zwischen den Beteiligten ergangene Entscheidung Bezug genommen, so muss ihnen entweder vor Ergehen der Entscheidung ein neutralisierter Abdruck übergeben worden sein (BFH v. 04.12.1992, VI R 11/92, BStBl II 1993, 722) oder es muss ein solcher Abdruck beigefügt werden (BFH v. 30.09.1988, III R 27/87, BFH/NV 1989, 511) oder die Entscheidung muss vor Zustellung der Entscheidung bereits in einer allgemein zugänglichen Entscheidungssammlung (z.B. BFHE, BStBl, BFH/NV, EFG) veröffentlicht worden sein (BFH v. 17.10.1990, I R 177/87, BFH/NV 1992, 174); Veröffentlichung in einer Fachzeitschrift genügt nicht (BFH v. 14.05.1992, V R 96/90, BStBl II 1992, 1040). Wird diejenige Entscheidung, auf die in den Entscheidungsgründen des Urteils Bezug genommen wird, erst später zugestellt (bzw. veröffentlicht), so ist das Urteil nicht mit Gründen versehen (§ 116 Abs. 1 Nr. 5 FGO, § 119 Nr. 6 FGO), weil den Beteiligten für die Prüfung des Urteils die volle Rechtsmittelfrist zur Verfügung stehen muss (s. BFH v. 30.09.1988, III R 27/87, BFH/NV 1989, 511; BFH v. 31.07.1990, VII R 60/89, BStBl II 1990, 1071).

11 Zulässig ist auch eine alternative Urteilsbegründung, d.h. die Entscheidung kann auf mehrere unterschiedliche Aspekte gestützt werden, die aber jeweils für sich den Tenor tragen müssen. Solche Doppel- oder Mehrfachbegründungen sind in der Praxis nicht selten. Sie haben den Vorteil, dass die Beteiligten umfassend über die maßgeblichen Gesichtspunkte informiert werden. Insbes. dann, wenn die Beteiligten selbst mehrfache Begründungsansätze eingeführt haben, ist das Mittel der alternativen Begründung ein wichtiges Mittel zur Wiederherstellung des Rechtsfriedens.

## V. Rechtsmittelbelehrung

12 Das Urteil muss eine Rechtsmittelbelehrung (§ 105 Abs. 2 Nr. 6 FGO) enthalten, also auf die Möglichkeit von Revision und NZB hinweisen. Nimmt die Rechtsmittelbelehrung (irrtümlich) auf eine Zulassung der Revision Bezug, vermag dies eine Revisionszulassung durch das Gericht nicht zu ersetzen (BFH v. 14.10.2010, VII R 34/10, BFH/NV 2011, 278). Bei einem Widerspruch zwischen Tenor und Rechtsmittelbelehrung ist der Tenor maßgeblich (BFH v. 16.09.2009, IX B 68/09, BFH/NV 2009, 2001). Wegen der Folgen einer fehlenden oder unrichtigen Rechtsmittelbelehrung s. im Übrigen § 55 FGO. Die Rechtsmittelbelehrung muss auch auf die Notwendigkeit der Revisionsbegründung hinweisen, andernfalls wird die einschlägige Frist nicht in Lauf gesetzt. Als Teil des Urteils muss die Rechtsmittelbelehrung durch die Unterschrift der Richter gedeckt sein, die an der Entscheidung mitgewirkt haben (BFH v. 07.07.1976, I R 242/75, BStBl II 1976, 787).

## VI. Unterschriften

Schließlich ist das vollständige Urteil von den Richtern, 13
die bei der Entscheidung mitgewirkt haben, zu unterschreiben (§ 105 Abs. 1 Satz 2 FGO letzter HS; Ausnahme: ehrenamtliche Richter, § 105 Abs. 1 Satz 4 FGO). Die Unterschrift muss sich nur auf dem Original der Entscheidung befinden; es ist nicht erforderlich, dass Abschriften oder Ausfertigungen durch den/die Richter unterzeichnet werden (BFH v. 20.11.2007, VII B 340/06, BFH/NV 2008, 581; BFH v. 11.03.2010, V S 20/09, BFH/NV 2010, 1289; BFH v. 07.09.2012, V S 24/12, BFH/NV 2012, 2000). Im Rahmen einer elektronisch geführten Finanzgerichtsakte wird die handschriftliche Unterzeichnung durch die qualifizierte elektronische Signatur (s. § 52a Abs. 7 AO, § 2 Nr. 3 Signaturgesetz) ersetzt. Zur Ersetzung der Unterschrift im Falle der Verhinderung s. § 105 Abs. 1 Satz 3 FGO. Eine die Ersetzung der Unterschrift rechtfertigende Verhinderung liegt auch vor, wenn der an der Entscheidungsfindung beteiligte Richter vor Abfassung der vollständigen Entscheidungsgründe in den Ruhestand tritt. Es kommt allein auf die Beteiligung des Richters an der Urteilsfindung an, nicht erforderlich ist, dass der später verhinderte Richter alle Entscheidungsgründe im Volltext gebilligt hat (BFH v. 21.09.2011, XI B 24/11, BFH/NV 2012, 277). Bei einer Ersetzung der Unterschrift wegen Verhinderung wird vom Revisionsgericht nicht geprüft, ob der angegebene Verhinderungsgrund tatsächlich bestand; die Angabe des Grundes reicht aus (BFH v. 25.11.2010, II B 3/10, BFH/NV 2011, 415).

## VII. Begründungserleichterungen

§ 105 Abs. 5 FGO erlaubt dem Gericht (in verfassungs- 14
rechtlich unbedenklicher Weise, s. BFH v. 29.07.1992, II R 14/92, BStBl II 1992, 1043) von einer »weiteren« Darstellung der Entscheidungsgründe abzusehen (keine Befreiung vom Tatbestand!), soweit es der Begründung des angefochtenen Verwaltungsakts oder der Entscheidung über den außergerichtlichen Rechtsbehelf folgt und dies in seiner Entscheidung darstellt. Die Begründungserleichterung gilt für alle verwaltungsaktbezogenen Klagen, also gleichermaßen für Anfechtungs- und Verpflichtungsklagen (BFH v. 11.01.2012 VI B 67/12, BFH/NV 2012, 2023). Sie ist allerdings begrenzt durch die Zwecke des Begrün-

dungszwangs, d.h. der Stpfl. muss die Möglichkeit haben, die Entscheidung in Bezug auf alle wesentlichen Punkte auf ihre Rechtmäßigkeit und Richtigkeit zu überprüfen (BFH v. 18.10.2006, II B 91/05, BFH/NV 2007, 256; BFH v. 21.10.2015, X B 116/15, BFH/NV 2016, 216). Voraussetzung ist deshalb, dass die Entscheidung über den außergerichtlichen Rechtsbehelf selbst eine ausreichende Begründung enthält (BFH v. 20.11.2003, III B 88/02, BFH/NV 2004, 517; BFH v. 17.09.2009, IV B 82/08, BFH/NV 2010, 50) und nicht bloß formelhafte Wendungen, wie z.B. »Die von Amts wegen vorzunehmende Überprüfung des angefochtenen Bescheids gibt keinen Anlass zu einer abweichenden Entscheidung« (s. BFH v. 29.07.1992, II R 14/92, BStBl II 1992, 1043). Erforderlich ist stets, dass die Einspruchsentscheidung, auf die sich das Gericht bezieht, eindeutig identifizierbar ist (BFH v. 18.10.2006, II B 91/05, BFH/NV 2007, 256). In jedem Fall hat das FG auf wesentliches neues Vorbringen im Klageverfahren, das in der Entscheidung über den außergerichtlichen Rechtsbehelf nicht verarbeitet werden konnte, einzugehen (BFH v. 21.10.2015, X B 116/15, BFH/NV 2016, 216). Hat gar im finanzgerichtlichen Verfahren eine Beweisaufnahme (bspw. durch Zeugenvernehmung) stattgefunden, so ist das Urteil i.S. von § 116 Abs. 1 Nr. 5 FGO, § 119 Nr. 6 FGO »nicht mit Gründen versehen«, wenn das FG trotzdem ohne jegliche Würdigung der erhobenen Beweise sich in seinem Urteil auf eine Bezugnahme auf die nach seiner Auffassung zutreffende Begründung der Entscheidung über den außergerichtlichen Rechtsbehelf beschränkt (BFH v. 20.05.1994, VI R 10/94, BStBl II 1994, 707).

### C. Übergabe des verkündeten Urteils an die Geschäftsstelle

15 § 105 **Abs.** 4 FGO betrifft nur den Fall, dass das Urteil verkündet wurde (§ 104 Abs. 1 FGO), im Falle der Zustellung gilt § 104 Abs. 2 FGO. Sowohl § 105 Abs. 4 FGO als auch § 104 Abs. 2 FGO bezwecken, die möglichst zeitnahe Abfassung der Urteilsgründe sicherzustellen. § 105 **Abs. 4 Satz 1** FGO bestimmt den Grundsatz, dass das bei seiner Verkündung noch nicht vollständig abgefasste Urteil vor Ablauf von zwei Wochen, gerechnet vom Tage der Verkündung an, **vollständig abgefasst** der Geschäftsstelle zu übergeben ist. Es handelt sich gesetzestechnisch um zwingenden Recht »ist zu übergeben«, die jedoch durch die als Ausnahme formulierte Regelung des § 105 Abs. 4 Satz 2 FGO eingeschränkt wird. Danach reicht es **ausnahmsweise** aus, dass binnen der Zwei-Wochen-Frist das »Urteilsdeckblatt«, also das Urteil ohne Tatbestand, Entscheidungsgründe und Rechtsmittelbelehrung übergeben wird: In diesem Fall sind die noch fehlenden Urteilsteile »**alsbald**« zu übergeben. In der Praxis hat dieser Ausnahmetatbestand den Regelfall oftmals abgelöst. Seit einer Entscheidung des Gemeinsamen Senates der obersten Gerichtshöfe des Bundes ist eine Übergabe binnen eines Zeitraums von **fünf Monaten** noch »alsbald« (GmSOGB v. 27.04.1993, GmS-OBG 1/92, BVerwGE 92, 367; so auch in st. Rspr. BFH v. 10.11.1993, II R 39/91, BStBl II 1994, 187; BFH v. 18.04.1996, V R 25/95, BStBl II 1996, 578; BFH v. 11.01.2012, IV B 142/10, BFH/NV 2012, 784). Dies gilt jedoch nicht für Einzelrichterentscheidungen (BFH v. 03.02.2016, II B 67/15, BFH/NV 2016, 773). Die Frist wird als absolute Frist angesehen, wird sie überschritten, gilt das Urteil als nicht mit Gründen versehen, sodass ein absoluter Revisionsgrund gegeben ist (§ 119 Nr. 6 FGO). Die Bemessung der Frist erscheint willkürlich; sie wird auch als zu lang bemessen kritisiert (*Brandis* in Tipke/Kruse, § 105 FGO Rz. 27), da der Eindruck von der Verhandlung mit zunehmendem Zeitlauf verloren geht.

### D. Vermerk des Urkundsbeamten der Geschäftsstelle

§ 105 **Abs. 6 Satz 1** FGO bezieht sich auf die bei den Gerichtsakten verbleibende Urteilsurschrift. Zuzustellen ist jedem Beteiligten eine Ausfertigung des vollständigen Urteils. Vor der Zustellung beginnt die Revisionsfrist nicht zu laufen (§ 120 Abs. 1 FGO). Zu vermerken und zu unterschreiben ist der Tag der erstmaligen Zustellung und bei Verkündung (§ 104 Abs. 1 FGO) der Tag der Verkündung, nicht aber die Uhrzeit der Verkündung (BFH v. 25.10.2012, X B 130/12, BFH/NV 2013, 228). Das Fehlen des Vermerks kann durch eine fehlerfreie Zustellung geheilt werden (BFH v. 15.02.2012, IV B 126/10, BFH/NV 2012, 774). § 105 Abs. 6 Sätze 2 und 3 FGO sehen Besonderheiten der Dokumentation bei einer elektronischen Führung der gerichtlichen Akten vor. Der Urkundsbeamte hat den Vermerk, gemeint ist der Vermerk über die Zustellung bzw. die Verkündung, in einem gesonderten Dokument festzuhalten. Das Dokument ist untrennbar mit dem Urteil zu verbinden. Im Rahmen der elektronisch geführten Finanzgerichtsakte wird die Untrennbarkeit elektronisch hergestellt. 16

Ein Verstoß gegen § 105 Abs. 6 FGO stellt keinen Revisionsgrund dar, kann aber Bedeutung für die Einhaltung der für die Einlegung eines Rechtsmittels maßgeblichen Fristen haben.

## § 106 FGO Gerichtsbescheide

**§§ 104 und 105 gelten für Gerichtsbescheide sinngemäß.**

Dass ein Gerichtsbescheid (§ 90a Abs. 1 FGO), der ohne mündliche Verhandlung ergeht, in einem dazu anberaumten Termin verkündet wird, dürfte in der Praxis nicht vorkommen; daher beschränkt sich die Verweisung auf § 104 FGO im Wesentlichen auf Abs. 3 dieser Vorschrift, also die Zustellung. Die Geltung des § 105 FGO erklärt sich aus der urteilsgleichen Wirkung, in die der Gerichtsbescheid erwachsen kann (§ 90a Abs. 3 FGO).

## § 107 FGO
## Berichtigung des Urteils

**(1) Schreibfehler, Rechenfehler und ähnliche offenbare Unrichtigkeiten im Urteil sind jederzeit vom Gericht zu berichtigen.**

**(2) Über die Berichtigung kann ohne mündliche Verhandlung entschieden werden. Der Berichtigungsbeschluss wird auf dem Urteil und den Ausfertigungen vermerkt. Ist das Urteil elektronisch abgefasst, ist auch der Beschluss elektronisch abzufassen und mit dem Urteil untrennbar zu verbinden.**

**Offenbare Unrichtigkeiten** sind – wie auch die beispielhafte Aufzählung in § 107 Abs. 1 FGO zeigt – Flüchtigkeitsfehler der **formalen Sphäre**, nicht hingegen im Bereich des Überlegens, Folgerns und Urteilens (= Bildung des Entscheidungswillens); sie haften dem äußeren Zustandekommen des Urteils an. Bei einem Rechtsirrtum oder einem Denkfehler findet § 107 FGO keine Anwendung (BFH v. 17.03.2000 IX 111/99, BFH/NV 2000, 1127). Derartige Fehler können nur im Rechtsmittelverfahren korrigiert werden (BFH v. 10.02.2004, X B 75/03, BFH/NV 2004, 663). Eine berichtigungsfähige Unrichtigkeit liegt schon dann nicht mehr vor, wenn die Möglichkeit einer fehlerhaften Rechtsanwendung besteht (BFH v. 19.08.2015, V B 26/15, BFH/NV 2015, 1599). Berichtigt werden kann das **Urteil**, also sowohl Rubrum, Tenor, Tatbestand als auch die Entscheidungsgründe. Allerdings muss sich die Unrichtigkeit nicht unmittelbar aus dem Urteil ergeben. So ist die Urteilsberichtigung auch zulässig, wenn der Fehler sich einwandfrei aus den Akten ergibt (BFH v. 04.09.1984, VIII B 157/83, BStBl II 1984, 834). Als typische offenbare Unrichtigkeiten nennt § 107 Abs. 1 FGO Schreib- und Rechenfehler. Die Nennung ist, wie das Tatbestandsmerkmal »ähnliche offenbare Unrichtigkeiten« zeigt, nicht abschließend. **Ähnlich** sind offenbare Unrichtigkeiten, wenn es sich um Erklärungsmängel handelt, die zu dem Erklärungswillen des Gerichts erkennbar im Widerspruch stehen. **Offenbar** ist die Unrichtigkeit, wenn sie – objektiv gesehen – augenfällig auf der Hand liegt, sie durchschaubar und eindeutig ist (BFH v. 22.07.2005, V B 84/02, BFH/NV 2005, 2218; BFH v. 20.09.2010, V R 2/09, BFH/NV 2011, 302; BFH v. 06.10.2010, I R 12/09, BFH/NV 2011, 275). Dies kann auch bei einer fehlerhaften Beteiligtenbezeichnung, auch nach einem Zuständigkeitswechsel, der Fall sein (BFH v. 28.11.2011, III B 96/09, BFH/NV 2012, 742; BFH v. 30.09.2013, XI B 57/13, BFH/NV 2014, 61) oder auch wenn ein verhindertes Urteil in der schriftlichen Form als Gerichtsbescheid versendet wird (BFH v. 24.10.2012, X B 161/11, BFH/NV 2013, 392). Auch eine Auslassung kann eine offenbare Unrichtigkeit sein (BFH v. 24.08.2011, IX B 49/11, BFH/NV 2012, 54). Zu Einzelfällen offenbarer Unrichtigkeiten s. § 129 AO Rz. 6 ff.

Auch wenn die FGO nicht den durch das Rechtsinstitut 2
der Festsetzungsfrist (§§ 169 ff. AO) bedingten Besonderheiten ausdrücklich angepasst ist, besteht u. E. kein Zweifel, dass die für die Berichtigung gem. § 129 AO geltenden einschlägigen Regelungen entsprechend auf die Fehlerberichtigung gem. § 107 FGO anzuwenden sind. Damit ist auch eine Urteilsberichtigung nur zulässig, solange die Festsetzungsfrist noch nicht abgelaufen ist (§ 169 Abs. 1 Satz 2 AO). Für den Ablauf der Festsetzungsfrist gilt § 171 Abs. 2 AO entsprechend, wobei für die Berechnung der hiernach zu beachtenden Jahresfrist die Zustellung des zu berichtigenden Urteils maßgebend ist.

Die Berichtigung bedarf **keines Antrages**; sie kann 3
auch von Amts wegen erfolgen. Entscheiden muss das Gericht, jedoch nicht notwendig in der Besetzung bei Fällung des Urteils. Der Berichtigungsbeschluss ist durch den Urkundsbeamten sowohl auf dem Urteil als auch auf den Ausfertigungen zu vermerken. Letztere sind ggf. bei den Beteiligten zur Anbringung des Vermerks anzufordern. Bei elektronischer Urteilsabfassung ist auch der Beschluss elektronisch abzufassen und mit dem Urteil untrennbar zu verbinden. Dies gilt u.E. sowohl für die elektronische Fassung des Urteils als auch für das unterzeichnete Originalurteil, sodass stets ein Ausdruck des Berichtigungsbeschlusses erforderlich sein dürfte. Den Ausfertigungen ist in diesem Fall ebenfalls ein Ausdruck der Berichtigung beizufügen. Die praktische Umsetzung der gesetzlichen Vorgaben erweist sich als schwierig. Es ist schon unklar, wie der elektronische Beschluss mit dem Urteil untrennbar verbunden werden soll. Möglich ist dies nur durch die Erstellung eines neuen elektronischen Dokuments. Dieses neue Dokument ist sodann den Beteiligten zu übermitteln. Sind die vorherigen Ausfertigungen, die zu berichtigen sind, elektronisch übersandt worden, kann auf deren Rückforderung verzichtet werden. Zum einen kann nach einem elektronischen Versand schon nicht sichergestellt werden, dass nicht bereits weitere Ausfertigungen ausgedruckt wurden, zum anderen kann auf die elektronisch versandten Dokumente ohnehin kein Berichtigungsvermerk angebracht werden. Es bleibt dann allein bei der Versendung des neuen, berichtigten Dokuments. Gegen den Beschluss findet Beschwerde statt (§ 128 FGO). Desgleichen findet Beschwerde statt

gegen den eine beantragte Berichtigung ablehnenden Beschluss (BFH v. 17.02.2011, IX B 160/10, BFH/NV 2011, 831). Die Beschwerde ist anders als das Berichtigungsverfahren selbst nicht kostenfrei (st. Rspr., u.a. BFH v. 26.07.1999, V 71/99, BFH/NV 2000, 66; BFH v. 11.05.2010, IX B 209/09, BFH/NV 2010, 1478). Auch der BFH kann im Revisionsverfahren offenbare Unrichtigkeiten des angefochtenen Urteils berichtigen (st. Rspr., u.a. BFH v. 08.12.2011, VIII B 27/11, BFH/NV 2012, 588; BFH v. 31.07.2013, V B 66/12, BFH/NV 2013, 1933 m.w.N.). Eine neue Rechtsmittelfrist hinsichtlich der berichtigten Entscheidung wird nicht eröffnet (BFH 09.08.1974, V B 29/74, BStBl II 1974, 760). Nur ausnahmsweise beginnt hinsichtlich des berichtigten Urteils eine neue Rechtsmittelfrist zu laufen, wenn das Urteil vor der Berichtigung nicht hinreichend klar gewesen ist, um die Grundlage für das weitere Verhalten der Partei und des Rechtsmittelgerichts zu bilden (s. BGH v. 28.03.1990, XII ZR 68/89, VersR 1991, 120; BFH v. 24.10.2012, X B 161/11, BFH/NV 2013, 392). Auch BFH-Entscheidungen sind berichtigungsfähig (BFH v. 10.03.2008, III R 37/03, BFH/NV 2008, 1333). Allerdings ist gegen die Ablehnung der Berichtigung einer unanfechtbaren Entscheidung keine Beschwerdemöglichkeit eröffnet (BFH v. 02.12.2009, X B 47/09, BFH/NV 2010, 660).

4 § 107 FGO ist auf Gerichtsbescheide (§ 90a Abs. 1 FGO) und Beschlüsse (§ 113 Abs. 1 FGO) entsprechend anzuwenden.

## § 108 FGO Berichtigung des Tatbestands

**(1) Enthält der Tatbestand des Urteils andere Unrichtigkeiten oder Unklarheiten, so kann die Berichtigung binnen zwei Wochen nach Zustellung des Urteils beantragt werden.**

**(2) Das Gericht entscheidet ohne Beweisaufnahme durch Beschluss. Der Beschluss ist unanfechtbar. Bei der Entscheidung wirken nur die Richter mit, die beim Urteil mitgewirkt haben. Ist ein Richter verhindert, so gibt bei Stimmengleichheit die Stimme des Vorsitzenden den Ausschlag. Der Berichtigungsbeschluss wird auf dem Urteil und den Ausfertigungen vermerkt. Ist das Urteil elektronisch abgefasst, ist auch der Beschluss elektronisch abzufassen und mit dem Urteil untrennbar zu verbinden.**

**Schrifttum**

KAPP, Die Tatbestandsberichtigung nach § 108 FGO, BB 1983, 190; RÖSSLER, Der Antrag auf Tatbestandsberichtigung nach Maßgabe des BFH, NJW 2004, 266.

Die Berichtigung von Fehlern in der Darstellung des **Tatbestandes** – nicht auch der Entscheidungsgründe – erspart die – bei Entscheidungserheblichkeit – sonst u.U. erforderliche Aufhebung des Urteils auf Revision unter Zurückverweisung der Sache an das Finanzgericht. Denn der BFH kann in tatsächlicher Hinsicht nur das berücksichtigen, was sich aus dem FG-Urteil (oder dem Sitzungsprotokoll; s. § 314 ZPO) ergibt (§ 118 Abs. 2 FGO). Die aus § 314 ZPO i.V.m. § 155 FGO herzuleitende Beweiswirkung des Tatbestandes gilt jedoch nicht für ein im schriftlichen Verfahren gem. § 90 Abs. 2 FGO ergangenes Urteil bzw. einen nach § 90a Abs. 1 FGO mit Urteilswirkung ausgestatteten Gerichtsbescheid (st. Rspr., u.a. BFH v. 01.12.1982, I R 75/82, BStBl II 1983, 227; BFH v. 27.04.2009, II B 173/08, BFH/NV 2009, 1272 m.w.N., a.A. *Brandis* in Tipke/Kruse, § 108 FGO Rz. 2). Auf der anderen Seite können Mängel des Tatbestandes nicht mit der NZB gerügt werden (BFH v. 12.01.2012, II S 9/11, BFH/NV 2012, 709; BFH v. 23.10.2013, IX B 68/13, BFH/NV 2014, 174). Die Abgrenzung zwischen der Möglichkeit der Tatbestandsberichtigung und der Rüge fehlender Sachaufklärung durch das FG kann schwierig sein. Die Grenze zwischen fehlerhafter Sachverhaltsdarstellung und fehlender Sachverhaltsermittlung ist gelegentlich fließend.

Für eine Tatbestandsberichtigung kommen nur solche Umstände in Betracht, die außer Streit stehen, eine Beweisaufnahme kann nicht mehr stattfinden. Ebenso wenig kann auf diese Weise mangelnde Sachverhaltsaufklärung nachgeholt oder der Sachvortrag ergänzt werden (FG Sa v. 09.11.2004, juris). Enthält der Entscheidungsteil, dessen Berichtigung begehrt wird, eine rechtliche Wertung, so handelt es sich nicht um eine Tatbestandsberichtigung i.S. der Vorschrift. Anders als bei § 107 FGO muss es sich nicht um offenbare Unklarheiten oder Unrichtigkeiten handeln. Deshalb sollen auch die Richter mitwirken, die an dem Urteil mitgewirkt haben. Eine Ausnahme davon regelt § 108 Abs. 2 Satz 3 FGO. Bei Verhinderung eines Richters (z.B. Erkrankung, Urlaub) wird dieser demnach nicht vertreten. Daraus folgt die Möglichkeit der Stimmengleichheit mit der weiteren Folge, dass in diesem Fall die Stimme des Vorsitzenden ausschlaggebend ist. Die Gründe für die Verhinderung brauchen im Beschluss, an dem nur dann die ehrenamtlichen Richter mitzuwirken haben, wenn er aufgrund mündlicher Verhandlung ergeht, nicht angegeben zu werden (BFH v. 25.07.1978, VII B 20/78, BStBl II 1978, 675). 2

Erforderlich ist der **Antrag** eines Beteiligten (§ 57 FGO); der binnen einer Frist von **zwei Wochen** nach Zustellung des Urteils zu stellen ist. Für den Antrag beim BFH besteht Vertretungszwang (BFH v. 01.03.2013, IX R 10/11, BFH/NV 2013, 1239). Die übrigen Beteiligten sind zu hören. Der Beschluss des Gerichtes ist grundsätzlich **unanfechtbar** (§ 108 **Abs. 2 Satz 2** FGO), es sei denn, der 3

Antrag wurde als unzulässig verworfen (BFH v. 17.09.2012, II B 87/12, BFH/NV 2012, 2003); das ist verfassungsrechtlich unbedenklich (BFH v. 02.10.1969, V B 31/69, BStBl II 1969, 736; BFH v. 30.09.1986, VIII B 60/85, BFH/NV 1988, 780). Nach neuerer Rechtsprechung ist auch schwerwiegenden Fehlern bei der Ablehnung keine außerordentliche Beschwerde gegeben (BFH v. 29.07.2003, X B 29/03, n.v.). Die Durchführung des Beschlusses besorgt der Urkundsbeamte. Er hat den Beschluss auf dem Urteil und den Ausfertigungen zu vermerken. Dies bedeutet, dass er bereits zugestellte Ausfertigungen von den Beteiligten anfordern muss. Bei einem elektronisch verfassten Urteil bedarf es ebenfalls einer elektronischen Abfassung des Beschlusses und dessen Verbindung mit dem Urteil. Es gilt insoweit nichts anderes als bei der Urteilsberichtigung nach § 107 Abs. 2 FGO (s. § 107 AO Rz. 3).

Die Tatbestandsberichtigung hat ebenso wie ihre Beantragung keinen Einfluss auf den Lauf der Rechtsmittelfrist gegen die Entscheidung (BFH v. 07.02.1977, IV B 62/76, BStBl II 1977, 291; BFH v. 27.10.1997, X B 203/95, BFH/NV 1998, 707).

4 § 108 FGO ist auf Gerichtsbescheide (§ 90a Abs. 1 FGO) und Beschlüsse (§ 113 Abs. 1 FGO) entsprechend anzuwenden. Die Tatbestandsberichtigung bei einem **Revisionsurteil** und einem **unanfechtbaren Beschluss** ist nach Ansicht des BFH ausgeschlossen, weil ein berechtigtes Interesse an einer Berichtigung nur besteht, wenn der Tatbestand Grundlage für eine Rechtsmittelentscheidung oder eine Urteilsergänzung sein soll. Dafür reicht die Absicht des Stpfl., eine Verfassungsbeschwerde oder eine Beschwerde beim Europäischen Gerichtshof für Menschenrechte zu erheben, nicht aus (st. Rspr., u.a. BFH v. 08.05.2003, IV R 63/99; BFH v. 09.08.2008, V R 45/06, BFH/NV 2009, 39; BFH v. 20.04.2010, VI S 1/10, BFH/NV 2010, 1467; BFH v. 17.03.2010, X S 25/09, BFH/NV 2010, 1293; BFH v. 04.08.2014, VII R 28/13, BFH/NV 2014, 1771).

## § 109 FGO
## Nachträgliche Ergänzung eines Urteils

**(1) Wenn ein nach dem Tatbestand von einem Beteiligten gestellter Antrag oder die Kostenfolge bei der Entscheidung ganz oder zum Teil übergangen ist, so ist auf Antrag das Urteil durch nachträgliche Entscheidung zu ergänzen.**

**(2) Die Entscheidung muss binnen zwei Wochen nach Zustellung des Urteils beantragt werden. Die mündliche Verhandlung hat nur den nicht erledigten Teil des Rechtsstreits zum Gegenstand.**

1 Ein sog. **Ergänzungsurteil** kann ergehen, wenn das Urteil einen nach dem Tatbestand feststehenden Teil des Streites (Anträge der Beteiligten) nicht erledigt hat (BFH v. 21.08.2008, VII B 117/08, BFH/NV 2008, 2035), desgl. wenn die Kostenentscheidung fehlt. Die Urteilsergänzung dient – wie die Tatbestandsberichtigung des § 108 FGO – der Ersparung unnötiger Rechtszüge und damit der Verfahrensökonomie. In der Praxis spielt das Ergänzungsurteil fast keine Rolle. Wurde beim Finanzgericht keine Zulassung der Revision beantragt, so kann sie nicht nachträglich über einen Antrag auf Urteilsergänzung (§ 109 FGO) erreicht werden, weil das FG ohnehin von Amt wegen über die Revisionszulassung entscheiden muss (BFH v. 08.05.1968, I B 9/68, BStBl II 1968, 585). Liegen die Voraussetzungen des § 109 FGO vor, geht der Rechtsbehelf des § 109 FGO der NZB vor (BFH v. 26.06.2013, X B 244/12, BFH/NV 2013, 1578). Ergibt sich die übergangene Antragstellung nicht aus dem Tatbestand des Urteils oder dem Sitzungsprotokoll, ist zuvor Tatbestandsberichtigung nach § 108 FGO erforderlich (BFH v. 19.02.2016, X S 38/15, BFH/NV 2016, 940). **Antrag** i.S. der Vorschrift ist dasjenige Begehren eines Beteiligten, das sich auf eine bestimmte Rechtsfolge bezieht (BFH v. 20.09.1989, X R 1/84, BFH/NV 1990, 513).

Ob das Urteil ergänzungsbedürftig und damit ergänzbar ist, muss ggf. aus dem Urteilstenor unter Heranziehung der Urteilsgründe festgestellt werden. Dabei ist jedoch die Vorrangigkeit des Urteilstenors zu beachten, sodass ein umfassender Entscheidungsausspruch (z.B. »Die Klage wird abgewiesen«) nicht mit Rücksicht auf die Urteilsgründe als ergänzungsbedürftig beurteilt werden kann. Ebenso wenig kann in einem solchen Fall von einem »stillschweigenden Teilurteil« (§ 98 FGO) ausgegangen werden. Vielmehr ist dann das Urteil u.U. widersprüchlich und gem. § 119 Nr. 6 FGO (beachte auch § 116 Abs. 1 Nr. 5 FGO) aufzuheben. 2

Ausdrücklich erwähnt ist die Ergänzung des Urteils, wenn eine **Kostenfolge** übergangen wurde, also z.B. nicht über die Kostentragungspflicht des Beigeladenen (§ 135 Abs. 3 FGO; dazu BFH v. 29.05.2009, IV B 143/08, BFH/NV 2009, 1452) oder über die Erstattungsfähigkeit seiner außergerichtlichen Kosten entschieden wurde (§ 139 Abs. 4 FGO). Die Entscheidung über die Notwendigkeit der Hinzuziehung eines Bevollmächtigten (§ 139 Abs. 3 Satz 3 FGO) fällt nicht in den Anwendungsbereich von § 109 FGO, sondern es ergeht – sofern nicht im Tenor enthalten – durch besonderen Beschluss. Ergänzt werden kann das Urteil um den Ausspruch zur vorläufigen Vollstreckbarkeit.

**Übergangen** ist ein Antrag nur, wenn er übersehen wurde, also versehentlich unberücksichtigt blieb, nicht aber wenn er rechtsirrtümlich nicht abgehandelt wurde (BFH v. 11.03.2004, VII R 20/01, BFH/NV 2004, 1305). Ein Übergehen liegt auch dann nicht vor, wenn das Gericht einen Antrag bewusst nicht behandelt oder – z.B. in den Entscheidungsgründen – abgelehnt hat. 3

4 Erforderlich ist ein Antrag eines Beteiligten, der binnen zwei Wochen nach Zustellung des Urteils gestellt werden muss. Das Gericht entscheidet durch Ergänzungsurteil aufgrund mündlicher Verhandlung. Ein im Hauptverfahren wirksam erklärtes Einverständnis mit einer Entscheidung ohne mündliche Verhandlung (§ 90 Abs. 2 FGO) wirkt auch für das Ergänzungsverfahren. Gleiches gilt für die Einverständniserklärung, dass der Berichterstatter als konsentierter Einzelrichter entscheiden kann (§ 79a Abs. 3, 4 FGO). Die Richterbank braucht nicht dieselbe wie im Hauptverfahren zu sein; die Besetzung kann gewechselt haben. An dem zugrunde liegenden Urteil kann nichts geändert werden, das Verfahren beschränkt sich auf den noch nicht erledigten Teil des Streites bzw. die noch ausstehende Kostenentscheidung. Die Entscheidung über einen Antrag auf nachträgliche Ergänzung eines Beschlusses nach § 109 FGO ergeht gerichtsgebührenfrei (BFH v. 04.08.2014, VII R 28/13, BFH/NV 2014, 1771). Das Ergänzungsurteil ist nach h. M. selbstständig anfechtbar (*Brandis* in Tipke/Kruse, § 109 FGO Rz. 7). Werden sowohl gegen das ergänzte Urteil als auch gegen das Ergänzungsurteil Rechtsmittel (NZB, Revision) eingelegt, sind gleichartige Rechtsmittel miteinander zu verbinden (BFH v. 07.06.2011, IX R 51/10, IX R 60/10, BFH/NV 2011, 1530). Bezieht sich das Ergänzungsurteil nur auf die Kostenfolge, ist eine isolierte Anfechtung wegen § 145 FGO ausgeschlossen, es sei denn, es wird eingewendet, dass das Ergänzungsurteil aus verfahrensrechtlichen Gründen nicht hätte ergehen dürfen (BFH v. 12.04.1972, I R 123/71, BStBl II 1972, 770). Eine Entscheidung des Finanzgerichts, mit der ein Antrag auf Urteilsergänzung abgelehnt wird, bleibt ohne Einfluss auf den Lauf der Rechtsmittelfrist (BFH v. 24.01.1979, II R 108/77, BStBl II 1979, 373). Ist ein Antrag auf Ergänzung eines BFH-Urteils offensichtlich unzulässig, kann der Antrag analog zu § 126 Abs. 1 FGO durch Beschluss verworfen werden (BFH v. 04.08.2014, VII R 28/13, BFH/NV 2014, 1771).

5 § 109 FGO ist auf Gerichtsbescheide (§ 90a Abs. 1 FGO) und Beschlüsse (§ 113 Abs. 1 FGO) entsprechend anzuwenden. Die Frist des § 109 Abs. 2 Satz 1 FGO beginnt beim Gerichtsbescheid mit dessen Zustellung und nicht erst, wenn der Gerichtsbescheid gem. § 90a Abs. 3 FGO als Urteil wirkt.

## § 110 FGO
## Rechtskraftwirkung der Urteile

**(1) Rechtskräftige Urteile binden, soweit über den Streitgegenstand entschieden worden ist,**

**1. die Beteiligten und ihre Rechtsnachfolger,**
**2. in den Fällen des § 48 Abs. 1 Nr. 1 die nicht klagebefugten Gesellschafter oder Gemeinschafter und**
**3. im Falle des § 60a die Personen, die einen Antrag auf Beiladung nicht oder nicht fristgemäß gestellt haben.**

**Die gegen eine Finanzbehörde ergangenen Urteile wirken auch gegenüber der öffentlich-rechtlichen Körperschaft, der die beteiligte Finanzbehörde angehört.**

**(2) Die Vorschriften der Abgabenordnung und anderer Steuergesetze über die Rücknahme, den Widerruf, die Aufhebung und Änderung von Verwaltungsakten sowie über die Nachforderung von Steuern bleiben unberührt, soweit sich aus Abs. 1 Satz 1 nichts anderes ergibt.**

**Inhaltsübersicht**



**Schrifttum**

Heimann, Bindungswirkungen von Gerichtsentscheidungen für die Verwaltung. Zur Rechtmäßigkeit von Nichtanwendungserlassen, FS 30 Jahre Fachhochschule des Bundes für öffentliche Verwaltung, 2009, 223; Weber-Grellet, Die positive Bedeutung von Nichtanwendungserlassen, FS Lang, 2010, 927; Nöcker, Nichtanwendungserlasse und Vertrauensschutz, AO-StB 2011, 313; Wohlleb, Wirkung und Bindung von Normen, Urteilen und Anweisungen, StW 2011, 63; Michl, Gegenstand des Klagebegehrens/Streitgegenstand im finanzgerichtlichen Verfahren, UR 2017, 826.

### A. Allgemeines, Bedeutung

Die Vorschrift regelt die Bindungswirkung rechtskräftiger Urteile. Sie gilt gleichermaßen für zum Urteil erstarkte Gerichtsbescheide (§ 90a FGO). Mit der Bindungswirkung soll sichergestellt werden, dass eine rechtskräftige Entscheidung nicht nochmals Gegenstand eines gerichtlichen Verfahrens ist. Mit der Erstreckung der Bindungswirkung auf Dritte sollen zudem widersprüchliche Entscheidungen über den gleichen Streitgegenstand verhindert werden. Von der Rechtskraftwirkung zu unterscheiden ist die Tatbestandswirkung von Gestaltungsurteilen, die von anderen Gerichten oder Behörden zu beachten ist. 1

### B. Formelle Rechtskraft

Nur formell rechtskräftige Urteile sind der materiellen Rechtskraft fähig. Formelle Rechtskraft finanzgericht- 2 licher Urteile tritt ein, wenn ein Urteil nicht mehr mit Rechtsmitteln angegriffen werden kann, sei es, dass kein Rechtsmittel gegeben ist, sei es, dass die Frist für die Einlegung eines Rechtsmittels ungenützt verstrichen ist und keine Wiedereinsetzung erfolgt ist (s. § 56 FGO) oder dass Rechtsmittelverzicht erklärt wurde (§§ 566, 514 ZPO i.V.m. § 155 FGO). Wird ein Rechtsmittel (NZB, Revision) verworfen oder zurückgewiesen, so tritt formelle Rechtskraft mit der Rechtskraft der BFH-Entscheidung ein. Auch die Rücknahme eines Rechtsmittels führt zur Rechtskraft des erstinstanzlichen Urteils. Sagt das FA im Klageverfahren die Änderung des angefochtenen Bescheids zu und erklären daraufhin die Beteiligten die Hauptsache für erledigt, ist ein erneuter Rechtsbehelf gegen den entsprechend der Zusage ergangenen Abhilfebescheid unzulässig (FG Mchn v. 23.02.2015, 7 K 3229/14, n.v.).

## C. Tatbestandliche Voraussetzungen

### I. Reichweite der materiellen Rechtskraft

3 Die Vorschrift betrifft die **materielle Rechtskraft** und regelt sie in objektiver und subjektiver Weise. Die materielle Rechtskraft reicht so weit, wie über den **Streitgegenstand** entschieden ist, setzt mithin ein **Sachurteil** voraus. Ein Prozessurteil entfaltet daher keine Bindungswirkung, die über die Entscheidung über die Sachurteilsvoraussetzungen hinausgeht (BFH v. 27.10.2010, VIII S 44/10, BFH/NV 2011, 2845). Streitgegenstand ist das Klagebegehren, also die Rechtsfolge, die der Kläger aus dem vorgetragenen Sachverhalt herleitet. Dabei ergibt sich der Umfang der materiellen Rechtskraft vor allem aus der Urteilsformel, also dem Tenor. Nur ergänzend sind bei Unklarheiten Tatbestand und Entscheidungsgründe mit heranzuziehen (BFH v. 19.12.2006, VI R 63/02, BFH/NV 2007, 924; BFH v. 12.01.2012, IV R 3/11, BFH/NV 2012, 779). Soweit der sachliche Umfang der materiellen Rechtskraft reicht, müssen die Beteiligten (§ 57 FGO), bei einheitlicher Feststellung von Besteuerungsgrundlagen auch die nicht klageberechtigten Beteiligten (§ 48 Abs. 1 Nr. 1 FGO), im Falle des § 60a FGO diejenigen Personen, die keinen bzw. keinen fristgerechten Antrag gestellt haben, die Rechtsnachfolger von Beteiligten und auch die öffentlich-rechtliche Körperschaft, der die beteiligte Finanzbehörde angehört, die Feststellungen des Urteils gegen sich gelten lassen (BFH v. 14.10.2008, I B 88/08, BFH/NV 2009, 184). Weder die Finanzbehörde noch die ihr übergeordneten Behörden, insbes. nicht die Oberfinanzdirektion als Aufsichtsbehörde, sind berechtigt, aus dem Sachverhalt mittels abweichender rechtlicher Beurteilung anderweitige Folgerungen herzuleiten. Auch steht die Bindungswirkung einer abweichenden finanzgerichtlichen Entscheidung in derselben Sache zwischen den Beteiligten und ihren Rechtsnachfolgern entgegen. Allerdings entsteht keine Bindungswirkung über mehrere Veranlagungszeiträume hinweg, wenn jeder Veranlagungszeitraum Streitgegenstand eines finanzgerichtlichen Verfahrens war (BFH v. 10.05.2012, IV R 34/09, BStBl II 2013, 471). Kommt das FG trotz gleichen Sachverhalts und unveränderter Rechtslage zu widersprüchlichen Ergebnissen, kann gleichwohl jede Entscheidung in Rechtskraft erwachsen. Die Widersprüchlichkeit berührt die Bindungswirkung der jeweiligen Entscheidung nicht. In aller Regel dürfte auch eine Änderung der Steuerfestsetzungen nach den Korrekturvorschriften der AO ausscheiden (BFH v. 12.01.2012, IV R 3/11, BFH/NV 2012, 779). Im Ergebnis bedeutet das: Eine Kollision von Rechtskraftwirkungen verschiedener Entscheidungen ist stets ausgeschlossen, wenn sie zu verschiedenen Streitjahren ergangen sind (BFH v. 30.08.2012, X B 231/11, BFH/NV 2013, 56).

Nicht an dem Rechtsstreit beteiligte **Dritte** bindet die Entscheidung nicht; allerdings kommt grundlegenden Entscheidungen oft eine **präjudizielle Wirkung** für vergleichbare Fallgestaltungen zu.

Die Bindungswirkung beschränkt sich auf die Anwendung des Abgabenrechtes auf den dem Urteil zugrunde gelegten Sachverhalt. Bei Urteilen betreffend **Ermessensentscheidungen** der Verwaltung ist die materielle Rechtskraft der gerichtlichen Entscheidung somit durch den Prozessstoff begrenzt, der sich aus der Zugrundelegung nur solcher Tatsachen ergibt, die bis zur letzten Verwaltungsentscheidung entstanden sind (s. § 102 FGO Rz. 3).

Auch bei Entscheidungen über **gebundene Verwaltungsakte**, wird der Umfang der materiellen Rechtskraft durch den Prozessstoff bestimmt. Die Wirkungen der Rechtskraft treten nur ein, soweit über den Streitgegenstand entschieden wurde (BFH v. 14.03.2006, VIII R 45/03, BFH/NV 2006, 1448; BFH v. 25.10.2012, XI B 48/12, BFH/NV 2013, 230; BFH v. 19.09.2012, X B 138/11, BFH/NV 2013, 63). Für die Bestimmung der materiellen Rechtskraft ist also zunächst auf den **Streitgegenstandsbegriff** zurück zu greifen (s. § 67 FGO Rz. 6; Michl, UR 2017, 826). Maßgeblich für den Umfang der Bindungswirkung ist, über welchen Streitgegenstand das FG tatsächlich entschieden hat. Deshalb spricht das Gesetz davon, dass die Bindung nur eintritt **»soweit«** über den Streitgegenstand entschieden wurde. Daraus folgt eine Differenzierung zwischen dem Streitgegenstand und dem Entscheidungsgegenstand. Der Entscheidungsgegenstand kann eine Teilmenge des Streitgegenstandes sein. Nur hinsichtlich dieser Teilmenge tritt die Bindungswirkung ein. Hat das Gericht über Sachverhalte nicht entschieden oder aus ihnen keine Folgerungen gezogen, fehlt es demnach an einer die Bindungswirkung auslösenden Entscheidung. Der Umfang der Bindungswirkung muss insoweit anhand der Urteilsformel ggf. unter Einbeziehung des Tatbestands und der Entscheidungsgründe ermittelt werden. Ferner tritt bei **Teilentscheidungen** 4 des FG (Teilurteil, § 98 FGO; Zwischenurteil, §§ 97 und 98 FGO) ebenso wie bei Prozessurteilen materielle Rechtskraft nur hinsichtlich der streitgegenständlichen Teilfragen oder Prozessvoraussetzungen ein (BFH v. 19.10.2006, VI R 63/02, BFH/NV 2007, 924; BFH v. 14.06.2017, X B 118/16, BFH/NV 2017, 1437). Insgesamt gesehen erfasst die materielle Rechtskraft also alle Sachverhalte nicht, die sich außerhalb des Streitgegenstandes befinden. Dabei handelt es sich weiter um die Fälle, in denen das FG einerseits durch das Klagebegehren (§ 96 Abs. 1 Satz 2 FGO), andererseits aber auch durch das Verböserungsverbot gebunden ist. Oft handelt es sich um Fallgestaltungen, bei denen sich während des finanzgerichtlichen Verfahrens herausstellt, dass dem Begehren des Klägers ein **Saldierungspotenzial** gegenüber steht, das das Klagebegehren übersteigt. Hier erfasst die Rechtskraftwirkung nur den durch die Saldierung »verbrauchten« Betrag. Hinsichtlich eines ggf. verbleibenden Änderungspotenzials tritt keine materielle Rechtskraft ein. Insoweit kann es auch nach Abschluss des gerichtlichen Verfahrens noch zu Änderungen der Steuerfestsetzung kommen. Im Übrigen kann der Umfang der Bindung nur im jeweiligen Einzelfall bestimmt werden.

Hält sich ein Gericht zu Unrecht an die Rechtskraft einer früheren Entscheidung gebunden und unterlässt es deshalb eine eigene Sachverhaltsprüfung, liegt ein Verstoß gegen § 110 FGO vor, soweit das Gericht das Streitprogramm falsch bestimmt hat. Ein aufgrund des Mangels erlassenes Urteil beinhaltet also einen Verfahrensfehler (BFH v. 24.08.2005, VIII B 36/04, BFH/NV 2006, 86).

## II. Verbleibende Änderungsbefugnisse

5 Mit der Tatsache, dass das FG nur über den Streitgegenstand entscheidet, korrespondiert die Regelung in § 110 **Abs. 2** FGO. Danach sind die Finanzbehörden nicht gehindert, aus Tatsachen, über die das Gericht nicht entschieden hat, weil sie außerhalb des der Urteilsfindung zugrunde gelegten Sachverhalts lagen, im Rahmen der steuerrechtlichen Verfahrensvorschriften, insbes. der §§ 130, 131, 172 bis 175a AO und § 35b GewStG, die gesetzlichen Folgerungen zu ziehen, insbes. Steuer nachzufordern oder Wertfeststellungen zu erhöhen. Entsprechendes gilt, wenn das Finanzgericht nicht zur Sache entschieden, sondern die Vorentscheidung aus formellen Gründen aufgehoben hat (BFH v. 17.02.1982, II R 176/80, BStBl II 1982, 524).

6 § 110 **Abs. 2 FGO letzter HS** wirkt sich für die Finanzverwaltung insbes. als Beschränkung der ihr durch die §§ 174 und 177 AO eingeräumten besonderen Befugnisse aus. Soweit die in § 110 Abs. 1 FGO angeordnete Bindung an die Gerichtsentscheidung reicht, ist es der Finanzbehörde bei auf § 110 Abs. 2 FGO beruhenden Handlungen verwehrt, Saldierungen mit Rechtsfehlern i. S. des § 177 AO vorzunehmen. Die Bereinigung widerstreitender Steuerfestsetzungen gem. § 174 AO muss der Finanzbehörde ebenfalls insoweit verschlossen bleiben, als die Bindungswirkung nach § 110 Abs. 1 FGO reicht (BFH v. 27.09.2016, VIII R 16/14, BFH/NV 2017, 595). Dies muss auch dann gelten, wenn hierdurch im Einzelfall dem materiellen Steuerrecht zuwiderlaufend eine Begünstigung oder Benachteiligung des von der Bindungswirkung betroffenen Beteiligten die Folge ist. Die Bindungswirkung gerichtlicher Entscheidungen muss der materiellen Gerechtigkeit vorgehen.

Problematisch kann der Umfang der Bindungswirkung solcher Entscheidungen sein, die auf die zulässige Anfechtung von unter dem Vorbehalt der Nachprüfung stehenden Verwaltungsakten (§ 164 AO) ergehen. Grundsätzlich bleibt der Vorbehalt der Nachprüfung auch für die vom Gericht getroffene Entscheidung bestehen; der Umfang der Nachprüfung des angefochtenen Verwaltungsakts wird entscheidend durch die Wirksamkeit des Vorbehalts geprägt. Gleichwohl ist die Bindungswirkung der Gerichtsentscheidung nicht eingeschränkt; denn das Gericht ist auch soweit der Vorbehalt reicht, zu einer abschließenden und umfassenden Beurteilung ermächtigt. Damit wird eine ansonsten wahrscheinliche Doppelbefassung des Gerichts nach Erlass des endgültigen Bescheids über die selbe Streitfrage vermieden. Demgemäß muss das Interesse der Finanzbehörde an dem Vorbehalt der Nachprüfung zurücktreten (s. BFH v. 07.02.1990, I R 147/87, BStBl II 1990, 1032; *Seer* in Tipke/Kruse, § 110 FGO Rz. 32; *von Groll* in Gräber, § 110 FGO Rz. 25).

Vergleichbares gilt für vorläufige Verwaltungsakte (§ 165 AO); soweit die Ungewissheit reicht, kann keine Bindung nach § 110 Abs. 1 FGO eintreten, es sei denn, das Gericht hat gerade über den Gegenstand entschieden, bezüglich dessen die Vorläufigkeit angeordnet war.

## D. Beseitigung der Rechtskraft

Soweit die Bindungswirkung eines Gerichtsurteils reicht, kann sie nur auf dem Wege eines Wiederaufnahmeverfahrens (§ 134 FGO) beseitigt werden. Das gilt z. B. für die Berücksichtigung neuer Tatsachen und Beweismittel, aufgrund deren sich der dem Urteil zugrunde gelegte Sachverhalt mit der in § 580 ZPO bezeichneten Maßgabe als verfälscht erweist, etwa durch Urkundenfälschung, strafbare Verletzung der Zeugnis- oder Gutachtenpflicht u. a. m. 7

## §§ 111, 112 FGO

(aufgehoben durch Gesetz v. 24.06.1975, BGBl I 1975, 1509; nunmehr s. §§ 236, 237 AO)

## § 113 FGO Beschlüsse

**(1) Für Beschlüsse gelten § 96 Abs. 1 Satz 1 und 2, § 105 Abs. 2 Nr. 6, §§ 107 bis 109 sinngemäß.**

**(2) Beschlüsse sind zu begründen, wenn sie durch Rechtsmittel angefochten werden können oder über einen Rechtsbehelf entscheiden. Beschlüsse über die Aussetzung der Vollziehung (§ 69 Abs. 3 und 5) und über einstweilige Anordnungen (§ 114 Abs. 1), Beschlüsse nach Erledigung des Rechtsstreits in der Hauptsache (§ 138) sowie Beschlüsse, in denen ein Antrag auf Bewilligung von Prozesskostenhilfe zurückgewiesen wird (§ 142) sind stets zu begründen. Beschlüsse, die über ein Rechtsmittel entscheiden, bedürfen keiner weiteren Begründung soweit das Gericht das Rechtsmittel aus den Gründen der angefochtenen Entscheidung als unbegründet zurückweist.**

1 Im Unterschied zu den für den Erlass von Urteilen bestehenden Vorschriften scheinen die wenigen, in § 113 FGO für Beschlüsse getroffenen Verweisungen zwar dürftig, sie sind jedoch für die Praxis ausreichend. Unerlässliche Grundlage bleibt auch hier nach § 113 Abs. 1 FGO der Grundsatz der freien, aus der Gesamtheit aller Umstände gewonnenen Gerichtsentscheidung (§ 96 Abs. 1 Satz 1 FGO), desgleichen die Bindung des Gerichts an die gestellten Anträge (§ 96 Abs. 1 Satz 2 FGO). Diese verhindert auch im Beschlussverfahren, dass den Beteiligten etwas zugesprochen wird, was sie nicht beantragt haben; auch im Beschlussverfahren gilt das Verböserungsverbot. Schriftlichkeit des Verfahrens bildet die Regel, die Durchführung einer mündlichen Verhandlung ist freigestellt (§ 90 Abs. 1 Satz 2 FGO). Für die Berichtigung und Ergänzung finden §§ 107 bis 109 FGO Anwendung. Allerdings fehlt für einen Antrag auf Tatbestandsberichtigung (§ 108 FGO) bei einer vom BFH getroffenen – unanfechtbaren – Entscheidung über die Aufhebung und Aussetzung der Vollziehung das Rechtsschutzbedürfnis (BFH v. 12.11.2012, VI S 8/12, BFH/NV 2013, 400). § 113 Abs. 1 FGO ist ergänzungsbedürftig: auch im Beschlussverfahren ist **rechtliches Gehör** zu gewähren, wenngleich § 96 Abs. 2 FGO nicht in Bezug genommen ist. Dies folgt schon aus Art. 103 Abs. 1 GG. Beschlüsse sind zuzustellen, wenn sie anfechtbar sind (§ 53 FGO); sonst sind sie formlos mitzuteilen, soweit sie nicht in der mündlichen Verhandlung ergehen und verkündet werden. Zur Notwendigkeit der Rechtsmittelbelehrung s. § 113 Abs. 1 i.V.m. § 105 Abs. 2 Nr. 6 FGO; zur Folge unterlassener Belehrung s. § 55 Abs. 2 FGO.

Wie Urteile (§ 105 Abs. 1 Satz 2 FGO), sind auch Beschlüsse – jedenfalls in den Fällen des § 113 Abs. 2 FGO – schriftlich niederzulegen. Die getroffene Entscheidung muss aus der Beschlussformel hervorgehen, nicht erst aus den Gründen (BFH v. 07.05.1975, II B 51/73, BStBl II 1975, 672). Unterzeichnen müssen sämtliche Richter, die an dem Beschluss mitgewirkt haben. Im Übrigen muss die Begründung – soweit sie erforderlich ist – erkennen lassen, auf welchen tatsächlichen Feststellungen und rechtlichen Erwägungen der Beschluss beruht. Insoweit gelten die Grundsätze für die Begründung von Urteilen entsprechend (BFH v. 02.11.2006, I B 13/06, BFH/NV 2007, 261; BFH v. 15.12.2009, VIII B 211/08, BFH/NV 2010, 663). Das **Begründungserfordernis** besteht für Beschlüsse, die mit Rechtsmitteln (regelmäßig mit der Beschwerde, s. § 128 FGO) angefochten werden können, ebenso für die Beschlüsse, die über einen Rechtsbehelf (s. §§ 132, 133, 149 Abs. 2 und 4 FGO) entscheiden (§ 113 **Abs. 2 Satz 1** FGO). Unabhängig von der Anfechtbarkeit sind Beschlüsse, die über Anträge im vorläufigen Rechtsschutzverfahren (§§ 69, 114 AO) entscheiden, Beschlüsse nach Erledigung der Hauptsache (§ 138 FGO) und Beschlüsse, mit den Anträge auf Prozesskostenhilfe (§ 142 FGO) zurückgewiesen werden, immer zu begründen (§ 113 **Abs. 2 Satz 2** FGO). § 113 **Abs. 2 Satz 3** FGO schafft für Beschlüsse, die über ein Rechtsmittel entscheiden, Begründungserleichterung, soweit das Gericht das Rechtsmittel aus den Gründen der angefochtenen Entscheidung zurückweist, diese Entscheidung also bestätigt. Zum Wegfall der Begründungspflicht bei Entscheidung des BFH über eine NZB s. § 116 Abs. 5 Satz 2 FGO. 2

**Unanfechtbar** sind Beschlüsse nach § 6 Abs. 1 und 3 FGO (§ 6 Abs. 4 FGO), nach § 45 Abs. 2 Satz 1 FGO (§ 45 Abs. 2 Satz 2 FGO), nach § 60a Satz 1 FGO (§ 60a Satz 2 FGO), § 108 Abs. 1 FGO (§ 108 Abs. 2 Satz 2 FGO). § 128 Abs. 2 und 4 Satz 1 FGO zählen weitere unanfechtbare Beschlüsse auf. 3

## § 114 FGO Einstweilige Anordnungen

**(1) Auf Antrag kann das Gericht, auch schon vor Klageerhebung, eine einstweilige Anordnung in Bezug auf den Streitgegenstand treffen, wenn die Gefahr besteht, dass durch eine Veränderung des bestehenden Zustandes die Verwirklichung eines Rechts des Antragstellers vereitelt oder wesentlich**

**erschwert werden könnte. Einstweilige Anordnungen sind auch zur Regelung eines vorläufigen Zustandes in Bezug auf ein streitiges Rechtsverhältnis zulässig, wenn diese Regelung, vor allem bei dauernden Rechtsverhältnissen, um wesentliche Nachteile abzuwenden oder drohende Gewalt zu verhindern oder aus anderen Gründen nötig erscheint.**

**(2) Für den Erlass einstweiliger Anordnungen ist das Gericht der Hauptsache zuständig. Dies ist das Gericht des ersten Rechtszuges. In dringenden Fällen kann der Vorsitzende entscheiden.**

**(3) Für den Erlass einstweiliger Anordnungen gelten §§ 920, 921, 923, 926, 928 bis 932, 938, 939, 941 und 945 der Zivilprozessordnung sinngemäß.**

**(4) Das Gericht entscheidet durch Beschluss.**

**(5) Die Vorschriften der Absätze 1 bis 3 gelten nicht für die Fälle des § 69.**

**Inhaltsübersicht**



**Schrifttum**


Buciek, Der vorläufige Rechtsschutz in Steuersachen, DStJG 19 (1995), 149; Lemaire, Der vorläufige Rechtsschutz im Steuerrecht, 1997; Bilsdorfer, Vollstreckungsschutz während eines laufenden Aussetzungsverfahrens, FR 2000, 708; Trossen, Vorläufiger Rechtsschutz gegen Insolvenzanträge der Finanzbehörden, DStZ 2001, 877; Wagner, Über vorläufigen Rechtsschutz im finanzgerichtlichen Verfahren, FS Kruse 2001, 735; Becker, Vollstreckung trotz rechtshängigem AdV-Antrag – Was tun, INF 2002, 166; Greite, Kindergeld und einstweiliger Rechtsschutz, FR 2002, 397; Lemaire, Die einstweilige Anordnung, StB 2003, 411; Braun, Keine einstweilige Anordnung während eines AdV-Verfahrens, EFG 2004, 123; Carle, Einstweiliger Rechtsschutz im Vollstreckungsverfahren, AO-StB 2004, 232; von Wedelstädt, Sammelauskunftsersuchen – Zulässigkeit, Auswertung der Auskunft, Rechtsschutz, DB 2004, 948; Braun, Der vorläufige gerichtliche Schutz in Sonderfällen, sj 2007, 24; Scharpenberg, Typische Fehler im finanzgerichtlichen Verfahren vermeiden, Stbg. 2008, 277; Alvermann/Wollweber, Der Anspruch auf Erteilung einer USt-Identifikationsnummer, UStB 2009, 261; Pelke, Vorläufiger Rechtsschutz und Vollstreckung im Steuerrecht, SteuK 2012, 411; Hong, Verbot der endgültigen und Gebot der vorläufigen Vorwegnahme der Hauptsache im verwaltungsgerichtlichen Eilverfahren, NvWZ 2012, 468; Tormöhlen, Einstweilige Anordnung, AO-StB 2013, 381; Meinert, Der einstweilige Rechtsschutz vor den Finanzgerichten – aktuelle Aspekte und Fragestellungen, DStZ 2015, 599–610; Wackerbeck, Finanzgerichtlicher Rechtsschutz in Vollstreckungssachen, DStZ 2017, 328.


## A. Allgemeines, Anwendungsbereich

Die Vorschrift entspricht § 123 VwGO; ihre Übernahme in das Abgabenverfahren macht das Bestreben des Gesetzgebers deutlich, den Steuerpflichtigen jede nur denkbare Form des Rechtsschutzes zugänglich zu machen. Zudem ergibt sich die **Notwendigkeit des vorläufigen Rechtsschutzes** aus der **Rechtsschutzgarantie** des Art. 19 Abs. 4 GG. Gleichwohl ist die Bedeutung von Anträgen auf Erlass einer einstweiligen Anordnung in der Praxis gering; die weitaus größere Zahl der Verfahren des einstweiligen Rechtsschutzes sind Anträge auf Aussetzung der Vollziehung (§ 69 FGO).

Der allgemeine Grundsatz, dass der Finanzrechtsweg nur für jemanden geöffnet ist, der eigene Rechte gegenüber der Verwaltung verfolgt (§ 40 Abs. 2 AO), gilt auch für den Antrag auf einstweilige Anordnung (BFH v. 23.10.1985, VII B 28/84, BStBl II 1986, 26). Ist der Finanzrechtsweg in der Hauptsache nicht gegeben, so ist selbstverständlich auch keine einstweilige Anordnung zulässig.

Das Rechtsschutzsystem der FGO geht davon aus, dass der Stpfl. gerichtlichen Rechtsschutz erst nach einer ihn belastenden behördlichen Maßnahme erlangen kann. Dann gewähren Aussetzung der Vollziehung oder die einstweilige Anordnung effektiven (einstweiligen) Rechtsschutz. Deshalb gehen die Verfahren des einstweiligen Rechtsschutzes einer auf eine Unterlassung behördlicher Maßnahmen gerichteten (vorbeugenden) Unterlassungsklage grds. vor. Eine Unterlassungsklage kann nur ausnahmsweise dann zulässig sein, wenn das erstrebte Rechtsschutzziel mit einstweiliger Anordnung oder Aussetzung der Vollziehung nicht erreicht werden kann. Diese Voraussetzung kann nur dann erfüllt sein, wenn ein Abwarten der Rechtsverletzung unzumutbar ist, weil mit ihrem Eintritt auch in Ansehung einstweiliger Rechtsschutzmöglichkeiten nur schwer wieder gut zu machende Schäden zu befürchten sind (BFH v. 11.11.2012, VII R 69/11, BFH/NV 2013, 739).

Die einstweiligen Anordnungen gleichen dem Rechtsinstitut der einstweiligen Verfügung im Zivilprozess; sie 2
sind – wie auch der Verweis in § 114 Abs. 3 FGO zeigt – §§ 935, 940 ZPO nachgebildet. Ihr Gegenstand ist die Sicherung von Rechten des Antragstellers (sog. **Sicherungsanordnung**, § 114 Abs. 1 Satz 1 FGO) sowie die vorläufige Regelung streitiger Rechtsverhältnisse (sog. **Regelungsanordnung**, § 114 Abs. 1 Satz 2 FGO). Der **Anwendungsbereich** von § 114 FGO wird durch **§ 114 Abs. 5 FGO eingeschränkt**. Danach gelten die § 114 Abs. 3 bis 5 FGO nicht, soweit eine Aussetzung der Vollziehung in Betracht kommt. Dies gilt auch, wenn vor-

läufiger Rechtsschutz in einem Zeitpunkt begehrt wird, in dem der anfechtbare Verwaltungsakt noch nicht ergangen ist, sein Erlass einstweilen verhindert werden soll. Die Sperrwirkung des § 114 Abs. 5 FGO schließt jedoch den Erlass einer einstweiligen Anordnung nicht schlechthin im Zusammenhang mit Anfechtungsklagen aus; vielmehr ist § 114 Abs. 5 FGO vor dem Hintergrund von Art. 19 Abs. 4 GG dahin zu interpretieren, dass der Erlass einer einstweiligen Anordnung nur insoweit nicht in Frage kommt, als § 69 FGO ausreichenden vorläufigen Rechtsschutz bietet. Der Anwendungsbereich des § 114 FGO erstreckt damit auf den Bereich nicht vollziehbarer Verwaltungsakte. So kommt bei Feststellungs-, Verpflichtungsklagen und allgemeinen Leistungsklagen vorläufiger Rechtsschutz regelmäßig nur durch Erlass einer einstweiligen Anordnung in Betracht (BFH v. 05.11.1988, II B 28/88, BStBl II 1988, 730; BFH v. 14.04.1989, III B 5/89, BStBl II 1990, 351). Die einstweilige Anordnung soll ferner bei Klagen auf Feststellung der Nichtigkeit eines Verwaltungsakts Anwendung finden, dessen Aussetzung der Vollziehung (§ 69 FGO bzw. § 361 AO) wegen Unanfechtbarkeit entfällt (s. BFH v. 01.10.1981, IV B 13/81, BStBl II 1982, 133; BFH v. 19.04.1988, VII B 167/87, BFH/NV 1989, 36; krit. *Wagner* in FS Kruse, 735, 741). Eine Übernahme des auch im Vollstreckungsrecht der AO (§ 324 AO) für Geldleistungen zulässigen Sicherungsmittels des (dinglichen) Arrestes in das finanzgerichtliche Verfahren kann aus § 114 FGO nicht hergeleitet werden. Die Aufführung einschlägiger Vorschriften der ZPO in § 114 Abs. 3 FGO zielt nur auf deren entsprechende Anwendung für einstweilige Anordnungen über andere Leistungen als Geldleistungen. Auch § 151 Abs. 2 FGO (Nr. 2) erwähnt den Arrest nicht.

### B. Keine Vorwegnahme der Hauptsache

3 Einstweilige Anordnungen des FG sind nicht dazu bestimmt, der Entscheidung des Prozesses zugunsten einer Partei vorzugreifen. Deshalb darf durch eine einstweilige Anordnung die Entscheidung im Hauptsacheverfahren nicht vorweggenommen werden. Durch die einstweilige Anordnung darf dem Antragsteller nicht bereits unwiderruflich bzw. ohne die tatsächliche Möglichkeit, einen eventuellen Widerruf auch im Ergebnis wirksam werden zu lassen, das gewährt werden, was er mit der Hauptsacheklage begehrt (BFH v. 13.10.1987, VII B 96/87, BStBl II 1988, 67). Daraus folgt, dass sie in der Regel nicht in Betracht kommt, wenn der Antragsteller erstmals eine bestimmte Rechtsposition erreichen will. Deshalb kann mit einer einstweiligen Anordnung z. B. nicht erreicht werden, die

- Zulassung zur Steuerberaterprüfung,
- (Wieder-)Bestellung zum Steuerberater,
- Erteilung einer Unbedenklichkeitsbescheinigung,
- Erteilung einer Freistellungsbescheinigung, aber auch s. Rz. 5,
- Herabsetzung von Einkommensteuervorauszahlungen,
- Erstattung von Steuerbeträgen

Nur in seltenen **Ausnahmefällen** kann eine im Hauptsacheverfahren angestrebte Regelung bereits im Verfahren über die einstweilige Anordnung erreicht werden, wenn ohne die Entscheidung unzumutbare Nachteile für den Antragsteller entstehen, die mit dem Gebot effektiven Rechtschutzes unvereinbar sind (BFH v. 27.01.2016, VII B 119/15, BFH/NV 2016, 1586). Wegen der weit reichenden Tragweite einer vorwegnehmenden Entscheidung sind sowohl an das Vorliegen des Anordnungsgrundes als auch des Anordnungsanspruches strenge Anforderungen zu stellen. So muss eine »besondere Intensität« des Anordnungsgrundes vorliegen, d. h. ohne die Vorwegnahme der Hauptsache würde die Entscheidung zu spät kommen. Dies ist insbes. der Fall, wenn die Folgen des Verwaltungshandelns nicht mehr rückgängig gemacht werden können, z. B. bei Erteilung einer nicht durch eine Rechtsgrundlage gedeckten Auskunft (BFH v. 15.02.2006, I B 87/05, BStBl II 2006, 616; BFH v. 17.09.2007, I B 30/07, BFH/NV 2008, 51 zu sog. »Spontanauskünften« der FinVerw.). Darüber hinaus muss eine erhebliche Wahrscheinlichkeit für den Erfolg des Antragstellers in der Hauptsache sprechen (BVerwG v. 13.08.1999, 2 VR 1/99, NJW 2000, 160; *Loose* in Tipke/Kruse, § 114 FGO Rz. 38 ff.). 4

Statt einer Vorwegnahme der Hauptsache kann des FG in geeigneten Fällen auch **vorläufige »Zwischenlösungen«** treffen. Darunter fallen z. B. zeitlich begrenzte Stundung von Steuerbeträgen, Stundung von Vorauszahlungen. Insoweit kann das FG eine eigene Ermessensentscheidung treffen (»Interimsermessen«). Erwogen wird auch eine vorläufige Erteilung einer **Freistellungsbescheinigung nach § 48b EStG** für den Steuerabzug bei Bauleistungen, die aber zumindest voraussetzt, dass der Antragsteller glaubhaft macht, dass kein zu sichernder Steueranspruch besteht und weshalb sich eine fehlende Freistellungsbescheinigung negativ auf die Auftragslage auswirkt. Dazu reichen allgemeine Ausführungen nicht aus; vielmehr muss der Antragsteller speziell auf sein Unternehmen bezogene Angaben machen. Letztlich muss dargetan werden, dass die Bescheinigung unerlässlich ist, um das Überleben des Unternehmens zu sichern (s. BFH v. 23.10.2002, I B 86/02, BFH/NV 2003, 166; BFH v. 23.10.2002, I B 132/02, BFH/NV 2003, 313). 5

Auch die Erteilung einer Steuernummer oder einer USt-Identifikationsnummer kann im Wege einer einstweiligen Anordnung erfolgen. Wegen der nur beschränkten Rechtswirkungen geht der BFH nicht von einer Vorwegnahme der Hauptsache aus (BFH v. 20.12.2007, IX B 194/07, BFH/NV 2008, 600; BFH v. 26.02.2008, II B 6/08, BFH/NV 2008, 1004). Hingegen will der BFH einstweiligen Rechtsschutz für Änderungen der LSt-Klasse wohl über eine Aussetzung der Vollziehung nach § 69 Abs. 3 FGO und nicht über den Weg der einstweiligen Anordnung gewähren (BFH v. 08.06.2011, III B 210/10, BFH/NV 2011, 1692 m. w. N.; BFH v. 24.04.2012, III B 180/11, BFH/NV 2012, 1303). Dagegen spricht, dass der Stpfl. mit dem Änderungsbegehren i. d. R. eine seinen Rechtskreis erweiternde, begünstigende Regelung erstrebt, die grds. mit der Leistungs- oder Verpflichtungsklage zu erstreiten ist.

## C. Tatbestandliche Voraussetzungen

### I. Antragsgebundenes Verfahren

6 Nach § 114 Abs. 1 Satz 1 FGO setzt der Erlass einer einstweiligen Anordnung einen **Antrag** voraus, der auch schon vor Klageerhebung zulässig ist. Das Gericht darf also auch bei einem bereits anhängigen Hauptsacheverfahren nicht von sich aus tätig werden. Der Antrag ist schriftlich oder beim Urkundsbeamten der Geschäftsstelle zu stellen. Der Antrag ist nur zulässig, soweit die allgemeinen Sachentscheidungsvoraussetzungen erfüllt sind, insbes. muss der Antragsteller **antragsbefugt** sein, er also geltend machen, **eigene Rechte** zu verfolgen. In dem Antrag muss das Rechtsschutzziel **hinreichend konkretisiert** sein, damit das Gericht erkennen kann, in welchem Umfang einstweiliger Rechtsschutz begehrt wird. Ferner muss der Antragsteller die Tatsachen darlegen, die den Anordnungsanspruch und den Anordnungsgrund tragen. Ein unsubstantiiertes Vorbringen reicht ebenso wenig aus wie Bezugnahmen auf vorhergehenden Schriftwechsel. Ein unklarer Antrag ist zunächst i. S. des erkennbaren Rechtsschutzziels des Antragstellers **auszulegen**. Ist eine Auslegung nicht möglich, weil der Antragsteller z. B. einen Antrag auf Aussetzung der Vollziehung gestellt hat, kommt eine **Umdeutung** in Betracht, wenn sich dem Begehren entnehmen lässt, dass einstweiliger Rechtsschutz nur über den Weg einer einstweiligen Anordnung zu erreichen ist, weil es z. B. an einem anfechtbaren Verwaltungsakt fehlt. Eine Umdeutung ist aber ausgeschlossen, wenn ein sachkundiger Prozessbevollmächtigter den Antrag als Antrag auf Aussetzung der Vollziehung bezeichnet (allg. Ansicht s. *Loose* in Tipke/Kruse, § 114 FGO Rz. 59; *Koch* in Gräber, § 114 FGO Rz. 10).

7 Erforderlich ist, dass der Antragsteller sowohl den Anordnungsanspruch als auch den Anordnungsgrund **glaubhaft** macht (BFH v. 01.08.2002, VII B 352/00, BFH/NV 2002, 1547; BFH v. 17.08.2012, III B 26/12, BFH/NV 2012, 1963). Dabei handelt es sich nicht um eine Zulässigkeitsvoraussetzung, sondern um eine Frage der Begründetheit des Antrags (*Koch* in Gräber, § 114 FGO Rz. 12). Glaubhaftmachung ist im Verhältnis zum Beweis ein geringerer Grad der richterlichen Überzeugung. Es reicht aus, wenn die behaupteten **Tatsachen** – Rechtsansichten können nicht Gegenstand der Glaubhaftmachung sein – mit **überwiegender Wahrscheinlichkeit** gegeben sind. Korrespondierend mit diesem geringeren Maß an die Beweisführung ist auch die Sachverhaltsaufklärung durch das Gericht eingeschränkt; sie beschränkt sich auf eine summarische Prüfung. Die Glaubhaftmachung muss sich auf alle Tatsachen erstrecken, die Voraussetzungen für den Anordnungsanspruch oder den Anordnungsgrund sind. Mittel zur Glaubhaftmachung können alle Beweismittel sein, zu denen auch die **Versicherung an Eides statt** gehört (§ 114 Abs. 3 FGO i. V. m. § 920 Abs. 2 ZPO, § 294 Abs. 1 ZPO). Letztere dürfte allerdings zur Glaubhaftmachung nur ausreichen, wenn der maßgebliche Sachverhalt detailliert dargestellt wird. Dies gilt auch, wenn der Antragssteller sich in der Begründung um eine einstweilige Anordnung zur Einstellung der Zwangsvollstreckung auf eine drohende Existenzberechtigung beruft; hier muss die Darstellung des Klägers durch eine Darlegung der finanziellen Verhältnisse untermauert werden (*Loose* in Tipke/Kruse, § 114 FGO Rz. 71). Bei der Entscheidung können nur **präsente Beweismittel** berücksichtigt werden. Dies sind solche, die dem Gericht im Zeitpunkt der Entscheidungsfindung zur Verfügung stehen. Führt das Gericht eine mündliche Verhandlung über den Antrag durch, müssen sämtliche Beweismittel (spätestens) zum Termin gestellt sein; dies gilt insbes., wenn die Glaubhaftmachung durch Einvernahme von Zeugen erfolgen soll. Das Gericht ist nicht verpflichtet, auf entsprechende Beweisangebote der Beteiligten Zeugen zum Termin zu laden. Dies entspricht dem Charakter des Verfahrens als Eilverfahren.

### II. Voraussetzungen einstweiliger Anordnungen

#### 1. Arten einstweiliger Anordnungen

Das Gesetz unterscheidet zwischen zwei verschiedenen 8
Arten einstweiliger Anordnungen. Nach § 114 **Abs. 1 Satz 1** FGO kann das Gericht eine einstweilige Anordnung in Bezug auf den Streitgegenstand treffen, wenn die Gefahr besteht, dass durch Veränderung des bestehenden Zustands die Verwirklichung eines Rechts des Antragstellers vereitelt oder wesentlich erschwert werden könnte. Insoweit dient die Vorschrift der vorläufigen Sicherung eines bestehenden Zustands (sog. **Sicherungsanordnung**). Nach § 114 **Abs. 1 Satz 2** FGO sind einstweilige Anordnungen auch zur Regelung eines vorläufigen Zustands in Bezug auf ein streitiges Rechtsverhältnis zulässig, wenn diese Regelung, vor allem bei dauernden Rechtsverhältnissen, nötig erscheint, um wesentliche Nachteile abzuwenden oder drohende Gewalt zu verhindern oder wenn andere Gründe dies nötig erscheinen lassen (sog. **Regelungsanordnung**). Beide Alternativen

setzen zum einen voraus, dass der Antragsteller eine schutzwürdige Rechtsposition innehat. Dies ist die materiellrechtliche Seite der einstweiligen Anordnung (**Anordnungsanspruch**). Zum anderen muss die Maßnahme des einstweiligen Rechtsschutzes nötig sein, es also bei einem Untätigbleiben zu einer Gefährdung des Rechts kommen. Dies ist der Aspekt der Eilbedürftigkeit (**Anordnungsgrund**; s. auch BFH v. 22.12.2006, VII B 121/06, BFH/NV 2007, 802). Trotz der vermeintlich klaren gesetzlichen Strukturierung ist aber in der Praxis eine eindeutige Abgrenzung oftmals nur schwer möglich.

Die Anordnung muss sich auf den **Streitgegenstand** beziehen. Dabei handelt es sich um das sich aus dem Antrag ergebende konkrete Begehren des Antragstellers. Ist das Verfahren bereits in der Hauptsache anhängig, wird das Begehren im vorläufigen Rechtsschutz dem des Hauptsacheverfahrens entsprechen (*Loose* in Tipke/Kruse, § 114 FGO Rz. 12). Allerdings kann der Antragsteller sein Begehren auch auf einen Teil des in der Hauptsache streitigen Begehrens beschränken. Ist ein Verfahren noch nicht anhängig, ist das Begehren aus dem Antrag und dem konkreten Verfahren zu ermitteln.

10 Steht die streitbefangene Regelung im **Ermessen** der Finanzbehörde, genügt zum Erlass einer einstweiligen Anordnung noch nicht, dass der Antragsteller einen Ermessensfehler geltend macht. Vielmehr muss der Antragsteller alle Tatsachen darlegen, aus denen sich die begehrte Rechtsfolge ergibt. Nur wenn das FG in der Lage wäre, über den Anspruch in der Hauptsache zu entscheiden und diesen zuzusprechen (Ermessensreduzierung auf »null«). kommt der Erlass der Anordnung in Betracht (s. BFH v. 08.02.1988, IV B 102/87, BStBl II 1988, 514). Nur in besonderen Fällen kann das FG eine vorläufige Regelung im Wege einer eigenen Ermessensentscheidung treffen (Interimsermessen).

## 2. Sicherungsanordnung

11 Die Anordnung soll einen **bestehenden Zustand** sichern. Ob ein **Anordnungsanspruch** besteht, richtet sich dementsprechend danach, ob der Antragsteller einen Anspruch darauf hat, den in Frage gestellten Zustand aufrecht zu erhalten. Da für Anfechtungsklagen der Antrag auf Aussetzung der Vollziehung nach § 69 FGO vorrangig ist (s. Rz. 2), kommt der Erlass einer Sicherungsanordnung nur in Betracht, wenn im Hauptsacheverfahren die allgemeine Leistungsklage oder die Verpflichtungsklage gegeben ist. Erfasst wird damit im Wesentlichen der Rechtsschutz gegen behördliche Maßnahmen, die keinen Verwaltungsakt darstellen oder wenn die Sicherung der bisherigen Rechtsposition einen Verwaltungsakt der Behörde erfordert. So kommt eine einstweilige Anordnung in Betracht, wenn die **Zwangsvollstreckung** im Einzelfall **unbillig** ist (§ 258 AO; auch s. Rz. 12), wobei über den Weg der einstweiligen Anordnung keine endgültige (keine Vorwegnahme der Hauptsache!), sondern nur eine einstweilige Einstellung der Vollstreckung erreicht werden kann. Neben dem Verfahren auf einstweilige Einstellung der Vollstreckung kann auch die Aussetzung der Vollziehung der anfechtbaren Vollstreckungshandlung begehrt werden (BFH v. 15.01.2003, V S 17/02, BFH/NV 2003, 738). Anwendung findet § 114 Abs. 1 Satz 1 FGO z. B. auch, wenn die Finanzbehörde einen Antrag auf Eröffnung des **Insolvenzverfahrens** stellt (BFH v. 25.02.2011, VII B 226/10, BFH/NV 2011, 1017; BFH v. 31.08.2011, VII B 59/11, BFH/NV 2011, 2105), zur **Verhinderung der Weitergabe von Mitteilungen** an Dritte (BFH v. 15.01.2008, VII B 149/07, BStBl II 2008, 337), zur **Untersagung der Offenbarung** von durch das **Steuergeheimnis geschützten Verhältnissen** (BFH v. 16.10.1986, V B 3/86, BStBl II 1987, 30), einschließlich der Versendung von Kontrollmaterial (BFH v. 25.07.2000, VII B 28/99, BStBl II 2000, 643) und auf Spontanauskünfte (s. Rz. 4).

Liegt ein Anordnungsanspruch vor, bedarf es der Prüfung, ob ein **Anordnungsgrund** gegeben ist. Erforderlich ist, dass ohne die einstweilige Anordnung die Verwirklichung des Anordnungsanspruchs vereitelt oder wesentlich erschwert würde (*Loose* in Tipke/Kruse, § 114 FGO Rz. 22; *Koch* in Gräber, § 114 FGO Rz. 42). Ob tatsächlich eine solche Gefährdungslage vorliegt, ist nicht nach den subjektiven Vorstellungen des Antragstellers, sondern nach objektiven Merkmalen zu beurteilen. Erforderlich ist eine konkrete Gefährdung, dass bis zur Entscheidung in der Hauptsache Nachteile entstehen; insoweit müssen die Umstände darauf hindeuten, dass mit einem unmittelbaren Eintreten rechtserheblicher Veränderungen zu rechnen ist. In der Praxis werden an die Darlegung des Anordnungsgrundes hohe Anforderungen gestellt. Dies gilt z. B. auch bei dem häufigen Antrag auf einstweilige Einstellung der Zwangsvollstreckung (§ 258 AO), hier muss die behauptete konkrete Existenzgefährdung detailliert dargetan werden. 12

## 3. Regelungsanordnung

Anders als die Sicherungsanordnung dient die Regelungsanordnung nicht der Beibehaltung eines bestehenden Zustands, sondern der vorläufigen Regelung eines streitigen Rechtsverhältnisses. Damit ist der Anwendungsbereich hinsichtlich des **Anordnungsanspruchs** auf die Vornahme einer bestimmten Handlung oder eines bestimmten Zustandes gerichtet (*Loose* in Tipke/Kruse, § 114 FGO Rz. 23). Damit liegt der Hauptanwendungsbereich der Regelungsanordnung im Bereich der Verfahren, in denen das Klagebegehren im Hauptsacheverfahren mit der Verpflichtungsklage zu verfolgen ist. Insoweit bestehen Abgrenzungsschwierigkeiten zur Sicherungsanordnung, die aber in der Praxis ohne Auswirkung bleiben. So wird bei der einstweiligen Anordnung der Ein- 13

**stellung der Zwangsvollstreckung** (§ 258 AO) an Stelle einer Sicherungsanordnung auch der Erlass einer Regelungsanordnung in Betracht gezogen (*Loose* in Tipke/Kruse, § 114 FGO Rz. 24; *Koch* in Gräber, § 114 FGO Rz. 45). Der BFH (BFH v. 15.01.2003, V S 17/02, BFH/NV 2003, 738) verzichtet auf eine Zuordnung zu den Tatbestandsalternativen des § 114 Abs. 1 FGO. Auch **Ansprüche auf Billigkeitsmaßnahmen** (Erlass, Stundung) können grundsätzlich Gegenstand einer Regelungsanordnung sein; hier besteht jedoch in aller Regel die Gefahr einer Vorwegnahme der Hauptsache (s. Rz. 3), sodass die Erfolgsaussichten eines solchen Antrags gering sind und allenfalls dann bestehen, wenn sich nach dem Sachverhalt bei summarischer Prüfung ergibt, dass im Hauptverfahren eine Ermessensreduzierung auf »null« eingetreten ist. Anordnungsansprüche können sich ferner dann ergeben, wenn der Steuerpflichtige eine **Handlung der Finanzbehörde** begehrt, z. B. die Ausstellung von (Freistellungs-)Bescheinigungen, den Erlass eines Abrechnungsbescheids, die vorläufige Anerkennung der Gemeinnützigkeit, Umbuchung von Steuererstattungen.

14 Bezüglich des **Anordnungsgrundes** bestimmt § 114 Abs. 1 Satz 2 FGO, dass die einstweilige Regelung zur Verhinderung wesentlicher Nachteile, drohender Gewalt oder aus anderen Gründen »**nötig**« sein muss. »Andere Gründe« i. S. dieser Vorschrift müssen ebenso schwer wiegen wie die anderen genannten Gründe, insbes. reichen bloße wirtschaftliche Interessen nicht aus. Vielmehr müssen die Gründe allesamt so schwerwiegend sein, dass der Erlass der einstweiligen Anordnung **unabweisbar** ist (BFH v. 24.05.2016, V B 123/15, BFH/NV 2016, 1253). Bei dieser Feststellung ist eine **Interessenabwägung** zwischen den Interessen des Antragstellers und der Allgemeinheit vorzunehmen. Dabei überwiegt das Interesse des Antragstellers, wenn sein Interesse an der vorläufigen Regelung das der Allgemeinheit an der Beibehaltung des bisherigen Zustands überwiegt. Dies kann nur dann der Fall sein, wenn die Maßnahme zur Vermeidung wesentlicher Nachteile geradezu zwingend geboten ist. **Keine wesentlichen Nachteile** in diesem Sinne sind die Folgen, die regelmäßig mit der Steuerzahlung verbunden sind, dazu gehört auch eine etwa notwendig werdende Kreditaufnahme, Zinsverlust, die Zurückstellung von Investitionen oder die Einschränkung des Lebensstandards. Ein **wesentlicher Nachteil** liegt jedoch vor, wenn die **Existenz** des Stpfl. **unmittelbar bedroht** ist (BFH v. 23.09.1998, I B 82/98, BStBl II 2000, 320). Ob die **Erfolgsaussichten in der Hauptsache** bei der Prüfung des Anordnungsgrundes mit zu berücksichtigen sind, ist str. (dafür: *Koch* in Gräber, § 114 FGO Rz. 56; *Lemaire*, Der vorläufige Rechtsschutz im Steuerrecht, 236; dagegen: BFH v. 14.01.1987, II B 102/86, BStBl II 1987, 269; *Loose* in Tipke/Kruse, § 114 FGO Rz. 31). U. E. besteht jedenfalls dann kein Anordnungsgrund, wenn die Erfolgsaussichten in der Hauptsache bei summarischer Prüfung gering einzuschätzen sind; allerdings wird es in diesen Fällen in der Regel schon am Anordnungsgrund fehlen. Zu den in die Abwägung einzubeziehenden Allgemeinwohlinteressen maßgeblicher Kriterien gehört auch das Interesse an einer geordneten öffentlichen Haushaltswirtschaft, anders ausgedrückt also auch die Sicherung des Steueraufkommens. Auch dies kann jedoch – insbes. bei erheblichem Zweifel an einer für den Stpfl. ungünstigen Regelung – hinter dem Individualinteresse zurücktreten (s. BFH v. 22.08.2007, VI B 42/07, BFH/NV 2007, 1998 zu § 69 FGO: Entfernungspauschale).

## D. Entscheidung über die einstweilige Anordnung

### I. Inhalt

Die einstweilige Anordnung ist eine **vorläufige Regelung,** 15
zu der der Gesetzgeber das Finanzgericht im Rahmen des § 114 FGO ermächtigt hat. Die zu ergreifenden Maßnahmen müssen sich aus den einschlägigen Vorschriften des Abgabenrechts rechtfertigen und sich im Rahmen dieser Vorschriften halten. Das Finanzgericht darf dem Antragsteller nichts zubilligen, was ihm nicht auch die Finanzbehörde gewähren könnte, wobei das Gericht jedoch nicht lediglich auf solche vorläufigen Maßnahmen beschränkt ist, die – ohne entsprechende Anordnung durch das Gericht – auch die Finanzbehörde treffen könnte. Insoweit stellt § 114 FGO eine eigenständige Ermächtigung dar. Die gesetzlich vorgesehene Möglichkeit des Widerrufs eines begünstigenden Verwaltungsaktes, desgl. ein Widerrufsvorbehalt der Behörde im Einzelfalle, bildet für sich allein kein Hindernis für die Anordnung des einstweiligen Fortbestandes der in Rede stehenden Rechtsposition; denn die Übung dieses Ermessens (durch Widerruf) bildet ja gerade den Anlass des Antrages auf Erlass einer einstweiligen Anordnung und damit den Gegenstand dieser Anordnung selbst.

Welcher **Inhalt** der einstweiligen Anordnung im Ein- 16
zelnen zu geben ist, entscheidet das Finanzgericht im Rahmen der einschlägigen gesetzlichen Vorschriften und ihrer Zweckbestimmung nach freiem Ermessen (§ 938 ZPO). Es darf aber über das Begehren des Antragsstellers nicht hinausgehen (§ 96 Abs. 1 Satz 2 FGO). In Betracht kommt in erster Linie die Aufhebung der die streitige Rechtsposition schmälernden Handlung; das Gericht kann der Behörde aber auch aufgeben, diese oder jene Maßnahme zu ergreifen oder zu unterlassen, z. B. die Einziehung von Beträgen, bezüglich deren Billigkeitsmaßnahmen angestrebt werden. Die Anordnung kann – auch innerhalb der Prozessdauer – befristet werden. Das Gericht kann dem Antragsteller auch die Leistung einer **Sicherheit** auferlegen (§ 921 Abs. 2 Satz 2 ZPO), jedoch nur im Rahmen etwa gefährdeter Abgabenansprüche. Dies kommt vor allem dann zu tragen, wenn zu befürch-

ten ist, dass bei einem Obsiegen der Finanzbehörde deren Forderungen nicht mehr realisierbar sind.

7 Ist ein außergerichtlicher Rechtsbehelf oder eine Klage in der Hauptsache noch nicht anhängig, muss das Gericht dem Antragsteller auf Antrag des Antragsgegners aufgeben, den zulässigen Rechtsbehelf innerhalb einer bestimmten Frist einzulegen (§ 926 ZPO). Bei einer einstweiligen Anordnung, die die Einziehung von Beträgen, deren Erlass im Billigkeitswege angestrebt wird, zum Gegenstand hat, ist als Hauptsacheverfahren das die Stundung des vom Erlassantrag erfassten Betrags betreffende Verfahren anzusehen. Lässt der Antragsteller die Frist verstreichen, ist die einstweilige Anordnung auf Antrag nach mündlicher Verhandlung (§ 114 Abs. 3 FGO i. V. m. § 926 Abs. 2 ZPO) durch Beschluss aufzuheben (gl. A. *Loose* in Tipke/Kruse, § 114 FGO Rz. 86; *Koch* in Gräber, § 114 FGO Rz. 104). Wegen der Schadensersatzpflicht in solchen Fällen s. Abs. 3 i. V. m. § 945 ZPO.

### II. Wirkungsdauer

18 Als Maßnahme vorläufigen Rechtsschutzes wirkt die einstweilige Anordnung höchstens bis zu dem Zeitpunkt, in dem das Hauptsachverfahren rechtskräftig abgeschlossen ist (s. auch BFH v. 10.08.1978, IV B 41/77, BStBl II 1978, 584). Die Beschränkung etwa auf die Zeit bis zum Ablauf eines Monats nach Beendigung der Instanz ist ebenso zulässig wie eine Befristung auf einen Zeitpunkt während des Laufs des Hauptsacheverfahrens. Letzteres erscheint jedoch nur dann sinnvoll, wenn z. B. damit eine Auflage im Hauptsacheverfahren verbunden ist, etwa noch ausstehende Unterlagen nachzureichen.

### III. Entscheidung des Gerichts, Rechtsmittel

19 Zuständig ist nach § 114 **Abs. 2 Satz 1 und 2** FGO das Gericht der Hauptsache des ersten Rechtszugs, also das FG (Senat oder Einzelrichter, §§ 6, 79a Abs. 2, 3 FGO). Der BFH ist auch dann nicht für die Entscheidung über einen Antrag auf Erlass einer einstweiligen Anordnung zuständig, wenn sich das Hauptsacheverfahren bereits im Beschwerdeverfahren gegen die Nichtzulassung der Revision befindet (BFH v. 27.08.2012, V S 25/12, BFH/NV 2012, 1994). In dringenden Fällen kann der Vorsitzende entscheiden (§ 114 Abs. 2 Satz 3 FGO). Die Entscheidung ergeht stets durch Beschluss (§ 114 Abs. 4 FGO), der zu begründen ist (§ 113 Abs. 2 Satz 2 FGO). Das Rechtsmittel der Beschwerde ist nur gegeben, wenn diese in der Entscheidung (nicht erst später) zugelassen ist (§ 128 Abs. 3 FGO). Ansonsten ist der Beschluss unanfechtbar, auch eine NZB ist nicht statthaft (BFH v. 23.05.2006, VII B 52/06, n. v.; BFH v. 30.08.2006, IX B 139/06, BFH/NV 2007, 73).

Beschlüsse über eine einstweilige Anordnung erwachsen – anders als solche im Vollziehungsaussetzungsverfahren (s. § 69 Abs. 6 FGO) – in **materielle Rechtskraft** (BFH v. 18.12.1991, II B 112/91, BStBl II 1992, 250). Nach Ablehnung eines Antrags auf Erlass einer einstweiligen Anordnung ist ein erneuter Antrag demnach nur zulässig, wenn sich die entscheidungserheblichen Umstände nachträglich geändert haben.

Als Streitwert sind regelmäßig 10 % des Betrages anzusetzen, um den in der Hauptsache gestritten wird; ein höherer Ansatz erfolgt, wenn ausnahmsweise durch die Anordnung ggf. zeitlich beschränkt ein endgültiger Zustand begehrt wird.

### IV. Aufhebung, Änderung der einstweiligen Anordnung

Aufhebung oder Änderung einer ergangenen einstweiligen Anordnung wegen nachträglicher Änderung der entscheidungserheblichen Umstände ist in entsprechender Anwendung von § 927 ZPO (obgleich auf diese Vorschrift in Abs. 3 nicht verwiesen ist, wenngleich aber auf § 939 ZPO, der Aufhebung bzw. Änderung voraussetzt) zulässig (BFH v. 28.01.1988, IV R 68/86, BStBl II 1988, 449; BFH v. 18.12.1991, II B 112/91, BStBl II 1992, 250). Unter besonderen Umständen kann nach § 114 Abs. 3 FGO i. V. m. § 939 ZPO die Aufhebung einer einstweiligen Anordnung gegen Sicherheitsleistung gestattet werden. Die Entscheidungen ergehen durch Beschluss. 20

# Abschnitt V. Rechtsmittel und Wiederaufnahme des Verfahrens

## Vorbemerkungen zu §§ 115–134

**Inhaltsübersicht**

**Schrifttum**

Ruban, Der Rechtsweg zum Bundesfinanzhof, StVj 1991, 142; von Wedelstädt, Die Tücken der Nichtzulassungsbeschwerde, DB 1991, 1899; Schuhmann, Die Nichtzulassungsbeschwerde aus der Sicht des Bundesfinanzhofs, DStZ 1992, 28; Sangmeister, Zurückweisung der Revision der Revision als unbegründet trotz absoluten Revisionsgrundes bei Unzulässigkeit der Klage, ZIP 1994, 230; Kempermann, Checkliste für den Zugang zum BFH, DStR 1995, 444; Dänzer-Vanotti, Die Rüge der Verletzung rechtlichen Gehörs – Der BFH überspannt die Anforderungen, DStZ 1999, 516; Gerharz, Der Einzelrichter in der Finanzgerichtsbarkeit als gesetzlicher Richter, 1999; Küttner, Die Garantie des gesetzlichen Richters im Rahmen der FGO, 1999; Notthoff, Telefax, Computerfax und elektronische Medien – Der aktuelle Stand zum Schriftformerfordernis im Verfahrensrecht, DStR 1999, 1076; Schaumburg, Reform des finanzgerichtlichen Revisionsrechts, StuW 1999, 68; List, Die permanente Reform der finanzgerichtlichen Revision, DStR 2000, 1499; Rüsken, Rechtsbehelfe gegen willkürliche Gerichtsentscheidungen, DStZ 2000, 815; Seer, FGO-Änderungsgesetz – Zweitinstanzlicher Rechtsschutz bleibt auf der Strecke, BB 2000, 2387; Beermann, Begründung einer Nichtzulassungsbeschwerde nach § 116 FGO, DStZ 2001, 312; Beermann, Neugestaltung der Revisionszulassung nach der FGO, DStZ 2001, 155; Bilsdorfer, Das zweite Gesetz zur Änderung der Finanzgerichtsordnung, BB 2001, 753; Lange, Neuregelung des Zugangs vom BFH – Das zweite FGO-Änderungsgesetz, NJW 2001, 1098; Seer, Defizite im finanzgerichtlichen Rechtsschutz, StuW 2001, 3; Spindler, Das 2. FGO-Änderungsgesetz, DB 2001, 61; Schuhmann, Grundsätzliche Bedeutung bei der Nichtzulassungsbeschwerde – Neuer Wein in alten Schläuchen, Stbg 2002, 61; Lange, Die Verlängerung der Begründungsfrist für eine Nichtzulassungsbeschwerde, DStZ 2003, 269; List, Probleme bei der Nichtzulassungsbeschwerde, DB 2003, 572; Seer, Rechtsmittel und Rechtsschutz nach der FGO-Reform, StuW 2003, 193; Beermann, Neugestaltung der Revisionsgründe und »Einzelfallgerechtigkeit« durch Beseitigung von Fehlurteilen, DStR 2005, 450; von Wedelstädt, Der Weg zum Bundesfinanzhof, AO-StB 2005, 87; Beermann, Offensichtliche Rechtsfehler und Revisionszulassung in der höchstrichterlichen Rechtsprechung, DStZ 2006, 71; Lange, Ist die Reform der Revisionszulassungsgründe gescheitert, StuW 2006, 366; Hoffmann, Glück und Unglück des BFH bei der Divergenz, GmbH-StB 2008, 248; Jäger, Revisionsrechtliche Besonderheiten bei Entscheidungen in Zolltarifsachen, ZfZ 2008, 240; Gersch, Tipps für eine erfolgreiche Erhebung und Begründung der Klage, AO-StB 2009, 296; Heuermann, Beweisanzeichen als bipolare Elemente zur Prüfung innerer Tatsachen, StuW 2009, 356; Müller, Die Begründung der Nichtzulassungsbeschwerde bei Verfahrensverstößen des FG, AO-StB 2009, 302; Offerhaus, Immer noch zu viele unzulässige Verfahren beim Bundesfinanzhof, Stbg. 2009, 49; Kummer, Die Nichtzulassungsbeschwerde, 2. Aufl. 2010; Müller, Begründungspflicht bei Einlegen der Grundsachrevision, AO-StB 2010, 308; Müller, Begründungspflicht bei der Divergenzrevision, AO-StB 2011, 49; Bartone, Rechtsschutz gegen Verletzungen des Anspruchs auf rechtliches Gehör im Finanzprozess, AO-StB 2011, 213; Spindler, Richterliche Rechtsfortbildung und Rechtssicherheit, FS Paul Kirchhof, 2013, 1789; Jachmann, Richterliche Rechtsfortbildung im Steuerrecht, FS Frotscher, 2013, 259; Jachmann, Rechtsschutz in Steuersachen, FS Paul Kirchhof, 2013, 1779; Grube, Zum übergangenen Beweisantrag und zur gerichtlichen Hinweispflicht im Steuerprozess, DStZ 2013, 591; Kulosa, Zugang zum BFH bei schwerwiegenden Rechtsfehlern – Plädoyer für mehr Großzügigkeit, DStR 2013, 1523; Jachmann-Michel, Die erfolgreiche Beschwerde wegen Nichtzulassung der Revision zum BFH, jM 2015, 426; Rüsken/Bleschick, Revisionszulassung und Revision – eine Handreichung zu deren Begründung, DStR Beihefter 2015 zu Nr. 14–15, 45; Nacke, Verfahren vor dem BFH – Anforderungen und Fallstricke, NWB 2016, 2054.

## A. Grundsätzliches zum Rechtsmittelbegriff

Rechtsmittel sind prozessuale, regelmäßig durch die Notwendigkeit, besondere Förmlichkeiten zu wahren, gekennzeichnete Rechtsbehelfe. Durch sie wird eine gerichtliche Entscheidung vor ihrer Rechtskraft einem höheren Gericht eines Instanzenzugs zu ihrer Nachprüfung unterbreitet, um ihre Aufhebung (**Kassation**) und eine für den Rechtsmittelführer günstigere Entscheidung (**Reformation**) zu erlangen. Wesensmerkmal jeden Rechtsmittels sind allgemein

- der **Devolutiveffekt**, kraft dessen die Sache bei der angerufenen höheren Instanz anhängig und deren Zuständigkeit für die Entscheidung bewirkt wird, und
- der **Suspensiveffekt**, kraft dessen der Eintritt der formellen Rechtskraft (§ 110 FGO) aufgeschoben wird.

Bei Beschwerden i. S. von § 128 FGO tritt der Devolutiveffekt mit Rücksicht auf die Abhilfemöglichkeit (§ 130 FGO; s. auch die dortigen Erläuterungen) erst mit Vorlage an den BFH ein. Dies gilt nicht für die NZB, die unmittelbar beim BFH zu erheben ist (§ 116 Abs. 2 FGO). Auch bei Anhörungsrüge nach § 133 a FGO tritt kein Devolutiveffekt ein, da sie letztlich der Selbstüberprüfung der Entscheidung des erkennenden Gerichts dient.

Soweit die finanzgerichtliche Entscheidung über **mehrere selbstständige Begehren** befunden hat (Fälle der **objektiven** bzw. **subjektiven Klagehäufung**, der **Verfahrensverbindung**; Ausnahme: notwendige einheitliche Entscheidung, s. § 73 Abs. 2 FGO) oder über **selbstständige Streitgegenstände**, treten beide Wirkungen nur ein, soweit die Entscheidung angefochten ist.

Aufschiebende Wirkung hinsichtlich der Vollstreckbarkeit der angefochtenen gerichtlichen Entscheidung kommt der Revision stets zu, soweit nicht das Urteil für vorläufig vollstreckbar erklärt ist (s. § 151 FGO). Der Beschwerde kommt hingegen nur in Ausnahmefällen (s. § 131 FGO) aufschiebende Wirkung zu. Die aufschiebende Wirkung des Rechtsmittels ist von der Frage der Vollziehbarkeit des angefochtenen Verwaltungsakts zu trennen; insoweit gilt stets § 69 FGO.

## B. Rechtsmittel in Finanzstreitsachen

Rechtsmittel in Finanzstreitsachen sind nur die Revision 2
(§§ 115 ff. FGO) und die Beschwerde (§§ 128 ff. FGO) einschließlich der NZB (§ 116 Abs. 1 FGO). Nicht zu den Rechtsmitteln gehören die Nichtigkeits- und Restitutionsklage (§ 134 FGO i. V. m. §§ 578 ff. ZPO), die Anrufung des Gerichts gegen Entscheidungen des beauftragten oder ersuchten Richters oder des Urkundsbeamten (§ 133 FGO), die Anträge nach § 56 Abs. 2 FGO, §§ 108, 109 FGO sowie die Erinnerung gegen die Kostenfestsetzung bzw.

den Kostenansatz (§ 149 Abs. 2 FGO bzw. § 66 Abs. 1 GKG; zu Letzterem s. Vor § 135 FGO Rz. 34).

Mit der **Revision** anfechtbar sind grundsätzlich alle Urteile (Gerichtsbescheide nur nach Maßgabe von § 90a Abs. 2 Satz 2 FGO), also nicht nur Endurteile, sondern auch Zwischenurteile (§ 97 FGO; Ausnahme: positive Entscheidung über einen Wiedereinsetzungsantrag, § 56 Abs. 5 FGO), Teilurteile (§ 98 FGO) und Grundurteile (§ 99 FGO).

Mit der **Beschwerde** anfechtbar sind Beschlüsse des FG und Entscheidungen des Vorsitzenden oder des Berichterstatters nach Maßgabe des § 128 FGO. Ein Sonderfall der Beschwerde ist die **NZB** (§ 116 Abs. 1 FGO), die gegen die Nichtzulassung der Revision im Urteil des FG gegeben ist.

Hat das Gericht eine Entscheidung abweichend von der im Gesetz vorgesehenen Form durch Urteil oder Beschluss erlassen, ist nach dem **Grundsatz der Meistbegünstigung** gegen die inkorrekte Entscheidung sowohl dasjenige Rechtsmittel gegeben, das der Entscheidungsform entspricht, als auch dasjenige, das gegen die richtige Entscheidungsform gegeben wäre (h. M. s. BFH v. 12.08.1981, I B 72/80, BStBl II 1982, 128; BFH v. 30.10.1997, IV R 22/97, BFH/NV 1998, 598). Der Grundsatz der Meistbegünstigung gilt jedoch ausnahmsweise nicht, wenn nur die inkorrekte Entscheidung (die gewählte Entscheidungsform) anfechtbar ist. In diesem Fall ist nur das gegen diese gegebene Rechtsmittel eröffnet.

Die **Anhörungsrüge** gem. § 133a FGO ist kein Rechtsmittel, sondern löst als **außerordentlicher Rechtsbehelf** lediglich ein **Selbstkontrollverfahren** aus. Die Rüge ist gegenüber den anderen Rechtsbehelfen der FGO subsidiär und kommt daher vor allem bei Entscheidungen des Gerichts in Betracht, gegen die kein Rechtsbehelf gegeben ist, wie z. B. bei unanfechtbaren Beschlüssen in PKH- und Aussetzungs-/Anordnungsverfahren (s. § 133a FGO Rz. 1 ff.).

## C. Zulässigkeitsvoraussetzungen

3 Der BFH als Rechtsmittelgericht hat die Voraussetzungen der Zulässigkeit des Rechtsmittels von Amts wegen zu prüfen (s. § 124 FGO).

### I. Statthaftigkeit

4 Das Rechtsmittel ist **statthaft**, wenn es gegen die angegriffene Entscheidung überhaupt stattfindet (s. § 124 FGO Rz. 1) und wenn es von einer Person eingelegt wird, die von ihm im konkreten Fall Gebrauch machen darf. In persönlicher Hinsicht beschränkt § 115 Abs. 1 FGO den Personenkreis derjenigen, die zur Einlegung der Revision abstrakt befugt sind, auf die Beteiligten am konkreten Verfahren i. S. des § 57 FGO (BFH v. 20.12.2013, IX R 33/12, BFH/NV 2014, 557), während § 128 Abs. 1 FGO die Beschwerdebefugnis den Beteiligten sowohl wie den sonst von der Entscheidung des FG Betroffenen zuspricht (s. § 128 FGO Rz. 9).

### II. Zulassung

Der Unterscheidung zwischen Statthaftigkeit und sonstigen Zulässigkeitsvoraussetzungen (abgesehen von der Rechtzeitigkeit) kommt für den Eintritt der formellen Rechtskraft Bedeutung zu (s. GmSOBG 24.10.1983, GmS-OBG 1/83, HFR 1984, 591). 5

Soweit ein Rechtsmittel der **Zulassung** bedarf (für Revisionen s. § 115 Abs. 1 FGO, für Beschwerden gegen Entscheidungen betr. vorläufigen Rechtsschutz (s. § 128 Abs. 3 FGO), ist auch Vorliegen der Zulassung Zulässigkeitsvoraussetzung.

### III. Frist, Form, unbedingte Einlegung

Zu den Zulässigkeitsvoraussetzungen des Rechtsmittels gehören weiter die **Wahrung von Frist und Form** sowohl hinsichtlich der Einlegung als auch in Bezug auf eine etwa erforderliche Begründung (§ 120 Abs. 1 FGO, § 129 FGO) sowie selbstverständlich auch die (ausreichende) Begründung, soweit diese gesetzlich vorgeschrieben ist (§ 120 Abs. 2 FGO). 6

Des Weiteren ist ein Rechtmittel nur zulässig, wenn es **unbedingt und vorbehaltlos** eingelegt ist, und zwar wegen der im Prozessrecht erforderlichen Klarheit über das Schweben oder Nichtschweben eines Rechtsstreits (Eintritt der formellen Rechtskraft). Ob ein Rechtsmittel bedingt eingelegt worden ist, ist eine Frage der Auslegung, der auch Prozesshandlungen grundsätzlich zugänglich sind (BVerfG v. 29.02.1975, 2 BvR 630/73, BStBl II 1976, 271; BFH v. 22.06.1982, VII B 115/81, BStBl II 1982, 603; BFH v. 27.04.2000, VII B 39/00, BFH/NV 2000, 1233). So ist eine hilfsweise für den Fall der Nichtstatthaftigkeit mit der Revision eingelegte NZB unzulässig, da es an der Eindeutigkeit fehlt, ob ein Rechtsstreit anhängig ist oder nicht (BFH v. 27.06.2006, X B 70/06, BFH/NV 2006, 1863). Ebenso ist die Einlegung eines Rechtsmittels unter der Bedingung, dass die gleichzeitig beantragte Prozesskostenhilfe gewährt wird, unzulässig (BVerwG v. 17.01.1980, 5 C 32.79, HFR 1981, 131; BFH v. 25.03.1976, V S 2/76, BStBl II 1976, 386; BFH v. 28.01.1991, V S 9/90, BFH/NV 1991, 764). Eine Wiedereinsetzung kommt nur in Ausnahmefällen in Betracht.

## IV. Kein Rechtsmittelverzicht

7 Negative Zulässigkeitsvoraussetzung ist, dass kein **Rechtsmittelverzicht** vorliegt, der auch im finanzgerichtlichen Verfahren zulässig ist (§§ 566, 514 ZPO i. V. m. § 155 FGO), aber keine praktische Bedeutung hat. Der Verzicht kann gegenüber dem Gericht, aber auch gegenüber den anderen Beteiligten erklärt werden. Auch im Rechtsmittelverfahren ist der Verzicht möglich, wobei im Verfahren vor dem BFH der Vertretungszwang zu beachten ist. Der Verzicht muss **eindeutig** erklärt werden, es also klar erkennbar sein, dass der Verzichtende mit der Entscheidung einverstanden ist. Schon aus Nachweisgründen empfiehlt sich ein schriftlicher Verzicht oder eine Protokollierung durch das Gericht. Allerdings kann der Verzicht erst nach Erlass der Entscheidung erklärt werden. Der Verzicht ist als Prozesshandlung unwiderruflich und unanfechtbar. Bei Streit über die Wirksamkeit eines Verzichts ist im Rechtsmittelverfahren zu klären, ob der Verzicht wirksam ist.

## V. Beschwer

8 Zu den Zulässigkeitsvoraussetzungen eines Rechtsmittels gehört weiter das Vorliegen einer **Beschwer** des Rechtsmittelführers durch die angegriffene Entscheidung des FG. **Formelle Beschwer** liegt vor, wenn die angegriffene Entscheidung dem Begehren des Rechtsmittelführers nicht (voll) entsprochen hat, ihm also weniger gewährt hat, als er beantragt hatte. **Materiell beschwert** ist ein Beteiligter, wenn die Entscheidung ihrem Inhalt nach für ihn nachteilig ist, wobei es nicht auf etwa in der Vorinstanz gestellte Anträge ankommt.

Hat der **Kläger bzw. Antragsteller** gegen die auf sein Rechtsschutzbegehren hin ergangene Entscheidung Rechtsmittel eingelegt, so setzt die Zulässigkeit dieses Rechtsmittels voraus, dass er formell durch die angegriffene Entscheidung beschwert ist. Bei einer Klagerücknahme fehlt es an einer Beschwer (BFH v. 23.08.2006, IV B 114/05, BFH/NV 2007, 66; BFH v. 04.04.2008, IV R 91/06, BFH/NV 2008, 1298); ebenso, wenn der Erfolg des Stpfl. im Klageverfahren in nur einem von mehreren Streitpunkten bewirkt, dass die ESt auf 0,– EUR herabgesetzt wird (BFH v. 15.05.2013, X R 27/11, BFH/NV 2013, 1583). Allerdings ist eine Beschwer gegeben, wenn das FG die Klage bzw. einen Antrag ganz oder teilweise ab- bzw. zurückgewiesen hat, wenn das FG nur dem Hilfsantrag, nicht aber dem Hauptantrag stattgegeben hat (s. z. B. BFH v. 07.08.1979, VIII R 153/77, BStBl II 1980, 181; BFH v. 03.11.1998, I B 58/98, BFH/NV 1999, 939), und wenn der Stpfl. seine Steuerpflicht dem Grunde nach bestreitet (BFH v. 22.06.2016, V R 49/15, BFH/NV 2016, 1754). Hingegen fehlt es an einer formellen Beschwer, wenn das FG dem Begehren aus anderen als den zu seiner Begründung vorgetragenen Gründen stattgegeben hat, es sei denn, dass der Urteilsbegründung des FG bindende Wirkung für zukünftige Veranlagungen derselben Steuerart oder anderer Steuerarten zukommt (BFH v. 01.02.1983, VIII R 30/80, BStBl II 1983, 534). Die Beschwer fehlt auch, wenn der Revisionsführer mit der Revision über das erstinstanzliche Begehren hinausgehen will (BFH v. 27.07.1993, X R 32/91, BFH/NV 1994, 305).

Auf das Vorliegen einer materiellen Beschwer ist für die Zulässigkeit eines Rechtsmittels des **Beklagten**, also in der Regel der Finanzbehörde, aber auch z. B. der Familienkasse in Kindergeldsachen, abzustellen (s. BFH v. 15.11.1971, GrS 7/70, BStBl II 1972, 120; BFH v. 10.07.1997, V R 94/96, BStBl II 1997, 707). Dasselbe gilt hinsichtlich eines Rechtsmittels eines **Beigeladenen** (§ 60 Abs. 1, 3 FGO): Beschwer ist in diesem Fall schon dann gegeben, wenn der Beigeladene materiell beschwert ist, dazu reicht entsprechend § 60 FGO, dass er durch das Urteil in seinen rechtlichen Interessen berührt wird (BFH v. 07.12.1999, VIII R 26/94, BStBl II 2000, 300; BFH v. 17.09.2015, III R 49/13, BStBl II 2017, 37).

Soweit es sich um das Rechtmittel der **Beschwerde** (§ 128 Abs. 1 FGO) handelt, gelten diese Grundsätze zum Erfordernis der Beschwer in gleichem Maße.

## VI. Rechtsschutzbedürfnis

Auch ein Rechtsmittelverfahren setzt ein **Rechtsschutzbedürfnis** voraus. Regelmäßig wird das Rechtsschutzbedürfnis zu bejahen sein, wenn der Rechtsmittelführer beschwert ist (s. Rz. 7). Ausnahmsweise aber fehlt für die Einlegung eines Rechtsmittels dann das Rechtsschutzbedürfnis, wenn das damit erstrebte Ziel auf einfacherem Wege erreichbar ist, ferner auch dann, wenn der Revisionsführer lediglich die Klärung abstrakter Rechtsfragen erreichen will (BFH v. 07.01.2002, III B 34/01, BFH/NV 2002, 665) oder das gewünschte Ziel mit dem gewählten Rechtsmittel nicht erreicht werden kann. 9

Das Rechtsschutzbedürfnis kann auch während des Verfahrens über das Rechtsmittel entfallen. Das ist beispielsweise der Fall, wenn während des Revisionsverfahrens oder im Verfahren über die NZB ein dem Klagebegehren entsprechender Änderungsbescheid ergeht und insoweit Erledigung des Rechtsstreits eintritt, der Rechtsmittelführer aber gleichwohl das Rechtsmittel gegen den Änderungsbescheid aufrechterhält, der nach § 68 FGO automatisch zum Gegenstand des Verfahrens geworden ist. Insoweit kann der Rechtsmittelführer die Zurückweisung seines Rechtsmittels nur vermeiden, indem es sich einer entsprechenden Erledigungserklärung der Finanzbehörde anschließt.

Auf der anderen Seite kann trotz fehlender formeller, aber materieller Beschwer ein Rechtsschutzbedürfnis für eine Klage bestehen, wenn der Kläger mit seinem Rechtsmittel rechtliche Nachteile abwenden will, die mit den Entscheidungsgründen des Urteils verbunden sind. Dies kommt z. B. in Betracht, wenn der Stpfl. sich gegen eine Steuerfestsetzung auf 0,– EUR wendet, er aber im Hinblick auf die Folgejahre eine ersatzlose Aufhebung der Steuerfestsetzung anstrebt, weil er seine Steuerpflicht dem Grunde nach bestreitet (BFH v. 04.04.2008, IV R 91/06, BFH/NV 2008, 1298; BFH v. 22.06.2016, V R 49/15, BFH/NV 2016, 1754) oder der Regelungsgehalt des Steuerbescheids ausnahmsweise über die bloße Steuerfestsetzung hinausreicht (BFH v. 07.05.2013, VIII R 17/09, BFH/NV 2013, 1581). Zur Beschwer bezüglich der Anfechtung von ESt-Festsetzungen auf 0,– Euro um den Verlustabzug nach § 10d EStG zu sichern s. *Schmidt/Heinicke*, § 10d EStG, Rz. 36.

### VII. Kein Absehen von Zulässigkeitsprüfung

10 Das Rechtmittelgericht darf die Frage der Zulässigkeit des Rechtsmittels grundsätzlich auch dann nicht dahingestellt lassen, wenn das Rechtsmittel offensichtlich unbegründet, seine Zulässigkeit aber zweifelhaft ist (gl. A. *Ruban* in Gräber, Vor § 115 FGO Rz. 5). In diesem Fall ist das Rechtsmittel durch Beschluss zurück zu weisen (§ 126 Abs. 1 FGO). Eine Ausnahme wird man allenfalls dann annehmen können, wenn ein Rechtsmittel teilweise oder nur hinsichtlich eines Teils der Beteiligten unzulässig ist. In diesem Fall kann zur Vermeidung überflüssiger Trennungen und Kosten die Entscheidung auch in einem Urteil ergehen (*Seer* in Tipke/Kruse, § 126 FGO Rz. 8). Dasselbe gilt im Grundsatz im Beschwerdeverfahren. Sofern die Entscheidung über die Beschwerde nicht in materielle Rechtskraft erwächst, kann aus Gründen der Prozessökonomie bei einer offensichtlich unbegründeten Beschwerde die Frage der Zulässigkeit des Rechtsmittels ausnahmsweise dahingestellt bleiben (BFH v. 08.02.1977, VIII B 22/76, BStBl II 1977, 313). Das gilt stets im NZB-Verfahren (BFH v. 11.03.2011, III B 30/10, BFH/NV 2011, 998).

## D. Anhörungsrüge, Gegenvorstellung, außerordentliche Beschwerde

11 § 133a FGO sieht mit der sog. Anhörungsrüge einen außerordentlichen Rechtsbehelf für die Fälle vor, in denen ein Rechtsmittel oder ein anderer Rechtsbehelf gegen eine Entscheidung des Gerichts nicht gegeben ist (s. § 133a FGO Rz. 1). Die gesetzliche Regelung soll der Rechtsklarheit dienen und zugleich sicherstellen, dass in Ausnahmefällen eine Möglichkeit besteht, schwerwiegendes Verfahrensunrecht zu beseitigen.

12 Der Anwendungsbereich der Anhörungsrüge ist ausdrücklich auf die Verletzung des Rechts auf rechtliches Gehör bezogen, die sog. Gehörsrüge. Wenn der Rügeführer andere Mängel als die Verletzung rechtlichen Gehörs rügt, ist neben den gesetzlichen Rechtsmitteln und der Anhörungsrüge kein weiteres (außerordentliches) Rechtsmittel möglich. Insbesondere ist eine sog. **außerordentliche Beschwerde** nach inzwischen gefestigter Ansicht des BFH **nicht zulässig** (BFH v. 11.03.2009, VI S 14/08, BFH/NV 2009, 1130; BFH v. 22.03.2011, X B 198/10, BFH/NV 2011, 1166; BFH v. 17.07.2013, V B 128/12, BFH/NV 2013, 1611). Neben der Anhörungsrüge nach § 133a FGO steht den Beteiligten damit nur die sog. Gegenvorstellung offen. Deren Anwendungsbereich ist auf abänderbare Entscheidungen beschränkt; sie ist nicht zulässig gegen Entscheidungen, die der Rechtskraft fähig sind (BFH v. 14.10.2010, X S 19/10, BFH/NV 2011, 62 unter Hinweis auf BVerfG v. 25.11.2008, 1 BvR 848/07, BVerfGE 122, 190; BFH v. 11.09.2013, I S 14, 15/13, BFH/NV 2014, 50). Die Gegenvorstellung ist beim erkennenden Gericht, also dem Gericht, das die gerügte Entscheidung erlassen hat, einzulegen, das auch über die Gegenvorstellung entscheidet. Eine Vorlage an den BFH ist ausgeschlossen (zur Kritik *Seer* in Tipke/Kruse, § 133a FGO Rz. 3). Wegen der fehlenden Vorlage an das Rechtsmittelgericht dürfte eine Gegenvorstellung regelmäßig erfolglos bleiben, da eine Selbstkorrektur des erkennenden Gerichts nur selten erfolgen dürfte. Ungeachtet dessen erscheint diese restriktive Handhabung außerordentlicher Rechtsbehelfe sachgerecht; in aller Regel ist dem grundrechtlichen Anspruch auf effektiven Rechtsschutz durch die »normalen« Rechtsmittelverfahren ausreichend Rechnung getragen. Soweit es gleichwohl noch zu einer Verletzung von Verfahrensgrundsätzen kommen sollte, die nicht von der Anhörungsrüge gedeckt sind, steht einem betroffenen Beteiligten als »ultima ratio« noch die Verfassungsbeschwerde offen (so auch *Seer* in Tipke/Kruse, § 133a FGO Rz. 3).

vorläufig frei 13-14

## E. Anschlussrechtsmittel

### I. Allgemeines

Die FGO sieht ausdrücklich weder die **Anschlussrevision** noch die **Anschlussbeschwerde** vor. Beide »Anschlussrechtsmittel« sind aber trotzdem im finanzgerichtlichen Verfahren zulässig. 15

Von den Anschlussrechtsmitteln zu unterscheiden sind die selbstständigen (Haupt)Rechtsmittel, die die Prozessparteien, weil die angegriffene Entscheidung sie beide beschwert, unabhängig voneinander eingelegt haben. Hat beispielsweise ein durch das FG-Urteil beschwerter Beteiligter innerhalb der für ihn laufenden Revisionsfrist (wie schon vorher der Prozessgegner) statthaft Revision eingelegt, so ist es u. E. nicht zutreffend, von (selbstständiger) Anschlussrevision zu sprechen. In förmlicher Hinsicht unterfällt die Revision den für sie geltenden Regeln. Der Ausdruck **»selbstständige Anschlussrevision«** ist hierfür – wenn auch gebräuchlich – so doch irreführend; es handelt sich vielmehr um ein »normale« Revision.

Ein – stets **»unselbstständiges Anschlussrechtsmittel«** liegt vor, wenn sich der Revisionsbeklagte bzw. der Beschwerdegegner nach Ablauf der Rechtsmittelfrist dem Rechtsmittel des Revisionsklägers bzw. des Beschwerdeführers anschließt (BFH v. 09.05.2000, VIII R 77/97, BStBl II 2000, 660). Der Bestand dieses »Anschlussrechtsmittels« ist von der Zulässigkeit und Nichtrücknahme des (Haupt)Rechtsmittels abhängig (BFH v. 12.01.1968, VI R 140/67, BStBl II 1968, 121; BFH v. 15.03.1994, IX R 6/91, BStBl II 1994, 599; BFH v. 15.09.2006, VII S 16/05, BFH/NV 2007, 455). Unselbstständige Anschlussrechtsmittel sind nicht zulässig, wenn sie wegen eines anderen als des mit dem (Haupt)Rechtsmittel angegriffenen Steuerfalls erhoben werden (BFH v. 17.10.1984, I R 22/79, BStBl II 1985, 69). Ist bei objektiver Klagehäufung Revision nur wegen eines Streitjahres eingelegt worden, so kann die unselbstständige Anschlussrevision die Nachprüfung der angefochtenen Entscheidung nicht auf ein anderes Streitjahr ausdehnen (BFH v. 03.07.1979, VII R 53/76, BStBl II 1979, 655). Bei subjektiver Klagehäufung kann zulässig Anschlussrevision nur gegen denjenigen Beteiligten erhoben werden, der selbst Revision eingelegt hat (BFH v. 30.06.1976, II R 3/69, BFHE 119, 492). Dasselbe gilt für die Anschlussbeschwerde.

## II. Anschlussrevision

16 Die unselbstständige Anschlussrevision ist spätestens einen Monat nach Zustellung der Revisionsbegründung einzulegen und zu begründen (§ 554 Abs. 2 Satz 2 ZPO i.V.m. § 155 FGO; BFH v. 09.05.2000, VIII R 77/97, BStBl II 2000, 660), ist also fristgebunden. In förmlicher Hinsicht erfolgt die Anschließung durch Einreichung der Revisionsanschlussschrift beim BFH (§ 554 Abs. 1 Satz 2 ZPO i.V.m. § 155 FGO); eine fristgerechte Einreichung beim FG ist nicht möglich. Eine unzulässige Revision kann in eine unselbstständige Anschlussrevision umgedeutet werden, wenn deren Zulässigkeitsvoraussetzungen erfüllt sind (BFH v. 22.05.1979, VIII R 218/78, BStBl II 1979, 741; BFH v. 12.12.2012, I R 69/11, BFH/NV 2013, 840 m.w.N.); sie kann sich als solche ausnahmsweise auf die Anfechtung der Kostenentscheidung (s. § 145 Abs. 1 FGO) beschränken (BFH v. 02.06.1971, III R 105/70, BStBl II 1971, 675; BFH v. 27.09.1994, VIII R 36/89, BStBl II 1995, 353). Die Anschlussrevision bedarf – abgesehen von der Frist – der Erfüllung der Zulässigkeitsvoraussetzungen des Rechtsmittels (s. Rz. 3 ff.).

Da die unselbstständige Anschlussrevision ihrem Bestande nach vom Schicksal der (Haupt)Revision abhängig ist, bewirkt die Einwilligung in die Rücknahme der Revision die Wirkungslosigkeit der Anschlussrevision. Wirkungslos wird die unselbstständige Anschlussrevision auch durch Verwerfung der Revision als unzulässig (§ 554 Abs. 4 ZPO i.V.m. § 155 FGO). Sie ist mangels Devolutiv- und Suspensiveffekt in Wahrheit **kein Rechtsmittel**, sondern hat die Bedeutung eines Antrags innerhalb der vom Revisionsführer eingelegten Revision (BFH v. 04.10.1983, VII R 16/82, BStBl II 1984, 167; BFH v. 20.09.1999, III R 33/97, BStBl II 2000, 208).

Aus der Verknüpfung von Revision und unselbstständiger Anschlussrevision folgt, dass über beide Rechtsmittel gemeinsam verhandelt und entschieden werden muss. Erweist sich die Revision als zulässig aber unbegründet, die unselbstständige Anschlussrevision jedoch als begründet, so ist das angefochtene Urteil – entgegen dem sonst herrschenden Grundsatz des Verböserungsverbots zulasten des Revisionsklägers im Revisionsverfahren – zum Nachteil des Revisionsführers abzuändern.

Für die Kostenentscheidung gilt die Anschlussrevision als selbstständiges Rechtsmittel; die Streitwerte sind zusammenzurechnen (BFH v. 23.08.1967, I R 183/66, BStBl II 1968, 60; BFH v. 09.11.1994, XI R 33/83, BFH/NV 1995, 621). Für die Kostenentscheidung gelten §§ 135, 136 FGO. Wird die Anschlussrevision deshalb wirkungslos, weil der Revisionskläger nach erfolgter Anschließung die Revision zurücknimmt, fallen ihm die Gesamtkosten zur Last (BFH v. 13.03.1981, III R 83/80, BStBl II 1981, 441). Ist die Anschlussrevision wegen Unzulässigkeit der Revision von vornherein unzulässig, hat der Anschlussrevisionskläger die Kosten der Anschlussrevision zu tragen (BFH v. 24.09.1971, VI R 7/71, BStBl II 1972, 90; BFH v. 15.10.2010, V R 20/09, BFH/NV 2011, 421). Desgleichen fallen dem Anschlussrevisionskläger die Kosten der Anschlussrevision zur Last, wenn er die Anschlussrevision nach Ablauf eines Monats nach Zustellung der Revisionsbegründung eingelegt oder begründet hat, weil dann die Anschlussrevision von vornherein unzulässig ist.

## III. Anschlussbeschwerde

Wie die unselbstständige Anschlussrevision ist auch **die unselbstständige Anschlussbeschwerde** vom Schicksal der (Haupt-)Beschwerde abhängig, also akzessorisch. 17
Sie ist nicht fristgebunden, kann also bis zum Abschluss des Beschwerdeverfahrens eingelegt werden. Auch ist sie – wie die unselbstständige Anschlussrevision – kein Rechtsmittel, sondern ein angriffsweise wirkendes Verteidigungsmittel, ein Antrag innerhalb fremden Rechtsmittels. Die kostenrechtlichen Folgen entsprechen denen der unselbstständigen Anschlussrevision.

Nicht als unselbstständige Anschlussbeschwerde zulässig ist die NZB, sondern nur als selbstständige Hauptbeschwerde, die der Einlegung beim BFH innerhalb der

Beschwerdefrist (§ 115 Abs. 2 FGO) und der Begründung innerhalb der Frist von § 115 Abs. 3 FGO bedarf.

## Unterabschnitt 1

## Revision

## § 115 FGO
## Zulassung der Revision

**(1) Gegen das Urteil des Finanzgerichts (§ 36 Nr. 1) steht den Beteiligten die Revision an den Bundesfinanzhof zu, wenn das Finanzgericht oder auf Beschwerde gegen die Nichtzulassung der Bundesfinanzhof sie zugelassen hat.**

**(2) Die Revision ist nur zuzulassen, wenn**

**1. die Rechtssache grundsätzliche Bedeutung hat,**
**2. die Fortbildung des Rechts oder die Sicherung einer einheitlichen Rechtsprechung eine Entscheidung des Bundesfinanzhofs erfordert oder**
**3. ein Verfahrensmangel geltend gemacht wird und vorliegt, auf dem die Entscheidung beruhen kann.**

**(3) Der Bundesfinanzhof ist an die Zulassung gebunden.**

### Inhaltsübersicht



### Schrifttum

S. Schrifttum zu Vor § 115 bis 134 FGO.

### A. Allgemeines

1 Die Revision ist das gegen Urteile oder – sofern nach § 90 a Abs. 2 Satz 2 FGO zugelassen – Gerichtsbescheide der FG gegebene Rechtsmittel (zum Begriff des Rechtsmittels s. Vor §§ 115 bis 134 FGO). Sie findet grundsätzlich gegen alle Urteile des FG, also nicht nur gegen Endurteile, sondern auch gegen Zwischen-, Teil- und Grundurteile (§§ 96 bis 99 FGO) sowie gegen Ergänzungsurteile (§ 109 FGO), nicht aber gesondert gegen Kostenentscheidungen (§ 145 Abs. 1 FGO), statt. Keine Revision ist gegeben gegen solche Zwischenurteile, die (positiv) über einen Antrag auf Wiedereinsetzung in den vorigen Stand befinden (§ 56 Abs. 5 FGO) bzw. Fragen der Klageänderung betreffen (§ 67 Abs. 3 FGO).

Die Revision dient der Überprüfung der finanzgerichtlichen Urteile in **rechtlicher Hinsicht**, also daraufhin, ob in sachlich-rechtlicher Beziehung revisibles Recht verletzt ist. Dagegen ist – abgesehen von § 118 Abs. 2 2. HS FGO – die Prüfung des der angefochtenen Entscheidung zugrundeliegenden Tatsachenstoffes nicht Aufgabe revisionsrechtlicher Überprüfung (§ 118 Abs. 2 1. HS FGO).

Berechtigt zur Revisionseinlegung sind die am konkreten finanzgerichtlichen Verfahren i. S. des § 57 FGO Beteiligten, nicht aber derjenige, der zwar als Beteiligter aufgrund Beiladung in Betracht gekommen wäre, vom FG tatsächlich aber nicht beigeladen wurde (BFH v. 18.09.1974, II R 129/73, BStBl II 1975, 40; BFH v. 08.02.2012, IV B 68/11, BFH/NV 2012, 769). Welcher der Beteiligten konkret zur Einlegung der Revision zulässigerweise berechtigt ist, ergibt sich aus der Verteilung der **Beschwer** durch das Urteil sowie dem Vorliegen des **Rechtsschutzbedürfnisses**. Letzteres fehlt regelmäßig einem unzulässigerweise Beigeladenen, dessen rechtlichen Interessen nach den Steuergesetzen (s. § 60 Abs. 1 FGO) nicht verletzt sind. Das Rechtsinstitut der Nebenintervention (§ 66 ZPO) findet im finanzgerichtlichen Verfahren keine Anwendung (BFH v. 23.05.1997, IX S 12/96, BFH/NV 1997, 792). Der **vollmachtslose Vertreter** ist nicht Beteiligter des Verfahrens und daher auch dann nicht rechtsmittelbefugt, wenn ihm die Kosten des Verfahrens auferlegt worden sind (BFH v. 24.11.2011, IV B 85/10, BFH/NV 2012, 585).

Zu beachten ist, dass sich im Verfahren vor dem BFH jeder Beteiligte – auch schon bei Einlegung der Revision – durch eine Person i. S. des § 3 Nr. 1 StBerG als Bevollmächtigtem vertreten lassen muss. Die gesetzliche Anordnung des Vertretungszwangs ist verfassungsrechtlich unbedenklich (BFH v. 19.01.2012, VI B 98/11, BFH/NV 2012, 759). Juristische Personen des öffentlichen Rechts und Behörden können sich auch durch Beamte oder Angestellte mit Befähigung zum Richteramt sowie durch Diplomjuristen im höheren Dienst vertreten lassen (§ 62 a FGO).

### B. Arten der Revision

2 Die Revision ist ausschließlich zulässig, wenn sie durch das FG ausdrücklich (s. Rz. 3) zugelassen ist. Eine zulassungsfreie Revision gibt es nicht.

Bei der Revision lassen sich ausgehend von den Revisionsgründen folgende Kategorien unterscheiden, nämlich

- Grundsatzrevision (§ 115 Abs. 2 Nr. 1 FGO),
- Revision zur Fortbildung des Rechts (§ 115 Abs. 2 Nr. 2, 1. Alt. FGO),
- Revision zur Sicherung einer einheitlichen Rechtsprechung (§ 115 Abs. 2 Nr. 2, 2. Alt. FGO) und
- Verfahrensrevision (§ 115 Abs. 2 Nr. 3 FGO).

## C. Tatbestandliche Voraussetzungen

### I. Zulassung der Revision

3 Die Revision ist nur zulässig, wenn sie zugelassen ist. Die **Zulassung der Revision** kann – wie sich aus dem Gesetzeswortlaut eindeutig ergibt – »**nur**« auf die in § 115 Abs. 2 FGO abschließend aufgezählten Gründe (s. Rz. 9) gestützt werden. Ob die Revision zugelassen wird entscheidet primär das FG. Es befindet über die Zulassung der Revision im Klageverfahren durch eine prozessuale, in der Streitsache neutrale Nebenentscheidung, die ihrerseits nicht gesondert angefochten werden kann. Eines auf die Zulassung der Revision gerichteten Antrags der Beteiligten bedarf es nicht; die Entscheidung erfolgt **von Amts wegen**. Allerdings ist es nicht unzulässig, sondern manchmal zweckmäßig und üblich, die Revisionszulassung anzuregen. Die Zulassung der Revision muss **ausdrücklich** ausgesprochen sein (st. Rspr., u.a. BFH v. 26.09.2007, X R 23/07, BFH/NV 2007, 2333 m.w.N.; inzidenter BFH v. 05.06.2013, XI B 116/12, BFH/NV 2013, 1640). Aus Gründen der Klarheit sollte die Zulassung der Revision im Tenor ausgesprochen werden; der Ausspruch kann aber auch in den Urteilsgründen erfolgen. Hingegen reicht der (irrtümliche) Hinweis in der Rechtsmittelbelehrung, es sei die Revision zugelassen, als Revisionszulassung nicht aus (BFH v. 24.01.2008, XI R 63/06, BFH/NV 2008, 606). Hat das FG also weder im Tenor noch in den Gründen seines Urteils über die Revisionszulassung entschieden, so ist die Revision nicht zugelassen (BFH v. 16.04.1986, I R 197/85, BFH/NV 1987, 386; BFH v. 21.03.1995, VIII R 7/95, BFH/NV 1995, 995). Legt das FG eine bei ihm entgegen den verfahrensrechtlichen Vorgaben eingelegte (s. § 120 FGO Rz. 2). Revision dem BFH vor, liegt darin keine Zulassung (BFH v. 28.07.1977, IV R 122/76, BStBl 1977, 819).

4 Eine **Nachholung der Revisionszulassung ist nicht möglich**. Dies gilt auch dann, wenn im Klageverfahren die Zulassung der Revision »beantragt« wurde, da das Fehlen einer Entscheidung darüber nicht im Wege der Urteilsergänzung entsprechend § 109 FGO korrigiert werden (BFH v. 28.04.1970, VII R 88/68, BStBl II 1970, 573), weil es sich nicht um eine vom Antrag der Beteiligten abhängige Entscheidung handelt und zudem mit der NZB ein spezielles Rechtsmittel für die Fälle der Nichtzulassung der Revision vorhanden ist. Auch eine nachträgliche Zulassung, z.B. während eines NZB-Verfahrens, durch nachträglichen Beschluss reicht nicht aus (BFH v. 24.09.1971, VI R 24/71, BStBl II 1971, 811; BFH v. 26.03.1985, VII B 8/85, BFH/NV 1986, 106). Nur in seltenen Ausnahmefällen kann das Fehlen der Revisionszulassung im Urteil eine offenbare Unrichtigkeit i.S. von § 107 FGO sein, wenn das Gericht die Revisionszulassung beschlossen hat, aber die Übernahme in das Urteil fehlt. Die Offenbarkeit wird sich dabei allerdings nur dann feststellen lassen, wenn die Zulassung, z.B. im Verkündungsprotokoll, festgehalten ist. Die Erinnerung der Richter, die Revision zugelassen zu haben, ist nicht offenbar.

Die Entscheidung über die Zulassung (Nichtzulassung) der Revision im Urteil bedarf keiner Begründung (st. Rspr., u.a. BFH v. 10.10.2002, I B 147/01, BFH/NV 2003, 197; BFH v. 05.06.2013, XI B 116/12, BFH/NV 2013, 1640), kann aber hilfreich sein, um den BFH auf die Gründe aufmerksam zu machen, die das FG zur Zulassung veranlasst haben. Ein bloß formelhafter Hinweis auf die Norm, auf die die Zulassung gestützt ist, ist zwar unschädlich, aber für den BFH und die Beteiligten wenig informativ.

Die Zulassung hat die **Statthaftigkeit** des Rechtsmittels zur Folge (Grundsatz der Vollrevision). Mag auch die Bedeutung eines von mehreren Streitpunkten Anlass für die Zulassung gewesen sein, so ergreift die Zulassung doch die Streitsache insgesamt. Eine Revision ist daher auch dann statthaft, wenn der Beteiligte hinsichtlich des Streitpunktes, der die Revisionszulassung ausgelöst hat, beim FG obsiegte und er die Revision nun auf andere Streitpunkte stützt, die zu einem (teilweisen) Unterliegen geführt haben. Desgleichen wird eine ausgesprochene Zulassung der Revision nicht deshalb unwirksam, weil z.B. die vom FG nach seinem Erkenntnisstand angenommene Divergenz in Wahrheit schon im Zeitpunkt der Revisionszulassung wegen noch nicht bekannt gewordener Rechtsprechungsänderung nicht (mehr) vorliegt. Die **Beschränkung der Zulassung der Revision** auf einzelne Rechtsfragen ist nicht zulässig (st. Rspr., u.a. BFH v. 28.08.1990, VI R 157/89, BStBl II 1991, 86, BFH v. 25.01.2006, I R 58/04, BStBl II 2006, 707); die Zulassung ist in solchen Fällen als unbeschränkte Zulassung zu werten. Hiervon zu unterscheiden ist der Fall der **objektiven oder subjektiven Klagehäufung**. Insoweit kann die Zulassung der Revision auf einen abtrennbaren Teil des Streitgegenstandes beschränkt werden (BFH v. 27.06.1985, I B 23/85, BStBl II 1985, 605); ist sie das nicht, ist die Zulassung unbeschränkt (s. auch BFH v. 03.12.1992, V R 85/89, BFH/NV 1993, 758). Dasselbe gilt im Falle einer zuvor erfolgten Verbindung (§ 73 Abs. 1 FGO) von Verfahren (BFH v. 28.06.1989, II R 155/88, BStBl II 1989, 852). Auch eine Beschränkung auf einen Teil des Streitgegenstandes, der durch Teilurteil ausgeurteilt werden könnte, ist denkbar. Die Beschrän- 6 kung ist nur wirksam, wenn sie im Urteil eindeutig und ausdrücklich ausgesprochen ist (BFH v. 13.12.1989, X R 83/88, BFH/NV 1990, 548; BFH v. 18.07.2000, VII R 32/99, BFH/NV 2001, 86). Solche Beschränkungen der Zulassung sind in Verfahren bei den Finanzgerichten aber äußerst selten.

Der BFH ist an die Zulassung durch das FG im Urteil gebunden. Dies ist durch § 115 Abs. 3 FGO eindeutig geregelt. Im Rahmen der Prüfung der Zulässigkeit der Revision (§ 124 FGO) steht dem BFH allerdings nicht nur die Prüfung zu, ob die Revision zugelassen wurde, sondern auch, ob die Zulassung wirksam ausgesprochen ist (z.B. nicht durch nachträglichen Beschluss usw.). In diesem Rahmen hat er auch zu prüfen, ob Revision überhaupt als Rechtsmittel in Betracht kommt. So wird die Revision gegen ein unselbstständiges Zwischenurteil nicht durch Zulassung statthaft (s. § 67 Abs. 3 FGO). Gleiches gilt für einen Gerichtsbescheid nach § 79a Abs. 2, 4 FGO gegen den kraft Gesetzes nur der Antrag auf mündliche Verhandlung gegeben ist (BFH v. 29.01.1999, VI R 85/98, BStBl II 1999, 302). Dagegen steht dem BFH eine Überprüfung der Zulassungsentscheidung daraufhin, ob das FG zutreffend einen Zulassungsgrund bejaht hat, nicht zu. Der BFH ist an die Zulassung gebunden, und zwar auch dann, wenn das FG eine sachlich falsche Entscheidung über die Revisionszulassung getroffen hat. Dies gilt auch dann, wenn die Voraussetzungen eines Revisionsgrundes offensichtlich nicht gegeben sind. § 115 Abs. 3 FGO sieht insoweit keine Ausnahme von der Bindungswirkung einer wirksamen Revisionszulassung zu. Das FG kann dem BFH die Revision als faktisch »aufdrängen«.

8 Hat das FG die Revision nicht zugelassen, kann sie der BFH auf eine **NZB** hin zulassen (§ 116 FGO). Für die Zulassung durch den BFH gelten die gleichen Grundsätze wie für die Zulassung durch das FG. Insbes. ist der BFH auch an das Vorliegen eines der in § 115 Abs. 2 FGO genannten Revisionsgründe gebunden. Eine allgemeine Ermächtigungsnorm zur Überprüfung finanzgerichtlicher Entscheidungen sieht die FGO nicht vor.

## II. Zulassungsgründe

### 1. Abschließende Aufzählung der Revisionsgründe

9 Die Aufzählung der Zulassungsgründe in § 115 Abs. 2 FGO ist abschließend. Mit der seit dem 01.01.2001 in Kraft getretenen Neuordnung des Revisionsrechts wurde eine langjährige Diskussion über das Revisionsrecht beendet. Es lässt sich aber darüber diskutieren, ob dem **Individualrechtsschutz** durch die derzeitigen Zulassungsgründe hinreichend Rechnung getragen wird. In der Tat stellt sich die Frage, ob die mit der Reform beabsichtigte Ausweitung der Revisionsmöglichkeiten erreicht wurde; dies liegt aber weniger an den gesetzlichen Vorgaben als an der restriktiven Revisionszulassung durch die Finanzgerichte und den BFH. Einer Streitwertrevision bedarf es u.E. zur Sicherung des Individualrechtsschutzes nicht, da allein der Wert des Streitgegenstandes nicht automatisch den Weg zu einer höchstrichterlichen Entscheidung eröffnen muss.

### 2. Grundsätzliche Bedeutung

Grundsätzliche Bedeutung i.S. des § 115 Abs. 2 Nr. 1 FGO hat nach st. Rspr. eine Rechtssache dann, wenn eine Rechtsfrage zu entscheiden ist, an deren Beantwortung ein **allgemeines Interesse** besteht, weil ihre Klärung das Interesse der Allgemeinheit an der Fortentwicklung und Handhabung des Rechts berührt. Es muss sich um eine aus rechtssystematischen Gründen bedeutsame und auch für die einheitliche Rechtsentwicklung wichtige Frage handeln (statt aller: BFH v. 26.06.2000, III B 19/00, BFH/NV 2001, 48; BFH v. 08.06.2010, X B 126/09, BFH/NV 2010, 1628). Hiernach genügt nicht schon der Umstand, dass über einen Sachverhalt der streitigen Art bisher nicht entschieden ist; vielmehr muss die Rechtsfrage für eine Mehrzahl gleichgelagerter Fälle von Bedeutung sein, sog. **Breitenwirkung**. Ein Umkehrschluss, dass jeder Frage, die eine Vielzahl gleichartiger Fälle betrifft, schon deshalb grundsätzliche Bedeutung zukomme, ist dabei nicht möglich (BFH v. 10.02.1995, III B 30/92, BFH/NV 1995, 927). Andererseits entfällt die grundsätzliche Bedeutung einer Rechtsfrage nicht allein deshalb, weil die einschlägige Rechtsnorm außer Kraft getreten ist, wenn ihre seinerzeitige Gültigkeit oder Reichweite in Frage gestellt ist, noch keine höchstrichterliche Entscheidung vorliegt, noch eine Vielzahl gleichartiger Streitfälle anhängig ist oder eine inhaltsgleiche Nachfolgeregelung geschaffen worden ist (st. Rspr., u.a. BFH v. 18.09.2002, IV B 110/00, BFH/NV 2003, 186; BFH v. 31.10.2013, V B 67/12, BFH/NV 2014, 578). Allerdings kann diese Fallkonstellation ohnehin durch § 115 Abs. 2 Nr. 2 FGO (Sicherung einer einheitlichen Rechtsprechung) gedeckt sein. 10

Die **Rechtsfrage** – der unbestimmte Rechtsbegriff »Rechtssache« in § 115 Abs. 2 Nr. 1 FGO ist gleichbedeutend damit –, der grundsätzliche Bedeutung beizumessen ist, muss sich auf den tatsächlichen oder möglichen Gegenstand des finanzgerichtlichen Urteils beziehen und für die Entscheidung des Revisionsgerichts erheblich sein (BFH v. 26.08.1986, VII B 107/86, BStBl II 1986, 865). Es muss also eine Rechtsfrage klärungsbedürftig (s. Rz. 20) sein. Die Rechtsfrage braucht nicht dem **materiellen Recht** – dazu gehört aus finanzgerichtlicher und revisionsrechtlicher Sicht auch das Verwaltungsverfahrensrecht der AO – anzugehören, sie kann sich auch auf das **Verfahrensrecht** beziehen, nämlich auf als wesent- 11 lich erkannte und thematisierte Grundsatzfragen des finanzgerichtlichen Verfahrensrechts.

Auch bei **Zweifeln an der Verfassungsmäßigkeit** einer Vorschrift (nur bei der Bejahung der Verfassungswidrigkeit muss das FG die Sache dem BVerfG nach Art. 100 Abs. 1 GG vorlegen) kann dieser Rechtsfrage grundsätzliche Bedeutung zukommen. Dabei kann die grundsätzliche Bedeutung nicht mit dem Hinweis darauf verneint werde, der BFH könne – die Verfassungswidrigkeit unterstellt – nicht zugunsten des Rechtsmittelführers entscheiden, weil dann eine Vorlagepflicht an das BVerfG bestehe (BFH v. 28.07.1994, III B 37/90, BStBl II 1994, 795) Grundsätzliche Bedeutung kann aber nicht allein schon daraus hergeleitet werden, dass ein FG ein konkretes Normenkontrollverfahren nach Art. 100 Abs. 1 GG eingeleitet hat (BFH v. 13.10.1967, VI B 43/67, BStBl II 1968, 118); dies hängt davon ab, ob sich dem Vorlagebeschluss »vernünftige« Zweifel entnehmen lassen. Allein die rechtlichen Auswirkungen der Rechtssache sind für die Frage der Zulassung maßgeblich, nicht aber die wirtschaftlichen Auswirkungen für den Kläger.

Auch Fragen bezüglich der Vereinbarkeit nationalen Rechts mit **europarechtlichen Vorschriften** können die Annahme grundsätzlicher Bedeutung rechtfertigen. Hier reicht es für die Revisionszulassung aus, wenn wahrscheinlich erscheint, dass der BFH ein Vorabentscheidungsersuchen an den EuGH stellen muss (BFH v. 14.03.2000, XI B 135/98, BFH/NV 2000, 883).

12 Rechtsfragen von grundsätzlicher Bedeutung rechtfertigen die Zulassung der Revision nur dann, wenn es sich um eine **klärungsbedürftige** und **klärungsfähige** Rechtsfrage handelt.

Klärungsbedürftig ist eine Rechtsfrage nicht, wenn sie sich ohne Weiteres aus dem Gesetz beantworten lässt (BFH v. 18.04.2017, V B 147/16, BFH/NV 2017, 1052). Klärungsbedürftigkeit fehlt auch, wenn die Rechtsfrage bereits durch eine höchstrichterliche Entscheidung geklärt ist, sofern keine neuen Gesichtspunkte erkennbar sind (z. B. BFH v. 28.05.2015, VIII B 40/14, BFH/NV 2015, 1565), desgleichen, wenn es lediglich um die Anwendung fester Rechtsgrundsätze auf einen bestimmten Sachverhalt geht. Klärungsbedürftig ist eine Rechtsfrage trotz Vorliegens einer Entscheidung des BFH jedoch dann, wenn entweder einzelne Finanzgerichte mit beachtlichen Argumenten der Rechtsprechung des BFH nicht gefolgt sind oder in der Literatur seither neue gewichtige Gründe geltend gemacht wurden, die es geboten erscheinen lassen, dass der BFH seinen Standpunkt nochmals überprüft (BFH v. 21.06.1977, IV B 16–17/77, BStBl II 1977, 760; BFH v. 12.12.2001, III B 103/01, BFH/NV 2002, 652). Klärungsbedarf besteht in der Regel auch dann, wenn noch keine höchstrichterliche Entscheidung zu einer nicht nur den Einzelfall betreffenden Rechtsfrage ergangen ist; im Zweifel sollte insoweit die Revision zugelassen werden. Andererseits rechtfertigt nicht jede abweichende Entscheidung eines FG oder jede Literaturstimme die Zulassung der Revision, insbes. dann nicht, wenn die vorgetragenen Argumente bereits berücksichtigt sind oder wenn sie abwegig erscheinen. Im Allgemeinen ist eine Rechtsfrage auch klärungsbedürftig, wenn die Finanzverwaltung die höchstrichterliche Rechtsprechung zu einer bestimmten Rechtsfrage, z. B. durch einen sog. **Nichtanwendungserlass**, nicht anwendet. Wurde eine Rechtsfrage jedoch von mehreren Senaten (oder von dem entsprechenden Fachsenat) mehrfach einhellig entschieden, so rechtfertigt auch ein Nichtanwendungserlass jedenfalls dann nicht die Annahme grundsätzlicher Bedeutung, wenn die FinVerw. keine neuen, in der Rechtsprechung noch nicht erörterten Argumente vorbringt (BFH v. 07.12.1988, VIII B 71/88, BStBl II 1989, 566).

**Klärungsfähig** ist eine Rechtsfrage nur dann, wenn die 1
noch offene Rechtsfrage für die Entscheidung des konkreten Revisionsverfahrens **entscheidungserheblich** ist, da es nicht Aufgabe des BFH ist, in dem auf Individualrechtsschutz ausgerichteten Verfahren abstrakte Rechtsfragen zu klären. Deshalb fehlt es an einer Klärungsfähigkeit, wenn die Entscheidung nur von der Tatsachenwürdigung abhängt und sich die Rechtsfrage nur stellt, wenn der BFH von dem festgestellten Sachverhalt abweicht oder die Rechtsfrage irreversibles Recht betrifft, und zwar auch dann, wenn es sich um die Anwendung allgemeiner Auslegungsgrundsätze in Bezug auf dieses Recht handelt. In solchen Fällen kann die Rechtsfrage, auch wenn ihr grundsätzliche Bedeutung zukommt, nämlich durch den BFH nicht geklärt werden. Dasselbe gilt, wenn das FG die Klage als unzulässig abgewiesen hat, die Rechtsfrage aber die Begründetheit der Sache betrifft (BFH v. 05.05.2011, VII B 244/10, BFH/NV 2011, 1535).

Die Klärungsfähigkeit sowie die Klärungsbedürftigkeit einer Rechtsfrage ist auch dann nicht gegeben, wenn das FG seine Entscheidung auf mehrere Gründe gestützt hat, die – je für sich gesehen – das Urteil tragen, und nur hinsichtlich einer der selbstständigen Begründungen eine Rechtsfrage von grundsätzlicher Bedeutung angesprochen ist (st. Rspr., vgl. BFH v. 05.12.2013, XI B 17/13, BFH/NV 2014, 548 m. w. N.). Die Rechtsprechung zum Klärungsbedarf ist vielfältig und einzelfallbezogen; vgl. Nachweise bei *Seer* in Tipke/Kruse, § 115 FGO Rz. 50 ff.

### 3. Revision zur Fortbildung des Rechts

Nach § 115 **Abs. 2 Nr. 2 1. Alt.** FGO ist die Revision auch 14
zuzulassen, wenn dies zur **Fortbildung des Rechts** erforderlich ist. Dieser – obwohl gesetzlich eigenständig ausgestaltete – Revisionsgrund ist ein spezieller Fall der grundsätzlichen Bedeutung. § 115 Abs. 2 Nr. 2 FGO ist damit gegenüber der Generalklausel in § 115 Abs. 2 Nr. 1 FGO der speziellere Revisionsgrund. Praktische Bedeu-

tung hat dies bei der Revisionszulassung nicht, da es wegen der ohnehin bestehenden Bindung an die Revisionszulassung keine Auswirkungen hat, ob das FG die Zulassung der Revision auf § 115 Abs. 2 Nr. 1 FGO oder § 115 Abs. 2 Nr. 2 FGO stützt. Hinzu kommt, dass eine klare Abgrenzung zwischen den Tatbestandsmerkmalen kaum möglich ist, da die Generalklausel in § 115 Abs. 2 Nr. 1 FGO unbestimmt ist.

Einer Fortbildung des Rechts bedarf es immer dann, wenn der Streitfall **Rechtsfragen** aufwirft, die in der bisherigen Rechtsprechung noch **ungeklärt** sind. Dies ist vor allem der Fall, wenn z.B. Unklarheit über die Auslegung gesetzlicher Vorschriften oder unbestimmter Rechtsbegriffe besteht. Zur Rechtsfortbildung gehört auch die Ausfüllung von **gesetzlichen Regelungslücken** (BFH v. 23.08.2002, IV B 89/01, BFH/NV 2003, 177).

**Erforderlich** ist eine Entscheidung, wenn die Entscheidung im konkreten Streitfall von der Klärung der Rechtsfrage oder der Ausfüllung der Lücke abhängig ist. Wie bei der Grundsatzrevision nach § 115 Abs. 2 Nr. 1 FGO muss die Rechtsfrage also klärungsbedürftig sein; auch § 115 Abs. 2 Nr. 2 FGO gibt keine Grundlage für die Entscheidung abstrakter Rechtsfragen, auf die es in dem zu entscheidenden Fall nicht ankommt. Schließlich muss die Bedeutung der Rechtsfrage über den Einzelfall hinaus von allgemeinem Interesse sein; diese Voraussetzung wird jedoch bei noch nicht höchstrichterlich geklärten Rechtsfragen in der Regel zu bejahen sein.

## 4. Revision zur Sicherung einer einheitlichen Rechtsprechung

15 Das FG hat die Revision auch zuzulassen, wenn dies zur Sicherung einer einheitlichen Rechtsprechung erforderlich ist (§ 115 **Abs. 2 Nr. 2, 2. Alt.** FGO). Wie die Revisionszulassung zur Rechtsfortbildung ist auch dieser Revisionsgrund ein gesetzlich gesondert geregelter Fall der Grundsatzrevision (gl.A. *Seer* in Tipke/Kruse, § 115 FGO Rz. 63). Dies folgt schon aus dem Umstand, dass bei – auch möglicherweise – entstehenden Rechtsprechungsdifferenzen in der Regel Unklarheit über eine Rechtsfrage herrscht, die ggf. auch eine Revisionszulassung wegen grundsätzlicher Bedeutung rechtfertigen könnte. Eine Erweiterung gegenüber den anderen Revisionsgründen enthält der Revisionsgrund insoweit, als die Revisionszulassung auch »vorbeugend« erfolgen kann, da der Begriff der »**Sicherung**« auch auf die Wahrung der zukünftigen Rechtsprechungseinheit gerichtet ist. Die Notwendigkeit einer solchen Revisionszulassung kann sich z.B. dann ergeben, wenn zwar ältere höchstrichterliche Rechtsprechung existiert, die seinerzeit geäußerte Rechtsauffassung aber in der Literatur auf Kritik gestoßen ist, aber auch dann, wenn an der seinerzeitigen Auslegung des BFH Zweifel entstehen, weil sich die gesellschaftlichen und/oder wirtschaftlichen Rahmenbedingungen und Grundansichten geändert haben oder wenn es zu einer Gesetzesänderung gekommen ist.

Der wichtigste Anwendungsfall dieses Revisionsgrundes ist das Abweichen der vom FG getroffenen Entscheidung von der Entscheidung eines anderen Gerichts (**Divergenz**). Es ist nicht erforderlich, dass sich die Abweichung auf eine Entscheidung des BFH, BVerfG oder GmSOBG bezieht; eine Abweichung von einer Entscheidung eines anderen FG reicht ebenso aus, wie die Abweichung von Entscheidungen anderer Gerichtsbarkeiten (einschränkend für andere Gerichtszweige *Ruban* in Gräber, § 115 FGO Rz. 49), einschließlich des EuGH (BFH v. 24.03.2009, III B 120/07, BFH/NV 2009, 1142). Einer möglichen Ausuferung von Divergenzrevisionen wird durch den Umstand vorgebeugt, dass die Abweichung eine höchstrichterliche Klärung **erfordern** muss. Daran fehlt es, wenn der die Divergenz auslösenden Entscheidung ersichtlich Ausnahmecharakter zukommt, weil sie z.B. in krassem Widerspruch zu gefestigter Rechtsprechung steht. 16

Die Divergenz kann sich aus nicht nur aus **Urteilen**, sondern auch aus auch aus **Beschlüssen**, einschließlich von Beschlüssen in Verfahren des einstweiligen Rechtsschutzes und aus begründeten BFH-Beschlüssen über die Zulassung der Revision ergeben. Aus Kostenentscheidungen kann demgegenüber eine Divergenz nicht abgeleitet werden; dies gilt auch für begründete Kostenentscheidungen in den Fällen der Erledigung der Hauptsache, auch wenn darin Ausführungen zur materiellen Rechtslage enthalten sind. **Maßgeblicher Zeitpunkt** für die Beurteilung der Frage, ob eine Divergenz vorliegt, ist der Zeitpunkt der Entscheidung des Gerichts über die Zulassung, also der nach Beratung erfolgte Beschluss des Urteils. Lässt das FG die Revision in Unkenntnis einer Divergenz nicht zu, kann dies im Wege der NZB (§ 116 FGO) gerügt werden. Dies gilt auch dann, wenn die zur Divergenz führende Entscheidung im Zeitpunkt des Urteilsbeschlusses noch nicht veröffentlicht war, weil die Veröffentlichung keine Voraussetzung für die Zulassung der Revision ist. Auch kommt es nicht darauf an, ob das FG die Entscheidung kannte oder hätte kennen müssen. Im Verfahren vor dem BFH über eine NZB kommt es für die Frage, ob Divergenz gegeben ist, auf den Zeitpunkt der Entscheidung des BFH über die Beschwerde an (BFH v. 27.12.2011, III B 115/11, BFH/NV 2012, 703). 17

Eine Divergenz i.S. des § 115 Abs. 2 Nr. 2 FGO liegt nur vor, wenn das FG in einer **Rechtsfrage** eine andere Auffassung vertritt, als ein anderes Gericht. Das FG muss seiner Entscheidung einen »Rechtssatz« zugrunde gelegt haben, der mit den tragenden Erwägungen, dem »Rechtssatz«, einer Entscheidung eines anderen Gerichts nicht übereinstimmt. Das angefochtene Urteil und die davon – vermeintlich – abweichende Entscheidung müssen dieselbe Rechtsfrage betreffen und zu gleichen oder vergleichbaren Sachverhalten ergangen sein (BFH 18

v. 30.03.1983, I B 9/83, BStBl II 1983, 479; BFH v. 12.10.2011, III B 56/11, BFH/NV 2012, 178; BFH v. 12.12.2013, III B 55/12, BFH/NV 2014, 575). Divergenz liegt nicht nur vor, wenn das FG dieselbe Rechtsnorm abweichend auslegt, es genügt, dass dieselbe Rechtsfrage in einem anderen Steuergesetz mit denselben gesetzlichen Tatbestandsmerkmalen durch ein anderes Gericht in anderer Weise entschieden wurde, sofern nicht die unterschiedliche Auslegung von den Besonderheiten der betreffenden Rechtsgebiete geprägt ist. Es ist nicht erforderlich, dass das FG in den Urteilsgründen ausdrücklich einen von der Rechtsprechung des BFH abweichenden »Rechtssatz« i.S. eines Leitsatzes aufstellt; die rechtserhebliche Abweichung kann sich auch aus scheinbar nur fallbezogenen Rechtsausführungen des FG ergeben, wenn der derart konkludent aufgestellte Rechtssatz sich eindeutig aus dem Zusammenhang der Entscheidungsgründe des FG entnehmen lässt; insoweit ist also auch das ausdrücklich Aufstellen eines Rechtssatzes entbehrlich. Hat das FG einem bestimmten Sachverhalt eine andere Rechtsfolge beigemessen als ein anders Gericht in seiner Entscheidung zu einem im wesentlichen gleichen Sachverhalt ausgesprochen hat, liegt eine Abweichung vor. Dementsprechend kommt es auch nicht darauf an, ob das Gericht bewusst oder unbewusst von der anderen Entscheidung abgewichen ist.

**19** Eine bloße Abweichung in der Beurteilung von Tatsachen begründet Divergenz ebenso wenig wie die lediglich fehlerhafte Anwendung der zum Ausgangspunkt gemachten Rechtsprechung des BFH auf den Einzelfall (s. BFH v. 11.05.2007, V B 49/06, BFH/NV 2007, 1683 m.w.N.). Davon lässt der BFH jedoch unter dem Blickwinkel der Sicherung der einheitlichen Rechtsprechung Ausnahmen zu. So soll ein Revisionsgrund auch dann gegeben sein, wenn die fehlerhafte Rechtsanwendung so schwerwiegend ist, dass sie geeignet ist, das Vertrauen in die Rechtsprechung zu schädigen. Es muss sich aber um einen Fehler handeln, der die Entscheidung des FG bezogen auf die revisible Rechtsfrage als **willkürlich** und **greifbar gesetzwidrig** erscheinen lässt (statt aller: BFH v. 21.03.2003, VII B 197/02, BFH/NV 2003, 1103; BFH v. 15.02.2012, IV B 126/10, BFH/NV 2012, 774; weitere Nachweise bei *Seer* in Tipke/Kruse, § 115 FGO Rz. 75). Die Anwendung dieses Grundsatzes ist nicht unproblematisch, da wegen der unbestimmten Begrifflichkeiten eine klare Grenzziehung nicht möglich ist. So dürfte eine »greifbare Gesetzeswidrigkeit« nur in den seltensten Fällen und nur dann feststellbar sein, wenn die Entscheidung unter keinem denkbaren rechtlichen Aspekt vertretbar ist oder sie auf sachfremden Erwägungen beruht. Auch für eine Willkürentscheidung wird man fordern müssen, dass sie erkennbar nicht durch eine Rechtsgrundlage getragen ist. Setzt sich das Gericht hingegen mit der Rechtslage auseinander und schließt es sich einer in der Literatur vertretenen Mindermeinung an, fehlt es in der Regel an einer willkürlichen Entscheidung. Allerdings wird in diesem Fall die Revision wegen grundsätzlicher Bedeutung zuzulassen sein.

Schließlich muss auch bei der Revisionszulassung zur Sicherung der einheitlichen Rechtsprechung die Entscheidung des BFH erforderlich sein; insoweit erstreckt sich das Tatbestandsmerkmal »erfordert« auch auf diesen Zulassungsgrund. Die in Rede stehende Abweichung oder bei einer »vorbeugenden« Revisionszulassung (s. Rz. 23) die befürchtete Abweichung muss also auf einer klärungsbedürftigen und klärungsfähigen Rechtsfrage beruhen. Insoweit unterscheidet sich der Revisionsgrund nicht von der Grundsatzrevision (daher s. Rz. 10). **2**

### 5. Verfahrensmangel

### a) Arten von Verfahrensmängeln

Nach § 115 Abs. 2 Nr. 3 FGO ist Revisionszulassung ist schließlich auch geboten, wenn ein Verfahrensmangel geltend gemacht wird und vorliegt und die Entscheidung des FG auf diesem beruht. **2**

Da es kaum denkbar ist, dass sich das FG bei Erlass eines Urteils eines Verfahrensmangels bewusst ist, wird insoweit Zulassung regelmäßig nur aufgrund NZB in Betracht kommen, zumal seit dem 01.01.2001 auch keine Möglichkeit mehr besteht, die Nichtzulassung der Revision im Abhilfeverfahren gegen die NZB nachzuholen. Denkbar – aber in der Praxis kaum vorstellbar – wäre allenfalls ein (bewusster) Verstoß gegen § 126 Abs. 5 FGO. Kein Verstoß gegen die Bindung des FG an das zurückverweisende BFH-Urteil liegt allerdings vor, wenn der BFH in der Zeit zwischen Zurückverweisung und erneuter Entscheidung durch das FG seine Rechtsprechung geändert hat, weil dadurch die Bindung entfallen ist.

Anders als die in § 115 Abs. 2 Nr. 1 FGO und § 115 Abs. 2 Nr. 2 FGO normierten Revisionsgründe dient § 115 Abs. 2 Nr. 3 FGO nicht der Sicherstellung einer der Allgemeinheit dienenden Einheitlichkeit der Rechtsprechung oder der Klärung wichtiger Rechtsfragen, sondern vorwiegend dem **Individualrechtsschutz** und damit der **Einzelfallgerechtigkeit**. Auf diese Weise wird dem Gebot effektiven Rechtsschutzes Rechnung getragen, weil auch Verfahrensmängel, die zu einer unzutreffenden Entscheidung geführt haben, einer Überprüfung durch das Revisionsgericht unterliegen. Damit verbunden ist eine **Verfahrensaufsicht** über die Finanzgerichte, mit der – insoweit über den Individualrechtsschutz hinausgehend – sichergestellt werden soll, dass das bundeseinheitlich geregelte Verfahrensrecht der FGO einheitlich angewandt wird. Die Verfahrensrevision ist ein eigenständiger Revisionsgrund, der die Revisionsgründe nach § 115 Abs. 2 Nr. 1 FGO und § 115 Abs. 2 Nr. 2 FGO nicht ausschließt. Dies hat Bedeutung für die Entscheidung des BFH; ist nämlich die Auslegung einer verfahrensrecht- **22** lichen Norm Gegenstand der Revision, kann der BFH auf eine NZB das angefochtene Urteil entweder nach § 116 Abs. 3 FGO aufheben und zurückzuweisen; ihm steht aber auch die Möglichkeit zu, die Revision zuzulassen und über den Rechtsstreit unter Einbeziehung der verfahrensrechtlichen Frage selbst zu entscheiden. Ein Vorrangverhältnis zwischen den Revisionsgründen nach § 115 Abs. 2 Nr. 1 FGO und § 115 Abs. 2 Nr. 2 FGO und der Verfahrensrevision besteht nicht (a. A. *Ruban* in Gräber, § 115 Rz. 74).

3 Für die Zulassung der Verfahrensrevision müssen drei Voraussetzungen erfüllt sein:

- es muss ein Verfahrensmangel geltend gemacht werden,
- der Verfahrensmangel muss vorliegen und
- die angefochtene Entscheidung des FG muss auf diesem Verfahrensmangel beruhen können.

Wesentliches Tatbestandsmerkmal ist damit **»Verfahrensmangel«**. Darunter fallen Fehler, die im Zusammenhang mit der prozessualen Behandlung des Streitfalles stehen und zwar während des gesamten Zeitraums zwischen dem Eingang des Verfahrens (der Klage oder des Antrags) bei Gericht bis zur abschließenden Entscheidung. Die fehlerhafte Behandlung muss durch das Gericht erfolgt sein. Deshalb begründet eine verfahrensfehlerhafte Handlungsweise der Finanzbehörde im Verwaltungsverfahren keine Verfahrensrüge. Als Verfahrensfehler kommen alle Verstöße gegen die Grundordnung des Verfahrens und der Vorschriften der FGO in Betracht, insbes. auch, wenn das FG die maßgeblichen verfahrensrechtlichen Grundlagen für seine Entscheidungsfindung verkennt. Die teilweise vorzufindende Unterscheidung zwischen einem Verstoß gegen Verfahrensnormen der den Weg zu dem Urteil und die Art und Weise des Urteilserlasses betrifft (error in procedendo) und Mängeln der sachlichen Entscheidung, bei dem eine den Inhalt des Urteils bestimmende Rechtsnorm verletzt ist (error in iudicando), die nur im Letzteren von einem beachtlichen Verfahrensfehler ausgeht, ist im Hinblick auf den gebotenen effektiven Rechtschutz zu eng (gl. A. *Ruban* in Gräber, § 115 FGO Rz. 78; *Seer* in Tipke/Kruse, § 115 FGO Rz. 88) und durch den Gesetzeswortlaut nicht gedeckt. Vielmehr ist der Begriff des Verfahrensmangels nicht zu eng auszulegen, um eine umfassende Prüfung des erstinstanzlichen Urteils zu ermöglichen.

24 Bei der Prüfung, ob ein Verfahrensfehler vorliegt, ist auf den **materiellrechtlichen** Standpunkt des FG abzustellen. So liegt z. B. kein Verfahrensfehler vor, wenn das FG eine Beweisaufnahme nicht durchführt, weil es diese von seinem Rechtsstandpunkt aus für nicht erforderlich hielt, weil es die zum Beweis gestellten Tatsachen nicht als entscheidungserheblich ansah.

25 Auch die **fehlerhafte Behandlung von Sachentscheidungsvoraussetzungen** ist ein Verfahrensmangel (s. BFH v. 11.12.1992, VI R 162/88, BStBl II 1993, 306), weil dem Kläger dadurch die Möglichkeit einer materiellrechtlichen Entscheidung erster Instanz genommen wird. Hat also das FG ein Prozessurteil erlassen, obwohl die Voraussetzungen dafür nicht erfüllt waren, kann der BFH den Rechtsstreit nach § 116 Abs. 6 FGO an das FG zurückverweisen.

**Verfahrensmängel** liegen demnach z. B. vor 26

- wenn das FG die Klage zu Unrecht wegen Versäumung der Klagefrist oder wegen des Fehlens anderer Zulässigkeitsvoraussetzungen abweist,
- durch klageabweisendes Prozessurteil entschieden wird, obwohl eine Ausschlussfrist nach § 65 Abs. 2 Satz 2 FGO nicht wirksam gesetzt war,
- bei unrichtiger Anwendung von Präklusionsvorschriften, wie z. B. § 79 FGO,
- bei Verstoß gegen das Gebot des gesetzlichen Richters (BFH v. 23.11.2011, IV B 30/10, BFH/NV 2012, 431), insbes. auch dann, wenn der Einzelrichter entscheidet, obwohl weder die Voraussetzungen des § 6 FGO (Einzelrichterübertragung) oder des § 79 a Abs. 3, 4 FGO (konsentierter Einzelrichter) erfüllt waren,
- bei Sachaufklärungsmängeln, insbes. wenn das FG einem ausreichend substantiierten, entscheidungserheblichem Beweisantritt nicht nachgeht oder das Ergebnis einer Beweisaufnahme vorwegnimmt (BFH v. 18.11.2013, III B 45/12, BFH/NV 2014, 342 m. w. N.),
- der Grundsatz der Unmittelbarkeit der Beweisaufnahme verletzt wird,
- bei Verletzung rechtlichen Gehörs, z. B. bei Überraschungsentscheidungen,
- bei Unterlassen einer notwendigen Beiladung, sofern dies nach § 123 Abs. 2 FGO gerügt wird,
- bei fehlerhafter Nichtaussetzung eines Verfahrens nach § 74 FGO,
- das FG eine falsche Entscheidungsart wählt, also ein Zwischen-, Grund- oder Teilurteil erlässt, obwohl die Voraussetzungen dafür nicht erfüllt waren,
- das Urteil nicht mit Gründen versehen ist (BFH v. 19.11.2013, IX B 79/13, BFH/NV 2014, 371),
- wenn das FG die Bindungswirkung eines zurückweisenden Urteils des BFH (§ 126 Abs. 5 FGO) nicht beachtet (BFH v. 22.12.2011, XI B 21/11, BFH/NV 2012, 813).

**Keine Verfahrensmängel** liegen hingegen vor, wenn dem FG materiellrechtliche Fehler unterlaufen, z. B. 27

- wenn die vom FG ausgesprochene Rechtsfolge nicht durch ausreichende tatsächliche Feststellungen gedeckt ist,
- eine Beweiswürdigung fehlerhaft ist, weil das FG die Beweislast unzutreffend verteilt,
- Tatsachen falsch gewürdigt werden,

- die Entscheidung offenbare Unrichtigkeiten enthält oder
- eine Vorabentscheidung durch den EuGH oder des BVerfG nicht eingeholt wird.

28 **Keine Verfahrensrevision** ist ferner dann gegeben, wenn Verfahrensverstöße wegen Verzicht oder Präklusion nicht mehr gerügt werden können. Zu den einem **Rügeverzicht** zugänglichen Verfahrensfehlern gehören z. B.

- Nichteinhaltung von Ladungsfristen (§ 91 Abs. 1 FGO),
- Verwertung einer Zeugenaussage, obwohl der Zeuge nicht über ein ihm zustehendes Aussageverweigerungsrecht belehrt wurde,
- Unterlassene Protokollierung,
- Verletzung des Grundsatzes der Unmittelbarkeit der Beweisaufnahme,
- Übergehen eines Beweisantrags,
- Öffentlichkeit des Verfahrens und
- Grundsatz rechtlichen Gehörs.

### b) Geltendmachung und Vorliegen des Verfahrensmangels

29 Der sich auf einen Verfahrensmangel Berufende muss den vermeintlichen Mangel **geltend machen**. Auch dies zeigt, dass dieser Revisionsgrund nicht auf eine Zulassung durch das FG, sondern nur im NZB-Verfahren durch den BFH zugeschnitten ist. Der Verfahrensmangel muss schlüssig dargelegt werden. Hierzu muss der Mangel genau bezeichnet und die maßgeblichen Tatsachen angeführt werden. Die vorgebrachten Tatsachen müssen also den Tatbestand eines Verfahrensmangels erfüllen. Das Geltendmachen des Verfahrensmangels ist zwingende Voraussetzung für die Zulassung der Revision; fehlt es daran, kann der BFH die Revision auch dann nicht zulassen, wenn er sich aus der Aktenlage ergibt.

Schließlich muss der Mangel auch tatsächlich vorliegen. Damit soll verhindert werden, dass allein durch ein schlüssiges Vorbringen der Zugang zu Revisionsinstanz erreicht werden kann. Entsprechend dieser Vorgabe muss der BFH bei seiner Zulassungsentscheidung abschließend klären, ob der Mangel vorliegt. Er kann die Frage nicht offenlassen und die Revision zulassen, um in eine materiellrechtliche Prüfung einzutreten.

### c) Rechtserheblichkeit

30 Schließlich ist Voraussetzung der Zulassung der Revision, dass das Urteil des FG auf dem Verfahrensmangel **beruhen kann**. Diese Tatbestandsvoraussetzung soll vermeiden, dass es zur Aufhebung von Entscheidungen kommen kann, die zwar mit einem Verfahrensfehler behaftet sind, der aber keinen Einfluss auf die Entscheidung des Gerichts hatte. Damit der Rechtsschutz nicht verkürzt wird, reicht es aus, wenn die **Möglichkeit** besteht, dass die Entscheidung ohne den Verfahrensmangel anders ausgefallen wäre (BFH v. 06.09.2001, X B 47/01, BFH/NV 2002, 350; BFH v. 14.12.2011, V B 21/11, BFH/NV 2012, 602). Die Beurteilung, ob ein Verfahrensmangel möglicherweise ursächlich für die Entscheidung war, ist nach den Ausführungen im Urteil und der Art des geltend gemachten Verfahrensmangels zu beurteilen. Ist eine Entscheidung auf **mehrere Begründungen** gestützt, beruht das Urteil nicht auf einem Verfahrensfehler, wenn eine der Begründungen das Urteil ohne Verfahrensmängel trägt (BFH v. 09.12.1987, V B 61/85, BFH/NV 1988, 576; BFH v. 15.12.2011, X B 138/10, BFH/NV 2012, 595).

In den Fällen des § 119 FGO (**absolute Revisionsgründe**) ist das Urteil stets auf einer Verletzung der dort genannten Verfahrensfehler beruhend anzusehen. Bei diesen Fehlern handelt es sich um so schwerwiegende Verstöße gegen die Grundordnung des Verfahrens, dass sie das gerichtliche Verfahren ohne Rücksicht auf dessen Ausgang als fehlerhaft erscheinen lassen.

Ist der Verfahrensmangel rechtserheblich, stellt sich 31
die Frage, ob der BFH in **entsprechender Anwendung** des § 126 Abs. 4 FGO von einer Zulassung der Revision absehen kann, weil sich die Entscheidung des Gerichts aus anderen Gründen als richtig darstellt. Dafür sollen Gründe der Prozessökonomie sprechen, da dann ein Revisionsverfahren vermieden wird (BFH v. 27.07.1999, VII B 342/98, BFH/NV 2000, 194; *Ruban* in Gräber, § 115 FGO Rz. 98). Die Zulassung der Revision kann nicht unter Hinweis auf die Erfolgsaussichten in der Hauptsache verweigert werden, wenn es sich um einen absoluten Revisionsgrund nach § 119 FGO handelt. Eine Ausnahme besteht nur dann, wenn das FG die Klage im Ergebnis zu Recht aus prozessualen Gründen abgewiesen hat (BFH v. 07.07.2017, V B 168/16, BFH/NV 2017, 1445). Sofern andere Verfahrensmängel vorliegen, scheint der Blick auf den möglichen Ausgang eines anschließenden Revisionsverfahrens u. E. nicht frei von Bedenken (so *Seer* in Tipke/Kruse, § 115 FGO Rz. 117). Dafür spricht schon der Wortlaut des § 126 Abs. 4 FGO, der nur auf die Revision abstellt. Abgesehen davon hätte der Gesetzgeber bei der Neuregelung des Revisionsrechts die Möglichkeit besessen, die Anwendbarkeit des § 126 Abs. 4 FGO auch für die NZB vorzusehen. Schließlich darf auch der Aspekt der Verfahrensökonomie nicht überbewertet werden, da – anders als zuvor – das NZB-Verfahren nach der Revisionszulassung als Revision fortgeführt wird, es also eines gesondert einzuleitenden Revisionsverfahrens nicht mehr bedarf.

## § 116 FGO Nichtzulassungsbeschwerde

**(1) Die Nichtzulassung der Revision kann durch Beschwerde angefochten werden.**

**(2) Die Beschwerde ist innerhalb eines Monats nach Zustellung des vollständigen Urteils bei dem Bundesfinanzhof einzulegen. Sie muss das angefochtene Urteil bezeichnen. Der Beschwerdeschrift soll eine Ausfertigung oder Abschrift des Urteils, gegen das Revision eingelegt werden soll, beigefügt werden. Satz 3 gilt nicht im Falle der elektronischen Beschwerdeeinlegung.**

**(3) Die Beschwerde ist innerhalb von zwei Monaten nach der Zustellung des vollständigen Urteils zu begründen. Die Begründung ist bei dem Bundesfinanzhof einzureichen. In der Begründung müssen die Voraussetzungen des § 115 Abs. 2 dargelegt werden. Die Begründungsfrist kann von dem Vorsitzenden auf einen vor ihrem Ablauf gestellten Antrag um einen weiteren Monat verlängert werden.**

**(4) Die Einlegung der Beschwerde hemmt die Rechtskraft des Urteils.**

**(5) Der Bundesfinanzhof entscheidet über die Beschwerde durch Beschluss. Der Beschluss soll kurz begründet werden; von einer Begründung kann abgesehen werden, wenn sie nicht geeignet ist, zur Klärung der Voraussetzungen beizutragen, unter denen eine Revision zuzulassen ist, oder wenn der Beschwerde stattgegeben wird. Mit der Ablehnung der Beschwerde durch den Bundesfinanzhof wird das Urteil rechtskräftig.**

**(6) Liegen die Voraussetzungen des § 115 Abs. 2 Nr. 3 vor, kann der Bundesfinanzhof in dem Beschluss das angefochtene Urteil aufheben und den Rechtsstreit zur anderweitigen Verhandlung und Entscheidung zurückverweisen.**

**(7) Wird der Beschwerde gegen die Nichtzulassung der Revision stattgeben, so wird das Beschwerdeverfahren als Revisionsverfahren fortgesetzt, wenn nicht der Bundesfinanzhof das angefochtene Urteil nach Absatz 6 aufhebt; der Einlegung einer Revision durch den Beschwerdeführer bedarf es nicht. Mit der Zustellung der Entscheidung beginnt für den Beschwerdeführer die Revisionsbegründungsfrist, für die übrigen Beteiligten die Revisions- und die Revisionsbegründungsfrist. Auf Satz 1 und 2 ist in dem Beschluss hinzuweisen.**

**Inhaltsübersicht**



**Schrifttum**

S. Schrifttum zu Vor § 115 bis 134 FGO.

## A. Allgemeines

Die NZB ist die einzige Möglichkeit, im Falle der Nichtzulassung der Revision eine Überprüfung des erstinstanzlichen Urteils durch den BFH zu erreichen. Nach § 116 Abs. 1 FGO kann die **Nichtzulassung der Revision** selbstständig durch NZB angefochten werden. Damit richtet sich die Beschwerde (noch) nicht gegen das Urteil an sich, sondern zunächst gegen die Verweigerung der Zulassung der Revision. Gleichwohl ist die NZB ein **Rechtsmittel**; ihr kommt nach § 116 Abs. 4 FGO **Suspensiveffekt** zu und nach § 116 Abs. 5 Satz 1 FGO **Devolutiveffekt**. Das hat zur Folge, dass die allgemeinen Zulässigkeitsvoraussetzungen für Rechtsmittel (Vor §§ 115 bis 134 FGO Rz. 3 ff.) erfüllt sein müssen. Werden durch ein Urteil beide Beteiligte beschwert, etwa im Fall des Teilobsiegens/-unterliegens, so können sie im Rahmen ihrer Beschwer (Vor §§ 115 bis 134 FGO Rz. 8) unabhängig voneinander Beschwerde gegen die Nichtzulassung der Revision einlegen. Jede Beschwerde ist gesondert auf ihre Zulässigkeit und ihre Begründetheit zu prüfen (BFH v. 02.09.1987, II B 103/87, BStBl II 1987, 785). Unselbstständige Anschlussbeschwerde ist nicht möglich (BVerwG v. 23.12.1969, III B 68.69, NJW 1970, 824; BFH v. 28.10.1997, IV B 155/96, BFH/NV 1998, 596). Die aufgrund nur einer von mehreren Beschwerden, die den selben Streitgegenstand betreffen, ausgesprochene Zulassung gilt für alle Beteiligte. Deshalb fehlt bei Zulassung der Revision im finanzgerichtlichen Urteil (fehlerhaft) für nur einen Beteiligten für eine NZB des anderen Beteiligten das Rechtsschutzbedürfnis, wenn das Urteil nur über einen Streitgegenstand zu befinden hatte. 1

Für die NZB besteht **Vertretungszwang** nach § 62a FGO.

## B. Anwendungsbereich und Bedeutung der Vorschrift

2 Die NZB richtet sich ausschließlich gegen die Nichtzulassung der Revision in **Urteilen** der FG. Auf andere Entscheidungen der FG findet § 116 FGO keine Anwendung. Gegen **Beschlüsse**, z. B. des einstweiligen Rechtsschutzes nach § 69 oder § 114 FGO, findet eine NZB nicht statt. Diese Beschlüsse sind unanfechtbar, soweit das FG nicht ausnahmsweise die Beschwerde zum BFH zulässt (§ 128 Abs. 3 FGO). Für die Zulassung müssen die Zulassungsgründe des § 115 Abs. 2 FGO erfüllt sein (auch s. § 128 FGO Rz. 2 ff.).

3 Der NZB kommt in der Praxis hohe Bedeutung zu. So überschreitet die Zahl der erhobenen NZBn, die Zahl der Revisionen erheblich; damit macht die Bearbeitung der NZBn einen erheblichen Teil der Arbeit des BFH aus.

## C. Tatbestandliche Voraussetzungen

### I. Einlegung der Nichtzulassungsbeschwerde

4 § 116 **Abs.** 1 FGO normiert die NZB als selbstständiges Rechtsmittel. Nach § 116 **Abs. 2** FGO ist die NZB **innerhalb eines Monats** nach Zustellung des vollständigen Urteils beim **BFH** (nicht dem FG!) einzulegen. Eine Einlegung der Beschwerde beim FG wahrt die Frist nicht. Leitet des FG die Beschwerde weiter, ist der Tag des Eingangs beim BFH maßgebend. Bei unverschuldeter Fristversäumung kann Wiedereinsetzung in den vorigen Stand (§ 56 FGO) in Betracht kommen; allerdings wird die Einlegung beim falschen Gericht regelmäßig verschuldet sein. Die NZB muss nicht ausdrücklich als solche bezeichnet werden, sie muss jedoch als solche erkennbar sein. Dies ist ggf. durch **Auslegung** zu ermitteln. Dabei ist das Rechtsschutzziel des Rechtsmittelführers aufgrund seines gesamten Vorbringens zu ermitteln, wobei im Zweifel das Rechtsmittel als gewollt anzusehen ist, das der Interessenlage des Betroffenen entspricht. Der Auslegung sind jedoch Grenzen gesetzt. So ist die **Umdeutung** eines als Revision bezeichneten Rechtsmittels in eine NZB wegen der erheblichen rechtlichen und verfahrensrechtlichen Unterschiede ebenso wenig möglich wie die Umdeutung einer unzulässigen NZB in eine Revision (statt aller: BFH v. 27.04.2006, V R 6/06, BFH/NV 2006, 1672). Auch ein eindeutiger Antrag auf Zulassung der Revision im Wege der Urteilsergänzung nach § 109 FGO kann nicht in eine NZB umgedeutet werden.

Ohne Einfluss auf den Lauf der Beschwerdefrist ist der Umstand, dass der Beschwerdeführer einen Antrag auf Tatbestandsberichtigung (§ 108 Abs. 1 FGO) gestellt hat (BFH v. 11.12.1992, III B 28/91, BFH/NV 1993, 610).

5 Die Beschwerde muss **unbedingt** eingelegt werden. Eine bedingte Einlegung macht die Beschwerde unzulässig, weil Unklarheit über die Rechtskraft der angefochtenen Entscheidung besteht. Dies gilt grds. auch für die Bedingung, dass die NZB für den Fall der Stattgabe eines gleichzeitig erhobenen **Antrags auf Prozesskostenhilfe** erhoben sein soll. Allerdings gewährt der BFH (BFH v. 22.03.2012, XI B 1/12, BFH/NV 2012, 1170) für den Fall der **Fristversäumung** Wiedereinsetzung, wenn der Stpfl. an Stelle der NZB zunächst einen Antrag auf Prozesskostenhilfe stellt. Der BFH begründet dies damit, dass die Fristversäumnis unverschuldet ist, wenn der Betroffene alles unternimmt, damit für ihn durch eine vertretungsberechtigte Person i. S. des § 62 a FGO das Rechtsmittel eingelegt werden kann, nachdem ihm Prozesskostenhilfe bewilligt wurde. Dies dürfte für eine unter der Bedingung der Gewährung von Prozesskostenhilfe erhobene NZB entsprechend gelten. Zu beachten ist, dass die NZB zwei Wochen nach der Zustellung des PKH-Beschlusses eingelegt (§ 56 Abs. 2 Satz 1 FGO) und zwei Monate nach der Zustellung begründet werden muss (BFH v. 22.03.2012, XI B 1/12, BFH/NV 2012, 1170).

Die Beschwerde muss innerhalb der Monatsfrist **schriftlich** durch eine nach § 62 a FGO postulationsfähige Person beim BFH (§ 116 Abs. 2 Satz 3 FGO: »Beschwerdeschrift«) eingelegt werden. Eine Beschwerdeerhebung zum Urkundsbeamten ist – anders als bei der Klageerhebung – nicht möglich. Die Frist beginnt mit der Zustellung des vollständigen Urteils zu laufen und zwar auch dann, wenn das Urteil verkündet worden ist. Da das Gesetz ausdrücklich die **Zustellung** verlangt, löst die Übersendung einer einfachen Abschrift den Fristlauf ebenso wenig aus wie die Übersendung des Tenors. Die Frist ist wiedereinsetzungsfähig (§ 56 FGO). Sie läuft nicht bei fehlender oder unrichtiger Belehrung (§ 55 FGO); in diesen Fällen gilt die Jahresfrist. Die Schriftform ist auch gewahrt, wenn die Beschwerde per Telefax (auch PC-Fax), Telegramm oder Telebrief eingelegt wird. Zum elektronischen Rechtsverkehr und der Übermittlung bestimmender Schriftsätze s. § 52 a FGO. Soweit die Voraussetzungen der Nutzung des elektronischen Rechtsverkehrs vorliegen, kann die Revision auch auf dem elektronischen Wege eingelegt werden. Einlegung durch »einfache« E-Mail reicht jedoch nicht aus. 6

Zwingende Voraussetzung ist, dass die Beschwerdeschrift das **angefochtene Urteil bezeichnet** (§ 116 Abs. 2 7
Satz 2 FGO). Dies bedeutet, dass die angefochtene Entscheidung durch die Angabe des erkennenden Gerichts, des Datums und des Aktenzeichens identifizierbar sein muss. Dies kann – was zu empfehlen ist – in der Beschwerdeschrift selbst erfolgen; ausreichend ist aber auch, wenn sich die Identifizierbarkeit aus den Begleitumständen ergibt. Lässt sich die angefochtene Entscheidung nicht identifizieren, kann eine Nachholung nur innerhalb der Beschwerdefrist erfolgen. Ist die Frist verstrichen, ist die Beschwerde unzulässig. Der Beschwerdeschrift **soll** darüber hinaus eine Abschrift der angefochte-

nen Entscheidung beigefügt werden (§ 116 Abs. 2 Satz 3 FGO). Aus dem Wortlaut (»soll«) ergibt sich, dass es sich nicht um eine Zulässigkeitsvoraussetzung handelt. Soweit jedoch eine Ausfertigung/Abschrift des angefochtenen Urteils beigelegt wird, reicht dies zur Bezeichnung des Urteils i. S. von § 116 Abs. 2 Satz 2 FGO aus. Im Falle der elektronischen Beschwerdeeinlegung ist die Beifügung einer Ausfertigung/Abschrift nicht erforderlich (§ 116 Abs. 2 Satz 4 FGO). Erforderlich ist dagegen die Angabe des Beschwerdeführers, da erkennbar sein muss, wer das Rechtsmittel einlegt.

## II. Begründung der Nichtzulassungsbeschwerde

### 1. Form, Frist

8 Die Beschwerde ist innerhalb von **zwei Monaten** nach Zustellung der angefochtenen finanzgerichtlichen Entscheidung **zu begründen** (§ 116 Abs. 3 Satz 1 FGO). Es herrscht Begründungszwang, der der Klärung des zur Entscheidung anstehenden Prozessstoffes dient. Die Begründung ist beim BFH (nicht beim FG!) einzureichen (§ 116 Abs. 3 Satz 2 FGO). Die Begründungsfrist kann nach § 116 Abs. 3 Satz 4 FGO von dem Vorsitzenden – bei Verhinderung durch dessen Vertreter – auf einen vor ihrem Ablauf gestellten Antrag **um einen Monat verlängert** werden. Die verlängerte Frist knüpft nicht an den Tag der Antragstellung, sondern den Ablauf der zweimonatigen Begründungsfrist an, sodass die maximale Begründungsfrist drei Monate beträgt. Der Verlängerungsantrag muss demnach am letzten Tag des Fristlaufs beim BFH eingegangen sein; ein späterer Verlängerungsantrag ist nicht zu beachten, die NZB mithin mangels Begründung unzulässig. Eine Wiedereinsetzung mit dem Ziel einer Verlängerung der Begründungsfrist kommt nicht in Betracht (BFH v. 09.08.2011, VIII B 48/11, BFH/NV 2011, 1911). In Ausnahmefällen kann aber eine Wiedereinsetzung in die verstrichene Begründungsfrist möglich sein (BFH v. 17.11.2015, V B 56/15, BFH/NV 2016, 222). Eine weitere Verlängerung ist nach dem eindeutigen Gesetzeswortlaut nicht möglich, sodass alle zur Begründung dienenden Gründe binnen der Frist vorzubringen sind. Selbstverständlich ist es aber nicht ausgeschlossen, dass der Rechtsmittelführer zu einem Schriftsatz der Gegenseite nochmals Stellung nimmt; neu vorgebrachte Gründe finden aber keine Berücksichtigung (BFH v. 27.04.2015, X B 47/15, BFH/NV 2015, 1356; *Seer* in Tipke/Kruse, § 116 FGO Rz. 23). Die Begründung braucht nicht in einem Schriftsatz eingereicht zu werden; allerdings müssen bei einer über mehrere Schriftsätze verteilten Begründung alle Schriftsätze innerhalb der Begründungsfrist eingehen.

### 2. Inhalt

Nach § 116 Abs. 3 Satz 3 FGO müssen in der Begründung die Voraussetzungen des § 115 Abs. 2 FGO dargelegt werden. Mit der Verweisung ist klargestellt, dass die Zulassung der Revision durch den BFH nur mit Gründen begehrt werden kann, die dass FG zur Zulassung der Revision hätte veranlassen müssen. Dies entspricht dem Zweck des NZB-Verfahrens, die Zulassungsentscheidung des FG zu überprüfen. **Darlegung** erfordert, dass der Beschwerdeführer substantiiert und schlüssig vorträgt, auf welchen der Zulassungsgründe des § 115 Abs. 2 FGO er seine Beschwerde stützt und aus welchen Umständen sich ergibt, dass die Voraussetzungen des geltend gemachten Revisionsgrundes erfüllt sind. Ist das Urteil des FG auf mehrere selbstständig tragende Gründe (kumulativ oder alternativ) gestützt, so muss hinsichtlich jeder dieser Begründungen ein Zulassungsgrund angeführt, geltend gemacht und dargelegt werden (st. Rspr., u. a. BFH v. 11.08.2016, III B 88/16, BFH/NV 2017, 149). An die Darlegung werden strenge Anforderungen gestellt. So reicht es nicht aus, wenn der Beschwerde lediglich allgemein in den Raum stellt, einer der Gründe des § 115 Abs. 2 FGO läge vor. Es muss vielmehr bezogen auf die Tatbestandsmerkmale der Revisionsgründe im Einzelnen erläutert werden, warum der Revisionsgrund zum Tragen kommt. Dies erfordert, dass sich aus der Begründung ergibt, dass sich der Beschwerdeführer mit dem Streitstoff auseinandergesetzt hat und sich konkret mit den Umständen des Einzelfalles befasst hat. Die Begründung muss sich dementsprechend mit der FG-Entscheidung auseinandersetzen, darf sie nicht offenkundig übergehen (BFH v. 11.03.2003, V B 193/02, BFH/NV 2003, 932). Ausführungen, warum die Entscheidung materiellrechtlich falsch sein soll, reichen nicht aus, da ein solches Vorbringen die Voraussetzungen des § 115 Abs. 2 FGO nicht erfüllt; die FGO kennt keinen Revisionsgrund der materiellrechtlichen falschen Entscheidung. Ausnahmsweise gelten herabgesetzte Darlegungsanforderungen, wenn die zum Beschwerdegegenstand gemachte Rechtsfrage offenkundig ist. Dies ist z. B. der Fall, wenn auf eine dem EuGH vorgelegte Rechtsfrage verwiesen wird, die auch im nämlichen NZB-Verfahren entscheidungserheblich ist (BFH v. 14.03.2016, X B 101/14, BFH/NV 2016, 1046). 9

Nicht ausreichend für eine substantiierte Darlegung sind pauschale **Verweisungen** auf das Vorbringen in der ersten Instanz, da es dem Rechtsmittelgericht ermöglicht werden soll, über das Vorliegen eines Zulassungsgrundes auch ohne eigene Ermittlungen aus den Akten zu befinden. Aus diesem Grund kann auch die **Bezugnahme auf** 10

**einzelne Schriftsätze** dem Darlegungserfordernis nicht genügen, sondern allenfalls zur Ergänzung dienen. Auch nur **formelhafte Wendungen**, die keinen Bezug zu der angefochtenen Entscheidung haben, genügen nicht; gleiches gilt für die Behauptung, die angewandte Vorschrift sei verfassungswidrig (BFH v. 18.04.2017, V B 147/16, BFH/NV 2017, 1052). Auch unklare und unübersichtliche Ausführungen können dazu führen, dass der Darlegungspflicht nicht entsprochen ist, da ein substantiiertes Vorbringen ein Mindestmaß an **Klarheit, Geordnetheit und Verständlichkeit** voraussetzt (BFH v. 26.06.1998, V B 67/98, BFH/NV 1999, 334).

### a) Grundsätzliche Bedeutung

11 Zum Revisionsgrund der grundsätzlichen Bedeutung s. § 115 FGO Rz. 10 ff.

Zur Darlegung der grundsätzlichen Bedeutung gehört ein substantiiertes Eingehen auf die Rechtssache; dabei ist der Begriff der Rechtssache gleichbedeutend mit dem Begriff der Rechtsfrage. Die Rechtsprechung stellt weiterhin hohe Anforderungen an die Darlegung. Die grundsätzliche Bedeutung ist nicht »dargelegt«, wenn die Beschwerdeschrift nicht erkennen lässt, welche vom Einzelfall losgelöste Rechtsfrage in einem Revisionsverfahren geklärt werden könnte. Es ist also erforderlich, die für entscheidungserheblich gehaltene Rechtsfrage abstrakt zu formulieren (BFH v. 21.11.2002, VII B 58/02, BFH/NV 2003, 485; BFH v. 21.11.2002, VII B 163/02, BFH/NV 2003, 523; BFH v. 16.03.2015, XI B 109/14, BFH/NV 2015, 1005; *Gräber/Ruban*, § 116 FGO Rz. 32). Die bloße Bezugnahme auf ein beim BFH anhängiges Revisionsverfahren reicht als Begründung nicht aus (BFH v. 27.06.1985, I B 27/85, BStBl II 1985, 625). Die Beschwerdeschrift muss also konkret darauf eingehen, inwieweit die Rechtsfrage im **allgemeinen Interesse** klärungsbedürftig ist und ggf. in welchem Umfang, von welcher Seite und aus welchen Gründen die Rechtsfrage umstritten ist. Dazu gehört auch, dass der Beschwerdeführer bereits vorhandene Rechtsprechung zu der von ihm für grundsätzlich und daher klärungsbedürftig gehaltenen Frage berücksichtigt und vorträgt, weshalb seiner Ansicht nach diese Rechtsprechung bisher keine Klärung gebracht hat. Bei Kritik in der Literatur reicht der bloße Hinweis, »die Rechtsprechung sei auf Kritik gestoßen«, nicht aus; vielmehr bedarf es der inhaltlichen Auseinandersetzung mit der Rechtsprechung und den abweichenden Literaturmeinungen (zu vorstehendem Kriterium s. BFH v. 12.06.2007, I B 148/06, BFH/NV 2007, 1927).

12 Die grundsätzliche Bedeutung der Rechtssache kann auch auf die behauptete **Verfassungswidrigkeit einer Steuerrechtsnorm** gestützt werden. Da sich die grundsätzliche Bedeutung aber nicht bereits aus der behaupteten Verfassungswidrigkeit ergibt – diese ist nicht die im künftigen Revisionsverfahren zu entscheidende Rechtsfrage – sondern aus der Rechtsfrage, aus der sich die Verfassungswidrigkeit ergeben soll, ist in solchen Fällen zumindest darzulegen, gegen welche Verfassungsnorm die Vorschrift verstößt. Ferner ist hierzu eine nähere Begründung erforderlich. Die Begründung muss sich mit den Vorgaben des GG, der dazu ergangenen Rspr. des BVerfG und des BFH auseinandersetzen (BFH v. 8.10.2013, X B 217/12, BFH/NV 2014, 41; BFH v. 18.04.2017, V B 147/16, BFH/NV 2017, 1052).

13 Der Beschwerdeführer muss die **Klärungsbedürftigkeit** der zuvor abstrakt formulierten Rechtsfrage darlegen. Dazu gehört die Darstellung, in welchem Umfang, von welcher Seite und aus welchen Gründen die angesprochene Rechtsfrage zweifelhaft und umstritten ist (st. Rspr., u. a. BFH v. 12.06.2007, I B 148/06, BFH/NV 2007, 1927; BFH v. 14.12.2011, X B 85/11, BFH/NV 2012, 749 m. w. N.). Die als grundsätzlich herausgestellte bestimmte Rechtsfrage muss in dem zukünftigen Revisionsverfahren entscheidungserheblich sein. Die **Klärungsfähigkeit** der Rechtsfrage braucht der Rechtsmittelführer jedenfalls dann nicht darzulegen; wenn offenkundig ist, dass das Verfahren zu einer Klärung der Rechtsfrage führen kann. Dementsprechend erfordern nur Zweifel an der Klärungsfähigkeit eine Darlegung (BFH v. 31.10.2002, I B 25/02, BFH/NV 2003, 315). Zur Vermeidung von Rechtsnachteilen empfiehlt es sich, in der Regel auch Ausführungen zur Klärungsfähigkeit zu machen.

14 Die weiterhin strenge Handhabung der Voraussetzungen der Grundsatzrevision ist auf **Kritik** gestoßen, der die Rechtsprechung bisher jedoch nicht gefolgt ist (s. *Seer* in Tipke/Kruse, § 116 FGO Rz. 46 ff. m. w. N.).

### b) Rechtsfortbildung

15 Da der Revisionsgrund der Rechtsfortbildung allgemein nur als gesetzlich geregelter Sonderfall der Grundsatzrevision angesehen wird (s. § 115 FGO Rz. 14), gelten die strengen Darlegungsanforderungen der Grundsatzrevision in gleicher Weise. Dies ist nicht frei von Bedenken, da mit diesem Revisionsgrund nach der ursprünglichen Intention des Gesetzgebers der Zugang zum Revisionsgericht erleichtert werden sollte. Erforderlich ist eine bisher ungeklärte Rechtsfrage, die in einem Revisionsverfahren klärungsbedürftig, entscheidungserheblich und auch klärbar ist (BFH v. 17.03.2010, X B 51/09, BFH/NV 2010, 1291; BFH v. 14.12.2011, X B 116/10, BFH/NV 2012, 577). Eine Fortbildung des Rechts (§ 115 Abs. 2 Nr. 2 Alternative 1) kommt insbes. dann in Betracht, wenn der Einzelfall im allgemeinen Interesse Veranlassung gibt, Leitsätze für die Auslegung von Gesetzesbestimmungen aufzustellen oder Gesetzeslücken rechtsschöpferisch auszufüllen. Zur Klärungsbedürftigkeit muss der Beschwerdeführer substantiiert ausführen, in

welchem Umfang, von welcher Seite und aus welchen Gründen die Beantwortung der Rechtsfrage zweifelhaft und umstritten ist (BFH v. 09.02.2017, VI B 58/16, BFH/NV 2017, 763).

### c) Sicherung einer einheitlichen Rechtsprechung

16 Zum Revisionsgrund der Sicherung einer einheitlichen Rechtsprechung s. § 115 FGO Rz. 15.

Wichtigster Anwendungsfall dieses Revisionsgrundes ist die sog. **Divergenzrüge**, mit der der Beschwerdeführer geltend macht, das erkennende Gericht sei von der Rechtsauffassung eines anderen Gerichts abgewichen. Dies erfordert eine genaue Bezeichnung der Entscheidung, von der abgewichen worden ist, und zwar in einer Weise, der die Entscheidung ohne Zweifel identifizierbar macht. Dies erfordert in der Regel die Angabe des Aktenzeichens und des Datums oder Angabe einer allgemein zugänglichen Fundstelle. Die Notwendigkeit die Entscheidung zu bezeichnen, bedingt zwangsläufig, dass in der Beschwerdeschrift abstrakte Rechtssätze sowohl des angegriffenen FG-Urteils als auch der Divergenzentscheidung so genau bezeichnet werden, dass eine Abweichung erkennbar ist (BFH v. 08.05.2013, III B 140/12, BFH/NV 2013, 1248; BFH v. 13.02.2012, II B 12/12, BFH/NV 2012, 772). Dementsprechend genügt es nicht, Rechtssätze aus bestimmten Entscheidungen anzuführen und hinsichtlich des angegriffenen FG-Urteils lediglich auszuführen, dass dieses im Hinblick auf die bezeichneten Rechtssätze fehlerhaft sei; denn in einem solchen Fall wird aus der Beschwerdeschrift nicht mit ausreichender Deutlichkeit ersichtlich, ob die finanzgerichtliche Entscheidung auf einer Abweichung von der Rechtsprechung eines anderen Gerichts oder auf einer lediglich unrichtigen Anwendung der vom FG beachteten Rechtssätze dieser Entscheidungen beruht (s. BFH v. 10.08.1987, V B 70/7, BFH/NV 1988, 242; BFH v. 05.10.2010, X B 72/10, BFH/NV 2011, 273; BFH v. 08.08.2013, II B 3/13, BFH/NV 2013, 1805). Dem Begründungserfordernis einer auf Divergenz gestützten NZB ist deshalb auch nicht genügt, wenn lediglich geltend gemacht wird, der dem angefochtenen Urteil zugrundeliegende Sachverhalt unterscheide sich von demjenigen, der einer vom FG angeführten Entscheidung zugrunde gelegen hat (BFH v. 04.02.1987, II B 147/96, BFH/NV 1988, 305). Dieselben Grundsätze gelten für die Darstellung der Divergenz zu einer Entscheidung des BVerfG.

17 Die **Divergenz** muss sich auf Rechtsfragen beziehen, die für die Entscheidung des Rechtsstreits **entscheidungserheblich** waren, nur beiläufig in der Entscheidung genannte Rechtsansichten, sog. obiter dicta, reichen nicht aus (a.A. *Seer* in Tipke/Kruse, § 116 FGO, Rz. 54); allerdings kann in diesen Fällen eine »vorbeugende« Revisionszulassung in Betracht kommen (s. Rz. 18).

Da § 115 Abs. 2 Nr. 2 FGO sich nicht auf die Divergenzrevision beschränkt, sondern allgemein die Sicherung der einheitlichen Rechtsprechung nennt, kann der BFH die Revision auch dann auf die NZB zulassen, wenn ein allgemeines Interesse an einer »**vorbeugenden**« Entscheidung des BFH besteht (s. § 115 FGO Rz. 15). In diesem Fall muss der Beschwerdeführer allerdings zumindest darlegen, warum ohne eine Entscheidung des BFH zu befürchten ist, dass es in der näheren Zukunft möglicherweise zu Rechtsprechungsdivergenzen kommt oder dass anderweitiger Bedarf an einer (erneuten) Entscheidung des BFH besteht. Insoweit bedarf u.E. dieser Revisionsgrund nicht der strengen Darlegung der Voraussetzungen der Grundsatzrevision nach § 115 Abs. 1 Nr. 1 FGO, wenngleich auch die Abgrenzung nicht klar vorzunehmen ist. Der BFH hingegen macht von dieser u.E. gesetzlich gewollten Erweiterung der Möglichkeiten der Revisionszulassung keinen Gebrauch. Unter diese Fallgruppe fallen u.E. auch die Fälle der sog. **nachträglichen Divergenz**, wenn die divergierende Entscheidung nach Ablauf der Begründungsfrist ergeht oder zugänglich wird und der Beschwerdeführer daher keine Möglichkeit hatte, diese in seiner Begründung zu verwerten. Allerdings muss die Begründung – die neue divergierende Entscheidung hinweggedacht – für sich genommen die Voraussetzungen des § 116 Abs. 3 FGO erfüllt haben; Begründungsmängel können auf diese Weise nicht geheilt werden (s. BFH v. 16.12.1999, IV B 32/99, BFH/NV 2002, 1160; BFH v. 24.08.2004, IX B 146/03, n.v.). 18

Soweit der Beschwerdeführer sich auf die **Willkürlichkeit** der Entscheidung beruft (s. § 115 FGO Rz. 19), erfordert die Darlegungspflicht, dass substantiiert dargelegt wird, warum die angefochtene Entscheidung unter keinem rechtlichen Gesichtspunkt vertretbar erscheint (BFH v. 26.09.2017, XI B 65/17, n.v.). Nur in seltenen Ausnahmefällen kann die Darlegung entbehrlich sein, wenn die Willkür offensichtlich ist; es muss der Entscheidung ohne Weiteres anzusehen sein, dass sie jeglicher Rechtsgrundlage entbehrt (gl.A. *Ruban* in Gräber, § 116 FGO Rz. 45). 19

### d) Verfahrensmangel

Zu Verfahrensmängeln als Revisionsgrund s. § 115 FGO Rz. 21. 20

Die Bezeichnung eines Verfahrensmangels verlangt eine **genaue Angabe der Tatsachen**, die den gerügten Mangel ergeben, unter gleichzeitigem schlüssigen Vortrag, inwiefern das angegriffene Urteil ohne diesen Verfahrensmangel anders ausgefallen wäre (BFH v. 13.11.1991, II B 71/91, BFH/NV 1992, 261). Allein die Angabe einer Rechtsnorm, gegen die das FG verstoßen haben soll, reicht nicht aus. Sofern als Verfahrensmangel gerügt wird, das FG habe noch nicht zur Sache entscheiden können, vielmehr das Verfahren nach § 74

FGO aussetzen müssen, bedarf es der Darlegung der zur Verfahrensaussetzung nötigenden Gründe (s. auch BFH v. 12.11.1993, III B 234/92, BStBl II 1994, 401). Wird als Verfahrensmangel die überlange Dauer des FG-Verfahrens gerügt, dann muss vorgetragen werden, dass es bei einer kürzeren Verfahrensdauer zu einer inhaltlich anderen Entscheidung des FG hätte kommen können (BFH v. 20.0.7.2017, VIII B 107/16, BFH/NV 2017, 1458). Zum Begriff des Verfahrensmangels allgemein s. § 115 FGO Rz. 21).

**21** Die Geltendmachung eines Verfahrensmangels durch NZB setzt nach dem Gesetzeswortlaut nicht prinzipiell voraus, dass der Verfahrensverstoß schon im Verfahren vor dem FG gerügt wurde. Gleichwohl verlangt die Rechtsprechung unter Bezugnahme auf § 155 FGO i. V. mit § 295 Abs. 1 ZPO, dass die Verletzung der betreffenden Verfahrensvorschrift bereits im erstinstanzlichen Verfahren gerügt werden muss. Dies beruht auf der Annahme, dass in bestimmten Fällen (s. § 115 FGO Rz. 28) ein Rügeverzicht möglich ist. Die Rüge sollte sich aus dem Protokoll, bei unterlassener Protokollierung nach einem Antrag auf Protokollberichtigung, oder einem vor der Beratung übersandten Schriftsatz ergeben. Eine Ausnahme ergibt sich dann, wenn sich z. B. der Verstoß unmittelbar aus dem Urteil ergibt (BFH v. 29.03.2016, I B 99/14, BFH/NV 2016, 1282). Naturgemäß kommt ein Verzicht z. B. auf die Rüge der Nichterhebung angebotener Beweise beim Einverständnis mit einer Entscheidung des FG ohne mündliche Verhandlung regelmäßig nicht in Betracht, weil der Mangel für die Beteiligten kaum vor Erlass des Urteils erkennbar wird (BFH v. 10.12.1992, XI R 13/91, BFH/NV 1993, 483). Nach Erlass eines Gerichtsbescheids stellt sich die Frage nicht, da – falls das FG nicht die Revision zugelassen hat – ohnehin nur der Antrag auf mündliche Verhandlung zu stellen ist (§ 90a Abs. 2 FGO); ein etwaiger Verfahrensmangel kann dann im Rahmen des weiteren Verfahrens gerügt werden.

**22** Dies vorausgeschickt, bedarf es zur ordnungsgemäßen Rüge der Verletzung der Amtsermittlungspflicht (§ 76 FGO) – sog. **Aufklärungsrüge** – der Darlegung, welche Fragen tatsächlicher Art aufklärungsbedürftig waren, welche Beweismittel zu welchem Beweisthema das FG ungenutzt ließ, warum der Beschwerdeführer nicht von sich aus einen entsprechenden Beweisantrag gestellt hat, warum sich die Notwendigkeit der Beweiserhebung jedoch dem FG auf der Grundlage seiner Rechtsauffassung hätte aufdrängen müssen und inwieweit die als unterlassen gerügte Beweiserhebung zu einer anderen Entscheidung hätte führen können (BFH v. 28.04.2016, IX B 18/16, BFH/NV 2016, 1173).

**23** Soll mit der NZB die Rüge mangelnder Sachaufklärung wegen **Übergehens eines Beweisantritts** als Verfahrensfehler geltend gemacht werden, muss dementsprechend dargelegt werden, in welcher Beziehung Ermittlungsbedarf bestand, es müssen Beweisthema und Beweismittel bezeichnet und dabei angegeben werden, in welchem Schriftsatz (Datum), auf welcher Seite das Beweismittel genannt wurde und inwieweit die Entscheidung des FG unter Zugrundelegung von dessen Rechtsauffassung auf der Nichterhebung des Beweises beruhen kann. Ferner ist darzulegen, dass bei nächster sich bietender Gelegenheit (welcher?) die Nichterhebung des Beweises gerügt oder der Beweisantrag wiederholt wurde bzw. weshalb die Rüge vor dem FG nicht mehr rechtzeitig angebracht werden konnte (BFH v. 15.01.2014, VI B 84/13, BFH/NV 2014, 468). Hat das FG im Urteil dargelegt, weshalb es Aufklärungsbedarf in bestimmter Hinsicht nicht angenommen hat, muss den diesbezüglichen Ausführungen mit schlüssigem Vortrag entgegengetreten werden.

**24** Die Rüge eines Verstoßes gegen den **klaren Inhalt der Akten** ist der FGO nicht bekannt. Das FG ist aber verpflichtet, nach seiner freien, aus dem Gesamtergebnis des Verfahrens gewonnenen Überzeugung zu entscheiden (§ 96 Abs. 1 Satz 1 FGO); dazu gehört auch die Auswertung der dem Gericht vorliegenden Akten. Wird mit der NZB ein Verstoß hiergegen gerügt, so müssen die nach Ansicht des Rechtsmittelführers nicht berücksichtigten Aktenteile genau bezeichnet werden, bzw. bei behauptetem Übergehen schriftsätzlicher Ausführungen ausgeführt werden, welches substantiierte Vorbringen, das in welchem Schriftsatz (Datum, Seitenzahl) enthalten ist, im angegriffenen Urteil unberücksichtigt blieb. Darüber hinaus muss schlüssig dargelegt werden, inwiefern die angefochtene Entscheidung bei voller Berücksichtigung des dem FG vorliegenden Aktenstoffes anderes hätte ausfallen können (s. BFH v. 24.04.2007, VIII B 251/05, BFH/NV 2007, 1521).

**25** Wird als Verfahrensmangel die **Verletzung des Rechts auf Gehör** geltend gemacht, muss nicht nur dargelegt werden, inwiefern das FG das rechtliche Gehör versagt hat, zu welchen Tatsachenkomplexen bzw. Beweisergebnissen oder Rechtsfragen (s. § 278 Abs. 3 ZPO i. V. m. § 155 FGO) sich der Rechtsmittelführer nicht äußern konnte, sondern auch, was er bei Gewährung des rechtlichen Gehörs vorgetragen hätte, dass er den Verstoß gegen das Recht auf Gehör (wann und bei welcher Gelegenheit) vor dem FG gerügt hat bzw., weshalb er keine Möglichkeit hatte, ihn im finanzgerichtlichen Verfahren zu rügen, und in welcher Beziehung bei Berücksichtigung des ihm versagten Vortrags das angegriffene Urteil hätte anders ausfallen können. Der Grundsatz, dass die Versagung des rechtlichen Gehörs nur dann ordnungsgemäß gerügt ist, wenn der Beschwerdeführer darlegt, was er bei ausreichender Gewährung rechtlichen Gehörs vorgetragen hätte, gilt auch dann, wenn das rechtliche Gehör durch Nichtverlegung eines anberaumten Termins zur mündlichen Verhandlung verletzt worden sein soll (st. Rspr., u. a. BFH v. 29.07.1993, X B 210/92, BFH/NV 1994, 382; BFH v. 31.01.2012, IV B 22/11, BFH/NV 2012, 766). Wird das Recht auf Gehör dadurch verletzt, dass das Gericht ohne mündliche Verhandlung durch Urteil entscheidet, obwohl das entsprechende Einverständnis der Beteiligten nicht vorliegt, bedarf es im Hinblick auf das umfassende Vortrags- und Erörterungsrecht in der mündlichen Verhandlung keines entsprechenden Vortrags (BFH v. 23.02.2017, IX B 2/17, BFH/NV 2017, 746). Die Rechtsprechung ist jeweils an den Umständen des Einzelfalles orientiert; zu weiteren Beispielen s. *von Wedelstädt*, AO-StB 2005, 87, 110 und 143 ff.

## III. Folgen der Nichtzulassungsbeschwerde

26 Nach § 116 **Abs. 4** FGO hemmt die Einlegung der Beschwerde die Rechtskraft des Urteils. Auch die Beschwerde löst also den **Suspensiveffekt** aus. Dies gilt auch dann, wenn die Beschwerde offensichtlich unzulässig oder unbegründet ist. Mit der Einlegung der Beschwerde wird das Verfahren beim BFH anhängig. Die Hemmungswirkung entfällt erst mit der Beendigung des Verfahrens über die Beschwerde.

## IV. Entscheidung über die Nichtzulassungsbeschwerde

### 1. Form und Verfahren

27 Die Entscheidung des BFH ergeht nach § 116 **Abs. 5 Satz 1** FGO durch **Beschluss** ohne Durchführung einer mündlichen Verhandlung, also in der Besetzung mit drei Richtern; findet ausnahmsweise eine mündliche Verhandlung statt, in der Besetzung mit fünf Richtern (§ 10 Abs. 3 FGO). Gegenstand der Entscheidung ist nicht die Prüfung der materiellen Rechtmäßigkeit der angefochtenen Entscheidung, sondern die Frage, ob die Voraussetzungen für die Revisionszulassung gegeben sind. Die Zulassung enthält damit keine Vorgabe für die anschließende Entscheidung über die Revision. Dies hat u. E. auch bei einer Verfahrensrüge zu gelten, auch wenn der BFH bei einer Prüfung, ob ein Verfahrensmangel vorliegt, die Erfolgsaussichten des künftigen Rechtsmittels mit berücksichtigen will (zur Kritik s. § 115 FGO Rz. 31).

Der BFH hat die Zulässigkeit und die Begründetheit der NZB zu prüfen; nur ausnahmsweise soll auf die Prüfung der Zulässigkeit verzichtet werden können, wenn die Beschwerde »jedenfalls unbegründet« ist (BFH v. 11.02.1987, II B 140/86, BStBl II 1987, 344; BFH v. 11.03.2011, III B 30/10, BFH/NV 2011, 998).

Maßgeblicher Zeitpunkt für die Beurteilung durch den BFH ist dessen Entscheidung, wobei er aber nur die innerhalb der Begründungsfrist geltend gemachten Gründe berücksichtigen darf. Auch für die Beurteilung, ob die Revisionsgründe der Divergenz oder der grundsächlichen Bedeutung gegeben sind, kommt es auf den Zeitpunkt der BFH-Entscheidung und nicht auf den Zeitpunkt der FG-Entscheidung oder der Einlegung der Revision oder NZB an. Dementsprechend kann eine nach der erstinstanzlichen Entscheidung ergangenen BFH-Entscheidung zur Erfolglosigkeit einer NZB führen (BFH v. 19.08.2013, X B 44/13, BFH/NV 2013, 1762). Mit der Entscheidung über die NZB (hierzu s. Rz. 29) ist das Verfahren abgeschlossen. Ein Rechtsmittel gegen die Entscheidung ist nicht gegeben.

### 2. Begründung

Die Entscheidung über die Beschwerde **soll begründet** werden. Die Vorschrift sieht also eine im Vergleich zu § 113 Abs. 2 FGO abgeschwächte Begründungspflicht vor. Damit sollen die Beteiligten vor allem in den Fällen erfolgloser NZBn über die für die Entscheidung maßgeblichen Gründe informiert werden. Eine ausführliche Begründung ist nach dem ausdrücklichen Gesetzeswortlaut (»kurze Begründung«) nicht erforderlich. Die Begründung kann zudem ganz entfallen, wenn sie nicht geeignet ist, zur Klärung der Voraussetzungen beizutragen, unter denen eine Revision zuzulassen ist; insoweit fehlt es an einem Informationsbedürfnis der Beteiligten. Eine Begründung ist außerdem dann entbehrlich, wenn der Beschwerde stattgegeben wird. Das Unterlassen einer an sich gebotenen Begründung hat jedoch keine Auswirkungen. 28

### 3. Entscheidungsmöglichkeiten des BFH

**Lehnt** der BFH die **Zulassung der Revision ab**, wird das Urteil des FG mit der Ablehnung rechtskräftig (§ 116 **Abs. 5 Satz 3** FGO). Maßgeblich ist nicht die Bekanntgabe oder Zustellung an die Beteiligten, sondern die Herausgabe des Beschlusses zur Versendung. Für den Eintritt der Rechtskraft ist es ohne Belang, ob die Beschwerde als unzulässig verworfen oder als unbegründet zurückgewiesen wird. Allerdings sollte die Differenzierung in der Tenorierung zum Ausdruck kommen; dies ist nicht immer der Fall. 29

Stellt der BFH einen **Verfahrensmangel** i. S. von § 115 Abs. 2 Nr. 3 FGO fest, kann er schon im Verfahren über die NZB das angefochtene Urteil aufheben und zur anderweitigen Verhandlung und Entscheidung an das FG **zurückverweisen (§ 116 Abs. 6 FGO)**. Die Zurückverweisung steht im Ermessen des BFH (»kann«). Eine Zurückverweisung ist regelmäßig dann sinnvoll, wenn der Verfahrensmangel einen Mangel der Tatsachenaufklärung betrifft, die durch den BFH nicht selber nachgeholt werden kann, wie z. B. eine Beweisaufnahme (BFH v. 25.02.2010, IX B 156/09, BFH/NV 2012, 176). Hingegen ist die Zulassung der Revision sachgerecht, wenn Gegenstand der NZB eine Verfahrensfrage grundsätzlicher Bedeutung ist (*Ruban* in Gräber, § 116 FGO Rz. 65; s. auch BFH v. 04.09.2002, VII B 73/01, BStBl II 2002, 30

509). Eine abschließende Entscheidung in der Sache selbst ist nicht möglich, da dem BFH neben der Zurückverweisung nur die Möglichkeit der Revisionszulassung offensteht.

31 Schließlich kann der BFH die **Zulassung der Revision** aussprechen (§ 116 Abs. 7 FGO). In diesem Fall wird das bisherige Beschwerdeverfahren als Revisionsverfahren fortgeführt, ohne dass es eines Antrages oder einer Revisionseinlegung bedarf. Soweit die Revisionszulassung nicht auf bestimmte Beteiligte beschränkt wurde, wirkt sie zugunsten aller Beteiligten, sie ist also nicht auf den Beschwerdeführer beschränkt. Die Zustellung der Entscheidung über die Zulassung löst beim Beschwerdeführer die Revisionsbegründungsfrist, bei den übrigen Beteiligten die Revisions- und Revisionsbegründungsfrist aus. Auf diese Folgen der Revisionszulassung sind die Beteiligten in dem Beschluss hinzuweisen; fehlt der Hinweis kommt bei Fristversäumnis eine Wiedereinsetzung in den vorigen Stand (§ 56 FGO) in Betracht; § 55 Abs. 2 FGO findet u. E. keine Anwendung.

### 4. Erledigung des Nichtzulassungsbeschwerdeverfahrens in anderer Weise

32 Dem Beschwerdeführer steht es frei, eine eingelegte NZB **zurück zu nehmen**. Dies ist noch bis zur Verkündung oder – bei der NZB der Regelfall – bis zur Zustellung der Entscheidung des BFH möglich. Die Rücknahme kann korrespondierend mit der Einlegung der Beschwerde nur schriftlich, also nicht durch Erklärung zu Protokoll beim Urkundsbeamten der Geschäftsstelle erfolgen (*Seer* in Tipke/Kruse, § 116 FGO Rz. 66). Nach Einführung des § 62 Abs. 4 FGO (anstelle des § 62 a FGO) ist die Rücknahme vom Vertretungszwang umfasst (Änderung der Rechtsprechung: BFH v. 22.05.2017, X R 4/17, BFH/NV 2017, 1060). Mit dem Zugang der Rücknahmeerklärung bei Gericht entfällt die Rechtshängigkeit beim BFH; das angefochtene Urteil wird rechtskräftig. Die Rücknahme der Revision bedarf keiner Einwilligung eines anderen Beteiligten.

33 Erklären die Beteiligten eines finanzgerichtlichen Verfahrens den Rechtsstreit **übereinstimmend in der Hauptsache für erledigt**, weil z. B. die Finanzbehörde den angefochtenen Bescheid geändert hat, kommt es nicht mehr zu einer Entscheidung über das Beschwerdeverfahren, das angefochtene Urteil erster Instanz wird gegenstandslos. Der BFH hat nur noch über die Kosten des Verfahrens zu entscheiden (§ 138 FGO).

Bei einer **einseitigen Erledigungserklärung** des Klägers hat der BFH auch im Rahmen des Beschwerdeverfahrens darüber zu entscheiden, ob tatsächlich Erledigung eingetreten ist; ist dies der Fall, ist das Verfahren über die NZB erledigt (BFH v. 30.07.2013, IV B 109/12, BFH/NV 2013, 1931). Eine durch die Finanzbehörde eingelegte NZB wird nach der Erledigungserklärung durch den Kläger unzulässig.

### 5. Kostenentscheidung

Bleibt die NZB erfolglos, sei es, dass sie als unzulässig verworfen oder als unbegründet zurückgewiesen wird, trägt der Beschwerdeführer die Kosten des Verfahrens (§ 135 Abs. 2 FGO). Lässt der BFH die Revision zu, ergibt sich die Kostenentscheidung erst aus der Entscheidung über die Revision (Grundsatz der einheitlichen Kostenentscheidung). Bei einem nur teilweisen Erfolg der Beschwerde ist eine Kostenentscheidung unter Berücksichtigung der Grundsätze des § 136 FGO zu treffen (BFH v. 27.06.1985, I B 23/85, BStBl II 1985, 605). 3

## § 117 FGO

(aufgehoben durch Art. 1 Nr. 28 FGOÄndG 21.12.1992 BGBl I 1992, 2109)

## § 118 FGO Revisionsgründe

**(1) Die Revision kann nur darauf gestützt werden, dass das angefochtene Urteil auf der Verletzung von Bundesrecht beruhe. Soweit im Fall des § 33 Abs. 1 Nr. 4 die Vorschriften dieses Unterabschnitts durch Landesgesetz für anwendbar erklärt werden, kann die Revision auch darauf gestützt werden, dass das angefochtene Urteil auf der Verletzung von Landesrecht beruhe.**

**(2) Der Bundesfinanzhof ist an die in dem angefochtenen Urteil getroffenen tatsächlichen Feststellungen gebunden, es sei denn, dass in Bezug auf diese Feststellungen zulässige und begründete Revisionsgründe vorgebracht sind.**

**(3) Wird die Revision auf Verfahrensmängel gestützt und liegt nicht zugleich eine der Voraussetzungen des § 115 Abs. 2 Nr. 1 und 2 vor, so ist nur über die geltend gemachten Verfahrensmängel zu entscheiden. Im Übrigen ist der Bundesfinanzhof an die geltend gemachten Revisionsgründe nicht gebunden.**

**Inhaltsübersicht**



**Schrifttum**

S. Schrifttum zu Vor § 115 bis 134 FGO.

## A. Allgemeines

Die in § 118 **Abs.** 1 FGO geregelte Revisibilität der Rechtsnorm, deren Verletzung mit der Revision gerügt wird, betrifft nicht die Zulässigkeit der Revision. Für sie reicht aus, dass die nach § 115 FGO statthafte Revision fristgemäß eingelegt und begründet worden ist (§ 120 Abs. 1, Abs. 2 FGO), das angefochtene Urteil bezeichnet (§ 120 Abs. 1 Satz 2 FGO), einen bestimmten Antrag enthält (§ 120 Abs. 3 Nr. 1 FGO) und spätestens in der Revisionsbegründung die Revisionsgründe angegeben sind (§ 120 Abs. 3 Nr. 2 FGO). Wegen der daneben zu beachtenden allgemeinen Zulässigkeitsvoraussetzungen s. § 124 FGO Rz. 1. Die **Revisibilität der verletzten Norm** ist vielmehr nur eine der Voraussetzungen für die sachliche Begründetheit der Revision. Betrifft die Revision eine irrevisible Norm, ist die Revision nicht unzulässig, sondern unbegründet.

Zugleich macht die Vorschrift Vorgaben für den **Umfang der materiellen Revisionsprüfung** (s. § 118 **Abs.** 2 und **Abs.** 3 FGO). Dabei wird das Prüfungsrecht einerseits durch die Bindung an die tatsächlichen Feststellungen des FG beschränkt, andererseits aber durch die Nichtbeschränkung auf die vorgebrachten Revisionsgründe erweitert. In **zeitlicher Hinsicht** ist – soweit das Verwaltungsverfahrensrecht betroffen ist – nicht der im Zeitpunkt der Revisionseinlegung, sondern der im Zeitpunkt der Entscheidung geltende Rechtszustand maßgebend, sofern nicht einer Übergangsvorschrift etwas anderes zu entnehmen ist. Im Übrigen ist die Rechtslage im Zeitpunkt der Tatbestandsverwirklichung maßgebend, soweit nicht ausnahmsweise einem Steuergesetz ein anderer Zeitpunkt zu entnehmen ist. Dies kann insbes. bei einem rückwirkenden Inkrafttreten steuerrechtlicher Regelungen problematisch sein.

## B. Gegenstand der Revisionsprüfung

### I. Beschränkung auf Rechtsverletzungen

Der BFH kann Urteile der FG nur auf **Rechtsverletzungen** nachprüfen (§ 118 **Abs. 1 Satz 1** FGO). Damit korrespondiert, dass er bei dieser Prüfung grundsätzlich an die im angefochtenen Urteil getroffenen Feststellungen gebunden ist (§ 118 **Abs. 2** FGO). Der BFH ist also keine Tatsacheninstanz, sodass es wegen des zweistufigen Aufbaus der Finanzgerichtsbarkeit nicht zu einer vollumfänglichen Neuprüfung der FG-Entscheidung kommt. Unbeachtlich ist, ob die tatsächlichen Feststellungen im Tatbestand oder (unzweckmäßig) in den Entscheidungsgründen des angefochtenen Urteils enthalten sind (BFH v. 07.02.2007, X B 105/06, BFH/NV 2007, 962; BFH v. 27.05.2009, X R 62/06, BFH/NV 2009, 1793). Zu den Feststellungen gehören auch die Ausführungen im Sitzungsprotokoll. Bezugnahmen entfalten nur dann Bindungswirkung, wenn sie hinreichend konkret sind, insbes. muss der Gegenstand der Bezugnahme genau bezeichnet sein. Tatsächliches Vorbringen, das von diesen Feststellungen abweicht, kann der Bundesfinanzhof als Revisionsinstanz nicht berücksichtigen. Ebenso wenig sollen fehlende tatsächliche Feststellungen des FG durch übereinstimmenden – unstreitigen – Tatsachenvortrag der Beteiligten ersetzt werden dürfen (BFH v. 05.10.1999, VII R 152/97, BStBl II 2003, 93). Eine Ausnahme soll nur dann gelten, wenn es sich um Tatsachen handelt, die ansonsten durch eine Restitutionsklage geltend gemacht werden könnten (BFH v. 19.05.2010, XI R 78/07, BFH/NV 2010, 2132). Diese strenge Ansicht entspricht der Förmlichkeit des Revisionsverfahrens und trägt dem Grundsatz Rechnung, dass im finanzgerichtlichen Prozess der Amtsermittlungsgrundsatz gilt. Daraus lässt sich aber nicht ableiten, dass die FG im Rahmen ihrer erstinstanzlichen Entscheidung nicht von einem unstreitigen Sachverhalt ausgehen dürfen. Wird ein solcher im FG-Urteil festgestellt, ist der BFH an diese Feststellungen gebunden. 2

**Neue Tatsachen** oder Beweismittel, die zur Erhärtung dieser Tatsachen führen sollen, können auf dem Wege der Revision nur dann in das Verfahren Eingang finden, wenn ihre Nichtberücksichtigung in der Entscheidung des FG auf einer Rechtsverletzung beruht, insbes. einem Verfahrensmangel. Ausnahmsweise können allerdings neue Tatsachen dann berücksichtigt werden, wenn sie sich auf **Sachurteilsvoraussetzungen** beziehen und damit für den Rechtsstreit in seiner Gesamtheit erheblich sind (BFH v. 05.03.1986, 5/84, BStBl II 1986, 462; BFH v. 16.10.2008, IV R 74/06, BFH/NV 2009, 725). Als Beispiele seien erwähnt: Tatsachen, die die Unzulässigkeit des Finanzrechtswegs oder der Klage (BFH v. 25.03.2015, V B 163/14, BFH/NV 2015, 948) oder die Unterlassung einer notwendigen Beiladung betreffen. Das Gleiche gilt 3 für die Prüfung der wirksamen Bekanntgabe eines (angefochtenen) Verwaltungsakts (BFH v. 11.12.1985, I R 31/84, BStBl II 1986, 474; differenzierend BFH v. 04.10.1989, V R 39/84, BFH/NV 1990, 409; a. A. *Ruban* in Gräber, § 118 FGO Rz. 46 mit dem Argument, der unwirksame Bescheid sei durch Sachurteil aufzuheben). Als unzulässiges neues tatsächliches Vorbringen ist das Aufgreifen eines Punktes im Revisionsverfahren zu würdigen, zu dem der Rechtsbehelfsführer vor dem Finanzgericht ausdrücklich erklärt hat, er wolle ihn nicht mehr bestreiten, sodass das Finanzgericht insoweit zu Recht keine tatsächlichen Feststellungen getroffen hat. Es ist nicht Aufgabe des Revisionsgerichts, den Sachverhalt des Finanzgerichtsurteils zu ergänzen.

4 Die in § 118 Abs. 2 FGO angeordnete Bindung des Revisionsgerichts umfasst auch die Schlussfolgerungen des FG aus Tatsachenfeststellungen. Dies gilt nicht, wenn die Folgerungen mit den **Denkgesetzen** oder **allgemeinen Erfahrungssätzen unvereinbar** sind, denn solche Verstöße sind Fehler bei der Rechtsanwendung. Allerdings bleibt die Bindungswirkung nicht nur bestehen, wenn die Folgerung zwingend ist, es reicht aus, wenn eine andere Würdigung nur möglich erscheint (s. st. Rspr., u. a. BFH v. 27.01.2000, IV R 33/99, BStBl II 2000, 227; BFH v. 25.11.2010, VI R 34/08, BFH/NV 2011, 680). Deshalb kann das Revisionsgericht nur prüfen, ob bei der Würdigung der festgestellten Tatsachen allgemeine Erfahrungssätze beachtet worden sind und ob das FG aufgrund der gezogenen Schlüsse zu dem Ergebnis kommen konnte. Ein Verstoß gegen Denkgesetze ist danach nur dann gegeben, wenn der durch das FG gezogene Schluss als schlechthin ausgeschlossen anzusehen ist. Ein in der Revisionsinstanz zu beachtender Verstoß liegt aber auch dann vor, wenn bei Würdigung der festgestellten Tatsachen allgemeine Begriffsbestimmungen nicht zutreffend verwendet werden oder aus den Entscheidungsgründen der FG-Entscheidung nicht erkennbar ist, aus welchen Tatsachen das Gericht seine Schlussfolgerungen herleitet. Eine Beweiswürdigung ist revisionsrechtlich nur begrenzt überprüfbar. Eine Überprüfung ist möglich, wenn das FG im Rahmen der anzustellenden Gesamtwürdigung maßgebliche Umstände nicht vollständig oder ihrer Bedeutung entsprechend in ihre Überzeugungsbildung einbezogen hat (BFH v. 18.06.2015, VI R 77/12, BStBl. II 2015, 903). Zur revisionsrechtlichen Überprüfung von Auslegungen von Verträgen, Willenserklärungen und behördlichen Erklärungen s. BFH v. 17.05.2017, II R 35/15, BStBl II 2017, 966 und BFH v. 01.10.2015, X R 32/13, BStBl. II 2016, 139.

5 Bei **Verfahrensrügen** ist die Bindungswirkung eingeschränkt. Die Bindung an die Tatsachenfeststellungen des FG entfällt insoweit, als das Revisionsgericht die Tatsachen feststellen muss, die für die Prüfung, ob der geltend gemachte Verfahrensverstoß vorliegt, erforderlich sind. Insbes. können Feststellungen zum Ablauf des erstinstanzlichen Verfahrens getroffen werden, sofern dies für die Prüfung, ob der behauptete Verfahrensmangel vorliegt, unerlässlich ist.

## II. Verletzung von Bundesrecht

6 Die Rechtsverletzung muss **Bundesrecht** betreffen, d. h. materiell- oder verfahrensrechtliche Normen, die im Einklang mit den Artikeln 70 bis 82 sowie 123 bis 129 GG im Bereiche der Bundesrepublik Deutschland gelten. Nur in besonderen Ausnahmefällen kann die Revision auch auf die Verletzung von Landesrecht gestützt werden (s. Rz. 8). Auch landesgesetzliche Verweisungen oder Bezugnahmen auf Rechtssätze des Bundesrechts führen nicht zur Revisibilität.

Bundesrecht i. S. des § 118 FGO sind

- in erster Linie **Gesetze** im formellen Sinne (s. § 4 AO Rz. 7), die von den Bundesorganen aufgrund ihrer Gesetzgebungszuständigkeit für die ausschließliche, konkurrierende oder Rahmengesetzgebung erlassen wurden. Dazu gehören auch die Reichsgesetze, die nach Art. 124, 125 GG als Bundesrecht weiterhin gelten;
- **Rechtsverordnungen**, die aufgrund gesetzlicher Ermächtigung von der Exekutive (Art. 80 GG) mit allgemeinverbindlicher Kraft erlassen werden (z. B. EStDV, KStDV, LStDV, UStDV), nicht jedoch Verwaltungsvorschriften (Richtlinien, Erlasse, Verfügungen), die sich an die nachgeordneten Verwaltungsbehörden wenden und nur für diese verbindlich sind (s. § 4 AO Rz. 12);
- die **allgemeinen Regeln des Völkerrechts**, die nach Art. 25 GG unmittelbar gelten sowie das nach Art. 59 Abs. 2 GG transformierte Völkerrecht (Staatsverträge), wie z. B. Doppelbesteuerungsabkommen;
- **europäisches Unionsrecht**, soweit es mit unmittelbarer Geltung für die Mitgliedsstaaten versehen ist oder übertragen worden ist. Allerdings handelt es sich dabei nicht um Bundesrecht im eigentlichen Sinne, soweit ein Gesetzgebungsakt des Bundesgesetzgebers fehlt; wegen des gleichwohl auf das Bundesgebiet erstreckenden Geltung ist das Unionsrecht in vollem Umfang revisibel (BFH v. 09.07.1976, VI R 158/74, BStBl II 1976, 755). Allerdings ist die Prüfungskompetenz des BFH eingeschränkt, da die Auslegungskompetenz für das Unionsrecht beim EuGH liegt; der BFH kann aber prüfen, ob das innerstaatliche Recht durch die unionsrechtlichen Regelungen verdrängt wird oder ob eine Vorlage an den EuGH erforderlich ist;
- auch **übergesetzliche Rechtgrundsätze**, insbes. die im Grundgesetz formulierten oder dieses beherrschenden Prinzipien des Rechtsstaates, des Weiteren die allgemeinen Auslegungs- und Beurteilungsregeln

(BFH v. 16.11.1967, VI R 158/74, BStBl II 1968, 348), z.B. bei Handhabung unbestimmter (normativer) Rechtsbegriffe, ferner die sog. Denkgesetze und die allgemeinen Erfahrungssätze; dazu gehört auch die Richtigkeit des Schätzungsweges (§ 162 AO). Allgemeine Erfahrungssätze sind jedermann zugängliche Sätze, die nach einer allgemeinen Erfahrung unzweifelhaft und ausnahmslos gelten (BFH v. 21.06.1989, X R 13/85, BStBl II 1989, 786). Dazu gehört auch das Gewohnheitsrecht, soweit es das Bundesrecht ergänzt.

7 Soweit mit der Revision eine Rechtsverletzung im Zusammenhang mit **Ermessensentscheidungen** gerügt wird, ist zu beachten, dass die Anwendung von Ermessensvorschriften den Bereich des Rechts nur insoweit berührt, als eine Verletzung der gesetzlichen Ermessensvoraussetzungen (Ermessensüberschreitung) oder eine fehlerhafte (sachfremde, willkürliche) Handhabung der Ermessensübung (Ermessensmissbrauch) gerügt wird; wegen des Näheren s. die Erläuterungen zu s. § 5 AO. Dies gilt auch, soweit das Finanzgericht nach Aufhebung der Verwaltungsermessensentscheidung ausnahmsweise eine eigene Ermessensentscheidung treffen konnte.

## III. Verletzung von Landesrecht

8 Auf die Verletzung von Landesrecht kann die Revision zum BFH nur in den Fällen gestützt werden, in denen der Finanzrechtsweg in Angelegenheiten, die der Landesgesetzgebung unterliegen, im Einklang mit § 33 Abs. 1 Nr. 4 FGO eröffnet ist und die revisionsrechtlichen Vorschriften der FGO in den landesgesetzlichen Vorschriften für anwendbar erklärt worden sind. Diese Voraussetzung ist z.B. in den landesgesetzlichen Regelungen zum Kirchensteuerrecht oftmals gegeben.

An die Feststellungen des FG über Bestand und Inhalt landesrechtlicher Vorschriften ist der BFH als Revisionsgericht insoweit ebenso wie bezüglich anderer Rechtsquellen, die nicht Bundesrecht sind, gebunden, als ihm gem. § 118 Abs. 1 Satz 1 FGO die Prüfung des angefochtenen Urteils nur im Hinblick auf die Verletzung von Bundesrecht erlaubt ist. Hat das FG aus dem von ihm dem Bestand und dem Inhalt nach festgestellten Landesrecht Schlüsse auf die Anwendbarkeit von Vorschriften des Bundesrechts gezogen, so ist das Urteil jedoch insoweit revisibel (BFH v. 15.11.1978, I R 65/76, BStBl II 1979, 193; BFH v. 03.03.2006 II B 70/05, BFH/NV 2006, 1249). Die Revisibilität der landesrechtlichen Norm muss jedenfalls im Zeitpunkt der Revisionseinlegung noch gegeben sein (BFH v. 06.03.1996, II R 102/93, BStBl II 1996, 396).

## IV. Ausländisches Recht

Auf die Verletzung von ausländischem Recht, dazu gehören nicht nur die positiven Rechtsnormen, sondern auch die Handhabung in Rechtsprechung und Rechtlehre, kann die Revision nicht gestützt werden; ausländisches Recht ist also mangels Auslegungskompetenz nicht revisibel (allg. Ansicht s. BFH v. 06.03.1996, II R 102/93, BStBl II 1996, 396; BFH v. 13.11.2012, VI R 2010, BStBl II 2013, 405). Allerdings kann der BFH prüfen, ob das FG ausländisches Recht verfahrensfehlerfrei ermittelt und verwertet hat (BFH v. 26.04.1995, II R 13/92, BStBl II 1995, 540; BFH v. 04.08.2011, III R 36/08, BFH/NV 2012, 184). Allerdings gehört die Feststellung ausländischen Rechts zu den Tatsachenfeststellungen; im Revisionsverfahren kann der BFH nur prüfen, ob das FG die Ermittlung ausländischen Rechts, d.h. der Rechtsnormen und ihres Inhalts, fehlerfrei vorgenommen hat (BFH v. 19.12.2007, I R 46/07, BFH/NV 2008, 930; BFH v. 13.06.2013, III R 63/11, BFH/NV 2013, 1872). 9

## V. Innerkirchliches Recht

Soweit eine Entscheidung auf einer Auslegung innerkirchlichen Rechts beruht, scheidet eine Prüfung des BFH im Revisionsverfahren aus. Denn bei innerkirchlichen Rechtsnormen handelt es sich weder um Bundesrecht noch um revisibles Landesrecht. Die Feststellungen zum innerkirchlichen Recht gehören wie Feststellung zum ausländischen Recht zu den Tatsachenfeststellungen des FG (BFH v. 10.06.2008, I B 211/07, BFH/NV 2008, 1697). 10

## VI. Ausreichen einer objektiven Rechtsverletzung

Bei der Frage, ob das Urteil der Vorinstanz auf einer Rechtsverletzung beruht, ist nicht darauf abzustellen, ob die Vorinstanz in der Handhabung subjektiv fehlerhaft entschieden hat, sondern ob das vorinstanzliche Urteil **objektiv** mit dem geltenden Recht in Einklang steht. Die Nachprüfung eines Urteils auf seine objektive Richtigkeit hin ist nach Maßgabe des im Zeitpunkt der Entscheidung des Revisionsgerichts anwendbaren Rechts vorzunehmen. Ergeht nach Abschluss des erstinstanzlichen Urteils ein Abgabengesetz mit zulässigerweise rückwirkender Kraft, steht bezogen auf den Entscheidungszeitpunkt des BFH fest, dass die erstinstanzliche Entscheidung das neue Recht nicht oder nicht richtig angewendet hat (BFH v. 06.11.1973, VII R 128/71, BStBl II 1974, 110; BFH v. 14.04.1986, IV R 260/84, BStBl II 1986, 518). Dies kann dazu führen, dass der BFH eine ursprüngliche falsche Entscheidung bestätigen muss oder umgekehrt eine 11 ursprünglich zutreffende Entscheidung in Folge der Rechtsänderung kassieren oder ändern muss.

Im Übrigen ist der Begriff der Rechtsverletzung in der FGO nicht definiert, sondern nach § 155 FGO unter Rückgriff auf § 550 ZPO bestimmen. Danach ist das Recht verletzt, wenn eine Rechtsnorm nicht oder nicht richtig angewendet worden ist. Eine unrichtige Anwendung einer Norm kann darin bestehen, dass sie entweder gar nicht gesehen wird oder ihre Tatbestandsmerkmale falsch ausgelegt werden (**Interpretationsfehler**), aber auch dann, wenn der durch das Gericht festgestellte Sachverhalt zu Unrecht unter eine Rechtsnorm subsumiert wird (**Subsumtionsfehler**). In beiden Fällen führt die fehlerhafte Entscheidung zu einem Auseinanderfallen des festgestellten Sachverhalts mit den Voraussetzungen der anzuwendenden Vorschrift.

### VII. Ursächlichkeit der Rechtsverletzung

12 Die mit der Revision gerügte Rechtsverletzung muss für das Urteil des FG ursächlich sein; dieses muss – sei es auch nur in einzelner Hinsicht – auf ihr **beruhen**. Der Rechtsstreit müsste also ohne den Fehler anders entschieden worden sein. Die **Verletzung von Verfahrensvorschriften** – zu denen auch das Vorliegen der Prozessvoraussetzungen gehört – begründet die Revision schon dann, wenn die Vorentscheidung bei Beachtung der Verfahrensvorschrift bzw. ohne den unterlaufenen Verfahrensmangel vermutlich anders ausgefallen wäre; hier genügt die bloße Möglichkeit. Hinsichtlich der Eignung von Verfahrensmängeln zur Begründung der Revision hat sich die Bezeichnung wesentlicher Verfahrensmangel eingebürgert. Für einzelne Mängel dieser Art stellt § 119 FGO die gesetzliche Vermutung auf, dass das Urteil ohne ihr Vorliegen anders ausgefallen wäre (**absolute Revisionsgründe**).

13 **Häufig gerügte Verfahrensmängel** sind Verstöße gegen

- die amtliche Ermittlungspflicht (mangelhafte Sachaufklärung, Außerachtlassung von Tatsachen oder Beweismitteln, die sich dem FG nach Sachlage hätten aufdrängen müssen),
- den Grundsatz der Gewährung rechtlichen Gehörs,
- die Nichtbeiladung von Beteiligten,
- die anerkannten Grundsätze der Beweiserhebung (§§ 81 ff. FGO); hingegen sind die Grundsätze der Beweiswürdigung revisionsrechtlich dem materiellen Recht zuzurechnen sowie
- die Ausschließung und Ablehnung von Gerichtspersonen (§ 51 FGO).

### C. Umfang der Prüfung

Der BFH darf über das Revisionsbegehren nicht hinausgehen (§ 96 Abs. 1 FGO). Neben diesem allgemeinen Grundsatz regelt § 118 **Abs. 3** FGO den Umfang der Rechtsprüfung durch den BFH. Dabei kommt es nur zu einer eingeschränkten Prüfung, wenn die Revision ausschließlich auf **Verfahrensmängel** gestützt ist. Hier hat der BFH nach § 118 Abs. 3 Satz 1 FGO nur über den geltend gemachten Verfahrensmangel zu entscheiden. Eine Ausnahme ist aber dann gegeben, wenn zugleich einer der Revisionsgründe des § 115 Abs. 2 Nr. 1 und Nr. 2 FGO gegeben ist, die Rechtssache also grundsätzliche Bedeutung hat oder zur Fortbildung des Rechts oder der Sicherung einer einheitlichen Rechtsprechung eine Entscheidung des BFH erforderlich ist. Auf diese Weise kann der BFH auch nicht gerügte Verfahrensmängel zum Gegenstand seiner Prüfung und Entscheidung machen. Liegen die Voraussetzungen des § 115 Abs. 2 Nr. 1 und Nr. 2 FGO nicht vor, hat sich der BFH weder zu nicht gerügten Verfahrensfehlern noch zu materiellrechtlichen Fragen zu äußern (BFH v. 21.01.1999, IV R 40/98, BStBl II 1999, 563). Um eine möglichst umfassende Prüfung zu erreichen, empfiehlt es sich, die Revision nicht nur auf Verfahrensmängel zu beschränken. 1

§ 118 **Abs. 3 Satz 2** FGO enthält den Grundsatz der Vollrevision. Rügt der Beschwerdeführer die Verletzung materiellen Rechts, ist der BFH an die vorgebrachten Revisionsgründe nicht gebunden. Dies bedeutet, dass die finanzgerichtliche Entscheidung in vollem Umfang auf die Vereinbarkeit mit revisiblem Recht geprüft werden muss. Etwas anderes gilt nur, wenn nur eine selbstständig anfechtbare Feststellung eines gesonderten (und einheitlichen) Feststellungsbescheides angefochten worden ist; die übrigen selbstständig anfechtbaren Feststellungen sind mangels Anfechtung bestandskräftig und können nicht mehr Gegenstand des Revisionsverfahrens sein (BFH v. 20.08.2015, IV R 12/12, BFH/NV 2016, 412; BFH v. 19.09.2017, IV B 85/16, BFH/NV 2018, 51). 15

## § 119 FGO
## Fälle der Verletzung von Bundesrecht

**Ein Urteil ist stets als auf der Verletzung von Bundesrecht beruhend anzusehen, wenn**

1. **das erkennende Gericht nicht vorschriftsmäßig besetzt war,**
2. **bei der Entscheidung ein Richter mitgewirkt hat, der von der Ausübung des Richteramtes kraft Gesetzes ausgeschlossen oder wegen Besorgnis der Befangenheit mit Erfolg abgelehnt war,**

**3. einem Beteiligten das rechtliche Gehör versagt war,**

**4. ein Beteiligter im Verfahren nicht nach Vorschrift des Gesetzes vertreten war, außer wenn er der Prozessführung ausdrücklich oder stillschweigend zugestimmt hat,**

**5. das Urteil auf eine mündliche Verhandlung ergangen ist, bei der die Vorschriften über die Öffentlichkeit des Verfahrens verletzt worden sind, oder**

**6. die Entscheidung nicht mit Gründen versehen ist.**

**Inhaltsübersicht**



**Schrifttum**

S. Schrifttum zu Vor § 115 bis 134 FGO.

## A. Allgemeines

1 Für die in ihm genannten sechs Fälle schafft § 119 FGO eine unwiderlegbare Vermutung dafür, dass das angefochtene Urteil auf einer Verletzung von Bundesrecht (§ 119 Abs. 1 Satz 1 FGO) beruht. Die Ursächlichkeit des Fehlers für die Entscheidung durch das Gericht wird demnach gesetzlich unterstellt. Die genannten Verfahrensfehler werden als **»absolute Revisionsgründe«** bezeichnet. Trifft einer der Gründe zu, so ist das Urteil in der Regel aufzuheben und an die Vorinstanz zurückzuverweisen, da eine mit schweren Verfahrensfehler behaftete Entscheidung keine Entscheidungsgrundlage für das Revisionsgericht sein kann.

2 Nur in seltenen Ausnahmefällen kann der BFH auch bei absoluten Revisionsgründen in der Sache selbst entscheiden. Dies ist z. B. der Fall, wenn das FG zwar unter einem Verstoß gegen einen absoluten Revisionsgrund in materieller Hinsicht über die Klage entschieden hat, aber der BFH zu der Ansicht gelangt, dass bereits die **Sachentscheidungsvoraussetzungen** nicht erfüllt waren und die Klage durch Prozessurteil hätte abgewiesen müssen (BFH v. 07.07.2017, V B 168/16, BFH/NV 2017, 1445). In diesem Fall wäre eine Zurückverweisung wegen des klaren Ergebnisses im zweiten Rechtsgang prozessökonomisch kaum zu rechtfertigen. Nach BFH (BFH v. 21.09.1999, IV R 40/98, BStBl II 1999, 563) soll ein »Durcherkennen« auch möglich sei, wenn unzweifelhaft feststeht, dass es zu einer Wiederholung der erstinstanzlichen Entscheidung kommt. Eine solche ergebnisbezogene Betrachtung dürfte z. B. in den Fällen der **Verletzung rechtlichen Gehörs** (§ 119 Nr. 3 FGO) nur in Betracht kommen, wenn die tatsächlichen Feststellungen, auf die sich die Gehörsverletzung beziehen, für die angefochtene Entscheidung nicht maßgeblich, also nicht entscheidungserheblich, waren. Damit ist zugleich die Grenze bestimmt; sie ist erreicht, sobald ein Hinwegdenken des Verfahrensmangels eine andere Entscheidung als denkbar erscheinen lässt oder wenn der Betroffene keinerlei Gelegenheit hatte, sich zu dem Sachverhalt zu äußern. Gleiches gilt, wenn das FG **wesentliche Angriffs- und Verteidigungsmittel übersieht oder eigenständige Ansprüche übergeht**, sodass das Urteil nicht mit Gründen versehen (§ 119 Nr. 6 FGO) ist (BFH v. 10.03.1987, IX R 51/86, BFH/NV 1988, 35).

Auch wenn ein absoluter Revisionsgrund gegeben ist, kann dieser durch den BFH nur berücksichtigt werden, wenn die Revision zulässig ist, insbes. müssen die geltend gemachten Mängel innerhalb der Revisionsbegründungsfrist (s. § 120 FGO Rz. 4) schlüssig gerügt sein. Auch schwerste Verstöße entbinden nicht von der Pflicht zur Einhaltung der Zulässigkeitsvoraussetzungen der Revision. Eine schlüssige Rüge ist allerdings dann nicht erforderlich, wenn der Mangel eine von Amts wegen zu prüfende Sachentscheidungsvoraussetzung betrifft. 3

## B. Tatbestandliche Voraussetzungen

Die absoluten Revisionsgründe sind in § 119 Nr. 1 bis 6 FGO abschließend normiert, d. h. bei allen anderen Verfahrensmängeln kommt die in § 119 FGO enthaltene Vermutung, dass das Urteil auf der Verletzung des Verfahrensfehlers beruht, nicht zur Anwendung. 4

### I. Nicht vorschriftsmäßige Besetzung des Gerichts

Die Ausgestaltung dieses Revisionsgrundes als absolutem Revisionsgrund beruht auf dem verfassungsrechtlich verankerten (Art. 101 Abs. 1 Satz 2 GG) Verfahrensgrundrecht, dass der Einzelne Anspruch auf eine Entscheidung durch den sog. **gesetzlichen Richter** hat. Durch dieses Recht soll Manipulationen bei der Gerichtsbesetzung entgegengewirkt werden und damit zugleich die **Unabhängigkeit** der Gerichte gesichert werden. Zugleich soll das Vertrauen der Bevölkerung in **Unparteilichkeit** der Justiz gestärkt werden. 5

Das **erkennende Gericht** i. S. von § 119 Nr. 1 FGO ist der Spruchkörper (Senat) oder der Einzelrichter, der die 6 angefochtene Entscheidung erlassen hat. Bei einer Entscheidung **aufgrund mündlicher Verhandlung** durch den Senat gehören zum erkennenden Gericht die Berufsrichter und ehrenamtlichen Richter, die an der mündlichen Verhandlung und Beratung der Entscheidung teilgenommen haben. Werden mehrere mündliche Verhandlungen durchgeführt, ist zu unterscheiden: Grundsätzlich ist die Besetzung der letzten Verhandlung maßgeblich, wenn z. B. die Sache beim vorherigen Termin **vertagt** wurde (BFH v. 12.11.1993, VIII R 17/93, BFH/NV 1999, 721) oder die Beteiligten auf erneute mündliche Verhandlung verzichtet haben (BFH v. 12.05.2011, IX B 121/10, BFH/NV 2011, 1391). Dies gilt auch dann, wenn in einem vorherigen Termin eine Beweisaufnahme durchgeführt wurde (BFH v. 28.08.2010, IX B 41/10, BFH/NV 2010, 2239; BFH v. 13.01.2010, I B 83/09, BFH/NV 2010, 913 m. w. N.). Von der Vertagung ist die **Unterbrechung** zu unterscheiden; bei einer Unterbrechung ist der Termin (Grundsatz der Einheit der mündlichen Verhandlung) in der identischen Gerichtsbesetzung fortzuführen (auch s. § 103 Rz. 2; BFH v. 03.12.2010, V B 57/10, BFH/NV 2011, 615 m. w. N.). Entscheidet der Einzelrichter, ist ausschließlich dieser erkennendes Gericht, soweit nicht die Länder nach § 5 Abs. 4 FGO eine Beteiligung ehrenamtlicher Richter vorsehen. Bei Entscheidungen **ohne mündliche Verhandlung**, ist die Besetzung maßgeblich, die an der Beratung teilgenommen und entschieden hat.

7 Ob das Gericht **nicht vorschriftsmäßig** besetzt war, bestimmt sich zunächst nach den gesetzlichen Vorschriften, insbes. der § 4 FGO mit den Bestimmungen des GVG. Erforderlich ist demnach, dass sich die Zuständigkeit des Spruchkörpers aus dem vom Präsidium aufzustellenden Geschäftsverteilungsplan des Gerichts ergibt (§ 21e GVG); ferner müssen die Richter den entsprechenden Spruchkörpern zugewiesen sein; dies gilt auch für die ehrenamtlichen Richter. Innerhalb der Spruchkörper ist die Geschäftsverteilung durch Beschluss aller dem Spruchkörper angehörenden Berufsrichter vorzunehmen (§ 21g GVG). Die Geschäftsverteilung muss die Zuständigkeit der Spruchköper bzw. derer Mitglieder nach **abstrakten Merkmalen** regeln.

8 Als Besetzungsfehler kommen demnach zunächst Verstöße gegen den Geschäftsverteilungsplan in Betracht, sofern sie sich als Verletzung des Anspruchs auf den gesetzlichen Richter darstellen; dies erfordert einen willkürlichen Verstoß; die Entscheidung muss sich so weit von dem gesetzlichen Richter entfernen, dass deren Aufrechterhaltung unter keinen Umständen mehr als vertretbar erscheint (BFH v. 13.01.2016, IX B 94/15, BFH/NV 2016, 581). Darüber hinaus lassen sich – beispielhaft – folgende Mängel nennen:

- Unbestimmtheit der Geschäftsverteilungsregelungen
- Änderung der Geschäftsverteilung während des Geschäftsjahrs, ohne dass ein sachlicher Grund für die Änderung vorliegt
- Verstoß gegen das Abstraktionsprinzip bei der Umverteilung von anhängigen Verfahren (BFH v. 23.11.2011, IV B 30/10, BFH/NV 2012, 431)
- Überbesetzung des Spruchkörpers, die nur dann anzunehmen ist, wenn zwei oder mehr personell unterschiedlich besetzte Spruchkörper innerhalb eines Senats entstehen können; beim BFH soll eine Überbesetzung hingegen zulässig sein (BFH v. 20.05.1994, VI R 105/92, BStBl II 1994, 836)
- Mitwirkung eines Berufsrichters, dessen Ernennung unwirksam ist
- Mitwirkung eines ehrenamtlichen Richters, bei dessen Wahl schwerwiegende Mängel vorlagen oder bei dessen Heranziehung von der von jedem Spruchkörper auszustellenden Liste abgewichen wurde
- Mitwirkung eines Richters, der aus physischen oder psychischen Gründen nicht in der Lage ist, seine richterlichen Aufgaben wahrzunehmen; dazu gehört neben Erkrankungen auch der Fall, dass der Richter während der Verhandlung schläft (BFH v. 21.01.2015, XI B 88/14, BFH/NV 2015, 864) oder nicht von Beginn an an der mündlichen Verhandlung teilnimmt (BFH v. 17.06.2011, XI B 21–22/10, BFH/NV 2012, 46)
- Nichtmitwirkung eines geschäftsplanmäßig zur Entscheidung berufenen Richters, obwohl es an einer Verhinderung fehlt; Verhinderung liegt z. B. vor bei Arbeitsunfähigkeit, Urlaub, anderweitiger Abwesenheit aus dienstlichen Gründen
- Entscheidung durch den Einzelrichter, obwohl weder eine wirksame Übertragung des Rechtsstreits nach § 6 FGO erfolgt ist, noch das Einverständnis der Beteiligten nach § 79a Abs. 3, 4 FGO für eine Entscheidung durch den Berichterstatter als konsentiertem Einzelrichter erteilt wurde (BFH v. 23.04.1996, VIII R 70/93, BStBl II 1999, 300; BFH v. 21.07.2016, V B 66/15, BFH/NV 2016, 1574)
- bei willkürlicher (Rück-)Übertragung vom Senat auf den Einzelrichter bzw. umgekehrt. Die Übertragung muss »greifbar« gesetzwidrig sein (BFH v. 21.10.1999, VII R 15/99, BStBl II 2000, 88; BFH v. 11.01.2011, VI B 60/10, BFH/NV 2011, 876 m. w. N.).

Für eine **schlüssige Besetzungsrüge** ist erforderlich, konkrete Tatsachen anzugeben, aus denen sich die Fehlerhaftigkeit der Besetzung ergibt. Hierzu muss der Revisionsführer auch eigene Ermittlungen anstellen (BFH v. 23.04.1996, VIII R 70/93, BFH/NV 1997, 31). Dazu gehört auch die Beschaffung des Geschäftsverteilungsplans, wenn geltend gemacht werden soll, dass dessen Regelungen nicht eingehalten seien. Wird geltend gemacht, einer der Richter sei physisch oder psychisch nicht in der Lage gewesen, der Verhandlung zu folgen, müssen nicht nur die Umstände dargelegt werden, aus denen sich der Mangel ergibt, sondern auch, wie sich 9 dieser ausgewirkt hat und welche Verhandlungsgegenstände betroffen waren (st. Rspr., u. a. BFH v. 16.08.2005, XI B 234/03, BFH/NV 2005, 2238; BFH v. 17.02.2011, IV B 108/09, BFH/NV 2011, 996: schlafender Richter; BFH v. 03.12.2010, V B 57/10, BFH/NV 2011, 615).

Ein Rügeverzicht hinsichtlich der nicht vorschriftsmäßigen Besetzung des erkennenden Gerichts ist nicht möglich; die Frage des gesetzlichen Richters steht nicht zur Disposition der Beteiligten (BFH v. 17.06.2011, XI B 21–22/10, BFH/NV 2012, 46).

## II. Mitwirkung eines ausgeschlossenen oder abgelehnten Richters

10 **Mitwirkung** ist die Beteiligung an der angefochtenen Entscheidung. Ob ein Richter von der Ausübung des Richteramts im konkreten Fall **ausgeschlossen** ist, ergibt sich aus § 51 Abs. 1 und 2 FGO i. V. mit § 41 ZPO). Der Katalog der gesetzlichen Ausschlussgründe ist abschließend. In der Praxis ist gelegentlich der Fall des § 51 Abs. 2 FGO von Bedeutung, wenn der Richter zuvor in der Verwaltung oder bei einer unteren Instanz (betrifft also nur die Richter am BFH) mitgewirkt hat (vgl. BFH v. 12.06.2012, I B 148/11, BFH/NV 2012, 1802; BFH v. 08.10.2012, I B 22/12, BFH/NV 2013, 389). Liegen Ausschlussgründe vor, ist dies von Amts wegen zu berücksichtigen.

11 **Abgelehnter Richter** i. S. von § 119 Nr. 2 FGO ist derjenige, der **erfolgreich** abgelehnt worden ist, das Gericht also einen entsprechenden Beschluss gefasst hat. Maßgebender Zeitpunkt ist die Unterzeichnung des Beschlusses über die Ablehnung. Das Ablehnungsgesuch allein macht den Richter noch nicht zu einem abgelehnten Richter, sodass er weiter alle Verfahrenshandlungen vornehmen kann. Gleiches gilt, wenn das FG ein Befangenheitsgesuch ablehnt. Da keine Beschwerde gegen die Zurückweisung eines Befangenheitsgesuchs gegeben ist (§ 128 Abs. 2 FGO), kann jedoch gegen die zu Unrecht erfolgte Zurückweisung die Besetzungsrüge erhoben werden, da es an einer vorschriftsmäßigen Besetzung des Gerichts fehlt, wenn ein tatsächlich befangener, zu Unrecht nicht abgelehnter Richter an der Entscheidung mitwirkt (BFH v. 05.04.2017, III B 122/16, BFH/NV 2017, 1047). Bei der Rüge sind alle Umstände darzulegen, die die Besorgnis der Befangenheit des Richters begründen können. Der BFH hat dann die Frage der Befangenheit im Revisionsverfahren zu entscheiden. Dabei hat die Besetzungsrüge nur Aussicht auf Erfolg, wenn der Beschluss über eine Zurückweisung eines Ablehnungsgesuchs nicht nur fehlerhaft, sondern greifbar gesetzwidrig und damit willkürlich ist (BFH v. 20.04.2010, X S 42/09, BFH/NV 2010, 1468).

## III. Versagung rechtlichen Gehörs

Das in Art. 103 Abs. 1 GG verankerte Recht auf Gehör beinhaltet das Recht der Beteiligten an einem gerichtlichen Verfahren, sich vor Erlass der Entscheidung in tatsächlicher und rechtlicher Hinsicht zu äußern. Diesem Recht entspricht die Pflicht des Gerichts, Anträge und Ausführungen der Beteiligten zur Kenntnis zu nehmen und in Erwägung zu ziehen. Dabei ist das Recht auf Gehör nicht schon dann verletzt, wenn das FG in den Gründen seiner Entscheidung nicht auf jegliches Vorbringen eingeht, sondern erst dann, wenn sich im Einzelfall klar ergibt, dass das Gericht seiner Pflicht, das Vorbringen der Verfahrensbeteiligten zur Kenntnis zu nehmen und zu erwägen, nicht nachgekommen ist. Die für das Gericht bestehenden Verpflichtungen sind vielfältiger Art und auch durch die konkreten Umstände des Einzelfalles bestimmt. Der Verwirklichung dieser verfassungsrechtlich verankerten Garantie dienen insbes. §§ 93 Abs. 1, 96 Abs. 2, 119 Nr. 3 FGO und § 278 Abs. 3 ZPO i. V. m. § 155 FGO; darüber hinaus finden sich in zahlreichen anderen Vorschriften gesondert geregelte Einzelfälle, die dieser Garantie Rechnung tragen sollen. Mit dem Anspruch auf rechtliches Gehör korrespondiert ein gewisses Maß an Prozessverantwortung, die darin besteht, dass der Inhaber dieses Anspruchs im Prozess aktiv mitwirkt und die ihm gebotene Gelegenheit, sich Gehör zu verschaffen, nützt z. B. das Recht auf Akteneinsicht (§ 78 FGO) ausübt. Zu Einzelfällen der Verletzung rechtlichen Gehörs s. § 96 FGO Rz. 4 und 5. 12

Da die Verletzung des rechtlichen Gehörs zu den **verzichtbaren Rügen** gehört (§ 295 ZPO i. V. m. § 155 FGO), sollte die Verletzung des rechtlichen Gehörs nach Möglichkeit schon vor dem FG gerügt werden (BFH v. 26.01.1977, I R 163/74, BStBl II 1977, 348). Ist dies nicht geschehen, so ist in der Regel davon auszugehen, dass der Beteiligte auf eine entsprechende Rüge verzichtet (Verzichtswille ist nicht erforderlich) und deswegen sein Rügerecht verloren hat (st. Rspr., u. a. BFH v. 06.10.2010, V B 10/10, BFH/NV 2011, 276; BFH v. 06.12.2010, XI B 27/10, BFH/NV 2011, 645 m. w. N.; s. auch BVerwG v. 03.12.1979, 2 B 16/78, HFR 1981, 289). Diese Grundsätze gelten jedoch nicht ausnahmslos: Ist der Beteiligte vom Gericht in einer Weise unter Druck gesetzt worden, dass er außerstande war, seine Rechte in der mündlichen Verhandlung geltend zu machen, geht das Rügerecht nicht verloren (BFH v. 17.10.1979, I R 247/78, BStBl II 1980, 299; BFH v. 15.06.2000, IV B 6/99, BFH/NV 2000, 1445). 13

Die Rüge der Verletzung des Rechts auf Gehör ist nur dann schlüssig und damit zulässig erhoben, wenn substantiiert dargelegt wird, wozu sich der Kläger bzw. ein anderer Beteiligter (§ 57 FGO) infolge der Versagung des rechtlichen Gehörs nicht hat äußern können, was er bei ausreichender Gewährung des rechtlichen Gehörs noch 14 vorgetragen hätte und dass bei Berücksichtigung des übergangenen Vorbringens eine andere Entscheidung des FG möglich gewesen wäre (BFH v. 16.11.2016, II R 29/13, BStBl II 2017, 413). Dabei muss die behauptete Verletzung des rechtlichen Gehörs das Gesamtergebnis/den gesamten Streitstoff des Verfahrens erfassen. Bezieht sich der vermeintliche Gehörsverstoß dagegen nur auf einzelne Feststellungen/Teile des Streitstoffes, so ist die mögliche Kausalität des Verfahrensmangels für das Urteil darzulegen (BFH v. 10.11.2016, X B 85/16, BFH/NV 2017, 261). Insoweit schränkt die Rspr. die Wirkungen von § 119 Nr. 3 FGO als absolutem Revisionsgrund ein, da nach dem Wortlaut eine Kausalitätsprüfung gerade entbehrlich ist (zur Kritik *Seer* in Tipke/Kruse, § 119 FGO Rz. 60). Auf die Darstellung der Einzelheiten des angeblich nicht zur Kenntnis genommenen Vortrags kann ausnahmsweise dann verzichtet werden, wenn bereits das angefochtene Urteil klar erkennen lässt, dass dessen Nichtbeachtung die Entscheidung beeinflusste (BFH v. 23.10.1991, I R 5/91, BFH/NV 1992, 524).

## IV. Mängel der Vertretung

15 Nach § 119 Nr. 4 FGO ist absoluter Revisionsgrund, wenn ein Beteiligter im finanzgerichtlichen Verfahren nicht ordnungsgemäß vertreten war. Erfasst sind z. B. die Fälle, in denen ein Beteiligter keinen gesetzlichen Vertreter hatte oder es an der Prozess- oder Parteifähigkeit mangelte. Ein Mangel der Vertretung liegt auch dann vor, wenn das Gericht einen Prozessunfähigen zu unrecht als prozessfähig behandelt. Aber auch in bestimmten Prozesssituationen kann sich ein Mangel der Vertretung ergeben, wenn z. B. das Gericht ohne eine entsprechende Zustimmung der Beteiligten durch Urteil ohne mündliche Verhandlung entscheidet (BFH GrS 3/98, BStBl II 2001, 802; BFH v. 08.10.2012, I B 76, 77/12, BFH/NV 2013, 219; BFH v. 05.02.2014 XI B 7/13, BFH/NV 2014, 141), wenn das FG im Verfahren nach § 94 a FGO einen Antrag eines Beteiligten auf mündliche Verhandlung nicht beachtet oder es an einer wirksamen Ladung des Bevollmächtigten zum Termin fehlt. Auf das Fehlen eines Vertreters des gegnerischen Beteiligten kann sich der andere Prozessbeteiligte nicht berufen. Die gesetzliche Regelung dient nicht dem Schutz des Gegners (BFH v. 08.10.2012, I B 22/12, BFH/NV 2013, 389). Dagegen stellt die Beiladung nach Schluss der mündlichen Verhandlung und der fehlende Verzicht eines notwendig Beigeladenen auf die mündliche Verhandlung einen Verfahrensfehler dar, der von den anderen Beteiligten gerügt werden kann (BFH v. 08.06.2015, I B 13/14, BFH/NV 2015, 1695).

## V. Verletzung der Öffentlichkeit des Verfahrens

Die Voraussetzungen, ob ein Verfahren öffentlich geführt werden muss, ergeben sich aus § 52 FGO i. V. mit §§ 169 ff. GVG. § 119 Nr. 5 FGO bezieht sich ausdrücklich nur auf mündliche Verhandlungen, auch wenn sie in Beschlussverfahren stattfinden. Für Erörterungstermine gelten die Bestimmungen nicht; diese sind stets nicht öffentlich. Die Verletzung der Vorschriften über die Öffentlichkeit stellen aber nur dann einen absoluten Revisionsgrund dar, wenn in einem zwingend öffentlichen Verfahren die Öffentlichkeit nicht hergestellt war; dies entspricht dem Schutzzweck der Norm, der Öffentlichkeit eine »Kontrollmöglichkeit« einzuräumen (BFH v. 27.11.1991, X R 98–100/90, BStBl II 1992, 411; BFH v. 10.11.2005, VIII B 166/04, BFH/NV 2006, 752). Die Beschränkung der Öffentlichkeit muss durch das Gericht bewusst hergestellt worden sein oder auf dessen mangelnder Sorgfalt beruhen (BFH v. 21.03.1985, IV S 21/84, BStBl II 1985, 551; BFH v. 10.01.1995, IV B 108/94, BFH/NV 1995, 803). Ausreichend ist, wenn sich ein Zuschauer jederzeit Zugang verschaffen kann; auch wenn er erst nach Betätigen einer Klingel Einlass erhält oder eine Personenkontrolle durchgeführt wird. Ein fehlender Aufruf der Sache ist kein Verstoß gegen den Öffentlichkeitsgrundsatz. Gleiches gilt für eine unterlassene öffentliche Verkündung des Urteils (BFH v. 15.07.2015, II R 31/14, BFH/NV 2015, 1697). 1

Zu beachten ist, dass die Beteiligten – nicht aber die Behörde – den Ausschluss der Öffentlichkeit verlangen können (§ 52 Abs. 2 FGO).

Umgekehrt können die Beteiligten auch auf die Einhaltung der Vorschriften über die Öffentlichkeit verzichten; wegen dieser Möglichkeit des Rügeverzichts sollten etwaige Verstöße gegen Öffentlichkeitsgrundsätze bereits während der Verhandlung gerügt werden (auch s. Rz. 13; BFH v. 21.02.2017, IX B 126/16, BFH/NV 2017, 613)).

## VI. Fehlen der Entscheidungsgründe

§ 119 Nr. 6 FGO sanktioniert Fehler bei der Urteilsform. 17
Nach § 105 Abs. 2 Nr. 5 FGO muss das Urteil mit Entscheidungsgründen versehen sein; korrespondierend mit diesem Erfordernis stellt deren Fehlen einen absoluten Revisionsgrund dar. Für Mängel im Tatbestand gilt § 119 Nr. 5 FGO nicht, da die Vorschrift ausdrücklich auf die »Gründe« abstellt. Wann ein Urteil nicht mit Gründen versehen ist, ist daher nach dem Maßstab des § 105 Abs. 2 Nr. 5 FGO zu beurteilen. Insoweit ausführlich s. § 105 FGO Rz. 8 bis 11, 15.

## § 120 FGO
## Einlegung der Revision

(1) Die Revision ist bei dem Bundesfinanzhof innerhalb eines Monats nach Zustellung des vollständigen Urteils schriftlich einzulegen. Die Revision muss das angefochtene Urteil bezeichnen. Eine Ausfertigung oder Abschrift des Urteils soll beigefügt werden, sofern dies nicht schon nach § 116 Abs. 2 Satz 3 geschehen ist. Satz 3 gilt nicht im Falle der elektronischen Revisionseinlegung.

(2) Die Revision ist innerhalb von zwei Monaten nach Zustellung des vollständigen Urteils zu begründen; im Fall des § 116 Abs. 7 beträgt die Begründungsfrist für den Beschwerdeführer einen Monat nach Zustellung des Beschlusses über die Zulassung der Revision. Die Begründung ist bei dem Bundesfinanzhof einzureichen. Die Frist kann auf einen vor ihrem Ablauf gestellten Antrag von dem Vorsitzenden verlängert werden.

(3) Die Begründung muss enthalten:

1. die Erklärung, inwieweit das Urteil angefochten und dessen Aufhebung beantragt wird (Revisionsanträge);
2. die Angabe der Revisionsgründe, und zwar
   a) die bestimmte Bezeichnung der Umstände, aus denen sich die Rechtsverletzung ergibt;
   b) soweit die Revision darauf gestützt wird, dass das Gesetz in Bezug auf das Verfahren verletzt sei, die Bezeichnung der Tatsachen, die den Mangel ergeben.

**Inhaltsübersicht**



**Schrifttum**

S. Schrifttum zu Vor § 115 bis 134 FGO.

### A. Allgemeines

1 Die Vorschrift findet nur in den Fällen Anwendung, in denen die Revision zugelassen worden ist. Sie regelt in § 120 **Abs. 1 und Abs. 2** FGO die formellen Anforderungen an die Einlegung der Revision und bestimmt zudem den Lauf der Revisionsbegründungspflicht in den Fällen, in denen der BFH sie auf eine NZB zugelassen hat (s. § 116 Abs. 7 FGO). § 120 **Abs. 3** FGO bestimmt die Anforderungen für die Revisionsbegründung.

### B. Tatbestandliche Voraussetzungen

#### I. Einlegung der Revision

Die einmonatige **Revisionsfrist** (§ 120 Abs. 1 Satz 1 FGO) beginnt für jeden Beteiligten mit der Zustellung des vollständigen, d.h. mit Tatbestand und Entscheidungsgründen sowie den sonstigen in § 105 Abs. 2 FGO bezeichneten Bestandteilen versehenen Urteils. Ist ein Bevollmächtigter bestellt, ist an diesen zuzustellen. Die Zustellung an einen vertretenen Beteiligten ist unwirksam und löst den Lauf der Frist nicht aus (BFH v. 10.07.1997, V R 94/96, BStBl II 1997, 707). Bei mehreren Bevollmächtigten kommt es auf die erste Zustellung an. Wird ein Urteil ohne die im Urteilstenor getroffene Kostenentscheidung zugestellt, fehlt es an der Zustellung eines vollständigen Urteils, sodass die Revisionsfrist nicht zu laufen beginnt (BFH v. 23.10.1975, VIII R 99/75, BStBl II 1976, 296). Fehlt dem Urteil eine Rechtsbehelfsbelehrung oder ist die Belehrung fehlerhaft, weil z.B. auf einen falschen Rechtsbehelf hingewiesen wird, beginnt die Revisionsfrist ebenfalls nicht zu laufen; es gilt die Jahresfrist gem. § 55 Abs. 1 FGO (BFH v. 12.05.2011, IV R 37/09, BFH/NV 2012, 41). Wird das Urteil des Finanzgerichts gem. § 109 FGO ergänzt, so beginnt u.E. auch für das ursprüngliche, ergänzungsbedürftige (und daher i.S. des § 120 Abs. 1 FGO unvollständige) Urteil die Revisionsfrist mit der Zustellung des Ergänzungsurteils erneut zu laufen (BFH v. 19.07.2013, X R 37/10, BFH/NV 2014, 347). Lehnt das FG die Ergänzung ab, bleibt es aber bei der ursprünglichen Frist (s. BFH v. 24.01.1979, II R 108/77, BStBl II 1979, 373). Die Revision ist beim BFH (nicht beim FG!) einzulegen. Maßgeblich ist der Zugang des Schriftstückes beim BFH. Im Zweifel hat der Revisionskläger den Zugang nach allgemeinen Beweisregeln nachzuweisen. Das Einlegen der Revision beim FG wahrt die Frist nicht. Leitet das FG die Revision weiter, ist der Tag des Eingangs beim BFH maßgebend. Die Revisionsfrist ist eine Ausschlussfrist, daher nicht verlängerungsfähig. Bei Fristversäumung geht das Rechtsmittel für den Betroffenen verloren, es sei denn, dass mangelndes Verschulden zur Wiedereinsetzung in den vorigen Stand führt (§ 56 FGO). In den Fällen der Einlegung beim falschen Gericht (FG) wird die Fristversäumnis regelmäßig verschuldet sein. 2

Im Übrigen entsprechen die formellen Anforderungen denen der Einlegung der NZB. Die Revisionsfrist für die vom FG zugelassene Revision (zur Zulassung durch den BFH s. § 116 FGO Rz. 31) knüpft an die **Zustellung** des Urteils an, die Revision muss **schriftlich** durch einen nach 3

§ 62 FGO Vertretungsberechtigten erfolgen und **unbedingt** sein (daher s. § 116 FGO Rz. 4 bis 6). Für die Einhaltung der Schriftform reicht aus, wenn einer nicht unterzeichneten Urschrift eine vom Bevollmächtigten eigenhändig beglaubigte Abschrift beigefügt ist (BFH v. 17.05.2011 VII R 47/10, BFH/NV 2011, 1621). Nach § 120 Abs. 1 Satz 2 FGO muss die Revision das angefochtene Urteil **bezeichnen**; dazu gehört auch die Angabe, für wen Revision eingelegt wird, also wer Revisionskläger ist. Nach § 120 Abs. 1 Satz 3 FGO **soll** eine Ausfertigung oder Abschrift des angefochtenen Urteils beigefügt werden; auch insoweit gelten die gleichen Grundsätze wie für die Einlegung der NZB (s. § 116 FGO Rz. 7). Bei elektronischer Einlegung der Revision ist das Beifügen einer Ausfertigung oder einer Abschrift des Urteils verzichtbar (§ 120 Abs. 1 Satz 4 FGO). Dies liegt im Interesse der Verfahrensvereinfachung durch EDV-Nutzung im Rahmen des elektronischen Rechtsverkehrs. Fehlende oder fehlerhafte Angaben können noch bis zum Ablauf der Revisionsfrist, nicht aber bis zum Ablauf der Begründungsfrist (BFH v. 30.04.1980, VIII R 94/74, BStBl II 1980, 588), nachgeholt werden (BFH v. 26.03.1991, VIII R 2/88, BFH/NV 1992, 177). Mängel bei der Bezeichnung des Urteils sind unschädlich, wenn die fehlenden Angaben bis zum Ende der Revisionsfrist aus sonstigen Umständen festgestellt werden können, z. B. aus der beigefügten Urteilsabschrift (BFH v. 31.01.2017, IX R 19/16, BFH/NV 2017, 885).

## II. Begründung der Revision

### 1. Begründungsfrist

4 Die vom FG zugelassene Revision muss innerhalb von **zwei Monaten** nach Zustellung des vollständigen Urteils **schriftlich begründet** werden (zur Schriftform und zum elektronischen Rechtsverkehr s. § 64 FGO Rz. 2 und Erläuterungen s. § 52a FGO). Die Begründung ist – wie die Revision selbst – beim BFH (nicht beim FG!) einzureichen (§ 120 Abs. 2 Satz 2 FGO).

Lässt der BFH die Revision auf die NZB zu, wird das vorherige NZB-Verfahren ohne Antrag oder die Notwendigkeit einer Revisionszulassung als Revisionsverfahren fortgeführt (§ 116 Abs. 7 FGO). Da in diesem Fall die Frist für die Begründung nicht an die Zustellung des Urteils anknüpfen kann, sieht das Gesetz eine Begründungsfrist **von einem Monat** vor. Die Frist beginnt mit der Zustellung des Beschlusses über die Zulässigkeit der Revision zu laufen (§ 120 Abs. 3 Satz 1 FGO). Diese Frist gilt nur für den Beschwerdeführer; für die weiteren Beteiligten richtet sich die Frist nach § 116 Abs. 7 Satz 2 FGO (s. § 116 FGO Rz. 31).

Der Lauf der Revisionsbegründungsfrist wird durch einen ggf. gestellten Antrag, das Ruhen des Verfahrens anzuordnen, nicht berührt (BFH v. 09.05.1985, V R 192/84, BStBl II 1985, 552; BFH v. 29.10.2012, VI R 30/12, BFH/NV 2013, 232). Endet der Fristlauf an einem Sonnabend, Sonntag oder einem gesetzlichen Feiertag, verlängert sich die Frist bis zum Ablauf des nächsten Werktages. Heiligabend und Silvester stehen einem Sonnabend nicht gleich.

Die Begründungfrist läuft auch dann, wenn die Frist zur Einlegung der Revision versäumt wurde und zwar auch dann, wenn der BFH Wiedereinsetzung in die versäumte Einlegungsfrist gewährt. Insoweit ist die Begründungsfrist eine eigenständige, von der Revisionseinlegung unabhängige Frist. Eine Verknüpfung beider Fristen besteht nicht (mehr).

Nach § 120 Abs. 2 Satz 3 FGO kann die Revisionsbegründungsfrist auf einem **vor ihrem Ablauf** gestellten Antrag von dem Vorsitzenden – bei Verhinderung durch dessen Vertreter – **verlängert werden**. Der **schriftlich** zu stellende Antrag (BFH v. 26.09.2007, III R 18/05, BFH/NV 2008, 229) muss spätestens am letzten Tag des Fristlaufs beim BFH eingegangen sein; ein später eingegangener Verlängerungsantrag ist nicht zu beachten und macht die Revision unzulässig (BFH v. 08.11.2012, VI R 25/12, BFH/NV 2013, 235). Beim elektronischen Rechtsverkehr ist ein elektronischer Antrag ausreichend. Auch für den Verlängerungsantrag besteht **Vertretungszwang**. Die auf einen ohne Vertreter gestellten Antrag verfügte Fristverlängerung ist jedoch wirksam (BFH v. 24.06.2015, I R 13/13, BStBl II 2016, 971). Bei einem rechtzeitig eingegangenen Antrag ist es unschädlich, wenn der Vorsitzende erst nach Ablauf der Frist über die Verlängerung entscheidet. Die Entscheidung steht im **Ermessen** des Vorsitzenden. Lehnt der Vorsitzende den Verlängerungsantrag ab, ist die Revision innerhalb der ursprünglichen Frist zu begründen; deshalb ist vor Verlängerungsanträgen unmittelbar vor Fristablauf zu warnen. Ermessensgerecht kann es auch sein, die Frist für einen anderen als den beantragten Zeitraum zu verlängern. In diesem Fall gilt die neu bestimmte Frist. Einer Zustellung der Entscheidung bedarf es nicht, kann aber zum Nachweis der neuen Frist tunlich sein. Eine einfache Mitteilung an den Antragsteller reicht aber gleichwohl aus; im Zweifel ist der Bevollmächtigte gehalten, sich zu erkundigen, ob und in welchem Umfang dem Fristverlängerungsantrag stattgegeben wurde. Die Fristverlängerung wirkt nur gegenüber dem Beteiligten, der sie beantragt hat, nicht auch gegenüber den übrigen Beteiligten.

Anders als bei der NZB (s. § 116 FGO Rz. 8) ist die Verlängerungsmöglichkeit nicht auf einen Monat beschränkt. Der Vorsitzende kann also auch eine weitergehende Verlängerung gewähren. Auch eine wiederholte Verlängerung ist möglich, erfordert aber eine vorherige Anhörung des Gegners.

Weder die Entscheidung über die Verlängerung noch über deren Ablehnung ist mit Rechtsmitteln anfechtbar; allerdings sollte in der anschließenden Entscheidung des

BFH über die Revision zum Ausdruck kommen, warum die Verlängerung verweigert wurde.

Wird die Revisionsbegründungfrist versäumt, kommt unter den Voraussetzungen des § 56 FGO **Wiedereinsetzung in den vorigen Stand** in Betracht (BFH v. 15.12.2011, II R 16/11, BFH/NV 2012, 593). Dies gilt auch dann, wenn die Frist deshalb versäumt wird, weil ein Verlängerungsantrag verspätet gestellt oder abgelehnt wurde. Wiedereinsetzung kann nur gewährt werden, wenn innerhalb der zweiwöchigen Wiedereinsetzungsfrist die Revisionsbegründung eingereicht wird (BFH v. 01.12.1986, GrS 1/85, BStBl II 1987, 264; BFH v. 08.11.2012, VI R 25/12, BFH/NV 2013, 235; s. auch BVerwG v. 25.06.1996, 9 C 7/96, NJW 1996, 2808); die Anbringung eines Antrags auf Verlängerung der Revisionsbegründungsfrist genügt nicht. Für einen derartigen Antrag kann Wiedereinsetzung deshalb nicht verlangt werden, weil die erwartete Prozesshandlung, die fristgemäß vorzunehmen versäumt wurde, die Begründungsschrift ist. Tritt die Wiedereinsetzungsfrist (§ 56 Abs. 2 FGO) an die Stelle der Revisionsbegründungsfrist, kommt Fristverlängerung nicht mehr in Betracht.

Zur **Anschlussrevision** s. Vor §§ 115 bis 134 FGO Rz. 16.

## 2. Inhalt der Revisionsbegründung

### a) Revisionsanträge

8 Zur Begründung der Revision gehört die Erklärung, inwieweit das Urteil angefochten und dessen Aufhebung beantragt wird, die sog. Revisionsanträge (§ 120 Abs. 3 Nr. 1 FGO):

Mit dem Antragserfordernis ist keine unnötige Formalisierung verknüpft; sondern sichergestellt, dass das Entscheidungsprogramm des Revisionsverfahrens klar bestimmt ist. Obwohl sinnvoll, ist ein **förmlicher Revisionsantrag nicht erforderlich**. Es genügt, wenn sich das Ziel der Revision eindeutig aus der Begründung ergibt; es muss sich aber eindeutig ergeben, in welchem Umfang sich der Revisionskläger durch das angefochtene Urteil beschwert fühlt und inwieweit er dessen Aufhebung oder Änderung begehrt. Denn der Gegenstand des Revisionsverfahrens wird durch den Revisionsantrag bestimmt (BFH v. 28.05.2013, XI R 32/11, BStBl II 2014, 411 m. w. N.; BFH v. 21.01.2014, IX R 9/13, BFH/NV 2014, 745; BFH v. 28.01.2016, X B 128/15, BFH/NV 2016, 771). In geeigneten Fällen kann es ausreichen, wenn auf die Anträge im finanzgerichtlichen Verfahren Bezug genommen wird, insbes. dann, wenn die Klage abgewiesen wurde und das erstinstanzliche Begehren in vollem Umfang weiter verfolgt wird. Bei einem Teilobsiegen in der ersten Instanz, muss sich aus dem Revisionsantrag ergeben, welches Begehren noch weiter verfolgt wird. Dies gilt auch, wenn Gegenstand des Ausgangsverfahrens mehrere Steuerbescheide waren. Fehlen die Revisionsanträge, weil sich das Ziel der Revision auch nach dem gesamten Vorbringen nicht erkennen lässt, ist die Revision unzulässig (BFH v. 24.08.1976, VII R 104/75, BStBl II 1976, 788).

Nach Ablauf der Begründungsfrist ist eine **Erweiterung des Revisionsantrages** nicht mehr statthaft, es sei denn, dass die innerhalb der Frist gegebene Begründung die Erweiterung des Antrages deckt (BFH v. 26.11.1986, II R 32/83, BStBl II 1987, 101; BFH v. 13.05.2013, I R 39/11, BFH/NV 2013, 1284 m. w. N.). Auch ein **Nachschieben von Revisionsanträgen** nach Fristablauf ist nicht zulässig. Ebenso ist eine **Ergänzung ungenügender Anträge** nach Ablauf der Revisionsfrist ausgeschlossen. § 65 Abs. 2 FGO und § 76 FGO gelten nach § 121 FGO im Revisionsverfahren nur sinngemäß. Sie haben nur die Bedeutung, dass der Vorsitzende den Revisionskläger zur Präzisierung eines an sich schon ausreichenden Antrags zu veranlassen hat, weil dem Gericht der vom Gesetz zur Sachurteilsvoraussetzung erhobene bestimmte Antrag schon vorliegt, es die Erwiderung des Revisionsbeklagten kennt und es sich einen Überblick über den Prozessstoff verschaffen kann. Eine **Beschränkung** eines zunächst umfassend eingelegten Rechtsmittels in der Rechtsmittelbegründungsschrift auf einen Teil der im vorangehenden Klageverfahren angefochtenen Verwaltungsakte ist möglich und ist nicht als (kostenpflichtige) Teilrücknahme des Rechtsmittels anzusehen, sondern als von Anfang an lediglich beschränkte Anfechtung des finanzgerichtlichen Urteils (BFH v. 28.01.2016, X B 128/15, BFH/NV 2016, 771). 9

### b) Angabe der Revisionsgründe

Nach § 120 Abs. 3 Nr. 2 FGO muss die Begründung die Revisionsgründe angeben und zwar zum einen die bestimmte Bezeichnung der Umstände, aus denen sich die Rechtsverletzung ergibt (s. Rz. 11, 12) und zum anderen für die Verfahrensrüge weitergehend die Bezeichnung der Tatsachen, die den (Verfahrens)Mangel ergeben (s. Rz. 13–15). Die Differenzierung hat ihre Ursache darin, dass sich materiellrechtliche Mängel der Entscheidung des FG in aller Regel aus dem angefochtenen Urteil ergeben, während es bei Verfahrensmängeln auf den Ablauf des Verfahrens ankommt, der sich nur selten unmittelbar aus der Entscheidung entnehmen, sondern sich aus den Prozessakten ergibt. Welche Rügen der Revisionskläger erhebt und welche Begründungsanforderungen dementsprechend erfüllt sein müssen, ist durch **Auslegung** zu ermitteln. 10

Für die **Bezeichnung der Umstände, aus denen sich die Rechtsverletzung** ergibt, ist nicht erforderlich, dass der Revisionskläger die aus seiner Sicht unzutreffend angewandte Rechtsnorm ausdrücklich benennt. Da der BFH aber nur die Rechtsanwendung des FG zu überprüfen hat, muss sich aus dem Vorbringen zumindest mittelbar er- 11 geben, welchen Rechtsverstoß das FG begangen haben soll. In der Regel erfordert dies, dass sich der Revisionskläger mit den Tatbestandsmerkmalen der der Entscheidung zugrunde liegenden Rechtsnorm befasst und sich mit der diesbezüglichen Begründung des FG auseinandersetzt (BFH v. 18.06.2015, IV R 5/12, BStBl II 2015, 935; BFH v. 14.04.2016, VI R 13/14, BStBl II 2016, 778). Deshalb reicht auch umgekehrt die bloße Benennung einer vermeintlich verletzten Vorschrift nicht aus. Stützt sich der Revisionskläger auf die Verletzung ungeschriebener Rechtsgrundsätze, muss sich aus dem Vorbringen eindeutig ergeben, welcher Rechtsgrundsatz Anwendung findet und wodurch das FG diesen verletzt haben soll. Diese strengen Anforderungen, die auch im Gesetzeswortlaut zum Ausdruck kommen (»bestimmte Bezeichnung der Umstände«) finden ihre Rechtfertigung darin, dass der BFH schon aufgrund des Vorbringens des Revisionsklägers in die Lage versetzt werden soll, die maßgeblichen Streitpunkte zu erkennen (Entlastungsgedanke) – auch wenn der BFH bei der rechtlichen Würdigung nicht an die vorgebrachten Rügen gebunden ist. Zugleich soll damit bewirkt werden, dass sich der Revisionskläger mit seinem eigenen Vorbringen erneut befasst (BFH v. 21.08.1996, I R 80/95, BStBl II 1997, 134). Auf diese Weise werden Revisionen »ins Blaue hinein« vermieden. Diesen Vorgaben entspricht es, dass der Revisionskläger bei Entscheidungen des FG, die auf **verschiedene rechtliche Erwägungen** gestützt sind, auf jede dieser eingehen muss, da er ansonsten das Risiko eingeht, dass die Revision unzulässig ist.

12 Keinesfalls ausreichend sind nur **formelhafte Erwägungen**, die keinen Bezug zur angefochtenen Entscheidung aufweisen, bei Rüge der Verfassungswidrigkeit z. B. nur die unspezifizierte Angabe eines abstrakten Verfassungsgrundsatzes. Auch die Bezugnahme auf die Klageschrift genügt nicht, ebenso wenig die wörtliche Wiedergabe früherer schriftlicher Ausführungen zur Klagebegründung; auch nicht der bloße Hinweis auf einen bestimmten Steuerrechtskommentar bzw. sonstige Literaturstellen ohne Darstellung, welche Auffassung – bezogen auf den Streitfall – dort vertreten wird und erst recht nicht die bloße Einreichung einer Abschrift der Einspruchsbegründung. Die Bezugnahme auf das Vorbringen in einer parallelliegenden Revisionssache kann nur dann als ausreichend angesehen werden, wenn der Revisionsbegründung eine Abschrift des in der anderen Sache eingereichten Schriftsatzes beigefügt und ausdrücklich zum Gegenstand des Verfahrens gemacht ist. Das gilt auch dann, wenn das angefochtene Urteil auf das in der anderen Sache angefochtene Urteil Bezug nimmt (zu den Voraussetzungen allgemein BFH v. 25.08.2006, VIII B 13/06, BFH/NV 2006, 2122 m. w. N.). Allein der gleichzeitige Eingang beider Revisionsbegründungsschriften macht die Bezugnahme nicht zulässig (BFH v. 30.06.1987, VIII R 104/83, BFH/NV 1988, 306). Auch kann die Bezugnahme auf das schriftliche Gutachten eines privaten Sachverständigen die eigene verantwortliche Stellungnahme des Prozessbevollmächtigten zur Würdigung des Streitstoffes nicht ersetzen; sie stellt selbst dann die unzureichende Einreichung einer fremden Begründung dar, wenn der Bevollmächtigte sie sich zu eigen macht (BFH v. 16.10.1984, IX R 177/83, BStBl II 1985, 470). Dagegen reicht die Bezugnahme auf die Begründung der NZB ausnahmsweise aus, allerdings nur, wenn diese Begründung auch unter Berücksichtigung des Zulassungsbeschlusses ihrem Inhalt nach zur Begründung der Revision genügt (BFH v. 12.05.2011, IV R 36/09, BFH/NV 2011, 2092); das ist nicht der Fall, wenn mit der Beschwerde mehrere Zulassungsgründe geltend gemacht worden waren und die Revisionsbegründung nicht erkennen lässt, auf welchen dieser Gründe die Revision gestützt werden soll.

Wenn als Rechtsverletzung geltend gemacht wird, dass das Gesetz in Bezug auf das Verfahren verletzt ist (Verfahrensrüge), reicht es nicht aus, nur die Umstände darzulegen, die die Annahme einer Rechtsverletzung rechtfertigen. Vielmehr müssen auch die **Tatsachen** bezeichnet werden, aus denen sich der Verfahrensmangel ergibt. Ebenso wie bei der Rüge der Verletzung materiellen Rechts ausreichend sein kann, auf die Begründung der NZB Bezug zu nehmen, wenn diese Begründung ihrem Inhalt nach zur Begründung der Revision genügt, reicht auch bei Rüge eines Verfahrensmangels die Bezugnahme auf die Begründung der NZB aus, wenn diese ihrem Inhalt nach zur Begründung der Revision genügt und das Revisionsgericht aufgrund der Beschwerdebegründung in seinem die Revision zulassenden Beschluss das Vorliegen des Verfahrensmangels bejaht hat (BFH v. 18.03.1981, I R 102/77, BStBl II 1981, 578; BFH v. 04.09.2008, VII R 46/07, BFH/NV 2009, 38). **Prozessvoraussetzungen** brauchen nicht gerügt zu werden, sondern sind von **Amts wegen nachzuprüfen**. Im Übrigen müssen die als mangelhaft gerügten Prozessvorgänge genau und bestimmt beschrieben werden; der Revisionskläger darf sich nicht darauf verlassen, dass sie das Gericht den Akten entnehmen könnte (u. a. BFH v. 05.09.1990, X B 150/89, BFH/NV 1991, 329; BFH v. 10.07.2002, X B 170/00, BFH/NV 2002, 1481 m. w. N.). Wird zur Bezeichnung der Tatsachen, die den Mangel ergeben, auf den Inhalt umfangreicher Akten hingewiesen, müssen die einschlägigen Aktenstellen genau angegeben werden (BFH v. 08.11.1973, V R 130/69, BStBl II 1974, 219; BFH v. 25.03.2010, X B 176/08, BFH/NV 2010, 1455; BFH v. 25.01.2011, V B 154/09, BFH/NV 2011, 822). Bei der Rüge der **nichtvorschriftsmäßigen Besetzung** des Gerichts müssen konkrete Anhaltspunkte für die Fehlerhaftigkeit der Besetzung dargelegt werden; bei Einwendungen gegen den Geschäftsverteilungsplan müssen diejenigen Tatsachen vorgetragen werden, aus denen sich ergibt, dass für die Verteilung der Geschäfte will- 13 kürliche Erwägungen maßgebend waren (BFH v. 06.10.1988, IV R 11/87, BFH/NV 1989, 442). Bei der **Rüge mangelnder Sachaufklärung** hinsichtlich angeblich **übergangener Beweisantritte** ist das Beweisthema anzugeben und die Stelle zu bezeichnen, wo der Beweisantritt erfolgt ist, ferner darzulegen, weshalb die Vorentscheidung auf einem solchen Verfahrensfehler beruhen kann und was das Ergebnis der Beweisaufnahme gewesen wäre (u.a. BFH v. 09.07.1998, V R 68/96, BStBl II 1998, 637; BFH v. 23.04.2009, X B 214/08, BFH/NV 2009, 1270 m.w.N.). Die Rüge der Nichtvernehmung von Zeugen ist nur dann ordnungsmäßig erhoben, wenn die Namen der Zeugen und das Beweisthema in der Revisionsbegründung (oder im angefochtenen Urteil) bezeichnet werden. Wird die Nichtberücksichtigung eines **mündlich gestellten Beweisantrags** gerügt, bedarf es ferner der Darlegung, warum eine Protokollierung unterblieben ist und dass von der Möglichkeit eines Antrags auf Protokollberichtigung Gebrauch gemacht wurde (BFH v. 04.03.1992, II B 201/91, BStBl II 1992, 562; BFH v. 14.12.2012, XI R 8/11, BFH/NV 2013, 596). Zur Revisionsrüge **unterlassener Ermittlungen** gehört nicht nur die Darstellung der ermittlungsbedürftigen Punkte, sondern auch die des aufgrund der Ermittlung zu erwartenden Ergebnisses und die genaue Angabe der Tatsachen oder Beweismittel, denen das FG nicht nachgegangen ist, deren Benutzung sich aber dem FG auch ohne besonderen Antrag als noch erforderlich hätte aufdrängen müssen (u.a. BFH v. 25.10.1977, VII R 5/74, BStBl II 1978, 274; BFH v. 23.04.2009, X B 214/08, BFH/NV 2009, 1270).

14 Ein Verfahrensmangel kann nicht mehr mit Erfolg geltend gemacht werden, wenn er eine Verfahrensvorschrift betrifft, auf deren Beachtung die Beteiligten verzichten können und verzichtet haben (**Verlust des Rügerechts**; § 295 ZPO i.V.m. § 155 FGO). Zu diesen gehören

- Nichteinhaltung von Ladungsfristen (§ 91 Abs. 1 FGO),
- Verwertung einer Zeugenaussage, obwohl der Zeuge nicht über ein ihm zustehendes Aussageverweigerungsrecht belehrt wurde,
- Unterlassene Protokollierung,
- Verletzung des Grundsatzes der Unmittelbarkeit der Beweisaufnahme,
- Übergehen eines Beweisantrags und Verletzung der Sachaufklärungspflicht,
- Öffentlichkeit des Verfahrens,
- Grundsatz rechtlichen Gehörs.

Das Rügerecht geht in diesen Fällen nicht nur durch eine (ausdrückliche oder konkludente) Verzichtserklärung gegenüber dem FG verloren, sondern auch durch das bloße Unterlassen einer rechtzeitigen Rüge; ein Verzichtswille ist nicht erforderlich (st. Rspr. vgl. BFH v. 28.03.2007, V B 210/05, BFH/NV 2007, 1720; BFH v. 06.10.2010, V B 10/10, BFH/NV 2011, 276 m.w.N.). Der Verfahrensmangel muss in der nächsten mündlichen Verhandlung gerügt werden, in der der Rügeberechtigte erschienen ist; verhandelt er zur Sache, ohne den Verfahrensmangel zu rügen, obwohl er ihn kannte oder kennen musste, verliert er das Rügerecht (§ 295 Satz 1 ZPO i.V.m. § 155 FGO).

Ein Verlust des Rügerechts ist ausgeschlossen, wenn der Verfahrensmangel in einer nicht vorschriftsmäßigen Besetzung des Gerichts liegt; die Gewährleistung des Rechtsschutzes durch den gesetzlichen Richter steht nicht zur Disposition der Beteiligten (BFH v. 17.06.2011, XI B 21–22/10, BFH/NV 2012, 46).

Eine fehlende oder in wesentlicher Hinsicht unvollständige Revisionsbegründung hat die Verwerfung der Revision als unzulässig zur Folge (§ 124 FGO). 15

## § 121 FGO Verfahrensvorschriften

**Für das Revisionsverfahren gelten die Vorschriften über das Verfahren im ersten Rechtszug und die Vorschriften über Urteile und andere Entscheidungen entsprechend, soweit sich aus den Vorschriften über die Revision nichts anderes ergibt. § 79a über die Entscheidung durch den vorbereitenden Richter und § 94a über das Verfahren nach billigem Ermessen sind nicht anzuwenden. Erklärungen und Beweismittel, die das Finanzgericht nach § 79b zu Recht zurückgewiesen hat, bleiben auch im Revisionsverfahren ausgeschlossen.**

Die Norm dient der Vervollständigung der Vorschriften über die Revision, deren verfahrensmäßige Ausgestaltung in den § 115 ff. FGO nur hinsichtlich der revisionsrechtlichen Besonderheiten geregelt ist. Auf das Beschwerdeverfahren kann § 121 FGO sinngemäße Anwendung finden (BFH v. 11.01.2012, VII B 171/11, BFH/NV 2012, 756). Verwiesen wird (in § 121 **Satz 1** FGO) nur auf die Vorschriften über das **Verfahren im ersten Rechtszug** (§§ 63 bis 94 FGO; die Anwendung des § 94a FGO schließt § 121 Satz 2 FGO ausdrücklich aus) und diejenigen über **Urteile und andere Entscheidungen**, allerdings mit der – selbstverständlichen – Einschränkung, dass die Vorschriften über die Revision keine vorrangig anzuwendenden Regelungen enthalten. Da die in Bezug genommenen Vorschriften vorrangig auf die erstinstanzlichen Anforderungen zugeschnitten sind, wird zutreffend nur eine entsprechende Geltung angeordnet. Deshalb bedarf es bei jeder Vorschrift der Prüfung, ob die Vorschrift Anwendung finden kann. 1

Die **allgemeinen Verfahrensvorschriften** (§§ 51 bis 62 FGO) haben unmittelbar Geltung auch im Revisionsverfahren, soweit sie nicht – wie z.B. § 57 FGO durch § 122 Abs. 1 FGO, § 60 FGO durch § 123 FGO durch eigenständige Vorschriften oder durch die sinngemäße Geltung der 2

Vorschriften der ZPO über § 155 FGO – ersetzt oder abbedungen oder – wie § 51 Abs. 2 und 3 FGO soweit sie ehrenamtliche Richter betreffen – ohne Bedeutung sind.

3 Nicht bzw. grundsätzlich nicht entsprechend anwendbar sind z. B. §§ 63 bis 67 FGO, § 72 FGO mit Ausnahme von § 72 Abs. 2 Satz 2 FGO (s. § 125 FGO), § 76 Abs. 1 FGO sowie §§ 81 bis 89 FGO (s. § 118 Abs. 2 FGO); eine Ausnahme gilt nur in Bezug auf das Vorliegen der Sachentscheidungsvoraussetzungen (beider Instanzen), der Einhaltung der Grundordnung des Verfahrens sowie wegen wesentlicher Verfahrensmängel, in diesen Fällen ist der BFH zu eigenen Ermittlungen berufen, §§ 98, 99 FGO (dem Revisionsverfahren fremd) sowie § 109 FGO (Tatbestandsberichtigungsantrag unzulässig, s. schon BFH v. 11.02.1965, IV 102/64 U, BStBl III 1965, 268).

4 § 121 Satz 2 FGO schließt die Anwendung von § 79a FGO über die Entscheidung durch den vorbereitenden Richter und § 94a FGO über das Verfahren nach billigem Ermessen ausdrücklich aus.

Eine Übertragung des Rechtsstreits auf den Einzelrichter nach § 6 FGO ist für das Revisionsverfahren zwar nicht ausdrücklich ausgeschlossen, ergibt sich aber daraus, dass § 121 FGO auf die Vorschriften über die Gerichtsverfassung nicht verweist.

5 § 121 Satz 3 FGO stellt die Fortwirkung der Präklusion im Revisionsverfahren klar.

## § 122 FGO
## Beteiligte am Revisionsverfahren

**(1) Beteiligter am Verfahren über die Revision ist, wer am Verfahren über die Klage beteiligt war.**

**(2) Betrifft das Verfahren eine auf Bundesrecht beruhende Abgabe oder eine Rechtsstreitigkeit über Bundesrecht, so kann das Bundesministerium der Finanzen dem Verfahren beitreten. Betrifft das Verfahren eine von den Landesfinanzbehörden verwaltete Abgabe oder eine Rechtsstreitigkeit über Landesrecht, so steht dieses Recht auch der zuständigen obersten Landesbehörde zu. Der Senat kann die zuständigen Stellen zum Beitritt auffordern. Mit ihrem Beitritt erlangt die Behörde die Rechtsstellung eines Beteiligten.**

1 Am Revisionsverfahren nehmen nur diejenigen teil, die aufgrund von § 57 FGO am Klageverfahren beteiligt waren; sie werden mit der Einlegung der Revision eo ipso Beteiligte des Revisionsverfahrens. Maßgeblich ist die tatsächliche Beteiligung (BFH v. 04.12.2012, I B 72/12, BFH/NV 2013, 565; BFH v. 20.12.2013, IX R 33/12, BFH/NV 2014, 557), die aber dann nicht mehr gegeben ist, wenn sich der Rechtsstreit in der Hauptsache erledigt hat (BFH v. 14.11.1989, VIII R 302/84, BStBl II 1989, 697; BFH v. 31.08.2000, VIII R 33/00, BFH/NV 2001, 320), sodass z. B. auch der zu Unrecht Beigeladene Beteiligter ist, während der zu Unrecht nicht Beigeladene nicht am Revisionsverfahren beteiligt ist (zur Möglichkeit der Beiladung im Revisionsverfahren s. § 123 FGO Rz. 3). Bei Verbindung von Verfahren verschiedener Kläger (bzw. subjektiver und objektiver Klagenhäufung) ist – soweit diese nicht eine notwendige Beiladung ersetzt (§ 73 Abs. 2 FGO) – zu beachten, dass an dem nur von einem Kläger angestrengten Revisionsverfahren der oder die weiteren Kläger an diesem nicht beteiligt sind. Hat das FG nach Verbindung die Klage eines der Kläger abgewiesen, der Klage des anderen aber ganz oder teilweise entsprochen, ist der vollunterlegene Kläger nicht Beteiligter im Verfahren über eine nur von der beklagten Behörde eingelegten Revision (BFH v. 22.11.1988, VIII R 90/84, BStBl II 1989, 326). Zur Frage des automatischen Eintritts einer neu zuständig gewordenen Behörde in die Beteiligtenposition s. § 63 FGO Rz. 7. Eine erkennbar unrichtige Bezeichnung der Beteiligtenbezeichnung kann im Revisionsverfahren berichtigt werden (s. BFH v. 28.11.1991, X R 35/90, BStBl II 1992, 741; BFH v. 31.07.2013, V B 66/12, BFH/NV 2013, 1933).

Auf das Verfahren der NZB findet § 122 FGO entspre- 2
chende Anwendung, sodass auch Beigeladene grds. mit der Einlegung einer NZB durch einen der Beteiligten wiederum Beteiligte des Verfahrens über die NZBn werden (BFH v. 28.07.2004, IX B 27/04, BStBl II 2004, 895). Ein Grund, die analoge Anwendung auf bestimmte Zulassungsgründe (z. B. § 115 Abs. 2 Nr. 3 FGO) zu beschränken, ist nicht ersichtlich. Einer analogen Anwendung bedarf es aber dann nicht, wenn die NZB offensichtlich unzulässig ist (BFH v. 29.01.2013, I B 181/12, BFH/NV 2013, 757).

Die in § 122 Abs. 2 FGO genannten obersten Finanz- 3
behörden in Bund und Ländern können ihre Verwaltungsbelange (oberste Sachleitung) erst durch Beitritt in der Revisionsinstanz zur Geltung bringen; ein Beitrittsrecht im Klageverfahren (§ 61 FGO) steht ihnen nicht zu. Dem BMF steht das Beitrittsrecht bzgl. der auf Bundesrecht beruhenden Abgaben zu, den Landesfinanzbehörden nur für die von ihnen verwalteten Abgaben oder bzgl. Streitigkeiten über Landesrecht. Der BFH-Senat kann die zuständigen Stellen zum Beitritt auffordern. Die Aufforderung zum Beitritt steht im pflichtgemäßen Ermessen des Senates. Eine Verpflichtung besteht selbst dann nicht, wenn der Senat von einem BMF-Schreiben abweichen will (BFH v. 16.12.2015, IV R 15/14, BStBl II 2016, 284).

Die Aufforderung zum Beitritt nach § 122 Abs. 2 Satz 3 FGO erfolgt durch förmlichen Beschluss in der Besetzung mit fünf Richtern. Das BMF bzw. die oberste Landesfinanzbehörde brauchen der Aufforderung jedoch nicht Folge zu leisten. Die beigetretene oberste Finanzbehörde hat das Recht auf Stellungnahme und Gehör. Sie kann selbstständig Angriffs- und Verteidigungsmittel vorbringen und auch sonstige Verfahrenshandlungen vornehmen. Jedoch steht ihr keine Verfügung über den Streitgegenstand zu. Auch bedarf es für eine Entscheidung ohne mündliche Verhandlung keiner Zustimmung der Beigetretenen (BFH v. 11.11.2010, VI R 16/09, BStBl II 2011, 966; BFH v. 11.11.2010, VI R 17/09, BStBl II 2011, 969). Der Beigetretene ist auch nicht zur Stellung eines Antrags auf mündliche Verhandlung gegen einen Gerichtsbescheid berechtigt (BFH v. 16.12.2015, IV R 15/14, BStBl II 2016, 284). Die Rechtskraft der Entscheidung (§ 110 FGO) muss sie gegen sich gelten lassen. Die Regelungen zum Beitritt sind verfassungsgemäß (s. BFH v. 11.02.1994, III R 50/92, BStBl II 1994, 389; BFH v. 02.06.1992, VII R 35/90, BFH/NV 1993, 46 m.w.N.). Sie sollen es dem BMF ermöglichen, sich jederzeit in das Verfahren über eine Revision einzuschalten und entscheidungsrechtliche Gesichtspunkte geltend zu machen (BFH v. 25.06.1984 GrS 4/82, BStBl II 1984, 751) sowie zur sachgerechten Entscheidung in ein Verfahren Material einzuführen, das für die Rspr. sonst nur schwer zugänglich wäre (BFH v. 02.06.1992, VII R 35/90, BFH/NV 1993, 46). In einem Verfahren des vorläufigen Rechtsschutzes kommt ein Beitritt wegen der Besonderheit dieses Verfahrens als Eilverfahren nicht in Betracht; allerdings kann der BFH den Beitritt dulden (BFH v. 23.08.2007, VI B 42/07, BFH/NV 2007, 1998).

## § 123 FGO Unzulässigkeit der Klageänderung

**(1) Klageänderungen und Beiladungen sind im Revisionsverfahren unzulässig. Das gilt nicht für Beiladungen nach § 60 Abs. 3 Satz 1.**

**(2) Ein im Revisionsverfahren nach § 60 Abs. 3 Satz 1 Beigeladener kann Verfahrensmängel nur innerhalb von zwei Monaten nach Zustellung des Beiladungsbeschlusses rügen. Die Frist kann auf einen vor ihrem Ablauf gestellten Antrag von dem Vorsitzenden verlängert werden.**

1 Gegenstand der Prüfung des BFH im Revisionsverfahren ist die Prüfung des Urteils des FG in rechtlicher Hinsicht. Deshalb ist für die Entscheidung des BFH grundsätzlich der Sachverhalt maßgebend, der vom FG festgestellt wurde. **Klageänderungen** verändern den Prozessstoff auch in tatsächlicher Hinsicht, sodass hierfür im Revisionsverfahren kein Raum bleibt. Dies gilt auch für den Übergang von einer Anfechtungs- zu einer Verpflichtungsklage, z.B. wenn der Stpfl. statt einer Anfechtung der Steuerfestsetzung nunmehr den Erlass der Steuerforderung begehrt (BFH v. 11.02.2009, X R 51/06, BFH/NV 2009, 1273). Zum Begriff der Klageänderung s. § 67 FGO Rz. 4. Eine **Klageerweiterung** ist zwar keine Klageänderung, gleichwohl aber im Revisionsverfahren ausgeschlossen, weil es bzgl. der Erweiterung an einer vorhergehenden erstinstanzlichen Entscheidung fehlt (BFH v. 21.04.1983, IV R 217/82, BStBl II 1983, 532; BFH v. 01.06.2016, X R 43/14, BStBl II 2017, 55). Hingegen ist eine **Einschränkung** des Klage- bzw. Revisionsantrags zulässig (BFH v. 19.07.1994, VIII R 58/92, BStBl II 1995, 362). Auch der Übergang zu einer **Fortsetzungsfeststellungsklage** ist im Revisionsverfahren zulässig (BFH v. 21.02.2006, IX R 78/99, BStBl II 2006, 399).

Einen gesetzlich geregelten Sonderfall einer Klageände- 2
rung betrifft **§ 68 FGO**, wonach ein geänderter Verwaltungsakt automatisch, d.h. ohne Antrag, zum Gegenstand des Verfahrens wird. Dies führt auch im Revisionsverfahren dazu, dass sich der Streitgegenstand ändert. Insoweit erstreckt sich die Verweisung in § 121 FGO auch auf § 68 FGO, da revisionsrechtlich keine abweichende Behandlung geboten ist. Zudem geht § 127 FGO ausdrücklich von der Anwendbarkeit des § 68 FGO aus. Der Revisionskläger muss auf die Änderung des Verwaltungsaktes mit einer Anpassung des Klageantrages reagieren. Dafür gibt es verschiedene Möglichkeiten:

- Ist mit dem geänderten Verwaltungsakt dem Klage- und Revisionsbegehren vollumfänglich entsprochen, ist der Rechtsstreit für erledigt zu erklären, da ansonsten die Revision wegen nun fehlender Beschwer zurückzuweisen wäre.
- Bei einer Teilabhilfe muss der Antrag auf den verbleibenden streitigen Teil beschränkt werden.
- Hat die Änderung des Verwaltungsaktes zu einer Verböserung geführt, z.B. in Folge einer Betriebsprüfung, will der Revisionskläger aber den Änderungsumfang nicht anfechten, kann er den Antrag auf das bisherige Begehren beschränken. In diesem Fall wird der geänderte Verwaltungsakt zwar ebenfalls Gegenstand des Verfahrens, jedoch vermeidet der Revisionskläger hinsichtlich des neuen Teils das Kostenrisiko. Der BFH kann in diesem Fall ohne inhaltliche Berücksichtigung der neuen Regelungen des Verwaltungsaktes über die Revision entscheiden, da der Tatsachenstoff unverändert bleibt; einer Entscheidung nach § 127 FGO bedarf es nicht.
- Will der Revisionskläger auch gegen den verbösernden Teil des Verwaltungsaktes vorgehen, muss er den Antrag entsprechend fassen; dabei darf er wegen der Besonderheiten des § 68 FGO auch über den ursprünglichen Antrag hinausgehen. Die Entscheidung des BFH richtet sich in diesem Fall nach § 127 FGO; s. § 127 FGO Rz. 1.

Wer in der ersten Instanz vom Finanzgericht beigela- 3
den wurde, bleibt Verfahrensbeteiligter auch in der Revisionsinstanz, auch wenn er nicht selbst Revision eingelegt hat. Dies gilt auch dann, wenn das FG zu Unrecht beigeladen hat (BFH v. 17.03.2013, VI R 15/12, BFH/NV

2013, 1242). Neue **Beiladungen** sind im Revisionsverfahren **grundsätzlich unzulässig** (§ 122 Abs. 1 Satz 1 FGO). Eine Ausnahme sieht jedoch **§ 123 Abs. 1 Satz 2 FGO** für die Fälle der notwendigen Beiladung nach § 60 Abs. 3 Satz 1 FGO vor. Danach kann der BFH notwendige Beiladungen auch noch im Revisionsverfahren vornehmen. Die Entscheidung steht im **Ermessen** des BFH (u. a. BFH v. 17.04.2013, VI R 15/12, BFH/NV 2013, 1242). Sie dürfte nur dann sinnvoll sein, wenn auch in Folge der Beiladung nicht damit zu rechnen ist, dass weitere Sachverhaltsermittlungen notwendig werden, da der BFH in diesem Fall ohnehin nur eine Zurückverweisung an das FG in Betracht kommt. Ist die Notwendigkeit weiterer Ermittlungen voraus zu sehen, kann der BFH die FG-Entscheidung wegen Verfahrensmangels (unterlassene notwendige Beiladung) auch ohne Beiladung aufheben und zurückverweisen (BFH v. 21.02.2017, VIII R 24/16, BFH/NV 2017, 899); das FG hat dann im zweiten Rechtsgang die Beiladung nachzuholen.

4 Nach **§ 122 Abs. 2 FGO** kann der durch den BFH Beigeladene Verfahrensmängel nur binnen einer Frist von **zwei Monaten** nach Zustellung des Beiladungsbeschlusses rügen. Die Vorschrift dient der Prozessökonomie und soll vermeiden, dass der Beigeladene noch in einem späten Stadium des Verfahrens erreichen kann, dass die Sache an das FG zurückverwiesen wird. Insoweit besteht ein Zusammenhang mit § 126 Abs. 3 Satz 2 FGO, nach der eine Zurückverweisung schon bei einem berechtigten Interesse des Beigeladenen möglich ist (s. § 126 FGO Rz. 14). Auf die Zwei-Monats-Frist ist im Beiladungsbeschluss hinzuweisen. Die Frist kann vom Vorsitzenden – oder dessen Vertreter – auf einen vor Ablauf der Frist gestellten Antrag verlängert werden. Insoweit gelten die gleichen Grundsätze wie für die Verlängerung der Revisionsbegründungsfrist (s. § 120 FGO Rz. 6).

## § 124 FGO
## Prüfung der Zulässigkeit der Revision

**(1) Der Bundesfinanzhof prüft, ob die Revision statthaft und ob sie in der gesetzlichen Form und Frist eingelegt und begründet worden ist. Mangelt es an einem dieser Erfordernisse, so ist die Revision unzulässig.**

**(2) Der Beurteilung der Revision unterliegen auch diejenigen Entscheidungen, die dem Endurteil vorausgegangen sind, sofern sie nicht nach den Vorschriften dieses Gesetzes unanfechtbar sind.**

1 Der BFH hat die **Zulässigkeitsvoraussetzungen** der Revision **von Amts** wegen zu prüfen. Das Gesetz räumt dem BFH insoweit kein Ermessen ein (»prüft«).

Die Revision ist **statthaft**, wenn sie sich gegen ein Urteil oder gegen einen Gerichtsbescheid (§ 90 a Abs. 2 Satz 2 FGO) richtet und die Revision zugelassen ist. Dabei muss der BFH auch prüfen, ob die Revisionszulassung erfolgt ist. Die Zulässigkeit hängt des Weiteren davon ab, ob die Einlegung der Revision in der gesetzlich vorgeschriebenen **Frist** und **Form** erfolgt ist und begründet ist (§ 120 FGO). Diese ausdrücklich genannten Zulässigkeitsvoraussetzungen sind nicht abschließend. Der BFH hat vielmehr auch zu prüfen, ob die weiteren Sachentscheidungsvoraussetzungen erfüllt sind, z. B. Eröffnung des Finanzrechtswegs (§ 33 FGO), Zuständigkeit des BFH (§ 36 Nr. 1 FGO), Prozess- und Beteiligtenfähigkeit (§ 58 FGO; § 122 FGO), Postulationsfähigkeit (§ 62 a FGO), Beschwer, Rechtsschutzinteresse, weder Rechtsmittelverzicht noch Zurücknahme, keine anderweitige Rechtshängigkeit, keine entgegenstehende Rechtskraft). Fehlt eine der Sachentscheidungsvoraussetzungen, ist die Revision unzulässig und zu verwerfen (§ 126 Abs. 1 FGO; dort Rz. 3).

Über die Zulässigkeit der Revision kann vorab durch Zwischenurteil entschieden werden (§ 97 FGO).

Nach § 124 **Abs. 2** FGO unterliegen auch diejenigen 2
Entscheidungen, die dem Endurteil vorausgegangen sind, der Beurteilung der Revision im Zuge der Prüfung der Begründetheit, sofern sie nicht unanfechtbar sind. Unanfechtbar sind neben den Beschlüssen nach § 6 FGO (Einzelrichterübertragung) und § 60 a Satz 1 FGO (Beiladung in Massenverfahren), die Entscheidungen über die Zuständigkeit (§ 70 FGO) und die Rechtswegentscheidung (§ 17 a Abs. 5 GVG) sowie alle diejenigen Entscheidungen, die nach § 128 Abs. 2 FGO unanfechtbar sind (BFH v. 08.11.2016, IX R 20/16, BFH/NV 2017, 165). Dazu gehören insbes. auch Entscheidungen über Ablehnungsgesuche (BFH v. 20.06.2012, VII B 221/11, BFH/NV 2012, 1805; BFH v. 18.11.2013, X B 237/12, BFH/NV 2014, 369). Dies gilt jedoch nicht uneingeschränkt. Vielmehr beschränkt sich die Unanfechtbarkeit auf den Inhalt der Entscheidung als solche, sie erfasst aber nicht das Zustandekommen der Entscheidung. Deshalb können Verfahrensmängel durch den BFH beachtet werden, z. B. wenn die unanfechtbare Entscheidung **willkürlich** zustande gekommen ist, der Anspruch auf **rechtliches Gehör**, z. B. durch Ablehnung eines Vertagungsantrags, verletzt wurde oder ein **Verstoß** gegen den **gesetzlichen Richter** vorliegt. Das kann bei greifbarer Gesetzwidrigkeit oder einer willkürlichen Zurückweisung eines Ablehnungsgesuchs der Fall sein; eine Fehlerhaftigkeit der Ablehnung reicht jedoch nicht aus (BFH v. 14.12.2011, VIII B 26/10, BFH/NV 2012, 591). Ein Verstoß gegen den gesetzlichen Richter kann auch dann vorliegen, wenn die Übertragung auf den Einzelrichter (§ 6 FGO) verfahrensfehlerhaft erfolgt ist. Dazu reicht es aber u. E. nicht aus, wenn das Gericht die Frage der Einfachheit oder der grundsätzlichen Bedeutung anders beurteilt als der BFH; erforderlich ist vielmehr, dass sich die Übertragung auf den Einzelrichter als »greifbar gesetzwidrig« darstellt

(BFH v. 11.01.2011, VI B 60/10, BFH/NV 2011, 876 m.w.N.; BFH v. 18.11.2013, X B 237/12, BFH/NV 2014, 369; differenzierend der BFH v. 06.11.2006, II B 45/05, BFH/NV 2007, 466: Besetzungsrüge).

Darüber hinaus erstreckt sich die revisionsrechtliche Prüfung auch nicht auf dem Endurteil vorausgegangene Entscheidungen, die zwar mit der Beschwerde anfechtbar sind, aber nicht oder erfolglos angefochten wurden. Entscheidungen, die wie die Teil- und Zwischenurteile Gegenstand einer Revision sein können, können ohnehin nicht (ggf. nochmals) überprüft werden.

## § 125 FGO Rücknahme der Revision

**(1) Die Revision kann bis zur Rechtskraft des Urteils zurückgenommen werden. Nach Schluss der mündlichen Verhandlung, bei Verzicht auf die mündliche Verhandlung und nach Ergehen eines Gerichtsbescheides ist die Rücknahme nur mit Einwilligung des Revisionsbeklagten möglich.**

**(2) Die Zurücknahme bewirkt den Verlust des eingelegten Rechtsmittels.**

1 Die Vorschrift entspricht weitgehend § 72 FGO; s. deshalb auch die dort gegebenen Erläuterungen. Bei mehreren Revisionsklägern bleibt das Verfahren im Übrigen anhängig (s. BFH v. 31.08.2000, VIII R 33/00, BFH/NV 2001, 320). Andernfalls erfolgt Einstellung durch Beschluss mit der **Kostenfolge des § 136 Abs. 2 FGO**. Der Einstellungsbeschluss ist nur deklaratorischer Natur, weil sich die Rechtskraft bereits aus dem Gesetz (§ 125 Abs. 2 FGO) ergibt. Erklärt ein Beteiligter, der fristgemäß Revision eingelegt hat, dass er diese nur als unselbstständige Anschließung an die Revision seines Gegners aufrechterhalte, so liegt darin die Rücknahme seiner Hauptrevision und die gleichzeitige Einlegung einer Anschlussrevision (BFH v. 11.01.1972, VII R 26/69, BStBl II 1972, 351).

2 § 125 Abs. 1 Satz 1 FGO eröffnet dem Revisionskläger die Möglichkeit, die von ihm eingelegte Revision zurück zu nehmen; insoweit kann der Revisionskläger auch während des Klageverfahrens über den Streitgegenstand disponieren. Auch der vollmachtslose Vertreter kann die Revision zurücknehmen (BFH v. 03.08.2012, X B 25/11, BFH/NV 2013, 207). Es ist unerheblich, ob die Revision unzulässig oder unbegründet ist; auch eine unstatthafte Revision kann zurückgenommen werden. Der BFH kann die Rücknahme auch dann nicht hindern, wenn er die Revision für begründet oder eine Entscheidung des Revisionsgerichts für wünschenswert hält; insoweit geht die Dispositionsfreiheit des Revisionsklägers vor. Nur nach Maßgabe der in § 125 Abs. 1 Satz 2 FGO genannten Ausnahmefälle bedarf die Rücknahme einer Einwilligung des Revisionsbeklagten, die auch schon vor der Rücknahme erklärt werden kann (BFH v. 24.02.2011, VI R 51/10, BFH/NV 2011, 984).

Eine wirksame Rücknahme setzt eine entsprechende Erklärung durch den Revisionskläger voraus. Sie kann in der **mündlichen Verhandlung durch Erklärung zu Protokoll** oder außerhalb der Verhandlung **schriftlich** erfolgen. Darüber hinaus kann die Rücknahmeerklärung auch in elektronischer Form übermittelt werden, sofern die Voraussetzungen für die Nutzung des elektronischen Rechtsverkehrs erfüllt sind und insbes. eine Authentifizierung des Absenders möglich ist, wie z.B. durch eine digitale Signatur. Die Rücknahme kann nicht zu Protokoll der Geschäftsstelle erklärt werden. Die Rücknahmeerklärung muss **eindeutig** sein, d.h. es muss hinreichend erkennbar sein, dass das Rechtsmittel nicht weiter verfolgt werden soll. Der Begriff »Rücknahme« muss aber in der Erklärung nicht enthalten sein (BFH v. 31.10.2008, V B 99/08, BFH/NV 2009, 398). Eine bedingte Rücknahme ist nicht möglich, da die Rücknahmeerklärung als Prozesshandlung **bedingungsfeindlich** ist (BFH v. 23.08.2017, X R 9/15, n.v.). Nach Einführung des § 62 Abs. 4 FGO ist die Rücknahme **vom Vertretungszwang** umfasst (Änderung der Rechtsprechung: BFH v. 22.05.2017, X R 4/17, BFH/NV 2017, 1060). Die Rücknahme ist beim BFH zu erklären. Sie wird mit dem Zugang beim BFH, in den Fällen der Zustimmungsbedürftigkeit nach § 125 Abs. 1 Satz 2 FGO mit Eingang der Zustimmungserklärung des Revisionsbeklagten wirksam. 3

Nach § 125 **Abs. 2** FGO bewirkt die Rücknahme den Verlust des eingelegten Rechtsmittels. Dies bedeutet, dass die konkret eingelegte Revision gegenstandslos wird. Nach allgemeiner Ansicht (s. *Ruban* in Gräber, § 125 FGO Rz. 10 m.w.N.) schließt dies nicht aus, dass während der Laufs der Revisionsfrist erneut Revision eingelegt wird; dies dürfte indes kaum praktische Bedeutung haben. Ist die Revisionsfrist im Zeitpunkt der Rücknahme bereits abgelaufen, erwächst das erstinstanzliche Urteil in Rechtskraft. Kommt es zu einem **Streit über die Wirksamkeit der Rücknahme**, ist das Revisionsverfahren fortzuführen. War die Rücknahme wirksam, stellt dies der BFH in seiner Entscheidung fest; bei Unwirksamkeit wird das Verfahren bis zum Erlass eines Endurteils fortgeführt (BFH v. 20.06.2007, VI B 95/06, BFH/NV 2007, 1704). Eine ursprünglich unzulässige Revision kann durch Beschluss verworfen werden (BFH v. 16.02.2009, VII R 10/08, BFH/NV 2009, 955). Der – grds. mögliche – Erlass eines Zwischenurteils über die Unwirksamkeit der Rücknahme erscheint aus prozessökonomischen Gründen wenig sinnvoll, zumal diese Entscheidung nicht anfechtbar wäre. 4

Von der Rücknahme der Revision ist die auch während des Revisionsverfahrens noch mögliche (§ 72 Abs. 1 Satz 1 FGO: »bis zur Rechtskraft des Urteils«) **Rücknahme der Klage** zu unterscheiden. In diesem Fall stellt der BFH durch Beschluss die Wirkungslosigkeit der erstinstanzli- 5 chen Entscheidung fest (BFH v. 14.10.1992, IV R 123/92, BFH/NV 1993, 488). Bei gleichzeitiger Rücknahme von Klage und Revision treten die weitergehenden Wirkungen der Klagerücknahme ein.

## § 126 FGO
## Entscheidung über die Revision

**(1) Ist die Revision unzulässig, so verwirft der Bundesfinanzhof sie durch Beschluss.**

**(2) Ist die Revision unbegründet, so weist der Bundesfinanzhof sie zurück.**

**(3) Ist die Revision begründet, so kann der Bundesfinanzhof**

**1. in der Sache selbst entscheiden oder**
**2. das angefochtene Urteil aufheben und die Sache zur anderweitigen Verhandlung und Entscheidung zurückverweisen.**

**Der Bundesfinanzhof verweist den Rechtsstreit zurück, wenn der in dem Revisionsverfahren nach § 123 Abs. 1 Satz 2 Beigeladene ein berechtigtes Interesse daran hat.**

**(4) Ergeben die Entscheidungsgründe zwar eine Verletzung des bestehenden Rechts, stellt sich die Entscheidung selbst aber aus anderen Gründen als richtig dar, so ist die Revision zurückzuweisen.**

**(5) Das Gericht, an das die Sache zur anderweitigen Verhandlung und Entscheidung zurückverwiesen ist, hat seiner Entscheidung die rechtliche Beurteilung des Bundesfinanzhofs zugrunde zu legen.**

**(6) Die Entscheidung über die Revision bedarf keiner Begründung, soweit der Bundesfinanzhof Rügen von Verfahrensmängeln nicht für durchgreifend erachtet. Das gilt nicht für Rügen nach § 119 und, wenn mit der Revision ausschließlich Verfahrensmängel geltend gemacht werden, für Rügen, auf denen die Zulassung der Revision beruht.**

**Inhaltsübersicht**



**Schrifttum**

S. Schrifttum zu Vor § 115 bis 134 FGO.

### A. Allgemeines

§ 126 FGO regelt die Entscheidungsmöglichkeiten des BFH in Revisionsverfahren. Dabei ergibt sich nach der gesetzlichen Konzeption folgende Struktur: Unzulässige Revisionen sind zu verwerfen (§ 126 Abs. 1 FGO). Unbegründete Revisionen sind zurückzuweisen und zwar bei materieller Richtigkeit der Entscheidung auch dann, wenn sich aus den Entscheidungsgründen eine Rechtsverletzung ergibt (§ 126 Abs. 2, Abs. 4 FGO). Bei begründeten Revisionen kann der BFH entweder in der Sache selbst entscheiden oder das Urteil aufheben und zurückverweisen; bei einer notwendigen Beiladung im Revisionsverfahren erfolgt eine Zurückverweisung auch dann, wenn der Beigeladene ein berechtigtes Interesse an der Zurückverweisung hat (§ 126 Abs. 3 FGO). § 126 Abs. 5 FGO ordnet die Bindungswirkung der ersten Instanz an die rechtliche Beurteilung des BFH an. § 126 Abs. 6 FGO schließlich modifiziert das Begründungserfordernis für die Fälle von Verfahrensrügen.

### B. Tatbestandliche Voraussetzungen

#### I. Entscheidung bei unzulässiger Revision

Unzulässig ist die Revision, wenn entweder dieses Rechtsmittel gegen die angefochtene Entscheidung nicht stattfindet, sie also nicht **statthaft** ist, oder die Zulässigkeitsvoraussetzungen nicht erfüllt sind (s. § 124 FGO), oder sie von einer Person eingelegt wird, die am Verfahren über die angefochtene Entscheidung nicht beteiligt war (§ 57 FGO). 2

Als Grundsatz bestimmt § 126 Abs. 1 FGO, dass eine unzulässige Revision durch **Beschluss zu verwerfen** ist. Daraus folgt, dass die Entscheidung ohne mündliche Verhandlung erfolgen kann, und zwar auch dann, wenn einer der Beteiligten einen entsprechenden Antrag gestellt hat (BFH v. 27.03.2000, III R 35/99, BFH/NV 2000, 1128). Die Entscheidung ergeht in der Besetzung des Gerichts nach § 10 Abs. 3 FGO, also mit **drei Berufsrichtern**. Es steht dem BFH aber auch frei, mündliche Verhandlung anzuberaumen, in diesem Fall entscheidet der Senat in voller Besetzung mit **fünf Berufsrichtern**. Auch nach einer mündlichen Verhandlung erfolgt die Verwerfung durch Beschluss, nicht durch Urteil. Erachtet der Senat die Revision aufgrund der mündlichen Verhandlung für zulässig, kann er ein Zwischenurteil erlassen. 3

Dies erscheint aus prozessökonomischen Gründen aber wenig sinnvoll, da eine Anfechtbarkeit dieser Entscheidung nicht gegeben ist. Vielmehr kann der BFH bei einer von ihm für zulässig gehaltenen Revision in der Sache durch Endurteil entscheiden. Der Verwerfungsbeschluss ist zu begründen (§§ 113 Abs. 1, 121 FGO). Dabei ist in Fällen einer versäumten Revisions- oder Revisionsbegründungsfrist und einem gestellten Wiedereinsetzungsantrag auch auf die Gründe einzugehen, warum Wiedereinsetzung nicht gewährt wurde. Ein Verwerfungsbeschluss kann trotz einer Unterbrechung des Verfahrens analog § 249 Abs. 3 ZPO ergehen, wenn die Revision bereits vor der Unterbrechung unzulässig war (BFH v. 29.03.2017, VI R 83/14, BFH/NV 2017, 917).

4 Ist zweifelhaft, ob die Revision unzulässig ist, hält der BFH sie aber für offensichtlich unbegründet, stellt sich die Frage, ob die Entscheidung über die Zulässigkeit offenbleiben kann und stattdessen die Revision als unbegründet zurückgewiesen werden kann. Anders als bei der Entscheidung über die NZB (s. § 116 FGO Rz. 27) ist dies wegen der unterschiedlichen Rechtskraftwirkung von Prozess- und Sachurteilen und der unterschiedlichen Besetzung des BFH bei der Entscheidung nicht möglich. Der BFH ist also bei unzulässiger Revision stets an einer Sachentscheidung gehindert (*Ruban* in Gräber, § 126 FGO Rz. 3; *Seer* in Tipke/Kruse, § 126 FGO Rz. 17).

5 Eine Ausnahme von dem Grundsatz der Verwerfung ergibt sich, wenn die Revision nur teilweise unzulässig ist, weil sie z. B. mehrere Streitgegenstände umfasst oder bei mehreren Beteiligten. In diesen Fällen kann der BFH aus Gründen der Prozessökonomie einheitlich durch Urteil entschieden; dies trägt dem Umstand Rechnung, dass das Beschlussverfahren nur der Verfahrensvereinfachung dienen soll.

6 Der Verwerfungsbeschluss führt zu **materieller Rechtskraft**. Dementsprechend kann ein abgelehnter Wiedereinsetzungsantrag nicht mit gleicher Begründung wiederholt werden (BFH v. 26.11.1990, X B 54–59/90, BFH/NV 1991, 547). Erweist sich eine Wiedereinsetzung aus neu vorgebrachten Gründen als möglich, kann der BFH auch nach dem Verwerfungsbeschluss Wiedereinsetzung gewähren; dieser ist aufzuheben; allerdings dürfte dies Möglichkeit wegen der Zwei-Wochenfrist des § 56 FGO eher theoretischer Natur sein. In der gleichen Sache kann nicht nochmals Rechtsmittel eingelegt werden. Der Verwerfungsbeschluss selbst ist unanfechtbar; allerdings ist eine **Anhörungsrüge** (s. § 133 a FGO Rz. 5) auch bei einer Entscheidung des BFH möglich.

## II. Entscheidung bei unbegründeter Revision

7 Die Revision ist unbegründet, wenn sie zwar zulässig ist, das angefochtene Urteil jedoch nicht auf einer Rechtsverletzung i. S. der §§ 118, 119 FGO beruht (§ 126 **Abs.** 2 FGO). Der Unbegründetheit der Revision steht der Fall des § 126 **Abs.** 4 FGO gleich, in dem das FG im Ergebnis richtig, jedoch mit unzutreffender Begründung entschieden hat. Damit führt eine an sich begründete Revision nicht zum Erfolg, weil der BFH an die Stelle der falschen Begründung der FG eine neue setzen kann (BFH v. 31.01.2007, I B 44/06, BFH/NV 2007, 1191; BFH v. 03.02.2012, IX B 106/11, BFH/NV 2012, 768). Dies dient der Prozessökonomie, weil das FG bei einer erneuten Verhandlung und Entscheidung unter Beachtung der Rechtsansicht des BFH (§ 126 **Abs.** 5 FGO) zur gleichen Entscheidung kommen müsste. Im Ergebnis bleibt der Revisionskläger also mit der falschen Entscheidung des FG wegen der Ergebnisrichtigkeit belastet. § 126 **Abs.** 4 FGO lässt auch zu, dass der BFH das Prozessurteil des FG aus sachlichen Gründen bestätigt. Dies setzt aber voraus, dass der Rechtsstreit auch ohne weitere Ermittlungen in der Sache entscheidungsreif ist; ist weitere Sachaufklärung erforderlich, kann der BFH nicht abschließend entscheiden und muss den Rechtsstreit zurückverweisen. Umgekehrt kann der BFH auch bei einer Sachentscheidung des FG die Revision zurückweisen, wenn er die Zulässigkeit der Klage für nicht gegeben hält (BFH v. 22.07.2008, VIII R 8/07, BStBl II 2008, 941). Auf Verfahrensfehler, die einen absoluten Revisionsgrund darstellen (§ 119 FGO), findet § 126 Abs. 4 FGO grundsätzlich keine Anwendung, da in diesen Fällen gesetzlich fingiert wird, dass die Rechtsverletzung auf dem Verfahrensfehler beruht (BFH v. 03.03.2011, II B 110/11, BFH/NV 2011, 833). Daraus ergibt sich zugleich die Ausnahme: Da die Fiktion nur die Kausalitätsprüfung erfasst (»beruhen kann«), kann die Revision auch bei Verfahrensfehlern zurückgewiesen werden, wenn die Entscheidung des FG auch unter Außerachtlassung des Verfahrensmangels den Entscheidungstenor trägt. Dies gilt insbes. dann, wenn die Verletzung des FG tatsächliche Feststellungen betrifft, auf die es für die Entscheidung des BFH nicht ankommt (BFH v. 27.07.1999, VII B 342/98, BFH/NV 2000, 194) oder übergangene Angriffs- oder Verteidigungsmittel für die Entscheidung ohne Bedeutung sind.

Ist die Revision unbegründet, so erfolgt die Zurückweisung durch Urteil (§§ 95 ff. FGO) durch den Senat. Eine Entscheidung durch Beschluss ist unter den Voraussetzungen des § 126 a FGO möglich.

Im Verfahren über die Nichtzulassung der Revision findet § 126 Abs. 4 FGO entsprechende Anwendung, sodass die Revision nicht zuzulassen ist, wenn sich die Entscheidung des FG im Ergebnis als richtig darstellt (BFH v. 11.02.2011, V B 64/09, BFH/NV 2011, 868).

## III. Entscheidung bei begründeter Revision

### 1. Vorbemerkung

8 Eine Revision ist begründet, wenn das durch die Revision angefochtene Urteil Bundesrecht oder revisibles Landesrecht verletzt und die Entscheidung des FG auf dieser Rechtsverletzung beruht. In diesem Fall eröffnet – sofern nicht wegen § 126 Abs. 4 FGO eine Zurückweisung der Revision erfolgen kann – § 126 Abs. 3 FGO zwei Möglichkeiten: Der BFH kann in der Sache selbst entscheiden (s. Rz. 9) oder die Sache zur anderweitigen Verhandlung und Entscheidung an das FG zurückverweisen. Die Gesetzesformulierung »kann« deutet ein Ermessen des BFH an. Dieses ist jedoch durch die Funktion des BFH als Rechtsmittelgericht eingeschränkt. Der BFH hat zu beachten, dass die Sachverhaltsaufklärung allein Aufgabe der Tatsacheninstanz ist. Folglich kann der BFH seine Entscheidung nur auf der Grundlage der finanzgerichtlichen Feststellungen treffen, er also nur dann »durchentscheiden«, wenn die Sache aufgrund des vom FG festgestellten Sachverhalts spruchreif ist. Faktisch besteht also kein Entscheidungsspielraum für den BFH. Bei absoluten Revisionsgründen kommt – mit Ausnahme der in Rz. 7 angesprochenen Sonderfälle – in der Regel nur eine Zurückverweisung in Betracht. In beiden Fällen entscheidet der BFH durch Urteil aufgrund mündlicher Verhandlung durch den Senat in der Besetzung von fünf Berufsrichtern; in der Praxis wird auch häufig durch Gerichtsbescheid (§ 90 a FGO) entschieden.

Wird das Urteil nicht im vollen Ausmaß der Beschwer angefochten, ist es bei begründeter Revision nur insoweit aufzuheben, als der **Revisionsantrag** reicht, gleichgültig ob der BFH in der Sache selbst entscheidet oder zurückverweist (BFH v. 31.05.1989, II R 110/87, BStBl II 1989; 733; BFH v. 10.12.2009, V R 13/08, BFH/NV 2010, 960). Eine Ausnahme gilt allerdings dann, wenn der BFH wegen eines Verstoßes gegen die **Grundordnung des Verfahrens** zur Zurückverweisung gelangt; solche Verstöße ergreifen stets das gesamte FG-Urteil. Sofern dem BFH wegen Art. 177 EWGV/Art. 234 EGV n. F. (beachte dessen Abs. 3) die Vorfragenkompetenz fehlt, ist die Sache zunächst zum Zwecke der **Vorabentscheidung dem EuGH** vorzulegen. Bei teilweiser Begründetheit der Revision ist das angefochtene Urteil hinsichtlich des fehlerhaften Teils aufzuheben und ggf. zurückzuweisen und die Revision im Übrigen als unbegründet zurückzuweisen (BFH v. 04.02.1999, IV R 54/97, BStBl II 2000, 139).

### 2. Entscheidung in der Sache

9 Die Möglichkeit einer abschließenden Entscheidung hat der BFH nur, wenn der vom FG festgestellte Sachverhalt zur Feststellung ausreicht, ob und ggf. welchem Umfang die angefochtene Entscheidung auf einer Rechtsverletzung beruht, die Sache muss **»spruchreif«** sein. Liegt Spruchreife vor, sind also keine weiteren tatsächlichen Ermittlungen erforderlich, muss der BFH in der Sache entscheiden; insoweit besteht entgegen der insoweit missverständlichen Gesetzesformulierung, die stets auf Ermessen hindeutet (s. Rz. 8), kein Spielraum für eine Zurückverweisung. Insbes. darf der BFH nicht aufgrund von in der Revisionsinstanz vorgebrachten neuen Vorbringens eine Zurückverweisung aussprechen, weil neue Tatsachen im Revisionsverfahren keine Berücksichtigung finden dürfen. Dies gilt auch dann, wenn der BFH die neuen Tatsachen für entscheidungserheblich ansieht.

Der Inhalt der Entscheidung besteht in einer Ersetzung 10
der finanzgerichtlichen Entscheidung durch eine eigene Entscheidung des BFH, folglich besteht die Entscheidung aus zwei Komponenten. Zum einen hebt der BFH die Entscheidung des FG auf, zum anderen trifft er eine Entscheidung über den oder die Streitgegenstände. Der einfachste Fall ist die Aufhebung des angefochtenen Verwaltungsakts und der FG-Entscheidung, die diesen Verwaltungsakt bestätigt hat. Hat das FG einer Klage gegen einen Verwaltungsakt stattgegeben und ist die dagegen gerichtete Revision erfolgreich, weist der BFH die Revision zurück und die Klage ab. Im Übrigen lässt sich der Inhalt der BFH-Entscheidung nicht generell bestimmen, da er von dem Klage- und Revisionsbegehren abhängig ist. Der BFH ist auch nicht gehindert Steuerbeträge selbst festzusetzen, die Berechnung der Steuer der Finanzbehörde zu übertragen oder Steuerbescheide aufzuheben. Dem BFH steht also die volle Entscheidungskompetenz zu. Bei Ermessensentscheidungen der FinVerw. darf aber auch der BFH sein Ermessen nicht an die Stelle der FinVerw. setzen, sofern nicht ein Fall der Ermessensreduzierung auf »Null« vorliegt.

Bei mehreren Streitgegenständen oder teilbaren Streit- 11
gegenständen kann der BFH auch nur zum Teil durcherkennen und – soweit noch keine Entscheidungsreife besteht – im Übrigen zurückverweisen. Über einzelne Streitpunkte oder Rechtsfragen kann der BFH nicht gesondert entscheiden.

Entscheidet der BFH in der Sache selbst, hat er über die 12
Kosten des gesamten Verfahrens zu entscheiden (**Grundsatz der Einheitlichkeit der Kostenentscheidung**); dies gilt auch für die Kosten des finanzgerichtlichen Verfahrens. Eine Übertragung der Kostenentscheidung auf das FG ist insoweit nicht möglich. Bei teilweisem Erfolg der Revision hat der BFH die Kosten nach allgemeinem Grundsätzen aufzuteilen (§ 136 Abs. 1 FGO). Erkennt der BFH nur hinsichtlich einiger Streitgegenstände durch und weist er im Übrigen zurück, ist die Gesamtkostenentscheidung durch das FG zu treffen.

### 3. Aufhebung und Zurückverweisung
#### a) Entscheidung des BFH

13 Kann der BFH nicht in der Sache selbst entscheiden, weil die Sache nicht spruchreif ist, also die Feststellungen des FG für eine abschließende Entscheidung des BFH nicht ausreichen, kommt nur eine Aufhebung der fehlerhaften Entscheidung und die Zurückverweisung an das FG in Betracht. Eine isolierte Aufhebung sieht die FGO nicht vor und wäre auch nicht sinnvoll, weil der BFH nach einer isolierten Aufhebung mangels Befugnis zur Sachaufklärung nicht weitere Ermittlungen anstellen könnte und im Übrigen die Entscheidungszuständigkeit nicht eindeutig geklärt wäre. Daher hat der BFH die isolierte Aufhebung auf eine gegen den falschen Beteiligten ergangene Entscheidung und die Aufhebung eines Grundurteils beschränkt, wenn die Voraussetzungen für dessen Erlass nicht erfüllt waren (BFH v. 25.04.2006, VIII R 102/03, BFH/NV 2006, 1671 m.w.N.). Dabei handelt es sich um Fallgestaltungen in denn im Grunde noch keine End-Entscheidung des FG über die Klage ergangen war. Die Zurückverweisung muss an das FG erfolgen, das die angefochtene Entscheidung erlassen hat. Die Zurückverweisung trifft grundsätzlich den erkennenden Senat des FG. Eine Zurückverweisung an einen anderen Senat kommt nur dann in Betracht, wenn Zweifel an der Unvoreingenommenheit des erkennenden FG-Senats bestehen. Hat der Einzelrichter nach § 6 FGO entschieden, ist grds. an diesen zurückzuverweisen (BFH v. 26.10.1998, I R 22/98, BStBl II 1999, 60; BFH v. 06.11.2006, II B 45/05, BFH/NV 2007, 466); eine Ausnahme nimmt der BFH aber an, wenn die Revision im zweiten Rechtsgang besondere Schwierigkeiten tatsächlicher oder rechtlicher Art aufweist oder die Sache von grundsätzlicher Bedeutung ist (BFH v. 15.04.1996, VI R 98/95, BStBl II 1996, 478); in diesem Fall weist der BFH an den Vollsenat zurück. Dies soll damit gerechtfertigt sein, dass damit der Verfahrensaufsichtsfunktion des BFH Rechnung getragen wird. Die Zurückverweisung an den Vollsenat muss ausdrücklich erfolgen, sonst bleibt es bei der Zuständigkeit des Einzelrichters. Bei der Entscheidung eines konsentierten Einzelrichters erfolgt die Zurückverweisung stets an den Spruchkörper, da das Einverständnis nur die Möglichkeit der Entscheidung durch den Berichterstatter an Stelle des Senats eröffnet; eine andere Frage ist, ob das Einverständnis nach der Revisionsentscheidung fortwirkt. Dies ist u.E. wegen der erneuten Anhängigkeit des Verfahrens nicht der Fall, auch wenn formell das ursprüngliche Verfahren fortgeführt wird. Vielmehr ist das Einverständnis »verbraucht«.

#### b) Sonderfall: Zurückverweisung nach Beiladung

14 Hat der BFH im Revisionsverfahren eine **notwendige Beiladung** nach § 123 Abs. 1 Satz 2 FGO vorgenommen, reicht zur Zurückverweisung aus, dass der Beigeladene ein berechtigtes Interesse an der Beiladung hat. Diese Entscheidung hat der BFH von **Amts wegen** zu treffen. Ein berechtigtes Interesse des Beigeladenen ist regelmäßig dann gegeben, wenn der Beigeladene eine weitere Sachaufklärung anstrebt, weil er wegen der unterlassenen Beiladung keine Gelegenheit hatte zum Sachverhalt Stellung zu nehmen. Insoweit kommt eine Zurückverweisung auch in Betracht, wenn der Beigeladene nicht von der Möglichkeit Gebrauch macht, Verfahrensrügen zu erheben.

### 4. Folgen der Zurückverweisung

15 Mit der Zurückverweisung wird der Rechtsstreit (erneut) beim FG anhängig. Die Sache befindet sich im zweiten Rechtsgang. Gleichwohl bilden erster und zweiter Rechtsgang eine Einheit. Bei nur teilweiser Zurückverweisung, wird nur der zurückverwiesene Teil erneut anhängig. Über die anderen Teile ist abschließend entschieden. Es können neue Tatsachen und Beweismittel eingeführt werden. Der gesamte verbleibende Prozessstoff ist erneut zu prüfen und zum Gegenstand der neuen Entscheidung des FG zu machen. Folglich kann die neue Entscheidung des FG auf einer geänderten Tatsachengrundlage ergehen. Das FG ist auch nicht an seine früheren Rechtsansichten gebunden. Dies gilt allerdings nur soweit, als die Revisionsentscheidung des BFH keine Bindungswirkung entfaltet (s. Rz. 16).

Nach § 143 Abs. 2 FGO wird der BFH die Kostenentscheidung auch bei nur teilweiser Zurückverweisung auf das FG übertragen.

### 5. Bindung an die rechtliche Beurteilung des BFH

16 Die Bindung des FG an die **rechtliche Beurteilung** der Sache durch den BFH (§ 126 **Abs. 5** FGO) soll ausschließen, dass es zu einem Hin- und Her zwischen den Instanzen kommt. Zudem wird dadurch die Funktion des Rechtsmittelgerichts gestärkt, für die einheitliche Rechtsanwendung zu sorgen. Die Bindungswirkung dient auch dem Interesse des Individualrechtsschutzes, da es dem vormaligen Revisionskläger das Risiko erspart, dass das FG seine vom BFH verworfene Rechtsauffassung beibehält. Es wäre mit rechtsstaatlichen Grundsätzen unvereinbar, wenn die Ausgangsinstanz die Rechtsansicht der Revisionsinstanz verwerfen könnte. Die Bindungswirkung entsteht auch, wenn der BFH den Rechtsstreit durch Beschluss nach § 116 Abs. 6 FGO an das FG zurückver-

wiesen hat. Berücksichtigt das FG die Bindungswirkung nicht, kann dies im Rahmen eines gegen die neue Entscheidung gerichteten Rechtsmittels als Verfahrensmangel zur erneuten Aufhebung des Urteils führen (BFH v. 08.01.1998, VII B 102/97, BFH/NV 1998, 729; BFH v. 24.05.2011, X B 206/10, BFH/NV 2011, 1527 m. w. N.; BFH v. 22.12.2011, XI B 21/11, BFH/NV 2012, 813). Die Bindung betrifft aber nur den **konkreten zur Entscheidung anstehenden Fall.** Eine Entscheidung des BFH kann also keine allgemeinverbindliche Wirkung entfalten; gleichwohl entfalten BFH-Entscheidungen im Hinblick auf ihre Präzedenzwirkung in der Praxis erhebliche Breitenwirkung.

**17** Da die rechtliche Beurteilung durch den BFH auf der Grundlage der tatsächlichen Feststellungen des FG erfolgt, setzt die Bindungswirkung voraus, dass der zu beurteilende Tatbestand im zweiten Rechtsgang unverändert ist, also nicht aufgrund neuer Tatsachen oder Beweismittel eine **neue Entscheidungsgrundlage** entstanden ist. Der »neue« Sachverhalt kann vom FG erneut beurteilt und gewürdigt werden. Dies ist vor allem dann von Bedeutung, wenn das FG bei einem zurückverwiesenen Rechtsstreit vom BFH für erforderlich gehaltene Sachverhaltsermittlungen durchgeführt hat (BFH v. 21.03.2013, VI B 155/12, BFH/NV 2013, 1103). Eine Änderung des Sachverhalts, die für die Entscheidung nicht erhebliche Umstände betrifft, berührt die Bindung jedoch nicht (BFH v. 08.08.2007, VI B 85/06, BFH/NV 2007, 2138). Von diesen Ausnahmefällen abgesehen hat das FG den Rechtsausführungen des BFH zu entsprechen und zwar selbst dann, wenn die Auffassung des BFH objektiv auf einem Rechtsirrtum beruht (BFH v. 30.05.2017, IV B 20/17, BFH/NV 2017, 1188).

**18** Der **Umfang der Bindungswirkung** wird weit verstanden. Sie umfasst nicht nur den für die Zurückverweisung ausschlaggebenden Grund, sondern **alle Rechtsausführungen** des BFH über die dieser abschließend entschieden hat (BFH v. 01.03.1994, IV B 6/93, BStBl II 1994, 569; BFH v. 10.02.2011, XI B 98/10, BFH/NV 2011, 864). Die Bindung erstreckt sich also auch auf die anlässlich der Zurückverweisung vom BFH vertretene rechtliche Beurteilung (BFH v. 17.09.1992, IV R 78/90, BFH/NV 1993, 398). Sie besteht auch hinsichtlich der Gründe, welche der bei der Aufhebung der Vorentscheidung ausgesprochenen Rechtsauffassung logisch vorausgehen, z. B. wegen der bei einer Zurückverweisung vorgängig zu prüfenden (s. BFH v. 13.12.1984, IV R 274/83, BStBl II 1985, 367) unverzichtbaren Prozessvoraussetzungen, wie Beteiligtenfähigkeit, Prozessfähigkeit, Ordnungsmäßigkeit der Klageerhebung usw. (BFH v. 29.04.1993, IV R 26/92, BStBl II 1993, 720) oder in Bezug auf implizite Bejahung der subjektiven Steuerpflicht des Klägers (BFH v. 25.06.1975, I R 78/73, BStBl II 1976, 42). Bei Zurückverweisung wegen mangelnder Sachaufklärung muss das Finanzgericht weiter aufklären, auch wenn es das aus irgendwelchen Gründen nicht für angezeigt hält. Die Bindungswirkung erstreckt sich auch auf **verfassungsrechtliche Fragen**, die für die Entscheidung maßgebend waren. Bejaht der BFH die Verfassungsmäßigkeit der streitentscheidenden Norm, ist das FG an diese Beurteilung gebunden. Dazu ist nicht erforderlich, dass der BFH die Norm ausdrücklich für verfassungsgemäß erklärt; eine stillschweigende Billigung reicht aus. Es genügt, dass der BFH die betreffende Norm seiner Entscheidung zugrunde legt. Die Bindungswirkung erstreckt sich auch auf die Auslegung des BFH von **Gemeinschaftsrecht**; allerdings hat der EuGH es gleichwohl für zulässig gehalten, dass das FG im zweiten Rechtsgang den EuGH nach Art. 234 EGV/Art. 267 Abs. 2 AEUV (vormals Art. 177 EWGV a. F.) um eine Vorabentscheidung ersucht (EuGH v. 21.02.1974, 162/73, EuGHE 1974, 201; zustimmend *Seer* in Tipke/Kruse, § 126 FGO Rz. 80 ff.; zur Kritik *Ruban* in Gräber, § 126 FGO Rz. 23). U. E. ist die Einschränkung der Bindungswirkung nicht durch den prinzipiellen Anwendungsvorrang des Gemeinschaftsrechts geboten.

Die Bindung **erstreckt sich nicht auf beiläufig geäußerte Rechtsansichten** des BFH, die nicht in unmittelbaren Zusammenhang mit der Zurückverweisungsentscheidung stehen, oder auf sog. Hinweise oder Empfehlungen für das weitere Vorgehen (BFH v. 29.06.2012, III B 206/11, BFH/NV 2012, 1626). Neben den Fällen der Sachverhaltsänderung (s. Rz. 17) entfällt die Bindung, wenn das **BVerfG** die vom BFH als maßgeblich angesehene Rechtsnorm für **unwirksam erklärt** hat (BFH v. 07.09.2011, II R 25/11, BFH/NV 2012, 78). Gleiches gilt bei **Gesetzesänderungen**, soweit sie auf den Streitfall Anwendung finden; dies wird nur bei Vorschriften der Fall sein, denen Rückwirkung zukommt. In beiden Fällen ist der die Bindungswirkung auslösenden rechtlichen Beurteilung durch den BFH nachträglich die gesetzliche Grundlage genommen worden. Schließlich entfällt die Bindung auch dann, wenn nach der BFH-Entscheidung eine von der Rechtauffassung des Senats abweichende Entscheidung des **Großen Senats des BFH**, des **Gemeinsam Senates der obersten Gerichtshöfe des Bundes** oder des **EuGH** ergeht. Auch eine **Rechtsprechungsänderung des zurückverweisenden Senats** soll die Bindung entfallen lassen (GmSOGB v. 06.02.1973, GmS-OBG 1/72, BFHE 109, 206; BFH v. 07.08.1990, VII R 120/89, BFH/NV 1991, 569). **19**

Die Bindung an die rechtliche Beurteilung im ersten Rechtszug gilt – auch wenn sich dies nicht aus dem Gesetz ergibt – nach der Rechtsprechung auch für den Bundesfinanzhof selbst, wenn er im zweiten Rechtszug erneut mit der Sache befasst wird (BFH v. 02.07.2007, II B 96/06, BFH/NV 2007, 2126; BFH v. 17.05.2006, VIII R 21/04, BFH/NV 2006, 1839), und zwar auch für den Fall, dass ein anderer Senat zuständig geworden ist (BFH v. 13.07.2016, VIII R 73/13, BFH/NV 2016, 1827). Diese weitreichende Bindungswirkung ist u. E. zu Recht auf **20**

Kritik gestoßen (s. *Seer* in Tipke/Kruse, § 126 FGO, Rz. 100). Es wird zu Recht darauf hingewiesen, dass es bedenklich erscheint, den BFH an einer Rechtsauffassung festzuhalten, deren Unrichtigkeit er in der Zeit zwischen erstem und zweitem Rechtsgang erkannt hat. Vor diesem Hintergrund der materiellen Rechtmäßigkeit sollte die Bindungswirkung zurücktreten. Für Vertrauensschutz ist insoweit kein Raum. Allerdings hat die Rspr. bereits in der Vergangenheit Ausnahmen von der Bindungswirkung gemacht. Schon mit Entscheidung vom 06.02.1973 (GmS-OBG 1/72, BFHE 109, 206) hat der Gemeinsame Senat der obersten Gerichtshöfe des Bundes allgemein die Selbstbindung für den Fall verneint, dass das Revisionsgericht inzwischen selbst seine Rechtsauffassung geändert habe (auch s. BFH v. 22.10.1993, IX R 62/92, BStBl II 1995, 130). Um den Grundsatz der Selbstbindung gleichwohl formal aufrecht zu erhalten, hatte der BFH (BFH v. 12.12.1979, II R 127/74, BStBl II 1980, 219) unter Bezugnahme auf BVerwG (BVerwG v. 22.06.1977, VIII C 49.76, BVerwGE 54, 116) die Nichtselbstbindung aber immer wieder auf die Fälle beschränkt, in denen inzwischen in einem anderen Fall eine andere Rechtsauffassung vertreten wurde oder wenn ein anderer Senat ohne Einhaltung des Verfahrens nach § 11 Abs. 3 FGO inzwischen von der zurückverweisenden Entscheidung abgewichen ist (BFH v. 24.05.1989, V R 137/84, BStBl II 1989, 660). Auch insoweit soll aber im konkreten Fall die Bindung an die Auffassung im ersten Rechtsgang erhalten bleiben. Diese Linie setzt der BFH mit den genannten neueren Entscheidungen auch angesichts der dagegen erhobenen Kritik fort. Er nimmt also in Kauf, dass er dann eine von ihm bereits aufgegebene Rechtsauffassung nur deshalb vertreten müsste, weil sich die Sache im zweiten Rechtsgang befindet. Auch dies belegt, dass die Kritik an einer zu weitreichenden Bindungswirkung berechtigt ist. Eventuellen Nachteilen kann der Rechtsmittelführer damit nur durch eine Rücknahme der Revision/ Beschwerde entgehen.

Die Bindung an eine in derselben Rechtssache in einem früheren Revisionsverfahren vertretene Rechtsauffassung zur Auslegung von **Gemeinschaftsrecht** entfällt, wenn der EuGH diese Auslegungsfrage zwischenzeitlich anders als das Revisionsgericht entschieden hat (BVerwG, v. 29.11.1990, 3 C 77/87, RIW/AWD 1991, 426). Bei Bejahung der **Verfassungsmäßigkeit** eines Gesetzes durch ein übergeordnetes Gericht in einem zurückverweisenden Urteil ist die Frage der Verfassungsmäßigkeit für die bis dahin mit der Sache befassten Instanzen endgültig entschieden. Dies bedeutet, dass das untergeordnete Gericht nun nicht mehr verpflichtet, aber auch nicht mehr berechtigt ist, das anzuwendende Gesetz selbst auf seine Verfassungsmäßigkeit zu prüfen (BVerfG v. 23.06.1970, 2 BvL 49/69, BVerfGE 29, 34). Allerdings entfällt die rechtliche Bindung, wenn die rechtliche Beurteilung der Vorinstanzen inzwischen durch das Verfassungsgericht missbilligt worden ist.

Für den Fortfall der Bindung gelten im Übrigen die gleichen Grundsätze wie für das FG. Der BFH kann von seiner früheren Entscheidung abrücken, wenn sich der vom FG festgestellte und bei seiner Entscheidung zugrunde gelegte Sachverhalt geändert hat.

### IV. Begründungserleichterung

21 § 126 Abs. 6 FGO schränkt die Begründungsanforderungen bei Entscheidungen über Verfahrensrügen ein. Eine Begründung ist grundsätzlich entbehrlich, wenn der BFH gerügte Verfahrensmängel nicht für durchgreifend hält (§ 126 Abs. 6 Satz 1 FGO). Insoweit handelt es sich um eine **Freistellung von der Begründungspflicht**, die jedoch wegen in § 126 Abs. 6 Satz 2 FGO enthaltenen Einschränkung nur die Fälle erfasst, in denen der BFH auch in materieller Hinsicht zu der Revision Stellung nimmt. Denn nach § 126 Abs. 6 Satz 2 FGO gilt die Begründungserleichterung nicht für Rügen absoluter Revisionsgründe i. S. des § 119 FGO, ferner nicht, wenn mit der Revision ausschließlich Verfahrensmängel geltend gemacht werden und für Rügen auf denen die Zulassung der Revision beruht. Die Ausnahmen tragen dem Interesse der Beteiligten Rechnung, dass jedenfalls in den Fällen, in denen den Verfahrensrügen besonderes Gewicht zukommt, die maßgebenden Entscheidungsgründe dargelegt werden müssen; auf diese Weise soll zudem dem Eindruck willkürlicher Entscheidungen entgegengewirkt werden.

## § 126a FGO Unbegründete Revision

**Der Bundesfinanzhof kann über die Revision in der Besetzung von fünf Richtern durch Beschluss entscheiden, wenn er einstimmig die Revision für unbegründet und eine mündliche Verhandlung nicht für erforderlich hält. Die Beteiligten sind vorher zu hören. Der Beschluss soll eine kurze Begründung enthalten; dabei sind die Voraussetzungen dieses Verfahrens festzustellen. § 126 Abs. 6 gilt entsprechend.**

1 Die Vorschrift dient der **Entlastung des BFH**, indem in »einfach« gelagerten Revisionsfällen eine Revisionszulassung durch Beschluss ermöglicht wird. Die Regelung ist **verfassungsrechtlich unbedenklich** (BVerfG v. 06.09.1996, 1485/89, HFR 1996, 827; BFH v. 20.02.2017, VII R 22/15, BFH/NV 2017, 906), weil dem Anspruch der Beteiligten auf rechtliches Gehör durch die Verpflichtung, sie vor der Entscheidung anzu-

hören, Rechnung getragen ist. Die Entscheidung, ob nach § 126a FGO verfahren wird, steht im Ermessen des BFH (»kann«). Sie ist nach dem ausdrücklichen Wortlaut nur bei unbegründeten Revisionen möglich, hält der BFH die Revision für unzulässig, bleibt es bei der Entscheidung nach § 126 Abs. 1 FGO (s. § 126 FGO Rz. 3). Die Entscheidung ergeht in Beschlussform, aber abweichend von § 10 Abs. 3 FGO in Urteilsbesetzung, also unter Beteiligung von fünf Berufsrichtern (§ 126a Satz 1 FGO).

2 Voraussetzung für die Entscheidung ist die **einstimmige Auffassung** der zur Entscheidung berufenen Richter des BFH, dass die Revision unbegründet ist. Die Einstimmigkeit muss sich nur auf das Ergebnis, nicht auf die Begründung beziehen. Zudem muss der BFH die Durchführung der **mündlichen Verhandlung** für nicht **erforderlich** halten. Dies wird regelmäßig dann der Fall sein, wenn nach dem bisherigen Vorbringen nicht mehr damit zu rechnen ist, dass eine mündliche Verhandlung neue Rechtsansichten zu Tage fördern wird. Der Umstand, dass der BFH die Revision zugelassen hat, steht dem Verfahren nach § 126a FGO nicht entgegen (BFH v. 20.10.2016, VI R 27/15, BFH/NV 2017, 223).

3 In formeller Hinsicht erfordert § 126a Satz 2 FGO eine **Anhörung** der Beteiligten. Es reicht aus, wenn sie Gelegenheit zur Stellungnahme mit einer ausreichend bemessenen Frist erhalten. Ob tatsächlich eine Stellungnahme abgegeben wird, ist für die Entscheidung des BFH ebenso unerheblich, wie eine Ablehnung des Verfahrens durch einen der Beteiligten. Das Verfahren nach § 126a FGO kann auch dann noch durchgeführt werden, wenn einer der Beteiligten nach Erlass eines Gerichtsbescheides mündliche Verhandlung beantragt hat (BFH v. 01.10.1999, VII R 23/98, n.v.); auch in diesem Fall reicht die Gelegenheit zur Stellungnahme aus.

4 Nach § 126a Satz 3 FGO reicht eine **kurze Begründung** aus, ist aber stets erforderlich (»soll«), sofern nicht dem Informationsinteresse der Beteiligten nicht schon auf andere Weise Rechnung getragen ist, sie also die Entscheidung tragenden Gründe bereits ohne die Begründung kennen; dies dürfte aber nur in seltenen Ausnahmefällen gegeben sein. Über den Inhalt der Begründung sagt das Gesetz nur, dass die Voraussetzungen des Verfahrens festzustellen sind. Dies kann auch durch eine formelhafte Wiedergabe der Tatbestandsvoraussetzungen erfolgen. Im Übrigen muss auch die Kurzbegründung die wesentlichen Gründe für die Entscheidung wiedergeben. Der BFH muss sich aber nicht ausführlich mit jedem Argument des Unterliegenden auseinandersetzen; ebenso bedarf es einer Darstellung von Literatur und Rechtsprechung. Soweit Verfahrensrügen betroffen sind, gilt die **Begründungserleichterung** des § 126 Abs. 6 FGO nach Satz 3 entsprechend (hierzu s. § 126 FGO Rz. 21).

## § 127 FGO
## Zurückverweisung

**Ist während des Revisionsverfahrens ein neuer oder geänderter Verwaltungsakt Gegenstand des Verfahrens geworden (§§ 68, 123 Satz 2), so kann der Bundesfinanzhof das angefochtene Urteil aufheben und die Sache zur anderweitigen Verhandlung und Entscheidung an das Finanzgericht zurückverweisen.**

### Schrifttum

Geist, Die Bedeutung des § 127 FGO im Revisionsverfahren vor dem Bundesfinanzhof, FR 1989, 229; Oberfinanzdirektion Frankfurt am Main, 21.06.2017, FG 2026 A-004-St 21, FMNR35d310017, juris.

1 § 127 FGO betrifft den gesetzlich gesondert geregelten Fall einer Klageänderung, da nach § 68 FGO ein nach Klageerhebung geänderter oder an Stelle des angefochtenen Verwaltungsaktes ergangener Verwaltungsakt automatisch Gegenstand des anhängigen Verfahrens wird. Da diese Änderung auch im Revisionsverfahren eintritt (s. § 123 FGO Rz. 2) bedarf es einer Regelung wie der BFH, dessen Aufgabe auf die rechtliche Prüfung des finanzgerichtlichen Urteils beschränkt ist, auf die Änderung reagieren kann. Denn eine Änderung des angefochtenen Verwaltungsaktes bedeutet regelmäßig auch eine Änderung des Tatbestandes; eine solche kann aber in der Revisionsinstanz grundsätzlich nicht mehr berücksichtigt werden. Um dieser prozessualen Situation Rechnung zu tragen, gibt § 127 FGO dem BFH die Befugnis, die **Tatsacheninstanz** vor dem FG **wieder zu eröffnen**, damit der mit dem Änderungsbescheid verbundene neue Streitstoff einer tatrichterlichen Überprüfung zugänglich wird und neue Tatsachen oder Beweismittel vorgebracht werden können. Zu diesem Zwecke kann der BFH das durch die Änderung des Streitgegenstandes seiner Grundlage beraubte Urteil aufheben und die Sache zur anderweitigen Verhandlung und Entscheidung an das FG zurückverweisen. Die in der Vorschrift enthaltene Verweisung auf § 123 Satz 2 FGO geht ins Leere; da die diesbezügliche Vorschrift nicht mehr besteht; offensichtlich ist die Anpassung schlichtweg vergessen worden.

Einer Zurückverweisung bedarf es dann nicht, wenn das Revisionsbegehren durch den Änderungsbescheid sachlich nicht berührt wird und das Verfahren infolgedessen spruchreif ist (BFH v. 22.12.2015, I R 43/13, BFH/NV 2016, 1034). Im Übrigen kommt eine Zurückverweisung dann nicht in Betracht, wenn die – den BFH nach § 118 FGO – bindenden Feststellungen auch nach Erlass des Änderungsbescheids für eine sachliche Entscheidung ausreichen (BFH v. 15.02.1984, II R 219/81, BStBl II 1984, 458; BFH v. 20.07.1988, II R 164/85, BStBl II 1988, 955; BFH v. 02.07.2008, XI R 70/06, BFH/NV 2009, 223; BFH v. 17.01.2008, VI R 44/07, BStBl II 2011, 21). Einer Zu- 2 rückverweisung bedarf es ferner dann nicht, wenn der Revisionskläger sein Revisionsbegehren ausdrücklich auf den bisherigen Streitstand beschränkt (s. § 123 FGO Rz. 2), die geänderte Festsetzung keine Verböserung enthält oder die geänderte Festsetzung nicht streitig ist (BFH v. 14.04.2015, VI R 71/13, n.v.). Es kommt also darauf an, dass das »Streitprogramm« unverändert geblieben ist (BFH v. 27.03.2013, IV B 81/11, BFH/NV 2013, 1108; BFH v. 11.11.2013, VI B 140/12, BFH/NV 2014, 176).

Fehlt die **Spruchreife**, ist eine Zurückverweisung unumgänglich. Dies ist stets der Fall, wenn sich der tatsächliche Streitstoff durch geänderten Verwaltungsakt verändert hat. Insoweit muss den Beteiligten Gelegenheit gegeben werden, zum Sachverhalt Stellung zu nehmen und ggf. erneut in die Sachverhaltsermittlung einzutreten. Bei **mehreren** dem angefochtenen Urteil zugrunde liegenden **Anfechtungs- oder Streitgegenständen**, die von der (zulässigen) Revision erfasst werden, kommt Zurückverweisung nach § 127 FGO insoweit nicht in Betracht, als sie von der Änderung nicht betroffen sind. In diesem Fall hat der BFH soweit über die trennbaren Teile zu entscheiden, als der Verfahrensgegenstand von der Änderung nicht berührt wird; nur im Übrigen kann er wegen mangelnder Spruchreife nach § 127 FGO zurückverweisen. Dabei hat er dem FG die Entscheidung über die Kosten des gesamten Verfahrens zu übertragen (§ 143 Abs. 2 FGO; Grundsatz der Einheit der Kostenentscheidung). In geeigneten Fällen kann der BFH aber auch von der Möglichkeit Gebrauch machen, die Revision nach §§ 121, 73 Abs. 1 FGO in zwei Verfahren zu trennen, sofern nur in Bezug auf den vom Änderungsbescheid betroffenen Verfahrensgegenstand des FG-Urteils nicht völlige Spruchreife besteht.

## Unterabschnitt 2
## Beschwerde, Erinnerung, Anhörungsrüge

## § 128 FGO
## Statthaftigkeit der Beschwerde

**(1) Gegen die Entscheidungen des Finanzgerichts, des Vorsitzenden oder des Berichterstatters, die nicht Urteile oder Gerichtsbescheide sind, steht den Beteiligten und den sonst von der Entscheidung Betroffenen die Beschwerde an den Bundesfinanzhof zu, soweit nicht in diesem Gesetz etwas anderes bestimmt ist.**

**(2) Prozessleitende Verfügungen, Aufklärungsanordnungen, Beschlüsse über die Vertagung oder die Bestimmung einer Frist, Beweisbeschlüsse, Beschlüsse nach den §§91a und 93a, Beschlüsse über die Ablehnung von Beweisanträgen, über Verbindung und Trennung von Verfahren und Ansprüchen und über die Ablehnung von Gerichtspersonen, Sachverständigen und Dolmetschern, Einstellungsbeschlüsse nach Klagerücknahme sowie Beschlüsse im Verfahren der Prozesskostenhilfe können nicht mit der Beschwerde angefochten werden.**

**(3) Gegen die Entscheidung über die Aussetzung der Vollziehung nach §69 Abs.3 und 5 und über einstweilige Anordnungen nach §114 Abs.1 steht den Beteiligten die Beschwerde nur zu, wenn sie in der Entscheidung zugelassen worden ist. Für die Zulassung gilt §115 Abs.2 entsprechend.**

**(4) In Streitigkeiten über Kosten ist die Beschwerde nicht gegeben. Das gilt nicht für die Beschwerde gegen die Nichtzulassung der Revision.**

### Inhaltsübersicht



### Schrifttum


Brunk, Beschwerde gegen den Einstellungsbeschluss des Finanzgerichts, FR 1972, 390; Gräber, Beschwerdeverfahren und Wiederaufnahmeverfahren nach der FGO (§§ 128–134 FGO), DStR 1972, 202; Mittelbach, Einwendungen gegen Beschlüsse bei Klagerücknahme und Hauptsacheerledigung, INF 1980, 289; Rüsken, Rechtsbehelfe gegen willkürliche Gerichtsentscheidungen – Mindeststandards der Überprüfbarkeit gerichtlicher Entscheidungen, DStZ 2000, 815; Vollkommer, Das Ablehnungsverfahren der FGO nach dem Zweiten FGO-Änderungsgesetz – ein Modell für die anderen Verfahrensordnungen?, NJW 2001, 1827; Lange, Der leise Wegfall der außerordentlichen Beschwerde zum BFH, DB 2002, 2396; Seibel, Gegenvorstellung nunmehr kodifiziert – »Aus« für die außerordentliche Beschwerde, AO-StB 2003, 58; Heuermann, Zurückverweisung im Revisionsverfahren über AdV – Aufgabenverteilung zwischen den Instanzen, StBp. 2009, 28; Specker, AdV-Antrag bei ernsthaften Zweifeln an der Verfassungsmäßigkeit des Steuergesetzes, DStZ 2010, 800.


### A. Allgemeines

1 Die Beschwerde ist ein **Rechtsmittel**, die – nach vorheriger Prüfung durch das FG, ob eine Abhilfe erfolgt (§ 130 FGO) – den **Devolutiveffekt** auslöst. Sie verfügt jedoch nur über einen **eingeschränkten Suspensiveffekt**, der sich auf die in § 131 FGO genannten Fälle beschränkt (s. § 131 FGO Rz. 1). Die in § 128 FGO geregelte Beschwerde ist **abzugrenzen** von der **NZB**, die sich gegen die Nichtzulassung der Revision richtet und in § 116 FGO gesondert geregelt ist; diese Regelungen gehen den all-

gemeinen Bestimmungen vor, die allenfalls ergänzend Anwendung finden. Keine Beschwerde i. S. des § 128 FGO ist die sog. **Dienstaufsichtsbeschwerde**, die nur ein formloser Rechtsbehelf gegen das Verhalten eines Bediensteten oder die Maßnahme einer Behörde ist. Eine **außerordentliche Beschwerde** gegen unanfechtbare Entscheidungen ist grundsätzlich nicht mehr statthaft (s. § 133a FGO Rz. 3). Einwendungen gegen Entscheidungen, gegen die kein Rechtsbehelf gegeben ist, können im Wege der sog. **Anhörungsrüge** nach § 133a FGO erhoben werden (s. Vor §§ 115 bis 134 FGO Rz. 11). Im Gegensatz zur Beschwerde ist die **Anrufung des Gerichts gegen Entscheidungen des beauftragten oder ersuchten Richters** (§ 133 FGO) und die **Erinnerung** gegen eine Entscheidung des Urkundsbeamten der Geschäftsstelle kein Rechtsmittel. Zulässig ist – obwohl im Gesetz nicht geregelt – die sog. **Anschlussbeschwerde** an eine zuvor eingelegte Beschwerde in der selben Rechtssache (allg. Ansicht s. *Seer* in Tipke/Kruse, § 128 FGO Rz. 15 m. w. N.). Sie ist unbefristet möglich, aber vom Bestand der Hauptbeschwerde abhängig. Ist der weitere Beteiligte selbst beschwert, kann er auch eine eigene Beschwerde einlegen, die nicht akzessorisch ist.

## B. Tatbestandliche Voraussetzungen

### I. Statthaftigkeit der Beschwerde

2 Die Beschwerde an den BFH ist das gegen Entscheidungen der FG, die nicht Urteile oder Gerichtsbescheide (§ 90a FGO) sind, gegebene Rechtsmittel, über das durch **Beschluss** im schriftlichen Verfahren entschieden wird. Jedoch ist es dem BFH unverwehrt, seine Entscheidung aufgrund mündlicher Verhandlung zu erlassen (§ 90 Abs. 1 Satz 2 FGO). Gegenstand der Beschwerde können auch Entscheidungen des Vorsitzenden, des Einzelrichters nach § 6 FGO, des konsentierten Einzelrichters (§ 79a Abs. 3, 4 FGO) oder des Berichterstatters (§ 65 Abs. 2 Satz 1 FGO), nicht aber Entscheidungen des beauftragten oder ersuchten Richters oder des Urkundsbeamten sein (s. BFH v. 16.07.1974, VII B 31/74, BStBl II 1974, 716); hierzu enthalten § 133 FGO und § 149 FGO Sonderregelungen (auch s. Rz. 1). Die Beschwerde ist nur statthaft gegen eine »**Entscheidung**« des Gerichts. Eine Untätigkeitsbeschwerde gegen das FG ist nicht vorgesehen (BFH v. 17.09.2007, I B 93/07, BFH/NV 2008, 387; BFH v. 28.07.2009, I B 64–66/09 u. a., BFH/NV 2010, 46), sodass das FG nicht über den BFH zu einer Entscheidung veranlasst werden kann. Gegen sog. Schein- oder Nichtbeschlüsse, also Schriftstücke, die nicht als Beschluss zu qualifizieren sind, ist eine Beschwerde mit dem Ziel zulässig, den Rechtsschein des »Beschlusses« zu beseitigen (BFH v. 11.11.2010, III B 191/09, BFH/NV 2011, 440). Unzulässig ist aber eine »Fortsetzungsfeststellungsbeschwerde« nach Erledigung des angefochtenen VA (BFH v. 17.07.2013, III B 30/13, BFH/NV 2013, 1625).

Unter welchen Voraussetzungen eine **beschwerdefähige Entscheidung** vorliegt, ist im Gesetz nicht ausdrücklich geregelt. Allerdings enthält § 128 **Abs. 2** FGO eine Aufzählung von Entscheidungen, gegen die eine Beschwerde nicht gegeben ist. Nicht selbstständig beschwerdefähig sind danach **prozessleitende Verfügungen**, die der Vorbereitung der mündlichen Verhandlung und ihrer Durchführung dienen (BFH v. 17.09.2007, I B 93/07, BFH/NV 2008, 387; BFH v. 28.07.2009, I B 64–66/09 u. a., BFH/NV 2010, 46). Es muss sich um Entscheidungen handeln, die einen gesetzmäßigen und zweckfördernden Verlauf des Verfahrens, eine erschöpfende und doch schleunige Verhandlung und eine Beendigung des Rechtsstreits auf kürzestem Weg zum Ziele haben. Es handelt sich also regelmäßig um Maßnahmen des Gerichts zur Förderung des Verfahrens. So ist z. B. die Aufforderung bzw. das Unterlassen der Aufforderung durch den Vorsitzenden, Schriftsätze einzureichen (§ 77 Abs. 1 FGO), eine Maßnahme der Prozessleitung und daher nicht selbstständig anfechtbar. Gleiches gilt für die Anforderung einer Prozessvollmacht (BFH v. 06.04.2011, IX B 54/11, BFH/NV 2011, 1373) und zur Benennung eines Zustellungsbevollmächtigten (BFH v. 06.07.2012, V B 103/11, BFH/NV 2012, 1980). Ebenso wenig kann die Entscheidung über die Wiedereröffnung der mündlichen Verhandlung (§ 93 Abs. 3 Satz 2 FGO) gesondert angefochten werden (BFH v. 15.12.1982, I B 41/82, BStBl II 1983, 230). Auch die Entscheidung des FG, ein Verfahren in den Registern zu löschen, ist prozessleitende Verfügung, da das Verfahren nicht formell beendet wird, sondern jederzeit wieder aufgenommen werden kann. Auch gerichtliche Ausschlussfristen nach § 65 Abs. 2 FGO oder nach § 79b FGO, aus deren Nichtbefolgung sich für die Beteiligten negative Konsequenzen ergeben, sind nicht mit der Beschwerde anfechtbar (BFH v. 19.08.2011, VII S 18/11, BFH/NV 2012, 52). Bei den weiter in § 128 Abs. 2 FGO genannten Ausschlusstatbeständen handelt es sich teils um spezielle **Fälle prozessleitender Verfügungen** (Aufklärungsanordnungen, Beschlüsse über die Vertagung oder Bestimmung einer Frist, Beschlüsse über die Trennung von Verfahren und Ansprüchen (BFH v. 21.03.2011, IX B 137/10, BFH/NV 2011, 1369), Ladung (BFH v. 04.09.2017, IX B 83/17, BFH/NV 2017, 1619; die Beschwerde des geladenen Zeugen ist jedoch möglich: BFH v. 04.08.2015, IX B 95/15, BFH/NV 2015, 1436), Beschlüsse nach §§ 91a und 93a FGO über die Durchführung einer Videokonferenz), teils sind Beschlüsse mit materiellen Regelungsgehalt umfasst. Hierzu gehören **Beweisbeschlüsse** und die **Ablehnung von Beweisbeschlüssen** (§ 82 FGO) sowie Beschlüsse über die **Ablehnung** von **Gerichtspersonen, Sachverständigen und Dolmetschern**. Die gesonderte Anfechtbarkeit dieser Entscheidungen würde die Gefahr erheblicher Verzögerungen mit sich bringen. Allerdings sind die Beteiligten nicht rechtsschutzlos, da die Rüge prozessleitender Anordnungen unter dem Gesichtspunkt des Verfahrensmangels im Rahmen einer gegen das Urteil zu richtenden Revision unberührt bleibt. Unanfechtbar ist der verfahrensbeendende **Einstellungsbeschluss nach Klagerücknahme**. Dies ist schon deshalb gerechtfertigt, weil dieser Beschluss nur deklaratorischer Natur ist und zudem bei einem Streit über die Wirksamkeit einer Klagerücknahme der ursprüngliche Prozess fortgeführt wird. Auch Beschlüsse im Verfahren über die **Prozesskostenhilfe** können nicht mit der Beschwerde angefochten werden. Diese Regelung ist verfassungsrechtlich nicht zu beanstanden, da die Rechtsmäßigkeit der Ablehnung von Prozesskostenhilfe in der Rechtsmittelinstanz gegen die erstinstanzliche Entscheidung nachprüfbar ist (BFH v. 06.07.2012, V B 37/12, BFH/NV 2013, 43). Dies hat vor allem bei der Ablehnung von Prozesskostenhilfeanträgen weitreichende Bedeutung, da dies dazu führen kann, dass das Klageverfahren allein aus Kostengesichtspunkten nicht mehr durchgeführt wird.

Neben den in § 128 Abs. 2 FGO genannten Entscheidungen fehlt eine Anfechtbarkeit bei Äußerungen und Handlungen des Gerichts, denen **kein Entscheidungscharakter** zukommt, wie z.B. bloße Anfragen, Mitteilungen, Hinweise – auch soweit sie Ausführungen zur Rechtslage enthalten – und die formlose Abgabe einer ohne Zustimmung der Finanzbehörde eingelegten Sprungklage (BFH v. 25.11.1997, VI B 204/94, BFH/NV 1998, 610).

5 Dagegen kann die **Verweigerung der Akteneinsicht** durch das Gericht ebenso mit der Beschwerde angefochten werden wie die Art ihrer Durchführung (BFH v. 29.10.2008, III B 176/07, BFH/NV 2009, 192). Dies gilt auch für eine Beschwerde mit dem Ziel, die Akten zur Einsicht in die Kanzleiräume zu übersenden; dabei ist allerdings unklar, ob Verfahrensbeteiligter der Prozessbevollmächtigte oder der Vertretene ist. Es spricht vieles dafür, eine Beschwerde ebenfalls dem Vertretenen zuzurechnen (BFH v. 11.09.2013, I B 179/12, BFH/NV 2014, 48 m.w.N.). Diese Entscheidung berührt das Grundrecht des Verfahrensrechts, das rechtliche Gehör, und hat deshalb eine Bedeutung, die über diejenige von prozessleitenden Verfügungen hinausgeht. Gegen die Verweigerung der Einsichtnahme in die Akten eines abgeschlossenen finanzgerichtlichen Verfahrens ist eine Beschwerde mangels Eröffnung des Finanzrechtswegs nicht möglich (BFH v. 01.03.016, VI B 89/15, BFH/NV 2016, 936). Auch ein Beschluss über die **Aussetzung des Verfahrens** nach § 74 FGO ist beschwerdefähig, um den Anspruch auf baldigen Rechtsschutz zu sichern (BFH v. 01.12.2004, VII B 245/04, BFH/NV 2005, 711; BFH v. 03.09.2007, VI B 57/07, BFH/NV 2007, 2325). Gleiches gilt für eine Anordnung, die ein faktisches Ruhen eines Verfahrens bewirkt (BFH v. 26.04.2005, I B 22/05, BFH/NV 2005, 1361). Dem ist zu folgen, da die Beteiligten ansonsten keine Möglichkeit hätten, sich gegen eine Verfahrensverzögerung seitens des Gerichts zu wenden.

Ein **Vorabentscheidungsersuchen** des FG nach Art. 177 Abs. 2 EWGV a.F./Art. 234 Abs. 2 EGV/Art. 267 Abs. 2 AEUV ist zwar keine prozessleitende Verfügung und die üblicherweise damit verbundene Aussetzung des Verfahrens ist als beiläufiger und im Grunde überflüssiger Teil des Vorabentscheidungsersuchens auch nicht als Aussetzung nach § 74 FGO anzusehen; trotzdem ist die Beschwerde nicht gegeben, weil sich das Ersuchen in vorbereitender Weise auf die Entscheidung in der Sache selbst bezieht (BFH v. 27.01.1981, VII B 56/80, BStBl II 1981, 324). Das Gleiche gilt für **Vorlagebeschlüsse** nach Art. 80 BVerfGG. 6

**Ausdrücklich ausgeschlossen** durch Vorschriften der FGO ist die Beschwerde gegen Beschlüsse über die (Rück-)Übertragung auf (durch) den Einzelrichter nach § 6 Abs. 1 und 3 FGO (§ 6 Abs. 4 FGO; BFH v. 14.05.2013, X B 43/13, BFH/NV 2013, 1260), gegen Beschlüsse entsprechend § 17a Abs. 2 und 3 GVG i.V.m. § 70 Satz 1 FGO (§ 70 Satz 2 FGO), gegen die Gewährung von Wiedereinsetzung (§ 56 Abs. 5 FGO), gegen Beschlüsse über Tatbestandsberichtigungsanträge (§ 108 Abs. 2 Satz 2 FGO) sowie gegen Nichtabhilfebeschlüsse (s. § 130 FGO Rz. 1). Nicht gegeben ist die Beschwerde gegen die Ablehnung einer inhaltlichen Berichtigung der Niederschrift über einen Erörterungstermin oder eine mündliche Verhandlung, weil die inhaltliche Richtigkeit des Protokolls sich der Beurteilung durch das Rechtsmittelgericht entzieht (§ 164 Abs. 1, § 159 Abs. 1 Satz 2 ZPO i.V.m. § 94 FGO; s. BFH v. 06.10.1993, II B 113/93, BFH/NV 1994, 388; BFH v. 22.03.2011, X B 198/10, BFH/NV 2011, 1166).

Vorbehaltlich ausdrücklicher Zulassung in der Entscheidung ist die Beschwerde des Weiteren nicht gegeben gegen Beschlüsse im **vorläufigen Rechtsschutzverfahren** (§ 128 Abs. 3 FGO). Dabei gilt nach § 128 Abs. 2 Satz 2 FGO für die Zulassung § 115 Abs. 2 FGO entsprechen, d.h. die Beschwerde soll unter den gleichen Voraussetzungen zugelassen werden, unter denen im Klageverfahren eine Revisionszulassung geboten wäre. Allerdings kann die Nichtzulassung der Beschwerde nicht angefochten werden (BFH v. 16.12.2010, V B 83/10, BFH/NV 2011, 621). Die Zulassungsentscheidung muss sich ausdrücklich und eindeutig aus der Entscheidung des FG ergeben (BFH v. 14.08.2013, III B 49/13, BFH/NV 2013, 1797). Der Hinweis in der Rechtsmittelbelehrung reicht nicht aus. Die Zulassung kann – anders als die Entscheidung über die Revisionszulassung – auch noch nachträglich erfolgen. 7

Ausgeschlossen ist die Beschwerde des Weiteren nach **§ 128 Abs. 4 Satz 1 FGO** in Streitigkeiten über Kosten. Unanfechtbar sind somit isolierte Kostenentscheidungen **(Kostenentscheidung nach Erledigung der Hauptsache,** 8

§ 138 FGO), die Auferlegung von Kosten bei **Vertretung ohne Vertretungsmacht** auf den angeblichen Bevollmächtigten, der Beschluss nach § 139 Abs. 3 FGO (**Zuziehung eines Bevollmächtigten für das Vorverfahren**) und gegen die Erinnerung im **Kostenfestsetzungsverfahren** nach § 149 FGO. Unberührt bleiben **Sondervorschriften** in anderen Gesetzen. Das Gerichtskostengesetz schließt die Beschwerde gegen die Erinnerungsentscheidung in Sachen Kostenansatz ebenso aus wie die gegen die Streitwertfestsetzung (§ 66 Abs. 3 S. 3 GKG; s. Vor § 135 FGO Rz. 34). Dies gilt auch für die Beschwerde an den BFH gegen die Auferlegung einer Verzögerungsgebühr (§ 69 Satz 2, 66 Abs. 3 Satz 3). Ebenso ist die Entscheidung des FG über die Erinnerung gegen eine Festsetzung nach § 19 Abs. 3 Satz 2 BRAGO unanfechtbar (§ 33 Abs. 4 S. 3 RVG). Auch gegen die Entscheidung eines FG über die Entschädigung eines Sachverständigen ist gem. § 4 Abs. 4 Satz 3 JVEG die Beschwerde an den BFH nicht gegeben.

## II. Beschwerdebefugnis

9 Zur Einlegung der Beschwerde ist befugt, wer von der Entscheidung des FG, des Vorsitzenden oder des Berichterstatters betroffen ist (**§ 128 Abs. 1 FGO**). Das gilt, wenn die Entscheidung aus einem anhängigen Klageverfahren erwächst, regelmäßig für die gem. § 57 FGO an diesem Verfahren Beteiligten, sofern sie **beschwert sind** (s. Vor §§ 115 bis 134 FGO Rz. 8). Eine Beschwer kann aber auch für andere Personen gegeben sein, z.B. für den Zeugen oder Sachverständige, gegen den **Ordnungsmittel** festgesetzt wurden (§ 82 FGO mit §§ 380, 409 ZPO), oder derjenige, der als **Prozessbevollmächtigter zurückgewiesen** wird (BFH v. 02.12.1992, X B 12/92, BStBl II 1993, 243). Der **vollmachtlose Vertreter**, dem die Kosten des Verfahrens auferlegt werden ist zwar beschwert, gleichwohl aber wegen § 128 Abs. 4 Satz 1 FGO nicht zur Beschwerde berechtigt. Im Übrigen ist stets im Einzelfall zu prüfen, ob eine Beschwer vorliegt. Den Beschwerdeberechtigten steht das Recht auf Gehör und Stellungnahme zu; sie können Angriffs- und Verteidigungsmittel geltend machen. Sachanträge kann nur stellen, wer die Beschwerde eingelegt hat.

## III. Rücknahme der Beschwerde, sonstige Erledigung

10 Bei Rücknahme der Beschwerde, die ohne Zustimmung des Beschwerdegegners möglich ist (BFH v. 24.03.1988, V B 21/88, BFH/NV 1990, 105; BFH v. 12.03.1993, X B 28/93, BFH/NV 1994, 182), bedarf es eines Beschlusses über die Einstellung des Verfahrens und die Kosten nur, falls dies ein Beteiligter beantragt (§ 144 FGO). Ein gleichwohl ergehender Beschluss ist aber unschädlich. Auch eine übereinstimmende Erledigungserklärung ist möglich.

# § 129 FGO Einlegung der Beschwerde

**(1) Die Beschwerde ist beim Finanzgericht schriftlich oder zu Protokoll des Urkundsbeamten der Geschäftsstelle innerhalb von zwei Wochen nach Bekanntgabe der Entscheidung einzulegen.**

**(2) Die Beschwerdefrist ist auch gewahrt, wenn die Beschwerde innerhalb der Frist beim Bundesfinanzhof eingeht.**

§ 129 Abs. 1 FGO bestimmt die formellen Anforderungen an die Beschwerde. Sie ist – anders als Revision und NZB – bei FG einzulegen. Grundsätzlich ist **Schriftform** erforderlich (zum Schriftformerfordernis s. § 116 FGO Rz. 6). Mit der Einführung des elektronischen Rechtsverkehrs kann die Beschwerde nach Maßgabe des § 52a FGO in elektronischer Form eingelegt werden. Für die Zulässigkeit ist aber eine qualifizierte Signatur erforderlich, so dass diese Form der Beschwerdeinlegung (noch) praktisch bedeutungslos ist. Insoweit gilt für die Beschwerde gegenüber den anderen Rechtsmitteln keine Sonderregelung. Darüber hinaus kann die Beschwerde auch zur Niederschrift des **Urkundsbeamten der Geschäftsstelle** erklärt werden. Diese Regelung ist misslungen, da sie den Eindruck erweckt, die Beschwerde könnte wie eine Klage (§ 64 FGO) wirksam durch jeden Betroffenen erhoben werden. Dies ist indes wegen des schon für die Einlegung der Beschwerde bestehenden **Vertretungszwangs** (§ 62 Abs. 4 Satz 1 FGO) nicht der Fall (vgl. BFH v. 01.09.2008, VII B 112/08, BFH/NV 2009, 37; BFH v. 12.01.2011, IV B 73/10, BFH/NV 2011, 811). Ausreichend sein soll die Einlegung zu Protokoll in der mündlichen Verhandlung (BFH v. 10.06.1975, VII B 39/75, BStBl II 1975, 673); auch hier dürfte es einer Erklärung durch eine postulationsfähige Person im Sinne von § 62a FGO bedürfen.

Für die Einlegung der Beschwerde beim FG bestimmt 2
das Gesetz eine Frist von **zwei Wochen**. Nach § 129 Abs. 2 FGO wird die Frist auch gewahrt, wenn die Beschwerde innerhalb des Fristlaufs beim BFH eingeht. Die Frist beginnt mit der **Bekanntgabe** der Entscheidung, also entweder mit der Verkündung oder nach § 53 FGO erforderlichen Zustellung der Entscheidung zu laufen. Eine Verlängerung der Frist ist nicht vorgesehen. Wiedereinsetzung in den vorigen Stand ist bei unverschuldeter Frist-

versäumung nach Maßgabe des §56 FGO möglich. Dies gilt auch, wenn die Beschwerde wegen Mittellosigkeit nicht durch einen Bevollmächtigten erhoben wird. Erforderlich ist aber, dass der Beschwerdeführer innerhalb der Beschwerdefrist einen Antrag auf Prozesskostenhilfe gestellt hat (BFH v. 12.02.1998, II B 111/97, BFH/NV 1998, 1000). Zur Beschwerdebefugnis s. §128 FGO Rz. 9.

In der Beschwerdeschrift muss die Entscheidung, gegen die sich die Beschwerde richten soll, eindeutig bezeichnet sein. Trifft dies zu, so kommt nach Ablauf der Beschwerdefrist eine Umdeutung auf eine andere Entscheidung als Beschwerdegegenstand nicht in Betracht. Zwar besteht für die Beschwerde mangels entsprechender gesetzlicher Regelung **kein Begründungszwang** und keine Begründungsfrist. Gleichwohl müssen für eine zulässige Beschwerde **Mindestanforderungen** erfüllt sein. Da auch für die Beschwerde ein Rechtsschutzbedürfnis gegeben sein, die Beschwer geltend gemacht werden muss, ist es erforderlich, dass das Begehren erkennbar ist (s. z. B. BFH v. 21.02.1989, V B 1/89, BFH/NV 1990, 508; BFH v. 23.11.1998, IX B 134/98, BFH/NV 1999, 653; BFH v. 20.11.2008, VI B 145/07, BFH/NV 2008, 200), anderenfalls ist die Beschwerde unzulässig. Ein bestimmter **Antrag** ist entbehrlich, wenn sich aus dem übrigen Vorbringen die Beschwer des Beschwerdeführers ergibt.

Die Beschwerde ist unzulässig, wenn auf das Rechtsmittel wirksam verzichtet wurde.

## § 130 FGO
## Abhilfe oder Vorlage beim BFH

**(1) Hält das Finanzgericht, der Vorsitzende oder Berichterstatter, dessen Entscheidung angefochten wird, die Beschwerde für begründet, so ist ihr abzuhelfen; sonst ist sie unverzüglich dem Bundesfinanzhof vorzulegen.**

**(2) Das Finanzgericht soll die Beteiligten von der Vorlage der Beschwerde in Kenntnis setzen.**

1 Das Gericht (Senat, Vorsitzender/Berichterstatter nach § 79a Abs. 1 FGO, Einzelrichter nach § 6 FGO oder konsentierter Einzelrichter nach § 79a Abs. 3, 4 FGO) oder der Vorsitzende bzw. der Berichterstatter, dessen Entscheidung mit der Beschwerde angefochten wird, ist **verpflichtet**, sich darüber schlüssig zu werden, ob das (zulässige!) Rechtsmittel als begründet angesehen wird. Liegen die Voraussetzungen für eine Entscheidung durch den Vorsitzenden/Berichterstatter oder Einzelrichter vor, ist dieser gesetzlicher Richter. Ein Wahlrecht, auch den Senat mit der Entscheidung zu befassen, besteht nicht (BFH v. 08.01.2013, X B 101/12, BFH/NV 2013, 749). Hält das Gericht die Beschwerde für begründet, so **ist** der Beschwerde durch Rücknahme oder Änderung der angefochtenen Entscheidung **abzuhelfen**. Die Abhilfe steht also nicht im Ermessen des Gerichts. Auch eine Teilabhilfe ist möglich. Die Entscheidung über die Beschwerde, die keinen förmlichen Beschluss erfordert, ist auch dann aktenkundig zu machen, wenn sie zu keiner Abhilfe führt; es sei denn, dass das Gericht unter keinem denkbaren Gesichtspunkt befugt war, der Beschwerde abzuhelfen (BFH v. 03.05.1984, VII B 84/83, BStBl II 1984, 562; BFH v. 19.10.1998, X S 10/98, BFH/NV 1999, 503). Jedoch brauchen die Beteiligten von dieser Beschlussfassung nur in Kenntnis gesetzt zu werden, wenn sie zu einer Abhilfe führt; das geschieht dann durch Zustellung (Verkündung) der Abhilfeentscheidung. Bei negativem Ausgang soll die unverzügliche Vorlage der Sache beim BFH mitgeteilt werden (§ 130 **Abs. 2** FGO).

Erkennt das FG, dass die Beschwerde begründet und demnach die angefochtene Entscheidung zu Unrecht ergangen ist, hält es aber nunmehr diese Entscheidung aus einem neuen Gesichtspunkt für richtig, so muss es dennoch die mit Recht angefochtene Entscheidung im Wege der Abhilfe aufheben (BFH v. 07.11.1979, VII B 35/79, BStBl II 1980, 86). Es darf den neuen Gesichtspunkt nur zum Anlass nehmen, eine neue Sachentscheidung mit neuer Begründung zu erlassen. Bei der Beurteilung der Frage, ob es sich bei der einem Nichtabhilfebeschluss beigefügten Begründung um eine (unzulässige) Auswechslung oder eine (die Rechtmäßigkeit der angefochtenen Entscheidung betreffende) wesentliche Ergänzung der bisherigen Begründung handelt, ist nach den Umständen des Einzelfalles zu entscheiden (BFH v. 18.02.1986, VII B 113/85, BStBl II 1986, 413). Der Nichtabhilfebeschlusses ist unanfechtbar, während gegen einen Abhilfebeschluss dem Gegner die Beschwerde zusteht.

Hilft das Gericht nicht ab, hat es die Beschwerde unverzüglich dem BFH vorzulegen. Eine Begründung des Nichtabhilfebeschlusses ist dabei nicht erforderlich. Im Zeitpunkt der Vorlage wird die Beschwerde beim BFH anhängig. Ab diesem Zeitpunkt entfällt die Abhilfemöglichkeit des FG. Ein Beschluss über die Nichtabhilfe ist entbehrlich, wenn die Beschwerde offensichtlich nicht statthaft oder offensichtlich unzulässig ist (BFH v. 08.01.2013, X B 101/12, BFH/NV 2013, 749 m. w. N.). 2

## § 131 FGO
## Aufschiebende Wirkung der Beschwerde

**(1) Die Beschwerde hat nur dann aufschiebende Wirkung, wenn sie die Festsetzung eines Ordnungs- oder Zwangsmittels zum Gegenstand hat. Das Finanzgericht, der Vorsitzende oder der Berichterstatter, dessen Entscheidung angefochten wird, kann auch sonst bestimmen, dass die Vollziehung der angefochtenen Entscheidung einstweilen auszusetzen ist.**

**(2) Die §§ 178 und 181 Abs. 2 des Gerichtsverfassungsgesetzes bleiben unberührt.**

1 Die Vorschrift beruht auf dem Grundsatz, dass einer Beschwerde grundsätzlich keine aufschiebende Wirkung zukommt, sie also **keinen Suspensiveffekt** auslöst. Dementsprechend sind in § 131 Abs. 1 FGO die Voraussetzungen geregelt, unter denen einer Beschwerde ausnahmsweise aufschiebende Wirkung zukommt. § 131 Abs. 2 FGO regelt wiederum die Ausnahme zu § 131 Abs. 1 Satz 1 FGO.

2 Die Festsetzung eines Ordnungs- oder Zwangsmittels kommt in den Fällen der §§ 30, 52 FGO §§ 80 und 82 FGO in Betracht. Die Beschwerde gegen die Festsetzung von Ordnungsmitteln wegen Ungebühr in der mündlichen Verhandlung (§§ 178, 181 Abs. 2 GVG) hat keine aufschiebende Wirkung (§ 131 Abs. 2 FGO), es sei denn, sie richtet sich gegen eine Festsetzung durch einen Einzelrichter außerhalb der Sitzung (§§ 181 Abs. 2, 180 GVG).

3 Eine Aussetzung der Vollziehung der mit der Beschwerde angefochtenen Entscheidung kann angebracht sein, wenn – die Vollziehbarkeit der angefochtenen Entscheidung vorausgesetzt – an der Rechtmäßigkeit der Entscheidung ernsthafte Zweifel bestehen oder wenn die (sofortige) Vollziehung für den Betroffenen eine unbillige und durch die Erfordernisse der Sache nicht gebotene Härte zur Folge haben würde (s. § 69 Abs. 2 FGO). Nicht vollziehbar in seinem wesentlichen Inhalt und daher einer Aussetzung nach § 131 Abs. 1 Satz 2 FGO nicht zugänglich ist ein die Aussetzung der Vollziehung gem. § 69 Abs. 3 FGO anordnender Gerichtsbeschluss (BFH v. 17.06.2010, VII B 99/10, BFH/NV 2010, 1845).

Gegen die Entscheidung des FG über die Aussetzung ist die **Beschwerde** (§ 128 FGO) nur gegeben, wenn sie durch das FG zugelassen wurde. Während eines Beschwerdeverfahrens geht auch die Befugnis, die Vollziehung der angefochtenen Entscheidung auszusetzen (§ 131 Abs. 1 Satz 2 FGO) auf den BFH über. Dies folgert der BFH aus einer analogen Anwendung des § 570 Abs. 3 ZPO i. V. mit § 155 FGO (BFH v. 17.07.2012, X S 24/12, BFH/NV 2012, 1638).

## § 132 FGO
## Entscheidung über die Beschwerde

**Über die Beschwerde entscheidet der Bundesfinanzhof durch Beschluss.**

1 Zur Entscheidung im Beschlussverfahren s. allgemein die Erläuterungen zu s. § 113 FGO.

2 Als Entscheidungsform für den BFH sieht das Gesetz die Beschlussform vor. Der BFH entscheidet also grundsätzlich im schriftlichen Verfahren in der Besetzung von drei Berufsrichtern (§ 10 Abs. 3 FGO). Mündliche Verhandlung ist fakultativ möglich, aber unüblich. Wird sie durchgeführt, ergeht die Entscheidung ebenfalls durch Beschluss durch fünf Berufsrichter. Die Entscheidung ist zu begründen (s. § 113 Abs. 2 FGO).

Als Beschwerdegericht ist der BFH nicht den Beschränkungen des Revisionsrechts unterworfen; insbes. können im Beschwerdeverfahren neue Tatsachen vorgebracht werden. Ein Beschwerdeführer kann grundsätzlich seinen Antrag im Beschwerdeverfahren ändern. § 123 FGO ist nicht sinngemäß anwendbar. Jedoch darf dies nicht zu einer so wesentlichen Änderung führen, dass der Streitgegenstand des Beschwerdeverfahrens nicht mehr mit dem des erstinstanzlichen Verfahrens identisch ist; denn dann würde der auf Überprüfung einer bereits ergangenen Entscheidung des FG gerichtete Zweck des Beschwerdeverfahrens verfehlt (BFH v. 20.06.2007, VIII B 36/07, BFH/NV 2007, 1911).

Bei seiner Entscheidung steht dem BFH die volle Entscheidungskompetenz zu. Er hat die Sache in vollem Umfang in **tatsächlicher** und **rechtlicher** Hinsicht zu prüfen. Dabei ist vorab die Zulässigkeit der Beschwerde festzustellen, insbes. ob die Beschwerde statthaft ist und die formellen Voraussetzungen, vor allem die Beschwerdefrist, eingehalten ist. Ist die **Beschwerde unzulässig**, **verwirft** sie der BFH.

Bei einer zulässigen Beschwerde hat der BFH den Sachverhalt zu ermitteln und ggf. auch Beweis zu erheben; er ist demnach im Beschwerdeverfahren wie das FG **Tatsacheninstanz**. Dementsprechend ist maßgeblicher Zeitpunkt für die Beurteilung der Beschwerde der Zeitpunkt der Entscheidung durch den BFH, also die Beschlussfassung oder der Schluss der ggf. durchgeführten mündlichen Verhandlung.

Hält der BFH nach dem Ergebnis seiner Ermittlungen die Beschwerde für **unbegründet**, weist er sie **zurück**.

Soweit die Beschwerde begründet ist, hebt der BFH die angefochtene Entscheidung auf. Es steht dann im Ermessen des BFH, ob er eine eigene Sachentscheidung trifft oder die Sache an das FG zurückverweist (§ 155 FGO, § 572 Abs. 3 ZPO; s. BFH v. 03.03.2009, X B 197/08, BFH/NV 2009, 961).

Die Entscheidung des BFH ist unanfechtbar, weil gegen 5
sie kein Rechtsmittel gegeben ist. Allerdings können die Beteiligten auch gegen die Entscheidung des BFH die Anhörungsrüge nach § 133 a FGO erheben.

## § 133 FGO
## Antrag auf Entscheidung des Gerichts

**(1) Gegen die Entscheidung des beauftragten oder ersuchten Richters oder des Urkundsbeamten kann innerhalb von zwei Wochen nach Bekanntgabe die Entscheidung des Finanzgerichts beantragt wer-**

**den. Der Antrag ist schriftlich oder zu Protokoll des Urkundsbeamten der Geschäftsstelle des Gerichts zu stellen. Die §§ 129 bis 131 gelten sinngemäß.**

**(2) Im Verfahren vor dem Bundesfinanzhof gilt Absatz 1 für Entscheidungen des beauftragten oder ersuchten Richters oder des Urkundsbeamten der Geschäftsstelle sinngemäß.**

Aus § 133 FGO folgt, dass gegen die Entscheidung des **beauftragten** (mit Mitglied des erkennenden Gerichts) oder **ersuchten Richters** (Mitglied eines anderen Gerichts; s. § 81 Abs. 2 FGO) sowie des Urkundsbeamten der Geschäftsstelle (s. § 149 FGO) keine Beschwerde zulässig, sondern nur der Antrag auf Entscheidung des FG statthaft ist: Der auch als **Erinnerung** bezeichnete Antrag an das FG ist **befristet**. Er kann nur **zwei Wochen** nach Bekanntgabe der Entscheidung des Finanzgerichts schriftlich oder zu Protokoll des Urkundsbeamten der Geschäftsstelle gestellt werden. Eine Verlängerung der Frist ist nicht vorgesehen. Bei unverschuldeter Fristversäumnis kann Wiedereinsetzung nach Maßgabe von § 56 FGO gewährt werden. Das FG entscheidet über den Antrag durch Beschluss. Soweit der **beauftragte Richter** entschieden hat, ist er nicht an der Mitwirkung an der Beschlussfassung ausgeschlossen (gl. A. *Seer* in Tipke/Kruse, § 133 FGO Rz. 5; *Ruban* in Gräber, § 133 FGO Rz. 2). Gegen die Entscheidung des Gerichts ist – soweit nicht § 128 FGO entgegensteht – die Beschwerde gegeben.

2 Gegen Maßnahmen, die von einem beauftragten oder ersuchten Richter oder einem Urkundsbeamten der Geschäftsstelle im **Verfahren vor dem BFH** getroffen werden, ist nach § 133 Abs. 2 FGO Rechtsbehelf die Erinnerung an den zuständigen Senat des BFH. Fraglich ist, ob hierfür der Vertretungszwang (§ 62 Abs. 4 FGO) gilt. Dagegen spricht, dass der Antrag an den Urkundsbeamten der Geschäftsstelle gestellt werden kann (zu § 62a FGO a.F.: BFH v. 16.01.1984, GrS 5/82, BStBl II 1984, 439); dies erscheint im Hinblick auf das für die Einlegung der Beschwerde (s. § 129 FGO Rz. 1) allgemein für erforderlich gehaltene Vertretungserfordernis, nicht konsequent (s. *Seer* in Tipke/Kruse, § 133 FGO Rz. 7).

## § 133a FGO
## Anhörungsrüge

**(1) Auf die Rüge eines durch eine gerichtliche Entscheidung beschwerten Beteiligten ist das Verfahren fortzuführen, wenn**

**1. ein Rechtsmittel oder ein anderer Rechtsbehelf gegen die Entscheidung nicht gegeben ist und**

**2. das Gericht den Anspruch dieses Beteiligten auf rechtliches Gehör in entscheidungserheblicher Weise verletzt hat.**

**Gegen eine der Endentscheidung vorausgehende Entscheidung findet die Rüge nicht statt.**

**(2) Die Rüge ist innerhalb von zwei Wochen nach Kenntnis von der Verletzung des rechtlichen Gehörs zu erheben; der Zeitpunkt der Kenntniserlangung ist glaubhaft zu machen. Nach Ablauf eines Jahres seit Bekanntgabe der angegriffenen Entscheidung kann die Rüge nicht mehr erhoben werden. Formlos mitgeteilte Entscheidungen gelten mit dem dritten Tag nach Aufgabe zur Post als bekannt gegeben. Die Rüge ist schriftlich oder zu Protokoll des Urkundsbeamten der Geschäftsstelle bei dem Gericht zu erheben, dessen Entscheidung angegriffen wird. Die Rüge muss die angegriffene Entscheidung bezeichnen und das Vorliegen der in Absatz 1 Satz 1 Nr. 2 genannten Voraussetzungen darlegen.**

**(3) Den übrigen Beteiligten ist, soweit erforderlich, Gelegenheit zur Stellungnahme zu geben.**

**(4) Ist die Rüge nicht statthaft oder nicht in der gesetzlichen Form oder Frist erhoben, so ist sie als unzulässig zu verwerfen. Ist die Rüge unbegründet, weist das Gericht sie zurück. Die Entscheidung ergeht durch unanfechtbaren Beschluss. Der Beschluss soll kurz begründet werden.**

**(5) Ist die Rüge begründet, so hilft ihr das Gericht ab, indem es das Verfahren fortführt, soweit dies aufgrund der Rüge geboten ist. Das Verfahren wird in die Lage zurückversetzt, in der es sich vor dem Schluss der mündlichen Verhandlung befand. In schriftlichen Verfahren tritt an die Stelle des Schlusses der mündlichen Verhandlung der Zeitpunkt, bis zu dem Schriftsätze eingereicht werden können. Für den Ausspruch des Gerichts ist § 343 der Zivilprozessordnung entsprechend anzuwenden.**

**(6) § 131 Abs. 1 Satz 2 ist entsprechend anzuwenden.**

### Inhaltsübersicht



### Schrifttum


MACK/FRAEDRICH, Neu: Die Anhörungsrüge nach § 133a AO, AO-StB 2005, 115; SEER/THULFAUT, Die neue Anhörungsrüge als außerordentlicher Rechtsbehelf im Steuerprozess, BB 2005, 1085; ZUCK, Das Verhältnis von Anhörungsrüge und Verfassungsbeschwerde, NVwZ 2005, 739; KETTINGER, Der dritte Weg: Die Effektivierung der Anhörungsrüge, StB 2006, 259; NIELAND, Keine Umdeutung einer Anhörungsrüge in eine Gegenvorstellung, AO-StB 2006, 171; RÖSSLER, Außerordentliche gerichtliche Rechtsmittel und Rechtsbehelfe, INF 2006, 501; Werth, Die Anhörungsrüge nach § 133a FGO im Kontext der Verfassungsbeschwerde, DStZ 2008, 534; Nieland, Statthaftigkeit der Gegenvorstellung gegen gerichtliche Entscheidungen, AO-StB 2009, 288; Nöcker, Verhältnis der Anhörungsrüge zur Gegenvorstellung, AO-StB 2011, 55; Bartone, Rechtsschutz gegen Verletzungen des Anspruchs auf rechtliches Gehör im Finanzprozess, AO-StB 2011, 213; Rieble/Vielmeier, Riskante Anhörungsrüge, JZ 2011, 923; Grube, Zum übergangenen Beweisantrag und zur gerichtlichen Hinweispflicht im Steuerprozess, DStZ 2013, 591.

## A. Allgemeines

1 Die Vorschrift ist durch das sog. AnhörungsrügenG v. 09.12.2004, BGBl I 2004, 3220 mit Wirkung ab dem 01.01.2005 in die FGO eingefügt worden. Sie dient der Umsetzung einer Plenarentscheidung des BVerfG (v. 30.04.2003, 1 PBvU 1/02 BVerfGE 107, 395), mit der der Gesetzgeber verpflichtet wurde, eine Regelung zu schaffen, die innerhalb der fachgerichtlichen Instanzenrüge, aber außerhalb des Rechtsmittelverfahrens eine Prüfung von Verstößen gegen das Recht auf Gehör ermöglicht. Damit soll dem durch das BVerfG festgestellten Rechtsschutzdefizit Rechnung getragen werden. Dem Gesetzgebungsauftrag folgend sieht die gesetzliche Regelung eine sog. **Anhörungsrüge** als außerordentlichen Rechtsbehelf vor. Sie ersetzt zum Teil die **Gegenvorstellung**, die auch im finanzgerichtlichen Verfahren für anwendbar gehalten wurde (§ 155 FGO i. V. m. § 321 a ZPO). Zugleich soll sie den Weg zum BVerfG erschweren, da die Verfassungsbeschwerde gegenüber der Anhörungsrüge subsidiär ist (s. Rz. 4). Ob der damit verfolgte Zweck erreicht wird, das BVerfG zu entlasten und zugleich eine vereinfachte Prüfung und Beseitigung von Mängeln bei der Gewährung rechtlichen Gehörs zu ermöglichen, erscheint jedoch zweifelhaft. Schließlich ist zur Entscheidung über die Rüge das Gericht berufen, gegen dessen Entscheidung sich die Rüge des Beteiligten richtet. Es handelt sich dementsprechend um ein **Selbstkontrollverfahren** des iudex a quo (s. auch *Seer* in Tipke/Kruse, § 133 a FGO Rz. 1). Damit dürfte die Rüge in der Praxis allenfalls in Fällen zum Erfolg führen, in denen der Verstoß auf einem offensichtlichen Versehen beruht, da im Zweifel nicht zu erwarten ist, dass das Gericht einen auf fehlerhafter Rechtsanwendung bestehenden Verstoß einräumt.

## B. Anwendungsbereich und Bedeutung der Vorschrift

2 Die Regelung in § 133 a FGO regelt den Anwendungsbereich der Anhörungsrüge abschließend. Sie ist damit auf die im Gesetz ausschließlich genannte Verletzung rechtlichen Gehörs beschränkt. Eine **Gegenvorstellung** ist daher nur noch gegen abänderbare Entscheidungen des Gerichts möglich, nicht jedoch gegen Entscheidungen, die der Rechtskraft fähig sind, z. B. bei Entscheidungen über die Nichtgewährung von Prozesskostenhilfe (BFH v. 14.10.2010, X S 19/10, BFH/NV 2011, 62 unter Hinweis auf BVerfG v. 25.11.2008, 1 BvR 848/07, BVerfGE 122, 190; BFH v. 24.08.2011, V S 16/11, BFH/NV 2011, 2087 m. w. N.; BFH v. 11.09.2013, I S 14, 15/13, BFH/NV 2014, 50).

Im Hinblick auf den gesetzlich beschränkten Anwendungsbereich der Anhörungsrüge stellt sich die Frage, ob andere Verstöße als der Mangel des rechtlichen Gehörs gegen die **Grundordnung des Verfahrens** außerhalb des Rechtsmittelzuges zur Überprüfung gestellt werden können. Der BFH sieht eine solche Möglichkeit mit Ausnahme der nur begrenzt möglichen Gegenvorstellung nicht mehr. Er geht davon aus, dass die Möglichkeit einer sog. außerordentlichen Beschwerde grundsätzlich nicht mehr besteht (u. a. BFH v. 02.10.2012, I S 12/12, BFH/NV 2013, 733; BFH v. 17.07.2013, V B 128/12, BFH/NV 2013, 1611). 3

Der Anwendungsbereich der Anhörungsrüge ist schließlich durch ihre **Subsidiarität** gegenüber den ordentlichen Rechtsbehelfen eingeschränkt. Dies ist im Hinblick auf den abschließenden Charakter der Rechtsbehelfe/-mittel in der FGO zwar an sich offenkundig, jedoch ausdrücklich in § 133 a Abs. 1 Satz 1 Nr. 1 FGO geregelt. Danach kommt eine Fortführung des Verfahrens aufgrund einer Rüge nur in Betracht, wenn ein Rechtsmittel oder Rechtsbehelf gegen die Entscheidung nicht gegeben ist. Der Beteiligte hat kein Wahlrecht. Es kommt nicht darauf an, ob der Beteiligte ein Rechtsmittel eingelegt hat, sondern allein darauf, ob ihm die abstrakte Möglichkeit zustand, ein Rechtsmittel einzulegen. Eine Anhörungsrüge ist also unzulässig, wenn der Beteiligte Revision, NZB oder Beschwerde hätte einlegen können. Gleiches gilt, wenn er nach einem Gerichtsbescheid einen Antrag auf mündliche Verhandlung hätte stellen können (§ 90 a Abs. 2 FGO). Warum der Beteiligte nicht von einem Rechtsbehelf/-mittel Gebrauch gemacht hat, ist unerheblich. Deshalb kann z. B. bei Fristversäumnis auf diesem Wege keine erneute Befassung des Gerichts mit der Sache erreicht werden. Weiter eingeschränkt ist der Anwendungsbereich durch § 133 a Abs. 1 Satz 2 FGO, wonach eine Rüge gegen eine der Endentscheidung vorausgehende Entscheidung nicht stattfindet. Deshalb ist auch für eine Richterablehnung im Rahmen einer Anhörungsrüge kein Raum (offengelassen vom BFH v. 17.03.2010, X S 25/09, BFH/NV 2010, 1293; BFH v. 24.08.2011, V S 16/11, BFH/NV 2011, 2087 m. w. N.). Dabei dürfte es sich vor allem um verfahrensleitende Verfügungen handeln, auch wenn sie in Beschlussform ergehen. Folglich dürfte die Anhörungsrüge vor allem gegen erstinstanzliche unanfechtbare Entscheidungen praktisch werden, also in Entscheidungen über die Bewilligung von PKH 4

(BFH v. 27.06.2013, X B 82/13, BFH/NV 2013, 1598), in Kostensachen sowie in Verfahren des einstweiligen Rechtsschutzes. Soweit in Verfahren über die Aussetzung der Vollziehung ein erneuter Antrag zulässig ist, weil sich z. B. die Sachlage geändert hat (§ 69 Abs. 6 Satz 2 FGO, s. § 69 FGO), schließt dieser die Anhörungsrüge nicht aus, da Letztere sich gegen die Entscheidung richtet, der der ursprüngliche Sachverhalt zugrunde lag. Insoweit kann die Fortführung des ursprünglichen Verfahrens zumindest im Kosteninteresse liegen.

5 Die Anhörungsrüge kann auch gegen Entscheidungen des BFH erhoben werden. In Betracht kommt dabei vor allem die Rüge gegen einen eine NZB zurückweisenden Beschluss. Allerdings können damit nur diejenigen Verstöße gegen das Recht auf Gehör gerügt werden, die durch den BFH im Verfahren über die Nichtzulassung der Beschwerde begangen worden sein sollen. Andere Einwendungen gegen die Richtigkeit der BFH-Entscheidung können nicht im Rahmen der Anhörungsrüge gehört und berücksichtigt werden (BFH v. 27.10.2017, IX S 21/17, n.v.; BFH v. 04.12.2013, IX S 22/13, BFH/NV 2014, 377; BFH v. 01.09.2016, V S 24/16, BFH/NV 2017, 49 bezgl. Nichtvorlage zum EuGH). Ein Nachschieben von Nichtzulassungsgründen ist ebenso wenig möglich wie die Rüge einer vermeintlichen Gehörsverletzung durch das FG, diese ist im NZB-Verfahren geltend zu machen (Subsidiarität der Gehörsrüge; BFH v. 25.02.2016, VII S 26/15, BFH/NV 2016, 775; BFH v. 14.10.2015, I S 10/15, BFH/NV 2016, 570).

## C. Voraussetzungen der Anhörungsrüge

6 § 133a Abs. 1 FGO bestimmt neben dem Anwendungsbereich der Anhörungsrüge, dass die Rüge durch einen **Beteiligten** erhoben werden kann. Beteiligte sind die nach allgemeinen Regelungen zu bestimmenden Verfahrensbeteiligten i. S. des § 57 FGO, also in der Regel Stpfl. und Finanzbehörde. Erforderlich ist zudem eine **Beschwer**, die durch die Entscheidung des Gerichts entstanden sein muss. Ob Beschwer vorliegt, richtet sich danach, ob der Ausspruch des Gerichts hinter dem Antrag des Klägers zurückbleibt (allgemein zur Beschwer s. Vor §§ 115–134 FGO Rz. 8). Mit der Rüge kann also nicht geltend gemacht werden, das Gericht habe seine Entscheidung auf einen anderen Gesichtspunkt stützen müssen.

7 In § 133a Abs. 2 FGO sind die formellen Anforderungen an die Rüge genannt. Die Rüge ist **schriftlich** oder zu **Protokoll des Urkundsbeamten der Geschäftsstelle** zu erheben. Im Rahmen des elektronischen Rechtsverkehrs kann die Rüge auch per **E-Mail** übermittelt werden (s. § 52a FGO). Anzubringen ist die Rüge bei dem Gericht, das die angegriffene Entscheidung erlassen hat, also entweder beim FG oder BFH. Für die Rüge beim BFH ist der Vertretungszwang zu berücksichtigen (§ 133a Abs. 2 Satz 4 FGO i. V. m. § 62 Abs. 4 FGO; BFH v. 25.07.2016, X S 10/16, BFH/NV 2016, 1739,). Ein unklarer Antrag ist im Zweifel zugunsten des erkennbaren Rechtsschutzziels auszulegen. Allerdings kann ein ausdrücklich als Gegenvorstellung oder außerordentliche Beschwerde bezeichneter Antrag nicht in eine zulässige Anhörungsrüge umgedeutet werden (BFH v. 30.11.2011, VIII 181/05, BStBl II 2006, 188; BFH v. 22.03.2011, X B 198/10, BFH/NV 2011, 1166); differenzierend aber BFH v. 02.10.2012, I S 12/12, BFH/NV 2013, 773, wenn sich aus dem Vorbringen ergibt, dass ausschließlich eine Verletzung des Anspruchs auf rechtliches Gehör gerügt wird. Dies entspricht dem Ausnahmecharakter der außerordentlichen Rechtsbehelfe, auch wenn sich dadurch scheinbar eine Rechtsschutzverkürzung ergibt. Einer weitergehenden Eröffnung von Rechtsschutzmöglichkeiten bedarf es auch aus verfassungsrechtlichen Gründen nicht.

Die **Frist** für die Einlegung der Beschwerde beträgt zwei Wochen. Der Fristbeginn knüpft an die **Kenntnis** von der Verletzung des rechtlichen Gehörs an. Maßgeblich ist der Zeitpunkt, in dem der Betroffene objektive Kenntnis von den Umständen erhält, die die Annahme einer Verletzung rechtfertigen können (BFH v. 14.10.2010, X S 19/10, BFH/NV 2011, 62; BFH v. 20.04.2011, I S 2/11, BFH/NV 2011, 1882). Ist ein Prozessbevollmächtigter bestellt, kommt es auf dessen Kenntnis an (BFH v. 29.08.2011, III S 11/11, BFH/NV 2011, 2088). Dieser Zeitpunkt lässt sich unter Umständen schwer bestimmen und ist vom Rügeführer glaubhaft zu machen (§ 133a Abs. 2 2. HS FGO). In aller Regel wird der Betroffene spätestens mit der Bekanntgabe der gerichtlichen Entscheidung (Urteil, Beschluss) Kenntnis erlangen. Denn zu diesem Zeitpunkt erhält er Gelegenheit, die Umstände zur Kenntnis zu nehmen, aus denen sich eine Gehörsverletzung ergeben kann (BFH v. 04.05.2011, X S 8/11, BFH/NV 2011, 1383). Zur Glaubhaftmachung können insbes. die Ausführungen im Protokoll und in den Urteilsgründen herangezogen werden. Eine eidesstattliche Versicherung des Rügeführers dürfte in der Praxis nur ausnahmsweise geeignet sein, die Kenntnis zu belegen. Während die Rüge selbst innerhalb der Zwei-Wochen-Frist angebracht sein muss, kann die Glaubhaftmachung auch nach Fristablauf erfolgen. Die Rüge ist ausgeschlossen, wenn seit der Bekanntgabe der angegriffenen Entscheidung ein Jahr verstrichen ist. Auf diese Weise soll endgültige Rechtssicherheit erreicht werden. 8

Weitere Voraussetzung ist nach § 133a Abs. 2 Satz 5 FGO, dass die Rüge die angegriffene Entscheidung bezeichnet und der Rügeführer das Vorliegen der Voraussetzungen des § 133a Abs. 1 Satz 1 Nr. 1 FGO darlegt. Die Vorschrift statuiert damit eine **Begründungspflicht**, die dem Zweck dient, eine Befassung des Gerichts mit pauschal und unsubstantiiert erhobenen Rügen zu vermeiden. Zur Bezeichnung der angegriffenen Entscheidung ist 9 deren konkrete Benennung, insbes. durch das Aktenzeichen, ausreichend. Ziel der Bezeichnungspflicht ist, Rügen auszuschließen, die nicht verfahrensbezogen sind. Damit wird pauschalen Einwendungen gegen Spruchkörper, die in der Praxis nicht selten sind, der Boden entzogen. Die Darlegungspflicht des Rügeführers betrifft zweierlei. Zum einen müssen die Tatsachen dargelegt werden, aus denen sich die Verletzung rechtlichen Gehörs ergibt (z. B. Nichtbeachtung eines Beweisangebotes, Ignorieren von Vorbringen). Dem Darlegungserfordernis ist Genüge getan, wenn der Rügeführer schlüssig substantiiert und nachvollziehbar darstellt, zu welchen Fragen er sich nicht äußern konnte und welches Vorbringen das Gericht unter Verstoß gegen Art. 103 GG nicht zur Kenntnis genommen hat (BFH v. 03.11.2010, X S 28/10, BFH/NV 2011, 203; BFH v. 20.09.2012, X S 22/12, BFH/NV 2013, 216). Zum anderen muss der Rügeführer dartun, dass die Gehörsverletzung **entscheidungserheblich** war, d. h. die Gehörsverletzung kausal für die angegriffene Entscheidung war. Daher reicht es für die Darlegung nicht schon aus, wenn der Rügeführer nur eine abstrakte Möglichkeit dartut, dass ohne die Verletzung die ihn beschwerende Entscheidung nicht ergangen wäre. Er muss vielmehr konkret dazu ausführen, worin er die Gehörsverletzung sieht (BFH v. 26.11.2008, VII S 28/08, BFH/NV 2009, 409).

10 **§ 133a Abs. 3 FGO** sieht vor, dass das Gericht den anderen Beteiligten **Gelegenheit zur Stellungnahme** zu geben hat. Dies ist sachlich gerechtfertigt, da es regelmäßig im Interesse des obsiegenden Beteiligten liegt, dass es nicht zu einer Fortführung des Verfahrens kommt. Die Gelegenheit zur Stellungnahme soll gegeben werden, soweit sie **erforderlich** ist. An der Erforderlichkeit wird es in der Regel bei offensichtlich unzulässigen oder unbegründeten Rügen fehlen. Auf diese Weise soll überflüssiger Schriftverkehr vermieden werden.

## D. Entscheidung des Gerichts

11 Die Entscheidung bei **erfolglosen Rügen** richtet sich nach **§ 133a Abs. 4 FGO**. Unstatthafte oder nicht form- oder fristgerecht eingelegte Rügen sind als unzulässig zu **verwerfen**. Zulässige, aber unbegründete, Rügen werden **zurückgewiesen**. Entsprechend der Rechtsnatur der Anhörungsrüge ist Gegenstand der Prüfung durch das Gericht neben der Zulässigkeit nur die Frage, ob der Anspruch des Rügeführers auf rechtliches Gehör verletzt ist; eine weitergehende Prüfung der Entscheidung durch das Gericht findet nicht statt. Allerdings muss das Gericht – soweit den Darlegungsanforderungen Genüge getan ist – von Amts wegen ermitteln, ob tatsächlich eine Gehörsverletzung vorliegt.

12 Die Entscheidung über die Verwerfung oder die Zurückweisung der Beschwerde ergeht durch **unanfechtbaren Beschluss**. Zur Entscheidung berufen ist das Gericht, das die angegriffene Entscheidung gefällt hat, also ggf. auch der Einzelrichter nach § 6 FGO oder der konsentierte Einzelrichter nach § 79a Abs. 3, Abs. 4 FGO. Der BFH entscheidet in der Besetzung von drei Richtern (§ 10 Abs. 3 FGO; BFH v. 12.04.2011, III S 49/10, BFH/NV 2011, 1177). Der Beschluss ist »kurz« zu begründen. Ausreichend ist, wenn die Ausführungen des Gerichts erkennen lassen, dass es das Vorbringen des Rügeführers zur Kenntnis genommen und geprüft hat. Entspricht der Beschluss diesen Anforderungen nicht, kann der Rügeführer fortwirkende Mängel der Gehörsverletzung (nur) noch im Wege der Verfassungsbeschwerde rügen. Eine erneute Anhörungsrüge ist ausgeschlossen.

13 Für eine begründete Anhörungsrüge bestimmt **§ 133a Abs. 5 Satz 1 FGO**, dass das Gericht der Rüge abhilft, indem es das Verfahren fortsetzt. Es findet aber keine vollständige Aufrollung des Falles statt, sondern – wie es im Gesetz ausdrücklich formuliert ist – nur »soweit« die Fortführung aufgrund der Rüge geboten ist (BFH v. 17.06.2005, VI S 3/05, BStBl II 2005, 614; BFH v. 30.09.2005, V S 12, 13/05, BFH/NV 2006, 198). Ergänzend hierzu bestimmt § 133a Abs. 5 **Satz 2** FGO, dass das Verfahren in die Lage zurückversetzt wird, in der es sich vor dem Schluss der mündlichen Verhandlung befand. Dies bedeutet, dass den Beteiligten erneut Gelegenheit zu ergänzendem Vorbringen gegeben wird und/oder das Gericht von sich aus Maßnahmen trifft, um die Verletzung des rechtlichen Gehörs zu heilen. In aller Regel wird es zu einer Durchführung einer neuen mündlichen Verhandlung kommen. In diesem Fall muss die Besetzung des Gerichts nicht mit derjenigen identisch sein, die die angegriffene Entscheidung getroffen hat. Die Fortsetzung des Verfahrens kommt also insoweit der Wiedereröffnung der mündlichen Verhandlung gleich. Im Einzelfall kann auch die Wiederholung einer Beweisaufnahme geboten sein, auch wenn das Verfahren formell in den Zeitpunkt vor dem Schluss der letzten mündlichen Verhandlung versetzt wird. Eine Einzelrichterübertragung wirkt ebenso fort wie das Einverständnis mit einer Entscheidung durch den konsentierten Einzelrichter, da in der Rüge nicht zugleich der Widerruf des Einverständnisses zu sehen ist. Haben die Beteiligten auf **mündliche Verhandlung verzichtet**, kann das Verfahren fortgesetzt werden, indem erneut Schriftsätze ausgetauscht werden. Ein Verbrauch des Verzichts auf mündliche Verhandlung ist u. E. durch die Rüge allein nicht gegeben. Im Zweifel empfiehlt es sich jedoch, auch in diesen Fällen mündliche Verhandlung anzuberaumen, zumal das Gericht an den Verzicht nicht gebunden ist.

14 In Anbetracht des grundsätzlich eingeschränkten Prüfungsrahmens ist fraglich, ob das Gericht in seiner (neuen) Entscheidung völlig frei ist. Dafür spricht einerseits der Umstand, dass das ursprüngliche Verfahren »fortgesetzt« wird. Andererseits soll nur die Gehörsrüge Gegenstand der Verfahrensfortsetzung sein (»soweit«). U. E.

lässt sich dieser Widerspruch dadurch auflösen, dass kein Vorbringen mehr zu berücksichtigen ist, das nicht im Zusammenhang mit der Gehörsverletzung steht. Außerdem ist – soweit man die Anhörungsrüge als außerordentlichen Rechtsbehelf auffasst, der ausschließlich die Rechte des Rügeführers sichern soll – u.E. eine reformatio in peius ausgeschlossen (a.A. *Seer* in Tipke/Kruse, § 133a AO Rz. 14 unter Hinweis auf § 321a ZPO). Auf der anderen Seite kann aber der von der angegriffenen Entscheidung begünstigte Beteiligte im fortgesetzten Verfahren alle Einwendungen geltend machen, die zur Aufrechterhaltung der bisherigen Entscheidung beitragen können. Dazu kann auch neues Vorbringen gehören, sofern es erst durch die Gewährung des rechtlichen Gehörs für die Gegenseite relevant wird.

15 Gelangt das Gericht bei der Fortführung des Verfahrens zu der Überzeugung, dass die bisherige Entscheidung auch nach Nachholung des rechtlichen Gehörs Bestand hat, ist dies im **Tenor** des Urteils oder des Beschlusses auszusprechen (§ 133a Abs. 5 Satz 4 FGO i. V. mit § 343 ZPO), z.B.: »das Urteil/Beschluss vom NN. – Az. wird aufrechterhalten«. Bei einer Änderung der Entscheidung ist die vorherige Entscheidung im neuen Urteil oder Beschluss aufzuheben, soweit die Änderung reicht. Da es sich bei den mit der Rüge angegriffenen Entscheidungen generell um nicht anfechtbare Entscheidungen handelt, steht dem nunmehr unterlegenen Rügegegner kein Rechtsbehelf/Rechtsmittel gegen die neue Entscheidung zu.

16 Die Entscheidung über die Anhörungsrüge muss eine Kostenentscheidung enthalten, die sich nach allgemeinen Grundsätzen (§§ 135 ff. FGO) richtet. Hat die Rüge keinen Erfolg, hat der Rügeführer die Kosten des Verfahrens zu tragen (§ 135 Abs. 1 FGO). Bei einer Änderung der Entscheidung sind die Kosten des gesamten Verfahrens grundsätzlich nach dem Verhältnis des Obsiegens oder Unterliegens aufzuteilen. Etwaige Nachteile des nach der Änderung beschwerten Beteiligten, wie z.B. mit der Fortführung des Verfahrens verbundene zusätzliche Kosten, werden nicht ausgeglichen. Sie fallen in das Prozessrisiko des Unterlegenen.

## E. Rechtsmittel

17 Gegen den Beschluss, mit dem die Rüge als unzulässig verworfen oder als unbegründet zurückgewiesen wird, ist kein Rechtsbehelf/Rechtsmittel mehr möglich (§ 133a Abs. 4 Satz 2 FGO: **unanfechtbar**). Eine erneute Anhörungsrüge gegen den Beschluss ist ebenso ausgeschlossen wie eine außerordentliche Beschwerde (u.a. BFH v. 16.09.2010, IX B 128/10, BFH/NV 2010, 2295; BFH v. 20.06.2013, IX S 12/13, BFH/NV 2013, 1444). Auch gegen die Fortführung des Verfahrens ist kein Rechtsmittel/Rechtsbehelf gegeben. Der Rügegegner kann sich also gegen eine erfolgreiche Anhörungsrüge nicht zur Wehr setzen. Ihm bleibt nur die Möglichkeit, seine Argumente im fortgesetzten Verfahren geltend zu machen. Eine aufgrund der Rüge geänderte Entscheidung ist ebenfalls unanfechtbar, da sich die Rüge wegen ihrer Subsidiarität nur auf nicht rechtsmittelfähige Entscheidungen bezogen haben kann, deren Änderung also – selbstverständlich – keinen Rechtsmittelzug eröffnen kann. Etwas anderes kann allenfalls gelten, wenn aufgrund der Rüge ein Rechtsmittel erst möglich wird, z.B. wenn der BFH auf eine Anhörungsrüge seine Entscheidung über eine NZB ändert.

Im Anwendungsbereich der Anhörungsrüge ist eine 18
**Verfassungsbeschwerde** (Art. 93 Abs. 1 Nr. 4a GG) subsidiär, da die Rüge der speziellere Rechtsbehelf ist, soweit der Beteiligte die Verletzung des Rechts auf Gehör rügt. Dies entspricht auch der Intention des Gesetzgebers, das Bundesverfassungsgericht von Verfassungsbeschwerden zu entlasten. Folglich ist eine Verfassungsbeschwerde, die ohne vorherige Anhörungsrüge erhoben wird, nicht statthaft. Wird die Anhörungsrüge als unzulässig verworfen, ist der Weg zum BVerfG grundsätzlich wieder eröffnet. Allerdings dürfte eine Verfassungsbeschwerde nur insoweit statthaft sein, wie der Beschwerdeführer durch die Unzulässigkeitsentscheidung wiederum in seinem Recht auf Gehör verletzt ist (so wohl auch *Seer* in Tipke/Kruse, § 133a FGO Rz. 21). Jedenfalls dürfte eine Verfassungsbeschwerde nicht generell an der Subsidiarität scheitern (*Zuck*, NVwZ 2005, 739). Sieht das Gericht die Anhörungsrüge als unbegründet an, ist dem Recht auf Gehör durch die Prüfung der Rüge Genüge getan, sodass auch für eine Verfassungsbeschwerde kein Raum mehr ist. Ihr fehlt regelmäßig das Rechtsschutzinteresse. Eine Ausnahme kann nur dann vorliegen, wenn sich das Gericht in willkürlicher Weise über das Anliegen des Rügeführers hinweggesetzt hat; dies dürfte in der Praxis allenfalls in extremen Ausnahmefällen gegeben sein.

Die Subsidiarität greift aber nur in den durch die An- 19
hörungsrüge erfassten Fällen. Werden **andere Verfassungsverstöße** gegen grundrechtlich geschützte Verfahrensregeln gerügt, bleibt die Verfassungsbeschwerde mangels anderer Rechtsschutzmöglichkeiten statthaft.

## Unterabschnitt 3

## Wiederaufnahme des Verfahrens

## § 134 FGO
## Anwendbarkeit der ZPO

**Ein rechtskräftig beendetes Verfahren kann nach den Vorschriften des Vierten Buchs der Zivilprozessordnung wieder aufgenommen werden.**

**Inhaltsübersicht**



**Schrifttum**

ALBERT, Zur Besetzung des Gerichts bei Wiederaufnahmeklagen gemäß § 134 FGO, § 578 ff. ZPO gegen Urteile des Einzelrichters, DStZ 1998, 239; SEIBEL, Das Wiederaufnahmeverfahren – Ein selten genutzter Rechtsbehelf, AO-StB 2002, 318.

## A. Allgemeines

1 Die **Wiederaufnahme** eines durch **Urteil** oder **Beschluss** (BFH v. 13.02.1986, III K 1/85, BStBl II 1986, 415; BFH v. 18.03.1988, V K 1/88, BStBl II 1988, 586; BFH v. 17.01.1990, I K 2/89, BFH/NV 1991, 751; BFH v. 02.01.2009, V K 1/07, BFH/NV 2009, 1125) eines FG oder des BFH rechtskräftig beendeten Verfahrens (auch eines Wiederaufnahmeverfahrens, BFH v. 14.08.1979, VII K 11/74, BStBl II 1979, 777) unter den Voraussetzungen der **Nichtigkeitsklage** oder der **Restitutionsklage** der §§ 579, 580 ZPO ist ein **außerordentlicher Rechtsbehelf**, der in besonders gelagerten Fällen im Interesse der Richtigkeit der Entscheidung eine Durchbrechung der Rechtskraftwirkung und damit der endgültigen Streiterledigung ermöglicht. Nichtigkeits- und Restitutionsklage sind keine Rechtsmittel, lösen also weder den Devolutiv- noch den Suspensiveffekt aus. In Verfahren über die Aussetzung der Vollziehung (§ 69 Abs. 3, Abs. 5 FGO) scheidet eine Wiederaufnahme § 134 FGO aus, sofern die vorrangig zu prüfende Möglichkeit einer Änderung nach § 69 Abs. 6 FGO in Betracht kommt.

Bei Beschlüssen ist eine Nichtigkeitsklage als Antrag auszulegen, den Beschluss entsprechend § 134 FGO zu ändern (vgl. BFH v. 02.01.2009, V K 1/07, BFH/NV 2009, 1125).

## B. Verhältnis zu den Änderungsvorschriften der Abgabenordnung

2 Im Verhältnis der Wiederaufnahme des finanzgerichtlichen Verfahrens zur **Rücknahme, Änderung oder Aufhebung des angefochtenen Verwaltungsaktes** durch die Finanzbehörde (aufgrund der Verfahrensvorschriften der AO, insbes. §§ 130 und 172 ff. AO) in der Gestalt, die er durch die finanzgerichtliche Entscheidung erhalten hat, ist zunächst die **Rechtskraftwirkung** des § 110 Abs. 1 FGO zu beachten. Soweit diese nicht eingreift, steht der Rücknahme, Änderung oder Aufhebung des Verwaltungsaktes in Anwendung der Verfahrensvorschriften der AO die rechtskräftige finanzgerichtliche Entscheidung nicht entgegen. In diesen Fällen wird ein Rechtsschutzinteresse an einer Wiederaufnahme des finanzgerichtlichen Verfahrens in der Regel nicht vorliegen. Bei den Steuerpflichtigen belastenden Änderungsbescheiden ist vielmehr der Weg eines neuen Rechtsbehelfsverfahrens eröffnet.

## C. Text der §§ 578 bis 580 ZPO

3 Die maßgebenden Vorschriften der ZPO haben folgenden Wortlaut:

§ 578 ZPO

(1) Die Wiederaufnahme eines durch rechtskräftiges Endurteil geschlossenen Verfahrens kann durch Nichtigkeitsklage und durch Restitutionsklage erfolgen.

(2) Werden beide Klagen von derselben Partei oder von verschiedenen Parteien erhoben, so ist die Verhandlung und Entscheidung über die Restitutionsklage bis zur rechtskräftigen Entscheidung über die Nichtigkeitsklage auszusetzen.

§ 579 ZPO

(1) Die Nichtigkeitsklage findet statt:

1. wenn das erkennende Gericht nicht vorschriftsmäßig besetzt war;
2. wenn ein Richter bei der Entscheidung mitgewirkt hat, der von der Ausübung des Richteramts kraft Gesetzes ausgeschlossen war, sofern nicht dieses Hindernis mittels eines Ablehnungsgesuchs oder eines Rechtsmittels ohne Erfolg geltend gemacht ist;
3. wenn bei der Entscheidung ein Richter mitgewirkt hat, obgleich er wegen Besorgnis der Befangenheit abgelehnt und das Ablehnungsgesuch für begründet erklärt war;
4. wenn eine Partei in dem Verfahren nicht nach Vorschrift des Gesetzes vertreten war, sofern sie nicht die Prozessführung ausdrücklich oder stillschweigend genehmigt hat.

(2) In den Fällen der Nummern 1, 3 findet die Klage nicht statt, wenn die Nichtigkeit mittels eines Rechtsmittels geltend gemacht werden konnte.

§ 580 ZPO

Die Restitutionsklage findet statt:

1. wenn der Gegner durch Beeidigung einer Aussage, auf die das Urteil gegründet ist, sich einer vorsätzlichen oder fahrlässigen Verletzung der Eidespflicht schuldig gemacht hat;
2. wenn eine Urkunde, auf die das Urteil gegründet ist, fälschlich angefertigt oder verfälscht war;
3. wenn bei einem Zeugnis oder Gutachten, auf welches das Urteil gegründet ist, der Zeuge oder Sach-

verständige sich einer strafbaren Verletzung der Wahrheitspflicht schuldig gemacht hat;
4. wenn das Urteil von dem Vertreter der Partei oder von dem Gegner oder dessen Vertreter durch eine in Beziehung auf dem Rechtsstreit verübte Straftat erwirkt ist;
5. wenn ein Richter bei dem Urteil mitgewirkt hat, der sich in Beziehung auf den Rechtsstreit einer strafbaren Verletzung seiner Amtspflichten gegen die Partei schuldig gemacht hat;
6. wenn das Urteil eines ordentlichen Gerichts, eines früheren Sondergerichts oder eines Verwaltungsgerichts, auf welches das Urteil gegründet ist, durch ein anderes rechtskräftiges Urteil aufgehoben ist;
7. wenn die Partei
   a) ein in derselben Sache erlassenes, früher rechtskräftig gewordenes Urteil oder
   b) eine andere Urkunde auffindet oder zu benutzen in den Stand gesetzt wird, die eine ihr günstigere Entscheidung herbeigeführt haben würde;
8. wenn der Europäische Gerichtshof für Menschenrechte eine Verletzung der Europäischen Konvention zum Schutz der Menschenrechte und Grundfreiheiten oder ihrer Protokolle festgestellt hat und das Urteil auf dieser Verletzung beruht.

## D. Einzelheiten des Wiederaufnahmeverfahrens

### I. Voraussetzungen der Nichtigkeits- und Restitutionsklage

4 Voraussetzung der Erhebung einer Wiederaufnahmeklage ist – entsprechend § 40 Abs. 2 FGO – eine **Beschwer** des Klägers, und zwar dergestalt, dass ihm die anzufechtende Entscheidung etwas versagt, was er im finanzgerichtlichen Verfahren in zulässiger Weise beantragt hatte.

Zur **Statthaftigkeit** der Klage gehört – abgesehen von dem Erfordernis, dass sich der Rechtsbehelf gegen ein rechtskräftiges Urteil bzw. einen Beschluss richtet (BFH v. 08.12.2010, IX R 12/10, BFH/NV 2011, 445) –, dass in der Klage mindestens einer der im Gesetz (ZPO) aufgeführten **Nichtigkeits- oder Restitutionsgründe** schlüssig behauptet wird (st. Rspr., u. a. BFH v. 08.07.2015, VI B 5/15, BFH/NV 2015, 1426). Nicht erforderlich ist, dass die Bezeichnungen »Nichtigkeitsklage« oder »Restitutionsklage« verwendet werden; es genügt, wenn sich schlüssig ergibt, welche dieser Klagearten gemeint ist (BFH v. 18.03.1988, V K 1/88, BStBl II 1988, 586). Soweit Wiederaufnahme eines durch Beschluss (§ 116 Abs. 5 FGO) beendeten NZB-Verfahrens begehrt wird, tritt an die Stelle der Wiederaufnahmeklage der Wiederaufnahmeantrag.

5 Der **Nichtigkeitsklage** gebührt insofern Vorrang, als zunächst über die auf § 579 ZPO gestützte Klage zu befinden ist, wenn zugleich eine Restitutionsklage aus § 580 ZPO eingereicht wird; s. § 579 Abs. 2 ZPO. Die Nichtigkeitsgründe sind in § 579 Abs. 2 Nr. 1 bis 4 ZPO abschließend aufgezählt. Sie stimmen in § 579 Abs. 1 Nr. 1, 2 und 4 mit den absoluten Revisionsgründen des § 119 Nr. 1, 2 und 4 FGO überein. § 579 Abs. 1 Nr. 3 erwähnt zusätzlich die Mitwirkung eines als befangen abgelehnten Richters.

Die Erhebung der **Restitutionsklage** hat in den Fällen des § 580 Nr. 1 bis 5 ZPO zur Voraussetzung, dass wegen der strafbaren Handlung eine rechtskräftige Verurteilung ergangen ist oder die Einleitung oder Durchführung eines Strafverfahrens aus anderen Gründen als wegen Mangels an Beweisen – insbes. wegen Verjährung, Tod, Geringfügigkeit der Tat – nicht erfolgen kann (§ 581 Abs. 1 ZPO). Die § 580 Nr. 5 bis 8 ZPO betreffen Abweichungen der finanzgerichtlichen Entscheidung von anderen Entscheidungen oder nach dem Auffinden entscheidungserheblicher Unterlagen. Die Restitutionsklage setzt weiter voraus, dass der Restitutionsgrund ohne Verschulden der Partei im finanzgerichtlichen Verfahren nicht geltend gemacht werden konnte (§ 582 ZPO BFH v. 27.10.2015, I B 27/14, BFH/NV 2016, 749). 6

### II. Verfahren

**Beteiligte** der Wiederaufnahmeklage sind diejenigen, die im vorausgegangenen finanzgerichtlichen Verfahren Beteiligte (§ 57 FGO bzw. § 122 FGO) waren (BFH v. 17.10.1990, I K 2/89, BFH/NV 1991, 751; BFH v. 27.10.1992, VII R 71/92, BFH/NV 1993, 314). 7

**Zuständiges Gericht** ist grundsätzlich das **Gericht**, das über die Klage den Beschluss entschieden hat, also das FG oder der BFH (BFH v. 26.03.1998, XI S 31/97, BFH/NV 1998, 1239; BFH v. 02.01.2009, V K 1/07, BFH/NV 2009, 1125). Hat der **Einzelrichter nach § 6 FGO** entschieden, ist dieser auch für die Entscheidung über das Wiederaufnahmeverfahren berufen, nicht der Vollsenat. Beim **konsentierten Einzelrichter** nach § 79a Abs. 4, Abs. 4 FGO soll indes das ursprüngliche Einverständnis der Beteiligten für das Wiederaufnahmeverfahren verbraucht sein (BFH v. 02.12.1998 X R 15 u. 16/97, BStBl II 1999, 412). Ist eine Entscheidung des **BFH** ergangen und wird die Wiederaufnahme auf § 579 oder § 580 Nr. 4 oder 5 ZPO gestützt, so muss die Wiederaufnahmeklage beim BFH angebracht werden (§ 584 ZPO); Letzteres gilt auch, soweit mit der Klage tatsächliche Feststellungen des BFH zur Verwerfung der Revision angegriffen werden (BFH v. 04.07.1991, IV K 1/90, BStBl II 1991, 813). Zuständig ist der BFH auch (trotz § 134 FGO i. V. m. § 584 Abs. 1 ZPO), obwohl keine tatsächlichen Feststellungen angefochten werden, wenn ausschließlich geltend gemacht wird, das Revisionsgericht habe seine Entscheidung auf ein Urteil gestützt, dem das BVerfG nicht gefolgt sei (BFH v. 17.07.1985, II K 1/84, BFH/NV 1986, 164). Desgleichen 8 ist er zur Entscheidung über eine Restitutionsklage gegen ein von ihm erlassenes Urteil zuständig, mit der vorgetragen wird, dieses Urteil weiche von anderen Entscheidungen des BFH bzw. einem in einer anderen Sache ergangenen Beschluss des Großen Senats des BFH ab (BFH v. 04.07.1991, IV K 1/90, BStBl II 1991, 813; BFH v. 25.02.1992, IV K 1/91, BStBl II 1992, 625).

9 Die Klage ist **binnen eines Monates** seit Beginn des Tages zu erheben, an dem die Partei von dem Wiederaufnahmegrund Kenntnis erhalten hat. Die Frist beginnt nicht vor Eintritt der Rechtskraft der finanzgerichtlichen Entscheidung. Sie ist **Ausschlussfrist**, kann daher nicht verlängert werden; bei Versäumung ohne Verschulden kommt Wiedereinsetzung in den vorigen Stand in Betracht (§ 56 FGO). Nach Ablauf von **fünf Jahren** nach Eintritt der Rechtskraft des finanzgerichtlichen Urteils ist eine Wiederaufnahmeklage nicht mehr statthaft (s. § 586 Abs. 1, 2 ZPO); eine Ausnahme gilt für die Nichtigkeitsklage wegen mangelnder Vertretung (§ 586 Abs. 3 ZPO). Die Frist für die Erhebung der Nichtigkeitsklage gegen einen Beschluss, mit dem eine Revision **mangels Postulationsfähigkeit** eines Prozessbevollmächtigten verworfen wurde, beginnt bereits mit der Zustellung des Beschlusses an diesen (BFH v. 13.02.1986, III K 1/85, BStBl II 1986, 415). Die Erfordernisse der **Klageschrift** ergeben sich aus §§ 587, 588 ZPO.

Die **Prüfung** des FG erfolgt in **drei Stufen**: In einem ersten Schritt hat das Gericht die Zulässigkeitsprüfung vorzunehmen, also zu prüfen, ob die Klage statthaft und in der gesetzlichen Form und Frist erhoben ist (§ 589 ZPO). Fehlt es an der Zulässigkeit, ist die Klage als unzulässig zu verwerfen. Ist die Klage zulässig, erfolgt in einem zweiten Schritt die Prüfung des Wiederaufnahmegrundes; bei Bejahung in einem dritten Schritt Aufhebung der angefochtenen Entscheidung und neue Sachentscheidung (§ 590 ZPO). Im Einzelnen richtet sich das Verfahren nach den für die Instanz (FG bzw. BFH) maßgebenden Vorschriften der FGO (§ 585 ZPO). Ist der beim BFH gestellte Wiederaufnahmeantrag unzulässig, so wird er durch Beschluss ohne mündliche Verhandlung (§ 126 Abs. 1 FGO) zurückgewiesen (BFH v. 16.08.1979, I K 2/69, BStBl II 1979, 710). Durch Beschluss ist auch zu entscheiden, wenn das Wiederaufnahmeverfahren sich gegen einen Beschluss im NZB-Verfahren richtet (BFH v. 07.11.1969, III K 1/69, BStBl II 1970, 216; BFH v. 17.10.1990, I K 2/89, BFH/NV 1991, 751). 1

Zu den Kosten des erfolgreichen Wiederaufnahmeverfahrens s. § 135 Abs. 4 FGO. Hiernach können diese der Staatskasse auferlegt werden, soweit sie nicht durch das Verschulden eines Beteiligten entstanden sind. 1

# Dritter Teil.
# Kosten und Vollstreckung

## Vorbemerkungen zu § 135

### Inhaltsübersicht



### Schrifttum


Bartone, Änderung von Steuerbescheiden im FG-Verfahren, AO-StB 2001, 56; Gersch, Die Kosten des Beigeladenen, AO-StB 2001, 59; Gluth, Kostenüberlegungen bei Beendigung des Verfahrens, AO-StB 2001, 156; Mack, Kosten im FG-Verfahren, AO-StB 2002, 321; H. Schwarz, Probleme der Streitwertermittlung, AO-StB 2003, 165; Braun/Hansens, RVG-Praxis, 1. Aufl. 2004; Dellner, Auswirkungen der Kostenrechtsmodernisierung auf das finanzgerichtliche Verfahren, DStB 2004, 647; Eberl, Der Mindeststreitwert als neue Zugangsbeschränkung in der Finanzgerichtsbarkeit, DB 2004, 1910; Feuersänger, Gerichtskosten im Finanzrechtsstreit, Stbg 2004, 383; Hartung, Das neue Rechtsanwaltsvergütungsgesetz, NJW 2004, 1409; Jost, Änderungen des Gerichtskostengesetzes durch das Kostenrechtsmodernisierungsgesetz, INF 2004, 478; Mock, Das neue anwaltliche Vergütungsrecht, RVG-Berater 2004, 2; Morgenstern, Ab 01.07.2004 wird die Verfahrensgebühr bei Klageerhebung sofort fällig, AO-StB 2004, 180; K. Otto, Die neue Geschäftsgebühr mit Kappungsgrenze nach dem Rechtsanwaltsvergütungsgesetz, NJW 2004, 1420; Schoenfeld, Auswirkungen des Kostenrechtsmodernisierungsgesetzes auf das finanzgerichtliche Verfahren, DB 2004, 1279; H. Schwarz, Kosten des finanzgerichtlichen Verfahrens, AO-StB 2004, 31; Bartone, Das neue Gerichtskostengesetz in der Beratungspraxis, AO-StB 2005, 22; Th. Müller, Streitwertermittlung nach dem neuen § 52 Abs. 3 S. 2 GKG – Auswirkungen auch bei der Besteuerung von Unternehmen, BB 2013, 2519; Just, Die Erhebung der Vorfälligkeitsgebühr bei den Finanzgerichten, DStR 2014, 1481; Jost, Gebühren- und Kostenrecht im FG- und BFH-Verfahren, 5. Aufl. 2016.


## A. Allgemeines

1 Bei der Durchführung eines finanzgerichtlichen Verfahrens entstehen Kosten (§ 139 Abs. 1 FGO), und zwar Gerichtskosten und außergerichtliche Kosten, wenn der Kläger bzw. Antragsteller durch einen Bevollmächtigten vertreten wird. Die **Gerichtskosten** werden von den Gerichten dafür erhoben, dass der Staat Organe der Rechtspflege zur Verfügung stellt. Sie entstehen, sobald der Bürger durch Erhebung einer Klage oder Stellung eines Antrags die Justiz in Anspruch nimmt, und werden grds. mit Abschluss des gerichtlichen Verfahrens fällig (§ 63 Abs. 1 GKG a.F.; zu alledem *H. Schwarz,* AO-StB 2004, 31; das KostRMoG brachte jedoch die ab 01.07.2004 geltende Vorfälligkeit [§§ 6 Abs. 1 Nr. 4 GKG]; s. Rz. 29). Gerichtskosten sind die Gerichtsgebühren und die Auslagen (§ 139 Abs. 1 FGO). Die **außergerichtlichen Kosten** schuldet zunächst der Kläger/Antragsteller seinem Prozessbevollmächtigten aufgrund des zwischen ihnen abgeschlossenen entgeltlichen Geschäftsbesorgungsvertrags (§ 675 Abs. 1 BGB). Diese Kosten unterteilen sich auch nach Gebühren und Auslagen und werden nach dem RVG ermittelt. Die Höhe der Gebühren bestimmt sich nach dem Gegenstandswert (§ 2 Abs. 1 RVG). Daneben kann der Rechtsanwalt den Ersatz bestimmter Auslagen verlangen (Nrn. 7000 ff. VV RVG). Ist der Bevollmächtigte Steuerberater, so bestimmen sich die außergerichtlichen Kosten nach § 45 StBVV ebenfalls nach den Vorschriften des RVG. Im finanzgerichtlichen Verfahren ist **VV RVG Nr. 3200** zu beachten. Danach erhält der Prozessbevollmächtigte die gleichen Gebühren unabhängig davon, ob durch Urteil ohne mündliche Verhandlung oder durch Gerichtsbescheid oder durch Urteil aufgrund mündlicher Verhandlung entschieden wird. Der **Antrag auf Durchführung der mündlichen Verhandlung gegen einen Gerichtsbescheid** (§ 90a Abs. 2 Satz 1 FGO) verschafft daher **keinen Gebührenvorteil** (s. § 139 FGO Rz. 27; der Antrag kann jedoch unter haftungsrechtlichen Gesichtspunkten wegen der Möglichkeit zu weiterem mündlichen Vortrag geboten sein). Obsiegt der Kläger/Antragsteller, so muss allerdings die unterliegende Behörde auch dessen außergerichtliche Kosten – je nach Ausspruch des Gerichts ganz oder teilweise – tragen (§ 139 Abs. 1 und Abs. 3 FGO). Der beklagten Finanzbehörde werden keine außergerichtlichen Kosten erstattet (§ 139 Abs. 2 FGO); sie ist auch von den Gerichtskosten befreit (§ 2 GKG; dazu s. Rz. 26). Kostenvorschüsse (§§ 10 ff. GKG) werden in finanzgerichtlichen Verfahren, wie in allen verwaltungsgerichtlichen Verfahren, nicht erhoben (*Hartmann,* § 68 GKG Rz. 5), allerdings gilt im Finanzprozess eine Vorfälligkeit (§ 6 Abs. 1 Nr. 4 GKG), die aber keine Vorschusspflicht darstellt (s. Rz. 29).

Der die Kosten des Finanzprozesses betreffende I. Abschnitt des Dritten Teils der FGO (§§ 135 bis 149 FGO) 2
regelt (lediglich) die Frage, wer die Kosten zu tragen hat (§§ 135 bis 138 FGO), den Kostenbegriff (§ 139 Abs. 1 FGO), die Erstattung der Aufwendungen der Beteiligten (§ 139 Abs. 2 bis 4 FGO), die Prozesskostenhilfe (§ 142 FGO), die Kostenentscheidung (§§ 143 bis 145 FGO) und

das Verfahren für die Festsetzung der den Beteiligten zu erstattenden Aufwendungen (Kostenfestsetzung, § 149 FGO). **Höhe, Ansatz, Erhebung und Verjährung** der Gerichtskosten richten sich dagegen ausschließlich nach dem GKG, in dem auch die Vorschriften über die Berechnung und Festsetzung des Streitwerts zu finden sind (§ 1 Nr. 3 GKG).

### B. Gerichtskosten

3 Das seit dem 01.07.2004 geltende GKG wurde am 27.02.2014 in der ab 01.01.2014 geltenden Fassung neu bekannt gemacht (BGBl I 2014, 154). Es bildet die Grundlage für die Erhebung von Gerichtskosten (zum Begriff s. Rz. 23).

4–22 vorläufig frei

23 Nach § 1 Nr. 3 GKG werden für das Verfahren vor den Gerichten der Finanzgerichtsbarkeit nach der FGO (Gerichts-) **Kosten** (Gebühren und Auslagen; § 139 Abs. 1 FGO) **nur nach dem GKG** erhoben. In der Anlage 1 zu § 3 Abs. 2 GKG (Kostenverzeichnis – KV –) werden tabellarisch die einschlägigen Gebührentatbestände und die jeweils zutreffenden Gebührensätze aufgeführt (unten s. Rz. 42), deren Höhe sich abhängig vom Streitwert aus der dem GKG als Anlage 2 zu § 34 Abs. 1 GKG beigefügten Tabelle (Gebührentabelle) ergibt (unten s. Rz. 101). Die Auslagen werden nach ebenfalls nach dem Kostenverzeichnis (Nrn. 9000 ff. KV) erhoben.

#### I. Kostenschuldner

24 **Kostenschuldner** ist zum einen derjenige, der das Verfahren des Rechtszugs beantragt, d. h. durch Stellung eines gerichtlichen Antrags in Gang gesetzt hat (§ 22 Abs. 1 Satz 1 GKG), also der Beteiligte i. S. von § 57 FGO. Daneben schuldet derjenige die Kosten, dem das Gericht in seiner Kostengrundentscheidung die Kosten des Verfahrens auferlegt hat (§ 29 Nr. 1 GKG). Nach § 31 Abs. 2 Satz 1 GKG schuldet der zuletzt genannte Kostenschuldner (der unterliegende Beteiligte) als **Erstschuldner** vorrangig die Kosten. Er ist dann **Entscheidungsschuldner** (§ 29 Abs. 3 Satz 1 GKG). Andere Kostenschuldner können nur in zweiter Linie in Anspruch genommen werden (§ 29 Abs. 2 Satz 1 GKG). Hat der Entscheidungsschuldner PKH erhalten, so dürfen andere Kostenschuldner nicht in Anspruch genommen; etwaige bereits erhobene Kosten, müssen ihnen erstattet werden (§ 29 Abs. 3 Satz 1 GKG). Ausnahmsweise ist auch der **Prozessbevollmächtigte** Kostenschuldner, nämlich dann, wenn er als **Vertreter ohne Vertretungsmacht** handelt (st. Rspr., z. B. BFH v. 11.11.2009, I B 153/09, BFH/NV 2010, 904; BFH v. 15.04.2010, V B 7/09, BFH/NV 2010, 1830; BFH v. 07.09.2010, VI E 3/10, BFH/NV 2010, 2294; s. § 62 FGO Rz. 27).

Mehrere Kostenschuldner haften als **Gesamtschuldner** (§ 31 Abs. 1 GKG). § 135 Abs. 5 FGO ist nicht (mehr) anwendbar, da § 31 Abs. 1 GKG als lex specialis vorgeht (vgl. zu § 58 Abs. 1 GKG a. F. BFH v. 09.08.1988, VII E 4/88, BStBl II 1989, 46). Als Gesamtschuldner haften daher wie bisher grds. auch **Streitgenossen** (§ 32 Abs. 1 Satz 1 GKG). Etwas anderes gilt nur, wenn das Gericht in der Kostengrundentscheidung eine bestimmte Verteilung der Kostenlast vorgenommen hat oder wenn ihre Anträge unterschiedliche Streitgegenstände betreffen (§ 32 Abs. 1 Satz 2 GKG). Entsprechendes gilt für mehrere **Beigeladene**, denen die Kosten auferlegt wurden (dazu s. § 135 FGO Rz. 7). 25

#### II. Kostenfreiheit (§ 2 GKG)

Von der Zahlung der Kosten in Verfahren vor den Gerichten der Finanzgerichtsbarkeit sind nach § 2 Abs. 1 GKG der **Bund und die Länder** sowie die nach Haushaltsplänen des Bundes oder eines Landes verwalteten öffentlichen Anstalten und Kassen befreit. Die Befreiung erstreckt sich auf alle Gebühren und Auslagen, die im GKG geregelt sind (*Hartmann*, § 2 GKG Rz. 1). Nach § 2 Abs. 2 GKG bleiben daneben wie bisher sonstige bundesrechtliche Befreiungsvorschriften ebenso wirksam wie entsprechende landesrechtliche Bestimmungen. Werden einem Beteiligten, der durch solche Befreiungsvorschriften begünstigt ist, Verfahrenskosten auferlegt, sind sie nicht zu erheben bzw. zurückzuzahlen (§ 2 Abs. 5 Satz 1 GKG). Die **Gemeinden** sind von der Zahlung der Kosten **nicht befreit**. 26

#### III. Gebühren und Auslagen

Die **Gerichtsgebühren** werden nach Maßgabe der Nrn. 6110 bis 6600 KV (Anlage 1 zu § 3 Abs. 2 GKG) erhoben (s. Rz. 42). Es handelt sich im Einzelnen um die **Verfahrensgebühr**, die für das Verfahren im Allgemeinen erhoben wird (KV Nr. 6110). Sie fällt in gleicher Höhe (4,0 Gebühren) im Gerichtsbescheidsverfahren an. Damit besteht eine **gebührenmäßige Gleichbehandlung von Urteils- und Gerichtsbescheidsverfahren**, was auf Seiten der Kläger die Bereitschaft stärken dürfte, einen Antrag auf Durchführung der mündlichen Verhandlung zu stellen und Gerichtsbescheide nicht rechtskräftig werden zu lassen. Dies stellt eine von vielen gesetzgeberischen Fehlleistung im Zusammenhang mit dem GKG dar, denn das Gerichtsbescheidsverfahren wurde einst zur Entlastung der FG eingeführt; dieser Gesetzeszweck wird durch die Neuregelung der Kosten konterkariert (*Bartone*, AO-StB 2005, 22). Eine **Urteilsgebühr** wird **nicht mehr** erhoben. 27

Im **Revisionsverfahren** vor dem BFH beträgt die Verfahrensgebühr 5,0 Gebühren. Eine **Beweisgebühr** wird **grds. nicht** erhoben; eine Ausnahme bildet nach KV Nr. 6300 das Beweissicherungsverfahren nach § 82 FGO i. V. m. §§ 485 bis 487, 490 bis 495 ZPO (dazu s. § 82 FGO Rz. 12 f.). Zu den Gebührentatbeständen im Übrigen s. Rz. 42. Die Höhe der Gebühren bemisst sich nach dem Streitwert, der wiederum nach § 52 Abs. 1 GKG ermittelt wird (s. Rz. 92 und im Übrigen s. Rz. 45). Hierfür gilt die Gebührentabelle (Anlage 2 zu § 34 Abs. 1 GKG; s. Rz. 94). Bei **Klagerücknahme** ermäßigt sich die Verfahrensgebühr auf 2,0 Gebühren. Das bedeutet, dass **keine gebührenfreie Klagerücknahme** möglich ist. Entsprechendes gilt für Anträge im einstweiligen Rechtsschutzverfahren (KV Nrn. 6210 f.; vgl. hierzu *Bartone*, AO-StB 2005, 22).

28 **Auslagen** sind diejenigen Aufwendungen, die nach KV 9000 bis 9018 erhoben werden können. Es handelt sich um Schreibauslagen, Kopierkosten, Zustellungskosten etc.; dazu im Einzelnen das Kostenverzeichnis s. Rz. 42. Zu beachten ist ferner § 28 GKG, wonach in den dort genannten Fällen Schuldner der Auslagen derjenige ist, der die Erteilung von Ausfertigungen oder Abschriften beantragt hat (§ 28 Abs. 1 Satz 1 GKG), wer nicht die erforderliche Anzahl von Ablichtungen vorgelegt hat (§ 28 Abs. 1 Satz 2 GKG) und er die Versendung von Akten beantragt hat (§ 28 Abs. 2 GKG).

## IV. Vorfällige Gebühr

29 Während nach wie vor im finanzgerichtlichen Verfahren kein Vorschuss erhoben wird (s. Rz. 1), wird nunmehr die Verfahrensgebühr (z. B. für Klageverfahren, KV Nr. 6110, und für Anträge auf AdV, KV Nr. 6210) sofort mit **Klageerhebung** bzw. Einreichung des Antrags fällig (§ 6 Abs. 1 Nr. 5 GKG). Entsprechendes gilt für **Revisionsverfahren** (KV Nr. 6120) und **NZB**-Verfahren (KV Nr. 6500) sowie für **Beschwerde**verfahren (KV 6220). Dies gilt jedoch gem. § 12a GKG **nicht** für **Verfahren wegen überlanger Verfahrensdauer** (§ 155 Satz 2 FGO i. V. m. §§ 198 ff. GVG; s. Rz. 92). Es handelt sich **nicht** um einen **Vorschuss** (*Morgenstern*, AO-StB 2004, 180; *Bartone*, AO-StB 2006, 22), von dessen Zahlung das FG seine Tätigkeit abhängig machen dürfte (§ 10 GKG), da weder die FGO noch die §§ 11 ff. GKG eine Regelung enthält, die dies gestatten würde. Für das finanzgerichtliche Verfahren bedeutet dies, dass das Verfahren (z. B. die Zustellung der Klageschrift nach § 71 Abs. 1 Satz 1 FGO oder die Übersendung der Schriftsätze nach § 77 Abs. 1 Satz 4 FGO) auch dann seinen Fortgang zu nehmen hat, wenn der Kläger/Antragsteller den Vorschuss nicht leistet. Die **Höhe** der sofort fälligen Verfahrensgebühr ergibt sich im Finanzprozess nicht mehr einheitlich aus dem Mindeststreitwert nach § 52 Abs. 4 Nr. 1 GKG (1500 Euro) und im Hinblick auf § 63 Abs. 1 Satz 3 GKG auch nicht aus einem vorläufig festgesetzten Wert gem. § 63 Abs. 1 Satz 1 GKG, sondern aus dem von § 52 Abs. 5 GKG bestimmten Wert (vgl. BFH v. 19.10.2017, X E 1/17, BFH/NV 2018, 227). Aus § 52 Abs. 5 GKG folgt nunmehr eine »gestufte« vorläufige Streitwertbemessung: Zunächst erfolgt eine Wertbestimmung nach § 52 Abs. 3 GKG, soweit sich der Wert unmittelbar – d. h. konkret und ohne weitere Ermittlungen (*Brandis* in Tipke/Kruse, Vor § 135 FGO Rz. 21; *Just*, DStR 2014, 1481, 1482) – aus den Verfahrensakten ergibt. Steht aber der nach § 52 Abs. 3 und Abs. 4 Nr. 1 GKG maßgebende Wert nicht eindeutig fest, sind die vorfälligen Gebühren nach § 52 Abs. 5 GKG – wie bisher – nach dem Mindeststreitwert (§ 52 Abs. 4 Nr. 1 GKG) zu bestimmen. In den meisten Fällen bemisst sich der Wert der Gebühren daher weiterhin – dies zeigt die gerichtliche Praxis – vorläufig nach dem Mindeststreitwert von 1500 Euro (§ 52 Abs. 4 Nr. 1 GKG; *Brandis* in Tipke/Kruse, Vor § 135 FGO Rz. 21; *Just*, DStR 2014, 1481, 1484). Mithin ist in den betreffenden Klageverfahren bei Klageerhebung eine Verfahrensgebühr in Höhe von 284 Euro fällig (4,0 Gebühren zu je 71 Euro; KV Nr. 6110; *Schwarz* in HHSp, § 139 FGO Rz. 127). Auch im Fall der **objektiven Klagehäufung** (§ 43 FGO) entsteht **nur eine einzige vorfällige Gebühr**, die sich nach dem Mindeststreitwert in Höhe von 1500 Euro bemisst. Denn nach § 6 Abs. 1 Nr. 5 GKG kommt es lediglich auf das Klageverfahren an, nicht aber auf den einzelnen Streitgegenstand. Daher ist je Klage ohne Rücksicht auf die Anzahl der Klagebegehren auch im Fall der objektiven Klagehäufung lediglich eine einzige vorläufige Kostenrechnung über 284 Euro (soweit der Mindeststreitwert nach § 52 Abs. 5 GKG zugrunde zu legen ist) zu erstellen (*Bartone*, AO-StB 2005, 22; *Dellner*, DStZ 2004, 647; *Jost*, INF 2004, 478; *Jost*, INF 2004, 636; *Ratschow* in Gräber, Vor § 135 FGO Rz. 49; gl. A. FG BW v. 05.04.2005, 12 K 300/04, EFG 2005, 1894). In Verfahren betreffend die Anfechtung von Gewinnfeststellungsbescheiden oder GewSt-Messbescheiden kommt als Wert für die vorläufige Verfahrensgebühr nach § 52 Abs. 5 GKG nur der Mindestwert von 1500 Euro gem. § 52 Abs. 4 Nr. 1 GKG in Betracht, da solche Bescheide sich nicht unmittelbar auf eine bezifferte Geldleistung beziehen (§ 52 Abs. 3 Satz 1 GKG), sondern nur die Grundlage für solche Bescheide bilden (BFH v. 19.07.2016, IV E 2/16, BFH/NV 2016, 1582). Daher bestimmt sich der endgültige Streitwert in diesem Fällen nach § 52 Abs. 1 GKG.

Die Stellung eines **PKH-Antrags** lässt die Entstehung und die Fälligkeit der vorfälligen Gebühr grds. unberührt, jedoch sollte sie nicht erhoben werden, wenn der PKH-Antrag gleichzeitig mit der Klageerhebung gestellt wird. Wird der Antrag nachträglich gestellt, sind die Erhebung und die Beitreibung einzustellen, bis über die Bewilligung der PKH entschieden wurde, es sei denn der Antrag ist offensichtlich unzulässig (*Bartone*, AO-StB 2005, 22; *Dell-* 29a *ner*, DStZ 2004, 647; grds. gl. A., jedoch ohne Einschränkung auch bei offensichtlich unzulässigen Anträgen *Brandis* in Tipke/Kruse, Vor § 135 FGO Rz. 14b; *Ratschow* in Gräber, Vor § 135 FGO Rz. 49; *Schwarz* in HHSp, § 139 FGO Rz. 128).

## V. Der Kostenansatz (§ 19 GKG)

### 1. Allgemeines

30 Die förmliche Entscheidung über die zu zahlenden Gerichtskosten nennt man **Kostenansatz**. Er ist sowohl von der **Kostengrundentscheidung** (Entscheidung über die Kostentragungspflicht nach §§ 135 ff. FGO) als auch von der Entscheidung über die Höhe der zu erstattenden Aufwendungen der Beteiligten (**Kostenfestsetzung**), die der Urkundsbeamte des Gerichts trifft (§ 149 Abs. 1 FGO), zu unterscheiden. Die Kosten der ersten Instanz (FG) werden bei dem Gericht, bei dem das Verfahren erster Instanz anhängig ist oder zuletzt anhängig war, die Kosten des Rechtsmittelverfahrens bei dem Rechtsmittelgericht (BFH) angesetzt (§ 19 Abs. 1 Satz 1 GKG). Dies gilt auch dann, wenn die Kosten bei einem ersuchten Gericht entstanden sind (§ 19 Abs. 1 Satz 2 GKG). Für den Kostenansatz ist die Geschäftsstelle des betreffenden Gerichts (der dortige **Kostenbeamte**) zuständig. § 51 FGO i. V. m. § 49 ZPO gilt für ihn nicht. Er ist – anders als bei der Kostenfestsetzung, § 149 Abs. 1 FGO – nicht Urkundsbeamter.

31 Der Kostenansatz ist ein **Gerichtsverwaltungsakt** (BFH v. 18.08.2015, III E 4/15, BFH/NV 2015, 1598) und kann so lange im Verwaltungsweg (also durch den Kostenbeamten, Rz. 30) berichtigt werden, als nicht eine gerichtliche Entscheidung über die Kosten getroffen ist (§ 19 Abs. 5 Satz 1 GKG), d. h. über eine gegen den Kostenansatz eingelegte Erinnerung durch das Gericht noch nicht entschieden ist. Davon abweichend darf der Kostenbeamte vom Ansatz der Kosten ausnahmsweise nach § 10 Abs. 1 KostVfg u. a. nur dann absehen, wenn das dauernde Unvermögen des Kostenschuldners zur Zahlung offenkundig oder ihm aus anderen Vorgängen bekannt ist. Es handelt sich dabei um eine Verwaltungsvorschrift, die kein subjektiv-öffentliches Recht des Kostenschuldners auf Beachtung dieser Verwaltungsvorschrift begründet (BFH v. 18.08.2015, III E 4/15, BFH/NV 2015, 1598). Die Kosten können festgesetzt werden, **sobald der entsprechende Gebührentatbestand verwirklicht ist und die Gebühren fällig** sind (BFH v. 04.07.1986, VII E 3/85, BFH/NV 1987, 53; BFH v. 17.08.2000, VII E 7/00, juris), und zwar auch dann, wenn die zugrunde liegende Entscheidung noch nicht rechtskräftig geworden ist (BFH v. 27.04.1976, VII B 17/75, BStBl II 1976, 462). Gerichtskosten, die gegenüber einem Insolvenzverwalter in einem Verfahren betreffend Masseverbindlichkeiten (§ 53 ff. InsO) festgesetzt werden sollen und für die nach Anzeige der Masseunzulänglichkeit das Vollstreckungsverbot des § 210 InsO gilt, sind weiterhin gem. § 19 GKG anzusetzen. Allerdings darf die Kostenrechnung nicht mit einer Zahlungsaufforderung verbunden werden (BFH v. 29.03.2016, VII E 10/15, BFH/NV 2016, 1068). Außerdem kann der Kostenbeamte den Kostenansatz selbst nach einer Gerichtsentscheidung über seine Rechtmäßigkeit noch berichtigen, wenn der dem Kostenansatz zugrunde liegende Streitwert durch Gerichtsentscheidung anders festgesetzt wird (§ 19 Abs. 5 Satz 2 GKG).

### 2. Kosten der Zurückverweisung

Wird eine Sache vom BFH zur anderweitigen Verhandlung an das FG **zurückverwiesen** (§ 126 FGO), so bildet das Verfahren des FG im zweiten Rechtsgang mit dem Verfahren vor diesem FG im ersten Rechtszug **in kostenrechtlicher Hinsicht eine einzige Instanz** (§ 37 GKG). Die Gebühr für das Verfahren vor dem FG (KV Nr. 6110; unten s. Rz. 42) entsteht daher nur einmal (vgl. § 35 GKG). 32

### 3. Verzögerungsgebühr (§ 38 GKG)

Für den Fall, dass durch Verschulden des Klägers, des Beklagten, eines Beigeladenen oder eines Vertreters eine Verzögerung des Verfahrens eintritt, kann das Gericht dem Kläger oder Beklagten (bzw. Beigeladenen) von Amts wegen wie bisher eine besondere Gebühr in Höhe einer Gebühr nach der Gebührentabelle ( **Verzögerungsgebühr**) auferlegen, die bis auf ein Viertel ermäßigt werden kann. Unberührt bleibt daneben die in § 137 Satz 2 FGO eröffnete Möglichkeit, dem Beteiligten die durch sein Verschulden entstandenen Kosten aufzuerlegen. Der Verhängung einer Verzögerungsgebühr im Verfahren vor dem FG steht nicht entgegen, dass das FG gem. § 76 Abs. 1 FGO verpflichtet ist, den Sachverhalt von Amts wegen zu erforschen und dass nach § 77 Abs. 1 Satz 1 FGO die Beteiligten zur Vorbereitung der mündlichen Verhandlung Schriftsätze nur einreichen sollen, nicht aber müssen (BFH v. 27.05.1970, VI B 126/69, BStBl II 1970, 626). Vor der Auferlegung der Verzögerungsgebühr muss dem davon betroffenen Beteiligten ausreichend Gelegenheit zur Äußerung gegeben werden (BFH v. 13.06.1969, VI B 3/69, BStBl II 1969, 550; BFH v 14.08.1969, V B 32/69 BStBl II 1969, 662). Der **Beschluss**, in dem die Auferlegung der Verzögerungsgebühr angeordnet wird, ist wegen § 69 Satz 2 GKG i. V. m. § 66 Abs. 3 Satz 3 GKG **nicht beschwerdefähig**. 33

### 4. Kostenerinnerung (§ 66 Abs. 1 GKG)

**Gegen den Kostenansatz** kann sowohl der Kostenschuldner als auch die Staatskasse den besonderen Rechtsbehelf 34 der **Erinnerung** einlegen. Die Erinnerung kann zu Protokoll der Geschäftsstelle oder schriftlich, auch ohne Mitwirkung eines Bevollmächtigten, eingelegt werden (§ 66 Abs. 5 Satz 1 GKG). Mit der Erinnerung gem. § 66 GKG können **nur Einwendungen** erhoben werden, die sich **gegen die Kostenrechnung selbst** richten, d.h. gegen **Ansatz und Höhe** einzelner Kosten oder gegen den **Streitwert**. Die angebliche Fehlerhaftigkeit der dem Kostenansatz zugrunde liegenden Gerichtsentscheidung kann nicht im Erinnerungsverfahren gerügt werden (z.B. BFH v. 08.03.2007, IX E 3/06, juris; BFH v. 10.05.2007, IX E 10/07, juris; BFH v. 08.11.2012, VI E 2/12, BFH/NV 2013, 399), ebenso wenig, dass andere Personen als die in der Kostenentscheidung bezeichneten die Gerichtskosten tragen müssten (BFH v. 06.08.2007, VII E 36/07, RVGReport 2008, 157). Ist die Kostenrechnung dem Kostenschuldner bereits zugegangen, kann mit der Erinnerung auch die **Nichterhebung der Kosten** wegen unrichtiger Sachbehandlung (§ 21 GKG; s. Rz. 36 ff.) beantragt werden (BFH v. 20.04.2006, III E 3/06, BFH/NV 2006, 1499; BFH v. 15.09.2006, III E 5/06, juris; BFH v. 25.03.2013, X E 1/13, BFH/NV 2013, 1106). Zulässig ist die Kostenerinnerung nur dann, wenn sie das **konkrete Rechtsschutzziel** erkennen lässt (BFH v. 25.04.2007, I E 4/06, BFH/NV 2007, 1347; BFH v. 19.05.2016, I E 2/16, BFH/NV 2016, 1303). Die Erinnerung ist nicht fristgebunden. Wenn der Kostenbeamte der Erinnerung nicht abhilft (§ 66 Abs. 2 Satz 1 GKG), entscheidet das **Gericht**, bei dem die Kosten angesetzt wurden, **grds. durch den Einzelrichter** (§ 66 Abs. 6 Satz 1 GKG), und zwar durch **Beschluss**. Dies gilt auch für einen Antrag auf Anordnung der aufschiebenden Wirkung einer Erinnerung nach § 66 Abs. 1 GKG (BFH v. 18.01.2017, IV S 8/16, BFH/NV 2017, 479). Der Einzelrichter kann die Entscheidung auf den **Senat** übertragen, wenn die Sache besondere Schwierigkeiten tatsächlicher oder rechtlicher Art aufweist oder die Rechtssache grundsätzliche Bedeutung hat (§ 66 Abs. 6 Satz 2 GKG). Hierfür dürften dieselben Maßstäbe wie bei § 6 FGO gelten (s. § 6 FGO Rz. 4 ff.). Die Erinnerung hat keine aufschiebende Wirkung, sofern nicht der Vorsitzende auf Antrag oder von Amts wegen die aufschiebende Wirkung ganz oder teilweise anordnet (§ 66 Abs. 7 GKG). Das Verfahren über die Erinnerung ist gebührenfrei; Kosten werden nicht erstattet (§ 66 Abs. 8 GKG). Die **Entscheidung** des FG über die Erinnerung ist **nicht beschwerdefähig** (§ 66 Abs. 3 Satz 3 GKG). Daher ist gem. § 69a GKG die **Anhörungsrüge** bei Verletzung des Anspruchs auf rechtliches Gehör im Erinnerungsverfahren gegeben, über die ebenfalls der Einzelrichter entscheidet (§ 66 Abs. 6 Satz 1 GKG; BFH v. 28.02.2018, X S 1/18, BFH/NV 2018, 643).

35 Von der Kostenerinnerung nach § 66 Abs. 1 Satz 1 GKG, die sich gegen den Kostenansatz richtet, ist die Erinnerung nach § 149 Abs. 2 FGO gegen die **Kostenfestsetzung** (Festsetzung der den Beteiligten zu erstattenden Aufwendungen) zu unterscheiden; dazu § 149 Abs. 2 bis 4 FGO (s. § 149 FGO Rz. 4).

## VI. Nichterhebung von Gerichtskosten (§ 21 GKG)

§ 21 GKG regelt die **Nichterhebung von Kosten wegen unrichtiger Sachbehandlung**. Die Norm gilt nicht für außergerichtliche Kosten (z.B. BFH v. 26.03.2009, V B 111/08, BFH/NV 2009, 1269; BFH v. 01.03.2016, VI B 89/15, BFH/NV 2016, 936). Die Entscheidung über die Nichterhebung der Kosten ist Bestandteil des Verfahrens über den Kostenansatz einschließlich des Erinnerungsverfahrens nach § 66 GKG (s. Rz. 34; BFH v. 25.03.2013, X E 1/13, BFH/NV 2013, 1106; *Schwarz* in HHSp, § 139 FGO Rz. 150, 170). 36

Kosten werden unter drei alternativen Voraussetzungen nicht erhoben: 37

Die **Kosten** wären **bei richtiger Sachbehandlung nicht entstanden** (§ 21 Abs. 1 Satz 1 GKG). Der die Kosten auslösende Umstand muss also auf ein vom Kostenschuldner nicht zu vertretendes unzweckmäßiges oder sonst unrichtiges Verhalten des Gerichts zurückzuführen sein. Dies setzt jedoch ein erkennbares Versehen oder offensichtliche Verstöße gegen eindeutige Vorschriften voraus (BFH v. 30.06.2008, X E 3/08, BFH/NV 2008, 1693; BFH v. 19.10.2009, X E 11/09, BFH/NV 2010, 225). Eine Verfahrenstrennung (§ 73 FGO) stellt keine unrichtige Sachbehandlung i.S. von § 21 Abs. 1 Satz 1 GKG dar, wenn ein sachlicher Grund für die Trennung vorliegt, etwa die Ordnung verschiedener Streitgegenstände (BFH v. 13.04.2016, X E 5/16, BFH/NV 2016, 1057). Wenn aber erkennbar lediglich die Eingangs- und Erledigungszahlen manipuliert werden sollen, ist ein sachlicher Grund für die Verfahrenstrennung nicht gegeben. Bsp.: Ein Richter trennt bei Eingang einer Klagerücknahmeerklärung einzelne Streitgegenstände ab, damit seine Erledigungsstatistik – offensichtlich der wichtigste Gradmesser richterlicher Arbeit – mehrere Erledigungen statt nur einer ausweist. Entsprechendes gilt z.B., wenn – wie in manchen FG praktiziert – Verfahren mit mehreren Streitgegenständen trotz objektiver Klagehäufung (dazu s. § 43 FGO Rz. 1) getrennt erfasst werden (zu den Kostenfolgen s. Rz. 29; vgl. auch *Jost*, Gebühren- und Kostenrecht, S. 234 f.), um zu verschleiern, dass ein sachlicher Grund für die getrennte Behandlung der Klagen nicht vorliegt. 38

Durch eine **von Amts wegen veranlasste Verlegung eines Termins oder Vertagung** einer Verhandlung sind Auslagen entstanden, z.B. weil in der Verhandlung ein Richter plötzlich erkrankt (§ 21 Abs. 1 Satz 2 GKG). 39

Der Kostenschuldner unterliegt zwar oder nimmt seinen Rechtsbehelf zurück, sein Antrag beruhte aber auf **unverschuldeter Unkenntnis der tatsächlichen oder** 40 rechtlichen Verhältnisse (§ 21 Abs. 1 Satz 3 GKG). Die Zweifelhaftigkeit der Rechtsfrage, über die im Prozess zu entscheiden war, rechtfertigt in der Regel jedoch keine Nichterhebung entstandener Gerichtskosten (BFH v. 23.08.1967, IV R 50/66, BStBl III 1967, 614, ebenso – bei Rücknahme eines Rechtsbehelfs infolge zwischenzeitlicher Klärung der Verfassungsmäßigkeit der im Streit maßgeblichen Rechtsnorm – BFH v. 13.09.1967, I B 43/67, BStBl III 1967, 786; BFH v. 18.03.1994, III B 270/90, BStBl II 1994, 522, 525). Zweck der Vorschrift ist nicht, dem Rechtsbehelfsführer das Prozessrisiko nachträglich (teilweise) abzunehmen.

## VII. Höhe der Gerichtskosten (§ 34 GKG)

### 1. Allgemeines

41 Die Höhe der Gerichtskosten bestimmt sich nach den erfüllten **Gebührentatbeständen**, die sich aus dem **Kostenverzeichnis** (nachstehend Rz. 42) ergeben, also nach der Anzahl der verwirklichten Gebühren (§ 3 Abs. 2 GKG). Der Wert der Gebühren richtet sich wiederum nach dem Streitwert (§§ 3 Abs. 1, 34 Abs. 1 Satz 1 GKG). Die Einzelheiten ergeben sich aus der Gebührentabelle (Anl. 2 zu § 34 Abs. 1 Satz 3 GKG; s. Rz. 101).

### 2. Kostenverzeichnis (Anlage 1 zu § 3 Abs. 2 GKG)

42 Nr. Gebührentatbestand Gebührenbetrag oder Satz der Gebühr nach § 34 GKG

Teil 6

Verfahren vor den Gerichten der Finanzgerichtsbarkeit

Hauptabschnitt 1

Prozessverfahren

Abschnitt 1

Erster Rechtszug

6110 Verfahren im Allgemeinen, soweit es sich nicht nach § 45 Abs. 3 FGO erledigt 4,0

6111 Beendigung des gesamten Verfahrens durch

1. Zurücknahme der Klage
   a) vor dem Schluss der mündlichen Verhandlung oder,
   b) wenn eine solche nicht stattfindet, vor Ablauf des Tages, an dem das Urteil oder der Gerichtsbescheid der Geschäftsstelle übermittelt wird, oder
2. Beschluss in den Fällen des § 138 FGO,

es sei denn, dass bereits ein Urteil oder ein Gerichtsbescheid vorausgegangen ist:

Die Gebühr 6110 ermäßigt sich auf 2,0

Die Gebühr ermäßigt sich auch, wenn mehrere Ermäßigungstatbestände erfüllt sind.

Abschnitt 2

Revisionsverfahren

6120 Verfahren im Allgemeinen 5,0

6121 Beendigung des gesamten Verfahrens durch Zurücknahme der Revision oder der Klage, bevor die Schrift zur Begründung der Revision bei Gericht eingegangen ist:

Die Gebühr 3130 ermäßigt sich auf 1,0

Erledigungen in den Fällen des § 138 FGO stehen der Zurücknahme gleich

6122 Beendigung des gesamten Verfahrens, wenn nicht Nummer 6121 erfüllt ist, durch

1. Zurücknahme der Revision oder der Klage
   a) vor dem Schluss der mündlichen Verhandlung oder,
   b) wenn eine solche nicht stattfindet, vor Ablauf des Tages, an dem das Urteil, der Gerichtsbescheid oder der Beschluss in der Hauptsache der Geschäftsstelle übermittelt wird, oder
2. Beschluss in den Fällen des § 138 FGO,

es sein denn, dass bereits ein Urteil, Gerichtsbescheid oder ein Beschluss in der Hauptsache vorausgegangen ist:

Die Gebühr 6120 ermäßigt sich auf 3,0

Die Gebühr ermäßigt sich auch, wenn mehrere Ermäßigungstatbestände erfüllt sind.

Hauptabschnitt 2

Vorläufiger Rechtsschutz

Vorbemerkung 6.2:

(1) Die Vorschriften dieses Hauptabschnitts gelten für einstweilige Anordnungen und für Verfahren nach § 69 Abs. 3 und 5 FGO.

(2) Im Verfahren über den Antrag auf Erlass und im Verfahren über den Antrag auf Aufhebung einer einstweiligen Anordnung werden die Gebühren jeweils gesondert erhoben. Mehrere Verfahren nach § 69 Abs. 3 und 5 FGO gelten innerhalb eines Rechtszugs als ein Verfahren.

Abschnitt 1

Vorläufiger Rechtsschutz

6210 Verfahren im Allgemeinen 2,0

6211 Beendigung des gesamten Verfahrens durch

1. Zurücknahme des Antrags
   a) vor dem Schluss der mündlichen Verhandlung oder,
   b) wenn eine solche nicht stattfindet, vor Ablauf des Tages, an dem der Beschluss (§ 114 Abs. 4 FGO) übermittelt wird, oder
2. Beschluss in den Fällen des § 138 FGO,

es sei denn, dass bereits ein Beschluss nach § 114 Abs. 4 FGO vorausgegangen ist:

Die Gebühr 6210 ermäßigt sich auf 0,75

Die Gebühr ermäßigt sich auch, wenn mehrere Ermäßigungstatbestände erfüllt sind.

Abschnitt 2

Beschwerde

Vorbemerkung 6.2.2:

Die Vorschriften dieses Abschnitts gelten für Beschwerden gegen Beschlüsse über einstweilige Anordnungen

(§ 114 FGO) und über die Aussetzung der Vollziehung (§ 69 Abs. 3 und 5 FGO).

6220 Verfahren über die Beschwerde 2,0

6221 Beendigung des gesamten Verfahrens durch Zurücknahme der Beschwerde:

Die Gebühr ermäßigt sich auf 1,0

**Hauptabschnitt 3**

**Besondere Verfahren**

6300 Selbständiges Beweisverfahren 1,0

6301 Verfahren über Anträge auf gerichtliche Handlungen der Zwangsvollstreckung gemäß § 152 FGO 20,00 EUR

**Hauptabschnitt 4**

**Rüge wegen Verletzung des Anspruchs auf rechtliches Gehör**

6400 Verfahren über die Rüge wegen Verletzung des Anspruchs auf rechtliches Gehör (§ 321a ZPO, § 155 FGO):

Die Rüge wird in vollem Umfang verworfen oder zurückgewiesen 60,00 EUR

**Hauptabschnitt 5**

**Sonstige Beschwerde**

6500 Verfahren über die Beschwerde gegen die Nichtzulassung der Revision:

Soweit die Beschwerde verworfen oder zurückgewiesen wird 2,0

6501 Verfahren über die Beschwerde gegen die Nichtzulassung der Revision:

Soweit die Beschwerde zurückgenommen oder das Verfahren durch anderweitige Erledigung beendet wird 1,0

Die Gebühr entsteht nicht, soweit die Revision zugelassen wird.

6502 Verfahren über nicht besonders aufgeführte Beschwerden, die nicht nach anderen Vorschriften gebührenfrei sind:

Die Beschwerde wird verworfen oder zurückgewiesen 60,00 EUR

Wird die Beschwerde nur teilweise verworfen oder zurückgewiesen, kann das Gericht die Gebühr nach billigem Ermessen auf die Hälfte ermäßigen oder bestimmen, dass eine Gebühr nicht zu erheben ist.

**Hauptabschnitt 6**

**Besondere Gebühr**

6600 Auferlegung einer Gebühr nach § 38 GKG wegen Verzögerung des Rechtsstreits **wird vom Gericht bestimmt**

**Teil 9**

**Auslagen**

Nr. Auslagentatbestand Höhe

Vorbemerkung 9

(1) Auslagen, die durch eine für begründet befundene Beschwerde entstanden sind, werden nicht erhoben, soweit das Beschwerdeverfahren gebührenfrei ist; dies gilt jedoch nicht, soweit das Beschwerdegericht die Kosten dem Gegner des Beschwerdeführers auferlegt hat.

(2) Sind Auslagen durch verschiedene Rechtssachen veranlasst, werden sie auf die mehreren Rechtssachen angemessen verteilt.

9000 Pauschale für die Herstellung und Überlassung von Dokumenten:

1. Ausfertigungen, Kopien und Ausdrucke bis zur Größe von DIN A3, die
   a) auf Antrag angefertigt oder auf Antrag per Telefax übermittelt worden sind oder
   b) angefertigt worden sind, weil die Partei oder ein Beteiligter es unterlassen hat, die erforderliche Zahl von Mehrfertigungen beizufügen; der Anfertigung steht es gleich, wenn per Telefax übermittelte Mehrfertigungen von der Empfangseinrichtung des Gerichts ausgedruckt werden:

   für die ersten 50 Seiten je Seite 0,50 EUR
   für jede weitere Seite 0,15 EUR
   für die ersten 50 Seiten in Farbe je Seite 1,00 EUR
   für jede weitere Seite in Farbe 0,30 EUR
2. Entgelte für die Herstellung und Überlassung der in Nummer 1 genannten Kopien oder Ausdrucke in einer Größe von mehr als DIN A3 **in voller Höhe**
   oder pauschal je Seite 3,00 EUR
   oder pauschal je Seite in Farbe 6,00 EUR
3. Überlassung von elektronisch gespeicherten Dateien oder deren Bereitstellung zum Abruf anstelle der in den Nummern 1 und 2 genannten Ausfertigungen, Kopien und Ausdrucke:

   je Datei 1,50 EUR
   für die in einem Arbeitsgang überlassenen, bereitgestellten oder in einem Arbeitsgang auf denselben Datenträger übertragenen Dokumente insgesamt höchstens 5,00 EUR

(1) Die Höhe der Dokumentenpauschale nach Nummer 1 ist in jedem Rechtszug und für jeden Kostenschuldner nach § 28 Abs. 1 GKG gesondert zu berechnen; Gesamtschuldner gelten als ein Schuldner. Die Dokumentenpauschale ist auch im erstinstanzlichen Musterverfahren nach dem KapMuG gesondert zu berechnen.

(2) Werden zum Zweck der Überlassung von elektronisch gespeicherten Dateien Dokumente zuvor auf Antrag von der Papierform in die elektronische Form übertragen, beträgt die Dokumentenpauschale nach Nummer 2 nicht weniger, als die Dokumentenpauschale im Fall der Nummer 1 betragen würde.

(3) Frei von der Dokumentenpauschale sind für jede Partei, jeden Beteiligten, jeden Beschuldigten und deren bevollmächtigte Vertreter jeweils

1. eine vollständige Ausfertigung oder Kopie oder ein vollständiger Ausdruck jeder gerichtlichen Entscheidung und jedes vor Gericht abgeschlossenen Vergleichs,

2. eine Ausfertigung ohne Tatbestand und Entscheidungsgründe und
3. eine Kopie oder ein Ausdruck jeder Niederschrift über eine Sitzung.

§ 191a Abs. 1 Satz 5 GVG bleibt unberührt.

9001 Auslagen für Telegramme **in voller Höhe**

9002 Pauschale für Zustellungen mit Zustellungsurkunde, Einschreiben gegen Rückschein oder durch Justizbedienstete nach § 168 Abs. 1 ZPO je Zustellung **3,50 EUR**

Neben Gebühren, die sich nach dem Streitwert richten, mit Ausnahme der Gebühr 3700, wird die Zustellungspauschale nur erhoben, soweit in einem Rechtszug mehr als 10 Zustellungen anfallen. Im erstinstanzlichen Musterverfahren nach dem KapMuG wird die Zustellungspauschale für sämtliche Zustellungen erhoben.

9003 Pauschale für die bei der Versendung von Akten auf Antrag anfallenden Auslagen an Transport- und Verpackungskosten je Sendung **12,00 EUR**

(1) Die Hin- und Rücksendung der Akten durch Gerichte oder Staatsanwaltschaften gelten zusammen als eine Sendung.

(2) Die Auslagen werden von demjenigen Kostenschuldner nicht erhoben, von dem die Gebühr 2116 zu erheben ist.

9004 Auslagen für öffentliche Bekanntmachungen **in voller Höhe**

(1) Auslagen werden nicht erhoben für die Bekanntmachung in einem elektronischen Informations- und Kommunikationssystem, wenn das Entgelt nicht für den Einzelfall oder nicht für ein einzelnes Verfahren berechnet wird. Nicht erhoben werden ferner Auslagen für die Bekanntmachung eines besonderen Prüfungstermins (§ 177 InsO, § 18 SVertO).

(2) ...

9005 Nach dem JVEG zu zahlende Beträge **in voller Höhe**

(1) Nicht erhoben werden Beträge, die an ehrenamtliche Richter (§ 1 Abs. 1 Satz 1 Nr. 2 JVEG) gezahlt werden.

(2) Die Beträge werden auch erhoben, wenn aus Gründen der Gegenseitigkeit, der Verwaltungsvereinfachung oder aus vergleichbaren Gründen keine Zahlungen zu leisten sind. Ist aufgrund des § 1 Abs. 2 Satz 2 JVEG keine Vergütung zu zahlen, ist der Betrag zu erheben, der ohne diese Vorschrift zu zahlen wäre.

(3) Auslagen für Übersetzer, die zur Erfüllung der Rechte blinder oder sehbehinderter Personen herangezogen werden (§ 191a Abs. 1 GVG), werden nicht, Auslagen für Gebärdensprachdolmetscher (§ 186 Abs. 1 GVG) werden nur nach Maßgabe des Absatzes 4 erhoben.

(4) Ist für einen Beschuldigten oder Betroffenen, der der deutschen Sprache nicht mächtig, hör- oder sprachbehindert ist, im Strafverfahren oder im gerichtlichen Verfahren nach dem OWiG ein Dolmetscher oder Übersetzer herangezogen worden, um Erklärungen oder Schriftstücke zu übertragen, auf deren Verständnis der Beschuldigte oder Betroffene zu seiner Verteidigung angewiesen oder soweit dies zur Ausübung seiner strafprozessualen Rechte erforderlich war, werden von diesem die dadurch entstandenen Auslagen nur erhoben, wenn das Gericht ihm diese nach § 464c StPO oder die Kosten nach § 467 Abs. 2 Satz 1 StPO, auch i. V. m. § 467a Abs. 1 Satz 2 StPO, auferlegt hat; dies gilt auch jeweils i. V. m. § 46 Abs. 1 OWiG.

(5) Im Verfahren vor den Gerichten für Arbeitssachen werden Kosten für vom Gericht herangezogene Dolmetscher und Übersetzer nicht erhoben, wenn ein Ausländer Partei und die Gegenseitigkeit verbürgt ist oder ein Staatenloser Partei ist.

9006 Bei Geschäften außerhalb der Gerichtsstelle

1. die den Gerichtspersonen aufgrund gesetzlicher Vorschriften gewährte Vergütung (Reisekosten, Auslagenersatz) und die Auslagen für die Bereitstellung von Räumen **in voller Höhe**
2. für den Einsatz von Dienstkraftfahrzeugen für jeden gefahrenen Kilometer **0,30 EUR**

9007 An Rechtsanwälte zu zahlende Beträge mit Ausnahme der nach § 59 RVG auf die Staatskasse übergegangenen Ansprüche **in voller Höhe**

9008 Auslagen für

1. die Beförderung von Personen **in voller Höhe**
2. Zahlungen an mittellose Personen für die Reise zum Ort einer Verhandlung, Vernehmung oder Untersuchung und für die Rückreise **bis zur Höhe der nach dem JVEG an Zeugen zu zahlenden Beträge**

9009 An Dritte zu zahlende Beträge für

1. die Beförderung von Tieren und Sachen mit Ausnahme der für Postdienstleistungen zu zahlenden Entgelte, die Verwahrung von Tieren und Sachen sowie die Fütterung von Tieren **in voller Höhe**
2. die Beförderung und die Verwahrung von Leichen **in voller Höhe**
3. die Durchsuchung oder Untersuchung von Räumen und Sachen einschließlich der die Durchsuchung oder Untersuchung vorbereitenden Maßnahmen **in voller Höhe**
4. die Bewachung von Schiffen und Luftfahrzeugen **in voller Höhe**

9010 Kosten einer Zwangshaft, auch aufgrund eines Haftbefehls nach § 802g ZPO **in Höhe des Haftkostenbeitrags**

Maßgebend ist die Höhe des Haftkostenbeitrags, der nach Landesrecht von einem Gefangenen zu erheben ist.

9011 Kosten einer Haft außer Zwangshaft, Kosten einer einstweiligen Unterbringung (§ 126a StPO), einer Unterbringung zur Beobachtung (§ 81 StPO, § 73 JGG) und einer einstweiligen Unterbringung in einem Heim der Jugendhilfe (§ 71 Abs. 2, § 72 Abs. 4 JGG) **in Höhe des Haftkostenbeitrags**

Maßgebend ist die Höhe des Haftkostenbeitrags, der nach Landesrecht von einem Gefangenen zu erheben ist. Diese Kosten werden nur angesetzt, wenn der Haftkostenbeitrag auch von einem Gefangenen im Strafvollzug zu erheben wäre.

9012 Nach dem Auslandskostengesetz zu zahlende Beträge **in voller Höhe**

9013 An deutsche Behörden für die Erfüllung von deren eigenen Aufgaben zu zahlende Gebühren sowie diejenigen Beträge, die diesen Behörden, öffentlichen Einrichtungen oder deren Bediensteten als Ersatz für Auslagen der in den Nummern 9000 bis 9011 bezeichneten Art zustehen **in voller Höhe, die Auslagen begrenzt durch die Höchstsätze für die Auslagen 9000 bis 9011**

Die als Ersatz für Auslagen angefallenen Beträge werden auch erhoben, wenn aus Gründen der Gegenseitigkeit, der Verwaltungsvereinfachung oder aus vergleichbaren Gründen keine Zahlungen zu leisten sind.

9014 Beträge, die ausländischen Behörden, Einrichtungen oder Personen im Ausland zustehen, sowie Kosten des Rechtshilfeverkehrs mit dem Ausland **in voller Höhe**

Die Beträge werden auch erhoben, wenn aus Gründen der Gegenseitigkeit, der Verwaltungsvereinfachung oder aus vergleichbaren Gründen keine Zahlungen zu leisten sind.

9015 Auslagen der in den Nummern 9000 bis 9014 bezeichneten Art, soweit sie durch die Vorbereitung der öffentlichen Klage entstanden sind **begrenzt durch die Höchstsätze für die Auslagen 9000 bis 9013**

9016 Auslagen der in den Nummern 9000 bis 9014 bezeichneten Art, soweit sie durch das dem gerichtlichen Verfahren vorausgegangene Bußgeldverfahren entstanden sind **begrenzt durch die Höchstsätze für die Auslagen 9000 bis 9013**

Absatz 3 der Anmerkung zu Nummer 9005 ist nicht anzuwenden.

9017 An den vorläufigen Insolvenzverwalter, den Insolvenzverwalter, die Mitglieder des Gläubigerausschusses oder die Treuhänder auf der Grundlage der Insolvenzrechtlichen Vergütungsverordnung aufgrund einer Stundung nach § 4 a InsO zu zahlende Beträge **in voller Höhe**

9018 (ohne Bedeutung für den Finanzprozess, daher wird vom Abdruck abgesehen)

9019 Pauschale für die Inanspruchnahme von Videokonferenzverbindungen:

je Verfahren für jede angefangene halbe Stunde **15,00 EUR**

## VIII. Verjährung und Verzinsung (§ 5 GKG)

43 Die Verjährung der Ansprüche auf Zahlung von Kosten tritt wie bisher in **vier Jahren** nach Ablauf des Kalenderjahres ein, in dem das Verfahren durch rechtskräftige Entscheidung über die Kosten oder in sonstiger Weise beendet worden ist (§ 5 Abs. 1 GKG). Für Kostenrückerstattungsansprüche beginnt die vierjährige Verjährungsfrist mit dem Ablauf des Kalenderjahrs, in dem der Erstattungsanspruch entstanden ist, jedoch nicht vor dem Beginn der Verjährung des Anspruchs auf Zahlung (§ 5 Abs. 2 GKG). Im Übrigen sind nach § 5 Abs. 3 Satz 1 GKG auf die Verjährung die Verjährungsvorschriften des BGB anzuwenden (§§ 194 ff. BGB); daher wird die **Verjährung auch nicht von Amts wegen**, sondern **nur auf die Einrede** des Kostenschuldners hin berücksichtigt (§ 214 Abs. 1 BGB). Ein **Neubeginn der Verjährung** (§ 212 BGB) tritt auch durch die Aufforderung zur Zahlung oder durch eine mitgeteilte Stundung ein (§ 5 Abs. 3 Satz 2 GKG). Bei unbekanntem Aufenthalt des Kostenschuldners genügt hierzu die Zustellung durch Aufgabe zur Post unter seiner letzten bekannten Anschrift (§ 5 Abs. 3 Satz 3 GKG). Lediglich bei Kostenbeträgen unter 25 Euro tritt weder ein Neubeginn der Verjährung noch eine Hemmung (§§ 203 ff. BGB) ein (§ 5 Abs. 3 Satz 4 GKG).

Die Ansprüche auf Zahlung und Rückerstattung von Kosten werden **nicht verzinst** (§ 5 Abs. 4 GKG). 44

## C. Streitwert

Im finanzgerichtlichen Verfahren gilt ein Mindeststreitwert in Höhe von 1500 Euro (§ 52 Abs. 4 GKG), der unabhängig von einem eventuell niedrigeren tatsächlichen Streitwert anzusetzen ist. Der Auffangstreitwert beträgt 5000 Euro (§ 52 Abs. 2 GKG). 45

vorläufig frei **46-91**

### I. Verfahren der Streitwertfestsetzung

Nach § 63 Abs. 1 Sätze 3 und 4 GKG wird der **Streitwert** für die Bestimmung der vorfälligen Gebühr (§ 6 Abs. 1 Nr. 5 GKG; s. Rz. 29 vorläufig nach § 52 Abs. 5 GKG, in den meisten Fällen nach dem Mindeststreitwert in Höhe von 1500 Euro bestimmt (§ 52 Abs. 4 Nr. 1 GKG). Allerdings ist in **Verfahren wegen überlanger Verfahrensdauer** (§ 155 Satz 2 FGO i. V. m. §§ 198 ff. GVG) § 12 Abs. 1 GKG anzuwenden (§ 12 a GKG). Dies hat zur Folge, dass die Klage erst nach Zahlung der Gebühr für das Verfahren im Allgemeinen zugestellt werden soll. Diese bestimmt sich gem. § 3 GKG nach dem Streitwert. Gemäß § 52 Abs. 4 Satz 1 HS 1 GKG ist in solchen Fällen die sonst in finanzgerichtlichen Verfahren geltende Regelung über den **Mindeststreitwert** von 1500 Euro **nicht** anwendbar (BFH v. 05.03.2013, X K 10/12, BFH/NV 2013, 953). Gleiches gilt für Kindergeldsachen (dazu BFH v. 02.10.2014, III S 2/14, juris; s. Rz. 29). 92

Für die **endgültige Bestimmung des Streitwerts** gilt folgendes: Nach § 63 Abs. 2 Satz 1 GKG setzt das Prozess- 93 gericht den Streitwert (förmlich) durch **Beschluss** fest, sobald eine Entscheidung über den gesamten Streitgegenstand ergeht oder sich das Verfahren anderweitig erledigt. Die Streitwertfestsetzung durch das Prozessgericht betrifft daher den Wert der angefallenen Gerichtsgebühren (§ 11 Abs. 2 Satz 1 GKG). Eine anderweitige Erledigung i. S. von § 63 Abs. 2 Satz 1 GKG liegt vor, wenn das Verfahren durch eine übereinstimmende Hauptsachenerledigung oder durch die Rücknahme der Klage (§ 72 FGO), des Antrags oder eines Rechtsmittels beendet wird. Bei Teil- und Zwischenurteilen erfolgt keine Streitwertfestsetzung. Die Streitwertfestsetzung wird **nur** vorgenommen, wenn ein Beteiligter (§ 57 FGO) oder die Staatskasse (vertreten durch den Bezirksrevisor) dies **beantragt oder** das Gericht die Festsetzung **für angemessen betrachtet** (§ 63 Abs. 2 Satz 2 GKG). Für den Antrag auf Streitwertfestsetzung gem. § 63 Abs. 2 GKG muss ein **besonderes Rechtsschutzbedürfnis** bestehen; hierzu s. Rz. 23. Gegen die Streitwertfestsetzung durch das FG ist die **Beschwerde nicht** gegeben, da sie an den BFH zu richten wäre, was § 68 Abs. 1 Satz 5 GKG i. V. m. § 66 Abs. 3 Satz 3 GKG gerade ausschließt (wie hier z. B. *Seer* in Tipke/Kruse, § 128 FGO Rz. 29; *Rüsken* in Gosch, § 128 FGO Rz. 73; s. § 128 FGO Rz. 8). Die Streitwertfestsetzung kann von dem Gericht, das sie getroffen hat – wenn das Verfahren in der Hauptsache in der Rechtsmittelinstanz schwebt vom Rechtsmittelgericht – geändert werden (§ 63 Abs. 3 Satz 1 GKG). Die Änderung der Streitwertfestsetzung ist **nur innerhalb von sechs Monaten** zulässig, nachdem die Entscheidung in der Hauptsache Rechtskraft erlangt oder das Verfahren sich anderweitig erledigt hat (§ 63 Abs. 3 Satz 2 GKG).

## II. Höhe des Streitwerts

94 Die **Höhe des Streitwerts** bestimmt sich nach dem Grundsatz des § 52 Abs. 1 GKG nach der sich aus dem Antrag des Klägers für ihn ergebenden **Bedeutung der Sache** und ist nach **Ermessen** zu bewerten. Bietet der bisherige Sach- und Streitstand hierfür keine genügenden Anhaltspunkte, so ist ein Streitwert von **5000 Euro als Auffangwert** anzunehmen (§ 52 Abs. 2 GKG). Dies gilt auch dann, wenn das Vorbringen des Klägers so verworren ist, dass es einen bestimmten Gegenstand des Streites nicht erkennen lässt (BFH v. 29.11.1977, VII E 12/77, BStBl II 1978, 135). Kein Ermessen besteht, wenn der Antrag des Klägers eine bezifferte Geldleistung oder einen hierauf gerichteten Verwaltungsakt betrifft; in solchen Fällen ist der genannte Betrag maßgebend (§ 52 Abs. 3 Satz 1 GKG). Dies gilt insbes. für Steuerbescheide und Haftungsbescheide. Die Höhe des Streitwerts im vorläufigen Rechtsschutzverfahren (§§ 69, 114 FGO) bestimmt sich gem. § 53 Abs. 2 Nrn. 1 und 3 GKG nach § 52 Abs. 1 und Abs. 2 GKG; die Anwendung des Mindeststreitwerts in diesen Verfahren ist ausgeschlossen, da § 52 Abs. 4 Nr. 1 GKG nicht vom Verweis in § 53 Abs. 2 GKG nicht erfasst ist (*Brandis* in Tipke/Kruse, Vor § 135 FGO Rz. 125). Im Revisionsverfahren ist der Antrag des Revisionsführers wertbestimmend (§ 47 Abs. 1 Satz 1 GKG); endet das Verfahren vor Antragstellung, bestimmt sich der Streitwert nach der Beschwer (§ 47 Abs. 1 Satz 2 GKG). Liegt der Streitwert unter 1000 Euro, ist gem. § 52 Abs. 4 Nr. 1 GKG der **Mindeststreitwert** von 1500 Euro anzusetzen. Verfassungsrechtliche Bedenken im Hinblick auf Art. 19 Abs. 4 GG bestehen nicht (BFH v. 31.05.2007, V E 2/06, BStBl II 2007, 791; BFH v. 16.10.2012, V E 3/12, BFH/NV 2013, 81). Für Anträge auf **AdV** s. Rz. 130. Eine besondere Regelung enthält § 52 Abs. 3 Satz 2 GKG: Hat der Antrag des Klägers **offensichtlich absehbare Auswirkungen auf künftige Geldleistungen** oder auf noch zu erlassende, auf derartige Geldleistungen bezogene Verwaltungsakte, ist die Höhe des sich aus § 52 Abs. 3 Satz 1 GKG ergebenden Streitwerts um den Betrag der offensichtlich absehbaren zukünftigen Auswirkungen für den Kläger anzuheben, wobei die Summe das Dreifache des Werts nach Satz 1 nicht übersteigen darf (dazu *Th. Müller*, BB 2013, 2519; vgl. auch *Schwarz* in HHSp, § 139 FGO Rz. 219). In Verfahren in **Kindergeldangelegenheiten** bestimmt sich der Streitwert nach § 52 Abs. 3 Satz 3 GKG i. V. m. § 42 Abs. 1 Satz 1 und Abs. 3 GKG nach dem einfachen Jahresbetrag der begehrten Kindergeldfestsetzung.

**Nachträgliche Minderungen** durch Antragsbeschränkung bleiben **außer Betracht** (BFH v. 09.11.1962, IV 48 224/59, HFR 1963, 140), jedoch ist bei **Antragserweiterungen** den in der Instanz entstandenen Gebühren der höhere Wert zugrunde zu legen. Der Streitwert ist auch dann nach den Sachanträgen des Rechtsbehelfsführers zu bemessen, wenn eine Steuererhöhung erstrebt wird und der Rechtsbehelf unzulässig ist (BFH v. 26.01.1970, IV 204/64, BStBl II 1970, 493). **Zinsen** werden ebenso wenig berücksichtigt (§ 43 GKG) wie Umstände, die außerhalb des Steuerverfahrens liegen oder andere Steuersubjekte betreffen. Bei **Verbindung mehrerer Streitsachen** zur einheitlichen Verhandlung und Entscheidung (§ 73 Abs. 1 FGO) sind die jeweiligen, getrennt zu ermittelnden Streitwerte der verbundenen Verfahren zusammenzurechnen (BFH v. 18.06.1969, I B 8/69, BStBl II 1969, 587; BFH v. 13.09.2012, X E 5/12, BFH/NV 2013, 386; BFH v. 20.02.2013, X E 8/12, BFH/NV 2013, 763). Der Streitwert für ein **abgetrenntes Verfahren** ist rückwirkend auf den Zeitpunkt der Klageerhebung festzusetzen (FG Nds v. 02.07.2010, 12 K 8/09, EFG 2010, 1823). Bei einer einheitlichen Entscheidung über mehrere Klagebegehren aufgrund **objektiver Klagehäufung** (§ 43 FGO) sind die sich aus den einzelnen Begehren ergebenden streitigen Beträge gem. § 39 Abs. 1 GKG zu einem Gesamtstreitwert zusammenzurechnen (BFH v. 30.08.2011, IV E 7/11, BFH/NV 2012, 55). Wurden im Klageverfahren mit dem 94a

Haupt- und Hilfsantrag unterschiedliche Streitgegenstände geltend gemacht und ist über beide Anträge vom FG entschieden worden, sind die Streitwerte für **Haupt- und Hilfsantrag** zusammenzurechnen (BFH v. 23.09.2003, IX E 10/03, BFH/NV 2004, 77). Für Handlungen, die nur einen Teil des Streitgegenstandes betreffen, sind die Gebühren nur nach dem Wert dieses Teils zu berechnen (§ 36 Abs. 1 GKG); dabei ist jedoch zu beachten, dass bei gleichen Handlungen betreffend einzelne Wertteile insgesamt nicht mehr erhoben werden darf, als wenn die Gebühr von dem Gesamtbetrag der Wertteile zu berechnen wäre (§ 36 Abs. 2 GKG).

**95** Für die Ermittlung des Streitwerts im finanzgerichtlichen Verfahren gelten für die **wichtigsten Einzelfälle** folgende Grundsätze (im Übrigen *Brandis* in Tipke/Kruse, Vor § 135 FGO Rz. 145 ff.; *Jost*, Streitwert-ABC (S. 39 ff.); *Hartmann*, Anh. II § 13 GKG Rz. 2 ff.; *Ratschow* in Gräber, Vor § 135 FGO Rz. 160; *H. Schwarz* in HHSp, § 139 FGO Rz. 239 ff.):

**96** **Ablehnung von Richtern und Sachverständigen**: 10 % des Streitwerts, der im Hauptsacheverfahren maßgeblich ist (BFH v. 16.11.2000, VI E 3/98, juris) je abgelehntem Richter (BFH v. 03.09.1999, VII E 5/99, BFH/NV 2000, 217); für die Ablehnung von Sachverständigen beträgt der Streitwert 1/3 des Streitwerts der Hauptsache (OLG Frankfurt/M. v. 17.09.1979, 5 W 13/79, MDR 1980, 145).

**97** **Abrechnungsbescheid** (§ 218 Abs. 2 AO): Maßgeblich ist das finanzielle Interesse des Klägers (FG Ddorf v. 01.03.1972, VI 8/71 EK, EFG 1972, 354). Wendet der Kläger ein, die im Abrechnungsbescheid festgestellte Steuerforderung bestehe nicht mehr, so ist der Nennbetrag dieser Forderung entscheidend (BFH v. 25.02.1997, VII R 15/96, BStBl II 1998, 2). Wird über die Möglichkeit der Aufrechnung gestritten, wird also die zur Aufrechnung gestellte Forderung nach Grund und Betrag bestritten, so bemisst sich der Streitwert nach der vollen Höhe der zur Aufrechnung gestellten Forderung (BFH v. 29.01.1991, VII E 6/90, BStBl II 1991, 467); betrifft der Streitwert nur die Zulässigkeit der Aufrechnung, während die Höhe und der Bestand der Forderung, unbestritten sind, so ist der Streitwert geringer festzusetzen (in der Regel 10 %; FG Bln v. 26.07.1976, V 223 – 224/75, EFG 1976, 583). Wird über die Zahlungsverjährung von Steueransprüchen einschließlich SolZ und Zinsen gestritten, bemisst sich der Streitwert nach dem Nennbetrag sämtlicher Forderungen, über deren Zahlungsverjährung gestritten wird (BFH v. 07.03.2016, VII E 1/16, BFH/NV 2016, 1039).

**98** **Anteilsbewertung**: Der Streitwert hinsichtlich der gesonderten Feststellung des gemeinen Werts nichtnotierter Anteile an Kapitalgesellschaften entspricht dem einfachen Jahresbetrag der VSt, die auf den streitigen Wertunterschied entfällt (BFH v. 01.07.1977, III B 28/76, BStBl II 1977, 698). Dies gilt grundsätzlich auch dann, wenn der festgestellte Wert nicht nur an einem Stichtag der Besteuerung zugrunde gelegt wird (BFH v. 28.04.1983, BStBl II 506). Bei einer Klage der Kapitalgesellschaft sind grundsätzlich alle Anteile in die Streitwertbemessung einzubeziehen (BFH v. 19.10.1994, II E 1/94, BStBl II 1995, 26).

**Arrestsachen**: Der Streitwert von Arrestsachen entspricht in der Regel einem Betrag in Höhe der halben Abwendungssumme (z. B. BFH v. 17.03.1982, VII S 104/81, BStBl II 1982, 328; BFH v. 12.03.1985, VII R 150/81, BFH/NV 1986, 752). **99**

**Aufrechnung**: s. Rz. 97. **100**

**Aufteilungsbescheid** (§ 279 Abs. 1 AO): Wird eine Änderung der Aufteilungsbeträge begehrt, so bildet der Unterschiedsbetrag des auf den Kläger entfallenden und des erstrebten Betrags den Streitwert. Wird die (weitere) Berücksichtigung von Steuerabzugsbeträgen nach § 276 Abs. 3 AO (s. § 276 AO Rz. 3) angestrebt, so bildet der Gesamtbetrag der geltend gemachten Steuerabzugsbeträge den Streitwert. **100a**

**Außenprüfung**: Die Rechtmäßigkeit einer Prüfungsanordnung (196 AO) ist regelmäßig mit 50 % der mutmaßlich zu erwartenden (zu schätzenden) Mehrsteuern zu bewerten (BFH v. 18.03.1991, VIII E 4/90, BFH/NV 1991, 763); bei Fehlen jeglicher Anhaltspunkte für eine derartige Schätzung ist der Streitwert gem. § 52 Abs. 2 GKG auf 5000 Euro zu bestimmen (BFH v. 04.10.1984, VIII R 111/84, BStBl II 1985, 257). Der Wert des Streitgegenstandes in einem Rechtsstreit um die Verpflichtung zur Abhaltung einer Schlussbesprechung (§ 201 AO) ist auf 10 % der steuerlichen Auswirkungen festzusetzen, die sich aus den in der Schlussbesprechung zu erörternden Sachverhalten ergeben (BFH v. 23.04.1980, I B 45/78, BStBl II 1980, 751). **101**

**Aussetzung (Ruhen) des Verfahrens**: Beim Streit über die Aussetzung oder das Ruhen des Verfahrens im Hinblick auf schwebende Musterprozesse ist der Streitwert in der Regel auf 5 % des streitigen Steuerbetrags festzusetzen (BFH v. 18.11.1970, I B 29 – 31/70, BStBl II 1971, 154). **102**

**Aussetzung der Vollziehung**: Im Verfahren betreffend die Aussetzung der Vollziehung (§ 69 Abs. 3 FGO) geht die Rspr., auch wenn nur um die Forderung nach Sicherheitsleistung gestritten wird (BFH v. 25.09.1972, IV B 52/67, BStBl II 1973, 16), in der Regel von 10 % des streitigen Betrages aus (BFH v. 26.04.2001, V S 24/00, BStBl II 2001, 498; BFH v. 06.09.2012, VII E 12/12, BFH/NV 2013, 211; auch *Hartmann*, Anh. II § 13 GKG Rz. 3), es sei denn, in der Hauptsache ist der Auffangwert von 5000 Euro (§ 52 Abs. 2 GKG) angesetzt; dann soll auch für das Verfahren betreffend die Aussetzung der Vollziehung der Auffangwert gelten (*Jost*, Gebühren- und Kostenrecht, S. 47). Im Einzelfall kann jedoch ein höherer Betrag angemessen sein (s. § 69 FGO Rz. 33). **103**

**Bekanntgabe**: Der Streitwert einer Klage, mit der die Bekanntgabe eines Verwaltungsakts, der gegen Mitbetei- **104**

ligte ergangen ist, von einem weiteren Beteiligten begehrt wird (Verpflichtungsklage), beträgt 10 % des Hauptsachenstreitwerts (BFH v. 21.02.1975, III B 10/74, BStBl II 1975, 673).

**104a** **Beschlagnahme** von artenschutzrechtlich geschützten Waren durch das HZA nach § 51 BNatSchG: Auffangwert von 5000 Euro.

**105** **Bevollmächtigter**: Der Wert des Streitgegenstands für die Beschwerde gegen die Anordnung des FG, einen Bevollmächtigten zu bestellen, beträgt 10 % des Streitwerts der Hauptsache (BFH v. 29.11.1977, VII E 11/77, BStBl II 1978, 135). In dem Zwischenstreit um die Zurückweisung von Prozessvertretern (§ 62 Abs. 3 FGO; s. § 62 FGO Rz. 6 ff.) beträgt der Wert des Streitgegenstands ebenfalls 10 % des Werts der Hauptsache (BFH v. 23.08.1982, IV B 76/81, BStBl II 1982, 662).

**106** **Billigkeitserlass**: Begehrt der Kläger eine Billigkeitsmaßnahme nach §§ 163, 227 AO entspricht der Streitwert in der Regel dem angestrebten Erlassbetrag. Bei Stundung und Aussetzung der Vollziehung (auch wenn nur um die Forderung nach Sicherheitsleistung gestritten wird, (BFH v. 25.09.1972, IV B 52/67, BStBl II 1973, 16) sind in der Regel 10 % des zum Soll stehenden Betrags angemessen (s. z. B. BFH v. 16.03.1976, VII E 4/75, BStBl II 1976, 385). Der Satz von 10 % gilt, wenn Stundung bis zur Entscheidung über einen Rechtsbehelf begehrt wird, auch die Ungewissheit der Verfahrensdauer ab (BFH v. 09.11.1962, IV 44/58 U, BStBl III 1963, 76; FG Nds v. 10.07.2000, 5 Ko 23/99, EFG 2000, 1202). Im Verfahren über eine einstweilige Aussetzung der Vollziehung (bis zur Entscheidung über den eigentlichen Aussetzungsantrag) beträgt der Streitwert ein Drittel von 10 % (BFH v. 01.03.1977, VII B 81/76, BStBl II 1977, 354; BFH v. 31.01.1985, V E 1/83, BFH/NV 1985, 107).

**107** **Buchführungspflicht**: Bei Rechtsstreitigkeiten über den Beginn der Buchführungspflicht ist im gerichtlichen Verfahren der Streitwert gem. § 52 Abs. 2 GKG mit 5000 Euro zu bemessen (BFH v. 30.09.1983, IV R 250/82, BStBl II 1984, 39).

**108** **Duldungsbescheid**: Für den Streitwert ist die Höhe der Forderung maßgeblich, wegen der durch den Duldungsbescheid (§ 191 Abs. 1 AO) die Anfechtung nach dem AnfG erfolgt ist. (BFH v. 12.12.1995, VII B 160/94, BFH/NV 1996, 433).

**109** vorläufig frei

**110** **Einheitswertbescheid**: Bei Einheitswertbescheiden des Grundbesitzes beträgt der Streitwert im Regelfall 64 v. T. des streitigen Wertunterschiedes (BFH v. 07.11.1990, II R 74/87, BFH/NV 1991, 618; BFH v. 03.01.2000, II E 6/99, BFH/NV 2000, 852); er ermäßigt sich entsprechend der tatsächlichen Wirkungsdauer des Einheitswerts, wenn feststeht, dass dieser für weniger als drei Jahre Besteuerungsgrundlage ist (BFH v. 11.02.1977, III B 28/75, BStBl II 1977, 352). Bei der Feststellung von Sonderwerten für Grundbesitz im Zustand der Bebauung, die nicht für die GrSt gelten, werden nur 20 v. T. angesetzt (BFH v. 19.07.1957, BStBl III 1957, 314). Bei Streitigkeiten betreffend den Einheitswert des Betriebsvermögens sind regelmäßig 30 v. T. des Unterschieds zwischen dem festgestellten und dem begehrten EW anzusetzen, und zwar auch dann, wenn der beantragte Einheitswert negativ ist (BFH v. 29.03.1995, II B 127/94, BFH/NV 1995, 909). Wirkt sich der Einheitswert des Betriebsvermögens nur für ein Jahr aus, so ist der Streitwert mit 10 v. T. des genannten Unterschiedsbetrags zu bemessen (BFH v. 21.10.1996, II E 1/96, BFH/NV 1997, 375). Ist die Artfeststellung »Einfamilienhaus« streitig, ist der Streitwert allgemein auf 60 v. T. der vollen Höhe des festgestellten Einheitswerts zu bemessen (BFH v. 17.02.1984, III B 3/84, BStBl II 1984, 421). Wegen des Streitwerts bei der Anfechtung der Artfeststellung »Betriebsgrundstück« s. BFH v. 13.08.1976, III B 33/75, BStBl II 1976, 774 (Grundlage beim Einheitswert zum 01.01.1974: dreijährige pauschalierte Steuerbelastung, somit 21 v. T. des maßgeblichen Einheitswerts). Zu beachten ist hierbei ab dem 01.08.2013 die Regelung in § 52 Abs. 3 Satz 2 GKG. Für Streitigkeiten wegen der Zurechnung eines Grundstücks gilt: Der Streitwert beträgt das Sechsfache der jährlichen GrSt, wenn der angefochtene Einheitswertbescheid sich ausschließlich auf die GrSt auswirkt (BFH vom 16. Oktober 1996 II R 17/96, BStBl II 1997, 228; s. Rz. 115). Im Übrigen entspricht der Streitwert für die Zurechnung eines der Höhe nach unstreitigen Einheitswerts auf die Beteiligten dem steuerlichen Interesse aller Beteiligten, das sich aus den Sachanträgen ergibt (BFH v. 02.07.1971, III R 72/70, BStBl II 1971, 678; BFH v. 16.10.1985, II R 198/83, juris).

**Einkommensteuerbescheid**: s. Rz. 121. **111**

**Einstweilige Anordnung**: Der Streitwert des Verfahrens über eine einstweilige Anordnung (§ 114 FGO) kann nur von Fall zu Fall bestimmt werden. Falls keine besonderen Umstände vorliegen, ist er auf ein Drittel des Wertes der Hauptsache zu bemessen (BFH v. 16.11.1976, VII B 84/74, BStBl II 1977, 80). Nur dann, wenn der Antrag auf Erlass einer einstweiligen Anordnung darauf gerichtet ist, einen zeitlichen Aufschub der Zahlungsverpflichtung zu erreichen, kann eine Anwendung der für die Streitwertbemessung bei der Aussetzung der Vollziehung entwickelten Grundsätze (s. Rz. 103) dazu führen, den Streitwert für das Anordnungsverfahren auf 10 % des Streitwerts für die Hauptsache festzusetzen (BFH v. 13.03.1980, IV E 2/80, BStBl II 1980, 520). Der Streitwert des Verfahrens über eine einstweilige Anordnung, in dem sich der Antragsteller gegen die Durchführung von Pfändungsmaßnahmen wendet, ist auf 10 % des Betrages zu bemessen, dessentwegen die Zwangsvollstreckung betrieben wird (BFH v. 03.01.1978, VII B 21/77, BStBl II 1978, 159; s. Rz. 127). **112**

**Gewinnfeststellung**: Bei der gesonderten Feststellung des Gewinns bemisst sich der Streitwert nach der streiti- **113**

gen ESt (BFH v. 10.06.1999, IV E 2/99, BFH/NV 1999, 1608). Bescheide über die einheitliche und gesonderte Gewinnfeststellung (§ 180 Abs. 1 Nr. 2, Abs. 2, Abs. 5 AO) – auch sog. negativen Gewinnfeststellungsbescheiden (BFH v. 17.07.1975, IV R 190/72, BStBl II 1975, 827) – werden als Streitwert pauschal 25 % des streitigen Gewinnbetrages angenommen, auch wenn der Streit um Verlust oder Verlustanteilsbeträge geht (BFH v. 21.02.1974, IV B 24/71, BStBl II 1974, 461; BFH v. 21.06.1993, VIII R 52/91, BFH/NV 1993, 684; BFH v. 29.11.2012, IV E 7/12, BFH/NV 2013, 403), u. U. ein höherer Satz, wenn eine höhere Auswirkung auf die vom Bescheid abhängigen Steuern (ESt, KSt) klar zutage tritt (s. z. B. BFH v. 25.08.1966, IV 3/64, BStBl III 1966, 611). Wird im Verfahren einheitlicher Gewinnfeststellung, das eine Abschreibungsgesellschaft betrifft, Verlustfeststellung begehrt, so wird ein Streitwert in Höhe von 50 % des streitigen Verlustbetrags angenommen (BFH v. 13.05.1986, IV E 2/86, BFH/NV 1988, 110; BFH v. 21.06.1993, IX S 1/92, BFH/NV 1993, 681). Für Gewinne über 500 000 Euro (1 Mio. DM) wird ebenfalls ein Streitwert in Höhe von 50 % hiervon für angemessen erachtet (BFH v. 02.04.1965, VI 24/64, HFR 1965, 517; BFH v. 26.01.1968, VI R 131/66, BStBl II 1968, 342). Allgemein ist darauf abzustellen, ob in den Folgebescheiden Einkünfte berührt werden, die nach den höchsten Steuertarifsätzen zu besteuern sind (BFH v. 13.03.1980, IV E 2/80, BStBl II 1980, 520; BFH v. 02.10.1980, IV R 235/75, BStBl II 1981, 38). Maßgebend ist allein das Interesse der vom Verfahren unmittelbar betroffenen Personen (Mitunternehmer) an einer Minderung ihrer (ESt-)Schuld (ist Rechtsbehelfsführer nur ein Gesellschafter, so ist dessen Gewinnanteil Bemessungsgrundlage für die Streitwertberechnung: BFH v. 09.05.1979, I E 1/79, BStBl II 1979, 608); etwaige Folgewirkungen des Ausgangs eines Rechtsstreits um die Rechtmäßigkeit eines einheitlichen Gewinnfeststellungsbescheids auf andere Steuerpflichtige müssen außer Betracht bleiben (BFH v. 23.02.1978, IV E 1/78, BStBl II 1978, 409). Greift der Kläger mit einer verbundenen Klage die gesonderte und einheitliche Gewinnfeststellung und den darauf fußenden ESt-Bescheid mit den gleichen Gründen an, ist der Streitwert nicht pauschal zu ermitteln, sondern mit dem Zweifachen der strittigen ESt anzusetzen (BFH v. 26.11.2002, IV E 2/02, BFH/NV 2003, 338). Bei Streit über die Höhe eines Veräußerungsgewinns wurde ein Streitwert in Höhe von 15 % des strittigen Betrages angenommen (BFH v. 02.02.1967, IV 224/64, BStBl III 1967, 274). Die gewerbesteuerliche Auswirkung (§ 35b GewStG) bleibt außer Betracht (BFH v. 28.09.1967, IV R 60/67, BStBl II 1968, 62). Ein niedrigerer Satz (z. B. 10 %) kommt in Betracht, wenn nur über ihre Zurechnung gestritten wird (FG Ddorf v. 17.10.62 EFG 1963, 325) oder wenn zwischen Ehegatten die Durchführung einer einheitlichen Gewinnfeststellung oder die Gewinnaufteilung streitig ist (z. B. BFH v. 23.02.1984, IV R 138/81, BStBl II 1984, 445). Wird die Umqualifizierung gewerblicher Einkünfte in Vermietungseinkünfte begehrt, so beträgt der Streitwert grds. 1 % der Einkünfte, künftige steuerliche Auswirkungen sind bei der Bemessung des Streitwerts nicht zu berücksichtigen (BFH v. 04.03.1999, VIII R 2/95, BFH/NV 1999, 1121). Wird allein um die Frage der Bekanntgabe eines Gewinnfeststellungsbescheids an einen früheren Gesellschafter einer Personengesellschaft gestritten, so beträgt der Streitwert 10 % des Betrags, der als Streitwert für den Gewinnanteil dieses Gesellschafters zu bemessen wäre (BFH v. 25.07.1974, IV B 5/74, BStBl II 1974, 746).

**Gewerbesteuer**: Bei GewSt-Messbescheiden bestimmt sich der Streitwert nach der gewerbesteuerlichen Auswirkung des angefochtenen Messbetrags und des erstrebten. Der streitige Messbetrag ist dazu mit dem Hebesatz der zuständigen Gemeinde zu multiplizieren (BFH v. 20.04.1993, IV E 1/93, BFH/NV 1993, 559; BFH v. 13.12.2006, XI E 5/06, BFH/NV 2007, 493; BFH v. 26.09.2011, VIII E 3/11, BFH/NV 2012, 60). **114**

**Grundsteuer**: Wirkt sich der angefochtene Einheitswert des Grundbesitzes ausschließlich auf die GrSt aus, bemisst sich der Streitwert nach dem Sechsfachen der jährlichen GrSt (BFH v. 16.10.1996, II R 17/96, BStBl II 1997, 228; s. Rz. 110). **115**

**Haftungsbescheid**: Maßgeblich ist der Steuerbetrag (Haftungsbetrag), für den der Kläger in Anspruch genommen wird, einschließlich etwaiger LSt und KiLSt (BFH v. 15.10.1964, VI 153/63 U, BStBl III 1965, 56). Bei der Haftung nach § 75 AO ist die Haftungssumme für den Streitwert maßgeblich (BFH v. 18.03.1986, VII R 146/81, BStBl II 1986, 589). **116**

**Insolvenzverfahren**: Streiten die Beteiligten um die Feststellung einer Insolvenzforderung (§ 251 Abs. 3 AO; s. § 251 AO Rz. 34 ff.), bestimmt sich der Streitwert gem. § 182 InsO, der auch im finanzgerichtlichen Verfahren Anwendung findet (§ 185 Satz 3 InsO), nach der zu erwartenden Insolvenzquote. Ist nicht mit einer Insolvenzquote zu rechnen, ist für die Streitwertfestsetzung der Mindeststreitwert (§ 54 Abs. 4 Nr. 1 GKG; s. Rz. 45) anzusetzen (FG Ddorf v. 22.09.2000, 14 K 2809/00 U, juris; OVG SAnh v. 23.07.2007, 4 O 199/07, juris). **116a**

**Kindergeld**: Wird über die Rückforderung von Kindergeld (§ 37 Abs. 2 AO) gestritten, bildet der Rückforderungsbetrag den Streitwert (BFH v. 21.01.2003, VIII S 24/02, BFH/NV 2003, 789). Streiten die Beteiligten über die Ablehnung einer beantragten Kindergeldfestsetzung für eine bestimmte Zeit, bestimmt sich der Streitwert nach dem auf diesen Zeitraum entfallenden Kindergeldanspruch (§ 52 Abs. 1 und Abs. 3 Satz 1 GKG; vgl. *Jost*, Gebühren- und Kostenrecht, S. 79). Ist eine unbestimmte Zeit streitig, so bemisst sich der Streitwert entsprechend § 17 Abs. 1 GKG a. F. – auch nach Aufhebung des § 42 Abs. 1 Satz 1 GKG – nach dem Jahresbetrag des **117**

beantragten Kindergelds (FG Sa v. 09.02.2012, 2 K 1592/10, EFG 2012, 1883; FG Sa v. 08.10.2012, 2 K 1256/10, n.v.; *Jost*, Gebühren- und Kostenrecht, S. 80).

**118** **Nichtzulassungsbeschwerde**: Der Streitwert des Verfahrens über die NZB entspricht im Regelfall dem Streitwert des Klageverfahrens; maßgeblich ist der Antrag in der letzten mündlichen Verhandlung (BFH v. 09.08.2000, III E 1/98, BFH/NV 2001, 604). Ist allerdings absehbar, dass der Beschwerdeführer im angestrebten Revisionsverfahren das Klagebegehren nur noch eingeschränkt weiterverfolgen will, bestimmt sich der Streitwert nach dem des Klageverfahrens (BFH v. 11.06.1996, II B 145/95, BFH/NV 1997, 142; im Übrigen s. § 47 Abs. 1 GKG).

**119** **Prozesskostenhilfe**: Diese Verfahren sind vor den FG gerichtskostenfrei. Dies folgt daraus, dass das Kostenverzeichnis (s. Rz. 42) keinen entsprechenden Gebührentatbestand enthält. Begehrt jedoch der Prozessbevollmächtigte die Streitwertfestsetzung (§§ 32, 33 RVG), ist der Streitwert nach den Kosten der beabsichtigten Prozessführung zu bemessen (BFH v. 05.06.1991, II B 174/89, juris; *Brandis* in Tipke/Kruse, Vor § 135 FGO Rz. 234; *Jost*, Gebühren- und Kostenrecht, S. 69 »Prozesskostenhilfe«).

**120** **Steuerberaterprüfung**: Der Streitwert in Streitigkeiten, in denen es um die Zulassung zur Steuerberaterprüfung (§§ 35 f. StBerG) geht, wird der Auffangwert von 5000 Euro angesetzt (BFH v. 04.04.1989, VII S 6/89, BFH/NV 1989, 656). Begehrte der Kläger die Bestellung zum Steuerberater ohne Prüfung (§ 38 StBerG), beträgt der Streitwert 25 000 Euro (BFH v. 10.04.2003, VII S 9/03, BFH/NV 2003, 1082). Dieser Streitwert gilt auch für Streitigkeiten über das Bestehen der Steuerberaterprüfung (BFH v. 24.10.1989, VII S 21/89, BFH/NV 1990, 389). Die Beträge vermindern sich um 50 %, wenn der Bewerber schon als Rechtsanwalt (25 % bei einem Fachanwalt für Steuerrecht) oder Wirtschaftsprüfer zur unbeschränkten Hilfeleistung in Steuersachen befugt ist (FG Bln v. 22.12.1999, 2 K 2055/98, EFG 2000, 399; FG Ha v. 02.09.2004, V 12/02, EFG 2005, 312; *H. Schwarz* in HHSp, § 139 FGO Rz. 320).

**121** **Steuerbescheide**: Bei Steuerbescheiden (z.B. **ESt**, **KSt**, **USt**) ist Streitwert grds. der Betrag, um den der Pflichtige die Herabsetzung der Steuer begehrt (zur Ausnahme s. Rz. 116a). Bei objektiver Klagehäufung werden die Einzelbeträge zu einem Gesamtstreitwert zusammengerechnet (s. Rz. 94a). Dies gilt auch dann, wenn die Bekanntgabe des Steuerbescheids durch die Finanzbehörde unwirksam ist (BFH v. 25.08.1976, II B 25/73, BStBl II 1976, 685). Erhöhungs- und Herabsetzungsanträge sind nicht zu saldieren, sondern zu addieren (BFH v. 19.05.1971, I B 9/71, BStBl II 1971, 691). Einbehaltene Steuerabzugsbeträge sind nicht abzuziehen (BFH v. 02.11.1977, I E 2/77, BStBl II 1978, 58); teilweise (volle) Tilgung der Steuerschuld ist ohne Einfluss (BFH v. 10.09.1986, II E 2/86, BFH/NV 1987, 802). Beruht ein DBA auf dem Prinzip der Zuteilung von Besteuerungsgrundlagen, so ist für die Bemessung des Streitwerts im Rechtsbehelfsverfahren gegen den deutschen Steuerbescheid nur die nach deutschem Recht streitige Steuerdifferenz zu berücksichtigen (FG Bln v. 11.07.1970, III 62/69, EFG 1971, 12). Auch wenn sich das Leistungsgebot nur auf einen Teil der festgesetzten Steuer beschränkt, ist – sofern nicht damit ein Teilerlass verbunden sein sollte – Streitwert der volle festgesetzte Steuerbetrag. Wird ein Teilbetrag des im Steuerbescheid festgesetzten Abgabenbetrags erlassen, so bemisst sich der Streitwert von da an nur noch nach der verbleibenden Abgabeschuld, auch wenn die Aufhebung des Steuerbescheids begehrt wird. Bei der **KraftSt** ist, falls die Steuer unbefristet festgesetzt wurde (§ 12 KraftStG), für den Streitwert der auf den regelmäßigen Entrichtungszeitraum (Jahr) entfallende Steuerbetrag maßgebend (BFH v. 16.01.1974, II R 41/68, BStBl II 1974, 432; BFH v. 04.10.2005, VII S 41/05, BFH/NV 2006, 319). Auswirkungen auf andere Steuerabschnitte bleiben außer Betracht (BFH v. 08.10.1964, IV 160/64, HFR 1965, 556). Daher ist § 52 Abs. 3 Satz 2 GKG auf KraftSt-Bescheide nicht anzuwenden. Nicht einzubeziehen sind auch Steuern, die sich an die streitbefangene Abgabe anschließen (**KiSt**), sie sind nicht Gegenstand des Finanzprozesses (BFH v. 18.10.1974, VI R 126/72, BStBl II 1975, 145), so auch bei der ESt nicht der **SolZ** (s. BFH v. 30.03.1978, IV R 207/74, BStBl II 1978, 347 zur Ergänzungsabgabe). Desgleichen beeinflusst die Minderung der GewSt-Rückstellung, die sich bei einem für den Steuerpflichtigen positiven Ausgang des Rechtsstreits als Folge einer Gewinnminderung ergibt, unmittelbar den Wert des Streitgegenstands (BFH v. 28.05.1980, IV R 135/79, BStBl II 1980, 591).

**Untätigkeitsklage**: Da die Untätigkeitsklage gem. § 46 **122**
Abs. 1 FGO nicht auf Verpflichtung der beklagten Behörde zum Tätigwerden gerichtet ist, sondern eine Sachentscheidung begehrt (Anfechtungsklage), entspricht der Streitwert dem vollen Wert des Interesses (BFH v. 11.06.1987, III R 92/85, juris). Wird eine Untätigkeitsklage gem. § 46 Abs. 1 FGO durch Prozessurteil abgewiesen, weil ein ausreichender Grund für die Verzögerung mitgeteilt wurde, wird ein Streitwert in Höhe von 10 % des Hauptsachewerts anzusetzen sein (z.B. BFH v. 02.10.1964, III 226/62, HFR 1965, 332).

**Untersagung der Hilfe in Steuersachen**: Bei Untersa- **123**
gung der Hilfsleistung in Steuersachen ist der Streitwert in der Regel gleich dem letzten Jahreseinkommen des Betroffenen (BFH v. 27.06.1978, VII B 18/77, BStBl II 1978, 631). Die Entscheidung wurde durch BFH v. 12.12.1978, VII B 50/78, BStBl II 1979, 264 dahingehend präzisiert, dass der Streitwert nach den Einkünften zu bemessen sei, die der von der Untersagungsverfügung Betroffene in dem der Verfügung vorangegangenen Kalenderjahr aus der nunmehr untersagten Tätigkeit

erzielt hat. Der Streitwert bei Rücknahme der vorläufigen Bestellung als Steuerberater ist im Interesse einer möglichst gleichmäßigen Behandlung aller Betroffenen, auch um das Kostenrisiko überschaubar zu halten, wie in Fällen des Widerrufs der Bestellung als Steuerberater im Regelfall auf 25 000 Euro zu bemessen (BFH v. 18.02.2000, VII E 2/00, BFH/NV 2000, 975). Der Streitwert einer Klage eines Lohnsteuerhilfevereins auf Eintragung einer bestimmten Person als Leiter einer Beratungsstelle in das Verzeichnis der Lohnsteuerhilfevereine beträgt entsprechend § 52 Abs. 2 GKG 5 000 Euro; BFH v. 09.12.1980, VII R 95/80, BStBl II 1981, 105). Richtet sich die Klage gegen die von der Verwaltung angeordnete Schließung einer Beratungsstelle, beträgt der Streitwert 20 % des von der betreffenden Geschäftsstelle vereinnahmten Beitragsaufkommens (BFH v. 02.02.1982, VII R 62/81, BStBl II 1982, 360). In Streitigkeiten wegen Anerkennung einer Steuerberatungsgesellschaft ist der Streitwert mit 25 000 Euro zu bemessen (BFH v. 04.07.1986, VII E 1/86, BFH/NV 1988, 47; BFH v. 24.10.1989, VII S 17/89, BStBl II 1990, 75; BFH v. 10.02.1999, VII R 146/97, BFH/NV 1999, 1108).

124 **Verlustfeststellung**: Sind in einem Verfahren mehrere Jahre streitig und macht der Kläger Verluste geltend, die in einzelnen Streitjahren zu einem negativen Gesamtbetrag der Einkünfte führen, sind in den Streitwert auch diejenigen Steuerminderungen einzubeziehen, die sich im Fall eines Obsiegens infolge von Verlustrück- und -vorträgen in den Streitjahren ergeben hätten (BFH v. 08.09.2003, III E 1/03, BFH/NV 2004, 74). Künftig dürfte insoweit auch § 52 Abs. 3 Satz 2 GKG zu beachten sein.

125 **Vorbehalt der Nachprüfung/vorläufige Steuerfestsetzung**: Geht der Rechtsstreit ausschließlich um die Zulässigkeit eines Nachprüfungsvorbehalts i.S. von § 164 Abs. 1 Satz 1 AO, so ist der Streitwert mangels anderer Anhaltspunkte in der Regel unter Anlehnung an § 52 Abs. 2 GKG mit 5000 Euro anzusetzen (BFH v. 28.02.1980, IV R 154/78, BStBl II 1980, 417).

126 **Zinsen**: Zinsen werden in Verfahren betreffend einen Steuerbescheid gem. § 43 Abs. 1 GKG als Nebenforderungen bei der Streitwertermittlung nicht berücksichtigt.

127 **Zollauskunft**: Für ein die Erteilung einer verbindlichen Zolltarifauskunft (Art. 12 ZK) betreffendes Klageverfahren ist im Regelfall der Auffangwert von 5000 Euro festzusetzen (st. Rspr., z.B. BFH v. 18.12.1991, VII E 8/91, BFH/NV 1992, 542; BFH v. 30.01.2001, VII R 83/99, HFR 2001, 491) Dies gilt auch für eine verbindliche Ursprungsauskunft (BFH v. 24.09.2010, VII S 17/10, BFH/NV 2011, 270).

128 **Zwangsvollstreckung**: Beim Streit über die Wirksamkeit einer Pfändung ist Streitwert entsprechend § 6 ZPO der Betrag der rückständigen Steuerforderung, derentwegen gepfändet wird, also nicht der Wert des Pfändungsobjektes (BFH v. 17.11.1987, VII R 68/85, BFH/NV 1988, 457). Ist der Wert des gepfändeten Objekts jedoch niedriger als der Betrag, deswegen vollstreckt wird, richtet sich der Streitwert nach dem finanziellen Erfolg der Pfändungsverfügung (BFH v. 18.10.1977, VII R 4/77, BStBl II 1978, 71). Entsprechendes gilt, wenn eine Pfändungs- und Einziehungsverfügung (§§ 309, 314 AO) zwar noch den vollen vollstreckbaren Betrag ausweist, dieser aber durch Zahlung teilweise erloschen ist; hier bemisst sich der Streitwert nach dem verbleibenden vollstreckbaren Restbetrag. Im Vollstreckungsverfahren nach § 152 FGO entspricht der Streitwert der Höhe der zu vollstreckenden Forderung (BFH v. 13.10.1970, VII B 44/70, BStBl II 1971, 25). Ist die einstweilige Einstellung der Zwangsvollstreckung streitig, sind 10 % des Betrages, dessentwegen die Vollstreckung betrieben wird, anzusetzen (BFH v. 02.06.1967, IV B 15/66, BStBl III 1967, 512). Im Verfahren gem. § 284 AO (Vorlage eines Vermögensverzeichnisses und Abgabe einer eidesstattlichen Versicherung) beträgt der Streitwert in der Regel 50 % der rückständigen Beträge (BFH v. 08.03.1977, VII R 3/76, BStBl II 1977, 614).

vorläufig frei 129

Nach § 52 Abs. 4 Nr. 1 GKG darf in Verfahren vor den 130
Gerichten der Finanzgerichtsbarkeit der Streitwert nicht unter 1500 Euro angenommen werden (**Mindeststreitwert**), und zwar **ungeachtet eines tatsächlich niedrigeren Streitwerts**. Die begegnet nach zutreffender Auffassung keinen verfassungsrechtlichen Bedenken, insbes. ist darin keine im Hinblick auf Art. 19 Abs. 4 GG unzulässige Zugangsbeschränkung zu den FG zu sehen (gl.A. BFH v. 31.05.2007, V E 2/06, BFH/NV 2007, 1777; FG He v. 20.03.2006, 12 Ko 3720/04, DStRE 2006, 1238; *Bartone*, AO-StB 2005, 22; *Brandis* in Tipke/Kruse, Vor § 135 FGO Rz. 107a; a.A. FG Thür v. 28.02.2005, II 70007/05 Ko, EFG 2005, 975; *Eberl*, DB 2004, 1910). Im **Verfahren des einstweiligen Rechtsschutzes** ist der Mindeststreitwert **nicht** zugrunde zu legen (BFH v. 14.12.2007, IX E 17/07, BStBl II 2008, 199; *Brandis* in Tipke/Kruse, Vor § 135 FGO Rz. 125; s. Rz. 94). Die bis zur Vorauflage vertretene gegenteilige Auffassung wird aufgegeben. Auf die Voraussetzungen für ein **Verfahren nach billigem Ermessen gem. § 94a FGO** hat § 52 Abs. 4 GKG keinen Einfluss. Die mangelnde Sorgfalt im Gesetzgebungsverfahren hat zu einem Widerspruch zwischen § 94a FGO, der bei Streitwerten bis 500 Euro, und § 52 Abs. 4 GKG geführt, der für das finanzgerichtliche Verfahren einen Mindeststreitwert von 1500 Euro anordnet. Dieser (bei sorgfältigerer Arbeit des Gesetzgebers vermeidbare) Widerspruch lässt nur dadurch auflösen, dass man für § 94a FGO unter Geltung des neuen GKG einen eigenständigen, vom Kostenrecht losgelösten Streitwert zugrunde legt (*Bartone*, AO-StB 2005, 22; gl.A. BFH v. 28.07.2008, IX B 131/08, BFH/NV 2008, 1696; FG Münster v. 18.01.2005, 15 K 5205/04 U, EFG 2005, 974; *Brandis* in Tipke/Kruse, Vor § 135 FGO Rz. 124; s. § 94a FGO Rz. 2).

### III. Höhe der Gerichtskosten

131 § 3 Abs. 2 GKG verweist wegen der Kosten auf das Kostenverzeichnis (Anl. 1 zu § 3 Abs. 2 GKG). Dort sind die Gebührentatbestände geregelt, die Gerichtsgebühren auslösen. Gleichzeitig geben die Tatbestände die Anzahl der zu erhebenden Gebühren an. Welchen Wert eine Gebühr hat, bestimmt sich nach § 34 Abs. 1 GKG (nachfolgend Rz. 133).

132 Die Höhe der Gerichtskosten bestimmt sich gem. § 3 Abs. 1 GKG nach dem Streitwert, den das Gesetz als Wert des Streitgegenstandes definiert. Die Höhe des Streitwerts bestimmt das Gericht nach § 52 Abs. 1 bis Abs. 4 GKG. Bis zu einem Streitwert von 500 Euro beträgt die Gebühr 35 Euro (§ 34 Abs. 1 Satz 1 GKG). Diese Vorschrift hat für das finanzgerichtliche Verfahren wegen § 52 Abs. 4 GKG keine Bedeutung. Für höhere Streitwerte gilt die nachstehend abgedruckte Gebührentabelle (§ 34 Abs. 1 Satz 3 GKG), deren Werte nach § 34 Abs. 1 Satz 2 GKG ermittelt sind.

### IV. Gebührentabelle

133 Die Gebührentabelle (Anlage 2 zu § 34 Abs. 2 Satz 3 GKG) enthält folgende vom Streitwert abhängige Gebühren:

| Streitwert bis ... Euro | Gebühr | Streitwert bis ... Euro | Gebühr |
|---|---|---|---|
| 500 | 35,00 | 50 000 | 546,00 |
| 1 000 | 53,00 | 65 000 | 666,00 |
| 1 500 | 71,00 | 80 000 | 786,00 |
| 2 000 | 89,00 | 95 000 | 906,00 |
| 3 000 | 108,00 | 110 000 | 1 026,00 |
| 4 000 | 127,00 | 125 000 | 1 146,00 |
| 5 000 | 146,00 | 140 000 | 1 266,00 |
| 6 000 | 165,00 | 155 000 | 1 386,00 |
| 7 000 | 184,00 | 170 000 | 1 506,00 |
| 8 000 | 203,00 | 185 000 | 1 626,00 |
| 9 000 | 222,00 | 200 000 | 1 746,00 |
| 10 000 | 241,00 | 230 000 | 1 925,00 |
| 13 000 | 267,00 | 260 000 | 2 104,00 |
| 16 000 | 293,00 | 290 000 | 2 283,00 |
| 19 000 | 319,00 | 320 000 | 2 462,00 |
| 22 000 | 345,00 | 350 000 | 2 641,00 |
| 25 000 | 371,00 | 380 000 | 2 820,00 |
| 30 000 | 406,00 | 410 000 | 2 999,00 |
| 35 000 | 441,00 | 440 000 | 3 178,00 |
| 40 000 | 476,00 | 470 000 | 3 357,00 |
| 45 000 | 511,00 | 500 000 | 3 536,00 |

Bei einem Streitwert über 500 000 Euro erhöht sich die Gebühr um 180 Euro für jeden angefangenen Betrag von weiteren 50 000 Euro (§ 34 Abs. 1 Satz 2 GKG). Für das finanzgerichtliche Verfahren ist grds. ein Mindeststreitwert von 1500 Euro anzunehmen (§ 52 Abs. 4 Nr. 1 GKG).

## Abschnitt I.
## Kosten

## § 135 FGO
## Kostenpflichtige

**(1) Der unterliegende Beteiligte trägt die Kosten des Verfahrens.**

**(2) Die Kosten eines ohne Erfolg eingelegten Rechtsmittels fallen demjenigen zur Last, der das Rechtsmittel eingelegt hat.**

**(3) Dem Beigeladenen können Kosten nur auferlegt werden, soweit er Anträge gestellt oder Rechtsmittel eingelegt hat.**

**(4) Die Kosten des erfolgreichen Wiederaufnahmeverfahrens können der Staatskasse auferlegt werden, soweit sie nicht durch das Verschulden eines Beteiligten entstanden sind.**

**(5) Besteht der kostenpflichtige Teil aus mehreren Personen, so haften diese nach Kopfteilen. Bei erheblicher Verschiedenheit ihrer Beteiligung kann**

**nach Ermessen des Gerichts die Beteiligung zum Maßstab genommen werden.**

**S. § 154 VwGO**

**Schrifttum**

von Wedelstädt, Hinzuziehung und Beiladung, AO-StB 2007, 15 (Teil 1) und 46 (Teil 2).

§ 135 FGO regelt die grundsätzliche Kostentragungspflicht bei Verfahrensbeendigung; die Vorschrift wird ergänzt durch die §§ 136 bis 138 FGO. Der Begriff der Kosten umfasst gem. § 139 Abs. 1 FGO sowohl die Gerichtskosten als auch die außergerichtlichen Kosten, die indessen nur eine Rolle spielen, wenn der Kläger obsiegt (s. Vor § 135 FGO Rz. 1). Gemeint sind dabei die Kosten aller Instanzen (BFH v. 21.10.1986, VII E 8/86, BFH/NV 1987, 319). § 135 FGO betrifft die **Kostengrundentscheidung**. Der Gegenstand dieser von Amts wegen zu treffenden Entscheidung ist ausschließlich die Frage, wer die Kosten des gerichtlichen Verfahrens zu tragen hat (BFH v. 15.04.2015, V R 27/14, BStBl II 2016, 163). Sie ist vom Gericht in seinen Urteilen, Gerichtsbescheiden und Beschlüssen im einstweiligen Rechtsschutzverfahren zu treffen (§ 143 Abs. 1 FGO), also auch in Urteilen betreffend Entschädigungsklagen (§ 155 Satz 2 FGO i. V. m. 198 ff. GVG; vgl. z. B. BFH v. 29.11.2017, X K 1/16, BStBl II 2018, 132). Das Verfahren richtet sich nach §§ 143 bis 145 FGO. Höhe, Ansatz, Erhebung und Verjährung der Gerichtskosten bestimmen sich ausschließlich nach den Vorschriften des GKG, in dem sich auch die Bestimmungen über die Berechnung und Festsetzung des Streitwerts befinden (hierzu s. Vor § 135 FGO Rz. 1 ff.). Wegen der Festsetzung der den Beteiligten zu erstattenden Aufwendungen (Kostenfestsetzung) und deren Erstattungsfähigkeit § 149 FGO bzw. § 139 Abs. 2 bis 4 FGO.

2 Den für die Kostentragungspflicht maßgeblichen **Grundsatz** formuliert **§ 135 Abs. 1 FGO**, wonach derjenige Beteiligte die Kosten des Verfahrens trägt, der im Rechtsstreit unterliegt. **Unterliegen** bedeutet, dass der betreffende Beteiligte i. S. von § 57 FGO mit seinem Sachantrag in vollem Umfang erfolglos geblieben ist (*Ratschow* in Gräber, § 135 FGO Rz. 2), wobei es unerheblich ist, ob der Antrag unzulässig oder unbegründet war. Ein Beteiligter unterliegt im Ergebnis auch dann in vollem Umfang, wenn zwar das von ihm angefochtene FG-Urteil auf seine Revision hin aufgehoben und die Sache zur anderweitigen Entscheidung an das FG zurückverwiesen wird, die Klage jedoch auch im zweiten Rechtsgang keinen Erfolg hat (BFH v. 17.04.1970, III B 1/70, BStBl II 1970, 550). Wer teilweise unterliegt und teilweise obsiegt, hat grundsätzlich die Kosten im Verhältnis seines Unterliegens zum angestrebten Prozesserfolg zu tragen (§ 136 Abs. 1 FGO). Im Falle des nur geringfügigen Unterliegens gilt § 136 Abs. 1 Satz 3 FGO. Eine Kostenentscheidung ergeht grundsätzlich nur gegenüber den **Beteiligten** i. S. des § 57 FGO. Eine Ausnahme besteht nur für den **vollmachtlosen Vertreter**, dem die Verfahrenskosten auferlegt werden können (z. B. BFH v. 03.08.2012, X B 25/11, BFH/NV 2013, 207; auch s. § 62 FGO Rz. 27, s. Vor § 135 FGO Rz. 24).

§ 135 Abs. 1 FGO gilt grds. auch für erfolgreiche **Beschwerden** (für erfolglose Rechtsmittel gilt § 135 Abs. 2 FGO; s. Rz. 4). Eine Ausnahme besteht nur hinsichtlich eines erfolgreichen NZB-Verfahrens: dieses ist kostenrechtlich Teil des Revisionsverfahrens, sodass die Kostenentscheidung im Revisionsurteil zugleich die Grundlage für die Festsetzung der im Beschwerdeverfahren zu erstattenden außergerichtlichen Kosten bildet. (BFH v. 06.02.1991, II R 36/87, BStBl II 1991, 367 m. w. N.). Hat die NZB indessen keinen oder nur teilweisen Erfolg, ist insoweit eine Kostenentscheidung zu treffen (z. B. BFH v. 11.12.2014, XI B 77/14, BFH/NV 2015, 700; s. Rz. 4). 3

Hat ein Beteiligter gegen die Entscheidung des Gerichts **ohne Erfolg Rechtsmittel** eingelegt, treffen ihn nach § 135 Abs. 2 FGO die Kosten dieses Rechtsmittelverfahrens unabhängig davon, inwieweit er durch die mit dem Rechtsmittel angefochtene Entscheidung obsiegt hatte und deshalb entsprechend § 135 Abs. 1 FGO bzw. § 136 Abs. 1 FGO kostentragungspflichtig ist. Rechtsmittel sind insbes. **Revision** und **NZB** (z. B. BFH v. 22.06.2012, IX B 123/11, BFH/NV 2012, 1619), **Beschwerde** (z. B. BFH v. 08.01.2013, X B 203/12, BFH/NV 2013, 511), die **Anhörungsrüge** nach § 133a FGO (z. B. BFH v. 20.06.2013, IX S 14/12, BFH/NV 2013, 1596; BFH v. 23.01.2018, XI S 28/17, BFH/NV 2018, 533) und die **Erinnerung** nach § 149 Abs. 2 FGO (*Brandis* in Tipke/Kruse, § 135 FGO Rz. 12). Demnach hat der Beschwerdeführer die Kosten des Beschwerdeverfahrens zu tragen, wenn die Beschwerde zurückgewiesen wird (BFH v. 05.03.2008, IX B 6/07, BFH/NV 2008, 1175). Dies gilt für die Kosten eines erfolglosen Beschwerdeverfahrens, das die Wiederaufnahme eines ruhenden Verfahrens betrifft, ebenso (BFH v. 20.03.2009, III B 219/08, juris) wie für die Kosten eines erfolglosen Beschwerdeverfahrens betreffend die Aussetzung des Verfahrens (BFH v. 26.01.2010, VI B 137/09, BFH/NV 2010, 937). Folgt ein Stpfl. dem Vorschlag des Gerichts nicht, die Hauptsache für erledigt zu erklären, ist das Verfahren fortzuführen und durch Urteil zu entscheiden. Hat sich das Verfahren tatsächlich (z. B. durch die Aufhebung des angefochtenen Steuerbescheids) erledigt, muss das Gericht die Klage als unzulässig abweisen und die Kosten nach § 135 Abs. 1 FO dem Stpfl. auferlegen (BFH v. 18.08.2010, X S 22/10 [PKH], BFH/NV 2010, 2108). Wenn eine **NZB teilweise unzulässig** ist und im Übrigen aber zur Zulassung der Revision führt, so trägt der Rechtsmittelführer die Kosten gem. §§ 135 Abs. 2, 136 Abs. 1 Satz 1 FGO, soweit die Beschwerde verworfen wird. Im Übrigen ergeht die Kos- 4 tenentscheidung nach Entscheidung über die Revision (BFH v. 19.11.2008, I B 55/08, juris; BFH v. 28.03.2011, III B 144/09, BFH/NV 2011, 1144). Wird gegen eine Entscheidung von mehreren Beteiligten Rechtsmittel eingelegt, tritt die Kostenfolge des § 135 Abs. 2 FGO unabhängig von dem eventuellen Erfolg der anderen Rechtsmittelführer beim erfolglosen Rechtsmittelführer ein. Der Beteiligte unterliegt bzw. hat mit seinem Rechtsmittel keinen Erfolg, wenn sein Rechtsbehelf als unzulässig abgewiesen bzw. verworfen oder als unbegründet abgewiesen bzw. zurückgewiesen wird (BFH v. 29.04.1960, VI 33/60 U, BStBl III 1960, 275), gleichgültig aus welchem Grunde das geschieht (BFH v. 07.07.1960, VI 275/58 U, BStBl III 1960, 371). Dem Unterliegen steht die Rücknahme des Rechtsbehelfs gleich (§ 136 Abs. 2 FGO). Die Kostentragungspflicht gilt auch für das zum Verfahren **beigetretene** BMF (§§ 57 Nr. 4, 122 Abs. 2 Satz 1 FGO), wenn es einen eigenen Sachantrag gestellt hat und unterliegt, sodass es als unterlegener Beteiligter zusammen mit dem FA die Kostenlast trägt (z. B. BFH v. 11.04.2012, I R 11/11, BStBl II 2013, 146).

5 Ist in einem Rechtsbehelfsverfahren **kein Gegner** vorhanden, z. B. im Verfahren der Beschwerde gegen die Auferlegung eines Ordnungsgelds nach § 82 FGO i. V. m. §§ 380, 409 ZPO, so sind im Fall des Obsiegens des Beschwerdeführers die Kosten der Staatskasse aufzuerlegen (BFH v. 10.01.1986, IX B 5/85, BStBl II 1986, 270). Wegen der **Befreiung öffentlich-rechtlicher Körperschaften von den Gerichtskosten** (§ 2 Abs. 1 GKG) s. Vor § 135 FGO Rz. 26.

6 Wird eine **unselbstständige Anschlussrevision** eingelegt (s. Vor §§ 115–134 FGO Rz. 16), hat der Anschlussrevisionskläger die Kosten der Anschlussrevision zu tragen, wenn die unselbstständige Anschlussrevision wegen Unzulässigkeit der Revision ihrerseits von vornherein unzulässig war (BFH 17.03.1977, VII B 69/75, BStBl II 1977, 430; im Übrigen BFH v. 10.03.1970, IV R 34/70, BStBl II 1970, 457; BFH v. 24.09.1971, VI R 7/71, BStBl II 1972, 90). Nimmt der Revisionskläger seine zulässige Revision zurück, hat er auch die Kosten einer zulässigen unselbstständigen Anschlussrevision zu tragen (vgl. BFH v. 06.06.1984, II R 184/81, BStBl II 1985, 261; BFH v. 05.05.2015, X R 48/13, BFH/NV 2015, 1358). Eine eigenständige Kostentragungspflicht des Anschlussrevisionsklägers entsteht in all den Fällen, in denen die Gründe für die Unzulässigkeit der Anschlussrevision in seiner Sphäre zu suchen sind, z. B. wenn er die Frist für die Einlegung der unselbstständigen Anschlussrevision (§ 155 Satz 1 FGO i. V. m. § 565 ZPO, s. Vor §§ 115 bis 134 FGO Rz. 16) versäumt hat. Entsprechendes gilt für die Anschlussbeschwerde. Im Übrigen s. Vor §§ 115 bis 134 FGO Rz. 17.

7 Nach § 135 Abs. 3 FGO trifft einen **Beigeladenen** (§ 60 FGO) nur dann eine **Kostenpflicht**, wenn er **erfolglos Sachanträge** gestellt oder ein Rechtsmittel eingelegt und damit ein eigenes Kostenrisiko zu tragen hat. Die bloße Unterstützung der Anträge des Klägers oder eines anderen Beteiligten (z. B. durch den Antrag, den Rechtsbehelf als unbegründet zurückzuweisen) löst keine Kostenpflicht des Beigeladenen aus (BFH v. 23.01.1985, II R 2/83, BStBl II 1985, 368; BFH v. 11.11.2010, IV R 17/08, BFH/NV 2011, 480; BFH v. 17.04.2014, III B 9/13, BFH/NV 2014, 1226). Hat der Revisionskläger obsiegt, sind die Beigeladenen an den Kosten zu beteiligen, wenn sie sich nicht nur dem Antrag des beklagten FA angeschlossen, sondern zugleich ein eigenes Begehren geltend gemacht und weiterverfolgt haben (BFH v. 08.11.2000, I R 1/00, BStBl II 2001, 769). Wegen der Erstattung der außergerichtlichen Kosten des Beigeladenen beachte § 139 Abs. 4 FGO.

Nach § 135 Abs. 5 Satz 1 FGO haften **mehrere Unterliegende** (Streitgenossen i. S. von § 59 FGO; mehrere Kläger bei Klageverbindung nach § 73 FGO; Kläger und Beigeladener) nach Kopfteilen, sind also nicht Gesamtschuldner. Diese Vorschrift hat jedoch für die Gerichtskosten keine Bedeutung mehr, da ihr § 31 Abs. 1 GKG als spezielle Vorschrift vorgeht und Gerichtskosten ausschließlich nach dem GKG erhoben werden (§ 1 Nr. 3 GKG; *Schwarz* in HHSp, § 135 FGO Rz. 71). Danach haften mehrere Kostenschuldner (insbes. unterliegende Streitgenossen) **grds.** als **Gesamtschuldner** (BFH v. 09.08.1988, VII E 4/88, BStBl II 1989, 46; BFH v. 12.12.1996, VII E 8/96, BFH/NV 1997, 603; s. Vor § 135 FGO Rz. 25). Es bedarf dazu keines besonderen Ausspruches in der Kostengrundentscheidung. Unterscheidet sich die Beteiligung der Streitgenossen jedoch erheblich, kann das Gericht nach seinem Ermessen die Kosten entsprechend der unterschiedlichen Beteiligung verteilen (§ 135 Abs. 5 Satz 2 FGO). In diesem Fall hat das Gericht die Kosten in der Kostengrundentscheidung genau zu verteilen. Nach der Rspr. des BFH bedarf es im Hinblick auf die nur eingeschränkte gesamtschuldnerische Haftung mehrerer Kläger für die Gerichtskosten durch § 32 Abs. 1 Satz 2 GKG (s. Vor § 135 FGO Rz. 25) auch bei einer erheblichen Verschiedenheit der Beteiligung der Kläger am Streitwert keiner Kostenentscheidung nach § 135 Abs. 5 Satz 2 FGO (BFH v. 12.01.2011, II R 30/09, BFH/NV 2011, 755).

## § 136 FGO
## Kompensation der Kosten

**(1) Wenn ein Beteiligter teils obsiegt, teils unterliegt, so sind die Kosten gegeneinander aufzuheben oder verhältnismäßig zu teilen. Sind die Kosten gegeneinander aufgehoben, so fallen die Gerichtskosten jedem Teil zur Hälfte zur Last. Einem Beteiligten können die Kosten ganz auferlegt werden,**

**wenn der andere nur zu einem geringen Teil unterlegen ist.**

**(2) Wer einen Antrag, eine Klage, ein Rechtsmittel oder einen anderen Rechtsbehelf zurücknimmt, hat die Kosten zu tragen.**

**(3) Kosten, die durch einen Antrag auf Wiedereinsetzung in den vorigen Stand entstehen, fallen dem Antragsteller zur Last.**

**S. § 155 VwGO**

1 § 136 Abs. 1 FGO betrifft die **Aufteilung der Kostenpflicht** zwischen den Prozessbeteiligten in den Fällen, in denen nicht einem Beteiligten die gesamten Kosten aufzuerlegen sind. Regelmäßig geschieht die Aufteilung durch Festsetzung von Bruchteilen. Diese beziehen sich auf die Summe sämtlicher Kosten i. S. von § 139 FGO, also einschließlich der für eine Erstattung in Betracht kommenden eigenen Aufwendungen der Beteiligten. § 136 Abs. 1 Satz 1 FGO kommt auch zur Anwendung, wenn eine NZB (§ 116 Abs. 1 FGO) teilweise unzulässig ist und im Übrigen zur Zulassung der Revision führt. In diesem Fall trägt der Rechtsmittelführer die Kosten, soweit die **NZB** verworfen wird, im Übrigen ergeht die (einheitliche) Kostenentscheidung nach Abschluss des Revisionsverfahrens (BFH v. 19.11.2008, I B 55/08, juris). Legen beide Beteiligten **Revision** ein, ist die Kostenentscheidung nach dem Grundsatz der einheitlichen Kostenverteilung nach Quoten der Gesamtkosten (§ 136 Abs. 1 Satz 1 FGO) zu treffen (z. B. BFH v. 27.09.2012, III R 70/11, BStBl II 2013, 544; BFH v. 23.08.2017, X R 7/15, BFH/NV 2018, 325). Wird auf die **Beschwerde** eines Zeugen das gegen ihn verhängte Ordnungsgeld (s. § 82 FGO Rz. 6b) herabgesetzt, fallen die Kosten, soweit sie nicht vom Beschwerdeführer zu tragen sind, gem. § 136 Abs. 1 Satz 1 FGO der **Staatskasse** zur Last (BFH v. 11.09.2013, XI B 111/12, BFH/NV 2013, 1944).

2 Halten sich Obsiegen und Unterliegen – gemessen am Streitwert (s. Vor § 135 FGO Rz. 45 ff.) – in etwa die Waage, kann das Gericht die **Kosten der Beteiligten gegeneinander aufheben.** In diesem Fall hat jeder Beteiligte seine eigenen Aufwendungen selbst zu tragen, während die Gerichtskosten geteilt werden (§ 136 Abs. 1 Satz 2 FGO). Für diese zur Vereinfachung gedachte Regelung ist kein Raum, wenn die den Beteiligten entstandenen eigenen Aufwendungen, soweit sie zur ordnungsmäßigen Rechtswahrnehmung notwendig waren, von einander erheblich abweichen; so kann z. B. ein Unterliegen des Stpfl. zur Hälfte nicht dazu führen, dass er die für den herangezogenen Bevollmächtigten entstandenen Aufwendungen in vollem Umfang selbst zu tragen hat (BFH v. 06.08.1971, III B 4/71, BStBl II 1972, 89), während seinem Gegner – dem FA (HZA, Familienkasse) – derartige Aufwendungen nicht entstanden bzw. von der Erstattung grds. ausgeschlossen sind (§ 139 Abs. 2 FGO). Eine Aufhebung der Kosten gegeneinander kommt auch im Rahmen einer Kostenentscheidung nach § 138 FGO im Fall der **Hauptsachenerledigung** in Betracht, und zwar, wenn sich die Beteiligten in der Mitte getroffen haben (BFH v. 23.05.2008, II B 54/08, BFH/NV 2008, 1508) oder eine andere Kostenentscheidung wegen des ansonsten erforderlichen hohen Ermittlungsaufwands dem **Vereinfachungszweck des § 138 Abs. 1 FGO** zuwiderlaufen würde.

3 § 136 Abs. 1 Satz 3 FGO gibt die Möglichkeit, einem Beteiligten die **Kosten** auch dann **ganz** aufzuerlegen, wenn der **andere** zwar nicht voll obsiegt hat, jedoch **nur zu einem geringen Teil unterlegen** ist. Bei einer Kostenquote von weniger als 5 % wird man diese Voraussetzung im Regelfall als erfüllt ansehen können. Eine geringfügige Kostentragungspflicht ist auch auszusprechen ist, wenn sie nicht auf einem prozessualen Erfolg des Gegners, sondern auf § 137 FGO beruht; in diesem Fall ist FGO § 136 Abs. 1 Satz 3 FGO nicht anzuwenden. (FG Ddorf v. 11.06.1971, VII 202/70 E, EFG 1971, 548). Bei einer Unterliegensquote von ca. 6 % bzw. 7 % (BFH v. 18.06.2013, III R 19/09, BFH/NV 2013, 1568) oder 8 % (BFH v. 18.03.2013, III R 5/09, BFH/NV 2013, 933), erst recht bei einer Quote von 10 % (BFH v. 18.03.2013, III R 35/10, juris) ist der Kläger nicht i. S. von § 136 Abs. 1 Satz 3 FGO »nur zu einem geringen Teil« unterlegen (BFH v. 20.09.2010, V R 2/09, BFH/NV 2011, 302). Es bleibt dann bei dem Grundsatz des § 136 Abs. 1 Satz 1 FGO. Ist der Kläger zum Teil unterlegen, weil statt des beantragten Verpflichtungsurteils ein **Bescheidungsurteil** ergangen ist, gilt grds. § 136 Abs. 1 FGO (BFH v. 02.06.2005, III R 66/04, BStBl II 2006, 184; BFH v. 06.12.2012, V R 1/12, BFH/NV 2013, 906), gleichwohl können die Kosten unter besonderen Umständen entsprechend § 136 Abs. 1 Satz 3 FGO in vollem Umfang dem Beklagten auferlegt werden (BFH v. 02.06.2005, III R 66/04, BFH/NV 2010, 1429)

4 Denkbar ist eine **Aufteilung der Kosten auch** durch die Auferlegung **absolut bestimmter Beträge**, so z. B. dann, wenn ein obsiegender Beteiligter Kosten bestimmter Art, insbes. von Angriffs- oder Verteidigungsmitteln, verschuldet hat, etwa durch verspätetes Vorbringen oder mutwilliges Beharren auf Beweisanträgen. Nach der Rspr. des BFH (s. BFH v. 06.08.1971, III B 7/71, BStBl II 1972, 17; BFH v. 13.12.1999, III B 15/99, BFH/NV 2000, 827) können die Beteiligten demgegenüber unterschiedlich mit den Kosten belastet werden, wenn ein besonderer Verfahrensablauf dies rechtfertigt, und zwar durch eine rechnerisch zu ermittelnde, dem endgültigen Ergebnis des Rechtsstreits insoweit nicht entsprechende prozentuale Kostenverteilung. So soll bei Verbindung mehrerer Klagen, bei denen vor der Verbindung unterschiedliche Kosten entstanden waren, diesem Umstand nicht durch Aufgliederung der Kostenentscheidung nach Maß-

gabe der Klagen, sondern durch verhältnismäßige Aufteilung in der einheitlichen Kostenentscheidung Rechnung getragen werden. Da dieses Verfahren letztlich Kenntnis aller entstandenen Kosten (auch der außergerichtlichen!) bereits im Zeitpunkt der Kostenentscheidung voraussetzt, bestehen Bedenken gegen seine Praktikabilität. Es liegt daher näher, die Einzelberechnung dem Kostenansatz- bzw. -festsetzungsverfahren vorzubehalten. § 136 Abs. 3 FGO zeigt ebenso wie die Regelung in § 137 Satz 2 FGO, dass dem Gesetz eine Kostenentscheidung unter Abgrenzung nach Maßgabe von Verfahrensabschnitten u. Ä. nicht fremd ist. In Übereinstimmung mit dieser Auffassung wird in der Rspr. in einem Fall der Streitwertminderung während des Gerichtsverfahrens die Kosten für die verschiedenen Zeitabschnitte des Verfahrens getrennt in unterschiedlichen Quoten verhältnismäßig auf (BFH v. 06.06.1984, II R 184/81, BStBl II 1985, 261; BFH v. 06.03.1990, II R 165/87, BFH/NV 1990, 809; BFH v. 24.07.2013, XI R 24/12, BFH/NV 2013, 1920).

**5** Nach § 136 Abs. 2 FGO trägt derjenige die Kosten des Verfahrens, der den **Antrag**, die **Klage**, das **Rechtsmittel** oder einen **sonstigen Rechtsbehelf zurücknimmt**, und zwar im Zweifel hinsichtlich sämtlicher bis zur Rücknahme erwachsenen Kosten (§ 139 FGO). Hierzu gehören auch die Kosten einer zulässigen unselbstständigen Anschlussrevision (BFH v. 19.06.1969, VII R 108/68, BStBl II 1969, 593; BFH v. 25.07.1973, II B 36/72, BStBl II 1973, 761; BFH v. 11.10.2000, I R 72/99, BFH/NV 2001, 331). Bei der Rücknahme selbstständiger Revisionen sind die Kosten des Revisionsverfahrens entsprechend § 136 Abs. 1 Satz 1 und Abs. 2 FGO verhältnismäßig zu teilen (BFH v. 29.03.2016, V R 41/15, BFH/NV 2016, 1056). Wer eine Klage zurücknimmt, kann als Schuldner der Gerichtskosten nur in Anspruch genommen werden, wenn er das Verfahren der betreffenden Instanz beantragt hat oder ihm die Kosten durch gerichtliche Entscheidung auferlegt worden sind; § 136 Abs. 2 FGO allein ist keine Rechtsgrundlage für seine Inanspruchnahme (BFH v. 16.02.1977, VII E 24/76, BStBl II 1977, 354). Eine **Kostenentscheidung** erfolgt nach § 144 FGO bei einer vollumfänglichen Antragsrücknahme etc. nur dann, wenn ein Beteiligter die Erstattung seiner außergerichtlichen Kosten **beantragt** (BFH v. 18.03.2010, VII B 265/09, VII B 266/09, BFH/NV 2010, 1112; s. § 144 FGO Rz. 1). Ansonsten bedarf es im Einstellungsbeschluss nach Klagerücknahme (§ 72 Abs. 2 FGO) keines – wegen § 136 Abs. 2 FGO nur deklaratorischen – Kostenausspruchs (vgl. BFH v. 24.04.2012, IX E 4/12, BFH/NV 2012, 1798). Nimmt der Kläger seine Klage zurück, nachdem die Finanzbehörde Revision gegen das Urteil des FG eingelegt hat, muss eine Kostenentscheidung ergehen, weil es sonst für die Kosten des Revisionsverfahrens an einem Kostenschuldner fehlt (BFH v. 02.03.1983, II R 29/82, BStBl II 1983, 420; BFH v. 05.07.2004, II R 65/01, juris). **§ 137 FGO** ist in den Fällen des § 136 Abs. 2 FGO **nicht anwendbar** (BFH v. 20.08.1998, XI B 66/97, BFH/NV 1999, 478; BFH v. 04.08.2006, VII E 4/06, juris). Wird ein **Teilabhilfebescheid** gem. § 68 FGO zum Gegenstand des Verfahrens und hierauf die Klage zurückgenommen, so ist bei der Kostenentscheidung (§ 144 FGO) der materielle Ausgang des gesamten Rechtsstreits, also auch das teilweise »Obsiegen« des Klägers in Form des Abhilfebescheids zu berücksichtigen. Die Kostenfolge des § 136 Abs. 2 FGO tritt nur hinsichtlich des durch den Abhilfebescheid nicht erledigten Teils des Rechtsstreits ein (BFH v. 06.08.1974, VII B 49/73, BStBl II 1974, 748). Wird nach Erlass eines Teilabhilfebescheids der Rechtsstreit insgesamt in der **Hauptsache** für **erledigt** erklärt, ist § 136 Abs. 1 Satz 3 FGO anwendbar (BFH v. 18.03.2013, III R 5/09, BFH/NV 2013, 933; BFH v. 18.06.2013, III R 19/09, BFH/NV 2013, 1568). Dabei entspricht es regelmäßig dem billigen Ermessen (§ 138 Abs. 1 FGO), wenn der Kläger in Höhe des von der Abhilfe nicht erfassten Teils des Klageanspruchs die Kosten zu tragen hat (BFH v. 18.03.2013, III R 35/10, juris; BFH v. 18.06.2013, III R 19/09, BFH/NV 2013, 1568).

Nach § 136 Abs. 3 FGO fallen die Kosten, die durch einen Antrag auf **Wiedereinsetzung in den vorigen Stand** (§ 56 FGO) entstehen, fallen dem Antragsteller zur Last. Dies gilt entsprechend, wenn die Wiedereinsetzung von Amts wegen gewährt wird (*Brandis* in Tipke/Kruse, § 136 FGO Rz. 19; *Ratschow* in Gräber, § 136 FGO Rz. 12; *H. Schwarz* in HHSp, § 136 FGO Rz. 45; a. A. *Brandt* in Gosch, § 136 FGO Rz. 106). Für die Kostenauferlegung nach § 136 Abs. 3 FGO ist es unerheblich, ob der Antragsteller in der Hauptsache obsiegt oder unterliegt (BFH v. 11.05.2009, VIII R 81/05, BFH/NV 2009, 1447), wobei im Fall des Unterliegens ohnedies die Kosten nach § 135 Abs. 1 FGO auferlegt werden. **§ 136 Abs. 3 FGO** ist auch im Rahmen der Kostenentscheidung nach § 138 FGO im Fall der **Hauptsachenerledigung** anzuwenden (BFH v. 11.05.2009, VIII R 81/05, BFH/NV 2009, 1447; s. § 138 FGO Rz. 22).

## § 137 FGO
## Anderweitige Auferlegung der Kosten

**Einem Beteiligten können die Kosten ganz oder teilweise auch dann auferlegt werden, wenn er obsiegt hat, die Entscheidung aber auf Tatsachen beruht, die er früher hätte geltend machen oder beweisen können und sollen. Kosten, die durch Verschulden eines Beteiligten entstanden sind, können diesem auferlegt werden. Berücksichtigt das Gericht nach § 76 Abs. 3 Erklärungen und Beweismittel, die im Einspruchsverfahren nach § 364b der Abgabenordnung rechtmäßig zurückgewiesen wurden, sind dem Kläger insoweit die Kosten aufzuerlegen.**

**S. § 155 Abs. 5 VwGO; § 192 SGG**

**Schrifttum**

von Wedelstädt, Quo vadis praeclusio – Die Rechtsprechung der Finanzgerichte zu § 364b AO, DB 1998, 2188.

§ 137 Satz 1 FGO erlaubt es, die Kosten abweichend von §§ 135 Abs. 1, 136 FGO dem in der Sache obsiegenden Beteiligten aufzuerlegen, wenn dieser die für seinen Prozesserfolg maßgebenden **Tatsachen verspätet** geltend gemacht oder unter Beweis gestellt hat, obwohl er dies früher, also bereits während des Verwaltungsverfahrens (einschließlich des Einspruchsverfahrens) hätte tun können und sollen. Die Vorschrift soll der Prozessverschleppung und der Stellung mutwilliger oder unüberlegter Verfahrensanträge vorbeugen. Voraussetzung für eine solche vom Grundsatz der §§ 135, 136 FGO abweichende Kostenentscheidung ist jedoch, dass der Beteiligte **vorwerfbar**, also **schuldhaft** gehandelt hat und dieses Verhalten kausal war (BFH v. 18.08.2009, X R 22/07, BFH/NV 2010, 208; BFH v. 09.03.2015, II B 98/14, BFH/NV 2015, 998; s. Rz. 3). Es genügt hierfür **jedes pflichtwidrige Verhalten**. Maßstab ist dabei grds. bezogen auf das Verhalten der beklagten Finanzbehörde der Amtsermittlungsgrundsatz (§ 88 AO) und für den Stpfl. dessen Mitwirkungspflicht (§§ 90 ff. AO; *Brandis* in Tipke/Kruse, § 137 FGO Rz. 3; *Ratschow* in Gräber, § 137 FGO Rz. 7; *Schwarz* in HHSp, § 137 FGO Rz. 6; aus der Rspr. BFH v. 19.01.1978, IV R 61/73, BStBl II 1978, 295; FG He v. 20.11.1973, II 140/73, EFG 1974, 117; FG He v. 16.09.1982, X 74/82, EFG 1983, 217). § 137 FGO gilt für die **Hauptsachenerledigung** durch Abhilfe gem. § 138 Abs. 2 Satz 2 FGO entsprechend (s. § 138 FGO Rz. 22).

2 Folgt man der (zweifelhaften) Rspr. des BFH, wonach das FA einen **Ermessensverwaltungsakt** unter Verletzung des § 102 Satz 2 FGO im Prozess gem. **§ 68 Satz 1 FGO** ersetzt (s. § 68 FGO Rz. 4a), so sind dem FA wenigstens trotz Obsiegens die Kosten nach § 137 Satz 1 FGO aufzuerlegen, wenn die Klage zulässig und begründet war, diese aber nachträglich deshalb unbegründet wird, weil das FA die zuvor unterlassene Ermessensausübung im ersetzenden Verwaltungsakt nachgeholt hat (FG Köln v. 17.01.2014, 13 V 3359/13, EFG 2014, 610).

3 Ein Anwendungsfall des § 137 Satz 1 FGO liegt z. B. vor, wenn der Beteiligte die von ihm schon im Verwaltungsverfahren oder jedenfalls im außergerichtlichen Rechtsbehelfsverfahren angeforderten **steuerlichen Erklärungen oder Unterlagen**, die sein späteres Obsiegen rechtfertigen, erst nach Rechtshängigkeit der Streitsache vorlegt. Dazu gehört auch in Schätzungsfällen (§ 162 AO) die Vorlage der Steuererklärung erst im Prozess (wie hier z. B. FG Sachsen v. 08.07.2014, 6 K 532/14, juris). Kein Raum für die Kostenauferlegung ist, wenn die Finanzbehörde unter Verstoß gegen den Grundsatz der Gewährung ausreichenden Gehörs zu früh entschieden hat, z. B. bei noch ausstehender Stellungnahme des Pflichtigen zu einem Außenprüfungsbericht; auch muss die **Finanzbehörde ihrer eigenen Ermittlungspflicht** voll nachgekommen sein und sich auch sonst einwandfrei verhalten haben. Eine Abwägung der beiderseitigen Pflichten ist notwendig (BFH v. 27.06.1968, II B 17/66, BStBl II 1968, 753). Der Stpfl. handelt nicht pflichtwidrig i. S. von § 90 Abs. 1 Satz 1 AO, wenn er in seiner Steuererklärung Aufwendungen nicht geltend macht, die nach damaliger **höchstrichterlicher Rspr.** nicht berücksichtigungsfähig waren; es liegt daher kein Verschulden des Stpfl. i. S. von § 137 FGO vor, wenn er diese Aufwendungen nach einer Änderung der Rechtsprechung erstmals im Klageverfahren geltend macht (FG BW v. 16.09.1987, II K 117/85, EFG 1988, 33). Eine Kostenentscheidung nach § 137 Satz 1 FGO kommt jedoch dann nicht in Betracht, wenn der Prozesserfolg des Beteiligten zwar auf seinem verspäteten Vorbringen beruht, dieses jedoch für das Obsiegen erst im Gerichtsverfahren deshalb nicht **ursächlich** ist, weil die Finanzbehörde auch in Kenntnis der nachträglich vorgetragenen oder bewiesenen Tatsachen auf dem Klageabweisungsantrag beharrte (vgl. FG Mchn v. 17.12.2014, 1 K 1107/11, EFG 2015, 759).

Eine Kostenentscheidung nach § 137 Satz 1 FGO zieht noch **weitere** (mittelbare) **Folgen** nach sich, denn ein zu erstattender oder zu vergütender Betrag wird in diesem Fall nicht verzinst (§ 236 Abs. 3 AO). Wird die Klage zurückgenommen, ergibt sich die Kostenfolge zulasten des Klägers zwingend aus § 136 Abs. 2 AO (s. § 136 FGO Rz. 5), sodass § 137 Satz 1 FGO nicht zur Anwendung kommt. Der Anspruch auf **Prozesszinsen** kann dann nicht nach § 236 Abs. 3 AO versagt werden (BFH v. 11.04.2013, III R 11/12, BStBl II 2013, 665). 4

§ 137 Satz 2 FGO erweitert die durch § 137 Satz 1 FGO eingeräumte Möglichkeit dahingehend, dass Kosten, die durch Verschulden eines Beteiligten entstanden sind, unabhängig vom Prozessausgang demjenigen Beteiligten auferlegt werden können, der die Entstehung der Kosten **schuldhaft verursacht** hat. Es kann sich dabei um die Kosten einzelner, konkreter Verfahrensabschnitte, aber auch um die Gesamtkosten des Rechtsstreits handeln. Verschulden in diesem Sinn bedeutet jedes schuldhafte Verhalten, also **auch schon leichte Fahrlässigkeit** (BFH v. 27.09.1994, VIII R 36/89, BStBl II 1995, 353; *Brandis* in Tipke/Kruse, § 137 FGO Rz. 3; *Brandt* in Gosch, § 137 FGO Rz. 65; *Ratschow* in Gräber, § 137 FGO Rz. 8). Das Verschulden des **gesetzlichen Vertreters** oder des **Prozessbevollmächtigten** muss sich der Kläger gem. § 155 Satz 1 FGO i. V. m. §§ 51 Abs. 2, 85 Abs. 2 ZPO zurechnen lassen. Das Verschulden kann auch auf Seiten der Finanzbehörde liegen, z. B. weil sie dem Kläger durch eine falsche Rechtsbehelfsbelehrung in den Finanzprozess »gedrängt« hat. § 137 Satz 2 FGO wird insbes. auch dann zur Anwendung kommen müssen, wenn der angefochtene Verwaltungsakt wegen Verletzung von Vorschriften über das Verfahren, die Form oder die örtliche Zuständigkeit zwar rechtswidrig war, sich aber bei der 5 wegen fehlender oder nicht rechtzeitiger Heilung des Fehlers i.S. von § 126 AO vorgenommenen gerichtlichen Anfechtung herausstellt, dass keine andere Entscheidung in der Sache hätte getroffen werden können (§ 127 AO; s. § 126 AO Rz. 1 und s. § 127 AO Rz. 1). Eine **rückwirkende Gesetzesänderung**, die das Rechtsschutzbegehren entwertet, hat nicht zwingend eine Kostentragung des FA gem. § 137 Satz 2 FGO zur Folge, da dem FA eine solche nicht als ein die Kostenentstehung verursachendes rechtswidriges Verwaltungshandeln angelastet werden kann (BFH v. 27.04.2009, I R 55/05, juris).

6 Die Kostenentscheidung nach § 137 FGO steht im pflichtgemäßen **Ermessen** des Gerichts. Das Gericht trifft die Entscheidung im Rahmen der mit der Hauptsache verbundenen Kostenentscheidung (§ 143 Abs. 1 FGO). Eine gesonderte Anfechtung dieser Kostenentscheidung ist nicht zulässig (§ 145 Abs. 1 FGO). Hat sich der Rechtsstreit in der **Hauptsache erledigt**, so ist die Kostenentscheidung durch Beschluss zu treffen (§§ 138 Abs. 1, 143 Abs. 1 FGO), der unanfechtbar ist (§ 128 Abs. 4 Satz 1 FGO).

7 Nach § 137 Satz 3 FGO sind dem Kläger die Kosten aufzuerlegen, soweit das FG nach § 76 Abs. 3 FGO Erklärungen und Beweismittel berücksichtigt, die im Einspruchsverfahren nach § 364b AO rechtmäßig zurückgewiesen wurden (s. § 76 FGO Rz. 14 ff.). Berücksichtigt das FG im Rahmen seines durch § 76 Abs. 3 FGO i.V.m. § 364b AO eingeräumten Ermessens verspätet vorgebrachte Erklärungen oder Beweismittel, so wird das **verspätete Vorbringen** allein **durch die Kostenfolge** des § 137 Satz 3 FGO **sanktioniert** (BFH v. 30.11.2004, IX B 29/04, BFH/NV 2005, 711). Die gesamten Kosten des Verfahrens sind dem Kläger auch dann nach § 137 Satz 3 FGO aufzuerlegen, als der Stpfl. nach einer Vollschätzung die Steuererklärung erst im Klageverfahren vorlegt, nachdem das FA sämtliches Vorbringen des Klägers zu der betreffenden Steuerfestsetzung nach § 364b AO in der Einspruchsentscheidung zu Recht zurückgewiesen hatte und seinem Klagebegehren nunmehr entsprochen werden kann (BFH v. 13.05.2004, IV B 230/02, BStBl II 2004, 833 m. Anm. *Steinhauff*, jurisPR-SteuerR 28/2004, Anm. 5). Für eine Anwendung des § 137 Satz 2 FGO zulasten des FA bleibt in diesem Fall auch dann kein Raum, wenn das FA den Erlass eines Abhilfebescheids verweigert, denn § 137 Satz 3 FGO ist **zwingend** (BFH v. 13.05.2004, IV B 230/02, BStBl II 2004, 833; FG Köln v. 29.04.2003, 8 K 3505/02, EFG 2003, 1490; *Brandis* in Tipke/Kruse, § 137 FGO Rz. 9; *Ratschow* in Gräber, § 137 FGO Rz. 10; *Schwarz* in HHSp, § 137 FGO Rz. 7, 48).

## § 138 FGO
## Kostenentscheidung durch Beschluss

**(1) Ist der Rechtsstreit in der Hauptsache erledigt, so entscheidet das Gericht nach billigem Ermessen über die Kosten des Verfahrens durch Beschluss; der bisherige Sach- und Streitstand ist zu berücksichtigen.**

**(2) Soweit ein Rechtsstreit dadurch erledigt wird, dass dem Antrag des Steuerpflichtigen durch Rücknahme oder Änderung des angefochtenen Verwaltungsaktes stattgegeben oder dass im Falle der Untätigkeitsklage gemäß § 46 Abs. 1 Satz 3 Halbsatz 2 innerhalb der gesetzten Frist dem außergerichtlichen Rechtsbehelf stattgegeben oder der beantragte Verwaltungsakt erlassen wird, sind die Kosten der Behörde aufzuerlegen. § 137 gilt sinngemäß.**

**(3) Der Rechtsstreit ist auch in der Hauptsache erledigt, wenn der Beklagte der Erledigungserklärung des Klägers nicht innerhalb von zwei Wochen seit Zustellung des die Erledigungserklärung enthaltenden Schriftsatzes widerspricht und er vom Gericht auf diese Folge hingewiesen worden ist.**

**S. § 161 Abs. 2 VwGO**

### Inhaltsübersicht



### Schrifttum


Dänzer-Vanotti, Die einseitige Erledigungserklärung des beklagten Finanzamts im finanzgerichtlichen Verfahren, StuW 1978, 158; Jost, Vorteilhaftigkeitsvergleich unter Kostengesichtspunkten, Klagerücknahme oder Hauptsachenerledigung, INF 1997, 709; Bartone, Änderung von Steuerbescheiden im FG-Verfahren, AO-StB 2001, 56; Gluth, Kostenüberlegungen bei Beendigung des Verfahrens, AO-StB 2001, 156; Nieland, Die Beendigung des finanzgerichtlichen Verfahrens, AO-StB 2002, 26; Schellhammer, Zivilprozess, 15. Aufl. 2016.

## A. Inhalt

§ 138 FGO regelt die **Kostenentscheidung im Fall der Hauptsachenerledigung**, also für die Fälle, in denen das Rechtsschutzbegehren des Klägers aufgrund eines außerprozessualen Ereignisses nach Rechtshängigkeit (§ 66 FGO) gegenstandslos geworden ist. In diesem Fall hat das Gericht keine Sachentscheidung mehr zu treffen, sondern nur noch über die Kosten zu entscheiden. Die Vorschrift sagt nichts darüber aus, wann ein Rechtsstreit in der Hauptsache erledigt ist, sondern enthält in § 138 Abs. 2 Satz 1 FGO die dort genannten typischen Fälle von erledigenden Ereignissen.

## B. Erledigung der Hauptsache

### I. Allgemeines

Ein Rechtsstreit ist in der Hauptsache erledigt, wenn nach Rechtshängigkeit ein Ereignis eingetreten ist, durch welches das gesamte im Klageantrag zum Ausdruck kommende, in dem Verfahren streitige **Klagebegehren objektiv gegenstandslos** geworden ist; es reicht nicht aus, dass der Kläger an der Fortführung des Rechtsstreits kein Interesse mehr hat (z. B. BFH v. 05.03.1979, GrS 4/78, BStBl II 1979, 375; BFH v. 22.05.2001, VII R 71/99, BStBl II 2001, 683; BFH v. 03.02.2010, VI B 126/09, BFH/NV 2010, 924; BFH v. 23.05.2016, X R 54/13, BFH/NV 2016, 1457). Die Hauptsachen ist daher erledigt, wenn die Klage nach Eintritt der Rechtshängigkeit ohne Zutun des Klägers unzulässig oder unbegründet geworden ist (*Schellhammer*, Rz. 1701). Erklären die Beteiligten den Rechtsstreit nicht übereinstimmend für erledigt und liegen auch die Voraussetzungen für eine nach § 138 Abs. 3 FGO fingierte Erledigungserklärung nicht vor, ist eine isolierte Kostenentscheidung gemäß § 138 Abs. 1 ausgeschlossen; vielmehr ist die Klage im Fall der Erledigung als unzulässig abzuweisen (BFH v. 10.11.2010, IV B 18/09, BFH/NV 2011, 650; auch s. Rz. 12).

3 Eine **Erledigung der Hauptsache** kann entweder dadurch eintreten, dass das Gericht infolge einer Änderung des Sachverhalts und den dadurch ausgelösten Wegfall des ihm zur Entscheidung unterbreiteten Streitgegenstands über diesen nicht mehr zu entscheiden braucht (**materielle** Hauptsachenerledigung, Rz. 4) oder dadurch, dass die Beteiligten übereinstimmend erklären, dass eine Entscheidung über den Hauptsachenstreit nach ihrer Auffassung nicht mehr getroffen zu werden braucht (**formelle** Hauptsachenerledigung, Rz. 5).

4 **Materielle Erledigung der Hauptsache** liegt **insbesondere** dann vor, wenn die Finanzbehörde dem Antrag des Klägers durch Rücknahme des angefochtenen Verwaltungsakts oder Erlass eines Abhilfebescheids (z. B. gem. § 172 Abs. 1 Nr. 2 Buchst. a AO) oder bei Verpflichtungsklagen durch Erlass des beantragten Verwaltungsakts stattgibt (s. § 138 Abs. 2 Satz 1 FGO). Auch auf andere Weise kann sich die Hauptsache erledigen, z. B. durch Eintritt der **Zahlungsverjährung** (z. B. BFH v. 26.04.1990, V R 90/87, BStBl II 1990, 802; BFH v. 18.11.2003, VII R 5/02, BFH/NV 2004, 1057). Trotz Aufhebung des angefochtenen Verwaltungsakts tritt **jedoch keine Hauptsachenerledigung** ein, wenn der Kläger die Klage gem. § 100 Abs. 1 Satz 4 FGO als **Fortsetzungsfeststellungsklage** fortführt und im Wege der Klageänderung nunmehr beantragt, durch Urteil die Rechtswidrigkeit des Verwaltungsakts festzustellen. Bei Erledigung allein aufgrund einer bei Revisionszulassung noch nicht veröffentlichten BFH-Rechtsprechung ist die Quotelung im Verhältnis des ursprünglichen zum korrigierten (Steuer- oder Haftungs-)Betrag sachgerecht i. S. des § 138 Abs. 1 und Abs. 2 Satz 1 FGO (BFH v. 10.01.2008, VII R 29/07, BFH/NV 2008, 602). Folge einer **widerspruchslosen Feststellung** der streitbefangenen **Steuerforderung zur Insolvenztabelle** ist nach hier vertretener Auffassung, dass die Unterbrechung des Verfahrens (§ 155 Satz 1 FGO i. V. m. § 240 Satz 1 ZPO; s. § 74 FGO Rz. 13) endet (gl. A. noch BFH v. 10.11.2010, IV B 18/09, BFH/NV 2011, 650; BFH v. 10.11.2010, IV B 11/09, BFH/NV 2011, 649; a. A. nunmehr unter Aufgabe der bisherigen Rspr. BFH v. 23.09.2015, V B 159/14, BFH/NV 2016, 60). Ungeachtet dessen tritt in jedem Fall bezüglich der Rechtsstreitigkeiten, die die gegen die Insolvenzmasse gerichteten Steuerforderungen betreffen, die Erledigung der Hauptsache ein (BFH v. 10.11.2010, IV B 18/09, BFH/NV 2011, 650; BFH v. 10.11.2010, IV B 11/09, BFH/NV 2011, 649; BFH v. 14.05.2013, X B 134/12, BStBl II 2013, 585; BFH v. 27.09.2017, XI R 9/16, BFH/NV 2018, 75; im Übrigen s. § 74 FGO Rz. 13). Nach Beendigung des Insolvenzverfahrens können die Beteiligten das Verfahren, dessen Unterbrechung gem. § 155 Satz 1 FGO i. V. m. § 240 Satz 1 ZPO beendet ist, in der Hauptsache für erledigt erklären, auch wenn ein Restschuldbefreiungsverfahren noch nicht abgeschlossen ist; dies gilt auch im Fall einer Auslandsinsolvenz (BFH v. 10.05.2013, IX B 145/12, BFH/NV 2013, 1452).

Es ist möglich, dass sich der Rechtsstreit nur **teilweise erledigt**, wenn das vom Kläger verfolgte Begehren teilbar ist, z. B. bei objektiver Klagehäufung (s. § 43 FGO Rz. 1) oder bei der Möglichkeit, den Gegenstand des Klagebegehrens betragsmäßig aufzuteilen, etwa bei einem Teilabhilfebescheid über einzelne von mehreren Streitpunkten (*Brandis* in Tipke/Kruse, § 138 FGO Rz. 12 m. w. N.). Eine Teilerledigung kommt demnach **auch** bei **verfahrensrechtlich unselbständigen Teilen des Verfahrensgegenstands** in Betracht (BFH v. 06.08.1974, VII B 49/73, BStBl II 1974, 748; BFH v. 18.05.2006, III R 5/05, BStBl II 2008, 354). Zur Kostenentscheidung s. Rz. 21. 5

Die Hauptsache eines eine **Stundung** betreffenden Rechtsstreits soll sich nach der Rspr. des BFH (z. B. BFH v. 22.04.1988, BFH/NV 1989, 428; BFH v. 23.06.1993, X R 6

96/90, BFH/NV 1994, 517) mit Rücksicht auf die Frage der angefallenen Säumniszuschläge (§ 240 AO) nicht durch die Zahlung der geschuldeten Steuer erledigen (ebenso *Brandis* in Tipke/Kruse, § 138 FGO Rz. 10; *Brandt* in Gosch, § 138 FGO Rz. 50; *Ratschow* in Gräber, § 138 FGO Rz. 86; *Schwarz* in HHSp, § 138 FGO Rz. 15; a. A. FG RP v. 02.10.1978, V 166/78, EFG 1979, 134; FG Bre v. 18.02.1977, I 26/76, EFG 1977, 386). Diese Rspr. erscheint zweifelhaft, weil das Stundungsbegehren in diesen Fällen unter keinen Umständen mehr zum Erfolg führen kann. Es hat sich – anders als die Klage gegen einen Steuerbescheid – durch die Zahlung erledigt. Streitig kann nur noch die Rechtmäßigkeit des die Ablehnung des Stundungsantrags aussprechenden Verwaltungsakts sein, dessen Aufhebung der Kläger mit der hiergegen gerichteten (unselbständigen) Anfechtungsklage i. V. m. der auf Stundung gerichteten Verpflichtungsklage begehrt. Insoweit ist an die Umstellung des Klagebegehrens gem. § 100 Abs. 1 Satz 4 FGO auf die Feststellung der Rechtswidrigkeit des ablehnenden Verwaltungsakts zu denken. Dieser Feststellungsantrag kann aber nur dann zu dem bezüglich der Säumniszuschläge erstrebten Erfolg führen, wenn unter Berücksichtigung der in § 102 FGO festgeschriebenen Grundsätze diese Feststellung das nur in Ausnahmefällen allein in Frage kommende Endergebnis impliziert, dass gerade die begehrte Stundung ausschließlich ermessensgemäß gewesen wäre. Wegen der Einwendungen gegen angeforderte Säumniszuschläge s. § 240 AO Rz. 24.

7 Zur Kostenentscheidung bei Hauptsachenerledigung infolge der Umdeutung eines fehlerhaften Verwaltungsakts s. § 128 AO Rz. 8.

## II. Erledigungserklärung

### 1. Form

8 Die **Erledigungserklärung** kann in der **mündlichen Verhandlung** oder durch Einreichung eines **Schriftsatzes** oder zu **Protokoll der Geschäftsstelle** erfolgen (BFH v. 19.02.2009, IV R 97/06, BStBl II 2009, 542). Maßgeblich sind die **Erklärungen des Klägers und des Beklagten**, eine Erledigungserklärung weiterer Beteiligter, z. B. des dem Revisionsverfahren beigetretenen BMF als sonstigem Beteiligten (§ 61 Nr. 4 FGO), ist nicht erforderlich (z. B. BFH v. 11.02.2009, VI R 27/07, BFH/NV 2009, 955; BFH v. 26.02.2009, VI R 17/07, BStBl II 2009, 421, jeweils m. Anm.; *Bartone*, jurisPR-SteuerR 29/2009 Anm. 6; BFH v. 18.03.2013, III R 5/09, BFH/NV 2013, 933). Erledigungserklärungen können als **Prozesshandlungen** nicht wegen Willensmängeln angefochten und nach Abgabe der korrespondierenden Erklärung des Gegners nicht widerrufen werden (zum Widerruf s. Rz. 16). Die Erledigung der Hauptsache kann auch dann erklärt werden, wenn **nach Ergehen eines Gerichtsbescheids** Antrag auf mündliche Verhandlung gestellt worden ist, ohne dass darin ein Rechtsmissbrauch läge (z. B. BFH v. 19.11.2008, VI R 80/06, BStBl II 2009, 547; BFH v. 15.02.2017, XI R 21/15, BFH/NV 2017, 769). Es entspricht dann billigem Ermessen, die Kosten eines in der Hauptsache für erledigt erklärten Verfahrens demjenigen aufzuerlegen, dessen Klage zuvor durch den – nicht rechtskräftig gewordenen – Gerichtsbescheid abgewiesen worden war (BFH v. 10.12.2009, VII R 40/07, BFH/NV 2010, 909). Dies gilt auch im Revisionsverfahren, sodass das angefochtene Urteil einschließlich der darin enthaltenen Kostenentscheidung infolge der Hauptsachenerledigung gegenstandslos geworden ist (BFH v. 19.11.2008, VI R 80/06, BStBl II 2009, 547; BFH v. 15.02.2017, XI R 21/15, BFH/NV 2017, 769).

### 2. Übereinstimmende (beiderseitige) Erledigungserklärung

9 Geben die Beteiligten **übereinstimmende Erledigungserklärungen** ab, so ist der Rechtsstreit in Hauptsache unabhängig davon erledigt, ob tatsächlich (materiell) eine Erledigung der Hauptsache stattgefunden hat (BFH v. 15.02.1968, V B 46/67, BStBl II 1968, 413; BFH v. 05.05.1989, X R 10/84, BFH/NV 1990, 52). Das Gericht ist daran gebunden (z. B. BFH v. 01.04.2004 VIII R 55/03, BFH/NV 2004, 1392; BFH v. 05.09.2008, IV B 144/07, juris; BFH v. 14.06.2017, I R 38/15, BStBl II 2018, 2). Erlässt das FG stattdessen ein Prozessurteil, liegt ein Verfahrensfehler vor (BFH v. 19.02.2009, IV R 97/06, BStBl II 2009, 542). Die Erledigungserklärung kann auch durch schlüssiges Verhalten (offensichtliche Interesselosigkeit am weiteren Fortgang des Rechtsstreits) abgegeben werden (BFH v. 12.07.1979, IV R 13/79, BStBl II 1979, 705). Auf die **ursprüngliche Zulässigkeit** und/oder Begründetheit der Klage kommt es **nicht** an (zutr. *Brandis* in Tipke/Kruse, § 138 FGO Rz. 30), denn die übereinstimmenden Erledigungserklärungen haben **konstitutive** Wirkung, d. h., sie führen unmittelbar zur Beendigung des Rechtsstreits, ohne dass es eines gerichtlichen Ausspruchs hierüber bedürfte (z. B. BFH v. 10.05.2013, IX B 145/12, BFH/NV 2013, 1452; BFH v. 14.06.2017, I R 38/15, BStBl II 2018, 2).

10 Während die h. M. eine übereinstimmende Erledigungserklärung im erstinstanzlichen Verfahren auch dann als wirksam ansieht, wenn eine Klage von Anfang an unzulässig ist, soll dies nicht für das **Rechtsmittelverfahren** gelten. Auch nach h. M. sind die Erledigungserklärungen, die in einem unzulässigen Revisionsverfahren oder unzulässiger NZB für den gesamten Rechtsstreit abgegeben werden, ohne Wirkung (z. B. BFH v. 01.08.2012, V B 59/11, BFH/NV 2012, 2013 m. w. N.; BFH v. 10.11.2015, VII B 113/15, BFH/NV 2016, 220; auch *Ratschow* in Gräber, § 138 FGO Rz. 9). Demgegenüber ist eine Beschränkung der übereinstimmenden Erle-

digungserklärungen nur auf das NZB-Verfahren zulässig (BFH v. 22.07.2013, I B 158/12, BFH/NV 2013, 1807), und zwar auch bei einem unzulässigen Rechtsmittel (BFH v. 01.08.2012, V B 59/11, BFH/NV 2012, 2013). Das FG-Urteil erwächst in diesem Fall mit seinem Ausspruch zur Hauptsache und zu den Kosten in Rechtskraft (BFH v. 18.06.2012, III R 12/09, BFH/NV 2012, 1612).

1 **Verpflichtet sich die beklagte Behörde** in der mündlichen Verhandlung oder in einem Erörterungstermin zum **Erlass eines Änderungsbescheids** und erklären die Beteiligten übereinstimmend daraufhin den Rechtsstreit für in der Hauptsache erledigt, so tritt formelle Hauptsacheerledigung auch dann ein, wenn die beklagte Behörde ihre Zusage widerruft (die Prozesserklärung der Hauptsachenerledigung kann sie ohnehin nicht widerrufen, weil es sich um aufeinander abgestimmte Prozesshandlungen handelt, s. Rz. 16). Die Erledigungserklärung steht in derartigen Fällen auch nicht allgemein unter der aufschiebenden Bedingung der materiellen Erledigung. Lehnt die beklagte Behörde, die an die Zusage nach Treu und Glauben gebunden ist, den Erlass des versprochenen Änderungsbescheids ab (oder bleibt ein erlassener Änderungsbescheid hinter dem versprochenen Ausmaß der Änderung zugunsten des Klägers zurück), so kann der Kläger den Rechtsstreit mit dem Antrag fortsetzen, die Finanzbehörde zum Erlass des Änderungsbescheids zu verpflichten (BFH v. 29.10.1987, X R 1/80, BStBl II 1988, 121; BFH v. 19.11.2002, IV B 160/02, juris).

### 3. Einseitige Erledigungserklärung

#### a) Einseitige Erledigungserklärung des Beklagten

12 **Einseitige Erledigungserklärung des Beklagten**: Erklärt nur die beklagte Behörde die Hauptsache für erledigt, ohne dass der Kläger sich dieser Erklärung anschließt, so ist über die Klage zu entscheiden (BFH v. 20.07.2006, VI R 22/03, BFH/NV 2006, 2109; BFH v. 18.08.2010, X S 22/10 [PKH], BFH/NV 2010, 2108). Denn die einseitige Erledigungserklärung des Beklagten ist lediglich als Anregung an das Gericht anzusehen, zu prüfen, ob die Hauptsache erledigt ist (z.B. BFH v. 20.07.2006, VI R 22/03, BFH/NV 2006, 2109; *Brandis* in Tipke/Kruse, § 138 FGO Rz. 47). Kommt dabei das Gericht zu dem Ergebnis, dass sich die Hauptsache materiell erledigt hat, so ist die Klage durch Prozessurteil als unzulässig abzuweisen, weil für die Klage oder das Rechtsmittel kein Rechtsschutzbedürfnis mehr besteht (z.B. BFH v. 05.03.1979, GrS 4/78, BStBl II 1979, 375; BFH v. 22.09.1999, VII B 82/99, BFH/NV 2000, 335; BFH v. 18.08.2010, X S 22/10 [PKH], BFH/NV 2010, 2108; BFH v. 23.05.2016, X R 54/13, BFH/NV 2016, 1457; *Dänzer-Vanotti*, StuW 1978, 158).

13 **Voraussetzung** ist (grds.) jedoch die (ursprüngliche) **Zulässigkeit der Klage** (BFH v. 26.01.1971, VII B 137/69, BStBl II 1971, 306; BFH v. 08.09.1999, VII B 84/99, BFH/NV 2000, 571; BFH v. 27.11.2013, X B 162/12, juris; a.A. offenbar BFH v. 15.12.1986, IV R 251/83, BFH/NV 1988, 182; BFH v. 25.07.1991, III B 10/91, BStBl II 1991, 846; auch *Ratschow* in Gräber, § 138 FGO Rz. 9; *Brandis* in Tipke/Kruse, § 138 FGO Rz. 38 ff.). Bei einer von Anfang an unzulässigen Klage kann ein die Hauptsache erledigendes Ereignis für die Entscheidung nie ursächlich werden, weil die Hauptsache nicht an das Gericht gelangt ist, es also nicht über sie entscheiden kann. Abzulehnen ist daher die Auffassung des BFH, wonach der **vollmachtlose Vertreter** die Erledigung der Hauptsache erklären könne (BFH v. 13.12.1972, I B 42/72, BStBl II 1973, 532). Bei Unzulässigkeit des eingelegten Rechtsbehelfs kann das Gericht materiell nicht entscheiden; demgemäß kann sich der Rechtsstreit in der Hauptsache, die der Entscheidungsbefugnis des Gerichts wegen der Unzulässigkeit nicht unterliegt, nicht erledigen. Demgegenüber werden die beiderseitigen Erledigungserklärungen als Prozessvereinbarung der Beteiligten im Rahmen der ihnen zustehenden Dispositionsbefugnis gewertet, und es wird daher die Erledigung des Rechtsstreits ohne Rücksicht auf die Zulässigkeit der Klage angenommen (BFH v. 08.08.1974, IV R 131/73, BStBl II 1974, 749; ebenso BFH 25.07.1991, III B 10/91, BStBl II 1991, 846 bei unzulässiger NZB; FG He v. 15.01.2001, 11 K 4503/00, NJW 2001, 1159). Die Unzulässigkeit der Klage soll sich lediglich auf die Kostentragungspflicht auswirken (Nichtanwendung von § 138 Abs. 2 FGO). Abgesehen davon, dass sich die vorgenannten Entscheidungen nicht mit BFH v. 26.01.1971, VII B 137/69, BStBl II 1971, 306, auseinandersetzen, handelt es sich im hier entschiedenen Fall um eine trotz der Unzulässigkeit der Klage verfahrensrechtlich mögliche materielle Klaglosstellung, eine Voraussetzung, die häufig bei unzulässigen Anfechtungsklagen wegen der Bestandskraft der Vorentscheidung nicht erfüllbar ist. Zutreffend ist daher die Auffassung, dass der Kläger die **Hauptsache nicht für erledigt erklären** kann, wenn sich ein **Verwaltungsakt vor Klageerhebung erledigt** und der Kläger dennoch eine Anfechtungsklage erhoben hat (BFH v. 19.05.1976, I R 154/74, BStBl II 1976, 785). Wenn auch – wie ausgeführt – die formelle Hauptsachenerledigung nicht zwingend eine tatsächliche materielle Hauptsachenerledigung voraussetzt, wird diese doch regelmäßig der Beweggrund für die Abgabe der übereinstimmenden Erledigungserklärung durch die Beteiligten sein. Eine Prüfung, ob sich die Hauptsache auch materiell erledigt hat, kommt für das Gericht jedoch nur dann in Betracht, wenn die materielle Erledigung der Hauptsache streitig ist oder wenn der Beklagte – was **zulässig** ist (BFH v. 26.08.1980 BStBl II 1981, 307; BFH v. 03.04.2000, I B 68/99, BFH/NV 2000, 1226) – neben dem Begehren auf Abweisung der Klage **hilfsweise die Hauptsache für erledigt erklärt**.

14 Grds. soll allerdings das **Schweigen des Klägers** nach dem Erlass eines Änderungsbescheids, mit dem er sein Klageziel voll erreicht hat, als Erledigungserklärung zu werten sein (BFH v. 12.07.1979, IV R 13/79, BStBl II 1979, 705; BFH v. 21.05.1987, IV R 101/86, BFH/NV 1988, 258). Dies gilt jedoch nicht, wenn die Kostenfolge der Hauptsachenerledigung im Einzelfall ungünstiger sind als diejenigen der Klagerücknahme (dazu z.B. *Bartone*, AO-StB 2001, 56). Im Revisionsverfahren ist im Fall der Hauptsachenerledigung unter Aufhebung des finanzgerichtlichen Urteils die Klage als unzulässig abzuweisen (BFH v. 05.03.1979, GrS 4/78, BStBl II 1979, 375; BFH v. 22.09.1999, VII B 82/99, BFH/NV 2000, 335). Ist die Finanzbehörde Revisionsbeklagter, weil der Kläger gegen das die Klage (als unbegründet) abweisende Urteil Revision eingelegt hat und hält der Revisionskläger seinen Sachantrag aufrecht, während die Finanzbehörde die Erledigung erklärt hat, so ist die Revision als unbegründet zurückzuweisen und in den Gründen des Revisionsurteils klarzustellen, dass die Klage unzulässig geworden ist (BFH v. 27.04.1982, VIII R 36/70, BStBl II 1982, 407; BFH v. 14.01.1986, VII R 137/82, BFH/NV 1986, 426).

### b) Einseitige Erledigungserklärung des Klägers

15 **Einseitige Erledigungserklärung des Klägers**: Die einseitige Erledigungserklärung des Klägers stellt eine **Klageänderung** dar. Mit seiner einseitigen Erledigungserklärung nimmt der Kläger von seinem bisherigen Klagebegehren Abstand und beantragt stattdessen die **Feststellung**, dass **der Rechtsstreit in der Hauptsache erledigt** ist (BFH v. 20.03.2003, III B 74/01, BFH/NV 2003, 935; BFH v. 17.07.2006, V B 188/05, BFH/NV 2006, 2107; BFH v. 22.02.2013, V B 72/12, BFH/NV 2013, 984). Beachte aber § 138 Abs. 3 FGO (s. Rz. 18). Daher beendet sie die Rechtshängigkeit noch nicht, sondern ist inhaltlich nur eine Änderung des ursprünglichen Sachantrags (BFH v. 27.11.2013, X B 162/12, juris). Sofern die beklagte Behörde der Erledigungserklärung widerspricht (oder schweigt), ist daher **durch Urteil zu entscheiden, ob die Hauptsache erledigt** ist (BFH v. 19.01.1971, VII R 32/69, BStBl II 1971, 307). Stellt das Gericht hierbei die Erledigung fest, so unterliegt die Finanzbehörde (BFH v. 07.08.1979, VII B 15/79, BStBl II 1979, 709; BFH v. 04.06.1986, VII B 134/85, BStBl II 1986, 752; BFH v. 22.05.2001, VII R 71/99, BStBl II 2001, 683). Liegt ein die Hauptsache erledigendes Ereignis nicht vor, so unterliegt der Kläger (BFH v. 27.09.1979, IV R 70/72, BStBl II 1979, 779). Erklärt im Verfahren der NZB der Kläger einseitig den Rechtsstreit in der Hauptsache für erledigt, obwohl eine Erledigung tatsächlich nicht eingetreten ist, so ist die NZB als unzulässig zu verwerfen. Das gilt jedenfalls dann, wenn der Kläger sein ursprüngliches Begehren nicht hilfsweise weiterverfolgt (BFH v. 03.04.2000, I B 68/99, BFH/NV 2000, 1226; BFH v. 16.12.2008, I R 29/08, BStBl II 2009, 539; BFH v. 22.02.2013, V B 72/12, BFH/NV 2013, 984). Über den Streit, ob eine Sachentscheidung infolge Klagerücknahme oder Hauptsachenerledigung überflüssig geworden ist, ist nicht durch Urteil, sondern durch Beschluss zu entscheiden (BFH v. 21.05.1987, IV R 101/86, BFH/NV 1988, 258). Erklärt der Kläger, er nehme die Klage zurück und der Rechtsstreit sei erledigt, ist allerdings zu klären, ob die Erklärung als Rücknahme der Klage auszulegen ist (BFH v. 05.12.1967, III R 69/67, BStBl II 1968, 203). Erklärt der Kläger die Hauptsache insgesamt für erledigt, obwohl der Beklagte seinem Begehren mit dem Erlass eines **Änderungsbescheids nur teilweise stattgegeben** hat, kann die Erklärung als Klagerücknahme auszulegen sein, soweit der vom Änderungsbescheid nicht betroffene Teil der Klage betroffen ist (BFH v. 12.10.1967, V B 33/67, BStBl II 1968, 98). In der Regel dürfte jedoch eine Einschränkung des Klageantrags vorliegen.

### c) Widerruf und Streit über die Wirksamkeit der Erledigungserklärung

Die Erledigungserklärung des Klägers kann nur so lange 16
**widerrufen** werden, als sich die beklagte Behörde der Erklärung nicht angeschlossen und auch das Gericht über die Erledigung der Hauptsache noch nicht entschieden hat (BFH v. 23.10.1968, VII B 7/66, BStBl II 1969, 80; BFH v. 09.03.1972, IV R 170/71, BStBl II 1972, 466; BFH v. 27.11.2013, X B 162/12, juris).Sobald **beide Erledigungserklärungen bei Gericht eingegangen** sind, ist ein **Widerruf grundsätzlich ausgeschlossen** (s. z.B. BFH v. 23.04.1991, VII B 74/90, BFH/NV 1992, 392; BFH v. 24.07.2008, VIII B 132/08, juris). Übereinstimmende Erledigungserklärungen sind **ausnahmsweise** dann widerruflich, wenn ein **Restitutionsgrund i.S. von § 580 ZPO** vorliegt (BFH v. 07.02.2003, V B 202/01, BFH/NV 2003, 1060).

Entsteht nach Ergehen der isolierten Kostenentschei- 17
dung **Streit über die Wirksamkeit der abgegebenen Erledigungserklärungen**, so hat das FG über deren Wirksamkeit zu befinden. Dies gilt auch bei einem Streit darüber, ob überhaupt übereinstimmende Erledigungserklärungen vorgelegen haben. Das FG stellt, wenn es zu dem Ergebnis kommt, dass von beiden Beteiligten wirksame Erledigungserklärungen abgegeben wurden, durch Urteil fest, dass die Hauptsache erledigt ist (vgl. BFH v. 15.04.1999, VII B 179/98, juris; BFH v. 05.09.2008, IV B 144/07, juris). Macht ein Beteiligter eines finanzgerichtlichen Verfahrens nach Ergehen eines Hauptsachenerledigungsbeschlusses nach Maßgabe des § 138 Abs. 1 FGO geltend, er habe die für einen solchen Beschluss erforderliche Erledigungserklärung nicht abgegeben, so führt dieser Einwand zwar nicht zur Anfechtbarkeit der nach § 128 Abs. 4 FGO unanfechtbaren Kostenentscheidung

(s. Rz. 27). Er ist jedoch als Begehren auf Fortsetzung des Verfahrens – mit dem Ziel, das Fehlen übereinstimmender Erledigungserklärungen festzustellen und sodann eine Sachbescheidung des Klagebegehrens zu erreichen – auszulegen und durch Urteil zu bescheiden (z.B. BFH v. 13.02.2008, VIII B 215/07, BFH/NV 2008, 815; BFH v. 24.03.2017, X B 26/17, BFH/NV 2017, 915). Steht nur in Frage, ob der Wirksamkeit der Erledigungserklärung eine vorher erklärte Klagerücknahme entgegensteht, so ergeht die Entscheidung durch Beschluss, anderenfalls ist das Verfahren fortzusetzen. Die Unwirksamkeit übereinstimmender Erledigungserklärungen ist analog § 72 Abs. 2 Satz 3 FGO innerhalb Jahresfrist geltend zu machen (FG BW v. 17.05.1993, 9 K 334/86, EFG 1993, 673).

#### d) Erklärungsfiktion gem. § 138 Abs. 3 FGO

18 Gibt der **Beklagte** auf die **Erledigungserklärung** des Klägers hin keine Erledigungserklärung ab, so wird diese nach Maßgabe des § 138 Abs. 3 FGO **fingiert**, sodass wie bei übereinstimmender Erledigungserklärung nach § 138 Abs. 1 FGO über die Kosten zu entscheiden ist. Zu den Wirkungen s. Rz. 9. Das setzt jedoch nach Auffassung des BFH voraus, dass die Klage oder das Rechtsmittel zulässig ist (BFH v. 18.05.2005, VII B 306/04, BFH/NV 2005, 1616; *Brandt* in Gosch, § 138 Rz. 201; *Brandis* in Tipke/Kruse, § 138 FGO Rz. 29; *Ratschow* in Gräber, § 138 FGO Rz. 20; beachte aber Rz. 10, 13). Zur Vermeidung der Fiktionswirkung muss der Beklagte ausdrücklich widersprechen.

## C. Kosten

### I. Kostenentscheidung

19 Die **Entscheidung** des Gerichts bei Erledigung der Hauptsache beschränkt sich auf den **Kostenpunkt**. Zuständig ist das mit der Sache befasste Gericht. Eine Erledigungserklärung im Rechtsmittelverfahren vor dem BFH kann sich auf das Rechtsmittel oder den Rechtsstreit insgesamt beziehen (BFH v. 19.01.2011, X B 14/10, BFH/NV 2011, 759). Daher muss das Gericht dies aufklären. Beschränken die Beteiligten die Erledigungserklärung auf das Rechtsmittelverfahren als solches, erlangt das erstinstanzliche Urteil Rechtskraft und die Kostenentscheidung beschränkt sich – entsprechend § 138 Abs. 1 FGO – auf das Rechtsmittel, während es im Übrigen bei der Kostenentscheidung des FG verbleibt. Wird demgegenüber der Rechtsstreit im **Revisionsverfahren** insgesamt für erledigt erklärt, wird das angefochtene FG-Urteil einschließlich der darin enthaltenen Kostenentscheidung gegenstandslos; der BFH entscheidet dann über die Kosten des gesamten Verfahrens und hat im Rahmen des § 138 Abs. 1 FGO zu prüfen, wie der Rechtsstreit mutmaßlich ausgegangen wäre, weil aus der Hauptsachenerledigung auch die Wirkungslosigkeit des angefochtenen Urteils im Kostenpunkt folgt (z.B. BFH v. 06.12.2013, III R 2/12, BFH/NV 2014, 549; BFH v. 08.01.2014, VII R 38/12, BFH/NV 2014, 562). Ist nur ein Teil des Streitstoffes in das Revisionsverfahren gelangt und erledigt sich dieser Teil während des Revisionsverfahrens, so umfasst der Kostenbeschluss auch die Kosten der Vorinstanz, soweit sie auf den erledigten Teil entfallen (BFH v. 11.04.2008, VIII R 43/07, juris). Erledigt sich die Hauptsache eines Zwischenstreits in der Revision, so bleibt auch die Entscheidung über die Kosten des Zwischenstreits wie bei einer Entscheidung über die gegen das Zwischenurteil eingelegte Revision (s. § 97 FGO Rz. 3) der Endentscheidung des FG vorbehalten (BFH v. 14.05.1976, III R 22/74, BStBl II 1976, 545).

Bei Erledigung durch außergerichtliche Regelung ist davon auszugehen, dass der Ausgang des Prozesses dieser Regelung in etwa entsprochen haben würde (§ 138 Abs. 1 FGO); ist die Erledigung in anderer Weise eingetreten, muss eine **summarische Sachprüfung** stattfinden. Dabei ist der **mutmaßliche Ausgang des Rechtsstreites im Falle seiner Nichterledigung** zugrunde zu legen (BFH v. 19.12.2006, X B 192/03, BFH/NV 2007, 497; BFH v. 19.11.2008, VI R 80/06, BStBl II 2009, 547). Dabei ist **insbesondere § 136 Abs. 1 Satz 3 FGO anwendbar** (BFH v. 18.03.2013, III R 5/09, BFH/NV 2013, 933; *Ratschow* in Gräber, § 138 FGO Rz. 48). Bei der Kostenentscheidung nach Erledigung der Hauptsache ist der **Vereinfachungszweck des § 138 Abs. 1 FGO** zu berücksichtigen (BFH v. 21.02.1968, I B 56/67, BStBl II 1968, 414). Das Gericht braucht weder schwierigen Rechtsfragen nachzugehen noch bei sachlichen Fragen weitere Beweise zu erheben (z.B. BFH v. 27.03.2012, VIII B 176/11, BFH/NV 2012, 1163; BFH v. 29.08.2012, X R 5/12, BFH/NV 2013, 53). Es wäre mit dem Grundsatz der Prozesswirtschaftlichkeit, der in § 138 FGO zum Ausdruck kommt, nicht vereinbar, das Verfahren nach Erledigung des Rechtsstreits in der Hauptsache hinsichtlich der Kostenfrage fortzusetzen und Beweise zu erheben, um den hypothetischen Ausgang des Verfahrens (!) festzustellen (BFH v. 20.02.2008, VI B 25/07, juris). § 138 Abs. 1 FGO räumt dem Gericht einen erheblichen Spielraum ein. Es kann unter einer Mehrzahl möglicher Verhaltensweisen wählen. Der Entscheidung nach billigem Ermessen sind Elemente des Wertens, Abwägens und Vergleichens immanent (BFH v. 10.11.1971, I B 14/70, BStBl II 1972, 222; auch BFH v. 18.09.1974, BStBl II 1975, 41). Es entspricht daher billigem Ermessen, bei einer Hauptsachenerledigung durch eine **Rechtsänderung zuungunsten eines Beteiligten**, diesem die Verfahrenskosten aufzuerlegen, auch wenn sie ohne die Rechtsänderung obsiegt hätte, weil bei Prozessfortsetzung dieser Beteiligte ebenfalls unterlegen wäre (BFH v. 31.08.1976, VII R 20/74, BStBl II 1976, 686). Bei einer Erledigung des Rechtsstreits in der Hauptsache aufgrund übereinstimmender Erklärungen der Beteiligten 20 können dem FA die Kosten des Verfahrens auferlegt werden, wenn es einen wegen Vorliegen von **Musterverfahren** sachgemäßen Antrag des Klägers auf Ruhen des Verfahrens ablehnt; die volle Kostenlast kann in einem solchen Fall auch dann billigem Ermessen entsprechen, wenn das BVerfG eine verfassungswidrige Norm weiterhin für anwendbar erklärt hat und der Kläger deshalb nicht obsiegen kann (BFH v. 29.04.2003, VI R 140/90, BStBl II 2003, 719; BFH v. 27.10.2005, VI R 291/94, BFH/NV 2006, 343).

**21** Bei einer teilweisen Hauptsachenerledigung (s. Rz. 5) beruht die Kostenentscheidung hinsichtlich des nichterledigten Teils auf § 135 Abs. 2 FGO, hinsichtlich des erledigten Teils – je nachdem – auf § 138 Abs. 1 oder Abs. 2 FGO (vgl. z. B. 22.06.2012, IX B 123/11, BFH/NV 2012, 1619).

**21a** Ein Rechtsstreit kann sich insgesamt dadurch erledigen, dass eine **teilweise Hauptsachenerledigung** (§ 138 Abs. 1 FGO) **und im Übrigen eine Teilklagerücknahme** (§ 72 FGO) erklärt werden. Die ist zulässig, sofern über die erledigten Teile des Rechtsstreits durch Teilurteil (§ 98 FGO) hätte entschieden werden können (dazu s. § 98 FGO Rz. 1). Hat sich ein Rechtsstreit zulässigerweise in einem Teil durch die übereinstimmende Hauptsachenerledigungserklärung, im Übrigen durch Klagerücknahme erledigt, so ist über die **Kosten einheitlich** durch Beschluss zu entscheiden. Die Kostenfolgen der Teilerledigung aus § 138, § 136 Abs. 2, § 137 FGO sind in entsprechender Anwendung des § 136 Abs. 1 Satz 1 FGO miteinander zu verbinden (FG SchlH v. 08.08.1967, II 165-166/64, EFG 1967, 573).

**22** Im Rahmen der Kostenentscheidung nach § 138 Abs. 1 FGO sind grds. alle Vorschriften der §§ 135 ff. FGO anwendbar, insbesondere §§ 135 Abs. 1, 136 Abs. 1 und Abs. 3 (s. § 136 FGO Rz. 5 f.; s. Rz. 20) sowie § 137 FGO (auch s. Rz. 26) anwendbar.

## II. Kostenvergleich

**23** Eine **Einigung über den Kostenpunkt** sieht das Gesetz **nicht** vor. Einigen sich die Beteiligten aber trotzdem über die Kostentragung, so kann dies als Anhalt für die Entscheidung des Gerichts nach § 138 Abs. 1 FGO dienen (BFH v. 23.02.1968, VI R 35/67, BStBl II 1968, 352; BFH v. 23.06.2005, V B 67/05, BFH/NV 2005, 1846 m. w. N.). Dies gilt nur dann nicht, wenn und soweit die Kostenverteilung, auf die sich die Beteiligten geeinigt haben, dem Verfahrensrecht widerspricht (BFH v. 19.02.1970, I B 48/69, BStBl II 1970, 431). Im Regelfall dürfte das Gericht dem Kostenvergleich folgen können.

## III. Kostenentscheidung bei Abhilfe (§ 138 Abs. 2 FGO)

### 1. Grundsatz: Kostenlast der Behörde (§ 138 Abs. 2 Satz 1 FGO)

§ 138 Abs. 2 FGO schreibt für die dort genannten Fälle den Inhalt der Kostenentscheidung vor. Die **Kosten des Verfahrens** sind grds. zwingend gemäß § 138 Abs. 2 Satz 1 FGO der **beklagten Behörde** aufzuerlegen, wenn durch die Aufhebung oder Änderung des Verwaltungsakts dem Antrag des Klägers stattgegeben, d. h. dem mit der Klage erhobenen Einwand der Rechtswidrigkeit abgeholfen wird. Auf ein etwaiges »Verschulden« der Behörde kommt es nicht an (FG Ha v. 27.11.2013, 3 K 83/13, juris; *Brandis* in Tipke/Kruse, § 138 FGO Rz. 82); bei einem »Verschulden« des Klägers s. Rz. 26. Unerheblich ist daher z. B., dass die Abhilfe auf einer Rspr.-Änderung (BFH v. 30.01.1989, IV R 112/88, BFH/NV 1990, 255) oder auf einer Gesetzesänderung beruht (BFH v. 17.10.2013, III R 29/13, juris; vgl. auch BFH v. 22.07.2013, I B 158/12, BFH/NV 2013, 1807) oder die beklagte Behörde an ihrer bisherigen Rechtsauffassung nicht mehr festhält (z. B. BFH v. 15.02.2017, XI R 21/15, BFH/NV 2017, 769), u. U. wegen generell geänderter Verwaltungsauffassung. Ergeht ein Abhilfebescheid trotz unzulässiger Klage, kann zwar keine einseitige Hauptsachenerledigung eintreten (s. Rz. 13). Folgt man aber der h. M. und geht bei übereinstimmender Erledigungserklärung von einer Hauptsachenerledigung aus (s. Rz. 9), so ist jedenfalls die Kostenentscheidung nicht nach § 138 Abs. 2 FGO zu treffen, sondern nach § 138 Abs. 1 FGO. Das gilt auch, soweit die Behörde den Verwaltungsakt aus Gründen ändert, die mit der Klage nicht geltend gemacht worden sind oder geltend gemacht werden konnten, z. B. weil ein Folgebescheid wegen Änderung des Grundlagenbescheids oder ein Verwaltungsakt wegen nachträglichen Wegfalls eines Merkmals (§ 175 Abs. 1 Satz 1 Nr. 2 AO) geändert wird (BFH v. 03.02.1970, VII K 13/68, BStBl II 1970, 328; BFH v. 21.06.2007, II B 169/05, BFH/NV 2007, 1707). Das gleiche gilt, wenn die Änderung oder Rücknahme des Bescheids darauf beruht, dass die hierfür notwendigen Voraussetzungen erst während der Dauer des Verfahrens vor dem FG eingetreten oder geschaffen worden sind (BFH v. 07.07.1972, III B 49/71, BStBl II 1972, 955; BFH v. 23.06.1976, VIII B 61/75, BStBl II 1976, 572; auch FG Sa v. 02.10.1985, II 96/79, EFG 1986, 350; FG Sa v. 19.12.1989, 2 K 199/81, EFG 1990, 326: Leistung des Steuerschuldners nach Anfechtung des Haftungsbescheids). Ist jedoch ein Rechtsstreit nach Aufhebung des angefochtenen Steuerbescheids wegen rückwirkender Erweiterung einer Befreiungsvorschrift in der Hauptsache erledigt, hat die beklagte Behörde die Kosten des Verfahrens zu tragen (BFH v. 24.09.1970, II R 101/69, BStBl II 1971, 3). Dies gilt nach der Rspr. des BFH auch, wenn die Hauptsachenerledigung auf ein nachträglich eingetretenes außerprozessuales Ereignis in Form einer Bescheinigung der Denkmalschutzbehörde (vgl. § 7i EStG) zurückzuführen; dann ist die Kostenentscheidung nicht nach § 138 Abs. 2 FGO, sondern nach § 138 Abs. 1 FGO zu treffen (BFH v. 29.08.2012, X R 5/12, BFH/NV 2013, 53).

25 Wird bei einer **Untätigkeitsklage** dem Klagebegehren vor Fristsetzung gemäß § 46 Abs. 1 FGO durch Einspruchsentscheidung stattgegeben, so ist über die Kosten der erledigten Klage nach § 138 Abs. 1 FGO zu entscheiden (BFH v. 28.12.2005, V B 25/05, BFH/NV 2006, 791). Erledigt sich das Klageverfahren in der Hauptsache dadurch, dass das FA die **Einspruchsentscheidung aufhebt** und eine neue Einspruchsentscheidung ankündigt, so ist über die Kosten in entsprechender Anwendung des § 138 Abs. 2 Satz 2 FGO zu Lasten des FA zu entscheiden (BFH v. 22.11.1968, IV B 43/68, BStBl II 1969, 113; a. A. FG Ha v. 14.03.2007, 1 K 218/02, StE 2007, 361: Anwendung des § 138 Abs. 1 FGO).

### 2. Kosten bei verspätetem Vorbringen (§ 138 Abs. 2 Satz 2 FGO i.V.m. § 137 FGO)

26 Die zwingende Kostenregelung des § 138 Abs. 2 Satz 1 FGO (s. Rz. 24) wird durch die sinngemäße Anwendbarkeit des § 137 FGO eingeschränkt (§ 138 Abs. 2 Satz 2 FGO). Auch hier muss jedoch der Vereinfachungszweck der Vorschrift (s. Rz. 20) beachtet werden. Typische Anwendungsfälle der Regelung sind diejenigen, in denen der Kläger sich gegen Steuerbescheide wendet, die auf geschätzten Besteuerungsgrundlagen beruhen (§ 162 AO) und **erst im Klageverfahren die Steuererklärungen einreicht**. Hilft das FA dem Begehren durch antragsgemäße Veranlagung ab und erklären die Beteiligten den Rechtsstreit in der Hauptsache für erledigt, sind dem Kläger die Kosten nach § 138 Abs. 2 Satz 2 FGO i. V. m. § 137 FGO aufzuerlegen. Dies kann er durch eine Klagerücknahme insoweit vermeiden, als die Klagerücknahme die Verfahrensgebühr ermäßigt (s. Vor § 135 FGO Rz. 27; zur früheren Rechtslage demgegenüber *Bartone*, AO-StB 2001, 56). Entsprechendes gilt, wenn ein Haftungsbescheid angefochten wird, der Kläger aber erst im Prozess die notwendigen Angaben macht, die zu einer Herabsetzung der Haftungssumme führen. Der Sachverhalt, an den § 137 FGO die Befugnis knüpft, die Kosten einem Beteiligten aufzuerlegen, muss festgestellt sein. Kann die Feststellung nicht ohne weitere Beweisaufnahme getroffen werden, so hat im Allgemeinen eine Belastung mit Kosten nach § 137 FGO zu unterbleiben (BFH v. 01.04.1971, I B 37/70, I B 39/70, BStBl II 1971, 529).

## D. Rechtsmittel

Gegen den Beschluss des Gerichts ist **kein Rechtsmittel** gegeben (§ 128 Abs. 4 FGO; dazu BFH v. 16.02.2006, II B 181/05, BFH/NV 2006, 974). Eine **außerordentliche Beschwerde** wegen so genannter greifbarer Gesetzwidrigkeit ist in Finanzgerichtsprozessen seit Inkrafttreten des § 133a FGO zum 01.01.2005 durch das Anhörungsrügengesetz vom 09.12.2004 (BGBl I 2004, 3220) als außerordentlicher, gesetzlich nicht geregelter Rechtsbehelf generell **nicht mehr statthaft** (z.B. BFH v. 14.03.2007, IV S 13/06 [PKH], BStBl II 2007, 468 m. Anm. *Steinhauff*, jurisPR-SteuerR 22/2007 Anm. 5; BFH v. 07.05.2008, VIII B 67/08, juris). 27

# § 139 FGO Erstattungsfähige Kosten

**(1) Kosten sind die Gerichtskosten (Gebühren und Auslagen) und die zur zweckentsprechenden Rechtsverfolgung oder Rechtsverteidigung notwendigen Aufwendungen der Beteiligten einschließlich der Kosten des Vorverfahrens.**

**(2) Die Aufwendungen der Finanzbehörden sind nicht zu erstatten.**

**(3) Gesetzlich vorgesehene Gebühren und Auslagen eines Bevollmächtigten oder Beistandes, der nach den Vorschriften des Steuerberatungsgesetzes zur geschäftsmäßigen Hilfeleistung in Steuersachen befugt ist, sind stets erstattungsfähig. Aufwendungen für einen Bevollmächtigten oder Beistand, für den Gebühren und Auslagen gesetzlich nicht vorgesehen sind, können bis zur Höhe der gesetzlichen Gebühren und Auslagen der Rechtsanwälte erstattet werden. Soweit ein Vorverfahren geschwebt hat, sind die Gebühren und Auslagen erstattungsfähig, wenn das Gericht die Zuziehung eines Bevollmächtigten oder Beistandes für das Vorverfahren für notwendig erklärt. Steht der Bevollmächtigte oder Beistand in einem Angestelltenverhältnis zu einem Beteiligten, so werden die durch seine Zuziehung entstandenen Gebühren nicht erstattet.**

**(4) Die außergerichtlichen Kosten des Beigeladenen sind nur erstattungsfähig, wenn das Gericht sie aus Billigkeit der unterliegenden Partei oder der Staatskasse auferlegt.**

**S. § 162 VwGO; § 193 SGG**

**Inhaltsübersicht**



**Schrifttum**

von Wedelstädt, Quo vadis praeclusio – Die Rechtsprechung der Finanzgerichte zu § 364b AO, DB 1998, 2188.

## A. Bedeutung der Vorschrift

1 § 139 Abs. 1 FGO enthält eine Legaldefinition des für den Finanzprozess maßgeblichen Kostenbegriffs. Er umfasst nicht nur die **Gerichtskosten** (Gebühren und Auslagen), die gem. § 19 GKG anzusetzen sind, sondern auch die zur zweckentsprechenden Rechtsverfolgung oder Rechtsverteidigung notwendigen Aufwendungen der Beteiligten, die ggf. gem. § 149 FGO festgesetzt werden, also den **außergerichtlichen Kosten** Zu den Letzteren zählen auch die Kosten des Vorverfahrens, die nur die über § 139 Abs. 3 Satz 3 FGO unter den dortigen Voraussetzungen zu erstattenden Aufwendungen für einen Bevollmächtigten oder Beistand umfassen. Zu den Gerichtskosten s. Vor § 135 FGO Rz. 3 ff. § 139 FGO stellt i. V. m. der Kostenentscheidung die Grundlage für den **prozessualen Kostenerstattungsanspruch** dar, der **auflösend bedingt** ist, solange die Entscheidung des Gerichts noch nicht rechtskräftig geworden ist (*Brandis* in Tipke/Kruse, § 139 FGO Rz. 3). Der Kostenerstattungsanspruch ist gem. § 155 Satz 1 FGO i. V. m. §§ 104 Abs. 1 Satz 2, 105 Abs. 2 ZPO ab Anbringung des Kostenfestsetzungsantrags zu **verzinsen** (*Stapperfend* in Gräber, § 139 FGO Rz. 146).

## B. Aufwendungen der Beteiligten (§ 139 Abs. 1 FGO)

2 Nach § 139 Abs. 1 FGO sind die **zur zweckentsprechenden Rechtsverfolgung oder Rechtsverteidigung notwendigen Aufwendungen** der Beteiligten einschließlich der Kosten des Vorverfahrens erstattungsfähig. Daraus folgt eine Kostenminimierungspflicht der Beteiligten, also die Pflicht jedes Beteiligten, die Kosten der Prozessführung, die ihm ggf. zu erstatten sein werden, so niedrig zu halten, wie sich dies mit der Wahrung seiner prozessualen Belange vereinbaren lässt (BVerwG v. 11.09.2007, 9 KSt 5/07, NJW 2007, 3656; BFH v. 25.03.2015, X K 8/13, juris; BFH v. 15.06.2015, III R 17/13, BFH/NV 2015, 1101). Die Kosten des Vorverfahrens werden nach § 139 Abs. 1 FGO zu Kosten des Gerichtsverfahrens, wenn dem Vorverfahren ein Klageverfahren folgt (BVerfG v. 20.06.1973, 1 BvL 9/71, 1 BvL 10/71, BStBl II 1973, 720, 722).

**Aufwendungen** i. S. von § 139 Abs. 1 FGO sind alle den Beteiligten **tatsächlich entstandenen Kosten** in Geld oder Sachwerten, die in **unmittelbarem Zusammenhang mit dem konkreten Rechtsstreit** stehen (*Brandis* in Tipke/Kruse, § 139 FGO Rz. 7). Mittelbare Aufwendungen (z. B. Kosten des Verfahrens im einstweiligen Rechtsschutz im Verhältnis zum Hauptsacheverfahren) oder fiktive Aufwendungen (z. B. eigene Arbeitsleistung oder entgangener Gewinn) sind daher nicht erstattungsfähig (*Brandis* in Tipke/Kruse, § 139 FGO Rz. 7; *Schwarz* in HHSp, § 139 FGO Rz. 188 f.). Von den gesetzlichen Gebühren und Auslagen für Bevollmächtigte und Beistände nach näherer Maßgabe des RVG (s. Rz. 7 ff.) abgesehen, kommen an erstattungsfähigen Aufwendungen des Klägers insbes. **Reisekosten** in Betracht, sei es zum auswärtigen Sitz des Gerichts, und zwar auch neben den Reisekosten des Bevollmächtigten (FG He v. 05.02.1974, B II 24/73, EFG 1974, 435), sei es zu einem nicht am Ort wohnhaften Bevollmächtigten oder Beistand. Entschädigung für Zeitversäumnisse und Verdienstausfall kommen nur insoweit in Betracht, als diese durch die notwendige Wahrnehmung von Terminen eingetreten sind (FG Ha v. 27.08.1981, II 143/81, EFG 1982, 193). Mehrkosten für einen **auswärtigen Rechtsanwalt** sind als notwendige Kosten erstattungsfähig, wenn ein vergleichbarer ortsansässiger Rechtsanwalt nicht beauftragt werden kann, weil der auswärtige Rechtsanwalt über besondere Fachkenntnisse in einer den konkreten Fall betreffenden rechtlichen Spezialmaterie und/oder besondere zur Fallbearbeitung notwendige Kenntnisse auf tatsächlichem Gebiet verfügt, die ihn von anderen ortsansässigen Rechtsanwälten abheben (FG Ha v. 15.06.2012, 3 KO 208/11, DStRE 2013, 689; FG Ha v. 18.06.2012, 3 KO 209/11, RVGreport 2012, 426). **Kosten für Angestellte** des Klägers, z. B. Syndikusanwälte, werden **nicht erstattet** (§ 139 Abs. 3 Satz 4 FGO). Provisionen für Bürgschaften, durch die der Finanzbehörde Sicherheit zur Abwendung der Vollziehung eines Abgabenbescheids geleistet worden ist, werden nicht erstattet (BFH v. 08.02.1972 BStBl II 1972, 429; BFH v. 19.04.1972 BStBl II 1972, 553). Nach § 155 Satz 1 FGO i. V. m. § 104 Abs. 2 Satz 3 ZPO genügt zur Berücksichtigung von USt-Beträgen bei der Kostenerstattung die Erklärung des Antragstellers, dass der die Beträge nicht als Vorsteuer abziehen kann; steht jedoch fest, dass er vorsteuerabzugsberechtigt ist, so wird die USt nicht erstattet und auf die Erklärung des Antragstellers, er werde die USt-Beträge nicht zum Vorsteuerabzug nutzen, kommt es nicht an (FG Sa v. 10.11.2003, 1 S 195/03, EFG 2004, 136).

Die Aufwendungen dienen einer **zweckentsprechenden Rechtsverfolgung**, wenn sie durch Maßnahmen verursacht werden, die der Beteiligte bei verständiger Würdigung der gegebenen Sach- und Rechtslage für geeignet halten durfte. **Notwendig** sind die Aufwendungen, ohne die die sachdienlichen Maßnahmen nicht hätten getroffen werden können (*Brandis* in Tipke/Kruse, § 139 FGO Rz. 8; *Schwarz* in HHSp, § 139 FGO, Rz. 187). Kosten für **Privatgutachten** sind im Hinblick auf den Amtsermittlungsgrundsatz (§ 76 Abs. 1 Satz 1 FGO) in der Regel im Finanzprozess nicht notwendig und daher **grds. nicht erstattungsfähig**. Ausnahmen von dem Grundsatz, dass Aufwendungen für private Rechtsgutachten im finanzgerichtlichen Verfahren im Allgemeinen nicht zur zweckentsprechenden Rechtsverfolgung notwendig sind, kommen nur dann in Betracht, wenn schwierige technische Fragen zu beurteilen sind, wenn mit dem eingeholten Gutachten ein bereits vorliegendes Gutachten des anderen Beteiligten widerlegt werden soll oder wenn es um die Beantwortung von Fragen aus einem anderen Rechtsgebiet geht (FG Köln v. 16.09.2002, 10 Ko 2211/02, EFG 2003, 56). Aufwendungen zur **Durchführung eines Betreuungsverfahrens**, das dazu dient, die Prozessfähigkeit eines Beteiligten zu klären, können notwendige und damit erstattungsfähige Kosten eines finanzgerichtlichen Verfahrens sein (FG Sa v. 19.11.2013, 2 KO 1369/13, EFG 2014, 1213).

5 Unter den in Rz. 4 genannten Voraussetzungen sind grundsätzlich auch die **Kosten des Vorverfahrens** nach § 139 Abs. 1 FGO erstattungsfähig (beachte aber § 139 Abs. 3 Satz 3 FGO hinsichtlich der Kosten des Vorverfahrens, wenn ein Bevollmächtigter oder Beistand tätig geworden ist; s. Rz. 7 ff.). Dabei kommt eine Aufspaltung in Kosten des Vorverfahrens, die sich auf den gerichtlichen Streitgegenstand beziehen, und solche, die einen bereits im außergerichtlichen Vorverfahren erledigten Teil des Streitgegenstands betreffen, nicht in Betracht. Nach dem klaren Wortlaut des § 139 Abs. 1 FGO gehören die Vorverfahrenskosten stets zu den erstattungsfähigen Kosten, über die durch finanzgerichtliche Entscheidungen (Kostengrundentscheidung und Entscheidung im Festsetzungsverfahren) befunden wird. Dies erklärt sich aus dem Umstand, dass das Vorverfahren dem Anfechtungsprozess zwingend vorgeschaltet ist. Auch soweit die Klage gegen eine Arrestanordnung ausnahmsweise ohne Vorverfahren zulässig ist (§ 45 Abs. 4 FGO), können, wenn ein Vorverfahren tatsächlich durchgeführt wurde, die dort angefallenen Kosten Gegenstand der finanzgerichtlichen Kostenentscheidung sein (zum Vorstehenden BFH v. 22.07.2008, VIII R 8/07, BStBl II 2008, 941). Daher werden bei der Kostenfestsetzung nur die anteiligen Kosten des Vorverfahrens als erstattungsfähig behandelt, die auf denjenigen Teil der im Vorverfahren umstrittenen Einkünfte entfallen, welcher auch Gegenstand des Klageverfahrens geworden ist. Die im Vorverfahren erwachsenen Aufwendungen sind nämlich **nur insoweit zu erstatten, als sie den Streitgegenstand des anschließenden finanzgerichtlichen Verfahrens betreffen**, denn nur insoweit gehören die Kosten des Vorverfahrens zu den Verfahrenskosten (z.B. FG BW v. 18.12.2001, 3 KO 1/00, EFG 2002, 497). Wenn der Kläger also im finanzgerichtlichen Verfahren kostenpflichtig unterliegt, sind die Aufwendungen seines Bevollmächtigten im Vorverfahren auch dann nicht (zum Teil) erstattungsfähig, wenn der Kläger im außergerichtlichen Vorverfahren zum Teil obsiegt hat (z.B. BFH v. 17.09.1974, VII B 25/73, BStBl II 1975, 39; BFH v. 04.12.1974, I B 68/74, BStBl II 1975, 336).

## C. Aufwendungen der Finanzbehörden (§ 139 Abs. 2 FGO)

Die Aufwendungen der beteiligten Finanzbehörden werden diesen – gleichgültig, ob sie im außergerichtlichen Vorverfahren oder im Gerichtsverfahren erwachsen sind – auch im Falle ihres Obsiegens nicht erstattet (§ 139 Abs. 2 FGO). **Finanzbehörde** in diesem Sinne ist **jede steuerverwaltende Behörde**, also in Abgabenangelegenheiten (§ 33 Abs. 2 FGO) tätige Behörde, die den Verwaltungsakt, der den Gegenstand des Klageverfahrens bildet, erlassen hat bzw. von der der Erlass eines Verwaltungsakts oder eine sonstige Leistung begehrt wird, insbes. also die in §§ 1 f. FVG, 6 Abs. 2 AO genannten Behörden (vgl. BFH v. 06.07.2015, X K 5/13, AnwBl 2016, 438). Entscheidend ist, ob die Behörde **in steuerverwaltender Funktion am Prozess beteiligt** ist. Deshalb ist z.B. in Bayern das Kirchensteueramt Finanzbehörde i.S. von § 139 Abs. 2 FGO (FG Mchn v. 11.08.1970, VII 37/70, EFG 1971, 35; FG Ddorf v. 26.10.1987, V/I Ko 4/87, EFG 1988, 246; FG Köln v. 11.07.2005, 10 Ko 223/05, EFG 2005, 1647). Demgegenüber ist das **Landesfinanzministerium als Beklagter in berufsrechtlichen Streitigkeiten** i.S. von § 33 Abs. 1 Nr. 3 FGO **keine »Finanzbehörde«** gem. § 139 Abs. 2 FGO und kann daher nach § 149 Abs. 1, § 139 Abs. 1 FGO Erstattung seiner Aufwendungen verlangen (FG He v. 28.07.1998, 12 Ko 3483/98, EFG 1998, 1423). Führt eine **Gemeinde** einen Steuerprozess (z.B. wegen Zerlegung eines GewSt-Messbetrags), so ist sie insoweit **nicht Finanzbehörde** (FG Mchn v. 03.05.1974, V 80/74, EFG 1974, 485; BFH v. 31.07.1974, I B 32/74, BStBl II 1974, 747). Ein **Bundesland**, das wegen überlanger Verfahrensdauer an einem FG des Bundeslandes nach § 155 Satz 2 FGO i.V.m. §§ 198 ff. GVG beim BFH verklagt wird, ist keine »Finanz- 6 behörde« i. S. von § 139 Abs. 2 FGO (BFH v. 20.10.2014, X K 3/13, Rpfleger 2015, 427; BFH v. 06.07.2015, X K 5/13, AnwBl 2016, 438).

## D. Erstattung von Aufwendungen für Bevollmächtigte und Beistände (§ 139 Abs. 3 FGO)

### I. Gesetzlich vorgesehene Gebühren und Auslagen (§ 139 Abs. 3 Satz 1 FGO)

7 Gesetzlich vorgesehene Gebühren und Auslagen eines Bevollmächtigten oder Beistandes, der nach den Vorschriften des Steuerberatungsgesetzes zur geschäftsmäßigen Hilfeleistung in Steuersachen befugt ist, sind, soweit sie im finanzgerichtlichen Verfahren entstehen, ausnahmslos als notwendige Aufwendungen i. S. von § 139 Abs. 1 FGO anzusehen (§ 139 Abs. 3 Satz 1 FGO; beachte aber zu den Auslagen Rz. 20). **Gesetzliche Grundlage** für das anwaltliche Gebührenrecht ist das RVG, das aufgrund § 45 StBVV auch für Steuerberater als Bevollmächtigte im Finanzprozess gilt. An dieser Stelle ist festzuhalten, dass jegliche Erstattung von Aufwendungen ein **wenigstens teilweises – und endgültiges – Obsiegen des Klägers** voraussetzt (§ 135 Abs. 1 und Abs. 2; § 136 FGO). § 139 Abs. 3 FGO erspart dem Gericht lediglich die Prüfung; ob die Zuziehung des Bevollmächtigten zum Finanzprozess notwendig. Ob derartige Aufwendungen auch für ein vorausgegangenes außergerichtliches Vorverfahren notwendig waren, muss das Gericht demgegenüber prüfen (s. Rz. 22);

8 Die erstattungsfähigen, gesetzlich vorgesehenen Gebühren und Auslagen i. S. von § 139 Abs. 3 FGO bestimmen sich unmittelbar oder mittelbar (§ 45 StBVV) nach dem RVG. Sie sind in derselben Streitsache nur einmal erstattungsfähig, für einen **zweiten Bevollmächtigten** (Beistand) nur in besonders gelagerten Ausnahmefällen (BFH v. 22.02.1961, VII 224/57 U, BStBl III 1961, 195; FG Thür v. 27.08.1997, II 2/97 KO, EFG 1998, 58), ggf. auch bei (unverschuldetem) Vertreterwechsel (z. B. OLG Ha v. 21.01.1991, 1 Ws 1/91, NJW 1991, 1191). Grds. sind die Aufwendungen für **mehrere Bevollmächtigte** im steuergerichtlichen Verfahren nur insoweit zu erstatten, als sie die Gebühren und Auslagen eines Prozessbevollmächtigten nicht übersteigen (BFH v. 16.02.1971, VII B 154/68, BStBl II 1971, 398; FG Köln v. 08.05.2000, 10 Ko 3040/97, EFG 2000, 963). Schaltet ein Kläger zwei Bevollmächtigte ein, beschränkt er sich aber in seinem Kostenerstattungsantrag auf den Wert, den ein Bevollmächtigter unter Zugrundelegung des unstreitigen Gegenstandswertes hätte ansetzen können, so ist die Frage, ob die Einschaltung eines Beraters auf der Basis einer (geringeren) Zeitgebühr bereits den Rahmen der Erforderlichkeit ausschöpft, rein hypothetisch; die insoweit beantragten Kosten sind dann in vollem Umfang erstattungsfähig (FG Sa v. 02.10.2002, 1 S 364/02, EFG 2002, 1630). § 139 Abs. 3 Satz 1 FGO enthält gegenüber § 91 Abs. 2 Satz 3 ZPO keine Sonderregelung in dem Sinne, dass bei einer Vertretung sowohl durch einen Rechtsanwalt als auch daneben durch einen Steuerberater die Kosten beider Bevollmächtigter erstattungsfähig sind (BFH v. 11.05.1976, VII B 79/74, BStBl II 1976, 574). Dies gilt auch für den Fall, dass zusammenveranlagte Eheleute als Streitgenossen in gemeinsam erteilten Prozessvollmachten zunächst einen Rechtsanwalt und später zu dessen Unterstützung einen Steuerberater mit ihrer Vertretung beauftragt haben. Tritt **ein Prozessbevollmächtigter** zwar für **zwei Auftraggeber**, aber in derselben Angelegenheit auf, stehen ihm die Gebühren gem. §§ 7 Abs. 1, 15 Abs. 1 RVG nur einmal zu (FG BW v. 12.06.2014, 8 KO 1022/12, juris). Die Aufwendungen für einen **Korrespondenzanwalt** sind nicht erstattungsfähig, wenn dem Stpfl. eine anderweitige Information seines Prozessbevollmächtigten zumutbar ist und damit voraussichtlich geringere Kosten verursacht worden wären (FG He v. 16.07.1971, B II 87/70, EFG 1971, 595). Bis zur Höhe dieser geringeren Kosten, z. B. einer Informationsreise, besteht Erstattungsfähigkeit. Ist ein **Bevollmächtigter mehrfach qualifiziert** (als Rechtsanwalt und Steuerberater) hat der Kostenbeamte stets eine Vergleichsrechnung vorzunehmen und die Höhe der geltend gemachten Gebühren unabhängig von der Vereinbarung zwischen Bevollmächtigtem und Mandanten nach der Gebührenordnung festzusetzen, deren höchstmöglicher Gebührenanspruch niedriger ist (FG Sa v. 29.07.1994, 2 S 69/94, EFG 1995; a. A. FG Köln v. 15.04.2002, 10 Ko 8040/98, EFG 2002, 1002: maßgeblich soll die Gebührenordnung sei, deren Ansatz der Bevollmächtigte mit seinem Mandanten vereinbart hat; vgl. auch *Jost*, INF 2003, 318, 319).

vorläufig frei 9–21

#### 1. Arten der Gebühren

Für die gerichtliche Tätigkeit des Rechtsanwalts im finanzgerichtlichen Verfahren sieht das RVG im Wesentlichen noch die Verfahrensgebühr und die Terminsgebühr vor. Die **Verfahrensgebühr** (VV RVG Nr. 3200 und Vorbemerkung 3 Abs. 2) ersetzt die bisherige Prozessgebühr und entsteht für das Betreiben des Geschäfts einschließlich der Information des Mandanten. 22

Die **Terminsgebühr** (VV RVG Nr. 3202 Vorbemerkung 3 Abs. 3) tritt an die Stelle der bisherigen Verhandlungsgebühr, der Beweisgebühr und der Erörterungsgebühr. Sie entsteht für die Vertretung in einem Verhandlungs-, Erörterungs- oder Beweisaufnahmetermin oder die Wahrnehmung eines von einem gerichtlich bestellten Sachverständigen anberaumten Termins oder die Mitwirkung an auf die Vermeidung oder Erledigung des Verfahrens gerichteten Besprechungen ohne Beteiligung des Gerichts; dies gilt jedoch nicht für Besprechungen mit dem Man- 23 danten. Auf die Dauer der Besprechung kommt es nicht an, ebenso wenig darauf, ob das Gespräch erfolgreich war (FG SchlH v. 08.06.2009, 11 KO 8/09, EFG 2009, 1412; im Übrigen auch FG SchlH v. 14.04.2008, 5 KO 16/08, EFG 2008, 1150). Die Terminsgebühr kann auch ausgelöst werden durch eine auf Erledigung des Verfahrens gerichtete Besprechung mittels Videokonferenz (vgl. § 91a FGO) oder Telefongespräch (FG Sa v. 14.11.2005, 2 S 335/05, EFG 2006, 926; FG SchlH v. 08.06.2009, 11 KO 8/09, EFG 2009, 1412; FG Ha v. 11.07.2012, 3 KO 49/12, EFG 2012, 2157). Zu beachten ist hier, dass die Terminsgebühr im finanzgerichtlichen Verfahren **auch** dann anfällt, wenn **ohne mündliche Verhandlung** entschieden wird, und zwar nach § 90 Abs. 2 FGO im Einverständnis der Beteiligten (VV RVG Nr. 3202 Abs. 2 i.V.m. Nr. 3104), durch Gerichtsbescheid des Vorsitzenden/Berichterstatters nach § 79a Abs. 2 und Abs. 4 FGO, durch Gerichtsbescheid des Senats nach § 90a FGO und im vereinfachten Verfahren nach § 94a FGO (VV RVG Nr. 3202 Abs. 2). Ein Kostenbeschluss nach **Hauptsachenerledigung** fällt nicht darunter (z.B. FG SchlH v. 14.04.2008, 5 KO 16/08, EFG 2008, 1150; FG BW v. 18.04.2013, 8 KO 508/12, juris).

24 Darüber hinaus kann eine **Erledigungsgebühr** (VV RVG Nr. 1002) entstehen, wenn sich die Rechtssache ganz oder teilweise nach Aufhebung oder Änderung des angefochtenen Verwaltungsakts durch die anwaltliche Mitwirkung erledigt; das Gleiche gilt, wenn sich im Fall der Verpflichtungsklage (§ 40 Abs. 1 2. Alt. FGO) die Rechtssache ganz oder teilweise durch Erlass des bisher abgelehnten Verwaltungsakts erledigt. Hierfür ist allerdings eine **besondere, gerade auf die außergerichtliche Erledigung gerichtete Tätigkeit** des Bevollmächtigten erforderlich, die zumindest mit kausal für die Erledigung des Rechtsstreits ist (FG SchlH v. 20.08.2008, 5 KO 15/08, EFG 2008, 1745; FG He v. 30.11.2010, 12 KO 2590/09, juris). Nicht ausreichend ist ein Mandantengespräch, in dem die Reaktion auf einen gerichtlichen Hinweis oder Vorschlag besprochen wird (FG Bln-Bbg v. 05.04.2011, 13 KO 13326/10, juris). Sie kann neben der Terminsgebühr (Rz. 23) zu gewähren sein (FG Sa v. 14.11.2005, 2 S 335/05, EFG 2006, 926). Ebenso wenig stellt allein die Abgabe der Erledigungserklärung bei Klaglosstellung durch das FA eine besondere, auf Erledigung des Klageverfahrens gerichtete Tätigkeit dar, die eine Erledigungsgebühr auslösen könnte (FG Nds v. 29.05.2012, 9 KO 1/12, EFG 2012, 2153; FG BW v. 12.06.2014, 8 KO 1022/12, juris).

25 Eine **Einigungsgebühr** (VV RVG Nr. 1000 Abs. 1) ist im finanzgerichtlichen Verfahren regelmäßig nicht erstattungsfähig, da über die Ansprüche aus dem Steuerschuldverhältnis i.S. von § 37 Abs. 1 AO nicht vertraglich verfügt werden kann (VV RVG Nr. 1000 Abs. 4). An ihre Stelle tritt die Erledigungsgebühr (Rz. 24; s. FG Sa v. 14.11.2005, 2 S 335/05, EFG 2006, 926).

Eine **Korrespondenzgebühr** (VV RVG Nrn. 3400 und 3405) ist nur ausnahmsweise erstattungsfähig (BFH v. 03.05.1973, VII B 94/71, BStBl II 1973, 664). 26

## 2. Höhe der Gebühren

Die Höhe der Anwaltsgebühren bestimmt sich nach dem **Streitwert** (§ 32 Abs. 1 RVG), im Übrigen nach dem **Gegenstandswert**, also nach dem Wert, den der Gegenstand der anwaltlichen Tätigkeit hat (§ 2 Abs. 1 RVG); zum Streitwert s. Vor § 135 FGO Rz. 23 ff. Der **Rechtsanwalt** kann die **gerichtliche Festsetzung aus eigenem Recht** betreiben (§ 32 Abs. 2 RVG). Desgleichen kann der Rechtsanwalt nach § 11 RVG seine Vergütung durch den **Urkundsbeamten** der Geschäftsstelle festsetzen lassen (§ 11 Abs. 3 RVG). 27

Der Wert einer Gebühr ergibt sich aus der Gebührentabelle (Anlage 2 zu § 13 Abs. 1 RVG). Bei einem Gegenstandswert bis 300 Euro beträgt die volle Gebühr 25 Euro (§ 13 Abs. 1 Satz 1 RVG), bei einem Gegenstandswert bis 500 000 Euro beträgt die volle Gebühr 2996 Euro. Sie erhöht sich bei einem Gegenstandswert über 500 000 Euro für jeden angefangenen Betrag von 50 000 Euro um 150 Euro. Die Mindestgebühr beträgt 10 Euro (§ 13 Abs. 2 Satz 1 RVG). 28

Die Höhe der Gebühren ergibt sich aus dem **Vergütungsverzeichnis** (Anl. 1 zu § 2 Abs. 2 RVG). Danach beträgt z.B. die **Verfahrensgebühr** 1,6 Gebühren (VV RVG Nr. 3200) und zwar auch im Revisionsverfahren (VV RVG Nr. 3206). Die **Terminsgebühr** beträgt im erstinstanzlichen Verfahren 1,2 Gebühren (VV RVG Nr. 3202), im Revisionsverfahren 1,5 Gebühren (VV RVG Nr. 3210), und zwar auch dann, wenn ohne mündliche Verhandlung entschieden wird (s. Rz. 23). Die Höhe der **Erledigungsgebühr** bestimmt sich nach Nr. 1003 RVG-VV in **1,0-facher Höhe**; nicht einschlägig ist Nr. 1004 RVG i.V.m. Vorbem. 3.2.1 Ziff. 1 RVG-VV (z.B. FG Köln v. 11.07.2012, 10 Ko 930/12, EFG 2012, 2236; FG Ha v. 02.06.2014, 3 KO 110/14, juris). Nach § 7 Abs. 1 RVG erhält der Rechtsanwalt die Gebühren nur einmal, wenn er in derselben Angelegenheit für **mehrere Auftraggeber** tätig wird. Sie erhöht sich allerdings um 0,3 (VV RVG Nr. 1008). Bei unterschiedlichen Gegenständen erfolgt keine Erhöhung der Gebühr, sondern die Wert der Gegenstände, die für die einzelnen Mandanten geltend gemacht werden, werden addiert, und nach der Summe der Werte wird die 1,3fache Verfahrensgebühr berechnet (§ 22 Abs. 1 RVG; *Braun/Hansens*, S. 134). Dabei sind die **Kappungsgrenzen** des § 22 Abs. 2 RVG zu beachten: Der Wert je Mandant beträgt höchstens 30 Mio. Euro, insgesamt höchstens 100 Mio. Euro. 29

### 3. Auslagen

30 Die Auslagen des Bevollmächtigten bestimmen sich nach VV RVG Nrn. 7000 ff., jedoch sind unter Beachtung des allgemeinen Rechtsgedankens des § 139 Abs. 1 FGO nur die zur zweckentsprechenden Rechtsverfolgung oder Rechtsverteidigung **notwendigen** Aufwendungen zu erstatten (s. Rz. 32). Zu den erstattungsfähigen Auslagen des Rechtsanwalts gehören insbes. die **Dokumentenpauschale** (Schreibauslagen, VV RVG Nr. 7000), Entgelte für **Post- und Telekommunikationsdienstleistungen**, also z. B. Porto-, Telefon- und Telefaxkosten (VV RVG Nr. 7001, 7002; *Braun/Hansens*, S. 55) sowie Reisekosten (VV RVG Nr. 7003 bis 7005). Dazu zählen grundsätzlich auch die Aufwendungen für die **Benutzung des eigenen Kraftfahrzeugs**. Die **USt** ist nach VV RVG Nr. 7008 erstattungsfähig, soweit für den Bevollmächtigten nicht die Kleinunternehmerregelung des § 19 Abs. 1 UStG greift. Die **USt** ist insoweit, als ein Vorsteuerabzug in Frage kommt, nicht zu erstatten, weil insoweit den obsiegenden Beteiligten im Ergebnis nicht belastet ist (BFH v. 06.03.1990, VII E 9/89, BStBl II 1990, 584). Dem Rechtsanwalt steht aber ein Anspruch auf Erstattung der auf seine Vergütung entfallenden USt zu, wenn er – wenn auch als Beteiligter kraft Amtes (z. B. als Insolvenzverwalter oder Testamentsvollstrecker; s. § 40 FGO Rz. 10) – materiell in fremdem Interesse tätig geworden ist (FG Bre v. 13.12.1996, 2 96 207 Ko 2, EFG 1997, 374). Dazu muss sich der Kläger aber nach § 155 FGO i. V. m. § 104 Abs. 2 Satz 3 ZPO erklären (FG Köln v. 28.06.2007, 10 Ko 715/07, EFG 2007, 1474; FG Nbg v. 12.01.2011, 1 Ko 1790/10, juris).

## II. Gesetzlich nicht vorgesehene Gebühren und Auslagen (§ 139 Abs. 3 Satz 2 FGO)

31 § 139 Abs. 3 Satz 2 FGO regelt den Fall, dass sich der Kläger eines Bevollmächtigten oder Beistands bedient, der **weder Rechtsanwalt noch Steuerberater** ist und für den daher keine besonderen Vorschriften für Gebühren und Auslagen bestehen (z. B. Wirtschaftsprüfer). In diesem Fall steht es – anders als es der Wortlaut der Norm vermuten lässt – nicht im Ermessen des Gerichts, ob die Kosten erstattet werden. Vielmehr sind die Kosten, wenn sie nach § 139 Abs. 1 FGO erstattungsfähig sind, zu erstatten. Es besteht ebenso wenig ein Ermessen hinsichtlich der Höhe der Kosten: Auch wenn keine gesetzlichen Vergütungsvorschriften bestehen, sind die tatsächlichen Kosten zu erstatten; sie sind durch § 139 Abs. 3 Satz 2 FGO lediglich der Höhe nach begrenzt auf die nach dem RVG zu erstattenden Gebühren (*Brandis* in Tipke/Kruse, § 139 FGO Rz. 124). Allerdings müssen die zu »erstattenden Kosten« tatsächlich entstanden sein. Ersparte bzw. rein fiktive Aufwendungen sind nicht erstattungsfähig (BFH v. 02.02.2016, X B 38/15, BFH/NV 2016, 930).

## III. Aufwendungen im außergerichtlichen Vorverfahren (§ 139 Abs. 3 Satz 3 FGO)

Sind Aufwendungen für einen Bevollmächtigten oder Beistand im außergerichtlichen Vorverfahren entstanden, hängt ihre Erstattungsfähigkeit davon ab, dass sie in dem anschließenden finanzgerichtlichen Verfahren vom Gericht für notwendig i. S. von § 139 Abs. 1 FGO erklärt werden (§ 139 Abs. 3 Satz 3 FGO). Vorverfahren ist **nur** das **Einspruchsverfahren i. S. von §§ 347 ff. AO**. Es muss tatsächlich durchgeführt worden sein. Dabei kann es sich durchaus auch um den Einspruch gegen die Ablehnung der Aussetzung der Vollziehung (§ 361 Abs. 2 AO) handeln (s. FG Sa v. 06.06.1975, 235/74, EFG 1975, 431). Ein **Vorverfahren fehlt** bei einer **Untätigkeitsklage** (§ 45 FGO), und zwar auch dann, wenn sich diese gegen einen auf Einspruch hin geänderten Steuerbescheid richtet (BFH v. 08.10.1971, II B 32/69, BStBl II 1972, 92). Auch bei Umwandlung eines Einspruchs in eine sog. **Sprungklage** (§ 46 FGO) hat i. S. von § 139 Abs. 3 Satz 3 FGO kein Vorverfahren geschwebt (BFH v. 28.08.1973, BStBl II 1973, 852). Das Gleiche gilt, wenn die Klage sich ausschließlich gegen die den Einspruch als unzulässig verwerfende Einspruchsentscheidung richtet, die **Einspruchsentscheidung** also **isoliert angefochten** wird (so auch FG K 24.08.1989, 7 K 498/86, EFG 1990, 69). Bei der Untätigkeitsklage ist das nicht abgeschlossene Einspruchs- bzw. Beschwerdeverfahren das Vorverfahren i. S. von § 139 Abs. 3 Satz 3 FGO (BFH v. 06.06.1969, III B 23/68, BStBl II 1969, 438). **Das behördliche Verfahren betreffend die AdV** (§ 361 Abs. 2 AO, § 69 Abs. 2 FGO) ist auch in Anbetracht von § 69 Abs. 4 FGO **kein Vorverfahren** i. S. von § 139 Abs. 3 Satz 3 FGO (so auch FG He v. 09.12.1982, IV B 359 – 360/82, EFG 1983, 299; FG Mchn v. 31.03.2009, 13 V 3855/08, juris; FG Bln-Bbg v. 04.04.2012, 12 V 12204/11, EFG 2012, 1352). Eine Zuerkennung der Kosten des Vorverfahrens gem. § 139 Abs. 3 Satz 3 FGO ist nicht möglich, wenn das Vorverfahren nicht unmittelbar und verfahrensnotwendig vorangegangen ist (z. B. Antrag auf Feststellung der Nichtigkeit nach § 125 Abs. 5 AO bei Klage wegen **Feststellung der Nichtigkeit** von Schätzungsbescheiden; FG Mchn v. 04.09.2008, 2 K 1865/08, EFG 2009, 2). In **Steuerberaterprüfungssachen** gibt es wegen § 348 Nr. 4 AO kein außergerichtliches Rechtsbehelfsverfahren, sodass auch kein Vorverfahren i. S. von § 139 Abs. 3 Satz 3 FGO gegeben ist. In diesen Verfahren kann auch für das in § 29 DVStB geregelte prüfungsrechtliche Überdenkungsverfahren die Zuziehung eines Bevollmächtigten nicht für notwendig erklärt werden, da es sich nicht um ein außergerichtliches Vorverfahren i. S. des § 139 Abs. 3 Satz 3

FGO handelt (FG Bln-Bbg v. 09.02.2010, 12 K 12.076/07, EFG 2010, 824). Ebenso wenig ist das Verwaltungsverfahren betreffend einen Antrag auf Änderung eines Steuerbescheids nach § 164 Abs. 2 AO ein Vorverfahren (FG Ddorf v. 05.03.2014, 6 Ko 307/14 KF, EFG 2014, 863).

33 Bei der Festsetzung von Kosten für die Hinzuziehung eines Bevollmächtigten für das Vorverfahren handelt es sich um Rechtsanwendung, nicht etwa um eine Frage des Ermessens. § 139 Abs. 3 Satz 3 FGO stellt nach allem, was das Erfordernis der Zuziehung für das Vorverfahren betrifft, keine über den Entstehungstatbestand von Gebühren nach dem RVG hinausgehenden weiteren tatbestandlichen Erfordernisse auf. **Nicht erforderlich** ist, dass der für das Vorverfahren zugezogene **Bevollmächtigte selbst Erklärungen abgegeben** hat oder sonst nach außen aufgetreten ist (FG Ha v. 19.02.2010, 4 K 243/08, juris; FG SAnh v. 04.01.2011, 5 KO 1294/10, EFG 2011, 901). Für die Frage, ob die durch die Zuziehung eines Beistandes im Vorverfahren entstandenen Kosten erstattungsfähig sind, ist § 80 Abs. 4 AO nicht mit dem Ergebnis heranzuziehen, dass der Beistand anlässlich von Verhandlungen und Besprechungen bei der Finanzbehörde erschienen sein muss. § 80 Abs. 4 AO betrifft lediglich die Zulässigkeit derartiger Handlungen eines Beistandes, ohne dem Steuerpflichtigen die darüber hinaus gehende Inanspruchnahme eines Beistandes zu verwehren. Die im Vorverfahren z. B. anlässlich der Mithilfe bei der Anfertigung von Schriftsätzen entstandenen Kosten eines Beistandes sind daher ebenfalls dem Grunde nach erstattungsfähig, wenn die Tätigkeit des Bevollmächtigten nach außen hin erkennbar war.

34 Die Zuziehung eines Bevollmächtigten im Vorverfahren war notwendig, wenn die Sach- und Rechtslage nicht so einfach war, dass sich der Beteiligte selbst vertreten konnte (FG Bre v. 09.11.1999, 298266 K 2, EFG 2000, 273). Allerdings kommt es dabei **nicht** auf die **eigene Sachkunde des Klägers** (und vormaligen Einspruchsführers) an, sondern lediglich auf die **abstrakte Schwierigkeit und den Umfang der Sache.** Dabei ist zu berücksichtigen, dass das Steuerrecht mittlerweile ein Ausmaß an Kompliziertheit angenommen hat, dass kaum ein Stpfl. seine Interessen im Einspruchsverfahren ohne Beratung durch einen Rechtsanwalt oder Steuerberater sachgerecht verfolgen kann. Deshalb dürfte die Hinzuziehung eines Bevollmächtigten **regelmäßig notwendig** sein. Der Kläger muss jedoch tatsächlich einen Bevollmächtigten im Vorverfahren hinzugezogen haben (BFH v. 09.03.1976, VII B 24/74, BStBl II 1976, 568; *Schwarz* in HHSp, § 139 FGO Rz. 366). An einer **Zuziehung** i. S. von § 139 Abs. 3 Satz 3 FGO **fehlt** es, wenn sich ein **Rechtsanwalt, Wirtschaftsprüfer oder Steuerberater im Vorverfahren selbst vertreten** hat (z. B. BFH v. 21.07.1977, IV B 3/73, BStBl II 1977, 767; FG BW v. 15.02.2010, 3 K 4247/09, EFG 2010, 1138; auch FG Nds v. 14.02.2008, 7 KO 3/07, EFG 2008, 1218; *Jost*, S. 104 f.); dies gilt auch dann, wenn das Gericht in dem Beschluss, in dem über die Kosten des Hauptsacheverfahrens entschieden wurde, die Zuziehung eines Bevollmächtigten für das Vorverfahren für notwendig erklärt hat (FG Köln v. 20.09.2002, 10 Ko 3869/02, EFG 2003, 55). Die **Kosten eines Rechtsanwalts, Steuerberaters oder Wirtschaftsprüfers**, der sich im Vorverfahren **selbst vertreten** hat, kommt daher **nicht** in Betracht (z. B. BFH v. 29.03.1973, IV B 89/70, BStBl II 1973, 535; BFH v. 13.07.2006, IV E 1/06, BFH/NV 2006, 1874); etwas anderes gilt nur für die Kosten des Prozesses (§ 139 Abs. 1 FGO und § 155 Satz 1 FGO i. V. m. § 91 Abs. 2 Satz 4 ZPO; BFH v. 02.11.1971, VII B 161/69, BStBl II 1972, 94). Eine **Geschäftsgebühr** (§ 40 Abs. 1 StBVV, VV RVG Nr. 2400) ist teilweise auf die Verfahrensgebühr (s. Rz. 22) anzurechnen. Dies gilt für Rechtsanwälte und Steuerberater gleichermaßen, denn nach § 45 StBVV sind auf die Vergütung des Steuerberaters im Verfahren vor den Gerichten der Finanzgerichtsbarkeit die Vorschriften des RVG sinngemäß anzuwenden. Danach findet auch § 2 Abs. 2 Satz 1 RVG i. V. m. Vorbem. 3 Abs. 4 zu Teil 3 VV RVG Anwendung (z. B. FG Ddorf v. 07.01.2013, 4 Ko 3125/12 KF, EFG 2013, 399). Der Rechtsanwalt erhält bei zusammengefasster Einspruchsentscheidung über **mehrere Einsprüche** mehrere Geschäftsgebühren (arg. e. § 15 Abs. 2 RVG). Dem steht nicht entgegen, dass gegen die zusammengefasste Einspruchsentscheidung eine Klage erhoben wurde, sodass sich im Gerichtsverfahren nur eine Angelegenheit ergeben hat, für die ein Gesamtstreitwert (s. Vor § 135 FGO Rz. 94a) zu bilden war. Die Bildung eines Gesamtstreitwerts für das Vorverfahren scheidet aus (FG Köln v. 12.07.2012, 10 Ko 4029/11, EFG 2012, 2159). VV RVG Vorbem. 3 Abs. 4) In jedem Fall sind nur die tatsächlich in Rechnung gestellten Gebühren erstattungsfähig (FG SchlH v. 20.08.2008, 5 KO 15/08, EFG 2008, 1745; FG SAnh v. 26.11.2012, 5 KO 1120/12, EFG 2013, 810).

Bei dem Ausspruch des Gerichts handelt es sich nicht 35
um einen Bestandteil der Entscheidung über die Kostenpflicht (Kostenentscheidung, §§ 138, 143 FGO), sondern um eine Entscheidung im **Kostenfestsetzungsverfahren** (§ 149 Abs. 1 FGO), bei der die ehrenamtlichen Richter nicht mitwirken (BFH v. 18.07.1967, GrS 5/66, GrS 6/66, GrS 7/66, BStBl II 1968, 56). Hierfür ist in jedem Fall allein das FG zuständig (Rz. 36), sodass ein Antrag nach § 139 Abs. 3 Satz 3 FGO im Revisionsverfahren unzulässig ist (z. B. BFH v. 19.02.2013, IX R 7/10, BStBl II 2013, 436; BFH v. 18.06.2015, IV R 5/12, BStBl II 2015, 935; BFH v. 03.02.2016, X R 25/12, BStBl II 2016, 391; BFH v. 15.02.2017, VI R 30/16, BStBl II 2017, 644), und zwar auch dann, wenn das Verfahren erst durch übereinstimmende Hauptsachenerledigungserklärungen vor dem BFH beendet wird (BFH v. 23.02.2012, V B 61/10, BFH/NV 2011, 832; BFH v. 20.01.2015, VII B 207/12, BFH/NV 2015, 692). Dies gilt auch für das Verfahren über die Anhörungsrüge (§ 133a FGO; BFH v. 20.04.2010, VI

S 1/10, BFH/NV 2010, 1467). Der **Beschluss** ist **nicht beschwerdefähig** (§ 128 Abs. 4 FGO). Die Zuziehung im Vorverfahren muss in jedem Fall nach außen erkennbar gewesen sein (BFH v. 07.11.1969, III B 36/69, BStBl II 1970, 123); die tatsächliche Zuziehung muss zur Überzeugung des Gerichts stattgefunden haben. Dies dürfte jedoch nur für die Frage der Kostenerstattung selbst von Bedeutung sein. Der Beschluss, der die Zuziehung eines Bevollmächtigten oder Beistandes für notwendig erklärt, ist abstrakt und für die Kostenerstattung nicht präjudiziell (z. B. BFH v. 11.05.1976, VII B 53/75, BStBl II 1976, 504).

## E. Festsetzung der Kosten

36 Über die Höhe der zu erstattenden Kosten und Auslagen wird auf der Grundlage der Entscheidung über die Kostenpflicht (§§ 135, 138, 139 Abs. 3 Satz 3 und Abs. 4, § 143 FGO) und den Streitwert (§ 52 Abs. 1 GKG) im Kostenfestsetzungsverfahren entschieden (§ 149 FGO). An eine übereinstimmende Auffassung der Beteiligten über die Erstattungsfähigkeit von Anwaltsgebühren im gerichtlichen Verfahren, ist der Urkundsbeamte nicht gebunden; fehlen die gesetzlichen Voraussetzungen für den Ansatz einer Gebühr, ist diese nicht zu berücksichtigen, auch wenn die Finanzbehörde als Erstattungsschuldner keine Einwendungen dagegen erhebt (FG He v. 16.01.2002, 12 Ko 3253/00, EFG 2002, 1253). Die Entscheidung ergeht durch **Beschluss des Urkundsbeamten der Geschäftsstelle** (§ 149 Abs. 1 FGO). Hiergegen ist die Erinnerung (§ 149 Abs. 2 bis Abs. 4 FGO) gegeben (s. § 149 FGO Rz. 4). Gem. § 155 Satz 1 FGO i. V. m. § 104 Abs. 1 Satz 2 ZPO ist auf Antrag auszusprechen, dass die **festgesetzten Kosten** von der Anbringung des Gesuchs ab **zu verzinsen** sind, und zwar auch in Bezug auf einen Betrag, der als Erstattung der Aufwendungen für einen Prozessbevollmächtigten, der nicht Rechtsanwalt ist, festgesetzt ist (BFH v. 11.05.1971, VII B 135/69, BStBl II 1971, 562). Die Höhe des Zinses beträgt fünf Prozentpunkte über dem Basiszinssatz (§ 155 Satz 1 FGO i. V. m. § 104 Abs. 1 Satz 2 ZPO).

## F. Kosten des Beigeladenen (§ 139 Abs. 4 FGO)

37 Die Erstattung außergerichtlicher **Kosten des Beigeladenen** kommt **nur** in Betracht, wenn das Gericht sie **aus Billigkeit** der unterliegenden Partei oder der Staatskasse auferlegt hat (§ 139 Abs. 4 FGO). Die Entscheidung ist Teil der gerichtlichen Kostenentscheidung; sie ist daher **von Amts wegen** zu treffen (§ 143 FGO). Ist die Entscheidung unterblieben, so ist das Urteil auf Antrag nach § 109 Abs. 1 FGO bzw. der Beschluss nach § 118 FGO i. V. m. § 109 FGO zu ergänzen (BFH v. 27.12.2006, IX B 199/05, BFH/NV 2007, 1140; BFH v. 25.02.2010, III S 7/10, BFH/NV 2010, 1285). Eine Entscheidung nach § 139 Abs. 4 FGO kommt auch bei Hauptsachenerledigung (s. § 138 FGO) in Betracht. Der Umfang der erstattungsfähigen Kosten richtet sich nach § 139 Abs. 1 bis Abs. 3 FGO. Maßgebend ist der Streitwert des Klageverfahrens, jedoch nur dann, wenn der Beigeladene von allen Streitpunkten selbst betroffen ist, ansonsten gem. § 36 GKG nur nach dem Wert des Teils des Streitgegenstands, durch den er selbst betroffen ist (FG Sa v. 05.09.2001, 1 S 191/01, EFG 2001, 1571). Grds. entspricht es der Billigkeit, dem Beigeladenen Kostenerstattung zuzusprechen, wenn er **durch Stellung von Sachanträgen ein eigenes Kostenrisiko** eingegangen ist (z. B. BFH v. 29.03.2012, IV R 18/08, BFH/NV 2012, 1095; BFH v. 17.04.2014, III B 9/13, BFH/NV 2014, 1226), **nicht** aber, wenn er **nur** einen **Formalantrag** gestellt hat (BFH v. 10.08.1988, II B 138/87, BStBl II 1988, 842; BFH v. 13.06.2001, VI B 234/00, BFH/NV 2001, 1292; BFH v. 11.11.2010, IV R 17/08, BFH/NV 2011, 480). Der Beigeladene muss den obsiegenden Beteiligten unterstützt haben (BFH v. 23.01.1985, II R 2/83, BStBl II 1985, 368; BFH v. 08.11.2000, I R 1/00, BStBl II 2001, 769). Gleiches gilt, wenn er nicht selbst NZB erhoben hat, sondern nur am NZB-Verfahren eines anderen Beteiligten eingeschränkt (passiv) beteiligt ist (BFH v. 17.06.2014, IV B 184/13, BFH/NV 2014, 1563). Hat der Beigeladene keine eigenen Sachanträge gestellt, so kann **ausnahmsweise** dann Kostenerstattung in Betracht kommen, wenn er durch seinen Sachvortrag oder durch eigene Rechtsausführungen das **Verfahren wesentlich gefördert** hat (z. B. BFH v. 25.04.2012, III B 176/11, BFH/NV 2012, 1304; BFH v. 11.02.2014, III B 16/13, BFH/NV 2014, 673; BFH v. 15.06.2016, II R 24/15, BStBl II 2017, 128; s. § 135 FGO Rz. 7). Eine Förderung des Verfahrens in der Revisionsinstanz kann z. B. darin liegen, dass der Beigeladene auf mündliche Verhandlung verzichtet. Dies gilt allerdings nur, wenn gerade dadurch eine Entscheidung des BFH ohne mündliche Verhandlung ermöglicht wird (BFH v. 15.06.2016, II R 24/15, BStBl II 2017, 128). Ein Ausspruch über die Kostenerstattung entspricht auch dann der Billigkeit, wenn sich der Beigeladene im Revisionsverfahren unter Bestellung eines postulationsfähigen Prozessbevollmächtigten (§ 62 Abs. 4 FGO) mit einer Entscheidung ohne mündliche Verhandlung einverstanden erklärt hat (BFH v. 22.10.1991, VIII R 81/87, BStBl II 1992, 147; BFH v. 20.06.2001, VI R 169/97, BFH/NV 2001, 1443; BFH v. 27.01.2011, V R 7/09, juris). Fehlt es in dem vom Beigeladenen gegen die Beiladung gerichteten Beschwerdeverfahren an einem Beschwerdegegner, so können im Falle der Aufhebung der Beiladung die außergerichtlichen Kosten des Beigeladenen in entsprechender Anwendung des § 139 Abs. 4 FGO der Staatskasse auferlegt werden (BFH v. 27.01.1982, VII B 141/81, BStBl II 1982, 239; BFH v. 04.07.2001, VI B 301/98, BStBl II 2001, 729; BFH v. 22.09.2016, X B 42/16, BFH/

NV 2017, 146). Die in einem erfolgreichen Beschwerdeverfahren des Beigeladenen gegen die Beiladung (dazu s. § 60 FGO Rz. 3) ist eine Entscheidung über dessen außergerichtliche Kosten nach § 139 Abs. 4 FGO zu treffen (BFH v. 22.09.2016, X B 42/16, BFH/NV 2017, 146). Diese hat grds. der Beklagte zu tragen, wenn er die Zurückweisung der Beschwerde beantragt hat (BFH v. 14.09.2010, IV B 15/10, BFH/NV 2011, 5). Umgekehrt sind folglich dem Hauptbeteiligten nicht die außergerichtlichen Kosten des Beigeladenen nach § 139 Abs. 4 FGO aufzuerlegen, wenn der Beigeladene das Verfahren weder durch Sachvortrag noch durch die Stellung eines eigenen Sachantrags wesentlich gefördert hat (BFH v. 29.05.2009, IV B 143/08, BFH/NV 2009, 1452; BFH v. 16.04.2015, IV R 44/12, BFH/NV 2015, 108).

8 Die Kosten des Beigeladenen für das Vorverfahren sind nach § 139 Abs. 3 und Abs. 4 FGO erstattungsfähig, wenn das Vorverfahren dem Klageverfahren unmittelbar und verfahrensnotwendig vorangegangen ist (s. Rz. 32) und für welches es der Beigeladene aufgrund der Schwierigkeit der Streitsache für notwendig halten konnte, schon im Vorverfahren einen fachkundigen Berater mit der Interessenvertretung zu beauftragen (FG Mchn v. 14.10.2008, 2 K 2258/04, EFG 2009, 207).

## § §140, 141 FGO

**(aufgehoben durch Gesetz v. 20.08.1975, BGBl I 1975, 2189)**

## § 142 FGO Prozesskostenhilfe

**(1) Die Vorschriften der Zivilprozessordnung über die Prozesskostenhilfe gelten sinngemäß.**

**(2) Einem Beteiligten, dem Prozesskostenhilfe bewilligt worden ist, kann auch ein Steuerberater, Steuerbevollmächtigter, Wirtschaftsprüfer oder vereidigter Buchprüfer beigeordnet werden. Die Vergütung richtet sich nach den für den beigeordneten Rechtsanwalt geltenden Vorschriften des Rechtsanwaltsvergütungsgesetzes.**

**(3) Die Prüfung der persönlichen und wirtschaftlichen Verhältnisse nach den §§114 bis 116 der Zivilprozessordnung einschließlich der in §118 Absatz 2 der Zivilprozessordnung bezeichneten Maßnahmen und der Entscheidungen nach §118 Absatz 2 Satz 4 der Zivilprozessordnung obliegt dem Urkundsbeamten der Geschäftsstelle des jeweiligen Rechtszugs, wenn der Vorsitzende ihm das Verfahren insoweit überträgt. Liegen die Voraussetzungen für die Bewilligung der Prozesskostenhilfe hiernach nicht vor, erlässt der Urkundsbeamte die den Antrag ablehnende Entscheidung; anderenfalls vermerkt der Urkundsbeamte in den Prozessakten, dass dem Antragsteller nach seinen persönlichen und wirtschaftlichen Verhältnissen Prozesskostenhilfe gewährt werden kann und in welcher Höhe gegebenenfalls Monatsraten oder Beträge aus dem Vermögen zu zahlen sind.**

**(4) Dem Urkundsbeamten obliegen im Verfahren über die Prozesskostenhilfe ferner die Bestimmung des Zeitpunkts für die Einstellung und eine Wiederaufnahme der Zahlungen nach §120 Absatz 3 der Zivilprozessordnung sowie die Änderung und die Aufhebung der Bewilligung der Prozesskostenhilfe nach den §§120a und 124 Absatz 1 Nummer 2 bis 5 der Zivilprozessordnung.**

**(5) Der Vorsitzende kann Aufgaben nach den Absätzen 3 und 4 zu jedem Zeitpunkt an sich ziehen. §5 Absatz 1 Nummer 1, die §§6, 7, 8 Absatz 1 bis 4 und §9 des Rechtspflegergesetzes gelten entsprechend mit der Maßgabe, dass an die Stelle des Rechtspflegers der Urkundsbeamte der Geschäftsstelle tritt.**

**(6) §79a Absatz 4 gilt entsprechend.**

**(7) Gegen Entscheidungen des Urkundsbeamten nach den Absätzen 3 und 4 ist die Erinnerung an das Gericht gegeben. Die Frist für die Einlegung der Erinnerung beträgt zwei Wochen. Über die Erinnerung entscheidet das Gericht durch Beschluss.**

**(8) Durch Landesgesetz kann bestimmt werden, dass die Absätze 3 bis 7 für die Gerichte des jeweiligen Landes nicht anzuwenden sind.**

**S. §166 VwGO; §73a SGG**

**Inhaltsübersicht**

**Schrifttum**

BARTONE, Verfahrensrechtliche Fragen beim Insolvenzverfahren, AO-StB 2004, 142; BARTONE, Auswirkungen des Insolvenzverfahrens auf das finanzgerichtliche Verfahren, AO-StB 2007, 22; BARTONE, Prozesskostenhilfe im finanzgerichtlichen Verfahren, AO-StB 2009, 150 (Teil 1), 180 (Teil 2); BALMES/GEUSS, Prozesskostenhilfe [PKH] – Kommentierter Musterantrag für das finanzgerichtliche Verfahren, AO-StB 2010, 243; WEIGEL, Fallstricke und die Erledigung im Prozesskostenhilfeverfahren, AO-StB 2013, 19.

## A. Zu § 142 FGO gehörende Vorschriften

1 **§ 114 ZPO Voraussetzungen**

(1) Eine Partei, die nach ihren persönlichen und wirtschaftlichen Verhältnissen die Kosten der Prozessführung nicht, nur zum Teil oder nur in Raten aufbringen kann, erhält auf Antrag Prozesskostenhilfe, wenn die beabsichtigte Rechtsverfolgung oder Rechtsverteidigung hinreichende Aussicht auf Erfolg bietet und nicht mutwillig erscheint. Für die grenzüberschreitende Prozesskostenhilfe innerhalb der Europäischen Union gelten ergänzend die §§ 1076 bis 1078.

(2) Mutwillig ist die Rechtsverfolgung oder Rechtsverteidigung, wenn eine Partei, die keine Prozesskostenhilfe beansprucht, bei verständiger Würdigung aller Umstände von der Rechtsverfolgung oder Rechtsverteidigung absehen würde, obwohl eine hinreichende Aussicht auf Erfolg besteht.

**§ 115 ZPO Einsatz von Einkommen und Vermögen**

(1) Die Partei hat ihr Einkommen einzusetzen. Zum Einkommen gehören alle Einkünfte in Geld oder Geldeswert. Von ihm sind abzusetzen:

a) die in § 82 Abs. 2 des Zwölften Buches Sozialgesetzbuch bezeichneten Beträge;
b) bei Parteien, die ein Einkommen aus Erwerbstätigkeit erzielen, ein Betrag in Höhe von 50 vom Hundert des höchsten Regelsatzes, der für den alleinstehenden oder alleinerziehenden Leistungsberechtigten gemäß der Regelbedarfsstufe 1 nach der Anlage zu § 28 des Zwölften Buches Sozialgesetzbuch festgesetzt oder fortgeschrieben worden ist;
c) für die Partei und ihren Ehegatten oder ihren Lebenspartner jeweils ein Betrag in Höhe des um 10 vom Hundert erhöhten höchsten Regelsatzes, der für den alleinstehenden oder alleinerziehenden Leistungsberechtigten gemäß der Regelbedarfsstufe 1 nach der Anlage zu § 28 des Zwölften Buches Sozialgesetzbuch festgesetzt oder fortgeschrieben worden ist;
d) bei weiteren Unterhaltsleistungen auf Grund gesetzlicher Unterhaltspflicht für jede unterhaltsberechtigte Person jeweils ein Betrag in Höhe des um 10 vom Hundert erhöhten höchsten Regelsatzes, der für eine Person ihres Alters gemäß den Regelbedarfsstufen 3 bis 6 nach der Anlage zu § 28 des Zwölften Buches Sozialgesetzbuch festgesetzt oder fortgeschrieben worden ist;

1. die Kosten der Unterkunft und Heizung, soweit sie nicht in einem auffälligen Missverhältnis zu den Lebensverhältnissen der Partei stehen;
2. Mehrbedarfe nach § 21 des Zweiten Buches Sozialgesetzbuch und nach § 30 des Zwölften Buches Sozialgesetzbuch;
3. weitere Beträge, soweit dies mit Rücksicht auf besondere Belastungen angemessen ist; § 1610a des Bürgerlichen Gesetzbuchs gilt entsprechend.

Maßgeblich sind die Beträge, die zum Zeitpunkt der Bewilligung der Prozesskostenhilfe gelten. Das Bundesministerium der Justiz und für Verbraucherschutz gibt bei jeder Neufestsetzung oder jeder Fortschreibung die maßgebenden Beträge nach Satz 3 Nummer 1 Buchstabe b und Nummer 2 im Bundesgesetzblatt bekannt. [Zum Stichtag 30.03.2011 ist die letzte Bekanntmachung zu § 115 Zivilprozessordnung (Prozesskostenhilfebekanntmachung 2011 – PKHB 2011) v. 07.04.2011 (BGBl I S. 606) gültig.] Diese Beträge sind, soweit sie nicht volle Euro ergeben, bis zu 0,49 Euro abzurunden und von 0,50 Euro an aufzurunden. Die Unterhaltsfreibeträge nach Satz 3 Nr. 2 vermindern sich um eigenes Einkommen der unterhaltsberechtigten Person. Wird eine Geldrente gezahlt, so ist sie an Stelle des Freibetrages abzusetzen, soweit dies angemessen ist.

(2) Von dem nach den Abzügen verbleibenden Teil des monatlichen Einkommens (einzusetzendes Einkommen) sind Monatsraten in Höhe der Hälfte des einzusetzenden Einkommens festzusetzen; die Monatsraten sind auf volle Euro abzurunden. Beträgt die Höhe einer Monatsrate weniger als 10 Euro, ist von der Festsetzung von Monatsraten abzusehen. Bei einem einzusetzenden Einkommen von mehr als 600 Euro beträgt die Monatsrate 300 Euro zuzüglich des Teils des einzusetzenden Einkommens, der 600 Euro übersteigt. Unabhängig von der Zahl der Rechtszüge sind höchstens 48 Monatsraten aufzubringen.

(3) Die Partei hat ihr Vermögen einzusetzen, soweit dies zumutbar ist. § 90 des Zwölften Buchs Sozialgesetzbuch gilt entsprechend.

(4) Prozesskostenhilfe wird nicht bewilligt, wenn die Kosten der Prozessführung der Partei vier Monatsraten und die aus dem Vermögen aufzubringenden Teilbeträge voraussichtlich nicht übersteigen.

**§ 116 ZPO Partei kraft Amtes; juristische Person; parteifähige Vereinigung**

Prozesskostenhilfe erhalten auf Antrag

1. eine Partei kraft Amtes, wenn die Kosten aus der verwalteten Vermögensmasse nicht aufgebracht werden können und den am Gegenstand des Rechtsstreits wirtschaftlich Beteiligten nicht zuzumuten ist, die Kosten aufzubringen;
2. eine juristische Person oder parteifähige Vereinigung, die im Inland, in einem anderen Mitgliedstaat

der Europäischen Union oder einem anderen Vertragsstaat des Abkommens über den Europäischen Wirtschaftsraum gegründet und dort ansässig ist, wenn die Kosten weder von ihr noch von den am Gegenstand des Rechtsstreits wirtschaftlich Beteiligten aufgebracht werden können und wenn die Unterlassung der Rechtsverfolgung oder Rechtsverteidigung allgemeinen Interessen zuwiderlaufen würde.

§ 114 Absatz 1 Satz 1 letzter Halbsatz und Absatz 2 ist anzuwenden. Können die Kosten nur zum Teil oder nur in Teilbeträgen aufgebracht werden, so sind die entsprechenden Beträge zu zahlen.

**§ 117 ZPO Antrag**

(1) Der Antrag auf Bewilligung der Prozesskostenhilfe ist bei dem Prozessgericht zu stellen; er kann vor der Geschäftsstelle zu Protokoll erklärt werden. In dem Antrag ist das Streitverhältnis unter Angabe der Beweismittel darzustellen. Der Antrag auf Bewilligung von Prozesskostenhilfe für die Zwangsvollstreckung ist bei dem für die Zwangsvollstreckung zuständigen Gericht zu stellen.

(2) Dem Antrag sind eine Erklärung der Partei über ihre persönlichen und wirtschaftlichen Verhältnisse (Familienverhältnisse, Beruf, Vermögen, Einkommen und Lasten) sowie entsprechende Belege beizufügen. Die Erklärung und die Belege dürfen dem Gegner nur mit Zustimmung der Partei zugänglich gemacht werden; es sei denn, der Gegner hat gegen den Antragsteller nach den Vorschriften des bürgerlichen Rechts einen Anspruch auf Auskunft über Einkünfte und Vermögen des Antragstellers. Dem Antragsteller ist vor der Übermittlung seiner Erklärung an den Gegner Gelegenheit zur Stellungnahme zu geben. Er ist über die Übermittlung seiner Erklärung zu unterrichten.

(3) Das Bundesministerium der Justiz und für Verbraucherschutz wird ermächtigt, zur Vereinfachung und Vereinheitlichung des Verfahrens durch Rechtsverordnung mit Zustimmung des Bundesrates Vordrucke für die Erklärung einzuführen. Die Formulare enthalten die nach § 120a Absatz 2 Satz 4 erforderliche Belehrung.

(4) Soweit Vordrucke für die Erklärung eingeführt sind, muss sich die Partei ihrer bedienen.

**§ 118 ZPO Bewilligungsverfahren**

(1) Dem Gegner ist Gelegenheit zur Stellungnahme zu geben, ob er die Voraussetzungen für die Bewilligung von Prozesskostenhilfe für gegeben hält, soweit dies aus besonderen Gründen nicht unzweckmäßig erscheint. Die Stellungnahme kann vor der Geschäftsstelle zu Protokoll erklärt werden. Das Gericht kann die Parteien zur mündlichen Erörterung laden, wenn eine Einigung zu erwarten ist; ein Vergleich ist zu gerichtlichem Protokoll zu nehmen. Dem Gegner entstandene Kosten werden nicht erstattet. Die durch die Vernehmung von Zeugen und Sachverständigen nach Absatz 2 Satz 3 entstandenen Auslagen sind als Gerichtskosten von der Partei zu tragen, der die Kosten des Rechtsstreits auferlegt sind.

(2) Das Gericht kann verlangen, dass der Antragsteller seine tatsächlichen Angaben glaubhaft macht, es kann insbesondere auch die Abgabe einer Versicherung an Eides statt fordern. Es kann Erhebungen anstellen, insbesondere die Vorlegung von Urkunden anordnen und Auskünfte einholen. Zeugen und Sachverständige werden nicht vernommen, es sei denn, daß auf andere Weise nicht geklärt werden kann, ob die Rechtsverfolgung oder Rechtsverteidigung hinreichende Aussicht auf Erfolg bietet und nicht mutwillig erscheint; eine Beeidigung findet nicht statt. Hat der Antragsteller innerhalb einer von dem Gericht gesetzten Frist Angaben über seine persönlichen und wirtschaftlichen Verhältnisse nicht glaubhaft gemacht oder bestimmte Fragen nicht oder ungenügend beantwortet, so lehnt das Gericht die Bewilligung von Prozesskostenhilfe insoweit ab.

(3) Die in Absatz 1, 2 bezeichneten Maßnahmen werden von dem Vorsitzenden oder einem von ihm beauftragten Mitglied des Gerichts durchgeführt.

**§ 119 ZPO Bewilligung**

(1) Die Bewilligung der Prozesskostenhilfe erfolgt für jeden Rechtszug besonders. In einem höheren Rechtszug ist nicht zu prüfen, ob die Rechtsverfolgung oder Rechtsverteidigung hinreichende Aussicht auf Erfolg bietet oder mutwillig erscheint, wenn der Gegner das Rechtsmittel eingelegt hat.

(2) Die Bewilligung von Prozesskostenhilfe für die Zwangsvollstreckung in das bewegliche Vermögen umfasst alle Vollstreckungshandlungen im Bezirk des Vollstreckungsgerichts einschließlich des Verfahrens auf Abgabe der Vermögensauskunft und der eidesstattlichen Versicherung.

**§ 120 ZPO Festsetzung von Zahlungen**

(1) Mit der Bewilligung der Prozesskostenhilfe setzt das Gericht zu zahlende Monatsraten und aus dem Vermögen zu zahlende Beträge fest. Setzt das Gericht nach § 115 Absatz 1 Satz 3 Nummer 4 mit Rücksicht auf besondere Belastungen von dem Einkommen Beträge ab und ist anzunehmen, daß die Belastungen bis zum Ablauf von vier Jahren ganz oder teilweise entfallen werden, so setzt das Gericht zugleich diejenigen Zahlungen fest, die sich ergeben, wenn die Belastungen nicht oder nur in verringertem Umfang berücksichtigt werden, und bestimmt den Zeitpunkt, von dem an sie zu erbringen sind.

(2) Die Zahlungen sind an die Landeskasse zu leisten, im Verfahren vor dem Bundesgerichtshof an die Bundeskasse, wenn Prozesskostenhilfe in einem vorherigen Rechtszug nicht bewilligt worden ist.

(3) Das Gericht soll die vorläufige Einstellung der Zahlungen bestimmen,

1. wenn die Zahlungen der Partei die voraussichtlich entstehenden Kosten decken;
2. wenn die Partei, ein ihr beigeordneter Rechtsanwalt oder die Bundes- oder Landeskasse die Kosten gegen

einen anderen am Verfahren Beteiligten geltend machen kann.

(4) (weggefallen)

§ 120a ZPO Änderung der Bewilligung

(1) Das Gericht soll die Entscheidung über die zu leistenden Zahlungen ändern, wenn sich die für die Prozesskostenhilfe maßgebenden persönlichen oder wirtschaftlichen Verhältnisse wesentlich verändert haben. Eine Änderung der nach § 115 Absatz 1 Satz 3 Nummer 1 Buchstabe b und Nummer 2 maßgebenden Beträge ist nur auf Antrag und nur dann zu berücksichtigen, wenn sie dazu führt, dass keine Monatsrate zu zahlen ist. Auf Verlangen des Gerichts muss die Partei jederzeit erklären, ob eine Veränderung der Verhältnisse eingetreten ist. Eine Änderung zum Nachteil der Partei ist ausgeschlossen, wenn seit der rechtskräftigen Entscheidung oder der sonstigen Beendigung des Verfahrens vier Jahre vergangen sind.

(2) Verbessern sich vor dem in Absatz 1 Satz 4 genannten Zeitpunkt die wirtschaftlichen Verhältnisse der Partei wesentlich oder ändert sich ihre Anschrift, hat sie dies dem Gericht unverzüglich mitzuteilen. Bezieht die Partei ein laufendes monatliches Einkommen, ist eine Einkommensverbesserung nur wesentlich, wenn die Differenz zu dem bisher zu Grunde gelegten Bruttoeinkommen nicht nur einmalig 100 Euro übersteigt. Satz 2 gilt entsprechend, soweit abzugsfähige Belastungen entfallen. Hierüber und über die Folgen eines Verstoßes ist die Partei bei der Antragstellung in dem gemäß § 117 Absatz 3 eingeführten Formular zu belehren.

(3) Eine wesentliche Verbesserung der wirtschaftlichen Verhältnisse kann insbesondere dadurch eintreten, dass die Partei durch die Rechtsverfolgung oder Rechtsverteidigung etwas erlangt. Das Gericht soll nach der rechtskräftigen Entscheidung oder der sonstigen Beendigung des Verfahrens prüfen, ob eine Änderung der Entscheidung über die zu leistenden Zahlungen mit Rücksicht auf das durch die Rechtsverfolgung oder Rechtsverteidigung Erlangte geboten ist. Eine Änderung der Entscheidung ist ausgeschlossen, soweit die Partei bei rechtzeitiger Leistung des durch die Rechtsverfolgung oder Rechtsverteidigung Erlangten ratenfreie Prozesskostenhilfe erhalten hätte.

(4) Für die Erklärung über die Änderung der persönlichen oder wirtschaftlichen Verhältnisse nach Absatz 1 Satz 3 muss die Partei das gemäß § 117 Absatz 3 eingeführte Formular benutzen. Für die Überprüfung der persönlichen und wirtschaftlichen Verhältnisse gilt § 118 Absatz 2 entsprechend.

§ 121 ZPO Beiordnung eines Rechtsanwalts

(1) Ist eine Vertretung durch Anwälte vorgeschrieben, wird der Partei ein zur Vertretung bereiter Rechtsanwalt ihrer Wahl beigeordnet.

(2) Ist eine Vertretung durch Anwälte nicht vorgeschrieben, wird der Partei auf ihren Antrag ein zur Vertretung bereiter Rechtsanwalt ihrer Wahl beigeordnet, wenn die Vertretung durch einen Rechtsanwalt erforderlich erscheint oder der Gegner durch einen Rechtsanwalt vertreten ist.

(3) Ein nicht in dem Bezirk des Prozessgerichts niedergelassener Rechtsanwalt kann nur beigeordnet werden, wenn dadurch weitere Kosten nicht entstehen.

(4) Wenn besondere Umstände dies erfordern, kann der Partei auf ihren Antrag ein zur Vertretung bereiter Rechtsanwalt ihrer Wahl zur Wahrnehmung eines Termins zur Beweisaufnahme vor dem ersuchten Richter oder zur Vermittlung des Verkehrs mit dem Prozessbevollmächtigten beigeordnet werden.

(5) Findet die Partei keinen zur Vertretung bereiten Anwalt, ordnet der Vorsitzende ihr auf Antrag einen Rechtsanwalt bei.

§ 122 ZPO Wirkung der Prozesskostenhilfe

(1) Die Bewilligung der Prozesskostenhilfe bewirkt, dass

1. die Bundes- oder Landeskasse
   a) die rückständigen und die entstehenden Gerichtskosten und Gerichtsvollzieherkosten,
   b) die auf sie übergegangenen Ansprüche der beigeordneten Rechtsanwälte gegen die Partei nur nach den Bestimmungen, die das Gericht trifft, gegen die Partei geltend machen kann,
2. die Partei von der Verpflichtung zur Sicherheitsleistung für die Prozesskosten befreit ist,
3. die beigeordneten Rechtsanwälte Ansprüche auf Vergütung gegen die Partei nicht geltend machen können.

(2) Ist dem Kläger, dem Berufungskläger oder dem Revisionskläger Prozesskostenhilfe bewilligt und ist nicht bestimmt worden, daß Zahlungen an die Bundes- oder Landeskasse zu leisten sind, so hat dies für den Gegner die einstweilige Befreiung von den in Absatz 1 Nr. 1 Buchstabe a bezeichneten Kosten zur Folge.

§ 123 ZPO Kostenerstattung

Die Bewilligung der Prozesskostenhilfe hat auf die Verpflichtung, die dem Gegner entstandenen Kosten zu erstatten, keinen Einfluss.

§ 124 ZPO Aufhebung der Bewilligung

(1) Das Gericht soll die Bewilligung der Prozesskostenhilfe aufheben, wenn

1. die Partei durch unrichtige Darstellung des Streitverhältnisses die für die Bewilligung der Prozesskostenhilfe maßgebenden Voraussetzungen vorgetäuscht hat;
2. die Partei absichtlich oder aus grober Nachlässigkeit unrichtige Angaben über die persönlichen oder wirtschaftlichen Verhältnisse gemacht oder eine Erklärung nach § 120a Absatz 1 Satz 3 nicht oder ungenügend abgegeben hat;
3. die persönlichen oder wirtschaftlichen Voraussetzungen für die Prozesskostenhilfe nicht vorgelegen haben; in diesem Fall ist die Aufhebung ausgeschlos-

sen, wenn seit der rechtskräftigen Entscheidung oder sonstigen Beendigung des Verfahrens vier Jahre vergangen sind;

4. die Partei entgegen § 120a Absatz 2 Satz 1 bis 3 dem Gericht wesentliche Verbesserungen ihrer Einkommens- und Vermögensverhältnisse oder Änderungen ihrer Anschrift absichtlich oder aus grober Nachlässigkeit unrichtig oder nicht unverzüglich mitgeteilt hat;
5. die Partei länger als drei Monate mit der Zahlung einer Monatsrate oder mit der Zahlung eines sonstigen Betrages im Rückstand ist.

(2) Das Gericht kann die Bewilligung der Prozesskostenhilfe aufheben, soweit die von der Partei beantragte Beweiserhebung auf Grund von Umständen, die im Zeitpunkt der Bewilligung der Prozesskostenhilfe noch nicht berücksichtigt werden konnten, keine hinreichende Aussicht auf Erfolg bietet oder der Beweisantritt mutwillig erscheint.

**§ 125 ZPO Einziehung der Kosten**

(1) Die Gerichtskosten und die Gerichtsvollzieherkosten können von dem Gegner erst eingezogen werden, wenn er rechtskräftig in die Prozesskosten verurteilt ist.

(2) Die Gerichtskosten, von deren Zahlung der Gegner einstweilen befreit ist, sind von ihm einzuziehen, soweit er rechtskräftig in die Prozesskosten verurteilt oder der Rechtsstreit ohne Urteil über die Kosten beendet ist.

**§ 126 ZPO Beitreibung der Rechtsanwaltskosten**

(1) Die für die Partei bestellten Rechtsanwälte sind berechtigt, ihre Gebühren und Auslagen von dem in die Prozesskosten verurteilten Gegner im eigenen Namen beizutreiben.

(2) Eine Einrede aus der Person der Partei ist nicht zulässig. Der Gegner kann mit Kosten aufrechnen, die nach der in demselben Rechtsstreit über die Kosten erlassenen Entscheidung von der Partei zu erstatten sind.

**§ 127 ZPO Entscheidungen**

(1) Entscheidungen im Verfahren über die Prozesskostenhilfe ergehen ohne mündliche Verhandlung. Zuständig ist das Gericht des ersten Rechtszuges; ist das Verfahren in einem höheren Rechtszug anhängig, so ist das Gericht dieses Rechtszuges zuständig. Soweit die Gründe der Entscheidung Angaben über die persönlichen und wirtschaftlichen Verhältnisse der Partei enthalten, dürfen sie dem Gegner nur mit Zustimmung der Partei zugänglich gemacht werden.

(2) Die Bewilligung der Prozesskostenhilfe kann nur nach Maßgabe des Absatzes 3 angefochten werden. Im Übrigen findet die sofortige Beschwerde statt; dies gilt nicht, wenn der Streitwert der Hauptsache den in § 511 genannten Betrag nicht übersteigt, es sei denn, das Gericht hat ausschließlich die persönlichen oder wirtschaftlichen Voraussetzungen für die Prozesskostenhilfe verneint. Die Notfrist beträgt einen Monat.

(3) Gegen die Bewilligung der Prozesskostenhilfe findet die sofortige Beschwerde der Staatskasse statt, wenn weder Monatsraten noch aus dem Vermögen zu zahlende Beträge festgesetzt worden sind. Die Beschwerde kann nur darauf gestützt werden, dass die Partei nach ihren persönlichen und wirtschaftlichen Verhältnissen Zahlungen zu leisten hat. Die Notfrist beträgt einen Monat und beginnt mit der Bekanntgabe des Beschlusses. Nach Ablauf von drei Monaten seit der Verkündung der Entscheidung ist die Beschwerde unstatthaft. Wird die Entscheidung nicht verkündet, so tritt an die Stelle der Verkündung der Zeitpunkt, in dem die unterschriebene Entscheidung der Geschäftsstelle übermittelt wird. Die Entscheidung wird der Staatskasse nicht von Amts wegen mitgeteilt.

(4) Die Kosten des Beschwerdeverfahrens werden nicht erstattet.

Die nach § 115 ZPO maßgeblichen Vorschriften des SGB XII haben folgenden Wortlaut:

**§ 82 SGB XII**

(1) ...

(2) Von dem Einkommen sind abzusetzen

1. auf das Einkommen entrichtete Steuern,
2. Pflichtbeiträge zur Sozialversicherung einschließlich der Beiträge zur Arbeitsförderung,
3. Beiträge zu öffentlichen oder privaten Versicherungen oder ähnlichen Einrichtungen, soweit diese Beiträge gesetzlich vorgeschrieben oder nach Grund und Höhe angemessen sind, sowie geförderte Altersvorsorgebeiträge nach § 82 des Einkommensteuergesetzes, soweit sie den Mindesteigenbeitrag nach § 86 des Einkommensteuergesetzes nicht überschreiten, und
4. die mit der Erzielung des Einkommens verbundenen notwendigen Ausgaben.

Erhält eine leistungsberechtigte Person aus einer Tätigkeit Bezüge oder Einnahmen, die nach § 3 Nummer 12, 26, 26a oder 26b des Einkommensteuergesetzes steuerfrei sind, ist abweichend von Satz 1 Nummer 2 bis 4 und den Absätzen 3 und 6 ein Betrag von bis zu 200 Euro monatlich nicht als Einkommen zu berücksichtigen. Soweit ein Betrag nach Satz 2 in Anspruch genommen wird, gelten die Beträge nach Absatz 3 Satz 1 zweiter Halbsatz und nach Absatz 6 Satz 1 zweiter Halbsatz insoweit als ausgeschöpft.

(3) Bei der Hilfe zum Lebensunterhalt und Grundsicherung im Alter und bei Erwerbsminderung ist ferner ein Betrag in Höhe von 30 vom Hundert des Einkommens aus selbständiger und nichtselbständiger Tätigkeit der Leistungsberechtigten abzusetzen, höchstens jedoch 50 vom Hundert der Regelbedarfsstufe 1 nach der Anlage zu § 28. Abweichend von Satz 1 ist bei einer Beschäftigung in einer Werkstatt für behinderte Menschen von dem Entgelt ein Achtel der Regelbedarfsstufe 1 nach der Anlage zu § 28 zuzüglich 25 vom Hundert des diesen Betrag

übersteigenden Entgelts abzusetzen. Im Übrigen kann in begründeten Fällen ein anderer als in Satz 1 festgelegter Betrag vom Einkommen abgesetzt werden. Erhält eine leistungsberechtigte Person mindestens aus einer Tätigkeit Bezüge oder Einnahmen, die nach § 3 Nummer 12, 26, 26a oder 26b des Einkommensteuergesetzes steuerfrei sind, ist abweichend von den Sätzen 1 und 2 ein Betrag von bis zu 200 Euro monatlich nicht als Einkommen zu berücksichtigen.

(4) Bei der Hilfe zum Lebensunterhalt und Grundsicherung im Alter und bei Erwerbsminderung ist ferner ein Betrag von 100 Euro monatlich aus einer zusätzlichen Altersvorsorge der Leistungsberechtigten zuzüglich 30 vom Hundert des diesen Betrag übersteigenden Einkommens aus einer zusätzlichen Altersvorsorge der Leistungsberechtigten abzusetzen, höchstens jedoch 50 vom Hundert der Regelbedarfsstufe 1 nach der Anlage zu § 28.

(5) Einkommen aus einer zusätzlichen Altersvorsorge im Sinne des Absatzes 4 ist jedes monatlich bis zum Lebensende ausgezahlte Einkommen, auf das der Leistungsberechtigte vor Erreichen der Regelaltersgrenze auf freiwilliger Grundlage Ansprüche erworben hat und das dazu bestimmt und geeignet ist, die Einkommenssituation des Leistungsberechtigten gegenüber möglichen Ansprüchen aus Zeiten einer Versicherungspflicht in der gesetzlichen Rentenversicherung nach den §§ 1 bis 4 des Sechsten Buches, nach § 1 des Gesetzes über die Alterssicherung der Landwirte, aus beamtenrechtlichen Versorgungsansprüchen und aus Ansprüchen aus Zeiten einer Versicherungspflicht in einer Versicherungs- und Versorgungseinrichtung, die für Angehörige bestimmter Berufe errichtet ist, zu verbessern. Als Einkommen aus einer zusätzlichen Altersvorsorge gelten auch laufende Zahlungen aus

1. einer betrieblichen Altersversorgung im Sinne des Betriebsrentengesetzes,
2. einem nach § 5 des Altersvorsorgeverträge-Zertifizierungsgesetzes zertifizierten Altersvorsorgevertrag und
3. einem nach § 5a des Altersvorsorgeverträge-Zertifizierungsgesetzes zertifizierten Basisrentenvertrag.

Werden bis zu zwölf Monatsleistungen aus einer zusätzlichen Altersvorsorge, insbesondere gemäß einer Vereinbarung nach § 10 Absatz 1 Nummer 2 Satz 3 erster Halbsatz des Einkommensteuergesetzes, zusammengefasst, so ist das Einkommen gleichmäßig auf den Zeitraum aufzuteilen, für den die Auszahlung erfolgte.

(6) Für Personen, die Leistungen der Hilfe zur Pflege erhalten, ist ein Betrag in Höhe von 40 vom Hundert des Einkommens aus selbständiger und nichtselbständiger Tätigkeit der Leistungsberechtigten abzusetzen, höchstens jedoch 65 vom Hundert der Regelbedarfsstufe 1 nach der Anlage zu § 28. Für Personen, die Leistungen der Eingliederungshilfe für behinderte Menschen erhalten, gilt Satz 1 bis zum 31. Dezember 2019 entsprechend.

...

**§ 90 SGB XII Einzusetzendes Vermögen**

(1) Einzusetzen ist das gesamte verwertbare Vermögen.

(2) Die Sozialhilfe darf nicht abhängig gemacht werden vom Einsatz oder von der Verwertung

1. eines Vermögens, das aus öffentlichen Mitteln zum Aufbau oder zur Sicherung einer Lebensgrundlage oder zur Gründung eines Hausstandes erbracht wird,
2. eines nach § 10a oder Abschnitt XI des Einkommensteuergesetzes geförderten Altersvorsorgevermögens im Sinn des § 92 des Einkommensteuergesetzes; dies gilt auch für das in der Auszahlungsphase insgesamt zur Verfügung stehende Kapital, soweit die Auszahlung als monatliche oder als sonstige regelmäßige Leistung im Sinne von § 82 Absatz 5 Satz 3 erfolgt; für diese Auszahlung ist § 82 Absatz 4 und 5 anzuwenden,
3. eines sonstigen Vermögens, solange es nachweislich zur baldigen Beschaffung oder Erhaltung eines Hausgrundstücks im Sinne der Nummer 8 bestimmt ist, soweit dieses Wohnzwecken behinderter (§ 53 Abs. 1 Satz 1 und § 72) oder pflegebedürftiger Menschen (§ 61) dient oder dienen soll und dieser Zweck durch den Einsatz oder die Verwertung des Vermögens gefährdet würde,
4. eines angemessenen Hausrats; dabei sind die bisherigen Lebensverhältnisse der nachfragenden Person zu berücksichtigen,
5. von Gegenständen, die zur Aufnahme oder Fortsetzung der Berufsausbildung oder der Erwerbstätigkeit unentbehrlich sind,
6. von Familien- und Erbstücken, deren Veräußerung für die nachfragende Person oder ihre Familie eine besondere Härte bedeuten würde,
7. von Gegenständen, die zur Befriedigung geistiger, insbesondere wissenschaftlicher oder künstlerischer Bedürfnisse dienen und deren Besitz nicht Luxus ist,
8. eines angemessenen Hausgrundstücks, das von der nachfragenden Person oder einer anderen in den § 19 Abs. 1 bis 3 genannten Person allein oder zusammen mit Angehörigen ganz oder teilweise bewohnt wird und nach ihrem Tod von ihren Angehörigen bewohnt werden soll. Die Angemessenheit bestimmt sich nach der Zahl der Bewohner, dem Wohnbedarf (zum Beispiel behinderter, blinder oder pflegebedürftiger Menschen), der Grundstücksgröße, der Hausgröße, dem Zuschnitt und der Ausstattung des Wohngebäudes sowie dem Wert des Grundstücks einschließlich des Wohngebäudes,
9. kleinerer Barbeträge oder sonstiger Geldwerte; dabei ist eine besondere Notlage der nachfragenden Person zu berücksichtigen.

(3) Die Sozialhilfe darf ferner nicht vom Einsatz oder von der Verwertung eines Vermögens abhängig gemacht werden, soweit dies für den, der das Vermögen einzusetzen hat, und für seine unterhaltsberechtigten Angehörigen eine Härte bedeuten würde. Dies ist bei der Leistung nach dem Fünften bis Neunten Kapitel insbesondere der Fall, soweit eine angemessene Lebensführung oder die Aufrechterhaltung einer angemessenen Alterssicherung wesentlich erschwert würde.

## B. Inhalt und Bedeutung

a Natürliche Personen haben nach § 142 FGO i. V. m. §§ 114, 115 ZPO einen Anspruch auf die Gewährung von PKH, wenn sie nach ihren persönlichen und wirtschaftlichen Verhältnissen die Kosten der Prozessführung nicht, nur zum Teil oder nur in Raten aufbringen kann und die beabsichtigte Rechtsverfolgung oder Rechtsverteidigung hinreichende Aussicht auf Erfolg bietet und nicht mutwillig erscheint. Dabei müssen sie ihr Einkommen (§ 115 Abs. 1 Satz 1 ZPO i. V. m. § 82 Abs. 2 SGB XII) und ihr Vermögen (§ 115 Abs. 2 ZPO i. V. m. § 90 SGB XII) einzusetzen. Verfassungsrechtlicher Hintergrund für die Gewährung von PKH ist, dass Art. 3 Abs. 1 GG i. V. m. dem in Art. 20 Abs. 3 GG allgemein niedergelegten Rechtsstaatsprinzip, das für die Rechtsschutzgewährung in Art. 19 Abs. 4 GG besonderen Ausdruck findet, eine weitgehende Angleichung der Situation von Bedürftigen und Nichtbedürftigen bei der Verwirklichung des Rechtsschutzes gebietet (BVerfG v. 13.03.1990, 2 BvR 94/88, BVerfGE 81, 347). Entsprechendes gilt für Beteiligte kraft Amtes und juristische Personen bzw. Personenvereinigungen nach Maßgabe des § 116 ZPO (s. Rz. 5). PKH kann beantragt werden für die (beabsichtigte) Durchführung eines **Klageverfahrens**, einen gerichtlichen Antrag auf **AdV**, ein **Rechtsmittelverfahren** (Revision, NZB, Beschwerde, s. Rz. 9) sowie für ein (beabsichtigtes) **Entschädigungsklageverfahren** gem. § 155 Satz 2 FGO i. V. m. §§ 198 ff. GVG (BFH v. 23.01.2014, X S 40/13 [PKH], BFH/NV 2014, 569).

2 PKH (früher als Armenrecht bezeichnet) ist **Leistung staatlicher Daseinsfürsorge**. Sie hat den **Zweck**, auch dem wirtschaftlich weniger leistungsfähigen Beteiligten den verfassungsrechtlich garantierten (Art. 19 Abs. 4 GG) gerichtlichen Rechtsschutz zu sichern. PKH steht dem **Kläger** (§ 57 Nr. 1 FGO) oder dem **Beigeladenen** (§ 57 Nr. 3 FGO; vgl. z. B. BFH v. 17.04.2014, III S 14/13 [PKH], BFH/NV 2014, 1217) zu, der die Kosten der Prozessführung (Gerichtskosten und Vergütung des beigeordneten Rechtsanwalts etc.) nicht, nur zum Teil oder nur auf Raten aufbringen kann. Inhaltlich gewährt daher die PKH entweder Vollfreistellung, Teilfreistellung oder die Bewilligung von Ratenzahlung. Die FGO trifft dazu keine eigene Regelung, sondern verweist in § 142 Abs. 1 FGO auf die §§ 114 bis 127 ZPO. Abweichend von diesen Vorschriften kann dem Kläger nicht nur ein Rechtsanwalt, sondern auch ein Steuerberater, Steuerbevollmächtigter, Wirtschaftsprüfer oder vereidigter Buchprüfer beigeordnet werden (§ 142 Abs. 2 Satz 1 FGO). Für die maßgebliche Bestimmung des beim Kläger zu berücksichtigenden Einkommens und Vermögens gilt das SGB-XII.

## C. Voraussetzungen

### I. Antrag (§ 117 ZPO)

PKH wird nur auf Antrag gewährt (§ 114 Abs. 1 Satz 1 ZPO). **Antragsberechtigt** sind natürliche Personen (§§ 114 f. ZPO), Beteiligte kraft Amtes (§ 116 Satz 1 Nr. 1 ZPO), insbes. der Insolvenzverwalter (s. § 40 FGO Rz. 10), juristische Personen und beteiligtenfähige Personenvereinigungen (§ 116 Satz 1 Nr. 2 ZPO; s. § 57 FGO Rz. 8). 3

Für **natürliche Personen** gilt: Da die PKH eine an die Situation des Begünstigten geknüpfte höchstpersönliche Berechtigung ist und mit dessen Tod endet, kann **grds. PKH nach dem Tod des Antragstellers nicht mehr** bewilligt werden (BFH v. 26.08.2010, X S 2/10 [PKH], BFH/NV 2010, 2289). **Ausnahmsweise** kann PKH nach dem Tode des hilfsbedürftigen Antragstellers noch bewilligt werden, wenn das Gericht bei ordnungsgemäßer und unverzüglicher Bearbeitung des PKH-Antrags zu einem früheren Zeitpunkt und noch zu Lebzeiten des Antragstellers hätte entscheiden und seinen Beschluss dem Antragsteller hätte zugehen lassen können. In diesem Fall ist dem Beteiligten PKH für den Zeitraum zwischen dem möglichen Zugang des Bewilligungsbeschlusses und seinem (des Antragstellers) Ableben nachträglich zu bewilligen (BFH v. 26.08.2010, X S 2/10 [PKH], BFH/NV 2010, 2289). 4

Nach § 116 Satz 1 Nr. 1 ZPO können auch **Beteiligte kraft Amtes** (z. B. Insolvenzverwalter oder Testamentsvollstrecker; s. § 40 FGO Rz. 10) und inländische juristische Personen oder Personenvereinigungen PKH beantragen. Nach § 116 Satz Nr. 2 ZPO erhalten **inländische juristische Personen oder beteiligtenfähige Vereinigungen sowie solche aus EU- bzw. EWR-Mitgliedstaaten** auf Antrag PKH, wenn die Kosten weder von ihnen noch von den am Gegenstand des Rechtsstreits wirtschaftlich Beteiligten aufgebracht werden können und wenn die Unterlassung der Rechtsverfolgung oder Rechtsverteidigung allgemeinen Interessen zuwiderlaufen würde. Die zusätzliche Voraussetzung erfordert noch, dass außer den an der Führung des Prozesses wirtschaftlich Beteiligten ein erheblicher Kreis von Personen durch die Unterlassung der Rechtsverfolgung in Mitleidenschaft gezogen werden kann, z. B. eine Gemeinde oder gemeinnützige Stiftung an der Erfüllung ihrer der Allgemeinheit dienenden Auf- 5 gaben behindert werden oder eine große Anzahl von Arbeitsplätzen verloren gehen würde, wenn der Prozess nicht durchgeführt werden könnte (z.B. BFH v. 12.11.1987, V B 58/87, V S 13/87, BStBl II 1988, 198; BFH v. 03.05.2007, V S 27/06 [PKH], juris; BFH v. 18.01.2017, V S 37/16 [PKH], BFH/NV 2017, 614). Liegen indessen die besonderen Voraussetzungen für die Gewährung von PKH nach § 116 Satz 1 Nr. 2 ZPO nicht vor, können diese Voraussetzungen nicht dadurch umgangen werden, dass die Gesellschaftsanteile zum Zwecke der Erlangung von PKH unentgeltlich auf einen Gesellschafter übertragen werden (BFH v. 11.08.2010, V S 11/10 [PKH], BFH/NV 2010, 2107). Im Steuerrecht spielen bekanntlich die beteiligtenfähigen Vereinigungen, die bürgerlich-rechtlich keine Rechtsfähigkeit besitzen, eine nicht unbeträchtliche Rolle, weil die **Steuerrechtsfähigkeit**, die für die Beteiligtenfähigkeit im Finanzprozess maßgeblich ist (s. § 57 FGO Rz. 8), in zahlreichen Fällen über die Rechtsfähigkeit nach Privatrecht hinausgeht (hierzu s. § 57 FGO Rz. 8). Die Auffassung des BFH zur Frage des Steuersubjekts bei einheitlichen Feststellungsbescheiden und des Anfechtungsbefugten weitet den Anwendungsbereich des § 116 Satz 1 Nr. 2 ZPO noch aus (BFH v. 26.05.1982, I B 98–99/81, I B 98/81, I B 99/81, BStBl II 1982, 600; BFH v. 15.03.2001, V B 185/00, BFH/NV 2001, 1132). Demnach gehört z.B. eine Bruchteilsgemeinschaft, die gegen einen an sie gerichteten USt-Bescheid klagt, zu den beteiligtenfähigen Vereinigungen i.S. von § 142 Abs. 1 FGO i.V.m. § 116 Satz 1 Nr. 2 ZPO (BFH v. 01.09.2010, XI S 6/10, BFH/NV 2010, 2140).

**6** **Ausländische juristische Personen und beteiligtenfähige Personenvereinigungen**, die **nicht** aus einem **EU- bzw. EWR-Mitgliedstaat stammen**, erhalten keine PKH; dies folgt aus einem Umkehrschluss aus § 116 Satz 1 Nr. 2 ZPO. Diese Regelung dürfte mit dem GG in Einklang stehen, da die genannten Personen und Personenvereinigungen auch nicht grundrechtsfähig sind, selbst wenn sie im Inland anerkannt sind (Art. 19 Abs. 3 GG; s. z.B. BVerfG v. 14.07.1999, 1 BvR 2226/94, 1 BvR 2420/95, 1 BvR 2437/95, BVerfGE 100, 313, 364; *Jarass* in Jarass/Pieroth, Art. 19 GG Rz. 17). Etwas anderes gilt nur für die sog. justiziellen Grundrechte der Art. 101 Abs. 1 und Art. 103 Abs. 1 GG (BVerfG v. 12.04.1983, 2 BvR 678/81, 2 BvR 679/81, 2 BvR 680/81, 2 BvR 681/81, 2 BvR 683/81, BVerfGE 64, 1, 11; *Jarass* in Jarass/Pieroth, Art. 19 GG Rz. 17).

**7** Die Gewährung der PKH setzt einen darauf gerichteten **Antrag** voraus, in dem die **persönlichen und sachlichen Voraussetzungen für die Gewährung der PKH dargelegt** werden müssen (§ 117 Abs. 1 und Abs. 2 ZPO). Der Antrag ist, **für jeden Rechtszug gesondert**, beim Prozessgericht (je nachdem beim FG oder BFH) zu stellen (vgl. § 119 Abs. 1 Satz 1 ZPO; vgl. BFH v. 08.03.2017, V S 3/17 [PKH], BFH/NV 2017, 921). Eine ausdrückliche Formvorschrift hierfür besteht nicht. Nach § 117 Abs. 1 Satz 1 ZPO kann er vor der Geschäftsstelle zu Protokoll erklärt werden. Für den Nachweis der Bedürftigkeit, der nach § 117 Abs. 2 ZPO dem Antrag beizufügen ist, ist ein Vordruck verbindlich (§ 117 Abs. 4 ZPO) eingeführt worden. Die Bewilligung von PKH setzt demnach die Vorlage der Erklärung über die persönlichen und wirtschaftlichen Verhältnisse anhand des gesetzlich dafür vorgesehenen Vordrucks voraus (BFH v. 19.04.2017, IX S 7/17 [PKH], BFH/NV 2017, 919). Dies gilt indessen **nur für natürliche Personen**. Daher sind juristische Person berechtigt, die Voraussetzungen für die Bewilligung der PKH individuell in vereinfachter Form darzulegen, ohne das amtliche Formular verwenden zu müssen (BFH v. 13.10.2014, V S 28/14 [PKH], BFH/NV 2015, 218). Die **Erklärung über die persönlichen und wirtschaftlichen Verhältnisse** auf diesem **Vordruck** ist für die Verpflichteten grds. unverzichtbar (BFH v. 08.01.2007, X S 22/07 [PKH], juris). § 2 Abs. 2 PKHFV ist auf Beteiligte, die keine Leistungen nach SGB XII, sondern Leistungen nach SGB II beziehen, nicht anwendbar (BFH v. 08.03.2016, V S 9/16 [PKH], BFH/NV 2016, 944). Die bloße Vorlage eines Bescheides über die Bewilligung von Leistungen zur Sicherung des Lebensunterhalts nach dem SGB II reicht somit nicht aus (BFH v. 18.03.2014, III S 35/13 [PKH], BFH/NV 2014, 893; BFH v. 08.03.2016, V S 9/16 [PKH], BFH/NV 2016, 944). Erforderlichenfalls sind diese **Angaben glaubhaft zu machen** (§ 118 Abs. 2 Satz 1 ZPO). Ist die Erklärung über die persönlichen und wirtschaftlichen Verhältnisse unvollständig ausgefüllt und können die Lücken auch nicht durch beigefügte Anlagen, die vergleichbar übersichtlich und klar sind, geschlossen werden, kann der Antrag auf PKH abgelehnt werden. Es ist **Aufgabe des Antragstellers, die erforderlichen Angaben möglichst genau und vollständig zu machen**. Aus § 118 Abs. 2 ZPO ergibt sich nicht, dass das Gericht eine in wesentlichen Punkten unvollständige Erklärung von sich aus durch Befragung des Antragstellers oder durch andere Ermittlungen selbst vervollständigen muss (BFH v. 24.02.1993, VII B 250/92, BFH/NV 1993, 682; BFH v. 13.11.2000, IX B 94/00, BFH/NV 2001, 616). Die Vordrucke sind im Schreibwarenhandel, üblicherweise meist auch bei den Geschäftsstellen der Gerichte, erhältlich. Wird mit dem Antrag auf PKH durch eine postulationsfähige Person fristgerecht Revision eingelegt und begründet, so kann die Erklärung nach § 117 Abs. 2 ZPO noch nach Ablauf der Revisionsfrist nachgeholt werden (BFH v. 27.06.1983, II S 2/83, BStBl II 1983, 644). In dem Antrag ist nach § 117 Abs. 1 Satz 2 ZPO das Streitverhältnis (unter Angabe von Beweismitteln) darzustellen; lediglich pauschales Vorbringen genügt nicht (BFH v. 26.04.1993 BFH/NV 1993, 682), es sei denn, eine den Inhaltserfordernissen des § 65 Abs. 1 genügende Klage liegt dem Gericht bereits oder gleichzeitig vor. Ist ein **mittelloser Beteiligter nicht** in der Lage, das Rechtsmittel durch einen **befugten Vertreter** beim

BFH fristgerecht einzulegen, so kann **Wiedereinsetzung in den vorigen Stand** zur Erlangung der formgerechten Einlegung des Rechtsmittels durch eine postulationsfähige Person nur gewährt werden, wenn der Rechtsmittelführer innerhalb der Rechtsmittelfrist nicht **nur** das Gesuch um PKH, sondern **auch die Erklärung nach § 117 Abs. 2 ZPO innerhalb der Rechtsmittelfrist** einreicht, sofern er nicht auch hieran wiederum ohne sein Verschulden gehindert ist (z. B. BFH v. 29.04.2013, III S 29/12 [PKH], BFH/NV 2013, 1116; BFH v. 07.12.2016, V S 34/16 [PKH], BFH/NV 2017, 470; s. Rz. 8). Diese Grundsätze gelten auch für eine Entschädigungsklage wegen überlanger Verfahrensdauer gem. § 155 Satz 2 FGO i. V. m. §§ 198 ff. GVG (BFH v. 19.10.2017, X S 9/17 [PKH], BFH/NV 2018, 203). Bei Klageerhebung vor dem FG wird in der Rspr. des BFH unterschieden: Eine gleichzeitig mit einem PKH-Antrag eingereichte Klage, die unter der **Bedingung** der PKH-Gewährung erhoben wird, ist unzulässig (BFH v. 22.11.2017, V S 18/17 [PKH], BFH/NV 2018, 225). Dagegen soll es zulässig sein, einen isolierten PKH-Antrag für eine erst zukünftig zu erhebende Klage zu stellen, dem ein Entwurf der Klage zur Begründung beizufügen ist (BFH v. 22.11.2017, V S 18/17 [PKH], BFH/NV 2018, 225). Im zuletzt genannten Fall soll – wie bei der Einlegung eines Rechtsmittels – **Wiedereinsetzung** in den vorigen Stand wegen der versäumten Klagefrist gewährt werden, wenn vor Ablauf der Klagefrist ein (vollständiger) Antrag auf PKH gestellt wurde (BFH v. 09.04.2013, III B 247/11, BFH/NV 2013, 1112; *Brandis* in Tipke/Kruse, § 142 FGO Rz. 17; *Stapperfend* in Gräber, § 142 FGO Rz. 60). Dem ist entgegenzuhalten, dass der Kläger nicht gehindert ist, bei fristgebundenen Anträgen die Klagefrist einzuhalten, da weder ein Vertretungszwang besteht (§ 62 Abs. 1 FGO) noch Gerichtskostenvorschüsse zu zahlen sind (s. Vor § 135 FGO Rz. 29a; gl. A. *Schwarz* in HHSp, § 142 FGO Rz. 33; wie hier noch: BFH v. 03.02.2005, VII B 304/03, BFH/NV 2005, 1111; zum Ganzen auch *Bartone*, AO-StB 2009, 150 [152]). Die Wiedereinsetzungsfrist (§ 56 Abs. 2 Satz 1 FGO wird weder durch eine Anhörungsrüge (§ 133 a FGO) noch durch eine von vornherein aussichtslose Verfassungsbeschwerde oder eine Menschenrechtsbeschwerde hinausgeschoben (BFH v. 26.01.2016, III S 30/15 [PKH], BFH/NV 2016, 766).

8 Der Antrag auf Bewilligung von PKH kann **schon vor Einlegung des Rechtsbehelfs** gestellt werden. Es empfiehlt sich jedoch die gleichzeitige Stellung, zumal der PKH-Antrag nicht die fristgerechte Klageerhebung ersetzt (s. Rz. 7) und der Bewilligung von PKH keine rückwirkende Kraft zukommt; sie kann nur bis zu dem Zeitpunkt erstreckt werden, in dem der formgerechte Antrag (§ 117 Abs. 4 ZPO) nebst den erforderlichen Unterlagen vorlag (BFH v. 30.11.1989, VIII S 14/89, BFH/NV 1990, 292; BFH v. 24.02.1993, IX B 70/92, BFH/NV 1993, 682; BFH v. 27.12.2000, XI S 12/00, juris). Grds. ist eine rückwirkende Beantragung von PKH ausgeschlossen. Dies gilt auch im Rechtsmittelverfahren. Daher kann einem erst nach Abschluss des NZB-Verfahrens nachträglich gestellter PKH-Antrag nicht stattgegeben werden, auch wenn die NZB Erfolg hatte und zur Zurückverweisung der Sache an das FG geführt hat (BFH v. 11.06.2015, X S 14/15 [PKH], RVGreport 2015, 395). **Nach Hauptsachenerledigung** ist der Antrag **nicht mehr zulässig** (BFH v. 11.11.1985, IV B 77/85, BStBl II 1986, 67; BFH v. 14.12.2010, VII S 57/10 [PKH], BFH/NV 2011, 446). Allerdings hat das Gericht über einen **vor Hauptsachenerledigung gestellten Antrag** auf Gewährung von PKH jedenfalls dann zu entscheiden, wenn der Kläger aufgrund der nach § 138 Abs. 1 FGO zu treffenden Kostenentscheidung die Verfahrenskosten ganz oder zum Teil zu tragen hat, sodass die PKH u. U. rückwirkend bewilligt werden kann (vgl. *Brandis* in Tipke/Kruse, § 142 FGO Rz. 53). Eine Entscheidung ist entbehrlich, wenn der Beklagte die Verfahrenskosten nach § 138 Abs. 2 Satz 1 FGO zu tragen hat. Für die Beantragung der PKH für die Revisionsinstanz besteht **kein Vertretungszwang** (s. Rz. 9). Zur Entscheidung über einen Antrag auf PKH für das Revisionsverfahren ist der BFH **auch vor Einlegung der Revision** zuständig (BFH v. 13.07.1995, VII S 1/95, BFH/NV 1996, 10; BFH v. 19.07.2010, X S 10/10 [PKH], BFH/NV 2010, 2017; BFH v. 04.11.2010, X S 23/10 [PKH], BFH/NV 2011, 286). Dasselbe gilt für das Verfahren der **NZB** (BFH v. 18.11.1986, VIII B 153/86, BFH/NV 1987, 463; BFH v. 29.10.1991, VIII S 15/90, BFH/NV 1992, 623). Demnach ist eine von einem Naturalbeteiligten (einem nicht vertretenen Kläger) eingelegte NZB verbunden mit einem Antrag auf Gewährung von PKH zu seinen Gunsten ausschließlich als PKH-Antrag und Antrag auf Beiordnung eines Prozessvertreters auszulegen (BFH v. 14.11.2013, VI B 83/13, BFH/NV 2014, 177). Sind bis zum Ablauf der Rechtsmittelfrist der Antrag und die vordrucksgebundene Erklärung eingegangen, so kommt **Wiedereinsetzung in den vorigen Stand** (§ 56 FGO) wegen der Versäumung der Rechtsmittelfrist in Betracht (BFH v. 01.09.1982, I S 4/82, BStBl II 1982, 737; BFH v. 29.10.1991, VIII S 15/90, BFH/NV 1992, 623), und zwar sowohl bei Bewilligung als auch bei Versagung der PKH (BGH v. 16.12.1992, XII ZB 142/92, NJW-RR 1993, 451; OLG Zweibrücken v. 08.06.2000, 6 UF 92/99, FamRZ 2001, 291; zum Vorstehenden auch s. Rz. 12). Allerdings scheidet eine Wiedereinsetzung in den vorigen Stand aus, wenn die Rechtsverfolgung mutwillig erscheint (BFH v. 28.05.1986, VII B 30/85, BFH/NV 1987, 37). Die Fristversäumung muss auf die Bedürftigkeit des Klägers zurückzuführen sein (BFH v. 08.05.2014, VII S 32/13 [PKH], BFH/NV 2014, 1221). Beruht die Ablehnung des Antrags auf Bewilligung der PKH auf der Verneinung der Bedürftigkeit, kommt Wiedereinsetzung in den vorigen Stand dann nicht in Betracht, wenn der Beteiligte selbst oder sein Prozessbevollmächtigter erken-

nen konnte, dass die Voraussetzungen für die Bewilligung der beantragten PKH nicht erfüllt sind oder nicht ausreichend dargetan waren (BGH v. 27.05.1987, IVb ZB 102/86, NJW-RR 1987, 1150). Wenn bei **Ablauf der Klagefrist** lediglich ein ordnungsgemäßer PKH-Antrag vorliegt, kommt eine **Wiedereinsetzung** wegen Versäumung der Klagefrist grds. nicht in Betracht (s. Rz. 12). Etwas anderes gilt allenfalls dann, wenn der Antragsteller durch einen Prozessbevollmächtigten vertreten war und die erforderliche Beiordnung des Prozessbevollmächtigten erforderlich erscheint (BFH v. 03.04.1987, VI B 150/85, BStBl II 1987, 573; offengelassen von BFH v. 14.09.1999, VII B 33/99, BFH/NV 2000, 303). Dabei obliegt es dem Prozessbevollmächtigten des Antragstellers, sich bei Einreichung des PKH-Antrags über die Voraussetzungen für die Bewilligung von PKH kundig zu machen und vor Absendung des Antrags zu prüfen, ob alle notwendigen Anlagen beigefügt sind. Das **Verschulden seines Prozessbevollmächtigten** muss sich der Antragsteller gem. § 155 Satz 1 FGO i. V. m. § 85 Abs. 2 ZPO **zurechnen** lassen (z. B. mit der Folge der Nichtgewährung von Wiedereinsetzung in den vorigen Stand; BFH v. 13.07.1995, VII S 1/95, BFH/NV 1996, 10). Zwar gilt für das Verfahren vor dem FG kein Vertretungszwang (§ 62 Abs. 1 FGO), doch geht der mittellose Kläger mit Klageerhebung ein Kostenrisiko ein. Das Gesuch um PKH selbst unterliegt keiner Frist, sodass insoweit Wiedereinsetzung in den vorigen Stand nicht gewährt werden kann (BGH v. 26.05.1986, VIII ZB 18/86, HFR 1987, 481).

9 Die PKH kann **auch im Rechtsmittelverfahren** beantragt werden. Es besteht hierfür allerdings abweichend von § 62 Abs. 4 FGO **kein Vertretungszwang** (z. B. BFH v. 29.04.2013, III S 29/12 [PKH], BFH/NV 2013, 1116; BFH v. 02.04.2014, XI S 5/14 [PKH], juris). Der Antragsteller kann **beim BFH keinen Anspruch auf Beratungshilfe** nach § 1 BerHG geltend machen. Nach § 1 Abs. 1 BerHG wird die Beratungshilfe für die Wahrnehmung von Rechten außerhalb eines gerichtlichen Verfahrens und im obligatorischen Güteverfahren nach § 15a EGZPO gewährt. Sie erfasst damit nicht eine Rechtsberatung nach Einreichung eines Antrags auf PKH (BFH v. 14.10.2010, II S 24/10 [PKH], BFH/NV 2011, 201).Wird der Antrag innerhalb der Rechtsmittelfrist wirksam gestellt, so hat der BFH bei der Prüfung der Erfolgsaussichten von demjenigen Rechtsmittel auszugehen, das zu dem von dem Antragsteller erstrebten Erfolg führen kann (BFH v. 23.01.1991, II S 15/90, BStBl II 1991, 366), dass der Antragsteller bei von ihm selbst gestelltem Antrag das zulässige Rechtsmittel bezeichnet und ein Mindestmaß an Begründung für dieses vorträgt, ist u. E. nicht erforderlich (ebenso BGH v. 11.11.1992, XII ZB 118/92, HFR 1993, 677; BGH v. 18.10.2000, IV ZB 9/00, NJW-RR 2001, 570; ähnlich BFH v. 08.04.1992 BFH/NV 1992, 624; BFH v. 24.08.1995, XI S 18/95, BFH/NV 1996, 250; wie hier wohl auch *Brandis* in Tipke/Kruse, § 142 FGO Rz. 8). Ob die Rechtsverfolgung hinreichende Aussicht auf Erfolg bietet oder mutwillig erscheint, wird vom BFH nach § 142 FGO i. V. m. § 119 Abs. 1 Satz 2 ZPO allerdings nicht gerügt, wenn der Prozessgegner das Rechtsmittel eingelegt hat (BFH v. 13.04.2007, IX S 9/06 [PKH], BFH/NV 2007, 1345). Demgegenüber wird verlangt, dass der für ein NZB-Verfahren PKH Begehrende innerhalb der Rechtsmittelfrist alles in seinen Kräften Stehende und Zumutbare tue, um zumindest in laienhafter Weise einen Zulassungsgrund i. S. von § 115 Abs. 2 FGO darzutun (z. B. BFH v. 22.01.2007, V S 11/06 [PKH], BFH/NV 2007, 948; BFH v. 15.04.2014, V S 5/14 [PKH], BFH/NV 2014, 1381), bzw. den Streitgegenstand so darstellen müsse, dass das Gericht erkennen kann, ob und in welchem Umfang die beabsichtigte Rechtsverfolgung Aussicht auf Erfolg hat (BFH v. 26.07.1993, V S 4/93, BFH/NV 1994, 337). Dazu gehört außerdem, dass er einen **fristgerechten Antrag** auf Gewährung von PKH stellt, und auch, dass er innerhalb der Beschwerdefrist eine **Erklärung über seine persönlichen und wirtschaftlichen Verhältnisse** (§ 117 Abs. 2 Satz 1 ZPO) auf dem dafür vorgeschriebenen Formblatt vorlegt (BFH v. 05.10.2010, V S 17/10 [PKH], BFH/NV 2011, 273; BFH v. 01.12.2010, IV S 10/10 [PKH], BFH/NV 2011, 444). Eine hinreichende Aussicht auf Erfolg hinsichtlich einer NZB, die auf die Verletzung des Rechts auf Gehör gestützt werden soll, ist indessen zu bejahen, wenn aus den Akten und dem Protokoll der mündlichen Verhandlung vor dem FG erkennbar ist, was der PKH Begehrende vorgetragen hätte, wenn ihm rechtliches Gehör gewährt worden wäre. Mit der Rechtsschutzgarantie des Art. 19 Abs. 4 GG erscheint die letztgenannte Auffassung eher vereinbar, denn nach der Rspr. des BVerfG zu der in Art. 3 Abs. 1 i. V. m. Art. 20 Abs. 3 GG verbürgten Rechtsschutzgleichheit für Bemittelte und Unbemittelte (dazu BVerfG v. 26.06.2003, 1 BvR 1152/02, NJW 2003, 3190) sind die **Voraussetzungen von Amts wegen anhand der Vorentscheidung und des Protokolls über die mündliche Verhandlung zu prüfen** (so BFH v. 23.01.1991, II S 15/90, BStBl II 1991, 366; auch BFH v. 11.04.1996, V S 5/96, V R 8/96, BFH/NV 1996, 847; auf einer solchen Prüfung von Amts wegen beruht im Ergebnis auch BFH v. 02.10.2002, XI S 4/02 [PKH], BFH/NV 2003, 194).

Wird ein PKH-Antrag abgelehnt, so kann die PKH **wiederholt beantragt** werden, da der Beschluss über die Ablehnung der PKH im Falle seiner Unanfechtbarkeit nicht in materielle Rechtskraft erwächst (BFH v. 28.07.2015, V S 20/15 [PKH], BFH/NV 2015, 1435). Ein wiederholter PKH-Antrag ist allerdings nur dann zulässig, wenn neue Tatsachen, Beweismittel oder rechtliche Gesichtspunkte vorgetragen werden, die Veranlassung zu einer für den Antragsteller günstigeren Beurteilung der Erfolgsaussichten geben könnten (z. B. BFH v. 08.11.2013, X S 41/13 [PKH], juris; BFH v. 28.07.2015, V S 20/15 [PKH], BFH/NV 2015, 1435; BFH v. 22.09.2017, IX S 20/17 [PKH], BFH/NV 2015, 1435; *Brandis* in Tipke/Kruse, § 142 FGO Rz. 55). 9a

### II. Materielle Voraussetzungen (§ 142 Abs. 1 FGO i.V.m. § 114 Abs. 1 Satz 1 ZPO)

#### 1. Bedürftigkeit

10 Die **Bedürftigkeit** als **subjektive Voraussetzung** für die Gewährung der PKH ist unter Berücksichtigung des Einkommens und des einzusetzenden Vermögens zu beurteilen. Sie wird schematisch durch die Tabelle des § 115 Abs. 1 Satz 4 ZPO bestimmt. Einsetzen muss der Kläger sein **Einkommen** i. S. von § 82 Abs. 2 SGB XII, das nicht einkommensteuerrechtlichen Kategorien entspricht, sowie das nach § 115 Abs. 2 ZPO i. V. m. § 90 SGB XII zu ermittelnde **Vermögen** (dazu im Einzelnen BFH v. 12.05.1982, II B 76/81, BStBl II 1982, 598). Unterhaltsleistungen des Ehegatten gehören zu dem vom Gericht für die Bewilligung von PKH zu ermittelnden Einkommen (§§ 115 Abs. 1 Sätze 1 und 2 ZPO; BFH v. 13.05.2014, XI S 4/14 [PKH], BFH/NV 2014, 1222). Reichen Einkommen und Vermögen nicht aus, so wird im Wege der Festsetzung von Raten in Höhe von 0 Euro im Ergebnis eine Vollfreistellung von der Zahlung der Prozesskosten bewilligt. In allen anderen Fällen ist entweder eine Teilfreistellung, wenn die Summe von 48 Monatsraten die Kosten der Prozessführung nicht abdeckt, oder eine Tilgung der Prozesskosten in Raten zu erreichen. Allerdings wird nach § 115 Abs. 3 ZPO der Antrag auf Gewährung von PKH auch dann abgelehnt, wenn die voraussichtlichen Kosten vier Monatsraten und die aus dem Vermögen aufzubringenden Teilbeträge nicht übersteigen. Die unter Berücksichtigung dieser Grundsätze zu treffende Entscheidung richtet sich nach der Zahl der unterhaltsberechtigten Angehörigen des Antragstellers und bezweckt damit die Sicherstellung eines angemessenen Lebensunterhalts.

10a Mangels Bedürftigkeit (§ 115 Abs. 3 ZPO) ist die Gewährung von PKH abzulehnen, wenn der Kläger eine **Deckungszusage seiner Rechtsschutzversicherung** hat (BFH v. 30.01.2004, VII S 22/03 [PKH], juris; BAG v. 05.11.2012, 3 AZB 23/12, NJW 2013, 493). Abgesehen davon kommt die Bewilligung von PKH generell nicht in Betracht, wenn der Antragsteller gegen einen Dritten Anspruch auf Zahlung eines **Prozesskostenvorschusses** hat. Die Geltendmachung eines solchen Anspruchs hat Vorrang vor der Gewährung von PKH (BFH v. 03.07.1984, VIII B 142/81, juris). Ein solcher Anspruch ergibt sich z. B. aus der Leistung eines Prozesskostenvorschusses nach § 1360a Abs. 4 BGB (BFH v. 18.05.2000, VIII B 3/00, BFH/NV 2000, 1357; BFH v. 08.06.1988, IV B 48/87, BFH/NV 1989, 722; BFH v. 16.09.2014, V S 23/13 [PKH], BFH/NV 2015, 54; *Schwarz* in HHSp, § 142 FGO Rz. 81b).

11 Kann infolge der **unterlassenen Mitwirkung des Antragstellers** die Höhe seines von ihm für die Rechtsverfolgung einzusetzenden Einkommens und damit auch die Höhe der von ihm aufzubringenden Monatsraten **nicht zuverlässig festgestellt** werden und ist ferner nicht auszuschließen, dass die voraussichtlichen Kosten für die Prozessführung vier Monatsraten nicht übersteigen, ist die Bewilligung der PKH insgesamt abzulehnen (BFH v. 13.05.2014, XI S 4/14 [PKH], BFH/NV 2014, 1222; BFH v. 21.09.2017, XI S 3/17 [PKH], BFH/NV 2018, 54).

Bei **Beteiligten kraft Amtes** ist nach § 116 Satz 1 Nr. 1 12
ZPO bei der Prüfung der Bedürftigkeit darauf abzustellen, ob die Kosten aus der verwalteten Vermögensmasse aufgebracht werden können und ob den am Gegenstand des Rechtsstreits wirtschaftlich Beteiligten zuzumuten ist, die Kosten aufzubringen. Daher kann der **Insolvenzverwalter** PKH beanspruchen, wenn die Insolvenzmasse nicht ausreicht, um die Kosten des Insolvenzverfahrens zu decken; denn in diesem Fall darf der Insolvenzverwalter der Insolvenzmasse auch für die Rechtsverteidigung keine Mittel entziehen (BFH v. 14.05.2002, I S 4/01, BFH/NV 2002, 1319). Bei Masseunzulänglichkeit (§ 208 InsO) ist grds. davon auszugehen, dass die Kosten eines Rechtsstreits nicht aus dem verwalteten Vermögen aufgebracht werden können (BFH v. 19.02.2014, V S 33/13 [PKH], BFH/NV 2014, 727). Allerdings setzt sich die einem Revisionskläger für das Revisionsverfahren bewilligte PKH nach Eröffnung des Insolvenzverfahrens nicht einfach fort, wenn der Insolvenzverwalter das Revisionsverfahren weiterführt; vielmehr ist ein eigener Antrag des Insolvenzverwalters erforderlich (BFH v. 21.11.2007, X R 27/05, juris). Ist der Insolvenzverwalter als Rechtsanwalt im Revisionsverfahren selbst postulationsfähig, kann grds. nicht die Beiordnung einer anderen postulationsfähigen Person ausgesprochen werden; die dem Insolvenzverwalter zu gewährende PKH umfasst dann jedoch auch die Gebühren und Auslagen, die er als bevollmächtigter Rechtsanwalt verlangen könnte (BFH v. 14.05.2002, I S 4/01, BFH/NV 2002, 1319; zum Vorstehenden auch *Bartone*, AO-StB 2004, 142; *Bartone*, AO-StB 2007, 22; *Bartone*, AO-StB 2009, 180).

#### 2. Hinreichende Erfolgsaussichten

Bei der **Beurteilung der Erfolgsaussichten** der beabsich- 13
tigten Rechtsverfolgung oder Rechtsverteidigung ist in **summarischer Prüfung** das Für und Wider abzuwägen. Diese Prüfung ist ähnlich, aber eingehender als bei der Entscheidung über einen Antrag auf Aussetzung der Vollziehung (§ 69 Abs. 3 FGO) durchzuführen. Notfalls sind auch Zeugen zu vernehmen oder sonstige Beweise zu erheben (§ 118 Abs. 2 Satz 2 ZPO). Der Rechtsstandpunkt des Antragstellers muss zumindest vertretbar sein (BFH v. 16.12.1986, VIII B 115/86, BStBl II 1987, 217). **Hinreichende Aussicht auf Erfolg** bietet die beabsichtigte Rechtsverfolgung dann, wenn eine **gewisse Wahrscheinlichkeit für das Obsiegen** des Antragstellers spricht, d. h. wenn das Gericht den Rechtsstandpunkt des Antragstellers nach dessen Sachdarstellung und dem Inhalt der ihm

vorliegenden Akten bei summarischer Prüfung für zutreffend oder für zumindest wahrscheinlich hält, ohne dass ein Obsiegen sicher zu sein braucht (BFH v. 02.06.1987 BFH/NV 1988, 261; BFH v. 18.06.2003, XI S 23/02 [PKH], BFH/NV 2004, 47). Hinreichende Erfolgsaussichten bestehen, wenn die Gründe für und gegen einen Erfolg gleichwertig sind (BFH v. 15.09.1992, VII B 62/92, BFH/NV 1994, 149). Dem ist für den Fall von Unklarheiten hinsichtlich des Sachverhalts, die nur durch Beweisaufnahme beseitigt werden können, zuzustimmen, zumal auch im PKH-Verfahren eine Vorwegnahme der Beweiswürdigung nicht in Betracht kommt (vgl. BVerfG v. 28.01.2013, 1 BvR 274/12, NJW 2013, 1727). Demnach dürfen **schwierige, bislang ungeklärte Rechts- und Tatfragen** nicht bereits im PKH-Verfahren entschieden werden, sondern sind dem Hauptsacheverfahren vorbehalten (BVerfG v. 28.01.2013, 1 BvR 274/12, NJW 2013, 1727); hierfür ist PKH zu gewähren. Wird PKH für ein Wiederaufnahmeverfahren (§ 134 FGO) begehrt, so erstreckt sich die Prüfung der für die Bewilligung maßgebenden Erfolgsaussicht auch auf die Beurteilung der Hauptsache als Bestandteil des einheitlichen Wiederaufnahmeverfahrens (BGH v. 28.09.1993, III ZA 3/93, NJW 1993, 3140). Z. B. für eine Klage bedeutet das grds., dass sie zulässig und – bei summarischer Betrachtung – begründet sein muss. Dabei ist zu beachten, dass der PKH-Gewährung etwaige Zulässigkeitsmängel nicht entgegenstehen, wenn die **maßgeblichen Sachentscheidungsvoraussetzungen noch nachgeholt** werden können (s. Vor FGO Rz. 27). Dies gilt umso mehr, wenn ein isolierter PKH-Antrag für eine beabsichtigte Klage gestellt wird (s. Rz. 7 f.).

14 Bei Anträgen der in § 116 ZPO aufgeführten Beteiligten ist ebenso wie bei den natürlichen Personen zu prüfen, ob die beabsichtigte Rechtsverfolgung oder Rechtsverteidigung hinreichende Aussicht auf Erfolg bietet (§ 116 Satz 2 ZPO).

### 3. Kein Mutwille

15 Nach § 142 Abs. 1 FGO i. V. m. § 114 Abs. 1 Satz 1 ZPO darf die beabsichtigte Rechtsverfolgung oder Rechtsverteidigung **nicht mutwillig** sein. Hierdurch soll erreicht werden, dass die PKH versagt werden kann, wenn der voraussichtliche wirtschaftliche Erfolg der Prozessführung in keinem vernünftigen Verhältnis zu dem Wagnis der Belastung mit Prozesskosten steht oder wenn der erstrebte Erfolg auch auf einem anderen Weg billiger zu erlangen ist. Dies gilt auch für die in § 116 Satz 1 ZPO aufgeführten Beteiligten (§ 116 Satz 2 ZPO; s. Rz. 5). Nach der nunmehr in § 142 Abs. 2 ZPO enthaltenen gesetzlichen Definition liegt **Mutwille** vor, wenn ein Beteiligter, der keine PKH beansprucht, bei verständiger Würdigung aller Umstände von der Rechtsverfolgung oder Rechtsverteidigung absehen würde, obwohl eine hinreichende Aussicht auf Erfolg besteht. Dies entspricht im Wesentlichen der von der Rspr. entwickelten Definition (BFH v. 27.03.1986, I S 16/85, BFH/NV 1986, 632; *Schwarz* in HHSp, § 142 FGO Rz. 40). Demnach kann PKH wegen Mutwilligkeit der Rechtsverfolgung z. B. dann nicht gewährt werden, wenn eine beabsichtigte NZB zwar im Hinblick darauf, dass das FG zu Unrecht durch ein Prozess- statt durch ein Sachurteil entschieden hat, zweifellos Erfolg hätte, zugleich aber feststeht, dass das FG die Klage im zweiten Rechtszug aus inhaltlichen Gründen als unbegründet abweisen müsste, sodass die Rechtsverfolgung letztlich ohne Erfolg bleibt (BFH v. 24.03.2014, X S 4/14 [PKH], BFH/NV 2014, 1067; BFH v. 25.02.2016, X S 23/15 [PKH], BFH/NV 2016, 945). Ebenso wenig ist für ein vom Kläger angestrengtes NZB-Verfahren PKH zu bewilligen, wenn bereits aus der Begründung der NZB erkennbar ist, dass diese unzulässig ist (z. B. BFH v. 17.04.2014, III S 14/13 [PKH], BFH/NV 2014, 1217).

## D. Verfahren

### I. Anhörung des Beklagten/Antragsgegners (§ 142 Abs. 1 FGO i.V.m. § 118 Abs. 1 Satz 1 ZPO)

**Vor der Gewährung der PKH** ist der **Gegner anzuhören** (§ 118 Abs. 1 Satz 1 ZPO). Das Anhörungsrecht bezieht sich **nur** auf die **sachlichen Voraussetzungen** für die Gewährung der PKH und nicht auch auf die Angaben über die persönlichen und wirtschaftlichen Verhältnisse; insoweit besteht auch kein Recht auf Akteneinsicht (BGH v. 15.11.1983, VI ZR 100/83, NJW 1984, 740; auch BVerfG v. 14.01.1991, 1 BvR 41/88, NJW 1991, 2078). Soweit erforderlich, kann das Gericht auch Erhebungen anstellen (§ 118 ZPO). Die Anhörung des Gegners kann ausnahmsweise unterbleiben, wenn dies aus besonderen Gründen (z. B. Eilbedürftigkeit) zweckmäßig erscheint (§ 118 Abs. 1 Satz 1 ZPO). Sie ist entbehrlich, wenn der Antrag abgelehnt wird. 16

### II. Entscheidung

Gegenstand der Entscheidung sind die **Kosten der Prozessführung**. Diese umfassen die noch nicht gezahlten Gerichtskosten sowie die Vergütung des beigeordneten Rechtsanwalts etc. Die PKH erstreckt sich **nicht** auf **Kosten**, die dem **Gegner** zu erstatten sind (§ 123 ZPO). Selbst bei Bewilligung der PKH verbleibt also für der bedürftige Beteiligte ein beträchtlicher Teil des Kostenrisikos, das allerdings im Finanzprozess geringer zu werten ist, weil die Behörden keinen Anspruch auf Auslagenerstattung haben (§ 139 Abs. 2 FGO). 17

Grds. hat das FG über einen PKH-Antrag zeitnah zu entscheiden, in jedem Fall aber, bevor eine Entscheidung 18 in der Hauptsache ergeht (z.B. BFH v. 24.10.2006, X B 91/06, BFH/NV 2007, 460; *Brandis* in Tipke/Kruse, § 142 FGO Rz. 51). Dies muss in einem solchen zeitlichen Rahmen geschehen, dass der Antragsteller (Kläger) seinen Antrag ggf. zurücknehmen kann, um im Hauptsacheverfahren weitere Kosten zu vermeiden (*Stapperfend* in Gräber, § 142 FGO Rz. 89). Es widerspricht dem Zweck der PKH, wenn das Gericht gleichzeitig mit der Hauptsache entscheidet oder gar erst nach Entscheidung der Hauptsache, da im PKH-Verfahren die **Erfolgsaussichten aufgrund summarischer Prüfung** für eine Gewährung der PKH maßgeblich sind (vgl. BVerfG v. 26.06.2003, 1 BvR 1152/02, NJW 2003, 3190; BFH v. 15.07.2014, III S 19/12 [PKH], BFH/NV 2014, 1576; s. Rz. 12). Dem liefe zuwider, wenn die im Hauptsacheverfahren gewonnenen Erkenntnisse und Überzeugungen in die Entscheidung über die Gewährung der PKH einflössen (*Stapperfend* in Gräber, § 142 FGO Rz. 88). Der **BFH** kann indessen zum Beschwerdevorbringen ohne vorherige Entscheidung über einen für das Beschwerdeverfahren anhängig gemachten Antrag auf Bewilligung von PKH entscheiden. Eine vorherige Bescheidung des Begehrens auf PKH ist nur erforderlich, wenn dies im Interesse effektiven Rechtsschutzes geboten ist, mithin die mögliche Einschaltung eines beizuordnenden Anwalts oder Steuerberaters Einfluss auf die Sachentscheidung des Gerichts haben kann (vgl. BVerfG v. 13.07.1992 1 BvR 99/90, NJW-RR 1993, 382; BFH v. 09.07.1996 VII S 16/95, BFH/NV 1997, 143; BFH v. 03.03.2010, VIII B 173/09, juris).

19 Liegen die formellen (s. Rz. 3 ff.) oder materiellen Voraussetzungen (Rz. 10 ff.) nicht vor, weist das Gericht den PKH-Antrag zurück. Ist der Antrag **begründet**, wird nach Maßgabe des § 115 Abs. 2 und Abs. 3 ZPO – je nach dem Grad der Bedürftigkeit – eine Vollfreistellung von der Zahlung der Prozesskosten bewilligt bzw. in allen anderen Fällen entweder eine Teilfreistellung, wenn die Summe von 48 Monatsraten die Kosten der Prozessführung nicht abdeckt, oder eine Tilgung der Prozesskosten in Raten (s. Rz. 10). Aus der Natur der Sache ergibt sich ebenso wie aus der Eigenständigkeit der Regelung in § 116 ZPO, dass die Beschränkung der Ratenverpflichtung auf höchstens 48 Monatsraten nicht eingreift, denn § 115 Abs. 1 Satz 4 ZPO gilt ausdrücklich nur für natürliche Personen. Zur rückwirkenden Bewilligung von PKH nach Hauptsachenerledigung s. Rz. 8.

20 Nach § 120 Abs. 1 ZPO ist die **Beiordnung eines Rechtsanwalts, Steuerberaters, Steuerbevollmächtigten, Wirtschaftsprüfers oder vereidigten Buchprüfers** anzuordnen, wenn sie erforderlich erscheint (§ 121 Abs. 2 ZPO) oder (in der Revisions- bzw. Beschwerdeinstanz) vorgeschrieben ist (§ 121 Abs. 1 ZPO, § 62 Abs. 4 FGO). Die Beiordnung kann nachgeholt werden (BFH v. 31.03.2005, III S 8/05, BFH/NV 2005, 1350; BFH v. 02.05.2007, VI S 13/06 [PKH], juris).

Der **Beschluss** ergeht – dies ergibt der Umkehrschluss aus § 142 Abs. 3 Satz 1 FGO – grds. durch das Gericht in der gem. § 5 Abs. 3 Satz 2 FGO bzw. § 10 Abs. 3 FGO vorgeschriebenen Besetzung bzw. durch den Einzelrichter (§ 6 FGO). Im Fall der Hauptsachenerledigung (s. Rz. 8) ist der Vorsitzende bzw. der Berichterstatter nach § 79a Abs. 1 Nr. 3 FGO zuständig. § 142 Abs. 3 FGO erlaubt es, dem Urkundsbeamten der Geschäftsstelle (§ 12 Satz 2 FGO) die Prüfung der persönlichen und wirtschaftlichen Verhältnisse des Antragstellers zu übertragen; daneben übernimmt der Urkundsbeamte die in § 142 Abs. 4 FGO bezeichneten Aufgaben (hierzu im Einzelnen *Schwarz* in HHSp, § 142 FGO Rz. 290 ff.). Alle diese Aufgaben kann der Vorsitzende bzw. der Berichterstatter jederzeit wieder an sich ziehen (§ 142 Abs. 6 Satz 2 FGO). Die Aufgabenübertragung betrifft nur die persönlichen und wirtschaftlichen Verhältnisse; die **Prüfung der Erfolgsaussichten** (s. Rz. 12) und des **Mutwillens** (s. Rz. 14) obliegen **ausschließlich** dem **Richter** (*Brandis* in Tipke/Kruse, § 142 FGO Rz. 51a). Die Länder können bestimmen, dass § 142 Abs. 3 bis Abs. 7 FGO nicht anzuwenden sind (§ 142 Abs. 8 FGO). Für den BFH gilt diese negative Öffnungsklausel nicht (*Brandis* in Tipke/Kruse, § 142 FGO Rz. 51a). Da gegen die Entscheidungen des Urkundsbeamten die Erinnerung nach Maßgabe des § 142 Abs. 7 FGO gegeben ist, ist sichergestellt, dass letztlich immer ein Richter vollumfänglich über die PKH entscheidet. Der Beschluss über die Erinnerung (§ 142 Abs. 7 Satz 3 FGO) ergeht – entsprechend der Regelungen in § 142 Abs. 3 Satz 1 und Abs. 6 FGO – durch den Vorsitzenden bzw. den Berichterstatter (*Brandis* in Tipke/Kruse, § 142 FGO Rz. 51d) und ist nach § 128 Abs. 2 FGO unanfechtbar (*Schwarz* in HHSp, § 142 FGO Rz. 295). 21

Gegen den Beschluss über die Gewährung oder Ablehnung der PKH ist die **Beschwerde** durch § 128 Abs. 2 FGO ausdrücklich **ausgeschlossen** (*Brandis* in Tipke/Kruse, § 142 FGO Rz. 71; *Bartone*, AO-StB 2009, 150 [153]). Der Beschluss erwächst **nicht in materielle Rechtskraft** (§ 110 FGO), sodass trotz Vorliegens eines ablehnenden Beschlusses ein **erneuter Antrag** auf Gewährung von PKH **möglich** ist (z.B. BFH v. 15.03.2006, VI S 2/06 [PKH], BFH/NV 2006, 1097; BFH v. 08.11.2013, X S 41/13 [PKH], juris; *Schwarz* in HHSp, § 142 FGO Rz. 34a). Für die **Bewilligung** bzw. Änderung oder Aufhebung (s. Rz. 23 f.) der PKH fallen **weder Gerichtskosten noch Auslagen** an (§ 142 FGO i.V.m. § 1 Abs. 2 Nr. 2 GKG und dem KV, s. Vor § 135 FGO Rz. 119; BFH v. 07.10.2010, II S 26/10 [PKH], BFH/NV 2011, 59; BFH v. 26.02.2014, V S 1/14 [PKH], BFH/NV 2014, 917). 22

Nach Maßgabe des § 142 Abs. 1 FGO i.V.m. § 120a ZPO kann die **Bewilligung** der PKH (s. Rz. 18) zugunsten oder zuungunsten des Betroffenen **geändert** werden. Voraussetzung hierfür ist, dass sich die für die PKH maßgebenden persönlichen oder wirtschaftlichen Verhältnisse wesentlich verändert haben (§ 120a Abs. 1 Satz 1 und 23

Abs. 3 Satz 1 ZPO). Eine Änderung zum Nachteil ist jedoch ausgeschlossen, wenn seit der rechtskräftigen Entscheidung oder sonstigen Beendigung des Verfahrens vier Jahre vergangen sind (§ 120a Abs. 1 Satz 4 ZPO).

24 Wurde die PKH gewährt, kann die **Bewilligung** nach § 124 ZPO **wieder aufgehoben** werden, und zwar, wenn der Beteiligte durch unrichtige Darstellung des Streitstoffs die für die Bewilligung der PKH maßgebenden Voraussetzungen vorgetäuscht oder absichtlich oder aus grober Nachlässigkeit unrichtige Angaben über ihre persönlichen und wirtschaftlichen Verhältnisse gemacht hat, sowie wenn die persönlichen oder wirtschaftlichen Voraussetzungen für die Bewilligung nicht vorgelegen haben oder der Beteiligte länger als drei Monate mit der Zahlung einer Monatsrate oder eines sonstigen Betrages im Rückstand ist.

## E. Rechtsbehelfe

25 Gegen den Beschluss über die Gewährung oder Ablehnung der PKH ist die **Beschwerde** durch § 128 Abs. 2 FGO ausdrücklich **ausgeschlossen**, sodass der Beschluss unanfechtbar ist (s. Rz. 20). Davon unberührt bleiben außerordentliche Rechtsbehelfe wie die Anhörungsrüge (§ 133a FGO; *Brandis* in Tipke/Kruse, § 142 FGO Rz. 71 m.w.N.) und die Verfassungsbeschwerde (s. Rz. 26).

26 Dem Antragsteller, dem die Gewährung von PKH durch das FG oder den BFH versagt wurde, steht gegen die ablehnende Entscheidung grds. die **Verfassungsbeschwerde** als außerordentlicher Rechtsbehelf zur Verfügung. Mit der Verfassungsbeschwerde kann geltend gemacht werden, die Ablehnung der PKH verletze den Beschwerdeführer in seinen Grundrechten aus Art. 2 Abs. 1 GG i.V.m. Art. 20 Abs. 3 GG und aus Art. 3 Abs. 1 GG (zu den Verfahrensgrundrechten und grundrechtgleichen Rechten im Verfassungsbeschwerdeverfahren gegen letztinstanzliche Entscheidungen der FG und des BFH *Bartone*, AO-StB 2008, 224; im Übrigen s. Vor FGO Rz. 59 ff.). Allerdings liegt i.d.R. kein Verfassungsverstoß, vor allem keine Verletzung des Gleichheitsgrundsatzes des Art. 3 Abs. 1 GG vor, wenn das zuständige Gericht im Einzelfall die Bewilligung der PKH wegen Nichtvorliegens der Voraussetzungen nach §§ 114 ff. ZPO ablehnt (vgl. z.B. BVerfG v. 17.08.2005 – 1 BvR 1516/05, BVerfGK 6, 114 m.w.N.). Denn der Unbemittelte braucht nur einem solchen Bemittelten gleichgestellt zu werden, der seine Prozessaussichten vernünftig abwägt und dabei auch das Kostenrisiko berücksichtigt (vgl. BVerfG v. 22.01.1959, 1 BvR 154/55, BVerfGE 9, 124 [130 f.]). Es ist demnach verfassungsrechtlich unbedenklich, die Gewährung von PKH davon abhängig zu machen, dass die beabsichtigte Rechtsverfolgung oder Rechtsverteidigung hinreichende Aussicht auf Erfolg hat und nicht mutwillig erscheint (hierzu und zu weiteren Einzelheiten *Bartone*, AO-StB 2009, 180 [183]). Zur PKH für die Durchführung eines Verfassungsbeschwerdeverfahrens *Bartone*, AO-StB 2009, 180 [182 f.].

# § 143 FGO Kostenentscheidung

**(1) Das Gericht hat im Urteil oder, wenn das Verfahren in anderer Weise beendet worden ist, durch Beschluss über die Kosten zu entscheiden.**

**(2) Wird eine Sache vom Bundesfinanzhof an das Finanzgericht zurückverwiesen, so kann diesem die Entscheidung über die Kosten des Verfahrens übertragen werden.**

**S. § 161 Abs. 1 VwGO; § 193 Abs. 1 SGG**

1 Nach § 143 FGO hat das Gericht mit Beendigung des Verfahrens bzw. eines selbstständigen Verfahrensabschnitts von Amts wegen eine Kostenentscheidung zu treffen, die sog. **Kostengrundentscheidung**. Es handelt sich um die Entscheidung, wer die Kosten des Rechtsstreites zu tragen hat; bei mehreren Kostenpflichtigen (§ 31 Abs. 1 GKG, § 136 Abs. 1 FGO), nach welchem Schlüssel sich die Kostenpflicht verteilt (Bruchteile, feste Beträge und restliche Kostenlast). Über die anzusetzenden Beträge (§ 139 FGO) wird im Kostenansatz- bzw. Kostenfestsetzungsverfahren entschieden (§ 19 GKG bzw. § 149 FGO). Die Kostengrundentscheidung bildet den Titel für die Kostenfestsetzung nach § 149 Abs. 1 FGO (§ 155 Satz 1 FGO i.V.m. § 103 Abs. 1 ZPO; § 149 FGO Rz. 1; zu alledem s. Vor § 135 FGO Rz. 30).

Die Kostengrundentscheidung ist **Bestandteil des Urteils** (§ 105 FGO); fehlt sie, muss das Urteil nach § 109 FGO ergänzt werden. Soweit in der Hauptsache kein Urteil ergeht, sei es wegen Rücknahme der Klage (§ 72 FGO), oder wegen Erledigung der Hauptsache (§ 138 FGO), erfolgt die Kostenentscheidung nur unter den Voraussetzungen des § 144 FGO (s. § 144 FGO Rz. 1). Ergeht ein Ruhensbeschluss (§ 155 Satz 1 FGO i.V.m. § 251 ZPO), ergeht darin keine Kostenentscheidung (z.B. BFH v. 21.05.2014, XI R 7/14, BFH/NV 2014, 1225; BFH v. 06.10.2016, IX B 81/16, BStBl II 2017, 196). Das Verfahren nach § 86 Abs. 3 FGO ist grds. ein unselbstständiges Zwischenverfahren ohne eigenständige Kostenentscheidung (BFH v. 25.02.2014, V B 60/12, BStBl II 2014, 478; BFH v. 05.05.2017, X B 36/17, BFH/NV 2017, 1183; a.A. offenbar BFH v. 15.10.2009, X S 9/09, BFH/NV 2010, 54; BFH v. 03.06.2015, VII S 11/15, BFH/NV 2015, 1100; s. § 86 FGO Rz. 7). Dementsprechend ist auch in einer Entscheidung über die Beiladung eine Kostenentscheidung nicht zu treffen (BFH v. 11.01.2018, X R 21/17, BFH/NV 2018, 529; s. Rz. 3). 2

a Nach dem Grundsatz, dass die Kostenentscheidung für die Kosten des ganzen Prozesses in allen Phasen einheitlich ergeht, bleibt die Entscheidung über die Kosten einer erfolgreichen NZB der Entscheidung über die Revision vorbehalten. Allerdings ist eine unrichtige Entscheidung des FG über die Verfahrenskosten vom BFH im Revisionsverfahren von Amts wegen unabhängig vom Ausgang des Verfahrens gem. § 143 Abs. 1 FGO zu berichtigen (z. B. BHF v. 19.12.2012, XI R 38/10, BStBl II 2013, 1053). Der **Grundsatz der Einheitlichkeit der Kostenentscheidung** ist auch dann gewahrt, wenn der BFH einen nach Verfahrensabschnitten getrennten Kostenausspruch vornimmt, etwa weil der Kläger zwar in der Revisionsinstanz obsiegt, ihm aber für das Klageverfahren die Kosten nach § 137 Satz 1 FGO aufzuerlegen sind (BFH v. 06.07.2000, VIII R 17/97, BStBl II 2000, 306; BFH v. 30.04.2003, II R 6/01, BFH/NV 2004, 341; BFH v. 24.07.2013, XI R 24/12, BFH/NV 2013, 1920). Entspricht das FA während eines Verfahrens wegen AdV dem Aussetzungsantrag während des Beschwerdeverfahrens vor dem BFH und wird daraufhin die Hauptsache für erledigt erklärt, so ist die Kostenentscheidung vom BFH nach Maßgabe von § 143 Abs. 1 FGO i. V. m. § 138 Abs. 1 FGO zu treffen (BFH v. 10.01.2008, IX S 21/07, juris; BFH v. 29.10.2008, III B 176/07, BFH/NV 2009, 192). Entsprechendes gilt für die Hauptsachenerledigung im Revisionsverfahren (BFH v. 19.11.2008, VI R 80/06, BStBl II 2009, 547). Zur Kostenentscheidung bei **Zwischen- und Teilurteilen** s. § 97 FGO Rz. 3, s. § 98 FGO Rz. 3 und s. § 99 FGO Rz. 9.

3 Nach § 143 Abs. 2 FGO kann der **BFH** dem FG die Kostenentscheidung übertragen, wenn er die Sache zur erneuten Entscheidung **zurückverweist**, und zwar unabhängig davon, ob die Sache durch Urteil nach § 126 Abs. 3 Satz 1 Nr. 2 FGO oder durch Beschluss nach § 116 Abs. 6 FGO zurückverwiesen wird (BFH v. 23.09.2009, IX B 52/09, BFH/NV 2010, 220; BFH v. 24.06.2014, III B 12/13, BFH/NV 2014, 1581). Weist der BFH in einer einheitlichen, aber mehrere Streitjahre betreffenden Streitsache die Revision zum Teil zurück und hebt er zum anderen Teil das angefochtene Urteil unter Zurückverweisung der Sache an das FG auf, so hat er diesem die Entscheidung über die gesamten Kosten des Revisionsverfahrens zu übertragen (z. B. BFH v. 17.03.2010, IV R 25/08, BStBl II 2010, 622; BFH v. 13.06.2013, III R 10/11, BFH/NV 2013, 1868). Die teilweise Aufhebung und Zurückverweisung bewirkt keine Abtrennung der einzelnen Teile i. S. von § 73 Abs. 1 FGO (BFH v. 14.06.1972, I B 16/72, BStBl II 1972, 707; BFH v. 13.09.2000, I R 61/99, BStBl II 2001, 67). Wenn der BFH über unselbstständige Nebenverfahren entscheidet (Gewährung von Akteneinsicht, Beschwerde eines Beigeladenen gegen den Beiladungsbeschluss), ergeht die Entscheidung über die diesbezüglichen Kosten erst im Rahmen der Entscheidung über die Gesamtkosten des Hauptverfahrens (BFH v. 17.03.2008, IV B 100, 101/07, BFH/NV 2008, 1177; BFH v. 13.07.2009, II B 10/09, BFH/NV 2009, 1663).

Das Gericht muss auch in folgenden **Sonderfällen** von Amts wegen **durch Beschluss** über die Kosten entscheiden: Hat nach Revisionseinlegung durch die Finanzbehörde (oder durch beide Beteiligte des finanzgerichtlichen Verfahrens) der Kläger seine Klage zurückgenommen, so hat der BFH eine Kostenentscheidung (durch Beschluss) zu treffen (BFH v. 21.03.2005, XI R 53/04, juris; BFH v. 29.11.2005, IX R 71/02, BFH/NV 2006, 759), weil sonst der gegen den Kläger begründete Anspruch auf Gerichtskosten nicht angesetzt werden könnte, denn er hat das Verfahren der Revisionsinstanz nicht (allein) beantragt. § 144 FGO ist auch nicht anwendbar, wenn die Klage zurückgenommen wird, nachdem der Beklagten durch Erlass eines Änderungsbescheids dem Klagebegehren teilweise abgeholfen hat; die Kostenentscheidung richtet sich in diesem Falle nach §§ 136 Abs. 2, 138 Abs. 2 FGO (BFH v. 06.08.1974, VII B 49/73, BStBl II 1974, 748; BFH v. 29.03.2000, I R 85/98, BFH/NV 2000, 1247). 4

## § 144 FGO
## Kostenentscheidung bei Rücknahme eines Rechtsbehelfs

**Ist ein Rechtsbehelf seinem vollen Umfange nach zurückgenommen worden, so wird über die Kosten des Verfahrens nur entschieden, wenn ein Beteiligter Kostenerstattung beantragt.**

**S. § 92 Abs. 3 VwGO**

Nach § 144 FGO muss das Gericht abweichend von § 143 FGO **keine obligatorische Kostengrundentscheidung** (s. § 143 FGO Rz. 1) treffen, wenn ein Rechtsbehelf in vollem Umfang zurückgenommen worden ist. Die **materielle Gerichtskostenpflicht** bei Rücknahme eines Rechtsbehelfs (bzw. eines Antrags) ergibt sich ohne Weiteres aus **§ 136 Abs. 2 FGO**, sodass sich ein Beschluss über die Kostentragungspflicht regelmäßig erübrigt (vgl. BFH v. 24.04.2012, IX E 4/12, BFH/NV 2012, 1798). Da jedoch die Geltendmachung des Anspruchs auf Erstattung von Prozesskosten gem. §§ 149, 155 Satz 1 FGO i. V. m. § 103 Abs. 1 ZPO einen entsprechenden vollstreckbaren Titel voraussetzt, bedarf es für den Fall, dass ein **Beteiligter Kostenerstattung beantragt**, der Grundlage einer ausdrücklichen Kostenentscheidung. Dabei kann die Absicht der Kostenerstattung unterstellt werden, wenn anzunehmen ist, dass dem anwaltlich vertretenen Kläger erstattungsfähige Aufwendungen entstanden sind (BFH v. 13.06.2000, VII R 68/97, juris; BFH v. 18.03.2010, VII B 265/09, VII B 266/09, BFH/NV 2010, 1112). Ein Antrag des Beklagten ist unzulässig, da diesem gem. § 139 Abs. 2 FGO keine außergerichtlichen 1

Kosten erstattet werden. Im Übrigen kann die Kostenentscheidung nach § 144 FGO mit Rücksicht auf den zwingenden Charakter von § 136 Abs. 2 **nur deklaratorische Bedeutung** haben. Zur Kostenentscheidung bei Klagerücknahme nach Teilabhilfebescheid s. § 143 FGO Rz. 4. Für eine von § 136 Abs. 2 FGO abweichende Kostenentscheidung unter Berücksichtigung von § 137 FGO ist im Verfahren nach § 144 FGO kein Raum (BFH v. 19.09.1969, VII B 49/73, BStBl II 1970, 92). Für erstattungsfähige Kosten von Beteiligten (einschl. der Beigeladenen) gilt § 139 Abs. 3 und Abs. 4 FGO. Über die erstattungsfähigen Beträge an gesetzlichen Gebühren und Auslagen wird im Kostenfestsetzungsverfahren entschieden (§ 149 FGO). Zur Kostenentscheidung bei Klagerücknahme im Verfahren über die Revision der Finanzbehörde s. § 143 FGO Rz. 4.

2 Nimmt der **vollmachtlose Vertreter** einen von ihm namens des Beteiligten eingelegten Rechtsbehelf wirksam zurück (s. § 62 FGO Rz. 27), so ergeht die Entscheidung, dass er die Kosten des Verfahrens zu tragen hat abweichend von § 136 Abs. 2 FGO durch Beschluss (BFH v. 22.05.1979, VII B 10/79, BStBl II 1979, 564; BFH v. 09.08.1999, VII R 47/99, juris).

## § 145 FGO Anfechtung der Kostenentscheidung

**Die Anfechtung der Entscheidung über den Kostenpunkt ist unzulässig, wenn nicht gegen die Entscheidung in der Hauptsache ein Rechtsmittel eingelegt wird.**

1 Die Kostenentscheidung (§ 143 FGO) ist gem. § 145 FGO **nicht isoliert anfechtbar**, sondern nur zusammen mit der Hauptsache (z. B. BFH v. 23.12.2013, IX R 6/13, BFH/NV 2014, 561). Dies gilt für Revision und NZB gleichermaßen (z. B. BFH v. 14.03.2012, II B 109/11, BFH/NV 2012, 977; BFH v. 11.01.2013, V S 27/12 [PKH], BFH/NV 2013, 945). Daher kann die mit einer NZB erhobene Rüge einer fehlerhaften Kostenentscheidung nicht zur Zulassung der Revision führen, wenn die NZB unzulässig oder unbegründet ist oder in Bezug auf die Hauptsache keine Zulassungsgründe i. S. des § 115 Abs. 2 FGO geltend gemacht werden (z. B. BFH v. 28.01.2014, III B 20/13, BFH/NV 2014, 704; BFH v. 11.02.2015, V B 107/14, BFH/NV 2015, 698; BFH v. 20.05.2016, III B 62/15, BFH/NV 2016, 1293). Eine Beschränkung der Urteilsanfechtung auf den Kostenpunkt ist auch dann nicht statthaft, wenn sich der Beteiligte nur im Kostenpunkt beschwert fühlt (§ 99 ZPO; BFH v. 19.07.1966, I S 8/66, BStBl III 1966, 508; BFH v. 10.07.1996, XI B 134/95, BFH/NV 1997, 48), z. B. weil ihm trotz Obsiegens gem. § 137 FGO die Kosten auferlegt wurden (BFH v. 21.08.1974, I R 116/73, BStBl II 1975, 17); ferner nicht, wenn eine zwei Veranlagungszeiträume umfassende Entscheidung hinsichtlich des einen nur im Kostenpunkt und hinsichtlich des anderen auch in der Hauptsache angegriffen wird (BFH v. 22.06.1967, IV 196/63, BStBl III 1967, 640; BFH v. 26.10.1983, IV R 89/82, juris). Aus § 145 FGO folgt, dass eine Revision nicht auf Gründe gestützt werden kann, die sich aus der behaupteten Unrichtigkeit der Kostenentscheidung ergeben, wenn die vom Rechtsmittelführer geltend gemachten Revisionszulassungsgründe nicht greifen und die NZB in der Hauptsache keinen Erfolg hat (z. B. BFH v. 13.05.2004, IV B 230/02, BStBl II 2004, 833; BFH v. 10.06.2010, IX B 45/10, BFH/NV 2010. 1842; BFH v. 30.01.2012, VII B 187/11, BFH/NV 2012, 764; *Seer* in Tipke/Kruse, § 115 FGO Rz. 111; *Brandis* in Tipke/Kruse, § 145 FGO Rz. 1; *Ratschow* in Gräber, § 145 FGO Rz. 2). Wird durch Hauptsachenentscheidung die Erledigung der Hauptsache ausgesprochen (vgl. die Erläuterungen zu s. § 138 FGO), so ist ebenfalls die isolierte Anfechtung der zugleich getroffenen Kostenentscheidung unzulässig (BFH v. 28.09.1972, IV 196/63, BStBl II 1973, 17). Da § 145 FGO prozesswirtschaftlichen Zwecken dient, kann jedoch die **unselbstständige Anschlussrevision** auf den Kostenpunkt beschränkt werden, wenn mit der Revision bereits die Entscheidung in der Hauptsache angegriffen worden ist (BFH v. 02.06.1971, III R 105/70, BStBl II 1971, 675; BFH v. 23.09.1998, XI R 71/97, BFH/NV 1999, 460; BFH v. 25.09.2014, III R 5/12, BStBl II 2015, 220). Eine solche Beschränkung ist aber nur dann zulässig, wenn der Anschlussrevisionskläger auch tatsächlich eine entsprechende Beschwer durch die Kostenentscheidung der Vorinstanz geltend macht (BFH v. 27.09.1994, VIII R 36/89, BStBl II 1995, 353; BFH v. 25.09.2014, III R 5/12, BStBl II 2015, 220). Die Anfechtung der Entscheidung über die Kosten ist auf einen anderen Gegenstand gerichtet als die Anfechtung der Entscheidung über die Hauptsache. Die erstgenannte Anfechtung wahrt nicht die Frist für die zweitgenannte (BFH v. 22.03.1972, II B 14/71, BStBl II 1972, 493). Da der BFH letztinstanzlich entscheidet, ist die Beanstandung der Kostenentscheidung in einem BFH-Urteil als Gegenvorstellung zu behandeln, für die § 321 a Abs. 2 Satz 2 ZPO (Zwei-Wochen-Frist) analog gilt (BFH v. 27.01.2004, VIII R 111/01, BFH/NV 2004, 660). Fraglich ist dabei, ob diese Rspr. vor dem Hintergrund der BVerfG-Rspr. zur Rechtsmittelklarheit noch Bestand haben kann (dazu BVerfG v. 30.04.2003, 1 PbU 1/02, BVerfGE 107, 395).

## §§ 146 bis 148 FGO

**(aufgehoben durch Gesetz v. 20.08.1975, BGBl I 1975, 2189; vgl. nunmehr §§ 19 Abs. 1 und Abs. 5, 63, 66 GKG; s. Vor § 135 FGO Rz. 30 f., 34, 45 ff.)**

## § 149 FGO
## Festsetzung der zu erstattenden Aufwendung

**(1) Die den Beteiligten zu erstattenden Aufwendungen werden auf Antrag von dem Urkundsbeamten des Gerichts des ersten Rechtszuges festgesetzt.**

**(2) Gegen die Festsetzung ist die Erinnerung an das Gericht gegeben. Die Frist für die Einlegung der Erinnerung beträgt zwei Wochen. Über die Zulässigkeit der Erinnerung sind die Beteiligten zu belehren.**

**(3) Der Vorsitzende des Gerichts oder das Gericht können anordnen, dass die Vollstreckung einstweilen auszusetzen ist.**

**(4) Über die Erinnerung entscheidet das Gericht durch Beschluss.**

**S. §§ 164, 165 VwGO; § 197 SGG**

### Schrifttum

GRUBER, Die Abtretung des Kostenerstattungsanspruchs der Partei im Steuerprozeß, StB 1999, 186.

1 § 149 FGO regelt das Verfahren betreffend die **Erstattung der außergerichtlichen Kosten** des Beteiligten, der ganz oder teilweise obsiegt hat, das sog. **Kostenfestsetzungsbeschlussverfahren**. Ein Antrag des Beklagten kommt dabei wegen § 139 Abs. 2 FGO nicht in Betracht. Der Antrag nach § 149 Abs. 1 FGO setzt das Vorhandensein eines vollstreckbaren Titels voraus (§ 155 Satz 1 FGO i. V. m. § 103 Abs. 1 ZPO); das ist die vom Gericht nach § 143 FGO getroffene Kostengrundentscheidung (s. § 143 FGO Rz. 1). Die Kostenfestsetzung stellt betragsmäßig fest, welche Kosten im Einzelnen zu erstatten sind; er entscheidet dabei auch, ob die geltend gemachten Aufwendungen notwendig i. S. von § 139 FGO sind. Ausnahmsweise ist die Entscheidung darüber, ob die Zuziehung eines Bevollmächtigten oder Beistandes für das Vorverfahren notwendig war, dem Gericht vorbehalten (§ 139 Abs. 3 Satz 3 FGO; auch BFH v. 18.07.1967, GrS 5/66, GrS 6/66, GrS 7/66, BStBl II 1968, 56; BFH v. 13.05.2003, X R 9/02, BFH/NV 2003, 1204). Daher darf der Urkundsbeamte des FG in einem nach § 149 FGO ergangenen Kostenfestsetzungsbeschluss nicht über die Erstattungsfähigkeit von Aufwendungen im Vorverfahren entscheiden (BFH v. 13.04.2016, III R 24/15, BFH/NV 2016, 1284). Für das Verfahren gelten die §§ 103 ff. ZPO (i. V. m. § 155 Satz 1 FGO), mit Ausnahme des § 104 ZPO, der im Wesentlichen durch § 149 Abs. 2 bis Abs. 4 FGO verdrängt wird.

**Zuständig** für die Festsetzung ist der Urkundsbeamte des Gerichts des ersten Rechtszuges, und zwar auch dann, wenn Erstattung der im Rechtsmittelverfahren entstandenen Kosten beantragt wird. **Grds.** ist dies der **Urkundsbeamte des FG** (vgl. BFH v. 15.04.2015, V R 27/14, BStBl II 2016, 163). Der **Urkundsbeamte beim BFH** ist u. E. entgegen der Entscheidung des Urkundsbeamten beim BFH 11.05.1967, BStBl II 1967, 422 **ausnahmsweise** für die Kostenfestsetzung zuständig, soweit beim BFH als Gericht der Hauptsache ein Antrag auf AdV (§ 69 FGO) gestellt wurde. Insoweit ist der BFH nämlich »erstinstanzlich« tätig (gl. A. *Brandis* in Tipke/Kruse, § 149 FGO Rz. 6; *Stapperfend* in Gräber, § 149 FGO Rz. 6). Dies gilt auch für Entschädigungsklagen wegen überlanger Verfahrensdauer (§ 155 Satz 2 FGO; BFH v. 25.03.2015, X K 8/13, juris). Der Urkundsbeamte kann ebenso wie ein Richter nach § 51 Abs. 1 FGO i. V. m. § 49 ZPO oder § 51 Abs. 2 FGO abgelehnt werden (s. § 51 FGO Rz. 1). 2

Die Kostenfestsetzung erfolgt **nur auf Antrag des Beteiligten**. Den Antrag auf Festsetzung seiner erstattungsfähigen Gebühren und Auslagen (§ 139 Abs. 3 FGO) kann der Bevollmächtigte grundsätzlich nur namens des vertretenen Beteiligten stellen; denn diesem steht der Erstattungsanspruch gegenüber der Staatskasse zu. Wird dagegen – wie häufig schon bei der Vollmachterteilung – der Kostenerstattungsanspruch dem Bevollmächtigten abgetreten, so ist dieser im eigenen Namen aktiv legitimiert. Demgegenüber vertritt der BFH die Auffassung, die schriftliche Abtretung der Kostenerstattungsforderung an den Prozessbevollmächtigten stelle keine genügende Grundlage für eine Kostenfestsetzung zu dessen Gunsten dar und eine trotzdem durchgeführte Kostenfestsetzung sei wirkungslos (BFH v. 08.12.1970, VII B 29/69, BStBl II 1971, 242; auch *Gruber*, StB 1999, 186; dem BFH folgend *Brandis* in Tipke/Kruse, § 139 FGO Rz. 5; *Stapperfend* in Gräber, § 149 FGO Rz. 8; *Schwarz* in HHSp, § 149 FGO Rz. 7). Die sich dadurch aus § 153 FGO ergebende Problematik (keine Vollstreckungsklausel entgegen § 727 ZPO) lässt der BFH ungelöst. Vgl. auch FG Ha v. 29.05.1973, II 46/73, EFG 1973, 500, wonach keine Festsetzung zugunsten des Klägers mit der Maßgabe erfolgen kann, dass die Zahlung an den Prozessbevollmächtigten zu leisten sei. Dagegen gilt für den im Rahmen der Gewährung von Prozesskostenhilfe beigeordneten Vertreter (s. § 142 FGO Rz. 14), dass er im Falle des Obsiegens seines Mandanten seine Gebühren und Auslagen vom Gegner aus eigenem Recht beitreiben kann (§ 142 FGO i. V. m. § 126 ZPO). 3

Der Urkundsbeamte setzt die zu erstattenden Aufwendungen durch Beschluss, den **Kostenfestsetzungsbeschluss** fest. Bei der Festsetzung der zu erstattenden Aufwendungen legt der Urkundsbeamte den vom Gericht festgesetzten Streitwert zugrunde. Wird der Streitwert 4 nach § 63 Abs. 3 Satz 1 GKG von Amts wegen geändert, ist die Kostenfestsetzung auf Antrag entsprechend abzuändern (§ 155 Satz 1 FGO i. V. m. § 107 Abs. 1 ZPO). Der Antrag ist binnen Monatsfrist, beginnend mit der Zustellung des Änderungsbeschlusses, zu stellen (§ 155 Satz 1 FGO i. V. m. § 107 Abs. 2 ZPO).

**4a** Eine **Aufrechnung** mit dem Kostenerstattungsanspruch ist nicht nur dann zulässig, wenn die Kosten nach § 149 FGO rechtskräftig festgestellt sind, sondern auch ohne Kostenfestsetzungsbeschluss, wenn die Höhe der zu erstattenden Kosten zwischen den Beteiligten unstreitig ist. Für eine Aufrechnung reicht somit der Erlass der Kostengrundentscheidung aus (BFH v. 16.03.2016, VII B 102/15, BFH/NV 2016, 996). Der nach den §§ 139, 149 FGO festgestellte Kostenerstattungsanspruch kann **abgetreten** werden und ist **pfändbar** (*Brandt* in Gosch, § 149 FGO Rz. 73).

**5** Gegen diesen Beschluss ist die **Erinnerung** an das Gericht gegeben (§ 149 Abs. 2 Satz 1 FGO). Die Erinnerung ist auch gegen einen Änderungsbeschluss (s. Rz. 3) gegeben. Im Gegensatz zur Erinnerung gegen den Kostenansatz (§ 66 GKG, s. Vor § 135 FGO Rz. 34 f.) gilt für die Erinnerung gegen die Kostenfestsetzung eine **Frist von zwei Wochen** (§ 149 Abs. 2 Satz 2 FGO). Über die Zulässigkeit der Erinnerung müssen die Beteiligten im Kostenfestsetzungsbeschluss belehrt werden (§ 149 Abs. 2 Satz 3 FGO). Wird die Kostenfestsetzung angefochten, können der Vorsitzende des Gerichts oder das Gericht anordnen, dass die Vollstreckung einstweilen auszusetzen ist (§ 149 Abs. 3 FGO). Hieraus ergibt sich, dass die Erinnerung **keine aufschiebende Wirkung** hat. Die Erinnerung ist **gerichtskostenfrei**; dies ergibt sich daraus, dass im Kostenverzeichnis (s. Vor § 135 FGO Rz. 42/Anlage 1 zu § 3 Abs. 2 GKG) weder ein entsprechender Gebührentatbestand noch diesbezügliche Auslagen angeführt sind (z. B. FG Thür v. 31.03.2000, II 10/99 Ko, EFG 2000, 653). Die Kostenfreiheit erstreckt sich jedoch nicht auf die außergerichtlichen Kosten, sodass insoweit ggf. eine Kostenentscheidung erforderlich ist (BFH v. 18.11.1969, VII B 63/68, BStBl II 1970, 124). Beteiligte am Erinnerungsverfahren (und ggf. dem anschließenden Beschwerdeverfahren) sind der Antragsteller und die beklagte Behörde bzw. auch die Staatskasse, vertreten durch den Kostenprüfungsbeamten, sofern dieser gem. §§ 135 Abs. 4, 139 Abs. 4 FGO Kosten auferlegt wurden. Eine vom Bestehen der Erinnerung des Erinnerungsführers abhängige **Anschlusserinnerung** ist **zulässig** (FG Bln v. 02.01.1981, V 514/80, EFG 1981, 581; FG Bre v. 02.11.1993, 2 93 122 E 2, 2 93 148 E 2, 2 93 122 E 2, 2 93 148 E 2, EFG 1994, 306). Über die Erinnerung entscheidet das Gericht durch **Beschluss** (§ 149 Abs. 4 FGO), wenn der Urkundsbeamte ihr nicht abgeholfen hat (*Schwarz* in HHSp, § 149 FGO Rz. 5). Wurde der Rechtsstreit auf den Einzelrichter übertragen (§ 6 FGO), entscheidet dieser auch über die Kostenerinnerung (FG Ha v. 02.06.2014, 3 KO 110/14, juris). Der Beschluss des Gerichts über die Erinnerung ist **unanfechtbar** (§ 128 Abs. 4 FGO).

## Abschnitt II.

## Vollstreckung

### § 150 FGO
### Anwendung der Bestimmungen der AO

**Soll zugunsten des Bundes, eines Landes, eines Gemeindeverbandes, einer Gemeinde oder einer Körperschaft, Anstalt oder Stiftung des öffentlichen Rechts als Abgabenberechtigte vollstreckt werden, so richtet sich die Vollstreckung nach den Bestimmungen der Abgabenordnung, soweit nicht durch Gesetz etwas anderes bestimmt ist. Vollstreckungsbehörden sind die Finanzämter und Hauptzollämter. Für die Vollstreckung gilt § 69 sinngemäß.**

**S. § 169 VwGO; § 200 SGG**

§ 150 FGO regelt die Vollstreckung zugunsten eines abgabenberechtigten Beklagten (während die Vollstreckung zugunsten des Klägers nach §§ 151 bis 154 FGO erfolgt). Da die Vollstreckung aus Verwaltungsakten der Finanzbehörden, die auf Geldleistung (insbes. Steuerbescheide) oder auf andere Leistungen gerichtet sind, ohnehin nach dem Vollstreckungsverfahren der AO erfolgt (§§ 249 ff. AO), bleiben für die ergänzende Verweisung auf dieses Verfahren in § 150 FGO **nur solche** einer Vollstreckung fähigen Entscheidungen (**Titel**), die zugunsten der abgabenberechtigten Körperschaften **unmittelbar im finanzgerichtlichen Verfahren erwachsen**; der Vollstreckungsschuldner kann daher **nicht** unter Berufung auf diese Bestimmung die einstweilige Einstellung der **Zwangsvollstreckung aus Steuerbescheiden** (oder Haftungsbescheiden) unmittelbar beim FG beantragen. (so auch BFH v. 09.11.1976, VII B 47/76, BStBl II 1977, 49). § 150 FGO findet (wie §§ 151 bis 154 FGO auch) **lediglich** bei den in § 151 Abs. 2 FGO aufgeführten **finanzgerichtlichen Entscheidungen** Anwendung (s. Rz. 3). **1**

Wegen der Verweisung auf die AO kommt eine entsprechende Anwendung der ZPO nicht in Betracht. Eine **Vollstreckungsgegenklage** gem. § 767 ZPO ist deshalb im Vollstreckungsverfahren nach § 150 FGO – wie auch sonst im Vollstreckungsverfahren nach §§ 249 ff. AO (BFH v. 23.07.1996, VII R 88/94, BStBl II 1996, 511) – **nicht gegeben**. Insoweit scheidet daher auch eine AdV nach § 769 ZPO aus (BFH v. 21.04.1971, VII B 106/69, **2**

BStBl II 1971, 702; BFH v. 23.07.1996, VII R 88/94, BStBl II 1996, 511).

3 Der praktische Anwendungsbereich der Vorschrift ist äußerst gering. Soweit nämlich das finanzgerichtliche Verfahren gegen einen vollstreckbaren Verwaltungsakt keinen Erfolg hat, bleibt dieser (i. V. m. dem Leistungsgebot, § 254 Abs. 1 Satz 1 AO) nach §§ 249 ff. AO vollstreckbar. Ändert das Gericht nach § 100 Abs. 2 Satz 1 FGO den angefochtenen Verwaltungsakt betragsmäßig ab, bleibt ebenfalls der ursprüngliche (wenngleich nach Rechtskraft des Urteils reduzierte) Verwaltungsakt Grundlage der Vollstreckung, nicht aber der Änderungsausspruch des Gerichts. Hebt das Gericht den angefochtenen Verwaltungsakt auf und wird seine Entscheidung rechtskräftig (bis dahin bleibt der Verwaltungsakt Grundlage der Vollstreckung), so entfällt die Vollstreckungsgrundlage. Damit aber reduziert sich der **Anwendungsbereich** der Vorschrift auf die den **Kläger beschwerende Kostenentscheidung** verbunden mit dem Kostenansatz im Fall der **Klageabweisung, Urteile oder Beschlüsse**, die einen **Antrag nach § 114 FGO ablehnen,** sowie Beschlüsse über die **Auferlegung eines Ordnungsgelds oder** einer **Verzögerungsgebühr** (§ 38 GKG) als Vollstreckungstitel.

4 Zur Vollstreckung nach §§ 249 ff. AO bedarf es keiner Vollstreckbarerklärung (Vollstreckungsklausel) i. S. von § 724 ZPO, wie aus § 153 FGO folgt. Leistungsgebot i. S. von § 254 Abs. 1 Satz 1 AO ist das Urteil i. V. m. dem Kostenfestsetzungsbeschluss (s. Rz. 3). Gem. § 150 Satz 2 FGO ist das FA (bzw. das HZA, wenn es Beklagter ist) **Vollstreckungsbehörde**. Aussetzung der – grds. bereits vor Eintritt der Rechtskraft statthaften – Vollstreckung kann nach § 150 Satz 3 FGO i. V. m. § 69 FGO analog gewährt werden (auch BFH v. 27.07.1989, V B 41/87, BFH/NV 1990, 644 m. w. N.). Eine Beschwerde gegen einen ablehnenden Beschluss des FG gem. § 150 Satz 3 FGO i. V. m. § 69 FGO ist nur statthaft, wenn die Beschwerde gem. § 128 Abs. 3 Satz 1 FGO zugelassen wird (BFH v. 26.09.2017, IV B 57/17, BFH/NV 2018, 48). Unberührt bleiben die in **§ 258 AO** vorgesehenen Maßnahmen des **Vollstreckungsschutzes**. Für Ansprüche, die beim BFH entstehen, ist gem. § 2 Abs. 2 JBeitrO das Bundesamt für Justiz zuständig (*Brandis* in Tipke/Kruse, § 150 FGO Rz. 6).

## § 151 FGO
## Anwendung der Bestimmungen der ZPO

**(1) Soll gegen den Bund, ein Land, einen Gemeindeverband, eine Gemeinde, eine Körperschaft, eine Anstalt oder Stiftung des öffentlichen Rechts vollstreckt werden, so gilt für die Zwangsvollstreckung das Achte Buch der Zivilprozessordnung sinngemäß; § 150 bleibt unberührt. Vollstreckungsgericht ist das Finanzgericht.**

**(2) Vollstreckt wird**

**1. aus rechtskräftigen und aus vorläufig vollstreckbaren gerichtlichen Entscheidungen,**
**2. aus einstweiligen Anordnungen,**
**3. aus Kostenfestsetzungsbeschlüssen.**

**(3) Urteile auf Anfechtungs- und Verpflichtungsklagen können nur wegen der Kosten für vorläufig vollstreckbar erklärt werden.**

**(4) Für die Vollstreckung können den Beteiligten auf ihren Antrag Ausfertigungen des Urteils ohne Tatbestand und ohne Entscheidungsgründe erteilt werden, deren Zustellung in den Wirkungen der Zustellung eines vollständigen Urteils gleichsteht.**

**S. §§ 167, 168, 170 VwGO; §§ 198, 199 SGG**

§ 151 FGO betrifft die **Vollstreckung** von Geldleistungen zugunsten des Klägers **gegen** die im Prozess unterlegene **ertragsberechtigte Körperschaft**, während § 150 FGO den umgekehrten Fall regelt (s. § 150 FGO Rz. 1). Diese kommt in Betracht, wenn die beklagte **Finanzbehörde** (§ 63 FGO), die verwaltungsorganisatorisch der Körperschaft zugehörig ist, zu einer **Leistung verurteilt** wird, sei es einer Geldleistung (z. B. Erstattung oder Vergütung von Steuern) oder einer Leistung anderer Art (Beispiele: Erlass eines endgültigen Steuerbescheides, Zulassung einer Buchführungserleichterung, einer zoll- oder verbrauchsteuerbegünstigten Verwendung; Eintragung eines Freibetrages auf die LSt-Karte; Gewährung einer Stundung oder eines Billigkeitserlasses; Zulassung zu einer Prüfung). Für die **Vollstreckung wegen einer Geldforderung** gelten die §§ 152, 153 FGO, für die Vollstreckung wegen sonstiger Leistungen gilt § 154 FGO. **Aus Gestaltungsurteilen** (§ 100 Abs. 1 Satz 1 FGO), welche die Rechtslage unmittelbar gestalten, findet eine Vollstreckung nur hinsichtlich der Kosten (§ 151 Abs. 3 FGO), **nicht** aber wegen des Hauptausspruchs statt (BFH v. 12.07.1999, VII B 29/99, BFH/NV 2000, 4). 1

Nach § 151 Abs. 1 Satz 1 FGO gilt für die Vollstreckung gegen öffentlich-rechtliche Körperschaften das Achte Buch der ZPO (§§ 704 bis 898 ZPO, insbes. § 882 a ZPO), soweit die §§ 152 ff. FGO keine spezielleren Regelungen enthalten, z. B. die Festsetzung eines Zwangsgelds in den Fällen des § 154 FGO (vgl. die Kommentierung zu s. § 154 FGO; dazu auch *Loose* in Tipke/Kruse, § 151 FGO Rz. 2 ff.). Daher kann bei der Entscheidung über den Antrag des Gläubigers auf Verfügung der Vollstreckung gegen eine Finanzbehörde nach Abs. 1 die Einwendung der Aufrechnung durch den Schuldner (die ertragsberechtigte Körperschaft) nicht berücksichtigt werden. Die **Aufrechnung** sowie alle anderen Einwendungen, die den durch den Kostenfestsetzungsbeschluss festgestellten Anspruch selbst betreffen (z. B. Erfüllung), 2 können nur im Rahmen der Zwangsvollstreckung nach § 151 Abs. 1 FGO i. V. m. § 767 ZPO durch **Vollstreckungsgegenklage** auf dem Finanzrechtsweg geltend gemacht werden (st. Rspr.; z. B. BFH v. 20.12.1983, VII B 73/83, BStBl II 1984, 205; BFH v. 31.10.2000, VII B 168/00, BFH/NV 2001, 734; BFH v. 21.12.2000, VII B 40/00, BFH/NV 2001, 640). Dies gilt auch, wenn ein Honoraranspruch des vom Kläger beauftragten Rechtsanwalts besteht (BFH v. 19.01.2007, VII B 318/06, BFH/NV 2007, 1144). Ein Rechtsschutzbedürfnis für eine solche Vollstreckungsgegenklage besteht grds. ab dem Zeitpunkt des Antrags beim FG, die Vollstreckung aus dem Kostenfestsetzungsbeschluss zu verfügen (BFH v. 24.06.2013, VII B 150/12, BFH/NV 2013, 1597; vgl. § 152 Abs. 1 Satz 1 FGO). Zur Vollstreckungsabwehrklage ausführlich BFH v. 02.04.1987, VII R 20/85, BFH/NV 1987, 789. Eine Ausnahme gilt, soweit es sich um eine Vollstreckung zugunsten einer anderen öffentlich-rechtlichen Körperschaft in deren Eigenschaft als Steuergläubiger handelt, also um Verpflichtungen, welche die schuldnerische Körperschaft als Steuerpflichtige (insbes. aus wirtschaftlicher Betätigung) trifft; diese Körperschaft ist damit Vollstreckungsschuldner i. S. des § 253 AO, sodass § 150 FGO unberührt bleibt und die Vollstreckung nach den Bestimmungen der §§ 249 ff. AO erfolgt (§ 151 Abs. 1 Satz 2 FGO; *Schwarz* in HHSp, § 151 FGO Rz. 11). Die Durchführung von Vollstreckungsmaßnahmen setzt voraus, dass der in § 152 Abs. 2 FGO vorgeschriebene **Abwendungsversuch erfolglos** geblieben ist (Ausnahmen: § 152 Abs. 4 und Abs. 5 FGO).

3 Als **Vollstreckungstitel** im Rahmen der §§ 151, 152 FGO, deren es für die Zwangsvollstreckung nach der ZPO bedarf (§ 794 ZPO), kommen nur die in § 151 Abs. 2 FGO **abschließend aufgeführten Entscheidungen** in Betracht (BFH v. 30.01.1973, VII B 128/71, BStBl II 1973, 499; FG Ha v. 10.01.2012, 4 V 288/11, juris), also Urteile auf Geldleistungen (Erstattung, Vergütung; § 100 Abs. 2 FGO), auf Erlass von Verwaltungsakten (§ 101 FGO) – als Grundlage für die Erbringung von Geldleistungen oder sonstiger Leistungen (s. Rz. 1) –, auf Rückgängigmachung vollzogener Verwaltungsakte (§ 100 Abs. 1 Satz 2 FGO), des Weiteren Beschlüsse über einstweilige Anordnungen (§ 114 FGO), insbes. auf Unterlassung von Eingriffen in bestehende Rechtspositionen, sowie Kostenfestsetzungsbescheide der Geschäftsstelle und Kostenfestsetzungsbeschlüsse des Gerichtes über erstattungsfähige Aufwendungen von Verfahrensbeteiligten (§§ 139, 149 FGO). Nur der **Gläubiger des Kostenerstattungsanspruchs**, der **im Kostenfestsetzungsbeschluss aufgeführt** ist, kann das Verfahren auf Durchführung der Vollstreckung gem. § 151 Abs. 2 Nr. 3, § 152 FGO betreiben, nicht sein Prozessbevollmächtigter. Dieser hat jedoch die Möglichkeit, die Umschreibung des Kostenfestsetzungsbeschlusses zu betreiben (BFH v. 19.01.2007, VII B 318/06, BFH/NV 2007, 1144; BFH v. 01.07.2009, VII B 115/09, BFH/NV 2009, 1821; auch s. § 152 FGO Rz. 1). Nicht in Betracht kommen demgegenüber die Aussetzung der Vollziehung gewährende Beschlüsse gem. § 69 Abs. 3 FGO (BFH v. 23.01.2004, VII B 131/03, juris). Ebenso wenig liegt in der nach § 100 Abs. 2 Satz 1 FGO geänderten ESt-Festsetzung eine Verurteilung des FA zu einer Geldleistung (BFH v. 19.01.2004, VII B 187/03, BFH/NV 2004, 466). Die Vollstreckungstitel müssen **rechtskräftig oder vorläufig vollstreckbar** sein (s. Rz. 4). Wird der Vollstreckungstitel wieder aufgehoben, so sind die Zwangsvollstreckungskosten, die der Vollstreckungsschuldner getragen hat, gem. § 151 Abs. 1 Satz 1 FGO i. V. m. § 788 Abs. 2 ZPO diesem zu erstatten. Dieser Kostenerstattungsanspruch ist ein materiellrechtlicher Anspruch. Er kann deshalb nicht im Kostenfestsetzungsverfahren, sondern werden wie eventuelle andere Folgeansprüche (§ 717 Abs. 2 ZPO) nur durch Klage beim FG geltend gemacht werden (BFH v. 27.06.1972, VII B 6/70, BStBl II 1972, 773).

4 Vollstreckbar sind **formell rechtskräftige**, also unanfechtbare Entscheidungen (*Schwarz* in HHSp, § 151 FGO Rz. 21). Zur **Rechtskraft** s. § 110 FGO. Für die **vorläufige Vollstreckbarkeit** gilt § 151 Abs. 1 Satz 1 FGO i. V. m. **§ 708 Nr. 10 ZPO** (BFH v. 18.12.1970, VI R 248/69, BStBl II 1971, 426). Danach ist die vorläufige Vollstreckbarkeit von Urteilen **von Amts wegen ohne Sicherheitsleistung** auszusprechen, da die FG als obere Landesgericht den OLG gleichstehen (s. § 2 FGO Rz. 2). Dies gilt ungeachtet der Neufassung des § 708 Nr. 10 ZPO durch das InstModG (»Berufungsurteile in vermögensrechtlichen Streitigkeiten«); gl. A. *Stapperfend* in Gräber, § 151 FG O Rz. 3; FG Mchn v. 20.01.2005, 3 K 4519/01, EFG 2005, 969). Gleichzeitig ist von Amts wegen die **Abwendungsbefugnis** nach § 151 Abs. 1 Satz 1 FGO i. V. m. **§ 711 ZPO** auszusprechen. Der Beklagte darf daher die Vollstreckung durch Sicherheitsleistung oder Hinterlegung abwenden, wenn nicht der Kläger vor der Vollstreckung Sicherheit leistet. Die Höhe der Sicherheitsleistung ergibt sich aus dem Kostenfestsetzungsbeschluss (§ 149 Abs. 1 FGO). Der Gläubiger (Kläger) kann ausnahmsweise unter den Voraussetzungen des § 151 Abs. 1 Satz 1 FGO i. V. m. §§ 710, 711 Satz 3 ZPO von der Sicherheitsleistung befreit werden. Unterlässt das FG den Ausspruch der vorläufigen Vollstreckbarkeit, kann der Kläger die **Ergänzung des Urteils** nach § 109 FGO beim FG beantragen (BFH v. 15.04.1981, IV S 3/81, BStBl II 1981, 402).

5 Für vorläufig vollstreckbar können nur solche gerichtlichen Entscheidungen erklärt werden, die **ihrem Inhalt nach** in ihrem Hauptausspruch **vollstreckungsfähig** sind. Dies betrifft daher **nur sonstige Leistungsurteile; Anfechtungs- und Verpflichtungsurteile** können **nur wegen der Kosten** vorläufig vollstreckbar erklärt werden (§ 151 Abs. 3 FGO; vgl. BFH v. 01.12.1993, X R 99/91, BStBl II 1994, 305; BFH v. 21.06.2017, V R 3/17, BFH/NV 2018,

153). Dies gilt auch für **Feststellungsurteile** (*Loose* in Tipke/Kruse, § 151 FGO Rz. 8), die ihrem Wesen nach keinen vollstreckbaren Hauptausspruch haben. Wird in einem Anfechtungsurteil die Folgenbeseitigung nach § 100 Abs. 1 Satz 2 FGO angeordnet, kann dieser Ausspruch ebenfalls nicht für vorläufig vollstreckbar erklärt werden (*Loose* in Tipke/Kruse, § 151 FGO Rz. 8). **Einstweiligen Anordnungen** (§§ 114, 151 Abs. 2 Nr. 2 FGO) sind regelmäßig ohne Weiteres vollstreckbar und stellen schon ihrer Art nach bloß einstweilige Regelungen dar (s. § 114 FGO Rz. 15). **Kostenfestsetzungsbeschlüsse** (§ 149 Abs. 1 FGO) werden entweder auf das zu vollstreckende Urteil gesetzt und sind damit ohne Vollstreckungsklause vollstreckbar (§ 105 ZPO). Oder sie werden nicht auf das Urteil gesetzt – was dem Regelfall entspricht – und bedürfen dann einer besonderen Vollstreckungsklausel (*Schwarz* in HHSp, § 151 FGO, Rz. 45). Beachte allerdings die Zwei-Wochen-Frist des § 798 ZPO (FG Sachsen v. 26.02.2014, 6 K 136/14, juris).

6 Die Vollstreckung geschieht aufgrund einer einfachen Ausfertigung des Urteils (§ 151 Abs. 4 FGO), die auf Antrag der Beteiligten erteilt wird. Vor der Aushändigung der Urteilsausfertigung hat der Urkundsbeamte der Geschäftsstelle auf der Urschrift des Urteils in der Prozessakte zu vermerken, für welchen Beteiligten und zu welcher die Ausfertigung erteilt wird (§ 734 ZPO; *Schwarz* in HHSp, § 151 FGO Rz. 55). Einer **Vollstreckungsklausel** (§§ 724, 725 ZPO) bedarf es nur bei anderen Leistungen als Geldleistungen, (§ 153 FGO). Will ein **Rechtsnachfolger** die Vollstreckung aus einem Kostenfestsetzungsbeschluss betreiben, benötigt er eine Ausfertigung dieses Beschlusses, die gem. § 151 Abs. 1 Satz 1 FGO i.V.m. § 727 Abs. 1 ZPO den Rechtsnachfolger als Gläubiger der festgesetzten Forderung ausweist (BFH v. 12.09.2013, VII B 198/12, juris; s. § 152 FGO Rz. 1). Dies gilt auch für die vertragliche Rechtsnachfolge im Wege der Forderungsabtretung gem. § 46 AO (BFH v. 12.09.2013, VII B 198/12, juris).

7 Die **Vollstreckung** richtet sich **gegen die öffentlich-rechtliche Körperschaft**, der die **verurteilte Finanzbehörde** (§ 63 FGO) verwaltungsorganisatorisch zugehört. Soweit diese im Interesse einer anderen (ertragsberechtigten) Körperschaft handelt, wird man davon ausgehen können, dass die verurteilte Behörde als Verfahrensbeteiligter im Allgemeinen auch die Verpflichtungen erfüllen muss, die den Gegenstand der zu vollstreckenden Entscheidung bilden (§§ 100 Abs. 1 Satz 2, 101, 114 FGO). In Bezug auf Geldleistungen (z.B. Erstattung oder Vergütung von Steuern) bedeutet dies, dass sie die Vollstreckung in Vermögenswerte der ertragsberechtigten Körperschaft dulden muss, die ihrer Verfügungsmacht unterliegen. Eine Vollstreckung gegen die öffentlich-rechtliche Körperschaft, die hinsichtlich der in Rede stehenden Abgabe – ganz oder teilweise – ertragsberechtigt ist, der jedoch die verurteilte Finanzbehörde (§ 63 FGO) verwaltungsorganisatorisch nicht angehört, ist in den übrigen Fällen nicht möglich. Denn diese Körperschaft nimmt am Verfahren nicht teil (s. § 60 Abs. 2 FGO) und braucht demgemäß die Entscheidung nicht gegen sich gelten zu lassen; die Bindungswirkung des § 110 FGO erstreckt sich nicht auf sie.

**Vollstreckungsgericht** ist das FG (§ 151 Abs. 1 Satz 3 FGO). Zuständig ist – je nach Entscheidung in der Hauptsache – der Senat oder der Vorsitzende (Berichterstatter) nach § 79a Abs. 3 FGO (§ 79a Abs. 4 FGO). Die Regelung stellt eine Spezialregelung gegenüber § 764 ZPO dar. Es bedient sich der zuständigen Stellen für die Durchführung der Vollstreckungsmaßnahmen (§ 152 Abs. 1 Satz 2 FGO). Für die **örtliche Zuständigkeit** gilt § 151 Abs. 1 Satz 1 FGO i.V.m. § 828 Abs. 2 ZPO. Zur Durchführung der in Betracht kommenden Vollstreckungsmaßnahmen bedient es sich – soweit nicht zunächst nach § 154 FGO zu verfahren ist (Zwangsgeld) – im Bedarfsfall der zuständigen Organe; das Tätigwerden eines Gerichtsvollziehers (Herausgabe beweglicher Sachen; Pfändung beweglicher Sachen) dürfte indessen kaum in Betracht kommen. Der BFH hat ausdrücklich offen gelassen, ob die über § 151 Abs. 1 Satz 1 FGO lediglich sinngemäße Anwendung des § 883 Abs. 2 ZPO es zulässt, unmittelbar das FG als Vollstreckungsgericht mit der Vollstreckung zu befassen, oder ob zunächst die Einschaltung des Gerichtsvollziehers zwecks Versuchs einer Wegnahme der Akten bei der Finanzbehörde und Übergabe der Akten an den Gläubiger zur Einsichtnahme erforderlich ist (BFH v. 28.04.2003, VII B 247/01 BFH/NV 2003, 1199). 8

## § 152 FGO
## Vollstreckung wegen Geldforderungen

**(1) Soll im Falle des § 151 wegen einer Geldforderung vollstreckt werden, so verfügt das Vollstreckungsgericht auf Antrag des Gläubigers die Vollstreckung. Es bestimmt die vorzunehmenden Vollstreckungsmaßnahmen und ersucht die zuständigen Stellen um deren Vornahme. Die ersuchte Stelle ist verpflichtet, dem Ersuchen nach den für sie geltenden Vollstreckungsvorschriften nachzukommen.**

**(2) Das Gericht hat vor Erlass der Vollstreckungsverfügung die Behörde oder bei Körperschaften, Anstalten und Stiftungen des öffentlichen Rechts, gegen die vollstreckt werden soll, die gesetzlichen Vertreter von der beabsichtigten Vollstreckung zu benachrichtigen mit der Aufforderung, die Vollstreckung innerhalb einer vom Gericht zu bemessenden Frist abzuwenden. Die Frist darf einen Monat nicht übersteigen.**

**(3) Die Vollstreckung ist unzulässig in Sachen, die für die Erfüllung öffentlicher Aufgaben unentbehrlich sind oder deren Veräußerung ein öffentliches Interesse entgegensteht. Über Einwendungen entscheidet das Gericht nach Anhörung der zuständigen Aufsichtsbehörde oder bei obersten Bundes- oder Landesbehörden des zuständigen Ministers.**

**(4) Für öffentlich-rechtliche Kreditinstitute gelten die Absätze 1 bis 3 nicht.**

**(5) Der Ankündigung der Vollstreckung und der Einhaltung einer Wartefrist bedarf es nicht, wenn es sich um den Vollzug einer einstweiligen Anordnung handelt.**

**S. § 170 VwGO**

1 Die Vorschrift ergänzt § 151 FGO für **Vollstreckungsmaßnahmen** gegen öffentlich-rechtliche Körperschaften **wegen Geldforderungen**. Ein Anfechtungsurteil (§ 100 Abs. 1 Satz 1 FGO) oder ein AdV-Beschluss (§ 69 Abs. 3 FGO) bilden hierfür keine taugliche Grundlage (BFH v. 19.01.2004, VII B 187/03, BFH/NV 2004, 466; BFH v. 23.01.2004, VII B 131/03, BFH/NV 2004, 794). Für die Vollstreckung wegen anderer Leistungen gilt § 154 FGO i. V. m. §§ 883–898 ZPO. Zur Funktion des FG als **Vollstreckungsgericht** s. § 151 FGO Rz. 8. Der Berechtigte (Kläger) muss die Vollstreckung beantragen, die zu ergreifenden Vollstreckungsmaßnahmen bestimmt das FG. Der Kostenfestsetzungsbeschluss muss bei Antragstellung nicht unanfechtbar sein (FG Sachsen v. 26.02.2014, 6 K 136/14, juris). **Nur der im Kostenfestsetzungsbeschluss bezeichnete Gläubiger** kann die Zwangsvollstreckung betreiben (BFH v. 01.07.2009, VII B 115/09, BFH/NV 2009, 1821). Hat das FA an den im Kostenfestsetzungsbeschluss bezeichneten Gläubiger gezahlt, besteht für einen Vollstreckungsantrag dieses Gläubigers mit dem Ziel, eine Zahlung an den prozessbevollmächtigten Zessionar zu erreichen, kein Rechtsschutzinteresse (BFH v. 01.07.2009, VII B 115/09, BFH/NV 2009, 1821). Im Fall der Abtretung oder sonstiger Rechtsnachfolge – und in jedem Fall nur vor Erfüllung der Kostenschuld – bedarf es der **Umschreibung** des Kostenfestsetzungsbeschlusses zugunsten des Abtretungsempfängers bzw. des **Rechtsnachfolgers** entsprechend § 727 ZPO; ansonsten kann die Vollstreckung nicht verfügt werden (BFH v. 01.07.2009, VII B 115/09, BFH/NV 2009, 1821; BFH v. 12.09.2013, VII B 198/12, juris; s. § 151 FGO Rz. 6). In erster Linie dürfte die Pfändung und Überweisung von Geldforderungen in Betracht kommen (§§ 828 ff. ZPO), in zweiter Linie die **Vollstreckung in unbewegliches Vermögen** (§§ 864 ff. ZPO i. V. m. §§ 1 ff. ZVG). Zur Durchführung der Immobiliarvollstreckung bedient sich das FG nach § 152 Abs. 1 Satz 2 FGO des AG als **Vollstreckungsgericht** i. S. von § 1 ZVG (*Stapperfend* in Gräber, § 152 FGO Rz. 2; *Loose* in Tipke/Kruse, § 152 FGO Rz. 3).

Nach § 152 Abs. 2 FGO muss das FG dem gesetzlichen Vertreter der Körperschaft, gegen die vollstreckt werden soll, die Vollstreckung ankündigen und die Gelegenheit geben, die Vollstreckung innerhalb einer Frist bis zu einem Monat abzuwenden (§ 152 Abs. 2 Satz 2 FGO; FG Ha v. 02.05.2007, 4 K 12/07, juris). Die Unterlassung des **Abwendungsversuchs** macht die Vollstreckung unzulässig, sodass dennoch erfolgte Vollstreckungsmaßnahmen aufzuheben sind. Der Abwendungsversuch ist bei der Vollstreckung einstweiliger Anordnungen (§§ 114, 151 Abs. 2 Nr. 2 FGO) wegen des Beschleunigungsbedürfnisses entbehrlich (§ 152 Abs. 5 FGO). Hat der Beklagte den erforderlichen Betrag hinterlegt, ist eine weitere Vollstreckung aus dem Kostenfestsetzungsbeschluss unzulässig (FG Köln v. 26.07.2012, 10 S 1820/12, EFG 2012, 2159).

§ 152 Abs. 3 FGO enthält **Vollstreckungsbeschränkungen**. Sie entsprechen § 882a Abs. 2 ZPO. Von der Vollstreckung ausgenommen ist das zur Erfüllung öffentlicher Aufgaben **unentbehrliche Verwaltungsvermögen**, z. B. Verwaltungs-, Gerichts- und Schulgebäude; Kassenbestände nur dann, wenn sie der Erfüllung unmittelbar bevorstehender Zahlungsverpflichtungen dienen (*Loose* in Tipke/Kruse, § 152 FGO Rz. 7; *Schwarz* in HHSp, § 152 FGO Rz. 25). Ebenso sind ausgenommen Gegenstände, an denen ein besonderes öffentliches Interesse besteht, z. B. Kunstschätze, Archive, Bibliotheken (*Loose* in Tipke/Kruse, § 152 FGO Rz. 8). 3

§ 152 Abs. 4 FGO entspricht §§ 170 Abs. 4 VwGO, 882a Abs. 3 Satz 2 ZPO. Im Abgabenrecht dürften sich hierfür allerdings kaum Anwendungsfälle ergeben. Wenn öffentlich-rechtliche Kreditinstitute Geldleistungen schulden, so in erster Linie aufgrund eigener Steuerpflicht oder Steuerhaftung. In diesem Falle sind sie Vollstreckungsschuldner i. S. des § 253 AO, sodass § 150 FGO Anwendung findet (§ 151 Abs. 1 Satz 1 2. HS FGO). Verpflichtungen anderer Art, für die eine Vollstreckung (nach § 151 FGO) denkbar wäre, ergaben sich z. B. aus § 139 LAG. 4

## § 153 FGO
## Vollstreckung ohne Vollstreckungsklausel

**In den Fällen der §§ 150, 152 Abs. 1 bis 3 bedarf es einer Vollstreckungsklausel nicht.**

**S. § 171 VwGO**

Nach § 153 FGO **entfällt** sowohl bei der Vollstreckung zugunsten der öffentlichen Hand (§ 150 FGO) als auch zugunsten des Klägers gegen diese wegen Geldforderungen (§ 152 Abs. 2 bis Abs. 3 FGO) das **Erfordernis einer Vollstreckungsklausel** i. S. von § 725 ZPO. Es genügt für die Vollstreckung deshalb die vollstreckbare Ausfertigung 1 des Urteils, aus dem vollstreckt werden soll (BFH v. 16.05.2000, VII B 200/98, BStBl II 2000, 541; *Stapperfend* in Gräber, § 153 FGO). Im Vollstreckungsverfahren der §§ 249 ff. AO, das § 150 betrifft, ist die Erteilung einer Vollstreckungsklausel (§§ 724, 725 ZPO) nicht vorgesehen. § 153 erspart sie aus Vereinfachungsgründen auch für die Vollstreckung gegen öffentlich-rechtliche Körperschaften wegen Geldforderungen. Etwas anderes gilt, wenn ein **Rechtsnachfolger** die Vollstreckung aus einem Kostenfestsetzungsbeschluss betreiben will: In diesem Fall kann gleichwohl abweichend von § 153 FGO eine gem. § 151 Abs. 1 Satz 1 FGO i.V.m. § 727 Abs. 1 ZPO auf den Rechtsnachfolger geänderte Ausfertigung des Kostenfestsetzungsbeschlusses erforderlich sein (BFH v. 12.09.2013, VII B 198/12, juris; *Schwarz* in HHSp, § 153 FGO Rz. 6).

Für die Vollstreckung gegen **öffentlich-rechtliche Kreditinstitute** (§ 152 Abs. 4 FGO) gilt § 153 FGO nicht, da die Norm nur auf § 152 Abs. 1 bis Abs. 3 FGO verweist. Auch erfasst die Regelung nicht die Vollstreckung nach **§ 154 FGO** – ein vernünftiger Grund ist hierfür nicht ersichtlich (*Loose* in Tipke/Kruse, § 153 FGO; *Stapperfend* in Gräber, § 153 FGO; *Schwarz* in HHSp, § 153 FGO Rz. 9). Daher bedarf es in diesen Fällen einer Vollstreckungsklausel gem. § 155 Satz 1 FGO i.V.m. §§ 724, 725 ZPO.

## § 154 FGO
## Androhung eines Zwangsgeldes

**Kommt die Finanzbehörde in den Fällen des § 100 Abs. 1 Satz 2 und der §§ 101 und 114 der ihr im Urteil oder in der einstweiligen Anordnung auferlegten Verpflichtung nicht nach, so kann das Gericht des ersten Rechtszuges auf Antrag unter Fristsetzung gegen sie ein Zwangsgeld bis eintausend Euro durch Beschluss androhen, nach fruchtlosem Fristablauf festsetzen und von Amts wegen vollstrecken. Das Zwangsgeld kann wiederholt angedroht, festgesetzt und vollstreckt werden.**

S. § 172 VwGO; § 201 SGG

1 § 154 FGO regelt die Zwangsvollstreckung gegen die als Beklagter (§ 63 FGO) unterlegene Finanzbehörde, und zwar durch Verhängung eines Zwangsgeldes zur Erzwingung bestimmter, **nicht in Geldleistungen bestehender Verpflichtungen**, die der Finanzbehörde in gerichtlichen Entscheidungen der bezeichneten Art auferlegt sind. Die Vollstreckung gegen die öffentliche Hand setzt – selbstverständlich – stets einen **im konkreten Fall erstrittenen, wirksamen Titel** voraus. Demzufolge erfordert ein erfolgreicher Antrag beim FG auf Androhung eines Zwangsgeldes gegen die Finanzbehörde, dass diese zuvor vom Gericht zu einer Leistung verurteilt worden ist, der sie aus freien Stücken nicht nachgekommen ist (BFH v. 14.02.2005, VII B 227/04, juris). Dazu muss der Urteilstenor hinreichend bestimmt sein; z.B. muss zweifelsfrei erkennbar sein, ob das FG das Finanzamt zu einer Änderung eines Steuerbescheides nach § 101 FGO verpflichten oder ob es dem FA lediglich eine Neuberechnung der Steuer und Bekanntgabe der Steuerbescheide mit dem neuen Inhalt (§ 100 Abs. 2 Satz 3 FGO) auferlegen will. Ist dies nicht der Fall, fehlt es an einer geeigneten Vollstreckungsgrundlage i.S. der §§ 151, 154 FGO (BFH v. 11.11.2005, XI B 171/04, BFH/NV 2006, 349; *Starke* in Schwarz, § 154 FGO Rz. 1). Im Einzelnen handelt es sich um die Folgenbeseitigung nach § 100 Abs. 1 Satz 2 FGO, um ein Verpflichtungs- oder Bescheidungsurteil (§ 101 FGO) und um den Ausspruch einer einstweiligen Anordnung (§ 114 FGO). Im Regelfalle handelt es sich dabei um unvertretbare, jedoch ausschließlich vom Willen der verpflichteten Behörde abhängige Handlungen oder Unterlassungen i.S. von § 888 ZPO. Allerdings stellt § 154 FGO gegenüber § 888 ZPO eine Spezialvorschrift dar, sodass die **Verhängung von Zwangshaft ausgeschlossen** ist, während die Verhängung von **Zwangsgeld nur** in den **abschließend aufgeführten drei Fällen** in Betracht kommt (BFH v. 16.05.2000, VII B 200/98, BStBl II 2000, 541; BFH v. 21.10.1999, VII B 197/99, BFH/NV 2000, 221). Das Zwangsgeld muss durch Beschluss angedroht, festgesetzt und durch das FG als Vollstreckungsgericht vollstreckt werden. Dagegen ist die **Beschwerde** (§ 128 Abs. 1 FGO) gegeben. Die **Höhe des Zwangsgeldes** ist auf 1000 Euro begrenzt. Wiederholte Anwendung des Zwanges ist statthaft (§ 154 Satz 2 FGO). Ein **Abwendungsversuch** entsprechend § 152 Abs. 2 FGO ist **nicht** vorgesehen. Die Beitreibung des Zwangsgeldes erfolgt nach den §§ 151, 152 FGO.

# Vierter Teil. Übergangs- und Schlussbestimmungen

## § 155 FGO Anwendung von GVG und von ZPO

**Soweit dieses Gesetz keine Bestimmungen über das Verfahren enthält, sind das Gerichtsverfassungsgesetz und, soweit die grundsätzlichen Unterschiede der beiden Verfahrensarten es nicht ausschließen, die Zivilprozessordnung einschließlich § 278 Absatz 5 und § 278a sinngemäß anzuwenden. Die Vorschriften des Siebzehnten Titels des Gerichtsverfassungsgesetzes sind mit der Maßgabe entsprechend anzuwenden, dass an die Stelle des Oberlandesgerichts und des Bundesgerichtshofs der Bundesfinanzhof und an die Stelle der Zivilprozessordnung die Finanzgerichtsordnung tritt; die Vorschriften über das Verfahren im ersten Rechtszug sind entsprechend anzuwenden.**

**S. § 173 VwGO; § 202 SGG**

### Inhaltsübersicht



### Schrifttum

Ehlers, Die Globalverweisungen in der FGO, BB 1971, 429; Falk, Die Anwendung der ZPO und des GVG nach § 173 VwGO, Diss. 1978; Auer, Reichweite und Grenzen der Verweisung in § 173 VwGO, Diss. 1992; Völker, Kein Anerkenntnisurteil im finanzgerichtlichen Verfahren, DStZ 1992, 207; Thomas/Wendler, Das neue Mediationsgesetz – Wesentliche Inhalte und Folgen für die Mediation im Steuerrecht, DStR 2012, 1881; Link/van Dorp, Rechtsschutz bei überlangen Gerichtsverfahren, München 2012; Steinhauff, Der Güterichter im Finanzprozess, SteuK 2013, 160; Stahnecker, Entschädigung bei überlangen Gerichtsverfahren, München 2013; Steinbeiss-Winkelmann/Sporrer, Rechtsschutz bei überlangen Gerichtsverfahren – Eine Zwischenbilanz anhand der Rechtsprechung, NJW 2014, 177; Fritz/Schroeder, Der Güterichter als Konfliktmanager im staatlichen Gerichtssystem – Aufgabenbereich und Methoden des Güterichters nach § 278 ZPO – Eine erste Bilanz, NJW 2014, 1910.

### A. Ergänzende Anwendbarkeit von GVG und ZPO (§ 155 Satz 1 FGO)

1 Wie § 173 VwGO für die Verwaltungsgerichtsbarkeit und § 202 SGG für die Sozialgerichtsbarkeit, so verweist auch § 155 Satz 1 FGO für die Finanzgerichtsbarkeit zur Ausfüllung von Lücken auf das für die ordentlichen Gerichte geltende GVG (vgl. § 10 GVG) und, soweit nicht grundsätzliche Unterschiede entgegenstehen, auch auf die ZPO. Das Vorliegen einer Lücke ist unabdingbare Voraussetzung für die Anwendung der ZPO und des GVG über die Generalklausel des § 155 Satz 1 FGO (BFH v. 06.08.1971, III B 7/71, BStBl II 1972, 17). Daneben finden sich in der FGO besondere Einzelverweisungen (z. B. §§ 52 Abs. 1, 54 Abs. 2, 59, 82, 89, 94, 114 Abs. 3, 134, 142 FGO).

2 **Nicht anwendbar** sind all diejenigen Vorschriften dieser Gesetze, die grundsätzlichen Eigenständigkeiten der FGO widersprechen. Das trifft in erster Linie für Regelungen zu, welche die uneingeschränkte Verfügung der Parteien/Beteiligten über den Streitgegenstand voraussetzen (Verfügungsgrundsatz), wie z. B. **Verzicht, Anerkenntnis** (hierzu auch *Völker*, DStZ 1992, 207; offengelassen: FG Ha v. 04.12.2013, 3 KO 232/13, juris) und **Vergleich** (§§ 306, 307 ZPO), ferner das Tatsachengeständnis (§ 288 ZPO). Der für die FGO geltende Grundsatz der Ermittlung des Sachverhaltes von Amts wegen (§ 76 FGO) lässt keinen Raum für eine (subjektive) Beweislast (§ 282 ZPO); etwas anderes gilt für die objektive Feststellungslast (s. § 76 FGO Rz. 4). Derselbe Grundsatz und der öffentlich-rechtliche Charakter der Abgabenschuldverhältnisse stehen auch der Anwendung der restriktiven Vorschriften der ZPO über den Urkundenbeweis entgegen (§§ 415 bis 444 ZPO); Näheres hierzu bei § 82 FGO Rz. 10. Zum Teil bedarf es auch der Rücksicht auf entsprechende Regelungen des Besteuerungsverfahrens, z. B. hinsichtlich des Zeugnisverweigerungsrechtes (§ 84 FGO), das nicht abweichend von dem Auskunftsverweigerungsrecht gestaltet werden kann, das dritten Personen gem. den §§ 101 bis 103 AO zusteht. Die Sonderstellung, die der Abgabengläubiger im Vollstreckungsverfahren einnimmt (s. Vor § 249–346 AO Rz. 14), lässt keinen Raum für ein Mahnverfahren (§§ 688 ff. ZPO).

3 **Nicht anwendbar** sind auch diejenigen Vorschriften, hinsichtlich deren Gegenstand die FGO eine der öffentlich-rechtlichen Natur der Abgabenstreitsachen gemäßere Regelung getroffen hat, wie z. B. in Gestalt der Beiladung (§ 60 FGO), die keinen Raum für die Anwendung der Vorschriften über die Beteiligung Dritter am Rechtsstreit lässt (§§ 64 bis 77 ZPO, Intervention und Streitverkündung). Vgl. im Übrigen ausführlich *Brandis* in Tipke/Kruse, § 155 FGO Rz. 2; *Schwarz* in HHSp, § 155 Rz. 20 ff.; *Stiepel* in Gosch, § 155 FGO Rz. 22 ff.; auch *Stapperfend* in Gräber, § 155 FGO Rz. 7 ff.

### B. Insbesondere: Gerichtsnahe Mediation

4 Nach § 155 Satz 1 FGO i. V. m. § 278 Abs. 5 Satz 1 ZPO kann das FG die Beteiligten für einen Güteversuch an »einen hierfür bestimmten und nicht entscheidungsbefugten Richter« – den sog. **Güterichter** – verweisen.

Dieser kann alle Methoden der Konfliktbeteiligung einschließlich der Mediation einsetzen (§ 155 Satz 1 FGO i. V. m. § 278 Abs. 5 Satz 2 ZPO). Er ist gesetzlicher Richter i. S. von Art. 101 Satz 1 GG, wenn er auch nach der ausdrücklichen gesetzlichen Anordnung nicht zu einer (streitigen) Entscheidung des Rechtsstreits befugt ist, d. h., er trifft keine Entscheidung in der Sache. Der Güterichter kann nicht Mitglied des für den Rechtsstreit zuständigen Senats sein (*Steinhauff*, SteuK 2013, 160). Demzufolge ist der Güterichter im Geschäftsverteilungsplan nach § 4 FGO i. V. m. § 21 e GVG (s. § 4 FGO Rz. 4 f.) zu bestimmen und kann nicht von den Verfahrensbeteiligten frei gewählt werden (*Brandis* in Tipke/Kruse, § 155 FGO Rz. 9). Die Entscheidung über die Verweisung an den Güterichter liegt im **pflichtgemäßen Ermessen des Prozessgerichts**, wobei es wesentlich auf das Einverständnis der Beteiligten ankommt (*Steinhauff*, SteuK 2013, 160, 161; vgl. auch FG Sachsen v. 16.06.2014, 6 K 354/14, juris). Der Beschluss ist gem. § 128 Abs. 2 FGO unanfechtbar. Sinnvollerweise wird das Ruhen des Klageverfahrens für die Dauer des Güterichterverfahrens auf Antrag der Beteiligten angeordnet (§ 155 Satz 1 FGO i. V. m. § 251 ZPO; § 278 Abs. 4 ZPO gilt wegen des ausdrücklich auf § 278 Abs. 5 ZPO beschränkten Verweises nicht im finanzgerichtlichen Verfahren.

5 Für das **Güterichterverfahren** gilt weder das MediationsG noch die FGO, sondern es richtet sich nach den **autonomen Absprachen der Beteiligten**, die das Verfahren im Zusammenwirken mit dem Güterichter frei vereinbaren können (*Steinhauff*, SteuK 2013, 160, 162). Treffen die Beteiligten vor dem Güterichter eine einvernehmliche Lösung, wird das Verfahren in der Hauptsache durch Klagerücknahme (§ 72 FGO) oder übereinstimmende Hauptsachenerledigung (§ 138 Abs. 1 FGO) beendet. Kommt keine Einigung zustande, kann das Güterichterverfahren jederzeit ohne Angabe von Gründen durch die Beteiligten oder den Güterichter beendet werden (*Steinhauff*, SteuK 2013, 160, 162 f.). Der Rechtsstreit wird dann in der Hauptsache nach den Vorschriften der FGO vor dem zuständigen Spruchkörper bzw. Einzelrichter fortgeführt.

6 Vom Güterichterverfahren (s. Rz. 4) ist das **Mediationsverfahren** (§ 155 Satz 1 FGO i. V. m. § 278 a ZPO) zu unterscheiden. Dieses kann von den Beteiligten auf Vorschlag des Gerichts freiwillig zur außergerichtlichen Konfliktbeilegung durchgeführt werden (§ 155 Satz 1 FGO i. V. m. § 278 a Abs. 1 ZPO). **Mediation** ist nach der gesetzlichen Definition des § 1 Abs. 1 MediationsG ein vertrauliches und strukturiertes Verfahren, bei dem Parteien (im Finanzprozess: Beteiligte, § 57 FGO) mithilfe eines oder mehrerer Mediatoren freiwillig und eigenverantwortlich eine einvernehmliche Beilegung ihres Konflikts anstreben. Die Beilegung des Streits erfolgt damit ohne Beteiligung des Gerichts. Daher ordnet das FG das Ruhen des Verfahrens an, wenn sich die Beteiligten zur Durchführung einer Mediation oder eines anderen Verfahrens der außergerichtlichen Konfliktbeilegung (§ 155 Satz 1 FGO i. V. m. §§ 278 a Abs. 2, 251 ZPO) entschließen.

### C. Rechtsschutz bei überlangen FG-Verfahren (§ 155 Satz 2 FGO)

Durch die Einführung des § 155 Satz 2 FGO (s. Vor FGO Rz. 14h) wurde ein **Anspruch** geschaffen, der den Rechtsschutzsuchenden nach Maßgabe des § 198 GVG dafür **entschädigen** soll, dass die angemessene Verfahrensdauer überschritten wird, ohne dass dies dem Betroffenen zuzurechnen wäre (*Brandis* in Tipke/Kruse, § 155 FGO Rz. 10). Es geht daher in erster Linie nicht um einen zusätzlichen Rechtsschutz für die Beteiligten, sondern um einen monetären Anspruch, der einen etwaigen Amtshaftungsanspruch (Art. 34 GG, § 839 BGB) nicht ausschließt (*Brandis* in Tipke/Kruse, § 155 FGO Rz. 10).

**§ 198 GVG**

(1) Wer infolge unangemessener Dauer eines Gerichtsverfahrens als Verfahrensbeteiligter einen Nachteil erleidet, wird angemessen entschädigt. Die Angemessenheit der Verfahrensdauer richtet sich nach den Umständen des Einzelfalles, insbesondere nach der Schwierigkeit und Bedeutung des Verfahrens und nach dem Verhalten der Verfahrensbeteiligten und Dritter.

(2) Ein Nachteil, der nicht Vermögensnachteil ist, wird vermutet, wenn ein Gerichtsverfahren unangemessen lange gedauert hat. Hierfür kann Entschädigung nur beansprucht werden, soweit nicht nach den Umständen des Einzelfalles Wiedergutmachung auf andere Weise gemäß Absatz 4 ausreichend ist. Die Entschädigung gemäß Satz 2 beträgt 1200 Euro für jedes Jahr der Verzögerung. Ist der Betrag gemäß Satz 3 nach den Umständen des Einzelfalles unbillig, kann das Gericht einen höheren oder niedrigeren Betrag festsetzen.

(3) Entschädigung erhält ein Verfahrensbeteiligter nur, wenn er bei dem mit der Sache befassten Gericht die Dauer des Verfahrens gerügt hat (Verzögerungsrüge). Die Verzögerungsrüge kann erst erhoben werden, wenn Anlass zur Besorgnis besteht, dass das Verfahren nicht in einer angemessenen Zeit abgeschlossen wird; eine Wiederholung der Verzögerungsrüge ist frühestens nach sechs Monaten möglich, außer wenn ausnahmsweise eine kürzere Frist geboten ist. Kommt es für die Verfahrensförderung auf Umstände an, die noch nicht in das Verfahren eingeführt worden sind, muss die Rüge hierauf hinweisen. Anderenfalls werden sie von dem Gericht, das über die Entschädigung zu entscheiden hat (Entschädigungsgericht), bei der Bestimmung der angemessenen Verfahrensdauer nicht berücksichtigt. Verzögert sich das Verfahren bei einem anderen Gericht weiter, bedarf es einer erneuten Verzögerungsrüge.

(4) Wiedergutmachung auf andere Weise ist insbesondere möglich durch die Feststellung des Entschädigungsgerichts, dass die Verfahrensdauer unangemessen war. Die Feststellung setzt keinen Antrag voraus. Sie kann in schwerwiegenden Fällen neben der Entschädigung ausgesprochen werden; ebenso kann sie ausgesprochen werden, wenn eine oder mehrere Voraussetzungen des Absatzes 3 nicht erfüllt sind.

(5) Eine Klage zur Durchsetzung eines Anspruchs nach Absatz 1 kann frühestens sechs Monate nach Erhebung der Verzögerungsrüge erhoben werden. Die Klage muss spätestens sechs Monate nach Eintritt der Rechtskraft der Entscheidung, die das Verfahren beendet, oder einer anderen Erledigung des Verfahrens erhoben werden. Bis zur rechtskräftigen Entscheidung über die Klage ist der Anspruch nicht übertragbar.

(6) Im Sinne dieser Vorschrift ist

1. ein Gerichtsverfahren jedes Verfahren von der Einleitung bis zum rechtskräftigen Abschluss einschließlich eines Verfahrens auf Gewährung vorläufigen Rechtsschutzes und zur Bewilligung von Prozess- oder Verfahrenskostenhilfe; ausgenommen ist das Insolvenzverfahren nach dessen Eröffnung; im eröffneten Insolvenzverfahren gilt die Herbeiführung einer Entscheidung als Gerichtsverfahren;
2. ein Verfahrensbeteiligter jede Partei und jeder Beteiligte eines Gerichtsverfahrens mit Ausnahme der Verfassungsorgane, der Träger öffentlicher Verwaltung und sonstiger öffentlicher Stellen, soweit diese nicht in Wahrnehmung eines Selbstverwaltungsrechts an einem Verfahren beteiligt sind.

§ 201 GVG

(1) Zuständig für die Klage auf Entschädigung gegen ein Land ist das Oberlandesgericht, in dessen Bezirk das streitgegenständliche Verfahren durchgeführt wurde. Zuständig für die Klage auf Entschädigung gegen den Bund ist der Bundesgerichtshof. Diese Zuständigkeiten sind ausschließliche.

(2) Die Vorschriften der Zivilprozessordnung über das Verfahren vor den Landgerichten im ersten Rechtszug sind entsprechend anzuwenden. Eine Entscheidung durch den Einzelrichter ist ausgeschlossen. Gegen die Entscheidung des Oberlandesgerichts findet die Revision nach Maßgabe des § 543 der Zivilprozessordnung statt; § 544 der Zivilprozessordnung ist entsprechend anzuwenden.

(3) Das Entschädigungsgericht kann das Verfahren aussetzen, wenn das Gerichtsverfahren, von dessen Dauer ein Anspruch nach § 198 abhängt, noch andauert. In Strafverfahren, einschließlich des Verfahrens auf Vorbereitung der öffentlichen Klage, hat das Entschädigungsgericht das Verfahren auszusetzen, solange das Strafverfahren noch nicht abgeschlossen ist.

(4) Besteht ein Entschädigungsanspruch nicht oder nicht in der geltend gemachten Höhe, wird aber eine unangemessene Verfahrensdauer festgestellt, entscheidet das Gericht über die Kosten nach billigem Ermessen.

Aus § 155 Satz 2 FGO i. V. m. § 198 Abs. 1 Satz 1 GVG hat derjenige einen Anspruch auf angemessene Entschädigung, der infolge unangemessener Dauer eines Gerichtsverfahrens (§ 198 Abs. 6 Nr. 1 GVG) als Verfahrensbeteiligter (§ 198 Abs. 6 Nr. 2 GVG) einen Nachteil erleidet. Was eine **angemessene** bzw. **unangemessene Verfahrensdauer** ist, bestimmt sich nach den Umständen des Einzelfalls (§ 198 Abs. 1 Satz 2 GVG), insbes. nach der Schwierigkeit und Bedeutung des Verfahrens und nach dem Verhalten der Verfahrensbeteiligten und Dritter (BFH v. 09.04.2014, X K 10/13, BFH/NV 2014, 1393). Die Dauer eines Gerichtsverfahrens ist nur dann »unangemessen« i. S. des § 198 GVG, wenn eine deutliche Überschreitung der äußersten Grenze des Angemessenen feststellbar ist (BFH v. 07.11.2013, X K 13/12, BStBl II 2014, 179). Es handelt sich dabei um einen unbestimmten Rechtsbegriff, der durch die Rspr. ausgelegt werden muss. Anhaltspunkte hierfür bietet die Rspr. des BVerfG zu Art. 19 Abs. 4 GG (z. B. *Jarass* in Jarass/Pieroth, Art. 19 GG Rz. 66 m. w. N.) und auch des EGMR, dessen Rspr. die Gesetzesreform ausgelöst hat (z. B. EGMR v. 29.05.1986, 9/1984/81/128, NJW 1989, 652; auch *Brandis* in Tipke/Kruse, § 155 FGO Rz. 13; *Schwarz* in HHSp, § 155 FGO Rz. 76: zwei Jahre als grds. angemessene Verfahrensdauer). Der BFH geht für den Regelfall von etwa **24 bis 30 Monaten** als angemessene Verfahrensdauer aus (BFH v. 17.04.2013, X K 3/12, BFH/NV 2013, 1178; BFH v. 19.03.2014, X K 8/13, BFH/NV 2014, 1154; BFH v. 09.04.2014, X K 10/13, BFH/NV 2014, 1393). Nach der Rspr. des BFH lässt dies die **Vermutung** zu, dass die **Dauer des Verfahrens angemessen** ist, wenn das Gericht gut zwei Jahre nach dem Eingang der Klage mit Maßnahmen beginnt, die das Verfahren einer Entscheidung zuführen sollen, und die damit begonnene Phase der gerichtlichen Aktivität (»dritte Phase« der Bearbeitung; vgl. *Brandis* in Tipke/Kruse, § 155 FGO Rz. 13b) nicht durch nennenswerte Zeiträume unterbrochen wird, in denen das Gericht die Akte unbearbeitet lässt (z. B. BFH v. 18.03.2014, X K 4/13, BFH/NV 2014, 1050; BFH v. 19.03.2014, X K 8/13, BFH/NV 2014, 1154; BFH v. 02.12.2015, X K 7/14, BStBl II 2016, 405; a. A. *Stiepel* in Gosch § 155 FGO Rz. 98 f.). Diese Vermutung gilt indes nicht, wenn der Verfahrensbeteiligte rechtzeitig und in nachvollziehbarer Weise auf Umstände hinweist, aus denen eine besondere Eilbedürftigkeit des Verfahrens folgt (BFH v. 06.04.2016, X K 1/15, BStBl II 2016, 694; BFH v. 29.11.2017, X K 1/16, BStBl II 2018, 132). Wird das FG in einem Klageverfahren, das sowohl hinsichtlich seines Schwierigkeitsgrads als auch hinsichtlich seiner Bedeutung für die Verfahrensbeteiligten als durchschnittlich anzusehen ist, **erstmals 34 Monate nach Klageeingang tätig** und bescheidet es mehrere Verzögerungsrügen und Sachstandsanfragen des Verfahrensbeteiligten ent- 8 weder gar nicht oder lediglich mit – nicht auf das konkrete Verfahren bezogenen – Standard-Textbausteinen, ist die Verfahrensdauer im Umfang von neun Monaten als **unangemessen** anzusehen (BFH v. 19.03.2014, X K 8/13, BFH/NV 2014, 1154). Eine **kürzere Verfahrensdauer** kann **im Einzelfall** angemessen sein, sofern die Sache eilbedürftig ist. Lehnt aber ein Verfahrensbeteiligter ein Ruhen des Verfahrens (§ 155 Satz 1 FGO i. V. m. § 251 ZPO; s. § 74 FGO Rz. 9 ff.) ab, dann ist das Verfahren nicht bereits aus diesem Grund vorrangig zu behandeln (BFH v. 09.04.2014, X K 10/13, BFH/NV 2014, 1393).

9 Ein **Nachteil** i. S. des § 198 Abs. 1 Satz 1 GVG kann ein Vermögensnachteil oder ein immaterieller Nachteil sein. Dies folgt aus der Formulierung des § 198 Abs. 2 Satz 1 GVG. Unklar ist, weshalb der Gesetzgeber den Terminus »Nachteil« statt »Schaden« (§§ 249 ff. BGB) verwendet und ob hieraus etwas abzuleiten ist (für eine inhaltliche Gleichsetzung der Begriffe offenbar *Brandis* in Tipke/Kruse, § 155 FGO Rz. 12). Ein immaterieller Nachteil wird vermutet, wenn feststeht, dass ein Gerichtsverfahren unangemessen lange gedauert hat (§ 198 Abs. 2 Satz 1 GVG). Die Entschädigung hierfür erfolgt dann, wenn keine Wiedergutmachung auf andere Weise (§ 198 Abs. 4 GVG) ausreichend ist (§ 198 Abs. 2 Satz 2 GVG). Die unangemessene Verfahrensdauer muss kausal für den Nachteil sein (*Schwarz* in HHSp, § 155 FGO Rz. 85).

10 Die Gewährung der Entschädigung hängt in verfahrensrechtlicher Hinsicht davon ab, dass der Betroffene eine **Verzögerungsrüge** (§ 198 Abs. 3 Satz 1 GVG) nach weiterer Maßgabe des § 198 Abs. 3 Sätze 2 bis 4 GVG erhebt. Dies kann zulässigerweise erst geschehen, wenn »Anlass zur Besorgnis besteht, dass das Verfahren nicht in einer angemessenen Zeit abgeschlossen wird« (§ 198 Abs. 3 Satz 2 GVG). Diese Zulässigkeitsvoraussetzungen wird die Rspr. konkretisieren müssen. Insbesondere wird zu klären sein, welche Anforderungen an die Substantiierung einer Rüge in Bezug auf die Besorgnis der überlangen Verfahrensdauer zu stellen sind, z. B. ob der Betroffene substantiiert zur Angemessenheit der Verfahrensdauer vortragen muss, etc.

11 § 198 Abs. 5 GVG regelt schließlich die **Klage zur Durchsetzung des Entschädigungsanspruchs** aus § 198 Abs. 1 Satz 1 GVG. Die Entschädigungsklage steht selbstständig neben der Amtshaftungsklage nach Art. 34 Satz 1 GG, § 839 BGB (BFH v. 17.04.2013, X K 3/12, BFH/NV 2013, 1178). Eine solche Klage kann frühestens sechs Monate nach Erhebung der Verzögerungsrüge (Rz. 6) erhoben werden (§ 198 Abs. 5 Satz 1 GVG). Diese Frist kann auch nicht ausnahmsweise verkürzt werden (BFH v. 12.03.2013, X S 12/13 [PKH], BFH/NV 2013, 961). Ob eine zu früh erhobene Klage unzulässig ist oder – nach Ablauf der Sechs-Monats-Frist – in die Zulässigkeit »hineinwachsen« kann, wird ebenfalls zu klären sein. Die absolute zeitliche Grenze für die Erhebung der Entschädigungsklage ist der Ablauf von sechs Monaten nach Eintritt der Rechtskraft derjenigen Entscheidung, die das für unangemessen lang erachtete Verfahren beendet (§ 198 Abs. 5 Satz 2 GVG; *Schwarz* in HHSp, § 155 FGO Rz. 116: »Ausschlussfrist«). Maßgeblich für den Beginn des Fristenlaufs dürfte nach den allgemeinen Grundsätzen die Zustellung der vollständigen Entscheidung sein (vgl. § 116 Abs. 3 Satz 1 FGO und § 120 Abs. 1 Satz 1 FGO). Die Zustellung der Klage wird von der vorherigen Zahlung der Gebühr abhängig gemacht, da § 12 a GKG auf § 12 Abs. 1 Satz 1 GKG verweist und auch im Verfahren vor dem BFH anzuwenden ist (BFH v. 12.06.2013, X K 2/13, BFH/NV 2013, 1442).

**Zuständig** für die Entscheidung der Entschädigungsklagen ist der **BFH** nach Maßgabe des § 201 GVG, also **auch** für **PKH-Anträge** für ein solches Verfahren (BFH v. 23.01.2014, X S 40/13 [PKH], BFH/NV 2014, 569). Auch ohne die vom Gesetzgeber versäumte Änderung des § 35 FGO ist der BFH erstinstanzliches Gericht und als Tatsacheninstanz zuständig (*Brandis* in Tipke/Kruse, § 155 FGO Rz. 16; *Schwarz* in HHSp, § 155 FGO Rz. 127). Damit sind grds. die Vorschriften über das Verfahren im ersten Rechtszug entsprechend anzuwenden, auch § 62 Abs. 4 FGO, sodass für Entschädigungsklagen ein **Vertretungszwang** anzunehmen ist (BFH v. 06.02.2013, X K 11/12, BFH/NV 2013, 849; *Brandis* in Tipke/Kruse, § 155 FGO Rz. 17; *Schwarz* in HHSp, § 155 FGO Rz. 129). Eine Entscheidung durch den **Einzelrichter** (§ 6 FGO) kommt im Hinblick auf § 155 Satz 2 FGO i. V. m. § 201 Abs. 2 Satz 2 GVG **nicht** in Betracht (*Brandis* in Tipke/Kruse, § 155 FGO Rz. 17; *Schwarz* in HHSp, § 155 FGO Rz. 129). Die Klage ist gegen das Bundesland, dessen FG betroffen ist, zu richten (vgl. BFH v. 20.10.2014, X K 3/13, Rpfleger 2015, 427; BFH v. 25.03.2015, X K 8/13, juris; BFH v. 06.07.2015, X K 5/13, AnwBl 2016, 438). Der BFH entscheidet über die Entschädigungsklage durch **Gerichtsbescheid** bzw. (unanfechtbares) **Urteil**, ggf. unter Anwendung des § 94 a FGO (*Brandis* in Tipke/Kruse, § 155 FGO Rz. 17). 12

## § 156 FGO
## Anwendung von § 6 EGGVG

**§ 6 des Einführungsgesetzes zum Gerichtsverfassungsgesetz gilt entsprechend.**

**Schrifttum**

Prütting/Gehrlein, ZPO, 8. Aufl. 2016.

Durch § 156 FGO wurde das »Gesetz zur Vereinfachung und Vereinheitlichung der Verfahrensvorschriften zur Wahl und Berufung ehrenamtlicher Richter« v. 21.12.2003 (BGBl. I 2004, 3599) m. W. v. 01.05.2005 eingefügt. Es macht die Übergangsregelung hinsichtlich der Wahl, Ernennung, Amtsperiode der ehrenamtlichen 1

Richter (dazu §§ 16 ff. FGO), die in § 6 EGGVG getroffen wurde, für die FGO anwendbar. Damit wird klargestellt, dass die in § 6 Abs. 1 EGGVG aufgezählten Änderungen während der laufenden Amtsperiode keine Auswirkung auf diejenigen ehrenamtlichen Richter haben, die bei Inkrafttreten der Neuregelung bereits im Amt sind (*Schmidt* in Prütting/Gehrlein, § 6 EGGVG Rz. 3). Nach § 6 Abs. 2 EGGVG wirken Gesetzesänderungen betreffend die Dauer der Amtsperiode ehrenamtlicher Richter sich nicht auf die laufende Amtsperiode aus (*Schmidt* in Prütting/Gehrlein, § 6 EGGVG Rz. 4). § 6 EGGVG lautet:

§ 6 EGGVG

(1) Vorschriften über die Wahl oder Ernennung ehrenamtlicher Richter in der ordentlichen Gerichtsbarkeit einschließlich ihrer Vorbereitung, über die Voraussetzung hierfür, die Zuständigkeit und das dabei einzuschlagende Verfahren sowie über die allgemeinen Regeln über Auswahl und Zuziehung dieser ehrenamtlichen Richter zu den einzelnen Sitzungen sind erstmals auf die erste Amtsperiode der ehrenamtlichen Richter anzuwenden, die nicht früher als am ersten Tag des auf ihr Inkrafttreten folgenden zwölften Kalendermonats beginnt.

(2) Vorschriften über die Dauer der Amtsperiode ehrenamtlicher Richter in der ordentlichen Gerichtsbarkeit sind erstmals auf die erste nach ihrem Inkrafttreten beginnende Amtsperiode anzuwenden.

## § 157 FGO
## Folgen der Nichtigkeitserklärung von landesrechtlichen Vorschriften

**Hat das Verfassungsgericht eines Landes die Nichtigkeit von Landesrecht festgestellt oder Vorschriften des Landesrechts für nichtig erklärt, so bleiben vorbehaltlich einer besonderen gesetzlichen Regelung durch das Land die nicht mehr anfechtbaren Entscheidungen der Gerichte der Finanzgerichtsbarkeit, die auf der für nichtig erklärten Norm beruhen, unberührt. Die Vollstreckung aus einer solchen Entscheidung ist unzulässig. § 767 der Zivilprozessordnung gilt sinngemäß.**

1 Die dem § 79 Abs. 2 BVerfGG entsprechende Vorschrift soll Zweifel über die Zulässigkeit der Vollstreckung aufgrund rechtskräftiger Entscheidungen der Steuergerichte ausräumen, die auf einer vom Verfassungsgericht eines Landes für nichtig erklärten landesrechtlichen Vorschrift beruhen. Demnach bleiben die rechtskräftigen **Entscheidungen** (Urteile oder Beschlüsse) der FG, die auf für nichtig erklärten Normen beruhen, zwar **wirksam** (§ 157 Satz 1 FGO); insbes. kommt eine Wiederaufnahme des Verfahrens (§ 134 FGO) nicht in Betracht (*Brandis* in Tipke/Kruse, § 157 FGO Rz. 2). Jedoch ist die **Vollstreckung** aus ihnen **unzulässig** (§ 157 Satz 2 FGO). Dies gilt auch für Kostenentscheidungen (*Schwarz* in HHSp, § 157 FGO Rz. 3). Praktische Relevanz kann die Norm z. B. für kirchensteuerrechtliche Regelungen erlangen, die gem. Art. 140 GG i. V. m. Art. 137 Abs. 6 WRV der Gesetzgebungskompetenz der Länder unterliegen, soweit der Rechtsweg zu den FG eröffnet ist (s. § 33 FGO Rz. 14).

2 Gegen die Vollstreckung muss sich der Vollstreckungsschuldner mit der **Vollstreckungsgegenklage** nach § 157 FGO i. V. m. § 767 ZPO an das örtlich und sachlich zuständige FG (Gericht des ersten Rechtszugs) wenden (§ 157 Satz 3 FGO).

## § 158 FGO
## Eidliche Vernehmung, Beeidigung

**Die eidliche Vernehmung eines Auskunftspflichtigen nach § 94 der Abgabenordnung oder die Beeidigung eines Sachverständigen nach § 96 Abs. 7 Satz 5 der Abgabenordnung durch das Finanzgericht findet vor dem dafür im Geschäftsverteilungsplan bestimmten Richter statt. Über die Rechtmäßigkeit einer Verweigerung des Zeugnisses, des Gutachtens oder der Eidesleistung entscheidet das Finanzgericht durch Beschluss.**

S. § 180 VwGO; § 205 SGG

1 § 158 FGO regelt die Zuständigkeit innerhalb des FG und das Verfahren der Entscheidung über die Rechtmäßigkeit einer Verweigerung des Zeugnisses, des Gutachtens oder der Eidesleistung im Zusammenhang mit § 94 AO. § 94 AO gibt der Finanzbehörde das Recht, das FG um die eidliche Vernehmung eines Auskunftspflichtigen (§ 93 AO) zu ersuchen. Nach § 96 Abs. 7 Satz 5 AO kann die Finanzbehörde die Beeidigung eines von einem Sachverständigen erstatteten Gutachtens durch das FG veranlassen. Wegen des zuständigen FG, des Inhalts des Ersuchens der Finanzbehörde und des übrigen Verfahrens s. § 94 AO Rz. 5 ff.

2 Die Vernehmung erfolgt durch den nach dem Geschäftsverteilungsplan zuständigen **Richter** (Berichterstatter). Dieser ist gesetzlicher Richter i. S. von Art. 101 Abs. 1 Satz 2 GG. Eine Zuweisung von Fall zu Fall ist nicht zulässig (gl. A. *Schwarz* in HHSp, § 158 FGO Rz. 2). Wenn der Auskunftspflichtige oder der Sachverständige die Auskunft bzw. die Eidesleistung verweigert, entscheidet das FG ebenfalls **durch den zuständigen Richter** (Berichterstatter) über die Rechtmäßigkeit der der Verweigerung durch **Beschluss** (§ 113 FGO). Die bis zur vorhergehenden Auflage vertretene Auffassung wird aufgegeben. Zwar enthalten § 158 Satz 1 FGO und § 158 Satz 2 FGO unterschiedliche Formulierungen. Damit wollte der Gesetzgeber jedoch nur im Hinblick auf das verfassungsrechtliche Gewaltenteilungsprinzip (Art. 20 Abs. 2 Satz 2

GG) eine Zuständigkeitsabgrenzung zwischen Finanzbehörde und FG vornehmen (*Brandis* in Tipke/Kruse, § 158 FGO; *Wendl* in Gosch, § 158 FGO Rz. 8; a. A. *Schwarz* in HHSp, § 158 FGO Rz. 3; *Kopp/Schenke*, § 180 VwGO Rz. 6). Das Gericht gibt dem Antrag des FA statt, wenn es wegen der Bedeutung der Auskunft oder zur Herbeiführung einer wahrheitsgemäßen Auskunft eine eidliche Vernehmung bzw. eine Beeidigung für erforderlich hält (*Schwarz* in HHSp, § 158 FGO Rz. 2); ansonsten weist es den Antrag zurück. Dabei steht dem FG jedoch **nur ein eingeschränktes Prüfungsrecht** zu. Es prüft lediglich die Ordnungsmäßigkeit des Vernehmungsersuchens (§ 94 Abs. 2 Satz 1 AO), ferner, ob die zu vernehmende Person »Subjekt« der eidlichen Vernehmung sein kann (BFH v. 26.09.1995, VII B 148/95, BFH/NV 1996, 200). Im Übrigen ist das Gericht grds. an das Ersuchen gebunden (vgl. BFH v. 13.01.1992, III B 33/91, BFH/NV 1992, 783; BFH v. 26.09.1995, VII B 148/95, BFH/NV 1996, 200). Das Recht zur Verweigerung der Auskunft, des Gutachtens oder Eidesleistung bestimmt sich nach den §§ 101 ff. AO. Die Entscheidung des FG ist mit der **Beschwerde** (§ 128 Abs. 1 FGO) anfechtbar (BFH v. 03.10.1979, IV B 63/79, BStBl II 1980, 2; BFH v. 26.09.1995, VII B 148/95, BFH/NV 1996, 200).

## § 159 FGO

**§ 43 des Einführungsgesetzes zum Gerichtsverfassungsgesetz gilt entsprechend.**

1 Gem. § 159 FGO gilt § 43 EGGVG im finanzgerichtlichen Verfahren entsprechend. Auf Verfahren, die am 18.04.2018 bereits anhängig sind, findet § 169 Abs. 2 GVG gem. § 43 EGGVG keine Anwendung. § 43 EGGVG trifft eine Regelung über den Zeitpunkt, ab dem § 169 Abs. 2 GVG i. d. F. des Gesetzes zur Erweiterung der Medienöffentlichkeit in Gerichtsverfahren und zur Verbesserung der Kommunikationshilfen für Menschen mit Sprach- und Hörbehinderungen (Gesetz über die Erweiterung der Medienöffentlichkeit in Gerichtsverfahren – EmöGG vom 08.10.2017, BGBl I 2017, 3546), durch das § 159 FGO ebenfalls eingeführt wurde, anwendbar ist (*Wendl* in Gosch, § 159 FGO Rz. 1). Zum Inhalt des § 169 Abs. 2 GVG s. § 52 FGO Rz. 4a.

## § 160 FGO
## Beteiligung und Beiladung

**Soweit der Finanzrechtsweg auf Grund des § 33 Abs. 1 Nr. 4 eröffnet wird, können die Beteiligung am Verfahren und die Beiladung durch Gesetz abweichend von den Vorschriften dieses Gesetzes geregelt werden.**

Die Vorschrift erlaubt es dem Bund und den Ländern, die von der Ermächtigung des § 33 Abs. 1 Nr. 4 FGO Gebrauch machen – z. B. in Gemeinde- oder Kirchensteuersachen –, für die Verfahrensbeteiligung (§ 57 FGO) und die Beiladung (§ 60 FGO) eine abweichende Regelung treffen (vgl. *Brandis* in Tipke/Kruse, § 160 FGO Rz. 1 f.; *Schwarz* in HHSp, § 160 FGO Rz. 17; *Wendl* in Gosch, § 160 FGO Rz. 4). Auch s. § 33 FGO Rz. 15. Eine abweichende bundesgesetzliche Regelung findet sich z. B. in § 32i Abs. 6 Nr. 1 und Abs. 8 Nr. 2 AO, wonach in Verfahren nach § 32i Abs. 1 Satz 1 AO sowie nach § 32i Abs. 3 Satz 1 AO auch Finanzbehörden Kläger in einem finanzgerichtlichen Verfahren gegen den Bundesbeauftragten für den Datenschutz und die Informationsfreiheit nach § 8 BDSG (vgl. § 32h Abs. 1 AO) sein können (hierzu s. § 57 FGO Rz. 2a). Daneben bestimmt § 32i Abs. 3 Satz 1 AO, dass unter den dort geregelten Voraussetzungen eine Finanzbehörde auf Feststellung des Bestehens einer Mitwirkungspflicht klagen kann. Zu einem solchen Verfahren ist die mitwirkungspflichtige Stelle gem. § 32i Abs. 3 Satz 2 AO beizuladen.

## § 161 FGO

**(betraf die Aufhebung von Gesetzen zum 01.01.1966; die Vorschrift ist mittlerweile gegenstandslos, vgl. § 195 Abs. 5 VwGO, § 203 SGG)**

## §§ 162 bis 181 FGO

**(weggefallen. Die Vorschriften enthielten eine große Anzahl von Gesetzesänderungen, die eine Folge der Neuordnung des finanzgerichtlichen Verfahrens durch die FGO ab 01.01.1966 waren. Der Wortlaut ist abgedruckt in BGBl I 1965, 1477; vgl. *Wendl* in Gosch, §§ 162–181 FGO.)**

## § 182 FGO

(aufgehoben durch Art. 1 Nr. 37 FGOÄndG v. 21.12.1992, BGBl I 1992, 2109)

## § 183 FGO

(außer Kraft getreten gem. § 1 Gesetz zur Überleitung von Bundesrecht nach Berlin [West] v. 25.09.1990, BGBl I 1990, 2106)

## § 184 FGO

(1) Dieses Gesetz tritt am 1. Januar 1966 in Kraft. § 162 Nr. 33, 44, 46 und 52 sowie Vorschriften, die zum Erlass von Rechtsverordnungen ermächtigen oder den Erlass von Landesgesetzen vorsehen, treten am Tage nach der Verkündung in Kraft.

(2) (Vom Abdruck wird abgesehen)

S. § 195 VwGO

### Schrifttum

Haver, Finanzgerichte im Übergang, BB 1966, 1; Loose, Die Verfahrensüberleitung nach der Finanzgerichtsordnung, BB 1966, 74.

Die FGO ist am 01.01.1966 in Kraft getreten. Verkündet worden ist sie in der Ausgabe des BGBl I 1965, 1447 vom 09.10.1965. Die Vorschrift bezieht sich nur auf die FGO in ihrer ursprünglichen Fassung. Die nachfolgenden ÄndG zur FGO enthalten eigene Regelungen über das Inkrafttreten (*Schwarz* in HHSp, § 184 FGO). Die Regelungen des § 184 Abs. 1 FGO, insbes. des § 184 Abs. 2 FGO (Übergangsregelungen), sind infolge Zeitablaufs gegenstandslos geworden und werden daher in der Neufassung der FGO v. 28.01.2001 (BGBl I 2001, 442) nicht mehr abgedruckt (zum Inhalt *Brandis* in Tipke/Kruse, § 184 FGO; *Schwarz* in HHSp, § 184 FGO; *Wendl* in Gosch, § 184 FGO Rz. 1). Zu § 185 Abs. 2 Nr. 5 FGO auch s. § 11 FGO Rz. 6. 1

## Anhang 1: Einführungsgesetz zur Abgabenordnung (EGAO)

Vom 14.12.1976, zuletzt geändert durch Zweites Bürokratieentlastungsgesetz vom 30.06.2017, BGBl. I S. 2143.

**Art 97**

**Übergangsvorschriften**

**§ 1**

**Begonnene Verfahren**

(1) Verfahren, die am 1. Januar 1977 anhängig sind, werden nach den Vorschriften der Abgabenordnung zu Ende geführt, soweit in den nachfolgenden Vorschriften nichts anderes bestimmt ist.

(2) Durch das Steuerbereinigungsgesetz 1986 vom 19. Dezember 1985 (BGBl. I S. 2436) geänderte oder eingefügte Vorschriften sowie die auf diesen Vorschriften beruhenden Rechtsverordnungen sind auf alle bei Inkrafttreten dieser Vorschriften anhängigen Verfahren anzuwenden, soweit nichts anderes bestimmt ist. Soweit die Vorschriften die Bekanntgabe von schriftlichen Verwaltungsakten regeln, gelten sie für alle nach dem Inkrafttreten der Vorschriften zur Post gegebenen Verwaltungsakte.

(3) Die durch Artikel 15 des Steuerreformgesetzes 1990 vom 25. Juli 1988 (BGBl. I S. 1093) geänderten Vorschriften sind auf alle bei Inkrafttreten dieser Vorschriften anhängigen Verfahren anzuwenden, soweit nichts anderes bestimmt ist.

(4) Die durch Artikel 26 des Gesetzes vom 21. Dezember 1993 (BGBl. I S. 2310) geänderten Vorschriften sind auf alle bei Inkrafttreten dieser Vorschriften anhängigen Verfahren anzuwenden, soweit nichts anderes bestimmt ist.

(5) Die durch Artikel 26 des Gesetzes vom 11. Oktober 1995 (BGBl. I S. 1250) geänderten Vorschriften sind auf alle bei Inkrafttreten dieser Vorschriften anhängigen Verfahren anzuwenden, soweit nichts anderes bestimmt ist.

(6) Die durch Artikel 18 des Gesetzes vom 20. Dezember 1996 (BGBl. I S. 2049) geänderten Vorschriften sind auf alle bei Inkrafttreten dieser Vorschriften anhängigen Verfahren anzuwenden, soweit nichts anderes bestimmt ist.

(7) Die durch Artikel 17 des Gesetzes vom 22. Dezember 1999 (BGBl. I S. 2601) geänderten Vorschriften sind auf alle bei Inkrafttreten des Gesetzes anhängigen Verfahren anzuwenden, soweit nichts anderes bestimmt ist.

(8) Die durch Artikel 23 des Gesetzes vom 19. Dezember 2000 (BGBl. I S. 1790) geänderten Vorschriften sind auf alle bei Inkrafttreten des Gesetzes anhängigen Verfahren anzuwenden, soweit nichts anderes bestimmt ist.

(9) Rechtsverordnungen auf Grund des § 2 Absatz 2 der Abgabenordnung in der Fassung des Artikels 9 des Gesetzes vom 8. Dezember 2010 (BGBl. I S. 1768) können mit Wirkung für den Veranlagungszeitraum 2010 erlassen werden, sofern die dem Bundesrat zugeleitete Rechtsverordnung vor dem 1. Januar 2011 als Bundesratsdrucksache veröffentlicht worden ist. Rechtsverordnungen, die dem Bundesrat nach diesem Zeitpunkt zugeleitet werden, können bestimmen, dass sie ab dem Zeitpunkt der Bekanntgabe der in § 2 Absatz 2 der Abgabenordnung genannten und nach dem 31. Dezember 2010 geschlossenen Konsultationsvereinbarung im Bundessteuerblatt gelten.

(10) Die durch Artikel 3 des Gesetzes vom 18. Juli 2014 (BGBl. I S. 1042) geänderten Vorschriften sind auf alle am 24. Juli 2014 anhängigen Verfahren anzuwenden, soweit nichts anderes bestimmt ist. § 122 Absatz 7 Satz 1 und § 183 Absatz 4 in der Fassung des Artikels 3 des Gesetzes vom 18. Juli 2014 (BGBl. I S. 1042) gelten für alle nach dem 23. Juli 2014 erlassenen Verwaltungsakte. § 15 und § 263 in der Fassung des Artikels 3 des Gesetzes vom 18. Juli 2014 (BGBl. I S. 1042) sind ab dem 24. Juli 2014 anzuwenden.

(11) Durch das Gesetz vom 18. Juli 2016 (BGBl. I S. 1679) geänderte oder eingefügte Vorschriften der Abgabenordnung sind auf alle bei Inkrafttreten dieser Vorschriften anhängigen Verfahren anzuwenden, soweit nichts anderes bestimmt ist.

(12) Die durch das Gesetz vom 23. Juni 2017 (BGBl. I S. 1682) geänderten oder eingefügten Vorschriften der Abgabenordnung sind auf alle am 25. Juni 2017 anhängigen Verfahren anzuwenden, soweit nichts anderes bestimmt ist. § 30 a der Abgabenordnung in der am 24. Juni 2017 geltenden Fassung ist ab dem 25. Juni 2017 auch auf Sachverhalte, die vor diesem Zeitpunkt verwirklicht worden sind, nicht mehr anzuwenden.

**§ 1 a**

**Steuerlich unschädliche Betätigungen**

(1) § 58 Nr. 1 der Abgabenordnung in der Fassung des Artikels 1 des Gesetzes vom 21. Juli 2004 (BGBl. I S. 1753) ist ab dem 1. Januar 2001 anzuwenden.

(2) Die Vorschrift des § 58 Nr. 10 der Abgabenordnung über steuerlich unschädliche Betätigungen in der Fassung des Artikels 26 des Gesetzes vom 21. Dezember 1993 (BGBl. I S. 2310) ist erstmals ab dem 1. Januar 1993 anzuwenden.

(3) § 55 Abs. 1 Nr. 5, § 58 Nr. 7 Buchstabe a, Nr. 11 und 12 der Abgabenordnung in der Fassung des Gesetzes vom 14. Juli 2000 (BGBl. I S. 1034) sind ab dem 1. Januar 2000 anzuwenden.

**§ 1 b**

**Steuerpflichtige wirtschaftliche Geschäftsbetriebe**

§ 64 Abs. 6 der Abgabenordnung in der Fassung des Artikels 5 des Gesetzes vom 20. Dezember 2000 (BGBl. I S. 1850) ist ab dem 1. Januar 2000 anzuwenden.

**§ 1 c**

**Krankenhäuser**

(1) § 67 Abs. 1 der Abgabenordnung in der Fassung des Steuerbereinigungsgesetzes 1986 ist ab dem 1. Januar 1986 anzuwenden.

(2) § 67 Abs. 1 der Abgabenordnung in der Fassung des Gesetzes vom 20. Dezember 1996 (BGBl. I S. 2049) ist ab

dem 1. Januar 1996 anzuwenden. Für Krankenhäuser, die mit Wirkung zum 1. Januar 1995 Fallpauschalen und Sonderentgelte nach § 11 Abs. 1 und 2 der Bundespflegesatzverordnung vom 26. September 1994 (BGBl. I S. 2750) angewandt haben, ist § 67 Abs. 1 der Abgabenordnung in der Fassung des in Satz 1 bezeichneten Gesetzes ab dem 1. Januar 1995 anzuwenden.

(3) § 67 der Abgabenordnung in der Fassung des Artikels 10 des Gesetzes vom 13. Dezember 2006 (BGBl. I S. 2878) ist ab dem 1. Januar 2003 anzuwenden.

§ 1d

**Steuerbegünstigte Zwecke**

(1) Die §§ 52, 58, 61, 64 und 67a der Abgabenordnung in der Fassung des Artikels 5 des Gesetzes vom 10. Oktober 2007 (BGBl. I S. 2332) sind ab 1. Januar 2007 anzuwenden.

(2) § 51 der Abgabenordnung in der Fassung des Artikels 5 des Gesetzes vom 19. Dezember 2008 (BGBl. I S. 2794) ist ab dem 1. Januar 2009 anzuwenden.

(3) § 55 Absatz 3 der Abgabenordnung in der Fassung des Artikels 9 des Gesetzes vom 8. Dezember 2010 (BGBl. I S. 1768) ist ab dem 1. Januar 2011 anzuwenden. § 55 Absatz 1 Nummer 4 Satz 2 und § 58 Nummer 1 bis 4 der Abgabenordnung in der Fassung des Artikels 9 des Gesetzes vom 8. Dezember 2010 (BGBl. I S. 1768) sind auch für vor diesem Zeitraum beginnende Veranlagungszeiträume anzuwenden, soweit Steuerfestsetzungen noch nicht bestandskräftig oder unter dem Vorbehalt der Nachprüfung stehen.

§ 1e

**Zweckbetriebe**

(1) § 68 Abs. 6 der Abgabenordnung in der Fassung des Artikels 5 des Gesetzes vom 20. Dezember 2000 (BGBl. I S. 1850) ist mit Wirkung vom 1. Januar 2000 anzuwenden. Die Vorschrift ist auch für vor diesem Zeitraum beginnende Veranlagungszeiträume anzuwenden, soweit Steuerfestsetzungen noch nicht bestandskräftig sind oder unter dem Vorbehalt der Nachprüfung stehen.

(2) Die Vorschrift des § 68 Nr. 9 der Abgabenordnung über die Zweckbetriebseigenschaft von Forschungseinrichtungen ist ab dem 1. Januar 1997 anzuwenden. Sie ist auch für vor diesem Zeitpunkt beginnende Kalenderjahre anzuwenden, soweit Steuerfestsetzungen noch nicht bestandskräftig sind oder unter dem Vorbehalt der Nachprüfung stehen.

(3) § 68 Nr. 3 der Abgabenordnung in der Fassung des Artikels 1a des Gesetzes vom 23. April 2004 (BGBl. I S. 606) ist ab dem 1. Januar 2003 anzuwenden. § 68 Nr. 3 Buchstabe c der Abgabenordnung ist auch für vor diesem Zeitraum beginnende Veranlagungszeiträume anzuwenden, soweit Steuerfestsetzungen noch nicht bestandskräftig sind oder unter dem Vorbehalt der Nachprüfung stehen.

§ 1f

**Satzung**

(1) § 62 der Abgabenordnung in der Fassung des Artikels 10 des Gesetzes vom 13. Dezember 2006 (BGBl. I S. 2878) gilt für alle staatlich beaufsichtigten Stiftungen, die nach dem Inkrafttreten dieses Gesetzes errichtet werden. § 62 der Abgabenordnung in der am 31. Dezember 2008 geltenden Fassung ist letztmals anzuwenden auf Betriebe gewerblicher Art von Körperschaften des öffentlichen Rechts, bei den von einer Körperschaft des öffentlichen Rechts verwalteten unselbständigen Stiftungen und bei geistlichen Genossenschaften (Orden, Kongregationen), die vor dem 1. Januar 2009 errichtet wurden.

(2) § 60 Abs. 1 Satz 2 der Abgabenordnung in der Fassung des Artikels 10 des Gesetzes vom 19. Dezember 2008 (BGBl. I S. 2794) ist auf Körperschaften, die nach dem 31. Dezember 2008 gegründet werden, sowie auf Satzungsänderungen bestehender Körperschaften, die nach dem 31. Dezember 2008 wirksam werden, anzuwenden.

§ 2

**Fristen**

Fristen, deren Lauf vor dem 1. Januar 1977 begonnen hat, werden nach den bisherigen Vorschriften berechnet, soweit in den nachfolgenden Vorschriften nichts anderes bestimmt ist. Dies gilt auch in den Fällen, in denen der Lauf einer Frist nur deshalb nicht vor dem 1. Januar 1977 begonnen hat, weil der Beginn der Frist nach § 84 der Reichsabgabenordnung hinausgeschoben worden ist.

§ 3

**Grunderwerbsteuer, Feuerschutzsteuer**

(1) Die Abgabenordnung und die Übergangsvorschriften dieses Artikels gelten auch für die Grunderwerbsteuer und die Feuerschutzsteuer; abweichende landesrechtliche Vorschriften bleiben unberührt. Soweit die Grunderwerbsteuer nicht von Landesfinanzbehörden verwaltet wird, gilt § 1 Abs. 2 der Abgabenordnung sinngemäß.

(2) (Aufgehoben)

§ 4

**Mitteilungsverordnung**

§ 7 Abs. 2 Satz 1 der Mitteilungsverordnung vom 7. September 1993 (BGBl. I S. 1554) in der Fassung des Artikels 25 des Gesetzes vom 19. Dezember 2000 (BGBl. I S. 1790) ist erstmals auf im Kalenderjahr 2002 geleistete Zahlungen anzuwenden.

§ 5

**Zeitpunkt der Einführung des steuerlichen Identifikationsmerkmals**

Das Bundesministerium der Finanzen bestimmt durch Rechtsverordnung mit Zustimmung des Bundesrates den Zeitpunkt der Einführung des Identifikationsmerkmals nach § 139a Abs. 1 der Abgabenordnung. Die Festlegung der Zeitpunkte für die ausschließliche Verwendung des Identifikationsmerkmals im Bereich der Einfuhr- und Ausfuhrabgaben sowie der Verbrauchsteuern bedarf nicht der Zustimmung des Bundesrates.

§ 6

**Zahlungszeitpunkt bei Scheckzahlung**

§ 224 Abs. 2 Nr. 1 der Abgabenordnung in der Fassung des Artikels 10 des Gesetzes vom 13. Dezember 2006 (BGBl. I S. 2878) gilt erstmals, wenn ein Scheck nach dem 31. Dezember 2006 bei der Finanzbehörde eingegangen ist.

§ 7

**Missbrauch von rechtlichen Gestaltungsmöglichkeiten**

§ 42 der Abgabenordnung in der Fassung des Artikels 14 des Gesetzes vom 20. Dezember 2007 (BGBl. I S. 3150) ist ab dem 1. Januar 2008 für Kalenderjahre, die nach dem 31. Dezember 2007 beginnen, anzuwenden. Für Kalenderjahre, die vor dem 1. Januar 2008 liegen, ist § 42 der Abgabenordnung in der am 28. Dezember 2007 geltenden Fassung weiterhin anzuwenden.

§ 8

**Verspätungszuschlag**

(1) Die Vorschriften des § 152 der Abgabenordnung über Verspätungszuschläge sind erstmals auf Steuererklärungen anzuwenden, die nach dem 31. Dezember 1976 einzureichen sind; eine Verlängerung der Steuererklärungsfrist ist hierbei nicht zu berücksichtigen. Im Übrigen gilt § 168 Abs. 2 der Reichsabgabenordnung mit der Maßgabe, dass ein nach dem 31. Dezember 1976 festgesetzter Verspätungszuschlag höchstens zehntausend Deutsche Mark betragen darf.

(2) § 152 Abs. 2 Satz 1 der Abgabenordnung in der Fassung des Artikels 17 des Gesetzes vom 22. Dezember 1999 (BGBl. I S. 2601) ist erstmals auf Steuererklärungen anzuwenden, die nach dem 31. Dezember 1999 einzureichen sind; eine Verlängerung der Steuererklärungsfrist ist hierbei nicht zu berücksichtigen.

(3) § 152 Abs. 2 Satz 1 der Abgabenordnung in der Fassung des Artikels 23 des Gesetzes vom 19. Dezember 2000 (BGBl. I S. 1790) ist erstmals auf Steuererklärungen anzuwenden, die Steuern betreffen, die nach dem 31. Dezember 2001 entstehen.

(4) § 152 der Abgabenordnung in der am 1. Januar 2017 geltenden Fassung ist vorbehaltlich des Satzes 4 erstmals auf Steuererklärungen anzuwenden, die nach dem 31. Dezember 2018 einzureichen sind. Eine Verlängerung der Steuererklärungsfrist ist hierbei nicht zu berücksichtigen. § 152 der Abgabenordnung in der am 31. Dezember 2016 geltenden Fassung ist weiterhin anzuwenden auf

1. Steuererklärungen, die vor dem 1. Januar 2019 einzureichen sind, und
2. Umsatzsteuererklärungen für den kürzeren Besteuerungszeitraum nach § 18 Absatz 3 Satz 1 und 2 des Umsatzsteuergesetzes, wenn die gewerbliche oder berufliche Tätigkeit im Laufe des Kalenderjahres 2018 endet.

Das Bundesministerium der Finanzen wird ermächtigt, mit Zustimmung des Bundesrates durch Rechtsverordnung einen abweichenden erstmaligen Anwendungszeitpunkt zu bestimmen, wenn bis zum 30. Juni 2018 erkennbar ist, dass die technischen oder organisatorischen Voraussetzungen für eine Anwendung des § 152 der Abgabenordnung in der am 1. Januar 2017 geltenden Fassung noch nicht erfüllt sind.

§ 9

**Aufhebung und Änderung von Verwaltungsakten**

(1) Die Vorschriften der Abgabenordnung über die Aufhebung und Änderung von Verwaltungsakten sind erstmals anzuwenden, wenn nach dem 31. Dezember 1976 ein Verwaltungsakt aufgehoben oder geändert wird. Dies gilt auch dann, wenn der aufzuhebende oder zu ändernde Verwaltungsakt vor dem 1. Januar 1977 erlassen worden ist. Auf vorläufige Steuerbescheide nach § 100 Abs. 1 der Reichsabgabenordnung ist § 165 Abs. 2 der Abgabenordnung, auf Steuerbescheide nach § 100 Abs. 2 der Reichsabgabenordnung und § 28 des Erbschaftsteuergesetzes in der vor dem 1. Januar 1974 geltenden Fassung ist § 164 Abs. 2 und 3 der Abgabenordnung anzuwenden.

(2) § 173 Abs. 1 der Abgabenordnung in der Fassung des Steuerbereinigungsgesetzes 1986 vom 19. Dezember 1985 (BGBl. I S. 2436) gilt weiter, soweit Tatsachen oder Beweismittel vor dem 1. Januar 1994 nachträglich bekannt geworden sind.

(3) § 175 Abs. 2 Satz 2 der Abgabenordnung in der Fassung des Artikels 8 des Gesetzes vom 9. Dezember 2004 (BGBl. I S. 3310) ist erstmals anzuwenden, wenn die Bescheinigung oder Bestätigung nach dem 28. Oktober 2004 vorgelegt oder erteilt wird. § 175 Abs. 2 Satz 2 der Abgabenordnung in der in Satz 1 genannten Fassung ist nicht für die Bescheinigung der anrechenbaren Körperschaftsteuer bei verdeckten Gewinnausschüttungen anzuwenden.

(4) § 173 a der Abgabenordnung in der am 1. Januar 2017 geltenden Fassung ist erstmals auf Verwaltungsakte anzuwenden, die nach dem 31. Dezember 2016 erlassen worden sind.

§ 9a

**Absehen von Steuerfestsetzung, Abrundung**

(1) Die Vorschriften der Kleinbetragsverordnung vom 10. Dezember 1980 (BGBl. I S. 2255) in der Fassung des Artikels 26 des Gesetzes vom 19. Dezember 2000 (BGBl. I S. 1790) sind auf Steuern anzuwenden, die nach dem 31. Dezember 2001 entstehen. Im Übrigen bleiben die Vorschriften der Kleinbetragsverordnung in der bis zum 31. Dezember 2001 geltenden Fassung vorbehaltlich des Absatzes 2 weiter anwendbar.

(2) § 8 Abs. 1 Satz 1 der Kleinbetragsverordnung vom 10. Dezember 1980 (BGBl. I S. 2255) in der bis zum 31. Dezember 2001 geltenden Fassung ist auf Zinsen letztmals anzuwenden, wenn die Zinsen vor dem 1. Januar 2002 festgesetzt werden.

(3) Die Vorschriften der Kleinbetragsverordnung vom 19. Dezember 2000 (BGBl I S. 1790, 1805) in der am 1. Januar 2017 geltenden Fassung sind auf Steuern anzuwenden, die nach dem 31. Dezember 2016 entstehen. Für Steuern, die vor dem 1. Januar 2017 entstehen, sind die Vorschriften der Kleinbetragsverordnung in der am 31. Dezember 2016 geltenden Fassung weiter anzuwenden.

§ 10

**Festsetzungsverjährung**

(1) Die Vorschriften der Abgabenordnung über die Festsetzungsverjährung gelten erstmals für die Festsetzung sowie für die Aufhebung und Änderung der Festsetzung von Steuern, Steuervergütungen und – soweit für steuerliche Nebenleistungen eine Festsetzungsverjährung vorgesehen ist – von steuerlichen Nebenleistungen, die nach dem 31. Dezember 1976 entstehen. Für vorher entstandene Ansprüche gelten die Vorschriften der Reichsabgabenordnung über die Verjährung und über die Ausschlussfristen weiter, soweit sie für die Festsetzung einer Steuer, Steuervergütung oder steuerlichen Nebenleistung, für die Aufhebung oder Änderung einer solchen Festsetzung oder für die Geltendmachung von Erstattungsansprüchen von Bedeutung sind; § 14 Abs. 2 dieses Artikels bleibt unberührt.

(2) Absatz 1 gilt sinngemäß für die gesonderte Feststellung von Besteuerungsgrundlagen sowie für die Festsetzung, Zerlegung und Zuteilung von Steuermessbeträgen. Bei der Einheitsbewertung tritt an die Stelle des Zeitpunkts der Entstehung des Steueranspruchs der Zeitpunkt, auf den die Hauptfeststellung, die Fortschreibung, die Nachfeststellung oder die Aufhebung eines Einheitswerts vorzunehmen ist.

(3) Wenn die Schlussbesprechung oder die letzten Ermittlungen vor dem 1. Januar 1987 stattgefunden haben, beginnt der nach § 171 Abs. 4 Satz 3 der Abgabenordnung zu berechnende Zeitraum am 1. Januar 1987.

(4) Die Vorschrift des § 171 Abs. 14 der Abgabenordnung gilt für alle bei Inkrafttreten des Steuerbereinigungsgesetzes 1986 noch nicht abgelaufenen Festsetzungsfristen.

(5) § 170 Abs. 2 Satz 1 Nr. 1, Abs. 3 und 4, § 171 Abs. 3 Satz 1 und Abs. 8 Satz 2, § 175a Satz 2, § 181 Abs. 1 Satz 3 und Abs. 3 sowie § 239 Abs. 1 der Abgabenordnung in der Fassung des Artikels 26 des Gesetzes vom 21. Dezember 1993 (BGBl. I S. 2310) gelten für alle bei Inkrafttreten dieses Gesetzes noch nicht abgelaufenen Festsetzungsfristen.

(6) (aufgehoben)

(7) § 171 Abs. 10 der Abgabenordnung in der Fassung des Gesetzes vom 20. Dezember 1996 (BGBl. I S. 2049) gilt für alle bei Inkrafttreten dieses Gesetzes noch nicht abgelaufenen Festsetzungsfristen.

(8) § 171 Abs. 10 Satz 2 der Abgabenordnung in der Fassung des Artikels 5 des Gesetzes vom 23. Juni 1998 (BGBl. I S. 1496) gilt für alle bei Inkrafttreten dieses Gesetzes noch nicht abgelaufenen Festsetzungsfristen.

(9) § 170 Abs. 2 Satz 2 und § 171 Abs. 3 und 3a der Abgabenordnung in der Fassung des Artikels 17 des Gesetzes vom 22. Dezember 1999 (BGBl. I S. 2601) gelten für alle bei Inkrafttreten dieses Gesetzes noch nicht abgelaufenen Festsetzungsfristen.

(10) § 170 Absatz 2 Satz 2 der Abgabenordnung in der Fassung des Artikels 9 des Gesetzes vom 8. Dezember 2010 (BGBl. I S. 1768) gilt für die Energiesteuer auf Erdgas für alle am 14. Dezember 2010 noch nicht abgelaufenen Festsetzungsfristen.

(11) § 171 Absatz 15 der Abgabenordnung in der Fassung des Artikels 11 des Gesetzes vom 26. Juni 2013 (BGBl. I S. 1809) gilt für alle am 30. Juni 2013 noch nicht abgelaufenen Festsetzungsfristen.

(12)§ 171 Absatz 10 Satz 2 der Abgabenordnung in der Fassung des Artikels 1 des Gesetzes vom 22. Dezember 2014 (BGBl. I S. 2417) gilt für alle am 31. Dezember 2014 noch nicht abgelaufenen Festsetzungsfristen.

(13) § 170 Absatz 6 der Abgabenordnung in der Fassung des Artikels 1 des Gesetzes vom 22. Dezember 2014 (BGBl. I S. 2415) gilt für alle nach dem 31. Dezember 2014 beginnenden Festsetzungsfristen.

(14) § 171 Absatz 2 Satz 2 und Absatz 10 Satz 1 bis 3 der Abgabenordnung in der am 1. Januar 2017 geltenden Fassung gilt für alle am 31. Dezember 2016 noch nicht abgelaufenen Festsetzungsfristen.

(15) § 170 Absatz 7 der Abgabenordnung in der am 25. Juni 2017 geltenden Fassung gilt für alle nach dem 31. Dezember 2017 beginnenden Festsetzungsfristen.

§ 10a

**Erklärungspflicht**

(1) § 150 Abs. 7 der Abgabenordnung in der Fassung des Artikels 3 des Gesetzes vom 1. November 2011 (BGBl. I S. 2131) ist erstmals für Besteuerungszeiträume anzuwenden, die nach dem 31. Dezember 2010 beginnen.

(2) § 181 Abs. 2a der Abgabenordnung in der Fassung des Artikels 10 des Gesetzes vom 20. Dezember 2008 (BGBl. I S. 2850) ist erstmals für Feststellungszeiträume anzuwenden, die nach dem 31. Dezember 2010 beginnen.

(3) § 149 Absatz 2 Satz 2 der Abgabenordnung in der Fassung des Artikels 3 des Gesetzes vom 1. November 2011 (BGBl. I S. 2131) ist erstmals für Besteuerungszeiträume anzuwenden, die nach dem 31. Dezember 2009 beginnen.

(4) Die §§ 109 und 149 der Abgabenordnung in der am 1. Januar 2017 geltenden Fassung sind erstmals anzuwenden für Besteuerungszeiträume, die nach dem 31. Dezember 2017 beginnen, und Besteuerungszeitpunkte, die nach dem 31. Dezember 2017 liegen. § 150 Absatz 7 der Abgabenordnung in der am 1. Januar 2017 geltenden Fassung ist erstmals anzuwenden für Besteuerungszeiträume, die nach dem 31. Dezember 2016 beginnen, und Besteuerungszeitpunkte, die nach dem 31. Dezember 2016 liegen. § 8 Absatz 4 Satz 3 und 4 ist entsprechend anzuwenden.

§ 10b
**Gesonderte Feststellungen**
§ 180 Abs. 1 Nr. 2 Buchstabe a, Abs. 4 und Abs. 5 der Abgabenordnung in der Fassung des Artikels 26 des Gesetzes vom 21. Dezember 1993 (BGBl. I S. 2310) ist erstmals auf Feststellungszeiträume anzuwenden, die nach dem 31. Dezember 1994 beginnen. § 180 Absatz 1 Satz 2 der Abgabenordnung in der Fassung des Artikels 1 des Gesetzes vom 22. Dezember 2014 (BGBl. I S. 2417) ist erstmals auf Feststellungszeiträume anzuwenden, die nach dem 31. Dezember 2014 beginnen.

§ 10c
**Billigkeitsmaßnahmen bei der Festsetzung des Gewerbesteuermessbetrags**
§ 184 Absatz 2 der Abgabenordnung in der Fassung des Artikels 1 des Gesetzes vom 22. Dezember 2014 (BGBl. I S. 2417) ist auch für nach dem 31. Dezember 2014 getroffene Maßnahmen nach § 163 Absatz 1 Satz 1 der Abgabenordnung anzuwenden, die Besteuerungszeiträume betreffen, die vor dem 1. Januar 2015 abgelaufen sind.

§ 11
**Haftung**
(1) Die Vorschriften der §§ 69 bis 76 und 191 Abs. 3 bis 5 der Abgabenordnung sind anzuwenden, wenn der haftungsbegründende Tatbestand nach dem 31. Dezember 1976 verwirklicht worden ist.
(2) Die Vorschriften der Abgabenordnung über die Haftung sind in der Fassung des Steuerbereinigungsgesetzes 1986 anzuwenden, wenn der haftungsbegründende Tatbestand nach dem 31. Dezember 1986 verwirklicht worden ist.
(3) § 71 der Abgabenordnung in der am 1. Januar 2017 geltenden Fassung ist erstmals anzuwenden, wenn der haftungsbegründende Tatbestand nach dem 31. Dezember 2016 verwirklicht worden ist.

§ 11a
**Insolvenzverfahren**
In einem Insolvenzverfahren, das nach dem 31. Dezember 1998 beantragt wird, gelten § 75 Abs. 2, § 171 Abs. 12 und 13, § 231 Abs. 1 Satz 1 und Abs. 2 Satz 1, § 251 Abs. 2 Satz 1 und Abs. 3, §§ 266, 282 Abs. 2 und § 284 Abs. 2 Satz 1 der Abgabenordnung in der Fassung des Artikels 9 des Gesetzes vom 19. Dezember 1998 (BGBl. I S. 3836) sowie § 251 Abs. 2 Satz 2 der Abgabenordnung in der Fassung des Artikels 17 des Gesetzes vom 22. Dezember 1999 (BGBl. I S. 2601) auch für Rechtsverhältnisse und Rechte, die vor dem 1. Januar 1999 begründet worden sind. Auf Konkurs-, Vergleichs- und Gesamtvollstreckungsverfahren, die vor dem 1. Januar 1999 beantragt worden sind, und deren Wirkungen sind weiter die bisherigen gesetzlichen Vorschriften anzuwenden; gleiches gilt für Anschlusskonkursverfahren, bei denen der dem Verfahren vorausgehende Vergleichsantrag vor dem 1. Januar 1999 gestellt worden ist.

§ 11b
**Anfechtung außerhalb des Insolvenzverfahrens**
§ 191 Abs. 1 Satz 2 der Abgabenordnung in der Fassung des Artikels 17 des Gesetzes vom 22. Dezember 1999 (BGBl. I S. 2601) ist mit Wirkung vom 1. Januar 1999 anzuwenden. § 20 Abs. 2 Satz 2 des Anfechtungsgesetzes vom 5. Oktober 1994 (BGBl. I S. 2911) ist mit der Maßgabe anzuwenden, dass der Erlass eines Duldungsbescheides vor dem 1. Januar 1999 der gerichtlichen Geltendmachung vor dem 1. Januar 1999 gleichsteht.

§ 12
**Verbindliche Zusagen auf Grund einer Außenprüfung**
Die Vorschriften der Abgabenordnung über verbindliche Zusagen auf Grund einer Außenprüfung (§§ 204 bis 207) sind anzuwenden, wenn die Schlussbesprechung nach dem 31. Dezember 1976 stattfindet oder, falls eine solche nicht erforderlich ist, wenn dem Steuerpflichtigen der Prüfungsbericht nach dem 31. Dezember 1976 zugegangen ist.

§ 13
**Sicherungsgeld**
Die Vorschriften des § 203 der Reichsabgabenordnung sind auch nach dem 31. Dezember 1976 anzuwenden, soweit die dort genannten besonderen Bedingungen vor dem 1. Januar 1977 nicht eingehalten wurden. Auf die Verwaltungsakte, die ein Sicherungsgeld festsetzen, ist § 100 Abs. 2 der Finanzgerichtsordnung nicht anzuwenden.

§ 13a
**Änderung widerstreitender Abrechnungsbescheide und Anrechnungsverfügungen**
§ 218 Absatz 3 der Abgabenordnung in der Fassung des Artikels 1 des Gesetzes vom 22. Dezember 2014 (BGBl. I S. 2417) gilt ab dem 31. Dezember 2014 auch für Abrechnungsbescheide und Anrechnungsverfügungen, die vor dem 31. Dezember 2014 erlassen worden sind.

§ 14
**Zahlungsverjährung**
(1) Die Vorschriften der Abgabenordnung über die Zahlungsverjährung gelten für alle Ansprüche im Sinne des § 228 Satz 1 der Abgabenordnung, deren Verjährung nach § 229 der Abgabenordnung nach dem 31. Dezember 1976 beginnt.
(2) Liegen die Voraussetzungen des Absatzes 1 nicht vor, so gelten für die Ansprüche weiterhin die bisherigen Vorschriften über Verjährung und Ausschlußfristen. Die Verjährung wird jedoch ab 1. Januar 1977 nur noch nach den §§ 230 und 231 der Abgabenordnung gehemmt und unterbrochen. Auf die nach § 231 Abs. 3 der Abgabenordnung beginnende neue Verjährungsfrist sind die §§ 228 bis 232 der Abgabenordnung anzuwenden.
(3) § 229 Abs. 1 Satz 2 der Abgabenordnung in der Fassung des Artikels 26 des Gesetzes vom 21. Dezember 1993 (BGBl. I S. 2310) gilt für alle bei Inkrafttreten dieses Gesetzes noch nicht abgelaufenen Verjährungsfristen.

(4) § 231 Abs. 1 Satz 1 und Abs. 2 Satz 1 der Abgabenordnung in der Fassung des Artikels 17 des Gesetzes vom 22. Dezember 1999 (BGBl. I S. 2601) gilt für alle bei Inkrafttreten dieses Gesetzes noch nicht abgelaufenen Verjährungsfristen.

(5) § 228 Satz 2 sowie § 231 Absatz 1 Satz 1 und Absatz 2 Satz 1 der Abgabenordnung in der am 25. Juni 2017 geltenden Fassung gelten für alle am 24. Juni 2017 noch nicht abgelaufenen Verjährungsfristen.

**§ 15**

**Zinsen**

(1) Zinsen entstehen für die Zeit nach dem 31. Dezember 1976 nach den Vorschriften der Abgabenordnung. Aussetzungszinsen entstehen nach § 237 der Abgabenordnung in der Fassung des Steuerbereinigungsgesetzes 1986 auch, soweit der Zinslauf vor dem 1. Januar 1987 begonnen hat.

(2) Ist eine Steuer über den 31. Dezember 1976 hinaus zinslos gestundet worden, so gilt dies als Verzicht auf Zinsen im Sinne des § 234 Abs. 2 der Abgabenordnung.

(3) Die Vorschriften des § 239 Abs. 1 der Abgabenordnung über die Festsetzungsfrist gelten in allen Fällen, in denen die Festsetzungsfrist auf Grund dieser Vorschrift nach dem 31. Dezember 1977 beginnt.

(4) Die Vorschriften der §§ 233 a, 235, 236 und 239 der Abgabenordnung in der Fassung von Artikel 15 Nr. 3 bis 5 und 7 des Steuerreformgesetzes 1990 vom 25. Juli 1988 (BGBl. I S. 1093) und Artikel 9 des Wohnungsbauförderungsgesetzes vom 22. Dezember 1989 (BGBl. I S. 2408) gelten für alle Steuern, die nach dem 31. Dezember 1988 entstehen.

(5) § 233 a Abs. 2 Satz 3 der Abgabenordnung in der Fassung des Artikels 4 Nr. 1 des Gesetzes vom 24. Juni 1994 (BGBl. I S. 1395) gilt in allen Fällen, in denen Zinsen nach dem 31. Dezember 1993 festgesetzt werden.

(6) § 233 a Abs. 5 und §§ 234 bis 237 der Abgabenordnung in der Fassung des Artikels 26 des Gesetzes vom 21. Dezember 1993 (BGBl. I S. 2310) gelten in allen Fällen, in denen die Steuerfestsetzung nach Inkrafttreten dieses Gesetzes aufgehoben, geändert oder nach § 129 der Abgabenordnung berichtigt wird.

(7) (aufgehoben)

(8) § 233 a Abs. 2a der Abgabenordnung in der Fassung des Gesetzes vom 20. Dezember 1996 (BGBl. I S. 2049) gilt in allen Fällen, in denen der Verlust nach dem 31. Dezember 1995 entstanden oder das rückwirkende Ereignis nach dem 31. Dezember 1995 eingetreten ist.

(9) § 233 a Abs. 2 Satz 3 der Abgabenordnung in der Fassung des Artikels 17 des Gesetzes vom 22. Dezember 1999 (BGBl. I S. 2601) gilt für alle Steuern, die nach dem 31. Dezember 1993 entstehen.

(10) § 238 Abs. 2 und § 239 Abs. 2 der Abgabenordnung in der Fassung des Artikels 23 Nr. 7 und 8 des Gesetzes vom 19. Dezember 2000 (BGBl. I S. 1790) gilt in allen Fällen, in denen Zinsen nach dem 31. Dezember 2001 festgesetzt werden.

(11) § 233 a Absatz 2 Satz 2 der Abgabenordnung in der Fassung des Artikels 3 des Gesetzes vom 1. November 2011 (BGBl. I S. 2131) gilt für alle Steuern, die nach dem 31. Dezember 2009 entstehen.

(12) § 239 Absatz 3 der Abgabenordnung in der am 1. Januar 2017 geltenden Fassung ist erstmals auf Feststellungszeiträume anzuwenden, die nach dem 31. Dezember 2016 beginnen. § 239 Absatz 4 der Abgabenordnung in der am 1. Januar 2017 geltenden Fassung ist erstmals auf Zinsbescheide anzuwenden, die nach dem 31. Dezember 2016 erlassen worden sind.

**§ 16**

**Säumniszuschläge**

(1) Die Vorschriften des § 240 der Abgabenordnung über Säumniszuschläge sind erstmals auf Säumniszuschläge anzuwenden, die nach dem 31. Dezember 1976 verwirkt werden.

(2) Bis zum 31. Dezember 1980 gilt für die Anwendung des § 240 der Abgabenordnung bei den Finanzämtern, die von den obersten Finanzbehörden der Länder dazu bestimmt sind, Rationalisierungsversuche im Erhebungsverfahren durchzuführen, Folgendes:

1. Abweichend von § 240 Abs. 1 der Abgabenordnung tritt bei der Einkommensteuer, der Körperschaftsteuer, der Gewerbesteuer, der Vermögensteuer, der Grundsteuer, der Vermögensabgabe, der Kreditgewinnabgabe und der Umsatzsteuer für die Verwirkung des Säumniszuschlages an die Stelle des Fälligkeitstages jeweils der auf diesen folgende 20. eines Monats. § 240 Abs. 3 der Abgabenordnung gilt nicht.
2. Werden bei derselben Steuerart innerhalb eines Jahres Zahlungen wiederholt nach Ablauf des Fälligkeitstags entrichtet, so kann der Säumniszuschlag vom Ablauf des Fälligkeitstags an erhoben werden; dabei bleibt § 240 Abs. 3 der Abgabenordnung unberührt.
3. Für die Berechnung des Säumniszuschlags wird der rückständige Betrag jeder Steuerart zusammengerechnet und auf volle hundert Deutsche Mark nach unten abgerundet.

(3) Die Vorschrift des § 240 Abs. 3 der Abgabenordnung in der Fassung des Artikels 17 des Gesetzes vom 23. Juni 1993 (BGBl. I S. 944) ist erstmals auf Säumniszuschläge anzuwenden, die nach dem 31. Dezember 1993 verwirkt werden.

(4) § 240 Abs. 1 der Abgabenordnung in der Fassung des Artikels 5 des Gesetzes vom 23. Juni 1998 (BGBl. I S. 1496) ist erstmals auf Säumniszuschläge anzuwenden, die nach dem 31. Juli 1998 entstehen.

(5) § 240 Abs. 1 Satz 1 der Abgabenordnung in der Fassung von Artikel 23 Nr. 9 des Gesetzes vom 19. Dezember 2000 (BGBl. I S. 1790) gilt erstmals für Säumniszuschläge, die nach dem 31. Dezember 2001 entstehen.

(6) § 240 Abs. 3 Satz 1 der Abgabenordnung in der Fassung des Artikels 8 des Gesetzes vom 15. Dezember 2003 (BGBl. I S. 2645) gilt erstmals, wenn die Steuer, die zurückzuzahlende Steuervergütung oder die Haftungsschuld nach dem 31. Dezember 2003 fällig geworden ist.

§ 17

**Angabe des Schuldgrunds**

Für die Anwendung des § 260 der Abgabenordnung auf Ansprüche, die bis zum 31. Dezember 1980 entstanden sind, gilt Folgendes:

Hat die Vollstreckungsbehörde den Vollstreckungsschuldner durch Kontoauszüge über Entstehung, Fälligkeit und Tilgung seiner Schulden fortlaufend unterrichtet, so genügt es, wenn die Vollstreckungsbehörde die Art der Abgabe und die Höhe des beizutreibenden Betrags angibt und auf den Kontoauszug Bezug nimmt, der den Rückstand ausweist.

§ 17a

**Kosten der Vollstreckung**

Die Höhe der Gebühren und Auslagen im Vollstreckungsverfahren richtet sich nach dem Recht, das in dem Zeitpunkt gilt, in dem der Tatbestand verwirklicht ist, an den die Abgabenordnung die Entstehung der Gebühr oder der Auslage knüpft.

§ 17b

**Eidesstattliche Versicherung**

§ 284 Abs. 1 Nr. 3 und 4 der Abgabenordnung in der Fassung des Artikels 2 Abs. 11 Nr. 1 Buchstabe a des Zweiten Gesetzes zur Änderung zwangsvollstreckungsrechtlicher Vorschriften vom 17. Dezember 1997 (BGBl. I S. 3039) gelten nicht für Verfahren, in denen der Vollziehungsbeamte die Vollstreckung vor dem Inkrafttreten dieses Gesetzes versucht hat.

§ 17c

**Pfändung fortlaufender Bezüge**

§ 313 Abs. 3 der Abgabenordnung in der Fassung des Artikels 2 Abs. 11 Nr. 3 des Zweiten Gesetzes zur Änderung zwangsvollstreckungsrechtlicher Vorschriften vom 17. Dezember 1997 (BGBl. I S. 3039) gilt nicht für Arbeits- und Dienstverhältnisse, die vor Inkrafttreten dieses Gesetzes beendet waren.

§ 17d

**Zwangsgeld**

§ 329 der Abgabenordnung in der Fassung des Artikels 17 des Gesetzes vom 22. Dezember 1999 (BGBl. I S. 2601) gilt in allen Fällen, in denen ein Zwangsgeld nach dem 31. Dezember 1999 angedroht wird.

§ 17e

**Aufteilung einer Gesamtschuld bei Ehegatten und Lebenspartnern**

(1) Die §§ 270, 273 Absatz 1 und § 279 Absatz 2 Nummer 4 der Abgabenordnung in der Fassung des Artikels 3 des Gesetzes vom 1. November 2011 (BGBl. I S. 2131) sind erstmals für den Veranlagungszeitraum 2013 anzuwenden.

(2) § 269 Absatz 1 der Abgabenordnung in der am 1. Januar 2017 geltenden Fassung ist ab dem 1. Januar 2017 anzuwenden. § 279 Absatz 1 Satz 1 der Abgabenordnung in der am 1. Januar 2017 geltenden Fassung ist erstmals auf Aufteilungsbescheide anzuwenden, die nach dem 31. Dezember 2016 erlassen worden sind; § 8 Absatz 4 Satz 4 gilt entsprechend.

§ 18

**Außergerichtliche Rechtsbehelfe**

(1) Wird ein Verwaltungsakt angefochten, der vor dem 1. Januar 1977 wirksam geworden ist, bestimmt sich die Zulässigkeit des außergerichtlichen Rechtsbehelfs nach den bisherigen Vorschriften; ist über den Rechtsbehelf nach dem 31. Dezember 1976 zu entscheiden, richten sich die Art des außergerichtlichen Rechtsbehelfs sowie das weitere Verfahren nach den neuen Vorschriften.

(2) Nach dem 31. Dezember 1976 ist eine Gebühr für einen außergerichtlichen Rechtsbehelf nur noch dann festzusetzen, wenn die Voraussetzungen für die Festsetzung einer Gebühr nach § 256 der Reichsabgabenordnung bereits vor dem 1. Januar 1977 eingetreten waren.

(3) Wird ein Verwaltungsakt angefochten, der vor dem 1. Januar 1996 wirksam geworden ist, bestimmt sich die Zulässigkeit des Rechtsbehelfs nach den bis zum 31. Dezember 1995 geltenden Vorschriften der Abgabenordnung. Ist über den Rechtsbehelf nach dem 31. Dezember 1995 zu entscheiden, richten sich die Art des außergerichtlichen Rechtsbehelfs sowie das weitere Verfahren nach den ab 1. Januar 1996 geltenden Vorschriften der Abgabenordnung.

(4) § 365 Abs. 3 Satz 2 Nr. 1 der Abgabenordnung in der Fassung des Artikels 4 Nr. 11 Buchstabe b des Gesetzes vom 24. Juni 1994 (BGBl. I S. 1395) ist auf berichtigende Verwaltungsakte anzuwenden, die nach dem 31. Dezember 1995 bekanntgegeben werden.

§ 18a

**Erledigung von Massenrechtsbehelfen und Massenanträgen**

(1) Wurde mit einem vor dem 1. Januar 1995 eingelegten Einspruch die Verfassungswidrigkeit von Normen des Steuerrechts gerügt, derentwegen eine Entscheidung des Bundesverfassungsgerichts aussteht, gilt der Einspruch im Zeitpunkt der Veröffentlichung der Entscheidungsformel im Bundesgesetzblatt (§ 31 Abs. 2 des Gesetzes über das Bundesverfassungsgericht) ohne Einspruchsentscheidung als zurückgewiesen, soweit er nach dem Ausgang des Verfahrens vor dem Bundesverfassungsgericht als unbegründet abzuweisen wäre. Abweichend von § 47 Abs. 1 und § 55 der Finanzgerichtsordnung endet die Klagefrist mit Ablauf eines Jahres nach dem Zeitpunkt der Veröffentlichung gemäß Satz 1. Die Sätze 1 und 2 sind auch anzuwenden, wenn der Einspruch unzulässig ist.

(2) Absatz 1 gilt für Anträge auf Aufhebung oder Änderung einer Steuerfestsetzung außerhalb des außergerichtlichen Rechtsbehelfsverfahrens sinngemäß.

(3) Die Absätze 1 und 2 sind auch anzuwenden, wenn eine Entscheidung des Bundesverfassungsgerichts vor Inkrafttreten dieses Gesetzes ergangen ist. In diesen Fällen endet die Klagefrist mit Ablauf des 31. Dezember 1994.

(4) Wurde mit einem am 31. Dezember 2003 anhängigen Einspruch die Verfassungswidrigkeit der für Veranlagungszeiträume vor 2000 geltenden Regelungen des Einkommensteuergesetzes über die Abziehbarkeit von Kinderbetreuungskosten gerügt, gilt der Einspruch mit Wirkung vom 1. Januar 2004 ohne Einspruchsentscheidung insoweit als zurückgewiesen; dies gilt auch, wenn der Einspruch unzulässig ist. Abweichend von § 47 Abs. 1 und § 55 der Finanzgerichtsordnung endet die Klagefrist mit Ablauf des 31. Dezember 2004. Die Sätze 1 und 2 gelten nicht, soweit in der angefochtenen Steuerfestsetzung die Kinderbetreuungskosten um die zumutbare Belastung nach § 33 Abs. 3 des Einkommensteuergesetzes gekürzt worden sind.

(5) Wurde mit einem am 31. Dezember 2003 anhängigen und außerhalb eines Einspruchs- oder Klageverfahrens gestellten Antrag auf Aufhebung oder Änderung einer Steuerfestsetzung die Verfassungswidrigkeit der für Veranlagungszeiträume vor 2000 geltenden Regelungen des Einkommensteuergesetzes über die Abziehbarkeit von Kinderbetreuungskosten gerügt, gilt der Antrag mit Wirkung vom 1. Januar 2004 insoweit als zurückgewiesen; dies gilt auch, wenn der Antrag unzulässig ist. Abweichend von § 355 Abs. 1 Satz 1 der Abgabenordnung endet die Frist für einen Einspruch gegen die Zurückweisung des Antrags mit Ablauf des 31. Dezember 2004. Die Sätze 1 und 2 gelten nicht, soweit in der Steuerfestsetzung, deren Aufhebung oder Änderung beantragt wurde, die Kinderbetreuungskosten um die zumutbare Belastung nach § 33 Abs. 3 des Einkommensteuergesetzes gekürzt worden sind.

(6) Wurde mit einem am 31. Dezember 2003 anhängigen Einspruch die Verfassungswidrigkeit der für Veranlagungszeiträume vor 2002 geltenden Regelungen des Einkommensteuergesetzes über die Abziehbarkeit eines Haushaltsfreibetrages gerügt, gilt der Einspruch mit Wirkung vom 1. Januar 2004 ohne Einspruchsentscheidung insoweit als zurückgewiesen; dies gilt auch, wenn der Einspruch unzulässig ist. Abweichend von § 47 Abs. 1 und § 55 der Finanzgerichtsordnung endet die Klagefrist mit Ablauf des 31. Dezember 2004.

(7) Wurde mit einem am 31. Dezember 2003 anhängigen und außerhalb eines Einspruchs- oder Klageverfahrens gestellten Antrag auf Aufhebung oder Änderung einer Steuerfestsetzung die Verfassungswidrigkeit der für Veranlagungszeiträume vor 2002 geltenden Regelungen des Einkommensteuergesetzes über die Abziehbarkeit eines Haushaltsfreibetrages gerügt, gilt der Antrag mit Wirkung vom 1. Januar 2004 insoweit als zurückgewiesen; dies gilt auch, wenn der Antrag unzulässig ist. Abweichend von § 355 Abs. 1 Satz 1 der Abgabenordnung endet die Frist für einen Einspruch gegen die Zurückweisung des Antrags mit Ablauf des 31. Dezember 2004.

(8) Wurde mit einem am 31. Dezember 2003 anhängigen Einspruch die Verfassungswidrigkeit der für die Veranlagungszeiträume 1983 bis 1995 geltenden Regelungen des Einkommensteuergesetzes über die Abziehbarkeit eines Kinderfreibetrages gerügt, gilt der Einspruch mit Wirkung vom 1. Januar 2005 ohne Einspruchsentscheidung insoweit als zurückgewiesen, soweit nicht der Einspruchsführer nach dem 31. Dezember 2003 und vor dem 1. Januar 2005 ausdrücklich eine Entscheidung beantragt. Der Antrag auf Entscheidung ist schriftlich bei dem für die Besteuerung nach dem Einkommen zuständigen Finanzamt zu stellen. Ist nach Einspruchseinlegung ein anderes Finanzamt zuständig geworden, kann der Antrag auf Entscheidung fristwahrend auch bei dem Finanzamt gestellt werden, das den angefochtenen Steuerbescheid erlassen hat; Artikel 97a § 1 Abs. 1 bleibt unberührt. Die Sätze 1 bis 3 gelten auch, wenn der Einspruch unzulässig ist. Gilt nach Satz 1 der Einspruch als zurückgewiesen, endet abweichend von § 47 Abs. 1 und § 55 der Finanzgerichtsordnung die Klagefrist mit Ablauf des 31. Dezember 2005. Satz 1 gilt nicht, soweit eine Neufestsetzung nach § 53 des Einkommensteuergesetzes von der Frage abhängig ist, ob bei der nach dieser Regelung gebotenen Steuerfreistellung auf den Jahressockelbetrag des Kindergeldes oder auf das dem Steuerpflichtigen tatsächlich zustehende Kindergeld abzustellen ist.

(9) Wurde mit einem am 31. Dezember 2003 anhängigen und außerhalb eines Einspruchs- oder Klageverfahrens gestellten Antrag auf Aufhebung oder Änderung einer Steuerfestsetzung die Verfassungswidrigkeit der für die Veranlagungszeiträume 1983 bis 1995 geltenden Regelungen des Einkommensteuergesetzes über die Abziehbarkeit eines Kinderfreibetrages gerügt, gilt der Antrag mit Wirkung vom 1. Januar 2005 insoweit als zurückgewiesen, soweit nicht der Steuerpflichtige nach dem 31. Dezember 2003 und vor dem 1. Januar 2005 ausdrücklich eine Entscheidung beantragt. Der Antrag auf Entscheidung ist schriftlich bei dem für die Besteuerung nach dem Einkommen zuständigen Finanzamt zu stellen. Ist nach Erlass des Steuerbescheides ein anderes Finanzamt zuständig geworden, kann der Antrag auf Entscheidung fristwahrend auch bei dem Finanzamt gestellt werden, das den Steuerbescheid erlassen hat, dessen Aufhebung oder Änderung begehrt wird; Artikel 97a § 1 Abs. 1 bleibt unberührt. Die Sätze 1 bis 3 gelten auch, wenn der Antrag auf Aufhebung oder Änderung der Steuerfestsetzung unzulässig ist. Gilt nach Satz 1 der Antrag auf Aufhebung oder Änderung einer Steuerfestsetzung als zurückgewiesen, endet abweichend von § 355 Abs. 1 Satz 1 der Ab-

gabenordnung die Frist für einen Einspruch gegen die Zurückweisung des Antrags mit Ablauf des 31. Dezember 2005. Satz 1 gilt nicht, soweit eine Neufestsetzung nach § 53 des Einkommensteuergesetzes von der Frage abhängig ist, ob bei der nach dieser Regelung gebotenen Steuerfreistellung auf den Jahressockelbetrag des Kindergeldes oder auf das dem Steuerpflichtigen tatsächlich zustehende Kindergeld abzustellen ist.

(10) Die Absätze 5, 7 und 9 gelten sinngemäß für Anträge auf abweichende Festsetzung von Steuern aus Billigkeitsgründen (§ 163 der Abgabenordnung) und für Erlassanträge (§ 227 der Abgabenordnung).

(11) Wurde mit einem am 31. Dezember 2006 anhängigen Einspruch gegen die Entscheidung über die Festsetzung von Kindergeld nach Abschnitt X des Einkommensteuergesetzes die Verfassungswidrigkeit der für die Jahre 1996 bis 2000 geltenden Regelungen zur Höhe des Kindergeldes gerügt, gilt der Einspruch mit Wirkung vom 1. Januar 2007 ohne Einspruchsentscheidung insoweit als zurückgewiesen; dies gilt auch, wenn der Einspruch unzulässig ist. Abweichend von § 47 Abs. 1 und § 55 der Finanzgerichtsordnung endet die Klagefrist mit Ablauf des 31. Dezember 2007.

(12) § 172 Abs. 3 und § 367 Abs. 2b der Abgabenordnung in der Fassung des Artikels 10 Nr. 12 und 16 des Gesetzes vom 13. Dezember 2006 (BGBl. I S. 2878) gelten auch, soweit Aufhebungs- oder Änderungsanträge oder Einsprüche vor dem 19. Dezember 2006 gestellt oder eingelegt wurden und die Allgemeinverfügung nach dem 19. Dezember 2006 im Bundessteuerblatt veröffentlicht wird.

**§ 19**

**Buchführungspflicht bestimmter Steuerpflichtiger**

(1) § 141 Abs. 1 Satz 1 Nr. 1 der Abgabenordnung in der Fassung des Artikels 6 des Gesetzes vom 31. Juli 2003 (BGBl. I S. 1550) ist auf Umsätze der Kalenderjahre anzuwenden, die nach dem 31. Dezember 2003 beginnen.

(2) § 141 Abs. 1 Satz 1 Nr. 3 der Abgabenordnung in der Fassung des Artikels 6 des Gesetzes vom 31. Juli 2003 (BGBl. I S. 1550) ist für Feststellungen anzuwenden, die nach dem 31. Dezember 2003 getroffen werden.

(3) § 141 Abs. 1 Satz 1 Nr. 4 der Abgabenordnung in der Fassung des Artikels 6 des Gesetzes vom 31. Juli 2003 (BGBl. I S. 1550) ist auf Gewinne der Wirtschaftsjahre anzuwenden, die nach dem 31. Dezember 2003 beginnen. § 141 Abs. 1 Satz 1 Nr. 4 der Abgabenordnung in der Fassung des Artikels 5 des Gesetzes vom 7. September 2007 (BGBl. I S. 2246) ist auf Gewinne der Wirtschaftsjahre anzuwenden, die nach dem 31. Dezember 2007 beginnen. § 141 Absatz 1 Satz 1 Nummer 4 der Abgabenordnung in der am 1. Januar 2016 geltenden Fassung ist auf Gewinne der Wirtschaftsjahre anzuwenden, die nach dem 31. Dezember 2015 beginnen.

(4) § 141 Abs. 1 Satz 1 Nr. 5 der Abgabenordnung in der Fassung des Artikels 6 des Gesetzes vom 31. Juli 2003 (BGBl. I S. 1550) ist auf Gewinne der Kalenderjahre anzuwenden, die nach dem 31. Dezember 2003 beginnen. § 141 Abs. 1 Satz 1 Nr. 5 der Abgabenordnung in der Fassung des Artikels 5 des Gesetzes vom 7. September 2007 (BGBl. I S. 2246) ist auf Gewinne der Kalenderjahre anzuwenden, die nach dem 31. Dezember 2007 beginnen. § 141 Absatz 1 Satz 1 Nummer 5 der Abgabenordnung in der am 1. Januar 2016 geltenden Fassung ist auf Gewinne der Kalenderjahre anzuwenden, die nach dem 31. Dezember 2015 beginnen.

(5) Eine Mitteilung über den Beginn der Buchführungspflicht ergeht nicht, wenn die Voraussetzungen des § 141 Abs. 1 der Abgabenordnung für Kalenderjahre, die vor dem 1. Januar 2004 liegen, erfüllt sind, jedoch nicht die Voraussetzungen des § 141 Abs. 1 der Abgabenordnung in der Fassung des Gesetzes vom 31. Juli 2003 (BGBl. I S. 1550) im Kalenderjahr 2004. Entsprechendes gilt für Feststellungen, die vor dem 1. Januar 2004 getroffen werden, oder für Wirtschaftsjahre, die vor dem 1. Januar 2004 enden.

(6) § 141 Abs. 1 Satz 1 Nr. 1 der Abgabenordnung in der am 26. August 2006 geltenden Fassung ist auf Umsätze der Kalenderjahre anzuwenden, die nach dem 31. Dezember 2006 beginnen. Eine Mitteilung über den Beginn der Buchführungspflicht ergeht nicht, wenn die Voraussetzungen des § 141 Abs. 1 Satz 1 Nr. 1 der Abgabenordnung in der am 25. August 2006 geltenden Fassung für Kalenderjahre, die vor dem 1. Januar 2007 liegen, erfüllt sind, jedoch im Kalenderjahr 2006 nicht die des § 141 Abs. 1 Satz 1 Nr. 1 der Abgabenordnung in der am 26. August 2006 geltenden Fassung.

(7) Eine Mitteilung über den Beginn der Buchführungspflicht ergeht nicht, wenn die Voraussetzungen des § 141 Abs. 1 Satz 1 Nr. 4 und Nr. 5 der Abgabenordnung in der am 13. September 2007 geltenden Fassung für Kalenderjahre, die vor dem 1. Januar 2008 liegen, erfüllt sind, jedoch im Kalenderjahr 2007 nicht die Voraussetzungen des § 141 Abs. 1 Satz 1 Nr. 4 und Nr. 5 der Abgabenordnung in der Fassung des Artikels 5 des Gesetzes vom 7. September 2007 (BGBl. I S. 2246).

(8) § 141 Absatz 1 Satz 1 Nummer 1 der Abgabenordnung in der am 1. Januar 2016 geltenden Fassung ist auf Umsätze der Kalenderjahre anzuwenden, die nach dem 31. Dezember 2015 beginnen. Eine Mitteilung über den Beginn der Buchführungspflicht ergeht nicht, wenn die Voraussetzungen des § 141 Absatz 1 Satz 1 Nummer 1 der Abgabenordnung in der am 31. Dezember 2015 geltenden Fassung für Kalenderjahre, die vor dem 1. Januar 2016 liegen, erfüllt sind, jedoch im Kalenderjahr 2015 die Voraussetzungen des § 141 Absatz 1 Satz 1 Nummer 1 der Abgabenordnung in der am 1. Januar 2016 geltenden Fassung nicht erfüllt sind.

(9) Eine Mitteilung über den Beginn der Buchführungspflicht ergeht nicht, wenn die Voraussetzungen des § 141 Absatz 1 Satz 1 Nummer 4 und 5 der Abgabenordnung in der am 31. Dezember 2015 geltenden Fassung für Kalen-

derjahre, die vor dem 1. Januar 2016 liegen, erfüllt sind, jedoch im Kalenderjahr 2015 die Voraussetzungen des § 141 Absatz 1 Satz 1 Nummer 4 und 5 der Abgabenordnung in der am 1. Januar 2016 geltenden Fassung nicht erfüllt sind.

**§ 19a**

**Aufbewahrungsfristen**

§ 147 Abs. 3 der Abgabenordnung in der Fassung des Artikels 2 des Gesetzes vom 19. Dezember 1998 (BGBl. I S. 3816) gilt erstmals für Unterlagen, deren Aufbewahrungsfrist nach § 147 Abs. 3 der Abgabenordnung in der bis zum 23. Dezember 1998 geltenden Fassung noch nicht abgelaufen ist. § 147 Absatz 3 Satz 3 und 4 der Abgabenordnung in der am 1. Januar 2017 geltenden Fassung gilt für alle Lieferscheine, deren Aufbewahrungsfrist nach § 147 Absatz 3 der Abgabenordnung in der bis zum 31. Dezember 2016 geltenden Fassung noch nicht abgelaufen ist.

**§ 19b**

**Zugriff auf datenverarbeitungsgestützte Buchführungssysteme**

§ 146 Abs. 5, § 147 Abs. 2, 5 und 6 sowie § 200 Abs. 1 der Abgabenordnung in der Fassung des Artikels 7 des Gesetzes vom 23. Oktober 2000 (BGBl. I S. 1433) sind ab dem 1. Januar 2002 anzuwenden.

**§ 20**

**Verweisungserfordernis bei Blankettvorschriften**

Die in § 381 Abs. 1, § 382 Abs. 1 der Abgabenordnung vorgeschriebene Verweisung ist nicht erforderlich, soweit die Vorschriften der dort genannten Gesetze und Rechtsverordnungen vor dem 1. Oktober 1968 erlassen sind.

**§ 21**

**Steueranmeldungen in Euro**

Für Besteuerungszeiträume nach dem 31. Dezember 1998 und vor dem 1. Januar 2002 ist § 168 der Abgabenordnung mit folgender Maßgabe anzuwenden:

Wird eine Steueranmeldung nach einem vom Bundesministerium der Finanzen im Einvernehmen mit den obersten Finanzbehörden der Länder bestimmten Vordruck in Euro abgegeben, gilt die Steuer als zu dem vom Rat der Europäischen Union gemäß Artikel 1091 Abs. 4 Satz 1 des EG-Vertrages unwiderruflich festgelegten Umrechnungskurs in Deutscher Mark berechnet. Betrifft die Anmeldung eine von Bundesfinanzbehörden verwaltete Steuer, ist bei der Bestimmung des Vordrucks das Einvernehmen mit den obersten Finanzbehörden der Länder nicht erforderlich.

**§ 22**

**Mitwirkungspflichten der Beteiligten; Schätzung von Besteuerungsgrundlagen**

(1) § 90 Abs. 3 der Abgabenordnung in der Fassung des Artikels 9 des Gesetzes vom 16. Mai 2003 (BGBl. I S. 660) ist erstmals für Wirtschaftsjahre anzuwenden, die nach dem 31. Dezember 2002 beginnen. § 162 Abs. 3 und 4 der Abgabenordnung in der Fassung des Artikels 9 des Gesetzes vom 16. Mai 2003 (BGBl. I S. 660) ist erstmals für Wirtschaftsjahre anzuwenden, die nach dem 31. Dezember 2003 beginnen, frühestens sechs Monate nach Inkrafttreten der Rechtsverordnung im Sinne des § 90 Abs. 3 der Abgabenordnung in der Fassung des Artikels 9 des Gesetzes vom 16. Mai 2003 (BGBl. I S. 660). Gehören zu den Geschäftsbeziehungen im Sinne des § 90 Abs. 3 der Abgabenordnung in der Fassung des Artikels 9 des Gesetzes vom 16. Mai 2003 (BGBl. I S. 660) Dauerschuldverhältnisse, die als außergewöhnliche Geschäftsvorfälle im Sinne des § 90 Abs. 3 Satz 3 der Abgabenordnung in der Fassung des Artikels 9 des Gesetzes vom 16. Mai 2003 (BGBl. I S. 660) anzusehen sind und die vor Beginn der in Satz 1 bezeichneten Wirtschaftsjahre begründet wurden und bei Beginn dieser Wirtschaftsjahre noch bestehen, sind die Aufzeichnungen der sie betreffenden wirtschaftlichen und rechtlichen Grundlagen spätestens sechs Monate nach Inkrafttreten der Rechtsverordnung im Sinne des § 90 Abs. 3 der Abgabenordnung in der Fassung des Artikels 9 des Gesetzes vom 16. Mai 2003 (BGBl. I S. 660) zu erstellen. § 90 Absatz 3 der Abgabenordnung in der am 24. Dezember 2016 geltenden Fassung ist erstmals für Wirtschaftsjahre anzuwenden, die nach dem 31. Dezember 2016 beginnen.

(2) Die Bundesregierung bestimmt durch Rechtsverordnung mit Zustimmung des Bundesrates den Zeitpunkt der erstmaligen Anwendung von § 90 Absatz 2 Satz 3, § 147a, § 162 Absatz 2 Satz 3 und § 193 Absatz 1 und Absatz 2 Nummer 3 in der Fassung des Artikels 3 des Gesetzes vom 29. Juli 2009 (BGBl. I S. 2302).

(3) § 147a Absatz 2 der Abgabenordnung in der am 25. Juni 2017 geltenden Fassung ist erstmals auf Besteuerungszeiträume anzuwenden, die nach dem 31. Dezember 2017 beginnen.

**§ 23**

**Verfolgungsverjährung**

§ 376 der Abgabenordnung in der Fassung des Artikels 10 des Gesetzes vom 19. Dezember 2008 (BGBl. I S. 2794) gilt für alle bei Inkrafttreten dieses Gesetzes noch nicht abgelaufenen Verjährungsfristen.

**§ 24**

**Selbstanzeige bei Steuerhinterziehung und leichtfertiger Steuerverkürzung**

Bei Selbstanzeigen nach § 371 der Abgabenordnung, die bis zum 28. April 2011 bei der zuständigen Finanzbehörde eingegangen sind, ist § 371 der Abgabenordnung in der bis zu diesem Zeitpunkt geltenden Fassung mit der Maßgabe anzuwenden, dass im Umfang der gegenüber der zuständigen Finanzbehörde berichtigten, ergänzten oder nachgeholten Angaben Straffreiheit eintritt. Das Gleiche gilt im Fall der leichtfertigen Steuerverkürzung für die Anwendung des § 378 Absatz 3 der Abgabenordnung.

§ 25
**Gebühren für die Bearbeitung von Anträgen auf Erteilung einer verbindlichen Auskunft**

(1) § 89 Absatz 3 bis 7 der Abgabenordnung in der Fassung des Artikels 3 des Gesetzes vom 1. November 2011 (BGBl. I S. 2131) ist erstmals auf Anträge anzuwenden, die nach dem 4. November 2011 bei der zuständigen Finanzbehörde eingegangen sind.

(2) § 89 Absatz 2 Satz 4 in der am 1. Januar 2017 geltenden Fassung ist erstmals auf nach dem 31. Dezember 2016 bei der zuständigen Finanzbehörde eingegangene Anträge auf Erteilung einer verbindlichen Auskunft anzuwenden. § 89 Absatz 3 Satz 2 in der am 23. Juli 2016 geltenden Fassung ist erstmals auf nach dem 22. Juli 2016 bei der zuständigen Finanzbehörde eingegangene Anträge auf Erteilung einer einheitlichen verbindlichen Auskunft anzuwenden.

§ 26
**Kontenabrufmöglichkeit**

(1) § 93 Absatz 7 Satz 1 Nummer 2 der Abgabenordnung in der am 31. Dezember 2011 geltenden Fassung ist für Veranlagungszeiträume vor 2012 weiterhin anzuwenden.

(2) § 93 Absatz 7 Satz 1 Nummer 4 bis 4b und Satz 2 zweiter Halbsatz der Abgabenordnung in der am 25. Juni 2017 geltenden Fassung ist ab dem 1. Januar 2018 anzuwenden. Bis zum 31. Dezember 2017 ist § 93 Absatz 7 der Abgabenordnung in der am 24. Juni 2017 geltenden Fassung weiter anzuwenden.

(3) § 93 Absatz 7 Satz 2 erster Halbsatz und Absatz 8 sowie § 93b Absatz 1a und 2 der Abgabenordnung in der am 25. Juni 2017 geltenden Fassung sind ab dem 1. Januar 2020 anzuwenden. Bis zum 31. Dezember 2019 ist § 93 Absatz 7 Satz 2 Halbsatz 1 und Absatz 8 sowie § 93b Absatz 2 der Abgabenordnung in der am 24. Juni 2017 geltenden Fassung weiter anzuwenden.

(4) § 154 Absatz 2 bis 2c der Abgabenordnung in der am 25. Juni 2017 geltenden Fassung ist erstmals auf nach dem 31. Dezember 2017 begründete Geschäftsbeziehungen anzuwenden.

(5) Für Geschäftsbeziehungen zu Kreditinstituten im Sinne des § 154 Absatz 2 Satz 1 der Abgabenordnung in der am 25. Juni 2017 geltenden Fassung, die vor dem 1. Januar 2018 begründet worden sind und am 1. Januar 2018 noch bestehen, gilt Folgendes:

1. Kreditinstitute haben bis zum 31. Dezember 2019 für den Kontoinhaber, jeden anderen Verfügungsberechtigten und jeden wirtschaftlich Berechtigten im Sinne des Geldwäschegesetzes
   a) die Adresse,
   b) bei natürlichen Personen das Geburtsdatum sowie
   c) die in § 154 Absatz 2a Satz 1 der Abgabenordnung in der am 25. Juni 2017 geltenden Fassung genannten Daten

   in den Aufzeichnungen nach § 154 Absatz 2 bis 2c der Abgabenordnung in der am 25. Juni 2017 geltenden Fassung und in dem nach § 93b Absatz 1 und 1a der Abgabenordnung in der am 25. Juni 2017 geltenden Fassung zu führenden Dateisystem zu erfassen. § 154 Absatz 2a Satz 3 der Abgabenordnung in der am 25. Juni 2017 geltenden Fassung ist entsprechend anzuwenden.
2. Teilen der Vertragspartner oder gegebenenfalls für ihn handelnde Personen dem Kreditinstitut die nach § 154 Absatz 2a Satz 1 Nummer 1 der Abgabenordnung in der am 25. Juni 2017 geltenden Fassung zu erfassende Identifikationsnummer einer betroffenen Person bis zum 31. Dezember 2019 nicht mit und hat das Kreditinstitut die Identifikationsnummer dieser Person auch nicht aus anderem Anlass rechtmäßig erfasst, hat es sie bis zum 30. Juni 2020 in einem maschinellen Verfahren beim Bundeszentralamt für Steuern zu erfragen. § 154 Absatz 2b Satz 2 und 3 der Abgabenordnung in der am 25. Juni 2017 geltenden Fassung gilt entsprechend.
3. Soweit das Kreditinstitut die nach § 154 Absatz 2a der Abgabenordnung in der am 25. Juni 2017 geltenden Fassung zu erhebenden Daten auf Grund unzureichender Mitwirkung des Vertragspartners und gegebenenfalls für ihn handelnder Personen bis zum 30. Juni 2020 nicht ermitteln kann, hat es dies auf dem Konto festzuhalten. In diesem Fall hat das Kreditinstitut dem Bundeszentralamt für Steuern die betroffenen Konten sowie die hierzu nach § 154 Absatz 2 der Abgabenordnung in der am 25. Juni 2017 geltenden Fassung erhobenen Daten bis zum 30. September 2020 mitzuteilen.
4. § 154 Absatz 2d der Abgabenordnung in der am 25. Juni 2017 geltenden Fassung bleibt unberührt.

§ 27
**Elektronische Datenübermittlung an Finanzbehörden**

(1) § 72a Absatz 1 bis 3, § 87a Absatz 6, die §§ 87b bis 87e und 150 Absatz 6 der Abgabenordnung in der am 1. Januar 2017 geltenden Fassung sind erstmals anzuwenden, wenn Daten nach dem 31. Dezember 2016 auf Grund gesetzlicher Vorschriften nach amtlich vorgeschriebenem Datensatz über amtlich bestimmte Schnittstellen an Finanzbehörden zu übermitteln sind oder freiwillig übermittelt werden. Für Daten im Sinne des Satzes 1, die vor dem 1. Januar 2017 zu übermitteln sind oder freiwillig übermittelt werden, sind § 150 Absatz 6 und 7 der Abgabenordnung und die Vorschriften der Steuerdaten-Übermittlungsverordnung in der jeweils am 31. Dezember 2016 geltenden Fassung weiter anzuwenden.

(2) § 72a Absatz 4, die §§ 93c, 93d und 171 Absatz 10a sowie die §§ 175b und 203a der Abgabenordnung in der am 1. Januar 2017 geltenden Fassung sind erstmals anzuwenden, wenn steuerliche Daten eines Steuerpflichtigen für Besteuerungszeiträume nach 2016 oder Besteue-

rungszeitpunkte nach dem 31. Dezember 2016 auf Grund gesetzlicher Vorschriften von einem Dritten als mitteilungspflichtiger Stelle elektronisch an Finanzbehörden zu übermitteln sind.

(3) § 175 b Absatz 4 der Abgabenordnung in der am 25. Juni 2017 geltenden Fassung ist erstmals anzuwenden, wenn Daten im Sinne des § 93 c der Abgabenordnung der Finanzbehörde nach dem 24. Juni 2017 zugehen.

**§ 28**

**Elektronische Bekanntgabe von Verwaltungsakten**

§ 87 a Absatz 7 und 8, die §§ 122 a und 169 Absatz 1 der Abgabenordnung in der am 1. Januar 2017 geltenden Fassung sind erstmals auf Verwaltungsakte anzuwenden, die nach dem 31. Dezember 2016 erlassen worden sind. § 8 Absatz 4 Satz 4 gilt entsprechend.

**§ 29**

**Abweichende Festsetzung von Steuern aus Billigkeitsgründen**

§ 163 der Abgabenordnung in der am 1. Januar 2017 geltenden Fassung ist für nach dem 31. Dezember 2016 getroffene Billigkeitsmaßnahmen auch dann anzuwenden, wenn sie Besteuerungszeiträume oder Besteuerungszeitpunkte betreffen, die vor dem 1. Januar 2017 abgelaufen oder eingetreten sind.

**§ 30**

**Ordnungsvorschriftfür die Buchführung und für Aufzeichnungen mittels elektronischer Aufzeichnungssysteme**

(1) Die §§ 146 a und 379 Absatz 1 Satz 1 und Absatz 4 der Abgabenordnung in der am 29. Dezember 2016 geltenden Fassung sowie § 379 Absatz 5 und 6 der Abgabenordnung in der am 25. Juni 2017 geltenden Fassung sind erstmals für Kalenderjahre nach Ablauf des 31. Dezember 2019 anzuwenden. Die Mitteilung nach § 146 a Absatz 4 der Abgabenordnung in der am 29. Dezember 2016 geltenden Fassung ist für elektronische Aufzeichnungssysteme, die der Steuerpflichtige vor dem 1. Januar 2020 angeschafft hat, bis zum 31. Januar 2020 zu erstatten.

(2) § 146 b der Abgabenordnung in der am 29. Dezember 2016 geltenden Fassung ist nach Ablauf des 31. Dezember 2017 anzuwenden. § 146 b Absatz 2 Satz 2 der Abgabenordnung ist in der am 29. Dezember 2016 geltenden Fassung vor dem 1. Januar 2020 mit der Maßgabe anzuwenden, dass keine Datenübermittlung über die einheitliche Schnittstelle verlangt werden kann oder dass diese auf einem maschinell auswertbaren Datenträger nach den Vorgaben der einheitlichen Schnittstelle zur Verfügung gestellt werden muss. § 146 b Absatz 1 Satz 2 der Abgabenordnung in der am 29. Dezember 2016 geltenden Fassung ist erstmals für Kalenderjahre nach Ablauf des 31. Dezember 2019 anzuwenden.

(3) Wurden Registrierkassen nach dem 25. November 2010 und vor dem 1. Januar 2020 angeschafft, die den Anforderungen des BMF-Schreibens vom 26. November 2010 (BStBl. I S. 1342) entsprechen und die bauartbedingt nicht aufrüstbar sind, so dass sie die Anforderungen des § 146 a der Abgabenordnung nicht erfüllen, dürfen diese Registrierkassen bis zum 31. Dezember 2022 abweichend von den § 146 a und § 379 Absatz 1 Satz 1 und Absatz 4 der Abgabenordnung weiter verwendet werden.

**§ 31**

**Länderbezogener Bericht multinationaler Unternehmensgruppen**

§ 138 a Absatz 1, 2, 3, 6 und 7 der Abgabenordnung in der am 24. Dezember 2016 geltenden Fassung ist erstmals für Wirtschaftsjahre anzuwenden, die nach dem 31. Dezember 2015 beginnen. § 138 a Absatz 4 und 5 der Abgabenordnung in der am 24. Dezember 2016 geltenden Fassung ist erstmals für Wirtschaftsjahre anzuwenden, die nach dem 31. Dezember 2016 beginnen.

**§ 32**

**Mitteilungspflicht über Beziehungen zu Drittstaat-Gesellschaften**

(1) § 138 Absatz 2 bis 5, § 138 b und § 379 Absatz 2 Nummer 1d der Abgabenordnung in der am 25. Juni 2017 geltenden Fassung sind erstmals auf mitteilungspflichtige Sachverhalte anzuwenden, die nach dem 31. Dezember 2017 verwirklicht worden sind. Auf Sachverhalte, die vor dem 1. Januar 2018 verwirklicht worden sind, ist § 138 Absatz 2 und 3 der Abgabenordnung in der am 24. Juni 2017 geltenden Fassung weiter anzuwenden.

(2) Inländische Steuerpflichtige im Sinne des § 138 Absatz 2 Satz 1 der Abgabenordnung in der am 25. Juni 2017 geltenden Fassung, die vor dem 1. Januar 2018 erstmals unmittelbar oder mittelbar einen beherrschenden oder bestimmenden Einfluss auf die gesellschaftsrechtlichen, finanziellen oder geschäftlichen Angelegenheiten einer Drittstaat-Gesellschaft im Sinne des § 138 Absatz 3 der Abgabenordnung in der am 25. Juni 2017 geltenden Fassung ausüben konnten, haben dies dem für sie nach den §§ 18 bis 20 der Abgabenordung zuständigen Finanzamt mitzuteilen, wenn dieser Einfluss auch noch am 1. Januar 2018 fortbesteht. § 138 Absatz 5 der Abgabenordnung in der am 25. Juni 2017 geltenden Fassung gilt in diesem Fall entsprechend.

## Anhang 2: Verwaltungszustellungsgesetz (VwZG)

Vom 12.08.2005, BGBl I 2005, 2354, zuletzt geändert durch Gesetz zur Durchführung der Verordnung (EU) Nr. 910/2014 des Europäischen Parlaments und des Rates vom 23. Juli 2014 über elektronische Identifizierung und Vertrauensdienste für elektronische Transaktionen im Binnenmarkt und zur Aufhebung der Richtlinie 1999/93/EG (eIDAS-Durchführungsgesetz) v. 18.07.2017, BGBl I 2017, 2745.

§ 1
**Anwendungsbereich**

(1) Die Vorschriften dieses Gesetzes gelten für das Zustellungsverfahren der Bundesbehörden, der bundesunmittelbaren Körperschaften, Anstalten und Stiftungen des öffentlichen Rechts und der Landesfinanzbehörden.

(2) Zugestellt wird, soweit dies durch Rechtsvorschrift oder behördliche Anordnung bestimmt ist.

§ 2
**Allgemeines**

(1) Zustellung ist die Bekanntgabe eines schriftlichen oder elektronischen Dokuments in der in diesem Gesetz bestimmten Form.

(2) Die Zustellung wird durch einen Erbringer von Postdienstleistungen (Post), einen nach § 17 des De-Mail-Gesetzes akkreditierten Diensteanbieter oder durch die Behörde ausgeführt. Daneben gelten die in den §§ 9 und 10 geregelten Sonderarten der Zustellung.

(3) Die Behörde hat die Wahl zwischen den einzelnen Zustellungsarten. § 5 Abs. 5 Satz 2 bleibt unberührt.

§ 3
**Zustellung durch die Behörde gegen Empfangsbekenntnis; elektronische Zustellung**

(1) Soll durch die Post mit Zustellungsurkunde zugestellt werden, übergibt die Behörde der Post den Zustellungsauftrag, das zuzustellende Dokument in einem verschlossenen Umschlag und einen vorbereiteten Vordruck einer Zustellungsurkunde.

(2) Für die Ausführung der Zustellung gelten die §§ 177 bis 182 der Zivilprozessordnung entsprechend. Im Fall des § 181 Abs. 1 der Zivilprozessordnung kann das zuzustellende Dokument bei einer von der Post dafür bestimmten Stelle am Ort der Zustellung oder am Ort des Amtsgerichts, in dessen Bezirk der Ort der Zustellung liegt, niedergelegt werden oder bei der Behörde, die den Zustellungsauftrag erteilt hat, wenn sie ihren Sitz an einem der vorbezeichneten Orte hat. Für die Zustellungsurkunde, den Zustellungsauftrag, den verschlossenen Umschlag nach Absatz 1 und die schriftliche Mitteilung nach § 181 Abs. 1 Satz 3 der Zivilprozessordnung sind die Vordrucke nach der Zustellungsvordruckverordnung zu verwenden.

§ 4
**Zustellung durch die Post mittels Einschreiben**

(1) Ein Dokument kann durch die Post mittels Einschreiben durch Übergabe oder mittels Einschreiben mit Rückschein zugestellt werden.

(2) Zum Nachweis der Zustellung genügt der Rückschein. Im Übrigen gilt das Dokument am dritten Tag nach der Aufgabe zur Post als zugestellt, es sei denn, dass es nicht oder zu einem späteren Zeitpunkt zugegangen ist. Im Zweifel hat die Behörde den Zugang und dessen Zeitpunkt nachzuweisen. Der Tag der Aufgabe zur Post ist in den Akten zu vermerken.

§ 5
**Zustellung durch die Behörde gegen Empfangsbekenntnis**

(1) Bei der Zustellung durch die Behörde händigt der zustellende Bedienstete das Dokument dem Empfänger in einem verschlossenen Umschlag aus. Das Dokument kann auch offen ausgehändigt werden, wenn keine schutzwürdigen Interessen des Empfängers entgegenstehen. Der Empfänger hat ein mit dem Datum der Aushändigung versehenes Empfangsbekenntnis zu unterschreiben. Der Bedienstete vermerkt das Datum der Zustellung auf dem Umschlag des auszuhändigenden Dokuments oder bei offener Aushändigung auf dem Dokument selbst.

(2) Die §§ 177 bis 181 der Zivilprozessordnung sind anzuwenden. Zum Nachweis der Zustellung ist in den Akten zu vermerken:

1. im Fall der Ersatzzustellung in der Wohnung, in Geschäftsräumen und Einrichtungen nach § 178 der Zivilprozessordnung der Grund, der diese Art der Zustellung rechtfertigt,
2. im Fall der Zustellung bei verweigerter Annahme nach § 179 der Zivilprozessordnung, wer die Annahme verweigert hat und dass das Dokument am Ort der Zustellung zurückgelassen oder an den Absender zurückgesandt wurde sowie der Zeitpunkt und der Ort der verweigerten Annahme,
3. in den Fällen der Ersatzzustellung nach den §§ 180 und 181 der Zivilprozessordnung der Grund der Ersatzzustellung sowie wann und wo das Dokument in einen Briefkasten eingelegt oder sonst niedergelegt und in welcher Weise die Niederlegung schriftlich mitgeteilt wurde.

Im Fall des § 181 Abs. 1 der Zivilprozessordnung kann das zuzustellende Dokument bei der Behörde, die den Zustellungsauftrag erteilt hat, niedergelegt werden, wenn diese Behörde ihren Sitz am Ort der Zustellung oder am Ort des Amtsgerichts hat, in dessen Bezirk der Ort der Zustellung liegt.

(3) Zur Nachtzeit, an Sonntagen und allgemeinen Feiertagen darf nach den Absätzen 1 und 2 im Inland nur mit schriftlicher oder elektronischer Erlaubnis des Behördenleiters zugestellt werden. Die Nachtzeit umfasst die Stunden von 21 bis 6 Uhr. Die Erlaubnis ist bei der Zustellung

abschriftlich mitzuteilen. Eine Zustellung, bei der diese Vorschriften nicht beachtet sind, ist wirksam, wenn die Annahme nicht verweigert wird.

(4) Das Dokument kann an Behörden, Körperschaften, Anstalten und Stiftungen des öffentlichen Rechts, an Rechtsanwälte, Patentanwälte, Notare, Steuerberater, Steuerbevollmächtigte, Wirtschaftsprüfer, vereidigte Buchprüfer, Steuerberatungsgesellschaften, Wirtschaftsprüfungsgesellschaften und Buchprüfungsgesellschaften auch auf andere Weise, auch elektronisch, gegen Empfangsbekenntnis zugestellt werden. Zum Nachweis der Zustellung genügt das mit Datum und Unterschrift versehene Empfangsbekenntnis, das an die Behörde zurückzusenden ist.

(5) Ein elektronisches Dokument kann im Übrigen unbeschadet des Absatzes 4 elektronisch zugestellt werden, soweit der Empfänger hierfür einen Zugang eröffnet. Es ist elektronisch zuzustellen, wenn auf Grund einer Rechtsvorschrift ein Verfahren auf Verlangen des Empfängers in elektronischer Form abgewickelt wird. Für die Übermittlung ist das Dokument mit einer qualifizierten elektronischen Signatur zu versehen und gegen unbefugte Kenntnisnahme Dritter zu schützen.

(6) Bei der elektronischen Zustellung ist die Übermittlung mit dem Hinweis »Zustellung gegen Empfangsbekenntnis« einzuleiten. Die Übermittlung muss die absendende Behörde, den Namen und die Anschrift des Zustellungsadressaten sowie den Namen des Bediensteten erkennen lassen, der das Dokument zur Übermittlung aufgegeben hat.

(7) Zum Nachweis der Zustellung nach den Absätzen 4 und 5 genügt das mit Datum und Unterschrift versehene Empfangsbekenntnis, das an die Behörde durch die Post oder elektronisch zurückzusenden ist. Ein elektronisches Dokument gilt in den Fällen des Absatzes 5 Satz 2 am dritten Tag nach der Absendung an den vom Empfänger hierfür eröffneten Zugang als zugestellt, wenn der Behörde nicht spätestens an diesem Tag ein Empfangsbekenntnis nach Satz 1 zugeht. Satz 2 gilt nicht, wenn der Empfänger nachweist, dass das Dokument nicht oder zu einem späteren Zeitpunkt zugegangen ist. Der Empfänger ist in den Fällen des Absatzes 5 Satz 2 vor der Übermittlung über die Rechtsfolge nach Satz 2 zu belehren. Zum Nachweis der Zustellung ist von der absendenden Behörde in den Akten zu vermerken, zu welchem Zeitpunkt und an welchen Zugang das Dokument gesendet wurde. Der Empfänger ist über den Eintritt der Zustellungsfiktion nach Satz 2 zu benachrichtigen.

### § 5a
### Elektronische Zustellung gegen Abholbestätigung über De-Mail-Dienste

(1) Die elektronische Zustellung kann unbeschadet des § 5 Absatz 4 und 5 Satz 1 und 2 durch Übermittlung der nach § 17 des De-Mail-Gesetzes akkreditierten Diensteanbieter gegen Abholbestätigung nach § 5 Absatz 9 des De-Mail-Gesetzes an das De-Mail-Postfach des Empfängers erfolgen. Für die Zustellung nach Satz 1 ist § 5 Absatz 4 und 6 mit der Maßgabe anzuwenden, dass an die Stelle des Empfangsbekenntnisses die Abholbestätigung tritt.

(2) Der nach § 17 des De-Mail-Gesetzes akkreditierte Diensteanbieter hat eine Versandbestätigung nach § 5 Absatz 7 des De-Mail-Gesetzes und eine Abholbestätigung nach § 5 Absatz 9 des De-Mail-Gesetzes zu erzeugen. Er hat diese Bestätigungen unverzüglich der absendenden Behörde zu übermitteln.

(3) Zum Nachweis der elektronischen Zustellung genügt die Abholbestätigung nach § 5 Absatz 9 des De-Mail-Gesetzes. Für diese gelten § 371 Absatz 1 Satz 2 und § 371a Absatz 3 der Zivilprozessordnung.

(4) Ein elektronisches Dokument gilt in den Fällen des § 5 Absatz 5 Satz 2 am dritten Tag nach der Absendung an das De-Mail-Postfach des Empfängers als zugestellt, wenn er dieses Postfach als Zugang eröffnet hat und der Behörde nicht spätestens an diesem Tag eine elektronische Abholbestätigung nach § 5 Absatz 9 des De-Mail-Gesetzes zugeht. Satz 1 gilt nicht, wenn der Empfänger nachweist, dass das Dokument nicht oder zu einem späteren Zeitpunkt zugegangen ist. Der Empfänger ist in den Fällen des § 5 Absatz 5 Satz 2 vor der Übermittlung über die Rechtsfolgen nach den Sätzen 1 und 2 zu belehren. Als Nachweis der Zustellung nach Satz 1 dient die Versandbestätigung nach § 5 Absatz 7 des De-Mail-Gesetzes oder ein Vermerk der absendenden Behörde in den Akten, zu welchem Zeitpunkt und an welches De-Mail-Postfach das Dokument gesendet wurde. Der Empfänger ist über den Eintritt der Zustellungsfiktion nach Satz 1 elektronisch zu benachrichtigen.

### § 6
### Zustellung an gesetzliche Vertreter

(1) Bei Geschäftsunfähigen oder beschränkt Geschäftsfähigen ist an ihre gesetzlichen Vertreter zuzustellen. Gleiches gilt bei Personen, für die ein Betreuer bestellt ist, soweit der Aufgabenkreis des Betreuers reicht.

(2) Bei Behörden wird an den Behördenleiter, bei juristischen Personen, nicht rechtsfähigen Personenvereinigungen und Zweckvermögen an ihre gesetzlichen Vertreter zugestellt. § 34 Abs. 2 der Abgabenordnung bleibt unberührt.

(3) Bei mehreren gesetzlichen Vertretern oder Behördenleitern genügt die Zustellung an einen von ihnen.

(4) Der zustellende Bedienstete braucht nicht zu prüfen, ob die Anschrift den Vorschriften der Absätze 1 bis 3 entspricht.

### § 7
### Zustellung an Bevollmächtigte

(1) Zustellungen können an den allgemeinen oder für bestimmte Angelegenheiten bestellten Bevollmächtigten gerichtet werden. Sie sind an ihn zu richten, wenn er schriftliche Vollmacht vorgelegt hat. Ist ein Bevollmäch-

tigter für mehrere Beteiligte bestellt, so genügt die Zustellung eines Dokuments an ihn für alle Beteiligten.

(2) Einem Zustellungsbevollmächtigten mehrerer Beteiligter sind so viele Ausfertigungen oder Abschriften zuzustellen, als Beteiligte vorhanden sind.

(3) Auf § 180 Abs. 2 der Abgabenordnung beruhende Regelungen und § 183 der Abgabenordnung bleiben unberührt.

§ 8

**Heilung von Zustellungsmängeln**

Lässt sich die formgerechte Zustellung eines Dokuments nicht nachweisen oder ist es unter Verletzung zwingender Zustellungsvorschriften zugegangen, gilt es als in dem Zeitpunkt zugestellt, in dem es dem Empfangsberechtigten tatsächlich zugegangen ist, im Fall des § 5 Abs. 5 in dem Zeitpunkt, in dem der Empfänger das Empfangsbekenntnis zurückgesendet hat.

§ 9

**Zustellung im Ausland**

(1) Eine Zustellung im Ausland erfolgt

1. durch Einschreiben mit Rückschein, soweit die Zustellung von Dokumenten unmittelbar durch die Post völkerrechtlich zulässig ist,
2. auf Ersuchen der Behörde durch die Behörden des fremden Staates oder durch die zuständige diplomatische oder konsularische Vertretung der Bundesrepublik Deutschland,
3. auf Ersuchen der Behörde durch das Auswärtige Amt an eine Person, die das Recht der Immunität genießt und zu einer Vertretung der Bundesrepublik Deutschland im Ausland gehört, sowie an Familienangehörige einer solchen Person, wenn diese das Recht der Immunität genießen, oder
4. durch Übermittlung elektronischer Dokumente, soweit dies völkerrechtlich zulässig ist.

(2) Zum Nachweis der Zustellung nach Absatz 1 Nr. 1 genügt der Rückschein. Die Zustellung nach Absatz 1 Nr. 2 und 3 wird durch das Zeugnis der ersuchten Behörde nachgewiesen. Der Nachweis der Zustellung gemäß Absatz 1 Nr. 4 richtet sich nach § 5 Abs. 7 Satz 1 bis 3 und 5 sowie nach § 5a Absatz 3 und 4 Satz 1, 2 und 4.

(3) Die Behörde kann bei der Zustellung nach Absatz 1 Nr. 2 und 3 anordnen, dass die Person, an die zugestellt werden soll, innerhalb einer angemessenen Frist einen Zustellungsbevollmächtigten benennt, der im Inland wohnt oder dort einen Geschäftsraum hat. Wird kein Zustellungsbevollmächtigter benannt, können spätere Zustellungen bis zur nachträglichen Benennung dadurch bewirkt werden, dass das Dokument unter der Anschrift der Person, an die zugestellt werden soll, zur Post gegeben wird. Das Dokument gilt am siebenten Tag nach Aufgabe zur Post als zugestellt, wenn nicht feststeht, dass es den Empfänger nicht oder zu einem späteren Zeitpunkt erreicht hat. Die Behörde kann eine längere Frist bestimmen. In der Anordnung nach Satz 1 ist auf diese Rechtsfolgen hinzuweisen. Zum Nachweis der Zustellung ist in den Akten zu vermerken, zu welcher Zeit und unter welcher Anschrift das Dokument zur Post gegeben wurde. Ist durch Rechtsvorschrift angeordnet, dass ein Verwaltungsverfahren über eine einheitliche Stelle nach den Vorschriften des Verwaltungsverfahrensgesetzes abgewickelt werden kann, finden die Sätze 1 bis 6 keine Anwendung.

§ 10

**Öffentliche Zustellung**

(1) Die Zustellung kann durch öffentliche Bekanntmachung erfolgen, wenn

1. der Aufenthaltsort des Empfängers unbekannt ist und eine Zustellung an einen Vertreter oder Zustellungsbevollmächtigten nicht möglich ist,
2. bei juristischen Personen, die zur Anmeldung einer inländischen Geschäftsanschrift zum Handelsregister verpflichtet sind, eine Zustellung weder unter der eingetragenen Anschrift noch unter einer im Handelsregister eingetragenen Anschrift einer für Zustellungen empfangsberechtigten Person oder einer ohne Ermittlungen bekannten anderen inländischen Anschrift möglich ist oder
3. sie im Fall des § 9 nicht möglich ist oder keinen Erfolg verspricht.

Die Anordnung über die öffentliche Zustellung trifft ein zeichnungsberechtigter Bediensteter.

(2) Die öffentliche Zustellung erfolgt durch Bekanntmachung einer Benachrichtigung an der Stelle, die von der Behörde hierfür allgemein bestimmt ist, oder durch Veröffentlichung einer Benachrichtigung im Bundesanzeiger. Die Benachrichtigung muss

1. die Behörde, für die zugestellt wird,
2. den Namen und die letzte bekannte Anschrift des Zustellungsadressaten,
3. das Datum und das Aktenzeichen des Dokuments sowie
4. die Stelle, wo das Dokument eingesehen werden kann,

erkennen lassen. Die Benachrichtigung muss den Hinweis enthalten, dass das Dokument öffentlich zugestellt wird und Fristen in Gang gesetzt werden können, nach deren Ablauf Rechtsverluste drohen können. Bei der Zustellung einer Ladung muss die Benachrichtigung den Hinweis enthalten, dass das Dokument eine Ladung zu einem Termin enthält, dessen Versäumung Rechtsnachteile zur Folge haben kann. In den Akten ist zu vermerken, wann und wie die Benachrichtigung bekannt gemacht wurde. Das Dokument gilt als zugestellt, wenn seit dem Tag der Bekanntmachung der Benachrichtigung zwei Wochen vergangen sind.

## Allgemeine Verwaltungsvorschrift für die Betriebsprüfung – Betriebsprüfungsordnung – (BpO 2000)

vom 15. März 2000, BStBl I 2000, 368, zuletzt geändert durch Allg. Verwaltungsvorschrift zur Änderung der Betriebsprüfungsordnung vom 20.07.2011, BStBl I 2011, 710

**Inhaltsübersicht**



### I. Allgemeine Vorschriften

**§ 1**
**Anwendungsbereich der Betriebsprüfungsordnung**

(1) Diese Verwaltungsvorschrift gilt für Außenprüfungen der Landesfinanzbehörden und des Bundeszentralamtes für Steuern.

(2) Für besondere Außenprüfungen der Landesfinanzbehörden und des Bundeszentralamtes für Steuern (z. B. Lohnsteueraußenprüfung und Umsatzsteuersonderprüfung) sind die §§ 5 bis 12, 20 bis 24, 29 und 30 mit Ausnahme des § 5 Abs. 4 Satz 2 sinngemäß anzuwenden.

**§ 2**
**Aufgaben der Betriebsprüfungsstellen**

(1) Zweck der Außenprüfung ist die Ermittlung und Beurteilung der steuerlich bedeutsamen Sachverhalte, um die Gleichmäßigkeit der Besteuerung sicherzustellen (§ 85, 199 Abs. 1 AO). Bei der Anordnung und Durchführung von Prüfungsmaßnahmen sind im Rahmen der Ermessensausübung die Grundsätze der Verhältnismäßigkeit der Mittel und des geringstmöglichen Eingriffs zu beachten.

(2) Den Betriebsprüfungsstellen können auch Außenprüfungen im Sinne des § 193 Abs. 2 AO, Sonderprüfungen sowie andere Tätigkeiten mit Prüfungscharakter, zum Beispiel Liquiditätsprüfungen, übertragen werden; dies gilt nicht für Steuerfahndungsprüfungen.

(3) Die Finanzbehörde entscheidet nach pflichtgemäßem Ermessen, ob und wann eine Außenprüfung durchgeführt wird. Dies gilt auch, wenn der Steuerpflichtige eine baldige Außenprüfung begehrt.

**§ 3**
**Größenklassen**

Steuerpflichtige, die der Außenprüfung unterliegen, werden in die Größenklassen
Großbetriebe (G)
Mittelbetriebe (M)
Kleinbetriebe (K) und
Kleinstbetriebe (Kst)
eingeordnet. Der Stichtag, der maßgebende Besteuerungszeitraum und die Merkmale für diese Einordnung werden jeweils von den obersten Finanzbehörden der Länder im Benehmen mit dem Bundesministerium der Finanzen festgelegt.

### II. Durchführung der Außenprüfung

**§ 4**
**Umfang der Außenprüfung**

(1) Die Finanzbehörde bestimmt den Umfang der Außenprüfung nach pflichtgemäßem Ermessen.

(2) Bei Großbetrieben und Unternehmen im Sinne der §§ 13 und 19 soll der Prüfungszeitraum an den vorhergehenden Prüfungszeitraum anschließen. Eine Anschlussprüfung ist auch in den Fällen des § 18 möglich.

(3) Bei anderen Betrieben soll der Prüfungszeitraum in der Regel nicht mehr als drei zusammenhängende Besteuerungszeiträume umfassen. Der Prüfungszeitraum kann insbesondere dann drei Besteuerungszeiträume übersteigen, wenn mit nicht unerheblichen Änderungen der Besteuerungsgrundlagen zu rechnen ist oder wenn der Verdacht einer Steuerstraftat oder einer Steuerordnungswidrigkeit besteht. Anschlussprüfungen sind zulässig.

(4) Für die Entscheidung, ob ein Betrieb nach Absatz 2 oder Absatz 3 geprüft wird, ist grundsätzlich die Größenklasse maßgebend, in die der Betrieb im Zeitpunkt der Bekanntgabe der Prüfungsanordnung eingeordnet ist.

(5) Hält die Finanzbehörde eine umfassende Ermittlung der steuerlichen Verhältnisse im Einzelfall nicht für erforderlich, kann sie eine abgekürzte Außenprüfung (§ 203 AO) durchführen. Diese beschränkt sich auf die Prüfung einzelner Besteuerungsgrundlagen eines Besteuerungszeitraums oder mehrerer Besteuerungszeiträume.

**§ 4a**
**Zeitnahe Betriebsprüfung**

(erstmals für Außenprüfungen anzuwenden, die nach dem 01.01.2012 angeordnet werden)

(1) Die Finanzbehörde kann Steuerpflichtige unter den Voraussetzungen des Absatzes 2 für eine zeitnahe Betriebsprüfung auswählen. Eine Betriebsprüfung ist zeitnah, wenn der Prüfungszeitraum einen oder mehrere gegenwartsnahe Besteuerungszeiträume umfasst.

(2) Grundlage zeitnaher Betriebsprüfungen sind die Steuererklärungen im Sinne des § 150 der Abgabenordnung der zu prüfenden Besteuerungszeiträume (Absatz 1 Satz 2). Zur Sicherstellung der Mitwirkungsrechte des Bundeszentralamtes für Steuern ist der von der Finanzbehörde ausgewählte Steuerpflichtige dem Bundeszentralamt für Steuern abweichend von der Frist des § 21 Absatz 1 Satz 1 unverzüglich zu benennen.

(3) Über das Ergebnis der zeitnahen Betriebsprüfung ist ein Prüfungsbericht oder eine Mitteilung über die ergebnislose Prüfung zu fertigen (§ 202 AO).

§ 5

**Anordnung der Außenprüfung**

(1) Die für die Besteuerung zuständige Finanzbehörde ordnet die Außenprüfung an. Die Befugnis zur Anordnung kann auch der beauftragten Finanzbehörde übertragen werden.

(2) Die Prüfungsanordnung hat die Rechtsgrundlagen der Außenprüfung, die zu prüfenden Steuerarten, Steuervergütungen, Prämien, Zulagen, gegebenenfalls zu prüfende bestimmte Sachverhalte sowie den Prüfungszeitraum zu enthalten. Ihr sind Hinweise auf die wesentlichen Rechte und Pflichten des Steuerpflichtigen bei der Außenprüfung beizufügen. Die Mitteilung über den voraussichtlichen Beginn und die Festlegung des Ortes der Außenprüfung kann mit der Prüfungsanordnung verbunden werden. Handelt es sich um eine abgekürzte Außenprüfung nach § 203 AO, ist die Prüfungsanordnung um diese Rechtsgrundlage zu ergänzen. Soll der Umfang einer Außenprüfung nachträglich erweitert werden, ist eine ergänzende Prüfungsanordnung zu erlassen.

(3) Der Name des Betriebsprüfers, eines Betriebsprüfungshelfers und andere prüfungsleitende Bestimmungen können in die Prüfungsanordnung aufgenommen werden.

(4) Die Prüfungsanordnung und die Mitteilungen nach den Absätzen 2 und 3 sind dem Steuerpflichtigen angemessene Zeit vor Beginn der Prüfung bekanntzugeben, wenn der Prüfungszweck dadurch nicht gefährdet wird. In der Regel sind bei Großbetrieben 4 Wochen und in anderen Fällen 2 Wochen angemessen.

(5) Wird beantragt, den Prüfungsbeginn zu verlegen, können als wichtige Gründe zum Beispiel Erkrankung des Steuerpflichtigen, seines steuerlichen Beraters oder eines für Auskünfte maßgeblichen Betriebsangehörigen, beträchtliche Betriebsstörungen durch Umbau oder höhere Gewalt anerkannt werden. Dem Antrag des Steuerpflichtigen kann auch unter Auflage, zum Beispiel Erledigung von Vorbereitungsarbeiten für die Prüfung, stattgegeben werden.

(6) Werden die steuerlichen Verhältnisse von Gesellschaftern und Mitgliedern sowie von Mitgliedern der Überwachungsorgane in die Außenprüfung einbezogen, so ist für jeden Beteiligten eine Prüfungsanordnung unter Beachtung der Voraussetzungen des § 193 AO zu erteilen.

§ 6

**Ort der Außenprüfung**

Die Außenprüfung ist in den Geschäftsräumen des Steuerpflichtigen durchzuführen. Ist ein geeigneter Geschäftsraum nachweislich nicht vorhanden und kann die Außenprüfung nicht in den Wohnräumen des Steuerpflichtigen stattfinden, ist an Amtsstelle zu prüfen (§ 200 Abs. 2 AO). Ein anderer Prüfungsort kommt nur ausnahmsweise in Betracht.

§ 7

**Prüfungsgrundsätze**

Die Außenprüfung ist auf das Wesentliche abzustellen. Ihre Dauer ist auf das notwendige Maß zu beschränken. Sie hat sich in erster Linie auf solche Sachverhalte zu erstrecken, die zu endgültigen Steuerausfällen oder Steuererstattungen oder -vergütungen oder zu nicht unbedeutenden Gewinnverlagerungen führen können.

§ 8

**Mitwirkungspflichten**

(1) Der Steuerpflichtige ist zu Beginn der Prüfung darauf hinzuweisen, dass er Auskunftspersonen benennen kann. Ihre Namen sind aktenkundig zu machen. Die Auskunfts- und sonstigen Mitwirkungspflichten des Steuerpflichtigen erlöschen nicht mit der Benennung von Auskunftspersonen.

(2) Der Betriebsprüfer darf im Rahmen seiner Ermittlungsbefugnisse unter den Voraussetzungen des § 200 Abs. 1 Sätze 3 und 4 AO auch Betriebsangehörige um Auskunft ersuchen, die nicht als Auskunftspersonen benannt worden sind.

(3) Die Vorlage von Büchern, Aufzeichnungen, Geschäftspapieren und anderen Unterlagen, die nicht unmittelbar den Prüfungszeitraum betreffen, kann ohne Erweiterung des Prüfungszeitraums verlangt werden, wenn dies zur Feststellung von Sachverhalten des Prüfungszeitraums für erforderlich gehalten wird.

§ 9

**Kontrollmitteilungen**

Feststellungen, die nach § 194 Abs. 3 AO für die Besteuerung anderer Steuerpflichtiger ausgewertet werden können, sollen der zuständigen Finanzbehörde mitgeteilt werden. Kontrollmaterial über Auslandsbeziehungen ist auch dem Bundeszentralamt für Steuern zur Auswertung zu übersenden.

§ 10

**Verdacht einer Steuerstraftat oder -ordnungswidrigkeit**

(1) Ergeben sich während einer Außenprüfung zureichende tatsächliche Anhaltspunkte für eine Straftat (§ 152 Abs. 2 StPO), deren Ermittlung der Finanzbehörde obliegt, so ist die für die Bearbeitung dieser Straftat zuständige Stelle unverzüglich zu unterrichten. Dies gilt auch, wenn lediglich die Möglichkeit besteht, dass ein Strafverfahren durchgeführt werden muss. Richtet sich der Verdacht gegen den Steuerpflichtigen, dürfen hinsichtlich des Sachverhalts, auf den sich der Verdacht

bezieht, die Ermittlungen (§ 194 AO) bei ihm erst fortgesetzt werden, wenn ihm die Einleitung des Strafverfahrens mitgeteilt worden ist. Der Steuerpflichtige ist dabei, soweit die Feststellungen auch für Zwecke des Strafverfahrens verwendet werden können, darüber zu belehren, dass seine Mitwirkung im Besteuerungsverfahren nicht mehr erzwungen werden kann (§ 393 Abs. 1 AO). Die Belehrung ist unter Angabe von Datum und Uhrzeit aktenkundig zu machen und auf Verlangen schriftlich zu bestätigen (§ 397 Abs. 2 AO).

(2) Absatz 1 gilt beim Verdacht einer Ordnungswidrigkeit sinngemäß.

§ 11

**Schlussbesprechung**

(1) Findet eine Schlussbesprechung statt, so sind die Besprechungspunkte und der Termin der Schlussbesprechung dem Steuerpflichtigen angemessene Zeit vor der Besprechung bekanntzugeben. Diese Bekanntgabe bedarf nicht der Schriftform.

(2) Hinweise nach § 201 Abs. 2 AO sind aktenkundig zu machen.

§ 12

**Prüfungsbericht und Auswertung der Prüfungsfeststellungen**

(1) Wenn zu einem Sachverhalt mit einem Rechtsbehelf oder mit einem Antrag auf verbindliche Zusage zu rechnen ist, soll der Sachverhalt umfassend im Prüfungsbericht dargestellt werden.

(2) Ist bei der Auswertung des Prüfungsberichts oder im Rechtsbehelfsverfahren beabsichtigt, von den Feststellungen der Außenprüfung abzuweichen, so ist der Betriebsprüfungsstelle Gelegenheit zur Stellungnahme zu geben. Dies gilt auch für die Erörterung des Sach- und Rechtsstandes gemäß § 364 a AO. Bei wesentlichen Abweichungen zuungunsten des Steuerpflichtigen soll auch diesem Gelegenheit gegeben werden, sich hierzu zu äußern.

(3) In dem durch die Prüfungsanordnung vorgegebenen Rahmen muss die Außenprüfung entweder durch Steuerfestsetzung oder durch Mitteilung über eine ergebnislose Prüfung abgeschlossen werden.

## III. Außenprüfung von Konzernen und sonstigen zusammenhängenden Unternehmen

§ 13

**Konzernprüfung**

(1) Unternehmen, die zu einem Konzern im Sinne des § 18 AktG gehören, sind im Zusammenhang, unter einheitlicher Leitung und nach einheitlichen Gesichtspunkten zu prüfen, wenn die Außenumsätze der Konzernunternehmen insgesamt mindestens 25 Millionen Euro im Jahr betragen.

(2) Ein Unternehmen, das zu mehreren Konzernen gehört, ist mit dem Konzern zu prüfen, der die größte Beteiligung an dem Unternehmen besitzt. Bei gleichen Beteiligungsverhältnissen ist das Unternehmen für die Prüfung dem Konzern zuzuordnen, der in der Geschäftsführung des Unternehmens federführend ist.

§ 14

**Leitung der Konzernführung**

(1) Bei Konzernprüfungen soll die Finanzbehörde, die für die Außenprüfung des herrschenden oder einheitlich leitenden Unternehmens zuständig ist, die Leitung der einheitlichen Prüfung übernehmen.

(2) Wird ein Konzern durch eine natürliche oder juristische Person, die selbst nicht der Außenprüfung unterliegt, beherrscht, soll die Finanzbehörde, die für die Außenprüfung des wirtschaftlich bedeutendsten abhängigen Unternehmens zuständig ist, die Leitung der einheitlichen Prüfung übernehmen. Im Einvernehmen der beteiligten Finanzbehörden kann hiervon abgewichen werden.

§ 15

**Einleitung der Konzernprüfung**

(1) Die für die Leitung der Konzernprüfung zuständige Finanzbehörde regt die Konzernprüfung an und stimmt sich mit den beteiligten Finanzbehörden ab.

(2) Konzernunternehmen sollen erst nach Abstimmung mit der für die Leitung der Konzernprüfung zuständigen Finanzbehörde geprüft werden.

§ 16

**Richtlinien zur Durchführung der Konzernprüfung**

(1) Die für die Leitung einer Konzernprüfung zuständige Finanzbehörde kann Richtlinien für die Prüfung aufstellen. Die Richtlinien können neben prüfungstechnischen Einzelheiten auch Vorschläge zur einheitlichen Beurteilung von Sachverhalten enthalten.

(2) Soweit Meinungsverschiedenheiten, die sich bei der Mitwirkung mehrerer Finanzbehörden im Rahmen der einheitlichen Prüfung ergeben, von den Beteiligten nicht ausgeräumt werden können, ist den zuständigen vorgesetzten Finanzbehörden zu berichten und die Entscheidung abzuwarten.

§ 17

**Abstimmung und Freigabe der Konzernprüfungsberichte**

Die Berichte über die Außenprüfungen bei Konzernunternehmen sind aufeinander abzustimmen und den Steuerpflichtigen erst nach Freigabe durch die für die Leitung der Konzernprüfung zuständige Finanzbehörde zu übersenden.

§ 18

**Außenprüfung bei sonstigen zusammenhängenden Unternehmen**

Eine einheitliche Prüfung kann auch durchgeführt werden

1. bei Konzernen, die die Umsatzgrenze des § 13 Abs. 1 nicht erreichen,
2. bei Unternehmen, die nicht zu einem Konzern gehören, aber eng miteinander verbunden sind, zum Beispiel durch wirtschaftliche oder verwandtschaftliche Beziehungen der Beteiligten, gemeinschaftliche betriebliche Tätigkeit.

Die §§ 13 bis 17 gelten entsprechend.

**§ 19**

**Außenprüfung bei international verbundenen Unternehmen**

(1) Die §§ 13 bis 18 gelten auch für die Prüfung mehrerer inländischer Unternehmen, die von einer ausländischen natürlichen oder juristischen Person, einer Mehrheit von Personen, einer Stiftung oder einem anderen Zweckvermögen beherrscht oder einheitlich geleitet werden oder die mit einem ausländischen Unternehmen wirtschaftlichlich verbunden sind.

(2) Die Leitung der einheitlichen Prüfung soll die Finanzbehörde übernehmen, die für die Außenprüfung des wirtschaftlich bedeutendsten inländischen Unternehmens zuständig ist. Im Einvernehmen der beteiligten Finanzbehörden kann hiervon abgewichen werden.

## IV. Mitwirkung des Bundes an Außenprüfungen der Landesfinanzbehörden

**§ 20**

**Art der Mitwirkung**

(1) Das Bundeszentralamt für Steuern wirkt an Außenprüfungen der Landesfinanzbehörden durch Prüfungstätigkeit und Beteiligung an Besprechungen mit.

(2) Art und Umfang der Mitwirkung werden jeweils von den beteiligten Behörden im gegenseitigen Einvernehmen festgelegt.

(3) Die Landesfinanzbehörde bestimmt den für den Ablauf der Außenprüfung verantwortlichen Prüfer.

**§ 21**

**Auswahl der Betriebe und Unterrichtung über die vorgesehene Mitwirkung**

(1) Die Landesfinanzbehörden stellen dem Bundeszentralamt für Steuern die Prüfungsgeschäftspläne für Großbetriebe spätestens 10 Tage vor dem Beginn des Zeitraums, für den sie aufgestellt worden sind, zur Verfügung. Betriebe, bei deren Prüfung eine Mitwirkung des Bundeszentralamtes für Steuern von den Landesfinanzbehörden für zweckmäßig gehalten wird, sollen kenntlich gemacht werden. Das Bundeszentralamt für Steuern teilt den Landesfinanzbehörden unverzüglich die Betriebe mit, an deren Prüfung es mitwirken will.

(2) Sobald die Landesfinanzbehörde den Prüfungsbeginn mitgeteilt hat, wird sie vom Bundeszentralamt für Steuern über die vorgesehene Mitwirkung unterrichtet.

**§ 22**

**Mitwirkung durch Prüfungstätigkeit**

(1) wirkt das Bundeszentralamt für Steuern durch Prüfungstätigkeit mit, so hat der Bundesbetriebsprüfer regelmäßig in sich geschlossene Prüfungsfelder zu übernehmen und diesen Teil des Prüfungsberichts zu entwerfen. Der Prüfungsstoff wird im gegenseitigen Einvernehmen auf die beteiligten Betriebsprüfer aufgeteilt.

(2) Hat das Bundeszentralamt für Steuern an einer Außenprüfung mitgewirkt, so erhält es eine Ausfertigung des Prüfungsberichts.

**§ 23**

**(aufgehoben)**

**§ 24**

**Verfahren bei Meinungsverschiedenheiten zwischen dem Bundesamt für Finanzen und der Landesfinanzbehörde**

Soweit Meinungsverschiedenheiten, die sich bei der Mitwirkung an Außenprüfungen zwischen dem Bundeszentralamt für Steuern und der Landesfinanzbehörde ergeben, von den Beteiligten nicht ausgeräumt werden können, ist den obersten Finanzbehörden des Bundes und des Landes zu berichten und die Entscheidung abzuwarten.

## V. Betriebsprüfer, Sachgebietsleiter für Betriebsprüfung, Prüferbesprechungen

**§ 25**

**Verwendung von Beamten als Betriebsprüfer**

Die Verwendung eines Beamten als Betriebsprüfer, der grundsätzlich dem gehobenen Dienst angehören soll, ist nach einer mindestens sechsmonatigen Einarbeitung in der Außenprüfung nur mit Einwilligung der zuständigen vorgesetzten Finanzbehörde oder der von ihr benannten Stelle zulässig.

**§ 26**

**Verwendung von Verwaltungsangestellten als Betriebsprüfer**

(1) Verwaltungsangestellte, die bereits in der Steuerverwaltung tätig sind, können als Betriebsprüfer verwendet werden, wenn folgende Voraussetzungen erfüllt sind:

1. eine mindestens dreijährige zeitnahe Tätigkeit in der Veranlagung, davon eine mindestens neunmonatige qualifizierte Tätigkeit,
2. die Ablegung einer Prüfung nach Erfüllung der Voraussetzung zu Nummer 1 und
3. eine mindestens sechsmonatige Einarbeitung in der Außenprüfung.

(2) Andere Bewerber können als Verwaltungsangestellte in der Außenprüfung verwendet werden, wenn folgende Voraussetzungen erfüllt werden:

1. a) ein abgeschlossenes einschlägiges Hochschulstudium (Rechtswissenschaft, Wirtschaftswis-

senschaft, Versicherungsmathematik, Land- und Forstwirtschaft oder
   b) eine kaufmännische oder sonstige einschlägige Grundausbildung mit vorgeschriebener Abschlussprüfung und der Nachweis mehrjähriger kaufmännischer, betriebswirtschaftlicher oder revisionstechnischer Tätigkeit,
2. die Ablegung einer Prüfung nach Erfüllung der Voraussetzung zu Nummer 1 Buchstaben a oder b,
3. eine mindestens zwölfmonatige zeitnahe Tätigkeit außerhalb der Außenprüfung, davon eine mindestens neunmonatige qualifizierte Tätigkeit in der Veranlagung sowie
4. eine mindestens sechsmonatige Einarbeitung in der Außenprüfung.

(3) Die zuständige vorgesetzte Finanzbehörde kann zu Absatz 1 und zu Absatz 2 Nr. 2 bis 4 im Einzelfall Ausnahmen zulassen.

(4) Ein Rechtsanspruch auf Zulassung zur Prüfung besteht nicht.

(5) Die schriftliche Prüfung besteht mindestens aus zwei unter Aufsicht anzufertigenden Arbeiten aus dem Buchführungs- und Bilanzwesen.

(6) Die mündliche Prüfung erstreckt sich auf die Grundzüge des Abgabenrechts, des bürgerlichen Rechts und des Handelsrechts, insbesondere des Buchführungs- und Bilanzwesens sowie des kaufmännischen Rechnungswesens.

§ 27

**Einsatz als Betriebsprüfer und Sachgebietsleiter für Betriebsprüfung**

(1) Beamte und Verwaltungsangestellte sollen nicht erstmals nach Vollendung des fünfundvierzigsten Lebensjahres als Betriebsprüfer eingesetzt werden.

(2) Sachgebietsleiter für Betriebsprüfung dürfen nur mit Einwilligung der zuständigen vorgesetzten Finanzbehörde eingesetzt werden.

(3) Sachgebietsleiter für Betriebsprüfung und Betriebsprüfer dürfen nur mit Einwilligung der zuständigen vorgesetzten Finanzbehörde für prüfungsfremde Aufgaben verwendet werden.

§ 28

**Betriebsprüfungshelfer**

Zur Unterstützung der Betriebsprüfer können Betriebsprüfungshelfer eingesetzt werden. Diese haben nach den Weisungen des Betriebsprüfers zu verfahren.

§ 29

**Prüferausweis**

Für Sachgebietsleiter für Betriebsprüfung und Betriebsprüfer ist jeweils ein Ausweis auszustellen. Der Ausweis hat zu enthalten:

1. die Bezeichnung der ausstellenden Landesfinanzverwaltung oder der ausstellenden Finanzbehörde
2. das Lichtbild des Inhabers
3. den Vor- und Familiennamen
4. die laufende Nummer
5. die Gültigkeitsdauer und
6. die Befugnisse des Inhabers.

§ 30

**Prüfungsbesprechungen**

Die Sachgebietsleiter für Betriebsprüfung sollen mit den Prüfern ihrer Sachgebiete, die zuständigen vorgesetzten Finanzbehörden mit den Sachgebietsleitern für Betriebsprüfung oder mit den Betriebsprüfern ihrer Oberfinanzbezirke regelmäßig Zweifelsfragen aus der Prüfungstätigkeit erörtern, sie über neuere Rechtsprechung und neueres Schrifttum unterrichten sowie Richtlinien und Anregungen für ihre Arbeit geben.

§ 31

**Fach-(Branchen-)Prüferbesprechungen**

(1) Für die Fach-(Branchen-)Prüfer sind nach Bedarf Besprechungen durchzuführen. Hierbei sollen die Branchenerfahrungen ausgetauscht und verglichen, zweckmäßige Prüfungsmethoden, Kennzahlen und Formblätter für das prüfungstechnische Vorgehen entwickelt und gemeinsame Richtlinien erarbeitet werden.

(2) Dem Bundeszentralamt für Steuern ist Gelegenheit zu geben, an Fachprüferbesprechungen, die von den zuständigen vorgesetzten Finanzbehörden (§ 38) durchgeführt werden, teilzunehmen.

## VI. Karteien, Konzernverzeichnisse

§ 32

**Betriebskartei**

(1) Die Betriebsprüfungsstellen haben über die Groß-, Mittel- und Kleinbetriebe eine Kartei (Betriebskartei) zu führen.

(2) Die Betriebskartei besteht aus der Namenskartei und der Branchenkartei. Die Namenskartei soll als alphabetische Suchkartei, die Branchenkartei nach der Klassifikation der Wirtschaftszweige (Tiefengliederung für Steuerstatistiken) geführt werden.

(3) Nebenbetriebe der Land- und Forstwirtschaft sind nur beim Hauptbetrieb zu vermerken.

(4) Für die Erfassung in der Betriebskartei ist jeweils die auf einen bestimmten Stichtag festgestellte Größenklasse der Betriebe – in der Regel für die Dauer von drei Jahren – maßgebend. Die Betriebe werden nach den Ergebnissen der Veranlagung, hilfsweise nach den Angaben in den Steuererklärungen in die Größenklassen eingeordnet. Fehler, die bei der Einordnung der Betriebe unterlaufen, können jederzeit berichtigt werden.

(5) Änderungen der die Größenklasse bestimmenden Betriebsmerkmale bleiben bis zur nächsten Einordnung in Größenklassen unberücksichtigt. Bei sonstigen Änderungen ist die Kartei fortzuschreiben. bei Abgängen aufgrund von Sitzverlegung (Wohnsitz oder Sitz der Geschäftsleitung) sind die Daten der Betriebskartei an die neu zu-

ständige Finanzbehörde zu übermitteln; Zugänge von einer anderen Finanzbehörde und Neugründungen sind in der Betriebskartei zu erfassen.

§ 33
**Konzernverzeichnis**

Jede zuständige Finanzbehörde hat die für ein Verzeichnis der Konzerne im Sinne der §§ 13, 18 und 19 erforderlichen Daten zu ermitteln und der zuständigen vorgesetzten Finanzbehörde zur Weiterleitung an das Bundeszentralamt für Steuern zur Aufnahme in eine zentrale Datenbank zu übermitteln. Gleiches gilt für spätere Änderungen oder Ergänzungen dieser Daten. Das zentrale Konzernverzeichnis enthält die einzelnen Konzernübersichten. Das Verfahren zur Übermittlung der Daten nach den Sätzen 1 und 2 sowie die Nutzung der Daten durch die Finanzbehörden der Länder wird vom Bundesministerium der Finanzen im Einvernehmen mit den obersten Finanzbehörden der Länder geregelt.

## VII. Prüfungsgeschäftsplan, Jahresstatistik

**§ 34**
**Aufstellung von Prüfungsgeschäftsplänen**

(1) Die zur Prüfung vorgesehenen Fälle werden in regelmäßigen Abständen in Prüfungsgeschäftsplänen zusammengestellt. Der Abstand darf bei Großbetrieben nicht kürzer als 6 Monate und nicht länger als 12 Monate sein. Änderungen der Prüfungsgeschäftspläne sind jederzeit möglich. In den Prüfungsgeschäftsplänen ist auf Konzernzugehörigkeit hinzuweisen.

(2) (aufgehoben)

**§ 35**
**Jahresstatistik**

(1) Die Betriebsprüfungsstellen haben eine Jahresstatistik aufzustellen und der vorgesetzten Finanzbehörde vorzulegen.

(2) die obersten Finanzbehörden der Länder teilen dem Bundesministerium der Finanzen die Arbeitsergebnisse der Außenprüfung nach einem abgestimmten Muster bis zum 31. März eines jeden Jahres mit. Das Bundesministerium der Finanzen gibt das Gesamtergebnis in einer zusammengefaßten Veröffentlichung jährlich bekannt.

(3) (aufgehoben)

## VIII. Betriebsprüfungsarchiv, Kennzahlen, Hauptorte

**§ 36**
**Betriebsprüfungsarchiv**

(1) Steuerliche, prüfungstechnische, branchentypische und allgemeine wirtschaftliche Erfahrungen sind den zuständigen vorgesetzten Finanzbehörden mitzuteilen. Diese sammeln die Erfahrungen und werten sie in einem Betriebsprüfungsarchiv aus.

(2) Das Bundesamt für Finanzen teilt den zuständigen vorgesetzten Finanzbehörden Prüfungserfahrungen von allgemeiner Bedeutung mit.

**§ 37**
**Kennzahlen**

Die zuständigen Finanzbehörden haben die nach den Ergebnissen von Außenprüfungen ermittelten branchenbezogenen Kennzahlen der jeweils zuständigen vorgesetzten Finanzbehörde zur Weiterleitung an das Bundeszentralamt für Steuern zur Aufnahme in eine zentrale Datenbank zu übermitteln. Gleiches gilt für Änderungen dieser Daten. Das Verfahren zur Übermittlung der Daten nach den Sätzen 1 und 2 sowie die Nutzung der Daten durch die Finanzbehörden der Länder wird vom Bundesministerium der Finanzen im Einvernehmen mit den obersten Finanzbehörden der Länder geregelt.

**§ 38**
**Hauptorte**

(1) Die zuständigen vorgesetzten Finanzbehörden haben als Hauptorte die Aufgabe, für einzelne Berufs- oder Wirtschaftszweige Unterlagen zu sammeln und auszuwerten, die für die Besteuerung von Bedeutung sind. Zu den Aufgaben gehört auch die Mitwirkung bei der Aufstellung von AfA-Tabellen. Die Hauptorte werden durch Vereinbarungen der obersten Finanzbehörden des Bundes und der Länder bestimmt.

(2) das Ergebnis der Auswertung wird den anderen zuständigen vorgesetzten Finanzbehörden und dem Bundeszentralamt für Steuern regelmäßig mitgeteilt.

## IX. Inkrafttreten

**§ 39**
**Inkrafttreten**

Diese allgemeine Verwaltungsvorschrift tritt am Tage nach der Veröffentlichung im Bundesanzeiger in Kraft. Gleichzeitig tritt die Allgemeine Verwaltungsvorschrift für die Betriebsprüfung – Betriebsprüfungsordnung – vom 17. Dezember 1987 (BAnz. Nr. 241a vom 24. Dezember 1987) außer Kraft.

# Stichwortverzeichnis

Die Zahlen nach der Gesetzesfundstelle beziehen sich auf die Randziffern.

R